ENGLISH-CHINESE DICTIONARY
OF
ANGLO-AMERICAN LAW
（CODEX ELABORATUS）

元照英美法词典
（精装版）

Presented to
敬贻

_____

By
馈赠人

_____

Date
日期

_____

敬以此书献给祖国与人民以及友好的爱好和平的世界人民
To our fatherland and our people
as well as
the friendly and peaceloving people of the world this book is respectfully dedicated

元照英美法词典

（精装版）

收录及注释五万余词条，
包含词、词组的一般法律用法，并附图表三十幅、历史文献八件

薛波/主编

潘汉典/总审订

编纂人员协力

北京大学出版社
2014年·北京

图书在版编目(CIP)数据

元照英美法词典/薛波主编,潘汉典总审订.—北京:北京大学出版社,2014.11
ISBN 978-7-301-24458-6

Ⅰ.①元… Ⅱ.①薛…②潘… Ⅲ.①法律体系—西方国家—词典 Ⅳ.①D904.3-61

中国版本图书馆 CIP 数据核字(2014)第 147992 号

ⓒ2003 年,美国元照出版有限责任公司版权所有

本书所有内容(包含文字、图形、设计)均系著作权所有,未经本公司事前书面授权,不得以任何方式(包括储存于资料库或任何存取系统内)作全部或局部之翻印、仿制或转载。若有上述情事发生,依法追究。

简体中文精装版由美国元照出版有限责任公司授权北京大学出版社有限公司出版发行。

著作权合同登记号　　图字:01-2013-6885

读者需进一步帮助的渠道
通信地址:北京市海淀区西土城路 25 号词典室(100088)
电子邮件:legalphr@gmail.com
图文传真:86 10 6222 8852

出版发行:北京大学出版社　　　　　编辑:陆建华

经销:新华书店　　　　　　　　　印刷:南京爱德印刷有限公司

开本:787×1092 毫米　1/16　　　　印张:92　字数:4668 千
版本:2003 年 5 月第 1 版　　　　　印次:2018 年 10 月精装版南京第 2 次印刷
　　　2014 年 11 月精装版　　　　　　　2018 年 10 月南京总第 14 次印刷

地址:北京市海淀区成府路 205 号(100871)
电子信箱:yandayuanzhao@163.com　　网址:www.pup.cn
电话:邮购部 86 10 62752015　　　　发行部 86 10 62750672
　　　编辑部 86 10 62117788　　　　出版部 86 10 62754962

书号:ISBN 978-7-301-24458-6/D·3615　　定价:398.00 元

ENGLISH-CHINESE DICTIONARY OF ANGLO-AMERICAN LAW

(CODEX ELABORATUS)

With over 50 000 Entries,
30 Figures and Illustrations, and 8 Historical Documents,
Containing the Definitions of Words and Phrases Commonly Used in Law

By

XUE BO
Chief Editor

PAN HANDIAN
General Reviser

in Cooperation with
THE EDITORIAL TEAM

PEKING UNIVERSITY PRESS
2014

English-Chinese Dictionary of Anglo-American Law (Codex Elaboratus)
by Xue Bo, Pan Handian.

COPYRIGHT ©2003 Authorized by ANGLE PUBLISHING L.L.C.
All rights reserved. No part of this book may be reproduced or transmitted in any form or by any means, electronic or mechanical, including photocopying, recording or by any information storage retrieval system, without the written permission from ANGLE PUBLISHING L.L.C.

PEKING UNIVERSITY PRESS is authorized to publish the simplified Chinese deluxe edition and distribute the edition by ANGLE PUBLISHING L.L.C.

We would like to thank the following for permission to reproduce figures and illustrations:
图表由下列机构惠供,谨致谢意。
CAROLINA ACADEMIC PRESS, U.S.A.
PEARSON EDUCATION, INC., U.S.A.
McGRAW-HILL EDUCATION ASIA

Address editorial correspondence to:
Dictionary Office
25 Xitucheng Road, Haidian District
Beijing 100088, P. R. China
E-mail: legalphr@gmail.com
Fax:86 10 6222 8852

PEKING UNIVERSITY PRESS
205 Chengfu Road, Haidian District,
Beijing 100871, P.R. China

Visit us at our website:http://www.pup.cn

Printed in the People's Republic of China
ISBN 978-7-301-24458-6 / D·3615

First Edition 2003	Eighth Impression (Deluxe Ed.) 2014
Second Impression 2006	Ninth Impression (Compact Ed.) 2015
Third Impression 2007	Tenth Impression (Compact Ed.) 2016
Fourth Impression 2011	Eleventh Impression (Compact Ed.) 2016
Fifth Impression 2012	Twelfth Impression (Minor Sextodecimo Ed.) 2017
Sixth Impression (Compact Ed.) 2013	Thirteenth Impression (Compact Ed.) 2017
Seventh Impression (Compact Ed.) 2014	Fourteenth Impression (Deluxe Ed.) 2018

承蒙英国大使馆文化教育处襄助
至纫公谊

Grateful acknowledgement is hereby made to
𝔗𝔥𝔢 𝔊𝔲𝔩𝔱𝔲𝔯𝔞𝔩 𝔞𝔫𝔡 𝔈𝔡𝔲𝔠𝔞𝔱𝔦𝔬𝔫 𝔖𝔢𝔠𝔱𝔦𝔬𝔫 𝔬𝔣 𝔅𝔯𝔦𝔱𝔦𝔰𝔥 𝔈𝔪𝔟𝔞𝔰𝔰𝔶
whose support has made it possible to
present this edition of
English-Chinese Dictionary of
Anglo-American Law

布拉克顿所编写的《论英格兰的法律与习惯》(⇨ De Legibus et Consuetudinibus Angliae)是英美法系最重要的经典之一,其写作过程漫长,通常认定的成书时间是1230年前后。在其最古老的手稿之一(编号:MS. Add 11353)上有如上插图(国王居中,他的左边是骑士,右边是法官和法律顾问),文中说:"善治其国者二者不可缺一:国王既需武力也需法律"[[t]o rule well, a king requires two things, arms and laws.]。

致 谢
ACKNOWLEDGEMENTS

We are pleased to have this opportunity to
express our gratitude to the following sponsors and supporters.

赞助机构
Sponsors

美国福特基金会
The Ford Foundation, U.S.A.

美国美中法律合作基金
The U.S.-China Legal Cooperation Fund, U.S.A.

美国威廉·戴维信研究所
The William Davidson Institute, U.S.A.

支持机构
Supporters

中国政法大学及比较法研究所
China University of Political Science and Law & The Institute of Comparative Law, CUPSL

中国司法部司法协助外事司
The Department of Judicial Assistance and Foreign Affairs, Ministry of Justice, P.R.C.

美国密歇根大学及商学院
The University of Michigan & The University of Michigan Business School, U.S.A.

美国美中贸易全国委员会
The U.S.-China Business Council, U.S.A.

中国青年报
China Youth Daily
北京青年报
Beijing Youth Daily
中国中央电视台
China Central Television Station
中央人民广播电台
China National Radio
南方周末
South Weekend
香港南华早报
South China Morning Post, HK
美国《高教纪实》
The Chronicle of Higher Education, U.S.A.
英国阿伯丁大学法学院
The University of Aberdeen Faculty of Law, U.K.
英国伦敦大学东方及非洲研究院
The University of London School of Oriental and African Studies, U.K.
南京大学图书馆
Nanjing University Library
中国日报
China Daily

法制日报
Legal Daily
上海文学报
Literature Press, Shanghai
《北京电视周刊》
Beijing Television Weekly
北京经济报
Beijing Economic News
北京晚报
Beijing Evening News
陕西《各界》
All Circles, Shaanxi
河南《跨世纪》
Across Centuries, Henan
黑龙江晨报
Heilongjiang Morning News
《中华文学选刊》
China Literal Digest
读书
Dushu
深圳晚报
Shenzhen Evening News
香港文汇报
Wen Wei Po, HK

英国《经济学家》
The Economist, U.K.
青岛电视台
Qingdao Television Station
北京电视台
Beijing Television Station
北京君合律师事务所
Jun He Law Firm, Beijing
北京谢朝华律师事务所
Xie Zhao Hua Law Firm, Beijing
北京陆通律师事务所
Lu Tong Law Firm, Beijing
北京京都律师事务所
King & Capital Lawyers, Beijing
北京信利律师事务所
C & I Partners, Beijing
中国律师事务中心
China Law Office Center
德恒律师学院
Deheng College of Lawyer
北京华联律师事务所
Hualian Law Firm, Beijing
北京安平城律师事务所
Anping & Partners, Beijing

北京长安公证处
Chang'an Notary Office, Beijing
北京张涌涛律师事务所
Zhang Yong Tao Law Firm, Beijing
北京通商律师事务所
Commerce & Finance Law Office, Beijing
北京天达律师事务所
Tian Da Law Office, Beijing
青岛政通律师事务所
Zhengtong Law Office, Qingdao
江苏世纪同仁律师事务所
C & T Law Firm, Jiangsu
成都世正律师事务所
Shi Zheng Law Office, Chengdu
香港黄乾亨黄英豪律师事务所
Philip K H Wong, Kennedy Y H Wong & Co., HK
比利时瑞杰尔国际有限公司
ZGL International S.P.R.L.
美国麦朱罗律师事务所
MEZZULLO & McCANDLISH, U.S.A.

目 录
CONTENTS

编纂人员表 D1
Editorial Team

倪序 D7
Preface by Hon. Justice Ni Zhengyu

姚序 D9
Preface by Professor Arthur Yao

卢序 D10
Preface by Professor Lu Jun

杨序 D12
Preface by Hon. Justice T. L. Yang

西德尔序 D13
Preface by Professor G. J. Siedel

缘起 D15
Author's Foreword

例言 D18
Explanatory Notes

参阅书目 D24
Bibliography

词条 1－1434
THE ENTRIES

插图目录
Table of Figures and Illustrations

典型判例援引的构成 227
Components of a Typical Case Citation

衡平法上的共同共有或普通共有 323
Joint Tenancy or Tenancy in Common in Equity

谘议法院 330
"Conciliar Courts"

英格兰行使民事管辖权的主要法院 336
The Principal Courts Exercising Civil Jurisdiction in England

英格兰行使刑事管辖权的法院 337
The Courts Exercising Criminal Jurisdiction in England

英格兰、威尔士和苏格兰的主要法院 337
The Major Courts in England, Wales and Scotland

目录 Contents

英格兰法庭的演变 338
Evolution of the English Courts

血统继承规则 406
Canon of Descent

英格兰的地产权体系 492
Estates in England

联邦法院体系 537
Federal Court System

联邦法渊源 539
Federal Law Sources

封建制度 547
Feudal System

旧时英格兰普通法中的诉讼形式 573
Form of Action in the Old Common Law of England

陪审制的发展 758
Development of the Jury

英格兰判例汇编 792
"English Reports"

全美判例报道系统 803
National Reporter System

美国律师称谓 807
What are lawyers referred to in the United States

英格兰律师职业的发展 822
Development of the English Legal Profession

美国一般（法律）文献检索大纲 823
General Research Outline in the United States

已登记土地上权利的优先性 1168
Priorities in Registered Land

未登记土地上权利的优先性 1169
Priorities in Unregistered Land

英王在位年限 1213
British Regnal Years

担保的种类 1237
Forms of Security

英格兰和威尔士的事务律师之路 1271
The Route to Becoming a Solicitor in England and Wales

州法院体系 1286
State Court System

封建地产保有 1335
Feudal Tenure

美国法典大要 1378
Outline of the United States Code

十三个联邦司法巡回区 1379
The Thirteen Federal Judicial Circuits

美国最高法院大法官、法庭事务官、书记官和律师在法庭上的座席分布 1380
Courtroom Seating of the Justices, Marshal, Clerk and Counsel of the Supreme Court of the United States

美国最高法院大法官继任表 1381
Succession of the United States Supreme Court Justices

文献目录
Table of Historical Documents

Articles of Confederation 97
邦联条例

English Bill of Rights 150
权利法案

Constitution of the United States 294
美国宪法

Amendments to the Constitution 297
宪法修正案

Declaration of Independence 376
独立宣言

Magna Charta 879
大宪章

Mayflower Compact 902
五月花公约

Virginia Declaration of Rights 1404
弗吉尼亚权利宣言

编纂人员表
EDITORIAL TEAM

学术顾问
Academic Advisers

倪征燠法官 (1906 – 2003)
东吴大学法学士；美国斯坦福大学法学博士
Ni Zhengyu
LL. B., 1928, Soochow University; J. D., 1929, Stanford University; former Judge of International Court of Justice

姚启型教授 (1906 – 2004)
东吴大学法学士；美国密歇根大学法学硕士、博士
Arthur C. Y. Yao
LL. B., 1928, Soochow University; LL. M., 1929, J. S. D., 1930, University of Michigan; Professor of Law

卢峻教授 (1909 – 2000)
复旦大学文学士、硕士；东吴大学法学士；美国哈佛大学法学博士
Jeffery Y. Lu
B. A., M. A., Fudan University; LL. B., 1930, Soochow University; J. S. D., 1933, Harvard University; Professor of Law

朱奇武教授 (1916 – 1995)
燕京大学文学士；中央大学法学硕士；英国牛津大学法哲学博士
Zhu Qiwu
B. A., 1941, Yenching University; LL. M., 1946, National Central University; Ph. D. in Law, 1950, Oxford University; Professor of Law

王名扬教授 (1916 – 2008)
武汉大学法学士；中央大学法学硕士；法国巴黎大学法学博士
Wang Mingyang
LL. B., 1940, National Wuhan University; LL. M., 1943, National Central University; Docteur en Droit, 1953, Université de Paris; Professor of Law

杨铁樑爵士
东吴大学 (1946 – 1949)；英国伦敦大学 (荣誉) 法学士；香港大学荣誉文学博士；香港中文大学、香港理工大学荣誉法学博士
Sir T. L. Yang
Soochow University, 1946 – 1949; LL. B. (London)(Hons), 1953, University College London University; Hon. D. Litt., 1991, HK University; Hon. LL. D., Chinese University of HK, HK Poly. University

乔治·西德尔教授
美国密歇根大学法律博士
George J. Siedel
J. D., 1971, University of Michigan; Professor of Law

夏伯达教授
美国加利福尼亚大学伯克利分校法律博士
Robert Sheppard
J. D., 1979, University of California, Berkeley; Professor of Law

审订学者
Revision Specialists

以下列出的字母为学者承担审订的字母或字母段。通审意指无专业区分地全面审订，专审意指仅对所示专业的审订。
The alphabetic letters listed thereunder are those letters or parts undertaken by the respective revision specialists; Overall Revision (通审) means comprehensive finalization of entries thereof not limited to any one specific subject, where Specialized Revision (专审) refers to subject-specific finalization (as indicated thereof) only.

周枏教授 (1908 – 2004)
专审罗马法、拉丁文 C, D, H, J
比利时鲁汶天主教大学政治与外交硕士、法学博士
Zhou Nan
Licencie en Sciences Politiques et Diplomatiques, 1931, Docteur en Droit, 1934, Université Catholique de Louvain; Professor of Law

蔡晋教授 (1910 – 2002)
通审 A
东吴大学法学士
Cai Jin
LL. B., 1933, Soochow University; Professor of Law

许之森教授 (1911 – 2007)
通审 A, C, E, I, P, S, T
东吴大学法学士
Xu Zhisen
LL. B., 1934, Soochow University; Professor of Law

卢绳祖教授 (1912 – 2014)
通审 U
东吴大学法学士
Lu Shengzu
LL. B., 1934, Soochow University; Professor of Law

徐开墅教授 (1916 – 1999)
通审 D, K, S
沪江大学文学士；东吴大学法学士
Xu Kaishu
B. A., 1938, University of Shanghai; LL. B., 1940, Soochow University; Professor of Law

汤宗舜教授 (1917 – 2009)
通审 C, D, F, I, J
中央大学法学士
Tang Zongshun
LL. B., 1940, National Central University; Professor of Law

陈公绰教授
通审 W, X, Y, Z
武汉大学法学士
Chen Gongchuo
LL. B., 1941, National Wuhan University; Professor of Law

编纂人员表 Editorial Team

李　俊 教授
通审 C, S
美国哈佛大学法学博士；美国耶鲁大学法哲学博士
Li Jun
J. D. ,Harvard University; Ph. D. in Law, Yale University; Professor of Law

方文长 教授
通审 C, S
东吴大学法学士；美国纽约大学法学博士
Fang Wenchang
LL. B. , Soochow University; J. S. D. , New York University; Professor of Law

郭念祖 教授
通审 C, E, I, L, N
圣约翰大学文学士；东吴大学法学士
Leo N. T. Kwok
B. A. , 1944, St. John's University; LL. B. , 1947, Soochow University; Professor of Law and English Linguistics

俞伟奕 教授 (1922 – 2004)
通审 F, G, P, R
东吴大学法学士、硕士
Yu Weiyi
LL. B. , 1944, LL. M. , 1948, Soochow University; Professor of Law

周承文 教授
通审 C, L, M, 部分财产法专条
圣约翰大学理学士；东吴大学法学士
Zhou Chengwen
B. S. , 1944, St. John's Unviersity; LL. B. , 1948, Soochow University; Professor of Law

王毓骅 教授
通审 C, D, L, M, S
沪江大学文学士；东吴大学法学士；美国印第安纳大学法学博士
Wang Yuhwa
B. A. , 1944, University of Shanghai; LL. B. , 1946, Soochow University; J. D. , 1949, Indiana University; Professor of Law

钟吉鱼 教授
通审 J, P, S
东吴大学法学士
Zhong Jiyu
LL. B. , 1944, Soochow University; Professor Emeritus of English Linguistics

高文彬 教授
通审 A, D, H
东吴大学法学士
Kaw Vung-ping
LL. B. , 1945, Soochow University; Professor of Law

陈忠诚 教授 (1922 – 2013)
通审 N, O, R, T, V
东吴大学法学士、硕士
Allegiant C. Chen
LL. B. , 1947, LL. M. , 1949, Soochow University; Professor of Comparative Law

聂昌颐 教授
通审 B
东吴大学法学士、硕士
Nie Changyi
LL. B. , 1949, LL. M. , 1951, Soochow University; Professor of Law

周　密 教授 (1923 – 2007)
专审刑法 B, D, J, L, S, U, V
中原大学
Zhou Mi
1949, Zhongyuan University; Professor of Law

蒋一平 教授
通审 I, N, S, U
东吴大学法学士
Jiang Yiping
LL. B. , 1950, Soochow University; Professor of English Linguistics

周叶谦 教授 (1928 – 2002)
通审 D, H, N, O, V
清华大学文学士
Zhou Yeqian
B. A. , 1950, National Tsinghua University; Professor of Law

王以真 教授
专审诉讼法 B, C, D, O, R, S
东吴大学法学士；中国人民大学法学硕士
Wang Yizhen
LL. B. , 1951, Soochow University; LL. M. , 1953, Renmin University of China; Professor of Law

浦增元 教授 (1928 – 2012)
通审 Q
东吴大学法学士
Pu Zengyuan
LL. B. , 1951, Soochow University; Professor of Law

高程德 教授 (1929 – 2015)
专审商法 A, B
东吴大学法学士；北京大学经济学硕士
Gao Chengde
LL. B. , 1951, Soochow University; M. A. in Economics, 1954, Peking University; Professor of Finance and Economics

施觉怀 教授 (1930 – 2011)
通审 A
东吴大学法学士
Shi Juehuai
LL. B. , 1951, Soochow University; Professor of Law

李昌道 教授
通审 Da-Delivery
北京政法学院法学士；中国人民大学法学硕士
Li Changdao
LL. B. , 1953, Beijing Institute of Political Science and Law; LL. M. , 1956, Renmin University of China; Professor of Law

储槐植 教授
专审刑法 D, R, S
北京政法学院法学士
Chu Huaizhi
LL. B. , 1955, Beijing Institute of Political Science and Law; Professor of Law

马克垚 教授
专审古法 A – D, F, G, H, I, J, M, P, R, S, T, U, V, W, X, Y, Z
北京大学文学士
Ma Keyao
B. A. , 1956, Peking University; Professor of English History

楚　建 教授
通审 Aa-Ad
中国人民大学法学硕士

编纂人员表 Editorial Team

Chu Jian
LL.M., 1984, Renmin University of China; Associate Professor of Law

黄 风 教授
专审罗马法、拉丁文 A, C, D, L, M, N, O, Q, T
中国政法大学法学硕士
Huang Feng
LL.M., 1986, China University of Political Science and Law; Professor of Roman Law

朱 勇 教授
通审 Hig-Hos
中国政法大学法学博士
Zhu Yong
LL.D., 1987, China University of Political Science and Law; Professor of Law

方流芳 教授
通审 Lia-Lim, Use
中国人民大学法学博士
Fang Liufang
LL.D., 1990, Renmin University of China; Professor of Law

王亚平 教授
专审教会法 A, C, D, H, F, G, N, O, P, I, J, S, U, W, X, Y, Z
东北师范大学历史学博士
Wang Yaping
Ph.D. in History, 1993, Northeastern Normal University; Professor of Cannon History

何家弘 教授
专审诉讼法 Eo-Ez, Oa-Om
美国西北大学法学博士
He Jiahong
S.J.D., 1993, Northwestern University; Professor of Law

任 进 教授
专审宪法 Bia-Bp, Ca, Conv-Cont, Hot-Hz, Fran-Fz, Low-Lz, Sa-Sc, Sd-Se
中国人民大学法学博士
Ren Jin
LL.D., 1994, Renmin University of China; Professor of Law

总审订 General Reviser

潘汉典 教授
东吴大学法学士、硕士
Pan Handian
LL.B., 1944, LL.M., 1948, Soochow University; Professor of Comparative Law; Inaugurating Director, the Institute of Comparative Law, CUPSL

境外咨询 Overseas Counselors

安德鲁·辛格 律师
英国利兹大学法学士
Andrew A. Singh
LL.B., University of Leeds; Attorney

亚当·博布罗 律师
美国华盛顿大学法律博士
Ardam Bobrow
J.D., Washington University; Attorney

华金·马蒂亚斯 律师
美国东北大学法律博士
Joaquin F. Matias
J.D., Northeastern University; Attorney

主编 Chief Editor

薛 波 法学硕士, 中国政法大学
Xue Bo, LL.M., China University of Political Science and Law

协编 Assistant Editor

闫 欣 法学士, 西南政法学院
Yan Xin, LL.B., Southwestern Institute of Political Science and Law

专业作者 Specialist Subject Authors

车 雷 法学硕士
Che Lei, LL.M.

金海军 法学博士
Jin Haijun, LL.D.

李红海 法学博士
Li Honghai, LL.D.

陈绪纲 法学博士
Chen Xugang, LL.D.

陈戎女 文学博士
Chen Rongnü, D.Lit.

阳 平 法学博士
Yang Ping, LL.D.

温小洁 法学博士
Wen Xiaojie, LL.D.

牛光军 法学博士
Niu Guangjun, LL.D.

吴 勇 法学硕士
Wu Yong, LL.M.

杨伟东 法学博士
Yang Weidong, LL.D.

初始筹划 Project Designers

薛 波 法学硕士
Xue Bo, LL.M.

牛凤国 法学硕士
Niu Fengguo, LL.M.

闫 欣 法学士
Yan Xin, LL.B.

宫立云 法学博士
Gong Liyun, LL.D.

郭 强 法律博士
Guo Qiang, J.D.

苏号朋 法学博士
Su Haopeng, LL.D.

编纂人员表 Editorial Team

初期供稿
Initial Contributors

胡雪梅 法学硕士
Aa-Administriv
Hu Xuemei, LL.M.

牛凤国 法学硕士
Adiminsitriw-Adv
Niu Fengguo, LL.M.

张文镇 法学士、教授 (1922-2017)
Ae-Ai
Zhang Wenzhen, LL.B., Prof.

于绪刚 法学博士
Aj-An
Yu Xugang, LL.D.

刘丽红 法学硕士
Aj-An
Liu Lihong, LL.M.

张美常 法学士、副教授
Ao-Az
Zhang Meichang, LL.B., Associate Prof.

白 萍 法律硕士
Ba-Bh
Bai Ping, LL.M.

丛青茹 法学硕士
Bia-Bp
Cong Qingru, LL.M.

石金兰 法律硕士
Br-Bz
Shi Jinlan, LL.M.

陈 钢 法学硕士
Ca
Chen Gang, LL.M.

郭振光 法学硕士
Civil-Civil f-
Guo Zhenguang, LL.M.

陈立如 法学硕士
Civil-Civil f-
Chen Liru, LL.M.

田士永 法学博士、副教授
Civil law-Collateral, Fa-Fit,
Ha-Hig, Inp-Interest
Tian Shiyong, LL.D., Associate Prof.

付 忠 法学博士生
Ch
Fu Zhong, LL.D. Candidate

夏 松 法学硕士
Collatio-Compl
Xia Song, LL.M.

薛京梅 法学硕士
Comp-Conter
Xue Jingmei, LL.M.

马文胜 法学士
Comp-Conter
Ma Wensheng, LL.B.

舒国滢 法学硕士、教授
Conter-Conver
Shu Guoying, LL.M., Prof.

黄振中 法学博士
Convertion-Cz
Huang Zhenzhong, LL.D.

袁 亮 法学硕士
Da-Delivery
Yuan Liang, LL.M.

姚德年 法学硕士
Del-Despotic
Yao Denian, LL.M.

徐志秋 神学博士
Despotic-Direct
Xu Zhiqiu, D.T.

刘星红 法学博士、副教授
Direct-Divisional
Liu Xinghong, LL.D., Associate Prof.

班文战 法学硕士、教授
Divisional Court-Dz
Ban Wenzhan, LL.M., Prof.

车 雷 法学硕士
E
Che Lei, LL.M.

黄 富 法学硕士
Fix-Fran, Hih-Hos, Interest-Iz
Huang Fu, LL.M.

高富平 法学博士、副教授
Frand-Fz
Gao Fuping, LL.D., Associate Prof.

刘全英 法学士
G
Liu Quanying, LL.B.

吴求真 法学士
G
Wu Qiuzhen, LL.B.

张 清 法律硕士、副教授
Hot-Hz, Lina-Lov
Zhang Qing, LL.M., Associate Prof.

林 萍 文学士、法学士、副教授
Ia-Im
Lin Ping, B.A., LL.B., Associate Prof.

马 静 法律硕士、副教授
In-Inf, La-Li
Ma Jing, LL.M., Associate Prof.

孙孟新 法学士
Ing-Ino
Sun Mengxin, LL.B.

叶振宇 法学硕士
Ja-Ju, Low-Lz
Ye Zhenyu, LL.M.

陈一男 法学硕士
Jud-Jz
Chen Yinan, LL.M.

刘 泽 文学硕士 (1960-1996)
K
Liu Ze, M.A.

李火琼 法学硕士
Lia-Lim
Li Huoqiong, LL.M.

郑静仁 法学硕士、教授
Ma-Mi
Zheng Jingren, LL.M., Prof.

杜莲瑞 文学士、副教授
Ma-Mi
Du Lianrui, B.A., Associate Prof.

殷兆良 法学博士、副教授
Mj-Mz
Yin Zhaoliang, LL.D., Associate Prof.

陈士渠 法学硕士
Na-Nh
Chen Shiqu, LL.M.

颜九红 法学硕士
Ni-Nz
Yan Jiuhong, LL.M.

蔡杰峰 法学硕士
Oa-Om
Cai Jiefeng, LL.M.

牛凤国 法学硕士
Ni-Nz, P
Niu Fengguo, LL.M.

周美德 法学士、教授
Q
Zhou Meide, LL.B., Prof.

胡英之 法学博士
Ra-Retab
Hu Yingzhi, LL.D.

李居迁 法学博士、副教授
Retac-Rz
Li Juqian, LL.D., Associate Prof.

郑 戈 法学博士、副教授
Sa-Sc
Zheng Ge, LL.D., Associate Prof.

王晓娟 法学硕士
Sd-Self
Wang Xiaojuan, LL.M.

张守东 法学硕士、副教授
Self-Sg
Zhang Shoudong, LL.M., Associate Prof.

王建平 法学硕士、副教授
Sh-Sn
Wang Jianping, LL.M., Associate Prof.

王玉梅 法学博士、副教授
So-Ss
Wang Yumei, LL.D., Associate Prof.

王 涌 法学博士、副教授
St
Wang Yong, LL.D., Associate Prof.

李清伟 法学博士、副教授
Su-Sz
Li Qingwei, LL.D., Associate Prof.

苏号朋 法学博士、副教授
T
Su Haopeng, LL.D., Associate Prof.

张智辉 法学博士、教授
V
Zhang Zhihui, LL.D., Prof.

杨勤活 法律硕士、副教授
W, X, Y, Z
Yang Qinhuo, LL.M., Associate Prof.

曹 培 法哲学博士、教授
部分财产法专条
Cao Pei, Ph.D. in Law, Prof.

刘德祥 文学士、副教授
部分缩略语专条
Liu Dexiang, B.A., Associate Prof.

集体完成
Collective
On-Oz, U

编纂人员表 Editorial Team

贡献作者
Contributing Authors

指工作未满六年的专业作者
Specialists in area-specific work for not more than six years

王千华 法学硕士
Wang Qianhua, LL.D.
颜九红 法学硕士
Yan Jiuhong, LL.M.
刘 涛 法学硕士
Liu Tao, LL.M.
刘言浩 法学硕士
Liu Yanhao, LL.M.
刘雪梅 法学硕士
Liu Xuemei, LL.M.
田 妮 法学硕士
Tian Ni, LL.M.

方 芳 经济学硕士
Fang Fang, M.A. in Economics
胡波飞 经济学硕士
Hu Bofei, M.A. in Economics
蓝 洁 法学硕士
Lan Jie, LL.M.
杨 芳 法学硕士
Yang Fang, LL.M.
尹可平 法学硕士
Yin Keping, LL.M.
王文华 法学硕士
Wang Wenhua, LL.D.

张 梅 法学硕士
Zhang Mei, LL.M.
王建勋 法哲学博士生
Wang Jianxun, Ph.D. in Law Candidate
陶维群 法学博士生
Tao Weiqun, LL.D. Candidate
柯 岚 法学硕士
Ke Lan, LL.M.
罗晓军 法学博士生
Luo Xiaojun, LL.D. Candidate

董 炯 法学博士
Dong Jiong, LL.D.
陈良刚 法学硕士
Chen Lianggang, LL.M.
李文柱 法学硕士
Li Wenzhu, LL.M.
张晓霞（晋）法学硕士
Zhang Xiaoxia, LL.M.
田士永 法学博士
Tian Shiyong, LL.D.

校对演读
Proofreaders and Learner Corpus

张江涛 法学硕士
Zhang Jiangtao, LL.M.
尹德永 法学博士生
Yin Deyong, LL.D. Candidate
冯 薇 法学硕士
Feng Wei, LL.M.
赵 晖 法学硕士
Zhao Hui, LL.M.

杨彩霞 法学硕士
Yang Caixia, LL.M.
金振豹 法学硕士
Jin Zhenbao, LL.M.
韩 健 法学硕士
Han Jian, LL.M.
冯 玥 法学硕士生
Feng Yue, LL.M. Candidate

张华平 法学硕士生
Zhang Huaping, LL.M. Candidate
韩冬梅 法学硕士生
Han Dongmei, LL.M. Candidate
栗娜娜 法学硕士生
Li Nana, LL.M. Candidate

陈艳梅 法学硕士生
Chen Yanmei, LL.M. Candidate
吴晓丹 法学硕士生
Wu Xiaodan, LL.M. Candidate

初期核稿
Initial Checkers

罗典荣 教授 (1921 – 2007)
Luo Dianrong, Prof.
陈庆柏 教授
Chen Qingbai, Prof.
米 健 教授
Mi Jian, Prof.
王卫国 教授
Wang Weiguo, Prof.

陈兴良 教授
Chen Xingliang, Prof.
周振想 教授 (1957 – 2004)
Zhou Zhenxiang, Prof.
张丽英 教授
Zhang Liying, Prof.
姜明安 教授
Jiang Ming'an, Prof.

曾尔恕 教授
Zeng Ershu, Prof.
秦晓程 副教授
Qin Xiaocheng, Associate Prof.
于 安 教授
Yu An, Prof.
黄亦川 法律博士
Huang Yichuan, J.D.

李洪积 法律博士
Li Hongji, J.D.
高宽众 法学硕士
Gao Kuanzhong, LL.M.
高鸿钧 教授
Gao Hongjun, Prof.
徐 炳 律师
Xu Bing, Attorney

初期协助
Initial Facilitators

杨秀清 法学博士
Yang Xiuqing, LL.D.
蔡金芳 法学博士
Cai Jinfang, LL.D.
齐 红 法学博士生
Qi Hong, LL.D. Candidate
刘智慧 法学博士
Liu Zhihui, LL.D.
魏存蕊 法学硕士
Wei Cunrui, LL.M.
李菊霞 法学硕士
Li juxia, LL.M.

刘志军 法学硕士
Liu Zhijun, LL.M.
江晓帆 法学硕士
Jiang Xiaofan, LL.M.
汪鸿滨 法学硕士
Wang Hongbin, LL.M.
陈春勇 法学硕士
Chen Chunyong, LL.M.
陈端洪 法学博士
Chen Duanhong, LL.D.
刘林海 历史学博士
Liu Linhai, Ph.D. in History

李 扬 法学硕士
Li Yang, LL.M.
孙 鸥 法学硕士
Sun Ou, LL.M.
冯晋娟 经济学硕士
Feng Jinjuan, M.A. in Economics
陈 婧 经济学硕士
Chen Jing, M.A. in Economics
赵克祥 法学硕士
Zhao Kexiang, LL.M.
蔡书墨 法学硕士
Cai Shumo, LL.M.

张国山 法学硕士
Zhang Guoshan, LL.M.
潘 伟 法学硕士
Pan Wei, LL.M.
李 莉 法学硕士
Li Li, LL.M.
张 颖 法学硕士
Zhang Ying, LL.M.
曾琳燕 法学硕士
Zeng Linyan, LL.M.
蔡 萍 法学硕士
Cai Ping, LL.M.

编纂人员表 Editorial Team

杨 朝 法学硕士 Yang Zhao, LL.M.	刘 远 法学博士 Liu Yuan, LL.D.	李万强 法学博士 Li Wanqiang, LL.D.	刘双舟 法学博士 Liu Shuangzhou, LL.D.
张 戟 经济学硕士 Zhang Ji, M.A. in Economics	赵桥梁 法学硕士 Zhao Qiaoliang, LL.M.	黄 炜 法学硕士 Huang Wei, LL.M.	乔 茜 法学硕士 Qiao Qian, LL.M.
魏 琦 经济学硕士 Wei Qi, M.A. in Economics	张 彤 法学硕士 Zhang Tong, LL.M.	朱振荣 法学学士 Zhu Zhenrong, LL.B.	董常青 法学硕士 Dong Changqing, LL.M.
王 平 法学硕士 Wang Ping, LL.M.	左秀美 法学硕士 Zuo Xiumei, LL.M.	刘全德 法学硕士 Liu Quande, LL.M.	时建中 法学博士 Shi Jianzhong, LL.D.
杜 颖 法学博士 Du Ying, LL.D.	吕艳丽 法学博士 Lü Yanli, LL.D.	冯克菲 法学硕士 Feng Kefei, LL.M.	金自宁 法学硕士 Jin Zining, LL.M.
周宝妹 法学博士 Zhou Baomei, LL.D.	姜茹娇 法学硕士 Jiang Rujiao, LL.M.	郭志国 法学硕士 Guo Zhiguo, LL.M.	王雪芳 法学硕士 Wang Xuefang, LL.M.
刘素丽 法学硕士 Liu Suli, LL.M.	周 磊 法学硕士 Zhou Lei, LL.M.	张晓霞(内蒙古) 法学硕士 Zhang Xiaoxia, LL.M.	蒋 晨 经济学硕士 Jiang Chen, M.A. in Economics
陈少琼 法学硕士 Chen Shaoqiong, LL.M.	李 伟 法学博士 Li Wei, LL.D.	崔琳琳 法学硕士 Cui Linlin, LL.M.	王树平 法学博士 Wang Shuping, LL.D.
刘加昶 法学硕士 Liu Jiachang, LL.M.	李 锐 法学硕士 Li Rui, LL.M.	程 洁 法学博士 Cheng Jie, LL.D.	曹冬岩 法学博士 Cao Dongyan, LL.D.
侯红英 法学硕士 Hou Hongying, LL.M.	高顺萍 法学硕士 Gao Shunping, LL.M.	乔占学 法学硕士 Qiao Zhanxue, LL.M.	崔 静 法学硕士 Cui Jing, LL.M.
邢 颖 法学博士 Xing Ying, LL.D.	杨力军 法学硕士 Yang Lijun, LL.M.	胡晓丽 法学硕士 Hu Xiaoli, LL.M.	张 洁 法学硕士 Zhang Jie, LL.M.
肖 琼 法学硕士 Xiao Qiong, LL.M.	李敦勇 法学硕士 Li DunYong, LL.M.	张双根 法学博士 Zhuang Shuanggen, LL.D.	张长红 法学博士生 Zhang Changhong, LL.D. Candidate
闫尔宝 法学硕士 Yan Erbao, LL.M.	杨开广 法学硕士 Yang Kaiguang, LL.M.	黄章任 法学硕士 Huang Zhangren, LL.M.	白厚红 法学硕士 Bai Houhong, LL.M.
刘 欣 法学硕士 Liu Xin, LL.M.	杨蔚莉 法学硕士 Yang Weili, LL.M.	张岳令 法学硕士 Zhang Yueling, LL.M.	吴宗宪 法学硕士 Wu Zongxian, LL.M.
叶小忠 法学硕士 Ye Xiaozhong, LL.M.	谷 静 法学博士 Gu Jing, LL.D.	黄慧馨 经济学硕士 Huang Huixin, M.A. in Economics	吴牟天 医学博士 Wu Moutian, M.D.
吴 伟 法学博士生 Wu Wei, LL.D. Candidate	彭 浩 法学硕士 Peng Hao, LL.M.	焦亚妮 法学硕士 Jiao Yani, LL.M.	王蓓洁 Wang Beijie
曾赞新 法学硕士 Zeng Zanxin, LL.M.	孙致田 法学硕士 Sun Zhitian, LL.M.	雷喜宁 法学硕士 Lei Xining, LL.M.	毛 蜀 法学硕士 Mao He, LL.M.
冉瑞雪 法学硕士 Ran Ruixue, LL.M.	肖英侠 法学硕士 Xiao Yingxia, LL.M.	李 超 法学博士 Li Chao, LL.D.	

电子录排 Software and Corpus

王永进 Wang Yongjin	宋守海 Song Shouhai	袁明胜 Yuan Mingsheng	张 燕 Zhang Yan

软件排序 Software Coordinator

沈 泓 理学硕士
Shen Hong, S.M.

文字誊写 Transcriber

易秋芳 历史学博士生
Yi Qiufang, Ph.D. in History Candidate

部分汉语校正 Chinese Language Checkers on Individual Parts

张友谅 教授 Zhang Youliang, B.A.	贾蕴菁 教授 Jia Yunjing, B.A.

通讯事务 Secretaries for Electronic Communication

廖建新 工学博士 Liao Jianxin, Eng.D.	黄长奇 文学硕士 Huang Changqi, M.A.

倪 序

倪征燠　联合国国际法院前法官

　　由中外法学者合作编纂的《元照英美法词典》现已付梓，这是中国法律界的一个重要事件。它既是法律专业领域里的一部大型工具书，又是中西文化之间的一次交流。

　　所谓英美法，不仅是指英美两国的法律，而且也包括所有其他英语系国家的法律。这些国家的法制基于历史原因，或则渊源于英美法制，或则后来采用英美法。旧中国从 19 世纪中叶起，迫于清政府与列强所订的不平等条约，实行丧权辱国的"领事裁判权"，英美法一度成为适用于在华外国人，或者中外人士间纠纷的法律。直至抗日战争晚期，在中国实行了百年的领事裁判权才被宣告撤销。

　　英美法，亦称普通法或判例法，因为法官断案，不采用成文法或法典，而根据法院既往的判例。庭审时，主要是由双方律师向当事人、证人发问，法官作最终裁断。因此，不论在实体法还是在程序法方面，英美法与一般采用法典条文和纠问制度的其他国家法制有显著不同。

　　昔年在上海开设的东吴大学法学院教授英美法，所授课程和美国各大学法学院大致相同。当时东吴法学院的毕业生多在上海等地做律师，办理"华洋案件"。天津的北洋大学（今天津大学）和北京大学亦曾讲授个别的英美法课程或英美法总论。故英美法在中国并不陌生，而也有过一段相当长的实践时期。

　　时移世易，今日中国已屹立于世界，英美法之为用与旧日大异其趣。尤自 1979 年以来，中国参与的国际交往日益频繁，合作与交涉共存。为此，必须善于掌握"知己知彼"的规律，而且按照普遍接受的国际私法的法律适用规范，在某些条件下也须适用交涉对方的法律。在现代国际生活中，须通晓英美法的知识，无待烦言。但要理会英美法的实质和适用，则又离不开其词汇这个锁钥。

　　我还要指出的是，这部作品的编纂有着一番独特而曲折的经过。中国政法大学的比较法教授潘汉典和薛波硕士联合几位学者锲而不舍，殚精竭虑，组织各大学法学院教授学者，乃至港台和海外专家，补阙拾遗，经年不辍。他们为此一事业付出了极大的辛劳。

　　此外，仰赖海外机构和国内社会人士出资匡济，使中国第一部以释义为特征的英美法词典的诞生成为现实。最后，对词典的出版表示真诚的祝贺。

PREFACE

by Ni Zhengyu, former Judge of International Court of Justice

　　The appearance of the English-Chinese Dictionary of Anglo-American Law, compiled jointly by Chinese and foreign specialists in law, is an important event of Chinese legal profession. It is not only a comprehensive law dictionary, but also another step forward in the cultural exchanges between China and the West.

　　Anglo-American law refers not only to the law of Great Britain and the United States; it also includes the laws of all other English-speaking countries. This is because, for historical reasons, their legal systems originated in the Anglo-American legal system or later, adopted it. In the mid-19th century, China was forced to adopt the humiliating "consular jurisdiction" after the government of the Qing Dynasty signed unequal treaties with the imperialist powers. Thus, Anglo-American law was for a time applicable to foreigners in China and also in disputes between foreigners and Chinese citizens. Consular jurisdiction had been in force in China for about 100 years before it was declared abolished near the end of the War of Resistance Against Japan.

Anglo-American law is also known as common law or case law. Under this system, cases are judged according to precedents, not according to written law or codes. During a trial, it is mainly the attorneys representing both parties who are to question the parties concerned and witness(es), and the judge makes the final ruling. So, with respect to either substantive or procedural law, Anglo-American law is markedly different from the legal system of those countries that generally employ codes and the inquisitorial system.

The Anglo-American law courses taught at the Comparative Law School of China (the former Soochow Law School) in Shanghai in the old days were not much different from those offered in the law schools of the American universities. Many law graduates from Soochow University at that time became lawyers in Shanghai and some other cities, handling cases involving Chinese citizens and foreigners. A few courses on Anglo-American law or its general principles were also given at Peiyang University (today's Tianjin University) and Peking University at that time. So, Anglo-American law is not something new in China, having been practiced for quite a long time here.

The times have changed, and with China rising to prominence in the world the application of Anglo-American law is now vastly different from the old days. In particular, since 1979, China has become an ever more active participant in international exchanges, which entails cooperation as well as negotiation. For this purpose, we must understand ourselves as well as others. When it comes to the application of private international law, a commonly accepted practice is that, in certain circumstances, the law of the counterpart to the negotiation should be adopted. Therefore, it is clear that in today's international life, a lucid understanding of Anglo-American law is a necessity. And to understand the essence and application of Anglo-American law, we must first understand its vocabulary.

The compilation of this dictionary was a unique and tortuous process. Pan Handian, a professor of comparative law, and Xue Bo, a master of laws at the China University of Political Science and Law, together with several other scholars, went to great pains to organize professors and scholars from the law schools of universities all over China, including those from Hong Kong, Taiwan and overseas, to actively get involved in the project.

In addition, this English-Chinese Dictionary of Anglo-American Law could not have been published without generous financial support from overseas institutions as well as individuals in China. Finally, I would like to extend my sincere congratulations on its publication.

PREFACE
by Professor Arthur C. Y. Yao, St. Mary's Univesity, U.S.A.

The English-Chinese Dictionary of Anglo-American Law has been prepared with the conviction that it will meet the growing demand for a translation that will help lighten the task of learning Anglo-American law. The editors have used every effort to adhere as closely as possible to the original languages, English and Latin, and to make the translation in a readable style according to current Chinese usage.

With the influx of the advancement of scientific inventions, the development of the means of communication and the growth of international trade, disputes and misunderstandings will greatly increase in number and demand for knowledge of foreign law will also increase.

This dictionary is now sent forth in the hope that all who use it will find it an indispensable helpmate.

姚 序
姚启型　美国圣玛丽大学教授

《元照英美法词典》编纂有年,深信这部词典将能满足不断增长的翻译需要,这一成果无疑能减轻学习英美法过程中的艰难困苦。编者竭尽所能贴近原文,即英文和拉丁文的原意,并且根据当代汉语的用法来译述,以期提供易懂的文体。

随着科学发明创造的涌进、通讯手段的发展以及国际贸易的增长,争端和误解为数势将大大增加,了解外国法的需要亦随之大为增多。

本词典的刊行希望能成为所有的使用者不可或缺的良伴。

卢 序

卢峻　上海社会科学院教授

霍姆斯大法官尝言:"法律的生命不在于逻辑,而在于经验。"倘若这一论断是真实的,那么,对过去的经验、对他人的经验的学习无疑包含更大的价值。发端于中世纪英格兰的习惯法经历几个世纪的风雨变迁,演变成了如今洋洋大观的英美普通法系。

中国自清末沈家本以降,以东洋日本为跳板与榜样,在法律制度方面借鉴与学习西洋的基本上是欧陆罗马法系的概念与学理。现代汉语中许多法律用语,在早期曾直接借用日本人的汉字译文,历经百年的沉淀,这套法律词汇已成为我们分析法律概念,进行学理探讨的基本语言工具,我们对它的历史源头已淡忘而浑然不觉。当我们用这一套法律词汇来翻译英美普通法系的东西时,它的历史源头就鲜明地显现出来。欧陆罗马法系与英美普通法系在概念与学理上迥然不同,两者之间在很多方面找不到精确的对译文。比如,英美地产法,尤其是英格兰地产法中的许多内容,无法用欧陆罗马法系里的"物权法"的概念阐释,如"freehold estate"、"copyhold estate"、"fee simple absolute"等。英美合同法中的"consideration"也是常被人提到的例子。普通法与衡平法进而与制定法的二分亦是欧陆罗马法系所没有的。司法救济优先的观念所导致的诉权与司法技术的丰富与错综复杂局面对翻译提出了挑战。凡此种种,毋需一一列举。对全面的、大型的英美法词典的编纂者而言,这些都构成了实实在在的障碍和困难,完全无法取巧回避。这部词典历经多年方玉成其事也正说明了此种工作的艰巨。我在耄耋之年看到首部此类词典问世,欣喜之余,乐为之序。

PREFACE

by Professor Lu Jun, Shanghai Academy of Social Sciences

"The life of law," said Justice Holmes, "has not been logic: it has been experience." If that comment is true, it would undoubtedly be more than worthwhile to learn from past experience, including the experience of others. Originating in the Middle Ages, the customary law of England has, through centuries of thick and thin, developed into the impressive corpus of Anglo-American common law system of today.

Ever since the time of Shen Jiaben at the end of the Qing Dynasty (1644 – 1911), what China has learned and introduced from the west with respect to the legal system are basically, with Japan as bridge and model, the concepts and theories of the Roman law system of continental Europe. Many of the legal terms now used in the Chinese language were directly borrowed at the early stage from Japanese translations using Chinese characters. A hundred years later, such legal terminology has become our ordinary working language when analyzing legal concepts and discussing legal theories, its historical origin having faded from memory. However, when one comes to use this legal terminology to translate matters of Anglo-American common law system, its historical origin spontaneously reappears. That is because the Roman law system of continental Europe and the Anglo-American common law system are utterly different in concepts and theories. In many instances, there are no exactly corresponding terms that may be used in reciprocal translations. For example, many terms in the Anglo-American law of real property, and especially those in the English law, such as "freehold estate", "copyhold estate" and "fee simple absolute" cannot be expounded with the concept in the Roman law of "real right". The term "consideration" used in Anglo-American contract law is another commonly cited example. From common law to the law of equity and then to statutory law, this dichotomy of Anglo-American common law system is also not found in the Roman law system. The multifarious and complex aspects involved in procedural rights and judicial technique brought about by the concept of prioritization of judicial remedy pose further challenges to legal translation. There are too many examples of this kind to be cited one by one. Suffice it to say that they have caused great difficulties for and handicaps to the editors of a comprehensive Anglo-American law dictionary, and there is no way to avoid them. This is also the reason why it has taken so many years to complete the compilation of this dictionary. I am pleased at my advanced age to witness the first publication of such a dictionary and it is a privilege for me to write this preface for it.

PREFACE

by Sir T.L. Yang, former Chief Justice of Hong Kong; Barrister-at-Law of England

The timely publication of this monumental work is to be celebrated by all students, both Chinese and foreign, of Chinese Law. In the past twenty-four years, China has worked hard at developing the nation's legal and judicial systems. In so doing, China has made in-depth researches into laws of different legal systems, principally the Common Law. The results of their endeavours have been encouraging and commendable.

It therefore gives me great pleasure in congratulating the Sponsors, Supporters and my fellow members on the Editorial Team, without whom the launching of this Dictionary would not have been possible.

To each and everyone of them I extend my deepest respects.

杨 序

杨铁樑　香港最高法院前首席大法官,英格兰出庭律师

此鸿篇巨构之作,应时代之需求问世,定将使中国与四海治中国法之学人领首称庆。盖近廿四年间,中国全力发展国家的法律与司法制度。与此相应,中国遂开展深入研究各不同法系的法律,尤其普通法。其努力的成果殊令人鼓舞,应予颂扬。

有鉴于此,余欣然恭贺此词典的主办者、赞助者及编纂组同仁。舍诸君竭力以赴,此词典曷克问世哉。

为此,不吝谨向上述诸君致以衷心敬意。

PREFACE

by Professor George J. Siedel, the University of Michigan, U.S.A.

CROSS-CULTURAL LEXICOGRAPHY AND THE LAW

The compilation of a dictionary is inevitably a challenging process. The creation of a legal dictionary is especially daunting because law, as the instrument that allows civilized society to exist, touches every aspect of life. As the late A. Bartlett Giamatti observed when he served as President of Yale University, law "is a vast body of knowledge, compounded of historical materials, modes of textual analysis and various philosophical concerns. It is a formal inquiry into our behavior and ideals that proceeds essentially through language."

The compilation of a comprehensive dictionary like The English-Chinese Dictionary of Anglo-American Law represents the ultimate lexicographic challenge because legal terminology, even within one culture, frequently does not have a precise and clear meaning. The attempt to define legal terminology in the language of another culture, with different historical and social traditions, requires unusual resolve and patience. However, the benefits from this effort are significant:

1. By offering an opportunity for increased understanding of the law in China and the United States, this dictionary will enable continuing development of strong and fair legal instiutions.

2. The dictionary will provide a foundation for closer ties between the legal profession in China and the United States. For example, it is likely that the dictionary will be an essential tool in the comparative law training of lawyers in both nations, similar to the traditional use of Black's Law Dictionary in legal training in the United States.

3. The dictionary will be an especially valuable reference for legal scholars and in all likelihood will provide the impetus for translations of legal works.

4. Because the legal infrastructure is a critical element in the development of business institutions and a stable economy, the above benefits will solidify business relations between the United States and China. The relationship between these two great nations is increasingly important in the global economy.

These benefits led a team of my colleagues at the University of Michigan Business School (Professors George D. Cameron, Lynda J. Oswald and Cindy A. Schipani) and me to join with researchers in the United Kingdom in providing assistance to the scholars in China who have worked diligently on the dictionary for many years. We are deeply grateful to the individuals, law firms and other organizations, such as the British Council and the Ford Foundation, that provided funds for this project. We especially appreciate the support of two organizations that provided funding that enabled completion of the dictionary: (1) The William Davidson Institute at The University of Michigan Business School, the world's leading center of expertise on business in emerging economies, and (2) the U.S.-China Legal Cooperation Fund, a program of The China Business Forum, which is the education and research arm of the U.S.-China Business Council.

西德尔序

乔治·J.西德尔　美国密歇根大学教授

跨文化词典编纂与法律

　　编纂一部词典的过程不可避免地充满了挑战。编纂一部法律词典尤其令人望而生畏,原因在于:法律作为致使文明社会存在的工具,涉及生活的方方面面。诚如已故巴特利·贾玛蒂先生担任耶鲁大学校长期间的评述,法律"是一个巨大的知识体,包含了历史材料、文本分析的各种式样以及多方面的哲学关注。它主要借助语言对我们的行为和思想进行系统的探究。"

　　编纂一部像《元照英美法词典》这样的综合性词典面临最大的词典编纂工作的挑战,因为法律术语,即使在同一文化域内,通常也并无精确、清晰的含义。使用另外一种文化的语言,加上不同的历史和社会传统,来试图界定法律术语,需要非同寻常的决心和耐心。尽管如此,这一努力的益处还是相当显著的:

　　1.通过为不断增长的中美间法律上的理解提供一个机会,这部词典将能促使强有力的、公正的法律制度得到持续发展。

　　2.这部词典将为中美法律界提供更紧密联系的基础。例如,这部词典很可能成为两国律师的比较法培训的必备工具,一如《布莱克法律词典》在美国法律训练中的传统功用。

　　3.本词典将会成为对法律学者具有特别价值的参考书,而且,极有可能对法律著作的翻译起到促进作用。

　　4.因为法律基础对于商业制度的发展和一个稳定的经济发展来说,都是至关重要的因素,上述的益处将会巩固中美之间的商业关系。两个伟大的国家间的关系在全球经济中将愈来愈重要。

　　如此多的益处导致我在密歇根大学商学院的一些同事(乔治·D.卡梅伦教授、林达·J.奥斯瓦尔德教授和辛迪·A.斯基帕尼教授)和我一起,与联合王国的研究者们共同为中国的学者提供支助,这些中国学者已经坚持不懈地为这一词典奋斗多年。我们深深地感谢那些为这一项目提供资金的个人、律师事务所以及其他机构,诸如英国文化协会和福特基金会。我们还特别感激以下两个机构,他们提供的资金使得词典的编纂能顺利完成:(1)世界上首列的新兴经济商业的研究中心密歇根大学商学院的威廉·戴维信研究所;以及(2)美中法律合作基金,该基金作为中国商业论坛的一个项目,是美中贸易全国委员会附属的教育和研究机构。

缘 起
AUTHOR'S FOREWORD

"对法律的初学者,我头一条建议,向来是请他们买一部好的词典,并且经常请教它"。①
——罗斯科·庞德[Roscoe Pound]　美国哈佛大学教授,法学院前院长

一

本词典以《英美法词典》题名,所称英美法包括英格兰法和威尔士法,美利坚合众国的联邦法和州法,兼指深受英格兰法影响并同属普通法系的加拿大、澳大利亚、新西兰等国的法律。

二

本词典的编纂旨在为中国提供一部以英美法律词书为集萃的新编中文版,其收词由古洎今,尤注意英美法的发展与词典的现代化。

三

本词典以自19世纪以来的英美法词典、百科全书、判例集、法律汇编、各部门法学专著等作为基础资源,并旁及加、澳、新等国法律词书及其法律集与法学专著,综合编纂。

四

本词典兼容罗马法、大陆法、古法,因为,"以判例法为基础的英美法迄今仍未全部逃避罗马法的影响"②,并且在当代与欧洲大陆法有趋同之势,在立法与实践上日益交错。有鉴于此,本词典仿英美法律词书先例,收录相当数量苏格兰、法、德、意、西、葡等大陆法词目,尤其罗马法、欧洲古法、封建法、教会法等词目。

五

本词典收录法律格言,因为作为法律文化遗产,它是传统法律的原则,是简洁凝练的箴规,多来自罗马法,作拉丁文;少数来自英国,作英语(英国大法官及法学家柯克[Sir Coke, 1552-1633]曾亲自创作并推崇备至),或作诺曼法语。它只在裁决案件中适用该法律格言的范围内始成其为法律。在当今,法律格言的地位远逊于前,但在英美法律著述与研究中仍占有重要地位,学问渊博的法官在重大案件判决中援引法律格言并非罕见。

六

本词典收录英美法普通名词,因为其释义除日常一般涵义外,在法律上往往有其专门的涵义,名词之单数与复数亦往往有其特定的内容。凡此数端取决于语境时空等因素。

七

本词典收入英美两国法院组织、法官、律师、陪审团以及美国法典大要、美国判例集、土地权利等的图示,同时英美根本法及其法制史上重要文献全文均编入文中。

---

① William S. Anderson, *Ballentine's Law Dictionary*, U.S.A.: The Lawyers Co-operative Publishing Company, 1969, p.v
② Bryan A. Garner, *Black's Law Dictionary*, U.S.A.: West Group, 1999, p.ix

八

编纂者深省并重申:"法律词典有一条历时数世纪的老传统,即预为其错误与遗漏表示歉疚。"本词典亦必然出现种种缺陷与谬讹。如,**释义牴牾,用语歧义及不尽一致,详略不尽合理,涵着词义的历史性和现实性,词源确定不切当,甚或遗却关键词目**。正如一位英国词典编纂者所分析的,前述症状与第一次从事这样的词典编纂不可分割,面对不可胜数的资料,在广泛的法律领域内和错综复杂的法律关系中选择要义,尤其是编纂者的智力与宏大的法律知识体系相差悬殊,以及编纂技术的初级无不使这一致力于中文法律用语统一化的事业残留瑕玷和疏失。

编纂者必须坦诚地陈明:对读者使用所遇障碍及其贻误,应承担责任并先行致歉。编纂者虔诚地期求读者惠告心得,并愿为词典的健康移樽就教。

九

本词典的编纂,肇始于1994年,项目发起人及主持者与其同侪假中国政法大学研究生楼之斗室,作为工作室与四壁图书之资料室。复诚邀中国政法大学、北京大学、中国人民大学、中国社会科学院等单位法学教授、研究员并慎选法学硕士、博士研究生等参与其中,先后达二百数十人,依主持者策划部署,分工协作,自浩瀚原典中提炼词条奥义,施行初编、复编、初审、勘定以及录入校订等工序流程,并辱承散处京、沪、宁、杭、港、台各地及海外对英美法素有学养的老学者、专家同仁,不问报酬,承担后期审订重任。主编者及总审订者铭感五中,莫可言宣,谨此致敬。

十

本词典的编纂非由政府组织,所需经费浩大,远非始料所及,惟能求诸于世,责无旁贷。幸承五洲传媒洞幽察微报导于众,奖勉有嘉,由是民众勉励信函纷至,劳动者竭其微薄所得甚至定期寄助;复蒙诸国际组织及学术基金主持者亲临陋室考察,赞许并大力资助,尤使词典编纂者奋勉与感激交并。

潘汉典

中国政法大学比较法研究所首任所长

2002年5月25日

十一

谨向全面肯定此一项目的福特基金会的张乐伦女士、刘晓堤女士、郑虹女士、郭伟女士、周旭芳女士,英国驻华大使馆的戴维信[Martin Davidson]先生、富博森[Stephen Forbes]先生、葛兰蒂[Victoria Grant]女士、霍加里[Gary Hallsworth]先生、倪静女士、张岚女士、江冰女士、路海蓉女士、祖文涛女士、刘海波先生、梁菁嘉女士,美中法律合作基金的列位理事约翰·坎农[John Cannon,Ⅲ]先生、戴维·查菲茨[David H. Chaifetz]先生、乔治·费希尔[George M. C. Fisher]先生、迈克尔·加德巴[R. Michael Gadbaw]先生、理查德·戈茨[Richard G. Goetz]先生、赫伯特·汉塞尔[Herbert J. Hansell]先生、罗伯特·卡普[Robert A. Kapp.]先生、戴维·兰普顿[David M. Lampton]先生、苏珊·罗克福德[Susan P. Rochford]先生、蒂莫西·斯特拉特福德[Timothy P. Stratford]先生、尤金·泰鲁[Eugene A. Theroux]先生、加里·范格拉费兰[Gary P. Van Graafeiland]先生、爱德华·威廉斯[Edward L. Williams]先生及协调人约翰·福尔德[John J. Foarde,Ⅲ]先生,威廉·戴维信研究所的简·斯维纳尔[Jan Svejnar]教授、沙伦·纳克帕拉德[Sharon Nakpairat]女士表示深深的谢意!

谨向给予词典项目司法界扶掖与推介的中华人民共和国司法部的郑静仁先生、王立宪先生、康煜先生、张晓鸣先生表示深深的谢意!

谨向热心佑助词典项目走出窘困的美国夏威夷大学的康雅信[Alison W. Conner]教授表示深深的谢意!

谨向诚笃关怀词典项目的中国政法大学的江平教授、王启富教授、陈光中教授、徐显明教授、张桂琳教授、陆炬副研究员、米健教授、朱维究教授、周忠海教授、郭成伟教授、曾尔恕教授、李曙光教授、戴守义先生、胡枬女士、赵馨女士、王力女士、艾群女士及已逝的陶髦教授、周仁教授表示深深的谢意!

---

① Bryan A. Garner, *Black's Law Dictionary*, U.S.A.: West Group, 1999, p. xi

缘 起 Author's Foreword

谨向敦促合作的台湾东吴大学董事长王绍堉教授,英国阿伯丁大学的克里斯托夫·甘恩[Christopher Gane]教授,美国密歇根大学法学院的弗吉尼亚·戈登[Virginia Gordan]女士表示深深的谢意!

谨向直面尘世,持平之论的中国青年报的沙林先生,北京青年报的胡雅杰先生、吴菲女士,文学报的徐春萍女士,深圳晚报的肖峰女士,南方周末的万静波先生、吴晨光先生、谢春雷先生,《经济学家》的李泰[Ted Plfker]先生,中国中央电视台的刘春先生,中央人民广播电台的刘伟先生、朱煦先生,北京电视台的王伟先生表示深深的谢意!

谨向惠献良策和督励的上海社会科学院的余振龙教授表示深深的谢意!

谨向赐予推动和建议的加拿大麦吉尔大学的保罗-安德烈·克雷波[Paul-André Crépeau]教授表示深深的谢意!

谨向不计烦难翊助词典项目的天津教育委员会考试院的乔丽娟女士表示深深的谢意!

谨向提供办公印务支援的北京宝利世纪有限公司的谭蔷薇女士表示深深的谢意!

谨向创造书籍进口便利的北京图书进出口公司的王静女士表示深深的谢意!

谨向长久垫资词典项目的美国高通公司赵利军先生,北京杰通律师事务所的殷杰先生,中国政法大学的宣增益教授表示深深的谢意!

谨向草创阶段即惠诺出版的外文出版社徐明强先生、李振国先生、李宏涛先生、孙海玉女士、张荣富先生及已故的杜立升先生表示深深的谢意!

谨向珍视和明教词典项目的东吴大学校友总会会长张梦白(1910-2002)教授,全国人大常委会前副委员长雷洁琼教授,全国人大法制工作委员会前副主任裘劭恒教授,新华社前香港分社的黄毓麟教授表示深深的谢意!

谨向饱经风霜,傲骨依然,不废所学,报效邦国令人怆然有感,肃然起敬的东吴大学法学院(1915-1952)的及其他20世纪前半叶播布平等、正义的各位尊宿和贤良表示深深的谢意!

谨向长城内外自发慨然捐资的辽宁的魏海鹰女士,新疆的柳艳女士、邢显方先生、史建武先生、王一量先生、牛君女士,江苏的陆敬华先生、高翔先生,天津的张丽娜女士,湖北的张勇利先生,江西的吴林青先生、黄雯女士,山西的王孝敏先生、孟阔先生,四川的王超先生、赵小宜女士、周勇先生、高玉林先生,河北的管荣开先生、杜娟女士、范明先生、赵虎彬先生,湖南的丑松杰先生、陈华先生,黑龙江的王广懋先生,广东的谢洁瑕女士、时涛先生、黄女士、郭晓先生、瞿湘先生,陕西的孟长生先生、谢旭晖先生、张恒先生,云南的余文泉先生、杨春林先生、王光忠先生、王峻峰先生,河南的杨妹女士,福建的娄海建先生、万兆云女士、陈少莺女士,贵州的廖天芬女士、邓先生、赵慧女士,甘肃的张伟林先生,北京的马礼增先生、胡迪凡先生、陈小华先生、江夏先生、夏云先生、金浩先生、彭振东先生、吴康迪先生、周红宇女士、陶鹏先生、李密女士、刘茜女士及清华大学美术学院97级装潢系全体同学,上海的卢峻教授、高慧敏女士、韩巍女士、陆敏先生及上海外国语学校99届高二(1)班全体同学,广西的邓强新先生、薛鸿波先生及南宁第三中学97届高三(5)班全体同学表示深深的谢意和无限敬意!

谨向高瞻远瞩、睿智卓裁、通力合作将此一巨帙之作迅即问世的美国元照出版有限责任公司总经理万圣德先生、王竹君女士,中国法律出版社社长贾京平先生、沈小英女士、张波先生、袁方女士及两出版机构全体工作者表示深深的谢意!

谨向普世一切关心扶植这部词典成长的纯洁、善良和正直的人们表示最衷心的感谢,是你们的鼓舞和恩施使编纂者得以在一个和平、理解的世界里与词典一路成长!

例　言
EXPLANATORY NOTES

细　目

1. 字体
2. 版式
3. 词目
4. 注音
5. 词源
6. 标识
7. 词条
8. 释义
9. 释义用语
10. 词性
11. 外文夹注
12. 用法
13. 引见
14. 词序
15. 大小写
16. 数字
17. 拼写
18. 缩写词
19. 插图
20. 文献
21. 判例
22. 制定法
23. 人名地名
24. 组织机构名
25. 教会法专名
26. 标点符号
27. 汉语缩略词

1　字　体

1-1　词目及汉语对应词用黑体。
1-2　汉语释义(包括插图、评注)用宋体。
1-3　外文夹注及重要文献用白外体。
1-4　词性和引著名用斜外体。

2　版　式

2-1　双栏排,嵌单线分栏。
2-2　词条由每栏左侧顺排。
2-3　天头地脚双页码,无反线。
2-4　天头双书眉,无反线。
2-5　正文页次用阿拉伯数字表示。
2-6　附件页次用字母 D 配阿拉伯数字表示。

3　词　目

3-1　词目是词条的首词,通常为单词、复合词、短语、缩写词、句子。
3-2　名词通常以主格单数形式立目,动词以不定式形式立目。
3-3　同形异义词,立为同一目。
3-4　异体词(包括不规则的古体词)分别立目,用等于法引见至主词目;只表现增减字母的变体形式,有时括起增减部分,而不再分别立目。

例如:**goldwich**　(= goldwit)
　　　goldwit　*n*.以黄金交纳的罚金或罚款
　　　gyl(t) wite　*n*.〈撒克逊〉…

3-5　名词词目的复数形式如直接影响其释义,以(复)或(常用复)的方式处理。

例如:**vads**　〈拉〉(复)保证;保释…

3-6　某些词目配有插图(表)和插文。
3-7　收词范围。

	主要类别	备　　注
1	普通法[Common Law] 英格兰法[English Law] 英格兰古法[Old English Law] 美国法[American Law]	词目包括术语、罕见词、俚语、口语、普通词,总计约 51 000 条,其中拉丁语 8 000 余条
2	大陆法[Civil Law]	
3	罗马法[Roman Law]	
4	教会法[Ecclesiastical Law]	
5	拉丁语及法律格言[Latin and Legal Maxim]	

4　注　音

4-1　注音使用国际音标,音标置于方括号中。
4-2　拼写相同的词目,因释义不同而改变读音的,有时注音。

例如:**invalid**　*n*.[ˈinvəlid]病人…
　　　　　　　　　a.[inˈvælid]无效的…

5　词　源

5-1　英语词源来自本族语,即盎格鲁－撒克逊语;外来语,包括法语、拉丁语、希腊语、凯尔特语、西班牙语、葡萄牙语等。
5-2　词源表示词目的历史来源,音义演变或同源词。
5-3　依本例言 27-1 列举所注词源,除拉丁语外均依循原文。
5-4　拉丁语词源的确定,或照原文所示,或照文义而定。

5-5　不明确或未经证实的词源,通常不予标注。

5-6　词源偶或在释义时附及。

	部分词源分类	语言期
1	古英语[Old English]	自古至1100(1150?)年
2	中古英语[Middle English]	1100(1150?)至1500年
3	拉丁语[Latin]	现存的最早文献至公元200年
4	后拉丁语[Late Latin]	公元200至600年
5	中世纪拉丁语[Medieval Latin]	公元600至1500年
6	新拉丁语[New Latin]	自1500年
7	法律拉丁语[Law Latin]	自12世纪至1730(1731?)年
8	古法语[Old French]	自古至1300年
9	中古法语[Middle French]	1300至1600年
10	法语[French]	自1600年
11	诺曼法语[Norman French]	1066至1731年
12	法律法语[Law French]	1066至1733年
13	盎格鲁法语[Anglo French]	自1066年,在英格兰使用的诺曼法语,包含法律法语

6　标　　识

6-1　原语中属于特别语用范畴或学科专科的词目,加以注明,以作识别。

6-2　标识通常分为:时间标识,如(古);语用习惯标识,如(口);语法标识,如 n.;修辞标识,如(贬);地域标识,如〈英〉;学科标识,如(刑法),等。

7　词　　条

7-1　词条由注释的对象和注释构成。

7-2　一个全面的词条是由词目、标识、汉语对应词、释义、引见、评注、插图、插文组成。

7-3　词条主要为专科性,次要为百科性及语词性。

8　释　　义

8-1　释义内容表述词目的根本含义、主要特征及相关法律含义,通常不涉及主观评价。

8-2　单义词的义点间以分号隔开。

8-3　多义词的义项以反黑阿拉伯数字❶❷❸…隔开,某一义项若需再细加区别及分叙,则用反白阿拉伯数字①②③…。

例如:**heredits jacen**　〈拉〉❶待继承的遗产　指在继承人…　❷(古)无人继承的遗产　指所有继承人…

husband　n.❶丈夫　①已婚的男子;②有与之共同生活…

8-4　释义中采用交叉参见及夹注外文的方法。

8-5　多义词的排列,通常遵循频率原则,即高频在前,低频在后。

8-6　总称义项,用[总称]形式标出。

例如:**highway acts**　[总称]公路法…

8-7　法律格言的释义多种表达的,其次句以"或"引导。

例如:**Experientia per varios actus legem facit. Magistra rerum experientia.**　各种行为的经验足以成为法律。或:经验是万事之母。　意即:法律是根据各种行为的经验制定的。

8-8　释义不分段。

8-9　单词词目,既为英语又为外来语时,将词性及外来语分列。

8-10　主词条与等于词条间不必然有汉语对应词,主词条与参见词条间必然有汉语对应词,是否标注词性及标识未作统一。

例如:**homesoken**　(= hamese)
　　　Hanseatic League　汉萨同盟(⇨Hanse)

9　释义用语

9-1　释义语言以现代汉语与法律术语相结合。

9-2　汉语的简称,除非广泛使用和易于理解,通常不作为可取用语。

9-3　在中国大陆未被广泛认同的港台用语通常不予采纳。

9-4　汉语对应词有绝对性对应、部分对应和解释性对应(多用于陈旧罕用词目)。

9-5　释义标注语"指"(泛指、特指、专指)的使用未作统一,法律格言的释义偶或使用"意即"作为标注语。

例如:见 8-7。

9-6　释义中对某些现时不再使用的词语和义项,标明"旧时"、"古时"、"旧称"等限制性用语。

9-7　公元纪年,元年以前加"前"字,元年至1000年加"公元",1000年后省略"公元"。

9-8　在列举未尽事项时,"等"单用。

9-9　制定法名称,虽无反义,而实质反义者,是否表现反义未作统一。

9-10　货币名称采用汉语表达,不取符号或缩写。

9-11　外文中的"A、B、C…"指代用汉语序次语"甲、乙、丙…"表示。

9-12　非绝对强调某一确定法院性质,如英国的"High Court",美国的"Supreme Court",通常对于同一法院系统而言,采用上(一)级、下(一)级法院之称,而不谓之高(一)级法院、低(一)级法院。

9-13　对具有封建性质的审判机构,常称"法庭";对英格兰而言,凡1875年司法改革后的审判机构,常称"法院";美国联邦及州系统的审判机构,常称"法院";教会系统的审判机构,统称"法院"。

10　词　　性

10-1　英语单词,包括已被英语吸收的外来语标注词性(带连词符的词计为一单词)。

10-2　某些词源模糊的单词,虽已标注词性,但不必然为英文。

10-3　外来语,如法语、拉丁语、西班牙语、德语、希腊语、意大利语等,如已确定不标注词性。

10-4　古语,如盎格鲁语、西撒克逊语、肯特方言、古条顿语、古诺曼语、古撒克逊语、哥特语等已确定者,不标注词性。

10-5　同一词目之不同词性,立为同一词目,释义同者不转行,释义异者,另行。

　　例如:**reprieve**　*v.* & *n.* **暂缓执行刑罚**　对判处的刑罚…

　　　　eldest　*a.* **最年长的;最早出生的**
　　　　　　　　n. ❶**最长辈者**　❷**长子**　关于长子继承权[primogeniture]的法律在美国并无效力

10-6　同一词目既为英语又为外来语,或古语,分行释义。

　　例如:**exlex**　〈拉〉(英格兰古法)**被剥夺受法律保护之权者;被剥夺受法律保护之权者的重罪犯**
　　　　　　　　v. ❶**免除责任(或义务)**　❷**澄清罪责**

10-7　词性按语法范畴,以缩略语的形式标注,无先后之分。
所采词性有:名词 n.、动词 v.(含及物动词 vt.、不及物动词 vi.、助动词 aux.v.)、形容词 a.、副词 ad.、代词 pron.、数词 num.、介词 prep.、连接词 conj.、感叹词 int.、冠词 art.。

11　外　文　夹　注

11-1　夹注外文的通常有:制定法名称、判例名称、组织机构名称、人物名称、地理名称以及术语或不确定的汉语表述。

　　例如:**Pennoyer Rule**　〈美〉**彭诺耶规则**　对被告无对人管辖权…的法律规则。源自彭诺耶诉内夫[Pennoyer v. Neff]一案。
　　　　penal sum　(罚款保函[penal bond]中的)**违约保证金**…

11-2　夹注的外文非构词需要,通常省略冠词"the"或"a"。

12　用　　法

12-1　辨析同义词的词义和用法。
12-2　说明词语本身及其使用特点:
12-2-①语体,即词语的语境用法。
12-2-②通用程度,即词语为现今通用或废弃不用。
12-2-③标准化程度,即词语为标准语或非标准语。
12-2-④使用地域。
12-2-⑤学科领域。

13　引　　见

13-1　指引号"="表示主词条与等于词条释义相等(异体词或同义词)。

13-2　指引号"⇨"表示主词条与参见词条释义相关,或词目仅有汉语对应并无释义时,引见至有释义的词目。

13-3　同一词条等于或参见词条多于一个时,其间以分号隔开。

　　例如:**ewage**　*n.*(英格兰古法)**过河费**(= aquage; aquagium)

13-4　等于参见至少为单向,并全部单独立目。

13-5　"亦作"、"亦写作"、"亦称"、"简作"、"相当于"表示本词的异体或异称,通常对此不另立目。

　　例如:**Elastic Clause**　〈美〉**弹性条款**　指美国宪法…。该词亦称 Basket Clause;Coefficient Clause…
　　　　emptor　〈拉〉(大陆法)**买主;购买人**　亦作 emtor,常用于…

13-6　多义词的主词条释义后的等于参见:
13-6-①　通常未指明某义项与参见条的哪一义项相关。

　　例如:**recognitors**　*n.* ❶〈英〉**列入巡回法庭陪审团名单的陪审员**　❷(= recognizor)

13-6-②　偶尔指明某义项与参见条的某义项相关。

　　例如:**reporter**　*n.* ❶**记录员**　用速记方法记录讲话或程序的人员…　❷**报道员**　负责制作和公布…　❸(= reporter of decisions)　❹(= report ❸)

13 – 7　同一词条既等于又参见时,等于在先,参见在后。

　　　例如:**puisné**　〈法〉**合法次子;婚生次子**　婚前生下第一个孩子后的男女双方婚后生下的第一个孩子。(= mulier puisne)(⇨bastard eigné)

14　词　　序

14 – 1　采用逐字母排列法,即无论一词目包含多少单词,统一视为一个完整的字母组合,空格忽略不计。

14 – 2　非字母,如和号 & 及标点符号包括字母上的音调号,如 à、é、è、ê、ñ 等一律不参加排序。

14 – 3　字母相同但大小写相异时,遵循"先简后繁"、"先小后大"的次序。如 **A/s** 排在 **AS** 之后,**A/S** 排在 **AS** 之后;**C.A.** 排在 **ca** 之后。

14 – 4　v．,St．,Sts．,Mr．,Mrs．等缩写按现实拼写,而不以 Versus, Saint, Saints, Mister, Mistress 排序。

14 – 5　以 De, Mc 起始词目,按现实拼写直接排序。

14 – 6　斜线号"/"后的缩写词不参加排序。

14 – 7　逗号后或括号中的数字不参加排序。如 **Alabny Plan of Union(1744), Toleration Act, 1712**,上述 1744,1712 皆不排序。

14 – 8　含有阿拉伯数字的词目,无论数码是否连续,均以其数字拼读出的字母顺序排序:

14 – 8 – ①　一般基数词,如:**10 – Q** 按 tenq 排序,**form 10 – Q** 按 formtenq 排序,**401(K) Plan** 按 four hundred and† one k 排序。

　　　†:如数字是三位或三位以上时,在十位数之前加 and,如无十位数则在百位数与个位数之间加 and。

14 – 8 – ②　序数词,如 **2nd** 按 second 排序。

14 – 8 – ③　公元纪年以百[hundred]作单位,但拼读时,将之略去。如 **1983 suits**,按 nineteen eighty-three 排序。

14 – 8 – ④　罗马数字不参加字母排序,如其为连续,则依小至大排序。

15　大　小　写

15 – 1　非专有名词、句子及构词需要,起首字母一律小写。

15 – 2　释义涉及某一义项本词需首字母大写时,在方括号内标注大写该首字母。

　　　例如:**election day**　❶选举日　❷[E-D-]〈美〉总统及国会议员选举日⋯

15 – 3　释义涉及本词首字母惯于大写时,在圆括号内标注"常为大写"等字样。

　　　例如:**secretary of state**　❶〈美〉(常为大写)**国务卿**　领导国务院的内阁成员⋯

16　数　　字

16 – 1　使用阿拉伯数字的有时间(公历纪年、年代、年、月、日、时刻)和数值与量值(法定计量单位和常用非法定计量单位):

16 – 1 – ①　10 以下(包括 10)的整数,与某些量词如名、个、支、种等搭配时,通常使用汉字(文中出现一组具有统计和比较意义的数量词时例外)。

16 – 1 – ②　汉语对应词中的分数使用汉字。

16 – 1 – ③　4 位和 4 位以上的数字,采用三位分节法。

　　　例如:**Louisiana Purchase**　**路易斯安那购买地**　1803 年美国政府从法国手中购买 828 000 平方英里⋯

16 – 1 – ④　美国宪法和修正案的条序号使用汉字。

　　　例如:**Reconstruction Amendments**　〈美〉**重建修正案**　指美国宪法第十三、十四、十五条修正案。

16 – 2　罗马数字表示的世年,对应时以汉字替代。

　　　例如:**eminence**　n. 枢机主教[cardinals]的一种荣誉头衔　他们被称作⋯,直到乌尔班八世[Urban Ⅷ]教皇任职。

16 – 3　数字排序依本例言 14 – 8。

17　拼　　写

17 – 1　英美单词的不同拼法,除其为专门术语或涉及特定内容,按照自有习惯拼写,通常未作指示。

17 – 2　单词虽有两种或多种拼写,但不属英美英语拼写区别,通常仅依来源,是否括某字母未作统一,如 Judgement, Judgment。

17 – 3　拉丁语 ius 与 jus 组合的词目通常分别立目,并以引见法作等于指示。

　　　例如:**jus mariti**　〈拉〉(= ius mariti)
　　　　　　ius disponendi　〈拉〉(罗马法)**处分权;让渡权**　此词与货物销售有关⋯(= jus disponendi)

18　缩　写　词

18 – 1　一个全面的缩写词条由全称词目、斜线号"/"、缩写词、汉语对应词和/或释义组成。

18 – 2　一词的缩写词,一律标之于词目之斜线号"/"后,一个以上缩写词仍以"/"为分隔,依次标注。

18 – 3　每一缩写词另立目,并以等号引见至全称词目。

18 – 4　释义中夹注外文需标注缩写词,仿照本例言 18 – 2 实现。

18-5　某些不为常用单词的缩写词,未单独立目,以"缩写为"等字样与释义一并表示。

18-6　缩写词是否大小写和有无缩写号未统一,均以来源为据。

19 插　　图

19-1　插图建有独立目录。

19-2　附插图词目的尾部加注✽号。

19-3　插图下所注"source"是对其来源的明示。

19-4　插图互为独立,不构成体系,仅是对各处词目的补充解说。

19-5　插图不必然与相应词目同处一版面。

20 文　　献

20-1　文献建有独立目录。

20-2　附文献词目的尾部加注✽号。

20-3　文献下所标"source"是其来源自身的附注。

20-4　文献在正文中无独立编号。

20-5　文献均为外文。

21 判　　例

21-1　判例名称给出汉语对应词。

21-2　某些判例中的年代为判例作出时间,该时间在词目的汉语对应词中不予表示。

22 制　定　法

22-1　制定法名称给出汉语对应词。

22-2　制定法颁布或实施的时间,若其为介词"of"结构,即将之写出并与法律名称一同置于书名号中,非此,则在词目的对应词中略去。

　　例如：Elementary and Secondary Education Act of 1965　〈美〉《1965年初等和中等教育法》
　　　　Regency Bill(1788)　〈英〉《摄正法案》

22-3　某些制定法总称或类称,汉语对应词不加书名号。

　　例如：employers' liability acts　〈美〉雇主责任法
　　　　包括一系列…

23 人　名　地　名

23-1　少数条目遵从惯译,以"名从主人、约定俗成"原则处理,极个别条目音译。

23-2　举凡人名译名依照:新华社译名室编《世界人名翻译大辞典》(1993年版);新华社译名资料组编《英语译名手册》(1985年版)。

23-3　举凡地名依照:中国大百科全书出版社编《世界地名录》(1984年版);中国大百科全书出版社编《世界地名翻译手册》(1988年版);中国地名委员会编《美国地名译名手册》(1985年版)。

23-4　举凡民族译名依照:李毅夫、王恩庆等编《世界民族译名手册》(1982年版);马加瑞、马香雪等译《世界历史词典》(1988年版)。

24 组织机构名

24-1　部分词目遵从行业通用名。

24-2　部分词目参照新华社国际资料编辑室编《各国国家机构手册》(1993年版)和《国际组织手册》(1988年版);中国社会科学院美国研究所编《美国年鉴》(1999年版、2001年版);张毅军、林永文编著《美国政府机构手册》(2000年版);美国大使馆文化处编译《美国政府简介》(1982年版);戴树乔、高峰等编译《英国辞典》(1993年版)。

25 教会法专名

25-1　部分词目遵从惯译。

25-2　部分词目参照任继愈主编《宗教词典》(1981年版);杜友良主编《简明英汉/汉英世界宗教词典》(1994年版);张景龙、沙辰等译《牛津基督教史》(1995年版);梁工主编《圣经百科词典》(1990年版)。

26 标点符号

26-1　中外文分号均使用";"。

26-2　中文句号使用"。",外文句号使用"."。

26-3　中外文省略号均使用"…"。

26-4　中外文引号(外文中的句号和逗号置于引号内;冒号和分号置于引号外;问号和感叹号置于引号内外均可)均使用""""。

26-5　中外文问号均使用"?"(某些含义及用词存疑之处亦标示此号)。

26-6　中外文逗号均使用","。

26-7　中外文间隔号均使用"·"。

26-8　中文顿号使用"、"。

26-9　中外文冒号均使用":"。

26-10　注释号使用阳文圆码和阴文圆码。

26-11　页号使用"p"。

26-12　撇号使用"'"。

26-13　外文连字符用短横线,用于表示：

26-13-①　词的切分。

26-13-②　复合词。

26-13-③　时间段。

26－14　中文连接号用短横线。
26－15　圆括号用于括注：
26－15－①　学科、修辞。
26－15－②　对应词及释义的补充说明部分。
26－15－③　可以置换的外文字母或中文词语。
26－16　方括号用于夹注外文、总称义项及首字母大写义项。
26－17　书名号用于括注制定法名称、著作名称等。
26－18　中文破折号用长横线(占两个字的地位)。
26－19　斜线号用于表示：
26－19－①　分数。
26－19－②　全称词目与缩写词和缩写词与缩写词的间隔。
26－19－③　释义中二者必居其一。

27　汉语缩略词

27－1　词源或词义指向(按汉语拼音字母次序排列)：
〈爱尔兰〉爱尔兰法律用语
〈澳〉澳大利亚法律用语
〈比利时〉比利时法律用语
〈丹〉丹麦法律用语
〈德〉德语或德国法律用语
〈俄〉俄国法律用语
〈法〉法语(含法律法语)或法国法律用语
〈哥特〉哥特法律用语
〈荷〉荷兰法律用语
〈加〉加拿大法律用语
〈凯尔特〉凯尔特法律用语
〈拉〉拉丁语(含法律拉丁语)
〈伦巴第〉伦巴第语或伦巴第法律用语
〈美〉美国法律用语
〈墨〉墨西哥法律用语
〈诺曼〉诺曼语及诺曼法律用语
〈欧〉欧洲法律用语
〈葡〉葡萄牙语或葡萄牙法律用语
〈日〉日本法律用语
〈瑞典〉瑞典法律用语
〈撒克逊〉撒克逊语或撒克逊法律用语
〈苏格兰〉苏格兰法律用语
〈苏联〉苏联法律用语
〈条顿〉条顿语或条顿法律用语
〈威尔士〉威尔士法律用语
〈西〉西班牙语或西班牙法律用语
〈希伯来〉希伯来法律用语
〈意〉意大利语或意大利法律用语
〈印〉印度法律用语
〈英〉英格兰法律用语
〈犹太〉犹太法律用语

27－2　修辞(按汉语拼音字母次序排列)：
(贬)贬义　　　(废)废义　　　(复)复数
(古)古语、古义　(罕)罕用语　　(口)口语
(俚)俚语　　　(美俚)美国俚语　(俗)俗语
(英俚)英国俚语　(喻)比喻

27－3　语义使用范围：
(英格兰古法)　(爱尔兰古法)　(苏格兰古法)
(法国古法)　　(德国古法)　　(西班牙古法)
(法国商法)　　(西班牙美洲属地法)　(西班牙殖民地法)
(纽约旧法)　　(路易斯安那州法)　(中世纪法)
(欧洲古法)　　(殖民法)　　　(古法)
(普通法)　　　(制定法)　　　(衡平法)
(大陆法)　　　(教会法)　　　(罗马法)
(日耳曼法)　　(古希伯来法)　(哥特法)
(夏威夷语)　　(封建法)　　　(封地法)
(采邑法)　　　(宗教)　　　　(基督教)
(哲学)

27－4　学科：
(民法)　(亲属法)　(家事法)　(遗嘱检验法)
(婚姻法)　(商法)　(海关法)　(反垄断法)
(证券法)　(买卖法)　(合同法)　(担保法)
(财产法)　(土地法)　(刑法)　(诉讼法)
(程序法)　(证据法)　(破产法)　(劳工法)
(会计法)　(行政法)　(福利法)　(代理法)
(侵权法)　(信托法)　(银行法)　(税法)
(宪法)　(消费法)　(公司法)　(环境法)
(移民法)　(保险法)　(森林法)　(产品责任法)
(国际法)　(公法)　(海洋法)　(冲突法)
(航空法)　(军事法)　(专利法)　(矿产法)
(采矿法)　(矿业法)　(水法)　(艺术法)

参阅书目
BIBLIOGRAPHY

American Jurisprudence, Complete in 89 vols, U.S.A.: The Lawyers Co-operative Publishing Company, 1936 – .
Amy B. Brann, *The Law Dictionary*, U.S.A.: Anderson Publishing Co., 1997.
Ben Weinreb and Christopher Hibbert, *The London Encyclopaedia*, London: Macmillan London Limited, 1983.
Bieber's Dictionary of Legal Citations, U.S.A.: Mary Miles Prince William S. Hein & Co., Inc., 1992.
Bryan A. Garner, *A Dictionary of Modern Legal Usage*, U.S.A.: Oxford University Press, 1995.
Bryan A. Garner, *Black's Law Dictionary*, U.S.A.: West Group, 1999.
Chris Cook, *Dictionary of Historical Terms*, London: Macmillan Press, 1983.
Christopher Thomas Anglim, *Religion and the Law: A Dictionary*, U.S.A.: ABC-CLIO, Inc., 1999.
Daniel Oran, *Oran's Dictionary of the Law*, U.S.A.: West Thomson Learning$_{TM}$, 2000.
Daphne A. Dukelow, *The Dictionary of Canadian Law*, Canada: A Carswell Publication, 1991.
David M. Walker, *A Legal History of Scotland*, Complete in 5 vols, Great Britain: W. Green & Son Ltd., 1988.
David M. Walker, *The Oxford Companion to Law*, Great Britain: Clarendon Press, 1980.
David Mellinkoff, *Mellinkoff's Dictionary of American Legal Usage*, U.S.A.: West Publishing Co., 1992.
David R. Tarr, Ann O'Connor, *Congress A to Z*, U.S.A.: Fitzroy Dearborn Publishers, 1999.
Dean J. Champion, *Dictionary of American Criminal Justice*, London: Fitzroy Dearborn Publishers, 1998.
E.R. Hardy Ivamy, *Dictionary of Company Law*, Great Britain: Butterworth & Co (Publishers) Ltd., 1985.
E.R. Hardy Ivamy, *Mozley & Whiteley's Law Dictionary*, Great Britain: Butterworths, 1983.
Edmund Jan Osmańczyk, *Encyclopedia of the United Nations*, USA and UK: Taylor & Francis Inc. and Taylor & Francis, 1985.
Elizabeth A. Martin, *A Concise Dictionary of Law*, Great Britain: Oxford University Press, 1983.
Elizabeth A. Martin, *A Dictionary of Law*, Great Britain: Oxford University Press, 1997.
Encyclopedia of American Government, Complete in 4 vols, U.S.A.: Salem Press, INC., 1998.
Francis Rawle, *Bouvier's Law Dictionary*, Complete in 2 vols, U.S.A.: The Boston Book Company, 1897.
Gavin McFarlane, *The Layman's Dictionary of English Law*, Great Britain: Waterlow Publishers Limited, 1984.
Giles JACOB, *JACOB's Law Dictionary*, New Jersey: The Lawbook Exchange, Ltd., Union, 2000.
George Gordon Coughlin, *Dictionary of Law*, U.S.A.: Barnes & Noble Books/A Division of Harper & Row, Publishers, 1982.
George Thomas Kurian, *A Historical Guide to the U.S. Government*, New York: Oxford University Press, 1998.
Hans L. Trefousse, *Historical Dictionary of Reconstruction*, New York: Greenwood Press, 1991.
Henry Murdoch, *A Dictionary of Irish Law*, Dublin: Topaz Publications, 1993.
J. Thomas McCarthy, *McCarthy's Desk Encyclopedia of Intellectual Property*, U.S.A.: The Bureau of National Affairs, Inc., 1995.
James E. Clapp, *Random House Webster's Dictionary of the Law*, New York: Random House, 2000.
Jay M. Shafritz, *The Dorsey Dictionary of American Government and Politics*, U.S.A.: The Dorsey Press, 1988.
Jethro K. Lieberman, *The Evolving Constitution*, U.S.A.: Random House, 1992.
Joel H. Silber, *Encyclopedia of the American Legislative System*, Complete in 3 vols, U.S.A.: Charles Scribner's Sons, 1994.
John A. Yogis, *Canadian Law Dictionary*, New York: Barron's Educational Series, Inc., 1990.
John B. Saunders, *Mozley & Whiteley's Law Dictionary*, London: Butterworths, 1977.
John B. Saunders, *Words and Phrases*, Complete in 5 vols, Great Britain: Butterworths, 1969.
John Burke, *Jowitt's Dictionary of English Law*, Great Britain: Sweet & Maxwell Limited, 1977.
John Cannon, *The Oxford Companion to British History*, Great Britain: Oxford University Press, 1997.
John J. Patrick, Richard M. Pious, Donald A. Ritchie, *The Oxford Guide to the United States Government*, U.S.A.: Oxford Uni-

versity Press, 2001.

John L. Moore, *Elections A to Z*, U.S.A.: Fitzroy Dearborn Publishers, 1999.

John M. Cartwright, *Glossary of Real Estate Law*, U.S.A.: The Lawyers Co-operative Publishing Co., 1972.

John N. Ferdico, *Ferdico's Criminal Law and Justice Dictionary*, U.S.A.: West Publishing Company, 1992.

John R. Vile *Encyclopedia of Constitutional Amendments*, U.S.A.: ABC-CLIO, Inc., 1996.

John S. James, *Stroud's Judicial Dictionary*, Complete in 5 vols., Great Britain: Sweet & Maxwell Ltd., 1986.

Joseph R. Nolan and Jacqueline M. Nolan-Haley, *Black's Law Dictionary*, U.S.A.: West Publishing Co., 1990.

Kenneth Jost, *The Supreme Court A to Z*, Washington, D.C.: Congressional Quarterly Inc., 1998.

Kenneth R. Redden and Enid L. Veron, *Modern Legal Glossary*, U.S.A.: The Michie Company, 1980.

Kermit L. Hall, *The Oxford Companion to the Supreme Court of the United States*, Complete in 2 vols, U.S.A.: Oxford University Press, 1992.

L.B. Curzon, *A Dictionary of Law*, Great Britain: Macdonald and Evans, 1979.

L.B. Curzon, *A Dictionary of Law*, Great Britain: Pitman Publishing, 1993.

Leslie Rutherford and Sheila Bone, *Osborn's Concise Law Dictionary*, London: Sweet & Maxwell, 1993.

Max Radin, *Radin Law Dictionary*, U.S.A.: Oceana Publications, Inc., 1970.

Ralph C. Chandler, Richard A. Enslen and Peter G. Renstrom, *The Constitutional Law Dictionary*, Vol.2, Great Britain: ABC-Clio, Inc., 1987.

Robert L. Bledsoe and Boleslaw A. Bozzek, *The International Law Dictionary*, Great Britain: ABC-Clio, Inc., 1987.

S.E. Marantell, *The Australian Legal Dictionary*, Australia: Hargreen Publishing Company, 1981.

Sanford H. Kadish, *Encyclopedia of Crime and Justice*, Complete in 4 vols, U.S.A.: The Free Press, 1983.

SB Marsh and JB Bailey, *Terminology of Business and Company Law*, London: Kogan Page Ltd., 1987.

Steven H. Gifis, *Law Dictionary*, U.S.A.: Barron's Educational Series, Inc., 1975.

The New Encyclopaedia Britannica, Complete in 12 vols., U.S.A.: Encyclopaedia Britannica, Inc., 1988.

Vergil L. Williams, *Dictionary of American Penology*, U.S.A.: Greenwood Press, 1996.

Vernon Bogdanor, *The Blackwell Encyclopaedia of Political Institutions*, Great Britain: Basil Blackwell Inc., 1987.

W.J. Stewart & Robert Burgess, *Collins Dictionary of Law*, Great Britain: Harper Collins Publishers, 1996.

West's Encyclopedia of American Law, Complete in 12 vols, U.S.A.: West Group, 1997.

William J. Stewart, *Scottish Contemporary Judicial Dictionary of Words and Phrases*, Great Britain: W. Green & Son Ltd., 1995.

William S. Anderson, *Ballentine's Law Dictionary*, U.S.A.: Lawyers Cooperative Publishing, 1969.

Words and Phrases, Complete in 89 vols, U.S.A.: West Publishing Co., 1940 – .

储槐植,美国刑法,第二版,北京:北京大学出版社,1996。

Aa

a. ❶ *art.* 英语的不定冠词之一　英语字母表中的第一个字母,源于希腊语的第一个字母 a[alpha]。其既可表示一个[one],也可表示任何一个[any one],具体含义依语境而定。 ❷ 甲　用以指假设的人。常出现于教学案例中,例如"甲与乙达成一项协议"[A and B make an agreement…]。 ❸ 第一等的;甲级的;优等的;最好的　用于表示评级机构对证券、船舶等评定的等级。如劳埃德船级社[Lloyd's Register of Shipping]以 A₁ 表示被评定为一级的商船。按标准普尔公司[Standard & Poor's]的评定,证券的信誉等级可依次分为 AAA 级(顶级)直至 C 级。 ❹ 用于报纸上登载的证券交易表[stock-transaction table]中,表示在当年除固定股息[regular dividends]外,尚有现金付款[cash payment]　 ❺ 用于报纸上登载的互助基金交易表[mutual-fund transaction table]中,表示收益率[yield]。其可以表示资本收益、亏损和现行利息[current interest]　 ❻ [A]用于报纸上登载的公司收益表[corporate earnings report]中,表示美国证券交易所[American Stock Exchange]为某一公司普通股的一级市场[primary market]　 ❼ [A](古)猩红 A 字母　旧时给犯通奸罪者佩带的标证,以示惩罚。 ❽ (罗马法)无罪释放　absolvo 的缩写。刑事法院的法官将之书写于木板上,以示其同意宣告被告人无罪。 ❾ (罗马法)反对;异议　antiquo 支持旧法[for the old law]的缩写,参加平民议会[popular assembly]者将之书写于木板上,以示其反对某项提议的法案。 ❿ @　at 的代表符号　① 表示货物单价,如 100 tonnes of coal @ £40 per tonne (100 公吨煤单价为每公吨 40 英镑);② 表示按指定的比率计算,例如 interest @ 6%(利息按 6%计算)。 ⓫ (拉)有时也写作 ab 或 abs,作介词用,相当于英语中的 from; after; in; on; of; out of; because of。其他法律拉丁语用时,相当于英语中的 with　 ⓬ (法)为法律法语,常写作 à,作介词用,相当于英语中的 of; at; to; for; in; with　 ⓭ (= adversus) 　 ⓮ (= acre) 　 ⓯ [A] (= anonymous)

AAA　(= American Arbitration Association; Agricultural Adjustment Act)

AALS　(= Association of American Law Schools)

A and B lists　〈英〉甲表和乙表　根据英国公司法在公司破产清算时所制订的清算缴款人[contributories]名单。只要该人的股份尚未付款或未遵守其担保条款[guarantee],则应承担清算缴款责任,以解除公司的责任。其中,甲表包括在公司清算时持股的股东,乙表则包括在此之前 1 年内曾经担任公司股东而现已退出公司的人。后者对于其退出公司后所发生的公司债务或责任不承担缴款义务。(⇨call; contributory)

a aver et tener　〈法〉拥有并持有　其相应的法律拉丁语形式为"habendum et tenendum",英文形式为"to hold and to have"。"A aver et tener a luy et a ses heires, a touts jours"意为"由他及他的继承人永远保有"[to have and to hold to him and his heirs forever]。(⇨habendum clause)

Ab　*n.* 阿布月　指犹太国历的十一月,犹太教历的五月。

ABA　(= American Bar Association)

Ab abusu ad usum non valet consequentia.　〈拉〉事物滥用不能导出合法使用的结论。

abacinare　处以烙刑　一种刑罚方式,指把烧红的烙铁放在人的眼睛前面,把眼睛弄瞎。

abacinate　(= abbacinate; abacinare)

abacist(a)　*n.* 算盘家;算术家;计算师

abaction　盗窃家畜(罪);以暴力方式掠走(⇨abactor; abigeatus)

ab actis　〈拉〉(罗马法)法庭书记员(官);公证员

abactor　盗窃成群家畜者　指一次盗走一群家畜的人,以别于一次只盗走一只家畜的人。(⇨abigevus)

abadengo　〈西〉❶ 属于修道院院长并受其管辖的土地、城镇和村庄 ❷ 属于教会法人的所有土地　通常是教会免税的永久管业。

ab aeterno　源于永恒

ab agendo　〈拉〉无行为能力的;丧失行为能力的

abalienare　〈拉〉(罗马法)转让(动产或不动产)权益或所有权

abalienate　*v.* 转移财产权益或所有权(⇨abalienation)

abalienatio　〈拉〉(罗马法)财产的完全转让　指财产由一个罗马市民手中完整地转让到另一个罗马市民手中。

abalienation　*n.* (大陆法)财产权益或所有权的转让　在罗马法中,该词为"abalienatio"。(⇨alienation)

abamita　〈拉〉(大陆法)高(外)祖父的姐妹

abandon　*v.* ❶ 放弃;遗弃　如放弃对人或物应有的照管;不顾责任、义务而遗弃子女与妻子;医生放弃病人。 ❷ 抛弃　指放弃或交出自己的权利或利益,并不欲重新取得,即放弃与有关的所有联系,既有放弃的意图,也有实现这种意图的外部行为。 ❸ (海商法)委付;弃(船)(⇨abandonment)

abandoned property　抛弃物;被抛弃的财产　指所有人自愿放弃财产的全部权利,所有权、请求权和占有而非将财产转让给任何人,且无意于将来重新占有或重新取得这些权利或利益。

abandonee　*n.* ❶ 受委付人　尤指由被保险人委以推定全损中遇难船舶和上货物全部权利的保险人。 ❷ 受领人　指受领或主张有权受领被遗弃或放弃的财产或权利

abandonment *n.* ❶委付 指保险标的物发生推定全损时，由被保险人把保险标的物的所有权转让给保险人，并向保险人请求赔偿全部保险金。❷放弃；抛弃（权利或财产） 指对全部权利、财产请求权和占有的自愿放弃，并且没有再主张权利的意图。它包括放弃的意图和表明此意图的行为。在确定一个人是否放弃其权利或财产时，意图是首要条件，因为没有放弃的意图，也就不存在放弃。时间并非必要因素，但如时效的终止伴有表示此项放弃意图的行为，那么，时效的终止可以视为存在放弃意图的证据。❸抛弃；遗弃 在家庭法中，指故意离开配偶或子女，且无回复之意。(⇨desertion)

abandonment for torts or wrongs （罗马法）因侵权行为或过失的放弃 如主人因其牲畜或奴隶的侵权行为或过失而被控诉，遂放弃该牲畜或奴隶，交给受害方以抵偿债务。

abandonment of action 放弃诉讼 在英国，一方当事人只能通过在庭审前提出撤销或终止诉讼[discontinuance]通知书（《最高法院规则》[R.S.C.Ord. 21]），或者在庭审中同意作出对其不利的裁断或判决来放弃诉讼。在美国，放弃诉讼指当事人未在诉讼时效期间内起诉，或未就法官对陪审团的指示提出异议或请求法官对陪审团作出指示，或未请求由陪审团审判等情形。

abandonment of appeal 放弃上诉 在英国，《最高法院规则》[R.S.C.Ord.59]规定提交上诉法院的上诉请求只有经法院的许可才可能撤回；1968 年的《刑事上诉规则》[Criminal Appeal Rules]则规定，提交上诉法院刑事分庭的上诉请求可以依通知而放弃。

abandonment of attachment lien 放弃留置权

abandonment of child 遗弃子女 实际抛弃子女，且具有完全断绝亲子关系和放弃由此而生之义务的、明示或默示的目的。

abandonment of copyright 放弃版权 指版权所有人以公开行为表明放弃其在作品上的权利，并允许公众使用作品。

abandonment of easements 放弃地役权 在英国，地役权可因放弃而丧失，历经 20 年不使用的，则可成为放弃地役权的充分证据。在美国，放弃由契据创设的地役权，须供役地所有人的行为与地役权的存在相反或不相符合，且该行为须存续达法律所规定的期间；或者不使用地役权的人以明确的行为表明确有人具有放弃该地役权的意图。放弃地役权必须是对地役权永久性停止使用、收益，并且无意恢复或重新行使。故而主观意图与实际放弃行为均是必需要件，需役地所有人暂时或偶而受阻或停止使用地役均非放弃地役权。

abandonment of excess 放弃其余索赔额 当事人为了将案件在一个具有有限管辖权的特定法院提起诉讼，而放弃本来可以索赔的一定金额。

abandonment of homestead 放弃家宅；放弃宅地 指实际放弃对家宅和宅地的占有，从家宅搬出，无意再把它作为家宅使用或者搬出后无意再迁回。

abandonment of invention 放弃发明 指对发明人权利的放弃。它可以是发明人自愿公开其发明内容，也可以是发明人因过失而迟延主张自己的权利或未申请专利，从而允许公众使用其发明。美国专利法对授予专利实行"先发明"原则，故其所谓的放弃发明是指发明人因故意隐瞒发明或者在发明完成后的合理期间内未申请专利从而阻止其发明为公众知悉的行为。这种行为可以导致该发明人丧失"先发明人优先权"[first inventor's priority]，并因此使后发明人[later rival inventor]获得专利。

abandonment of patent 放弃专利（权） 如果发明人将其专利贡献给公众使用，或者根据其未对侵权人提起诉讼、未出让许可或未采取其他措施以实现其专利权等表现，可以构成对专利（权）的放弃。它有时可以作为侵害专利案件中的抗辩理由。

abandonment of property 抛弃财产 自动放弃财产不再收回。（⇨abandoned property）

abandonment of spouse 遗弃配偶 指无正当理由同配偶分居并蓄意终止婚姻关系。

abandonment of trademark 放弃商标 指根据某种情形而认定商标权人已丧失排除他人使用该商标的权利。这些情况包括：①停止使用，且无意恢复使用；②许可他人使用标识而未控制质量，致使该文字或标志丧失商标意义；③转让商标标识而未同时转让相应的商誉；④商标已被大多数人使用，从而成为某一种商品或服务的通用名称[generic name]。

abandonment of tradename 放弃商号 指以放弃的意图而停止使用商号，不同于商号的暂时停用。

abandonment of use 〈美〉放弃使用 指通过这种自愿、肯定、完全的行为，使权利人不能再恢复其依《区划法》[zoning law]享有的、将土地用于不规范用途[nonconforming use]的权利。（⇨nonconforming use）

abandonment to insurer 保险委付（⇨abandonment）

abandum 〈拉〉没收物；充公物；扣押物；查禁物；抛弃物 亦写作"abandon"或"abandonum"。

abandun (= abandum)

abannition 流放(刑)；驱逐(刑)

ab ante 〈拉〉（古）预先；事先；提前

ab antecedente (= ab ante)

ab antiquo 〈拉〉（古）自古以来；古代的；古时的 亦作"ab antiqua"。

abarnare 〈拉〉揭发；发现；侦查 指发现并向治安法官揭发任何隐蔽的犯罪行为。

Ab assuetis non fit injuria. 〈拉〉默认，则不生对合法权利之损害。 意指若某人不主张权利，则视为已放弃该权利，因而，无对该权利之损害。

abatable *a.* ❶可撤销的；可中止的；可废除的 ❷可降低的；可减免的

abatable nuisance 可排除的妨害；可减轻的妨害；可排除其危害性的妨害 即受害方无需通知侵权方就可自行依法排除的妨害。

abatamentum 〈拉〉（英格兰古法）（抢在继承人或受遗赠人之前）非法占有遗产中的不动产；削减世袭保有的不动产权

abatare 〈拉〉撤销；削减；终止

abate *v.* ❶中止；停止；终止 ❷使失效；废除 ❸减免；减少；减弱；减轻；降低

abatement *n.* ❶终止；停止；使无效；撤销 ❷终止诉讼；使诉讼无效 指被告针对原告的诉求或指控，在答辩中提出了某种可阻碍诉讼继续进行的事项，从而使诉讼程序终止。依现代规则，在民事诉讼中，如果诉因仍存，则诉讼并不因一方当事人的结婚、死亡或破产等而终止。在刑事诉讼中，控诉人的死亡也不会导致诉讼终止，但被告人的死亡则可使诉讼终止。 ❸削弱；贬损 ❹降价 在商业上，指对即时付款者给予折扣或补贴的优惠。❺给回扣 ❻(纹章上的)耻辱标记

abatement of action 终止诉讼；使诉讼无效 指由于被告提出了使诉讼暂时或永久无效的事由，而使整个诉讼被推迟或终止。在普通法上，它是指诉讼的绝对终止，当事人如有任何进一步的诉讼请求，都必须重新提起诉讼。但在衡平法院及其它一些按近代程序规则行事的法庭中，仅指由于缺少适格的诉讼当事人而使所有的诉讼程序暂时中止，对此，可以按审状［bill of revivor］恢复诉讼。

abatement of bequest 终止分配遗产 立遗嘱人死亡后，在遗嘱指定的各受益人之间分配遗产时，如遗产不足以清偿死者债务和支付管理遗产、执行遗嘱的费用，则分配程序应终止。

abatement of cause of action 诉因消失 由于当事人死亡而使诉因消失。

abatement of criminal proceedings 〈英〉终止刑事诉讼程序 指由于被告人死亡而使刑事诉讼程序终止。但君主的死亡或在理论上代表君主行事的公诉人的死亡并不导致诉讼终止。签发令状或传票的法官死亡或停止任职时，该令状或传票继续有效。

abatement of debts 减少债务 当债务人的资金不足以满足所有债权人的全部要求时，在各债权人中按比例减少清偿额。

abatement of false light 〈英〉停止使用伪灯塔 根据1894年《商船法》［Merchant Shipping Act］，如果灯塔主管当局发出通知，要求任何容易被误认为是灯塔的灯都应当用幕布遮蔽或熄灭，在 7 天之内如果被通知人不遵守该规定，当局就可以不考虑他所受的损失而熄灭灯火，并向他索取为此支出的费用，而且还可能处以不超过 100 英镑的罚款。

abatement of freehold 自由保有地产的强占 根据英国不动产法，如果一个人死亡遗下完全保有的土地，而第三人在其法定继承人之前进入，是为抢占。其效果是使法定继承人的法定占有变成了单纯进入权，当继承人实际进入时就使其进入权变成事实占有，但由于 1897 年的《土地转让法》［Land Transfer Act］将被继承人的不动产交由遗产管理人而非继承人管理，使得不动产强占成为不可能。另外，在遗产管理令状颁发期间，遗产由高等法院家事庭庭长管理。

abatement of legacies 遗赠的减免 当遗产不足以完全支付根据遗嘱所产生的遗赠时，遗赠人不能获得遗产或只能获得部分遗产。在英格兰，根据 1925 年《遗产管理法》［Administration of Estates Act］的规定，一般遗赠［general legacies］按照遗赠数额比例减免，除非该一般遗赠系出于偿还某一债务或其他对价而作出的；如果遗产不足以清偿所有债务，则特定遗赠［specific legacies］与指示遗赠［demonstrative legacies］亦须减免；如果指定的遗产不足以支付指示遗赠，则该种遗赠亦须减免。例如，甲的遗产包括一幅画、300 英镑的银行存款以及 700 英镑的其他款项，并有 100 英镑的债务。甲的遗嘱中规定：一幅画赠与乙，500 英镑的银行存款给丙，800 英镑给丁，200 英镑给戊。这样，乙为特定遗赠、丙为指示遗赠、丁和戊为一般遗赠，遗赠减免后的结果为：乙获得该幅画；丙因指定的遗产金额不足，故仅得甲 300 英镑银行存款；丁和戊应在 700 英镑的其他款项扣除 100 英镑的债务后按比例分配，各得 480 英镑与 120 英镑。美国《统一遗嘱检验法典》［Uniform Probate Code］亦规定，如果金钱遗赠［pecuniary legacies］不能全部得到支付，则按比例扣除。（➪ ademption）

abatement of nuisance 排除非法妨害 非法妨害分为公共非法妨害和私人非法妨害。对于公共非法妨害，任何受到特定损害的人都可以加以排除，但仅限制在排除此项妨害的必要限度内；对于私人非法妨害，应在合理警告以后予以排除，且不应因此而破坏社会秩序，造成的损害也不应超过不可避免的限度。在紧急情况下或者在不进入他人土地就可以排除妨害时，无需对妨害人发出通知。

abatement of purchase-money 降价；折价 在卖主错误地描述买卖标的物的数量或大小等，并且不能交付其所述的货物时，降低已约定的价格以作为补偿。

abater n. ❶不动产非法占有人 指被继承人死亡后，继承人或受遗赠人进占不动产前，非法进占该不动产的第三人。❷非法妨害排除人

abator (= abater)

abatuda 〈拉〉减少之物；降低之物；(被)降价之物；(被)贬值之物

abatude (= abatuda)

ab auctoritate 依先例；依判例

abavia 〈拉〉(大陆法)高(外)祖母

abavita 〈拉〉高(外)祖父的姐妹 此为"abamita"的误拼。

abavunculus 〈拉〉(大陆法)高(外)祖母的兄弟

abavus 〈拉〉(大陆法)高(外)祖父

abbacinate v. 把人的眼睛弄瞎

abbacy n. ❶修道院长的管辖权(或辖区) ❷修道院的收入财源

abbas n. 修道院所在地；属于修道院的土地

abbat (= abbot)

abbatial a. ❶属于修道院的 ❷属于修道院长的

abbatis n. 马夫；(旅店等中)料理骡马的人；管理马厩的人

abbayance (= abeyance)

abbe 〈法〉男修道院院长(= abbot)

abbess n. 女修道院院长

abbey n. 修道院 宗教人士退隐或修炼的地方，分男修道院和女修道院，分别由男修道院院长［abbot］和女修道院院长［abbess］管理。

abbey-land n. 附属修道院的不动产

abbot n. 男修道院院长 修道院或寺院的男住持或主管，相对应的是女修道院院长［abbess］。

abbreviate v. 缩简；缩短
n. 缩写；节略；摘要

abbreviate of adjudication 判决摘要

abbreviations n. 缩写；节略；摘要

Abbreviationum, ille numerus et sensus accipiendus est, ut concessio non sit inanis. 〈拉〉缩略时，不应采使承诺无效的数字和意义

Abbreviatio Placitorum 〈英〉《高级法院判例集》 记载查理一世［Richard Ⅰ］时期至开始编制《年鉴》［Year Books］之前这一期间由高级法院［superior courts］裁决的判例汇编。汇编工作始于 17 世纪，主要依据这些法院的卷宗、档案，于 1811 年由法律文献委员会［Record Commission］印刷出版。

abbreviators n. (教会法)协助教皇起草教皇通谕及将祷文缩写为教皇诏书形式的官员

abbreviature n. 简短的草稿(草案)

abbroach v. 囤积商品以阻断市场

abbroachment n. (古)(以囤积)垄断(市场)；(为抬价)囤积(商品)

abbrochement (= abbroachment)
abbrochment (= abbroachment)
abbuttals (= abuttals)
abby (= abbey)
ABC test 〈美〉ABC 测定规则　如果某一雇员:(A)未受雇主的控制,(B)在雇主营业地以外从事工作,并且(C)从事某一完整独立的业务,则该雇员无权主张失业保险金。因为这种排除失业赔偿的方法是用 A、B、C 来表示其三个组成部分的,故而得名。
ABC transaction 〈美〉甲乙丙交易　指在矿权或石油开采交易中,所有人甲将开采权益卖给开发经营者乙,由乙付给现金。甲保留分成权,该权利通常比乙所付的现金价值大。然后甲再把保留的分成权卖给丙换取现金。
abdicate v.❶完全放弃(权利、责任、要求等)　❷退(位)　❸(罗马法)剥夺继承权
abdication n.❶放弃(权利、责任或职权)　❷退位　指国王或政府高级官员自愿放弃其职位。退位与辞职[resignation]不同,后者是指某人将其由他人所赋予的权力、职位交还他人,例如下级向上级辞职即是交还权力。在英国历史上发生有多起国王退位事件,例如 1688 年詹姆斯二世[James Ⅱ]根据《权利法案》[Bill of Rights]退位。但现在英王退位须依议会法律才能生效,例如爱德华八世[Edward Ⅷ]于 1936 年退位即是依据当年的《陛下退位声明法》[His Majesty's Declaration of Abdication Act]。此外,非自愿辞职亦以该术语表示。
abdicatio tutelae 〈拉〉(罗马法)放弃监护;辞去监护权
abditorium n.藏金地;贮藏地　指金钱、财产等贵重物品的保存地、隐藏地。
abduct v.诱拐;劫持;绑架　源于拉丁文"abducere"。(⇨abduction)
abduction n.❶诱拐;劫持;绑架　指以暴力或诱骗的方式拐走某人(尤其是家庭成员)的犯罪。这是对家庭关系的损害,而不仅仅是针对被害人。在美国有些司法管辖区,构成这一犯罪还必须具备其他条件,例如行为人有与被害人结婚或奸污被害人的意图;被害人必须为未成年人或者行为人必须使被害人卖淫或与其非法同居的意图。❷(普通法)诱拐女子罪　指以结婚、奸淫或非法性交为目的,通过诱骗或暴力方法在未经本人同意的情况下拐走女性的犯罪。在英格兰,这种犯罪包括:为了非法性交的目的将 18 岁以下的女子或身心有缺陷女子(不受年龄限制)拐走,使其脱离父母或监护人;为了结婚或非法性交的目的将 21 岁以下有财产或可期待获得财产的女子拐走,并予以扣留。
abductor n.诱拐者;劫持者;绑架者(⇨abduction)
abearance n.行为　从前有"良行保证"[recognisance to be of good abearance],意指保证为正当行为[recognisance to be of good behaviour]。
ab epistolis 〈拉〉(古)通信官
aberemurder n.(英格兰古法)故意杀人　在克努特[Canute]和亨利一世时期的法律中,此术语系指故意杀人,以与过失伤害或杀人相区别。
aberemurdrum (= aberemurder)
abesse 〈拉〉(罗马法)缺席;离开　与"adesse"相对。
abessed a.❶谦恭的;地位低下的　❷沮丧的;消沉的
abet v.教唆;唆使;怂恿;帮助(犯罪)　教唆、怂恿他人实施犯罪或在犯罪实施过程中予以帮助的行为。根据英国法律,教唆犯必须在犯罪实施时在场教唆或帮助主犯。在犯罪实施以后向犯罪人提供帮助,则不构成教唆罪。目前,在所有案件中教唆犯一律被视作主犯。
abetment n.教唆;唆使;帮助(犯罪)
abettare 帮助;教唆;唆使
abettator 〈拉〉(英格兰古法)(= abettor)
abetter (= abettor)
abettor n.教唆犯;帮助犯
ab extra 〈拉〉自外部;从外部;更远地
abeyance n.(不动产的)归属未定　指对于一项不动产,虽然法律假定有权接受该财产的人潜在地存在,并准备在其出现时即将该财产授予他,但该人尚未出现,从而使该不动产处于所有权归属未定的状态。这种情况下,该不动产被称为"处于云雾之中"[in the clouds]。
abeyant n.不动产归属未定(⇨abeyance)
abiaticus 〈拉〉(古)孙子
abide v.❶忍受;容忍　❷遵从;遵守　❸等待　❹履行或执行(判决或裁决)　❺居住
abide by 遵守;信守
abiding conviction 确信之定罪　指通过仔细审查全案证据所得出的明确、肯定的有罪结论。该词通常被用来向陪审团说明对证据确凿的罪行所应有的心态。
abiding faith 有罪之确信　指陪审团成员确信被告人有罪。
abiding place 居所;居住地(⇨domicil(e); residence; abode)
abigeatus 〈拉〉(罗马法)盗窃家畜罪(⇨abigevus)
abigevus 〈拉〉(罗马法)盗窃家畜者;家畜盗窃犯　"abigei"的单数形式。指盗窃并出售牛、马等家畜以谋利者。也指盗窃猪、羊等较小家畜的人。(⇨abactor)
ability n.❶(从事某一行为或某种服务的)能力　如扶养家庭或配偶的能力。　❷行为能力　尤指从事法律行为的能力,例如缔约能力。　❸才能;才智(⇨capacity; incapacity)
ability to act or perform 行为能力(⇨capacity)
ability to support (对家庭或配偶的)扶养能力
ab impossibili 〈拉〉出于不可能性
ab inconvenienti 〈拉〉由于困难;由于不便
ab initio 〈拉〉自始(⇨trespass ab initio)
ab initio mundi 〈拉〉有史以来;自古以来
ab initio mundi usque ad hodiernum diem 〈拉〉从古至今;迄今
ab intestat 〈拉〉无遗嘱的(⇨intestate)
ab intestato 〈拉〉无遗嘱而继承的
ab intra 〈拉〉自内部
ab invito 〈拉〉不情愿地;违背(一方当事人)意愿地;被迫地
ab irato 〈拉〉出于愤怒　该词经常用于出于愤怒而作出的不利于继承人利益的赠与或遗赠。在普通法上,宣布这类转让无效的诉讼被称为"action ab irato"。
abishering n.免予罚金;免予没收　表示古时的一种特权。该词经常出现于特许状中,持有该特许状者即享有分得其封地内从他人处所获罚金、没收财产等刑罚没收人,而他自己则免受这些处罚的特权。但该词起初是指没收或罚金,有些早期作家又将其写作"mishering"、"mishersing"或"miskering"。
abishersing (= abishering)
abjudge (= forejudge)
abjudicate v.(被判决)剥夺;判决…不当(或不合法)
abjudicatio 〈拉〉(英格兰古法)❶(依判决)剥夺　❷逐出

法庭(⇨forejudge)

abjuratio et juramentum latronum 〈拉〉(英格兰古法)弃国之誓 指盗窃犯或其他重罪犯人在逃至圣地后,为逃避处罚并在此避难而必须作出的放弃其本国,即永远不回其本国的宣誓。这种宣誓被1530年《弃国法》[Abjuration Act]废除。

abjuration n.宣誓放弃(国籍或其他权利、特权)

abjuration of the realm ❶(英格兰古法)(重罪犯人的)弃国宣誓(⇨abjuratio et juramentum latronum) ❷完全地离开一个国家 非经允许决不返回。

abjure v.❶宣誓放弃;正式放弃 ❷避免;节制

able a.❶有能力的 ❷有法定资格的;有权的(⇨ability; capacity; infancy; insanity)

able-bodied a.体格健全的 指某人体格没有那种显然使之不能履行一般职责的明显缺陷,但并不意味着没有任何身体上的缺陷。

able-bodied man 〈英〉体格健全的人 根据旧时的济贫法[Poor Law],指未患有任何使其不能参加工作、赚取足够工资以维持生活的疾病的人。

able-bodied seaman/ABS 一等水手;一级海员 指具有丰富的航海经验,适于履行海员义务,且由相应监督机构对此予以确认的海员。

able buyer 有财力的买方 指能够按要求以现金即时付款,或其经济状况能满足付款要求的购买人。(⇨able to purchase)

ablegate v.派遣特使 因公务或特别使命而将某人派往国外。

ablegates (= ablegati)

ablegati 〈拉〉罗马教皇特使 指第二等级的教廷使节,被派往无教廷大使[nuncio]的国家。该使节相当于特命全权公使[envoy],其职责范围小于教廷大使。

able seaman (= able-bodied seaman)

able to earn 有挣钱能力的 指能够从事某一工作并获取该职业平均工资的能力。

able to pay 有能力支付的 在美国的大多数法域,如果一方承诺在他"有能力支付"时支付,则该承诺是附条件的而不是绝对的,被承诺人无权要求偿付,除非承诺人已有支付能力。

able to purchase 有能力购买的 买卖合同中的"能力"[ability]取决于购买能力,通常即指财力。在地产买卖合同中,买方应具有财力和法律行为能力才属于有能力购买。(⇨financially able)

ablocate v.出租;租赁

ablocatio 〈拉〉出租;租赁

ablocation n.出租;租赁

ablution n.❶(教会法)圣餐后的清洗仪式 指主持牧师和领圣餐者清洗双手,并将净杯酒或水注入圣餐用具,连同用具中祝圣后的残留物一并饮尽。根据礼拜规则,在圣餐仪式完毕后进行该仪式为合法,反之则不合法。
❷(宗教仪式中的)洗礼;斋戒沐浴

abmatertera 〈拉〉(大陆法)高祖父母或外高祖父母的姐妹

abnegate v.❶放弃;交出;让出 ❷屈服;让步 ❸抛弃;弃绝

abnepos 〈拉〉(大陆法)玄孙;玄外孙 指孙子女的孙子。

abneptis 〈拉〉玄孙女;玄外孙女 指孙子女的孙女。

abnormally dangerous 异常危险的 指受到的威胁来自于与场所或事物没有必然或内在联系的危险。

abnormally dangerous activity 异常危险的活动 该活动因其本身的性质或当时的情境形成了非同寻常的危险性,所以当事人即使是在尽了合理的注意义务的情况下实施该活动,仍要对其所产生的损害承担严格责任。

abode n.居住地;居所 一人之居所所在地。通常与"住所"[domicile]是近义词,但并不必然等同于住所,因为在有些案例中,住所[domicile]和居住地[abode]不同。但"永久居住地"[permanent abode]却只能与"住所"或"家"有相同的涵义。

abogado 〈西〉辩护人;律师

ab olim 〈拉〉以前;从前;过去

abolish v.❶撤销;废止;彻底废除 尤其针对具有永久性的事物,如社会制度、风俗和习惯等。 ❷收回;取消

abolishment n.❶撤销;废止;废除 ❷收回;取消

abolitio legis 〈拉〉法律的废除

abolition n.❶废除;废止;消灭 ❷废除;取消(法律、合同等) ❸[A-]〈美〉黑奴制度的废除;废奴运动 ❹(罗马法)君主(对犯罪惩罚)的赦免

abominable crime 〈英〉可耻犯罪 根据1861年的《侵犯人身罪法》[Offences against the Person Act],该词是对鸡奸罪或兽奸罪的委婉称呼。根据1956年的《性犯罪法》[Sexual Offences Act],上述两种犯罪是可诉罪;任何进行上述两种犯罪的企图或具有此种意图的攻击行为,也是可诉罪。教唆或引诱他人从事这两种犯罪的,在普通法上也是可诉罪。根据1967年的《性犯罪法》,两个21岁以上的人同意在私下进行同性恋行为不属于犯罪。

a bon droit 〈法〉具有充分的理由;公正地;合理地;恰当地

aboriginal title 〈美〉土著所有权 指美国土著居民基于长期连续地占有使用土地和水源而享有的排他性权利。这些土地和水源在美国政府对该区域主张主权以前就已经由土著居民和他们的祖先所使用。

aborigines n.土著居民

abortee n.被堕胎的妇女

aborticide n.堕胎

abortifacient n.堕胎药

abortion n.堕胎;人工流产 以前在普通法上,用药物、器械或其他方式所导致的堕胎是一种轻罪。在美国,以前许多州将堕胎规定为制定法上的重罪,但在1973年罗诉韦德[Roe v. Wade]一案中,最高法院根据第十四条正当程序条款修正案,第一次认可妇女在怀孕期头3个月内有权选择终止妊娠。但在1989年,美国最高法院又通过了一项旨在限制妇女堕胎的决定。在英国,1967年以前堕胎是一种犯罪,但根据1967年《堕胎法》[Abortion Act]的规定,如果两名开业医生确实认为继续怀孕会危及孕妇的生命,损害孕妇或孕妇其他子女的身体和精神健康,比终止怀孕危害更大;或认为确实存在这样的危险,即胎儿出生后将会有身体和精神上的畸形而导致重残,则可由一名开业医生终止怀孕。除在紧急情况下,终止怀孕必须在根据《国民保健署法》[National Health Service Act]管理的医院进行。(⇨Roe v. Wade)

abortionist n.(尤指非法)替他人堕胎者

abortive n.堕胎药

abortive child 流产儿;堕胎儿

abortive trial 无结果审判 指未查出当事人的任何过错而没有作出裁决的审判。

abortus 堕胎儿;流产儿

about prep.接近;大体上;几乎 用于时间时,该词因应用情境不同而具有灵活的意义;用于数量时,该词表明只是对接近于实际数量的可能数量的估计;用于数字时,该

词仅仅意味着对特定的一类或一种的估计，而并非确保；用于距离或场所时，该词因情境不同而具有相对的意义。该词用于阐述不动产买卖合同的标的物时，其意图在于包括细小的和无足轻重的不精确性；该词用于与场地有关的产权转让合同中，具有预防性，其意图也在于包括一些不重要的不精确性，以防止一方当事人提出不足或有余的异议。但普遍观点认为，对该词的使用即意味着当事人有承担获利或损失的风险，如果场地经证明多于或少于卖出的场地时，则仍要遵守合同；该词用于动产买卖合同估量标的物的数量时，其意义相当于"more or less"，其目的只在于防止因数字、重量或尺寸的细小的、无足轻重的不足或有余而产生的意外变化；该词用于劳工赔偿法[Workmen's Compensation Statutes]中描述工厂的位置时，其意图在于扩大该法的适用范围。因此，虽然工人在临近工厂的街道上工作，或者他在临近工厂的建筑物内工作，但如果他所从事的工作是属于工厂的工作，都应视为工人为该工厂所雇佣。

aboutissement 〈法〉邻接；毗连；接壤(处)
about to 即将；马上 从通常的语法结构上讲，"about"用于不定式前，意指"在…的时刻"。表示现在以及不远的将来的行为。例如，"about to abandon"即指"准备现在放弃"。
about to remove 即将转移；即将搬运 指马上进行的转移财产行为，而不是在某一段确定时期内的转移行为。
above a. ❶(位置)高于 ❷(等级、地位)较高的；上级的 ❸在先的；先前的
above-cited a. 前述的；前引的
above-mentioned (= above-cited)
above named 上文所提名的
above par 溢价；高于面值；高于名义价值
above-stated (= aforesaid)
ab ovo 从一开始；自始
abpatruus 〈拉〉(外)高祖父的兄弟；(外)曾祖父的兄弟 此语有时亦指父母的兄弟，或(外)祖父母的兄弟。
abrasion n. 磨损；磨耗
abridge v. ❶减少；缩短 ❷节略
abridgment n. ❶节略；节本 ❷(古)法律汇编；专科全书
abridgment of damages 减少损害赔偿额 在某些案件中，法院有权命令减少损害赔偿额。(⇨remittitur)
abroachment (= abbroachment)
abroad ad. ❶在海外；在国外 ❷(国际私法)在法院所在的法域[law-district]以外
abrogate v. 撤销；取消；废止；废除(法律、习惯等)
abrogatio legis 法律的废止
abrogation n. (法律等)废除；废止 通过立法、其他有权机关的行为或依惯例撤销或废止以前的法律或惯例。它与提出法案[rogation]相对。废止分明示和默示两种，默示废止指新法包含了与旧法相矛盾的条款，而没有明确废止；或者旧法所调整的对象已不复存在。"abrogation"与"derogation"的区别在于：后者意指废止法律的一部分；"abrogation"与"subrogation"的区别在于：后者意指条款的取代；"abrogation"与"dispensation"的区别在于：后者指仅在某一特定的案件中才排除该法的适用；"abrogation"与"antiquation"的区别在于：后者指拒绝通过某一法律。
abrogative a. 废止的；撤销的；废除的
ABS (= able-bodied seaman)
abscond v. 潜逃；隐匿 指为逃避法院传票、令状等的送达，秘密逃至法院管辖范围以外的地区或者将自己隐藏起来。
absconding debtor 潜逃债务人；在逃债务人 指为逃避偿还债务而潜逃的债务人。包括为阻挠债权人的正当请求而故意隐藏自己或者逃离债权人可以对其提起诉讼的地方。这种行为曾被作为"破产行为"[act of bankruptcy]。
absence n. ❶不在；离开(住所地或经常居住地) ❷缺席；不到庭；不在场
Absence as Evidence of Death Act 〈美〉《作为死亡之证据的失踪法》 统一法之一。
absence beyond the seas 〈英〉在海外 指不在联合王国及所属邻岛的范围内。根据以前诉讼时效法[Statutes of Limitation]的规定，"在海外"将中止计算时效期间，但根据1939年和1963年时效法，则不构成中止计算时效期间的理由。
absence cum dolo et culpa 〈拉〉故意不到庭；拖延债务或躲避债权人；逃避(民事或刑事)拘捕
absence for seven years 失踪七年 指某人离开其住所或经常居住地持续达7年，且没有可解释的理由。在英国法中，某人在其配偶失踪达7年后(至第二次结婚日)，又与他人结婚，并且不明知其配偶尚存于世，则其不构成重婚罪[bigamy]。但是，除非在此之前作出推定死亡的判决[decree of presumption of death]，否则在其配偶实际生存的情况下，该第二次婚姻是无效的。根据1973年《婚姻案件法》[Matrimonial Causes Act]与《住所和婚姻程序法》[Domicile and Matrimonial Proceedings Act]，在任何推定死亡与解除婚姻程序中，婚姻一方当事人持续离开申请人达7年或7年以上，且申请人并无理由相信其仍然生存的，则可将之作为其死亡的证据，除非有相反证明。但在某些情况下，例如该人最后被发现处于重大事故中或在即将下沉的船甲板上等，则在7年期满之前即可推定其死亡。在美国，推定死亡必须以持续失踪达较长时间为条件，通常为7年。(⇨presumption of death; seven years' absence)
absence from the state 〈美〉不在本州；离开本州 根据诉讼时效法[statutes of limitation]，如果被告离开法院所在州，则诉讼时效应中止，但仅在另一州暂时失踪不足以使时效中止。根据大多数法院的解释，如果传票仍能送达，则不适用此规定，也有少数法院采用严格的解释，坚持该规定即使在传票能送达的情况下也应予以适用。根据时效法，对于公司而言，不在或离开是指其停止营业，被吊销营业执照及迁走营业所及代理机构等。
absence of accused 〈英〉刑事被告人缺席 根据英国的法律，在不同的刑事案件中，对于被告人是否可以缺席有不同的规定。在叛国罪的案件中，被告人在预审和庭审时都不能缺席；在其他的可诉罪[indictable offences]案件中，被告人在庭审时可以不出庭；在简易罪案件中，法庭允许被告人提出书面的有罪答辩。
absence of jurisdiction 无管辖权(⇨lack of jurisdiction)
absent a. ❶不在场；缺席的 ❷不存在的
absente 〈拉〉❶不在；离开 ❷缺席 经常用于旧的判例集中，指某个法官在听审时没有出席。
absentee n. ❶不在者 指离开居所或经常居住地下落不明的人。❷缺席者 ❸在外(房)地主
a. 缺席的；不在的
absenteeism n. 故意缺勤行为 指雇员在没有任何正当理由且未通知雇主的情况下，不顾雇主的警告，为了获得

失业赔偿而长期或经常缺勤。

absentee landlord 不在地主(或出租人) 通常指不住在其地产上的、承租人难以与之联系的不动产所有人。

Absentee's Property Act 〈美〉《不在者财产法》 统一法中的一部。

absentee voting 缺席投票;缺席投票制 指因重病或服兵役等原因不能在选举人亲自到投票地点投票的选举权人,参加投票(通常以通信方式)的行为;或者准许其以此方式参加选举的做法和制度。

Absentem accipere debemus eum qui non est eo loci in quo petitur. 〈拉〉不在所要求的地方,应被视为缺席。

absente reo 〈拉〉被告缺席;在被告缺席的情况下

Absentia ejus qui reipublicae causa abest, neque ei neque alii damnosa esse debet. 〈拉〉因公缺勤不应对缺勤者或他人利益产生损害。

absent out of the state 〈美〉超出州界 指一个人离法院地所在州太远,以致无法对其送达诉讼文书。

absent without leave (尤指军队中)擅离职守

absionare v. 避免;躲避;回避 撒克逊人在效忠宣誓中使用。

absoile (= assoil)

Absoluta sententia expositore non indiget. 〈拉〉意思明确之表示无须解释。

absolute a. 完全的;无条件的;不受限制的;绝对的;最终的

absolute acceptance 无条件承兑 指汇票的受票人完全同意履行其付款义务。

absolute assignment 〈英〉绝对的债权转让;绝对的权利转让 指一方当事人将自己的债权全部(而非部分)转让给他人,结果使转让人对此不享有任何权益,受让人无须与转让人联合即可单独起诉债务人。以抵押方式或信托方式进行的转让可以构成绝对转让。1873 年《司法组织法》[Judicature Act]第 25 条(现已为 1925 年《财产法》[Law of Property Act]所替代)规定,合法债务或权利动产[chose in action]的所有人有权将其合法权利转让,但须以由转让人签字的书面方式进行绝对转让。它区别于附条件的转让[conditional assignment]或单纯的担保[charge]。

absolute conveyance 无条件转让;无条件让与(权利或财产)

absolute covenant 无条件契约;无条件盟约

absolute deed 无条件契据 指不附带任何限制条件或废除条件的契据,相对于抵押契据[mortgage deed]而言。

absolute deed as mortgage 用为抵押的无条件转让契据 指具有抵押效力而采取契据形式的文据。

absolute delivery of deed 契据的完全交付 交付契据的最简单方法是亲手将它交付给受让人,并意图放弃对该契据的控制,同时转移契据项下的财产所有权。这种交付称为完全交付。

absolute discharge 〈英〉绝对释放;无条件释放 指某人虽经法院审理证明有罪,但根据其犯罪时的环境、犯罪性质及其性格,法院认为对其判处刑罚不适当,遂将其无条件释放。

absolute divorce 绝对离婚;完全离婚 指在结婚仪式以后,由于当事人的不法婚姻行为[marital misconduct]或其他法定事由,以司法途径解除或终止婚姻关系,从而当事人的身份由已婚变为单身。(⇨divorce)

absolute duties 绝对义务 无任何权利可与之相对应的义务。它可以指对上帝或动物的义务或宗教上的义务,也可以指对不确定的个人或群体的义务,还可以指对主权者的义务等。

absolute embargo 完全禁运;彻底禁运;绝对禁运(⇨embargo)

absolute estate 绝对地产 指所有人对之拥有完全的、无条件的占有、支配、管理和处分权的地产。在所有人死后,若遗嘱中没有其他的指示,则该不动产可由其继承人继承。

absolute gift 绝对赠与;完全赠与 指不附带任何条件的赠与。(= gift inter vivos; inter vivos gift)(⇨gift)

absolute guaranty 绝对担保;无条件担保 担保人无条件作出的保证债务人偿还债务或履行义务的承诺。如果一个担保合同中,担保人保证偿还对方款项,且偿还数目和偿还日期都明确,则该担保合同即为绝对的、无条件的。(⇨guaranty)

absolute injuries 绝对侵害 指对某人作为社会一员而拥有的权利的侵害。

absolute interest 绝对权益 指所有人在事实上和法律上对物享有完全、充分的所有权,这种权益只在没有所有权继承人的情况下才可以终止。

absolute law 绝对法 即假定的自然法。它被认为在原则上是不变的,但在适用方式上因情境不同而有所变化。

absolute legacy 绝对遗赠 不附条件并打算立即授予的遗赠。

absolute liability ❶(侵权法)绝对责任;无过失责任 指根据某些制定法规范,不论当事人是否尽了注意或预防义务,也不论当事人是否有过失,只要事故发生,并造成了损害,当事人就应对之承担责任。它有时也包括在严格责任[strict liability]中。(⇨strict liability) ❷(刑法)绝对责任 也可称无罪过责任[liability without fault],指法律许可对某些缺乏犯罪主观方面构成要件的特殊行为或结果追究刑事责任。

absolutely ad. ❶完全地;无条件地;彻底地;绝对地 ❷肯定地;确实地

absolutely necessary 绝对必要

absolutely void 绝对无效 指法律或事物的性质使之根本不能得到实施。

absolute monopoly 绝对垄断;完全垄断 指仅由一个生产者或供应者进行生产或供应特定商品或服务的状况。

absolute nuisance 绝对的民事妨害 因侵犯受法律保护的权益而导致的明显的民事不法行为。即无正当理由或非法实施某一行为或允许某一行为发生,并且必然导致侵犯他人享有或行使其合法的财产权利。(⇨nuisance)

absolute owner 绝对所有人;绝对地产权人(⇨absolute title)

absolute pardon 绝对赦免;无条件赦免 由有权机构批准的、不附加条件的赦免。(⇨pardon)

absolute privilege 绝对特权 使行为人免予受到起诉的一种特权。(⇨privilege)

absolute responsibility 绝对责任

absolute right 绝对权利 指任何人均应享有的权利,例如人身自由权[right of personal liberty];亦指自然权[natural right]。它与相对权利[relative right]相对。

absolute seisure 〈英〉绝对占有 当公簿保有地的保有人死亡而未留遗嘱时,在他的继承人要求承领之前,领主将该土地当作归还或没收而占有时,称为绝对占有。

absolute title 〈英〉绝对地产权 根据 1925 年《土地登记

法》[Land Registration Act],作为完全保有地产所有人首先进行登记者,对登记地产享有绝对的权利,包括以现实占有形式享有的非限嗣继承地产权[estate in fee simple in possession]及所有相关权利、特权和其他附属利益,但受以下情形约束:①登记册上明示的义务和其他进入权;②影响到登记地产的优先权益[overriding interest]——除非登记册上有相反表示;③为他人利益保有地产时,保有人明示的次位利益[minor interest]。租赁地产的绝对地产权与完全保有地产类似,但受租约条款的限制。

absolute warrandice 〈苏格兰〉**绝对的权利担保** 指在财产转让或权利转让中,授予人[grantor]担保所转让的财产或权利不存在任何瑕疵。

absolute warranty **绝对的权利担保** 在动产转让中,指担保该动产未附任何条件。在不动产转让中,指授予人[grantor]担保所转让的权利完整,不存在任何瑕疵,被授予人及其继承人、受让人等[grantee and his heirs and assigns]不会因最高权利[paramount title]而丧失土地或占有。

absolution n. ❶(罗马法)宣告无罪的判决;无罪宣告 ❷(教会法)赦罪 牧师宣布赦免忏悔者的罪过。在新教中主要指应被逐出教会的人被赦免或免于逐出教会。❸〈法〉驳回起诉

absolutism n. ❶专制主义;专制政体 一种政府体制,在此体制下,政府权力仅为某个人或某些人所掌握,且不受任何法律、制度、机构的制约和控制。 ❷专制政府 指权力不受任何限制和制约的独裁者所统治的政府。 ❸〈美〉绝对原则;绝对论 美国宪法理论中,"absolutism"并非指专制主义,而是指一种理论,此理论认为美国宪法第一条修正案绝对禁止政府干预公民的言论或出版,即任何人不应因其所说或其出版物而受到指控或起诉。

absolve v. ❶解除…的义务(债务、责任等) ❷赦免…的罪行;使免受惩罚

absolvitor 〈拉〉〈苏格兰〉**免责判决** 免除民事诉讼中的被告依原告的请求对原告承担责任的判决。

absorbed tax **吸收税** 如果合同中规定的是由不确指的各种成本因素组成的复合价格,并且税是作为整个价格中不可分割的一部分,而不是单列为一项,则这种税被称为吸收税,因为它被吸收或包含于价格中。

absorption n. ❶包含;吸收 ❷(国际法)(通过自愿或征服将一国)合并 ❸(劳工法)优势条款 在合并后所签署的集体谈判协议中,允许工会成员在最后形成的实体中占据优势地位的条款。 ❹(不动产)租赁(或出售)比率 在一定时期的市场上,财产租赁或出售的比率。 ❺(商法)运费免收 在向卖方报价之前,由制造商支付卖方的运输费用的销售方法。

absque 〈拉〉**没有**

absque aliquo inde reddendo 〈拉〉〈古〉**不保留任何地租;无需任何纳贡** 此术语用于王室的无偿赐予中。

absque consideratione curiae 〈拉〉〈古〉**未经法庭评议;无判决**

absque damno 〈拉〉**无损害后果;无损失**(➪injuria absque damno)

absque dubio 〈拉〉**毫无疑问;无疑地**

absque hoc 〈拉〉**没有这个;无此** 在普通法的诉答程序中作否认答辩的专业用语。即先陈述肯定或确定部分的内容,接着引出否定的部分。该种答辩已被1825年《普通法诉讼程序法》[Common Law Procedure Act]废除。(➪traverse)

absque impetitione vasti 〈拉〉(= without impeachment of waste)

absque injuria 〈拉〉**未侵犯普通法权利**(➪damnum absque injuria)

absque tali causa 〈拉〉**没有这种理由** 因侵权引起的诉讼[ex delicto]中原告对被告的答辩进行答复[replication]的一种形式,用以概括否认[general denial]被告所作的关于原告有过错的答辩[plea of de injuria]的所有事项。现已废除。

abstention n. ❶〈法〉继承人默示放弃继承权;使继承人不能占有被继承财产 ❷有意不为 指故意不为某行为,以区别于疏忽性的不作为。

abstention doctrine 〈美〉**避让原则** 对涉及州法律或政策的案件,为避免与各州对本州事务的管理发生不必要的冲突,联邦法院可自主决定放弃对该案行使管辖权,而由州法院或其他州机构首先予以处理。

abstinence n. **戒绝** 指彻底戒掉某些不良习惯,如暴食、酗酒等。

abstract n. (尤指法律文件的)摘要;概要;梗概 v. ❶窃取;偷走 ❷提取;抽取

Abstract Catalogs 《**摘要目录**》 美国政府公共文件出版物,每季出版一次,与单独汇集的《主题索引》[Subject Index]同时发行。年度文件全部汇集在一定数量的微缩胶片上。

abstracter n. **产权说明书制作人;所有权证书摘要制作人**(➪certificate of abstracter)

abstract idea **抽象思想** 指未以有形形式表现出来的概念,因此它不能成为版权的保护对象,但其可以成为合同的保护对象。

abstract instruction **抽象指示** 法官对陪审团所作的一种指示,由于它并不将法律适用于案件事实,而仅仅是对法律理论的抽象陈述,因此这种指示通常被认为是不充分的、错误的。

abstraction n. ❶**抽象** 与具体事物无关的思维过程。 ❷**空想** 与现实无关的、纯属理论上假想的事物。 ❸**概括;归纳;摘要** ❹**抽取;窃取;骗取** 以损害或欺诈为目的而取走财产。

abstract of a fine 〈英〉**和解诉讼摘要** 古时英国和解诉讼的一部分,其中包括了相关令状和双方协议的摘要、当事人的姓名、案件所涉及的土地情况等。(➪fine)

abstract of article **摘要;梗概;概要;节略** 指以较小的篇幅来涵括较大篇幅的实质和要点。它包含或集中了某一或若干较大事物的本质或特性。

abstract of judgment **判决摘要** 关于判决要点的简略抄本。

abstract of record 〈美〉**诉讼记录摘要;案情摘要** 由下级法院制作并呈送上诉法院的关于案件事实概要的一种书面报告。摘录应简明、准确、完整,其内容要能足以向上诉法院显示提请复审的问题均已在该摘录中得到适当的保留。

abstract of record on appeal (= abstract of record)

abstract of title **产权说明书;所有权证书摘要** 一种简要说明不动产所有权情况的文件。其内容应包括所有权取得的方式及证据,如财产转移证书、遗嘱等;以及可作为产权证明的有关事实,所有可能会损害所有权的事实,如留置权、抵押权等;有时内容还包括地理位置图、平面图以及其他的辅助性资料。

abstract on appeal 〈美〉**上诉案情摘要**(➪ abstract of

record)

abstract question 假设的问题　指不以既存事实或权利为根据的问题。(⇨hypothetical question)

absurdity n.荒谬;荒唐;荒诞　指事情是如此之荒谬、不合情理、不恰当，因此不能被认为是出自具有正常智力与判断力的普通人的意图。

abundans cautela non nocet. 〈拉〉高度谨慎不会招致损害。　在有些情况下，应表达出法律的内在含义，以消除对于当事人意图的所有疑惑。

Ab uno disce omnes. 〈拉〉知其一，则可知其全部。

ab urbe condita 〈拉〉建城后　罗马时代始于公元前753年罗马建城。

abus de confiance 〈拉〉滥用信任;妄用财产　为损害他人而诈欺性地使用或消费为特定目的而移交的物品、现金、票据、文件或契约。

abuse n.& v. ❶滥用;妄用　❷伤害;虐待　❸损毁　❹辱骂;毁谤;侮辱

abused and neglected children 被虐待的儿童　指在身体上或情感上遭受严重伤害，包括营养不良的儿童。

abuse of civil proceedings 〈英〉滥用民事诉讼程序　指对他人侵权提起并推进的民事诉讼，涉及对他人的自由权和财产权的干涉，或有可能影响他人的声誉。该诉讼不仅是不正当的，而且是恶意提起的且无合理的根据。对此种诉讼程序，法院有权决定终止，以保护自己不会滥用本法院的诉讼程序。(⇨abuse of process)

abuse of discretion 滥用裁量权　未行使正确、合理、合法的裁量权的同义语。在美国，它是一个严格的法律术语，意指上诉法院认为初审法院未能正确、合理、合法地行使裁量权，或者说裁量权的行使明显地违背情理和证据，或不合理地偏离先例和已确定的司法惯例等，上诉法院据此可认为初审法院犯有法律上的错误，但它并不含有某种故意的过错、恶意、渎职或批评法官之意，而是指裁量权的滥用导致明显错误的结论或判决。

abuse of distress 滥用扣押物　指滥用经合法程序扣押的动产或动物。它是提起非法使用他人财产之诉[action of conversion]的根据。

abuse of female child 〈美〉猥亵幼女　指企图性交但没有实际插入而对幼女的生殖器官所造成的伤害。有观点认为，这里"猥亵"就相当于强奸。根据刑事制定法规定，禁止对12岁以下的幼女进行以性交为目的的猥亵行为;仅仅造成幼女私处的伤害，即使处女膜未破裂，也构成此罪。

abuse of police officer 侮辱警官　在禁止妨碍、反抗或侮辱警官的制定法中，侮辱是指以言语中伤、粗暴指责、诽谤、漫骂或诬蔑正在执行公务的警官。

abuse of power 滥用权力　指以非法的方式行使自己所拥有的权力。权力的不当行使有别于篡权[usurpation of power]，后者是以违法者行使其本不拥有的权力为前提。

abuse of privilege 滥用特权　(⇨excess of privilege)

abuse of process ❶滥用诉讼程序　指恶意地不正当地使用常规的诉讼程序，以期对方当事人处获得某种利益。如原告通过欺诈诱使被告进入法院辖区，以便可以向其送达令状，则法院可以滥用诉讼程序为根据撤销送达。❷滥用传票　指不正当地使用法院合法签发的传票以期获得某种非法的或超出传票范围之外的后果。与恶意控告[malicious prosecution]不同，后者指为不正当的目的且无合理根据而提起民事或刑事诉讼，原告可恶意地使传票被签发。而滥用传票则指对合法签发的传票滥用。

abusing children 〈英〉强奸幼女　与幼女发生非法性关系的行为。根据1956年的《性犯罪法》[Sexual Offences Act]，与13岁以下的幼女发生性关系是可被判处终身监禁的可诉罪。根据1967年的《刑法》[Criminal Law Act]，与16岁以下的幼女发生性关系是可被判处2年监禁的可诉罪。根据1956年的《性犯罪法》，在上述第二种情况下，如果被告向法庭或陪审团证明被告人有合理的理由相信而且他也确实相信该女子已达到或超过16岁，并且被告人未满24岁且是第一次因此被起诉，则这一理由可以作为有效的抗辩。但是该女子的同意不能作为抗辩理由。

abusive a.❶滥用的;妄用的　❷虐待的;伤害的

abusive language 谩骂的言语;刻毒伤人的言语　在美国，如果夫妻一方频繁使用此种言语，并由此引起对方精神痛苦乃至损害健康的，则可成为离婚的理由。

abut v.邻接;毗连;紧靠

abuttals n.❶接壤;毗连　❷边界;地界;(邻接土地的)边界线　指土地的东西南北四至，用以表明它们分别属于不同的土地、公路或地区或者二者相毗邻的关系。亦作"buttals"。这一词语通常被用来表示土地尽头的边界线，同侧界[sidings]相区别。(⇨boundary)

abutter n.❶毗邻土地所有人　指其财产与分界线毗邻、邻近或连接，且未在该区没有其他的土地、公路或街道穿过。❷毗邻土地

abutting owners 邻接(土地)所有人　指其土地邻接公路或其他公共地区的所有人，邻接通常指实际连接的相对部分，但有时在不太精确的用法中，也可仅表示接近。

A.C. ❶(= Anno Christi)　❷(= appellate court)　❸(= Appeal Cases)

academic freedom 学术自由　各学术研究和教学机构的学者和教师们，在各自的研究领域内有探求真理并将其晓之于人的自由，而不必为迎合当局、教会或其他正统观念去修改研究结果和观点。在中世纪普遍设有学术和教义审查制度。当今学术自由在西方工业化国家一般得到了认可。它并不是一种被法律特别保证的自由，而仅仅是一般的思想和表达自由[freedom of thoughts and expression]的一部分。

academic question 纯理论问题;抽象问题;假想的问题　指由于与案件无关紧要而无需法院作出回答或裁判的问题。

academy n.❶[A−](柏拉图)学园　原指位于雅典附近的一个庭园，是古希腊柏拉图及其追随者进行哲学讨论的地方。❷高等学府;学院;研究院;学会　由某一领域专家组成的机构。其最初的含义是为促进本领域发展而组建的机构，但后来指介于初等教育和高等教育之间的教育组织。

a caelo usque ad centrum (= a coelo usque ad centrum)

a cancellando 〈拉〉源自取消

a cancellis 〈拉〉(古)御前大臣　因其在栅栏[cancelli]后办公而得此名。(= chancellor)

a cancellis curiae explodi 〈拉〉被逐出法庭

acapitare n.❶变为附庸　❷(封臣向领主)行臣服礼

acapte 〈法〉地产易主费　法国封建法中的一种税金，基于封臣的变更而由封建领主征收，早期盛行于朗格多克[Languedoc]和吉斯讷[Guyenne]地区，附属于依永佃合同[contract of emphyteusis]授予的可继承土地。

a causa de cy 〈拉〉因此原因;基于此

accapitare (= acapitare)

accapitum *n.* 封臣基于领主的接纳而支付的金钱；献给高级领主的税金

accaptare (= acapitare)

accedas ad curiam 〈拉〉你到法院去　是文秘署为将返还原物之诉[replevin suit]从百户区法庭[hundred court]或封臣法庭[Court Baron]移至上级的王室法庭而向郡长发出的起始令状。它指令郡长前往下级法庭,登记诉讼并向上呈递记录。

accedas ad vice comitem 〈拉〉你到郡长那里去　在英国法中,向验尸官发出的一种令状。它指令验尸官迫使郡长执行移审令状[pone]并呈交执行报告书。

accede *v.* ❶答应；同意　❷获得(职位或尊严)　❸参加；加入(条约等)

Accelerated Cost Recovery System/ACRS 〈美〉加速成本回收制　一种允许以短于《国内税收法典》[Internal Revenue Code]原定资产使用年限快速摊销资产成本的折旧方法。由1981年《经济复苏税法》[Economic Recovery Tax Act]确立,后又以1986年《税收改革法》[Tax Reform Act]修订,它规定了固定资产不同的折旧年限以及每年可以摊销的百分比。规定这项税法的主要目的是鼓励企业投资。

accelerated depreciation method 加速折旧法；加速摊提法　计算折旧的一种方法,指在资产有效使用期内的前几年允许较大的折旧费用扣减,以后则逐年减少。此种方法与直线折旧法相比,可在资产的最初几年收回较多的成本。加速折旧法包括余额递减折旧法、双倍余额递减折旧法和年限总额折旧法等。

acceleration *n.* ❶提前到期；加速到期　将贷款协议项下债务的到期日提前,以使全部债务到期。❷提前收益　指缩短可获得预期利益的时间。例如当终身地产权[life estate]因某种原因(例如由于受遗赠人先于遗赠人去世)归于消灭时,则享有剩余地产权[remainder]的人即可提前取得权益。它亦可指动产权益的提前取得。❸〈美〉(证券法)提前批准　证券交易委员会加速使注册文件生效,从而使注册申请人避开规定的20天等待期。

acceleration clause 提前到期条款；加速到期条款　指如果约定的特定事件发生,例如未能支付分期付款的款额或未能及时缴付保费,则可以要求债务人在约定的到期日之前付清全部余额。该条款一般出现在贷款协议、抵押合同、本票、债券或信托契据中。另据美国《统一商法典》[U.C.C.],如果所约定的提前到期是"任意的",则须在根据"诚实信用"原则而相信将来偿付可能会受到损害时,才可以请求提前履行。

acceleration of estate 地产权提前收益　因为在先地产权没有出现或虽然出现但却过早灭失,从而缩短授予将来地产权的时间。(⇨acceleration)

acceleration of maturity 提前到期　缩短支付票据或支付合同规定的金钱的期限。

acceleration of remainders 剩余地产(或财产)权提前收益(⇨acceleration)

accept *v.* ❶接受；保留；收受　其含义不仅指收到[receive],而且有保留的意图。它也可指同意执行某项条款。❷承认；认可；同意；答应　❸承兑(⇨acceptance)

acceptance *n.* ❶受领；接受货物　指买方同意所交付的商品,并将其作为买卖合同的履行内容。根据美国《统一商法典》[U.C.C.]第2-606条的规定,买方的受领包括：①通知卖方所交货物符合要求或虽然不相符但仍将接受；②并未提出有效的拒绝；③采取任何与卖方所有权相抵触的行为。如果货物买卖合同成立时货物尚未确定,则须由买方在合理期间内检查货物后才能构成受领。但如果买方以所有人的身份处分货物,例如将货物再次销售,则可以认定其构成推定受领[constructive acceptance]。英国《货物买卖法》[Sale of Goods Act]亦有相同规定。❷承诺　在合同法中,指某人对他人所作出的要约[offer]以一定方式或行为表明其同意的意思表示。如果承诺是无条件的,即成立一份有约束力的合同[binding contract]；但如果承诺修改了要约的内容或增加了新的内容,则合同并不成立,而是形成一个反要约[counter-offer]。承诺如果是以要约中指定的方式作出,则单凭该方式即为有效；如果未指定承诺方式,则该承诺可以采用明示方式(口头或书面形式),也可以根据受要约人的行为而采取默示方式,例如其收到货物,同意接收并加以使用,即表示承诺。一般而言,承诺必须涉及受要约人的某些行为而不能采用沉默方式[silence],要约人不能在其要约中声称：除非受要约人对此拒绝,否则其要约将视为已被承诺。一项有效的承诺须符合以下四项原则：①须在要约的有效期内为之,亦即要约失效或被撤销之前进行承诺；②其内容与要约内容相同；③须不附加任何条件；④须通知要约人。以信件表示承诺的,在信件寄出时即被视为已通知要约人,但如以电传或电话方式表示承诺的,则须在对方接到时方为已通知。❸承兑　在票据法中,主要指对汇票的承兑,即由汇票的受票人[drawee]在汇票票面上记载"已承兑"[accepted]字样并签名,以保证在汇票到期时承担支付汇票金额的责任。该人则成为承兑人[acceptor]。❹已承兑汇票　指已由受票人承兑的汇票。也可以泛指汇票。❺承保　指保险人同意签发保单。但在某些情况下,保险人可以在投保单中指定以保单实际交付给投保人表示接受投保申请,据此则以保单的实际送达表示承保。❻接受；同意；赞同；采纳

acceptance au besoin 〈法〉必要时的承兑；参加承兑　指在受票人或付款人拒绝或不能承兑时,某人同意予以付款的承兑。

acceptance by mail 邮寄承诺　通过邮寄方式对要约作出的承诺。在英美法中,这种承诺在邮件投交邮局时即已完成,只要该行为是在合理期间内,并且在没有收到撤销要约通知的情况下作出的,并且已经付足邮资,写清要约人的正确地址。该承诺是否真正到达要约人则不重要。

acceptance for honour 参加承兑　指受票人以外的人自愿地、无需对价地对票据作出承兑。为了商业便利,在票据被提示、拒付,作出拒绝证书以后,允许受票人以外的人为出票人、背书人或所有有关当事人的利益而承兑票据,但这种承兑应在作成拒绝证书以后,并按固定的形式作出。

acceptance in blank 空白承兑　指汇票受票人在汇票作成之前,通过其在汇票上的签名表示承兑。亦作"blank acceptance"。(⇨acceptance)

acceptance of bill of exchange 汇票承兑(⇨acceptance)

acceptance of bribe 受贿(罪)(⇨bribery)

acceptance of charter 领取公司执照　当公司是以特许方式设立时,领取公司执照这一行为是公司存在的必要条件。该行为可以是明示的,也可以根据公司执照授予后行使公司权力而加以推定。

acceptance of check 支票的确认　亦即支票的证明。指

支票得到受票银行的确认,目的在于通过银行获得出票人确有足够存款的证明,赋予支票以信用和效力,并保证银行将在提示支票时履行付款义务。

acceptance of dedication 接受捐献 是完成捐献行为必不可少的因素。这种接受可以是明示的也可以是默示的,例如通过要式行为或公共使用的方式表示接受。

acceptance of deed 接受契据 在契据先行转移给受让人后,以行动、行为或意向宣告等方式表明取得契据所载的财产权利。

acceptance of draft (= acceptance of bill of exchange)

acceptance of gift 接受赠与 指受赠人对赠与标的物行使支配权或主张对标的物的权利。

acceptance of issue 对争点的接受 指一方当事人对对方通过诉状提出的争点正式表示认可。专业用语称similiter。

acceptance of nomination ❶接受提名;接受任命 候选人对其担任公职候选人的提名或任命的正式接受。有时它被视为列入候选人名单的条件。 ❷〈美〉总统候选人接受提名的演说 一般是该候选人在某一政党的全国代表大会[national convention]上被提名以后所作的正式演说。

acceptance of offer 要约的承诺 指受要约人向要约人发出的同意要约的意思表示。承诺一旦作出,合同即告成立,从而双方当事人均应受合同的约束。承诺是有约束力的合同的基本条件。 (⇨acceptance)

acceptance of office 接受公职 指某人对其已被合法选举或任命所担任公职的权力和特权的接受。

acceptance of performance 接受履行内容;受领履行 如果债权人接受的履行内容与合同约定的内容不一致,则构成对根据合同获得全面履行的请求权的放弃。该行为可以是明示的,也可以是默示的。

acceptance of plea 〈美〉接受认罪答辩 指法院在刑事诉讼中接受被告人作出的认罪答辩。在死刑案件和任何被告人可以表示认罪的案件中,法院接受认罪答辩要受到制定法上的一些限制,法院有责任查明被告人的认罪答辩是否出于自愿,并要告诫被告人作认罪答辩可能产生的后果。

acceptance of service 〈英〉接受送达 指事务律师在传票上写明其代表被告接受送达的令状,若被告授权,也可代为承诺出庭。

acceptance supra protest (= acceptance for honor)

acceptare 〈拉〉〈罗马法〉接受;受领;同意(他人的承诺)

accepter (= acceptor)

accepteur par intervention 〈法〉参加承兑人

acceptilatio 〈苏格兰〉〈罗马法〉正式免除(债务) 罗马法中的一项制度,意为通过宣布实际尚未清偿的债务已经得到清偿或接受某些象征合同履行的名义物,从而以口头方式消灭口头合同。它在最初的时候须符合相应的程式方可生效,即:债务人问债权人是否已经接受了清偿[Quod ego tibi promisi, habesne acceptum?];债权人回答是[Habeo]。在苏格兰法中亦有相同制度。

acceptilation (= acceptilatio)

acceptor n. 承兑人 指对流通票据加以承兑,并同意承担第一付款责任的人。(⇨acceptance)

acceptor for honor 参加承兑人(⇨acceptance for honour)

acceptor supra protest 参加承兑人 在汇票被拒付并作出拒绝证书以后,对汇票作出承兑的受票人以外的人。(⇨acceptance for honor)

access n. ❶接近(或进入)的机会;接近(或进入)权 ❷〈版权法〉查看(或抄写)版权作品的机会 ❸与配偶性交的可能 ❹接近;进入;(地的)可抵近

accessary (= accessory)

accessio 〈罗马法〉❶附加物;附属物 指附属于主物、起补充作用且不能离开主物而单独作用的从物。 ❷添附 从主物上产生或由主物生产出来的物、利益等;也指取得财产的一种方式,该财产是所有权的延伸或与所有权结合在一起。罗马法中的添附包括了普通法中的"accession"和"accretion"。(⇨adjunction)

Accessio cedit principali. 〈拉〉添附物归主物所有人所有。

accession n. ❶同意 指对他人的请求表示同意的行为。 ❷就职;就任;即位;登基 ❸〈国际法〉(正式)加入条约;参加条约 指某一国家成为某一已由其他国家缔结而成的条约的一员。亦作"adherence"或"adhesion"。 ❹(权利的)取得 ❺(财产的)增加;增大 尤指由于自然或人工原因而扩大所有权的土地,例如由于河流冲击[alluvion]或海水下退[dereliction]而形成新的土地。 ❻添附;添附物 相当于罗马法中的"accessio"。根据罗马法的财产添附原则,如果某一有体物得到添附,无论是自然添附还是人工添附,则原物的所有人有权对添附主张财产权;但如果由于添附而产生新的物,例如由葡萄酿成酒、由橄榄榨成油或由小麦制成面包,则属于加工[specificatio],加工物[species]应属于加工人。英国法的财产添附原则源于罗马法,并以先占权为基础,它把因添附而成的财产授予最应当对其享有权利的人,或最符合正当理由的人,例如"幼兽从母"[Partus sequitur ventrem]、"添附物归属于主物所有人"[Accessio cedit principali]。在英国法中,添附亦包括加工。在美国《统一商法典》[U.C.C.]第 9–314 (a)条中,被安装或固定在其他货物上的货物亦被称为添附物。

accession of the sovereign 〈英〉英王继位 一旦在位英王崩世,其继承人立即自动成为君主。这是自爱德华四世[Edward Ⅳ]在位以来的既定规则,格言称之为"国王永生"[The king never dies]。根据 1910 年《继位文告法》[Accession Declaration Act]的规定,新国王应发布文告,但 1937 年《摄政法》[Regency Act]规定等到幼主满 18 岁时再发布继位文告。(⇨Bill of Rights)

Accessorium non ducit, sed sequitur suum principale. 〈拉〉从物不引导主物而随从主物。

Accessorium non trahit principale. 〈拉〉从物不支配主物;从权利不支配主权利。 因此,取消担保并不意味着取消主合同,虽然取消主合同即意味着取消担保。

Accessorium sequitur principale. 〈拉〉从物附属于主物。土地之上的庄稼或固定附着物属于土地的一部分。

Accessorius sequitur naturam sui principalis. 〈拉〉从犯性质同于主犯。 主犯只犯有谋杀罪,则从犯不可能犯有轻叛逆罪。

accessory n. ❶附属物;从物 作为装饰或使其更完美而结合在另一物之上的物;作为附属或从属而与另一物结合在一起的物。 ❷附件;零件 一部机器或工具上的从属工作部分,如汽车的风挡刮水器。 ❸从犯 帮助实施犯罪行为者。从犯又分为事前从犯[accessory before the fact]和事后从犯[accessory after the fact]。在美国,大多数州一般只对重罪的从犯追究刑事责任。在英格兰,以前只在重罪上对主犯和从犯有所区分,但在叛逆罪中,所有的参与者都是主犯。在轻罪中,在重罪中会是事前从犯的被视为主犯;而在重罪中会是事后从犯的则不视为犯罪,除非有事实证明构成了实质上的犯罪。1967年《刑法》[Criminal Law Act]颁布后,共同犯罪人一般只划分为主犯和同谋犯。在苏格兰,主犯与从犯的区别,只在于主要参与与辅助参与之分,在刑事责任上没有区别。
a. ❶附属的;从属的;附加的 ❷同谋的

accessory actions 〈苏格兰〉从属诉讼 在某种程度上从属于其他诉讼的诉讼。

accessory after the fact 事后从犯 即明知犯罪已经实施,帮助犯罪人逃脱逮捕或惩罚者。在美国,根据大多数州刑事法律的规定,对于事后从犯作单独处理,有4条要求:①他人已经实施了重罪,而且必须在从犯实施之前已经完成;②从犯不能与主犯同罪;③从犯必须亲自帮助主犯以避免重罪处罚;④从犯的帮助必须具有明知故意。《模范刑法典》[Model Penal Code]认为事后从犯其实不是共同犯罪人,按"妨碍审判罪"另行处理。有时缩写为"accessory after"。(⇨accessory)

accessory at the fact 在场从犯;事中从犯 在英国,大多数古代学者认为,事中从犯指在犯罪实施时在场,以帮助、教唆犯罪的实施者。只有在主犯被定为有罪或违法之后,才能将事中从犯提交审判。但现在这一划分已不复存在。在美国,又称其为二级主犯[principal in the second degree]。

accessory before the fact 事前从犯 帮助或教唆他人实施犯罪,但在犯罪实际实施时并不在场者。在美国《模范刑法典》[Model Penal Code]和大多数司法管辖区都取消了这类从犯,而统称为同谋犯。有时缩写为"accessory before"。(⇨accessory)

accessory building 附属建筑 该建筑与房屋相分离,不应被认为是房屋组成部分。

accessory contract 从合同 为确保主合同得以履行而订立的从属性合同,该合同与主合同的当事人可以是相同的人也可以是不同的人,如保证合同、担保合同、抵押合同。

accessory during the fact (= accessory at the fact)

accessory obligation ❶从义务 指从属于主义务之义务。❷〈苏格兰〉从债 指从属于主债之债,常为主债履行之担保。

accessory use 〈美〉从使用 在区划法[zoning law]中,指附属于主使用[principal or main use]之使用。

access to counsel 〈美〉获得律师辩护权 指由美国宪法第六条修正案保障的刑事被告人享有的获得律师辩护的权利。

access to courts 〈美〉获得法院公正审判权

accident *n.* ❶意外事件;偶然事件 指未能预期的、偶然发生的事件。狭义上指由合理的谨慎未能预见之事,或在没有人力作用情况下而由不可控制的自然力单独作用的意外发生之事。❷意外遭遇;事故;不测事件 ❸〈海商法〉意外 在提单中,指承运人应负责任的对承运财产造成损失的所有事件,包括承运人应承担的任何人的过失所造成的结果,它不同于单纯的意外[mere accident]或纯粹的意外[pure accident]。

accidental *a.* 意外的;偶然发生的;偶然的

accidental cause 意外原因 指导致不可预见、无法避免后果的原因。

accidental death 意外死亡 指无法预料的意外事件所导致的死亡。

accidental death benefit 意外死亡受益条款 一项保单条款,规定如果被保险人因意外事故或突发性外来力量导致死亡时,保险人应向该被保险人的受益人支付保险金(通常为保单面值的两倍)。

accidental injury 〈美〉(对身体的)意外伤害 指无法预料的意外事件所致的损害,尤指因不可预料的外部强力所致的身体伤害。在劳工赔偿法中,指在雇佣期间发生的、出乎意料的、没有雇员积极行为或预谋的伤害。对受害者而言,这种伤害是不可预见和不希望其发生的。

accidental killing 意外杀人;非故意杀人 指在能够合理确信不可能造成伤害的情况下,以合法方式所为之合法行为所导致的杀人。又可称为"death by misadventure; homicide by misadventure; killing by misadventure; homicide per infortunium"。它有别于过失杀人[involuntary manslaughter],后者指非法行为所导致的杀人结果或以非法方式所为之合法行为而导致的杀人结果。

accidentally thrown from 意外被抛出 指某人从运输工具中被抛出或扔出。

accidental means 意外原因 指偶然发生的在发生当时不可能预见的原因。过去法庭将"accident"与"accidental means"加以区分,但目前已趋于同一。

accidental result 意外后果 指某一故意行为的异常或不可预见的后果。

accident insurance 意外保险 对由于意外事故造成的人身伤害或收入损失负责赔偿的保险。

accident policy 意外险保单(⇨accident insurance)

accident proneness 事故倾向 指有可能卷入事故或促使事故发生的趋势或倾向。

accident report 意外事故报告 指车辆的驾驶者就该机动车辆的意外事故向警察或其他官员所作的报告。也指工业或交通行业的雇员根据雇佣条件的要求,向雇主、负责人或领班所作的意外事故报告。

accidere 〈拉〉〈罗马法〉❶坠下;落到 ❷遭遇;发生

accion 〈西〉❶诉权 ❷取回财产或追偿债务的诉讼程序

Accipere quid ut justitiam facias, non est tam accipere quam extorquere. 〈拉〉为主持正义而收取报酬,其实是敲诈勒索,而并非只是接受。

accipitare (向领主)交纳采邑继承税(⇨relief)

acclamation *n.* 批准;核准;赞同 指在审议决议、提案或确定候选人的集会上,根据与会者表态时声音的大小,而不实际清点票数所作出的决定。

accola ❶〈罗马法〉外来的农夫 从其他地方来到本地从事耕种的农人。❷〈封建法〉农民;农业承租人;领臣 均是对意大利农奴或佃农的一种称呼。

accolade 〈英格兰古法〉骑士授封仪式 一般由国王将手放于受封人颈上,但历代作家对此均有不同描述。图尔的格列高利[Gregory of Tours]写道,法王将金色的肩带授予受封人,然后吻其左颊。索尔兹伯里的约翰[John of Salisbury]则肯定这一仪式也在诺曼适用,征服者威廉正是通过这一仪式授予其子亨利骑士身份的。起初是空手举行仪式,后来则使用剑。

accomenda 〈古〉〈海商法〉艾克门达合同 意大利货主与船东订立的合同,前者提供货物,后者负责销售。在这种情况下存在两个合同:首先是货主授权船东处置货物的委任合同[mandatum],然后是分享利润的合伙合同。如果销售所得不超过货物成本,则全部归货主所有,只有利润才由双方分享。

accommodated party 被融通票据人 指为其利益而由票据融通方以出票人、承兑人或背书人的名义签署流通票

据的人。(⇨accommodation party)
accommodation *n*.❶贷款 ❷融通票据的签发
accommodation acceptance 融通票据承兑人
accommodation agencies 〈英〉房屋融通机构　为他人出租或承租房屋有偿提供信息，进行姓名、住址及房屋情况登记、发布广告及其他活动的机构。但1953年《房屋融通机构法》[Accommodation Agencies Act]规定这种机构非法。
accommodation bill (= accommodation paper)
accommodation indorsement 融通背书　在流通票据法律中，无任何约因之第三人只为持票人之利益或使出票人获取金钱或信用而作之背书。除非另有解释，该背书应被理解为背书人给予票据的无条件的信用担保。融通背书人对被融通方无法律义务。
accommodation indorser 融通票据背书人(⇨accommodation party)
accommodation lands 适用土地　指建筑商或投机者购买后加盖房屋，然后租赁给他人，以增加其价值的土地，或为了提高邻接或邻近土地的价值而购取的土地。
accommodation line 通融业务　指保险公司通融接受信誉好的经纪人或代理人介绍的平常有可能婉拒的业务。有时保险人为取得更有利的交易，也通融承保某些本来不会接受的业务。
accommodation loan 融通贷款　指作为一种友好或帮助行为而提供的不需有形或充分对价的贷款。
accommodation maker 融通票据出票人；签署融通票据者(⇨accommodation party)
accommodation note (= accommodation paper)
accommodation paper 融通票据　专为融通资金的目的，由资信地位较好的一方以自己的信誉，在不接受任何对价的情况下，对流通票据进行签署、背书或承兑，以作为对该票据承担第一付款责任的当事方的保证人，这种票据叫做融通票据。
accommodation party 票据融通人　指在不获取对价的情况下，在票据上签名，作为该票据的出票人、承兑人、背书人，从而成为被融通票据人的担保人的人。
accommodation road 专用道路；方便路　指为方便某些个人出入房屋、利用土地或使用其他不动产而开辟的道路，主要用于连接与公路不邻接的土地或房屋。
accommodation works 便利工程　指为了铁路或运河工程的毗连土地所有人的利益而修建和维护的工程设施，如桥梁、道路、栅栏等。
accommodatum (= commodatum)
accompanied *a*.伴随的；陪同的　该词用于制定法中并不必然意味着"同时"，而是指"有关系"、"有联系"、"随着"。
accompanied by a licensed driver 〈美〉由有驾驶执照的驾驶员陪同 (⇨ riding with or accompanied by a licensed driver)
accompany *v*.陪伴；伴同；伴随　在汽车交通事故中，只有在有驾驶执照的驾驶员能够指导并帮助无驾照的驾驶员的情况下，才能认定后者是由前者陪同。
accomplice *n*.共犯；共同犯罪人；同谋犯　以任何方式明知、自愿、故意与他人共同实施犯罪，并共同承担刑事责任者。一般认为，共犯包括事前从犯，但是否包括事后从犯并未取得一致认识。在美国，共犯的证言不足以对其他共犯定罪。在英国，共犯的证言具有可采性，但法官有责任向陪审团提出警告，应有保留地对待这一证言，无确

证就定罪是很危险的。
accomplice liability 共犯的(刑事)责任(⇨liability)
accomplice witness 共犯证人(⇨accomplice)
accompt (= account)
Accomptant-General (= Account-General)
accord *n*.❶协议；协定；契约 ❷和解协议　在债权债务关系中，双方当事人为调整原债关系的内容而达成的协议。
　　　　v.❶同意；一致；赞成 ❷达成协议
accord and satisfaction 和解和清偿　解除债务的一种方法。双方当事人协议由一方为一定给付而另一方接受，从而解除债务。和解[accord]是指协议，清偿[satisfaction]是指该协议的履行。这是以一个新协议取代旧协议，以履行新协议来取代原有义务的履行，它必须具备有效合同的所有要素。
accordant 〈法〉〈英〉同意的；赞同的
accord executory 待履行的和解协议(⇨executory accord)
according to law 根据法律；合法的；依普通法
according to the tenor 根据本意或涵义
accouchement *n*.分娩；生产
account *n*.❶账目；账户　对借贷双方由于合同或其他信用关系而产生的相互需求的详细记载。❷账；(银行)往来账；赊购账；欠账；待결账目 ❸交易关系；主顾关系；委托人；客户 ❹账单；交易结清单 ❺叙述；详细报告 ❻理由；根据 ❼利润；利益 ❽ (= account render)
accountable *a*.❶负有责任的；负有义务的 ❷有说明义务的
accountable receipt 负有义务的收据　一种书面形式的收据。在收据中，出具收据人不仅要承认收到所付款项或货物，而且要承担向第三方全部或部分给付货物或支付款项的义务。
account acknowledged (= account stated)
account annexed 附带账目；所附账目　当事人在提出一项通用诉讼理由[common count]的主张时，所用的一种简化的陈述形式。美国《联邦民事诉讼规则》[Fed. R. Civil P.]第8条默许使用此种形式。(⇨common counts)
accountant *n*.❶会计；会计师　从事会计工作，并具备记账、设计和管理账目、提供税收咨询和准备税收报表等熟练技术的人。❷(报账之诉中的)被告
accountant-client privilege 会计师拒绝泄露内情权(⇨ privilege)
accountant in bankruptcy 〈英〉破产核算员　旧时对破产财产的收益进行管理的官员，现被首席破产登记官[Chief Registrar in Bankruptcy]所取代。
accountant's lien 会计师的留置权　注册会计师在就他所提供的服务得到报酬前，对其所制作的客户的账簿和记录拥有留置权。
accountant to the Crown 〈英〉政府会计员　任何接受政府给予的报酬而因此负有责任之会计人员。
account balance ❶结平的账户；账户结余；账面余额　指账户上借贷双方的差额。❷清讫；收支两讫
account book 会计账簿　一般为商人、专业人员或其他人所保有，用以记录其所有经营业务的账目。
account computatio 账目计算　用于普通法法院或衡平法院的诉讼，而指与债权债务或具有此种性质的请求相关的一些事项。
account current (= current account)
account day 交割日；结算日　指在伦敦证券交易所中对

先前发生的交易账目必须进行结算之日,即由购买者支付价款,同时证券也交割给购买者。这个结算日是最后一次账上交易之日起的 10 天,通常是周一。在美国的证券市场上则采用滚动结算制[rolling account],即在交易后确定的数天——即 5 天内进行清算,清算期于交易后第 5 日届至。伦敦证券交易所宣布从 1994 年 7 月 18 日起也采用滚动结算制,最初其滚动结算期限为交易日后第 10 日,但从 1995 年初开始,该期限也从 10 天降为 5 天。结算日又写作"settlement day"或"settlement date"。

account debtor 账目债务人 在账目中负有债务的人。

account duty 〈英〉遗产清算税 根据 1881 年《关税和国内税收法》[Customs and Inland Revenue Act]对 1881 年 3 月 31 日以后死亡之人的遗产所征收的税。该项遗产税适用于不征收遗嘱检验税的财产。

account for ❶提供理由;解释原因 ❷(尤指所持的托管基金)结账 ❸对(某一行为)负责

Account-General n.〈英〉(最高法院)总会计师 1726 年的制定法为衡平法庭设立总会计师一职,负责收取向法院支付的款项并将其存入英格兰银行。在财税法庭[Court of Exchequer]中亦有总会计师,职能相似。1872 年《衡平法庭(基金)法》[Court of Chancery (Funds) Act]废除了这两个职位,而代之以主计长[Paymaster-General]。1883 年《最高法院(基金)法》[Supreme Court of Judicature (Funds) Act]为所有的法院及其分庭只设了一个会计部门,即最高法院收款办公室[Supreme Court Pay Office],所有法院及分庭的基金都要存入主计长的账户。1925 年《司法组织法》[Judicature Act]又规定以最高法院总会计师代替主计长,该职位由公诉书记官[Clerk of the Crown]担任。

accounting n. ❶会计;会计制度 ❷会计方法 为纳税目的确定收支的办法。主要包括权责发生制[accrual basis]和收付实现制[cash basis]。此外,对分期付款销售所得、建筑工程收入的认定、存货的估价等也可以使用其他方法。❸结账;清账;结算;决算 如结算合伙事务,以终止合伙。❹账单;账目 在美国《统一商法典》[U.C.C.]第九篇"担保交易"中,账单须①由担保人确认其真实性;②载明自其发生之日起之前或之后不超过 35 日内的全部未清偿的担保债务;③以合理的详细程度载明上述债务的内容。❺(= account render) ❻账目清偿诉讼 指为取得因提供服务而应收取的报酬、出售并已交付的财产的价款、借款、因不履行简单合同而产生的损害赔偿金等提起的诉讼。在通过支付金钱就可使当事人的权利得到充分保护的情况下即可提起此种诉讼。也称"account";"action on account";"action of book debt"。

accounting entity 会计个体;会计主体;会计单位 指单独编制会计报表的企业单位,或其下属的业务分部,与法律实体[legal entity]不同,一个会计主体不一定具有法人资格。

accounting equation 会计等式 一个企业的经营状况可以视为一方面取得资金,一方面运用资金或进行投资。"产权"[equities]一词有时可用于代表资金的来源,而"资产"[assets]则代表资金的运用。任何时候企业的资产和产权的关系都可以用以下会计等式来表示:"资产 = 产权",或"资产 = 负债 + 业主产权[proprietorship]"。

accounting for profits 返还收益之诉 衡平法上的一种救济。对存在信用关系[fiduciary relationship]之人提起的要求其返还由于违反此种关系而获得之收益的诉讼。

accounting on the footing of wilful default 基于故意不履行而承担结算责任 占有抵押物的抵押权人不仅要对在此期间所收到的抵押物租金和利润承担结算责任,而且应对本可以获取但由于其过错而未获取的收益承担结算责任。

accounting period 会计期 为会计之目的而确定的一种有规则的期间,尤指纳税人用以确认收入及相关纳税责任的周期,通常为一年。除非已经选用一个财务年度,纳税人应按日历年,即从 1 月 1 日到 12 月 31 日,来确认其收入和所得税。

Accounting Research Bulletin/ARB 〈美〉会计研究简报 由美国执业会计师协会发行的出版物,其内容包括该协会推荐采用的会计惯例或习惯作法。

Accounting Series Release 〈美〉会计准则公告 证券与交易委员会规定的会计与审计程序准则公告,所有向证交会递交的报告须遵循其中公布的会计与审计程序准则。

account in trust 信托账户 指由私人开设的、为了他人利益而信托持有的账户。

account number ❶〈美〉社会保障编号 其作为一种用以确认身份的编号,不仅在为社会福利,而且在其他情况下如编制税务报告时也会用到。 ❷账号;对账户所规定的号码 一般以数字表示,并按编号排列账页,以便于记账和查阅。

account of whom it may concern 考虑所有相关利益者 (⇨on account of whom it may concern)

account party 开户方 指信用证业务中银行的客户;亦指信用证账户的申请人。

account payable 应付账款;应付款项 指债务已经成立,应向债权人清偿但尚未清偿的款项。如某一企业在正常的商业交易中所欠的、尚未给付的债务。

account payee only 限于受款人账户 该用语有时记载于支票票面上,虽非对支票划线的补充,但其指示托收银行将支票金额记入受款人的账户。忽视该种指示可构成过失行为。

account receivable 应收账款;应收款项 指债权已经成立,应向债务人收取但尚未收取的款项。

account render 报账之诉 普通法上的一种诉讼。对因某些信用关系而应向他人提供报账目却拒绝提供之人(如监护人[guardian]、财产暂管人[receiver]等)提起的诉讼。

account rendered 结欠清单;应付未付账单 指债权人作出的、提交给债务人加以检查并予以接受的账单。

account sales/AS 售货清单 指在寄售买卖中,代销人于货物售出后向寄售委托人报告的清单,列明出售数量、售价、销售费用、佣金和净余货款。

accounts and inquiries 〈英〉账目查询 根据《最高法院规则》[R.S.C.]的规定,法院在其受理的案件的任何程序阶段,均可要求在法官室[chamber]中制作任何必要的账目,并予以审核。

account settled 已结清账目 在一方对另一方负有报账义务时,双方对各项目核对无误并加以确认的书面账目。它与确认欠账单[account stated]的区别在于,后者不存在一方向另一方报账的义务,而且不一定表现为书面形式。

accounts receivable insurance 应收账款保险 承保由于账册受损或灭失致使应收账款无法如期收回的风险的保险。

account stated ❶(债务人认为无误的)确认欠账单;(债务人)认可账单 ❷对账单 交易或结算双方当事人对账户结余明示或默示地达成一致的账单。 ❸(确定对账单诉讼中)原告的请求 ❹(衡平法)账目余额已清偿的答辩 在账目清偿诉讼[action for an accounting]中,被告陈述账目中到期的余额已经支付,并且其持有原告关于债务解除的声明的答辩。

accouple v.(古)❶结合 ❷结婚

accredit v.❶委任;任命 给予官方授权或职位。 ❷确认…达到标准;鉴定…为合格 ❸(国际法)委派使节;派遣使节;(向使节)授予国书

accredited representative 法定代理人(代表);经认可的代理人(代表) 指根据确定的权限代表他人、集体或组织行事的人,其权限通常来源于法律或者该集体或组织的规则的规定。

accredulitare 〈拉〉(古)通过宣誓以洗涤罪名

accrescere 〈拉〉❶生长;增加;添附 ❷〈苏格兰〉移转至任一人 它被用作与普通法术语"jus accrescendi"(即生存者权[right of survivorship])相关的含义。 ❸(诉讼程序)开始

accretion n.❶土地的自然增加;(土地)添附 通常是指由于自然原因,例如通过海洋或河流的运动而逐渐地、不易察觉地导致土地的扩once。土地的自然增加分为两种:一种是通过冲积方式[alluvion],即由于水力冲击泥沙并淤结而成坚固的土地;一种是由于海水下退[dereliction],即当海水退落至平常水位以下时土地露出水面。在英国,土地自然增加幅度较小并且不易察觉,则增加的土地属于与其邻接的土地所有人;如果发生土地的突然急增且面积较大,则属于王室所有。 ❷继承份额的增加;遗赠份额的增加 在共同继承人或受遗赠人因拒绝、不符合条件或先于被继承人死亡从而不能获得遗产时,其他继承人或受遗赠人有权将该部分遗产添加于自己的份额之中。多见于罗马法或大陆法。 ❸财产的增加 指孳息的产生,例如因本金而生利息,或幼畜的出生。尤指信托财产中非普通收入的增加。(⇨ accrue; alluvion; reliction; dereliction)

accroach v.❶侵犯;侵占 ❷滥用职权 ❸〈法〉推迟;耽搁

accrocher 〈法〉延迟;推迟;推延;耽搁

accrocher un procès 延迟诉讼程序

accrual (= accretion)

accrual accounting 应收应付制会计;权责发生制会计 用以表明某一确定时期已发生的费用和收入的会计方法,尽管这样的费用和收入实际上可能并未实际支付或收到。决定收入总额的是收取收入的权利而不是实际的收取。

accrual accounting method 应收应付会计法;权责发生制会计法(⇨ accrual accounting)

accrual basis 应收应付制;权责发生制 确定收入和费用的一种方法,即:根据商品销售(或发货)和提供的劳务来确认收入,而不论在什么时期收到现金;根据发生应付账款来确认费用,而不论在什么时期支付资金。(⇨ accrual accounting)

accrual of cause of action 诉因的产生 当一个诉讼可据以得到维持时诉因产生,但在这一问题上,因诉讼性质及不同的法律规定而有不同。如可能是侵权行为发生时、实际损害产生时、违反合同时等等。从诉因产生时起,诉讼时效开始计算。

accrue v.❶(可实施的主张或权利)产生;形成 ❷(分期)增加;增长

accrued alimony 应付而未付的扶养费(或生活费) 离婚后应向原配偶和子女支付的扶养费。

accrued and unpaid taxes 应付未付的税款

accrued compensation 应付未付的赔偿金

accrued depreciation 应提折旧 旧称累计折旧[accumulated depreciation]。指为更新固定资产而计算的某一时期的费用总和。即经常性的维修和保养也不能恢复的、最后造成资产无法继续使用的损失,包括磨损、腐烂、设备不全等。

accrued dividend (= accumulated dividend)

accrued expense 应付费用 指已发生但尚未实际支付的费用。

accrued income 应计收入;应计收益 指已经赚得但尚未实际收到的报酬或收益。

accrued interest 应计利息 已经赚得但尚未实际收到的利息。

accrued interest on mortgage 应计抵押利息

accrued liability 应付负债 指在某一给定的会计期间内应付但尚未支付或未到期的债务。

accrued profit 应计利润

accrued right 已产生的权利 通常指诉因的形成。(⇨ accrual of cause of action)

accrued salary 应付薪金 雇主应支付给雇员但尚未到期的薪金。

accrued taxes 应计税款;应付税款 指在某一给定的会计期间内应付但未付或未到期的税款。

accrued water rights 既有水权 指在影响水权的宪法或制定法条款制定或生效前已经存在的水权。

accruer (= accretion)

accruing costs 将发生的诉讼费用 指在判决作出后形成的诉讼费用。

accruing interest 累积的利息;正在形成的利息 区别于已形成的利息[accrued or matured interest],如债务利息按日累积,但只有到期才支付。

accruing right 正增长(或扩大)的权利

acct. (= account)

acct. curt. (= account current)

accumulated depreciation 累计折旧(⇨ accrued depreciation)

accumulated dividend 累积股利;应付股利 应支付给股东但尚未支付的股息红利。

accumulated-earnings credit 累积盈余扣除 指在确定累积盈余税时,为计算累计应税收入而作的扣除。(⇨ accumulated-earnings tax; accumulated taxable income)

accumulated-earnings tax 〈美〉累积盈余税;累积收益税 为了防止以公司盈利形式逃避股东个人所得税,而在公司所得税之外又课征的一种特别税。其课征对象是公司的留存收益,以防止公司保留过多的留存收益和流动资产,超过正常生产经营的需要。

accumulated legacy 累积遗产 指可分配遗产中尚未给付受遗赠人的部分。

accumulated profit 累积利润 指获得的盈余或未分配的利润。

accumulated surplus 累积盈余 公司所拥有的超过其资产和负债的资金。

accumulated taxable income 〈美〉累积应税收入 计征累积收益税的基础,公司收入经过某些项目(如联邦所得税、慈善捐献以及已收股利扣除)的调整后,再减去已支付的股利及累积盈余扣除额,便是公司应纳税收入。

accumulation n. ❶积累;积聚 ❷资本增益 指出售主要资产而产生之利益或将资产用于投资所带来的增加收益或兼指两者。 ❸(根据遗嘱或契据条款而产生的)资金利息或收入的积累 遗嘱执行人或其他财产受托人聚集所收到的租金、股息以及其他收入并将其作为资本进行投资,把产生的收入作为新的资本再次进行投资,如此循环不断。

accumulation trust 累积信托 在这种信托中,受托人根据指示,必须对信托收入以及从信托财产出售中所获收益进行累积,以便在信托终止时最终处分。美国大部分州对累积时间和累积数额设有限制。

accumulative dividend (= cumulative dividend)

accumulative judgment 累积判决 指被告人被定罪判刑后,法院又宣告一项对他不利的、新的(或追加的)判决。该追加判决的执行要等到第一个判决执行完毕以后才能进行。(⇨accumulative sentence)

accumulative legacy 累积遗赠;双重遗赠 指根据同一或另一法律文件而给予的另一份遗赠。(⇨accumulated legacy)

accumulative sentence (连续执行的)累积判决 对根据一份包含若干不同罪项[count]的起诉书而被认定有罪,或同时被确认犯有数项不同罪行的被告人所作的判决。即各判决是连续的,中间没有间断,其中每一项判决即称为"accumulative sentence",下一项判决要等上一项判决执行完毕后才能开始执行。也称 cumulative sentence 或 consecutive sentences。

Accusare nemo se debet, nisi coram Deo. 〈拉〉除了在上帝面前,任何人没有控告自己的义务。 对刑事被告人来说,他总是有权针对指控作无罪答辩。对证人来说,若对某一问题的回答或出示某种文书将会导致其本人或其配偶受到刑事指控,则其有权拒绝回答或出示;但对可能导致确认该证人所负债务或使其卷入民事诉讼的问题,不得拒绝回答。

accusation n. 控告;指控(⇨accuse)

accusatio suspecti tutoris 〈拉〉(罗马法)可疑监护诉 解除可疑监护人职务的诉讼。

accusatorial procedure (= adversary system)

accusatorial system (= adversary system)

Accusator post rationabile tempus non est audiendus, nisi se bene de omissione excusaverit. 〈拉〉合理期间届满后,对被告人不应受理,除非起诉人能令人满意地解释他的延误。 该规则在英格兰法中并不是普遍适用的,只有在立法中明确对某种追诉期限作出限定时,期间上的延误才会构成起诉的障碍。

accusatory body 控诉团体 如大陪审团,其职责在于审查证据,以确定是否应对某人提起刑事指控。

accusatory instrument 控诉文书 指控某种犯罪的文书,如在美国有大陪审团起诉书[indictment]、检察官起诉书[information]、犯罪控告书[complaint]。也称 charging instrument。

accusatory part 控诉部分 指大陪审团起诉书[indictment]中,指控犯罪的那部分内容。

accusatory pleading 刑事起诉书 指控告某人犯罪,国家据此对其审讯的文书,如大陪审团起诉书[indictment]、检察官起诉书[information]、犯罪控告书[complaint]。

accusatory procedure (= adversary system)

accusatory stage 控告阶段 刑事诉讼中的一个阶段,在此阶段被告人有获得律师为其进行辩护的权利。该阶段于官员逮捕被告人并对其进行讯问之时开始。

accusatory system (= adversary system)

accuse v. 控告;指控 指向有管辖权的法院或有权对犯罪进行调查的治安法官正式提出某人犯有某种罪行的控诉。

accused n. 刑事被告人

accuser n. 控告人;控诉人

accustomed a. 惯常的;通常的;习惯的

accustomed rent 习惯地租(⇨customary rent)

a ce 〈法〉为此目的;为此

a cel jour 〈法〉在这一天;此日

acephali 〈英〉❶平等主义者 出现于亨利一世[Henry I]统治时期,他们认为不存在领导或上级。 ❷异端(派别) 约6世纪初出现的古代异教徒,坚持基督一性论;该词亦指反对教会的世俗领导或主教制的诸多基督教派别或团体。

acephalous a. 无领导的;缺少领导的

acequia n. 水道;渠道;灌溉系统

ac etiam 〈拉〉❶并且;而且;同时 以前在普通法案件中,诉状中需要存在两种诉因,一种为虚构诉因,以赋予法院管辖权;另一种则为制定法所要求的真正诉因。该词用在诉状中,以提示法官真正诉因。用于此义时,该词有时又被拼作"acetiam"。 ❷引出条款 有时又称为"ac etiam clause",指在普通法侵权诉讼诉状中,在虚构诉因之后以引出真正诉因的条款。

achat 〈法〉❶购买 ❷买卖契约;合同

achate (= achat)

acherset (英格兰古法)阿克塞特 谷物测量单位,相当于8蒲式耳[bushel]或1夸脱[quarter]。

achieve subject matter 可获专利的对象 "可获专利性"[patentability]在英国的对应词。

acia (= atia)

acid-test ratio 酸性测试比率 财务分析的一种方法。该比率为流动资产与流动负债之比,即现金、上市有价证券、应收账款之和与流动负债之比。(= quick-asset ratio)

acknowledge v. ❶承认 ❷(对自己的行为)承担责任;认领(非婚生子女) ❸签收 ❹(在有权官员如公证员面前)确认(…为真实) ❺(公证员等官员)确认;认证(⇨acknowledgment)

acknowledged to me 在我面前承认

acknowledgment n. ❶承认 指承认某种情况为事实或真实的,如承认法院有管辖权、承认债务等。 ❷承担责任;(对非婚生子女的)认领 通过书面协议、口头陈述、当事人的生活和行为,或者任何其他令人信服的证据来承认当事人与非婚生子女之间的亲子关系。 ❸签收 表明已收到某物的行为。如被告对原告的起诉状的签收。 ❹确认;认证 签署某文件并保证其签字真实性的人,在有权的官员(如公证员)面前所作的正式声明。在美国许多州,有权官员对下列情况给予认证:①该官员本人认识签字者或已根据令人信服的证据确认了签字者的身份;②签字者于所述的日期和地点出现在该官员面前;③签字者承认其自愿签署该文件。 ❺(= certificate of acknowledgment)

acknowledgment for production 〈英〉提供文据的确认 卖主有权保有所有权文件,如果他保有与该文件有关的土地的任何部分,或该文件是由委托契据或产生有效委托的契据构成的,或该文件是关于指定或撤销一项有效委托的受托人的,在这种情况下,卖主确认负有向买主提供并转交上述文件副本的义务,并且除非他是受托人,他还负有妥善保管这些文件的义务。

acknowledgment money (英格兰古法)新主认可金 某些庄园中由公簿地产保有人[copyholder]在老领主去世时,为获取新领主的认可而交纳的一笔费用。它不同于封地易主费[fine]。(⇨fine;copyhold)

acknowledgment of debt 承认负债 债务人向债权人所作的表示,明确承认他所欠的债并表达了或以清楚地暗示表明他清偿欠债的意愿。

acknowledgment of deeds by married women 〈英〉已婚妇女对契据的确认 根据1833年的《拟诉弃权法》[Fines and Recoveries Act]以及1857年的《已婚妇女可回复性权益法》[Married Women's Reversionary Interests Act],一切意在处置1883年1月1日前结婚的妇女的地产权益或其可回复性动产权益的契据,须由其丈夫签署执行并由她在法官或专门委任的专员面前予以确认。

acknowledgment of will 对遗嘱的确认 有时是指按特殊的法律规定,要求遗嘱人以发誓的形式作出的一种正式认证。通常是指由遗嘱人向没有看见他签署遗嘱的见证人所作的一种非正式确认,证明遗嘱的确是他本人所签署。

ACLU (= American Civil Liberties Union)

a coelo usque ad centrum 〈拉〉上穷碧落下抵黄泉 原指土地所有者的权利范围,即从土地之上,上至苍穹,下及地心。现已废弃此原则。

acolyte n.教士助手 在圣餐等宗教仪式中协助教师或助祭的教堂低级服务人员,其职责仅限于点蜡烛、传送圣餐面包和酒等普通事务。

A communi observantia non est recedendum. 〈拉〉共同的惯例不容违背。 这一谚语表达了普通法的保守性。利特尔顿[Littleton]曾说:"一般而言,创新都会违反普通法的规则和普通法理性。"

a confectione 〈拉〉从订立之时起;从制作之时起

a confectione praesentium 〈拉〉自契约订立之时起

a consiliis 〈拉〉❶忠告的;劝告的 ❷顾问 在罗马法中,有时用于代替"a responsis"。

a contrario sensu 〈拉〉另一方面;反过来看

acquaintance n.熟悉 ⇨acquainted)

acquainted a.熟悉的 指对某人、某物、某事有所了解。"acquaintance"是源自偶然交往的了解,"familiarity"是源自日常交往的了解,"intimacy"则是源自无保留交往的了解。三者对对象的了解程度不同:acquaintance最浅,familiarity稍深,而intimacy最深。

acquereur 〈法〉不动产取得人;不动产买主;买主 在法国法与加拿大法中,该词是指以购买方式取得财产(尤指不动产)所有权的人。

acquest n.取得物;非继承取得物 指以购买、受赠或其他非继承方式所获得的财产。与法语"acquêt"同,原属大陆法系用语。

acquêt(s) 〈法〉❶取得物;非继承取得物 ❷夫妻共有财产 指夫妻任一方在婚姻存续期间通过买卖、受赠或其他任何相似方式所获得的财产。亦以"acquêts and conquêts"表示,在英美法中则指"community property"。(⇨acquêts and conquêts;community property)

acquêts and conquêts 〈法〉夫妻共有财产(⇨acquêt(s);conquêts)

acquiesce v.默认;默许

acquiescence n.默认;默许;消极承诺

acquiescence for detection 为侦破而默认(犯罪) 指为了查明犯罪真相及拘捕刑事犯罪人,故意装扮成共犯或以其他形式给予其积极或消极的帮助。此种行为与执法人员诱人入彀[entrapment]的区别在于,前者仅是通过给予嫌疑人一个机会来检验其是否会实施犯罪,而后者则是实际引诱一个本无犯意的人去实施犯罪。

acquiescence in custom 对惯例的默认 这是使某一惯例对合同当事人具有约束力的本质性要件。如果某一惯例在当事人之间形成一种和平的、非异议的以及相当统一的合意,并经过一段相当长久的时间,则可以认为这一惯例已经深入合同磋商者的头脑之中,并因而成为合同的一部分,除非存在相反声明。

acquietandis plegiis 〈英〉免责令状 主债务清偿后,担保人可据以迫使债权人免除其责任的令状。

acquietantia ❶免除 ❷(债务等的)清偿(⇨acquittance)

acquietantia de shiris et hundredis 〈英〉郡和百户区民众免于出席地方法庭或履行其它义务的自由

acquietare 免除;清偿;偿付;给付

acquietatus a.免除的;已清偿的

acquire v.取得;获得;取得…的所有权

acquired a.取得的;获得的 指通过购买或其他途径而获取权利、所有权、占有。在没有明文限制的情况下,也指通过继承而取得。

Acquired Immune Deficiency Syndrome/AIDS n.获得性免疫缺损综合症;艾滋病;爱滋病 一种使人丧失免疫系统功能,破坏其防疫疾病能力的病毒。可导致生命危险。

acquired rights 取得的权利;既得权利;得来权 指某人并不当然享有,而通过特殊法律规定或特许取得的权利。

acquired surplus 盘购盈余 指因企业的资本结构变化而产生的盈余。如企业合并时,由于盘购价低于有形资产净额而产生的盈余,或改组资本结构而提高股票的价值所获得的盈余。

acquirenda 〈苏格兰〉后得财产 指可由事后取得的财产,尤指由破产人或已婚妇女婚后取得的财产。

acquisitio hereditatis (罗马法)继承物(或遗产)的取得和授予

acquisition n.取得;获得 指成为某项财产所有人的行为,尤指用任何方法取得的实际占有。它分成原始取得[original acquisition]与继受取得[derivative acquisition]两种方式。

acquisition by conquest 征服取得(⇨conquest)

acquisition by discovery and occupation 通过发现和占有而取得(⇨discovery and occupation)

acquisitiones civiles (罗马法)法定取得 罗马法[Roman Law]确认的取得财产的方式。

acquisitiones naturales (罗马法)自然取得 万民法[jus gentium]特有的财产所有权取得方式。

acquisition of title 所有权的取得 财产所有权可以通过原始和继受取得。原始取得[original acquisition]包括造物、无主物占有和现有土地因自然力量而发生的添附。继受取得[derivative acquisition]包括从财产前主人处通过赠与、购买、继承或法律的实施等方式取得财产所有权。

acquisitive offense 侵犯财产罪 指以非法占有他人财产为特征的一类犯罪的总称。

acquisitive prescription 取得时效 时效的一种,亦称"积极时效"[positive prescription],当事人可据此取得权利。在国际法上,它基于对某一地域的无冲突与无争议的占有达一段合理长的期间,即可取得其所有权。(⇨pre-

acquit v. ❶释放；宣告无罪 ❷免除（义务、责任等） ❸履行

acquitment n. 宣告无罪；免除刑罚（⇨absolution）

acquittal n. ❶免除合同义务；免除债务；免除民事责任（⇨acquittance） ❷宣告无罪　指通过法庭判决、陪审团裁断或其他法律程序，正式确认被指控犯罪的人在法律上无罪。❸(封建法)中间领主保护领臣的义务　指中间领主[middle lord]保护领臣不因中间领主自己对最高领主[paramount lord]负有义务而受到后者的起诉或对其土地的侵入或干扰。

acquittal contract　免除合同　指凭借契据、时效或保有期而免除债务。

acquittals in fact　依事实宣告无罪　指陪审团经庭审而作出无罪裁断。

acquittals in law　依法律宣告无罪　指仅由于法律的适用而作无罪宣告，如由于主犯被宣告无罪因而从犯也被宣告无罪。

acquittance n. 债务（或义务）免除证书　指当事人可据以免除给付金钱或履行义务的书面清偿证书。该术语不完全等同于收据[receipt]，但却包含后者。收据是免除证书的一种，清偿证书[discharge]则是另一种。

acquittance pro tanto　部分免除证书

acquitted a. ❶释放的；宣告无罪的；司法上解除控诉的 ❷免除（债务等）的

acre n. 英亩　合4 047平方米或4 840平方码。

acreage n. 英亩数；以英亩计算的土地面积

acre-dale n. 分别所有的土地　指一块土地的各个部分为不同的人所拥有。

acre-foot n. 英亩－英尺　灌溉的水量单位，相当于1英亩地1英尺深的水量，等于325 850加仑。

acre right　〈古〉英亩权利　美国新英格兰地区城镇居民在共有地中的份额。英亩权利的价值在每一城镇中是一个确定的数额，但在不同的城镇间有所变化。在某一特定的城镇中，10英亩田地权相当于113英亩山地和12英亩草地，并在英亩权利和适销土地之间保持一个特定的精确比例。

acre-shot n. 英亩税　对土地征收的一种地方税。

ACRS　(= Accelerated Cost Recovery System)

ac si　〈拉〉好像；仿佛

act n. ❶行为；活动　①指被实施的对象，尤其指自愿实施的对象；②指实施的过程，即由于人的意志而发生的、由人的意志所控制的、将人的意志表现于外部的任何事实，从而区别于非自愿的活动与自然事件。行为有时被分为思想活动与身体行为。前者包括思考、计划与图谋，但它们在没有导致身体行为或被其他身体行为证明之前，通常是没有法律意义的。后者则可以采用积极的方式——作为，也可以采用消极的方式——不作为。但该词通常仅仅限于指身体行为，即行为人意志的外部表现。自愿的身体行为可包括以下因素：①动机，它促使当事人作为或不作为；②肌肉运动，即行为本身；③意图或其他导致行为人作为或不作为的思想状态；④行为发生当时的情形；⑤行为的直接结果。肌肉运动或行为本身，例如挥动木棍、扣动扳机，是中性的，把行为划分为合法行为与违法行为依赖于其他因素，例如当时情形与直接结果。该词与"action"均有"行为"的意思，并且两者基本重叠。两者的区别在于，前者更为具体，而后者相对抽象。该词可以与"omission"连用。例如，"act of omission"，即不作为的行为，而在"act or omission"中，"act"仅指作为。❷法律；制定法　尤指由立法机关所制定的法律，与"制定法"[statute]同。（⇨act of Congress; act of Parliament） v. 行动；担当；发挥作用；演戏

acta　〈拉〉❶法院程序记录；立法会议程序记录 ❷（罗马法）法令　罗马皇帝所制定的法令的总称，后泛指敕谕[edicta]、敕裁[decreta]、敕答[rescripta]等。

acta diurna　〈拉〉❶（罗马法）日常行为或记事 ❷每日公告；每日公报　记录参议院、民众大会[assemblies of the people]或法院日程的公报。

Acta exteriora indicant interiora secreta.　〈拉〉外部行动表现内心秘密。　意指某人的意图是通过该人的行为而得到推断的。

Acta in uno judicio non probant in alio nisi inter easdem personas.　〈拉〉某一诉讼中所为者不能作为另一诉讼之证据，除非其发生于相同当事人之间。

Acta Martyrum　〈拉〉（早期基督教的）殉教者记事录　摘自法庭记录或证人报告，或由教会的秘书编纂。

acta publica　〈拉〉❶众所周知（或普遍关注）之事 ❷在某些公职人员面前办理之事

Acta Sanctorum　〈拉〉基督教圣徒和殉教者记事录　由耶稣会会士[Jesuits]公布。

act colore officii　根据某一职位表面拥有的权力（而非其所固有的职权）所为之行为

acte　〈法〉❶诸如契约、卖据或出生证明书等书面文件。❷(= act)

acte authentique　〈法〉公证文书；公证契据　指以某种特定形式完成，并且在公证员、市长、注册员或其他有相应资格的官员面前签字的契据或其他文书。

acte de décès　〈法〉死亡证明　应在死者下葬之前签发。

acte de francisation　〈法〉船舶登记证明　表明该船舶具有法国国籍。

acte d'héritier　〈法〉继承行为　指继承人以明示或默示方式表示接受继承的行为。

acte extrajudiciaire　〈法〉应一方当事人的要求由执达员[huissier]不经法律程序向另一方当事人送交的文件

actes de marriage　〈法〉结婚证明　应包括双方的姓名、职业、年龄、出生地、婚后住所、原始住所、双方父母的同意，及双方表示的不论是福是祸要结合在一起的合意。

actes de naissance　〈法〉出生证明　必须包括出生日期、时刻、地点，以及性别、孩子的教名、父母和证人的姓名。

acting a. ❶行动的；起作用的 ❷代理的　暂时代理某人的职位或位置，或暂时提供服务。

acting as agent　以代理人身份行事　这种代理行为应视作委托人的行为。

acting executor　代理遗嘱执行人　指承担死者遗嘱执行人职责的人，并且通常是暂时的，但他并非法律指定的遗嘱执行人或事实上的遗嘱执行人。

acting officer　代理官员职务的人　仅指临时代理官员职务的人，他履行某一职位的相应职责，但不能对该职位主张权利。

acting within the scope of his office or employment　职务行为；授权（范围内的）行为；雇佣范围内的行为　指经授权所实施的可以约束委托人的行为，也指武装部队成员履行其职责的行为。

act in pais　〈法〉庭外行为　指没有法庭正式记录的、在法庭外进行的行为。例如双方当事人在将要转让的土地上所订的契据。

act in the law 法律行为 指当事人意在创设、转让或消灭某一法律上的权利而作的意思表示,并且因此而具有法律效力。例如缔结合同、订立遗嘱、转让财产等均属法律行为。法律行为的构成要素包括行为人具有引起预期法律后果的合法权力、行为人依其意图为达到上述目的而作的指示、行为人意图的外在表示;在某些特定情况下,还须不存在某些消极因素,例如不违法、不违背公序良俗。法律行为可以是单方的[unilateral],例如订立遗嘱,也可以是双方的[bilateral],例如双方当事人缔结合同。该词亦作"juristic act"或"act of the party",而与"act of the law"相区别。(⇨act of the law)

actio 〈拉〉(罗马法)❶诉讼 ❷诉权 指某人在其取得的权利发生争议时,有权依法律程序起诉或执行。

actio ad exhibendum 〈拉〉(罗马法)提呈物品之诉 指强迫被告拿出财产以确定该物处于被告占有之中,这是返还之诉的预备之诉。

actio adjecticiae qualitatis 〈拉〉(罗马法)合同代理之诉 涉及代理人为原告所签合同的诉讼。

actio ad supplendam legitimam 〈拉〉(罗马法)补足法定继承份额之诉 对被继承人的财产主张法定份额的人提起的诉讼,要求遗嘱受益人补足其法定份额。

actio aedilicia 〈拉〉(罗马法)默示质量保证之诉

actio aestimatoria 〈拉〉(罗马法)代销合同之诉 定价代销合同[de aestimato]中,物的所有人在经过一定期间后,在对方当事人既未找到买主后向其支付约定的价款,也未向其返还标的物的情况下,可以向对方当事人提起的诉讼。(⇨de aestimato)

actio arbitraria 〈拉〉(罗马法)仲裁诉讼;公断诉讼 要求法官行使裁量权的一种诉讼。这种诉讼允许法官经过全面考察案件后,命令被告作出金钱偿付,被告如有所违反,则法官可命令被告从事某一行为,如向原告归还财产。

actio auctoritatis 〈拉〉(罗马法)违反保证之诉 买主可获得相当于购买价格两倍的赔偿。

actio bonae fidei 〈拉〉(罗马法)诚信诉讼 这是法官可基于衡平考虑作出判决的诉讼中的一种。诚信诉讼中,程式中注明"按诚信"[ex bona fide]的字样,法官可在全面考察案件后,根据诚实信用的要求,按公平正义的精神作出判决,即:在原告有欺诈、胁迫等行为时,即使被告没有在程式中提出抗辩,法官也有开释被告之权。与严法诉讼[actio stricti juris]相对。

actio calumniae 〈拉〉(罗马法)诬告之诉 制止被告对原告提起无根据的或捏造的指控的诉讼。

actio certae creditae pecuniae 〈拉〉(罗马法)返还(确定数额的)金钱之诉

actio civilis 〈拉〉❶民事诉讼 区别于刑事诉讼。 ❷(罗马法)市民法诉讼 指市民法规定的诉讼,与裁判官法诉讼[actio honorarium]相对。

actio commodati 〈拉〉(罗马法)借贷之诉 要求借用人或出借人履行义务的诉讼的总称,或指在无偿借出的某物未向出借人返还时诉请收回该物。

actio commodati contraria 〈拉〉(罗马法)借用人请求之诉 借用人对出借人提起的要求履行合同或赔偿违约损失的诉讼。

actio commodati directa 〈拉〉(罗马法)出借人请求之诉 出借人对借用人提起的诉讼,要求归还借出的物品并履行所有其他义务。

actio commodati dividendo 〈拉〉(罗马法)分割共有财产之诉

actio condictio indebitati 〈拉〉(罗马法)请求返还错误给付之诉 也可直接写作"condictio indebiti"。

actio conducti 〈拉〉租赁合同之诉 由租赁合同引起的诉讼。

actio confessoria 〈拉〉承认之诉 ①地役权保全之诉,指原告要求确认并维护其地役权,以对抗土地所有人或其他相对权利人的诉讼。该诉讼是基于原告主张对被告土地享有权利,因此有别于排除地役权之诉[actio negatoria],后者是原告为排除被告的地役权主张而提起的诉讼;②指被告承认应负法律责任但未明示确定数额的诉讼,此时将由法官确定赔偿费的金额。

Actio contra defunctum caepta continuitur in haeredes. 〈拉〉开始于死者生前的诉讼,对其继承人仍然有效。此规则不适用于严格的人身诉讼。

actio contrario 〈拉〉反诉;反请求

actio criminalis 〈拉〉刑事诉讼

actio damni injuria 〈拉〉(罗马法)侵权之诉;损害赔偿之诉 要求赔偿损失的一系列诉讼的总称,包括因非法或过失行为所致损害引起的各种诉讼。它相当于"action for damages"。

actio de dolo 〈拉〉(罗马法)欺诈之诉

actio de dolo malo 〈拉〉(罗马法)欺诈之诉 被欺诈人对因欺诈行为而获益的欺诈人及其继承人提起的诉讼,要求返还因欺诈而被剥夺之物及其所有添附;如果返还不可能,则要求给予赔偿金。

actio de eo quod certo loco 〈拉〉(罗马法)要求在特定地点履行义务之诉

actio de pauperie 〈拉〉(罗马法)动物致人损害之诉

actio de peculio 〈拉〉关于(儿子或奴隶所有的)私有财产之诉

actio de pecunia constituta 〈拉〉追讨金钱债的诉讼 因允许偿还自己或他人债务而发生的诉讼。即使没有正式协议,也可提起此诉讼。

actio depositi contraria 〈拉〉(保管人对委托人提起的)履行保管合同之诉

actio depositi directa 〈拉〉(委托人对保管人提起的)返还保管物品之诉

actio de posito vel suspenso 〈拉〉(罗马法)(因悬挂物品而)危害公共道路之诉

actio de recepto 〈拉〉(因旅客物品丢失而)对船东、店主等提起的诉讼

actio de statu defuncti 〈拉〉确定死者遗嘱能力之诉

actio de tigno juncto 〈拉〉返还(或赔偿)建筑材料之诉 指材料所有人就其材料被用于他人建筑物中所提起的诉讼。

actio directa 〈拉〉直接诉讼 ①依据法律规定提起的、有固定形式的诉讼。此种诉讼以某些已被明确加以限定并认为是可起诉的法定义务为基础,通常涉及合同主债务的履行;②直接向交易对方当事人或其代表、代理人提起的诉讼;③与反诉[actio contrario]相对称的诉讼。

actio doli (= actio de dolo malo)

actio empti 〈拉〉交付标的物之诉 买主支付价金后,要求卖主履行义务或赔偿损失的诉讼。(⇨specific performance)

actio ex conducto 〈拉〉收回租借物之诉

actio ex contractu 〈拉〉合同之诉

actio ex delicto 〈拉〉侵权之诉

actio exercitoria 〈拉〉对船主或包船者提起的诉讼 尤指因船长签订的合同而引起的诉讼。(= exercitoria actio)

actio ex locato 〈拉〉(罗马法)租赁物之诉 因租借合同引起的出租人对租借人的诉讼。(⇨actio locati)

actio ex stipulatu 〈拉〉要求履行要式合同的诉讼(⇨stipulatio)

actio familiae erciscundae 〈拉〉(罗马法)共同继承财产分割之诉

actio famosa 〈拉〉剥夺被告名誉之诉

actio ficticia 〈拉〉(罗马法)拟制诉讼 此种诉讼的判决以假设或不存在的事实为基础。(= actio utilis)

actio fiduciae 〈拉〉因担保而生之赔偿之诉 债务偿还后债权人不能返还担保物或保证金时,债务人对债权人提起的要求获得赔偿的诉讼。但对抵押财产[pledged property]不得提起该诉讼。

actio finium regundorum 〈拉〉不动产分割之诉

actio furti 〈拉〉(罗马法)被盗人取得盗窃人罚金之诉 此种诉讼的目的只为取得与犯罪有关的罚金而不是为追回被盗之物。如果偷盗者在现场被抓获,则罚金为盗窃物品价值的四倍,否则为两倍。它不影响以后被盗人再提起追回被盗物品或其价值的诉讼。

actio honorarium 〈拉〉(罗马法)判例法诉讼;裁判官法诉讼 要求根据罗马裁判官法和罗马判例法予以救济的诉讼。这是裁判官等依据自己的统治权而创设的诉讼,与市民法诉讼[actio civilis]相对。

actio hypothecaria 〈拉〉(罗马法)因抵押而生之诉 指保留占有某物者承认该财产应当是某债务的担保。

actio in bonum et acquum concepta 〈拉〉(裁判官要求法官)依公平原则判决之诉

actio in factum 〈拉〉(罗马法)事实诉讼;依习惯(法)提起的诉讼 裁判官法诉讼[actio honorarium]的一种,是裁判官在遇有新出现的法律关系而市民法无可类比的诉讼时,根据事实制定程式的诉讼。在英美法中,与之相当者为"action on the case"或"trespass on the case"。

actio in factum praescriptis verbis 〈拉〉(罗马法)履行(口头)合同之诉 原告因自己已充分履行合同而要求被告充分履行合同之诉。

actio injuriarum 〈拉〉(罗马法)妨害权利之诉 因无理侵犯他人权利而引起的诉讼。

actio in personam 〈拉〉(罗马法)对人诉讼;债权诉讼 基于个人责任而对被告提起的、因个人利益遭受侵犯要求获得补偿的诉讼。(⇨action in personam)

actio in rem 〈拉〉(罗马法)对物诉讼;物权诉讼 原告主张收回被他人占有之物或主张确立其对某物的权利之诉。(⇨action in rem)

actio in rem hypothecaria 〈拉〉(罗马法)要求占有质物之诉 债务人同意以某些动产作为债务担保时,债权人要求占有这些财产的诉讼。

actio in rem negativa (= actio negativa)

actio institoria 〈拉〉(罗马法)就奴隶代主人所订合同对主人提起之诉

actio interrogatoria 〈拉〉(罗马法)质询诉讼 在这种诉讼中,被告必须发誓回答原告提出的问题。

actio judicati 〈拉〉既判力之诉 在罗马法中,法官在一项判决中发布查封令,首先查封动产,并可在8天内拍卖,然后查封不动产并作为抵押交给债权人或由财产管理人管理,若在二个月内仍未偿还债务,则可拍卖该不动产。这一判决作出四个月后,若被告不认上述判决的作出,原告可提起既判力之诉,其目的在于确定是否曾作出这样一项判决。

actio legati 〈拉〉遗赠之诉 受遗赠人强制对遗赠负有义务之人履行义务的诉讼。

actio legis Aquiliae 〈拉〉阿奎利亚法律诉讼 根据阿奎利亚法[Aquilian law],就故意或过失杀死或伤害他人的奴隶、牲畜或以其他任何方式损害他人财产而被要求给予赔偿金的诉讼。

actio locati 〈拉〉(罗马法)租赁物之诉 即因租赁合同而引起的诉讼,指出租人[locator]向租借人[hirer]提起的关于损害赔偿的诉讼。又可称为"actio ex locato"。

actio mandati 〈拉〉委任合同之诉 强制履行委任合同或因此所生之义务的诉讼。

actio metus (= actio quod metus causa)

actio mixta 〈拉〉(罗马法)混合诉讼 指诉讼中结合了两个或多方面的特点,如:①诉讼目的既在于返还原物同时还要进行惩罚的诉讼;②既是对人诉讼同时又是对物诉讼;或者说完全是对人诉讼,但在某一方面或多或少地近似于对物诉讼等。

actio mixtae persequendae causa comparata 〈拉〉(罗马法)同时请求违约金和赔偿金的混合之诉

action n. ❶诉讼 指为实现个人权利、阻止个人非法行为或惩罚犯罪等而在法院进行的一种程序。在今天,action可以指各种诉讼,但在英国1873-1875年《司法组织法》[Judicature Acts]之前,action或 action at law通常仅指普通法上的诉讼,以区别于衡平法上的诉讼[suit in equity]。在当时,原告要提起普通法上的诉讼,必须遵守严格的诉讼程式[forms of action];在诉讼种类上,被划分为不动产诉讼[real action]、动产诉讼[personal action]和混合诉讼[mixed action]三种。现在,所有的诉讼形式都已被废除,原告在起诉时只需说明其根据的事实及请求的救济即可。在早期,action在比较广泛的意义上使用,包括刑事诉讼[criminal action]和民事诉讼[civil action],前者是国王或国家的名义提起的,后者则是以公民个人的名义提起的。但是,在今天,action更多的被用来指民事诉讼,而刑事诉讼则被称作"prosecutions"以示区别。在诉讼分类上一般分为对人诉讼[action in personam]和对物诉讼[action in rem]。现在,由于普通法和衡平法已合并,均通过同一种程序来实施,因此 action 和 suit 经常被作为同义词互换使用。 ❷行为;作为(⇨suit; forms of action; cause of action)

actionable a. 可提起诉讼的

actionable defamation 可起诉的诽谤(⇨ actionable per quod; actionable per se; libel; slander)

actionable fraud 可起诉的欺诈(行为) 指为了引诱他人放弃财产或法律权利而进行的欺骗,或者以欺骗为目的而作出虚假陈述。构成一项可起诉的欺诈(行为),必须具备下列条件:①被告作了实质性的陈述;②该陈述是虚假的;③被告明知其陈述虚假而仍为之,或者在不确知事实真相的情况下轻率地作出确定的陈述;④被告意图使原告依其虚假的陈述行事;⑤原告确实依被告的陈述行事;⑥原告因此遭受损害。

actionable misrepresentation 可起诉的虚假陈述 对合同的重要事实所作的、且对合同履行有重大影响的虚假陈述。

actionable negligence 可起诉的过失 指行为人因疏忽大意而未履行某项法律义务,以致给他人造成损害。其关键要素在于未尽到具有合理注意义务的人应尽的注意义务并造成了损害以及二者之间具有直接因果关系。

actionable nuisance 可起诉之妨害(行为) 指任何非法妨害他人享受其法律权利的情形。如任何有害健康、有伤风化或妨碍他人生活或自由使用财产的行为等。

actionable per quod 可起诉的隐含诽谤 指只有在主张并有证据证明造成了具体的损害时才能对之提起诉讼的言论,而从言论本身通常的、本来的含义来看并不具有损害性,不能对之起诉。(⇨per quod)

actionable per se 可起诉的当然诽谤 本身即具有诽谤性,不需提出和证明损害结果就可对之起诉的言论。如捏造他人犯罪、患有令人讨厌的疾病、淫荡下流、或会对他人的生意、贸易、职业、职位等产生不良影响的言论。(⇨per se)

actionable tort 可起诉的侵权行为 指存在诉因的侵权行为。要构成可起诉的侵权行为,必须具备被告违反了对被损害方负有的法律义务这一条件。在缺乏这种法律义务的情况下造成的损害属于无过错损害[injury without wrong 或 damnum absque injuria]。

actionable word(s) 可起诉的言辞 在诽谤法中,指那种本身即暗含伤害的言辞。(⇨libel per se)

actionable wrong 可起诉的过失行为 指行为人因为疏忽大意而未能尽到合理程度的注意,以致其过失行为直接造成了他人的损害,而根据当时的情况来看,行为人应该能够合理地预见到其过失行为会造成上述损害。

action against the state 〈美〉对州诉讼 根据美国宪法第十一条修正案和已确立的一般法律原则,各州享有诉讼管辖豁免,因此这类诉讼只有得到州的同意才能被法院受理。

action against the United States 〈美〉对美国的诉讼 此类诉讼只有在美国国会立法明确许可并且符合国会提出的条件限制时,才能为法院受理。

actional a.有关诉讼的;属于诉讼的

actionare 〈拉〉起诉;提起诉讼

action at common law 普通法诉讼 根据普通法进行的、以确定普通法上的而非衡平法上的权利的诉讼。

action at law 普通法诉讼

action brought 已开始的诉讼;未决诉讼

actio negativa 排除地役权之诉(⇨actio negatoria)

actio negatoria 〈拉〉(罗马法)❶排除妨碍所有之诉 财产所有人对妨碍其所有权者提起的要求进行损害赔偿并停止妨害的诉讼。❷排除地役权之诉 排除被告对原告土地地役权的诉讼,即原告认为对方不享有其主张的地役权时提起的诉讼,又称"actio negativa"。

actio negotiorum gestorum 〈拉〉(罗马法)代理之诉 指发生在委托人与代理人及其他当事人之间的诉讼,既可以是代理人要求补偿其照管他人财物时所发生费用的诉讼,也可以是要求代理人对其不当管理他人财物承担责任的诉讼。

actionem constituere 提起诉讼;起诉

actionem instituere 提起诉讼;起诉

action en declaration d'hypothèque 不动产留置权之诉 指债权人请求法院将第三人占有的不动产供原告留置的诉讼。

action en interruption 为中断原告请求权的诉讼时效而提起的诉讼

actiones legis 〈拉〉(罗马法)❶法定诉讼 指依法进行,且须符合固定之言辞形式之诉。该词为"actio legis"(更常写作 legis actio)的复数形式。❷法律行为;合法行为

actiones nominatae 〈拉〉(古)依从先例的诉讼;有名诉讼 与无名诉讼[actiones innominatae]相对,指有先例的诉讼及相关令状。(⇨action on the case)

action ex contractu 合同之诉 指合同一方因另一方违反明示或默示义务而提起的诉讼。

action ex delicto 侵权之诉

action for accounting 账目之诉 衡平法上基于普通法救济不充分而提起的诉讼,特别适于存在信托关系的互贷以及复杂的账户,以调整互贷账户使之平衡的诉讼。

action for conspiracy 犯罪共谋之诉(⇨conspiracy)

action for death (= wrongful-death action)

action for divorce 请求离婚之诉(⇨divorce)

action for mesne profits 收回中间收益之诉(⇨mesne profits)

action for money had and received 返还金钱之利的诉讼 基于法律所默示规定的返还承诺的返还之诉,限于已结清的债务。指一个人已经接受金钱或其等价物,但根据公平和良知,他不应保有其所得,因其属于他人,在这种情况下由他人提起的诉讼。

action for poinding 请求扣押之诉 债权人提起的要求扣留债务人的地租或物品以清偿债务或执行扣押[distress]的诉讼。

action in equity 衡平法上的诉讼 原告为寻求衡平法上的救济(如禁制令、特定履行[specific performance])而提起的诉讼,区别于为寻求损害赔偿而提起的普通法上的诉讼。现在此种诉讼方式已不复存在,如美国《联邦民事诉讼规则》[Fed. Rules of Civil Procedure](Rule 2)规定只有一种诉讼形式——民事诉讼,包括原普通法上的诉讼和衡平法上的诉讼。

action in personam 对人诉讼 确定当事人自身对诉讼标的享有的权利和利益的诉讼。也称 personal action。在罗马法中称 actio in personam 或 actio personalis。(⇨in personam)

action in rem 对物诉讼 确定某项财产的所有权以及当事人对该财产的权利的诉讼。其判决不仅对诉讼当事人有效,而且对所有在任何时间对该财产主张权益的人有效。在罗马法中称 actio in rem 或 actio realis。(⇨in rem)

actionner 〈法〉起诉;提起诉讼

action of a local nature 〈美〉地方性质的诉讼 在联邦法院提起的、诉讼标的完全位于提起诉讼的地区内的诉讼。

action of annuity 〈英〉年金诉讼 在1875年以前为规定的格式诉讼之一,目的为恢复取得源自土地的年金。(⇨annuity)

action of assize (英格兰古法)巡回陪审之诉 一种仅通过验证其祖先的占有状况而确定原告地产权利的普通法收回不动产之诉。(⇨petty assise)

action of assumpsit 简约之诉(⇨assumpsit)

action of book account (= action of book debt)

action of book debt 账目清偿诉讼(⇨accounting)

action of contract 合同之诉 以合同为充分证据而提起的要求强制实现合同约定的权利的诉讼。

action of covenant 根据违反盖印合同约定的义务而提起的诉讼(⇨covenant)

action of debt 金钱债务诉讼 早期的格式诉讼之一。(⇨debt)

action of forcible entry 请求回复被强行进占的不动产之诉(⇨forcible entry and detainer)

action of reprobator 〈苏格兰〉指控证人作伪证之诉

action of trespass 侵权之诉；侵害之诉(⇨trespass)

action of writ 诉讼令状抗辩 普通法诉讼中的一个用语，指被告答辩提出某一事由表明原告没有理由获得其据以起诉的令状，尽管原告可能有权就同一事实获得其他令状或提起其他诉讼。该词已废。

actio nominata 〈拉〉有名之诉 区别于例案诉讼[action on the case]。

actio non 〈拉〉诉讼无据 普通法诉讼中，否认原告有权起诉和维持诉讼的特别答辩中的部分陈述。

action on account 金钱赔偿之诉 对于因提供服务、销售财产、提供贷款所发生的债务，或因不履行简单的、明示或默示的合同造成的损失所提起的要求金钱赔偿的诉讼。当事人的这种权利可以通过金钱的支付获得充分的保护。

Actio non accrevit infra sex annos. 〈拉〉原告在6年内未起诉。 时效法上的一种抗辩。

Actio non datur non damnificato. 〈拉〉权利未受侵害者无诉权。

Actio non facit reum, nisi mens sit rea. 〈拉〉行为除非具有犯意，否则不构成犯罪。

action on the case 类案诉讼；例案诉讼 又简称"case"。早期英格兰法上诉讼的开始要以令状为条件，每一令状都依个案诉因[cause of action]而制作，并形成了自己独特的格式和包含着特定的程序。这一系列诉因及相应的令状渐渐为普通法所认可，并具有排他性，即普通法对除此之外的诉因不予认可，对相应的损害也不提供救济。这就形成了英国法上著名的"没有救济就没有权利"[Ubi remedium, ibi jus]的格言，程序的重要性超过了实体权利本身。用梅因[Maine]的话来说就是，早期的实体法隐藏于程序的空隙之间；布拉克顿[Bracton]的时代则流传这样的说法，"无令状则不能在王室法庭提起诉讼"[Non potest quis sine brevi agere]，"有多少诉因就有多少诉讼形式"[Tot erunt formulae brevium quot sunt genera actionum]，后者意即每一种损害都应得到救济。王室为了扩大自己的管辖权而大量签发各种当然令状[writ of course]，贵族们担心令状的大量颁发所导致的这种王室法庭司法管辖权的扩张会损害他们的利益，因此于1258年通过《牛津条例》[Provisions of Oxford]规定，未经国王及其大谘议会[Great Council]的同意不得再签发新令状，只有被认可的令状[recognized writs]才能被签发，称为当然令状[writs of course]。1285年《威斯敏斯特法Ⅱ》[Statute of WestminsterⅡ]突破了这种限制，它规定某一案件缺乏相应的当然令状，但类似案件有当然令状，而且原案需要得到类似救济，在这种情况下，文秘署的令状签发官应同意签发一个新令状；如果他不同意签发，则应将该事项提交大谘议会决定。在上述情况下签发的令状被称为类案诉讼令状。类案诉讼是从侵权诉讼中发展出来的，原来的侵权诉讼[action of trespass]只给由侵权行为造成的直接损害提供救济，这样间接损害就得不到救济。例如，路上的行人被飞来的木棒所砸伤，他可以对掷木者提起侵权诉讼；但若是他被掷落在路上的木棒所绊倒摔伤，则无法得到救济。类案诉讼就是为后一种情况提供救济。类案诉讼分为侵权类案诉讼[trespass on the case]和一般类案诉讼[general actions on the case]，前者救济由间接侵权行为造成的损害，后者则为其他损害，如诈欺、妨害等提供救济。侵权诉讼与类案诉讼的区别在于，前者针对的是现实存在的或是默示的暴力，被侵犯的对象是有形物，且原告对之享有直接的利益；后者则不存在暴力行为，或被侵犯的对象是无体物，或损害是间接的，或原告享有的只是回复利益而非直接的权利。在类案诉讼中，原告对其损失负举证责任——诽谤除外。后来直至1875年，议会不时地提供新令状，这样新的令状有的是古代的某种形式，或者是由制定法所规范，类案诉讼成了缺乏正式的诉讼格式时的替代诉讼格式。1875年之后，所有的诉讼格式都被取消，但"类案诉讼"仍被用来指它原先所指的那些诉讼。

actio non ulterius 〈拉〉〈英〉不应进一步诉讼 被告答辩状中的用语，意即原告不应继续坚持针对被告的诉讼。

actio noxalis 〈拉〉(罗马法)伤害之诉 因被告的子女、妻子、奴隶或动物的行为而遭受损害，要求取得赔偿的诉讼。被告可选择将奴隶或动物作为赔偿交给原告，也可选择金钱赔偿方式。

action penal (= penal action)

action pending 未决诉讼 指诉讼处于已经开始但尚未作出终局判决的状态。

action populaire 公共利益之诉 基于公共利益而提起的诉讼。

action possessory (英格兰古法)(不动产)占有(回复)之诉 不动产权益诉讼[real action]的一类，其权力基础是原告自己曾经亲自占有争议地产，区别于权力基础为原告祖先曾占有争议地产的不动产回复之诉[action ancestral]。前者的典型代表是新侵占之诉[assize of novel disseisin]。(⇨assize of novel disseisin)

action prejudicial 预备之诉；中间先决之诉 指在未决诉讼开庭审理前必须解决的诉讼。例如若原告事实上是非婚生子女，他对掌握在其兄弟手中的父亲的土地主张继承权，那么在诉讼程序推进前就要先解决血统问题。

action quasi in rem 准对物之诉 指非严格、非纯粹的对物诉讼，它是对被告人本人提起的诉讼，但其真正目的在于处理某项特定财产或以该财产满足所提出的请求。法院对这种诉讼取得管辖权的基础是被告人对该财产享有的权益，而在对物诉讼中，法院对财产本身具有管辖权。(⇨in rem)

action real (= real action)

action redhibitory (= redhibitory action)

action rescissory (= rescissory action(s))

actions ordinary 〈苏格兰〉不可撤销的诉讼

action sur le case (= action on the case)

action to quiet title 确认地产权诉讼 原告主张自己对土地的所有权，并声称被告也对土地提出的未加明确界定的所有权主张是没有根据的，因此要求被告阐明其权利主张的性质，以便通过判决加以确定。它不同于安全享有不动产之诉[suit to remove a cloud]，在后一种诉讼中，原告不仅主张自己的权利，而且指出被告权利主张的来源、性质及其瑕疵，并请求宣告被告的权利主张是对原告权利的妨碍，因而是无效的。

Actionum genera maxime sunt servanda. 〈拉〉每一种诉讼都必须具有适当的形式。

Actio pensonalis quae oritur ex delicto moritur cum persona. 〈拉〉因侵权而生的对人之诉(权)因当事人死亡而终止。

actio perpetua 〈拉〉永久诉讼 指没有时效限制的诉讼，与"限时诉讼"[actio temporalis]相对。

actio personalis 〈拉〉对人诉讼

Actio personalis moritur cum persona. 〈拉〉对人之诉(权)因人之死亡而消灭。

actio pignoratitia 〈拉〉质押之诉 因质押权引起的诉讼。(⇨pignus)

actio poenalis (= actio ex delicto)

Actio poenalis in haeredem non datur, nisi forte ex damno locupletior haeres factus sit. 〈拉〉对继承人不得提起请求罚金之诉，除非他因不法行为而受益。

actio poena persequendae causa comparata 〈拉〉(罗马法)请求罚金之诉

actio popularis 〈拉〉(= popular action)

actio praejudicialis 〈拉〉预备之诉；先决之诉 为了裁决其他争议事项所依赖的事实，或为裁决另一诉讼或主诉中产生的某一问题而提起的诉讼。

actio praescriptis verbis 〈拉〉(罗马法)依惯例之诉；依先例之诉 其效力来源于惯例或法学家的解答，是在不成文法基础上创立的诉讼。它与"依习惯法提起的诉讼"[actio in factum]间的区别在于，后者并不以惯例或不成文法为基础，而是通过现有法的类推或对等而提起的诉讼。

actio praetoria 〈拉〉(罗马法)古罗马判例之诉 由古罗马裁判官提起的诉讼，区别于更古老的市民法诉讼[actio civilis]。

actio pro socio 〈拉〉合伙之诉 合伙中一方对另一方提起的要求履行合伙合同的诉讼。

actio protutelae 〈拉〉监护人诉讼 对不是监护人而作为监护人行事的人或不知自己为监护人但实为监护人的人提起的诉讼。

actio Publiciana 〈拉〉(罗马法)返还丢失物之诉 善意取得者在财产丢失时，如果尚未取得该物品所有权，可以以已经依时效取得所有权为由，要求返还丢失物。这是一种道义上的[honorary]诉讼，因裁判官布里西斯[Publicius]首次发布该法令而得名。

actio Publiciana confessoria in rem 〈拉〉保护不完全地役权之诉

actio Publiciana negatoria 〈拉〉妨害占有之诉

Actio quaelibet in sua via. 〈拉〉每一诉讼皆按其自身程序进行。

actio quanti minoris 〈拉〉(罗马法)(因标的物有瑕疵)降价之诉 买主以默示的质量保证为由，要求按照因标的物瑕疵所引起的价值减少而相应降低价格。但自合同成立之日起一年后即不得再提起降价之诉。

actio quasi institoria 〈拉〉(罗马法)准代理诉讼

actio quod jussu 〈拉〉因主人授权而引起的诉讼 因奴隶在主人授权下所为行为而对主人提起的诉讼。

actio quod metus causa 〈拉〉胁迫之诉 指在胁迫之下放弃财产的人提起的要求返还财产的诉讼。被胁迫人可以获取相当于四倍于被侵占财产价值的赔偿金。

actio rationibus distrahendis 〈拉〉挪用监护财产之诉 在监护人为自身利益而非法挪用被监护人的财产时，被监护人提起的诉讼。被监护人不但能获得损害赔偿金，还可获得罚金。

actio realis 〈拉〉对物诉讼

actio redhibitoria 〈拉〉解除合同之诉 指当卖方出售的货物有瑕疵时，买方提起诉讼，要求卖方收回标的物及孳息，归还买方对价及其利息。

actio rerum amotarum 〈拉〉转移的财产回复之诉 在离婚的情况下，若配偶任何一方在离婚前转移财产，另一方可提起此诉讼以追回被转移的财产。

actio rescissoria 〈拉〉请求恢复因时效而丧失之权利的诉讼 这一诉讼只适用于未成年人等免于执行时效法者。

actio re uxoriae 〈拉〉请求返还嫁妆之诉 指在解除婚姻时，主张返还结婚时所予嫁妆的诉讼。

actio serviana 〈拉〉(罗马法)取得抵押财产之诉 指乡村不动产的出租人对租赁人或农民提起诉讼，要求取得作为租金抵押物的财产。

actio stricti juris 〈拉〉(罗马法)严法诉讼 这是罗马法上的一种对人之诉，法官审理时受限于法律的字面意义，而没有进行衡平考虑的自由裁量权。严法诉讼的程式中如果没有列入被告的抗辩，则虽然法官明知被告是受原告的欺诈或胁迫，也不得免除被告的责任。与诚信诉讼[actio bonae fidei]相对。

actio temporalis 〈拉〉(罗马法)限时诉讼 指必须在限定时间内提起的诉讼，相对于永久诉讼[actio perpetua]。

actio tutelae 〈拉〉监护义务诉讼 被监护人因监护人在监护中未能尽到必要的注意义务而对后者提起的诉讼。

actio utilis 〈拉〉(罗马法)准诉讼 即拟制诉讼[actio ficticia]，是裁判官根据市民法诉讼[actio civilis]而稍加变通所形成的诉讼，为裁判官法诉讼[actio honorarium]的一种。在准诉讼中，裁判官通过对市民法诉讼的拟制，将自己的管辖权范围扩展到了原直接诉讼[actio directa]所未涵盖的当事人和案件上。其中的拟制如：假定未成年者为已成、已成者为未成、无资格者为有资格等。(= utilis actio)

actio venditi 〈拉〉(罗马法)基于销售(合同)的诉讼 要求买主给付对价或履行买卖合同中特定义务的诉讼。

actio vi bonorum raptorum 〈拉〉(罗马法)返还被抢劫财产之诉 一种混合之诉[mixed action]，指被暴力抢劫财产者提起诉讼，要求返还被抢劫的财产，并可获三倍于该物价值的罚金。

actio vindictam spirans 〈拉〉要求人身惩罚的诉讼

actio vulgaris 〈拉〉(罗马法)法律诉讼；普通诉讼 有时用来指直接诉讼[actio directa]。

actitation 诉讼辩论

active a. ❶诉讼(中)的 ❷在活动中的；有活动力的；主动的 ❸积极的 ❹现行的；现役的

active bond 生息债券 自发行日起按固定利率计息的债券。

active cause 积极原因 指通过积极手段产生效果或影响的原因。也指有效的原因或近因。

active commerce 自主贸易；独立贸易 由在本国登记的船舶而不是其他国家的船舶所进行的贸易。

active concealment 积极隐瞒；故意隐瞒 指通过语言或行为隐瞒其本来有义务披露的事项。与消极的隐瞒[passive concealment]相对，后者指有义务说明真相却保持沉默的行为。如果以误导性或欺骗性的言行隐瞒，或者隐瞒伴有虚假陈述，或者除沉默外还伴有意在明确隐瞒真相的言行，该隐瞒行为即为积极隐瞒，且构成欺诈。

active debt 有息债务；附利息的债务

active militia 〈美〉现役国民警卫队 从国民警卫队中抽选人员所组成的武装组织。除定时进行军事训练之外，其余时间仍从事原有的工作，但在公共紧急情况时应征。

active negligence 积极过失 指行为中缺乏应有的注意所造成的过失。也指故意实施不法行为的过失，即作为的过失，以别于被称为"消极过失"[passive negligence]的不作为的过失。

active participant 实际参与者；积极参与者；主动参与者 指任何以作为或不作为的方式参与构成犯罪基本要件的活动的人。

active progress 〈美〉积极进展 根据阿拉斯加州[Alaska]

的《失业赔偿法》[Unemployment Compensation Act],在季节性工业的劳动争议中,为达成下一个季节协议而进行的谈判有一个期限,如果工会和雇主之间的会谈在此日期后继续进行,则认为谈判是在"积极进展"中。该词本为一赘词,但仍可见于某些法律中。

active receivership 积极管理 破产管理人对破产企业事务负有经营之责的破产管理。(⇨passive receivership)

active service 现役 在前线与敌人作战或在驻地、军营、要塞、营房中支持武装部队,或在和平时期服兵役。现役的显著特征并不在于面对敌人的袭击,而是已应征服兵役,它不同于预备应征。

active trust 积极信托;主动信托 该信托中,受托人负有以积极行为管理信托财产的义务。

active use 积极使用 指不动产管理人[feoffee]在管理不动产时,负有积极利用该不动产的义务。

activity n.活动;行动 与无生气[inertness]相对。

act malum in se 自然罪行(⇨malum in se)

act malum prohibitum 法定罪行(⇨malum prohibitum)

Act of Adjournal 〈苏格兰〉〈高等刑事法院[High Court of Justiciary]的〉程序条例;程序规则 根据高等刑事法院的固有权限及制定法的授权,它可以制定调整刑事法院程序事项的条例或规则。这些条例由达到法定人数的法官通过,记载于法院的备忘录和卷宗[Minute Books and Books of Adjournal]中,现在它们被视作法律文件,可被援引,亦可被废止或撤销。

Act of Assembly 〈苏格兰〉〈苏格兰长老会〉全会法 指苏格兰长老会全会的立法,其权力基础部分来源于拟制,部分来源于制定法,后者主要是指由苏格兰国会 1690 年《信仰声明认可法》[Confession of Faith Ratification Act]和 1707 年《新教与长老会法》[Protestant Religion and Presbyterian Church Act]确认的 1592 年《苏格兰长老会全会法》[General Assembly Act]。这类立法是苏格兰长老会的基本法,但其通过之前首先要由教区长老会[synod]或教务评议会[presbytery]提出议案,并交给教内长老提出意见,然后交于下届大会讨论。提交三次后,若长老再无异见,则大会可不予搁置而使法案通过。除基本事项外,这些立法还涉及不必与长老协商之事项及教会法院的程序等。

act of attainder 剥夺公权法(⇨attainder)

act of bankruptcy 〈美〉破产行为 原联邦《破产法》[Bankruptcy Act]规定可导致债务人适用强制破产程序[involuntary bankruptcy proceeding]的行为,如债务人诈转让财产的行为。1979 年《破产法典》[Bankruptcy Code]不再规定此种行为为强制破产的条件,而是概括规定了债务人不偿还到期债务时即可强制破产。

act of commission 作为 区别于不作为[omission]。

act of Congress 〈美〉国会立法 指美国国会依据美国宪法授予的立法权所正式制定的法律。一项议案[bill]或决议案[resolution]成为法律或者国会立法,必须经众、参两院多数通过。一般而言,议案或决议案可由两院中的任何一院提出,但岁入议案例外,必须由众议院提出。当一项议案或决议案在一院提出后,这议案或决议案通常被分派到其中一个委员会[committee];一旦获委员会通过,它将被交给全院表决;全院通过后转交另一院。通常也将其分派到一个委员会,如果另一院的委员会和全院多数票皆通过了此项议案或决议案,它被重新返回到原提案院。在第二院对相关条款已作出修改的情况下,此项议案或决议案将提交一个由来自两院的议员所组成的协商委员会[conference committee],协商达成协议。一旦议案或决议案的相同条款获两院通过,并经众议院院长[Speaker of the House]和参议院主席[President of the Senate]签署,将呈交美国总统签署。如果美国总统签署或在 10 日之内没有将其退回国会,此项议案或决议案成为法律;但如果总统否决了此项议案或决议案,只有经众、参两院三分之二多数通过,它才能成为法律。

act of curatory 保管人(或监护人)的行为

act of dominion 支配行为 证明取得所有权的行为。

Act of Elizabeth 〈英〉英国女王伊丽莎白法令(⇨Act of Supremacy)

act of God 天灾;不可抗力 指没有人力干涉,完全由自然力导致的事件。任何意外事故或严重伤亡事故,如果是由于不受人力控制或影响,也无人类参与,纯由自然力直接、单独作用造成的,并具有非任何程度的预见或审慎或适当程度的注意或努力,或在当时的情况下使用任何工具所能避免的特性,则可认为是不可抗力所致。也可指因不可抗拒的物理原因所导致的意外事故,如闪电、暴风雪、海上危险、龙卷风、地震等。

act of grace ❶大赦 通常指议会的一种法令,它起源于英国王室的传统做法。例如在新的君主即位或君主到达法定年龄或结婚、或内乱结束时,对众多罪犯宣布予以赦免。 ❷[A− of G−]〈英格兰〉〈苏格兰〉大赦令 在英格兰,作出普遍的和免除责任的议会法以前称为大赦令。在苏格兰,根据 1696 年《大赦令》,一个将债务人投入监狱的债权人被要求为供养不起自己的债务人提供膳食。如债权人在命令发出的 10 天后未能按照该令的要求提供食物,则该债务人将被释放。1906 年《大赦令》被正式废除。

act of indemnity 豁免法 旨在使原为非法的交易合法化或使特定的人在执行公务时所实施的违法行为免受处罚的法律。

act of insolvency (= act of bankruptcy)

act of legislature 立法行为(⇨statute)

act of nature 不可抗力(⇨act of God)

act of oblivion ❶赦免(⇨oblivion) ❷[A− of O−]〈英〉大赦令 指查理二世[Charles II]颁布的 1660 年法令,它规定,除法令中特别指定的人以外,对从 1645 年反对查理一世[Charles I]的叛乱开始,到 1660 年查理二世复位时止的政府中断期间所作的一切非法行为均予以赦免。

Act of Parliament 〈英〉议会立法 亦称制定法[statute]。它指英王经上议院和下议院建议和同意所制定的法律。在 1911 年以前,议会立法必须无例外地由英王经议会中的上议院神职议员和世俗议员[Lords Spiritual and Temporal]及下议院议员建议和同意制定。根据 1911 年《议会法》[Parliament Act]的规定,在该法规定的某些情况下,无需上议院的同意,英王和下议院即可制定某项议会立法。1949 年《议会法》对 1911 年《议会法》修订后规定:①上议院在一个月内对下议院递呈的财政法案[money bill]既未修正又不通过,只要该法案经英王御准[Royal Assent],无需上议院同意即成为议会立法;②对非财政法案或包含将议会任期扩展至 5 年以上条款法案以外的法案,如果下议院在连续两届会议(不管是否为同一议会)皆为通过而上院皆予否决的,只要该法案经英王御准,无需上议院同意也成为议会立法;但是该议案在下议院一次会议二读的日期与其在下议院二次会议通过的日期之间必须间隔一年,而且在二次会议中也应引入修正条款。

根据现代王室出版商[Queen's Printer]的分类，议会立法可分为：①通行公共法律（具有普遍适用性且为司法部门所认可）；②地方性法律，其中某些是公共法律，而某些则可以宣布为非公法性的；③私事法律，包括涉及个人的。根据1962年《议会立法编号和引用法》[Acts of Parliament Numbering and Citation Act]的规定，自1963年开始，议会立法按其通过的历年[calender year]确定律目[chapter number]。

act of providence (= act of God)

act of sale （房产）出售记录　由公证员对出售房产所作的正式记录，应记下双方当事人的合意，由当事人签字并由证人加以证明。

Act of Sederunt 〈苏格兰〉**最高民事法院诉讼条例**　基于作为最高法院的内在权力或制定法赋予的权力而由苏格兰最高民事法院制定的关于诉讼程序和法庭规则方面的条例。早期的一些这类条例经国会批准后还可以修改法律，具备制定法的效力，但1756年之后其内容主要限于诉讼程序和法庭规则方面。这些条例历来都被汇编成册，现属于制定法文件系列。

Act of Settlement 〈英〉《王位继承法》　1701年制定的一项法律。该法律规定：①在威廉三世[William Ⅲ]和安妮公主[Princess Anne]（后为安妮女王）无后嗣去世后，王位应由汉诺威的女选候索菲娅[Sophia, Electress of Hanover]及其新教徒后嗣继承；②国王必须是依现行法确立的英格兰国教[Church of England]的教徒，如果他成为罗马天主教徒或与罗马天主教徒结婚，即应退位；③法官应在品行良好时期能担当职务（不复如先前随君主意志而定去留），并付给固定薪俸，但根据议会两院的提议[address]，可以解除法官职务；④加盖英格兰国玺[Great Seal of England]的赦免[pardon]不能作为弹劾[impeachment]的抗辩理由；⑤关于在英格兰法官任期由1925年《司法组织法》[Judicature Act]和1971年《法院法》[Courts Act]等法律规定，但在1959年后任命的所有联合王国高级法院法官届75岁时必须退休，该规定见诸于1959年《司法退休金法》[Judicial Pension Act]。

act of state 国家行为　一个国家行使主权的行为，或者国家的代表在其被授予的权限内作出的行为。它通常是行政部门实施政策的行为，其对象是外国及外国人。在英国，法院无权审查国家行为的效力，也无权审查其是否侵权。国家行为不能针对效忠于英国的任何人。(⇨act of state doctrine)

act of state doctrine 国家行为原则　该原则排除了一国法院对已获承认的外国主权国家在其自己领域内作出的国家行为的合法性进行审查的权力。

Act of Supremacy 〈英〉《君主至上法》　亨利八世[Hen. VIII]和伊丽莎白一世[Eliz.I]时期的法律，对英格兰国教会的宗教改革产生了影响。该法规定教会的所有权力必须附属于英格兰国王，所有宗教和世俗官员必须宣誓承认英格兰国王不论在精神还是世俗意义上都是英国唯一的最高首脑，他否认罗马教皇作为罗马主教以外的任何权力。

act of the law 法律的实施　指根据某一规则或法律本身而非相关当事人的意图或同意所引起的权利产生、转让或消灭。例如，当某人完成其作品时，法律即赋予其版权；如果某人被宣告破产，则其资产将转让他人；若经过一段较长时间，某人的权利可由时效届满而终止。因此，它是法律本身的实施，而与当事人的意思表示无关，从而与法律行为[act in the law]相区别。(⇨act in the law)

act of the party (= act in the law)

Act of Uniformity 〈英〉《礼拜仪式统一法》　英国关于国教的一种宗教制定法的名称，通常特指英王查理二世[Charles Ⅱ]于1662年制定的一部法律，规定在英格兰和苏格兰教堂使用所开列《公祷书》[Book of Common Prayer]，并对违反者处以所规定的处罚。

Act of Union 〈英〉《合并法》　将大不列颠[Great Britain]各部分联合的几部议会立法中的一部。具体指：①1535年《威尔士法律法》[Laws in Wales Act]，该法规定威尔士与英格兰合并，并且前者受英格兰法[English Law]的约束；②1800年《与爱尔兰联合法》[Union with Ireland Act]，该法废除了爱尔兰议会，并将爱尔兰并入大不列颠及爱尔兰联合王国[United Kingdom of Great Britain and Ireland]之中；③它也用于1707年与苏格兰的联合[Union with Scotland]，但这实际上是一种误解，因为1707年的联合并非通过议会制定法，而是通过苏格兰和英格兰议会各自议会立法所批准的条约来实现的，根据该条约，双方各自解散，成立只有一个议会即大不列颠议会[Parliament of Great Britain]的大不列颠新国家。

act on petition 〈英〉海事案件简易审理程序　从前英国高等海事法院所适用的一种简易审理程序，审理时当事人只要简单陈述各自的事实和证据并以宣誓书支持其陈述即可。

actor n. ❶（罗马法）原告；管理人；代理人　❷（欧洲古法）辩护人；抗辩人；答辩人；代理人　苏格兰作"doer"。

actor ecclesiae 〈拉〉教堂财产管理人；教堂律师　保护教堂世俗利益的人。

Actore non probante reus absolvitur. 〈拉〉原告不能证明其控诉成立，即应宣告被告无罪。

actores fabulae 拟制的当事人

Actori incumbit onus probandi. 〈拉〉原告（或提出肯定性主张的当事人）负证明责任。

actor in rem suam 自主行为人　指不需他人代理而自为某事之人。

Actor qui contra regulam quid adduxit, non est audiendus. 〈拉〉不得听取原告与法律相悖的陈述意见。

actor sequitur forum rei 〈拉〉被告住所地原则；财产所在地原则　即原告应向被告住所地或诉讼所涉财产所在地的法院起诉的原则。

actor villae 〈拉〉（城镇或乡村的）管理员；乡长

actrix 〈拉〉❶女原告　❷女管理人　❸女代理人　❹女辩护人；女答辩人

acts mala in se 自然罪行(⇨mala in se)

acts mala prohibita 法定罪行(⇨mala prohibita)

acts of court 〈英〉法庭记录　在英国海事法庭中所作的具有答辩性质的法律记录。

acts of possession 占有行为　构成可以主张所有权的对立占有[adverse possession]的占有行为必须是：①敌对的或对立的，即无根据或未经同意的；②实际的；③公开的、众所周知及排他的；④持续的；⑤主张所有权。(⇨adverse possession)

acts of preparation 预备行为(⇨preparation)

acts of the martyrs 殉教行为(⇨Acta Martyrum)

Acts of Uniformity 〈英〉《礼拜统一法》　包括1548年《公祷书法》[Book of Common Prayer Act]，1551年《公祷等事项统一法》[Uniformity of Common Prayer, etc. Act]，1558年《统一法》[Act of Uniformity]，1662年《统一法》。

1662年的法律详细规定大小教堂或其他公共礼拜处所进行礼拜等活动时,神职人员须使用该法律所载的《公祷书》。但该法已确认以前的三部法律关于公祷书的规定,且在1872年的《修正统一法》[Act of Uniformity Amendment]的定义中亦将该三部法律的此项规定包括在内。

act through 由代理人行事 若由下级行事,则相当于授权[vest]行为。

actual a. 真实的;实际的 相对于"仅仅可能的";"推定的";"推测的";"假设的"。

actual allegiance 现实效忠;本地效忠 临时居住在他国者负有的效忠住在国的义务。外国元首、议员及军人等免于承担此项业务。又作 local allegiance。

actual authority 实际权力 指本人在与代理人所立协议中明示或默示授予代理人以可约束本人的权力。在代理法中,这种权力由本人有意授予代理人,或本人有意或因缺乏一般的注意让代理人相信拥有这种权力。

actual bias 实际的偏见 在法律上指陪审员的一种思想状态,它使法官在行使正确的自由裁量权时确信这种思想状态的存在会使该陪审员不能公正地审理案件,而且会使提出异议的当事人的实体权利受到损害。

actual bodily harm 〈英〉实际的身体伤害 在1861年的《侵犯人身犯罪法》[Offences against the Person Act]中,"实际的身体伤害"包括任何妨碍被侵犯者健康或舒适的伤害,无论其是否为永久性。被告人侵犯人身引起实际的身体伤害时,无需达到严重程度,就可被定为一般性的侵犯人身罪。

actual bona fide residence 实际住所(⇨bona fide residence)

actual cash value 实际现金价值 指一项财产在公平市场上正常交易过程中可以之出售的公平、合理的价格。在保险单的估价条款中常使用"实际现金价值"一词。其通常的意义是指新的重置价值减去正常的折旧费,它亦可由类似财产的市场价值或重置、修理该财产所需的费用来决定。(=fair market value)

actual change of possession 占有的实际转移 在防止欺诈法[statutes of frauds]中,指根据通常的外部迹象即可判断的公开、明确的占有转移,区别于仅仅形式上的转移或推定的转移。

actual competition 实际竞争(⇨competition)

actual compulsion 实际强迫 指真正的强迫。区别于因当事人之间存在着夫妻、父母子女等关系而推定的强迫。

actual controversy 〈美〉实际的争议;真正的争议 指具有实际的相反的法律利益冲突的当事人之间的、以起诉时存在的事实为基础的现实的争议。只有存在真正的争议而非假设的、抽象的、纯理论性的争议的案件才可由法院受理和作出裁决。(⇨controversy; case or controversy)

actual cost 实际费用;实际支出 指一方为购买货物而实际支付的价款,在真正善意的购买中,它不一定是货物的市场价格。它强调实际支出的数额或实际遭受的损失,而不是费用的平均数。根据使用的不同情况,它可能具有不同的含义。

actual damages 实际损害赔偿 对实际伤害或损失给予的赔偿。它既指损害赔偿的类型,也指损害可予以补偿的性质。因此,由于伤害导致的实际损害赔偿事实上有别于名义损害赔偿或惩罚性损害赔偿。

actual delivery 实际交付 买卖中指将货物正式、即时地交付给买方。但在保险业务中,保险单的实际交付并不要求保险人将保险单亲自交给被保险人。保险人对保险单的任何处置行为若能表明意在使保险单处于被保险人控制之下,即可认为是保险单的实际交付。(⇨actual change of possession)

actual doubt 合理的怀疑

actual entry 实际进入(或侵入) 当身体的任何部分进入到一块土地时就被认为是实际进入。如果实际进入遭到暴力或暴力威胁的阻止时,他可以采用法律上进入的方式,即尽可能地接近该土地并主张进入。这样他就被认为已经实际进入。实际进入使法律上的占有转变为实际占有。

actual escape 实际脱逃 指被拘禁人逃出监狱或其他拘禁场所,或脱离有权拘禁他的机构的控制而非法重获自由。

actual eviction ❶实际驱逐 将租户从其租用的全部或部分土地或房屋中逐出,区别于推定驱逐[constructive eviction]。❷实际剥夺;实际收回 对给予之物或该物的某一重要部分加以剥夺或收回。

actual force 实际暴力 用于抢劫中,意指人身暴力[personal violence]。但是暴力程度并不重要,只要实施暴力能强迫他人交出财产即构成实际暴力。实际暴力不同于推定的暴力[constructive force],后者包括以武力、威胁、恐吓以及使被害人害怕而不敢自由行使其意志或进行反抗的所有手段。

actual fraud 实际欺诈 指通过言语或行为欺诈他人,并使他人依此行事而造成损害。又称为"fraud in fact";"positive fraud";"moral fraud"。

actual immunity 实际豁免;现实豁免(⇨immunity)

actual induction 〈美〉实际入伍 指某人被接受为武装部队的一员,并负有服兵役的责任。根据《军队与义务兵役规章条例》[Army and Selective Service Regulation]的规定,只经过体格检查并不能认为是实际入伍;只有在应征入伍者作出入伍宣誓,或宣誓已向应征入伍者宣读,使其被告知,如果违反命令,则要接受军事法庭的审判后,才能被认为是实际入伍。

actual knowledge 实际知悉 ①指直接且清楚地知悉某种事实或状况,与推定的知悉[constructive knowledge]相对;②指知晓某种信息或情况,而该信息或情况会使得一个有理性的人[reasonable person]对事实作进一步的探究或查询。这种情形也称为默示的实际知悉[implied actual knowledge]。这种知悉可替代及时、充分的实际通知[actual notice]。

actual loss 实际损失 被保险财产因遭受真实的、实质性的损害所造成的损失。

actually cognizant 实际知晓的(⇨actual knowledge)

actually collected 实际筹措的(资金) 指实际收到的资金;有时也指扣除筹集费用后收到的净资金。

actually paid 实际偿付的 指以现金而非票据或债务人的其他债券支付的。

actual malice 实际恶意 由外来证据证明有实施伤害的故意目的或意图。又称"express malice";"malice in fact"。该词用在诽谤中,指发表诽谤性言论的人明知该言论为虚假,或对该言论的真实性漠不关心。如果原告为公职官员或公共人物,必须证明被告有实际恶意,原告才能获得诽谤赔偿;在其他一些特定类型的索赔中,原告获得推定或惩罚性损害赔偿也必须证明被告有实际恶意。

actual market value (=fair market value)

actual military service 现役(⇨active service)

actual necessity 实际必要 通常用于国家对境内的财产

进行征收或国有化时,以"实际必要"作为其前提条件之一。

actual notice 实际通知 ①指使实际知悉或直接告知某一特定事实、请求、程序等,也称明示通知[express notice];②指当事人知悉某一事实或情况,而该事实或情况会使得一个有理性的当事人[reasonable party]去作进一步的调查,或者当事人知道去了解某一特定事实的途径,这被认为是一种实际通知,也称默示通知[implied notice]。

actual notice in the second degree 二级实际通知 对默示通知[implied notice]或推定通知[constructive notice]的一种过分确切的说法。

actual occupation 实际占有;事实占有 指个人或通过租户使用房屋或依靠房屋生活。(⇨actual possession)

actual occupation test 真实职业检测 指对人寿保险单的被保险人是否已改变其职业所进行的一项检测,目的是依据保险条款的规定减少赔偿金额。

actual ouster 实际驱逐 将租户从其租住的房屋中逐出。如果租户为避免实际驱逐而放弃占有权并善意地将其让与对该房屋拥有优先于房主的权利或直接占有权的人,该行为等同于实际驱逐,因为租户没有义务非法保有该房屋以致面临诉讼,他也没有任何义务阻止这样的占有。(⇨actual eviction)

actual pecuniary injury 财产损害 指后果能用金钱加以衡量的实际损害。

actual physical control 实际控制 根据法律规定,任何受酒精影响的人实际控制机动车辆,则被视为非法,应受处罚。在此意义上,实际控制是指任何人受酒精影响时还亲自控制机动车辆并对其施加影响、支配或管理。

actual possession 实际占有 指对土地、物品等的实际占有,区别于推定占有。它是对立占有[adverse possession]的基本要素。

actual practice 实际开业;实际营业 指现行公开地从事某一行业或职业。相对于不定期的或秘密的营业。

actual residence 实际住所 指某人实际居住的地点,但并不一定是其法律上的住所。

actual sale 实际售出 指已经完成的销售,区别于销售合同。

actual seisin 事实占有(= seisin in deed; actual seizin)

actual seizin 实际上的(土地)占有 指事实上的占有,区别于法律上的占有。后者仅是继承人在没有对立占有的情况下对被继承土地的占有权。

actual seizure 已实际执行的扣押

actual service 实际送达 指直接送达。区别于公告送达或其他的推定送达方式。典型的实际送达是将送达的文书先宣读给受送达人听,再将送达文书交给他,或在他拒绝听取宣读时将送达的文书交给他。(⇨active service)

actual settler 〈美〉实际定居者 指在美国公共土地上的定居者,而不仅仅是一种打算中的或可能的申请定居者。该术语指在某一块特定土地上的实际定居者。要成为实际定居者,定居人必须是持续地亲自在某地居住。

actual total loss (海上保险)实际全损 指保险标的物全部毁灭,或标的物受损以致失去原有的用途,或被保险人已无可挽回地丧失了保险标的物。在这种情况下,不需发出委付通知。

actual use 实际使用 在某一特定时期对某一项财产的特定的实际使用。汽车责任保险单对被保险人的亲属经汽车所有人的允许而实际驾驶或实际使用的汽车予以承保。区别于推定使用[constructive use]。

actual value (= fair market value)

actual violence 实际暴力 即对身体施以的暴力,这是区别殴击[battery]与企图伤害[assault]的要件。它不同于尚在进行中的暴力[inchoate violence]。

actual waste 实际的毁损 对不动产造成实质性损害的行为。如砍伐珍贵树木作木柴、破坏、改变或移动建筑物等。

actuarial solvency 理赔能力;保险偿付能力 指保险公司或互助社偿付未来债务、有效保险单和保险凭证所代表的债务的能力,这种偿付能力以现有的基金和被保险人将来缴纳的保费的现值这两种形式表现出来。

actuarial table 寿险精算表 由一些表明不同类型的人群预期寿命的有条理的统计数据组成的表格,保险公司凭此来确定保险费。(⇨American experience table of mortality; life tables; mortality table)

actuarius 〈拉〉〈罗马法〉❶公证人(⇨notary) ❷速记员;书记员 ❸司浴官;公共浴场管理员 ❹军需官 负责发放士兵军饷的人。

actuary n.❶(保险)精算师;保险(业务)计算员 ❷(罗马法)职员;登记员 ❸〈英〉(教会法)教牧人员代表会议下院[Lower House of Convocation]登记员;基督教法院登记员

actum 〈拉〉行为

actus 〈拉〉❶〈英格兰古法〉议会法案 议会的法案,由上、下院通过,经国王批准后方能成为制定法[statutum]。❷〈罗马法〉通行权 指驱畜、车通过他人土地的地役权。❸行为

actus ab agendo 人行道;人行小径

Actus curiae neminem gravabit. 〈拉〉法院之行为不得损害任何人。 若诉讼的拖延是因法院的行为所致,则任一方当事人都不应因此受损。

actus Dei 〈拉〉(= act of God)

Actus Dei nemini est damnosus. 〈拉〉不可抗力不损害任何人。 指任何人对其本身没有过错而可归因于不可抗力的意外事件都不承担责任或因此受损。

Actus Dei nemini facit injuriam. 〈拉〉不可抗力不损害任何人。

Actus Dei nemini nocet. 〈拉〉不可抗力不损害任何人。

actus fictus in fraudem legis 〈拉〉欺诈法上的虚假行为

Actus inceptus, cujus perfectio pendet ex voluntate partium, revocari potest; si autem pendet ex voluntate tertiae personae, vel ex contingenti, revocari non potest. 〈拉〉依双方当事人意图所实施的行为,虽已开始,还可撤回;但依第三者意图或依某些意外事件而实施的行为则不能撤回。

Actus judiciarius coram non judice irritus habetur, de ministeriali autem a quocunque provenit ratum esto. 〈拉〉没有或超越管辖权的司法行为无效,但行政行为是否有效则要取决于当时的环境。

Actus legis nemini est damnosus. 〈拉〉合法行为不损害任何人。

Actus legis nemini facit injuriam. 〈拉〉合法行为对任何人不生损害。

Actus legitimi non recipiunt modum. 〈拉〉法律要求的行为毫无保留。

Actus me invito factus non est meus actus. 〈拉〉违反我的意思所为之行为,不是我的行为。

Actus non facit reum, nisi mens sit rea. 〈拉〉无犯意则无犯罪。 普通法中刑法原则要求,构成犯罪必须同时具备犯罪行为和犯罪意图两个基本要件。在制定法规定的各种犯罪中,所要求的构成要件是不同的。但是现代立法考虑到公共安全和福利的需要,对于该原则作了许多例外性的规定,行为人只要实施了犯罪行为,而不问其主观心理状态如何,都需要承担刑事责任,除非有明确的和限定的理由。

Actus repugnus non potest in esse produci. 〈拉〉自相矛盾的行为不产生效力。

actus reus 〈拉〉犯罪行为 与犯罪意图[mens rea]同为犯罪的基本构成要件。犯罪行为是犯罪的外在表现形式,犯罪意图是犯罪的内在因素。犯罪行为在不同的犯罪中表现形式不同,包括犯罪行为本身、犯罪结果、行为与结果的结合等。行为通常表现为作为或不作为。在具备正当、合法理由时,不构成犯罪行为,因此也不构成犯罪。

Actus servi in iis quibus opera ejus communiter adhibita est, actus domini habetur. 〈拉〉受雇者在通常受雇范围内从事的行为,视为雇主的行为。

a cueillette 〈法〉得到货物时 用于租船合同中。指以船长从其他途径成功获得货物为条件。

acuerdo 〈西〉法院判决;委员会的决定

acya n. 仇恨;怨恨;恶意;恶谋

ad 〈拉〉到;向;靠近;倾向;与;同;临近;约略;至于;关于;依照 相当于英文中的 at; to; by; for; near; toward; until; about; on account of; upon; with relation to; concerning。

A.D. (= Anno Domini)

ad abundantiorem cautelam 〈拉〉为格外谨慎起见;为特别注意起见

ad admittendum clericum 〈拉〉(责成主教)承认和授予执事以圣职的令状

adaequatio 相等(物);相当;相同

adaerere 〈拉〉以金钱衡量;估价

ad aliud examen 〈拉〉到另一个法院去;属另一个法院管辖

ad alium diem 〈拉〉在另一天 古记录中的常用词。

adam 法警;执行官;监狱看守

Adamson Act 〈美〉《亚当森法》 1916年国会通过的确立8小时工作日制度的联邦制定法。具体是为州际铁路乘务员规定了8小时工作制,对8小时以外的工作应按小时支付加班费。

ad annum vigesimum primum; et eo usque juvenes sub tutelam reponent 〈拉〉直到21岁;此前,未成年人处于监护之下

adaptation right (版权法)改编权 指版权人在受版权保护作品的基础上衍生创作作品的排他性权利。

adapted a. 适应的;适合的;适用的 一般指经改变或调整后的状态。

ad arbitrium 任意;随意;自由决定

ad assisas capiendas 进行巡回审判

a dato 〈拉〉从该日起

a datu (= a dato)

ad audiendum considerationem curiae 〈拉〉听取法院的判决

ad audiendum et determinandum 〈拉〉听审并判决

ad audiendum judicium 〈拉〉听取判决(⇨capias ad audiendum judicium)

adavaunt 之前;在…面前

ad avizandum 被考虑;被商议

ad bancum 在法院;到法院

ad barram evocatus 授予律师资格;允许作为律师执业

A.D.C. (= aide-de-camp)

ad campi partem 包揽诉讼以获得一份土地

ad captandum 为了捕获(或抓获)的目的

ad captum vulgi 适于通常理解的;根据通常的理解

ad cautelam ex superabundanti 格外注意;特别注意

ad coelum doctrine 上空原则 即"对土地的所有权及于其上空"原则,指其他人对该空间取得的权利不得限制所有权人对它的享用。美国的大多数法院拒绝采用该原则。

ad colligendum 〈拉〉收存财产 如遗产管理人或受托人收取并保管财产的行为。

ad colligendum bona defuncti 〈拉〉收集死者遗物 指一种特殊的遗产管理委任书,授权某人收取和保管死者的遗物。(⇨administration of estates)

ad communem legem (英格兰古法)回复土地占有令状 回复地权人[reversioner]在终身保有人死后,要求收回后者非法让渡出去之土地的令状。(⇨reversion)

ad commune nocumentum 普通滋扰

ad comparendum 出庭;到庭

ad comparendum, et ad standum juri 出庭并遵守法律;服从法院判决

ad computandum 报账(⇨capias ad computandum)

ad computum reddendum 提供账目;报账

ad concordiam publicam promovendam 为促进社会治安

ad consentiendum 因为同意;作为同意的结果

ad consulendum 商量;咨询

ad consulendum, ad defendendum regem 任国王顾问并为其辩护

adcordabilis denarii 〈拉〉领地转让费 指领臣因出售或交换领地而向领主交纳的费用。

ad credulitare 誓证无罪 以宣誓来否定自己的犯罪指控。

ad crumenam 针对奖金(⇨argumentum ad crumenam)

ad culpam 直至经营不善

ad curiam 在法庭上;到法院

ad curiam vocare 传唤到庭

add v. ❶加;增加 ❷添附

adda (= atha)

ad damnum 〈拉〉关于损害赔偿 指令状或起诉状中陈述原告的金钱损失或其请求的损害赔偿金的条款。此种条款告知对方当事人在未对实际损害或责任以证明的情况下所要求的最高索赔金额。

ad decisionem litis 根据诉讼判决

added damages 惩罚性损害赔偿 有时称作"smart money",即赔偿金。

added substance 添加物质;添加成分;添加剂

ad defendendum 作辩护;为辩护

ad deliberandum ❶商议;评议 ❷移送罪犯至有管辖权的法院受审的令状 通常全称为 habeas corpus ad deliberandum et recipiendum。

ad delinquendum 成为罪犯;成为不法行为者

addendum n. ❶(文件等的)附件;附录;补遗 ❷附加物

addicere 〈拉〉(罗马法)❶宣告有罪;判刑;谴责 ❷判决;宣判 ❸判给;分派;让与

addict n. ❶瘾君子;吸毒成瘾的人 指经常性地使用麻醉药品以致危及公共道德、健康、安全或已经失去自控能力、不能戒掉毒瘾的人。❷〈罗马法〉监禁;关押

addictio 〈拉〉〈罗马法〉执政官的裁判 此种裁判有不同的目的:释放奴隶、收养子女或转移所有权。通过此种裁判进行的所有权转移类似于买卖式让与取得所有权[mancipatio an acquisitio civilis]。

addictio in diem 〈罗马法〉竞买附约 罗马习惯中通行的一种特殊的附条件买卖,指买卖双方当事人约定,一定期间内如果有出价更高或条件更优的购买者,则卖方有解除原买卖契约的权利。

addictive drugs 麻醉药;毒品 指反复使用能够引起周期性的或长期麻醉中毒的任何天然或人工合成的药物。

ad diem 在某一天;在指定日期

additio (= addition)

addition n. ❶增加物;(建筑物等的)增建部分 附加于建筑物上或与其相关的部分。❷附录;增补;附件;补充 ❸头衔;称号 人名之后,用以确定身份的称呼。❹(遗嘱的)附加部分 如果该部分有效,则应被视为对遗嘱的修改并加以执行。❺〈法〉获得附加信息的程序

additional a. 添加的;附加的;追加的;额外的;另外的

additional abstract 附加摘要 被上诉人的诉讼记录摘要或上诉时的修改摘要

additional allowance 附加诉讼费 在法定的正常诉讼费用之外,对疑难案件或特殊案件酌情加收的费用;亦指按诉讼费用收取的律师费或审断人[referee]费。

additional arbitrator (= third arbitrator)

additional assessment 增加税额;增补税额 为了增加计税而对财产进行重新估价。

additional burden 附加负担(⇨eminent domain)

additional entry 〈美〉再次进入 移居者在已经进入公用地后的另一次进入。

additionales (合同法)附加条件;追加条款

additional extended coverage 附加的承保范围 指在承保住宅的保险单上加以批注,附加承保水暖设备损坏、他人故意恶意破坏财产、玻璃破损、树倒、冰、雪等风险。

additional instructions 追加指示;补充指示 指法官在陪审团退庭进行评议时又对陪审团所作的指示。追加指示通常是法官应陪审团就评议过程中所遇到的有关证据、法律要点或最初指示中的某些部分等问题所提出的请求而作出的。

additional insurance 附加保险 在现行有效的保险单上附加的保险。

additional insured 附加的被保险人 指保险单中基本被保险人之外附加的被保险人。在汽车责任保险单中,除了基本的被保险人外,在保险单授权范围内经基本被保险人许可使用汽车的人也属于被保险人。

additionalis (= additionales)

additional legacy 附加遗赠 对同一受遗赠人基于同一遗嘱或遗嘱附件(或遗嘱追加书)[codicil]而给予的又一次遗赠。

additional liability 附加义务(⇨superadded liability)

additional premium ❶额外费用 如抵押人为了获得提前偿还债务以停止计算利息的权利而需支付的额外费用。❷附加保费 指保险人对附加保险加收的保费。

additional servitude 增设的地役权 在原国家征用地上新增设的地役权。因土地使用性质发生改变,财产所有人有权获得赔偿。

additional work 额外工作 指为适应原建筑合同条款的变更而完成的工作。

Additio probat minoritatem. 〈拉〉增加一个词可能意味着(权利的)减少或(等级的)降低。

additur 〈拉〉〈美〉增加损害赔偿金 指初审法院经被告同意后签发的一种命令,增加已经陪审团裁决的损害赔偿金额,以避免因损害赔偿不足而对案件重新审判。美国最高法院在迪米克诉席特[Dimick v. Schiedt]一案中确认,法官增加已经陪审团裁决的损害赔偿金的做法违反美国宪法第七条修正案,因此它在联邦法院中是不允许的,但许多州在被告以法院驳回原告提出重新审判的申请为条件而同意增加损害赔偿金的情况下,允许法官予以增加。

add on clause 回溯条款 分期交货买卖合同的一种条款,它保证新的产品适用于以前交付的货物。

addone 〈法〉有…倾向的

add on interest 加息;附加利息 指根据借款总额的一定百分比计算利息,因而利息额固定,并不随借款总额的减少而降低,再将利息加到本金上,每次还款从该总金额中扣除。

addonne (= addone)

addoubeur (企业的)发起人;创办人(⇨promoter)

address n. ❶地址;住址 ❷正式请愿书;(立法机关向行政机关作出的)呈文 如申请撤销某一法官的职务。❸〈衡平法〉(申诉状中对所提交的法院的)专门说明 并不必然包括法官的姓名。❹(牧师向教徒所作的)布道致辞 享受言论豁免权。❺〈英〉致答辞 议会两院尤指下议院对女王在新议会或议会开幕时所作演讲[speech]的回答。两院可以就有关国家福利、国家管理的事项以及表示祝贺及慰问等向王室递呈致答辞。致答辞由两院分别通过,并指令下议院或枢密院官员或特别指定的人员呈交给女王。女王则通过王室内务大臣就致答辞向两院表示感谢。

addressare (= adrectare)

address for service 送达地址 指令状、传票、命令、通知等将被送达的地址,为此等文书的必要记载事项。

address to the Crown 〈英〉致答辞 指在英国,英王致辞在议会宣读后,议会为表达对英王仁慈致辞的感谢所作出的礼节性决议。先前,议会上下两院各自选出两名成员动议及附合该致答辞,自1890-1891年会议开始,已采纳了单一决议。

adduce v. 提供;提出;举出;出示 通常指提出证据。

Ad ea quae frequentius accidunt jura adaptantur. 〈拉〉法律适用于最频繁发生之事件。

adeem v. 撤销(或撤回)遗赠

ad effectum 目的是;为了…的目的(或结果);为了…;旨在…

ad effectum sequentem 为了达到以下目的(或结果)

adeling (= atheling)

Ad emendum et vendendum sine onmibus malis tolnetis, per antiquas et rectas consuetudines. 〈拉〉根据古老的惯例,不以非正当的方法买卖。

ademptio 〈拉〉〈罗马法〉撤销遗赠(⇨ademption)

ademption n. 撤销遗赠 指遗赠人在世时以不撤销其遗嘱的方式,全部或部分地收回其遗赠物(动产)。

adeo 〈拉〉到目前为止

adeo plene et integre 〈拉〉完全地;彻底地

ad eosdem terminos 〈拉〉以相同条款;依相同条款

adequacy of consideration 对价的适当性(⇨adequate

consideration)

adequate *a.* ❶足够的;能够满足需要的;充分的 ❷适当的;恰当的 ❸胜任的;令人满意的

adequate care 充分注意;足够注意 即合理注意[reasonable care]标准。

adequate cause 充分理由 在刑法中,构成因激情而导致的非预谋杀人必须具备充分理由,即行为人当时处于极度愤怒、怨恨或恐惧之中,以致于无法冷静处事。这一充分理由可使谋杀罪降格为非预谋杀人罪。但如果只是侮辱性的言语、手势,或不具有伤害意图的轻微殴打,以及不用武力的侵犯财产则不能构成这一充分理由。(⇨adequate provocation)

adequate compensation 充分补偿 由于国家征用财产而按财产的公平价值给予的金钱补偿。这种补偿一般指征用财产的市场价值,它可以包括成本、利息以及原物主的预期价值,可使遭受征用损害的原物主能恢复到没有受征用损害前的状态。

adequate consideration 适当的对价;充分的对价 根据协议情况是公平合理的对价,其与"足够的对价"[sufficient consideration]的区别在于,前者是等价交换的公平交易,而后者仅指使允诺[promise]具有约束力,只需一方以法律上的一定损失来交换对方的允诺即可构成足够的对价。

adequate facilities 适当的便利条件(⇨adequate or reasonable facilities)

adequate legal remedy (= adequate remedy at law)

adequate notice 充分的通知;适当的通知 根据诉讼的具体情况进行合理的推算能够送达有利害关系的诉讼当事人,并能有足够的时间允许其提出异议的通知。也称 due notice。

adequate or reasonable facilities 适当或合理的便利条件 承运人在场地的大小、运输的需要以及其他方面要求的便利条件。

adequate preparation 〈美〉充分的准备 包括与刑事被告人进行充分商讨、会见证人、研究事实和法律、确定将提出的答辩的性质以及在庭审中应采取的策略。

adequate protection 〈美〉充分保护 指在破产法上对有担保的债权人就破产财产享有的权益提供的保护,如定期现金支付、附加的留置权[additional lien]等。《破产法典》[Bankruptcy Code]列举规定了一系列为提供充分保护而须预先裁决的诉讼。

adequate provocation 充分挑衅;充分刺激 在刑法中,指影响行为人的理智和自控力,以致其被迫犯罪的刺激,如激情[passion]。在一定的条件下,这一刺激可使谋杀罪降格为非预谋杀人罪。(⇨adequate cause)

adequate remedy at law 充分的普通法上的救济 指能够为提出请求的当事人提供充分救济的普通法上的救济(如裁决给予损害赔偿),从而阻止该当事人再去获得衡平法上的救济。

ad escambium ad valentiam 公平交换;按价值交换

adesse 〈拉〉〈罗马法〉在场;出现 与"abesse"相对。

ad essendum 是;成为

ad essendum coram justiciariis 到法官面前

ad essendum de consilio suo 做他的律师

ad estimationem pretii, damni, lucri, etc 估计价格、损失、收益等

adeu 无定期;无限期

ad eundum 属于同一级别(等级或种类)

adevant 在…以前;在…面前

ad eversionem juris nostri 〈拉〉依法废除我们的权利

ad excambium 〈拉〉为交换;为补偿(⇨excambium)

ad executionem decretorum judicii, ad estimationem pretii, damni, lucri, etc 〈拉〉执行法院的判决,估计价格、损失、收益等

ad exhaeredationem 〈拉〉剥夺继承权;侵害遗产

ad exhaeredationem ecclesia 〈拉〉剥夺(或侵害)教会的继承权

ad exhaeredationem ipsius 放弃自己的继承权

ad exitum 〈拉〉❶在争议中 ❷在诉答结束时

ad extremum 最后;到最后

ad faciendum 〈拉〉做;使…成为

ad faciendum et recipiendum 指令下级法院法官移交被逮捕人并说明羁押日期及理由(⇨habeas corpus ad faciendum et recipiendum)

ad factum praestandum 〈苏格兰〉义务履行 特别用来表示履行某些责任的债务,如交付财产、签名盖章使契约生效或法院所作出的具有同样结果的命令等,相对于支付金钱的债务或命令而言。

ad feodi firmam 〈拉〉关于永久租佃地产的(⇨fee-farm rent)

adficio 努力;力求;力争完成(获得)

ad fidem 忠诚;效忠;臣服义务

ad fidem regis 效忠国王

ad fidem utriusque regis 效忠于每一位国王

ad filum aquae 以河流的中心(线)

ad filum viae 以道路的中心(线)

ad fin (= ad finem)

ad finem 〈拉〉到最后;在最后

ad finem litis 在诉讼的最后;到诉讼的最后

adfines (= affines)

adfinitas 〈拉〉〈罗马法〉姻亲关系

ad firmam 关于永久租赁地的(⇨fee farm)

ad firmam ponere 设置永久租赁地

ad firman tradidi (= farm let)

adfixus (= affixus)

ad fundandam jurisdictionem 〈拉〉构成管辖权的基础

ad gaolam deliberandam (= ad gaolas deliberandas)

ad gaolas deliberandas 〈拉〉提审犯人以使监狱出空

adgisant *a.* 毗邻的;邻接的

adgisantz 〈拉〉(= adgisant)

adgnoscere 承认;接受

ad gravamen 〈拉〉导致冤情(或损害)

ad gravamen tenetis sui 导致他的承租人的冤情(或损害)

ad grave damnum 导致重大损害

ad gustum 适合口味,迎合喜好

adherence *n.* ❶〈苏格兰〉忠诚 配偶间有相互忠诚的义务,至法院判决分居或离婚时为止。 ❷〈英〉帮助;附随 1351年的《叛国法》[Treason Act]规定,在王国境内追随女王的敌人,并在王国境内或其他地方为其提供帮助或支持的行为,构成叛国罪。 ❸(国际法)(条约的)参加;加入 指第三国在原始缔约国的同意下接受一项条约的行为。

adhering *n.* 〈美〉加入;加盟;依附;支持 凡助长敌国的不利阴谋的国际公约,或意图增强或有增强敌国力量的趋势,或削弱美国抗击敌国的力量或有此趋势,都构成对

敌国的支持。

adhesion n. (国际法)(条约的)参加;加入 实践中,与条约的加入[accession]可通用,但有时被认为特指一国仅加入一项条约的某些原则或某些部分,而在加入[accession]的情况下,加入国接受整个条约并受其完全约束。(⇨accession)

adhesion contract 附合合同 一种对商品或服务的消费者所提供的合同,以"接受或不接受"为基础,即,消费者对附合合同,要么接受,要么不接受,若不接受该合同,便不能获得所需商品或服务。附合合同由缔约双方中强势方单独拟定合同条款,弱势方对合同条款并无谈判或选择的余地,它是一种标准化、格式化的合同。

adhibere 〈拉〉(罗马法)实施;适用;使用;行使
adhibere diligentiam 〈拉〉给予注意
adhibere vim 〈拉〉使用暴力
ad hoc 〈拉〉为此 指为了特定目的。
ad hoc arbitration 特别仲裁;专项仲裁 指仲裁事项是特定的争议。
ad hoc autem creatus est et electus, ut justitiam faciat universis 〈拉〉他是专为实现正义而被创设并选中的
ad hoc compromis 特定国际争端解决协议 将国家间已发生的特定争端提交指定的仲裁机构或国际法庭解决的协议。也称"compromis proper"、"special agreement"。
ad hoc facit 达到这样的效果;为此而做
ad hoc officer 特设官员 为特定目的而设的官员,如受法庭指派的公断人[referee],任期仅限于该案进行期间或履行其职责期间,当他在案件中的工作完成并得到法庭的认可后,任期便告结束。
ad hominem 针对个人的;有关个人的(⇨argumentum ad hominem)
Adhuc detinet. 〈拉〉他耽搁到现在。
Adhuc diem 〈拉〉在今日;在这一天;当日
Adhuc existit. 〈拉〉至今仍存在。
Adhuc possunt partes resilero. 〈拉〉当事人可以在此刻撤回。
Adhuc remanet. 〈拉〉保留至今。
Adhuc sub judice lis est. 〈拉〉案件仍在法院(审理中)。
adiation 〈荷〉占有遗产 指继承人或遗嘱执行人正式占有遗产,否则继承并没有最后完成。
ad idem 一致;相同 常用以指缔约当事人就某一点达成意见的一致。(⇨consensus ad idem)
ad idem facit 〈拉〉达成一致意见;合意
a die confectionis 〈拉〉自作成之日起
a die datus 〈拉〉自该日起(包括该日在内) 租赁条款中表示租赁期间的开始。
adieu 〈法〉无期(限)的 年鉴[Year Books]中的用语,表示最终驳回诉讼。
A digniori fieri debet denominatio. 〈拉〉名称应来自较重要者。
A digniori fieri debet denominatio et resolutio. 〈拉〉对对象的命名或说明应就其中较重要者为之。
ad ignorantiam 〈拉〉无知(⇨argumentum ad ignorantiam)
ad illud 关于那个;对那个
adimere ❶拿走;夺去;使离开 ❷移动;移交
Ad impossibilia lex non cogit. 〈拉〉法律不强求不可能之事。
ad inde 〈拉〉到那里;向那里
ad inde requisitus 自指定之后

ad infinitum 无限的;无尽的;无期的;无穷的;无止境的;在任何程度上
ad informandum conscientiam judicis 告知法官
ad inopiam 接近贫穷;将近贫穷
ad inquirendum 〈拉〉(古)调查令 要求对与未决案件有关的任何情况进行调查的令状。
ad instantiam 〈拉〉经请求或建议
ad instantiam partis 〈拉〉经一方当事人请求
Ad instructiones reparationesque itinerum et pontium, nullum genus hominum, nulliusque dignitatis ac venerationis meritis, cessare oportet. 〈拉〉无论其地位或职位如何,任何人皆不能免于修建及维护道路和桥梁的义务。
ad int. (= ad interim)
ad interim 〈拉〉临时的;暂时的;当时的
ad interim alimony (= alimony pendente lite)
ad interim copyright 〈美〉临时版权 只能在特定情况下获得且存续于有限期间的版权。根据美国法律,一本书或刊物首次在国外以英语发表后,如能在出版后六个月内向版权局提交一份副本,同时要求保留版权,列明作者及版权人的姓名、国籍以及出版日期,便能获得临时版权。临时版权的期限是首次出版后5年。
ad invidiam 敌意的;偏私的;不利的(⇨argumentum ad invidiam)
adiratus 〈拉〉❶遗失的;走失的 ❷失物价金;失物补偿金
adire in jus 诉诸法律
adire in praetorem in jus 诉诸法律
ad itinerandum 为航行;为旅行
aditio haereditatis 〈拉〉(罗马法)继承遗产 指继承人进占所继承的土地。
Aditio haereditatis pro solutione cedit. 〈拉〉(罗马法)占有遗产足以抵债。
aditus 〈拉〉进入权
a divisione 来自一部分;分隔为几个部分(⇨argumentum a divisione)
adjacent a. 相邻的;相近的 指两物间距离不很大,但可能不相接触。"毗连"[adjoining]则指两物彼此连接紧密,无他物介于其间。
adjacent land 相邻地(⇨adjacent)
adjacent territory 相邻区 指城市周围但不属另一市政法人[municipality]的区域。
adjection n. 建筑物附加物(⇨addition)
adjectire 传唤到庭
adjective law 程序法 也称 adjectival law,指据以执行实体法[substantive law]的法律。此词由英国法学家边沁[Bentham, Jeremy](1748–1832)首先使用。它是实体法[substantive law]的对称,其含义和范围与诉讼法[procedural law]相同,但该词主要见于法学著作中。
adjectivus 传唤到庭的
adjoining a. 毗连的 指两物彼此连接紧密,无他物介于其间,但以公用道路隔开的土地仍能称"毗连"。毗连区别于"相邻"[adjacent]。(⇨adjacent)
adjoining and communicating additions 与原建筑实际相连的建筑或结构
adjoining county 〈美〉毗连县 在关于人身保护令的制定法中,毗连县也包括附近的方便通达的县。
adjoining land 毗连地(⇨adjoining)
adjoining landowner 毗连地所有人 指按普通界线分隔

adjoining owners 毗连土地所有人　指相互毗连的土地的拥有者。在有关区划、许可证等事项上，与涉讼土地毗连的土地所有人有权获得有关诉讼的通知。

adjoining premises 毗连房屋

adjourn *v.* ❶延期；推迟　将法院或立法机关的活动推迟到另一确定时间，或无限期推迟[adjourn sine die]。❷休会；休庭

adjournal *n.* 〈苏格兰〉(最高刑事法院一天或一次开庭的)诉讼程序 (⇨Act of Adjournal; books of adjournal)

adjournamentum (= adjournment)

Adjournamentum est ad diem dicere seu diem dare. 〈拉〉延期即是指定一个日子或一个时间。

adjournatur 〈拉〉已告延期；已告休庭　旧时的判例报道中常以该词来作结尾。

adjournatus 〈拉〉延期的；推迟的

adjourned summons 〈英〉延期申请　①指英格兰高等法院中已由主事法官听审过又转在法官在法官室[chamber]中作进一步听审的申请。如果申请裁决的问题具有充分的重要性，还可转在公开法庭上由律师进行辩论；②指任何法院中被延期以作进一步审理的申请。(⇨summons)

adjourned term 延长期间　指正常期间的延长。其实质上是一个期间。它不同于附加期间[additional term]，后者是一个新的不同的期间。

adjournment assisas 应推迟巡回审判

adjourner (= adjourn)

adjournment *n.* ❶延期；推迟；休会；休庭　指将法院开庭、集会、会议或其他事务暂时中止，推迟至另一时间处理或者使之终止。 ❷延迟期间；休会期；休庭期 (⇨adjourn)

adjournment day 延期开庭日；重新开庭日　巡回事实审[trial at nisi prius]过程中因证据不齐备而由法官决定的、推迟开庭审理的日期。

adjournment day in error 〈英〉补正日　在古时的诉讼中，法院在开庭期将结束前指定的某一日期，用来解决在确认日[affirmance day]未能解决而遗留下来的问题。

adjournment in eyre 〈英〉巡回法庭的休庭；巡回法庭的延期开庭　即指定巡回法官重新开庭审理的日期。

adjournment sine die 无限期推迟；无限期休会　没有确定下一次开庭或会议的日期。

adjournment subject to call (= adjournment sine die)

adjournment without day (= adjournment sine die)

adjudge *v.* 判决；裁决；宣判；宣告判刑

adjudgeable *a.* 可裁判的；可判决的；可宣告的

adjudged *a.* 已判决的；已宣判的；已裁决的

adjudicataire 〈加〉(由行政司法官执行的拍卖中的)买主

adjudicate *v.* 判决；裁判　在严格意义上，与 adjudge 同义。

adjudicated liability 已判定的责任　已由判决确定的责任。

adjudicated rights 已确定的权利　指通过司法或行政程序获得承认的权利。

adjudicatee 〈法〉〈罗马法〉(司法拍卖中的)买主

adjudicatio 〈拉〉〈罗马法〉宣判；裁定　尤指确权判决，即确认当事人所有权的判决。(= adjudication)

adjudication *n.* ❶审判；判决　指解决争议或裁决案件的法律程序或过程。 ❷判决 ❸〈英〉破产宣告；裁决破产 ❹〈英〉国内税收专员[Commissioners of Inland Revenue]就某一文件应征收的印花税的数额所作的裁决 ❺〈苏格兰〉扣押财产以偿债的一种形式，指将债务人的可继承的土地转移给债权人以作为债的担保或清偿。

adjudication in bankruptcy 〈美〉破产裁决　指破产法院正式宣告某人为破产人的裁决。在债务人自愿提出破产申请后，法院即可裁决破产，但在非债务人自愿提出破产申请时，只有经过裁决听审[adjudicatory hearing]，债权人胜诉的情况下，才可作出破产裁决。破产裁决作出后，破产人必须将财产交给破产法院以分配给债权人，并可申请解除其债务。由于 1978 年《破产法典》[Bankruptcy Code]的制定，1979 年 10 月 1 日以后提起的案件不再适用破产裁决。

adjudication stamp 〈英〉裁定印花　根据 1891 年《印花税法》[Stamp Act]，国内税收专员[Commissioners of Inland Revenue]可以应任何人的要求，裁定对某书面文件是否应征印花税以及征收何种印花税，并在文件上加盖印章，表示对其不征税或已经征收某种税。根据该法所盖印花，称为裁定印花。

adjudicative claims arbitration 裁决请求的仲裁　此种仲裁旨在解决一些通常由法院处理的事项，如侵权及其他小额索赔请求，因此它与传统的劳动仲裁、商事仲裁、国际贸易仲裁不同。设立此种仲裁主要是为了减轻法院处理这类案件的负担。

adjudicative fact 裁决性事实　指事关司法程序或行政程序中的当事人，保证法院或行政机关确定如何将法律适用于当事人的事实。它不同于立法性事实[legislative fact]，后者是普遍的、通常不涉及案件特定当事人具体问题的事实。

adjudicative power 审判权；裁判权　法院审理并裁决争议的权力。

adjudicatory *a.* 裁决的；裁判的　在论及行政机关行使准司法功能时使用的一个术语。

adjudicatory action 行政裁决行为　如果行政行为是影响当事人人身或财产权利[personal or property rights]的最终决定，该行政行为本质上即为行政裁决行为。(⇨adjudicatory hearing; adjudicatory process)

adjudicatory hearing 裁决性听证　①指青少年法院为确定某一少年的行为是否构成犯罪而举行的听审；②指行政机关在通知[notice]和给予听证机会之后，为对特定当事人的权利义务作出裁决而进行的听审活动。亦称 adjudicatory proceeding. (⇨ juvenile delinquency; detention hearing; disposition hearing)

adjudicatory proceeding 行政裁决程序 (⇨adjudicatory action; adjudicatory hearing; adjudicatory process)

adjudicatory process 裁决程序　指对事实问题争议进行裁判的方式，通常用于指区别于司法程序[judicial proceedings]的行政程序[administrative proceedings]。

adjudicature *n.* 作出裁决；判决；宣判

ad judicium 〈拉〉有关判决的；关于法庭的；出庭

ad judicium provocare 〈拉〉〈罗马法〉传至法庭；开始诉讼；提起诉讼

adjunct *n.* ❶从物　指添加于另一物而起辅助作用的物，它不具有独立的地位。(⇨appurtenance) ❷助手

adjunct account 附加账户　对另一个账户累计增加数的账户，例如，应付债券溢价账户是应付债券账户贷方的附加。实际的负债额应是一个既定日期的两个账户余额之

和。

adjunctio 〈拉〉添附取得

adjunction n. ❶添附 将属于某人之物与属于另一人之物永久地合并在一起。❷混合

adjuncts n.〈英〉增补法官 指有时由英国皇家教务代表法庭[Court of Delegates]额外任命的法官。

adjunctum 〈拉〉附属物；附件；辅助物；(被)添附之物

adjunctum accessorium 〈拉〉附属物；从属物；附件

ad jungendum auxilium 〈拉〉为帮助而加入(⇨aid prayer)

ad jura legis 〈拉〉为法律上的权利

adjurare v. 立誓；宣誓

ad jura regis 〈拉〉为国王的权利 由国王之教士为了自己的俸金而针对欲驱逐他的人提起诉讼所用的令状。

adjuration n. ❶恳求；请求；严肃的要求 ❷(通过宣誓发出的)命令

adjure v. ❶恳求；请求；祈求 ❷(通过宣誓)命令；要求

adjurnamentum 〈拉〉延期；中止；休会；休庭

adjurnare v. 延期；推迟；中止

adjust v. ❶债务调整 指债务人与债权人就债务偿还达成一个新的协议。❷(保险)理算 指保险人确定应向被保险人支付的赔偿金额。

adjustable-rate mortgage/ARM 可调整利率的抵押 利率不固定而同某一外部市场指数相联系，并根据该指数的变化而定期加以调整的抵押。此种抵押可转为固定利率的抵押。(⇨convertibility clause)

adjusted basis 〈美〉调整后计税基准 指美国联邦所得税使用的计税基准。须将固定资产的成本或价值予以调整，按其改良增值或折旧减值之后的数额作为计税的基础。

adjusted cost basis 调整后成本基准 为征收所得税目的，用原始成本加上资本增值再减去折旧，即得到调整后成本基准。

adjusted gross estate 〈美〉调整后遗产总值 全部遗产减去管理费用、死者的债务以及在处理财产中发生的损失即是调整后的遗产总值。(⇨gross estate (of decedent))

adjusted gross income/AGI 〈美〉调整后的总收入 专用于个人纳税人的一种税收认定。总的说来，它表示总收入减去营业费用、可用于租金或特许权费收入的开支、税法许可的资本损失扣除以及一定的个人开支后所得的收入。

adjusted ordinary gross income/AOGI 〈美〉调整后的普通总收入 国内税务署依此来认定一个公司是否属于《国内税收法典》[I.R.C.]所规定的个人持股公司。如果一个公司60%以上的调整后普通总收入是由消极投资构成，该公司即属于个人持股公司。公司的总收入减去资本利得、I.R.C.第1231条所规定的所得以及特定费用后，即得出调整后的普通总收入。(⇨personal holding company; personal holding company income; passive investment income)

adjuster n. ❶(产品)调整员；校正员；检验员；评定人 ❷调解人；调停人 ❸共同海损理算师 ❹保险赔偿理算师 作为保险人或被保险人的代理人确定和理算保险赔偿金额。(⇨claimant adjuster; independent adjuster)

adjusting entry 调整分录 在会计期结束时，对先前未确认的收入、费用及资产负债的变动情况进行登录。

adjustment n. ❶调节；调整；校正 ❷调解；调停 ❸(共同海损、保险、债务等的)索赔金额理算

adjustment board (=board of adjustment)

adjustment bond 调整债券 通常指与公司重组有关而发行的债券，有时也指为把一些已有债券调整为有统一利率的同一类债券而发行的新债券，因此发行这种债券是为了替换未偿付的债券。调整债券只有在公司盈利时才支付利息，这一点与收入债券[income bond]相同。如果公司因没有达到债券发行契约中规定的利润而不能支付利息时，不能视这种行为为未履行债务。调整债券的利息支付在所有优先的、具有固定利息的债务支付之后，即其对收入的要求权仅先于股票。调整债券是一个比较灵活的工具，当企业的资本结构相对其预计收益过大时，重组公司可运用调整债券来帮助其调整资本结构。为使公司资本化更灵活并减少固定费用开支，可要求拥有重组公司次级固定利息债券的持有人，部分或全部接受其利息支付依收益状况而定的调整债券或收入债券。因此，这两种债券的作用就是以不确定的支出代替固定的支出。

adjustment clause 理算条款 火灾保险单中的条款，又称"烧毁的和未烧毁的条款"。其规定当保险单中所指定的任一地点，发生损失时，应根据所有烧毁的和未烧毁的财产比例确定应支付的保险赔款。

adjustment of average 共同海损理算 在海商法中，指确定不同利益和项目所应分摊的用以补偿共同海损损失价值的程序。

adjustment of loss 海损理算 指根据海上保险单的规定，在作出必要的减免和扣除后，对被保险人应得的保险赔款加以确定，并确定每个承保人负责偿付的比例。

adjustment of pleadings 〈苏格兰〉诉状调整 在民事诉讼中，为更好地明确当事人之间的争点，而由律师在诉状登记[record]结束之前对诉状所作的修改。

adjustment securities 调整证券；公司改组证券 指公司改组时发行的股票和债券。

Adjuvari quippe nos, non decipi, beneficio oportet. 〈拉〉为我们的利益所为之事应使我们受益，而不应受损。

ad largum 〈拉〉自由地；不受约束地(⇨ire ad largum)

ad legem 〈拉〉在法律上

adlegiare 〈拉〉通过宣誓洗涤犯罪指控

ad lib (=ad libitum)

ad libitum 〈拉〉愿意；自愿

ad litem 〈拉〉为诉讼之目的；(诉讼)未决期间

ad litis decisionem 〈拉〉关于案件的判决

ad litis ordinationem 〈拉〉关于诉讼规则

ad lucrandum vel perdendum 〈拉〉关于损益

Adm. ❶(=admiral) ❷(=admiralty) ❸(=administrator)

ad majorem cautelam 〈拉〉更大的谨慎；更大的安全

ad majus 〈拉〉更大的；更进一步的

admanuensis 〈拉〉发誓人 在古代法律书籍中，指把手放在圣经上发誓的人，与神职人员相区别，后者所说的话被认为是前者的誓言。

ad manum 〈拉〉在手边；供使用

admeasurement n. ❶(以一定的数量或价值为标准或在一定的限度内)分配 ❷分配令 以确定、分配一定的数量或价值，或规定限度为目的而获得的令状。尤其指针对侵占多于其应得的合法财产份额的人所签发的令状。

admeasurement of dower 寡妇地产的调整 它是普通法上为继承人设定的一种救济，即继承人在成年后可对被继承人在其未成年时分配给寡妇的遗产进行调整，借以收回寡妇无权获得或超过她应得部分的地产。(⇨dower)

admeasurement of homestead 宅地检定 依据判决强制拍卖财产的预备性程序,即败诉债务人在其将被拍卖的土地中有一块宅地可免于强制拍卖,在执行拍卖之前,应对此种宅地进行测量划定。

admeasurement of pasture (英格兰古法)共牧权调整令 发给共牧权人的一种令状,用以调整共牧权人放牧牲畜的数量,制止过量放牧。

ad medium filum aquae 〈拉〉至河流的中心(线)(⇨ad filum aquae)

ad medium filum viae 〈拉〉至道路的中心(线)(⇨ad filum viae)

ad melius inquirendum 〈拉〉(要求验尸官)再次调查令状

admensuratio 〈拉〉(英格兰古法)(=admeasurement)

admensuratione dotis 〈拉〉寡妇地产调整令(⇨de admensuratione dotis)

admensuratio nihil aliud est quam reductio admensuram 〈拉〉测量亦即度量

adminicle n.❶〈英〉帮助;支持 用于爱德华四世[Edward Ⅳ]在位第一年发布的一项法令中。❷(大陆法)不完全证据 ❸〈苏格兰〉副证;补充性证明 在苏格兰证明某遗失契据的要旨的诉讼中,指能够用来证明有关契据的存在及其内容的某种文件、抄本、草稿和其他证据。

adminicular evidence 辅助证据;补充证据 用来解释或补充说明其他证据的证据。主要用于教会法[ecclesiastical law]中。

adminiculate v.提供补充证据

adminiculator n.〈苏格兰〉济贫官 罗马天主教会中负责向寡妇、孤儿和其他受难者提供帮助和救济的官员。

adminiculum 〈拉〉辅助;辅助物 主要指辅助、补充其他证据,使之得到完善的证据。

administer v.❶执行;施行;实施 ❷执行遗产管理人(或遗嘱执行人、受托人)的职责

administered estate 已受到管理的遗产 完全处于遗嘱执行人或遗产管理人管理下的死者全部遗产。

administering an estate according to law 根据法律管理遗产 当死者留有遗嘱时,依法管理遗产则意味着按照遗嘱的安排处置遗产。

administering poison 投毒(罪)

administratio 〈拉〉(=administration)

administration n.❶管理;经营;支配 ❷(法律的)实施;施行 ❸政府 ❹行政管理职能 公法中,政府的行政管理职能是对行政部门(包括各种政府机构、机关)和公共组织的实际管理和指挥。❺遗产管理 处理被继承人事务的过程,即收集其遗产,付清其所负债务并将剩余财产分配给依法有权获得遗产的人。

administration action 〈英〉遗产管理诉讼 指由债权人、遗嘱执行人[executor]、遗产管理人[administrator]或与遗产有利益关系的任何人(如继承人、受遗赠人、最近的亲属[next-of-kin]等)在高等法院衡平分庭提起的,以保证对死者遗产进行适当管理的诉讼,可以令状[writ]或初始传票[originating summons]开始。若法院受理后发出一般遗产管理令[order for the general administration of the estate],则遗嘱执行人或遗产管理人[personal representatives]未经法庭批准不得行使权力。债权人也不能起诉遗嘱执行人或遗产管理人要求其还债。以前,所有的案件中都要求提供遗产管理保证书,但 1972 年以后,法庭可以要求遗产管理人提供保证人,对遗嘱执行人则不要求提供担保。

administration ad colligendum 临时遗产管理(⇨temporary administration)

administration ad colligendum bona defuneti 收集死者物品的遗产管理 通过特殊的遗产管理授权书[letters of administration]授权一人或多人收集并保存死者物品。

administration ad prosequendum 任命诉讼遗产管理人的遗产管理 指任命遗产管理人,以由其提起与遗产有关的诉讼或在此类诉讼中应诉的一种遗产管理形式。

administration bond 遗产管理保证书 在英格兰,被授予死者遗产管理授权书者均须提交的保证书,内含一项或数项担保,除被免除者外,其担保数额应为对死者财产宣誓进行管理时所计数目的两倍。该保证书的内容主要是:制作和提交财产清单;依法管理遗产;发现有后期遗嘱时,须提交该遗嘱并交还遗产管理委任书。

administration cum testamento annexo 无遗嘱执行人的遗产管理 遗嘱中未指定遗产管理人或指定管理人不适格、死亡或拒绝履行管理义务的遗产管理。

administration de bonis non 后任遗产管理 对前任遗嘱执行人或遗产管理人尚未管理之遗产的管理。

administration de bonis non cum testamento annexo 对遗嘱执行人死亡时尚未管理的遗产的管理;后任遗产管理

administration durante absentia ❶遗产管理人不在时的遗产管理 管理期限应至遗产管理人返回之时。❷失踪人的遗产管理(⇨administrator of absentee)

administration durante animo vitio 遗嘱执行人心智不全时的遗产管理(⇨administrator durante animo vitio)

administration durante minoritate administratoris 在遗嘱执行人或遗产管理人尚未成年时的遗产管理(⇨administrator durante minoritate administratoris)

administration expense(s) 遗产管理费 为管理遗产而支出的各项费用,可依法从遗产总额中扣除。

administration letters 遗产管理授权书 遗嘱检验法庭[probate court]或其他有权管理遗产的地方官员委任遗产管理人管理未立遗嘱的死者遗产的文件。

administration minori aetate 遗嘱执行人未成年时的遗产管理 指由于遗嘱中指定的执行人未成年,故由法院任命的遗产管理人对死者的财产进行管理。

administration of estates 遗产管理 在法院的监督下,由具有适当资格并经合法任命者对未留遗嘱或所留遗嘱并未指定其执行人的死者的财产进行的掌管及处置。通常包括下列行为:①收集死者的财产;②偿付债务及其他对遗产主张的债权;③支付遗产税;④将剩余的遗产分配给各有权获得遗产的人。遗产管理应自个人死亡之日起至债务清偿、遗产分配完毕时止。遗产管理事宜由遗产管理人或遗嘱执行人处理。

administration pendente absentia 遗产管理人不在时的遗产管理(⇨administration durante absentia)

administration pendente lite 诉讼期间的遗产管理 指对遗嘱效力存在争议时进行的遗产管理。

administration pendente minoritate executoris 遗嘱执行人未成年时的遗产管理(⇨administrator pendente minoritate executoris)

administration suit (=administration action)

administration without probate 未经遗嘱检验的遗产管理(⇨executor de son tort; independent executor)

administrative a.行政的;管理的;遗产管理的

administrative act ❶管理行为 依其管理权所从事的行为,尤指行为者在其通常职能之外所从事的行为,如法官监督法院工作人员的行为。管理行为常常要承受比行为人一般职能之内行为更大的责任风险。❷执行行为 指为执行立法政策和立法机关已宣布的立法目的所必须从事的行为,或据以成立的组织法所规定必须从事的行为。

administrative adjudication 〈美〉行政裁决程序 指行政机关通过对抗制作出具体决定的程序,该决定可以采取肯定的、否定的、禁止的、确认的形式。

administrative agency 行政机关 ①在美国,它指有权执行和实施特定立法的政府部门,一般包括所有部、独立机构[independent establishment]、委员会、管理机构[administration]、局及美国享有所有权的政府公司等,但在特定语境中,"agency"一词可能仅指狭义。②在英国,它指代表政府和公共利益,可能独立于政治因素,对特定职业、商业、工业或服务业的行为行使管理或控制职能而成立的机关,而从事这些领域的管理比政治家或文职人员更需专业技能和经验。在英国,该词更多用于指自19世纪末开始兴起的行政裁判机构。

administrative appeal 行政申诉 就某一行政机关作出的决定向行政体系中较高一级的官员或机关提出的申诉。也指就某一行政机关的决定向法院提出的起诉。

administrative assistants 〈美〉行政助理官 指国民警卫队[National Guard]的人事官员。

administrative authority 行政职权 指行政机关或其首脑执行用以创设该行政机关的法律所规定的权力以及制定该机关的行为规则的权力。其有别于制定法律的立法权[legislative authority]。

administrative board 〈美〉行政委员会 该词适用范围宽泛,它包括行使各种职能的机关,其中在行使某些职能时它可以单方[ex parte]或对相关事实无需充分听证即可作出决定或其他行为,而在行使其他职能时,它则只能在通知有关人员并进行听证后才能作出决定,前类职能是"行政性"的,后类职能则是"准司法性"的。行政委员会区别于法院之处在于,它经常代表的是授予委员会的公共利益,而法院则关注的是对抗双方当事人的诉讼权利。(⇨administrative agency)

administrative business 〈英〉❶行政事务 指有关人员享有对其包括决定权在内的管理权,有充分自由从事他们认为是正确行为的事务。其有别于司法事务[judicial business],后者必须按照既定规则,尤其是听审当事人和证据时。❷(信托和遗嘱的)执行事务 指高等法院衡平分庭中与信托和遗嘱的执行相关以及裁决由此产生的争议的事务,与法庭受理的争讼性事务相区别。

administrative capacity 行政(管理)能力或资格(⇨administrative act; administrative discretion; administrative employee)

administrative collateral estoppel 行政上的间接不容否认原则 适用于相同当事人间的两个不同案件。新案件中的某一事项和原案件完全或部分相同,已在原案件中决定。在这种情况下,行政机关在决定新案件时,对于其中和原案件相同的事项,适用一事不再理的原则,不再变更。间接不容否认原则只适用于原案件中已经决定的问题,不适用于原案中可以决定而未决定的问题。

administrative commission 行政委员会(⇨administrative agency)

administrative county 〈英格兰〉〈威尔士〉行政郡 一种行政区划单位。

administrative crime 行政犯罪 违反行政法规或规则,应受刑事制裁的犯罪。

administrative determination 行政决定(⇨administrative adjudication)

administrative deviation (信托的)管理变更 受托人自行或事先经法院许可,进行与信托管理条款不符的管理行为。

administrative discretion 行政裁量 行政机关进行行政活动时,在若干行为方式中进行选择的权力。

administrative employee 行政事务人员 指行使各种重要职能,但不享有管理权的雇员。

administrative exhaustion 行政救济穷尽(⇨exhaustion of administrative remedies)

administrative expenses 行政支出;行政费用 一切有关行政事务管理的费用。包括官员的酬金,一般管理人员、会计及秘书职员的薪水,审计费用,法律费用及办公设备费用。

administrative function 行政职能 政府主要类型职能之一,它涉及到一般政策在特定案件和具体情况下的适用,包括在特定情况下裁量权的行使。行政职能不同于立法职能[legislative function]和司法职能[judicial function],它是由大批行政官员行使的,官员级别越低,被允许行使的裁量权范围越小。

administrative hearing 行政听证程序 可藉以提供证据进行辩论或听审的一种行政程序,与民事、刑事审判程序相比,此类听证程序的程序规则更为灵活。(⇨hearing)

administrative international institutions 行政性的国际组织 具有行政职能的国际组织。

administrative interpretation 行政解释 由行政机关对法律或法规所作的解释。

administrative law 行政法 指规范政府行政机关的组织和活动,调整行政机关与立法机关、司法机关和公众关系的法律总称。它可以分为三个部分:①授予行政机关权力及确立与这些权力相关的实体法规则的法律;②由行政机关制定的法规,包括行政规则[administrative rules]、行政法规[administrative regulations]、行政裁决汇编[administrative reports]等;③当行政机关的行政行为与公民权利相冲突时,调整这些冲突的法律原则和程序。在英美法律制度中,行政法经历了长期的孕育和阵痛过程,目前虽还不很成熟,但已具规模,摆脱了英美不存在行政法的盲目偏见。现在行政法是英美法学院中教授的、为理解其整个法律制度所必需的一个法律部门。

administrative law judge 〈美〉行政法官 主持行政听证的政府官员,他有权主持宣誓,记录证言,接受证据,确定证据规则,规定听证过程,并作出相应的决定。先前称之为"听证官"[hearing officer]或"听证审查官"[hearing examiner],但根据1978年的一项联邦法律,改为现称。美国最高法院认为行政法官在职能上与美国地区法院的法官具有相同性。

administrative office of United States courts 〈美〉联邦法院行政管理部 根据1939年《行政管理部法》[Administrative Office Act]设立的联邦机构,执行联邦法院的非司法事务,具体包括收集法院工作的统计资料、监督法院中的行政官员、发放工资等。

administrative officer 行政官员;执行人员 ①指政府行政部门的官员,尤其是低级官员;②指与司法官员[judicial officer]相别的行政官员或执行官员。(⇨administrative agency)

administrative offices of court　(= court administrative offices)

administrative order　❶行政命令　指行政机关进行裁决性听证后所作出的行政决定。❷行政规则　指行政机关为解释或适用某一法律条款而发布的规则。

administrative ordinance　行政条例（⇨ executive ordinance）

administrative police　治安警察　警察部门的官员，其职责是维护辖区内每一部分的公共秩序。

administrative power　行政权　指执行法律的权力，它是依据并按照立法者所规定的原则，通过管理、监督、调查、规制[regulation]和控制的方式，将法律实际适用于具体事件的权力。

administrative practice　行政程序　指法律对行政机关举行听证、作出决定等所规定的程序。

administrative procedure　行政程序　指行政机关作出行政行为时的方式和程序，有别于法院所适用的司法程序[judicial procedure]。在美国，大多数联邦行政机关的程序规则和规定都体现在《联邦法规法典》[Code of Federal Regulations]之中。（⇨Administrative Procedure Act）

Administrative Procedure Act　〈美〉行政程序法　①《联邦行政程序法》指美国国会于1946年制定的、规范联邦行政机关制定法规和作出裁决所应遵循的程序的一项联邦法律，该法颁布后曾多次被修订。其目的在于赋予公民诸如提供证据和自己独立的听证官进行听证等基本的正当程序保护权利；②指类似的州法律。

administrative proceeding　行政听证程序　指由行政机关所举行的听证、讯问[inquiry]、调查或听审程序，通常适用于裁决性决定，但有时也适用于准立法性决定。它也称为 evidentiary hearing; full hearing; trial-type hearing; agency adjudication。

administrative process　❶行政程序　指由行政机关所适用的程序。❷传讯　指传唤证人参加行政听证的方式。

administrative remedy　行政救济；行政救济程序　赋予个人向行政机关主张某种救济的权利的程序，它是由行政机关所给予的非司法性[nonjudicial]救济。在美国，如果存在行政救济，通常情况下，当事人必须穷尽行政救济才能向法院提出诉讼。（⇨exhaustion of administrative remedies）

administrative reports　〈美〉行政裁决汇编　指行政机关在对案件进行裁决[adjudication]中所发表的观点[opinion]或所作出的决定的汇编。

administrative review　〈美〉❶行政复审　指在行政系统内，由上级官员或上级机关对行政机关所作决定的审查。❷司法审查　指对行政机关所作决定的司法审查。

administrative rule　〈美〉行政规则　指行政机关解释法律或政策或者规定行政机关的要求的具有广泛适用性的解释和说明。

administrative rulemaking　〈美〉行政法规制定程序　指行政机关制定、修正或废止行政规则[rule]或法规[regulation]的程序。

administrative search　(= inspection search)

administrative system　行政制度　由制定法作为一般政策和目标规划的，通过行政机关行使其制定法规的权力予以实现的系统方案。

administrative tribunal　行政裁判所　在美国，指区别于纯粹的行政机关，有权对相关问题进行审理，行使一定司法职能的行政机关。在英国，指在法院之外，由法律规定设立，用以解决行政争议以及公民相互间某些与社会政策密切相关的争议的特别裁判机构。英国的行政裁判所在组织上与行政机关相联系，不属于普通法院系统，但它又与行政机关保持独立。由于英国的行政裁判所往往是议会立法时为解决执行这种法律的争端而设立，因而各行政裁判所之间在组织、程序规则等方面缺乏系统性。依1958年《行政裁判所和调查法》[Tribunals and Inquiries Act]设立了一个裁判所委员会[Council on Tribunals]，负责对行政裁判所进行总体指导和监督。

administrator　n.❶遗产管理人　❷行政人员　❸机构

administrator ad colligenda bona　收集遗产执行人　指拥有有限或临时遗产管理授权，负责收集死者财产的人。

administrator ad colligendum　（法院指定的）临时遗产管理人

administrator ad litem　为诉讼而设的遗产管理人　为参加特定的诉讼，由法院指定的遗产管理人。这种诉讼通常涉及到遗嘱继承的问题，这时遗产管理人就作为一方当事人参加诉讼。

administrator c.t.a.　(= administrator cum testamento annexo)

administrator cum testamento annexo　无遗嘱执行人时的遗产管理人　指死者的遗嘱中未指定遗嘱执行人或指定的遗嘱执行人不能、不愿履行职责时的遗产管理人。

administrator d.b.n.　(= administrator de bonis non)

administrator de bonis non　后任遗产管理人

administrator de bonis non cum testamento annexo　后任遗产管理人　指对前任遗产管理人或遗嘱执行人尚未管理的遗产进行管理的遗产管理人。

administrator durante animo vitio　直系血亲心智不全时的遗产管理人　当死者的直系血亲因精神疾病不能充任遗嘱执行人或遗产管理人时，法院为其利益任命的遗产管理人。

administrator durante minoritate administratoris　遗嘱执行人（或遗产管理授权书中指定的其他人）未成年时的遗产管理人

administrator of absentee　失踪人的遗产管理人　因失踪届满法定期限而被推定死亡者的财产管理人。

administrator of decedent's estate　死者遗产的管理人　指遗嘱检验法院根据有关法律指定的管理和解决未立遗嘱的遗产和立有遗嘱但未指定合格执行人的遗产的遗产管理人。

administrator pendente absentia　（遗产管理授权书委任的）遗产管理人不在时的遗产管理人

administrator pendente lite　诉讼期间的遗产管理人　在涉及遗嘱效力问题的诉讼未获判决前，为保护遗产而任命的遗产管理人。

administrator pendente minoritate executoris　遗嘱执行人未成年时的遗产管理人

administrator's right of retainer　遗产管理人的保留权　遗产管理人本身就是遗产的债权人时，有权从管理的遗产资金中保留出相当于其债权的数额。

administrator with will annexed　附带遗嘱的遗产管理人　指遗嘱中指定的遗嘱执行人拒绝或不能履行职责时指定的遗产管理人。

administratress　(= administratrix)

administratrix　n.女遗产管理人（⇨administrator）

admiral n. ❶海军上将；海军将军　在英国包括海军元帅［admiral of the fleet］、海军上将［admiral］、海军中将［vice admiral］与海军少将［rear admiral］；在美国包括五星海军上将［fleet admiral］、四星海军上将［full admiral］、海军中将与海军少将。❷（古）海军部长；舰队司令　❸〈英〉海军事务大臣　一支海军或舰队的最高指挥官。在19世纪以前的英国，海军事务大臣兼有海事司法权。（⇨High Court of Admiralty；Lord High Admiral）　❹（古）旗舰

admiralitas　〈拉〉❶海军；海事法院；海事法庭　❷海上自卫同盟　在古代欧洲法［European law］中，指由私人武装船只为互助抵御海盗与敌人而组成的自卫性组织。

admiralty n. ❶海军大臣或舰队司令的职位或权力（⇨admiral；Lord High Admiral）　❷［A-］（1963年前的）英国海军部　❸［A-］〈英〉（旧时任英国舰队司令的）海军事务大臣［Lord High Admiral］；（18世纪末行使其职权的）海军委员　这些委员系海军部委员会成员［Lords Commissioners of the Admiralty］，包括一位首长［First Lord］（即海军大臣［First Lord of the Admiralty］，总是由上议院或下议院的议员充任，为内阁成员）、四位海军事务大臣［Sea Lords］和一位文职军务大臣［Civil Lord］。这六名委员与一名政务次官［Parliamentary Secretary］组成海军委员会［Board of Admiralty］，掌管英国的海军和海军陆战队。该委员会现已并入英国国防部。　❹海事法院（⇨admiralty court）。　❺［the A-］〈英〉海事法院；海事法庭　对前高等海事法院［High Court of Admiralty］、高等法院遗嘱检验、离婚与海事分庭［Probate, Divorce, and Admiralty Division］及现高等法院海事法庭［Admiralty Court］的简称。　❻海商法；海事法　海事法院审理海上民事纠纷与刑事犯罪案件所适用的法律。（= admiralty law；maritime law）

admiralty action　海事诉讼　海事法院在其海事管辖权［admiralty jurisdiction］范围内审理案件的活动。与其他诉讼形式相比，其最大特点在于以船舶为诉讼主体的对物诉讼［in rem］制度。（⇨action in rem）

Admiralty Advocate　（= Crown Advocate）

Admiralty Advocate-General　〈英〉海军部总法律顾问　旧英国海军事务大臣［Lord High Admiral］及后来的海军委员［Lords of the Admiralty］的特别法律顾问。

admiralty court　❶海事法院；海事法庭　管辖海事案件——包括具有海事特征的合同、侵权、捕获、犯罪等案件——的法院或法庭。在英格兰，历史上曾于15世纪设立高等海事法院［High Court of Admiralty］，后被并入高等法院的遗嘱检验、离婚与海事分庭［Probate, Divorce, and Admiralty Division］。现发生在海上的民事类案件由设于高等法院内的海事法庭［Admiralty Court］及某些郡法院管辖；海上刑事案件由刑事法院［Crown Court］管辖。美国无专门海事法院，所有海事案件均由联邦地区法院管辖。（⇨admiralty jurisdiction）　❷［A-C-］〈英〉海事法庭　1970年成立，系高等法院［High Court of Justice］中王座分庭［Queen's Bench Division］的一部分，由御前大臣［Lord Chancellor］从高等法院法官中临时任命的海事法官［Admiralty judges］组成。它承袭了前高等法院遗嘱检验、离婚与海事分庭作为海事案件管辖法庭的地位。在审理海上捕获案件［prize］时，该法庭亦称为捕获法庭［prize court］。

Admiralty Division　〈英〉海事法庭　前高等法院（1875–1970）遗嘱检验、离婚与海事分庭［Probate, Divorce and Admiralty Division］在行使海事管辖权时的名称。

admiralty jurisdiction　海事管辖权；海事裁判权　法院对海事案件所拥有的管辖权或裁判权。在英格兰普通法中，海事案件包括船舶碰撞、救助报酬请求、海军特权［droits of Admiralty］、船舶占有、押船贷款［bottomry］与押货贷款［respondentia bonds］、船员工资请求等方面的案件，而有关的制定法又将其范围扩展至拖船费请求、货损索赔、海事赔偿责任限制、从海盗处夺回被掠的财产的权利以及向不当悬挂不列颠国旗的本国船只罚款的权利等方面。在苏格兰，海事管辖权同普通法上的民事管辖权一样，由最高民事法院［Court of Session］和郡法院［Sheriff Court］行使，并由相同的法官裁判。在就船舶或船上货物提起诉讼时（不论其诉因是否与海事有关），或在管辖权已明示由具有海事管辖权的法院行使的场合，最高民事法院和郡法院享有海事管辖权。在此种诉讼中，这些法院必须依照与苏格兰和英格兰所通用的一般海事法行使审判权。在美国，联邦宪法及制定法对联邦法院的海事管辖权范围未作规定，而由法官在司法实践中依具体案情确定，但原则上联邦地区法院对所有发生在领海以内、包括五大湖及可航内河中的海事案件——无论刑事的或民事的——均拥有排他的管辖权。

admiralty law　（= maritime law）
admiralty lien　（= maritime lien）

admissibility n. （证据的）可采性　指具有在听审、庭审或其他程序中被允许作为证据提出的品质或状况。证据的可采性部分取决于有关法律规则或诉讼规则的规定，部分取决于证据本身与待证事实是否具有相关性。同一证据可能为此目的具有可采性，而为另一目的则不具有可采性。错误地采信或排除证据可构成上诉的理由。

admissible a. 可采纳的；可采信的；可接受的

admissible evidence　可采纳的证据；可采信的证据　指具有相关性，并且依其性质（如非传闻、不存在不公正的偏见等）法庭或法官应予接受的证据。

admission n. ❶保释许可　❷（证据的）采纳；采信　❸（民事诉讼中的）承认　指一方当事人对对方的主张或其他任何不利于己的事实所作的认可。可以是明示的，也可以是默示的。　❹（刑事诉讼中的）承认；供认　指被告人对所指控的罪行的承认，但通常仅指对可确认其有罪的部分事实的承认，一般不包括对涉及犯罪意图的事实的承认，区别于对所控罪行全部事实的供认［confession］。在英美法上，被告人的供认作为证据具有可采性的一般规则是供认应当具有任意性，即供认是出于被告人自愿作出的，而非出于对其采用了引诱、强迫或其他非法手段而作出的。不具有任意性的供认不可采纳。　❺（教会法）圣职的认可　指主教对其辖区内被推荐圣职者进行审核以后同意其任职，有时亦指授予圣职［institution］。

admission against interest　违反（本人）利益的承认　指当事人作出过承认某一重要事实的陈述，而该承认于其目前作为诉讼当事人的地位不利，即其承认与其现时的诉讼请求不同。违反本人利益的承认必须是诉讼当事人或与诉讼当事人有共同利益关系者或者具有与诉讼当事人相同法律地位者作出的，可以作为传闻规则的例外而被采信，不管能否找到承认者出庭作证。与之相对的违反本人利益的陈述［declaration against interest］则是由非诉讼当事人作出的，但它只有在不能找到陈述人出庭作证的情况下才可作为传闻规则的例外而被采信。

admission by demurrer　为抗辩目的而作的承认　指为提出诉求不充分的抗辩［demurrer］而承认起诉状中所述的事实。但其目的在于评定原告的起诉在法律上是否充

分,而非出于证据目的。若抗辩被驳回,抗辩人的承认不得视为案件的证据。

admission by party-opponent 对立当事人的承认 根据美国《联邦证据规则》[Fed. Evid. R.]第801条(d)(2)款,若该陈述是作为对该方当事人不利的陈述提出的,且符合以下条件之一时,则不属于传闻[hearsay]:①是该当事人自己的陈述,以其个人或代表人资格作出;②该当事人已表明接受或相信其真实性的一种陈述;③是由当事人授权其人所作的相关主题的陈述;④该当事人的代理人或雇员在代理或受雇期间对代理或受雇范围内事项所作的陈述;⑤由当事人的同谋者在同谋期间所作的陈述。

admission by silence 默认;以沉默表示承认 在一方当事人在场时,由另一方当事人进行陈述,该陈述包含这样的事实,若其不真实,当事人无论如何会表示反对,但若当事人表示沉默,则在传统上被认为是该当事人对不利于自己的事实表示承认。某人在未被拘捕的情况下,对犯罪指控或犯罪要件未予反对,而同样的人若其了解所指控内容,必会作出反应的,则该人可能被推定为承认犯罪。(⇨estoppel; silence)

admission of alien 〈美〉对外国人的承认(认可) 根据联邦制定法规定的条件给予外国人的一项特权,其重要意义在于符合发放签证的要求。

admission of new state into Union 〈美〉对新州加入联邦的认可 根据国会立法允许某一新州加入联邦,并使其与创始州[original states]享有同样的主权与司法管辖权及地位。

admissions tax 通行税;入场税 对通过出售剧场、影院、夜总会等娱乐场所、集会或体育比赛等的入场券或以其他形式收取的入场费用征收的娱乐税[entertainment tax]。

admission to bail 准予保释 被控犯罪者或被判决须清偿债务者,以缴纳保证金或提供其他担保,保证其今后会按时出庭和在该法院管辖范围内居留为条件而被释放。

admission to membership 成员资格的承认;接受成员 指通过申请,并遵守章程、规则及其他条件而被接受为俱乐部或其他社团的成员。成员的接受是社团内部事务,法院无权强制社团接受成员。

admission to probate 遗嘱检验的认可;遗嘱确认 指以法院判决或法院正式命令的形式宣布所提交遗嘱检验的文件确系死者所订立的遗嘱。它是证明文件合法性的官方证据[official evidence],除非该判决或命令被撤销。

admission to sufficient facts 对充分事实的承认 意指对足以保证可作出有罪裁决的事实的承认。

admission to the bar 授予执业律师资格;律师执业许可 法院确认申请人的居住资格、公民身份、教育状况、道德品格等符合法定资格要求,以判决或命令的形式授予该申请人在其管辖范围内从事律师业务的特权或许可证。

admittance n.公簿土地保有权的承认或授予 指在英格兰法中领主授予一佃户在其领地内享有公簿土地保有权[copyhold]的行为。这种授权行为通常基于三种情形而产生:一是领主的自愿授权,即领主对那些因原有佃户放弃其土地保有权或死后无人继承而收归其所有的土地或其他土地主动地授予佃户享有公簿土地保有权;二是前手佃户的转让,即老佃户将其享有的公簿土地保有权转让给新的佃户;三是因继承或遗赠而取得,即佃户可以继承或接受遗赠的公簿土地保有权。后两种情形也需领主的承认或授权。从理论上讲,领主承认后两种情形中的受让人、受遗赠人和继承人享有公簿土地保有权是出于恩施,但实际上,如果这些新佃户的请求合乎领地的惯例,领主就必须承认其公簿土地保有权,因此在一定程度上可以对抗第一种情形的领主自愿授权。领主的授权行为既可以采用明示方式,也可以采用默示方式。明示的方式包括送一个钓杆、麦杆、手套或其他物件给新佃户,以表明其对土地的合法占有,这种方式通常由领地的管家执行;默示的方式是为接受新佃户表达其意图的行为,如领主收取新佃户的租金等。在1894年的《公簿土地保有权法》[Copyhold Act]出现之前,领主的授权行为通常只能在法庭上特别是领地的习惯法庭[customary court]上进行,但在该法施行后情况有所变化。现公簿土地保有权已被1922年的《财产法》[Law of Property Act]所废止。

admittendo clerico 〈拉〉〈英格兰古法〉强制圣职授予令 指签发给主教的,旨在建立国王的圣职推荐[presentation]权的令状,它迫使主教承认并授予原告的被推荐者以圣职,即恢复在"妨碍圣职推荐令"[quare impedit]中胜诉的原告的圣职推荐权。(= de admittendo clerico)(⇨ quare impedit)

admittendo in socium 〈拉〉〈英格兰古法〉参与主持法庭令 一种联合某些人如骑士及其他士绅等与法官共同主持巡回法庭审判的令状。(= de admittendo in socium)

admonish v.警告;建议;忠告;告诫

admonition n.❶(教会法)(对神职人员的)告诫 教会法中最轻微的一种惩罚,其目的是防微杜渐。对告诫的违反被视为轻视或藐视,将导致暂被停薪等更严重的惩罚。❷指导 法庭就陪审员的职责、证据的可采性等问题向陪审团所作的权威性口头建议或提醒。 ❸(法官对律师的)警告;告诫 ❹〈英〉训诫 法官对轻微犯罪的行为人给予的一种惩罚,即向被告人说明其行为的后果,并告诫他如果以后再犯同样的罪行将会受到更严厉的惩罚,然后将其释放。也指由御前大臣[Chancellor]或下议院议长代表上议院或下议院对冒犯议会名誉或特权的议员或其他人所作的斥责。

admonitio trina 〈拉〉〈英格兰古法〉(在对保持沉默的重罪犯施以酷刑[peine forte et dure]之前的)极为严厉的警告

ad mordendum 〈拉〉咬(⇨ad mordendum assuetus)

ad mordendum assuetus 〈拉〉习惯于咬;经常咬 在就狗咬造成的人身或动物伤害赔偿提起的诉讼中提出的一项实质性主张或重要事实的陈述[material allegation]。

admortization n.❶(英格兰古法)转让给教会等法人团体的土地成为永久管业的财产 ❷(= amortize; amortise; amortization; amortisation; amortizement)

adnepos 〈拉〉玄孙之子

adneptis 〈拉〉玄孙女之女

adnichiled 〈拉〉撤销;取消;废除;宣告无效

adnihilare 〈拉〉〈英格兰古法〉(= adnichiled)

ad nocumentum 〈拉〉❶妨害;滋扰 ❷伤害;侵害

ad nocumentum liberi tenementi ipsorum 〈拉〉妨害他们自己的完全保有地产权

ad nocumentum liberi tenementi sui 〈拉〉妨害他的完全保有地产权 在排除完全保有地产妨害令状中使用的正式用语。

adnotare 〈拉〉签字;签署;签名

adnotatio 〈拉〉〈罗马法〉签字;签署;签名 尤指皇帝在敕令[rescript]上的亲笔签名。

adnullare 〈拉〉(= adnihilare)

Ad officium justiciariorum spectat, unicuique coram eis placitanti justitiam exhibere. 〈拉〉法官的职责在于为在

其面前进行诉讼的每一个人主持公道。

adolescence n. 青春期 介于发育期与成年期之间的未成年阶段。罗马法规定,男子 14-25 岁,女子 12-25 岁为青春期。

adolescens 〈拉〉(罗马法)未成年适婚人 男子介于 14 岁至 25 岁,女子介于 12 岁至 25 岁。(⇨adolescence)

adolescentia 〈拉〉(= adolescence)

ad omissa vel male appreitata 〈拉〉关于遗漏或错误的解释

adopt v. ❶采取;采纳;采用 ❷通过(法律、法规、决议、报告等);批准;同意 ❸接受;认可 ❹承认;追认 指某人接受一项他人先前为其利益而订立的合同的约束,即认可该合同对自己发生法律约束力。该词在英国与合同的追认[ratification]的含义一致,表示以积极行为追认一项合同,与默许追认[ratification by acquiescence]相对。但在美国,一般常用 ratification 表示对他人未经授权或超越授权范围以代理人身份订立的合同的认可,用 adoption 表示公司对其成立前发起人为公司利益订立的合同的认可。二者的区别在于:ratification 使合同对追认人的效力回溯至最初订立时,即合同自最初订立时就对追认人发生法律效力,而 adoption 表示合同自被承认时起约束本人。而英国法中的 adoption 与 ratification 则同样适用于合同最初订立时追认人必须已经存在的情况。但有时两者在具体用法上并无严格区别,在英国也用 adoption 表示公司对其成立前发起人所订合同的认可,而美国法院有时亦用 ratification 描述这一行为。❺收养(⇨adoption) ❻〈英〉提名(某一申请者为下议院)议员候选人 ❼〈英〉(地方政府机构从私人等手中)接管(公路等) ❽〈英〉(开展活动以)要求释放(政治犯)

adoptio 〈拉〉❶收养(= adoption) ❷(罗马法)纯正收养;他权人收养 对他权人[alieni juris]即"家子"[filius familias]的收养,与自权人收养[adrogatio]相对。

adoption n. ❶收养 指依法领养他人子女作为自己的子女,使原来没有父母子女关系的人之间产生拟制的亲子关系,并终止子女与亲身父母间的权利义务关系。❷(合同的)承认;追认(⇨adopt) ❸(国内法对国际法的)吸收(⇨adoption doctrine)

adoption by acknowledgment 基于承认的收养 某些制定法中的用语,指父亲通过承认[acknowledgment]而使其非婚生子女成为婚生子女,属于生父认领非婚生子女的行为[legitimation],与真正意义上的收养有别。

adoption by deed or agreement 根据契据或合同的收养 这种收养方式要求有关当事人以适当方式签署或签署并登记收养合同或契据。

adoption by estoppel 不容否认的收养 根据衡平法上的不容否认原则[estoppel]认定的收养关系,即一个人在作出收养子女的允诺或行为后,就不得拒绝给予被收养人以养子女的身份。(⇨equitable adoption)

adoption by reference 参照采用 指诉状中的某一陈述通过参照同一诉状中的其他部分或参照另一诉状或申请而可被采用。

adoption doctrine (国际法)并入说;吸收说 在国际法与国内法关系上的一种理论,认为国际法被自动包括在国内法里面,是国内法的一部分,法官可以像援引国内法规则一样直接援引国际法规则,而后者毋须事先经过国内法的立法程序予以颁布。

adoption of child 收养子女;收养儿童

adoption of contract 合同的承认;合同的追认(⇨adopt)

adoption of foreign corporation 外国法人的承认(⇨domestication)

adoption of statute 〈美〉法律的通过 立法机关参加法律之制定,若某一法律获立法机关两院的批准[approval],该法即获"通过"[adopted]。在其他情况下,该术语一直被用来指法律生效的日期。

adoption of transaction 〈英〉交易的认可 根据 1893 年《货物买卖法》[Sale of Goods Act],当货物以"可试销"[sale on approval]或"可退货销售"[sale or return]或其他可转手销售的类似方式交付买方时,货物的所有权在买方以任何行为认可该项交易时转移于买方,例如提供保证。

adoptive act 待采纳的法律 由议会等国家立法机关通过而适用于某一地区的法令,但其生效须经该法规定的政府机构或地方政府决定予以批准,或经当地居民投票同意。

adoptive admission 接受性承认 一方当事人对其应负责的他人所作的陈述表示同意,从而接受该陈述的真实性。沉默、行为或陈述均可表明对他人陈述的同意。根据美国《联邦证据规则》[Fed. Evd. R.]第 801 条(d)(2)款,若能表明被告将该陈述接受为其自己的陈述,则可为被告自己承认的证据。

adoptive parent 养父母;收养人

adoptivus 〈拉〉收养的;被收养的;有收养关系的

ad opus 〈拉〉为了工作;为了需要

ad ostendendum 〈拉〉表明;证明;显示;表示 古令状用词。

ad ostium ecclesiae 〈拉〉〈英〉❶在教堂之门 指所有婚礼在教堂大门处举行宗教仪式。❷古时的五种嫁妆之一(= dower ad ostium ecclesiae)

ad patria 〈拉〉对于国家;对于陪审团

ad perpetuam 〈拉〉永久地;无限期地

ad perpetuam rei memoriam 〈拉〉为了永久纪念这一事件

ad perpetuam remanentiam 〈拉〉永久保留;永久保存

ad pios usus 〈拉〉为了宗教或慈善目的 有关赠与和遗赠的用语。

ad primam diem litigii 〈拉〉在诉讼的第一天

ad probandum aliquid per credentiam duodecim hominum vicinorum 〈拉〉根据十二位邻居的证词来证明某一事件

adpromissor 〈拉〉保证人(= surety)

ad propinquiorem consanguineum 〈拉〉给予血缘关系最近的亲属;给予最近的血亲

ad prosequendam 〈拉〉检举;告发;为了检举

Ad proximum antecedens fiat relatio nisi impediatur sententia. 〈拉〉除非语义不通,否则,关系词与其最近的先行词有关。

ad publicam vindicatam 〈拉〉为了证明公众是无辜的

ad punctum temporis 〈拉〉眨眼之间;一瞬间

ad quaerimoniam 〈拉〉指控…;控告…

Ad quaestionem facti non respondent judices; ad quaestionem juris non respondent juratores. 〈拉〉陪审团必须解决事实问题,法官必须解决法律问题。

Ad quaestionem legis respondent judices. 〈拉〉法官解决法律问题。

Ad quaestiones juris respondent judices; ad quaestiones facti respondent juratores. 〈拉〉法官解决法律问题,陪审团解决事实问题。

Ad quaestiones legis judices, et non juratores, respondent. 〈拉〉法官，而非陪审团，解决法律问题。
ad quem 〈拉〉所到；所至　相当于英文 to which，常用于估计时间和距离，表示期限和距离的终点，与 a quo 一词相对。(⇨terminus ad quem; terminus a quo)
Ad questiones facti non respondent judices; ad questiones legis non respondent juratores. 〈拉〉法官不解决事实问题，陪审团不解决法律问题。
adquieto 〈拉〉(通过付款来)清偿；付款
adquirere 〈拉〉取得；获得
adquiritur possessio 〈拉〉已取得占有
ad quod curia concordavit 〈拉〉法庭所同意的
ad quod damnum 〈拉〉(英格兰古法)损失估算令状；损害评估令状　以前由文秘署签发的一种令状，指令郡长对某一特定的行为或举措所可能带来的损害进行评估。最常见的情况是国王授予某人特权在某地建立市场、集市，郡长即需依此令状调查此举会对哪些人产生不利影响，产生什么样的不利影响等。另一种情况是出现在有人要将公路移作他用的情况。当土地所有人对损失评估不满时，此令状亦可作为权利令状签发。
ad quod non fuit responsum 〈拉〉未作答复　过去的案例报告中使用的一个术语，意指在诉讼中当事人一方提出的论点未被另一方否认；或者律师提出的论点或其辩护未被法庭注意到；或者法庭注意到了反对意见，提出该意见的律师未对法庭的结论作答辩。
ADR (= alternative dispute resolution; Asset Depreciation Range)
ad rationem ponere 〈拉〉传唤(某人)到庭　英格兰财税法庭的古代案卷中使用的一个专门术语，它表示：出庭并接受一项已进行指控的审讯；准备审判。
ad rationes stare (= rationes exercere)
ad recognoscendum 〈拉〉承认；认可　早期令状中的正式用语。
adrectare 〈拉〉纠正；修正；补偿；赔偿
Ad recte docendum oportet, primum inquirere nomina, quia rerum cognitio a nominibus rerum dependet. 〈拉〉要正确理解一事物，应先探究其名称，因为对事物的正确认识取决于其名称。
ad rectum 〈拉〉达到公正；实现正义(或公正)；满足法律的要求
ad referendum 〈拉〉尚待查询；容再考虑
ad rem 〈拉〉❶对物(⇨right ad rem)　❷中肯；贴切
ad remanentiam 〈拉〉占有；拥有；自由继承
ad reparationem et sustentationem 〈拉〉为了修缮和保持良好状态
ad respondendum 〈拉〉答辩；辩诉　用于某些令状中，表示令某人出庭提出答辩。(⇨ capias ad respondendum; habeas corpus ad respondendum)
adrhamire v.〈欧洲古法〉同意；承诺；宣称；宣誓保证
adrogatio 〈拉〉(= adrogation)
adrogation n.〈罗马法〉自权人收养　也写作"adrogatio"，指按照一定的法律程序，对自权人[person sui juris]即家父[paterfamilias]的收养。该被收养家父的全家均处于收养者权力之下。在帝国时代，经皇帝批复许可，也允许一定条件下对未适婚人[impubes]和妇女实行自权人收养。
ads (= ad sectam)
ad satisfaciendum 〈拉〉清偿；偿还　对民事被告未依判决清付赔偿所发的拘捕令或拘票[capias ad satisfacien-

dum]用词，表示要求行政司法官羁押被告人以保证原告的债务获得清偿。
adscendentes 〈拉〉(罗马法)祖先(= ascendants)
adscribere (= adnotare)
adscripti (= adscriptus glebae)
adscripticius (= adscriptus)
adscripti(or **adscriptitii**) **glebae** 〈拉〉adscriptus glebae 的复数形式
adscriptitii 〈拉〉(罗马法)❶农奴　❷被征募的军团士兵
adscriptus 〈拉〉(罗马法)❶添加的；附带的；附属的　❷受约束的；负有义务的　❸联合的；结合的　❹登记的；注册的
adscriptus glebae 〈拉〉(罗马法)农奴　指永远附属于土地，并随土地一同转让的奴隶。
ad sectam/ads./ats 〈拉〉被…起诉　在登录案件名称与编排索引时的用词，表示出现在前面的为被告的名称。例如"B ads. A"表示"A 诉 B"。这与常用的"A v. B"表示法正好相反。
adsecurare 〈拉〉保证；作出保证
adsecuratio 〈拉〉保证；保险
adsessor 〈拉〉(古)陪席法官；替补法官　指常规治安法官[regular magistrate]的助手或顾问，或在某些情况下任命为常规治安法官的替补者。
adsignare 〈拉〉分配；指派；转让
adsm (= ad sectam)
ad standum rectum 〈拉〉代表正义；主张正义；支持正义
adstipulator 〈拉〉(罗马法)约定者　若一项约定的从受约人所接受的与其主受约人所接受的系同一约定，则与主受约人同样地可接受和要求支付；如从受约人所接受的只是主受约人所接受的约定的一部分，则从受约人只在他自己接受约定的金额范围内可主张权利。
ad studendum et orandum 〈拉〉为探求与祈求
ad subeundum legem 〈拉〉服从法律；遵守法律
ad terminum annorum 〈拉〉一定年限的
ad terminum ponere 〈拉〉推迟到下一个期限
ad terminum qui praeteriit 〈拉〉土地占有回复令状　在租期届满时，承租人仍占有土地的，普通法上为保护土地所有人的利益，以拉丁文签发的移转土地占有的令状。
ad terminum vel ad tempus 〈拉〉一定的期限或一段时间
ad terminum vitae vel annorum 〈拉〉一定的期限；终身；多年
ad testari 〈拉〉证明；作证；证实
ad testificandum 〈拉〉作证；提供证言　用于将犯人带到法庭以提供证言的一种人身保护令。
Ad tristem partem strenua est suspicio. 〈拉〉怀疑使不幸的一方备受折磨。
ad tunc 〈拉〉在那时；当时；然后
ad tunc et ibidem 〈拉〉当时当场(发现)　诉状中一项陈述诉由的条款名称。
ad tunc existens 〈拉〉在那时存在
adult n.成年人
adult children 成年子女　已达法定成年年龄的子女。
adulter 〈拉〉(罗马法)与他人妻子通奸的男子；犯有通奸罪的男子
adultera 〈拉〉(罗马法)与他人通奸的女子；犯有通奸罪的女子
adulterant n.掺杂物；掺杂剂
a.掺杂(用)的；掺假(用)的；使不纯的

adulterare 通奸;掺杂;伪造;欺诈

adulterare rationes 〈拉〉伪造账目

adulterated coin 掺假硬币 指金或银与贱金属混合而铸成的硬币。(⇨base coin)

adulterated drug 〈美〉掺杂、掺假药品 《联邦食品、药物和化妆品法》[Federal Food, Drug and Cosmetic Act]中涉及的术语。掺杂、掺假药品可能对人体健康有害,并因此会降低药品品质。

adulterated food 掺假食品 指被稀释或是质量降低的食品,它的主要成份不符合法定标准,或者加入了有益或无益于健康的无关成分。

adulteration n. 掺杂;掺假 通常指在准备出售的食物或饮料中掺入对健康有害的某些劣质成份的行为。在英国,对明知被掺假的食物对人体健康有害而仍予以出售的行为在普通法上构成可诉罪[indictable offence]。

adulterator n. 掺杂造假者;伪造者;假冒者

adulteratores monetae 〈拉〉adulterator monetae 的复数形式

adulterator monetae 〈拉〉伪造货币者;造假币者;伪造者

adulterer n. 通奸的男子

adulteress n. 通奸的女子

adulterina moneta 〈拉〉伪造货币

adulterine a. ❶通奸所生的 由通奸行为所生的子女。由于男方不知前妻尚在而与另一女子公开结婚所生的子女不在此列。罗马法和教会法将通奸所生子女和非婚生子女区别开来,对前者给予更严厉的惩罚。 ❷非法的;不持执照的 ❸掺杂的;伪造的 ❹通奸的

adulterine guilds 〈英〉无状商会 旧时以法人名义行事但没有特许权[charter]的商人组织,通过每年缴纳一笔罚金来获得行使法人特权的许可。

adulterinum signum 〈拉〉伪造的印章

adulterinum testamentum 〈拉〉伪造的遗嘱

adulterinus 〈拉〉伪造的;假冒的

adulterinus bastard 〈拉〉已婚女子和非其丈夫之男子所生之子

adulterium 〈拉〉(罗马法) ❶用以惩罚通奸行为的罚金 ❷通奸

adultery n. 通奸 在普通法中,已婚或未婚男子同不是自己配偶的已婚女子性交,谓之通奸。通奸和私奸[fornication]的区别在于非法性交中女子的婚姻状况,双方均未结婚的男女发生性交的,构成私奸罪。直到18世纪通奸仍由宗教法庭按教规处理。在现代制定法中,通奸和私奸的共同点是非法性交,即非配偶性交,区别主要在于行为人是否已婚,只要有一方已婚就构成通奸罪。通奸和私奸一般是轻罪或微罪,但在美国有些州,情节恶劣的通奸仍可按重罪处理。(⇨illicit cohabitation; infidelity; criminal conversation)

ad ultimam vim terminorum 〈拉〉根据该词的最广含义

adult owner 成年所有人;成年业主

ad usum et commodum 〈拉〉为了效用和利益

ad val. 〈拉〉按照价值;基于价值 ad valorem 的缩略语。

ad valentiam 〈拉〉按照价值;基于价值

ad valentiam veri valoris 〈拉〉按照真正的价值;基于实际价值

ad valorem 〈拉〉按照价值;基于价值;从价

ad valorem contractus 〈拉〉按照合同的价值

ad valorem duty 从价关税(⇨ad valorem tax)

ad valorem tax 从价税 按照对应财产所估定或核定价值的一定比例征收的税,例如从价征收的不动产税和关税。与从量税[specific tax]相对。

advance v. ❶(向)前进;进展;促进;改进 ❷提高;增加;提升;晋升 ❸提出;宣称 ❹采取主动姿态;提议 ❺提前;使…提前发生 ❻(在债务到期前)预付(款项);预先供应(货物);(以预付或预先供应的方式)提供信贷 ❼提供资金;提供(抵押)贷款 ❽(向子女)生前赠与(财产)(⇨advancement)
n. ❶前进;进展;提高;增加 ❷提出;宣称 ❸主动行为 ❹预付款;预先供应的货物 ❺贷款;信贷

advance appropriation 〈美〉预先拨款 国会提前一个或数个财政年度提供的联邦预算拨款,以使得州与地方政府有充分时间制订将来由联邦政府资助的各项计划。

advance bid 提高标价 在法院强制拍卖成交后的投标。作为重新拍卖开标的一项条件,其标价应比原拍卖成交价至少高10%。

advance bill ❶预开汇票 托运人在货物装运前向买主开出的汇票。 ❷预开发票 通常应买方基于税收原因而提出的要求,在逐项详列的商品或服务交付或实现之前开出的发票。 ❸(= advance note)

advanced age 老年;老龄;高龄

advanced member 借款成员 房屋互助协会[building society]中以抵押贷款的方式从该机构借款的成员,区别于向协会认缴出资并从中取得某种形式的利息收入的非借款成员或投资成员[unadvanced or investing member]。(= borrowing member)

advance freight 预付运费 即提前支付的运费。因根据普通法承运人在将货物运至目的地后才有权收取运费,故托运人在发货时支付的运费称为预付运费。它使得托运人可以将提单连同一张运费付讫提货单[freight release]背书转让,也使得收货人在货物运达后有权立即提货。

advancement n. ❶预付;预支;预付(或预支)款 ❷世间预付;预早遗赠 父母或处于父母地位的人生前给予子女或为子女的利益而支出钱财并预计将来从子女将来所继承遗产中扣除的行为,或遗产信托或财产授予[settlement]的受托人[trustee]依照法定条件向有权取得财产的受益人提前支付一部分款项的行为,是 advancement in the world 一语的简写。在衡平法上,父母或处于父母地位的人以子女的名义进行的购买或投资行为也被推定为世间预付。除父母与子女之外,世间预付也适用于丈夫给予妻子或为妻子花费财物的行为。 ❸世间预付的金钱或财产

advance note 预付汇票 在船舶出航前船长对已签署雇佣合同的船员开出的汇票,指示船东在出航之后一段时间——例如3天——根据船员的指示付款,以使船员能够抚养其家庭,但以船员已遵照雇佣合同随船出海为条件。根据英国1894年及1970年《商船法》[Merchant Shipping Act],该汇票金额不超过船员一个月的工资。

advance on freight (= advance freight)

advance payment 预付;预付款项

advance sheets 〈美〉(判例)快报 报道特定法院或几个司法区的法院最新公布的判决意见[opinion]的小册子。

advantagium 〈拉〉(古)利益;有利地位;有利条件;优点 诉讼中的用语。

advena 〈拉〉(罗马法)外来人 在某一国家出生后到该国以外的地区定居、但未取得定居地公民资格的人。通常称为"albanus"。

advenir 〈拉〉来到；发生

advent *n.*〈英〉(普通法和教会法上的)一段期间　该期间自11月30日的圣安德鲁节[St. Andrew's day]或者最接近该节的星期日开始直到圣诞节。古时在该期间所有法律诉讼均须停止，但是爱德华一世[Edward I]时的一项法令允许一些诉讼进行。

adventicius　(= adventitius)

adventitia bona　〈拉〉非继承取得的财产；外来财产(⇨adventitius)

adventitia dos　〈拉〉外来嫁资　由家父以外的人为出嫁女子设立的嫁资，例如由母亲、其他亲属、朋友甚至妻子本人或其债务人设立的嫁资。与"父予嫁资"[dos profectitia]相对。

adventitia pecunia　〈拉〉外来钱财　从非正常来源取得的，即非通过继承取得或自己挣得的钱财。

adventitious　*a.* ❶非固有的；非正常过程产生的；附加的；外来的；偶然的　❷非继承取得的(⇨adventitius)

adventitius　〈拉〉❶外来的；偶然的　❷(财产)从非正常来源取得的；非(通过)继承取得的　与 profectitius 相对。

ad ventrem inspiciendum　(= de ventre inspiciendo)

adventura　〈拉〉(= adventure)

adventurae maris　〈拉〉海上冒险；航海(事业)；(海上)航程；遇难船只的残骸或货物

adventure *n.* ❶冒险事业；风险事业；生意；投机活动　❷海上风险；航海活动；海上航程　在海上保险中，该词与 peril 一词含义相同或相近，并常被用以指保险单所承保的航程或航海活动。❸(带有风险的)海运货物　旧时货物在海运途中及目的港时，由押运人[supercargo]或其他代理人保管，并为货主的最大利益进行处置。货主承担双重风险：海上风险和代理人的道德风险。

adventurer *n.* ❶从事冒险事业或风险活动者；进行商业冒险或投机者；(与他人一起投资于风险事业的)投资者　❷投机取巧者；损人利己者　通过欺骗他人的不道德手段为自己谋取利益的人。

ad verecundiam　〈拉〉宽容大方的感觉；合乎礼仪的观念(⇨argumentum ad verecundiam)

adversa fortuna　〈拉〉厄运；坏运气

adversaria　〈拉〉备忘便条；札记本

adversary *n.* 对手；对方当事人

adversary counsel　指定的律师　在强制医疗程序[commitment proceedings]中为当事人指定的律师，其作用、职责与个人选聘的律师相同。

adversary evidence　对抗性证据　指本不可采纳，但由于对方当事人提出了类似的或相关的证据，从而允许一方当事人提出的证据。

adversary proceeding　对抗制诉讼程序　①指有利益相对立的双方当事人参加，并且相互争辩的诉讼程序。区别于只有一方当事人参加听审的单方程序[ex parte proceeding]；②指在美国破产法院进行的，旨在解决与破产人的财产有关的争议的诉讼程序。

adversary system　对抗制；辩论式的诉讼制度　指英美法上的诉讼制度。在这种诉讼程序中，强调双方当事人的对抗性，当事人有很大的主动权，且基本不受阻碍，通过双方当事人及其律师询问和交叉询问证人，相互争辩，来推进诉讼进程，揭示案件真相。法官作为中立的裁判者，听取双方的陈述和辩论，而不是积极介入。也称作 adversary procedure。在刑事案件中又可称为 accusatorial system 或 accusatory procedure。(⇨inquisitorial system)

adversary trial　对抗式的审讯(⇨adversary proceeding)

Adversa valetudo excusat.　〈拉〉健康欠佳可以原谅。即健康欠佳可以成为不履行某些义务——例如履行提供劳务[personal service]合同——的理由。

adverse *a.* ❶敌对的；对抗的；相反的；相对立的；逆的；拥有相反权利主张的　❷不利的；有害的　❸非法的
v.〈美〉按采矿法登记一项对抗的权利要求(⇨adverse claim)

adverse claim　对抗的权利要求；对抗的请求　指一个人提出或宣称拥有的一项与他人的权益相对抗的权利，例如对他人的土地主张所有权或占有权。

adverse enjoyment　相反享用　指在享受或行使一项地役权[easement]的同时亦对产生地役权的土地提出权利要求，该权利要求与土地所有人的权利相对立。此乃相反占有[adverse possession]的一种形式。(⇨adverse possession)

adverse interest　相反的利益　指与他人的利益相反或相对立的利益。如果诉讼一方当事人传唤的证人与己方有相反的利益，允许本方对该证人作交叉询问。这里，证人具有的相反利益应指该证人与诉讼结果有关系，其权利或责任将会因本案判决而取得、丧失、免除或受到重大影响，并且会因对方当事人的胜诉而增加其利益。

adverse interest rule　相反利益规则　指如果诉讼一方当事人未能提供应由他提供而且本应已经提供的证人，法官可以指示陪审团推断该证人的证言是不利于该方当事人的。

adverse opinion　〈美〉相反意见书　注册会计师在审核企业会计报表后提出的一份意见书，说明会计报表不符合公认的会计准则[Generally Accepted Accounting Principles/GAAP]，或不符合企业的真实财务状况、经营成果及财务状况的变动情况。(⇨opinion)

adverse party　对方当事人　与诉讼一方当事人利益相对的他方当事人。

adverse possession　逆占有；对立占有；相反占有；时效占有　与真正所有人的权利不一致的对不动产的占有。即占有人本不享有合法占有权，却如同所有人一样地对地产实施事实上的、持续性的、公开的与明显的占有，并意图排除包括真正所有人在内的其他一切人的权利。这一占有状态可能为自始存在的，例如非法侵入[trespass]他人土地并据为己有；也可能是后来构成的，例如起初作为合法的承租人占有土地，但后来停交租金。逆占有可以产生两个重要的法律后果：①它使占有人的占有权利如同在其他占有情况下一样受法律保护，除非有人能证明其拥有优先的权利[better title]；②如果占有人保持这一占有状态达到一段法定时间——在英国法中为12年，若属国王或宗教与慈善机构的土地则为30年；在美国各州法律中一般为5-20年不等——则推定该地产已被授予[grant]占有人。真正的所有人将丧失要求收回土地的诉权，即使其对上述占有事实并不知晓。

adverse use　未经许可的使用；时效使用　指未经土地所有人许可，持续、公开、独占并为包括土地所有人在内的公众所知地使用土地，同时主张一项与所有人的权利相对抗的权利。这一状态持续至法定时效取得期限[prescriptive period]届满时，可以导致地役权[easement]的产生。

adverse user　未经许可的使用者(⇨adverse use)

adverse witness　(= hostile witness)

adverso　(= adversus)

adversus /adv. 〈拉〉❶反对;针对;相反;违反 在表示诉讼当事人双方分别处于原被告地位时通常简写为 v.,例如:Doe v. Roe。 ❷在…面前;从(或向)…对面 ❸阻碍;逆着

adversus bonos mores 〈拉〉违反善良道德

Adversus extraneos vitiosa possessio prodesse solet. 〈拉〉先占者的所有权优于一切不能证明其有更优先权利者的所有权。

advertised bidding 〈美〉公告招标 指政府机构在采购私人产品或服务时预先向供应商及社会公众发布详尽的招标要求,并邀请密封投标。在规定的时间与地点开标后,采购合同将由达到规范要求的最低出价者获得。

Advertisements of Queen Elizabeth 〈英〉伊丽莎白女王公告 由伊丽莎白一世[Elizabeth Ⅰ]授意、大主教帕克[Parker]等在1564-1565年起草的一些法令,旨在加强英格兰国教会[Church of England]礼仪和服饰方面的统一。枢密院拒绝批准这些法令,而留交主教团授权强制执行。

advice n.❶意见 ❷消息 ❸劝告 ❹咨询 ❺通知 如一位商人或一家银行就某些交易情况以书面形式给予另一位商人或另一家银行的通知,例如关于已向后者发运货物或开出汇票的通知。

advice note 到货通知书(单) 铁路部门通知收货人货物已经运抵、收货人可以提货的单据。对于未被提走的货物,铁路部门只作为仓库管理者[warehouseman]对由于其疏忽造成的损害负责,而非作为承运人对货物的损害负绝对责任[absolute liability]。

advice of counsel ❶律师(给予当事人)的意见(建议) ❷遵循律师建议的答辩 ①在恶意控告[malicious-prosecution]的诉讼中,说明被告将有关事实完全告诉了其律师并且诚实地遵循了律师的建议的答辩;②诉讼一方当事人为寻求免予承担责任而主张自己是根据律师的建议合理地且善意地行事的答辩。作出此种答辩通常要求放弃律师—当事人谈话守密特权[attorney-client privilege]。

advice of credit 开证通知 信用证通知行[advising bank]就他行已开立信用证向受益人发出的通知。(⇨advising bank)

Advice of Pierre de Fontaines 〈法〉《皮埃尔·德·仿亨指南》 也叫《对友忠告》[Advice to a Friend],是一部对法国韦芒人[Vermandois]的习惯和惯例的汇编,由圣路易斯[St. Louis]的议员皮埃尔·德·仿亨于1255年写成,内容主要涉及诉讼程序,并包括对《优士丁尼法典》及《学说汇纂》部分章节的翻译。

advice of receipt form (= avis de reception form)

advice on evidence 〈英〉(律师)对证据提出的意见 在诉答程序结束后,通常要将有关诉讼文书送交律师,由其就在庭审时将被用来支持本方当事人主张的必要证据提供意见或建议。

Ad vim majorem vel ad casus fortuitus non tenetur quis, nisi sua culpa intervenerit. 〈拉〉任何人均不应对不可抗力造成的后果负责,除非其自身的过失促成了不可抗力。

advisamento consilii nostri 〈拉〉经我们会议商讨(得出)的意见(⇨de advisamento consilii nostri)

advisare 〈拉〉❶建议;提供意见 ❷深思熟虑 ❸劝告;商量

advisari 〈拉〉(= advisare)

advise v.提供意见;建议 含义上不同于指示[instruct]或说服[persuade],对于被建议者来说,是否按照建议行事有自由裁量权或选择权。例如制定法规定法官有权建议陪审团作出无罪裁断,意指法官仅就此提供参考意见,对陪审团没有约束力。

advised a.考虑过的;经过深思熟虑的 指案件经过审查和评议,准备作出判决的状况。

advisement n.仔细审议;评议 法庭在双方律师辩论结束后,作出判决之前对案件进行的商讨、审议。

adviser n.咨询者;建议者 如律师、医生、投资顾问、婚姻顾问等。

advising 〈苏格〉再评议 指在苏格兰最高民事法院的上诉庭[Inner House of the Court of Session],法官们就其已经评议[at avizandum]过的案件再发表意见,即继续为作出判决而进行评议。

advising bank 通知行 就其他银行已开立信用证向受益人发出通知的银行。(⇨letter of credit)

advisory a.建议的;劝告的;非强制性的;非结论性的

Advisory, Conciliation and Arbitration Service 〈英〉咨询、调解和仲裁服务处 根据1975年的《雇佣保护法》[Employment Protection Act]设立的一个机构,旨在促进劳资关系的改善,尤其是鼓励集体谈判[collective bargaining]的范围扩展、谈判机制的发展与改革。其职责包括咨询、调解和仲裁,因集体谈判之目的而对工会地位的承认所生争议也可以提交该机构解决。此外它还可以颁布程序法典[Codes of Practice]。

Advisory Council 〈美〉咨询理事会 联邦储备系统[Federal Reserve System]的一个组成部分,由来自12个联邦地区储备银行的各一名代表组成。其职责为:①就一般商业状况与联邦储备委员会[Federal Reserve Board]进行商讨;②就联邦储备委员会管辖范围内的事务作出口头或书面说明;③征询与贴现率、再贴现业务、纸币发行、各地区储备状况、联邦储备银行的黄金与有价证券的买卖及各储备银行的公开市场业务以及联邦储备系统的一般性事务有关的信息并提供咨询意见。

advisory counsel 咨询律师;顾问律师 仅就特定事项为聘请其的当事人提供意见或建议的律师,区别于积极参与诉讼活动的出庭律师[trial counsel]。

advisory judgment 非实质性判决 仅仅判定存在不同意见而不解决任何实际争议的判决。

advisory jury 〈美〉咨询陪审团 在不实行陪审团审判的联邦法院,法庭可以召集一个咨询陪审团帮助审理案件,但此陪审团的裁断对法庭没有约束力。

advisory opinion 咨询意见 ①国际法院应联合国及其授权的专门机构的请求就某一问题所提供的解答意见,但不具有法律拘束力;②在美国,指法院应政府或有利害关系的一方当事人的请求,就事项如果提交诉讼,法院将如何裁决所提供的意见。它是对法律的解释,但无法律约束力。通常州法院才提供咨询意见,联邦法院因宪法规定其管辖权限于审判案件和争议[cases and controversies],所以它不提供这种咨询意见。在某些司法区,法院应立法机关的请求也可提供咨询意见;③在美国,上级法院向下级法院就某一法律点[point]所提供的意见;④在联合王国,枢密院司法委员会应请求也可以提供咨询意见。

advisory trial (由咨询陪审团进行的)参考性审理(⇨advisory jury)

advisory verdict 参考性裁断(⇨advisory jury)

ad vitam 〈拉〉终身的

ad vitam aut culpam 〈拉〉终身或直到有过错 用于指

"终身或在保持良好品行期间"而拥有某一职位。等同于 quamdiu bene se gesserit。

advocacy n.❶辩护 ❷拥护;提倡 ❸建议

advocare 〈拉〉❶辩护 ❷担保 ❸要求法律援助 ❹提出法律建议 ❺公开宣誓;声明;坦白承认 ❻对牧师的有俸职位的承认

advocassie 〈法〉辩护人的职位

advocata 〈英格兰古法〉❶女赞助人;女资助人 ❷享有圣职推荐权的妇女

advocate v.为…辩护;提倡;拥护;主张
  n.❶提倡者;拥护者 ❷辩护人;律师 尤指在司法程序或类似事项中代理当事人活动者。以前在英格兰,该词仅限于指在教会法院和海事法院执业的律师,但是现在这些法院已经向所有的出庭律师[barristers-at-law]开放,因此该称呼已失去其特殊意义。在苏格兰,在最高法院[Supreme Court]执业的出庭律师被称为 advocate。(⇨College of Advocates) ❸〈英〉(教会法)圣职推荐权人 即有权向教会出缺的圣职职位推荐圣职候选人的人。(=patron; advowee) ❹〈英〉(教会法)教堂代诉人(=advocati ecclesiae)

Advocate-Depute 〈苏格兰〉副总检察长 为苏格兰律师协会成员,由苏格兰总检察长[Lord Advocate]任命,协助自己履行职责,尤其在追诉刑事犯罪方面。但不妨碍其作为律师办理民事案件。

Advocate-General ❶〈英〉王室首席法律顾问 通常称为 Queen's Advocate,通过特许状[letters patent]设立,为王室的首席法律官员,其在海事法院和教会法院中的职责是就民法、教会法和国际法方面的问题向王室提供咨询意见。该职位从未被正式废除,但自1872年起便一直空缺。在1857年律师公会[College of Advocates]被废除之前,其人选全部来自该公会。 ❷(欧洲共同体法院)法务官 系法院成员,但不是法官,负责就提交法院裁决的事项向法官提供经其详尽论述的意见。

advocati 〈拉〉❶(罗马法)诉讼代理人;代诉人;律师 指任何向其当事人提供法律意见或代表其当事人进行诉讼的人。与辩护人[causidicus]有所区别,后者仅指在法庭上进行口头辩论的诉讼代理人。起初代诉人的义务来自其与所代理当事人的相互关系,如朋友关系。后来代诉人成为一项职业,与当事人的关系也只是暂时性的,诉讼终结后即告终止。对代诉人的从业资格、对当事人所负的义务与责任等方面,法律均有严格的规定。例如有人数有限的代诉人经注册后可在上级法院执业。 ❷赞助人 ❸〈英格兰古法〉圣职推荐权人;教堂代诉人(⇨advocati ecclesiae) ❹证人

advocatia 〈拉〉❶(罗马法)代诉人的身份、职责、权限或执业的地域范围 ❷保护人;圣职推荐权人(=patron)

advocati ecclesiae 〈拉〉〈英格兰古法〉❶圣职推荐权人(=patron) ❷教堂代诉人 受雇作为教堂的代诉人[pleader]参加诉讼或处理教堂的法律事务。

advocati fisci 〈拉〉(罗马法)国库代诉人 受皇帝指派在涉及国库的案件中代表国家进行诉讼的代诉人。他们从国家领取薪俸,未经特别许可不得在针对国家的诉讼或私人之间的诉讼中充当代诉人,除非其本人或其父母、子女、被监护人为诉讼当事人。

advocating overthrow of government 〈美〉鼓吹颠覆政府罪 属联邦犯罪。

advocation n.〈苏格兰〉案件移送 ①在民事诉讼中,系将案件从下级法院移送至上级法院的程序,1868年被上诉程序所取代;②在刑事诉讼中,系将案件从下级刑事法院上诉至高等刑事法院[High Court of Justiciary]的方式。现已极少使用。

advocatione decimarum 〈拉〉(教会法)恢复什一税令 该令状要求收益的四分之一或以上归属教会。

advocator 〈拉〉❶维护(权利);答辩;抗辩 ❷召唤某人来协助 ❸宣誓 ❹保证

advocatus 〈拉〉advocati 的单数

advocatus diaboli 〈拉〉(教会法)列圣审查官 罗马天主教的教会官员,负责审查和提交所有在死后要被追封为圣徒的人的材料。(= devil's advocate)

Advocatus est, ad quem pertinet jus advocationis alicujus ecclesiae, ut ad ecclesiam, nomine proprio, non alieno, possit praesentare. 〈拉〉圣职推荐权人指某一教会的圣职推荐权归属于他,因此他以自己的名义,而非他人的名义向教会推荐圣职候选人。

advocatus fisci 〈拉〉advocati fisci 的单数

ad voluntatem 〈拉〉任意;随意;凭…的意愿

ad voluntatem domini 〈拉〉由主人(或君主、家主)任意决定;凭主人(或君主、家主)的意愿

advouter (= adulterer)

advoutrer 〈英格兰古法〉奸夫(= adulterer)

advoutress (= adulteress)

advoutry 〈英格兰古法〉(双方均已婚的)通奸;(奸妇通奸后伙与奸夫姘居之)罪行

advow v.❶协助他人维护其权利的担保宣誓 在封建体制下,如果佃户的权利受到怀疑时,他必须召请其领主来维护他的权利。通过召请领主来作担保宣誓,认可了领主的封建优越地位。因此,"advocare"或"avouer"原意为"召请来作担保宣誓",渐渐有指称"作宣誓的人被承认为上一级领主"的含义。最后,"advocare"或"avow","avouch"逐渐被用作描述被召请来维护他人受到怀疑之权利的宣誓人的行为。 ❷坚持某一行为或使某一行为正当化 例如某甲扣留某乙的货物以索求租金,被扣留货物的某乙提起返还扣留物之诉,如果扣留人,即某甲在其答辩中使其扣留正当化或坚持扣留,他被称为"advow"或"avow",其答辩状称为"avowment"或"avowry"。 ❸要求;出示 如果某甲购买了偷窃的赃物并转卖给某乙,真正的物主有权在任何时候取回这些被盗物。而占有该被盗物的人应向卖主出示证明买卖正当合法的证据,以使他们找到真正的盗贼。

advowee n.圣职推荐权人

advowee paramount 〈英〉最高圣职推荐权人 即国王。

advowry (= avowry)

advowson n.〈英〉(教会法)圣职推荐权 向教会或就圣职职位推荐圣职候选人的权力。推荐者称作圣职推荐权人[patron; advocate; advowee],他一般是某一份教产的所有人。圣职推荐权在本质上兼具世俗财产和宗教责任的特征。作为世俗财产,它可以被继承、买卖、甚至出租或无偿让渡;作为一种责任,圣职推荐权人有义务保护特定圣职的特权。持续的圣职推荐权乃不动产,但一次性的单独圣职推荐[single presentation]乃动产。如果无圣职推荐权人,或圣职推荐权人在六个月内不行使推荐权,称作圣职推荐权中止[lapse],该头衔移交教会常任法官[ordinary];如果圣职推荐权被他人滥用,称作侵占圣职推荐权[usurpation]。圣职推荐权可分为一般圣职推荐权[advowson presentative],属地圣职推荐权[advowson appendant],属人圣职推荐权[advowson in gross],直接圣职推

荐权[advowson collative]、赠与圣职推荐权[advowson donative]、独立圣职推荐权[advowson of the moiety]、共有圣职推荐权[advowson of a moiety]、修道院圣职推荐权[advowson of religious houses]。

advowson appendant 〈英〉（教会法）属地圣职推荐权 附属于采邑等的圣职推荐权。堂区长[rector]圣职推荐权正式附属于采邑。

advowson collative 〈英〉（教会法）直接圣职推荐权 当主教本人就是圣职推荐权人[patron]时，他直接委任[collation]，完成分开的圣职推荐与圣职授予的程序，即不经过推荐直接授予圣职，最后被委任者就任圣职。(＝collative advowson)

advowson donative 〈英〉（教会法）赠与圣职推荐权 指当国王或其臣民建造了教堂或礼拜堂，以圣职推荐权人[patron]的身份将其赠与某圣职候选人，即无需主教批准候选人即可就任圣职。主教对该圣职不能直接控制，但有监督权。根据1898年《圣职法》[Benefices Act]，该圣职推荐权转为一般圣职推荐权[advowson presentative]。

advowson in gross 〈英〉（教会法）属人圣职推荐权 指不附属于采邑或其他实产而归属个人的圣职推荐权。

advowson of a moiety 〈英〉（教会法）共有圣职推荐权 指两个圣职推荐权人[patron]共同拥有一个圣职的推荐权。

advowson of religious houses 〈英〉（教会法）修道院圣职推荐权 即建造修道院的人被授予的圣职推荐权。

advowson of the moiety 〈英〉（教会法）独立圣职推荐权 指在同一个教会中有两个或多个圣职推荐权人[patron]，他们有权分别向教会推荐不同的圣职候选人。

advowson of the moiety of the church (＝advowson of the moiety)

advowson presentative 〈英〉（教会法）一般圣职推荐权 圣职推荐权的通常形式，指圣职推荐权人[patron]将他提出的人选报送主教或教会常任法官[ordinary]批准，并要求授予推荐权人所认为合格的候选人以圣职。但如果审查不合格，主教有权拒绝授予其圣职。该推荐权可能部分是属地圣职推荐权[advowson appendant]，部分是属人圣职推荐权[advowson in gross]。(＝presentative advowson)

advowtry (＝advoutry)

aedes 〈拉〉（罗马法）建筑物 城乡的寓所、房屋、宅院、庙堂等。在乡村，地面上任何物的转让都须以aedes的名义进行。

aedificare 〈拉〉（罗马法）（英格兰古法）修建 指建造房屋、楼房或其他建筑物。

Aedificare in tuo proprio solo non licet quod alteri noceat. 〈拉〉在自己土地上营造有害他人之建筑物时，仍属违法。

aedificator 〈拉〉建筑家；营造家

Aedificatum solo solo cedit. 〈拉〉凡土地上的建造物均属于该土地或随其一起转让。

Aedificia solo cedunt. 〈拉〉建筑物属于土地。

aedificium 〈拉〉建筑物；建造物

aedile 〈拉〉（罗马法）市政官 古罗马地方行政官员。负责管理庙宇、公共设施、道路、度量衡[weights and measures]、殡葬、游艺活动以及供应品的价格等。

aedilitium edictum 〈拉〉市政官谕令 由市政官[curule aedile]实施的旨在为买卖中的诈欺行为提供救济的谕令。根据其规定，如有人将有病的或有缺陷的奴隶、马或其他动物当作无病或无缺陷者出售，则买主不承担义务，一切损失由卖主承担。

aefesn （英格兰古法）补偿 指享有在林地内养猪特权的人付给森林地产所有人的补偿金。

aegroto 〈拉〉有病的；不舒服的 用于旧时报告[report]中的术语。

aegylde 〈拉〉未补偿的；未偿付的

aehlip （英格兰古法）违法；侵权

aehte-swan 〈拉〉猪群 意指奴隶，奴隶被视为财产。

ael 祖父；外祖父 诺曼法语中的概念，又可拼写为"aieul"和"ayle"。

aelmfeoh 彼得金 用于支付教皇的税金。

aelmsfeoh (＝aelmfeoh)

aemulatio vicini 〈拉〉〈苏格兰〉对邻居的恶意 土地所有人可以任意合法地使用其土地，无论是否会对邻居造成损害；但如果他怀有对邻居的恶意或其他不正当动机而使用土地，则为非法。

aenne 〈拉〉表示年份的讹用语

Aequior est dispositio legis quam hominis. 〈拉〉法之处置较人之处置更为公平。

aequitas 〈拉〉（罗马法）衡平；良知 罗马法上的衡平没有英格兰法中衡平[equity]所取得的确定含义、应用范围及具体内容，只是在处理特定案件时，它可援引作为矫正法律严厉之处的一项原则。

Aequitas agit in personam. 〈拉〉衡平法对人行事。

Aequitas est correctio legis generaliter latae, qua parte deficit. 〈拉〉衡平法可以矫正普通法因过于笼统而产生的欠缺。

Aequitas est correctio quaedam legi adhibita, quia ab eâ abest aliquid propter generalem sine exceptione comprehensionem. 〈拉〉衡平法是对于普通法的一种矫正，普通法因为其无一例外的宽泛性而有所欠缺。

Aequitas est perfecta quaedam ratio quae jus scriptum interpretatur et emendat; nulla scriptura comprehensa, sed solum in verâ ratione consistens. 〈拉〉衡平法是用以解释和矫正成文法的一种完美的理性，它不是成文的，而只存在于正确的理性中。

Aequitas est quasi aequalitas. 〈拉〉衡平法是一种平等或公正。

Aequitas factum habet quod fieri oportuit. 〈拉〉衡平法视应然为已然。

Aequitas ignorantiae opitulatur, oscitantiae non item. 〈拉〉衡平法帮助不知但无助于不慎。

Aequitas non facit jus, sed juri auxiliatur. 〈拉〉衡平法并不创制法律，但它可援助法律。

Aequitas nunquam contravenit legis. 〈拉〉衡平法绝不与法律相冲突。

Aequitas sequitur legem. 〈拉〉衡平法追随普通法。

Aequitas supervacua odit. 〈拉〉衡平法厌弃冗赘。

Aequitas uxoribus, liberis, creditoribus maxime favet. 〈拉〉在所有人当中，衡平法更有利于妻、子和债权人。

aequo 〈拉〉使衡平；使平等；使公正

Aequum est neminem cum alterius detrimento fieri locupletiorem. 〈拉〉任何人都不得以使别人陷于苦难而致富的原则是公正的。

Aequum et bonum est lex legum. 〈拉〉公正与善良乃法律之法律。但这并不意味着一个人只要认为他的行为是公正和善良的就可以违反各种法律，如同一个人不能违反他认为不公正的法律。
aequus 〈拉〉公平的;公正的
aequus et bonus 〈拉〉公正而合理
aerarium 〈拉〉〈罗马法〉国库;金库
aerer 〈拉〉犁;耕 拉丁语 arare 的方言。
aerial photograph 航拍照片;从空中拍摄的照片 指使用照相机从飞机上拍摄的照片,作为证据其可采性的根据与普通照片相同。
Aeronautics Act 〈美〉《航空法》 一部统一法,于1943年废止。
Aeronautics and Space Act 〈美〉《航空航天法》 指规定美国太空计划的一项联邦法律。该法宣布美国的政策是太空活动应用于和平目的,让全人类受益;同时它设立了国家航空航天委员会 [National Aeronautics and Space Council]、国家航空航天管理局 [National Aeronautics and Space Administration] 以及军民联络委员会 [Civilian-Military Liaison Committee],并对它们的职能和组织作出了规定。
Aeronautics and Space Administration 〈美〉国家航空航天管理局;国家宇宙局 指根据《航空航天法》[Aeronautics and Space Act] 设立的联邦行政机关。(= National Aeronautics and Space Administration)(⇨Aeronautics and Space Act)
Aeronautics and Space Council 〈美〉国家航空航天委员会 由《航空航天法》设立的联邦行政机关。(⇨Aeronautics and Space Act)
aes 〈拉〉〈罗马法〉金钱;铜币;金币
aes alienum 〈拉〉〈罗马法〉他人的钱 罗马法认为借来的金钱是他人的钱,以与自有的钱 [aes suum] 相区分。
aes et libra 〈拉〉〈罗马法〉铜衡方式 即"铜块和称式",为罗马最早的要式契约形式,指契约和要式买卖须采用铜块和衡器的形式来完成。用于转让所有权时为要式买卖 [mancipatio],用于金钱借贷时为要式现金借贷 [nexum]。它要求交易双方当事人在场,并有5名罗马公民作见证,其中一名手持衡器和铜块;买方应手持标的物或其象征物郑重宣布是由他用铜块买下并归属于他,然后以铜块敲击衡器并将铜块交给卖方。铜块和称式在一些场合下似乎一直延续到优士丁尼 [Justinian] 时代,但已只在少数场合出现。
aesnecia 〈英格兰古法〉长子权;长子(女)的特权或权利 (⇨esnecy)
aes suum 〈拉〉❶自有的钱 ❷〈罗马法〉欠债;别人欠我之债
aestimatio capitis 〈拉〉〈撒克逊〉等级罚金刑 直译为"生命的价值;人的价值",指对犯有杀人或伤害罪者科处的罚金刑。阿瑟尔斯坦 [Athelstan] 时期的法律认为,杀人犯要依据被害人的地位等级支付一定的罚金,其地位越高,罚金数额越大。
aestimatio litis (在诉讼中)确定损害赔偿金
Aestimatio praeteriti delicti ex postremo facto nunquam crescit. 〈拉〉对前罪的量刑不得因后罪的出现而加重。
aetas infantiae proxima 〈拉〉〈罗马法〉接近幼年期的年龄;童年时代的前半期 从7岁至10岁半。罗马法上规定,一个人从出生至10岁半以前,犯任何罪均不受刑事处罚。
aetas infantili proxima (= aetas infantiae proxima)
aetas legitima 〈拉〉〈罗马法〉法定年龄;成年 25岁以上。(⇨legal age; majority)
aetas perfecta (= aetas legitima)
aetas prima 〈拉〉〈罗马法〉幼年;未成年 未满7岁。
aetas pubertati proxima 〈拉〉〈罗马法〉接近青春期的年龄;童年时代的后半期 从10岁半到14岁。在此期间,将依据行为人有无犯罪能力 [doli capax] 来确定其是否应承担刑事责任,但所受处罚会有诸多减缓之处。
aetheling 〈撒克逊〉贵族 一般指血缘上的亲王。
aethling (= atheling)
aethlyp 〈拉〉〈英格兰古法〉❶逃离;逃亡 ❷威胁;殴打
A.F.D.C. (= Aid to Families with Dependent Children)
afeer (= affeere)
afeerors (= affeerors)
afere (= affeere)
affaire 〈法〉诉讼;案件
affairs of the church 〈英〉教会事务 根据1956年《堂区管理委员会(权力)法》[Parochial Church Councils (Powers) Measure],这些事务交该区管理委员会处置。
affect v. ❶影响;作用 指对于人的思想,感情等。 ❷袭击 如疾病等。 ❸变化 指扩大、削弱或剥夺,常用于对人或物造成的伤害或损害中。
affected a. ❶受影响的;受侵袭的 ❷已改变的;已削弱的
affected by intoxicants 喝醉的
affected by plan 〈美〉受方案影响;受计划影响 某一公司的重组方案对其债权人或股东利益的影响状况。依据《破产法》[Bankruptcy Act]下的公司重组,只有当债权人或股东的利益受到实质性影响时,才能称之为"受方案影响"。
affected with a public interest 对公众及社会发生影响 (⇨business affected with a public interest)
affecting commerce 〈美〉影响商业 指影响工商业的有利或不利的各种活动,尤其是造成商业的负担或阻碍商业流通的活动,一般为依据《劳工管理关系法》[Labor Management Relation Act]解决劳工纠纷方面的用语。
affection n. ❶感情;爱情;性情 ❷异常的身体状态;疾病 ❸设定抵押;设定质押;以财产担保
Affectio tua nomen imponit operi tuo. 〈拉〉人的性情(或动机、目的等)会影响其行为。
affectus 性情;冲动;意向;倾向 可以作为申请陪审员回避的一个理由,即怀疑其有偏见。(⇨propter affectum)
Affectus punitur licet non sequatur effectus. 〈拉〉虽然犯罪结果没有发生,犯罪蓄意也要受到惩罚。
affeer v. 〈古〉估价;鉴定;核定(账目或罚金的)数额
affeere v. ❶评估;估价 ❷确定罚款或罚金 (= afeer)
affeerors 〈英格兰古法〉罚金评定员 在庄园或百户区法庭将要科处的罚金数额未有制定法或习惯的明确规定时,在法庭的负责人主持下经过宣誓来评定罚金数额的一种官员,人数通常为二人,有时也为四人。他们有时也被称作"taxatores",并可能也参与下级法院某些案件中的损失赔偿额的评定事务。
afferators (= affeerors)
affermer 〈法〉❶租出或租入(土地等) ❷弄清;确定
affiance v. 订婚约;订婚约
n. 婚约
affiant n. 宣誓人;宣誓作证者;宣誓陈述人 ①指制作并签署宣誓书 [affidavit] 的人。在这个意义上,有时也称作 deponent;②指在控告书 [complaint] 上签字,证明有合理的根据相信某人实施了犯罪的人,也称作 complainant。

affidare 保证忠诚；宣誓效忠 在普通法[common law]中用以表明领主和封臣之间的相互关系。

affidari （根据效忠誓言）应征入伍

affidata 已订婚妇女

affidatio （英格兰古法）效忠宣誓 根据普通法，自愿前来接受领主庇护的准附庸向其领主宣誓效忠的行为。

affidatio dominorum 贵族院议员的宣誓

affidatus （英格兰古法）与更有权势的封建主结盟的土地保有人 指本身并非附庸但为了保护自己而与更有权势的封建主结盟的人。

affidavit n.宣誓书；宣誓陈述书 指当事人自愿作出的对事实的书面陈述，并须在有权主持宣誓的官员面前作出宣誓或代替宣誓的确认[affirmation]以保证其内容的真实性。一般情况下，宣誓书的内容限于陈述人能以自己的知识或经历（如亲闻亲见）予以证明者，但有时也可包括以此为根据的其他信息。在司法程序中，法官可以要求对某项具体事实或某一证人提供的证据以宣誓书加以证明。

affidavit for attachment 〈美〉请求扣押宣誓书 指在请求法院实施扣押的诉讼中，原告或以原告的名义作出并提交的宣誓书。在大多数司法区，这是签发扣押令的一个先决条件。

affidavit in criminal prosecution 刑事诉讼中的宣誓书 指控某人实施了犯罪行为的宣誓书，并据此对被控告人签发逮捕令。其作用相当于控告书[complaint]或预备性告发[preliminary information]。

affidavit of circulation 〈美〉（书报的）发行量宣誓书（⇨ Newspaper Publicity Law）

affidavit of copyright claimant 〈美〉版权申请人宣誓书 向美国版权登记处提交样书时必须附具的宣誓书，其内容包括样书在美国境内完成印刷、装订等制作过程的地点、日期或出版日期等。它可以由版权申请人本人、在美国的合法授权代理人或授权代表或样书的印刷商提供。1989年3月1日以后，随着国会制定的《伯尔尼公约实施法》[Berne Convention Implementation Act]生效，获得版权已无须以进行登记为形式要件。

affidavit of debt and danger 〈英〉债务和危险宣誓书 为获得紧急扣押令[immediate extent]以对抗王室的债务人时必须提交的宣誓书。其中应写明债务数额、债务成因、不能收回债务的危险及原因。1947年《王室诉讼法》[Crown Proceedings Act]已废除了扣押令[extent]。

affidavit of defense 〈美〉答辩宣誓书 说明被告人就案件的实体问题有充分答辩理由的宣誓书。如随请求法庭作出简易判决的申请而提出的宣誓书。在大多数司法区，它等于实体答辩宣誓书[affidavit of merits]。

Affidavit Office 〈英〉宣誓书办公室 原衡平法庭中处理有关宣誓书事务的机构。1852年的《衡平法庭法》[Court of Chancery Act]将其职能转移给了案卷和令状书记官[Clerks of Records and Writs]。现在则由中央办公室档案部[Filing Department of the Central Office]负责。

affidavit of good cause 〈美〉充足理由宣誓书 在取消国籍的程序中要求政府出具的一种宣誓书。

affidavit of good faith 〈美〉善意宣誓书 ①某些司法区的制定法要求上诉人提交的宣誓书，以说明其提起上诉并非出于拖延诉讼。在有些司法区，善意宣誓书也适用于对治安法官[justice of the peace]的判决提出的上诉；②某些司法区的制定法规定，作为提出和登记[filing and recording]动产抵押的前提条件，要求抵押人或其代理人或律师提交宣誓书，说明其提供抵押是诚实的，没有欺诈、阻碍或拖延债权人的意图。根据《统一担保法典》[Uniform Security Code]，对担保协议[security agreement]和财务状况陈述[financing statement]则都不需要提交宣誓书。

affidavit of increase 增加书面陈述 纳税人在纳税时提供的保证增加的费用已经实际支出的书面陈述。

affidavit of inquiry 〈美〉调查宣誓书 根据某些州的法院规则，对缺席的被告人，如果原告律师或其他了解事实者的宣誓书能表明经过仔细的调查后发现无法在州内向被告人进行送达时，可对其适用替代送达方式[substituted service of process]。

affidavit of merits 实体答辩宣誓书 陈述被告人对原告的起诉具备有价值的（即实质性的而非技术性的）答辩理由，及其所依据的事实的宣誓书。

affidavit of no collusion 无串通宣誓书 要求提起确定竞合权诉讼[interpleader]的原告提交的宣誓书，以说明其提出起诉并未与诉状中列明的任一被告串通，而完全是出于自愿以寻求法律救济。在现代诉讼中，如果原告的起诉状[bill of complaint]能够有效地说明不存在串通时，不再要求原告提交此种宣誓书。

affidavit of notice 通知宣誓书 指说明陈述人已将有关听审[hearing]事宜通知其他当事人的宣誓书。

affidavit of service 送达宣誓书 旨在证实某一令状、传票、通知或其他文书已经送达的宣誓书。在美国联邦法院，如果送达是由美国执行官[United States Marshal]或其副手以外的人完成的，则送达人须作出宣誓书。

affidavit on demurrer 〈美〉诉求不充分抗辩宣誓书 某些司法区的制定法或法院规则要求提出诉求不充分抗辩的律师提交的宣誓书，以说明其提出该抗辩之目的并非为拖延诉讼，而是完全基于自己对法律的理解。

affidavit to hold to bail 民事拘禁宣誓书 许多民事诉讼中，在将被告拘禁之前要求提交的宣誓书，其中应包括由了解案件事实者说明被告对原告负有债务的一段陈述，并须表明存在一个独立的诉因。

affilare 〈拉〉登记；存卷；存档

affile v.存卷；存档 用于古时诉讼中。在现代用法中简化为 file。

affiliate n.附属公司；联号；联营公司；子公司；分支机构 如果一个公司的股份部分或全部地由另一公司持有，前者即为后者的附属公司或子公司，后者即为前者的控股公司或母公司，相对于该控股公司的其它附属公司而言，上述附属公司与其它附属公司称为联号。当一个公司只拥有另一公司的少数具有表决权的股份时，这两家公司为联营公司。在美国，该术语在不同法律中具体含义有所差别：①在1933年《银行法》[Banking Act]中，是指由银行通过控股而拥有或控制的任何机构；或由银行股东所有的任何机构；或有其管理人员在银行出任董事的任何机构；②在《国内税收法典》[Internal Revenue Code]中，是指为达到纳税收入一体化目的，而由拥有共同的母公司或控股公司的许多附属公司或子公司组成的联号集团，这些公司的母公司或其他控股公司拥有的无表决权股票数不得低于80%（优先股除外）；③在《投资公司法》[Investment Company Act]中，是指直接或间接拥有5%或5%以上已发售的具有表决权股票之所有权的公司。
v.具有紧密联系；使隶属于；使成为成员

affiliate(d) company (= affiliated corporation)（⇨ affiliate; holding company）

affiliated corporation 〈美〉关联公司;附属公司;联营公司 由同一人控制的两个或两个以上的公司,但并没有完全控制这些公司的股份;或者,仅仅是两个或两个以上的公司因商业目的而组成的联合,但其联合程度不足以构成《所得税法》[Income Tax Law]意义下的公司。

affiliated group 联号集团;连锁集团 税法用语,指拥有共同的母公司或控股公司的联号公司,可以以综合收益缴税。(⇨affiliate)

affiliation and aliment 〈苏格兰〉私生子确认与抚养(之诉) 依此诉讼,独身或已婚妇女可从郡法院获得一项要求私生子的父亲负担子女抚养费与教育费的判决。该妇女必须使法院确信,作为被告的男子是孩子的父亲。

affiliation order 〈英〉亲子确认令 1957年的《亲子确认诉讼程序法》[Affiliation Proceedings Act]规定的一种法庭命令,据此,被裁定为单身妇女、寡妇或者与丈夫分居的已婚妇女所生私生子的父亲的男人,必须每周支付该私生子生活费和教育费。1987年《家事法改革法》[Family Law Reform Act]废除了亲子确认诉讼,但在1989年4月1日以前作出的亲子确认令仍然有效。现在它们已分别被抚养费确定程序[maintenance proceedings]和抚养令[maintenance order]所取代。

affiliation proceedings 〈美〉(非婚生子)生父确认程序 在有些州,也称为bastardy proceedings,即通过司法程序确定非婚生子生父之身份,并强迫其履行抚育子女的义务。

affines n.(罗马法)❶姻亲 指婚姻当事人及其亲属因婚姻的缔结而形成的关系。由此词衍生了"affinity"一词。其单数形式"affinis"可用于表示边亲、参与者等意,如"affinis culpae"就表示犯罪的帮助者或知情者。❷邻人 指拥有或占有毗邻土地的人。

Affinis mei affinis non est mihi affinis. 〈拉〉余之姻亲之姻亲,非为余之姻亲。

affinitas 〈拉〉(罗马法)姻亲关系(⇨affinity)

affinitas affinitatis 姻亲的姻亲 这种关系由姻亲而来,但它既非血亲也非姻亲,比如丈夫的兄弟和妻子的姐妹之间的关系。

affinity n.❶密切关系 存在于特定人之间的精神上的关系或吸引力。❷姻亲关系 因婚姻而致的,一方当事人与对方亲属之间的关系。姻亲关系可分为三种:①直接姻亲关系,存在于丈夫或妻子与对方的血亲之间;②间接姻亲关系,存在于配偶一方与另一方的姻亲之间;③旁系姻亲关系,存在于配偶一方与另一方亲属的亲属之间。❸血缘关系;亲属关系

affirm v.❶维持(原判) ❷(代替宣誓的)确认 在要求宣誓的场合,被要求者如宣称自己没有宗教信仰,或宣誓与其宗教信仰相背时,有权以作出确认来代替宣誓。也指作出确认保证后提供证词。❸断言;坚决主张 指答辩中坚决肯认某一事实。❹承认;确认 如果当事人签订的合同为可撤销的合同,而有权申请撤销的一方如果选择履行该合同,则视为其承认该合同。

affirmance n.❶(上诉法院对下级法院判决、命令等的)维持 ❷(对可撤销合同、行为的)确认

affirmance day general 〈英〉一般确认日 在英格兰财税法庭的诉讼程序中,由民诉法庭的法官和财税法庭的法官指定的,集中进行维持或撤销判决活动的日期,该日期通常在每一开庭期开始几天后举行。

affirmance of judgment 维持判决 指上诉审法院经过审查认为原审程序和判决没有错误,应予维持。它意味着法院对案件的实体问题[merits]经过了评议,而对上诉的驳回[dismissal]则可以较之简略。

affirmant n.不经宣誓而作证者;以确认代替宣誓者

Affirmanti, non neganti incumbit probatio. 〈拉〉证明责任应当由肯定事实的人,而非否认事实的人承担。

Affirmantis est probare. 〈拉〉主张事实者须证明之。

affirmare v.肯定;确认;主张

affirmation n.确认 一种正式的陈述或声明,用以担保宣誓书[affidavit]的内容或证人的证言是真实的。在某些情况下,用这种形式来代替宣誓。(⇨affirm)

affirmation of fact 对事实的确认 指有关交易标的陈述,在一般情况下它可能仅是一种意见的表述,但被当事人肯认为与交易有重要关联的既存事实,从而合理地诱使其他当事人将其作为一个事实加以考虑并依其行事。

Affirmatio unius exclusio est alterius. 〈拉〉肯定一事即排除其他。

affirmative action 〈美〉纠正歧视行动 《国家劳资关系法》[National Labor Relations Act]授权劳资关系委员会采取纠正歧视行动。据此,该委员会得命令恢复因联合行动而被解雇者的原职。

affirmative action programs 〈美〉纠正歧视行动计划;赞助性行为计划 联邦法律及法规规定的雇佣计划的总称。其目的是消除在雇佣少数团体成员时的歧视待遇,如采取积极措施消除现存与继续的歧视,消除以前的歧视造成的影响,建立阻止将来歧视的机制与程序。少数团体的标准通常是以特定地区的人口百分比为基础,考虑种族、肤色、性别、宗教及年龄因素。

affirmative authorization 明确授权 指明确肯定而非默示的授权。如根据授权以法定方式在河流上建立拦河堰,即是禁止在可航行水流上放置障碍的联邦法律的例外,但必须由法律明确肯定的授权。

affirmative charge 肯定的指示 法官对陪审团所作的一种指示,即不管证据如何,都不能依大陪审团起诉书中的罪项对被告人定罪。

affirmative condition 肯定条件;积极事件(⇨positive condition)

affirmative defense 〈美〉肯定性答辩;积极的答辩 指被告并不否认原告所主张之事实的真实性,而是提出其他的理由来说明为什么自己不应承担责任的答辩。因此,它并不反驳原告诉求之真实性,而只是否认原告在法律上有起诉的权利。根据联邦及大多数州的民事诉讼规则,所有的肯定性答辩都必须在应答书状[responsive pleading]即答辩状[answer]中提出,且被告对其所提之事由负证明责任。这些事由包括和解和清偿[accord and satisfaction]、自担风险[assumption of risk]、混合过失[contributory negligence]、胁迫[duress]、时效、不容否认[estoppel]等。在刑事诉讼中,构成肯定性答辩的事由包括精神失常、醉酒、自卫、无意识行为[automatism]、不在犯罪现场[alibi]、受胁迫等。

affirmative easement 积极地役权 需役地所有人使用供役地,或于其上为某些在其他情形下属于违法的行为的权利。

affirmative plea 肯定性答辩 ①在衡平法诉讼中,被告提出了起诉状[bill]中未包含的新的事实的答辩,如果该新的事实成立,将导致原告的起诉被驳回。最初,这是衡平法上仅有的一种答辩。现美国《联邦民事诉讼规则》[Federal Rules of Civil Procedure]已废除了这种答辩;②在普通法上,指提出在概括否认答辩[general issue]中无

法证明之事项的特别答辩。

affirmative pregnant 蕴含否定之肯定 普通法诉讼中,一种肯定性的主张或陈述,但其中暗含某些有利于对方当事人的否定。

affirmative proof 肯定性证据 倾向于能够确认所主张事项的真实性,而不管自身特征如何的证据。

affirmative proof of loss 对损失的肯定性证明 指存在这样一些证据:在某种情况下通常且习惯上会有的证据,或法律上认可的证据,或能够使人确信所主张的事实真实的证据,从而可对所受损失予以肯定性的证明。其证明效力显然高于有利害关系的当事人所作的未经证实的陈述。

affirmative relief 肯定性救济 指被告以提出反请求[counterclaim]或交叉请求[crossclaim]的方式来维持一件独立于原告的起诉的诉讼而寻求的救济。即便后来原告放弃诉讼或者败诉,被告也可以通过其提起的反诉或交叉诉讼而获得救济。

affirmative representation 肯定性陈述 肯认某一事实为既存事实的主张。

affirmative statute 确认性法律 指导人们为一定行为或要求人们必须为某些行为的制定法,与之相对的是禁止人们为一定行为的禁止性法律(⇨negative statute)。

affirmative warranty 确定性保证;保证书 被保险人确认某一事实或某种事情存在的保证,它出现在保单之中或附属于保单并构成保单的组成部分。(⇨warranty)

affix v. ❶固定 ❷附上(签名);贴上(商标);盖上(印章) ❸(永久性地)附着于;附属于(⇨fixture)

affixed a. 牢固附着的

affixed to the freehold (作物、建筑物等)附着于自由保有地产的

affixing a. 牢固附着的

affixus (拉)(罗马法)固定的;附加的;确定的

afflatus divinus 神授的灵感;来自神的灵感

afflictive punishment (法国古法)酷刑 法国16世纪至大革命期间的刑罚。包括残害肢体的肉刑,如割舌或穿舌、割唇、割鼻、剁手或用火将手烧掉等;非残害肢体的肉刑,如烙刑、鞭笞、戴颈手枷等;非肉刑的酷刑,如长期服苦役、长期关押、放逐等。

afforare v. 确定(某物)的价格或价值

afforatus (财产或商品等)已评定的;已估价的;(罚款或税款、损失赔偿等)已确定金额的

afforce v. 加强;增强;增加

afforce the assize (英格兰古法)强制陪审团一致裁断 在陪审团意见分歧时,为得到陪审团一致裁断,限制陪审员的行动,不提供饮食,或在一定限度内增加陪审员,直到12名陪审员一致裁断。

afforciamentum n. (英格兰古法)❶堡垒;要塞;筑垒 ❷指法院在庄重或特别的场合下的召集开庭

afforciamentum districtionis 不幸(或痛苦)的加剧

afforciamentum plegiorum 加重保证;强化誓约

afforciare v. ❶增加;加强 ❷增加(陪审团人员) 为了最后使陪审团12人一致同意裁断而增加陪审团人员。

afforer v. 评估;评价;核定(金额)

afforestation n. 造林 指在荒地上植树造林;依照森林法将乡村部分土地改造成林地。

afforestment (= afforestation)

affortiare (= afforciare)

affouage 〈法〉伐薪权 市镇居民从森林中采伐为其自用

所需的炭薪木的权利。

affra (= affri)
affranchir 〈法〉解放;使自由
affranchise v. 〈古〉解放;使自由
affray n. ❶〈美〉互殴罪 在公共场所相互斗殴而引起公众惊吓、害怕从而扰乱社区安宁的行为。本罪构成的地点要件是公共场所。如果在非公共场所斗殴,则按殴击[battery]定罪。构成本罪的另一要件是相互斗殴。如果一人非法攻击另一人,另一人出于防卫而还击,那么攻击者定殴击罪,防卫人无罪。有些州将这一行为纳入破坏社会治安罪[breach of the peace]之中。❷〈英〉斗殴罪 指至少有一人参加的携带凶器或用拳殴击的非法斗殴行为;或由一人或多人以暴力威胁引起公众恐慌,但实际上并无暴力实施的行为。斗殴罪必须以引起恐慌且造成事实上的混乱为条件,仅存在侮辱或威胁性的言语不构成本罪。

affrayer n. 斗殴者;互殴者;公共秩序扰乱者
affrectamentum 货运合同;租船合同(⇨affreightment)
affreightment n. 货(海)运合同 采取整船包运或部分订舱——即采用租约或提单形式运输货物的合同。
affri (英格兰古法)耕牛;耕马;耕地用的其他牲畜
affurare (= affeer)
afiert 属于;作为…的一部分
a fine force 〈法〉出于纯粹的必要性(⇨necessity)
A.F.L. (= American Federation of Labour)
aforce (= afforce)
a force 〈法〉出于必要(⇨necessity)
a force et armes 〈法〉使用暴力(= a force et armis)
a force et armis (= a force et armes)
aforcer (= afforciare)
aforciamentum (= afforciamentum)
aforementioned (= aforesaid)
aforesaid a. 上述的;前述的;已提及的 常用于制定法、合同或其他法律文件中。(= aforementioned; above-mentioned; above-stated; said)
aforethought a. 预谋的;蓄意的
n. 预谋 一级谋杀罪要求的构成要件,即预先谋划。预谋是指行为人在实施犯罪行为前对犯罪经过一段时间的冷静思考。这段时间可长可短。(⇨malice aforethought; premeditation; prepense)
a forfait et sans garantie 〈法〉无追索权地 商业票据背书中的用语,表示无追索权。
a fortiori 〈拉〉更加;更有理由 该词用于逻辑学中以说明一种论证方法:即由于某一确定事实的存在,则包含于其中或与之相类似的另一事实除特殊情况外,也必将存在。例如,任何个人在无逮捕令的情况下,可以逮捕其有合理理由怀疑犯有可捕罪的人,治安官员更加有理由如此。

Africa Company 〈英〉非洲公司 1672年组建的皇家非洲公司[Royal Africa Company],该公司被授予沿非洲西海岸的贸易垄断权,该权利于1698年被废除。根据1750年的法律,对非洲贸易商人公司[Company of Merchants Trading to Africa]取代皇家非洲公司行使行政职能,该公司被禁止从事贸易。这两个公司都被称为非洲公司。后者被1821年《西部非洲法》[West Africa Act]废除,国王接管了其港口与要塞[castles],贸易则完全开放。

Africa Legal Assistance Project 〈美〉非洲法律援助计划 该计划对南非种族镇压的受害者及为促进人权在南非工

作的个人或组织提供法律援助。它是保护法律民权律师委员会[Lawyers' Committee for Civil Rights Under Law]的一个分支,自20世纪70年代初期建立以来已得到很大的发展。该委员会致力于提高律师对于法律在白人统治下的南非的重要地位的认识。

after *ad.* 以后;后来;过后
prep. (表示时间、位置、顺序、地位、重要性等)在…之后;在…后面;低于;次于 如果规定一项行为将在指定的某一天之后的特定期限内履行,则该期限不包括指定的那一天,但包括该期限的最后一天。这是一般规则,但也有例外,需视具体情况而定。

after-acquired *a.* 其后取得的 在特定日期或事件之后取得的。

after acquired property ❶担保设定后取得的财产 指债务人在担保设定后取得的财产,它是偿还债务的附加担保。❷破产程序开始后取得的财产 它是破产财产的组成部分。❸遗嘱订立后取得的财产

after acquired property clause 抵押设定后取得财产条款 一种抵押条款,规定任何在抵押设定后取得的不动产均归入抵押范围。

after acquired title 财产转让后取得所有权

after acquired title doctrine 财产转让后取得所有权原理 该原理是指,如果与买方进行财产转让时,卖方尚未获得财产所有权,但其在此后取得财产所有权的,则该财产所有权自动为买方所享有。

afterbirth *n.* ❶胞衣 指胎盘及羊膜。❷遗腹生 指在父亲死后或父母任一方立遗嘱后孩子的出生。

after-born *a.* 父亲死后出生的;遗腹生的

after born child 遗腹子 指父亲死后出生的婴儿及遗嘱执行后出生的婴儿和概括赠与[class gift]结束后出生的婴儿。父亲订立其遗嘱后,孩子的出生不影响该遗嘱的效力。(⇨posthumous child)

after born heirs 遗腹继承人;在被继承人死后出生的继承人 在被继承人无遗嘱死后出生的有权取得财产的人。(⇨unborn child)

after date 出票后(…付款) 汇票或本票中用以计算票据到期日的术语,意指票据的到期日自票据所记载的出票日期起算。例如,"出票后一个月付款"。

after demand 见票即付 指在票据持有人提出付款要求时或之后即时给予付款。

after-discovered 之后发现的 指在特定时间或事件之后才发现的。

after-discovered evidence 新发现的证据 指在审判结束之后又发现的原审过程中未被掌握的证据。

after-market 二级市场(⇨secondary market)

after maturity 到期后(⇨indorsement after maturity)

after paying the preceding legacies and bequests 在支付优先遗产及遗赠之后 遗嘱用语,指剩余遗产处理条款下待分配的剩余遗产。

after possibility of issue extinct 查验票据是否已失效 非见票即付的票据必须进行承兑提示,提示中查验是否已过提示时效。

after sight 见票后(定期付款) 汇票中用于表示见票多少天(通常为30天,60天或90天)后付款的远期汇票付款术语,见票必须具有法律效力,即有效的付款提示和承兑。

after the fact 犯罪后;作案后 从犯罪行为完成之时起,如事后从犯[accessary after the fact]即在重罪主犯实施重罪之后为其提供窝藏、包庇或其他辅助行为的犯罪人。

afterthought *n.* 事后的想法

againbuy *v.* 回购;回赎

against *prep.* 对立;相反 表示违反和冲突之意。有时其义为"upon",与"on"一词大致同义。(⇨versus)

against evidence 违反证据的(⇨against the weight of the evidence)

against her will 违背她的意志 在强奸罪指控中的必要构成要件。与"未经她的同意"意义相同。严格地讲,在强奸过程中,即使被奸妇女未表示不同意见,如处于因用药而昏迷或精神不健全的状态下,行为人的强奸行为仍构成强奸罪。(⇨against the will)

against interest 违背(自己的)利益的;对(自己)不利的 通常用来指某人所作的陈述或承认[admission],其内容与陈述者自己的主张、利益或权利相违背。在证据法上,如果某人所作的陈述在当时即与自己的财产利益相违背,则该陈述可作为传闻规则的一个例外而被采纳为证据。(⇨declaration against interest)

against public interest 违反公共利益 违反或被宣布为违反共同利益或公共福利的协议或行为,无效。

against the form of the statute 违反了制定法的规定 传统上在大陪审团起诉书[indictment]中作结论时必须使用的正式用语,表示所指控的行为违反了所援引的制定法的规定因而构成犯罪。其拉丁语形式为"contra forman statuti"。

against the law 违反法律;与法律相违背 当裁决未能就案件的主要争执点作出结论时,或所作各结论[findings]相抵触时,或案件中的证据在法律上不充分时,该裁决即为"违反法律",据此可申请对案件重新审理。

against the peace 扰乱治安;妨害公共秩序

against the peace and dignity of the state 有悖于国家安全与尊严 大陪审团起诉书中的结束语,用于对犯罪行为进行概括性的指控。该短语起源于拉丁文"contra pacem domini regis",以前用于刑事起诉和民事侵权之诉中,意指"违反国王的治安"。一般认为该结束语对于起诉书的正确有效是至关重要的。若被告人具有前科,则不必引用该结束语。

against the weight of the evidence 违反证据的;违反证据之证明力的 指判决所得结论明显违背事实审理者所查明的事实。(⇨weight of the evidence)

agaist the will 违背意志;迫不得已 抢劫罪、强奸罪和其他一些犯罪的构成要件之一。多见于对抢劫罪的表述,指受害人不仅有反抗抢劫犯非法获取其财物的表示,且该反抗的言行被抢劫犯以实际的暴力行为所征服,该暴力达到足以使受害人无力反抗或被恐吓不敢反抗的程度。(⇨against her will)

agalma *n.* 印章(图章)上的图案

agard 〈法〉(仲裁)裁决(⇨nul fait agard)

agarder 〈法〉裁决;判决;判刑

age *n.* ❶年龄 ❷成年;法定年龄 ❸年老 ❹寿命 ❺(一)代;时代;阶段 ❻长时期;许多年
v. 变老;成熟

age admitted 已经确认的年龄 在被保险人提供令人信服的关于其年龄的证据后,人寿保险单上通常批注"已经确认的年龄"。

aged *a.* ❶…岁的 ❷年老的 该词并无确切定义,而且若作出硬性规定也是不切实际的。在英国将50岁视为

年老,而在美国则是66岁,而不论该人的身体状况如何。

aged person 高龄人;老年人

age error arrears 年龄误报造成的保费欠缴 签发人寿保险单之后,如果发现被保险人错报了年龄,则需变更保费,被保险人要补交因错报年龄而造成的欠交保费及到期利息。

agency n. ❶代理;代理关系 代理人经本人授权以本人名义行事,本人对代理人的代理行为负责。❷业务代办处;代理机构 ❸(政府或国际组织的)专业行政行政部门 ❹行政机关 指有权实施和执行某一特定法律的政府机关,亦称 government agency; administrative agency; public agency; regulatory agency。

agency action 行政行为 指行政机构的规则、命令、许可、批准、救济等,以及对前述行为的拒绝或不作为。

agency by estoppel 不容否认的代理 指由于本人的行为使第三人合理地认为代理关系存在,并根据法律规定所产生的代理。通常发生于因本人疏于监督,使代理人实施未经授权的行为,并致第三人相信代理人有代理权的情况下。亦作表见代理[apparent agency; ostensible agency]或法律拟制的代理[agency by operation of law]。

agency by operation of law 法律拟制的代理 这种代理的存在,不是基于当事人之间的协议,而是根据法律规定。(⇨agency by estoppel)

agency coupled with an interest 附利益代理 代理人自己对代理事项或相关财产享有利益的代理关系。这种代理关系不因被代理人的死亡而自动终止。

Agency for International Development/A.I.D. 〈美〉国际开发署 国务院下设的一个联邦机构,负责执行对外援助计划,这些计划旨在帮助欠发达国家的人民开发其人力和经济资源,提高其生产能力和生活质量,以及促进友好国家的经济和政治稳定。对外援助计划开始于二战后国务卿乔治·马歇尔[George Marshall]在哈佛大学的一次演讲,第一个对外援助计划即被命名为马歇尔计划[Marshall Plan]。国际开发署的后继者各具其谓,如对外事务管理署[Foreign Operations Administration/F.O.A.]和国际合作署[International Co-operation Administration/I.C.A.]。

agency in fact 委托代理;协议代理;真实代理 由委托人和代理人以合意方式设立的代理关系。不同于无因管理[agency by necessity]、不容否认的代理[agency by estoppel]和法律拟制的代理[agency by operation of law]。

agency of auctioneer 拍卖人代理(⇨auctioneer)

agency of necessity 紧急事务的代理;无因管理 代理人在紧急情况下,一人未经他人授权而为该他人的利益从事行为,由此而发生的关系。这是一种准合同关系,系根据法律规定而非当事人的协议所产生。亦写作 agency by necessity 或 agency from necessity。

agency of the United States 美国行政机关 美国联邦政府的部、委、局等行政机构。

agency proceeding 行政程序 美国联邦行政机关的工作程序。

agency relationship 代理关系 在委托人与第三人建立法律关系的过程中,以代理为目的形成的雇佣关系。

agency rule on expirations 代理终止规则 保险代理结束时,保险代理人的代理权终止。

agency shop 工会代理制企业 在该企业中,工会作为全体雇员的代表与雇主订立集体合同;非工会成员也要向工会交纳与工会成员相同数量的入会费和会费。这是为

保障工会活动而设立的机制。

agency-shop agreement 工会代理制企业协议 工会保障协议的一种。雇员有选择是否加入工会的权利,但是非工会雇员也要与工会雇员一样交纳同等的入会费和定期会费。

agency to sell 销售代理 在动产销售中,由明确授权或从附带销售业务的其他交易中默示授权而产生的代理;在不动产销售中,代理人通常为有限权限的特别代理,而非全权代理。(⇨exclusive agency to sell)

agenda n.工作事项;议事日程 ①agenda 是拉丁名词 agendum 的复数形式,意指"待决事项"[something to be done](agendum 另一复数形式为 agendums,但并不常用);②agenda 更常用的是单数形式,意指"议事日程"或"计划"。此种意义上的 agenda 的复数形式为 agendas。

agenesia n.无生殖力;无性行为能力

agenfrida 〈撒克逊〉物品的真正所有人;物主

agenhina 〈撒克逊〉旅店房客 若在该店呆上3日则被视为该店家庭成员之一,店主因此还要对该房客的犯罪行为负责。

agenhine (= agenhina)

agens 〈拉〉❶原告 ❷经营人;管理人;代理人

agent n.代理人 代理关系中的一方当事人,即依照委托人的授权,以委托人的名义从事代理活动的人。

agent and patient 代理人兼承受人 代理中出现的一种特殊情形,该代理人受他人委托而为自己的利益实施行为。如甲委托债权人乙作为遗嘱执行人,甲死后,乙则可以以甲的名义偿还甲欠自己的债务,同时又可以自己的名义予以接受。

agent entrusted with goods 商务代理 (= commercial agent)

Agentes et consentientes pari poena plectuntur. 〈拉〉行为人与纵容者应受同样处罚。 在刑法中该格言只适用于某些犯罪。

agent for 作为⋯的代理人 描述当事人的用语,其未充分表示代理关系存在,并不足以免除代理人的个人责任。应依其上下文及法律文书的明确含义判断该用语的意义。

Agent-General (澳大利亚的州或加拿大的省)驻伦敦总代表 受辖于驻英高级专员[High Commissioner],代表各自政府,这一机构及其工作人员和家属享有外交豁免权。

agential a. ❶代理的 ❷代理人的

agent intrusted 商务代理(⇨agent entrusted with goods)

agent not authorized to collect 代理人无权收款 这是印在商业发票上的明确字样,用以明确告知买方不能向出售货物的代理人付款。

agent of insured 被保险人的代理人(⇨insurance agent)

agent of insurer 保险人的代理人(⇨insurance agent)

agent of necessity 紧急事务代理人;无因管理人 指在紧急情况下,有权代理另一人处理其事务的人。例如航程中发生紧急情况的船长;运送鲜活物品而发生紧急情况的陆上承运人等。(⇨agency of necessity)

agent provocateur ❶间谍;密探 指被秘密雇佣潜入某组织内部搜集对其成员不利的证据或制造麻烦的人。❷警察内线;警察线人 指秘密潜入有犯罪嫌疑的组织内部,怂恿该组织犯罪或者参与其犯罪活动,以搜查证据,揭露其犯罪事实的人。线人的使用通常是受一定限制的。在英国法中,警察诱使犯罪不能作为辩护理由。

agent's actual authority 代理人的实际代理权 指由本人

故意授予的代理权,或者由本人故意或因缺乏一般注意而使代理人相信其拥有的代理权。

agent's apparent authority 代理人的表见代理权 虽然本人未实际授权,但本人明知而允许代理人行使的代理权。第三人系善意地与代理人进行交易,并对该表面现象产生正当信赖,则表见代理权与实际代理权的法律效果相同。

agent's express authority 代理人的明示代理权 指本人以口头或书面形式授权代理人实施某一行为或一系列行为,代理人据此享有的权限。

agent's implied authority 代理人的默示代理权 实际代理权的一种。根据当时情况可以证明,本人具有实际意图使代理人拥有该代理权。

agent's incidental authority 代理人的附带代理权 被明示授权从事某一行为的代理人所拥有的,实施与该行为相类似的其他行为的默示代理权。

agent's lien 代理人留置权 代理人因其支付必要的费用、预付款项、清偿授权范围内的债务,或为获取佣金或其他工作补偿,有权留置其占有的委托人的财产或资金。

agent to receive service of process 接收诉讼文书送达的代理人 指委托人实际且明示指定的,代表自己接收送达的诉讼文书的代理人。

age of capacity 行为能力年龄;责任年龄 制定法一般规定为18岁,已满18岁的人在法律上就具有了作出如签订合同、执行遗嘱、进行诉讼等类似行为的资格。

age of consent 法定承诺年龄 指男女方均可不经父母同意而结婚的年龄,或指女方可作同意与他人性交的意思表示的法定年龄。因此,男子若与未达到此年龄的女子性交,则构成法定强奸罪。在美国,该年龄一般为10岁到18岁。(⇨legal age; majority; statutory rape)

age of discretion 有选择权的年龄;自主决定年龄 在美国,该年龄一般为14岁,达到这一年龄的未成年人有权作出自己的选择,至少在选定其监护人时应征求本人的意见。

age of election (= age of discretion)

age of majority ❶法定成年年龄 根据制定法规定,通常为18岁。达到法定成年年龄的人即可取得所有的法定权利,包括民事和政治权利,如选举权等。❷有行为能力年龄 到达该年龄的人享有自主缔结合同、设立遗嘱、提起诉讼等行为能力,通常法律亦规定为18岁。(⇨age of capacity)

age of nurture 幼儿年龄 指7岁以下。

age of reason 理性年龄;责任年龄 指一个人开始能够辨别是非,并且在法律上能够承担民事或刑事责任的年龄。在美国,关于这一年龄的限定各司法管辖区并不相同,但一般认为,7岁以下的儿童绝对不承担任何责任,14岁以下的儿童适用可反驳的推定。在英格兰,刑事责任年龄被提高到10岁,在苏格兰则被提高到8岁。(⇨age of discretion; infancy)

age prayer 年龄请求 不动产诉讼中的未成年当事人提出的中止诉讼程序直至其达到法定年龄的请求。

age prier (= age prayer)

ager 〈拉〉❶土地;一块田地 ❷为篱笆所围起来的一片土地

agere injuriam 起诉请求给予损害赔偿

agere non potest 〈拉〉不能维持诉讼

aggravate v.❶(病情、负担等)加重;加剧;使恶化 ❷激怒,使恼火(⇨aggravation)

aggravated arson 加重的放火罪 预见到可能危及他人生命而故意纵火的行为。(⇨arson)

aggravated assault 加重的企图伤害罪 在英国,指违反1861年《人身法》[Person Act]的犯罪。该法认为企图伤害妇女、儿童的犯罪不以一般的企图伤害罪处罚,并授权法官对之以加重的企图伤害罪处罚。据企图伤害妇女行为的存在事实,可以制作夫妻分居令[matrimonial order];在美国,指意图犯杀人、重伤、抢劫、强奸等犯罪而实行的伤害未遂行为,或者是使用致命的或危险的武器实施的伤害未遂行为。这些都以重罪论处。但在各州亦有一些不同的规定。(⇨assault)

aggravated battery 〈美〉加重的殴击罪 指出于谋杀、重伤、抢劫、强奸的故意,使用致命的或危险的武器实施的殴击,且造成了对他人人身的严重伤害后果。属于重罪。该种犯罪在普通法上不存在。(⇨aggravated assault)

aggravated circumstances 趋重情节(⇨aggravation)

aggravated damages 增加的损害赔偿(⇨aggravation of damages)

aggravated kidnapping 〈美〉加重的绑架罪 指出于勒索钱财或进行性侵犯等其他犯罪目的而拘禁他人24小时以上的,造成被绑架人的身体或精神严重受损的行为。对该罪一般要处长期监禁或终身监禁,有些司法区管辖还可判处死刑。

aggravated larceny 加重的偷盗罪 制定法规定的具有特定形式的偷盗罪,如从他人身上、住宅里、路上汽车中偷盗或对为公用事业所提供的商品或联邦财产实施偷盗等的行为。

aggravated rape 加重的强奸罪 指强奸犯罪的情节极为恶劣,如不顾被害人的幼小年龄或被害人与自己具有血缘关系等而实施强奸行为。

aggravated robbery 加重的抢劫罪 携带危险武器进行抢劫或者给被害人造成严重身体伤害的抢劫行为。(⇨armed robbery)

aggravation n.趋重情节 使犯罪或不法行为的严重性增加的情节。犯罪的主体、犯罪的动机、犯罪的行为方式、犯罪的后果及犯罪的其他情况都可能使犯罪情节加重,如为强奸目的而进行的攻击、持械攻击、造成实际的人身伤害的暴力攻击、警察盗窃等。犯罪前科有时也被视为趋重情节。趋重情节犯罪的被害人在诉讼中可以请求增加损害赔偿金。

aggravation of damages 加重损害赔偿 指虽不影响所犯罪行的性质和实质,但却应该提高损害赔偿额的一些特定情况。主要包括:①造成伤害的客观环境特殊;②受害人未能获得及时的医疗救助或其选择、雇用的医生医疗不当造成的严重后果;③受害人以前就存在身体的或精神的严重不良状态;④被告人对被害人实施伤害有高度的恶意,从而应增加对其惩罚性的赔偿。

aggregate damage 累计赔偿限额 责任保险保单中限制保险人赔偿责任的一种限额。由于责任保险的标的为民事损害赔偿责任,无法确定保险价值和保险金额,而只能规定赔偿责任限额作为保险赔偿金额的计算基础和依据。责任保险的赔偿责任限额通常包括两种:一是每次事故限额,二是保险单累计赔偿限额,即保险人对一定保险期限内累积保险赔偿的最高限额。

aggregate income (填报同一纳税申报单的夫妻的)总收入;收入总额

aggregate liability restriction 总体责任限制 这是保证债务延期合同中的一项条款,用以对保证人的责任范围进行限制。

aggregate theory of partnership 合伙集合论 该理论认为合伙并不具有像公司那样独立的法律地位,而只是组成合伙的各成员之间的一个集合。与合伙实体论[entity theory of partnership]相对。

aggregatio mentium 〈拉〉合意;意思表示一致(⇨meeting of the minds)

aggregation n.显而易见的组合;互不作用的组合 该词用于专利法中,是指将各个部分或要素显而易见地组合为一项发明,故其不能获得专利;亦指将各个部分组合在一项发明中,但各部分彼此互不发生作用,也不导致新的结果。

aggregation doctrine 〈美〉总计原则 指防止一方当事人为达到联邦法院管辖金额的目的而把各项请求金额累加起来的一项原则。

aggressor n.侵犯者;挑衅者 即首先使用暴力或胁迫者,这使得对侵犯行为的还击成为合法。

aggressor corporation 兼并公司 指企图控制一个公开发行股票的公司的公司,通常直接使用现金或通过证券交易所向股东收购股票,也可能以合并的方式进行,但需要得到目标公司管理层的同意。(⇨leveraged buyout; tender offer)

aggrieved a.(人身或财产权利)被侵害的;被剥夺的;受损害的

aggrieved party 受害人 指其法律权利受到被诉行为的侵害者,以及其金钱利益受命令或判决的直接不利影响者。所谓"受侵害",指实质性的不公平,对人身或财产权利的否认,或对一方强加负担或义务。

aggrieved person 受害人(⇨aggrieved party)

AGI (= adjusted gross income)

agild a.免除刑罚的;免除罚款或罚金的

agiler n.〈撒克逊〉密探;间谍;告密者

agillarius (英格兰古法)(庄园、村镇)家畜围篱看管人;公地放牧人 他们一般都要在法庭上宣誓。分为两类:一类属于村镇,另一类属庄园的领主。

aging of account 账龄分析 指对一些应收应付账按时间排序并根据不同的到期日进行分类。例如:将应收账款划分为 1–30 天、31–60 天、61–90 天及 90 天以上的不同类别,以此计算一个既定日期的呆账率。

agio ❶差价;贴水;折扣 一国硬币的价格高于其纸币价格,用纸币兑换硬币要贴水。❷汇率贴水;汇率贴现 一国货币在外汇市场上的实际汇率低于这一货币的法定价值时,如按法定价值兑换外币时,便需贴水。❸银行手续费 在货币兑换时收取的费用。

agiotage 〈法〉投机 指对公债或共同基金行市涨落进行的投机。

agist v.代人放牧 指王室猎场为增加王室收入而有偿收容并代为喂养场外人的牲畜。现代也用以指代人放牧牲口。

agistamentum (= agistment)

agistare (= agist)

agister n.代人放牧者 以放牧牲畜为业者。他作为受寄托人[bailee],代人放牧,并就此向牲畜所有人收取约定的费用。

agister's lien 代人放牧者留置权 依照合同或制定法的规定,为保护代人放牧者的利益,其可在一定情况下留置代他人放牧的牲畜。

agistment n.❶代人放牧 是一种寄托[bailment],指一方当事人计收一定费用,在自己的土地上为他人放牧牲畜并负有照管的义务,同时享有代人放牧者的留置权[agister's lien]。依代人放牧合同,由代人放牧者控制牲畜并保持对土地的占有。❷代人放牧费 对土地所有人或占有人计征。

agistment of sea-banks 海堤费 指对土地计费,用以维护海堤,防止大海的侵蚀。

agistor (= agister)

agitator n.煽动者;鼓动者;鼓吹社会变革者(⇨labor agitator; seditious agitator)

agitur 已提起的诉讼

agnates n.〈苏格兰〉父系亲属

agnati 〈拉〉(罗马法)父(男)系血统;父系亲属

agnatic a.男方的;父系的

agnation n.父系亲属关系

agnats (= agnates)

agnise v.承认;认出

agnize (= agnise)

agnomen n.❶绰号 ❷(罗马法)附加名 指古罗马为表彰功绩而授予某人用于姓名之后的第四名,或者表示其为不同家族[gens]收养的附加名。(⇨nomen)

agnomination n.❶姓;姓氏 ❷附加名;封加的头衔;别名

agony n.(极度的)痛苦

agoranomi 希腊市政官 职责同古罗马的市政官[aediles]相同,负责维持市场秩序,检验衡器,征收船舶停靠税,实施航运法规。(⇨aedile)

agraphia n.书写不能;失写症

agraria lex 〈拉〉(罗马法)公地法 对罗马人通过征服获得的土地进行重新分配或者限制每人拥有的土地亩数的法律。(⇨agrarian laws)

agrarian a.土地的;土地保有的;土地分配的 n.平均地权论者

agrarianism n.❶平均地权论 ❷土地改革;增进农民利益的运动

agrarian laws (罗马法)公地分配法 指古罗马政府在平民中分配公有土地——通常是从战败敌人手中获得的土地的法律。按照普通的说法,它也用于指有关更公平分配或细分地产的法律。

agrarian murder 土地上的谋杀 因对地产、地界、租用土地等发生争议而引起的谋杀。

agrarii 〈拉〉(罗马法)土地均分论者 主张将公有土地在平民中进行分配的罗马党政成员。

agrarium n.土地税或因使用土地应缴纳的贡品[tribute]

a gratia 〈拉〉承蒙

agreamentum (英格兰古法)协议;合约

agreare 〈拉〉同意;赞成

agreavit 〈拉〉他同意

agree v.❶同意;赞同;持相同意见 ❷商定;交互承诺;达成协议;合意;意思表示一致 ❸许可;允许;答应(⇨agreement; contract) 〈法〉商事诉讼代理人

agreeance n.协议

agreed a.达成协议的;意见一致的;由协议约定的

agreed amount clause 定额条款 保险单的一项条款,载明保险合同订立之时,双方当事人约定的保险标的的保险金额,并以此作为承担赔偿或给付保险责任的最高限额。由于人身保险的保险标的具有人格化特征而无法确定保险价值,只能于投保之时约定一个保险金额,因此人身保险均为定额保险。

agreed case (= case agreed on)

agreed judgment 合意判决 指基于当事人之间的协议并经法庭批准后作出的判决。它构成协议当事人之间的合同,但经法庭批准后即具有判决的效力。

agreed order 合意裁定 指法庭根据当事人之间达成的协议而并经开庭审理后作出的裁定。

agreed price 协议价格 指当事人经过互相协议而一致确定的价格。

agreed statement of facts 意见一致的事实陈述 指当事人均同意其为真实和正确的事实陈述,以提交法庭依本案应适用之法律作出裁决。

agreed statement on appeal 意见一致的上诉陈述 指在上诉中提出的对案件事实的陈述,要求各方当事人均同意陈述的内容。

agreed value 约定价值 ①在定值保险单中,指于保险合同订立之时约定的保险财产的保险价值;②合伙成立的出资证明中表示有限责任合伙人按约定所缴出资财产的价值,该价值即为有限责任合伙人承担责任的限额。

agreed value clause 定值条款 定值保险单中载明保险财产的保险价值的条款。(⇨agreed value policy)

agreed value policy 定值保单 保险合同双方当事人在订立保险合同之时即约定保险财产的保险价值,并以此作为保险金额而签发的保险单。当保险财产发生保险事故而遭受损失时,不论其受损时实际价值如何,均按保险单载明的保险价值和保险金额赔偿。

agreement n.协议;协定 指两人或多人就其与过去或将来实施行为相关的权利和义务等内容而形成的双方合意[mutual assent]。该词既可用于指无对价的非正式协议,如君子协议等,也可用于指有对价支持的合法的正式协议,而合同[contract]一词则仅用于指后者,故凡合同均为协议,但并非每一协议均为合同。

agreement against public policy 违反公序良俗的协议 (⇨contract against public policy)

agreement for arbitration 仲裁协议 争议双方约定将争议提交第三人裁决并遵守其裁判的协议。订立仲裁协议是将争议提交仲裁的第一步骤。所要裁决的争议可以是现在已发生的,也可以是将来可能发生的。

agreement for insurance 保险协议 在保险人填写和签发含有具体保险条款的正式保险单之前,订立的一个短期的、临时的保险协议。

agreement for lease 租赁预约 土地所有人约定缔结租赁合同的一种文件,它本身并不是土地租赁合同[lease],不包含有关土地利益、租金等权利义务的内容。判断某一文件究竟属租赁预约还是租赁合同,须根据文件中表明的当事人意图进行确定。一般而言,约定在将来签订正式的租赁合同,尤其是附有条件者,即属于租赁预约。

agreement for submission 提交仲裁的协议(⇨agreement for arbitration)

agreement not to be performed within a year 不在一年内履行的协议;一年内不能履行的协议 履行期超过一年,不能在一年内有效履行的协议。该协议并非在一年内没有履约的可能性,而是依协议条款或当事人的意志,不能在一年内履行。根据《防止欺诈法》[Statute of Frauds]的规定,这类协议应当采用书面形式。

agreement of conveyance 不动产转让协议 指关于一方转让或同意转让不动产或不动产权益给另一方的协议。(⇨conveyance;deed)

agreement of sale 买卖协议;买卖合同 该协议不仅指一方负有出售货物的义务,而且可能包括他方购买该货物的相应义务。它是一个完整的合同,不同于出售协定[agreement to sell]。

Agreement of the People for a Firm and Present Peace upon Grounds of Common Right 〈英〉《人民要求在普通法权利的基础上实现稳固和现实的和平的协议》 1647年由平均派成员或军队的极端分子向军事委员会递交的,反映了他们的宪政理论的声明。该声明建议议会应于1648年9月底解散;此后,应每两年选举产生一届议会;议会应享有主权等。军事委员会对此进行了讨论,但未得出任何结论。

Agreement on Prevention of High-Seas Incidents of 1972 《1972年防止公海事故协定》 该协定规定了为确保美国和俄国的船舶、航空器在公海上的安全航行及飞行应采取的措施。

agreement to receive a bribe 贿赂协议 系制定法规定的犯罪。犯罪人双方在进行腐败犯罪时所达成且遵守的协议。一方接受贿赂即受贿,另一方给予贿赂即行贿。

agreement to sell 出售协定 据此仅使一方负有出售货物的义务。(⇨agreement of sale)

agrees to pay mortgage debt 同意偿付抵押债务(⇨assumption of mortgage)

Agricultural Adjustment Act 〈美〉[总称]《农业调整法》 规范将公共基金[public funds]直接支付给被政府限制生产和销售有关农产品的农民的法律。

Agricultural Adjustment Administration 〈美〉农业调整管理局 根据一部农业调整法设立的联邦行政机关。

Agricultural and Forestry Associations 〈英〉农林协会 (⇨restrictive trade practices)

Agricultural Children Act 〈英〉《农业儿童法》 1873年的一部制定法,对农场使用童工及童工的教育培训作出规定。

agricultural credits 农业信贷;农业贷款 为农业需要而进行融资,提供贷款,但需以农用土地作担保。

agricultural employment 农业工人;农业劳动力

agricultural enterprises 农业计划 准备和推销农业产品和园艺产品的过程和安排。

agricultural fair 农业集市;农业展销会 包括家畜、农产品、农用机器等的展销。在美国,由州或县的农业部门或农业社团进行组织和管理,用于促进农业的发展。

agricultural fixtures (土地上的)农业附着物;农作物

Agricultural Gangs Act 〈英〉《农业童工和女工法》 1867年的一部制定法,对农场使用童工和女工作出规定。

agricultural holding 农用土地 土地租用合同中所涉农业用地的总称。对农用土地的承租人有诸多优惠规定,涉及土地改良赔偿、地产侵害赔偿、游艺活动侵害赔偿、固定附着物、扣押、警示物长度、土地耕作等各方面,且农用土地和建筑还免征不动产税[rate]。

agricultural labor 农业劳动 指在农场或牧场上从事的劳动,也指与制造农产品有关的劳动,如收割庄稼、喂养牲畜、挤奶、采蜜等。其含义比农场劳动[farm labor]广,包括园艺及类似工种。失业保险和劳工赔偿等某些劳动法常不适用于农业劳动。

agricultural lands 农用地 ①指用于生长农作物或放牧家畜的土地;②泛指城市或村庄以外的土地。

agricultural lands tribunals 〈英〉农地法庭 由一名专门

的法律人员出任主席,另有土地出租人和农地承租人代表各一名,共同组成该法庭。它对农地退租通知及不良耕作的证明等事宜享有管辖权。1958年《农业法》[Agriculture Act]将农渔粮食大臣的一些职权转给了该法庭。

agricultural law 农业法 指各种调整农作物生产、畜牧业经营等的法律、法规、行政规章、判例等。该法调整农业事务,故关涉到农民、牧民和消费者各方的利益。制订农业法的目的,在于确保连续充足地供应食品及纤维。在美国,联邦和州政府通过庞大的农业法规体系,控制农业事务的各个方面,能够同时满足农牧民和消费者的需求。

agricultural leases 农业租赁

agricultural lien 农业留置权 ①制定法上的一种留置权,即授予出售农用设备的人对使用该农业设备而生长出的农作物享有留置权;②在担保交易[secured transactions]中,指对农产品享有的某种非经协议产生的担保利益,须具有三项特征:第一,其所保证要偿还的租金等债务或要履行的其他义务,须是因权利人提供与农业耕作有关的货物或劳务,或因权利人出租用于农业耕作的不动产而产生;第二,须是由制定法创设的法定权益;第三,该利益的生效绝对不取决于权利人对动产的占有。

agricultural occupation 农业经营(⇨farming)

agricultural products (= farming products)

agricultural pursuit 农业经营活动 指为完成农产品的生产所必须采取的每一过程和步骤。

agricultural society 〈美〉农业协会 通过组织或联合而成立的自治性组织,其活动是通过进行教育活动、举行农产品交易会、搜集和传播直接或间接有助于农民和畜类养殖者的信息、发展其他刺激农业的措施等,以推进和提高农业效益。

agri limitati 〈拉〉❶划界地 指根据政府测量,严格限定边界的土地。 ❷〈罗马法〉划界地 国家凭借征服获得的,以小块方式授予或出售的土地。

Aguilar-Spinelli test 〈美〉阿吉拉尔-斯皮内利标准 该标准要求请求签发搜查证的宣誓书应提供必要的基本情况,以使得治安法官[magistrate]能够独立地判断线人[informant]的结论是否正确,并能显示线人的可靠性。

aguilde n. 单一赔偿金(= angild)

agylde (= aegylde)

A.I. (= Amnesty International)

A.I.D. (= Agency for International Development)

aid and abet (= aiding and abetting)

aid and assist 支持和帮助 明知是非法运输酒类物品,却为支持、帮助该非法运输而提供交通工具。制定法规定对非法提供运输工具者,可扣押没收其提供的交通运输工具。

aid and comfort 〈美〉支持和援助;助长和促进 叛国罪的构成要件之一。主要指行为人给与美利坚合众国的敌人以援助和帮助,增强和助长敌人的利益,削弱本国的权力和防御力量。仅有该内容的思想活动不构成犯罪。

aid bonds 〈美〉援助债券 美国县或市政机构发行的公债,为公众利益之目的资助私人企业,比如铁路公司。

aide-de-camp/A.D.C. 副官;侍卫官

aider and abettor 帮助犯及教唆犯;共犯;帮凶 帮助、教唆、劝诱、促成他人完成犯罪行为的人。只要具有以下任一情况,便可认为有罪:①行为人外部表现出帮助、教唆、建议、鼓励他人犯罪的言行;②出现或推定出现于犯罪现场,以一定的言行参与主犯的犯罪活动,并具有共同犯罪的故意。对主犯实施犯罪给予帮助的人,可能成为主犯、

事前从犯或事后从犯。(⇨abettor)

aider by verdict 通过(陪审团)裁断的帮助 指对本应在陪审团作出裁断前提出异议(但未提出)的诉状中存在的缺陷或错误,由于陪审团裁断的作出,使得该缺陷或错误得到弥补或消除。即陪审团裁断作出后,推定为作出该裁断所必要的事实均已得到证明,从而对未清楚地陈述该事实的诉状起到帮助或弥补作用。

aiding and abetting 帮助和教唆 指引诱、唆使、鼓励或促成他人实施犯罪的行为。在当代美国,教唆他人实施任何罪都可以构成教唆罪,且只要有了教唆行为就构成既遂罪,而不要求被教唆者实施了教唆的罪。在英国,以前只有帮助和教唆他人实施重罪才构成二级主犯[a principal in the second degree],1967年后帮助和教唆他人实施任何犯罪均以主犯论处。(⇨aider and abettor)

aiding an escape 帮助脱逃罪 指任何故意且有效地帮助在押人员摆脱合法监管的行为。(⇨accessory; obstructing justice)

aid of the king 〈英格兰古法〉国王之援;"吾王助我" 当他人向国王的封臣征收地租时,后者可以请求国王之援以确定是否应当给付。从国王处保有可继承农地的城市或自治市在遭他人索要农地上之物品时,可请求国王之援,国王的相关官员会给予相应的援助,这时征收程序暂时中止,直到国王的建议被听取。但给付之后则不能再请求国王之援。

aidoiomania n. 色情狂 精神病的一种。患者对其所见的每一位妇女皆有非分之想,无论妇女已婚或否。

aid prayer 〈英格兰古法〉诉讼请援 出现于早期的地产诉讼中,回复地产权人[reversioner]或剩余地产权人[remainderman]在地产的继承权利方面受到质疑时,可以通过向法庭申请,请求先期保有该地产的终身保有人证明自己权利的合法性。

AIDS (= Acquired Immune Deficiency Syndrome)

aids n. 〈英〉协助金 中世纪时,当领主处在困境中时,佃户向领主支付的金钱。一般认为,这起初是出于自愿或善意,但后来领主将之主张为其权利,主要有三种情况:领主身陷囹圄时的救赎金、领主长子和继承人封爵及领主长女出嫁时的贺礼。国王的封建协助金在约翰王的《大宪章》[Magna Carta]中有明确规定。所有的封建协助金在1660年废止。

Aid to Families with Dependent Children 〈美〉受抚养子女家庭援助(计划)

aiel 〈法〉❶祖父 亦写作"aile","ayle"等。 ❷被占之祖父地产收回令 原告祖父去世前还占有的地产,在原告进占之前被他人侵占,可申请此令状开始诉讼。(⇨assize of mort d'ancestor)

aieul 〈法〉祖父;外祖父

aieule 〈法〉祖母;外祖母

aim v. ❶意欲;企图;打算 ❷瞄准;对准
n. 目标;目的;企图

A.I.M. (= American Indian Movement)

aim a weapon 故意指向目标;瞄准 "aim"与"point"的区别在于:前者针对的是物体的某一点;而后者则针对整个物体。

ainesse 〈法〉长子继承权;长子的身份

aio 我说 古罗马诉讼中陈述诉因时的起始用语。

air n. ❶空气;大气 ❷曲调;旋律 ❸样子;神态
v. 使公开;使公众注意

airbill n. 空运提单;航空运输提单 指运送或承揽空运货

物的承运人为证明接收承运货物而签发的单证,包括航空托运单[air waybill;air consignment note]在内。

air carrier 航空运输承运人;空运承运人

air corporations 〈英〉航空公司 根据1971年《民用航空法》[Civil Aviation Act]设立了英国航空局[British Airways Board],负责管理英国海外航空公司[Overseas British Airways Corporation]和英国航空公司[British Airways Corporation],并授予航空局解散上述两家公司的权力。但英国航空局并不代表英国政府。

Air Council 〈英〉空军委员会(⇨Ministry of Defence)

aircraft n. 航空器 用于在空气中航行或飞行的任何装置。除外条款中,"航空器"还包括滑翔机和水上飞机。(⇨public aircraft)

Air Force 〈英〉空军 1917年《空军(组成)法》[Air Force (Constitution) Act]对空军的建立、管理和训练作出了规定。空军委员会[Air Council]负责空军的管理,它由国务大臣[Secretary of State]和依该法被任命的其他人员组成。目前空军受1955年《空军法》[Air Force Act]调整。(⇨Air Council;secretary of state)

air law 航空法 关于民航的一系列法律总称,用以调整空中航行和空间使用等问题。航空法基本上是国际性的,通常是各国间缔结协议来确定,因此航空法在大多数国家都是统一的。航空法的基本原则是每一国家都对其领土和领海上的空间拥有主权,因此各国均可对进入其领空的外国航空器进行管理,但通常都允许外国民用航空器飞越其领空。

airline n. ❶(航空器的)航线 ❷(复)航空公司;航空承运人

airline bumping 〈美〉航班让位 民航局要求超员预订的航空公司先要求预订航班座位的旅客自愿让位,并给予一定的赔偿。如果自愿让位者不足以达到要求的数量,拒绝自愿让位要求的旅客将被拒乘所预订的航班,但仍可获得规定的赔偿金额。这些被迫让位的乘客必须由航运公司以另一航班在规定的合理时间内运至目的地。否则,航空公司应向这些旅客支付双倍赔偿。但外国航空公司不适用上述规则。

Airline Deregulation Act 〈美〉《空运管制解除法》 1978年的一项联邦立法,在消除联邦政府对航空公司的控制方面,规定各航空公司申请一条新航线。

air piracy 空中劫持;劫持航空器 指采用暴力、胁迫或其他恐吓方法非法劫持或控制飞行中的航空器的行为。对空中劫持罪国际上采用普遍管辖原则。

air rights 上空权;空间权 利用全部或部分不动产上空的权利。虽然商业航线有权穿越土地上空,但若该航道干涉了土地所有人利用其土地,则土地所有人有权获得相应的损害赔偿。同时,土地所有人不得污染土地上空。

airspace n. 空气空间 指地球外部和围绕地球的大气层,特别是直接在某一特定国家领土和领海之上的大气层部分。国际法已采纳了习惯法上的格言,即"谁拥有土地,谁就拥有土地的上空",因此,国家领土之上的空气空间从属于一国的主权,除从事不定期航行的民用航空器外,所有的航空器飞越外国领空须征得同意。

air traffic rules 〈美〉航空运输规则 由联邦或各州制定的,或由习惯法规则发展形成的调整航空器的空中航行和起降的法律、规则或条例。

Air Transport Adjustment Board 〈美〉空运调解委员会 负责调处航空公司与其雇员间争端的联邦机关。

air transportation 航空运输;空运

Air Transport Licensing Board 〈英〉空运许可委员会 由1960年《民用航空(许可)法》[Civil Aviation (Licensing) Act]设立,负责向为营利或与任何商业相关的飞行颁发许可证的委员会。不过,此机构已为1971年《民用航空法》[Civil Aviation Act]所设立的民航局[Civil Aviation Authority]所取代。民航局负责管理为营利或与商业相关的空运所必需的空运许可证的授予、控制和拒绝工作。

air travel insurance 空中旅行保险 人身保险的一种,可由旅客购买。若某一特定的航班失事,则按保险单面额将保险金给付指定受益人。

airway (= airline)

airway bill 航空货运提单;航空运货单;航空托运单(⇨air-bill)

aisement (= easement)

aisiamentum (= easement)

aisle n. ❶(列车、剧场、礼堂等的)通道;过道 ❷(教堂的)耳堂;侧廊 ❸〈英〉(堂区教堂的)唱诗班席位;通道

aisne 〈拉〉最年长的;最先出生的(⇨aisne file;aisne fitz)

aisneesse 〈拉〉长子继承权规则

aisne file 长女

aisne fitz 长子

a issue 〈法〉争议中的;有分歧的;不一致的;待裁决的(⇨at issue)

ajournement 〈法〉❶传票 用以开始诉讼的令状,相当于英格兰法中的传票[summons]。❷休庭;延期审理

ajourner 〈法〉延期;展期;推迟

ajuar 〈西〉嫁妆

ajuger 宣判;依法判处;裁决

A jure suo cadunt 〈拉〉他们(如抛弃动产者)放弃权利。即,他们失去权利。

A justitia (quasi a quodam fonte) omnia jura emanant. 〈拉〉基于公正的;公正是权利之源。

ajutage n. (引水用的)管道 圆锥形,透过孔隙抽水,可大大增加引水量。在被授权可以通过水库或隧道从沟渠中引水时,除非当事人间有特别约定,否则引水人设置这种管道为非法。

a.k.a. (= also known as)

akin a. 〈英格兰古法〉近亲的;(因血缘关系而)相像的;同族的;相近似的

Aktenversendung 〈德〉学者断案 指1550 - 1879年间,德国地方法庭在出现疑难案件的情况下,把有关文件移交给某一地方大学法学院,让教授们作出集体判决的惯例。教授们不听取证词和辩论,而只是根据提交给他们的文件断案。由于教授们免受政治影响且又依法办事,这一做法得以发展。但他们常忽视地方情况、习惯与法规。1879年德国废除了这一做法。这种做法提高了教授的地位,并能使其理论联系实际。这一做法还对罗马法和意大利法学成就传入德国发挥了积极、主要的作用。

Aktiengesellschaft 〈德〉股份有限公司 可为任何合法目的而成立,并不必定具有商业目的;由五名以上在法院商业登记簿上取得登记的成员组成;其董事和管理机构须分设;法律对其财务和会议制度有广泛的规定。它与有限公司[Gesellschaft mit beschränkter Haftung]一起成为德国的两种主要公司类型。

al. ❶(= alius) ❷法语中的介词形式,相当于英语中的"at"或"with"(⇨et al)

Alabama 〈美〉亚拉巴马州 第九个加入联邦的州。印第

安语"我们安息的地方"[here we rest]。

Alabama case 阿拉巴马号案 美国内战期间,南部邦联在英国利物浦建造了一艘名叫"阿拉巴马"的战舰。该船在内战期间充当搜捕舰,击毁多艘北方商船。战后美国政府就阿拉巴马号和其他战舰击毁美国 70 多艘船舶所造成的损失向英国提出赔偿请求。1871 年英美两国订立《华盛顿条约》[Treaty of Washington],将该案提交设于日内瓦的仲裁庭裁决。在《华盛顿条约》中,双方同意将以下三项有关中立义务的规则作为仲裁应适用的法律:①中立国应以相当注意防止在其管辖范围内装备、武装和配备任何企图攻击一个与其处于和平关系的国家的船舶或对该国作战的船舶,并以同样的注意防止在其管辖范围内特别装备的船舶离开其管辖范围;②中立国不得允许任何交战一方利用其港口或领水作为攻击他方海军的活动基地,或用于补充军需或兵源;③中立国应尽相当注意防止在其港口或领水内由其管辖下的任何人实施破坏上述义务的行为。依《华盛顿条约》的规定,仲裁庭由意大利、瑞士和巴西分别指派的 3 名仲裁员及当事双方指派的人员组成,并依上述规则及相关国际法规则于 1872 年 9 月 15 日作出裁决,裁定英国在履行上述中立义务时未能尽到"相当注意",应向美国支付 1 550 万美元的金币作为损害赔偿。

Alabama claims 阿拉巴马号索赔案 (⇨Alabama case)
alae ecclesiae(e) 〈拉〉教堂的边廊和侧廊
a la grande grevaunce 导致极大的冤情
al aid de Dieu 在上帝的帮助下
Alamannic Code 《阿勒曼尼法典》 是德国南部士瓦本[Swabia, Suabia]地区阿勒曼尼人[Alamanni]的一部法典,包括公元 600 年左右的《阿勒曼尼之约》[Pactus Alamannorum]和公元 718 年左右的《阿勒曼尼之法》[Lex Alamannorum]前后两部分,后者的作者可能是兰弗雷德公爵[Duke Lanfred]。这部法典内容上包括宗教诉讼、公法、私法三部分及一些附加的东西。直到公元 1000 年或更晚,这部民族法还作为习惯法流行于德国南部和瑞士。
alanerarius 养猎鹰(犬)者;猎鹰(犬)训练员
a large 自由的;逍遥自在的
Alaric's Breviary 《阿拉里克罗马法辑要》;《西哥特罗马法典》 西哥特[Visigoths]国王阿拉里克二世[King Alaric II, 485-507]为其王国境内的罗马人编纂的一部法典,由一个经国王任命、由当时的立法大臣阿尼安努斯[Anianus]领导的委员会编纂,公元 506 年由民众大会通过。该法典意在简化繁杂的罗马法,并力图使罗马法因素与其民族习惯相融合,因此它以许多罗马法典为基础,其中包括《狄奥多西法典》[Codex Theodosianus];《盖尤斯简编》[Epitome Gaii],这是盖尤斯《法学阶梯》[Institutes]的缩略本;保罗的《判决录》[Sententiae];《格列高利法典》[Codex Gregorianus];《赫莫杰尼安努斯法典》[Codex Hermogenianus];巴比安的《解答录》[Responsum]及后来的一些新法典。公元 654 年利塞斯威斯[Recesswinth]颁布罗马人和西哥特人统一适用的《西哥特法典》[Lex Visigothorum]之后,这部法典被废止。尽管如此,它还在法国南部和伦巴第[Lombardy]继续使用,同时传播到了法兰克王国。它的质量使它成为中世纪西欧的权威著作,并是罗马法继受[Reception]之前罗马法进入西欧法律的主要途径。(= Breviarium Alaricianum; Lex Romana Visigothorum; Breviarium Aniani; Law of Alaric)
al armes 〈法〉携带武器的;武器装备的
alarm system 警报系统

Alaska Boundary Dispute 阿拉斯加边界争端 美国与加拿大之间关于阿拉斯加最南端领土的争端。1867 年美国由俄国买进阿拉斯加,其边界是依据《1825 年英俄条约》[Anglo-Russian Treaty of 1825]确定的。1896 年以后,克郎代克河(加拿大西北部)周围地区淘金热的兴起使边界的确定变得重要起来。一个联合委员会对争端调解失败后,该案于 1903 年 1 月约定交由 6 名中立的法学家组成的仲裁庭审理并于 1903 年 10 月 20 日作出了有利于美国的裁决。
Alaska Coalition 〈美〉阿拉斯加同盟 一个由 40 个独立团体组成的地方性、全国性以及国际性的组织,该组织积极倡议对阿拉斯加州[Alaska]的未开发地区和生态环境应加强保护,并取得了一定的成效。
Alaska Native Claims Settlement Act 〈美〉《阿拉斯加土著人权利法》 1971 年通过的划给居住在当地的 65 000 个爱斯基摩人和印第安人 4 400 万英亩阿拉斯加土地的联邦法。
Alaskan National Interest Lands Conservation Act 《阿拉斯加国有土地保护法》 一项确定所保护的美国最终边界范围的联邦法律草案[proposed bill]。比加利福尼亚州[California]面积还要大的地区的命运处于待决之中。
a latere 〈拉〉❶旁系的 用于财产继承。❷使徒的;全权代表教皇的 ❸从某一方立场出发的 ❹(罗马法)横跨;穿越 与"e transverso"同义。❺偶然地;无意地;未经正规或合法程序地 用于诉讼程序。
alb n.长白衣 长至脚面的白色亚麻法衣,在英格兰国教的礼拜式中穿这种法衣为非法。(= albe)
alba 白租(= alba firma)
albacea 〈西〉遗嘱执行人;遗产管理人 其有义务完成和执行遗嘱人在遗嘱中指定的行为或其他最终处分行为。
alba firma 〈英格兰古法〉白租 可用白银或其他白色钱币支付的租金,又称"white rent"、"blanch-farms"、"redditus albi",相对于古代用谷物、粮食和劳务支付的"黑租"[black maile; redditus negri; black rents]。(= firma alba)
albanagii jus (= albinatus jus)
albanagium 〈法国古法〉外侨身份;外国人(⇨albanus)
albanus 外国人;侨民
Albany Plan of Union (1754) 奥尔巴尼联合计划 指 1754 年北美殖民者为了制定一项一致的印第安人政策而在奥尔巴尼召开的会议上形成的一项方案,要求各殖民地联合起来增进共同安全。该联合计划由本杰明·富兰克林[Benjamin Franklin]起草,规定建立一个代议制管理机构或大政务会,由各殖民地立法机构每三年选举一次,有权任命行政官员、征税,负责军队事务和印第安事务,设各殖民地共同的总统,除非英王行使否决权,大政务会的决议将在各殖民地生效。该计划未被各殖民地批准,但成为后来的美国十三州邦联宪法——制定于 1781 年,于 1789 年为现行美国宪法所取代——和美国宪法的雏形。
al barre 〈拉〉在法庭上;在审判中
albatross n.❶负荷;重担 ❷举证责任 ❸吨位(⇨burden)
albe (= alb)
albinatus jus 〈法国古法〉国王对死于法国的外国侨民的财产所享有的权利 凡外国人死于法国境内的,除非他生前享有特别豁免,法国国王对其全部财产享有所有权。该项权利于 1791 年被取消。
albinus n.外国人;陌生人(= albanus)

albom n. 白租（⇨alba firma）
album n. ❶签名簿；相片簿；剪贴簿 ❷（罗马法）空白；未写字者 指裁判官[praetor]用以公布法令的空白布告牌。
album argentum 白银；未铸的白银
album breve 空白令状；空白文书
album judicum （罗马法）陪审团名册
Albus Liber 〈英〉《白皮书》 包括伦敦市法律和习惯汇编的古书，该书依文秘署掌卷法官[Master of the Rolls]之令已重印。
alcaide n. ❶监狱看守；监狱长 ❷要塞司令官
alcalde 〈西〉❶市长；镇长；村长 ❷司法行政官 指以前在西班牙各种有司法职能的官员，有皇家法官[alcaldes de corte；judges of palace court]和刑事法官[alcaldes de crime；judges in criminal cases]之分，他们在美洲西班牙的殖民地也很常见。
alcalde mayor 〈西〉行政总长 西班牙皇帝管辖下不太重要的地区，如西印度和美洲西南部的首席政府官员。
alcaldes ordinarios 〈西〉议选行政长官；议选法官 在没有行政长官[governor]驻守的地方，议员们每2年选举一至二名不在政府中任职的人担任议选行政长官或议选法官，主持开庭或在政府的职权范围内进行审判，执行案件。在行政长官不在场时，他们在市政厅和地方议会中都有席位和投票权。
Alcohol Administration Act 〈美〉《酒类管理法》 一部规范酒类市场各种交易惯例的法律。
alcoholic content 酒精度（数） 酒类中酒精成分的百分比，在美国以体积计，而有些国家则以重量计。酒类法一般均规定，酒精成分达到某一特定百分比的酒类即属于"致醉性饮料"[intoxicating liquors]，应受其规制。
alcoholic hallucinosis 醉酒性精神病 因过量饮用酒精饮料而导致的精神错乱。
alcoholic liquors 酒精饮料 指任何具有致醉性，而不论其是否经过蒸馏、发酵或者含有酒精成分超过1%的饮料。在美国，对于酒精饮料与致醉性饮料[intoxicating liquors]的关系认识不一，在有的司法管辖区制定法明文规定两者可互换使用，但也有认为只有含有的酒精成分达到一定百分比才可称为致醉性饮料。
alcoholic principle "凡酒必醉"定律 任何酒精饮料如用达一定量即会导致醉酒。
alcoholism n. 酒精中毒 因过度饮酒而导致的病理性[pathological]而非生理性[physiological]后果。（⇨intoxication；chronic alcoholism）
al common ley 按普通法
al contrary 相反地
alderman n. ❶方伯；郡守；高级市政官 源自"ealdorman"。在盎格鲁－撒克逊[Anglo-Saxon]时代的英格兰，ealdormen是一个郡的首席长官，负责主持郡法院工作并统领郡的武装力量；后他们被由郡长[earls]和郡长[sheriffs]所取代。在中世纪的自治市[borough]，市政官[alderman]与市长[mayor]一起组成市政法人的管理机构。1835年英国的《市政法人法》[Municipal Corporations Act]规定，所有自治市的市政官应由任期6年的委员会[Council]选举产生，他们与当选的委员会委员[councillors]享有同等权力，其目的在于将连续性和稳定性因素引入新委员会。1888年这一制度扩展到了郡。1972年英国的《地方政府法》[Local Government Act]以选举方式不民主废除了市政官——但伦敦市[City of London]除外。英联邦国家在建立市政法人时也采用了此制度。在美国，它指市政委员会[City Council]或其他地方管理机关的成员，常被称作委员会委员[councilman]。在美国该词也用作alderperson。❷〈英格兰〉〈爱尔兰〉市政官 地位仅次于市长。❸〈美〉市政委员会委员 地方性立法机构的成员 独立革命后获得更大权力和管理权。19世纪后市长权力增大，市政委员会权力下降，人数也在减少。（=ealdorman）
aldermannus 〈拉〉市政官；参议员（=alderman）
aldermannus civitatis vel burgi 〈英格兰古法〉城市或自治市的市政官员（⇨alderman）
aldermannus comitatus 郡长官
aldermannus hundredi seu wapentachii n.〈英〉百户区长官
aldermannus regis 钦定长官 接受国王任命或在辖区内代替国王作出判决的人。
aldermannus totius Angliae 〈英〉全英总长 盎格鲁－撒克逊时期一种官职，类似于后世的摄政官[justiciary]。
alea 〈拉〉（罗马法）赌博；投机；（因合同产生的）风险
aleator 〈拉〉（罗马法）赌徒；投机者；风险承担者
aleatory contract 射幸合同 在该合同中，至少一方当事人的履行取决于当事人所不能控制的不确定事件。大部分的保险合同即为射幸合同。该词主要用于表达大陆法系中的含义；在英格兰法中，则多用赌博合同[wagering contract]或偶然性合同[hazardous contract]。
aleatory promise 附条件允诺 其履行与否取决于将来不确定事件或事实的发生与否。
aleatory sale 投机买卖；附条件买卖 其实现与否取决于不确定事件的一种买卖。
aleatory transaction 投机交易 其交易结果取决于不确定事件的发生与否。（⇨aleatory contract）
ale conner 啤酒品尝员 在封建领主管区内负责检查麦芽酒质量的官员。
aleger v. 赔偿；补偿；纠正；调整（⇨redress）
a lege suae dignitatis 奉国王之法 表示撒克逊国王赦免权来源的用语。
ale-house n.〈英〉酒店；酒馆 又称为public-house、beerhouse，是指获得法官颁发的特许证，零售啤酒或其他酒类并可在此饮用的地方。
aleier n.（古）以宣誓方式洗清罪名（=adlegiare）
alenage n.（古）alnage
aler （=aller）
aler a dieu 〈法国古法〉被法庭驳回
aler sans jour 〈法〉〈英格兰古法〉一走了之 古代诉讼用语，指一案件被法庭最终驳回，被告可以获得自由，无需再在某天出席法庭。英文为"to go without day"。
alert a. 谨慎的；小心的；灵敏的；敏捷的
n.（古）（解除雇佣关系或契约的）预先通知
v. 通知；出版
ale silver 〈英格兰古法〉爱尔啤酒税 在伦敦被特许卖啤酒的人每年向市长交纳的赋税。
aleu 〈法〉（封建法）自主地产（权） 法国封建时期的一种对其拥有所有权的地产[allodial estate]，有别于封地或采邑。（=alleu）
alfet n.〈英格兰古法〉（用于神明裁判的）盛沸水的容器 古条顿族施行的判罪法中，将嫌疑犯的小臂浸于沸水中一段时间，受神主宰，如果手无损，则判定其无罪。
Alfred's Code 〈英〉阿尔弗雷德大帝（公元846－899年）

法令集(= Dombec)
Alfred's Dome Book 〈英〉阿尔弗雷德大帝法令集(= Dombec)
algarum maris （海难时）系浮标投海的货物 中世纪时,船舶投弃的货物在搁浅后就成为搁浅的海岸线所属的国王或贵族的财物。(⇨ligan)
algo 〈西〉财产;所有物
algor 〈法〉药;药物
al huis d'esglise 〈拉〉在教堂门口 传统的举行婚礼的地方。
A. L. I. (= American Law Institute)
alia 其他事情(⇨inter alia)
alia enormia 〈拉〉（古）其他不法行为 其字面意义即为"other wrongs"。指在普通法的侵害之诉[trespass]中,原告在诉状中列举特定的不法行为或伤害行为后所用的正式结束语。在现代诉状中,则是以"以及对原告实施的其他不法行为等"[and other wrongs to the plaintiff then did, etc.]作结。
alia generis 〈拉〉另一种(= alieni generis)
alia juris 〈拉〉（罗马法）他权人 指处在其他市民的权力支配之下的罗马市民,不享有完全的权利能力。他权人主要是处于他人的家长权[patria]、夫权[manus]或买主权[mancipium]之下。与自权人[sui juris]相对。(⇨sui juris)
aliamenta (= aliamentia)
aliamentia n. 〈英格兰古法〉（佃户的）通行权;起居方便权 为佃户或房客的食宿方便所必需提供的通行、过道、引水的权利,是由居住权派生的。
alias ❶化名为;别名叫;亦称为 指某人曾使用另一姓名或被人们以另一姓名称呼。❷在另一时间;再次
alias dictus 亦称为;化名为;别名叫 常简写为 alias。
alias execution 第二执行令状 因第一次发出的执行令状未能使判决得到履行而再次发出的执行令。
alias process 第二令状 在第一次或前次发出的令状、传票、执行令等因任何原因而未达目的时第二次或再次发出的令状、传票或执行令。
alias subpoena 第二传票 因第一次发出的传票未达目的而再次发出的传票。
alias summons 第二传票 第一次发出的传票因形式或送达方式上有缺陷而未生效时,再次发出的传票。
alias tax warrant 第二次发出的追缴欠税令 第一次发出的令状未达目的而再次发出的令状。
alias warrant 第二令状 在第一次发出的令状,如追缴欠税令、扣押令等未能实现预期目的时,再次发出的令状。
a libellis 〈拉〉（罗马法）❶请愿官 负责处理向国王或君主提出的请愿的官员。❷财政大臣(= Chancellor of the Exchequer)
alibi 不在犯罪现场 针对刑事起诉进行辩护时提出的一项主张。当犯罪发生时,被告人并不在指控的犯罪发生地,而在另一处所,因此使得被告人不可能成为罪犯。此辩护主张须由被告方举证证明。
alibi natus 出生于另一地点
alien n. ❶外国人 居住在一国境内但不属于该国公民或国民的人。❷外侨
a. ❶外国的;❷外国人的 ❸外侨的;具有外侨身份的
v. 转让;让渡（土地、财产等） 亦作 aliene。指将财产或财产权利由一人处转移到他人处。通常用于指土地或土地保有权的转让。它与 alienate 同义,但前者更为常用。
alienability n. 可转让性;可流通性

alienability of future interests 未来权益转让权 财产权益的所有人预先转让其未来权益的权利。
alienable a. 可转让的;可流通的
alienable constitutional rights 〈美〉可放弃的宪法性权利 指受陪审团审判的权利、获得律师辩护权、不被强迫自我归罪权和其他一些相关联的宪法上规定的公民权利,可以为公民自动声称放弃。
alienage n. 外国人地位;外国人身份;外侨身份
alien ami (= alien friend)
alien amy (= alien friend)
Alien and Sedition Laws 〈美〉《侨民法和镇压叛乱法》 1798年通过,由4个法令组成,规定凡发表针对联邦政府的任何虚假、挑动仇恨、恶意的著作,目的在于诋毁联邦政府,煽动叛乱者为非法,这一短期实行的法令严格了在美的外国人入籍的居住条件,并授权总统可以驱逐或逮捕有上述行为的侨民。
Aliena negotia exacto officio geruntur. 〈拉〉尽善良管理人之注意;管理他人事务需尽特别注意。
alienare 移转;让渡（财产）(⇨alienate)
aliena res 他人的财产
alienate v. ❶转让;移转;让渡(⇨alien) ❷离间;疏远(感情) ❸非法转让 若他人未经遗嘱授权而非法转让死者的财产,则可对其提起诉讼,要求补偿财物被非法占用所受损失。
alienated a. ❶转让所有权的 ❷精神错乱的;疯狂的 ❸被离间的
alienatio 〈拉〉财产让渡(= alienation)
Alienatio licet prohibeatur, consensu tamen omnium in quorum favorem prohibita est, protest fieri. 〈拉〉如果是为保护某人利益而禁止某项财产转让,则只要该人同意,转让仍可进行。 普通法法谚,但在衡平法中也可应用此原则。
alienation n. ❶转让;财产让渡 指出于当事人自愿的财产的完全转让,尤指不动产的绝对转让,可以以遗嘱、赠与、交易等方式进行。它不同于依照法律规定发生的财产移转。❷分裂;不和 ❸疯狂;精神错乱
alienation clause 转让条款 ①在契据中表明允许或禁止财产再转让的条款;②在火灾保险中,规定只要被保险人转让了保险标的所有权,保险单即为无效的条款。
alienation in mortmain 永久管业的转让 将土地转让给任何法人[corporation],无论独体法人或集体法人,教会法人或世俗法人。(⇨mortmain; amortization)
alienation of affections 〈美〉离间夫妻感情 离间夫妻感情之诉是对第三者无正当理由恶意离间夫妻关系的行为所提起的侵权之诉。
alienation office 〈英〉地产转让办公室 在协议诉讼和阻却限嗣继承的拟制诉讼[fine and recovery]中依据协议和登录令[writs of covenant and entries]收取相关费用的办公室。(⇨fine; common recovery)
Alienatio rei praefertur juri accrescendi. 〈拉〉法律更注重财产的转让而非积累。
alien corporation (= foreign corporation)
alien declarant 〈美〉申请入籍的外国人 居住在美国并依法定方式申请入籍的外国人。
alienee n. （财产的）受让人(⇨alien)
alien enemy 敌国人;敌侨 在交战国一方居住或旅游的交战国另一方的公民或国民。
aliener 转让 (⇨alienate)

alien friend 友国人;友国侨民 对于某国而言,与该国保持和平关系国家的公民或臣民。

alienigena 〈拉〉外国人;在外国出生的人

alieni generis 〈拉〉另一种(= alia generis)

alieni juris (= alia juris)

alien immigrant 外国移民 由外国迁入而尚未入籍的外国人。

alienism n.❶外侨身份;外侨地位 ❷精神病学 尤指法庭精神病学。

alienist n.❶精神病学家;精神病医生 现已很少用,指专门致力于精神疾病或精神缺陷方面研究的医生。 ❷精神病鉴定专家 指凭借经验、知识,在某一特定时间,就被告人的精神状况进行检查并作出鉴定意见的人。

alien nondeclarant 〈美〉未申请入籍的外国人 居住在美国,却未依法定方式申请入籍的外国人。

alieno loco 他处;其他地方

alieno nomine possidere 〈拉〉代理占有;为他人占有 代理人代被代理人管理占有物;代理人为被代理人取得占有物。

alienor n.(财产的)出让人(⇨alien)

Alien Property Custodian 〈美〉外侨财产监管官 依据1917年《对敌贸易法》[Trading with the Enemy Act]任命的官员,在总统的指令下对未被授权的敌侨的有形及无形财产进行保管和管理。

Alien Registration Act 〈美〉《外侨登记法》 国会于1940年通过的一项联邦法律,是美国对外侨进行管理整体计划的一部分。该法要求在美国年满14岁由自己申请,不满14岁由其父母或监护人申请的所有外侨每年进行登记,并且提交指纹。

alien resident 〈美〉外国居民;非居民 居住在美国的外国公民。

Aliens Act 〈英〉《让渡法》 英格兰议会于1705年通过的旨在迫使苏格兰同意议会合并的法律,若苏格兰不同意安妮女王[Queen Anne]死后由汉诺威[Hanoverian]王室成员继位,则禁止苏格兰向英格兰的一切出口。

alien's duty 〈英〉外侨关税 英国向外国商人征收的进口税。

alien seaman 〈美〉外国海员;外籍海员 具有外国国籍的海员,不论其是在外国船舶上还是在美国船舶上工作。

alienus 〈拉〉他人的;属他人的;他人财产 其中,"alienus homo"是指他人之奴隶;"aliena res"指他人之财产。

alienus homo 〈拉〉他人的奴隶;属于别人的人

alieu n.完全保有的地产;自主地产(权)(= alleu)(⇨allodium)

alight v.❶(从马背、车、飞机上)下来;(鸟、飞机等)飞落;降落 ❷偶然发现;偶然碰见
  a.点着的;燃烧的;明亮的

alighting n.(乘客从运输工具上)下来

alii 〈拉〉他人;其他人(⇨et alii)

alii e contra 〈拉〉意思相反的其他人(⇨et alii e contra)

Alii per alium non acquiritur obligatio. 〈拉〉任何人不能通过他人取得债权或承担债务。 该他人是其代理人者除外。

aliment v.〈法〉〈苏格兰〉赡养;扶养 指生活必需品的供给。
  n.赡养费

alimenta 〈拉〉〈罗马法〉生活必需品 维持生活的必需之物,包括衣、食、住等。

alimentary provision 〈苏格兰〉扶养基金 为信托受益人设立的基金,其资金由受托人掌握,受益人不得提前使用、转让信托利益或在信托利益上设定其他义务。

alimentary trust (= protective trust)

alimented a.有权得到扶养费的 指离婚妇女依据法院判决或指令有权得到他人提供的扶养费。

alimentum n.扶养(费);赡养(费)

alimony n.扶养费 源于拉丁文"alimonia"。指离婚或分居后或在离婚诉讼期间,配偶一方付给另一方的费用,通常由男方付给女方。美国有时对未离婚或分居的配偶之间也判决给付生活费、扶养费;虽然通常意义上扶养费不包括付给子女的费用,但个别案件的判决中也将给子女的费用列入扶养费。(⇨maintenance)

alimony ad interim 〈拉〉临时扶养费 指离婚诉讼未决时,配偶一方临时给付对方的扶养费。(= temporary alimony)

alimony in general 定期扶养费 在未来不特定期间内,定期给付的一定数额的扶养费。

alimony in gross 定额扶养费 总额确定的扶养费,可一次性给付也可分期支付。

alimony pendente lite 临时扶养费(= temporary alimony)

alimony trust 扶养信托 指为担保丈夫对妻子的扶养费支付义务而设定的信托,即由丈夫将其财产转让给受托人,并以其妻子为受益人[beneficiary],以此在离婚或分居后对其进行扶养。

A l'impossible nŭl n'est tenu. 任何人都无义务做不可能之事。

alio (= alius)

alio intuitu 〈拉〉从另一角度看;从另一观点出发;考虑到其他的条件或情形 不仅限于事物的表面和本身。

alio loco 〈拉〉在别处

alios 〈拉〉其他的(⇨inter alios)

alios acta 〈拉〉他人的交易或行为(⇨inter alios acta)

aliqualiter 无论如何

aliquid 〈拉〉某事;某物

aliquid conceditur 〈拉〉放弃某物;让与某物

Aliquid conceditur ne injuria remaneat impunita, quod alias non conceditur. 〈拉〉为了不让非法行为逍遥法外而放弃某些本来不应放弃的东西。 该谚语常指在每个案件中,被侵权并蒙受损失的当事人都应得到补偿。

Aliquid possessionis et nihil juris. 〈拉〉占有某物,却无权利。

aliquis 〈拉〉某人;任何人

Aliquis non potest esse judex in propria causa. 〈拉〉任何人不得在自己案件中担任法官。 一个人不能同时承担当事人和法官双重角色。

aliquot a.(严格意义上的)可整除的;(等分)部分的

aliquot-part rule 部分转让规则 在法院作出对其有利的判决前,当事人可要求获得部分的财产所有权。

alis 〈拉〉他人;另一个;不同的 alius的古体形式。

aliter 〈拉〉否则;不然

aliud 〈拉〉不同的;另一回事

Aliud est possidere, aliud esse in possessione. 〈拉〉占有是一回事,拥有占有权是另一回事。

Aliud est tacere, aliud celare. 〈拉〉沉默是一回事,隐瞒是另一回事。

Aliud est vendere, aliud vendenti consentire. 〈拉〉出卖是一回事,同意出卖是另一回事。

aliud examen 另一种审判方式;不同的审判方式

aliunde 〈拉〉从其他地方的;另有来源的

aliunde rule 其他来源规则 在对陪审团作出的裁断提出异议时,应提出其他来源的有效证据,而不能仅仅根据陪审员的证言。

alius 〈拉〉他人;其他的;不同的

alive *a*.活(着)的 涉及出生时,指婴儿出生后在一段时间内,甚至是短暂的独立存活。生命以呼吸或其他生命指征如心脏、动脉等的搏动,或者对人工呼吸心脏有力的反应以及脐带在被剪断后的舒张及收缩等作为标志。在遗产案件中,为了保护胎儿的利益,将尚在子宫内的胎儿视为"存活"。

A.L.J. 〈美〉行政法官(= administrative law judge)

all actions not otherwise provided for 没有另行规定的一切诉讼 时效法中的一般性规定,通常认为时效法的规定适用于每种形式的诉讼(对物诉讼和对人诉讼),但某些司法区认为不包括特殊诉讼程序、遗嘱检验程序或撤销执照程序。

all and singular 每一;全体;无例外

all cases at law 〈美〉所有普通法上的案件 在有权接受陪审团审判的宪法保障的意义内,该词指所有普通法上的案件,区别于衡平法上的案件及其他某些案件,如离婚案件、遗嘱检验案件、海事案件、未成年人案件等。

all costs 所有费用 用于上诉费用担保[appeal bond]中,包括在上诉程序和初审法院中产生的所有费用。

allegans 陈述;声称;断言

Allegans contraria non est audiendus. 〈拉〉自相矛盾的陈述将不被采信。 前言不对后语者,充耳不闻之。

Allegans suam turpitudinem non est audiendus 〈拉〉任何人因丑行而不得主张权利。 在衡平法上,援引衡平法的人自己必须清白。

allegare 断言;声称;(证据不足地)硬说;(作为借口、证据)提出;援引

Allegari non debuit quod probatum non relevat. 〈拉〉被证明无关的事不得援引。

allegata *n*.❶答辩事项;抗辩事项 ❷〈拉〉(罗马法)(罗马皇帝或教皇在其颁布的敕令或法令末尾的)签名 他们在其他法律文书中所署者被称为"signata"或"testata"。

allegata et probata 〈拉〉被援引并被证明了的 指当事人所作陈述已举出证据加以证明。

Allegatio contra factum non est admittenda. 〈拉〉与行为相反之主张,应不许可。

allegatio contra interpretationem verborum 〈拉〉与字面含义相反的陈述

allegation *n*.❶断言;宣称;主张 当事人在诉状中对事实的肯定性陈述。❷(教会法)答辩状 在教会法上,起诉状[libel]之后当事人的所有诉答均称为"allegation"。针对起诉的答辩状称为"responsive allegation",若原告再对此作出回答,即称为"counter allegation"或"responding application"。一方当事人对对方所提证据的反对,称为"exceptive allegation"。

allegation of fact 事实主张 指对事实的详细陈述,并说明依据法律从这些事实会产生的权利或责任。

allegation of faculties 财产状况陈述 在离婚案件中妻子为获得扶养费[alimony]而对丈夫的财产状况所作的陈述。

allegations upon information and belief 基于所知和所信而作的陈述 指宣誓陈述书[affidavit]的陈述人仅就自己所获知的信息和自己的确信,而非根据确定的事实所作的陈述。

allegatum 〈拉〉所陈述的(内容);所主张的(事实)

alleged *a*.指控的;宣称的;主张的;陈述的

allegiance *n*.效忠;忠诚 个人对其所属政府或国家负有的服从和忠诚义务,以及侨民对居住国或其政府的忠诚义务。

allegiare *v*.〈古〉(通过法律的正当程序)自我辩护

alleging diminution 声称减少 指在上诉法院中声明初审案卷[nisi prius record]中的记载不完全或有减少。

alleguer 〈拉〉辩护;抗辩;答辩

all elections 所有选举;一切选举 宪法或法律中的用语。有时它仅指对官员的选举,有时不仅指选举官员而且也包括提案[propositions]、议案[questions]或宪法修正案交付表决的投票。

Allen charge 〈美〉艾伦指示 在陪审团难以达成一致意见而形成僵局时法官向陪审团作出的指示,要求陪审员应认真听取并尊重彼此的意见,努力作出一致裁断。因在1896年艾伦诉美国[Allen v. United States]一案中该指示获得最高法院的允准,故得名。也称为强迫性指示[dynamite charge;shortgun charge]、三级指示[third degree charge]。在某些州禁止使用艾伦指示。在允许使用艾伦指示的州,主持庭审的法官在作出此指示之前应仔细全面地审查它将对陪审团作出裁断的影响。

Allen v. Flood 〈英〉艾伦诉弗勒德案 1898年的一个著名判例。案情大致如下:钢铁工人认为造船木工和他们共同制造钢铁制品是不合适的,因此钢铁工人的代理人向雇主发出警告,如果他不解雇这些造船木工,钢铁工人将举行罢工。造船木工以此警告是恶意威胁为由,提起了损害赔偿之诉,但最终造船木工未获得赔偿,因为法院判决认为,尽管钢铁工人代理人的行为已经给原告造成了故意的损害,也不论其动机的恶意,但他的行为并没有违法。该判例自此确立了这样一个规则:即使恶意行使确定的法定权利并且已经对他人造成了损害,此行为也是不可诉的。

aller 〈法〉相当于英文的"go"

aller a large 〈法〉释放;无罪开释

aller al eau 〈法〉令其接受水审 (⇨hot-water ordeal)

aller sans jour 〈拉〉无限期休庭

alleu 〈法〉自主地产(权)(= aleu)

all events test (一年)所有应税事项标准 对于采用应计制的纳税人而言,所有导致其获取收入或支付费用的事项必须在其就此收入或费用支出进行纳税申报前已经发生。

alleviare 〈拉〉〈古〉❶支付或征收惯常的罚金;履行偿还部分欠款而了结债务的协议 ❷通过支付罚金赎回;以支付罚金弥补损失

alleynour (= eloigner)

all faults 所有瑕疵;所有缺陷 在货物买卖中表示对所售货物提供瑕疵担保的用语。

all fours 完全符合;完全一致 法庭对某一案件作出判决时援引以前判例常用之语,即前后两个案件在涉及及应适用的法律原则的一切重要方面基本上是无区别的。

All Hallows 万圣节(= All Saints' Day)

alliance *n*.(国际法)联盟 主权国家间为确保其安全和共同防卫而通过缔结条约的方式形成的联合,尤指为联合进行战争或在抵抗进攻中寻求相互支持和保护而通过条约或盟约进行的联合,前者称为进攻同盟,后者称

为防御同盟。

allied companies 联营公司;联合公司(⇨holding company)

allies n.同盟国 指同一同盟条约的缔约国或参加国。

allieu 自主地产(权);绝对所有权(＝alleu)

all inheritance taxes 综合继承税 包括继承和遗产税以及狭义的遗产税。该词经常出现在遗嘱有关纳税的指示中。

allision n.(船舶)冲撞 航行中的船只单方面撞上停泊中的船只,它与两只航行中船舶的相互碰撞[collision]不同。

all matters in difference 所有无关事项 仲裁协议中常用的习语,指所有与系争事由不相关的事项均不提交仲裁。

all my money 我所有的钱 一个独立使用的概括性固定习语,可通过其他遗嘱性语言确定其遗嘱中出现的位置,以判定它是否包括银行存款。

all my property 我所有的财产 遗嘱中一个概括性很强的用语,如果遗嘱无相反表示,一般认为包括在遗嘱作成后取得的财产。这种形式的遗赠是概括性的而不是特定的。

all my worldly goods 我的全部家当 遗嘱中的概括性用语,常被认为包括不动产。

alloc. (＝allocatur)

allocable a.❶可分配的;可拨出的;可分派的 ❷可分摊的 在会计分析中,指将一笔总金额分摊到几个部门、几个时期的不同账户中。

allocable share of income 〈美〉可分配收入 依据联邦所得税法的规定,对特定单位的可分配收入,并不对该单位本身征税,而是向获得此项收入分配的财产所有人或受益人征税。

allocare 允许;准许;许可;承认

allocate v.分配;分派;划拨

allocatio 分配;配给;分派;拨款

allocation n.❶分配;配给 ❷划拨款项 ❸(会计)分配;分摊

allocatione facienda 〈拉〉(英格兰古法)配给令状 是发给财政大臣的一种令状,依此会计人员可要求取得其办公所需的开支。

allocation of dividends 股利分配 在信托账户中,现金股利记入收入;股票股利记入本金;如果现金股利是清算股利,则一般记入本金。

allocation of income 收入分配 当两个或两个以上企业归属于同一利益集团时,必须将收入在各企业之间分配,以防止偷漏税。在信托账户中,表现为收入在本金和收入之间进行分配。

allocation of principal and income 收入在本金和收入账户中进行分配(⇨allocation of dividends; allocation of income)

allocato comitatu (古)在剥夺公民权诉讼中使用的令状

allocatur/alloc. 〈拉〉承认;认可;批准;同意 该词旧时指一项令状或命令获得准许。也指主事官或首席书记官对提请其审查的涉及费用、损害赔偿或会计事项的单据的核定或认可。

allocatur exigent 追加催唤令 在剥夺公民权诉讼[outlawry proceedings]中,以催唤令[exigent or exigi facias]传唤被告出庭,被告没有到庭时催唤次数尚未够五次时签发的令状,以完成法定催唤次数。

allocution n.量刑前(对被告人)的询问;(对被告人)最终陈述 普通法上法庭在量刑之前对被告人的询问程序,

看被告人是否有合法的理由表明不应根据已作出的有罪裁断对其判刑,或被告人是否将为自己的利益进行陈述并提出应对其减轻处罚的理由。美国对此程序在制定法中加以规定并作有变动。在英国,强调此程序的重要性在于上诉法庭须保证被告人有机会要求获得宽恕或申请阻止作出判决。

allocutus (英格兰古法)免刑要求 已被定为犯有叛国罪的罪犯可以向法庭提出不对其作出判决的申请,并说明不应对其判刑的理由。现已罕有使用。

allod n.自主地产(＝allodium)

allodarii 自主地产保有人

allodia 〈拉〉自主地产 不从属于封建领主的土地。(⇨allodium)

allodial a.自由的;自主保有的

allodium n.自主地产 指没有任何上级领主而自己直接保有的地产,保有人对此地产拥有绝对的权利,它不同于封地或采邑[fee]。法德两国13世纪前有一些早期的自主地产,法国大革命后,所有土地均成为自主地产;在美国,保有人在国家名义下保有完全保有地产,但实际上也是自主地产;在英国,1066年之前的特许地[bookland]是自主地产,1066年后自主地产消失,现在最高层次的地产是在国王名义之下保有的自由继承地产,在实际意义上已等同于自主地产。(＝alodium; alode; alodis)(⇨fee)

allograph n.他人代书 有别于亲笔签署[autograph]。

alloign (＝eloigne)

allonge n.粘单;附笺;粘贴单;附单;附加条 当汇票、本票等可流通票据的票面上已无空余供背书时而附加的单子,构成票据的组成部分,供背书之用。

allot v.❶(按比例)分配;分给 ❷(为特定用途而)拨出;指定给

all other cases not expressly provided for 所有没有明文规定的其他案件 时效法中的一般性规定,通常认为包括存在争议的、应由法院审理的所有案件,但有时限指除适用特别程序以外的案件。

allotment n.❶分配;分派;划拨;拨款;份额 ❷(租借或分配给个人使用的)小块园地

allotment certificate 派股证书 向股票、债券认购者分配其所认购股票、债券数量的证明文件。同时载明金额、缴款期、缴款方式等内容。

allotment note (英)海员工资分配通知书 海员与雇主订立合同时签署的书面文件,要求雇主将其工资的一部分交给他的近亲属,如父母、妻子、子女等,雇主应按其中指定的金额和时间向指定的人付款。

allotment system ❶(英)土地分配制 将土地划分为小块分配给雇农或园丁耕种。 ❷〈美〉(土地)配给制 将土地分配给印第安部落用以狩猎或其他目的。

allotment ticket (＝allotment note)

allotment warden 〈英〉配给地管理人 据1845年圈地法,将圈地分配给某一地区的贫民,并由教区牧师及教区选派的其他人管理这些经分配的圈地,称为配给地管理人。

allotted land 配给地(⇨allotment)

allottee n.领受人;接受分配物者

allouer 〈法〉允许;授权

allow v.❶授予;给予 ❷承认 ❸酌增;酌减;酌留 ❹准许;容许

allowance n.❶分配额;允给额 ❷承认;允许 ❸津贴;补助 ❹减免;免税额;折扣 ❺扶养费;生活费 ❻手

allowance of alimony 临时扶养费;生活津贴　由配偶一方支付给另一方。(➪alimony; temporary alimony)

allowance of owelty 公平性补偿　指为维护交易中的公平原则,由得益较多的一方给予另一方一定数额的补偿。

allowance pendente lite 先行给付令;诉讼中支付令　在诉讼终结前法庭作出的要求履行给付义务的命令。如在离婚案件或要求分居扶养费[separate support]案件的诉讼期间,法院裁定向配偶一方及子女先行给付临时扶养费等。这种先行给付并不影响最终判决的执行。

allowance to memeber of armed forces 武装部队成员津贴　给军人的额外补助,如生活津贴[subsistence]、季度津贴[quarters]、制服补贴[uniforms]以及退伍费[pension]等。

allowance to widow (=widow's allowance)

allowed by law 法律允许的;法律确认的(=fixed by law)

allowed claim 法律认可的财产请求　法律上有效并有强制执行力的债务或财产责任。

alloynour 〈法〉隐匿者;偷窃者;私取财物者;隐匿(可能被扣押财产)的人(=eloigner)

all prior indorsements guaranteed 所有有担保的前手背书　它通常用于收款行的背书中。但是,是否因该词而使银行承担背书人的责任则是有争议的,某些权威观点将其限定为,实际上系指指定收款人进行背书。

all property of mortgagor 抵押人的全部财产　在动产抵押中明确抵押财产范围的术语。

all right, title, and interest 所有的权利和权益　在财产让与中,表示出让人的一切权利和权益。

all-risk insurance 一切险保险　承保除被保险人的欺诈行为及列明除外风险之外的所有风险的保险。

All Saints Day 万圣节　每年的11月1日,纪念基督教的所有圣徒。

all taxes 〈美〉全部税收　一种概括性的表达方式,其具体含义可由上下文推断,在继承和不动产税中不适用"全部税收免除"的说法。

all that remains 全部剩余财产　该词用以指剩余财产遗赠[residuary bequest]的标的。

all the estate 〈英〉全部财产　产权转让证书或其他担保文书中,出让人、出租人转让其"全部财产、权利、利益及请求权等"[all the estate, right, title, interest, claim, and demand]的简略说法。

all the green, pine timber 全部林木　在造林契据[deed of growing timber]中对林木的说明,并须表明其位置。

all the members 全体成员　宗教团体章程中的规定。团体事务应由全体教众管理,但采取行动时不必要求每个教徒表示同意。未出席会议与出席会议而未投票的成员被推定为愿意接受投票结果的约束。

all the real estate 全部不动产　在契据中说明让与人财产的短语。

all the rest, residue, and remainder 全部剩余财产　用于遗嘱中关于剩余财产的处理条款。(➪residuary clause)

all the timber and growth of timber 全部林木及其种植　在造林契据中对林木的说明,指定种植地点。(➪all the green, pine timber)

alltud 〈英格兰古法〉外地农奴　"all-tud"指其他地区,"all-tud"则用来指来自于其它国家或国内其它地区且依附于国王或自由土地保有者的农奴。

alluminor n. 〈英格兰古法〉装裱匠　用鲜明色彩在纸上或羊皮纸上着色装饰书稿,尤其是装饰契据或证书的起首字母的人。

alluvio 〈拉〉冲积地;淤积地;自然增长的土地(=alluvion)

alluvio maris 〈拉〉〈英格兰古法〉〈罗马法〉❶海水冲击 ❷因海水冲积而形成的土地

alluvion n. ❶冲积层;淤积层 ❷(因冲积而引起的岸边)土地自然增长;自然增长的土地

ally n. ❶同盟国 ❷同盟国国民;同盟国公民
v. 联盟;结盟

ally of enemy 〈美〉敌国臣民;敌国公民　在《对敌贸易法》[Trading with the Enemy Act]中,指不在美国居住的敌国公民。

alm n. 灵魂(=anima)

almanac n. ❶历书;历;天文历　按当年的日、周和月顺序载有天文和星系学资料并常包括其他杂项材料的出版物。❷年鉴　载有关于世界性的事件、一个社会或宗教团体等的一段时间——通常为一年——的统计资料、表列数据以及一般情况的出版物。❸(标明礼拜日或其他宗教节日的)祈祷书附录

almaria 〈拉〉(教堂或图书馆的)档案;文书

almesfeoh n. 〈撒克逊〉彼得金(=alms fee; Peter pence)

almner n. 施赈吏;分发救济品的人(=almoner)

almodraii 自由采邑的领主;最高掌权者

almoign (=alms)

almoigne (=almoign)

almoin n. 施舍物(金);自由教役保有(=almoign)(➪frankalmoign)

almoin tenure 〈英〉自由教役保有(=frankalmoigne)

almonarius n. 〈英〉施赈官;分发救济品的人

almoner n. 施赈吏　指负责分发救济品之人。该职位首先设立于教堂之中。在英国,施赈勋爵[Lord Almoner]通常是位主教,为王室官员,理论上其主要职能是分发皇家救济,而实际上他只负责在受难节[Good Friday]前日的濯足节[Maundy Thursday]上对皇家救济进行礼节性[ceremonial]分发。尽管先前其地位重要,但在英国现在他几乎是一个闲职。

alms n. 施舍;慈善捐赠　一般指公共权力机关对穷人的救济。以前接受这种救济就不能享有某些公权利,现在则不能因此而剥夺受赠者的选举权。

alms fee 彼得金;圣彼得节奉金　古代英格兰一种每户必纳的税金,上缴教皇。因每年8月1日圣·彼得节征收而得名。撒克逊人称之为"罗马金",又称"炉灶金"[hearth money],除圣·阿尔本修道院外,各家各户、各宗教团体都要交纳。(=Peter pence; Romefeoh; Romescot; Romepennying; Almsfeoh)

almsfeoh (=alms fee)

almshouse n. 贫民所;救济院　在美国,指由市[city]或县[county]由官方或非官方支持贫民的机构,可称为"mission"(救济机构;贫民福利组织)。在英国,它与由私人捐助支持的贫民院[poorhouse]或济养院[workhouse]并非同义。

alnage n. ❶〈英格兰古法〉厄尔　旧时主要用于量布的一种长度单位,相当于45英寸。❷毛织品税

alnager n. 毛织品检查官　监督毛织品质量,按规定在毛织品上盖印,并征收羊毛织品税[alnage]。

aloarius n. 自主地产保有人

alod 〈拉〉(封建法)自主地产(=allodium)

alodarius n. 自主地产保有人(=aloarius)

alode 〈拉〉自主地产(= allodium)
alodial n. 自主地产(= allodium)
alodiarii 自主地产保有人(= allodarii)
alodiarius n. 自主地产保有人(= aloarius)
alodis (= allodium)
alodium n. 自主地产(= allodium)
alodum n. 自主地产(= allodium)
alody 可继承的土地
along a highway 沿路 该词常见于对不动产的描述中。如无表示相反意图之词句,则契据标的物描述中所谓的"沿路"即指以公路中线为界。
alongside ad. 在旁边;靠拢着;并排地 在租船合同[charter-parties]中经常使用的术语,要求租船者应尽可能地将货物运至靠拢船舶的地方。
a lour foy 〈拉〉尽他们的忠诚(义务)
aloverium 钱包
A.L.P. (= American Labor Party)
ALR (= American Law Reports)
ALR2d. (= American Law Reports, Second Series)
ALR3d. (= American Law Reports, Third Series)
als (= alius; alios)
also known as 亦称为;别名(⇨alias)
alt (= alter)
alta proditio 〈拉〉(英格兰古法)重叛逆罪(= high treason)
altar n. (教堂内的)圣坛;祭坛;圣餐台
altarage n. (教会法)祭坛上的祭品;牧师(通过祭礼获得)的收益
altaragium n. 祭品;牧师的收益(= altarage)
alta via 〈拉〉(英格兰古法)公路;大道
alta via regia 〈拉〉国王专用道;御道
alta via regina 〈拉〉王后专用道;御道
Altenheim 〈德〉养老院;老人之家
alter v. 改动;修改 该词用于数字时,可以包括增加和减少。
alteram partem 兼听;听取另一方(的陈述) 这是普通法上的原则之一。(⇨audi alteram partem)
altera parte 另一部分的;另一方的(⇨ex altera parte)
alteration n. 改变;改动;更改;变更 指形式或状态的改变,而不损害其本质特征。如在租赁条约中明确禁止租户对房屋进行实质上[substantial]的改变。
alteration of brand 〈美〉(动物身上)标记的变动 在一些州的大面积养殖牲畜的地区,将动物身上的标记进行变动、毁损、消除的行为都属于犯罪行为。变动与毁损不同,在动物身上已有的标记之上再附加另外一种标记,虽然对原有标记的形状并不进行改变,也属于变动。
alteration of contract 合同的变更 指由于双方当事人协商一致而对合同条款所作的修改。如果得到适当对价的支持,则该种变更等同于一个新的合同,除非根据当时情形无须对价。
alteration of instrument 法律文书的修改 指有权的当事人对法律文书所作的含意或措辞上的改动。在法律意义上,它不包括外人[stranger]对文书进行的修改。
alteration of share capital 股本变更 由于增股、合并、拆股、转换、回购优先股等引起的股本变动。股本变更必须是章程所授权的。
alteration of trust 信托的变更 信托财产授予人在原信托范围内修改信托条款而引起的变更。
altercation n. ❶〈罗马法〉(通过询问证人而进行的)审判 ❷〈英〉(激烈的)争吵;辩论;争论
alter ego 〈拉〉❶第二个我 当公司被个人用以实施该人的个人商业行为时,如果对与该公司进行交易的相对人实施欺诈,则法院将揭去公司的面纱,而将法律责任直接归究于该个人。(⇨piercing the corporate veil) ❷知己;好友;极受信赖的代理人(或代表)
alter ego doctrine 第二个我原则;揭穿公司面纱原则 指为了预防欺诈或达到公正的目的,不把法人当作独立存在的实体,而将公司与拥有公司股份或资产的所有个人视为同一主体,即将股东视为公司财产的所有人。
alter-ego rule (= alter ego doctrine)
alterfoits ad. 以前的;在其它时间的(= autrefois)
alter idem 〈拉〉完全相同的另一个;另一个我;第二个我
altering n. 改变;改动;变更;更改(⇨alteration)
Alterius circumventio alii non praebet actionem. 〈拉〉欺诈得逞并不导致诉权。
alternat n. 轮签制;轮署制;轮换制 在条约文本的签署次序上体现国家平等的一种制度,属外交惯例,指在签署双边条约时,缔约国双方均有权在自己保存的条约文本上的首位签字。通常是签署国文本左边为首位,系签署国国名和外交代表签字的位置。首位签字完成后,将该文本再交由缔约对方在右边进行次位签字。
alternate n. 代理人;候补者;代替者
a. 转换的;交替的
alternate director 代理董事;替代董事 该人代表的是因出国或疾病而不能对公司事务进行管理的董事。
alternate juror 候补陪审员;预备陪审员 额外选出以备当陪审团中某陪审员生病或无资格时替代其位的陪审员。
alternate legacy 选择性遗产 立遗嘱人表示从两件或多件物品中给予一件,但未指明是哪一件物品。
alternate valuation date 替代估价日 为征收遗产税对死者财产进行估价的日期,该日期并非死者的死亡之日,而是从死者死亡之日或对财产处置之日起 6 个月,以先到者为准。通常由遗产管理人或执行人选择是适用死者死亡之日还是替代估价日。
alternate valuation method 替代估价日法(⇨alternate valuation date)
alternatim 〈拉〉交替地;互换地
alternating custody 交替监护 离婚父母交替分担行使对子女的监护权。
Alternativa petitio non est audienda. 〈拉〉对举棋不定的请求不予受理。
alternative a. 在两者中任择其一的;选择性的;交替的;替代的
alternative accommodation 〈英〉替代性住处;过渡性住处 除非承租人具有合适的替代性住处或在命令生效时可以得到替代性住处,否则法院不能对出租的住房发布占有令。当然,法院根据 1968 年《出租法》[Rent Act]所授予的权力,在其认为合理时,亦可发布占有令。(⇨greater hardship)
alternative allegations (= disjunctive allegation)
alternative averments 选择性陈述;可替代的陈述 指刑事起诉书中对同一罪项以另一种与法律规定相符的方式表达。
alternative contract 选择性合同 当事人可以依对方当事人的要求从数种行为中择一作为合同的履行。
alternative cost 替代费用 生产某一商品的费用,而该商品被表述为另一商品。

alternative counts 可选择的罪项 在一份刑事起诉书中如果涉及若干罪行，在每一独立段中对每一罪行细节的陈述构成一罪项，这些罪项按顺序排列便构成了可选择的罪项。无论审判前抑或审判中，法庭都有权决定对每一或每几个罪项单独进行审理。

alternative damages 选择性损害赔偿金 合同规定的内容之一，它允许当事人在约定的损害赔偿金与实际评估的损害赔偿金之间进行选择。

alternative danger 选择性危险 某人因他人过错而处于必须在两个危险中进行选择的困境时，即使其选择的危险结果证明是造成了更大的损害，行为人仍为无过错。

alternative dispute resolution/ADR 替代纠纷解决程序 指使用诉讼以外的方法来解决纠纷，如仲裁、调解等。这种程序通常所花时间短、费用少，对商业和劳动争议、离婚、医疗事故等纠纷越来越多使用这种程序来解决。

alternative judgment 可选择履行的判决 指一方或多方当事人可选择实施判决中规定的几种行为之一来履行判决确定的义务。或指并不以明确、肯定的方式确定当事人的权利的选择性判决。

alternative minimum tax 〈美〉最低替代税 对公司和高收入的个人所征收的一种税，旨在弥补税法的漏洞，避免这些纳税人通过税收减免等方式免除应税财产的全部纳税责任，使所有纳税人至少缴纳最低金额的税款。最低替代税的应税收入为各种税收优惠减免金额减去法定扣减金额，然后以固定税率计征。

alternative obligation 选择性债务；选择之债 债务人可在两项行为中任择其一，完成其中任何一项，即为履行债务。例如，允诺交付某物或者支付一笔特定数额的金钱，即属该种债务。

alternative payees 选择性收款人 两个或更多的人被指定为汇票、本票或储蓄债券的收款人，可任择其一付款。

alternative pleading 〈美〉选择诉答 指诉答人可以提出两种或两种以上并不必然一致的请求或答辩。如果诉答中的陈述是替代性的，且其中之一是充分的，那么诉答不会因为另一或其他陈述的不充分性而被认定为不充分。这种诉答曾受禁止，但现在在联邦及州的民事诉讼规则中都是受到认可的。

alternative punishment 选择性刑罚 或者适用罚金或者适用监禁刑，但二者不能同时适用。(⇨alternative sentence)

alternative relief 选择性救济 指两种司法救济手段互相排斥，当事人只能选择其中之一。例如在合同之诉中，原告既要求实际履行，又要求损害赔偿，则法律要求其对此选择其中一种救济方式。

alternative remainder 选择性剩余遗产 对该剩余遗产中的财产处分是以选择性方式作出的，亦即一方的财产处分生效，则另一方的财产处分不生效，反之亦然。(⇨remainder)

alternative remedy (= alternative relief)

alternative sentence 可选择的判决 指可供被告人加以选择的判决，如在交通事故案中，被告人可选择或者被处以罚款，或者被吊销执照。此种判决因其不确定性而不能生效。

alternative will 替代遗嘱 在两份不同的遗嘱中，立遗嘱人在意外事件发生时所立的遗嘱将作为最后生效的遗嘱。

alternative writ 选择令状 普通法上的一种令状，它要求某人为特定行为，或者向法院说明他不应被强制为该行为的理由。普通法诉讼上的第一个执行职务令 [mandamus] 就是一个可选择的令状，但在现代诉讼中这种令状通常不用，而代之以说明理由的命令 [order to show cause]。

alternative writ of mandamus 选择性的执行职务令 法院作为首先适用的救济方法而签发的、要求被告要么履行特定的行为，要么于指定时间到庭说明其不履行该行为的理由的令状。(⇨alternative writ)

alternative writ of quo warranto 替代权限开示令状 旧时开始权限开示诉讼 [action in quo warranto] 使用的令状。现已基本不用。

alternis vicibus 轮流地；交替地

alterum non laedere 〈拉〉不伤害他人；不损及他人 该谚语与诚实生活 [honeste vivere]、各得其所 [suum cuique tribuere] 一起，被优士丁尼 [Justinian] 看作是所有法律规则赖以建立的基本原则。

alteruter 〈拉〉二者之一；(两者之中) 任一的

alteruter et quilibet 〈拉〉每一个；任何一个

althing n. ❶ 〈中世纪〉冰岛全国自由民大会 ❷ 冰岛议会

altius non tollendi 〈拉〉〈罗马法〉限制加高役权 指限制所有人不得建造超过一定高度的建筑物。

altius tollendi 〈拉〉〈罗马法〉加高役权 建筑物高度不受限制的权利。

alto et basso 〈拉〉全部地 用于双方约定将全部争议事项提交仲裁的协议中。(⇨de alto et basso)

altum mare 〈拉〉〈英格兰古法〉公海；深海

altus 高的；深的；非常的

A lui et a ses heritiers pour toujours. 〈拉〉永远归属他及其继承人。

alumna n. 〈美〉女校友；女毕业生

alumnus n. 〈美〉男校友；男毕业生

alveus 〈拉〉〈古〉河床；河道

alveus derelictus 〈拉〉〈罗马法〉被弃置的河床；干涸的河床 与该河床相邻之土地的所有人，可如同分割新出现的岛屿一样，分割该河床。

always afloat 保持飘浮状态 租船合同用语，要求保证船舶在足够深的水中处于漂浮状态，目的在于使租船人将船舶停在有足够水深的港口，以便安全卸货。

a.m. (= ante meridiem)

amabyr 〈英〉女子出嫁费 指封臣在女子出嫁时向领主交纳的费用，1556年阿伦特尔 [Arundel] 伯爵解除了其封臣的这一负担。(⇨amober)

a ma intent 〈法〉基于我的诉讼

amalgamation n. (企业等的) 合并；统一 (体)；混合 (⇨consolidation)

Amalphitan Code (table) 《阿玛尔菲法典(表)》 一部海事法汇编，由阿玛尔菲人于11世纪末编纂，在地中海沿岸国家实行至16世纪末，是古代海法的权威。

amand 处罚；惩罚；刑罚

a manendo 〈拉〉剩余的

a manibus 〈拉〉皇室抄写员；书记人员(⇨amanuensis)

amanuensis 〈拉〉誊写员；听写员 代答他人口授或决定的内容。

a manu servus 〈拉〉秘书；书记员；抄写员

ambactus 〈拉〉❶ 奴仆；附庸；封臣 ❷ (古罗马) 贵族保护下的平民 ❸ (古) 受人庇护者

ambages n. 逃避；规避；偷漏捐税；迂回的说法(做法)

ambassador *n.* 大使 一国派驻外国,代表本国政府同该外国政府办理国际事务的最高等级的外交代表,享有完全的外交特权与豁免。

amber *n.* ❶(英格兰古法)安珀 旧时的一种计量单位,相当于4蒲式耳[bushel]。 ❷琥珀

ambidexter *n.* ❶(古)接受当事人双方(原告和被告)报酬的律师 ❷两面受贿的陪审员 收受原告和被告两方面的贿赂。 ❸搞两面派的人;两手都善利用的人;诡诈者

Ambigua responsio contra proferentem est accipienda. 〈拉〉对于模棱两可的答复,应作不利于答复人的解释。

Ambiguis casibus semper praesumitur pro rege. 〈拉〉对于模棱两可之情况,应作有利于王国之推定。

ambiguitas 〈拉〉歧义语;双关语;多义

Ambiguitas contra stipulatorem est. 〈拉〉对文书之疑义,应作不利于其制定者之解释。

ambiguitas latens 〈拉〉潜在的歧义 指由于情况变动而使本来清楚的语句发生歧义。(⇨latent ambiguity)

ambiguitas patens 〈拉〉明显的意义不明 指语句明显不清楚而存在歧义。(⇨patent ambiguity)

Ambiguitas verborum latens verificatione suppletur; nam quod ex facto oritur ambiguum verificatione facti tollitur. 〈拉〉用语上潜在的歧义可用证据来消除;因为任何因事实而产生之歧义都可通过验证来消除。

Ambiguitas verborum patens nulla verificatione excluditur. 〈拉〉用语上明显意义不明之处不能通过验证来消除。

ambiguity *n.* (意思或目的的)含糊不清;模棱两可

ambiguity on(upon) the factum 事实不明确;事实含糊 指某一文件本身的根据或基础不明确,而非指对文件内容的解释不明确。如该词常用于指立遗嘱人是否有意将某一条款作为遗嘱的一部分,或该条款是否是根据立遗嘱人的知识制订的,或者余产处理条款是否由于偶然而被遗漏等问题不明确。

ambiguous *a.* 不明确的;引起歧义的(⇨ambiguity)

Ambiguum pactum contra venditorem interpretandum est. 〈拉〉契约有疑义时,应作不利于卖方之解释。

Ambiguum placitum interpretari debet contra proferentem. 〈拉〉对含糊不清的答辩,应当作不利于答辩人的解释。

ambiguus 〈拉〉含糊不清的;模棱两可的;不明确的;引起歧义的

ambit *n.* ❶周围地区 环绕房屋或城镇周围的地方。 ❷界线;周线;范围

ambitus *n.* (古)非法买卖公职;贿买官职

amblotic *n.* 能引起流产的;用来引起流产的工具

ambra *n.* 安珀 一种撒克逊人用以计量盐、谷物、黄油、蜂蜜等的容器或量具,合4蒲式耳。

ambulance chaser (美俚)❶怂恿(交通事故中的)受害人起诉的律师 ❷怂恿受害人聘请律师进行诉讼的人

ambulatoria 可撤销的;可变更的

Ambulatoria est voluntas defuncti usque ad vitae supremum exitum. 〈拉〉立遗嘱人临终前仍可变更其意愿。指遗嘱于设立人死亡之前均可撤销。

ambulatory *a.* 可变更的;不固定的;可撤销的

ambulatory disposition 可变更的或可撤销的裁判

ambulatory jurisdiction 可变更的司法管辖权 暂时性的无固定地点的管辖权。

Am. Dec. (= American Decisions)

a me 〈拉〉从我这里;脱离我 a me de superiore meo 的缩写,指上级领主对封建授地的直接占有。

ameliorating waste 改良性损坏 指虽然承租人的行为严格按照法律规定来看,对土地造成了损坏,但实际上是对土地进行改良。衡平法通常不禁止这种损坏。

ameliorations *n.* 改良;改善;改进;增进;提高

amenable *a.* ❶顺从的;服从的 ❷对…负有义务(或责任)的

amend *v.* ❶修改;修订;修正;改正 ❷改进;改善;改良

amendable *a.* 法律允许修正的

amendable process 可纠正的程序;可补救的程序 指尽管程序有缺陷,但可得到补救以使判决有效。

amendatory statute 修正法 对现存制定法进行修改的制定法,不同于废止现存制定法的制定法。

amended pleading 修改过的诉状(⇨amendment of pleading)

amended return 修正税单;修正的纳税申报表 指对原税单中的错误进行改正的修正税单。

amended statute 修改过的制定法;经修改的制定法

amende honorable (法国古法)当众认罪;公开谢罪;公开赔礼道歉 旧时对犯罪人或侵权行为人的一种羞辱性惩罚,以恢复受害方的名誉。如使受害者颈缠绳索,手持火把走进教堂,以请求受害方的谅解。

amender 〈法〉(= amend)

amendment *n.* ❶(制定法、宪法或其他文件的)正式修正案;补充条款 ❷(宪法、法律或其他法律文件的)修正程序;修订程序 ❸修改;变更

amendment as of course 理所当然的修改 在规定时间内依制定法或法院规则要求的条件对诉状进行的修改,不需经法庭许可。

amendment by compulsion 强制修改 若原诉状会阻碍、拖延案件的审判或会使审判人员产生偏见,法院可强制当事人进行修改。

amendment of constitution 〈美〉宪法的修改 指提出、通过和批准美国宪法或州宪法修正案的过程。

amendment of judgment 〈美〉判决的修改 根据美国《联邦民事诉讼规则》[Federal Civil Procedure Rules],在判决登记后10日内可依据理由,基于充足理由对判决进行修正。(⇨modification of judgment)

amendment of pleading 诉状的修改 指改正诉状中的错误和遗漏,变更和补充诉讼主张等,以使案件能在真实事实的基础上得到处理。

amendment of statute 制定法的修订 在不打破原制定法总体框架的前提下进行的变更,以使其进一步完善或者更为有效地实现其制定目的。

amendment of trust 信托(条款)的修改 对原信托条款进行的修改,信托财产授予人[settlor]可在原信托文件中保留该修改权。

amendment on court's own motion 法院自行作出的修改 指未经当事人事先申请,法院对诉状或由法官制作的其他文书所作的更改或补充。

amendment to conform to proof 为与证据保持一致而(对诉状)进行的修改 根据当事人原先提出的诉状,其在庭审时提出的证据不可采纳,且对诉状的修改不会从实质上改变诉讼理由或答辩理由的情况下,可对诉状加以修改。

amends *n.* 补偿;(由加害方对损失进行的)赔偿

amenity *n.* ❶(常用复)生活福利设施;便利设施 ❷消极

地役权（⇨negative easement）

a mensa et thoro 〈拉〉不共寝食；分居 该术语源自教会法，表示教会法院所作的离婚判决[decree of divorce]的范围仅及于配偶的分居与婚姻同居关系的终止，而不表示婚姻的解除，故配偶之任一方均不得再婚。该词的拉丁文意思即为"不共寝食"[from bed and board]，但在英国法上已被引申为夫妻的司法别居[judicial separation]。(⇨separation; divorce a mensa et thoro; a vinculo matrimonii)

amensuratio (= admeasurement)

amentia n. 智力缺陷；精神错乱

amerce v. ❶惩罚；处以罚金 ❷（法庭视情节轻重）科以罚金或刑罚

amercement n. ❶（尤指法庭视情节轻重对滥用职权的官员判定的）罚金；刑罚 ❷罚金；惩罚 该词源于法语"estre à merci"，意指"完全受⋯的支配"；源于拉丁文"merces"，意指"惩罚"。(= cashlite; merciament)

amerciament (= amercement)

amerciament hominum 罚金特许请求权 一种很少见的特许权。当封建领主的佃户被王室法庭[King's Court]处以罚金时，领主可请国库将罚金返付给自己。

amerciamentum (= amercement)

American and English Annotated Cases 《英美注释判例集》

American Arbitration Association/A.A.A. 美国仲裁协会 美国仲裁员的全国性自愿组织，劳动和商业争议案件的仲裁员从其成员中选出。该协会还制定了《职业道德和程序标准准则》[Code of Ethics and Procedural Standards]作为仲裁员的行为准则。

American Assembly ❶泛美大会 1826年泛美会议[Panamerican Congress]的最高机构，准备了《联合、联盟与永久同盟条约》[Union, League and Permanent Confederation Treaty]。 ❷美国政策研究会 哥伦比亚大学1950年起创立的一个机构，专门整理和出版分析美国政策各个方面，特别是外交事务政策的材料。

American Bar Association/ABA 美国律师协会 主要通过康涅狄格州律师协会[Connecticut Bar Association]的努力，于1878年创立，总部设在芝加哥，是全美执业律师以及法官的自愿社团组织，具有非政府组织性质。协会成立一百多年来，一直负责努力促进美国法学的进一步发展，它制订了执业律师所需的正式法律教育标准和职业道德准则，创设了美国法律学会[American Law Institute]以及统一州法委员联合会[Conference of Commissioners on Uniform State Laws]。美国法律学会致力于美国的一些部门实体法的汇编整理，统一州法委员联合会则致力于促进各州立法和司法的统一性，以增强司法公平。最近一些年来，美国律师协会已经引人注目地参与联邦法官候选人的推荐和遴选工作；并且对全美各法学院颁授"ABA认可"[ABA-approved]，改进律师职业及司法伦理准则。申请加入美国律师协会需满足一定要求，必须是美国某一州、领土、领地律师界的成员，道德品行良好，交纳会费。美国律师协会为执业律师在执业中的继续法律教育提供了多种公开研计机会。在热点领域或法律改革方面展开研讨。在协会内部，会员可参加根据法律领域设立的各个部门的多种活动。协会也设有多个委员会处理有关法官遴选推荐、职业责任与职业训诫以及律师事务、预付律师费用、执业失职、老年人的法律问题、公益领域法律等诸多事务。协会通过一个七人成员的政府事务部[Governmental Affairs Office/GAO]涉入政治程序领域。政府事务部设在协会在华盛顿的办事处，拥有相当多的工作人员，充当整个律师界的"眼睛、耳朵和声音"，作为游说集团，进行政治游说工作。在立法或涉及法律制度的事务中，发挥广泛的政治游说影响。为使所有大众能平等得到司法制度的保障，美国律师协会最近增加了公益性质的、由执业律师提供的免费法律援助活动。协会每年开一次年会，每半年开一次（一般）会议，讨论选定的法律论题以及协会本身事务。美国律师协会每月还出版一期《美国律师协会月刊》[American Bar Association Journal]，还出版年度指导以及各种期刊、新闻通讯等报告协会各部门和各委员会的工作。协会还支持附属机构比如美国律师基金[American Bar Foundation]的活动，该基金资助法律研究活动。美国律师协会的目标如下：①增进美国司法制度的改善；②增进获得司法代表性的途径和司法平等；③提供促进法律服务于社会要求变化的领导作用；④增进公众对于法律的尊严、法律程序以及法律职业的理解认识；⑤达到职业精神、职业适格能力、职业伦理行为的最高标准；⑥作为法律职业界的全国性代表发挥作用；⑦为会员的职业发展提供帮助条件和计划项目，并且增强会员的生活素质；⑧促进世界范围的法治；⑨通过接纳少数民族裔和妇女会员来促进法律职业的全面参与和平等参与；⑩保持并增进作为普通职业和献身于公益事业的法律职业理想；⑪保持作为自由社会至关重要因素的法律职业界和司法界（法官）的独立。(⇨American Law Institute)

American Bar Foundation 美国律师基金 美国律师协会的一个分支机构，发起和资助与法律相关的研究、教育和社会调查项目。

American Civil Liberties Union/ACLU 美国民权联盟；美国公民自由联盟 1920年由罗杰·鲍德温[Roger Baldwin]等人在纽约市创立，联合发起创立这一组织的其他知名人士包括：作家海伦·凯勒[Helen A. Keller]，时为律师，后来成为美国最高法院大法官的弗兰克福特[Felix Frankfurter]，以及社会主义者牧师托马斯[Norman Thomas]。这一非官方、非营利性质组织以维护宪法中权利法案的自由权为宗旨，致力于使宪法保障的言论、集会、结社、宗教等公民个人自由权利，以及平等权，法律的正当程序和公民的隐私权等民权真正彻底实现。现有成员30多万人，总部设在纽约市，在哥伦比亚特区华盛顿设有一个立法办事处[legislative office]。联盟自1920年创立以来恪守政治上中立的准则，它只致力于保卫所有的人，包括那些弱势团体、不受欢迎甚至是遭人厌恶的人的自由权利而不论其政治观点如何。这样，联盟积极涉入保障于三K党、共产党人、社会主义者、罗马天主教、同性恋者、少数民族裔等的合法自由权利。联盟的哲学是：民权总是十分脆弱、易受环境情形的变化而大受影响，政府和社会中的多数派很轻易地削弱它们，甚至剥夺。自由权不会自我实现，必须依靠抗争来赢取，并且通过不停的抗争来赢取（类似于霍姆斯大法官在艾布拉姆斯[Abrams]案的司法异议）。联盟尽管争取、维护、保障的是相当抽象和一般性的自由权，但他们认为公民的自由权只有当每个人都享有时，这些权利才会存在，意即，自由权利如不被特定的社会群体，包括弱势群体、社会憎恶或政府使其沉默的个人所享有，所谓所有人享有的自由权利就是一句空话。联盟充分运用合法的司法资源，帮助或亲自涉入最高法院以及不同级别的地方性司法机构中挑战或检验立法或案件的合宪性。20世纪30年代至90年代中期,联盟在最高法院赢得了一些重大的案件,其中最著名的是 1954 年的"布朗"案 [Brown v. Board of Education, 347 U. S. 483, 74 S. Ct. 686, 98 L. Ed. 873 (1954)],这些判例对美国的法律乃至美国人的生活及其历史产生深远的影响,成为美国法律制度中一支坚定不移的力量。联盟除诉诸于司法诉讼程序保障公司自由权,还关注立法问题,对于全国性或地方性的立法事务频繁发表公开评论意见,同时对于妇女、儿童权利、死刑、犯人权利、国家安全等问题也予以关注。最重要的是联盟不只是关注已存在的自由权,而且还致力于将这些已存在的自由权扩展至未曾普遍享有的领域。美国民权联盟的实践恰当地反映了自治性质的结社权对于维护脆弱而珍贵的公民自由权利,特别是多元社会下的弱势群体的基本自由权利的至关重要性。

American Clause 美国条款 当被保险人就同一财产或同一风险投保了两个保险时,某些海上保险单适用的条款。该条款规定第一保险人必须先负责赔偿所发生的危险损失,而被保险人只有在第一保险人不能充分赔偿其损失时,才能向第二保险人提出索赔。

American Decisions 《美国判例集》 一套年代较老的附注解的判例汇编。

American Digest System 美国判例摘要系统 由韦氏出版公司 [West Publishing Company] 出版的全美国内容最广泛的判例摘要,包括了韦氏公司出版的判例汇编中的所有判例,将近 300 万个,且每年增加约 3 万个。它摘编了自 1658 年至今上诉法院作出书面判决的所有标准判例,以及某些初审法院的精选判例。整个系统分为数个多卷本的单元:世纪摘要 [Century Digest](1658 – 1896);第一十年摘要 [First Decennial](1897 – 1906);第二十年摘要 [Second Decennial](1906 – 1916);第三十年摘要 [Third Decennial](1916 – 1926);第四十年摘要 [Fourth Decennial](1926 – 1936);第五十年摘要 [Fifth Decennial](1936 – 1946);第六十年摘要 [Sixth Decennial](1946 – 1956);第七十年摘要 [Seventh Decennial](1956 – 1966);第八十年摘要 [Eighth Decennial](1966 – 1976);第九十年摘要第一部分 [Ninth Decennial, Part 1](1976 – 1981);第九十年摘要第二部分 [Ninth Decennial, Part 2](1981 – 1986)等。各单元之间在实质上是相互独立的,它们之间通过钥匙号索引体系而联结起来。

American Empire 美帝国;全美国 包括州和准州 [territories],后者指尚未成为州但有本地立法机构的地区。

American experience table of mortality 美国死亡统计表 关于人寿保险、保险成本与保单价值的一系列表格,根据被保险人的年龄、保险期限与特定保单之不同而变化。该统计表由保险人于 19 世纪 60 年代制定形成,用以预测死亡率,并据此确定保险费率,后被广泛采用,直至 20 世纪 50 年代。

American experience tables (= American mortality tables)

American Federation of Labour 美国劳工联合会 1955 年与产业工会联合会 [Congress of Industrial Organizations CIO] 合并,成为 AFL-CLO,简称劳联—产联。

American Gold Star Mothers (= Gold Star Mothers)

American Indian Movement 〈美〉美国印第安人组织 一个激进团体,它努力游说并寻求对印第安人权利的法律保护,废除对他们的法律上的和非法的歧视。他们的活动曾偶尔引发过暴动。

American Indians 美洲印第安人 (⇨ Indian)

American international law 美洲国际法 一个引起争议的术语,主要为一些美国学者在一战前后所使用。其他人拒绝认同这种用法,联合国亦未予承认。

American Jurisprudence 《美国法释义全书》 (⇨ American Jurisprudence 2d)

American Jurisprudence 2d/Am. Jur. 2d 《美国法释义全书第二版》 由律师合作出版公司 [Lawyers Co-operative Publishing Company] 出版,早先的版本是《美国法释义全书》[American Jurisprudence],出版于 1936 年至 1940 年。该《美国法释义全书》取代 1914 年至 1921 年的《重要判例法》[Ruling Case Law]。《美国法释义全书第二版》与《美国法律百科续编》[Corpus Juris Secundum] 性质类似,均为美国法律,特别是判例法的百科全书,但《美国法释义全书第二版》在其正文的脚注中仅援用精选的案例,而不是像《美国法律百科续编》那样力求包含所有判例。此外,与《美国法律百科续编》相比,《美国法释义全书第二版》更着重于制定法、联邦程序法和统一的州法,联邦税法编有二卷,并及时更新。与《美国法律百科续编》类似,《美国法释义全书第二版》与同一出版公司的其他出版物亦相互参照。

American Jurisprudence, Second Edition 《美国法释义全书第二版》 (⇨ American Jurisprudence 2d)

American Labor Party 美国工党

American language 美语 美国人使用的英语语言,是大多数北美大陆居民的用语,称作"通用美语"[General American]。在国联 [League of Nations],英语是通用语言,在联合国,则是美语。

American law 美国法 (⇨ United States of America law)

American Law Institute/A.L.I. 美国法律学会 于 1923 年由一些法官、法学教授和卓有盛名的律师创立,其宗旨在于促进法律简洁明确,消除美国各州普通法中的不确定性和复杂多变。美国法律学会的最重要成果是对于某些部门实体法律重述的汇编、整理和出版,这些法律重述在一些司法管辖区被认可作为法律适用,发挥了重大的影响。美国法律学会拟定了《模范刑法典》[Model Penal Code],与统一州法委员联合会 [Conference of Commissioners on Uniform State Laws] 共同拟定了《统一商法典》[U.C.C.]。(⇨ Restatement of the Law)

American Law Reports 《美国判例汇编》

American Law Reports, Second Series 《美国判例汇编第二辑》

American Law Reports, Third Series 《美国判例汇编第三辑》

American Law Review 《美国法律评论》 于 1866 年由约翰·奇普曼·格雷 [John Chipman Gray] 和约翰·古德曼·罗普 [John Goodman Ropes] 创办的法律月刊,很快便发展成为一份重要刊物,后由小奥利弗·温德尔·霍姆斯 [Oliver Wendell Holmes] 和阿瑟·塞奇威克 [Arthur G. Sedgwick] 编辑。

American Lloyd's 美国劳埃德协会 (⇨ Lloyd's underwriters)

American mortality tables 美国死亡统计表 (⇨ mortality table; American experience table of mortality)

American plan ❶美式计费法 旅馆定时向顾客提供膳食,顾客支付包括餐费和住宿费在内的固定费用,与欧式计费法相对。(⇨ European plan) ❷美式原则 雇主和雇员之间不通过工会,而是直接接触解决问题的原则。

American rule 美国规则 按传统的"美国规则",除非法律规定或合同另有约定,胜诉方当事人也要付律师费,即各方当事人分别负担自己的律师费，但有例外，如在对方存在恶意、无理缠讼、轻率行事、或诉讼使得某确定集团的成员获得了实际利益，或存在其他情况时，胜诉方可免付律师费。此外，在关于民权的诉讼中，如果诉讼是无意义的、不合理的或无根据的，法院也可裁定胜诉的被告人免付律师费。

American Society of International Law/ASIL 美国国际法学会 1905年在美国华盛顿成立的一个协会，出版《美国国际法学刊》（月刊），自1912年起，与国际协会联盟[Union of International Associations/UIA]合作出版另一种刊物。

American State Reports 《美国州法院判例集》 一套早期的带注释的判例汇编。简称为"Am.St.Rep"或"A.S.R"。

American Stock Exchange/AMEX/ASE 〈美〉美国证券交易所 系美国第二大证券交易所。根据《1934年证券交易法》[Securities Exchange Act of 1934]进行自我监管的证券交易组织，位于纽约市，主要从事公司股票的全国性交易。其上市条件[listing requirements]的审查标准较纽约证券交易所宽松，因此新成立企业或小公司的证券常在此交易。其曾被称为"场外交易所"[New York Curb Exchange]。

American Theory 〈美〉美国原理 指以成文形式所体现的最高法律的基本思想：所有私权既定，而公权具有派生性。

American Trial Lawyers Association/ATLA 美国庭审律师协会

amesnable (＝amenable)

amesner son hoste 率领他的军队

amesse (＝amictus)

AMEX (＝American Stock Exchange)

amhiniogau tir 土地边界上的居民 地产案件中的证人，其土地与争议土地接界。

ami 〈法〉朋友

amiable compositeur (＝amiable compositor)

amiable compositor 〈国际法〉调停人；调解人 指中立的第三方，通常为一国国王或首脑，向发生争议的各国提出解决方案的建议，后者可依其自愿决定是否接受。

amicable action 合意诉讼 双方当事人通过协商同意，为了取得法院对某个有疑问的法律问题的裁决而进行的诉讼，对于事实问题则通常由双方协议解决。

amicable compounder 〈美〉仲裁人 指在路易斯安那州[Louisiana]，被授权排除法律的某些严格限制，以利于自然正义的实现的争议解决者。其裁决对双方当事人有拘束力。

amicable scire facias to revive a judgment 使判决再生效的合意书 具有告知令状[writ of scire facias]性质的一种书面协议，由将受再生效判决拘束的人签字，并附具判决认诺书[confession of judgment]。协议须经正式记录在案，但无需法院再采取任何措施，即生判决之效力。

amicable suit 合意诉讼 双方对案件事实无争议，只需法院解决法律问题的诉讼。

amice (＝amictus)

amictus 〈拉〉领巾；长方形披巾 罗马天主教神父主持弥撒时穿的弥撒圣袍的一部分，围住颈部和双肩的长方形的披巾。在英格兰国教礼拜仪式中使用这种法衣是非法的。

amicus 〈拉〉朋友

amicus curiae 〈拉〉法院之友 对案件中的疑难法律问题陈述意见并善意提醒法院注意某些法律问题的临时法律顾问；协助法庭解决问题的人。

amission n. 丧失；失去财产 指非自愿的失去，不同于主动抛弃财产[abandonment]。

Amistad Case 〈美〉艾米斯塔案 一起著名的海事案件。1939年，一艘满载从非洲劫掠来的黑奴的西班牙船艾米斯塔号从哈瓦那[Havana]开至圭亚那[Guanaja]，船上黑人在古巴附近暴动，杀死船长，并令捕获黑人者将船驶回非洲，捕获黑人者以欺骗手段将船驶往纽约，被美国海军捕获。在随后的诉讼中，美国法院判决黑人是自由的并不得被劫掠。此案引起很大震动，是奴隶问题在法律上的一个重要案件。

amita 〈拉〉姑姑

amita magna 〈拉〉叔(伯)祖母；姑婆

amitinus 〈拉〉堂(表)兄弟姐妹 ⇨cousin。

amittere 〈拉〉〈罗马法〉〈英格兰古法〉失去；丧失；损失

amittere curiam 〈拉〉被剥夺出庭权；丧失出庭权

amittere legem terrae 〈拉〉〈英格兰古法〉❶丧失公民权 失去受法律保护的权利，只能被起诉而不能提起诉讼。❷被剥夺宣誓作证资格 根据1845年《证据法》[Evidence Act]之规定，以前由于犯罪或利害关系而失去作证资格的公民又被重新赋予了作证的权利，他们所作证言的真实与否留待陪审团审查判断。

amittere liberam legem (＝amittere legem terrae)

amity n. 友好；(国家或人之间的)和平关系；和睦

Am.Jur. (＝American Jurisprudence)

Am.Jur.2d (＝American Jurisprudence 2d)

ammobragium 劳役；人头税

ammodwr 合同见证人 目睹合同签订的全过程因而可以作为证明合同条款的证人的人。

amnesia n. 记忆缺失；遗忘症

amnesty n. 大赦；特赦 指政府对正接受审判但尚未被定罪的人，通常是政治犯，所实行的赦免。大赦与一般的赦免[pardon]不同：大赦一般针对危害国家主权的政治犯罪，基于公共利益的考虑，大赦较之刑罚来说更为适宜；大赦通常具有普遍性，针对某些阶层或集团。(＝general pardon)

Amnesty International 大赦国际

amober (＝amobh)

amobh 女子结婚向封建领主所交的费

among the several states 〈美〉州际的 用以区分涉及数州的贸易和只限于一州范围内的贸易；这种区分涉及国会管理贸易的权力范围；国会只有权调整州际间的贸易。

amortisation (＝amortization)

amortise v. 转让土地 指将土地等永久管业权转让给教会或社会团体。

amortisement (＝amortization)

amortizable premium 可分摊的溢价 对溢价发行的债券的溢价部分进行分摊。从收到的债券利息中扣除一部分，作为抵销购买债券时的所付高于面值的溢价，这种溢价可在发行债券的寿命期内逐步分期摊销，也可以一次付清。

amortizatio (＝amortization)

amortization n. ❶用以分期偿还的款项；分期偿还 用积存偿债基金的办法分期偿还本金和利息。❷(财产等)转让于社会团体(尤指教会)的永久管业之下 ❸摊销；摊提 指通过定期地从收益中提取费用，逐步减少有使用期限的资产特别是无形资产成本值的会计方法。

amortization reserve 分期偿付准备金 为在一定期限内分期偿付债务而设立的账号。

amortization schedule 分期付款计划；(贷款)分期偿付安排

amortize v. ❶把财产、地产让与社会团体(尤指教会)永久管业；转让不动产 ❷分期偿还 ❸分期摊销(▷amortization)

amortized loan 分期偿还贷款；摊还贷款(▷amortization; amortization schedule)

amortizement (= amortization)

amotibilis 可移动的；活动的；不固定的

amotio 〈拉〉(罗马法)拿走；移开 如果能确定盗窃目的，则再轻微的财产移动也足以构成盗窃。

amotion n. ❶赶出；辞退；罢免 例如将承租人赶出或罢免某人的公职。 ❷(公司法)解除(董事)程序 一种普通法程序，股东据此解除某一董事的职务。它仅用以指解除公司董事或其他高级职员的职务，而并不指取消其公司股东的资格，后者常用"disfranchisement"表示。 ❸不法挪动(或拿走)他人动产(▷eviction; removal from office)

amount n. 总数；全部价值；本利之和；合计；数量

amount covered 投保金额；保险金额 当保险事件发生时，保险人应赔偿的损失金额。

amount in controversy 诉讼请求的数额；争议额 纠纷中受害方要求赔偿的数额。

amount in dispute 争议额；请求的赔偿额

amount of loss 损失额 通常是指补偿性赔偿金的数额。在保险合同中，指由于保险事故发生造成的直接损失，如保险标的毁坏、价值减少，以及为防止损失发生所支付的费用，在保险单载明的金额范围内都算作保险范围内的损失。

amount per unit 率；比率；每一单位的数额

amount realized 已实现的收入 指纳税人因买卖或财产交易而获得的收入，是计算已实现损益的基础。包括现金、所得财产、服务及买方承担的债务等。

amoveas manus 〈拉〉(命令)将没收归国有的财产返还给个人的令状

Amoveas manus, Ouster le main 〈英〉要求君主占有的财产返还个人的令状 指在判决执行扣押令程序[proceedings by extent]的君主[crown]败诉或没收逐出法外之人[outlaw]财产后，该逐出法外被撤销时，要求将君主占有的财产返还给其原所有人的令状。在权利请愿[petitions of right]的旧有作法下，当基于权利声明[monstrans de droit]作出不利于君主的判决时，此判决即称为 amoveas manus 判决，因为它要求将财产从英王之手返还请愿人[suppliant]。这一旧作法被 1660 年的法律所废除。此种案件的现代判决仅是给予被授权的请愿人特别救济，但与先前的 amoveas manus 判决具有同等效力，其特殊性在于无需发出执行令即可将财产转移给请愿人。令状和判决的所有这种程序已为 1947 年的《王权诉讼法》[Crown Proceedings Act]所废除，并为类似于私人之间获得救济的程序所取代。(▷extent; monstrans de droit; Crown Proceedings Act)

amparo n. 安朴尔 源于西班牙之美国法律术语。颁发给土地权属请求人的保护文件，直至土地进一步勘测，并由政府长官授予所有权。

ampliare n. ❶扩大；扩充 ❷推迟；延期

ampliare jurisdictionem 扩大司法管辖权

ampliatio 〈拉〉(罗马法)推迟判决；重新审理；重新听取证据 刑事诉讼中，陪审团不能确定被告人是否有罪时，可指定一个日期，重新听取证据。

ampliation n. ❶(大陆法)推迟判决；重新审理 ❷〈法〉清欠收据或其他文件之副本；送交于当事人的公证员之案件记录

amplication (= ampliation)

amplificatio 〈拉〉扩张；延期；引伸

amplius 〈拉〉(罗马法)更长的；更宽的 裁判官[praetor]在案件有疑点、承审员[judices]不能确定是判刑还是宣告无罪时，用该词宣布案件延至指定日期进行审理。

amputation of right hand (古)砍掉右手 对在上级法院打人和攻击庭审法官者的惩罚；星室法庭对于在王宫围地内决斗或斗殴的人也给予这种处罚。

amrygoll n. (古)(财产)损失；损失总额

Am St Rep. 美国州法院判例报道集 American State Reports 的简写。是一套早期精选判例集，带有注解。

AMT (= alternative minimum tax)

amtrak 全国铁路客运公司[National Railroad Passenger Corporation]

amtrustio 极受信任的奴仆；心腹仆人

a multo fortiori 〈拉〉最有力的理由

amusement tax 娱乐税 政府对娱乐场所及体育比赛门票所征的税；为门票价格之百分比。(▷luxury tax)

amvabyr (= amabyr)

amy 〈法〉朋友(▷ami; prochein ami)

an 〈法〉年

an. (= ann.)

An (= anonymous)

anacrisis (罗马法)调查；审问 指为了解事实真相或获取证据而进行的调查审问，尤指以拷打等方式进行的讯问。

anagraph n. 登记簿；注册簿；财产目录；存货清单

analogism n. 类比推理；类推

analogous a. 相似的；类似的

analogous arts and uses (专利法)类似技术与用途 判断两个以上的技术或用途是否类似，依赖于它们的内容因素和目的是否相同。某一技术领域的信息与一发明领域相关，并被发明人合理地用来解决发明中出现的技术问题；如果前一技术被认为是类似技术的，则可以认定该发明属显而易见[obviousness]，不应被授予专利。

analogous cases 类似案件 指两个案件虽非完全一致，但密切相关，以致于一案中得出判决的推理过程也可在另一案中适用。

analogy n. 类推；类比 在同一问题没有先例可供遵循的情况下，法学家有权从受同一一般原则指导下的另一问题的判例中寻求答案，也即类推推理。

analysis of legal problems 法律问题的分析 指将法律问题分解成若干组成要素，以便发现能够恰当地提供解决每个问题的方法的法律原则。

analytical jurisprudence 分析法学 近现代法理学的一个流派，它主要看重对法律原则及规则进行分类，对法律制度中的概念、关系、语词及观念，如"人"、"义务"、"权利"、"责任"、"行为"等进行分析。分析法学与实证主义法学紧密联系在一起，实证主义法学强调研究现存的实在法[positive law]，而不是应然的理想法律。分析法学尽管发轫于霍布斯的学说，但主要是由边沁与奥斯丁创立，尤其是后者。分析法学注重使法律概念明确以及阐释某一具体法律制度的语言及概念，对法学研究贡献较大。分析法学派在 19 世纪的其他重要代表还有英国的霍兰德[T.E.Holland]、马克比[Markby]及新西兰的萨蒙德[J.W.Salmond]，在美国则有格雷及霍菲尔德。在 20 世纪，凯尔森的纯粹法学及哈特的新分析法学都是在分析法学的基础上发展起来的。

anaphrodisia n.性欲缺失
anaphrodisiac a.抑制性欲的
  n.制(性)欲剂
anarchist n.无政府主义者；煽动叛乱的人 指倡导用暴力推翻政府者，或者把无政府作为其政治理想的人。
anarchy n.无政府(状态)；法律或最高权力虚无的社会状态；政治混乱 无政府最好的情形是不依法律而靠人们良好行为方式所形成的有秩序的社会，在那里人们各尽所能、各取所需；最坏时指用暴力抗拒一切现行政府和社会秩序。(⇨criminal)
a nativitate 从出生时起
anatocism (= compound interest)
anatocismus (= compound interest)
anatomical gift 器官捐献；遗体捐献 指在遗嘱中指定将其重要器官或组织进行捐赠，通常将其用于医学研究或移植。在美国，大部分州已采用《统一器官捐献法》[Uniform Anatomical Gift Act]，规定在死后可以为特定目的而捐献遗体之全部或部分。
Anatomy Act 〈英〉《解剖法》 对解剖学的研究及尸体处置予以批准并进行规范的制定法。
an bellare unquam justum sit 〈拉〉开战是否正确
ancestor n.祖先；被继承人
ancestral a.祖先的；祖传的
ancestral action 祖产之诉 原告要求返还其祖先依法占有或拥有的土地的诉讼。
ancestral estate 祖产；祖传地产 在普通法上，应由直系卑亲属取得；无直系卑亲属时，传给血缘最近的旁系亲属。
ancestral property 祖传财产 通过继承取得的财产。
  (⇨ancestral estate)
ancestrel (= ancestral)
ancestry n.❶血统；世系；谱系 ❷祖先；先辈 ❸名门出身
anchorage n.❶锚地；泊地 ❷下锚；停泊 ❸停泊税；碇泊费
Ancienne Coûtume de Normandie 诺曼底古习惯法 指诺曼底公国的古代法律及习惯法，一直存续至 1205 年约翰国王失去大陆上的领地之后。
ancient a.古代的；古老的 在一般意义上指已存在很长时间，尤指公元 476 年西罗马帝国灭亡以前；但在法律中，该词并不局限于通常所认为的古老的含义，如在 20 年前所作出的判决即可称其为"ancient"。
ancient boundaries 古界 在人类出现之前就已存在的树木、石头及其他标志物。
ancient deeds 旧文据 具有 30 年（或 20 年）的历史，且从表面上看来自合法的保管之下，无任何可怀疑之处的文据。(⇨ancient writing)
ancient demesne 〈英格兰古法〉古地；古地自保 古地自保的庄园是那些在忏悔者爱德华[Edward the Confessor, 1042 – 1066 年在位]和征服者威廉[William the Conqueror, 1066 – 1087 年在位]统治时期就由国王实际直接占有的土地，在《末日审判书》[Domesday]中注明为"王地"[terrae regis; terrae regis Eduardi]。在这些土地上负农役[socage]的封臣被称为古地保有者[tenants in ancient demesne]。古地保有和其它保有比起来有以下不同：首先，1833 年《不动产时效法》[Real Property Limitation Act]之前，有关这种保有的诉讼只能在普通民事诉讼法庭[Court of Common Pleas]或古地庄园法庭[court of ancient demesne of the manor]进行，后者由古地自保者组成类似于普通保有庄园中的封臣法庭[court baron]；其次，这类土地独立于领主意志之外而通过普通法转让方式转移；最后，基于这种保有还可以针对驱逐之诉[ejectment]提出程序上的抗辩。除了作为古地保有者的农役封臣外，古地上还有三种公簿地产保有人，对应三种不同方式的保有：①依国王特许状自由保有土地的人；②习惯公簿保有[customary freeholds; customary leaseholds]人，他们依习惯而非领主意志保有王地，尽管其转让要通过交回[surrender]或契据[deed]和认可[admittance]的方式进行；③依领主意志凭法庭记录的副本保有土地，又称为农奴公簿保有[copyholds of base tenure]人。在《末日审判书》中，关于某一特定庄园是否古地保有的记录是确定的，但关于某块土地是否属于某古地保有庄园则作为事实问题留给陪审团裁断。在古地自保中，土地上没有次一级和相冲突的利益，森林和矿藏属于古地自保者，对领主的义务均是固定的。(⇨tenure; demesne; socage)
ancient documents (= ancient writing)
ancient enclosure 旧圈地(= ancient inclosure)
ancient fence 旧栅栏 指持续很久以致于被当作实际分界线的栅栏，原分界线业已消失。
ancient feud 承袭封地(= feudum antiquum)
ancient house 〈英格兰古法〉老房子 老得足以获取建造附属建筑物地役权的房子，即这种房子因存在的时间已足够长而取得了建造支撑物的地役权。
ancient inclosure 旧圈地 把公地圈作私有达 20 年以上的土地。(⇨ancient boundaries)
ancient judgment 旧判决 指判决已作出 20 年以上，据此便可推定其合法性。
ancient law ❶[A–L]《古代法》 英国法律史学家亨利·梅因[Henry Maine]的名著。❷古代法；古代法制；古代法律 古代法大致可用来表示公元 5 世纪前存在于各种社会组织中的法律制度、概念、观念、原则等的总体。许多古代法并不具有原始性，相反却显得相当成熟和复杂；反过来，一些原始法律也并不能称之为古代法。毫无疑问，在人类社会早期，许多地方都将习俗视为有拘束力的规则，但要理解类似于法律性质的社会控制手段的存在则有赖于文字和记录的发展及对其的发掘和解读。有关文明社会之前的法律知识只能是一种推断，法律与社会规则的形式很可能是禁忌、习俗和那些被普遍接受的规则。因为原始材料的缺乏或不连贯，根据相关的社会情状对其进行解释就显得非常困难，同时这种困难又导致了对古代社会的政府、法庭和法律作连贯解释的困难，因此重点应该放在对传世法律材料的研究上。早期文明起源于公元前 4000 年左右的美索不达米亚平原和埃及，后在东地中海沿岸，包括小亚细亚、巴勒斯坦、爱琴海地区、希腊和意大利等地得到发展。这些地区都曾出现过成文法典，尽管如此，它们还是经历了长时期的习惯法的演变过程，那些所谓的法典在很大程度上也只是当时习惯的记录或重述，立法者也并非颁布一部民事法典，而只是对先前的惯行作出修正，或对法官作出指示以适应变化了的社会情况。古代法的另一个特点是与神权思想密切相关,统治者均将自己的立法权和司法权归之于神授,另外在司法方式上也充满了神权色彩。古代法的发展随着地域和社会情况的发展呈现出了极大的不平衡性。在苏美尔人那里,神权统治的理论已经将施行正义视为社会生活的条件之一,但教士阶层好像从未超出过将惩罚或报应视作实施正义的手段的阶段;赫梯人则已破天荒地开始注重个人的权益;在埃及,司法系统虽已建立却又为腐败所侵蚀;希伯来人则将法律建立在宗教信仰和道德之上;希腊人虽在法律、国家、正义等观点的形而上思考方面成绩斐然,但在法律制度和规则方面同其他先前的民族一样,都远远地落后于罗马人。罗马人不独创制规则,事实上,他们已开始主动审视、检讨、分析和体系化他们的成果,公元3世纪时,他们在法律的成文化、法律思维、实体法和法律程序方面均已达到了相当的高度。

ancient lights 老采光权原则 当土地所有人连续20年享受某一采光权时,他有权禁止相邻土地所有权人修造妨碍其采光和通风的建筑物。(⇨encroachment)

ancient map 古地图 指处于合法保管之下的、从表面上看不受质疑的具有30年以上历史的官方文件,可用其确定分界线的位置。

ancient matters 古老的事件 指有关著名公众人物的具有历史意义的事件,因年代过于久远,只能从其声誉中寻求根据。

ancient meadow 旧牧地 20年或20年以上未耕作过的牧地。

ancient messuages 〈英〉古宅 指理查一世[Richard I]之前修建的房屋,但后来也指建造年代无法追忆且无法证明是源于现代的建筑。通常古宅及在其旧址上的建筑均附属有相关的共用权[right of common]。

ancient monuments 古迹;古址 考古和历史遗址、建筑物在很多情况下依制定法归环保部门或地方政府所有或管理,并向公众开放。

ancient pasture (= ancient meadow)

Ancient Pleas of the Crown 〈英〉《古代国王之诉》 凯尔汉姆[Kelham]翻译的布里顿[Britton]一书的名字。

ancient readings 古代读本 有关英国古代制定法的阅读材料或演讲,从前在法律上被认为极具权威性。

ancient records 古文据(⇨ancient writing)

ancient rent 旧租金 建筑物尚未出租而在签订租约时已预定的租金。

ancients n.〈英〉资深律师 指伦敦四大律师公会[Inns of Court]和预备律师公会[Inns of Chancery]中的特定成员。在格雷律师公会,其成员曾一度被分为四部分,即主管[benchers]、资深律师[ancients]、出庭律师[barristers]和学员[students]。在中殿律师公会和预备律师公会中曾一度对除学员以外的所有成员均称为资深律师,现在在中殿律师公会中某些资深的出庭律师仍被冠以此称呼,但仅在就餐的活动中使用。

ancient serjeant 〈英〉老律师 皇家高级律师[Crown's serjeants]中最年长者。(⇨serjeant-at-law)

ancient street 古街(原则) 该原则非基于街道存在很久的事实,而是在是由拥有土地和其他街区地段的让与人签订契据将街奉献给公众使用,并创制街上私人地役权等的事实上,引用该原则。

ancient survey 旧勘查记录 由有权的机构或人员作出的,被记录或接受为公共档案并处于合法的保管之下,至少有30年历史的旧的勘查记录。无需对其作进一步的证实即可作为证据被采纳。

ancient wall 古墙 指建来用作分界线达20年以上的墙。该墙两侧的当事人皆有权拒绝对方对古墙作移动或实质性改变。

ancient will 古遗嘱 从立遗嘱人死亡时算起已达30年或更久的遗嘱,已不需见证人[attesting witness]来证明。

ancient windows 老窗户(原则)(⇨ancient lights)

ancient writing 古文据 契约、遗嘱以及其他存在30年或20年以上的文据。这类文据由于存在时间长,而且来自于合理的保管处,故被认为真实可信,并不因缺少证人或其他证据而影响其有效性。

ancilla 〈拉〉女仆

ancillary a. 辅助的;补充的;附属的;从属的

ancillary action (= ancillary bill)

ancillary administration 〈美〉附加遗产管理 指死者财产所在地但又非死者住所地(通常在另一州)的遗产管理,目的是在当地集中财产、偿还欠款。又称为"foreign administration"。

ancillary administrator 〈美〉附加遗产管理人 指在附加遗产管理中任命的管理人,由法院任命,负责管理死者在该司法管辖权范围内的财产的分配事务。(⇨ancillary administration)

ancillary attachment 附属扣押 为有助于已提起的诉讼的顺利进行而进行的程序,其目的在于通过扣押和占有被告的财产以实现原告的诉讼请求。

ancillary bill 附属诉讼 普通法或衡平法中产生于并附属于另一诉讼的诉讼,如披露之诉[a bill for discovery],判决执行之诉,撤销存在欺诈的财产转让之诉等。提起附属诉讼的目的通常是为帮助主诉的进行、使先前的判决得到履行或对先前的判决进行质疑等。

ancillary claim 〈美〉附属请求 可以被合理地认为从属于或依赖于在联邦法院管辖权内提出之另一请求的请求。

ancillary garnishment 附属债权扣押 为帮助实现原告的诉讼请求而对在第三人掌握之下的债务人的财产进行扣押的一种常用救济方式。

ancillary jurisdiction 〈美〉附带管辖权 指法院对由其具有初审管辖权的案件而生之请求(如反请求、交叉请求[cross-claim])所具有的管辖权,尤指联邦法院对基于州法提出的,但构成依其州际民事诉讼管辖权[diversity jurisdiction]而在该法院提起的诉讼之一部分的请求所取得的补充管辖权。附带管辖权可使法院对整个案件[entire case]予以裁决,而无需将其请求分由几个法院来处理。

ancillary legislation 附属立法 附属于或支持主立法[principal legislation]的立法。

ancillary letters 附属状 颁发给附加遗产管理人[ancillary administrator]的遗产管理委任书。

ancillary proceeding 附属程序 普通法或衡平法上源于或附属于另一诉讼,或从属于或帮助另一主诉的程序。

ancillary proceeding in bankruptcy 破产附带程序 破产法院在行使其附带管辖权[ancillary jurisdiction]时所进行的程序。

ancillary process 附属程序 帮助或附属于主要诉讼[principal suit]的程序,如扣押程序。(⇨ancillary proceeding)

ancillary receiver 附属破产管理人 其经法院任命,在该法院管辖范围内从事破产财产的集中与管理,以帮助外国破产管理人。

ancillary receivership 附属破产管理人的职位(务) 协助

另一破产管理人履行职责的破产管理人的职位(务),通常是在另一司法区或外国。(⇨ancillary receiver)

ancillary relief 附属救济 指附属于主救济的救济。如原告就妨害而要求赔偿的同时,要求签发禁制令[injunction],以阻止被告实施该妨害,后者即为附属救济。

ancillary suit (= ancillary bill)

A. N. C. S. A. (= Alaska Native Claims Settlement Act)

ancwym n.(发给法院官员或法警的)固定住房津贴

andaeg (= andaga)

andaga 听审日;开庭日期

and company 公司;商号 常出现在公司或商号名称之后的措辞。

Anderson's Act 〈英〉《安德森法》 指英国 1874 年的《赌博法》。

Anderson v. Gorrie 〈英〉安德森诉高瑞案 1895 年,原告以特立尼达和多巴哥[Trinidad and Tobago]最高法院的三名法官在诉讼程序中有恶意并对此案没有管辖权为由提起诉讼,要求获得损害赔偿。上诉法院认为不得对存卷法院的法官在其管辖权范围内的行为提起诉讼,即使他心怀恶意或有违诚信原则。因为如果许可此诉,将会对法官的独立性造成损害。由此判例使得上级法院和下级法院的司法豁免权趋于同一。

and family 家人 在遗瞩中,指立遗嘱人之妻和子女。

and his heirs 后嗣;继承人 在受遗赠人姓名之后使用的限制词;契约中也是如此。但该法律上的含义须让位于因公正所需而作的实际的解释。

and reduced 并减资 在某些案件中,批准公司减少资本的法院可以要求公司在其名称后加上"并减资"字样。

androlepsia (= androlepsy)

androlepsy n.扣押外国人 一国为报复或索赔之目的而捕获另一国的公民或臣民。

andromania n.慕男狂(= nymphomania)

androphonomania n.杀人狂;杀人癖

and son 及其子 商号末尾的常见措辞。以姓氏加"及其子"字样组成的合伙名称,并不形成法律意义上的假名,不受关于以假名经商的法律的调整。

anecius 〈拉〉最年长者;老大 也拼作 aesnecius, enitius, aeneas, eneyus,法语拼作 aisne,与年轻者[puis-né]相对。

an et jour 〈法〉一年零一天

anfealtihde (= anfeldtyhde)

anfeldtyhde 〈撒克逊〉简易控诉[accusation]

anfractus judicium 法律上的纷繁难懂之处

angaria ❶〈罗马法〉强制性劳役 指为公共目的,由政府要求实现的强制性劳役,如强制性劳动或运输劳役;或要求义务提供物品等。 ❷(封建法)封臣或农奴[villian]向领主尽的人身劳务[personal service] ❸〈海商法〉为公共目的而施加给船舶的义务;船舶的强行征用

angary n.非常征用权 一国在战时或其他紧急状态下,为临时使用之目的捕获或征用位于其内水或领海内的中立国商船,位于其领空的航空器,并在事后予以全部赔偿的权利。

angel n.❶天使 ❷〈英〉安琪尔 价值 10 先令的英国古货币。(= angelet)

angelet n.安琪尔(⇨angel)

angelica vestis 天使服 一种俗人于临终前穿的修士长袍,以接受修士祈祷。

anghyvarch 无可争议的;肯定的 该词可用于:①描述某项财产排他地专属于某人所有,且不受遗产分割或夫妻别居行为的影响;②指对未经许可从事特定行为所处的罚金。

angild n.〈撒克逊〉单一赔偿金 在诺曼征服前,盎格鲁-撒克逊法律规定犯罪中的每一个受害人均有权获得赔偿金,而每人的赔偿金也依身份而不同。此外还有两倍赔偿金[twigild],三倍赔偿金[trigild]等。(⇨angylde; weregild)

Anglescheria n.〈英格兰古法〉作为英格兰人的事实

Angleterre n.英格兰

Anglia 〈拉〉英吉利[英格兰[England]的拉丁名]

Angliae jura in omni casu libertati dant favorem. 〈拉〉在任何案件中,英格兰法都是支持自由的。

Anglican a.英格兰国教会的;英国圣公会的 n.英格兰国教徒;英国圣公会信徒

Anglican Church 英格兰国教会;英国圣公会

Anglice a.❶英格兰的 ❷英国的;英国人的;英语的 n.英语

Anglicé 〈法〉用英语(表述)地 该术语古时出现于诉状中指英语的翻译,或对之前的拉丁字词的英文重述。如 panis 英语表述为 bread。

Anglo-American law 英美法(系);普通法(系);判例法(系) 美国法受到其前宗主国法律英格兰法的强烈影响,二者之间存在极大的"家族相似性",特别是在合同法、侵权法领域。英美法(系)常指这两个法律制度,即美国的法律制度与英格兰的法律制度之间的共同核心部分,尤其是与主要以罗马法为基础的欧陆法系相对比时该法(系)表现出来的特质。在实际中,并不存在一个英美法(系)或曰英美法制度,它只是一个方便比较研究的归类称谓。

Anglo-French Convention Act, 1904 〈英〉《英法协约法》该法批准了英法签订的有关处理纽芬兰捕鱼权争端的协约。

Anglo-Indian n.侨居印度的英国人 指居住在不列颠王国政府之印度疆域的英国人。

Anglo-Indian Codes 〈英〉《英印法典》 指依 1833 年《宪章法》[Charter Act]任命的法律委员会于 19 世纪中后期制定的、适用于印度各等级人的法律的统称。先后包括《印度刑法典》[Indian Penal Code]、1859 年《民事诉讼法典》[Codes of Civil Procedure]、1861 年《刑事诉讼法典》[Codes of Criminal Procedure]、1865 年《继承法》[Succession Act]、1872 年《证据法》[Evidence Act]及《合同法》[Contract Act]、1877 年《特定救济法》[Specific Relief Act]、1881 年《流通票据法》[Negotiable Instruments Act]、1882 年《印度信托法》[Indian Trusts Act]及《财产转让法》[Transfer of Property Act]。除了由印度教和伊斯兰教宗教法决定的事项外,这些法典为铺平印度与巴基斯坦法律现代化的道路作出了重大的贡献。英印法典还影响了苏丹与尼日利亚的法律。

Anglo-Saxon law 盎格鲁-撒克逊法 指公元 449 年至 1066 年间英格兰的法律,因此时英格兰主要为盎格鲁-撒克逊族占领而得名。它大约可分为三个时期:战国时期,公元 449-800 年;丹麦人入侵时期,公元 800-1017 年;丹麦与韦塞克斯[Wessex]并立时期,1017-1066 年。盎格鲁-撒克逊法由各部落习惯发展而来,后有一些经国王认可并以立法形式编定。它与欧洲大陆上的蛮族法有密切联系,并被认为是条顿法律思想的最真实表述,因为它受到罗马法和凯尔特法[Celtic law]影响甚小。它的一个突出的特点是民众权利[folk right]与特权[privilege]

的对立,国王权力正是在这种对立中不断发展起来的。另外,它还注重维持和平,这是它的另一重要特点。盎格鲁－撒克逊法中的许多制度对后来普通法的发展产生了重要影响。

angylde n.〈撒克逊〉法定赔偿比;法定赔偿金　依此,对某人或某财产造成了损害要作出相应赔偿;对受害人的赔偿相当于他法定的偿命金或身价[wer];也指牲畜或其它货物被当作通货时的固定价格,一般来说远高于市价。(⇨angild)

anhlote n.〈英格兰古法〉❶(按照习惯,作为财政负担而支付的)单一贡物或税　❷选举资格金　交此费用方能取得选举权。

anichiled a.无效的;已撤销的

aniens　〈法国古法〉无效;没有效力

anient　〈法国古法〉使无效;使…没有效力;废弃;取消 (＝anyent)

aniente　〈法国古法〉无效;没有效力

anienter　使无效;使…没有效力;(⇨anient)

anima　〈拉〉灵魂;心灵

animal n.❶动物　在词源学上,包括所有的生命体;在法律中,则特指不包括人在内的一般具有运动机能的低等或无理性的生命。在普通法上,驯化的动物所造成的伤害由存在管理过失的主人承担责任;如果是由先前已显露出恶癖的动物所造成的伤害,则责任应归于已经认识到动物危险癖性的主人。对于造成伤害的动物,受害人有权捕获并予以扣留,并保证获得赔偿。此外,普通法上还规定了被认为是野生动物所造成的伤害的有关责任。❷(复)〈英〉动物饲养许可　①动物饲养机构需要领取许可证;②某些动物的进口受到动物饲养许可证的限制。(⇨cruelty; dead animal; game; horse breeding; poaching)

animalia vagantia　游牧动物

Animal Industry Act　〈美〉《动物产业法》　美国国会于1884年5月29日通过的禁止将感染传染病的牲畜从一州或地区运至另一州或地区的法律。依该法设立了美国动物产业局[United States bureau of animal industry],其职责是收集有关一般传染疾病的资料,并为迅速而有效抑制该类疾病而制定必要的法规、规章。

animal(s) of a base nature　本质上属于野生的动物　在财产法中,通过对野生动物的驯养可以获得对该动物的所有权;在普通法上,野生动物基于其野生的本性而被认为不属于偷盗罪的犯罪对象。

animo　〈拉〉心素;故意;有目的(⇨animus)

animo cancellandi　〈拉〉以否定或撤销为目的

animo capiendi　〈拉〉以取得为目的

animo custodiendi　〈拉〉以照顾为目的

animo defamandi　〈拉〉以诽谤为目的

animo derelinquendi　〈拉〉以遗弃为目的

animo differendi　〈拉〉以迟延为目的

animo dominandi　〈拉〉以控制为目的

animo donandi　〈拉〉以赠与为目的

animo et acto　〈拉〉具有意图与行为

animo et corpore　〈拉〉❶具有心素和体素　❷具有意图与实际行动

animo felonico　〈拉〉具有犯罪蓄意地

animo furandi　〈拉〉带有盗窃意图

animo lucrandi　〈拉〉以营利为目的

animo manendi　〈拉〉带有留止的意向;以滞留[remain]为目的

animo morandi　〈拉〉以迟延为目的

animo non revertendi　〈拉〉没有返还的意向

animo possidendi　〈拉〉以占有为目的

animo recipiendi　〈拉〉以接受为目的

animo remanendi　〈拉〉以留下为目的

animo republicandi　〈拉〉带有重新公布的意向

animo revertendi　〈拉〉带有返还的意向

animo revocandi　〈拉〉以撤销为目的

animo testandi　〈拉〉❶带有立遗嘱的意向　❷依据遗嘱

animus　〈拉〉❶心素;意向(⇨animo)　❷恶意;敌意

Animus ad se omne jus ducit.　〈拉〉所有的法都因意向而产生。　一切法律都尊重意思,即意思自治。

animus cancellandi　〈拉〉❶废除的意向　❷解除的意向

animus capiendi　〈拉〉取得的意向

animus dedicandi　〈拉〉捐赠或奉献的意向

animus defamandi　〈拉〉诽谤的意向

animus derelinquendi　〈拉〉遗弃的意向

animus differendi　〈拉〉迟延的意向

animus domini　〈拉〉据为己有的意向　将领土据为己有的意图,是占领[occupation]的构成要素。

animus donandi　〈拉〉赠与的意向　明示的赠与的目的是构成赠与的必要因素。

animus et factum　〈拉〉意愿和行为　要想改变住所,必须有意向和行为。(⇨animus manendi)

animus et factus　〈拉〉意愿与行为　用以指某些行为只有伴有特定目的时才具有一定的法律上的意义。

animus furandi　〈拉〉盗窃的意向　即永久剥夺财产所有人权利的目的,这是构成盗窃罪的实质条件。

animus hominis est anima scripti.　〈拉〉当事人之意思乃其所订文书之灵魂。

animus lucrandi　〈拉〉获利的意向

animus malus　〈拉〉造成损害的动机　是恶意[malice]的要素,据此可合理处以惩罚性损害赔偿金[punitive damages]。

animus manendi　〈拉〉居留的意向　指建立一个永久居所的意向。在确定当事人住所或居所时,需对此加以明确。(⇨animus et factum)

animus morandi　〈拉〉迟延的意向

animus non revertendi　〈拉〉不返回的意向

animus possidendi　〈拉〉占有的意向

animus quo　〈拉〉对此行为的意向;作出某种行为的意向

animus recipiendi　〈拉〉接收的意向

animus recuperandi　〈拉〉恢复的意向;取回的意向

animus republicandi　〈拉〉重新公布的意向

animus restituendi　〈拉〉回复的意向

animus revertendi　〈拉〉回归的意向

animus revocandi　〈拉〉撤销的意向

animus signandi　〈拉〉签署的意向

animus testandi　〈拉〉立遗嘱的意向

an, jour, et waste　〈法〉〈封建法〉一年零一日的收益权与抛荒权(＝year, day, and waste)

anker n.〈美〉安刻尔　容积计量单位,等于10加仑。

ann.　❶"annuity"、"annual"与"annotated"的缩写形式　❷〈苏格兰〉大臣死后所给予其配偶、子女或最近亲属的半年薪金

annales n.❶(＝annals)　❷一岁崽

annals n.❶编年史　❷历史记载;历史　❸(一年当中为已故人所做的)弥撒

Annals of Congress 〈美〉(1789－1824年间在国会)发言或陈述的非正式记录

Annapolis Convention 〈美〉安纳波利斯会议 尽管英国与其前北美殖民地已签署了和平条约，但仍继续危及美国航运，而北美十三州在对付英国海军一致行动上又有歧见，更糟的是，具有天然优势的州正对其邻近州造成不利，正如詹姆斯·麦迪逊[James Madison]描写道，一些"没有便利港口进行对外贸易的州，在通过邻近州进行对外贸易时不得不接受邻近州的征税"。解决这种残酷贸易战的方式就是采取国家行动，但其时的邦联国会[Confederation Congress]并无权力。马里兰州[Maryland]和弗吉尼亚州[Virginia]已就切萨皮克湾[Chesapeake Bay]及支流的航运达成一致意见，它们邀请特拉华州[Delaware]和宾夕法尼亚州[Pennsylvania]也加入这一协定，弗吉尼亚州则进一步建议召集一个包括各州的州际贸易会议，讨论州际共同商业政策。1786年10个州选派代表参加在马里兰州安纳波利斯举行的贸易会议，但由于种种原因在9月份只有五个州的代表实际参加会议，并没有达到法定州数，不过会议仍通过一项建议，由所有州在下一年第二个星期一在费城重新举行一次会议，来解决邦联政府体制的严重缺陷。这次会议本身并无重大意义，但作为以后召开制定宪法的全国会议的前奏，却有着不可否认的作用。

annat (= annates)

annate (= annates)

annates n.(教会法)(从圣职薪俸中献给教皇的)初年圣俸 1534年，英王亨利八世宣布该收入应献予国王。(⇨first fruits)

Ann．Cas． (= American and English Annotated Cases)

annex v.附加；附带；添加 将一个较小的或具有从属性的事物附属于另一个较大的或更具重要性的事物上。 n.❶附加物；附件；附录 ❷附属建筑物(⇨appendant)

annexation n.❶兼并 在国际法上，指一国将独立国、无主地、被保护国或他国之领土占为己有的单方行为。确立这一权利仅宣布兼并是不够的，还必须征服或战胜原先拥有该领土的国家，或由后者声明放弃对该领土的权利，或者其他国家予以正式承认或默认。根据《联合国宪章》[Charter of United Nations]，基于非法使用武力的兼并归于无效。❷吞并；被兼并的领土 ❸附记；合并 ❹固定物(在不动产上)的附着(⇨fixture) ❺〈英〉(皇室对)教堂土地的占用；(相邻)教区土地的合并

annexation by reference 通过参见而附加(⇨incorporation by reference)

annexation de facto 事实上的合并 通过有瑕疵的程序而将一块领土并入一市政法人，与完全的无权合并有别；甚至在违宪之法规下的无权合并，随着时间的推移也可能变成一个事实上的合并，公民个人或纳税人抱怨的权利则因未及时提出反对而无从行使。

annexed to the freehold 附着于土地上(⇨annexation)

annez 数年

anniculus 〈拉〉一岁的孩子

anniented 〈法〉无效的；落空的；废除的

Anni et Tempora 《年代与期间》 编年史史书[Year Book]的旧名。

anni nubiles 〈拉〉女性婚龄 指女性的结婚年龄。

anni spatium 一年的期限

anniversary n.周年纪念日；周年纪念 ①以纪念重要事件；②(旧宗教法)纪念已故人的日子。也称"year day"或"mind day"。

anniversary date 签单周年日 保险单最初生效日每隔一年的日期。(⇨policy year)

anniversary days (每年为纪念指定的圣徒去世或其他事件要举行宗教仪式的)宗教日 不一定是法定假日。

ann，jour，et waste 〈法〉(= year, day, and waste)

Anno Christi 公元

Anno Domini/A．D． 〈拉〉耶稣纪元…年；公元…年 一般缩写为A.D.。公元的时间计算起于耶稣基督出生之日。

annoisance n.打扰；扰乱 (= annoyance; noisance; nuisance)

annona 〈拉〉每年捐献的食物；土地捐

annonae civiles 〈拉〉(从某些土地中分配出来并可支付给某些修道院的)每年租金的种类

anno orbis conditi 〈拉〉〈古〉创建年；创世年

Anno post Christum natum 基督诞生后的一年

Anno post Romam conditam/A．P．R．C． 罗马建立后的一年

Anno Regni/A．R． 在…统治时代；在…朝代 如A.R.V.R.22[Anno Regni Victoriae Reginae vicesimo secundo]指在维多利亚女王统治的第22年。

annotate v.给…作注解(或评注)；作注解；评注(⇨annotation)

Annotated Cases/Ann．Cas 注释案例

Annotated Editions of the United States Code 美国法典注释版 《美国法典》[U.S.C.]是由官方出版机构出版和发行的，其出版通常较慢，尤其在发行补编的情况下，往往要到国会会期结束若干个月以后才能得到；而且，立法机关通过的法律其含义并不总是很清楚，法律所使用的文字也必须经常得到法院的解释。因此，经常获得对制定法作出解释的法院判决变得同获得制定法文本同样重要，由此导致了法典注释的出版。官方版《美国法典》的注释，是由私人出版机构来完成的。最著名的法典注释有两套：一套是《美国法典注释》[United States Code Annotated/U.S.C.A.]，由韦氏出版公司[West Publishing Company]出版。除了相关的判例注释外，法典每节[code section]下边的注释还与韦氏公司的其他出版物相互参考，并经常注明附加判例的主题[topic]及其钥匙号[key numbers]。此外，每年都出版平装本的多卷本索引，且每一标题都有自己的索引。另一套是《美国法典服务》[United States Code Service/U.S.C.S.]，由律师合作出版公司和班克罗夫特－惠特尼公司出版，为其总客户服务图书馆[Total Client-Service Library]的一个单元[unit]。它包括一个多卷本的索引和一个两卷本的《美国法典指南》[United States Code Guide]，《指南》按照《美国法典》的引文[citation]排列，并标明法典每节下边的哪些事项在总客户服务图书馆的其他单元中讨论。此外，还有未编号的四卷本收录了联邦行政机关的程序规则，第四卷则收录了《世界版权公约》[Universal Copyright Convention]、《执行外国仲裁裁决公约》[Convention on Enforcement of Foreign Arbitral Awards]和《华沙公约》[Warsaw Convention]的文本。两套法典注释都包含了《美国法典》的原文，以及曾引用法典或对法典进行解释的判决摘要。它们都通过发行年度插袋式补编、每月出版一次小册子，或在必要时发行替代卷本，使注释得到及时更新。U.S.C.A.的注释内容比U.S.C.S.要多，U.S.C.S.经常交叉参考《美国判例汇编(联邦)》[A.L.R. Fed.]和《美国最高法院判例集律师版》[Lawyers' Edition of the United States Reports]中

的注释,而替代自己提供注释。较之 U.S.C.,两套注释使用方便,更为通用和便于检索。由于 U.S.C.中只有部分标题经国会重新制定为法律,而 U.S.C.A.即使用 U.S.C.中的法律文本, U.S.C.S.则使用《制定法大全》[Statutes at Large]中的文本,因此,在使用 U.S.C.A.时,对那些仍未经国会重新制定为法律的标题,在必要时应与《制定法大全》中的文本相对照。

annotatio 〈拉〉(罗马法)敕答 指皇帝对公民个人提出的法律疑问所作的答复,并不是皇帝对具体案件的判决。(⇨rescript)

annotation n. ❶案例摘录 对案件事实和判决的简要概括,尤指含有成文法解释的摘要。❷评注;注释 ❸注文;释文

annotatione principis 王子签名的

announced a.(裁决)已宣告的 当法院对其审理的争议事项的结论已以任何口头或书面形式而为公众知晓时,即视为法院裁决已经宣告,即使这时法院的正式判决[judgment]尚未作出,从而可以阻止撤诉[nonsuit]。

announcement of decision 裁决宣告 指法院决定性地宣布它已对案件作了如此这般的裁决。裁决宣告后,不得再对案件申请撤诉[nonsuit]。但法院仅对其裁决将会是怎样的意向或意见的表述不构成对裁决的宣告。

anno Urbis Conditae 〈拉〉罗马建城后第…年 罗马于公元前753年建城,此即为罗马日历之开始。

annoyance n.(对财产使用的)干扰;妨害

annua 〈拉〉年金

annual accounting period 会计年度 为了申报和缴纳所得税,纳税人所使用的特定时期作为一个会计年度,所得税只对该年度内的交易征收。(⇨accounting period)

annual accounts 年度报告;年度决算报表

annual assay 〈美〉硬币年检 官方一年一度地对金银币进行的检验,以保证硬币的纯度和重量。

annual assessment labor (= annual labor; assessment work)

annual average earnings 年均收入;年均所得 劳工赔偿法中的术语,指索赔人从季节性及非季节性雇佣中挣得的收入。

annual depreciation 年折旧 基于固定资产的使用年限而推定的使用该项财产的年损失,这种损失费可以按系统的、合理的方法分摊到各个期间。这种损失是不能通过维修而恢复的,包括磨损、腐蚀、过时等因素引起的价值损失。(⇨depreciation)

annual dividend 年红利 ①(公司法)公司红利通常按季派送,但偶尔也按年派送,收到的这种红利,就叫年红利;②(保险法)保险人向保险单持有人分配的红利。(⇨dividend on insurance policy)

annual dividend policy 年分红保单 一种每年进行股利分配的人寿保单。

annual dues 年应付款 ①每年支付给兄弟会或互济会以使其处于良好状态的款项;②传统人寿保险公司所收的年保险费。(⇨old line policy)

annuale n.受俸牧师的年租金或年收入

annual exclusion 年免税额 指在对赠与人计征赠与税而不使用终生免税的情形下,每年可免税的数额。(⇨gift tax)

annual fee 〈美〉(根据定期律师聘约[general retainer]支付的)年度律师费

annual gift-tax exclusion (= annual exclusion)

annualia n.年薪金 指因其庆祝某一个纪念日或为死者的灵魂继续诵唱弥撒曲而分配给某一牧师的年薪。

annual income (从财产中获得的)年收入(⇨income)

annual interest 年利息;年息 按年支付的利息。

annual labor (采矿法)年工 制定法所规定的基于采矿权并在限定的年支出的基础上,为便利矿物的采掘所进行的工作。

annual meeting 股东年会;年度股东大会 一年一度的公司股东大会,选举董事、高级职员,审批董事、高级职员的活动,表决公司发展的重大事务。通常公司章程和细则中规定了召开年度股东大会的具体日期,上市公司必须每年举行年度股东大会。

annual pension 年养老金(⇨pension)

annual percentage rate/APR (以百分比计算的)年利息率 这种方法使借款人在几个贷款人或卖方信贷中很容易作出借贷成本比较。

annual permit 〈美〉年许可 美国某些州对在本州营业的公司要求每年均需取得营业许可,许可费按公司资本额确定。

Annual Practice 〈英〉《诉讼年鉴》 也称"白皮书"[white book]。记载英国最高法院的诉讼程序,包括最高法院规则,并附有综合性注释,每年修订和重新公布一次。

Annual Register 〈英〉《社科年鉴》 由 R. 罗德斯利[R. Dodsley]于 1758 年创办的期刊,爱德蒙·伯克[Edmund Burke]于 1758 年至 1788 年间任编辑,对每年历史、政治与文学研究予以关注。该刊早期卷本历史部分主要是议会辩论的摘录,后来内容更广泛。目前该刊仍在出版。

annual rent 年租金

annual report 年度报告 指公司一年一度为股东与其它有关当事人准备的一种报告,包括资产负债表、损益表、财务状况变动表、业主权益调节表、重要会计原则简述、其它解释事项、审计报告以及有关本年度经营与下年度前景的管理评述。按照法律规定,召开年度股东大会的上市公司均应发布年度报告。(⇨10-k)

annual rest ❶年度假期 ❷(信托法)年结算期 在利息法中,如果为避免使受托人获取衡平法院不能允许的利益而向其计征复利[compound interest],则该利息应每年在指定的年结算期中进行计算。在该结算期中,向受托人收取利息,并向其支付佣金和该年度的合法费用。

annual return 〈英〉年度报告 1948 年《公司法》[Companies Act]要求公司每年向公司登记官进行登记备案。登记必须按一定格式在公司年度股东大会后 42 天内完成。登记内容包括股东大会上的各类报表、法律要求的其他附属文件、审计报告、董事报告,这些材料应公开,以便于监督。只有无限责任公司例外。

annual revenue 年收益 指一年中通过资本运营而获得的收益。

annual statement 年度报告(= annual report)

annual turnover ❶年营业额;年成交量;年周转额 ❷年周转率 指存货或应收账款等资产在一年中的平均替换次数。

annual value 年值 ①源于某项特定财产的年净收益;②某项财产可以收到的年度租金,减去成本和费用后的净值。

annual work 年工(⇨annual labor)

Annua nec debitum judex non separat ipsum. 〈拉〉法官不得分割年金债权。

annuatim renovare 〈拉〉每年更新

annuell　n.〈苏格兰〉年纯收益

annuelte　n.年金（⇨annuity）

annuitant　n.领取年金者　指有权依年金合同接收给付的人。（⇨annuity）

annuity　n.❶年金　该词过去指终生或多年、一年一次地给予另外一个人一定数量的金钱给付；现在该词因遗赠、捐献、或购买而可一直或终生或在一定时间内接受固定或定期给付的权利。现在典型的年金是指保险公司支付的年金，多是依合同给付。若年金支付至年金享有人死亡，则该年金称为终生年金，否则为定期年金，养老金也是一种年金。❷回收款　表示资本部分回收及源于资本投资的利益回收。须运用一个免税比率［exclusion ratio］来计算可不纳税的所得。（⇨simple annuity；straight annuity；refund annuity）

annuity bond　年金债券　指一种没有到期日的债券，永远支付利息。

annuity certain　固定年金　有一定付款期限的应付年金，在该期限内，不以享受年金权利者的死亡为条件。

annuity insurance　年金保险　终生或在一定年限内定期向被保险人支付保险金的保险。

annulment　n.废除；取消；法定注销　尤指法院对不合法婚姻作无效宣告，使该婚姻如同从未存在过。它不同于离婚，离婚是对合法婚姻的终止。在美国，婚姻无效的理由和程序由州制定法加以规定。

annulment of marriage　婚姻之无效宣告（⇨annulment；nullity of marriage）

annulus et baculum　〈拉〉戒指与主教的牧杖　在主教授职仪式中，由君主将其交付给被授予者。

annulus et baculus　（= annulus et baculum）

annum　〈拉〉年

annum, diem, et vastus　〈拉〉一年零一日的收益权与抛荒权（= year, day and waste）

annus　〈拉〉（英格兰古法）一年；365天的期间

annus deliberandi　〈苏格兰〉法律给予继承人决定是否接受遗产之年

annus, dies, et vastum　〈拉〉（英格兰古法）一年零一日的收益权与抛荒权（= year, day and waste）

Annus est mora motus quo suum planeta pervolvat circulum.　〈拉〉一年是地球沿轨道运行的期间。

annus inceptus　〈拉〉已开始的年

Annus inceptus pro completo habetur.　〈拉〉已开始的年被视为一整年。

annus luctus　〈拉〉举哀之年　罗马人、丹麦人、撒克逊人当中有在举哀之年的寡妇不得结婚的规矩，以免无法根据怀孕期判断其所生子女是死者之子女还是新任丈夫之子女。

annus utilis　〈拉〉（罗马法）由可利用和有用之日组成的一年　复数形式为 anni utiles，意指权利可实施或时效可增长之年，即由能从事特定法律行为的日子组成的一年，需扣除法院休息日、对方当事人失踪日等日子。

annuum　〈拉〉（罗马法）年金；一年的津贴或补助；年薪

annuus reditus　〈拉〉一年的租金；年金

anomalous　a.异常的；例外的　指与通常的规则、方式及类型相背离者。

anomalous indorser　票据之反常背书人　指在到期日前，制作并转让之后，收据人背书之前背书票据的人。

anomalous plea　反常答辩　衡平法上部分肯定、部分否定的答辩。

anomie　n.失范；规则真空；社会道德沦丧　涂尔干［Durkheim］所提出的一个术语，用以指在个人或社会结构中行为规范或准则缺少、失效或不一致的情况。对于个人来说，当目的重于手段，不法的或反社会的手段被运用时，就出现了失范，这将导致道德沦丧、犯罪和自杀等。对于社会而言，在通常的价值观与准则不再被理解或接受，且仍未被其它价值与标准所取代，以至于缺少用以调整人们行为的社会准则或社会准则出现断层时，就会出现社会失范的现象。

Anon.　a.匿名的　anonymous 的缩写形式。该词常用于判例汇编的标题中，指因故报道员不能或不愿意透露当事人姓名的情形。在宣告婚姻无效诉讼［nullity suit］中，当事人的姓名有时以其首字母代替，破产案件中则通常写作"Re A Debtor"。（= anonymous）

A non posse ad non esse sequitur argumentum necessarie negative, licet non affirmative.　〈拉〉不存在的否定推论必然来自存在的不可能，但存在的肯定推论不可能仅仅来自可能。

anonymous　a.无名的；匿名的；来源不明的（= Anon.；An；A）

anonymous case　（略去当事人姓名的）匿名报道的判例

anonymous works　匿名作品；署假名或笔名的作品　这些作品同样受版权法的保护。（⇨pseudonym）

another action pending　另一未决诉讼（⇨autre action pendant；plea of another action pending）

anoyer　v.扰乱；骚扰

anrhaith-grbiddail　偷窃；（重大）抢劫；掠夺（以致杀人）

anrhaith-oddev　抢劫；掠夺　用于某人的财产被封建领主没收和扣押时。

ansel　（英格兰古法）安塞尔　一种古老的称量方式。在称杆一端悬挂称盘或称钩，用手指或手从中间将称杆举起，以显示一端重量与另一端被称东西重量之异同。

ansul　（= ansel）

answer　n.❶答辩状　①美国民事诉讼中被告对原告起诉状所作的书面答辩。在答辩状中被告可以否认原告的主张，提出答辩理由，提出反请求［counterclaim］、交叉请求［cross-claim］或第三人请求［third-party claim］；②对反请求、交叉请求或第三人请求所作的书面答复；③英国离婚诉讼中，被告对原告请求书［petition］所作的答复；④旧时英国海事诉讼中被告人的答辩状，现在称为"statement of defense"。❷回答；答复　指对质询书［interrogatories］所作的回答。在英国高等法院的普通诉讼中，即指答复质询书的宣誓陈述书［affidavit］。❸〈英〉卖主或抵押人对买主或抵押权人提出的消除产权瑕疵的要求［requisition on title］所作的回答
v.❶对…负责；承担责任　❷（对起诉或指控）回答；答辩

answerable　a.应负责的；有责任的

answer in bar　终止诉讼的答辩　提出肯定性事项以使诉讼终结的答辩，不同于旨在拖延诉讼的答辩。

answer over　再答辩（⇨pleading over）

answer to writ　对令状的答复（⇨return to writ）

antagonistic　a.对抗（性）的；敌对（性）的；不相容的

antapocha　〈拉〉（罗马法）债务确认收据　债务人向债权人开具的承认债务的文书，与还债收据［apocha］相对应。（⇨apocha）

ante　〈拉〉❶以前　通常用在古代诉状中，表示时间在前；"prae"表示在某个地点的前面；"coram"则表示在人的前面。❷在前　指在报告或课本中已出现的内容，

用以将读者引至前面的内容。该词与"supra"同义,而与"post"或"infra"相反。
antea 〈拉〉从前;到现在为止
ante bellum 〈拉〉战前
antecedens (= antecedent)
antecedent *a*.先前的;既有的
antecedent claim 既存请求权 票据法中,如果票据持有人认为票据可对抗任何人之既存请求权,则不论该权利是否到期,票据持有人都拥有该票据上之价值。
antecedent creditors 既存债权人 其债权于债务人进行债务移转前业已发生,但未进行申报登记。
antecedent debt 先前之债 ①在合同法上,可能为也可能不为一个新的合同提供支付的对价。偿付先前之债的流通票据有充足的对价支持;②在以前的破产法上,指于填写破产申请4个月之前发生的债务,它并不享有优先权。
antecessor *n*.祖先;祖宗(= ancestor)
antedate *v*.❶发生(或存在)于…以前;(时间上)先于 ❷倒填日期 指将票据等的日期填得比实际发生的日期早。倒填日期并不影响票据的流通性。
ante exhibitionem billae 〈拉〉❶票据提示之前 ❷诉讼开始之前
ante-factum 〈拉〉(罗马法)先前行为;先前所为之事
ante-gestum (= ante-factum)
antejuramentum 〈拉〉〈撒克逊〉预备宣誓 起诉者与被告均被要求在审判或涤罪之前所作的誓言。起诉者宣誓,他将揭发对方的罪行;被告则宣誓他无罪。
ante litem 〈拉〉诉前
ante litem contestatam 〈拉〉案件审判之前
ante litem motam 〈拉〉诉讼开始之前 在此阶段通常认为陈述人无歪曲事实之动机,因此即使违反传闻证据规则和拒绝作证特权,此阶段的陈述仍可被采纳为证据。(⇨lis mota)
ante meridiem 〈拉〉午前;上午
ante-mortem 〈拉〉死前;临死前
ante mortem interest 〈拉〉仅早于而非晚于转让人之死亡存在的利益
antenatal 〈拉〉出生前
antenati 〈拉〉出生早的;出生在先的(⇨ante natus)
ante natus 〈拉〉出生早的 指一个人早于另一个人出生或早于一个特定事件出生。这一术语尤其用于指一场革命、政府或朝代之更迭或其他政治事件发生之前。一个人出生于特定政治事件之前,会影响其享有的政治权利,即其权利、地位或其忠诚问题将参照此类事件依其出生日期确定。在英国,该术语一般指一个人出生于与苏格兰联盟之前。在美国,指一个人出生于《独立宣言》[Declaration of Independence]发布之前。其反义词为 post natus,指一个人于某事件之后出生。
ante-Nicene 〈拉〉(第一次)尼西亚公会议前 公元325年在小亚细亚的西北部古城尼西亚举行了基督教第一次世界性主教会议,又称为第一次尼西亚公会议,在该次会议上颁布了尼西亚信经[Nicene creed]。
antenuptial *a*.婚前的
antenuptial agreement 婚前协定;婚前协议 意欲缔结婚姻的男女在计议结婚时达成的协定,其内容主要是解决当婚姻由于离婚或配偶一方死亡而终止时的扶养、财富分配和财产分割问题。(⇨ antenuptial contract; antenuptial settlement)

antenuptial conception 未婚先孕 指由婚姻缔结前的性行为引起的怀孕。(⇨antenuptial pregnancy)
antenuptial contract 婚前合同 男女间在商议结婚时缔结的合同。(⇨antenuptial settlement; companionate marriage)
antenuptial gift 婚前赠与 指婚前无对价地将财产从婚姻一方转让给另一方。
antenuptial pregnancy 婚前怀孕 结婚时怀有他人的孩子是婚姻无效的一个理由。在美国的某些地区,婚前怀孕有时也构成离婚的理由。(⇨antenuptial conception)
antenuptial settlement 婚前协议 男女间商议结婚时达成的协议或合同,用以对当时由双方分别或共同所有的财产作出安排,它可以改变依法由婚姻产生的财产权归属,甚至可以优先于财产权法的规定得到适用。(= antenuptial agreement)
antenuptial will 婚前遗嘱 指在自己结婚前制成的遗嘱。在普通法上,该遗嘱因婚姻缔结而自动被撤销;但现代的制定法常规定,婚姻并不撤销遗嘱。该词又称"prenuptial will"。
ante occasum solis 〈拉〉日落前
ante omnia 〈拉〉于所有其他事物之前
antestari *v*.(以传票[subpoena])传唤证人
anthropometry *n*.(刑法学)(法医学)人体测量学 用绝对及相对比例的方法对人体的尺寸——面部的、头部的及其他角度的,骨骼大小、形状等——进行测量,并与他人之相应测量结果作比较,以在对身份产生怀疑或争议时,进行主体鉴别。1883年在法国引用后,广为采纳,但又因过于昂贵且易出错而受到冷落,终让位于弗朗西斯·高尔顿[Francis Galton]设计的"指纹"[finger print]制度及DNA测试鉴别程序。(⇨ Bertillon system; DNA identification)
antichresis 〈拉〉(罗马法)不动产抵押;不动产抵押契约;典质收益协议 根据契约,债务人将抵押物上的收益支付给债权人,以充抵债务之利息。在法国法中,如果收益多于利息,则债务人有权要求对收益进行清算,并可主张返还多余收益。路易斯安那法[Law of Louisiana]对抵押规定了动产抵押[pawn]和不动产抵押[antichresis]两种。不动产抵押只能采取书面形式,债权人享有获得抵押物之收益的权利,但债权人并不能因债务人未按期履行债务而取得抵押物之所有权,他只能起诉债务人,以获得允许变卖抵押物的判决,然后抵押物可依协议转让于债权人。
anticipate *v*.❶预先否认 在答辩中答辩人对于对方当事人可能提出的事项予以否认。 ❷提前清偿(债务);提前履行(义务)
anticipatio (= anticipation)
anticipation *n*.❶预期;期望;预料 过失原则的确定即基于一个普通谨慎的人能够预见到损害的发生。 ❷预付;垫付 ❸(专利法)在先公开 某一发明已被先行使用、公开出版,被予它人所知,则表示现有技术[prior art]的存在,从而使该发明丧失新颖性[novelty],发明人不能获得专利。同时,它也可作为侵犯专利之诉的有效抗辩。(⇨novelty)
anticipation note 贴现票据 在到期日前通过贴现方式获得提前偿付。
anticipation of children 对儿童出现的预知 在保护儿童免受危险物品伤害原则[attractive nuisance doctrine]下,承担责任的基本条件是可合理预见到受伤儿童的存在。除非儿童的出现可以合理预见,否则并不产生对儿童的安全采取预防措施的义务。

anticipation of defense 答辩理由预测 指原告在起诉状中对预计被告将会作为答辩理由提出的事项陈述了自己的主张。

anticipation of device (专利法)发明的在先公开 在美国专利法中,当发生争议的发明完成时,已有相同的或等同的技术被人使用、出版,则该发明构成在先公开,从而该发明丧失其可获专利的实质性要件——新颖性[novelty]。(⇨anticipation;novelty)

anticipation of injury 可以预见的伤害(⇨anticipation; apprehension of injury)

anticipatory assignment of income 预期收入转移 指纳税人为了避税而预先将能产生收益的财产转移给另一人,从而只能向拥有该财产的人征税。但是,如果收益产生于转让的过程,则不能达到避税目的。(⇨assignment of income)

anticipatory breach 预期违约 指在履行期限到来之前,义务人以言词、行为明确而清楚地表明其将拒绝履行义务的意图,则这些言行是对合同的放弃,另一方当事人可据此视合同已被终止。预期违约多发生在销售合同中。在美国,各司法管辖区对此有不同的规定,有的认为当事人可在对方表示预期违约的意图之日提起违约之诉,有的则要求须至合同确定的履行之日才能开始诉讼。

anticipatory breach of contract 合同之先期违约;预期违约 指合同一方当事人断言其将不履行合同确定的将来义务,在此种情况下,对方当事人可终止该合同。

anticipatory nuisance 预期妨害 指行为或物品虽然目前没有明显造成但却必然会造成妨害。按照衡平法,可用禁制令或其他的法院命令来阻止妨害的最终形成。

anticipatory offense 不完整罪 指以进一步犯罪为目的的犯罪,包括犯罪未遂[attempt]、犯罪共谋[conspiracy]、犯罪教唆[solicitation],这些行为本身就是犯罪。(=inchoate offense)

anticipatory repudiation 先期拒付;预期违约(⇨anticipatory breach)

anticipatory search warrant 先期搜查令 如果宣誓书中存在合理根据能表明将来在某地会存在关于某一特定犯罪的证据,即可签此令状。不同于过早的、草率的搜查[premature search]。

anti-deficiency legislation ❶反赤字法 为提供岁入以弥补预算赤字而制定的法律。❷反超额担保法 为限制担保债权人的权利,使之所获偿付不超过担保范围而制定的法律。

anti-dilution provision (公司法)反稀释条款 可转换证券人的条款,以保证证券持有人享有的转换之特权不受股票之再分类、拆股、股票红利或类似的未增加公司资本而增加发行在外的股票数量的做法的影响。(⇨conversion ratio; dilution)

antidumping law 反倾销法 防止外国商品以低于合理市价进行销售而给本国相应产业造成损害的立法。(⇨dumping)

antidumping tariff 反倾销税 对违反反倾销法的倾销商品征收的一种关税,其数额为该商品在其出口国的市场价与进口国市场的售价之间的差额。征收反倾销税的目的在于阻止外国商人在本国市场人为降低价格和获取不正当利益。

antient (=ancient)

Antient Entries 《古词汇编》 罗拉[Rolle]给拉斯泰尔[Rastell]所编《词语汇编》[Collection of Entries]一书所起的名称。

anti-featherbedding laws 反超额雇工法;反限产超雇法(⇨featherbedding)

antigraph n.〈古〉文书副本;契约副本

antigraphus 〈拉〉(罗马法)税务官员;审计员;税务会计

Antigua n.安提瓜(岛) 位于拉丁美洲。1967年的《西印度群岛法》[West Indies Act]使得安提瓜获得与英联邦联合的新地位。

anti-injunction acts 反禁制令法 禁止在解决劳动争议中使用禁制令的制定法。

anti-lapse statute 反遗赠失效法 该法规定,当受遗赠人先于遗赠人死亡时,遗赠并不失效,视为受遗赠人在遗赠人死亡之后立刻死亡,从而向其继承人作出遗赠,除非遗嘱中有相反的意思表示。

anti manifesto (国际法)自卫战宣言 指交战一方作为对交战另一方宣言的答复而发表的、表明就本方一方来讲属自卫战争的宣言。

anti-molestation clause 反干扰条款(⇨molestation clause)

antinomia 〈希〉(罗马法)自相矛盾 指法律间现实而明显的矛盾和不协调之处,也用于指法律条款间的自相矛盾或判决判例的不一致。

antinomy n.❶法律上的自相矛盾 ❷(哲学)二律背反 指两个互相排斥但同样可以论证的命题间的矛盾。

Anti-Okie Law 〈美〉《反流动农业工人法》 加利福尼亚州的法律,禁止任何人对非本州居民的穷人进入该州给予帮助。该法由于对州际贸易施加违反宪法之负担而被认为是违宪的。

antipelargia 〈古〉《赡养父母法》 该法规定子女有义务为年老的父母提供生活必需品。鹳[ciconia; stork]是一种以注重赡养父母而出名的鸟,故某些拉丁文作者亦将上述法令称为《鹳法》[lex ciconiaria]。

anti-polygamy law 〈美〉反多妻制法 指1882年国会通过的《爱德蒙反多妻制法》[Edmunds Anti-polygamy Law]。该法禁止多妻,惩罚多妻者,并惩罚一人同时与数个女人同居的行为。

antiqua custuma 〈拉〉❶古代惯例 ❷对羊毛与皮革所征收的法定税(⇨antiquity of custom)

antiquare 〈拉〉(罗马法)❶否决新法案 投票反对新建议的法律案者,在其投票用纸上以写"A"代替"antiquo",表示"我赞成旧法"。❷废除法律

Antiqua Statuta 〈英〉《古代法汇编》 指英国1189年至1327年间的法令汇编,其中包括《历代法典》[Statute of Uncertain Date],1508年由平森[Pynson]印刷出版。

antiquation n.(罗马法)废弃法律

antiquity n.(久远的)古代

antiquity of custom 古惯例 依英国之法律原则,指自1189年理查一世登基——这被认为是法律记忆期[legal memory]的开始——时即已存在的惯例为古惯例;在美国,如果其于不可记忆之时间起即已存在,就被视为有古代之要素。古代之要素已不再是惯例生效、具有法律效力的基本条件。现在认为如果某一惯例已存在很久,广为人知且能保证合同或交易顺利签订和完成,即认为该惯例具有拘束力。

antiquum dominicum 〈拉〉古地;古地保有(=ancient demesne)

Anti-racketeering Act 〈美〉《反敲诈勒索法》 旨在通过防止暴力与威胁之干涉来保护交易与商业活动,检查对商业之勒索,尤其是对小商店以服务费形式进行的勒索。

antistitum n. 修道院;庙宇;寺院

antithetarius 〈拉〉〈古〉反控告人 指控控告人自己犯有其所指控之罪行以企图逃避罪责的被告人。区别于告发同案犯的人[approver]。

antitrust acts (= antitrust laws)

antitrust affidavit 〈美〉反托拉斯宣誓书 美国一些州要求在该州营业的公司作出的、业经证明的声明书,披露公司与合并、联营、托拉斯以及类似限制贸易或限制商业的其他合并行为间的联系。这些宣誓书必须每年填报州务卿。

antitrust laws 反垄断法;反托拉斯法 为禁止或限制垄断、限制性商业惯例、固定价格和价格歧视,以保护贸易和商业的公平竞争而制定的法律。在美国最主要的反垄断法是《谢尔曼法》和《克莱顿法》。(⇨Sherman Act;Clayton Act)

anti-vivisection society 反活体解剖动物协会 旨在反对对活体动物进行外科手术试验的慈善机构。

antrustio 心腹大臣;心腹奴仆

a nubendo 从封面起

anuels livres 年刊;年鉴

any bank, banker or trust company 任何银行、银行业者或信托公司 在流通票据上所作的一种指示,足以构成特别背书。

any corporation 任一公司 国内的或国外的。

any covenant (明示或默示之)契约

any degree under the influence of intoxicating liquor 足以导致醉酒的酒精度数 构成意外事故保险单中的一个条款。

any election 各种选举

anyent (= anient)

any term of years 〈美〉〈刑法〉一定年期 马萨诸塞州[Massachusetts]有关额外加刑的制定法规定,对于一些法定的犯罪,法官可根据法律予以额外加刑,额外加刑期不得少于2年。

any time ❶有时;偶尔 ❷某时 ❸在合理的时间 ❹即期(⇨at any time)

anz. 数年(= annez)

A.O.C. (= anno orbis conditi)

AOGI (= adjusted ordinary gross income)

A.P.A. (= Administrative Procedure Act)

a pais 〈法〉❶须待全民公决;交由全民公决 ❷在争论中待决的;待讨论的

apanage n. ❶(国王拨给其幼子的)封地;采邑;禄食 ❷从公款中拨出给予王室子弟的生活费

apartment n. 一套房间 其所有房间分别由不同的人占住。如果房主也在房间中居住,并且持有大门的钥匙,则居住者仅仅是房客[lodger],而非承租人[tenant]。将一套完整的房间分隔成多个互不相关的公寓房间,一般视这些公寓房间为各自独立的房间,但如果房主也居住于此,则视其他未被租住的公寓房间为他的房间的一部分,为了商业的目的租用了某一公寓房间时,承租人只对其租用的公寓房间下面的土地享有收益权。与一住宅[dwelling-house]位于同一块土地上,相隔有45杆[rod],并且中间有一条过道的小屋[building],并不能称之为公寓。在英国,称为"flat"。

apatisatio 契约;合同;协定

a patre 从他的父亲 相当于from his father。

A.P.C.N. (= Anno post Christum natum)

apeaus (= appeaux)

apennage (= appenagé)

aperire v. 打开;启封

aperta brevia 开封令状;未封印的令状 与封印的令状相对。

aperta luce 光天化日(⇨in aperta luce)

aperte (= apertus)

apertment ad. 公开地;未封印地

apertum 〈拉〉公开的;明显的(⇨feudum apertum)

apertum factum 〈拉〉公开的行为

apertura testamenti 〈拉〉〈罗马法〉遗嘱启封 由证人向法官证明遗嘱封有完好。

apertus 未封口的;未封印的;公开的

apex juris 〈拉〉〈罗马法〉法律极点 指法律的极端之处或细枝末节,如诉状中只是语法上的错误或对法律规则的极端解释。

apex of vein 脉顶 矿脉之最高点。由于矿脉绵延,其最高点时有起伏,故脉顶只能指在一定区域内或一段路线中的顶点。

apex rule 〈美〉〈矿产法〉脉顶规则 在公有土地上已确定矿区的采矿人,有权利跟踪开采其脉顶在其矿区边界内——包括在其地表或其垂直平面深处内——的任何矿脉。如其矿脉斜向延伸,超越矿区边界的垂直平面,亦仍有继续跟踪开采的权利;但最终不得超越脉线的末端或其末端所至的垂直平面。

aphasia n. 失语症;语言不能 指病人虽然具备一定的智力与理解力,其语言器官也未受到损害,但丧失了语言能力[motor aphasia]或丧失了理解语言的能力[sensory aphasia]。前者的症状主要表现为:无法清晰发音或无法说出他头脑中意图使用的词汇,或者说出的词汇与他自认为的不同。后者的症状主要表现为无法理解书面或口头语言。这一疾病虽然病根在于大脑,但是并非精神失常[insanity]的一种形式。

apices juris 〈拉〉法律细节;法律极端

Apices juris non sunt jura. 〈拉〉法律极端,不是法律。指适用法律不能走极端,还应考虑公平及合理性。

apices litigandi 〈拉〉法律的极端

A piratis aut latronibus capti liberi permanent. 〈拉〉被海盗或强盗掠掳之人,仍保有自由。

A piratis et latronibus capta dominum non mutant. 〈拉〉被海盗或强盗掠掳之物,其所有权不变。

apoca 〈拉〉(=apocha)

apocha 〈拉〉〈罗马法〉还债收据 指对清偿行为予以确认的收据。它与免债收据[acceptilation]之不同在于,还债收据只解除已清偿部分的债务,而免债收据则无论其清偿与否皆免除全部债务。

apochae oneratoriae 〈拉〉〈古〉提单(⇨bill of lading)

apocrisarius 〈拉〉❶〈罗马法〉信使;大使 ❷〈教会法〉教廷大使 ❸〈教会法〉教会财务官;门吏

apocrisarius cancellarius 〈拉〉〈罗马法〉掌玺大臣 指宫廷中的掌玺大臣,负责签发圣谕,同时也是君主的重要谏议官。

apocrisiarius (= apocrisarius)

apograph 〈拉〉❶副本;抄写本 ❷细账

apographa 〈拉〉❶细目;清单 指财产的详细目录。 ❷

副本;抄本

apographia 〈拉〉(罗马法)清单

apoincter 任命;委派

apology n.〈英〉道歉;致歉 在因在报纸等上发表诽谤言论而引起的诉讼中,向原告致歉,并支付一定的金钱可以作为一种答辩的方式。在任何因诽谤[defamation]引起的诉讼中,被告可以主张道歉以减轻其损害赔偿责任。在无意识造成诽谤的案件中,被告可以主动提出修改其言论,包括对受指控的文字部分作适当的更正和向受到损害的当事人作充分的道歉。

Apology of the Commons,1604 〈英〉《下议院声辩书》 就议会程序和特权的陈述及辩护。下议院曾提议用另一个更大的税收方案来取代来自皇家监护法院[court of ward]的方案,因此遭到詹姆斯一世的叱责。在《声辩书》中,下议院坚持自由选举的特权,享有国会开会期不受逮捕的自由和言论自由。但他们却保持克制而没有将《声辩书》正式呈交给国王。

apostacy n.叛教;背信 对基督教的完全背叛,指改信他教或放弃信教。在英格兰古法中,特指宣誓入教修道者的叛教。

apostare 违反;违背;触犯

apostare leges 触犯法律;违反法律

apostasy (= apostacy)

apostata 〈拉〉(罗马法)(英格兰古法)叛教者;背弃基督教信仰者

apostata capiendo 〈拉〉〈英〉逮捕背教者的令状;逮捕违背教规者的令状 该令状发给郡长,命令郡长逮捕被告即背教者或违反修道院院规的修士,并交与修道院院长[abbot]或副院长[prior]监管。该令状已被废弃。

apostate n. (= apostata)

a posteriori 〈拉〉从结果追溯其原因;从后来所发生的来看;逆推地 逻辑用语,指所得论点是基于试验或观察而来或以确定的事实作为结果;根据综合法和归纳法来论证原因。

apostille 〈法〉❶附注;旁注 ❷加注;(报告等文件上的)批示;处理意见等 1961年海牙大会[Hague Convention]所采用的标准证明,目的是证实文件在外国也可适用。(= appostille)

apostle n.❶(罗马法)(海商法)移送通知函 初审法院移送给上诉法院的简要陈述案情及告知上诉人案卷将由初审法院移送给上诉法院的信函。❷圣徒;使徒 尤指耶稣基督派出传布福音的十二门徒或后来增加的门徒。❸(基督教)传教士 ❹(摩门教教会的)十二名教务行政官

Apostles' Creed 《使徒信经》 基督教传统的并为教内普遍接受的信经之一,相传出自圣徒。约自纪元500年起为教内所采用。全文仅12节,其内容为相信全能的父上帝,相信圣子降生、受难、复活、升天,相信圣灵、圣教会、肉身复活等。

apostolae 〈拉〉移送案件通知

apostoli 〈拉〉apostolus的复数

apostolical notary 教廷传令官 负责传达教皇或罗马教廷的命令。

Apostolic Constitutions 《使徒法令》 早期基督教留下的最庞大的一部宗教法大全,共分8本书,包括一系列教规及通称的《使徒教规》[Apostolic Canons],还包括从以前的教会法以及安提阿[Antioch]和劳迪卡亚[Laodicaea]公会议的教规中搜集到的85个教规。一般认为该书于公元380年在叙利亚成书。这8本书成为后来教会法的渊源之一。

Apostolic Signatura 罗马教会最高法院 源于中世纪的民事法院,自1908年成为罗马教廷的最高法院,由一定数量的枢机主教组成。作为天主教最高法院[Rota]的上诉法院,该法院的职能是在正式传达之前修订天主教最高法院的判决,行使梵蒂冈作为最高法院的民事管辖权,行使教皇的委托管辖权和在特殊案件中控制天主教最高法院的管辖权。

apostolus 〈拉〉信使;大使;罗马教皇的使节;教廷大使

apotheca 〈拉〉(罗马法)贮藏室;仓库;存放处 用来贮藏葡萄酒、油、书等。

app. (= appellate)

appanage (= apanage)

apparage n.等级;贵族阶层;高位

apparance (= appearance)

apparator 〈拉〉❶执达员 宗教法院的传票送达官或执行官。在17至18世纪此名称亦适用于民事法院。❷〈英〉领有大额薪金、兼负供应责任的郡长(= apparator comitatus)

apparator comitatus 〈拉〉兼负供应责任的郡长 白金汉郡历任郡长曾用此称呼,从而每年均享有数额可观的补助金。

apparent a.❶明显的;显然的;不言而喻的 ❷清晰可见的 ❸表面上的;貌似真实的;表见的

apparent agency 表见代理(= agency by estoppel)

apparent agent 表见代理人 指从表面上可以合理认定其有权为他人实施行为的人,而不管其是否享有实际代理权[actual authority]。它通常发生在由于被代理人的言语、行为、疏于适当注意或其他意图表示而使第三人合理地认为代理人具有代理权的情况下。亦作"ostensible agent"。(⇨apparent agency)

apparent authority 表见代理权;表见授权 指第三人根据其与被代理人的交易情况,或者被代理人明知而允许代理人为其实施行为,或者被代理人的行为表示代理人在其控制之下,从而合理地相信代理人所享有的授权。(⇨apparent agent)

apparent danger ❶明显的危险;显而易见的危险 ❷(刑法)现实危险 指某人严重伤害或杀害他人的意图公开化,并使得被威胁者杀害犯罪者为必要的危险。(⇨self-defense)

apparent defect 明显瑕疵;表面瑕疵 指通过简单检查即可发现的货物瑕疵,亦可指在相关记录中就可发现的权利瑕疵。亦作"patent defect"。

apparent easement 明显地役 指公开、明显可见的地役,例如道路或公路;亦指虽非表面可见,但易于确定的地役,例如排水管道。

apparent error (= error apparent)

apparent good order and condition 表面状况良好 提单中描述货物交付承运人时良好状况的术语。

apparent heir (= heir apparent)

apparent jeopardy 明显的危险 指刑事被告人在依法组成的陪审团和法官面前受审时所处的法律地位。

apparent law (= lex apparens)

apparent maturity 票面到期 指流通票据票面所载的到期日届至。

apparent necessity 明显的必要性 在正当防卫中的用语。(⇨apparent danger)

apparent servitude (= apparent easement)
apparere 〈拉〉出现;出庭
apparitio 〈拉〉出现;出庭
apparitio in judicio 〈拉〉出庭
apparitor (= apparator)
apparlement n.〈英格兰古法〉❶相似;相像 ❷或然性
apparura 〈拉〉〈英格兰古法〉家具;工具;辎轳;服装
app. ct. (= appellate court)
appeach v.❶指责;控告;弹劾 等同于 impeach。❷（无意中)泄露;暴露
appeacher n.控告人;检举人;指责人
appeachment n.指责;控告;弹劾 等同于 impeachment。
appeal n.❶上诉 该词被广泛用来指称各种形式的对裁判请求复审的行为。在英国,上诉是指请求上级法院、机构或人员对下级法院、机构或人员就某项争议所作的裁决进行审查,并在其认为合适时,予以改变的行为。有关上诉的最重要的问题是:①对某种案件是否完全允许或者禁止提出上诉;②可向何人或何法院提出上诉;③是就事实问题还是就法律问题提出上诉。由于英国的法院组织比较复杂,故其上诉渠道和上诉形式也很繁复。以刑事诉讼中的上诉为例,对不服治安法院判决的可有两条上诉途径:①向刑事法院上诉,对刑事法院的判决不服的,还可上诉至上诉法院;②就法律问题以报核的方式向高等法院王座法庭上诉,对其上诉判决不服的,还可再就法律问题向上议院提出上诉,但须为具有普遍意义的重大法律问题,且要经过高等法院或者上议院的批准。在英国还有几种特殊的上诉形式,如通过纠错令状[writ of error]上诉,通过复查案卷上诉[rehearing]、通过判案陈述[case stated or stated case]上诉及通过特权令[prerogative order](特别是调卷令[order of certiorari])上诉等(具体内容可参见相关条目)。在美国,上诉是指请求上级法院对下级法院的裁决或请求法院对行政机关的裁决进行审查,以纠正其错误或推翻其不公正之裁决的行为。在联邦和多数州法院系统中,上诉有两个阶段,即由初审法院上诉至中间上诉法院,从中间上诉法院上诉至最高法院。在前一阶段中,提起上诉是当事人的权利,而在后一阶段中的上诉通常不是当事人的权利,即最高法院是否决定对案件进行复审有裁量权。如美国最高法院,对其决定再审的案件,即签发调卷令。实践中申请获得批准者为数极少。在有些案件中,上诉情况有所不同,如在社会治安案件中,对行政法官的裁决不服可上诉至上诉委员会[Appeals Council];对上诉委员会的裁决不服的,可上诉至联邦地区法院。在刑事诉讼中,上诉人不得就陪审团对事实问题作出的裁断上诉,而只能就法律适用法律的错误提出上诉,因此,其上诉审一般只进行法律审,且基本上实行书面审。❷〈英〉(对同案犯的)控告;揭发 用于旧时诉讼中,指被犯犯有叛国罪或重罪者,并已被传讯,在其作出答辩以前,承认有被指控的罪行,并揭发其他同案犯,以使自己能够获得赦免。(⇨approver)
appealability n.可上诉性
appealable a.可上诉的
appealable interest 可上诉的利益;可上诉的利害关系 指裁判中所涉及的直接的、实质性的财产利益或利害关系。具体来说,对于某一将受到上诉审查的裁判,因该裁判的作出而使得当事人的财产减少、负担加重,或其权利受到不利影响,则该当事人即具有可上诉的利益或利害关系;反之,若在审理期间,其对相关财产的权益消失,则其可上诉的利益或利害关系亦同归消失。

appealable judgment 可上诉的判决(⇨appealable order)
appealable order 可上诉的裁决 指可以受到上诉审查的终局裁决或指令、裁定,区别于中间裁决[interlocutory order],对后者通常要到案件经过审并作出判决后才可提出上诉。如根据美国《联邦民事诉讼规则》[Federal Rules of Civil Procedure],对驳回申请简易判决的裁决不可上诉,而对同意该申请的裁决即可以上诉。
appeal against inaction 对不作为的诉讼 指欧洲共同体法[European Community law]中,针对某一政府当局违法不作为[illegal inaction]向欧洲法院[European Court]提起诉讼以示敦促。该不作为必须是违反条约的、明示或默示拒绝采取行动。
appeal bond 上诉(费用)担保 法院为确保上诉费用的支付而在其认为需要时要求上诉人提交保证书或提供其他担保。
Appeal Cases 《上诉案例(汇编)》
Appeal Committee 〈英〉上诉委员会 由上议院的每届会期任命的一个委员会,负责在上议院的司法职权范围内,审理提交到上议院的上诉案件。通常认为该委员会由会期期间出席的所有议员组成,法定人数为 3 人,但正式出庭的通常仅是常任上诉法官[Lords of Appeal in Ordinary]。(⇨Appellate Committee)
appeal in forma pauperis 贫民式的上诉 即因贫困或因其他个别原因准予免交诉讼费用的上诉。(⇨in forma pauperis)
appeal of death ❶(= appeal of felony) ❷死亡控诉 因伤致死的控诉。(⇨year and a day rule)
appeal of felony 〈英格兰古法〉重罪私诉 受害者死亡时由其领主、妻子或男性后裔个人所提起的重罪控诉,有别于根据大陪审团的公诉书所提起的控告或根据验尸官调查所提起的控告。根据亨利七世时期的 1487 年法令,即便在刑事公诉中已开释的谋杀嫌疑犯也可能被提起重罪私诉,被告有权要求决斗审判,决斗在王座法庭或民诉法庭的法官面前进行,决斗应由双方亲自参加;但如为妇女、牧师、幼儿、60 岁以上老者或盲人或跛脚,则可雇用决斗替手[champion]参加。决斗时备持一长 45 英寸的棍棒及一皮盾,互相殴打,自日出时开始,直至星辰已见时才停止;除非一方中途认输。被告还可以通过神明裁判来洗清罪名,或者在神明裁判废止后要求由陪审团审理。如果在决斗中被击败或者被陪审团认定有罪,被告所受的处罚将与根据公诉书控告所裁定的惩罚一样,而且因为是私诉,国王无权赦免。但如被害人并未死亡,而仅手足齿目等致残,则可改判给予损害赔偿。这种重罪私诉的一系列做法,不甚合理,在美国从未采用。在英国,1817 年的一个著名案件导致 1819 年废止了这一做法。
appeal of mayhem 重伤害罪的控诉 早期普通法的一种诉讼形式,把受伤害方的私人诉讼与刑事控诉结合起来。
appeals council 〈美〉上诉委员会 受理不服行政法官对社会治安案件所作裁判而提起的上诉的机构。
appeal to Rome 向罗马教皇上诉 已废除。(⇨Statute of Appeals(1533))
appear v.❶出庭;到庭;应诉 ❷出现;显露(⇨appearance)
appearance n.❶出庭 作为诉讼的一方当事人或作为一方当事人的律师或代理人出席法庭。❷应诉 指被告人同意接受法院管辖;以出庭、提交书面答辩等方式使自己参加诉讼,成为一方当事人。在英国高等法院的民事诉讼中申明应诉[entering an appearance]是被告人在被送

达传票后进行的一种正式程序,目的在于告知原告他将对原告的请求予以争辩。申明应诉应于限期内以书状呈交法院,并附具通知书由法院转告原告。现已被接受送达[acknowledgment of service]的做法所取代。

appearance bail 出庭保释金(⇨bail)

appearance day 〈美〉应诉日 指被送达传票的被告人可以提出答辩、申请或申明应诉[enter his appearance]的最后日期。错过该日,被告未进行上述行为的,将被认定为不到案[default]。所以有时也称之为"拒绝到案日"[default day]。

appearance docket 到庭记录 由法院书记官掌管的记载到庭情况的记录。

appearance doctrine 〈美〉表面原则 一项特殊规则,指当被告人处于这样一种情境下,即在他看来或他有合理的理由认为在实施正当防卫使用强力是正当的,则可认定被告人使用强力的行为是正当的。

appearance fee 应诉费 指在呈交申明应诉[entering an appearance]的书状时由法院书记官收取的费用。

appearance heir 〈苏格兰〉表见继承人 指有权继承土地但仍未进占土地的人。

appearance sec.stat. 〈英格兰古法〉出庭登录 依1745年《藐视拘捕法》[Frivolous Arrests Act]及1832年的相关法令在被告未出庭时将原告出庭的事实予以登记在案。上述法令已为1852年相关法令所取消。

appearance term (法院传唤被告人)到庭的日期

appearer n.(作为被告人或其代理人的)出庭人;应诉人

appear generally 一般应诉(⇨general appearance)

appear gratis 无需(或不等候)送达传票而到庭

appear on face 显示在表面上 指清楚、明显地呈现在文件的文本上。如诉讼程序中的或关于审判地的错误,仅通过审查案卷,而不需作任何卷外调查即可查明。

appear specially 特别应诉(⇨special appearance)

appeaux 上诉

appel ❶(= appeal) ❷被控告的

appelans 上诉人;重罪私诉案中的原控告人[accuser]

appele (= appellee)

appellant n.❶上诉人 广义上也包括请求签发纠错令[writ of error]的人。 ❷(重罪私诉中的)自诉方[complaining party]

appellare ❶上诉;提出重罪私诉 ❷(罗马法)请求;起诉;上诉

appellare adversus sententiam 〈拉〉就判决提出上诉

appellate a.上诉的;有关上诉的;受理上诉的

appellate brief 〈美〉上诉摘要 律师向上诉法院提交的、说明初审法院的做法正确或不正确之理由的书面文件。其内容和格式一般由法院规则规定,通常包括对提请审查的争议的陈述、案情叙述、辩论情况、寻求的法律救济等。

Appellate Committee 〈英〉上诉委员会 上议院的一个委员会,自1945年起,由上议院的每届会期任命,由法律议员[Law Lords]组成,负责审理向上议院提出上诉的所有案件,并将案件的裁决报告给上议院。(⇨Appeal Committee)

appellate court/app.ct. 上诉法院;有上诉管辖权的法院 与初审法院[trial court]相对,但有时也可被授予对特别案件的初审管辖权。(⇨court of appeals)

appellate division 〈美〉上诉分庭 指上级法院中负责审理上诉案件的部门。也指某些州(如纽约州[New York]、新泽西州[New Jersey])的中间上诉法院。

Appellate Division Conference 〈美〉分区复核会议 处理纳税人在国内税地区总监[District Director of Internal Revenue]处未解决的案件的机构。

Appellate Division of the Supreme Court 〈美〉最高法院上诉分院 指纽约州[New York]的中间上诉法院。

appellate jurisdiction 上诉管辖权 复审和改正下级法院的裁决的权力。与初审管辖权[original jurisdiction]相对。

Appellate Jurisdiction Acts 〈英〉《上诉管辖权法》 指主要规定上议院作为英国的终审上诉法院的一系列制定法,包括1876、1887、1913、1929和1947年的立法。(⇨House of Lords)

appellate record (= record on appeal)

appellate review 〈美〉上诉复审 上诉审法院依上诉、调卷令等途径对下级法院的诉讼程序及判决进行的审查。也包括基层法院对行政机关的裁决进行的审查,如联邦地区法院对社会治安案件的行政裁决进行的审查。

appellate rules 上诉程序规则 规定有关上诉的提出及上诉审法院的诉讼程序的规则。

appellatio 〈拉〉(罗马法)上诉 是诉讼当事人不服下级法官的判决而要求上级法官审理的手段。该上级法官通常是任命该案第一审法官的人。这一制度并不是在共和国时期建立的,而是君主制时期出现于非常程序[cognitio extra ordinem]中。上诉可以采用口头或者书面形式提出,庭审法官有义务用书面报告的形式把有关的事实材料移交给上级法官。上诉审在提出新证据的情况下开庭。优士丁尼[Justinian]对上诉程序曾进行改革,确定除军政长官[praetorian]所作判决外,所有判决皆可上诉。后来,上诉一词既包括"上控"[provocatio],即刑事诉讼程序上的上诉;也包括对法官做出的行政决定的上诉。

appellation n.称呼;名称;称号;名目(⇨name)

appellatione 〈拉〉称号;名称

appellator ❶(古)(= appellant) ❷(罗马法)受理上诉的法官 指上诉书最终应由其处理的法官[judge ad quem]。

appellee n.❶被上诉人 在美国有些司法区也称为"respondent"。 ❷重罪私诉案中的被告人 ❸被同案犯揭发者

appello 〈拉〉(罗马法)"我上诉";"本人上诉" 提出上诉时所采用的一种正式用语。

appellor n.〈英格兰古法〉❶上诉人 ❷揭发同案犯者(⇨approver) ❸申请陪审团回避者

appellour (= appellant)

appellum 〈拉〉上诉

appenagé (法国古法)❶封地;采邑;封建禄食 与长子继承制所继承的地产相区别。指国王分封给其较年幼诸子的土地和俸禄;受封者死后如无男性子嗣,则封地回归国王。该制度在欧洲大陆较普遍,法国尤盛行,而在英格兰则从未广泛传播过。该术语的使用仅限定在皇室封地上,指在国王长子出生或国王继位时分封给国王长子的康沃尔公爵领地和兰开斯特公爵领地。 ❷王子所得的合法收入(= apenage;appanage;apanage)

append v.附加;增补

appendage n.附属物;附加物 指添加到另一更重要物品之上的附件,可以是使该物完整,也可以是为使其便于使用。(⇨appendant;appendix)

appendant n.❶附属物;附属利益 指附加于、从属于或随同他物转移之物。 ❷附属遗产 普通法中,指从属于一价值更高的可继承遗产的另一可继承遗产。(⇨ap-

pendant and appurtenant)
a.附加的;附属的

appendant and appurtenant 附属遗产和附属物 用来表明一项可继承财产[hereditament]附属于他项可继承财产的词语。附属于他物的是附属物[adjunct],被附属的物称为主物[principal]。转让主物时将附带转移附属物。对附属遗产只能依时效之经过而主张权利;对附属物则可依时效或明示授权来提出主张。主物与附属物必须适于结合使用。附属遗产一旦与主物分离,则永远不能再成为附属遗产,却可因添加而成为附属物。(⇨appurtenance)

appendant power (= power appendant)

appenditia 〈拉〉〈古〉房产的附加物;房屋的附加物(⇨appurtenance)

appendix n.附录;附件;补遗 指附在文件末尾后的补充性文件。在英国枢密院和上议院审判上诉案件的诉讼程序中,附件指包含了下级法院所使用的有决定性影响的文件或其他证据并予以提交的卷宗。

appensura 〈古〉按重量计价 源于拉丁语 appendere,指按重量计价付款,有别于按数目计价。

appent (= appendant)

appertain v.属于;从属;附属;有关联

appertaining a.与…有关联的;有关联的 指在用途上或占用上。

appertinance (= appurtenance)

Appin Murder 〈苏格兰〉阿平谋杀案 发生在 1745 – 1746 年詹姆士党叛乱[Jacobite Rebellion]后的一起刑事谋杀案,该案的审理后来被证明是一场司法审判形式下宗族世仇的延续,是一个司法谋杀[judicial murder]。

appliances of transportation 交通设备 如路面、车辆、发动机及承运人为经营管理其业务而配备的其他器械,但不包括随同乘客进入车辆的物品。

applicable a.适合的;可适用的 在确定采用习惯法的效力时,"可适用性"是指当地的条件、习惯和当地法律的精神、目标相一致。

applicable local law 可适用的当地法;以当地法为准据法 该术语用以确定某人是否为继承人。根据美国《财产法重述》[Restatement of Law of Property],当一人拥有财产且未立遗嘱死亡的,则适用当地法律以确定其继承人。

applicare 〈拉〉〈英格兰古法〉❶缚;系;捆 ❷使(船)停泊;下锚 ❸应用

Applicatio est vita regulae. 〈拉〉法规的生命在于应用。

application n.❶申请;请求;申请书;申请表 ❷投保单;要保书 指作为协商订立保险单或保险合同的第一步,投保人所签署的一项书面文件。在该文件中,投保人表明其投保意愿,并详细告知保险人有关保险风险的情况,以便保险人决定是否接受投保人的申请,并签发保险单。投保单一般在保险单中被列为合同的基础或组成部分,在该种情况下,投保人必须保证投保单内容的真实性;如果保险单中没有对投保单的效力作出上述表示,则投保单仅作为投保人的一般陈述,不要求投保人对投保单的内容作出保证。❸处置;支配;使用;(信托财产变卖后所得金钱的)处理 受托人对于属于信托财产范围内的不动产变卖后所得的金钱应当以符合该信托目的的方式进行经营或分配。❹(法律的)适用;适用性

application for incorporation 公司设立申请 美国某些州的制定法规定,欲成立公司者应向指定的法院提出正式申请,经批准申请人方有权成立公司。

application for insurance 保险申请书;投保单;要保书 (⇨application)

application for judicial review 〈英〉申请司法审查程序 指意欲对行政行为或行政决定提出异议的主体,可从高等法院[High Court]获得某一特权令[prerogative orders]或者确认判决[declaration]、禁制令[injunction]和赔偿判决的一种程序形式。

application for shares 认股申请书;认股书;认股权证 股东为认购股份所填写的正式申请书。该认股书中必须说明股东所欲认购的股份数额以及在申请书他可以支付的金钱。认股申请书的表格一般与招股说明书一起发行,随后,该公司即开始派股,但所派股份不一定与认股申请书中的数额相等。

Application of Gault 〈美〉高特案例 美国最高法院的一个划时代的判例,保证少年犯案件的被告人有权当面对质、有权不自证其罪、有权事先知悉指控、有权获得律师帮助。

application of payments 偿债指定 负有多项债务的债务人向债权人进行偿付时,指定其该项偿付应抵何宗债务。这种偿债方式对债务人以及其他债权人均会产生影响。(⇨appropriation)

application of rules (程序)规则的适用 指由程序规则而非普通法或制定法所调整的领域。

apply v.❶(正式)请求;申请 通常以书面形式向法院、委员会或公司提出,在其权限内,给予某种优惠或者一些规则、秩序等。(⇨application; petition) ❷指定…用于(某一特殊用途)(⇨appropriate) ❸应用;使用;运用;实施 该词用于制定法时有两层含义:在解释制定法时,用来描述其范围之内的人、物或作用的种类,如某制定法不适用于州内商业的交易。在讨论制定法的应用时,指制定法生效的过程。如陪审团被告知如果他们在某个指定期日之前发现诉因,则应当适用诉讼时效法。

appodiare 依靠;支撑

appoint v.❶任命;委派 指由某一机构、官员或人员依据其专有权力指定某人担任某一职位,它与由合格选民以投票方式进行选举[elect]相区别。 ❷指定;约定(时间等) ❸拨出;留出(财产等)

appointed day 指定日期 为一定目的而由法律加以规定的日期,例如一法律中某些条款的生效日期。这一指定日期可由法律本身加以确定,也可以根据法律由命令加以确定。

appointee n.❶被任命人;被指定者 ❷(在决定财产归属时)被指定的财产受益人(⇨power of appointment)

appointing power 任命(公职人员)的权利;委任权(⇨power of appointment)

appointment n.❶任命;选派;委用 区别于选举[election],后者是经投票选出。 ❷指定财产;分配财产(⇨power of appointment) ❸职务;职位 已被任命之人所居之职位。

appointment of administrator 执行官的任命;遗产管理人之任命(⇨letters of administration)

appointment of appraiser 估价人的指定 指定某人负责确定某一特定的事实,证实某一特定财产、财产的一部分以及财产所受损失的价值。在火灾保险单的仲裁条款中,估价人需由当事人双方共同指定。

appointment of arbitrators 仲裁员的指定 根据解决争议的仲裁协议来选择仲裁员。通常做法是先由各当事人各选派一人,然后再由选出的两名仲裁员共同选出第三

名仲裁员组成仲裁庭。
appointment of counsel (= assignment of counsel)
appointment of executor 遗嘱执行人的指定　指在遗嘱中将某人确定为遗嘱执行人,负责实现遗嘱的内容。(⇨ letters testamentary)
appointment of new trustees 〈英〉新受托人的指定　旧时需在信托文书中明确指定受托人之继任人,在原受托人发生意外事件,如死亡、辞去委托、无行为能力时,由其行使原受托人的权力;若信托文书中无此规定,则需向法院申请指定新的受托人。后 1925 年《受托人法》[Trustee Act]亦规定了"附加受托人"的指定[appointment of additional trustee],并且可通过指定文书中的声明条款将信托财产授予新的受托人。
appointment of trustee 信托受托人的指定　指信托设立人在遗嘱、信托合同或其他信托文件中或者由法院指定某人充当信托受托人。
appointor n.指定人;任命人　与被指定人[appointee]相对。
apponere 作担保;作抵押
aporiatus 赤贫的;穷困的
apport 〈法〉〈英格兰古法〉❶税;地租　❷贡金;贡物　❸征集;费用
apport en nature 〈法〉实物出资　指合伙人以非现金方式加入合伙,例如,动产、不动产、证券等,甚至该人的能力与学识。
apportion v.(按比例)分配;分摊
apportionamentum 分配;(金钱或财产的)分配或分割;(责任的)分摊
apportionment n.❶分摊;按比例分配　❷按一定方式分配金钱或分摊费用　❸遗产税的分摊　根据法律的规定或遗嘱人的指示,对遗产享有利益的人分摊遗产税。❹〈美〉议席之分配　指立法机关的席位[legislative seats]在有代表权的地区的分配;尤指根据美国宪法第十四条修正案的规定,以人口为基准对美国国会众议院席位的分配。该词亦称 legislative apportionment。(⇨ reapportionment)
Apportionment Act 〈美〉《代表席位分配法》　每次人口普查[census]后,由美国国会通过的以确定各州可委派给众议院代表名额的法律;它也可指基于相似之目的,由州立法机关通过的同名法律。
apportionment clause 分担条款　一项保单条款,规定几张保单分别按其保险金额与总保险金额的比例承担相应的保险责任。
apportionment of accretion (相邻河岸或湖岸的所有人)对自然增加土地的分配(⇨ accretion)
apportionment of contract 合同的分割　如果合同规定的数个行为各自独立,一方当事人履行合同中的部分行为,就可以要求对方当事人就已履行部分给付对价而不必待至合同其他部分履行完毕,则该合同是可分割的合同。(⇨ divisible contract; entire; sever)
apportionment of direct taxes 直接税的分配　美国宪法有关联邦税规定,人头税或其他直接税须按人口统计进行分配。
apportionment of liability 责任分担　指几个侵权人之间就侵权造成的损失划分各自的责任。在原告为多人的情况下,也会发生此种情形。根据美国《侵权行为法(第三次)重述》[Restatement (Third) of Torts],责任分担主要包括如下法律原则:连带责任[joint and several liability]、比较

责任[comparative responsibility]、免责[indemnity]以及和解[settlements]等。
apportionment of local assessment 〈美〉地方税款的分配　为改善地方状况而确定税额分配方式的法律行为:标明应税财产,据此确定应纳税额,并确立税率标准。在不受宪法约束的条件下,立法机关可规定任何它所认为公正的分配方法,除非分配方法明显不公而构成滥用职权。
apportionment of representatives 〈美〉❶代表名额之分配　指对各州有权在美国国会众议院中代表席位,或各县有权在州立法机关中代表席位的确定。❷选区之划分　指为确定选举单位[election units]而划定边界。(⇨ reapportionment)
apportionment statutes 〈美〉遗产税分配法　该种制定法规定,应交联邦或州的遗产税在分配之前先由各州征收。遗产税的数额则应在遗产受益人之间按比例分摊,除非死者在其遗嘱中另有相反指示。
apportum 〈拉〉〈英格兰古法〉(无形遗产或年金等带给物主的)收益;利润
apposal of sheriffs 〈英格兰古法〉指控郡长　根据财税账目的审核对郡长收受钱财而提起的指控。1671 年的一项法令规定对法院官员滞留、隐匿、错误查核罚款进行惩罚。
appose v.(对官员的账户进行)调查;检查
apposer 〈英格兰古法〉账目审核官　财政署官员,负责审核郡长的账目,又称 foreign apposer,现已废除。
apposition n.同位(关系);同位语
appostille 〈法〉旁注;页边注
appraisal n.❶鉴定;估价　对各种资产,如房屋、文学作品等,或对负债、义务的价值进行鉴定评估。鉴定评估过程中要考虑无利害关系的专家的意见,而不是受明显的市场交易影响。在公司法中,为保护小股东利益,在小股东对公司兼并等重大交易有异议时,法院可通过估价程序对小股东股份进行估价,公司应按法院确定的价款以现金对股东进行支付。(⇨ appraise; appraisal remedy) ❷评估报告;估价书　亦作 appraisement。
appraisal clause 估价条款　保险单上列明的条款,规定保险人或被保险人有权要求对财产损失予以估价。
appraisal remedy 估价补偿　对公司的重大举措(如公司并购)持反对意见的股东享有的一项法定权利,即在对其所持股份以司法程序进行估价后,有权要求公司以该价格收回这些股份。
appraisal right 估价补偿权(⇨ appraisal remedy)
appraise v.评估(价值);估价;鉴定　例如,对毁损财产的价值进行评估。通常采书面形式。
appraisement n.❶评估;估价　❷评估报告　❸评估法　一种选择性争议解决方法,用于在有关合同责任事项形成争议之前确定责任的范围与数量。它与仲裁不同,不属于准司法程序,而是一种非正式的确定合同价值的方法。
appraiser n.评估人;估价人　指由有资格的当局或利害关系人所选择或委任的担任评估之职的人,用以确定有关动产或不动产的真实价值。通常发生于遗嘱检验或政府征用过程中。亦作"valuer"。
appreciare (= appraise)
appreciate v.❶对…作正确评价;鉴别　❷涨价;增值　❸(充分)意识到;领会;体会;觉察　用于一行为的性质和效果时,该词与"know"、"understand"或"realize"同。

appreciation n. ❶估价;验估 ❷增值;升值 尤指非所有人所能左右的资产增值,如因交通条件改善而引起地价上涨。

appreciation in value （由于物价上涨或市场需求增加形成的)资产增值

appreciation of risk 风险之虑(⇨apprehension of injury)

apprehend v. ❶逮捕;拘押 ❷理解;领会;懂得 ❸担心;惧怕

apprehendere （= apprehend）

apprehensio 〈拉〉(= apprehend)

apprehension n. ❶逮捕(被指控犯罪者) ❷了解;知悉 ❸忧虑;恐惧 ❹（大陆法)控制 指对事物的事实上的完全控制。控制加上故意[intention]构成法律上的占有[judicial possession]。

apprehension of injury 伤害之虑 构成避免损害义务的基础和过失的基本要件。也即承担风险的一个基本辩护理由。

apprentice n. 初学者;学徒;徒工 通过契约使自身依附并服务于师傅,在一定期限内,向师傅学习手艺或技能的人。师傅有义务对徒工进行指导。这是一种非常古老的职业和工艺训练方式。过去,这种徒工制曾适用于一些特殊的职业,如出庭律师或外科医师等。在苏格兰,徒工制至今仍在诉状律师、会计师等职业中使用。现在该词多用于手工行业。在英格兰,法律对学徒关系的管理是从14世纪开始的。在中世纪,出现了包括师傅和学徒的手工业行会,行会对徒弟的数目加以限制。1536 年的《劳工和学徒法》[Statute of Labourers and Apprentices]规定,凡从事手工职业者,必须具备 7 年学徒工龄。这项法律由治安法官负责实施。18 世纪,行会学徒制迅速衰落,1536 年的法令基本上全部被 1814 年新的法律所废除。这标志着强制性的、家庭式的学徒制的解体。此后学徒开始根据契约学艺,在自家居住,领取工资报酬。从 20 世纪后,正规的学徒制已在相当程度上消失,并逐步由教育机构的技术培训处所补充或取代。目前,在许多国家已建立了教育范围广泛的学院和培训设施,训练的专业不仅包括手艺和工艺,而且还有行政、管理、执行等专业技能;其中许多教育设施相当于研究院水平。

apprentice ad legem （= apprentice en la ley)

apprentice en la ley （英格兰古法)见习律师;初级律师;出庭律师 此术语直到约 1455 年为止,是指那些已获得律师资格,但又不是高级律师[servientes ad legem; serjeants at law]的人。起初他们被叫做"utter barristers",这是因为他们在辩论实习中坐在最远处,在他们称为'围栏'[barr]的地方;后来逐渐他们被称为'barristers'。高级律师与初级律师的这种二元区分一直延续到当代,但已将 barrister 指称出庭律师,另以 solicitor 指称事务律师。（= apprentice ad legem; appreticii ad legem)

apprenticeship n. 学徒身份;学徒资格;学徒期(⇨apprentice; articles of apprenticeship)

apprenticeship deed （= articles of apprenticeship)

appenticii ad legem 〈英〉实习律师;法律学徒 该术语一直到 1455 年仅指已取得出徒律师资格,但还不是高级出庭律师[servientes ad legem; serjeants at law]的法律学徒。约从 1455 年起,这些人被称作"实习律师"或"外席律师"[utter barristers]。以后,他们被简单地叫做"出庭律师"[barrister]。但是高级出庭律师与一般出庭律师的区分一直延续到近现代。现在资深的出庭律师为加"Queen's Counsel"或"King's Counsel"头衔的律师。

apprenticius 〈拉〉(= apprentice)

apprenticius ad barras 〈拉〉法学学生 指准备从事律师[barrister]职业的学生。

apprenticius ad legem 〈拉〉(= apprentice en la ley)

apprentise （= apprentice)

apprentise en la ley （= apprentice en la ley)

apprentissage （= apprenticeship)

apprentitius （= apprentice)

apprest a. 预先准备的;(通过征募士兵)为战争作准备的

appris a. 见闻广的;精通的;熟知的

apprise v. ❶教;教授;教导 ❷（正式)通知;告知 ❸估价;鉴定(价值)

apprises en la ley 精通法律的

apprising n. ❶教授;通知;告知 ❷〈苏格兰〉一种法律强制[diligence]的形式 现由法院裁决[adjudication]所取代。根据该规定,债务人的土地由郡司法行政长官在足以支付债务的范围内出售,将出售所得用于支付债务,如果找不到买主,土地的一部分需移交给债权人,债务人在 7 年内赎回土地。

apprizing （= apprising)

appro. （= approval; approbation）

approach v. 接近;靠近;临近
n. (复)途径;通道;通路

approach of a bridge 通桥之道 连接公路与桥的通道,由此可达桥上。在合理范围内,该通道于法律上被视为桥身的一部分。

approbare （= approve)

approbate and reprobate 〈苏格兰〉接受与拒绝 指接受一部分而同时又拒绝另一部分。一方当事人既不能接受和使用某契据,而同时又拒绝它,这一原则与英国法中的"选择原则"[doctrine of election]对应。

approbation n. 批准;核准;认可 该词作为专门术语,在英国和法国一度指对书籍出版的官方审批。

Approbation des Loix 《法律御准》 一部法律著作,其全名为《与诺曼底和根西岛古代习惯不同的根西岛法律、习惯与惯例之御准》[Approbation des Loix, Coustume et Usages de l'Isle de Guernezey, differentes du Coustumier de Normandie, d'ancienneté observés en ladite Isle]。该书于 1715 年首次出版。它旨在描述 1580 年根西岛[Guernsey]上存在的法律与习惯。1581 年,这些法律和习惯在枢密院[Council]得到伊丽莎白[Elizabeth I]女王的批准。书中涉及民法、刑法以及它们与诺曼底习惯法的不同之处。不论其内容是否正确,该书目前仍是有关根西岛法律的主要资料来源。

approbator （= approver)

approbatory articles （= articles approbatory)

Approbo non reprobo. 〈拉〉我不反对者,我即赞成之。

approcher v. 接近;靠近;临近

approper （= appropriate)

appropriare （= appropriate)

appropriare communiam 划占公地;侵占公地 通过筑围墙、建篱笆、私占等方式,从公地划出一片土地据为私用。

appropriare et includere communiam 侵占公地;圈占公地

appropriate v. ❶私占;侵吞;挪用;盗用 ❷拨出(款项等)供专用 ❸遗产分配(⇨appropriation)

appropriated retained earnings 划拨留存盈余 指公司董事会指定用于某一单独目的的留存盈余,该部分不参加分红或用作其他目的。亦称作 appropriated surplus, surplus revenue, suspense reserve。

appropriated surplus ❶留存盈余 把部分盈余拨出,留作专门用途。❷(＝appropriated retained earnings)

appropriation n. ❶占用;挪用;盗用 该词的基本含义是将某物据为某人的财产。如该行为属于不法行为,则构成侵权,甚至可能构成犯罪。在侵权法上,亦指某人为谋利而盗用他人姓名(或名称)。❷拨款 指立法机关为某一公共目的而拨给一笔款项的行为。在英国,议会每年通过一个《拨款法》[Appropriation Act]确定应拨款的各种款项,并授权财政部[Treasury]根据岁入预算支出总拨款。❸已拨款项 ❹〈英〉(教会法)圣俸转拨 指一集体或独体的宗教法人,作为圣职推荐权人可以将归属于自己的圣俸转拨给堂区长助理[vicar],以委托堂区长助理作为代理人行使宗教监护权。圣俸转交俗人[impropriation]则是将圣俸归集体或独体的俗界法人。(⇨impropriation) ❺土地征用;征用 指为某一特定用途,将土地划拨使用,尤指为公共建设、军事用地或其他公共用途对土地进行征用。该词亦泛指通过行使征用权[power of eminent domain]将私人财产转为公共使用。❻〈美〉流水的私人占用 指将公共领域的流水通过截夺、筑坝或分流等方式,使之与自然水道或人工运河相分离,并为占用人的私人利益而实际应用。❼选定标的物;指定 指将某一部分货物或货币与其他部分相分离的行为。例如,甲售砖千块与乙,并由乙从某一堆砖块中选定,当乙选定一千块砖后,则使此前尚未完全成立的买卖由此完成。❽划定用于担保 即将一部分货物或金钱从财产中专门划出,以用作偿付某一特定债务的担保。❾偿债指定 指将某一笔还款指定用于偿付某一笔特定债务。例如,甲于1月1日向乙借款50英镑,后于7月1日又借款50英镑,后甲于12月1日还款50英镑,并言明此款用于偿还7月1日所借之债,甲的行为即属偿债指定。偿债指定的一般规则是:债务人有权在支付时进行指定;如其未予指定,则债权人有权指定;如两者均未进行指定,则法律指定该笔还款用于偿付最早的一笔债务。偿债指定对于债权人及债务人均具有重要意义。例如,甲欠乙两笔债务,其中之一已超过诉讼时效期间,但甲在还款时未指定用于偿付哪一笔债务(在此情况下,称为"一般偿还"[general payment]),则乙可以将之指定为用于偿还已超过诉讼时效期间的债务,尽管他已不能通过诉讼而要求甲偿还该笔债务。此外,如果在多笔债务中,有的存在担保,有的没有担保,则是否进行偿债指定对于双方当事人及保证人也将产生不同的法律效果。❿遗产分配 指遗产执行人或遗嘱管理人根据各个权利人所享有的权利,将遗产在他们之间进行分配[distribute]。

appropriation account 盈余分配账户 表明利润、收益的分配及使用情况的账户。

appropriation bill 拨款法案 授权使用公共资金[public money],并规定各类支出的数额、使用方式和使用目的的法案。在美国,除非国会已拨给资金后则联邦政府不得支出任何款项。美国国会的拨款法案必须由众议院提出。

appropriation for war 〈美〉战争征用 指战争期间,军队无需政府合同的许可而直接征用财产。

appropriation of fund 拨款 指在特定年度,立法机关以法律文书[legal form]适时作出的,准许从国库指定费用中拨付专门款项用于某一确定目的或需要的行为。

appropriation of payments (＝application of payments)

appropriation of water (公共)用水的(排他性)占用 构成有效占用,需具备以下几个条件:①必须基于某些目前或将来考虑的有益用途而占用公共领域内的水;②通过截流等将自然水道改道;③在合理的时间内的实际占用。占用人在占用的范围内有权用水,但不能超出合理要求和实际占用的范围。(⇨appropriation)

appropriations bill 拨款法案 (⇨appropriation bill)

approval n. 批准;认可;核准 该词即意味着认知及其后裁量权的行使。例如法律规定,债券、证券及其他契据需经法官或治安法官审查,并予以认可之后才能生效。

approval of performance 施工许可 按建筑合同条款的要求,依据客观标准审查而给予的核准施工的决定。(⇨certificate of architect or engineer)

approval sale (＝sale on approval)

approve v. ❶增值;增加(至最大限度) ❷批准;认可;核准 在制定法中赋予官员"核准"申请权时,这一权力一般不限于对申请中事实陈述的简单确认,而且还包括完全的自由裁量权,除非制定法有限制。也即认知、其后的行使自由裁量权、通过裁判。官员的批准应当具有确定性,并且应明确无误地宣布。市政当局的财政委员会的核准即意味着,委员会的全体成员基于官方职责,并考虑了公共福利之后,进行调查并根据自己的判断作出批准。这一核准权不是行政权力,而是积极的和重要的、慎重的责任。❸(废)揭发 指已受刑事起诉者在作答辩前供认犯罪,揭发其他同案犯。

approveamentum (＝approvement)

approved acceptance 公认承兑 没有任何合法的抗辩理由的承兑。

approved bill 公认汇票 由资信良好的出票人签发的汇票,对于该票据,没有任何合法的抗辩理由。

approved indorsed notes 合格的背书本票 由出票人之外的人背书,背书的目的在于使付款更有保证——收款人对背书人的资信感到满意的本票。

approved list (＝legal list)

approved note 公认本票 资信良好的人签发或背书的本票。

approved schools 〈英〉少年犯教养院 自1932年开始使用的名称,用以取代原来的教养院[reformatory schools]和工读学校[industrial schools]等称呼,它是由地方政府或自愿团体资助,并经内政大臣[Home Secretary]或苏格兰事务大臣[Secretary of State]批准而建立的。它享有多种法定权力,以教育和培训那些被移送来的儿童和青少年,特别是被认定有罪的青少年犯。在1968年,这一名称又为社区之家[community home]和寄宿学校[residential establishment]所替代。1969年《儿童和青少年法》[Children and Young Persons Act]规定,犯罪的儿童和青少年应送到社区之家接受教育。

approved security 已核准的担保 尤指在拍卖中经拍卖商同意的、由买方向拍卖商提供的担保。

approvement n. ❶(英格兰古法)揭发同案犯 指在刑事诉讼中允许被控犯有叛国罪或重罪者揭发同案犯。被告人应在作出答辩之前进行揭发。如被揭发者被判刑,自己的罪行可望得到免除;否则将被立即绞死。❷〈英〉改善;改良(共用地);部分圈占(共用地);(因改良土地所获的)收益 指领主把共用地的一部分改为个人占有地。现需经政府同意方可占用。(⇨approvement of waste)

approvement of waste 〈英〉圈占荒地权 指根据1235年《公地使用权法》[Commons Act]准许或者批准荒地所有

者圈占多余荒地的权利。该法仅适用于封建领主与其佃户之间的案件。1285年《公地使用权法》扩展到包含针对圈占邻近庄园佃户的荒地权。这两个法令并不仅限于授予封建领主这一权力[power]，任何荒地的所有人均可行使这一权力，但必须留足牧场给对他人土地享有使用权的人。现该权利仅通过环境事务大臣的许可方可行使，而行使者甚少。

approve of 赞同；同意；批准（⇨approve）

approver 〈法〉控告；揭发；保证
n.❶〈英〉揭发同案犯者 包括被告人或自首人的揭发。（⇨approvement） ❷改良土地者 王室派往地方改良土地，提高收益者，这其中的部分收益将归郡长。郡长和副郡长[bailiff]在1326年的一项法令中被称为"King's approver"。

approximation n. 近似原则 这是衡平法上适用于慈善信托[charitable trust]的一项原则，指在信托人指定的目的不能遵从或实现时，信托并不失效，而可以将信托财产运用于与其指定相近似的目的，即在特定情况下，只要能符合公益或慈善的一般要求并尽量接近原来的信托意旨，可偏离信托契据中已明确的条件。亦作"doctrine of approximation"或"approximation doctrine"。

approximation doctrine （= approximation）

appruamentum （= approvement）

appruare 〈拉〉〈古〉❶（= approve） ❷（通过改良）从土地中获益

appunctuare v. 任命；委派；指定

appurtenance n.❶从物；附属物 指从属于他物之物。例如，房屋的户外建筑、牲口棚、花园、树林等即为其附属物。❷从属权利 指随主物一同转移的权利，如地役权等。

appurtenant a. 附属的；从属的

appurtenant easement （= easement appurtenant）

appurtenant power （= power appendant）

appurtenant rights 从属权利；附属权利 指为充分利用某财产所必需的各项权利。它从属于更重要、更高级的权利，随同这些主权利一起转移而不能独立存在。

appurtenant way 附属的通行地役权 指附属于不动产的固有权利，它为不动产的利用所必需并随同不动产的转让一起转移。

APR （= annual percentage rate）

A.P.R.C. （= Anno post Romam conditam）

apree （= aprés）

a prendre 〈法〉拿；抓住；获得；得到（⇨profit à prendre）

aprés 〈法〉在…以后（或后面）；在…之下（或之后）（⇨en aprés）

aprés le fait 〈拉〉在某一事件之后

aprés que 〈法〉自那以后

a priori 〈拉〉演绎的；由一般到具体的；先验的 逻辑术语，建立在类推基础之上，指由普遍原理或自明的命题推断出具体结论。

a priori theories of law and justice 法律与正义论的先验论；法律与正义论的形而上学理论 从一个或多个基本的假定推演的一套关于法律与正义论的理论。如康德把"自由意志"看作是道德与正义、法律的基本假设。该派理论与法律与正义论的经验理论相对立。

apris （= appris）

apris de la leie 精通法律的

aprovechamiento （在印第安人村落中的公地中的）权利

a provisione viri 〈拉〉通过丈夫的供应

apt a. 适合的；适宜的；合适；适当的

apta viro ❶适合结婚的；可结婚的 ❷适婚女子

apt words 适合体现法律效力的词语；适当的专门用词语

apud 〈拉〉同；与；在…之中

apud acta 〈拉〉❶在所记载的行为或程序中 ❷（罗马法）（判刑时向法官提出的）口头上诉

apud London videlicet, in parochia Beatae Mariae de arcubus, in ward de Cheap 〈拉〉在指定审判地时使用的古老用语

apud pares 〈拉〉在同辈之前；在地位相等者之前

apurtenaunces （= appurtenance）

aqua 〈拉〉〈罗马法〉〈英格兰古法〉水；小溪；水流；水路

aqua aestiva 〈拉〉〈罗马法〉夏季用水；（只在）夏天使用的水

aqua ammoniae 〈拉〉氮和氢的溶液

Aqua cedit solo. 〈拉〉水随土地而移转。

aqua cooperta 〈拉〉被水覆盖的

aqua currens 〈拉〉流动的水；流水

Aqua currit et debere currere ut currere solebat. 〈拉〉水应依旧流。 指水流应顺其自然流向，不得任意加以变更。水是其流域内人们共同的、平等享用的财产。

Aqua currit et debet currere. 〈拉〉水应顺其自然流动。 人们对流水只有使用权，而无所有权。该使用权的行使不得影响同样的权利人对水流的使用。

aqua ductus 〈拉〉〈罗马法〉〈苏格兰〉引水权 在他人土地上通过水管引水的地役权。

aqua dulcis 〈拉〉甜水；清水

aquae 〈拉〉〈复〉水；溪水

aquae ductus （= aqua ductus）

aquae haustus 〈拉〉〈罗马法〉汲水权 从他人的池塘、泉水等处取水的地役权。

aquae immittendae 〈拉〉〈罗马法〉排水权 因自家房屋为他人房屋所包围，因而废水只能通过邻家的屋顶、院落或土地排出的一种地役权。类似于滴水权[easement of drip]。

aqua et ignis interdictio 〈拉〉流放令 禁止某人用火用水，是一种间接剥夺公民权的方式。

aqua fontanea 〈拉〉泉水

aqua frisca （= aqua dulcis）

aquage （= aquagium）

aquagium 〈拉〉❶水路；水道 置于岸边用以测水水流高度的水量计被称为"aquagaugium"。❷水渠；水沟 尤指沼泽地中的水渠。❸通行税 通过水路所付的费。

aquam ducendi 〈拉〉排水（⇨jus aquam ducendi）

Aqua non deliberentur sine speciali praecepto domini regis. 〈拉〉没有国王的特别命令不予解除义务。

aqua pluvia 〈拉〉雨水

aqua profluens 〈拉〉流水

aqua quotidiana 〈拉〉〈罗马法〉日常用水；公共用水

aquarum cursus 〈拉〉水流；水路

aqua salsa 〈拉〉咸水

aquatic rights 河岸权 河岸居住者在河海从事渔业和航行及在水下直至泥床作业的权利。

aquatiles 〈拉〉水鸟；水禽 如野鸭、苍鹭。

aqua trestornata 〈拉〉改变了其正常路线的水或河流

aqua viva 〈拉〉流水；活水

Aquilian Law （罗马法）《阿奎利亚法》 指自罗马建城时

起根据当时的民选的护民官阿奎利亚·加卢斯[C. Aquilius Gallus]建议通过的著名的法律。该法代替了早先的十二铜表法的一部分，并初次规定了有关杀伤他人的奴隶或牲畜的损害赔偿。(= lex Aquilia)

a quo 〈拉〉❶由此 相当于 from which。❷由谁 相当于 from whom。

A quo invito aliquid exigi potest. 〈拉〉可以违背某人的意愿要求做某事。

A.R. (= Anno Regni)

arabant 〈拉〉他们耕种 封建法律用语，用于指以在庄园内耕种领主的土地为条件而保有土地的人。

Arabant et herciabant ad curiam domini. 〈拉〉他们曾在领主的庄园内耕种。

arace 摧毁；拆毁；夷平；撕碎；连根拔除；根绝；灭绝

aracher 连根拔除；根绝；灭绝

aracine 有根的；生根的；正在扎根的

araer (= arayer)

araho 〈拉〉〈封建法〉宣誓 根据里普利安人法[Ripuarian laws]，所有宣誓必须在教堂中对着圣徒的遗物进行。

aralia 可耕地

arare 〈拉〉耕；犁

aratia (= aralia)

arationes 〈拉〉〈罗马法〉出租的公共土地 每年按收成的十分之一收取租金。

arator 〈拉〉用犁者；(可耕地上的)农夫

aratores 〈拉〉〈罗马法〉公共土地上的佃农

aratrum terrae 〈拉〉〈英格兰古法〉小块耕地 一张犁或一个耕夫一年所能耕种的土地，该术语常用于佃户为领主提供的耕地劳役。

araturia 〈拉〉可耕地

arayer 排列；布置；安排；置定

ARB (= Accounting Research Bulletin)

arbiter n. ❶(= arbitrator) ❷裁决人 指有权依照法律裁决争议的人，如法官。❸〈罗马法〉具有自由裁量权的法官 指经执政官[praetor]指定受理需要适用公平和善良原则[ex aequo et bono]裁判的案件的法官；即法官可按良心及公认的公正、公允的原则处理案件，不同于一般必须严格依照法律办理的法官[judex]。

arbitrable a. 可仲裁的；可公断的

arbitrage n. 套利；套汇 在一个市场购买证券、外汇或商品，同时在另一个市场卖出，以期从不同市场之间的差价中获利。(⇨arbitration of exchange)

arbitragers ❶套利者；套汇者(⇨arbitrage)

arbitrament n. ❶裁决权 ❷仲裁 ❸仲裁裁决

arbitrament and award 同一事项已经仲裁裁决的答辩 依普通法，关于损害赔偿事件，凡已经仲裁裁决者，不得再行起诉。

Arbitramentum aequum tribuit cuique suum. 〈拉〉一个公正的裁决，使各方各得其宜。 旧时仲裁裁决中习惯用语。

arbitranda 〈拉〉需接受裁判

arbitrar 〈西〉❶判决；裁定 ❷想出办法(或对策)

arbitrary a. 任意的；武断的；专制的

arbitrary and capricious 任意的和不正规的 用来形容行政机关或下级法院所作的决定或采取的措施，谓其不顾事实或法律，或不依照一定的处理原则，从而具有任意性。

arbitrary decision 任意性裁决 指法官或其他具有司法职能的官员仅依其个人意志而作出的裁决，既不合理又不合法。

arbitrary discretion 任意性裁量；不合理的裁量

arbitrary government 专制政府 指昔时的君主政体及现代的极权主义政体。

arbitrary power 自由专断权 尤指在尚缺少任何适当的制约原则时赋予行政官员的权力。

arbitrary punishment 任意性处罚 法官依其自由裁量而判处的刑罚，不在制定法规定的刑罚范围内。

arbitration n. 仲裁 指争议双方当事人将其争议提交给中立的第三方(即仲裁员)来审理并作出裁决的争议解决方法。它不同于到法院通过诉讼的途径来解决争议，且与之相比，仲裁程序更为简便、迅速、费用较低。现代法中，仲裁通常依当事人事先或在争议发生后达成的仲裁协议[arbitration agreement]进行，仲裁员由双方当事人选定，如由双方各自选出仲裁员一人时，则必须再共同选出第三名仲裁员，即首席仲裁员[umpire, 在苏格兰称 oversman]；如果当事人双方选定的仲裁员对争议的解决达不成一致意见，由其单独作出裁决。仲裁裁决称为"award"，对首席仲裁员作出的裁决有时也称作"umpirage"。仲裁裁决在英国自1697年起依法对当事人具有拘束力，若一方不履行，另一方可申请法院强制执行。根据英国的1950、1975、1979年《仲裁法》[Arbitration Acts]，若仲裁协议的一方违反协议向法院提起诉讼时，另一方可申请法院中止诉讼，先将争议提交仲裁。若一方拒绝参加仲裁，仲裁程序可单方进行。1975年《仲裁法》规定含有涉外因素的仲裁协议在英国可以得到承认和执行。1979年《仲裁法》规定仲裁裁决可以受到法院审查，并废除了可向高等法院陈述案情并请求其作出裁决的程序。在美国，大多数州都已采用了《统一仲裁法》[Uniform Arbitration Act]。美国仲裁协会[American Arbitration Association]为提供仲裁服务的组织。

arbitration acts 〈美〉仲裁法 规定将争议提交仲裁的联邦和州的制定法。可提交仲裁的事项包括劳资纠纷、公职雇员纠纷、商业纠纷、海上贸易纠纷等。大多数州均依据《统一仲裁法》[Uniform Arbitration Act]制定了本州的仲裁法。这些立法的目的是为了确认仲裁协议的效力、保证仲裁程序有效进行，以及为仲裁提供必要的保障和司法上的帮助。

arbitration agreement 仲裁协议 规定若发生纠纷，无论是现时的纠纷还是将来可能产生的纠纷，均提交仲裁解决的文件。

arbitration association 仲裁协会 (⇨American Arbitration Association)

arbitration board 仲裁庭 被指定按照仲裁规则审理和裁决争议的一组仲裁员。

arbitration bond 仲裁保证书 当事人提交的保证服从仲裁裁决的保证书。

arbitration clause 仲裁条款 载于合同中，当事人同意对可能出现的有关权利或义务的争议提交仲裁解决的条款。

arbitratione facta 〈拉〉已经仲裁令状 用来停止诉讼，说明诉讼事由已经仲裁解决的令状。(⇨de arbitratione facta)

arbitration of exchange 套汇 在两个以上的国际性外汇市场同时买卖同种外汇，通过计算和利用国际性外汇市场上外汇汇率之间的差额获取利润。(⇨arbitrage)

arbitration of labor dispute 劳资纠纷仲裁 美国各州法

律常规定,涉及公职人员的劳资纠纷需强制仲裁[compulsory arbitration]。

arbitrator n.仲裁员 根据正式的仲裁程序审理和裁决纠纷的中间人,由当事人选定或由法院指定。

arbitratus 〈拉〉❶判断;自由判定 ❷仲裁;裁定

arbitrement (= arbitrament)

arbitrios 〈西〉公益税 在没有其他收入的情况下,城市对某些商品所征的税。在用于指自治市的收入来源时,"arbitrios"与"proprios"经常相连使用,有时意指"ways and means"。

arbitrium 〈拉〉(罗马法)(法官根据良心进行的)裁断;仲裁

arbitrium alieno 〈拉〉他人的裁量(⇨in arbitrium alieno)

arbitrium boni viri 〈拉〉(罗马法)公平的裁决;鉴定人的判定;公正者的决定

Arbitrium est judicium. 〈拉〉仲裁裁断是一种判决。

Arbitrium est judicium boni viri,secundum aequum et bonum. 〈拉〉仲裁裁断是善良者根据公平与正义所作的判决。

arbitrium judicis 法院的裁决或裁量(⇨in arbitrium judicis)

arbor civilis 〈拉〉系谱;家谱

arbor civilis consanguinitatis 〈拉〉族谱;家谱

arbor consanguinitatis 〈拉〉家谱树形图

Arbor dum crescit;lignum dum crescere nescit. 〈拉〉生长者谓之树,不长者谓之木。 意指前者为不动产而后者为动产之区别。

arbor finalis 〈拉〉(英格兰古法)界树 作为界限标志用的树木。

arca 〈拉〉钱箱;钱匣子

arca chirographica 〈拉〉(英格兰古法)文契保管箱 根据理查一世的命令,一些基督徒和犹太人把所有的合同文本、抵押文本及欠款借据等保存在一个箱子内以防欺诈。该箱有三副锁具。

arca cyrographica (= arca chirographica)

arcana imperii 〈拉〉国家机密;皇家机密

arcarius 〈拉〉(罗马法)(英格兰古法)公共资金的保管人;司库;财会主管

arceevesque 〈拉〉主教

arcessere 〈拉〉(罗马法)传唤到庭;带到法官面前

arcewesque 〈拉〉大主教

archabbot 大修道院男住持

Archaionomia 《撒克逊法律汇编》(= Archaionomia, sive de priscis Anglorum legis)

Archaionomia,sive de priscis Anglorum legis. 〈拉〉《撒克逊法律汇编》 约1600年,伊丽莎白女王统治时以撒克逊语言出版,有拉丁文版本。

archbishop n.大主教 教省的首席主教和神职人员首领,对其辖区的宗教事务拥有仅次于国王的管辖权,如监督和视察所在教省的各主教及下属的任免情况。英格兰国教会有两个大主教,即被称作全英首主教[Primate and Metropolitan of All England]的坎特伯雷[Canterbury]大主教和被称作英格兰首主教[Primate of England]的约克[York]大主教。他们在各自辖区行使主教管辖权,并分别在上院内有一席位。大主教由主教座堂的主教参事会[dean and chapter]按照国王加盖国玺的特许状以及列有候选人名单的主教委任状[letter missive]选举产生。每一大主教或主教辖区内均设有教区法院[consistory court]处理该教区内的教会事务案件;每一大主教辖区又设

教省法院[provincial court],主要是该教省的教区法院之上诉法院,只对某些特定案件而言是初审法院。英格兰国教会的两大教省法院是拱顶法院[Court of Arches]和约克教省法院[Chancery Court of York]。苏格兰圣公会[Scottish Episcopal Church]不设大主教,仅有主教团选举产生的首席主教[Primus]。爱尔兰教会中有两位大主教,一位是全爱尔兰首主教,即阿马[Armagh]大主教,另一位是爱尔兰首主教即都伯林[Dublin]大主教。卡舍尔[Cashel]和蒂厄姆[Tuam]的大主教职衔已在1833 - 1834年间降为一般主教。在罗马天主教的等级中设有英格兰大主教、苏格兰大主教和爱尔兰大主教,但他们都没有特殊的权利,只能根据法律和本教会惯例行使职权。

Archbishop of Canterbury 〈英〉坎特伯雷大主教 全英格兰首席主教,坎特伯雷教省都主教。他还是上议院的宗教议员和其辖区内的最高宗教法官,具有广泛的圣职推荐权和其他诸多权力及职责,其中包括为英格兰国王和王后加冕的特权,以及1533年制定的法律赋予的授予特许状的权力。

Archbishop of York (= Archiepiscopus Ebor)

archbishopric n.大主教辖区;大主教管辖权

archdeacon n.执事长;副主教 在英格兰国教会中对主教管区享有管辖权或部分管辖权,为仅次于主教的神职人员,由主教任命,或者由圣职推荐权人[patron]推荐给主教,再由主教授予其圣职。其职责是监督堂区的神职人员,视察和革除滥用职权的牧师,审查和推荐神职候选人,主持牧师的就职仪式等。旧时的执事长法院[archdeacon's court]听取某些教会案件,对其判决可上诉至主教。在罗马天主教会中,该职位只是虚衔。

archdeaconry n.执事长辖区;副主教监察区 主教管区的分区,乃执事长或副主教管辖的巡回区域。

archdeacon's court 执事长法院(= court of archdeacon)

archdeanery n.〈苏格兰〉执事长辖区(= archdeaconry)

Archeion 《论英格兰中央法院》 1635年由兰巴德[Lambarde]出版的一部关于英格兰中央法院的历史评注。

archery n.箭术;射艺;射手用器;弓箭 在封建法律中,也指在保卫城堡过程中为领主保管弓箭的义务。

arches 拱顶法院(⇨dean of the Arches)

Arches Court 〈英〉拱顶法院 即坎特伯雷教省法院。(= Court of the Arches)

archetype n.原本;正本

archicapellanus 〈拉〉(欧洲古法)首席大法官

archidiaconal courts 执事长法院(= Court of Archdeacon)

archidiaconus 〈拉〉执事长;副主教(= archdeacon)

archiepiscopal 〈拉〉大主教的;附属于大主教的

archiepiscopus 〈拉〉大主教(= archbishop)

Archiepiscopus Cantuar 〈拉〉坎特伯雷大主教(= Archbishop of Canterbury)

Archiepiscopus Ebor 〈拉〉约克大主教(= Archbishop of York)

archievesque 〈拉〉大主教(= archbishop)

archilowe 〈拉〉(古犹太人之)谢恩祭;和解的礼物

architect's certificate (= certificate of architect or engineer)

architect's lien 建筑师留置权 在不动产上创设的一种制定法上的留置权,用以担保对该不动产进行设计、监理的建筑师获得报酬支付。

architectural review 建筑设计审查 也称设计审查[design review],指在建设许可证颁发之前,就该项建设是否

符合用地法规所规定的建筑标准而进行的一种审查程序。

architectural work 建筑作品 指已体现于任何一种表现媒介上的某一建筑的设计。它包括设计图纸（作为图画作品或图表作品保护）或建筑物本身（在美国，如其于1990年12月1日以后建成，则受《伯尔尼公约》[Berne Convention]的保护）。

archium (= archives)

archives n. ❶档案馆；档案室；卷宗室 ❷档案；卷宗

archivist n. 档案保管人；卷宗保管人

archivum (= archives)

archon n. (古)雅典执政官 古代希腊许多城邦中职位最高者的头衔。在雅典，最初有3个执政官，大约在公元前680年，增加到9个。从公元前487年起，执政官以抽签的方式选任。这以后，执政官在政治上的作用就不大了。执政官负有行政和司法职责。在早期，除了那些由雅典阿壳奥帕古斯[Areopagus]审理的涉及生命和民权的案件外，执政官单独审理案件，并对民事案件享有管辖权。后来，执政官须决定是否有案件需要审理，在什么法庭审理，并主持其审判。名誉执政官[archon eponymus]是城邦的名义上的首领，负有保护财产的特定责任。他在自己的权限内负责所有涉及到家族权利和继承的案件。司祭执政官[archon basileus]负责以前国王的宗教事务并处理这些事务中发生的诉讼案件，以及教士们之间所控告的不虔诚、杀人等案件。军政官[archon polemarchus]最初掌管武装力量，但后来他的主要职责是在司法方面，解决涉及到外国侨民以及外国侨民同本国公民之间的个人诉讼。(⇨Areopagus)

archpresbyter n. 大长老 主教座堂的教长[dean]有时被称作主教教区大长老，其职位仅次于主教，但该职位有时被给予主教教区的副主教[chancellor]或执事长[archdeacon]。

archpriest n. (教会法)教长；大祭司 主教座堂中仅次于主教的教会主管，位于教区内其他神父之上。(⇨dean)

arch-see n. 大主教辖区；大主教职位

arcifinies n. 有天然边界的 (⇨arcifinious)

arcifinious a. (土地)有天然边界的 源于拉丁文"arcifinius"(有不规则边界的)，指某一土地存在自然边界，诸如树林、山岭、河流等。该种土地与划界地[agri limitati]不同，其所有人对因冲积而自然增加的土地享有权利。它多用于大陆法中。(⇨agri limitati)

arcium constructio 〈拉〉堡垒；防御工事建筑

arct 〈拉〉被迫的；受压制的；受限制的

arcta (= arct)

arctable 〈拉〉❶强行的；强制的 ❷强有力的

arcta et salva custodia 〈拉〉在严密而安全的监护中

arctare 〈拉〉束缚；强迫；压制

arddelio (= arthel)

ardhel (= arthel)

ardour 〈法〉(英格兰古法)纵火犯；房屋纵火犯

ardours de mesons 〈法〉房屋纵火犯

Ardours sont qui ardent cite, ville, maison, beast, ou autres chateux. 纵火犯是放火焚烧城市、村庄、房屋、兽畜或其他动产者。

are 〈法〉公亩 面积单位，相当于119.6046平方码。

area n. ❶地区；地域 ❷平地；空地；屋基；地基 ❸面积 ❹(房子、城市等中划作特殊用途的)地方；场地；区域

area bargaining 地区性集体谈判 指在特定地理区域内，工会和多个雇主之间进行的集体劳资谈判。(⇨collective bargaining)

area-sneak n. 遛窃犯 在居民区周围活动，伺机遛门撬锁进行盗窃的小偷。

area tenure 保有范围；限定保有 该词用于说明对一定对象和处于一定层次的保有。

area variance 场地变更 指许可改变建设场地条件，可以与地区规划法中的规定不同，但不改变建设用途。与建设用途变更[use variance]相对。(⇨variance)

area wide bargaining (= area bargaining)

are charged 兹均予设定抵押 房地产抵押合同中适用于被抵押房地产的用语，从而明确设定抵押。区别于"将以之设定抵押"[he will charge]一语。

areister (= arester)

a remenaunt 永远

a rendre 〈法〉付给；给予；交纳(如租金、服务等)

arendre (= a rendre)

arenifodina (罗马法)采沙场

arentare 〈拉〉(以一定租金)出租；出借

areopagite 〈希〉(古雅典城邦的)贵族会议主席 该会议因阿雷奥帕古斯[Areopagus]而得名，其主要职能是处理解决雅典城邦的重大问题。(⇨areopagus)

Areopagus n. 阿雷奥帕古斯；贵族会议 古代雅典最古老的地方自治会，并是其宗教、政治和司法中心，在阿雷奥帕古斯山上集会。它由贵族组成，并向国王提供咨询，最初它对杀人和企图杀人而致伤的案件有专属管辖权。从公元前8世纪设立执政官起就控制着雅典，直至梭仑[Solon]支持公民大会[Assembly]而限制其权力为止。但它仍然保留着维护法律和对违宪行为及杀人案件进行审判的权力。克利斯提尼[Cleisthenes]进一步削弱了该机构，他加强了公民大会[ecclesia]并设立了一个新的机构，即五百人会议[boule]。从公元前487年开始，执政官由抽签决定，这进一步降低了阿雷奥帕古斯的威望，并终使之在公元前462年失去了全部政治权力。从此，它仅保留了对谋杀案及宗教方面的有限的管辖权。

arepennis 约合一英亩大或一弗隆长的土地

arere 〈法〉拖欠；拖延(支付)

arer et semer 耕种

arerissement n. ❶推迟；耽搁；延误 ❷妨碍；阻碍 ❸惊讶；惊恐

a rescriptio argumentum 〈拉〉产生于敕答的论点

A rescriptis valet argumentum. 〈拉〉根据(皇帝或教皇的)解答敕令提出的辩论是正确的。

A responsis 〈拉〉(教会法) ❶信使 又称作代理人[responsalis]和大使[apocrisiarius]。 ❷教务顾问 就教会事务给予解答、咨询、忠告的人，又称作顾问[consiliis]。

arestare (= arrestare)

arester v. ❶逮捕 ❷阻止；拦截 ❸(财产扣押[arrestment]中的)债权人

aret (= arret)

aretro (= a retro)

a retro 拖欠；拖延；落后

A.R. form (= avis de reception form; advice of receipt form)

arg. (= arguendo)

argent n. (古) ❶银 ❷(纹章中的)银白色 ❸洁白 ❹银币；钱

argentaria 银行；钱庄 复数形式为"argentarii"。

argentarius 〈拉〉(罗马法)放债人；放债掮客；银行家；钱商

argentarius miles 〈拉〉(英格兰古法)钱币搬运工　指财政署的搬运工将钱币从财政署下室[lower exchequer]运送到上室[upper exchequer]以检验和鉴定的人。

argent du roi 〈拉〉(= King's silver)

argenteus ❶罗马钱币　约合一个半银币[denarius], 15个铜币[asses]。❷古代法国钱币,类似英国的先令

argentum 〈拉〉银　尤指银币。

argentum album 〈拉〉❶未铸成钱币的白银　如银条、银块。❷银币

argentum dei 〈拉〉上帝的钱　意指"定金"。

argentum factum 〈拉〉银制品；银器

argentum infectum 〈拉〉(尚未制成任何物件的)银

arguendo/arg. 〈拉〉❶为了辩论　❷在辩论的过程中

argument n.❶争论；辩论；论证　❷理由；论据

argument ab inconvenienti (= argumentum ab inconvenienti)

argumentative a.❶来自推论的　❷可争议的

argumentative denial 可争议的否定；基于推论的否定　以推理的形式,而非以直接的、积极的答辩方式进行的否定。

argumentative instruction 可争议的指示　法官对陪审团所作的一种指示。它突出或过分强调了某一特定争议事项、理论或答辩理由；或者指示的内容在关于证据的证明力、证明效果、充分性及根据证据作出推论等方面有意侵犯了陪审团的权限。这种指示是一种可以反对但不是可推翻的错误,除非它显有偏见。

argumentative pleading 可争议的答辩　以推理的形式,而非以作出直接的、肯定的陈述形式来提出其主张的答辩。

argumentative question 可争议的询问　指在询问证人时,所提问题暗含有对提出问题的一方当事人有利的回答或者问题的内容为某种陈述而非提问。这是一种错误的询问方式。

argumentative traverse 可争议的否认答辩

argument of counsel 律师辩论　双方律师为各自的当事人对案件的事实认定及法律适用方面就双方的争执所作的辩论,目的是帮助陪审团作出正确的、公正的结论。

argument on appeal 上诉审辩论　书面形式的法律辩论,有时以口头陈述作为补充。其意在说明一方当事人的主张受到法律及证据事实的支持,以帮助法庭作出正确、公正的结论。

argumentum 〈拉〉论证(= argument)

argumentum ab auctoritate 〈拉〉基于权威的论证

Argumentum ab auctoritate est fortissimum in lege. 〈拉〉出于权威的论证在法律上最为有力。

argumentum ab impossibili 〈拉〉从不可能者所得的论证

Argumentum ab impossibili plurimum valet in lege. 〈拉〉从某种不可能的事实所引出之论证,在法律上最为有力。

argumentum ab inconvenienti 〈拉〉产生于歧义的论证

Argumentum ab inconvenienti est validum in lege; quia lex non permittit aliquod inconveniens. 〈拉〉针对歧义的论证在法律上有效,因为法律不允许有任何歧义。

Argumentum ab inconvenienti plurimum valet in lege. 〈拉〉针对歧义的论证在法律上最为有力。

argumentum a communiter accidentibus 〈拉〉基于普通情况的论证

Argumentum a communiter accidentibus in jure frequens est. 〈拉〉基于普通情况的论证在法学中经常出现。

argumentum ad baculum 〈拉〉恫吓性论证

argumentum ad crumenam 〈拉〉为筹钱而发表的论证

argumentum ad hominem 〈拉〉关于人的论证

argumentum ad ignorantiam 〈拉〉针对听众的无知发表的论证

argumentum ad invidiam 〈拉〉基于憎恨或偏见的论证

argumentum a divisione 〈拉〉基于分歧的论证

Argumentum a divisione est fortissimum in jure. 〈拉〉基于分歧的论证在法学中最具价值。

argumentum ad judicium 〈拉〉引发判断的论证

argumentum ad misericordiam 〈拉〉争取同情的论证　吁请怜悯的论证。

argumentum ad populum 〈拉〉争取民众的论证　诉诸民众信任的论证。

argumentum ad verecundiam 〈拉〉表示尊重的论证　通过对大人物们表示尊敬的方式来进行论证。

argumentum a fortiori 〈拉〉顺理成章的论证　根据另一个比所讨论的事例证明力更弱的事例进行的论证。

argumentum a majori ad minus 〈拉〉由多到少的论证

Argumentum a majori ad minus negative non valet; valet e converso. 〈拉〉由多到少的论证不适用于否定性结论,但适用于肯定性结论。

argumentum a simili 〈拉〉类推论证　由类推进行的论证。

Argumentum a simili valet in lege. 〈拉〉类推论证在法律上为有效。

argumentum baculinum 〈拉〉恫吓性论证　诉诸棍棒、暴力等,使对方惧怕、胆怯而进行的论证。

argumentum ex concesso 〈拉〉基于已承认的事实进行的论证

aribannum 〈拉〉(封建法)逃避兵役的罚款　因未遵守国王的命令应征入伍而被处以的罚款。

arid lands 〈美〉干旱的土地　指西部各州需灌溉方可利用的土地。

arier ban (= arrier ban)

arierban (= arriere-ban)

ariere 〈法〉过去(⇨en arière)

arietum levatio 冲跑　古老的运动项目,类似持矛刺靶练习[quintain]中的冲刺动作。

arimanni 〈拉〉❶有少量土地的自耕农　中世纪时,自有少量土地的自由民,常既耕种其自有地,同时又耕种从大领主处保有的领地,并为后者支付租金及提供服务,从而可受到大领主的保护。❷军役土地保有人　指从皇帝或大领主处获得土地的军人[military tenant]。

aripenna (= arpennus)

aripennum (= arpennus)

arise under 〈美〉(诉讼)依…提起　为向联邦法院提起诉讼时的惯用语,如"依宪法提起"或"依联邦法律"提起等,以表明案件可由联邦法院管辖,而不属州法院管辖。

arising in another state (诉因)产生于外国(或外州)

arising out of and in the course of the employment 起因于雇佣关系且发生在其工作过程中　美国劳工赔偿法[worker's compensation acts]规定,对"起因于雇佣关系且发生在其工作过程中"的雇员伤害应予赔偿。这一用语指该伤害直接、自然地产生于与雇佣职业合理相附的危

险。亦即在雇员劳动条件与其所受到的伤害之间必须存在某种因果关系。(⇨course of employment; in the course of employment)

arising out of the employment 起因于雇佣关系；由雇佣关系所引起 意指雇员所受伤害与其执行受雇业务之间存在因果关系。

aristarchy n. 贤能统治；精英政府

aristocracy n. ❶贵族 ❷贵族制；贵族政府 根据古希腊时期的原始含义，它是指最优秀的人的统治(aristo 即最优秀的；kratio 即统治)。在现代，它指政治权力由一国"优秀"公民组成的统治团体所行使的制度。贵族的挑选可能基于血统、财富、能力或经济、社会、宗教地位而定。贵族制与君主制[monarchy]不同，在君主政体中，一个统治者依靠神赐权力或世袭原则单独实行统治，贵族未必忠诚于或隶属于君主。贵族制皆以有限的选举权和突出强调财产权为特征。独立后的美国即具有贵族制的特点，投票和担任公职都有财产和宗教的资格要求，彼时的"杰斐逊式民主"[Jeffersonian Democracy]即强调贤能贵族统治。不过，杰克逊[Jackson]时期的民主改革修正了这一偏向。现代美国的白人盎格鲁-撒克逊新教徒[White Anglo-Saxon Protestants]统治集团多年来在政府、商业、职业和军队领域中一直具有非正式的贵族制的功能。在英国，贵族制是以世袭头衔和财富作为权力精英的基础，贵族在上院中有作为上院议员的世袭权。

aristo-democracy n. 共和政府 贵族和平民共同组成的政府；或其权力分属于贵族和平民的政府。

arles n. 〈英〉定金(= erles)(⇨earnest)

ARM (= adjustable-rate mortgage)(⇨mortgage)

arma 〈拉〉❶武器；盔甲 ❷(贵族的)家族纹章

arma capere 〈拉〉❶拿起武器 ❷就任爵士(或骑士)

arma dare 〈拉〉❶(以剑轻触其肩)封…为骑士 ❷发给武器

Arma in armatos (sumere) jura sinunt. 〈拉〉法律允许使用武器对付武装者。

arma libera 〈拉〉标志自由身份的武器 在诺曼时期，奴隶获得自由，成为自由民时，会得到一把剑和一支长矛。

armamenta navis 〈拉〉船上之设备器材

arma moluta 〈拉〉锐器；利器

arma mutare 〈拉〉交换武器 为证明友谊或同盟关系而举行的一种仪式。

arma pacis et justitiae 〈拉〉和平和正义的武器

arma perturbationis pacis et injuriae 〈拉〉破坏和平的、非正义的武器

arma reversata 〈拉〉缴械 古时对叛国贼或重罪犯的一种惩罚。

armaria (= almaria)

arma suscipere 〈拉〉就任骑士(或爵士)

armata vis 〈拉〉武装力量；武装部队

armatura 〈拉〉甲胄；武装

armature n. ❶甲胄；武装 ❷(马达或动力)轮

armed force 〈美〉武装团队 被召集起来的负有协助维持秩序和逮捕犯罪分子之责的一批市民。

armed neutrality 武装中立 指中立国家在交战国之间保持中立的态度，表示在必要的情况下，如为抵抗进攻和入侵等，将采取武力手段以维护其中立地位及中立国权利。

armed peace 武装和平 事实上处于和平状态的两个或两个以上国家为将来可能发生的战争而进行备战。现通常被称为"冷战"[cold war]。

armed robbery 持械抢劫 指持有危险性武器所进行的抢劫，而不论该武器是否被暴露或使用。在美国大多数州，持械抢劫被视为抢劫的加重情节，而不作为一个单独的犯罪。

armed services 武装部队 为保卫国家而组成的海陆空各级军官和士兵的集合体。

Armed Services Procurement Regulations/ASPR 〈美〉《武装部队采购条例》(⇨Federal Acquisition Regulations)

armed ship 武装船舶；武装商船

arm. fil. (= armigeri filius)

armiger n. ❶有资格佩纹章的人 ❷持甲胄(或武器)之人 指参军者。 ❸为骑士持甲胄(或武器)的人；骑士的扈从 ❹(免服兵役税的)佃户；仆从；(女修道院里地位较高之)仆人

armigeri filius/arm. fil. 从军者的儿子

arming one's self (以武器)武装自己

armiscara 〈拉〉负鞍惩罚 一种古老的惩罚方式，背负鞍具以示服从。

armistice n. 停战 交战国或交战方之间通过缔结协定而在相当长一段时间内停止敌对行为，通常被视为和平谈判的先声。因此与"暂停战斗"[suspension of arms]不同，后者通常是为局部军事目的而在相当短的期间内暂停战斗；而缔结停战协定停战不仅要持续更长一段期间，而且是出于政治考虑。停战如果涉及全部战区则称为"全面停战"[general armistice]，如果只涉及部分战区，则称为"局部停战"[partial armistice]。局部停战有时称为"休战"[truce]，但二者并无严格的区别。(⇨truce)

armor bearer (为骑士或斗士)持武器(或甲胄)之人；侍从；扈卫

armorial bearings 纹章；盾徽 古时刻于骑士盾牌及铠甲之上的一种图案、徽章等纹章性标志，现仅作为一种独特的人身性标记而存在。贵族有权佩带纹章，最低一级有此权利的贵族是绅士[gentry]，而贵族等级的区别也源自祖上传下来的纹章的差别。纹章的佩带由各名主要欧洲国家发展起来的纹章法来调整，在现代，纹章已经普遍地授予公共及地方管理机构、法人组织和个人，即使在以前，也很难阻止民众对纹章图案。所有被授权可以佩带纹章的人都可以在纹章院[College of Heralds]付费对其家系家谱进行登记。在英格兰和爱尔兰，佩带纹章是一种世袭权利，而这种权利的证明则需要有纹章院的登记或是授权证书。很久以来，授与纹章佩带权及规范与此相关事务的权利都由皇家纹章官[King of Arms]享有，后者在其职权范围内代表国王，但从 17 世纪开始，行使该权利需要得到王室典礼官[Earl Marshal]的授权，而这种授权体制则是为了回应某申请纹章权者的提议而设立的。对未经授权使用纹章而提出的控诉由王室骑士法庭[Court of Chivalry]受理，并可向枢密院司法委员会上诉，需要注意的是前者并非普通法法庭，而采用大陆法程序。英国 1803 年的一项法令规定要对纹章进行征税，该法于 1869 年被修改，所涉纹章范围有所扩大，而这种纹章税最终被 1944 年的《财税法》[Finance Act]所取消。在苏格兰，佩带纹章是一项从国王处保有的、可继承的无形财产权，授与纹章一直是王室特权的一部分，由苏格兰皇家纹章大臣[Lord Lyon King of Arms]代表国王行使。从 540 年起，一般由国王授权纹章大臣，再由后者正式授与申请人。1672 年建立了苏格兰纹章登记公署[Public Register of All Arms and Bearings in Scotland]，依照法律，未经登记任何人都不得持有和使用纹章，有关纹章的管辖权由纹

章大臣法庭[Lyon Court]享有,不服其裁决可向上议院上诉。(⇨ arms; herald; Heralds' College; College of Arms; King-of-Arms; Earl Marshal; court of chivalry; Lord Lyon King of Arms; lyon court)

Armorum appellatione, non solum scuta et gladii et galeae, sed et fustes et lapides continentur. 〈拉〉武器不止于盾、剑、盔,且包括棍棒与石头。

armour and arms 兵器和甲胄;盔甲与武器

arms n. ❶武器;兵器 根据英国1688年《权利法案》[Bill of Rights]第二节,每一臣民有权携带武器用于法律所允许的、适合于其地位和身份的防卫。1328年《北安普顿法》[Statute of Northampton]禁止个人在可能惊吓人民或扰乱公共治安的情况下携带武器,非法携带或没有合理的理由携带武器视为犯罪。在美国,根据宪法第二条修正案,民众有权存有和携带武器,这种权利国会不得侵犯。❷〈英〉纹章;徽章 徽章是荣誉象征,起初由战时长官所采用,涂于其盾牌上以示区别。理查一世在十字军东征时,首次使得徽章的授予成为世袭制。(⇨ armorial bearings)

arms-bearing (= bearing arms)

arm's-length a. 公平交易的;正常交易关系的 指交易的成立不受任何私人特殊关系的影响,交易双方享有同等的权利。与臂挽臂[arm-in-arm]的情况正相反。(⇨ at arm's length)

arm's length transaction 公平交易;正常交易 指当事人双方之间互相独立的,任何一方都不受对方控制或影响的正常交易。如某公司以10 000元的价格把股票卖给其唯一的股东,若想知道此价格是否公平价格["arm's length"price],则需比较该公司在市场交易中可以何价格把这批股票卖给与其利益无关的第三方。

armum molutum 〈拉〉锐利的武器;锋利的武器

army n. ❶军队 ❷野战军;集团军;兵团 ❸〔常作A—〕〈英〉(一国的)陆军 一般地或主要地在陆地作战的武装部队。从1689年到1879年,陆军事务由议会根据宪法的要求每年举行一次会议所通过的《军纪法》[Mutiny Acts]及根据这些《军纪法》授权经国王发布的《军法条例》[Articles of War]来规定。1879年,这些法均被并入《陆军纪律法》[Army Discipline Act],1881年再由《陆军法》[Army Act]取代。《陆军法》每年修订一次,它仍规定在和平时期没有议会的同意而维持常备军是非法的,这是1688年的《权利法案》[Bill of Rights]宣布的一个准则。1955年的《陆军法》再次取代了原陆军法。根据枢密院令[Order in Council],每年可对该法进行修正,但最长不得超过5年,除非议会另有决定。陆军的纪律规章包括在《陆军法》里,它以英国的普通刑法为基础,军人既需服从《陆军法》,也同样必须服从一般的法律。

Army Brokerage Acts 〈英〉《军职买卖法》 系1875年《团职调换法》[Regimental Exchange Act]中使用的总称,是指1557年和1809年所有有关禁止军职买卖的法规。

Army Council 〈英〉陆军委员会 1904年2月6日经特许建立,接替原来由总司令和作战国务大臣[Secretary of State for War]行使的管理军队的行政职能。现已并入国防部[Ministry of Defence]。

aromatarius (古)食品杂货商

arpen 〈法〉阿庞 旧土地面积单位,自诺曼征服之后相当长的一般时间内使用。现仍用于加拿大魁北克省和美国路易斯安那州[Louisiana]。每一阿庞为100平方杆[perch],但由于每杆的长度不统一,致使阿庞的面积常有差异,相当于5/6至1⅓英亩不等。

arpennis (= arepennis)
arpennus (= arpen)
arpent (= arpen)
arpentum (= arpent)
arpine

arra 〈拉〉(罗马法)定金 常以此作为包括婚姻协议在内的各种协议或交易达成的证据,约束当事人,起到保证金的作用。又作 arrha 等。

arraiers (古)❶军需官 给战士提供武器装备的军官。❷指挥步兵队列的军官;自带装备的骑士或骑兵

arraign v. 传讯(⇨ arraignment)

arraign an assign 控告;起诉;为诉讼(或审判)作准备

arraigner (= arraign)

arraignment n. 传讯 英美刑事诉讼中的一项正式程序,包括三项内容:①法院将被告人传唤到庭;②向其宣读起诉书的内容;③由被告人就起诉书所指控的罪行作出答辩。在英国,被告人可以作有罪答辩、无罪答辩、或者保持沉默,或者作对管辖权有异议、不适于受审等其他形式的答辩。在美国,被告人一般可以作有罪答辩、无罪答辩、或不愿争论的答辩[plea of nolo contendere]。传讯必须公开进行,答辩前必须将起诉书文本一份给予被告人。法庭对被告人的答辩应当记录在案。

arraigns n. 〈英〉中央刑事法庭的书记员;巡回审判庭助理 (⇨ Clerk of Arraigns)

arrainare

arrameur (古)港口官员 负责船上货物的装卸、堆垛。

arranare (= arrainare)

arrangement n. ❶整理;安排;编排 ❷和解;和解协议 曾经被称为 composition。该词有双重含义,一是指失去支付能力但仍有重振希望的债务人在破产法院调整财务以待复兴[rehabilitate]的程序,即和解程序;二是指在该程序中为可能实现债务人复兴而制定的计划,即和解协议。

arrangement between debtors and creditors 债务人与债权人之间的和解协议 在英国,不能清偿债务之人可以私下或在破产法院与债权人达成和解,以部分偿付而免除其所承担的偿债责任。其中,关于当事人自行达成和解的规定最早见诸1887年《和解协议书法》[Deeds of Arrangement Act],后历经修改。现在,债务人与债权人达成和解协议须遵循1914年《和解协议书法》,如果和解协议书涉及土地的,则还须根据1972年《土地负担法》[Land Charges Act]进行登记。关于当事人在破产法院达成和解协议的规定,最早见诸1869年《破产法》[Bankruptcy Act]。而根据1914年《破产法》的规定,债务人可以向指定的破产财产管理人提出了结债务的债务免除[composition]或债务整理方案[scheme of arrangement]。破产财产管理人应当向每一债权人递交该和解方案副本,并召集债权人会议。如果半数以上债权人同意该方案,且其代表全部债权的3/4以上,则视为债权人已接受该和解协议,如经破产法院批准,则和解协议对全体债权人具有约束力。但法院在某些情况下可以拒绝该和解协议。如有证据表明和解协议的达成系出于欺诈,或债务整理方案失败的,则债权人仍可以请求宣告债务人破产。现行有关在破产法院达成和解协议的规定则是1986年《支付不能法》[Insolvency Act]第八部分。在美国,与之相应的和解制度参见"arrangement with creditors"。(⇨ deed of arrangement; scheme of arrangement; arrangement with creditors)

arrangement of music　音乐的编排　指将某一乐谱改编为声乐或器乐形式，其权利根据原乐谱的版权而应当受到保护。

arrangement of words　文字的安排　它是作者的智力成果，也是版权保护的对象。

arrangement with creditors　（破产法）与债权人和解　指债务人与债权人就债务的和解［settlement］、清偿［satisfaction］或延期偿付［extension］达成协议。如美国联邦《破产法典》［Bankruptcy Code］第 11 章规定，在法院的保护和监督下，经济陷入困境的企业可以根据重整计划与债权人达成协议，允许其继续营业，而不是马上破产。

arras　〈西〉结婚赠与　丈夫因结婚而赠与妻子的财产。结婚赠与完全出于自愿，并不是法律规定的要求，一般与考虑到女方将置备嫁妆及负担结婚费用有关。结婚赠与的财物，除丈夫仍可享有其用益权外，完全为妻子所有。

array　n.❶候选陪审员名单　指所有被召集到法院准备履行陪审员职责的人员的名单。❷出庭陪审员名单　最后确定的审判陪审团的全体陪审员的名单。
v.❶召集陪审团；挑选陪审团　❷宣读陪审员名单

arrear　n.（复）❶拖欠；拖延　❷未完成之事；待履行完毕之义务　❸逾期债款；应付欠款　如逾期未付的赡养费［alimony］、未及时发放的红利。

arrearage　(= arrear)

arrect　v.（刑事）控告；指控
a. 被控告的；被指控的

arrectatus　n.犯罪嫌疑人；刑事被告人

arreist　〈苏格兰〉(= arrest)

arrenatus　被控告的；被传讯的

arrendamiento　〈西〉不动产租赁

arrendare　按年出租土地

arrent　v.（英格兰古法）出租；租与　多用于涉及公地与皇室土地的场合，按照年租金的条件，颁发特许状圈占森林中的土地。

arrentatio　(= arrentation)

arrentation　n.❶租借权；租赁权　❷承租人圈地权　特指林地［forest land］承租人在支付租金的条件下，有权将该林地圈围。

arrerage　(= arrear)

arreragium　逾期债款；（账户上）到期应付款

arrest　n.❶（刑事）逮捕　指对正在实施犯罪或被怀疑已实施了犯罪的人进行羁押，以使其能够到案接受讯问或回答指控。在英国，逮捕分为两种：①有证逮捕。依法律规定，对犯公诉罪［indictable offence］者，或应以监禁者，或被告人地址不明，发出传票不能有效地保证其出庭者，治安法官有权签发逮捕证，警察持逮捕证执行逮捕；②无证逮捕。即未获得逮捕证而逮捕被告人或犯罪人。1967 年《刑法》［Criminal Law Act］规定了可捕罪［arrestable offences］，即无前科、犯有可能判处 5 年以上监禁的任何罪行。任何人可以无证逮捕正在实施或者有正当理由怀疑其正在实施可捕罪的人。特定情况下，警察和个人也可以进行无证逮捕，如房屋主人及其仆人可逮捕夜间非法闯入者，任何人可以逮捕夜间实施公诉罪者等。警察进行无证逮捕或者接受公民送交的被捕人后，应在 24 小时内提出控告，移送治安法院，并将控告书副本交给被捕人。在美国，要求逮捕应当具备①主观要件：即批准逮捕的官员必须具有逮捕的目的——保证被告人到庭和防止罪犯继续犯罪；②客观要件：即具有实际的拘押行为，并告知被捕人处于失去人身自由的状态，逮捕方可成立。在种类上，也可分为有证逮捕和无证逮捕。在申请逮捕证时，首先要由警察或被害人向治安法官［magistrate］或其他司法官员提出控告书，说明犯罪事实及要求逮捕的理由等，治安法官认为逮捕具有可成立的理由［probable cause］时，即签发逮捕证。对于可实施无证逮捕的情形，联邦及各州都有规定，但内容不尽相同，比较得到认可的主要有以下情形：①警察在现场时，对于确实实施或企图实施重罪者，有权进行无证逮捕；②警察基于可成立的理由，认为某人已经实施重罪的，有权进行无证逮捕；③公民对其在场时犯下重罪者有权进行无证逮捕，警察也可以对公民指认的犯重罪者进行无证逮捕。❷（民事）拘禁　指对民事诉讼中的被告予以拘押，以使其到案对原告的请求进行答辩。或者要求其提供保释金或履行判决。在英国，民事程序中的拘禁现已不常见，且只能凭法院签发的令状才能实施。❸（海事诉讼中的）扣押船舶　指对物的海事诉讼中，通过将扣押令贴在船舶的主桅上即可对该船舶及其货物进行扣押。后来以粘贴扣押令的副本代之。如要解除扣押，需提供相当于请求数额及有关费用的担保。

arrestandis bonis ne dissipentur　〈拉〉（英格兰古法）诉讼中财产保全令　在诉讼期间签发给郡长要求其扣押一方当事人的财产，以防止其恶意处理这些财产而导致判决履行不能的令状。

arrestando ipsum qui pecuniam recepit　〈拉〉（英格兰古法）逮捕逃避兵役者的令状　因某人收到国王的军饷［prest-money］后，没有服兵役，反而躲藏起来以逃避兵役而签发的逮捕令状。

arrestare　逮捕；拘留；扣押

arrestari et imprisonari　被逮捕并且被监禁

arrestatio　〈拉〉（英格兰古法）扣押(= arrestment)

arrestation　n.实施逮捕的行为

arrestatio navium　〈拉〉船舶的扣押

arrestee　n.〈苏格兰〉财产被扣押人　指根据扣押令受到财产扣押的人。(⇨arrester)

Arrestentur corpora eorum　他们的身体应受到拘禁。

arrester　n.〈苏格兰〉财产扣押申请人　指提出申请并获得对债务人的动产或债权进行扣押的人。(⇨arrestee)

arrest for debt　(= imprisonment for debt)

arrest in civil action　(= civil arrest)

arrestment　n.❶拘留；拘押　对刑事被告人审理前的拘留；对民事被告未办妥保释前的拘押。❷〈苏格兰〉对案外债务人财产的扣押　指债权人据以扣押第三人占有的债务人的动产的命令，它包括担保性的扣押，其效力仅是阻止第三人在诉讼未决期间处分债务人的财产；和执行性的扣押，它通常是在法院判决后发出，冻结债务人的财产，并在必要时通过进一步的诉讼以这些财产给债权人偿债。

arrestment jurisdictionis fundandae causa　为行使司法管辖而扣押　苏格兰令状，据此扣押被告财产，以便对被告行使司法管辖。

arresto facto super bonis mercatorum alienigenorum　（英格兰古法）报复性扣押外国人财产令状　指扣押在英国领域内的外国人财产以补偿在外有居留权者［denizen］在国外的财产被攫取的一种令状。

arrest of inquest　停止调查　一种关于阻止对某一先前争议事项的调查，并说明不应进行调查的理由的抗辩。

arrest of judgment　中止判决　在美国，指在民事诉讼中或在刑事诉讼中陪审团作出裁断后，由于出现了某种固有的原因而致使如果法官作出判决将导致该判决错误或可被推翻,法官得自动停止或拒绝作出判决。依《联邦刑事诉讼规则》[Federal Rules of Criminal Procedure],如果起诉书未指控某一罪行或法院对指控的罪行无管辖权,法官依被告人的申请亦可中止判决。在英国,中止判决仅存在于刑事诉讼中,被告人在被定罪后、判刑前,可以起诉书存在缺陷或案卷中存在其它不正当之情形为由申请法官中止判决;法官如认为起诉书并未揭示法律上的某一罪行时,也可主动中止判决。中止判决后应将被告开释;但中止判决并不阻碍重新提出控诉。

arrest of ship 扣船 暂时扣留船舶,是对物诉讼的一个步骤,其根本目的在于使海事请求权得以实现,而并非剥夺船东的船舶所有权。

arrest of the five members 〈英〉逮捕五议员 1642年,查理一世决定弹劾一名贵族和五名下议院议员,因为他们被认为企图推翻基本法,剥夺国王的合法权利,挑拨国王与其臣民之间的感情。但上议院拒绝下令逮捕,国王遂派议院侍卫官[serjeant-at-arms]前去下议院逮捕五议员,国王本人也于次日亲自前往,却发现那些议员已躲避于伦敦城内。下议院因此宣称他们的特权遭到了国王的侵犯,更激起了民众反对国王的情绪。

arrest on mesne process 依中间令状实施的拘禁 民事诉讼中拘禁被告人人身的一种临时救济措施。

arrest record 〈美〉逮捕记录 当某人被逮捕时由警察局填写的一种官方表格。也指某人被逮捕情况的连续记录,通常由缓刑监督机构[probation office]保存,以利于法官确定其为第二、第三或第几次惯犯,从而量处适当刑罚。

arrests of princes (= restraint of princes)
arrestum 〈拉〉(= arrest)
arrest warrant 逮捕证 法院签发的要求有权的执法官员将某人逮捕并将其带至治安法官或地方法官面前的书面令状。对于可签发逮捕证的理由、有权签发的人员、逮捕证的格式及应记录的内容等,法律一般都有明确的规定。(⇨arrest)

arrest without warrant 无证逮捕 根据法律规定,如果治安官员有合理的理由可以相信某项罪行为已经发生,而被逮捕者即为该项罪行的行为人,或是亲眼目睹某人实施某项犯罪的个人,在无逮捕证的情况下,可对该人实施逮捕。(⇨arrest)

arret 〈法〉❶法院判决 ❷(法国古法)官方命令 指各种机构或其人员中的任一位就执行有关法律、行政、政治事务所作出的官方命令。该词源于法国法,并适用于美国路易斯安那州和加拿大。

arretted 被带至法官面前并被指控有罪的
arrha (= arra)
arrhabo (罗马法)定金;保证金(⇨arra)
arrhae (罗马法)定金;保证金(⇨arra;pot-de-vin)
arrhae sponsalitiae (罗马法)订婚时的保证金;订婚礼
arriage and carriage 不确定的义务 指古时英格兰和苏格兰领主对佃户的不合理要求,为法律所禁止。

arrier ban (封建法)第二道征召令 向那些忽略了第一道征召令的下属或领主的附庸发布的、要求他们前来晋见其领主的命令,与"aribannum"相区别。(⇨aribannum)

arriere-ban 〈法〉❶(古代法国、德国国王的)强制应征的敕令、法令 命令他们的臣属、贵族以及臣属的臣属加入军队,违者将被没收产业。❷被征召的臣属组成的军队 (= arierban)

arriere fee 〈法〉(封建法)从次级领主处保有的领地 次级领主从其世袭封地拿出部分发给下属,也允许下属以相似的方式分发给下一级。

arriere fief 〈法〉(= arriere fee)
arriere vassal (封建法)附庸的附庸;领臣的领臣
arrivagium (= arrival)
arrival n. 到达;抵达
arrival of ship 船舶抵达;船舶到岸 此词含义随上下文而不同,一般指船舶为商业目的进入、停留于某港口并已办理报关手续的状态,区别于船舶仅为避风等临时原因而进入、停留于某港口的状态。在海上保险中,船舶只有抛锚或系泊才构成"船舶抵达",而在航次保险单中,只有当船舶安全系泊24小时才能叫"船舶抵达"。

arrogate v. 冒称;僭称;僭取 指主张本不享有的权利或行使本不具有的权力。

arrogatio 〈拉〉(罗马法)自权人的收养(= arrogation)
arrogation n. ❶(罗马法)自权人的收养 指收养的对象是成年人、尤其是自权人[sui juris]。这种收养将使该自权人丧失原有独立地位而处于收养者的家长权之下。❷冒称;僭称;僭取 指主张自身不享有的权利或从事自身无权从事的行为。

arrogator n. ❶收养人 ①自权人的收养人;②适婚人的收养者。(⇨adrogation) ❷僭称者;僭取者

arrura 耕作;农夫一天的耕作量 领主每年都要求佃户为其做一定量的耕作劳役。

arsae et pensatae 熔化和称重 过去用于检验钱币的术语,用火将钱币熔化和称重来检验其内含成分。

arser in le main 〈法〉〈英〉在手上烧烙印 在声称享有神职人员特权并允许其享有该特权的非神职同事犯左手大姆指上烧烙印,以便在其第二次声称是神职人员时可供鉴别。中世纪时,通过拟制[fiction],许多非神职人员意欲享有一些神职人员不受普通法严酷刑罚的特权。该特权由1827年《刑法》[Criminal Law Act]废止。

arseun (= arson)
arsine (= arson)
arsion (= arson)
arson n. ❶(普通法)放火罪;纵火罪 恶意焚烧他人的住宅或宅第内附属建筑。本罪构成要件有4个:①犯罪对象为住宅或附属建筑,犯罪客体为居住安全而非财产所有权;②焚烧的住宅或附属建筑为他人所有。如果该住宅或附属建筑为自己所有,则不构成放火罪,但如果焚烧该住宅或附属建筑有危及四邻安全之虞,则构成烧房罪[house-burning];③在客观方面实施了焚烧行为;④在主观方面是恶意的。如果过失引起火灾烧毁了住宅的,则不构成放火罪。❷(制定法)放火罪;纵火罪 在现代成文法中,指恶意焚烧他人的或者自己的财产。在美国,《模范刑法典》[Model Penal Code]规定,旨在毁坏人房屋或使用中的建筑物,或者为骗取财产保险金而毁坏或损害自己或他人的财产,而实施点火或者引起爆炸的,构成二级重罪。有些州将放火罪分为3个等级:一级放火罪指夜间放火烧住宅;二级放火罪指夜间放火烧有波及附近住宅之虞的其他建筑物;三级放火罪指一级二级以外的放火罪,或者为骗保险金而点燃自己或他人的财产。放火罪属财产罪,如果放火者明知房屋内有人居住或者可能有人居住,而仍实施焚烧行为的,则构成放火罪的加重情节。如果造成他人死亡的,则同时构成杀人罪。至于是谋杀罪,还是非预谋杀人罪,则视具体案情而定。在英国,1971年《刑事损害法》[Criminal Damage

Act]取消了普通法上的放火罪,而代之以制定法上的放火罪。它规定,对纵火罪可以判处终身监禁,但没有危及他人生命故意的放火罪可以适用简易审理。

arson clause 纵火条款 一项保单条款,规定保险人对受被保险人指使或被保险人自行纵火所引起的火灾损失不予赔偿。

arsura 〈拉〉〈废〉❶检验钱币 铸币后以火烧来检验货币,这种过程会使货币失去一定重量。 ❷验币过程中失去的分量

arsure in le main (= arser in le main)

art *n*. ❶美术;艺术 ❷(需要技艺的)行业;职业 ❸技巧;技艺 ❹狡诈 ❺教唆方法 ❻技术 在专利法上,该词与"technology"同义,常用于诸如"现有技术"[prior art]、"相关技术"[relevant art]等语中。在美国宪法的专利与版权条款中,亦以该词表示"技术",从而与"科学"[science]相对。

art and part 〈苏格兰〉同案犯 刑法中对于主犯和从犯的刑事责任未作区分,所有的参与者无论其参与程度如何,都视为同样的犯罪。以前的刑事指控对主犯与从犯不作区分,笼统地称之为同案犯[art and part],但现在刑事指控对主犯或从犯[actor or art and part]加以区分,实际上这一短语已演变为"参与"之意,即"教唆及参与犯"[artifex et particeps]。

arthel 〈英格兰古法〉担保;保证;作出保证 如果发现某人携有被偷窃的物品,而此人又不承认其有偷窃行为,他可以寻找担保人[vouchee]证明自己无罪。根据威尔士的习惯,被发现携有赃物的人可以为自己找一担保人以证明自己的清白,这样可以使诉讼撤销。1534年此习惯被废止。

article *n*. ❶(文章、著作等的)节 ❷(法律、契约等的)条 ❸物件;商品 ❹〈英〉(教会法)诉讼主张 在教会法院通过起诉状[libel]提出的事实主张,它构成起诉状的一部分。
v. ❶以(合同)约束 ❷订立(包含若干条款或部分的书面)合同 ❸控告 ❹做实习律师

articled clerk 〈英〉实习律师;实习员 依据书面协议在执业的事务律师手下供职的人,前者负责向其传授专业知识和执业技能。其后亦适用于其他行业或职业的实习人员。

articles *n*. ❶(文件的)条款 有时也可指文件本身。 ❷(教会法)起诉书;诉讼主张 (⇨article)

articles approbatory 〈苏格兰〉答辩 相当于英格兰衡平法诉讼中对起诉状的答辩。

articles improbatory 〈苏格兰〉起诉程序 相当于衡平法诉讼中的提交起诉状。

articles of agreement 协定条款;合同条款

articles of amendment 修正条款 为实现对公司章程的修改或变更所制定的有关条款。

articles of apprenticeship 学徒合同;学徒契约 雇主[master]和学徒[minor]签订的书面协议。据此,学徒以在双方约定的时间内为雇主工作作为对雇主向其传授某一行业技艺的回报。

articles of association ❶(= articles of incorporation) ❷社团章程 一种类似于公司章程的文件,旨在依法创设非股份的或非营利性的组织。 ❸〈英〉公司章程 根据1985年《公司法》[Companies Act],它与公司注册证书[memorandum of association]共同构成公司成立文件,主要规定公司管理以及其他内部事务。甲表[Table A]规定股份有限公司章程的范本,如当事人在登记时未对之进行限制或排除,则该范本适用于该公司。但当事人可予自由变更。(⇨memorandum of association)

articles of commerce 商品;货物 买卖和互易的标的物,在市场上作为独立于交易双方当事人的存在物而流通。

Articles of Confederation 〈美〉邦联条例 《邦联和永久联合条例》[Articles of Confederation and Perpetual Union]是1775年对英宣战后本杰明·富兰克林[Benjamin Franklin]赋予其所倡导的各州宪法的名称。1776年,大陆会议[Continental Congress]任命一个委员会负责起草一部宪法,此一努力耗时共计五载。争论主要围绕下列问题:中央应接管各州权力的程度,西部土地的控制,各州代表在国会的权限及征税权。最终,邦联条例认可了各州在国会中同等代表权原则,否定了国会有管理商业或征税的中央权力;据此,国会享有外事和印第安事务、宣布和战和西部土地的"独有的绝对"[sole and exclusive]权力,国会有权在与原始州平等的基础上接纳新州加入邦联。邦联条例并没有创立一个联邦行政部门或联邦司法机关,对邦联条例进行任何修正都须各州一致同意。1781年3月1日即马里兰州批准邦联条例当日,该条例开始生效;但实施后不到8年,由于缺乏控制各州间商业及其他冲突的中央权力,导致了1787年新的制宪会议[Constitutional Convention]的召开。新宪法于1788年6月17日得以批准,同年7月2日,最后一届邦联国会[Confederation Congress]主席赛勒斯·格里芬[Cyrus Griffin]宣布邦联条例已为新宪法取代。

ARTICLES OF CONFEDERATION

To all to whom these Presents shall come, we the undersigned Delegates of the States affixed to our Names send greeting

Whereas the Delegates of the United States of America in Congress assembled did on the fifteenth day of November in the Year of our Lord One Thousand Seven Hundred and Seventy-seven, and in the Second Year of the Independence of America agree to certain articles of Confederation and perpetual Union between the States of Newhampshire, Massachusetts-bay, Rhode-island, and Providence Plantations, Connecticut, New York, New Jersey, Pennsylvania, Delaware, Maryland, Virginia, North-Carolina, South-Carolina and Georgia in the Words following, viz.

Articles of Confederation and perpetual Union between the States of Newhampshire, Massachusetts-bay, Rhode-island and Providence Plantations, Connecticut, New-York, New-Jersey, Pennsylvania, Delaware, Maryland, Virginia, North-Carolina, South-Carolina and Georgia

Article I

The stile of this confederacy shall be "The United States of America."

Article II

Each State retains its sovereignty, freedom and independence, and every power, jurisdiction and right, which is not by this confederation expressly delegated to the United States, in Congress assembled.

Article III

The said States hereby severally enter into a firm league of friendship with each other, for their common defense, the security of their liberties, and their mutual and general welfare, binding themselves to assist each other, against all force offered to, or attacks made upon them, or any of them, on account of religion, sovereignty trade or any other pretence whatever.

Article IV

The better to secure and perpetuate mutual friendship and intercourse among the people of the different States in this Union, the free inhabitants of each of these States, paupers, vagabonds and fugitives from justice excepted, shall be entitled to all privileges and immunities of free citizens in the several States; and the people of each State shall have free ingress and regress to and from any other State, and shall enjoy therein all the privileges of trade and commerce, subject to the same duties, impositions and restrictions as the inhabitants thereof respectively, provided that such restrictions shall not exceed so far as to prevent the removal of property imported into any State, to any other State of which the owner is an inhabitant; provided also that no imposition, duties or restriction shall be laid by any State, on the property of the United States, or either of them.

If any person guilty of, or charged with treason, felony, or other high misdemeanor in any State, shall flee from justice, and be found in any of the United States, he shall upon demand of the Governor or Executive power, of the State from which he fled, be delivered up and removed to the State having jurisdiction of his offense.

Full faith and credit shall be given in each of these States to the records, acts and judicial proceedings to the courts and magistrates of every other State.

Article V

For the more convenient management of the general interests of the United States, delegates shall be annually appointed in such manner as the legislature of each State shall direct, to meet in Congress on the first Monday in November, in every year, with a power reserved to each State, to recall its delegates, or any of them, at any time within the year, and to send others in their stead, for the remainder of the year.

No State shall be represented in Congress by less than two, nor by more than seven members; and no person shall be capable of being a delegate for more than three years in any term of six years; nor shall any person, being a delegate, be capable of holding any office under the United States, for which he, or another for his benefit receives any salary, fees or emolument of any kind.

Each State shall maintain its own delegates in a meeting of the States, and while they act as members of the committee of the States.

In determining questions in the United States, in Congress assembled, each State shall have one vote.

Freedom of speech and debate in Congress shall not be impeached or questioned in any court, or place out of Congress, and the members of Congress shall be protected in their persons from arrests and imprisonments, during the time of their going to and from, and attendance on Congress, except for treason, felony, or breach of the peace.

Article VI

No State without the consent of the United States in Congress assembled, shall send any embassy to, or receive any embassy from, or enter into any conference, agreement, alliance or treaty with any king, prince or state; nor shall any person holding any office or profit or trust under the United States, or any of them, accept of any present, emolument, office or title of any kind whatever from any king, prince or foreign state; nor shall the United States in Congress assembled or any of them, grant any title of nobility.

No two or more States shall enter into any treaty, confederation or alliance whatever between them, without the consent of the United States in Congress assembled, specifying accurately the purposes for which the same is to be entered into, and how long it shall continue.

No State shall lay any imposts or duties, which may interfere with any stipulations in treaties, entered into by the United States in Congress assembled, with any king, prince or state, in pursuance of any treaties already proposed by Congress, to the courts of France and Spain.

No vessels of war shall be kept up in time of peace by any State, except such number only, as shall be deemed necessary by the United States in Congress assembled, for the defence of such State, or its trade; nor shall any body of forces be kept up by any State, in time of peace, except such number only, as in the judgment of the United States, in Congress assembled, shall be deemed requisite to garrison the forts necessary for the defence of such State; but every State shall always keep up a well regulated and disciplined militia, sufficiently armed and accoutered, and shall provide and constantly have ready for use, in public stores, a due number of field pieces and tents, and a proper quantity of arms, ammunition and camp equipage.

No State shall engage in any war without the consent of the United States in Congress assembled, unless such State be actually invaded by enemies, or shall have received certain advice of a resolution being formed by some nation of Indians to invade such State, and the danger is so imminent as not to admit of a delay, till the United States in Congress assembled can be consulted; nor shall any State grant commissions to any ships or vessels of war, nor letters of marque or reprisal, except it be after a declaration of war by the United States in Congress assembled, and then only against the kingdom or state and the subject thereof, against which war has been so declared and under such regulations as shall be established by the United States in Congress assembled, unless such State be infested by pirates, in which case vessels of war may be fitted out for that occasion, and kept so long as the danger shall continue, or until the United States in Congress assembled shall determine otherwise.

Article VII

When land-forces are raised by any State for the common defence, all officers of or under the rank of colonel, shall be appointed by the Legislature of each State respectively by whom such forces shall be raised, or in such manner as such State shall direct, and all vacancies shall be filled up by the State which first made the appointment.

Article VIII

All charges of war, and all other expenses that shall be incurred for the common defence or general welfare, and allowed by the United States in Congress assembled, shall be defrayed out of a common treasury, which shall be supplied by the several States, in proportion to the value of all land within each State, granted to or surveyed for any person, as such land and the buildings and improvements thereon shall be estimated according to such mode as the United States in Congress assembled, shall from time to time direct and appoint.

The taxes for paying that proportion shall be laid and levied by the authority and direction of the Legislatures of the several States within the time agreed upon by the United States in Congress Assembled.

Article IX

The United States in Congress assembled, shall have the sole and exclusive right and power of determining on peace and war, except in the cases mentioned in the sixth article—of sending and receiving ambassadors—entering into treaties and alliances, provided that no treaty of commerce shall be made whereby the legislative power of the respective States shall be restrained from imposing such imposts and duties on foreigners, as their own people are subjected to, or from prohibiting the exportation or importation of any species of goods or commodities whatsoever—of establishing rules for deciding in all cases, what captures on land or water shall be legal, and in what manner prizes taken by land or naval forces in the service of the United States shall be divided or appropriated—of granting letters of marque and reprisal in times of peace—appointing courts for trial of piracies and felonies committed on the high seas and establishing courts for receiving and determining finally appeals in all cases of captures, provided that no member of Congress shall be appointed a judge of any of the said courts.

The United States in Congress assembled shall also be the last resort on appeal in all disputes and differences now subsisting or that hereafter may arise between two or more States concerning boundary, jurisdiction or any other cause whatever; which authority shall always be exercised in the manner following. Whenever the legislative or executive authority or lawful agent of any State in controversy with another shall present a petition to Congress, stating the matter in question and praying for a hearing, notice thereof shall be given by order of Congress to the legislative or executive authority of the other State in controversy, and a day assigned for the appearance of the parties by their lawful agents, who shall then be directed to appoint by joint consent, commissioners or judges to constitute a court for hearing and determining the matter in question: but if they cannot agree, Congress shall name three persons out of each of the United States, and from the list of such persons each party shall alternately strike out one, the petitioners beginning, until the number shall be reduced to thirteen; and from that number not less than seven, nor more than nine names as Congress shall direct, shall, in the presence of Congress be drawn out by lot, and the persons whose names shall be so drawn or any five of them, shall be commissioners or judges, to hear and finally determine the controversy, so always as a major part of the judges who shall hear the cause shall agree in the determination: and if either party shall neglect to attend at the day appointed, without showing reasons, which Congress shall judge sufficient, or being present shall refuse to strike, the Congress shall proceed to nominate three persons out of each State, and the Secretary of Congress shall strike in behalf of such party absent or refusing; and the judgment and sentence of the court to be appointed, in the manner before prescribed, shall be final and conclusive; and if any of the parties shall refuse to submit to the authority of such court, or to appear or defend their claim or cause, the court shall nevertheless proceed to pronounce sentence, or judgment, which shall in like manner be final and decisive, the judgment or sentence and other proceedings being in either case transmitted to Congress, and lodged among the acts of Congress for the security of the parties concerned: provided that every commissioner, before he sits in judgment, shall take an oath to be administered by one of the judges of the supreme court of the State where the cause shall be tried, "well and truly to hear and determine the matter in question, according to the best of his judgment, without favour, affection or hope of reward:" provided also that no State shall be deprived of territory for the benefit of the United States.

All controversies concerning the private right of soil claimed under different grants of two or more States, whose jurisdiction as they may respect such lands, and the States which passed such grants are adjusted, the said grants or either of them being at the same time claimed to have originated antecedent to such settlement of jurisdiction, shall on the petition of either party to the Congress of the United States, be finally determined as near as may be in the same manner as is before prescribed for deciding disputes respecting territorial jurisdiction between different States.

The United States in Congress assembled shall also have the sole and exclusive right and power of regulating the alloy and value of coin struck by their own authority, or by that of the respective States.—fixing the standard of weights and measures throughout the United States.—regulating the trade and managing all affairs with the Indians, not members of any of the States, provided that the legislative right of any State within its own limits be not infringed or violated—establishing and regulating post-offices from one State to another, throughout all the United States, and exacting such postage on the papers passing thro' the same as may be requisite to defray the expenses of the said office—appointing all officers of the land forces, in the service of the United States, excepting regimental officers—appointing all the officers of the naval forces, and commissioning all officers whatever in the service of the United States—making rules for the government and regulation of the said land and naval forces, and directing their operations.

The United States in Congress assembled shall have authority to appoint a committee, to sit in the recess of Congress, to be denominated "a Committee of the States," and to consist of one delegate from each State; and to appoint such other committees and civil officers as may be necessary for managing the general affairs of the United States under their direction—to appoint one of their number to preside, provided that no person be allowed to serve in the office of president more than one year in any term of three years; to ascertain the necessary sums of money to be raised for the service of the United States, and to appropriate and apply the same for defraying the public expenses—to borrow money or emit bills on the credit of the United States transmitting every half year to the respective States an account of the sums of money so borrowed or emitted,—to build and equip a navy—to agree upon the number of land forces, and to make requisitions from each State for its quota, in proportion to the number of white inhabitants in such State; which requisition shall be binding, and thereupon the Legislature of each State shall appoint the regimental officers, raise the men and cloath, arm and equip them in a soldier like manner, at the expense of the United States; and the officers and men so cloathed, armed and equipped shall march to the place appointed, and within the time agreed on by the United States in Congress assembled; but if the United States in Congress assembled shall, on consideration of circumstances judge proper that any State should not raise men, or should raise a smaller number than its quota, and that any other State should raise a greater number of men than the quota thereof, such extra number shall be raised, officered, cloathed, armed and equipped in the same manner as the quota of such State, unless the legislature of such State shall judge that such extra number cannot be safely spared out of the same, in which case they shall raise officer, cloath, arm and equip as many of such extra number as they judge can be safely spared. And the officers and men so cloathed, armed, and equipped, shall march to the place appointed, and within the time agreed on by the United States in Congress assembled.

The United States in Congress assembled shall never engage in a war, nor grant letters of marque and reprisal in time of peace, nor enter into any treaties or alliances, nor coin money, nor regulate the value thereof, nor ascertain the sums and expenses necessary for the defence and welfare of the United States, or any of them, nor emit bills, nor borrow money on the credit of the United States, nor appropriate money, nor agree upon the number of vessels of war, to be built or purchased, or the number of land or sea forces to be raised, nor appoint a commander in chief of the army or navy, unless nine States assent to the same; nor shall a question on any other point, except for adjourning from day to day be determined, unless by the votes of a majority of the United States in Congress assembled.

The Congress of the United States shall have power to adjourn to any time within the year, and to any place within the United States, so that no period of adjournment be for a longer duration than the space of six months, and shall publish the journal of their proceedings monthly, except such parts thereof relating to treaties, alliances or military operations, as in their judgment require secrecy; and the yeas and nays of the delegates of each State on any question shall be entered on the journal, when it is desired by any delegate; and the delegates of a State, or any of them, at his or her request shall be furnished with a trascript of the said journal, except such parts as are above excepted, to lay before the Legislatures of the several States.

Article X

The committee of the States, or any nine of them, shall be authorized to execute in the recess of Congress, such of the powers of Congress as the United States in Congress assembled, by the consent of nine States, shall from time to time think expedient to vest them with; provided that no power be delegated to the said committee, for the exercise of which, by the articles of confederation, the voice of nine States in the Congress of the United States assembled is requisite.

Article XI

Canada acceding to this confederation, and joining in the measures of the United States, shall be admitted into, and entitled to all the advantages of this Union; but no other colony shall be admitted into the same, unless such admission be agreed to by nine States.

Article XII

All bills of credit emitted, monies borrowed and debts contracted by, or under the authority of Congress, before the assembling of the United States, in pursuance of the present confederation, shall be deemed and considered as a charge against the United States, for payment and satisfaction whereof the said United States, and the public faith are hereby solemnly pledged.

Article XIII

Every State shall abide by the determinations of the United States in Congress assembled, on all questions which by this confederation are submitted to them. And the articles of this confederation shall be inviolably observed by every State, and the Union shall be perpetual; nor shall any alteration at any time hereafter be made in any of them; unless such alteration be agreed to in a Congress of the United States, and be afterwards confirmed by the Lgeislatures of every State.

And whereas it has pleased the Great Governor of the world to incline the hearts of the Legislatures we respectively represent in Congress, to approve of, and to authorize us to ratify the said articles of confederation and perpetual union. Know ye that we the undersigned delegates, by virtue of the power and authority to us given for that purpose, do by these presents, in the name and in behalf of our respective constituents, fully and entirely ratify and confirm each and every of the said articles of confederation and perpetual union, and all and singular the matters and things therein contained: and we do further solemnly plight and engage the faith of our respective constituents, that they shall abide by the determinations of the United States in Congress assembled, on all questions, which by the said confederation are submitted to them. And that the articles thereof shall be inviolably observed by the States we re [s] pectively represent, and that the Union shall be perpetual.

In witness whereof we have hereunto set our hands in Congress.

Done at Philadelphia in the State of Pennsylvania the ninth day of July in the year of our Lord one thousand seven hundred and seventy-eight, and in the third year of the independence of America.

On the part and behalf of the State of New Hampshire

JOSIAH BARTLETT,
JOHN WENTWORTH, Junr.,
August 8th, 1778.

On the part and behalf of the State of Massachusetts Bay

JOHN HANCOCK,
SAMUEL ADAMS,
ELBRIDGE GERRY,
FRANCIS DANA,
JAMES LOVELL,
SAMUEL HOLTEN.

On the part and behalf of the State of Rhode Island and Providence Plantations

WILLIAM ELLERY,
HENRY MARCHANT,
JOHN COLLINS.

On the part and behalf of the State of Connecticut

ROGER SHERMAN,
SAMUEL HUNTINGTON,
OLIVER WOLCOTT,
TITUS HOSMER,
ANDREW ADAMS.

On the part and behalf of the State of New York

JAS. DUANE,
FRA. LEWIS,
WM. DUER,
GOUV. MORRIS.

On the part and in behalf of the State of New Jersey, Novr. 26, 1778

JNO. WITHERSPOON,
NATHL. SCUDDER.

On the part and behalf of the State of Pennsylvania

ROBT. MORRIS,
DANIEL ROBERDEAU,
JONA. BAYARD SMITH,
WILLIAM CLINGAN,
JOSEPH REED,
22d July, 1778.

On the part & behalf of the State of Delaware

THO. M'KEAN, Feby. 12, 1779.
JOHN DICKINSON, May 5th, 1779
NICHOLAS VAN DYKE.

On the part and behalf of the State of Maryland

JOHN HANSON,
March 1, 1781.
DANIEL CARROLL,
Mar. 1, 1781

On the part and behalf of the State of Virginia

RICHARD HENRY LEE,
JOHN BANISTER,
THOMAS ADAMS,
JNO. HARVIE,
FRANCIS LIGHTFOOT LEE.

On the part and behalf of the State of No. Carolina

JOHN PENN, July 21st, 1778,
CORNS. HARNETT,
JNO. WILLIAMS.

On the part & behalf of the State of South Carolina

HENRY LAURENS,
WILLIAM HENRY DRAYTON,
JNO. MATHEWS,
RICHD. HUTSON,
THOS. HEYWARD, Junr.

On the part & behalf of the State of Georgia

JNO. WALTON, 24th July, 1778.
EDWD. TELFAIR,
EDWD. LANGWORTHY.

Source: Ben Perley Poore, ed., *The Federal and State Constitutions, Colonial Charters, and Other Organic Laws of the United States*, vol. 1 (1878), pp. 7-12.

articles of dissolution 解散文件 公司于解散前，清偿其所有债务，并把其净资产分配完毕后，向有关政府主管机关提交的文件。

Articles of Faith 〈英〉1562年英国教会的《三十九条信条》(= Thirty-Nine Articles)

articles of impeachment 弹劾书 正式提出弹劾案的文件。(⇨impeachment)

articles of incorporation 公司注册证书 指规定有关公司成立的基本内容的一种文件，包括公司的名称、公司存续期限(通常为"永久")、公司的目的、公司的权力、公司股份的数量与种类、第一届董事会的成员等。在美国，对于公司注册证书的规定因州而异。在大多数州，需将公司注册证书向州务卿提出申请，并以此作为公司成立的程序之一。在某些州，公司注册证书则直接被看作公司的执照，从而使公司得到正式承认。而在其他州，政府则可能在批准公司注册证书以及其他必需文件后再行颁发公司执照。(⇨bylaws; charter; certificate of incorporation)

Articles of Navy 〈美〉《海军条例》 有关海军管辖之法规。

articles of partnership 合伙协议 一种书面协议，签字各方依此成立合伙关系。合伙协议不同于合伙预约[agreement for a partnership]。合伙预约是为将来缔结合伙关系而签订的合同，这种合同适用合同法的一般规定。如果合伙预约因一定事由而终止，则合同当事人可以提起普通法诉讼以使损害得以补救，或者在某些特殊情况下适用衡平法以防止欺诈行为等造成损害后果的发生。而合伙协议签订后，合伙关系即正式成立。合伙协议应当包括合伙当事人各方的姓名、合伙关系开始的时间、合伙企业的性质以及所在地等内容。合伙关系存续的时间、合伙人利益和风险的分配与承担，以及账目结算、入伙与退伙、合伙事务的处理、争议的解决方式等事项也可以在合伙协议中规定。

Articles of Religion 〈英〉1562年英国教会的《三十九条信条(或教条)》(= Thirty-Nine Articles)

articles of roup 〈苏格兰〉拍卖说明书 指对拍卖物品，特别是对土地和房产状况的书面说明。最高出价者在《选择和定卖备忘录》[Minute of Preference and Enactment]上签名盖章。该说明书和备忘录一起构成合同。

articles of set 〈苏格兰〉租赁协议

Articles of the Clergy 《神职人员权利法》(= Articuli Cleri)

articles of the eyre 〈英〉总巡回审问条目 在13-14世纪，总巡回审法官巡视某一郡时进行调查和进行审问时所依据的国王发给他的审问提纲。条目涉及到行政管理的全部领域。其目的是为了从咨审团提供的材料中找到惩处某人或责令某人向国王交纳罚金的依据。当时，每一郡由12个男子组成宣誓咨审团负责回答法官的调查、讯问，向法官报告上一次巡回审之后本地违法、犯罪的情况，法官将根据咨审团的指控对嫌疑人判处罚金或其它刑罚；当该咨审团作出错误控诉时，他们将被判处刑罚。(⇨eyre)

articles of the peace 〈英〉人身、财产安全保护请求书 如果某人有正当的理由惧怕他人会对其本人或其妻子、子女进行人身伤害或烧毁其房屋，即可向王室法院或有即决裁判权的法院，以口头宣誓的方式提出控告，这种做法叫做向法院呈递人身、财产安全保护请求书。如果法院确认当事人的恐惧有合理的根据，就应该要求被指控人提供担保人，如未提供，则他可能会被处6个月以内的监禁。法院的这一管辖权只是根据远古时代以来的惯

例，与法院自己采取行动维持秩序和根据法规授权惩罚违法犯罪是不同的。

articles of union 〈英〉联合协定 1707年，英格兰和苏格兰议会同意两个王国合并为一体而达成的协议，该条例共有25个条款。

Articles of War 《军法条例》 欧洲最早的军法条例由波西米亚王即后来的皇帝斐迪南一世[Ferdinand Ⅰ]于1527年制订。这些条例的目的是加强士兵的纪律。它们是规范战时行为的重要法典。条例禁止士兵未经允许掠夺和洗劫城市，并且规定火炮、弹药和军备仓库为皇帝所有。在英格兰，管理为战争而召集的军队的法令由英王根据皇家军事总长[Constable]的建议而发布，或由为此目的而受命于英王的总司令颁布。这些法令为特定的军队发布并仅在其服役期间内有效，又在和平到来时失效。直到1689年才出现规定和平时期有关军队的条例，即《军纪法》[Mutiny Act]。最早的一部完整法典是1385年的《理查二世法规、法令和习惯》[Statutes, Ordinances, and Customs of Richard Ⅱ]。在英国内战时期，国王和议会领袖都依军法条例管理各自的军队。早期的条例十分严酷，几乎每种犯罪都要受砍掉肢体或死刑的处罚。这些条例后来逐渐得到修订。1672年的《军法条例》构成了1878年《军法条例》的基础。后者又同每年颁布的《军纪法》合并成为1879年的《军法军规法》[Army Discipline and Regulation Act]。最后为现在的《陆军法》[Army Act]所取代。

articulate v. ❶明确有力地表达(思想等) ❷使成为系统的整体；使相互连贯
a. ❶善于表达的 ❷表达清楚有力的

articulated adjudication 〈苏格兰〉逐项宣判 指对同一债权人提出的若干项请求逐项进行宣判的程序，目的在于使得如果对一项债务计算错误，不致影响其他计算正确的请求项目。

articulated pleading 逐项陈述 以不同的段落逐一陈述请愿书、起诉状、答辩状等中的各事项。

articulately ad. 逐条逐款地；分别提议地

articuli 〈拉〉(= articles)

Articuli ad Novas Narrationes 〈拉〉〈英〉《原告陈述资料新编论》 大约于1450年用拉丁文写成的小册子。虽然其名称表示它是《原告陈述资料新编》[Novae narrationes]的评注，但它可能是对《旧令状选编》[Old Natura Brevium]的评注，因为它与前者相隔年代太近，以致于不能对它展开评论。该书首先将王室法庭的诉讼加以分类，然后分别描述了这些法庭及其管辖范围内的诉讼。它将令状分为两类，最后对特定的令状加了一系列的注释。该著作在16世纪被多次印制。

Articuli Cleri 〈拉〉〈英格兰古法〉❶《神职人员权利法》 爱德华二世在位第9年，即1315年在林肯[Lincoln]制订的关于给予神职人员特权的法规，旨在调解、处理当时教会法院和世俗法院之间有关管辖权的重大问题。❷班克罗夫特大主教请愿书 柯克[Coke]以此称呼1605年班克罗夫特[Bancroft]大主教向星室法院[Star Chamber]递呈的请愿书。

Articuli de Moneta 〈拉〉〈英〉《货币条例》 有关金钱或流通货币的条例，爱德华一世在位第20年所通过的一项法规。

Articuli Inquisitione super Statutum Wintoniae 〈拉〉〈英格兰古法〉《关于调查温切斯特法令遵守情况的条例》 温切斯特法令颁布日期不详，一说是1285年，一说是

1306年。（⇨Statute of Winchester）

articuli magnae chartae 〈拉〉〈英〉《大宪章预备条款》 共49条，是《大宪章》[Magna Charta]订立的基础。

Articuli super Cartas 〈拉〉（英格兰古法）《关于大宪章的确认和执行的条例》 爱德华一世时期于1300年颁布的一部法令。确认了《大宪章》[Magna Carta]和《王室狩猎场宪章》[Carta de Foresta]的效力，但没有1297年《自由权批准令》[Confimatio Cartarum]中的那些保留条款。而且还指定了执行这两个宪章的方式，规定了对违法者的处罚。

Articuli super Chartas (= Articuli super Cartas)

articulo 〈拉〉❶清楚地说 ❷（非严格意义上）(= articulus)

articulo mortis 〈拉〉临终；临死时（⇨in articulo mortis）

articulus 〈拉〉❶冠词 ❷段落；部分 ❸时节；时刻 ❹条款

Articulus cleri 〈英〉教牧人员代表会议[Convocation]之决议

artifice n.❶巧妙的设计（装置、发明等） ❷奸计；诡计 ❸诈欺；诈骗

artificer n.❶技工；技师 ❷发明人；创造人

artificial a.❶人造的；人工的 ❷法定的；人为的

artificial boundary 人为边界 指由人所设立的边界，区别于自然边界。（⇨natural boundary）

artificial condition 人为情况；人为状况 指由于人为原因而非自然因素导致的不动产性能状况。

artificial force （专利法）人造力 通过人力把自然力转化成一种能加以控制和输送的新的力，实现这种力的转化需具有创造性，包含着创造行为。

artificial insemination 人工授精；人工受孕 指并非通过性交方式而是通过诸如注射器之类的器械将男子的精子注入妇女子宫内使其受孕。这一方法多用于不能生育或性无能的案例中，但现在单身母亲的趋势化也使得这一方法的适用更为普通。精子的来源可以是该妇女的丈夫[artificial insemination using the husband's sperm/AIH]，也可以是第三方捐献人[artificial insemination using the sperm of a third-party donor，简称AID]。围绕人工授精特别是AID情况产生了许多道德和法律上的问题。在美国，大多数州的法律规定，在AIH情况下，所生的孩子被认为是丈夫的合法子女；在AID情况下，有些州规定所生的孩子被认为是该妇女与其丈夫的合法子女，但有些州则认为非法。如在多尔博斯[Doornbos]一案中，美国法院就认为AID是通奸，所生孩子为私生子。1963年纽约最高法院审理的格斯克[Gursky]案和1964年的安农女[Anon]案也遵从了这一看法。在人工授精实践中，一般应为捐献人及接受者保守身份秘密。在1992年戴维斯[Davis]对其妻提起诉讼，以阻止其妻使用或捐献他们夫妻冷冻以备日后使用的受精胚胎，田纳西州[Tennessee]最高法院裁决个人有生育自主权，有权选择是否生育儿女。明尼苏达大学的生物医学伦理中心[Center for Biomedical Ethics at the University of Minnesota]前任主任阿瑟·L.卡普兰[Arthur·L.Caplan]对此案作出评论说："在本案中，法院认为男子不得做违背其意愿的父亲。"此案引发了精子的授予者拒绝为特定的人所使用的权利问题。美国生育协会[American Fertility Society]建议对捐献人应作传染病检查，但这一建议并不具有约束力，只有极少数州要求检查，因此在实践中通过人工授精引发了不少严重的疾病。在1990年，路易斯安那州[Louisiana]的南希·哈特[Nancy Hart]和爱德华·哈特[Edward Hart]夫妇在得知丈夫爱德华不久将逝于癌症，而化疗可能会剥夺他的生育能力，便在新奥尔兰[New Orleans]精子库里存储了他的精子样本，爱德华于1990年7月去世，3个月之后，南希接受了爱德华的精子实行人工授精，1991年7月4日他们的女儿出生。但根据路易斯安那州的法律，该州不承认爱德华是孩子的父亲，因为孩子在他死后三百多天之后才出生。因此南希的女儿不能获得社会福利救济金。南希便对路易斯安那州和联邦政府共同提起了诉讼，1995年7月行政法法官托里斯[Torres]裁决，社会福利机构[Social Security Administration]必须一次性付给南希的女儿1万美元，并且每月付给700美元救济金。现代医学技术已允许人工授精的接受者选择后代性别，但仍存在着更多的伦理上的问题。一些宗教谴责这一做法是不人道的。一些评论家甚至认为向绝望的人们提供这种昂贵的、极其困难的生育方法是不道德的和剥削性的。在英国，1958年麦克伦南[MacLennan]案中，苏格兰法院认为通奸应是肉体交媾，故AID不构成通奸。人工授精及其他形式的助孕于1990年的《人工授精和胚胎学法》[Human Fertilisation and Embryology Act]所调整。

artificial person 法人 与自然人[natural person]相区别，指代法律创制或由法律认可而产生的人，如公司等实体。法律认为法人具有法律上的人格，并赋予其与人一样的特定的权利和义务。英国1889年《解释法》[Interpretation Act]中有规定：制定法中凡称"人"[person]者，若非另有相反说明，均包括"法人"在内。

artificial presumption 法律上的推定；假设推论 根据法律规定而非根据语言逻辑进行的推定。

artificial succession 法人的存续 指无论其所有权或经营权如何变化，法人的法律地位持续存在。它包括集体法人[corporation aggregate]和独体法人[corporation sole]的存续。（⇨perpetual succession）

artisan's lien 工匠留置权 指在劳务费用得到支付以前，工匠可将其加工的他人财物予以留置。这是工匠享有的法定权利。（⇨mechanic's lien）

artistic work (= work of art)

art or process （专利法）工艺程序；制作方法 指制作某一特定产品的方法。

arts and uses 技术和用途（⇨analogous arts and uses）

art unions 〈英〉艺术协会 1846年《艺术协会法》[Art Unions Act]规定，自发性的协会，也即艺术协会，只须经国王特许即可合法成立，但这种特许也明示其自身是可以撤销的。协会的工作主要是以抽签的方式摊派艺术任务或收购艺术作品的资金。

a rubro ad nigrum 〈拉〉从红色到黑色；从标题到正文；从法规名称到正文 旧时文章标题、法律或法典章节中的标题为红色字体，正文则为黑色字体。

arura (= arrura)

as conj.❶(非正式地)因为；由于 此义一般应尽量避免使用，以免被误作他义。 ❷像……一样 与"do"连用，相当于"like"。 ❸类似
〈拉〉（罗马法）阿斯 古罗马的重量单位，相当于一磅，也指重量为一磅的古罗马货币。阿斯的1/12称为安息亚[uncia]。阿斯一词也可以指整体单位，与任何部分相对称，如遗产的整体、财产的整体。该词用于描述利率时，指年利率，为12%，而相应的月利率为1%。

AS (= account sales; after sight; at sight)

A/s (= AS)

A/S (= AS)
as against 与…比较;与…相对照 通过二人中某一人与第三人的不同关系,来说明这二人的相对地位。如通过对比财物的暂时受托人与他人之间的关系,表明财物寄托人的权利。
as agent 作为代理人 签订合同时的一种身份说明,借以免除签字者的个人责任。
as a matter of course (= of course)
as a result of pregnancy 由于怀孕的后果;因为怀孕而致的后果
asaver 即;就是说
a savoir 即;也就是
as between (= as against)
ascaventer ❶出版;发行;发表;发布;颁布;执行(遗嘱) ❷证明;证实;担保;批准;准许
ascavoir 须知晓;即;也就是
ascendants (= ascendents)
ascendentes (= ascendants)
ascendents n. 直系尊亲;祖先 与后代[descendant]相对而言。(= ascendants)
ascending line of descent (= direct ascending line)
Ascension Day 〈基督教〉耶稣升天节 复活节后第五个星期日后的星期四[Holy Thursday]。
ascent n. (直系亲属间自下而上的)财产传递;尊亲属对卑亲属的遗产继承
ascertain v. 查明;弄清;确定
ascertained as aforesaid 证明如上述
ascerte 事实已得到证明的
asceterium 修道院
asceverer ❶申明 ❷证实;确认
ascient 明知的;故意的;蓄意的
ascribere (= adscribere)
ascripticius (= ascriptitius)
ascriptitii (= glebae ascriptitii)
ascriptitius 〈拉〉〈罗马法〉新登记的公民 外国人在其居住地经登记归化入籍者。亦作 ascripticius。
ascriptus (= adscriptus)
ascun 某些人;任何人
ascunement 以任何方式
as designated on 如…所指明;如…所示 与不动产有关的合同及其他法律文件中的用语,用以指所涉及的图表,借此让图表与文字结合起来,使描述更加清楚明白。
ASE (= American Stock Exchange)
aselees ❶盖章批准(或证实)了的 ❷经封缄盖印的 ❸封闭的;密封的
a sequendo 从下列;从下面;从如下
ases 已被评估的;被估定的
asexualization n. 绝育(手术) (⇨castration)
Ashbourne Act 〈英〉《阿什伯恩法》 即1885年《土地买卖法》[Purchase of Land Act],由爱尔兰检查总长吉布森[Gibson]向众议院提出。
as his interest may appear (= as interest may appear)
Ash Wednesday 〈基督教〉圣灰星期三;大斋首日 指复活节前40日的星期三,该日有用灰抹额以示忏悔之俗。
ASIL (= American Society of International Law)
a simile 从类推;从类比
as interest may appear 视可保利益之出现而定 指当损失发生之时,只要对保险标的拥有可保利益,即可要求保

险人予以偿付。对保险标的拥有可保利益的人可能不仅包括署名的被保险人,还包括抵押权人、留置权人或其他人。该术语较多出现于火灾保单中的可赔偿损失条款和抵押条款。
as is 按现状;按货样 指所出售的商品的样式、质量标准等就按出售时的商品现状[as is]而定,即按货物现状出售。买主对该商品的质量承担全部风险,只能依靠其自身的检测能力,购买之后不得提出任何质量问题。卖主不承担任何明示或默示的保证责任。(⇨sale as is)
ask v. ❶要求;恳求;申请;提议 ❷申诉;请求(救济)
asking price 开价;要价 卖方愿意出售的价格。
A societate nomen sumpserunt, reges enim tales sibi associant. 〈拉〉只因他们经常陪皇伴驾,人们视之若帝王。
as of course 事实上;依法有权取得的;毋须法院的干预(⇨amendment as of course; motion of course)
asoyne (= essoign)
as paper 作为票据 指银行仅为了托收而表明对商业票据的接受。
aspect n. ❶方面 ❷外表;外观 ❸可能性(⇨contingency with a double aspect)
as per 按照;根据 该短语在传统上被认为是不合规范的,在商业用语中用"per"更为适合,而用"as"为最佳。
as per contract 依据合同
asperse v. 诽谤;抵毁;中伤;破坏(名誉等)
aspersions n. ❶诽谤;中伤 ❷批评;指责
asphyxia n. 窒息
asphyxiation n. 窒息状态
asport v. (在实施盗窃的过程中)拿走;带走;移去(⇨asportation)
asportare (= asport)
asportation n. 拿走 偷窃罪[larceny]的基本构成要件之一,指将窃取的物品从一处移往他处。拿走,不一定要求用手,把马骑走、把牛赶走、把车开走,都构成"拿走"。而且,拿走不一定要求移动很大距离。例如,小偷将一公司的装有价值34 000美元的现金和证券,重达600磅的保险柜用手推车从原处只移动了5英尺,仍然构成"拿走"。按照普通法,无偿地非法占有"服务"的行为,例如坐火车不买票、住旅馆不付钱等,均不构成偷盗罪,因为"服务"是不能"拿走"的。但是,随着服务业的发达,此观点已有所改变。服务是不能"拿走"的,但它确定是有价值的。故现在美国有些州刑法,"拿走"已经不是偷盗罪的要件了,而只要求对被盗财物的"控制"。纽约州[New York]则采取了另一种办法,创立了一个新罪名"盗窃服务"[theft of services],为一级轻罪。另外,"拿走"还是普通法上的绑架罪[kidnapping]和抢劫罪[robbery]的构成要件之一。
asportator n. 拿走被盗物品的人
asportatus 被带走的;被拿走的
asportavit 〈拉〉他拿走了
ASPR (= Armed Services Procurement Regulations)
Aspris facetiis inlusus, quae ubi multum ex vero traxere, acrem sui memoriam relinquunt. 〈拉〉尖刻的玩笑,如果主要取材于事实,将给人留下痛苦的回忆。
ASR (= Accounting Series Release)
A.S.R. (= Am St Rep.)
ass (= assize)
assach 〈威尔士〉起誓;宣誓;誓言;共誓涤罪 威尔士习惯,在某些案件中,被告可通过召集300人为他共同起誓

而证明自己无罪。该习惯已于1413年被废除。
assaia (= assay)
assaia mensurarum et ponderum 检查度量衡;检查大小及轻重
assailant n.攻击者;袭击者
assaith (= assath)
assallire (= assault)
assaltus (= assault)
assart v.根除树木;掘树;垦荒 在古老的英格兰森林法中,垦荒是指在森林中根除树木和灌木,以使之无法再次生长,从而使林地变为耕地或牧场。此行为若经许可,则不构成犯罪,否则新垦田将收归国王。
n.被开垦的林地;垦荒地;新垦田 指已经被垦荒的土地。可作为耕地或者牧场。它不同于荒地[waste]之处在于,在荒地上灌木易于再次生长。一个人可以持特许证进行垦荒,通常每年要交付租金;如果没有特许证,垦荒地即由国王收回,直到他交付了罚款后才能恢复其权利。
assartare (= assart)
assart land 〈英格兰古法〉长子继承之公簿地产 在苏塞克斯的罗德菲尔德[Rotherfield]凭领主法院案卷副本保有的地产,一般由长子继承。若无男嗣,则由长女继承。但如果保有人起初是幼子继承公簿地产[bond-land]形式保有然后转为长子继承公簿的,则由幼子的儿子继承,若无男嗣,则由最年幼的女儿继承。如果保有人的地产是由长子继承公簿产转为幼子继承公簿产的,则由长子继承,若无男嗣,则由长女继承所有的土地。
assartments (= assart rent)
assart rent 垦荒地租金 林地原来的树木经特许被根除形成垦荒地后,该片土地原来所付的年租金[annual rent]仍被保留,称为垦荒地租金。
assassin n.暗杀者;行刺者;刺客 指事先予警示而突然袭击目标人物,并欲置之于死地者。暗杀的目标人物往往是社会上的重要人物,例如政府要员。暗杀者或受雇于他人为取得酬劳而实施暗杀行为,或出于某种政治动机或信仰而为之。
assassination n.暗杀;刺杀 谋划等候在某人经过之处,然后出其不意将其杀害的一种谋杀。其犯罪对象往往是那些公众人物。对于此种犯罪通常以谋杀罪[murder]、杀人罪[homicide]或叛国罪[treason]定罪处刑。
assassinator (= assassin)
assath (= assach)
assault n.❶(刑法)(侵权法)威胁;恐吓 指威胁或使用暴力,使得他人合理地认为伤害性或侵犯性的身体接触即将发生;或者通过威胁实施殴打使得他人合理地认为殴打即将发生。❷(刑法)企图伤害罪 指意图伤害的殴击未遂,属于普通法上及制定法上的轻罪。❸(非严格意义上)殴击 ❹攻击;袭击
assault and battery ❶企图伤害罪和殴击罪 两个普通法上及制定法上的轻罪。这两个罪的区别在于:殴击罪的构成要求某种程度的身体接触;而企图伤害罪则缺乏身体接触。❷(非严格意义上)殴击罪 殴击通常以企图伤害为前提,但并非意味行为人同时对企图伤害罪和殴击罪承担刑事责任,而是殴击罪吸收企图伤害罪,只作一罪即殴击罪处理。
assault with a dangerous or deadly weapon 使用危险的或致命的武器攻击未遂 指被告人持有危险的或致命的武器,以死亡或严重的身体伤害被害人,属于加重的企图伤害罪。

assault with intent to commit manslaughter 非预谋杀人的攻击未遂 指行为人非法实施的企图伤害行为,足以导致被害人死亡。如果此伤害行为导致被害人死亡的,则构成非预谋杀人罪[manslaughter]。只因殴击未遂,故只成立非预谋杀人的企图伤害罪,属加重的企图伤害罪,按重罪处罚。
assault with intent to commit murder 蓄意谋杀的攻击未遂 构成此罪必须具备杀人的特定意图,即必须有恶意预谋的驱使,属于加重的企图伤害罪。
assault with intent to (commit) rape 蓄意强奸的攻击未遂 指具有强奸受害人意图的攻击未遂。构成这一犯罪必须具备两个基本要件,而且有证据证明达到排除合理怀疑的程度:①有企图伤害行为;②有实施强奸的故意,它不仅要求被告人有与被侵犯的妇女进行违背该妇女意愿的性交的意图,而且还要求被告人确实实施了为达成其目的的一些公开行为。这一犯罪属于加重的企图伤害罪,按重罪处罚。
assault with intent to kill 〈美〉蓄意杀人的攻击未遂 在有些司法管辖区这一刑事犯罪构成重罪,而在其他司法管辖区构成严重的轻罪或加重情节,或仅仅为轻罪。
assaut assault 的旧体
assay n.检查;检验;化验;确定成色;化验分析 以测定矿石或合金所含某一金属的质量。
assaya (= assay)
assayator regis (= assayer of the king)
assayer n.❶化验人;分析人 负责化验分析贵重金属的成色。❷(英国皇家铸币局的)化验官 负责分析鉴定银币。❸食物尝试官 为国王尝试食物的人。
assayer of the king 〈英〉皇家(铸币局)化验官 负责检验铸币及用于铸币的金、银。
assayer of the mint 〈英〉铸币局化验官 属政府官员,负责检验硬币和尚未铸成硬币的金银。
assay office 〈美〉试金化验所 从属于造币局[Bureau of the Mint],负责金银的检验。
assaysiare 加入或被接纳为会审法官[fellow-judge]
asseal v.盖章于;盖印章
assecurare 〈拉〉〈古〉(= assecurate)
assecurate v.(以诺言)保证;(以信仰)保证
assecuratio (= assecuration)
assecuration n.〈欧〉❶保证;担保 ❷(船舶、运费和货物)保险
assecurator n.(海商法)保险人
assedare (= assidere)
assedation 〈古〉〈苏格兰〉租赁;租赁权
assembly n.❶集合;集会 指为某一共同目的而组织和联合起来的群体。(⇨unlawful assembly) ❷〈美〉(某些州)州议会下院(⇨House of Representatives)
assembly general 苏格兰长老会全会 为苏格兰最高宗教法院。
assemblyman n.〈美〉州议会议员
assensio mentium 协议;双方同意 成立有效合同的必要条件。
assensu curiae 法院的许可(⇨ex assensu curiae)
assensu suo 他自己的同意(⇨ex assensu suo)
assent v. & n.同意;赞成;附和;认可;允准
assented stock 同意股 股东根据协议将其股票存于第三方,并同意接受公司股票在地位上的某些变动,例如减少股份数量或将普通股转换为优先股。这种安排通常用

于公司资产重组中。

assenter (= assent)

assent of personal representatives 〈英〉死者代理人的同意 指死者的代理人使遗赠或继承生效的行为。该同意将使继承人享有的权利成为完全的权利,如果遗产是特定的[specific],他可以诉请取回原物;如果是金钱继承,他可以就死者遗产管理提起诉讼。自1926年起,同意交付一项合法地产必须采用书面形式,由死者代理人签名,并指明有关的受益人。如果是动产,则可采用将标的物授予或移交给权利人的明示方法,或者通过行为默示其已完成了对死者遗赠财产的处置,例如授权受遗赠人从第三人那里接受移交等。如果死者代理人无正当理由而拒绝同意,大法官分庭[Chancery Division]可强制其同意。遗嘱执行人若在死者死亡一年后仍不执行遗嘱,可强制其执行。

assertare (= assartare)

asserte (= assart)

assertive conduct (证据法)非语言示意行为 如以手指示意认定警方追捕名单中的嫌疑犯。此类行为属于传闻规则[hearsay rule]中的陈述,不能被法庭采纳,除非存在传闻证据的例外情况。(= implied assertion)

assertory covenant ❶确认条款 指对特定事实予以肯定。 ❷盖印允诺

assertory oath 确认宣誓 指为证明过去的或现存的事实或对事实的陈述所作的宣誓,区别于许诺将来会进行某种行为的宣誓[promissory oath]。

asses 足够;充分;满足

assess v. ❶确定(税款、罚款、损害等的)金额 ❷对(财产等)进行估价;评估 ❸稽征(税款、罚款)(= levy) (⇨assessment)

assessable insurance 应增缴保费保险 指当损失超出正常范围和程度时,被保险人应缴纳附加保费的保险。

assessable policy 应增缴保费保单 (⇨assessable insurance)

assessable stock 应增缴股本的股票 当股票持有人失于支付发行人依其持有股票向其分摊的股本金额时,股票发行人有权将之重售的股票。

assessed taxes 应缴税款;估定税额 指税率和应税税额有待评估或确定的税。

assessed valuation (应税财产的)估定价值 由征税机关所确定的应税财产价值,税收机关在此基础上按一定税率征税。

assessed value (= assessed valuation)

assessment n. ❶估价;评定 指在财产等的价值不确定的情况下,对该财产价值所作的估计和确定。多用于与财产税的评定与征收有关的情形。 ❷估定(份额);分摊(费用) 一般意义上讲,指按所得利益的多少确定每个人应负代价的份额。在税法中指向多个纳税人征收他们共同分担的一项税收时,确定他们每个人应当缴纳的份额。 ❸〈美〉派缴额外股款 指当公司需要资金时,要求股东缴纳其义务之外的股款的行为。 ❹损害赔偿额的确定 指当诉讼当事人一方胜诉,确定其应得的损害赔偿数额。 ❺土地补偿金的确定 指某公司为公益取得土地时,确定其应当支付的补偿金额。 ❻追征金 特指在互助保险中根据特定条款,要求被保险人在保险费之外,再缴纳一定数额的款项,用以弥补实际损失超出预估损失的差额。 ❼环境影响评价 指对公共改进工程附近的财产所有人征收特别税。该种特别税征收是基于在受益人之间分摊下水道、饮水设施以及街道等公共改进工程费用的目的。 ❽共同海损的评估与分摊 指发生海损时,对因而得以避免危险的各种财物或权益进行估价;并据以分摊估定海损,包括财物及费用。

assessment association (= assessment company)

assessment base (稽征区的)应课税总额

assessment company 赋课人寿保险公司;互助人寿保险公司 这类人寿保险公司向其全部成员提供人寿保险,因被保险人死亡所致的损失由所有参加保险的生存者分摊。当保险公司的实际损失超出预估损失而致经营亏损时,公司有权向其成员征收额外费用,即追征金。

assessment contract 赋课合同;摊付合同 据此合同,作为受益人的合同持有者对分摊金额的支付方式或程度取决于向类似合同持有者征集或摊付的评定金额。(⇨assessment plan; assessment policy)

assessment district 征税区;稽征区 征税的地区单位,在此区域内,由选定或指定的官员根据法令对应纳税的财产进行独立评估应税额。

assessment for benefits (= special assessment)

assessment fund 赋课基金;摊付基金 互助协会对其成员的应出资额进行分摊后,从所得的总额中扣除费用后的余额,以备支付给受益人。

assessment insurance 赋课保险;摊付保险 互助保险的一种形式,应支付的保险金依赖于参加保险的成员所交纳的出资额,一旦发生损失,由所有保单持有人予以分摊。当保险人出现经营亏损时,保单持有人要缴纳追征金。

assessment labor (= assessment work)

assessment list (= assessment roll)

assessment of corporate stock (= stock assessment)

assessment of damages 损害赔偿金额的确定

assessment period 计税期;征税期;纳税期

assessment plan (= natural premium plan; assessment insurance)

assessment policy 赋课保险单;摊付保险单 (⇨assessment insurance)

assessment ratio 估价率 在征收财产税时,应税财产的估定价值与其市场价值之间的比率。

assessment roll 税收稽征清册;摊派税款清册 由估税人负责制作、核对并保管的纳税人及纳税财产清单。

assessment work 定值土地改良工作 根据美国采矿法[mining law],在公有土地上采矿而未获公有土地转让证书[unpatented]之人,为保持其权利需对该土地进行耕作或改良,为此每年至少应花费100美元。采矿者通常称此为"定值土地改良工作"。(= annual assessment labor)

assessor n. ❶(罗马法)顾问律师 指在一省总督或其他行政司法官的旁边就坐,对其执法活动提供咨询和帮助的有经验的律师。 ❷法庭顾问 指法庭邀请的具有专门科学或技术知识的专业人员与法官一起听审案件。法庭顾问以其专门知识帮助法官解决案件的专门问题,但他对案件争议事项无裁决权。在英格兰,高等法院和上诉法院可在任何案件中邀请法庭顾问;较多的是涉及驾船技术和航行的案件,被邀请者称为航海顾问[nautical assessors]。苏格兰最高民事法院在海事或专利案件中,上议院在涉及海事的上诉案件中,枢密院司法委员会在涉及教会的上诉案件中,都可邀请专门的法庭顾问。 ❸财产估价员;估税员 ❹保险损失估算员 在出现事

故引起损失时,就有关损失是否真实以及索赔金额是否合适进行评估的人[loss assessor]。

assessors in admiralty (= Nautical Assessor)
assessus *a.* 经估价的;经评估的
asset *n.* ❶资产;财产 包括动产和不动产,有形和无形等各种财产。 ❷(复)资产 会计用语,资产负债表中"负债"的对称,包括现金、库存、设备、不动产、应收账和信誉等所拥有的各种财产。 ❸(复)资产;财产 指个人或企业的可用于清偿债务的全部财产,尤指破产者、停业企业或死者的财产。死者遗产中的动产和不动产原先应按不同规则处理,但根据英国1925年《遗产管理法》[Administration of Estates Act],死者的全部遗产,不论是动产或不动产,普通法上或衡平法上的财产,均可用于清偿死者的由盖印合同或普通合同产生的债务。
Asset Depreciation Range/ADR 〈美〉资产折旧幅度 指1981年以前国内税务署所允许的每项资产的折旧年限,适用于1970年以后至1980年以前这段时间内正在使用的资产。1981年实施《经济复苏税收法》[Economic Recovery Tax Act],资产折旧幅度制度由加速成本回收制度所取代;1986年《税收改革法》[Tax Reform Act]实施后,资产折旧幅度制度又得以恢复使用,对依修订加速成本回收制度折旧的资产分类规定了标准耐用年限[class lives]。(⇨Accelerated Cost Recovery System/ACRS)
assets by descent 遗业 指传于继承人且能足够偿还被继承人生前债务的地产。该词最初用于担保法,表示传给继承人的土地已为其祖先先行设定了担保。因此,如果某人是其母的继承人,对其父因鳏夫产[curtesy]而得的地产有继承权,但其父亲定于死前设定了担保,这种担保并不足以阻止该人对这块土地的继承权,但无条件继承的不动产权除外。发展到现在,不仅土地,且死者遗留的各种财产都得用于清偿死者债务。而由于各种土地都得用于清偿死者债务,故"遗业"一词已由"不动产"[real assets]一词取代。
assets entre main (= assets in hand)
assets in futuro 预期财产(= expectancy) (⇨judgment of assets in futuro)
assets in hand 可支配资产 指遗嘱执行人或遗产管理人掌握的资产部分,以支付债务。
assets of a debtor 债务人的资产
assets of decedent's estate 死者资产 ①应当用于清偿死者债务的财产,包括动产和不动产、有形财产和无形财产,但不包括宅地[homestead]和其他债务豁免财产[exemption];②遗嘱执行人和遗产管理人因其身份而合法取得的财物或金钱。
assets per descent 用以偿还被继承人债务之遗产
asseveration *n.* 肯定;严正声明;郑重声明 宣誓用语。
assez (= asses)
assidenda 被评估;被估价
assidere ❶估价 ❷(平等)征税 ❸(有时用于为某农田)指定年租金
assidere, taxare et levare 〈拉〉估价并征税
assiento 〈拉〉买卖黑奴合同 1750年以前西班牙政府与其他国家及一些贩卖黑奴的贸易商签订的众多的合同之一种,规定为拉美地区提供黑奴。
assiete (= assignment)
assign *v.* ❶转让;动产转让 转让财产,尤指转让属人财产或动产[personal or moveable property]。在英格兰,动产转让是指属人动产、实产[real property]中的动产权益

[chattle interest]或实产中的衡平法权益[equitable interest]的完全转让。它可以是无偿的,也可以是有偿的。在苏格兰,动产转让是指将债权、股权、版权、保险单等无形财产权完全或仅作为担保加以转让的方式。并非所有权利都可转让,某些特定类型的权利转让需要特殊的手续。 ❷对某人设定一项权利或规定一项义务 ❸指定;分配;选定 ❹委任…工作 ❺指出;陈述;详细说明(如陈述原审中存在的错误[to assign errors])
n. (常用复)受让人(= assignee)
assignable *a.* ❶可转让的 ❷可特定化的;可指定的
assignable chose in action 可转让的权利动产 涉讼之物原则上都可转让,而以不可转让者为例外。(⇨chose in action; assignment of choses in action)
assignable error 可指出的错误 在案件审理中出现的、在上诉时可予指出的错误。
assignable lease 可转让租赁 指租约中规定有允许承租人转让其权利的条款,或出租人对承租人的转让权无异议。租赁的转让不同于转租[sublease],二者区别在于:在转让租赁时,承租人应将自己对不动产享有的全部权利转移给第三人;而在转租时,承租人可以仅将部分权利转移给第三人。(⇨assignment of lease)
assignando (= dote assignando)
assignare ❶转让;动产转让 ❷指定;分配 ❸盖印;密封 ❹确保;批准
assignati 受让人(⇨assignee; assign)
assignatio 分配(⇨assignment)
assignation *n.* ❶转让 该词与票据等的"流通"[negotiation]一词区别在于:后者无须通知债务人即可生效,且善意受让人的权利不因其前手权利的瑕疵而受贬损。 ❷指定;分配 ❸幽会;约会
assignation house ❶妓院 ❷幽会场所 指恋人秘密相会之处,特别是关系不明确的恋人之间的幽会场所。
assignator 转让人;出让人(⇨assignor)
assignatus 受让人
Assignatus utitur jure auctoris 〈拉〉受让人原样取得让与人的权利。 指在权利让与中,受让人从让与人处取得所有其可转让的权利,同时也继受其对转让标的承担的义务。
assignavimus ad itinerandum 分派巡视(⇨assize)
Assignavimus vos justitiarios nostros, ad inquirendum. 指派你依据我们的司法管辖权进行调查。(⇨assize)
assignay (= assignee)
assigned account 已转让账户;已抵债账户 借款人以应收账款账户作为借款担保,此后收进的款项不再归借款人所有,而为贷款的金融机构所有。
assigned counsel 指定的律师;指定的辩护人 法庭为贫困的诉讼当事人指定的律师,多指在刑事案件中为贫困的被告人指定的辩护律师。
assigned risk 强制接受的风险;分派风险 指保险人因其具有高风险而无意承保,但基于法律规定却必须向其提供保险的人。例如,在强制性的机动车保险中,有不良驾驶记录或事故倾向的驾驶人员即属此种风险。
assigned risk plan 强制接受风险方案;分派风险方案
assignee *n.* 受让人 指在财产、权利转让中接受转让的一方,其得到的权利不得优于转让人。该词通常只指事实上的受让人;不包括仅仅因法律的适用而享有权利的人,如继承人、执行拍卖[execution sale]中的买方、遗嘱信托的受托人等。依照美国《统一商法典》[Uniform Com-

mercial Code]的规定,受让人的权利应受账目债务人[account debtor]对抗让与人的所有抗辩或权利主张的约束。(⇨assignee in fact)

assignee at law 法定受让人 指只因法律的适用而继受他人权益者。(⇨assignee)

assignee clause 〈美〉受让人条款 指1789年《司法法》[Judiciary Act]的规定,即阻止在当事人并非为不同州籍或国籍的公民[diversity of citizenship]的情况下,一方当事人为能在联邦法院提起诉讼而将其诉讼请求转让给他人,以使得符合这种情况。

assignee for the benefit of creditors 为债权人利益的受让人;财产受托人 指某人或某企业将财产的合法权利移交给受托人的行为。该受托人被授权来管理和清算此财产,并向债权人分配。(⇨assignment for the benefit of creditors)

assignee in bankruptcy 破产财产管理人(⇨trustee in bankruptcy)

assignee in fact 实际受让人 指实际从有权一方当事人手中接受转让的受让人。区别于法定受让人[assignee at law]。

assignee in insolvency 破产财产管理人;破产清算人(⇨trustee in bankruptcy)

assignee in law (＝assignee at law)

assignee in trust for the benefit of creditors 为债权人利益信托之受让人(⇨assignee in insolvency)

assignee of patent 专利受让人 在美国,专利受让人是指依有效的书面转让文件而在全美享有专利权全部或部分利益的人。

assignee's fees 财产管理人之酬金;财产受托人之酬金 指为财产管理人清理债务、分配财产而向其支付的费用。(⇨assignment for the benefit of creditors)

assigney (＝assignay;assignee)

assignment v.(财产,权利的)转让;让与 在更特别的意义上,动词转让意指转让动产、属地动产[chattels real]或在不动产或动产上的一定权利。该词特别地被经常应用于土地、动产、权利动产[chose in action]及无体实产[incorporeal chattels]、租赁产[lease]、定期地产[terms of years]和终身权益[life interests]的转移。动词转让是一个专门的关键性术语,但任何关于全面的权利转让的意思表示即构成名词的转让。通过出售的转让是为了金钱的"绝对的转让",而通过抵押[mortgage]和卖据[bill of sale]而进行的转让是一种债务担保。

n. ❶(财产,权利的)转让;让与 根据普通法,土地出租人[lessor]尽管已将他的归复权[reversion]转让给了第三人,但在继续生效的土地合同上仍然对他的土地承租人[lessee]负责。同样一个土地承租人,尽管已将他的使用期限转让给了第三人,也仍对他的土地出租人负责。土地使用期限的受让人[assignee]在他的土地占有期间对于土地出租人,与土地承租人负有同样的责任。虽然在转让契据中的损失赔偿条款中,他通常是只对土地出租人有责任的,但是他可以把自己的使用权转让给一个穷人,或一个替身,借以逃脱租约的责任,除非转让契据限定他不能如此行为。即使在转让了定期地产权之后,如果定期地产权转让人在合约中表达了要付租金的责任,他就仍有责任向土地出租人付租金(由定期地产权的受让人[assignee]向转让人[assignor](承租人)付租金,再由后者向土地出租人付租金)。转让定期地产权必须以双方(或他的代理人)的书面签名作为证据。定期地产权转让即转让整个定期地产权,转让或转卖任何不是整个定期地产权的权益,叫做分租[underlease]。但是对于整个定期地产权来说,分租实际上也是一种转让。❷转让的财产(权利);让与的财产(权利) ❸让与证书;委托证书

assignment by delivery 象征性转让 指以票证的交付作为财产的转让,即通过转让流通证券,如提单、运单、保险单、仓单等权利证明或权利标志而完成的权利动产[chose in action]的转让。

assignment for the benefit of creditors 为债权人利益之转让 是一种概括性让与,指将债务人的全部或大体上的财产都托付给他人,由其催收外人所欠债务人的款项,出售债务人财产,将收益分配给债务人的债权人,并将偿债余额返还给债务人。美国1898年《破产法》[Bankruptcy Act]称破产4月内所为的这种转让是"破产行为"[act of bankruptcy]。(⇨preferential assignment)

assignment in bankruptcy 破产财产的转让(⇨bankruptcy;trustee in bankruptcy)

assignment in fact 实际转让(⇨assignee in fact)

assignment in law 依法转让(⇨assignee in law)

assignment of action 〈英〉分派案件 根据英国最高法院规则[R.S.C.],衡平分庭的每一起案件或其它事务都通过投票方式分派给该庭的A组或B组负责。

assignment of breach 违约的转化 因违约而使合同权利转化为获得补救的权利,即违约之诉的诉权。(⇨breach)

assignment of choses in action 权利动产的转让 在早期,权利动产不可转让,只有少数情况例外,如汇票可以转让。但由合同而产生的权利动产,依衡平法而可以转让。在这种转让中,受让人必须将让与行为通知债务人、受托人或赠金保管人,以免他们把钱误付给原债权人(即转让人)或某个后来的受让人。因此,如果甲欠乙债务,乙把债权转让给第三者丙,只有当甲得到转让通知时,这种转让才算完成;丙也才能因之取得该项债权。这项债权要受到在此之前产生的衡平法上权利的影响,例如要受到甲、乙之间签订的相关合同的影响。因此,这种权利转让在过去被称作衡平法上的转让。现在,根据英国1925年的《财产法》[Property Act],书面形式的权利动产的无条件转让,在普通法与衡平法上均有效,前提是要以书面形式通知债务人和受托人等。(⇨chose;assignable chose in action)

assignment of contract 合同转让 指合同一方当事人将其合同权利及利益转让给他人,但应遵守合同对方当事人有权提出的履行期限和条件的要求。约定禁止合同转让的条款,有时被解释为禁止对依合同已到期或应支付的款项进行转让。

assignment of copyright 版权转让 指版权所有人将其

全部或部分版权利益转让给另一人。

assignment of counsel 指定律师;指定辩护人(⇨assigned counsel)

assignment of dower 寡妇地产的分配权 寡妇对其夫所遗不动产可享份额的分定。其份额的划分需寡妇与亡夫继承人商定或由行政司法长官裁定。

assignment of errors 错误陈述 指上诉人对其宣称的下级法院的错误所作的陈述,据此要求上级法院推翻、撤销、修改下级法院的判决或命令并重新审判。

assignment of income 工资转让 将领取工资的权利转让给债权人。又作 assignment of wages。

assignment of insurance 保单的转让 被保险人未经保险人同意,或根据保单要求而经保险人同意,转让某一保险单。

assignment of lease 租赁权的转让 承租人转让其全部未到期的原租赁权,不同于只转让部分利益的转租。(⇨assignable lease)

assignment of matter (= assignment of action)

assignment of patent 专利权的转让 指专利权人将其就发明所享有的全部或其中部分权益予以转让;也可指专利权受让人进行的专利权再转让。

assignment of policy (= assignment of insurance)

assignment of waste 共用地的指定或分配 共用的伐薪权和泥炭采掘权一般都限于由所有权人为此目的而专门指定的共用地。

assignor n.转让人;让与人 他可以是权利的最初享有人,也可以本身就是一个受让人。

assignor estoppel (专利法)转让人的不容否认 指禁止转让人在将专利权转让给他人后又宣称该专利为无效。

assilire (= assault)

Assimilative Crimes Act 〈美〉《同化治罪法》 该法规定在联邦飞地[federal enclave]所犯的罪行适用飞地所在州的法律,但由联邦法院管辖。(⇨federal enclave)

assisa 〈拉〉(英格兰古法)(苏格兰古法)❶(各郡的)巡回审判;巡回法院;会议 ❷陪审;陪审员;陪审团;谘议团;咨询团;宣誓咨审 ❸法规;法令;条令;令状 ❹(法庭的)开庭;庭期 ❺一个固定或特定的时间、数目、数量、质量、价格或重量 ❻贡金;罚金;税 ❼对物诉讼;产权诉讼;物权诉讼 ❽一种令状的名称(⇨assize)

assisa armorum 〈拉〉〈英〉《军事法》 一项规定为共同防卫之目的而可持有武器的法令。(⇨Assize of Arms)

assisa cadere 〈拉〉驳回诉讼(⇨judgment of nonsuit)

assisa cadit in juratam 〈拉〉(英格兰古法)把争议提交陪审团审理 ⇨assisa vertitur in juratam。

assisa cadit in perambulationem 〈拉〉〈英〉通过巡视现场来解决界线争端 陪审团宣称他们对于争议的地界一无所知,法官在命令他们巡视土地以确定土地界线时常讲这句话。

assisa continuanda 〈拉〉延审令状 因诉讼一方对有争议的事实不能按时出证明,而发给巡回法院延期审理的令状。

Assisa de Clarendon 〈拉〉(英格兰古法)《克拉伦登法》 1164年,即亨利二世在位第10年颁布,该法规定被控犯有重罪而又未能证明自己无罪之人,必须具结离国流亡[abjure the realm]。在离国流亡之前,可在国内停留40天,以寻求亲朋好友的帮助,集资来维持流亡期间的生活。据说新侵占之诉就是由该法创建的。(⇨Assize of Clarendon)

Assisa de Foresta 〈拉〉(英格兰古法)《皇家狩猎场法》 爱德华一世颁布,有关在皇家狩猎场应该遵守之秩序的法令。

Assisa de Mensuris 〈拉〉(英格兰古法)《度量衡法》 1198年,即理查一世在位第8年颁布,旨在统一全英格兰的重量单位和测量尺度。

assisa de nocumento 〈拉〉(英格兰古法)排除妨害令状 对原告可终身保有的不动产的妨害予以排除或赔偿的令状。

assisa de nova disseisima 〈拉〉(= assize of novel disseisin)

Assisa de Ponderibus et Mensuris 〈拉〉(英格兰古法)《度量衡法》 制订日期不详,一般认为是爱德华一世于1303年制订,该法令规定了常用的重量单位和测量尺度。

assisa de ultima presentatione 〈拉〉(= assize of darrein presentment)

assisa de utrum 〈拉〉❶(英格兰古法)确定土地性质之诉 一种古老的令状,已于1833年被废止。在决定特定土地是由教会还是非神职人员保有的诉讼中使用,由教士提起,非神职人员[layman]也可提起。由12名守法的男子组成陪审团来确定争议的土地是属于教产[alms]还是俗产[lay fee],从而决定是归王室法院还是归教会法庭管辖。(⇨petty assize) ❷(在其前任已将相关地产或收租权出让的情况下)发给堂区主持牧师[parson]以收回权利的令状 现已废。

Assisae Statutae Panis 〈拉〉(英格兰古法)《面包法令》 主要涉及面包的质量检验和价格规定。

assisa forestae 〈拉〉(= Assize of the Forest)

assisa friscae fortiae 〈拉〉(= assize of fresh force)

assisa generalis 〈拉〉〈英〉民众大会 议会的旧称。

assisa juris utrum (= assisa de utrum)

assisa mortis antecessoris 〈拉〉(= assize of mort d'ancestor)

Assisa mortis d'ancestoris 〈拉〉(= assize of mort d'ancestor)

assisa pains et cerevisiae 〈拉〉❶(英格兰古法)《面包及麦芽酒法》 1266年,即亨利三世在位第51年通过,旨在调整面包、麦芽酒或啤酒的计量制、价格。 ❷决定面包重量及啤酒量制的权力

assisa proroganda 〈拉〉(英格兰古法)(废)中止诉讼令状 因诉讼一方受雇于国王而向巡回法院法官签发的暂停诉讼程序的令状。

assisa ultimae presentationis 〈拉〉(= assize of darrein presentment)

assisa venalium 〈拉〉可销商品价格、规格等的法定标准

assisa venit ad recognoscendum 〈拉〉宣誓咨审团前来辨识

assisa vertitur in juratam 〈拉〉咨审团向陪审团的转化 向巡回法庭提供信息、作证、指控犯罪嫌疑人及审查事实等的团体可以两种形式召集,一种是咨审团[in modum assisae],另一种是陪审团[in modum juratae],后者被称为将案件提交陪审团裁断[fall into a jury; cadere in juratam]。二者的区别是:在性质上,前者审判所考虑的问题仅限于令状所列的条目,对于原告主张的否定只能由咨审团通过审查原告主张事实之真实性来完成,被告无需也不能积极反驳,而在后者的情况下,被告可以进行特别答辩,举出特定事实反驳原告。在结果上,陪审团不能因为作

出了错误裁断而被处罚。而咨审团则会被处以没收财产等处罚；陪审团可以作出概括裁断[return a general verdict]，而咨审团则不能。"jurata"是从"assisa"中发展出来的，它成为现代陪审团和古代咨审团的连接点。（⇨assize; jury）

assise （= assize）
Assise of Arms （英格兰古法）《军事武装令》 亨利二世于1181年制订的关于全体自由民根据其财富和地位装备武器的法令。
Assise of Bread （= assisa panis et cerevisiae）
Assise of Fresh Force （英格兰古法）新近侵占土地之诉 "fresh force"指新近发生的暴力事件，在一城市或自治市内最近时期里使用暴力进占土地如果构成侵占土地的话，被侵占人可在40天内申请提起这一诉讼来恢复其土地。
Assise of Mort d'Ancestor （= assize of mort d'ancestor）
Assise of Northampton （英格兰古法）《北安普敦法》 1176年在北安普敦会议上制定的一项法令。根据此法令，亨利二世将英格兰分为六个巡回审判区，每个巡回区指派三名巡回法官，该诏令还创设了收回继承地之诉[assize of mort d'ancestor]。
Assise of the Forest （= Assisa de Foresta）
assiser 咨审员；估税员；检定人
assise rents （英格兰古法）规定的租金；已确定的租金；固定租金 在庄园内为自由地产保有人和公簿地产保有人确定的租金。
assise rolls （英格兰古法）《巡回审判录》 包括了巡回法官听审的案件，具体参见马克斯威尔[Maxwell]出版的1937年《不列颠及其殖民地判例全表》[Complete List of British and Colonial Law Reports]。
assisers 〈苏格兰〉大陪审团 行使类似现代大陪审团之职责。
Assises de Jerusalem 《耶路撒冷法典》 1099年，十字军征服耶路撒冷后，布雍[Bouillon]的戈特弗雷[Godfrey 或 Gottfried]为耶路撒冷市政府制定的法典。其原始文本于1187年遗失，后又有其他人编纂的文本，后来的文本又为塞浦路斯[Cyprus]王国所改编采用。早期文本体现了当时为欧洲所普遍接受的法律规则；后来的文本则反映了13世纪的欧洲社会情况，它强调了贵族法庭的特权，代表了一种典型的封建主义观念。当时控制塞浦路斯的威尼斯人在法律上认可了这部法典的效力，并于1531年将之译成意大利语；在希腊埃维尔岛[Euboea]该法典一直适用到土耳其人的征服；一个被称为《阿提克法典》[Assizes of Antioch]的版本被传播到了亚美尼亚。
assisors （= assizors）
assistance of counsel 辩护律师的协助 美国宪法第六条修正案规定，刑事被告人有权获得律师协助为其辩护。这里的协助应当是有效的协助，而非出于恶意的、虚假的或缺乏充分准备的协助。（⇨effective assistance of counsel）
assistant n. 助理；助手 指支持和帮助他人者，通常是听从其上司指令的雇员。助手与"代理人"[deputy]大不同，后者作为他人的代表而被指定代替他人行事。
assistant bishop （教会法）主教助理；辅助主教的另一主教 当一主教老弱时任其副手，该主教死亡或辞职后有权继任其职。
assistant rector 堂区长助理（⇨deacon）
assistants n. 〈美〉总督助理 根据早期新英格兰殖民地特许状组成的管理机构的成员。1629年马萨诸塞海湾公司[Massachusetts Bay Company]特许章程规定，每年由股票持有者选出18名总督助理担任总督的顾问。总督助理委员会[Court of Assistants]拥有立法权、行政权和司法权，该委员会由总督和6名总督助理组成。当马萨诸塞海湾公司变成马萨诸塞州时，这些总督助理人便成为地方法官或议会——两院制立法机关的上议院的成员。与之相类似，1662年，康涅狄格特许状规定了12名总督助理。
assisted person 〈英〉受法律援助者 指依靠法律援助基金的资助而进行诉讼的人。
assisus （英格兰古法）❶放租的土地 指以一定租金租给承租人的土地[terra assisa]，与领主自己保留土地[terra dominica]相区别。 ❷出租；放租
assisus reditus （英格兰古法）确定的租金；固定租金
assith v. （英格兰古法）赔偿；偿付
assithment 〈苏格兰〉❶（凶手应付给被害人家属或主人的）赔偿金 ❷为取得杀人赔偿金而开始的诉讼
assize n. ❶〈英〉条例；法令；法 古代用来指称一些立法文件，如"Assise of Bread"、"Assise of Clarendon"、"Assise of the Forest"等。 ❷〈英〉（为解决土地占有或地产权利而举行的）审判或（进行的）诉讼及与此相关的程序、（为此而召集的）咨审团及其成员；巡回审判 "assize"源于拉丁文"assideo"，意为"坐在一起"[sit together]，后来的巡回陪审可能即源于此。亨利二世时代的一项法令规定，在有关土地占有和地产权利[seisin and title to land]的诉讼中，可以由郡长召集本郡4名骑士，由他们和他们所挑选的12名知情人共同组成16人的咨审团经直誓后回答法官的提问和向法官陈述实情。这种诉讼、程序及咨审团组织均可称为"assizes"。在这一类诉讼中，有些诉讼的名称来源于争议的客体，如"共牧权之诉"[assize of common of pasture]；但更多的则来源于争议的起因，如"新侵占之诉"[assize of novel disseisin]等。《大宪章》[Magna Carta]规定，新侵占之诉和收回继承地之诉[assize of mort d'ancestor]应在争议地产所在郡开庭，为此皇家民事法庭每年都要向各郡派出巡回法官[justices of assize]前往主持开庭。后来1285年《初审条例》[Statute of Nisi Prius]规定，巡回法官应当在案件发生地听审案件，然后将陪审团的裁决送回威斯敏斯特以供中央法庭作出判决，这样在巡回法官面前进行的民事诉讼被称为及巡回法庭开庭[to take place at the assizes]。巡回法官每次派出时都会得到王室的委任状，普通委任状每年两次发给高等法院的法官，一般是每一巡回区派出两名法官；特别委任状是针对特定事项而发给特定法官的。过去巡回法官的委任状分为独立的四种：①刑事听审委任状[commission of oyer and terminer]；②提审囚犯委任状[commission of gaol delivery]；③巡回初审委任状[commission of nisi prius]；④治安委任状[commission of the peace]。另外曾经还有一种被称为巡回审判委任状[commission of assize]，它指令法官依据巡回审令状[writ of assize]为地产被非法侵占者等提供救济，后来这些令状被取消，取而代之的是驱逐之诉[action of ejectment]。基于王室的特别委任，巡回法官又被称作巡回专员[commissioner of assize]。除米德尔塞克斯郡[Middlesex]外，整个英格兰和威尔士分为若干巡回区[circuits]，每年巡回审分为四个开庭期，即冬季、复活节、夏季和秋季。依据1971年《法院法》[Courts Act]，所有的巡回法庭均已被取消，相关的委任状也已停止签发，原来巡回法庭的民事业务为高等法院所承接，后者可以

在英格兰和威尔士的任何一个地方开庭；相应地原来与巡回法庭相关的官职亦被取消；其刑事业务则转给了刑事法庭 [Crown Court]。❸陪审团的裁断；咨询团的认定 ❹关于时间、数量、数目、质量、重量等的标准；衡量尺度 ❺〈苏格兰〉陪审团；咨询团 由15名男子组成，协助法官听审案件。
v. 规定；确定（= assise）（⇨ circuit; commission of oyer and terminer; commission of gaol delivery; commission of nisi prius; commission of the peace; commission of assize）

Assize of Arms （= Assise of Arms）

Assize of Clarendon 〈英〉《克拉伦登诏令》 1166年亨利二世颁布的22条法令的总称，它改进了刑事案件的诉讼程序。依该法，法官可巡回审理刑事案件。每个百户区的12个及每个村 [vill] 的4个最有宣誓资格的人，被授权可将被怀疑犯有重罪的人向国王的法官或郡长 [sheriff] 提出控诉，如已抓住罪犯，则可将两名能说明抓获情况的人连同罪犯一起送交法官。

assize of darrein presentment （英格兰古法）最终圣职推荐权之诉 中世纪英格兰不动产权益诉讼 [real action] 的一种。当某圣职推荐权的归属发生争议时，巡回法官将会派郡长召集咨询团 [assize]，看是谁最后一次行使了推荐权就将该权利判归给谁。该诉讼后为妨碍圣职推荐权之诉 [quare impedit] 所取代，并于1833年被取消。（⇨ assize; quare impedit; darrein presentment）

assize of fresh force （= Assise of Fresh Force）

assize of mort d'ancestor （英格兰古法）收回继承权之诉 亨利二世引入巡回咨询团之后，1176年的一项法令规定，当有人宣称其继承权在他本人进占之前被他人非法入侵而剥夺占有时，他可以申请令状，请求陪审巡回法庭召集咨询团查询如下问题：①原告祖先去世之前是否以可继承地产的形式亲自占有争议地产；②争议是否超过了诉讼时效；③原告是否其直接继承人。如果这三个问题的答案都有利于原告，则该地产将判归原告。该诉讼于1833年被废除。（⇨ petty assize）

assize of novel disseisin （英格兰古法）新近侵占土地之诉；新近侵占诉讼令 亨利二世于1166年建立的一种不动产权益诉讼。原告向国王控告被告未经法院判决、不正当地 [unjustly and without a judgment] 侵占了他自由保有的地产，如果这一控告迅速时，国王会签发给争议土地所在的郡县一令状，命令其召集附近12位自由民组成咨询团，查看争议的土地并在王室法官下次巡回至该郡时向其报告咨询团的裁决，如果原告控告属实，即恢复其占有权。如果有可能，原告还可以在土地被侵占后的4天内自己恢复占有权。该令状只适于被侵占者与侵占者之间，而不适用于他们的继承人，且不裁定所有权。原告须在一定时效内提起，被告也不允许以未出庭请求宽恕 [essoins] 来拖延。这一程序只适用于王室法院。（⇨ petty assize; Assize of Clarendon）

assize of nuisance （= assisa de nocumento）

Assize of the Forest （= Assisa de Foresta）

assize of utrum （英格兰古法）决定地产性质的陪审团（⇨ assisa de utrum）

assizer （= assiser）

assize rent （= assise rents）

Assizes de Jerusalem （= Assises de Jerusalem）

assizors n.〈苏格兰〉陪审员；咨询员 类似于英国的陪审员、咨询员，处理确定地界、认可权利等民事案件。

ass. mor. ant. （= assize of mort d'ancestor）

ass. no. diss. （= assize of novel disseisin）

associate n. ❶合伙人；同事；伙伴 ❷（协会）会员 ❸〈美〉受雇律师 受律师事务所雇用的、非合伙人的律师。❹〈英〉法院事务官 旧时英格兰普通法法院中的一种官员，由每个法院的首席法官任命，其职责主要是保存法院记录、参加初审 [nisi prius sittings]、制定案件目录、主持挑选陪审团的投票 [jury ballot]、发布判决、整理诉讼程序说明 [postea]（或证明审判结果）、负责将记录送交有关当事人或法庭事务与行政工作。1873年的《司法组织法》[Judicature Act] 规定其为最高法院事务官 [Supreme Court of Judicature] 的官员，1879年的《司法（官员）法》[Judicature (Officers) Act] 任命其为"最高法院主事官" [Masters of the Supreme Court]。现在法院事务官的职责由最高法院中央办公室的刑事部和事务官部 [Crown Office and Associates Department of the Central Office] 的书记官来行使。

associate counsel 〈美〉协理律师 和记录在案的律师 [attorney of record] 一起从事民事诉讼代理或刑事辩护业务的律师。

Associated Press 〈美〉美联社 即美国联合通讯社，著名的私人新闻组织。

associate justices 〈美〉法官；联席法官 指联邦法院和许多州法院中除首席法官之外的其他法官。

associates in office 合伙人；共事者 指为共同目的而联合行动的人，他们分享权利，彼此平等。也指经依法授权，共同或以组成团体的形式履行相关职责者。

association n. 结社；社团；协会；联盟 为共同的合法利益、特别的目标或商业目的而结合的。英文中该词还可指通过这种联合方式组成的联合体。这种联合体一般是契约性质的，由其财产受托人持有共有财产，并由代表进行诉讼活动。这类社团一般视为不享有法人地位。

association not for profit 非营利社团 指不以营利为目的的团体，如为促进通商、艺术、科学、宗教、慈善事业或其他有益目的而成立的团体。根据英国1948年《公司法》[Companies Act] 的规定，这类团体虽不向其成员分配红利，经贸易部 [Department of Trade] 许可，也可作为有限责任公司注册登记，但可省去"有限"二字。它享有有限公司的特权并承担相同义务。

Association of American Law Schools/AALS 美国法学院协会 根据美国律师协会 [ABA] 法律教育部的倡议，于1900年创建的一个机构。其宗旨为"以法律教育完善律师行业"。ABA法律教育部负责为法学院制定有关教职人员、课程设置、图书馆设施等的最低标准，并由3至4人组成的检查小组检查确定各成员是否遵守会员规则。至少已有连续3届学生毕业的法学院方有资格申请加入协会，执行委员会 [Executive Committee] 根据评定委员会 [Accreditation Committee] 的建议推荐会员，经众议院的批准方可取得会员资格。1914年该协会从美国律师协会中分立出来，成为独立的组织，但仍有一部分ABA认可的法学院未加入美国法学院协会。1948年以来，该协会一直出版《法律教育杂志》[Journal of Legal Education]。

Association of Trial Lawyers of America/A.T.L.A. 〈美〉美国庭审律师协会 成立于1948年，原称全国索赔代理律师协会 [National Association of Claimants' Compensation Attorneys]。起初只有近700名成员，现已发展成为具有3000多名成员，在全国范围内具有广泛影响的律师组织，其成员来自美国的50个州、波多黎各 [Puerto Rico] 和加拿大。协会的宗旨在于为公正利益而促进司法的公正实施，增进律师协会成员之间的关系，寻求对抗制与陪审

association placer claim 团体采砂权 在美国,8人或8人以上组成的团体根据法律有开采砂矿的权利,开采最大面积为160英亩。

association theory 共同受雇人理论 根据公司中有关雇主与雇员关系的法律原理,在工作中因某一雇员的疏忽而使另一雇员遭受伤害,不免除雇主的责任;但雇员在受雇佣时已保证各自将在工作中小心谨慎、注意安全以保护自己免受因其他雇员而致的伤害者除外。美国在雇主责任法[employers' liability acts]颁布后,共同受雇人[fellow-servant]规则已废除。(⇨employers' liability; employers' liability acts)

associe en nom 〈法〉显名合伙人;显名股东 有限责任公司之股东、合伙人,有责任承担公司的债务,其姓名体现在公司名称中。

assoigne (=essoign)

assoil (教会法)赦免;饶恕;(使)免受(开除教籍、逐出教会之)处罚;宣告…无罪

assoile (=assoil)

assoilyie (=assoil)

assoilzie (=assoil)

assoinzie (=essoign)

as soon as possible 尽快地;尽早地 指虽非即刻,在一旦可能时则应最快采取行动。它可用于赊购物品的付款期;在保险条款中则可指通知的时间,即损失应根据具体情况在合理时间内尽快通知承保人。

as soon as practicable (特定的情境中)在合理的时间内;在预定的时间内;在适当的时间内;迅速地(⇨notice as soon as practicable)

assoyl (=assoil)

as speedily as possible 在合理的时间内 根据当时的实际情况,并无不当拖延。

assuetude 习俗;习惯;风俗;惯例

assultus (=assault)

assume v. ❶假装;装出 ❷承担;担任;接受;承诺 ❸假定;假设;臆断 ❹采取;呈现(某种形式或面貌);带有 ❺夺取;僭取;篡夺 ❻继受(他人的债务或义务)

assumed facts 假定的事实 在庭审中没有提出相关的证据加以证明的事实,对此无需作出法律裁决[rulings of law]或对陪审团作出指示。也指在辩论中用来解释法律要点的假设的事实。

assumed name 化名;假名(⇨alias; fictitious name)

assumed risk (=assumption of risk)

assumpserunt super se 他们承担 相当于they undertook。

assumpsit 〈拉〉❶他承诺 ❷(英格兰古法)违反简式合约索赔之诉;简约之诉 英格兰普通法旧式的诉讼程式[form of action]之一,主要针对违反简式合约的损失而请求赔偿,它是从类案侵权之诉[trespass on the case]发展而来。起初这一诉讼的救济仅给予存在明示协议的情况。后亦扩展到默示或推定协议的情况。因此简约诉讼又分为普通简约之诉[indebitatus assumpsit; common counts; money counts; common assumpsit]和特殊简约之诉[special assumpsit; special counts],前者基于默示合约,而后者则基于明示的承诺;前者多发生于出卖、运输货物、完成劳务所引起的价金给付上,后者则常见于不履行协议所造成损失,偶尔也见于合同条款需要解释的情况。简约之诉属类案诉讼[action on the case],它区别于"trespass"和"trover"之处在于后二者是基于侵权行为而非合同;区别于"covenant"和"debt"之处在于后者基于盖印文书或特定给付义务;区别于"replevin"之处在于后者要求的是尽可能地返还原物而非赔偿损失。❸简式合约;承诺;非盖印契约 一方承诺另一方为一定行为,可以是口头的,也可以是书面的,但不盖印;可以是明示的,也可以是默示的或推定的。

assumpsit for money had and received 承诺支付金钱 衡平法的原则,根据公平和良心,被告应把收到的金钱支付给原告。

assumpsit on quantum meruit 合理酬金之诉 在没有酬金协议的情况下,若雇佣他人为自己工作,法律默示规定,雇主应向雇员支付其应得的合理数目的酬金。

Assumpsit pro rata. 〈拉〉他根据比例承担。

assumption n. ❶假定;臆断 ❷担任;承担;承继(他人的债务)

assumption clause 承担债务条款 抵押条款之一,规定无抵押权人的书面许可,他人不可承担抵押债务。也是权利转让合同条款之一,规定受让人自愿承担出让人的债务。

assumption fee (抵押)承担办理费 贷方向承担已有抵押债务的抵押物的新买主收取的变更记录办理费。(⇨assumption of mortgage)

assumption of care (=Good Samaritan doctrine)

assumption of charge on land 土地债务的承担 指土地受让人同意承担出让人在其土地上的债务。

assumption of debt (=assumption of obligation)

assumption of employee's knowledge 雇员的安全承诺 雇主对雇员操作安全所做的保证,雇员以此对抗自担风险的抗辩。

assumption of indebtedness 承担他人债务(⇨subrogation)

assumption of mortgage 抵押的承担 指从先前的抵押人[mortgagor]处承受其抵押之债。在不动产等买卖中,买主对卖主抵押人地位的承担,意味着其同意承受抵押之债,由买主自己对抵押之债负全部偿还责任;如果抵押期满时拍卖抵押物的所得不足以清偿抵押之债,则买主需对未清偿部分承担责任。"抵押的承担"与"购买或取得抵押物"不同,购买卖主设有抵押的财产者,虽同意偿还抵押之债,但其责任则限于抵押期满时的拍卖所得,该所得不足清偿的部分抵押之债,抵押权人[mortgagee]只能向卖主即先前的抵押人主张权利。

assumption of obligation 承担债务 指同意代替债务人还款以解除债务的。

assumption of risk 自担风险 自担风险原则,又称为"volenti non fit injuria",是指依照法律,当事人不得就自己同意遭受的损害获得补偿,即,如果当事人自愿置身于其觉察和了解的危险中,则不得就为此所受损害获得赔偿。自担风险是一种侵权法上的抗辩,其构成要件为:①原告对构成危险情形的事实有了解;②原告知道该情形正处于危险中;③原告对危险的性质或程度有鉴别;④原告自愿置身于危险中。但自担风险原则在原告行为符合救助或人道主义原则时,不得适用。此外,自担风险原则在劳工赔偿及交通事故保险等方面的适用也受有限制。

assurable a. 可保险的;适合保险的;构成有效保险风险的

assurance n. ❶保证;担保 ❷不动产转让;不动产转让契据 ❸保险 与insurance相同,常见于英国,在法律表

达上,尤指人寿保险,而 insurance 多指火险、海险、事故险或其它险种。(⇨insurance)

assurance fund 〈美〉保障金 在实行土地产权证书登记制度的州,以此向那些因受欺诈或错误而失去财产,其本人又无其他途径得到赔偿的人提供补偿。

assurances n. 财产转让证书;不动产转让证书 指财产转让的合法证据,亦称"common assurances",凭此可以防止或消除纠纷等。该词通常用于土地的转让。

assure v. ❶保证;❷保障;❸保险;给…保险(⇨insure)

assured n. 被保险人;保险受益人(⇨insured)

assured clear distance 可视距离 指能看清公路上一切可能物体的距离。(⇨assured clear distance ahead)

assured clear distance ahead 前方视线内距离 指机动车司机在行车时视线所及的距离。这种距离随着机动车的行驶而变化,可依该运输工具与车道前方可见的、形成其前进阻碍的静止或行进物之间的距离而定。在这段距离内,要求司机对自己的机动车需有控制能力,即要控制其行车速度以便能随时停车。在夜间,可以以车灯所照亮的距离而定,驾驶员应当能在此距离内停车。

assurer n. ❶〈英〉(人寿)保险人;寿险承保人 ❷保证人(⇨insurer)

Assyrian Law 《亚述法》 在古亚述遗址上,发现了一些法律汇编及法律资料。有在卡帕多西亚[Cappadocia]发现的古亚述法[Old Assyrian Laws],时间是公元前1000年或公元前2200年,更为重要的是约公元前1400年前的中期亚述法[Middle Assyrian Laws]。尽管这些材料很不完整,但仍提供了有关古亚述人司法程序和惩罚的一些信息。

assysers (= assisers)

assythement 〈苏格兰〉❶(因谋杀而引起的)损害赔偿诉讼 ❷判决未被定罪和处罚的有罪当事人给予被谋杀者亲属的损害赔偿金

aster 居民;定居者

astipulate v. 规定;协定;约定

astipulation n. ❶(当事人双方的)同意;赞同;协议 ❷证人;记录

astitution (= astution)

astrarius 〈拉〉〈英格兰古法〉屋主;屋主的家属;实际占有房屋的人

astrarius haeres 〈拉〉房屋当然继承人 被继承人以产权转让证书[deed]形式使其当然继承人[heir apparent]在其在世时占有其地产,一旦被继承人死则完全享有该地产权。

astreinte 〈法〉强制执行 法国法中,对被告人本应实施而未实施的行为,通过对其迟延履行期间每日判处一定的罚金来强制其履行的程序。其作用类似于英国法中的禁制令[injunction]和特定履行[specific performance]。

astrer 〈英格兰古法〉❶屋主;住户 ❷户主;家长

astrict v. 〈苏格兰〉限制;约束;束缚

astriction n. 束缚;限制 用于指碾磨谷物义务,即佃户负有将土地出产物送到特定磨坊碾碎的役务,并应支付谷物碾磨费。

astriction to a mill 碾磨谷物义务 (⇨astriction)

astrihiltet 〈撒克逊〉双倍赔偿责任 指对破坏国王和平的违法者判处支付其所造成损害双倍的赔偿。

astrology n. 占星术;占星学 以观测天象来预卜人间事务的一种方术。

astronomical day 天文日 从正午12时算起,到次日正午12时止。

astrum 房子;居所;家

as trustee 作为受托人 签署合同时表明受托人身份的用语,并不足以因此免除受托人的个人责任。

as trustee but not individually 作为受托人但不作为个人受托人在签署合同时,用以使自己免除合同个人责任的用语。

astution 传讯 (= arraignment)

A summo remedio ad inferiorem actionem non habetur regressus, neque auxilium. 〈英格兰古法〉求助于最高级别的救济后就不能诉诸于低级别的诉讼,也不能从中得到救济。 英国早期不动产诉讼中的一条法律格言。那时法律上给予的救济有不同的级别,最高级别是权利令状[writ of right],如果一方当事人提起权利诉讼,其后就不能再诉诸其他低级别的救济,如占有之诉。

asylum n. 庇护所;庇护 指避难地或教堂庇护所。在古希腊,庙殿和祭坛不可侵犯,在神保护下的人或物不能通过暴力被由此驱走。在罗马帝国,皇帝的雕像和军团的鹰旗可作为针对暴力行为的避难场所,特别是对那些遭受虐待的奴隶和逃犯提供庇护。根据基督教教义,庇护或避难的习俗属于教堂或教堂墓地。在现代,该词经常用来指对遭受不幸的人,尤其患有精神疾病的人给予保护和救济的机构,现在称为精神病院。国际法上,每一国家均有对其本国国民给予庇护,也有权对来自他国的难民或逃亡者予以庇护。这是基于一国的属地管辖权。因此,只要被允许进入和居留在外国领土,就获得了庇护并且可以此对抗其本国的权利要求。但许多国家都通过条约中规定的引渡条款对庇护权加以限制。在战时,中立国可以给予交战国的陆军或军舰一定期限的庇护。(⇨extradition)

asylum state 庇护国;避难州 通常用于关于引渡的事项中,指在一国或一州境内犯罪的人所逃至的另一国家或另一州。

at prep. ❶在某个地点的旁边 ❷在某个特定的时间点 例如,法庭警告陪审团在下午2点返庭。 ❸从某个特定的时间点起或在某个特定的时间点后 例如,遗嘱规定死者的遗产将在其指定的承租人死后出卖。

atamita 〈拉〉〈罗马法〉五亲等男性尊亲属的姊妹

at and from 在和从 海上保险中用以确定保险单项下的风险自何时起受该保险单保障的术语,如保险期间自船舶停泊于特定港口或抵达该港口时开始。

at any bank 在任何银行 本票付款地不确定时,出票人有权要求持票人选择付款银行,持票人若不选择,则出票人可自行选择付款银行,并通知持票人。

at any time 在任何时间;在适当的时间 该词的含义应根据特定的使用语境而定。如在诉讼中,任何权利要求人均可在适当的时间通过介入诉讼来主张权利,但这里的时间通常是在案件审理过程中,而非在最后判决作出之后。又如在一项涉及国家债券发行的法律中,规定该债券应在不到10年或不超过30年的时间内偿付。但根据美国工业委员会[Industrial Commission]的选择,该债券也可在债券发行之日起5年后至该债券到期日的任何时间偿付。

at arm's length 独立;无关联 当事人双方互不受到影响、控制和支配,完全独立。只有坚持自己的利益并且不依赖他人的利益和目的时,双方当事人才能进行无关联的交易。

atavia 〈拉〉〈罗马法〉**五亲等女性尊亲属**

atavunculus 〈拉〉五亲等男性尊亲属的兄弟
atavus 〈拉〉(罗马法)五亲等男性尊亲属
ataxia n.❶[医]共济失调;协调不能;运行性共济失调 ❷失控;无秩序
at bar 在法庭上;在法院
at call 按通知付款;即时付款 银行存款人可以无须事先通知银行而随时要求其偿付。
at earliest convenience 在方便时尽早 对付款允诺在时间上的限定,即要求承诺人在有能力付款或有钱付款时尽早付款。
a tempore cujus contrarii memoria non existet 从无相反的记忆时
a teneris annis 由于年轻
a terme 〈法〉一定期限
a terme de sa vie 〈法〉他生命的期限;其终身
a terme que n'est mye encore passe 〈法〉还未超过的期限
a terme que passe est 〈法〉已超过的期限
ath 〈撒克逊〉誓言;宣誓
atha (= ath)
athe (= atha)
atheism n.无神论
atheist n.无神论者 拒绝所有宗教信仰,不相信上帝的存在的人。在普通法上,这种人不能以宣誓方式提供证据,是不合格的证人。现在美国许多州已全部或部分废除了这种限制。
atheling n.(英格兰古法)王室成员;贵族;王子 尤指王储。
at his earliest possible convenience 在其一旦方便时 指当立约人[promisor]能够付款或履行其他义务时。(⇨ at earliest convenience)
athletic club 运动俱乐部 为非营利性、非为股东利益的组织。在美国,依其《国内税收法典》[Internal Revenue Code],对这种组织免征所得税。运动俱乐部有室内室外运动场,其成员可以从事比赛或训练。俱乐部的活动常常是为体育比赛提供赞助,但有时实则只是赌博的场所。
atia 憎恶;仇恨;恶意;敌意;怨恨
atilia 器皿;用具;工具;农具
atilian law (= lex Atilia)
atilium 〈拉〉用具;装备;辎轳;(船之)索具
atinian law (= lex Atinia)
at interest 生息 指根据法定利率或根据合同约定的利率产生利息。
at issue 争议中的;讨论中的;待解决的;待裁决的
ATLA (= American Trial Lawyers Association)
A.T.L.A. (= Association of Trial Lawyers of America)
Atlantic Charter 《大西洋宪章》 1941年8月,美国总统罗斯福和英国首相邱吉尔在纽芬兰海面上的一次会议上起草并签署的联合宣言。内容包括解决战后国际问题的八项原则。其宗旨是保证有关联合王国及其盟国的战争目的,以及与诸如美国等国保持友好中立的目的。同时,该宣言重申了自治权,并希望恢复那些目前仍处在军事占领之下的国家的这种权利,而且保证将经济保障、贸易自由以及劳动条件的改善作为其国内政策。这些宗旨后来体现在《联合国宪章》之中。
at large ❶(罪犯、野兽等)未被捕获的;自由的;未受控制的 ❷充分的;详尽的 ❸〈美〉由全州(或全县、全市、而非该州、县或市内划分的各个选区)选举的 ❹任意的;概括的 指不限定于某一主题的,如任意性制定法[statutes at large]。
at law ❶法律上的;普通法上的;依据普通法的 尤指区别于衡平法上的或依据衡平法的。❷用于某些称谓中 如 sergeant at law; barrister at law; attorney or counsellor at law 等。
at law and in equity 根据普通法、衡平法及制定法
at least ❶最低估计;最低要求;最低程度;至少 在信托契据[deed of trust]中指对火灾险额的一种限定。❷十足日数;除去第一天和最后一天的日数 指在规定时间或事件后的一段明确的日期。
at least once a week for four successive weeks 连续四周,每周至少一次 指法律要求法院进行司法拍卖[judicial sale]的通知应在连续四周内每周至少一次予以公告,即每两次公告之间的间隔不应超过7天。
atmatertera 〈拉〉(罗马法)五亲等女性尊亲属的姊妹
at maturity 到期;到期日
at money (= at call)
at my death 在我死后 通常是遗嘱用语,在特定语境中可用以指不排除当前利益消失的可能性。
atonement n.❶和解;协调 ❷补偿;赎罪 指由于后来作出牺牲的或者其他的善行而消除过去的恶行。根据某判例,也指一种特权,即已经造成离婚理由的被告,由于其后来的行为,可以使其配偶丧失依该理由获得离婚的权利。
at or before 于指定日或此前
a tort 〈法〉(古)无理地;不公正地;非法地
a tort et a travers 〈法〉未加考虑;未加分辨
a tort ou a droit 〈法〉对或错;是或非
at or upon 在指定日特定时刻 其具体时间应依其整个上下文而定。
at owner's risk ❶风险由货主承担 仓储收据或货物运输单据用语,仓储保管人或承运人在货物收据或运输单据上注明的表示非由仓储保管人或承运人疏忽而致的灭失或损害的风险由货主承担。❷风险由票据所有人承担 托收银行接受托收票据时所附加的条件,表示其责任是委托收款,不承担付款等票据责任。
at par 按面值;平价 债券或股票按票面价值发行或销售。
atpatruus 〈拉〉四亲等男性尊亲属的兄弟
atriamentum 庭院;院子;天井
at-risk amount 风险资产 纳税人在某一企业或投资企业中拥有一定数额资产,并把该资产的风险置于企业的风险之中。一般来说,纳税人的风险资产包括:①投资人作为投资而给予企业的一定数额的贷款或财产;②纳税人个人应负的与投资有关的企业债务;③在不动产投资中,公平交易中因第三人的风险而发生的坏账份额。
at-risk rules 风险规则 该规则把纳税人的可减免的损失限定在风险资产内,以防止纳税人隐瞒应税收入。(⇨ at-risk amount)
atrium n.(古罗马建筑的)前厅;外殿
atrocious assault and battery 残忍地殴击(致人伤残)罪 指残害被害人的肢体致使被害人肢体受伤的殴击罪,属加重的企图伤害罪[aggravated assault],按重罪处罚。
atrocity n.凶恶;残暴;残酷;暴行;残忍
ats (= ad sectam)
at sea ❶在海上 海上保险用语,指航行的中断,该航次自始在保单风险中。虽然在航行中可能在某个港口作必

要停留。 ❷茫然;困惑;不知所措
at sight 见票即付(➪sight draft)
atta (= atha)
attach v.❶附加;使成为一部分 如在诉状后附上证据。 ❷扣押(财产);拘禁(➪attachment) ❸附着;产生 如只有从对抗制诉讼程序开始时或开始之后,获得律师辩护权才产生[right to counsel attaches]。
attachable a.可扣押的
attaché 〈法〉❶(外交使团的)专员 ❷(使馆、公使馆的)随员
attached a.❶连接的;附属的;附加的 ❷(建筑)附联式的;与他屋相连的
attached account 被查封账户 法院已发出命令查封的账户,需经法院同意才能从该账户支取款项。
attachiamenta 〈拉〉(= attachment)
attachiamenta bonorum 〈拉〉动产扣押 由副行政司法官[bailiff]对债务人的动产执行的扣押,以保证其在有关动产或债务的诉讼中到庭答辩。
attachiamenta de placitus coronae 〈拉〉刑事诉讼中的扣押
attachiamenta de spinis et boscis 〈拉〉森林官员把其辖区内的荆棘、断落的树枝和被风刮落的果实据为己用
attachiamentum 〈拉〉(= attachment)
attachiamentum forestae 〈拉〉(= attachment of the forest)
attachiare (= attach)
attachiator (= bailiff)
attaching creditor 实施扣押的债权人 已取得扣押令并对债务人的财产予以扣押的债权人。
attachment n.❶扣押 指扣押某人的财产以担保将来判决能得到履行或者将扣押的财产变卖以执行判决。 ❷拘禁 指对不服从法院判决、命令或有其他藐视法庭行为者给予的处罚,或者将某人拘禁以保证其能够履行判决。 ❸扣押令;拘禁令 指令依法扣押财产或拘禁人身的令状,也称"writ of attachment"。 ❹担保权益的发生 根据美国《统一商法典》[Uniform Commercial Code]第9-203条,当债务人同意担保、从被担保方取得代价以及债务人取得担保物的权利时,即在该财产上产生担保权益。它与担保权益的生效[perfection]相区别。 ❺附加;附属
attachment bond 扣押担保 ①请求扣押被告人财产的原告提供的担保,以保证如果原告败诉能够赔偿因扣押而给被告造成的损失;②被告提供的保证自己能够履行判决的担保,从而可以解除对其财产的扣押。
attachment execution 〈美〉扣押执行令 在某些州,指为使判决得到履行而签发的扣押第三人占有的债务人的财产的令状[process of garnishment]。对于判决中的债务人来说,它是一项执行令。而对于占有债务人财产的第三人来说则是一项初始令状,即令其到庭并说明为什么不应扣押其占有的债务人的动产的理由的传票。
attachment garnishment 〈美〉(= attachment execution)
attachment lien 〈美〉扣押留置权 债权人通过执行对债务人财产的扣押令而取得对被扣押财产的留置权。但扣押能否产生留置权或仅是对被扣押财产的合法占有权[right to legal custody],制定法和判例等[authorities]规定不一。
attachment of privilege (英格兰古法)❶特权应诉 指享有只能在特定法院被起诉之特权的人(如皇家民事法庭[Court of Common Pleas]的律师只能在该法庭被起诉),

可以传唤另一人到他所属的该特定法院代替其应诉、答辩。1832年的《程序统一法》[Uniformity of Process Act]完全废除了这一程序。 ❷逮捕位于特权地者的令状
attachment of risk 风险承担的开始 在买卖合同中,指货物风险由卖方转至买方承担的起始点或分界点;在保险法中,则指保险责任开始,即保险人开始对保险期间内由承保风险引起的、不超过合同规定金额的损失负责赔偿。
attachment of the forest 王室森林初级法庭 以前设在王室森林中的三个法庭中的最低一级的法庭。该法庭在侵占价值不超过4个便士的案件中有权调查,但无权定罪。王室森林最高法庭称作 justice in eyre's seat,王室森林中级法庭为 Swainmote。
attack v.❶(用武力)攻击;进攻;袭击 ❷(对效力、充分性等)质疑;提出异议
attain de disseisin 被宣判犯有侵占罪
attainder n.褫夺法权;被剥夺民事权利和民事行为能力 根据普通法,当犯有叛逆罪[treason]和重罪[felony]的人被判处死刑时,他同时也被剥夺民事权利和民事行为能力。具体地说,有三项主要的附带民事权利被剥夺:没收财产;被剥夺继承权;丧失民事行为能力。这主要通过三种方式产生,即,自己服罪[by confession];陪审团裁断[by verdict]和被宣布不受法律保护[by process of outlawry]。在英格兰,除了被宣布不受法律保护这种方式产生的剥夺民事权利的做法还保留到1938年以外,其他的在1870年就被废止了。剥夺民事权利和民事行为能力的做法一般根据制定法来施行。一般在贵族院根据起诉书[bill]来提起。在美国,独立战争后有几个州通行过剥夺民事权利和民事行为能力的法律外,几乎不为人所知,美国的宪法禁止国会通过剥夺民事权利和民事行为能力的法律,许多州的宪法也是如此。
attainder by confession 在法庭上服罪 在法庭上向法官自认有罪,因而不必由陪审团审理;或在验尸官前认罪。这些罪犯在古代要具结离国流亡。
attainder by process of outlawry 以被宣布为不受法律保护而被剥夺民事权利和民事行为能力 当罪犯逃跑时,他被法庭宣布为不受法律保护的人。
attainder by verdict (陪审团所作的)有罪裁断
attaindre le meffait 确定对某人的犯罪指控;证明某一犯罪
attaint v.(英格兰古法)判决剥夺民事权利和民事行为能力;判决褫夺法权
a.被判决剥夺民事权利和民事行为能力的;犯有叛逆罪或重罪的;犯有死罪而被贬黜的;褫夺法权的
n.调查小陪审团的裁决是否虚假的古老令状 一个24人的大陪审团由这一令状[writ of attaint]召集来审理小陪审团的裁断的有效性。如果大陪审团的裁断与小陪审团的裁断相反,不仅小陪审团的裁断被撤销,而且陪审团成员会丧失民事权利并受其他惩罚。这一制度起源于陪审员被当作证人的时代。在刑事案件中,该令状应国王的控告而签发,到15世纪末已被废弃。在民事案件中,该令状应当事人某一方的要求而签发,后为准许重新审理的做法所取代。1670年的"布谢尔案"[Bushell's case]后,该制度逐渐被废弃。1825年被正式废止。
attaint d'une cause 〈法〉赢得诉讼
attainted a.被判决剥夺民事权利和民事行为能力的(➪attaint)
attaintes pur serfs 被判定为农奴

attainture n. 合法的处罚；（尤指经立法机构通过的）公开谴责

Attal Sarisin 〈英〉（康沃尔郡矿工所称的）古老的废弃的矿山

atte （＝atha）

attempt n. 犯罪未遂；未遂　指行为人企图实施犯罪，但在实施犯罪过程中因受到阻碍而没有完成犯罪。系英美法上不完整罪[inchoate crime]的一种情形，与既遂罪[attempted crime]相对。未遂的成立要件：①具有实施犯罪的故意；②实施了接近完成该罪的外在行为[overt act]，而不仅仅是只有犯意或处于预备阶段[preparation]；③犯罪没有完成；④具有实施犯罪的明显可能性[apparent possibility]。美国《模范刑法典》[Model Penal Code]关于未遂的规定具有下列特点：第一，实施了行为人就算既遂的犯罪即行为犯之情形下，也可能存在犯罪未遂；第二，明确规定"不作为"[omission]的情况下有犯罪未遂；第三，"明知"[knowledge]故意也可能有犯罪未遂；第四，未遂的概念是指足以确证犯罪意图并将达到犯罪完成的实质性步骤的作为或不作为。

attempt to choke 〈英〉企图勒杀罪　违反英国1861年《人身法》[Person Act]的罪名之一。（⇨garrotting）

attempt to commit arson 纵火（罪）未遂；放火（罪）未遂　构成放火未遂，不仅要有放火的准备行为，而且还要求有点火的行为。

attempt to commit burglary 夜盗（罪）未遂　指具有实施夜盗罪的意图，而且不仅仅是单纯的准备，但是没有实际上的实施夜盗的行为。

attempt to commit suicide 自杀未遂（⇨suicide）

attempt to evade or defeat tax 企图逃税

attendance by physician 医生的护理　指在医生的诊所或家中治疗疾病。如果被检查者并非病人，就不存在医患关系，因而也不存在医患特权。（⇨medical attendance）

attendance centre(s) 〈英〉（青少年罪犯）管教中心　有权适用简易程序的法院可命令实施了犯罪的21岁以下的青少年到青少年罪犯管教中心接受一段时间的管教，作为一种轻微的刑罚措施。但是，它不适用于以前曾进过少年犯教养院[approved school]、少年拘留感化院[borstal training]、拘留中心[detention centre]或监狱的青少年。

attendance officer 〈美〉考勤官　检查学生出席情况的教员。由学校董事会任命，负责调查学生缺勤的理由，对缺勤学生进行家访，采取合理措施要求出勤。在某些司法区为使缺勤学生到校可对其予以拘押。

attendant a. 伴随的；随之而发生的
n. 治疗者；护理者

attendant circumstances 有关情况；事实要件（⇨attending circumstances upon execution of will）

attendant terms 〈英〉长期随付地产权　英格兰法中为保护抵押人及其继承人的权益而创设的一种定期地产权，其期限可能长达1 000年，具体做法是即使在清偿债务之后也不收回抵押的地产权，而是将它交给某一受托人为抵押人及其继承人的利益而持有。这种安排赋予作为受益人的抵押人的继承人另一种权利，假使他所继承的权益被证明存在瑕疵，也不会受到影响。需要指出的是，这种权利的创设不仅出现在抵押的情况下，在为偿债而筹集资金，为可通过扣押而执行的地租提供担保等情况下均可创设此类地产权。1845年的一项法令未将此适用于租地保有，1925年的《财产法》[Law of Property Act of 1925]则突破了这一限制，并最终通过将此类地产权融入回复地产权的做法而将之取消。

attending circumstances upon execution of will 遗嘱生效的事实要件　如家庭情况、遗嘱人的财务与精神状态、死亡的迫近以及遗嘱人向遗嘱起草人宣布其声明及指示。

attentare （＝attempt）

attentat ❶（犯罪）企图；未遂　❷（教会法）初级法院法官（为推延对上诉案件的判决）企图做的错误行为　❸谋害；谋杀　❹侵害；侵权

attentate （＝attentat）

attention n. 考虑；关心；注意；专心；留心

atterminare 〈拉〉（英格兰古法）（教会法）（使）延期；延期偿付

atterminata,——posita ad talem terminum 休会；延期的——推迟至某一期限

attermine 允许延期偿付

Atterminent querentes. 原告请求法庭休庭。

atterminer 推迟；延期；延迟偿付

attermining （英格兰古法）延期；延迟；获准延期（偿债）

attermoiement （教会法）达成的协议；（与债权人商定的）和解偿还

attest v. 见证；证明；连署证明（⇨attestation）
n. 证人；证明

attestation n. 见证；证明；连署证明　在有证人在场的情况下签订契约、订立遗嘱或签署其他书面文件的习惯做法，证人也要在文件上签名，以证明文件内容及当事人签字的真实性。在大多数情况下这一做法仅是为保存证据，其本身并不构成文件的实质内容。但在有些情况下，文件的签署是否有证人见证则是认定其是否有效的一个至关重要的条件，如英国法规定对卖契[bills of sale]，授予指定权的契约[powers of appointment]，除军人遗嘱[military will]以外的任何遗嘱等文件必须有证人见证方有效。在美国许多州，该词也可指认证官员[certifying officer]对文件副本的真实性和正确性所作的认证，即认证官员经过将文件副本与其原件相对比后，在文件上签名证明该副本为真实之副本。

attestation clause 证明条款　遗嘱或契据等法律文书中的最后条款，写于证人签名之前，内容是证明法律文书签署的过程，目的在于当证明人死亡、缺席或丧失记忆时，仍可以依照该证明条款来证明文书的签署。该条款常常写作"当…的面签署、密封并分发"等类似语词。遗嘱的证明条款有助于进一步巩固该遗嘱符合法定要求的推定。在苏格兰称之为检验条款[testing clause]。

attestation of will 遗嘱的证明　是遗嘱有效的法定要件。（⇨attestation clause）

attested copy 经认证的副本；检定副本　经认证官员检查并与原件相对比后，在其上签名并证明其正确性和真实性的副本。在英国，该种副本须以口头证据证明其已经认证或检定方可采纳为证据。（⇨attestation）

attesting witness 见证人；证明人　目睹当事人签署契约或其他书面文件，并应要求也在该文件上签名以作为证明的人。

attestor n. 见证人；证明人

attestor of a cautioner 〈苏格兰〉债务保证人（⇨guarantor）

atteynte （＝attaint）

at the courthouse door 在法院门口　通常为法院张贴布告的地方。在关于司法拍卖的布告中尤为常见，用来表

明将举行拍卖的地点。
at the date 在指定日;在特定时间
at the death 于死亡之时 指将来受遗赠人继承财产占有权的时间,但不妨碍于遗赠人死亡之时立即取得所有权。
at the earliest practicable moment 尽可能快地;一旦可能
at the end of the will 在遗嘱末尾(画押) 指遗嘱人应在遗嘱末尾签名。
at the ground (= at the stump)
at the king's pleasure 根据国王的旨意 用于描述王室法庭的惩罚,指法官根据国王的旨意任意处罚。
at-the-market price 按市价 指示证券经纪人按市场现行价格买卖证券。
at the next term 在下一个期间 保释保证的条件之一,意指在第一个期间履行了保证义务。
at the stump 根据基线 木材砍伐用语,指伐木材一般根据当地的习惯,木材的测量基线通常从其地面部分开始。
at the time 在一定时间;也;立即;毫不拖延地;在…期间
attilamentum (= attile)
attile n.用具;装备;马具;(船之)索具
attilium (= attile)
at time cause of action accrues 诉因产生之时 该术语有时用于提出可强制执行的要求,但更多仅指引起或出现(这种要求)。
at time of passage 通过之时(⇨passage of statute)
attincta 〈拉〉❶污辱;玷污(名誉等);污点 ❷指责;控告 ❸有罪裁定;有罪判决(⇨attaint)
attinctus a.玷污的;污点的;判决有罪的(⇨attaint)
attorn v.❶转让;让与 ❷指定律师或代理人 ❸同意承认新领主;同意效忠新领主 ❹同意接受新的物产或地产所有人并承诺向其支付租金
attornamentum (= attornment)
attornare (= attorn)
attornare rem 转让(钱财或货物,用于特定用途)
attornati et apprenticii 律师及法律学徒
attornato faciendo vel recipiendo 接受并准许律师出庭令状 签发给郡长或郡法院、百户邑法院的法庭事务总管[steward]的令状,命令其接受并准许某一律师代表诉讼方出庭。
attornato recipiendo (= de attornato recipiendo)
attornatus 〈拉〉受让人;代替人;代理人
Attornatus fere in omnibus personam domini representat. 〈拉〉代理人在所有方面均代表其被代理人。
attornatus vel procurator 〈拉〉代理人或代理人
attorne 〈法〉(= attorney)
attorney n.代理人;法律事务代理人;律师 ①在英国旧时,代理人分为私人代理人[private attorney]和法律事务代理人[attorney at law]。前者又称为事实代理人[attorney in fact],指接受委托而代替他人从事一定行为的人。委托代理人的文书叫作代理授权书[power or letter of attorney]。法律事务代理人过去是指被准许在西敏的较高级别的普通法法院执业的人,他们相当于在衡平法法院执业的事务律师[solicitor],及在海事法院、教会法院、遗嘱检验法院和离婚法院执业的代诉人[proctor]。自1292年开始,法律事务代理人成为一种单独的律师种类。1574年枢密院下令将法律事务代理人和事务律师排除在伦敦四大律师公会[Inns of Court]之外,此后他们便开始加入到预备律师公会[Inns of Chancery]中去。中世纪

时的法律授权由法官来接收和管理他们,其成为法院的官员并受法院纪律的约束,对之培训主要采用学徒制。从1831年起,若想获准成为法律事务代理人或事务律师必须通过考试。在实践当中,法律事务代理人也是事务律师,只有在普通法法院的正式诉讼程序中才称为法律事务代理人。1873年《司法组织法》[Judicature Act]废除了这一称谓,而将所有的法律事务代理人、事务律师、代诉人统一称为"最高法院的事务律师"[solicitor of the Supreme Court of Judicature]。②在美国,该词在一般意义上即指律师,与attorney at law或counselor at law同义。
attorney ad hoc 专项代理人;专项律师 指为特别目的而委托的代理人或律师,通常是为在某一特定事项或诉讼中代理当事人。(⇨ad hoc)
attorney at large (古)可在所有法院执业的律师
attorney at law 律师(⇨attorney)
attorney-client privilege 律师 – 客户守密特权 在证据法上,指客户拒绝披露及阻止他人披露其与律师之间为获得或提供法律咨询或帮助而作的秘密交流的特权。尽管该项特权由客户享有,但他也准许律师拒绝就其从客户那里得知的信息作证。客户可以放弃该项特权。
attorney ethics 律师职业道德
attorney fees 律师费;律师酬金 (= attorney's fee)(⇨contingent fee(s))
attorney for government 〈美〉政府检察官 指总检察长、总检察长的授权助理、联邦检察官、联邦检察官的授权助理;当适用于根据关岛法律引起的诉讼时,指关岛的检察长或按照关岛法律授权行使检察官职权的其他人员。
Attorney General 〈英〉总检察长 在英格兰,该职位源自中世纪的国王法律代理人[King's Attorney]和国王律师[King's Serjeant],自1461年起使用该名称,大约在1570年他替代国王律师而成为王室的首席法律顾问,至今如此。他同时还是法律界的领袖。通常他都是下议院的议员和枢密院成员,但并不一定是内阁成员。其主要职责包括为王室、政府、上议院的特权委员会、御前大臣[Lord Chancellor]提供法律咨询,代表王室起诉和应诉等。凡由王室提起或对王室提起的民事诉讼均可由总检察长代替有关的政府部门提起或者对总检察长而非有关的政府部门提起。诉讼开始后,也可以由总检察长代替有关政府部门参加诉讼。此外,他还可依职权以国家的名义在高等法院王座庭提起刑事指控。
Attorney General of the United States 美国司法部长;美国总检察长 联邦政府的首席法律官员,同时是司法部的首长,由总统任命而产生。该职位最初由1789年《司法法》[Judiciary Act]设立,但直到1814年方成为内阁成员之一。其职权主要是应总统、政府各部首长的要求,为他们提供法律咨询意见;在特别重大案件中代表联邦政府在联邦最高法院出庭参加诉讼等。另每州均有一总检察长[Attorney General],为本州的首席法律官员,负责向州长和政府各部门提供法律咨询和意见。(⇨Solicitor General)
attorney-general's bill 〈美〉总检察长起诉书 指不需先向治安法官提出告诉并交法院处理,而是经法院同意直接呈交给大陪审团的起诉书[indictment]。
attorney general's opinion (= opinion of the attorney general)
attorney in fact 私人代理人;事实代理人 委托人为某种特定目的授其代理或委托其从事非法律性质的行为的人。(⇨attorney)

attorney of record 〈美〉记录在案的律师 代表当事人出庭,因而被作为当事人的正式律师记载于法庭卷宗之上的律师。当事人提交的每一份书状至少要有一名记录在案的律师签名,并注明其住址。一旦成为记录在案的律师后,未经法庭许可不得退出诉讼。

Attorney of the Wards and Liveries 〈英〉公爵领地法院[Duchy Court]第三长官

attorney's certificate 〈英〉律师所付的年税单据

attorney's charging lien (= charging lien)

attorney's fee 律师费 律师因其提供法律服务而收取的酬金,除受胜诉分成合同[contingent fee contract]的限制外,律师收取酬金的多少与被代理的当事人获益多少无关。有的情况下律师费的数额由合同确定,有时则由法院确定。

attorney's general lien (= retaining lien)

attorneyship n. 律师(或代理人)的职务(或身份)

attorney's implied authority 律师的默示权限 作为律师享有的采取对正常处理案件来说所必要的和适当的行为的权限。这些行为只影响案件的处理结果而不会影响诉因。即便律师未征询当事人的意见,他所采取的这些行为仍对当事人有约束力。

attorney's license 律师执业执照;律师执业许可证 法院颁给律师的准许其出庭执业的执照或许可证,否则,任何人都不能以律师名义执业。法院若认为律师有不端行为而不适宜继续担任律师时,可撤销许可。

attorney's lien 律师留置权;律师扣押权 律师有权对其所持有的当事人的金钱或财产予以留置或扣押,以保证获得应有的劳务报酬,这时不需经衡平法上的程序;但在律师就法院对其当事人所有有利裁判中的财产数额要求实现律师留置权时,则必须借助于法院的衡平法救济。

attorney's oath 〈美〉律师宣誓 法律通常要求律师在其被获准执业或继续执业之前进行宣誓,作为准许其执业或继续执业的一个条件。

attorney special 特别律师 被委托处理特定案件或只能在特定的法院执业的律师。

attorney's possessory lien (= retaining lien)

attorney's privilege or immunity 〈美〉律师特权或豁免权 指律师在前往法院准备出庭的途中、庭审期间及从法院返回其办公室或住处的过程中免受逮捕或被送达民事诉讼传票的特权。

attorney's retainer 律师的聘用;律师聘用定金(⇨retainer)

attorney's retaining lien (= retaining lien)

attorney's special lien (= charging lien)

attorney's work product 律师职务活动成果;律师工作成果(⇨work product rule)

attornment n. 〈英格兰古法〉承认新领主的同意或协议;对新领主的认可 在土地转让中,新的领主若通过两种期待权——回复地产权[reversion]或剩余地产权[remainder]获得地产,则该相应先行地产的保有人并不自动成为新领主的土地保有人,除非通过该土地保有人的同意,这种同意就被称为 attornment。这种同意可以是明示的,也可以依法律推定。1709年后这种期待地产权的转让不再需要土地保有人的同意来实现。

attorn servitium tenentis (随土地的转让而)转让土地保有人的劳役

attractive agencies doctrine (= attractive nuisance doctrine)

attractive agency 有吸引力者(⇨attractive nuisance; attractive nuisance doctrine)

attractive instrumentalities doctrine (= attractive nuisance doctrine)

attractive nuisance 对儿童有吸引力的危险物品 指置于某场所的工具、机械或其他物品对儿童构成危险,而这些物品又足以诱使儿童来到该场所。

attractive nuisance doctrine 保护儿童免受危险物品伤害原则 指在自己或他人的处所或公共场所置放会危及儿童的物品时,如果能合理预见到这些物品将诱使儿童来到该场所,则行为人应当尽到合理注意,保护儿童免受危害。例如,学校对所拥有的池塘就负有使儿童免受其害的义务。这一原则主要是用于保护四处乱摸或擅入的儿童。也称"转车台原则"[turntable doctrine]等。

attribution n. 归因;归属;属性 在某些条件下,税法应用归属原则,把某一纳税人的所有权权益归属于另一纳税人。如母亲持有某公司60%的股票,儿子持40%,母亲则被认为拥有该公司100%的股票。在这种情况下,儿子所持的股票归属于母亲,即母亲拥有该公司60%的直接利益和儿子的40%的间接利益。也可以说母亲是儿子利益的推定所有人。

attrition n. (教会法)忏悔

atturn (= attorn)

atturne (= attorney)

atturney n. 代理人;代替人 英语古词汇,attorney 即源于此。

att'y (= attorney)

at wharf 码头交货 卖方把货物送到码头交与买方,由买方负责卸货。

at will 任意;根据…意愿(⇨estate at will)

atya (= atia)

au 〈法〉在;向;到;直到

au aumone 〈法〉为施舍;为救济

aubaine 陌生人;未入籍的外国人(⇨droit d'aubaine)

au bout de compte 〈法〉最后;在(叙述)的末尾

auburn system 奥本制;奥本监狱制度 指将犯人夜间分房单独监禁,白天在同一工场共同作业,劳动中不许交谈,保持绝对沉默的监禁制度,因于1820年首先在美国纽约州[New York]奥本监狱施行,故称奥本制,又名沉默制[reticent system]。这一制度与不论白天还是夜间都单独监禁的宾夕法尼亚制度相反。奥本制的宗旨是隔离悔罪,避免罪犯相互感染犯罪恶习,以利于特殊预防目的之实现。奥本制以刑事古典学派理论为基础,折衷独居制与杂居制,既避免了独居制缺乏促进犯人改过从善的外界刺激因素等不良后果,又避免了无条件杂居制易使人濡染犯罪恶习等ற弊,且利于在共同劳作中培养犯人与他人良好相处的社会适应能力和增强感化效应,并且利于实施经济与合理的管理。该制度影响深广,19世纪上半期曾风行于美国其他各州和欧洲大陆各国。这种监狱管理制度至19世纪末因教育改造行刑思想兴起而衰落。

A.U.C. (= ab urbe condita; anno Urbis Conditae)

au ceo temps 在这时;此时

auceps syllabarum ❶挑剔者;吹毛求疵者 ❷作不必要的过分区分者;诡辩者

au ce temps 在那时;彼时

auctio (= auction)

auction n. 拍卖 一种经批准或经授权的人将财产出卖给出价最高之竞价者的公开出售方式。拍卖人受雇于卖主，基本上是卖主的代理人；但当财产被拍定[be struck off]时，在以买卖记录约束双方当事人的意义上，拍卖人也成为买主的代理人。拍卖人可以用槌子敲落或其他习惯性方式宣布拍卖结束。拍卖一般都有最低价限制，无最低价的拍卖需要专门的明确规定。在苏格兰，土地或建筑物的拍卖通常写作"roup"。拍卖可依点燃的一英寸长的蜡烛而进行，在蜡烛熄灭前的最后一个出价人是买主。"荷兰式拍卖"[Dutch auction]是提出一个超出财产所值的价格，然后逐渐降低价格，直到有买家应叫为止。(▷auction by inch of candle)

auctionariae （拍卖或公开销售的）货物目录
auctionarii 卖方；零售商；经纪人
auctionarius ❶卖方；零售商；经纪人；转手倒卖者 ❷旧货商 指低价买进旧货再高价卖出的人。❸拍卖人 这是该词在现代意义上的用法。
auction business 拍卖业 指经营拍卖销售，不仅仅拍卖自己的货物。
auction by inch of candle 寸烛式拍卖 指在拍卖开始时点燃一根短烛，以其熄灭前出价最高者为买主。
auctioneer n.拍卖人；拍卖 指受委托或为获酬而执行拍卖的人，主要被视为财产卖方的代理人，然而出于某种目的，他也可被视为买方的代理人。在槌子落下之时，他便成为买卖双方的代理人，为买卖双方代理起草交易备忘录并签字以防欺诈。拍卖人区别于经纪人[broker]，后者既买又卖，而前者只能卖；后者只根据私人合同出售，而前者则依据公开拍卖规则出售。(▷auction)
auctioneer's lien 拍卖人留置权 拍卖人为保证得到酬金，有权对委托他拍卖的财产及其经手的钱款予以留置。
auction pool 普尔拍卖 一种赌博方法，把赌注押在赛马比赛的结果上。这种方法曾一度成功地规避了禁止赌博法[gaming laws]。
auction sale 拍卖销售(▷auction)
auction without reserve 无底价拍卖(▷without reserve)
auctor ❶〈罗马法〉拍卖商 ❷〈罗马法〉卖主；让与人 ❸被代理人 ❹〈法〉(古)原告；起诉人
auctor in rem suam 自利代理 为自己的利益进行代理的人。意指代理人或受托人违反受托之责，利用其身份为自己谋求利益。
auctoritas ❶〈罗马法〉权力；(监护人的)授权 这一授权使得未成年人具有了完全的行为能力。❷〈欧洲古法〉证书；保证；担保；王室特许状
Auctoritates philosophorum, medicorum, et poetarum sunt in causis allegandae et tenendae. 〈拉〉哲学家、医生、诗人的意见在诉讼中应许援引和采纳。
auctour (= auctor)
aucune foits 〈法〉有时；间或
aucunement 有点；稍微
Aucupia verborum sunt judice indigna. 〈拉〉法官不应当挑字眼。或：拘泥于词句者，不适于任法官。
audencia （西班牙帝国的）高等法院 有时由掌管法律与警察的首席官员主持该法院的事务。
au dernier 最后
audi alteram partem 莫听一面之词，听取另一方的陈词；听取双方的陈词 普通法原则之一，经常指自然公正的基本要素之一，即任何参与裁判争端或裁判某人行为的个人或机构，都不应只听取起诉人一方的说明，还要听取另一方的陈述。在未听取另一方陈述的情况下，不得对其施行惩罚。任何人均有机会陈述自己的意见。

audiatur et altera pars (= audi alteram partem)
audience n.❶陈述意见(或申诉)的机会 ❷听证；立法质询 ❸调见；会见 主权者介入和审理的权力，由贵族个人享有或下院集体享有。但现今一般指国王与大臣，与提交国书的大使，或与上任或卸任的要员之间的会见。这术语也可用于与教皇的会见。
Audience Court 〈英〉亲审法院 坎特伯雷教省的大主教亲自开庭主审的法院，其管辖限于主教的选举确认和祝圣等礼仪方面的案件。该法院与拱顶法院[court of arches]有相同的权力，但地位不如后者显赫，历史不如后者悠久。拱顶法院法官[Dean of the Arches]是亲审法院的法定审判员。约克教省的大主教也有自己的亲审法院，二者各自独立，此二法院宗教改革时期消失，1963年被公开废止。
audiendo et terminando 平息暴乱的委任状 授予某人的令状或更准确地说是委任状，旨在平息、镇压起义或暴乱。
audire 〈拉〉(= audience)
audit n.查账；审计 指对会计记录、财政状况等的系统检查，包括分析、抽查、核对。
v.❶查账；替⋯查账 ❷调整；确定；决定 ❸听；旁听
audita querela 〈拉〉怨诉听审令 按普通法，在法院判决之后，出现了对于被告答辩关键的抗辩事实，或是被告在判决之前没有机会提出如此的抗辩，因而签发给被告这样一个救济令。现在美国大多数州已将之废止，由中止执行申请书替代。
audito 传闻(▷ex audito)
audit opinion 审计报告 合格的审计机构在审计结束后所作的结论，其结论可以是合格、不合格、不利意见或弃权意见。
Auditor n.❶(教会法)约克省法院法官 自1874年，该职务由担任拱顶法院法官的同一个人担任。❷(教会法)天主教最高法院法官 由教皇任命，在天主教最高法院[Rota Court]中听审争议，并对某些案件进行裁决的神职人员。法官的数目为12人，来自各个国家，他们必须具有牧师或执事的神品。首席法官是天主教最高法院院长[Dean of the Rota]，通常由3位法官对案件做出判决。主教、罗马教皇使者和枢机主教经常从该法院法官中产生。(▷Rota Court)
Auditor of Court of Session 〈苏格兰〉最高民事法院审计官 法院中核定应收取的诉讼费或其他法律事务费用的官员。郡法院中亦没有类似职位。
Auditor of the Receipts 财务监督官 财政署[Exchequer]官员，负责监督出纳员。1834年被废止。
auditory n.(法庭上的)法官席
auditu 听审；审讯(▷in auditu)
auditus 听审；审讯
au fond 本质上；实质上；根本上
au fond en droit 就法律实质而言
au fond en fait 就事实实质而言
augmentation n.❶扩大；增加；增长；加强；提高 ❷（岁入）增收 ❸(教会法)(由拥有转让圣俸的宗教团体付给教区牧师的)一份什一税
augmentation court (= Court of Augmentations)
augmented estate 扩大的遗产 扩大的遗产是制定法中为生存配偶一方的利益而规定的被扩大了的强制性份额，指从死者遗产中扣除丧葬费用、遗产管理费用、宅地津贴[homestead allowance]、家庭津贴[family allowance]、

债务豁免财产[exemption]及死者的债务等之后,又加上死者生前向其他人赠与的财产数额,所得到的遗产额。但善意购买者及死者去世时其生存配偶方所拥有的财产,不属于扩大的遗产份额。

Augumentum ab auctoritate plurimum valet in lege. 〈拉〉权威的论证在法律上最强有力。

Augumentum ab impossibili plurimum valet in lege. 〈拉〉根据不可能性得出的论证在法律上最具价值。

Augusta legibus soluta non est. 〈英〉王后也不能免于法律的约束。 用来表示王后的法律地位。

aula 〈拉〉(英格兰古法)大厅;法庭;领地法庭;贵族法庭

aula eccesiae 〈拉〉教堂中殿 古时世俗法院曾在此开庭。

aula regia 〈拉〉(英格兰古法)王室法院;国王法院 征服者威廉建立,位于国王宫殿,由王室的高级官员组成。它跟随国王在全国巡游,因而对普通诉讼者而言,讼费负担很重,《大宪章》[Magna Carta]第11章规定王室法院要固定在某个地方——即后来的威斯敏斯特。该法院后来演变成高等民诉法院而继续存在,枢密院、贵族院上诉法庭均源于此。

aula regis (= aula regia)

aulic a.附属于皇家法庭的

aulnage 毛料规格管理税(= alnage)(⇨aulnager)

aulnager 皇家毛料规格管理官 宣誓任职的皇家官员,其职责是管理全国制造的毛料是否符合规格,并根据规定负责打上印戳,由此收取的赋税称为"毛料规格管理税"。(= alnager;ulnager)

aumone ❶施舍物;救济物;施舍金 ❷(古)好事;善举

auncel (= ansel)

aunt n.姑;姨 父或母的姊妹,属三等亲。

Aunt Minnie 明妮大婶 喻指由在纽约证券交易所和地区证交所都有会员资格的股票经纪人作出的一项安排,根据这种安排,该股票经纪人放弃其在地区证交所的一部分佣金,作为接受者在纽约证券交易所安排进行另外一项交易的对价。由此,对于在纽约证券交易所进行的新的交易,接受者无须支付常规佣金,而只须支付常规佣金减去股票经纪人在地区证交所所放弃的佣金的佣金数额。这是一种非法的回扣。

au plus 至多

aupres 靠近;接近;近似于;大约

au quel 对哪一个;对谁

aures 〈撒克逊〉割耳朵 对抢劫教堂者或其他犯有偷窃罪者施行的惩罚。

auricular confession 秘密忏悔 向神父个人所作的忏悔,区别于向教堂会众[congregation]所作的公开忏悔。(⇨confession)

auricularius ❶秘书;书记;文书 ❷〈英〉大臣 ❸〈美〉部长

auricularum scissio 割耳朵

aurum reginae 王后的黄金 王后与国王婚姻存续期间的王室岁人,属于王后的财产。

Australasia 澳大拉西亚 一个不明确的地理名词,一般指澳大利亚、新西兰及附近南太平洋诸岛,有时也泛指大洋洲和太平洋岛屿。

Australian ballot 澳大利亚式选举 它是以旨在保障投票秘密性的各种防范措施为特征的一种选举方式,在美国以诸多形式被广泛使用。不过,这种选举形式与澳大利亚所使用的选举方式并不完全一样,而且在美国各州也不尽相同,但此制度的核心特点有二:一是以确保投票的秘密性安排选举;二是在有权机关的监督下印制和分发载有全部候选人名单的正式选票。

Australian ballot system 澳大利亚式选举制(⇨Australian ballot)

aut 或者;抑或

autarchy (= autocracy)

au temps 当…之时

aut eo circiter 或者大约;或者在那附近

auter (= autre)

auterfoits (= autrefois)

authentic a.❶真的;真正的 ❷单纯的;纯粹的 ❸可靠的;可信的;被证实的;认证了的 ❹手续完备的;依法有效的
n.原件;原物

authentic act (罗马法)❶公证书 在公证员及其他公职人员面前制成的公证证书。 ❷经认证登记的誊本;正本

authenticate v.认证;证明;鉴定

authentication n.(证据法)鉴定;认证 指确认法律、记录或书面文件等的真实性或权威性,从而使其可以作为证据被采纳。

authentic copy 权威副本 在证明原本的形式和内容方面具有权威性的副本。

authentics 《真本新律》 优士丁尼[Justinian]皇帝的新律汇集。由佚名作者编纂,曾被认为是有关新律的原始文本,故得名。

authenticum (罗马法)原本;正本 区别于副本[copy]。

author n.作者 美国版权法[copyright law]对作者未作明确定义,一般认为,作者是指创作某一"可受版权保护作品"[copyrightable work]的自然人,也包括在受雇期间创作某一"可受版权保护作品"的自然人的雇主,后者可以是自然人,也可以是法人或其他法律实体。英国1988年《版权、外观设计与专利法》[Copyright, Designs and Patents Act]则区分版权的作者与所有人,将作者定义为"创作作品的人",并规定"作品的作者是该作品版权的最初所有人,…雇员在受雇期间创作文学、戏剧、音乐或美术作品的,则雇主为该作品版权的最初所有人,除非他们之间存在相反约定"。

authorised capital (= authorized capital)

authorised clerk 经授权的职员 代雇主在证券交易市场进行证券交易的职员。

authorised investments 授权投资 通过信托契约或法律授权的投资。

authority n.❶权力;职权;管辖权 因其所处地位或所拥有的职位而享有的,尤指可对他人行使的权力,如总统的权力[authority of the president]。 ❷权限;授权 由法律、公司或团体章程、法庭裁判等正式授予的可实施某行为的权力,如警察依逮捕证执行逮捕时的权限。 ❸代理权;授权;许可 指某人授予另一人从事某种行为的权限或权力。被授权者称为代理人[agent],授权者称为本人或被代理人[principal]。 ❹法律根据;先例;判决;权威著作 指在法庭辩论中,或者法庭或文章作者为支持其对某一法律问题的意见或观点而引用的作为其法律主张根据的宪法、制定法、先例、司法判决、法律规则[rules]、行政法规[regulations]、著作、论文等。通常,制定法、法院判决、行政法规等为主要权威,法律重述[Restatements]、专著[treatises]等为次要权威。 ❺机构;当局 被赋予

一定的权力和义务、履行一定职能的单位或团体。如地方机构[local authority]。

authority by estoppel 因不容否认而产生的代理权 与表见代理权[apparent authority]同义。(⇨agency by estoppel)

authority of agent 代理人的权限 指根据被代理人的授权实施法律行为，从而对被代理人的法律关系产生影响的权力。(⇨agent's actual authority; agent's apparent authority; agent's express authority; agent's implied authority; agent's incidental authority)

authority of law 法律权威 一般认为，如果某一法律制度或某套法律以及其中的每一项原则或规则，其存在来自于一项或多项法律渊源，而这些渊源又被一国的宪制或法律制度本身所提供的原则或规则的权威性阐释所认可，则可视为是有权威的，应被适用并遵循。例如，在普通法系国家，制定法中的法条以及高等级法院的判决都是有权威的。而学生教科书中阐释的观点，即便正确，也不能视为有权威。当然，确定法律的权威性渊源的标准是可以变更的。法律权威的含义在于人们接受并遵循它，如果不遵守法律的情形扩大一个相当的范围，法律的权威就不存在了。另有观点认为，法律权威取决于法律是否与理想的外在标准，如道德性、自然法、神法等相符。但持反对观点的人认为，由于这一理想的外在标准缺乏确定性，且模糊，因此法律权威取决于法律是否与理想的外在标准相符的观点实用价值不大。

authority of officer 公务员的权力；官员的权力 根据法律的效力或普通法赋予某个职位的权力。

authorization bill 授权法案 授予其使用公共资金[public funds]的议案。

authorize v. ❶授权；委托 ❷认可；委任；批准；审定

authorized a. 经授权的；认可的；批准的

authorized by law 法律授权的

authorized capital 法定资本；授权资本；额定资本 指根据公司章程的规定，允许该公司发行的股本数额。(= nominal capital)(⇨authorized stock)

authorized capital stock 额定股份；法定股本(⇨capital stock)

authorized stock 法定股本；授权股本；额定股本 指公司章程允许公司发行的股份数量。按照英美公司惯例，授权股本通常高于公司成立时实际认定应缴足的股本。(⇨authorized capital)

authorized stock issue 额定股本发行 公司章程允许售出的公司股本总额。

Authorized Version 詹姆斯钦定《圣经》英译本 (= King James Bible)

authorship n. ❶创作 指将作者有价值的思想表现成为作品，它可以体现作者自己的思想，也可以源自他人的思想，于后者应当体现出作者在表现形式上的鲜明个性。❷作者身份(⇨author)

au tiel forme 以该方式

autocracy n. 独裁统治；独裁政体；独裁；专制

auto da fe (中世纪天主教异端裁判所的)判决仪式 葡萄牙和西班牙的一种用语，指异端裁判所的判决被宣布和执行的公开仪式。最早用于1481年，最后是1850年在墨西哥执行，内容繁琐。宗教裁判所法官所能判处的最高刑是终身监禁，死刑不能通过判决仪式执行，但后来可通过世俗司法当局判处和执行。被判刑的人有犹太教徒、穆斯林和新教徒等。

auto de fe (= auto da fe)

autograph n. ❶亲笔(书写)；笔迹；笔法；手写 ❷亲笔书写的文件；(某人的)签名

automatic continuance 自动延期审理 指依法律规定而将案件延期审理。如案件在开庭期结束时未审结，则自动延期至下一开庭期。

automatic insurance 自动保险 ①根据标准汽车责任保单[standard automobile liability policies]条款所实施的保险，这种保险把承保范围扩展至在保险期内更换或新购买的汽车；②在寿险中根据不丧失条款而实施的保险；③根据被保险人发出的通知，无需重新订立合同即可成立的保险，称为自动保险，也称可更新保险。

automatic revocation of trust 信托的自动解除 指储蓄存款临时信托[tentative trust of a savings deposit]的受益人先于存款人死亡时，该信托自动解除。(⇨tentative trust)

automatic stay 〈美〉自动中止 指根据《破产法典》[Bankruptcy Code]提出自愿破产申请[voluntary petition]后，所有要求债务人或以债务人的破产财产还债的司法或非司法的行为或程序均立即中止。自动中止无需法院签署任何命令，只需向法院书记官提出破产申请并附有支持其申请的文件即可。确立自动中止制度的目的是为了在确定债权人的权利及管理债务人的财产期间不受债权人的干扰。

automatic suspension (= automatic stay)

automatism n. 无意识行为；不自觉动作；自动症 指行为人行为时明显处于一种无意识或不能控制自己行为的状态。无意识行为可作为不构成犯罪的辩护理由。但由于行为人自己的行为(如醉酒)而导致的无意识行为不能作为其行为不构成犯罪的辩护理由。

automobile accident 机动车事故(⇨accident)

automobile association 汽车协会 该协会或俱乐部向其成员提供牵引或道路紧急事故处理、地图与导引以及保释保证等业务，并且还致力于促进司机培训及行车安全立法的活动。

automobile club (= automobile association)

automobile collision insurance 汽车碰撞保险(⇨collision insurance)

automobile comprehensive insurance 汽车综合保险 该保险除了承保由于火灾、盗窃、碰撞和倾覆所造成的汽车损失，还承保因自然现象和其他原因如暴风雨、冰雹、雷电、故意损坏他人财产行为、暴动等造成的风险。

Automobile Dealers' Day in Court Act 〈美〉《汽车经销商特权法》 《联邦汽车经销商特权法》[Federal Automobile Dealer Franchise Act]的另一个称谓，目的是通过削减较大汽车制造商的经济优势，增加汽车经销商的经济优势，以平衡二者间的权力。

automobile fire insurance 汽车火灾保险 根据普通汽车保险单，对由于火灾造成的汽车损失予以赔偿。

automobile guest 汽车搭客 为个人享乐或个人事务接受车主或司机明示或默示的邀请，而不对车主或驾驶者支付报酬的人。

automobile guest statute (= guest statute)

automobile indemnity insurance 汽车损害赔偿保险 此保险的目的是为了保护汽车所有人或汽车驾驶者的利益。总体而言，它与汽车责任保险的目的相似，但二者区别在于：在汽车损害赔偿保险中，保险人的责任始于被保险人因其责任造成第三者伤亡或财产损失从而其自身遭受到实际损失之时。

automobile insurance 汽车保险 多种汽车保险合同和汽车保险单的统称,承保与汽车所有权和使用汽车有关的风险,如碰撞、火灾、水灾、盗窃、运输等,其中尤为重要的是承保由于驾驶汽车造成第三者死亡、伤残或财产损失的责任。

automobile liability insurance 汽车责任保险 在此种保险下,对基于被保险车辆的所有权、保养或使用而造成的第三者伤亡或财产的损坏,保险人同意以被保险人的名义,在一定金额限度内支付被保险人在法律上应支付的赔偿金。

automobile theft insurance 汽车盗窃保险 由独立保单提供的、对汽车或汽车所载物品失窃的风险的保险,现在通常是由一份综合保单进行承保。

autonomic law 自治法 由享有较小和受限制的授权立法权的一些社区内团体创制的法律,这种立法权力通过特许状和法规授予大学、某些职业的管理机关、公共团体和政府机构。它们在这种权限范围内可以经过正当程序制定约束其成员的从属性法律。这种法律只要是经过正当程序制定,并且与当地的一般法律规则不相抵触,即被一般法院确认并强制实施。

autonomous tariff 自主关税 指由本国立法确定、而不是依国家间商业条约的规定征收的关税。

autonomy n.❶独立;自治;自治权 ❷自治政府;自治团体;自治共同体

autopsy n.(为查明死因而作的)尸体解剖;验尸

autoptic evidence (= demonstrative evidence)

autoptic proference (= demonstrative evidence)

auto theft 机动车盗窃;盗窃机动车 偷盗罪[larceny]的一种形式,即以非法占有为目的将机动车从车主处开走的行为。与未经车主同意借用其机动车的行为之间的一个最大区别就是目的不同,后者罪行较轻。

autre 〈法〉另一个;又一个

autre action pendant 另一未审结案件 妨诉答辩[plea in abatement]的一种。

autre droit 〈法〉他人之权 其英文之义即为"right of other"。例如遗嘱执行人、遗产管理人以及受托人对财产享有的权利,就不是其自身之权[in son droit],而是来自于他人之权。

autrefois 〈法〉在另一时间;从前;到现在为止;在此之前

autrefois acquit 原已无罪开释 阻止控告的抗辩。即被告人已就同一罪名受到法院审理并无罪开释,这一抗辩如果被证明真实,便是有效的抗辩。

autrefois attaint 早先已被剥夺民事权利和民事行为能力 阻止控告的抗辩,即某人已因犯有叛逆罪或重罪而被剥夺民事权利和民事行为能力。因此他就不能在这种剥夺有效期间被控犯有另一宗叛逆罪或重罪,因为他在法律上被认为已经死亡。这一抗辩已被废弃。

autrefois convict 一罪不二罚 阻止控告的抗辩。被告人提出早先已就同一罪名被审理并判有罪的抗辩,如果属实,这一抗辩将有效。

autre soile (= en autre soile)

autre vie 他人的生命

autri 其它;又一个;另一个;(法律诉讼中牵涉到的)不指名的另一方

autry (= autri)

Autun Commentary 欧坦注释 指公元5或6世纪时欧坦[Autun]一法律教师对盖尤斯的《法学阶梯》[Gaius' Institutes]所作的注释。于1898年在该地被发现。

auxiliary a.❶辅助的 ❷附属的;从属的 ❸备用的;后备的(⇨ancillary)

auxiliary administration (= ancillary administration)

auxiliary chaplain 附属教堂牧师的助手;(堂区的)助理牧师

auxiliary jurisdiction 〈英〉从属管辖权;辅助管辖权 以前衡平法院享有的一种管辖权,以补普通法之不足,主要是通过强制披露[compelling discovery]以帮助原告确认有关事实来支持其起诉。1873年《司法组织法》[Judicature Act]将之废除。

auxiliary proceeding (= ancillary proceeding)

auxiliator 〈拉〉赞助者;保护者;支援者

auxilium 〈拉〉(英格兰古法)(封建法)劳役;捐税;协助金(⇨aids)

auxilium ad filium militem faciendum et filiam maritandam 〈拉〉在国王的直接封臣的儿子受封为爵士、女儿结婚时发给郡长强制征收协助金的令状

auxilium curiae 〈拉〉(英格兰古法)(应一方请求而)传唤另一方的令状 目的是让另一方为某事提供担保。

auxilium facere alicui in curia regis 〈拉〉在王室法庭上成为一方的朋友或代理人 这可能是法庭官员为其属下安排的职务或位置。

auxilium petere 〈拉〉寻求救助

auxilium regis 〈拉〉(英格兰古法)捐税;贡赋 为皇室之目的及公共服务而征收的款项,如议会批准的税收。

auxilium vice comiti 〈拉〉旧时某封建领主付给郡长的钱物

auxionarii et auxionatrices panis, cervisiae, et aliarum rerum. (卖)面包、啤酒及其它物品的小贩

auxionarius (= auctionarius)

auxy icy 所以这里 相当于 so here。

auxy pleinment 充分的 相当于 as fully。

auxy sovent que 经常;常常 相当于 as often as。

A.V. 钦定圣经[Authorized Version] 即詹姆斯一世钦定《圣经》英译本[King James Bible]。

avage 〈英〉租金;付款 由埃塞克斯郡[Essex]的里特尔[Writtle]领地的佃户于圣莱昂纳尔节[St. Leonard's Day]缴纳的租金或款项,以得到在领主森林里淘金的特权。

avail n.利润;收益;所得 尤指销售财产所得或保单收益。

available for work 随时准备并愿意接受合适的工作 它是获得失业补偿资格的条件,指要求得到失业救济的人必须随时准备、愿意并能够接受雇主所提供的临时或永久性的合适的工作。

avail of marriage 婚姻收益 领主对被监护人有婚姻处置权,并有权在被监护人成年且未征得他的同意而私自结婚时得到收益或报偿。在农役租佃[socage]形式下的监护人也享有同样的权利,1747年废止该项权利。

avalanche n.雪崩;山崩 通常会对生命及财产造成损害。

avalum 书面担保;书面保证

avant 未来;将来(⇨en avant)

avantagium 利润;利益;优势

avanture 〈法〉冒险;厄运;意外的不幸事件;死亡事故

avaria ❶海损 船、货在航程中所遭受的灭失或损害。❷海损的平均分担

avarie (= avaria)

aveigner (= advenir)

avenage (佃农向地主交纳的)一定量的燕麦　以作为地租,有时或以其他税来代替。

avener (= advenir)

aventure (古)死亡事故　指因意外的不幸所导致的死亡,如被淹死或因事故丧生,其间不涉及犯罪行为。(⇨ adventure)

aver v.❶证明…为真实　❷(在诉状中)宣称;断言;主张;陈述　❸拥有
n.〈法〉(英格兰古法)财产;地产　尤指家畜、役畜,如牛、马等。

avera (耕夫)一天的劳作　过去可得8便士。

average n.❶平均数;平均　描述一数群的代表值或特征值的数字,通常系指算术平均数。❷一般水平;中等水平　❸海损　保险船或货在航程中遭受部分灭失或损害时,对该损失的分担。有共同海损和单独海损之分。❹(英格兰古法)携畜耕作　古时保有人对领主所负的一种义务,某些权威典籍认为是保有人携带自己的牲畜为领主耕作。

average bond 共同海损协议书;共同海损担保书　货主为使其托运货物及时得以交付而与船长签订的协议,即保证在发生共同海损的情形下,支付其相应的海损分摊金额。

average clause 分摊条款;共同保险条款　由一份保险单承保的同一地点或几个地点的相类似财产,应依据每一财产价值在总价值中的比例予以承保。

average daily balance 平均日余额;日均余额　一个账户(如银行账户或信用卡账户)在一个特定时期内每日余额的总和除以该期间的天数。该金额可作为该特定期间内计算利息或费用开支的基础。

average due date 平均到期日　指对不同到期日的应付款项,择定一个折中日期,作为各款应付的日期。

average man test 普通人标准　用来确定候选陪审员是否具有偏见的标准。指对于声称自己没有偏见的候选陪审员,但由于其与案件有如此密切的关系,以致普通人在这种情况下也会受到偏见的影响而不承认自己有偏见,这时可认定该候选陪审员有偏见。

average of cornfields 〈英〉麦田残株;麦茬　收割后麦田地残留的麦秆等剩余物。英格兰的肯特郡[Kent]称之为"gratten",而其他地区称之为"roughings"。

average penny (= averpenny)

average profits 平均利润

average-taker 共同海损理算师

average value (= fair average value)

average weekly earning 周平均收入

average weekly wage 平均周薪　该术语用于计算劳工赔偿数额。

averaging n.成本平均;盈亏相抵　指以不同价格定期投资一笔固定款项于某一特定投资项目(如证券)上。当市价高涨时,投资者定额款项所购得的资产较少,市价下跌时则相反。因此,从长远看,整体投资的平均成本会低于最后市价。

averaging down 降低平均价;价格下跌时的盈亏相抵　为降低总成本而采用的一种投资策略,即在证券价格下跌时,以不同价格买入相同的证券,如果投资者欲买入500股股票,先按市价买入200股,其余300股则在价格下跌时分三次买入,这样以四次买入500股的平均成本要低于以第一次买入时的市价全部买入500股的成本。

averaging up 提高平均价;价格上涨时的盈亏相抵　为了降低总成本而采用的一种投资策略,即在证券价格上涨时,以不同的价格买入相同的证券,虽然现时平均成本增加,但在价格持续上涨的情况下,该平均成本仍低于市场价格,从而在盈亏相抵后仍可获利。

A verbis legis non est recedendum.〈拉〉法律用语不得滥用与其字面含义相违背的义项。

aver corn (农民或佃农以谷物形式向教堂交纳的)保留地租

avercorn 谷物收益

aver de pois 实重;全重

aver et tenir 拥有并保有

averia 〈拉〉牲畜　包括牛、羊、猪,不包括火鸡。是averium的复数形式,牲畜在早期是人们的主要财产。

averia carucae 耕地的牲畜　在扣押动产以强制交纳地租时,如果有其他足够的财物用来扣押,则可免除耕地的牲畜被扣押。

averia elongata 被带走的牲畜;被扣押带走的牲畜

averiis captis in witheram 占有扣押人牲畜的令状　若某人非法扣押他人牲畜,则被扣押牲畜的主人可凭此令状占有扣押人的牲畜。

averiis retornandis (= de averiis retornandis)

averium 〈拉〉❶(旧时佃户死时给领主的)最好的牲畜(以作贡物)　❷物品;财物;驮畜

averium ponderis 〈拉〉实重;全重;净重

averland n.(封建)劳役地　土地承租人为使用寺院或主的土地而为其耕种的土地;或是以履行携畜耕作役为条件而保有的土地。

averment n.(诉states中积极或者肯定的)主张;宣称;陈述　美国《联邦民事诉讼规则》[Federal Rules of Civil Procedure]要求所有诉答书状中的陈述或主张应简明、直接。在古代诉讼中,该词指诉答书状中的结论部分,包含提出新的肯定性事项,据此当事人宣称自己已"准备好予以证明"[ready to verify]。

averment on information and belief 根据有关信息和确信而作的陈述　指当事人在诉答书状中陈述其所述事件是被别人告知的并相信该事实是真实的,而非就该事实作直接陈述。

avernor n.皇家马厩的官员　负责为马匹提供燕麦。

a vero domino 从真正的所有人处

averpenny n.(旧时佃户用钱交纳的)年租金　用以代替携畜耕作的劳役[average]。

averrare (旧时为领主以)马车运货或马驮货物的劳役

aver-silver (= averpenny)

aversio 〈拉〉(罗马法)❶避开　❷大宗出租;大宗出售　指将土地、房屋等整体统一出售或出租。

aversio periculi 避免危险

averum 物品;财产;财物;驮畜

avet ❶教唆;唆使　❷支持;帮助

avia 〈拉〉(罗马法)祖母;外祖母

aviaticus 〈拉〉(罗马法)孙子;外孙;祖母的

Aviation Act 〈美〉《航空法》　由此产生联邦航空署[Federal Aviation Agency],它负责制定飞行条例,包括飞机安全、飞机制造等。

Aviation Agency 〈美〉航空署(⇨Aviation Act)

aviation clause 航空条款　当发生与航空有一定关联的伤亡事故时,限制保险人责任的保险条款。

aviation liability insurance 航空责任保险　飞机所有人对其飞机在运行过程中造成第三者伤亡和他人财产受损

失应支付赔偿金,该保险对飞机所有人的这种风险予以保障。

a villa 从某个村庄;来自某个村庄

a vinculo matrimonii 〈拉〉解除婚姻关系 其拉丁文原义即为解除婚姻约束[from the bond of matrimony]。它源于教会法,表示该判决[decree]具有完全解除婚姻的效力。在宗教改革之前,仅因为婚姻事先存在宗教上的障碍而致本身无效,方可作出解除婚姻关系的离婚判决;此后至1857年建立离婚法院并引入司法程序之前,在英格兰仅以通奸为由方可获得该离婚判决。苏格兰在宗教改革之后,通过普通法与1573年的制定法,规定可以通奸与遗弃为由作出这种离婚判决。(⇨divorce a mensa et thoro; divorce a vinculo matrimonii)

avis 劝告;忠告;意见

avisage (= avage)

avisamentum (= avis)

avis de reception form 收货认可单 对是否收到货物予以认可的一种单据。

avita 祖母;外祖母

avitious 〈拉〉祖传的

avizandum 〈苏格兰〉法官对案件的个人思考 指法官在公开法庭上听审案件之后,用一定的时间来思考对案件如何作出判决。在英格兰有一种相似的做法,即当法庭决定在听审完案件后暂不作出判决时,应在意见书中写明"法庭拟考虑"[C.A.V.]。(⇨curia advisari vult; reserved judgment)

avocat 〈法〉咨询律师 法国律师的一种,主要提供一般性法律咨询,但在最高法院[Court de Cassation]中执业时也可包括各个诉讼阶段的法律服务。现此种律师已与诉讼代理律师[avoué]合并。

avocatory (= letters avocatory)

avoid v.❶使无效;撤销 在法律意义上,它与"void"同义,但后者除动词词性外,还可作名词、形容词。并且,由于 avoid 还具有"避免"、"回避"等一般含义,为避免混淆,多采用 void 表达。❷避免;回避;逃避

avoidable a.❶可撤销的 ❷可避免的(⇨voidable)

avoidable consequences doctrine 可避免后果原则 该原则是指,当损害或违约情事发生后,原告疏于通常注意而致损害结果扩大的,则被告可以提出抗辩,拒绝就扩大的部分进行赔偿。亦称"减轻损害原则"[mitigation-damages doctrine]。

avoidance n.❶逃避;回避;规避 ❷避免;忍住;节制 ❸使无效;宣告无效;撤销;废除 ❹(= confession and avoidance) ❺(圣职的)出缺

avoidance of a deed 撤销契据 指因契据完成过程中存在瑕疵、弃权、欺诈等原因使之无效。

avoidance of tax (= tax avoidance)

avoirdupois 〈英〉常衡 以16盎司为一磅,有别于以12盎司为一磅的金衡[troy]。

avoirdupois weight 〈英〉常衡制(⇨avoirdupois)

avoucher n.要求土地的担保人履行其职责

v.召请土地的担保人来为被担保人的所有权[title]提供担保、保证(⇨voucher)

avoué ❶〈法〉诉讼代理律师 法国律师的一种,在法国大革命前称诉代人[procureur],其主要职责是代当事人提出诉讼请求并代理当事人出庭,现此种律师已与咨询律师[avocat]合并。 ❷(加)律师

avow v.坦率承认;公开表示

avowal n.公开陈述;公开声明 目的在于使法庭知道证人对所提问题将如何回答,及告知法庭询问者将证明哪些情况与庭审中的证言相背。

avowant n.承认者;自认者

avowee n.圣职推荐权人(= advowee)

avowry n.承认并申明正当性答辩 普通法上动产占有回复诉讼[action of replevin]中被告所作的一种答辩,即被告承认自己已占有争讼的动产,并陈述理由说明自己的占有是正当、合法的。

avowterer n.〈英〉奸夫;通奸者

avowtry n.〈英格兰古法〉通奸;通奸罪

avulsion n.土地的陡变 指由于洪水的冲击或者河流突然改道造成的土地增减。这种情况下,即使某土地被移并于他人土地,其权属也不发生变更。在美国以河为州界的地方,如果发生土地的陡变,则州界并不随之变动,而仍保持于原处,即原河道的中线。土地的陡变与土地的自然添附[accretion]不同,它不发生河岸土地所有人地界的变化,被冲走土地的业主也无需证明土地的同一性,而只需指出移并于对岸的土地与自己被冲走的土地大致相当即可。(⇨accretion; alluvion)

avunculus 〈拉〉〈罗马法〉母亲的兄弟;舅舅

avunculus magnus 〈拉〉舅公;伯公;叔公 祖母、外祖母的兄弟。

avus 〈拉〉〈罗马法〉祖父;外祖父

await v.❶等候;期待;(事件中的)等待 ❷推迟 ❸(为抢劫等)伏击;(为采访等)拦截

await further conveyance 等待续运条款 提单中免除承运人义务的条款,据此条款,在将货交由下一程承运人运输之前,承运人不承担除在其仓库或码头保管的其他义务。

award n.❶仲裁裁决 ❷核定损害赔偿金的陪审团的裁决

v.(以司法裁决或通过正式程序)裁定;授予;判给

award in gross 总额财产裁决;一次性财产裁决 指(婚姻关系)当事人之间就财产问题所作的处理,一旦作出,即与离婚判决一样产生终局性的拘束力。其目的是在处理婚姻关系的同时处理和确定当事人之间的财产关系。(⇨alimony in gross)

away-going crops 租期届满后成熟的作物 指由土地承租人在承租期内播种而于租期届满后成熟的作物。通常,根据双方合同条款或当地习惯、惯例,承租人有权收割该作物。亦作"way-going crops"。(⇨emblements)

awm n.奥姆 葡萄酒的度量制,相当于40加仑。

awnhinde (= third-night-awn-hinde)

A.W.W. (= average weekly wage)

axiom n.公理;基本原理;格言;箴言

Axones 《轴法》 在雅典市政厅,有一些原来是木制的,后来是石制的书板,它们缠绕在一根垂直的轴上,书板上刻有德拉古[Draco]和梭伦[Solon]制定的法律,人们按轴突的排列顺序号来引用法律,已知的最高顺序号为16。

ay (= aye)

ayant cause 〈罗马法〉(权利)受让人 指通过遗嘱、赠与、买卖、互易等方式而受让权利的人,区别于通过法属继承方式取得权利的法定继承人[heir]。(⇨assignee)

ayant droit 〈法〉被授权人

ayd pryer (= aid prayer)

aye n.赞成票;肯定回答;同意 等同于"yes"或"yea"。

ayel (= aiel)

ayle (= aiel)

ayre 〈苏格兰〉巡回;巡回法院 中世纪苏格兰定期举行的司法会议。通常每年举行两次,由在行政司法官辖区巡视的最高司法官在各行政司法官辖区的首府举行。

ayuntamiento 〈西〉(西班牙及前西属殖民地的)市议会;市政厅

Bb

B. (=baron)
baby act 〈美〉未成年人抗辩（⇨pleading the baby act）
baby blue (=big blue)
baby bond 〈美〉小额债券 通常指面值低于1 000美元的债券，一般为25美元至500美元。小额债券为小额投资者提供了可参与的债券市场，也为因财力不足而无法进入大额公共市场者提供了资金来源。
Babylonian law 巴比伦法 指以《汉谟拉比法典》[Hammurabi's Code]为代表的古代两河流域法律的总称。古代两河流域法律最早起源于大约公元前3000年左右，多用楔形文字写成，刻于泥板或石碑之上。虽然其内容仍显粗糙并将法律的权威诉诸神意——总体上仍是世俗性法律，但是如此早的法律成文化及其颇具水准的法典编排体例仍不失为世界法律史上的奇观。中世纪早期欧洲大陆一些蛮族法典的编纂水平与之相比尚有一定差距。这一时期该地区的著名法典有：《乌尔纳姆法典》[Ur-Nammu's Code]、《李必特－伊丝达法典》[Lipit-Ishtar's Code]、《苏美尔法典》[Laws in Sumerian]、《俾拉拉马法典》[Bilalama's Code]、《亚述法典》[Assyrian Law]和《赫梯法典》[Nittite Law]等，其中以公元前18世纪由巴比伦王国汉谟拉比王颁布的《汉谟拉比法典》最为典型。该法典由序言、正文和结语三大部分构成，共282条，整部法典结构完整，浑然一体。法典以习惯为基础，并有所发展：它宣称国王是正义的基础，法官受国王监督；摒弃了血亲复仇；它在刑事、诉讼程序、法律主体的等级、婚姻、所有权、契约等方面的规定都达到了相当的水平。
bacberende (=backberend(e))
baccalaureate n. ❶文学或理学学士学位 ❷毕业班临别宗教仪式
baccinium 〈英〉盆 指盛水以供洗手的盆或其他容器。以前有一种专门役务，是在国王加冕礼上举盆或候在盆边。
bacheleria n. ❶普通人；平民 与贵族相对。 ❷〈英〉〈古〉从农民等中征召的义勇骑兵队；志愿骑兵队
bachelor n. ❶学士；学士学位 ❷单身男子 ❸低等爵士 最低级爵士[knight bachelor]是曾被封为爵士但不属于任何爵士团[knighthood]的人。
Bachelor of Civil Law 大陆法学学士学位 由学习欧洲大陆及法律制度源起欧洲的各国之法律者获得。
Bachelor of Laws 法学学士学位 从法学院毕业时可获法学学士学位。在美国，它在很大程度上已被法学博士学位[degree doctor of jurisprudence]取代，但仍可授予完成了法学院课程而未获得大学或大学文科学位[academic or liberal arts degree]的人。在英国，它们是一个法学院的正式学位。
Bachelor of Letters 文学学士
Bachelor of Liberal Arts 文科学士
Bachelor of Science 理学士
Bachelor of Theology 神学士
bacina (=baccinium)
back v. ❶背书(=indorse) ❷签署 指签字以表示同意或批准。 ❸签字以同意偿付 ❹〈古〉令状背书 指治安法官[magistrate]对由其他郡签发的令状[warrant]进行背书，允许该令状在自己郡内执行。
backadation (=backwardation)
back-bear n. 肩背死鹿 这是证明某人偷猎的明显证据之一。(⇨stable-stand)
backbencher n. 后座议员；后排议员 在英国议会下议院中政府要员与反对党的重要人物坐前排的座位，其他地位较低的议员只能坐后排的座位，后者因此而得名。其他国家的议会仿效英国的做法，也出现了类似的情况。
backberend(e) n.〈英格兰古法〉❶窃贼将赃物背走(或带走) ❷人赃俱获的窃贼 (=bacberende; backberinde)
backberinde (=backberend(e))
backbond n. ❶反担保；(向保证人出具的)赔偿证书；赔偿保证书 在保证人承担保证责任后，债务人据此向保证人赔偿其因此遭受的损失。亦写作bond-letter。(⇨indemnity bond) ❷〈苏格兰〉证明契据 用以证明另一份契据内容确实，且具有真实的处分权。
backdate v. ❶倒签日期 ❷使具有溯及力
backdeed (=backbond)
back dues 欠缴会费 由工会会员、兄弟会会员、共同受益协会会员或某一俱乐部成员所欠之会费，并已拖欠达一定期间，构成懈怠[delinquency]。
back-freight n. 回程运费 当货物运往一港口，但因不可归责于承运人的原因不能在该港口交货时，船长有权将货物运回装运港或其他适当的地方，在这种情况下，承运人有权要求托运人支付回程运输的运费。此种运费也称作"return-freight"。但如承运人在接收货物时即知交货为非法时，不得要求支付此运费。
backgammon n. 巴加门 一种掷骰子赌博的方法。依照英国1739年《赌博法》[Gaming Act]，除巴加门外的掷骰子赌博为非法。该法被废除后，巴加门也作为赌博被禁止。
backhaul n. ❶回程运输；回程载货；回运 在货物运输中，将货物回航到已经航行过的一段航程上。 ❷回程运输的货物
backing n. ❶反面 ❷背书(=indorsement)

backing a warrant 〈英〉签署令状；批准令状(的执行) 以前，一个郡或司法管辖区的治安法官签发的令状要在另一郡或司法管辖区执行时，需由该另一郡或司法管辖区的治安法官签署或批准。但现在在英格兰和威尔士，令状不需此种批准即可在任何地方得以执行。但英格兰法官签发的令状若要在苏格兰、北爱尔兰或海峡群岛[Channel Islands]执行，仍需先取得那里的法官的批准。

back lands 后地；背地 没有确定含义，通常指位于公路或水道后面但并不与之相邻接的土地。

back-letter (= backbond)

back lines 〈美〉后位线 指在建筑地的后部划线标明对建筑规模的限制，有时依市政规章但更多地是依限制性契约[restrictive covenant]来加以确定。

backlog n. 积压订单额；未交付订单累积额 指一个企业已收到订单但尚未交货的累积额。

back order 迟延交货的订单；拖欠的订单 企业在接到客户订单或委托时因存货不足而未能完成的订单。

back pay 欠薪；拖欠的工资(➪backpay award)

backpay award 欠薪支付裁决 由司法机关或准司法机关作出的裁定，确认雇员有权获得应得但未实际收到的工资或额外福利，该种支付可发生在雇佣歧视案件中。

back pay orders (= backpay award)

backside n. 〈英〉后院 指房屋后面并附属于房屋的院子等，它是以前英格兰法律用于财产转让[conveyance]和诉状中的一个术语。

backspread n. 逆差价 指同一商品或证券的价格在两个不同的市场有差异，但该差异比正常差价小。(➪arbitrage)

back taxes 前一年或前几年已经核定的到期未付税款

back-title letter (调查)过去所有权的信函 产权保险人给律师的信，通知其到某一特定日期为止土地的所有权的状况。据此，律师可开始调查到该特定日期为止的所有权情况。

back-to-back escrow 背对背代管协议；关联代管协议 亦称双重代管协议[double escrow]。该种代管协议的目的在于使出售某一财产的一方同时又购入另一财产。据此，出售财产所得交由第三人代管，并用于此后进行的购买。

back to work agreement 复工协议 工会与雇主之间达成的，根据一定条件结束罢工、恢复上班的协议。

back-tracking n. ❶往下顶替 当公司出现暂时性或永久性裁员时，用高级雇员取代低级雇员的一种作法。 ❷按年资解雇人员

back-up offer 后备要约 当第一购买人不能履行购买义务时，由第三方购买所售财产的协议。

backwardation n. ❶(证券)延期交割费 在证券交易中，由于证券出售者不能按合同规定如期交付证券而支付给买方的费用。 ❷现货与期货的价差；现货溢价

backwards ad. 向后(➪forwards and backwards at sea)

Bacon-Davis Act 〈美〉《贝肯－戴维斯法》 1931年的一部联邦法律，它授权劳工部决定公共建设部门的工资比例，以达到私营部门的工资水平。

baculus (英格兰古法)杖标 古代土地交易中用以表示土地交付的木棍或柳条。

baculus nuntiatorius 告示性杖标 插在有争议的土地之上－通知被告他已被起诉，并命令其出庭应诉之杖标。(➪baculus)

bad-boy disqualification 〈美〉违规者取消资格 指由孟证券发行人违反证券法的规定而取消其在证券交易委员会登记豁免的资格。

bad-boy provision 〈美〉违规者条款；"坏孩子"条款 "蓝天法"[blue-sky law]中的条款，规定对于某些人——主要指证券发行人、公司董事或其他高级职员、证券商等——因其过去的行为而无权从证券登记中获取任何豁免。

bad character 不良品德 在证据法中，证人的不良品德在特定情况下，可以作为证实其证言不可信的证据。

bad check 空头支票 由于没有足够的银行存款或存款账户已结清而被银行拒付的支票。(➪check kiting; worthless check)

bad conduct discharge 〈美〉因品行不良被开除军籍 指由特别或一般军事法院作出的，对军队在册人员给予的惩罚性处分。它旨在对不良行为进行惩罚，而并不适用严重的普通或军事犯罪。对那些重复犯微罪的人也可适用该处分。从惩罚的严厉程度上来说，该处分低于因不名誉而被开除军籍[dishonorable discharge]。因不良行为被开除军籍的军人不享有退伍军人管理局[Veterans Administration]或其他有关军事机构赋予军人的利益。

bad debt 坏账；呆账 经核实确为无法收回而只得冲销的账户余额或应收账款，在计算应纳税收入时坏账可作为一个抵减项。美国国内税务署规定，凡与纳税人的商业或贸易活动有关而形成的坏账，为商业性坏账；而对于有关联关系的双方之间贷款导致的坏账，被列为非商业性坏账。只有当原本列入收入的商业性应收账款无法收回时，才可作为应纳税收入的扣除。

bad debt loss ratio 坏账损失率 指应收账款总额中坏账所占的比例。

bad debtor 不良债务人

bad debt reserve 坏账准备金；坏账备抵账户 该账户记录呆账、坏账的合理估算值，用于抵减应收账款的余额，从而反映资产负债表中应收账款的实际价值。

bad faith 恶意 善意[good faith]的对称，亦写作"mala fides"。指出于私利或不良意图实施某一隐秘计划所表现出的一种心理状态。它通常与下列行为相关：实际或推定的欺诈行为；试图欺骗他人；放任或拒绝履行合同义务。该术语并不指简单的判断错误或疏忽，而是指出于不诚实的动机或缺乏道德而有意实施错误行为。在保险法中，对保险人而言，指无任何重大或有根据的理由而拒绝支付保险金，即由于私利或不诚实的目的而违反众所周知的义务，违反善意和公平交易原则。

badge n. 象征；标记 如徽章等显示特殊身份的识别标志。

badge of slavery 〈美〉奴役标志(= badges of servitude)

badger n. ❶烦扰；吵闹 ❷獾 灰色小动物，居于地洞中，夜出活动。 ❸〈美〉对威斯康星州居民和威斯康星大学体育队的称谓 ❹(英格兰古法)指在一地购买玉米和饮料(酒)，再拿到另一地出售并获利的人

badger game (美俚)(为敲诈勒索而设的)美人计；仙人跳 多指设计使一男子和一已婚女子的不轨行为被丈夫发现，丈夫借机可向该男子索要金钱。

badges of fraud 欺诈嫌疑 指足以表明交易的一方当事人意图隐瞒或欺诈对方当事人的情形，例如虚假陈述、虚假对价、转移债务人全部财产、财产转让人破产等。(➪fraud)

badges of servitude 〈美〉奴役标志 ①狭义上是指由于奴役而导致的法律能力丧失，如丧失选举权、无权享有财产；②广义上是指任何带有种族歧视的(公、私)行为。对

此,根据美国宪法第十三条修正案,国会有权予以禁止。

bad girl (年幼而未成熟的)淘气的女孩;(达到具备分辨是非能力年龄的)放荡女孩

bad law 不符合法律的判决、法令或意见

bad-man theory 坏人理论 一种法理学理论。它认为,从坏人的角度观察法律才能真正测定法律究竟是什么,因为坏人总会仔细、准确地确定法律规则所允许的范围,并在该规则限度内实施行为。该理论最早是由奥立弗·温德尔·霍姆斯[Oliver Wendell Holmes]于1897年在其文章《法律之路》[The Path of the Law]中提出来的。霍姆斯认为,一个社会的法律制度就是法律可能会对人们产生什么影响的一种预测,而不是以往被视为法律基础的伦理道德。而预测的最佳方法就是从一个不顾伦理道德的"坏人"的角度出发,因为他只是关心其行为是否会,或者其行为达到何种程度会受到法律这一公力的制裁。故该理论亦称为"预测论"[prediction theory]。

bad moral character 道德上邪恶、卑鄙的特性;淫荡;酗酒;惯醉;亵渎神圣并不守安息日

bad motive 恶意动机 明知行为不法而故意为之。(⇨bad faith)

Bad Parliament 〈英〉坏议会 由冈特的约翰控制的1377年议会,它废除了此前"好议会"[Good Parliament]实行的改革。(⇨Good Parliament)

bad title 有瑕疵的所有权;无效财产权 由于权利瑕疵,买方不拥有对所购地产之所有权,该地产也不应进入市场交易。法律并不强制买方接受有权利瑕疵之物,衡平法院对此亦不得判决强制执行。(⇨marketable title)

bad weather 坏天气 指下雨、风暴、酷寒等天气;在租船合同中,不仅指因任何天气原因不能装货上船,而且指不适于装船的天气,在这种天气情况下,利用装货工具如驳船装货不符合安全要求;该词还包括因海上状况及周围环境不适于装货的天气。

baga (英格兰法)布袋或提包 在文秘署的普通法事务管辖权方面设有"小袋子办公室",因为所有有关皇家事务的起始令状,都存放在小型的布袋或提包中[parvâ bagâ],而不像其它普通案件都是登录在案卷中的。(⇨Petty Bag Office)

bagatelle 〈英〉巴格代拉桌球游戏 为公共开放的桌球游戏,需有营业执照。

bagavel (英格兰法)街道铺设金 自爱德华一世时起通过特许状授予埃克塞特[Exeter]居民对在该城市出售的所有商品收取一定贡金和过路税的权利,收取后的金钱用于铺设街道、修理城墙及维修城市之用,当时广泛称作街道铺设金、城墙修理金和城市维修金[bagavel, bethugavel and chippinggavel]。

baggage n.行李 旅行者为个人使用、便利、娱乐等目的而携带的物品,通常不包括不属于个人使用或便利目的而具有商业性或价值昂贵的物品。为业务目的所带的商业物品或样品,只有被承运人作为行李接受运输时,才可视为行李。价值超常的物品也适用这一规则。

baggage insurance 行李保险

baggage lien 行李留置权 运送旅客的承运人因旅客在本次旅行中未支付全部运费而对旅客为享用或便利目的所携带的行李进行留置的权利。但该留置权不及于旅客现时穿用的衣物。

bag man 〈美〉代收贿金者 指行贿者和受贿者之间的中间第三人,他从行贿者处收取金钱再交给受贿者。该代收贿金者在极大程度上不可能是无辜的信使,而与其

两罪犯一样有罪。

bail n. ❶保释 在刑事诉讼中,指受到犯罪指控而被逮捕或拘押的犯罪嫌疑人或被告人交纳一定数额金钱、或提供保证人、或满足其他法律规定的条件,并保证在以后的诉讼中能够按照法庭传唤指定的时间和地点到案后,将其予以释放的制度。在美国,通常在犯罪嫌疑人或被告人初次到案[initial appearance]时由法官决定是否对其保释。在英国,根据1976年的《保释法》[Bail Act],警察、治安法官、刑事法院法官均有权决定对犯人的保释。保释可以是无条件的,也可以要求提供某种担保或满足其他条件。通常只有在存在充分的根据相信如果将被告人释放其将不会出庭或者会实施犯罪或干扰证人时,才可以拒绝给予保释。如果被保释人在保释期间潜逃或者违反保释规定,则予以逮捕。在民事诉讼中,保释是指对不履行法院判决确定的民事债务而被拘禁的债务人在交纳一定数额金钱或提供某种保证后将其释放。民事保释以债务人清偿债务或履行其他义务为条件。 ❷〈英〉保证;担保 海事诉讼中,被扣押船舶或其他财产的所有者可以提供与该财产等价值的担保从而解除对该财产的扣押。 ❸保释保证人 ❹保释金
v. ❶取保 被告人或第三人在交纳保释金或提供被告人以后能够到庭的保证后使被告人获释。 ❷交保释放 法院在取得保释保证后将被保释人释放。 ❸寄存财物 指将动产交予他人保管。

baila (= bail)

bailable a.(某种犯罪或某人)可保释的;允许保释的

bailable action 允许保释的诉讼 指在该种诉讼中,被告人提供了相应的保证后有权免受拘押。

bailable offense 可保释的罪行 指对该种犯罪的行为人允许保释。

bailable person 可保释的人 指犯有可保释的罪行而被逮捕的人,允许其保释。

bailable process 保释令 指要求有关官员在将被告人逮捕后,依法律规定,在其提供了合适的保证后,准其保释的令状。

bail above (= bail to the action)

bail absolute 受信人保证书 受托保证书[fiduciary bond]的一种。在受信人——如遗产管理人、遗嘱执行人或监护人——未对其管理的财产正确履行义务时,则由该保证人承担责任。(⇨fiduciary bond)

bail bargaining 〈美〉保释交易 刑事案件中被告人和检察官在庭审之前就减少或免除保释金以使被告人获释而进行的谈判。被告人以向检察官提供某一犯罪的有关信息或其他情况为条件使自己在庭审期间免受羁押。

bail below (= bail to the sheriff)

bail bond 保释保证书 由刑事被告人及其保证人向法庭提交的保证书,保证被告人在以后的诉讼中能够随传随到,从而将被告人释放。如果被告人获释后违反这一规定不能到庭,被告人及其保证人将被法庭处以罚款或将已交纳的保释保证金没收。也称作出庭保证书[appearance bond]。

bail common 普通保释保证人 通常在较轻微的民事案件中,被告人为获得保释而提供的虚拟的保证人,如John Doe, Richard Roe。也称作 common bail 或 straw bail。(⇨special bail)

Bail Court 〈英〉保释法庭 1830年设立,为王座法庭的一个附属法庭,位于威斯敏斯特,负责听审和裁决尤其与诉答[pleading]和程序[practice]相关联的法律问题[points]。

其主要职责是确认特别保释保证人[special bail]是否适格。也称作程序法庭[Practice Court]。1854年废除。

bail dock （法庭一角用于庭审过程中）关押刑事被告人的小屋

bailee n. ❶被保释人（⇨bail） ❷受托人 指根据寄托合同[bailment]接受并保管寄托财产的人，但其并不获得财产所有权。美国《统一商法典》[U.C.C.]第7-102条规定，"受托人"是指根据仓单、提单或其他所有权凭证，承认占有货物并依约交付的人。（⇨bailment）

bailee for hire 有偿受托人 取得动产的占有并因照管该动产而获得报酬的人。

bailee policy 受托人保险单 承保由受托人占有但在保险单中没有特别说明的财产的流动保险单。

bailee's lien 受托人留置权 受托人为保证得到合理的报酬和补偿而扣留受托财产的权利。通常属于法定留置权。

bailie n.〈苏格兰〉地方代理司法官 被任命代理行使地方刑、民事司法权的官员。封地上的地方代理司法官由领主任命，在市镇则由市镇议会选举产生，后者有司法和行政两方面的权力。1975年前在特殊情况下，他们还可出任自治市治安法院法官。

bailiff n. ❶〈英〉百户长；副郡长；（庄园或王室城堡的）执行管家；副司法行政官；法庭执达官；法庭事务官 这是一个被授予一定权力的法律方面的官职。以前在英国尤指一个百户区的首领；在庄园内则指管理庄园财产、监督农耕的人；也用来指某些市镇的首席行政司法官及一些王室城堡的管家。其实，这个词的原义就是管家、保护者和在特定区域执行法律的人。撒克逊时期它被称为"reeve"；以前那些在特定区域内行使司法权的人往往为此目的而指定自己的法律管事[bailiff]；现在"bailiff"则多用来指由郡长或行政司法官任命的一种领薪的法庭事务官，其职责是送达文书、召集陪审团、征收罚金、执行拘捕和执行判决等。他们一般每年都要与郡长签订保约，保证正当履行职责，故又称保约法庭事务官[bound-bailiff]，郡长要对他们的行为后果负责，这一点区别于特别法庭事务官[special bailiff]。1844年和1888年的两项法律规定，法庭事务官由法庭指定。此前每一郡法庭还有一种叫高级执达官[high bailiff]的官职，他可以指派副手履行自己的职责，现已被废弃不用。1959年《郡法庭法》[County Court Act]规定，区别于高级执达官的普通法庭事务官由御前大臣任命，在特殊情况下亦可由法庭登记官[registrar]任命。 ❷〈美〉法庭事务官；执达官 ❸（诺曼底群岛的）民事总长 在所有民事纠纷中代表国王。 ❹〈苏格兰〉看守员；巡视员（⇨high bailiff）

bailiff-errant n.（英格兰古法）令状执行官 由郡长任命的，负责在全郡范围内送达令状的副郡长[bailiff]。（⇨bailiffs of franchises）

bailiffs of franchises （英格兰古法）特别执行官 指在王室令状不能由郡长执行的特殊区域履行郡长之职的官员。（⇨bailivia）

bailiffs of hundreds （英格兰古法）百户长 指由郡长任命的、在其管辖的百户区范围内分别负责收取罚金、召集陪审团、参加巡回审判及季审法庭[quarter sessions]审判和执行法院令状的官员。

bailiffs of manors （英格兰古法）（封建贵族的）庄园管家 指由庄园领主任命，负责管理庄园的土地及建筑，收取租金，监督耕作及为庄园主的利益代行其他事务的人。

bail in error 复审担保 试图寻求对判决发布复审令并希望同时暂停执行判决的被告提供的担保。

bailing (= bail)

bailivia n.❶〈古〉（百户长、副司法行政官、庄园管家或巡视员等的）管辖区域；管辖权 ❷（英格兰古法）特别管辖权 于郡长管辖之外，由享有特权的领主任命管家在该特权区域内行使这种特权，当然，后者地位低于郡长。

bailiwick n.（百户长、管家或郡长的）管辖区域 大约相当于今天行政区划中的一个郡。（⇨bailivia）

bail jumper 逃跑的被保释人 指未按保释的要求在法庭指定的时间到庭的被保释人。逃跑的被保释人不仅会受到刑事处罚，其已交纳的保释保证金或财产也将予没收。

bailleur 〈法〉出租人

bailleur de fonds 〈法〉未受偿付的出借人；未受支付的卖方

bailli 〈法〉钦定执行官；邑长 中世纪法国一种领薪的王室官员，源于12世纪。他是皇室在一地的主要代表，位于王室地方法官[prévôt]与中央王室法官之间，拥有司法权、行政权、财政权、军事权等，是国王反对地方封建领主的主要工具。他主持的法庭对涉及贵族的案件有初审权，对王室地方法官法庭及某些封建法庭初审案件有上诉管辖权，对涉及国王权益之案件亦有管辖权。自13世纪起，邑长手下开始设立副邑，此后，其权力逐步为各类副官所相继夺取，17世纪时，他已只有一个空头衔了。

baillie n.一个管辖区（= bailiwick）

bailment n.❶寄托 动产所有人，即寄托人[bailor]，为特定的目的，如贮存、租赁等，按照合同明示或默示的方式将其动产交于他人，即受托人[bailee]保管，待特定目的实现后，受托人将财产交还寄托人或按寄托所规定的方式处置该财产。寄托期间受托人应尽一定的管理寄托财产之责任。寄托不同于买卖或赠与，它只涉及财产占有的改变而未转移所有权。一般而言，寄托不产生信任关系[fiduciary relationship]。寄托可以是有偿的，也可以是无偿的。它包括把货物托付无偿保管、财产委托、托管、为短期使用而进行的货物租赁、为提供担保而进行的货物质押以及财产租赁。受托人一般须承担合理注意义务。 ❷保释（⇨bail）

bailment for hire ❶有偿寄托 寄托人同意给受托人以补偿的寄托合同。（⇨bailee for hire） ❷双方受益的寄托（⇨bailment for mutual benefit）

bailment for mutual benefit 双方受益的寄托 双方当事人在该种寄托中，明确因寄托所生的利益并规定特定的寄托价格或补偿费用。它通常须以明示或默示协议的方式或以保证形式为之。

bailment-lease n.寄托租赁 分期付款的合同形式之一，但因其未明确创设债权-债务人关系[debtor-creditor relationship]，故采此名。其具体内容为，某人欲购某物，但其在当时无力支付，则可先通过支付租金而使用收益该物，并在完成分期支付以及在最后支付一笔名义上的额外款项后，取得对该物的完全所有权。

bail money 保释金

bailor n.❶寄托人 根据寄托合同将动产交付他人占有的人。亦作 bailer。 ❷保释人

bailout n.❶紧急（财政）援助 指向陷入财务困境的实体（通常是公司）提供援助，帮助其摆脱困境。 ❷减少纳税措施 指工商企业为减少其利润征税而采取的措施。如按资本收益率提取利润而不分配股息，借以避免这部分利润被依较高的普通所得税率征税。

bailout stock 免税股票 作为股息向股东发行的、享受免

税优惠的股票。在发行免税股票时,通过按资本收益率分配利润,与按普通所得税率分配股息相比,税收上对企业更为有利。在美国,实践中的这种做法现已被《国内税收法典》[Internal Revenue Code]禁止。

bail piece 保释备忘录 在民事诉讼中对特别保释保证人[special bail]的保证和承诺所作的正式登记,由保证人在法定官员面前签字并认可后,提交给受理该案件的法院。

bail-point scale 〈美〉保释要点制度 指据以确定刑事被告人是否适于保释的制度。具体指以被告人的个人背景和行为状况为基础,根据由此提出的要点总数来决定对被告人是以具结方式保释,还是为其确定保释金的数额。

bailsman n.(提供金钱或财物保释被告人的)保释人

bail to the action 特别保释保证人 民事诉讼中依中间令状[mesne process]被拘禁的被告人的保释保证人。如果最终被告人败诉,该保证人要么为其履行判决义务,要么将被告人送交拘禁,也称 bail above, special bail。

bail to the sheriff 向行政司法官担保的保证人 民事诉讼中被送达传票的被告人的保证人,其向行政司法官担保被告人将于开庭日[writ's return day]到庭。也称 bail below,因为相对于特别保释保证人[bail to the action](即 bail above)来说,他是从属的和预备性的。

baily 〈苏格兰〉地方代理司法官(= bailie)

Baines' Act 〈英〉《贝恩斯法》 指 1848 年《刑事诉讼法》[Criminal Procedure Act]和 1849 年《季审法庭法》[Quarter Sessions Act]。因皇家大律师马修·塔尔博特·贝恩斯[Mathew Talbot Baines]对这两部法的制定起了主要作用而得名。

bair-man 〈苏格兰〉被债主剥夺一空的人;穷困潦倒的债务人;一无所有的破产者 他被强迫在法庭上宣誓他拥有的财产已不值 5 先令 5 便士。

bairn 〈苏格兰〉孩子;子女

bairns' part 〈苏格兰〉属于子女份额的地产 在有遗孀的情况下,死者的子女有权继承其地产的 1/3;无遗孀时,则为一半。

bait n. 诱饵
v. 引诱;折磨

bait and switch "上钩调包"诱售法 一种欺骗性销售,指打出廉价商品广告招徕顾客,但采用廉价商品缺货或诋毁廉价商品等方式,向顾客兜售高价同类商品。美国绝大多数州的制定法都对此加以禁止。

baiting animals 纵兽袭击;折磨动物 指将某一动物拴住、套住或采用其他方法使其不能逃逸,然后纵使另一动物对其进行攻击。该种残忍虐待动物的行为应受处罚。

bajardour n. 承担者 指承受重量或负担者。

balance n. ❶结余;余额 会计账户中借方总额和贷方总额的差额。❷剩余;剩余物
v. ❶结算账户;使(账户的借方与贷方)平衡 ❷使相称;使协调 ❸使平衡;权105;比较

balance due 结欠余额 对应付款项已作部分清偿后尚余的金额;在通常的账户往来中表示为付款所持有的资金。

balance of convenience 便利平衡 在以禁制令[injunction]授予原告救济时,应考虑到因此可能会被告造成的损害、痛苦或不便等因素。

balance of international trade (= balance of trade)

balance of payments 国际收支差额 在一定期间内,一国对其它所有国家的全部支付款项与其他国家对该国的全部支付款项二者之间的差额。该概念来源于国际贸易差额,包括国际贸易、私人对外贷款及其利息、政府或国际组织贷款和拨款、黄金流通等方面的差额。一国官方账目以复式记账法记录该国的全部对外商业交易,其出口被记入贷方而进口被记入借方。严重的国际收支逆差即借方总额超过贷方总额会影响一国的货币稳定。

balance of power (国际法)势力均衡;均势 在世界范围内,各国武装力量之间在攻击和防御上形成一种制衡机制,藉此,任何国家,不论是单独此还是与其它国家联合,均不能使自己处于一种优势地位,可将其意志强加于其他国家或干涉其他国家的独立,该国也无意于发动对其他国家的战争。

balance of terror ❶恐怖平衡 二战后以核武器为基础的进攻性战略武器与防御性战略武器之间的制衡状态。这种制衡状态使各国产生了在战争中互相毁灭的恐怖,由此引发各国竞相制造更多有威力的战略武器,直到最终达到以尖端的攻击性战略武器所致的大规模毁灭能力与不断增强的报复能力之间的平衡状态。❷冷战;冷战状态 因各国之间军备竞赛形成的制衡机制所致,对战略武器的使用具有重大的遏制作用。❸军备竞赛的开端

balance of trade 国际贸易差额 国际收支差额的一个组成部分。即一国进口货物的全部价值与出口货物的全部价值之间的净差额,若前者超过后者就构成国际贸易赤字或国际贸易逆差。

balance order 〈英〉支付股金令 在公司解散过程中,清算人为收集公司资产而取得的向股东催缴股款的命令。它虽然不是法院判决,但可以像判决一样得到强制执行,并产生同样的法律效果。

balance sheet 资产负债表 根据公认的会计原则,反映一个经济组织在一定时期内资产、负债、股东权益状况的一种财务报表。(⇨ profit and loss statement)

balance sheet test 资产负债表测试 对企业的与破产相关的偿付能力进行测试,通常考虑其总债务与总资产的比例,以及总负债与总资产之间的关系。

balancing of interests 〈美〉利益平衡原则 法院在审查州有关州际商业的行为与涉及州际商业的联邦法律的相互关系时采用的一项宪法原则,如果存在合法的州利益,并且国会没有明显的意图要主导该领域,那么州的行为将被维持。

balancing test 〈美〉平衡原则 法院在权衡个人权利和政府权力或州权与联邦最高法之间相关权益时所使用的司法原则,尤其是涉及宪法问题时,以决定哪种权益占优势。

balancing the equities 衡平比较(原则) 该原则用于衡量双方当事人的不利益,从而最终作出合理的决定。它通常用于有关侵占他人土地并在其上建筑的案件中。如果土地侵占系无过错或因错误(而非故意)所致,并且土地被侵占的损害与土地侵占人被命令移去建筑物所可能造成的损害相比,显得较为轻微,则法院将拒绝对被侵占人给予衡平法救济(即命令侵占人移去建筑物),而更倾向于采取金钱赔偿的补救方式。在大陆法系国家,则表现为禁止权利滥用原则。

balcanifer 圣殿骑士团的护旗手[standard-bearer of the knights Templars]

baldakinifer 圣殿骑士团的护旗手(= balcanifer)

baldio 〈西〉废弃的公用土地

bale n. 一大包;一大捆;件 对货物进行捆扎包装后形成的计量单位,还须在其上标注与提单记载相一致的唛头。

balenga n. 领地;管辖区

balenger n. 船;军舰

balise 〈法〉(海商法)(= beacon)

balius 导师;监护人;教师

baliva 〈拉〉(英格兰古法)执达员或郡长的管辖区;郡长的职权范围;郡长履行其职责的地域范围(= bailiwick)

balivo amovendo (= ballivo amovendo)

balk n.(畦间隆起的)田埂 常用作划分不同所有人土地的边界或区分同一所有人土地的不同部分。关于田埂的所有权是否有法律规定尚不确定,但在庄园中常被视为抛荒地[waste]。

Balkan alliance 巴尔干联盟 依据1953年2月28日的《安卡拉条约》[Treaty of Ankara]和1959年8月9日的《布来德条约》[Treaty of Bled]而成立。其成员国包括希腊、土耳其和南斯拉夫。它试图克服1934年2月9日由希腊、土耳其、罗马尼亚和南斯拉夫签订条约而成立的前巴尔干联盟的缺陷。但从成立之初,新的巴尔干联盟就缺乏成员国之间的团结一致。历史遗留问题、关于塞浦路斯和马其顿的争端、特别是因土耳其和希腊在北大西洋公约组织成员身份问题而产生的政治对立,阻碍了这一联盟的有效运作。

ballast n. 压舱物 指用于使船保持平稳防止倾覆的重物。其种类繁多,如置于船内的水、石、金属或沙,置于船内或船外的铅或铁等。

ballistics n. ❶弹道学;发射学 ❷(武器的)发射特性学 常用于刑事案件中,尤其谋杀案件中,用以确定某种武器的火力、发射特性及确定子弹由哪一特定火器射出的科学。

ballium n. ❶堡垒;要塞 ❷保释(= bail)

balliva 管辖区(= baliva)

ballivo amovendo 〈英〉撤回执达官令状 因辖区面积不足或因执达官本人没有达到1285年《威斯敏斯特法Ⅱ》[Statute of Westminster Ⅱ]要求的财产资格而被撤回其职位的一种古代令状。

balloon clause 飘浮式偿付条款;小额分期偿付条款;期末整付条款 常见于金额较大的抵押贷款中,通过延长分期付款期限,使得月分期付款额降低,待抵押期届满时,一次性偿还一笔数目较大的付款。

balloon mortgage 飘浮式抵押贷款;期末整付的抵押贷款;小额分期偿付抵押贷款 规定分期付款中最后一笔数额大大高于以前各期分期付款额的抵押贷款。

balloon note 飘浮式本票;期末整付本票;小额分期偿付本票 该种本票通常规定在约定期限内分期小额支付本金及利息,但在债务到期时一次支付绝大多数的本金。

balloon payment 期末整付 期末整付的分期付款方式中的最后一笔大额付款,其金额通常等于全部债务本金。(➪balloon mortgage;balloon note)

ballot n. & v. 选票;选举过程和方式;(尤指秘密的)投票选举(法);投票总数 选举中的投票可以是记名的也可以是无记名的[secret]。公开宣布投票人的选择虽可以使选民能对他们的选择负责任,但也使他们易受到贿赂或恫吓。尽管各种形式的无记名投票可以追溯到古代,但是第一个把无记名投票作为一般原则加以采用的是1856年的南澳大利亚[South Australia];结果,在随后的几十年间对其引进的世界性讨论中这一制度以"澳大利亚选票"[Australian ballot]而闻名。英国《1872年投票法》[Ballot Act of 1872]废弃了选举程序中沿用了几个世纪之久的记名投票法;而美国于1888年在肯塔基州[Kentucky]首次采用无记名投票方式。

Ballot Act, 1872 〈英〉《投票法》 1872年的这部法律使议会下院议员选举以无记名投票方式取代了过去的公开投票方式,其主要推动者是格拉斯顿[Gladstone]。

ballot and sale society 〈英〉投票或拍卖建筑协会 建筑协会[building society]的一种,指以成员投票或举行拍卖的方式来决定是否能从协会基金中获取预付款[advance]。

ballot box ❶投票箱 ❷陪审员名单箱 将在一定开庭期内使用的候选陪审员的名单置于其中,以备随时从中挑选陪审团来审理某一案件。

ballottement 〈法〉❶投票选举 ❷掷输赢 ❸用测试心跳速度检测是否怀孕的方法

balnearii 〈拉〉(罗马法)在公共浴室偷盗洗浴者衣物的人

Baltic and International Maritime Conference 波罗的海国际航运公会 区域性国际航运组织,成立于1905年,总部设在哥本哈根,旨在结束驶往波罗的海和白海的船东间异常激烈的竞争。

Baltic Exchange 波罗的海交易所 位于伦敦的一个谷物交易市场。船主、与货运有利益关系的人和经纪人是该交易所的成员。目前交易所的交易已不限于波罗的海沿岸国家的产品。

Baltic Mercantile and Shipping Exchange 波罗的海商业和航运交易所 位于英国伦敦,是世界上著名的租船交易所,处理国际上大量不定期货船的租赁业务。因起源于17世纪伦敦一个名为"弗吉尼亚和波罗的海"的咖啡馆和1823年成立的"波罗的海俱乐部"而得名。目前该交易所的业务已扩展到世界范围,而不再局限于波罗的海地区。

Baltimore law clubs 〈美〉巴尔的摩法律俱乐部 志趣相同的律师聚会的俱乐部,有许多不同的名称,为律师们交换信息和情报提供了方便。但他们排斥女性及少数民族律师。

Baltimore method 巴尔的摩计算法 不动产价值的评估方法之一,通过计算地产每侧边角一块地的价值来估算整块地产的价值。

Bambergische Halsgerichtsordnung 《班贝格刑事诉讼法》 指16世纪早期的一部关于刑事诉讼程序、同时也涉及法律实体内容的德语著作,在一定程度上是一部通俗易懂的教科书,由约翰·冯·舒瓦茨堡[Johann von Schwarzenberg]所撰写。它受到了罗马法的影响,是远优于相同题材的先前作品的一部著作,亦被其他地区视为权威性著作,成为《加洛林纳刑法典》[Carolina]的基础,也是在长达3个世纪的时间内德国刑法的基础。

ban n. ❶公告;布告 用以公告命令或禁止的内容,在绝大多数情况下指结婚公告[banns of marriage]。 ❷〈法〉出征诏令;奉诏出征之封臣 该词用于君主向其封臣发出的出征诏令,因此奉诏集合起来的封臣便用该词来表示,而被征召的下级封臣则被称为"arrière-ban"。 ❸禁令 ❹(教会法院作出的)逐出教会或革除教籍的判决 ❺大片土地及其疆界
v. (尤指依法)禁止

banc 〈法〉(= bench)

banci narratores (英格兰古法)出席普通民事诉讼法庭的律师

banc le roi 王座法庭

banco 〈意〉❶法官席;法庭 ❷银行 此为该词原意。 ❸(由于河流改道而被切割出来的)一小块土地 尤指被割离其原属国的此种土地。

bancus n. ❶审判席;法官席 ❷法院 ❸英格兰民诉法

庭[court of common pleas]的旧称
bancus publicus and bancus superior 〈英〉公共法院和上座法院 在护国公制时期以前及1660年后称做王座法院。(⇨King's Bench)
bancus reginae 〈拉〉〈英〉王座法庭(⇨Queen's Bench)
bancus regis 〈拉〉〈英〉王座法庭[King's Bench]
Bancus Superior 上座法院 王座法庭在共和时期的称谓。
bandit n.罪犯;歹徒;依法被剥夺权利的人;土匪;强盗
banditry n.有组织的抢劫;盗匪活动
banditti n.匪帮;抢劫团伙 bandit的复数。
baneret n.(英格兰古法)❶方旗骑士 在战场上通过将其三角旗旗顶削去形成方旗的仪式授予的一种骑士,位低于男爵[baron],但可如男爵般在王室军队中展示并携带武器,以及携带从人,有时他们又被称作"Vexillarii"。❷方旗骑士之爵位(⇨Knights bannerets)
bani n.迪奥丹(=deodand)
banishment n.流放;逐出国境 在美国,指迫使罪犯在一定时间内或终身离开一国的一种刑罚方式,类似于放逐[exilement]或驱逐出境[deportation]。在英国,这种做法可能源于公开宣誓离开王国或根据法律而强制离开王国。它不同于作为刑罚适用的放逐[transportation],也不同于只适用于外国人的驱逐出境[deportation]。(⇨deportation;transportation)
bank n.❶银行 通过经营存款、贷款、汇兑、发行钞票或其他证券以及其他便利资金转移的业务,承担信用中介、支付中介、信用创造等职能的信用机构。❷法官席;审判席 ❸法院 ❹全体法官庭[full bench or full court] ❺法院全体法官会议 ❻向上的斜坡;土埂;浅滩;堤;岸(⇨banc; commercial bank; savings bank)
bankable note 银行可作为现金接受的票据或可贴现的票据
bankable paper 银行可承兑(或贴现)票据 指本票、支票、汇票及其他银行愿意承兑或贴现的票据。(⇨bankable note)
bank acceptance (=banker's acceptance)
bank account 银行往来账户;银行存款账户 客户以存款形式将资金存入银行以待日后以支票形式支取,顾客存取的金额的记录与计算被记入银行的账本与存款人的存折上。银行账户包括支票账户、利息账户、时间账户以及存款账户等。
bank a deal 贸易融资 贷款人通过发放带有担保的贷款,以使借款人完成贸易合同。
bank bill 银行券;银行票据;转账票据 由银行开出的票据,可以同货币一样流通。(⇨bank note)
bank board 银行董事会
bank book 银行存折 银行用来为客户列出利息、存款、取款等项目的存折。在一般情况下,客户保存该存折,作为一种长久性的记录。(⇨passbook)
bank call 〈美〉银行通知 各州或联邦监督机构要求银行提交其资产负债表的通知。
bank cashier 银行出纳员
bank chairman 银行董事会主席 其职责主要是主持董事会议,在有些银行中董事会主席也兼任首席执行官。
bank charter 〈美〉银行营业执照;银行经营许可证 由州或联邦政府颁发的许可经营银行业务的证明文件。
bank check 银行支票(⇨cashier's check; check)
bank collections 银行托收 银行的一项传统业务,代末

客户收取商业票据的款项。
bank commissioner 〈美〉银行事务专员 指由州任命并授权的负责颁发银行营业许可证,监督管理银行业务和清算破产银行债务的官员。
Bank Conservation Act 〈美〉《银行保全法》 规定在通货管制官[Comptroller of Currency]发现某一国民银行经营不利时,指派保全官到该银行对其财产予以保全的联邦法案,该指派并不引起银行的清算程序。经过保全程序后,该银行有可能重新开业。
bank conservator 〈美〉银行(资产)保全官(⇨Bank Conservation Act)
bank credit 银行信贷;银行信用 指根据合适的贷款利率或向银行作出一定的担保后,借款人可从银行获得的一定额度的款项。
bank deposit 银行存款 存款人与银行间存在保证支付的合同关系,在存款人将金钱、资金或其它物品存入银行后,根据存款人的指示或要求,由银行对其返还或支付同等数额的金钱、资金的协议;该协议对银行方来说是默示的和不言而喻的,根据存款的性质和用途,可包括支付一定利息的默示承诺。当法律规定保护银行存款时,通常指一般性银行存款,即金钱或与一笔金钱数额等值的财产有意于且已存入银行,或已由银行控制,以便产生债权、债务关系。
bank deposits tax 银行存款税;利息税 ①对特许经营存款业务的银行按存款数额征收的税;②对存款人的存款利息征税。
bank directors 银行董事 其职责为负责任命银行经理人员和建立必要的银行机构并对银行的合理审慎经营负责。
bank draft 银行票据;银行汇票 指银行向其国外分行、支行或代理行签发的付款凭证,委托上述有关银行凭票付款。
banker n.❶银行家;银行业者 广义上指从事银行业务的个人;狭义上指开办银行并从事银行业务的非公司性质的私人,其业务包括接受存款、发放贷款、买卖票据和证券等。在美国的一些法律中,个人银行家[individual banker]不同于私人银行家[private banker],前者是指遵照法律规定,经授权从事银行业务的个人,而后者是指从事银行业务但没有政府授权的人。(⇨investment banker)❷(赌博的)庄家
bankerout a.〈英〉破产的;无清偿能力的 n.破产者
banker's acceptance ❶银行承兑 广义上指银行对汇票进行承兑;在银行业务中特指银行通过承兑汇票而提供的贷款额度。❷银行承兑汇票 银行为其客户进行贸易融资而接受的汇票,到期时可由债权人向债务人提示支付。银行承兑汇票是从事国际贸易的公司和个人经常使用的一种短期信用工具,可和短期政府证券相比,并可在公开市场上贴现出售。
banker's blanket bond 银行综合保证保险 对银行由于其雇员的欺诈、不诚实行为造成的损失予以承保的一种忠诚保险契约。
banker's book 银行账簿
banker's cash notes 银行本票 又称金匠本票,指由银行开出的一经持票人提示立即付现的本票,可当作现钞使用
banker's draft (=bank draft)
banker's lien 银行留置权 指银行为保持其总账平衡,对

未归还到期贷款的客户的财产所享有的留置权。
banker's note 银行票据 指由私人的、非公司制银行签发的银行票据。
bank examiner 〈美〉银行检查官 有权对银行的账目进行检查、判定银行有无偿还能力的联邦或州政府官员。有些州，检查官在银行破产清算程序中代表银行事务专员或银行主管人员行使职权。
bank failure 银行破产；银行无力偿付债务（⇨failed bank）
bank for co-operatives 合作银行
bank guaranty law 〈美〉银行保付法 根据该法，银行保证在一定的金额范围内全部或按一定比例支付客户在银行的存款。（⇨Deposit Insurance Corporation）
bank holding company 银行控股公司 指任何拥有或控制一家或几家银行或银行控股公司的公司。在美国，只要该公司直接或间接地控制了该银行或公司的25%以上的有投票权的股份，即可控制银行董事的选举，或对银行的经营管理和决策施加影响。
Bank Holding Company Act 〈美〉《银行控股公司法》 对直接或间接地拥有或控制银行25%以上有投票权股份的公司的活动加以规范的联邦法律。
bank holiday 〈美〉法定银行假日 通常指国家规定的除星期六和星期日以外的假日，及圣诞节、阵亡将士纪念日和其他的全国和州的节日，银行在法定假日里不营业。亦指1933年美国罗斯福总统下令银行停业的一段时间，其目的是平息人们对不良金融状况的恐慌心理和挤兑风潮。
bank holiday of 1933 〈美〉1933年银行假日 根据1933年3月6日发布的2039号和9日发布的2040号总统公告，由总统正式宣告暂停联邦储备系统成员银行的交易业务。3月13日，在规定限制条件的情况下，恢复了银行正常职能。现行法律规定，在总统宣告紧急状态期间，除财政部长特许外，禁止联邦储备系统成员银行进行交易。
banking n.〈美〉银行业；银行业务 包括发行票据、接受存款、贴现商业票据、发放贷款、买卖汇票、进行由政府、州、国家或市政或其他法人机构发行的可流通的债券的交易等活动。
Banking Act of 1933 〈美〉《1933年银行法》（⇨ Glass-Steagall Act）
banking commission 〈美〉银行事务委员会 负责监督银行机构的州管理机关。
banking corporation 银行法人 指经营银行业务或经营具有银行业务性质的公司；为在破产时免受破产宣告，它采取公司法人形式，而不采用私人银行、合伙银行及其他具体从事或有权从事银行业务的非法人机构的形式。
banking day 银行营业日 指银行公开营业，并经营其全部业务的时间。
banking game ❶〈俚〉银行业务 ❷赌博
banking hours 银行营业时间 除银行正常营业时间外，如确需要，还包括下班后向银行提示支票的时间。（⇨ bank night）
banking institution 银行机构
banking powers 银行权能；银行业资格 从事银行正常业务的权利，如吸收存款、托收、兑承汇票、发放贷款等。
bank lien (= banker's lien)
bank money order 银行汇票；银行付款单 由经授权的银行职员开具的、指示其他银行在受款人要求支付并出示该票据之后对其支付一定金额的银行票据，开票行是最终的付款人。

bank night ❶银行营业的夜间 指银行为方便上班族，在夜间也对外营业。❷剧院博彩 指首先提供一个册子让人们免费登记姓名，每位登记者都有一个号码，然后在某一指定的晚间抽取中奖号码，并给中奖者发奖品。有的法院认为这种游戏不需要参加者支付对价，所以不属于博彩。但一般认为这是一种博彩，因为实际上是有对价的，免费登记只是一种通词。
bank note （尤指中央银行发行的）钞票；银行票据
bank of circulation 货币发行银行 指一国法律授权发行钞票的银行。（⇨bank of issue）
bank of deposit 存款银行；储蓄银行
bank of discount 贴现银行 指经营抵押贷款或者开办商业票据贴现业务的银行。
Bank of England 英格兰银行 根据1694年《英格兰银行法》的规定，于1694年7月27日由国王特许成立的私人股份银行，根据1946年《英格兰银行法》收归国有。现为英国的中央银行，是英格兰及威尔士地区唯一有权发行通货的机构，并作为政府干预经济的机构，执行政府的金融政策。其董事会成员由政府指派，并且，财政部经常对该银行的业务予以指导。
bank of issue 发行流通货币的授权银行 被授权发行通货的银行。通常只有国家银行有此项权利。在美国，目前只有联邦储备银行有权发行流通货币。
bank post bill 〈英〉银行邮寄单 为通过邮寄转账，由英格兰银行开具的一种凭指示付款单据。
bank president ❶银行经理 ❷银行董事会主席 ❸（小城镇银行的）出纳员
bank receiver 银行破产事务官；银行破产管理人 由法律指定或任命的，负责管理、保持破产银行财产，以使其得以清算或重新组建银行的人。
bank receivership 破产银行管理制度（⇨bank receiver）
bank reorganization 银行重组；银行整顿 广义上是指改变银行的法人结构；狭义上为通常意义上，是指对破产银行或经济面临严重困难银行的整理、恢复，首先冻结银行资产、停止对储户和债权人进行支付，随后对银行再行开业后涉及到的存款人、债权人及股东的权利再行安排。
bank reserve 银行储备金；银行准备金
Bank Robbery Act 〈美〉《抢劫银行法》 规定对国家和联邦银行、联邦储备银行或贷款机构实施犯罪予以制裁的联邦法。如进入并企图在上述机构内实施重罪、使用武力或暴力抢劫财产、以偷窃的目的带走财产、收取从上述机构中偷盗的财物等，皆属此类犯罪。
bankrupt n.❶破产 指个人、合伙、公司或市政法人等无力偿还到期债务的状况。❷破产人 包括自愿提出破产申请、或已被他人申请宣告破产、或已被裁决破产的人。现在美国的联邦《破产法典》[Bankruptcy Code]中，破产人不使用该词，而是使用 debtor。
a. 破产的
v. 使…破产
bankruptcy n.❶破产 可指当事人无力偿还到期债务的状况，也可指已依破产法被宣告破产的事实，或者已依破产法被宣告破产的当事人的地位。❷破产程序（⇨ bankruptcy proceedings）
bankruptcy cases/B. C. 破产案件
Bankruptcy Code 〈美〉《破产法典》 即1978年《破产改革法》[Bankruptcy Reform Act]，规定在债务人无力或不愿偿还债务时，对债权人和债务人利益的保护及给予救济的一项联邦法律（11 U.S.C.A.），它对1898年的《破产法》[Bankruptcy Act]作了实质性的修改,并取而代之。自1979年10月1日起向法院提起的破产案件即应适用该法。

bankruptcy courts 破产法院 ①在美国,指由破产法官主持的,专门处理破产事务的联邦法院。合法的破产只能由破产法院宣告;②在英国,有权受理破产案件的法院为高等法院,以及除根据御前大臣令[order of the Lord Chancellor]被排除以外的郡法院。高等法院对破产案件的管辖权由御前大臣专门指定的衡平分庭的一名法官来行使。只有当债务人在破产申请提交前6个月内的大部分时间居住在伦敦破产区[London Bankruptcy District]或在该地区从事经营活动、或者债务人不居住在英格兰、或者提出申请的债权人不能确定债务人的住处时,才能向高等法院提交破产申请,在其他情况下,破产申请应向申请提交前6个月内债务人居住或从事经营活动时间最长地的郡法院提交。但在一定条件下,高等法院法官可以提审郡法院受理的破产案件,也可以将自己受理的破产案件交由郡法院审理;郡法院法官对自己受理的破产案件也可以移送给其他郡法院审理。

bankruptcy discharge 〈美〉破产解除令 由破产法院发布的解除债务人所有可解除债务和义务的命令。

bankruptcy distribution 破产财产分配 指在支付了破产财产管理费、优先债权和其他破产债务和费用后,由破产财产管理人按比例将财产分配给债权人。

bankruptcy estate 破产财产 指提出破产申请时所有属于债务人的财产及其对财产所享有的普通法和衡平法上的利益。(⇨estate in bankruptcy)

bankruptcy forms 破产表格 破产法院在办理破产案件过程中使用的正式表格。

bankruptcy judges 〈美〉破产法官 负责处理所有破产案件的法官。原先由每一联邦巡回区的首席法官任命,1984年3月以后,改由总统提名,并经参议院批准。任期为14年。

bankruptcy notice 〈英〉破产通知 由1952年《破产规则》[Bankruptcy Rules]规定,取代了1869年《破产法》[Bankruptcy Act]所规定的债务人传票[debtor's summons]。当债权人已在任一法院取得了终局判决或裁定,且尚未获任何执行时,依债权人的申请,法院即可签发破产通知,若债务人不遵守破产通知的要求,即构成破产行为[act of bankruptcy]。但是除非债权人已提出破产申请,仅依据破产通知不得作出接管令[receiving order]。

bankruptcy petition 破产申请 由债权人或债务人自己向法院提出的请求宣告债务人破产以清偿债务的声明。

bankruptcy proceedings 破产程序 在美国,破产程序可以由债务人提起,称为自愿破产;也可以由债权人提起,称为非自愿破产。破产开始后,法院可以组织对债务人的剩余资产进行清算并分配给债权人,从而彻底免除债务人的债务;或者对债务人进行重整,允许其继续从事经营活动,以其经营所得来偿还债务,从而避免破产。在英国,破产申请可以由债权人、债务人、自愿和解协议的监督人[supervisor of a voluntary arrangement]或当事人、官方申请人[official petitioner]等提起,法院根据破产申请作出接管令[receiving order],将债务人的财产置于官方接管人[official receiver]的控制之下。接管人应召集债权人会议,要求债务人提交财产状况报告[statement of affairs],就债务人资不抵债的原因进行公开调查,然后,法院将发布破产令[bankruptcy order],官方接管人将成为破产财产管理人[trustee in bankruptcy](债权人另行指定破产财产管理人的除外)。破产财产管理人必须占有并收回或实现所有属于破产人的资产。债权人应就自己的债权向破产财产管理人提供证明。最后由破产财产管理人将债务人的财产按法定顺序分配给经其确认了的债权人。

bankruptcy rules 破产规则 破产法院适用的诉讼规则。

bankruptcy schedules 破产明细表 破产法院用以列明债务人的资产、责任及所有无担保的债权人的正式表格。

bankruptcy trustee (= trustee in bankruptcy)

Bank Secrecy Act 〈美〉《银行保密法》 1970年颁布,授权财政部以规章形式规定美国各银行或其他金融机构需保存某些记录并提交报告书。该法旨在规定银行或其他金融机构保存记录,并提交某些在刑事、税务或行政管理事务调查或程序中频繁使用的报告。其第一部分及实施规章规定金融机构应保存顾客身份记录,并对某些支票作微缩胶片拷贝,以及保存其他项目的记录。第二部分及实施规章则规定就某些特定的国内或国际通货交易提交报告。

bank stock 银行股票 银行法人的股票。

bank stock lien 银行股票留置权 银行为保证其股东支付银行债务而对其股票拥有的留置权。

bank teller 银行出纳员(⇨teller)

banleuca n.(古)❶郊区;城郊住宅区 指城镇或修道院周围的一片地带,与其它地方的区别是它享有一定的特权。❷城中无围墙保护的地区

banleuga 领地或镇的最远边界(= bannum)

banlieu 郊区(= banleuca)

banlieue 〈法〉郊区(= banleuca)

bann (= ban)

banner n.❶旗;锦旗;旗标;旗帜 ❷列明候选人名单或所出售商品的标旗 有时挂在路边向路人展示,有时举着在街上游行或拖在飞机上展示。

banneret n.(因作战英勇而在战场上授予的)骑士或方旗爵士的爵位;头衔(⇨Knights bannerets)

banni n.(古)流放犯;被驱逐出境者;不法之徒

banniare (= bannire)

banniatus

bannimus 〈英〉开除公告 该词非法律术语,指牛津大学在公共场所公告对其成员的开除决定。

banning n.斥责;抗议

banni nuptiarum 〈拉〉(英格兰古法)结婚预告(= banns of matrimony)

bannire 传唤…出庭 传唤令出自法庭而非对方当事人。(= banniare)

bannire ad placita(or ad moliendum) 传唤封臣到领主法庭出庭或到领主的磨坊碾磨谷物

bannitio 流放;驱逐出境

bannition (= banning)

bannitus (= banni)

banns n.结婚公告 打算结婚的人公开的、法律上的公告。

banns of marriage 〈英〉(= banns of matrimony)

banns of matrimony 〈美〉结婚预告;婚姻公告 举行婚礼前连续3个星期天在教堂等处预先公布该婚约与婚礼,供别人对该婚姻提出异议。

bannum 庄园或城镇最远的边界(= banleuga)

bannus ❶(古)法院的传唤令 ❷宣言书;声明书 ❸公告;宣誓

baptism n. 洗礼 基督教的入教仪式，是耶稣立定的两大圣事[Sacraments]之一，认为可赦免被洗者的原罪成为教徒，此后有权领受其他圣事。

baptismal register 教堂洗礼记录

Baptist Church 浸会 指基督教新教浸礼宗[Baptists]各教会。该宗传入美国后在南北战争期间分裂为北方的浸礼会[Baptist Church from North U.S.A.]和南方的浸信会[Baptist Church from South U.S.A.]

bar n. ❶(法庭、议院等内的)围栏；栏杆 用来将法庭相关人员、议会议员与其他人分开。在法庭上，位于围栏里的一般是法官、法庭事务员、皇家大律师、持有优先特许状的出庭律师、相关当事人等，外席律师和普通人则处于围栏之外。在议院里，议员处于围栏之内，被召入院说明情况者和其他人处于栏外。当然，这种围栏，尤其是在法庭上，现在多是一些虚拟而并不实际存在的分隔物。❷法庭 其义源于该词作为"法庭围栏"的意思。在最严格的意义上，是指全体法官出席的法庭，因此"trial at bar"指在全体法官出席的法庭上进行的审判，区别于由一名法官主持的初审。"case at bar"是指处于审理之中的案件。❸被告人席；审判台 法庭上被告人受审时所站之地。故有 prisoner at bar 之说。❹〈英〉律师；律师业(界) 指全体律师，与全体法官、法官界[bench]相对应。在英国指为律师公会——包括英格兰四大律师公会和北爱尔兰、苏格兰的律师组织——所接受可以作为律师者的总称，但不包括诉状律师。在此意义上该词分两层：皇家大律师[Queen's Counsel]和出庭律师[barrister]，在苏格兰，后者为高级律师[advocates]。❺〈美〉法律界；司法界；法曹 在美国，法律职业无明确划分，"bar"用作整个法律业界同义词。❻障碍；阻却因素；抗辩事由 诉讼中能够阻碍另一方权利行使的因素或答辩。❼酒吧；餐柜
v. 反对；阻却；禁止；排除；妨碍

bar admission 〈美〉准许执业 指对满足特定条件者，如通过律师资格考试、居住满一定期限等，准许其在某州或某司法区的法院执业。如果律师在某一州或司法区执业满一定年限后，依据各州或司法区之间的互惠，也可到另一州或司法区执业。

baragaria 〈西〉情妇；外室

bar association 律师协会 由在某一州或司法区内执业的所有律师组成的行业组织。(⇨state bar association)

barat 由东方君主[Oriental monarch]授予的特权、爵位荣誉等(= berat)

bar at large 概括性答辩(⇨common bar)

Baratriam committit qui propter pecuniam justitiam baractat. 〈拉〉为金钱出卖正义者，等于受贿。

Barbarian law 蛮族法(⇨Germanic law)

barbicanage 用以维修、修建望楼、防御工事的款项

Bar Committee 〈英〉出庭律师委员会 1883年由选举出的48位出庭律师组成的机构，收集和表达出庭律师界对于影响其职业的事务的意见。该委员会为制订职业道德规范奠定了基础，1894年被出庭律师理事会[Bar Council]取代。

Bar Council 〈英〉出庭律师理事会 是"英格兰及威尔士出庭律师总理事会"[General Council of the Bar of England and Wales]的通常名称，该理事会在1894年取代"出庭律师委员会"[Bar Committee]，由法律官员、理事长、副理事长以及48位选举出的执业出庭律师、额外的指派成员以及增选的荣誉成员组成。该理事会由各出庭律师公会赞助和入会费来维持其财政，是出庭律师的管理机构，代表整个出庭律师界。其职责主要在维护出庭律师界的荣誉和独立；确立并维持职业标准；提供职业道德规范和行为的指导；着眼于改进司法；还负责出庭律师的资格认证，而且根据法律，授予出庭律师在法庭中行使出庭发言权，同时，该理事会还考虑对出庭律师不良职业行为的投诉。但该理事会并无训诫权。出庭律师理事会于1974年与各出庭律师公会以及出庭律师公会评议会[Senate of the Inns of Court]协商组成一个新的机构叫做"出庭律师公会与出庭律师理事会评议会"[Senate of the Inns of Court and the Bar]。(⇨Inns of Court)

bareboat charter 光船租赁 船舶所有人向承租人提供不配备船员的船舶，在租赁期间内，承租人从船舶所有人处取得对船舶的占有和控制权，并自行配备船员和进行营运。(= demise charter)

bare contract (合同的)主要条件；主要内容

bare licensee 被许可进入者 该人进入他人不动产应当被容忍，但并不必然是经同意的。例如走近路而穿越他人土地者。它既不同于受到明示或默示邀请而进入他人不动产的"被邀请人"[invitee]，也不同于法律所禁止的"侵入人"[trespasser]。在普通法上，不动产占有人只就其已经意识到的该不动产的隐蔽危险而负有通知该进入者的义务。英国1957年《不动产占有人责任法》[Occupiers' Liability Act]则将被许可进入者与被邀请人置于同一地位，不动产占有人对其均负有一般注意义务。该词亦作"mere licensee"或"naked licensee"。

bare patent license 普通专利许可 授权在一国范围内或特定区域内制造、使用或销售专利产品，但不具有独占性。

bare possibility 可能性 指可能但并不一定会发生的事。

baret 〈法〉争讼；欺诈

bare trust (= passive trust; simple trust)(⇨bare trustee)

bare trustee 单纯受托人；消极受托人；被动受托人 仅根据信托受益人的指令转移信托财产，对信托财产无其他积极义务并且不享受其利益的受托人。(⇨dry trust)

bar examination 律师资格考试

bar examiners 〈美〉律师资格考试[bar examination]的主考官

bar fee 释放金 未被判罪而开释者获取自由向司法行政官缴纳的费用，现已被禁止。

bargain n. ❶协议；协定 指当事人之间就相互交换允诺或行为达成一致。它不一定是合同[contract]，因其可能缺乏对价或属于非法交易。它的范围又窄于 agreement，因其不能适用于所有的意思表示一致的场合。❷交易的条件
v. ❶讨价还价；谈判 ❷用…作交易

bargain and sale 〈英〉财产转让协议；土地买卖协议 一种通行于16世纪的不动产转让方式，也可适用于动产买卖。指当事人以书面或口头形式达成的买卖动产、不动产或土地权益的合同，一方支付约定的价金，则财产发生转让。但该词最初仅指土地或土地权益的买卖协议。在1535年《用益法》[Statute of Uses]实施之前，英格兰的衡平法院[Court of Chancery]认为，只要土地买卖协议达成，则卖方就是为买方的利益而占有土地，即成为买方的受托人。1535年的《用益法》则更有利于土地受让人，即使在土地买卖协议达成之前，土地受让人也同样可以获得地产或土地权益，从而可以对土地进行秘密转让。为此，英格兰在同年又颁布了《土地登记法》[Statute of Enrolments],并规定,除非以契据形式并在 6 个月之内进行登记,否则对完全保有地产[freeholds]的土地权益不得转让。随之,人们更常采用出租与弃权形式[lease and release]进行土地权益转让。1925 年《财产法》[Law of Property Act]最终废止以土地买卖协议方式作为土地或土地权益的转让方式。

bargain and sale deed 不动产转让契据 该契据不包括具体的合同条款,只规定对转让发生时转让人所拥有的利益进行转让。(⇨bargain and sale)

bargain collectively 集体谈判(⇨collective bargaining)

bargainee n.(财产转让协议中的)受让人;(土地买卖协议中的)买方;土地受让人(⇨bargain and sale)

bargainer (= bargainor)

bargaining agency for members only 〈美〉仅为工会成员的谈判代表 若有非工会成员的雇员,则该谈判代表仅为工会成员进行谈判。

bargaining agent 〈美〉谈判代表 经全国劳资关系委员会[NLRB]认可并批准,在集体谈判中作为雇员一方的独家代表。

bargaining for plea (= plea bargaining)

bargaining order 〈美〉谈判命令 由全国劳资关系委员会[NLRB]发出的,要求雇主承认工会为集体谈判代表的指令。如雇主对此予以抵制,则委员会可对雇主发出停止命令[Cease-and-Desist order]或采取其他切实措施。

bargaining unit 谈判小组 指经雇主认可或官方批准,代表雇员利益进行集体谈判的工会或雇员团体。

bargain in restraint of trade 限制贸易协议 指以任何方式限制某一方工作或经营的协议或合同。

bargain money (= earnest money)

bargainor n.❶谈判者;交易人 ❷(财产转让协议的)出让人;(土地买卖协议的)卖方;土地出卖人 可泛指在买卖合同中接受对价、交付标的物的一方当事人,亦作"bargainer"。(⇨bargain and sale)

bargain purchase (= bargain sale)

bargain sale 低价交易 指以低于市场价的价格达成的财产买卖交易。此种交易价格与市场公平价格之间的差价应计入应税收入。家庭成员之间的此种买卖可产生计征赠与税的后果。

bargain theory of consideration 对价交易理论 该理论认为,以一个允诺交换另一个允诺,即构成合同的充分对价。

barganizare 讨价还价;协商一致

barganizavit et vendidit 达成协议并已出售的卖主

barge n.船 可用于指数种船只,如运送统治者及其他有身份者的专用船只、装卸不能靠岸船只的平底船、在河流或运河上运载油、煤、粮等重货的被拖拉的驳船等。
v.闯进 口语中用于指突然而剧烈地闯入。

bar integration 律师一体化组织(⇨integrated bar)

bark n.❶树皮 ❷表象 区别于内心[heart]和实质[substance]。

barleycorn n.❶一种旧式长度测量单位,等于三分之一英寸 ❷一种名义上的租金[nominal rent]。

barmote court 〈英〉地方矿区法庭 建于爱德华三世时期,每年在德比郡开庭两次,专门审理矿业纠纷事务的法庭,包括大小两种法庭。

Barmote Courts of High Peak 〈英〉海皮克矿区法庭 海皮克大小法庭是一种对于在德比郡海皮克百户区的王地及该区其它国王享有采矿权的地区内发生的铅矿开采权及相关的民事诉讼享有管辖权的古代法庭。其中大法庭在慕尼爱什[Moniash]每年开庭两次,小法庭何时何地开几次庭则由国王任命的执事[steward]决定。该执事充任小法庭的法官,其任命状上盖有兰开斯特公爵或其副手的大印,他和大陪审团可制定采矿方面的一些规则。大小法庭均为存卷法庭,遵循制定法确立的规则,小法庭对于涉及产权、债务、侵权等方面的诉讼享有管辖权。

Barmote Courts of Wirksworth and adjacent liberties 威克斯沃斯及邻近特区的矿区法庭 类似于海皮克矿区法庭,其中威克斯沃斯矿区法庭的执事[steward for the Wirksworth Barmote Court]由国王任命,委任状上盖有兰开斯特公爵的大印,其它 5 个庄园或私人特许管辖区内的矿区法庭的执事则由对矿产税享有优先保有权的人指派。(⇨Barmote Courts of High Peak)

Barnard's Inn 伯纳德预备律师公会(⇨Inns of Chancery)

baro ❶〈古〉人 泛指,无论是否自由人。❷自由人;壮汉;好兵;雇佣兵;男爵;封臣 ❸骑士;显赫者;在教堂的要人;财税法庭法官;长子;丈夫

bar of the House 〈英〉议院审判地 指议会两院中对证人进行询问以及犯侵犯特权罪[breach of privilege]者接受判决的地方。

baron n.❶人;自由人 在萨利克法和诺曼法中,该词指自由人,且多指直接从国王处保有土地之附庸,表明起初它并非是一种贵族头衔。❷贵族 英国对上层人士的最一般称呼。❸〈英〉男爵 贵族爵位中之最低一级,其上为子爵[viscount],其下为骑士[knight]。此爵位可依特许状、保有土地和时效,即继嗣获得,最初可能始于 1387 年,亨利六世时已广泛出现,1958 年后,此爵位亦可只授予终身而不能继承。❹〈法〉男爵 神圣罗马帝国时就有此头衔,16 世纪始由帝国特许状授予,现在仅为一种尊称。❺〈英〉财税法庭法官 从 12 世纪到 19 世纪末对财税法庭[Court of Exchequer]法官的称呼。❻丈夫 常用于"夫妻"[baron et feme]一短语中,此时其义等同于 baro。❼[B-]〈德〉男爵

baronage n.〈英〉❶[总称]男爵 ❷[总称]贵族 ❸男爵头衔 ❹男爵领地

baron court 封臣法庭 领主为解决其封臣间民事纠纷而基于特恩权在自己领地内建立的法庭,全体封臣均为裁判者,诉讼标的不超过 40 先令。另外,它还享有对盗窃和杀人案件的刑事管辖权及处理封臣间关系的半行政权。与之相对应的还有为农奴开设的农奴法庭[customary(baron) court],参加者为农奴。(= court baron)(⇨customary court)

barones scaccarii 财税法庭法官(= Barons of Exchequer)

baronet n.〈英〉准男爵 英国的一种世袭爵位,1611 年詹姆斯一世为敛财通过特许状授予了 200 名准男爵,受封者以交纳一定数量的金钱为条件。该爵位不是贵族爵位的一种,也不属骑士等级,地位处于二者之间,后来准男爵内部亦有许多等级。获此爵位需先向枢密院提出申请,并经听证。关于此爵位还有专门的档案管理。

baron et feme 男人和女人;丈夫和妻子;夫妻 妻子处于其丈夫的庇护和影响之下,因此已婚妇女处于"受庇护"[converture]的状态。

baron of the cinque ports 南部五大港要员 原指五大港全体自由人,后限于指这 5 个港口城市的市长、高级市政官[jurats]及其他议院之议员。(⇨Cinque Ports)

Baron of the Court of Exchequer/B.E. 财税法庭法官

Barons of Exchequer 〈英〉财税法庭法官 指自 12 世纪

到19世纪末司法改革时这一历史时期内对财税法庭6名法官的称呼,其中一位为首席法官,这些称谓与其它法庭的法官相对应。司法改革后,当时财税法庭的几名法官成为了高等法院法官,他们死后再无此称谓。由于在13世纪的大部分期间,财税法庭的司法机构与行政机构并没有明确的分离,因此,从1234年起,财税法庭法官一词被用来指兼司法与行政职能的一批特定官员。在14世纪,他们从财政署[Exchequer]及普通法法庭的著名开业律师中选任,财税法庭法官长期被认为低于普通法法庭法官,他们不能与巡回法官一起出庭,也不是高级律师公会的会员,其地位次于高级律师,也不能与其他法官一起被召集到议会。直到1579年,财税法庭法官才取得与其他法官相同的地位。从那以后,他们从高级律师中任命,并可从事巡回审判。

barony n. ❶男爵爵位 ❷男爵领地保有 ❸男爵领地
barony of land ❶〈英〉十五英亩土地 ❷〈爱尔兰〉郡的下属地区
barra (古)❶终止诉讼的答辩[plea in bar] ❷法庭上的围栏[bar of the court] ❸出庭律师[barrister]
barrasterius (= barrister)
barrastor (= barrister)
barrator n. ❶挑词架讼者;挑唆争端者 ❷对船东或货主致害的船长或船员 基于欺诈或非法目的,违反其对船东或货主所负义务而使船东或货主遭受损失的船长或船员。(⇨barretor)
barratrous a. ❶欺诈性的 ❷挑词架讼的;挑唆争端的
barratry n. ❶挑词架讼;挑唆争端 ❷(海商法)船长或船员的不法行为 船长或船员基于欺诈或非法目的,违反其对船东或货主所负的义务实施的、致使船东或货主遭受损失的行为。
barre (= barra;bar)
barred a. 被禁止的;时效已过的;受阻碍的(⇨bar)
barren money (大陆法)无息债务;无息借款
barrenness n. 不育(= sterility)
barretor n. 挑词架讼者;挑唆争端者 指经常无端地挑起法律诉讼和争吵的人,或者散布谣言引起邻里不和、扰乱社会安宁的人。
barretry (= barratry)
barr fee (= bar fee)
barricade n. 路障;挡墙 指为防止敌人或暴徒的袭击而设置的障碍物。有时用以指挖掘街道时,为防止行人驶入或步入施工区而临时设立的栅栏或挡墙。该词用于指路障时,不仅是有警示,而且还实际地设置有障碍物。
Barrier Act 〈苏格兰〉《限制法》 由1697年的苏格兰长老会全会[General Assembly]制定的法令,规定实施新法和废止旧法应由几位长老审议之后提交下一届长老会全会。
Barrier Treaty(1709) 《保障条约》 指1709年英国与荷兰签订的一个条约,荷兰承诺保证英国新教徒对汉诺威王朝的继承,英国保证将城镇设防为荷兰人提供保障。
barring n. ❶禁闭 指关住并锁上。 ❷禁入 指不允许人或动物进入建筑物或某区域内。 ❸货车转运 铁路运营中的术语,指用起货钩[crowbar]将火车货车厢短程转运,使之更便于装卸货物。
barring the entail 对限嗣继承之阻却
barrister n. 〈英〉出庭律师 15世纪以来英格兰和威尔士以及以英格兰的法律制度为模式的国家中的一种执业律师,指已被授予出庭律师资格并被准许在高级法院[supe-

rior courts]执业和在诉讼中代表当事人出庭者。出庭律师集体称为 the Bar,其管理组织是出庭律师理事会[Bar Council]。出庭律师的主要工作是出庭辩护或代理[advocacy],所以他们的很多时间是花在法庭上或为出庭而作准备上。在1990年《法院和法律服务法》[Courts and Legal Service Act]施行以前,出庭律师享有在高级法院的独占性的出庭权;在初级法院,出庭律师和事务律师共同享有出庭权。但依照1990年法律,事务律师在完成所必需的培训后,也可取得在高级法院出庭的权利。除出庭办案外,出庭律师也做一些文书性工作[paper work],包括起草法律文件、就法律问题提供书面意见等。出庭律师通常不能直接为当事人所聘请,如果需要,通常是由当事人的事务律师代表当事人聘请出庭律师。出庭律师只能单独执业,不能与其他出庭律师合伙,但他们可以共同租用办公场地(称为 chambers),分摊费用。出庭律师办公室[chambers]的所有出庭律师也可以共用一名行政管理人员[clerk],由其为他们安排与当事人和事务律师的会见、就出庭律师的收费进行磋商等。大约70%的执业出庭律师的办公室设在伦敦,其余的则设在其他大城市。和事务律师一样,并非所有的出庭律师都做执业律师,有些出庭律师受雇于法律中心[law centres]和其他咨询机构、政府部门或私人企业,有些则从教。有些出庭律师是在执业一段时间之后去做这些工作,而有些则从未做过执业律师。在英格兰和威尔士,授予出庭律师资格的权力专属于伦敦的四大出庭律师公会[Inns of Court]。现在要取得出庭律师资格须满足以下条件:首先所有欲申请成为出庭律师者须具有(至少是)B+的大学学位[upper Second class degree]。而获得非法律专业学位者则须先完成为期1年的课程以通过普通职业人员考试[Common Professional Examination](与非法律专业毕业生欲成为事务律师时要求的课程一样);然后每人必须加入任一出庭律师公会,在那里完成为期1年的出庭律师职业训练课程[Bar Vocational Course](在1996年以前,该课程只有四大出庭律师公会的法学院[Inns of Court School of Law]提供,现在则可在全国七个不同的机构参加该课程),内容包括口头训练[oral exercises]、会谈与谈判技能指导[tuition in interviewing skills and negotiating skills]。在以前,要求在出庭律师公会学习的学生须在其所属公会就餐满24次,其理论依据是学生与其长者一起就餐可从他们的智慧与经验中获益。这是一项古老的惯例,但日益受到批评,所以后来被减为18次。1997年出庭律师理事会又将其减为 12 次,且要求安排就餐应与研讨会[seminars]、报告[lectures]或周末培训[training weekends]相联系,以使其能够真正提供教育之功能;其后,学生被授予出庭律师资格[be called to the Bar]。但接着则必须到一执业出庭律师办公室[chambers]进行为期1年的实习。自1992年起还要求实习出庭律师在结束实习前参加一项更为深入的法庭实务课程[a further advocacy course],实习结束后,新取得执业资格的出庭律师必须为自己在一家办公室中找到固定位置[permanent place],称为 tenancy。出庭律师在执业10年后,可以申请成为皇家大律师[Queen's Counsel],这通常意味着他们可以承办报酬更高的案件和少做一些预备性的文书工作。在被获准授予该头衔之前一般可以申请几次。但并非所有的出庭律师都申请或能够成为皇家大律师,未成为皇家大律师者被称为初级出庭律师[juniors],他们可以在一些重大案件中协助皇家大律师工作。在英格兰,出庭律师的执业行为受英格兰和威尔士出庭律师总理事会[General

Council of the Bar of England and Wales]的管理,对有不当行为的出庭律师可予审查、暂停执业直至取消执业资格。英格兰和威尔士所有高级法官职位和大多数初级法官职位以及某些其他职位通常都是由出庭律师来担任,但由于1990年《法院和法律服务法》对律师出庭权[right of audience]和选任法官条件的修改,事务律师和出庭律师同样有机会取得高级法官职位。(▷solicitor)

bar sinister 私生(▷bastardy)

barter n.物物交换;交换品 广义上,它包括物品互易[trade]和借助现金完成的买卖[sale]。
v.讨价还价

barton n.(英格兰古法)❶大农场;农舍场院;农舍外屋;圈栏;(家禽的)圈棚;围栏 在1548年的一项法律中,"demeane"或"barton lands"是被作为同义语来使用的,但后者亦可指庄园的房舍、庭院及外屋和周围的围栏等。"bertonarii"是指依领主意志保有上述农地的人。在英格兰西部,大农场被称为"barton",小农场被称为"living"。❷领主自用地;领主自留地;领主家宅(= berton;burton)

bas 〈法〉低的;下级的

bas chevaliers (英格兰古法)下级骑士 以服普通军事役为条件保有土地者,区别于贵族骑士。

base n.❶地基 指物品赖以竖立的基础和底部。❷基地;根据地 指军队赖以提供给养品的地点或者军队最初开始活动的地方。
a.低级的;卑劣的

base animal 贱畜 在普通法中不视为盗窃之标的物。(= animal(s) of a base nature)

base coin 劣等硬币 与金银币相区别、掺有贱金属或低劣杂质使成色降低的劣等硬币的总称。

base court (英格兰古法)下级法庭 指非存卷法庭[court of record],如封臣法庭[court baron]。

base estate 农奴地产权;不自由地产权(▷base tenants;base fee)

base fee ❶(英格兰古法)农奴地产权;不自由地产权 不属于自由保有地产权[freehold],其保有条件也非自由的役务或军役[free or military service],保有人只是依领主的意志履行役务从而保有其地产。(= base estate)❷附条件地产权;附条件财产权 其成就和存在以其它条件的存在为前提,并在该条件终结时终结的地产权或权利。❸附条件或期限的自由继承地产权 这种地产权由限嗣继承地产保有人[tenant in tail]通过阻却其继承权之子嗣[issue in tail]的权利而将原地产转化为自由继承地产的方式产生,它虽然可以对抗限嗣继承地产保有人的子嗣,却无法对抗剩余地产权人[remainderman]或回复地产权人[reversioner],因此在上述子嗣死亡或后二者权利成就时,这种地产权即告终结,故称附条件或附期限的权利。另外,在这种地产权与剩余地产权或回复地产权相融合时,它便扩充为一种绝对的自由继承地产权[fee simple absolute]。(▷fine;recovery;remainder;reversion)

base infeftment 〈苏格兰〉附庸的分封 指下级封臣所进行的分封。

base line ❶起点;基线 政府用于确定城市生活水准的调查起点线。❷(海洋法)基线 测算领海宽度的起算线,指领海的内部界限。基线向陆一面的海域为一国的内海,在群岛国情况下为群岛水域。该基线同时也是测算毗连区、专属经济区和大陆架的起算线。❸测量高速公路中作为中心线的水平高度线

base nature 本性(▷animal(s) of a base nature)

base of operations 活动中心 指以该地为活动或营业的中心地点。活动中心可以不止一个。

base pay 底薪;基本薪金;基本工资 指津贴、奖金等以外的薪金。

base property 贱物 普通法中非常古老的概念,现通过其自身的演变及制定法已在很大程度上得以改变。它指一定的事物,如狗、猫等,属于低等财产,对其偷盗并不构成盗窃罪;但这种低贱性质并不妨碍针对它们的返还之诉的提起和相关权利的主张。

base right 〈苏格兰〉附属权利;次要的权利;从属的权利

base services (封建法)下等活 封建役务中那些不是由上等人或贵族而是由农奴等下等人履行的役务,带有奴役性质,常为有身份的人所不屑。

base tenants 下层土地保有人;农奴 非依法律或习惯上的规定而是依履行领主临时指派的役务为条件保有土地的人,区别于自由土地保有人[frank tenants;freeholders]。

base tenure (封建法)下层土地保有;农奴土地保有 区别于自由农役保有和军役保有,其保有条件是履行领主临时指派的役务或其它奴役性劳务。

basic crops 〈美〉基本农作物 指通常受政府价格支持的作物,如小麦、玉米、燕麦、大米等类似作物。

basic money supply 基础货币供给 包括M1和M2两种统计的。M1等于公众手中的现金加上活期存款;M2等于现金加上所有私人存款。这两种方法统计的都是可灵活用于支付的资金,基础货币供给的过快增长容易导致通货膨胀。

basic norm 基本规范 这是汉斯·凯尔森[Hans Kelson]纯粹法学理论中的一个重要概念。在凯尔森看来,基本规范是一个特定法律体系的基础,是具体法律制度或规范效力的来源。但基本规范的性质和起源却并非法律问题,不能由纯粹的理论来决定,相反,它是由对政治事实的接受所决定的,例如革命导致不同基本规范被接受,随之就会产生不同的法律制度。在实行成文宪法的国家,该成文宪法生效起就是本国法律制度的基本规范。

basic patent 基础专利;开创性专利 指被授予专利的发明创造在产业界或科技界被视为是具有开拓意义的、未曾预料的和无先例的。亦作"pioneer patent"。

basic trial advocacy 〈美〉基础法庭辩护 指美国出庭律师协会[Association of Trial Lawyers of America]所举办的一项活动,即"基础法庭辩护研讨会"[Basic Trial Advocacy Seminars],涉及有关法庭辩护策略及有效实施的基本问题。

basic wage 基本工资;最低工资 指根据协议、法律或者法庭判决的最低报酬,不包括津贴或加时工资等。

basileus 〈希〉国王 东罗马帝国的皇帝使用此称谓,在《新律》[Novels]中曾为优士丁尼皇帝所用;传说英格兰国王在1066年前曾用此称谓。

basilica ❶长方形会堂 古罗马用作法庭、会议大厅等公共场所的建筑物。❷巴西利卡式教堂 ❸[B-]《巴西尔法典》 东罗马帝国的一部法律汇编。草创于公元880年左右巴西尔一世时期,利奥六世时完成。该法典主要是从优士丁尼法典中节选、编纂而成,1453年君士坦丁堡陷落前它一直是东罗马帝国的主要法律之一。

basils (英格兰古法)巴西尔 亨利二世时废除的一种钱币。

basin n.❶盆地;海盆 ❷内湾;内港 ❸(海事法及海上保险中)由岩石圈起的一片海域 ❹流域

basis n.❶准则;基本原则 ❷基准数 所得税法中的

术语,指以一定日期的财产价值或财产投资为基数,计算折旧。

basis in property 财产基价 税收用语,指纳税人在财产上的最初投资,作为计税的基准。

basis of bargain 交易的基础 根据美国《统一商法典》[U.C.C.]第2-313条的规定,与所售商品相关的任何允诺或事实确认均属于交易的基础,并因此设定明示担保。(⇨essence of the contract)

basis of keeping accounts 会计记账基准 纳税人为了缴纳所得税而必须遵循的记账方法。

basis of tax 课税基准;课税基础 根据不同的基准,法律规定了不同的税率,以此计算出应缴的税额。

basis patent (= basic patent)

basis period 基期 为计算所得税而设定的期限,通常是征税当年;或者是应计税的盈利发生当年。

basket tenure 〈英〉编织役保有 以为国王编织竹篮为条件而保有土地的土地保有形式。

basoche 〈法〉巴斯克 法国的一个法律书记官行会组织,自选自己的法定代表。该组织可能是由从诸熟法律并出任法律代理人的法律人士所组成的团体成长而来,14世纪分裂为律师[advocates]、代理人[procureurs]和书记职员[clerks],但仍保留了自己的机构,并以军事方式加以组织。最后,巴斯克还保存了如下特权:出任合格的代理人须在巴斯克登记达10年之久;对于其成员间的纠纷有司法权力和惩诫性的权力。巴黎地方法院、宫廷法院、计审法院、巴黎高等法院和法国的许多下层地方都有许多出色的巴斯克。

basogue (= basoche)

basoque (= basoche)

bassa tenura 下层土地保有;农奴土地保有(= base tenure)

Basset n. 巴斯特牌戏 法罗牌戏[faro, or pharaoh]的演变形式,是一种非法的赌博方式。

Bass's Act, 1864 〈英〉《都市警察法》 内容主要是规范都市警务区[Metropolitan Police District]的街头音乐表演等。

bastard 〈古〉私生子;非婚生子 它包括两种情况,一是未经合法结婚的女子所生的子女,二是已经合法结婚的女子与并非其合法丈夫的男子所生的子女。(⇨illegitimate child)

bastard ainé 〈英格兰古法〉非婚生长子(= bastard eigné)

bastard eigné 〈英格兰古法〉非婚生长子;私生长子 某对夫妻的诸个孩子中,其长子为婚前所生的情况。(⇨puisné)

bastardize v. 判定(或宣告、证明)…为非婚生(或私生)

Bastardus non potest habere haeredem nisi de corpore suo legitime procreatum. 〈拉〉非婚生子女在未取得合法婚生子女身份之前,没有继承权。

Bastardus nullius est filius; aut filius populi. 〈拉〉私生子非任何人之子,而是国民之子。

bastardy n. 私生子地位;私生

bastardy bond ❶私生子抚养协议 由私生子的父亲出具的、保证抚养该私生子的文书。 ❷〈英格兰古法〉私生子抚养补偿书 根据1575年的制定法,法官根据私生子的妇女的宣誓,可以要求公认的该私生子的父亲出具债务保证书(即所谓的私生子抚养补偿书),提供充分的担保,以补偿教区为抚养该私生子所付出的成本。后被废止。

bastardy order 〈英〉(= affiliation order)

bastardy (paternity) proceedings 确定非婚生子生父的程序 根据法律规定的方式进行的、确定非婚生子生父以使非婚生子能得到适当监护养育的诉讼程序。

bastardy process (= bastardy(paternity) proceedings)

Bastardy Statute 〈美〉《私生子抚养法》 该法规定,被确认为某非婚生子之父者,若疏于或拒绝支付法庭裁决的抚养费,可对其处以监禁。

bastille n. ❶监狱;拘留所;禁闭室 ❷[the B-]〈法〉巴士底狱 始建于1369年,最初是在圣·安东尼[Saint Antoine]大门附近。在17、18世纪时成为国家监狱,羁押重要的犯人。所关押的犯人数量很少,但都是根据国王命令而被关押的。所有的犯人对此监禁令都没有上诉权。后来,它又变成了司法拘留[judicial detention]的处所,正在受到最高法院审判的犯人亦可关押在此。巴士底狱成为波旁王朝的象征。1789年7月14日,巴黎起义捣毁了这座监狱,法国大革命也就此拉开序幕。这座监狱后被拆除。

Bastille Day 巴士底狱日 指7月14日,法国国庆日。1789年7月14日,巴黎人民摧毁象征王室统治的巴士底狱,法国大革命开始。

baston 〈英格兰古法〉警棒 用来指弗利特监狱[Fleet]的监狱长官。

Bas-ville 〈法〉城市的郊区

batable-ground 有争议之地 在1706年英格兰、苏格兰统一前位于二者之间,其所有权有争议的土地。

bataille 〈英格兰古法〉战斗;决斗;决斗断讼制

bathtub conspiracy 澡盆式共谋

batiment 〈法〉船舶;海船;舰

batonnier 〈法〉律师协会主席 主持惩戒理事会[council of discipline]的工作。

battel n. 〈古〉决斗审判制度;决斗断讼(⇨wager of battel)

battered child 受虐待儿童 指因遭受虐待,包括性虐待、无人照管、营养不良或出生时即依赖毒品等而受到严重生理或心理伤害的儿童。(⇨child abuse)

battered child syndrome 受虐待儿童综合症 指儿童由于长期遭受虐待而产生的病理、心理综合症,主要表现为多动不宁、感情脆弱、适应困难、内向孤僻等。根据此诊断,可认为儿童的抚养人对此负有责任。

battered husband 受虐待丈夫 指因妻子施加暴力而身体或心理上受到伤害的男人。

battered parent 受虐待的父母 虐待父母[parent abuse]通常被称为"granny slamming"。当年老者与其孙子辈共同生活时,他们通常象孩子依赖父母一样,在生理上、经济上和感情上依赖其孙子等。所以,与其他家庭关系的成员间一样,年老者也会受到相同的虐待。

battered spouse 受虐待的配偶(⇨battered husband; battered wife defense)

battered wife defense 〈美〉受虐待妻子辩护 指受虐待的妻子因杀害或以其他方式回击丈夫而受到审判时提出的辩护理由。辩护律师们将习惯性虐待妻子称为"慢性谋杀"[Murder by Installment],并以正当防卫为由为受虐待的妻子对其丈夫使用暴力的行为开脱责任。

battered woman syndrome 受虐待妇女综合症 妇女因受到配偶或情人在身体、性或情感方面的虐待而致的一种病理和心理状态。这种综合症有时被用作辩护理由,证明其杀死某一男子系出于正当理由。该词在狭义上用作"受虐待妻子综合症"[battered-wife syndrome],在广义上用作"受虐待配偶综合症"[battered-spouse syndrome]。

battery n. ❶殴击罪 普通法上和制定法上的轻罪。指对他人非法使用暴力的行为。构成此罪有3个基本构成要件：①被告实施了犯罪行为。包括作为和不作为；②被告的心理状态，可能是故意，也可能是轻率；③对被害人的伤害结果，可能是身体伤害，也可能是侵犯接触。有时，殴击可能是合法的，在某些情形下，受害人的同意可构成抗辩的理由。assault 指企图实施武力伤害他人，battery 指对这种威胁的实施，它包含 assault，即企图伤害在内，所以，"assault and battery"经常在一起使用，指殴打、人身攻击等。(= criminal battery)(⇨assault and battery) ❷(侵权法)非法侵犯(= tortious battery)

battle of the forms 标准条款之间的冲突；格式之战 在合同缔结过程中，双方当事人所交换的标准格式条款之间发生的冲突。尤指一方当事人以另一种形式作出承诺或确认书，从而与要约产生不一致。为解决这一冲突，英美法国家放弃了普通法要求的"镜像规则"[mirror-image rule]，转而规定承诺中含有附带条款的，一般亦属有效。

batture n. ❶(海洋法)向海面耸起的海底砂石 由于海底砂土、石子、岩石等混合堆积向海面耸起而形成。❷河床增高 ❸(岸边土地因冲击而形成的)土地自然增长(= alluvion) ❹(普通法)因水流冲击形成的土地 ❺〈美〉(路易斯安那州)密西西比河特定河段的河床 该段河床每年在河水低落时即露出河面，在河水涨至平常高度时即没入河面。

Baume gravity (= gravity)

Baumes Law 〈美〉《鲍姆斯法》 指 1926 年通过的《纽约州刑法典》[New York State Criminal Code]中的几个法规，以强制镇压为原则制定，同时也是《惯习犯罪法》[Habitual Crimes Act]的著名典范，该法规定对惯犯处以较重的刑罚，对于 4 次犯重罪的人处以强制性终身监禁。

bauxite n. 铝土 指富含铝矿并值得开采的土地。

Bavarian Law 《巴伐利亚法典》 该法典始编于公元 750 年，包括巴伐利亚部落习惯法[rules of Bavarian]、阿勒曼宁法[Alamannic rules]、萨利克、法兰克、西哥特法[Salic, Frankish, and Visigothic rules]、伦巴得法[rules from the Lombard Edict]及宗教会议上为教士制定的规则等。

bawd n. 鸨母；妓女；做淫媒的女人

bayley (英格兰古法)百户长 古代英格兰的一种官职；新普利茅斯殖民地法中也有此用语。(= bailiff)

bayou n. ❶支流 常用于美国路易斯安那州[Louisiana]和得克萨斯州[Texas]。❷出水口 指从沼泽、水塘、泻湖等通向河、海的出水口。

bazoche (= basoche)

bazouges (= basoche)

BBC (= British Broadcasting Corporation)

B.C. (= before Christ; bankruptcy courts; bankruptcy cases)

B.C.L. (= Bachelor of Civil Law)

B.E. (= board of education; bill of exchange; Baron of the Court of Exchequer)

beach for driftwood and timber 飘流物海岸线 通常由于冬季洪水将漂流木和水草等物推至岸边形成的海岸线。

beacon n. 灯塔；灯标；信号浮标 以前用于在敌人进犯时提供警报，但现在用于为海上的航船导航。

beaconage n. 灯标费 维持一个灯标或信号所支付的费用。

beadle n. ❶法院执达员；法院差役 ❷〈英〉堂区委员会助理 英国教会法中，由堂区委员会[vestry]选出的堂区低级官吏，参加堂区委员会会议，发布会议公告，维持会议秩序，召集陪审员验尸，亦协助堂区治安官[constable]工作。(⇨bedel)

bear v. ❶支撑；承受；带有 ❷导致；引起 指产生某种伴随的、附属的结果。❸结(果实)；生(利息) ❹提供(证言等)
n. (对行情)看跌的人 指其认为证券价格会下跌，与对前景特别是行情乐观的人[bull]相对。

bear arms 〈美〉持有武器；携带武器 美国宪法第二条修正案规定："公民携带武器的权利不受侵犯。"然而，规范武器的运输、销售、使用及占有的联邦法律和州法律已实际对该权利进行了限制。(⇨right to bear arms)

bearer n. 持票人；持有人 持有各种票据、文件或指示向持有人支付，或空白背书证券的人。当一张支票或汇票指示向持有人支付时，即表明一经持有人提示必须给予支付。(⇨payable to bearer)

bearer bond 无记名债券 只向持有人支付的债券。这种债券的转让无需背书，只需交付即可。

bearer document 无记名单据 经出票人空白背书获得的单据，只有提交单据才可兑现。

bearer form 无记名方式 表示证券、票据、单证等无需背书可转让流通的一种方式。

bearer instrument 无记名票据；无记名证券 依照《美国商法典》[U.C.C.]的规定，当票据以其条款规定应向下列人之一付款时，该票据应向持有人付款：①持有人或其指定人；或②特定的人或持有人；或③"现金"的指定人，或不意欲指派特别受款人的其他指令。此处的"现金"，指在票据上的受款人姓名处没有填入受款人姓名，而只填入现金数额。

bearer paper 无记名票据(⇨ bearer document; bearer instrument)

bearer securities 无记名证券 根据规定，无需背书即可转让流通的证券。

bearing arms 〈美〉携带武器(⇨right to bear arms)

bearing date 载明日期；有特定日期

bearing the burden 承担责任

bear interest 计息；生息 指各种资产、证券或本金可以产生利息，带来收益。

bear market 熊市 指价格正在下跌或者预期下跌的市场。

beat v. 非法暴力行为 指在刑法和侵权法中，涉及到企图伤害和殴击行为时的用语。(⇨battery)
n. ❶〈美〉相当于区级的行政单位 特指美国南方几州，如亚拉巴马州[Alabama]、密西西比州[Mississippi]、南卡罗来纳州[South Carolina]中县级以下的行政单位。❷(警察的)巡逻路线(范围) ❸选举区

beating n. 攻击；打击；使他人遭受严重的暴力打击(⇨battery; corporal punishment)

beating of the bounds 〈英〉巡视堂区辖界 为牢记堂区的辖界，堂区牧师等人每年一度沿辖界巡视，是一种古老的习俗。

beaupleader 〈法〉❶对恶意(或不公正)答辩科处的罚金 ❷禁止行政司法官对恶意答辩处以罚金的禁令

because conj. 因为；由于 该词在用法上应注意：①通常情况下，because 不能跟在逗号后面；②否定词之后跟表因果关系的词组会造成歧义含混；③because 与 reason 放在一起使用会造成冗赘；④because 可以用在句子的开头；⑤because 与 for the reason that, due to the fact that, on the ground that 等类似的冗长短语可互换使用；⑥because 一般用于表示原因。(⇨as)

because of employment 因受雇佣 出现在劳工赔偿法中，旨在于第三人有意攻击雇员并致雇员受到伤害时，减轻或免除雇主对该伤害承担的责任。它不是指广义上的雇主对其雇员在受雇期间所受伤害不负责任，而是指如果第三人对雇员的攻击旨在阻止其为特定的雇主工作时，雇主对雇员受到的伤害不负责任。

because of vicinage 因为相邻接(⇨common because of vicinage)

become a member 成为成员 指加入兄弟会[fraternal order]、教会或服务机构等。

bed and board 同居(⇨divorce; divorce a mensa et thoro)

bedel 〈英〉❶法庭传唤员；法庭执达员；(进行公告的)传令官 ❷堂区委员会助理 堂区或特许区域的低级官吏，从事发布堂区委员会通知等工作。❸林区官员 相似于州或郡的司法行政长官的特别助理。❹国王的收租人 ❺牛津大学和剑桥大学里的执权杖者[macebearer]

bedelary n.法庭执达员、堂区委员会助理、林区官员、国王收租人的管辖范围

bedell 〈英〉(= bedel)

bederepe 收谷役 古时特定的佃户被迫提供的一种役务，在收获季节为其雇主收割谷物。

bedeweri n.❶土匪；盗匪；歹徒 ❷因放荡、荒淫而被开除出教会的人

bed of justice ❶刑床 该刑具是钉满钉子的床。刑讯逼供时将被告人放在刑具上并压以重物，直至其因疼痛而认罪。❷法国议会中国王的宝座

bedroom tax 〈美〉卧室税 从市市政通过对环境评估而对土地开发者征收的一种税，它基于每栋私人住宅所拥有卧室数目决定税额。

before prep.❶在…之前 指在时间上先于，但依上下文可有不同义项，如指顺序、重要性、地位上先于等。该词不能象 for、during、throughout 等词一样用于指一段期间，而只是表示某事件或行为的发生早于所提及的时间。如果要求某一行为在某事件之前数日进行，则该"数日"的计算应包括事件的日期而不包括行为发生之日，但有人认为这种计算方法不适用于某一指定期日之前数日的确定。❷由…处理；在…权限范围内；由…考虑中

before Christ/B.C. 公元前

before due 在到期日之前(⇨indorsement before due)

before the fact 事前(⇨accessory before the fact)

bega n.土地丈量单位，约三分之一英亩

beggar(s) n.乞丐；乞讨者 没有其他生活来源，以乞讨为生者。

begging letter 〈英〉乞讨信 当一人为得到慈善捐助而采用欺诈手段写信要求时，根据1824年《流浪罪法》[Vagrancy Act]，该人将被认为是流浪汉初犯而被定罪。如再为相同行为，将被认为是不可救药的流浪汉，而移交刑事法院处理。

begging the question (= petitio principii)

begin v.开始；创建 在列举原因时，引导项应用"begin with"，而非"begin"。begin 与 commence、start 同义，但 begin 最常用；commence 较正式，用于典礼、仪式的开始；start 则常用于体育活动的开始；同时，begin 和 start 可接不定式，commence 则不能。

begin action 起诉(⇨commencement of action)

beginning of life 生命的开始 从生物学而言，生命从母体子宫内的受孕时开始。在法律中涉及遗产的继承或取得时，生命的开始取生物学上的定义。但若涉及未出生儿就其所受的伤害获得在出生后可以行使的诉权能力问题时，生命则自脱离母体时开始。由于尚无制定法的规定，对于儿童或其代理人是否可以就其出生前所受伤害提起损害赔偿之诉，尚存有争议。(⇨birth)

behalf n.利益；支持；赞成 "in behalf of"和"on behalf of"存有区别，前者指"为了…的利益"，后者意为"作为…的代表"，一般不用"upon behalf of"。

behavior n.行为；举止；风度；态度；表现

behaviours as heir 接受继承的行为 指任何可以表示接受遗产继承的行为。

beheading n.〈古〉斩首 一种处以死刑的方法。

Behetria 〈西〉自由市 在该地域内，居民有权挑选其自己的领主。

behoof n.〈古〉利益；好处 常用于财产转让证书中，表示"为了某人的利益"[to his and their use and behoof]。

Behring Sea Arbitration (= Bering Sea Arbitration)

Behring Sea Award Act 〈英〉《白令海仲裁法》 该法确认了于1893年8月15日根据英美条约做出的关于在北太平洋猎取和保护海豹等有关问题的仲裁裁决。(⇨Bering Sea Dispute)

belief n.相信；确信 指通过辩论、说服或证明等而达到的对某一陈述或主张的真实性的确信，它主观地存在于人的头脑中，但却并非由现存的观念或知识而产生，而是根据外来的证据、信息或通过推论而达成。

belief-action distinction 〈美〉信仰与行为区别 最高法院在对美国宪法第一条修正案的案例分析中，对信仰与行为进行了区分，认为个人选择信仰的自由受法律保护，但当其信仰转化为行为时，州在必要时可进行干预以保护他人免受该行为的损害。

belligerency n.〈国际法〉❶交战状态 指不论是否宣战或交战国是否因诉诸侵略战争违反国际法而事实上进行战争的状态。❷交战地位 指叛乱者被承认具有交战团体的地位从而使其作战行为合法化，并由此承受国际法所确定的作为交战团体的权利义务；亦指一国因对他国从事战争而依战争法所具有的国际地位。(⇨belligerent; recognition of belligerency)

belligerent a.❶好战的；好斗的 ❷从事战争的；交战的 n.❶〈国际法〉交战国 指依据国际法从事战争而处于交战状态的两个国家中的任何一方，以及与其积极合作的同盟国。区别于对战争不作任何参与而在交战国之间严守中立的中立国，也区别于依据国际法不享有任何战争权利的非正规参战者。❷〈国际法〉交战团体 在一国境内部分领土上从事对该国战争的叛乱团体，由于第三国承认其具有交战地位而成为交战团体。此种承认只有在下列条件下才是合法的：在一国境内发生内战，叛乱者已经建立政府并控制了该国部分领土、实施有序的管理，有效地控制着遵守战争法行动的军事力量。此种承认一经作出，叛乱者即取得交战一方的地位，承认国对交战双方承受战时中立的权利义务。❸好战的人；好斗的人

belligerent blockade 战时封锁 国际法公认的战略原则：在战争期间，交战国封锁进出敌方港口的通道。

belligerent rights 交战权利 战争法承认并许可的某一国家、民族或团体发动战争的特定权利，但这些权利并非不受任何限制，有许多公约、条约及不成文的国际法原则对有关陆战、海战和空战的法律和惯例根据人道主义原

则作出解释,以限制交战国的权利。
bello 进行战争的;从事战争的
bello parta 战利品;战时掠夺物;战争所得
Bello parta cedunt republicae. 〈拉〉由于战争而取得的,属于国家。 这一谚语常被用来说明所有的战争所得首要地属于国家。
bellum 〈拉〉战争;(国家间)武装冲突;交战状态
bellum justum 正义战争 正义战争的原则是所有国家都无权不受限制地诉诸战争,而只能依特定的有限的根据才能从事战争。
belong v. 属于;为…之财产;为…之一员;据有;拥有
belonging n. 附属物;从物;所有权;所有物
belongings n. 动产;财产;所有物 该词作狭义解释时仅指个人所有的动产;在广义上指所有财产,甚至包括不动产。
belonging to 属于;拥有…的所有权 该所有权包括普通法和衡平法上的所有权。
below a. ❶下级的;下级法院的;初审的 例如案件被移送上级法院复审时,原法院即称为"下级法院"[court below]。❷初步的;附属的;从属性的
below par 低于面值(⇨par value)
Ben Avon Doctrine 〈美〉本·埃文原则 指公用事业公司依照正当程序有权要求对公用事业委员会制定的费率进行司法审查的原则。
bench n. ❶(法庭上的)法官席 ❷法庭;裁判庭 ❸[总称]法官 如 bench and bar。❹(某一特定法院的全体)法官 如 the Sixth Circuit bench。
bench and bar [总称]法官和律师
bench blotter 逮捕记录(⇨arrest record)
bench book 法官手册 法官在开庭时为方便参考而随身携带的有关法律规则的小册子,以帮助其正确处理庭审中出现的任何问题。
bench conference 法庭会议 指法官和律师之间在陪审团听审之外就诉讼有关问题(通常是关于证据异议问题)所进行的会商。可以记入也可以不记入诉讼记录。
Benchers n. 〈英〉律师公会主管 指英国四大律师公会内部管理机构的领导人,其成员一般为高等法院法官、皇家大律师及其它出庭律师,现任主管可选择他们认为合适的人加入。主管对公会之财产有完全控制权,并有权决定会员吸收、授予律师资格或驱逐出公会等问题。对于主管与公会会员之间的纠纷,由御前大臣与高等法院法官组成的公会内部裁判庭[domestic tribunal]解决。(=Masters of Bench)
bench law 〈美〉法官法 对违反先例的判决的一种嘲讽性称谓。
bench legislation 〈美〉法官立法 指法官对制定法的解释与立法意图相背的情形。也称 judicial legislation, judge-made law。
bench mark 水准点;基准;基准尺度 用于比较、对比的基本标准单位,指在固定持久的物体上标明的一个特别高度的标志,供地形测量及潮汐观测参考之用。
bench memo 法律备忘录 通常根据法官的要求由律师提交的、支持该律师在案件中所持观点的有关法律的备忘录。
bench trial 法官审判 指没有陪审团参与而仅由法官审理或当事人已放弃由陪审团审理的情况,即法官既裁决案件事实又适用法律。
bench warrant ❶〈美〉法官逮捕令 由法官直接向执法官员签发的要求其逮捕藐视法庭者、已对其提起公诉者、不服从传票[subpoena]者或在庭审时未到庭者等人的令状。❷〈英〉法院逮捕令 由法院签发的逮捕犯罪人的令状,区别于治安法官[justice of the peace 或 stipendiary magistrate]签发的逮捕令。
bene 〈拉〉好的;适宜的;合法的;充分的
Benedicta est expositio quando res redimitur a destructione. 〈拉〉使事物免于毁灭的解释是崇高的。 这是使法律文书生效从而使其本来的目的免于落空的一种积极解释。
bene esse 目前有效(⇨de bene esse)
benefice n. ❶恩惠土地保有 在8世纪法兰克王国实行的一种土地保有方式,封建领主为了自身利益以恩惠方式将土地租赁给自由人,租赁是终身制的,有时也可继承。该词作为土地保有的意义在12世纪逐渐消失。❷(教会法)(有俸)圣职;圣俸 有俸圣职的产生是指主教和封建领主任命牧师管理教堂,授予其圣职和教堂的收入作为薪俸。在英格兰国教会中,该词指牧师对宗教管辖权[cure of souls]的自由保有职位,包括对该职位享有的收益的完全保有,直至任职者死亡或辞去这个职位。这些职位通常指堂区教会[parochial church]中的堂区长[rector]、堂区长代理[vicar]、终身堂区助理[perpetual curate]。根据1898年《圣职法》[Benefices Act],圣职出缺时由圣职推荐权人[patron]推荐圣职候选人,主教审核后授予其圣职。
bénéfice 〈法〉利益;好处 尤指法律赋予的而不是当事人协议赋予的特权。
bénéfice de discussion 〈法〉(= benefit of discussion)
bénéfice de division 〈法〉(= benefit of division)
bénéfice d'inventaire 〈法〉(= benefit of inventory)
beneficence n. 慈善;善行(⇨contract of beneficence)
beneficia 免役保有地产(权) 无偿捐献而由教会保有的地产。
bénéficiaire 〈法〉❶(汇票或本票的)收款人 ❷(合同指定的)受益第三人
beneficial a. ❶有益的;受益的;有利的 ❷有使用权的;可受益的 此为其专门含义,意指可从法定所有权以外的事物——如合同或期待权——中获得利益。
beneficial association (= benevolent association)
beneficial devise 受益遗赠 指带来好处、利益的遗赠。受遗赠人可根据这种遗赠,从立遗嘱人的财产中得到直接的利益。例如,从丈夫的遗赠中获得寡妇产的权利即属此。当财产的利益为附带获取而非因遗赠直接获得时,不属于该种遗赠。
beneficial enjoyment 受益性使用收益 指所有权人对自己的财产进行的使用收益,不同于信托中的受托人为他人的利益而使用的收益。
beneficial estate 受益财产权;可受益遗产 处于期待状态的遗产须于将来某一时间方可占有,但如果受遗赠人为自己的利益完全取得该遗产,而并非仅为他人的利益拥有该遗产,则属于"可受益的"遗产。
beneficial holders of securities 股票受益持有人 指对某种股票享有合法权益却未在公司记录中登记其姓名的人。
beneficial interest 可受益的利益;受益的权利;自益权 指从合同或财产所有权中产生的利益或好处,不同于从法定所有权或控制中产生的利益。例如,受遗赠人、遗产继承人或受赠人为自己的利益进行的使用、收益,而不是

beneficially entitled 受益性获得所有权 无论其以普通法方式还是衡平法方式获得所有权,目的都在于使其享有所有人的利益。

beneficial owner 受益所有人 指对信托或信托财产享有衡平法上所有权的信托受益人,与财产的法定所有人(即受托人或遗产代理人)相对。

beneficial power 受益权 为受赠人的利益而行使的权利。

beneficial use 受益使用 指可以根据个人喜好或为从中受益而对财产进行使用、收益的权利,区别于单纯的占有权。尤指当一方对财产享有法定所有权时由另一方对财产进行使用受益。(⇨use)

beneficiary n. ❶受俸牧师 ❷受益人 指从他人的行为中受益的人;或者从财产的转移或其他处置中受益的一方。如信托受益人、寿险保单的受益人及遗产受益人、合同中的受益第三人、信用证中的受益人等。(⇨ creditor beneficiary; primary beneficiary; third party beneficiary)

beneficiary association (= benevolent association)

beneficiary heir (大陆法)受益继承人 指接受继承,但将遗产清单登记备案,以遗产价值为限对遗产债务承担清偿责任的继承人。这种继承人也就是享有限定继承特权的继承人,与无保留地对遗产债务承担责任的无条件继承人[unconditional heir]相对。(⇨ benefit of inventory)

beneficio cedendarum actionum 〈拉〉要求转让诉权之特权(⇨beneficium cedendarum actionum)

beneficio prima 〈英〉首次出缺圣俸任命状 一种古代令状,由国王向御前大臣发出,责令其以皇家馈赠的形式赐赠某人首次出缺的圣俸,其价值高于或低于一个特定的标准。

beneficio primo ecclesiastico habendo (= beneficio prima)

beneficium 〈拉〉❶(教会法)圣俸;圣职 ❷永久薪俸财产 与fief, feud or fee同义,原指给贵族的赠与、赐赠。 ❸(罗马法)利益或恩惠;一切特殊的优惠、特权(= benefice)

beneficium abstinendi 〈拉〉(罗马法)弃权特权;拒绝继承权 指继承人有权拒绝遗产,并由此免于为死者的债务承担责任。

beneficium cedendarum actionum 〈拉〉(罗马法)〈苏格兰〉要求转让诉权之特权 指共同保证人[cosurety]在已经或尚未清偿债务时,有权迫使债权人转让其对其他共同保证人享有的诉权。在苏格兰法中,已经作出清偿的共同保证人[cosurety;cocautioner]无需迫使债权人转让其诉权,就可因清偿行为获得对未作清偿的其他共同保证人的诉权。但在罗马法中,这种诉权在清偿债务之前就已产生。

beneficium clericale 神职人员特权(= benefit of clergy)

beneficium competentiae 〈拉〉(罗马法)〈苏格兰〉维持生计之特权 这是债务人享有的一项权利,指可能命令债务人在其合理的能力范围内偿还债务,即在向债权人转让财产之后,债务人还应有足以过温饱生活的财产。

beneficium discussionis (= beneficium ordinis)

beneficium divisionis 〈拉〉(罗马法)〈苏格兰〉诉权分割之特权 指共同保证人享有的一项特权,即每个共同保证人只应按照自己的比例要求对债务进行清偿。

beneficium excussionis (= beneficium ordinis)

beneficium inventarii 〈拉〉(罗马法)(= benefit of inventory)

Beneficium invito non datur. 〈拉〉不能违反某人的意愿而授予其利益或特权。

Beneficium non datum nisi propter officium. 〈拉〉除非履行了义务,否则不给付报酬。

Beneficium non datur nisi officii causa. 〈拉〉圣职的给予只能根据职责。

beneficium ordinis 〈拉〉(罗马法)〈苏格兰〉先诉抗辩权 指担保人有权要求债权人在向其追索之前,应首先诉诸主债务人以其财产承担债务。

Beneficium principis debet esse mansurum. 〈拉〉君主的善行应持久。

beneficium separationis 〈拉〉(罗马法)分离之特权 遗产的债权人要求将死者财产与继承人财产相分离的权利。由此确保死者遗产不被用于清偿继承人债务,从而保护死者的债权人的利益。

benefit n. 利益;益处;利润;收益;特权;好处 在合同法中,指以承诺作为或不作为而得到以前无权得到的好处或利益;也指在遭受疾病、残疾及失业等时从保险公司或社会保障项目中得到的经济帮助。用于国家行使征用权[eminent domain]中,指在评估因征收用于公共事业而对私人财产造成的损失时,以特别补偿[special benefit]作为对损失的补偿,而不使用一般补偿[general benefit]的制度。在这一制度中,一般补偿指对整个社区、邻近地区、或对位于相似地方的管理及发展应产生的自然增长的补偿,而特殊补偿指仅对受损害的土地所有者直接、单独补偿自然增长的收益。

benefit association (= mutual benefit association)

benefit building society 建筑互助会(⇨building society)

benefit certificate 受益证书 指根据载明的条件向记名人支付特定金额的债务文书,通常指由兄弟会或慈善会所出具的一种证券。

benefit-cost ratio 效益成本比;收益与成本比率 指一公共项目在预计的使用期内的预期收益及其预计成本间的比率。

benefit insurance 互助保险(⇨mutual insurance company; mutual relief association)

benefit of cession (大陆法)让与权 从债务人利益出发,运用法律手段将其财产让渡给债权人,使债务人免于因无力还债而受到监禁。

benefit of clergy 神职人员特权 古时指惟有神职人员享有的特权或豁免权,分为两种:①履行宗教职能的圣所享有刑事逮捕的豁免权;②神职人员在少数特定案件中享有世俗法院刑事诉讼和审判的豁免权,神职人员转交教会法院审判。在英国,这一特权后来扩大到俗人,但14世纪时规定犯有重大叛国罪的人不适用这种豁免权。1827年该特权被废除。美国普通法采纳神职人员特权作为法律体系的基础,但在独立战争期间该特权基本被废除。

benefit of counsel 获得律师(帮助)的权利(⇨assistance of counsel; right to counsel)

benefit of discussion (= beneficium discussionis)

benefit of division (= beneficium divisionis)

benefit of inventory (大陆法)限定继承原则;财产清单的利益 指继承人对遗产债务承担的责任以所继承遗产的价值为限的原则。该原则的适用有两个前提:一是继承人作此选择;一是继承人需将遗产清单登记备案。又作

bénéfice a d'inventaire。
benefit of order (= beneficium ordinis)
benefit-of-the-bargain damages 交易利益损害赔偿金(⇨benefit of the bargain rule)
benefit of the bargain rule 交易利益规则 ①在合同法中,指违约方必须向受损方提供其在违约方完全履行的情况下本可以得到的全部利益,包括利润。亦即,即使在对方违约时,合同当事人仍应得到其根据交易所应获得的全部利益。②在欺诈性买卖的情况下,受欺诈的买受人可以向出卖人请求损害赔偿,补足其被骗支付的对价与所得货物实际价值之间的差价。
benefit society 互助会;互济会 持有成员定期提供的款项作为基金,在成员需要时贷给或给予他们以缓解其经济困难,可以有各种名称。(⇨benevolent association)
benefits-received principle 获益原则 指主张对政府提供的商品及服务的税收应以纳税人从中获益的比率来评定税额的原则,如用收取的燃料税修建高速公路就是这一原则的体现。在很多情况下,如国防及政府医学研究方面,无法衡量获益的大小,然而,该原则使政府在很多方面走向市场化。
benefits rule 损益相抵规则 侵权人实施侵权行为而致被侵害人同时受益的,被侵害人主张损害赔偿时应先扣除其因此所获的利益。
benefit theory 利益返还原则 当合同一方当事人欲解除合同时,必须将其从对方所获的全部利益返还给对方。
Benelux Economic Union 比荷卢经济联盟 区域性国际经济组织之一。1922年比利时－卢森堡经济联盟成立,1944年上述两国与荷兰签订关税同盟条约,该条约于1948年生效。1958年这三个国家又签订比荷卢经济联盟条约,该条约囊括了上述条约并于1960年生效,比荷卢经济联盟正式成立,总部设在布鲁塞尔。该联盟设有部长委员会、理事会、秘书处、经济和社会咨询委员会、法院和仲裁机构。其宗旨在于:实现成员国之间劳务人员、资本、商品和服务的自由流动;协调成员国之间的政策;推动与非成员之间的国际贸易。
bene placitum 高兴的;喜悦的
benerth 土地保有人用犁、马车为领主提供的义务
bene se gesserit 举止得体(⇨dum bene se gesserit)
benevolence n.善行;慈善 指在除道义之外不负有任何义务的情况下,对他人进行友好帮助的行为。它包括为他人及大众的幸福所从事的行为或制定的计划。虽然"benevolence"和"charity"常常用作同义词,但它实则包含了"charity"并具有更广泛的意义,即:"charity"所指的善行,在法律意义上,是指不期望回报或无对价的给予,而"benevolence"可指任何为谋求他人幸福所促使或以此为目标的行为。(⇨benevolent; charitable; charity)
benevolent a.善意的;人道的 指热爱他人并热心于为他人行善、行事,以给予他人利益而不谋求自己受益为目的。本词在用于目的时,可以指具有慈善[charitable]性质者,也可更广泛地用于不具有法律意义之慈善目的者,因基于友谊、为他人考虑或好意所为的行为都可以被恰当地形容为是善意的。因此,转让某项财产给数位受托人[trustee],由其自由裁量或是依照共识将财产运用于善意目的[benevolent purpose]则并不产生公共慈善[public charity]。当该词与其他解释性词语连用并表明捐赠者要求财产用于严格意义上的慈善目的时,"benevolent"才被认为是等同于"charitable"。(⇨charitable; charity)
benevolent association 慈善团体 出于慈善目的成立的非营利性团体,其中的突出形式是"互助会"[benefit or beneficial associations]。它也是"benefit society"、"fraternal"或"friendly society"的别称。(⇨benevolent corporation; charitable corporation)
benevolent corporation 慈善公司 为慈善而非商业目的成立的非营利公司,其目的在于提高人类精神、身体和思想方面的福利。该词可指接受遗产并使用这笔遗产用以提高营利性公司雇员的社会、身体及经济状况的公司。(⇨charitable corporation)
benevolentia regis habenda 〈拉〉古代以交罚金或屈从而换取国王的原谅或宠爱,以重新获得地位、官职和财产的方式
benevolent insurance company (= mutual insurance company)
benevolent society 慈善协会;慈善团体(⇨benevolent association; benevolent corporation)
Benignae faciendae sunt interpretationes et verba intentioni debent inservire.〈拉〉对书面文书的解释应不拘泥于字句,并且,字句应当反映文书的意旨。 此法谚确定了解释遗嘱的原则。
Benignae sunt faciendae interpretationes cartarum propter simplicitatem laicorum ut res magis valeat quam pereat.〈拉〉由于普通公众的专门知识所限,对契据的解释不应拘泥于字面,以使其本意能够得以执行,而不被废弃。 这一规则适用于所有书面法律文件,但在有严格规则之处,即特定的词只能有特定的含义时除外。
benign discrimination 〈美〉有利的区别对待 指有差别地选择某一少数民族成员,但这种区别对待的目的在于帮助该少数民族成员而非有害的。
Benignior sententia in verbis generalibus seu dubiis, est praeferenda.〈拉〉较好的解释是对笼统的或有疑问的表述所作的解释。
Benignius leges interpretandae sunt quo voluntas earum conservetur.〈拉〉为了保持法律的原意,法律解释应不拘泥于其字面。
bequeath v.动产遗赠;遗赠 一般指对动产进行遗赠。与"devise"相区别,后者一般指不动产遗赠。但如果遗嘱内容明示立遗嘱人将其不动产遗赠他人的意图,则也可以该词表示之。(⇨bequest)
bequest n.❶遗赠物 ❷动产遗赠(⇨charitable bequest; demonstrative bequest; devise; general bequest; legacy)
berat 由东方君主赐予的特权、身份等(= barat)
berbecaria 牧场;牧羊之草坡
berbiage n.放牧羊群须交纳的费用
bercaria n.❶羊栏;羊圈 ❷树枝
bercarius n.牧羊人
bercator n.牧羊人
bereft a.失去…的;丧失了亲人的 尤指失去所心爱者
bereft of reason 心智不全;缺乏理性
berenica 〈英〉领地;采邑;镇
berewick 庄园内未出租的土地;庄园自留地(= barton)
Bering Sea Arbitration 白令海仲裁 1893年根据英美两国间的条约进行的仲裁,其裁决后经美国国会批准,最终确定了美国在阿拉斯加海域和白令海海域的权利,并解决了所有有关该地区美国公民和国民及其他国家公民、国民权利的问题。
Bering Sea Dispute 白令海争端 美国、英国和加拿大三国关于白令海国际地位的争端。1881年美国基于控制

阿拉斯加沿海捕猎海豹的企图,对全部白令海海域主张管辖权,但英国对此拒绝承认。在 1886 年及随后的几年里,美国扣押了在该海域捕猎海豹的船只,其中大部分是加拿大的。美国主张白令海同先前由俄国拥有阿拉斯加时一样,属于内海。1891 年达成一项由美国和英国军舰共同负责该海域治安的协议,并签署了将该争端提交仲裁的条约。该仲裁于 1893 年在巴黎举行,裁决美国无权扣押船只,并确定了损害赔偿的数额。1911 年及其随后几年里,缔结了一些有关海豹的条约,以控制在该海域捕猎海豹。

Berne Convention 《伯尔尼公约》 亦作《保护文学艺术作品的伯尔尼公约》。一部重要的有关版权保护的国际公约,1886 年缔结于瑞士伯尔尼[Berne],故得名。后经多次修订。至今,包括英、美等国在内的绝大部分国家均为其成员国。

bernet 〈撒克逊〉纵火;纵火罪 现称 arson。

Bernhard exception 〈美〉伯恩哈德例外 指不容否认的相互性[mutuality of estoppel]规则的例外。在传统普通法上,就判决的约束问题有一项规则,即如果某人不受前一诉讼判决的约束,他也不能从该判决受益。因诉讼当事人以外的第三人不受判决约束,所以该第三人也不能从他人诉讼判决受益,因此,在第三人与前一诉讼的一方当事人发生后一诉讼的情况下,该第三人不能依照前一诉讼的判决主张间接不容否认[collateral estoppel]以对抗对方。这就是不容否认的相互性规则。但在伯恩哈德诉美洲银行国民信托和储蓄会[Bernhard v. Bank of America National Trust and Savings Association]一案中,不容否认的相互性规则被完全推翻,后大多数司法区相继在一些重要方面同意该案判决的意见。就这一问题,现在通常的观点是第三人在后一诉讼中可以援引间接不容否认以对抗前一诉讼的当事人,除非前一诉讼的当事人在前次诉讼中未能获得充分且公开的争辩机会。在伯恩哈德一案中确认若适用间接不容否认,须以下 3 个问题能得到肯定的回答:①当前诉讼的争点与前一诉讼的争点是否同一;②当前诉讼的被告是否为前一诉讼的一方当事人;③对前一诉讼争点的实质[merits]是否存在终局判决。伯恩哈德例外允许第三人在后一诉讼中主张间接不容否认,在实践中也带来了一些问题,为避免损及诉讼效率和诉讼公正,法院在实际使用中也有很大的灵活性。

Bernstein exception 伯恩斯坦例外 "国家行为原则"的一项例外:如果美国政府的行政部门向法院明确表示,在特定情况下适用"国家行为原则"将无益于美国对外政策的利益时,法院即不应适用该"原则"。

Bernstein test 伯恩斯坦测试 依据血型鉴别亲子关系的一种血液鉴定。

berry 〈撒克逊〉官邸;圣所;庇护所 (⇨sanctuary)

Bertillon system 贝蒂荣体系 曾用来辨别犯罪人的一种人类学研究方法,主要通过测量和描述人的面部、颅骨及其他任何古怪或反常的特征来判断。此方法因法国人类学家阿方斯·贝蒂荣[Alphonse Bertillon]而得名,他在 20 世纪初创立了这一研究方法。现在基本上已为指纹鉴定法取代。

berton (= barton)

berwick 庄园自留地 (= barton)

bes 〈拉〉❶(罗马法)八两 罗马重量单位阿斯[as]或磅的 2/3。❷三分之二的继承 ❸百分之八的利润(息)

besaiel (= bisaile)

besaile (= bisaile; besayl)

besayel (= bisaile; besayl)

besayl ❶曾祖父 ❷(英格兰古法)收回被占之继承曾祖父土地诉讼令(⇨assize of mort d'ancestor)

besayle (= bisaile; besayl)

beseech v. 恳求;哀求

besetting n. 侵扰行为 指无合理理由而在他人生活或工作场所监视、烦扰他人,或以任何方式强迫他人作为或不作为,使法律赋予他人的权利无法行使。它可以构成侵权行为,也可能构成犯罪。

besoin 〈法〉需要

besot v. 使愚蠢;使疯狂

best a. 最佳的;最让人满意的;最适当的;最称心的

best bid 最佳出价 ①拍卖中的最高出价;②公共设施招标合同中要价最低的投标。

best effort basis 最大努力原则 在发行证券时,投资银行或承销团承诺,作为发行方的代理,尽最大努力销售证券,但并不承诺全部售出。

best efforts contract 最大努力合同 指一方当事人根据法律而默示保证其将尽最大努力完成承诺的协议。例如,某一制造商将其产品的专卖权授予一零售商时,即推定该零售商保证尽其最大努力促销产品。

best evidence 最佳证据 指最可靠的、与需要证明的事实有最直接联系的证据。也称为基本证据[primary evidence]或原始证据[original evidence],区别于第二手的证据[secondary evidence]。

best evidence rule 最佳证据规则 指为证明书面文件、录音录像或照片中的内容,当事人应当提供该书面文件、录音录像或照片的原件,除非该原件已丢失、毁损或因其他原因而无法提供。只有在原件已不存在或不可获得的情况下,相关的复印件、记录或证人证言等第二手的证据才可以被采纳。有时也称原始书证规则[original writing rule]。

bestiales n. 牲畜;牛;野兽

bestiality n. 兽奸 人与兽类的性交行为,是反自然性行为的一种。(⇨sodomy)

best of his knowledge and belief 据…所知和所信

bestow v. 赠与;给予;授予;捐赠 并不限于遗赠方式。(⇨bequeath; gift; grant)

Best's ratings 〈美〉贝氏信用等级 由艾尔弗雷德·M.贝斯特[Alfred M. Best]公司公布的所有主要保险公司的年度信用等级及由"贝氏生活报告"[Best's Life Reports]公布的人身保险公司的信用等级。这些信用等级通常考虑反映财政稳定的两个因素:①公司经营成果,分为满意的、非常满意的和最满意的;②吸取及可利用资金,分为适中的、相当可观的、非常可观的和最为可观的等级。"贝氏生活报告"也公布财产及责任保险人的信用等级,包括两种类型的等级:一是由保险单持有人评判的,反映与其他公司相比较的公司地位,其依据以下要素:盈利、经济管理情况、储备的充足程度及投资的稳定性等。通过对这些因素加以评判,给予公司从"A+"到"C"的等级;二是财政信用等级,只以公司财政资源为基础估算公司的安全性能,等级从"AAAAA"到"CC"。最佳信用等级对于投保人选择保险公司起着非常有价值的参考作用,同时,在选择公司时,应查看同一公司往年的等级记录,以利于避免选择等级逐渐下降的公司。

best use 最佳利用 在国家征用时,应根据某一特定时间内被征用财产的最大利用限度来确定其价值及应予赔偿的金额。通常称为"最高限度及最佳利用"[highest and best use]. (⇨highest and best use)

bet n.打赌;赌注 两人或多人间的协议,规定在将来一定情况出现或不出现时,或其间的争议通过某种方式解决时,其共同出资的一笔金钱或其他有价财产将归一人或几人所有。
v.打赌(⇨wager; betting book; betting slips; gaming; gambling)

bet-din (= Beth-din)

Beth-din 犹太宗教法院 源自旧约时代,有权处理民事、刑事和宗教法律案件。在现代,该法院随着犹太社会的变化产生了变化,但在犹太拉比学者[rabbinic scholars]的指导下仍对犹太社会产生作用。在离婚须由民事法院准许的国家,正统犹太教徒[orthodox Jews]仍需获得该法院的准许,双方当事人方可再婚。在以色列,所有关于个人身份的问题均由宗教法院裁决。

Bethlehem n.❶伯利恒 耶稣的诞生地,基督教和犹太教圣地,现在约旦国境内。❷〈英〉〈古〉皇家精神病院

betrayal n.泄露机密;背叛(朋友或国家);泄露职业秘密(⇨treason)

betrothal (= betrothment)

betrothed n.已订婚约者

betrothment n.婚约;订婚 具有行为能力的男女双方共同承诺将来结为夫妻的协议或和约。

Better Business Bureau 〈美〉优质经营局 由地方经济支持的组织,负责推动良好的经营实践,接受消费者对特定经营的投诉,并为顾客提供商业信息。地方局松散地附属于国家局。

betterment n.改良;改进 指通过对某一财产的改进而提高其本身的价值,这种价值的提高可以是暂时的,也可以是永久的。亦指因公共设施的改进,如设计或加宽街道等,而提高某一财产的附加值。多用于指对动产的改良。(⇨occupying claimant's acts)

betterment acts 改良法 该制定法规定,不动产的善意占有人出于善意而对不动产进行持久性改良后,在因其改良而增加的土地价值范围内,对该不动产享有法定留置权。亦作"occupying claimant's acts"。

better rule of law 选择更佳法律规则的原则 指当法院面临适用法律的选择问题时,应选择适用他们认为更好的法律规则。当法院所在司法区的法律已经滞后于现实时,法院可以选择不适用该法律。

betting n.打赌;下赌注(⇨bet; gambling; pari-mutuel betting; wager)

betting book 赌注簿 广义指职业赌徒进行赌博的登记册。亦指赛马赌注登记经纪人[bookmaker]登记顾客交纳的赌注的册子。

betting on election 赌选(⇨election bet)

betting slips 赌博便条 赌博工具的一部分,指记录作为打赌的狗、马的名称和数量的纸张;赌博便条可构成对非法赌博起诉的证据。

between prep.(指空间、时间、顺序等)在……之间;在……中间 严格适用于两者之间,但有些情况下,如一系列事件合并为两类,或作为两对,或一事物抵销其他几个事物时,也可适用;有时与among同义;在用于测量距离时,该词有将两终点排除在外的效果;如一行为是介于两个特定期日间所为的,该行为必须是在后一期日开始前实施的,此类案件在计算时间时,两个终端的特定期日都被排除在外。

between eight and 14 years 从儿童走向成熟的阶段

between Scylla and Charybdis 进退两难之境;两边均临危难

beverches 应领主的要求由贱农为其提供的简单役务

bewared 〈英〉消费的 在古不列颠人和撒克逊人广泛使用货币以前,主要以易货形式进行贸易。

beyond a reasonable doubt 排除合理怀疑 在刑事诉讼中陪审团认定被告人有罪时适用的证明标准。即只有控诉方提出的证据对被告人有罪的事实的证明达到无合理怀疑的确定性程度时,陪审团方可裁断被告人有罪。为适用该标准,陪审团须首先推定被告人是无罪的。(⇨reasonable doubt)

beyond control 脱离控制 在人身、法律或道德方面摆脱他人的控制,如已成年的子女在法律上脱离了父母的监护。

beyond the four seas 不列颠岛以外的地方

beyond the jurisdiction 超出法院管辖范围的

beyond the seas ❶〈英〉在海外 根据1956年的《商事修正法》[Mercantile Law Amendment Act],海外指大不列颠、爱尔兰、海峡群岛[Channel Islands]和马恩岛[Isle of Man]以外的地区,在海外可作为延长诉讼时效的理由。但依1939年的《时效法》[Limitation Act],在海外没有任何法律效力。❷〈美〉在美国的边界以外;在州的边界以外(⇨beyond the four seas)

BFOQ (= bona fide occupational qualification)

B.F.P. (= bona fide purchaser)

bias n.偏见;成见;倾向;预断;先入为主的观点 指对争议的一方存在赞成或反对的个人的且通常是不合理的判断的主观状态。在诉讼中它会使法官在案件审理中不能公正地履行职责。因此,避免存在实际的或明显的偏见是司法权行使过程中的一个重要方面。如果法官与案件有任何金钱上的利害关系,就不应参与案件的审理,不管这种利害关系有多小或多么间接,并且法官的任何表明其具有偏见的表述都将可能使判决无效。但作为使法官回避的理由的偏见,通常指法官对诉讼的一方当事人存在某种主观上的倾向或预断,而非法官对诉讼标的可能存在的任何观点。

Biblical Codes 《圣经法典》《旧约》中古希伯来律法的汇编。它主要有两种形式,一是以诫命为形式的条例,如《十诫》;二是包括条件说明并规定有关惩罚的决疑法[casuistic law]或判例法。

bicameral legislature 两院制立法机关 由内部两院而非一院组成的立法机关。"bicameral"和"unicameral"源于拉丁语"camera",意指院[chamber]。在两院制下,所有议案必须经两院通过才能成为法律。美国国会和绝大多数州立法机关皆为两院,只有内布拉斯加州[Nebraska]实行一院制。目前,美国国会两院制的设计是建国者在1787年费城制宪会议[Philadelphia Convention]大妥协[Great Compromise](亦称康涅狄格妥协[Connecticut Compromise])的结果,它要求参议院[Senate]中各州代表相等,而众议院[House of Representatives]代表则依各州人口按比例分配。(⇨bicameral system)

bicameral system 两院制 政府的立法机构由两院组成的政府体制。现代两院制始于英国17世纪的立宪政府[constitutional government],欧洲大陆和美国于18世纪后期也确立了两院制。英国议会是在认识到贵族和僧侣区别于平民之后成为两院制的,当英属殖民地在北美建立时,殖民地议会也同样实行两院制,后美国宪法也规定实行两院制。随着立宪政体在世界的推广,许多国家采取

英国或美国的两院制模式,即议会有一个较大的院,其成员由普选产生;另一个是较小的院,成员的产生或由选举或由任命或世袭。从理论上讲,两院制通过两院之间的互相牵制,能更好地体现权力的制衡原则,并能防止立法的草率和仓促,但两院制的立法程序也会造成时间的拖延,而且在两院有同等权力的情况下,有时会因决议的不一致而形成僵局。

bicycles n.自行车　根据英国1972年《道路交通法》[Road Traffic Act],自行车是指两轮车、三轮车、四轮车或多轮车,而不包括机动车。在公路法[Highway Acts]中,自行车指四轮马车[carriages]。在如下两种情况下,骑自行车可能构成犯罪:①在公路或马路上骑非机动自行车的,不顾后果轻率骑车或骑车的速度、方式危及到公共安全的行为。确认此类犯罪须考虑到案件的所有细节,包括道路的状况和使用情况、事故发生时道路上的交通情况以及可想到的其他合理情形。在道路上骑非机动车,而没有尽到应尽的注意或没有合理考虑同一条路其他人的行为,构成犯罪。因喝酒或吸毒不适于骑车者,在公路、马路或其他公共场所骑车的行为也是犯罪。警察可对行为人无证逮捕。②为了自己或他人使用,未经所有权人同意或其他合法授权,或者明知是未经上述同意、授权而骑用他人自行车的,经过简易程序审判,行为人将被判处不超过50英镑的罚金。若行为人相信他已取得所有权人的同意,或认为在所有权人知悉后会得到同意的,不认为是犯罪。

bid n.❶要约;出价　指买方向卖方提出的价格,尤其是拍卖或招标中投标人报出的价格。卖方的要约为"offer";买方的要约为"bid"。❷投标　指人们就按特定价格履行工程合同、劳动合同或提供原材料及货物合同所发出的要约。公共合同[public contract]一般就从所提出的、相互竞争的多个报价中选择中标者。

bid and asked　递价和要价;出价与开价　不经常交易或买卖双方在场外交易的市场上进行交易的证券的牌价。递价是未来买主在特定时间内愿意支付的最高价格;要价是卖主愿意出售的最低价格。这两种价格构成牌价[quotation];二者间的差额为"差价"[spread]。

bid bond　投标保证金　公共建设工程招标中,由投标人在投标时支付的一笔保证金,以保证其在中标后订立合同。这是一种履约保证金或补偿性保证金,用以保护公共机构的利益。

bid chopping　(竞价性)压标;压价投标　分包人[subcontractor]中的一种惯常做法,尤其用于建筑工业投标中。指投标人自愿地将报价降于他人所报的一个低价之下,目的则以后从总承包人处获得分包合同。由于压价投标较为盛行,故总承包人和分包人并不期望受分包人向总承包人所提价格的法律约束。

bidder n.出价人;投标人(⇨bid)

bidding of the beade　宗教节日祷告令　在某些宗教节日或圣徒日,堂区牧师根据教会法规向其教民发出的告诫,敦促他们不忘祈祷。

bidding prayer　〈英〉求告祷告;求恩祈祷　1603年宗教法规规定在布道之前要为国王祈祷,为宗教和世俗权威祈祷,为所有教徒祈祷等。在牛津大学和剑桥大学的大学教堂中有类似的大学祈祷。

biddings n.出价;竞价(⇨bid)

bidding up　抬价;哄抬标价　指通过一系列渐次提升的出价来抬高拍卖物的价格。如果这种连续出价系可从中获益者串通共谋所为,则该行为属非法。(⇨by-bidding)

bid in　标落自手　指被拍卖财产的所有人、抵押权人、留置权人或其他利益相关者参与出价并最终获得竞价成功,其目的在于防止该财产售价低于实际价值。

bid off　拍定　指在拍卖会上或强制拍卖中,通过竞价方式购得某一财产。

bid price　递价;出价　指市场交易中,买主愿意支付的价格。对应于要价[asked price],后者即卖主愿意出售的价格。在招标投标中,指投标人完成某一工作或购买某一财产所需的特定金额。

bid quote　报价　通常是指经纪人或交易员为购买某一种证券或商品而提出的价格。

bid security　(=bid bond)

bid shopping　压标　总承包商用已收到的低报价迫使其他分包商提出更低的报价。(⇨bid chopping)

bien　〈法〉❶好;出色地;令人满意地　❷适当地;合适地;合法地

bienes　〈西〉财产;物　指各种类型的财产,包括不动产和动产,亦即除人自身以外一切能为人所用的东西。

bienes comunes　公共财产　它并非任何人的私有财产,而是所有人均可使用的财产,如空气、雨、水、海洋及其海滩。

bienes gananciales　夫妻共同财产　它包括夫妻双方在婚姻期间通过共同权利获得的财产、夫妻任何一方购买或劳动所得的财产,还包括他们各自的财产在婚姻关系存续期间所产生的孳息,但不包括他们在结婚时各自拥有的财产。夫妻双方对此享有平等的权利,在婚姻关系解除时,双方均分该财产。(⇨ganancial property; ganancias)

bienes publicos　国家财产;公共财产　就所有权而言,这些物归人民或国家所有,但就其使用权而言,归各个地区各自使用,例如河流、海岸、港口以及公共道路等。

biennial a.每两年(发生)一次的

biennial session　〈美〉两年一次的会议　指立法机关每两年举行一次的会议。美国大多数州的立法机构两年召开一次会议,通常是在奇数年份召开。

biennium n.❶两年期　❷〈美〉许多州立法机构作出拨款决定的期间

biens　❶〈英格兰古法〉除自由保有可继承地产之外的一切财产　❷〈法〉财产　包括动产[biens meubles]和不动产[biens immeubles],这种区分为大陆法学者所认可,并且在大陆法和普通法中形成权利和救济方面的许多重要区别。

biens meubles et immeubles　〈法〉动产和不动产

bier right　触尸审　一种神明裁判。在谋杀案件中,被害人的近亲属有义务让被指控的凶手面对棺材,并迫使嫌疑犯触摸死者的尸体或将手伸进死者的伤口里。据认为尸体被凶手触摸时会流血或以其他可靠的迹象显示出凶手。直到1688年,嫌疑犯触摸死者时尸体会流血仍被认为是有罪的事实。

bifurcated trial　分别审理;分开审理　指审理分成两个阶段进行。如在刑事案件中对被告人是否有罪与判处刑罚,或被告人是否有罪与是否精神错乱分开审理;在人身伤害案件中对责任与损害赔偿问题分开审理。也称为两阶段审理[two-stage trial]。

bigamia　〈拉〉重婚

bigamist n.重婚者;犯重婚罪的人

bigamus　〈古〉重婚者　①罗马法的重婚者,包括:结过两次婚的人;在不同时间连续娶两个妻子的人;有两个活着的妻子的人；同寡妇结婚的人。②教会法的重婚者，指所有缔结了两次婚姻的神职人员。1267 年的教会法规定犯有此罪者不享有神职人员特权［benefit of clergy］，1547 年的法律废除了这一规定。

Bigamus seu trigamus, etc., est qui diversis temporibus et successivè duas seu tres uxores habuit. 〈拉〉结两次或三次婚等的人，是指在不同时间相继娶两个或更多妻子的人。

bigamy n.重婚（罪） 行为人在第一次婚姻关系存续期间自愿、自觉地缔结第二次婚姻的行为。即是指一个男子同时有两个生存的妻子或一个妇女同时有两个生存的丈夫的情况。在美国，如果具有以下情形之一，已婚者缔结或将要缔结另一次婚姻的行为是轻়重婚罪：①行为人确信前配偶已死亡的；②行为人已连续 5 年同前配偶完全分居并不知其仍生存的；③法庭已作出判决意欲终止前不合格婚姻或宣布其无效，但行为人不知判决是无效的；④行为人有充分理由认为他有法定权利再婚的。在美国的某些司法管辖区，夫妻关系存续期间的同居行为也被认为是重婚罪。重婚罪最初作为教会法上的犯罪而于 1603 年被列为死刑重罪。如果第一次婚姻在法律上是无效的话，则不构成犯罪。如今，在教会法中，一个教士连续同两个妻子结婚便意味着是一种犯罪。一个妻子死后与第二个妻子结婚或与寡妇结婚均为犯罪，将丧失神职人员特权［benefit of clergy］。在英国，未婚行为人明知对方已婚而与其结婚的行为，亦构成重婚罪，以二级主犯惩罚。被指控犯重婚罪的人的配偶可以不经被指控人的同意被传唤为证人，但是，对于这种证人，在其宣誓作证前应被告知其作证行为不应受到强迫。因此，第一个"妻子"或"丈夫"是不被强迫作证的证人。当第一次婚姻被证实时，第二个"妻子"或"丈夫"为被迫作证的证人。在英国，如果重婚者中一方的属人法允许多配偶制，并且该人已在其定居的国家多次婚配，这种行为不构成重婚罪。

big blue （美）大蓝皮书 1978 年 12 月由联邦机关际委员会［Federal Interagency Committee］向卡特［Carter］总统递交的两份独立但均与隐私权有关的报告。这份报告是研究如何防止电子化个人信息被政府机关和私人公司滥用的产物。因其大小和颜色而得名。

Big Board ❶纽约证券交易所 原指纽约证券交易所标明证券市价和交易情况的显示牌，后作为该证券交易所的通俗称谓。❷大行情板 纽约证券交易所的股市行情电子显示牌。

Big Eight 八大注册会计师事务所 美国八家最大的注册会计师事务所。这种分类的考虑因素是总收入、职员数等。

bigot n.❶偏执的人 ❷（对某种教义、信仰或意见等）盲从的人

bigotry n.❶偏狭；偏执；偏见 ❷（对某种教义、信仰或意见等的）盲从

big with child 怀孕的

bilagae 内部章程；地方性法规；条例

bilagines 〈拉〉（古）市镇规章；市、镇的市政法规

bilan 〈拉〉（大陆法）资产负债表；资金平衡表

bilanciae n.天平；秤

bilanciis deferendis 〈法〉准秤令状 早期英国一种已废止的令状，该令状签发给某一公司，指令其将秤运送到港口或其它指定地点，用于秤量被置于该地的或被许可出口的羊毛。

bilateral agreement （= bilateral contract）

bilateral contract 双方合同 指合同中当事人互为意思表示，均允诺要履行某项义务，双方互相就对方的允诺成为权利人而就自己所作的允诺成为义务人。（⇨unilateral contract）

bilboes n.（古）足械；足枷 bilbo 的复数形式。古时在船上使用的囚系犯人的一种刑具，类似于陆上使用的足枷［stock］，由一根套有数个可滑动脚镣的铁棒制成，末端有锁。

bilge ventilator 底舱的通风设备 美国《1940 年机动船舶法》［Motor Boat Act of 1940］规定的必备装置。

biline n.旁系血亲 布立吞人［Briton］用语，相当于"collateral"。

bilingual a.❶熟谙两种语言的；能说两种语言的 ❷使用两种语言的；用两种文字写成的 ❸能说同一种语言的两种形式的

bilinguis 双语制的；使用两种语言的 在旧时英格兰法中指由部分英国人和部分外国人共同组成的陪审团，也常称为双语陪审团［jury de medietate linguae］或派别陪审团［party jury］。它适用于英国人与外国人之间的民事诉讼中。根据 1825 年的《陪审团法》［Juries Act］，法院在审理外国人被指控犯有重罪或轻罪的案件时，如该外国人要求，在能够找到足够外国人的情况下，可指示郡长召集一半为外国人的陪审团。自 1870 年以后，外国人被视同为英国本国人一样受到审判。

bill n.❶账单；账款 ❷发票；发货清单（⇨invoice） ❸凭单；单据；证明书 如提货单、检疫证书。❹议案；法案 在英国议会惯例中，是指议会的法律草案，如果经两个议院通过并获得国王的批准，一项议案便成为议会法律。像法律一样，法案也分为公法案和私法案。如果法案具有地方性质，也涉及公共利益，虽有时被称为混合法案［hybrid bills］，却是一项公法案。❺（刑事或民事诉讼中的）诉状；文书 向法院提交的请求进行某种特定行为的正式书状。❻（衡平法）起诉状（⇨bill in equity） ❼票据；汇票；本票（⇨draft） ❽（美）钞票；纸币

billa 〈拉〉票据；单据；盖章之书面文件（⇨bill）

billa cassetur （= casssetur billa）

billa excambii 〈拉〉汇票（⇨bill of exchange）

billa exonerationis 〈拉〉提单（⇨bill of lading）

bill and note broker 票据经纪人 汇票［bill of exchange］和本票［promissory note］交易的中间人。

billa vera 〈拉〉起诉属实 旧时当大陪审团认为公诉书草案［bill of indictment］中指控的事实有充分的证据予以支持时，在草案上所作的签署用语。（⇨true bill）

bill-book n.票据账簿 专门为应收票据和应付票据设立的、逐笔记录其详细内容的账簿。

bill broker 票据经纪人；证券经纪人 票据或证券买卖的中间人。

bill chamber 〈苏格兰〉撤销法庭 苏格兰最高民事法院［Court of Session］的一个法庭，始于 1532 年，因向该法庭呈交的诉状［Bills］或申请而得名。该法庭由法院中的初级常任法官［junior Lord Ordinary］主持，有自己的工作人员和诉讼程序。该法庭曾一度取得除撤销判决之外的某些特别管辖权，如某些形式的强制执行［diligence］，批准中止强制执行［suspension］等。1933 年被废除。

bill discounted 已贴现票据 银行或其他人据此对未到期的票据提前付款，但应从票据面值中扣除其应得的贴现［discount］。

billet n. ❶膳宿提供令 当局所发出的向军人提供膳宿的书面命令。❷(军营以外的)士兵住宿处；宿营地

billeta (英格兰古法)向议会提交的议案[bill]或请愿书[petition]

billet de change 〈法〉汇票；提供汇票的合同

bill for a new trial 请求重新审理的诉状 指由于存在某些事实会使得判决的执行造成不公正，从而请求禁止执行该判决并对案件重新审理的一种衡平诉状。但作为请求根据的事实必须是因为存在欺诈或者意外事件而使得一方当事人在审判时不知道或者无法得知的情况。现在美国采用《联邦民事诉讼规则》[Federal Rules of Civil Procedure]的州或司法区中，此诉状已为重新审理的申请[motion for new trial]取代。

bill for appropriation (= appropriation bill)

bill for cancellation (衡平法上)作废(某一书面文件的)诉状

bill for foreclosure 取消抵押物回赎权的诉状 抵押权人向抵押人提出的诉状，目的在于将抵押的不动产出卖，以取得抵押所担保的金额及利息和费用。

bill for raising revenue 〈美〉岁入法案；征税法案(⇨revenue bill)

bill for reformation 纠正诉状 衡平法诉讼中为纠正契据或其他书面文件中的错误而提出的诉状。

bill for revenue (= bill for raising revenue)

bill for specific performance 强制履约诉状 衡平法上为促使负有履行义务的一方当事人切实履行合同而提起的诉状。它是不经法庭强制而迫使一方当事人适当履行其本应履行的义务的一种方式。

bill-head n. ❶空白账单 印有企业名称、地址的单据。❷(空白账单上端所印的)企业名称及地址

bill in aid of execution 撤销财产负担或财产转让的诉状 指以欺诈为由请求撤销财产负担[encumbrance]或财产转让[conveyance]的诉状。

bill in chancery (= bill in equity)

bill in equity 衡平法上的起诉状 在英国1873-1875年《司法组织法》[Judicature Acts]之前衡平法院的诉讼程序中，一起普通的诉讼是以向御前大臣[Lord Chancellor]递交起诉状[bill]开始的，起诉状通常由4部分组成：①标题，说明所呈交的法院以及原告和被告的姓名；②对御前大臣的称呼；③案件事实陈述部分；④请求给予的救济。起诉状要由起草的律师签字。开始一项诉讼的起诉状称初始诉状[original bill]，区别于修改的诉状[amended bill]。起诉状要送达给被告，就像现在的令状一样。因此，它兼具传票令[writ of summons]和诉求陈述[statement of claim]的功能。提交起诉状是进行诉讼的第一步。起诉状[bill]经常与诉讼[suit]被作同义使用，在这个意义上，可将起诉状分为3种：初始诉状[original]、初始诉状性质的诉状[in the nature of original]和非初始诉状[not original]。初始诉状向法庭提供的事实是未经法庭受理过的，并且要请求救济或者具有某种辅助目的。请求救济的起诉状有多种，有专门名称的包括：确定竞合权利诉状[interpleader bill]，调卷复审诉状[certiorari bill]，预防性诉状[bill quia timet]，防止滥诉诉状[bill of peace]。但这些诉状在实践中很少运用。非请求救济的起诉状有两类：①证言保全诉状[bill to perpetuate testimony]；②请求披露诉状[bill of discovery]。初始诉状性质的诉状和非初始诉状在1873-1875年以前在实践中即早已不用，它们包括：补充诉状[supplemental bill]、恢复诉状[bill of revi-

vor]、复审诉状[bill of review]。旧时英国衡平法院中进行的普通诉讼被称作根据英文的起诉状提起的诉讼[suit by English bill]，以此区别在该法院的普通法分庭[common law side]中进行的诉讼，后者使用的是诺曼法语或拉丁文。

billing cycle 开账单周期 赊销者或债权人定期向其客户或债务人开具账单的期间。

bill in parliament 〈英〉法案 指递交议会两院之一讨论将其制定为法律的议案。一旦该法案实际通过，即称之为"法"[Act]。法案可分为3种类型：①公法案[public bill]，影响及英格兰、苏格兰或北爱尔兰或者它们中极重要地区的法案，必须由政府提出；②地方和个人法案[local and personal bill]，仅影响特定领域的法案，如铁路建设法案，供水或供气法案等；③私法案[private bill]，涉及地产[estates]、离婚或入籍[naturalisation]的法案。

bill in perpetuam rei memoriam (= bill to perpetuate testimony)

bill in the nature of a bill of review 复审诉状性质的诉状 衡平法诉讼中的一种诉状，由初始诉状当事人以外的、不受判决约束的人提出，旨在请求对该案件重新审理，并撤销原判决。美国《联邦民事诉讼规则》[Federal Rules of Civil Procedure]已废除了此种诉状。

bill in the nature of a bill of revivor 恢复诉讼的诉状性质的诉状 在法院对诉讼当事人的财产利益作出裁决之前一方当事人死亡或丧失行为能力的情况下提出的诉状，它旨在解决谁有权替代死亡当事人恢复原先的诉讼。

bill in the nature of a supplemental bill 补充诉状性质的诉状 使新的当事人因诉讼提起后发生的事件所产生的利害关系而参加诉讼的诉状。与补充诉状不同，后者仅涉及已提起的原诉讼的当事人或利害关系。

bill in the nature of interpleader 确定竞合权利性质的诉状 由对争议财产主张权利者提出的一种确定竞合权利的诉状。美国联邦民事诉讼中已废除了此种诉状。(⇨bill of interpleader)

bill in trade 商业账簿

bill not original 非初始诉状 衡平法上就同一当事人之间已在法院争讼的事项提出的诉状，其作用是补充或继续先前的诉讼，或者就该诉讼所生或与之相连之事项寻求救济。(⇨original bill)

bill obligatory 盖印的金钱债务证书 由债务人在其上签章以保证在特定时间无条件支付特定金额的书面承诺。其与本票[promissory note]的区别，仅在于它需要在该书面单据上签章保证付款。它实则是汇票[bill of exchange]。又称为单纯金钱债务证书[single bill; bill single]。

bill of address 〈美〉弹劾法案 马萨诸塞州宪法[Massachusetts Constitution]规定，根据州立法机关两院多数人弹劾决议[address]，并经州长和行政委员会[Executive Council]批准，可解除法官的职位。

bill of adventure 货主承担风险托运单 由托运人出具的、载明托运货物属于他人并由其所有人承担运输风险的书面单证。

bill of advocation 〈苏格兰〉案件复审诉状 苏格兰刑事诉讼中请求高等刑事法院[High Court of Justiciary]从下级法院调取某案件、尤其是在审理过程中存在错误的案件进行复审的诉状。

bill of appeal (废)重罪起诉书(⇨appeal of felony)

bill of attainder ❶〈美〉褫夺公民权法案 立法机关创立

的法律，不论何种形式，不经司法审判而对公民个人处以死刑或其他特别刑罚，多指剥夺公民权利及没收财产。美国宪法及州宪法分别禁止国会及州立法机关通过这样的法律。1946年，美国诉洛维特案［United States v. Lovett］的判决是国会违宪通过的首例褫夺公民权力案例。❷〈英〉**褫夺私权法案** 上议院通过的法律，剥夺公民的权利，没收财产。原适用于犯叛国罪或其他重罪的人。与普通公共法案所规定的程序相同，即律师可听取被告人的陈述，被告人也可要求证人在两院为其作证。采用这种议会审判形式最著名的案例是1641年对斯特拉特福德伯爵温特沃思［Wentworth, Earl of Strafford］的审判。这种审判方式自18世纪以来不再被使用。(➪attainder)

bill of certiorari 调卷复审诉状 衡平法诉讼中，因下级法院没有管辖权或程序中有不公正之处而请求将案件移交给上级衡平法院审理的诉状。在美国，已在民事诉讼中采用《上诉程序规则》［Rules of Appellate Procedure］的司法区，此种做法已被上诉取代。

bill of complaint (= bill in equity)

Bill of Conformity 〈英〉要求妥善清理遗产的诉状 指遗嘱执行人或遗产管理人鉴于死者债务复杂，若无法庭指示将难以妥善处理，为此向大法官法庭起诉，要求确定债权人受偿顺序，以便妥善理算债权偿付事宜。

bill of costs 诉讼费用单 ①在美国，指列明一方当事人应向对方支付的与诉讼有关的费用项目的单据；②在英国，指事务律师送交给其当事人的账单，详细列明其为当事人所做的工作，以及对每一项目的收费数额。诉讼费用单必须有事务律师或其所在律师事务所的合伙人之一签名并送交给应支付费用的当事人方可被强制执行，但在送交后一个月内不得为收取费用提起诉讼，除非当事人正面临丧失偿债能力或破产等情形。

bill of cravings 费用单 行政司法官在其任职的每一年中所作的关于法官的住宿费、执行费等费用的一览表，在其交付账簿时应提供该单据。

bill of credit ❶〈美〉信用凭单；取款凭单 各州政府依其信用发行的，可作为货币流通的纸式凭证。❷(= letter of credit)

bill of debt 金钱债务证书 古老的票据形式，包括用于付款的本票［promissory note］和盖印的金钱债务证书［bill obligatory］，是由某人签发的、承诺在特定时间、地点由自己付款的书面单据，可以签章也可不签章。

bill of discovery 请求披露诉状 衡平法诉讼中，一方当事人为要求对方披露其所知道的事实，或者其所掌握的有关契约、文书或其他物品等而提出的诉状。现在美国采用《联邦民事诉讼规则》［F.R.C.P］的司法区，该诉状已为有关的披露规则所取代。

bill of divorcement 休书 根据《摩西律法》［Mosaic law］，丈夫交给妻子一纸"休书"，即可与她离婚，并使其离开家门。

bill of entry 报关单；入港申报单 由进口商向海关提交的书面单证，载明进口货物的有关情况，旨在取得海关对进口货物入关卸货的许可。

bill of evidence 证词笔录 书记员在庭审中对证人证言所作的笔录。

bill of exceptions 异议书 在英国，异议书是旧时普通法上民事诉讼中的一种上诉方式。在庭审中，若当事人认为法官对某一问题所作的裁决（如对证据的接受或排除）或对陪审团所作的指示不当，则在陪审团作出裁断前，当事人可随时要求法官盖印确认其提出的异议书，并提交复审法院［Court of Error］来审查法官的裁决或指示是否正确。如果当事人的异议成立，则对该案应重新审理［trial de novo］。该做法始于1285年，1852年的《普通法诉讼程序法》［Common Law Procedure Act］予以废除。现在的做法是由当事人提出重新审理的申请［motion for a new trial］。在刑事诉讼中从未使用过异议书，在1907年以前，与之相对应被采用的救济方法是纠错令［writ of error］。在苏格兰，该程序作为反对庭审法官对陪审团所作指示的一种方式而被保留下来。在美国，异议书是当事人对法官在庭审中所作裁决及相关证据表示反对的正式书面文件，其中要表明当事人的异议及其根据。异议书应由法官签字并提交给上诉法院。现在联邦民事诉讼中，异议书已被当事人直接提出上诉的做法所取代，但在某些州法院中仍然使用。

bill of exchange 汇票 一人向另一人签发的、要求该人即期或远期向指定的人或持票人无条件支付一定金额的书面支付命令。汇票包括三方基本当事人，即出票人［drawer］、付款人［drawee］及受款人［payee］。某些时候，出票人即为受款人。如果出票人与付款人为同一人，则持票人可视之为本票［promissory note］。如果付款人接受票据，愿意承担付款责任，即为承兑人［acceptor］。

bill of gross adventure 共同风险贷款合同 指船舶抵押贷款合同、船货抵押贷款合同及其他海商贷款合同。(➪gross adventure; bottomry; respondentia)

bill of health （船舶）检疫证书 证明船舶所运输的货物及其船员的卫生或健康状况的书面文件。检疫证书由船舶启运港的主管机构签发，向船舶目的港的主管当局证明船舶载货物及其船员处于无病疫状态。无疫证书表明在启运港并无感染性或传染性疾病；不良检疫证书［touched or foul bill of health］则表明已经感染某种疫病，预计或已实际发生疫情。(➪clean bill of health)

bill of indemnity ❶〈美〉豁免法 规定行政官对其履行职务的行为（包括未进行职务上的宣誓时）免于承担责任的法律。❷〈美〉免责诉状 原告提出的寻求他人（如保险公司）代其向第三人承担责任的初始诉状。❸〈英〉豁免法 在1869年以前每届议会都要通过的一部法律，规定对职位保有者由于无意behaviour或者不可避免地忽略了为保有该职位而应作的必要宣誓时，对其履行职务的行为免于承担责任。1868年的《承诺宣誓法》［Promissory Oaths Act］通过后，此种做法便不再延续。

bill of indictment 公诉书草案；申请公诉书 向大陪审团提交的，请求其确定是否存在足够的证据以对被告人提出正式的刑事起诉的文件。(➪indictment)

bill of interpleader 确定竞合权利诉状 衡平法上的一种初始诉状，当有两人或两人以上对同一方当事人提出相同权利主张或要求其履行相同义务时，该当事人可提出此诉状，请求法院促使提出权利主张的双方或多方之间进行争讼，以确定权利究竟谁属。(➪interpleader)

bill of lading/B.L./B/L 提单 由承运人或运输代理人签发的，表明收到其上记载的货物并同意将货物运送到其记载的地点交付收货人或其上指定的人的书面单据。提单有以下功能：一是托运人与承运人之间存在货物运输合同的书面证明；二是承运人收到托送货物的收据；三是提单持有人在目的港提取货物的凭证。

bill of Middlesex （英格兰古法）米德尔塞克斯令 早期王座法庭［King's Bench］获取普通民事案件管辖权所使用的令状。王座法庭起初只对刑事案件及涉及国王利益的案件有管辖权,为获取对普通民事案件的管辖权——原为民诉法庭享有,它设计了一个拟制:原告先以侵权罪之名起诉被告,这样王座法庭便获得了管辖权,因为早期的侵权行为被视为犯罪。首先王座法庭要向它所在郡之郡长,即米德尔塞克斯郡郡长,发出米德尔塞克斯令逮捕被告,因被告一旦被押,则王座法庭便可开始提起对他的任何诉讼,这样王座法庭便获取了普通民事诉讼的管辖权。但被告并不总是在米郡,于是米郡郡长向王座法庭法官作拘押未果的回呈[return of non est inventus],法官便再向被告所在郡之郡长签发潜逃令[writ of latitat],令中重复了米德尔塞克斯令及回呈的内容,并责令他拘押被告,以便开始起初的真正的民事诉讼。实际上,若被告在外地则米德尔塞克斯令不签发,而只是直接签发潜逃令,于是潜逃令逐渐被视为米德尔塞克斯令了。该程序于1832年被废止,1833年后所有在高级法院的对人诉讼都由传唤令[writ of summons]开始。

bill of mortality 死亡记录 统计某一地区在某一时间内死亡人数的一种官方记录。

bill of pains and penalties 特别处刑法案 ①在英国,通常由上院(有时也可由下院)提出,对某一(类)特定个人不经普通方式审判即处以刑罚的法案,此种法案包括两类:褫夺公民权法案[bill of attainder]和特别处罚法案。两类法案的主要区别在于:前者仅适用处以死刑的叛国罪或重罪,而后者则适用于处以死刑以下的叛国罪或重罪及其严重渎职犯罪。不过两类法案中的被处刑者都有权请律师为自己辩护并可请证人作证。一般认为1820年针对女王卡罗琳[Queen Caroline]的法案是最后的特别处罚法案。②在美国,指对罪犯不经司法审判而直接由立法机关处以死刑以下刑罚的一种法案形式。此种法案除处刑较处以死刑的褫夺公民权法案[bill of attainder]轻外,其他方面完全相同,两类法案都在美国宪法禁止之列。(⇨bill of attainder)

bill of parcels ❶发货单;包裹单 由卖方开具给买方的、详细说明所发货物的种类及单价等情况的单据,其目的是使买方可以据此检查货物是否有误,而不再列明买卖合同的条款,因此其不像书面合同那样严格且不得以口头方式变更。❷发票(= invoice)。

bill of particulars 详情诉状 在美国民事诉讼中,指原告详细列明其诉讼请求及有关解释说明的文书。它通常是应被告的请求提交的,目的在于向被告提供有关原告诉因的详细信息,以帮助被告提交答辩和为庭审作准备。现在联邦及采用《民事诉讼规则》[Rules of Civil Procedure]的州的民事诉讼中,详情诉状已为各种披露程序[discovery devices]及更详尽说明的申请[motion for more definite statement]所取代。在刑事诉讼中,详情诉状是控诉方应被告人的要求提交的详细说明其指控被告人犯罪所依据的事实(如犯罪的时间、地点、方式、手段等情况)的文书,目的在于告知被告人受指控的罪行,以利其作辩护准备,同时它也是被告人发现指控存在缺陷的途径之一。在英国,详情诉状仅指民事诉讼中原告对其在传票[summons]中所述诉讼请求作补充和详细说明的文书。现在称为诉讼请求详述[particulars of claim]。

bill of peace 防止滥诉诉状 衡平法上的一种诉状,当原告就同一权利可能与不同的人、在不同时间、以不同的诉讼发生争议时,可提出此诉状,请求法院一劳永逸地裁决该问题,禁止他人就同一请求再行起诉。

bill of privilege 特权诉讼 在普通法上,对律师、书记官或其他参加法庭审判的人提起诉讼时所采用的一种特殊的诉讼形式。因为这些人依法院的普通传票是不受逮捕的,所以对之采用这种特殊的程序被认为是必要的。

bill of proof 〈英〉所有权证明书 在执行债权扣押[foreign attachment]时,依照规则,被原告宣称占有被告财产的第三人[garnishee]不能以被告对该财产无所有权作为对扣押的抗辩。因此,他也不能表明将被扣押的财产确实属于另外的第三人。但是,真正的财产所有人可以通过提出所有权证明书来证明该项财产是属于他的。

bill of review 复审诉状 衡平法上的一种诉状,用以开始一项诉讼,以撤销或修正前一诉讼的终局判决。在不能适用其他复审程序的情况下(如上诉期限已过,不能再提起上诉)可通过复审诉状来寻求救济。美国联邦民事诉讼中已废除了此种诉讼。

bill of review for error apparent 因明显错误而请求复审的诉状 衡平法上的一种诉状。它并不提出新的事实或新发现的事项,而仅根据诉讼程序表面存在某些错误或缺陷请求对案件复审并撤销原判。

bill of revivor 恢复诉讼诉状 为恢复和继续审理因原告或被告死亡或者女原告结婚等原因而中止审理的案件而提出的衡平法上的诉状。

bill of revivor and supplement 诉讼恢复及补充诉状 它是诉讼恢复诉状和补充诉状[supplemental bill]的混合,不仅可恢复对由于原告死亡等原因而中止诉讼的案件重新审理,而且可对因后来所发生的事件而致初始诉状[original bill]中存在的缺陷作补充,从而使得当事人可依其全部案件事实获得救济。

bill of rights✻ ❶〈美〉权利法案 指美国宪法第一至十条修正案。它由詹姆斯·麦迪逊[James Madison]起草,1791年生效。内容包括保护言论自由、出版自由等。美国各州宪法均含有权利法案,大部分内容与美国宪法的权利法案的内容相同 ❷[B- of R-]〈英〉《权利法案》 由英国议会于1689年通过的一项重要法律。它是英国宪法最重要的渊源之一。该法律确认了英国公民享有的基本权利和自由,确立了英国议会具有独立于国王的法律地位。其主要内容是:国王无权废除法律或停止法律实施,公民有对国王的请愿权,新教徒有携带武器的权利,议会得自由选举产生,议会得经常集会等。

ENGLISH BILL OF RIGHTS
AN ACT DECLARING THE RIGHTS AND LIBERTIES OF THE SUBJECT AND SETTLING THE SUCCESSION OF THE CROWN

Whereas the Lords Spiritual and Temporal and Commons assembled at Westminster, lawfully, fully, and freely representing all the states of people of this realm, did upon the thirteenth day of February in the year of our Lord one thousand six hundred eighty-eight present unto their Majesties, then called and known by the names and style of William and Mary, prince and princess of Orange, being present in their proper persons, a certain declaration in writing made by the said Lords and Commons in the words following, viz:[1]

1. Until 1752, the legal year in England began on March 25. Thus, in modern dating, February 13, 1688, would be February 13, 1689.

Whereas the late King James the Second, by the assistance of divers evil councilors, judges, and ministers employed by him, did endeavor to subvert and extirpate the Protestant religion and the laws and liberties of the kingdom;

By assuming and exercising a power of dispensing with and suspending of laws and the execution of laws without consent of Parliament;

By committing and prosecuting divers worthy prelates for humbly petitioning to be excused from concurring to the said assumed power;

By issuing and causing to be executed a commission under the great seal for erecting a court called the Court of Commissioners for Ecclesiastical Causes;

By levying money for and to the use of the Crown by pretense of prerogative for other time and in other manner than the same was granted by Parliament;

By raising and keeping a standing army within this kingdom in time of peace without consent of Parliament and quartering soldiers contrary to law;

By causing several good subjects being Protestants to be disarmed at the same time when papists were both armed and employed contrary to law;

By violating the freedom of election of members to serve in Parliament;

By prosecutions in the Court of King's Bench for matters and causes cognizable only in Parliament and by divers other arbitrary and illegal courses;

And whereas of late years, partial, corrupt, and unqualified persons have been returned and served on juries in trials, and particularly divers jurors in trials for high treason which were not freeholders;

And excessive bail hath been required of persons committed in criminal cases to elude the benefit of the laws made for the liberty of the subjects;

And excessive fines have been imposed;

And illegal and cruel punishments inflicted;

And several grants and promises made of fines and forfeitures before any conviction or judgment against the persons upon whom the same were to be levied;

All which are utterly and directly contrary to the known laws and statutes and freedom of this realm.

And whereas the said late King James the Second having abdicated the government, and the throne being thereby vacant, his Highness the prince of Orange (whom it hath pleased Almighty God to make the glorious instrument of delivering this kingdom from popery and arbitrary power) did, by the advice of the Lords Spiritual and Temporal and divers principal persons of the Commons, cause letters to be written to the Lords Spiritual and Temporal being Protestants and other letters to the several counties, cities, universities, boroughs, and cinque ports for the choosing of such persons to represent them as were of right to be sent to Parliament, to meet and sit at Westminster upon the two-and-twentieth day of January in this year one thousand six hundred eighty and eight, in order to such an establishment as that their religion, laws, and liberties might not again be in danger of being subverted; upon which letters, elections have been accordingly made.

And thereupon the said Lords Spiritual and Temporal and Commons, pursuant to their respective letters and elections being now assembled in a full and free representative of this nation, taking into their most serious consideration the best means for attaining the ends aforesaid, do in the first place (as their ancestors in like case have usually done) for the vindicating and asserting their ancient rights and liberties, declare

That the pretended power of suspending of laws or the execution of laws by regal authority without consent of Parliament is illegal;

That the pretended power of dispensing with laws or the execution of laws by regal authority, as it hath been assumed and exercised of late, is illegal;

That the commission for erecting the late Court of Commissioners for Ecclesiastical Causes, and all other commissions and courts of like nature, are illegal and pernicious;

That levying money for or to the use of the Crown by pretense of prerogative without grant of Parliament, for longer time or in other manner than the same is or shall be granted, is illegal;

That it is the right of the subjects to petition the king, and all commitments and prosecutions for such petitioning are illegal;

That the raising or keeping a standing army within the kingdom in time of peace, unless it be with consent of Parliament, is against law;

That the subjects which are Protestants may have arms for their defense suitable to their conditions and as allowed by law;

That election of members of Parliament ought to be free;

That the freedom of speech and debates or proceedings in Parliament ought not to be impeached or questioned in any court or place out of Parliament;

That excessive bail ought not to be required, nor excessive fines imposed, or cruel and unusual punishments inflicted;

That jurors ought to be duly impaneled and returned, and jurors which pass upon men in trials for high treason ought to be freeholders;

That all grants and promises of fines and forfeitures of particular persons before conviction are illegal and void;

And that, for redress of all grievances and for the amending, strengthening, and preserving of the laws, Parliaments ought to be held frequently.

And they do claim, demand, and insist upon all and singular the premises as their undoubted rights and liberties, and no declarations, judgments, doings, or proceedings to the prejudice of the people in any of the said premises ought in any wise to be drawn hereafter into consequence or example. To which demand of their rights, they are particularly encouraged by the declaration of his Highness the prince of Orange, as being the only means for obtaining a full redress and remedy therein. Having therefore an entire confidence that his said Highness the prince of Orange will perfect the deliverance so far advanced by him and will still preserve them from the violation of their rights which they have here asserted and from all other attempts upon their religion, rights, and liberties, the said Lords Spiritual and Temporal and Commons assembled at Westminster do resolve that William and Mary, prince and princess of Orange, be and be declared king and queen of England, France, and Ireland and the dominions thereunto belonging,[2] to hold the Crown and royal dignity of the said kingdom and dominions to them, the said prince and princess, during their lives and the life of the survivor of them; and that the sole and full exercise of the regal power be only in and executed by the said prince of Orange in the names of the said prince and princess during their joint lives, and after their deceases the said Crown and royal dignity of the said kingdoms and dominions to be to the heirs of the body of the said princess, and for default of such issue to the Princess Anne of Denmark and the heirs of her body, and for default of such issue to the heirs of the body of the said prince of Orange. And the Lords Spiritual and Temporal and Commons do pray the said prince and princess to accept the same accordingly; and that the oaths hereafter mentioned be taken by all persons of whom the oaths of allegiance and supremacy might be required by law, instead of them; and that the said oaths of allegiance and supremacy be abrogated:

I, A.B., do sincerely promise and swear that I will be faithful and bear true allegiance to their Majesties King William and Queen Mary. So help me God.

I, A.B., do swear that I do from my heart abhor, detest, and abjure as impious and heretical this damnable doctrine and position, that princes excommunicated or deprived by the pope or any authority of the see of Rome may be deposed or murdered by their subjects or any other whatsoever. And I do declare that no foreign prince, person, prelate, state, or potentate hath or ought to have any jurisdiction, power, superiority, preeminence, or authority, ecclesiastical or spiritual, within this realm. So help me God.

2. English monarchs styled themselves king or queen of France between 1340 and 1801. The custom began when the English became embroiled in the Hundred Years War with France and King Edward III of England, whose mother was a French princess, claimed the French throne.

Upon which their said Majesties did accept the Crown and royal dignity of the kingdoms of England, France, and Ireland and the dominions thereunto belonging, according to the resolution and desire of the said Lords and Commons contained in the said declaration. And thereupon their Majesties were pleased that the said Lords Spiritual and Temporal and Commons, being the two Houses of Parliament, should continue to sit and, with their Majesties' royal concurrence, make effectual provision for the settlement of the religion, laws, and liberties of this kingdom, so that the same for the future might not be in danger again of being subverted. To which the said Lords Spiritual and Temporal and Commons did agree and proceed to act accordingly.

Now in pursuance of the premises, the said Lords Spiritual and Temporal and Commons in Parliament assembled, for the ratifying, confirming, and establishing the said declaration and the articles, clauses, matters, and things therein contained by the force of a law made in due form by authority of Parliament, do pray that it may be declared and enacted that all and singular the rights and liberties asserted and claimed in the said declaration are the true ancient and indubitable rights and liberties of the people of this kingdom and so shall be esteemed, allowed, adjudged, deemed, and taken to be; and that all and every the particulars aforesaid shall be firmly and strictly holden and observed as they are expressed in the said declaration; and all officers and ministers whatsoever shall serve their Majesties and their successors according to the same in all times to come. And the said Lords Spiritual and Temporal and Commons, seriously considering how it hath pleased Almighty God in his marvelous providence and merciful goodness to this nation to provide and preserve their said Majesties' royal persons most happily to reign over us upon the throne of their ancestors, for which they render unto him from the bottom of their hearts their humblest thanks and praises, do truly, firmly, assuredly, and in the sincerity of their hearts think, and do hereby recognize, acknowledge, and declare that King James the Second having abdicated the government and their Majesties having accepted the Crown and royal dignity as aforesaid, their said Majesties did become, were, are, and of right ought to be by the laws of this realm our sovereign liege lord and lady, king and queen of England, France, and Ireland and the dominions thereunto belonging; in and to whose princely persons, the royal state, Crown, and dignity of the said realms with all honors, styles, titles, regalities, prerogatives, powers, jurisdictions, and authorities to the same belonging and appertaining are most fully, rightfully, and entirely invested and incorporated, united and annexed.

And for preventing all questions and divisions in this realm by reason of any pretended titles to the Crown, and for preserving a certainty in the succession thereof, in and upon which the unity, peace, tranquility, and safety of this nation doth under God wholly consist and depend, the said Lords Spiritual and Temporal and Commons do beseech their Majesties that it may be enacted, established, and declared that the Crown and regal government of the said kingdoms and dominions, with all and singular the premises thereunto belonging and appertaining, shall be and continue to their said Majesties and the survivor of them during their lives and the life of the survivor of them; and that the entire, perfect, and full exercise of the regal power and government be only in and executed by his Majesty in the names of both their Majesties during their joint lives; and after the deceases, the said Crown and premises shall be and remain to the heirs of the body of her Majesty and, for default of such issue, to her Royal Highness the Princess Anne of Denmark and the heirs of her body and, for default of such issue, to the heirs of the body of his said Majesty. And thereunto the said Lords Spiritual and Temporal and Commons do in the name of all the people aforesaid most humbly and faithfully submit themselves, their heirs, and posterities forever and do faithfully promise that they will stand to maintain and defend their said Majesties and also the limitation and succession of the Crown, herein specified and contained, to the utmost of their powers with their lives and estates against all persons whatsoever that shall attempt any thing to the contrary.

And whereas it hath been found by experience that it is inconsistent with the safety and welfare of this Protestant kingdom to be governed by a popish prince, or by any king or queen marrying a papist, the said Lords Spiritual and Temporal and Commons do further pray that it may be enacted that all and every person and persons that is, are, or shall be reconciled to, or shall hold communion with, the see or church of Rome, or shall profess the popish religion or shall marry a papist, shall be excluded and be forever incapable to inherit, possess, or enjoy the Crown and government of this realm and Ireland and the dominions thereunto belonging or any part of the same, or to have, use, or exercise any regal power, authority, or jurisdiction within the same. And in all and every such case or cases, the people of these realms shall be and are hereby absolved of their allegiance. And the said Crown and government shall from time to time descend to and be enjoyed by such person or persons being Protestants, as should have inherited and enjoyed the same in case the said person or persons so reconciled, holding communion, or professing or marrying as aforesaid were naturally dead. And that every king and queen of this realm, who at any time hereafter shall come to and succeed in the imperial Crown of this kingdom, shall on the first day of the meeting of the first Parliament next after his or her coming to the Crown, sitting in his or her throne in the House of Peers, in the presence of the Lords and Commons therein assembled, or at his or her coronation before such person or persons who shall administer the coronation oath to him or her at the time of his or her taking the said oath (which shall first happen), make, subscribe, and audibly repeat the declaration mentioned in the statute made in the thirtieth year of the reign of King Charles the Second entitled *An act for the more effectual preserving the king's person and government by disabling papists from sitting in either House of Parliament*. But if it shall happen that such a king or queen upon his or her succession to the Crown of this realm shall be under the age of twelve years, then every such king or queen shall make, subscribe, and audibly repeat the said declaration at his or her coronation, or the first day of the meeting of the first Parliament as aforesaid which shall first happen after such king or queen shall have attained the said age of twelve years. All which their Majesties are contented and pleased shall be declared, enacted, and established by authority of this present Parliament and shall stand, remain, and be the law of this realm forever. And the same are by their said Majesties, by and with the advice and consent of the Lords Spiritual and Temporal and Commons in Parliament assembled and by the authority of the same, declared, enacted, and established accordingly.

And be it further declared and enacted by the authority aforesaid that, from and after this present session of Parliament, no dispensation by *non obstante* of or to any statute, or any part thereof, shall be allowed but that the same shall be held void and of no effect, except a dispensation be allowed of in such statutes, and except in such cases as shall be specially provided for by one or more bill or bills to be passed during this present session of Parliament.

Provided that no charter or grant or pardon granted before the three-and-twentieth day of October in the year of our Lord one thousand six hundred eighty-nine shall be anyway impeached or invalidated by this act, but that the same shall be and remain of the same force and effect in law and no other than as if this act had never been made.

Source: *Statutes of the Realm*, vol.6 (1820), pp. 142–145

bill of sale 卖据；卖契 将财产所有权或动产绝对地或通过担保方式转让给他人的一种契据。在实践中最常用的是指将动产如设备、马匹、商品存货等的卖据进行抵押以作为债的担保，当债务清偿后，受让人依约定将卖据返还让与人。与质押或典当不同的是，动产的占有并不转移到让与人手中。英国 1878 年《卖据法》[Bills of Sale Act] 规定了这种卖据，要求在卖据成立后 7 日内向伦敦高等法院的中心办公室 [Central Office of the Supreme Court] 提交卖据和保证可以执行卖据的宣誓书，以防止让与人以秘密卖据对受让人进行欺诈。在 1882 年《卖据法》中，则强调了对卖据让与人的保护。在现代商业交易中，该词也被称为发货单、销售证等。

Bill of Sewers 〈英〉《排水系统法案》 1531 年的一部制定法，主要规划有关排水系统的重大方案，以防止洪水的发生。这一法案并不涉及现代意义的"下水道"。

bill of sight （进口商）当场验货报单；海关临时起岸报单 在进口商对所运载的进口货物并不确知而无法填制报关单时向海关交的报单。此报单允许进口商在支付关税之前对进口货物进行检验,以最终完成报关单。

bill of store 〈美〉船上用品免税单 对船舶上配备的给养物资和生活用品等予以免缴关税的许可证明。

bill of stores 〈英〉再进口免税单;再输入免税单 根据1952年《关税法》[Customs and Excise Act]的规定,由海关签发的、对在再进口之前(5年内)从英国出口的商品予以再进口免税的许可证明。

bill of sufferance 〈英〉免税特许证 根据1662年的一项法律(现已废除),由海关向在英国港口之间从事贸易的商人签发的免缴关税的特别许可证明。

bill of supply 供应法案 供给政府开支的一种拨款法案[appropriation bill]。(⇨appropriation bill)

bill of suspension 〈苏格兰〉复审诉状;判决执行中止诉状 刑事诉讼中,向高等刑事法院[High Court of Justiciary]提交的请求对下级刑事法院的定罪裁决复审的诉状。请求的根据可以是法院无管辖权、诉讼程序不合法、偏离了自然正义的规则等。(⇨suspension)

bill original 初始诉状 衡平法上开启一项独立的、与同一法院内任何其他先前的或未决的诉讼无关的诉讼的诉状。(⇨bill)

bill payable/B.P 应付票据 在商业账册中,其已承兑的汇票与已出票的本票均为应付票据。在会计分类账中,它记入应付账科目中。与应收票据[bill receivable]相对。(⇨account payable)

bill penal 附违约金的金钱债务证书 金钱债务证书的一种。债务人承认其负有一定数额的债务,并保证以超额付款作为对自己违约的惩罚,超额部分即为违约金[penalty]。在现代,这种证书已为附条件的付款保证书所取代。

bill quia timet 预防性诉状 衡平法上的一种诉状,提出这种诉状的依据是原告担忧他人的错误或疏忽有可能对其财产权利或利益造成损害。这种诉状是为了预防可能或即将产生的损害,并为现存权利保留以避免未来或偶然损害的手段。它与禁制令[injunction]不同,后者针对的是过去、现在的或紧迫、特定的损害。(⇨quia timet)

bill receivable/B.R./B/R 应收票据 在商业账册中,其应当得到付款的或在将来可以获益的所有本票、汇票与支票均为应收票据。在会计分类账中,它记入应收账科目中。与应付票据[bill payable]相对。(⇨account receivable)

bill rendered 发送的账单;结欠清单 指由债权人向债务人所送交的账单。等同于"account rendered",而与"(债务人)认可账单"[account stated]相对。

bills and notes 商业票据

bills in a set 全套提单;整套提单;成套提单 由数份彼此独立的提单共同构成的一套提单。每一份提单作为全套提单的一个组成部分,应单独编号,且仅在货物未凭其余各份提单交付时方为有效。在传统的海上货物运输中,各份提单分别或以不同方式寄送,即使其中一份提单丢失,收货人亦可凭其他数份提单中的任何一份提取货物。通常情况是,应托运人的要求,承运人一般签发正本提单三份,承运人与收货人凭任何一份正本提单完成货物交付后,其余正本提单作废。

bills in eyre 〈英格兰古法〉大巡回法庭诉讼 由受害方向大巡回法庭[eyre]提交的一种旨在寻求司法救济的诉状。出现于1280–1330年之间,大部分由盎格鲁–法语写成,小部分则用拉丁语。它适用于现有令状无法提供适当救济的情况,因此没有专门的格式,只是陈述相关事实。虽然这种诉状影射了后来的衡平管辖权,但它并非衡平法庭诉状[bills in equity]的起源,而且这种管辖权也让位于后来的衡平管辖权。

bill single 单纯金钱债务证书 在盖印的情况下,即为盖印的金钱债务证书[bill obligatory]。它与附违约金的金钱债务证书[bill penal]不同,不具有惩罚性。亦作"single bill"。

bills in parts (全套提单所包含的)各份提单(⇨bills in a set)

Bills of Lading Act 〈美〉《提单法》 一项于1917年1月1日起生效的联邦法律,在承袭《统一提单法》[Uniform Bills of Lading Act]的同时,又较之有许多重要的发展变化,以使其适用于州际商事活动。

bill sticking 〈英〉张贴传单 未经许可在他人财产上张贴传单是可予起诉的侵权行为。在已经张贴的传单上再行张贴也是如此,但如果是在行使权利时张贴第二份传单则除外。这种行为在伦敦大都市警察辖区[Metropolitan Police District]内可构成犯罪,经简易判决将被处以不超过20英镑的罚金。警察目睹这种行为时,无需逮捕令可以直接逮捕行为人。

bill taken pro confesso 〈英〉衡平法院在被告未予答辩情况下作出的裁决 法院认定原告已起诉并出庭而被告不答辩,故给予裁决,实质上类似于缺席判决。

bill to carry a decree into execution 将判决交付执行的诉状 由于当事人的疏忽或其他原因而致,若法院不作出新的判决,原判决将不可能被付诸执行时提出的一种诉状。

bill to establish will 〈英〉确立遗嘱有效性程序 衡平法院的一种程序,用以确立对法定继承人不利的处理不动产的遗嘱的有效性。在这种程序中,受遗赠人是原告,或者经其同意,法定继承人也可以作为原告。自1857年《遗嘱检验法庭法》[Court of Probate Act]施行后,此种程序便不再使用。该法规定,如果一份处分动产和不动产的遗嘱是经严肃形式[in solemn form]证明了的或经争辩式诉讼程序的判决确立了的,则遗嘱检验的结果在该遗嘱的有效性问题上对继承人、受遗赠人或对该不动产享有利益的任何一方当事人来说是结论性证据,只要其曾受法庭传唤或者是诉讼的一方当事人,或者通过受过传唤或作为一方当事人的人取得权利。

bill to examine witnesses de bene esse (= bill to take testimony de bene esse)

bill to marshal assets 确定对债务人财产分配次序的诉状(⇨marshaling assets)

bill to perpetuate testimony 证言保全诉状 为了收集和保存在诉讼开始前可能死亡或离开法院管辖区的重要证人的证言,或者为了避免将来发生争讼而提出的一种衡平法上的初始诉状。也称作 bill in perpetuam rei memoriam。

bill to quiet possession and title 确定占有与所有权的诉状 又可称为消除所有权瑕疵的诉状。尽管有时将其与预防性诉状[bill quia timet]列为一类,或是用以废除一些无效的文件,但在原告的所有权明晰却又存在瑕疵的情况下,仍可通过这种诉状寻求救济。(⇨cloud on title)

bill to remove cloud on title 消除所有权瑕疵的诉状(⇨bill to quiet possession and title; cloud on title)

bill to suspend a decree 停止执行判决的诉状 为撤销判决或停止其执行而提出的一种衡平法上的诉状。

bill to take testimony de bene esse 证言保全诉状 当有

充分理由相信与未决诉讼相关的某一证人的证言在开庭审理前可能会丧失时,为取得该证言而提出的诉状。

bi-metallic *a*.(硬币)复本位制的

bimetallism *n*.复本位制　指依法使用两种金属(通常是金、银)作为一国通货,并固定其相对价值。

bind *v*.使受(法律、判决、合同等的)约束;使承担法律义务

bind days (= precariae)

binder *n*. ❶暂013;临时保单　在保险人对风险进行调查期间或在签发正式的保险单之前,记载保险合同的重要条款,对被保险人给予暂时保护的书面凭证。 ❷(不动产转让的)定金收据 ❸(广义上指)不动产转让的首付款

binding agreement 有拘束力的合同

binding authority 〈美〉有拘束力的(法律)根据　指法官在裁决案件时必须加以考虑的法律根据,如制定法的规定,或本州上级法院所作的判决。

binding instruction (= binding jury instruction)

binding jury instruction 对陪审团所作的有约束力的指示　指法官指示陪审团,如果他们基于证据优势确认某一事实是真实的,他们还必须确定该事实是有利于原告还是有利于被告。(⇨ mandatory instruction)

binding over 强令;责令;使受约束;裁定(将犯罪人)交付审判　指法院或治安法官[magistrate]要求某人具结或提供保释金以保证其在开庭时到庭,遵守社会治安[keep the peace]或作为证人出庭等的行为。在美国,也指下级法院在发现有可成立理由[probable cause]相信某人犯有罪行后将案件移送给上级法院或交由大陪审团审查的行为。

binding over to keep the peace 〈英〉责令遵守治安;责令守法　在英格兰,根据普通法或创设治安法官职位的1361年法律,治安法院有权责令某人遵守社会治安,即命令其具结[recognizance],可以提供保证人也可以不提供,以保证其在一定时间内遵守治安并保持良好品行。如果他拒绝具结或未能遵守具结,可对其处以不超过6个月的监禁。依照制定法,治安法院也有权根据其收到的控告书[complaint]而责令某人遵守治安秩序或保持良好品行。这种命令的发布是作为一种预防性的司法活动来进行的,无需以定罪为前提。

binding receipt 暂保单;承保收据(⇨ binder)

binding slip 暂保单;承保条(⇨ binder)

Binding Tuesday (= Hock Tuesday)

bind over 责令;强令;裁定交付审判(⇨ binding over)

bingo *n*.宾戈　一种赌博游戏。

bipartisan board 两党委员会　从两个最大的政党中挑选同等数目成员组成一个成员人数为偶数的委员会。这种委员会可以是市自治政府委员会,也可以是联邦或州的委员会。其目的是防止单一政党的政策影响某委员会的功能的正常发挥。

bipartite *a*.由两部分组成的;可分为两部分的　该词用于产权转让[conveyancing]中,指一份文件包括两个部分,由双方当事人予以履行。

birch rod belt 桦条鞭打(⇨ caning practice)

birettus (= birretum)

Birkenhead's Acts 〈英〉《伯肯黑德法》　即1925年《财产法》[Property Acts],包括《处分土地法》[Settled Land Act]、《受托人法》[Trustee Act]、《地产法》[Law of Property Act]、《土地登记法》[Land Registration Act]、《土地负担法》[Land Charges Act]、《遗产管理法》[Administration of Estates Act]、《大学和学院地产法》[Universities and College Estates Act]。

birretum 〈拉〉(旧时)英国法官和高级律师[serjeants at law]在正式场合所戴的紧贴头部的帽子[coif],现在已演化为"黑色方帽"[black cap]　此词的词源是biretta,即天主教和英国国教牧师所戴的帽子。

birretus (= birretum)

birth *n*.出生　指新生儿完全脱离母亲子宫,开始作为独立的个体存在。但这一独立个体的开始时间及标志仍存在着某些不确定性。在普通法中,未出生的胎儿不具有法律人格,不能对其出生前所受的伤害提出权利请求,虽然在司法实践中曾允许对孩子在出生前因过失而受到的伤害提起诉讼。作为例外的情况,有些案件特别是继承案件,未出生的胎儿被法院视为已出生,为其保留继承份额。就这一意义而言,只要该胎儿出生时为活体,法院已承认其具有某种程度的法律人格。在英国,堕胎行为构成犯罪。

birth certificate 出生证书　由负责出生登记的官员签发的、记明某人出生日期、地点及其家世的证明文件。在证明某人的年龄时通常要求提供其出生证书。

birth control 节育;生育控制　防止生育的各种措施和形式的总称。在19世纪的英国,支持节育的观点和有关避孕措施的信息就象出售色情文学一样遭到人们的攻击;在美国,则于1873年通过了一项旨在惩罚避孕行为的《康斯托克法》[Comstock Act]。但在20世纪,节育逐渐得到认可并获得政府的批准。目前在联合王国,有关节育的信息和咨询合法,且越来越容易获取。根据英格兰法,使用任何一种节育方法,只要不是完全禁止发生性关系,并不构成对婚姻完美的侵害;配偶一方违背另一方的意志而采取避孕措施也不构成离婚的理由,但可能成为导致婚姻破裂的一个不和谐因素。

birth record 出生记录　一种官方统计资料,载有某人的出生日期、地点及其家世,由地方政府官员负责保管。

bis 〈拉〉两次;重复

bisaile *n*.曾祖父;外曾祖父

bi-scot *n*.(英格兰古法)(因不修补河岸、渠道和低洼地带的堤道[causeway]而被科处的)两先令罚金

Bis dat qui cito dat. 〈拉〉迅速给付相当于两倍给付。

bishop *n*.主教　指包含若干教堂会众的教区[diocese]首席牧师和总管,隶属于其教区所属的教省[province]的大主教管辖。主教负有对教区的宗教管辖权,拥有教会法赋予的立法、司法和强制执行权力。主教有权祝圣牧师和授予圣职,并有权管理和支配教区的财政收入。在天主教教会,主教的任命由教皇最后批准,主教有权制定法律,但不得与教会和公议会所立的法律相左,主教通常任命主教司法代理[official]审理教会案件。在英格兰国教会,主教的选举由国王提名,主教参事会[dean and chapter]进行选举,通常经过选举、正式确认[confirmation]、祝圣[consecration]和就职[installation]四个程序产生新的主教。主教可参加上议院[House of Lords],并在英格兰国教公会议[General Synod of the Church of England]的教士院[House of Bishops]以及坎特伯雷或约克教省的教牧人员代表会议[convocation]上议院分别有一席位。主教必须任命一位主教司法官[chancellor]在其教区法院[consistory court]行使审判职能。主教教务代理[suffragan bishop]只代理行使主教的纯教会事务。在其他新教教会,主教的选举通过教区大会等方式进行。

bishopric *n.* (教会法)主教辖区;主教职位

bishop's court 〈英〉主教法院 一种教会法院,设于每一教区的主教座堂内,法官为主教司法官[bishop's chancellor],依据教会法中的民事部分[civil canon law]裁决案件。如果教区很大,法官还可以任命自己的代理主教[commissary]到比较偏远的地区去主持主教教区法院[consistory court],依据法官的任命权限处理事务。

Bis idem exigi bona fides non patitur; et in satisfactionibus non permittitur amplius fieri quam semel factum est. 〈拉〉善意不允许对同一事物作重复要求;已为清偿之后,不得要求为更多履行。

bissextus *n.* 闰日 儒略历[Julian calendar]中闰年时增加的一天,即2月29日。

biting rule 反侵蚀规则 一项解释规则。一旦某一契据或遗嘱授予非限嗣继承地产权[fee simple],则此后任何意图对该项授予进行撤销、修改或限制的规定均属无效。

Bivens action 〈美〉比文斯诉讼 在宪法性权利受到联邦政府官员的侵犯时,为维护该权利而主张损害赔偿金的一种诉讼类型,因比文斯诉六个不知名的被告[Bivens v. Six Unknown Named Defendants]一案而得名。如果没有同等有效的救济方法可以使用,立法机关没有明确宣布禁止恢复该权利,没有特别因素推迟对该权利的维护,即可进行此种诉讼。

B.L. (= Bachelor of Laws; Bachelor of Letters; bill of lading)

B/L (= bill of lading)

B.L.A. (= Bachelor of Liberal Arts)

black acre and white acre 黑亩和白亩 旧时法律著作的作者为了用语精确,用于指称两块不同土地的假设用语,以避免混淆和用语模糊,类似于汉语中说"甲地与乙地"。常用于假设案件[moot case]和辩论中。

Black Act 〈英格兰古法〉《黑匪法》 1722 – 1723 年通过的一项法令,因其用以镇压在埃塞克斯郡沃尔瑟姆[Waltham](今埃平[Epping])森林附近出没的面部涂黑的匪徒而得名。这伙匪徒将面部涂黑或在其它形式的伪装下,猎杀森林里的鹿,抢劫养兔场、渔塘和盗伐林木,并进行其它犯罪活动。该法将这些罪行定为重罪,教士对该项罪名亦不享有豁免权,并规定了对受损财产的所有人的赔偿金数额。该法于 1827 年废止。(⇨ Waltham Blacks)

Black Acts 〈英〉《黑体字法》 苏格兰斯图亚特王朝[Stuarts]时期苏格兰议会于 1535 – 1594 年间制定的法令的总称,因其以古黑体字印刷而得名。

black bag (= boodle bag)

black bag job 〈美俚〉秘密调查工作 指美国联邦调查局[F.B.I.]的一种调查活动,其合法性受到质疑,因为其调查活动都是在无搜查证[warrant]的情况下进行的,包括非法闯入住宅[break-ins],未经批准进行窃听[wiretaps]和扣押邮件[mail thefts]等。通常以国家安全的名义进行这些活动,但实际上常为政治目的而被滥用。1977 年,联邦调查局在其 69 年历史上首次因此项工作被起诉。

Black Book 〈美〉黑皮书 由白宫工作人员起草的一种文本。内容是在总统新闻发布会[Presidential Press Conference]上可能会提出的问题以及总统应给予的适当的回答。

Black Book of the Admiralty 〈英〉《海军部黑皮书》 在海事法律事务方面具有最高效力的法律文件。该书是在羊皮纸上以古法语书写的古代海事法规,可能开始编纂于爱德华三世时期,成书于亨利六世时期。内容涉及薪金、灯光、奖励、临检[visit and search]、船舶碰撞赔偿以及与海事有关的犯罪。它还包括了一个《奥列隆海法》[Laws of Oléron]的副本及《司法程序》[ordo judiciorum]的节本,该书表明海事法庭[Admiralty Court]采用了民事诉讼程序,原存于海事法庭的案卷登录处,现存于公共档案局[Public Record Office]。

Black Book of the Exchequer 〈英〉《财政署黑皮书》 可能于 1215 年以前由亚历山大·德·斯威福德[Alexander de Swereforde]编纂而成,归并于《财政署红皮书》[Red Book of the Exchequer]内。其内容十分混杂,包括条约、教皇敕令[Papal bulls]、宪章和一个关于亨利二世时王室土地保有的统计账目。该书说明了英格兰封建政府法定权益的要点。

Black Book of the Tower 〈英〉《伦敦塔黑皮书》 也称《议会记事录》[Liber Irrotulamentorum de Parliamentis]或《旧法典》[Vetus Codex]。书中包括了爱德华一世和爱德华二世[Edward Ⅰ and Ⅱ]时期《议会档案》[Rolls of Parliament]的节录。在 16 和 17 世纪时被作为处理宪法性争议的根据。1661 年曾与其它资料一起以《议会程序》[Placita Parliamentaria]为名印刷出版。该书存于公共档案馆[Public Record Office]。

black cap 〈英〉黑帽 英国高等法院法官在各种正式的、庄严的场合戴在假发上的一种方帽,它是法官全套礼服的一部分。旧时法官只在宣判死刑的时候才戴此帽。

Black Caucus 〈美〉提倡黑人民权核心小组 美国众议院中的黑人成员,他们自认为是 2 500 万美国黑人政治力量代表[political arm]和发言人。

Black Code ❶〈美〉《黑人法典》 17 – 19 世纪美国南部各州关于黑奴法律地位的制定法的总称。该法主要规定了制定黑奴的行为规则及对黑奴进行制裁等方面的司法管辖权,其在各州的规定不尽相同,但有一些实质上共同的原则。其基本原则为:黑奴是动产[chattels]而不是人,法律必须确保黑奴主人对黑奴的财产所有权免受侵害,任何州或教堂都不能保护黑奴。任何一点黑人的血统都决定了一个人的种族及其身份是否自由,子女的身份由其母亲的身份决定。黑奴不能签订契约、拥有财产、殴打白人——即使是在被攻击的情形下还击,不能作对白人不利的旁证,也不能参加集会,未经准许不得离开主人的住宅,不得拥有武器,也不得接受教育、学习读写。该法典由州法庭负责实施,违反该法的行为将受到严厉的处罚——尽管很少处以死刑,并由白人巡警监视黑奴。如果出现黑人可能发生暴乱的情形,该法将被更严厉地实施。内战以后,南部各州通过了新的《黑人法典》,以控制和镇压解放黑奴,维护白人的优先权,并确保获得持续的有色人种廉价劳力供应。新的《黑人法典》保留了解放黑奴的弱势地位,在《流浪法》[vagrancy laws]中,通过规定严厉的制裁强迫所有的黑人都去工作,而在《学徒法》[apprentice laws]中,规定年青的黑人学徒工必须受雇于原来的主人。一些州禁止黑人拥有财产,或者把他们所能从事的行业只限制在仆佣业。禁止跨种族的杂交婚姻,而且黑人的许多行动都受到限制,黑人的选举权则完全被剥夺。这些法令使很多北方领导人坚信南方并没有真正接受黑奴解放的事实,因此而导致了 1867 – 1877 年军事重建[Military Reconstruction]时期的到来,在这一时期,为了保护前奴隶的利益,自由人联合会[Freedmen's Bureau]担负着沉重的职责。❷〈法〉《黑人法典》 1685 年生效的关于黑奴待遇问题的法国法。

Black Death 黑死病 14 世纪中期蔓延英格兰及欧洲其

black federal judge 〈美〉联邦黑人法官　第一个被任命为联邦法官的黑人是罗伯特·H.特雷尔[Robert H. Terrell]，他在 1910 年被总统塔夫脱[Taft]任命为哥伦比亚特区[District of Columbia]市法院[Municipal Court]的法官。瑟古德·马歇尔[Thurgood Marshall]于 1967 年由总统约翰逊[Johnson]任命为美国最高法院大法官。

blackjack n. ❶〈美〉黑杰克棒　一种装有弹性手柄，包有皮革，皮革上缀有铅块或其它金属的短大头棒，为罪犯常用的伤人武器，有时警察也用。❷黑杰克牌戏　也称 21 点[vingt-et-un]。通常用于赌博。

blackleg n. ❶职业赌徒　指常去赛马场及其他赌博场所，并以其赌博所得谋生的人。但其赌博中并不必定进行欺骗。❷(牛的)黑腿病　❸(破坏罢工的)工贼；拒绝加入某一工会者　❹不值得信赖的人

black-letter n. 黑体字　指在古代英国的手写稿和最初印刷的书籍中使用的古英语和哥特语的字体。有时不熟悉印刷业常识的人提及黑体印刷[boldface]时也使用该词。

black letter law 〈美〉黑体字法　一种非正式用语，用来表示被法院普遍接受的或体现在某一特定司法管辖区的制定法中的基本的法律原则。

blacklist v. & n. 列入黑名单；黑名单

Black Lung Benefits Act 〈美〉《黑肺病患者救济法》　规定对患有黑肺病，即煤尘沉着病(一种慢性肺病)的煤矿工人给予救济的一项联邦法律。依该法而发放的救济金由劳工部[Department of Labor]管理。

blackmail n. ❶讹诈罪　也称制定法上之勒索罪[statutory extortion]。指以伤害身体、毁坏财物、控告犯罪或揭露丑闻相威胁而非法索要钱财的行为。其原义是指中世纪居住在苏格兰边界的英格兰居民被迫向苏格兰酋长交纳的贡品，作为免受边界盗贼侵害的保证条件。❷(英格兰古法)黑租　指用牲口、谷物或劳作等方式给付的租金，区别于以银子交付的白租[white rents]。(⇨black rents)

black maria 囚车　将囚犯送进监狱或从监狱提出送到别处，或在法院和监狱之间运送囚犯的封闭车辆。通常为黑色。

black market 黑市；非法交易　非法买卖政府管制物品(包括违禁品)，或以法律禁止的方式进行商品或劳务交易。

Black Muslim 〈美〉黑色穆斯林　一美国黑人组织，由一名自称为穆罕默德·伊莱贾[Mohammad Elijah]的美国黑人于 1930 年创建于底特律。除信奉传统的《古兰经》以外，其创建者们还提出了黑人至上主义[doctrine of Black Supremacy]，并宣称要维护或恢复黑人种族的纯洁性。

Black Parliament 〈苏格兰〉黑暗议会　1320 年在斯昆[Scone]成立的苏格兰议会，因其决议对那些与威廉·戴·梭利爵士[Sir William de Soulis]反对国王罗伯特一世(布鲁斯)[King Robert I (the Bruce)]的密谋有牵连的人施以野蛮的刑罚而得名。有时也被英格兰反对议会改革措施的人用来称呼 1529-1536 年间的英格兰改革议会[Reformation Parliament of England]。

black rents 〈英格兰古法〉黑租　以提供劳动、谷物、食品[provisions]或非白银的低值货币等形式交纳的租金。区别于以白色货币或白银交纳的"白租"[white rents]。(= blackmail; reditus nigri)

Black Rod 〈英〉乌杖侍卫　上议院官员，依传统由具有高级军阶的退休海军或陆军军官担任。最初为英王的首席侍卫，1361 年开始设立，以盖有国玺[Great Seal]印的特许状任命，因其持有一根顶部饰有金狮的黑檀权杖而得名。在上议院开会期间，他负责控制陌生人出入，协助介绍出席议会的贵族，收押被弹劾有罪或蔑视议会的议员，在上议院开会或休会期间传唤下议员到上议院。现在承受其职责的人是乌杖传唤卫士[Yeoman Usher of the Black Rod]。

Black Tuesday 〈美〉黑色星期二　特指 1929 年 10 月 29 日，当天的金融股市行情暴跌，它标志着美国自由资本主义黄金时代的终结。

black ward 依附于国王之附庸的附庸

Black Wednesday 〈美〉黑色星期三　指 1978 年 6 月 7 日，当天加利福尼亚州的公民投票否决了不动产税[real estate taxes]，并借此向政客们表明：大政府及其权力是可以被彻底限制的。

blada n. (英格兰古法)正在生长的庄稼；可指任一种谷；所有的一年生谷物；收获的谷物

blada a solo separata 从地里收割的谷物

blada crescentia 正在生长的谷物、庄稼

blada nondum a solo separata 尚未与土壤分离的谷物

bladarius n. 〈英格兰古法〉谷物零售商

blada vel alia catalla 〈法〉谷物或其他动产

blanc a. 白色的；空白的

blanc bar (= blank bar)

blanche firme 白租　以白银支付的租金。(= white rent)

blanch-farms (= blanche firme; white rent; reditus albi)

blanch-firmes 〈英格兰古法〉白租　古时王田的地租常以货币支付，土地承租人交付的搀有贱金属的货币在财政署要经过熔炼，提炼出纯银达到法定数额才算完成义务，或者承租人需额外交付 12 便士。(⇨alba firma)

blanch-holding n. 一种古代苏格兰土地保有方式

blanc seign 〈美〉空白文件　在美国路易斯安那州[Louisiana]指愿受其约束的当事人在此种文件的底部签名，并给出其清偿或妥协方案，授予其将此文件交托给的人有权根据协议填上他所认为合适的内容。

blanc seing (= blank seing)

blancus (= blanc)

Blandford's Act 〈英〉《布兰福德法》　对 1856 年《新堂区法》[New Parishes Act]的通称。该法由布兰福德侯爵提出。它为宗教目的，包括埋葬死者的墓地、公布结婚预告及举行婚礼而创设了新的堂区。

blank n. ❶(文件中待填的)空白处　❷(法律文件的)空白表格

blank acceptance 空白承兑　指对空白汇票的承兑，持有经承兑的空白汇票的人拥有在汇票上填写任何金额以将之补充完整的表面授权。

blank bar (古)要求明示侵害地的抗辩　在侵入他人土地的诉讼[action of trespass quare clausum fregit]中，被告提出的要求原告确切地说明非法侵入地点的抗辩。

blank bill 无记名汇票　未记明收款人姓名的汇票。

blank bonds 〈苏格兰〉不记名债券　付款人应向任何将自己的姓名填写在债券上规定的空白处的受款人付款的债券。1696 年法律宣布此种债券无效。

blank deed 空白契据　已经签名、盖章并交付但无具体内容的文件，其最终填充的内容的效力取决于授予人的授权。

blanket amnesty 〈美〉集体赦免　指对一组罪犯，如逃避兵役者、参与非法罢工工人，作为一个整体全部免除其刑事责任以示善良意志和良好社区关系的同情姿态。

blanket ballot　总括候选人名单　指在一次选举中所要选出的所有职位的全部候选人均列名于其上的名单。

blanket bond　一揽子保险合同　该保险合同为整个的某一类人的行为提供保险。尤指涉及公司全体雇员或从事某一工种之全体雇员的忠诚保险合同[fidelity bond]。如信件投递服务部门就可以获得一份一揽子保险合同,对其中任何一位邮件投递员盗窃客户邮包的行为提供保险。

blanket injunction　(= dragnet restraints)

blanket insurance　总括保险;统保(⇨blanket policy)

blanket mortgage　总括抵押　这种抵押以两项或两项以上财产共同担保一项债务;也指为担保一项债务将公司的全部资产作为抵押。

blanket patent　总括专利证书　指含有几种产品发明,且每一种产品均可独立授予专利的专利证书。

blanket policy　总括保险单;统保单　承保对象包括位于一地的多种财产或位于多处的一种或多种财产的保险单,这类财产最大的特点是数目经常变动,如库存货物等。

blanket rate　❶总括保险费率;统保费率　承保位于一地的多种财产或位于多处的一种或多种财产的总括保险适用的一种统一保险费率。　❷统一费率　承运人在制订费率时所使用的术语,指在限定区域内适用相同的费率,而与运输距离无关。

blanket search warrant　〈美〉通用搜查证　指一张搜查证,但允许搜查多个地点,或扣押在一地所能发现的、未在搜查证中具体列明的所有物品。但后者是违背美国宪法第四条修正案的。

blanket territory　适用统一费率的区域　承运人在制定费率时使用的一个术语,指只要在某特定区域范围内,无论运输距离远近,运费费率均相同。(⇨blanket rate)

blanket vein　(采矿法)水平矿脉;水平矿层

blank indorsement　空白背书　仅以票据或单据背面书写背书人的姓名而不指明被背书人的背书,任何合法持票人只要愿意就可填入自己姓名而成为被背书人。空白背书不指明特定之被背书人,其持票人可以请求付款并且只需交付就可转让该票据,直到出现特别背书时该票据才可能依交付而转让。

blank in will　〈英〉遗嘱空白　指在遗嘱中未写明受遗赠人的姓名。在此情况下,法院有时可以根据遗嘱的内容来确定立遗嘱人打算由谁获得遗产。但不得采用口头证据以确定该空白的内容。

blanks　n.〈英〉布郎克士　亨利五世时发行的一种银币。面值8便士,在当时英格兰统治下的一些法国地区使用,亨利六世[Henry Ⅵ]时禁止此种硬币在英格兰流通。

blank seing　(= blanc seign)

blank shares　(= blank stocks)

blank stocks　空白股份;空白股票　该种股票的投票表决权及相关权利事先并未确定,而是在出售后由发行人的董事会确定。

blank transfer　不记名转让　指未记明被转让人姓名而进行的股票转让。此种连同股票证书的转让通常是在出售股票或以股票作抵押时进行。股票转让后,股票购买者或抵押权人有权处分股票而无需向转让者提出申请等。但只有依契约才可转让的股票不得进行无记名转让。

blasarius　n.放火者;纵火者(= incendiary)

blasphemous libel　对上帝(或基督教)的亵渎性诽谤罪　指以出版物的书面形式触犯宗教信仰。

blasphemy　n.渎神罪　源于宗教的一种犯罪,指以口头或书面的方式嘲弄、蔑视、恶意指责基督教的上帝、耶稣、教义或《圣经》,伤害信徒对神的信仰和爱戴,煽动对教会的仇视和背叛,引发不道德行为。该罪行可能动摇整个社会结构,因此也可依普通法对之起诉。这种罪行仅限于基督教和英格兰国教会,而不涉及其他宗教,但现在已很少存在。

blemishing the peace　〈英〉破坏治安　在法律上,破坏治安并不是一种犯罪,责令遵守治安[binding over to keep the peace]也不构成定罪。现在对这种责令不服提出的上诉由刑事法院受理。

blench holding　(= blanch-holding)

blended fund　〈英〉混合基金;集合资金　立遗嘱人指示将其动产和不动产一起出卖,并将出卖所得收益作为一个整体进行处分,此收益形成的基金称为混合基金。

blended price　混合价格　一种价格形式。比如在牛奶业中,是指根据不同的利用方式,基于对已处理牛奶数量进行加权的平均值而付给生产商的价格。

blended trust　混合信托;集合信托　为一个或多个集团的利益设立的信托,在这种信托中,没有任何确定的个人较其他人而享有单独的权利。集团中的任一成员对信托财产亦不享有任何可转让的权益。为防止欺诈,法院对此审查较严,并很少承认该种信托。

blighted area　有损市容的地区　指没有美感且经济不繁荣的地区。为公共目的可拆除此种地区的所有建筑物,尽管其中可能会有一些并不低于一定标准或有损市容。

blind corner　死角　用于形容建筑物的结构,即该建筑物阻碍了到达交叉路口的司机对从叉路上驶来的车辆进行观察的能力。

blind entry　未加说明的账目分录;简式账目分录　只有贷记、借记账目而无解释摘要的会计账目。

blinding lights　眩目光　可指使人眼睛看不见东西的任何灯光,但多用于指机动车辆的灯光。

blindness　n.瞎;盲;失明　指全部或部分丧失视力。在给予劳工损害赔偿或发给社会保障救济金时,一般应当确定失明的程度。

blind selling　盲卖　不给买方检查所购物品的机会的销售。

blind tiger　〈美〉暗卖　非法秘密出售酒类饮料的地方,是进行全国性禁酒期间常用的一个词。

blind trust　〈美〉秘密信托;盲目信托　联邦法律中规定的一种信托形式,指财产被设立信托,而不向受益人提供任何有关信托管理的信息。由于受益人不能控制信托财产管理人,亦无其他信托执行人,因此受托人的行为不受任何限制。这种信托在州法律中还未作规定。它主要由高级政府官员在其任职期间为放弃对其私人财产的支配而采用。

blinks　n.(从树上折下的扔在鹿群可能经过的地方)大树枝

block　n.❶街区　市镇中被街道围起的长方形、正方形或形状不规则的区域。其上可以有建筑物,也可是空地。与广场[square]同义,但被称为街区的区域必须至少有三边在事实上被街道所包围。　❷街段　两条平行街道之间的一段街,包括其两边的区域。

blockade　n.封锁　用军舰或军用飞机对他国的港口或海岸等采取的军事措施,其目的在于孤立、隔断和阻截其与外界的一切联系和交往,尤其是商业往来。封锁分为平时封锁和战时封锁,但主要指战时封锁。封锁可以在海上或陆上分别或同时进行。

blockade de facto (= de facto blockade)

blockage n.阻塞 税法中承认,在一些情况下,大宗股票不如小额股票那样容易转手变现。大宗股票出售价低于小额股票出售价的部分,称为阻塞。(⇨blockage rule)

blockage rule 〈美〉阻塞规则 在征收联邦赠与和遗产税时,为确定公司大宗股票价值而采用的方法。该规定建立在以下假设之上,即大宗股票不如小额股票那样可以迅速地销售变现,价格上也不易以全价出售。所以,该规则确定,在评估大宗股票的价值时,要按其公平市场价予以一定的折扣。

block-booking n.搭配订购 影片发行人许可放映商放映其发行的一部或数部影片,但须以放映商同意在特定期间放映由该发行人发行的其他影片为条件。

Blockburger test 〈美〉布洛克伯格标准 源于布洛克伯格诉美国[Blockburger v. U.S.]一案。其内容是当一个行为触犯了两个不同的制定法条款时,该行为被认为仅构成一种犯罪,除非一个条款要求对事实的证明而另一个不要求。它是一项法律解释规则,当其适用导致作出一行为只构成一种犯罪的决定时,推定不得对行为人科以双重处罚。

blockbusting n.〈美〉街区房地产欺诈 指通过散布将有不同民族、种族或宗教信仰的人士入住邻近地方的消息而诱骗房主出售房屋的行为。投机者可以据此实现贱买贵卖,故该种行为为《房屋公平交易法》[Fair Housing Act]所禁止。

blocked account 冻结账户 政府或经授权的人对在银行或其他金融机构开立的账户采取的一种限制收付款项的措施。

blocked currency 冻结货币;冻结存款 货币或银行存款的使用受其所在国政府的限制,只能在该国范围内使用。此种限制通常与向其它国家转移存款有关。

blocked income 〈美〉受阻的收入 指不必在美国纳税的外国纳税人的收入,因为该纳税人在其本国被阻止将其收入兑换成美元。

block of surveys 〈美〉大片测量的土地 在宾夕法尼亚[Pennsylvania]的土地法中,指在同一保证人[warrantee]的名义下测量的大片相邻的土地[tracts],与它们最初所被确定的方式无关。这种土地由其外部界线标明,而内部没有界线彼此分开。

block policy 综合保险单;总括保险单;统保单 承保被保险人所有财产的绝大部分风险的保险单。(⇨all-risk insurance)

block to block rule 街区比较规则 该规则是指,在就一条新开通的穿越几个街区的街道评估其利益时,应当将其与每一街区的地块重置成本进行比较。

blodwita (= bloodwit)

blodwyte n.因伤人而被科处的罚金(或给付的赔偿) 此种罚金或赔偿交给领主。而赎罪赔偿金[weregild]的全部或一部分是支付给受伤害者的;在造成死亡的情况下,则支付给死者的亲属。

blood alcohol count 〈美〉血液中的酒精含量 酒后驾车法律[DWI laws]中规定的合法饮酒量的衡量标准的术语。在大多数州,如果一个人血液中的酒精含量标准达到10‰,便可被指控犯有酒后驾车罪[driving while intoxicated/DWI]。

blood brother 同胞兄弟

blood feud 血亲复仇 在早期日耳曼法中,一个被害人的亲属或一个被伤者可以对凶手施以相同的报复,并且死者的亲属可以声明除了实施同态的报复外,没有更多的要求。后来人身赔偿金取代了血亲复仇,当然起初受害方可以自行决定是否接受赔偿金或血亲复仇,但一些重罪,如叛国罪,则是不可回赎的,只能被处死刑,且财产也将被充公。人身地位金的数量依死者的地位而定,称"wer";赔偿金称"wergeld"或"bot";另外还有因犯罪行为而应向国王或领主交纳的和平金[wite]。

blood-frenzy n.不可抵挡的杀人冲动

blood grouping test 血型检验 在关于亲子关系发生争议的案件中用以确定某人是否为某个孩子的亲生父亲而进行的检验。检验的结果并不能当然地确定某人的父亲身份,但可以排除那些不可能是孩子的父亲的人。

blood groups 血型 指根据由抗原决定的红细胞的特征对血液所作的分类。在人体内至少有9种主要的血型系统。对个人血型的确定,除在医学上使用外,在法律上还具有重要的证据意义。由于血型具有遗传性,因此,根据某人的血型可以确证他不是某一儿童的父亲。在英格兰,当对某人是否具有父亲身份发生争议时,法庭可命令进行血型检验。当某人被指控犯有强奸罪时,也可强行抽取其血样以供检验。

blood heirs 有血亲关系的继承人(⇨heirs by blood)

bloodhound n.猎犬;警犬 嗅觉灵敏,以追踪某种气味或跟踪人的能力见长的一种犬。

bloodhound trailing 警犬追踪 在对刑事被告人进行辨认时可作为证据使用。

blood kin 血亲;有血缘关系的亲属

blood money 赎罪金;人身赔偿金 即赎杀金,凶手支付给受害人亲属的赔偿金,适用于所有的暴力犯罪。通常也是因对犯有死罪[capital crimes]的人进行拘捕[apprehension]和定罪[conviction]而支付的报酬或赏金。(⇨weregild)

blood poisoning 血中毒 由内伤或外伤、当前或先前某种疾病使组织被破坏而引起的血液中毒状态,并会导致化脓。它不是一种简单的或自发的疾病。

blood relations 血亲;有血缘关系的亲属 有共同祖先的亲属,包括半血亲和全血亲。(⇨blood relationship)

blood relationship 血亲关系 指至少具有一个相同祖先的两人之间的关系。它包括两种类型:①全血亲关系[whole or full blood],指两人有一对共同的祖先,如同父同母者;②半血亲关系[half blood],指两人只拥有同一个男性祖先或同一个女性祖先,如同父异母或同母异父者。血亲关系在继承上具有重要意义。在继承顺序上,半血亲关系的继承人通常列于全血亲关系的继承人之后。

blood relatives 血亲;有血缘关系的亲属(= relatives by blood)

blood stains 血迹 在被告人身上发现的并经正确鉴定的血迹可作为证明其杀人的证据。

blood test ❶血检 为确定某种生理状况而进行的检验。❷为确定亲子关系而进行的血型检验(⇨blood grouping test)

blood test evidence 〈美〉血检证据 当某人因酒后驾车而被逮捕后,在违背其意志的情况下抽取其血液进行检验,不违反美国宪法第五条修正案。(⇨blood alcohol count; blood grouping test; DNA identification)

bloodwit n.❶因伤人或杀人而被科处的罚金[amercement];收取罚金的特权;免除交纳因伤人或杀人而被科处的罚金的特权 ❷有流血事件发生的暴动

bloody assizes 〈英〉血腥审判 指在镇压发生在塞奇高沼[Sedgemoor]的蒙茅斯起义[Monmouth's rebellion]后，1685年在英格兰西部举行的一次司法审判。首席法官杰弗里斯[Jeffreys]和其他4名法官奉命审判所有被指控卷入这次起义中的人。他们在西部各市镇开庭，据信约有300人被处死刑，约800人被流放，更多的人则被处以罚金、监禁和鞭笞。这次审判极其残暴，科刑也极严酷，在1688年光荣革命后受到了严厉的谴责。

bloody hand 〈英格兰古法〉沾满鲜血的手 在森林法中，沾有血迹的双手或身体的其它部位是证明某人非法猎杀鹿的4种情况证据[circumstantial evidence]之一，尽管该人被发现时未在追赶或猎杀鹿。(⇨backberend(e); stable-stand)

blot on title (土地)所有权瑕疵 对此瑕疵应予补救，以便向买方转让其有权接受的地产权或土地权益。

blotter n. 警务登记簿 用来记录拘捕情况。(⇨bench blotter)

bloudveit (=blodwyte)

bludgeon n. ❶大头短棒 ❷用以攻击的武器 v. 用大头棒打；重击

Blue Book 蓝皮书 ①由美国尼克松[Nixon]总统从水门录音带[Watergate tapes]中精心挑选，并提交给负责弹劾调查的司法委员会的一份长达1300页的文本；②有关利比亚人的狂热领导人穆马·卡扎菲上校[Col. Mummar Qaddafi]的语录和格言的收藏本，仿照中国毛泽东主席红皮语录而作，也称为绿皮书[Green Book]；③向美国公众解释1978年由律师起草的复杂难懂的税收法，而由国会联合税务委员会[Joint Tax Committee of Congress]准备的多卷材料；④美国一本法律援引指南，原名为《统一法律援引系统》[A Uniform System of Citation]。它是为撰写辩护状[brief]、备忘录[memo]或法律评论文章时引用权威言论的方便，而编纂的有关详尽规则的小册子，因其封皮为蓝色而得名，以前其封皮为白色，故又称为白皮书[White Book]。该书被认为是美国最权威的法律援引参考书。其全称是《蓝皮书：统一法律援引系统》[The Bluebook: A Uniform System of Citation]。虽然其编者是在20世纪90年代中期才正式将蓝皮书[Bluebook]作为其书名的一部分，但该书被人们称为蓝皮书已有10年时间。该书由《哥伦比亚法律评论》、《哈佛法律评论》、《宾夕法尼亚大学法律评论》和《耶鲁法律评论》的编辑们共同编著而成；⑤(美国)州议会法律汇编蓝皮书；⑥在英国，指对政府出版物的习惯称法，如皇家委员会报告[Royal Commission report]，因这些出版物用蓝纸作封面而得名。(⇨session laws)

blue box 〈美〉蓝盒子 装在电话机上的一种电子装置，可以逃付长途电话费。联邦法律规定安装蓝盒子的行为为犯罪。

blue chip 热门股票；蓝筹股 指具有长期利润增长和红利支付记录、风险小、且收入或产出令人满意的公司发行的最优质量的股票。

blue-chip stock 蓝筹股 指具有稳定、持续增长和可靠的赢利历史记录因而被视为安全投资的某一上市公司股票。亦可称作"blue chip"。

Blue Cross 〈美〉蓝十字；蓝十字住院保险计划 一种非营利性的综合性健康保险计划或体系。加入该计划的成员定期缴纳费用，通常称为保险费，因此可享受该计划提供的住院治疗和看护服务。

Blue Cross contract 〈美〉蓝十字住院保险合同 根据蓝十字住院保险计划签订的合同，据此向蓝十字住院保险计划的会员及其家庭成员提供住院治疗费用。

blue flu 〈美〉蓝色流感 指政府职员，如警察，在无法定罢工的情况下集体缺勤。通常被作为一种为获取更高的工资和增加额外福利的手段使用。

blue law 〈美〉蓝色法 对调整或禁止在星期日进行商业活动的制定法的总称，起源于殖民地新英格兰时期。在以前这种制定法很普遍，自20世纪80年代以后则大为减少，因为有许多法院以蓝色法来源于宗教(星期日为基督教的安息日)为由而确认其为无效。现在如果这种法律是为非宗教目的而制定的(例如确认星期日为工人休息日)，则往往要经过合宪性的审查。也称为星期日法[Sunday law]，星期日歇业法[Sunday-closing law]，安息日法[Sabbath law]，主日法[Lord's Day Act]。

blue list 〈美〉蓝色一览表 全称为现期市政债券发售蓝色一览表，主要提供市政债券的有关数据，如价格、收益和其他数字，是反映市政债券二级市场交易活动和金额的最综合信息来源。

bluemantle 〈英〉蓝披风勋位(⇨herald)

blue nose 〈口〉清教徒式；信守清规戒律的人 指大多数人都认为是一种娱乐的活动，如跳舞、打牌、饮酒、参加戏剧演出等持偏执态度的人。

blue notes 蓝色票据 人寿保险公司接受的充抵保险单上规定的保险费的票据。在票据到期日之前，保险单持续有效。

blue pencil doctrine 〈美〉蓝铅笔原则 在合同中存在冒犯性的词句[offending words]时，用以确定是整个合同无效还是仅该冒犯性的词句无效的一项司法准则。如果可以仅通过用蓝色铅笔划过该冒犯性的词句将其从合同中删除，使不合理的限制变得合理，则法庭应认定仅该冒犯性的词句无效，合同其余部分仍然有效并应予实施。

blue-ribbon jury 〈美〉蓝带陪审团 由具有特别资格的人(受过最高教育的、最有知识的人)组成的陪审团，也称特别陪审团[special jury or struck jury]，用来审理复杂的民事案件。有时也指大陪审团，尤指用来调查政府腐败行为的大陪审团。对有些案件法律规定要由特别陪审团来审理，有时也可依当事人的申请而获得。对由更为杰出的人士(通常为某一专业领域的专家)组成的陪审团，也称为blue-blue-ribbon jury。

Blue Ribbon Law Schools 〈美〉蓝带法学院 12个被称为是全国最好的法学院。它们的课程设置与学院所在州的法律规定并不一致，其教学重点也不完全集中于使其毕业生能够通过律师资格考试[Bar Examination]。

Blue Shield 〈美〉蓝盾医疗保险计划 一种非营利性的综合性健康保险计划或体系。加入者定期缴纳保险费即可享受该计划提供的医疗服务。

blue sky laws 〈美〉蓝天法 是对各州通过的旨在调整、监督证券发行和交易、保护投资者免受欺诈的法令的通俗称谓。大多数蓝天法规定新发行证券要到州有关机关进行登记，以审核其发行文件的正确性和完整性。蓝天法也调整证券经纪人、销售人员的活动。

blue slip veto 〈美〉蓝纸条否决 指一名或两名参议员否决总统对联邦法官或检察官的提名。在总统提名联邦法官或检察官后，参议院司法委员会[Senate Judiciary Committee]会发给被提名人所在州的两位参议员蓝纸条[Blue Slips]，询问每一参议员是否同意总统的提名。只有两名参议员一致同意时，参议院司法委员会才会批准总统的提名。因此，每一参议员均有对提名的否决权。

bluff n. ❶陡岸；峭壁；悬崖 ❷虚张声势；假装有把握以骗人
v. (以作假或恐吓的手段)欺骗

blumba n. (附于肉上)证明肉(符合犹太教规)洁净可食的金属标签

blunder n. (因粗心而导致的)大错 指应为而不为，或不应为而为之，以致发生某种事件或伤害后果，而如果行为人尽了一个具有相当谨慎的人在相同或类似情况下所能尽的注意，这种后果是应当能够预见且予以避免的。

blunderbuss n. ❶喇叭枪 一种在近距离范围内射击比较有效的老式大口径短枪，其有效性依赖于子弹的发散，而不是射击者的枪法如何。❷含有多项指控的申诉 ❸(因过于琐碎而导致的)无效辩护

blunt instrument 钝器 用作武器时，通过重击而不是刺或砍的方式来达到伤害的结果。

board n. ❶委员会 依法律授权行使某项权限、监督或控制某些事项或履行某一行政、代理或信托职能的人员组合。❷部；局；会；所；公会 履行某一职责、执行法定或代理的职能或管理行使行政或政府职能的某一公共机构或部门的法定机构或代理机构。❸在旅店或食宿地供给宾客的住宿、膳食和娱乐

boardinghouse n. 供膳寄宿处 在英国，指允许一人，通常是多人临时寄宿的地方。主人要向寄宿者提供膳食、床铺及其他共用设施，寄宿者支付约定的费用。它与旅店[inn]的不同之处在于，寄宿处主人并无义务接待任何人，不管他是不是旅行者；他也不像旅店主那样对丢失财产承担严格责任，亦无权因寄宿者到期未付费而留置其财产。在美国，寄宿处主人不对丢失财产负责任，但享有法定留置权。(⇨boardinghouse keeper's lien)

boardinghouse keeper's lien 〈美〉寄宿宿舍管理者的留置权 寄宿宿舍管理者为了收取向寄宿者提供膳宿和娱乐的服务或设施的有关费用而对寄宿者带来的物品设置的一种法定留置权，有时也可对第三者的物品设置留置权。

boarding school 寄宿学校 在等级上低于学院[college]，学生全部寄宿和供膳的一种学校。

board lot (= round lot)

board of adjustment 〈美〉区划调整委员会 负责听审和裁决有关区划问题上诉的行政机构。在有些城市称"区划上诉委员会"[Board of Zoning Appeals]。

board of admiralty 〈英〉海军委员会(⇨admiralty)

board of aldermen 市政委员会 市政法人的管理机构。(⇨alderman; city council)

board of appeals 〈美〉申诉委员会 行政性而非司法性裁判机构，是负责审查听证官[hearing officers]或听证机构负责人所作的决定的行政裁判所[administrative tribunal]。(⇨board of review)

board of arbitration 仲裁委员会 按照仲裁规则，审理和裁决当事人之间的纠纷的准司法机构。

board of audit 〈美〉审计委员会 某些州法规定设立的，负责调整和澄清市政法人[municipal corporations]账目的机构。

board of bar overseers 〈美〉律师管理委员会 各州负责颁发律师执照和律师惩戒工作的机构。

Board of Control 〈英〉管制委员会 1948年以前管制委员会为处理有关精神失常和智力缺陷事务的中央机构，但在1946年制定的《全国卫生机构法》[National Health Service Act]于1948年生效后，其职能限于与公民自由及与智力缺陷相关的某些特殊职责，而对精神卫生机构[Mental Health Service]的监督、管理工作则由卫生部[Ministry of Health]接管。现设立该委员会的法律已被废除，其权利、义务、责任及所有财产均已转移至卫生部。

board of directors ❶董事会 股东选举产生的公司管理机构，通常由公司内部管理人员和公司外部董事组成。董事会有权选聘依公司利益行事的管理人员和代理人，并处理其他对公司有重大影响的事务。亦译为"董事局"。❷(合伙、社团及其他非法人团体的)管理机构

board of education 〈美〉教育委员会 负责管理州或地方公立学校[public schools]的州或者地方机关。(⇨school board)

board of equalization (= equalization board)

board of examiners 〈美〉审查委员会 由经任命的官员组成，负责审查申请许可从事某种职业者资格的委员会。也可称之为"examining board"。

board of fire underwriters 火险承保人协会；火灾保险人协会 从事火灾保险业务的保险人为加强其业务联合与合作而自愿组成的非法人团体。(⇨underwriters' association)

Board of Governors (= Board of Governors of Federal Reserve System)

Board of Governors of Federal Reserve System 〈美〉联邦储备理事会 该理事会由7名任期为14年的成员组成，负责管理12家联邦储备银行和分支机构。理事会决定货币、信用和运行政策，并制定贯彻联邦储备法需要的条例和规则。理事会的主要职责是对信用状况施加影响，监管联邦储备银行及成员银行。(⇨Federal Reserve System)

Board of Green Cloth 〈英〉宫廷财务委员会 隶属于内务部[Household's Department]王室内务总管[Lord Steward]，由王室总管、财政大臣[Treasurer]、王室审计官[Comptroller]及王室内务主事[Master of the Royal Household]组成，负责审查王室开支的账目并予以支付，支付王室仆从的工资，管理王室内务和王室仆从。在早期，它还负有维持王室12英里辖区内治安、为王室提供给养、主持王室12英里辖区内法庭等职责。其名称来源于以前委员会就坐之桌上的绿色台布。该机构现好像已消失。

board of health 卫生局；卫生委员会 在美国为州或市的行政机构，负责维护和改善公共卫生；在英国，地方卫生委员会的职责亦在改善公共卫生。为此目的，该委员会可以在有关水道、排水、屠宰场等事务方面行使某些权力。

Board of Immigration Appeal 〈美〉移民上诉委员会 设置于司法部门(对司法部长[Attorney General]负责)内，处理与美国移民法相关事务的最高行政裁判所[Administrative tribunal]，负责审理对移民和归化局[Immigration and Naturalization Service]决定的上诉。委员会由五名司法部长任命任职终身的成员和两名临时移民法官组成，大多数案件由两名终身法官和一名临时法官组成的合议庭[panel]审理。该词也称作 Immigration Appeals Board。

Board of Inland Revenue 〈英〉国内税务署(⇨Commissioners of Inland Revenue)

board of pardons 〈美〉赦免委员会 各州被授权审查和批准对被定罪的犯人给予赦免的委员会，州长通常是其成员之一。

board of parole (= parole board)

Board of Patent Appeals and Interferences 〈美〉专利上

诉与争议委员会　前身为专利上诉委员会。由专利局长、副局长、助理局长及首席审查员组成，职责是对审查员作出的被提出异议的专利上诉决定进行复审，并对争议中的发明确定其优先权及授予专利。

Board of Referees　〈英〉仲裁委员会　争端被提交，并由其作出裁决的机构。

board of regents　〈美〉校务委员会；督导委员会　指导和监督某一教育机构(尤其是大学)，或在某些州，指导和监督州的教育系统的委员会。

board of registration　〈美〉登记委员会　州负责对从事某种特定职业[profession]者颁发许可证及惩戒工作的委员会。

board of review　〈美〉审查委员会；复议委员会　①指负责审查行政机关决定的机关；②审查财产税评估的机关；③在有些城市，指负责对警察暴行或过分使用武力的指控进行审查的机构。

board of supervisors　〈美〉监察委员会　县政府的一个机构，具体负责本县的岁入[revenues]事务。

Board of Tax Appeals　〈美〉税务上诉委员会　以前负责审理联邦税务纠纷的初审法院。现称为美国税务法院[U.S. Tax Court]。

board of trade　❶〈美〉商会；行会；同业公会　一种由商人、制造商组成的组织，用以促进商业利益；也指致力于推进和保护某一专门商贸行业的组织。❷商品交易所　从事商品买卖业务的交易所，如芝加哥期货交易所[Chicago Board of Trade]。(⇨Chicago Board of Trade)　❸[B- of T-]〈英〉贸易部(⇨Board of Trade and Plantations)

Board of Trade and Plantations　〈英〉贸易和殖民委员会　1674年以委员会形式成立的一个英国政府部门。1688年光荣革命后改组成为一个由八名任命的高级政府官员和一名助手组成的委员会。1786年重建为贸易委员会[Board of Trade]，包括当时枢密院负责处理有关贸易及对外殖民事务的委员会的高级官员。后贸易委员会改为贸易和工业部[Department of Trade and Industry]，1974年又改为贸易部[Department of Trade]。

board of works　〈美〉公共工程委员会　负责管理公共工程的行政机关。

Boards of Contract Appeals　〈美〉合同上诉委员会　一种具有司法性质的行政机构，负责审理由政府机构缔约方对缔约官员或其他政府代表的决定提起的上诉。

boards of underwriters　保险商协会　保险公司或保险代理人为促进保险业务的发展和保证其业务上的统一而组成的团体。(⇨board of fire underwriters; rating bureau)

boatable　a.〈美〉可航行的；可行船的　在有些州用于指称可通行小船、小游艇，但不能容纳蒸汽船或大帆船航行的小型河流。

Boating Act　〈美〉《游船法》　规范在可航行水域上的游船的运营活动的一项联邦法律。

boating waters　〈美〉可航行水域　指州内在正常状况下可作为商业上的通道使用，并可在其上航行的水域。但属于私人财产的水域不可航行。

boat livery　❶船舶出租　❷船舶出租商行

bobbies　n.〈英〉警察

boc　〈撒克逊〉书；书面文件；地契；契据　转让土地的文书称为"地契"[land boc]，作为所有权的凭证，类似现代的地契[deed]，后被征服者威廉所毁。(⇨bocland)

boceras　〈撒克逊〉抄写员；公证人；书记员

boc horde　(修道院中的)藏经阁；存放文书(或证据)的地方(= book hoard)

bock hord　(= book hoard)

bock land　(= bookland)

bocland　〈撒克逊〉特许状保有地；书田；钦赐土地(保有)；契据土地(保有)　又称"charter-land"、"deep-land"，是诺曼征服以前依国王授予的赐地文书而保有的土地，相对于依据习惯而保有的民田[folcland]，是庄园领地的原始的土地保有形式之一。保有该土地的依据是一份载明了固定租金及自由役[free services]的简短契据，实际上在各方面均与自由农役保有地[socage lands]类似。以文书转让土地的作法源于罗马，但由教会引入英格兰。书田是国王经贤人会议[witan]同意后赐予某人的民田，最初只赐予教会或现在所称的教会法人[ecclesiastical corporation]，后来也赐予俗人[layman]。对俗人的赐地都声明是为了某些宗教的目的，但这只是纯粹的形式问题。起初，契据赐地在性质上类似于后来的封地授予仪式[livery of seisin]，但在诺曼征服以前，土地只能以赐地契据的形式转让。书田中的大部分普通地产类似于非限嗣继承地[fee simple]，但少数情况下也类似于可更新的终身或永佃地。获得书田的多为教会和世俗大贵族，书田的保有人可免除对土地的习惯法上的义务，但不免服兵役及出钱修缮城堡、桥梁的义务。书田可以在生前转让[inter vivos]，也可以依遗嘱处分或限嗣继承[entail]，但在后一种情形下保有人就丧失了让与的权利。书田还可用于抵押或以文书授予他人[settlement]，也可以租借给自由土地保有人[free tenants]，但需满足这样一些条件：书田的保有人认为这样做合适，这种被出租的土地被视为租佃地[laenland; loan land]。诺曼征服后，书田消失。(= charter-land; bookland)

boddemerey　(= bottomry)

bodemerie　(= bottomry)

bodily exhibition　身体裸露　用于规定淫秽行为[obscenity]及违反公共行为准则的犯罪[crimes against public decency]的制定法中，指公开或半公开地裸露身体的阴私部位的行为。

bodily harm　身体伤害　指生理的疼痛、疾病或躯体的损伤。在英国，该词用于指严格依法律意义来说的轻微伤害，区别于较严重的伤害即"实际的身体伤害"[actual bodily harm]，或更为严重的"重大身体伤害"[grievous bodily harm]。但1861年《人身侵犯法》[Offences Against the Person Act]中，身体伤害包括了实际的身体伤害和重大身体伤害。不过，对这三种伤害并未作制定法上的定义。身体伤害可以是被告行为的间接后果，如被告夜间闯入他人住宅并威胁要冲进某妇女的卧室，结果导致该妇女跳出窗外而受伤。

bodily heirs　直系血亲继承人(⇨heir of the body)

bodily hurt　身体伤害(⇨bodily injury)

bodily injury　身体伤害　一般指身体受到的损害或由于受到伤害而导致的疾病，包括由于受到惊吓而造成的疾病或由于被强奸等而受到的伤害。(⇨disability; injury; serious bodily injury)

bodily issue　直系子嗣

bodmerie　(= bottomry)

body　n.❶人　包括自然人和法人。❷非法人组织；委员会　❸主干；主体；(人的)躯干；树干　❹(文件的)主要内容；正文　❺(视作整体的)一群；一批；一套　❻物体

body corporate 法人　包括公法人和私法人，亦作 corporate body 或 corporation。

body execution 人身执行令　法庭签发的要求执行官员将指定的某人拘禁的命令，通常是为使该人到庭以履行判决确定的债务。

body heirs 直系血亲继承人（⇨heir of the body）

body of a county 〈美〉全县　指作为一个整体存在的县，区别于县境内某一具体地方。

body of an instrument 文件的正文；文件的实质内容　有别于文件的说明部分[recitals]、标题[title]、宣誓证明[jurat]等。

body of laws 法律汇编　法律有组织有系统的汇编或法典，如加利福尼亚法典[California Code]。

body of the crime (= body of the offense)

body of the offense 罪身　用于某一特定的犯罪时，指某人实际上已实施了某一被指控的特定犯罪。

body politic 政治团体　被视作具有政治（而非私人）意义，并在单一政府机构下组成的群体。在美国，也指市政法人[municipal corporation]、校区[school district]、县或市。

body-snatching n.盗尸　一种犯罪行为，指未经允许秘密地将新埋葬的尸体从坟墓中盗走，以卖给他人作解剖之用。

body stealing 盗尸（⇨body-snatching）

bog grass 沼草　一种草，可构成完全保有土地的一部分，但将其用作饲料，对终身保有土地者来说是一种浪费。

Bogota Conference 波哥大会议　指1948年美洲21国在哥伦比亚首都波哥大举行的第9次美洲国家会议，除加拿大以外的美洲国家都参加了这次会议。

bogus a.假的；假冒的；伪造的
n.假冒物；伪造品；赝品

bogus check 〈美〉(= bad check)（⇨check-kiting）

Bohemian oats 波希米亚燕麦　一种合同的特称。指合同一方将波希米亚燕麦的种子以高于其实际价值数倍的价格卖与他人，并保证为买主将所产出的燕麦以较大数量和相同的过高价格销售出去。也用以指标的物为其他作物的类似合同。

boie 〈法〉(= bilboes)

boilary n.❶蒸煮处　在生产某种物质，如糖、浓盐水等的过程中进行蒸煮的地方。❷从非土地所有人所有的（该土地上的）盐井中取出的盐水

Boiler Inspection Act 〈美〉《锅炉检查法》　一项关于维护铁路上某些设备的安全性的联邦法律，目的在于保护铁路职工、乘客及公众避免由于工业事故而受到伤害。

boiler insurance 锅炉保险　一种意外事故保险，承保由于锅炉爆炸或坍塌而给被保险人造成的财产损失及给他人造成的、应由被保险人负责的损失或伤害。

boilerplate n.❶通行用语；补白用语　适用于各种文件的现成的[ready-made]或者通用的[all-purpose]语言。❷标准化（格式化）合同条款　发出要约一方[proposing party]视其为相对来说无需协商的条款。

boiler-room transaction 〈美〉电话推销交易　指通常通过电话进行的强行推销证券、贵金属、商品及其他价值可疑的投资工具的行为，通常带有欺诈性。

boilery n.(= boilary)

boiling to death 煮刑　一度在英格兰和欧洲普遍适用的对犯投毒杀人罪者科处的刑罚。在16世纪时曾被多次使用，著名的有1531年罗彻斯特[Rochester]主教的厨师一案，该厨师不享有神职人员不受普通法院审判的特权[benefit of clergy]而在斯密菲尔德[Smithfield]被公开施以煮刑。当年颁布的法律规定投毒为叛逆行为[treason]。1547年煮刑被废除，投毒与其他谋杀罪受同样的处罚。

boillourie (= boilary)

bois saillis 〈法〉矮林；萌生林

boja 〈拉〉(= bilboes)

Boldon 〈拉〉(= Boldon Book)

Boldon Book 〈英〉博登土地登记册　1183年由英王斯蒂芬[Stephen]的侄子休·普德塞[Hugh Pudsey]下令在森德兰[Sunderland]附近的博登村编纂的、关于达勒姆[Durham]郡的土地登记账册。

Bolita tickets 博利它彩票　在进行博利它（抽彩）游戏中[game of Bolita]使用的一种彩票，中奖号码由与实际抽奖无关的一件事，如赛马来决定。

bolito n.一种抽彩游戏

boll n.谷物量度单位　相当于6蒲式耳[bushel]。

boll of land 〈苏格兰〉(约)一英亩土地

bolorium promontorium 土地的四至、界限

bolstering n.证据支持　指一方当事人用某项证据来加强其先前提出的一项未受质证的证据的可靠性或其证明力。该做法通常被认为是不合适的。

bolter n.❶脱缰的马　❷脱党者　通常是为某一选举，脱离自己的政党，或支持另一党的候选人者。

boltings n.〈英〉案例讨论　指以前在英国的四大律师公会[Inns of Court]和预备律师公会[Inns of Chancery]中，为教学目的，由出庭律师和学生在由一名律师公会主管[bencher]和两名出庭律师组成的法庭面前对案件进行的辩论，与模拟审判[moots]不同，案例讨论是不公开进行的。这种教学方法早已被废弃。

bolts (= boltings)

bomb hoax 〈英〉爆炸欺骗　如果此种行为给公共安全造成了实际的危险，则构成一种公共妨害。

bomb scare 〈美〉爆炸恐吓　散布炸弹或其他爆炸物已经或将要被放置在飞机、汽车或其他车辆、建筑物中或其他地方的虚假消息或使此种消息得以传播的犯罪行为。

bona 〈拉〉财物　①在罗马法中，指各种财产，包括动产、不动产和混合财产，但严格地说是指不动产；②在大陆法中，包括动产和作为动产处理的准不动产；③在普通法中，限指动产。

bona confiscata 〈拉〉没收归国王或国库所有的财产

bona dea 〈拉〉富饶之神　古罗马妇女虔敬的女神，代表贞洁与多产。

bonae fidei 〈拉〉善意；善意地

bonae fidei contracts 善意契约　在罗马法与苏格兰法中，指根据公平正义原则，法院可依当事人意图调整其内容并修改不公正条款的契约。

bonae fidei emptor 〈拉〉善意购买人；善意买主　指购买者不知其所买物品属于第三人，或认为卖主有权出卖该物。(⇨bona fide purchaser)

Bonae fidei non congruit de apicibus juris disputare. 〈拉〉极端强调法律的细微之处不利于鼓励诚信。　即过于坚持法律的细枝末节实际是鼓励诈欺。

bonae fidei possessor 〈拉〉善意占有人　指相信自己的占有权优先于其他任何人从而占有他人财产的人。(⇨bona fide possessor; adverse possession)

Bonae fidei possessor in id tantum quod sese pervenerit

tenetur. 善意占有人只以自己所得之物承担责任。
bona et catalla 〈拉〉物品和动产；(全部)动产 相当于英文的"goods and chattels"，可包括属于某人的全部动产。
bona felonum 〈英〉重罪犯的财产
bona fide 〈拉〉❶善意地；诚实地；真诚地；无欺地 ❷真正地；事实上地
bona fide business purpose 善意商业目的 在税法中，该术语经常在决定是否存在进行特定交易的诚实商业目的时使用。(⇨business purpose)
bona fide debt 正当债务 非因欺诈而生之债务。
bona fide error 善意错误 指非故意地、善意地造成之错误。
bona fide holder 善意持票人 (⇨holder in due course)
bona fide holder for value 善意有偿持票人 指在正常商业过程中，通过支付充分对价而以善意方式取得票据的人，且该票据尚未过期。(⇨holder in due course)
bona fide holder for value without notice 不知情的善意有偿持票人 (⇨holder in due course)
bona fide judgment creditor 经法院判定的善意债权人 指以善意方式，而非以欺诈或恶意串通方式获得法院判决，从而取得其应收款的债权人。
bona fide mortgage 善意抵押 构成它的三要素是抵押权人为善意、已支付对价及不知情。
bona fide need rule 〈美〉善意需求规则 在联邦政府采购法中，该规则是指：只有在该财政年度拨款所划定的物资供应或劳务需求范围内，政府资金的支付义务才是有效的。
bona fide occupational qualification/BFOQ 善意的职业资格限制 该种职业资格限制尽管因其在性别、宗教或国籍等方面进行限定从而造成歧视，但又因雇主能够证明这些因素是从事该项职业所必需的条件，从而使其并不违反法律。美国联邦雇佣歧视法亦承认其为合法，故其可以作为有关雇佣歧视的完全抗辩。
bona fide operation 真实经营；善意经营 (⇨bona fide operators)
bona fide operators 真实经营者；实际经营者 指实际的或实质意义上的经营者，并非罕见地偶尔从事某种业务。
bona fide possessor 善意占有人 该占有人不仅以为自己是土地的真正所有权人，而且不知道他人比自己对该土地享有更优先的权利 [better right]。
bona fide purchaser/B.F.P. 善意购买人；善意买主；善意第三人；诚信买主 指不知道他人对标的可以主张权利或不知出卖人在该标的上存有任何权利瑕疵而支付对价进行购买的人。善意买主比其他主张权利的人享有优先权，可以对财产即时取得，但其必须购买的是普通法上的所有权 [legal title]，而非衡平法上的所有权 [equitable title]，并且须为善意、已支付对价、在转让之时或之前并不明知。亦作 good-faith purchaser; purchaser in good faith 或 innocent purchaser。
bona fide residence 实际居所 指意图将其作为住所的居所，故其在实质上等于住所 [domicile]。
bona fides 〈拉〉善意；诚实 与恶意 [mala fides; dolus malus] 相对，相当于英文的 good faith。
bona fide sale 善意出卖 指出卖人为获得一有效对价，且不知任何不利于该交易的理由，从而以善意方式实施的交易行为。
Bona fides exigit ut quod convenit fiat. 〈拉〉诚信要求依约履行。

Bona fides non patitur ut bis idem exigatur. 〈拉〉诚信不允许对一物要求两次付款。
bona forisfacta 没收的财产
bona fugitivorum 〈英〉在逃重罪犯人的财产
bona gestura 〈拉〉守法行为
bona gratia 〈拉〉协议地；合意地；自愿地 常用于夫妻双方协议离婚或自愿放弃婚约的场合。
bona gratia matrimonium dissolvitur 〈拉〉合意离婚
bona immobilia 〈拉〉不动产
bona memoria 〈拉〉记忆良好 用来形容立遗嘱人的精神状态，即"心智健全、记忆良好" [sanae mentis et bonae memoriae]。
bona mobilia 〈拉〉动产 指自身可以移动或可以从一地转移到另一地，而非永久附属于某一农地、建筑物的财产。
bona notabilia 〈拉〉显著的财产；有相当价值的财产 属于必须计入遗产范围的财产，包括各种具有相当价值的有体财产和无体财产。
bona paraphernalia 〈拉〉妇女的随身物品 指已婚妇女除嫁妆以外的财产，尤指衣物、珠宝、饰品等。
bona patria 〈苏格兰〉由乡民或品行良好的邻近居民组成的陪审团
bona peritura 〈拉〉易变质物品；易变质财产 对于这种财产，遗嘱执行人或受信托人必须谨慎处置，并将它们变现保存。
bonaught n. 〈英〉骑士税 根据贵族的意愿，为补给正在参战的骑士 [bonaghti] 而向爱尔兰人民强征的一种税。
bonaughty (= bonaught)
bona utlagatorum 被剥夺公民权者的财产
bona vacantia 〈拉〉无主物；无主财产 指无人主张权利的财产 [vacant goods]，包括海难残骸 [wreck]、埋藏物 [treasure trove]、弃赃 [waifs]、无主的走失家畜 [estrays] 以及已解散公司的财产，也指无人继承的遗产，但它不包括抛弃物。在普通法，无主物属于发现人，但在特定情况下属于王室财产。在大陆法，该词是指无人继承的遗产，它属于国库所有。
bona waviata 〈英〉抛弃的财产；盗贼抛弃的被窃财物 指盗贼在逃跑过程中，因害怕被逮捕或为加速逃跑而将窃来的财物扔掉。此种财产收归国有，以作为对财产所有人不追赶盗贼的惩罚。
boncha ❶涨高的堤岸 ❷原野的边界
bond n. ❶〈美〉保证书；保函 一个人承诺其本人或其继承人、遗嘱执行人或财产受让人向另一个人支付一定数额金钱的契据 [deed]。其中保证人称为 obligor，被保证人称为 obligee。普通法上的保证书分为单纯保证书 [single bond; simple bond] 和惩罚性保证书 [penal bond] 两种。依前者，保证人无条件承担即期或在规定日期付款的责任，现此类保证书已废弃不用。后者以规定事由的发生为免除保证人付款责任的条件，即只有保证人或其他人——例如债务担保 [suretyship bond] 中的债务人——作出或未作出一定行为时，保证人才向被保证人承担付款责任。❷(在他人因第三者的行为或过失或由于第三者无法控制的意外事件而遭受经济损失时给予他人赔偿的) 保证；保证协议 ❸保释人 (= bail)；保证人 (= surety) ❹保证金；保释金 ❺〈苏格兰〉抵押 (= mortgage) ❻协议；合同；契约；盟约；约定 ❼债券 政府或公司签发的承诺向持有人支付一定利息并在到期后偿还本金的借款证书。通常发行人以财产抵押作为偿付担保，但 bond 在广义上也可指无担保债券[debenture]。 ❽关栈保留；保税 指进口商将未交关税的货物存入海关保税仓库[bonded warehouse; bonded store]之中，在海关监督下加工、存储和运输，并保证在取出货物时完税。 ❾义务；责任；约束力 ❿监禁；关押 ⓫隶农；农奴；奴隶（⇨ base tenants; serf） ⓬〈美〉保释书（⇨ bail bond）
v. ❶为…提供保证或保释；使…作出保证 ❷以…为抵押作出保证或发行债券 ❸使…成为有保证的债务 ❹把（进口货物）存入保税仓库 ❺〈美〉给予或取得在一定期限内采矿或开发地产的特权 ❻约束；以契约或盟约将…联系或结合在一起

bondage n. ❶奴隶制；强制奴役；囚房 ❷隶农；维兰；隶农保有制

bond and disposition in security 〈苏格兰〉保证与担保物的处分 从18世纪到1971年期间采用的，以土地抵押作为借款担保的标准方式。其特点为由土地所有人提交一份还款保证书，同时承认在担保期间债权人享有对土地的担保权利与处分权。所抵押土地可以回赎[redeemable]，但在债权人根据保证书或制定法赋予的权利将土地变卖或取消回赎权[foreclosure]时不得回赎。如果借款得以偿还，则此项担保解除。但担保的成立及解除均须在土地登记簿[Register of Sasines]上登记。1971年后该担保方式为标准担保[standard security]取代。

bond and mortgage 抵押保证 一种担保形式，由一项贷款偿还保函和一项担保履行该保证的不动产抵押构成。

bond broker 〈美〉债券经纪人 在证券交易所的交易厅从事债券交易的经纪人。此外这类经纪人也在场外交易市场主要为机构大户从事公司债券、政府债券及市政债券交易。

bond conversion 债券转换 将可转换债券[convertible bond]换成优先股或普通股。

bond coupon 债券息票（⇨ coupons）

bond creditor 保证债权人 其债务的偿还由一项保函[bond]所担保的债权人。

bond discount 债券折价 在债券以低于市价的价格发行时其面值与市价的差额。

bond dividend 红利债券；债券股利 作为红利发放的债券。指公司以本公司债券作为红利派送股东，以代替金钱、实物等其他形式的分红。（⇨ dividend）

bond debt 债券债务 公司或政府以发行债券的形式所负之债务。有时亦特指市政法人[municipal corporation]为市政目的依法发行的，以对该市政法人管辖范围内全部财产的税收来支付的债券所代表之债务。

bonded goods 保税货物 存放于保税仓库[bonded warehouse]之中、尚未缴纳关税的货物，由仓库所有人或经营人向政府保证在货物被提出时缴清关税，否则由其交纳保证金。保税仓库内的货物可以转移到另一保税仓库，也可以再出口。

bonded indebtedness （= bonded debt）

bonded liquor 〈美〉保税酒 存放于保税仓库中的烈性酒。

bonded warehouse ❶保税仓库 经政府主管部门特许用以存放保税货物的场所。经营保税仓库的所有人或承租人须向政府承诺一笔经认可的保证金，以担保政府不会因未完税货物被移动而遭受税收损失。（⇨ bond） ❷保险仓库 存储在其中的货物的灭失或损害受到保险保障的仓库。

bond for costs 诉讼费保函（⇨ security for costs）

bond for deed （= bond for title）

bond for support 抚养保证书 在针对遗弃[abandon]子女或不履行抚养义务的诉讼中，要求被告提交的保证履行对子女的抚养义务的保证书。

bond for title 所有权保证书 在待履行或尚未完成的不动产买卖中给予买主的一项保证书，作为在将来向其转让合法有效的不动产所有权的担保。（= title bond）

bondholder n. 债券持有人

bond indenture 债券契约（⇨ indenture）

bond issue ❶债券发行 ❷（一次发行的）债券总额

bond-land n. 幼子继承的公簿地产 在苏塞克斯[Sussex]的一些地区，这种幼子继承的公簿地产与长子继承的公簿地产[soke-land]相区别，但在一些领地，保有人若既可领有bond-land，也可领有soke-land，则这两种土地依各自当初被授予时确定的继承方式继承。如果两种土地是同时被授予的，则作为soke-land以长子继承方式继承下去。

bondman n. ❶隶农；农奴；奴隶（= villein; serf） ❷（= bond-tenants）

bond of annualrent 〈苏格兰〉年租地产券 从前的一种土地证券。贷款人凭此购买借款人每年的租金或利息，用以归还所借钱数。最后逐渐出现了一种有利于借款人的赎买条款。这种年租权并不含有土地自身的财产权，而仅仅是针对地租的一种义务，以获取利息。在付还所借款时，该年租权可以赎回。

bond on appeal （= appeal bond）

bond post obit 太子保证书；太子账借据（= post-obit bond）

bond premium 债券溢价 在债券以高于面值的价格发行时其发行价格与面值的差额。

bond rating 债券评级 指根据发行人在债券到期时支付本息的可靠性来评定债券的投资价值。评估标准包括发行人的信誉、利息支付记录、盈利状况等。评级由公认的金融机构进行，例如美国的标准普尔公司[Standard & Poor's Corporation]和穆迪投资服务公司[Moody's Investor Service]。二者评出的最高级债券分别为AAA与Aaa级。

bond redemption 债券回赎（⇨ redemption）

bond refunding 债券换新；债券替续（⇨ refunding bond）

bond single （= single bond）

bondsman n. ❶保证人；保人（⇨ bond） ❷隶农；农奴；奴隶（= bondman）

bond-tenants n. ❶公簿地产保有人（⇨ copyhold） ❷习惯法上地产权保有人（= customary freeholds）

bond to keep the peace 治安保证书（= peace bond）

bond warrant 保税仓库收据 保税仓库所有人或经营人签发的证明货物存放于保税仓库之内的单据。持有人在交出该单据后有权从保税仓库提货。（⇨ bonded warehouse）

bond washing 〈英〉债券清洗 在支付到期利息前，售出政府公债，以便将收入变成资本收益。这样其纳税率较利息所得税为低。自1986年，利息所得税已按债券售出前所得利息支付。

bond yield 债券收益 即债券投资的收益率。（⇨ yield）

bone marrow biopsy 骨髓活组织检查 在有关人身伤害的诉讼中可能要求对原告所作的一种身体检查。

bones gents 〈法〉〈英格兰古法〉（陪审团中）品行端正之陪审员

Bonham's case (1610) 〈英〉博海姆案件 著名法官科克

[Coke]所报道的一个案件,其中包含的一项法官意见[dictum]认为,英格兰普通法是至高无上的,普通法可以检验并裁定国会法因违反普遍的权利及理性而归于无效。但这一原则其后未被接受,而制定法优于普通法享有至高无上之权威的原则确立已久。

boni et legales homines 品行良好且守法的人;符合条件的陪审员

bonification 〈法〉❶出口免税 指对出口商品的免税,与出口补贴和退税有着同样的效果,是一种增强本国商品在海外市场竞争力的措施。❷红利;回扣;分红利 ❸国库的利息补贴

bonification of tax 出口免税(⇨bonification)

boni homines (欧洲古法)品行端正之人;善良租佃人 在早期欧洲法学中指在领主法庭上彼此裁决案子的领主之租佃人。

Boni judicis est ampliare jurisdictionem. 扩大(或自由使用)其给予救济的权限或管辖权是称职法官的职责之一。 该格言是错误的,法院超越其管辖权签发的命令在上诉审中将被撤销。曼斯菲尔德[Mansfield]勋爵认为应以"justitiam"代替"jurisdictionem"。(⇨Boni judicis est ampliare justitiam.)

Boni judicis est ampliare justitiam. 促进正义的实现是称职法官的职责。

Boni judicis est judicium sine dilatione mandare executioni. 称职的法官有责任使判决迅速执行。

Boni judicis est lites dirimere, ne lis ex lite oriatur, et interest reipublicae ut sint fines litium. 称职的法官有责任防止因诉讼而生诉讼,以解决诉讼;息讼事关公益。

bonis 物;财产(⇨in bonis; in bonis defuncti)

bonis cedere 〈拉〉(罗马法)转让财产;移交财产 通常指将财产从债务人处转让给债权人。

bonis maternis 母亲财产;母亲遗留的财产(⇨ex bonis maternis)

bonis non amovendis 禁止转移财产令 向行政司法官发出的一种令状,命令其禁止已收到对自己不利的判决并已申请到复查令[writ of error]的人,在复审法院作出最终裁决以前转移其动产。

bonitarian a.衡平的

bonitarian ownership (罗马法)裁判官所有权 为衡平法所有权[equitable ownership]的一种,指在财产转让方式不规范,或是转让人非真正财产所有权人时,由裁判官[praetor]所确认的所有权。

bonne 好的

bonne foy 善意

bono gestu 良好行为;守法行为

bonorum 财产

bonorum emptio 〈拉〉(罗马法)财产买卖 指将资不抵债的债务人之财产卖给能最大程度满足其债权人要求的人的行为。这是裁判官执行方式的一种。

bonorum possessio 〈拉〉(罗马法)财产占有;财产占有权 裁判官指定继承人享有的排他占有死者遗产的权利。

bonorum possessor (罗马法)财产占有人 裁判官指定的概括继承死者遗产的人。

bonorum venditio (= bonorum emptio)

bonos mores 好的品行(⇨contra bonos mores)

bonum 〈拉〉善;善行;利益;好处

Bonum defendentis ex integra causa; malum ex quolibet defectu. 〈拉〉被告的胜诉有赖于无瑕疵的事实[case];其失利则源于事实的瑕疵。

Bonum necessarium extra terminos necessitatis non est bonum. 〈拉〉因必要性而得的善事,如果超出这种必要性,即不再为善。

bonum vacans 〈拉〉bona vacantia的单数形式

bonus n.❶额外给予的报酬 ❷奖金 ❸红利 ❹(分配给参加保险者的)余利 ❺退伍军人补助金 ❻(政府向工矿企业的)补助费;补贴 ❼退税款 〈拉〉良好的;有利的;盈利的

bonus homo 〈拉〉品行良好的人

bonus judex 〈拉〉好法官;称职的法官

Bonus judex secundum aequum et bonum judicat, et aequitatem stricto juri praefert. 〈拉〉称职的法官依正义进行裁判,将衡平法优先于严格的普通法加以适用。

bonus plan 奖金计划 公司实行的一种制度化方案,即在常规薪水之外额外给予公司管理人员和雇员奖金,以激励他们为公司的利益而更加努力工作。

bonus share (= bonus stock)

bonus stock ❶赠股 发行证券时作为促销手段附赠的股票。❷红股;红利股票;花红股 为增加公司股本,减少留存收益而作为红利按比例向现有股东发行的股票。

boodle n.❶贿金 作为贿赂准备给予公职人员或已被公职人员接受的金钱。❷赃款 通过盗窃、诈骗或在从事非法活动的企业中获得的金钱。

boodle bag 贿赂;贿赂金 东道国给予来访的美国政界要人一笔以当地货币支付的钱,通常相当于75美元一天,这笔钱多数从美国给该国的援助基金中提取。

boodling n.(俚)腐败的立法活动;影响立法的腐败因素

boodling practice (俚)(= boodling)

book v.❶把…记载入册;登记 ❷(逮捕)登记(⇨booking) ❸预约;预订;雇佣

book account 往来账户;账簿;账册 是一份反映会计个体间借贷关系的详细报告单,有关借与贷的账户或记录被保存其中;详细记载了商业交易的过程、货物销售和提供服务的情况。

book cases (已出版的)判例集

book debt ❶账面负债;账面债务 ❷(普通法)收回账面债务的诉讼

booked a.❶预订的;预约的 ❷已登记的(⇨booking)

book entry ❶账簿记录;账面记录 在复式簿记中,记载日记账所用的由借方和贷方组成的记账法,通常是金额或数字。❷(证券)记账;账簿登记 用于反映在公众间进行交易的证券的所有权状况的方法,由经纪公司向其客户发送交易确认书和月度报告,而非股票或股权证。

book-entry bond 记账式债券;账簿登记债券(⇨book-entry securities)

book-entry securities 记账式证券;账簿登记证券 一种没有实物票券形式的可转让证券。例如,由美国政府的任何机构、联邦国民抵押协会或联邦储备银行的会员银行发行的证券、债务凭证或其他类似证券。这种证券以联邦储备银行中账户记录的形式存在,即其转让仅在账户上记账,并不发生证券的转手。

book equity 账面比率 特定种类股票占公司账面价值的百分比。

book hoard 书柜;文件夹;文档存放处

bookie (= bookmaker)

booking n.❶登记 指被逮捕的犯罪嫌疑人被带到警察

局后,要在登记簿[blotter]上记下被逮捕人的姓名、涉嫌犯罪及其他相关事项,必要时还包括被逮捕人的照片、指纹等。❷〈苏格兰〉帕斯里[Paisley]自治市市镇农役土地保有(权)

booking agency 演出代理机构　代理演员、其他表演者及讲演者签订演出合同的机构。

booking contract 演出合同　通常指由经纪人作中介,演出公司与演员或其他表演者签订的演出合同。

bookkeeping n.簿记　营业或交易账目的记录。簿记主要包括流水账和分类账:前者是按交易发生时间的先后次序记录的原始账簿,后者是把各流水账全部记录在一起的账簿。

bookland n.书田;契田;契地(= bocland)

bookmaker n.❶赌彩经纪人　在赛马等赌彩业中负责接受赌注、判定优劣及发放赢利的人。俚语中称此种人为"bookie"。❷赌场经营人

bookmaking n.赌彩业　美国大多数司法管辖区的制定法均规定赌彩业为非法,但有关赛马或赛狗的游戏例外。

book-oath n.手抚《圣经》所作的发誓

book of acts　〈美〉(某些州的)遗嘱检验法院[surrogate court]的活动笔录

Book of Assizes　〈英〉《巡回审判案例汇编》　指1679年出版的标准版《年鉴》[Year-Books]的第五部分,主要收集了从爱德华三世[Edward Ⅲ]元年至50年——1327至1377年——间巡回法庭审判的案例,并以其在位年代为序排列。该书在1516年曾出版过一次。与其它年鉴不同,它收录了王座法庭审理的部分案件和衡平法院审理的少数案件。科克[Coke]评价此书具有高度权威。它与另一本被称为《巡回审判案例汇编节略》[Abridgement of the Book of Assizes]的书不同。(= Liber Assisarum)

Book of Common Prayer　(英格兰国教会)《公祷书》(⇨Prayer Book)

Book of Entries　〈英〉《枢密院议事规则录》　始于亨利七世[Henry Ⅶ]时期,内容主要是关于枢密院对司法事务的议事程序的记录。

Book of Feuds　(= Books of the Feus)

Book of Fiefs or Feuds　《封建法律汇编》　12世纪时在伦巴第[Lombardy]编纂的一本书。(⇨Liber Feudorum)

book of original entry　原始账簿　指记账或流水账,按时间顺序记录的原始账簿,在交易发生时作序时记录,然后再记入分类账。

book of rates　〈英〉(英国议会批准的)关税税率一览表

book of responses　〈苏格兰〉财政部部长保存的账册

Book of the Council　〈英〉《枢密院议事录》　1421 – 1435年间和1540年后,英格兰枢密院的记录。

Book of the Covenant　约书　包含在《出埃及记》[Exodus]第20章、第22章至第23章19节中的法律汇编,是继《十诫》[Decalogue]之后最古老的法典。

books n.判例集　包含自古代到现在所有英格兰法院真实判决报道的多卷册文献,有时也称为"par excellence"。(⇨law report)

books and papers　〈美〉书和文件　对法院命令交出书面证据的传票中所要求的各种资料,或根据《联邦民事诉讼规则》[Fed. R. Civil P.]第26、34、45条和《联邦刑事诉讼规则》[Fed. R. Crim. P.]第16条应予披露的各种资料的总称。(⇨subpoena duces tecum)

books of account　(= shop books)

books of adjournal　〈苏格兰〉高等刑事法院[High Court of Justiciary]的卷宗

books of authority　权威著作　在不同的法律体系中,专著[treatises]、评注性著作[commentaries]、教科书[textbooks]以及类似的阐释法律条文的一类学术著作的阐释性是有所不同的。一般来说,学术著作在普通法法系司法中的权威性不及大陆法系。普通法法系更注重司法判例而不是学术著作,大陆法系则恰恰相反。在英格兰法中,格兰维尔[Glanville]、布拉克顿[Bracton]、利特尔顿[Littleton]、科克[Coke]和布莱克斯通[Blackstone]的著作对他们同时代的法律来说,无疑具有与司法判例同样的权威,黑尔[Hale]、霍金斯[Hawkins]和福斯特[Foster]的著作也是权威著作。其它的著作则不具有权威性,严格地讲,也不能作为法律的渊源,而只具有说服力,可以作为法律知识来源的法律文献,可供审判时参考利用的资料。尽管如此,其它著作中已被公认是关于不同法律不同学科的权威性论著,因其材料的广泛性、综合性和对法律内容的批判性评论,也是重要的著作。尽管法官在审理案件时可以对它们置之不理,但实际上他们经常接受其中的观点,而不轻易地予以否定。学院用的教科书不具权威性,尽管有些教科书也被执业律师们使用,并且可能比某些执业律师用书更系统、更具建设性。先前曾有一条审判规则,即不得在教科书作者在世时在法庭上引用该书的内容,但现在这条规则并没有被严格地遵循。人们对标准教科书的态度可能过于冷淡。实际上,只有在这些标准教科书中,人们才能发现杂乱无章的成文法与判例根据某一特定主题被整理出来,并且用系统的、明晰的、批判性的方式表达了出来。只有标准化教科书才使英格兰法条理化和变得有意义。更广一点来说,苏格兰也适用同样的原则,即只有经典性著作[institutional writings]才具有权威性,而某些标准教科书只具有说服力。在美国,布莱克斯通、肯特[Kent]和斯托利[Story]的著作是权威,并对美国法的形成产生了巨大的影响。现代的一些重要学术著作,例如威格莫尔[Wigmore]、科宾[Corbin]、威利斯顿[Williston]和斯科特[Scott]的著作,也具有很重要的价值。美国法律学会[American Law Institute]编写的《法律重述》[Restatement of Law]具有特别的重要意义,这部汇集学者共识、专业观点的多卷本非官方法律汇编,被认为是包含有最好的通常也是最具权威性的见解。在整个普通法法系,权威性学术著作的影响力目前已经大为削弱,因为最新的制定法和判例都已作了修正,或是对法律原则作了重新阐释。在20世纪,一些发表在法学期刊上的文章也有一定的影响力,这些文章对判决作出评论,提出对法律发展的构思,它们能比著作更为深入、全面地分析问题。与此相反,民法法系的司法则十分重视学术著作的作用。在罗马法中,法学家的著作受到了高度重视,他们中很多人都著有学术专著。公元3世纪时,一些早期杰出的法学家的著作被认为是具有权威性的。公元426年的《瓦伦提尼安引证法》[Valentinian Law of Citations]规定巴比尼安[Papinian]、保罗[Paul]、盖尤斯[Gaius]、乌尔比安[Ulpian]和莫德斯蒂努斯[Modestinus]的著作具有最高的权威。优士丁尼赋予《学说汇纂》[Digest]一书同制定法一样的权威,该书主要汇编自上述法学家们的著作。从近代早期开始,欧洲大陆的法律十分混乱,有成文法、习惯法以及来自罗马法与教会法的制度,这种混乱的状态提高和促进了系统性学术著作的重要性。由拿破仑主持制定的法国诸法典引发了对法典的评注。在德国,19世纪的教科书作者们依据罗马法整理出了一套系统化的法律结构,这为1900年《民法典》[Civil

Code]的制定铺平了道路,并且推出了一系列的法律教科书。相应地,各种法律著作在这些国家都备受重视,例如普兰尼奥[Planiol]、奥布里·伊特·劳[Aubry et Rau]等人关于法国民法的著作,恩内克卢思[Enneccerus]、基普[Kipp]和沃尔夫[Wolff]关于德国法的著作。进一步来说,罗马和大陆法系的传统是撰写关于民法、商法等非刑法的一般性著作,而普通法国家的作法却不是这样。自从布莱克斯通和肯特以来,学者们一般都撰写关于法律中某一分支或某一专题的著作,例如契约、侵权行为、不动产[real property]等。这使得法律尤其是私法或者说民商法的统一性更为模糊。在大陆法系,学者们在杂志和学术刊物上发表的对判决的注释和评论也受到了相当的重视。

Books of Council and Session 苏格兰高等民事法院登录卷宗 对存放在爱丁堡[Edinburgh]苏格兰最高民事法院案卷登录处的契约和遗嘱检验令[probative writ]的一般称谓。

Books of Entries (英)《判例选编》 对中世纪和近代初期英格兰法上诉讼判例选编的称呼。在根据1731年的法律规定英语成为正式的法律语言之前,它都是用拉丁语写成。这些判例选集大体相似,通常都是按照启动诉讼的令状的字母顺序排列的。

books of forms and precedents 文据格式和范例书籍 起草法律文件时,遵照由有经验的律师执笔、或由法院认可、或被认为具有特定效力的一定格式,具有重大价值,且可避免疑点、提高确定性。因此,编纂各种契约和令状的格式、范例和样式的书籍,就成为现实的需要。执业律师的书架上不能没有这类书籍。这类出版物一般限于特定范围,如诉讼文书格式、财产转让格式、遗嘱格式、公司契据等。

Books of Sederunt 开庭登记册 由苏格兰最高民事法院第一分庭书记官保存的一本小册子,它记载着新到任法官的姓名、司法官员的宣誓、对辩护律师人选的批准、最高民事法院诉讼案例[act of sederunt]及一些其它事项。苏格兰民事法院内每一分庭都有一本开庭登记册,记载着组成分庭法官的姓名及其所处理的案件。

Books of the Feuds (= Books of the Feus)

Books of the Feus 《领地法汇编》;《采邑法全书》 约1152年出版。该书收录了后期的采邑法,这些法律强调财产权利和家庭权利而非军事上、政治上的权利义务。当时欧洲主要国家均依据该书修正、补充其原有的土地使用制度的缺点。该书虽非官方著作,但中世纪时在法学院和法院都被广泛应用,13世纪时被收入《国法大全》[Corpus Juris Civilis]。(= Libri Feudorum)

Books of the Fiefs (= Books of the Feus)

Books of Years and Terms (= Year Books)

book value 账面价值 ①资产负债表上记录的某项资产的价值,等于成本减去累计折旧;②企业的总资产减去总负债的余额;③某项资产的净值,如应收账款账面价值等于应收账款原值减去坏账准备。(⇨book equity)

book warranty 账簿保证 对货物和商品因遭受火灾、暴风、抢劫、偷窃而造成的损失予以承保的保险单所要求的一项保证,即被保险人须填写和保存有关的财产清单和会计账簿,将其放于防火的安全地方,并在保险人检查时,将其要求提供这些账簿。这条规定通常被称为保险箱条款[iron safe clause]。

boomage n.❶水栅费 因使用水栅以聚集、贮存或用木筏流送木材而支付的费用。 ❷为系住水栅和挡木而登上河岸土地的权利

boon days (英格兰古法)劳役日 每年中保有公簿地产的佃户向领主提供劳役的日期。

boon-doggling n.〈美〉非生产性就业 该词的普通含义指琐细无价值的工作,在经济大萧条时期用来形容罗斯福政府为刺激就业市场而发起的许多单项目。

boosey pasture (英格兰古法)佃户暂居牧地 一种附带小茅草棚的牧地,在英格兰西北各郡,依据郡内的习惯或书面契约,对于租佃期在2月2日或3月25日终止的佃户,一般允许他们在5月1日或12日以前在这种牧地上栖居。(= boosy pasture)

boosted fire 被助燃的大火 因在建筑物内存有易燃物质而致使大火不可能被扑灭。

boosy pasture (= boosey pasture)

boot n.❶(税法)应税差额 指贴换交易[like-kind exchange]中,虽然该交易一般整体上是免税的,但其中涉及的额外的金钱或无关的财产,却应当作其接受方应税收入。 ❷(公司法)附属利益;附加财产 指在公司改组中从被控制公司处所得的除股票和股份以外的财产。 ❸(商法)贴补差额;补价 在资产贴换交易中用以弥补两者差额的金钱或其他对价。例如,以价值500美元的机器与价值1000美元的机器进行交换,再行补价500美元。 ❹〈撒克逊〉(= estover(s))

boothage (= bothagium)

booting n.(古)玉米租

booting-corn n.玉米实物地租 以玉米支付的租金。

bootleg v.非法制售;非法制造、运输或销售 逃避税法、许可证法、版权法等法律的规定,非法制造、运输或销售酒类、香烟、录音录像资料等物品。

bootlegger n.非法售酒者 违反法律规定而出售或为出售而存储酒类饮料的人。

bootleg whisky 非法制造(或销售或为销售而存储)的威士忌

bootless (= boteless)

bootless crimes 不可赎之罪 指早期日耳曼社会中那些不能通过向受害者亲属支付赎罪金[bot]来了结,而只能由国王惩罚的犯罪。

bootstrap doctrine 〈美〉自助原则 禁止对已作出终局判决的另一州法院的管辖权提出间接攻击[collateral attack]的一项原则,即若法院最初对案件没有管辖权,但当争点被当事人在本法院争讼时,法院可因其作出它有管辖权这一错误的却是结论性的裁决而使自己取得管辖权。该原则的根据是,依据既判力原则,当事人受法院判决的约束,而不论争点是法院的管辖权或是其他问题。当法院在前一案件中已对人身、法律地位[status]或土地行使管辖权时,可以适用该原则,但是,如果法院对案件没有事物管辖权[subject-matter jurisdiction],自助原则并不能使法院判决生效。例如,当事人在州法院出庭争讼,并不能支持该法院取得对联邦事项的管辖权。

bootstrap sale 自助交易 ①以出售物的收益或利润清偿购买价款的销售,尤指杠杆收购;②出售者则通过出售公司股票,使通常的经营收入转化为资本所得,以达到合理避税的目的。(⇨leveraged buyout)

boot transactions 贴补交易 用以表示在公司重组中,除获得股票和有价证券之外所得到的现金或其他资产,其目的是为了保持交易的公平。

booty n.❶战利品;缴获物 在国际法上,指在陆战中从敌方缴获的物品。在英国,以前私人财产可被缴获作为

战利品,但现在只有军用武器、装备、物资和储备可被视为战利品。战利品归国王所有,也可由国王授予缴获战利品的部队所有。位于海上的私人财产也可以被缴获,但是否为合法的战利品须由捕获法院[prize court]判定。❷赃物;掠夺物

booty of war   战利品(⇨booty)

bord   n.〈撒克逊〉房屋;村舍;草屋;桌子

bordage   n.〈英格兰古法〉草屋农租佃地   草屋农[bordarius]对草屋及附属土地的租佃保有权,是诺曼时期一种微贱的土地保有形式。这种租佃地的保有人必须为其领主从事仆佣式的杂役,或是上贡少量的食物供应。

bordagium   (= bordage)

bordamanna   (= bordarii)

bordar   (= bordarii)(⇨bordage)

bordaria   n.小屋;村舍;草屋

bordarii   n.〈英格兰古法〉草屋农;农夫;村氓;野村夫   复数形式为bordarius。草屋农租佃地的保有人,可保有对草屋及附属的一小块土地的租佃权,他们对领主的人身依附比维兰[villani]要少一些。

bord-brigch   n.〈撒克逊〉违反保证责任;违反相互忠诚的义务;(十户区居民)违反(自己)关于维护治安的誓约

border   n.边境   在适用于边境搜查的规则中,该词不仅包括实际的边境交汇处[actual border crossing points],还包括与边境交汇处直接相邻的合理的地理扩张区域[reasonable extended geographic area]。

border-crossing   n.〈美〉过境身份证   向穿过边境而进入美国的加拿大人颁发的身份证。

bordereau   〈法〉❶便笺;备忘录   ❷〈文件、合同等或简或详的〉清单 ❸账目;账户 ❹(保险)代理人与保险公司之间的业务摘要

border search   〈美〉边境搜查   处于边境地区的海关或移民官员实施的搜查,以发现和阻止非法入境行为。任何进入美国境内的人或物品本身即可成为被搜查的对象,而不管其是否具有非法的可疑迹象。合法的边境搜查必须在边境或具有边境性质的地区进行。

border warrant   ❶〈美〉边境搜查令   为在边境地区实施搜查和逮捕非法入境移民而签发的令状。进行预先拦截、询问则无需签发令状。   ❷〈英〉边境捕获令   位于英格兰和苏格兰边境任一方的地方法官[magistrate],为逮捕或扣押位于边境另一方的人或其财产而签发的令状。根据法律,边境各郡任一郡的警察[constable]都可在其他郡执行此种令状进行逮捕或追回被窃财物。

bord-halfpenny   n.〈英格兰古法〉集市摊位税   在市场或集市上支起一个摊位而必须向该集市所在的城市的领主缴纳的半便士规费。

bordimanna   (= bordarii)

bordlands   n.〈封建法〉❶自留地   领主为家务需要而自己保有的土地。❷草屋农租佃地   指领主以佃农为其提供少量食物为条件而让佃农保有的土地。

bordlode   n.〈古〉❶运木役   佃户所负有的将领主的木材从森林中搬运至其宅院的役务。   ❷草屋农向领主上贡的食物   在古苏格兰用burd 或 meetburd 表示。 ❸草屋农向领主上贡的食物数量   在古苏格兰,burden-sack 表示上贡的食物不足。

bordservice   n.〈英格兰古法〉❶草屋农租佃地   ❷草屋农租佃地的保有权   ❸主教草屋农租佃地的保有权   保有人必须定期向主教缴纳食物,这种土地保有形式曾在米德尔塞克斯[Middlesex]郡、富勒姆[Fulham]等某些地方存在过,目的是为了伦敦主教的利益。

borel   a.俗人的   区别于教士或修士的。

borel folk   ❶俗人   与神职人员[clergy]相对。   ❷乡村居民

borg   n.〈撒克逊〉❶保证人   撒克逊人对组成十户区[tithing or decennary]的每一户户主的称呼,每一户户主都要保证其他人行为端正。❷保证协议 ❸保证的承诺

borgbriche   违反保证人责任;违反相互信任的义务

borgesmon   n.〈撒克逊〉户主   撒克逊人对组成十户区的每一户中家长的称呼。

borgh   (= borg)

borghbrech   (= bord-brigch)

born   a.出生的;产生的   指胎儿从母体分娩出来,不管胎盘是否已被分离。该词用于遗嘱中,与收养的[adopted]一词相对,可用于表明立遗嘱人仅将遗产留给血亲继承人的意图。

born alive   活体出生的   指胎儿完全脱离母体后能够呼吸,或有其他能证明其为活体的情形,如心脏跳动、脐带搏动、随意肌有明显的运动等,而不管脐带是否已被剪断、胎盘是否已被分离。出生时为活体的婴儿被认为是人。

born dead   死体出生的(⇨dead-born)

born deaf, dumb and blind   出生时为聋、哑、盲的(⇨deaf, dumb and blind)

born out of wedlock   非婚生的   指没有结婚且以前亦未结过婚的父母所生下的子女,而不管其父亲或母亲各自是否与他人有婚姻关系。

borough   n.❶〈英〉自治市   指享有自治特权或在议会中有自己的代表的市镇。从盎格鲁-撒克逊时代起,那些筑堡设防的地方被称为自治市。尽管它受各郡行政管辖,但是有自己独特的习惯、特权和法庭。诺曼征服[Norman Conquest]以后,国王或其他领主发出的特许状将自治市与其它地区分开。这些自治市发展了自己的特权,其独特的习惯法也得以不定期地被编纂成册。诺曼征服后建立的许多新的自治市,在12、13世纪得到迅速发展。从亨利三世开始,自治市的代表被召集参加国王议会。存在一个公共或具有特权的法庭一直是自治市的一个特征。如果一个自治市有权管辖刑事案件,则它就有权拥有地方刑事法庭,该法庭有时就发展成一个自治市的管理机构。至17、18世纪,多数自治市的领地刑事法庭消失了。从16世纪中叶开始,特许状通常授权市长和一些高级市政官担任治安法官。有时自治市只获得拥有简易法庭的权利,有时则还获得拥有设立季审法庭之权。1835年一些较重要的自治市被准拥有一个由领薪的律师主持的法庭和单独的季审法庭;其他自治市则不再保留刑事管辖权。所有自治市均设有民事法院,但不同的特许状授予的名称及管辖权不尽相同。从13世纪起,法官通常是一个高级市政官群体,或由市长、高级市政官和其他主要官员组成。18世纪末起,这些法院便已衰亡,至今大多不复存在。至19世纪许多自治市已被废除。1835年《市政改革法》[Municipal Reform Act]撤销了许多过时的非代议机构,建立了由纳税人选举产生的议会,成为自治市法人。它可以法人资格从事活动,有权保有土地,订立契约,可以起诉或被诉。但从1974年4月1日起,大伦敦地区和锡利群岛以外的自治市不再有地方政府职能,但它们仍是主要的居民和商业中心。   ❷〈美〉自治市   自治市曾在弗吉尼亚殖民地存在过,1722年曾给威廉斯堡、诺福克、里士满以成立自治市的

特许状,但这一名词在革命时期便不复存在。❸〈美〉自治村镇 指美国东部的一些州的复合城镇的名称。❹〈美〉行政区 指纽约市的5个行政区。在阿拉斯加州,这一名称则指其他州相当于县的行政区域。

borough council 〈英〉**自治市议会** 由自治市选民选举组成的管理机构。

Borough courts **自治市法庭** 自治市民事法庭是一个可以审理民事案件的低级存卷法庭[court of record],它的司法管辖权是依据特许状、习惯或其他形式取得的。这些法庭在现代作用已经变得很小,而且只有极少数仍然开庭。根据1972年的《地方政府法》[Local Government Act],除了伦敦市长和伦敦城法庭[Mayor's and City of London Court]外,其余的自治市法庭都被撤销了。(⇨borough)

borough-English n.〈英〉**幼子优先继承地产;幼子继承制** 是一种古老的风俗习惯,依据这种习惯,当一个土地保有人未留遗嘱[intestate]而死亡时,他的最小的儿子将继承他对土地的权利,而排除他年长的儿子以及所有其他的子女。但是如果没有特别的习惯,这种较幼者继承的规则就不适用于儿子以外的其他亲属。这一风俗已由1925年《地产管理法》[Administration of Estates Act]废止。之所以称作 borough-English,是来源于1327年诺丁汉[Nottingham]的一个案例,当时这个城市由一个操英语的自治市[English borough]和一个操法语的自治市[French borough]两部分组成。引起法庭注意的是,在操英语的自治市里流行的是幼子继承制[ultimogeniture],而在操法语的自治市里一般的规则却是长子继承制[primogeniture]。这种幼子继承的习惯可能在1327年以前就已存在很久了,而且很明显它是源于撒克逊人的习惯,起初之所以把它称作 borough-English,就是为了把它同诺曼人的习惯区别开来。这种习惯不适用于自由土地保有[freehold tenure],这类土地照例是由王室法庭处理的。这种习惯影响了农役保有[socage]和城市土地[land of burgage]的保有制度,这两种土地在实践中后来终于变得同自由土地保有难以区分了,只在少数情况下某些特定的农役保有和城市土地还会受到幼子继承制的影响。对幼子继承制这一风俗产生的原因有一种假设的解释:考虑到最小的儿子年纪幼小,不像其他的兄弟一样有能力照顾自己,自食其力。在游牧部落中,儿子们一旦成年,就被分给一群牛,离开父亲的家庭,去别处寻找居所、自谋生计。这样最小的儿子一般总是留在父亲身边,也就自然成了他土地的继承人。幼子继承制的风俗与传说中的"初夜权"[jus primae noctis]毫不相干。

borough fund 〈英〉**自治市财政收入** 自治市从其土地的租金、出产以及从自治市房屋、股票中所获得的财政收入,必要时还可依自治市自定的税率增加收入。

borough-heads n.〈英〉**自治市市长;十户区或十户联保的首领**(⇨headborough)

borough-holder n.〈英〉❶(= borsholder) ❷首席市政官;自治市市长(= borough-heads)

borough reeve 〈英〉❶**自治市行政长官** 指英国1835年《城市法人法》[Municipal Corporations Act]以前未组成自治市的主要长官。❷庄园管理人

borough sessions 〈英〉**自治市刑事法庭** 依据市政法人法[municipal corporation act]在英国某些自治市建立的具有有限刑事司法管辖权的法庭。(⇨quarter sessions)

borrow v.❶**借用** 指为暂时使用而取走某物。❷**借入** 指在必须返还(通常包括利息)的前提下借到钱。(⇨

loan)

borrowe 〈苏格兰〉**质;质押**(⇨pledge)

borrowed capital **借入资本** ①用以表示公司与其股东之间债权债务关系的用语。通常是指公司在取得股东同意之后,将已公布的现金红利用于公司的经营;②向另一公司借入的资本。

borrowed employee **借用雇员** 使一个人成为借用雇员,必须是要使用他所能提供的服务并征得其默许或同意,他必须完全受第二个雇主的控制和指挥,并在借用期间暂时脱离其原雇主的控制。根据借用雇员的规则,如果在疏忽行为发生时借用人是借用雇员的雇主,那么借用人作为特殊雇主应承担责任;如果在损害行为发生时,出借人是借用雇员的雇主,那么出借人作为一般雇主应承担责任。

borrowed servant (= borrowed employee)

borrowed statutes 〈美〉**借用法** 一州在裁决涉及法律冲突的选择问题时适用另一州或司法管辖区的法律。

borrower n.〈美〉**借款人;借用人** 指从被请求人那里获得财或物的人。在机动车辆责任保险单中,借用人被定义为经过车辆所有人的许可,暂时占有并为自己利益而使用该车辆的人。

borrow-heads (= borough-heads)

borrowing member 〈美〉**借款成员** 指向房屋贷款协会[building and loan association]申请借款的该协会成员。

borrowing money **借入资金**(⇨borrow; borrower; loan)

borrowings n.❶[总称]**借;借用** 从债务人的立场来看的各种借贷方式。❷**透支** 地方银行用语。

borrowing statute **借用法**(⇨borrowed statutes)

borsholder n.〈撒克逊〉**自治市[borough]中的首席市政官**[ealder]**、十户长**[tithingman; head-borough] 撒克逊时代一般由自治市或十户区中品行最为端正的人担任首席市政官或十户长,每年任命一次,其职责是保证辖区内所有成员行为良好。

Borstal institution 〈英〉**波斯脱青少年感化院** 一种监管机构,1908年首建于肯特郡[Kent]的波斯脱,并因此而得名。其目的在于将未成年罪犯与成年罪犯隔离开来,并制定惩诫与培训的制度,强调劳动与职业训练。只有在必要的年龄限度以内的青少年才可以被送进此种机构接受训练,最长期限由法律规定。事实上,当认为他们已取得足够的进步而适于释放时,即可提前释放。

bortmagad n.〈撒克逊〉**女仆;女佣**

boscus n.**在生林** 包括高的乔木[high timber or hautboid]和矮林[coppice or sub-boscus]。

bosom of the country **按法官的良心**(⇨in the bosom of the country)

bosom of the court **法官的良心**(⇨breast of the court)

Boston buckle (= denver boot(Boston Buckle))

Boston interest 〈美〉**波士顿利息** 按一个月30天而不是按每月的确切天数计算的利息。

bot n.〈英格兰古法〉❶(= bote) ❷**赔偿金;赎罪金;赎杀金** 在早期法律中,bot 是对已造成的损害所作的赔偿,起初是对血亲复仇[blood-feud]的替代性选择,后来则不允许血亲复仇,而只能以赎罪金来解决。某些犯罪,例如叛逆罪[treason],是不能以支付赎罪金的形式来解决的,也就是说是不可赎的、不可补偿的。wer 或 wergeld 是依据受害人的出身和社会地位、针对其所受的不同伤害而提供的不同数额的赔偿金。而 wite 或 amercement 是由国王判处的重罪罚金,在此之外还应向受害方支付赎罪

金[bot]。如果侵害方未支付赎罪金和重罪罚金，他将被剥夺法律上的权利，逐出群体，成为一个不受法律保护的人[outlaw]。（⇨wer; wergild）

Botany Bay 植物学湾 距新南威尔士州[N.S.W.]的悉尼以南8公里的一个地方，也是1770年库克[Cook]船长首次登上澳大利亚陆地的地点，因在那儿采集的植物而得名。此后不久即有人建议该地适合用作罪犯居住地。该词亦已被用来指罪犯流放的目的地。

bote n.（英格兰古法）（为维持农业生活的）必需品、补给品；（因对人或物的伤害引起的）补偿物；补偿费 在盎格鲁－撒克逊方言中，bote或bot一词意味着补偿修复，在法语中的对应词是beton，意指修复。古时任何享有公地共用权[rights of common]的人或者终身或定期保有土地的人，即使他因为荒置土地[waste]而受到谴责，除非在授予他土地权利的文书中明确作了保留，他都有权获得合理的必需品或补给品，也就是说，获得生活必需所用的木材。例如家舍必需品[house-bote]是指可以从自己土地之外取得的、用于修缮家舍或在家内生火取暖的足够的木材供应，因此有时也可称为取暖必需品[fire-bote]；犁铧必需品[plough-bote]和马车必需品[cart-bote]是用来制造和修复农业工具的木材；草场必需品[hay-bote]和篱笆必需品[hedge-bote]是用来修缮草场、篱笆或栅栏的木材。bote一词引申用以指对任何损伤或伤害的修复、救济、补偿，例如赎杀金[man-bot]是对凶杀行为受害者的补偿，船损补偿[brig-bote]是用于修补受损帆船的。（⇨estovers）

boteless a. 未获补偿的；无利益的；无用的

bothagium n.（封建法）摊位税 为在市场设立摊位而依惯例向庄园领主交纳的捐税。（⇨bord-halfpenny）

both legal and equitable 普通法上与衡平法上共有的 在一个火灾保险单中用于修饰"排它的、无条件的所有权"[sole and unconditional ownership]条款的短语。根据某些权威性著作，"排它的、无条件的所有权"意味着一项普通法上与衡平法上共有的权利，而依据另一些权威著作，它仅意味着一项衡平法上的权利，但可以普通法上的权利形式转让。

bothna n.〈苏格兰〉农场；领地；庄园

both-to-blame （海商法）互有过失（碰撞条款） 处理船舶碰撞双方责任的一条公认原则，即船舶在碰撞中所遭受的损失应由两方平等地分担。（⇨contributory negligence）

botiler of the king （英格兰古法）王室司酒官 根据其职权，他有权从每一艘装满待售的酒的船前部和后部抽取一桶酒以向英王供应。

boting corn （= booting）

botleas a.（英格兰古法）不可赎的；无权以支付金钱的方式抵偿的（犯罪） 叛逆罪及针对教会的犯罪都被视为不可赎的。如果一个罪人不能支付赎罪金或重罪罚金，他就会成为一个不受法律保护的人，他的罪行就被视为不可赎的。

botless （= botleas）

Bottle Bills 〈美〉《禁止弃瓶法》 指各州规定交纳小额现金作为啤酒瓶或饮料瓶的押金的法律，以鼓励消费者将酒瓶、饮料瓶退回零售商，减少公路上乱扔此类杂物的现象。该法也常常禁止使用酒类易拉罐。

bottle club 〈美〉饮酒俱乐部 一种本身并不卖酒，但其会员自己可带酒来饮，并为其会员提供调酒所用杯子和饮料[mixes or setups]的地方。

bottom n. ❶（船舶的）国籍注册 ❷（英格兰古法）山谷

bottomage 〈法〉（= bottomry）

bottom hole contract 井底合同 石油或天然气钻探作业中签订的一种协议，通常要求钻井所有人在钻至一定深度时应向钻井承租人支付报酬。

bottom land 〈美〉（冲积土沿河流沉积而形成的）河滩地；低洼地；底谷；水泛地

bottom line 账本底线 会计学用语，用来形容税后的纯收入或亏损。

bottomree （= bottomry contract）

bottomry n.（海商法）押船借贷合同 指船东以船舶或运费作抵押申请贷款的合同。如果船舶在特定的航程中或规定期间内因列明灾害导致灭失，则贷款人无法收回其贷款。

bottomry bond 船舶抵押契据

bottomry contract 船舶抵押合同（⇨bottomry）

bottomry lien 对抵押船舶的留置权

bouche au court （= bouche of court）

bouche of court 国王和随其远征的骑士和随从给予的伙食补贴

bough of a tree （封建法）大树枝 作为占有土地的标志，可以保有直接从国王处分封到的领地。

bought and sold notes 买卖单据 经纪人分别送交买方和卖方的交易备忘录。

Boulder Canyon Project Act 〈美〉《鲍尔德峡谷工程法》 一项关于在科罗拉多河[Colorado River]的峡谷，即鲍尔德峡谷，建造鲍尔德水坝（也称胡佛水坝[Hoover Dam]）的联邦法律。

boulevard rule 〈美〉干道规则 指机动车司机从一辅路靠近公路主干道时，应当停车并等待交叉路口与其同向的交通车流。

boulwarism n.〈美〉博尔韦尔制 一种集体合同谈判策略。雇主首先预测集体合同谈判的可能结果，将此作为肯定信息在谈判之前告知工会，并作为工会接受或放弃的基础，从而免除实际的谈判。该种做法由通用电气公司雇佣关系委员会副主席莱缪尔·博尔韦尔[Lemuel Boulware]于20世纪中叶首先使用，并因而得名。但现已被全国劳资关系委员会[NLRB]认定为不公平行为。

bouncing check 空头支票（⇨bogus check）

bound a. ❶受约束的；（法律上或道德上）有义务的 ❷（船舶）准备到…去的；开往（或驶往）…的 n. 边界；界限；界线 bound可指界限本身，而boundary指可以表明界限的有形的标志

boundary n. 边界；界线；分界线 指任何自然的或人为的能表明范围或相邻地产的分界线的隔离标志。

boundary action or suit 边界诉讼 普通法或衡平法上的一种诉讼，有时也指制定法规定的一种程序，用以确定相邻土地的界线。

boundary point 界点 指边界的最外点。在地图或地籍图上，通常以建筑物、标志物、相邻陆地标明，有时则以水流或一段距离标明，或者将上述方式结合起来予以标明。

boundary trees 界树 位于两块分属于不同所有权人的相邻土地之分界线上的树。这些树木为该相邻土地所有权人的共有财产。（⇨bounded tree）

boundary waters 界水 标明一国、州或政治性区域的界限的河、湖或其它水体。

bound-bailiff 〈英〉（负保证债务之责的）副司法官 负责拘捕债务人、并具结立契担保被其拘捕者行为良好的官员。是郡长[sheriff]的助手之一。

bounded by a highway 以公路为界的 在土地转让合同中,如无其他表示相反意图的语词,则它表示以公路的中线为土地所有权的分界线。

bounded tree 角树 标明土地边角的树木。

bounden (= bound)

bounders n. ❶界标 在土地测量中,竖于所划线的末端以表明路线和距离的标志物。 ❷鲁莽的人;行为不端的人

bounds n. 范围上的限制;(物体或空间的)分界线 可以是真实的或假设的。

bounty n. ❶赠与物 ❷奖金;奖赏;津贴 指由他人,尤其是政府所提供或给予的一种额外利益,以鼓励其从事某些活动。例如为鼓励应征入伍而对军人所发的津贴。它与赏金[reward]有所不同,其可以由任何完成指定行为的人所得,例如因杀死危险动物而给予奖金;而赏金则针对只可以实施一次的行为,只能由实施该行为的一人或与其合作之人获得,余者则不能获得,例如追捕逃犯而得的赏金。(⇨reward)

bounty lands 奖赏的土地 政府对提供服务的人,主要是提供军事服务的人,作为奖赏而赠与或授予的公共领地。

Bounty of Queen Anne 〈英〉安妮女王基金会 依据皇家特许状成立的基金会,并由 1703 年的一项制定法正式设立。所有属于国王所得的初年圣俸[first-fruit]和什一税[tenths]均交给基金管理会[Governor]的受托人管理,建立基金会,目的在于增加贫困教士的收入。依据该基金会的原则,通过从初年圣俸和什一税的财政收入中拨款增加贫困教士的收入,相应地也免除这些教士收取初年圣俸和什一税的义务。每一教区[diocese]的主教都要负责调查本教区内年收入不足 50 英镑的教士的情况,并向财政署如实报告。对该基金会的制度,后来的制定法特别是 1838 年《安妮女王基金会法》[Queen Anne's Bounty Act]作了进一步规定。1776 年《教士住宅维修法》[Clergy Residences Repair Act],也即通称的《吉尔伯特法案》[Gilbert's Act],授权基金会理事可以贷出 4%的款项用于维修堂区牧师寓所[parsonage]等,但要以教会产业作抵押。依据 1925 年《什一税法》[Tithe Act],安妮女王基金会又获得了收取所有什一税租费[tithe rentcharge]并发给神职人员的权力,但 1936 年《什一税法》又将什一税租费废除了。依据 1947 年《英格兰教会法》[Church Commissioners Measure],安妮女王基金会与宗教事务委员会[Ecclesiastical Commissioners]合并,更名为英格兰国教委员会[Church Commissioners]。

bourg ❶(法国古法)用围墙围起的一大片房屋;设防的市镇(或村庄) ❷〈英格兰古法〉自治市;村庄

bourgeois 自治市市民;自由民;中产阶级人士;中产者

bourse 〈法〉交易所;证券交易所

bourse de commerce 〈法〉商品交易所 指在每一个设有交易所[bourse]的城市里,经政府批准,由商人、船长、交易代理人和廷臣[courtier]组成的一种集合体,其中后两种人均由政府提名。

bouts et cotes (地产的)四至;界线

bouwerye 〈荷〉农场

bouwmeester 〈荷〉农场主

bovata terrae (= bovate)

bovate n.博瓦塔 封建法上的一种土地丈量单位,相当于一卡勒凯特[carucate]的 1/8。名义上为一牛一犁能够犁过的土地的数量,也称"oxgang"或"oxgate"。

Bovill's Act ❶〈英〉《博维尔法》 1865 年颁布的一项法律,该法确立了一项基本原则,即一个人不能仅因分享某一企业的利润而成为其合伙人。该法后被 1890 年《合伙法》[Partnership Act]代替。 ❷1860 年《权利请愿法》[Petition of Right Act]的俗名

bow-bearer n.〈英格兰古法〉王室森林巡捕 王室森林里的一个下级官员,其职责是监视人们(无论宣过誓的还是未宣过誓保证行为良好的)的行为,并负责调查王室森林所辖的每一个司法行政区[bailiwick]内的不法行为(无论是对王室森林内草木还是对鹿的不法行为),并且负责把不法行为人带到其应被扣押的法庭出席审理,并不得对不法行为有任何隐瞒。

bowery (= bouwerye)

bowkett society (= building society)

bowls n.〈英〉滚木球戏 滚木球戏曾经被一些古代的法令禁止,其中规定最为全面的是亨利八世 1541 年颁布的一项法令,规定帮工[artificer]和佣人不得玩滚木球戏或其它任何非法的游戏,除圣诞节时在他们师傅的家里或师傅在场时可以例外,并规定任何人都不得在花园或果园以外的地方玩滚木球戏。这一法令中关于禁止玩滚木球戏或其他游戏的部分已被 1845 年《博彩法》[Gaming Act]废止。

Bow Street Magistrate 〈英〉鲍街治安官 指驻在伦敦鲍街的首席大都市治安官[chief metropolitan magistrate]和其他治安官,他们对从某些外国和英联邦国家引渡联合王国的刑事逃犯有特别的权力。除此之外的某些其他权力由另外的领有薪俸的大都市治安官行使。

Bow Street Runners 〈英〉鲍街侦探 亨利·菲尔丁[Henry Fielding]被任命为伦敦鲍街警官以后,于 1750 年组建了一支领薪的小型侦探队伍,该支队伍被称为"菲尔丁先生的人"。该支队伍在 1785 年以"鲍街侦探"著称,他们是现代英国刑事调查部[C.I.D.]和警察特别分队的先驱。其常被选派执行机密任务。他们负责守卫银行、保卫皇宫,在执行任务的过程中还可远赴国外。鲍街侦探直到 1839 年新伦敦警察局[New Metropolitan Police]建立 10 年后才不再被视为一个警察机构。

bowyers n.〈英〉弓箭制造匠同业公会;弓箭制造匠行会 正是因该行会的请求,禁止玩滚木球戏的法令才得以颁布。(⇨bowls)

boxcar discovery 〈美〉棚车披露 试图查询任何信息的律师所使用的一种披露方法。之所以得此名,是因为一方当事人请求披露的材料太多,以致对方当事人常常感到他必须用棚车运送。根据广义上的民事披露规则,凡受特权保护之外的任何信息均可被查询,只要它与诉讼的标的相关。因此,请求披露的内容不仅包括与查询方的案件有关的事实,也包括与对方的请求相关的信息。

boxed weight 包装后重量 肉食销售业务中的用语,指对肉进行必要的包装后的重量。

boxed weight basis 包装后重量根据 以包装时及包装后的重量为根据。

boycott n.联合抵制 ①为与对手脱离社会和经济关系而采取的一种行为。该词源于查尔斯·C.博伊科特[Charles C. Boycott],一位在爱尔兰的英格兰土地所有人。由于他在爱尔兰 19 世纪 70 年代的大饥荒中对当地佃农的苛刻态度,遭到了爱尔兰土地联盟的抵制和排斥;②为了表达对某一方行为的不满,而一致地不与之进行商业上的往来;③拒绝在一项交易中达成协议,以便谋取第二项交易中所想得到的条件。根据《谢尔曼法》[Sherman Antitrust Act],甚至连平和地劝说他人不与第三方进

行交易也构成联合抵制。

Boyd rule 〈美〉博伊德规则 在公司重组中，如果低级证券不支付一新的对价，则它将不能获得公司的参与权，除非所有的高级证券已获得了与其权利相对应的等价物。

bozero 〈西〉辩护人 在法庭上作为原告或被告为自己的案件，或为他人的案件进行辩护的人。也称为"abogado"。

B/P (= bill payable)

B.R. ❶(= bill receivable) ❷王座法庭 "bancus regis" 或"bancus reginae"的缩写，现多简写为 K.B.[King's Bench]或 Q.B.[Queen's Bench]。

B/R (= bill receivable)

Brabanter 布拉帮人 特指在 11-13 世纪英法战争中招用的雇佣军队或土匪。他们来自布拉帮老领地[old duchy of Brabant]，即现在的比利时布拉帮省和荷兰的北布拉帮部分地区。

brace de la mer 海(港)湾

bracelets n. ❶小猎犬 ❷〈口〉手铐

bracenarius 猎人；猎犬的主人

bracery 〈英格兰古法〉非法买卖财物罪 亨利八世时期一项立法设立的罪名，旨在打击不拥有占有权的财物之买卖。

brachium maris 海湾

brachylogus iuris civilis 〈拉〉《市民法大纲》 一部关于罗马法教学的学术指南，最初可能出现于 12 世纪初的法国。该书名首次出现在 1553 年的里昂[Lyons]版本上。它以优士丁尼的《法学阶梯》[Justinian's Institutes]为基础，大量引用《学说汇纂》[Digest]、《法典》[Code]及《新律》[Novels]的内容，有些章节与《阿拉里克法典简编》[Breviarium Alaricianum]相似。萨维尼[Savigny]认为它是伊尔内留斯[Irnerius]的亲笔著作。其价值主要在于历史方面，以表明意大利北部始终保持着对优士丁尼法的了解。

brachylogy n. 简略表达法

bracinum ❶酿造 ❷一次酿造的麦芽酒的数量 在某些庄园需交纳酿酒税。

Bradlaugh's Case 〈英〉布拉德洛案件 有关下议院议员必经的宣誓形式的著名案件。

Bradlaugh v. Clarke (1883) 〈英〉布拉德洛诉克拉克案 这是一起有关告发者克拉克认为布拉德洛没有根据 1866 年的《议会宣誓法》[Parliamentary Oaths Act]进行宣誓并签署誓言即进入议会且获得了投票权而要求 500 英镑罚金的案件。法院判定这种处罚只有国王才有权作出。

Bradlaugh v. Gossett (1884) 〈英〉布拉德洛诉戈塞特案 布拉德洛当选为代表北安普敦[Northampton]的下议院议员，但他拒绝在进入下议院时进行宣誓，并宣称依 1869 年和 1870 年的《证据法》[Evidence Acts]他有权不经宣誓而作证。为此，下议院作出决议不允许其如此行为，并要将他逐出下议院。布拉德洛向法院提出诉讼，要求法院颁发禁制令[injunction]，限制议会侍卫[Serjeant-at-Arms](即 Gossett)阻止他进入下议院，并宣布下议院的决议无效。王座分庭[Queen's Bench Division]判决认为"对于确定在下议院内所行使的权力，尤其是席位权和投票权问题，下议院单独就可以解释法律"，因而驳回了原告的诉讼请求。不过，随后在 1886 年布拉德洛最终获得了下议院席位。

Bradlaugh v. Newdegate (1883) 〈英〉布拉德洛诉纽德盖特案 布拉德洛作为议员未经宣誓就进入下议院并表

决，被告唆使克拉克[Clarke]起诉，请求 500 英镑的法定罚金。由于被告和克拉克在索取赔偿的诉讼结果中没有共同利益，原告基于被告的唆诉行为[maintenance]而获得赔偿。

bragbote n. 维修桥梁、城墙及城堡贡赋 在盎格鲁-撒克逊时代，这种赋税依附于土地，不得免除。

Brahmin ❶〈印〉婆罗门祭司 ❷极端保守的人 ❸势利小人

brain death 脑死亡 与大脑有关的一种死亡标准，它有以下特征：①对外界的刺激和内部的需求没有感觉和反应；②没有任何自主行动或呼吸；③没有反射活动；④24 小时观察后脑电图呈一条水平线。在美国，《统一死亡确认法》[Uniform Determination of Death Act]采纳这一死亡标准，该脑死亡定义亦已为许多州的制定法或判例所接受。(▷death)

braking distance 刹车距离 有时也称停车距离[stopping distance]，指司机认识到需要停车至车停稳之间的全部距离，其长短由行驶速度、天气、道路、轮胎和刹车状况等决定。

brand n. ❶商标 用以区别确定商品或服务的文字、标记、符号、设计图样、专业术语或以上各种所谓的组合。商标可以是语声的，也可以是可视的。 ❷烙印 古时烙在犯人身上的印记，现在可视为一种耻辱。 ❸火把 v. ❶打烙印；作标记 ❷(通过口头或书面文字的形式)污辱他人；给他人抹黑

branding ❶烙刑 古时的一种刑罚方式，用烙铁在犯人身上烙下痕迹以示惩罚。烙刑适用于军боди罪中实际是一种黥刑。 ❷(牲畜身上标明所属的)烙印；火印

branding-helmet n. 烙印保护盔 对在刑事诉讼中以享有神职人员特权[benefit of clergy]作为辩护理由者在其面颊上加烙印时使用的保护盔。

Brangwyn Act 《"白乌鸦"法》 亨利四世时期颁布的一项法律。自国王处申请获得特许令的人被称为"白乌鸦"。

branks n. 口钳 曾在英格兰某些地区用以惩治普通法上责骂行为的一种刑具。

brassage n. (古)铸币费 政府征收的相当于铸造金属币实际成本部分的费用。金属币的面值减去其所含贵金属的价值和铸币费所得的差额即为硬币铸造税或铸币利差。(▷seigniorage)

brawl n.&v. ❶(在公共场所破坏公共秩序的、嘈杂的)争吵；斗殴 ❷〈英〉(在教堂或墓地的)妨害秩序行为

brawling n. 〈英〉(教会法)(在教堂、墓地等神圣场所的)妨害秩序行为

breach n. 破坏；违犯；违反；不履行；侵害 在不同的上下文中有不同的含义，可以指违反法律、侵害他人权利、不履行自己的义务或职责等；其行为方式可以是作为，也可以是不作为。现多用于指合同一方当事人未能履行合同条款、允诺或条件，即违约[breach of contract]。比它更常见的另一同类词为 break。

breach of arrestment 〈苏格兰〉违反对案外债务人的扣押令 指占有债务人的财产的第三人[arrestee]不顾向其送达的扣押令，而将财产支付或交还给债务人。该种行为构成藐视法庭。(▷arrestment)

breach of close (非法或未经授权)侵入他人的地界

breach of condition 违反合同条件 指不履行合同的根本性条款，其效果上相当于拒绝履行合同，故对方当事人可以此终止合同并要求赔偿损失。(▷breach of warranty)

breach of confidence　泄露商业秘密　指根据法律或合同规定有保守工商业秘密义务的人，由于滥用秘密而违反了上述义务。

breach of contract　违反合同；违约　没有合法根据而不履行构成合同全部或部分的允诺，通常表现为拒绝履行、不履行、迟延履行或不当履行等形式。拒绝履行可以发生在合同履行当日，也可发生在合同履行之前，此时构成预期违约[anticipatory breach]。合同一方违约，另一方有权要求其承担违约损害赔偿责任，并有权解除或终止合同，在某些案件中还可经由法院作出强制履行[specific performance]判决使合同得以实际履行。(▷ damages; performance)

breach of covenant　违反合同约定；违反合同条款

breach of duty　违反义务；违反职责　一般意义上是指对法律或道德义务的违反或疏忽。通常特指政府官员或其他有受信义务者[fiduciary]有过错或未能以正当、合适的方式履行其职责。如受托人[trustee]违反衡平法上的义务，无论是故意还是过失，均属之。(▷ breach of trust)

breach of pound　打开牲畜的围栏；打开扣押财物的处所　指被扣押的牲畜或财物的所有人打开围栏或扣押处所，将牲畜放回或将财物取回。(▷ pound)

breach of prison (or jail)　突破监所罪 (▷ prison breaking; jail breaking)

breach of privilege　〈美〉违反特权　指采取违背国会或州立法机关特权的作为或不作为。

breach of promise　违背允诺；毁约　一般指毁弃婚约[breach of promise of marriage]。

breach of statutory duty　违反法定义务

breach of (the) peace　破坏治安罪　指扰乱公共秩序和社会治安，特别在公共场所高声叫喊、谩骂、争吵、打斗以图引起骚乱的犯罪。破坏治安罪是一个一般概念，其包括特定的犯罪，诸如互殴罪[affray]、暴乱罪[riot]以及殴击罪[assault and battery]等。(= disturbing the peace; disturbance of peace)

breach of trust　违反信托　指受托人、遗嘱执行人或处于受信地位[fiduciary position]的其他人违反所承担的义务；在狭义上仅指受托人违反信托义务。包括受托人从事未经授权或信托条款所禁止的行为，或对信托要求其从事的行为不作为。例如，受托人挪用信托基金或信托财产、未经法律或信托文件授权而将信托基金进行证券投资等。传统上，法院对受托人要求有很高的注意和勤勉义务，但在现代已有所放松，英国 1925 年《受托人法》[Trustee Act]规定法院可以扩大受托人的权限，并且，如果受托人系诚实、合理地从事行为且出于正当理由，则法院有权免除其违反信托的责任。

breach of trust with fraudulent intent　以欺诈意图而违反信托

breach of warranty　违反担保　①在英格兰法中，与违反合同条件[breach of condition]相对，指违反合同的担保条款，即合同一方当事人的行为未能达到合同担保条款所规定的标准，该项担保条款可以是普通法的或制定法的，也可以是明示的或默示的。合同的担保条款不具有合同的根本特征，故对于违反担保条款可以向法院起诉，但不得以此宣布合同终止；②根据美国《统一商法典》[U.C.C.]，它是指违反就货物的所有权、品质、数量等所作的明示或默示的担保，可对之提起合同之诉；③在不动产法或保险法上，指错误或虚假地作出肯定性允诺或陈述，或对应由其履行的规定未予履行。

break　v.❶违约；违反合同　系同义词 breach 的非正式用法。(▷breach) ❷(通过法律程序)取消(遗嘱) ❸打开门(窗)　作为夜盗罪的构成要素之一，不论被打开的门、窗是否上锁或上闩，但必须是关闭的。此外，亦不要求对财产造成损害。❹逃脱

breakage　n.❶损耗(费用)；破损费用　指在保管或运输过程中发生的损耗，也指某些特定行业如旅馆、餐馆、电力公司等，在某一时期内不可避免的损失。在提单关于承运人破损免责的规定中，指有关商品或物品的破损，活体动物除外。❷零头　例如计算利息时的分币零头。❸(赛马等的)彩金零头

breakdown clause　❶停租条款　租船合同中的条款，规定因船舶延迟而对租金的扣除以及因条款中列明的意外事故或可能发生的事件引起的费用的扣除。这些意外事件包括人员或储备的匮乏、火灾、船壳或机器设备的故障，以及货物扣留等。❷故障条款　汽车责任保险单中适用替代汽车条款的前提条件，为适用该条款，必须表明保单中载明的汽车因故障缘故而不能正常使用，因而必须使用替代汽车。

breakdown service　应急服务　在制造厂家的发电厂供电不足或中断的紧急情况下，由公用电力供应机构向其提供电力服务。

breaking　n.闯入；夜盗　在夜盗罪法[law of burglary]中，指未经许可闯入他人住宅的行为。

breaking a case　❶(合议庭的法官在正式作出判决之前互相就案件)交换意见　❷破案　指犯罪侦查人员宣布主要犯罪嫌疑人已被逮捕，案件告破。

breaking a close　非法进入他人土地　即普通法上的trespass。

breaking and entry　破门(窗)闯入　普通法上规定夜盗罪[burglary]必须具备破门和闯入两个要件，制定法的夜盗与普通法不同，例如，带有犯意闯入某建筑物，即使未有破门行为，亦构成夜盗。

breaking a will　破坏遗嘱　指作出一项判决否认某一遗嘱的有效性。

breaking bail　受托人盗窃罪　历史上，若寄托合同[bailment]中受托人破开包裹(装)，即为犯罪，但若只是侵占整个包裹而未挪用包内物品，则不构成犯罪。(▷breaking bulk)

breaking bulk　盗窃托管物品罪　受托人，特别是承运人打开其受托照管的装有物品的箱子、包裹等，并移走其中物品挪作自用，即构成该罪。

breaking doors　破门而入

breaking into　(以犯夜盗罪为目的)破门而入

breaking jail　(= breach of prison (or jail))

breaking of arrestment　〈苏格兰〉非法交付　非法把扣押货物交付给债务人。(= breach of arrestment)

breaking out　❶皮疹　❷破门而出　指一种以犯重罪为目的闯入他人住宅后破门逃出的罪行。

breaking up highways　〈英〉破坏街道公共设施　指破坏街道、水槽、地下排水管道等公共设施。

breast of the court　法官的良知(或裁量权等)　一种比喻的说法。

breathalyzer test　呼吸测试　对酒后驾车而被扣留者血液中的酒精浓度进行的测试。只要测试的程序合法，其结果可作为证据使用。

breathing-test　n.(人身伤害中，要求被害人做的)呼吸检查

breath specimen （酒精含量测量时当事人的）呼吸样本

breath test(s) 呼吸测试　执行职务的警察，如果有充分理由怀疑一个机动车驾驶员饮了酒，或者机动车在行驶中实施了交通违法行为，他便可以要求驾驶员通过向呼吸分析器[breathalyser]呼气提供呼吸样本。如果没有正当理由拒不提供呼吸样本，便是一种违法行为。

brecina 酿造场；酿酒场

brede *a.*（英格兰古法）宽广的
n.〈撒克逊〉欺骗

bredwite *n.*〈撒克逊〉（英格兰古法）对因面包缺斤短两所作的处罚

brehon （爱尔兰古法）法官

Brehon Laws 布莱恩法律　指亨利二世征服爱尔兰时期古代爱尔兰的法律制度。

brephotrophi （罗马法）孤儿院负责人；被任命照管孤儿院的人　该词源于希腊文，曾使用于后期的罗马法中，18世纪首次出现于英文里。

brethren *n.*（复）（无血缘关系的）兄弟　其含义不如brothers广泛，只限于无血缘关系的情形，而brothers还包括有血缘关系的情形。该词现仅用于宗教和法律领域。在宗教领域，亦称教友，是指同教派或修会成员间的互称。在法律领域，美国法院认为该词在用于遗嘱中时，既指男性也指女性，但多数人不同意将其视作中性词。由于该词存在着对女性的性别歧视，所以在美国似乎未被普遍使用，而且与之相对应的 sistren 一词亦未被接受。sistren 曾是 sister 的复数形式，现在主要用于方言中。

Bretton Woods（New Hampshire, U.S.A.）〈美〉布雷顿森林（新罕布什尔州）　1944年召开的一次国际性会议——布雷顿森林会议的会址。这次会议建立了以国际货币基金组织和国际复兴开发银行为主体的布雷顿森林体系。（⇨Bretton Woods System）

Bretton Woods System 布雷顿森林体系

breve 〈拉〉❶令状；诉讼开始令　❷谕令　国王在其法庭所发的令状或谕示。❸传票；法庭内命令

breve de recto 〈拉〉（英格兰古法）权利令状　用于恢复土地占有[seisin]的一种令状。在普通法中，至少在早期，这是不动产权益诉讼[real action]中最高级别的诉讼，因为它救济的是权利，是一种近似于所有权的权利，而其它诉讼则仅限于恢复对土地的实际占有[possession]。权利令状分为两种：公开权利令状[writ of right patent]是为了救济保有自由继承土地[fee simple]者；封印权利令状[writ of right closed]则用来救济依特许状或契据[charter]自由保有土地的人。权利令状于1833年被取消，但涉及遗孀地产的除外。（= writ of right）

breve formatum 正式令状；格式令状　适用于已知的和被认可之诉因的令状，与主事官令状[brevia magistralia]相对应。

breve innominatum 〈拉〉总括申诉之令　只作总括性的申诉，而无诉因细节的令状。

Breve ita dicitur, quia rem de qua agitur, et intentionem petentis, paucis verbis breviter enarrat. 令状之所以称为 "breve" 是因为它用寥寥数语，简捷地载明了争议事项，以及寻求救济一方当事人的请求。

Breve judiciale debet sequi suum originale, et accessorium suum principale. 司法令状应遵循起始令状；附属令状应遵循首要令状。

Breve judiciale non cadit pro defectu formae. 司法令状不会因为格式的缺陷而失去其效力。

breve nominatum 列明令状　附有时间、地点、请求等各种诉因细节的令状。

breve originale 诉讼开始令状；起始令状（= original writ）

breve perquirere 原告购买在王室法庭开庭审判的令状或许可令

brevet d'invention 〈法〉专利

breve testatum 〈拉〉书面备忘录　用以使土地转让证书和封地册封长久保存的书面备忘录。

brevet rank 晋升军衔　即由委员会授予一名军官在其所在兵团之外享有比其所在兵团高一级的军衔。

brevia 〈拉〉breve 的复数

brevia adversaria 对抗之诉；对方之诉状　由对方当事人提出的收回土地的诉状。

brevia amicabilia 友善令状；（诉讼）双方合意的令状

brevia anticipantia 〈拉〉（普通法）预防性令状　包括6种：中间令状[writ of mesne]、保证履行令状[warrantia chartae]、减负令状[monstraverunt]、怨诉听审令[audita querela]、强制修建围栏令[curia claudenda]和禁止非法勒索令[ne injuste vexes]。

brevia de cursu 当然令状　指因案由属于被认可的诉因范围之内而理当签发的令状。

brevia formata 格式令状　某些已经得到批准以及已经确立了的令状格式，该令状在可以适用的案件中应当予以签发；而且除非经由大咨议会批准，不得改变。

brevia judicialia 司法令状　法院在诉讼过程中，或为了协助司法判决执行而签发的辅助令状。（= judicial writ）

brevia magistralia 主事官令状　对于新的案件事实没有现存的令状适用时，由文秘署主事官或书记官所拟订的令状。（⇨action on the case）

Brevia placitata 《诉讼案件汇编》　一本由特纳[G. Turner]和普拉克尼特[T. Plucknett]在1947年为塞尔登协会[Selden Society]编辑的关于诉讼案件的历史资料。这些资料用法律法语记载，时间约为1260年，书里主要包含诉讼格式，附在其后的笔记，以及部分法律规定和判例汇编。

Breviarium Alaricianum 《阿拉利克罗马法辑要》　又称《西哥特罗马法》或《阿尼安法辑要》，西哥特国王阿拉利克二世下令由皇室秘书长阿尼安主持编纂的、在西哥特王国的罗马人中适用的法律，公元506年得到民众大会批准。西哥特后来的各个国王努力将罗马法因素同他们自己的习惯结合在一起，在7世纪中叶，因罗马人和哥特人的法律得到统一，曾使《辑要》被废止。尽管该《辑要》后来被《西哥特人法》[Lex Visigothorum]所取代，但在法国南部和伦巴第[Lombardy]仍然继续适用，当时这两个地区已被法兰克人所统治。该《辑要》的特性使其在中世纪的整个西欧享有很高的权威，并成为罗马法复兴之前罗马法传入西欧法律的主要渠道之一。

Breviarium Aniani 《阿尼安法辑要》（⇨Breviarium Alaricianum）

Breviarium extravagantium 《罗马教皇法令辑要》　由帕维亚[Pavia]的伯纳德[Bernard]编辑的12世纪教会法文本。

brevia selecta/Brev. Sel. 经挑选的令状或程序

Brevia, tam originalia quam judicialia, patiuntur anglica nomina. 无论起始令状，还是司法令状，都一样有英文名称。

breviate 辑要；简要陈述；摘要；法案提要　该词常用来指后来成为曼斯菲尔德勋爵的莫雷先生在潘诉巴尔的摩勋

爵[Penn v. Lord Baltimore]一案中为原告所作的著名的简要陈述。

brevibus et rotulis liberandis 郡长职务交割令 向郡长签发的命令，要求其向继任者移交郡治及其附属物，以及机关中的各种案卷、文件及其他物品。

brevi manu 无法庭干预的、当事人直接采取的行动

brewster sessions 〈英〉颁发酒精饮料零售许可证的开庭期 法官授予或换发[renewal]酒精饮料零售许可证的特别开庭期。

bribe n. 贿赂；行贿物 为改变某人，特别是处于受人信任地位的人（如政府官员、司法人员）的观点、意见或腐蚀其行为而给予或承诺给予的金钱、财物、优先权、特惠及其他形式的利益。
v. 行贿；给予或承诺给予贿赂

bribee n. 受贿者；索贿者 向他人索取贿赂或收受他人给予或承诺给予的贿赂的人。

bribe-giver (= briber)

briber n. 行贿者 给予或承诺给予他人贿赂的人。

bribery n. 贿赂罪 为了非法影响公务活动，自愿地付给或接受非法报酬的行为。公务活动包括政府官员的行为、任何职业上的和行政管理事务相关的行为。报酬是指金钱、财产、服务或有价值的任何其他东西或好处。行贿者是指为谋取不正当利益给予国家公务人员等好处的任何有责任能力的人；受贿者一般可分以下 3 类情况：公务贿赂[official bribery]的受贿者、准公务贿赂[quasi-official bribery]的受贿者和业务贿赂[occupational bribery]的受贿者。如果受贿者是陪审员，在美国有些州定为贿赂罪，有些州则定为笼络陪审员罪[embracery]。

bribery at elections 选举贿赂罪 向选民提供或保证事后提供金钱或其他有价值的东西或好处以诱使选民按照其既定的方式投票或放弃投票。

bribe-taker (= bribee)

bribour n. (古)小偷；窃贼

brideprice n. 聘礼；彩礼 指在许多原始社区，新郎或其亲属为获准婚姻而向新娘亲属支付的钱财。它通常既是一种经济上的互惠，也是一种社会性和象征性的交易，是保证将善待妻子以作为对妻子损失的补偿。同样，只有在聘礼被偿还以后，才能表示接受离婚，婚姻才能终止。

Bridewell n. ❶〈英〉布莱德维尔 伦敦舰队街[Fleet Street]和泰晤士河[Thames]之间的一个区，因圣布德街[St. Bride]或圣布里奇特街[St. Bridget]的一眼泉而得名。它包括一所废弃的王室宅邸，于 1557 年改建成医院，给申请救济的人提供就业机会，游手好闲的流浪汉被送到这里强迫劳动。该宅邸于 1863 年被拆除，但是这一名称被保留下来，现常指感化院。 ❷感化院；矫正所

bridge loan 过渡贷款；临时贷款 指在获得长期贷款之前先行获得的一种短期贷款。例如，某人可以在最终获得抵押贷款或将其现有房产出售之前，获取该种贷款用以购置不动产或兴建住宅，以弥补两者的时间差。就公司而言，其在发行债券或获得其他长期抵押贷款前，可先以过渡贷款进行融资兼并或借款买股。(⇨construction loan)

bridge-masters n. 负责管理公共桥梁的官员

bridge securities 桥梁证券 通常以抵押权为担保，为桥梁建筑融资而发行的证券。

bridle n. ❶马勒；缰、辔、口衔等的总称。 ❷一种像马勒一样的刑具 用于惩罚詈骂、贬斥他人的人。

brief n. ❶〈英〉诉讼摘要 事务律师为出庭律师代理当事人出庭而准备的简要的说明性文件，通常包括案件事实叙述及适用的相关法律，并附有律师意见、重要文书的副本、正式诉状、证人证词等。 ❷〈英〉准予募款书 由王室签署的准许主教和神职人员为指定的慈善目的募款的文件。 ❸〈美〉律师辩论意见书；辩论摘要 律师向法庭提交的表明其对案件的观点的书面辩论文件。通常包括对案件事实的概述、相关法律及关于对案件事实如何适用法律以支持律师主张的争论。 ❹〈美〉判词摘要 法学院学生对已公布的判例、案件的判决意见书[opinion]所作的摘要。 ❺权利证书摘记 对有关不动产权利的所有文件的摘录。

brief al evesque 免职令 在因其受阻[quare impedit]诉讼中签发的令状，指示主教免去在位牧师的圣职，除非他在诉讼中胜诉或正在诉讼进行中。

brief bag 律师公文包 律师进出法院携带文件用的公文包。在英格兰 13 世纪早期时，只有出庭律师才有这种公文包。它由皇家大律师[Queen's Counsel]发给。在 1830 年前，他们所拥有的钢笔、纸和紫色皮成为其地位的象征。现在在英格兰，律师公文包有蓝、红两种。蓝色包是出庭律师在被授予资格时购买的"全套用品"[outfit]的一部分，且依惯例，这种包在法庭上是不能让人看见的。如果一名初级出庭律师在某一重要案件中为皇家大律师提供了具有特殊意义的帮助时，后者可赠给他一个红包。在美国，律师公文包是绿色的。

briefe de recto claus 密封权利令 保障古地保有者或类似有人就其地产权利只在其领主法庭接受审判的令状。

brief on appeal 上诉摘要 (⇨appellate brief)

brieve 〈苏格兰〉令状

brieve of richt 〈苏格兰〉权利令状

briga n. 冲突；争议；诉讼

brigandage n. (团伙)抢劫；掠夺；抢夺

brigbote (= bragbote)

bring action 起诉 (⇨bring suit)

bring action to trial 将案件提交审判 指采取任何必要的且适当的步骤，以使案件被列入待审案件目录[trial calendar]，由法官或陪审团进行审判。

bring in (a verdict) (陪审团)作出(裁断) 指陪审团作出裁断后回到法庭进行宣布。

bringing money into court 保全金钱于法院 指交存一笔金钱给法院或其书记官或执行官[marshal]，以备清偿债务或履行义务或等待确定竞合权利诉讼[interpleader]的结果。

bring suit 起诉 指开始一件案件的诉讼程序。在美国联邦及大多数州法院，民事诉讼从原告向法院递交起诉状[complaint]时开始。在《联邦民事诉讼规则》[Federal Rules of Civil Procedure]中，suit 一词已由 action 取代。

bring up 抚养孩子；抚养子女(至成年)

bris n. (船舶)残骸；失事；遇难

Bristol bargain 〈英〉布里斯托尔合同 1700 年詹姆士诉奥德斯案[James v. Oades]中认定："若对 100 英镑借款，以 7 年偿还，每年支付 20 英镑，则通常称之为'布里斯托尔合同'。"若某一协议约定每年支付 40 英镑，共支付 8 年，以作为 200 英镑贷款的对价，则法院可以"显失公平"[against conscience]为由宣告贷款合同无效，因为贷款人的利息额只能允许为 6%。如法院认定协议为布里斯托尔合同，则贷款人可获 11% 的利息。如法院将其撤销，则贷款人可获 15% 的利息。现行的 1974 年《消费者信贷

法》[Consumer Credit Act]第137-140条有相关规定,法院认为信贷合同具有高利勒索性的,则有权命令重新缔约,以维护当事人之间的公平。

Bristol Tolzey Court 〈英〉布里斯托尔自治市特尔泽法庭 对所有的债纠诉讼和混合诉讼——无论其标的多少——都具有管辖权的古老法庭。该法庭由具有5年经历的出庭律师主持,此人可能是记录法官[Recorder]或其副手。在每年9月,有一个集市法庭[Court of Pie Poudre]开庭;其间,特尔泽法庭[Court of Tolzey]休庭。过去还曾有一个市长法庭[Mayor's Court]和城镇法庭[Court of the Staple]。特尔泽法庭与集市法庭在1971年被撤销。

British n.英国人;英联邦人 ①联合王国[United Kingdom]的人民;②英联邦[British Commonwealth of Nations]人民。
a.英国的 与联合王国或者与英联邦有关的。

British Airports Authority 英国机场管理局 负责管理由《机场管理局法》[Airports Authority Act]规定的机场的法人[body corporate]。在英国,它不是英王仆人或代理人,不享有英王豁免或英王特权的任何地位,也不能免除任何税收,其财产也并非国家财产[crown property]。

British Airways Board 英国航空委员会(⇨air corporations)

British Board of Film Censors 英国电影审查委员会 对电影进行分类以便确定适合于儿童观看的电影的非法定机构。

British Broadcasting Corporation/BBC 英国广播公司

British Constitution 英国宪法 与美国宪法不同,英国宪法并非由单一的文件所组成。它实际上是由英国历史上著名的文件,如《大宪章》[Magna Carta]和1689年的《权利法案》[Bill of Rights]与英国议会(更早是君主)必须尊重一定的个人权利这种深远的文化背景相融合的产物。也与美国司法审查基本原则允许法院以法律与成文宪法相冲突为由而使该项国会立法无效不同,英国议会至上,它最终仅对选民负责。

British Council 英国文化委员会 1934年成立,1940年改成现名。旨在促进发展与他国友好关系和文化交流的政府机构。总部在伦敦,在主要国家均设有分支机构。

British Empire 大英帝国 存续3个世纪之久,历史上最为庞大的帝国。在1920年左右达到顶峰,土地占全球的1/4,人口占全球总人口的1/5,曾被称作"日不落[sun never set]帝国"。根据1931年《威斯敏斯特法》[Statute of Westminster],改称"英联邦"[British Commonwealth of Nations]。大英帝国对于以欧洲殖民者为主的领地,多采用地方自治的行政管理方式;而在其他地方,总督多采取灵活的政策,保留当地的社会、权力结构,并对当地土著人之间的矛盾与分裂巧加利用。大英帝国广泛传播了英格兰普通法和以判例法为特征的司法制度,并将资本主义、基督教信仰和议会政治制度的观念等传诸四方。

British Hallmarking Council 英国金银制品纯度检验委员会

British Imperial Conference 大英帝国会议 指在1909年、1911年、1917年、1918年、1921年、1923年、1926年、1929年、1930年、1932年、1933年、1935年和1937年召开的大不列颠政府与大英帝国的自治领、殖民地代表会议的官方名称。在此之前的名称叫做"殖民会议"[Colonial Conferences],1937年后称作"英联邦首相会议"[Meetings of the Prime Ministers of the British Commonwealth]。

British Islands 英伦诸岛 1889年《解释法》[Interpretation Act]通过后,"英伦诸岛"指联合王国[United Kingdom]、海峡群岛[Channel Islands]及马恩岛[Isle of Man]。

British law 不列颠法;英国法 严格说来,并无不列颠法或英国法。因历史上的原因,英格兰、威尔士、苏格兰、爱尔兰、马恩岛[Isle of Man]、海峡群岛[Channel Islands]都有自己各具特色的法律及历史传统。英格兰与威尔士在1295年合并成为一个国家,在1707年,它们与苏格兰联合成为一个联合体,该联合体在1801年与爱尔兰联合组成了"联合王国"[United Kingdom],但在1821年,爱尔兰分裂,北爱尔兰留在联合王国内,南部自由邦组成爱尔兰共和国并独立。"不列颠法"或"英国法"有时指英格兰、威尔士、苏格兰、北爱尔兰法律制度中实质上相同的法律部门及原则,有时只是指英格兰及威尔士法律中的相同部分,并无严格界定或准确的含义。——"英国"在中文中比"联合王国"或"不列颠"等更常用,实际上,无论政治或地理概念,"联合王国"或"不列颠"更准确。含混使用下来的结果是把实质上是"英格兰法"[English law]的法律称作了"英国法"[British law]。正如本词条所述,实则并无这样的法律。

British North America Acts 〈英〉[总称]《不列颠北美洲殖民地法》 指不列颠国会制定的管理美国独立以后保留下来的北美洲英属殖民地的一系列法律。

British ship 〈英〉英国船只 根据1894年《商船法》[Merchant Shipping Act]和1948年《英国国籍法》[British Nationality Act]的规定,船主为英国臣民或是依据英王统治下某地区的法律成立的法人团体,且该法人团体的主要营业地在该地区,这样的船只才能为英国船只。

British sovereigns 英国国王(⇨regnal years of British sovereign)

British Theory of Constitutional Law 英国宪法法理 实际上指议会至上原则,即议会享有不为任何人或原因所限制的、超然的、绝对的权力。

British Transport Commission 英国运输委员会 根据1947年的《运输法》[Transport Act]而设立的机构,但根据以后的《运输法》,它的职能和财产被分配给英国铁路委员会[British Railways Board]、英国运输船坞委员会[British Transport Docks Board]、英国水路委员会[British Waterways Board]和伦敦运输委员会[London Transport Board](后被伦敦运输局[London Transport Executive]取代)。

British Transport Docks Board 英国运输船坞委员会 由1962年《运输法》[Transport Act]所创设的机构。(⇨British Transport Commission)

Britton 《布里顿》 一部关于英格兰法的专著。写于爱德华一世时期,用法律法语写成,作者身份不明,主要借鉴了布拉克顿[Bracton]及弗里达[Fleta]的著作,作了重新编排。其目的在于将爱德华一世时期制定的法律编纂起来,是王室法院执业律师的实用书,似乎一度很受欢迎。首次印于约1530年,标准版本为1865年的F.M.尼古拉[F.M.Nicholls]编辑的版本。

broad construction 广义解释(= broad interpretation)(⇨liberal construction)

broad evidence rule (保险法)广义证据原则 事实审理者[trier of facts]可以考虑有助于正确估算被保险财产受损之时的价值的任何证据。

broad halfpenny 摊位税(= bord-halfpenny)

broad interpretation (对宪法、法律的)广义解释 为实现

法律的宗旨，抛开微不足道的缺点和琐碎的技术细节，而对宪法或法律作出比其字面含义更宽泛的解释。它与狭义[narrow]解释相对照，狭义解释可能无法实现法律的宗旨。

Broadmoor 〈英〉布罗德莫尔精神病院　1863 年在伯克郡[Berkshire]创办的特殊医院，作为首家国立精神病院，其是在主管精神病工作的专员倡导下开办的。主要收留一些有危险、暴力或犯罪倾向而需要采取安全措施的病人。在 1948 年，"布罗德莫尔医院病人"成为"刑事精神病人"[criminal lunatic]的替代语，但在 1959 年被废止。在兰普敦[Rampton]、莫斯塞德[Moss-side]及苏格兰的卡斯泰斯[Carstairs]也建有此类医院。

broadside objection 笼统性的异议　指未指明具体理由的异议。

brocage (= brokerage)

brocarius （英格兰古法）（苏格兰古法）经纪人；中人；代理人

brocator (= brocarius)

brode-halfpenny 〈撒克逊〉摆摊税　根据习惯在集市或市场上为摆摊而交纳的捐税。

broken financially 破产的

broken lot (= odd lot)

broker n.经纪人；中间人；代理人　一种商业代理人，作为货物买卖的代理人，其业务是撮合买卖双方当事人达成协议，或者受托于买主一方为其寻找卖主，或者受托于卖主一方为其寻找买主。因此所得的报酬称为佣金，一般按照所售货物价款的一定比例计算，但其并不占有这些货物或货物产权文书。经纪人对合同不承担个人责任，但保险经纪人例外，后者通常可以自己的名义出诉要求支付保险费。其与代销商[factor]不同，前者通常以委托人的名义签订合同，后者则既可以委托人名义也可以自己的名义签订合同；前者只是当事人之间的协调谈判者，不占有或控制合同项下的货物，后者则可以占有或控制货物。经纪人的业务范围可以是动产、不动产或服务，而且针对不同的对象可分成各种专业经纪人，例如房地产经纪人[real estate broker]、股票经纪人[stockbroker]、保险经纪人[insurance broker]和海运经纪人[shipbroker]。(⇨commission merchant；factor)

brokerage n.经纪人佣金；经纪人行业(= brocage) (⇨broker)

brokerage contract 经纪合同　一种代理合同，经纪人因此而受雇，以委托人名义、为委托人利益签订合同或从事其他行为，并获得约定的佣金。经纪合同是一种单方合同[unilateral contract]，其中委托人的要约被解释为向经纪人支付佣金的允诺，但以经纪人提供准备、能够并愿意按委托人条件购买财产的买主为对价。

brokerage listing 经纪目录　其性质被认为是一种单方合同的要约，即经纪合同的要约，内容是要求经纪人提供一位准备、能够并愿意按要约人条件购买财产的买主。

broker-agent n.经纪人兼代理人

broker-dealer n.证券经纪人　指证券经纪公司，从事向顾客或为顾客买售证券的行为。在美国，证券经纪人通常需在证券与交易委员会[S.E.C.]和从业州进行登记。

brokers' blanket bond 经纪人总括保证书　一种忠诚保险合同[fidelity bond]，旨在保证经纪人不因雇员的欺诈或欺骗[fraud or dishonesty]而受损。

brokers' lien 经纪人留置权　指在其佣金或为完成交易所预付款项未受偿时，经纪人对经纪活动涉及的销售收入或购得的货物享有留置权。

brossus a.被伤害的；受伤的；受击伤的

brothel n.妓院

brother n.兄弟　同父同母的兄弟为"全血缘"[of the whole blood]兄弟，同父异母或同母异父的兄弟则是"半血缘"[of the half blood]兄弟。在大陆法中，同父异母的兄弟被称为"同族兄弟"[consanguine]，其他还有同母异父[uterine]兄弟、同父母[germane]兄弟。

brother-in-law n.内兄；内弟；姐夫；妹夫；连襟　指配偶的兄弟、姐妹的丈夫或配偶姐妹的丈夫。

brothers and sisters 兄弟姐妹　绝大多数情况下，制定法中的"兄弟姐妹"既包括半血缘者，也包括全血缘者。法院相当多的判例中，为使遗嘱的解释符合立遗嘱人的意旨，在无相反证据的情况下，也判决认为对兄弟姐妹所为的遗赠包括半血缘者在内。

brothers-german n.同父母的兄弟　不同于同父异母或同母异父的兄弟。

brother-sister corporation 兄妹公司　指由相同或实质上相同的股东所有的多个公司之一，亦称作"sister corporation"。

brought to the attention of 使知悉；使知晓 (⇨made known)

Brown decision 〈美〉布朗案判决　最高法院在布朗诉托皮卡教育委员会[Brown v. Board of Education of Topeka]一案中所作的判决。该判决宣布在公立学校中实行种族隔离违反美国宪法第十四条修正案的平等保护条款[equal protection clause]。(⇨separate but equal doctrine)

Brown decree 〈美〉布朗判决　准予离婚，但不说明离婚理由的判决。

browsage 半价　市场价格的一半。

bruckbote (= bragbote)

brugbote (= bragbote)

bruilletus n.一小片丛林；树林

bruillus n.灌木；矮木丛

brukbarn 〈瑞典〉具有合法地位的因强奸致孕而生育之儿童

bruscia n.木料；木头

Bruton error 〈美〉布鲁顿错误　在对共同犯罪的被告人进行合并审判[joint trial]时发生的一种错误，即在共同被告人[codefendant]未在法庭上作证，且被告人主张自己无罪的情况下，将共同被告人所作的牵涉到被告人的认罪供述[confession]作为证据采纳。它侵犯了被告人享有的与对不利于证人对质[confrontation]的宪法性权利。该名称得自于布鲁顿诉美国[Bruton v. United States]一案。

brutum fulmen 空口威胁；空洞的声音；空洞的判决

B.S. (= Bancus Superior；Bachelor of Science)

B.T.A. (= Board of Tax Appeals)

B. Th. 神学士(= Bachelor of Theology)

bubble n.〈英〉商业骗局；虚设公司　通过不真实的招股说明书企图诱骗投资者投资于虚设的企业，使投资者蒙受重大的损失。

Bubble Act 《泡沫法》　1720 年使大批英格兰投资家破产的一次投机狂热——"南海泡沫骗局"[South Sea Bubble]促成了本法的制定。1721 年制定通过，禁止公司欺诈，规定未经议会授权成立的公司，如果主张享有非个人或合伙所拥有的权力和特权，将被认定为公害[public nuisance]。

bubble company 虚设公司 (⇨bubble)

bucketing n.(利用客户资金进行证券或商品)买空卖空的投机行为;(⇨bucket shop)

bucket shop 〈美〉(俗)(利用客户资金进行证券或商品买空卖空的)投机性经纪公司;(利用行情涨落进行渔利的)野鸡证券交易所;非法交易所 一种违法的经纪公司,此类公司接受客户向其发出的买进或卖出的委托指令,但不按照证券交易委员会管理规则的要求立即执行委托指令。经纪人通常同意客户所要求的交易价格,但实际上直到对经纪人有利的时机出现时才进行交易,其利润来自两笔交易价格之差。通常这类公司置客户的委托指令于不顾,只求自己获利而进行交易。

buddy n. 矿友;(铁路)工友;战友

budge of court (国王给予骑士和其仆役的)食品津贴(= bouche of court)

Budget Bureau 〈美〉预算署 帮助总统计划预算以提交国会审议的机构。

budget system 预算制度 在确定的时期内使收支达到平衡的一种制度。

Buenos Aires Convention 《布宜诺斯艾利斯公约》 美国参加的一个版权公约。

buffer-zone n.缓冲地带 指分隔不同类型地区以使他们更容易融合的地带,如工业区与居住区之间的分离地带。

buffet v.殴打
n. ❶打击;(喻)(精神上的)打击;折磨 ❷自助餐

bug n. ❶昆虫;臭虫 ❷(俚)(机器)故障;缺陷 ❸窃听器
v. ❶在⋯装窃听器;通过窃听器窃听 ❷(俚)烦扰;激怒

buggery n.鸡(或兽)奸 也称 sodomy,指男子之间或男子与女子之间通过肛门性交的行为;也包括兽奸[bestiality],指同牲畜兽类发生性交行为,男女都可犯这种罪。起初,如果行为双方均达法定责任年龄并出于自愿发生鸡奸行为的,双方都有罪。在英国,1967年以后,男子之间自愿鸡奸且双方都已年满21岁,鸡奸行为在私下进行,则双方都不构成犯罪,但在其他情况下,仍认为是一种犯罪。在美国,《模范刑法典》[Model Penal Code]也有类似的规定:法律只对以下3种行为处罚:①强迫他人实施此种行为的;②对未成年人实施此种行为的;③在公共场所实施此种行为的。(⇨sodomy; bestiality)

bugging n.窃听;监听 在美国,联邦和州的法律对警察采取窃听措施都作了严格的限制。

builder's risk insurance 建筑工程险 一种火险或其它财产保险,它承保工程承包人对在建工程的利益。亦指一责任保险单,对于工程承包人在其履行合同中发生的、应负责的损坏、损伤之事件予以承保。

building and loan association 〈美〉住房贷款协会 该协会通过其会员认缴资金和储蓄筹集资金,再将之借给会员以购买或建造住房。尽管在有些州,该协会是一种特殊类型的储蓄贷款协会,但它既不是商业银行,且在大多数州也不是储蓄银行或储蓄机构。(⇨savings and loan association)

building code 〈美〉建筑法规 指从建造、维修、管理、使用、外观等方面对楼宇、房间和居住单元适宜居住的标准和要求作出规定的法律、法令和政府规章。其性质和适用范围上有许多是地方性的,但许多州也存在所有地方市政当局必须统一遵行的法规。此外,美国联邦住房署[FHA, i.e. Federal Housing Administration]在投资房屋时,也必须符合建筑法规的一定要求。

building contract 建筑合同 (⇨construction contract)

building is covered 建筑物设有保险 这是临时保险单或临时保险合同中的用语,指在最后签发保险单或拒绝保险申请之前,建筑物与在标准格式的保险单中一样有保险。

building lease 建筑工程租约 一种土地租约,承租人承担在该土地上建造房屋的义务。

building lien 建筑工程留置权 材料供应人或承建人享有的法定留置权。(⇨mechanic's lien)

building line 房基线 指市政当局为保证城市街道外观的整齐划一所设定的、与路缘石[curb]或人行道的边缘特定统一间距且与之平行的线,建筑物的前端须置于该线上而不能或有超出。也常被称为对建筑物置后[set-back]的要求。

building loan agreement 建筑贷款协议 依此协议,将由一方预付给对方主要用于房屋修建的资金。一般来说,建房资金是由借方支付给承包人、分包人和材料供应人;协议通常规定贷款随建筑进度以分期付款方式交付;贷方的权利常以在建的建筑物为担保。建筑贷款协议也常被称为期中或建筑中信贷[interim or construction financing]。(⇨bridge loan)

building loan mortgage 建筑贷款抵押 以在建或已建的建筑物为抵押,作为建筑预付款或借方支付承包人劳务报酬及材料供应人之材料费用的担保。(⇨building loan agreement)

building material 建筑材料 用于建造房屋或其他建筑物的材料。按照建筑工程留置权法[mechanics' lien law],该材料在数量和质量上必须属了解建筑业的熟练技术人员认为能适用于该建筑,除非该材料是按在建地产所有人的指令提供的,后者可以以个人地产为担保要求任何材料。

building permit 建筑许可证;建筑执照 指地方政府机构对修建新建筑物或重大改修拓展既存建筑物所作的许可。该许可证的颁发要求报有建筑规划和费用估算等材料,并收取一定手续费。许可证须在建筑工地予以展示。

building regulation 建筑管制 指对财产所有人于其财产上建造房屋或其他建筑物的方式所作的限制或控制,可以体现在制定法、市政治安规章中,也可体现在限制性的合同约定中。(⇨restrictive covenant; zoning)

building restriction 建筑限制 通常是指在城市规划法令中,对某地产上可建之建筑物类型所作的规制。它也可在限制性合同中加以约定。

building scheme 建筑规划 在土地被出售或出租给不同的买主或承租人,而后者分别与其共同的卖主或出租人签订有限制性协议[restrictive covenant]时,如果存在一个建筑规划,则每一个买主或承租人及其受让人可以违约为由起诉或被诉。(⇨restrictive covenant)

building site 建筑地点;建筑选址 指适于建造住宅或其他建筑的地段地带;该术语,至少在用于城市土地时,是指整个地带,而并不仅仅指建筑物所占据的那部分地块。

building society 建筑贷款协会 由协会成员的认捐款形成股本或基金,其成员可以从中以抵押担保的形式获得贷款。(⇨building and loan association)

building standard 建筑标准 法律规定在建筑房屋时必须遵循的标准。主要是关于健康和安全方面的内容。

building-type restriction 建筑类型限制(⇨building restriction)

bul n.(古希伯来基督教会)第八月 即民用年[civil year]的第二月,此后一直称作 Marshevan,与公历的十月相对

bulk n.整批货物;没有具体重量、体积的货物;总计;(货物买卖时)所有需出售的货物 该词有时会引起其动词应为单数或复数形式的疑问,通常的规则是,如果其修饰的是一个复数的可数名词,则相应的动词也应采用复数形式。

bulk mortgage 大宗财产抵押 在作为一个整体的各种财产或大宗财产上享有担保权益;或对一块以上的地产作出的整体抵押。

bulk sale ❶大宗销售;大宗转让 在美国,指企业非在正常经营业务过程中将其大部分原材料、供货、商品及其它库存等进行大宗转让。这种销售受美国《统一商法典》[U.C.C.]第6篇的调整,以保护转让方的债权人。 ❷批量销售;估堆销售 在一项交易中,将绝大部分库存货物或商品转让给一个人。例如,在企业破产清算时将其资产整批转让。

Bulk Sales Acts 〈美〉《大宗销售法》 一种通过防止私自大宗转让或销售库存来保护债权人的法律规定。如果在正常经营活动以外销售货物的绝大部分或全部,卖方应该向买方提交卖方债权人的名单,买方应提前通知债权人有关该销售事项。否则,对债权人而言,这种销售即构成欺诈并归于无效。在某些州,《大宗销售法》已由《统一商法典》[U.C.C.]第6篇取代。

bulk transfer (= bulk sale)

bulky property 大宗财产 指财产庞大或笨重,使依扣押令查封和转移该财产费用巨大或很困难。

bull n.❶多头者;多头 在证券市场或期货市场中买入股票或商品,期望在价格上涨中获利的投资者。 ❷〈教会法〉教皇诏书 一种由罗马教皇发出,并盖有铅印[sealed with a seal of lead]的文书,其中包括教皇的各种敕令、命令或其它公共法令。在这个意义上,它相当于政府发出的告示、命令和公开指令等。(⇨papal documents)

bulla 〈拉〉御玺 东罗马帝国时期皇帝使用的玺印,有4种:金玺、银玺、蜡玺和铅玺。

bull and boar 未去势的公牛和野猪 根据一些地方习惯,考虑到对牛与猪征收什一税,教区牧师应为教区居民保留一些牲畜。

bulletin n.❶布告栏;布告;公告;公报 ❷最新新闻简报 ❸学术机构或协会的出版物

bullion fund 金银基金 为购买贵金属用于铸币而成立的公共基金,其另一作用是使铸币厂能够及时将钱币返还给私人金银寄存者,而不必等到金银币实际铸好。

bull market 多头市场;牛市 指证券、商品等价格不断上升或有望上升的证券市场或期货市场。

Bullock order 〈英〉布洛克裁定 在可以向供选择的两名被告之一主张救济的诉讼中,若法官认为有合理理由将两名被告合并审理,那么原告将被裁定支付胜诉的被告的费用,然后将这些费用加到败诉的被告应向原告支付的费用中去。但获得此种裁定并非原告的权利。

bull pen 〈美〉监狱中的禁闭室 在某些州使用。

bum-bailiff n.讨债人 指受雇佣的讨债人,或受雇专司拘捕债务人的郡副司法官。实为"bound-bailiff"的讹传。

Bumboat Act 〈英〉《小贩船法》 1761年通过的一项惩治港口窃贼的英格兰制定法。

bummaree (= bottomry contract)

bummaree bond 船舶抵押;船舶质押;船舶抵押贷款(= bottomry bond)

bumping n.❶高级雇员取代下级雇员 通常发生在临时解雇期间。(⇨layoff) ❷(因超员售票引起的)飞机不能乘运持票的旅客

bunching n.(货车的)积滞 由于承运人过错致的积滞,应免除托运人的滞留责任。

bunco n.欺诈;欺骗;骗取;诈骗;讹诈

bunda (英格兰古法)限度;边界;界限;限制

bundae et metae rationabiles divisae 地界、边界和合理的限度

bunkhouse rule 简易住房规则 此项规则是指,雇员在合理使用雇主提供的简易宿舍时,如果受有损害,即使发生在下班期间,也同样被认为是发生于雇佣期内的损害。

burden n.❶负担;责任;义务 ❷〈美〉州际贸易中的附加费 ❸船舶吨位;船舶载重量

burden of coming forward with the evidence (= burden of producing evidence)

burden of evidence (= burden of producing evidence)

burden of going forward with the evidence (= burden of producing evidence)

burden of persuasion 〈美〉说服责任 指说服事实认定者(法官或陪审团)确信其所提证据指向的事实或要件(如犯罪要件)为真实情况的责任。若当事人未能履行其说服责任,事实认定者须就该事实或要件作出对该当事人不利的裁决。(⇨burden of proof)

burden of producing evidence 〈美〉举证责任 指主张某一事实或提出某一争点[issue]的当事人提出充分证据,以证明其主张的事实成立,或就该争点获得对自己有利的裁决[finding]的责任。若当事人未能履行其举证责任,将会导致诉讼被驳回[dismissal]或法庭作出指示裁断[directed verdict]。通常在诉讼过程中双方当事人都承担举证责任。(⇨burden of proof)

burden of production (= burden of producing evidence)

burden of proof 证明责任 指当事人为避免不利于己的裁判而提出证据证明其主张的事实并说服事实认定者[trier of fact]确信其主张的责任。证据法上的一般规则是提出肯定性主张的一方负证明责任,即"谁主张,谁举证"。所以,在诉讼中,证明责任通常首先由原告或控方人[prosecutor]承担,但当其提出了充分证据能够证明其主张成立,即确立了表面案件[prima facie case]时,证明责任即转移给另一方,但是在刑事诉讼中由于实行无罪推定[presumption of innocence]原则,证明被告人有罪的责任由公诉方承担,被告人不承担证明自己有罪或无罪的责任,但就某些事实或主张,被告人仍承担证明责任,如被告人主张自己精神不正常等。在英美证据法理论上,通常认为证明责任包含两个概念,其一为"举证责任"[burden of going forward with evidence or burden of producing evidence],即当事人就自己主张的事实应提供充分证据以证明的责任。该责任在诉讼过程中可在当事人之间来回转移;其二为"说服责任"[burden of persuasion],即当事人说服事实认定者确信其所提证据指向的事实为真实的责任。依传统观点,说服责任在诉讼的任一阶段都不会由当事人一方转移给另一方。承担证明责任的一方对其主张的证明还必须达到法定的标准,才可使自己免受不利裁判。在不同的案件中该标准也不同。在大多数民事案件中及对某些刑事辩护主张(如精神不正常[insanity]),适用"证据优势"[preponderance of the evidence]的标准;在某些民事案件(如关于民事欺诈[civil fraud])中,适用"清楚而令人信服的证明"[clear and convincing proof]的标准;而在刑事案件中对被告人有罪的证明则必

须达到"排除合理怀疑"[beyond a reasonable doubt]的程度。

bureau n. ❶办事处 ❷局;处;司 ❸专门行政机构 ❹联络处

bureaucracy n. 官僚;官僚制 这一术语含义丰富。它可以指一种由训练有素的专业人员根据固定规则不间断地推行的行政管理体制;也可指一种由职业行政官员而不是当选代表担任主要行政职务的政府管理体制;它可以指职业行政官员这样一个特殊的社会集团;亦可在贬义上指某种带有一些特定缺陷的畸形管理,如"文牍主义"、拖拉延误、不负责任等。

Bureau of Customs 〈美〉海关署 负责征收进口关税的联邦机关。1973年改为美国海关总署[United States Customs Service]。(⇨Customs Service)

Bureau of Investigation 〈美〉联邦调查局 全称为Federal Bureau of Investigation,通常被称之为FBI。为司法部的调查机构,主要负责对刑事案件,尤其是违犯联邦法律的刑事案件进行侦查。

Bureau of Land Management 〈美〉国家土地管理局 1946年7月16日由原土地总局[General Land Office](1812年成立)和草原局[Grazing Service](1934年成立)合并而成立的一个联邦行政机关,隶属于内政部[Department of the Interior]。它负责管理国家资源地(大约4.5亿英亩)和土地上的资源,同时也管理与征用来的土地和大陆架外缘[Outer Continental Shelf/OCS]海底土地相关的资源。

Burford doctrine 〈美〉伯福德学说 根据伯福德弃权学说,联邦法院应避免干预复杂的州管理计划。

burg n. ❶(原指)山顶上的防御区 ❷自治镇[borough] ❸〈俚〉自治市[municipality]

burgage n. 民宅 古时对自治市镇的民居的称谓。

burgage holding 〈苏格兰〉守护保有 指因尽看管、守护义务而保有王室土地。

burgage-tenement n. 市镇农役保有地产

burgage-tenure n. 市镇农役保有(权) 指地产位于古老的自治市镇,国王作为领主,其领地臣民向国王每年缴一定数目租金。按一些学者说法,这种保有实际几乎等同于自由继承保有。通过此种方式保有的地产遵循各种各样的习惯,其中著名的是幼子继承保有[borough-English]习惯的约束。(⇨borough-English)

burgator n. 夜盗者

burgbote (英格兰古法)(指为修建自治市镇城堡、护城墙而给予的)捐赠

burg-breche n. 〈英〉(因扰乱城镇社区安定而处以的)罚金 适用于卡奴特[Canute]法律中。

burgemotus (= burghmote)

burgenses 〈英格兰古法〉自治市镇居民

burgeristh 破坏市镇秩序 《末日审判书》所用的词。

burgess n. 〈英格兰〉❶自治市镇的居民或自由民 ❷市民 ❸(自治市)治安法官 ❹选民;投票人 ❺(自治市镇在国会的)议员

burgessour n. 夜盗者;入室窃贼

burgess roll 自由民名册

burgh n. ❶自治市镇 ❷〈俚〉大都市 ❸〈撒克逊〉房屋 (⇨burg)

burgh bote (= burgbote)

burgh-bote (= castle-bote)

burgh-brech n. 〈英〉违反十户区居民公约的违法行为

burgh-breche (= burg-breche)

burgh court 〈苏格兰〉自治市法庭 当自治市形成时,治安官既有司法管辖权,又有行政权。所有自由民须参加一年中三次重要的审理,该法庭有刑事和民事的管辖权。从17世纪开始,这些法庭逐渐被中央法庭的发展所削弱。18 和 19 世纪,其管辖权遭到限制,转到其他的法庭,特别是郡长法庭。在 1833 年苏格兰自治市改革之后,各自治市被授权指定治安警官在自治市治安法庭审理案件,该法庭享有有限的刑事管辖权。自治市还有许可证法庭,主要处理颁发销售酒精饮料的许可证问题,以及许可证上诉法庭和同业公会会长法庭。

burgh English 幼子继承制 英格兰某些地区的习惯,幼子在继承财产方面比其年长的兄弟拥有优先权。1925年全面废止。(= borough-English)

burgh Engloys 幼子继承保有(权)(⇨borough-English)

burgh-halfpenny (= bord-halfpenny)

burgh laws 〈英〉古代自治市法律汇编[Leges Burgorum]

burghmote n. ❶开庭 ❷集会 自由民聚集在一起讨论市镇事务。 ❸〈撒克逊〉法庭 在自治市一年两次甚至更多次开庭,身份在刻尔[ceorl]之上的所有塞恩[thane]及自由民须参与,在没有投票情况下到庭。

burgh police court 〈苏格兰〉市镇治安法庭 各市镇的小型法庭,拥有类似于郡治安官法庭的刑事管辖权,但仅限于轻微违法案件,尤其是扰乱治安的违法行为。由市长、市政官或前治安官担当治安法官,这些法官由市政厅从以上人士中挑选。公诉人为市镇公诉官。1975年被撤销,将其转至地区法院[district court]。

burghware n. 公民;市民;自由民

burglar n. 夜盗者(⇨burglary)

burglar alarm 偷盗报警系统(⇨alarm system)

burglarious a. 夜盗的;犯夜盗罪的;和夜盗罪相关的 普通法上,在夜盗罪的起诉书中,其副词形式即burglariously 为必须的且正式的用词。

burglariously ad. 夜盗地;犯夜盗罪地;和夜盗罪相关地;意在夜盗地

burglariter 〈拉〉夜盗地;犯夜盗罪地;和夜盗罪相关地;意在夜盗地 古代对夜盗罪刑事起诉书中必用的词语。(= burglariously)

burglarized a. 被夜盗过的;已经夜盗过的

burglars' tools 夜盗者用以作案的工具

burglary n. ❶普通法夜盗罪 指怀着犯重罪意图在夜里打开并且进入他人住宅的行为。 ❷制定法夜盗罪 与普通法夜盗罪相比,制定法夜盗罪在三个要件方面有所区别:①现代制定法已把住宅[dwelling]这一概念扩大到工厂车间、商店、办公处以及一切建筑物;②多数制定法取消了"夜里"这个时间要素;③有些制定法把"意图犯重罪"要件扩大为"意图犯重偷盗罪或轻偷盗罪或任何重罪"。

burglary tools (= burglars' tools)

burgle v. 〈古〉夜盗

burgmote 自治市法庭

Burgomaster 〈德〉市长;镇长

Burgundian code 勃艮第法(⇨laws of the Burgundian)

burgwhar (= burgess)

burh (= burgh)

Burh English (= burgh Engloys)

buri n. 农夫

burial expenses 丧葬费(= funeral expenses)

burial ground 墓地(= cemetery)
burial insurance 丧葬保险 据此,义务人同意向权利人或其亲属支付固定金额的丧葬费用。
burial purpose 对墓地的照顾、保护和修缮
buried facts doctrine 〈美〉掩盖的事实原则 根据这一原则,只有当存在可预见的危险,认为通情达理的股东会认识不到整个代理过程中的各项事实的整体上的重要性及相互联系时,才可认定代理声明中的披露是不充分的。
buried in price 包含在定价里 例如销售税包含在常规定价里。
burke v.勒死;(为出卖尸体供人解剖的目的)勒杀
burking n.(以出卖尸体供人解剖为目的)勒杀罪 该词起源于苏格兰的伯克和黑尔[Burke and Hare]谋杀小组,其在1828年所采取的使人窒息而死的谋杀方式使得尸体很少留下痕迹,从而更适合出售于医学院。
burkism (= burking)
burlaw (英格兰古法)由邻居指定法官的制度
burlaw courts (英格兰古法)由邻居指定的法官组成的法庭
burlaw-men (英格兰古法)由邻居指定的法官
burn v.烧;焚烧;燃烧
n.❶烧伤;灼伤 ❷(苏格兰)小河;小溪 ❸(俚)用火刑处死犯人
burned and unburned clause (= adjustment clause)
burned out of sight 烧成废墟;完全摧毁;烧成灰烬;焚
burning n.燃烧;燔(⇨burn)
burning in the hand 烙手(⇨benefit of clergy)
burning to death 火刑;烧死 罗马人对犯有纵火罪的罪犯进行惩罚的一种刑罚方式,也适用于日耳曼人中犯有通奸罪的人。在英格兰,烧死曾适用于犯有轻叛逆罪和重叛逆罪的妇女。这种刑罚方式的最后适用,是于1726年对轻叛逆罪的处罚,并于1790年被废止。不过,司法实践中很少积极地使用该刑罚方式。至少到1400年时,英格兰通过了镇压异教徒法[Act de comburendo haeretico],并开始运用该刑罚方式对异教徒执行死刑。1558年该法令被废止。在1708年以前的欧洲大陆和苏格兰,烧死也适用于巫婆犯罪;而于英格兰,犯罪的巫婆一般是要处以绞刑。
burning to defraud insurer (被保险人)放火以欺骗保险人 指被保险人有意放火,以损害或欺骗保险人的行为。这是与纵火有联系的一种违法行为,但它与纵火的区别在于:被保险人破坏的财产是属于他自己的。
bursar n.(大学的)司库;财务主管
bursaria n.❶(社团组织或女修道院的)司库 ❷财务处 ❸助学金
bursarum scissores 割皮带上钱包的贼;扒手;割包小偷
burseholder 〈撒克逊〉首保(⇨headborough)
burton n.农地
bury (= berry)
buscarl (英格兰古法)水手;海员
bushwhacker n.战时从事抢劫、掠夺、谋杀等犯罪活动的土匪;强盗
business affected with a public interest 〈美〉关涉公共利益的企业;关系国计民生的企业 由于此类企业对公共利益构成相当程度的影响,为维护公共利益之目的,需对其加以特别形式的法律管制。
business agent ❶商务代表;业务代理人 ❷工会代表
Business and Defense Services Administration 〈美〉商业和保护署 商务部[Department of Commerce]的一个联邦行政执行机构。
business bad debt 商业呆账 在贸易或其它商事活动中发生的部分或全部失效的债权。在计算应税收入时,商业呆账可以全部扣除,而非商业呆账[non-business bad debts]只能被视作偶然损失而作有限的扣除。(⇨bad debt)
business broker 商业经纪人 为委托人销售现货的商人。此处"现货"不仅指不动产,还指动产,诸如机器设备、可转让的股票等有形财产,有时甚至包括商誉等无形财产。
business capacity 商业职能 市政公用事业企业在从事商业行为时所实现的职能。该职能区别于公用事业企业在从事行政管理时所实现的管理职能。
business club (= commercial club)
business compulsion 商业胁迫 指由商务必需或经济强制而生的胁迫,其业主因惧怕巨大贸易损失而被迫接受不合法的要求。
business contract 商事合同;商务合同 商人之间按照经常性的商业程序订立的合同。
business corporation 商业法人 以营利为唯一目标而设立的、在确定的事业领域内从事商业和交易行为的法人。它的存在,是以为参加该法人组织和经营其事务的人谋求经济利益为基础的。正是在这方面,该法人组织有别于慈善团体或社会法人,除非其实际的事务范围超出其组建时的营业范围。
Business Corporation Model Act 〈美〉《商业公司模范法》由统一州法律委员全国会议[National Conference of Commissioners of Uniform State Laws]制定,已为阿拉斯加[Alaska]、爱达荷[Idaho]、肯塔基[Kentucky]、路易斯安那[Louisiana]、田纳西[Tennessee]和华盛顿[Washington]等州采用。
business day 营业日(⇨business hours)
business done in state 〈美〉州内贸易 在州内开始并在州内成交或结束的贸易。
business enterprise 商业企业;工商企业 为营利之目的,在一项事业中投入资金、劳动和管理的商业性经济组织。(⇨charitable corporation)
business entry 商业记录 在对正常商业活动过程中发生的事项所作的书面记录。根据其通常做法,这些事项是应该在发生当时或以后一段合理时间内作书面记录的。
business-entry rule 〈美〉商业记录规则 传闻证据规则[hearsay rule]的例外,规定允许在正常商业活动中所作的商业记录可作为证据,即使该作出记录的人不到庭。(⇨Business Records Act)
business entry statute 〈美〉商业记录法(⇨Business Records Act)
business expense 营业支出;营业费用 在从事商业交易中所作的支出,其目的在于获取利润,在计算应税收入时该支出可被扣除。
business gains 经营盈利;商业利润
business guest 商务客人 出于达成某项商业交易的潜在目的,而作为客人被邀请至营业场所的人。此项商业交易的达成可能对邀请者有利,亦可能对双方均有利。对他们的照顾义务通常大于对社交客人[social guest]的照顾义务,但在侵权行为法中这种区别渐渐不太被接受。
business hours 营业时间 通常情形下,在营业时间内,

营业人员应为从事商业经营的目的保持对公众开放其场所。

business indemnity insurance (= business interruption insurance)

business insurance 营业保险 指经营性公司投保的各类保险，如火险、意外险、人寿险等。特指信用保险，有时也指为公司的关键人员所投的人寿保险，为弥补由于他们的过早死亡而造成的营业或动产的损失。

business insurance trust 营业保险信托 指由人寿保险单组成的与营业活动有关的信托安排。亦指为清算公司股权及信贷而建立的信托安排。一般而言，这些信托都有利于公司雇员，也有助于建立公司的良好财务形象。

business interruption insurance 营业中断保险；停工损失保险 亦称"利润损失保险"，指保险人对被保险人因建筑物、机器设备、原材料、商品等遭受意外损失造成生产停顿、营业中断期间的利润损失和仍需支付的费用负责赔偿的保险。

business invitee (= business guest)

business-judgement rule 〈美〉商业判断原则 如有充分的理由证明公司的交易活动是在公司的权力范围内，经营管理者经合法授权，并按诚信原则谨慎地进行的，则可以免除公司经营管理者的责任。

business league 商业协会 具有共同商业利益的人作为会员构成的社团组织。

business loss 营业亏损 在商业过程中由于买卖、交换或其他处理财产的行为而遭受的损失。

business month 经营月 每月均以30天计，不同于日历上的月份。

business name 商号；商业名称 从事商业活动所用的名称。如果是个人的，它可是他的真名，或另一个拟用的名字；如果是合伙，则可是合伙人名字的组合，或另一个拟用的名字；如果是公司，则由章程规定。(⇨trade name)

business of peddling 零售；零卖；沿街叫卖；挨户兜售

business of public character 公共性商业 此类商业的经营者明示或默示地确认自己是在向公众全体或公众的特定部分提供商品或服务。

business purpose 商业目的；营业目的 该术语通常用于限制性商务契约中，将之作为从事商业交易的正当理由。商业目的存在在公司破产和解及破产清算中具有重要意义。

business pursuit 从事商业活动 在房主保险单除外责任条款中，该术语是指为谋生而从事的连续的或固定的职业或商业活动。

business record (= business entry)(⇨Business Records Act)

Business Records Act 〈美〉《商业记录法》 一项联邦立法，传闻证据规则对商业记录不予适用，即商业记录在证据上被认为可以采用。亦为由统一州法全国委员会[National Conference of Commissioners of Uniform State Laws]起草制定的法案的名称，已被许多州采用。

business-records exception (= business-entry rule)

business requirements (= requirements of the business)

business risk 商业风险；经营风险

business situs 营业地

business tort 商业侵权(行为) 非合同性违反法律义务，直接导致对他人的损害的商业行为。

business trust (= Massachusetts trust)

business use 商业性使用

business use of home 〈美〉居所的商业性使用 如果纳税人的居所被排他地且经常地用作主要营业地，以及纳税人接待客户的地方，则为经营目的而支出的居所的费用，在计算应税收入时可作扣除。

business visitor 商务访问者；商务客人 (= business guest)

busones comitatus （英格兰古法）郡上的男爵；郡上有影响力的地主

bussa 船舶

but for 除了

but-for rule 事实原因原则 英美国家在理解刑法中因果关系问题时引用的民事侵权理论中的概念，是指如果没有该事实的存在，那么事故便不会发生。该事实的存在被称为事实原因。该原则已被现代刑法理论抛弃。因为它存在着两方面的缺陷：一是不能包括共同原因；另一是其原因覆盖面过大，根据这一原则，很难确定法律责任的承担者。

"but for"test "若非"标准；"要不是"标准 是一项决定侵权行为责任的标准，指通过考查如果没有被告的行为，原告是否还会遭受损失，来判明两者间是否存在因果联系。时至今日，由于在适用过程中作有许多必要改动，故其作为一项标准的价值已受到极大怀疑。

buthna (= bothna)

buttals n.地界(⇨abuttals)

butted and bounded 地界 是产权转让及证书中用以指地界的短语。(⇨butts and bounds)

butts and bounds 地界 在产权转让及证书中用以指称特定地块终端线或边际线的用语，也可以指称这些线改变方向的角或点。(⇨abuttals; metes and bounds)

butty n.煤矿承包人；矿山包工头

buy v.购买 指通过支付价款而取得某项财产的所有权。作为一个动词，它是常见的动词，而另一词 purchase 则为正式。总的来看，buy 从文体上讲是一更好的选择，但传统上在涉及不动产时仍以用 purchase 为宜。purchase 也可用作名词，而 buy 在用作名词时是非正规的、口语的用法。

buy American acts 〈美〉[总称]购买美国货法 规定在政府合同中应优先购买美国货的联邦和州的成文法。其宗旨在于保护美国国内工业、产品和劳务。

buy-and-sale agreement 单位购销协议(= buy-sell agreement)

buy and sell agreement 买卖协议 特别适用于关系密切的公司或合伙组织的一种安排，其中生存着的所有人或机构——股票持有人或合伙人、公司或合伙组织，同意购买退伙或死亡者的股权。买卖协议提供贸易活动中股权的恰当分成，有利于死亡者税率中确定股权值。

buy back ❶ 产品返销；补偿贸易 国际货物买卖方式之一。由一方以赊销方式向对方提供机械设备和技术，同时承诺购买一定数量或金额的由该项设备制造出的产品或其他产品。进口设备方用出售产品所得货款分期偿付设备价款和利息。它是在信贷基础上进行的，也是间接利用外资的一种方式。❷ 回买；回购 指为了轧平卖空头寸而购买一份远期合同，通常产生于商品卖空交易。证券交易中则通过购买相应证券来轧平卖空交易。❸ 证券回卖；证券回购 指在公开市场上由发行股票或债券的公司买回其已发行的股票或债券。英美等国法律允许此种行为，但证券交易规则对此有所控制。

buyer n.买方(⇨purchaser)

buyer in ordinary course of business 〈美〉正常交易中的

买方 指诚信地在正常交易中购买商品,且不知道自己的购买行为侵犯了第三人的所有权或担保权益的人,但不包括典当商。

buyer's market 买方市场 指商品供应大于需求的市场,买方能够促使卖方彼此竞争以降低商品价格,即有利于买方确定商品价格和销售条件。

buyer's option 买方选择权 买方根据买卖合同所享有的选择权。有时专指证券交易中的买方选择权,即由买方确定证券的交付日期,以支付价金获取证券。

buyer's risk 买方风险 在买卖中,风险通常随所有权转移。如果所有权在销售时或在货物交付承运人时转移,则货物灭失或受损的风险同时转移,由买方承担。

buy in 买进;补进;补买 ①在拍卖或抵押财产出售中,由原所有人或对财产享有利益的人买回财产;②在证券交易中,如果证券卖方到期不能交割,证券交易所会替买方购进同样证券。两次购买的差价和发生的费用均由违约的卖方负担;③在期权交易的所谓买进或冲抵购买[closing purchase]交易中,指交易者再购买一份某种证券的同类期权合同,然后用第二份期权合同冲销第一份期权合同,交易者的利润或损失取决于两份期权合同溢价之差。

buying long 买空;多头买升;买进多头 意指由于预期价格上涨,而买进或持有证券或商品,以期获得利润的行为。

buying on margin (= margin transaction)

buyout n. 全部购买;控股购买 指购买一公司或企业的全部或控股性比例的资产或股份。(⇨merger)

buy-sell agreement 购销协议;买卖协议 ①公司或企业的所有权人之间达成的一种协议,规定继续存在的所有权人同意购买退出或死亡的所有权人所享有的权益;②股份转让的一种限制性安排,当特定情事发生时,公司或其他股东以固定价格购买拟出售其所持股份的股东的股份。(⇨option agreement)

by-bidder n. (拍卖中)受雇抬价人 指受雇于卖主或其代理人,对拍卖财产出价的人,他无意成为买主,但其出价会促使价格攀升,损害其他善意出价人的利益。

by-bidding n. (拍卖中)受雇抬价(⇨bid; by-bidder)

by bill, by bill without writ (英格兰古法)申诉案件 指由申诉状开始的诉讼案件,与由起始令状[original writ]开始的案件相区别。在王座法庭,一般由米德尔塞克斯申诉状[bill of Middlesex]开始一宗案件,毋须告知诉讼格式或性质。

by color of office 权限假托 指官员以其职位为名从事他本无权从事的活动。(⇨color of law; color of office)

by due course of law 根据正当法律程序 指公开审理案件,依法对所有伤害和不法行为予以有效救济。

by due process of law 根据正当法律程序(⇨due process of law)

by-law men (英格兰古法)镇长 代表全镇的头领,根据市镇机构的章程由其他居民指派,拥有有限的授权。

bylaws n. ❶内部章程 指社团或公司等为内部管理而制定的规章、命令、规则或制度。内部章程确定公司机构中各类职员、组织的权利和义务,规定处理诸如召开会议等日常事务的规则。❷地方性法规 该词有时也用于指地方性法规或市、镇的市政法规。

by operation of law 根据法的实施;根据法的适用;依法

by reason of 因…;凭借…

byrlaw (苏格兰古法)邻人遴选法官制(= burlaw)

by the acre 出售特定区域土地 (= sale by the acre)

by the by 附带地;不需签发新的传票 用于旧时英国诉讼中,是对作为被告已在其他诉讼中出庭或被羁押者提起诉讼的方式。

by the bye (= by the by)

by the inch of candle (拍卖生效)以燃尽蜡烛为限 (= auction by inch of candle)

by the law of the land ❶依法律的正当程序 ❷依正当程序审判(⇨by due process of law)

by the shore (地界)依浅水标记

by various courses 依不同河道 依河流、溪水状况表明地界的术语。

by virtue of 依…力量;依…权威;因…

Byzantine Code 《拜占廷法典》 采自《优士丁尼法典》[Code of Justinian],于10世纪早期出版。

Byzantine Law 拜占法 亦称东罗马帝国法,是以拜占廷或康斯坦丁堡为中心的东罗马帝国的法律。

Cc

C ❶英文字母表中的第三个字母 ❷罗马数字中表示一百的符号 ❸〈英〉(= chancellor) ❹伪造罪的烙记 在1785年以后的罗得岛,"C"字被烙于伪造罪犯罪人的前额上以示惩罚。 ❺定罪;宣告有罪 在罗马法庭上,"C"字被写于秘密表决时用的小球上,以代表"定罪"[condemno]。

ca. (= circa)

C. A. (= Court of Appeal; current account; commission agent)

C. A. A. (= Civil Aeronautics Authority; Clean Air Acts; Citizens Against Abortion)

C. A. B. (= Civil Aeronautics Board)

cabalist 〈法〉行纪人;经纪人 相当于英语中的"broker"和"factor"。

caballaria 供养骑士保有 封建土地保有方式的一种,由土地保有人供养全副武装的骑士,由他们在领主需要时或战时为领主效劳。

caballeria ❶〈西〉(分给骑士的被征服之)封地 ❷〈墨〉土地面积单位,相当于 105.75 英亩

cabaret n. 卡巴莱 ①供应含酒精的饮料的餐馆;②有歌舞表演等助兴的餐馆。

cabaret tax 卡巴莱税 由政府当局对卡巴莱经营所征收的税。(⇨cabaret)

cabinet n. 内阁 指通常是由一批来自议会多数党或几个党派的大臣(或部长)组成,联合对国家政策作出集体决定的一种政体形式。它有两个重要特征:①内阁决定是集体决定,而非单个人的决定。集体责任原则[doctrine of collective responsibility]要求大臣(或部长)必须公开支持内阁作出的所有决定;②由于大臣(或部长)要对议会负责,内阁起着行政与议会的政治纽带作用。内阁起源于英国,最早出现于查理二世[Charles Ⅱ]统治时期,最初是为那些被君主选中商讨问题的顾问者的会议。到19世纪君主不再参加会议或决定会议中将讨论的问题。在英国,内阁并没有正式的宪法地位,也不存在明确规定其规模或组成的规范。内阁成员是由首相从下议院多数党中挑选的人员组成,大多数是首相任命为政府各主要部门的首脑,通常有23名左右。美国的内阁与英国有所不同,它的功能在于就总统希望了解的事项向他提出建议(美国宪法第二条第二款)。在美国,选择内阁成员是总统的个人特权,但被选人若要成为政府部门的首脑[heads of the Departments]却要经参议院批准。美国的总统内阁[President's Cabinet]只对总统负责,而不对国会负责。

cabinet council 〈英〉内阁会议 在英国政治中,它指由最重要的大臣(部长)组成的私人的、秘密会议,其职能是与首相一同决定政府政策和所有政府部门的活动,它首先为查理一世[Charles Ⅰ]所成立。

Cabinet Secretariat 〈英〉内阁秘书处 1917年虽仅任命了一名内阁秘书,但作为机构的内阁秘书处自此形成。内阁秘书处由内阁办公厅[Cabinet Office]常任秘书[Permanent Secretary]领导。其职责包括:分发内阁及其委员会会议所作决定的文件和会议记录,向执行该决定者传达决定内容,保管档案。内阁决议是内阁会议唯一的正式记录,只在女王及内阁大臣范围内传阅。

Cable Act 〈美〉《凯布尔法》 1922年9月22日通过的一部联邦法律。它废除了有关女子的归化要受其与另一公民的婚姻关系影响的规定。

cable transfer of exchange 电汇;电汇放款 负有付款义务的一方当事人与接受款项的另一方当事人订立汇兑合同[exchange contract],使后者通过电汇方式按汇兑合同规定的金额、地点和时间提取款项的一种信用安排。

cabotage n. ❶沿岸航行 源自西班牙语的一个航海术语,指仅在沿海的海角间航行而不驶入公海。 ❷沿海港际贸易(⇨coasting-trade)

cabotage right (航空法)国内载运权 由国内法或国际法所规定的,外国航空器在国内境内的航线上从事营利性运输的权利。

ca'canny movement 迟缓的行动

cache n. 贮藏处;隐藏处;藏匿地;贮藏物
v. 贮藏;隐匿

cachepolus (= catchpoll)

cacherellas (= catchpoll)

cacicazgos 〈西〉保留财产 在通用西班牙语的美洲地区,指印第安部落酋长[caciques]及其子孙有权继承的财产。

cadaster (= cadastre)

cadastral 〈法〉不动产清册 记载应纳税不动产数量与价值的官方清单。

cadastral survey 政府对大片公用土地的清查

cadastre 〈法〉土地清册

cadastu (= cadastre)

Cadat a causa sua. 〈拉〉他将败诉。

cadaver n. 尸体;死尸(⇨dead body)

Cadaver nullius in bonis. 〈拉〉任何人无权对尸体主张所有权。

cadena 〈西〉带枷监禁;监禁 在西班牙文中,该词本义为锁链[chain]。在西班牙法律中,该词指带枷监禁。带枷监禁是一种十分残忍的刑罚,犯人不仅要从事艰苦的劳役,还要自腰至脚踝带上沉重的镣铐,而且,其民事权利被剥夺,其担任公职的资格也被永久剥夺。菲律宾为西

班牙殖民地时,法律规定有带枷监禁的刑罚。自美国军事占领菲律宾之始,这一刑罚就被废置不用。一般而言,现在该词可用来指监禁[imprisonment],但与西班牙文中仅指监禁的"prisión"仍有区别。

cadena perpetua 〈西〉终身监禁(= life imprisonment)
cadena temporal 〈西〉有期徒刑;监禁
cadere 〈拉〉❶结束;终止 ❷失败;败诉 ❸使成为
cadere assisa 〈拉〉撤销诉讼;终结诉讼
cadere causa 〈拉〉败诉
cadet n. ❶(军校的)士官生 ❷(警校的)预备警官 ❸弟;幼子
cadi ❶〈土〉民事法官 ❷(= qadi)
cadit 〈拉〉❶结束;终止 ❷失败;败诉
cadit a causa 〈拉〉败诉
cadit actio 〈拉〉败诉
cadit assisa 〈拉〉❶诉讼终止;撤销诉讼 ❷[C-A-]《论英国法律与习惯》节录 指关于13世纪时布拉克顿[Bracton]著作的一本节录小册子。内容是关于收回被侵占的继承土地的诉讼[assize of mort'd ancestor]。
Cadit quaestio. 〈拉〉该事实不允许继续辩论。
cadit warrantia 〈拉〉担保失效
caduca 〈拉〉〈罗马法〉❶可继承的财产 ❷因未及时行使权利而无效的遗嘱继承 ❸因无人继承而转归国家所有的财产
caducary a. 权利消灭的;无人继承财产的;没收财产;无主财产没收归公的
caduciary (= caducary)
caducus 〈拉〉衰退的
caedua 〈拉〉可砍伐的(林木)
caep gildum 交还畜或物
caesaropapism n. 政教合一 政体概念的一种,指最高世俗政权与宗教神权集于世俗统治者一身。这种政体尤为君士坦丁堡的东罗马帝国之类的政权所采用,其根基是皇帝在古代作为大祭司[Pontifex maximus]的职能向基督教罗马皇帝的转变。政教合一的学说在优士丁尼统治时期达到顶峰,并一直是拜占廷帝国时期的政体原则,它促使了基督教东西教会的分裂。
Caetera desunt. 〈拉〉余物尚缺。
caeteris paribus 〈拉〉余者同样
caeteris tacentibus 〈拉〉其他的人保持沉默;不投票;不表示意见
caeterorum 〈拉〉其余;余产
CAF (= cost and freight)
cafeteria plan 额外福利方案 指雇员在得到基本的附加福利之外,还可以在其他特定类型的福利中进行选择,组成达到规定数额的额外福利方案。
cahier 〈法国古法〉申诉状
cahiers de doleances 〈法〉改革请愿书 指递呈给国王的,表述申诉和改革请求的函件。最著名的是1789年的那份请愿书。
cahoots n. 〈美〉(复)与…合伙;伙同 (= conspiracy)
Cairns' Act 〈英〉〈凯恩斯法〉 1858年颁布的《衡平法院修正法》[Chancery Amendment Act]的俗称,得名于其提出者凯恩斯。该法第一次使衡平法院在颁发实际履行令和禁制令以外,可以判决给付损害赔偿金。1873年为《司法组织法》[Judicature Act]所取代。
cajolery n. 欺骗;引诱;诱导 故意以虚假的许诺或情况来诱使被告人放弃权利或回答执法人员的问题。

calaboose n. 监狱;拘留所;看守所
calami diversitas vel atramenti 〈拉〉笔迹或墨水的差别
caicea (= calcey)
calcetum 公路 由泥土、砂砾、石头铺成的公用通道。(= calcea)
calcey 公路
cale (法国古法)拖刑 对水手所施的一种刑罚,方法是将受刑者用绳索缚于船底。
calefagium (古)年度燃料取得权 既可在属于王室的森林,也可在领地上行使。
calendae (⇨kalendae)
calendar n. ❶历法;历书;年历 ❷审案日程表;待审案件目录表 在英国只用于刑事案件;而在美国民刑事案件都可使用,美国律师经常将该词作为动词使用,如该案已被排定日程[the case was calendared for...]。
Calendar Amendment Act 〈英〉〈历法修订法〉 1751年颁布的法律,从此英国的历法就由儒略历[Julian Calendar],即旧历[Old Style],改为格里高利历[Gregorian Calendar],即新历[New Style]。
calendar call 待审案件日程表宣读 由法院书记官[clerk]或法官主持召开的一种会议,通常在每一开庭期或开庭期内的每个星期举行一次。书记官或法官要宣读待审案件安排的审判法庭、日期和地点,并询问案件律师是否已准备好开庭,如律师回答已准备好,即排定该案审判日程,否则,即将审判日期推延。
calendar days 历日;工作日 一个历日[a calendar day]包括24个小时,但若以复数的形式出现,则类似于工作日[working days]。
calendar month 历月 日历上的一个月份,不同于太阴月[lunar month]。
calendar of prisoners 罪犯名单 行政司法官[sheriff]持有的载有罪犯姓名及其所犯罪行或被判刑罚的一览表。
calendars n. 〈英〉记录大全 由国家档案局[Public Record Office]出版的概括其所保存的各类文件的出版物。包括《特许令卷宗记录大全》[Calendars of the Patent Rolls]和《特许状卷宗记录大全》[Calendars of the Charter Rolls]。
Calendar Wednesday 〈美〉例行周三 众议院的一项议事规则,即在星期三,各委员会的议案均可提交全体会议作有限讨论,以使有争议的议案获得法定人数[House membership]。
calendar week ❶历周 日历上始自星期日,终于星期六的7天。❷周 由某月中的任意7天组成。
calendar year 历年 日历上始自1月1日,终于12月31日。
calends (罗马历中)每月的第一天 又作 kalends。
California tax quake 〈美〉加利福尼亚税变(⇨proposition thirteen)
call n. ❶召集;召集通知 例如召集股东大会、议会等的通知。❷(银行法)还款通知;催偿贷款 ❸(合同法)偿债通知 指要求偿付合同款项的请求,通常采用正式通知的形式。 ❹地界;地标 指在特许状、土地登记簿、授权书或其他土地转让文书中所指定的明显可见的自然物或界标,用以描述土地的边界,其四至须与勘察结果相一致。 ❺(公司法)催缴股款(通知书) 公司要求已认购股份但分期付款的股东交付股款,或者公司要求已分到新发行股票但股款尚未全部交齐的股东交付股款。英国有两种催缴股款方式:①为公司业务运作筹款,就公司资本未交款部分催缴股款，称为董事催缴股款[directors' calls]；②在公司清算时，为偿付公司债务而催缴股款，称为清算人催缴股款[liquidators' calls]。有限公司的清算人催缴股款不能超过每一股中未缴的总额，但无限公司的清算人催缴股款则依赖于债务数额与有偿付能力的股东数额，即可在公司的债务范围内向有偿付能力的股东催缴股款。❻股票购买选择权；购买选择权 指在某一特定日期按特定价格购买一定数量的股票、股份或商品的选择权。
    v. ❶请求；要求；点名要求 ❷要求（即时或定期）清偿债务；要求缴付其余股款 ❸召开；召集（⇨ metes and bounds; call option; put; A and B lists; contributory）

callable *a.* ❶（贷款等）经通知即可期前偿付的 ❷（证券）经通知即可提前赎回的 指发行的证券在特定条件下可由发行机构于到期前赎回，也可用于可由发行公司赎回的优先股。

callable bonds 早赎债券；可期前赎回的债券 发行人保留在到期前按特定价格，即早赎价，以履行其对债券的义务，而提前回赎的债券。（⇨ redeemable bond）

callable preferred stock 可提前赎回的优先股 一种能被发行公司按预定价格赎回的优先股。

callable security (= redeemable security)

call-board contract 商品期货合同 代表确定数量的商品的一种期货合同，在证券交易所成员之间买卖，成交后卖方应将其交付给买方，以代替该合同项下商品的实际交付。

called meeting （经通知召开的）特别会议

called upon to pay 强制付款；催付

call feature （债券上记载的）早赎条款 允许或要求发行人在到期前赎回债券的条款。

calling list 〈苏格兰〉案件名录 指公布于法院墙上的待审案件的名录。起初，新案件是由法院书记官在特定的日期口头宣告的，1820年后代之以书面的案件名录。

calling the jury 选出并传唤陪审团到庭 在公开法庭上以抽签的方式从被召集到庭的候选陪审员中选出陪审团，并宣读被选定的陪审员名单。

calling the plaintiff （英格兰古法）传唤原告 原告在传令官[crier]传唤时不出庭，视为自动撤诉。

calling upon a prisoner 要求在押被告人陈述理由 当依大陪审团起诉书裁定在押被告人有罪时，由法院书记官向其告知要求其陈述不应对其作出判决的理由。

callis 〈拉〉道路

call loan 活期贷款；通知贷款 指未规定期限，贷款人可随时要求或通知借款人予以偿还的贷款，借款人必须在接到通知后立即归还。

call of the House 〈英〉下议院召集会议通知书 指下议院因特别事由而认为有召集会议之必要时，向各位议员送发的强制性地要求其参加会议的通知书。得到通知的议员，不出席将被列入缺席者[defaulter]名单，并通知这些议员他日出席，如果仍无故缺席，可能受到守卫官[Serjeant-at-Arms]的拘押。不过自1836年起没有再使用过这种通知书，现在它已为院内秘书[Whips]确保议员出席会议的权力所替代。

call option 买入期权 期权合同的一种，指由签发人出具的载有期权的可转让契据，从而使其买入者获得在一定时间内，以议定价格买入约定数量的商品或证券的权利。

call patent 〈美〉一种政府授权个人经营的公用土地 各角都有界标，或仅一角缺界标，或边界线尚未全部标出。

call premium 早赎溢价；期前赎回溢价 债券发行人为期前收兑或回赎债券而支付的超过债券面值的金额。

call price 早赎价；期前赎回价格 指债权发行人提前赎回具有早赎条款[call feature]的债券或优先股的价格，它等于债券面值与早赎溢价之和。（⇨ callable bonds）

call to the bar 〈英〉授予出庭律师资格 英格兰四大律师公会[Inns of Court]对本公会中通过法律教育委员会[Council of Legal Education]组织的考试，并符合其他规定的条件的学生授予其出庭律师资格而举行的一种仪式。这种仪式每年举行几次，且各个公会不尽相同。但是学生经过这种仪式取得的仅是外席律师[Outer Bar]资格。在出庭律师被授予皇家大律师[Queen's Counsel]时，一般称为"called within the Bar"。

calpe *n.* 保护贡 指宗族的成员为求得人身保护，而向其首领所纳的贡。

calsway 公路（⇨ calcey）

calumnia 〈拉〉❶诽谤；恶意中伤；诬告；诬陷 ❷（古）（对陪审员的）回避申请

calumniae jusjurandum 〈拉〉（罗马法）诚实宣誓；不中伤宣誓 指要求诉讼双方当事人宣誓不作恶意的虚假控告或答辩，互不诬陷，互不诽谤，其目的在于防止当事人滥诉。它尤其适用于离婚案件中，但事实上很少使用。

calumniare *v.* ❶要求；请求 ❷诽谤

calumniators 〈拉〉诬告者；诬陷者

calumniatrix *n.* 女诬告者；女诽谤者

calumny *n.*（古）❶诽谤；诬蔑；诋毁；中伤 ❷诬告（⇨ calumnia）

Calvinism 加尔文主义 16世纪由加尔文提出并提倡的神学理论，是加尔文宗或归正宗和长老会的教义和教规，否定主教制，主张由教徒推选长老与牧师共同管理教会，宣称人因信仰得救，《圣经》是信仰的唯一源泉，主张上帝预定论，认为人的得救与否皆由上帝预定，与各人本身是否努力无关。17世纪该学说在英国清教徒运动中有更进一步的发展。

Calvo clause 卡尔沃条款 这是有关国家与外国人订立的合同中的一项条款，得名于其提出者阿根廷法学家卡洛斯·卡尔沃[Carlos Calvo]。该条款的主要内容是：在国家与外国人订立合同时，双方约定，作为一方当事人的外国人对因合同及其人身、财产在该国所受侵害而产生的争端，不寻求其本国的外交保护而服从作为另一方当事人的国家的国内法的管辖。拉丁美洲国家的政府常使用这一条款，但发达国家一般认为，私法契约不能剥夺国际法上政府给予其国民外交保护的权利。（⇨ Drago doctrine）

camara 〈拉〉金库；保险库

camarage *n.* 仓贮费；保管费

cambellanus 司库；掌管财物的人

cambiale jus 交易法

cambiator *n.*（英格兰古法）交易者；熟悉汇兑业务的人；经纪人

cambiatores monetae 货币兑换商

cambio 〈西〉交易；汇兑

cambipartia 帮诉（⇨ champerty）

cambiparticeps 帮诉者；助讼者（⇨ cambipartia）

cambist *n.* ❶熟悉汇兑业务的人 ❷本票或汇票交易商 ❸经纪人

cambium 〈拉〉（古）（土地、货币、债务的）交换；互换

cambium locale 〈拉〉汇兑合同 指一个人在一地收取一

笔钱,而同意在另一地偿付相同数目的钱的合同,相当于现代的汇兑合同[contract of exchange]。

cambium manuale (= cambium reale)
cambium mercantile (= cambium locale)
cambium reale 〈拉〉〈古〉土地交换;不动产所有权的互易
cambium trajectitium (= cambium locale)
camera n.❶〈英格兰古法〉室;寝室;拱顶室;库房 ❷法官的办公室 ❸对案件进行合议的密室 ❹柜;箱 ❺(封臣给君王的)贡俸 ❻年金
cameralistics n.财政学 指有关财政、国家税收的学科,包括征收和使用的方法和途径。
camera regis ❶〈英格兰古法〉国王的内廷 ❷港口 ❸(尤指商业上的)享有特权的地方 ❹伦敦市
camerarius ❶司库;财务主管 ❷破产事务官;破产管理人
camera scaccarii 〈拉〉国库
camera stellata 〈拉〉星室法庭 英国一种秘密审判的刑事法庭,处刑严厉,因此受到国民非难。于1641年撤销。(= Court of (the) Star Chamber)
cameronians 〈苏格兰〉卡迈农派 苏格兰长老会中的一个极端派别,由牧师卡吉尔[Cargill]和卡迈农[Cameron]领导,他们否认未接受神圣盟约[Solemn League and Covenant]的国王及其政府的权威。
camorra 卡莫拉 意大利一秘密团体。
camouflage n.伪装;隐藏;欺骗 尤指以隐藏其根本目的的方式进行欺骗。
campaign n.❶参加竞选;竞选活动 指为获取多数选票,由候选人和他的支持者所进行的一系列活动。❷发起运动 指为推进一项事业或获得一明确的结果,由某一群体所进行的有组织的努力活动。
campana 〈拉〉(教堂里的)钟
campana bajula 〈拉〉(法庭传呼员或庭吏所持的)手铃
campanile 〈拉〉钟楼;钟塔
campartum ❶地块 大块土地的一部分,与整块地相对而言。❷帮讼(⇨champerty)
Campbell's (Lord) Acts 〈英〉《坎贝尔(勋爵)法》① 1846年《死亡事故法》[Fatal Accidents Act]的俗称,因坎贝尔勋爵为该法的通过出力甚多,故得名。后将1959年法及历次修订合并为1976年《死亡事故法》。该法规定,如某人在死亡事故中丧生,但未进行死亡保险,则其家属有权获得损害赔偿。一般由死者的遗产管理人或遗嘱执行人为死者配偶、父母或子女的利益,向有过错一方当事人提起诉讼;②即《坎贝尔(勋爵)诽谤法》[Campbell's (Lord) Libel Acts],指1843年和1845年的《诽谤法》[Libel Acts],该法对有关诽谤的法律进行修订,允许被指控犯有诽谤罪的被告人以所发表的有关事实符合社会公共利益为由进行辩护;③指1857年《淫秽出版物法》[Obscene Publications Act],该法授权地方行政长官发布命令,对淫秽书籍、报纸或其他文字资料在其销售地、发行地、租借地或出版地予以查封扣押。后为1959年法及1964年法所取代。
Camp David 〈美〉戴维营 总统的疗养地。座落于马里兰州西北部,占地5 769英亩。
campers 份额;帮诉者所得的份额
campertum 谷物或玉米地
campfight n.〈英格兰古法〉决斗;决斗裁判
campias in witherman 〈拉〉扣押其他等值货物令状 指当原告的货物被移出境外后,可扣押他的等值的其他货物的令状。
camping n.〈英〉露营管理权 指由1936年《公共卫生法》[Public Health Act]及此后相关法律赋予的处理因帐篷、篷车或类似装置造成的妨害的权力。
campi pars 〈拉〉地租(= champart)
campum partere 土地分割(⇨champerty)
campus maii 〈英〉五一集会 指在盎格鲁-撒克逊时代,人们为了国防目的而在每年5月1日举行的集会。
can v.能;能够;会 有时可同may互换使用,但can一般表达一种能力、技能、功能等;may表示一种许可或授权。n.❶桶 ❷〈英格兰古法〉证明;确证 ❸〈俚〉监狱 ❹〈俚〉厕所
cana 杆 土地测量单位,相当于5.5码。
Canal Zone 巴拿马运河区 美国与巴拿马共和国通过签订条约规定的,由美国政府管辖的巴拿马运河及其沿岸地区。
cancel v.❶删去;涂销;抹去 ❷取消;撤销;消灭;废除;废止;放弃 ❸免除;清偿
cancellaria 〈英〉御前大臣法庭;衡平法庭
Cancellaria Curia 〈英〉御前大臣法庭;衡平法庭
Cancellarii angliae dignitas est, ut secundus a rege in regno habetur. 在英格兰,御前大臣的尊严(地位)仅次于国王。
cancellarius 〈拉〉❶御前大臣 ❷(旧时起草法律文件的)文书;公证人 ❸门警 立于法庭门口,执行法官命令的人。❹〈英格兰古法〉掌玺大臣
cancellation n.❶取消;废除;终止 ❷票据涂销 ❸合同解除 如保险期限届满之前保险合同的解除。
cancellation clause 合同解除条款 合同双方均可依该条款要求解除合同。例如在租船合同中,出租人的船舶未能在指定期日到达指定港口,承租人有权解除合同。
cancellatura 〈英格兰古法〉(= cancellation)
cancelled check 已付支票 根据支票上的记载,银行付款后,在支票上标明"注销"[cancel]字样,表示已付款。已付支票是银行已履行付款义务的证据。
cancelli 〈拉〉护栅;格子;斜条格构 ①指涂销划线,即指为表示取消而在遗嘱或其他文据上划线,多划交叉线;②指法庭上律师席的围栏。
candidate n.候选人
candle n.蜡烛;烛形物(⇨auction by inch of candle; sale by the candle)
Candlemas 圣烛节 指每年2月2日圣母玛丽亚行洁净礼的节日。该日得名于持燃烧的蜡烛游行。在苏格兰,这一天是每年四个季度结账日之一。
Candlemas Day (= Candlemas)
cane 〈苏格兰〉农产品税;农产品实物地租
canem et lupum 〈拉〉黄昏(⇨inter canem et lupum)
canfara n.〈英〉(早期使用的)烙刑裁判法
caning practice 〈美〉鞭笞;笞刑 用桦木鞭抽打青少年罪犯的一种刑罚。对其执行方式法律有严格规定。尽管在1970年已废止在执行鞭刑时要受刑人赤裸臀部的做法,欧洲人权法院仍宣布其为有辱人格的非法的刑罚形式之一。
canna (= cana)
cannon rule 〈美〉加农规则 如果外国或外州公司购买或拥有内国或内州的公司股票,甚至拥有控股权,此项购买或拥有并不能被认为该外国或外州母公司从事经营的业务足以使它必须接受在子公司所在地发送的法院传票。

cannon shot rule　大炮射程规则　指领海的范围由大炮最远射程来决定。(⇨three-mile limit)

cannot　*v.* 不能；不会　经常同"shall not"互换使用。

canon　*n.* ❶法律；法规；规则；准则　❷纪律；戒律　❸判断标准　❹成套的准则、规则、规范或标准等　❺教会法；教规　特别是由教皇或宗教会议制定的，包含在教会法令的官方汇编中的行为规则。　❻〈英〉英格兰国教教规　由该国教会神职人员代表大会颁布的教会法令，无论其是否有法律效力。　❼〈英〉法政牧师　主教座堂的教会官员，指导举行宗教仪式，由国王或主教任命。教会法规定每个主教座堂至少必须有两个驻堂法政牧师专门从事教堂礼拜仪式。

canonic　*a.* 与教会法有关的；符合教会法的

canonical　(= canonic)

canonical disability　(无法治愈的)性无能；阳痿

canonical impediments　婚姻障碍　指教会法规定的导致婚姻无效的身份关系或生理缺陷，包括血亲关系、姻亲关系和阳痿；对未达法定婚龄、痴呆或患精神病等无民事行为能力者，其婚姻自始无效。

canonical obedience　教权遵奉　意指根据教会法中有关教阶的规定，神职人员对任命其圣职的上一级，如受俸牧师对主教、主教对其所属教省的大主教应服从的义务，也包括世俗人员对所属教区的主教应服从的义务，但它并不包括对某一事件发生的教令的遵奉。

canonical purgation　(古)涤罪誓　指允许被控有罪的被告人通过发誓以否认指控的罪行的一种诉讼程序。

canonicate　*n.* 法政牧师职位

canonicus　一项教规

canonist　*n.* 教会法学家；研究教会法的人

canon law　❶天主教教会法　基督教会对有关组织、管理等事务的法律总称，其渊源包括《新约》、古代教父观点、公会议决议、教皇指令、罗马教廷教令，以及对具体案件的判决，并且吸收和借鉴了许多法律体系，特别是罗马法的内容。在8世纪之前，天主教会所在的各个国家都试图编纂自己的教会法汇编。在加洛林王朝时期，公元774年的《狄奥尼修斯－哈德良汇编》[Dionysio-Hadriana]成为教会法标准的资料渊源，公元850年的《伪教令集》[False Decretals or pseudo-Isidore]加强了主教团权利，对教会法文献有极大影响。但这个时期的教会法缺乏系统和理论的探索。1140－1350年是教会法的古典时期，1140年格拉提安[Gratian]用科学的研究方法写出《格拉提安教令集》[Decretum]，第一部有普遍约束力的官方教会法汇编问世，奠定了古典法的基础。1140－1234年间最重要的教令汇编是《古代教会法五编》[Quinque Compilationes Antiquae]。1234年雷蒙德[Raymond]编纂的《格里高利九世教令集》[Decretales Gregorii IX]成为第一部权威性的教令和法规的汇编，导致大量注释、评论和其他教令集的出现。1298年卜尼法斯八世[Boniface VIII]颁布的《第六教令集》[Sext]是古典时期最后一部大型汇编。古典时期的教会法汇编推动了教会法的系统化研究，并且教会法与罗马法同时被纳入许多著名大学的主要学科。宗教改革后否定了罗马教皇的权威，但即使在信奉新教的国家中，改革前的教会法的影响仍然存在。1545－1563年的特兰托公会议[Council of Trent]试图恢复、更新和补充过去的教会法，以寻找现代发展的基础。格里高利十三世[Gregory XIII]修订并出版了官方的《教会法大全》[Corpus Juris Canonici]。1904年庇护十世[Pius X]宣布编纂教会法，《教会法法典》[Codex Juris Canonici or Code of Canon Law]于1917年颁布。教会法在基督教会的组织、教规、仪式中起着重要作用，并对基督教团体及其成员关于法律、道德和行为的观念有很大影响。教会法对世俗法在婚姻、财产、继承、犯罪与刑罚、证言与证据方面有广泛影响。它在天主教国家中仍然是主要的法律形式，在其他国家则是指导神职人员和信徒行为的准则。　❷东正教教会法　在1054年东正教与天主教分裂之前，两个教会的教会法在形式上非常相似。它的早期教规是传自叙利亚的《十二使徒学说》[Doctrina XII Apostolorum]。公元692年的特鲁罗公会议[Council of Trullo]将法律的渊源限于公会议决议、早期教规和《奚普里安教令》[Canon of Cyprian]，构成了所有东部教会法的基础。君士坦丁大帝承认基督教后，帝国法律被补编入教规汇编，对教会法的发展产生决定性影响。公元869年的君士坦丁堡公会议后，不再召开全体公会议而由君士坦丁堡的牧首[patriach]决定教会的问题。公元883年阜丢斯牧首[Photius]完成的《十四铭文教会法》[Nomocanon 14 titulorum]在公元920年被作为整个东部教会的法律。从5世纪开始，东正教的许多教会不再效忠于君士坦丁堡的牧首，包括叙利亚、亚美尼亚和埃塞俄比亚的教会，它们各自发展了一套教会法。　❸英格兰教会法　直到诺曼征服时期，天主教会的所有教会法被认为在英格兰有约束力，但在某些事务中允许地方习俗不同于一般教会法。教会法管辖有关信仰和道德的事务以及纯教会事项。格拉提安时期，英格兰制订了一些教规，但仅是为了把一般的教会规则实施于当地的需要。宗教改革后，英格兰否定了罗马教皇的权威，但国王宣称天主教教会法适用于英格兰并非因为教皇，而是因为历代英王和人民接受它。从此，国王的诏令成为教会法的渊源。教会法转变为国家法，并成为英格兰国教会的教会法[ecclesiastical law]，它对英格兰臣民的约束力超过任何时期。尽管国会和神职人员代表大会[Convocation]提出要修改教会法，但宗教改革前的教规只要与普通法和制定法保持一致就仍然有效。17世纪以后国会对教会法和教会法院的管辖权作了大幅度修改，限制教会法的适用范围，废除部分教会法和教会法院对教徒的专属管辖权，许多基督教专有事务受到影响，如废除什一税。只有神职人员的教规由改革后的教会法制定。罗马天主教会法是英格兰国教教会法的历史渊源之一，但它的进一步发展没有影响英格兰。　❹苏格兰教会法　(= ecclesiastical law ❸)　❺美国教会法　美国圣公会[Protestant Episcopal Church]是独立战争以前殖民地的圣公会[Anglican Communion]的延续，遵循英格兰国教会的法律。但是宗教改革时期和改革之后的许多英格兰教会立法并不适用于美国。在宗教改革之前天主教教会法中发展的一些原则因此传入美国教会。但美国不设国教，教会法不是国家法律的组成部分。美国罗马天主教会现在遵循天主教教会法。　1. canon law中的英格兰教会法概念包括ecclesiastical law的英格兰教会法，前者还有宗教改革前天主教教会法在英格兰的实施。2. canon law中的苏格兰教会法与ecclesiastical law的英格兰教会法同义，现合并于ecclesiastical law中的第❸项。3. ecclesiastical law第❶项是最广泛意义上的教会法，涵盖宗教改革前后所有基督教教派的法规，如天主教、东正教、英格兰教、苏格兰长老会和美国诸教派。

Canon Law Code　《教会法法典》　指20世纪编纂的现代天主教教会法典大全，用拉丁文写成，共有2 414条，分为5册。(= Code of Canon Law)

canon law of Church of England　英格兰国教教会法(⇨canon law)

canon law of England　英格兰教会法(⇨canon law)

canonry *n.* 〈英〉(教会法上规定的)教职;法政牧师职位

canons of construction 解释规则 指适用于文本解释的基本规则、准则体系。

canons of descent 继承法规则 尤指英国封建时代的继承规则。

canons of ethics 道德准则 (⇨ Code of Professional Responsibility)

canons of inheritance (= canons of descent)

Canons of Judicial Ethics 〈美〉法官职业道德准则 规定法官在行使职权时应遵守的行为原则和道德标准的一份文件,内容简明。最初由美国律师协会[A.B.A.]采用,后亦被大多数州所采用。

Canons of Professional Ethics 〈美〉律师职业道德准则 指由美国律师协会[A.B.A.]制定的规定律师在诉讼以及相关的职业活动中的义务和行为准则的规则。

canons of taxation 征税原则 用于选择税基的税收原则,由亚当·斯密[Adam Smith]在其《国富论》[Wealth of Nations]中首先提出,主要包括四项:公平、便利、确定、经济。

canons of the code 〈美〉法典规则 指《律师职业责任法典》[Code of Professional Responsibility]中的三个部分之一。主要规定律师在与公众、与法官和与其他律师的关系中应恪守的职业行为准则。

cant (= licitation)

cantaria 〈拉〉小教堂(⇨chantry)

Cantaur 〈拉〉坎特伯雷[Canterbury]的拉丁形式(⇨Archbishop of Canterbury)

canton *n.* 小行政区;百户区[hundred]

cantred ❶(英格兰古法)百户区[hundred] ❷〈威尔士〉相当于百户区的行政区划

cantredum (= cantred)

cantredus (= cantred)

cantres (= cantred)

canum *n.* (封建法)(以土地上的收获物交纳的)地租

canvass *n.* ❶(选举中的)计票;验票;监督投票 ❷拉票 ❸决定投票可信性的审查

canvasser *n.* ❶(选举中)监督投票的人 ❷挨家挨户拉选票者 ❸推售员;化缘者

canvassing board 监督投票机构 该机构的作用是辅助性的,它没有权力判定所投选票的合法性,没有权力清除无效选票。

cap *n.* 限额 ❶因侵权行为造成非经济损失时的法定赔偿限额;❷可调整利率之抵押贷款的利率年度增长限度。(⇨rate)

C.A.P. (= Civil Air Patrol)

capable *a.* 有能力的;有资格的;拥有法定权力或能力的;合格的;适合的

capable of being used as a beverage 可作为饮料饮用的 指酒类法中规定的,虽不属于一般意义上的饮料但可作为饮料饮用的液体,例如浸泡在酒中的水果,但不包括混合了其它物质或成分而失去致醉作用的酒。

capable of producing intoxication 致醉性饮料

capacity *n.* ❶能力;意思能力;行为能力;责任能力 ❷适格性;资格 ❸身份;地位 ❹容量;载重量(⇨competency;business capacity;criminal capacity;legal capacity;mental capacity;representative capacity;testamentary capacity)

capacity defense 能力欠缺抗辩;刑事责任能力欠缺辩护 指欠缺可构成诉讼的基本能力。例如,某人因受胁迫而欠缺合同的意思能力,后如因此合同而被起诉,则其可提出能力欠缺抗辩。同样,如某少年被指控在其7岁时实施犯罪行为,则其可以欠缺刑事责任能力为由进行辩护。作为一种抗辩(或辩护),其意图在于否认责任之诉中的某些必要因素。(⇨competency proceedings;competency to stand trial;defense;insanity;intoxication)

capacity of corporation 法人的行为能力

capacity of testator 遗嘱能力(⇨testamentary capacity)

capacity to labor 劳动能力

capacity to sue or be sued 诉讼能力 能够起诉与被诉。

capax 〈拉〉❶(= capable) ❷持有者

capax doli 〈拉〉有犯罪能力的

capax negotii 〈拉〉有交易能力的

cape *n.* ❶〈英〉收回土地或房产的令状 指旧时在承租人违约时收回土地或房产的令状,现已废止。可分为两类:大令状[cape magnum;grand cape],即在承租人缺席的情况下发出的收回土地或保有物的令状;小令状[cape parvum;petit cape],用于承租人出席的情况下发出的这类令状。❷海角;岬

cape ad valentiam 大令状的一种(⇨cape)

cape colony 〈英属〉好望角殖民地

Capehart Act 〈美〉《凯普哈特法》 指一部有关使用政府财产为军事人员提供急需住房的联邦制定法。

capella *n.* ❶圣骨盒;圣物室;圣骨室 ❷祈祷室;小教堂

cape magnum 大令状(⇨cape)

cape parvum 小令状(⇨cape)

caper *n.* ❶体积较小的武装民船或私掠船(⇨privateer) ❷(美俚)不法行为;犯罪行为

capias *n.* 拘捕令 对指令行政司法官[sheriff]将指定的被告人拘捕的几种令状的总称。这些令状可被用于多种目的,如用于开始一项诉讼,用于执行令状或判决等。现在这些令状已极少使用。

capias ad audiendum judicium 〈拉〉拘传被告人到庭听取有罪判决的令状 对轻罪等刑事案件可在被告人缺席的情况下进行法庭审理。但在宣布有罪判决时,被告人应当出庭。因此,如果在宣判时被告人未被拘或经传唤而不出庭,即应签发此种令状,以拘传被告人到庭接受判决。

capias ad computandum 〈拉〉传被告出庭报账的令状 指在报账之诉[action of account render]中,法官作出了报账的先行判决[judgment quod computet]。被告如果拒绝出庭,则以此令状迫使其亲自到庭,在查账员面前报账。此令状现已废除。

capias ad respondendum 〈拉〉逮捕令 为逮捕被指控犯有轻罪的人以使其出庭接受传讯[arraign]而签发的令状。但在实践中更多使用治安法官签发的逮捕令[justice's warrant]。在英国旧时的普通法诉讼中,在1832年《保释保证法》[Bail Bonds Act]颁布前,此种令状被用来开始一般伤害案件的诉讼程序,但它并不实际逮捕被告人,只是要求其出庭并准予提供普通保释保证人[common bail],除非诉讼金额达到一定数目。

capias ad satisfaciendum 〈拉〉拘留还债令状 民事诉讼中向行政司法官签发的,要求其拘留被判负有债务的人,直至其还清债务、履行判决为止的执行令状。实践中常简写为 Ca. Sa.。

capias extendi facias 〈拉〉拘捕扣押令状 用于拘捕王室的债务人并扣押其土地和财产的令状。这种令状于1947年为英国《王室诉讼法》[Crown Proceedings Act]所

废除。

Capias in withernam 〈拉〉扣押等值物令状 在动产占有回复之诉[action of replevin]中,法院判决被告向原告返还其非法占有的原告的财产,而这些财产已被转移或隐匿时,可向行政司法官签发此令状,令其扣押与应返还之物等值的被告的其他财产。

capias nomine districtionis 〈拉〉(会计作账失误时)对会计的人身、财产和土地发出的令状

capias process 〈美〉拘传票 某些州使用的逮捕大陪审团起诉书所指控的人的传票。对受轻罪指控的人,法院可先签发传票[summons],若被告人未依传票出庭,法院即可签发此种拘传票。

capias pro fine ❶〈拉〉逮捕尚未缴纳罚金的人的令状 可据此拘禁该被判刑人直至其缴纳罚金。❷罚款判决 指被告人不当地否认其行为而被处以罚款的判决。

capias pro fine, or misericordia 〈拉〉罚金判决 旧时,如果裁决被告胜诉,原告将因其虚假请求[false claim]而被判罚金[amercement];但是如果裁决原告胜诉,那么在所有存在实际暴力的诉讼[actions vi et armis]中,或在被告错误地否认自己的行为时,将要对被告判处罚金[capiatur pro fine];在其他情况下,则对被告判处罚金[amercement]。但自1693年起,在判决中列入罚金[misericordia]或罚金[capiatur]条款的做法已被废除。

capias ullagatum 〈拉〉〈英〉逮捕被法律放逐者的令状 指用于指令将已在民事诉讼中被剥夺法律保护的人逮捕、然后送至法庭接受貌视法庭审判的令状。普通的这种令状只涉及对人身的限制,特殊的这种令状则还包括对其财产、土地没收充公。

capiatur pro fine 〈拉〉〈英〉处以罚款 此用语用于被告否认自己行为的债务案件的判决尾部。(⇨capias pro fine)

capita 〈拉〉❶各个、按人头的 ❷地界

capital n. ❶资本;资产 ❷投资总额;股本总额

capital account 资本账户;股本账户;资本项目 用于表示资本或股本的会计术语,记载资本所有人与投资的企业或项目之间的全部商业关系。在合伙中,它指各合伙人的出资额;在公司中,它指股东的投资额,包括股票价款及溢价款;在独资企业中,它指投入的启动资金额。

capital allowance ❶(税法)资本税减免 指在课税时,可以由一种行业或一个企业申请而减免其使用设备的应纳税额。❷资本冲减 指因折旧而冲减资本额。(⇨depreciation;depreciation reserve)

capital assets 长期资本;资本资产;固定资产 ①指作为长期使用而非在日常经营中被出售的资产,如土地、建筑物、生产设备等;②在美国,根据其《国内税收法典》[I.R.C.]的规定,指在计算所得税时,纳税人所拥有的所有资产(如住房、汽车、股票和债券等),不论其是否与经营有关,但该法规定不计入的除外。

capital budget 资本预算 指长期资本的计划,并列明资本支出的项目及支出时间。

capital case 可能判处死刑的案件

capital consumption allowances 资本耗用备抵;资本消耗扣除;资本消耗摊提 反映有形资产的消耗、折旧、耗损以及意外损失的收支账户。作为资本耗用备抵的三大组成部分并计入国民收入和生产核算账户[National Income and Product Accounts]的是:企业和非营利性机构的折旧、所有者的住所折旧和固定资产的意外损失。自然资源的消耗不计入资本消耗。国民生产总值[Gross National Product]减去资本耗用备抵即为国民生产净值[Net National Product]。

capital contribution ❶(合伙人以现金、财产或劳务方式的)出资 ❷资本追加 股东按照其已持有的公司股份额,以各种方式向公司追加投资。资本追加仅增加股东对公司的投资额,并不增加其股份额,公司亦不因股东追加资本而向其发行相应金额的股票,从而使每一股份所代表的资本额增加。追加资本不构成公司收入。

capital costs 资产改进费用 为改进资产而支出的费用,应在改进后的使用年限内进行折旧或摊提。

capital crime (= capital offense)

capital depreciation 资本折旧 指由于经过一定时间的使用而使资本资产的价值减损。

capital duty 资本税;股票印花税 公司因其发行股票而应缴纳的印花税。

capitale 〈拉〉❶赃物;被窃物;被窃物的价值 ❷资本支出 指为维护财产所有权或消除针对财产的请求权等所支出的费用,在计算所得税时,该部分支出不得从总收入中扣除。❸动产

capitale crimen 〈拉〉(罗马法)死罪;可导致被告人丧失生命的指控

capitale vivens 〈拉〉活的牲畜

capital expenditure 固定资产支出;资本性支出 较长时间后才能获得收益的支出,多指购置固定资产或加以改进以延长其使用寿命或增加产量。固定资产支出应资本化并在固定资产使用年限中作折旧处理。固定资产支出在税收上享受减免,但某些非正常支出,如承租人改进固定资产的支出除外。亦指就资本向股东分配股息,这是一种侵害公司资本的不法行为。(⇨revenue expenditure)

capital felonies 可判处死刑的重罪

capital gain 资本利得;资本收益 指资产在出售或交易时获取的利润,即资产的成本价或购买价与再出售或交易价之间的差额。

capital gains tax 〈美〉资本利得税 对长期资本利得征税时,过去适用低于一般所得税税率的专门税率。1987年生效的《税收改革法》[Tax Reform Act]规定,长期资本的资本利得税与一般所得税税率相同。(⇨capital assets)

capital goods 资本货物;生产资料 指用于生产或提供其他货物或服务的耐用物料,例如:机器、设备等。

capital impairment 资本(实质性)减少 指公司资本减少到其已发行的股票价值总额以下。

capital improvement 固定资产改进 指为延长资产的使用寿命或提高产量而对其作的改进。(⇨capital expenditure)

capital increase 增资(⇨capital contribution)

capital investment 资本投资 ①资本资产[capital assets]的购置价格;②股本、盈余和未分配的利润;③固定资产改进费用。(⇨capital stock;capital expenditure)

capitalis (英格兰古法)首席的;主要的;首先的 用于人、地、司法程序以及某些财产的术语。

capitalisation (= capitalization)

capitalis baro (英格兰古法)(财税法庭)首席法官

capitalis baro scaccarii domini regis 〈拉〉财税法庭首席法官 简为"capitalis baro",或"C.B.",即"Chief Baron"。

capitalis custos 〈拉〉区长;地方行政长官;市长

capitalis debitor 〈拉〉主债务人 与担保人相对。

capitalis dominus 〈拉〉大封臣;大领主

capitalis justiciarius 〈拉〉〈英〉首席摄政法官;首席摄政大臣;王宫法庭特别执法官 该职位最早由威廉一世设立。

但后来它的权力为大宪章[Magna Carta]所削弱。最后，被爱德华一世将其权力分散给诸个大臣。(= capitalis justiciarius totius Angliae)

capitalis justiciarius ad placita coram rege tenenda 〈拉〉〈英〉(王座法庭的)首席法官 王座法庭首席法官的头衔，全称是"首席御审法官"，该头衔在亨利三世在位后期首次设立。

capitalis justiciarius banci 〈拉〉〈英〉(民诉法庭)首席法官 民诉法庭[Court of Common Pleas]的首席法官的头衔，最早出现于爱德华一世元年。

capitalis justiciarius totius Angliae 〈拉〉❶英格兰首席大法官 ❷王室法庭特别执法官

capitalis plegius 〈拉〉❶主要担保；主要保证人 ❷(英格兰古法)下级警officer

capitalis redditus 〈拉〉主要租息

capitalist n.资本家 指仅靠积聚的财产生活的人。他们或拥有大量财富，或有投资收入。也指拥有全部或部分生产资料的人。

capitalis terra 〈拉〉畦头(或篱边)未耕地；(畦头留出供农具转弯的)掉头地；枕地

capitalization n.❶资本总额 ①公司已发行的各种证券的总价值，包括债券、普通股和优先股及盈余；②公司已发行的股票的市场价值，其计算方法为已发行股票数乘以每股的市场价格所得的总额，亦称作股票资本市值或资本市场总额[market capitalization]。❷资本化价值；本金化 指资产负债表上的一定数额的收益按一定的资本化率，使之转化为本金额。❸资本支出的资本化 把在一定期限(如一年)以后可产生收益的资本支出视为一种资产记入资本账户，而不是将之作为在一定期间内发生的费用。(⇨capital expenditure) ❹利润的资本化

capitalization accounting method 资本化计账方法 ①一种计算产生预期收益的财产的现值的方法。主要是通过对预期收益依一定利率以贴现的方法来计算现值；②抵押不动产的估价方法，即用估算出的该财产所能实现的总收入减去其中发生的合理费用，合理估算出公平的净收入以确定其资本化价格。在使用该方法时，必须将折旧考虑在内。

capitalization appraisal 资本化估价；核定资本化价值 通过对不动产投资(如工业用地)的可预期收益来对该不动产投资进行估价。如果在该不动产上有建筑物，该建筑物的年净收益主要通过对来源于其在一定年限内的收益进行估价来核定，该核定金额再乘以该不动产的预期使用年限，即得可预期收益额。基于在估计费用支出和进行意外损失备抵等事项时，需要将预期收益转化为市场现值[present market value]，资本化估价需要一定的专业知识。

capitalization rate 资本化率；折现率 用以计算某项预期收益的现值时所使用的利率。(⇨present value)

capitalize v.❶核定资本总额 ❷使本金化；核定资本化价值 ❸使资本化；将…转化为股本 ❹为…提供资本

capital lease 融资租赁；资本租赁 指在租期届满时将租赁财产的所有权转让给承租人，承租人应付的租金转换为借款，即租赁债务转换为资本借贷性质的债务。

capital leverage 资本杠杆作用；举债经营能力 公司运用借入资金为股东谋取额外利益，并使借入资金的利润率高于金融利率的能力。

capital loss 〈美〉(税法)资本损失；资本亏损 指在资产出售或交易过程中发生的损失。资本亏损可用以冲抵资本利得，以减免联邦所得税的应纳税额。在1988年以前，短期资本亏损只能冲抵短期资本利得，长期资本亏损只能冲抵长期资本利得。在1988年以后已不再作此要求。

capital market 资本市场 指资本资产或长期资本的交易市场，与货币市场[money market]相对。就其方式而言，包括中长期金融机构贷款和证券交易市场两种。(⇨money market)

capital money 〈英〉资本金 指1925年《土地处置法》[Settled Land Act]规定的资本金或因处置土地而收到的代表资本金的证券。

capital offense 死罪 可能而非必定被判处死刑的犯罪。

capital outlay (= capital expenditure)

capital punishment 死刑

capital ratio 资本率 指资本占资产总额的比率。

capital recovery 资本恢复 指已由坏账准备金冲销的坏账又被收回。(⇨bad debt)

capital reserve 资本储备；资本准备金 不得通过利润和亏损账户[loss account]自由分配的股息部分，如股票溢价盈余、重估盈余[reevaluation surplus]等。

capital return ❶资本收益；资本利得(⇨capital gain) ❷(税法)资本退还 退还纳税人的对纳税人个人费用[individual's cost]和资本征收的所得税款。因为资本和个人费用不应作为所得征税。

capital stock 股本 在一般意义上，指公司已发行股票的总额，包括普通股和优先股；在严格意义上，指由公司章程规定、由股东缴纳或同意缴纳的、作为公司经营的财政基础的金钱、财产等，具体出资方式包括认购公司股票的直接形式和申报股息的间接形式；亦指属于公司所有并以之对外履行义务和承担责任的全部财产。

capital stock tax 〈美〉股本税 ①通常指对在本州从事经营的外州公司征收的税。股本税以公司的可分配收入或发放工资总额或特定日期的资产净值[net worth]为基础进行征收。联邦层次上的股本税已由1945年《财政收入法》[Revenue Act]废除；②对各股东持有的股份所代表的财产征收的税。

capital structure 资本结构 指公司财产的构成情况，即：短期债务、长期债务和公司所有人的权益的相对比例。在金融上，指属于公司所有的债券和公司所有人的权益的总和，亦即包括股票面值价值和资本盈余。

capital surplus ❶资本盈余 ①公司在其股票溢价发行时的溢价款，通常被称作额外实收资本[additional paid-in capital]或发行无面值股所得的股款中专门划作资本盈余的部分；②各种盈余的总称，包括额外实收资本、接管有资本盈余的公司所得之接管盈余[acquired surplus]、接受捐赠股票所得之捐赠盈余[donated surplus]、重新评估资产所得之重估盈余等多种形式。❷资本盈余表；资本净值账户 记载并反映由发行股票所得构成的资本中除设定资本[stated capital]外的剩余部分。(⇨stated capital)

capital transactions 资本资产的交易(⇨capital assets)

capital transfer tax/C.T.T. 〈英〉资产移转税 1975年颁布、1976年修改的《财政法》[Finance Act]设置的税种，对赠与、遗赠和限定继承财产征税，替代了此前的遗产税[estate tax]。该税于1986年被遗产继承税[inheritance tax]取代。(⇨estate tax; inheritance)

capitaneus ❶大封臣；大领主 直接从国王处获得土地或头衔的人。❷船长；海军指挥官 从1264年始有该含

义。 ❸(民事、军事或教会事务的)首领
capitare (古)(测量土地时的)相抵；抵界
capitatim 〈拉〉按人头地
capitation fee 按人摊派的费用
capitation grant (发给学校或团体的)每个人的补助金
capitation tax 人头税 一种古老的税收，按人征收，与按商品征收的税[vectigalia]相对。
capite 〈拉〉首要的；主要的
capite doli 〈拉〉基于诈欺(⇨ex capite doli)
capite fraudis 〈拉〉基于欺骗(⇨ex capite fraudis)
capite minutus 〈拉〉(罗马法)人格减等之人
capitilitium 人头税(⇨capitation tax)
capitis aestimatio 〈撒克逊〉人生命的价值
capitis diminutio 〈拉〉(罗马法)人格减等 即公民人格、法律地位或法律资格受到限制或被剥夺。
capitis diminutio maxima 〈拉〉(罗马法)人格大减等 指市民权、家族权和自由权的完全丧失。如从自由人变为奴隶。
capitis diminutio media 〈拉〉(罗马法)人格中减等 指丧失了市民权和家族权，但保有自由权，是法律地位的中度丧失。
capitis diminutio minima 〈拉〉(罗马法)人格小减等 指市民权与自由权保持不变，仅丧失部分家族权，即法律地位的轻度丧失。人格小减等只在家族身份变化时发生，如一个自权人[sui juris]变为他权人[alia juris]。
Capitol Hill 〈美〉国会山 国会所在地。
capitula 〈拉〉(古)❶分章节的法律汇编 ❷牧师会
capitula coronae 〈拉〉〈英〉《王室条例》 王室调查条例或标题，类似于《巡回条例》，但《王室条例》显得更缜密。
capitula coronis 〈拉〉详尽的目录或一览表
Capitula de Judaeis 〈拉〉《犹太政令集》 指理查一世统治期间汇编的有关对犹太人出具的抵押登记的政令汇集。
Capitula Escaetrie 〈英〉《复归财产管理官法》 列于《王国法律大全》[Statutes of the Realm]中《历代法律》[Statues of Uncertain Date]部分的一项法律。它详细规定了复归财产管理官[escheator]为确定代表国王可主张何种权利而进行调查的事项。
Capitula Itineris 〈英〉《巡回条例》 巡回法官在其辖区巡回审判时所应遵循的规章。它涉及了各种可能的犯罪。
Capitula Legis Regum Langobardorum 〈意〉《伦巴第国王法律汇编》 约公元830年在帕维亚编辑的意大利伦巴第国王法令的汇编。包括从罗退耳法令[Rother's Edict](643)到阿斯托夫法令[Astolf's Edict](750)。全集分为6篇，每篇按年代编排。(= Concordia de singulis causis)
capitular n. ❶(宗教牧师会通过的)法规 ❷牧师会成员
Capitulare Italicum 《意大利法律汇编》 一部于1090年在帕维亚编制的由伦巴第法规和以后制定的法令组成的法律汇编。
capitula ruralia 乡村牧师会(= kalendae)
capitulary n. ❶法典 ❷(教会法)(按部门编排的)教会法规集 ❸弥撒仪书 包括每天在弥撒仪式上宣讲的福音书的开头与结尾。❹(= capitular) ❺〈法〉《法兰克国王敕令集》 包括了法兰克王国从墨洛温王朝到加洛林王朝各国王颁布的敕令。
capitulate v. ❶作讨论摘要 ❷作小标题 ❸有条件投降
capitulation n. (国际法)❶(附条件的)投降 ❷(附条件的)投降协定 在现代指交战国武装部队间规定防区、船舶或部队编制等投降条款的条约。过去则指将某要塞弃于包围敌军之手时，规定投降条件的条约。
capitulations n. ❶特权与豁免协定 在中世纪和近代国际法上，指基督教国家与伊斯兰国家或其它非基督教国家达成的在非基督教国家境内给予基督教国家的财产和人员特权与豁免的协定。❷领事裁判权协定 一国根据条约授予在本国境内的外国人的商业特权和司法豁免权——即由该外国人的本国对其进行司法管辖，而此权利通常授予该国的驻外领事行使，由此而得名。
capituli agri 〈拉〉(= capitalis terra)
capitulum 〈拉〉(书的)章；目；节
capitur pro fine 〈拉〉(= capias pro fine)
cap laws 〈美〉限额法 控制城市过度消费以及税收年度增长率的地方性法律。
cap of maintenance 〈英〉❶王徽 在古时英格兰国王加冕或举行其他大典时为其前导，表示身份。❷某些市长在重大仪式时佩戴的徽章
capper n. ❶帮助揽讼者 帮律师招揽生意的人。❷托儿 拍卖人为提高卖价而串通好的假买客。❸进行诈骗的诱饵
Capper-Volstead Act 〈美〉《卡普-沃尔斯特德法》 一部有关农业方面的联邦法律。该法授予农产品生产者进行集体生产、进行州际贸易和设立共同代理处的权利，并可为上述目的而订立必要的合同或协定。同时授权农业部长在他认为上述企业的垄断或限制行为引起农产品价格过高时进行管理和监督。
caprice n. ❶行动(或思想)的突然变化；怪念头 ❷变化无常；多变
capricious disregard 奇怪的漠视 指故意无视作为一个正常人在推导结论时都不可能忽略的适格的证人证言及相关证据。
captain n. ❶首长；指挥官 ❷船长；舰长 ❸海军上校；陆军(或海军陆战队)上尉 ❹〈美〉空军上尉
captain of the ship doctrine 船长主义 当外科医生的助手受外科医生支配时，其过失要由外科医生负责，即使该助手也是医院的雇员。这一概念是代理法中的"借用雇员"[borrowed servant]在医院手术室中的适用。(⇨borrowed servant)
captain's mast 〈美〉海军上校(对违反纪律人员)的惩罚 (⇨non-judicial punishment)
captation 〈法〉欺诈 源于法国民法典[Code Napoleon]，并为美国路易斯安那州法律所采用，与"不当影响"[undue influence]同义。
captator ❶以欺骗手段取得遗产(或赠与)的人 ❷对他人实施不当影响的人(⇨captation)
captio (= caption)
caption n. ❶(申请、笔录或其他法律文件的)标题 它包括了当事人姓名、法院名称、文件编号、案件名称等。❷(依民事令状进行的人身)拘禁 ❸(苏格兰古法)拘捕债务人令状
captive n. 战俘；俘虏；猎物
　　a. ❶被俘虏的；被猎获的；被关押的 ❷受控于母公司的；附属于母公司的；被垄断的；被控制的
captive audience 受制听众 指在辩论有结果前不能自由离开的听众。他们大多与发言者或事件本身有关。
captive insurer 附设保险公司；附属保险公司 母公司或企业集团为承保自己的保险业务而专门设立的子公司。

captive mine 受制煤矿 根据租赁合同具有开采权而直接由承租人开采的煤矿。

captor n.(国际法)俘获者;俘获国 在战争期间俘获敌方财产的人,尤指在海上捕获敌船及其货物的人;亦指战争中俘获敌方人员的交战国或交战方。

capture n.(国际法)❶拿捕;俘获 一般指战时对敌方财产或军人的俘获;有时亦指交战一方对敌国船舶或载有战时违禁品的中立国船舶的拿捕。❷俘获物;战利品

capus lupus 〈拉〉❶狼头 ❷罪犯

caput 〈拉〉❶(古)首领;首要人物 核心人物 ❷(罗马法)人 ❸(罗马法)人的地位;人格

caputagium (英格兰古法)人头税

caput anni 〈拉〉元旦

caput baroniae 〈拉〉城堡;(贵族的)邸宅

caput comitatus ❶郡长 ❷国王 ❸一个人 ❹一个生命 ❺市镇的北部 一般为上层社会聚居地。❻城堡

caput genere lupinum 〈拉〉(英格兰古法)❶"狼头" ❷打击重罪犯的头部 如果重罪犯人拒捕,那么任何人都可以像打击狼的头那样打击他的头部。

caputium (英格兰古法)畦头地

caput jejunii 〈拉〉大斋节的第一天;圣灰星期三

caput loci 〈拉〉繁华地区;主要地区

caput lupinum (= capus lupus)

caput mortuum 〈拉〉❶死人的头;死人 ❷过时的;废弃不用的

caput portus 〈拉〉(英格兰古法)港口城市

caput, principium, et finis 〈拉〉❶(英格兰古法)头、开始、结束 英格兰法对国王的称呼,意指国王是议会的领袖。❷(罗马法)人格;人的地位 包括自由权、市民权和家族权三项基本权利。

C. A. R. (= Civil Air Regulation)

carack n.武装商船 兼具商船和战船双重用途的大型船舶。

carat n.❶克拉 钻石等宝石的重量单位,相当于4格令或3⅙金衡制格令。1格令相当于0.0648克。❷开 黄金纯度单位,一般认为24开为纯金。(= karat)

carbon copy 复写文书;复本 指用复写纸复写的文书。

carcan 〈法〉❶枷锁 ❷枷刑

carcanum n.监狱

carcare (英格兰古法)装载;装船;装货

carcata a.装满的;负重的

carcatus (船)装载完毕的;装完货的

carcelage n.监狱费

carcer n.拘留所;看守所 非刑罚执行场所。

Carcer ad homines custodiendos, non ad puniendos, dari debet. 〈拉〉监狱应当用来关押人而不是惩罚人。

Carcer non supplicii causa sed custodiae constitutus. 〈拉〉监狱不是为了惩罚而是为了羁押和监管才设立的。

cardholder n.持卡人 指某一团体的成员,该团体以卡片作为成员资格的识别标记。

cardinal n.(罗马天主教会的)枢机主教

Cardwell's Acts 〈英〉《卡德韦尔法》 指1854年的《铁路及运河交通法》[Railway and Canal Traffic Act]和1871年《武装力量管理法》[Regulation of the Forces Act]。

care n.❶注意 在有关过失的法律中,合理行为标准所要求的注意程度与相应的危险成比例。如果危险增大,则行为人也需承担相应的注意义务。注意的程度,一般分为三级,即轻度注意[slight care]、一般注意[ordinary care]和高度注意[great care]。也有分为五级的,即轻度注意、一般注意、合理注意[reasonable care]、高度注意和最高注意[utmost care; highest degree of care],其所需要的注意程度依次提高。①轻度注意,是指一般谨慎的人在管理自己轻度重要事务时所行使的注意。②一般注意,指一般谨慎和注意的人在相同或相似情况下通常会行使的注意。③合理注意,指根据行为或标的的性质以及当时的情形,而被正当、合理地期待或要求的谨慎、注意或勤勉。亦即一般谨慎的人在当时条件下所要求的注意,实际上与一般注意或正当注意[due care]同义。④高度注意,指一般谨慎的人在管理自己重大事务时所行使的注意。高度注意与合理注意在法律上是不相同的,它是指一个非常小心、谨慎和注意的人在相同或相似情况下可能行使的注意,该种注意的程度随危险增大而提高。⑤最高注意,指当人身安全处于紧要关头时,法律所要求的注意程度,即非常小心、谨慎而有能力的人在相同情况下会采用的相同的方法和行为所要求的注意。❷监护;保护;管理 ❸(专业)护理
v.❶注意;照顾 ❷喜欢 ❸抚养;管理(⇨diligence; due care; reasonable care; support; degree of care; maintenance and cure)

care and protection 照管与保护 英国1969年《儿童与青少年法》[Children and Young Persons Act]授权少年法庭或其他法庭就儿童和青少年的照管与保护问题作出指定。

carecta 大车 相当于英文的cart。

carectata 大车的装载量 相当于英文的cartload。

career criminals program 〈美〉职业罪犯计划 为识别多次犯罪的罪犯并确保使其迅速受到惩罚而制定的一项计划。在不同的地区对适用该计划的罪犯的选择标准是不同的,如在华盛顿[Washington D. C.]只对在假释期内又有暴力犯罪的人适用,而在底特律[Detroit]则适用于已有三次被裁定犯有强奸、谋杀或抢劫罪之一者。有关职业罪犯的案件由专门的地区检察官办理,通常以设定高额保释金的方式限制对此类罪犯的保释,或根本不允许保释,避免进行控辩交易,并寻求迅速审判。

careless a.缺乏注意的;有过失的;不谨慎的

careless driving 不谨慎驾驶

carelessly and wantonly 欠缺一般注意(地) 欠缺一般人在类似情况下应有的注意,不顾行为的后果或对他人生活的影响。

carena n.❶隔离检疫期 ❷(教会法)四十天

carence 〈法〉无资产;无力偿还债务

care of 由⋯转交 书信用语。

care of physician or surgeon (内科医生或外科医生的)注意或监护

careta 〈拉〉牛或马拉的车

caretta (= careta)

Carey Act 〈美〉《凯里法》 《联邦荒地法》[Federal Desert Lands Act]的俗称。该法设置了为开垦公共土地中的荒地提供帮助的计划。

Carey Street 〈英〉凯里街 伦敦的一条街道。高等法院破产总登记处[Chief Bankruptcy Registrar of the High Court]的办公楼座落于此,故而"凯里街"也成为破产的同义词。

carga 〈西〉负担

cargaison 〈法〉货物;船货 相当于英文中的cargo。

cargare (英格兰古法)收费;要价

cargo lien 货物留置(权) 指为收取救助费、滞期费、共同海损、运费或其他海事费用而对货物进行留置的权利。常称为海事留置权[maritime lien]，故通常被认为与普通法留置权[common law lien]无甚区别，即须货物处于债权人或服务提供者的占有之下，留置权方能持续有效。(⇨carrier's lien; demurrage lien; salvage lien)

cariagium (英格兰古法) ❶运输 ❷为国王运送货物及其他物品

cark (英格兰古法)卡克 木材数量单位，30根木材装为一袋。后变为重量单位，相当于2 240磅或1英吨。

carl (= churl)

carle 〈英〉《末日审判书》[the Domesday]中指称的)最下层自由民(= ceorl)

car lease 汽车租赁(⇨drive-it-yourself system; freight line company)

Carlisle Tables 〈英〉(保险法)卡莱尔统计表 1779–1787年在卡莱尔城编制的有关死亡率的统计表。

carload n. ❶整车货物的最少吨位 一节普通货运车厢就特定货物所装载的通常数量。略作c.l.或C/L。❷车载量 一节车所装载的数量。美国《统一商法典》[U.C.C.]第2－105(6)条将其作为商业性计量单位，指用于销售或分割的单独整体。

Carlsbad decrees 〈德〉卡尔斯巴德决议 1819年德意志各邦首相在卡尔斯巴德举行会议，作出了一些反对革命的决议。决议规定在德意志各邦境内采取各种严厉的镇压手段。但事实上并未抑制德意志民族主义或阻止自由运动的发展。

Carmack Act 〈美〉《卡马克法》 即《州际商业法修正案》[Amendment to Interstate Commerce Act]。它规定了州际商业运输中承运人对货物损失、损坏的赔偿责任。

carmen (罗马法)❶诗歌 ❷(用于不同场合的)文字格式

carnal a. ❶肉体的;肉欲的;性欲的 ❷淫荡的 ❸非精神的

carnal abuse 猥亵行为 指男性对女性生殖器官的淫邪行为，但并未将阴茎插入。猥亵行为可构成法定强奸罪[statutory rape]，也称强奸幼女罪。猥亵行为还可以指为实施性交而对女性生殖器官的伤害。在许多制定法中，猥亵行为与性交[carnal knowledge]是同义语。

carnaliter (古)(刑法)淫秽地;猥亵地

carnaliter cognovit 他有好淫目的;他与⋯发生两性关系

carnal knowledge 性交 男性生殖器轻微地插入女性生殖器即构成性交，不一定以插入阴道或处女膜破裂为必要条件，只要进入阴门或阴唇即可。与尚未达法定承诺年龄[age of consent]的幼女性交即构成法定强奸罪[statutory rape]。

carnally knew 奸淫目的 系对被告犯有强奸罪的指控中所用的专门术语。在早期的英国刑法中，指控强奸罪必须证明被告具有奸淫目的。后来，奸淫目的一词的含义为强奸[rapuit]一词所包含，不再成为指控强奸罪的必要用语。但在美国有些州中，因为其制定法规定强奸罪为"为奸淫目的而实施强奸"，所以，为使指控成立，一般在起诉书上写明被告具有奸淫目的。

carnet ❶笔记本 ❷支票簿 ❸(汽车入境时应出示的关于车辆所有权及已保险的)证明;文件 ❹(国际间)出口商品免税过境的海关文件

carno 豁免;特权

Carolene products footnote 〈美〉卡洛林产品公司案脚注 指在1938年美国诉卡洛林产品公司案[United States v. Carolene Products Co.]中，首席大法官斯通[Chief Justice Stone]的意见书的第4个脚注。脚注指出：在美国，法院必须保护"孤立的、单独的少数人"。它体现了法院在维护个人基本权利和利益上的司法能动性[court activism]。一些评论者认为，脚注标志着涉及个人权利新的实体上的正当程序[substantive due process]的开始。

Carolina 《加洛林法典》 即《加洛林刑法典》[Constitutio Carolina Criminalis]。由神圣罗马帝国皇帝查理五世于1522年制定的刑法典。这是一部包含实体法内容的刑事诉讼法典，同时又是一部真正将德意志法和外国法有机结合起来的法典。尽管法典中规定有允许地方法律存在的条款，但它仍具有一般法律效力，并统治德意志法长达两个世纪。

caroome n. 〈英〉(伦敦市长颁发的)马车执照

caroon (= caroome)

carpenter's lien ❶工匠留置权 ❷海事留置权

car pool 〈美〉合伙用车 数人共乘一辆车去工作，通常各自的车被轮流使用；如果只使用一个人的车，则要对费用分担作出协议。

carriage n. ❶四轮马车 ❷客、货运输 ❸马或人运动中的姿势 ❹(衡平法)(诉讼一方当事人为若干人时)进行诉讼或主导诉讼的权利

carriage by air 航空运输

carriage by rail 铁路运输

carriage by road 〈英〉公路运输 陆路运送法，即1965年《陆路货运法》[Carriage of Goods by Road Act]和1974年《陆路客运法》[Carriage of Passengers by Road Act]，该法承认《国际陆路客货运公约》在联合王国的效力。

carriage by sea 海上运输(⇨carriage of goods by sea)

carriage of goods by air 航空货物运输 以航空器为运载工具进行的货物运输。其中，国际航空货物运输基本上由国际条约加以调整。这类国际条约主要包括1929年《华沙公约》[Warsaw Convention]、1955年《海牙议定书》[Hague Protocol]和1961年《瓜达拉哈拉公约》[Guadalajara Convention]。其中《华沙公约》是国际航空运输领域最重要、最基础的条约，后二者是对《华沙公约》的补充和修订。《华沙公约》规定了国际航空运输中适用的标准化单证、承运人对货物灭失和损害的责任及豁免事由和责任限制、索赔与诉讼时效、管辖权等事项。在英国，通过1961年《航空运输法》[Carriage by Air Act]将上述前两项条约的内容纳入英国法律。国内航空运输依国内法所规定的条件适用国际规则。

carriage of goods by land 陆地货物运输 在英国，在陆地货物运输中，公共承运人与特约承运人之间最基本的区别在于：公共承运人的业务向任何人开放、承运其业务范围内的任何种类的货物、将之运至其业务范围内的任何地点，并对处于其保管之下的货物的灭失或损害负责，除非其能证明此种灭失或损害是由于天灾、公敌行为、托运人迟延或货物自身固有缺陷造成的。特约承运人只依据特别约定提供承运服务，并只对由于其过失造成的货物灭失或损害负责。通过合同规定责任限制时，不得违反1830年《承运人法》。自1962年《运输法》[Transport Act]以后，英国铁路运输部门[British Railway]在货物运输业务中已不再属于公共承运人，其运输合同通常由《英国铁路运输规则》[British Railways Book of Rules]调整。大多数公路承运人属于特约承运人，其运输合同根据公路运输协会[Road Haulage Association]制订的标准合同条款签订。国际铁路运输主要由国际条约加以调整，这类国

际条约目前主要是 1961 年《国际铁路货物运送公约》和 1951 年《国际铁路货物联运协定》，前者由 1890 年伯尔尼《国际铁路货物运送规则》经 1924 年、1933 年和 1961 年修订而成。国际公路运输由 1965 年《日内瓦公约》调整。除 1951 年《国际铁路货物联运协定》外，上述条约已通过立法纳入了英国法律之中。

carriage of goods by sea　海上货物运输　包括沿海货物运输和国际海上货物运输，后者又包括班轮运输和租船运输两种形式：班轮运输是由承运人按照固定的航线、航期和运费率从事以干杂货为主的运输，提单是其最重要的运输单证，故亦称为干杂货运输或提单运输。租船运输通过航次租船合同、定期租船合同或光船租赁合同来实现。（⇨ bill of lading; voyage charter; time charter; demise charter）

Carriage of Goods by Sea Act　〈美〉《海上货物运输法》　规定承运人货物损失或丢失时提单签发人和持有人的权利、义务、责任及免责情形的一部联邦法律。根据该法规定，非因船舶所有人或承运人的故意或过失发生火灾，造成承运人货物损失或丢失的，船舶所有人或承运人对此免责。

carriage of passengers by air　航空旅客运输　国际航空旅客运输主要由 1929 年《华沙公约》及其 1955 年《海牙议定书》、1961 年《瓜达拉哈拉公约》调整，对旅客发生死亡或伤害事件时的责任限制和应提供的证明文件均作了规定。

carriage of passengers by rail　铁路旅客运输　在英国，英国铁路运输部门在旅客运输业务中系公共承运人，但其只对因过失所致旅客损害或死亡负责，尽管在诸如碰撞之类的情形下，依据"事情不言自明"[res ipsa loquitur]原则将推定存在过失。除例外免责情形之外，铁路委员会不得排除或限制其对旅客损害或伤亡应承担的责任。

carriage of passengers by road　公路旅客运输　在英国的旅客运输业务中，公共承运人只要有运载空间且旅客不拒绝该空间并愿意支付运载费用，就必须为其提供运输服务；特约承运人则只根据特别约定提供运输服务。不论是公共承运人还是特约承运人，均对因其未尽到合理注意义务而造成的旅客伤害承担责任。1974 年《公路旅客运输法》[Carriage of Passengers by Road Act]将《国际公路旅客和行李运输公约》[Convention on the International Carriage of Passengers and Luggage by Road]纳入英国法律体系，使其在英国范围内具有法律效力。该《公约》规定了承运人对运输过程中旅客因意外事故遭受的人身伤害应负的责任范围和限额，以及对行李的全部或部分灭失或损害应负的责任。

carriage of passengers by sea　海上旅客运输　各国关于海上旅客运输的法律规定不一，特别是关于国际海上旅客运输的国际条约更是数量甚微、作用有限。1957 年布鲁塞尔《统一海上客运若干法律规则的国际公约》和 1961 年《统一海上旅客运输若干法律规则的国际公约》均久未生效。政府间海事协商组织制定的 1974 年《海上旅客及其行李运输雅典公约》[Athen's Convention Relating to the Carriage of Passengers and Their Luggage by Sea]虽于 1987 年生效，但缔约国数目太少。因此，海上旅客运输主要依据具体合同进行，承运人对旅客伤害或死亡的责任亦由合同加以限制和免除。

carried over　转下页　会计用语。

carrier　n. ❶承运人　指有偿或无偿地将货物或旅客通过陆地、水上或空中从一地运送到另一地的个人或组织。普通法中通常将承运人分为公共承运人[common carrier]和特约承运人[private carrier]。根据美国《州际商业法》[Interstate Commerce Act]的规定，承运人包括公共承运人、特约承运人、合同承运人[contract carrier]和货运代理人[freight forwarder]，以及这些承运人的职员、代理人和雇佣人员。（⇨ common carrier; private carrier; contract carrier; certified carrier; connecting carrier; freight forwarder）❷运输工具；运载工具　用于陆地、空中或水上运输的交通工具，如火车、汽车、航空器和船舶等。

carrier by air　航空承运人　直接或间接地通过租约或其他形式的安排，从事航空运输服务的人。

carrier by railroad　铁路承运人　以公共承运人的身份从事铁路运输服务的人。

carrier for hire　受雇承运人　指为盈利而从事运输业务的公共或特约承运人。

carrier of goods　货物承运人　指专门从事货物运输的公共承运人。与牲畜承运人或旅客承运人相对。

carrier of livestock　活牲畜承运人　从事活牲畜运输的承运人，通常具有公共承运人身份。但美国有的州不将其作为公共承运人，除非其通过特殊合同申明承担公共承运人的义务和责任。

carrier of passengers　旅客承运人

carrier's acceptance　承运人收货（⇨delivery to carrier）

Carriers Act　〈英〉《承运人法》　1830 年颁布，对普通法规则特别是对陆地货物运输中承运人责任的严格规则作了修订和限制。普通法规则要求，公共承运人要对其保管货物的灭失、损害负责，除非能证明存在与之相反的特别合同。1830 年《承运人法》的主要规定有：①陆运承运人对具有特殊价值的货物（如金钱、珠宝、图画等）的灭失或损害的责任限额为不超过 10 英镑，除非这些货物的价值在交付承运时已经申报；②承运人并可在收货处贴出通知，将价值超过 10 英镑的上述货物的运费提高，任何将此类物品交付承运的人均受其约束。1830 年《承运人法》于 1865 年修订。

carrier's demurrage lien　承运人的滞期费留置权（⇨demurrage lien）

carrier's lien　承运人留置权　指承运人为取得运费和保管费而对承运货物所享有的留置权。

carrier's receipt　承运人收据

Carroll doctrine　〈美〉卡罗尔原则　源于 1958 年卡罗尔广播公司诉美国联邦电讯委员会案[Carroll Broadcasting Co. v. FCC]。哥伦比亚特区巡回法庭[D. C. Circuit]认为，当新的竞争性业务对现有广播站"可能造成经济影响并在一定程度上给公众利益带来损害"时，联邦电讯委员会必须举行听证会确定是否授予该竞争性业务的许可。卡罗尔原则通常适用于有关广播的案件，用以保护超高频[U.H.F.]电视台与甚高频电视台[V.H.F.]的业务竞争。它是联邦电讯委员会保护超高频电视台的政策的一部分。

carry　v. ❶运载；运送；携带　❷（保险法）占有；持有　❸把…记入账册　在赊购的情况下，用以扩展其信用。

carry an election　选举获胜　指候选人获得法定多数票而当选，或议案获得法定票数而通过。

carry arms or weapons　〈美〉携带武器　为使用或为防身以备在与他人发生冲突时采取攻击或防御行为，而随身或者在衣服或口袋中佩带或携带武器。

carry-back　n.（税法）向前结转　指某一年度的亏损可以从以前的纳税年度利润中扣减，重新计算应纳税额。

carry costs 裁决诉讼费用的承担 指判决或陪审团裁断[verdict]中包含要求败诉方承担胜诉方当事人的诉讼费用的内容。费用的多少通常由法院确定。

carryers n.(古)受贿者 指接受他人钱财因而使其获得贵族头衔[titles]和封号[honors]施加影响的官员。

carry forward (= carry-over)

carrying a debtor 继续负债 指延期信贷或延期支付。

carrying arms 携带武器(⇨carrying weapon)

carrying away 拿走 指将物移离原处或带走的行为,原先"拿走"为构成偷盗罪[larceny]的必备要件,但现在美国有些州刑法中,"拿走"已经不是偷盗罪的要求了,而只要求对被盗财物的"控制"。(⇨asportation)

carrying charge 〈美〉附加费用 ①在分期付款中,除利息外,债权人附加收取的费用。根据消费者信贷保护法[consumer credit protection statutes],分期付款买卖中,卖方须充分公开有关的附加费用;②财产所有权附随的费用,如税收和维修保养费。

carrying concealed weapon 〈美〉携带隐藏的武器罪 指将武器隐藏在一般人不易发现之处而予以携带的行为。绝大多数司法管辖区都规定该行为为犯罪。(⇨concealed weapon; carrying weapon)

carrying cost ❶(= carry costs) ❷保管费用

carrying on business 营业(⇨carry on trade or business; doing business; doing business in state)

carrying sail 备有帆的 仅指船上装备有帆,与在航行中扬着帆[under sail]一词并不同义。

carrying weapon 携带武器 指在衣服或口袋里或以其他任何方式携带武器,以便随时使用。美国制定法规定携带武器为非法,但下列情况例外:①发现或购买一支手枪并将其带回家或带到办公之处;②将其手枪送去修理或将修理好的手枪带回。该枪是否装有弹药则在所不问。

carry on trade or business 营业 ①以持续从业为目的从事特定的职业或经营活动。这种活动的重复性是构成营业的充分条件;②个人从事售货或服务业;③在美国,"营业"一词还与外州公司在特定州的活动程度、该州对外州公司的监管以及外州公司的公开程度有关,从而使外州公司可在该州进行诉讼。在此情况下,"营业"的含义应由"长臂法"[long arm statutes]来确定。

carry over (股票买卖合同的)延期交割;延期结算 在股票交易中,该词是指推迟股票买卖合同的交割日期,而非在已确定的日期完成。在此情况下,买方通常应向卖方支付所涉资本金的利息,而卖方在交易最终完成之前一直持有该股票。这种利息被称为延期交割费[contango]。另一方面,如果买方欲付款提取股票而卖方未能交付股票的,则由卖方向买方支付交割延期费[backwardation],亦简称为"back"。

carry-over n.(税法)❶向后结转 指允许纳税人将某一年度的亏损转入以后年度进行扣减。❷向后结转的项目;展શ清算项目(⇨carry-back)

carry-over basis 转移税基 美国所得税法规定,以受益人继承死者遗产时的现价为税基征税。此税基等于遗产现价扣除法定免税额后的价值。

carry passengers for a consideration 有偿运送旅客 在这种运输中,运送者要承担受雇承运人[carrier for hire]的责任。

carry stock 提供储备 为能在购买之后的约定期间内支付价款,储备资金。

carry the iron 持赤热烙铁(⇨fire ordeal)

car service 车辆服务 指对于火车机车、车厢和其他用于货物运输的车辆的使用、控制、供应、移动、调配、交换和返还等。但该词所针对的是运输服务的设备,而非运输本身。

car service association 〈美〉车辆服务协会 铁路公司为统一和便利收取滞期费用而组成的协会。

car spotting 车厢停放 指将火车车厢停放在便于乘客上下或货物装卸的适当地点。

carta ❶〈英格兰古法〉特许状;契据;书面文书 ❷〈西〉书信;契据;委托书

carta chyrographata (= carta communis)

carta communis 〈拉〉(古)普通契约

Carta de Foresta 〈英〉《王室狩猎场宪章》 由1207年《马尔勃勒法》[Statute of Marlborough]确认,1217年被批准的一个宪章。它使许多非法开垦地成为不受《王室狩猎场法》管辖的普通地,从而使《王室狩猎场法》的严厉程度有所缓和。这个名称也指某些早期的法规。

Carta de non ente non valet. 〈拉〉关于不存在物的合同无效。

carta de una parte 〈拉〉单方契约

cartae libertatum 〈拉〉〈英〉自由宪章 包括《王室狩猎场宪章》[Carta de Foresta]和《大宪章》[Magna Carta]。

cartage n.❶卡车运输 ❷运输费

Carta Mercatoria 〈英〉《贸易特许状》 指1303年爱德华一世颁发给某些外国商人的特许状。以特定的关税作为回报,特许状授予这些外国商人广泛的贸易特权,诸如:在英格兰的任何城镇自由从事批发业的权利、商品出口权、自由选择住所权、免除各种市政捐税,以及在除死罪案件外的一切诉讼中要求获得陪审团审理的权利。

Carta non est nisi vestigium donationis. 〈拉〉证书只是赠与的表示。 赠与是实质,证书只是形式,即重要的是赠与等授权的实质,并不是契约等证书。此语出自布拉克顿[Bracton],当时契约的作用并不像后来那么重要。

Cartarum super fidem, mortuis testibus, ad patriam, de necessitudine, recurrendum est. 〈拉〉在证人死亡的情况下,契约的有效性必须由陪审团来决定。

car tax 〈英〉车辆税 根据1972年《财政法》[Finance Act]对在英国制造或注册的所有应纳税车辆按其批发价的10%征收的税。

cart-bote 〈英格兰古法〉为制作或修理农具所享有伐木权 法律上允许佃户从土地上采伐木材,用于农具的制作和修理。(⇨bote)

carte 〈法〉航海图

carte blanche 〈法〉❶(已签名的)空白委托书 ❷无限制授权;自由处置权

cartel n.❶卡特尔;同业联合 ①同一行业或同类商品的生产者和销售者为控制该行业或商品的生产和销售,以获得垄断地位,限制特定企业或商品间的竞争,并避免其相互之间的竞争和增加利润而组成的联合体;②有共同利益的公司之间或公司的部门之间为防止过度竞争或不公平竞争,划分市场,促进信息、科研、专利的交流和产品的标准化而达成的协议。❷战地协定 指交战国间签署的一种协定,目的在交换俘虏和逃兵,或是允许进行某些为战争状态所阻的非敌对性交往[non-hostile intercourses],诸如通邮、电话、电报往来等;尤其是指交换战俘协定。

cartel-ship n.战俘交换船 指战时受命用于海上交换战俘的船,或执行特殊使命的船。

Carter Doctrine 〈美〉卡特主义 1980年由卡特总统提出

的对抗苏联的政策。

Carter Report 〈美〉卡特报告　指评估国内研究生教育的调查报告，它列出了本国教育学院、法学院和商学院的排名。

carting a jury 〈英〉马车上的陪审团　据说这是英格兰巡回审判中的一项古老的制度，即：在致死或致残案件中，如果陪审团不能在法官前往下一个城镇以前作出裁断，那么他们将被用马车载着随法官一起走并在郡外作出裁断。这项制度是否被使用过令人怀疑，据说在19世纪早期的爱尔兰曾经使用过。

carting London whores　驱逐伦敦妓女　据说这是伦敦的一个习惯，即把妓女用马车运送并弃置于城外。

car trust　铁路车辆托拉斯　一种合伙组织的联合，其目的在于买卖和租入铁路运输设备，以便出租给铁路公司。

car trust certificates　铁路车辆信托证书　指根据铁路车辆或机车的附条件买卖或租赁而设立的一种投资证券，出卖人或受托人因此而保留其所有权或享有留置权，直至付清全部款项。(⇨equipment trust)

car trust securities　(= car trust certificates)

cartulary　n.契据登记簿；档案保管处　该词原指文件或记录的保存处，尤指特许状和契据的登记簿。寺院和修道院中的契据登记簿包含许多有关土地所有权和土地保有的证据，以及法律实施情况。在13世纪，土地所有人也开始对其占有的土地编目，并登录法院文书。它是了解13世纪及其后有关法律资料的重要来源。

caruca　〈拉〉犁(⇨averia carucae)

carucage　〈英格兰古法〉❶犁头税　为公共目的而对每把犁征收的税。❷土地税

carucarum　(= eleemosyna regis)

carucata　〈拉〉〈英格兰古法〉❶卡勒凯特　为了征税而设定的土地面积单位，指一把犁一年零一天所能犁完的地。在数量上各地有所不同，大约在60至120英亩之间。❷一满车货　❸犁

carucatarius　纳犁头税的土地保有人

caructa terrae　〈拉〉耕地　可能包括与耕地有关的房舍、磨房、牧场、草地、森林等。

carucate　(= carucata)

carvage　(= carucage)

carve　(= carucata)

carver　n.司仪　世袭司仪 [Hereditary Carver] 和苏格兰女王陛下的世袭司仪 [Hereditary Carver to Her Majesty] 是负责加冕仪式的官员。

cas.　(= case; cas fortuits)

ca. sa.　拘留还债令状 (⇨capias ad satisfaciendum)

casata　〈英格兰古法〉卡萨塔　指一所房屋及其附带的一块足以供养一家人的土地。

casatus　卡萨塔保有人 (⇨casata)

cas de demandes　〈拉〉《重要判例集》(⇨casus placitorum)

cas de jugement　(= casus placitorum)

case　n.❶案件；诉讼　包括民事的和刑事的。❷审判　❸案例；判例　❹(诉讼当事人向法庭提出的)证据和辩论　❺〈英〉事实陈述　在上议院和枢密院的诉讼程序中，上诉的当事人提交的对其所依据的事实的陈述及上诉理由、附录中列明的证据及下级法院的判决。❻"trespass on the case"的缩写(⇨case agreed on; case on appeal; case reserved; case stated; cause of action)

case agreed on　〈美〉合意案件　指当事人双方对有关案件事实的正式书面记载均确认其为正确、完整，并同意将案件提交法庭，从而使法庭依对所述事实的法律结论不经开庭审理而迳行对案件作出判决。在该类案件中，当事人必须对裁决其权利所依据的所有主要事实表示同意。

case at bar　在审案件

case at bench　在审案件　这主要指从法官而非律师的角度看的说法，即便如此，大部分法官仍使用"case at bar"而非"case at bench"。

casebook　n.案例教科书　英美等国法学院通常使用的一种法学教材。编者将法院制作的有关某一法律领域的重要判决汇集成册，并附以评论及引导课堂讨论的问题。第一本案例教科书是1871年在哈佛大学采用的由兰德尔 [Langdell] 选编的《合同法案例教科书》，案例教学法 [casebook method] 也自此风靡美国的法学院。但在20世纪则只被有选择地应用。(⇨case system)

case-by-case　a.个案的；逐案的　指在一个个案例之上或基础上，如"on a case-by-case basis"。有时不用连字符，即"case by case"。"case-by-case"用语的另一个变体为"case-to-case"，含义相同。

case certified　法律问题陈述　指经下级法院准许的对案件中的特别法律点或法律问题的陈述，并提交上级法院裁决。

case in chief　庭审中负证明责任一方先举证的阶段　指对案件首先负有证明责任的一方应当向法庭提出其证据的活动。在民事诉讼中通常是由原告先举证，而在刑事诉讼中则由检察官或自诉人先举证。

case in law or equity　普通法或衡平法案件　海事案件不在此范围内。

case in point　先例；判例

case law　判例法　该词在美国可拼作"caselaw"、"case-law"及"case law"。在英文中，该词具有两个含义：①在实在法 [positive law] 意义上讲，指的是由一个实际案件中的司法判决所确立的原则和规则集合的总称，它是一种区别于制定法或其他形式法律的法律形式渊源。②在学理意义上讲，它是指由判例所构成的一套法理。在英美法系，判例法曾是法律发展的至关重要的因素，现在仍然是重要的因素。判例法与"司法的先例原则"[judicial precedent] 或者说"因循先例"(亦称"遵循先例"[stare decisis])原则密不可分。事实上，判例法就是建立在一系列的"先例"之上的。判例法的"先例"原则的核心部分不在于后来的法官或司法者只是从先前的判决中寻求指导，而在于先前的判决中确立的原则或规则被视为是规范性 [normative] 的，依惯例 [convention]，这些原则或规则在某些情况下(类案中)必须遵循与适用。判例法的存在与发展，或者说"先例"原则的出现与发展离不开两个因素：①司法审判得到充分的公开报道，即判例报道 [law reporting] 制度的形成与发展，判例报道提供了潜在的规范性原则或规则的文本记录。同时，这种文本记录还是法官、律师或当事人遵循、比较、论辩或检验的凭证。②法院的等级体制 [judicial hierarchy]。并非所有的判决都构成应遵循的先例，审级的预先区别设置将法律问题、纯粹的事实问题、较为重要的案件与较为不重要的案件等事先过滤，以使后来的法官或司法者不致淹没在无数的司法判决中。事实上，现代"因循先例"原则中的"先例"部分就主要集中在审级较高的司法机构，如最高法院、上议院、上诉法院或高等法院等，遵循的效力及其范围随审级下降等而次之。还必须指出一点：构成判例法各原则或规则的并非各个具体判决结果，而是形成判决结果的判决理

由[ratio decidendi]，因而，在判例法中给出判决理由并非无关紧要之事，而是一项要求。得到遵循的判决也主要体现在判决理由中所形成的各原则或规则，而非附言[obiter dicta]或其他。从表现形式看，判例法同制定法相比，判例法来源于实际诉讼案件，其发展无计划、无系统，甚至其确立的原则或规则有时表述并不清晰可见[inarticulate]。作为法理的判例法有一整套的哲学上的方法论及其他原理作为支撑。首先，构成判例法实体的主要关键在于司法者遵循先例，即判例法主要是司法者遵循先例这一行为的演变结果。遵循先例的行为实际上是对司法行为的规范。司法行为，而不是作为文本形式的法条受到更大的关注，体现出判例法采纳了法律行为主义的视角，即判例法主张了一种司法者行为主宰法律图景的假说，这种假说经发挥在美国变成了一场法律现实主义的运动。从文本形式的法条并非自足体而待阐释来看，判例法的行为主义视角取向并无不妥。其次，规范司法者行为本身，或者说"遵循先例"原则本身并非不证自明的。早期，出于习惯行为的便利[convenience]或惯例[custom]，严守前后行为的一致性更符合维持社会秩序的一般理性要求。在14-15世纪的英格兰，市民社会的初步崛起对司法连贯性[legal continuity]提出更大的要求，"遵循先例"被初次视为一种自觉的约束，并与法律的确定性[certainty]联系起来。在19世纪，在泛科学主义盛行之时，"遵循先例"的要求是与将法律发展成一门科学的目标联系在一起的。在现代，"遵循先例"原则与法律的可预测性要求结合在一起。无论各个时代具体要求如何，"遵循先例"要求通过规范司法者的行为创造法律的稳定性、确定性及可预测性。再次，判例法来源于偶发的实际个别案件，与大规模、有计划的立法相比，它采用的是非整体的渐进技术[piecemeal technology]，尊重个案经验的价值，采纳了知识的分散性原理，即判例法认可有关基于特定时空情境下获得的特定知识（个案下的判决）的正当性和不可替代的观点。概言之，判例法的哲学基础是承认理性有限的经验主义。(➪ common law; precedent; stare decisis)

case made (= case reserved)

case of actual controversy 〈美〉有实际争议的案件 在《联邦宣告性判决法》[Federal Declaratory Judgment Act]中，实际争议指应受法院裁判的争议。不包括基于假定事实作出咨询性判决[advisory decree]的情形。(➪ cases and controversies)

case of commendams 〈英〉托管圣俸案 指定托管圣俸本是教皇特权，宗教改革后转归国王。拥有利兹菲尔德主教职位的那个主教被国王授权代领另一份圣俸，1616年科尔特和格洛弗对该主教提起诉讼，宣称该推荐权属他们所有，国王的授予无效。该案件由王室所有法官在财政署审理，国王强迫法官们依他的意思断案，科克[Coke]因不从而被解除首席大法官职务。该案件结果使普通法法官处于君主专制的任性之下。

case of first impression (= first impression case)

Case of Jean Calas 〈法〉让·卡拉斯案 让·卡拉斯是一名法国新教徒商人。据说他勒死了一个想皈依天主教的人，因而受到严刑拷打，被判有罪，最后遭车裂然后火焚而死。伏尔泰谴责了这一案件，并使它传遍整个欧洲。最后，国王和国务会议撤销了高等法院的判决，宣布卡拉斯无罪，并抚恤了其家属。

case of need 如有必要；预备 汇票的出票人或背书人在汇票上记载某人的姓名或名称，持票人在必要时，即汇票被拒绝承兑或拒绝付款时，可以向该人追索。该人被称为预备付款人[referee in case of need]，持票人对于是否向预备付款人追索享有选择权。

case of novel impression 新印象；新感觉(➪ res integra)

Case of the Seven Bishops 〈英〉七主教案 1688年桑克罗夫特[Sancroft]大主教及其他6名主教因上书詹姆斯二世，反对他在所有教堂宣读信教自由令[Declaration of Indulgence]而受到审判，他们被判无罪，从而建立了请愿权，并在受理诽谤诉讼中强化了陪审团作一般裁断[general verdict]的权力。(➪ Trial of the Seven Bishops)

case on appeal 待审的上诉案件

case or controversy (= cases and controversies)

case primae impressionis (= first impression case)

case reserved 〈美〉保留案件 指案件的事实已在庭审中得到证明，但由于在庭审过程中产生的某些法律点[points of law]在当时尚不能作出令人满意的裁决时，法官要制作一份书面报告，述明案件情况，留待在本院全体法官庭上经过充分辩论后再作裁决，或报请上级法院裁决。这种案件有时也叫特别案件[special case]。

cases and controversies 〈美〉案件和争议 美国宪法中的用语，有时也称"case or controversy"，二者在含义上并无差别。通常被用来指宪法所确定的联邦法院的司法管辖权规则，即联邦法院只能就基于"案件和争议"所产生的问题行使司法裁判权，而不能对假设的案件或根本不存在的法律问题作出裁决。马歇尔[Marshall]大法官曾对"case"一词定义为指依据正式的司法程序提起的，并且属于美国宪法所规定的管辖权范围的案件或诉讼。"controversy"的含义与"case"完全相同，其区别仅在于"controversy"只能指民事案件。美国宪法的第三条第二款规定了联邦法院管辖的九种事项，对前三项称为"all Cases"。后六项合称为"Controversies"，因此，人们将这二者合起来称为联邦法院的司法管辖权范围。它包括当事人依正式程序提请法院裁决的各种请求和争辩。属联邦法院管辖的"案件和争议"必须是具体的、确定的，而不能是抽象的、假设的；它涉及具有相反利害关系的当事人之间的法律关系，并能表明当事人之间存在实质性争执点[substantial issue]，且就该争执点法院有作出裁判的紧迫性和现实性。

case stated ❶〈美〉(= case agreed on) ❷〈英〉判案陈述；判案叙要 由下级法院向上级法院——如治安法院向高等法院——制作的一种书面报告，内容包括案件中已被承认的事实或有待证明的事实，以及与下级法院的判决正确与否有关的法律问题，它是上级法院判断下级法院处理该案适用法律正确与否的基础，通常也是上诉审的材料之一。这种案件的终局判决仍是下级法院的判决，但要与上级法院对本案适用的相关法律的说明相一致。

case stated by arbitrator 〈英〉仲裁员提交的案件 指根据1950年《仲裁法》[Arbitration Act]的规定，仲裁员或仲裁庭可以，或在高等法院的指示下必须将在提交仲裁过程中，或仲裁裁决或其任何一部分中产生的法律问题以特殊案件的形式提出，交由高等法院裁决。

case stated by justices 〈英〉法官作出的判案陈述 指任一方当事人对治安法院适用简易程序作出的有罪判决、裁定或其他程序不服时，有权以适用法律错误或超越管辖权等为由，要求法官作出并签署判案陈述，阐明案件事实及作出判决的根据，并送交高等法院作出裁判。

case stated by tribunals 〈英〉裁判所提交的案件 由土

地裁判所[Land Tribunal]、限制贸易惯例法院[Restrictive Practices Court]和其他特别法庭提交上诉法院的案件。

case sufficient to go to a jury 足以提交陪审团审判的案件

case system 〈美〉案例教学法 指1869－1870年间由哈佛大学法学院的教授克里斯托夫·C.兰德尔[Christopher C. Langdell]所倡导的一种通过归纳以前的案例来进行法律教育和学习的方法。

case to move for a new trial 申请重审的案件陈述 指败诉方当事人为申请重审而作的对案件有关情况的陈述。

caseworker n. 情况调查工作者 为处于困境中的个人或者家庭提供帮助的社会工作者，尤指某一社会机构的调查人员，他们提供帮助的方式主要是为其分析问题和提供咨询。

cas fortuits 〈法〉意外事件；不可抗力

cash n. ❶钱；货币 包括硬币和纸币或钞票[bank note]。❷现金；现款 包括硬币、纸币、可流通票据和活期存款等。❸即期 在预约买卖外汇时使用的说明交割期的术语，系指在预约当日或翌日交割。❹现货 在商品交易市场[commodity market]出售时需即期付款的商品。 v. 变现；把…兑换成现金 a. 现金的；需支付现金的

cash account 现金账户 指记载现金交易及收入和支出情况的账户。

cash against documents 凭单据付款；交单付现 在提示提单等单据时支付货款。这是收取出口货款的一种办法，即出口商或其代理人把货运单据寄交目的港的一家银行，并指令其只有在买方（收货人）付款后才能将这些单据交给买方或其代理人。

cash bail 现金保释金 指刑事被告人为保证按时出庭而以现金形式向法院交纳的保释金。

cash basis 现收现付制；收付实现制；现金会计制 指以一个纳税年度内现金实际收支为标准来确定应申报的纳税收入的一种会计方法。

cash basis accounting 收付实现制会计；现金收付会计 指在任意一个纳税年度内以现金的实际收支金额为核算标准的会计方法。与权责发生制或应收应付制[accrual basis accounting]相对，后者是以应收应付金额为核算标准的会计方法。（⇨accrual basis；accrual accounting method）

cash book 现金账册；现金出纳簿 指记载现金交易及收支情况的账册。

cash budget 现金预算 指对未来一系列相同期间内（如每日、每周或每月）现金收支情况的预测，内容主要包括期初现金余额、预计现金收入额、预计现金支出额和现金余额。

cash customer 现金支付的消费者；付现消费者 指购买时即予付款的消费者，不同于账单付款[billed]消费者。

cash cycle 现金循环；现金周期 指从购买原材料付出现金到出售产成品收回现金之间的期间或过程。

cash discount 现金折扣；付现折扣 指卖方在买方于一定时间内付款时，对其账单价格所作的扣减。它是卖方为鼓励买方立即付款而提供的价格折让。例如，10日内付款给予10%折扣。

cash dividend 现金股息；现金红利 指公司以现金形式向股东分配利润和盈余，与股票红利[stock dividend]相对。（⇨stock dividend）

cash equivalent doctrine 现金等值原则；视同库存现金原则 一般而言，收付实现制的纳税人在未实际收到现金时不作纳税申报。但根据现金等值原则，如果纳税人收到了与现金等值的财产时，必须申报纳税。

cash flow ❶现金流转；资金流动；现金收益 企业在特定时期内净收益与厂房、设备等资本资产和专利、许可权等无形资产的折旧摊提之和，系现代会计术语。 ❷现金流量；现金流动 企业在特定时期内反映其现金账户上的现金收付状况。

cashier n. ❶司库；出纳主任 指银行或信托公司内负责财务的高级行政管理人员[executive officer]，而非一般的财务雇员。 ❷收银员；出纳员 在商店、餐馆及其他商业场所的现金出纳台或收银台负责收取货款的雇员。 ❸出纳员 企业的会计部[accounts department]或出纳部[cash department]中的雇员，负责管理企业的全部收支，包括现金和支票等形式，出具收据，在现金出纳簿[cash book(s)]上登录全部现金收支状况，在票据簿[bill book(s)]上登录所有应收和应付的汇票，将现金和支票解入银行，在必要时从银行提取现金，并经管小额现金。

cashier's check 银行本票 指银行签发的、由银行在见票时按票面金额付款的票据。

cashlite n. 罚金；罚款

cash market 现货市场；现金交易 在现货市场或即期市场上进行的一种交易，买卖双方自由交易，当发生商品交割时商品所有权或所有权凭证从卖方转移至买方时，买方须立即付款，与期货市场[future market]相对。（⇨futures market；spot market）

cash market value 现货交易价格；现金交易价格；现金价值 指买卖双方自由交易时的财产价格。（⇨fair market value；fair cash market value）

cash method (＝cash basis)

cash note 〈英〉现金本票 由地方银行或英格兰银行签发的银行本票[bank-note]，因其有很强的流通性而得名。

cash on delivery 货到付款；交货付现 该种销售方式附加条件，即须在交付货物时以现金支付货款。简称C.O.D.。它主要规定于英国1969年《邮政法》[Post Office Act]中。

cash on demand (＝cash on delivery)

cash on hand 手头现金；库存现金 指在手头的金钱或在银行的存款。

cash option merger 有兑现选择权的合并 公司合并的一种，被合并公司的股东可以选择是否将其股票兑换成现金。

cash order 现金票据；现金订货单 一种即期票据，票据持有人凭票据可直接从零售商处得到货物，而由票据出票人即期向零售商支付货款，持有人则以分期付款方式向出票人付清该款项。

cash or its equivalent 现金或其等价物 指现金或支票等可即时变现支付之物。

cash out 卖绝；卖断 指卖方收取相当于转让财产现金价值的全部款项，而不对该财产保留权益。

cash out buyer 〈美〉付现买方 如果两个人以双方都能获利的某种价格而就同种类的财产进行物物交换，则任何一方均无须缴纳资本利得税[capital gains tax]。若其中一方不想要对方财产，则对方当事人可将财产卖与第三人，而该第三人即为以现金支付买方，以符合卖方所期望的免税交易。

cash position 现金头寸；现金状况 指变现能力的程度或流动资产数量。

cash price 现金付款价格；付现售价 指买卖财产以现金支付时的价格，区别于易货[barter]或赊销[sale on credit]的价格。

cash sale 现货买卖；现金销售 指在收到货物时必须全额缴清货款的交易。如果没有缴清货款，货物所有权不转移，或者虽转移所有权但不实现货物占有的转移。

cash surrender value 退保现金价值；保险单的退保金额；保险解约金 在人寿保险中，被保险人中途要求退保，按保单规定保险人应退给被保险人的退保金。人寿保险单的现金退保价值是准备金减去退保费用之差。(⇨cash value option; surrender value)

cash value (= cash market value)

cash value option 保单现金价值请求权 指人寿保单持有人取得保单现金价值的权利。保险期限内特定时间的保单现金价值一般都先确定。该项权利通常只能在停止支付保险费以后的一定时间内行使。

cash voucher 现金凭单；现金收据 对用现金付款购买商品或服务的一种打印或手写的记录。

cas royaux〈法〉钦案 指一类关系到王室的严重案件。例如：亵渎君主，煽动叛逆，伪造王玺等。在旧制度时代，上述案件必须由王室法官依其职权审判。其上诉法院是巴黎最高法院[parlement of Paris]。

cassare v.撤销；废止；使无效

cassation〈法〉撤销；撤销判决 大陆法国家中上级法院审查下级法院判决的一种方式。因对判决适用法律的正确性有异议而提交上级法院审查的案件，若上级法院确认异议成立，则以判决不正确为由予以撤销，并将案件发回同级的另一下级法院重新审判，上级法院自己并不作出新的判决代替原判决或对原判决予以改判。

cassetur billa〈拉〉〈英〉撤销诉讼 ①在市长法院[Mayor's Court]进行的诉讼中，当原告在被告对其起诉作出答辩之前撤回起诉时，在案卷中予以登记的程序；②在高级法院[superior courts]以起诉状[bill]开始的诉讼中，当原告认为其起诉是出于误解或打算重新起诉时，也适用该程序。

cassetur breve〈拉〉撤销诉讼 对以令状[writ]开始的诉讼，在被告提出充分的妨诉答辩[plea in abatement]后，原告无法否认或反驳，又不愿修改其起诉时，须在案卷中登记撤销该令状，以便以后能够重新起诉。在这种情况下，原告应发出终止诉讼[discontinuance]的通知。

cast v.❶投；掷 ❷投票 ❸排除；抛弃 ❹败诉 ❺判决败诉；使承担费用或赔偿损失 ❻被判有罪

cast away 扔掉；抛弃；弃船

castaway n.❶船舶失事的人 ❷抛弃物 ❸被抛弃者；被遗弃者

castellain n.(英格兰古法)❶城堡主 ❷城堡总管 ❸王室森林管理员

castellan n.城堡主

castellanus (= castellain)

castellarium (英格兰古法)城堡的管辖地区

castellatus (= castellarium)

castellorum operatio〈撒克逊〉(英格兰古法)城堡劳役 由下级佃农为修建、维护、保卫城堡而付出的劳动和服务。这是在撒克逊所有地方都需交的三种必纳的费用之一。有人以个人劳务形式支付，有人则以钱或物支付。

caster 设防营地 以caster结尾的地名，通常都指罗马人建立的设防营地。

castigation n.责罚；惩罚

castigatory n.〈英〉浸刑椅 旧时一种惩罚悍妇的刑具，又称为"trebucket"、"tumbrel"、"ducking-stool"或"cucking-stool"。

casting an essoin 提出不出庭的藉口

casting descent (= descent cast)

casting lots 掷骰子或抽签作决定

casting vote 决定性投票 赞成票与反对票票数相等时，由主持人或主席所作的具有决定性的投票。

castle-bote 为摆脱纳贡地位建立城堡或自治城镇而需交纳的费用

castle doctrine 城堡主义 一个人的家便是他的城堡。因此，他可以用一切暴力手段，甚至是致命的手段来保卫自己的家及其居住者免受攻击。这一原则通常被认为出自1644年科克的《法学概要第三辑》[Third Institute]，但在罗马法中也可以找到有相同含义的词语。

castle-gard (= castleguard)

castleguard (封建法)保卫城堡保有 骑士役土地保有方式的一种。其核心是在城堡周围一定范围内保有土地的臣属要负责保卫领主的城堡或城堡的一部分。

castleguard rents (英格兰古法)城堡保卫租 指由城堡周围的佃农交纳的供保卫城堡用的地租。

castlery n.城堡的管理机构；城堡保有的土地

castleward (= castleguard)

castlewick n.城堡辖区

castle-yard (= castleguard)

castration n.阉割 指因事故或手术失去睾丸。动物饲养业中如果实施不必要的阉割，即构成动物虐待。

castrense peculium〈拉〉军人储蓄 由儿子在战争中或军营中获得的财产。

castrensis〈拉〉(罗马法)军营的；军事设施的

casual a.偶然的；意外的；不可预见的；临时的；无规律的；无计划的

casual bettor 偶尔打赌的人 这是与有组织赌博及以赌博为业的罪犯相对的一个概念。

casual condition (大陆法)偶然性条件 决定于偶然性条件发生的事件，非合同任何一方所能定。

casual deficiency of revenue 偶然出现的财政收入不足 指为满足突然而必要的开支，出现了事前未预料到的资金不足。

casual deficit 偶尔出现的赤字 指其在预算[design]中没有。

casual delegation 意外代理(原则) 该原则是指，若某人对其动产，例如一辆摩托车，保留控制权的，则他人用该动产造成的损害应由其承担责任。

casual ejector 名义上的不动产侵占人 他是收回不动产之诉[action of ejectment]名义上的被告，被冠以理查德·罗伊[Richard Roe]之名。他是以往的普通法为确定不动产所有权而作的法律拟制，假设该人偶然地出现于原告的土地或不动产上，并赶走了该不动产的合法占有人。后被英国1852年的《普通法程序法》[Common Law Procedure Act]所废除。

casual employee 临时工 指临时受雇的人，但其确切含义还依劳工赔偿法[workmen's compensation act]中"临时雇佣"的定义而有所不同，常指非受雇于雇主正常工商经营事业的人。(⇨casual employment)

casual employment 临时雇佣 其受雇工作时间不确定或无规律，只在短期内为某一临时性目的而发生的雇佣。该种雇员通常不能获得资深职员的权利以及附加福利。

而且,在美国许多州的制定法中,这种雇佣可依据雇主的选择而确定是否受制于有关劳工赔偿的规定。因此,各州有关劳工赔偿的制定法中,临时雇佣的定义也是互有差别的。一般来说,其判断标准是工作的性质、雇佣合同的范围以及雇佣的持续性。

casualis (=casual)

casualiter et per infortuniam, et contra voluntatem suam 〈拉〉偶然地和意外地,以及违反其意愿地

casual negligence 轻过失 指较一般过失[ordinary negligence]轻微的过失。

casual pauper 不定期领取救济的贫民 流浪者或在住所地以外接受救济的贫民。

casual sale 临时交易;偶然交易 指不是按照惯例或在正常的业务进程中完成的交易。

casualties of superiority 〈苏格兰〉(领主的)特别地租 指由于租种土地而交给上级领主的特定利益。类似于普通法上土地保有的附带义务。领主的权利不仅优于对土地的一切债权,而且可以对人(土地保有人)行使。

casualty n.❶严重事故;意外事故;突发性灾难 如火灾、雷击、船只失事。❷因事故或灾难而造成的损失、受伤害的人或受损、丢失的物品 ❸造成事故的偶发性原因 ❹〈苏格兰〉非定期贡赋 由封臣向其领主在某一特定事件发生时交纳的费用,不定期交纳。在军事役保有[wardholding]中,这种贡赋受监护金[ward],即若封臣未成年,领主有权进占封臣的地产,并收取租金。在其他保有权中,也存在其他的这类贡赋。迟至1935年,这种形式的贡赋方废止。

casualty insurance 意外保险;灾害保险 从字面上看,该术语包括除人寿保险之外的所有保险。在保险实务中,该术语在各保险公司的具体适用上差异很大,通常包括各种新发展而成的各种保险,如硬玻璃板保险、雹灾保险、锅炉保险和家畜保险等,近年来还包括各种责任赔偿保险种类。

casualty loss 意外损失 因水灾、火灾、风暴、交通事故、船只失事等突发的、不可预见的意外事故或灾难导致的损失。意外损失可从纳税人的应税收入中扣减。

casualty of war ❶战争中的伤亡人员或被俘人员 ❷战争死亡 在人寿保险中,被保险人因战争、叛乱造成的死亡,保险人可以免除赔付义务。

casual worker (=casual employee)

casu consimili 〈拉〉(英格兰古法)❶在同类案件中 ❷恢复被保有人转让之土地的继承权之令状

casu proviso 〈拉〉(英格兰古法)恢复被亡继承地保有人侵占的继承权

casus 〈拉〉❶事件;意外事故;偶然事件 ❷案件;正在研究的案件

casus belli 〈拉〉战争的起因

casus foederis 〈拉〉❶条约事项 由条约所规定、调整的事项或情况。 ❷合同事项 由当事人订立的合同所规定、调整的事项。

Casus fortuitus non est sperandus, et nemo tenetur devinare. 〈拉〉偶然事件既不可预见,故任何人对此都不负有查知义务。

Casus fortuitus non est supponendus. 〈拉〉偶然事故是不能预测的。

casus major 〈拉〉意外事件;重大的偶然事故 如火灾、船舶失事等。

casus non praestatur 〈拉〉意外事故免责 指合同当事人对因意外事故造成的合同履行瑕疵不应负责。

casus omissi 〈拉〉casus omissus 的复数形式

casus omissus 〈拉〉被忽略的情形;没有规定的事项 指在制定法或契约中应当规定而没有规定的事项。在出现这种遗漏的情况时,法院无权予以增补。

Casus omissus et oblivioni datus dispositioni communis juris relinquitur. 〈拉〉被忽略和遗漏的情况应援引一般的法律规定处理。 特指在成文法中无规定的情况必须依照该法以前的一般法律规定来处理。

Casus omissus pro omisso habendus est. 〈拉〉被忽略的案件被视为是有意忽略的。

casus placitorum 〈英〉《重要判例集》 据说是一本内含杰出法官制作的判决、诉讼规则和指导原则的小册子。编纂它是用来说明在爱德华一世早期立法以前的法律下法官应遵守的守则。

casus regis 〈英〉王位继承案 1199年在理查一世去世后,约翰先于亚瑟继承了王位。亚瑟是先于理查去世的约翰的兄长杰弗里的儿子。这一事件被认为确定了一条原则,即:长辈的年幼继承人要先于晚辈年长的代位继承人继承。这一原则打破了代位继承的原则,是代位继承原则的发展。但是,后来爱德华一世主张巴利奥尔优先于布鲁斯继承苏格兰王位,代位继承原则重新确立。

cat n.❶猫 充当宠物以供主人取乐的猫是家畜,它可以成为损害赔偿诉讼[trover]等民事诉讼的标的,可以成为征税对象,也是制定法中禁止虐待的动物,但猫不能成为普通法中的被窃物。 ❷长舌妇 ❸九尾鞭 带九条皮鞭的刑鞭[cat-o'-nine-tails]。

catalla (英格兰古法)动产 诺曼人使用该词,最初仅指家畜,尤指牛[cattle]。该词词义延伸,泛指可移动之物以及除领地、封地以外的一切财产。(⇨catallum)

Catalla juste possessa amitti non possunt. 〈拉〉合法占有的动产不得被剥夺。

catalla otiosa 〈拉〉闲置牲畜 主要指闲置的耕牛或其他牲畜。在英国,羊和耕牛是可以免于被扣押的,但闲置的耕牛或其它种类的家畜则是可以被扣押的。

Catalla reputantur inter minima in lege. 〈拉〉动产在法律上(与土地相比)属于不重要的(或次要)的财产。

catallis captis nomine districtionis 〈拉〉扣押门窗迫使缴租之令状 指为了迫使佃户缴纳地租,而扣押其门、窗等。

catallis felonum 重罪犯人的动产

catallis reddendis 〈拉〉返还动产

catallum 动产 catalla的单数。

catalog n.待售商品目录;拍卖品目录

catals 〈拉〉动产(⇨catalla)

Cat and Mouse Act 〈英〉《猫和老鼠法》 1913年通过的《犯人法》[Prisoners Act]的俗称。

cataneus 〈拉〉大领主;大封臣;直属封臣 指直接从国王那里取得土地的保有人。

catapulta 十字弓

catascopus 〈拉〉执事长 旧时的名称。(=archdeacon)

catastrophe n.❶重大灾难 严重程度甚于 casualty。 ❷完全失败

catchall n.(合同、遗嘱或制定法的)包罗条款 该条款意在扩大文书或法律的适用范围。例如在制定法中,在列举各种事物和可能之后加上该条款,可以扩大该法律的适用而不致产生争议。

catching bargain 圈套协议 这种协议的双方当事人中,

一方拥有金钱,另一方是现在虽没有或少有财产但却享有财产归复权或期待权的人;协议的内容是由后者借用前者的金钱,或是由前者向后者支付现金,并由后者将自己要有的财产权利出售给对方或作其他处分;协议的条件则是敲诈性、不合理而显失公平的,即支付现金的一方所提供的现金大大低于对方财产权的价值等。法院通常将针对协议中的不合理部分,对借款人提供救济。早期的规则是只要现金价格低于财产价值,就是撤销财产权处分的充足理由。英国自1925年财产法[Law of Property Act]后,即摒弃了这一规则,而需考察其中是否存在欺诈或不正当交易的因素。

catchings n. 捕获物 指被捕获而处于当事人占有、支配和控制之下,并能由当事人为其个人目的当即使用的物,如捕获的鱼。

catchlands n. 撮取之地 指诺福克郡[Norfolk]不属于任何堂区[parish]的土地。每年对其征收的什一税由该年度首先抓住机会提出征收要求的堂区获得。

catchpole (= catchpoll)

catchpoll n. (专司逮捕犯的)警察;司法执行官的助手;法警

catch time charter 计时租船合同 指按承租人对船舶的实际使用时间来计算租金的租船合同。在此租船合同之下,承租人即时接管出租船舶,而不论该船舶是否实际使用,出租人不得再行使任何控制权。

catechise v. 〈英〉教理问答 英格兰教会的牧师以《十诫》、《使徒信经》和《主祷文》等来测验和教育儿童、年青人和文盲。

categorical a. 直接的;无条件的

category n. 种类

catena n. 一系列;一连串

cater cousin 四亲等堂(表)兄弟;远亲 源自法语 quatre-cousin。一般泛指远亲,带讽刺意味。

Catering Wages Commission 〈英〉饮食服务业工资委员会 指根据1943年《饮食服务业工资法》[Catering Wages Act]建立的委员会。该法被1959年《雇佣期限和条件法》[Terms and Conditions of Employment Act]取代。

cathedral n. 〈英〉(教会法)❶教会用地 ❷(拥有主教的法座且代表主教辖区的)主教座堂 ❸[总称]大教堂

cathedral preferments 〈英〉(教会法)(供职于主教座堂或大圣堂[collegiate church],位列于主教之下的)教士职衔 指所有的教长、执事长、法政牧师以及其他在该教堂中的职位。

cathedra stercoralis 浸水凳刑(⇨cucking-stool)

cathedratic n. 〈英〉(教会法)主教的捐税 由低级神职人员向主教交纳的两先令捐税,通常是在主教召集的宗教会议或主教巡视下属辖区时缴纳,俗称复活节捐税[synodals]。(⇨synodal)

Catholic n. 天主教徒(⇨Roman Catholic)

Catholic Bible 天主教教会使用的《圣经》

catholic creditor 〈苏格兰〉有担保的债权人 指以债务人的一部或全部财产作为债务担保的债权人。债权人行使担保权时,须通知第二位的债权人,否则须将其债权转让给第二位的债权人。

catholic emancipation 〈英〉天主教徒解放运动 指18世纪末、19世纪初在大不列颠和爱尔兰兴起的解除对天主教徒享有公民权和政治权的限制的运动,以及天主教徒获得法律地位的过程。宗教改革之后英格兰与罗马教徒决裂,建立英格兰国教会,天主教徒失去法律地位并受到惩诫。17世纪实行信仰宽容政策,颁布了《信仰自由法》[Toleration Act],允许天主教徒举行宗教仪式。18世纪天主教徒进一步获得了土地所有权等权益,但必须宣誓效忠国王。最终,英格兰、爱尔兰和苏格兰分别于1778年、1791年和1793年颁布了《解禁法》[Relief Acts],取消了对天主教徒的许多限制。1844年和1926年先后废除了大部分排斥天主教徒的法令。

Catholic Emancipation Act 〈英〉《天主教徒解禁法》 1829年颁布的一部法律,确认了天主教徒享有担任教职和某些高级公职权利以外的所有民事权利。(⇨catholic emancipation)

catoniana regula 〈拉〉(罗马法)卡托尼亚那规则 这一规则通常被表达为一句格言:由于法律上的缺陷而自始无效者,不因时间之经过而有效[Quod ab initio non valet tractu temporis non convalebit.]。该规则适用于继承、遗赠等类似情形。在英格兰法中也有运用,如已婚妇女所立遗嘱无效,即使她后来成为寡妇亦然。

cat-o'-nine-tails 〈英〉九尾鞭 一种笞刑刑具的俗称。

Cato Street Conspiracy 〈英〉凯托街阴谋 指1820年由激进分子策划的企图刺杀所有内阁成员、夺取伦敦并发动革命的阴谋。后由于有人告密而遭失败,主谋者西尔斯伍德及其5名同谋被绞死。这次失败使得激进分子转而采取暴力性较小的行动,并有助于国家实行高压统治。

cats and dogs (俚)投机性很强的证券;猫狗股票

cattle gate 〈英格兰古法〉放牧权 指一种按习惯比例与他人共享的放牧权;在他人牧地上放牧的权利。

cattle-grid n. (公路上的)防畜隔栅 置于公路上,防止牲畜进入公路的一种装置。英国1959年《公路法》[Highways Act]授予主管机关通过协议或以强制手段获取土地和建造防畜隔栅的权力。

cattle guard (= cattle-grid)

cattle insurance societies 〈英〉家畜保险协会 根据1974年《互助会法》[Friendly Societies Act]登记注册的互助保险组织,对牛、羊、猪、马等家畜因疾病或其他原因所致死亡造成的损失提供赔偿。

cattle levant and couchant 可在供役地放牧的所有牲畜 能在供役地上放牧的,限于需役地上的所有牲畜。认定是否属于需役地上喂养的牲畜,以该牲畜是否已在需役地上喂养一昼夜[levant and couchant]作为标准。通常,在供役地上有权放牧的牲畜数目,就是需役地在冬天能够喂养的所有牲畜数目。

cattle rustling 盗窃牲畜

cattle trespass 家畜侵入土地 指自家的牲畜闯入他人的土地。在普通法上,家畜的所有者有义务看管好牲畜,防止其进入他人的土地。违反该义务的责任不是绝对责任,但比过失责任严格。对因违反该义务造成损害的人,可以提起家畜侵入土地之诉。(⇨ liability for animals; damage feasant)

CATV (= community antenna television)

caucasian n. 白种人
a. 白种人的

caucus n. 〈美〉政党选派代表、提名候选人的会议

cauda terrae 〈拉〉地的尽头;畦头

caursines 考赛恩 指在亨利三世时期进入英格兰的意大利商人。他们从事贷款生意,但因放高利贷和敲诈勒索而被驱逐出境。

causa 〈拉〉❶原因;理由;动机;诱因 ❷条件;约因;诉讼动机 ❸(罗马法)(英格兰古法)权利 causa 指获得财

产的渠道、根据或方式，即权利。"权利是占有自己财产的合法根据"[Titulus est justa causa possidendi id quod nostrum est.]。 ❹诉讼案件

Causa causae est causa causati. 〈拉〉诉讼的原因就是被诉事件的原因。

causa causans 〈拉〉直接原因；近因 指因果关系链的最后一环。

Causa causantis, causa est causati. 〈拉〉被诉事件的原因就是产生诉讼的原因。

causa data et non secuta 〈拉〉（罗马法）❶约定的条件未成就 ❷（因约定的条件未成就而）返还已为给付之诉

Causa ecclesiae publicis aequiparatur; et summa est ratio quae pro religione facit. 〈拉〉教会的诉讼等同于公众的诉讼；有利于宗教的原因最重要。

Causae dotis, vitae, libertatis, fisci sunt inter favorabilia in lege. 〈拉〉关于嫁资、生命、自由、税收诉讼都是在法律上受照顾的诉讼理由。

Causa et origo est materia negotii. 〈拉〉原因和起源是事物的重要部分。

causa falsa 〈拉〉（罗马法）❶虚假的动机或理由 ❷误以为合法的原因或权利；错误原因

causa honoris (= honoris causa)

causa hospitandi 〈拉〉为了被当作客人招待

causa impotentiae 〈拉〉由于性无能的原因

causa jactitationis maritagii 〈拉〉诈称婚姻诉讼 指因被告公开诈称其与原告的婚姻关系并产生了社会影响而提起的诉讼

causa justa 〈拉〉（罗马法）❶正当的原因、理由或动机 ❷合法权利 ❸作为决定性证据之事实

causa liberalis 〈拉〉（罗马法）审核自由身份的诉讼

causa list (= cause list)

causal relation 因果关系（⇨compensable injury; proximate cause）

causa lucrativa 〈拉〉（罗马法）获利原因

causa matrimonialis 〈拉〉婚姻案件

causa matrimonii praelocuti 〈拉〉收回定婚土地令状 指在一女子为与一男子结婚而将其土地交于该男子完全继承保有，而该男子后来拒绝与她结婚时，她获得的收回其土地的令状。但如果是男子为了同样目的而转让的土地则不可得到这种令状。

causam nobis significes quare 〈拉〉要求郡长或其他官员申明延迟执行国王关于移交土地占有命令理由的令状

causa mortis 〈拉〉因为死亡的；预期死亡的（⇨gift causa mortis）

causa mortis donatio 〈拉〉死前赠与（⇨causa mortis gift）

causa mortis gift 死因赠与（ = gift causa mortis）

causa patet 〈拉〉明显的原因

causa praeallegata 〈拉〉因为上述原因

causa proxima 〈拉〉近因；直接原因

Causa proxima non remota spectatur. 〈拉〉应该考虑近因而非远因。 除非有其他独立的事由发生于前一个原因与结果之间，否则前一个直接而充足的原因就应被视为真正的原因。

causa qua supra 〈拉〉因上述理由

causare 〈拉〉进行诉讼

causa rei 〈拉〉（罗马法）附属物；孳息

causa remota 〈拉〉远因；间接原因

causa scientiae patet 〈拉〉认知上的原因是明显的

causa sine qua non 〈拉〉不可缺少的原因；必要原因

causa testamentaria 〈拉〉遗嘱案件

causation n.起因；原因；因果关系 这是过失和刑法领域的重要原理。

causator n.❶诉讼当事人 ❷（欧洲古法）为别人打官司的人

causa turpis 卑鄙的（不道德的或非法的）原因

Causa vaga et incerta non est causa rationabilis. 〈拉〉含混不确实之理由，非正当理由。

cause v.❶成为…的原因 ❷作为动因对…发生作用或产生影响 ❸使…产生；使…发生；促使，迫使 n.❶起因；原因 ❷诉因；诉讼理由 ❸诉讼；案件

cause in fact 事实（上的）原因 指引起事件发生的特殊原因，没有这一原因，事件就不可能发生。法庭通常以"如果没有"[but for]原则来表述这种原因，例如：对某人的伤害是不会发生的，如果没有过失者[wrongdoer]的行为的话。

cause list 〈英〉案件目录 记有备审案件的目录，依各案登记的顺序排列，并附有各方当事人的律师的姓名。王室法院[Royal Courts of Justice]的每日审案目录[Daily Cause List]在开庭期内的每天下午公布，上面记有已确定由最高法院第二天审判的案件。类似美国使用的 calendar of cases 或 docket。

cause of a cause 诉讼原因；诉因

cause of action ❶诉因；诉讼理由 指原告起诉的根据。具体指原告起诉寻求司法救济所依据的事实，如侵权行为和损害后果等，有时也可指依据这些事实所提起的诉讼的一部分。 ❷诉权（ = right of action） ❸（古）有诉权的人

cause of injury 伤害原因

cause of loss 造成损失的原因（⇨proximate cause; risks and causes of loss）

causes célèbres 〈法〉❶《著名案件》 一部记载17、18世纪法国法院作出的著名判决的著作。 ❷著名案件 有时一个审判或裁决也可能因当事人或案件事实的不同寻常而被称为"著名案件"。

cause suit to be brought 开始（⇨cause; concurrent causes）

causey (= calcey)

causidical a.与诉答有关的

causidicus 〈拉〉（罗马法）❶辩护人 指专职但并非博学的律师，事实上他们轻视法律学习，而仅掌握了足以理解法学家建议的法律知识。 ❷演说者；雄辩者

cautela 注意；警惕

cauti juratoria 〈拉〉宣誓保证

cautio 〈拉〉（罗马法）担保；保证；保证人

cautio fidejussoria 〈拉〉第三人提供的保证（或担保）

cautio juratoria 〈拉〉（罗马法）宣誓保证；宣誓许诺 指被告以自己名义宣誓，保证在诉讼终结前不离开法院的管辖范围。

cautio Muciana 〈拉〉遗产继承保证；穆齐保证金 得名于法学家穆齐[Mucio]的名字。指继承人或者受遗赠人为立即取得对遗产的占有而作出的保证。其内容主要是继承人或者受遗赠人终身不得从事某些活动，例如：永远不结婚，永远不离开这个国家，永远不从事某种商业活动等。

caution n.〈英〉❶警告；告诫 警官或调查法官必须警告被控方可以不必回答对他的指控，但他说的任何话或作

的任何声明将被记录下来,作为审理时的证据,不作警告所做的记录将不能被作为证据采纳。❷警告;通知;揭示;告示 根据1925年《土地登记法》[Land Registration Act],未经登记法律文书的关系方或司法判决的胜诉人可在登记官处提出一个警告书,大意是除非送达通知给作出警告的人,有关该土地的交易不得进行。但是,该警告并未给予作出警告的人以任何对于土地上的权益,而仅使其能得到有关该土地的通知或提示,以利其提起诉讼。❸(教会法)保证 对履行义务的保证,保证有三种,保证书保证,即一个人用保证书约束自信守诺言;物抵押保证和誓言保证。❹〈苏格兰〉担保;保证 形式有多种,最简单的是财产管理人或遗嘱执行人须对其管理的地产作出正当管理的保证。

cautionary a. 警告的;告诫的;提供担保的
cautionary bond 保证(⇨bond)
cautionary instruction 〈美〉告诫性指示 法官对陪审团所作指示的一部分。指法官指示陪审团某一证据仅能用于特定目的,例如证明刑事被告人犯有正在受审判的罪以外的其他犯罪的证据,可被采纳来证明其实施正受审判的该罪的计划或意图,但不能用来证明其实施了该罪,对此类证据即需要予以告诫性指示。此外,告诫性指示也包括以下情形,如指示陪审团不要受外界的影响,不要与审判以外的人谈论案件情况,注意目击证人识别能力的先天缺陷,不要考虑证人与被告人有罪或无罪有关系的一些行为等。
cautionary judgment 警告判决 指对被告作出的为防止其转移财产,以保证原告在胜诉后能够得到其应得财产的判决。
cautionary obligation 〈苏格兰〉保证义务 指由于保证他人履约而产生的从属性义务,相当于英格兰法中的保证义务[suretyship]。保证义务有两种主要形式:适当保证,即保证人明确表示承担保证义务;不当保证,即主债务人及其保证人承担连带的保证义务。
cautione admittenda 〈英格兰古法〉准许保释令 旧时签发给主教的令状,指令其准许一个被开除教籍并投入监狱的人获得保释,因为他已充分地保证要遵守教规。(= de cautione admittenda)
cautioner n. 保证人
caution juratory (= cautio juratoria)
caution-money n. 保证金 用于担保某种义务或合同的履行。
cautionry n. 保证;成为保证人
cautio pignoratitia 〈拉〉质押担保
cautio pro expensis 〈拉〉费用担保
cautious a. 认真的;小心的;谨慎的
cautio usufructuaria 〈拉〉用益担保 指终身佃户为保证租用的财产不受损失而作出的担保。
c.a.v. (= curia advisari vult)
caveat 〈拉〉❶请注意;告诫(某人)当心 ❷异议通知 利害关系人向法院、法官或行政官员发出的正式通知或警告,反对某种属于他们管辖范围的行为。❸暂停程序 指由适当的法院适用的暂停遗嘱检验或发放管理许可的程序;或者因当事人要上诉以阻止专利证书等的发放而暂不将判决记入档案的程序。❹(为防止误解而作的)解释 ❺注意登记 指在登记簿上作一定的记载,规定不得对登记人的事先通知不得采取某些步骤。❻申请通知 指由申请人作为发明人向专利管理部门提出的法定通知。其目的在于防止未经通知申请即将专利授予他人。❼(海商法)免除扣押申请通知 指船主为防止船舶被扣押而提交法院的免除扣押的申请通知。申请中他必须申明保证出庭应诉并提交保证金。❽(教会法)即将被授权的人禁止授权 指可在宗教法院申请在不知晓即将授予其豁免、特权、神职等人时禁止授予其豁免、特权、神职等。❾〈土地〉登记申请 ❿阻止登录衡平法院判决申请
Caveat actor. 〈拉〉行为人自慎之。 行为人为自己的行为承担风险,但能证明他人有违约或违反强行法规定的行为者除外。
caveatee n. ❶提供文书以作为对遗嘱进行检验的人 ❷被警告人
Caveat emptor. 〈拉〉买者自慎之。 普通法格言。指买方应自行注意卖方对标的物的权利是否有瑕疵等。
Caveat emptor; qui ignorare non debuit quod jus alienum emit. 〈拉〉买主自慎之;不可贸然误买别人的权利。
caveator n. ❶反对检验遗嘱的人 ❷警告人(⇨caveat)
Caveat to will. 反对遗嘱检验的请求。 这是一种对遗嘱有效性的攻击。
Caveat venditor. 〈拉〉卖者自慎之。 罗马法格言。
Caveat viator. 通行者自慎之。 指公路上的通行者有义务行使正当注意,避免道路瑕疵。
Cavendum est a fragmentis. 〈拉〉当心碎片。
caver n. 〈英〉(在德比郡[Derbyshire]的矿山)偷盗铁矿石的人
cavere 〈拉〉(罗马法)(普通法)❶注意;小心;谨慎 ❷法律规范的;法律禁止的 ❸防备;防范
cayagium 〈英格兰法〉停泊费;码头装卸费 指古时交给国王的港口使用税或费用。
CBOT (= Chicago Board of Trade)
ceap n. 〈英〉❶待售物;出卖物;动产;(作为物物交换中的等价物的)牲畜 ❷交易;买卖(契约) ❸(= ceapgild)
ceapgild n. 〈撒克逊〉❶以牲畜支付 ❷没收牲畜 一种古老的惩罚。❸市场价格
cease and desist order 〈美〉禁止令 行政机关或法院禁止个人或企业继续某一特定行为的命令,如联邦贸易委员会可以命令某一企业停止为其产品作虚假广告或虚假商标等不正当竞争行为。(⇨injunction; restraining order)
cede v. ❶放弃;让与;让步 ❷转让;割让 常指个人间土地所有权的转让或国家间领土的割让。
n. 再保险之分出 在再保险中,一个保险人通过分保合同将全部或部分风险转移给另一保险人或就该风险与另一保险人订立再保险合同。
cedent n. 转让人;权利动产[chose in action]的转让人
cedo 〈墨〉我转让 此术语通常用于墨西哥土地产权转让中。
cedula ❶〈西〉(= promissory note) ❷〈西〉出庭通知;传票 贴在逃犯家门上,要求该逃犯到案件受理法院出庭。❸〈英格兰古法〉(法律文件的)附件;计划表
cedule 〈法〉(古)借据
Cedunt arma togae. 〈拉〉化干戈为玉帛。
celation n. 隐瞒怀孕;隐瞒分娩 妇女对其怀孕或分娩事实的隐瞒。
celebration of marriage 结婚仪式 ①男女双方按照法律订婚并建立夫妻关系的正式行为;②为结婚公开举行宗教仪式,如教堂婚礼;③在被授权主持结婚仪式的人面前举行结婚宣誓。
celibacy n. ❶独身状态;独身生活 尤指某人发誓永不结婚的情况。❷禁欲

cell n. ❶小牢房;单人牢房 ❷(附属于大修道院的)修道院

cella (= cell)

cellerarius n. ❶(修道院里的)司膳总管 负责修道院内食品等的采购、供应、保管等。❷(大学里的)伙食管理员

cemetery n. 公墓;墓地 政府机构或私人企业指定埋葬死人的地方,不仅包括尸体安放地,还包括该墓地的小路、人行道以及用于种植灌木和装饰的土地。

cenegild n.〈撒克逊〉偿命金 由杀人犯支付给被害人亲属的补偿金。

cenninga n. 权利担保请求 买方通知卖方已有第三方对出卖物提出权利要求,请求卖方出面证明买卖合法。

cens n.〈加〉年金 向领主交纳,仅仅在于承认该领主对地产的优先权益[superiority],和地租[rent]不同。

censaria n.(英格兰古法)(按固定租金出租的)农场;房屋;土地

censarii n.(英格兰古法)农民 或类似的有义务交纳赋税的人。

cense n. 税;应缴款项;年租

censere 〈拉〉(罗马法)下达命令;颁布政令、法令;判决;裁定

censitaire n.(交纳年金[cens]的)地产保有人;佃农

censive n.(以交纳年金[cens]方式占有的)土地;地产

censo 〈西〉〈墨〉年金;地租;年金享受权 一个人由于付给他人特定数额的金钱或某项不动产而每年获得一定补偿的权利。

censo al quitar 〈拉〉可赎回的年金享受权

censor n. ❶(新闻、电影、书刊、戏剧等的)审查员 ❷(古罗马调查户口、检查公共道德行为、管理公共资金的)监察官 ❸(军队)审查官 检查士兵的信件并删去可能有害、危及安全或可能为敌人传送情报的内容。
v. 审查、检查;修改、删去

censo reservativo 〈西〉〈墨〉(因出让土地权益给他人而从该人那里获得的)年金享受权

censorship n. 审查(制度);检查(制度) 对出版物、电影、戏剧等进行审查,以禁止淫秽、低级或不道德的作品的出版、发行或制作。此种行为因经常被指责侵犯出版自由、言论自由而受到反对。

censorship of books 书籍的审查(⇨censorship)

censuales n.(欧洲古法)(教堂或修道院的)自愿仆役 他们每年向教堂或修道院交纳一定的财产税或代役税,以换取教会的庇护。

censuere (罗马法)❶元老院的裁判或政令 ❷"他们已作出判决" 是古罗马元老院作出判决、决议和发布政令的专门术语。

censumethidus 〈拉〉(教会、学校、社团等的)永久管业;永久管业的土地(或房屋) 亦作 censumorthidus,相当于"mortmain"。

censumorthidus (= censumethidus)

censure n.(官方的)指责;谴责 通常指立法、行政或其它机构通过正式决议对某人,特别是其成员的具体行为进行谴责。

census n. 人口普查;人口调查 对国家、州、地区、郡、县或其他行政区划进行的官方人口统计,调查内容包括性别、年龄、家庭、社会和经济状况等。

Census Bureau 〈美〉人口统计局 根据1902年3月6日国会通过的法律建立的常设机构,隶属于商务部。其主要职能是根据宪法和法律规定,每10年进行一次人口普查,所收集的有关个人、家庭或机构的资料作为机密材料仅供统计使用。

census of production 〈英〉生产普查 对一年内全国某些特殊行业的产量、雇工人数、用工时数、能源的消耗量及产量进行调查统计。原依照《生产普查法》[Census of Production Act]进行,现遵照已于1947年取代该法的《贸易统计法》[Statistics of Trade Act]。

census regalis 〈英〉国王的年收入

centena n. ❶百户区 哥特人、日耳曼人、法兰克人和伦巴第人为军事和民用目的而建立的一种行政区划,起初由一百户自由民组成,与撒克逊人的百户邑[hundred]相对应。❷英担 用于旧时案卷或申辩中。(⇨hundredweight)

centenarii centenarius 的复数形式

centenarius n. ❶百夫长 军队中一百个自由民士兵的首领。❷副郡守 有权管理百户邑或百户区,并裁处辖区内各种较小的事务。

centeni n. 百户民 由不同村庄组成的行政区域(即百户区[centena])的基本居民,因最初居民数量为一百户而得名。后数量已有变动,但一直沿用这一名称。

center of gravity doctrine 最密切联系原则;法律关系重心原则 在解决法律冲突问题时,适用与争议事项或争议当事方有最密切联系的地方的法律的原则。(⇨most significant contact theory)

centesima 〈拉〉(罗马法)百分之一;百分之一的部分

centime 〈法〉生丁 法国货币,等于百分之一法郎。

Central Arbitration Committee 〈英〉中央仲裁委员会 成立于1975年,以取代原工业仲裁委员会[Industrial Arbitration Board]。它由一名法律专家担任的主席及与委员会处理的案件中所涉产业无关的雇主和雇员代表各一名组成。其成员由咨询、调解和仲裁处[Advisory, Conciliation and Arbitration Service]提名,但它独立于该处、劳动部和政府。委员会的基本职责是经双方当事人同意对工业纠纷进行仲裁,但在特定情况下也可单方采取强制性措施。

Central Bank 中央银行 指一国的国家银行,在一国银行体系中占据主导地位,通常负责发行货币、制定和执行货币政策、管理监督商业银行及其它金融机构、从事便利企业经营和保护公众利益的各种交易活动。在美国,联邦储备系统[Federal Reserve System]行使中央银行的职能。英国的英格兰银行是世界上最早的中央银行。

Central Criminal Court 〈英〉中央刑事法院 根据1834年的《中央刑事法院法》[Central Criminal Court Act]设立,负责审理发生在伦敦[London]、米德尔塞克斯[Middlesex],以及埃塞克斯[Essex]、肯特[Kent]和萨里[Surrey]郡的部分地区的犯罪案件。因该法院座落于伦敦的老贝利[Old Bailey]街,人们习惯地以"老贝利"作为该法院的代称。中央刑事法院的设立,实际上取代了原伦敦和萨瑟克[Southwark]的季审法院。其法官由伦敦司法官[Recorder of London]、伦敦助理法官[Common Serjeant]、中央刑事法院的增设法官[additional judges]、高等法院的任何法官以及任何巡回法官或记录法官组成,伦敦市长和任一伦敦高级市政官[Aldermen of the City]有权出席庭审。法院定期开庭,并可在多个地区同时开庭审理案件。在实践中,通常的案件由伦敦司法官、伦敦助理法官和该法院的增设法官审理,对最为严重的案件由高等法院王座庭的法官出庭审理。现在,1834年的《中央刑事法院法》已被废除,1971年的《法院法》[Courts Act]规定刑事

法院[Crown Court]在伦敦市开庭时仍称为中央刑事法院,有权审理在大伦敦[Greater London]发生的犯罪案件,伦敦市长和高级市政官作为当然的法官出席该法院庭审的特权亦被保留下来。

Central Housing Advisory Committee 〈英〉中央住房顾问委员会 为住房部长[Minister of Housing]、地方政府和住房管理委员会提供咨询的机构。

Central Intelligence Agency/C.I.A. 〈美〉中央情报局 1947年依《国家安全法》[National Security Act]设立的联邦政府机构。其负责协调美国情报活动,通过军事和外交手段搜集对美国国家安全至关重要的情报并进行分析,将结论向国家安全委员会[National Security Council]报告,并受该委员会管理。

centralization n.中央集权 将权力和权威集中到一个中央机构或政府。

centralization of schools 〈美〉学校集中化运动 为了发展教育,提高管理效率,将镇[township]或镇的某部分、县或县的某部分相互之间依具体情况结合为若干个集中区[centralized district],统一规划、设置学校,实行集中管理。

centralized district 〈美〉集中区;学区 在美国学校"集中化运动"中统一规划设立的区。

Central Office 〈英〉(最高法院)中央办公室 根据1879年的《司法(官员)法》[Judicature (Officers) Act]设立,旨在合并高等法院各分庭所属的分支机构。目前它包括下列各部:①主事法官秘书处[Masters' Secretary's Department]和王室财务纪事官管理部[Queen's Remembrancer's Department];②诉讼部;③文件和档案部[Filing and Record Department];④刑事部和法庭事务官部[Crown Office and Associates' Department]和刑事上诉部[Criminal Appeal Office];⑤最高法院诉讼费用部[Supreme Court Taxing Office]。

central time (= standard time)

centum 〈拉〉一百

centumviri 〈拉〉百司;百官法庭 古罗马的一个民事法庭,约成立于公元前150年。最初由105名法官组成,后曾增至180名。法庭审理各类民事案件,特别是继承案件。该法庭审理案件时,最初由检察官团主持进行,后改由10人司法官团主持。该法庭在公元3世纪消亡。

century n.❶(古罗马军团中的)百人队 ❷百人团 古罗马选举单位,享有一个投票权。

ceorl n.❶刻尔 盎格鲁-撒克逊时期基层社会自由的小自耕农,以户为单位拥有宅地及耕地,自给自足,并有权出席法庭、参加诉讼。对国家有一定义务,如服徭役、兵役等,对教会也有交税义务。后"刻尔"阶层产生分化,相当数量的"刻尔"虽有人身自由,但失去土地,流落他郡;或依附于领主而租种土地、受雇管理家务等。此后更沦为农奴。 ❷粗野之人,卑贱之人

cepi 〈拉〉我已执行 行政司法官在用拉丁文制作的对有关令状尤其是拘捕令状[writ of capias]的执行回呈中的正式用语。

cepi corpus 〈拉〉我已拘捕(被告人)

cepi corpus et est in custodia 〈拉〉我已拘捕被告并将其羁押

cepi corpus et paratum habeo 〈拉〉我已拘捕该人并将其羁押,听候发落

cepit 〈拉〉他已取得 ①此术语通常用于侵害物品令状和追回原物令状中;②在刑事诉讼中,用此术语对盗窃罪进行指控时,必须证明行为人已取得所偷财物并将其带走。

cepit et abduxit 〈拉〉他已获取并将其拿走 此术语用于侵权之诉诉状或偷盗罪的起诉书中,指控被告非法牵走如牲畜等有生命的动产[living chattel]。

cepit et asportavit 〈拉〉他已获取并将其拿走 此术语用于侵权之诉诉状或偷盗罪的起诉书中,指控被告非法取走其无权占有之物品。

cepit in alio loco 〈拉〉他在另一地方取得该物 旧时动产占有回复之诉[replevin-action]中被告的答辩用语,声明他是在另一地方而不是在原告诉称之地取得该物。

cerage n.置蜡费 一年支付两次的款项,用于购置教堂内所用蜡烛。(= ceragium)

ceragium (= cerage)

cera impressa 〈拉〉压封印 包括在干胶片或封缄纸或其它易于接受压印的物质上的压印。

Certa debet esse intentio, et narratio, et certum fundamentum, et certa res quae deducitur in judicium. 〈拉〉法庭据以裁判的意图和陈述、根据及事实均应确定。

certain service (英格兰古法)(封建法)确定役务 佃农向领主所负封建役务的一种。在数量上有明确限定,并不得以任何借口超越这一限定。

certainty of allegation 主张的确定性 当事人在诉答中对其主张的陈述应准确、具体,而不能模糊、笼统。

certainty of damages 损害赔偿金的确定 在确定损害赔偿金时,并不要求绝对的准确,有合理的计算基础即可。

certa res 〈拉〉某事或某物

cert. den. 〈拉〉调卷令[certiorari]被拒绝

certificando de recognitione stapulae 〈英〉贸易保函证实令 向贸易城镇[staple town]的市(镇)长签发的命令,令其向御前大臣证实由当事人自己扣留并拒绝交出的贸易保函的存在。

certificate n.❶证书;证明文件 由政府官员或具有官方地位者对其所知的或其权限范围内的事实所作的书面的证明或确认。❷许可证明;执照 证明其持有人已符合要求,有权在某一领域从业或从事某种特定行为的文件。❸法院通知;法院证明 一个法院签发给另一法院的说明在本法院中发生的事项或所采取的措施的书面通知。

certificated security 〈美〉投资证券 美国《统一商法典》[U.C.C.]第8篇"投资证券"规定,投资证券的特征如下:①对发行者的某项财产或某个企业享有分享、参与或其他权益;②以记名或不记名方式发行;③通常在证券交易所或证券交易市场买卖,或者在其发行地或买卖地被公认为投资媒介;④属于或可被划分为一类或一系列的股份、债券、参与权或其它权益。

certificate for costs 〈英〉诉讼费用证明书 由审理案件的法官起草并签署的列明某些事实的证明书,只有这些事实被证明存在,胜诉方才有权按照制定法的规定取得诉讼费。

certificate into chancery 〈英〉普通法法院对衡平法院提交的法律问题所作的裁决

certificate lands 〈美〉凭证购买的土地 独立战争后,宾夕法尼亚州在其西部划出一片土地,该州的士兵可凭战争期间作为补偿发给的军饷证购买。

certificate of abstracter 摘录者证明 所有权证书摘要[abstract of title]的摘录者在其摘录末尾所作的补充说明,说明收录范围以及检索的起始和结束时间。

certificate of accountant ❶会计师执业许可证;会计师开业执照 作为注册执业会计师所必须取得的执业许可证

明。❷会计师出具的证明书 注册执业会计师或其它会计师受雇对从事商业的公司、合伙和个人及公益法人的财务账册进行审查后,就受审查者实际的商业财政状况或慈善事业的实际管理状况出具的证明。

certificate of acknowledgment 确认书;认证书;公证书 公证员、治安官或其它被授权的官员提供的书面文件,附于契据、抵押文书或其他文件之后,说明该当事方本人于该日出现于公证员面前,并承认该等文件出于其自由意志和自愿行为。

certificate of amendment 〈美〉变更说明(书) 指向州的公司管理机关(例如州务卿[Secretary of State])所提交的书面文件,用以披露公司注册书、执照的变更事项。

certificate of architect or engineer 建筑师或工程师出具的证明 建筑师或工程师就建筑合同的承揽方履行合同的情况出具的正式书面证明书,通常须在建筑合同的条款中予以规定,以作为承揽方享有求偿权的条件之一。

certificate of arrival 〈美〉到达证明 根据旧法规定,一个外国人在提交公民资格申请书时必须同时提交的何时到达该国的证明。

certificate of assize (英格兰古法)重新审理令 对巡回法庭审理终结的案件因错误导致有失公正而准予重新审理的令状。

certificate of authentication 认证证书 存卷法院的官员或其他类似官员提供的证实以宣誓书作出承认或证明的官员是具备资格的官员,且其后所附签名为该官员的真实签名的证书。有时也称法院书记官证书[county clerk's certificate]。

certificate of authority 〈美〉许可证;执照;授权证书 由州的公司主管机关基于外国公司的申请而向其签发的,授予其在该州从事商业经营权利的文件。

certificate of birth (= birth certificate)

certificate of citizenship 〈美〉入籍证 由入籍法院[court of naturalization]签发的,承认某人根据入籍申请及入籍程序而取得美国国籍的证明文件;也指由司法部长[Attorney General]签发的承认某人因其父母的入籍或因入籍申请及入籍程序外的情况而取得美国国籍的证明文件。

certificate of competency 〈美〉资格证明 美国小企业管理局[Small Business Administration]要求企业在履行政府采购合同时须提供的一种证明。

certificate of completion (建筑师或工程师出具的)竣工证明(⇨certificate of architect or engineer)

certificate of conformity 合法性证书 法院官员(通常是书记官)所制作的说明有关以宣誓书[affidavit]所作的承认或证明是符合法律规定的证明书,该证书常与认证证书[certificate of authenticity]结合在一起。

certificate of costs 诉讼费证书 旧时初审法官在侵权之诉[action of trespass]中所作的证明被告的侵权行为是明知且出于恶意的证书,此证书一旦作出,原告即有权获得全部诉讼费而不管该诉讼费是否超出其所受的损失。

certificate of death (= death certificate)

certificate of deposit 存折;存单;存款证书

certificate of discharge 义务履行证明 (= satisfaction piece)

certificate of election 当选证书 由地方长官、选举委员会或其他主管当局颁发,证明某人已正式当选。

certificate of engineer 工程师出具的(建筑工程已竣工或在建)证明 (⇨certificate of architect or engineer)

certificate of entry 准入证;进入证 由政府颁发的允许进入某公用地的授权证书。

certificate of good conduct 〈美〉品行良好证明 官方的书面证明,证明某人是守法的公民,声誉和品德良好,可经营特许行业,如零售酒业。

certificate of graduation 毕业证书;毕业证明

certificate of holder of attached property 〈美〉被扣押财产占有人的证明 某些州的制定法要求被发现占有应由行政司法官执行扣押的财产的第三人所出具的证明,以说明该财产的数量、特征及被告人对该财产所享有的权益的性质。

certificate of identity 〈美〉(外国人)身份证 外国人通过登记后取得的身份证明,也称为外国人登记证。

certificate of incorporation 〈美〉公司注册证明;公司登记执照;公司章程 在大多数州,该术语是指由政府机构签发的、用以证明公司章程已被认可,公司已告成立的文件。在有些州,该术语则仅指公司章程。在《示范公司法(修订)》[Revised Model Business Corporation Act]中被取消,而代之以费用收据。(⇨articles of incorporation)

certificate of indebtedness ❶借据;债务凭证 ①建房贷款协会为借入款项而向借款人签发的证明;②在破产程序或重整程序期间,为继续维持破产者或债务人的商业经营而借入资金时,由破产财产管理人[receiver or trustee]或债务人签发的债务证明。❷政府债券;公债券 由公共机构为实施政府管理之目的筹集资金时发行的一种公债券,与债券[bond]的相似之处在于均承诺在特定时间支付一定金额给持有人。❸贷款凭证;附息票债券 以前在为市政建设筹集巨额可供长期使用的资金时,通常使用借款凭证[certificate of loan]的形式,并附有向其持有人承诺在某年份的特定时间和地点支付利息的息票。这种贷款凭证现在被称为附息票债券[coupon bond]。

certificate of insurance 保险凭证 由保险人向被保险人签发的证明保险合同已经订立和生效的凭证,与保险单具有同等的效力,实际上是一种简化的保险单,故又称作"小保单"。

certificate of interest 权益证书;权益凭证

certificate of loan 借款证明 (⇨certificate of indebtedness)

certificate of membership 会员资格证书 颁发给互助协会会员的证书,构成该协会会员之间的契约,受团体宗旨、原则和规章的支配。这种证书实际上是一种人寿保险单;亦可表示兄弟会等其它慈善机构的成员资格。

certificate of naturalization 归化证明;入籍证明 (⇨certificate of citizenship)

certificate of need 〈美〉需求证明 许多州现已实施有关需求证明的法律,以防范和惩治日趋上升的保健成本和保健设施与服务的重复建设和分配不当。保健服务提供者若要建立或变更服务设施或提供不同的社会性保健服务,通常需向适当的政府主管机构申请此种证明。

certificate of occupancy 占有证书 在占有房屋或转让其所有权时,必须出具由政府部门签发的证书,以证明该房屋符合有关规划和建筑的法令。

certificate of participation 出资证明 由非公司制企业作为股票的替代物签发的证明书,以证明对该非公司制企业享有一定权益。

certificate of partnership 合伙证明 载有全体合伙人姓名的证明文件。美国有些州的法律要求提出这样的证明,否则无权参加法庭诉讼。

certificate of progress (建筑师或工程师出具的)建筑工

程在建证明(⇨certificate of architect or engineer)

certificate of public convenience and necessity 公共事业运营证(或执照) 行政机构(如公共事业委员会)授予从事公共事业或运输服务的公司运营权的证明文件。

certificate of purchase 购买证 在司法拍卖中，法院开给中标人，使其在拍卖获得法院确认时或如果期满土地未赎回时有权取得地契。

certificate of qualification 资格证书；许可证书(⇨license)

certificate of receiver 破产财产管理人出具的借款证明 (⇨certificate of indebtedness)

certificate of redemption 赎买证 被法院判决拍卖失去财产的原所有人赎回其财产的证明。

certificate of registration 登记证书；注册证书

certificate of registry (船舶)登记证书 由船舶注册登记国按照其船舶登记法所颁发的、表明船舶国籍及船舶其他事项的详细情况的证书。

certificate of sale (= certificate of purchase)

certificate of stock (= stock certificate)

certificate of title 所有权证明；产权证 由登记机关颁发的，表明动产或不动产所有权的一种文件。

certificate of trustee (= certificate of receiver)

certification n. ❶证明；认证 ❷确认；指定 如美国全国劳资关系委员会[NLRB]确认在一个特定的谈判小组[bargaining unit]中，工会代表绝大多数的雇主。 ❸经过认证的陈述 ❹(支票的)保兑；保付 ❺〈美〉意见确认 联邦上诉法院对本院正在审理的未决案件中的某一法律问题需要相关指导时，请求联邦最高法院或州最高法院对该问题予以审查的程序。 ❻〈苏格兰〉遵守程序的警告 指法庭告知诉讼的一方当事人，如果他不遵守法庭的传票或其他令状或法庭命令，将会产生的后果。现在，法庭传票中的警告仅是说明如果被告不服从传票按时出庭，原告可以要求缺席判决。

certification mark 证明商标；证明标记 用于证明以该标记而销售的产品或服务达到所设定的标准、出自指定的区域或由某一工会组织制作。例如 UL[UN WRITERS LABORATORIES]标记用于表示产品的质量水平；ROQUEFORT标记用于奶酪上表示制作方式和产地，即在法国 Roquefort 地方用绵羊奶并在天然洞穴中加工而成。这种标记并非由标记所有人自己使用，而是由其许可他人使用。亦作 certification trademark。(⇨collective mark)

certification of assize 〈英格兰古法〉重新审理、核准令状 英国法律诉讼中，要求对巡回法庭处理过的案件重新审理或核准的令状，现已完全废止。

certification of bond 债券确认证明 抵押受托人确认某一债券是抵押契约中所记载的一系列债券中的一种。

certification officer 〈英〉文书管理官 由政府大臣任命的行使互济会首席登记官[Chief Registrar of Friendly Societies]的某些职能的官员，一般负责保管工会或雇主协会的清单及工会的年度报告和工会章程的副本等。

certification of labor union 工会代理权证明 劳工委员会(如全国劳资关系委员会[N.L.R.B.])所作的声明，证明其工会是雇员的谈判代理人。

certification of question 〈美〉将(法律)问题提请审查 最初在联邦法院发展起来的一种程序，现已形成一种惯例，通过其可将一案件或其中涉及的特定法律问题从下级法院移送给上级法院进行裁决。

certification of question of law 将法律问题提请审查(⇨certification to federal court; certification to state court)

certification of record on appeal 上诉签认书 初审法官对提请上诉审查的问题以签字所作的正式确认，通常在签字上还要加盖法院印章。

certification of transfers (股票)过户确认 当持股人仅仅转让其所持股的一部分或者转让给若干人时，该转让人并不将股票和股票过户凭单转让给受让人，而是将股票和过户凭单送交负责登记股票转让的公司，由该公司加以认证，确认该股权的转让。

certification to federal court 〈美〉提请联邦(最高)法院确认 将案件从联邦上诉法院移送给联邦最高法院的一种方式，其中，前者可将任何民、刑事案件中要求对其作出指示的任何法律问题提请后者审查。(⇨certification)

certification to state court 〈美〉提请州(最高)法院审查 指联邦上诉法院对未经州法院裁决过的涉及州法律的问题提请州最高法院予以审查，以避免自己对该问题作出裁决的一种程序。(⇨certification)

certificats de coutume 〈法〉法律证明 由一名外国律师出具的他所属国的涉及某一个或几个固定问题的法律的证明。这一证明可在法国法院中出示，并可作为有关外国法问题的证据。

certified carrier 〈美〉特许承运人；持证承运人 指获得公用事业经营证并可使用州间高速公路的承运人。

certified check 保兑支票；保付支票 指银行在支票上加盖"承兑"或"保付"字样并签字的支票。银行对这种支票承担绝对的付款义务。

certified copy 经证明的副本 指经保存原件的官员签字证明为真实的文件或记录的副本。

certified mail 经证明的邮件 与挂号邮件类似，送信人可要求送回收信人的收据的一种邮件。

Certified Public Accountant/CPA 〈美〉注册执业会计师；特许执业会计师 指已符合有关注册或许可为注册执业会计师的强制性和行政性先决条件，并从有关主管部门获得注册执业会计师执业资格证书的人。要通过由美国注册执业会计师协会[AICPA]主持的考试，必须符合关于业务经验、教育和道德等方面的要求。

certify v. ❶证明；证实 通常以书面形式。 ❷签发证书；颁发执照；批准；许可 ❸担保；保证；(银行的)保证支付

certiorari 〈拉〉调卷令 在英国，原为特权令状[prerogative writ]的一种，最早只能由大法官签发，在16世纪时王座法庭也获得了签发该令状的权力。现在则是由高等法院的王座庭签发，据以要求下级法院或法官将某一案件的诉讼记录移送给高等法院审核。该令状的使用旨在使高级法院能够对行使司法权的下级法院、裁判所或其他机构所作裁判的合法性进行审查。它不是上诉，它只适用于具有司法或准司法职权的下级机构和人员，并且从诉讼程序的表面上看，存在下级机构或人员无管辖权或超越管辖权行事，或其裁决存在法律错误的情形。所以，如果下级法院或法官的裁决违反了自然正义或者是在无管辖权或超越管辖权的情况下作出的，可通过该令状撤销。但对下级法院有管辖权，只是对法律点有误解，或者裁决依据的事实有错误的情况下，不能通过该令状寻求救济。1938年，调卷令[writ of certiorari]被废除，但高等法院取得了签发调卷令[order of certiorari]的权力，并被逐渐适用于非司法性裁决。自1977年以来，要取得调卷令[order of certiorari]，必须提出司法审查申请[application for judicial review]。在美国，调卷令是上诉法院签发给下级法院要求其将某一案件的诉讼记录移交给其审查的一种

特别令状。联邦最高法院将调卷令用作其选择复审案件的工具。在各州的司法实践中则倾向于废除这一令状。

certiorari facias 〈拉〉理由待证；理由待明　调卷令的命令。

cert money 〈英〉领主治安巡视法庭资养金　一些庄园的佃农向领主交纳的人头税，用以维持领主治安巡视法庭[court leet]。

Certum est quod certum reddi potest. 〈拉〉凡能使之确定者，即为确定。

cervisarii n.〈撒克逊〉有义务向领主供应酒料的佃户　此名用于《末日审判书》[Domesday]中，表示有义务向其领主缴纳酒税的佃户。

cervisia n.〈英格兰古法〉❶酿爱尔啤酒者；爱尔啤酒房管理者　❷爱尔啤酒[ale]

cesionario 〈西〉受让人；受托人；代理人

cess v.❶〈英格兰古法〉停止；终止；结束；中断　❷忽视纳税义务
n.❶〈英〉地方税　❷〈苏格兰〉土地税　❸〈爱尔兰〉为驻军士兵依一定比例征收储备食饷

Cessante causa, cessat effectus. 〈拉〉原因消灭，结果也消灭。

Cessante ratione legis, cessat et ipsa lex. 〈拉〉法律上之原因消灭，法律亦消灭。

Cessante statu primitivo, cessat derivativus. (= Cessante statu primitivo, cessat derivatus.)

Cessante statu primitivo, cessat derivatus. 〈拉〉初始地产权终止，则派生的地产权亦终止。

cessare 〈拉〉停止；结束；中止

Cessa regnare, si non vis judicare. 〈拉〉如果你不愿作出裁决，就停止统治。

cessavit per biennium 〈拉〉他已停止了两年　指如果土地承租人两年未交地租或提供规定的劳务，则土地所有人可依照法令收回土地。此外还规定如两年未能提供某些宗教服务则该土地由教堂所有。现已废弃不用。

cesser n.❶(由于长期未付地租而依法收回土地的)土地承租人　❷权利终止；权益终止

cesset executio 〈拉〉中止执行；暂缓执行；中止执行令；中止执行的记录

cesset processus 〈拉〉中止诉讼；诉讼中止的记录；中止诉讼令

cessio 〈拉〉转让；让与；放弃

cessio bonorum 〈拉〉〈罗马法〉❶财产让与　为了债权人利益，无清偿能力的债务人将其财产让与债权人。此术语被大陆法系国家普遍用于指明将要分配给债权人的破产者的财产。　❷财产让与权　指无清偿能力的债务人可自愿将其财产交与债权人，提前履行债务，以免遭监禁和丧失公权。它是现代破产法的雏形。

cessio in jure 〈拉〉〈罗马法〉法庭让与；拟诉弃权　指一种通过模拟确认所有权之诉而取得所有权的方式。买卖双方假装对标的物的所有权归属发生争执，欲获得所有权的人即受让人向法院主张其对某财产的所有权，让与人承认其主张，法院则将该财产判归主张人即受让人所有。

cession n.❶割让，交出；放弃财产或权利　❷(教会法)(圣俸或封地的)放弃让与　当牧师就任主教或其它圣职时，其原有圣俸或封地则依法转移给他人，除非其享有特免权。　❸(国家间)领土割让

cessionary (= assignee)

cessionary bankrupt 财产转让人(⇨cession of goods)

cession des biens 〈法〉财产转让；以物抵债　债务人在无力清偿债务时自愿地或受强制性地将其所有的财产转让给其债权人。

cession of goods 财产转让；以物抵债 (= cession des biens)

cessment n.(古)(为征税之目的而对财产的)估价或征税

cessure (= cesser)

c'est ascavoir 〈拉〉〈法〉这就是说；换言之

cestascavoir (= c'est ascavoir)

cestascavoire (= c'est ascavoir)

C'est le crime qui fait la honte, et non pas l'échafaud. 〈法〉可耻的是犯罪而不是(被判处的)死刑。

cestui 受益人

cestui que trust 〈法〉信托受益人

cestui que use 保有地受益人　指为其利益而由第三人保有土地的人。(⇨use)

cestui que vie 〈法〉终身受益人

cestuis que trustent 〈拉〉〈复〉信托受益人

cestuy (= cestui)

Cestuy, que doit inheriter al pere, doit inheriter al fils. 〈拉〉可为其父之继承人者亦可为其子之继承人。

C.E.T.A. (= Comprehensive Employment and Training Act)

cf. 〈拉〉比较　为 confer 的缩写。

C&F (= cost and freight)

C.F.I. (= cost, freight, and insurance)

CFR (= Code of Federal Regulations; cost and freight)

CFTC (= Commodity Futures Trading Commission)

CG (= Coast Guard; consul general)

chacea 〈英格兰古法〉❶竞技场　较公园大而又比狩猎场小。　❷狩猎特许区　在某一地区追猎或打猎的特许区。　❸牧道　驱赶牲畜至牧场的通道，否则被称为"赶道"[droveway]。

chaceable a.被追猎的

chacea est ad communem legem 〈拉〉狩猎场依普通法规定而存在

chacer 〈拉〉〈法〉驱赶；驱使；追使；追猎；狩猎

chafewax 〈英〉蜡印官　文秘署或衡平法院的官员，其职责是给蜡加热，将蜡附在印上，用以给各种令状、委任状或其他需签发的文件加盖蜡印，1852年废止。

chaffers n.货物；商品　古代语词，现仍在使用的 chaffering 则表示买卖行为或讨价还价行为。

chaffery n.交易；买卖行为

chain certificate method 〈美〉连锁确认法　指根据《联邦民事诉讼规则》[Federal Rules of Civil Procedure]第44条的规定，对外国官方文件的确认方法。即对于最初证明该文件的外国官员，其签名的真实性及其职位由一比其级别更高的官员来确认，依此类推，直至作出最终确认。

chain conspiracy 连锁共谋　为一个共同目的而以连续方式进行的不同活动，而每一参与者为使整个非法行为完成履行着独立的职责所构成的共谋。共谋者除了对自己行为负责外，还应对促进共谋计划实现而实行的一切行为负责。

chain-gang n.〈美〉链锁群犯　这是以前使用的一种监管囚犯的方法，尤其是在南部诸州在公路施工、采石场及一些类似工程中使用。这些囚犯的右脚踝处都戴有脚镣，脚镣上有一根铁链连着。当囚犯们去干活、收工回监以及

晚上受监禁时，铁链的另一头被拴在一根主链上。有时也使用铁链拴住囚犯的双脚踝。

chain of causation 连锁因果关系 一系列有顺序因果关系的事件，其中某一在后的事件是由直接在其前的事件引起的。例如，事故发生——受伤——精神沮丧——治疗不当——自杀。这一问题的提出，经常是为了决定当行为人的初始行为导致一系列后果时，其所应承担责任至何阶段，以及是否因独立事件介入，从而使其后的事件实际上由这一独立事件而非其前的其他事件所引起的。

chain of custody 物证连续保管 向法庭提交物证的人，如在毒品案件中向法庭提交麻醉品作为物证的人，必须说明从他开始保管该物证直至他向法庭提交该物证的期间，他一直保管该物证的情况。

chain of representation 连续代表（制度） 立遗嘱人的唯一的或唯一活着的遗嘱执行人应为立遗嘱人的当然执行人，只要这种连续代表的关系未被中断，连续代表关系中最后一位执行人是在其前任何一位立遗嘱人的执行人。该连续代表关系因无遗嘱，立遗嘱人未指定遗嘱执行人，或未经遗嘱检验而被中断。但这种连续代表关系不因准许临时性的遗产管理而被中断，如果在此之后进行了遗嘱检验。

chain of title 产权的连续；产权链 指涉及某一特定地块产权的继承人或其他方式的转让记录是前后连贯的，从政府授予或产权的原始所有人直至当前的产权所有人。

chain reaction 连锁反应 指一系列连续发生的事件，每一事件导致其后事件的发生或对之产生影响。

chains and links 链和令 不动产测量使用的长度单位。1链等于66英尺或100令。

chain stores 连锁店 属于同一所有人，采取相同名称、统一经营管理的一系列商店；通常销售同一大类的商品。

chain voting 连锁投票 一投票人从投票处取得空白选票，交给第二个人填写，再由该第二个人交给第三个人，由第三个人将选票投入票箱的制度。此制度尤多用于解决劳资纠纷。这种做法可能被不道德的人用来操纵投票。

chairman n.❶（集会、会议的）主席 ❷（议会、董事会、委员会等的）主席；议长；董事长；委员长；会长

Chairman of Committees of the Whole House 〈英〉全院委员会主席 根据英国下议院惯例，在每届新议会开会时由下议院从该院议员中选举产生。当下议院由委员会审议政府提出的议案，或由委员会审议赋税[ways and means]、政府支出或审议一些初步提案[preliminary resolutions]时，由其主持会议。

chairman of the board 董事会主席；董事长 在任何类型的公司中主持召开董事会会议的人。虽然这一职务的性质和职责在不同的公司中不尽相同，但通常公司的最高主管人是总裁[president]而非董事会主席。

Chairman of Ways and Means 〈英〉赋税委员会主席 为下议院成员，当下议院以全院委员会形式讨论重要议案时，由其主持会议。他同时是下议院的副议长[Deputy Speaker]，与议长具有相同的职责和权力，但无施加任何严厉惩罚之权。早先他仅是赋税委员会主席，但自1841年以来，他同时还担任所有其他全院委员会的主席。赋税委员会主席于每届议会开始时任命，通常从执政党中产生。自1902年以来，该委员会设立了副主席，在主席缺席时，由副主席行使主席的一切权力。

chalder (= chaldron)

chaldern (= chaldron)

chaldron n.〈英〉查尔特隆 旧时英国用于煤炭、焦炭等的惯用计量单位，其代表的重量在不同的地方也不一样，在伦敦1查尔特隆煤炭约30英担，在纽卡斯尔[Newcastle]1查尔特隆重约53英担，而在威尔士，人们将12桶或罐当作1吨或1查尔特隆。在法律上，查尔特隆为一容积单位，合36蒲式耳，每一蒲式耳为8加仑。在苏格兰，查尔特隆为数量单位，合6博尔[bolls]，用于计量牧师的薪俸。

chalking n.填嵌；捻 指用麻絮等填嵌船上的缝。

chalking the door 粉笔通告 从前在苏格兰公布逐出房客通知的一种方式。自治市官员于租期届满前40天，在有证人在场的情况下用粉笔在房门上作通知，并填写关于粉笔通告的执行令状或证书。这种作法至少于1907年就已废除。

challenge v.❶对…表示异议；反对 ❷质疑 以起诉或申请等方式对合法性或法律资格等问题正式提出疑问。❸向…挑战（⇨challenge to fight） ❹申请（法官或陪审员）回避

n.❶异议；反对 ❷（对法官或陪审员的）回避请求

challenge for actual bias (= challenge to the favor)

challenge for cause 有因回避请求；附理由的回避请求 指申请陪审员回避时必须说明理由，诉讼双方均可提出，是否回避，由法官裁决。它一般包括对整个陪审团的回避请求[challenge to the array]和对个别陪审员的回避请求[challenge to the separate polls]。

challenge for favor (= challenge to the favor)

challenge for principal cause 绝对有因回避请求 与以偏见为由的回避请求[challenge to the favor]相对，指当事人基于绝对无资格的理由而请求陪审员回避，如陪审员与当事人有血缘关系等。对具备这种理由的回避申请必须准许，法官在确定有无偏见的可能性时无任何裁量权。

challenge of judge 要求法官回避的请求

challenge propter affectum （对陪审员）以偏见为由的回避请求

challenge propter defectum 以陪审员本身的缺陷为由的回避请求 例如陪审员是外国人或是曾经被定罪的人。

challenge propter delictum 以陪审员犯有叛国罪或不名誉罪为由的回避请求

challenge propter honoris respectum 议会议员对自己被列入陪审团名册的异议 至于当事人是否可对此提出异议不得而知。

challenge to duel (= challenge to fight)

challenge to fight 要求他人决斗而向其挑战 以口头或书面形式要求他人与自己决斗的行为。在英国普通法上，要求他人决斗或试图诱使他人对自己提出决斗挑战的行为属轻罪，可受罚金或监禁处罚。1967年《刑法》[Criminal Law Act]废除了此种犯罪。

challenge to juror （在陪审员资格预审程序[voir dire]中）申请陪审员回避

challenge to jury array (= challenge to the array)

challenge to the array 对陪审团名单的异议；对陪审团的回避请求 以陪审团的挑选程序有缺陷，即负责召集陪审团的官员有偏见或行为不公等为由而申请候选陪审员名单上的所有人员回避。

challenge to the favor 以偏见为由的回避请求 当事人以某个陪审员可能有偏见为由而请求该陪审员回避。对这种回避请求是否允许，由法官裁量决定。

challenge to the panel （= challenge to the array）

challenge to the polls 对陪审员个人的回避请求 与对整个陪审团的回避请求［challenge to the array］相对。它包括无因回避请求［peremptory challenge］和有因回避请求［challenge for causes］两种情形。

Chamavian Code 《查马维法典》 共48条，以《法兰克查马维法典》［Lex Francorum Chamavorum］为人所知。是由查理曼派往法兰克人聚居的查马维地区的王室法官所作的备忘录。

chamber business 办公室事务 指法官可在其办公室或别处处理的司法事务，区别于必须在公开法庭上处理的事务。

chamber-clerks n. 〈英〉法官的书记官 指法官个人的书记官，包括皇家首席大法官［Lord Chief Justice］、掌卷法官［Master of the Rolls］、高等法院家事庭庭长［President of the Family Division］的秘书和书记官；高等法院法官或上诉法官［Lord Justice of Appeal］的书记官。

chamber-counselor n. 顾问律师；咨询律师 指只提供法律咨询和建议，而不出庭的律师。

chamber-deacons n. 爱尔兰寒士 指穿着简陋，生活无规律，亦不遵守任何法纪的爱尔兰教士或学者，在15世纪他们经常出没于牛津等英国大学，但并不属于其中的某一所。也指根据1413年的一部法令而被驱逐的乞丐，该法规定，所有称作爱尔兰寒士的爱尔兰人、教士或乞丐都必须被驱逐出国境，除非他们毕业于一所正规学校（指大学），或是一名市政官员，法律见习生，英格兰财产继承人，已立誓修道者，或是生于爱尔兰，现居于英格兰享有良好声誉的商人及其学徒，以及那些国王特许的人。

chamberdekins （= chamber-deacons）

chamberdekyns （= chamber-deacons）

chamberlain n. ❶〈英格兰古法〉国库司库 起初，chamberlain是指保管国王或国家的财库的人，其他方面的则称为treasurer。❷〈英格兰古法〉侍臣；大臣 在诺曼人征服英格兰之后，chamberlain掌管宫廷及大量财政事务。经过一段时期后，该职位变成世袭的肥水闲差。如掌礼大臣［Lord Great Chamberlain］，宫廷内务侍臣［Lord Chamberlain of the Household］，理财大臣［Chamberlain of the Exchequer］。❸罗马教廷司库 这是在法国一直延续到19世纪的一个财政方面的官员。罗马教廷司库［Apostolic Chamberlain］在教皇大会上是财政部门的首领，在教皇空缺时则为罗马教廷事务管理的首领。❹司库 在英国的一些地方政府和美国的一些城市，该词常用来指市司库。

Chamberlain ayre （苏格兰古法）首席财务官巡回法庭 从12世纪到15世纪，chamberlain作为苏格兰国王的首席财务官，拥有一个巡回法庭，以查明自治市的治安官们是否履行了其职责，贸易规章是否得到遵守，以及租金和税赋是否缴纳。1512年后巡回法庭消失，财务官的权力也随之消失。

Chamberlain of the City of London 伦敦市首席财务官 此职位历史悠久，作为首席长官掌管伦敦市金库［Chamber of London］。早期他作为一个银行家，因而还赚取利润。现在他将其所有钱款存入英格兰银行。他作为首席财务官的唯一报酬是领取薪水。伦敦市首席财务官还保存一份自由民名册，并在通过授与荣誉而赋予市民资格时介被授与人。他还主持一个称为首席财务官法庭的法庭，负责处理主人与学徒间的争议。

Chamberlain of the Exchequer 理财大臣

Chamberlain's court 〈英〉财政官法庭 伦敦城的财政官可拥有一个法庭，法官为该财政官和副财政官，负责审理师徒之间的争议。对其裁决可上诉至伦敦司法官［Recorder of London］以及伦敦市长和伦敦城法官［Mayor's and City of London court］的陪审团。

chamberlaria 司库职位；司库的办公机构

Chamber of accounts 〈法〉王室审税法庭 法国古老的王室法庭处理有关国王年入账目的事务，类似于英格兰的"court of exchequer"。

chamber of commerce 商会 由一城市中的主要商人和企业家组成的社团，旨在促进当地贸易和商业的发展。有些商会，如在美国费城，已成为法人组织。在所有的大商业城市都存在这样的组织。有些具有与商会相似功能的组织也可能冠以其他名称，如贸易委员会［board of trade］等。

Chamber of Commerce Arbitration Court 〈美〉商会仲裁庭（⇨Court of Arbitration of the Chamber of Commerce）

chamber of deputies ❶（英国议会的）下议院 ❷（法国、意大利、西班牙的）议会下议院；国民议会

chamber(s) n. ❶私人贮钱室；国库；库房 ❷〈英〉出庭律师办公室 设于律师公会的单个出庭律师的私人办公室或多个出庭律师的集体办公室。❸法官办公室 法院中所设的法官的私人事务室，法官（在英国包括主事法官［master］和地区法官［district judge］）在此处理不需在公开法庭上处理的法律事务，如听审申请，签署文件等。❹立法机关；立法机关的会议厅 如 senate chamber。

v. (法官)在某一地方执行公务 如某法官有时在纽约，又有时在旧金山执行公务。

chambers decision 在法官办公室作出的裁决 指在法院休庭期内处理案件的法官作出的裁决。

chambers judgment 在法官办公室作出的判决 指法官在办公室里举行听审程序后作出的判决。

Chambers of the King 英王专属海湾 拉丁语称 Regiae camerae。指大不列颠海岸线以内的海湾，传统上被认为属英王室专属的领土管辖范围。

chambers order 在法官办公室作出的裁定

chambre ardente 〈法〉火刑法庭 主要审理由宗教裁判所发现的异端的案件而建立的特别法庭。始建于1535年，1682年废止。

chambre depeinte 〈英〉上漆的金库 古时圣爱德华的金库［St. Edward's Chamber］，被称为"上漆的金库"，于1833年10月与国会大厦一起毁于大火。

Chambre des Comptes 〈法〉审计法庭 在法国古老政体下，在1320年从王室法院中分离出来的一个最高终审法庭，负责国家诸多财政方面事务的管理，且拥有行政和立法职能。1807年由审计法院［Cour des Comptes］所取代。

Chambre des Enquêtes 〈法〉调查法庭 大革命前巴黎高等法院［Parlement of Paris］下的一个法庭，组建于14世纪，负责执行根据巴黎高等法院大法庭［Grand Chambre］之命令所开展的调查事宜。大革命时被撤销。

Chambre des Requêtes 〈法〉告申法庭 法国旧政体下巴黎高等法院的一个法庭。负责审查寻求在该法院提起诉讼的当事人的诉状，在一些案件中充当一审法庭。大革命时消失。

champart n. ❶〈法〉地租 依照双方协定或习惯，土地所有者将土地授予另一方，条件是后者将每年收成的一部分交给土地所有人。❷助讼；帮讼（= champerty）

champarty (= champerty)

champertor *n*. 帮诉人；助讼人 指直接或间接地出钱帮助他人提起或进行诉讼，以胜诉后分得部分所获利益为回报的人。(⇨champerty)

champertous *a*. 帮讼的；帮诉性的

champertous assignment 助讼转让 指将权利动产［chose in action］进行转让，那些唯一目的是据此而使受让人提起诉讼。

champertous contract 帮诉合同 即旨在帮讼而由帮讼人与原告或被告订立的合同。该合同具有促进或拖延诉讼的倾向，或是将诉讼的控制权或支配权转移给对诉讼标的无权利或无利益的人。该合同不同于诉讼协议，尤其是律师与委托人间关于胜诉酬金的协议，这种协议中律师同意使当事人避免因该律师所建议的诉讼必需支付的费用而招致的损失。

champerty *n*. 帮讼 拉丁文为 campum partire。指原告或被告与第三人（帮讼人［compertor］）间的协议，由该第三人出资供给诉讼所需的费用；作为回报，该第三人取得争议土地或是其他争议财产的一部分。帮讼是普通法上的一种轻罪，美国1967年刑法取消该罪名。

champion *n*. 战士；斗士；勇士；决斗替手 在英格兰古时由决斗裁判解决纠纷，那些教士、婴幼儿，以及超过60岁的老人可以雇请"决斗替手"［champion］来代替他进行决斗。随后，雇请决斗替手的权利延及到所有的诉讼当事人。直到1275年的《威斯敏斯特法 I》［Statute of Westminster I］还规定决斗替手需对其委托人案件的真实性发誓，如果证明他虚假宣誓，他将被割去一只手或一条腿。在涉及主教和男修道院院长的案件中，充当决斗替手是辩护律师［advocatus］的一部分职责。

Champion of the King or Queen 〈英〉英王护卫官 自14世纪开始的与英王加冕典礼有关的一个世袭官职，其职责是向任何否认国王有权得到王位的人挑战，并准备为此而决斗。

champ parti 〈法〉(= champerty)

chance *n*. ❶意外事件；偶然事件 由不可知或无法确定的条件或力量产生的结果或事件；某一行为产生的不可预料、不可预见或非有意图使然的结果。❷危险；事变；冒险 ❸机会；机遇（⇨act of God；accident）

chancel *n*. 高坛 教堂中供牧师进行宗教仪式的场所，主教座堂［cathedral］或大圣堂［collegiate church］中唱诗班站立的地方。

chancellor *n*. ❶（衡平法院）御前大臣 ❷〈苏格兰〉首席陪审员 ❸大学校长；（美国某些州高等教育系统）首席行政官 ❹（国王或主教的）法律顾问官；教区大法官 ❺（德奥等国）总理

chancellor of a cathedral 主教座堂的高级教士 主教座堂四位主要首脑之一，其职责由不同牧师会的教规规定。但主要负责教育事项，尤其是神学方面。

chancellor of a diocese 〈英〉教区法官 英格兰国教会的各教区法院［consistory court］的唯一法官，为主教审理本教区的教会诉讼案件。他具有教务总长［official principal］的职务，坎特伯雷教区的教务总长称作主教代理［commissary］。他必须是一个出庭律师或是曾担任过高级司法职务的人。他可同时担任多个教区的教区法官。

Chancellor of the County Palatine of Durham 〈英〉达勒姆领地衡平法院法官 以前的达勒姆领地衡平法院的独任法官，主要行使衡平法院在领地内的古老的管辖权。1971年该法院合并到高等法院。

Chancellor of the Duchy of Lancaster 〈英〉兰开斯特公爵领地事务大臣 自1399年起，兰开斯特的公爵领地［Duchy］和郡特权领地［County Palatine］的地产及其管辖权是归属王室的。该事务大臣名义上控制这些地产，但实际工作是由副事务大臣及其下属职员来做的。该事务大臣还拥有一些其他权力，这些权力在其他郡部长级的则是由御前大臣或内务大臣来行使。该职位现为部长级，常常是内阁成员，所辖部门职责不多，因而该事务大臣可以有时间承担交给他的政府委员会或其他事务的主席职责。名义上，他还是兰开斯特衡平法院的法官，但其司法职责由副事务大臣行使。

Chancellor of the Exchequer 〈英〉财政大臣 联合王国掌管财政和税务的内阁部长 起初只是协助御前大臣的事务官，在12世纪，被指定掌管财务章［Seal of the Exchequer］，并在检查财税账目上享有司法职权。国家的财政会议由国王、财务官员和财政大臣组成，这种会议在19世纪流于形式，在1856年被废止，自此，财政大臣职位的重要性稳步提高。财政大臣现今一直是财政委员会的成员，并且拥有财务次官［Under Treasurer］的职位。随着税收的重要性增加，以及国家的财政地位变得更重要，财政大臣的职位变得十分重要。财政大臣负责全国财政收支、税收、经济规划、公共投资、在财政和经济事务上的国际合作等。每年的四月份，他要向议会提交预算，检查国家的财政状况，并且制订税收修改计划以满足下年政府的需求。

Chancellor of the Order of the Garter 〈英〉嘉德骑士事务大臣 负责为骑士集会的委任状和命令加盖蜡印的官员，并保存活动记录的登记本，发布根据蜡印命令的正式记录。

Chancellor's Court in the two universities 〈英〉牛津、剑桥大学的校长法庭 指设在牛津和剑桥两所大学行使其地方司法管辖权的法庭。为了避免学生们因为涉入其它较远的法院的司法程序而影响学业或其它学术活动，而授予两校排它性的司法管辖权，审理学校成员为一方当事人的案件。牛津大学校长法庭的主审法官是副校长或其代理人。在这些法庭中的诉讼曾由法官根据普通法或大学的规章习惯行使裁量权，而现在则根据当地的普通法或成文法。

Chancellor's foot 御前大臣的尺码 约翰·塞尔登在17世纪曾写道："衡平法是一个调皮捣蛋的东西，对于法律（普通法）来说，我们还有一个衡量标准，知道该信任什么。而衡平法是根据御前大臣的良知，它能随着其范围的宽窄，衡平法也随之变动，如果衡平法制订衡量的标准，我们可以称这尺码是御前大臣的尺码"。这段话显示了17世纪时的衡平法带有很强的个人特征。到1818年，御前大臣艾尔登勋爵则说："没有什么事比一个人在离开衡平法院时，回想起我所做的一切正是印证了衡平法如同御前大臣的尺码一样变化无常的指责更令我痛苦的了。"该变化显示，到1818年，衡平法已变成如普通法那样确立起来的已成定规的各类原则的集合。

Chancellors of the Universities of Oxford and Cambridge 〈英〉牛津和剑桥大学校长 是这些大学名义上的校长，他们由这些大学的文学硕士选举出来，通常是有较高地位或名望的人，其职能主要都是荣誉性的。牛津和剑桥大学校长在各自大学享有司法管辖权，并审理一定范围内的民事和刑事案件。

chance-medley *n*. 自卫杀人 刑法上的一种偶发的殴斗行为，系因在突发的争执中一方受对方袭击而引起，在拒绝继续打斗后,仍受对方攻击,出于自卫而将对方杀死。在广义上,该词亦指任何意外杀人。

chancer v. 衡平 指像衡平法院会做的那样,根据衡平原则所做出的调整。该做法产生于新英格兰的部分地区,当时这些法院没有衡平法管辖权,而不得不按衡平原则行事。

Chancery n.〈英〉文秘署;衡平法院;大法官法庭 文秘署是一个古老的机构,起初是皇家文秘书记官日常工作所在地,主要负责签发各种令状,包括普通法上的诉讼开始令;准备和保存各种文件,并负责在需要加盖国玺的文书上加盖国玺。文秘署首长,即御前大臣和其主持的办公机构与御前会议关系紧密,并保留了一些在普通法法院从御前会议分离之后的特别的司法管辖权。在14、15世纪,为了修正普通法的一些不公正之处,以及减轻普通法的僵硬之处,行使这种特别司法管辖权变得必要起来,趋于日常化,文秘署在此情形下逐渐具备法院的特征,鉴于早期御前大臣的教士背景,以及"国王是正义的源泉"、"御前大臣是国王良知的守护人"的观念,御前大臣所主持的法院"看重事实实质甚于形式",强调裁量权以及公正的衡平观念,因而迥异于普通法法院而被称为"衡平法院"[court of equity]。衡平法院在御前大臣的主导下逐渐奠定了"遵循先例"的司法原则,消除了衡平法广受批评的不确定性。在很长一段历史时期内,衡平法与普通法之间存在着尖锐的矛盾和对抗。1873–1875年《司法组织法》[Judicature Acts]将普通法法院、伦敦破产法院和衡平法院合并为由高等法院和上诉法院组成的最高法院。高等法院设有五个分庭,其中之一为衡平分庭。

Chancery Court of County Palatine of Durham〈英〉达勒姆巴拉丁郡领地衡平法庭 1066年之后,诺曼国王肯认了达勒姆主教对其巴拉丁领地的各种权力,直到1836年才转归国王,仅剩下领地内的衡平法庭。该法庭的法官是由国王任命的领地枢密大臣。另外,法庭还有诸如总检察长[Attorney-General]、副总检察长[Solicitor-General]和其它一些官员。它行使以前高等衡平法庭[High Court of Chancery]在领地内的管辖权及许多制定法管辖权,不服其判决可向上诉法院[Court of Appeals]和上议院[House of Lords]上诉。该法庭于1971年并入高等法院。(⇨High Court of Chancery;County Palatine of Durham)

Chancery Court of County Palatine of Lancaster〈英〉兰开斯特巴拉丁领地大法官法庭 1351年,爱德华三世[EdwardⅢ]准予兰开斯特公爵[Duke of Lancaster]设立一名大法官[chancellor]和大法官法庭[Court of Chancery],并授予其附属于巴拉丁领地的"准王权"。自1399年起,领地开始由君主掌管,但不受国王本人控制。巴拉丁领地保留了大法官法庭,并在巴拉丁领地和公爵领地内设有一名检察总长。在此领地之内,大法官法庭享有与高等法院大法官分庭相同的权力并有并行的管辖权,同其他法院之间可以互相转移诉讼案件,上诉案件由上诉法院和上议院受理,1971年并入高等法院。此前直到1873年为止,该领地一直都设有自己的上诉法庭,受理领地内大法官法庭、普通民事诉讼法庭和巡回法庭的上诉案件。现在巴拉丁郡公爵领地的大法官是一个政治职位,它原来的司法功能由他指定的副大法官履行。

Chancery Court of the County Palatine of Durham and Sadberge〈英〉达勒姆和萨德伯奇特权领地郡衡平法庭 在上述特权领地郡内的具有衡平分庭的管辖权的法庭。1971年并入高等法院。法官是该特权领地郡的事务大臣。

Chancery Court of York〈英〉约克郡教区法院 在约克教省[ecclesiastical province of York]受理各主教教省法院[consistory court]判决的上诉案件的教会法院。法官有5人,其中一人是约克郡教省法院法官[Auditor],或称教务总长[official principal],他同时也是坎特伯雷教区法院世俗法官[Dean of Arches]。该法院的上诉由枢密院司法委员会受理。(⇨Court of the Arches)

Chancery Master〈英〉衡平法院存卷主事官(⇨chief clerks)

Chancery orders〈英〉衡平法院诉讼程序规则 指由御前大臣、掌玺大臣或钦差大臣[Commissioners of the Great Seal]签发的命令,规定衡平法院的诉讼程序。在理查二世时期,就有一些初步的规则,在培根担任御前大臣的时代及其后任直至1873–1875年《司法组织法》[Judicature Acts]实施的时期里,这些规则更趋完整。现由《最高法院规则》[Rules of Supreme Court]所取代。

chancery reports〈英〉衡平法院判例集

chance verdict 运气裁断 指通过抛硬币、抽签或其他随机方法而作出的裁断。在这种情况下,陪审员个人的推理和理解对裁决的结果不起作用。

Chandler Act〈美〉《钱德勒法》1938年通过的一部对破产法进行重大修改的联邦法律。该法旨在使原来的破产法现代化,尤其是增加了有关条款,使得债务人可以不必对其财产进行全部清算就得以与债权人就偿还债务问题进行和解。

Chandos Clause〈英〉钱多斯条款 1832年《人民代表法》[Representation of the People Act]第20条的俗称,也称作改革法案[Reform Bill]。它给予各郡下列人员议会选举权:①原期限不少于60年的土地持有人,并且在剩余期限中该地产每年的产出价值不少于10英镑;或原期限不少于20年,并且在剩余期限中该地产每年的产出价值不少于50英镑;②每年支付租金不少于50英镑的承租人。此条款列入该法源于白金汉公爵[Duke of Buckingham]的长子——钱多斯伯爵[Marquess of Chandos]在下议院的动议,其因此而得名。

change n. ❶找头;硬币;零钱 ❷〈英〉交易所 ❸改变;变化 ❹更换;更动 ❺替换物
v. ❶更换;交换;互换;兑换;调换 ❷代替 ❸改变;变更

changed conditions 变更情势 该术语出现于公共改良建设合同中,指那些与合同所述条件有很大不同的情况,或是那些在合同所规定的这类工作中很少遇到的不可知的情况或极特别事项。(⇨clausula rebus sic stantibus)

change in accounting method〈美〉会计方法变更 纳税人会计方法的变更是会计方案的根本性变更,例如从现金计账法变为自然积累法或评估财产方法的改变等。这种变更通常需要国内税务署[Internal Revenue Service]事先批准。一般在纳税年度开始后的180天内必须提出这种变更的请求。在有些情况下,除非纳税人同意接受国内税务署提出的某些条件或调整,这种变更的请求是不会得到批准的。

change in title 产权变更(⇨change of title)

change of abode 居所变更(⇨change of domicile)

change of beneficiary 受益人变更 人寿保险单中的一项条款。指依照保险单的要求,通过对被保险人保留变更受益人的权利,而将指名受益人的保险利益从确定既得的变为不确定的。该词语也指人寿保险单受益人的变更,这取决于被保险人的能力以及是否遵守由法律或保险单规定的变更条件。

change of circumstances 情况变更 在家庭关系法中，用以表明需变更或维持监护的条件或情况。就监护事宜而言，这一语词指提出动议的一方或是负责监护的父母在能否很好照管子女的能力方面的变化。这种变化必须是：为原判决所不曾考虑过；发生于最后的监护令发出以后；会使得对该子女的照管变得更好或变得更差。这一术语也可与 changed circumstances 通用。

change of domicile 住所变更 在事实上离开原住所且无意返回长住，并通过实际居住于他处取得新住所而意图以该地作为其永久居住地。

change of grade 地面水准的变化 通常指一街道或道路加高或降低或是其表面轮廓的变化，以便利该处的交通。构成这样一个变化，须先行确立一个原地面水准并实际产生了一个新的地面水准。

change of identity 独特性的改变 ①为不同人所有的物品混在一起以致不能区别彼此的特性；②物品形式的改变或品种的转变；③两种或更多的物质结合或混合成一个单一并联接的整体。

change of interest 权益变更（➪change of title）

change of location 所在地变更；场所变更 指从原地向新场所的移动或转移。（➪change of domicile; change of venue）

change of name 姓名变更；名称变更 指自然人或商号另起或采用一个新名，通常由成文法对此进行规范。法人名称的变更须履行法定的正式手续。

change of occupation 职业变更 在人寿险或意外事故险保险单中的常见条件，通常是要求被保险人不得将其职业变更为一个对其生命或肢体有更多危险的新职业。该条件只是与所从事工作的性质有关，与工作的称谓无关。

change of parties 当事人的变更 指由于当事人的错误合并或有当事人遗漏，或在诉讼开始后发生当事人死亡或其他情形而导致的诉讼当事人的变更。

change of possession 占有的变更 ①在不动产销售合同中的传统条款或条件；②指保险单中的一个条款，在承保风火灾或暴风雨造成财产损失的保单中，该条款规定：如未经保险人同意而发生财产占有的变更，则该保险单无效。

change of residence 居所变更；住所变更（➪change of domicile）

change of solicitor 〈英〉事务律师的更换 在1883年之前，更换事务律师必须经法官裁定，但现在依《最高法院规则》[R.S.C.]，只需通知即可更换事务律师。

change of title 所有权变更；产权变更 ①指包括占有权等法定财产权在内的所有权发生的变更；②指根据法律的要求，由遗嘱代理人签发的一种文据，用以表明在该财产上的新所有权人，系因前所有权人死亡并根据其遗嘱或继承法发生财产转移而取得，据此，新所有权人就可出现在有关的税收记录中；③指火灾保险单或其它财产保险单中的一项条款，即如果未经保险人的同意，被保险财产发生出售、转让或其有关权益、产权或占有发生变更，则该保险单无效；④指通过出售或其它转让方式变更所有产权或权益，而将财产灭失的风险转移给买方或受让人，或导致了一个促使财产毁损的契机，或减少了保护被保险财产的利益。

change of venue 审判地的变更 指将在一地已经开始的案件移至另一地审判，也指在同一地域内将案件从一个法院移至另一法院审判。在刑事案件中如法院感到在该审判地由于偏见而不能使被告人得到公正审判时，将会同意变更审判地；在民事案件中，为保证诉讼公正或为方便当事人诉讼也可以允许变更审判地。

change of voyage 航程变更 海上保险单中的一个常见术语，指没有必要或正当的原因而自行偏离固定或惯常的航线。

change orders 变更原价的要求 政府合同的承包商[contractor]提出的超过合同价金的额外款项要求。例如由于建筑物所有人改变设计或设计师遗漏了蓝图的必要项目而准予变更原价。那些专营政府工程的承包商经常以一个较低的报价接受合同，然后试图尽可能多地变更原价，以求高利。这种作法使许多政府项目大大超支。

changer n.〈英〉换币官 旧时隶属于英王铸币厂的官员，其职责是用硬币与商人或其他人员交换其带来的金条。

Channel Islands 〈英〉海峡群岛 指包括奥尔德尼岛[Alderney]、根西岛[Guernsey]等岛屿在内的群岛，是不列颠群岛的一部分。征服者威廉[William]（即威廉一世）将其并入英格兰王国，但并不是联合王国或其殖民地的一部分。该群岛是诺曼底公爵领地中唯一由英王作为公爵的继承人仍然占有的部分。海峡群岛实行的是在诺曼底时代的法律基础上发展起来的特殊法律。联合王国议会立法可以扩至海峡群岛，但必须通过明示或默示的词句使之适用于该群岛中的一个岛屿或全部岛屿。在这种情况下，实际的作法是将其交给岛屿皇家法院[Royal Court of the Island]予以登记。枢密院君令[Order in Council]也可以使立法在群岛生效。

chantry n.〈英〉小教堂[cantaria] 指供祭司或牧师为捐赠人或捐赠人所指定的人的灵魂作弥撒或其它宗教事务，由捐赠人赠与其土地或每年给予捐款的小教堂。于1545年和1547年被取消，其土地归英王所有。

chapel n.❶小教堂 指附属于大教堂，有权举行圣礼，尤其是洗礼和葬礼的教堂。 ❷〈英〉方便小教堂（= chapel of ease） ❸〈英〉自由小教堂 指由国王特许建立的，不受该教区主教管辖的小教堂。 ❹私人小教堂；附属教堂（= private chapels） ❺〈英〉非国教徒的教堂 在议会的立法中，chapel 仅指英格兰国教会的教堂，但1843年《议会登记法》[Parliamentary Registration Act]规定亦指非国教徒的教堂。 ❻〈英〉私有小教堂（= proprietary chapels） ❼〈英〉公共小教堂（= public chapel） ❽〈英〉分区小教堂 在堂区的分区[district]中设置的，由终身助理牧师[curate]行使宗教管辖权的小教堂，而联合小教堂的管区[consolidated chapelries]是指多个堂区的部分地区联合建立的教区。

chapel of ease 〈英〉方便小教堂 为了方便教民，在大的堂区的边远地区设置的、与大教堂脱离但仍受其管辖的小教堂，用于祈祷和布道，举行圣礼和葬礼仍在大教堂。该教堂的牧师由堂区牧师随意调换。（➪public chapel）

chapelry n.（小教堂的）辖区

chapitre n.〈英〉案情摘要 指关于巡回法官[justices in eyre; justices of assize]或治安法官在开庭期内将要调查的或向其提交的事项的摘要。

chaplain n.❶(在小教堂供职的)牧师 ❷(在军队或其它一些公共团体中举行宗教仪式的)牧师 ❸(在国王、郡主或其他有地位的人的私人小教堂中履行圣职的)牧师

chaplaincy n.(小教堂)牧师的职位 指在罗马天主教中，由个人建立的小教堂，以便根据建立者的意愿每年举

行一定数目的弥撒的制度。一般分为世俗的和教会的两类。

chapman n. 流动商贩;经营小商品的商贩 既指以买方身份出价者,亦指卖方。

chap-money n. 返回款 由卖方在买方完全支付其价款后向买方付还的款项,是古代的一种交易折扣形式。

chappelage n. (小教堂的)管辖区或周围之地

chapter n. 〈英〉❶牧师会;牧师会的例会 由法政牧师[canons]、受俸牧师和其他神职人员组成的属于教区主教座堂的牧师团体,并由教长[dean]主持,协助主教处理宗教及世俗事务。 ❷(社团等的)分部;分支机构;分会 ❸(法律、法规的)章、节(⇨dean and chapter)

chapters of the eyre 〈英〉巡回审判拟调查事项目录 指主持大巡回陪审法庭[General Eyre]的巡回法官[justice in eyre]提交给控诉陪审团的关于他们将要调查事项的清单,多者可列举一百多项。

character n. ❶(人的)性格;品质 ❷名誉;名声 虽然character常与reputation作为同义词互用,但character指一人固有的属性,而reputation指人们认为其具有的属性,前者是存在的事实,而后者仅是目前接受为事实的东西。 ❸人格 ❹人;人物

character and habit (从一人的习惯性行为中引出的)品德、品质

character defamation 侵害名誉 一种侵害原告名誉利益的侵权行为。构成侵害名誉须有侵权者向第三人公开足以损害原告名誉的事项。大多数法院会因该事项足以降低原告声誉就认定被告负有侵权的法律责任,而有的法院则要求该事项使原告遭人愤恨、轻视、嘲笑或愚弄。侵害名誉权涉及名誉问题,所以原告不能因其在与被告私下交往时由于被告的言行感到愤怒、悲伤或人格受辱而获得赔偿,因为这些都与名誉无关。

character disorder 性格失调 长期无法适应社会的行为模式或情绪反应。虽然导致原因很多,如性倒错、酗酒、吸毒以及反社会行为等,但一个共同的病原因素是社会冲突,如同一阶层的社会群体或是当权者前后不一致的要求等。反社会反应是性格失调的最重要的一种表现形式。据估计,80%的狱中在押犯都存在这种不健康的状态。

character evidence 品格证据 用来证明被告人、被害人或证人平时品格好坏的证据。在英美证据法上,品格证据一般不具有可采性,但有例外情况。如美国《联邦证据规则》[Federal Rules of Evidence]规定,有关某人品格的证据不能用以证明该人在特定场合的行为与其品格相一致,但如果是被告人提供的关于自己或被害人品格的证据,或者起诉方提供的用以反驳前述被告人提供的证据的证据,则具有可采性。此外,关于证人的可信性的品格证据可以受到评价证据[opinion]或名声证据[reputation]的攻击或支持。英国证据法也规定,有关诉讼当事人品格的证据不具有可采性,除非当事人的品格成为争议问题。并且,如果刑事被告人未提出其品格良好的证据或攻击起诉人或控方证人的品格,也不得向其提出关于其品格不良的问题。

characterization n. (冲突法)识别;定性 在法律冲突时,法院须在一开始即判定案件的性质,以确定适用的法律,这一过程即称作characterization。亦作qualification; classification; interpretation。

character witness 品格证人 就某人,尤其是刑事被告人的品格和声誉作证的证人。

charge n. ❶(商品的)价钱;价格 ❷(服务的)费用;佣金 ❸经济负担;金钱支出 ❹费用 在商业上,指发生于企业经营活动中的租金、利息、税金等费用,特别是损益表[profit and loss account]中不能在其他项目[heading]下出现的各种费用。 ❺(账目的)借项;借记;暂借 ❻担保;负担 为保证债务的清偿或义务的履行而在土地或其他财产上设定的抵押权[mortgage]、留置权[lien]或其他无特别名称的担保权利,如果土地所有人或其所担保的人未偿还债务或履行义务——例如纳税、支付遗产或年金等,担保权利人可以诉请变卖土地以抵偿债务。根据英国1925年《财产法》[Law of Property Act],负担分为普通法所承认的土地负担——包括地租负担[rent-charge]、普通法上的抵押[legal mortgage]、土地税负等——和衡平法上的土地负担[equitable charge]。后者存在于债权人未取得对土地的普通法地产权的情况,例如通过寄存产权文书设定衡平法上的抵押[equitable mortgage],或者借款人本身只对土地享有衡平法上的权利。土地上的负担必须在土地登记局或类似政府主管机构登记,否则不能对抗已支付对价的买主。 ❼任务;职责;义务;责任;使命 ❽管理;照管;照顾 ❾被照顾者;被抚养人;被赡养人 ❿宗教牧师的管区或管区内的人民 ⓫指控的犯罪 指控是通过向法院或其他司法机关提出正式的控告书[complaint]或起诉书[information or indictment]而对犯罪进行的控告。不同于对犯罪行为或不行为的详细陈述[specifications or particulars],后者只是指控[charge]内容的一部分,是所指控罪行的法律构成要件。 ⓬行政程序中的申请书 相当于诉讼程序中的起诉状。 ⓭指示 在大陪审团[grand jury]开始询问案情之前法官向其所作的有关其职责的说明,或指在小陪审团[petit jury]听审完毕、作出裁定之前法官向其所作的说明,其内容为概括总结案情、需要陪审团考虑的问题、对于争议问题陪审团应适用的法律规则及证明责任与要求等。对于法官的指示陪审团必须遵从。 ⓮(主教或其他高级教士向其任命的下级教职人员所作的)训诫;训导 ⓯〈苏格兰〉支付令;确认令 支付令是指法院经债权人申请而发出的命令债务人在规定时间内清偿债务,否则将承担法定后果的命令。它是根据判决追偿[diligence]的第一步。确认令则用于确认继承人身份或土地保有人身份。 ⓰〈苏格兰〉(财产干预人[intromitter]为受益人利益所接收与占有的)财产
v. ❶要价;收费;征税 ❷把⋯记为费用、债务或负债;把⋯记入账目的借项;借记 ❸使⋯承受经济负担;使⋯负有付款责任 ❹使作为地产担保负担 ❺使⋯承担任务(或义务、职责等);任命;委托 ❻指控;控告 ❼指责;归咎 ❽(向陪审团)作出指示;(向教职人员)训诫;训导

chargeable a. ❶可被设定义务的;适于被设定义务或职责的 ❷应负责任的;有法律责任的 ❸应支付的;可支付的 ❹可能被控的

charge account 赊购制 以赊购方式购买商品或获取服务,顾客允诺在一确定的时间或分期支付货款。

charge and discharge 请求书和答辩书 以前衡平法诉讼中,法庭要求当事人提交的账目文件。原告在请求书中应阐明其要求被告付款的项目,被告则在答辩书中说明其对原告的请求。请求书和答辩书均提交给主事法官[master]。

charge and specifications 〈美〉(军事法)(犯罪)指控和(犯罪)详述 指控告被提交到军事法庭审判的被告人犯有某一罪行,并对构成犯罪的行为或疏忽详加陈述的文

书。

charge back 信用收回 指银行限制或取消一客户在其账户上开立支票的权利。

charge-back n.债务抵销 指以一债务抵销另一债务。(⇨setoff)

charged a.受到刑事指控的;被指控犯罪的

chargé d'affaires 〈法〉代办 外交代表的一种,地位低于大使、全权公使及驻外公使,与前三者不同的是,代办一般是向其赴任国的外交部门而不是向该国元首派遣的,而且,代办代表的是本国的外交部门,而不是本国政府。代办在大使或其他使馆高级官员缺任时,可代行其职责,在此情况下,称作临时代办。在其本国与派驻国外交关系受到限制时,代办也可作为使馆馆长。

chargé d'affaires ad hoc 〈法〉特命代办

chargé d'affaires ad interim 〈法〉临时代办(⇨chargé d'affaires)

charged with crime 被指控犯罪;受到犯罪指控 指某人被以口头或书面方式指控犯有某一特定罪行。在引渡程序中,在要求引渡的国家被告人是否被指控犯罪是一个法律问题,并须进行司法调查。依美国联邦引渡法律,只要某人被已提交的宣誓书[affidavit]宣称其犯有某一罪行,并被签发了逮捕令,即属于受指控犯罪,而不论最终是否就这一指控举行了最终的审讯。

charge off 注销;出账 会计术语,指从资产中注销一项动产或应收账款,原因是价值损失使该动产变得毫无价值,或者是债务人无力偿债而使应收账款无法收讫。也指在所得税征收中对坏账的扣减处理。(⇨bad debt)

charge of indictment 公诉书中的指控 在公诉书中陈述构成被告人受指控罪行的有关事实部分。

charge-sheet n.❶控告记录;逮捕记录 指警察机关所作的记载被带至警察局并予以羁押的人员的姓名、被控罪行的性质及每个案件的控告人姓名的记录簿。❷〈美〉(军事法)指控书 指控犯罪的书面文件,包括被告人与证人的基本情况、指控与犯罪详述、应提交哪一军事法庭审判等内容。

charges upon land 土地上的财产负担 如抵押权等。(⇨charge)

charge to enter heir 〈苏格兰〉开始继承令状 召请继承人在被继承人死亡时继承遗产的一种令状。

charge to jury (= jury instructions)

charging clause 〈英〉收费条款 指在事务律师或其他专业人员被指定为受托人时,通常有权就其提供的专业服务收费。如果事先没有订立收费条款,则无论是作为受托人的事务律师或是受托人作为合伙人所在的律师事务所都无权就收益收取费用。

charging document 指控文件 指向法院提交的指控某人犯罪的正式书面文件。在美国有三种类型的指控文件:任何人但一般是检察官提出的控告书[complaint]、检察官制作的起诉书[information]、大陪审团制作的起诉书[indictment]。向法院提交指控文件意味着对被告人提起刑事诉讼的开始。有时这三种类型的指控文件统称为indictments。

charging lien ❶优先权 指就债务人的特定财产设立的一种担保,但该财产仍为债务人占有。❷律师费优先权 指律师就其为当事人在诉讼中提供服务而对当事人因此所获得的判决享有优先权,以担保其律师费或由此而支出的费用获得支付。这种与判决相关的优先权不同于另一种以扣留当事人金钱、文件或财产为手段的律师费留置权[retaining lien]。(⇨attorney's lien)

charging order 扣押偿债令 英国司法实践中,法院可根据胜诉债权人的申请发出的命令,对债务人的资金、股票、股份、土地或作为合伙人应得的合伙收益设定为偿债担保,以保证判决的执行。规定期限过去后,未被偿付的胜诉债权人可以诉请变卖被扣押财产,从而使其受偿。

charging part 指控部分 在旧时衡平法诉讼的起诉状中位于共谋条款[confederating clause]之后的部分,其内容是对要求予以披露的所有证据事项的阐述。

charitable a.具有慈善性质的;以慈善为目的的 在法律意义上,该词意味着某一捐赠用于一般公共目的,符合现行法律,服务于不确定数目众人的利益,并旨在增进他们在教育、宗教、道德、体育或社会等方面的水平。charitable可与 beneficent、benevolent 及 eleemosynary 同义换用。(⇨charity; eleemosynary)

charitable bequest 慈善遗赠 如果一个遗赠的目的及其实现在宗教上、教育上、政治上有益于人类或普遍对社会有益,并且最终接受遗赠者是整个社会或社会中不特定、数目也不确定的一部分人,那么这个遗赠就是慈善性的。

charitable contribution 慈善捐赠 指将金钱、有价证券等捐赠给从事慈善事业的组织。纳税人对符合规定的非营利性慈善组织所作的捐赠在纳税时可作为扣减项目,但须符合各种规定及限制。

charitable corporation 慈善法人 指为慈善目的设立的非营利性法人组织,通常为促进人类整体利益或某个社区或社区中某阶层不特定多数人的利益而设立的组织。可以表现为救助穷人,照看病人、残疾人或伤者,教育儿童或无力求学的成人等。这样的法人必须符合一定准则才能获得免税待遇。(⇨charitable organization)

charitable deduction 慈善捐赠的税收减免 指对于向符合规定的慈善机构或其它免税机构的捐赠,在税收上,纳税人可以在其纳税申报表上要求扣减。这对公益信托也适用。(⇨charitable contribution)

charitable foundation 慈善基金会 致力于教育、健康或救济穷人等事业的慈善性组织。其组成的目的应为慈善性非营利的,并在税收的处理上被美国1986年国内税收法典[internal revenue code]规定为慈善性非营利的。

charitable gift 慈善性赠与 即以慈善为目的的赠与,例如出于对上帝或人类的爱心所为的捐赠,而不是出于自己个人的考虑或为自己的利益。从广义上理解,泛指为公众或人类的福利所做的赠与或慈善行为。

charitable immunity 慈善豁免;慈善免责 为免除慈善机构侵权责任的一项原则。长久以来,该原则就被承认,但近来美国大多数州已废除或开始限制这一作法。

charitable institution 慈善机构 一种为慈善目的、而不是为某个人或某集团利益建立的机构。其所有的收入应用于其日常必要的开支及救济穷苦贫困的人,并且在其分发救济过程中不得对任何申请救助的穷人设置障碍,亦不得用其所管理的慈善捐赠谋取私利。其主要的特点在于没有资本、股东,也没有盈利或分红,而主要是靠公众或私人的慈善捐赠来筹集资金,以信托形式掌管这些资金,并按照其章程规定的宗旨和目的使用。(⇨charitable corporation; charity)

charitable organization 慈善组织 此类组织多涉及免税待遇。指完全出于宗教、科学、公共安全、慈善、文学、教育等目的而设立开办,并旨在增进不特定多数人的福利而不含政治目的的法人、基金会或其它此类团体。

charitable purpose 慈善目的 该术语用于免税目的时,

通常具有一些共同因素，即其目的是为了某一社会或地区的福利，而且其性质通常被认为是慈善性的，并不为法律所禁止。一般包括：贫困救济、教育发展、宗教事业、健康保护，或出于政府、市政考虑，或是其它以增进社会福利为宗旨的目的。

charitable remainder 慈善性余产赠与 指给予一个符合资格的慈善组织的赠与，该赠与是将一地产的收益在一介入受益人死亡后给予慈善组织。在一定条件下，这类赠与可享受税收减免。(⇨remainder)

charitable remainder annuity trust 慈善性余产年金信托 在美国，这种信托必须每年向非慈善性收入受益人或其他受益人支付一确定数目的款项，如有需要则须更为经常地支付。此款项必须不少于所托管的、为了确定应缴联邦税而最终确定的全部财产最初净市值的5%。

charitable trust 慈善信托 指受托人掌管财产必须是出于慈善目的，即为了促进健康、宗教或其它公益事业而设的信托。该信托的设立必须是为了不确定人群或整个社会的利益，是为了推进某一社会公认的领域内的总体福利，并不得从事非法活动或违反公共政策。(⇨charitable purpose)

charitable trusts acts [总称]慈善信托法 指规范有关受托人对慈善事业管理的法律。

charitable use 慈善用途 指出于宗教、教育、人类的政治或总体社会利益、贫困救济、增进教育或宗教事业，或是为了社会的一般福利等目的的用途。(⇨charitable purpose)

Charitable Uses Act 〈英〉《慈善用途法》 英国1861年的一部法律，旨在推进为慈善用途而进行财产转让。

charity n. ❶(慈善性)赠与；施舍；救济金 ❷慈善机构；慈善团体 ❸慈善事业；善事 ❹慈悲；怜悯

charity child 慈善机构抚养的儿童

Charity Commissioners 〈英〉慈善事务委员会 指根据1853年《慈善信托法》[Charitable Trusts Act]设立的一个委员会，并根据1860年《慈善机构法》[Charities Act]重组，其职责在于规范英格兰和威尔士的慈善信托管理。该委员会的另一职能是促进慈善机构的工作并使其更富效力，以达到这些慈善机构的设立目的。慈善事务委员会的委员由内政大臣任命并每年向内政大臣提出报告；内政大臣则对他们的工作向议会负责。除少数例外，所有的慈善机构都须向慈善事务委员会登记。

charity school 慈善学校 指基于慈善目的设立并以学校通常的教学方法传授一些实用知识，而不是主要教授舞蹈、骑马、礼仪等课程的学校。

chart n. 海图；航图 航行者使用的地图。

charta 〈拉〉❶特许状；文据；许可证；执照；授予特权的正式文件；书面并蜡封的文件；(有关财产转让及合同的)正式证据；(任何表明一不动产被占有的)标志、表示 ❷宪章；共同纲领 ❸(罗马法中适于编入资料或书籍的)文件；书面文件

charta communis (英格兰古法)文契；双联契约

charta cyrographata (英格兰古法)骑缝文契 契据分两部分，由中间分开，上书大号"骑缝"字样的文契。

charta de feoffamento 〈拉〉不动产赠与契据；采邑授予证书

Charta de Foresta 《狩猎场宪章》 亨利三世在位第九年所修订有关狩猎场法律的汇编，据认为原是《大宪章》[Magna Carta]的一部分。

Charta de non ente non valet 〈拉〉有关不存在事物的契据是无效的。

charta de una parte 〈拉〉单方契据 指由当事人一方所作并由其自负给付义务而对方不负给付义务的契据。(⇨deed poll)

chartae libertatum 自由宪章 是指《大宪章》[Magna Carta]和《狩猎场宪章》[Charta de Foresta]，它们授予了特许权。

Charta non est nisi vestimentum donationis. 〈拉〉契据不过是披上庄严外衣的赠与而已。

charta partita 租船合同；租船契约(⇨charter party)

Chartarum super fidem, mortuis testibus, ad patriam de necessitudine recurrendum est. 〈拉〉如果证人死亡，那么一项契据的可信性就必须提交给国家，即陪审团决定。

charte 〈法〉海图

chartel n. ❶(要求进行决斗的)挑战；决斗挑战书 ❷(= cartel)

charte-partie 〈法〉租船合同；租船契约

charter n. ❶宪章；特许状 指国家最高统治者发布的文件，以权利授予的形式，给予全体人民、人民中的某一阶层或集团、某一公司或某一殖民地以特定的权利、自由或权力。例如英国的大宪章及早期英国给予其美洲殖民地的特许状。宪章或特许状与宪法的区别在于前者是由国家最高统治者授予的，而后者是人民自己设立的。❷契据；文据；土地转让合同；地契；合同 ❸(蜡封的)书面文件 ❹组织法；基本法 指规定一城市或镇作为市政法人[municipal corporation]的创设以及有关事项的基本法，内容可以是限定其权力或是规定其如何行使这些权力等。未被冠以"charter"名称的法律并不意味着它不是其中的一部分，这些市镇的组织法在美国为州制定法的一部分。❺许可；特许 指创设一个工商企业或是设立、限定一个公司特许权的法律行为。现代法律一般规定此类许可可由立法机关授权的官员依法颁发。❻公司章程 公司据以设立的法律文件。❼包租；承租 指对飞机、船只等的租赁。
v. ❶许可；特许；颁发许可 ❷包租；承租

charter agreement 〈英〉租船合同；包船契约(⇨charter party)

chartered accountants 〈英〉执业会计师 指擅长记录、核对账目，并为公司等雇以核对并证明其账目正确性的人，同于美国的注册执业会计师[certified public accountant]。(⇨Certified Public Accountant)

chartered by law 依据法律设立的 指依据一般或特别法律规定设立的公司。

chartered civil engineer 〈英〉执业土木工程师(⇨civil engineer)

Chartered Companies 〈英〉特许公司 指若干人依国王颁发的公司特许状[charter of incorporation]而成立的公司，如东印度公司等。

chartered company 〈英〉皇家特许公司 指英国君主根据其皇室特权或特别的法定权力特许成立的公司。早期英国的这类公司是被特许从事特定方面业务的贸易公司，包括探险商队，1579年成立的东部地区公司，1553年成立的俄罗斯公司，1592年成立的土耳其公司(即后来的东地中海公司)，东印度公司，哈德逊湾公司，1711年成立的南海公司。根据1834年《贸易公司法》[Trading Companies Act]和1837年《特许公司法》[Chartered Companies Act]，英国君主有权通过开封特权状[letters patent]形式，授予除有限责任外的所有公司以特权，而不一定颁

发特许病。1837年《特许公司法》还规定特许状可以明确规定将公司成员的个人责任限于每一股份的特定数额。至19世纪末，又兴起了一些如不列颠南非公司的特许公司。现在，仅有少数贸易公司属于这类特许公司。

Chartered Life Underwriter/C.L.U. 〈美〉特许人寿承保人 这是由美国人寿承保人协会授予的称号，其认定标准包括在人寿保险业方面的理论教育和实际操作须达到一定水平等。

chartered ship 被租用的船 通常指作为租船合同标的物的船。

charterer n.船舶（飞机等的）承租人；租船（飞机等）者 指为运输或旅行等目的而租用船只、飞机等的人。

charter government 〈英〉特许殖民政府 指英国殖民地具有社团法人性质的政府，其有权制订不得与英国法相抵触的内部管理规范，并享有特许状授予它的特别权力。这些政府的组织形式一般都是仿照英国政府形式而来。

charter-land 〈英〉（=bock land）

charter-master n.采矿承包商

charter money 租金 一般在租船合同中规定的由于使用船只而支付的补偿金额，该金额可以是一固定的数目，也可以是用特定计算方法来确定的，也可以由本次航程的利润来决定。

charter of affreightment/COA 包运合同；海运合同 指为一段航期，一次或多次航程而占有使用一船只，不论船只是否转让。包运合同分为两种，在法律性质及后果上有很大区别。一种是租船人或是货物承运人虽然没有买船，但在该次航行中他成为该船只的所有人，即根据包运合同租得该船并在该次航行中对该船有完全占有、支配、行驶之权。另一种是租船人或货物承运人没有因包运合同而在该次航行成为船只的所有人，也就是说，该船只在该次航行没有转让给他，他也就在该次航行不负该船只的所有人的责任。（⇨affreightment; charter party）

charter of bank ❶银行章程 指银行藉以设立的法律以及银行章程的统一整体。❷银行特许状 即由主管部门发给银行准许其开业、规定其权力以及制约其营业方式的执照。（=bank charter）

charter of confirmation （苏格兰古法）确权证书 一种批准和确认封地购买者权利和确认购买者对该封地占有的文件。

charter of demise 光船租赁合同 指为一个特定航期或航程租用一船只，但不配备船员，或虽配备船员但由承租人发薪并调动，船东按期向承租人收取租金。光船租赁合同通常称作 bare boat charter，但这并不必然意味着船只没有配备船员。

Charter of Liberties 自由权特许状 亨利一世即位时所颁发的特许状，主要是废除威廉二世（鲁弗斯）时期的非法的苛捐杂税，并颁行由征服者威廉修改的忏悔者爱德华王时期的法律。该特许状认可了英格兰人民的权利并对王权作了限制，因而意义重大。似乎曾经多次重新颁布，而且斯蒂芬和亨利二世也曾颁行过。1215年该特许状成为《大宪章》[Magna Carta]的基础，但亨利本人则常常并不遵守这一特许状。

Charter of Liberties and Privileges 〈美〉《自由和特权宪章》 1683年纽约殖民地首届民众大会所通过的第一部法律，根据该法律，民众大会根据英国的习惯，由代表市镇和民众的自由民组织成立。它有权召集会议和休会，并决定其成员资格。所有的税赋的征收需通过该民众大会决定。自由民被授予享有公民权和财产所有权。司法程序，包括由大陪审团决定起诉、陪审团审理以及保释制度等在内也由此规定。当殖民地领主约克公爵即位成为詹姆斯二世时，英国贸易大臣以该宪章与英国国会的至上性相违背为由而否决了它。纽约随后纳入新英格兰，此事助长了人们对詹姆斯二世的极大不信任。

charter of pardon 赦免状 指给予被定罪者赦免的特许状。这种特许状常被比作契据，因为它在被正式交付并接受之前是无效的。

Charter of the Forest 《狩猎场宪章》（⇨Charta de Foresta）

Charter of the United Nations 《联合国宪章》 联合国的基本组织法，起草于1945年在旧金山举行的联合国国际组织会议。宪章包括1个序言，19章，共111条。19章分别为：①宗旨和原则；②会员；③机构；④大会；⑤安全理事会；⑥争端之和平解决；⑦对于和平之威胁、和平之破坏及侵略行为之应付安排；⑧区域办法；⑨国际经济及社会合作；⑩经济及社会理事会；⑪关于非自治领土之宣言；⑫国际托管制度；⑬托管理事会；⑭国际法院；⑮秘书处；⑯杂项条款；⑰过渡安全办法；⑱修正案；⑲批准及签字。

charter party 租船合同 指根据合同，船东将整个船只或其主要部分租给承租人，在一段确定的航期内或确定的航程上将货物运至一个或多个地点，承租人向船东支付运费，根据合同占有并使用整个船只或其主要部分。租船合同也被称为 charter agreement，并经常被简称作 charter。也可写作 charter-party 或 charterparty。

charter party representation 租船合同中的说明条款 是租船合同中的一条款。它并不构成对任何一方的对价，并且也不是主要条款，因而其不履行并不导致另一方有权宣布终止合同。

charter party warranty 租船合同的担保条款 是租船合同中构成对价的一项条款，如果一方未履行该条款，另一方有权拒绝继续履行整个合同，而当事人在通过诉讼强制对方履行其法律责任前必须履行该条款。

charter rolls 特许状卷宗；特许状档案 特许状是证明国王的特许或其他庄重的行为的形式，它们要在一些见证人在场的情况下执行，并公开地签发，在其下端加盖国玺。在特许状由文秘署签发前，需制作抄本以供将来查阅，这些卷宗分别制作，首尾相接缝在一起以形成连续的长条，然后卷起来。1200-1515年的特许状卷宗已经被编辑，加上索引并根据年代编排。

chartis reddendis 返还特许状之诉 指用来对将封地授予特许状交由其保管，但其拒绝交还特许状的人提起诉讼的令状。

chartists n.〈英〉宪章派 1838年成立的一个工人阶级组织，其目的在于推动议会改革。运动起因是对1832年仅有利于中产阶级的改革法不满。宪章派因其提出该组织6项要求的《人民宪章》[People's Charter]而得名。这6项要求是：①以居住地为基础的成年男子的选举权；②废除选举权的财产限制；③以投票方式选举；④将整个国家划分为平等的选区；⑤议会成员的薪俸；⑥每年召开议会。除最后一项要求似乎不大可能被接受外（虽然实际上议会每年都要召集会议），其他各点要求都终于被接受了。1839年宪章派向下议院请愿，要求下议院接受宪章。请愿被拒绝后，宪章派也未能组织起它威胁要举行的大罢工，该组织也落入了更激进的领导人手中。1842年第二次请愿被拒绝后，发生了一些罢工和暴动。1846年《谷物法》[Corn Laws]被废除后，随着一系列改革的成功，工人阶级的生活状况得到改善，宪章派运动也就随之衰落、瓦解。

chartophylax （欧洲古法）档案保管员；公共文件保管员；登记员；档案保管处

chartulary n.契据登记簿；特许状登记册 中世纪的一种手写登记簿，内容包括特许状及其他有关基金、特权、财产及所有者权利的契据等的副本。

chase n.❶狩猎地；猎场 在英格兰法中，指把一片有林木的土地划为一个有野兽栖息的地区，以供狩猎之用。它通常比森林小，而且没有那么多的管理人员；与公园相比，则较大而且有更多的管理人员，并有供狩猎用的野兽。狩猎地与公园的另一个不同点在于它没有被围起来，但它也有确定的边界和界线。属于国王的狩猎地叫做皇家狩猎地［chase royal］，属于臣民的狩猎地——不论其是否由国王授予——叫做自由或开放狩猎地［free or frank chase］。自由或开放狩猎地现已被废除。❷狩猎权 指在一特定地区狩猎的特权，而不论该地区的土地是否归该人所有。在联合王国，公民的自由狩猎权已被1971年的《野生动物及森林法》[Wild Creatures and Forest Laws Act]所废除。❸（通过暴力、计谋等）占有野生动物的行为 猎人可以经由实际占有而取得对猎物的所有权，但是未经他人许可不得以狩猎为目的而进入该人的土地。

chasm n.遗漏 指在合同或制定法中遗漏的条款或未规定的情形。

chaste a.贞洁的；从未自愿发生非法性关系的

chaste female 贞洁妇女 （⇨chaste）

chastise v.体罚；施肉刑 例如鞭刑等。

chastisement n.体罚；惩戒 根据普通法，父母、老师或其他对儿童有合法支配或监护权的人，有权对儿童或青少年施以合理体罚，英国1933年《儿童及青少年法》[Children and Young Persons Act]确定了这一权利。同样，根据普通法，师傅也有权对有不当行为的徒弟施以合理体罚。船长对船员也有类似的权利，且从未被法律废除；但是除在紧急情况下无法进行调查外，这种惩罚必须经过一定的调查方可施行，且必须将其记入航海日志，但是根据英国1894年《商船法》[Merchant Shipping Act]有关纪律的部分，如果依照该法进行诉讼的话，这种惩罚很可能会被证实是合法的。丈夫对妻子没有施加体罚的权利。总的说来，除上述情形外，如果没有法律明文规定，则任何体罚都是非法的。

chastity n.贞洁；纯洁；贞操；正派 指除不正当性关系的品德，或保持贞操、不发生不正当性关系的状态。对于未婚女子而言，指其仍为处女。对已婚者，只要忠实于其婚誓则也是贞洁的。所以寡妇和离婚者尽管不是处女，也可以是贞洁的。对于妇女之贞洁的诋毁，即使未能证明其已造成具体的损害，也可向诋毁者提起诉讼。同样，诋毁妇女说她不贞洁的，在法律上也是可以提起诉讼的理由，因为该行为贬低了她的人格，使她蒙受耻辱并使她受到社会的排斥。

Châtelet or Grand Châtelet 〈法〉沙特莱要塞 巴黎的一座古城堡，是当地法院的所在地，后来成为一座监狱，于1802至1810年间被拆除。12世纪时，城堡是皇家大法官的官邸，他对巴黎地区有民事和刑事管辖权，并审理有关上诉案件。大法官也有财政和行政上的职能。1667年，大法官的很多职权被移转给警察总监。1790年，其司法权被取消。

chattel n.动产 物的一种，是区别于不动产的一种财产。作为财产的一种，它是可以移动的，而且在继承方面，这种财产通常在被继承人死亡时即移转给遗嘱执行人或管理人，而不是移转给法定继承人。有一些财产虽然可以移动，但如果必须与完全保有地产[freehold]相连并对该不动产的价值和使用有直接影响，则该动产随不动产一道进行继承，例如地契或其它构成应由继承人继承地产的所有权证书的文件、房屋中的壁架和画、一块圈地的围栏、公园中的鹿、人工池塘中的鱼等。但是附着在不动产上的财产是否属于不动产，应视情况而定。动产常分为属人动产[chattels personal]和属地动产[chattels real]，前者泛指不动产以外的可移动财产，后者最典型的例子是根据租约在租借期限内拥有和使用土地的权利，也指不动产上产生的或与之相联系的权益或收益。

chattel fixture 附着于不动产上的动产 指固着在土地上的动产，但将该动产附着于土地上的行为人没有明示或默示使之成为该土地一部分的意愿。又可写作 chattel annexed to realty.

chattel interest （不动产上的）动产权益 指在土地或其它不动产上的权益，例如租赁土地者所取得的权益；定期土地保有权，无论其期限多长，只要法律没有相反的规定，即属于该种动产权益。（⇨chattels real）

chattel lien 动产留置权 指在所有人及其代理人或众所公认为所有人的人或合法占有人的要求下，对动产施以劳务、工艺或添加物件，行为人因此而对该动产享有的留置权。（⇨artisan's lien）

chattel mortgage 动产抵押 指所有人转移其动产以作为履行债务或其它义务的担保，如果抵押人未能依合约履行义务，则抵押财产归抵押权人所有。从更严格的意义上来讲，动产抵押是一种 附条件的动产出卖，其目的在于为某项债务或其它义务的履行提供担保。所附条件是，如果债务已履行，则该出卖无效；在法律上，如果债务不履行，则抵押之动产不可回赎，除非衡平法或制定法另有规定。在动产抵押的情况下，抵押物的产权完全归于抵押权人，并且只有债务已被履行后，产权才返还于抵押人。如果抵押人违约，则抵押权人可以占有该动产并将其作为自己的财产。根据普通法，动产抵押可以由当事人以非书面形式成立并对双方当事人生效。如果抵押权人占有抵押物，则抵押权人得以此对抗第三人，但是动产的交付并不是所有这类抵押成立的要件。动产抵押与质押的区别在于：就抵押而言，在抵押人清偿其债务之前，抵押物的产权属于抵押权人；而就质押而言，出质人对质物仍享有完整的产权，只是在质押期间，质权人占有出质人所移交的标的物而已，因此，即使出质人违约，出质人仍可以通过完全履行被担保的债务而回赎其质押的财产；而若抵押人违约，抵押物则依法当归抵押权人所有。根据普通法，动产抵押只能在实际存在并且属于抵押人所有或即将为其所有的动产上设定。如果抵押人在抵押当时对抵押物尚未有产权但在以后可以取得产权，该抵押对抵押人和抵押权人仍然有效，但不得对抗第三人。对尚未取得的金钱的请求权可以作为动产抵押的标的。衡平法不认为动产抵押是合法的产权转让，但认为它是一种法律上有效的将来履行的契约，而抵押人则被认为是抵押权人的财产受托人。根据这一原则，一切动产上的权益都是可以抵押的。

chattel mortgage bond 动产抵押债券 以企业拥有的动产抵押发行的债券。

chattel paper 动产文据 即用以证明金钱给付义务以及在特定财产上的担保利益或对该财产进行租让的书面文件。在很多情况下，动产文据由一个票据和一个担保协议组成。当交易被一个这样的担保协议或租约以及一个或一系列票据所证明时,这些书面文件结合在一起就构成动产文据。(⇨secured transaction;security agreement)

chattels personal 属人动产 狭义的属人动产专指可移动的财产,但这个词通常用于广义,即指用于除不动产和属地动产外的任何种类的财产,包括有形动产[corporeal chattels]和无形动产[incorporeal chattels]、占有动产[choses in possession]和权利动产[choses in action]。有形动产或者占有动产包括动物、车辆、书籍,以及其他可以实际占有的物;无形动产或权利动产则包括债权、公司股份、版权以及其他一切只能通过诉讼才能实现的权利来体现其存在的物。(⇨catalla;personal property)

chattels real 属地动产 指产生于土地、建筑物等不动产上的权益。普通法将此种权益归属为动产,是因为这类财产在所有人死亡时转移给该死者的遗产代理人,而不是转移给其继承人。最典型的属地动产是定期地产权。在完全保有地产权和属地动产权益之间最主要的区别在于它们的期限是否确定。前者是没有确定期限的;后者即便其期限超过了某人所能达到的程度,因为其期限确定,故只能归为属地动产或动产权益[chattel interest]。体现在法律上,其主要区别则在于被继承人死亡后遗产移转的方式,被继承人未立遗嘱时的继承权利和法律救济等方面。但是在英格兰,自从 1925 年《遗产管理法》[Administration of Estates Act]颁行后,这种继承处理上的区别已经消失。

chaud-medley n. 激情杀人 指在激烈的冲突中由于感情激愤而杀人,它与自卫杀人[chance-medley]的区别在于,后者是在突发冲突中出于自卫而杀人。但也有人认为,这种区别并不十分重要。(⇨homicide)

chaud melle 激情杀人 苏格兰古刑法的用语,指没有预谋而因为一时的激愤而突然杀人。在宗教改革之前,犯有此罪的人有权躲进教堂寻求庇护。后来它被吸收进应被惩罚的杀人罪[culpable homicide]当中。(⇨chance-medley)

chaumpert n. (一种古代的)土地保有权

chauntry (= chantry)

cheap n. 交易;买卖
a. 便宜的;廉价的

cheap trains 廉价火车 英国铁路发展早期,根据 1844 年的《铁路管理法》[Railway Regulation Act],政府曾要求各铁路公司每天开通一列每英里仅收一便士车费的火车,被称为"议会火车"或"政府火车"。铁路公司可以免纳乘客税。铁路公司与政府之间常就免税的范围发生争议。1883 年的《廉价火车法》[Cheap Trains Act]取消了对每公里不超过一便士的车资的赋税,并授权当时的贸易部要求铁路公司对这种车资的火车提供适当的设施,并对乘这种火车的工人提供合理的车厢服务。现在的车资是根据 1962 年《交通运输法》[Transport Act]规定的。

cheat v. 欺诈;诈骗 以欺诈为目的,故意作虚假的表示以诱使他人信以为真,并据此行事,从而骗取其财物的行为。欺诈是刑法上的一种犯罪,虽尚不构成重罪,但其性质已造成或可能造成对社会公众的危害。在英国,远古时普通法就认为以骗人上当的度量衡骗取他人钱财的行为是一种应诉犯罪。现在,除有关国家税收的欺诈行为外,普通法上的欺诈罪已被 1968 年《盗窃法》[Theft Act]取代。赌博诈骗依据 1845 年的《赌博法》[Gaming Act]和 1968 年的《盗窃法》都是犯罪。欺诈不仅是刑事上的犯罪,还包括民事上的行为,以及其他任何以骗取他

人财物或权利为目的的诈骗行为。对于欺诈行为可以通过提起诉讼而获得民事救济,或是撤销因被欺诈而成立的合同或返回因被欺诈而丧失的财产。

cheater n. (复归国王所有的无人继承财产)管理人 对于无合法继承人的无主土地,应将其复归实际和最终的所有者——国王所有。被任命管理这些财产的官员们往往因为其职位有很多机会进行欺诈及压迫,因而人们对于他们的不端行为常有许多的抱怨和批评。此后,人们便把 cheater 一词用于表示有欺诈行为的人,并由此产生了动词 cheat。(⇨escheator)

cheating n. 欺诈;诈骗(⇨cheat)

check v. ❶控告;抑制;制止;限制 ❷检查;核查;查验 尤指一个人对另一个人、一个机构对另一个机构、一个部门对另一个部门的检查与监督。 ❸查对(账目);查账;审计 ❹〈美〉开(立)支票
n. ❶停止;制止;抑制 ❷检查;核查;查对;查验 ❸〈美〉支票 出票人向某一银行开出的汇票[draft or bill of exchange],指示银行向票据载明的收款人或其指定的人无条件即期支付一定数额的款项。支票的签发一般是以出票人在银行有存款为条件的。(= cheque)

check book 〈美〉空白的支票簿

check cashing exchange 支票兑换处 通常设于一个大型的工业企业附近,其义务为兑付支票并收取费用。

checker n.〈美〉❶检验员 指负责检查工业品可能出现的瑕疵的人。 ❷审核员

checkerboard system 棋盘式登记法 一种土地登记方法,其方式是一个登记项目以另一个登记项目为基础,而第三个登记项目又以第二个登记项目为基础。

check fraud 支票诈骗 由在银行或在付款人处开有合法账户的人签发作为合法的正式票据支票、汇票或汇款单,如果该票据的签发人或使用人事前明知银行或付款人将因存款不足或账户已结清而拒付,则该签发或使用票据的行为就构成支票诈骗。非法印制支票或签发不属于自己的账户的支票构成伪造罪[forgery]。

check kiting 开空头支票 指向银行开出支票,但其银行账户的存款不足以支付该款项,出票人的意图是希望在支票被向银行提示之前,会有必需的资金存入其账户。

check off(**system**) 工会会费扣款(制) 指雇主直接从雇员工资中扣除其工会会费,并将该款交给工会(的程序)。

check register 支票登记簿 用于登记所开支票的日记账簿。

check-roll n.〈英〉随从名册 指登载女王或皇后或其他显贵的随从或是接受其薪俸并作为其家庭仆人的人的名册。

checks and balances 制衡原则;制约与平衡原则 指每一政府部门皆具有对抗其他任何部门行为的能力,从而不致出现任何单一部门操纵整个政府的权力和职能的理论。如在美国,行政部门可通过行使否决权[veto power]制约立法机关;而只要达到充分多数,立法机关则可推翻任一否决。(⇨separation of powers)

check-weigher n.〈英〉监秤人 在英国,根据 1887 年的《煤矿管理法》[Coal Mines Regulation Act],对于根据其采煤重量支付工资的煤矿工人,可以指定一个由他们承担费用的监秤人,为工人的利益监督过秤。干涉监秤人的任命或其必要工作之进行的人可依 1894 年《煤矿(监秤人)法》[Coal Mines(Check-Weigher)Act]经简易程序而被判罪。1954 年的《煤矿与石矿法》[Mines and Quarries

Act]修改了这些法律,这些法律中的类似规定已通过 1919 年的《多种工业监秤法》[Check-weighing in Various Industries Act]适用于一些其他工业。

cheese n.干酪;奶酪 根据英国 1955 年的《食品与药品法》[Food and Drugs Act],干酪不能含有除牛奶中本含者以外的其他脂肪,而对于干酪零售的计量标准应根据 1963 年的《度量衡法》[Weights and Measures Act]决定。

chefe 〈法〉(= wergild)

Chelsea hospital 切尔西休养院 英国 17 世纪末建立的救济残疾军人的医院,其最初的意图是让被救治的人住在医院里,但几乎从一开始就实行了院外年金制度,因而留在医院里的人相对极少。医院事务管理人员的职务主要由社会事务大臣[Secretary of State for Social Service]授予。

chemerage 〈法〉长者特权 法国古法中给予年龄最长者的特权。

chemical analysis 化学分析 指任何通过化学方法进行的检验,例如血液测试,以确定一个人是否过量饮酒或用过毒品等。(⇨blood test evidence;DNA identification)

chemical manures 化肥 化肥的生产可能引起对环境等的损害,因而受各种限制。

chemical test 化学测试 这是一个被广泛应用的词,但在法律上,其最重要的意义在于通过这种测试方法以确定某人是否酒精中毒。(⇨chemical analysis)

chemier (法国古法)年龄最长者

chemin 〈法〉(任何人都可走的)路;道路;国道

chemin de fer 〈法〉❶铁路 ❷九点 一种纸牌赌法,庄家与赌客各分 2 至 3 张牌,以总点数最大但不超过九者为胜。这种赌法,如下有赌注,则作为赌博而被法律所禁止。

chemis n.(苏格兰古法)领主宅第

chemist n.药商 它与药剂师[apothecary]的不同之处在于,药商只是出售药品,而不是给病人开处方,药剂师则是可以开处方的。在英国,有关药品管理的法律为 1954 年《药业法》[Pharmacy Act]。1843 年设立的大不列颠药业协会[Pharmaceutical Society of Great Britain]则负责检查、登记和控制药商的业务,法纪委员会[Statutory Committee]是该协会负责监察药商是否有违法行为的机构。对构成犯罪或行为不端的药商,法纪委员会认为有必要的,可取消其不列颠药业协会会员资格。(⇨poison)

cheque n.支票 系"check"的英国英语写法,是指向银行签发,要求其见票即付的票据。签发支票的人是出票人,接受付款的一方是受款人。在英国,根据 1882 年《汇票法》[Bills of Exchange Act],除该法第 73 - 83 条另有规定外,支票也适用汇票的见票即付的规定。支票也是一种流通票据,除非其流通性受到背书等条件的限制;而银行应向支票上记载的受款人或向持票人付款。支票出票人的责任与其他票据出票人的责任类似,但也有不同之处。有些法律规定仅适用于支票而不适用于其他票据。当持票人未在适当期限内向银行提示要求付款时,出票人并不免除支付的责任,除非这种迟延给他造成了实际损害,于此情形,对于其受损害的部分可以免责。支票也可以通过受票人背书并交付给第三人进行转让。支票可分为普通支票和划线支票,前者可由受款人到银行兑现,而后者仅能由银行转账。

Chequers (= Chequers Court)

Chequers Court 〈英〉契克斯宫 位于英国白金汉郡[Buckingham Shire],是由费勒姆地方的李勋爵[Lord Lee of Fareham]捐赠给国家的,作为首相休假所用的周末乡间别墅。

cherage (= chevage)

cherif (= sheriff)

Cherokee Nation 〈美〉彻罗基部落联盟 1838 年 7 月 12 日,彻罗基印第安人东部部落和西部部落联合成立了以之为名的政治实体。根据其与美国政府于 1833 年和 1866 年签订的条约,一部分印第安人居住地划给该联盟,由其自行管辖。该联盟于 1839 年通过了自己的宪法,并于 1866 年对之进行修订。1881 年,经联盟会议批准,出版了一部彻罗基部落联盟法律汇编。(⇨Indian tribe)

chester (= caster)

Chester 〈英〉切斯特 它在征服者威廉时代即为一个巴拉丁郡[palatine],即该郡是享有王权的封建贵族的领地。1830 年之前,它拥有自己的巴拉丁法院,但 1830 年的《法律期限法》[Law Terms Act]将威斯敏斯特法院的管辖权扩展至切斯特和威尔士,并取消了切斯特的季审法院[Court of Session]和财税法庭[Court of Exchequer]以及威尔士的大季审法院[Court of Great Session],将这些法院的管辖权分别移转给设在伦敦的衡平法院和设在威斯敏斯特的财税法院,并规定在切斯特和威尔士设立巡回法庭,与英国其它地方相一致。而唯有兰开斯特[Lancaster]和达勒姆[Durham]仍拥有巴拉丁法院。(⇨palatine)

Chester Herald 切斯特的传令官(⇨herald)

chevage (英格兰古法)人头税 指维兰向其确认的领主按人头所缴纳的税赋或贡献,犹太人向国王缴付的金钱也是用本词。

chevagium (= chevage)

chevantia n.❶贷款;信贷 ❷货物;商品

chevisance n.❶(和解偿还债款等的)协议 ❷(债权人和债务人之间)为了结债务而达成的协议或安排 ❸高利贷的间接收益 ❹非法合同

cheze n.宅地 指一个家庭所居住的房屋及其所附属的土地和建筑物。

Chicago Board of Trade/CBOT 芝加哥期货交易所 指在美国芝加哥的一个商品交易所,大量的农产品期货交易在此进行。

Chicago Convention 《芝加哥公约》 即 1944 年 12 月 11 日在芝加哥签署的《国际民用航空公约》[Chicago Convention on International Civil Aviation]。该公约重申了各国对领空拥有主权的原则,并且明确规定航空自由必须与国家主权相协调。

chicane n.施诡计;欺骗

Chickasaw Nation 〈美〉奇克索部落联盟 根据乔克托[Choctaw]和奇克索印第安人与美国联邦政府于 1855 年 6 月 22 日在华盛顿签订的条约,该联盟在条约所规定的领土内享有完全的管理权和司法管辖权。

chiefage (维兰向领主支付的)年贡;人头税

Chief Baron 〈英〉财税法庭首席法官 即 Chief Baron of the Exchequer,主持前财税法庭的法官,财税法庭后变成财税分庭,1873 年之后,被并入王座分庭,成为最高法院的一部分。随着 1880 年首席法官凯利[Kelly]的去世,该职务被撤销。原先由财税法庭首席法官行使的权力,现由英格兰皇家首席大法官[Lord Chief Justice of England]行使。

chief clerk in the Department of State 〈美〉国务院办公室主任 由国务卿任命并在其领导下负责办公室事务。当国务卿被总统撤职或有其它情况而空缺时，由其负责保管国务院的所有记录、书籍和文件。其它行政部门也有类似的官员。

chief clerks 〈英〉主书记官；首席书记官　根据 1852 年的一项法律，任命了 8 位主书记官代替衡平法院的主事官。根据 1867 年《衡平法院官员法》[Court of Chancery Officers Act]，四位法官中每位法官已配备一名主书记官的再增加一位主书记官。1873 年《司法组织法》[Judicature Act]将这些主书记官调至最高法院。1897 年，根据御前大臣的命令，他们被授予"最高法院主事官"的称号。

chief constable 〈英〉警察局长　为郡警察局的最高长官，由郡理事会[County Council]的治安委员会任命，其职责在于负责领导和管理全郡的警察，国务大臣[Secretary of State]可要求其报告工作。警察局长可以任命特种警察[special constables]，对其属下警察的侵权行为要承担责任。考虑到工作效率，警察局长可以被要求退职。

chief executive 行政长官；行政首长（⇨chief magistrate）

chief judge ❶〈英〉伦敦破产法院的法官　根据 1883 年的破产法，该法院并入最高法院。❷〈美〉首席法官　主持法院的开庭和案件评议的法官，并负责法院的管理工作。

chief justice 首席法官　主管法官，一般为资深法官，与一般的法官[associate justice]相对。

Chief Justice in Eyre of the Forest　皇家猎场大巡回法庭首席法官（⇨forest）

Chief Justice of England 〈英〉英格兰首席大法官　英格兰高级司法官员职位，全称为"Lord Chief Justice of England"，在法官中的地位仅次于御前大臣[Lord Chancellor]，现在，他主持王座分庭，不仅代表古老的王座法庭的首席法官，还代表财税法庭的首席法官[Chief Baron]，以及民诉法庭的首席法官。这三个法院的管辖权现已合并由王座分庭行使。英格兰首席大法官也是上诉法院的当然成员。

Chief Justice of the Common Pleas 〈英〉民诉法庭首席法官　指在 1875 年《司法组织法》[Judicature Act]实施前，主持民诉法庭的法官，其后主持民诉分庭。他有五个助理法官[puisne judges]协助。科尔里奇首席大法官[Lord Chief Justice Coleridge]是最后拥有该职位的法官。1881 年他被任命为英格兰首席大法官，民诉分庭被合并进王座分庭，这一职位即撤销。现在英格兰首席大法官行使过去民诉法庭首席法官行使的权力。

Chief Justice of the King's (or Queen's) Bench 〈英〉王座法庭首席法官　王座法庭直至 1875 年前及其后的王座分庭延续至 1880 年前主持该法院(庭)的法官，该职位由英格兰首席大法官之职位所取代。

Chief Justice of the United States 美国首席大法官　即美国最高法院首席大法官，尽管各时期用法不一，但这一用法，即"Chief Justice of the United States"是更为普遍和优先使用的用语。但仍然有一些广受欢迎的法律著作使用与其不同的用词，如"Chief Justice of the United States Supreme Court"或"Chief Justice of the Supreme Court of the United States"。查尔斯·华伦曾在《美国历史上的最高法院》一书中考证了美国历史上不同时期对最高法院首席大法官不同的称谓。他指出：杰伊[Jay]、拉特利奇[Rutledge]、埃尔思沃斯[Ellsworth]、马歇尔[Marshall]、托尼[Taney]、蔡斯[Chase]和怀特[Waite]在任命时用的是 Chief Justice of the Supreme Court of the United States，而宪法只有一次提到首席大法官，用的是"Chief Justice"。1789 年 9 月 24 日的《司法组织法》[Judicature Act]则规定："最高法院需由一名首席大法官和五名大法官组成。"1866 年 7 月 13 日的法律第一次正式使用 Chief Justice of the United States 的称谓，该法律规定："此后最高法院应由一名美国首席大法官和六名大法官组成。"此后的法律中，包括 1869 年 4 月 10 日制定通过的法律及其修订后的法律、1911 年 3 月 3 日的法律，都使用"美国首席大法官"的称谓。而另一方面，有关最高法院首席大法官薪金的法律中又都称为"美国最高法院首席大法官"。

chief justiciar 〈英格兰古法〉首席摄政官；首席司法官　地位仅次于国王，根据其职位，在国王离country不在时，摄理国事，该官员同时也是高级司法官，主持诺曼王朝国王的王室法庭。（⇨justiciar）

Chief Land Registrar 土地登记官　根据英国 1925 年《土地登记法》[Land Registration Act]的规定，为土地登记处的行政长官。

chief lord 〈英〉主要领主　指土地的直接的主人，封臣须向其直接亲自负责。

chief magistrate 行政首长　国家、州或市政府的行政机关的首长，例如美国总统即为美国的最高行政首长。

chief office 主办事处；主营业所；主事务所

chief place of business 主要营业地　美国法律规定，对公司的传票的送达，必须以其主要营业地为之，即指传票必须送达于公司的办事机构所在地或公司所在之县。

chief pledge （英格兰古法）（自治市镇）市镇长

Chief Registrar in Bankruptcy 破产法院主登记官

Chief Registrar of Friendly Societies 〈英〉互济会主登记员

chief-rent n.〈英〉免役租；为免除劳役而支付的地租　不动产终身保有者[freeholder]为免除一切劳役而每年向地主缴纳的小额定额地租。(= quit rent)

chiefrie n.（英格兰封建法中向英王支付的）小额地租

chiefry n. 小额地租（= chiefrie）

chief use 主要用途　海关法中，用以确定商品适当的关税类别[tariff classification]的术语。该关税类别的划分是以使用者对某类商品从整体看如何使用来确定，而不是以该商品某一个别用途来确定。

chievance n. 高利贷；高利

child n. ❶儿童　专门法律术语，曾意谓婚生儿童，以别于非婚生的。普通法一般指不满 14 岁的人，但此词在不同的法律中有不同的含义。例如英国 1948 年《儿童法》[Children Act]中的儿童指 18 岁以下的人，而在 1944 年《教育法》[Education Act]中，儿童指未超过义务教育年龄（现在英国为 16 岁）的人。 ❷胎儿；婴儿 ❸子女　包括婚生子女、非婚生子女、养子女、继子女等。

child abuse 虐待儿童　指对儿童的身体、感情或精神的任何形式的虐待行为。也指构成强奸或尚不构成强奸的性暴力行为。在美国各州，这些行为都是犯罪行为。英国 1933 年和 1963 年的《儿童和未成年人法》[Children and Young Persons Act]以及 1967 年的《刑法》[Criminal Law Act]也规定了虐待儿童必须受到法律的惩处。

child-bearing n. 生育　英格兰法对妇女何时才不会生育不作任何推定。法院在实际办案中认为到达某一年龄的妇女是过了生育期的作法，不是按照法律的原则而只是为了处理遗产管理问题的方便。从法律上看，即使是 100 岁的妇女也不是不可能生育的。1878 年克罗克斯顿诉梅[Croxton v. May]一案则承认超过 54 岁的妇女仍可能生育。但英国有些法为了特殊的原因，推定 14 岁以下的男子和 12 岁以下或 54 岁以上的女子不能生育。

child benefit 〈英〉儿童津贴　英国根据 1975 年的《儿童津贴法》[Child Benefit Act]，每周支付给抚养一个或多个儿童的人的款项，它取代了家庭津贴[family allowances]。

childbirth n.分娩;生产

child destruction ❶人工流产　❷堕胎罪　根据英国 1929 年《婴儿生命(保护)法》[Infant Life(Preservation) Act]，对于一个能够活着出生的胎儿，在其离开母体独立存在之前，任何以引起胎儿死亡为目的并以故意行为致使胎儿死亡的行为，构成此罪，除非能证明行为人进行堕胎的目的是出于善良愿望，即仅仅是为了挽救母亲的生命。对于堕胎罪的惩罚是终身监禁。对于实际怀孕超过 28 周的妇女视为当然可以将胎儿活着生产出母体。该罪与故意使一个能活的胎儿流产的罪有重叠之处。创设堕胎罪是因为在普通法上，致使胎儿在子宫内或在生产过程中死亡并非谋杀。陪审团对于用药物或器械非法堕胎的行为可作犯有谋杀儿童或杀婴罪的有罪裁断。(⇨ infanticide)

child labor 童工　在雇佣童工的问题上，其法律意义在于禁止令其从事危险职业，或是在有腐蚀性的环境中工作，或从事会损害儿童的体力或健康的工作，或令其工作时间过长而达到了使儿童精疲力尽并生病的程度。

Child Labor Amendment 〈美〉《童工修正案》　于 1924 年由国会向各州提交的一项宪法修正案建议，其目的在于授权国会限制、管理并禁止雇佣 18 岁以下的劳工，但该修正案仅在 28 个州被通过，因而未被批准。

child labor law 〈美〉童工法　指美国联邦及州的一系列有关童工工作条件的法律，规定了工作时间及可以从事的工作性质等方面内容。这些对于童工的工作条件方面的规定旨在保护儿童，包括十几岁的学龄儿童在一学年中总的工作时间限制，以及在一天中特定时间方面的限制等。

child of fourteen 14 岁的儿童　普通法上推定儿童满 14 岁便应具有刑事责任能力。

child of full blood 与父母有全血缘关系的子女

child of tender years 幼童;儿童;年幼者　儿童的行为通常出于其幼稚天性，并非基于经验或推理，因而儿童因他人的行为及自己的过失而受损害时，因其过于年幼不构成混合过失[contributory negligence]，不能追究该年幼者的过失之责。但在侵权行为中，儿童仍须承担责任。

children and young persons 儿童及少年　在英格兰和苏格兰的许多立法中都有关于保护儿童免遭虐待和剥削、免受腐化影响、免于染上吸烟饮酒等不良习气，以及调节其所从事的各种不同活动的规定。需要照顾和保护的儿童可以交给适当的人，也可以交给地方当局照管。对于丧失正常家庭生活的儿童，可直接交由地方政府照管，也可以由法院判交给某一机关照管，该地方政府或机关在某些情况下可以行使父母的一切权利，必须为儿童提供膳宿、维持其生活，并设法增进儿童的最大福利。对于儿童及少年的犯罪处理上，与成年人不同。(⇨ juvenile court)

children's court 少年法庭(⇨juvenile court)

child's income tax 儿童所得税(⇨Clifford trust;kiddie tax)

child-stealing n.偷盗儿童(罪)　故意带走、诱拐、扣押不足法定年龄的儿童，使其离开其父母、监护人或其他有法律监护义务的人的行为，制定法一般对此规定了相应的刑罚。

child support ❶子女抚养　指父母抚养(包括教育)子女的法律义务，该义务无论在民事或在刑事法上均可被强制履行。❷抚养费　在离婚或有关监护权的诉讼中，由父母的一方向抚养其婚生子女的另一方支付的费用。

child welfare 儿童福利　指一切为促使儿童在身体、道德及精神各方面良好成长所需的手段或方式。

childwit 〈撒克逊〉私生子罚金　领主对受到引诱且未得到其同意而生下小孩的妇女所处的罚金。在英格兰埃塞克斯郡，大家公认的私生子的父亲也应向领主交纳一笔小额罚金。

child-wyte (= childwit)

chilling a sale 串通竞买　指拍卖中的出价人或其他人之间互相串通以妨碍公平竞争，目的是以低于公平的价格取得被拍卖的财产。

chilling bids 令人扫兴的投标　指在拍卖中任何阻碍出价人间自由竞争的言词或行为，也指在司法拍卖中的类似言词或行为。这种言词或行为使拍卖缺少自由、公平及公开性。

chilling effect doctrine 〈美〉寒蝉原则;抑制原则　指某一法律或行为[practice]抑制宪法性权利[constitutional rights]，尤其是为美国宪法第一条修正案所保护的权利行使的倾向或后果。在美国不必然产生此种效果的制定法通常被认定并不违宪。美国最高法院大法官弗利克斯·法兰克福特[Felix Frankfurter]于 1952 年首次使用该隐喻，他在附和否决一项教师效忠宣誓[teacher loyalty oath]的判决意见中称，一部有关颠覆组织成员资格的法律具有"抑制"[chill]思想和行为自由[freedom of thought and action]倾向;而确切的"chilling effect"一词首先出现在美国最高法院 1961 年的一份判决中，由首席大法官厄尔·沃伦[Earl Warren]从哈佛大学法学院教授保罗·弗罗因德[Paul Freund]的一篇文章援引而来。此后，美国最高法院在近百起案件中运用此隐喻认定这些法律对言论自由具有"寒蝉"效果。例如，一部禁止参加某一"知名颠覆分子"[known Subversives]所属组织的法律，则其用语太过宽泛，使得人们心存被不正当归类或因之遭受惩罚的疑虑，而怯于加入ા何合法组织。换言之，为避免触犯法律，倾向于自责而不敢行使权利。

chimin 〈英格兰古法〉道路;公路;路　指公路与私道，前者即"国道"[king's highway]，王国的臣民以及受国王保护的所有其他人，都有自由通行权，尽管土地本身属于私人所有。后者则指某一个人或一些人根据规定或授权令才有权通行其他人的土地。

chimney-corner survey 炉边测量　指土地测量员并非使用测量器械或在被测土地上实地测线，而是在其办公室内进行的测量。

chimney money 〈英〉烟囱税　英国古代对房屋上每个烟囱所征的税，于 1688 年被取消。

chimneys n.烟囱　在英国，烟囱中的烟雾排放要适用 1936 年的《公共卫生法》[Public Health Act]和 1956 年的《清洁空气法》[Clean Air Act]。另外为了清除烟灰或是出于偶然事故而在烟囱中放火，都要被处以罚金，除非烟囱主人能证明他或者他的仆人没有过错。

chimney sweepers 烟囱清扫工　英国早期烟囱清扫工的工作受到许多法令的限制，比如，烟囱清扫工雇佣短工、帮工或学徒须先从警察局得到批准，并且不得以敲门或按门铃的方法寻人雇佣，以免打扰住户。这些限制都被 1938 年的《烟囱清扫工法》[Chimney Sweepers(Repeal) Act]所取消。

Chinese Exclusion Act 《排斥华人法》　美国 1882 年通

过,1884年经过改的一项法律,目的在于禁止在一定年限内的中国劳工移民美国,1892年的吉尔里法将禁期延长10年,1902年则将禁期无限期延长。该法于1943年被废除,中国移民可根据1929年的《民族始籍法》[National Origins Act]规定的数额进入美国。

chippingavel （英格兰古法）贸易税；交通税；交易税

chirgemot 〈撒克逊〉宗教会议 亦拼作 chirchgemot；chirgemote；chirchgemote；circgemote；kirkmote。

chirograph n.（英格兰古法）骑缝证书；骑缝契据 指手写契据或其它文据,由当事人签署或证人签字证明。后来为了防止欺诈或隐瞒,将文据在同一羊皮纸上写成相同的两部分,两部分方向相反、上端相对,在中间用大写字母写下"chirographum"字样或大写体的字母表,然后从"chirographum"中间将文据撕成边缘不规则的两部分,以便通过检验两部分放在一起时是否吻合来验证其真实性,双方当事人各保留一份。到诺曼王朝时,这种契据的形式有所变化,并被改称为契据或证书[charta]。这种制作方式也被用于诉讼双方经和解达成经法院认可的有关土地所有权的终结协议[final concord]。这种协议的契据被制作成倒"T"形的三部分,分别签署生效后,将文件沿中间穿过"chirographum"字样的骑缝线把文件撕开。"T"形两边部分的契据文本交给双方当事人,横线以下尾部[foot of the fine]的契据文本由令状保管官保管。（⇨fine）

chirographa 〈拉〉（罗马法）债务人一方所立的书面字据；（债务人出具的）欠条

chirographer n.（英）和解协议保管官 高等民事法院的官员。有关土地权属诉讼中双方当事人经和解达成并得到法院认可的终结协议,即由该官员制成正式契据,以便永久保存。

chirographum （罗马法）❶手书文件；亲笔字据 chirographa 的单数形式,通常指债务人亲笔写就的,表示承担或承认某项债务的借据、欠条。❷为请求偿债而起诉之权

Chirographum apud debitorem repertum praesumitur solutum. 〈拉〉如果债务证书或付款证据在债务人手中,就推定债务已经清偿。

Chirographum non extans praesumitur solutum. 〈拉〉有关债权的证书不复存在就推定为债已清偿。

chit n.❶本票；期票 ❷小额欠款字据 例如在酒吧中喝一杯酒后所开出的字据。❸短笺；备忘便条

chivalry n.❶骑士役土地保有制度（⇨tenure） ❷骑士军事制度 中世纪有其独特的社会、道德及宗教方面行为规范的军事武装人员,从广义上讲,还包括绅士[gentlemen],并由此产生了骑士役封地和现代的骑士等级制度。

choate lien 完全留置权 指非常完整而不需任何其他事项使之具有执行力的留置权。该留置权的权利人、作为其标的的财产以及数额都已确定。

Choctaw Nation （美）乔克托族 美国印第安人的一支,通过其缔结的条约在其保留地内享有排他的立法、司法及行政管辖权。

choice of law 法律选择 在冲突法中,决定适用何种法律的问题。法院在决定应适用的准据法[applicable law]时,可依据不同的法律选择原则,例如：区分实体法和程序法原则、重力中心说原则、反致、适用法院地法原则、连结点聚集原则以及最密切联系原则等。（⇨conflict of laws）

choice of law clause 法律适用条款 合同的一项条款,内容为合同当事人指定适用某一国家法律以解决因该合同产生的争议。

choke-bail a. 不可保释的

chop-church n. 利益交易者；利益交换 指出卖自己的圣职或以自己的圣职交换别人的圣职的人,为贬义词。

chorepiscopus （欧洲古法）乡村主教；主教代理

chose 〈法〉❶物 ❷动产；个人财产

chose ex delicto 因侵权行为而产生的诉权（诉因）

chose in action 权利动产 指并未实际占有,而只能通过诉讼才能取得金钱或其他动产的权利。

chose in possession 占有动产 指已由权利人实际占有的动产,以区别于权利动产[chose in action]。例如税收和关税,如已缴纳,则为占有动产；如尚未缴纳,则为权利动产。

chose local 定着物 指在一个固定地方或定着于一地的物,例如一个磨坊厂。

chosen freeholders 当选土地所有人委员会 美国东部一些州对县或镇委员会的称谓。

chose transitory 可移动物；动产 指可以移动的、并可从一处移至另一处的物。

chrenecruda n. 掷草仪式 萨利克法[Salic Law]中的一种仪式,如某人过于贫困而不能支付其债务或罚款,他可求助于其富有的亲属请其代为偿还。该仪式为将绿色的草向当事人抛掷,由被掷中者支付全部的债务。

chrismatic denarii 圣油费 由堂区神职人员付给主教或副主教的在复活节被祝圣的圣油或香膏的费用,此外还有大斋节费[quadragesimals]、复活节巡查费[paschals]或复活节费[Easter-pence]。（⇨quadragesimals）

Christian n. 基督徒；基督教徒
a. 信仰基督的；基督教的

Christian burial 按基督教的仪式进行的葬礼

Christian calendar 基督历 格列高利历[Gregory calendar]的别称,现在世界大部分国家所使用的历法。它从耶稣基督诞生开始计年,以前称公元前"B. C.",以后称公元后"A. D."。

Christian Era 从基督诞生至今的时代

Christianitatis curia 〈拉〉基督教教会法院；基督教宗教法院 区别于作为国家机构处理民间诉讼事务的法院或世俗法院。（⇨Court Christian）

Christianity n. 基督教 约公元1世纪在巴勒斯坦地区从犹太教中分离出来的一支宗教派别。奉耶稣基督为救世主,信仰上帝创造并主宰世界,认为人类从始祖起就犯了罪,人类在罪中受苦,只有信仰上帝及其子耶稣基督才能获救,故称基督教。该教以《旧约全书》[Old Testament]和《新约全书》[New Testament]为圣经,后逐渐流传于罗马帝国,公元4世纪被定为罗马帝国的国教,中世纪时得到迅速发展,不仅是欧洲封建社会思想意识形态领域的核心,而且对政治制度和经济的发展都有非常深刻的影响。基督教会是封建社会中重要的宗教机构、政治机构和社会管理机构。1054年欧洲基督教的东西方教会因教义、礼拜仪式和政见的分歧而分裂为两大教派,即：以罗马教皇为首的天主教教会[Catholic Church]；以君士坦丁堡大牧首为主的东正教教会[Eastern Orthodox Church]。16世纪中叶,西欧封建制度趋于解体,身处其中的罗马天主教也受到冲击,在经历了宗教改革[Reformation]之后,产生了信仰福音的福音教派,即新教[Protestantism]。基督教对西方国家法律的发展有巨大的影响。在中世纪,基督教的教义和信条是裁决人们犯罪与否的法律依据。不信基督教者被视为异教徒,在社会中没有政治地位,不

受任何法权和法律的保护,甚至丧失生存条件。教会法院是中世纪西欧社会中最初的司法机构之一,它不仅判决教会人员是否有罪,而且更多地是审理世俗案件。12世纪中叶罗马教会建立了一个庞大的法律体系,至今它对西方国家的立法仍然有不同程度的影响,特别是在有关婚姻关系、继承权、财产保护、个人价值和对人格的尊重等方面。在英国的近代社会中,法律承认非基督徒、不可知论者和无神论者的地位,并且不歧视他们;但英国的君主仍是基督教新教教徒,而且英国国教会在议会上议院仍有着自己的代表。1800年后,随着政府世俗化的加剧,统治者中不可知论者及无神论者的增多,以及基督教的社会价值观越来越不适应社会的进步和发展,基督教对国家、政府和法律的影响也就越来越小。婚姻现在已被视为可以不经教会而缔结或解除的民事关系。在美国,早期由于受英国法律的影响,基督教教会法也被许多州法院认为是普通法的组成部分。但美国宪法第一条修正案承认人民有宗教自由。现在,基督教在法律上已不复有原有的地位。(⇨canon law)

Christian marriage 基督教式婚姻 一个男子与一个女子间自愿的、排除任何第三者的终身结合。它强调的是婚姻的永久性和一夫一妻制,但不仅限于基督徒之间的婚姻或按照基督教仪式缔结的婚姻。

Christian name 教名 在出生或受洗时所起的名字,也可以是以后所起的名字。它不同于姓。教名可以仅由一个字母组成。在英格兰,经主教的同意,可以在坚信礼[confirmation]时更改教名,亦可根据法律或自行采用其他名字而更改教名。(⇨name)

Christian Science 〈美〉基督教科学派 美国基督教新教的一个变种教派,1879年由玛丽·艾娣[Mary Baker Glover Eddy]创立。该派认为物质是虚幻的,疾病和罪恶皆出自人的必死意识,只有通过祷告与上帝协调一致才能医治,并称此即"基督教的科学"。此教派的全称为Church of Christ, Scientist。

Christian Science healer 基督教科学派治疗者 用祈祷方法为人治疗疾病的人,即以基督教科学派所谓的精神控制或意识的方法为人医治疾病的人。

Christian Scientists 基督教科学派信徒

Christmas 圣诞节(⇨Christmas Day)

Christmas Day 圣诞节;圣诞日 基督教在公历每年12月25日为纪念耶稣基督的诞生而奉行的节日。它也是西方国家公共假日和通常的季度结账日之一。

chronic alcoholism 慢性酒精中毒

church n. ❶基督教教会 ❷全体基督教徒 ❸礼拜堂;教堂 ❹宗教团体 ❺神职;牧师职位
a. ❶教会的;教堂的;宗教的;全体基督徒的 ❷〈英〉英格兰国教的

Church Assembly 〈英〉英格兰国教全国大会(=National Assembly of the Church of England)

church briefs 教会特许状(⇨King's briefs)

Church Building Acts, 1818 to 1884 〈英〉《英格兰国教建筑法》 指1818年到1884年间通过的在人口稠密的堂区增设教堂的19条法案。后被1943年《新堂区法》[New Parishes Measure]取代。

church commissioners 〈英〉英格兰国教委员会 根据1947年《英格兰国教委员会条令》[Church Commissioners Measure]把安妮女王基金会[Queen Anne's Bounty]和宗教事务委员会[Ecclesiastical Commissioners]合并起来成立的组织。其主要职务是管理各种捐赠、对堂区的宗教管辖提供额外的金钱或其他供应品、批准教会所属土地和牧师寓所房屋的买卖及作出牧师职务改组的方案。英格兰国教财产管理委员会[Church Estates Commissioners]也是该委员会的成员。

church court 教会法院 教会为审理有关宗教信仰或教会中所发生的争执而设立的法院。其所审理的事件世俗法院不受理。(=church judicatory; church tribunal)

church discipline 教规;教会戒律

church door 教堂之门 古时举行婚礼仪式处。

church door notices 教堂门上的公告 1837年《堂区公告法》[Parish Notices Act]认可了贴在教堂门上或附近的公告,如关于征收堂区税的公告。

churchesset n.(英格兰古法)向教会缴纳的谷物 过去指每个人在圣马丁节时向教会上缴一定数量的小麦,在布立吞人[Britons]和盎吉利人时期情况亦如此。罗马人到来以后,也指当地许多大人物根据古代的摩西律法[Law of Moses]向教会缴纳的初年圣俸[first fruits]。

Church Estates Commissioners 〈英〉英格兰国教财产管理委员会(⇨church commissioners)

church judicatory 教会法院(=church court; church tribunal)

church land 教会土地 指归属教会或宗教法人的土地,一般指教堂的建筑用地及其周围为进出教堂、光照、通风、停泊车辆等所必需的合理用地。这类土地不用上税,但不得用于营利或其他不属于教堂的活动,亦不包括与教堂邻近的其他土地。(⇨church property)

church meeting 教会会议 宗教团体就团体的事务管理及其所属教会的事务而召开的年会或定期会议,也指为讨论教会事务而特别召开的会议。

Church of England 英格兰国教会;英国圣公会 基督教新教主要宗派之一,是在亨利八世[Henry Ⅷ]统治时从罗马天主教中分离出来的一个基督教支派。亨利八世于1558年颁布《君主至上法》[Act of Supremacy]并根据该法自封为教会的最高领袖。英格兰国教会的教会体制和各种机构、教会的法庭和法律都被英国国会承认为王国宪法和法律的组成部分。教会的主教由英国国王任命。国王与教会必须密切配合,主教在议会上议院中占有一定的席位。大主教在国家中享有崇高的宗教地位并在加冕典礼上起着主要的作用。英格兰国教公会议[General Synod of the Church of England]对教会的事务有立法权。在英国,英格兰国教会享受到别的教会所不能享受的待遇,而其它教派只是被作为自愿结合的宗教社团。

Church of Ireland 爱尔兰教会 1801年《联合法》[Act of Union]宣布爱尔兰的教会与英格兰国教会永久联合而形成的教会,但信徒很少,它往往是英国与爱尔兰关系中引起冲突的矛盾焦点。1869年它与英格兰国教会分离,成为一个自愿结合的宗教团体。

Church of Scotland 苏格兰长老会 苏格兰于1567年宣布不承认罗马教皇的宗教最高权威,建立了独立的教会体制,被苏格兰议会定为国教。苏格兰教会实行长老制,即由各教堂一般教徒推选领袖数人,称作"长老",负责教会的管理工作,但不是专职的宗教职业者,仍继续从事世俗职业。长老会的最高法院,即长老会全会[General Assembly]对长老会实行管理,它由被推选的牧师、长老及代表国王的王室高级专员[Lord High Commissioner]组成,由选举委员会推选的会议主席[Moderator]主持。长老会法院是苏格兰法律体系的一部分,对宗教教义、礼拜、教会管理、教会纪律等方面都有独立的立法和终审判权,但仅限于宗教方面的事务。新教的其他分支和罗马天主教会在苏格兰仅是自愿性的宗教团体。1929年,苏格兰长老会与苏格兰联合自由教会[United Free Church of Scotland]合并。

Church of Wales 威尔士教会(⇨Welsh Church)

church property 教会财产 指主要用于宗教礼仪及布道方面的财产。根据宪法规定免于纳税。(⇨church land)

church rate 教堂费 为支付堂区教堂费用而由大多数堂区居民投票通过,同意缴纳的一种奉献的款项。它原来可以由两名法官组成的法庭或教会法院强制征收,1868年后改为自愿缴纳,个别情况除外。

church reeve ❶〈英〉堂区俗人委员 ❷〈美〉堂区俗人执事(=churchwardens)

church register 堂区记录 堂区有关洗礼、婚嫁及死亡等事宜的记录。(⇨parish register)

church school 教会学校 指由教会提供经费的学校,除宗教教育外,还进行普通教育。

church-scot n.❶堂区税 指根据惯例向堂区的牧师交纳的一种贡税。❷教会劳役 指中世纪教会的佃农或农奴必须为其提供的徭役。

church society ❶宗教团体;宗教社团 ❷个别教会内部的组织 如女劝助会[ladies aid society]、兄弟会[sodality]等。

church tribunal 教会法院(⇨church court;church judicatory)

churchwardens n.堂区俗人执事 指英格兰国教会充当堂区教堂的监护者和保管人和代表堂区全体教民的没有神职的世俗信徒。根据1964年《堂区俗人执事法》[Churchwardens Measure],教会堂区会议[parochial church meeting]每年选出两名俗人执事,任期为一年。堂区俗人执事具有准法人[quasi-corporation]资格,掌握教堂的动产,并维持教堂的秩序。提供宗教仪式中的用品,协助教会常任法官[Ordinary]在堂区巡视。该执事原来的其它职责,如修缮教堂、照管教堂的某些事务等后来都移交给堂区管理委员会[parochial church council]。

church-writ n.教会令 由教会法院签发的令状。

churchyard n.教堂墓地 根据普通法,教堂长[rector]对教堂墓地拥有自由保有地产权[freehold],但该堂区的教民可在此安葬。法律禁止在教堂墓地聚众闹事或任何暴乱行为。

churl (=ceorl)

C.I.A. (=Central Intelligence Agency)

cibaria 〈拉〉(罗马法)食物;粮食

CIF (=cost,insurance,and freight)

C.I.F. (=C.F.I.)

cigarette tax 烟草(销售)税 在美国,联邦和州均可征收此税。

Cinque Ports 五港(联盟) 法语为"五港"之意。最初指黑斯廷斯[Hastings]、罗姆尼[Romney]、海斯[Hythe]、多佛[Dover]以及桑维奇[Sandwich]。莱伊[Rye]与温切尔西[Winchelsea]后来也加入。它们是由忏悔者爱德华[Edward the Confessor]国王促成的海岸防御联盟,国王授与它们一定的特权作为回报。1265年,这些港口接到亨利三世的召令,要求派遣贵族代表参加议会。有案可查的最早的授权状是爱德华一世于1278年颁发的。根据1835年的《市政法人法》[Municipal Corporations Act],港口的所有特权遭到废止。

CIO (=Congress of Industrial Organizations)

cippi n.(英格兰古法)薪枷 对轻刑犯犯手或足施以枷刑的刑具,由两块木板组成。(=stocks)

circa 〈拉〉❶大约;近乎 用在日期、数字等前面。❷周围;邻近 ❸关于;至于;对于

circada n.(古代去教堂时献给主教或执事长的)贡物

circle conspiracy 圆周式共谋(⇨wheel conspiracy)

circuit n.巡回审判区 在早期往往将全国划分为若干个司法区,法官在其任职的司法区内可巡回到不同地点去开庭审理案件。巡回审判区因此而得名。现在美国联邦司法系统内,全国共分为11个司法巡回区,哥伦比亚特区[District of Columbia]则作为单独的一个巡回区,此外还有一个联邦巡回区[Federal Circuit]。每一巡回区设一联邦上诉法院,受理上诉案件。在英国,根据1971年的《法院法》[Courts Act],目前英格兰和威尔士共分为6个巡回审判区:米德兰和牛津区[Midland and Oxford]、东北区、北区、东南区(包括伦敦)、威尔士和切斯特区[Wales and Chester]、西区。每一巡回区设一名主管[administrator],负责该区内法院的管理事务,该主管对御前大臣[Lord Chancellor]负责。皇家首席大法官[Lord Chief Justice]有权为每一巡回区任命两名高等法院的法官作为该区内的主持法官,他们对司法事务的处理及其他对司法活动有影响的事项负全部责任。此外,国王还可为刑事法院和郡法院任命其他的巡回法官和助理巡回法官。

circuit courts 巡回法院;巡回法庭 在美国,指管辖权涉及几个县或地区,实行巡回审理的法院。在英国,指由苏格兰高等刑事法院的法官主持的,从爱丁堡到苏格兰北部、西部以及南部的城镇,实行巡回审理案件的刑事法庭。

Circuit Court(s) of Appeals 〈美〉巡回上诉法院 为联邦中间上诉法院[federal intermediate appellate courts]的旧名,1948年后改称为现在的美国上诉法院[United States Courts of Appeals]。

circuit judge 巡回法院法官

circuit paper 〈英〉巡回审判日程表 内容包括将要举行的巡回审判的时间、地点及其他相关的统计情况。

Circuitus est evitandus. 〈拉〉滥诉必须避免。

Circuitus est evitandus; et boni judicis est lites dirimere, ne lis ex lite oriatur. 〈拉〉滥诉必须避免;称职的法官有责任裁决诉讼,以免一案又生一案。

circuity of action 迂回诉讼;滥诉 一种复杂的多重诉讼,指对于当事人之间的纠纷,本可以在一个单独的诉讼中彻底解决,但分成几个诉讼进行的繁琐诉讼,从而造成不必要的诉讼拖延。如被告在本诉中没有提出反诉,后来又单独起诉,请求裁决原在本诉中一并裁决的问题。

circuity of liens 留置权的循环 一种难以辨析的法律情形,常用作法律专业学生的考题。如:甲留置权优先于乙留置权,乙留置权优先于丙留置权,同时丙留置权又优先或至少等同于甲留置权。

circular letter of credit 流通信用证 由开证银行向非特定代理机构或其它银行开出的信用证,此类信用证授权开证申请人在信用证条款内对外付款,开证银行对未超出该信用证条款规定范围的汇票予以承兑。

circular note ❶通告照会 ❷巡回票据 ❸旅行支票

circulating assets 流动资产

circulating medium 流通(交换)媒介 其外延比货币大。其作用是充当买卖、交换的媒介,无论其体现为纸币、金银或任何其它物品,都包括在内。

circumspecte agatis 〈英〉行为谨慎 用于指称1285年

英国制定的一部法律。该法划分了宗教法院和世俗法院的管辖权限,禁止世俗法院在宗教惩戒问题上干涉教会权限。

circumstantial evidence 情况证据;间接证据 指基于常识可以合理地从中推断出待证事实的情况或事实,而并非个人亲身经历或亲眼所见的事实。也指除证人证言以外的其他形式的证据。在无直接证据的情况下,与待证事实有关联性的间接证据可以被采纳。

circumvention n.〈苏格兰〉诈欺 诱使他人损害自己利益的行为,如果对他人实施了这种行为,则由此产生的交易无效。

ciric n.〈撒克逊〉〈英格兰古法〉教堂;教会

ciric-bryce n.对教会特权的侵犯

ciric sceat 〈英格兰古法〉教会贡税 在圣马丁日交纳给教会的贡税,主要是谷物。

cirliscus (= ceorl)

cirographum (= chirograph)

cista n.保管箱 保存契约及其它有价值之物的柜子或箱子。

citacion 〈西〉传票 传唤被告在指定的时间内出庭应诉的法庭命令。与古西班牙法律中的 emplazamiento 和罗马法中的 injus vocatio 同义。

citatio 〈拉〉传票;传唤

citatio ad reassumendam causam 〈拉〉〈罗马法〉恢复诉讼的传唤;继续诉讼的传唤 先前由于一方当事人死亡而中止诉讼,现由其继承人继续诉讼,法院便签发恢复诉讼的传唤,通知另一方当事人继续参加诉讼。

citatio est de jure naturali 〈拉〉传票是自然的权利

citation n.❶法院传票 由具有管辖权的法院签发的,要求被传唤人于指定的日期和地点出庭并为所指定的行为,或者说明不应为的理由的令状。 ❷警方传讯 由警方签发的要求某人于指定的日期到法官或治安官面前对所受指控作出答辩的命令。它适用于轻微的违法行为。 ❸引证;引用;援引 指对法律权威[legal authority]如法院判决、宪法、制定法、专著等的引述。律师通常在口头及书面的法律辩论中运用对判例或法律的援引来确立或支持其观点或主张。在援引法院判例时,要写明该判例的名称及出处。在引用制定法时,同样要注明所引用的制定法的检索途径。在美国,关于制定法的汇编的权威文本是在国会每届会期结束时出版的《美国制定法大全》[United States Statutes at Large/Stat.],它包含了三分之二的已公布的法律。其他收录联邦法律的文本有《美国法典》[United States Code/U.S.C.]和《美国法典注释》[United States Code Annotated/U.S.C.A.]。在引用制定法时,对《美国制定法大全》中的只引所在的卷数和页码,对《美国法典》和《美国法典注释》中的只引所在的标题号和节数。例如,①72 Stat., 962 指在《美国制定法大全》的 72 卷,962 页;②18 U.S.C.A. S1201(1934) 指在 1934 年版的《美国法典注释》的第 18 个标题下的 1201 节。

Citationes non concedantur priusquam exprimatur super qua re fieri debet citatio. 〈拉〉(传讯)事项未明,不应传讯。

citation of authorities 对法律权威的援引 在法庭辩论、法律教科书、法律评论文章、案情摘要、申请等中援引宪法、制定法的规定、法院判例或权威著作等以支持或证实其提出的主张或观点。

citation (or **admonition**) **ad instantiam partis** 〈拉〉(由教

典型判例援引的构成
[Components of a Typical Case Citation]

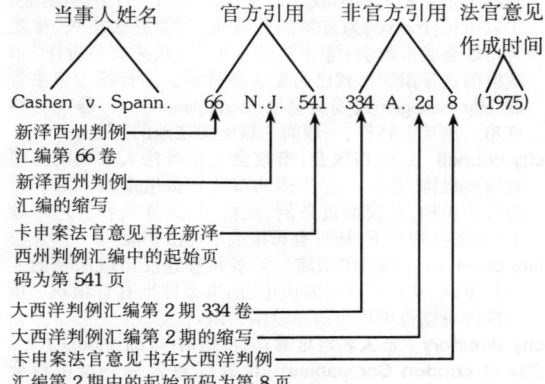

Source: William P. Statsky, *Legal Research, Writing, And Analysis*, U.S.A.:West Publishing Company, p.57

会法院发的)传票

citators n.〈美〉法律援引集 提供判例或制定法被法院在以后的案件中援引情况的汇编或系列丛书。通过它,人们可以了解到某一判例在确立之后被法院援引的情况及法院对其所作的解释,了解到宪法或制定法的规定是否被废除、被修改、被法院作出过解释、法院在哪些案件中援引过等情况。最常用的法律援引集是《谢泼德法律援引集》[Shepard's Citations]。

cite v.❶传唤;传讯 ❷引证;援引;引用 ❸称赞;表扬〈法〉(= city)

citizen n.❶〈美〉公民 根据美国宪法和法律或某州宪法和法律的规定,属于政治社会的成员之一,对其负有效忠义务并享有完全公民权的人。所有在美国出生或通过入籍方式取得美国国籍并受其管辖的人,均为美国公民和居住地所在州的公民,包括父母为外国人但本人在美国出生的人。 ❷〈英〉城镇居民;市民

citizen by naturalization 入籍公民;归化公民(⇨naturalized citizen)

citizen-informant n.举报的公民 为了公共利益且不计报酬主动向警方或其他机构提供情报或信息的证人。

citizen of a state 〈美〉州公民(⇨citizen)

citizen of the United States 美国公民(⇨citizen; United States citizen)

Citizens Against Abortion 〈美〉反堕胎协会 一个非营利性组织,其目的在于使非治疗性堕胎成为非法行为。

citizen's appeal 〈美〉公民的申诉 如果提出申诉的公民能表明其与诉讼有直接的金钱上的利害关系,法庭才会对其申诉举行听审。

citizen's arrest 〈美〉公民逮捕 指公民在下列情况下可以逮捕有重罪或轻罪的其他公民:①对公民在场时发生的或试图进行的公开犯罪的行为人;②实施逮捕的公民有合理的理由相信被逮捕者犯有重罪。但如果发生误捕,实施逮捕的公民要承担损害赔偿的责任。

citizenship n.公民资格;公民身份 取得美国公民资格有四种方法:①在美国出生;②在美国领地内出生;③在美国外出生但父母为美国公民;④入籍。

city n.❶〈美〉地方自治市 市是为了向聚居的居民提供公共服务、根据居民自愿申请、经州特许成立的、自愿结成法人团体的市政自治体,是美国规模最大等级最高的

市政自治体。市应在市宪章[charter]之下进行运作。在市宪章中至少赋予其一定范围的自治权[home rule],有时甚至是完全的自治权。通常市政府由三个机构组成:①以市长[mayor]为首脑的行政机关;②立法机关,称之为市议会或市政会;③市法院。不过,在某些情况下,市政府的这种组织形式已为宪法条款或法律转换为市主管制[city manager]或委员会制[commission]。❷〈英〉特许市 由英王特许、一般以主教坐席之地的都市

city council 〈美〉市议会;市政会 市政法人或市的主要政府性机构,系由一定数额的市政官员组成的立法和行政管理机构,有权通过条例、征税、调拨款项和管理市政府;在某些情形下,还具有司法或准司法职能。

city court(s) 〈美〉市法院 对被指控违反市政法规的人进行审判,并且对较小的民事、刑事案件享有管辖权。市法院的管辖范围以市所辖范围为限。

city directory 市人名地址簿;城市指南(⇨directory)

City of London Companies 伦敦同业公会 城市行会[Companies]起源于手工业行会[craft guilds],后扩大到几乎每一行业和工艺。他们曾完全垄断地控制官员的选举,且在1300-1725年间获得皇室的特许状成为社团法人。现在这些行会主要是慈善机构,对城市市长和官员们的选举仍有影响,个别行会还拥有特别权利。经行会成员同意和市政官法庭[Court of Aldermen]批准,一个行会可成为一个行业的同业公会[Livery Company]或伦敦总公司[City Company of London]。

city real estate 市有不动产;市有财产

civic a.❶市的;市政的 ❷公民的;市民的 ❸公民资格的;市民资格的

civic enterprise 市政事业 一市的市民为促进其共同利益和公共福利而合作进行的事业或项目。

civic rights 民权 为civil rights的变体,不过并不常用。

civics n.政治学;市政学

civil a.❶公民的;平民的;国民的;市民的;公民应有的 ❷国家的;政府的;社会的 ❸国内的;民间的 ❹民事的;法律规定的 ❺文明的;开化的 ❻文职的;非军事的

civil action 民事诉讼 为实现、保护私权利或民事权利,或者旨在为此种权利获得救济而提起的诉讼。(⇨action;suit)

Civil Aeronautics Authority 〈美〉民用航空局 已为民用航空委员会[C.A.B.]所替代。

Civil Aeronautics Board 〈美〉民用航空委员会

civil aircraft 民用航空器;民用飞机

Civil Air Patrol 〈美〉民间航空巡逻组织 根据联邦制定法所创建的一个团体,其目的在于鼓励和帮助人们为航空事业的发展和维护制空权捐献人力、物力、财力,并开展航空培训,以培养高级人才和培训官。

Civil Air Regulation 〈美〉《民用航空条例》

civil arrest ❶民事拘禁 民事诉讼中为使当事人到案对有关请求作出答辩而依法对其采取的拘禁措施。❷(海商法)(海事诉讼中)对船(或货物)的扣留

civil assault 民事企图伤害

civil authority 民政当局 区别于军事和政府当局。

civil authority clause 〈美〉民政条款;消防损失条款 火灾保险单中规定,对被保险人由于消防人员、警察和其他市政机构造成的损失给予赔偿。

civil bail 民事保释 指用保证书、现金或财产作担保,以释放由于未能履行法院要求其偿还债务的命令而受到民事拘禁的人。

civil bill court 民事诉讼法院 早期北爱尔兰基层民事法院,其管辖权类似于英格兰的郡法院。

civil case 民事案件

civil code ❶民法典 指与刑法典相对,主要涉及人身关系与财产权的法典。 ❷[C-C-]《拿破仑法典》(⇨ Napoleonic Code;Code Civil)

civil commitment 民事监管;民事拘禁 在民事诉讼中对精神病人、无行为能力人、酗酒及吸毒者实行的监管或拘禁,不同于刑事诉讼中作为刑罚的监禁。也指对未能执行法院的偿债命令者适用的拘禁。

civil commotion 平民暴乱;平民骚乱

civil conspiracy 民事共谋;民事合谋 两人或两人以上采取一致行动,以谋求达到非法目的或以非法手段达到合法目的的行为。

civil contempt 民事藐视 与刑事藐视[criminal contempt]相对。指当事人有意不履行法庭明确要求其为或者不为一定行为的命令。对于民事藐视法庭行为,可以处以罚款或者监禁从而强制该当事人服从法庭命令,维护对方当事人的利益,确立法庭的权威,并遏制诸如疏于履行义务[derelictions]等行为的发生。

civil corporation 〈美〉公法人 亦称准法人[quasi corporation],是由州作为当地政府进行行政管理的手段和工具而自行设立的,如县、镇、学区、街区等。公共法人的设立完全是州的自主行为,不受其辖区内公民的干预,这与市政法人[city corporation]不同。

Civil Damage Acts 〈美〉《民事损害法》 规定人身或其财产受到醉酒者的损害的人有权起诉向醉酒者提供或出售酒类饮料的人的制定法。(⇨Dram Shop Acts)

civil day 民事上的一日 从零点起算,经过连续的24小时的时间长度。

civil death 民事死亡;宣告丧失一切民事权利 指自然人虽尚存生命,但已丧失一切民事权利的状态。在普通法上,因被流放、放弃国籍、遁入宗教组织或犯有任何重罪都可导致被宣告民事死亡,从而丧失投票权、订约权、起诉权、被诉权等民事权利。对法人来说,已经正式解散或破产,虽留有财产供股东和债权人分配,但该法人已"民事死亡"。

civil defense 民防 公民在战争期间尤其是核战争期间或在对人类生命构成威胁时采取的共同防御的行动。

civil disabilities 〈美〉褫夺公权 对于罪犯除了判刑外,还可以在其服刑期间或释放后剥夺其某些权利,包括选举权、担任公职权、获得工作和职业许可证的权利、保险权以及获得救济金的权利等。如对犯有醉酒驾驶罪[DWI]的罪犯判处的褫夺公权的形式是暂时吊销[suspension]或吊销[revocation]其驾驶执照。

civil disobedience 非暴力抵抗 为宣示对某一特定法律的不公正性的抗议以及对这一不受欢迎的法律的刻意关注而采取的违反法律的行为。

civil disorder 市民骚乱 任何3人或3人以上采取暴力行动而造成的公开性扰乱,且造成对他人人身、财产的直接威胁。

civil engineer 〈英〉土木工程师 区别于军事工程师[military engineer]。

civil fraud 民事欺诈 ①指由于故意地作虚假陈述或隐瞒重要事实,或因疏忽作出的虚假陈述而使得他人因此受损而造成的侵权行为;②在税法上,指故意逃税的行为。通常民事欺诈只会导致金钱上的制裁,而不会受到刑事

处罚。(⇨criminal fraud)

civil fruit (大陆法)法定孳息(⇨fructus civiles)

civilian n. ❶平民 区别于军人或政府官员；在英国则指区别于教职人员。 ❷民法专家；罗马法专家

civil injury 民事损害 指因违约、不法行为或刑事犯罪而对人身或财产造成的损害，可通过民事诉讼获得救济。

civil interruption 民事诉讼时效的中断 指在大陆法上，因向法院提出合法的权利请求而使时效期间中断。

civilis 〈拉〉(= civil)

civilista n. (英格兰古法)❶民法学家；罗马法学者 ❷民事律师 ❸平民 区别于教会职员。

civiliter 〈拉〉民事上 与刑事上相对，相当于英文的civilly。

civiliter mortuus 〈拉〉民事死亡的 指某人已丧失了民事权利和法律资格，在法律上构成民事死亡的状况。(⇨civil death)

civilization n. ❶(刑事诉讼的)民事化 ❷(普通法的)罗马法化

civil jury trial 民事陪审团审理 在美国由联邦法院审理的普通法案件，凡争议金额超过20美元的，当事人享有要求由陪审团审理的宪法性权利。

civil law ❶市民法 指仅适用于罗马市民的罗马法。与适用在罗马的异乡人、外国人、移民的万民法[jus gentium]相区别。 ❷罗马市民法 与裁判官法[jus praetorium]和行政官法[jus honorarium]相区别。 ❸罗马法 适用于罗马社会和各地罗马公民，与仅适用于罗马市民的法相对。 ❹(罗马司法管辖权下的)罗马法 特别指优士丁尼[Justinian]及其继承人所编纂的《国法大全》[Corpus Juris Civilis]。它包括四部分：《法学阶梯》[Institutes]、《优士丁尼法典》[Code]、《学说汇纂》[Digest of Pandects]和《新律》[Novels]。 ❺(国家、城邦等特别为自身制定的)城邦法(⇨municipal law) ❻罗马法；罗马法系；大陆法系；民法法系 与教会法、普通法相区别。(⇨civil law systems) ❼以罗马法为基础而建立的适用于一般人的民法 与适用于商人的法律相区别。 ❽民法；私法 与刑法、行政法、军事法等相区别。 ❾实在法 与道德法[moral law]相区别。 ❿本国法；内国法 与国际公法相区别。

civil law systems 民法法系；成文法系；罗马法系；罗马－日耳曼法系 指以继受优士丁尼[Justinian]皇帝《民法大全》[Corpus Juris Civilis, 亦译为《国法大全》]为主的成文法、法理、法律概念、法律思维及法律制度为特征的法律制度体系。与普通法法系(或曰英美法系)相区别。古罗马法传统尽管体现了一种罕见的历史连续性，但并不存在单一的法律思想传统，古罗马法在历史的前期与后期存在风格的断裂，这与古罗马宪制的演变有很大的关系。在古罗马帝制或专制统治[dominato]之前的历史早期，如共和制时期乃至王政时期，法律的渊源还存在一种多元性：民众大会的立法活动、裁判官造法，以及元老院的立法活动和法学家的法学理论创造都显得很活跃。这种多元性同时意味着政治权威与权力的多极化特点，体现了爱德华·吉本[Edward Gibbon]所称的"罗马人的自由"。帝制完全改变了古罗马法的古典理论与实践风格。"法律"[lex]赋予了新的含义：法律即皇帝的谕令，君王不受法律的约束[princes legibus solutus est]。法律形式渊源的多元性完全消失。与帝制单极权力权威的政治形态相适应，法律渊源被整理和简化，对法律进行汇编的需求加强，法学家的解释权受到严格的限制，法学出现官僚化过程，法学理论不再具有创造性活力，而沦为编纂性质。古罗马法的成文化与法典特点与其说是反映了古罗马法律的发展和飞跃，不如说是恰当反映政治权威权力高度集中下，法律形式渊源高度单一的特点。近现代民法法系国家所继受的古罗马法正是法律形式渊源高度单一条件下的成文罗马法。这种形式单一、体系完整、内容丰富的特点在中世纪封建割据的欧陆有着难以抗拒的优越性与吸引力，以致于容易浑然忘却成文法典化的罗马法背后支持的单极权威的专制政治权力特点。欧陆在法理上首先继受了成文法典化的罗马法，其后在实践上继受了罗马法，逐步成为一个以罗马法为基础，具有共同特征的法律体系，近代欧洲的对外扩张还使得这一法系的影响及于拉丁美洲和亚洲、非洲等其他地区。与普通法法系不同，民法法系强调概念化的法理和成文法典化的法律形式特征。承认成文法典是司法的重要(如果不是唯一的)渊源，否定法官创制法律的权力(尽管近年民法法系国家判例的作用日益重要，但仍视为成文法典典的补充，而不具有普通法法系国家中判例法与国会制定法同等地位的特点)和"因循先例"原则。民法法系在司法程序中多采用司法职能主义的纠问制审理，不注重口头辩论，而主要通过卷宗审理，司法判决一般不进行说理和给出判决理由，往往遵照形式三段论的逻辑方法给出判决，相当程式化，司法判决意见不具有普通法法系常见的活泼的个人意见风格，而掩盖在司法官僚机构名下(尽管法庭判决意见必定为某个法官个人撰写)，亦少见法庭司法判决意见的异议[dissenting]。大致而言，民法法系在知识论、哲学方法论上存在与普通法法系不同的风格和特征。

civil liability 民事责任；民事损害赔偿责任 ①依照民法而非刑法加诸的责任；②依法对民事损害承担责任的状态。

civil liability acts 民事责任法(⇨Dram Shop Acts)

Civil Liability for Support Acts (美)《扶养民事责任法》 该法为统一法[uniform law]之一。

civil liberties 公民自由 "民权"[civil rights]和"公民自由"[civil liberties]是表示既有关联又有区别的两类法律权利的术语。"民权"意指与社会其他成员平等交往的法律资格；"公民自由"则指免受政府干预而自主行动的权能。"民权"一词包括许多种类的法律权利。在美国，其一般指《权利法案》[Bill of Rights]，第十三、十四、十五条宪法修正案以及如《选举权法》[Voting Rights Act]等立法所保障的个人权利。在这些权利中尤其包括选举权，不受非自愿奴役的自由，享受生活、自由和财产，隐私权，正当程序，法律的平等保护。其中某些权利，如选举权只限于公民，其他权利，如正当程序和平时保护权，则可平等地适用于管辖区的任何人。从广泛意义上说，公民的自由是一个政府限制问题而非平等问题。公民自由主要有：言论和出版自由，宗教信仰自由，免受政府任意征收财产的自由，审判程序公正和不受任意逮捕的权利等。尽管"民权"和"公民自由"有上述差异，但是由于二者本身范围并不完全确定，有时二者也可交互使用。

Civil List ❶(英)王室年费 议会通过法案规定国家每年支付给王室供其开销的费用，它取代了从王室世袭财产的收入中支付上述开支的规定，而将王室世袭财产的收入用于公共事业。有关王室岁人的规定常随新的国王登基而有所变化。 ❷(美)(不包括军队开支的)政府开支

civil list pensions (英)王室年度津贴 由国王向为王室服务之人、为公众履行其职责之人、作出有用的科学发现之人、在文学艺术方面作出贡献之人等授予。

civil maintenance 对包揽诉讼提起的民事赔偿之诉 因包揽诉讼而受损害的一方当事人,可据普通法提起该种诉讼,但实例极少。(⇨maintenance)

civil nature 民事性质(⇨suit of a civil nature)

civil nuisance 民事妨害 在普通法上,指对他人土地、房产或可继承财产的任何妨害。(⇨nuisance)

civil obligation ❶民事义务 指可通过民事诉讼强制执行的义务。❷法律上的义务 受法律约束,可由法院强制执行的义务。

civil offense 民事违法行为 该词既可指造成公共妨害[public nuisance]的违法行为,又可指为法律所禁止但又不应受非难的违法行为。

civil office 文职机构 行使政府权力的非军事机构,包括立法机构、司法机构、行政机构等。(⇨office)

civil officer 文职官员(⇨officer)

civil officer of the United States 美国的文职官员 除了军事机构官员之外的所有合众国官员。

civil or municipal law 国内法

civil penalties 民事惩罚 对特定违法行为,如违反反托拉斯法和证券法的行为的惩罚,通常采取罚金和赔偿损失的方式。(⇨damages; penal action; statutory penalty; treble damages)

civil possession (罗马法)民事占有 指以通过时效方式取得他人之物的所有权为目的而对他人房地的占有。

civil power 维持治安力量 指治安法官、警察及其他负责维持治安的人员。武装力量只有在非常例外的情形下才被用来协助维持治安力量维持治安。

civil procedure ❶民事诉讼法 对规定民事诉讼的程序或步骤的法的总称。通常指由立法机关或法院制定的有关诉讼规则,如美国的《联邦民事诉讼规则》[Federal Rules of Civil Procedure]。❷民事诉讼程序

civil proceedings 民事诉讼;民事程序

civil process 民事传票;民事令状 在民事诉讼中签发的传票或令状。

civil remedy 民事救济 通过诉讼或请求的途径寻求对私权的保护。

civil responsibility (= civil liability)

Civil Right Acts 〈美〉《民权法》 美国国会在内战后以及在晚近的1957年和1964年,主要为贯彻实施美国宪法赋予任何人(不论其种族和肤色)不得被剥夺正当程序和法律平等保护的规定而通过的有关法律的总称。

civil rights 民权(⇨civil liberties)

civil rights amendments 〈美〉民权宪法修正案 常指美国宪法第十三条修正案、第十四条修正案和第十五条修正案。这些宪法修正案对基本权利的宪法保障性质上有重大发展。

Civil Rights Bill 〈美〉《民权法案》 1866年南北战争[Civil War]结束时美国国会通过的一项法律,授予包括曾为奴隶者在内的所有出生于美国的人以公民资格。

Civil Rights Cases 〈美〉民权案例 指源于堪萨斯州、哥伦比亚特区、密苏里州、纽约州、田纳西州的联邦法院各自审理后又由美国最高法院一并加以审理的五个案件。此五案均涉及1875年3月1日民权法。依该法,旅馆、剧场、公共交通工具、娱乐场所等均需平等地为所有人提供充分的设备,不能因种族、肤色等差异而有所区别。最高法院判定该法违宪,认为它既不符合美国宪法第十三条修正案,也不符合美国宪法第十四条修正案。此后又有布朗案。这些案件成为此后大量种族隔离案件中所引用的前例。

Civil Rights Commission 〈美〉(联邦)民权调查委员会

Civil Rights Division of Department of Justice 〈美〉司法部民权司 由助理司法部长[Assistant Attorney General]领导的司法部下属部门。

civil rules 民事诉讼规则(⇨Federal Rules of Civil Procedure)

civil servant 文官 ①在英国,指在政治或司法职务以外以文职资格录用,由英王[Crown]直接任命或经文官事务委员会[Civil Service Commission]考核进入文官队伍,薪水或报酬由议会所通过的款项支付的英王公仆。下列人员不属于文官的范畴:政务官、法官、军官、警察、地方政府和公法人的职员、政府各个部临时雇用的人员以及国有公司和大学的工作人员;②在美国,一般指服务于联邦、州、县和市的行政部门,受有关法律制度调整的人员。(⇨civil service)

civil service ❶〈英〉文职部门 陆、海、空军以外的所有部门。1968年成立文官事务部[Civil Service Department],从财政部接管了文官事务管理。首相是文官事务大臣,枢密院院长[Lord President of the Council]司掌日常工作。该部的常务次长[Permanent Secretary]是文职司长[Head of the Civil Service]。1981年文官事务部被撤销,其职权转由财政部和内阁办公厅中成立的管理和人事局负责。❷[总称]文职人员 指受雇于政府部门担任文官的全体人员。❸〈美〉文官制 指基于功绩制[merit system]而非分赃制[spoils system]来确定公职人员的任命和任期的文官制度。

Civil Service Act 〈美〉《文官制度法》 1883年1月16日由国会通过。该法规定设立美国文官事务委员会[Civil Service Commission of the United States]。

Civil Service Commission 文官事务委员会 ①英国1855年设立的一个自治性的准司法机构,负责录用担任文官职位的人员。它根据个人品质和能力,录用普通行政部门需要的通才,也录用专门机构所需的具有专业技术的专门人员;②美国1883年设立的负责执行文官制度法的有关规定的机构。它通过公开的竞争考试录用文官。该委员会依1978年《文官制度改革法》[Civil Service Reform Act]进行改组。该委员会自身解散,分成两个机构,即人事管理局[Office of Personnel Management]和功绩制保护委员会[Merit Systems Protection Board]。1978年文官制度改革法的特点之一是设立了独立的公正的申诉程序,以纠正违反功绩制的行为。

civil service examination 文官考试 录用文官的考试。可以是对外公开的考试。有时是晋升考试,现任文官为晋升到其所期望的另一职位与他人相互竞争而进行的考试。(⇨competitive examination)

civil side (对民事案件和刑事案件均有管辖权的法院的)民事部;民事管辖权

civil suit (= civil action)

civil trial 民事审判

civil war ❶〈国际法〉内战 一国内部两个或两个以上有组织的武装力量之间发生的具有一定规模的武装冲突,包括政府与反叛者之间的武装冲突和非政府武装力量之间的武装冲突。在反叛者被现政府承认为交战团体之前,战争法不予适用。在反叛者被承认为交战团体后,战争法适用于该武装冲突,该国被认为存在国际法上的战争状态,即内战。❷[C-W-]南北战争 指1861年至1865年间美国联邦政府与宣布脱离联邦的"南部同

盟"诸州间的战争。 ❸[C－W－]〈英〉(1642年至1652年议会党人与保王党人间的)内战 ❹[C－W－]〈西〉(1936年至1939年)西班牙内战

Civil War Claims 〈美〉内战索赔 依1863年关于被俘获和被抛弃财产的法律规定,此类财产应予出卖,其收益归美国国库。此类财产的原所有人可于内战结束后两年内的任何时间向索赔法院[court of claims]提起诉讼,经适当证明,可请求返还其财产的出卖收益,但应当扣除某些规定费用。

civil wrong 民事过错行为 指因违反法律义务导致产生损害,从而引起要求民事救济——通常为损害赔偿——的民事请求权的行为。

civil year 民用年 与太阳年[solar year]相同。

civis 〈拉〉(罗马法)公民;市民

civitas 〈拉〉(罗马法)❶国家;政府 ❷居住于同一法域的人群

civitates foederatoe 〈拉〉结盟城邦 指与罗马结盟而被视为自由的城邦。

C.J. (＝chief justice;circuit judge;Corpus Juris)

C.J.S. (＝Corpus Juris Secundum)

C.L. (＝civil law)

Claflin trust 〈美〉克拉夫林信托(＝indestructible trust)

claim n.❶(对一项财产、权利、救济等提出的)权利要求;权利请求;权利主张 ❷请求权;权利;产权 ❸支付请求;赔偿请求;索赔 ❹支付请求权;索赔权 ❺对之提出权利请求的东西;赔偿额;赔偿金 ❻〈美〉(定居者、林木采伐者、探矿者等以立桩或法律要求的其他标记方式对一块公共土地等)主张产权;(对之主张产权的)地块 ❼诉讼请求 ❽专利授予请求 专利申请人在专利申请书中声明其申请专利的技术符合专利条件、要求授予专利的陈述。
v.❶对…提出权利要求或权利主张;主张享有(权利)或拥有(财产) ❷要求给予或占有;索取;认领 ❸要求赔偿;索赔 ❹宣称;声明;主张 ❺拥有;具有

claim adjuster (保险公司)理赔理算人 保险公司的独立代理人或雇员,负责对所有向保险公司提出的索赔进行协商、解决。(⇨adjuster;claimant adjuster)

claim against decedent's estate 对死者遗产的权利主张;需用死者遗产清偿的债权 一般体现为单纯的金钱请求。

claim against the United States 〈美〉对美国政府的金钱请求权

claim agent 〈美〉理赔代理人 铁路公司、工商企业中的雇员,负责调查对其雇主提出的索赔,并向其雇主报告对该索赔是否应予支付、拒绝或重新估算。

claim and delivery 〈美〉动产回复诉讼 制定法上的一种为收回被非法夺取或留置的动产并要求赔偿由此而造成的损失的诉讼。类似于普通法上的动产占有回复诉讼[replevin]。

claimant n.请求权人;权利请求人;主张权利人;原告

claimant adjuster 索赔理算人 为保险索赔人向保险公司主张保险赔偿,进行索赔理算的人。

claim check 寄托财物之收据或凭证 财物寄托人将寄托财物交付给托运人或托管人时,由后者签发的证明已接收寄托财物的凭证,财物寄托人凭此提取寄托财物。

claim in a service 接受送达之继承请求 请求作为死者继承人而接受文件的送达。

claim in bankruptcy 破产请求权之证明(⇨provable debt)

claim in equity 〈英〉衡平法上的请求 在某些事实争议不大的简单案件中,有时为避免完整而费时的诉答程序,可依请求而进行简易程序的审理[summary proceeding by claim]。这种简易程序于1850年创设,1860年废止了此种请求。

claim jumping 〈美〉强夺权利;强夺他人(采矿)权 ❶将采矿权的边界以予扩张,侵犯到他人的地域或权利;❷利用他人原有权利的瑕疵,请求让自己获得与之相同的权利。主要指强夺他人采矿权或土地等所有权,即利用公地采矿者或其他权利人等完善其权利请求以符合法定方式之机,通过对同一地块以法定方式提出权利请求来获取该地,而不管他人先前占有的效力。

claim-notice n.采矿权通告 采矿人或探矿人对某一土地声明有采矿权的通告。

claim of cognizance 管辖权请求 指第三人请求某法院对原告已在其他法院起诉的案件行使管辖权或裁判权。

claim of conusance (＝claim of cognizance)

claim of exemption (个人财产的)豁免请求 债权人通过司法程序扣押、变卖债务人财产时,债务人主张其部分个人财产依法有权免受扣押和变卖。(⇨notice of exemption)

claim of liberty (英格兰古法)自由权请求 指旧时在财税法庭[Court of Exchequer]向英王提出的、要求由总检察长[Attorney General]确认其自由和特许权的请求。

claim of lien 留置权的请求权

claim of ownership (在他人的时效占有中,原所有人的)所有权的请求权(⇨adverse possession)

claim of right (＝claim of ownership)

Claim of Right 〈苏格兰〉《权利宣言书》 1689年2月,英国议会通过了《权利宣言》[Declaration of Rights],苏格兰议会也通过了与《权利宣言》内容相同的法案,即《权利宣言》,该法案宣布詹姆士二世[James Ⅱ]丧失王位,其位由威廉[William]及玛丽[Mary]继承。

claim of right doctrine 作为权利主张的原则 在时效占有中,请求权人是作为所有人占有财产,并有主张该财产是其所有的意图;在税法中,只要纳税人对某一数额的财产有权接受,该数额财产即应包括在其收入中,并应依法纳税,即使其一部或全部可能返还他人也不例外。

claim of title (＝claim of ownership)

claim preclusion (＝res judicata)

claim property bond 主张财产权利的担保书 在返还财产之诉或有关财产执行中,被告填写的担保书。

Claims Collection Act 〈美〉《债权追索法》 美国联邦法律之一,要求联邦政府各机构尽力追索因其各自的活动而使联邦政府享有的债权。

claims-consciousness n.权利意识;法律意识;正义意识 指形塑法律文化的一种品质,依此人们对于法律和正义有着坚定的预期,并愿意为实现正义而采取具体的措施。

claims court 索赔法院;求偿法院(⇨U.S.Claims Court;Court of Claims;small claims court)

claims made policy 基于索赔的保单 根据这类保单,只要索赔是发生在保险期间,无论引起该索赔的事件是否发生在保险期内,则保险人都赔偿被保险人的损失,又称为"发现"[discovery]保单,与"基于出险的保单"[occurrence policy]相对。

claim to property within jurisdiction 对管辖权范围内财产的请求权 这是管辖权的先决条件。

clairvoyance n.洞察力;神视 感知视觉所及范围之外的

事物的能力。

clam 〈拉〉(罗马法)秘密地;偷偷摸摸地;鬼鬼祟祟地

clam bed 蛤蜊床 指海岸高水位与低水位之间可挖出蛤蜊的区域,既可天然形成,又可为人工所造。对该区域可因时效取得财产权。

clam delinquentes magis puniuntur quam palam. 〈拉〉秘密犯罪者应比公开犯罪者受到更严厉的处罚。

clamea admittenda in itinere per attornatum 〈拉〉国王命令巡回法官接受由于为皇家服务而不能出庭者的代理人的权利请求 指一种古令状。

Clameur de Haro 〈法〉"哈罗"呼叫 受难时或警报时的呼叫,整个呼叫为"哈罗,哈罗,哈罗,救命啊,我的恩人,我受到了伤害!",后来是将"哈罗"连喊三遍。它从很早时就已出现于海峡群岛[Channel Islands]的法律中,至今仍有效。在泽西岛[Jersey]和根西岛[Guernsey],它是抗议入侵土地的一种古老的方法。已经呼叫的事实要在地方注册官署登记。该呼叫须受尊重,侵入行为须停止,因而它起到临时禁令的效果。该呼叫经认可而记载于《诺曼底习惯法大全》[Grand Coutumier de Normandie]。撒克逊法也承认类似习惯,称"受害呼叫"[Clamor violentiae],但仅用于刑事指控中,后扩大适用于民事侵权行为。

clamor ❶(英格兰古法)诉讼请求;权利要求;权利主张 ❷(罗马法)主张权利者;债务;权利要求;告发;追诉

clam, vi, aut precario 〈拉〉以强迫、秘密或强求的方式

clandestine *a.*(通常为非法或不正当目的)秘密的;隐蔽的;偷偷摸摸的;私下的

clandestine introduction 秘密进口 指走私及其它所有违法规避行为,此类违法行为企图在不支付进口货物依法应缴纳的关税的情况下通过海关监管,以达到逃避关税的目的。

clandestine marriage 秘密婚姻 在证人面前举行的婚礼,通常以非正式仪式进行。在普通法上有效,但未进行结婚公告,且欠缺教会法要求的其他必要条件。

clandestine mortgages 〈英〉秘密抵押 依1692年法,如以相当对价将其土地抵押于任何人,又将该地之全部或一部抵押于他人,且第一抵押有效,而第二抵押时未向受抵押人声明第一抵押存在,则抵押人对第二受抵押人不可获救济或衡平法上的抵押物回赎权[equity of redemption]。该法为1925年《财产法》[Law of Property Act]所取代。依后法,有偿处分财产时,如心存欺诈而故意隐瞒对该财产的实质性权利负担,则构成轻罪,应被科以罚金或被监禁的惩罚,并应对由此所生的损害负赔偿之责。

Clandestine Outlawries Bill 〈英〉《下议院优先议事权案》 议会每届会议开始之际,就议会致答辞[Address]辩论之前,在下议院一读的一种议案。但对这种议案既不进行辩论也不继续向前推进。其唯一目的在于肯定下议院有在提供补偿之前昭雪冤屈的权利,并有讨论那些他们认为必需优先于英王致辞[sovereign's address]中提出的议案的任何事项的权利。在上议院相应的议案是《上议院优先议事权案》[Select Vestries Bill]。(⇨Select Vestries Bill)

clap-stick *n.* 警柝 被雇来看守房产的看守人或旧时的守夜人在警夜时敲击以报警或助威的木板或木梆。

clare constat ❶显而易见的;显然的 ❷〈苏格兰〉确认权利证书 指领主给予已去世封臣的继承人的一种令状,确认他继承封臣所保有的领主土地的权利。(⇨precept of clare constat)

claremethen *n.* (苏格兰古法)对被盗家畜或财物的权利担保;调整对被盗家畜或财物的权利担保的法律

Clarenceux King-at-Arms 〈英〉克拉伦苏克斯纹章长官 英国三个纹章长官之一。(⇨herald; King(s)-at-Arms)

Clarendon Code 〈英〉克拉伦登法典 克拉伦登勋爵,即爱德华·海德[Edward Hyde, Lord Clarendon],任查理二世国王[King Charles Ⅱ]首席顾问时,英格兰通过的四项法律的通称,其目的在压制不信奉国教者[Dissenters]和不从国教派[Nonconformists]的势力和自由。这四项法律分别是:①规定前述人员不得担任市镇职务的1661年《市镇法》[Corporation Act];②规定前述人员不得担任教会职务的1662年《统一信仰法》[Act of Uniformity];③宣布"为信奉他教而集会为非法"的1664年《集会法》[Conventicle Act];④规定非国教教士不得在离城镇五英里内进行礼拜活动的1665年《五英里法》[Five Mile Act]。

Clarification Act 〈美〉《权利解释法》 关于海员在其受雇期间遭受伤害时享有的权利及损害赔偿的一部联邦法律。

class *n.* ❶阶级;阶层 ❷等级;级别 ❸类;种类;类型 在继承法中,指同一被继承人的概括受遗赠人;在证券法中,指同类证券,如普通股、优先股等;在刑法中,指同类犯罪,如重罪、轻罪;在诉讼法中,指集团诉讼中具有相同诉讼利益的人数众多的当事方。

class action 集体诉讼;集团诉讼 由一个或多个成员作为集团全体成员的代表,代表全体当事人起诉或应诉的诉讼。作为原告或被告的集团与其代表在集团中具有共同的利害关系,将他们作为一个集体就其权利或责任作出裁决比在一系列的单个诉讼中作出裁决更为有效。目前美国联邦和大多数州的法律都规定了集团诉讼程序。根据《联邦民事诉讼规则》[Federal Rules of Civil Procedure]第23条的规定,作为集团诉讼必须具备下列先决条件:①集团人数众多,以致全体成员的合并实际上不可能;②该集团有共同的事实和法律问题;③代表当事人的请求或抗辩是在集团中有代表性的请求或抗辩;④代表当事人将公正和充分地维护集团成员的利益。此外,初审法院也必须确认某一诉讼可以作为集团诉讼。在1966年对《联邦民事诉讼规则》修改以前,集团诉讼通常被划分为三种,即"真正的"[true]、"混合的"[hybrid]和"虚假的"[spurious]集团诉讼,新的《规则》取消了这种分类。

class directors 董事任期交错制 指把公司董事总人数划分为人数相等或相近的两组或三组,第一组董事的任期终止于在他们被选任之后的第一次股东年会,第二组董事的任期终止于在他们被选任之后的第二次股东年会,若有第三组董事,其任期则终止于被选任之后的第三次股东年会。此后每次股东年会上选任的董事的任期,依交错情况类推确定。

classes of stock 股票种类;股票类别 尤指普通股的几种通常类型,如A股、B股等。

class gift 概括赠与 赠与时受赠人人数不确定,将来某一时刻所确定的全体受赠人都可均等地或依特定比例分享的一种赠与。(⇨gift to a class)

classiarius *n.* (在海上服役的)水兵;船员

classici (罗马法)在船上服劳役者

classification *n.* ❶划分类别;分类 通常被接受的分类基础是所涉及的法律概念和法律关系。分类对发现适用于具体案件的法律原则,以及对在百科全书和教科书中阐述法律原则和规则,都是非常重要的。分类的第一个目的是学术性的,即将所涉及到的法律规则和该规则覆

盖的法律问题做一理性结构的安排;分类的第二个目的是为了使研究、理解及发现适用于具体问题的规则更为便利;分类的第三个目的是现实性的,特别是在涉及到国际私法的领域,法官在决定解决法律选择问题所应适用的法律前,通常要先作此分类,在此时 classification 即被称为"识别"[characterization]。❷**分类监禁** 指在监狱管理上,将犯人分类别投入不同的监狱或同一监狱的不同部分。

classification of cities 〈美〉城市分类;城市类别 对一州内的城市依人口等因素所作的分类,以此确定这些城市在特许权或权力范围、政府组成等方面法律上的差别。

classification of counties 〈美〉县的分类;县的类别;县的类型 在一州之内通常基于人口对县所作的分类,依不同类别分别确定县行政官员的工资,规范选民登记和选举活动或陪审员的选举和选任,及法院的组成、管辖权和程序。

classification of crimes 犯罪分类 根据不同的标准,可以将犯罪分为不同的类别。如根据犯罪行为的危害程度可将犯罪分为重罪和轻罪;根据犯罪行为本身的性质可分为本身邪恶的罪[malum in se](又称自然犯)和法规禁止的罪[malum prohibitum](又称法定犯);从法律渊源角度又可分为普通法罪和制定法罪等。

classification of risks 风险分类;风险类别;风险类型 火灾保险中用于标明保险标的性质和状况,以及意外伤害保险中标明投保人职业的术语。

classified service 行政机构内不同级别的文职职务

classified tax 分类征税制 对各类不同财产按照不同的税率予以征税。例如,对奢侈品计征的税率可高于对普通财产计征的税率。

classis n.宗教会议(⇨synod)

class legislation 特定类别立法;不统一适用的立法 指仅适用于特定群体或阶层的人、或者特定区域、或者特定情事或物的立法,或者仅适用于特定类别或阶层的人或物的一部分的立法。该词通常涉及到歧视性立法,即根据专断、不公正或由于厚此薄彼而招致不满的原则,通过赋予某些特权或加诸某些负担,将人们或法律主体划分成不同等级或类别的立法;或在同一等级或类别的人或物之间导致人为歧视的立法。在美国,这种歧视性立法会违反美国宪法第十四条修正案关于平等保护的规定。

class of creditors 债权人分类 破产法上,为确定分配破产财产的顺序而对债权人进行的分类。

class rate 分级运费率 在货物运输中,将可承运货物按一定标准划分为不同的等级,依等级的不同分别规定不同的运费率。

class suit 集团诉讼;代表人诉讼(⇨class action;representative action)

class voting 团体投票;集体投票 指依照法律或公司章程享有投票表决权的全部股东,依照其所持股票的种类的不同而形成不同的投票团体[voting group],即同一种类股票的所有持有人形成一个投票团体。在股东会议上对某一事项进行投票表决时,各投票团体在投票计数时分别计算。(⇨voting group)

claud v.将开放地变成圈占地

clause n.❶(契约、遗嘱、条约、法律、宪法等法律文件的)条款 ❷〈英〉法案条款 指提交给议会的法案经过编号的部分,如被通过,即成为该法令的条文。❸从句;分句

clause compromissoire 仲裁条款

clause irritant 限制条款 对限嗣继承中绝对权利人之权利加以限制的条款。

clause of accrual 自然累积条款 混合共有人[tenant in common]间以遗嘱或契约进行赠与的一项常见条款,规定已逝的受益人的受益份额自然归属于尚生存的受益人。(= clause of accruer)

clause of accruer (= clause of accrual)

clause of ac etiam 提出真实诉因的条款(⇨ac etiam)

clause of devolution 义务承担条款 规定在发生某一情事时应负担某些义务的条款。

clause of hiis testibus 契据中使用"以下是证人"字样的条款 自亨利八世[Henry Ⅷ]时起已不再使用。(⇨hiis testibus clause)

clause of return 权利返还条款 指契据中规定在出现特定情形时将权利返还让与人[grantor]的条款。

clause potestative 〈法〉任意条款 指契约中一方当事人保留解除合同权的条款。

clause rolls (英格兰古法)密封敕令;密封敕令之卷宗(⇨close rolls;close writs)

Clauses Acts 〈英〉《共同条款法》 对其中大部分是在1845至1847年通过的许多法律的总称。目的是确定一种形式,将共同出现在特别法中,批准各种公共事业如铁路建设的许多具体条款合并在一起,组成一个法律。之后,合适的《共同条款法》[Clauses Act]的有关规定可以通过参照而为以后通过的特别法所吸收,藉此可以提高特别法的统一性和一致性,并使之精炼和简约。一些《共同条款法》[Clauses Acts]除非它们已被更改或被排除,后来的特别法都应采纳;而其他的《共同条款法》只有为特别法明确规定采纳时才适用。

clausula 〈拉〉(法律、契据等的)条款;约款;文句

clausula derogativa 〈拉〉(遗嘱中)此后所立遗嘱一概无效的条款 后者仍可有效,但有理由怀疑其受到了不当影响。

clausula derogatoria ❶此后所立遗嘱一概无效条款(⇨derogatory clause) ❷贬损性条款 侵犯不容否认的权力之条款。

Clausulae inconsuetae semper inducunt suspicionem. 〈拉〉(文书中之)异常条款常引起怀疑。

Clausula generalis de residuo non ea complectitur quae non ejusdem sint generis cum iis quae speciatim dicta fuerant. 〈拉〉未尽事项的概括条款不含与明文列举的事项不同类的事项。

Clausula generalis non refertur ad expressa. 〈拉〉概括条款不指已明示的事项。

Clausula quae abrogationem excludit ab initio non valet. 〈拉〉(法律中)禁止其废止的条款自始无效。

clausula rebus sic stantibus 〈拉〉情势不变条款 系于所有契约之默示条件。当契约赖以存在之情事变更时,该契约之拘束力即行终止。此原则用于要求在约定之支付货币由于通胀或贬值而不值钱时,以合同价值支付。

Clausula vel dispositio inutilis per praesumptionem remotam, vel causam ex post facto non fulcitur. 〈拉〉无用的条款或处分不受间接推定或事后理由的支持。意为:无用的条款或处分[useless clause or disposition]只是对法律条文本身所包含意思的表述,它不能通过间接推定的方式也不能因事后发生的事实而具有法律效力,虽然该间接推定可能具有实质意义,或该事后理由可能导致该无用的词句产生作用。

clausum 〈拉〉〈英格兰古法〉封闭的;(以有形的篱笆或无形的意念中的边界等)隔开的(土地);圈地;围地;私人土地(⇨close; inclosure)

clausum fregit 〈拉〉他侵入了圈地 早期侵权诉讼中用语。(⇨quare clausum fregit; close)

clausum paschiae 〈英〉复活节后的第八天;复活节的结束;复活节后的第一个周日

clausura （英格兰古法〉圈地;围地(⇨inclosure)

clausura heyae 以篱笆圈围土地

claves insulae 〈英〉马恩岛议院;马恩岛法律元老

clavia n. 〈英格兰古法〉棍棒;权杖(⇨mace)

clavigeratus n. 教堂司库

clawa n. (四周围住的)围地;小块圈地

clayme v. & n. claim 一词的古体

Clay's Act 〈英〉《克莱法》 指 1851 年《复合住户法》[Compound Householders Act]。(⇨compound householder)

Clayton Act 〈美〉《克莱顿法》 作为规定反垄断规则和不公平贸易行为的《谢尔曼反垄断法》[Sherman Antitrust Act]的修正而于 1914 年颁布的一部联邦法律。该法禁止在实质上减损竞争或意图在任何商业领域导致垄断的价格歧视、搭售、独占性交易、兼并、互兼董事职位等行为。

Clayton-Bulwer Treaty 《克莱顿－布尔沃条约》 美英两国于 1850 年签订的条约,禁止双方获得和保有对所列巴拿马运河区的任何排他性控制,以保证运河中立,禁止双方对运河区的任何部分进行占领、殖民化或设防。该条约为 1902 年《海－庞斯富特条约》[Hay-Pauncefote Treaty]所取代,后者确立了巴拿马运河的中立地位。

clean a. 无可指责的;无瑕疵的;无缺点的;无欺诈的;无不道德行为的;无异议的;无(权利)保留的 该词含义非常广泛,应依上下文具体确定。

Clean Air Acts 〈美〉《空气净化法》 联邦和各州为规范和控制空气污染而颁布的环境法规。

clean bill ❶〈美〉清洁法案 一项法案已被立法委员会[legislative committee]作出大量更改,与其解释已作出的更改,还不如提出一项新法案,即"清洁"法案。❷光单汇票 汇票的一种,即不需随附任何代表货物所有权的单据及其它单据的汇票,与跟单汇票[documentary bill]相对应。

clean bill of health 合格健康证书;无疫证书 在海商法中,指记载船舶所离港口及船上人员无传染病,或关于健康状况的例外情形或保留情形的证书。

clean bill of lading 清洁提单 承运人对已装船货物的表面状况未作任何不良批注的提单,记载"表面状况良好"或不作任何批注的提单均为清洁提单。清洁提单表明该提单项下的货物已以适当的方式装于船上,而且货物表面状况良好。

clean draft (= clean bill)

clean hands 净手;清白 指某人在其起诉他人之事项上,其行为是正当的、合法的。(⇨clean-hands doctrine; unclean hands doctrine)

clean-hands doctrine 净手原则;清白原则 衡平法上的一项原则,指如果一方当事人的行为违背了衡平法原则(如善意原则[good faith]),则该当事人即不能在衡平法院寻求衡平法上的救济或者主张衡平法上的辩护理由。对该原则,衡平法上有一句谚语:"He who seeks equity must come into court with clean hands."即在衡平法院提起诉讼者须清白无瑕。也称作 unclean-hands doctrine。

clean paper 光单票据 指无需随附任何其它单证即可自由流通的票据。

Clean Water Acts 〈美〉《水净化法》 联邦和州为规范和控制水污染而颁布的环境法规。

clear a. ❶清楚的;易懂的;无疑问的;无异议的 ❷无债务的;无负担的;无障碍的;无限制的 ❸清白的;无罪的 ❹卸空的 ❺完全的;彻底的
v. ❶使清楚;弄明白 ❷为…辩护;为…辩解;证明无罪;消除嫌疑 ❸宣布无罪;开释 ❹(为船舶)结关;办理出入港手续 ❺结账;清算 ❻使(支票)兑现 ❼出售(商品);售清(商品) ❽获得净利

clearance n. ❶船舶离港权 ❷结关;办理结关手续 ❸结关证;出入港证明;出港许可证 ❹清算;票据交换 ❺出售(商品);售清(商品) ❻获得净利

clearance area 〈英〉房屋间的空地 依 1957 年《住房法》[Housing Act],地方政府有权宣布房屋间的空地,并发布相关命令。该权力为 1974 年《住房法》所废止。

clearance card (雇员)离职卡 雇主于雇员被解雇或受雇期间届满时发给雇员的文件,记载解雇或自愿离职原因、受雇期间、工作能力及其以前受雇情况等其他事实的文件,但其不具有推荐信的性质。

clearance certificate 结关证;清关证 签发给船长证明其关税已缴的文件。

clear and convincing proof 清楚且令人确信的证明 能够确定争议的基本事实具有合理的真实性的一种证明程度。它高于证据优势[preponderance of evidence]的证明程度,但低于排除合理怀疑[beyond a reasonable doubt]的证明程度。它对事实的确认只达到一种高度的盖然性。

clear and present danger 明显且现实的危险(⇨clear and present danger doctrine)

clear and present danger doctrine 〈美〉明显且现实的危险原则 是美国最高法院大法官奥利弗·温德尔·霍姆斯[Oliver Wendell Holmes]在 1919 年申克诉美国[Schenck v. United States]一案中,首创用来作为判定言论罪的标准的一项原则。霍姆斯在该案判决中指出:"每一个案件的问题在于所使用之言辞就当时特定的环境及其性质,是否具有造成一种明显且现实的危险,使得国会有权防止其产生现实的祸害。"基于此,有必须是为防止对政府合法保护的利益具有严重、即刻的危险的情况下,才能对美国宪法第一条修正案所规定的言论出版自由进行限制。

clear and present danger test 〈美〉明显且现实的危险原则(⇨clear and present danger doctrine)

clear annual value (扣除税金、抵押权益和其他费用、折旧的)财产年净值

clear annuity 净年金 免税之年金或免征、已结清遗赠税、继承税之年金。

clear chance (避免交通事故的)明显的机会(⇨last-clear-chance doctrine)

clear days 完整的日数;足日 指首日与末日之间的日数,不包括首日和末日。

clear distance ahead 清晰可见的前距(⇨assured clear distance ahead)

clear, distinct, and unequivocal possession 明确无疑的占有 对立占有的特征之一。(⇨adverse possession)

clear evidence 明显的证据 指清楚的、肯定的、确切的证据,它可直接证明某一事实或主张的成立,其证明力具有

明显的优势。

clearing *n.* ❶(船只)结关离港 船只在办理完关税、检疫及其他手续后离港。❷票据交换;结算;清算

clearing account 过渡账户;暂记账户 一种中间账户,用以转入一类成本或收入,会计期间结束前将该账户的总额分配到其他账户。

clearing corporation 〈美〉结算公司;清算公司 全部资本股由依法登记的证券交易所或证券交易所协会持有的公司。

clearinghouse *n.* ❶票据清算所 银行交换相互签发的票据并结清每日余额的协会或场所。❷(为股票、商品等日常交易提供清算场所的)清算所;交易所

clearinghouse association 清算所联合会 为维持清算所正常运行,由银行、商品或证券交易所成员组成的联合会。

clearing land 清整土地 清除土地上的灌木、幼苗、树木等,是所有权人的一项权利。

clearing loan 结算信贷;清算信贷 债券销售期间,向债券经纪人提供的贷款。

clearings *n.* 银行之间交换、清算的方法

clearing title 使契据可销售的行为或过程

clear legal right 明显的合法权利 根据无可争辩的事实,在法律上确认的权利。

clearly erroneous 〈美〉明显错误的 在用于"除非有明显的错误,初审法院的事实裁决[findings]不应被撤销"的规则中时,具有明显错误的事实裁决是指该裁决的作出是基于重大的程序错误、或错误适用了法律、或得不到重要证据的支持、或明显违背证据的证明力、或受到错误的法律观点的引导等情形。

clearly erroneous rule 〈美〉明显错误规则 法院审查行政机关的决定时所适用的一项标准。(⇨clearly erroneous)

clearly proved 已清楚证明了的;已明确证明了的 形容以证据优势[preponderance of evidence]所达到的证明程度。它使得事实审理者在内心确信其证明力可使任何一个有理性的人相信该事实是成立的。

clearly reflecting income (税法)明确反映的收入 指一种明白的、诚实的、直接的、坦率的计账方法,但不一定是精确而没有错误的。

clear market price 清楚的市场价格;公平市价

clear market value 公平自愿的市场价格 公平交易中卖方自愿出售,买方自愿买受的价格。

clear of all deductions 免于各种费用的扣除 指免于扣除各种费用、继承税、遗产税而由被指定人所承受的赠与或遗产的净额。

clear proof 明显的证明(⇨clear and convincing proof)

clear reflection of income 〈美〉收入的明确反映 如果纳税人的方法不能准确反映其收入,国内税务署[Internal Revenue Service]有权用明确反映收入的方法对纳税人的收入进行再认定。

clear residue (扣除死者所负债务、遗产管理费用、遗赠后的)遗产的净余额

clear, strong, and convincing 清楚的、有力的和令人信服的 高于证据优势[preponderance of evidence]的一种证明程度。

clear title 良好权利;可转让权利;无负担权利;无限制权利(⇨marketable title)

clear title of record 已登记的良好权利;已登记的可转让权利;已登记的无负担权利;已登记的无限制权利

clear value (经折扣后的)净值

clear view doctrine (= plain view doctrine)

clemency *n.* ❶宽厚;仁慈;怜悯 ❷(对犯罪行为等的)宽大;宽恕;豁免(⇨amnesty; pardon)

Clementines (教会法)克雷芒法令集 1317年由教皇约翰二十二世颁布的教皇克雷芒五世[Clement V]和法国维恩公会议[Council of Vienne, 1311 – 1312]羁法令的权威汇编,它并没有废止1298年《第六教令集》颁布后的所有其他立法。该汇编分为5卷,52篇,106章,早在1319年就有评注出现。

Clement's Inn 〈英〉克莱门特律师公会 预备律师公会[Inns of Chancery]之一,因其最初属圣·克莱门特·邓斯教堂而得名。

clenge *v.* (苏格兰古法)宣告无罪;取消指控

Cleopatra's Needle (古埃及)克娄巴特拉方尖碑 伦敦[London]泰晤士河畔和纽约中央现各存一块。在英国,依1878年《历史遗迹法》[Monuments Act],禁止损害、破坏该碑,禁止于该碑上张贴、涂画,违者处5英镑罚金。

cleptomania (= kleptomania)

cleremonia 神职人员;教士

cler. fil. (= clerici filius)

clergy *n.* ❶(古)受教育者;识字者;学者 ❷神职人员 基督教神职和教会人员的总称,区别于其他监督公众上帝信仰、宗教仪式和宗教团体的人员。宗教改革之前,神职人员分为修道士(regular clergy),如修道院院长,小隐修院院长[priors]等,和不受修道院誓约束缚的非修道院神职人员[secular clergy],如主教、教长和堂区牧师。该词现指基督教会各教派中所有级别的神职人员。大量的制定法赋予神职人员特权,或对其强加义务和剥夺资格。英格兰的修道士可免于担任陪审员的义务,但一般的神职人员可任地方行政官员,并且普通法规定神职人员从事贸易为非法。美国法律不承认神职人员特权。❸神职人员特权(⇨benefit of clergy)

clergyable *a.* (英格兰古法)有权享受神职人员特权的(⇨benefit of clergy)

clergyman *n.* 神职人员(成员) 教会的宗教代表。

clergy pension 〈英〉神职人员年金;教士年金;圣俸

clergy privilege 神职人员特权(⇨benefit of clergy)

clerical *a.* ❶牧师的;神职人员的 ❷职员(工作)的;办事员(工作)的;文书(工作)的

clericale privilegium (英格兰古法)神职人员特权(= benefit of clergy)

clerical error 〈英〉(文书中的)笔误;书写错误 指有关文书在书写技巧和形式上而非思想内容本身的错误。在判决书方面,指法庭书记官、律师、法官所犯的错误或遗漏,但这种错误与司法职能或自由裁量权的行使无关。对于笔误,法庭可依职权随时主动纠正,当事人亦可申请其纠正。在议会制定法方面,对于法律中的笔误通常用后法来加以补正。

clerical misprision 文书渎职 法院书记官在誊写或做其他文书工作时造成的直观可见的文字错误的行为。

clerical subscription 〈英〉神职人员的教义认可 在被授予神职成为牧师或执事之前,圣职候选人必须正式宣布认可英格兰国教的《三十九条信纲》[Thirty-nine Articles]和《公祷书》[Book of Common Prayer]。

clerical tonsure (英格兰古法)修士的削发(仪式);神职人员的削发(仪式)

clerici de cancellaria 〈拉〉文秘署及衡平法院的书记官（⇨cursitor）

clerici de cursu (= clerici de cancellaria)

clerici filius 〈拉〉教士之子；牧师之子

clerici non ponantur in officiis. 〈拉〉神职人员不应担任世俗公职。

clerici praenotarii 〈拉〉衡平法院的六名书记员 负责填写诉状及其它文书。（⇨cursitor）

Clerici privati sigilli (= Clerks of the Privy Seal)

clerico admittendo 〈拉〉(英格兰古法)强制圣职授予令 (= admittendo clerico)

clerico capto per statutum mercatorum 〈拉〉释放因违反商业法规而被监禁的神职人员的令状

clerico convicto commisso gaolae in defectu ordinarii deliberando 〈拉〉根据神职人员特权的规定，将犯有重罪被押入狱的神职人员释放和交付其教会常任法官[ordinary]的古老令状

clerico infra sacros ordines constituto, non eligendo in officium 〈拉〉解除神职人员所任世俗公职的令状

clericus ❶教士；神职人员；圣品人；教区牧师(= clergy) ❷法庭书记员；法官的书记官 ❸〈英〉王室司库 负责王室收支的官员。 ❹〈英〉在俗牧师

clericus argenti regis 〈拉〉(= Clerk of the King's Silver)

clericus errorum 〈拉〉(= Clerk of the Errors)

Clericus et agricola et mercator, tempore belli, ut oret, colat, et commutet, pace fruuntur. 〈拉〉牧师、农民和商人在战时享受和平，以便能进行布道、耕作和贸易。

clericus extractorum 〈拉〉(= Clerk of the Escheats)

clericus juratorum 〈拉〉(= Clerk of the Juries)

clericus mercati 〈拉〉(英格兰古法)市场监督官 他有权检查度量衡是否符合国王制定的标准，并解决因此而产生的争议。

clericus mercati hospitii regis 〈拉〉(= Clerk of the Markets)

clericus nihilorum 〈拉〉(= Clerk of the Nihils)

Clericus non connumeretur in duabus ecclesiis. 〈拉〉同一神职人员不应被派往两个教堂。

clericus pacis 〈拉〉(= Clerk of the Peace)

clericus parochialis (英格兰古法)堂区牧师

clericus parvae bagae 〈拉〉(= Clerk of the Petty Bag)

clericus pellis 〈拉〉(= Clerk of the Pells)

clericus pipae 〈拉〉(= Clerk of the Pipe)

clericus placitorum 〈拉〉(= Clerk of the Pleas)

clericus signeti 〈拉〉(= Clerk of the Signet)

clericus thesaurii 〈拉〉(= Clerk of the Treasury)

clericus warrantorum 〈拉〉(= Clerk of the Warrants)

clerigos 〈西〉神职人员；教士；牧师

clerk n.❶(古)(法庭)书记官；书记员 指负责法庭档案、记录诉讼程序等行政管理、运作事务的官员，亦称作"court clerk"或"clerk of court"。 ❷法律助理 指法学院毕业的学生受雇于律师或法官，为其做法律研究、书写案例分析等事宜。亦称作"law clerk"、"summer"或"summer associate"。 ❸(政府中的)书记官 ❹办事员；庶务 ❺法官助理 指助助法官调研、书写和案例分析的律师。 ❻执事；神职人员 教会中削发的神职人员，宗教改革前主要指非修道会的世俗牧师，以区别于修道会的牧师。该词亦可泛指行使牧师职责的人的职衔。

Clerk Controller of the King's House 〈英〉宫廷主审计官（⇨Comptroller）

clerk in holy orders （居住在修道院的，基督教各宗派的）修道会牧师

Clerk Marshall of the King's House 〈英〉王室内务法庭书记官(⇨Court of Marshalsea)

Clerk of Affidavits 〈英〉衡平法院宣誓陈述书书记官 该职位为 1852年《衡平法院法》[Court of Chancery Act]所废止。

Clerk of Arraigns 〈英〉(中央刑事法院[Central Criminal Court]及巡回法庭的)助理书记官 巡回法庭的书记官缺席时，由该助理书记官主持庭审，传讯被告，向陪审团提出问题并听取其裁决。该职位为 1946年《司法组织法》[Judicature Act]所废止。

Clerk of Assize 〈英〉巡回法庭书记官 指以前巡回法庭的主要书记官，负责记录巡回法庭的所有司法诉讼程序。他们阅读公文，保存正式审理记录，传讯犯人以及询问陪审团关于确认其判决的必要根据。该职位为 1971年《法院法》[Courts Act]所废止。

clerk of court 法庭书记官；法庭书记员

Clerk of Dispensations and Faculties 〈英〉(衡平法院)特许权书记官 负责确认、登记教会特权[ecclesiastical faculties]等事项。

Clerk of Enrollments 〈英〉❶(衡平法院)登记书记官 依 1842年《衡平法院法》[Court of Chancery Act]设立，为 1879年《最高法院法》[Supreme Court of Judicature Act]所废止，现为中央办公室[central office]的一部分。 ❷(破产法院)登记书记官 1732年设立，1842年废止，后其职责移转至首席破产登记官[Chief Registrar in Bankruptcy]。

Clerk of Justiciary 〈苏格兰〉高等刑事法院书记官 苏格兰高等刑事法院[High Court of Justiciary in Scotland]负责安排开庭、保管卷宗和法庭记录的官员。

Clerk of Reports 〈英〉报告书记官 衡平法院官员之一。该职位为 1852年《衡平法院法》[Court of Chancery Act]所废止。

Clerk of Session 〈苏格兰〉最高民事法院书记官 苏格兰最高民事法院[Court of Session in Scotland]的书记官和助理书记官在不同时期人数不同。

Clerk of the Acts 〈英〉海军部书记官 负责记录海军事务大臣[Lord High Admiral]、海军委员会委员[Lords Commissioners of the Admiralty]等的命令。

Clerk of the Appeals 〈英〉(衡平法院的)上诉事务官 1798年前即不存在。

Clerk of the Bails 〈英〉(王座法庭的)保释书记官 负责将保释誓约[bail-piece]登录归档。

Clerk of the Briefs 〈英〉(衡平法院的)摘要书记官 其职责与摘要秘书[Secretary of the Briefs]相近。

Clerk of the Check 〈英〉❶王室警卫事务官 负责安排王室警卫[yeoman of the guard]值班。 ❷在王室造船厂(如普利茅斯、德特福德、伍利奇、查塔姆等)工作的官员

Clerk of the Cheque (= Clerk of the Check)

Clerk of the Council in Ordinary 〈英〉御前会议常任书记官 负责召集枢密院或其它委员会会议。

Clerk of the Crown 〈英〉(王座法庭的)公诉书记官 负责起草、宣读、记录对犯罪的起诉。

Clerk of the Crown in Chancery 〈英〉文秘署皇家办公厅书记官 皇家办公厅由枢密大臣担任首长，而办公厅书记官是常任职员的首长。该职位自 1349年设置。该书

记官参与许多国家行为，诸如在上议院宣读已得到国王御准的法案的标题，向贵族发出召集令，发出指示某地区负责选举的官员主持选举并向皇家办公厅回呈当选人名单的令状等。（⇨Crown Office in Chancery）

Clerk of the Crown Office （＝Clerk of the Crown）

Clerk of the Custodies of Lunatics and Idiots 〈英〉（衡平法院的）精神病人和痴呆者监护事务官 该职位已废止，其职责移转至精神病人委员会[Commissioners of Lunatics]。

Clerk of the Declarations 〈英〉（王座法庭的）声明书记官 负责将造成未决案的声明[declarations]归档。该职位为1837年《高级法院（官员）法》[Superior Courts (Officers) Act]所废止。

Clerk of the Deliveries 〈英〉（伦敦塔的）配发书记官 负责记录配发补给品、弹药等物品的情况。

Clerk of the Errors 〈英〉审误书记官 王座法庭[Courts of King's Bench]、财税法庭[Exchequer]、财政署内室法庭[Exchequer Chamber]、皇家民事法庭[Common Pleas]的一种官职，负责与纠错程序[proceedings in error]相关的事务。该职位为1837年《高级法院（官员）法》[Superior Courts (Officers) Act]所废止。

Clerk of the Escheats 〈英〉（财政署的）接受充公财产事务官 负责接收财政大臣事务官办公室[Lord Treasurer's Remembrancer's Office]移交的充公财产。

Clerk of the Essoins 〈拉〉（皇家民事法庭的）缺席事由书记官 负责保管缺席事由卷宗[essoin rolls]。该职位为1837年《高级法院（官员）法》[Superior Courts (Officers) Act]所废止。

Clerk of the Hamper （＝Clerk of the Hanaper）

Clerk of the Hanaper 〈英〉令状保管书记官 衡平法院涉及普通法方面的官员，在所有的诉讼都要求由文秘署签发诉讼开始令的时期负责登记令状所要求支付的费用，监视令状盖章后放入大袋中。起初，这些令状与回呈均保存在一个大篮子中。他还负责记录所有已加盖国玺[Great Seal]的特许状、委任状和授权状等事宜。依1852年《衡平法院法》[Court of Chancery Act]，其职能移转至文秘署皇家办公厅书记官[Clerk of the Crown in Chancery]，依1873年《司法组织法》[Judicature Act]，其部分职能移转至最高法院中央办公室[Central Office of the Supreme Court]。

Clerk of the House （＝Clerk of the House of Commons）

Clerk of the House of Commons 〈英〉下议院书记官 下议院的主要官员之一。由国王任命，作为议会的办事人员出席下议院的会议。在就任其职务时，他声明将对下议院所许可的和所进行的一切活动作如实记录。他负责签发下议院的所有命令，登记递交上议院和从上议院送来的议案，宣读需要在下议院宣读的文件。他还负责保管所有记录和其他文件。

Clerk of the Juries 〈英〉（皇家民事法庭的）陪审团书记官 负责组成陪审团等相关事务。该职位为1837年《高级法院（官员）法》[Superior Courts (Officers) Act]所废止。

Clerk of the King's Great Wardrobe 〈英〉王宫衣сь事务官 负责保管王室锦衣库[royal wardrobe]所存物品清单。

Clerk of the King's Silver 〈英〉（皇家民事法庭的）财务书记官 负责该院征收的协议诉讼金及管理已废止的违约赔偿令状[writ of covenant]。

Clerk of the Markets 〈英〉皇家市场检查官 王室官员，掌管度量衡标准，负责监督全国范围内度量衡标准的正确

使用。在英格兰古法中，他是一个准司法官员，有权解决市场中交易双方的争执。国王过去曾常常授权一些自治市的宪章可以在市镇里拥有自己的市场检查官法庭，这样便排斥了皇家市场检查官在这些自治市镇的管辖权。后随着议会制订法律规范度量衡，这些检查官及其法庭的职能渐渐废弃不用。

Clerk of the Nihils 〈英〉执行事务登记官 财税法庭官员，负责登记郡长回复罚金令状[writ of estreat]时称"无物"[nihiled]可执行的案件。

Clerk of the Ordnance 〈英〉（伦敦塔的）军械书记官 负责记录有关军械和后勤存储的命令。

Clerk of the Outlawries 〈英〉（皇家民事法庭的）拘留事务官 作为国家检察总长[King's Attorney-General]的代表，负责于某人宣布不受法律保护后签发逮捕被逐于法外者之令状[writs of capias utlagatum]。

Clerk of the Paper Office 〈英〉（王座法庭的）档案处书记官 负责有关特别诉讼和抗辩事务并记录在案。该职位为1837年《高级法院（官员）法》[Superior Courts (Officers) Act]所废止。

Clerk of the Papers 〈英〉（皇家民事法庭的）文件事务官 负责弗利特监狱[Fleet Prison]相关事务。

Clerk of the Parliaments 〈英〉上议院书记官 上议院[House of Lords]主要官员之一，由国王以开封特许状[letters patent]任命。他就职时声明，忠实记载议会讨论和通过的一切事项，并对此保守秘密。依1793年的一项法律，他应在每一法案上记载已经国王御准的日期。

Clerk of the Patents 〈英〉特许状事务官 文秘署官员，依特许状保有其官职。由其代表负责处理有关加盖国玺的特许状的事宜。该职位于詹姆斯一世[James I]统治时设立，为1832年《御前大臣年俸法》[Lord Chancellor's Pension Act]所废止。（⇨Petty Bag Office）

Clerk of the Peace 〈英〉治安书记官 负责保管郡的档案，帮助季审法庭的治安法官起草公诉书、签发传票、作出判决及管理某些行政事务。该职位随1972年1月1日季审法院[Quarter Sessions]撤销而废止。

Clerk of the Pells 〈英〉（财政署的）羊皮簿书记官 负责将银钱出纳分别登记在收入羊皮账簿[pellis receptorum]和支出羊皮账簿[pellis exituum]上。

Clerk of the Petty Bag 〈英〉（衡平法院的）小袋文件局书记官 负责记录各郡对调查的回复，填写海关官员[customers]、收税官[gaugers]、审计官[controllers]、量布官[aulnagers]的特许状[patents]，填写主教选举特许状等。该职位为1879年《最高法院法》[Supreme Court of Judicature Act]所废止。

Clerk of the Pipe 〈拉〉财务总卷保管 负责保管财务总卷[Pipe Roll]，审查郡长[sheriff]的账目等。该职位为1833年《罚金法》[Fines Act]所废止。

Clerk of the Pleas 〈英〉诉讼事务官 财税法庭官员，该法庭的所有官员均可在本法院起诉或被诉的特权。而且，非财税法庭官员者也可向其申请法律上的控诉，如同欠国王的债一样，通过拟制，一般从每个人都可向其申请。财税法庭诉讼事务官还领导着大量的诉讼事务员，他们都是财税法庭的律师。这一职位为1837年《高级法院（官员）法》[Superior Courts (Officers) Act]所撤销。

Clerk of the Privy Seal 〈英〉王玺事务官 掌玺大臣的待从，掌玺大臣缺职时，出任国王的首席秘书。其职责是起草所有需要加盖王玺和御玺才能发出的文件，以及那些

需要加盖国玺的文件。其职责还包括在涉及国王事务的特别文件上加盖御玺。

Clerk of the Rolls 〈英〉(衡平法院的)卷宗书记官 负责检索有关契据文书[deeds]并加以复制。

Clerk of the Rules 〈英〉(王座法庭的)规程书记官 负责起草该院民事诉讼方面[plea side]的规则和指示[order]。

Clerk of the Signet 〈英〉御玺事务官 国王首席秘书的侍从,国王的首席秘书掌管国王的私印,即王玺,并为国王的私人信件加盖王玺,以及在经国王亲自签字的授权状上加盖王玺。这种官员有4名。1851年被撤销。

Clerk of the Supersedeas 〈英〉(皇家民事法庭的)中止诉讼令书记官 负责填写中止诉讼令状[writs of supersedeas]。

Clerk of the Table 〈英〉(下议院的)议程事务官 负责就议程问题[questions of order]向议长提出建议。

Clerk of the Treasury 〈英〉(皇家民事法庭的)案卷书记官 负责保管该院案卷,为该案卷制作抄本,收取检索费等。

Clerk of the Warrants 〈英〉(皇家民事法庭的)令状书记官 负责登录诉讼代理人委托书[warrants of attorney]、该法院所承认的地产买卖契约[indentures of bargain and sale]、征收的罚金等。

clerkship n. ❶实习期 学习法律的学生在成为律师之前在执业律师事务所所度过的时间。❷助理 指法律学生为律师、律师行或法官做文书事务,或者新近毕业的法律学生为法官做文书事务。

Clerks in Court 〈英〉(王座法庭的)刑务书记官 负责该院公诉[Crown side]事务。该职位为1843年一项法令所废止,该法承认某些公共委员会的检察官[attorney]和事务律师[solicitor]可代表法庭书记官处理公诉[Crown side]事宜。

Clerks of Indictments 〈英〉(中央刑事法院[Central Criminal Court]及其巡回法庭的)公诉状书记官 负责起草对犯罪的公诉状,为助理书记官[Clerk of Arraigns]的助手。该职位为1946年《司法组织法》[Judicature Act]所废止。

Clerks of Records and Writs 〈英〉(衡平法院的)案卷和令状书记官 负责在起诉状[bills of complaint]、判决执行令[writs of execution]上盖印,将宣誓陈述书[affidavits]归档,保存诉讼卷宗并核实诉状和宣誓陈述书。该职位为1879年《司法组织法》[Judicature Act]的"最高法院的主管法官"[Masters of the Supreme Court]一章所废止。

Clerks of Seats 〈英〉(高等法院家事分庭注册处的)座席书记官 在注册官的监督下负责准备和批准遗嘱检验特许状[grants of probate]和遗产管理委任书[letters of administration],取得遗产管理人的担保,接收已发特许状的中止申请[caveats]。

Clerks of the Chancery 〈英〉文秘署高级文书 在1375年有12名列在第一表格[the First Form]的文书首先成为主事官[master],他们的级别仅次于文秘署长官[chancellor],他们出席上议院参与其文书工作一直延续到1852年。在这些文书之下的是列为第二表格[the Second Form]的低一级的文书。这些文书包括小袋文件局书记官、公诉书记官、令状保管书记官等。还有24名是级别更低的诉讼卷宗保管员。

clerks of the general sessions of the peace 普通治安法庭书记官 即郡书记官[county clerk],在英格兰和美洲殖民地,又是各郡普通治安法院的当然书记官和契据登记官[registers of deeds]。

Clerks of the Privy Seal (= Clerk of the Privy Seal)

Clerks of the Robe 〈英〉(衡平法院的)长袍书记官 1415年,12名长袍书记官被称为主事官[Master],每人带3名书记官,他们被命令居于各自住处,与12名二等书记官和24名诉讼卷宗保管员[cursitor clerks]相隔离。

clerk to the justices 〈英〉法官的书记官 依1949年《治安法官法》和经修改的1965年《治安法官法》[Justices of the Peace Act],只有有五年执业经验的出庭律师[barrister]或事务律师[solicitor],或曾为法官的书记官的助手,或具备该法所要求的能力者,才可被任命为法官的书记官。

clerk to the signet 〈英〉御玺书记官(⇨signet)

clerus n. ❶(古)受教育者;识字者;学者 ❷[总称]神职人员;教士;圣品人

cliens 〈拉〉(罗马法)(在诉讼或其他方面依赖他人,以他人作为保护人、顾问、辩护人的)被保护人或委托人

client n. ❶委托人 聘请或雇佣律师、会计师、建筑师等专业人士,以获取专业建议和帮助的个人或团体。 ❷(罗马法)(= cliens)

clientela 〈拉〉(英格兰古法)受保护的身份;受保护的地位

client security fund 〈美〉客户特权;委托人保障基金 在许多州律师协会中建立,用以弥补因其成员律师[attorney]行为不端对委托人所造成的损失。

client's privilege 委托人特权 指委托人享有的要求律师保守他们之间秘密交谈[confidential communications]的内容而不得对外披露的权利。(⇨attorney-client privilege)

Clifford's Inn 〈英〉克利福德律师公会 预备律师公会[Inns of Chancery]中最重要的一个,已于1902年解散,其财产亦已被卖掉。

Clifford trust 〈美〉克利福德信托 因1940年的Helvering v. Clifford一案而得名,指存续期间至少为10年零1天,信托财产的收益归于受益人,但当信托期限届满时,信托财产本身则归复信托人的一种信托设计。这种信托是一种不可撤销的信托,常由父母以子女为受益人而设立。但美国1986年的《税收改革法》[Tax Reform Act]通过征收儿童税[Kiddie tax]和对信托设立人超过信托价值5%以上的归复权益收入征税,取消了克利福德信托中原有的税收优惠。又可称为短期信托[short-term trust]。(⇨reversionary interest; irrevocable trust)

clinical legal studies 实践法律教学法 通过使法学院学生参与实际案件的办理或模拟律师的角色等方法,以帮助其更好地掌握律师业务技能、理解律师职业责任、熟知实体法和程序法以及诉讼理论等。

clipeus (= clypeus)

clipped sovereignty 被剪除的主权 美国某些州在与其他国家的关系中享有的主权。

Clitheroe Borough Court of Pleas 〈英〉克利瑟罗自治市申诉法院 为存卷法院,拥有(标的)数额不限制的民事管辖权。已废弃,多年未发过传票。1972年被《地方政府法》[Local Government Act]所撤销。

clito 〈撒克逊〉❶国王之子;皇帝之子 ❷王位第一继承人;王储 ❸撒克逊贵族 指国王之子的头衔。

cloere n. 监狱;牢房;土牢;地牢

clogging n. 以灌铅的骰子或掷骰子时耍花招方式所为的欺诈

clogging equity of redemption 对衡平法的回赎权规定障碍或限制

clog on equity of redemption 衡平法回赎权的障碍 指抵押中规定的禁止或限制抵押人于清偿或履行义务后赎

回抵押物的任何条款。该禁止或限制无效。
close n. ❶圈地；围地 指以围墙、篱笆等圈围起来，与他人土地或公地[public land]隔开的土地。未经主人许可又无法定事由而进入他人围地，构成非法侵入他人土地[trespass quare clausum fregit]。 ❷结束；终止；结尾；结论 ❸（证券交易中交易日结束时的股票）最后成交价；收盘价 ❹（诉讼程序的）终结
v. ❶结束；终止 ❷结清；结算 ❸关闭；封锁；封闭；包围
a. ❶密封的；保密的 ❷封闭的；关闭的 ❸尺寸恰好的 ❹禁渔的；禁猎的
close clearance （船只等的）最后结关；最后清关（⇨clearance）
close company 封闭型公司；非公开招股公司 股票不公开发行和转让的股份公司。该公司的全部股份由数量较少的股东掌握，它不对外发行股票，资本由股东协商确定，股份证书或股票不得在证券市场上转让。股东之股权只能在特殊情况下（即股东死亡）并需得到公司股东一致同意时方可转让。转让时公司股东有优先购买权。由于人数较少，在该公司中，且股东通常直接参与公司的业务管理活动。与之相对的是公开招股公司[public corporation]，后者的股票可上市发行转让，其财务报表亦需公布，接受公众监督。（⇨private corporation）
close confinement 禁闭（⇨solitary confinement）
close copy 〈英〉事务律师文件副本 一事务律师担当另一事务律师之代理人而制作的文件副本。
closed a. ❶终止的；终结的；结束的；结尾的 ❷封闭的；关闭的；只限少数人的 ❸秘密的；不公开的 ❹达成协议的；使协议生效的
closed account 已结清账户 一个账户的借方金额和贷方金额结平，对此种账户双方当事人都不能有所增加，但可进行调整或抵销。
closed bank 不营业时关闭的银行；支付不能的银行（⇨failed bank）
close(d) corporation 封闭型公司 股份，至少有投票权的股份，由单一的或紧密联系的[closely-knit]股东所有的。通常无公共投资人参加，且股东在公司业务中较活跃。董事或公司管理人员可直接任命公司职员，而不需经股东同意。封闭型公司是家族成员持有大部分股份的"家族公司"[family corporation]的另一称呼。在美国的法律用语中通常使用 close corporation，而在英国则通常使用 closed corporation。
closed court 〈英〉封闭型法院 有时用以指英格兰皇家民事法院[Common Pleas Court of England]。1883年前，该院只允许高级律师[serjeant]对案件进行辩论。
closed-end investment trust 封闭型投资信托 只有原始股份可以分配红利的信托方式。
closed-end mortgage 封闭型抵押；闭锁抵押；限额抵押 抵押期间内，不得以同一抵押附属担保品再次抵押，也不得提前兑付。（⇨open-end mortgage）
closed-end mortgage bond 封闭式抵押债券 以企业资产作抵押、同时规定企业不得发行其他对企业资产享有更优先权利的债券的债券。
closed insurance policy 封闭性保险单 条款和保险费率均不可变更的保险合同。
closed investigation ❶秘密调（侦）查 ❷已终结的调（侦）查
closed primary 封闭式初选；关门初选 政党提名候选人时，只许本党成员参加，其他党成员被排除在外。
closed seasons （= close seasons）
closed shop 不雇佣非工会会员的工厂 其雇员必须是与雇主缔约的工会会员。
closed shop basis 不雇佣非工会会员的工厂原则 雇主同意不雇佣非工会会员的一种协议。
closed shop contract 不雇佣非工会会员的工厂契约 该契约要求，雇主只能雇佣工会会员，应解雇非工会会员；作为受雇条件，雇员需继续为工会会员。集体谈判协议要求雇主在其受雇前应获得与雇主缔约的工会会员资格，受雇期间需保留该资格。
closed transaction （税法）已结清交易 已完成的应纳税的交易。
closed trial or hearing 不公开的审理；（行政机关举行的）不公开听证
closed union 封闭型工会 对会员在数量等方面予以限制的工会。
closed venire 已选定的陪审员名单 指已选出的可被召集作为陪审员的候选者的名单，正式的陪审团成员只需从该名单中挑选即可。
close-hauled a.（海商法）帆船迎风行驶的 航海术语。尽量加大受风面积，以使船帆能迅速打开。
close jail execution 封闭监禁执行令
close letters 密封令状（⇨close writs; literae clausae）
closely held corporation （⇨close(d) corporation）
closely related occupation 密切相关的职业（⇨directly essential to production）
close of pleadings 诉答程序的结束 指双方当事人在开庭审理前相互交换诉答书状阶段中已经完成了书面提出其主张[averment]的任务,且诉讼争执点业已形成。
close of the evidence （庭审中）证据提供完毕
close port 内陆港口；内地港口
close relatives 近亲属 如父母、夫妻、子女、兄弟姐妹。
close rolls 〈英〉密封卷宗 记录了密封令状和国王对特定人的许可,存放于国家档案馆[Public Record Office]。
close seasons 禁渔期；禁猎期 指法律规定在一年的特定时间中限制或绝对禁止捕鱼或狩猎的时期。（⇨fence month）
close-time （= close seasons）
close writs 〈英〉密封敕令；密封令状 国王为特定目的而给予特定人的令状或授权令,因其不适于公开检查,故将其密封,并加盖国玺[Great Seal]于其上。也指给予郡长[sheriff]而非领主的令状。
closing n. ❶进行最后的辩论 ❷证据概述；总结 ❸完成交易；交割 尤指房地产交易。
a. 结尾的；最后阶段的
closing agreement 〈美〉结案书 为计算应缴纳的联邦税,通过法院裁决[court decision]方式形成的书面协定。
closing argument 终结辩论 指在诉讼中法官向陪审团作出指示之前,双方律师向法官或陪审团就案件证据问题所作的集中阐述,旨在解释、说明其认为已经证实了的、有利于自己当事人的证据,以及其认为对方所没有证实的证据。此种辩论本身并不构成证据,且法庭可以限定发言的时间。
closing costs ❶（房地产交易中的）成交费用 ❷借款手续费
closing entries 结账分录 会计中,将临时账户[temporary accounts]结转至相关的资产负债账户[related balance

closing estates 遗产处理;清理遗产 需支付遗赠、继承、税金等项,填写遗嘱检验清册[probate accounts]。

closing hours (商店等的)停止营业时间;打烊时间

closing order 〈英〉封屋令;封闭令 地方当局依1957年《住房法》[Housing Act]发布的部分或全部关闭不适于居住的房屋的命令。违反此令使用房屋的将受到相应的处罚。

closing statement ❶(房地产交易中的)终结财务报表 ❷最后陈述;最后声明;结案陈词

closure n. ❶〈英〉终止辩论(程序) 下议院[House of Commons]自1882年起开始实行的一种程序。在对议案辩论过程中,如有议员提出终止辩论的动议,该动议被享有裁量权的议长接受并付诸决议,如有不少于100名议员支持其动议,则辩论必须终止,并将议案付诸表决。❷终止 如审判程序的终止。

cloth n. ❶(总称)教士;牧师;神职人员 ❷布;衣料

clothed with a public interest 与公共事务相关的;与公共利益相关的

cloture n.〈美〉终止辩论程序(规则) 立法机关因某种原因(如阻挠议事[filibuster])终止辩论而立即付诸表决的程序或规则。英国议会1882年开始实施类似程序。(⇨closure)

cloud on title 权利瑕疵 指不动产上未兑现的权利主张[claim]或权利负担[encumbrance],它将影响所有人权利。不动产的移转、抵押及其上的判决、征税等均可构成权利瑕疵。其救济方法是确定产权诉讼[quiet title action]。(⇨quiet title action)

clough n. ❶山谷;峡谷 ❷(依重量批发货物时所给予的)折扣(⇨allowance)

C.L.P. (= common law procedure)

C.L.U. (= Chartered Life Underwriter)

club n. ❶俱乐部 由个人自愿组成的社会团体,其目的可以是社交、文学、科学、艺术、体育等非营利的活动。❷俱乐部所在的楼宇、房间、会所

club-law ❶暴力统治;暴力管制 ❷武器法

clue n. (可帮助查明犯罪或解决疑问的)线索;提示

cluster zoning 组群区划 依特定环境和情况规划其大小及正前方的要求,以便留出空地,修建公园、学校或其他公用设施。(⇨planned unit development;zoning)

clypei prostrati 〈拉〉没落贵族家庭

clypeus n.〈英格兰古法〉❶盾;盾牌;保护物;防御物 ❷保护者;庇护者;(喻)贵族家庭

Cmnd (= Command Paper)

C.O. (= commanding officer; conscientious objector)

co. (= company; county)

c/o (= care of; carried over)

COA (= charter of affreightment)

coaching n.〈美〉(给证人的)指导 在证人作证前给予其的指导。如果其目的只在于减轻证人作证时的心理压力,向其解释应如何作证等,则这种指导是不可反对的;但如果在指导中告诉证人应提供何种证言,或与证人耳语或向其示意以试图影响其证言,则此种指导是可反对的。

coadjutor n. ❶助手;帮手 ❷〈英〉主教助理 给因年龄或疾病原因不能履行职责的主教任命的助手。❸(强占他人土地而由他人使用时的)监管人

coadministrator n. (遗产的)共同管理人之一

coadunatio ❶人的联合 ❷同谋;共谋

coadventurer n. 合资人之一(⇨joint adventure; joint venture)

coafforest v. 使整块土地变成森林;增加森林(面积)

coagent n. 共同代理人之一

coal mining lease 采煤租约(⇨mining lease)

coal note 〈英〉煤票 伦敦港曾用过的一种本票,上载"煤价收讫"[value received in coals]文句。被作为国内汇票[inland bills of exchange]签发和保护。

coal notice 〈美〉(宾夕法尼亚州)采煤通知 在买卖协议、产权保险单[title insurance policy]或其他文书中,买卖或移转表土[surface land]时,除了抵押或使其权利清洁地移转[quitclaim conveyance],必须有根据具体情况的在先的或同时的采煤通知,以使采煤权[title to coal]和表土权[right of surface]相区别。

coal-whippers n.〈英〉(伦敦港的)卸煤工人 依现已无效的1851年《卸煤工人法》[Coal-whippers Act],未经登记而在港口为卸煤工人者为非法。

coassignee n. 共同受让人之一

coast n. 海岸(线) 指一国与海洋相接的边缘。该词包括高于海面而与大陆自然相接的海岛和礁石,但不包括永久位于海面之下的暗礁。该词特指与海洋相接的边缘,而海则可用以指内水的海岸。现代意义上,准确地讲,shore 一词指沿大陆的低潮线[low-water mark],而 coast 一词则包括滨线[line of shore]和内水与外海相接的水线。(⇨shore)

coast and geodetic survey (为航行、科研、通讯及其他目的而进行的)海岸和大地测量

coast blockade 〈英〉海岸封锁 拿破仑战争[Napoleonic Wars]期间英国为防止走私而采取的措施之一。该封锁由海军军官及依海军条令[naval discipline]征召的人执行,以沿肯特和苏塞克斯海岸[Kent and Sussex Coasts]的园堡[Martello Towers]而构成的封锁兵站[blockade stations]为执行中心。该封锁持续到1831年。

coaster n. ❶(儿童滑坡用的)雪橇 ❷航行于内国港口之间从事内国贸易的船

Coast Guard 海岸警卫队 ①指英国警戒海岸、防止走私、报告船只失事和其它海上事件的机构。1660年海事务由沿海各郡[county]移交至民兵组织。1822年,缉私船队、轻骑巡官队和水上防卫队三个防走私机构合并为缉私署[Preventive Service]。1829年,该署成为缉私海岸警卫队[Revenue Coastguard],轻骑巡官队则发展成为骑警队[Mounted Guard],后者于1831年被撤销。缉私海岸警卫队移至海军部,1925年又移至贸易部[Board of Trade];②美国的海岸警卫队在公海和美国及其领地的通航水域执行联邦法律。依1958年《联邦船运法》[Federal Boating Act],海岸警卫队可检查船只,以确保其遵守所要求的安全措施。海岸警卫队可与其他机构合作,执行反毒品、环境保护等项职能。

coasting n. ❶(机动车辆关掉发动机后的)滑行 ❷速降滑雪 ❸从事沿海贸易(⇨coasting trade)

coasting license (船舶的)沿海贸易许可证

coasting trade ❶沿海贸易;沿岸贸易 沿同一国海岸、内水岸的不同港口的贸易。 ❷〈美〉国内贸易 不同州不同地区间、同一州不同地区间、同一地区不同地点间沿海岸或可航行水域的贸易,与对外贸易相对。

coasting vessel 往返于本国港口间的船只;从事沿海贸易和国内贸易的船只(⇨coasting trade)

coast protection （针对海洋侵蚀、损害而采取的）海岸保护（措施）

coast waters （适航的）近海水域 包括所有直接或间接通向海洋并适于与航行于公海的大船同等大小的船舶航行的水域。

coastwise a.沿海岸的；从事国内贸易的

coat and conduct money 〈英〉服装和行军费 1640年查理一世非法征收的费用，用以支付受其逼迫而攻打苏格兰人的士兵的服装费和路费。

coat armour 〈英〉纹章；盾徽（⇨coat of arms）

coat of arms 〈英〉纹章；盾徽 理查一世自圣地[Holy Land]，即耶路撒冷引入。最初印于参加十字军的骑士的盾牌上，用以彼此相区别。

co-belligerency n.共同交战地位 在武装冲突中共有一个敌对国家的主权国家的交战资格和法律地位。其中，一国军队与他国军队为打败同一敌对国的共同目的进行合作，但他们彼此间并不一定结成同盟。

cobelligerent n.共同交战者；共同交战国 a.共同交战的

cochering n.〈爱尔兰〉古爱尔兰族长[chieftain]安排自己及仆人在领臣家中住宿的权利

cocket n.❶海关印章 ❷海关签发的证明货物已缴关税的证书 ❸（海关的）入口 ❹（船员用的）压缩饼干；硬面包 ❺量具；量器

cock-loft n.〈英〉小阁楼；小顶楼 原指鸡的高栖处，现为英国副御前大臣所主持之法庭[English Court of the Vice-Chancellor]的绰号。

cockpit n.❶斗鸡场 ❷（进行过多次战役的）战场 ❸〈英〉斗鸡场大楼 建筑在白厅宫[Whitehall Palace]斗鸡场旧址的一座大楼。威廉三世统治时成为枢密院司法委员会[Judicial Committee of the Privy Council]的办公楼，但其旧名保留至今。

co-conspirator n.共谋者；同谋者

co-conspirator's rule 〈美〉共谋者规则 依传闻规则中的"共谋者的例外"[co-conspirator exception]，共谋者促成共谋行为的言行可作为对被告人不利的证据予以采纳，即使在作出该言行时被告人不在场亦不例外。

co-creditor n.连带债权人；共同债权人

C.O.D (= cash on delivery; collect on delivery; cash on demand; costs on delivery)

code n.❶既存制定法的编纂 ❷法的系统性汇编 对全部法律，包括制定法和判例法进行修订，以使其原则、规则的表述更加清晰、简洁。 ❸法典 该词源自公元534年的《优士丁尼法典》[Justinian Codex]，之后在英美法上被以上述意义使用。(⇨codification)

co-debtor n.连带债务人；共同债务人

Code Civil 《法国民法典》 1804年颁布，历经修订，现仍在法国施行。其名称最初定为法国民法典，1807年拿破仑[Napoléon]将其改名《拿破仑法典》[Code Napoléon]；后又几经修订，习惯仍称法国民法典。美国路易斯安那州民法典[Louisiana Civil Code]的大部分内容即源自该法典。

Code de Commerce 《法国商法典》 1807年颁布，作为法国民法典的补充，调整商行为，规定了海商、破产、商事法庭的管辖权、程序等内容。

Code de Procedure Civil 《法国民事诉讼法典》 拿破仑法典[Code Napoleon]的组成部分，制定于1806年，规定了法院体制、法院组织、民事程序、特殊救济和判决的执行等内容。

Code d'Instruction Criminelle 《法国刑事诉讼法典》 拿破仑法典[Code Napoléon]的组成部分，制定于1811年。

co-defendant n.共同被告人

code law 法典法 比制定法[statutory law]更为确切的用语。有时与判例法[case law]相对。

Code Louis 〈法〉《路易法典》 依路易十四[Louis XIV]和科尔贝[Colbert]的建议而制订的法令汇编。这些法令包括1667年《民事法令》[Civil Ordinance]；1670年《刑事法令》[Criminal Ordinance]；有关商业、海事和殖民事务的次要法令。其中，1667年《民事法令》有时单独称为路易法典。

Code Michau 〈法〉《米绍法典》 1629年法国皇家敕令，计461条，内容涉及司法、高等法院[parlements]、大学、军事组织和医院等。

Code Napoléon 〈法〉《拿破仑法典》 这是指1807年拿破仑一世统治时对1804年法国民法典所赋予的名称。1870年以后，拿破仑法典几经修订，就一直被正确地称为法国民法典。此外，拿破仑还主持制定了民事诉讼法典(1806年)、商法典(1808年)、刑事诉讼法典(1808年)和刑法典(1810年)。(⇨Code Civil)

Code Noir 《法国黑色法典》 1685年路易十四[Louis XIV]颁布，命令将犹太人驱逐出法国殖民地，禁止非天主教徒在法国殖民地开业。该法典还规定了法国控制地区的政府的基本框架。后为拿破仑所颁布的法律取代。

Code of Canon Law 《教会法法典》 指对罗马天主教会[Roman Catholic Church]法规修订后编纂的现代法典。1904年开始，1917年颁布，1918年生效。法典共分5卷，2414条。该法典只适用于拉丁基督教会[Latin Catholics]，东正教会[Oriental Catholic Church]有自己的法典。凡与该法典内容相左之旧教会法规，自该法典生效后一概废除。

code of criminal procedure 〈美〉刑事诉讼法典 泛指规定审理刑事案件的程序的联邦法或州法。对这些程序法进行补充的还有刑事诉讼规则[Rules of Criminal Procedure]和证据规则[Rules of Evidence]。

code of ethics 〈美〉职业道德法典(⇨Code of Professional Responsibility)

Code of Federal Regulations 〈美〉《联邦法规汇编》 指对每日在《联邦登记》[Federal Register]上刊载的行政机关制定的行政法规范，及先前公布现仍有效的行政法规范的年度汇编。汇编分为50篇[title]，每篇为一大类。其每年至少修订一次。

Code of Hammurabi 《汉谟拉比法典》 又译《汉穆拉比法典》，巴比伦国王汉谟拉比在位期间（约公元前1792年至公元前1750年）制定，曾被视为人类历史上颁布最早的法律。(⇨Babylonian law)

Code of Holiness 《圣洁法典》《利未记》第17-26节中关于世俗、宗教仪式和道德方面规则的汇编。其规则都涉及到神圣性，包括献祭、净化仪式、祭司管理、渎神、两性关系、向莫洛神的献祭、应持守的神圣日，以及在安息年或50年节中释放犹太奴隶，禁止获利等，因此称为《圣洁法典》。

Code of Huesca 〈英〉《韦斯卡法典》 中世纪西班牙阿拉贡[Aragon]王国最重要的法典，由比达尔·德卡涅利亚斯[Vidal de Canellas]大主教制定，并由詹姆斯一世国王于1247年颁布。该法典因韦斯卡[Huesca]城而得名。起初用以明确阿拉贡的领土边界。拉丁文版本分为8卷，但在阿拉贡译文中,被扩展为12卷,它不仅服务于其原来的目标,而且还成为民法和刑法的渊源,直到15世纪。

Code of Justinian 〈拉〉《优士丁尼法典》 由罗马皇帝优士丁尼[Justinian]指定的十人编纂的帝国法律汇编。公元529年颁布,公元534年被《新优士丁尼法典》[即《修正法典》,Codex Repetitae Praelectionis]所取代,前者已失传,但后者则流传至今。该法典是《民法大全》[Corpus Juris Civilis]的第一部分,共分12编,第1编内容为教会法、法律渊源及高级官员的职责;第2-8编内容为私法;第9编内容为刑法;第10-12编内容为行政法。该法典被中世纪及近代法学家广泛地评注。(⇨Codex Justinianius)

Code of Lipit-Ishtar 《李必特－伊斯达法典》(⇨Babylonian Law)

Code of Military Justice 〈美〉《军法典》 适用于陆军、海军、空军和海岸警卫队等所有美国军队,包括实体法和程序法。该法典确立了军事法院系统。其亦称 Uniform Code of Military Justice/UCMJ。

Code of Professional Responsibility 〈美〉《律师职业责任法典》 美国律师协会[ABA]制定的《模范律师职业责任法典》[Model Code of Professional Responsibility]包含了若干基本的律师职业行为和职业道德准则及惩戒规则。多数州也已依此模范法典制订了类似的法典。1983年美国律师协会又制定了《模范律师职业行为规则》[Model Rules of Professional Conduct],取代了该模范法典。

Code penal 《法国刑法典》 1810年颁布。(⇨Napoleonic Code)

code pleading 法典诉答程序 指依照法典确定的规则而进行的诉答。法典诉答程序始于1848年美国纽约州菲尔德法典[Field Code]的规定,它摒弃了普通法诉答程序[common-law pleading]在形式上的严格性和复杂性,它只要求当事人陈述作为其诉讼请求的根据的事实,而非对支持其请求所必要的法律结论。

code Savary n.〈法〉《萨瓦里法典》 科尔贝起草的一个法令,1673年颁布,制定了商业程序法典。

codex n. ❶法典 尤指优士丁尼法典。❷法律汇纂 ❸一卷;一册;一本 书写在纸张上或羊皮纸上的书籍。

Codex Eurici 〈拉〉《尤利西法典》 由国王尤利西[King Euric]颁布的西哥特人的法律汇编。后被莱奥维希尔德[Leovegild]和莱希温斯[Recceswinth]依优士丁尼法典[Justinian's Codex]的模式重新编排,名为西哥特人法[Lex Visigothorum]或法律大全[Liber Judiciorum]。

Codex Gregorianus 〈拉〉《格列高里法典》 该法典约成于公元294年,是由罗马法学家格列高里[Gregorius]编纂的帝国法律汇编。包括了自哈德良[Hadrian]皇帝至君士坦丁[Constantine]皇帝时期的法律。

Codex Hermogenianus 〈拉〉《海默根法典》 罗马法学家海默根[Hermogenes]编纂的帝国法律汇编,大约成于公元314-324年间,为《格列高里法典》[Codex Gregorianus]的续编。

Codex Justinianius 〈拉〉《优士丁尼法典》(⇨Code of Justinian)

Codex Maximilianus 〈拉〉《马克西米利安法典》 指由克莱特梅耶[Kreitmayer]起草,1756年颁布的巴伐利亚民法典[Bavarian Civil Code]。

Codex Repetitae Praelectionis 〈拉〉《新优士丁尼法典》即《修正法典》,是《优士丁尼法典》[Code of Justinian]的修订版,公元534年颁布,为现存版本。

Codex Theodosianus 〈拉〉《狄奥多西法典》 依东罗马皇帝狄奥多西二世[Theodosius Ⅱ]命令编纂的帝国法律汇编。由16编组成,前5编为私法内容,其余编皆为公法内容。该法典于公元438年颁布后,在欧洲西部一直使用到12世纪,在东罗马则为《优士丁尼法典》[Code of Justinian]所取代。

Codex Vetus 〈拉〉《旧法典》 指《优士丁尼法典》的第一版,即公元529年的《优士丁尼法典》[Code of Justinian],现已散失。

codicil n. 遗嘱补正书;遗嘱附书 遗嘱的书面附件,用以补充、修改遗嘱部分或全部条款。

codicillus 〈拉〉(罗马法)遗嘱补正书 一种非正式的法律文书,立遗嘱人以此命其继承人向第三人为一定行为,通常是向第三人交付金钱或财物。在奥古斯都[Augustus]统治时期,承认了遗嘱补正书的法定约束力。

codification n. ❶法典编纂;法典化 ❷法典(⇨code)

Codigo de las Siete Partidas 《七章法典》 中世纪西班牙一部重要的法典,正式名称为"Libro de las Leyes",因分为七个部分而得名。该法典是根据圣哲王阿方索十世[King Alfonso Ⅹ, the Wise]的旨意于1256年至1265年间编纂的。其七个部分分别涉及宗教生活、遗产管理人[administrator]权力与职责、司法公正、婚姻、合同、遗嘱、犯罪与刑罚方面。西班牙殖民者将其带至海外,从而对中、南美州以及属于墨西哥的美国各州及购买路易斯安那组成的各州的法律有很大影响。

coemployee n. 受雇于同一雇主的雇员;共事雇员(⇨fellow servant(s))

coemptio 〈罗马法〉❶买卖婚 以要式买卖[mancipatio]方式缔结的婚姻,优士丁尼[Justinian]时代已无这种方式。❷(为免于被征收致其亏本的关税[sacrificial duties]而进行的)拟制地产买卖

coemption n. ❶(为垄断、控制价格而进行的)囤积 ❷(罗马法)拟制买卖婚姻

co-equal a.(在程度、等级、价值等方面)互相平等的

coerce v. 强制;强迫;胁迫;压制

coerced confession 被迫供认 以胁迫或暴力手段获得的供认。

coercion n. ❶胁迫 以暴力或使用暴力相威胁。被迫行为在民事上可归于无效;在刑事上可作为一种合法辩护理由。(⇨criminal coercion) ❷经济胁迫[economic coercion] ❸(古)丈夫对妻子的强求 根据早先的普通法规则,除叛国罪和谋杀罪之外,已婚妇女在丈夫的要求下实施的犯罪行为不受惩罚;而且,只要有丈夫在场的情况下所实施的犯罪行为,也都被推定为受其丈夫的胁迫。这一特殊规则现已被取消。

coercion in fact 事实上胁迫

coexecutors n. 共同遗嘱执行人(⇨joint executors)

Cofferer of the Queen's Household 〈英〉王宫司库 英国行政机关[royal establishment]的重要官员,掌管出纳,位于审计官[controller]之下,在会计室[counting-house]等处负有特殊职责,监督自其处领取薪俸的其他官员,并将其账目移交至财政部[Exchequer]。

cofradia n. 为宗教目的而由数人组织成立的兄弟会或其他宗教团体 若未经国王和教区主教许可,该组织为非法。

cogger n.(俚)诈骗者;骗子

cogging n.(俚)使用灌铅的骰子等方法诈骗

Cogitationis poenam nemo meretur. 〈拉〉任何人不因其

思想而受处罚。
Cogitationis poenam nemo patitur.〈拉〉任何人不因仅有意图而受处罚。
Cogito ergo sum.〈拉〉我思故我在。 笛卡尔[Descartes]的哲学名言。
cognate n.母系亲属；亲属 在罗马法中，该词意味着是源自合法婚姻关系的亲属。在苏格兰法和后来的大陆法中，该词仅指母系亲属。
cognate offense 同类罪行 指与较重的罪行[greater offense]有相同因素，又包含了较重的罪行所不具有的因素的罪行，二者属于相同种类或等级的罪行。
cognati (= cognatus)
cognatio 〈拉〉（罗马法）血亲
cognation n.❶（罗马法）亲属 包括基于血缘关系、家庭关系或二者兼而有之的亲属关系。❷血缘关系 指基于血缘而非婚姻形成的亲属关系，各个人皆源自一个共同的祖先。
cognatus 〈拉〉（罗马法）亲属；同宗；同一家族者
cognisance n.❶司法认知（➪judicial notice） ❷司法管辖权；审判权 ❸承认；确认；认可
cognisee n.（在土地转让诉讼中，和解协议规定的）土地受让人（➪fine）
cognisor n.（在土地转让诉讼中，和解协议规定的）土地出让人（➪fine）
cognitio ❶（罗马法）司法管辖权；案件审理权 ❷（英格兰古法）土地转让税金的确认；土地转让税金的确认证书（➪fine）
cognitio extraordinaria 〈拉〉（罗马法）非常诉讼程序 帝政时期[Principate]的一种民事诉讼程序。其特点主要是将程式诉讼中的法律审理和事实审理合二为一，简化审判程序；帝政后期的法官由官方任命，而非当事人约定；诉讼程序不再拘泥于形式，审判更侧重于查明当事人的真实意思。
cognition n.〈苏格兰〉确定（精神状况） 司法程序之一，据以判断某人是否精神失常，以为其指定监护人管理其财产。该程序现已废止。
cognitiones n.徽章；标有徽章的军用船只
cognitionibus admittendis 〈英〉要求官员或其他具备资格者向皇家民事法庭确认已征收而未确认的罚金的令状
cognitionibus mittendis 〈英〉要求皇家民事法庭的法官或其他有权征收罚金者确认已征收而未加以确认的罚金的令状 已废。
cognitor （罗马法）诉讼代理人；辩护人
cognizable a.❶可认识的；可识别的 尤指因具有相同的特征或利益而可被作为一个群体来认识的。❷能在指定的法庭审判的；在司法管辖权范围内的；有管辖权的
cognizance (= cognisance)
cognizance of pleas 排他性司法管辖权；专属司法管辖权；审理案件的特许权
cognizance of the cause 案件的管辖权 在几个法院对一案件同时具有管辖权而需确定谁有优先管辖权时，常使用该词。意指对该案件先采取如发出传票等措施的法院有管辖权。
cognizant a.有司法管辖权的；有权审理的
cognizee (= cognisee)
cognizor (= cognisor)
cognomen 姓氏；绰号
Cognomen majorum est ex sanguine tractum, hoc intrinsecum est; agnomen extrinsecum ab eventu.〈拉〉姓氏源于先祖，为固有者；绰号得自某一事件，为外来者。（➪nomen）
cognosce v.判决；裁定；裁判
cognoscere v.承认；确认
cognovit n.〈英〉被告承认书；认债书 高等法院王座庭[Queen's Bench Division]的诉讼中，被告无答辩时，可给原告以书面认诺，被告可依该书面认诺被给予一定期间以使其偿付欠款或损害赔偿金，该书面请求即被告自认书，或称认债书。提出书面认诺目的在于节省费用。
cognovit actionem 〈拉〉被告承认书 承认原告的诉讼为正当。
cognovit actionem relicta verificatione 〈拉〉被告涉讼后放弃其抗辩或答辩
cognovit judgment (= confession of judgment)
cognovit note 判决认诺指示书 指令代理人认诺判决的书面授权。
cognustre 承认
coguardian n.共同监护人之一
cohabit v.男女同居
cohabitation n.男女同居
cohabitation agreement 同居协议
cohabitation with habit and repute 〈苏格兰〉因习惯和名声而成立的同居 一种非正式婚姻的形式，男女双方持续、公开同居达到足够的时间，即产生一种在推定有结婚合意基础上形成的结婚的名声。
cohaeredes 共同继承人
Cohaeredes una persona censentur, propter unitatem juris quod habent.〈拉〉共同继承人因其权利一体而被视为一人。
cohaeres (= coheir)
Cohan Rule 〈美〉（税法）科汉规则 对旅行、娱乐和商务赠与，如纳税人请求减税，应提出准确记录或充分的证据予以证明。如纳税人部分支出作为普通和必要的支出具有可减税的性质而无法确认的，则其中的50%可准予减税。
coheir n.共同继承人之一
coheiress n.共同女继承人
cohort analysis 〈美〉组群测试 这是在雇佣歧视的诉讼中测试是否有种族歧视的一种方法，即对开始时程度相同的一组雇员经过一定观察期间的调查，对其薪金、晋职等情况进行比较研究，以判断雇佣中是否存在歧视[discrimination]。
cohuagium n.〈英〉集市诸人所缴的贡赋
coif n.〈英〉（高级律师[serjeant at law]所戴的，用以表明其身份的）白色小帽
coin n.硬币；铸币
 v.铸币
coinage n.❶铸币过程 ❷铸币制度；铸币币制 ❸流通中的铸币总量
coinage clause 〈美〉铸币条款 指美国宪法第一条第八款。该款第五项授予国会铸币权。
coiner n.铸币者；铸伪币者
coinheritance n.共同继承（➪joint heir）
coin money （口）暴富；发大财；获大利
coinsurance n.❶共同保险；共保 不同保险人承保同一风险而签发两份或两份以上的保险单。❷（保险合同中）风险分担关系 根据保险金额与投保财产实际价值

的比例来划分保险人和被保险人对所应承担风险的比例。只有当发生部分损失并且损失额小于保险金额时,该保单才生效;对于大于或等于保险金额的损失,保险人只在保险金额范围内予以负责。如在承保火灾或水灾损失的保险单中,通常规定,保险金额必须达到财产重置成本的80%,保险人才赔偿损失的全部数额。

coinsurance clause 共同保险条款;共保条款 保险单的一项条款,即要求被保险人投保财产按其一定百分比的价值承担部分风险的保险。

coinsurer n.共保人 ①承保同一风险并签发保险单的两个或两个以上保险人之一;②指共同保险条款下的被保险人。

coition n.性交;交媾;交配;完婚

coitus n.性交;交媾;交配;完婚

coitus interruptus 性交中断

cojudices 〈拉〉(英格兰古法)法官 指首席法官之外的一般法官。

Coke on Littleton 《科克论利特尔顿》 全名为《科克之利特尔顿土地保有权释评》。

Coke's Littleton 《科克之利特尔顿》

col (= colored)

COLA (= cost of living adjustment)

Colchester Law and Hundred Courts 〈英〉科尔切斯特百户区法庭 为1972年《地方政府法》[Local Government Act]所废止。

Coldbath Fields 〈英〉阴冷之地 指位于克拉肯韦尔的米德尔塞克斯矫正院和地方监狱,建于1794年,由米德尔塞克斯地方治安官[magistrates]管理,1834年根据"禁言制"[silent system]重新组建。

cold blood (通常用以指)故意的、蓄谋的、预谋的杀人

cold water ordeal 冷水审 神明裁判的一种。将被告双手绑后投入河里,如其下沉水底,则无罪,如其浮于水面,则有罪。(⇨judgment of water)

colessee n.(二人或二人以上)土地共同承租人之一

colessor n.(二人或二人以上)土地共同出租者之一

coliberts (= colibertus)

colibertus n.(封建法)隶农 被解放[manumitted]获得自由者。隶农并非绝对自由,其上有领主,隶农需向其领主尽一定义务,从此角度可称其为奴隶[servants],但其条件较奴隶[servants]好,故隶农介于奴隶[servants]和自由人[freeman]之间。

colibesti (= colibertus)

Co. Litt. (= Coke's Littleton)

collapsible corporation 〈美〉预定可随时清算的公司 公司的一种,其目的在于通过从事生产、制造、建筑、购买财产和持有同类公司的股份等方式,在公司应税所得实现前,买卖和交换股份或分配股息,将普通所得转为资本所得,达到避税的目的。

collapsible partnership 〈美〉预定可随时清算的合伙 一种合伙,目的在于在应税所得实现前进行解散[dissolve],但是,合伙人为其在合伙中全部或部分利益而在交换中接受的财产的公平市价[fair market value]或钱款归属于未成立的具有接收能力的合伙,合伙财产存货清单[inventory items]中所列明的增值部分作为财产买卖或交换中已实现的应税收入而不作为固定资产[capital asset]。

Collar of S.S. S.S.领 过去,英格兰王座法庭首席大法官[Lord Chief Justice]、民诉法庭首席法官[Chief Justice of the Common Pleas]和财税法庭首席法官[Chief Justice of the Exchequer]在正式场合佩戴的一种硬领或金项圈。现在,只有前述第一种人佩戴。(⇨Lord Chief Justice of England)

collateral n.①担保品;担保物 ②旁系亲属;旁系血亲 a.①担保的,有担保的 ②旁系的;间接的 ③附属的;附带的;伴随的;并行的;从属的

collateral act 担保行为 金钱给付以外,以票据、保证金等为担保的履约行为。

collateral actions 附属诉讼 附属于另一诉讼的诉讼。(⇨collateral attack)

collateral agreement 从属协议(⇨collateral contract)

collateral ancestors 旁系尊亲属

collateral assignment 担保转让 作为货款附属担保的财产的转让。

collateral assurance 从属担保(⇨covenant for further assurance)

collateral attack 间接攻击;附带攻击 指在某一诉讼或程序中对另一诉讼的判决或另一司法程序所作的攻击。它是在一具有其独立目的,而非专以质疑或推翻某一判决为目的的诉讼或程序中对该判决提出的攻击,意在撤销或否认该判决的效力。例如,甲在纽约州[New York]获得了该州法院针对乙作出的缺席判决,然后甲想要扣押乙位于加州[California]的财产以使判决得到履行,在此,乙可以纽约州法院对自己无管辖权为由对纽约州法院作出的判决进行攻击,此即为间接攻击。(⇨direct attack)

collateral condition 附带条件 与合同主要目的无关但需要履行的附带条件。

collateral consanguinity 旁系亲属;旁系血亲

collateral contract 从契约;从合同

collateral contract doctrine 从契约规则 口头证据规则[parol evidence rule]的一个例外,在许多方面与部分集成原则[doctrine of partial integration]相似。该规则允许以口头证据证明书面契约当事人间独立的口头契约,口头证据规则并不影响独立于书面契约的从契约。

collateral covenant (不依附于转让证书的)并行契据

collateral descent 旁系继承 在旁系血亲间发生的财产继承关系,如兄弟姐妹之间或堂表兄弟姐妹之间的财产继承。旁系继承中财产遗赠人与受赠人因共同的祖先而产生联系。

collaterales et socii 〈拉〉〈英〉衡平法院助理法官(⇨Master in Chancery)

collateral estoppel 间接不容否认;间接再诉禁止 指对同一当事人之间已经法院判决的争点禁止当事人以另一不同诉因为根据再次争讼。该原则亦适用于刑事案件。间接再诉禁止有攻击性间接再诉禁止[offensive collateral estoppel]和防御性间接再诉禁止[defensive collateral estoppel]之分,前者指由原告主张的禁止前一诉讼中败诉的被告就该争点再诉另一原告;后者指由被告主张的禁止前一诉讼中败诉的原告就该争点再诉另一被告。

collateral facts 间接事实 与争议问题无直接关系的事实。

collateral fraud (= extrinsic fraud)

collateral guaranty 间接保证;附属保证 主债务人不支付或不履行其义务时,保证人承担付款义务或履行义务。

collateral heir 旁系继承人

collateral impeachment 间接攻击(⇨collateral attack)

collateral inheritance tax 〈美〉旁系亲属继承税 指依据

遗嘱和有关无遗嘱继承法而对旁系亲属继承的遗产所征之税。

collateralis et socii （= collaterales et socii）

collateral issues 附属争点；次要争点 与发生争议的事项无直接关系的争点或问题。

collateral kinsmen 旁系亲族；同祖旁系亲属

collateral limitation 间接限制；附带限制 地产转让中，依附带事件[collateral events]对财产权益[interest]的转移，它构成一种限制。

collateral line 旁系血亲（⇨descent）

collateral loan 有担保贷款 以特定财产为质物[pledge of specific property]作担保获得的贷款。

collateral matter （与争议问题无直接关系的）间接问题；间接事实 此种事实不得作为攻击判决的根据。

collateral mortgage 从抵押；担保抵押；附属抵押 不直接担保主债务，而是对担保主债务的票据[note]提供担保，从而为主债务提供担保。

collateral negligence 间接过失 独立缔约人[independent contractor]的雇主，除非自身有过失，对缔约人下列过失所致的身体伤害[physical harm]不承担责任：①缔约人的过失仅存在于其完成工作的不当方式之中；并且②其风险并非该工作所有的或普通的；并且③无理由要求雇主缔约时考虑到缔约人的过失。

collateral note 有担保期票 以特定财产为质物[pledge of specific property]作担保获得的贷款。

collateral order doctrine 〈美〉附带裁决原则 依该原则，如果某一中间裁决[interlocutory order]确定性地解决了某一与诉讼的是非曲直[merits of action]完全无关的问题，并且以后对终局判决所提起的上诉中又不能对该中间裁决予以有效的审理，则允许对该中间裁决提出上诉。该原则也称为科恩原则[Cohen doctrine]（因来源于Cohen v. Beneficial Indus. Loan Corp.一案而得名）。（⇨appealable order）

collateral power 附随权力 作为权利主体的受赠人处分财产，给予第三人的权力，即对该财产无利益或所有权[interest or estate]。（⇨naked power）

collateral proceeding 附带程序 为解决附属于主要程序[principal proceeding]的某一问题而进行的程序。

collateral promise 附加允诺 附于他人允诺[primary promise]的允诺。附加允诺人不因其允诺获益，他仅仅作为主允诺人的保证人[surety]，原债务人[original debtor]仍对其债务承担责任。附加允诺适用欺诈法[statute of frauds]的规定，并且必须采书面形式。

collateral promise to answer for the debt of another 为他人债务负保证责任的附加允诺（⇨collateral promise）

collateral relative 旁系亲属

collateral security ❶附加担保 从属于直接担保[direct security]的担保，旨在确保直接担保之有效性、可兑现性及履行。如直接担保不能兑现，则债权人可求助于该附加担保。 ❷附加担保物

collateral source rule 平行来源规则 受害人从与侵权行为人完全无关的来源获得的赔偿，不能从侵权行为人所应负赔偿中扣除。

collateral succession tax 旁系亲属继承税

collateral trust bond ❶担保信托保证书 一种以存放于信托人处的担保品[collateral]为偿还担保的保证书。 ❷担保信托债券 公司以其持有的另一公司的抵押债券作为债务履行担保而发行的一种长期债券。

设定质押并作信托保管。

collateral undertaking 附加的保证

collateral warrant 〈英〉附属担保；从担保 为1833年《拟诉弃权法》[Fines and Recoveries Act]所废止。指继承人对土地的权利既不是，也不可能得自其承担担保的被继承人[warranting ancestor]；弟保证放弃对其父财产强占者[disseisor]的权利，则该保证对兄同样有效。

collateral warranty 〈美〉附属担保；从担保 通常用于不动产交易中，由第三人对财产权利[title]进行担保，其保证仅对合同受约人[covenantee]有效，并不随土地而转移。

collaterates et socii （= collaterales et socii）

collatio bonorum 〈拉〉财产的合并核计 将父母事先给予某子女的部分财产或金钱与其他财产混同[hotchpot]，以便遗产分割实现平等。

Collatio Legum Mosaicarum et Romanorum 〈拉〉《摩西法与罗马法汇编》 公元4世纪末5世纪初的一部私人著作。其内容是将摩西法与罗马法对照，便于基督教徒了解教会法和罗马法的异同。该书共16篇，其内容包括犯罪、侵权行为和继承，每篇包括一个取自《摩西五经》[Pentateuch]的摘要和取自罗马法相同主题的摘要。

collation n. ❶校对核实 ❷校对核实的报告 用副本与正本比较，以确定副本的真实性。 ❸（罗马法）财产混同（原则） 与普通法中的财产混同[hotchpot]相对应，指将未曾遗嘱的被继承人生前赠与其子女的财产纳入最后可分配遗产，以便合并核计，平均分配。其理论根据是法律推定被继承人希望在最后分配其遗产时，每个继承人享有绝对平等的继承权，而其生前赠与的财产应视为可继承遗产份额的预付。 ❹〈英〉（教会法）（圣职的）直接授予仪式 针对主教拥有授予权[gift]的教会和圣职，主教集圣职推荐权人[patron]和圣职授予人于一身，而直接任命圣职候选人到该教会，或授予其该圣职的仪式，推荐[presentation]和授予[institution]两个程序合而为一，这使主教权限扩大，以反对国王。当主教不是圣职推荐权人时，则需要推荐与授予两个程序。（⇨advowson）

collatione factâ uni post mortem alterius 〈拉〉〈英〉重新授职令 在国王所推荐的神职人员于就职前死亡，或诉讼期间发生王位继承[demise of the crown]的情况下，签发给民诉法院[Common Pleas]法官的令状，命他向主教发出另一项令状，指示主教接受另一神职人员就职。

collatione heremitagii 〈拉〉（英格兰古法）掌管修道院授权状 国王授权一神职人员[clerk]掌管修道院的令状。

collation inter haeredes 〈苏格兰〉继承人间的(遗产)合并核计原则 依长子继承和男子优于女子的原则，某继承人有权继承全部可继承的地产，若其同时是最近亲属[next-of-kin]之一且要求获得一份动产，他就必须将地产和动产合并，分享混同后之财产。

collation inter liberos 〈苏格兰〉子女间的(遗产)合并核计原则 在子女间分配死者遗产中的特留份[legitim]或必须留给子女继承的份额时，必须将父母生前对子女的预先赠与算入其内，以使子女间的遗产份额相等。

collation of advancements 预赠的合并核计；生前赠与的合并合计 将死者生前对继承人的赠与财产与其死后遗留财产合并，然后根据继承法对全部财产进行分配。

collation of seals ❶核对印章 ❷（教会法）在原告诉状的原印记背面重复盖印

collation to a benefice 有圣俸的圣职的直接授予 当主教同时作为圣职推荐权人[patron]时将推荐[presentation]与授予[institution]两个程序合而为一,直接授任神职人员。(= collation)

collatio signorum 〈拉〉(英格兰古法)核对标记或印章(法) 将待确定之印章与已知真印章相比较、核对。

collative advowson (= advowson collative)

collect v. ❶使集合;聚集;收集 ❷收(账);收(款);收税

collectible n. ❶(可通过法律程序使别人履行的)债务;义务;责任 ❷(主要以投资为目的而收集的)收藏品

collecting agent 收账代理人;收费代理人 如保险公司授权为其收取保险费的代理人。

collecting bank 托收银行 在托收票据业务中,任何被委托代理收款的银行。

collecting officer 收费员 指简易审判法院[court of summary jurisdiction]中根据判决收取扶养费或赡养费[maintenance]的书记官。

collecting society 〈英〉人身保险互济会 一种经营劳动者人身保险[industrial assurance]业务,向被保险人收取保险费的互助性团体[friendly society]。该协会需经注册登记方始成立,同时必须接受劳动者人身保险高级专员的管理。

collect in the ordinary way 以普通方式收款 一种授权银行作为收款分代理人[subagent]的指示。

Collectio Aegidiana (= Constitutiones Marchiae Anconitae)

Collectio Anselmo Dedicata 《安塞尔莫·德迪卡塔教会法汇编》 10世纪时,由无名氏所编的教会法规汇编。其材料系统地分编为12本书,分别为:①教会等级制度;②主教;③宗教会议;④教士与执事;⑤低级神职人员;⑥修士与寡妇;⑦俗人;⑧行善功;⑨洗礼;⑩礼拜与圣俸;⑪节日;⑫异教徒与分裂者。该汇编广为使用、极有影响,在布尔夏德[Burchard]的《教令集》[Decretum]出现之前,一直统治意大利与德国人的教会生活。

collectio canonum (= Collection of Deusdedit)

collection n. 收款;托收 在美国《统一商法典》[U.C.C.]第4篇中,它指用于付款的票据[item]在付款银行[payor bank]中转移的过程。(⇨collection indorsement)

collection agency 代理收款者;代理收款的机构 亦称债务调查机构,一种查寻债务人、调查财务等资料,帮助债权人收回欠款的人或机构。

collection district 〈美〉关税区 在美国境内为征收关税而划分的区域。

collection indorsement 〈美〉托收背书 限制性背书的一种,在背书同时载明款项用途,如"转存款""付税款""银行收款"等,目的在于使被背书人成为背书人的代理人,以便其代理兑换票款事项。

collection item 〈美〉托收款项 银行接受后进行托收并在最终付款后贷记委托客户账户的票据。通常跟单汇票被视为一种托收款项。

Collection of Atto 《阿托汇编》 大约1075年由米兰的阿托在罗马编集而成的一部教会法概要,旨在简要地提出罗马天主教会法律规范和道德规范。该汇编影响很有限,但被用于后来的类似汇编。

Collection of Deusdedit 《狄乌迪第教令集》 编纂于1085年,是教会法材料的一个重要汇编,用以支持罗马教廷在教会中的地位和权利。全书共分4卷,共1173篇。内容涉及早期教会法汇编和罗马教皇档案。尽管其影响力有限,但不失为研究11世纪教皇改革目标和内容的有价值的材料。

collection of illegal fees 非法收费 公职人员就某服务事项收取高于法定收费标准的费用。(⇨extortion)

collection service 收款代理机构 亦称债务追查机构,一种查寻债务人、调查债务人财务资讯,以帮助债权人收回欠款的营业机构。

collective act 联合行动;集体行动 指两个以上国家共同采取的行动,例如在国际机构中投票。

collective bargaining 劳资谈判;集体谈判 指由雇员团体组织与雇主协会之间以协商方式确定雇佣条款与条件的行为及其过程。根据美国《国家劳资关系法》[National Labor Relations Act]的规定,它是雇主与工会代表双方就工资、工时及其他工作条件等寻求达成集体合同的程序。因此,为保持雇佣关系的稳定,排除劳动力交易的障碍,要求谈判双方开诚布公、真诚勤勉地达成协议,但在实际谈判过程中,往往包含着明示或默示的罢工威胁。它与雇员单个谈判[individual bargaining]相对。(⇨area bargaining;labor dispute)

collective bargaining agreement 集体谈判劳动合同 指由雇主与工会之间通过集体谈判而达成的规定雇佣条款与条件的合同。通常的做法是由工会的官员作为工会成员的代理人与雇主联合或单独签订合同,内容包括雇主、全体雇工与工会之间的权利与责任。它对工会全体成员均具有强制执行力,尤其对非合同当事人的雇工亦为有效。(⇨collective labor agreement)

collective bargaining unit 集体谈判组 由一个雇主的所有雇员组成的劳资谈判单位。一个工种、工段、部门或厂区里的大多数雇员,经投票决定,亦可分别成立各自独立的谈判组。

collective examination 集体询问 一种向全体陪审员提出问题的询问方式。一般在律师单独询问每个陪审员之前,以该方式向陪审团提出法定的或例行的问题,分别由其中任一位陪审员回答。

collective facts rule (= composite facts rule)

collective labor agreement 集体劳动协议 又称"集体谈判协议"或"劳资协议"。与雇主和单个雇员签订的个人劳动协议相对,该类协议是由工会或其他雇员组织与雇主或行业公会等雇主组织签订的有关就业条件的协议。由工会与行业公会签订的也称行业协议[trade agreement]。雇员与雇主个别签订的协议,须以集体劳动协议为依据。

collectively termed 总称为 法律工作者在下定义时经常使用这一短语,如"herein collectively termed'——'",有时产生的一个问题是最后一词即被定义词是否应采取复数形式。

collective mark 集体商标 一种由某互助会、协会或集体组织的成员所使用的商标或服务标志;使用该商标或服务标志的互助会、协会或其他集体组织,在其商业中,须有真诚的意愿去实现此商标或标志所代表的信誉要求,并须依据商标法申请在主登记簿注册登记。此外,该商标必须能够显示出某协会、组织的成员资格。

collective naturalization 集体入籍 以条约或国会立法方式给予一批人公民资格。

collective responsibility ❶〈英〉集体责任制 英国内阁实行的一项原则。根据这一原则,内阁成员对内阁所有的决定均承担责任。他们必须支持和维护内阁的各项政策,否则,就必须辞职。1932年曾实行"允许分歧"原则,允许大臣们在进口税问题上持不同意见,但这仅持续了很短时间。1975-1977年,在某些问题上也未遵循这一原则。❷集体责任 在早期的法律制度中,诸如部落、家族的组织通常对其成员的违法行为负集体责任。在古巴比伦法律和《旧约全书》[Old Testament]中，经常提及由于父亲的错误而惩罚其子的情况。

collective security 集体安全 国际社会多数国家相互之间对各国及国际社会安全实行的集体保障措施。此种措施通过对各国进行战争、结盟和中立的自由进行限制或否定以达到防止或制止战争的目的。根据若干国家缔结的集体安全协定，第三国对其中任一缔约国的侵略将被视为对所有缔约国的侵略而必须得到制止，各国均应联合抵抗这种侵略。国际联盟和联合国均根据集体安全原则建立，但都因大国间的利益冲突而未能成功地实行这一原则。

collective title 〈英〉(同类法律的)统称；集体标题 为方便起见，引用属于同一概括主题内容[on one general theme]的一系列制定法时使用的法定名称。如 1829–1895 年《都市治安法》[Metropolitan Police Acts]、1894–1978 年《商船运输法》[Merchant Shipping Acts]、1892 年和 1896 年的《简矩标题法》[Short Titles Acts]为许多原无统称的同类系列制定法规定了集体标题。每一部后续制定的属于同一概括主题的制定法将规定在修订后的集体标题下，该法可与其他先前制定的法律一起被引用。有时，一部制定法的一部分可在一个集体标题下与某些其他法律一起被引用，而另一部分则可在另一集体标题下与另外的法律一起被引用。

collective trademark 集体商标 用于标志互助会、保险公司或同业公会的图案、符号或标记。(⇨collective mark)

collective work 集合作品 版权法中指由若干单独的作品组成的一部著作，如期刊杂志、文集和百科全书等。(⇨compilation)

collectivism n. 集体主义 一种与个人主义——强调个人权益的理论——相对立的、重视集体权益的理论。在采用这一理论的社会组织中，个人被视为从属于社会群体，例如阶级、种族、民族或国家。卢梭[Rousseau]的《社会契约论》[Social Contract]最早表述了近代集体主义思想，主张个人只有服从团体的意愿才能获得其真正的存在和自由。黑格尔详细地说明了这一观点，指出个人只有绝对服从民族和国家的法律制度，才能实现自己的存在和自由。马克思认为社会存在决定人们的意识。不同形式和程度的集体主义构成社会主义、共产主义和法西斯主义。

collect on delivery/C.O.D. 货到付款 运输合同中的一项条款。根据该条款，承运人在交货时，除收取运费外，还代表托运人向收货人收取货款，如果没有收到，则将货物返还托运人。

collector/collr. n. ❶(临时)遗产管理人 由法院指定，在一定期间内专门负责收集、保管死者财产的人员。(⇨collector of decedent's estate) ❷收款人 替其他公司或他人收取应收账款的人。❸收税员 被指定或授权征收税费的人，如关税征收人。

Collector-General n. 〈苏格兰〉总收税官 苏格兰政府官员之一，负责征收王室收入。后来可能并入了审计官署[Comptroller]，1707 年英格兰和苏格兰合并后被废止。

collector of births and burials 〈英〉人口调查员 负责每周向地方治安官[magistrate]汇报出生、死亡情况的官员。

collector of customs 〈美〉关税征收官 负责征收关税及执行财政部[Secretary of the Treasure]规定的其他职责的官员。

collector of decedent's estate 临时遗产管理人 遗嘱检验法庭[probate court]临时指定的管理人，负责收集与死者遗产有关的租金、资产、利息、可收票据等，并处理与该遗产有关的需立即解决的财务事项。通常在有关遗嘱执行人或遗产管理人身份发生迁延不决的争讼时指定，其职责在遗嘱执行人或遗产管理人被确定之后终止。

collector of the port 〈美〉关税征收官(⇨collector of customs)

collega 〈拉〉(罗马法)同事；同僚 被任命与他人共同行使职权的人。

collegatarius 〈拉〉(罗马法)共同受遗赠人 遗嘱中规定与他人共同接受一项遗赠物产的受益人。

collegatary (罗马法)共同受遗赠人(⇨collegatarius)

college n. ❶(综合大学中的)学院 大学的组成部分，具有学位授予权的教育机构，通常有法律承认的法人资格。❷(独立的)学院；高等专科学校 由理事、教授和学生等组成，提供人文科学和自然科学方面的高等教育并授予学位的具有法人资格的教育机构，不同于提供就业前教育的职业学校或技术学校。❸〈美〉大学 向高中和大学预科毕业生提供文理教育，授予学士学位的教育机构，通常具有法人资格。❹学院校舍 多个或一个学院构成的大学中，学生起居、学习的场所。❺会社；协会；团体 为特定目的依法成立的教育、政治、教会或科学机构，如罗马天主教的红衣主教团[College of Cardinals]、美国的总统选举团[electoral college]等。

college education 大学教育 与研究生教育不同，通常指大学里为期 4 年获取学士学位的教育。该词用于要求父母为子女提供 4 年大学教育的判决中时，都指大学的教育费用及其期间，包括假期的衣、食、住费用在内。

college fraternities 〈美〉(大学的)兄弟会(⇨fraternity)

College of Advocates 〈英〉律师公会 经皇家特许状许可于 1768 年成立，其前身是为了从事罗马法[civil law]和教会法的活动而于 1490 年成立的社团。该会会员早在 1567 年即买下后来被称为博士院[Doctors' Commons]的地方——此处又是海事法庭和教会法庭的建筑及法官的住所地。从 1832 年起，公会会长通常由拱顶法院法官[Dean of the Arches]担任，其会员则从坎特伯雷大主教诏示接受为律师[advocate]的人中选举产生。只有牛津大学或剑桥大学的法学博士方能成为律师。1857 年以前，该公会的会员排他地享有在海事法庭和教会法庭执业的权利。1857 年以后，律师[advocate]可以在任何法庭执业，出庭律师[barrister]可以在新成立的遗嘱检验和离婚法庭[Probate and Divorce courts]执业。1859 年以后，出庭律师也可在海事法庭执业。1857 年，公会为《遗嘱检验法庭法》[Court of Probate Act]撤销。

College of Arms 〈英〉纹章院 根据 1556 年皇家特许令，由纹章院长官(嘉德，克拉伦斯克斯、诺雷和厄斯特)、宗谱纹章官(温莎、切斯特、兰开斯特、萨默塞特、约克及里士满)和纹章院属官合并而成。合并后，偶尔也委任特命宗谱纹章官和特命纹章院属官，但他们不是纹章院成员，仅执行礼仪性职责。1687 年以前，纹章院长官的职责是出访英格兰和威尔士各郡，对所有有权被称为绅士或乡绅的人进行纹章、家谱登记。现在纹章院除了承担礼仪性职责外，主要从事向申请者授予纹章服、家系调查和受理申请人提出的贵族爵位要求等事务。(⇨herald)

College of Justice 〈苏格兰〉最高民事法院司法联合会 1532 年成立，由最高民事法院[Court of Session]从事司法工作的人员组成的团体。联合会主席由有教职身份的人士担任。其成员包括 14 位贵族法官，其中一半是教职人员，另一半是非教职人员。这个司法联合会实际上是旧的最高民事法院以一种永久设立的形式存在的新法院，使得中央民事司法得以制度化。联合会的成员从前曾享有一些包括地方税收总免除的特权，但很久以来即已废止。(⇨Court of Session; Scots law)

collegia 〈拉〉(罗马法)行会；法人团体

collegialiter 有法人资格；作为法人

collegiate chapter 〈英〉(教会法)社团牧师会教堂(= collegiate church)

collegiate church 〈英〉(教会法)**大圣堂** 社团或个人共同捐建的教堂，由教长[dean]、牧师会的牧师[canons]，或有圣俸的牧师[prebendaries]组成的牧师会[chapter]管理，不设主教职位，这些教堂不受主教权[cathedral]的管辖，但它们所在教区[diocese]的主教可对之行使巡视[visit]管辖权，王室特权教堂除外，如威斯敏斯特教堂[Westminster]和温莎教堂[Windsor]。现尚存的大圣堂还有伍尔弗汉普顿[Wolverhampton]，黑茨伯里[Heytesbury]和米德尔赫姆[Middleham]。

collegium 〈拉〉(大陆法)**有组织的集团** 这是一个多义词，可以指一次集会的成员、社团、牧师协会、任何一群人或一类人，但其主要含义总是指职位和身份相同的人，或具有共同经营某些事业或完成某项任务目的的人的组合。因此，有时也可以指一个公司。

collegium ammiralitatis 海事协会

Collegium est societas plurium corporum simul habitantium. 〈拉〉学院是由若干居住在一起的人组成的团体。

collegium illicitum 〈拉〉**非法集团** 指滥用权力的团体或为章程中规定以外的目的而成立的团体。又凡未经议会或皇帝批准成立的团体，亦均为非法集团。

collegium licitum 〈拉〉**合法集团** 为合法目的或营业而成立的社团，并经议会或皇帝批准成立，取得法人资格。

collide v.碰撞；冲突；抵触

colligendum bona defuncti 收集遗产(⇨collector; ad colligendum)

collision n.❶碰撞 ❷冲突 ❸船舶碰撞(⇨collision of vessels)

collision insurance (保险法)**碰撞险** 汽车险的一种，对被保险人的汽车所受损坏或损失予以承保，但对交通事故所造成的人身损害不予承保。

collision of aircraft **航空器碰撞** 包括航空器与航空器在空中或地面的碰撞及飞行器与其他运输工具的碰撞。

collision of automobiles (保险法)**汽车碰撞** 在包含碰撞险的汽车保险单中若未做其他限制，"碰撞"包括汽车与其他任何物体的碰撞，不论该物体处于移动还是静止状态，也不论该物体是否与碰撞汽车处于一个平面上。在运货汽车的责任保险单中，"碰撞"一词还曾被认为应包括卡车上所运之物与他物的碰撞，如与卡车上方的桥梁发生碰撞在内，但这一观点未被普遍接受。

collision of motor vehicles (保险法)**机动车碰撞**(⇨collision of automobiles)

collision of vessels ❶〈美〉(海商法)**船舶碰撞** 两艘航行中船舶的相互撞击；一艘船与另一艘船或其他海上漂浮物体或固定物体的撞击。❷(保险法)**船舶碰撞(险)** 海上保险单中的一项海上风险。在英国，"碰撞"仅适用于两艘航行中船舶的碰撞，不包括船舶与沉没物体和静止或永久性阻塞物体的碰撞；在美国，"碰撞"不包括船舶与某些水中沉没阻塞物的碰撞。

collision on land 〈英〉**陆上碰撞** 一个人或其车辆、其他财产由于与动物、车辆或其他物体在陆上发生碰撞，而受到伤害或损失。受害方为获得损害赔偿须证明加害方过失的存在或未能尽到合理注意的义务。违反《公路法典》[Highway Code]的规定，并不当然构成过错，但可作为过错的证据加以引用。

collisions at sea 〈英〉(海商法)**海上碰撞；船舶碰撞** 一条船通过接触对另一条船造成损害。海上碰撞责任根据一般的过失责任原则来确定，但船舶是否遵守了1948年《国际海上避碰规则》[International Regulations for Preventing Collisions at Sea]，对责任认定有特别重要的意义。1873年至1911年法律中曾推定违反了避碰规则的一方船舶有过错，但这一规定于1911年被废除。如果双方船舶均有过失，则各方依据其过失程度对另一方进行赔偿，若过失程度难以确定，则双方各负一半责任。

collistrigium n.**颈手枷** 古代用以将罪犯的颈与手枷住示众的一种木制刑具。(⇨pillory)

collitigant n.**共同诉讼人** 可指同一方的当事人，亦可指对方当事人。

collocation 〈法〉**债权人排序；排列债权人的法定顺序** 为依法定顺序先后清偿债务而对某一财产的债权人进行排序。

colloquium n.❶**诽谤言论主张** 诽谤案件原告起诉状中的初步主张，原告在此阐述所有具体的情况，说明这些情况使得所指控的言论具有诽谤性。❷**提供旁证说明所称的诽谤言论指向原告** 即使在言论中并未明确提及原告。

collr. (= collector)

collude v.**共谋；勾结；串通**(⇨conspire; collusion)

collusion n.**共谋；勾结；串通；合谋** 指两人或两人以上为了损害第三人的合法利益或获取非法利益而达成的协议。此协议中暗含着某种欺诈，或某种欺诈手段的使用，或以合法手段实现某种非法目的。各种交易合同及法院的判决，经发现系通过共谋而取得时，可使之无效。(⇨collusive action; collusive divorce)

collusive a.串通的；共谋的；串骗的；通谋的(⇨collusion)

collusive action **串通的诉讼** 指诉讼的双方当事人之间不存在实际的争议，只是为获得法院对某一法律问题的裁决之目的而提起的诉讼。对此种诉讼法院不会受理。

collusive bids **串通投标；围标** 为避免相互间竞争，某一工程承包合同的投标者达成的秘密协议。(⇨collusion)

collusive divorce 〈美〉**串通离婚** 夫妻间达成的协议，约定一方实施或表面实施或据称已实施了违反婚姻义务的行为，以达到离婚的目的。随着大多数州制定"无过错离婚"[no-fault divorce]的法律以后，串通离婚的协议或行为就显得不必要。

collusive joinder 〈美〉**共谋合并；串通合并** 指将某人(通常为非定居居民)合并为诉讼的被告，目的在于取得联邦法院对案件的管辖权。《联邦民事诉讼规则》[Federal Rules of Civil Procedure]规定，如确为共谋合并，则联邦地区法院不能取得管辖权。

collusive spoliation (海商法)**串通破坏** 指一种损坏船舶的侵权行为。

collusive suit (= collusive action)

collybist 货币兑换商；货币商；钱商

collybum 兑换；兑换率

colne n.〈撒克逊〉(英格兰古法)计算；核算；算账

colonel n.❶**上校** 通常统领一个团，军衔仅次于准将[brigadier general]的军官。❷向值得尊敬者正式或非

正式授予的荣誉头衔

colonial *a*. ❶殖民地的;关于殖民地的 ❷从属的;非自由独立的

Colonial Attorneys Relief Acts, 1857, 1874 and 1884 〈英〉《殖民地律师救济法》 根据这些法律,在殖民地被承认、注册为律师[attorney]和事务律师[solicitor]的一切英国国民在英格兰能以最高法院事务律师的身份从业。这些法律после被1900年《殖民地事务律师法》[Colonial Solicitors Act]所代替,后又依次被1932年《事务律师法》[Solicitors Act]和1974年《事务律师法》所代替。

colonial charter 殖民地特许令 殖民地政府颁发的,批准建立企业、学校或学院的文件,例如在独立战争前,由英格兰授予特许令在美国建立机构或商业组织。

colonial clergy 〈英〉殖民地牧师 海外委任的牧师到英国时的职位。

colonial court 〈美〉殖民地法院 对独立战争前各殖民地的法院的称呼。

colonial courts of admiralty 〈英〉殖民地海事法院 根据1890年《殖民地海事法院法》[Colonial Courts of Admiralty Act],殖民地海事法院是在英国殖民地有无限的初审民事管辖权的法院,因此任何法院都宜称为海事法院。1956年《司法实施法》[Administration of Justice Act]授权修正了这一规定。(⇨local courts of admiralty)

colonial divorce jurisdiction 〈英〉殖民地离婚(诉讼)管辖权 根据1926年到1950年的《殖民地和其他领地(离婚诉讼管辖权)法》[Colonial and Other Territories(Divorce Jurisdiction)Acts],英国本土外的某些法院对居住在英格兰、苏格兰、威尔士或北爱尔兰的人有婚姻诉讼管辖权。现在这些法律的实施受1963年《肯尼亚独立法》[Kenya Independence Act]、1964年《马拉维独立法》[Malawi Independence Act]和1964年《赞比亚独立法》[Zambia Independence Act]的限制。

colonial governors 〈英〉殖民地总督 受国王任命统治殖民地和保护领地的官员。根据1698年的法律,总督在殖民地犯罪由王座法庭或特别委员会审理;总督因私人债务等非公务事项产生纠纷,可以在殖民地或当地法院被起诉。但在其行政管理区域的法院,他们不对在总督权限内实施的任何行为负责,有些殖民地的立法机关还为之通过《豁免法》[Act of Indemnity]。

colonial laws 殖民地法 在美国,该词指独立战争前,13个殖民地适用的法律,除少数系经允准由殖民地立法机关自行制定者外,主要是英国普通法。它对美国现在的法律制度产生了重大的影响;在英国,该词指其殖民地适用的法律。

Colonial Laws Validity Act, 1865 〈英〉《殖民地法的效力法》 该法规定:殖民地法不因与英国普通法抵触而无效,但若与英国议会的适用于该殖民地的法律或依其授权而发布的命令或规章相抵触,在抵触范围内无效。根据1931年《威斯敏斯特法》[Statute of Westminster],该法不再适用于1931年后英联邦的自治成员国以及加拿大各省的立法。该法现已被准予英联邦各地区独立的法律所废止。

colonial loans 〈英〉殖民地贷款 国际复兴开发银行向殖民地政府提供的贷款。根据1949年、1952年和1962年《殖民地贷款法》[Colonial Loans Acts],英国财政部被授权为此类贷款提供担保。

Colonial Marriages Act, 1865 〈英〉《殖民地婚姻法》 该法规定:任何英国属地的立法机关为确认在该地已成立的婚姻的有效性而制定或将制定的法律,在英国领土范围内均具有与在其制定地相同的效力。

colonial naval defence 〈英〉殖民地海防 1931年和1939年《殖民地海防法》[Colonial Naval Defence Acts]就殖民地海防军队的召募作了规定。

Colonial Office 〈英〉殖民部 负责任命殖民地总督等官员并与之联络的国家机关。1854年以前,对殖民地事务和军事合并管理,但克里米亚战役[Crimean War]之后,另任一名国务大臣专门负责军事管理。殖民部现已并入外交及联邦事务部[Secretary of State for Foreign and Commonwealth Affairs]。(⇨secretary of state)

colonial probates 〈英〉殖民地遗嘱检验 1892年《殖民地遗嘱检验法》[Colonial Probates Act]规定殖民地遗嘱检验和遗产管理委任状须在英国盖章批准。后被1971年《遗产管理法》[Administration of Estates Act]修改。

colonial protectorate 被保护国

colonial register(companies) 殖民地登记(公司) (⇨dominion register)

Colonial Stock Acts 〈英〉《殖民地证券法》 根据1877年到1948年的《殖民地证券法》,除1925年《信托法》[Trustee Act]明文禁止外,在英国登记且符合特定条件的殖民地证券可作为信托投资工具。

colonist *n*. 殖民者;殖民地居民 从宗主国迁移到另一地居住但仍忠于宗主国的人。

colonus 〈拉〉〈罗马法〉农奴 农民或村民,每年必须无偿为地主耕种若干土地或交纳一定贡物的低等自由民,与德国的"农奴"[rural slaves]和撒克逊的"下层自由民"[ceorl]相对应。

colony *n*. ❶殖民地;殖民国 与宗主国有政治、经济联系且从属于宗主国的地区或国家,通常通过移民和征服或割让两种方式建立起来。 ❷殖民团 由移居海外但仍忠于祖国的移民组成的团体。

colorable alteration 虚假变更 指为规避专利法或版权法而作出的并未导致实质性变化的一种变更。

colorable case (= colorable cause)

colorable cause 假案;表面案由 在恶意控告[malicious prosecution]诉讼中,指表面上看似有资格的某人向法官告发某些构成犯罪的事实。

colorable claim ❶虚假主张 表面上正当且理由充分但实际上无效的主张。 ❷虚假(财产)索取 在破产法中,指向破产者的受托人恶意地提出无法律根据的财产要求;或指向持有破产者财产的受托人或其他保管人提出的要求,而实际上并无可以合法主张的权利。

colorable imitation 假冒 指欺骗性的模仿,在商标法中常指以误导大众为目的而模仿他人的商标且达到与其相似的程度。

colorable invocation of jurisdiction 表面行使司法管辖权 (⇨colorable cause)

colorable transaction 虚假交易 以隐瞒或欺骗为目的而进行的,形式与实际不相符的交易。(⇨fraudulent conveyance)

colored *a*. 有色人种的 尤指黑人的。

colored man 有色人种 (⇨colored person)

colored person 有色人种 在文字意义上指白人以外的种族,但在法律未作相反解释的情况下,一般指黑人及拥有黑人血统的人。

colore officii 〈拉〉滥用职权;超越职权 指官员的行为表面上似乎恪尽职守,实则未经授权或超越职权。(⇨color of office)

color of authority 权力表征 使公职人员的行为得以认可的权力外观或权力根据。此种权力源于公职人员对该职位的头衔,或者他所持有的令状或其他明显有效的手续。

color of law 法律权力之表象;表面合法的权力 指无其实的法律权力之外观。该词常指因违法者披有国家权力之外衣而使权力滥用成为可能。一国家官员的行为,不论该行为是否在其职权范围内,只要此官员声称其正在履行公务即为依表面合法权力而为的行为[act under color of law]。在美国,依《1871年民权法》[Civil Rights Act of 1871]的规定,color of law 与州行为[state action]同义,指官员与某一州有密切关联以致其所作出的行为被视为如同该州的行为。

color of office 滥用职权;超越职权 官员冒用职权实施超越其职权范围的行为。

color of state law 表面上的州法律权利;以州法律的名义 (⇨color of law)

color of title 表面上的所有权 用于收回不动产的诉讼之中,指由于所有权转让过程中的瑕疵导致所有权转让无效,从而产生了形式上而非事实上或法律承认的所有权。

Color of Title Act 〈美〉《表见所有权法》 一部联邦法。该法规定:若占有人根据表见所有权占领土地达一定时间且交纳了名义上的少量的钱[nominal amount of money],财政部长有权向该人签发土地所有权的特许证(不包括地下矿藏)。

colo(u)r n. ❶(废)表面权利;表见权利 诉讼用语。当事人一方承认另一方有表面上的诉权[prima facie right of action],但同时又提出新的事实证明另一方的主张不能构成诉讼理由[cause of action;ground of action]即对方的诉讼理由是不充分的。有这样一条规则:在既承认而又持异议的答辩中,必须通过明示或默示,先承认或"给予"表面权利[confession and avoidance should give colour],而后再予以否定。 ❷肤色;有色人种的肤色 ❸生动;多彩 (⇨colored;colored person;color of title)

colo(u)rable a. 虚有其表的;有名无实的;似是而非的;欺骗性的;假装的

Colt and Glover v. Bishop of Coventry (1616), Hobart, 140 科尔特与格洛弗诉考文垂主教霍巴特案(= case of commendams)

com. (= company;commonwealth)

comaker n. 联合出票人 与他人共同签署可流通票据因而共同成为票据第一责任人的人。

combarones 〈英〉❶南部五大港[Cinque Ports]的市民和自由民 古时也用"barons"来表示该义。 ❷同乡;同胞 ❸南部五大港[Cinque Ports]在议会中的代表 (⇨ Cinque Ports)

combat n. 战争;争斗;决斗 在排除打架受伤的保险条款中,该词指被保险人的挑衅、侵犯或过失。 (⇨ mutual combat)
v. 战争;争斗;决斗

combat area 交战区 交战一方声称禁止从事中立运输的公海的一部分。

combination n. 结合;联合;结合体;联合体 指两个或两个以上的人为某一共同目的而结合的群体。①在刑法中指谋进行的非法或暴力行为;②在劳动法中,指工人为了提高工资、缩短工时等目的而组织的团体或采取的行动。这种行为在普通法上规定为非法,但在美国,只有以非法手段实现该团体的目标,成立该种组织或采取此类行为才被规定为非法;③在专利法中,指由若干零件组成的专利品。(⇨ joint venture; conspiracy; strike; boycott; picketing;trade-union)

Combination Acts 〈英〉《联合法》 1799年、1800年制定的法律,禁止工人联合起来争取增加工资、缩减工时等,宣布工会主义非法。同时也禁止雇主之间的联合,但这部分条款从未实施。这些法律于1824年被废除,1871年的《工会法》[Trade Union Act]承认了工会的合法性。 (⇨trade-union)

combination in restraint of trade 联合交易限制 两个或两个以上的人,通过合同、托拉斯、联营、控股公司或其他联合组织形式控制某种特定商品的产量、销量及价格,或采取其他非法干涉交易自由的手段以达到不正当限制竞争、垄断该商品的交易和流通目的的行为。(⇨ Clayton Act;Sherman Antitrust Act)

combination patent 结合专利 一种由若干部分结合而成的专利,其申请专利的发明不在于各个组成部分中——其各个组成部分可能均无任何新的发明——而只在于它们的独特结合或排列上;相对于整体而言,单个的组成部分既不具备新颖性,也不能产生预定的效果。

combine n. ❶联合 为实现垄断、限制交易而达成的一种非法协议或安排。 ❷联合收割机 一种具有收谷和打谷功能的农具。

combined bill 联合诉状 由补充诉状[supplemental bill]和恢复诉讼诉状[bill of revivor]组合而成的一种诉状。

comburgess 〈拉〉(同一自治城市或村镇的)居民

combustio 〈拉〉❶焚烧;燃烧 ❷(英格兰古法)火刑 对叛教者[apostate]所处的一种刑罚。

combustio domorum 〈拉〉烧毁房屋;放火;纵火(⇨arson)

combustio pecuniae ❶烧熔钱币 ❷烧熔钱币法 指古代通过熔化以检回国库的混杂或污损的钱币加以检验的一种方法。

come v. 出庭;出席;(亲自)到场

come ceo 对此同样适用

comes v. 被告到庭
〈拉〉❶侍从;随从 ❷伯爵或具有至高爵位者 常在伴随其上级,包括君主时使用。 ❸同伴;同事

comes and defends 到庭并答辩 古代诉讼用语,现美国某些司法区仍使用。指被告到庭并且进行答辩。

come sembel 似乎;看起来

comes stabuli (皇家城堡的)主管;(中世纪王室或贵族家庭的)总管

come to court 出庭 该词为英国英语[BrE],相当于 go to trial。

comfort letter 〈美〉(证券法)安慰函 ①注册会计师出具的表明用于公司证券发行的财务报表无虚假或误导信息的证明函;②母公司代表子公司声明其对另一公司的(商业)活动和承诺表示支持,但并不出具担保的函。

coming and going rule (= going and coming rule)

coming to a nuisance 接受妨害(学说) 这种学说认为,若某人在迁入某一地区前,该地区已存在某种妨害,则该人不得就该种妨害进行控告。该学说现已失去其权威性。

coming-to-rest doctrine (保险法)静止原则 适用于货车运输责任保险单中有关装卸条款的一个原则。依据此原则,一旦货物被卸离货车,处于静止状态,卸货过程与货车的联系停止,则装卸条款规定的承保义务终止。

cominus 〈拉〉❶立刻 ❷逼近地；追近地；短兵相接地
comitas 〈拉〉❶礼貌；文明；礼让 ❷不附带权利、要求而给予他国的特惠
comitas inter communitates 〈拉〉❶社会（或社区）礼让 ❷国际礼让
comitas inter gentes 〈拉〉国际礼让
comitatu commisso （英格兰古法）管理委任状 授权一郡长管理某郡的令状或委任状。
comitatu et castro commisso 郡长兼任郡守的委任令 委任一郡长负责某郡事务并兼任郡守负责保卫城堡的令状。
comitatus 〈拉〉（英格兰古法）❶"子爵"或"伯爵"的统称 ❷子爵或伯爵的领地，或其已成立州、郡政府的部分领地 ❸郡法院 在撒克逊人中有很高威望的古老的法院。❹随从 指王侯的随从或跟随罗马行省总督[proconsul]去行省[province]的人。❺亲兵 日耳曼部落社会中经过挑选并形成职业军事团体，跟随首领进行冒险的一群武士，他们与首领有紧密的人身依附关系。这被认为是封建主义借以生长的根本制度之一。
comites 〈拉〉（复）❶伯爵 ❷侍从；随从 ❸同伴；同事（⇨comes）
comites paleys 〈拉〉（复）❶享有王室特权的子爵或伯爵 ❷其领地的统治者（⇨palatine）
comitia 〈拉〉（罗马法）古罗马民众大会 由古罗马执政官[magistrate]召集的罗马人大会。它只对执政官提出的事项投票表决。每一组由多数人决定该组的表决。对提案只能表决不能修改。古罗马民众大会有三种组织形式：即30个库里亚[curiae]，193个森都里亚[centuries]和35个特里布[tribes]。虽然民众大会名义上至少到公元3世纪还存在，但是在罗马帝国统治时期就丧失了立法与司法职能。
comitia calata （罗马法）卡拉塔大会 一种由大祭司[pontiff]主持，一年召开两次的库里亚特别会议，主要内容涉及收养、确认遗嘱、举行遗产继承仪式。
comitia centuriata （罗马法）森都里亚大会 设立于公元前450年，以百人队[centuries]为单位，按军事组织的方式组成。它负责制定法律，选举执政官、宣战、媾和、判决刑事案件。富裕阶层在该大会中仍享有大部分权力。
comitia curiata （罗马法）库里亚大会 最古老的议事会，由30名古罗马贵族组成。它负责批准执政官的任命、选举某些高级官员、监督祭司就职、联署收养和遗嘱文件。到共和国时期，它在政治上已无重要作用。
comitia plebis tributa （罗马法）平民特里布大会 发展于公元前287年平民表决制[plebiscita]之后，大会的决定被赋予如法律一样的充分效力。它负责审理不判死刑的案件并处理多种事务。在共和国时期，其日益成为惯常的立法大会。
comitia populi tributa （罗马法）民众特里布大会 仿照平民特里布大会成立，成立日期不详。它选举古罗马调查官[quaestors]、保民官[tribunes]，制定法律和审判较轻的案件。
comitia tributa （罗马法）特里布大会 由平民以部落[tribes]为单位组成的民众大会，它负责选举低级执政官、选任祭司[priests]、制定法律和审理案件。自其成立后，权力范围越来越大。
comitissa 〈拉〉（英格兰古法）女伯爵；伯爵夫人
comitiva （英格兰古法）❶子爵或伯爵[comes]的职位或尊称 后改称"comitatus"。❷同行或随行的一伙人 ❸盗伙

comity n. ❶法院间的礼让或承认；司法礼让 指一个司法区的法院自愿地、非正式地承认另一司法区的法律和司法判决。❷国际礼让（⇨comity of nations）
comity inter gentes 国际礼让
comity of nations 国际礼让原则 一国出于礼让或互利，在不违反本国法律的基本原则及不损害本国国家和社会利益的前提下，承认和执行另一国的法律。这一原则虽不是国际法上的原则，但为各国遵循，从而奠定了国际私法的基础。
commandeer v. 军事征用 指一国政府为军事目的而非一般政治目的的强行占用其国民的物品。
Commander-in-Chief n. ❶〈美〉总司令 军队的最高统帅。根据美国宪法的规定，总统是陆海军的总司令，他对武装力量的战略战术以及与战争有关的政治、外交行为拥有控制权。（⇨President of the United States）❷〈英〉总司令 1793年以前，军队由国王统领，为了使军队不受政治影响而特许创设了这一军事官职。1854年起，军队受总司令和国防大臣[Secretary of State for War]的双重领导，1870年后，总司令隶属于国防大臣并于1904年被撤销，其职能分别由陆军部[Army Council]和武装部队总监[Inspector-General of the Forces]分担。现在陆军部合并在国防部[Ministry of Defence]里。
commandery n. (英格兰古法)❶由他人代领的圣职薪俸 ❷医院骑士团的封地 属于耶路撒冷圣约翰骑士团，又称医院骑士团的封地。负责这种封地的人被称为"管理人"[commander]，他们不能处理这些封地，而只能通过为该骑士团的隐修院利用封地，依自己的级别领取生活费用。后来由于这些隐修院的解散，其封地归属于亨利八世。
commanding officer 指挥官
commanditaire 隐名合伙人（⇨commandité）
commandité 〈法〉隐名合伙 指由一部分提供资金的人和另一部分提供技术和劳动力的人组成的合伙。其合伙人分为两种，一种是一般合伙人[general partners]，承担无限连带责任[joint and several responsibility]，另一种是隐名合伙人[commanditaires; partners en commandité]，不参与经营管理且仅在出资范围内承担责任。
commandment n. (英格兰古法)❶教唆（罪）；唆使（罪）指唆使或命令他人从事违法行为的犯罪，尤指在被教唆者作案前[before the fact]教唆者的各种教唆、挑拨、推动、刺激等行为。❷法官或行政长官的有权威的命令 ❸戒律；圣训；(基督教十诫中的)一诫
Command Paper 〈英〉(1956年以后至1986年间)政府(以英王名义)向议会提出的文件
command papers 〈英〉政府文件 根据女王陛下的命令，依法由内阁大臣向议会提交的文件，包括政府部门工作的汇报，与皇家委员会和部门委员会的报告有关的证据及与政策问题相关的材料——这些材料是下议院辩论和立法的基础。这些文件最初是下议院议事录[House of Commons Journal]的附录部分，1833年起单独印刷并按年份分成五个系列编号。（⇨parliamentary papers）
Command Theory (= legal positivism)
commarchio 区域；区域的疆界
commark 边境；疆界
comme 〈法〉因为；鉴于
commencement of action 诉讼的开始 在美国大多数司法区，民事诉讼从当事人向法院提交起诉状[complaint]之

日开始;刑事诉讼的开始有两种情况:①从向治安法官[magistrate]提交指控有犯罪发生的起诉书[information]并签发逮捕令时开始;②从大陪审团签发公诉书[indictment]时开始。

commencement of action at law 普通法上诉讼的开始 在普通法上,诉讼以令状签发并经见证人见证[bore teste]之日开始并产生诉讼系属。

commencement of a declaration 起诉状的开始部分 指原告的起诉状中指明审判地后、详陈诉因之前的部分。其内容在以前一般包括原被告双方当事人的姓名、被告到庭的方式及对诉讼形式的简要说明,后来在大多数案件中,一般只包括双方当事人的姓名。

commencement of a prosecution (= commencement of criminal proceeding)

commencement of building or improvement 〈美〉建筑或改建的开始 该词在《技工留置权法》[mechanic's lien statute]中指实际上已开始建筑或改建房屋,且确有坚持完成的意向并得到公众的承认。

commencement of business 开始营业;公司设立(▷ company)

commencement of criminal proceeding 刑事诉讼的开始 在美国,对这一问题实际上存在不同的观点,有的认为诉讼从提出控告书[complaint]、宣誓书[affidavit]等时开始,有的认为诉讼从签发逮捕令并将其送交执行官员时开始,有的则认为应从逮捕时开始。然而比较权威的观点认为诉讼从提交起诉书[indictment or information]时开始,而不管在此之前是否已将被告人逮捕和羁押,这种观点认为起诉前的程序只是诉讼的准备活动。

commencement of risk (保险法)承保风险期间的开始 (▷ inception of risk)

commencement of suit in equity 衡平法上诉讼的开始 诉讼从向法院提交诉状[bill or complaint]开始。(▷ commencement of action)

commencement of work 作业的开始(▷ commencement of building or improvement)

commenda 康枝达 ①在法国法中,指将教产[benefice]在一定期间内交由不能享有其合法权利的人管理、收取收益并报告账目;②在商法中,指一种将共同财产委托给个别人经营的合伙。

Commenda est facultas recipiendi et retinendi beneficium contra jus positivum a suprema potestate. 〈拉〉代领与实在法[positive law]相冲突之薪俸的权利,是根据最高权威[supreme authority]接受和保留圣俸的权利。

commendam n.❶〈英〉(教会法)托管圣俸 为防止空缺圣职薪俸被移用,任命一神职人员管理教产、受领、保管空缺圣职薪俸,直到重新委任主持牧师[pastor]。有保留圣俸[commendam retinere]和兼领圣俸[commendam capere]两种方式。该代为管理者是圣职托管人[commendator],可暂时托管或终身托管。1836年,该托管制度被取消。❷(商法)有限合伙(▷ commandité)

commendam capere (教会法)兼领圣俸 指原领圣俸的神职人员被授权兼领另一圣俸。

commendam retinere (教会法)保留圣俸 堂区主持牧师[parson]升任主教后,一般应放弃其原有堂区圣俸,但如经教皇,其后经国王许可,则可以保留圣俸的方式,他可仍兼任其原来的堂区牧师职务及保留堂区圣俸。

commenda recipere (= commendam capere)

commenda retinere (= commendam retinere)

commendatio 〈拉〉(罗马法)表扬;称赞;推荐 依"仅属表扬不负责任"[simplex commendatio non obligat]的原则,售货者吹嘘推销,不负保证责任。

commendation n.委身;委身制 指在封建法中,拥有自有土地的自由人将自己和土地置于某一领主[lord]的庇护之下,并使自己成为其封臣或附庸。这是封建制据以发展的主要方式之一。(▷ recommendation)

commendator n.圣职托管人 被任命托管出缺的圣职薪俸的俗人,他们仅是受托人,但有时也终身委任。

commendatory n.圣职托管人(= commendator)

commendatory letters ❶推荐信 ❷(教会法)(主教)推荐信 一主教写给另一主教,为从其管区到另一管区的神职人员或其他人写的介绍或推荐信。

commendatory prayer 〈英〉(英格兰国教会的)临终祷告

commendatum 储蓄;存放;寄存(▷ deposit)

commendatus 〈拉〉领主附庸 在封建法律制度中,自愿将自己置于领主保护之下并为其服务的人。(▷ commendation)

comment n.❶注解;评注;批评 ❷评论;意见 ①法官或检察官就案件证据向陪审团所作的评论;②某一机构就其制定的规则的内容所作的书面意见或有关信息的说明。(▷ fair comment; unfair comment)

commentarii 〈拉〉记事录 帮助记忆的备忘录或记录。

Commentarii Principis 〈拉〉《首要记事录》 关于罗马皇帝官方行为的记录。

Commentarii Senatus 〈拉〉《元老院记事录》 可能是与《元老院通报》[Acta Senatus]一样的记事录。

commentary n.评注;评论 以注释的形式对别人的观点、作品所作的评价。该词常用于法律文献中。在古典的罗马法中,评注常与正文分开,甚至汇编成书。中世纪评注法学派[commentators]的著作也称作评注。

commentator n.❶(某一专业)释评家;评论者 ❷〈美〉评论人 指对政府机构拟订的行政规章予以评论的人。(= commenter)

commentators n.评注法学派;后注释法学派;评论法学派 指1250—1400年一批反对注释法学派,采用辩证推理、逻辑推理、三段论、二难推理等研究方法的意大利法律学者。该学派起源于法国,由雅克·德·莱维尼(1215—1296)[Jacques de Revigny]创立,著名代表有西诺·达·皮斯托亚(1270—1336)[Cino do Pistoia]和巴托鲁斯(1314—1357)[Bartolus]等。他们使罗马法与城市法[city statutes]、封建习惯法[feudal customs]、日耳曼习惯法[Germanic Customs]和宗教寺院法的原则[principles of the canon law]相互联系、适应。其缺陷主要为依附于各种权威。

commenter (= commentator)

comment on the evidence 对证据的评论 指法官向陪审团就证据的证明力[probative value]问题所作的指示。

commerce n.❶商业;商事活动 商品交换以及与此相关的所有其他活动,诸如代理广告、缔结合同、销售、运输、保险、担保、银行与金融业务、破产等。根据美国《全国劳资关系法》[National Labor Relations Act],它指州际之间的贸易、运输以及相关的商业交流。该词的最初含义仅指异地之间的大批量商品交换,现其适用范围已有扩展,但其交易对象仍不指为个人目的而进行的小额交易。在英格兰法中,该词在严格意义上只指与外国或殖民地之间的交易,后也包括国内贸易。❷(古)性交 在许多古籍中,sexual commerce 为一常用短语。

commerce among the several states 〈美〉州际贸易（= interstate commerce）

commerce among the states 〈美〉州际贸易 从一州到另一州的运输和交易行为。

commerce clause 〈美〉商业条款 指美国宪法第一条第八款第三项。该条款授权国会排他地管理对外贸易[commerce with foreign nations]、州际商业[commerce among the several states]和同印第安部落的商业[commerce with Indian tribes]。相当数量的联邦法律和条例是依据该条款制定的。

Commerce Court 〈美〉商业法庭 1910年根据国会法成立的联邦法院，有权复审和执行州际商业委员会[Interstate Commerce Commission]的决定。1913年废止。

Commerce Department 〈美〉商业部 由商业部长[Secretary of Commerce]领导的联邦行政部门，其职责在于促进国内商业和国际贸易。州政府也可能有与此职能相似的部门。

commerce power 〈美〉商业管理权（⇨commerce clause）

commerce with foreign nations 〈美〉对外贸易 美国居民与其他国家居民或政府之间进行的跨越边界的贸易。

commerce with Indian tribes 〈美〉与印第安部落的商业 与印第安部落或其成员进行的商品买卖。

commercia belli 〈拉〉战争契约 交战国之间或其国民之间在战时签订或在和平时期签订、战时生效的合同，旨在保证战时的某些非敌对交往。该合同的主要内容一般为休战、交换战俘和安全通行保证等。

commercial a. 商业的；商务的 指与贸易、运输及一般商业活动相关的，或从事商务职业的。广义上，它包括商业活动的各个阶段与方面。（⇨commerce）

commercial activity 商事活动；商事行为 以营利为目的的商业贸易等行为。

commercial agency ❶商业收款代理人 为客户催收商业交往中产生的到期账款的代理机构。❷商业资信调查人 为客户提供有偿信息服务的代理机构。其服务内容包括收集公司、商行在财务、信用、声誉等方面的信息。

commercial agent 商务代表；商务参赞 领事馆中次于领事的官员，负责在驻在国维护本国的商业利益。

commercial arbitration 商事仲裁（⇨arbitration）

commercial bank 商业银行 一种不同于储蓄银行[savings bank]的金融机构，其业务范围包括吸收活期、定期储蓄、提供各种商业贷款、提供信托服务、开立信用证、接受和支付汇票、出租保险箱等。（⇨savings bank）

commercial blockade 商业封锁；贸易封锁 交战一方用海上武力封锁交战另一方港口，从而阻止其与中立国进行贸易往来。

commercial bribery 商业贿赂罪 指在不公平的商业活动中，买卖一方以给付对方雇员或代理人利益的方式击败其他竞争对手的行为。

commercial broker 经纪人；买卖中间人 在商品买卖谈判时并不占有或控制商品的中间商，与占有商品的佣金商人[commission merchant]不同。（⇨commission merchant）

commercial causes 商事案件 商人从事交易中产生的诉讼，特别是关于商业文件的解释、商品进出口、租船运输[affreightment]、保险、金融、商业代理和商业惯例的诉讼。

commercial club 商会 乡村或小城市中商人组成的团体，其作用略小于大城市的总商会[chamber of commerce]，它通过赞助新企业，致力于改善交通设施、提高教育水平、增强公共机构效率、制订合理税收结构、促进社会成员关系等方面来促进经济发展。

commercial code ❶〈美〉商法典 国家统一州法委员会[National Conference of Commissioners on Uniform State Laws]和美国法律学会[American Law Institute]共同制定的贸易规则的汇编。（⇨Uniform Commercial Code）❷（大陆法）商法典 在实行"民商分立"的国家，指在民法典外另行制定的有关商人或商事行为的法典。

commercial corporation 商业公司 在经营许可范围内以营利为目的从事商业活动的公司。

commercial court 〈英〉商事法庭 根据1970年《司法实施法》[Administration of Justice Act]建立的法庭，作为高等法院王座分庭[Queen's Bench Division of the High Court]的一部分，负责审理被列入商事案件目录[commercial list]中的案件。其法官由御前大臣[Lord Chancellor]从高等法院的法官[puisne judge]中任命。

commercial credit 商业信用证 指为了便利货物销售（特别是在国际贸易中）而使用的一种信用证[letter of credit]，只要卖方受益人[seller-beneficiary]满足买方客户[buyer-customer]办理的信用证条款，开证行保证向卖方支付价款。

commercial credit company 商业信用公司 向制造商、贸易商提供贷款的公司。

commercial domicile 商业住所 因在该地设置营业机构、或有居所从事商业活动而取得的住所。公司以其注册地为住所地，但可以在其他地方建立营业机构，作为其商业住所，以便利交税等地方管理事宜。

commercial establishment 营业机构 进行商品服务、买卖或交换的场所。

commercial finance company 商业金融公司 向制造商、批发商提供贷款的金融公司。

commercial frustration 商事合同落空 由于某种合同当事人不能预料或不能控制的事件发生，如当事人遭遇了不可抗力，实质性阻碍了合同当事人预期目标的实现，合同订立的基础不再存在，当事人得请求免除履行合同的义务。这是对当事人在特定情形下根据合同条款不能获得合理保护时的一种救济。

commercial impracticability 〈美〉商事合同不能履行 指合同当事人在订立合同时未能预料的，影响合同履行的情形。根据美国《统一商法典》[U.C.C.]，在同时满足下述三条件时，可免除任一方当事人履行合同的义务：①发生意外事件[contingency]；②合同因为前述事件不能履行；③前述事件为当事人于合同订立时所不能预料。（⇨commercial frustration）

commercial insolvency 商事破产 指企业不能偿还到期债务。（⇨bankrupt；insolvency）

commercial instrument 商业票据（= commercial paper）

commercial insurance ❶商业保险 以营利为目的的保险，与社会保险相对。❷商事合同保险 对作为被保险人的商业合同的一方当事人因对方当事人违约所遭致损失予以承保的保险。

commercial law 商法 ①该词最主要指对货物销售和分配、流通票据、信用交易中的资金活动等进行调整的法律。美国的大部分商法都以《统一商法典》[U.C.C.]为其准则。又称为 mercantile law；②在传统意义上，指商人法[law merchant]，形成于中世纪的欧洲，是商人为调整其行为创设的法律体系。在17世纪前，由商人法对当时商业国家中商人和商船进行的交易活动进行调整。商人法的许多原则已经融入普通法,并转而成为美国《统一商法典》的基础。

commercial lease 商业租赁 为商业目的进行的租赁。

commercial letter of credit 商业信用证 (= commercial credit)

commercial loan 商业贷款 指银行提供给商事企业的贷款,作为生产、销售、支付劳务费之用,相对于个人消费信用贷款[personal-consumer credit loans]。

commercial motor vehicle 商业交通工具 主要用于商业和工业运输的工具,与用于娱乐的交通工具[pleasure vehicles]相对。

commercial name 商号 (= trade name)

commercial paper 商业票据 在商业交易中用于支付目的的各种短期流通票据[short-term negotiable instruments],包括汇票[bills of exchange; drafts]、本票[promissory notes]、银行支票[bank-checks]、存单[certificates of deposit]等。在英国指由著名公司发行的一种在15天至45天内支付的本票,并在货币市场上售给公众。在美国类似的工具称为最优商业票据[prime commercial paper/ p.c.p.],通常在4至12个月内支付,通过商业票据市场的经纪人出售。

commercial partnership 商事合伙 为了从事商业、贸易活动而组成的合伙,在某些地区的法律尤指为从事买卖、运输而组成的合伙。(= trading partnership)

commercial property 商业房产 能产生收入的房地产,如办公楼、公寓等,相对于居住房产[residential property]。

commercial railroad 商用铁路 城市间的铁道交通路线,通过在城市原有街道上铺设部分铁轨或使用原有的城市有轨电车轨道进行客货运输。

commercial reasonableness 〈美〉商业合理性 ①商品符合其适销性的保证[warranty of merchantability];②在作为担保品的动产[chattle]移转占有时,担保权人须善意地处理担保品[collateral],以最大限度地满足双方当事人的共同利益。

commercial services by railroads 铁路商业服务 铁路提供的、非为货物运输所必需的服务。

commercial set 成套商业单据 指汇票、提单、保险单、发票一套四种的主要出口货运单据。出口商通常至少分别在不同日期邮寄两套装运单据给买主。

commercial situs 营业场所 (= business situs)

commercial speech doctrine 〈美〉商业用语原则 被划分为"商业性"的语言不受美国宪法第一条修正案[First Amendment]对言论自由的保护,因此可以受法律法规的制约。这一原则现已废止。

commercial traveler 旅行推销员 仅凭委托人提供的货物样品从顾客处取得定货单的推销员。此后,货主将货物发给购货人,购货人在收到货物后向货主交付货款。(⇨traveling salesman)

commercial treaty 商事条约;商务条约 关涉贸易或其他商业活动的双边或多边条约。此种条约可为概括性的,为长期商务关系提供一个框架;也可以是具体化的,对贸易或其他商业交易的条件或细节予以具体确定。

commercial unit 商品单位 指按照商业惯例,只能作为一个独立整体出售的商品,如一台机器、一套家俱等。若将该单位商品分割则会影响其市场价值或使用功能。

commercial use 商业用途 ①与营利性企业有关或能促进营利的用途;②汽车责任保险单用语,指承保范围是否包括"营业或娱乐用途"[use for business or pleasure]。(⇨business use)

commercium 〈拉〉(罗马法)商业;贸易;买卖;合同(= commerce)

Commercium jure gentium commune esse debet, et non in monopolium et privatum paucorum quaestum convertendum. 〈拉〉根据国际法,商业为大众皆能从事之行业,而不应被少数人为谋私利而垄断。

comminalty 〈拉〉老百姓;平民[commonalty]中的广大群众

comminatorium 圣谕 古代诉讼中加在令状末尾以告诫行政司法官[sheriff]忠实执行该令状的用语。

commingling of funds 资金混合 代理人、经纪人、律师、监护人或信托受托人将其客户、委托人、被监护人或受益人的资金与自有资金混合在一起或将不同来源的非自有资金混合在一起的欺诈行为。

commingling of goods 财产混合

commis 〈法〉代理人

commise (法国古法)采邑[fief]的丧失 对背叛家臣[vassal]所处的一种刑罚。

commissaire 〈法〉审查员 经股东大会特别授权,负责审核经理人员提出的报表或股东的非现金出资的人员;或指由法院特别指定的负责进行某项调查、审核某些账簿或监督破产程序操作的法官。

commissaires du gouvernement 〈法〉政府专员 从最高行政法院[Conseil d'Etat]成员中任命的官员,其职权是向该机构的司法部门提供有关行政事务的客观、公正和独立的意见,以力求帮助法庭作出正确的判决,但他们不参与作出判决。

commissaires-priseurs 〈法〉拍卖商 在城镇举行的公开拍卖中对动产拍卖享有排他权力的人,他们在县镇的其他地方与法院的公证员、书记员及执达官共同行使上述权力。

commissaria lex 〈拉〉(罗马法)违约罚则 ①在赊销合同中,可以用专条规定,若买方未能按期付款,卖方有权解除合同,同时货物在买方占有期间,视同买方所有并承担风险;②债务人与质权人可达成协议,若债务人未能按期付款,则质物[pledge]即变为完全属于债权人所有。

commissariat n. ❶军需处;给养部门 军队中负责供应食物和生活用品的部门。 ❷代理主教[commissary]辖区

commissari lex 〈拉〉commissaria lex 的复数

commissary n. ❶(教会法)代理主教 一种类似于执事长[archdeacon]的教会职务,负责教区[diocese]偏远地区的宗教管辖,使那里的教民不必再被主教所在的主教教区法院[bishop's principal consistory court]传唤而经受长途跋涉的麻烦。 ❷(旧时的)军需官 负责军需品供应的军官。(⇨commissariat) ❸代理人;代表 受长官派遣或委托,代表长官执行职务的人。 ❹(特别指电影制片厂或电视台)食堂 ❺(特别指设在军营里的)杂货商店

commissary court ❶〈英〉(教会法)坎特伯雷代理主教法院 在坎特伯雷教区由代理主教[commissary]行使管辖权的法院,特指坎特伯雷教区的教会法院,相当于其他教会的主教教区法院[consistory court],但不同于由大主教行使宗教最高司法权的大主教区的教会法院。坎特伯雷大主教在坎特伯雷教省法院[Court of Arches],而非在代理主教法院中行使管辖权。 ❷〈苏格兰〉(教会法)爱丁

堡代理主教法院　1563 年该法院取代主教司法代理[officials]的法院对婚姻、私生子等事务行使绝对的管辖权，并采用与宗教改革后的教义相符合的教会法。1830 年被废除，其权力移交最高民事法院[Court of Session]。❸〈苏格兰〉(郡或郡长的)遗嘱检验法院　该法院指定并确认遗产的遗嘱执行人。

commission *n.* ❶委员会　指正式被任命、授权从事某种公共性行为[acts of public nature]的机关，多指行政机关；在美国用于指诸如州际商业委员会[Interstate Commerce Commission]这类合议制行政机关。❷委任状；任职令　政府、政府部门或法院授权某人或某些人从事特定行为或行使职权[authority of an office]的令状或证书。❸授权；委托　一人为他人进行商事交易所据的指示。❹佣金　给予销售代表、店员以及其他雇员额外收入(称为销售佣金)的一种支付方法，这种佣金高于正常的工资或薪水，以鼓励他们尽量推销商品。❺(商、险)手续费　对提供服务(通常在买卖货物方面)的代理商和其他商人的一种报酬，根据代理商完成或介绍的生意金额，并按双方同意的该金额的一定百分比计算。

commission agent/C.A.　❶代理商；代办人　在对外贸易中，指按照另一国委托人的指示在一国买卖货物的代理人，他可以按商定比例取得佣金作为报酬。(⇨ commission merchant) ❷(赛马)赌注登记经纪人

commission and diligence　〈苏格兰〉法院取证委任令　指民事法院将其部分职能委任给一名专员[commissioner]的方式。该专员负责收集宣誓证人的证词[deposition of witnesses on oath]或审查与诉讼有关但处于第三人手中的文件并向法院报告。

commission broker　〈美〉(证券)经纪人；掮客　指证券交易所或商品交易所里负责执行客户买卖指令并收取佣金的人。

commission day　〈英〉巡回审判开审日　指巡回审判在某一城镇开始之日，该日要当庭宣读对法官的委任状。

commission del credere　(商法)担保　销售代理商向其委托人保证买主到期支付价款的行为。"del credere"来自意大利语，意同"担保"、"保证"。

commission de lunatico inquirendo　(= commission of lunacy)

commissioned officer　〈美〉委任的官员　通常指由总统委任而有军衔的军队官员。这个术语也指持有委任状以表明其享有职权的文职官员。

commissioner　*n.* ❶(委员会的)委员　❷长官；专员；官员；特派员　受委任负责调查事务或执行公务的人。❸(组织的)行政负责人　如职业体育组织的行政管理人。❹行政或司法长官　负责管理行政机关或解决法律问题的人。

commissioner for oaths　〈英〉宣誓主持专员　指御前大臣[Lord Chancellor]指定的一种事务律师[solicitor]或在特殊案件中指定的其他合格人员，主要负责主持宣誓、作证、提供证人陈述和宣誓证书[affidavits]等事务。履行此职责时，该专员要确认宣誓作证人的身份并确信他处于良好的状态以明白他正在干的事情。

Commissioner of bail　保释官　指在民事案件中负责管理被拘留者具结保释事务的官员。

commissioner of banks　银行督察；银行特派员　(⇨ bank commissioner)

Commissioner of City of London Police　〈英〉伦敦市警察局局长　(⇨ chief constable)

commissioner of court　法庭执事　①海事法庭中负责受理特定争议事项的官员；②受托进行司法拍卖[judicial sale]的人员；③受托开庭听审以缓解案件日程表过分拥挤情况的律师[clear a congested calendar]。

Commissioner of Internal Revenue　〈美〉国内税务署署长　根据《国内税收法》[Internal Revenue Code]设置的职位。它是国内税务署[Internal Revenue Services]的首长。

commissioner of jury　(= jury commissioner)

Commissioner of Patents　❶〈美〉专利局局长　属内政部长[Secretary of the Interior]管辖的专利局[Patent Office]的首长。主要负责向符合条件的申请者颁发专利证书[letters patent]。❷(英格兰古法)专利审查人　一种准司法[quasi-judicial]性质的官员，依据 1853 年《专利法修正案》[Patent Law Amendment Act]，其职责是负责审查专利申请、专利许可证的颁发以及专利说明书登记簿的保管。依据 1875 年《商标注册法》[Trade Marks Registration Act]，他们有权监督商标的登记注册。上述两法均已废弃，现在专利审查人已被专利、外观设计和商标的主审计官[Comptroller-General of Patents, Designs and Trade Marks]所取代。

Commissioner of Police of the Metropolis　〈英〉大城市警察局局长　(⇨ chief constable)

Commissioner of United States　(= United States Commissioners)

commissioner of woods and forests　〈英〉林场和狩猎场巡视专员　根据 1817 年法律设立的，接管王室狩猎场首席法官[chief justices of the forest]管辖权的官员。

commissioner's court　〈美〉专员法院　某些州设立的一种法院，对县事务[county affairs]有管辖权，且经常更多履行行政而非司法机构的职能。

commissioners for taking acknowledgments of married women　〈英〉征取已婚妇女认证的官员(或官署)　1883 年 1 月 1 日前结婚的妇女处置其所有财产的契据，依法应由其丈夫和其本人共同签署；同时，已婚妇女对契据内容是否确实知情、同意，应由一位经指派的法官或其他官员，向其单独征询、取证(谓之"契据的认证"[acknowledgment of deeds])，在契据上作成笔录，方为有效。该官职有特派员及常设(署)两种。已于 1925 年被废止。

commissioners in bankruptcy　(英格兰古法)破产专员　御前大臣任命的在其监督之下对破产者及其财产拥有管辖权的人。于 1869 年依《破产法》[Bankruptcy Act]被取消。

commissioners in lunacy　〈英〉精神病鉴定人　负责对声称患有精神病的人的精神状况进行调查、核实的人。最早，按照 1842 年法律，精神病鉴定人为两人，由御前大臣[Lord Chancellor]任命，并向其签发精神病鉴定委任令[commission in lunacy]。按照 1845 年法律，精神病鉴定人成为精神病鉴定司法官[Masters in Lunacy]，新的官员为 11 人。后来人数增加为 15 人，发展成为精神病管理委员会[Board of Control]。1947 年，该委员会的绝大部分职能移交给卫生部[Ministry of Health]。1959 年该委员会被撤销，其司法职能移交给保护法院[Court of Protection]。

commissioners in partition　财产分割专员　在破产清算程序中，由法院指定对破产人财产进行核验并向法院提出分割破产财产初步计划或报告的官员。(= partition commissioner)

Commissioners in sequestration　〈苏格兰〉扣押专员　在

财产扣押中被任命向扣押财产代管人[trustee]提供咨询的人。

commissioners of bankrupt 〈英〉(= commissioners in bankruptcy)

Commissioners of Crown Lands 〈英〉皇家土地专员署 1927年建立的一个管理王室土地的机构,1956年被王室地产专员署[Crown Estate Commissioners]代替。

Commissioners of Customs and Excise 〈英〉关税与消费税专员公署 政府机构,由国家任命的官员组成,主要负责征收关税、消费税及增值税。

commissioners of deeds 〈美〉契约证明人 被一州政府派驻另一州的官员,负责证实将在其本州用作证据或登记备案的契约或其它文件的效力。

commissioners of highways 〈美〉公路管理人 指被授权负责公路的开通、改道、修理、关闭的官员。(⇨highway commission)

Commissioners of Inland Revenue 〈英〉国内税务专员公署 政府机构,由国家任命的官员组成,主要负责征收所得税、资本收益税、资本转移税及印花税。

commissioners of municipality 〈美〉市政委员会委员 在委员会制政府中,通常与市长一起组成市政委员会[commission of a municipality]的officials员。

commissioners of oyer and terminer 重罪巡回审理专员 (⇨Court of Oyer and Terminer)

Commissioners of Sewers ❶〈英〉低地排水管理专员署 根据1571年及后来的法令任命的专门人员,负责维修管理英格兰低地的阴沟、下水道,以保证引水入海和保护草坪。这一职位于1930年的《土地排水法》[Land Drainage Act]所取消,其职责后转归政府其他水利管理部门。❷〈英〉水利事务法庭 由御前大臣[Lord Chancellor]、财政大臣[Lord Treasurer]和首席大法官[chief justices]依1532年的《排水工程法》决定和提名组建的临时法庭,负责监督海岸、通航河流及与河流相连之小溪的堤防维修,其管辖权限于授权令明确规定的地区。它在授权范围内有权采取措施排除妨害,保护排水工程,还可因这种维修及其他相关花费而征税,其工作可以设定一个评议会以帮助决策,也可仅依自己的意见而进行。❸〈美〉排水管委员会委员 以管理排水为目的而任命的市政官员,主要负责排水管的建造和维修。

Commissioners of Supply 〈苏格兰〉供给专员 依1667年法令任命的负责为国王的"供给"征收土地税的官员,他们需有一定资格,如拥有土地,后其职责增多。1889年除与土地税有关的权力保留外,其他权力转归新的郡议会[county council]。

Commissioners of Teinds 〈苏格兰〉什一税法官 最高民事法院中的法官,行使有关什一税和堂区牧师薪俸[stipends of the parochial ministry]方面的司法与管理职能。(⇨teind court)

Commissioners of Woods, etc. 〈英〉林场专员署 (⇨Commissioners of Woods, Forests and Land Revenues)

Commissioners of Woods, Forests and Land Revenues 〈英〉林场、狩猎场和土地税收专员署 为监督和管理林场、狩猎场和土地这类公共财产而设立的一个机构,后成为皇家土地专员署[Commissioners of Crown Lands]替代。

Commissioners of Works 〈英〉公共工程专员署 (⇨Commissioners of Works and Public Buildings)

Commissioners of Works and Public Buildings 工程和公共建筑专员署 1874年设立的一个管理工程和公共建筑这类公共财产的机构,其职权现移至环境部[Department of the Environment]。

commission for examination of witnesses 询问证人令 授权某人负责依照法定程序收集那些不在本法院管辖区内或有充分理由不出庭证人的证言的委任令。收集的证言在庭审时宣读。

commission form of government 〈美〉委员会制政府 市镇政府[municipal government]的一种组成形式,其主要特征是全部立法和行政权由一个单一的委员会来行使,该委员会由市长[mayor]等少数委员(通常不超过4名)组成。

commission government 委员会制政府 (⇨commission form of government)

commission merchant ❶代销商;佣金商人 不拥有任何存货的商人或中间商[middleman],他为了取得折扣或佣金,赊购仅足以供应其顾客即期订单[immediate orders]的货物,并且通常通过展示样品和运用他们的说服力把货物售给批发商。(= commission salesman) ❷(收取手续费代办商务的)代理商

commission of adjuncts 代表委员会(⇨delegates)

commission of anticipation 〈英〉预征授权 这种授权盖有国玺,用来征收那种尚不应征收的税款和摊派[tax and subsidy],出现于都铎和早期斯图亚特王朝[Tudor and early Stuart],先为国王所用,后由下议院[House of Commons]效仿。这种本为非法的征税方法曾受到质疑和挑战,但1913年和1968年的《临时征税法》[Provisional Collection of Taxes Act]仍同意了在税收法案未经议会通过以前,可依下议院决议预征。

commission of appeals 〈美〉上诉委员会 为减轻上诉法院[appellate court]有时诉讼负担过重而设立的一种裁判庭。

commission of appraisement and sale 估价与出售指令 在海事对物诉讼[admiralty action in rem]中扣押并命令出售财产时,授权海事法院执行官[marshal]清点、估价、公开拍卖该财产并将变卖所得计入海事法院账上的一项法院指令。

Commission of Array (英格兰古法)征兵令 指从12世纪末到伊丽莎白一世统治时期,依1181年《军事武装令》[Assize of Arms]或其他古老的为保卫王国而制订的法令,授权各郡吏[county officers],命令其召集每一地区的居民应征入伍、抵御外敌入侵。1403年,亨利四世时期的一项法令把征兵令的形式确定下来,以防止在其中插入任何新的惩罚条款。这些征兵令最终被征兵代表委任状[commissions of lieutenancy]所替代。

commission of assize (英格兰古法)巡回审判委任状 ①指授权法官、皇家大律师[Queen's Counsel]和其他人在巡回审判中审理民事案件的委任令;②在巡回法官[justices in eyre]停止巡回的年份里,国王指定其他法官或皇家大律师主持巡回审判。在12世纪初大巡回法庭每5至7年到各地巡回审案一次。

commission of association 〈英〉授权令 英国女王伊丽莎白一世时代颁发的授权在两个或更多的学者与威尔士[Wales]巡回审判法官之间建立关系的命令。

commission of assurances 〈英〉保险委员会 1576年枢密院[Council]设立的一个委员会,负责制定伦敦保险局[London Office of Assurances]收取的费用和处理基于在该局登记的保险单引起的纠纷。

commission of bankruptcy 〈英〉参与破产程序的授权状

依此，御前大臣[Lord Chancellor]正式授予破产专员参与商人破产程序的权力。(⇨commissioners in bankruptcy)

commission of charitable uses （英格兰古法）慈善财产调查令 由文秘署签发给主教或其他人调查用于慈善目的的土地的收益是否被滥用，或存在欺诈、纠纷的情形，并加以纠正的委任状。

commission of delegates （英格兰古法）代审委任状 签发给特定的人，一般是贵族、主教和普通法法官的加盖国玺的委任状，令其在衡平法院听取那些由大主教以宗教理由作出的判决的案子的上诉审，而这些案件是向国王上诉的。1832年遭废止，其管辖权移转至枢密院司法委员会[Judicial Committee of the Privy Council]。(⇨Court of Delegates)

commission of eyre 〈英〉大巡回审判授权令 对巡回法官[itinerant justices]主持大巡回审判法庭[eyre]的授权令。(⇨eyre)

commission of gaol delivery （英格兰古法）提审囚犯授权令 对巡回法官或巡回审判专员[judges or commissioners of assize]的授权，授权他们审判所有在押犯和其他被保释者，并释放无罪者，这种授权审判不考虑犯罪发生地。(⇨gaol delivery)

commission of lunacy 精神病鉴定委任令 衡平法庭[chancery]或对案件有管辖权的法庭签发给一特定官员的令状，授权其调查某相关人员是否精神错乱。

commission of nisi prius （英格兰古法）巡回初审授权令 "nisi prius"的含义是"除非在…之前"[unless before]。按照高等法院惯例，巡回初审[trial at nisi prius]是指由独任法官听审并由陪审团裁决的诉讼，听审地要么在伦敦或米德尔塞克斯，要么在巡回法庭。而从前，所有的普通法上的诉讼案件需由多名法官组成的全体法官出庭审理。因此需要向案件发生地郡之郡长发出命令，要求该郡长将陪审员带至设在威斯敏斯特的法庭。根据1215年《大宪章》[Magna Carta]之规定，新近侵占土地之诉和侵占继承土地之诉应在适当的郡来审理，以取代在威斯敏斯特进行审理。为此目的，法官们每年一次被派往每个郡来进行这种巡回审理。这种在案发当地进行审理的方式由于便利诉讼当事人也适用于一些其他案件。这样，除非案件发生在巡回法官进行巡回审理之前，初审一般是会在威斯敏斯特进行的。1340年的一项制定法授权巡回法官进行初审，以替代在威斯敏斯特的高等法院进行的初审。(⇨nisi prius)

commission of oyer and terminer 〈英〉刑事听审委任状 从前授予巡回法官或巡回审判专员的一种委任状，授权他们依大巡回审陪审团的起诉书调查审理在所指定辖区内指控犯有叛逆罪、重罪和轻罪的罪犯。(⇨assize)

commission of partition ❶〈美〉不动产分割委员会 在不动产分割之诉中，法院通常在作出分割中间判决或裁定书后指派一个委员会来检查房地产，作出一个初步分割方案，并向法院汇报。❷（英格兰古法）分割土地授权令 在从前衡平法的实践中，是指向某人签发的授权令，要求其实现愿意进行分割的共同承租人所保有的土地的分割。当该分割土地专员汇报时，各当事方要相互签署土地转让契据[conveyance]以证实分割。该专员实际上是一个公断人。每一郡都签发单独的授权令。

commission of rebellion 〈英〉强制出庭令 旧时强制被告出席在衡平法庭进行的诉讼的令状。依此在郡长宣告令状之后，可以对被告进行拘捕。

commission of review 〈英〉（教会法）复查委任令 旨在修改王室教务代表法院[court of delegates]对某些特殊案件的判决而发出的委任令，现已废弃。枢密院取代王室教务代表法院，成为所有教会案件的最高上诉法院。(⇨Court of Delegates)

Commission of the European Communities 欧洲共同体委员会 欧洲煤钢共同体[European Coal and Steel Community/ECSC]、欧洲原子能共同体[European Atomic Energy Community, Euratom]和欧洲经济共同体[European Economic Community/EEC]三者共同的行政执行机构。根据1951年《巴黎条约》[Treaty of Paris]，欧洲煤钢共同体设立了行政机关——高级机构[High Authority]；根据1957年《罗马条约》[Treaty of Rome]，欧洲原子能共同体和欧洲经济共同体分别设立相应的行政机构——委员会。为了简化机构，促进三个共同体的融合，三个共同体的成员国于1965年签订了《合并条约》[Merger Treaty]，将三个共同体机构的职能和人员合并，但三个行政机构仍保有其独立的法律地位，同一机构或人员在处理不同事务时，分别以三个不同的法律身份行事，因此，欧共体委员会本身并不具有独立的法律地位，而只是三个委员会的总称。

commission of the peace 〈英〉治安委任令 国王[Crown]发出的指定一定数目的人在规定地区担任治安法官[justices of peace]且盖有国玺的委任令。1835年以前这种委任令只发往各郡，各自治市[borough]法官的管辖权由该市的特许状[charter]规定或依时效[prescription]确定，1835年之后各自治市和郡都有独立的治安委任令。

commission of trailbaston （英格兰古法）（特殊治安案件的）调查委任令 存在于爱德华一世到15世纪时的一种委任令，它指令特派人员就某些特殊案件调查询问其中的违法者，这些特殊案件指虐待陪审员、包庇罪犯、行贿、强盗及其他破坏治安的案件。该委任令与刑事听审委任令[commission of oyer and terminer]相近，但前者范围略宽，是巡回审判委任令与刑事听审委任令的中介。(⇨trail-baston)

Commission of Uniform Laws 〈美〉统一法委员会(⇨uniform statutes)

commission plan 〈美〉委员会制 自1900年以来在美国许多市[city]采用的一种市政法人政府制度。根据该制度，经选举产生的委员会，通常由5人组成，享有一切立法和行政权。在很多地方已被市长经理制[city manager plan]取代。

commission pro aetate probanda 〈英〉决定成年的委员会 该委员会被任命决定主要依中世纪骑士制度[chivalry]而持有（王室）土地之人[tenant of the king]是否达到成年[full age]以接受封地。

commission rogatoire (= commissions rogatory)

commission salesman (= commission merchant)

Commissions for Local Administration 地方行政委员会 1974年创立的两个分别设于英格兰和威尔士的机构，负责处理对地方政府、警察和用水主管机关弊政[maladministration]提出的控告。

commissions rogatory 〈英〉调查取证委托书 一国法院委托另一国法院协助收集证据的委托书。现主要被调查取证请求书[letters of request]所取代。

commission to examine witnesses 询问证人委任令 指法院指令对居住在其辖区外的证人进行询问，录取书面证词的司法委任令。

commission to take testimony 录取证言委任令(⇨commission to examine witnesses)

commissive waste (对不动产的)恶意毁损 也称事实毁坏[actual waste],指房产的租户或占有者故意所为的损坏、改变、拆除房屋、伐树等行为。

commit v. ❶犯(罪);作(恶) ❷委托;把…托付给 ❸使作出保证 ❹押交或提交 依法将某人送交监狱或精神病院、教养院、感化院等地方看管。(⇨commitment)

commitment n. ❶押交令 由法院等发出的把犯人送交监狱或精神病院的命令。 ❷押交;监禁;收监 ❸承诺;承付款项;保证 ❹犯罪 ❺委托;托付;交托(=committal)

commitment by lawful warrant in deed 依事实上的合法令状进行的拘禁 指依据书面令状进行的拘禁。

commitment by lawful warrant in law 依法律上的合法令状进行的拘禁 指依据书面令状或虽无书面令状但依法律的授权进行的拘禁。

commitment fee 承诺费 贷方承诺提供信贷时,在贷款利息以外另由借方加付的费用。通常借方在未能用足贷款数额时,需向贷方支付一项按没有动用的信贷部分计算的费用,以补偿贷方承诺贷款义务后不能赚得贷款利息的损失。在房地产交易中经常会产生此类费用。

committal (=commitment)

committed in his presence 当场扣押(⇨presence)

committee n. ❶委员会 通过立法机构或法人或其它社团选举或任命产生的一种组织,负责执行公务[public service or duty],对某些事项进行调查、讨论、提出建议、作出决定或经营、处理。 ❷精神病人或其财产的监护人(⇨political committee)

Committee for Industrial Organization 〈美〉工业组织委员会 工会联合体,现已被工业组织代表大会[Congress of Industrial Organizations]代替。

Committee of Arbitration 〈美〉仲裁委员会 纽约市商会[Chamber of Commerce]为仲裁解决商人和其他人之间的商务纠纷而创设的机构,现在其大部分事务被美国仲裁协会[American Arbitration Association]接管。

Committee of Both Kingdoms 〈英〉两王国委员会 1644年建立的一个清教徒委员会,负责英国内战[English Civil War]中议会一方的最高战略指导。

Committee of General Security 〈法〉公共安全委员会 1792年国民大会[National Convention]设立的革命政府的机构,它指挥了秘密警察、革命司法活动并实施了1793-1794年的恐怖活动。

Committee of Inspection 〈英〉监察委员会 ①指由债权人选任的债权人委员会,负责监督破产财产管理人对破产财产的管理;②指公司停业时由公司的债权人和与破产者负连带偿债责任的人[contributories]共同选任的委员会。

committee of lunatic 〈英〉精神病者监护人 指由大法官授权或委托对精神病人及其财产进行监护的人。这些职责现由保护法院[Court of Protection]承担。

Committee of Privileges 〈英〉(下议院)特别权益委员会 通常由12个人组成的负责处理指控侵犯特别权益的申诉的一个下议院委员会。当有人提出侵犯其特别权益的申诉时,下议院议长[Speaker]应考虑它是否为一个有初步证据的案件。如果下议院议长予以肯定,那么下议院事务总监[Leader of the House]或该进行申诉的议员必须提出一项动议,将该案交付特别权益委员会,或者另行处理该事项。一旦案件递交特别权益委员会,在该委员会提出报告之前,下议院不得采取任何行动。该委员会可以调取文件记录,传唤有关人员及询问证人,但无需听取律师的意见。

Committee of Public Accounts 〈英〉公共拨款委员会 委员会始建于1861年。它由按各党派在下议院中代表的比例选出的资深议员组成。其主席由反对党的一名资深议员担任并得到总审计长[Comptroller and Auditor General]和两名财政部财务官员的协助和建议。委员会的职能是,保证所有公共款项按议会的意图开支而不得与此相违背。它审议分派给那些出现困难或提出困难的军队和政府部门的详细拨款项目。对超支、浪费和奢侈进行调查和措辞严厉的批评。委员会向下议院提出报告、由下议院对之进行辩论。财政部对委员会的建议会高度重视。

Committee of the Whole House 〈英〉全院委员会 下议院全体议员组成的委员会,由赋税委员会[Committee of Ways and Means]主席或副主席主持,而不是由议长主持,很多程序规则是非正式的。下议院可以向全院委员会提交任何事项。财政法案均需由全院委员会审议。全院委员会有不同的形式,包括先前处理预算事务的预算委员会、赋税委员会、作出财政决议的全院委员会。上议院也可以设立全院委员会,由委员会主席主持。

Committee on Administrative Tribunals and Enquiries 〈英〉行政裁判所与调查委员会 通常称其为弗兰克斯委员会(以其主席命名)。该委员会的报告(政府令第218号,1957年)对1958年通过的《行政裁判所与调查法》[Tribunals and Inquires Act](该法已由1971年通过的一个相似的法律取代之)产生了重要的作用。1958年的《行政裁判所与调查法》根据该委员会报告设立了一个行政裁判所委员会[Council on Tribunals],作为监督和指导行政裁判所和调查工作的经常性的咨询机构(而非上诉法院)。委员会的其他建议也多为该法所接纳。因而,尽管该法在某些方面并未达到弗兰克斯委员会建议的要求,但在使有关行政裁判所和调查的法律和程序的合理化与改进方面颇有成效。

committing magistrate 〈美〉预审法官 指有权对被指控犯罪者实施预审[preliminary hearing]的较低级别的司法官员,他们可以因案件缺乏充分的表面证据[prima facie evidence]而将犯人释放,或将其羁押而等候开庭审判,在有些司法区,预审法官还可以对犯人决定保释。

committitur 〈拉〉(被告的)收监证 写明文件中指定的人被交由行政司法官监禁的命令或记录。

committitur piece 〈英格兰古法〉对在押债务人的执行令 书写在羊皮纸上,1869年被取消。某人因债务而被原告起诉,并被关进王座法庭的监狱[Queen's Bench Prison]——1862年后是在霍洛维监狱[Holloway],此执行令督促在押债务人向原告遵照判决清偿债务。

commixtio 〈拉〉(罗马法)固体物的混同 指属于不同所有者的固体物混在一起的情况。与液体混同[confusio]不同。

commixture n. 混合物;混合(⇨confusion)

commodate 〈苏格兰〉财物的无偿出借(⇨commodatum)

commodati actio (=actio commodati)

commodato 〈西〉动产无偿借贷协议

commodatum 〈拉〉(罗马法)❶使用借贷 所有人将其财物无偿借与他人使用,使用人到期归还原物的行为。 ❷无偿使用借贷合同 不同于有偿的租借[locatio conductio]。

commodatum bailment 无偿使用借贷中的寄托与保证关系 指借用人应将借用财物按约定使用、保养及归还等；无约定时，借用人亦负有类似受托人及保证人的责任。(⇨commodatum)

commodities (= commodity)

commodities clause 〈美〉商品条款 1906年《海本法》[Hepburn Act]中规范州际贸易的一个重要规定。该规定禁止任何铁路公司在州际贸易中运输直接或间接地由本公司生产、开采或由本公司授权生产、开采的商品。唯一的例外是用于生产枕木的原木或原木产品。

commodity n. 商品 用于买卖的一切动产[movable or personal property]，其含义比 merchandise 广泛。

Commodity Credit Corporation 〈美〉农产品信贷公司 由联邦政府设立的旨在保护本国农产品生产的特许机构。该公司通过贷款、收购或预付价款的方式支持农产品价格，以处置多余农产品，提高农产品在国内和国际市场的销量，为销往国外集结农产品。

commodity exchanges 商品交易所 商品市场中心，除拍卖外，既有现货交易，也有期货交易。现货交易者可以即期交货，也可远期交货。期货交易者则签订合同，在规定的未来日期以规定的价格买卖某种标准等级的货物，套头交易的主要目的是避免（或减少）价格变动带来的风险。在英国，位于伦敦商业中心区的伦敦商品交易所[London Commodity Exchange]是各种商品交易（包括期货交易）的中心场所。在美国，最重要的商品交易所是芝加哥交易所[Chicago Board of Trade]和芝加哥商业交易所[Chicago Mercantile Exchange]，两者均交易多种不同商品。(⇨Commodity Futures Trading Commission)

commodity future 商品期货交易 一种以预定价格在将来交割大宗商品的投机交易。(⇨futures contract)

commodity futures contract 商品期货交易合同 规定在将来指定时间、地点按一定价格买入或卖出商品的协议。由于在交割期[delivery date]前合同被转让或清算，商品的实际交付占很小的比例。

Commodity Futures Trading Commission 〈美〉商品期货交易管理委员会 1975年设立于华盛顿，隶属美国政府的一个独立机构，主要负责《商品交易法》[Commodity Exchange Act]的实施，保障商品期货交易所中公正、诚实交易，控制投机活动。

commodity loan 商品担保贷款；商品抵押贷款 用仓单或其它流通票据项下的商品作为抵押的贷款。

commodity option 商品期权 期权购买人支付一定的期权费[premium]而获得的在规定的地点、时间内按事先确定的价格买入或卖出一定数量的某种商品或与之相关的商品期货合同的选择权。该权利有买入期权[call option]和卖出期权[put option]之分。

commodity paper 商品票据 在美国，即指流通的票据，如汇票、本票、期票等，作为为商品进口融资而提供贷款的担保。(⇨commercial paper)

commodity rate 特种商品运价 在铁路运输中单独适用于某一特定商品的运费率，相对于"等级运价"，后者指适用于某类具有一致性质的货物品种的单一运价。

commodum 〈拉〉利益；收益

Commodum ejus esse debet cujus periculum est. 〈拉〉承担风险者应获取收益；风险与利益同在。

Commodum ex injuria non oritur. 〈拉〉违法行为不得获取合法利益。

Commodum ex injuria sua nemo habere debet. 〈拉〉任何人不得从其违法行为中获取利益。

common n. ❶共用权 地上权[profit à prendre]的一种形式，指一个或一个以上的人，共同享有另一人土地上利益的权利，如共同享用他人土地上自然产品或河流的权利。这种权利大部分通过时效[prescription]或授权[grant]产生。❷公用地；公地 为了城市居民的便利、娱乐而划拨的供公众使用的土地。❸共用地 受共用权支配的土地。
a. ❶公共的；共有的；共用的 ❷普通的；一般的；平常的

commonable beasts 可在公地上放牧的牲畜 指用于耕地或施肥的牲畜。

commonage n. (与他人)共同使用(某物)

Common Agriculture Policy 共同农业政策 欧洲经济共同体建立的一种制度，部分是为了在共同体内部引入和支持自由贸易，部分则是为了保护成员国内生产食品的农民的收入。保护的方法是不时地为每种商品确定一套价格，同时征收可变的进口税和给予出口补贴。其目的是把本国价格保持在接近期望价格[target or desired price]的范围内。如果欧共体某种商品的生产超过消费，管理当局就会买下剩余商品作库存或按补贴价格出口。

commonalty n. 平民大众 与贵族[peers]相对。

commonance n. 享有旷地共有权或事实上在共用中的佃户或常住居民

common ancestor 共同祖先 两个或两个以上人的同一个祖先。

common ancestry (= common ancestor)

common appearance ❶共同到案；共同出庭(⇨appearance) ❷共同现象；普遍现象

common appendant (英格兰古法)附属共牧权 与占有土地相关的一种权利，依此权利，土地占有人可以在其土地所处之庄园内的空地[waste]上放牧可用于耕作或可用于肥田的牛、马和绵羊等牲畜。这种权利附属于可耕地[arable land]，只能依时效[prescription]而不能依习惯[custom]主张。能依权利放牧牲畜的数量由惯例[usage]确定；若无惯例，则限于荒地产草量所能供养牲畜的数量[cattle levant and couchant]。这种权利的转让必须随同它所附属的土地一道进行，它可以通过以下几种途径消灭：①将共牧权让渡[release]于荒地的所有人；②分割共牧权；③土地占有的统一；④共牧权所附属土地的所有权及荒地所有权归于一人。(⇨common)

common appurtenant (英格兰古法)附带共牧权 在他人土地上放牧牲畜的权利，它与附属共牧权[common appendant]的区别在于：①它可依时效或授予取得；②它所附属的土地不限于可耕地和其他各种封地，还可附属于其他任何种类的土地；③依此权利放牧的牲畜不限于牛、马和绵羊，还包括山羊、猪等；④它可以和所附属的土地相分离。(⇨common)

common area ❶(房产的)共用部分 在有关出租人和承租人的法律[law of landlord-tenant]中，指房产中各承租人必须共同使用但由出租人控制并承担责任的部分地段，如过道、楼梯。❷共有地 住户共同拥有并使用的地方，如一个住宅开发区中的道路、绿地等。

common assault 一般企图伤害；普通企图伤害 未造成严重后果的企图伤害。(⇨assault)

common assurances 〈英〉通用财产转让证明 指通用的、移转财产的，依据法定格式或通过法定程序而取得的法定证据。凡取得法定证据的，其受让的产权皆定会得到法律的承认和保护。

common at large 一般共用权(⇨common in gross)

common bail (= bail common)

common bar (= blank bar)

common barrator 经常挑起争诉者 指经常挑拨、鼓动别人争吵和无端进行诉讼的人。

common barratry 经常挑起争诉罪 指经常——至少3次,挑拨、鼓动别人争吵和无端进行诉讼的行为。(⇨barratry)

common barretor (= common barrator)

common because of vicinage 相邻共用权 因土地相邻而相互之间允许在对方的土地上放牧的权利。

common belief 共同信念;公众观点 指虽然不被完全接受且最终可能被科学证明是错误的,但因为得到社会中大多数人的赞同而被立法机关承认的意见、观点等。

Common Bench 〈英〉民诉法庭 Court of Common Pleas 的旧称。

common brawler (= communis pugnatrix)

common calamity 共亡事件 指造成两个或两个以上有亲属关系的人死亡的事件,其死亡先后未能确定时,这种事件中产生的继承顺序依法律推定。

common calling 公共职业 指在普通法上具有特定身份从而负有特殊法律责任的职业,如承运人、旅馆老板和兽医,他们对其从事的职业中产生的伤害负有法定责任,这种责任后来发展为无过失责任即严格责任[strict liability]。

common carrier 公共承运人 与合同承运人[contract carrier]或私营承运人[private carrier]相对,指为一般公众在特定地点之间有偿运送货物或旅客的人。按照惯例,公共承运人对所运货物的损失承担绝对责任[absolute liability],除非该损失是由于托运人的行为或过错、敌国的行为或货物本身的缺陷造成的。从事旅客运输的公共承运人[common carrier of passengers]仅承担过失责任。

common carrier's lien 公共承运人的留置权 指独立于货物运输合同之外在承运货物上设定的留置权,承运人有权留置托运人的货物,直至运费和仓储费被全部付清。

common causes or suits 〈古〉民事诉讼 指臣民间的诉讼,与王诉即公诉[pleas of the Crown]相对。

common chase 公共狩猎地 供任何人合法打猎的地方。

common condidit (教会法)神志正常答辩 在教会法庭中辩称,作为争议对象的遗嘱是死者生前在神志正常的状态下作出的。(⇨condedit)

common council ❶[C- C-]伦敦议会 ❷市议会 指不采取委员会制或市长制的城市或其他市政法人[municipal corporation]中设立的立法机构。

common counts 〈英〉一般诉因;一般诉讼理由 1873 年以前的债务承担诉讼[indebitatus assumpsit]原告起诉状中非基于个案事实的一般性诉因条款,说明被告未给付承诺给予的款项。构成一般诉因的事实通常包括货物已成交并出售或货物已出售并交付,借款,已付款项,已完成的工作,收到给原告使用的款项,利息,根据确认账单[account stated]已到期的款项等。1873-1875 年《司法组织法》[Judicature Acts]予以废除。

common crier 〈英〉拍卖人(⇨outroper)

common day 普通日 一日午夜至次日午夜间的一段时间。

common debtor 〈苏格兰〉共同债务人 动产被几个债权人扣押了的债务人。

common defeasance bond 普通废约条件保证书 即惩罚性保证书[penal bond]。指此类保证书以某一规定事由为废约条件[condition of defeasance],若该事由(例如债务人向被保证人履约义务)发生,保证人免于承担付款责任。

common defense 共同答辩理由 对两名或两名以上的被告合并审理时,所有被告共同主张的答辩理由。

common descriptive name 通用名称 使用于某一种或某一类商品或服务上的通用标志[generic trademark],其商品或服务须具有通用名称所表示的基本特征,而单个的商品或服务项目只是其中的一分子。

common design 通谋;共谋 指两人或两人以上在共同犯罪中具有的共同的故意;也可以用以指经共同策划后所实施的犯罪行为。

common disaster 共亡事件(⇨common calamity)

common disaster clause 共同灾难条款 在保单或遗嘱中,规定当投保人或立遗嘱人和受益人或继承人在事故中同时遇难时第二顺序受益人或继承人的条款。

common duty of care 一般注意义务(⇨occupiers' liability)

common elements 公用项目;公共设施 有关公共住宅区的法律[condominium law]规定,除单元住宅或公寓可以分别占有并为个人所有外,区内其余一切部分、任何设施均为公用项目,不能私有或单独占用。

common employment 共同就业;共同雇佣 普通法的一项规则,即雇主对工作中其雇员因另一雇员的过失所致伤害不承担责任,除非雇主未能尽职仔细挑选雇员和采取安全措施。但由于该原则倾向于偏袒雇主,法院并不总是运用它。1948 年的英国《法律改革(人身伤害)法》[Law Reform (Personal Injuries) Act]将之废除。

common enemy doctrine 公害原则 一项司法原则,指土地所有者为排除其地面上的积水而采取的任何行为都是正当的,即使影响邻地。该原则并认为凡土地所有者均有排除其地上积水的权利与义务。

common enterprise 联合投资企业 根据美国证券法的规定,在该企业中,投资者的财产收入与发起人或第三人的财产相混同,并取决于其运作与成功。(⇨joint enterprise)

commoner n. ❶平民 ❷〈英〉下议院议员 ❸〈英格兰古法〉对他人土地有共牧权的人

Common error makes law. 反复出现的错误构成法律。在法律遵守和解释中存在的被长期坚持和接受的错误观点,且该错误已成为保障某种权利的基础,若不沿袭该观点会导致伤害性后果,那么该观点应视为法律而得到遵守。但原则应谨慎使用,不得致使在事实上取代了或推翻了相关的成文法[positive statute]。

common field 〈美〉公共用地 指供法国村民耕作的,一般为狭小而纵深的、形状特殊的小块土地。这种形状的土地与邻近相似形状的土地形成一块公用地,并以公共栅栏防止牲畜进入。

common fine 〈英〉公共岁献金;头银[head silver];头钱[head penny] 一般金额不大,一年一次,由同一领主辖区内的居民共同给予领主。原意是指佃农为酬谢领主恩典而每年奉献的礼金。例如:在莱斯特郡[Leicestershire]某一领地,其每一居民每年应交的岁献金仅为一便士。

common fishery 共渔权 民众在海洋或公共的可航行河流中捕鱼的权利,如果这片水域的捕鱼权指定给特定的人或团体,则共渔权不存在。(⇨common of fishery)

common form 〈英〉(遗嘱检验证书授予之)普通形式(⇨probate)

common form of probate 遗嘱检验的普通形式（⇨ probate in common form）

common fund 共同基金

common fund doctrine 共同资金原则 根据该原则，如原告或原告代理人通过努力而创设、获得、增加或保留某一资金，而他人亦对之主张权利的，则其有权从该笔资金中先行获取诉讼成本（包括代理费）的补偿，因该笔资金为共同资金，则取得该资金的成本亦应共同承担。

common good ❶[总称]公益 ❷〈苏格兰〉公共财产 由公共法人团体为全体居民的利益保管的市镇全部财产，包括土地、租税、通行税及应得权益。分为可转让财产和不可转让财产。

common hall 〈英〉伦敦市政厅

common highway 〈美〉公共交通干道 包括水道及陆道在内。

common humanity doctrine 普遍人道主义原则 根据该原则，若旅客在旅途中生病或受伤，承运人有义务按普通人道主义的要求提供合理的关心和护理。

commonia turbariae 草泥共用权（= common of turbary）

common informer 一般起诉人 在法律规定任何人都有权为获得对罪犯判处的罚金而起诉的情况下，为获得该罚金或其部分而对犯罪人提起诉讼者。英国 1951 年的《一般起诉人法》[Common Informers Act]废止了由一般起诉人提起诉讼的做法。美国一些司法区规定此种诉讼可以由州总检察长代表州提起，也可以由一般起诉人提起。

common in gross 一般共用权 与人身而不与土地相关联的共用权，它可以根据契约授予或依时效获得。（⇨ easement in gross）

common injunction （英格兰古法）适用普通法的禁令 衡平法院[Court of Chancery]签发的一种禁令，禁止适用普通法提起或继续进行与衡平法相矛盾的程序。由于 1873－1875 年普通法和衡平法合并，该禁令被废止。

common injury 共同损害 指基于同一致害原因而产生的同类型及同性质的损害。各个损害的轻重程度或大小范围则不必一致。

common intendment 一般含义；通常的意义

common intent 共同故意 两人或两人以上共同实施某一具体犯罪所具有的共同故意；或指其共同实施某行为而法律推定其有犯意沟通[community of intention]。

common in the soil 在他人土地上的采石、采矿权

common jail 公共监狱 在美国泛指县、市中供关押犯人的地方。

common jury 普通陪审团 与大陪审团[grand jury]、特别陪审团[special jury]相对，是由普通陪审员组成的陪审团。特别陪审团在英国已先后由 1949 年和 1971 年的法令取消。

common knowledge 常识；共识 虽非普遍但已为公众一般接受的事项，法院无需证明即可采用。它包括任何有理解力的人的知识、经历、体验及法院可采取司法认知的事实。

common labor 一般劳动 关于禁止星期天工作的法规中使用的术语，没有确切的定义，只能通过法院个案来解释。

common law ❶普通法 指发轫于英格兰，由拥有高级裁判权的王室法院依据古老的地方性习惯、或是理性、自然公正、常理、公共政策等原则，通过"遵循先例"[stare decisis]的司法原则，在不同时期的判例的基础上发展起来的、具备司法连贯性特征并在一定的司法共同体内普遍适用的各种原则、规则等的总称。在法律实践中，它主要指那些经由判例报道[law reporting]加以记录而能够得以援用的部分。作为法律渊源，普通法区别于由立法机构制定颁行的成文法规，实际由法院即法官们创制，故又称"法院创制的法律"或"法官创制的法律"。因为它是依据判例而发展的，故实际上是"判例法"[case law]。作为一种制度，普通法有如下主要特点：①"遵循先例"的司法原则。形成这一原则的要求是对法律的稳定性和可预测性（确定性）的追求，它最终要求通过"遵循先例"来达到司法的连贯性以满足这一要求。司法判决要给出"判决理由"[ratio decidendi]的观念及其做法，以及较为准确和完整地记录司法意见并加以公开报道是形成并得以贯彻该原则的技术性条件。"遵循先例"这一司法原则及支撑这一原则的技术性观念和制度，如上述"判决理由"及"判例公开报道"等都经历了较长历史的演进。②陪审团审理[trial by jury]。陪审团审理是替代神明裁判和决斗裁判而出现的。在早期，它为法庭提供行方性习惯来源。它将该社区内压倒性的观念、意见或倾向带入法庭，为法律上依据常理判断提供了正当性的渠道。它的发展使法官有更多的机会将事实纳入考察的视野，而能不断地将事实问题转化成法律问题，从而促进普通法的发展。在普通法的发源地英格兰，陪审团审理成了宪政和政治自由的不可分割的一部分，美国更将其作为宪法权利写进成文宪法固定下来。陪审团审理是普通法制度中富有特色的方面。③法律的至高无上性。在早期，这一原则意味着即便是国王也不得凌驾于法律之上。在当今，这一原则意味着政府机构的行为要受到普通司法程序的审查。④强调程序法和形式公正，注重救济。普通法在其历史发展中受到令状制的强烈影响，因而程序法具有相当重要的地位，奉行"救济先于权利"的原则。⑤采用对抗制[adversarial system]审理。与欧陆成文法系的纠问制[inquisitorial system]不同，普通法法官采取的是消极的仲裁人态度，并将司法公开[justice openness]贯彻到司法审理的每一个环节。⑥重视经验和实用。与欧陆成文法系强调逻辑、抽象的概念和原则不同，普通法不拘泥于抽象的概念或逻辑，而注重于过去的经验和实用哲学。这部分地为普通法赢得保守和灵活的名声。"common law"一词在不同的上下文中含义不尽相同，在早期，教会法学者使用"jus commune"是指"教会共同法"，与地方性习惯相对应。在指通行于全英格兰王国的法律，而与地方性习惯相区别时，它意为"共同习惯法"或称为"普通法"。"common law"在以与罗马法为基础的欧陆成文法系相区别时，是指以英格兰普通法为基础的"英美法（系）"或称为"判例法（系）"。"common law"在与其他国家的法律相区分时，意指"英格兰法"，其含义包括海商法、商事法和教会法。"common law"还与衡平法相对应，意为"非衡平法"。"common law"与制定法相对应时，意为"非成文法"，或"判例法"、"习惯法"。与"教会法"相对时，它是指"世俗法"。在法国与德国法中，"common law"一词是指该国普遍适用的"共同法"，而与地方性习惯相对。"普通法"这一译名源自日本，许多学者、研究者指出了这一译名的不精当之处。从词源的角度讲，"common law"一词的确指全英格兰王国普遍适用、通行的习惯法，应译为"共同习惯法"。至今，在香港和台湾，"习惯法"译名仍有人沿袭使用。但"习惯法"译名只是凸现了其历史渊源，并不能概括和涵盖历经几百年历史变迁的这一制度。尤其是，这一制度已从英格兰输出、移植到原属大英帝国殖民地的一些国家或地区。仅从历史渊源角度翻译包含整个体系的法律及制度变得不太恰当。尽管"普通"一词易给人以"平常"的含义，而不能传达"共同"和"普遍适用"的含义，但从"普通话"是通行于我国的现代汉语，即汉民族的共同语、标准音的说法的角度来看，"普通法"这一

译名未尝不可。❷〈英〉共同习惯法；普通法；判例法 指1873-1875年以前，由普通法法院，具体地说，特别是指位于威斯敏斯特的王座法庭、民诉法庭、财税法庭实施的那一部分不成文法（习惯法）。这一部分法律构成了英格兰法[English Law]的主要历史渊源，它本身又源自英格兰古老的共同习惯，主要通过司法判决发展形成一套自成体系的制度。1873-1875年《司法组织法》[Judicature Acts]将普通法法院的普通法管辖权合并转到新成立的高等法院实施。"common law"一词，一般认为是13世纪末《年鉴》[Year Books]中开始使用的"la commune ley"一词。从历史考察看，1066年诺曼底公爵威廉征服英格兰可说是英格兰法律制度历史中的重大事件，也是普通法形成与发展历史中的重要事件。在1066年前，英格兰并无中央集权的司法制度，所有的诉讼基本上由各封建法庭（领地法庭）根据地方性习惯[local custom]裁断，并无统一的、共同适用的法律。1066年后，诺曼人建立发展起来的强有力的中央集权政府为统一的法律的成长开辟了道路。亨利二世时期(1154-1189年)尤其被认为是"普通法历史中至关重要的时期之一"(T. F. T. Plucknett语)。一些英格兰法教科书甚至认为，当今英格兰法律制度，实际上是始于亨利二世时期(Denis Keenan 1986,1)。在亨利二世时期，巡回审理制度得以扩展，王室法院管辖权扩大，普遍使用巡回陪审制解决土地争议，逐步废除神明裁判和决斗裁判，采用陪审团审理。通过诸多改革举措，王室法庭比教会法庭和封建贵族的领地法庭更有效率，司法竞争导致封建法庭日益衰落。王室巡回法官完成其巡回审理职责返回威斯敏斯特后，聚会在一起得以讨论大量的地方性习惯并对其加以比较、甄别、总结、归纳，并将王室法官们认为最好的习惯原则适用到全王国。这便是英格兰"普通法"("共同习惯法")的开端。在普通法发展的早期阶段，各地方性习惯具有相当重要的作用，除此之外，盎格鲁-撒克逊国王的敕令、日耳曼人的习惯法、诺曼国王们的法令等也都构成了普通法的渊源。在14-15世纪，政治混乱导致法律上的混乱。特别是这一时期的英格兰，市民社会初步崛起，人们对法律的稳定性的呼声（要求）日益高涨，司法的连贯性[legal continuity]被看作是通往法律一致性[uniformity]的主要渠道。起初作为学习诉讼笔记出现的判例报道[law reports]为律师、法官乃至当事人检验法律是否得到连贯执行提供了参考的文本记录。确切地说，普通法的发展，"先例"原则乃至判例法的成长，很大程度依赖于能否将司法判决记录下来并加以公开报道[law reporting]。英格兰的判例报道制度历经《年鉴》[Year Books]时期(1272-1535)、私人报道[Private reports]时期(1535-1865)和当今判例报道体制[present system of law reporting](1865至今)3个时期，判例报道制度为普通法"遵循先例"原则的奠定起了重要作用。同时，随着当事人、律师和法官在普通法发展中主动性增加以及"遵循先例"原则的逐步奠定与执行，普通法也逐渐完成了从"习惯法"到"判例法"特征上的转变。英格兰普通法的传统内容，除了刑法以外，主要包括财产法[law of property]、合同法[law of contract]以及侵权行为法[law of torts]。在17世纪以前，商事法[law merchant]一直处在普通法法院管辖之外，随着霍尔特勋爵[Lord Holt, C.J. of K.B 1689-1710]和曼斯菲尔德勋爵[Lord Mansfield, C.J. of K.B 1756-1788]在17、18世纪的卓越努力，商事法诸多原则被普通法法院所认可并逐步并入普通法。从此，商事法就成为普通法的一个历史渊源，原先商事法的一些原则就又成为普通法的原则。19世纪在查尔默斯爵士[Sir. M D. Chalmers]主持起草下，这些有关商事的普通法原则被系统整理为英格兰商法历史上三部重要的成文制定法：1882年的《汇票（法）》[Bill of Exchange]、1893年的《货物买卖法》[Sales of Goods Act]、1906年的《海上保险（法）》[Marine Insurance]。值得指出的是，布莱克斯通爵士[Sir. W. Blackstone]对于英格兰普通法的传播贡献巨大。他所著的《英格兰法释评》[Commentaries on the Laws of England (1765)]被认为是自布雷克顿[Bracton]以来第一部全面综合概述英格兰法的著作，并且是最后一部论述古老普通法[old common law]的著作。该著作在美国影响很大。❸〈美〉（各州）普通法 在美国，并无"美国普通法"[common law of the United States]一说。美国各州对"英格兰普通法"的界定甚至不同于英格兰。如一种叫做"诈骗取得"[false pretenses]的普通法上的犯罪，英格兰普通法里是没有的。许多古老的英格兰制定法被当作是普通法并入美国各州法律中，并被称为"普通法"，而且，一旦这些英格兰制定法在美国各州被采用，其发展方向也不尽相同。只有不多的现代美国法是依据英格兰原来的普通法。按照霍姆斯所说，"在某一州所实施的普通法，无论是否叫做普通法，并不是一般意义上的普通法，而是各州现存的法律，与英格兰或任何其他地方并不相干。"在美国，倒是有"联邦普通法"[federal common law]一说，它是指不受州法院判决约束而由联邦法院发展起来的判例法的总称。美国各州普通法及联邦普通法与英格兰普通法相比较，在遵循先例原则上，因受到新大陆开拓精神影响，不如英格兰普通法那样严格和保守，而显得更灵活、更富有弹性。在制定法方面，无论数量和作用都超过英格兰。美国法院在推行"公共政策"方面比英格兰法院更少受到限制，因而有更大的活动余地。而在英格兰日渐衰微的陪审团制度（特别是民事陪审），在美国经过改造却发扬光大，显示了很大的活力。尽管美国各州和联邦普通法与英格兰普通法在一些方面有着某些差别，但它们在哲学、精神和原则上是基本一致的。

common-law action 普通法诉讼 根据普通法而非根据制定法或衡平法进行的诉讼。（⇨action at common law）

common-law actionable negligence 普通法上的可诉过失 指某人在特定情况下对他人负有一个合理、谨慎的人所应作为或不作为某事的义务时而没有尽到该义务。

common-law arbitration 普通法上的仲裁 指当事人以协议同意将某一特定争议提交仲裁解决，并约定仲裁裁决对双方当事人有约束力。它属于法律救济而非实体法问题。（⇨arbitration）

common-law assignments 普通法上的财产转让方式 与现代创设或成文法规定的转让方式不同，都是为债权人利益而进行的各种财产转让方式。

common-law bond ❶普通法保函 公共工程项目承包商在法定的最低担保要求之外提供的履约保函。（⇨performance bond）❷普通法上的约束 ①指凡作成文书加盖印章后应受其约束，从而应尽之义务；②对公务员而言，即使宪法及法规均无要求提供保证之规定，但在其自告奋勇，保证执行某项任务时，即应受其约束。

common-law cheat 普通法上的欺诈 指通过弄虚作假的手段获取钱财的行为。

common-law contempt 普通法上的藐视法庭罪 指干扰或妨害民事或刑事审判活动的言论或行为。该行为具有刑事性质，不同于因违反衡平法院的命令而承担民事赔偿责任的藐视法庭行为。

common-law copyright 〈美〉普通法上的版权 作者对其未发表的文学艺术作品享有的一种无形财产权,限于复制和出卖的专有权,但没有期限的限制;与此相应的是制定法的版权,存在于已发表的作品之中。对于普通法上版权的侵权,可以采取衡平法上的救济。1976年《版权法修正案》[Copyright Act Revision]取消了上述两种版权的差别,但规定在1978年1月1日以前产生的作品仍可保留普通法上的版权。

common-law courts 〈英〉普通法法院 指依普通法审理案件的法院。

common-law crime 普通法上的犯罪 依普通法应受惩罚的犯罪,与制定法规定的犯罪不同。

common-law dedication 普通法上的(私产)奉献行为(⇨dedication)

common-law extortion 普通法上的勒索罪 指官员假借职务名义非法收费的行为。

common-law jurisdiction 普通法上的管辖 审理依照普通法可以受理的案件的法院管辖权,或依普通法程序行使其司法权力的法院之管辖权。

common-law jury 普通法上的陪审团 由十二人组成,其成员从邻近地区挑选出来,经过审查,并宣誓依证据对案件作事实审理。

common-law larceny 普通法上的偷盗罪(⇨larceny)

common-law lien 普通法上的留置权 ①普通法授予的留置权,区别于制定法、衡平法和海商法上的留置权;②非合同约定而是法律赋予的一种留置权,留置权人[lien-or]有权在某人满足其要求前占有该人的物品。

common-law marriage 普通法婚姻 与其他法律形式,如教会法、衡平法等相对的认定婚姻关系合法有效的法律。其主要特点为不以婚姻仪式而以婚姻双方口头承认[per verba]婚姻关系为合法要件。这种婚姻形式在1536年特伦特宗教会议[Council of Trent]之前普遍流行于西欧地区。后期,随着法律的发展,婚姻法的内容也发生了变化。主要表现为强调婚姻必须经牧师或教士见证方为有效。在现代,普通法婚姻在英国、美国和苏格兰表现为不同的内容。在英国,普通法婚姻指由于某些原因致使婚姻双方无法采用当地的结婚形式而确立的婚姻关系。这些原因包括:①婚姻无法采用当地的结婚形式,如在荒岛上的结婚;②举行宗教仪式在道义上为双方所不能接受,如婚姻双方均为穆斯林;③无教士或牧师来主持婚礼。在美国,一般来说如果双方同意结婚并且维持一段同居生活,同时公众也承认婚姻关系存在则为有效之普通法婚姻。不过美国许多州已废止了这种婚姻形式。在苏格兰,与美国不同,普通法婚姻不以双方同意结婚为婚姻成立要件;只要双方同居一段时期而且公众认为他们之间存在婚姻关系则为有效之普通法婚姻。

common-law meaning 普通法上的含义 指词句在普通法中的意思。如果立法机关对使用的术语未予定义,而该术语在普通法上有确定的含义,则可推定该术语依普通法意义解释。

common-law mortgage 普通法上的抵押 亦称"死典"[dead pledge],一种有条件的不动产封赠[feoffment],该条件是如果赠与人[feoffor]在一定期限内向受赠人[feoffee]支付一定数额的钱则可收回其不动产。赠与人不履行上述条件就会永久性失去其不动产。(⇨dead pledge)

common-law of England 英格兰普通法 指与罗马法或大陆法相区别的、在英格兰盛行,在美国承继的一种法律体系。(⇨common law)

common law procedure 普通法诉讼程序

Common Law Procedure Acts, 1852, 1854 and 1860 〈英〉《普通法程序法》 为简化威斯敏斯特普通法高等法院[superior courts of common law]的诉讼程序和诉讼方式而制定的法律,现大部分已被《司法组织法》[Judicature Acts]取代,个别条款仍有效。

common-law receiver 普通法上的破产管理人 衡平法院不依制定法的授权而任命的破产管理人。

common-law state 〈美〉实行普通法夫妻财产制的州 美国有9个州实行夫妻共同财产制[community property system];其余各州则实行普通法夫妻财产制[common law property system],即夫妻分别财产制:夫妻任何一方所得财产均归自己所有,而非与另一方共有。(⇨community property)

common-law trademark 普通法上的商标权 在没有制定法的情况下,由普通法承认的、因对商标的先占和先使用而产生的商标权。

common-law trust 普通法上的信托 亦称马萨诸塞信托[Massachusetts trust],是一种不同于股份公司的委托经营。受托者占有财产、经营企业,而股东是信托受益人[trust beneficiaries]。(⇨business trust; Massachusetts trust)

common-law wife 普通法上的妻子 ①普通法上的婚姻中妇女一方;②指与一男子长期以情妇身份同居并在该男子死后根据普通法的要求提出妻子名份要求的女人。(⇨common-law marriage)

common lawyer 精通普通法的律师 该词已废弃。

common lodging houses 〈英〉提供宿夜铺位的房舍 一般为极贫困的人所租用。对其的规定见于1936年《公共卫生法》[Public Health Act]。

common market 共同市场 ①两个或两个以上的国家缔结约成立的市场区域。共同市场要求成员国之间不但实行关税同盟的重要内容,还要达到资本、劳动力及人员在缔约国市场间自由流动,实现各生产要素市场的结合。是国际区域经济一体化程度较高阶段;②[C—M—]欧洲经济共同体[E.E.C.]的通称。

common nightwalker 惯于夜间作案的人 指那些习惯于夜间外出从事犯罪活动、扰乱社会治安或做坏事的人。英国已于1967年废除惯于夜间作案罪[offence of being a common nightwalker]。

common nuisance 公害 指侵犯不特定多数人的健康权、财产权、名誉权等合法权益的危害,表现为进行了法律所不允许的行为,或者未能尽到法律要求其应尽的义务等。(⇨public nuisance; nuisance)

common occupant 普通占有人 指在他人生存期间保有的地产[estate pur autre vie]关系中,受地人[grantee]早于该他人[cestui que vie]而死,该土地在剩余期限内不归任何人所有,任何在剩余期限内进入并占有该土地的人均可称作普通占有人。(⇨estate pur autre vie; cestui que vie)

common of digging 在他人土地上的开采权 主要开采对象为沙、砾石和粘土。(⇨common in the soil)

common of estovers 共同伐木权 在他人土地上伐木以用作修建房屋、打造家具、车等必需品的权利,是一种附属于房屋或农场的不可分割的与土地所有人或其他人共同享有的权利。与终身租户在其占有的土地上享有的伐木权[right to estovers]不同。

common of fishery 共同捕鱼权 在他人水域中与水域主人或他人共同享有的捕鱼权。(⇨common fishery)

common of fowling 共同狩猎权 在他人土地上猎取野

禽的权利。

common of pasture 共牧权 在他人土地上放牧的权利，包括以下情形：佃户在其庄园内的空地、林地上放牧的权利；因在皇家森林里拥有土地而在该森林里放牧的权利；拥有丰收后才开放的牧地［shack-lands］的人享有的相互共牧权。任何非限嗣继承土地的持有人均可将其共牧权转让。(⇨ common appendant; common appurtenant)

common of piscary 共同捕鱼权 (⇨ fishery; common of fishery)

common of shack 在丰收后方开放之土地上的共牧权 因所持土地位于一块共同的土地内而由持地人享有的庄稼收割后在田地上放牧牲畜的权利。(⇨ shack)

common of turbary 草泥（或泥炭）共用权 在他人空地上开采草泥作为燃料的权利，一种附属于房屋而不是附属于土地的权利，与共同伐木权类似，具有附带性质［appurtenant］或一般性质［in gross］，而无附属性质［appendant］。

common order 〈美〉普通裁定 在一些司法区的诉讼中使用的一种具有附条件判决［conditional judgment］性质的裁定，该裁定送交给缺席的被告人，并警告其如果不出庭应诉，法院将宣告对其不利的实际判决。

common passageway 公用通道 公寓大楼中供所有住户或同一层住户使用的过道、楼梯等。

common people 平民 (⇨ commonalty)

common pleader in the City of London 伦敦公共辩护律师 在伦敦市市长法庭、郡长法庭和哈斯丁法院［Mayor's, Sheriff's, and Hustings Courts of the City of London］享有垄断出庭权的四位出庭律师［barristers］。该职务仅通过提名和购买而取得。1832年取消了该垄断出庭权。

common pleas ❶民事诉讼 私人之间提起的或政府提起的民事性质的诉讼，与国王之诉和刑事诉讼［pleas of the Crown］相对。 ❷［C - P -］〈英格兰〉皇家民事法庭 (⇨ Court of Common Pleas)

common probate 普通形式的遗嘱检验 (⇨ probate in common form)

common property 共有财产；共用财产 两个或两个以上的人共同拥有或占用的财产。(⇨ community property)

common pur cause de vicinage 〈拉〉因邻近而获得的共用权［common because of vicinage］

common purgation 普通的无罪证明 (⇨ Judicium Dei)

common purpose 共谋；共同目的 (⇨ common intent)

common recovery 废除限嗣设定合意诉讼；阻却限嗣继承的拟制诉讼 拥有限嗣继承地产［estate in tail］者为了阻却地产限嗣继承的性质以达到转让地产或在其继承人之间均分地产的目的而采用的一种拟制诉讼程序，基于此它也被视作一种通过法庭记录来转让土地［conveying land by matter of record］的方式。其过程简略如下：持限嗣继承地产者甲欲将土地转让给乙，甲可以先让乙到法庭提起针对甲的不动产回复诉讼，甲在答辩中称他的土地是从丙处得来的，要丙出庭提供担保［warranty］。丙作为一般担保人［common vouchee］，实质上是一个虚拟的人，通常由法庭传唤员［crier of the court］担任。他承认是他将土地卖给了甲，并请求退庭与甲协商解决纠纷，但他却没有再返回法庭。法庭基于丙的欺诈而将土地判给了乙，同时判定由丙给甲及其继承人另一块等值地产作为补偿，而甲是根本不会去要求这种补偿的，这样就实现了土地转让。若甲将地产在其子女间平分，他可再让乙

封给他自己终身地产［estate for life］，同时为其子女设定剩余地产［remainder］即可实现目的。后来这种程序为更安全而设立了二次担保［double voucher］，使得该程序更为复杂。阻却地产的限嗣性质，也可用另一种拟制诉讼程序［fine］来进行，它们都在1833年被取消，阻却限嗣地产的性质也只需一种在法院登记的文书［deed］即可完成。(⇨ fine; double voucher)

common return days 固定的被告出庭日

common right ❶普通法上的权利 指源于普通法的权利。❷相对权利 相对于绝对权利［absolute right］而言。在绝对权利不能被否定的意义上，相对权利不是绝对的；相对权利［qualified right］只有在情理许可的情况下方可行使，而绝对权利的行使则不需考虑权利人的动机或由此可能带来的损害。

common river boundary 共同河界 (⇨ river boundary)

common rule 进入共用地原则 (⇨ entering the common rule)

commons n.❶（复）共用权 (⇨ common) ❷［C - ］〈英〉下议院 ❸平民 ❹共用地；公地 ❺〈英〉四大律师公会和预备律师公会的成员会餐时供应的食物 现该词仍为对四大律师公会的出庭律师和学生会餐的正式称呼。

common sans nombre 无数的共有物

common school 〈美〉❶公立免费小学 ❷公立中、小学校

common school system 〈美〉公立学校制度 包括小学及中学。

common scold 经常叫骂的人 指经常吵闹扰乱邻区安宁的人。在普通法上，这种人的行为是一种应受惩罚的特殊形式的妨害。原来用浸水刑凳［ducking-stool］来惩罚，现在美国用罚金和监禁来惩罚。

common seal 公司的印章；公章

common serjeant 〈英〉伦敦助理法官 伦敦的一种司法官员，由国王在出庭律师中任命，主要负责帮助伦敦首席司法官［recorder］处理伦敦中央刑事法院［Central Criminal Court］的刑事案件，也作为伦敦市政府的法律顾问。现在他既作为巡回法官，又作为市长及伦敦市法院和中央刑事法院的法官。

common shares (＝ common stock)

common socage 普通农役 以提供确定的、不具有依附性的、不失尊严的役务为条件保有土地。(⇨ free socage)

Commons Supplication against the Ordinaries (1532) 下议院反对宗教法院的请愿运动 1532年改革议会［Reformation Parliament］针对主教及其代理人作为教会法院法官不受皇权控制的教会立法权，开支庞大且不确定的教会审判及教士的不端行为发动的抨击运动，结果，神职人员放弃了其立法的独立性。

common stock 普通股 在美国，指公司发行的股票的一种。该股票的持有人享有投票权，并有权参与公司红利的分配，但必须在优先股被支付红利之后；且在公司解散时，其有权参与公司剩余资产的分配，只是次序排在最后。该术语也使用于加拿大。(＝ ordinary shares)

common tenancy 按份共有 共有关系的一种。几个人共同拥有同一项地产，但各自对该地产享有不同份额的利益，当其中一个占有人死亡时，其权益不转归其他任何共有人。按份共有通过自愿分割或产权合并于一人而告终止。(⇨ tenancy in common)

common thief 惯窃犯 指偷盗已成习性的犯罪分子。曾经一次或多次被判犯有偷盗罪［larceny］的犯罪分子，法院

可宣告其为惯窃犯。对惯窃犯判处的刑罚一般要重于对盗窃犯的处罚。有时也称之为劣迹昭彰的惯窃犯[common and notorious thief]。

common traverse 一般否认答辩 指简单地、直接地否认对方诉状中的实质性主张，它不包括具体的引言[inducement]或否定部分[absque hoc]。(⇨special traverse)

common trust fund 共同信托基金 一种由银行或信托公司作为受托人而占有的许多小额信托资金的总和，其目的在于取得资金的管理和投资的效率。

commonty n. ❶平民 ❷(有特定役权负担的)共有地

common vouchee (阻却限嗣继承之拟制诉讼中的)一般担保人 在阻却限嗣继承的拟制诉讼[common recovery]中被不动产占有人召请来作为其权利担保人的人，通常由法院上的传唤员[crier of the court]担任。(⇨common recovery)

common wall (两个建筑物之间的)夹墙；界墙；共同墙

commonweal n. 公益；公共福利

commonwealth n. ❶公益；公共福利 ❷共和国；民主国 一种注重共同福利或利益，公众人人有发言权、公共事务管理权的政体形式。❸共和国全体国民；共和国全体公民 ❹[C-](1649年到1660年克伦威尔父子统治下的)英伦三岛共和国 ❺[C-]英联邦国家 ❻[C-]澳大利亚联邦 ❼[C-]肯塔基、马萨诸塞、宾夕法尼亚和弗吉尼亚四州的称呼 ❽政治实体 指既拥有对其切身事务的自治权，但又构成更大政府(或国家)的不可缺少的组成部分的法治团体(或国家)。在后一种意义上，它是美国几个州的正式名称(宾夕法尼亚、马萨诸塞、弗吉尼亚和肯塔基)；在前一种意义上，其指在克伦威尔摄政时期的英国政府。

Commonwealth and Protectorate 〈英〉共和政体和护国公政体 1649年到1660年克伦威尔父子统治时期曾采用的政体形式。

commonwealth citizen 〈英〉英联邦公民 所有联合王国及其殖民地的公民或由有关英联邦国家自身法律规定的该国公民。

Commonwealth court 〈美〉(宾夕法尼亚州的)州法院 该法院享有对州或其官员提起的以及由州或其官员提起的一切民事案件的初审管辖权，但有关人身保护令或非附属于上诉管辖权的定罪后救济及征用案件除外。此外它还享有根据某些行政法律[regulatory act]所产生的管辖权。其初审管辖权是专属的，但对由州或其官员提起的民事诉讼或程序除外，对这种诉讼，州法院与民事法院[court of common pleas]有共同管辖权。

commonwealth preference 〈英〉帝国特惠关税 英帝国对于从其殖民地输入商品适用的优惠关税。

Commonwealth Secretariat 〈英〉英联邦秘书处 1965年设立，总部设在伦敦，由一名秘书长[Secretary-General]主持工作。其职能包括为英联邦会议提供服务，通过其分部处理有关发展、援助和规划事务、国际事务、财政、贸易和商业、法律事务等，它还主持联邦内部各种形式的合作。

common without stint 无限共用权 对未分配共用权[unmeasured right of common]的一种错误表示。

commorancy n. ❶〈英〉常住(某地) ❷〈美〉临时居所

commorant n. ❶〈英〉常住居民 ❷〈美〉临时住户

commorientes 〈拉〉同时死亡者；对同时死亡者的继承规则(⇨simultaneous death)

commorth n. 供献品 在婚礼上年青神父刚开始做弥撒时收集的供献物。

commote 〈威尔士〉半个百户区 包括五十个村庄[village]，也指包括一个或若干个庄园[manor]的大的领地[seigniory or lordship]。

commotion n. 骚动；喧闹；混乱(⇨civil commotion)

commun 〈法〉普通法(⇨droit common)

communal courts 〈英〉[总称]社区法院 指中世纪英格兰中央政府在各级地方行政区设立的法院，这里包括郡法院[county court]和百户区法院[hundred court]及镇区[township]或村庄[village]的十户连保体制[frankpledge]，它们代表国家的管理体制和司法管辖。

commune n. ❶自治村、镇 ❷欧洲许多国家最小的行政单位 ❸社区；社区全体居民 ❹人民委员会 1793年和1871年法国革命时期对革命政权的称呼，它表明了在巴黎建立绝对自治的意图，也指与此意图有关的人。 ❺(英格兰古法)平民 ❻〈法〉市政机构
v. 亲密交谈；谈心
〈拉〉共同的；一般的

commune bonum 〈拉〉公益；公共福利

commune concilium 〈拉〉〈英〉御前会议[King's Council](⇨Privy Council)

commune concilium regni 〈拉〉(后成为议会的)民众大会(的旧称)

commune forum 法院所在地 尤指有固定地点之主要法庭所在地。

commune placitum 〈拉〉(英格兰古法)民事诉讼 如债务之诉。(= common pleas)

commune socagium 普通农役保有(土地)(= free socage; common socage)

commune vinculum 〈拉〉(英格兰古法)❶共同的联系 用于同一宗族的世代成员之间。 ❷相互的约束 指加固领主与封臣之间关系的封建效忠的约束。

communia 〈拉〉(英格兰古法)公共财产 指天然的，为人所共有的事物，诸如流水、空气、大海、沙滩等。

communiae 〈欧〉(封建法)自治市镇 12世纪王室授予自由的市镇，可根据社区特许状[charters of community]组成自由的社团[corporations]。

communia pasturae 〈拉〉共同放牧权(= common of pasture)

communia piscariae 〈拉〉共渔权(= common of piscary)

communia placita 〈拉〉(英格兰古法)民事诉讼 臣民之间提起的诉讼。与国王之诉[pleas of the crown]相对。(= common pleas; commune placitum)

Communia placita non sequantur curiam regis, sed teneantur in aliquo loco certo 〈拉〉民诉法庭不应跟随王廷移动，而应设在固定的地方。

communia placita non tenenda in scaccario 〈拉〉(英格兰古法)财税法庭受案禁令 一种发给财政署司库[treasurer]及其法官[barons]的令状，禁止他们在财税法庭受理普通民事案件，如在这些案件中，双方当事人都不是国王的债务人，也不是财政署的官员。

communia turbariae 〈拉〉泥炭(或草泥)共用权(= common of turbary)

communibus annis 普通年；平年

communicating additions 连接性附加 火灾保险单中常见用语，表示把承保范围从房屋或主楼扩大到房主使用的其他建筑物，即使它们与主楼在实体上是分开的。

Communications Act 〈美〉《电讯法》 指设立联邦电讯委

员会[Federal Communications Commission]并规定其职权的一项联邦法律。

Communications Commission (= Federal Communications Commission)

Communications Satellite Corporation 〈美〉通信卫星公司 根据1962年《通信卫星法》[Communication Satellite Act]设立的由数百个代表不同国家的公司组成的公司。

communi custodia 〈拉〉〈英〉(废)遗孤监护令 当拥有骑士役的封臣死亡时其长子未成年,其他人进入封臣之土地并获得对未成年的封臣之子的监护权,该令状即是签发给领主以针对此非法侵入者之用。(➩guardian in chivalry)

communidad 〈西〉(为破产目的的)合伙关系

communi dividendo 〈拉〉(罗马法)共有财产分割诉讼;土地共有(但非合伙)分割诉讼

communings ❶〈苏格兰〉签约之前的谈判 ❷要约

communio bonorum 〈拉〉❶(罗马法)货物的共有 ❷〈苏格兰〉(古)共有财物 指夫妻共有的动产。

Communi observantia non est recedendum. 〈拉〉惯例必须遵守。

communis 〈拉〉共同的;一般的;通常的

communis bancus 〈英〉民事法院

Communis error facit jus. 〈拉〉反复出现的普通错误构成法律。

Communis et recta sententia est, in rebus immobilibus servandum esse jus loci in quo bona sunt sita. 〈拉〉不动产适用不动产所在地法是一种共识。

communis opinio 共同意见 在科克[Coke]评利特尔顿[Littleton]的论述中,他总是在阐明法律原则之前加上"大家都认为"等字样,这表明"共同意见在法律上有很大的权威"。

communis opinium doctorum 多数人观点原则 由13世纪教会法学家引进,后市民法学家为补充注释罗马法所用。15世纪民法学家将"共同"[communis]解释为"大多数"。多数人的意见就有权威性,尤指那些声望很高的法律学家的意见,如巴托鲁斯[Bartolus]、巴尔道斯[Baldus]。这些法学家声望的权威甚至超过他们观点的合理性。

communis pacis perturbatrix 〈拉〉惯常性扰乱治安者

communis paries 〈拉〉(罗马法)共有墙;界墙 指两个不同所有人的建筑物或土地之间作为分界线或连在一起的墙。(= party wall)

communis pugnatrix 〈拉〉惯常性争吵者;闹事者(= common brawler)

communis rixatrix 〈拉〉(英格兰古法)泼妇(= common scold)

communis scriptura 〈拉〉(英格兰古法)❶亲笔字据 ❷契据 有签名盖章的法律文件。

communis stipes 〈拉〉❶同一宗族的一个支派 ❷同一支派的人 ❸共同的祖先

communistic tenure 团体共同保有(土地) 指宗教团体或其他社团保有土地的方式之一,在这种保有中,各成员为了共同利益而交出个人财产,归社团管理。

communitas regni Angliae 〈拉〉〈英〉英格兰王国全体会议 议会的旧称之一。(= commune concilium regni)

communiter usitata et approbata 普遍使用和认可的东西

community n. ❶团体;共同体 一个为了促进或控制一项共同活动而建立的多国组织。 ❷〈法〉由夫妻组成的统一体 ❸社区 由同一地区遵守同一法律、法规的人组成的团体

community account 团体账户 由个人基金和团体基金不加区分地混合而成立之基金账户。

community antenna television/CATV 有线电视系统;共用天线电视接收系统 指通过一个大的天线来接收信号再用电缆传送给付费用户的电视接收系统。

community center 社区活动中心 供人们聚会进行社交、文化和娱乐活动的场所。

community chest 〈美〉❶社区福利基金 城市中为各种慈善机构募集的资金,这样可以避免慈善机构单独募款的费用和人力浪费。 ❷社区福利基金组织 负责该福利基金募集和分配的组织。

community church 联合教会;教会联合会 基督教普世运动的早期形式之一,由两个或两个以上保留独立地位和不同教义的教会组成的联合会。

community debt 共同债务(➩community obligation)

community estate 共有产遗产 夫妻关系存续期间,一方死亡而其遗产全部为共同财产时,被称为共有产遗产。(➩community property)

community homes 〈英〉社区之家 由地方政府机构为儿童及青少年提供的教养院,取代了以前的儿童所、少年教养院、拘留中心及其他类似地方。

community house ❶经济公寓;分租房屋 指几户合住的、条件较差的住房。(➩tenement house) ❷社区活动中心(➩community center)

community income 夫妻共同收入 包括来自夫妻共同财产[community property]的收益、丈夫或妻子的工资、营业利润等。

community land 〈英〉社区土地 根据1975年《社区土地法》[Community Land Act]归地方政府所有的土地,用于固定项目的开发。(➩development land)

community law 欧洲共同体[European Communities]法

community lease 共同出租 分别拥有土地所有权的几个人向同一租赁人出租。

community obligation 共同责任 为了团体利益或在团体管理过程中产生的责任。

community of intention 犯意沟通(➩common intent)

community of interest 共同利益;团体利益 本词用于大型合伙[joint adventure]的内部关系时,指合伙人双方或全体的共同利益[interest common],即在合伙中存在的混合的或一致的利益,该利益团体中的每一个人都相互关联,而且每个人都从中获取利益并共同承担责任。在集团诉讼中,本词指申诉集团用以对抗被告的任何主要事由。在劳动法中,该词用以确定适当的谈判小组[bargaining unit],包括下列因素:谈判经历、操作上的协调统一、地理位置的远近、共同的监督,以及在工作职能和雇员交流方面的相似性。

community of profits 共同利润;利润的共同性 指合伙人对利润的共同所有权,它区别于一合伙人就与其他合伙人拥有同样的所有权而享有的对其他合伙人的个人请求权。该术语用于定义合伙,因共同利润是合伙的本质构成要件。

community property 夫妻共同财产 在美国,指夫妻双方共同拥有的财产。该制度实行于路易斯安那、得克萨斯、新墨西哥、亚利桑那、加利福尼亚、华盛顿、爱达荷、内华达和威斯康星9个州。其他州采用普通法制度,二者的区别主要在于配偶双方所享有的财产权利不同。在普通

法制度下,配偶一方拥有个人的一切收益。但在夫妻共有财产制下,配偶一方收益的一半由对方拥有。在英国,该词与夫妻分别财产制[separate property]相对。

community service 社区服务 判处罪犯在特定期间为社区提供特定服务的一种刑罚。

community service order 社区服务令 指由法院发布的要求罪犯完成一定数量无报酬劳动的命令。发布社区服务令要得到罪犯本人的同意,并为罪犯指定在一特定区域进行劳动。罪犯必须按照有关官员的要求完成特定时数的劳动。如果罪犯未能遵守这些要求,或者没有圆满地完成被指派的工作,就要被交付治安法院[magistrate's court]判处罚金,或者被继续执行原经判处的刑罚。

commutation n. ❶减刑 由高一级的刑罚转换为低一级的刑罚,这种减刑应由有宽恕权的机构作出。❷转换;代偿 以一种支付方式替代另一种支付方式,或者以金钱支付方式替代法定义务或劳务的履行。代偿可以由私人协商,但大多须依法律进行。❸政府发给军事官员的食宿补偿金 ❹变换;代替

commutation of homestead entry 〈美〉土地定居费 公共土地上的定居者为了获得许可证而向政府交纳的现金。

commutation of punishment 减刑(⇨commutation of sentence)

commutation of sentence 减刑 ①依法将较重的刑罚改为较轻的刑罚;②将判决所处的刑罚减轻。

commutation of tax ❶减税 ❷包税 为获取优惠一次或按年度交付特定数额的钱以代替从价征税。

commutation of tithes 什一税的代偿金 用货币代替实物交纳什一税。

commutation of toll 通行费(或通行税)的减免

commutation ticket 〈美〉长票;月票 指一定时期内——一般是一个月——在固定路线上往返特定次数的客运车票,其票价比普通车票低。

commutative contract (大陆法)双务合同 一方当事人履行合同义务以另一方当事人给予相应对价为条件的合同,任一方当事人的不履行都可构成对方的抗辩理由。(⇨contract)

commutative justice 交换正义 多见于合同法中,其目的在于使每个人得到应属于他的东西,在交易中达到一种成比例的平等,而且也没有人因他人的损失而成为获益者。即甲方付出A而获得了B,乙方付出了B而获得了A,且A、B价值成比例的平等,这样甲乙通过交易达到了交换正义。(⇨justice; distributive justice)

commuted value 折现价值 未来财产权益所折合的现值,多用于税收和损害赔偿中。

commuting expense (往返于住处和工作地点之间的)交通费 指本埠而言。

comodato 〈西〉(耐用物品的)无偿使用借贷合同(= commodatum)

comorth (= commorth)

compact n. 协定;条约;合同;契约 ①个人、国家、州之间的协议或契约。在美国,通常指州之间就相互间的事务达成的协议;②当事人以其独立人格订立的设定其相互之间可强制执行的权利和义务的合同。作为该合同的标的可以是财产、权利、作为、不作为。(⇨compact clause; interstate compact; treaty)
a. 紧密的;坚实的;密集的;紧凑的;集中的

compact clause 〈美〉盟约条款 指美国宪法第一条第十款第三项,其规定:"非经国会批准,任何州不得与他州或外国缔结协议或盟约"。

Companies Act 〈英〉《公司法》 指1862年通过的关于非合伙公司的法规,该法奠定了现代公司法的基础。

companies capital duty 〈英〉公司资本责任 现已废止,被《金融法》[Finance Act]中关于资本责任[capital duty]之规定所代替。

Companies Clauses Consolidation Act 〈英〉《公司法条款合并法》 1845年颁布的一项法律,是对关于股份有限公司[public company]仍然有效的法律的合并,旨在避免法律规定的重复并保障法律的统一。

companies court 〈英〉[总称]公司法庭 高等法院衡平分庭法官的总称,该法庭对在英国注册的公司的一切问题具有管辖权。

Companies Registry 〈英〉公司登记处 曾设于伦敦,现迁至加的夫[Cardiff]的公司注册机构,这个英国政府机构负责保存公司注册档案(正式清单),记录公司的详细情况。例如公司账户、董事名单、资产的费用和抵押状况。

companion n. ❶〈法〉[总称]船上的全体成员 ❷〈英〉骑士团特定成员和其他爵位者的一种称号,多指最低级爵士,即第三等男爵(⇨knighthood; order)

companionate marriage 试婚 一种非法的婚姻关系或一种经前安排也可随时终止的婚姻关系。

company n. 公司;企业 指数人为了共同目标特别是为营利而设立的一种联合组织,有独特的组织形式、经营管理方式和责任承担方式。其重要特征是具有法人地位,不因公司成员的变化而影响其存在。英国《公司法》[Companies Act]规定了三种基本的公司种类:①股份有限公司[company limited by shares],股东对公司承担提供资产的责任,但以根据公司章程认购的股份中可能尚未缴清的股金为限,如果其已全部付足股金,则对公司债务不承担责任。这种公司以营利为目的,是最普通的公司形式。②保证有限公司[company limited by guarantee],股东的责任以其已在公司章程中作出的保证在公司清算时向公司承担提供资产的数额为限。该公司通常并不需要营业资本,因为其创立并非出于营利目的,而是为了社会或慈善、宗教、艺术等目的。③无限公司[unlimited company],股东对公司债务承担无限责任,该种公司形式并不常见。在美国泛指任何企业,不论它是独资企业[sole proprietorship]、还是合伙企业[partnership]或公司[corporation]。在普通法中,corporation指一切具有法人资格的团体。而company既可表示合伙企业又可指非法人的人合团体。股份公司[incorporated company]即corporation的含义则是company现代的惯常用法。(⇨corporation)

company housing 公司住房 指公司所有并租给职员的房子,租金从工资中扣除。

company town 公司城 ①某一公司为了公共用途而开设且依法管理的住宅和商业区;②大部分住房和商店为一公司拥有的社区。

company union 公司工会 ①指为一公司控制的工会;②其成员限于一公司及其附属单位员工的工会。常常受到雇主支持,与工会运动无关。

comparable n. 参照物 该物被用以参考决定与之相似的财产的价值。常用复数形式。

comparable accommodation 相似住处;可比住处 相似住处标准被用于确定可允许的房屋租金的最高限额。法院运用这一标准对同一领域内实质条件相似的单元住房

所通行的租金进行复审。

comparable sales （没收财产的）可比销售价格　根据与没收财产相类似产品在相同时间、相同地区的市场价格，来确定没收财产的价值。

comparable worth 可比价值；类似价值　①指两个或多个雇员在他们的工作中为企业带来的相似价值；②指一种观念，认为无论其性别如何，从事同样工作的雇员应获得相同的报酬；也指一种原则，即从事同等价值的工作的男女应取得类似的报酬。

comparatio literarum 〈拉〉〈罗马法〉笔迹对照

comparative advertising 对比性广告　将所宣传的商标与同一产品的其他商标作明确对比的广告。

comparative injury 比较损失（原则）　衡平法上的一项原则，指如果给原告造成的不便和损害不是紧迫性的，而法院签发禁制令[injunction]会给被告造成巨大的损失时，则不予原告以衡平法上的救济。

comparative interpretation 比较性解释　一种法律解释方法，指通过对法律不同部分的比较和该法律作为整体同其他同一来源、同类主题法律的比较来阐明该法律的含义。

comparative jurisprudence 比较法学　通过比较不同法律体系研究法学原理的方法。

comparative law 比较法（学）　即 comparative jurisprudence, 它并非一种原则或一套法律规则，而只是一种研究法律的思路、方法或技巧。这种方法将不同的法律制度进行比较研究，以期发现不同法律制度的共同倾向、特点、普遍性因素，或者一类法律制度中的共同因素。比较法学的研究方法无疑对法律的一般性质、功能、观念等的理解有很大帮助。随着国际贸易及国际交往的扩大、加深，更刺激了比较法学研究的需要。比较法将世界的主要法律制度划分为几大法律体系：①民法法系，又称为罗马－日耳曼法系、大陆法系，主要指那些继受古罗马法的欧洲大陆国家，如法国、德国以及大部分西欧国家。中美洲和南美洲大部分国家也属于这一法系；②普通法系，这主要是在英格兰、爱尔兰、加拿大（除了魁北克）、美国（除了路易斯安那州）、澳大利亚、新西兰、中国香港地区等受英格兰普通法制度影响的国家或地区的法系。除了这两大法系，还有一些基于其他标准的划分，如社会主义法系、穆斯林法系等。

comparative negligence 比较过失　该术语是指在损害赔偿之诉中，将原告的过失与被告的过失进行比较，以减少被告应承担的赔偿份额。它最早用于海事案件中，现美国许多州已用比较过失原则取代共同过失或混合过失原则[contributory negligence]。一般而言，被告的过错程度越高，原告为获得赔偿所需的注意程度越低，但无论原告的过错如何，都不能完全免除被告的责任。

comparative rectitude 比较操守端正原则　当夫妻双方对离婚均有过错时，法院将作出有利于过错较小一方的离婚判决的一项原则。

comparative stylistics 比较文体法　一种比较多种文体的语法、格式、打字习惯等的取证技术。

comparere 〈拉〉出庭；应诉

comparison of handwriting 字迹比较；笔迹鉴定　通过比较两种字迹以确定是否为同一人书写的取证技术。

compartner 〈拉〉共同合伙人（= copartner）

compascuum 〈拉〉①共同放牧权（= common of pasture）②属于共同放牧权的

compassing n. 想象；设想　指单纯的思想活动，若未伴以外在行为[open, or overt, act]，则不受司法追究。但英国 1315 年《叛逆法》[Treason Act]规定，想象或设想国王、王后及其长子和嗣子[heir]死亡，构成叛逆罪[treason]。

compaternitas （教会法）通过基督教的洗礼[baptism]教父母与教子女建立的精神联系

compaternity (= compaternitas)

compatibility n. ①（尤指夫妻间的）和谐关系　②（职务的）一致性　指两种职务不相冲突而互相协调，可以由一个人来完成。

compear 〈拉〉〈苏格兰〉出庭　包括亲自出庭和委托代理人出庭。

compearance 〈拉〉〈苏格兰〉出庭(⇨compear)

compellability n. 强制作证的可行性　是否可以强制某人出庭作证的用语。一般规则是具备证人资格的人可以被强制出庭作证，但下列人员例外：掌握秘密谈话内容[confidential communication]的职业顾问[professional adviser]、婚姻存续期间从配偶处获得信息的丈夫或妻子、刑事案件中就某些问题作证可能会导致自证有罪的证人、被告人及其配偶。

compellativus n. ①对手；对方　②控告人

compelling state interest 〈美〉必要的国家利益　指国家必须保护的、较个人权利更为重要的利益。当国家为保护这种利益而采取的国家行为因侵犯了公民所享有的受平等保护或宪法第一条修正案赋予的权利而受到攻击时，该国家行为应予支持。

Compendia sunt dispendia. 〈拉〉作品摘要是不可靠的。

compensable death 应获赔偿的死亡事件　指依劳工赔偿法应获赔偿的、雇员在工作中的受伤致死事件。

compensable injury 应获赔偿的伤害　指依劳工赔偿法应受到赔偿的、工人在工作中受到的人身伤害；或其受伤与受雇有因果关系的伤害。

compensación 〈西〉债务抵销　当事人双方互为债务人、债权人的情况下，一方当事人可以从自己欠对方的债中扣除对方欠自己的同一等位的债[debt of equal dignity]。

compensate v. 补偿；赔偿；抵销

compensated surety 有偿担保(⇨corporate surety)

compensating balance 补偿性余额　作为贷款或贷款的条件，银行要求其客户必须保持的余额。

compensating tax 〈美〉补偿税　对本州居民在其他州购买有形财产而在本州消费和使用所征收的一种税，其税率相当于两州销售税的差别部分。此税的作用在于防止居民通过不同州的不同销售税率而避税。(⇨use tax)

compensatio 〈拉〉〈罗马法〉债务的抵销

compensatio criminum 同罪相抵　在教会法上，当丈夫与妻子都犯有通奸罪时，一个人的罪行可以与对方的罪行相抵销。也指在离婚诉讼中，一方以对方犯有通奸罪而要求离婚时，对方以其也犯有通奸罪为由而提出的抗辩。(⇨recrimination)

compensation n. ①补偿；赔偿　指对他人的损失给予价值相当的货币，或其他等价物，以使受损一方当事人回复其原有状况。②土地补偿金　因公共目的而致土地被征用或受到破坏性影响，从而给予土地所有人或占有人的价值相当的货币。英国 1961 年《土地补偿法》[Land Compensation Law]规定土地补偿的一般原则是按土地的市场价值进行赔偿，即将土地在公开市场上自愿出售的卖主所期望实现的土地价值。1973 年《土地补偿法》则规定，因使用公用设施所引起的喧嚣、振动、废气、烟气、热气或排放液体、固体物质从而造成土地价值贬损的,应予补偿。❸(劳灾)补偿;(工人)抚恤金 根据劳工赔偿法[workmen's compensation act],由雇主向受伤雇员发放的款项。该术语在劳工赔偿法中是指根据该法所指定的人员和确定的额度提供的金钱补助,而不是指针对不法行为或违反合同依法起诉所获得的补偿性赔偿金。❹(工作、劳务)报酬 因提供工作或劳务所获得的回报,可以采用固定工资、费用、佣金或事先规定的其他方式。❺(因捕获罪犯而获得的)赏金 ❻〈苏格兰〉〈大陆法〉〈路易斯安那州法〉抵销 双方当事人互为金钱或种类物的债权人和债务人,由于法律规定或双方的约定而使各自的债务归于消灭。(⇨damages; workmen's compensation; setoff)

compensation court 〈美〉劳工赔偿委员会
compensation for disturbance 侵权赔偿(⇨disturbance)
compensation for improvements 〈英〉改良补偿;改造补偿 ①根据1948年《农用租地法》[Agricultural Holdings Act]的规定,应为土地承租人对农用土地的改良提供补偿金。该法以1948年3月1日为界,将土地改良分为新、旧两种,并分别列举了可提供补偿的各种改良方式,以及需要取得土地出租人同意的各种情形。对于1948年3月1日以后的新改良,则以农地裁判庭[Agricultural Land Tribunal]的同意取代土地出租人的同意,补偿数额与改良价值相当;②根据1927年《出租人与承租人法》[Landlord and Tenant Act]及1954年的法律,规定对于商业用房的改造也可获补偿。
compensation for planning restrictions 〈英〉规划限制补偿金 指因城市规划而阻碍了土地开发或导致土地价值下跌而依法支付的补偿金。
compensation for victims of violence 对暴力犯罪受害者的赔偿
compensation order 〈英〉赔偿令 英国刑事法院在处罚罪犯时,除对罪犯判处刑罚外,还发布一种命令,要求罪犯对因其犯罪行为所造成的任何人身伤害、财产损失或其他损害作出赔偿,这就是赔偿令。发布赔偿令必须考虑罪犯的经济状况。对因某人死亡而给其抚养之人[dependants]带来的损失不发布赔偿令;对因机动车造成的交通事故而导致的任何损失不发布赔偿令。治安法院可以裁定的赔偿额最多不得高于400英镑。发布赔偿令的出发点虽好,但实际执行中困难颇多,如罪犯销声匿迹,拖延付款,或旷日持久地以小笔分期付款[trivial installments]偿付等。受害人若另行提起民事诉讼请求赔偿,其赔偿额度不受偿令之限制;但已依赔偿令而受偿的部分,应自判决总额中扣除。
compensation period 赔偿期限 指失业法或劳工赔偿法规定的失业者或受伤工人获取赔偿金的期限。
compensatory damages 补偿性损害赔偿金 指用于补偿实际的和精神的损失、伤害的一切损害赔偿金,但不包括惩罚性损害赔偿金[punitive or exemplary damages]和名义损害赔偿金[nominal damages]。
compensatory fine 补偿性罚金 指法院在民事藐视法庭的诉讼[civil contempt action]中判决藐视法庭者交纳的罚金,作为对受侵害的诉讼当事人由于侵害者不服从法院命令的行为所遭受的特别损害的救济性补偿。(⇨civil contempt)
comperendinatio 〈拉〉〈罗马法〉延期审理;推迟至第三天审理;第二次听审
compertorium 〈拉〉〈罗马法〉由受委任的专员或特派员进行的司法调查 负责查明案件事实并向法院汇报。
Comperuit ad diem 〈拉〉他曾在开庭日出庭。 在基于保释保证书[bail bond]所生债务的诉讼中提出的一种终止诉讼的答辩[plea in bar]。
competence n.❶(证人的)作证资格;作证能力 指证人能否在法院审判或其他司法调查程序中作证的能力或资格。法律一般都有作证的条件有所规定,如果傻人不能作证。证人是否适格,由法院决定。❷证据资格;(证据的)可采性 指依证据能否被法庭采纳来对案件的某一问题予以证明。❸资格;能力 在合同法中,指当事人达到法定年龄,且有行为能力,无精神残疾的状况。❹权限;管辖权 指法院等裁判机关处理特定事务或立法机关就某些事项制定法律或规则的权力。有时与jurisdiction同义。(⇨competency)
competency n.能力;资格 该词为competence的变体,但现在它在法律上的含义渐被限于仅指"某人理解问题并作出决定的能力",或"受审的能力"这一方面。如有严重精神障碍者在法律上为无能力人。competency to stand trial是其常用词组。
competency of evidence 证据的可采性(⇨competence)
competency of person 人员的合格性(⇨competent person)
competency of testator 遗嘱能力;立遗嘱的法定资格(⇨testamentary capacity)
competency of witness 证人能力;证人的作证资格(⇨competent witness; competent attesting witness)
competency proceedings 意识能力诉讼 指为了判断某人的意识能力[mental capacity]状况而进行的听审程序。如在刑事诉讼中为确定被告人是否有受审能力、能否被判刑,或确定其实施犯罪时是否精神正常,或者在民事诉讼中为确定是否应将某人收容起来进行治疗,都可进行此种听审程序。
competency to stand trial (被告人的)受审能力 如果被告人不能理解诉讼的性质和目的,不能向其律师咨询和协助进行诉讼防御活动,即认为其欠缺受审能力。正当程序禁止政府对缺乏受审能力的被告人提起诉讼。
competent arbitrator 适格的仲裁人 一般情况下,与争议没有利害关系的人都可以作为仲裁人,而不论其法律地位如何。如果仲裁协议中对仲裁人资格有约定,则符合协议约定者为适格的仲裁人。
competent attesting witness 适格的见证人(⇨competent witness)
competent authority 主管权限 指法院和官员具有的处理特定问题的法律权力。
competent court 管辖法院 依法具有刑事或民事管辖权的法院。
competent evidence 可采纳的证据;可接受的证据
competent jurisdiction 合法管辖权
competent person 合格人员;具有行为能力的人 指年龄和智力能力符合法定要求的人。(⇨competent attesting witness; competent witness)
competent tribunal 有管辖权的裁判庭(⇨competent court)
competent witness 适格证人;有作证能力的证人;符合法定资格的证人 指在年龄、智力、宗教信仰、对宣誓的性质和义务的理解能力等方面符合法定要求,有资格提供证言的人。如美国《联邦证据规则》规定若非专家证人对待证事项有亲身体验或感知[personal knowledge],即可作为适格证人作证。

competere 〈拉〉可得到的;可用的

competing lines (= competing railroads)

competing railroads 竞争性铁路公司 指在两个特定地点各有独立的运输线并同时寻揽运输业务的两家铁路公司。

competing unions 竞争性工会(⇨rival unions)

competit assisa 〈拉〉地产诉讼令存在,诉讼就成立[An assize lies, an action lies]

competition n. 竞争 与垄断相反的经济形式,指在市场上存在大量潜在的供应商和消费者,因此没有人能控制货源、价格等市场因素。在不同时代和不同环境下,法律对待竞争的态度不同。

competition with mails 〈美〉邮政竞争罪 从事邮件的收取、运送和交递等邮政业务,与邮政部[Post Office Department]相竞争,损害邮政部对邮政业务的垄断[monopoly]行为而构成的犯罪。该罪是美国联邦法律规定的一种犯罪。

competitive advertising 竞争性广告 基本上不包含任何信息,仅被生产者用来为其产品保留一个市场份额的广告。

competitive bidding 竞争性投标 由投标者[bidder]递交投标书,招标者从中选出最合适的人与其签订合同的一种公开招标方式。

competitive civil service examination 标准化公务员考试 指一种有客观标准的测试,可以供任何人参加,也可以仅供文职人员参加作为晋升的考核标准。

competitive examination 标准化考试 指与主观性测试相对,采用客观标准衡量的考试。

Compilacion de Canellas (or de Huesca) 《卡内拉斯法令集》 阿拉贡[Aragon]国王詹姆斯于1245年颁布的各种法律的汇编。

compilation n. ❶法律编纂 对以前所有的法律进行审查、删除、修改、补充从而形成新的较系统的可供使用的规范性法律文件。❷财务报告汇编 在会计方面指会计将财务报告收集在一起,但不保证其符合标准会计原则,该会计的责任仅限于审查报告中的明显错误。❸汇编物;编辑物 对已有的作品进行挑选、组合,形成新的作品。

Compilationes Antiquae 〈拉〉《古代教令汇编》 教会法[canon law]发展过程中的一部法律汇编,在《格拉提安教令集》[Decretum]之后。

compiled statutes 法律编纂(⇨compilation)

complain v. 起诉;控告

complainant n. 原告;起诉人;控告人 通过递交起诉状向法院请求给予司法救济,或者向有关机关控告犯罪的人。该词在英国(苏格兰除外)和美国法律中都使用。指原告时,在传统上只使用于衡平法院的诉讼中,但自20世纪初期起,衡平法院也已开始采用在普通法法院使用的原告[plaintiff]一词。

complainer n. ❶〈苏格兰〉(= complainant) ❷〈美〉经常起诉者;经常控告者

complaining witness (= prosecuting witness)

complaint n. ❶〈美〉民事起诉状 依据民事诉讼规则或法律开始一项民事诉讼的文书,起诉人应在其中简要说明法院具有管辖权的根据并阐明要求获得法律救济的请求。起诉状应和传票令[writ of summons]一起送达被告人。❷〈美〉刑事控告书 依《联邦刑事诉讼规则》[Fed.R.Crim.P.],指由受害人、警察、地区检察官或其他利害关系人向有管辖权的联邦司法官[magistrate]提出的说明某一犯罪行为已经发生的文书,其中应述明构成其所指控罪行的重要事实。虽然提出控告书旨在指控犯罪,但在诉讼中正式的起诉书应为大陪审团起诉书[indictment]或检察官起诉书[information]。如果控告书中存在可成立的理由[probable cause]表明指称的某人实施了该犯罪,即可据此对该人签发逮捕令。❸〈英〉民事起诉状 在治安法院开始一项要求被告付款的民事诉讼的文书。原告应在诉状中述明案件事实。原告也可以口头起诉。❹〈苏格兰〉刑事指控令 在简易刑事诉讼中,指控某人实施了某种犯罪的令状。

completed contract method 合同期满入账法;全部完工法 一种会计方法,除了当年必须入账的确定的损失外,对长期合同的利润或损失在合同期满年份入账,与完工百分率法[percentage of completion method]相对。

complete determination of cause 案件的全部审结 指对案件所涉每一争点[issue]均已裁决,从而可作出有既判力的判决[judgment res judicata]。

complete enjoyment rule 完全享有原则 地役权[easement]中隐含的一项法律原则,地役权人使用他人地上通道的权利可在合理或对其有实益的范围内行使,以保证其享有地役权的土地价值不受损。

complete immunity 〈美〉完全豁免权 因为被告属于慈善性质而在法律上给予豁免权,不论其在雇佣或聘用雇员时有何过失,亦不论受损害者与其关系如何。

complete in itself (立法)对项目作了完整的规定;无遗漏的;不是修补性的

complete jurisdiction 完全管辖权 指拥有对案件的审理、判决和执行判决的权力。

completeness rule (= rule of optional completeness)

complete operation rule 全程操作原则 汽车运输责任保险单中用于明确承保风险起讫时间、地点的一项原则。根据该原则,保单中的装卸货条款[loading and unloading clause]适用于从被保险人占有货物到货物在目的地交付给收货人的全过程。

complete payment 合同订明的末次付款

complete remedy at law 法律上的全部救济(⇨adequate remedy at law)

completing an abstract 摘要的完成 指产权保险人[title insurers]和产权说明书摘要员[abstracters of title]的工作。

completion bond 完工保证(⇨performance bond; bond)

completion of record 判决的完成 指法院书记官对法官所作判决中留有的待填空白处填补完善的一项工作。

complex trust 复杂信托 受托人有权决定对当期信托收益进行分配或积累的信托,相对于简单信托[simple trust]。

complicated accounts 乱账 指需要加以整理的账目;或存在若干问题等待解决的账目;或双方当事人的权利义务在账目中不清楚,尚待确认的账目。

complice n. ❶共犯;共同犯罪人 ❷共谋者 ❸帮凶;从犯

complicity n. ❶同谋关系;共谋活动 ❷共同参与犯罪 既可以是主犯,也可以是从犯。

complicity in crime 共同犯罪关系人 在共同犯罪中,有两种人可以认定为主犯:一种是作为主犯[principal]参与犯罪的人或犯罪的实施者[perpetrator];一种是原先作为从犯参与犯罪,但实际上帮助[aid]、教唆[abet]、劝诱

[counsel]、导致[procure]犯罪行为的实施的人。但在犯罪行为实施后提供帮助的,不算在内。

complot n.(古)共谋;同谋
v.共谋

compose v.❶调整;调停;调解(争议等) ❷和解债务 尤指通过与债权人达成和解协议的方式。

composite facts rule 综合事实规则 支持证人证言的可采性的一项证据规则,指如果证人的证言从表面上看是以证人所作结论的形式作出的,但实际上是证人对其所知或所观察的情况提供的证言,因此种情况的性质决定了证人以一种综合的而非详尽的方式来提供证言是最佳的或最可行的,则在此情况下应允许证人提供此种证言。

composite work 编辑作品 指由许多作者分别享有版权的不同部分所汇集而成的一个作品。在其所包含的各个部分的版权保护期届满后,如果存在续展的版权保护期[renewal term],则属该作品的所有人。(⇨compilation; collective work)

compositio mensurarum 〈英〉计量法 英格兰计量法名称。无刊印文本,只在英王亨利八世[Henry Ⅷ]颁布的法令中提及。

composition n.❶和解协议 在债务人不能足额偿还债务时,债务人同两个或两个以上债权人就只偿还部分债务,而免除全部债务责任所达成的协议。composition 与 accord 不同,后者虽亦有和解之意,但是指债务人和一个债权人达成的,或仅还部分债务免除全部债务责任的协议,而前者指与全部或至少相当一部分债权人达成的此类协议。❷和解金 当债务人不能如数清偿数个债权人的债务时,根据债务人和债权人达成的和解协议对债权人按同一比例进行清偿的金额,就此视为全部债务得以清偿。❸构成;组成 与 disintegration 相对。❹(日耳曼法)补偿金;抵偿金 指造成他人身体伤害的责任人为避免家庭间仇杀或对方报复而付给受害者的一笔钱。

composition contract 〈苏格兰〉和解契约 即和解协议,常作为扣押财产的一种变通做法;另外,财产被扣押者或其朋友可就全部债务向各债权人提出和解建议,如该建议被接受并经法院批准后,破产债务人可重获财产,并免除支付和解金以外的一切责任。(⇨composition)

composition deed 和解契据 一种协议书契,含有债务人与数个债权人达成和解内容的条款。

composition of matter (专利法)组合物 指由两种或两种以上物质组成的混合物或化合物,不论其为气体、液体、粉末或固体。如果该物质是从未有过的,则专利权可包括组成物及其制作方法。

composition of tithes 〈英〉(教会法)什一税和解协议 由土地所有者和带俸牧师达成协议,并经教会常住法官和圣职推荐权人的许可,该土地所有者以捐献一些土地或其他不动产的补偿方式使其土地免除缴纳什一税的义务。

composition with creditors 与债权人达成的和解协议 债权人为尽早受偿,与陷于破产或财务困难的债务人达成协议,同意债务人按同一比例偿付债务,从而免除其清偿全部债务的责任。它也构成债权人之间的协议,即各债权人均同意从债务人的资产中按低于原债务额受偿。如果和解协议明示或秘密地对特定债权人有利,则构成优先受偿,视为"破产行为",该规定可见于美国联邦《破产法典》[Bankruptcy Code]。(⇨bankruptcy proceedings; arrangement with creditors; assignment for the benefit of creditors)

compositio ulnarum et perticarum 〈英〉❶英格兰古时有关长度(ell 和 perch)的计量法 ❷一部关于计量标准的英格兰古时法律的名称

compos mentis 〈拉〉心智健全 神智清楚,在心智方面有足够能力去做某事。(⇨non compos mentis)

compossessio 〈拉〉(罗马法)共有 两人或两人以上共有同一财产。

compos sui 〈拉〉肢体功能健全 具备支配自己的肢体和身体活动的能力。

compotarius n.(英格兰古法)分式记账法[a party accounting]

compotus 〈拉〉(=computus)

compound v.❶和解;与债权人达成和解协议 债务人在偿付少于原债务的份额后,而获免除全部债务。❷(刑法)私了 指接受报酬而不检举、控告罪行。❸合成;混合 ❹以复利计算 ❺(非严密)加重(罪行等)
n.❶人工制造物;合成物;化合物 ❷藉以人力使两种或两种以上的元素、事物相结合

compounder n.〈美〉❶和解人;调解人 也称"友善和解人"[amicable compounder]。❷私了者;包庇者 知悉他人犯罪,因接受报酬而同意不检举、控告。

compound householder 〈英〉免税住户 根据 1819 年《济贫法》[Poor Relief Act],租赁单间房屋或短期租赁的贫困住户可免缴税,由房主缴税,但其后果是征税簿中没有此类贫困户姓名,从而被剥夺了地方和议会选举权。1851 年和 1858 年的《免税住户法》[Compound Householders Act]规定,只要住户或房主已缴税,此类住户应视同纳税人,享有同等选举权。《免税住户法》后经多次修订,1948 年通过的《人民代表法》[Representation of the People Act]规定,选举权的享有不再以是否缴纳地方税为前提。

compounding a crime 私了犯罪罪 刑事犯罪的被害人和犯罪人之间达成协议,以接受财物或补偿作为交换条件,不对犯罪人进行起诉或告发的私了行为。根据普通法,构成该罪包括 3 个要素:①不对罪犯进行起诉的协议;②明知该行为构成犯罪;③接受一定报酬。(= theftbote)

compounding a felony or misdemeanour 私了重罪或私了轻罪罪 指重罪或轻罪的被害人以接受归还赃物或其他利益为条件,不对犯罪人起诉或告发的私了行为。私了轻罪行为不构成犯罪,除非其本质上触犯了公共利益。英国于 1967 年废除了重罪与轻罪的区分,另设私了可逮捕罪罪[compounding an arrestable offence],即将以接受报酬为条件而同意不告发可逮捕罪的私了行为定为犯罪,但如果这种报酬仅仅是为了补偿由犯罪造成的损失或损害或对其作出合理的赔偿,这一行为则不构成犯罪。

compounding elements 组成化合物的元素(⇨compound)

compounding for differences 谋取差额利润的买空卖空行为 指股票、证券或商品的投机性买空卖空行为,以买卖期货,并不真正交割,而是结算合同价和期货到期日的市场价差额谋取利润。

compound interest 复利 与 simple interest 相对,又称利滚利,指本金利息再加以前利息期应计而未付利息的利息,复利一般为法律所不允许。

compound journal entry 复合分录 包括多笔贷借账目

记录的分录,如收到的利润为部分现金、部分证券的情形。

compound larceny 复合偷盗 指具有从他人身上偷盗或入室盗窃等加重情节的偷盗罪,也称"混合偷盗"。它与"简单的"[simple]或"单纯的"[plain]偷盗不同,后者并无侵犯人身或住处的加重情节。

compound settlement 复合处分 指在同一块土地上设置两个或两个以上的处分权。

compra y venta 〈西〉买和卖;买卖

comprehensive coverage 综合性承保范围 近年在汽车保险中经常使用的一种简便的赔偿方式。它不仅承保火灾、偷窃、风暴、雨水、恶意行为等风险,还包括除了碰撞或倾覆之外的所有造成被保险车辆损失的风险。

Comprehensive Employment and Training Act 〈美〉《综合雇佣及培训法》 联邦政府于1973年制定以解决失业问题的一部法律,但在实施中由于种种人为原因,许多划拨的援助资金并未用于实处,从而收效甚微。

comprehensive insurance 综合保险 对各种风险予以承保的保险单,任一所列风险都可构成该保险单的标的。这种保险一般用于机动车保险单。

comprehensive international institutions 国际综合机构 履行准立法行政职能的综合性组织。

comprehensive policy (保险法)综合保险(单) 海洋运输货物保险的主要保险条件之一。除基本保险责任外,对于被保险货物在运输途中由于外来原因造成的短缺、短量、渗漏、碰损等全部或部分损失,保险人亦负责赔偿。

comprehensive zoning plan 综合区域规划 为规范、指导城市或其较大地区的地产的利用和开发而制定的总体规划,根据地产的当前和潜在利用情况,将该城市或地区划分为若干社区。(⇨planned unit development;zoning)

compremesso 〈意〉争议双方同意将争议提交仲裁的正式文件 同于罗马法的 compromissum。协议仲裁原则已为普通法所采纳,适用于各类和解清偿协议中。

comprint v. 盗印 盗印其他出版商的出版物并从中营利的行为,与普通法相悖,故属违法。(⇨copyright;infringement)

comprise v. 由…组成;包括;包含

comprivigni 〈拉〉(罗马法)继子女 妻与前夫或夫与前妻所生的子女。

compromis 〈法〉(国际法)国际争端解决协议 两个或两个以上国家将存在的争端提交仲裁者、仲裁机构或国际法庭解决的协议。

compromise n. ❶和解;妥协 争议双方或各方互相妥协解决争议的协议,如债权人以部分偿付换取债权人不再追究其余欠债。 ❷(解决纷争的)仲裁协议
v. ❶和解;妥协;让步 ❷互让了结 ❸(由于某行为,如律师的不当代理)使…陷于危险;使…处于不利;使(名誉、生命等)受到损害

compromise and settlement ❶和解协议 为避免诉讼,争议双方相互妥协达成的和解协议。 ❷争议和解协议 在法庭内或庭外达成的解决争议的协议,双方虑及法律及事实上的不确定性,而公平解决争议。 ❸了结争议的协议 争议各方根据此协议履行和解。

compromise of a claim 诉讼和解

compromise verdict 折衷裁断 不是由全体陪审员一致通过的裁断,而是一部分陪审员放弃自己对案件中某一实质性问题的立场,而其他陪审员在该案另一问题上也放弃自己的立场,由此达成的折衷裁断。此种裁断属不当裁断,应予撤销。(⇨Allen charge)

compromis proper 特定国际争端解决协议 (⇨ad hoc compromis)

Compromissarii sunt judices 〈拉〉仲裁者即法官。

compromissarius 〈拉〉(罗马法)仲裁员;仲裁人 (⇨arbitrator)

compromissum 〈拉〉仲裁协议 同意将争端提交仲裁的协议。

compromissum ad similitudinem judiciorum redigitur 使和解接近于判决

compte arrêté 〈法〉认可账单 书面账单,经出单人认可账面无误。

compter v. 预测;打算;期望
n. 〈英〉债务人监狱 指附属于自治城市的市长法院或行政司法官的债务人监狱。伦敦曾设有两个这样的监狱:普特利债务人监狱[Poultry Compter]和吉尔斯普尔街债务人监狱[Giltspur Street Compter],两监狱分别在1817年和1854年被取消。

comp time 补休时间 雇员可以不领取加班工资而获得相当的补休时间。

comptroller n. (政府或企业的)审计官;审计员 负责稽核和审计政府或企业的账目,保存有关记录,并随时提出财务状况报告的官员或高级职员。该词等同于controller,不过与英国英语相比,在美国英语中更常用comptroller。

Comptroller and Auditor General 〈英〉总审计长 英国议会官员、财政审计署[Exchequer and Audit Department]首脑,由英王任命,薪俸从统一基金[Consolidated Fund]中支付。其主要职责为检查军队和政府各部门的账目和其他公共账目,向议会提交年度审计报告。

Comptroller General 〈美〉总审计长 美国联邦政府总审计署[General Accounting Office]的首长,其主要职能是审计政府机构的账目。

Comptroller-General of Patents, Designs, and Trade Marks 〈英〉专利、外观设计和商标局局长 负责审批专利、外观设计和商标注册事务的官员,拥有许多法定权力和责任,包括准司法权。对其所作决定,可向法院提出诉讼。

comptroller in bankruptcy 破产审计官 其职责为接受破产管理人提供的账目,并传唤管理人报告管理情况,审查有无滥用职权、玩忽职守行为。

Comptroller of Currency 〈美〉货币监理官 货币监理署[Office of the Comptroller of the Currency]是根据1863年2月25日国会法律成立的,为美国国民银行系统[national banking system]的一个主要管理部门。作为国民银行的管理者,货币监理官负责执行有关国民银行的法律、制定和公布规范国民银行和哥伦比亚特区[District of Columbia]银行的法规。新的国民银行的成立、州立银行[state-chartered bank]转制为国民银行、国民银行兼并其他银行以及建立国民银行分支机构都必须经过货币监理官的批准。

compulsa 〈拉〉经过司法证实的契约或文件副本

compulsion n. ❶强迫(行为);受强制(状态) 强迫可以采用体力或其他方式,处于胁迫下的行为对行为人无约束力,但行为人应服从和履行合法的强制性行为。对于被迫从事犯罪行为的,法院一般似乎并不倾向于认为可作为辩护理由,有关该方面的法律并不明确。对此,宜按服从命令、战时强制、受胁迫或紧急避险等方面进行辩

护。❷无法抗拒从事某一行为的倾向 ❸客观需要；胁迫

compulsive behavior 强迫性行为 指受反复冲动或在渴望支配下所实施的非理性行为，有时同某类精神病有关。此类行为可能无害，也可能有害，偷窃癖和性变态都是其表现形式。因渴望而实施的强迫性行为可能得到某种满足，但常伴有自责、悔恨或恐惧的后果。

compulsory *a*. 强制的；法律或法律程序所强制要求的 *n*. (教会法)强制令 强制证人到庭的传票或令状。

compulsory acquisition 〈英〉强制取得；征用 通称"强制购买"[compulsory purchase]，未经所有人同意而获得其所有土地或土地的利益。这是国王享有的权力，但通常都是依法征用。当今许多法律授权公路、住房、教育等行政管理部门，为实现其职能，可以征用土地。征用需制作强制购买令，送呈有关大臣或其他审批机构批准。由于土地被征用或其利益受损害而要求补偿的权利及补偿基础均由有关法律规定。(= compulsory purchase)

compulsory appearance 强制出庭应诉 法庭以传票强制当事人出庭应诉，接受诉讼管辖。

compulsory arbitration 〈美〉强制(性)仲裁 法律规定争议一方必须选择仲裁，如根据法律，涉及公务人员[public employee]的劳动争议必须通过仲裁解决。

compulsory assignment 强制性财产转让 为保护债权人利益而根据法律规定或通过合法强制执行发生的财产转让。

compulsory attendance 强制性参与 指法律规定的参与义务，如达到一定年龄的人有义务入校学习。

compulsory attendance law 义务教育法 规定达到一定年龄的未成年人有义务接受教育的法律。

compulsory condition 强制(性)条件 明确规定必须履行的条件。

compulsory counterclaim 强制性反诉 指因与本诉请求有关联，且与本诉请求针对同一诉讼标的，从而要求本诉的被告必须提出的由法院一并审理和裁决的反诉请求。若被告未能在本诉中提出强制性反诉请求，则在以后单独提起的诉讼中被告不得主张该项请求。(⇨permissive counterclaim)

compulsory disclosure ❶强制披露 法院的一种裁定，为证明案情，对符合披露规则[discovery rule]范围内的事项，法院强制当事人予以说明或披露。❷强制公开 国家公务员或国家公职人员的竞选人必须披露其财产、收入及收入来源。

compulsory education 义务教育 法律规定儿童的父母或监护人必须使儿童受到的教育。

compulsory insurance 〈美〉(保险法)强制保险 法律规定必须投保的险种。在大多数州，投保汽车责任险是汽车登记的前提条件。

compulsory integration 强制合并(⇨compulsory pooling; integration)

compulsory joinder 〈美〉强制合并 指某人的参与为已参加诉讼的当事人获得完全的救济所不可缺少，或者当某人提出权利主张从而可能对其他当事人产生实质的影响或可能因诉讼的进行而承担风险时，法庭要求其加入诉讼，成为诉讼当事人。

compulsory jurisdiction 强制管辖 对特定或专门管辖 [limited or special jurisdiction]的误称。

compulsory labor 强制劳动 (= forced labour)

compulsory liability insurance 强制责任保险(⇨compulsory insurance)

compulsory license 强制许可 指为实现某种政治或社会目标而由政府强迫知识产权所有人允许他人使用其知识产品；而使用费由政府根据其认为"合理"的标准加以确定。知识产权所有人不得拒绝许可或就使用费进行谈判。

compulsory liquidation 强制清算 指由法院裁定的停业清算。

compulsory measure short of war 战争以外的强制措施 这些措施——包括施加压力在内——可能与和平状态相冲突或并不冲突。

compulsory military training 〈美〉强制军训 ①根据法律规定，从《联邦土地出让法》[Federal Land-Grant Act]受益的大学的在校生必须接受军事训练；②根据选征兵役制[selective draft]必须接受的军事训练。

compulsory nonsuit 驳回诉讼 如原告不能就其诉讼请求提供证据，或者未出庭，或者拒绝出庭参加诉讼，法院作出的驳回诉讼裁定。

compulsory novation (= garnishment)

compulsory payment ❶强制支付 行为人在受到强制、胁迫或法律执行力约束时的非自愿支付行为。(⇨involuntary payment) ❷法定债务的支付 如纳税、支付赡养费等。❸强制偿付债务 如通过扣押债务人财产。

compulsory pilot 强制引水员(⇨compulsory pilotage)

compulsory pilotage (海商法)强制引水 当船舶驶入或驶出港口时，法律规定必须由港口所在国的适格引水员上船引水。由于引水员的强制性委派，当引水员导致船舶碰桅时，船东可不承担个人责任。

compulsory pooling 〈美〉强制合并 为保护自然资源和环境，将一些面积小或不规则地分属不同所有人的土地合并，以便统一钻探开发油气田。

compulsory process 〈美〉强制性传票 指强制证人到庭作证的传票，包括普通传票[subpoena]及必要时签发的逮捕令或拘押令。以强制性传票传讯对刑事被告人有利的证人是其宪法性权利。

Compulsory Process Clause 强制性传票条款 指美国宪法第六条修正案，给予刑事被告人传唤对其有利的证人的权利。

compulsory purchase (= compulsory acquisition)

compulsory removal (海商法)强制搬移 指废弃船舶的船主或船舶保险商必须将该船舶从通航水域移走。

compulsory sale or purchase 强制出售或购买 指因国家征用而产生的财产所有权的转移，或法院针对不纳税等行为而强制出售行为人的财产。(⇨eminent domain; involuntary alienation)

compulsory self-incrimination 强迫自证其罪 指以肉体上或精神上的强制方式迫使被告人自认有罪。任何人不得被强迫自证其罪是英美法上的一项重要原则，如美国宪法第五条修正案对此即有规定。

compulsory service 强制性劳务(⇨peonage; selective draft act)

compulsory unitization 〈美〉强制统一；强制合并 指为了保护环境和资源，将某一地区的油气田合并开采经营，本词有时可同 compulsory pooling 交替使用。

compurgation *n*. 宣誓断案；宣誓断案法；共誓涤罪 中世纪的一种审判方式。指在刑事或民事诉讼中，被告可以通过宣誓证明自己无罪或起诉无依据，并由 11 或 12 名宣誓助讼人[compurgator，通常为其邻居或亲戚]给予证

明,证人所证明的不是案情事实而是被告的人品并表明相信其宣誓。被告如找不到规定人数的证人或证人宣誓方式不符合要求,则被告将败诉。此种制度起源于入侵罗马帝国的条顿部族,后在中世纪西欧各国包括教会法庭、庄园法庭得到适用,甚至有人认为它是英国陪审制的起源。1833年英国民事诉讼法颁布后,宣誓断案最终被废除。(= wager of law)

compurgator n.宣誓助讼人 出席法庭并宣誓支持民事或刑事被告的证人,通常为被告的邻居。(⇨compurgation)

computate n.一种类似于分配令[writ of allocate]的令状

computation n.估计;计算(期间) 根据法律规定的方法计算时间,以区别于当事人自己任意的计算。

computation of time 期间的计算 根据民事诉讼法的规定,在计算法定期间时,从行为或事件发生的次日开始计算,发生的当天不计在内;期间的最后一天应计算在内。如果最后一天是法定节假日,则以节假日后的第一天为期间届满日。如需要向法院呈递文书,无论出现何种障碍使该文书无法送至法院,期间将延续至该障碍消除后的第二天。

computer and law 计算机和法律 与法律有关或可能有关的计算机科学与技术的运用似乎主要(如果不是完全)存在于信息的存储和检索领域。如计算机可用于储存已知罪犯信息并能将其迅速检索出来,可以储存法律、法规、判例、文献目录、主要法学教材等。但目前在这些领域的工作做得还不多。尤其是决定应当储存哪些信息,使用什么标题和关键词,均非易事。计算机能否广泛解决法律问题还有待深入研究,因为很多法律问题的解决取决于法庭对事实的认定,对法律的适用和解释。在许多情况下,取决于法庭的自由裁量。计算机在法律上的应用还有大量工作要做。

computer-assisted legal research 〈美〉计算机辅助的法律检索 将法规及有关案件判决等输入计算机作为基础资料以帮助法律检索。目前使用的系统大多采取全文录入式,即把文件的每一个字都录入基础资料中,查找资料需通过有关键词的检索来进行。各类别的所有资料可通过一个特别关键词来浏览。为便于有效查询,须十分小心地选择关键词,以防将无关资料混入。为选择好关键词,设计了很多先进手段。目前在美国使用的官方资助的系统包括:空军[Air Force]开发管理的联邦电子法律信息[F.L.I.T.E.(Federal Legal Information Through Electronics)]系统;司法部开发管理的司法救助与调查系统[J.U.R.I.S.(Justice Retrieval and Inquiry System)]。私人资助的系统包括:韦氏出版公司[West Publishing Company]开发管理的 Westlaw 系统和米德数据中心[Mead Data Central]开发管理的 L.E.X.I.S.系统。

computer crime 计算机犯罪

computo 〈拉〉计算;估计 (⇨de computo)

computus 〈拉〉(古)上交令 法官签发的强制监护人、财产管理人、破产财产管理人或会计人员将账册上交的命令。

C.O.M.S.A.T. (= Communications Satellite Corporation)

comstockery 对妨害风化的文化艺术的审查 指对认为有妨害风化或淫秽性质的文学、艺术进行或意图进行的审查。

Comstock Law 《考姆斯托克法》 1873年联邦法,加强禁止邮寄"淫秽"书籍、图片以及"任何避孕、有助流产的用品"。由于该法律的偏执,由此产生一个大致相当于"过分拘谨"[prudery]的新英语词 comstockery。

comte (法国古法)伯爵;地方长官 在特定的地域行使司法管辖权的官员,其职能部分是军事的,部分是司法的。

con (= confidence; convict; contra)

conacre n.(土地)转租 爱尔兰佃农将其备耕或准备收获的部分土地转租给他人,为期一熟。

Conatus quid sit, non definitur in jure. 〈拉〉法律不对意图加以规范。

con buena fe 〈西〉真诚地;忠于职守地

conceal v.隐瞒;隐匿;隐藏 在有关扣押令的法规中,该词指隐匿财产使执法官员无法找到;在有关隐匿赃物的法规中,该词指故意隐匿以剥夺物主的所有权;在破产法中指隐瞒、伪造和毁坏。故意隐匿破产财产罪不仅包括隐匿破产财产,还指拒绝提供有关财产下落的信息;在执行程序中,拒绝执法官员的要求即属隐匿财产。(⇨compounding a crime; harbo(u)r; misprision of felony; withholding of evidence; treasure-trove; secret)

concealed lands 隐匿的土地(⇨concealers)

concealed weapon 隐蔽的武器 指武器放置在一般不易被发现的地方,尽管不是他人绝对见不到的地方。该术语用于反对携带隐蔽的杀伤性武器的法律中。

concealers n.(英格兰古法)隐匿土地的发现者 受国王委任,去追查本该收归国王却被隐匿的土地及其他相关权利的人,他们被称做是"专找人麻烦、乱七八糟的、骚扰人的家伙"。

concealing birth 〈英〉隐瞒出生罪(⇨concealment of birth)

concealment n.隐瞒;隐藏 指某人有义务将了解的某事告知他人,却加以隐瞒未告知,如在破产或离婚诉讼中隐瞒财产状况、投保申请时隐瞒健康状况等。有时隐瞒等同于欺诈。有隐瞒情况的合同是否有效由受欺诈方决定。隐瞒也可能构成刑事犯罪,如财产的出让方或抵押人隐瞒重要产权情况或该财产已上设定债权或抵押等事实,在英国就视为轻罪,应依法判处二年监禁。(⇨active concealment; fraudulent concealment)

Concealment may be basis of estoppel. 隐瞒行为可导致隐瞒者的不容否认。构成这种不容否认的要素是:①在明知有关事实的情况下隐瞒该重要事实;②因而导致有关当事人对该事实一无所知;③该当事人在被隐瞒的情形下有行为意图;④在受隐瞒情形下,该当事人被诱作了某事。隐瞒者不容否认的原则仅适用于被诱使实施发明的情况。

concealment of birth 〈英〉隐瞒(婴儿)出生罪 因难以证明母亲是否杀害了她的孩子而于1623年创设的一种犯罪。任何人秘密处置婴儿死体以图隐瞒婴儿出生的行为是犯罪。但隐瞒婴儿出生罪是轻罪。

concealment rule 隐瞒规则 指被告的行为阻碍了原告了解其权利主张的存在,因而对该权利主张的诉讼时效应予中止,直至原告了解或应该了解时止。

concéder 〈法〉授权 指授予某种权利或者特权。

concedere v.授权 (= concéder)

concedo 〈拉〉(古)我授权 该词常用于商法和古盎格鲁-撒克逊的授权令及后来的商人保证书中。

concentration account 集中账户 在银行开立的单个集中账户,使在外地存入或收取的款项定期转入集中账户。

conception n.❶开始妊娠 ❷概念;观念;设想;构想

conception of invention 发明构思;发明设想 指发明者头脑中形成的一种特定、持久和完整的发明构思并能在此后付诸实践。法院在确定发明优先权时,通常按构思

来考虑。(⇨reduction to practice)

conceptualism n. 概念论；概念法学　亦称"jurisprudence of concepts"，指重点关注法律概念和术语的一种做法。它认为，由于该词好像在所有上下文中都有固定不变的意思，因此在判定某一特殊案件所应适用的法律时，使用三段论的推理方法即可解决问题。概念论是有缺陷的，因为法律概念和术语都是用英语单词来表达的，事实上并无固定的和确定的定义，同时，概念论也会导致错误的结论，或者阻碍在不同的上下文中对有关法律规则的理解。

conceptum 〈拉〉(罗马法)人赃俱获的盗窃　在搜出赃物时有证人在场。(⇨furtum conceptum)

concert n. 一致；协同　当某人与他人共同完成某预定事项时，应认定双方行动一致。(⇨accomplice; conspiracy)

concerted action 协同行为　指一些人为达到某一目的有计划、有安排且相互同意的共同行为，所有参与者应对彼此的行为负责。

concerted activity 〈美〉(劳动法)协同活动　指雇员涉及工资或劳动条件的协同活动。此类活动受《全国劳资关系法》[National Labor Relations Act]保护，雇主不能借此处分或解雇雇员。典型的受保护的协同活动包括筹组或讨论筹组工会，某一雇员从另一雇员处寻求工会保护，但协同活动并非一定涉及工会，未参加工会的雇员为改善劳动条件在工作场所的活动也应认为是受保护的协同活动。

concerted refusal to deal 联合抵制交易　指两个以上的人或企业共同约定不同第三方进行业务交往。联合的各方可能是竞争者，也可能不是。联合抵制交易可能违反谢尔曼法[Sherman Act]第一条规定，对此应根据联合约定的性质，按照"本身违法规则"[per se rule]或"合理规则"[rule of reason]进行分析。(⇨boycott; per se rule; rule of reason)

concert of action (= concerted action)

concert of action rule 〈美〉协同行为规则　指二人合意共同实施某一犯罪，而该罪行的性质决定必须由两人共同实施，不能按共谋犯罪者起诉，如通奸。(⇨ Wharton Rule)

Concert of Europe 欧洲协调组织　根据拿破仑战争结束后所达成的协议，欧洲几个主要国家——奥地利、英国、法国和俄罗斯共同建立的旨在维持欧洲和平和秩序的非正式组织。1830年的法国革命动摇了该组织，意大利和德国分别统一和德国于1870年击败法国建立德意志帝国后，该组织瓦解。

concessi 〈拉〉(古)我已授予　古时财产权转让中的一个专用语，特指不动产租赁权的转让。它并不产生类似封赠[feoffment]、赠与[grant]及出租与弃权[lease and release]那样的后果，比如在这些情况下出让人要为受让人提供权利担保[warranty]，而"我已授予"只是创设了一个定期租赁的合约。

concessimus 〈拉〉我们已授予　指数个授予人或让与人共同授予。(⇨concessi)

concessio (英格兰古法)授予；让与　财产权转让书或转让方式的一种。

concession n. ❶(政府授予的)许可权；特许权　❷(为解决问题主动同意的)让步　❸折扣；回扣；减免　❹(国际法)国家核准并根据合同条款赋予外国企业的某种经营权　如采矿。❺租界；租借地　❻在他人场所从事商业经营　如销售糖果、饮料。

concessionarie n. 特许权受让人；特许权持有人　如经许可在娱乐场所摆小吃摊或出售商品的人。

concession bargaining 让步谈判　劳资集体谈判的一种类型，劳方放弃原已获得增长的工资、福利或劳动条件，以交换某些工作保证，如保证不被任意解雇。也称employee givebacks; union givebacks。(⇨collective bargaining)

Concessio per regem fieri debet de certitudine. 〈拉〉国王的授权令应是明确无疑的。

Concessio versus concedentem latam interpretationem habere debet. 〈拉〉一项授权令应做不利于授权人的宽泛(自由)解释。

concessit solvere 〈拉〉❶同意支付　❷(古)针对简易合同提起的债务诉讼　原告诉称被告已同意支付欠款，但未履行；被告辩称"从未欠债"。(⇨indebitatus assumpsit; nunquam indebitatus; common counts)

concessor n. (英格兰古法)让与人或授予人

concessum 〈拉〉同意　法官常用该术语表示接受或者同意论证中的观点，如某一论点"已经法庭成员一致同意"[concessum per totam curiam]。

concessus (英格兰古法)受让人；被授予人

conciergerie 〈法〉❶看门屋；门房　❷巴黎裁判所附属监狱　中世纪巴黎的一所有名的监狱，现为司法宫。

conciliation n. ❶和解　指争议双方以友好协商、达成一致的方式来解决争议。❷调解　通常在劳资争议中由中立的第三方为争议双方进行调停，以寻求争议的解决。❸(国际法)调停　将争端提某委员会解决的程序，该委员会的任务是阐明事实，提出解决争端的建议，但其建议不具有仲裁裁决或判决的约束力。(⇨ arbitration; court of conciliation; mediation; pretrial conference; settlement)

conciliation board ❶调解委员会；调停委员会　以温和友好的调解方式解决轻微纠纷的组织。❷(劳动纠纷)调解委员会(⇨council of conciliation)

conciliation commissioner 〈美〉调解委员　破产法院官员，根据《破产法》[Bankruptcy Act]第75条有关农业债务和解[agricultural composition]和延期的规定(该规定现已废止)，行使公断人[referee]职责，但限于该条规定的程序。

conciliation court 〈美〉调解法庭　以调解方式代替诉讼解决纠纷的法庭，包括调处债务纠纷、婚姻纠纷，也指向有严重家庭问题的夫妇提供免费专业咨询的非司法公共机构，使有矛盾的双方在未作出有关婚姻关系的最后决定前有机会，以求和平解决争端，重且平等。无论咨询结果如何，大多数夫妻在咨询之后感觉有改善。其他服务内容包括：未达法定婚龄而需要法庭批准结婚的婚前咨询；法庭裁决的监护和探望权方面的咨询；解除婚姻关系后探望权的咨询。(⇨ court of conciliation; small claims court)

concilium 〈拉〉会议；议事机构　在罗马法中，指①由某阶层人组成的，就有关本阶层利益的事务进行讨论和决议的会议；②案件的辩论或庭审；③答辩日的申请；④被告答辩的日期；⑤庭外和解。

concilium ordinarium 〈英〉常务委员会　盎格鲁－诺曼时代王廷[Aula Regis]的一个执行委员会和行使剩余司法管辖权的一个委员会。

concilium plebis 〈拉〉(罗马法)平民会议　古罗马民众大会的一种，由平民组成。所通过的决议仅对平民生效。经过平民的斗争，公元前289－286年通过的《霍滕西亚法》[lex Hortensia]规定平民会议决议对全体市民发生效力,正式称为法律。常简称 concilium。(⇨plebiscitum; comitia tributa)

concilium regis 〈英〉御前法庭 爱德华一世、二世时期英国的一个专门法庭,负责审理特别疑难案件。

concionator n.〈英格兰古法〉市议会成员;应召参加立法会议或市议会的自由民

concise statement of decision 简明决定 未阐明理由的结论。

conclude v. ❶缔结;订立(条约、公约、合同) ❷结束 ❸断定;推断 ❹(古)约束;防止;禁止

concluding argument 终结辩论 律师向陪审团或法庭所作的最后陈述。(⇨closing argument)

conclusion n. ❶结论;(发言、文书的)终了部分 ❷(经过论证的)断定;推论 ❸(约约、合同的)缔结;订立 ❹(古普通法诉讼程序)诉状的终结部分 要求陪审团审理双方争端。❺(古海事诉讼程序)否定前一诉状的诉讼请求法庭就双方争端作出决定。❻(苏格兰诉讼程序)传票中载明的原告诉讼要求部分 ❼(古)不能自食其言的行为

conclusion against the form of the statute 违反有关制定法的结论 普通法诉讼中,对由制定法规定的某种犯罪提起控诉的公诉书中,其结论部分的套式用语。

conclusional a.推断性的(⇨conclusory)
conclusionary a.推断性的(⇨conclusory)
conclusion of fact 事实结论 根据所观察或证明的事实得出的事实上的推断。(⇨finding of fact)

conclusion of indictment 公诉结论 公诉书结论部分常用的某些套语,通常由宪法或法律加以规定。如"(该行为)侵犯国家的安定与尊严"[against the peace and dignity of the state]等。

conclusion of law 法律结论 ①指法律上的推断,或根据事实迹象得出的法律推断,不需其他证据;②指法庭基于陪审团查明的事实而提出适用的法律,并构成判决的基础。(⇨legal conclusion)

conclusion to the country 〈古〉诉状的结尾部分 请求陪审团审理诉讼争议。(⇨going to the country)

conclusive a. ❶终止的;最后的 ❷结论性的;决定性的 ❸明确的;不容辩驳的

conclusive evidence 确定性证据;证据;结论性证据 指不容辩驳的证据,不仅法律不允许对其提出反驳,而且其极强的说服力足以压倒一切相反证据,使所涉及问题不存在任何可能的疑点。

conclusiveness of judgment 判决的真实性、终结性和约束力 当法庭对某一问题作出最终判决或决定不再对该问题作进一步调查时,该判决即为终结性的。判决终结性的效力限于防止当事人对该判决提出间接性攻击[collateral attack],但不影响当事人的上诉或要求撤销等直接攻击[direct attack],就此点来说,该判决不是终结性的。

conclusive presumption 不容辩驳的推定;决定性推定 指根据一已证实事实推定另一事实的真实性,并且任何其他证据,无论有多大说服力,都不能推翻该推定,例如推定不满特定年龄的儿童不可能同意与他人性交。

conclusive proof 确证
conclusory a.推断性的 表明对事实的推断而未说明所依据的事实。由于这一主张缺乏证据,只能是推断性的。也称 conclusional; conclusionary。

concomitant a.相伴的,伴随的

concomitant actions 附带诉讼 为寻求某种救济而一并提起的民事诉讼。

concomitant evidence 伴随证据 能证明在行为发生当时,被指称的行为人在场,并确实实施了该行为的证据。

concord n. ❶(当事人间,尤指国际间的)和解协议;协定;条约 ❷(古)(侵犯财产诉讼中的)和解协议 ❸(古)(强占他人土地者承认土地属于原告而达成的)法庭和解协议 ❹(古)(纠纷的)和解;解决

Concordare leges legibus est optimus interpretandi modus. 〈拉〉使多个法律相互协调是对法律最好的诠释。

concordat n. ❶一国政府同教会(尤指罗马天主教)之间的协议、协定或条约 此类协定在国际法上有约束力,历史上第一个有实际意义的宗教协定是教皇加历斯都二世[Calixtus II]与神圣罗马帝国皇帝亨利五世[the Emperor Henry V]为解决主教授职权之争[Investiture Contest]于1122年签订的《沃尔姆斯协定》[Concordat of Worms],协约规定教皇和德意志皇帝同时享有对主教的任命权。❷(古)(教会法)神职人员间关于辞职、晋级等有关圣职的协议(⇨benefice) ❸世俗人员或组织间的协议 ❹国家间的协议、协定或条约 此为最早含义,现日益限于同罗马教廷之间的条约。

concordatory a.协议的 尤指法国政府同教会间的协议。

concordia 〈拉〉(英格兰古法) ❶协议;和解 ❷陪审团的一致意见[compellere ad concordiam]

Concordia de singulis causis 〈拉〉《伦巴第法律汇编》 自公元830年起按时间顺序排列的一部关于伦巴第法律规则的汇编。

Concordia discordantium canonum 〈拉〉《教会法规谬误订正》 意大利修道士格拉提安[Gratian]于公元1151年编纂整理的一部罗马教会法规集,通称《格拉提安教令集》[Decretum Gratiani],全书共三卷,该教令集后成为研究和讲授中世纪教会法的主要教材。

Concordia parvae res crescunt et opulentia lites. 〈拉〉谦受益,满招损。

concourse n.〈苏格兰〉 ❶诉讼并存 就同一事实同时存在两个诉讼,特别是民事诉讼和刑事诉讼。 ❷(刑事诉讼中)公诉人与自诉人并存 ❸债权人间的纠纷

concourse of actions 诉讼并存 指针对同一犯罪行为同时提起民事诉讼和刑事诉讼。

concrimination n.一并控告 指对犯同一罪行的多个行为人一并提起控诉。

concubeant 躺在一起
concubina (= concubine)
concubinage n. ❶姘居 指男女未合法结婚的长期同居。 ❷纳妾;妾的身份

concubinatus 〈拉〉(罗马法)姘居;姘合;纳妾 指没有配偶的男女,以永续共同生活为目的的非正式结合。由于市民法对正式结婚设有种种限制,故当时罗马社会除正式婚姻外,又产生一种事实婚,它无法律上的效力,但也不受政府的惩罚。后裁判官法承认姘居所产生的父母子女间的血亲关系,构成婚姻的障碍。优士丁尼[Justinian]并规定母亲与子女间互有抚养赡养的义务和相互继承权,男方对女方有一定的遗赠权。

concubine n.姘妇;妾 妾的社会地位在不同社会有所差别。古希伯来社会实施一夫多妻制,妾具有妻子身份,但处于从属地位;罗马法认可姘居的合法性,但以双方未婚且男方只纳一妾为限。早期信奉基督教的皇帝和基督教

会均允许娶妾或纳妾。萨利克法[Salic Law]允许贵族和平民妇女实行贵贱通婚；特伦特公会[Council of Trent]对婚姻作出严格规定，对纳妾姘居实施严厉制裁。

concubinus （罗马法）姘夫；姘居中的男方

concubitu prohibere vago 〈拉〉禁止淫乱行为

Conculcavit et consumpsit. 〈拉〉他践踏并摧毁。

concur v. ❶合作 ❷同意；赞成；与…相一致 同意别人的意见或结论，但不一定是同一逻辑推理。在上诉审程序中，某法官的"同意意见"[concurring opinion]，是指同意该案判决结果或其他法官的"不同意见"，但其论证推理可有所不同。 ❸（罗马法）指与其他债权人一起对破产财产提出共同诉讼

concurator 〈拉〉（罗马法）共同监护人

concurrence n. ❶同意；赞同；合意 ❷同意票 指法官对判决投的同意票，但其理由常与判决依据不同。 ❸（＝concurring opinion）

concurrence déloyale 〈法〉不正当竞争 指不择手段地侵害商业竞争对手的名誉或信誉的行为。在法国法律中，该术语常用于商标侵权等情形。

concurrency n. ❶（古）司法上的一致性；司法一致的事实；共同权利；共同权力 ❷（刑讼）（刑事判决中）一致的刑期

concurrent a. ❶同时发生的；并存的 ❷同意的；一致的 ❸（对某事）具有相同的权利的

concurrent causes 共ББ原因；共同作用的因素 指共同并同时导致某一损害结果的数个原因，缺少其中一个则损害不会发生；也指同时发生的数个原因，而其中任何一个原因均足以导致结果的发生。但两个不同且不相关的原因先后作用导致损害时，应分别视为近因[proximate cause]和远因[remote cause]，而不是共存原因。（⇨concurring cause）

concurrent conditions 同时履行的条件 指合同中的条件，一方当事人对其允诺内容的履行是以对方当事人履行其允诺为条件的；换言之，它们是使合同得到同时履行[performed simultaneously]的共同条件[mutual conditions]，如果一方当事人已作好履行准备或提出履行，则另一方当事人亦须履行，否则构成违约。亦写作"conditions concurrent"。

concurrent consideration 同时发生的对价 双方的对价或允诺同时发生，对双方均有约束力。

concurrent covenants 同时履行的合同 指当事人在合同、契据中约定，各自义务的履行以对方的同时履行为条件。当一方准备履约并通知对方后，对方亦应履行，否则构成违约。

concurrent estates 共有财产；共同占有的财产 指财产为两人或多人同时占有或所有。例如财产的共同保有[joint tenancy]和普通共有[tenancy in common]。

concurrent finding 一致的认定；一致的裁决（⇨finding of fact）

concurrent insurance （保险法）（对同一标的）共同保险 指两个或两个以上保险人同时承保同一标的，并将此规定在"允许共同保险条款"[concurrent insurance permitted clause]中。（⇨coinsurance；other insurance）

concurrent insurance permitted clause （保险法）允许共同保险条款（⇨concurrent insurance）

concurrent interests （＝concurrent estates）

concurrent jurisdiction 共同管辖权；并存管辖权 指两个或者两个以上法院对同一案件享有管辖权，原告可以选择其中任一法院起诉；也指两个或者两个以上立法、司法或者行政机关或其官员对同一事项都享有管辖权；以及普通法院和衡平法院的共同管辖，联邦法院与州法院的共同管辖；对于两国之间被国界线分开的整个水域来说，也涉及这两个国家的共同管辖权。

concurrent lease 并存租约；同期租约 指在前一个租约未满期前，业主就同一土地或其一部分同新承租人订立第二个租约，两个租约的期限有部分重叠，业主允许在新租约生效后，原承租人在剩余租期内所付租金归新承租人所有。

concurrent liens 并存留置权 同一财产上同时设定的数个留置权，具有同等效力，受偿时无先后区别。

concurrent negligence ❶共同过失 指两人或两人以上的单独过失行为共同导致损害后果的发生，但不一定共同或同时作为；各加害人对此应负连带责任。 ❷混合过失 指受害人和加害人对于损害后果的发生均有过失。（⇨comparative negligence；concurrent tortfeasors；contributory negligence；concurrent causes）

concurrent power(s) 〈美〉共同权力 指美国国会和各州议会可以就某些事项共同或单独制订法律的权力；也指联邦政府和州政府可以共同或单独行使的权力。

concurrent promises 同时履行的允诺 指合同一方在履行其合同中的允诺时，另一方也必须同时履行相应的合同允诺，否则将视为违约。

concurrent remedies 并存救济方式；多种救济方式 指受害人可通过两种以上的救济方式要求法庭对其所受不法侵害给予补救，而各种不同方式可获得的救济范围不一定相同。

concurrent resolution 〈美〉（美国国会两院的）共同决议 国会两院之一以决议形式通过的行为，另一院予以同意，表明在某一特定问题上属两院的共同决议。它必须由两院通过，但无需总统签署。共同决议用于制定或修改两院共同的规则，也可以用来表示两院对特定事项的共同意思表示，如对某国国庆的祝贺。共同决议不同于联合决议[joint resolution]，后者须经总统批准，批准后具有法律效力。（⇨joint resolutions of Congress）

concurrent sentence doctrine 合并判决（上诉审）原则 指在有合并判决时，如上诉法院认定某一罪项初审定罪准确，维持原则，则对初审定罪和判决刑期相同或较轻的其他罪项，不再复审。

concurrent sentences 合并判决 指两个或两个以上的处以监禁刑的判决，可全部或部分合并执行，罪犯在服完其中最长的一个刑期后即能获释，而非累计服刑。

concurrent stipulations 同时履行的合同条款（⇨concurrent conditions；concurrent promises）

concurrent tortfeasors 共同侵权人；同时实施行为的侵权人 指两个或两个以上的侵权人同时实施的过失行为造成第三人损害，从而应承担连带责任。（⇨concurrent negligence）

concurrent writs 〈英〉（效力与正本相同的）副本令状 令状的副本，其内容、效力和有效期与正本完全相同，常用于分发多个地方，以逮捕去向不明的犯罪嫌疑人，或在有数名被告时，分别送达。此类令状上盖有"concurrent"的特别印记，表明"效力与正本相同"。

concurring cause 共存原因 指与近因[primary cause]同时作用造成某一损害的原因，两种原因对损害的发生缺一不可。共存原因与在根本原因之后发生的介入原因[intervening cause]形成对比。（⇨concurrent causes）

concurring opinion （判决中的）同意意见 指一名或少数法官的单独意见,同意多数法官作出的判决,但对判决依据提出不同理由。

concurso （罗马法）债权人要求破产债务人清偿债务的诉讼

concursus 〈拉〉❶（苏格兰）（罗马法）诉讼的竞合 该词原意为意合、相遇、冲突等,常用于表示诉讼的竞合,指两个以上通常利益相互冲突的债权人对同一财产主张权利所进行的诉讼,以使全部债权得到清理。❷（罗马法）互相诉讼 ❸（教会法）对教区工作者是否称职的考核

concursus actionum 〈拉〉几个相关诉讼的同时发生

concursus creditorum 〈拉〉债权人间的利益冲突

concursus in delicto 〈拉〉协同犯罪

concussio 〈拉〉（罗马法）（以暴力相威胁的）敲诈勒索罪 （⇨concussion）

concussion n. 敲诈勒索罪 拉丁词 concussio 的英语化,常用于当代大陆法中。指以暴力相威胁,迫使他人交出财物的行为。其与抢劫罪的区别在于,抢劫系以暴力夺取财物,敲诈勒则以暴力相威胁获取财物。

concussionary （古）敲诈勒索者

condedit 〈拉〉（教会法）死者立有遗嘱的答辩状 被告在教会法庭上就怀疑遗嘱真实性的起诉提出的答辩状,旨在说明死者立有遗嘱,当时心智正常。

condemn v. ❶宣判（某人）有罪 尤指宣判死刑。❷宣告征收某项财产（尤指土地）归国家所有 但应给予合理补偿。❸宣告某建筑物不适宜居住 ❹判定（食品、饮料等）不适宜人类消费 ❺（海商法）判定某船只为战利品、被没收或不适于航行

condemnation n. ❶定罪;宣告（某人）有罪 ❷征用 尤指土地的收归公用,但需给予合理补偿。（⇨eminent domain） ❸判定某物（如房屋、食品、病畜等）不适宜使用、消费的正式宣告 ❹（海商法）对物诉讼判决 拥有海事管辖权的法庭在以下对物诉讼中作出的判决:①海上捕获船舶;②对违反某些法律,如税收法、中立法、航海法等而扣留的财产予以充公;③船舶不安全或不适航。

condemnation award 〈美〉征用补偿金 指依据国家征用权[eminent domain]征用土地作为公用而向土地所有者支付的补偿金。国家征用权由联邦、州和地方政府以及铁路和某些公用事业单位行使。给予合理的征用补偿金是美国宪法第五条修正案所要求的。被征用者通常有权请求陪审团决定被征用土地的公平市场价值。

condemnation blight 〈美〉征用的不良影响 城市改造方案中通常发生的情况,由于可能发生或迫在眉睫的土地征用而使地产贬值的不利影响。

condemnation money ❶（法院）判令败诉方支付的赔偿金 有时只用 condemnation 来表达。❷土地征用者向土地所有人支付的补偿金

condemnation of felony 重罪判决

condemnation suit 征用之诉 要求对国家征用的财产给予合理补偿的诉讼。

condemnatory a. ❶定罪的;宣告有罪的;谴责的 ❷土地征用的

condemnee n. （财产）被征用者 其财产被征为公用或被公用事业项目所征用。

condemnor n. 征用者 官方或半官方组织为公共需要而征用他人财产。

condere v. 制定;建立

condescendence n. 〈苏格兰〉案情详述;陈述案情的起诉书 原告在民事诉状中对事实的陈述,分段列举,以证明其起诉依据。

condictio 〈拉〉（罗马法）（大陆法）❶返还之诉 具有要求返还性质的对人诉讼的通称,常基于被告有给付或作为的义务。❷债务之诉 此处不仅指合同之债,还包括非合同之债。❸传票;法庭正式通知

condictio causa data causa non secuta 〈拉〉因对价落空要求返还财产的诉讼

condictio certi 〈拉〉基于对方明确承诺为某一行为而提起的诉讼

condictio ex causa furtiva (= condictio rei furtivae)

condictio ex lege 〈拉〉根据某项法律产生义务,但未给予补偿,由此引起的诉讼

condictio furtiva 要求返还赃物之诉(= condictio rei furtivae)

condictio incerti 要求返还不确定金额的诉讼

condictio indebitati 〈拉〉要求返还错误给付而在事实上或法律上本无义务给付的诉讼(= actio condictio indebitati)

condiction (= condictio)

condictio rei furtivae 〈拉〉要求返还赃物之诉 要求盗贼或其财产继承人返还被盗财物的诉讼。也称 condictio furtiva;condictio ex causa furtiva。

condictio sine causa 〈拉〉要求返还不当得利之诉;因无对价及原设想的特定事件并未发生要求返还财物的诉讼 如因结婚未成要求返还嫁妆

condictio triticaria 〈拉〉要求返还指定数量的某一指名商品的诉讼

condictious (= condictitious)

condictitious 返还之诉的

condidit (= condedit)

conditio 〈拉〉(= condition)

Conditio beneficialis, quae statum construit, benigne secundum verborum intentionem est interpretanda; odiosa autem, quae statum destruit, stricte secundum verborum proprietatem accipienda. 〈拉〉一项设定不动产权的条件,应据其言词表达的目的作有利的解释,而一项消灭不动产权的条件,应严格依据其字面意义加以解释。

Conditio dicitur, cum quid in casum incertum qui potest tendere ad esse aut non esse, confertur. 〈拉〉所谓"条件"是指根据不确定的事物作出给付,这一事物将来可能发生,也可能不发生。

Conditio illicita habetur pro non adjecta. 〈拉〉不合法的条件是不能附加(在其他行为之上)的。

condition n. ❶条件 在合同、遗嘱或其他契据中,条件通指尚未发生的不确定的事实或行为,条件的实现才能导致权利和义务的产生、存在、中止或终止。条件有多种类别,如明示条件和默示条件、先决条件和解除条件、肯定条件和否定条件等;但违法的、不符合社会公共秩序的和不可能发生的条件一般无效。 ❷(合同的)条件条款 为合同的重要和先决条款,法庭如认定合同的某一条款属于"条件",则条件的不真实或违反可使义务方免除全部合同责任。❸状况;状态;形势 ❹地位;身份

conditional a. 附条件的;有条件的;有限制的;视⋯而定的

conditional acceptance 附条件承兑;附条件承诺 指在所附条件发生时承兑汇票或接受要约。附条件的承诺实际上是表明愿意交易但在某些方面与原要约不同,因而

是反要约[counter offer]。

conditional acknowledgment 附条件的承认 指债务人愿意承担债务,但以债权人履行所附条件或原先未存在的情况出现为限。

conditional affirmance 附条件的维持(原审)判决 如对赔偿金额是否恰当应再核定,如有不当可予增减。

conditional agreement 附条件协议 协议的履行和效力取决于某一假设事实的存在或某一条件的实现、某一偶然事件的发生。

conditional appearance 有条件的出庭应诉

conditional assault 附条件的企图伤害 言语中带有(威吓)条件的威胁举动,例如:"要钱还是要命"。

conditional assignment 有条件转让

conditional bequest 附条件遗赠(⇨conditional legacy or devise)

conditional binding receipt 附条件(保险)收据 在人寿保险中常见术语,指有待于最后批准的临时性承保。

conditional contract 附条件合同 不仅指附有条件的合同,而且指合同的存在取决于条件的实现或某一不确定事件的发生。

conditional conveyance 附条件的财产转让 指以某一事实的发生——例如,对方当事人支付转让价款——作为权利或财产转让的条件。(⇨absolute conveyance)

conditional covenant 附条件协议

conditional creditor (罗马法)附条件的债权人 指在条件实现时有诉权的债权人。

conditional dedication 附条件捐献 指捐献者在不违反捐赠条款和公共政策的前提下,附加合理的条款和条件将私有土地捐献给公众。

conditional delivery ❶附条件交付(票据) 开票人或出票人在签发票据时表明,该票据须待某一先决条件实现时始生效。 ❷附条件交付契据 指附有有效条件[condition of effectiveness]的契据交付,如某一契据需经全体让与人签字始生效。 ❸附条件交付保险单 附条件地将保险单交付被保险人,以保险人同意并接受保险单所列的风险作为保险单生效的条件。

conditional devise 附条件(的不动产)遗赠 该遗赠生效与否取决于某一不确定事件的发生。(⇨conditional legacy or devise)

conditional discharge 有条件释放 ①根据英国1973年《刑事法庭权力法》[Powers of Criminal Courts Act],对于不需要判刑且判处缓刑也不合适者,法庭可下达有条件释放令;②对禁闭于精神病医院的人准予有条件释放。

conditional dismissal 有条件的驳回(诉讼) 例如,对要求取消抵押物回赎权[foreclosure of a mortgage]的诉讼,法庭驳回起诉的条件是被告人对抵押债务的清偿。

conditional dividend (保险法)附条件(取得)的股息 指保险公司公告分配股利,但被保险人须缴纳下一年度的保费以使保险单持续有效,始能领取股利。

conditional endorsement 附条件背书(= conditional indorsement)

conditional estate 附条件地产(权)(⇨ conditional fee; conditional limitation; estate on condition)

conditional fee 附条件世袭地产 普通法中的一种地产。是指地产授予时附有一定的条件,如规定只有特定的受赠人及其亲生的直系继承人才能拥有该地产;如果是特殊的附条件世袭地产,则只有指定的受赠人及其亲生的男性直系继承人才有权拥有该地产。如受赠人去世时无此类后裔,则该地产应归还给授予人。但受赠人的直系继承人或直系男性继承人的出生即构成条件的实现,一旦所附的条件实现,就意味着受赠人所取得的世袭财产具有了绝对的性质,受让人就可以转让该地产,还可以通过重新购买的方式改变原来地产的附条件的性质。为了防止将附条件世袭财产转化为无条件世袭地产[absolute estate],英国制定了《附条件赠与法》[Statute de Donis Conditionalibus],从而创设了限嗣继承地产[fee tail]。(⇨ De Donis)

conditional gift 附条件赠与 附加一定条件或资格的赠与。

conditional gift trust 附条件赠与信托 指附有先决条件或解除条件的将赠与物或权益交与受益人的信托。在历史上,这种信托或者以子女与指定的人结婚为条件,或者以一个传宗接代的儿子的出生为条件。目前,这种信托主要是指受益人在到达一定年龄或完成在校教育后才能得到某一权益。

conditional guaranty 附条件保证 指除主债务人违约外,还取决于其他一些条件(主要是债权人的一些行为)的实现,保证人才承担责任的一种保证。这些条件包括:债权人应将债务人违约情况告知保证人;债权人应以合理的勤勉首先针对债务人用尽补救措施等。

conditional indorsement 附条件背书 意欲限制票据支付或转让以特定事件的出现作为票据支付或转让条件的限制性背书。背书人以此对其责任附加某些条件——但不能是前手不付款。这些条件可以是现在的也可以是将来的。

conditional instruction (法官给陪审团的)附条件的指示 指法官直接指示陪审团,如某一指控有证据佐证,则对其加以考虑,反之则不予考虑。此种指示是错误的。

conditional intent 有条件的意图 指在某条件存在的情形下有作为或不作为的意图。

conditional judgment 附条件判决 指根据某条件作出的判决,该条件附在判决中,如判处被告人必须在规定期限内清偿债务,否则将出售其抵押物。

conditional legacy or devise 附条件遗赠 指根据遗嘱的规定,遗赠是否生效以不确定事件的发生与否为条件。(⇨conditional will)

conditional limitation 附条件期限;限制条件 指在某项地产权的转让中,对受让人的权益或受益期限所附加的条件,即当某一可能的事件发生时,受让人的权益即告终止。如受让人享有的权益以保持独身不结婚为条件;又如在土地租赁关系中,如所附条件发生,出租人可在原租约到期前,提前终止租赁关系。也指当条件发生时原权益终止,由地产权中的期待利益[executory interest]替代,该期待利益归属第三人。如地产赠与契中规定,该地产赠给某人终身保有,某人去世后,由其亲生卑亲属继承。

conditionally privileged communication 〈美〉有条件的特许传播 指传播者在享有利益或负有义务的前提下,向在该事项中具有相应利益或义务者所做的善意传播,即使其内容可能具有诽谤性而被起诉。有条件的特许传播应具有下列必要条件:出于善意,具有应予支持的利益,所传播内容限于特定范围,在适当场合,以适当方式向适当的对象发布。

conditional obligation 有条件的债务;有条件的责任

conditional pardon 附条件赦免 ①附先决条件的赦免,被赦免人在履行规定的行为后得到赦免;②附后决条件的赦免,赦免于下达时生效,但如被赦免人违反规定条

conditional payment 附条件支付;附条件付款 指以一定条件为基础的付款义务,付款人保留其在所附条件不成就时收回已付款项的权利。

conditional presumption (证据法)有条件的推定(⇨rebuttable presumption)

conditional privilege 有限制特权 指在表面上构成诽谤的案件中,被告提出的"有限制特权"(也称"qualified privilege")申辩,主张其是以合理方式和正当目的公布此项言论,并无实际恶意。

conditional promise (合同法)附条件允诺 指允诺按一定条件履行义务,即使条件未成就,该允诺仍为有效对价。

conditional proof 有条件的证据

conditional purpose 有条件的意图 ①指在条件许可时有做某事的意图;②刑法中一种可能的无罪抗辩,如当时条件使被告人不可能犯罪,如"现场如果有钱,我会偷的,但那里没钱"。

conditional receipt 附条件(保险)收据(⇨conditional binding receipt)

conditional release ❶有条件的免除义务 ❷有条件的释放;假释

conditional reversal 附条件的撤销原判决 撤销原判决的条件是,胜诉的上诉人须正式同意,如二审最后查明上诉人有赔偿责任,应保证按原判决执行。

conditional revocation 附条件撤销(⇨dependent relative revocation)

conditional right 有条件的权利 指有条件地享有的权利。如父母有权惩罚子女,但以合理程度为限。

conditional sale 附条件买卖 指买方虽已取得货物占有权和使用权,但仍须完成一定条件才能取得货物所有权,这一条件通常指付清货款。也指附有以特定条件回购货物的买卖。(⇨conditional sale contract)

conditional sale contract 附条件买卖合同 根据该合同,尽管已向买受人交付货物,但出卖人仍保留货物所有权,直至合同中规定的条件完成。这种合同通常即为分期付款的零售合同[retail installment contract],以此作为买受人付清货款的担保。

Conditional Sales Act (美)《附条件买卖法》 已为《统一商法典》[U.C.C.]废除。

conditional sentence 附条件监禁刑判决 指如果被告人违反缓刑条件,即对其执行监禁刑判决。

conditional stipulation 附条件的条款

conditional subscription 附条件认捐;附条件认购 指认捐人或认购人承担责任的前提条件是受益人或其他人实施某一行为。

conditional use 附条件使用 指市政规划中以社区公益等为目的的使用。(⇨special exception; special use permit)

conditional-use permit 有条件的使用许可(⇨special use permit)

conditional will 附条件遗嘱 指遗嘱的生效取决于某一特定条件或者不确定事件的实现。如条件未实现,则该遗嘱非经重新公布并无效力。

conditional zoning 附条件的城市分区(规划) 对区划内的地产项目开发附有特别限制条件。

conditioned a. ❶在某种条件下的;有条件的;有限制的 ❷身体状况好的 ❸习惯于周围气候、环境等的 ❹时机成熟的

Conditionem testium tunc inspicere debemus cum signarent, non mortis tempore. 〈拉〉对遗嘱见证人的情况,我们应从他们在遗嘱上签字之时起加以考虑,而不是从遗嘱人死亡之时起。

Conditiones quaelibet odiosae; maxime autem contra matrimonium et commercium. 〈拉〉任何限制条件都是可憎的,尤其是婚姻和商业方面的限制。

condition implied by law 法律推定的条件(⇨constructive condition)

condition implied in law 法律推定的条件(⇨constructive condition)

condition in restraint of marriage 以禁止结婚为条件 (⇨in terrorem clause; restraint of marriage)

condition meritorious 有利条件 这种条件是指,某一债务是否可以履行取决于债权人的权力范围,即由债权人对某一事物作为或不作为而导致债务开始履行。

condition of employment 就业条件 获得和从事某项工作的资格和要求。

condition precedent 停止条件;延缓条件;先决条件 指合同或约定义务的生效和履行须以某一事件或行为的发生或存在为前提条件,但时间的推移不能作为条件。如条件未成就,也未取消,则合同或约定义务尚未生效,不须履行。

conditions concurrent (= concurrent conditions)

conditions of sale 销售条件;拍卖条件 指出卖要约中作出或被承诺的条件,亦可特指拍卖的内容。通常作成书面形式,例如拍卖目录[auctioneer's catalogue],并置备于拍卖场所以供公众在拍卖前查阅。在英格兰,出售土地的条件通常适用《事务律师协会销售条件》[Law Society's Conditions of Sale]与《全英销售条件》[National Conditions of Sale]。

condition subsequent 解除条件 指合同或约定义务已经生效,但双方约定的某一事件或行为发生,则该合同或约定义务即告终止,失去效力。

condition suspensive (= condition precedent)

Conditio praecedens adimpleri debet priusquam sequatur effectus. 〈拉〉先决条件实现才能有结果。

conditio si institutus sine liberis decesserit 〈拉〉〈苏格兰〉遗产受益人子女优先代位继承条件 指立遗嘱人作为父母在向家人分配遗产的遗嘱中所隐含的一个优先条件,如指定的遗产受益人先于立遗嘱人死亡,则该遗产受益人的子女有较其他继承人优先的代位继承权;但如遗嘱表明该项遗产只能归先死受益人个人享有,则该优先权应被排除。

conditio sine qua non 〈拉〉不可缺少的条件

conditio si testator sine liberis decesserit 〈拉〉〈苏格兰〉立遗嘱后出生子女利益保障条件 遗嘱应隐含下述条件,即立遗嘱人在对其财产作出全面处置时,如对立遗嘱后所生子女利益未作出规定,则应推定此项遗嘱并非出于立遗嘱人本意,原遗产处置方案应予废除,除非有证据推翻这一推定。

condominia (罗马法)部分所有权;有限所有权 指可以与所有权[dominium]分离的、相对独立的部分所有权,并非仅指财产中的权利,如:永佃权[emphyteusis]、地上权[superficies]、质权[pignus]、抵押权[hypotheca]、用益权[usufructus]、使用权[usus]和居住权[habitatio]等。

condominium 〈拉〉(罗马法)❶共有 指由数人共享一物的所有权。古罗马人认为各共有人对共有物享有一定份

额的权利，而不是一定份额之物，乃各共有人对整个共有物都享有所有权，只是在行使时不得侵害其他共有人的权益，而应限于他自己份额范围内。因此一共有人不行使其权利时，他共有人即可行使之。一共有人丧失其共有权或死亡而无人继承时，他共有人的权利即因而增加扩大。共有制度起源于古罗马"家产共有"的观念，其后陆续因法律规定、司法裁判、遗嘱协议和意外事件等而产生。❷**公寓楼中的一套公寓房** 业主有单独所有权，并对楼中公共设施、场地有共同所有权，复数为 condominiums。❸**（两国以上的）共同主权；共同政权** 复数为 condominia。 ❹**共管领土** 如 1899 – 1955 年英国和埃及政府对苏丹的共管，复数为 condominia。

condonable offense **可恕的罪行** 在理论上，构成离婚理由的不端行为是可被宽恕的，也指某些不端行为可通过对行为者感化而使其不再犯。

condonación 〈西〉**（明示或默示的）债务免除**

condonation n.**宽恕；原谅** 指受害人对加害人的过错默许地予以宽恕，视作该过错没有发生。特指在尚未发生"无过错离婚"[no fault divorce]前，配偶一方在另一方过错已构成离婚依据后，仍与其正常共同生活，默示已予宽恕，但以过错方不再重犯为条件。

condone v.**宽恕；不咎（罪过）** 尤指主动宽恕另一方的通奸行为。

conduce v.**导致；有助于** 与 to 连用。

conduct n.❶**行为；举动；品行** ❷**实施；处理** v.❶**指导；引导** ❷**实施；处理；经营；管理**

conducti actio 〈拉〉（罗马法）**租赁之诉** 租借人对出租人提起的诉讼。

conductio 〈拉〉（罗马法）**租借；雇佣** 常与"locatio"连用，称出租与雇佣[locatio et conductio]。

conductio perpetua 〈拉〉**承担**

conduct money 〈英〉**证人酬金** 向证人支付的，补偿其在出庭作证逗留期及旅途来回的合理费用。

conductor n.（罗马法）❶**租借人；雇主** 指租借他人财物或雇佣劳工者。❷**约定为他人完成一定任务者；承包人**

conductor operarum 〈拉〉（罗马法）❶**自由劳务提供者** 指按一定价格为他人完成某项工作者。❷**承包人；包工者**

conductus 〈拉〉（罗马法）**租借物；雇工**

conduit concept 〈美〉（税法）**通道概念** 税法上对某些实体及其所有人征税的方法。该方法允许特定纳税人在保持其身份的前提下通过其实体纳税。例如，在通道概念中，合伙的长期资产损失可分摊给合伙人，但当该实体为公司时则不可分摊。各种形式的通道概念常出现在合伙、信托、遗产和公司中。

cone and key （英格兰古法）**账目和钥匙** 指女子在十四、五岁后可掌管账目和钥匙，主持家务。

confarreatio 〈拉〉（罗马法）**共食婚** 古罗马贵族间一种庄重的宗教婚礼仪式，即新郎新娘在大祭司前共食祭神的麦饼而礼成，新娘随即被带至夫家，置于丈夫的"父权"[patria potestas]保护下。此外，当时还有两种世俗婚姻形式，即买卖婚[coemptio]和时效婚[usus]。

confectio 〈拉〉（古）（书面文书的）**作成；完成**

confederacy n.❶（国际法）（国家间为互助或共同行动组成的）**同盟；联盟；邦联** ❷**共谋；结伙** 常为从事非法目的。（⇨ compact; federal government; confederate states of America）

confederacy clause （古）**共谋语句** 指诉状中原告指控被告与他人共谋损害或剥夺原告的人身权，该共谋者也可能成为被告。

confederate n.**伙伴** 尤指共谋者或同犯、帮凶。

confederate states of America **美国南部各州邦联** 美国南部 11 州即南卡罗来纳、佐治亚、佛罗里达、阿拉巴马、密西西比、路易斯安那、得克萨斯、弗吉尼亚、北卡罗来纳、田纳西和阿肯色于 1861 年组成联盟并发动了美国的南北战争。

confederation n.**邦联** 几个主权国家为相互支持和共同目的组成的具有中央权力机构的联盟，如美国独立战争期间的殖民政府。邦联和联邦[federation]不同，前者强调成员国保留各自主权，后者则强调联邦政府的最高权力。（⇨ confederacy）

confederation articles **邦联条例**（= Articles of Confederation）

confederation of states **邦联；国家联盟** 具有中央政府的邦联，拥有若干权力但并未控制成员国的全部外事关系，在国际上，邦联不是一个国家，而是由数个国家组成的联合体。

conference n.❶**讨论；协商；商议；谈判** ❷**会议；讨论会；协商会** 可广泛使用于各种场合，如：国家、政府之间的谈判、协商会议，包括正式谈判之前的准备会议；议会两院为相互传递信息，解决政策或法律制定中的分歧的小组协商会议；出庭律师和诉状律师，有时包括当事人，就诉讼案件的商讨会等。 ❸〈美〉（体育、宗教团体和学校等的）**联合会**

Conference Committee （国会两院的）**协商委员会**

confess v.**承认；供认；坦白** 指承认受指控的侵权或犯罪行为。（⇨ confession）

confessed judgment **被接受的判决**（⇨ confession of judgment）

confessing error **承认错误** 指被上诉人的答辩，承认对方要求改判所提出的原审错判所在，并承认原判损害了对方的权益。（⇨ assignment of errors）

confessio 〈拉〉**供述**

Confessio facta in judicio omni probatione major est. 〈拉〉**法庭供述的效力高于任何其他证据。**

confessio in judicio 〈拉〉**法庭供述**

confession n.**认罪陈述；供认；供述** 指刑事被告人承认受指控罪行的主要事实。通常以书面形式作出并包含有关犯罪行为的详细叙述。

confession and avoidance **承认与规避** 指一项答辩，首先以明示或默示方式承认被指控事实的正确性，同时提出新的事实以规避被控事实的法律后果，如原告有共同过错。（⇨ avoidance; plea in confession and avoidance）

confession in open court **公开法庭上的认罪供述**

confession of defense 〈英〉（原告）**对被告答辩理由的承认** 在诉讼开始后，被告提出有效答辩，原告预计不能胜诉时可承认被告答辩有理，并同意负担至此所应支付的诉讼费用，除非法庭另有裁决。

confession of error **承认错误**（⇨ confessing error）

Confession of Faith 《**信纲声明**》 长老会教义的一项阐述，1643 – 1652 年间由威斯敏斯特会议拟定，1648 年被长期议会批准，声明确认长老会教务评议会的管理和预先决定的选拔制度。该声明被英语国家的加尔文教派采纳，并作为苏格兰长老会的基本声明保留下来。（⇨ Westminster Confession）

confession of judgment 判决的接受;判决认诺 指①在某一事件(如支付)发生或不发生时,同意接受法庭判决;②基于债务人的书面准诺,对债务人作出判决;③记录在案前,当事人作出的认诺文书。(⇨cognovit judgment; confessed judgment; statement of confession)

confession of villeinage 农奴身份的承认 根据中世纪早期法律,如一男人承认自己是他人的农奴,并由法庭记录在案,则该人将受其约束,并被视为生而为奴者。

confession relicta verificatione 审判前被声明接受判决 指被告在原告起诉后,法庭审判前承认原告起诉有理,撤回或放弃答辩等诉讼权利,声明接受判决。

confessor n.❶认罪者;供认者;忏悔者 ❷听取忏悔的神父 指听取认罪者忏悔并给予赦免的神父。在普通法中,忏悔不属于法律准许不外泄的内情,而美国大多数州的制定法、法院判决或规则均将忏悔列为可拒绝泄露的内情。(⇨confidential communication)

confessoria actio 〈拉〉(罗马法)役权确认之诉 当役权受到侵害时,役权人为保护其合法权利所提起的诉讼。

Confessus in judicio pro judicato habetur, et quodammodo sua sententia damnatur. 〈拉〉某人如在被传讯时就招供认罪,应认定有罪,宛如自行作出定罪判决。

confide v.❶相信;信任 ❷委托;信托;照管

confidence n.❶信任;确信 ❷信赖;信托 ❸秘密(信息) 信托关系中不予泄露的内情,如未经当事人同意,律师不得泄露受托内情。

confidence game 骗局 指利用欺诈手段骗得对方信任从而骗取其钱财的行为。其构成要素是:①故意向被骗方就有关事实作出虚假陈述;②明知该陈述的虚假性;③具有使被骗方信任该陈述的故意;④虚假陈述的目的在于骗得对方信任从而骗取其钱财;⑤行为人利用了被骗方的信任。(=con game;con)

confidence man 诈骗者;骗子(⇨confidence game)

confidential a.❶机密的;秘密的 ❷参与机密的;心腹的;受到信任的

confidential communication (有特权的)私密谈话;私密通信 指配偶、医生和病人、律师与当事人及忏悔人与神父等人相互间的交谈。在英美证据法上,此种谈话内容受特权保护,特权享有人,即配偶一方、病人、当事人、忏悔人等有权在法庭上不予披露并制止与其交谈的对方披露谈话内容。但如双方交谈时有不必要的第三人在场,则此种谈话不受特权保护。

confidentiality n.❶机密;秘密;机密性;秘密性 ❷可信赖的品质;受到信任的能力

confidential position 机要职务 文职部门的一个公职,要求具有才能和诚实可信的品格,能够保守机密。

confidential relation 信托关系;信任关系 指一方信赖另一方所形成的正式或非正式的信托关系,存在于当事人与律师、委托人与代理人、主债务人与保证人、房东与租户、父母与子女、监护人与被监护人、夫与妻、被继承人与继承人、受托人与信托受益人、遗嘱执行人或财产管理人与债权人、受遗赠人和被分配人、被任命人与任命人、合伙人与共有人等之间。由于信托人完全依赖和信任受托人,有的还处于弱势从属地位,法律要求受托人以最大诚信处理受托事务,不得滥用和损害信托人的权益。(⇨fiduciary relation)

confidential source 保密来源 指在得到明示或默示保证匿名情况下向执法机关或媒体提供信息的人。其保密性受到《联邦信息自由法》[Federal Freedom of Information Act]和美国宪法第一修正案的共同保护。

confine v.❶关押;监禁 ❷禁闭;幽禁
n.界限;境界;边界

confined a.❶被监禁的 ❷(保险法)受限制的;被困在家 该词用于疾病津贴保险单中,指某人因病被困在家,无力工作,但并不意味必须卧病在床。(⇨close confinement;solitary confinement)

confined to bed (保险法)卧病在床 健康和意外事故保险中的常用术语。对之有不同解释:有人认为该术语只指实际的卧病在床,也有认为该术语只是为了说明伤残或无力工作的必需程度,并非一定要卧床不起。

confined to house 健康不佳(⇨house confinement clause)

confined to institution 〈美〉置于医院监督之下 指以被告精神错乱为理由而提起的离婚诉讼中,法律规定被告须在一定时期内持续地被置于医院的监督、控制之下;只有符合此条件,离婚才能获准。

confinee n.被监禁者

confinement n.❶限制;局限 ❷监禁;拘禁;关押 ❸产期;分娩期(⇨commitment;solitary confinement)

confinement facility 〈美〉监禁设施 指服刑犯人在无人陪同的情形下每天不得经常离开的矫正设施[correctional facility]。矫正设施可划分为3类:看守所[Detention facilities],矫正机构[Correctional institutions],社区设施[Community facilities]。其中前两类属监禁设施,与最后一种的区别在于服刑犯人是否可在无人监督的情况下每天离开服刑地。

confinio comitatus 〈拉〉郡的边界(⇨in confinio comitatus)

confirm v.❶使(权力等)巩固;使完善 ❷使有效;批准;同意 ❸使确定;确认 ❹进一步确定或证实

Confirmare est id firmum facere quod prius infirmum fuit. 〈拉〉确认是将原先不确定的(东西)确定下来。

confirmatio 〈拉〉❶批准 ❷证实;证明;确认 ❸(地产权的)确认 地产权转让的一种方式。地产权人将全部或部分地产权转让给地产的实际占有人,从而使可撤销的地产权得以完善或使先行地产权[particular estate]得以扩大。(⇨confirmation;particular estate)

Confirmatio C(h)artarum 〈拉〉〈英〉《恩准宪章》 爱德华一世[Edward Ⅰ]于1297年批准的法律,该法宣布《大宪章》[Magna Charta]将作为普通法而实施,任何与其相背的判决将被宣布无效,同时命令将《大宪章》副本发往各教区总教堂,每年向民众宣读两次,触犯《大宪章》者,无论情节轻重,都将被判令逐出教会。

confirmatio crescens 〈拉〉扩大地产权的确认

confirmatio diminuens 〈拉〉缩小土地保有人应负劳役的确认

Confirmatio est nulla ubi donum praecedens est invalidum. 〈拉〉先前的赠与无效,对其确认亦无效。

confirmation n.❶(对人事任命、行政行为等的)批准;认可;同意 如立法机关批准政府的工作、重要人事任命;在教会法中,新当选的主教须经大主教确认。❷(对事实、信息、声明等的)证明;证实;确认 ❸(对未确定的、可撤销的或无效的法律行为或产权予以)确认;认可;追认 ❹(银行对其他银行开出的信用证同意给予)确认;保兑 ❺(法庭对企业进入破产程序的)批准 ❻(独立审计师在审计某一企业应收应付账目时应向该企业往来客户进行查征、询证后,客户给予的)正式备忘录 ❼(基督教的)按手礼;坚信礼 指受过洗礼的儿童在长大并掌握一定的教义后通过再次宣誓成为正式教徒。
Confirmatio nemo potest priusquam jus ei acciderit. 〈拉〉无人能确认其尚未获得的权利。
confirmation of bishop 〈英〉(教会法)主教的确认 主教参事会[dean and chapter]依据国王的确定主教人选指示信[letter missive]选出新主教后,还须经大主教确认才能举行主教就圣职仪式。在1848-1902年的一段时间内,曾数次发生大主教因当选主教对教义持有非正统观点而拒绝确认,但在1902年的国王诉坎特伯雷大主教案[R. v. Archbishop of Canterbury]中,法庭裁决大主教的确认只是一种形式,不能以教义的观点不正统而拒绝确认当选的主教。
Confirmation of Charter (=Confirmatio C(h)artarum)
confirmation of estate 地产权的确认 (⇨confirmatio)
confirmation of executor 遗嘱执行人资格的确认
confirmation of sale (财产)出售确认 指对于根据法院命令而作的财产出售,包括遗嘱执行人或遗产管理人对遗产的出售,法院正式确认其出售条件。(⇨decree of confirmation)
confirmation slip 证券购销证明通知单 常由证券经纪人寄给投资者。(⇨transaction slip; sold note)
Confirmatio omnes supplet defectus, licet id quod actum est ab initio non valuit. 〈拉〉行为即使起初无效,但(事后)确认可弥补一切缺陷。
confirmatio perficiens 〈拉〉对不合法和可废除地产权予以认可的确认;使附条件地产权转为绝对地产权的确认
Confirmat usum qui tollit abusum. 〈拉〉确认一项权利的使用同时排除了权利的滥用。
confirmavi 〈拉〉吾已确认 古时确认证书中的强调语。
confirmed credit (商法)保兑信用证 指信用证必须由在卖方金融市场上经营的某一金融机构承担直接责任,见于美国《统一商法典》[U.C.C.]第2-325条。
confirmed letter of credit (商法)保兑信用证 (=confirmed credit)
confirmee (古)确认证书的接受人(或被确认人)
confirming bank 保兑银行 指对开证行的信用证担保付款的银行,可保兑以其自身为付款行的信用证,也可保兑以开证行或第三方银行为付款行的信用证。
confirmor (古)确认证书的出具人
confiscable a. 应充公的;应没收的;可充公的;可没收的
confiscare (罗马法)(英格兰古法)没收;充公;收归国库
confiscate v. 没收;充公;(战时)没收敌方财产 (⇨confiscation; forfeiture)
confiscation n. 没收;充公 指政府将犯罪者的财产或非法所得无偿没收,归缴国库,没收物也包括走私违禁物品、犯罪工具等。在国际法上,交战国可因他国或其公民运载战争违禁品或供应品给被围困或封锁的国家而予以没收占用。没收与征用有所不同,没收是无偿的,征用则应给被征用者合理补偿。(⇨condemnation; eminent domain; expropriation; forfeiture; seizure)
confiscation acts 〈美〉没收法 指1861-1862年南北战争时期为实施政府战争权力的某些国会立法。这些法律授权政府征用、没收用于支持叛乱的财产,以加强政府权力,有助于平定叛乱。
confiscation cases 〈美〉没收案 1868年美国最高法院审理的有关国会制定的没收法[confiscation acts]的效力并对其进行解释的15起案件的总称。
confiscation loss 没收的损失 指由于财产被没收或国有化而给纳税人造成的损失。在个人所得税申报中,该项损失可作为抵减项减少应税净额。
confiscatory order or regulation 没收性法令或条例 指对公共运输事业或其他公用事业的收费定得非常低,以致剥夺或可能剥夺投资者获得合理的收益的价格法令或条例。
confiscatory rates 没收性价格 指对公用事业的服务价格定得过低,致使公用事业不能获得合理的利润,维持持续经营并吸引投资以实现其服务公众的目的。
confisk v. 没收 confiscate的古老表达方式。
confitens reus 〈拉〉(古)承认有罪的被告人
conflicting evidence 冲突证据 指由原告和被告或由公诉人和刑事被告人分别提供的证据互相矛盾,无法一致。
conflicting grants 冲突性转让契据 指同一转让人就同一项房产分别转让给不同受让人的数份契据。
conflicting interest (相互)冲突的利益;冲突性利益 (⇨conflict of interest)
conflicting presumptions 冲突的推定 指根据同一事实得出截然相反的两个推定,其中一个必须让位于另一个更有力的推定。
conflict of authority 权威冲突 ①指几个法院,常为同级终审法院,在法律原则或适用上的分歧观点;②指学者间或学者论著中的不同观点,特别在权威学者观点占重要地位的国际公法或国际私法等学术领域。
conflict of interest 利益冲突 ①指某人的个人利益与其作为公职人员或受托人应尽的职责存在实际上或表面上不能相容的利益冲突;②指律师同时代理的两个当事人之间存在实际上或表面上不能相容的利益冲突,则如双方代理将损害一方利益,或当事人不同意时,该律师就无权担任双方代理。
conflict of laws ❶法律冲突;法律抵触 指在一国起诉的案件,其当事人或其中一方,或当事人的权利、义务或诉讼标的物或多或少地属于或发生在另一国家,而两国处理该案件的法律规定不同,存在冲突或抵触。常简称conflict。❷冲突法;国际私法 指调整法律冲突或决定在涉外民事关系中适用何国法律的一个部门法;也指法律选择的原则。常简称 conflicts,在国际上,也称 private international law; international private law。
conflict of personal laws 属人法冲突 指在某一国家中一般法律与适用于宗教、种族团体内部的法律之间的冲突,如美国联邦法和印第安部族法的冲突。
conflict out 回避;(因涉及利益冲突)取消资格 例如法官因与一方当事人有利害关系而应回避。
conflicts in administration 行政冲突 指不同行政机构之间的冲突。
conformably to the laws 合乎法律的 指依据宪政国家和该国成立前的政治性组织长期建立起并已予认可的法律制度行事的。
conformed copy (内容)一致的副本 正确无误的文件副本,对副本里不能复制或未复制的正本内容附有说明,如正本中的亲笔签字可在副本中以符号替代,并注明正本已经本人签字。
conforming a. 一致的;符合的;相符的 与合同义务相符。如在货物买卖法中,货物或任何与履约有关的行为与合同规定的义务相符,即为与合同相符。见美国《统一商业法典》[U.C.C.]第2-106(2)条。
conforming use 使用相符 指在城市分区及土地使用规划中,结构物的使用与该地区的城市分类规划相符。(⇨

nonconforming use)

conformity n. ❶(形式、方式、作用等的)一致 ❷与…相一致 ❸适合;遵从

Conformity Act or Statute 〈美〉《一致法》 1872年制定的一项联邦法律的名称,该法规定联邦地区法院的诉讼程序(衡平法和海事诉讼除外)应与当地州法院处理类似案件的诉讼程序相一致,或尽量一致。《联邦民事诉讼规则》[Federal Rules of Civil Procedure]在1938年生效后该法废止。

conformity hearing 核实是否一致的听审(听证) ①法庭指定的听证,以核实胜诉方草拟的判决是否与法院决定一致;②联邦政府机构或部门组织的听证,以确定政府提出的方案是否符合联邦法律,此类听证通常涉及社会服务事业。

conform to proof 与证据相一致(⇨amendment to conform to proof)

confrairie 〈法〉〈英格兰古法〉❶兄弟(般)的关系 ❷兄弟会;互助会;社团

confreres n. ❶同一寺院的兄弟 ❷同一社团的成员

confront v. 使对质;使对证;使面对;面临

confrontation n. 对证;对质 ①在刑事诉讼中,指被告有权与对方证人对质。美国宪法第六条修正案规定的这一被告人权利使被告人能面对证人,能对其证词提出反对意见,或使证人能辨别被告人。对质权的实质不在于使被告人能见到证人,而是保障被告人具有质询对方证人的宪法权利;②英国的宗教法庭在受理婚姻案件(离婚除外)中,常要求原告与被告或共同被告在证人作证时一起到庭,以便当面对证核实。

Confrontation Clause 〈美〉对质条款 指美国宪法第六条修正案,该条保障刑事被告人有权直接与控方证人对质,并向该证人进行交叉询问。(⇨confrontation)

confrontation of witness 与证人对质(⇨confrontation)

confrontment n. 对质(⇨confrontation)

Confucianism and Legalism 儒家(孔子)学说和法家学说 中国古代关于人性和社会的学说,其内容同样构成当今欧洲法学理论的基石。儒家学说强调人的善良本性,法起源于礼,礼是在于全社会的无形的行为准则。反之,法家学说不承认性本善,不相信善良可以战胜骄横、嫉妒和贪婪。法家主张法律应是政府制定并强制人们遵守的行为规则。当代法学理论实际是这两种古代学说的结合,即在人们缺乏内在善良本性情况下,只有法律才能维持社会秩序,但每个作为个体的人均应受到尊重,至少因为他们还具有实现儒家理想的潜能。

confusio 〈拉〉搀和;混合;混杂 ①罗马法中指不同所有人的液体物品经搀和而成为不能再行分开或区别的混合物,区别于commixtio,后者指不同所有人的干货或固体物品的混合或熔合;②苏格兰法中关于较小的权利被吸收于较大的权利之中并随之消失的学说。

confusion n. ❶混合;混同 用于大陆法及其相关复合词中时,意为混合,相当于普通法上"merger"。指许多物混合在一起难以区分,或者所有权分属多人的物混同在一起无法加以识别。❷权利的混合(或混同)

confusion of boundaries 边界纠纷 指衡平法院关于发现和处理边界纠纷及解决不确定边界问题的管辖权。

confusion of debts 债的混同 债的消灭的一种方式。例如债权人与债务人结婚;或债权人成为债务人的继承人,或债务人成为债权人的继承人。亦通常写作"merger"。

confusion of goods 物的混合 分属数人的同一性质的

物品相互混合而不能区别。各所有人一致同意的混合可导致财产共有;如系某一人单独故意所为,则其必须承担全部损失,并丧失其原先所有部分,无辜方所有人则取得全部财产,但如混合的物品尚可区分且价值相同,则该混合者仍可保留共有权。

confusion of rights 权利的混同 指债权人与债务人合为一人,一般导致债的消灭。

confusion of rights and obligations 债权债务的混同(⇨confusion of debts;confusion of rights)

confusion of titles 〈罗马法〉权利的混同 指同一块土地的两项权利的所有人合而为同一人。

confute v. 推翻;驳倒;证明某人是错误的

con game 骗局;诈骗 指因信任骗子而受其故意的欺诈。(⇨confidence game;flim-flam)

congé 〈法〉❶许可;执照 ❷船舶配备武器、进行装备或航行的许可 ❸(船舶)出入港许可证

congeable 〈法〉〈古〉合法的;准许的;许可的

congé d'accorder 〈法〉〈古〉在古老的诉讼和解程序中,法庭准许被告与原告和解的许可令

congé d'appel (大陆法)上诉许可

congé de defaut 〈法〉因(原告)缺席而驳回诉讼

congé délire (= congé d'élire)

congé d'élire 〈英〉(主教)推选许可令 在主教职位空缺时,国王向主教参事会[dean and chapter]发出推选新主教的许可令,并附有国王提名的候选人。主教参事会依法选出主教后应向国王报告选举结果,再由国王签署核准令给教省的大主教,由该大主教确认[confirmation]和主持新主教授职礼[consecration]。此外,国王也向王室所属大小修道院发出选举院长的许可令。(= congé d'eslire)

congé d'emparler 〈法〉〈古〉同意被告延期答辩或同意双方庭外和解的许可

congé d'eslire 〈英〉(主教)推选许可令(= congé d'élire)

congenital a. 先天的;与生俱来的

congeries n. 聚集;堆积

congested district 交通拥挤地区

congildo (= gildo)

congildones 〈撒克逊〉行会成员;同业公会成员

congius 〈拉〉古容量单位的一种,约为一加伦一品脱

conglomerate n. 联合大企业;集团公司 指跨行业、多样化经营的大公司,通常由单一法人实体控制。

conglomerate merger 跨行业企业合并(兼并) 指合并的企业原先从事不同的生产经营活动,或无任何经济联系,无直接竞争或买卖关系,或既非纵向也非横向的企业合并,但这些合并特征并非相互排斥的,如合并者可兼具纵向和横向关系。

Conglomerate Merger Bill 〈美〉《跨行业企业合(兼)并法案》 旨在反对跨行业大企业合并或兼并和保护小型独立企业的法案,由参议员爱德华·肯尼迪[Edward M Kennedy]于1979年向国会提出。该法案禁止资产或销售总额在2亿美元以上的美国公司进行跨行业合并或兼并,同时严格限制规模稍小的公司的合并。禁止此类合并不要求一定显示出有妨害竞争的危险,而是认为大公司有其不公正的内在优势,而公司愈小愈好,尽管小公司看起来不如大公司形象佳。

congregate v. 集合;聚集

congregation n. ❶集会;集合;人群 ❷(教区、教堂中的)全体)教徒;公众 ❸(罗马天主教会的)枢机主教团委员

会 指罗马天主教枢机主教团的几个常设委员会，每个委员会负责教会事务的一个部分。亦指处理临时教务的临时委员会。

congregationalism n. 公理制　基督教新教教会体制的一种，以教区的全体教徒[congregation]为教会的主体，不设处理教务的各级行政机构，由全体教徒以民主方式直接选举牧师管理教会，主要为公理宗、浸礼宗等所实行。

congregationalist n. 公理宗　基督教新教主要宗派之一，以前亦称独立派，产生于 16 世纪下半叶，反对设立国教及教会从属国家政权，主张教会独立自主并由教会的全体教徒共同管理，不设行政管理机构。(⇨congregationalism)

congress n. ❶(代表)大会　❷[C-]〈美〉国会　联邦政府的立法机构，根据美国 1787 年宪法第一条第一款设立，由参议院和众议院组成，并于 1789 年 3 月 4 日在纽约市[New York City]召开了第一届国会。

congressional apportionment　〈美〉国会议员的地区分配　根据每十年一次的人口统计决定每州可选出的国会议员名额。(⇨apportionment of representatives)

congressional authentication　〈美〉国会认证　美国一项国会立法[Act of Congress]规定的对于各州的公共法律[public acts]、司法程序或记录的真实性给予认证以便作为证据使用于其他州的一种统一认证方式，其作用是使全国各地法院都必须尊重此类认证方式。

Congressional Cemetery　〈美〉国会墓地　早期由堂区委员会[Vestry]在华盛顿特区的基督教会的土地上建立的一块墓地，经常用来埋葬家在远方、卒于城内的参议员、众议员和行政官员。1816 年由国会划为具有半官方性质的、埋葬政府官员的专用墓地。

congressional committee　〈美〉国会委员会　国会众议院或参议院为某些特定公共目的设立或共同设立的委员会。

congressional court　〈美〉国会(设立的)法院　任何一个根据美国宪法第三条第一款由国会立法设立的联邦法院。

congressional districts　〈美〉众议员选区　每个州按地理位置划分成若干选区，每区选出一名美国国会众议员。

Congressional Globe　〈美〉《国会世界》　由私人发行的国会记录，记载 1833 年起在国会发表的演说和陈述，1873 年后由官方出版的《国会记录》[Congressional Record]取代。(⇨Congressional Record)

congressional grant　〈美〉国会(决定的)土地出让　国会决定的出让某块公有土地。这一决定既是出让，也是法律。确定国会意图即能作出对该法律的解释。

congressional immunity　〈美〉国会议员豁免权(⇨legislative immunity)

congressional intent　国会意图；立法意图(⇨legislative intent)

congressional investigations　〈美〉国会调查　国会通过所设委员会就与国会立法有关事项进行的调查。

Congressional Library　〈美〉国会图书馆　1800 年由国会建立。(= Library of Congress)

congressional powers　〈美〉国会的权力　指美国宪法第一条赋予参众两院的立法等权力。

Congressional Record　〈美〉《国会记录》　国会召开期间每天发行的刊登国会参众两院每天工作进程的出版物，最初于 1873 年 3 月 4 日出版。这是联邦政府第一次直接和正式对国会工作进程进行系列报导和出版。国会记录包括每位议员在国会或准备在国会上的全部发言，议员还可在其发言刊出前予以整理甚至增加当时实际并未说过的内容。在每一期的《国会记录》后面有该记录的《每日摘要》[Daily Digest]，分别概述各院、各委员会及其小组的工作情况，也记载每天的立法公告。周末预告下周的议事日程，该摘要于 1947 年 3 月 17 日开始出版。

congressional resolution　〈美〉国会决议　由国会投票通过的声明，尤指表达国会意见和意愿的正式声明。

congressional survey　国会测绘(⇨governmental survey)

congressman n. 〈美〉国会议员　按照字义应包括参议员和众议员，但通常只指众议员。

Congress of Industrial Organizations　〈美〉产业工会联合会　简称产联，是美国劳工组织的一个成员，成立于 1938 年，后与美国劳工联合会[American Federation of Labor]合并，简称劳联－产联[AFL-CIO]。

Congress of Racial Equality　〈美〉种族平等大会　由詹姆斯·法默[James Farmer]和芝加哥大学[University of Chicago]的一批学生于 1942 年成立的民权组织。其被认为是两项著名的、行之有效的非暴力示威游行方法的开创者：静坐[sit-in]和自由之行[Freedom Ride]。

congressus　〈拉〉(废)性交　在妻子控告丈夫性无能时，用来检验其控告是否属实的一种最实际的方式。

congrue　〈罗马法〉同意

conjectio　〈拉〉(罗马法)(法院根据证据)作出推断

conjectio causae　〈拉〉(罗马法)案情梗概　开庭时当事人或其辩护人向法官简要陈述的案情。

conjectural evidence　推测的证据；臆测的证据

conjecture n. & v. 猜测；假设；推测

conjoint robbery　共同抢劫

conjoints n. ❶夫妻　❷财产共有人

conjoint will　共同遗嘱　指几个遗嘱人就其共有财产做出的遗赠。(⇨joint will)

conjudex　(英格兰古法)助理法官；法院助审官(⇨associate)

conjugal a. 婚姻的；夫妻关系的

conjugal duties　婚姻上的义务；夫妻间的义务

conjugal family　核心家庭　由父母和子女组成的最狭义的社会团体。又作 nuclear family。

conjugal fellowship　夫妻关系(⇨consortium)

conjugal kindness　夫妻和睦　夫妻一方有权从对方得到的待遇。

conjugal rights　婚姻权利；配偶权利　指夫妻间相互享有的权利，尤指相伴、同居和性交的权利，但任何一方不得强制实现这些权利。(⇨consortium)

conjugal seducer　以婚姻为饵的诱奸者

conjuges　〈拉〉夫妻(⇨inter conjuges)

conjugium　〈拉〉(罗马法)婚姻；已婚

conjunct a. 结合的；联合的；连接的

conjuncta　〈拉〉(罗马法)结合者；联合者；连接者

conjunctim　〈拉〉(罗马法)结合的；联合的；连接的(⇨disjunctim)

conjunctim et divisim　〈拉〉(英格兰古法)共同的和分别的

conjunctio　〈拉〉(罗马法)❶联系　❷结合；联合　❸连接词

Conjunctio mariti et feminae est de jure naturae.　〈拉〉夫妻的结合是自然规则。

conjunction n. ❶结合；联合；连接；并合；关联　❷(事

件)同时发生、同处发生 ❸连接词

conjunctive *a*.连接的;联合的
n.连接词 如 and 为系连词,or 为转折连词[disjunctive conjunction]。

conjunctive denial 联合否认;联合拒绝接受 被告对原告在起诉状中所主张的几个相互联系的基本事实从整体上加以否认。

conjunctive obligation 并合的债务(义务、责任) 指合同中有数个以连系词(如 and)连接的标的,债务人应分别履行或承担责任;区别于选择性债务[alternative obligation],后者有以转折词(如 or, but)连接的几个标的,债务人只须负选择履行的责任。

conjunct persons 关联者 指在某一关系上相互关联的人。

conjuratio 〈拉〉❶〈英格兰古法〉共同宣誓;宣誓结党、结盟 ❷〈欧洲古法〉建立社区或市的协议 这种协议以居民的共同宣誓来确认,并以此为基础。 ❸密谋

conjuration *n*.❶〈英格兰古法〉共同宣誓危害公众的图谋 ❷假借妖术聚众集会罪 祈求神灵揭示秘密或达到某种目的的普通法上的犯罪。 ❸妖术;巫术;魔法

conjurator *n*.〈英格兰古法〉❶相互发誓人 ❷共谋者 (⇨conjuration)

Connally Act 〈美〉《考那利法》 为协助执行各州关于在某些油区实行石油限产的法律而制定的一部联邦法律,该法禁止违法超产石油的州际贸易和运输。

Connally Amendment(1946) 康那利修正案 1946 年杜鲁门总统正式宣布承认国际法院管辖的声明。根据该声明,对于以下事由美国将接受国际法院的管辖:条约的解释;任何有关国际法的问题;经确定存在违反国际义务的事实;违反国际义务应予赔偿的性质和范围。

connecting carrier 〈海商法〉联运承运人;联合承运人 货物从启运港抵达目的港的全部路线由若干个承运船舶的全部或部分航线组成时,这几个承运人称作联运承运人。

connecting carrier's lien 联运承运人的留置权 指承运人为取得运费而留置其所承运货物的权利。该运费包括已经由联运承运人支付的先前承运人[preceding carriers]的有关费用,留置权所担保的运费按法定或规定运费率计算,可能会超过由第一承运人保证的联运费率。但如中继承运人知悉第一承运人已和托运方达成联运合同,且全部运费已预付,则该联运承运人不能行使留置权。

connecting factors 连接点;连接因素;相关因素 在冲突法中,用以确定案件所用准据法的法律范围[legal categories],可划分为客观连接点如当事人住所地、国籍国、物之所在地、侵权行为地等和主观连接点即当事人的意思表示、行为。

connecting up doctrine 关联原则;相关原则 指当事人提供的证据,如能引证其他有关证据,则该证据可以被法庭采纳。

connection *n*.❶连接;连结 表动作。 ❷联系 表状态。 ❸连结部分 ❹(复)亲属;姻亲;亲属(亲戚、姻亲)关系 指因血缘或婚姻而形成的关系,但该词含义不十分明确。

connexité 〈法〉合并审理;诉的合并 当两个未决诉讼的客体极为类似时,为便利起见,将两案交由同一法官审理。

connexity *n*.关联;联系 指为取得对某外国公司的属人

管辖权,则必须要求引起诉讼的交易活动与该外国公司在本国的活动相关联。

connivance *n*.默许;纵容 秘密或间接地同意他人从事违法犯罪行为。离婚诉讼中如果能证明原告为达到离婚目的而纵容、默许被告与他人通奸,在英国该诉讼将被终止,在美国被告也可以此作为抗辩理由,但目前许多州已以无过错离婚法取代这一抗辩理由。

connive *v*.❶默许;纵容(某些应当反对或谴责的违法情况) ❷共谋;互相配合;达成默契(⇨connivance)

connoissement 〈法〉货运单;运货契约 指由船主或其代理人签发的有关承运货物的状况及收货人、发货人、承运人的名称的书据,类似于英国和美国的提单。

connubial 〈拉〉婚姻的;夫妻的

connubium 〈拉〉〈罗马法〉结婚;合法婚姻 原指罗马公民间的通婚权利以及伴随合法婚姻所形成的各项特殊权利,如父亲所拥有的家长权。区别于非正式的姘合[concubinatus]。

conocimiento 〈西〉❶提单 在地中海地区的港口称"póliza de cargamiento"。 ❷保证书;保证金 ❸具结;保证

conpossessio 〈拉〉〈罗马法〉共同占有

conquereur (= conqueror)

conqueror *n*.❶〈苏格兰〉〈英格兰古法〉初买人;不动产的第一个买主;第一个把不动产带入家庭者(⇨first purchaser) ❷[C-]征服者 指英王威廉一世[William the Conqueror, 1066 – 1087]。
v.〈拉〉控告;控诉 用于诉状的开始部分:"我控告…"[conqueror quod…]。

conquest *n*.❶〈国际法〉征服 指交战国在战争中以武力占领敌国领土,并意图取得所占领土的主权。 ❷(封建法)以继承以外的方式取得土地所有权 尤指购买。 ❸(封建法)以继承以外方式(尤指购买)获得土地 ❹[the C-]1066 年威廉征服英国 常作 the Norman Conquest。

Conquestor *n*.征服者 给英王威廉一世的称号。

conquestus 〈拉〉取得

conquêts 〈法〉夫妻共有财产 指夫妻双方在婚姻存续期间各自或共同取得的财产,一般双方就该财产平均受益。在美国路易斯安那州[Louisiana]称 acquêts。

conquisitio 〈拉〉〈封建法〉〈英格兰古法〉❶获得;取得 尤指通过继承之外的其它方式获得。 ❷获得物;取得物

conquisitor *n*.(封建法)购买者;获得者

consanguine brothers 同父异母兄弟

consanguineos 〈拉〉血亲;拥有同一祖先的族人(⇨de consanguineo)

consanguineous *a*.血亲的;同血缘的;同宗的

consanguineus 〈拉〉血亲;同宗

Consanguineus est quasi eodem sanguine natus. 〈拉〉有血亲关系的人宛如出自同一血脉。

consanguineus frater 〈拉〉〈古〉同父异母兄弟(⇨consanguineus uterinus)

consanguineus uterinus 〈拉〉〈古〉同母异父兄弟

consanguinitas 〈拉〉〈罗马法〉同父兄弟(姊妹)

consanguinity *n*.血亲;血缘;同宗 以血统关系为基础的亲属关系,与因婚姻而产生的姻亲[affinity]关系不同。血亲可划分为直系血亲和旁系血亲。罗马法用亲等[degree]作为衡量血亲间血缘关系远近的尺度。(⇨collateral consanguinity; lineal consanguinity; kin; kindred)

conscience n. 良心；道义心；辨明是非的道德感、正义感 主要用以评价人们的品质和道德感；在法律上，指人们交往中应具有公正、诚实的道德准则。

conscience clause 良心条款 指如果良心、道德或宗教信念不允许某人遵守某一法律或从事某事，法律允许他不遵守，即法律应尊重其在这方面的信念，如英国初等教育法规定，儿童不论其有无宗教信仰或信奉何种宗教，均有上学接受初等教育的权利，在学校上宗教课或举行宗教仪式时，该学生可以不参加。

conscience fund 〈美〉良知基金 指美国财政部管理的为接受具有赎罪感者的捐赠而自1811年起设立的基金。对此类捐赠，政府仅是接受、登记和认可，不予询问，捐款者也无被起诉的危险。捐款自几分到数千元不等，如一捐款者寄上1角6分，以补偿他在海军服役期间寄信所欠贴的两张8分邮票。该基金成立以来，共收到逾350万美元的捐款。良知基金存于财政部普通基金名下，用以支付政府开支。

conscience money 为良心所安而付的钱 如补交所隐瞒或逃避的税款。

conscience of the court 法庭的良知 ①指法庭有衡平法上的权力，根据公平和公正原则作出裁决；②指法庭在决定当事人或陪审团是否依法从事诉讼活动时所适用的准则，如在某些案件中，法庭否定了陪审团对损害赔偿的裁断，因为这种裁断"使法庭的良知受到震惊"[shock the conscience of the court]。

Conscientia dicitur a con et scio, quasi scire cum deo. 〈拉〉良心的表达方式来源于"con"（共同）和"scio"（我知道），就如我与上帝皆知。

conscientiae detrimentum 〈拉〉良知的泯灭

conscientia rei alieni 〈拉〉对他人的所有权的了解

conscientious objector （出于宗教或道义的原因）拒绝参战者；拒服兵役者 指因宗教信仰或道义等原因而拒绝参战并拒服兵股者，此类人并不仅限于反战教派的教徒，凡是真诚地反对战争的人都可属拒服兵役者。在英国此类人须登记并接受地方法院的审查。拒绝参战者应从事公共卫生、地方治安等公务，以替代服兵役。

conscientious parallelism （反垄断法）有意识的对应行为说 指少数企业有意识地分别采取相互对应的价格垄断行为的情形，也称商品价格垄断的"相互依存说"[interdependence theory]。

conscientious scruple 良心的责备 受良心责备，拒绝做某事，如拒绝宣誓，拒绝成为重大案件的陪审员或拒绝服兵役等。该人认为被要求做的事是不道德的，良心驱使他不应该去做。这与根据理性判断不做违反原则的事不同。因此，前者可能仅涉及事情是否合适、恰当。

conscionable a.〈古〉凭良心办事的；正直的；正当的

conscious a. ❶有意识的 ❷神志清楚的 拥有充分的意识，能够识别行为的真正性质和特征。

consciously parallel （反垄断法）有意识的对应行为 指一方了解竞争方的行为，如抬高价格，并单独决定采取同样的行为。在某些场合，这一行为可视作同谋的证据。

conscription n. 征兵；征集 强制公民依法服兵役的制度，通常规定征兵人数和年龄。古埃及人、罗马人与现代欧洲多数国家均实行征兵制。英国曾长期根据《民兵法》[Militia Acts]征兵。二次世界大战后，曾一度按国民服役制[National Service]继续征兵。

consecrate v. （教会法）祝圣；奉为神圣 如对新主教的就职举行"按手礼"[imposition of hands]，对新教堂或墓地举行祈祷仪式，祝圣由大主教或主教主持。

consecrated ground 墓地

consecratio capitis 〈拉〉❶宣布罪犯被剥夺法律保护，人人可见而诛之 ❷将罪犯交给神明处罚，即不受神明和人们的保护

Consecratio est periodus electionis; electio est praeambula consecrationis. 〈拉〉祝圣礼是选举神职之尾声；选举乃祝圣礼之前奏。

consecration n. （教会法）❶献祭；奉献 ❷授（圣）职礼 由大主教为当选主教举行授（圣）职仪式。在新教中，一般神职人员的授职仪式称 ordination。❸祝圣礼 为新建教堂或墓地举行的仪式。

consecutive a. 连续的；连贯的；顺序的

consecutive sentences 连续执行的判决 指一个判处监禁的判决紧接着前一个判决，中间无间隔，则后一判决应视作连续执行的判决，也称累积执行的判决。连续判决也适用于缓刑判决[suspended sentence]。（="from and after" sentences）

consecutive tortfeasors 连续侵权行为人；连续侵权者

consedo 〈西〉转让；授予权利 墨西哥财产转让法中的用语，相当于英语中的"grant"。（⇨cedo）

conseil 〈法〉❶劝告；建议 ❷许可；批准

conseil de famille 〈法〉家族委员会 对诸如监护人的特定行为进行批准或许可的家属委员会，如未经该委员会同意，监护人不得接受或拒绝接受未成年人已继承的遗产。

conseil de prudhommes 〈法〉劳资纠纷法庭 负责解决标的额不超过200法朗的雇主和劳工之间的纠纷，法庭对纠纷先行调解，调解不成再裁决。标的额超过200法朗的纠纷须向商事法庭[tribunals of commerce]提出请求。

Conseil d'Etat 〈法〉国务委员会 法国政府中的最高行政咨询和司法监督机构，由文官中的精英组成，是法国最早的政府机构之一，可溯及1302年。拿破仑于1790年按原枢密院模式组建，但始终不同于部长会议。主要就共和国总统、内阁和议会提交立法的国家事务方案和措施提供意见或作出决定。该机构还有对滥用职权、侵犯公民权利的行政官员进行司法监督、予以纠正的职责，在这一方面具有行政法院性质。

conseil judiciaire 〈法〉司法委员会 指对过分奢侈铺张的人宣布有限度禁治产令的一审法院授权的一个委员会，以帮助禁治产人从事起诉、应诉、进行和解和让渡财产、进行借贷等活动。

consensual a. 经双方同意的；合意的（= consentaneous; consentient）

consensual contract （罗马法）诺成合同；合意合同 仅需双方意思表示一致即可成立的合同，不需其他外在形式或象征性行为。

consensual crime 两愿的犯罪（⇨victimless crimes）

consensual marriage 合意婚姻 指仅需男女双方当面同意即可缔结而成的婚姻关系。（⇨common-law marriage）

consensus ad idem 〈拉〉合意 指当事人就同一事由达成一致意见，合同的效力取决于合同双方达成合意。（= consensus in idem）

Consensus est voluntas plurium ad quos res pertinet. 〈拉〉合意即指数人对共有事物的共同意愿。

Consensus facit legem. 〈拉〉合意构成法律。 双方同意接受合同的约束，该合同即是双方之间的法律。

consensus in idem (= consensus ad idem)
Consensus, non concubitus, facit nuptias vel matrimonium, et consentire non possunt ante annos nubiles. 〈拉〉婚姻关系经双方合意而成立，同居或性交不构成婚姻，未达结婚年龄者不能为合意(结婚之意思表示)。
Consensus tollit errorem. 〈拉〉合意可排除错误。 如已经同意，不能再反悔。
Consensus voluntas multorum ad quos res pertinet, simul juncta. 〈拉〉合意系指数人对共同感兴趣的事物或交易意思表示一致。
consent v.&n. 同意；赞同；答应；允许；合意 指一个智力正常的人对他人的建议自愿作出理智的选择，即同意的意思表示，并不存在胁迫、欺诈或错误理解等情况。同意是合同关系的基本构成要素。同意是殴打、损害名誉、侵犯隐私权、侵占和不法侵入等侵权行为的抗辩理由。但同意一般不能作为对刑事指控的抗辩理由，强奸案件可能除外。在有关强奸罪的法律中，"同意"系指内心同意。妇女在受威吓或恐惧时的同意不是其真实意思表示；在有服从和反抗两种选择时，如反抗已不能抵御暴力或已无用时，则此后的顺从不能称为同意。(⇨acquiescence; age of consent; assent; connivance; informed consent)
consentaneous a. 经双方同意的(= consensual)
consent calendar ❶同意的审案日程表 对涉及儿童案件的非正式审理，一般可按对儿童最有利的时间安排审案日程，但须首先取得该儿童及所有有关方的同意。 ❷预计无异议的法律草案审议一览表 这些法律可不经表决通过成为法律。本词的这一含义也适用于行政机关制定类似的规章一览表。本含义也称 unanimous consent calendar。
consent decree 双方同意的判决 ①指在衡平法诉讼中经双方当事人同意的判决，它不是严格意义上的判决，而是经法庭核准的和解协议，对双方有约束力且不能复审，除非判决因欺诈或双方错误而取得。该判决对法庭无约束力；②指经法庭核准，被告同意终止其非法行为(如刊登虚假广告)，政府同意不再追究并撤诉，法庭据此所作的判决。
consent dividend 同意股利；认同股利 为避免或减少政府对收益的不合理积累征收惩罚性税，或为减免私人持股公司税，公司可宣布分发同意股利。同意股利不以现金或财产形式发放给股东，但公司可对已付股息扣减。同意股利的税负由持股人承担，并提高了股票投资的基准。
consentible lines 合意地界 指由相邻双方约定的分界线。
consentient 经双方同意的；合意的(= consensual)
Consentientes et agentes pari poena plectentur. 〈拉〉行为人和同意该行为的人应受到同样的惩罚。
Consentire matrimonio non possunt infra (ante) annos nubiles. 〈拉〉未达适婚年龄的人不得同意结婚。
Consentire videtur qui tacet. 〈拉〉沉默视为同意。
consent judgment 同意(诉讼和解)的判决 指双方当事人同意诉讼和解的判决，实际上是经法院认可的双方自行达成的协议，但经法院判决后即具约束力。
consent jurisdiction 协议管辖 指双方当事人事先同意将彼此间纠纷提交某一法院解决。
consent of insured (保险法)被保险人的同意 汽车责任保险单的一揽子条款中的一种表述，指被保险汽车的车主对他人使用其汽车的许可。

consent of victim 被害人的同意 一般情况下，被害人的同意不能作为行为不构成犯罪的抗辩理由，除非被害人的同意能够否定行为本身的犯罪性质，如强奸案件中受害人的同意。
consent order 双方同意的法院决定(⇨consent decree)
consent reference (= reference on consent)
consent rule 同意书 逐次侵占租地人之诉[ejectment]中的一种书面文件，据此，事实上的被告承认拟制的租约[lease]、侵占土地[entry]以及驱逐者[ouster]，而仅仅依据其在土地上的所有权进行抗辩。(⇨ejectment)
consent search 经同意的搜查 指警察在征得被搜查人同意后实施的搜查行为。如果同意出于自愿和充分理解，可使无证搜查合法化，但合法性掩盖下的强制搜查不能称作自愿同意。同意搜查是否存在胁迫或强迫需根据事实全面认定。
consent to 同意(做) "同意"和"赞成"[approve of]两词组无论单独或结合使用都不表明具有有意参与或实施某一犯罪行为的概念。某人可以当场积极赞成或不反对他人犯罪，但并不表明他愿意参与或帮助实施这一犯罪行为。
consent to be sued 同意被诉 当事人事先同意以某一特定方式或在指定法院对其提起诉讼。(⇨confession of judgment)
consent to notice 同意通知(的规定) 对于文件中规定的通知，当事人同意提前通知或对某一指定人的通知相当于对当事人本人的通知。
consequence n. ❶结果；后果 ❷推断(⇨natural and probable consequences)
Consequentiae non est consequentia. 〈拉〉由结果得出的结果是不存在的。
consequential contempt 间接的藐视(法庭)；推定的藐视(法庭) ①尚未构成直接或严重的藐视法庭、法官，但一般地表示出漠视法庭的权力和权威；②在法庭外不执行法庭命令，藐视法庭的行为。
consequential damages 间接损害 由损害行为的某些后果所致的损害，而非由该行为直接导致的损害，即损害出于一般未预料到而与后果又有关的另一特殊情况的发生。这种损害有的可起诉，有的不能起诉。
consequential economic loss 间接经济损失
consequential loss 间接损失 由损害行为的后果所致的损失，而非由该行为直接所致的损失。
conservancy n. ❶(渔场、森林等自然资源的)管理；保护 ❷〈英〉(河道、港口的)管理局
conservancy districts 防护区；防洪区 依法设立的用以控制洪水，保护生命及财产免受损失的区域，该词基本上相当于"drainage districts"。
conservation n. ❶保存；(对环境、资源等的)保护；管理；良性使用 ❷森林(或其他自然资源)保护区
conservation areas 保护区 泛指城乡规划、发展中及历史性建筑物周围的保护区。
conservation laws 自然资源保护法 为保护和管理国家的自然资源，合理利用自然环境以维持和提高生活质量而制定的法律，包括管理自然资源、水土、矿产、生物资源、野生动植物和鱼类以及减少污染和垃圾的各项规则。
conservator n. 监护人；保护人；(法院任命的)财产管理人
conservatores pacis 治安官 在现代的治安法官制度建立以前，根据普通法任命的维护公共安全的官员。治安

官可以兼职或专职。

conservatorship n.（监护人对被监护人财产的）保管；监护

Conservators of Scots Privileges 〈苏格兰〉苏格兰特权保护官 14、15世纪在坎普维尔[Campvere]贸易港的苏格兰御准自治市会议的常驻官员和商业利益的保护人,对商事纠纷及刑事案件均有管辖权。

conservators of the peace 〈英〉治安官；治安维持官；太平护卫 其职责在于维持公共秩序的一种官职。它可能基于两种情况而产生：一是因其原有职位包含维持治安的因素而当然享有这种权力,如大法官,王座分庭法官,验尸官,郡长或司法行政官等,直到今天,他们依然是"conservators of the peace";二是为此目的特别创制而产生。13世纪中期,创设了一种被称为"custodes pacis"的治安官,自1285年起其业务与执行《温切斯特法》[Statute of Winchester]有关。起初这类治安官由地方上的地产保有人选举,经国王御准；爱德华三世登基后则由国王来任命。其职责在于维持治安,拘捕、关押并向王室法官控诉各类犯罪的嫌疑人。但他们无权对犯罪嫌疑人进行传讯[arraign]和作出审判[try],当1360年议会通过法令授予其这些权力时,他们便转化成了治安法官[justice of the peace],或者说自1360年始,原来的治安官为治安法官所取代。（⇨Statute of Winchester; Justices of the Peace）

Conservators of the Truce and Safe Conducts（conservator induciarum et salvorum regis conductuum）〈英〉休战和安全通行督察官 亨利五世和亨利六世统治时期任命的一种官职,负责调查公海上一切有碍于同法国休战的非法行为,或者检查一切往返于五大港口之间的船只的安全通行。

conservator trucis 〈拉〉休战和安全通行督察官（⇨Conservators of the Truce and Safe Conducts（conservator induciarum et salvorum regis conductuum））

conservatrix n.女监护人

consessimus 〈拉〉（我们）许可；（我们）授予

consider v. ❶考虑；细想 ❷认为；把⋯看作 ❸尊重；体谅（⇨considered）

considerable provocation 值得考虑的激怒（原因）；相当大的刺激 法庭将谋杀罪[murder]减为非预谋杀人罪[manslaughter]的一个考虑要素,一般指"合法的激怒"[legal provocation]或"足够的刺激"[adequate provocation]。

consideratio curiae 〈拉〉法院的判决

consideration n.对价 合同成立的诱因；致使缔约方缔结合同的原因、动机、代价或强迫性的影响力；一方当事人获得的权利、利益、利润或好处,或另一方当事人所遭受的损失或承担的义务。这是有效合同存在并对当事人有法律约束力的基本且必须的要素。对价是英美合同法的重要概念。其引入是基于以下的原因：按照传统的观点,合同是一项或一组这样的允诺[promise]：它或它们一旦被违反,法律就会给予救济。而要使允诺成为一项法律能之提供救济的允诺,即成为有法律约束力的合同,则受允诺人[promisee]必须向允诺人[promisor]提供某种与该允诺相对应的回报,这种回报就被认为是对价。关于这有两种理论具有重要影响力：其一是19世纪初产生的"获益-受损公式"[benefit-detriment],即如果允诺人从交易中获益,那么这种获益就是其作出允诺的充分对价；而另一方面,如果受诺人遭受了某种损失,那么这种损害也足以证明对方曾经作出过某种允诺。其二是19世纪末产生的"对价的变换理论"[bargain theory of consideration],即：对价的本质在于它是作为允诺的动机或诱因而提出和接受的；反言之,允诺之做出亦是对价之给付的诱因。整件事的根本就在于对价与允诺之间的互惠引诱关系。该理论由于与商品经济的飞速发展极为适应,因此很快成为美国法中对价制度的新正统。根据《美国（第二次）合同法重述》[Restatement（Second）of Contracts],对价之意义,系指合乎法律规定之交换要素,其重心在于①受允诺人承诺或履行了其在法律上原无义务的作为或不作为,即受允诺人受有损害[detriment]；②允诺人以其允诺交换磋商[bargain for]受诺人之作为或不作为。由此可见,对价的功能主要有以下三点：①证据功能,即对价之存在是双方当事人有意缔结一具有拘束力的契约之客观证明,它能于法院在决定哪些约定是当事人所意欲成就者,或哪些约定只是出于赠与[gift]、恩惠[gratuity],而无强制履行之意思时,提供一可资判断之依据；②警示功能,即对价具备后,使约定得出强制履行之效果,能促使当事人事前谨慎为之,减少交易行为之瑕疵；③政策功能,即对于经深思熟虑之交易行为,法律上采取不加干涉之政策,以确保交易之确定性。对价制度在英美法发展至今,由于受到基于公平、正义、信赖的衡平法观点上产生的"允诺型不容否认"[promissory estoppel]原理的创设和不断发展之冲击,其在契约法中的效力和地位已日见衰微。允诺无对价便无法律约束力这一传统契约法理论,已被虽欠缺对价但使一方当事人因信赖而受有实质损害的允诺是具有法律拘束力的这一新契约法理论所取代。例如美国《统一商法典》[U.C.C.]即在第2-205条中规定：在货物买卖中,在一定条件下可以承认没有对价的确定的要约。在此,有必要对对价与法国合同法中的约因[cause]之联系与区别作一说明。所谓约因,是指订立合同的动机或目的,最早人们将之解释为使契约法体现正义要求的要件,即作为契约订立的原因,当事人或者是要使对方纯获利益以体现慷慨,或者是要用自己的行为交换对等的价值以体现分配正义,这是用以确定合同是否正当有效的唯一工具。但在唯意志论的年代之际,由于意思自治至高无上,合意已经在根本上说明了契约效力的由来,因而约因就降格为某种表面化的可有可无的东西,不再是决定契约效力的因素。约因与对价在产生起源上有一定的联系,其产生都是被用来给合同效力的确定一个统一的标准的；但是在其作用方式上,约因与对价的功用具有区别作用。约因作为19世纪前后,在合同效力制度中经历了从积极地位到消极地位的转变；而对价自其产生至今,在区分诺言有无法律约束力,即决定合同是否成立上,一直发挥着积极作用,虽然20世纪以后对价原理因公平、正义等价值标准在合同效力制度中占有越来越重要的地位而遭到了贬抑,但其整体的作用发挥仍是幼因制度所不能比的。总之,对价制度与约因制度是不同的,这种不同主要是由于英美法国家和大陆法国家对合同的观念存在着差别：英美法国家认为,合同就是交易,交易带有经济性,合同的效力来自对方对经济利益的互易,因此体现这种经济利益互易的对价便是合同不可或缺的要素；而大陆法国家却认为,合同具有经济约束力的原因是道义上的,约因正是用来从道义上衡量合同效力的标准。

consideratione legis 〈拉〉鉴于法律（规定）；未定；暂停（⇨in consideratione legis）

consideratione praemissorum 〈拉〉基于上述各点（⇨in consideratione praemissorum）

consideration of a sale 销售（合同）的对价 对所购货物已经支付或应支付的款额。

consideratum est per curiam 〈拉〉本法庭认为 普通法法庭判决书开头的正式用语,判决是法庭通过审判程序为纠正错误、补偿损失而作出的决定,因此其使用的语言应是"本法庭认为"[it is considered by the court]而非"本法庭判决或决定"[it is decreed, or resolved]。

consideratur 〈拉〉经考虑

considered a. ❶决定的；断定的；认定的 ❷经过深思熟虑的 ❸受尊重的

considered as a unit 视为整体；作为整体考虑 在继承

法中,指将全部财产作为一个整体让与一个受益人。

considered dictum 经过深思熟虑的法官意见 但该意见对案件的处理不一定是必要的。(⇨dictum)

consign v. ❶寄存 将物品交给他人保留。 ❷托运 将物品交承运人运送到指定收货人。 ❸寄售 将商品等物交他人代销,约定代销商应将销售所得返还寄售人。(⇨consignment)

consignatio 〈拉〉寄存;寄售;托运

consignation n.〈法〉寄托;讼争物寄托 经法院许可,债务人将本人欠款或争议物存放在第三人处。

consignee n. ❶收货人 ❷受托人 ❸承销人

consignment n. ❶寄存;寄售;托运 ❷寄存物;寄售物;托运物 尤指一次托运的货物。(⇨reconsignment)

consignment contract 寄售合同 指寄售人与受托人达成协议,将寄售物交受托人代售,受托人将代售款或未售出的物品返还寄售人。

consignment sale 寄售(⇨consignment)

consignor n.寄售人;委托人;托运人;发货人

Consilia multorum quaeruntur in magnis. 〈拉〉重大事项的决定需广泛征求意见。

Consilia multorum requiruntur in magnis. 〈拉〉(= Consilia multorum quaeruntur in magnis.)

consiliarius ❶(罗马法)(参与作出裁决的)法官助理 ❷(古)熟谙法律的顾问

consilium 〈拉〉(罗马法)❶指定的案件辩论或审讯日期 ❷交由辩论解决的案件

consimili casu 〈拉〉〈英〉〈古〉收回土地令状 指享有继承权者从转让土地的不动产终身承租人或继承亡妻遗产的鳏夫那里收回土地所凭借的令状。该令状根据1285年《威斯敏斯特法Ⅱ》[Statute of Westminster Ⅱ]第24章规定颁发,现已废止。

consist v. ❶由…组成;由…构成 ❷一致;并存;符合 ❸存在于

consistent a. ❶一致的;和谐的;连贯的;始终如一的;不矛盾的 ❷坚持的;固守的

consistent condition 一致性条件 指与交易的其余部分相协调的条件。

consisting a.由…组成的;由…构成的 不同于"包括"[including],后者与列举的事物连用时,还可包括尚未提及的东西。

consistor n.〈英〉治安法官;地方法官(= magistrate)

Consistorium 〈拉〉(罗马法)(罗马帝国的)谘政院 兼具最高法院职责。

consistory n.(教会法)(由教皇召集的)枢机主教会议 该会议分公开的和秘密的两种,前者有君主或其派出的使节出席,后者指教皇为补主教空缺职位、追封圣徒称号、裁决或调停äèñ教会他的争端而召开的会议。

consistory court 〈英〉(主教)教区法院 指在每一个主教管区[diocese]的几个主教座堂设置的法院,审理有关教会财产或其他教会事务的纠纷,不包括教义和宗教仪式方面的争议,坎特伯雷教省的教区法院是主教代理法院[commissary court],通常由主教委任的大法官或主教代理依据教会法独立主持审判事宜,但主教本人是该法院的常任法官。不服该法院的裁决可上诉至拱顶法院[Court of Arches]和约克省法院[Chancery Court of York]。

consobrini 〈拉〉(罗马法)堂兄弟姐妹;表兄弟姐妹 兄弟姐妹孩子相互间的称呼。

consociatio 〈拉〉❶社团;团体;合伙 ❷(古)公司;国家

consol n.永久性债券 一种无偿还期的债券,但可随时要求发行人赎回。

Consolato del Mare 〈古〉《海事习惯法汇编》 指由阿拉贡王国[Aragon]以及其他地中海沿岸城市的商业法官[consuls]所采用的欧洲海事习惯以及条例的汇集。15世纪首次在巴塞罗那[Barcelona]以恰塔兰语[Catalan]出版,此后不久即成为欧洲最主要的海事法典之一和地中海的海事普通法,并被译成多种文字。

consolidate v. ❶巩固;加强 ❷使…联合 ❸将…合为一体 如公司的合并,民事案件的合并审理。

consolidated appeal 〈美〉合并上诉 指两个或两个以上的上诉人就地区法院的裁决提起上诉时,如其诉讼利益适宜合并审理,则可以联合提出上诉或在分别提出上诉后合并审理,并在诉讼过程中作为一个上诉人进行诉讼。

consolidated balance sheets 合并资产负债表(⇨consolidated financial statements)

consolidated bonds 统一债券 取代现存的两种或多种债券而发行的统一债券,从而将多个债务合并为一个债务。

consolidated corporations 合并的公司 两家以上的公司合并后成为一家公司。(⇨ consolidation of corporations)

consolidated financial statements 合并财务报表 包括母公司及其子公司或附属公司的资产、负债、收益及各项支出的财务报表。在制作合并财务报表时,公司内部业务往来不计在内。

consolidated fund 〈英〉统一基金 1786年由皮特[Pitt]设立,最初支付王室年费[Civil List]和有关国债[National Debt]的费用。1854年后,国家收入全部存入统一基金,并从该基金支付所有公共开支。1968年起,又设置了国家贷款基金[National Loan Fund]。统一基金的账户设在英格兰银行。国家预算通过后,议会指令将款项拨到财政部主计长[Paymaster-General]的账户上,再由主计长依据预算分别划拨给有关部门。

consolidated (income) tax return 合并(所得税)申报表 母公司为其全部所属的公司出具的纳税申报表,以代替每个所属公司各自出具纳税申报表。

consolidated laws 〈美〉法律汇编 对每个州的现行法律按类别[subject matter]编辑的汇编。(⇨code; codification; compilation)

consolidated mortgage 合并抵押 指由若干个未实现的抵押合并而成的抵押。

Consolidated Omnibus Budget Reconciliation Act of 1985 〈美〉《1985年统一综合预算调节法》 联邦法律,要求为雇员提供集体医疗保险的雇主在雇佣终止后的一定时期内(一般为18至36个月),继续提供此类医疗保险,以使被解雇人员能继续享受集体医疗保险费率的优惠直至成为另一医疗保险计划的成员。

Consolidated Orders 〈英〉《指令汇编》 1860年编辑的关于统一英格兰大法官法庭诉讼程序的指令汇编,该汇编的部分规定后被1873-1875年的《司法组织法》[Judicature Acts]和最高法院规则[R.S.C.]废除,但大部分现仍被沿用。

Consolidated Rail Corporation/C.O.N.R.A.I.L. 〈美〉联合铁路公司 由政府创办的公司,该公司是在获得20亿美元贷款以支付10万名雇员的工资后,接管了六家破产的铁路公司基础上建立起来的。与此同时,政府还另外成立了美国铁路协会[the United States Railway Association]作为联合铁路公司的管理人和出资人。

consolidated school district 统一学区 两个以上现有学区合并成为统一的普通学区。

consolidated securites 合并证券 一次发行的能够将以前多次发行的未清偿证券一并清偿的证券。

consolidated statement 合并报表 包括母公司及其所控子公司账务在内的财务报表。(⇨ consolidated financial statements)

consolidation n. ❶巩固;加强 ❷(企业、诉讼等的)合并;联合 在罗马法中,指财产的用益权与所有权合并于同一个人,无论财产的用益权人取得该财产的所有权或所有权人取得用益权,均会发生上述合并,且导致用益权的消失;在教会法中指两块或多块领地的合并;在公司法中指两个公司合并后成立一个新公司,在一定条件下,该合并可视为一个无须纳税的重新组合;在民事诉讼中,指法庭对相同当事人和相同诉讼事由的数个案件合并审理。(⇨ consolidation of actions; consolidation of corporations; merger)

Consolidation Act 〈英〉《法律合并法》 旨在将现行法中的许多法律条文合并在一个法中的法,合并并不改变现行法的基本内容,只是抽掉和撤销被合并了的法律条文。在1949年以前,通常是当某一法律进行必要的修正和补充后才进行合并。1949年《制定法合并(程序)法》[Consolidation of Enactments (Procedure) Act]规定法的合并可包括对被合并的法作修正和小的补充。在当代,定期对法进行合并有利于制定法在形式上的改进和使用。

consolidation loan 合并贷款;统一贷款 举借一项新的贷款用以偿还其他各项贷款,从而有利于债务管理。

consolidation of actions 诉讼合并 为节约诉讼时间和费用,法庭可对相同当事人间就基本相同的诉讼事由向同一法院提出的多个诉讼请求决定合并审理,作出一个判决或分别判决;也可就其中一案进行审理,其他案件待该案审判结决后按该案相应作出决定。(⇨ joinder; joinder of claims)

consolidation of cases 诉讼合并(⇨ consolidation of actions)

consolidation of corporations 公司合并 指若干个公司合并成为一个新公司,新公司取得原公司财产,承担其债务,原公司随之终止。公司合并不同于公司兼并[merger],前者实际是创立新公司,而后者则是一个公司被并入另一公司。(⇨merger; merger of corporations)

consolidation of hearings 听证会合并 通常属于行政机关裁量的行为。

consolidation of municipal corporations 市政法人的合并 指现有的若干个市政法人的合并,通常合并成一个新的组织,原有组织不再存在。

consolidation of railroads 〈美〉铁路公司的合并 在实践中,铁路公司的合并须经州际商业委员会[Interstate Commerce Commission]批准,有时须经州管制委员会[state regulatory commissions]同意。由于铁路与公众的利益密切相关,上述机构在审批时十分注意合并可能会消除竞争,从而引起高收费或在服务方面损害公众利益。

consolidation of school district 学区的合并 将若干个学区合并成一个新的学区,学区的合并与区的合并是不易区别的。(⇨centralization of schools)

consolidation of schools 学校的合并(⇨ centralization of schools)

consolidation rule 合并(审理)裁定 由法院作出的关于诉讼合并的裁定。

consonant statement 一致的陈述 对其证言受到攻击,且其可信性也受到质疑的证人先前所作的陈述,法庭允许由听取其陈述的人进行证明,以支持该证人的可信性。如果没有这种质询程序,其先前陈述将被作为传闻而不予采纳。

consort n. 配偶 特指在位君主的夫或妻。(⇨ prince consort; queen consort)

Consortio malorum me quoque malum facit. 〈拉〉近墨者黑。 与邪恶之人为伍使我亦邪恶。

consortium n. ❶配偶权;有权获得的关爱 该词本指某人有权从他人处获得的关爱、情谊等。尤用于指配偶权,即配偶有权从对方获得相伴、相恋、相助及性爱等。❷(古)妻子(或女儿)的关爱;妻子(或女儿)的陪伴 对于导致丧失妻子或女儿的关爱和陪伴的行为,可以起诉。❸(企业联合组成的)共同体;财团 ❹(罗马法)联合财产 如在家父死后,共同继承人拥有的、未分割的共同财产。(⇨loss of consortium; per quod consortium amisit)

consortium vicinorum 与邻人的交往

consortium violation 破坏婚姻家庭 指第三方非法破坏或剥夺夫妻间或父母子女间的权利义务关系,该第三方应承担损害赔偿责任。

consortship n.(海商法)海难互助协议 不同船舶的船主以其船舶在海上碰撞和海上救助中互伴、互助、互不干扰妨碍为内容达成的协议或有关规定。

conspicuous a. 明显的;显著的;显而易见的 凡张贴的布告必须贴在显著的地方,布告本身须容易阅读;对于文件的措辞、条款,必须是与此有关的理性人[reasonable person]能够注意到的。

conspicuous place 显著的地点 指通知的张贴应位于公众容易见到的地点或位置。

conspicuous term or clause 醒目条款(句子) 指书写清晰和醒目。按照美国《统一商法典》[U.C.C.]第1-201(10)条定义,任何条款或句子,如其书写方式使作为其阅读对象的通情达理的人不致忽略,即为"醒目"。印刷的大写标题属于醒目(如大写的"不可流通提单"[NON-NEGOTIABLE BILL OF LADING])。文件中任何字句,如以较大字体或与其他明显不同字体或颜色书写,即为"醒目"。电报中的任何字句均为"醒目"。条款和句子在法律上是否"醒目"应由法院判定。

conspiracy n. 同谋;共谋 指两人或多人为实施犯罪或非法行为而同谋共议,也指共谋以违法或犯罪手段实施本身并不违法的行为。在刑法上,共谋是一种单独的罪行,区别于共谋所实施的罪行。共谋可以是连续性的,共谋者可以先后参与或退出,可以全部参与或仅部分参与,不一定知悉全部活动计划,但只要明知共谋的目的并同意成为实现该目的的计划中的一员,即可构成共谋罪。

conspiracy clause 合谋条款 在早期衡平法的实践中,指诉状中的有关条款,该条款指控若干被告合谋并共同侵害原告。

conspiracy in restraint of trade 合谋限制贸易 反托拉斯法中的术语,指商家以妨碍自由贸易为目的,非法约定联合拒买、拒售及垄断价格等行为。(⇨ antitrust acts; Clayton Act; Sherman Antitrust Act)

conspiracy of silence 无声的合谋 指在对诸如律师、医生等专业工作者提起的诉讼中或在政府惩戒专业工作者的程序中,上述人的同事不愿主动出庭作不利于被告的证人。

conspiratione 法庭对同谋者发出的令状（⇨de conspiratione）

conspirators n.共谋者；同谋者（⇨conspiracy）

conspire v.共谋；同谋 指一致协力做某事。单独一人不可能构成同谋，同样，一人在他人不同意与其协力情况下，也不能构成同谋。（⇨conspiracy）

constable n.❶治安官员 县、镇、教区维护社会治安的官员，并负责送达和执行法院文书、命令等次要司法事务，其权力和管辖范围小于行政司法长官［sheriff］，英国的治安官员曾有高级、初级和特种之分。英、美的治安官员当今一般已被警察或行政司法长官所取代。❷〈英〉警察、警官（的称谓）❸〈英〉〈城堡、要塞的〉司令官 ❹军事和司法长官；皇家军事总长 英、法王室高级官员，地位仅次于国王，拥有广泛的军事和司法权力，并负责国家治安。中世纪早期在西方许多国家都存在，起初掌管皇家马匹，后在军务方面享有广泛的权力。（⇨Constable of England; Constable of Scotland）

constable of a castle 〈英〉城堡司令官（⇨constable）

Constable of England 〈英〉英格兰军事和司法长官；英格兰皇家军事总长 封建时代王室高级官员，职位世袭，地位仅次于国王，负责国家安全、加冕典礼和军事出征时伴随国王，拥有广泛的军事和司法权力。约从1348年起，它与王室典礼官［Earl Marshal］共同主持骑士法庭［Court of Chivalry］，审理王国领土以外的犯罪和与军队有关的事务。该职务始创于英王亨利一世时，1521年被亨利八世废除，现仅在加冕等国家庆典时作为礼仪性长官由指定贵族临时充任。（= Lord High Constable; Lord High Constable of England）

Constable of Scotland 〈苏格兰〉苏格兰军事和司法长官 苏格兰中世纪时的高级官员，当国王不在时统领国王的军队，并负责王宫周围治安工作，管辖发生在距王宫、议会、枢密院等4英里（后改为3英里）内的刑事案件，与国王及宫内司法官一起主持审判庭。该职位曾是世袭的，乔治三世时被废除。

Constable of the Exchequer 〈英〉财政司法长官 亨利三世时一项法律中提及的官职。

constablery 治安官的管辖区

constablewick 〈古〉治安官的管辖区

constabularius 〈拉〉❶骑兵长官 ❷步兵及骑兵长官 ❸海军司令 ❹军事总指挥；总司令 在英国，该官职早就逐渐缩小，被限定为保护国王的安全，目前，除某些礼仪场合所需外，该官职已被取消。

constabulary n.［总称］（地区的）治安官；警察

constant dollars 定值美元；不变价值美元 根据消费品价格指数，按照上一年度的购买力，以百分比计算出本年度的美元值。

constant watch （保险法）持续关注 火灾保险合同中被保险人的一项义务，即被保险人应尽力合理注意和使用合理手段保护被保险的房屋的安全。

constat 〈拉〉❶显示出的；呈现出来的；清楚的；明显的；毫无疑问的 ❷登记记录证明书 由官员将特定事由记录在案的证明书。例如加盖国玺的专利证书登记注册文件。（⇨clare constat）❸〈英〉财政事务证明 根据财政大臣法院起诉或应诉的当事人的申请，由财政部档案书记官和审计官出具的证明书，以证明当事人已经履行某事务，从而回答与证明有关的疑问。

constat de persona 〈拉〉身份的确认 在刑事诉讼中对被告人的正式确认。被告人举起手并放在对他的起诉书上，由此承认他本人就是被控告的对象。

constat d'huissier 〈法〉司法执行官宣誓书 由司法执行官对案件物证的外形、形状、质量、颜色等作出证明的宣誓证词。

constate v.❶建立；组成；构成 ❷证明；证实

constating instrument 章程 指组织、建立一个公司的纲领和章程或对该公司的授权性文件。

constituency n.❶选区的居民 ❷选区；选举团体 在民主政治中，当选者所代表的单位。如果是一个区域，则称为选区。如果是一个团体或组织，则称选举团体。

constituent a.❶组成的，形成的（部分）❷有权制宪、修宪的（会议）如"立宪会议"［constituent council］。 n.❶委任人 指委任并授权他人为自己的代理人。 ❷选民 在自己所在的选区选出代表该选区并在公共事务中关注他们利益的议员的人。 ❸合并公司［consolidation］的组成公司 ❹组成部分；成分

constituent elements 构成要素；构成要件 指构成刑事犯罪、民事侵权或其他诉因的各种要素。

constituere 〈拉〉〈古〉任命；建立；委任；担任 该词主要在古老的授权委托书中使用，现已被constitute所取代。

constituimus 〈拉〉（我们）授权或任命

constitute v.❶建立；设立（机构等）；制定（法律）❷任命；指定

constituted authorities （根据宪法）合法任命的政府官员

constitutio 〈拉〉❶〈罗马法〉法令；敕令 指帝国法令，由皇帝发布的敕令，后则指法律汇编。法令有不同的形式，包括呈交元老院决议的提案［orationes］、无需元老院同意而直接由皇帝公布的敕令［edicta］、向帝国官吏所作的敕训［mandata］、皇帝对法律案件所作的裁决即敕裁［decreta］和皇帝对提交的法律问题所作的敕答［rescripta］等。法令数目的不断增长，促使罗马时期出现了一些法律汇编，如狄奥多西法典和优士丁尼法典等。❷（大陆法）和解；和解金 不经审判而达成解决争议的协议及依该协议所支付的金钱。❸（古）制定法；法律条款

Constitutio Antoniniana 安东尼法 公元212年罗马皇帝卡拉卡拉［Caracalla］颁布的一项敕令，该敕令扩大了罗马公民资格的范围。

Constitutio de Feudis 封地法令 公元1037年神圣罗马帝国皇帝康拉德二世［Conrad II］颁布的一项法令，该法令旨在保护伦巴第［Lombardy］的较小诸侯的土地所有权。

Constitutio Deo auctore 《学说汇纂》编纂令 公元529、530和531年，罗马皇帝优士丁尼［Justinian］命令编纂《学说汇纂》［Digest］而陆续颁布的法令，用以解决旧法的相互矛盾和不合时宜的规定，前后约50条，亦称《50决定》。已失传。

constitutio dotis 〈拉〉〈罗马法〉嫁妆的设定

Constitutio Imperatoriam majestatem 皇帝陛下法令 公元533年12月16日罗马皇帝优士丁尼［Justinian］发布的赋予《法学阶梯》［Institutiones］以法律效力的命令，使其自同年12月30日起生效。

constitution n.❶章程；组织制度 社团、政党、工会、公司等组织所制定的组织原则、宗旨和规章制度；有时，社团、大学的章程也可称"charter"，公司的章程亦称"memorandum and articles of association"。❷（基本、重要）法律 指中世纪及罗马帝国时期的重要法律，尤其在教会法中。如优士丁尼新律［Novel Constitutions of Justinian］，克拉伦

敦法[Constitution of Clarendon]。 ❸宪法 国家的根本法或基本法,高于其它法律。其阐明政府的体制、性质和应遵循的基本原则,规定国家元首、行政、立法、司法等机关的组成、权力的分配、行使、限制和相互关系,以及公民的基本权利和义务等重大事项。宪法可分为成文宪法和不成文宪法。成文宪法形成统一的书面法律文件,又称刚性宪法[rigid constitution],其制订和修改均须通过特别程序,不能以一般立法方式变更,如美国宪法,但也得以法院的解释、惯例等为补充。不成文宪法散见于各个制定法、法院的解释、习俗和惯例之中,又称柔性宪法[flexible constitution],如英国宪法。柔性宪法无单独宪法文本,其修订和一般法律的修订程序相同。 ❹政体

constitutional *a.* ❶宪法的;与宪法有关的;依据宪法的 其反义词为 nonconstitutional。 ❷合宪的;符合宪法的;与宪法相一致的 其反义词为 unconstitutional。

constitutional alcalde 〈墨〉治安法官 根据墨西哥法律任命的一种公职,相当于美国的治安法官[justice of peace]。

constitutional challenge 〈美〉合宪性异议 主张某一法律或政府行为违反宪法的诉讼。

constitutional convention 〈美〉制(修)宪会议 为制定或修改宪法而召开的会议。如1787年在美国费城召开的旨在起草美国宪法以取代《邦联条例》[Article of Confederation]的制宪会议,美国宪法第五条规定了修改宪法的两种方式,一是国会以2/3多数建议修改宪法,二是经2/3的州决议要求国会召开修宪会议。任一种方式通过的宪法修正案经3/4的州立法机关或3/4的修宪会议代表批准,均即生效。

constitutional court 〈美〉宪法设立的法院 指美国宪法第三条第一款明文设立的法院,如联邦最高法院,与立法机关设立的法院相对,一般称"第三条法院"[Article Ⅲ Courts]。此类法院的法官如无不端行为,得终身任职,其薪俸在任职期间不能削减。这一规定是为了确保各级联邦法院的独立性。

constitutional disease 身体疾病

constitutional-fact doctrine 〈美〉宪法性事实原则 ①指对行政机关的事实认定,如涉及行政权力是否超越宪法的限制性规定,尤其在个人权利[personal rights]方面的事实,联邦法院可不受其约束,有义务根据记录独立作出判断;②指对于初审法院的事实认定,如涉及宪法性权利,联邦上诉法院可不受其约束的原则,但此原则现已受到质疑。(⇨jurisdictional fact doctrine)

constitutional freedom 〈美〉宪法自由 指宪法保障公民享有的基本自由,如信仰、言论、出版和集会的自由及正当法律程序的保护。(⇨Bill of Rights; constitutional liberty (or freedom))

constitutional history 宪法史 指以某一宪法的起源、演变及历史性发展为研究对象的学科,了解其各个部分是如何发展和受到影响,以及是什么因素影响了该宪法的发展和演变。

constitutional homestead 宪法(授予的)宅地权 指宪法赋予家长的保护其宅地不被扣押[attachment]的特殊权利。

constitutional immunity 宪法性豁免权 由宪法规定的豁免权。

constitutionalism *n.* ❶立宪制度;立宪主义;宪法论;宪政 ❷拥护立宪政体;拥护宪政

constitutionality *n.* 合宪性

constitutionalize *v.* ❶使具有宪法 ❷使宪法化;使合乎宪法 ❸使法律问题成为宪法问题

constitutional law ❶宪法 国家公法的一个法律部门,规定政府的组织、权力及结构、政府职权的分配、国家与公民关系的基本准则及处理国家公务所应遵循的方法和方式。 ❷宪法学 指以宪法的内容、制定、解释、结构以及以宪法作为根本法的法律效力等为研究对象的法律学。 ❸合宪性法律 指与宪法相一致、不违反任何宪法条款的法律。

constitutional liberty(or freedom) 宪法(性)自由 指一国或一州公民所享有由宪法保障的自由,含义十分广泛,不仅包括宪法所赋予公民的人身、民事及政治权利,还包括自由发挥个人才能的权利。这些自由除受公共利益所需的限制外,不受任何限制。

constitutional limitations 〈美〉立法权的宪法限制 指宪法对立法机关制定法律权力的限制性规定。

constitutional monarchy 君主立宪制度(⇨limited monarchy)

constitutional office 〈美〉(依)宪法设立的公职 指根据美国宪法或州宪法设立的公职,区别于根据立法机关颁布的法律设置的公职。

constitutional officer 宪法设立的公职人员 其职位及任期均由宪法规定,区别于由立法机关设立的政府官员。

constitutional powers 宪法性权力 指宪法赋予政府某些部门或保留给人民,多少自行斟酌地就特定事物或某类事物行使的权利。此类权力一般分为立法、行政和司法三方面,并可进一步细分成列举的(或明示的)、默示的、固有的、决定性的或绝对性的。

constitutional privilege 宪法规定的特权(⇨New York Times v. Sullivan)

constitutional protections 宪法保护 指宪法所保障的公民享有言论、出版、宗教信仰自由以及正当法律程序保护等基本权利。(⇨Bill of Rights; constitutional freedom)

constitutional questions 宪法性问题 指须由宪法解释予以确定的法律问题,区别于一般性法律问题,如美国宪法第四条修正案中关于搜查和扣押的问题。

constitutional right 〈美〉宪法权利 美国宪法和州宪法所保障的公民权利,不受立法机关的干预。

constitutional tort 〈美〉宪法性侵权行为 指任何人假借任何州或地区的法律、条例、习惯等名义剥夺美国公民或在该地区的任何其他人的宪法和法律所保障的权利、特权或豁免权,或促使其被剥夺此类权利,应在法律或衡平诉讼中或在其它合适的救济程序中对受害方承担侵权责任。

constitutiones 〈拉〉(罗马法)法令;赦令 constitutio 的复数形式。

Constitutiones Clementinae 〈拉〉《克莱门法规集》 教皇约翰二十二世于1317年颁布的教皇克莱门五世的教会法令法规汇编,是《教会法大全》[Corpus Juris Canonici]的一部分。

Constitutiones Cnuti regis de foresta 〈英〉《克努特王森林法汇编》 1185年左右由一高级官员编定的一部法规集,该法规旨在通过将该法规的制定虚构地归功于克努特国王[King Cnut],而使诺曼底森林法不那么不受欢迎,该法规虽属伪造,但仍可从中体现亨利二世时的某些法律概况。

Constitutiones dominii Mediolanensis 《伦巴第地区法令集》 1541年颁布的法规汇编,是18世纪末叶前该地区

Constitutiones Marchiae Anconitae 《安可尼蒂尼边境地区法规集》 1357年出版的意大利边境地区法律的修订本,由卡迪纳尔·阿尔博纳兹[Cardinal Albornoz]任命的一个法律委员会完成,在出版后的两个世纪内都具有权威性。

constitutiones principum (罗马法)罗马皇帝签署的法令 (⇨constitutio)

Constitutiones tempore posteriores potiores sunt his quae ipsas praecesserunt. 〈拉〉后法胜于前法。

Constitutiones Sirmondi 《西尔蒙第法规集》 有关教会事务的法规汇编,共16部,最后一部颁布于公元425年。1631年由西尔蒙第编辑出版,由此而得名。

Constitution of the United States ❋ 美利坚合众国宪法 1787年制宪会议正式通过,经美国各州批准并于1789年3月4日生效。该宪法还包括此后依法修正通过并批准的各个宪法修正案。

CONSTITUTION OF THE UNITED STATES

We the People of the United States, in Order to form a more perfect Union, establish Justice, insure domestic Tranquillity, provide for the common defence, promote the general Welfare, and secure the Blessings of Liberty to ourselves and our Posterity, do ordain and establish this Constitution for the United States of America.

Article. I.

Section. 1. All legislative Powers herein granted shall be vested in a Congress of the United States, which shall consist of a Senate and House of Representatives.

Section. 2. The House of Representatives shall be composed of Members chosen every second Year by the People of the several States, and the Electors in each State shall have the Qualifications requisite for Electors of the most numerous Branch of the State Legislature.

No Person shall be a Representative who shall not have attained to the age of twenty five Years, and been seven Years a Citizen of the United States, and who shall not, when elected, be an Inhabitant of that State in which he shall be chosen.

Representatives and direct Taxes shall be apportioned among the several States which may be included within this Union, according to their respective Numbers, which shall be determined by adding to the whole Number of free Persons, including those bound to Service for a Term of Years, and excluding Indians not taxed, three fifths of all other Persons. The actual Enumeration shall be made within three Years after the first Meeting of the Congress of the United States, and within every subsequent Term of ten Years, in such Manner as they shall by Law direct. The Number of Representatives shall not exceed one for every thirty Thousand, but each State shall have at Least one Representative; and until such enumeration shall be made, the State of New Hampshire shall be entitled to chuse three, Massachusetts eight, Rhode-Island and Providence Plantations one, Connecticut five, New-York six, New Jersey four, Pennsylvania eight, Delaware one, Maryland six, Virginia ten, North Carolina five, South Carolina five, and Georgia three.

When vacancies happen in the Representation from any State, the Executive Authority thereof shall issue Writs of Election to fill such Vacancies.

The House of Representatives shall chuse their Speaker and other Officers; and shall have the sole Power of Impeachment.

Section. 3. The Senate of the United States shall be composed of two Senators from each State, chosen by the Legislature thereof, for six Years; and each Senator shall have one Vote.

Immediately after they shall be assembled in Consequence of the first Election, they shall be divided as equally as may be into three Classes. The Seats of the Senators of the first Class shall be vacated at the Expiration of the second Year, of the second Class at the Expiration of the fourth Year, and of the third Class at the Expiration of the sixth Year, so that one third may be chosen every second Year; and if Vacancies happen by Resignation, or otherwise, during the Recess of the Legislature of any State, the Executive thereof may make temporary Appointments until the next Meeting of the Legislature, which shall then fill such Vacancies.

No Person shall be a Senator who shall not have attained to the Age of thirty Years, and been nine Years a Citizen of the United States, and who shall not, when elected, be an Inhabitant of that State for which he shall be chosen.

The Vice President of the United States shall be President of the Senate but shall have no Vote, unless they be equally divided.

The Senate shall chuse their other Officers, and also a President pro tempore, in the Absence of the Vice President, or when he shall exercise the Office of President of the United States.

The Senate shall have the sole Power to try all Impeachments. When sitting for that Purpose, they shall be on Oath or Affirmation. When the President of the United States is tried, the Chief Justice shall preside: And no Person shall be convicted without the Concurrence of two thirds of the Members present.

Judgment in Cases of Impeachment shall not extend further than to removal from Office, and disqualification to hold and enjoy any Office of honor, Trust or Profit under the United States; but the Party convicted shall nevertheless be liable and subject to Indictment, Trial, Judgment and Punishment, according to Law.

Section. 4. The Times, Places and Manner of holding Elections for Senators and Representatives, shall be prescribed in each State by the Legislature thereof; but the Congress may at any time by Law make or alter such Regulations, except as to the Places of chusing Senators.

The Congress shall assemble at least once in every Year, and such Meeting shall be on the first Monday in December, unless they shall by Law appoint a different Day.

Section. 5. Each House shall be the Judge of the Elections, Returns and Qualifications of its own Members, and a Majority of each shall constitute a Quorum to do Business; but a smaller Number may adjourn from day to day, and may be authorized to compel the Attendance of absent Members, in such Manner, and under such Penalties as each House may provide.

Each House may determine the Rules of its Proceedings, punish its Members for disorderly Behaviour, and, with the Concurrence of two thirds, expel a Member.

Each House shall keep a Journal of its Proceedings, and from time to time publish the same, excepting such Parts as may in their Judgment require Secrecy; and the Yeas and Nays of the Members of either House on any question shall, at the Desire of one fifth of those Present, be entered on the Journal.

Neither House, during the Session of Congress, shall, without the Consent of the other, adjourn for more than three days, nor to any other Place than that in which the two Houses shall be sitting.

Section. 6. The Senators and Representatives shall receive a Compensation for their Services, to be ascertained by Law, and paid out of the Treasury of the United States. They shall in all Cases, except Treason, Felony and Breach of the Peace, be privileged from Arrest during their Attendance at the Session of their respective Houses, and in going to and returning from the same; and for any Speech or Debate in either House, they shall not be questioned in any other Place.

No Senator or Representative shall, during the Time for which he was elected, be appointed to any civil Office under the Authority of the United States, which shall have been created, or the Emoluments whereof shall have been encreased during such time; and no Person holding any Office under the United States, shall be a Member of either House during his Continuance in Office.

Section. 7. All Bills for raising Revenue shall originate in the House of Representatives; but the Senate may propose or concur with amendments as on other Bills.

Every Bill which shall have passed the House of Representatives and the Senate, shall, before it become a law, be presented to the President of the United States; If he approve he shall sign it, but if not he shall return it, with his Objections to that House in which it shall have originated, who shall enter the Objections at large on their Journal, and proceed to reconsider it. If after such Reconsideration two thirds of that House shall agree to pass the Bill, it shall be sent, together with the Objections, to the other House, by which it shall likewise be reconsidered, and if approved by two thirds of that House, it shall become a Law. But in all such Cases the Votes of both Houses shall be determined by Yeas and Nays, and the Names of the Persons voting for and against the Bill shall be entered on the Journal of each House respectively. If any Bill shall not be returned by the President within ten Days(Sundays excepted) after it shall have been presented to him, the Same shall be a Law, in like Manner as if he had signed it, unless the Congress by their Adjournment prevent its Return, in which Case it shall not be a Law.

Every Order, Resolution, or Vote to which the Concurrence of the Senate and House of Representatives may be necessary (except on a question of Adjournment) shall be presented to the President of the United States; and before the Same shall take Effect, shall be approved by him, or being disapproved by him, shall be repassed by two thirds of the Senate and House of Representatives, according to the Rules and Limitations prescribed in the Case of a Bill.

Section. 8. The Congress shall have Power To lay and collect Taxes, Duties, Imposts and Excises, to pay the Debts and provide for the common Defence and general Welfare of the United States; but all Duties, Imposts and Excises shall be uniform throughout the United States;

To borrow Money on the credit of the United States;

To regulate Commerce with foreign Nations, and among the several States, and with the Indian Tribes;

To establish an uniform Rule of Naturalization, and uniform Laws on the subject of Bankruptcies throughout the United States;

To coin Money, regulate the Value thereof, and of foreign Coin, and fix the Standard of Weights and Measures;

To provide for the Punishment of counterfeiting the Securities and current Coin of the United States;

To establish Post Offices and post Roads;

To promote the Progress of Science and useful Arts, by securing for limited Times to Authors and Inventors the exclusive Right to their respective Writings and Discoveries;

To constitute Tribunals inferior to the supreme Court;

To define and punish Piracies and Felonies committed on the high Seas, and Offences against the Law of Nations;

To declare War, grant Letters of Marque and Reprisal, and make Rules concerning Captures on Land and Water;

To raise and support Armies, but no Appropriation of Money to that Use shall be for a longer Term than two Years;

To provide and maintain a Navy;

To make Rules for the Government and Regulation of the land and naval Forces;

To provide for calling forth the Militia to execute the Laws of the Union, suppress Insurrections and repeal Invasions;

To provide for organizing, arming, and disciplining, the Militia, and for governing such Part of them as may be employed in the Service of the United States, reserving to the States respectively, the Appointment of the Officers, and the Authority of training the Militia according to the discipline prescribed by Congress;

To exercise exclusive Legislation in all Cases whatsoever, over such District (not exceeding ten Miles square) as may, by Cession of Particular States, and the Acceptance of Congress, become the Seat of the Government of the United States, and to exercise like Authority over all Places purchased by the Consent of the Legislature of the State in which the Same shall be, for the Erection of Forts, Magazines, Arsenals, dock-Yards and other needful Buildings;—And

To make all Laws which shall be necessary and proper for carrying into Execution the foregoing Powers and all other Powers vested by this Constitution in the Government of the United States, or in any Department or Officer thereof.

Section. 9. The Migration or Importation of such Persons as any of the States now existing shall think proper to admit, shall not be prohibited by the Congress prior to the Year one thousand eight hundred and eight, but a Tax or duty may be imposed on such Importation, not exceeding ten dollars for each Person.

The Privilege of the Writ of Habeas Corpus shall not be suspended, unless when in Cases or Rebellion or Invasion the public Safety may require it.

No Bill of Attainder or ex post facto Law shall be passed.

No Capitation, or other direct, Tax shall be laid, unless in Proportion to the Census of Enumeration herein before directed to be taken.

No Tax or Duty shall be laid on Articles exported from any State.

No Preference shall be given by any Regulation of Commerce or Revenue to the Ports of one State over those of another: nor shall Vessels bound to, or from, one State, be obliged to enter, clear or pay Duties in another.

No Money shall be drawn from the Treasury, but in Consequence of Appropriations made by Law; and a regular Statement and Account of the Receipts and Expenditures of all public Money shall be published from time to time.

No Title of Nobility shall be granted by the United States: And no Person holding any Office of Profit or Trust under them, shall, without the Consent of the Congress, accept of any present, Emolument, Office, or Title, of any kind whatever, from any King, Prince or foreign State.

Section. 10. No State shall enter into any Treaty, Alliance, or Confederation; grant Letters of Marque and Reprisal; coin Money; emit Bills of Credit; make any Thing but gold and silver Coin a Tender in Payment of Debts; pass any Bill of Attainder, ex post facto Law, or Law impairing the Obligation of Contracts, or grant any Title of Nobility.

No State shall, without the Consent of the Congress, lay any Imposts or Duties on Imports or Exports, except what may be absolutely necessary for executing it's inspection Laws; and the net Produce of all Duties and Imposts, laid by any State on Imports or Exports, shall be for the Use of the Treasury of the United States; and all such Laws shall be subject to the Revision and Controul of the Congress.

No State shall, without the Consent of Congress, lay any Duty of Tonnage, keep Troops, or Ships of War in time of Peace, enter into any Agreement or Compact with another State, or with a foreign Power, or engage in War, unless actually invaded, or in such imminent Danger as will not admit of delay.

Article. II.

Section. 1. The executive Power shall be vested in a President of the United States of America. He shall hold his Office during the Term of four Years, and, together with the Vice President, chosen for the same Term, be elected, as follows:

Each State shall appoint, in such Manner as the Legislature thereof may direct, a Number of Electors, equal to the whole Number of Senators and Representatives to which the State may be entitled in the Congress: but no Senator or Representative, or Person holding an Office of Trust or Profit under the United States, shall be appointed an Elector.

The Electors shall meet in their respective States, and vote by Ballot for two Persons, of whom one at least shall not be an Inhabitant of the same State with themselves. And they shall make a List of all the Persons voted for, and of the Number of Votes for each; which List they shall sign and certify, and transmit sealed to the Seat of the Government of the United States, directed to the President of the Senate. The President of the Senate shall, in the Presence of the Senate and House of Representatives, open all the Certificates, and the Votes shall then be counted. The Person having the greatest Number of Votes shall be the President, if such Number be a Majority of the whole Number of Electors appointed; and if there be more than one who have such Majority, and have an equal Number of Votes, then the House of Representatives shall immediately chuse by Ballot one of them for President; and if no Person have a Majority, then from the five highest on the List the said House shall in like Manner chuse the President. But in chusing the President, the Votes shall be taken by States, the Representatives from each State having one Vote; a quorum for this Purpose shall consist of a Member or Members from two thirds of the States, and a Majority of all the States shall be necessary to a Choice. In every Case, after the Choice of the President, the Person having the greatest Number of Votes of the Electors shall be the Vice President. But if there should remain two or more who have equal Votes, the Senate shall chuse from them by Ballot the Vice President.

The Congress may determine the Time of chusing the Electors, and the Day on which they shall give their Votes; which Day shall be the same throughout the United States.

No Person except a natural born Citizen, or a Citizen of the United States, at the time of the Adoption of this Constitution, shall be eligible to the Office of President; neither shall any person be eligible to that Office who shall not have attained to the Age of thirty five Years, and been fourteen Years a Resident within the United States.

In Case of the Removal of the President from Office, or of his Death, Resignation, or Inability to discharge the Powers and Duties of the said Office, the Same shall devolve on the Vice President, and the Congress may by Law provide for the Case of Removal, Death, Resignation or Inability, both of the President and Vice President, declaring what Officer shall then act as President, and such Officer shall act accordingly, until the Disability be removed, or a President shall be elected.

The President shall, at stated Times, receive for his Services, a Compensation, which shall neither be encreased nor diminished during the Period for which he shall have been elected, and he shall not receive within that Period any other Emolument from the United States, or any of them.

Before he enter on the Execution of his Office, he shall take the following Oath or Affirmation:—"I do solemnly swear (or affirm) that I will faithfully execute the Office of President of the United States, and will to the best of my Ability, preserve, protect and defend the Constitution of the United States."

Section. 2. The President shall be Commander in Chief of the Army and Navy of the United States, and of the Militia of the several States, when called into the actual Service of the United States; he may require the Opinion, in writing, of the principal Officer in each of the executive Departments, upon any Subject relating to the Duties of their respective Offices, and he shall have Power to Grant Reprieves and Pardons for Offences against the United States, except in Cases of Impeachment.

He shall have Power, by and with the Advice and Consent of the Senate, to make Treaties, provided two thirds of the Senators present concur; and he shall nominate, and by and with the Advice and Consent of the Senate, shall appoint Ambassadors, other public Ministers and Consuls, Judges of the supreme Court, and all other Officers of the United States, whose Appointments are not herein otherwise provided for, and which shall be established by Law: but the Congress may by Law vest the Appointment of such inferior Officers, as they think proper, in the President alone, in the Courts of Law, or in the Heads of Departments.

The President shall have Power to fill up all Vacancies that may happen during the Recess of the Senate, by granting Commissions which shall expire at the End of their next Session.

Section. 3. He shall from time to time give to the Congress Information on the State of the Union, and recommend to their Consideration such Measures as he shall judge necessary and expedient; he may, on extraordinary Occasions, convene both Houses, or either of them, and in Case of Disagreement between them, with Respect to the Time of Adjournment, he may adjourn them to such Time as he shall think proper; he shall receive Ambassadors and other public Ministers; he shall take Care that the Laws be faithfully executed, and shall Commission all the Officers of the United States.

Section. 4. The President, Vice President and all Civil Officers of the United States, shall be removed from Office on Impeachment for and Conviction of, Treason, Bribery, or other high Crimes and Misdemeanors.

Article. III.

Section. 1. The judicial Power of the United States, shall be vested in one supreme Court, and in such inferior Courts as the Congress may from time to time ordain and establish. The Judges, both of the supreme and inferior Courts, shall hold their Offices during good Behaviour, and shall, at stated Times, receive for their Services, a Compensation, which shall not be diminished during their Continuance in Office.

Section. 2. The judicial Power shall extend to all Cases, in Law and Equity, arising under this Constitution, the Laws of the United States, and Treaties made, or which shall be made, under their Authority;—to all Cases affecting Ambassadors, other public ministers and Consuls;—to all Cases of admiralty and maritime Jurisdiction;—to Controversies to which the United States shall be a Party;—to Controversies between two or more States;—between a State and Citizens of another State;—between Citizens of different States;—between Citizens of the same State claiming Lands under Grants of different States, and between a State, or the Citizens thereof, and foreign States, Citizens or Subjects.

In all Cases affecting Ambassadors, other public Ministers and Consuls, and those in which a State shall be Party, the supreme Court shall have original Jurisdiction. In all the other Cases before mentioned, the supreme Court shall have appellate Jurisdiction, both as to Law and Fact, with such Exceptions, and under such Regulations as the Congress shall make.

The Trial of all Crimes, except in Cases of Impeachment, shall be by Jury; and such Trial shall be held in the State where the said Crimes shall have been committed; but when not committed within any State, the Trial shall be at such Place or Places as the Congress may by Law have directed.

Section. 3. Treason against the United States, shall consist only in levying War against them, or in adhering to their Enemies, giving them Aid and Comfort. No Person shall be convicted of Treason unless on the Testimony of two Witnesses to the same overt Act, or on Confession in open Court.

The Congress shall have Power to declare the Punishment of Treason, but no Attainder of Treason shall work Corruption of Blood, or Forfeiture except during the Life of the Person attainted.

Article. IV.

Section. 1. Full Faith and Credit shall be given in each State to the public Acts, Records, and judicial Proceedings of every other State. And the Congress may by general Laws prescribe the Manner in which such Acts, Records and Proceedings shall be proved, and the Effect thereof.

Section. 2. The Citizens of each State shall be entitled to all Privileges and Immunities of Citizens in the several States.

A Person charged in any State with Treason, Felony, or other Crime, who shall flee from Justice, and be found in another State, shall on Demand of the executive Authority of the State from which he fled, be delivered up, to be removed to the State having Jurisdiction of the Crime.

No Person held to Service or Labour in one State, under the Laws thereof, escaping into another, shall, in Consequence of any Law or Regulation therein, be discharged from such Service or Labour, but shall be delivered up on Claim of the Party to whom such Service or Labour may be due.

Section. 3. New States may be admitted by the Congress into this Union; but no new State shall be formed or erected within the Jurisdiction of any other State; nor any State be formed by the Junction of two or more States, or Parts of States, without the Consent of the Legislatures of the States concerned as well as of the Congress.

The Congress shall have Power to dispose of and make all needful Rules and Regulations respecting the Territory or other Property belonging to the United States; and nothing in this Constitution shall be so construed as to Prejudice any Claims of the United States, or of any particular State.

Section. 4. The United States shall guarantee to every State in this Union a Republican Form of Government, and shall protect each of them against Invasion; and on Application of the Legislature, or of the Executive (when the Legislature cannot be convened) against domestic Violence.

Article. V.

The Congress, whenever two thirds of both Houses shall deem it necessary, shall propose Amendments to this Constitution, or, on the Application of the Legislatures of two thirds of the several States, shall call a Convention for proposing Amendments, which, in either Case, shall be valid to all Intents and Purposes, as Part of this Constitution, when ratified by the Legislatures of three fourths of the several States, or by Conventions in three fourths thereof, as the one or the other Mode of Ratification may be proposed by the Congress; Provided that no Amendment which may be made prior to the Year One thousand eight hundred and eight shall in any Manner affect the first and fourth Clauses in the Ninth Section of the first Article; and that no State, without its Consent, shall be deprived of its equal Suffrage in the Senate.

Article. VI.

All Debts contracted and Engagements entered into, before the Adoption of this Constitution, shall be as valid against the United States under this Constitution, as under the Confederation.

This Constitution, and the Laws of the United States which shall be made in Pursuance thereof; and all Treaties made, or which shall be made, under the Authority of the United States, shall be the supreme Law of the Land; and the Judges in every State shall be bound thereby, any Thing in the Constitution or Laws of any state to the Contrary notwithstanding.

The Senators and Representatives before mentioned, and the Members of the several State Legislatures, and all executive and judicial Officers, both of the United States and of the several States, shall be bound by Oath or Affirmation, to support this Constitution; but no religious Test shall ever be required as a Qualification to any Office or public Trust under the United States.

Article. VII.

The Ratification of the Conventions of nine States, shall be sufficient for the Establishment of this Constitution between the States so ratifying the same.

Done in Convention by the Unanimous Consent of the States present the Seventeenth Day of September in the Year of our Lord one thousand seven hundred and Eighty seven and of the Independence of the United States of America the Twelfth. In witness whereof We have hereunto subscribed our Names,

G°. WASHINGTON—Presid^t. and deputy from Virginia

New Hampshire { JOHN LANGDON / NICHOLAS GILMAN
Massachusetts { NATHANIEL GORHAM / RUFUS KING
Connecticut { W^M SAM^L JOHNSON / ROGER SHERMAN
New York.... ALEXANDER HAMILTON
New Jersey { WIL: LIVINGSTON / DAVID BREARLEY. / W^M PATTERSON. / JONA: DAYTON
Pennsylvania { B FRANKLIN / THOMAS MIFFLIN / ROB^T MORRIS / GEO. CLYMER / THO^S FITZSIMONS / JARED INGERSOL / JAMES WILSON / GOUV MORRIS
Delaware { GEO: READ / GUNNING BEDFORD jun / JOHN DICKINSON / RICHARD BASSETT / JACO: BROOM
Maryland { JAMES M^{C}HENRY / DAN OF S^T THO^S JENIFER / DAN^L CARROLL
Virginia { JOHN BLAIR— / JAMES MADISON Jr.
North Carolina { W^M BLOUNT / RICH^D DOBBS SPAIGHT / HU WILLIAMSON / J. RUTLEDGE
South Carolina { CHARLES COTESWORTH PINCKNEY / CHARLES PINCKNEY / PIERCE BUTLER
Georgia { WILLIAM FEW / ABR BALDWIN

ARTICLES IN ADDITION TO, AND AMENDMENT OF, THE CONSTITUTION OF THE UNITED STATES OF AMERICA, PROPOSED BY CONGRESS, AND RATIFIED BY THE SEVERAL STATES, PURSUANT TO THE FIFTH ARTICLE OF THE ORIGINAL CONSTITUTION[1]

1. In *Dillon v. Gloss*, 256 U.S. 368 (1921), the Supreme Court stated that it would take judicial notice of the date on which a State ratified a proposed constitutional amendment. Accordingly the Court consulted the State journals to determine the dates on which each house of the legislature of certain States ratified the Eighteenth Amendment. It, therefore, follows that the date on which the governor approved the ratification, or the date on which the secretary of state of a given State certified the ratification, or the date on which the Secretary of State of the United States received a copy of said certificate, or the date on which he proclaimed that the amendment had been ratified are not controlling. Hence, the ratification date given in the following notes is the date on which the legislature of a given State approved the particular amendment (signature by the speaker or presiding officers of both houses being considered a part of the ratification of the "legislature"). When that date is not available, the date given is that on which it was approved by the governor or certified by the secretary of state of the particular State. In each case such fact has been noted. Except as otherwise indicated information as to ratification is based on data supplied by the Department of State.

AMENDMENT[I.][2]

2. Brackets enclosing an amendment number indicate that the number was not specifically assigned in the resolution proposing the amendment. It will be seen, accordingly, that only the Thirteenth, Fourteenth, Fifteenth, and Sixteenth Amendments were thus technically ratified by number. The first ten amendments along with two others which failed of ratification were proposed by Congress on September 25, 1789, when they passed the Senate, having previously passed the House on September 24 (1 *Annals of Congress* 88, 913). They appear officially in 1 Stat. 97. Ratification was completed on December 15, 1791, when the eleventh State (Virginia) approved these amendments, there being then 14 States in the Union.

The several state legislatures ratified the first ten amendments to the Constitution on the following dates: New Jersey, November 20, 1789; Maryland, December 19, 1789; North Carolina, December 22, 1789; South Carolina, January 19, 1790; New Hampshire, January 25, 1790; Delaware, January 28, 1790; New York, February 27, 1790; Pennsylvania, March 10, 1790; Rhode Island, June 7, 1790; Vermont, November 3, 1791; Virginia, December 15, 1791. The two amendments which failed of ratification prescribed the ratio of representation to population in the House, and specified that no law varying the compensation of members of Congress should be effective until after an intervening election of Representatives. The first was ratified by ten States (one short of the requisite number) and the second, by six States. Connecticut, Georgia, and Massachusetts ratified the first ten amendments in 1939.

Congress shall make no law respecting an establishment of religion, or prohibiting the free exercise thereof; or abridging the freedom of speech, or of the press; or the right of the people peaceably to assemble, and to petition the Government for a redress of grievances.

AMENDMENT[II.]

A well regulated Militia, being necessary to the security of a free State, the right of the people to keep and bear Arms, shall not be infringed.

AMENDMENT[III.]

No Soldier shall, in time of peace be quartered in any house, without

Constitution of

the consent of the Owner, nor in time of war, but in a manner to be prescribed by law.

AMENDMENT [IV.]

The right of the people to be secure in their persons, houses, papers, and effects, against unreasonable searches and seizures, shall not be violated, and no Warrants shall issue, but upon probable cause, supported by Oath or affirmation, and particularly describing the place to be searched, and the persons or things to be seized.

AMENDMENT [V.]

No person shall be held to answer for a capital, or otherwise infamous crime, unless on a presentment or indictment of a Grand Jury, except in cases arising in the land or naval forces, or in the Militia, when in actual service in time of War or public danger; nor shall any person be subject for the same offence to be twice put in jeopardy of life or limb; nor shall be compelled in any criminal case to be a witness against himself, nor be deprived of life, liberty, or property, without due process of law; nor shall private property be taken for public use, without just compensation.

AMENDMENT [VI.]

In all criminal prosecutions, the accused shall enjoy the right to a speedy and public trial, by an impartial jury of the State and district wherein the crime shall have been committed, which district shall have been previously ascertained by law, and to be informed of the nature and cause of the accusation; to be confronted with the witnesses against him; to have compulsory process for obtaining witnesses in his favor, and to have the Assistance of Counsel for his defence.

AMENDMENT [VII.]

In Suits at common law, where the value in controversy shall exceed twenty dollars, the right of trial by jury shall be preserved, and no fact tried by a jury, shall be otherwise re-examined in any Court of the United States, than according to the rules of the common law.

AMENDMENT [VIII.]

Excessive bail shall not be required, nor excessive fines imposed, nor cruel and unusual punishments inflicted.

AMENDMENT [IX.]

The enumeration in the Constitution, of certain rights, shall not be construed to deny or disparage others retained by the people.

AMENDMENT [X.]

The powers not delegated to the United States by the Constitution, nor prohibited by it to the States, are reserved to the States respectively, or to the people.

AMENDMENT [XI.][3]

3. The Eleventh Amendment was proposed by Congress on March 4, 1794, when it passed the House, 4 Annals of Congress 477, 478, having previously passed the Senate on January 14, Id., 30, 31. It appears officially in 1 Stat. 402. Ratification was completed on February 7, 1795, when the twelfth State (North Carolina) approved the amendment, there being then 15 States in the Union. Official announcement of ratification was not made until January 8, 1798, when President John Adams in a message to Congress stated that the Eleventh Amendment had been adopted by three-fourths of the States and that it "may now be deemed to be a part of the Constitution." In the interim South Carolina had ratified, and Tennessee had been admitted into the Union as the sixteenth State.

The several state legislatures ratified the Eleventh Amendment on the following dates: New York, March 27, 1794; Rhode Island, March 31, 1794; Connecticut, May 8, 1794; New Hampshire, June 16, 1794; Massachusetts, June 26, 1794; Vermont, between October 9 and November 9, 1794; Virginia, November 18, 1794; Georgia, November 29, 1794; Kentucky, December 7, 1794; Maryland, December 26, 1794; Delaware, January 23, 1795; North Carolina, February 7, 1795; South Carolina, December 4, 1797.

The Judicial power of the United States shall not be construed to extend to any suit in law or equity, commenced or prosecuted against one of the United States by Citizens of another State, or by Citizens or Subjects of any Foreign State.

AMENDMENT [XII.][4]

4. The Twelfth Amendment was proposed by Congress on December 9, 1803, when it passed the House, 13 Annals of Congress 775, 776, having previously passed the Senate on December 2. Id., 209. It was not signed by the presiding officers of the House and Senate until December 12. It appears officially in 2 Stat. 306. Ratification was probably completed on June 15, 1804, when the legislature of the thirteenth State (New Hampshire) approved the amendment, there being then 17 States in the Union. The Governor of New Hampshire, however, vetoed this act of the legislature on June 20, and the act failed to pass again by two-thirds vote then required by the state constitution. Inasmuch as Article V of the Federal Constitution specifies that amendments shall become effective "when ratified by legislatures of three-fourths of the several States or by conventions in three-fourths thereof," it has been generally believed that an approval or veto by a governor is without significance. If the ratification by New Hampshire be deemed ineffective, then the amendment became operative by Tennessee's ratification on July 27, 1804. On September 25, 1804, in a circular letter to the Governors of the several States, Secretary of State Madison declared the amendment ratified by three-fourths of the States.

The several state legislatures ratified the Twelfth Amendment on the following dates: North Carolina, December 22, 1803; Maryland, December 24, 1803; Kentucky, December 27, 1803; Ohio, between December 5 and December 30, 1803; Virginia, between December 20, 1803 and February 3, 1804; Pennsylvania, January 5, 1804; Vermont, January 30, 1804; New York, February 10, 1804; New Jersey, February 22, 1804; Rhode Island, between February 27 and March 12, 1804; South Carolina, May 15, 1804; Georgia, May 19, 1804; New Hampshire, June 15, 1804; and Tennessee, July 27, 1804. The amendment was rejected by Delaware on January 18, 1804, and by Connecticut at its session begun May 10, 1804. Massachusetts ratified this amendment in 1961.

The Electors shall meet in their respective states and vote by ballot for President and Vice-President, one of whom, at least, shall not be an inhabitant of the same state with themselves; they shall name in their ballots the person voted for as President, and in distinct ballots the person voted for as Vice-President, and they shall make distinct lists of all persons voted for as President, and of all persons voted for as Vice-President, and of the number of votes for each, which lists they shall sign and certify, and transmit sealed to the seat of the government of the United States, directed to the President of the Senate;—The President of the Senate shall, in the presence of the Senate and House of Representatives, open all the certificates and the votes shall then be counted;—The person having the greatest Number of votes for President, shall be the President, if such number be a majority of the whole number of Electors appointed; and if no person have such majority, then from the persons having the highest numbers not exceeding three on the list of those voted for as President, the House of Representatives shall choose immediately, by ballot, the President. But in choosing the President, the votes shall be taken by states, the representation from each state having one vote; a quorum for this purpose shall consist of a member or members from two-thirds of the states, and a majority of all the states shall be necessary to a choice. And if the House of Representatives shall not choose a President whenever the right of choice shall devolve upon them, before the fourth day of March next following, then the Vice-President shall act as President, as in the case of the death or other constitutional disability of the President—The person having the greatest number of votes as Vice-President, shall be the Vice-President, if such number be a majority of the whole number of Electors appointed, and if no person have a majority, then from the two highest numbers on the list, the Senate shall choose the Vice-President; a quorum for the purpose shall consist of two-thirds of the whole number of Senators, and a majority of the whole number shall be necessary to a choice. But no person constitutionally ineligible to the office of President shall be eligible to that of Vice-President of the United States.

AMENDMENT XIII.[5]

5. The Thirteenth Amendment was proposed by Congress on January 31, 1865, when it passed the House, Cong. Globe (38th Cong., 2d Sess.) 531, having previously passed the Senate on April 8, 1964. Id. (38th Cong., 1st Sess.), 1940. It appears officially in 13 Stat. 567 under the date of February 1, 1865. Ratification was completed on December 6, 1865, when the legislature of the twenty-seventh State (Georgia) approved the amendment, there being then 36 States in the Union. On December 18, 1865, Secretary of State Seward certified that the Thirteenth Amendment had become a part of the Constitution, 13 Stat. 774.

The several state legislatures ratified the Thirteenth Amendment on the following dates: Illinois, February 1, 1865; Rhode Island, February 2, 1865; Michigan, February 2, 1865; Maryland February 3, 1865; New York, February 3, 1865; West Virginia, February 3, 1865; Missouri, February 6, 1865; Maine, February 7, 1865; Kansas, February 7, 1865; Massachusetts, February 7, 1865; Pennsylvania, February 8, 1865; Virginia, February 9, 1865; Ohio, February 10, 1865; Louisiana, February 15 or 16, 1865; Indiana, February 16, 1865; Nevada, February 16, 1865; Minnesota, February 23, 1865; Wisconsin, February 24, 1865; Vermont, March 9, 1865 (data on which it was "approved" by Governor); Tennessee, April 7, 1865; Arkansas, April 14, 1865; Connecticut, May 4, 1865; New Hampshire, June 30, 1865; South Carolina, November 13, 1865; Alabama, December 2, 1865 (date on which it was "approved" by Provisional Governor); North Carolina, December 4, 1865; Georgia, December 6, 1865; Oregon, December 11, 1865; California, December 15, 1865; Florida, December 28, 1865 (Florida again ratified this amendment on June 9, 1868, upon its adoption of a new constitution); Iowa, January 17, 1866; New Jersey, January 23, 1866 (after having rejected the amendment on March 16, 1865); Texas, February 17, 1870; Delaware, February 12, 1901 (after having rejected the amendment on February 8, 1865). The amendment was rejected by Kentucky on February 24, 1865, and by Mississippi on December 2, 1865.

SECTION 1. Neither slavery nor involuntary servitude, except as a punishment for crime whereof the party shall have been duly convicted, shall exist within the United States, or any place subject to their jurisdiction.

SECTION 2. Congress shall have power to enforce this article by appropriate legislation.

AMENDMENT XIV.[6]

6. The Fourteenth Amendment was proposed by Congress on June 13, 1866, when it passed the House, *Cong. Globe* (39th Cong., 1st Sess.) 3148, 3149, having previously passed the Senate on June 8. *Id.*, 3042. It appears officially in 14 Stat. 358 under date of June 16, 1866. Ratification was probably completed on July 9, 1868, when the legislature of the twenty-eighth State (South Carolina or Louisiana) approved the amendment, there being then 37 States in the Union. However, Ohio and New Jersey had prior to that date "withdrawn" their earlier assent to this amendment. Accordingly, Secretary of State Seward on July 20, 1868, certified that the amendment had become a part of the Constitution if the said withdrawals were ineffective. 15 Stat. 706 – 707. Congress on July 21, 1868, passed a joint resolution declaring the amendment a part of the Constitution and directing the Secretary to promulgate it as such. On July 28, 1868, Secretary Seward certified without reservation that the amendment was a part of the Constitution. In the interim, two other States, Alabama on July 13 and Georgia on July 21, 1868, had added their ratifications.

The several state legislatures ratified the Fourteenth Amendment on the following dates: Connecticut, June 30, 1866; New Hampshire, July 7, 1866; Tennessee, July 19, 1866; New Jersey, September 11, 1866 (the New Jersey Legislature on February 20, 1868 "withdrew" its consent to the ratification; the Governor vetoed that bill on March 5, 1868; and it was repassed over his veto on March 24, 1868); Oregon, September 19, 1866 (Oregon "withdrew" its consent on October 15, 1868); Vermont, October 30, 1866; New York, January 10, 1867; Ohio, January 11, 1867 (Ohio "withdrew" its consent on January 15, 1868); Illinois, January 15, 1867; West Virginia, January 16, 1867; Michigan, January 16, 1867; Kansas, January 17, 1867; Minnesota, January 17, 1867; Maine, January 19, 1867; Nevada, January 22, 1867; Indiana, January 23, 1867; Missouri, January 26, 1867 (date on which it was certified by the Missouri secretary of state); Rhode Island, February 7, 1867; Pennsylvania, February 12, 1867; Wisconsin, February 13, 1867 (actually passed February 7, but not signed by legislative officers until February 13); Massachusetts, March 20, 1867; Nebraska, June 15, 1867; Iowa, March 9, 1868; Arkansas, April 6, 1868; Florida, June 9, 1868; North Carolina, July 2, 1868 (after having rejected the amendment on December 13, 1866); Louisiana, July 9, 1868 (after having rejected the amendment on February 6, 1867); South Carolina, July 8, 1868 (after having rejected the amendment on December 20, 1866); Alabama, July 13, 1868 (date on which it was "approved" by the Governor); Georgia, July 21, 1868 (after having rejected the amendment on November 9, 1866—Georgia ratified again on February 2, 1870); Virginia, October 8, 1869 (after having rejected the amendment on January 9, 1867); Mississippi, January 17, 1870; Texas, February 18, 1870 (after having rejected the amendment on October 27, 1866); Delaware, February 12, 1901 (after having rejected the amendment on February 7, 1867). The amendment was rejected (and not subsequently ratified) by Kentucky on January 8, 1867. Maryland and California ratified this amendment in 1959.

SECTION. 1. All persons born or naturalized in the United States and subject to the jurisdiction thereof, are citizens of the United States and of the State wherein they reside. No State shall make or enforce any law which shall abridge the privileges or immunities of citizens of the United States; nor shall any State deprive any person of life, liberty, or property, without due process of law; nor deny to any person within its jurisdiction the equal protection of the laws.

SECTION. 2. Representatives shall be apportioned among the several States according to their respective numbers, counting the whole number of persons in each State, excluding Indians not taxed. But when the right to vote at any election for the choice of electors for President and Vice President of the United States, Representatives in Congress, the Executive and Judicial officers of a State, or the members of the Legislature thereof, is denied to any of the male inhabitants of such State, being twenty-one years of age, and citizens of the United States, or in any way abridged, except for participation in rebellion, or other crime, the basis of representation therein shall be reduced in the proportion which the number of such male citizens shall bear to the whole number of male citizens twenty-one years of age in such State.

SECTION. 3. No person shall be a Senator or Representative in Congress, or elector of President and Vice President, or hold any office, civil or military, under the United States, or under any State, who, having previously taken an oath, as a member of Congress, or as an officer of the United States, or as a member of any State legislature, or as an executive or judicial officer of any State, to support the Constitution of the United States, shall have engaged in insurrection or rebellion against the same, or given aid or comfort to the enemies thereof. But Congress may by a vote of two-thirds of each House, remove such disability.

SECTION. 4. The validity of the public debt of the United States, authorized by law, including debts incurred for payment of pensions and bounties for services in suppressing insurrection or rebellion, shall not be questioned. But neither the United States nor any State shall assume or pay any debt or obligation incurred in aid of insurrection or rebellion against the United States, or any claim for the loss or emancipation of any slave; but all such debts, obligations and claims shall be held illegal and void.

SECTION. 5. The Congress shall have power to enforce, by appropriate legislation, the provisions of the article.

AMENDMENT XV.[7]

7. The Fifteenth Amendment was proposed by Congress on February 26, 1869, when it passed the Senate, *Cong. Globe* (40th Cong., 3rd Sess.) 1641, having previously passed the House on February 25. *Id.*, 1563, 1564. It appears officially in 15 Stat. 346 under the date of February 27, 1869. Ratification was probably completed on February 3, 1870, when the legislature of the twenty-eighth State (Iowa) approved the amendment, there being then 37 States in the Union. However, New York had prior to that date "withdrawn" its earlier assent to this amendment. Even if this withdrawal were effective, Nebraska's ratification on February 17, 1870, authorized Secretary of State Fish's certification of March 30, 1870, that the Fifteenth Amendment had become a part of the Constitution. 16 Stat. 1131.

The several state legislatures ratified the Fifteenth Amendment on the following dates: Nevada, March 1, 1869; West Virginia, March 3, 1869; North Carolina, March 5, 1869; Louisiana, March 5, 1869 (date on which it was "approved" by the Governor); Illinois, March 5, 1869; Michigan, March 5, 1869; Wisconsin, March 5, 1869; Maine, March 11, 1869; Massachusetts, March 12, 1869; South Carolina, March 15, 1869; Arkansas, March 15, 1869; Pennsylvania, March 25, 1869; New York, April 14, 1869 (New York "withdrew" its consent to the ratification on January 5, 1870); Indiana, May 14, 1869; Connecticut, May 19, 1869; Florida, June 14, 1869; New Hampshire, July 1, 1869; Virginia, October 8, 1869; Vermont, October 20, 1869; Alabama, November 16, 1869; Missouri, January 7, 1870 (Missouri had ratified the first section of the 15th Amendment on March 1, 1869; it failed to include in its ratification the second section of the amendment); Minnesota, January 13, 1870; Mississippi, January 17, 1870; Rhode Island, January 18, 1870; Kansas, January 19, 1870 (Kansas had by a defectively worded resolution previously ratified this amendment on February 27, 1869); Ohio, January 27, 1870 (after having rejected the amendment on May 4, 1869); Georgia, February 2, 1870; Iowa, February 3, 1870; Nebraska, February 17, 1870; Texas, February 18, 1870; New Jersey, February 15, 1871 (after having rejected the amendment on February 7, 1870); Delaware, February 12, 1901 (date on which approved by Governor; Delaware had previously rejected the amendment on March 18, 1869). The amendment was rejected (and not subsequently ratified) by Kentucky, Maryland, and Tennessee. California ratified this amendment in 1962 and Oregon in 1959.

SECTION. 1. The right of citizens of the United States to vote shall not be denied or abridged by the United States or by any State on account of race, color, or previous condition of servitude.

SECTION. 2. The Congress shall have power to enforce this article by appropriate legislation.

AMENDMENT XVI.[8]

8. The Sixteenth Amendment was proposed by Congress on July 12, 1909, when it passed the House, 44 *Cong. Rec.* (61st Cong., 1st Sess.) 4390, 4440, 4441, having previously passed the Senate on July 5. *Id.*, 4121. It appears officially in 36 Stat. 184. Ratification was completed on February 3, 1913, when the legislature of the thirty-sixth State (Delaware, Wyoming, or New Mexico) approved the amendment, there

being then 48 States in the Union. On February 25, 1913, Secretary of State Knox certified that this amendment had become a part of the Constitution. 37 Stat. 1785.

The several state legislatures ratified the Sixteenth Amendment on the following dates: Alabama, August 10, 1909; Kentucky, February 8, 1910; South Carolina, February 19, 1910; Illinois, March 1, 1910; Mississippi, March 7, 1910; Oklahoma, March 10, 1910; Maryland, April 8, 1910; Georgia, August 3, 1910; Texas, August 16, 1910; Ohio, January 19, 1911; Idaho, January 20, 1911; Oregon, January 23, 1911; Washington, January 26, 1911; Montana, January 27, 1911; Indiana, January 30, 1911; California, January 31, 1911; Nevada, January 31, 1911; South Dakota, February 1, 1911; Nebraska, February 9, 1911; North Carolina, February 11, 1911; Colorado, February 15, 1911; North Dakota, February 17, 1911; Michigan, February 23, 1911; Iowa, February 24, 1911; Kansas, March 2, 1911; Missouri, March 16, 1911; Maine, March 31, 1911; Tennessee, April 7, 1911; Arkansas, April 22, 1911 (after having rejected the amendment at the session begun January 9, 1911); Wisconsin, May 16, 1911; New York, July 12, 1911; Arizona, April 3, 1912; Minnesota, June 11, 1912; Louisiana, June 28, 1912; West Virginia, January 31, 1913; Delaware, February 3, 1913; Wyoming, February 3, 1913; New Mexico, February 3, 1913; New Jersey, February 4, 1913; Vermont, February 19, 1913; Massachusetts, March 4, 1913; New Hampshire, March 7, 1913 (after having rejected the amendment on March 2, 1911). The amendment was rejected (and not subsequently ratified) by Connecticut, Rhode Island, and Utah.

The Congress shall have power to lay and collect taxes on incomes, from whatever source derived, without apportionment among the several States, and without regard to any census or enumeration.

AMENDMENT XVII.[9]

9. The Seventeenth Amendment was proposed by Congress on May 13, 1912, when it passed the House, 48 Cong. Rec. (62d Cong., 2d Sess.) 6367, having previously passed the Senate on June 12, 1911. 47 Cong. Rec. (62d Cong., 1st Sess.) 1925. It appears officially in 37 Stat. 646. Ratification was completed on April 8, 1913, when the thirty-sixth State (Connecticut) approved the amendment, there being then 48 States in the Union. On May 31, 1913, Secretary of State Bryan certified that it had become a part of the Constitution. 38 Stat 2049.

The several state legislatures ratified the Seventeenth Amendment on the following dates: Massachusetts, May 22, 1912; Arizona, June 3, 1912; Minnesota, June 10, 1912; New York, January 15, 1913; Kansas, January 17, 1913; Oregon, January 23, 1913; North Carolina, January 25, 1913; California, January 28, 1913; Michigan, January 28, 1913; Iowa, January 30, 1913; Montana, January 30, 1913; Idaho, January 31, 1913; West Virginia, February 4, 1913; Colorado, February 5, 1913; Nevada, February 6, 1913; Texas, February 7, 1913; Washington, February 7, 1913; Wyoming, February 8, 1913; Arkansas, February 11, 1913; Illinois, February 13, 1913; North Dakota, February 14, 1913; Wisconsin, February 18, 1913; Indiana, February 19, 1913; New Hampshire, February 19, 1913; Vermont, February 19, 1913; South Dakota, February 19, 1913; Maine, February 20, 1913; Oklahoma, February 24, 1913; Ohio, February 25, 1913; Missouri, March 7, 1913; New Mexico, March 13, 1913; Nebraska, March 14, 1913; New Jersey, March 17, 1913; Tennessee, April 1, 1913; Pennsylvania, April 2, 1913; Connecticut, April 8, 1913; Louisiana, June 5, 1914. The amendment was rejected by Utah on February 26, 1913.

The Senate of the United States shall be composed of two Senators from each State, elected by the people thereof, for six years; and each Senator shall have one vote. The electors in each State shall have the qualifications requisite for electors of the most numerous branch of the State legislatures.

When vacancies happen in the representation of any State in the Senate, the executive authority of such State shall issue writs of election to fill such vacancies: *Provided*, That the legislature of any State may empower the executive thereof to make temporary appointments until the people fill the vacancies by election as the legislature may direct.

This amendment shall not be so construed as to affect the election or term of any Senator chosen before it becomes valid as part of the Constitution.

AMENDMENT[XVIII.][10]

10. The Eighteenth Amendment was proposed by Congress on December 18, 1917, when it passed the Senate, Cong. Rec. (65th Cong. 2d Sess.) 478, having previously passed the House on December 17. Id., 470. It appears officially in 40 Stat. 1059. Ratification was completed on January 16, 1919, when the thirty-sixth State approved the amendment, there being then 48 States in the Union. On January 29, 1919, Acting Secretary of State Polk certified that this amendment had been adopted by the requisite number of States. 40 Stat. 1941. By its terms this amendment did not become effective until 1 year after ratification.

The several state legislatures ratified the Eighteenth Amendment on the following dates: Mississippi, January 8, 1918; Virginia, January 11, 1918; Kentucky, January 14, 1918; North Dakota, January 28, 1918 (date on which approved by Governor); South Carolina, January 29, 1918; Maryland, February 13, 1918; Montana, February 19, 1918; Texas, March 4, 1918; Delaware, March 18, 1918; South Dakota, March 20, 1918; Massachusetts, April 2, 1918; Arizona, May 24, 1918; Georgia, June 26, 1918; Louisiana, August 9, 1918 (date on which approved by Governor); Florida, November 27, 1918; Michigan, January 2, 1919; Ohio, January 7, 1919; Oklahoma, January 7, 1919; Idaho, January 8, 1919; Maine, January 8, 1919; West Virginia, January 9, 1919; California, January 13, 1919; Tennessee, January 13, 1919; Washington, January 13, 1919; Arkansas, January 14, 1919; Kansas, January 14, 1919; Illinois, January 14, 1919; Indiana, January 14, 1919; Alabama, January 15, 1919; Colorado, January 15, 1919; Iowa, January 15, 1919; New Hampshire, January 15, 1919; Oregon, January 15, 1919; Nebraska, January 16, 1919; North Carolina, January 16, 1919; Utah, January 16, 1919; Missouri, January 16, 1919; Wyoming January 16, 1919; Minnesota, January 17, 1919; Wisconsin, January 17, 1919; New Mexico, January 20, 1919; Nevada, January 21, 1919; Pennsylvania, February 25, 1919; Connecticut, May 6, 1919; New Jersey, March 9, 1922; New York, January 29, 1919; Vermont, January 29, 1919.

SECTION. 1. After one year from the ratification of this article the manufacture, sale, or transportation of intoxicating liquors within, the importation thereof into, or the exportation thereof from the United States and all territory subject to the jurisdiction thereof for beverage purposes is hereby prohibited.

SEC. 2. The Congress and the several States shall have concurrent power to enforce this article by appropriate legislation.

SEC. 3. This article shall be inoperative unless it shall have been ratified as an amendment to the Constitution by the legislatures of the several States, as provided in the Constitution, within seven years from the date of the submission hereof to the States by the Congress.

AMENDMENT[XIX.][11]

11. The Nineteenth Amendment was proposed by Congress on June 4, 1919, when it passed the Senate, Cong. Rec. (66th Cong., 1st Sess.) 635, having previously passed the house on May 21. Id., 94. It appears officially in 41 Stat. 362. Ratification was completed on August 18, 1920, when the thirty-sixth State (Tennessee) approved the amendment, there being then 48 States in the Union. On August 26, 1920, Secretary of Colby certified that it had become a part of the Constitution. 41 Stat. 1823.

The several state legislatures ratified the Nineteenth Amendment on the following dates: Illinois, June 10, 1919 (readopted June 17, 1919); Michigan, June 10, 1919; Wisconsin, June 10, 1919; Kansas, June 16, 1919; New York, June 16, 1919; Ohio, June 16, 1919; Pennsylvania, June 24, 1919; Massachusetts, June 25, 1919; Texas, June 28, 1919; Iowa, July 2, 1919 (date on which approved by Governor); Missouri, July 3, 1919; Arkansas, July 28, 1919; Montana, August 2, 1919 (date on which approved by governor); Nebraska, August 2, 1919; Minnesota, September 8, 1919; New Hampshire, September 10, 1919 (date on which approved by Governor); Utah, October 2, 1919; California, November 1, 1919; Maine, November 5, 1919; North Dakota, December 1, 1919; South Dakota, December 4, 1919 (date on which certified); Colorado, December 15, 1919 (date on which approved by Governor); Kentucky, January 6, 1920; Rhode Island, January 6, 1920; Oregon, January 13, 1920; Indiana, January 16, 1920; Wyoming, January 27, 1920; Nevada, February 7, 1920; New Jersey, February 9, 1920; Idaho, February 11, 1920; Arizona, February 12, 1920; New Mexico, February 21, 1920 (date on which approved by governor); Oklahoma, February 28, 1920; West Virginia, March 10, 1920 (confirmed September 21, 1920); Vermont, February 8, 1921. The amendment was rejected by Georgia on July 24, 1919; by Alabama on September 22, 1919; by South Carolina on January 29, 1920; by Virginia on February 12, 1920; by Maryland on February 24, 1920; by Mississippi on March 29, 1920; by Louisiana on July 1, 1920. This amendment was subsequently ratified by Virginia in 1952, Alabama in 1953, Florida in 1969, and Georgia and Louisiana in 1970.

The right of citizens of the United States to vote shall not be denied or abridged by the United States or by any State on account of sex.

Congress shall have power to enforce this article by appropriate legislation.

AMENDMENT[XX.][12]

12. The Twentieth Amendment was proposed by Congress on March 2, 1932, when it passed the Senate, Cong. Rec. (72d Cong., 1st Sess.) 5086, having previously passed the House on March 1. Id., 5027. It appears officially in 47 Stat. 745. Ratification was completed on January 23, 1933, when the thirty-sixth State approved the amendment, there being then 48 States in the Union. On February 6, 1933, Secretary of State Stimson certified that it had become a part of the Constitution. 47 Stat. 2569.

The several state legislatures ratified the Twentieth Amendment on the following dates; Virginia, March 4, 1932; New York, March 11, 1932; Mississippi, March 16, 1932; Arkansas, March 17, 1932; Kentucky, March 17, 1932; New Jersey, March 21, 1932; South Carolina, March 25, 1932; Michigan, March 31, 1932; Maine, April 1, 1932; Rhode Island, April 14, 1932; Illinois, April 21, 1932; Louisiana, June 22, 1932; West Virginia, July 30, 1932; Pennsylvania, August 11, 1932; Indiana, August 15, 1932; Texas, September 7, 1932; Alabama, September 13, 1932; California, January 4, 1933; North Carolina, January 5, 1933; North Dakota, January 9, 1933; Minnesota, January 12, 1933; Arizona, January 13, 1933; Montana, January 13, 1933; Nebraska, January 13, 1933; Oklahoma, January 13, 1933; Kansas, January 16, 1933; Oregon, January 16, 1933; Delaware, January 19, 1933; Washington, January 19, 1933; Wyoming, January 19, 1933; Iowa, January 20, 1933; South Dakota, January 20, 1933; Tennessee; January 20, 1933; Idaho, January 21, 1933; New Mexico, January 21, 1933; Georgia, January 23, 1933; Missouri, January 23, 1933; Ohio, January 23, 1933; Utah, January 23, 1933; Colorado, January 24, 1933; Massachusetts, January 24, 1933; Wisconsin January 24, 1933; Nevada, January 26, 1933; Connecticut, January 27, 1933; New Hampshire, January 31, 1933; Vermont, February 2, 1933; Maryland, March 24, 1933; Florida, April 26, 1933.

SECTION.1. The terms of the President and Vice President shall end at noon on the 20th day of January, and the terms of Senators and Representatives at noon on the 3d day of January, of the years in which such terms would have ended if this article had not been ratified; and the terms of their successors shall then begin.

SEC.2. The Congress shall assemble at least once in every year, and such meeting shall begin at noon on the 3d day of January, unless they shall by law appoint a different day.

SEC.3. If, at the time fixed for the beginning of the term of the President, the President elect shall have died, the Vice President elect shall become President. If a President shall not have been chosen before the time fixed for the beginning of his term, or if the President elect shall have failed to qualify, then the Vice President elect shall act as President until a President shall have qualified; and the Congress may by law provide for the case wherein neither a President elect nor a Vice President elect shall have qualified, declaring who shall then act as President, or the manner in which one who is to act shall be selected, and such person shall act accordingly until a President or Vice President shall have qualified.

SEC.4. The Congress may by law provide for the case of the death of any of the persons from whom the House of Representatives may choose a President whenever the right of choice shall have devolved upon them, and for the case of the death of any of the persons from whom the Senate may choose a Vice President whenever the right of choice shall have devolved upon them.

SEC.5. Sections 1 and 2 shall take effect on the 15th day of October following the ratification of this article.

SEC.6. This article shall be inoperative unless it shall have been ratified as an amendment to the Constitution by the legislatures of three-fourths of the several States within seven years from the date of its submission.

AMENDMENT[XXI.]13

13. The Twenty-first Amendment was proposed by Congress on February 20, 1933, when it passed the House, *Cong. Rec.* (72d Cong., 2d Sess.) 4516, having previously passed the Senate on February 16. *Id.*, 4231. It appears officially in 47 Stat. 1625. Ratification was completed on December 5, 1933, when the thirty-sixth State(Utah) approved the amendment, there being then 48 States in the Union. On December 5, 1933, Acting Secretary of State Phillips certified that it had been adopted by the requisite number of States. 48 Stat. 1749.

The several state conventions ratified the Twenty-first Amendment on the following dates: Michigan, April 10, 1933; Wisconsin, April 25, 1933; Rhode Island, May 8, 1933; Wyoming, May 25, 1933; New Jersey, June 1, 1933; Delaware, June 24, 1933; Indiana, June 26, 1933; Massachusetts, June 26, 1933; New York, June 27, 1933; Illinois, July 10, 1933; Iowa, July 10, 1933; Connecticut, July 11, 1933; New Hampshire, July 11, 1933; California, July 24, 1933; West Virginia, July 25, 1933; Arkansas, August 1, 1933; Oregon, August 7, 1933; Alabama, August 8, 1933; Tennessee, August 11, 1933; Missouri, August 29, 1933; Arizona, September 5, 1933; Nevada, September 5, 1933; Vermont, September 23, 1933; Colorado, September 26, 1933; Washington, October 3, 1933; Minnesota, October 10, 1933; Idaho, October 17, 1933; Maryland, October 18, 1933; Virginia, October 25, 1933; New Mexico, November 2, 1933; Florida, November 14, 1933; Texas, November 24, 1933; Kentucky, November 27, 1933; Ohio, December 5, 1933; Pennsylvania, December 5, 1933; Utah, December 5, 1933; Maine, December 6, 1933; Montana, August 6, 1934. The amendment was rejected by a convention in the State of South Carolina, on December 4, 1933. The electorate of the State of North Carolina voted against holding a convention at a general election held on November 7, 1933.

SECTION.1. The eighteenth article of amendment to the Constitution of the United States is hereby repealed.

SEC.2. The transportation or importation into any State, Territory, or possession of the United States for delivery or use therein of intoxicating liquors, in violation of the laws thereof, is hereby prohibited.

SEC.3. This article shall be inoperative unless it shall have been ratified as an amendment to the Constitution by conventions in the several States, as provided in the Constitution, within seven years from the date of the submission hereof to the States by the Congress.

AMENDMENT[XXII.]14

14. The Twenty-second Amendment was proposed by Congress on March 24, 1947, having passed the House on March 21, 1947, *Cong. Rec.* (80th Cong., 1st Sess.) 2392, and having previously passed the Senate on March 12, 1947. *Id.*, 1978. It appears officially in 61 Stat. 959. Ratification was completed on February 27, 1951, when the thirty-sixth State(Minnesota) approved the amendment, there being then 48 States in the Union. On March 1, 1951, Jess Larson, Administrator of General Services, certified that it had been adopted by the requisite number of States. 16 *Fed. Reg.* 2019.

A total of 41 state legislatures ratified the Twenty-second Amendment on the following dates: Maine, March 31, 1947; Michigan, March 31, 1947; Iowa, April 1, 1947; Kansas, April 1, 1947; New Hampshire, April 1, 1947; Delaware, April 2, 1947; Illinois, April 3, 1947; Oregon, April 3, 1947; Colorado, April 12, 1947; California, April 15, 1947; New Jersey, April 15, 1947; Vermont, April 15, 1947; Ohio, April 16, 1947; Wisconsin, April 16, 1947; Pennsylvania, April 29, 1947; Connecticut, May 21, 1947; Missouri, May 22, 1947; Nebraska, May 23, 1947; Virginia, January 28, 1948; Mississippi, February 12, 1948; New York, March 9, 1948; South Dakota, January 21, 1949; North Dakota, February 25, 1949; Louisiana, May 17, 1950; Montana, January 25, 1951; Indiana, January 29, 1951; Idaho, January 30, 1951; New Mexico, February 12, 1951; Wyoming, February 12, 1951; Arkansas, February 15, 1951; Georgia, February 17, 1951; Tennessee, February 20, 1951; Texas, February 22, 1951; Utah, February 26, 1951; Nevada, February 26, 1951; Minnesota, February 27, 1951; North Carolina, February 28, 1951; South Carolina, March 13, 1951; Maryland, March 14, 1951; Florida, April 16, 1951; and Alabama, May 4, 1951.

SECTION.1. No person shall be elected to the office of the President more than twice, and no person who has held the office of President, or acted as President, for more than two years of a term to which some other person was elected President shall be elected to the office of the President more than once. But this Article shall not apply to any person holding the office of President, when this Article was proposed by the Congress, and shall not prevent any person who may be holding the office of President, or acting as President, during the term within which this Article becomes operative from holding the office of President or acting as President during the remainder of such term.

SEC.2. This article shall be inoperative unless it shall have been ratified as an amendment to the Constitution by the legislatures of three-fourths of the several States within seven years from the date of its submission to the States by the Congress.

AMENDMENT[XXIII.]15

15. The Twenty-third Amendment was proposed by Congress on June 16, 1960, when it passed the Senate, *Cong. Rec.* (86th Cong., 2d Sess.) 12858, having previously passed the House on June 14. *Id.*, 12571. It appears officially in 74 Stat. 1057. Ratification was completed on March 29, 1961, when the thirty-eighth State(Ohio) approved the amendment, there being then 50 States in the Union. On April 3, 1961, John L. Moore, Administrator of General Services, certified that it had been adopted by the requisite number of States. 26 *Fed. Reg.* 2808.

The several state legislatures ratified the Twenty-third Amendment on the following dates: Hawaii, June 23, 1960; Massachusetts, August 22, 1960; New Jersey, December 19, 1960; New York, January 17, 1961; California, January 19, 1961; Oregon, January 27, 1961; Maryland, January 30, 1961; Idaho, January 31, 1961; Maine, January 31, 1961; Minnesota, January 31, 1961; New Mexico, February 1, 1961; Nevada, February 2, 1961; Montana, February 6, 1961; Colorado, February 8, 1961; Washington, February 9, 1961; West Virginia, February 9, 1961; Alaska, February 10, 1961; Wyoming, February 13, 1961; South Dakota, February 14, 1961; Delaware, February 20, 1961; Utah, February 21, 1961; Wisconsin, February 21, 1961; Pennsylvania, February 28, 1961; Indiana, March 3, 1961; North Dakota, March 3, 1961; Tennessee, March 6, 1961; Michigan, March 8, 1961; Connecticut, March 9, 1961; Arizona, March 10, 1961; Illinois, March 14, 1961; Nebraska, March 15, 1961; Vermont, March 15, 1961; Iowa, March 16, 1961; Missouri, March 20, 1961; Oklahoma, March 21, 1961; Rhode Island, March 22, 1961; Kansas, March 29, 1961; Ohio, March 29, 1961, and New Hampshire, March 30, 1961.

SECTION. 1. The District constituting the seat of Government of the United States shall appoint in such manner as the Congress may direct:

A number of electors of President and Vice President equal to the whole number of Senators and Representatives in Congress to which the District would be entitled if it were a State, but in no event more than the least populous State; they shall be in addition to those appointed by the States, but they shall be considered, for the purposes of the election of President and Vice President, to be electors appointed by a State; and they shall meet in the District and perform such duties as provided by the twelfth article of amendment.

SEC. 2. The Congress shall have power to enforce this article by appropriate legislation.

AMENDMENT [XXIV.] [16]

16. The Twenty-fourth Amendment was proposed by Congress on September 14, 1962, having passed the House on August 27, 1962. *Cong. Rec.* (87th Cong., 2d Sess.) 17670 and having previously passed the Senate on March 27, 1962. *Id.*, 5105. It appears officially in 76 Stat. 1259. Ratification was completed on January 23, 1964, when the thirty-eighth State (South Dakota) approved the Amendment, there being then 50 States in the Union. On February 4, 1964, Bernard L. Boutin, Administrator of General Services, certified that it had been adopted by the requisite number of States. 25 *Fed. Reg.* 1717. President Lyndon B. Johnson signed this certificate.

Thirty-eight state legislatures ratified the Twenty-fourth Amendment on the following dates: Illinois, November 14, 1962; New Jersey, December 3, 1962; Oregon, January 25, 1963; Montana, January 28, 1963; West Virginia, February 1, 1963; New York, February 4, 1963; Maryland, February 6, 1963; California, February 7, 1963; Alaska, February 11, 1963; Rhode Island, February 14, 1963; Indiana, February 19, 1963; Michigan, February 20, 1963; Utah, February 20, 1963; Colorado, February 21, 1963; Minnesota, February 27, 1963; Ohio, February 27, 1963; New Mexico, March 5, 1963; Hawaii, March 6, 1963; North Dakota, March 7, 1963; Idaho, March 8, 1963; Washington, March 14, 1963; Vermont, March 15, 1963; Nevada, March 19, 1963; Connecticut, March 20, 1963; Tennessee, March 21, 1963; Pennsylvania, March 25, 1963; Wisconsin, March 26, 1963; Kansas, March 28, 1963; Massachusetts, March 28, 1963; Nebraska, April 4, 1963; Florida, April 18, 1963; Iowa, April 24, 1963; Delaware, May 1, 1963; Missouri, May 13, 1963; New Hampshire, June 16, 1963; Kentucky, June 27, 1963; Maine, January 16, 1964; South Dakota, January 23, 1964.

SECTION. 1. The right of citizens of the United States to vote in any primary or other election for President or Vice President, for electors for President or Vice President, or for Senator or Representative in Congress, shall not be denied or abridged by the United States or any State by reason of failure to pay any poll tax or other tax.

SECTION. 2. The Congress shall have power to enforce this article by appropriate legislation.

AMENDMENT [XXV.] [17]

17. This Amendment was proposed by the Eighty-ninth Congress by Senate Joint Resolution No. 1, which was approved by the Senate on February 19, 1965, and by the House of Representatives, in amended form, on April 13, 1965. The House of Representatives agreed to a Conference Report on June 30, 1965, and the Senate agreed to the Conference Report on July 6, 1965. It was declared by the Administrator of General Services, on February 23, 1967, to have been ratified.

This Amendment was ratified by the following States:

Nebraska, July 12, 1965; Wisconsin, July 13, 1965; Oklahoma, July 16, 1965; Massachusetts, August 9, 1965; Pennsylvania, August 18, 1965; Kentucky, September 15, 1965; Arizona, September 22, 1965; Michigan, October 5, 1965; Indiana, Octorber 20, 1965; California, October 21, 1965; Arkansas, November 4, 1965; New Jersey, November 29, 1965; Delaware, December 7, 1965; Utah, January 17, 1966; West Virginia, January 20, 1966; Maine, January 24, 1966; Rhode Island, January 28, 1966; Colorado, February 3, 1966; New Mexico, February 3, 1966; Kansas, February 8, 1966; Vermont, February 10, 1966; Alaska, February 18, 1966; Idaho, March 2, 1966; Hawaii, March 3, 1966; Virginia, March 8, 1966; Mississippi, March 10, 1966; New York, March 14, 1966; Maryland, March 23, 1966; Missouri, March 30, 1966; New Hampshire, June 13, 1966; Louisiana, July 5, 1966; Tennessee, January 12, 1967; Wyoming, January 25, 1967; Washington, January 26, 1967; Iowa, January 26, 1967; Oregon, February 2, 1967; Minnesota, February 10, 1967; Nevada, February 10, 1967; Connecticut, February 14, 1967; Montana, February 15, 1967; South Dakota, March 6, 1967; Ohio, March 7, 1967; Alabama, March 14, 1967; North Carolina, March 22, 1967; Illinois, March 22, 1967; Texas, April 25, 1967; Florida, May 25, 1967.

Publication of the certifying statement of the Administrator of General Services that the Amendment had become valid was made on February 25, 1967, F. R. Doc. 67 – 2208, 32 *Fed. Reg.* 3287.

SECTION. 1. In case of the removal of the President from office or of his death or resignation, the Vice President shall become President.

SECTION. 2. Whenever there is a vacancy in the office of the Vice President, the President shall nominate a Vice President who shall take office upon confirmation by a majority vote of both Houses of Congress.

SECTION. 3. Whenever the President transmits to the President pro tempore of the Senate and the Speaker of the House of Representatives his written declaration that he is unable to discharge the powers and duties of his office, and until he transmits to them a written declaration to the contrary, such powers and duties shall be discharged by the Vice President as Acting President.

SECTION. 4. Whenever the Vice President and a majority of either the principal officers of the executive departments or of such other body as Congress may by law provide, transmit to the President pro tempore of the Senate and the Speaker of the House of Representatives their written declaration that the President is unable to discharge the powers and duties of his office, the Vice President shall immediately assume the powers and duties of the office as Acting President.

Thereafter, when the President transmits to the President pro tempore of the Senate and the Speaker of the House of Representatives his written declaration that no inability exists, he shall resume the powers and duties of his office unless the Vice President and a majority of either the principal officers of the executive department or of such other body as Congress may by law provide, transmit within four days to the President pro tempore of the Senate and the Speaker of the House of Representatives their written declaration that the President is unable to discharge the powers and duties of his office. Thereupon Congress shall decide the issue, assembling within forty-eight hours for that purpose if not in session. If the Congress, within twenty-one days after receipt of the latter written declaration, or, if Congress is not in session, within twenty-one days after Congress is required to assemble, determines by two-thirds vote of both Houses that the President is unable to discharge the powers and duties of his office, the Vice President shall continue to discharge the same as Acting President; otherwise, the President shall resume the powers and duties of his office.

AMENDMENT [XXVI.] [18]

18. The Twenty-sixth Amendment was proposed by Congress on March 23, 1971, upon passage by the House of Representatives, the Senate having previously passed an identical resolution on March 10, 1971. It appears officially in 85 Stat. 825. Ratification was completed on July 1, 1971, when action by the legislature of the 38th State, North Carolina, was concluded, and the Administrator of the General Services Administration officially certified it to have been duly ratified on July 5, 1971. 36 *Fed. Reg.* 12725.

By 1987 42 States had ratified this Amendment:

Connecticut, March 23, 1971; Delaware, March 23, 1971; Minnesota, March 23, 1971; Tennessee, March 23, 1971; Washington, March 23, 1971; Hawaii, March 24, 1971; Massachusetts, March 24, 1971; Montana, March 29, 1971; Arkansas, March 30, 1971; Idaho, March 30, 1971; Iowa, March 30, 1971; Nebraska, April 2, 1971; New Jersey, April 3, 1971; Kansas, April 7, 1971; Michigan, April 7, 1971; Alaska, April 8, 1971; Maryland, April 8, 1971; Indiana, April 8, 1971; Maine, April 9, 1971; Vermont, April 16, 1971; Louisiana, April 17, 1971; California, April 19, 1971; Colorado, April 27, 1971; Pennsylvania, April 27, 1971; Texas, April 27, 1971; South Carolina, April 28, 1971; West Virginia, April 28, 1971; New Hampshire, May 13, 1971; Arizona, May 14, 1971; Rhode Island, May 27, 1971; New York, June 2, 1971; Oregon, June 4, 1971; Missouri, June 14, 1971; Wisconsin, June 22, 1971; Illinois, June 29, 1971; Alabama, June 30, 1971; Ohio, June 30, 1971; North Carolina, July 1, 1971; Oklahoma, July 1, 1971; Virginia, July 8, 1971; Wyoming, July 8, 1971; Georgia, October 4, 1971.

SECTION. 1. The right of citizens of the United States, who are eighteen years of age or older, to vote shall not be denied or abridged by the United States or by any State on account of age.

SECTION. 2. The Congress shall have power to enforce this article by appropriate legislation.

AMENDMENT [XXVII.] [19]

19. The Twenty-seventh Amendment is a constitutional oddity, proposed as the

second of twelve articles in the original Bill of Rights in 1789 and ratified by three-quarters of the states 203 years later in 1992. It says that no pay raise for members of Congress may take effect until after "an election of Representatives shall have intervened", meaning that members of Congress may not vote themselves raises but may only raise the salaries of representatives and senators in the succeeding Congress. Ten of the twelve articles were ratified on December 5, 1791. But through the 1790s, only six states ratified the congressional pay raise amendment—Delaware, Maryland, North and South Carolina, Vermont, and Virginia. Not until 1873 did another state, Ohio, ratify it. Wyoming chimed in 105 years later, in 1978. Then, as dissatisfaction against Congress mounted in the 1980s, more and more states climbed aboard the bandwagon. By May 1992 thirty-four states had ratified. During the first week in May four more states ratified. Michigan was the last, bringing the total to the requisite thirty-eight states. New Jersey ratified the amendment hours after Michigan; Illinois, a few days later. In mid-May the archivist of the United States, Don W. Wilson, certified that the amendment had finally been made part of the Constitution as of May 7, 1992.

No law, varying the compensation for the services of the Senators and Representatives, shall take effect, until an election of Representatives shall have intervened.

Constitutions of Clarendon 〈英〉克拉伦登宪章 1164年，由在克拉伦登召开的一次大诸会会议中提出，经英王亨利二世批准而颁布的旨在限制教会特权和宗教法庭权力的法律。以贝克特[Becket]为首的主教们郑重承诺遵守这一法律。该法律的主要内容是：教士如被指控有罪，应由世俗法院[civil courts]审理；国王的法官审理教职人员与非教职人员[layman]之间有关土地的纠纷；大主教只能向国王提出申诉；教职人员应服从国王的召唤等。这一法律规定了调整国王与教会关系的原则。

Constitutions of Melfi（1217） 梅尔菲宪章 1217年由弗雷德里克二世皇帝颁布的中世纪西欧地区的第一部重要法典，试图将流行于西西里王国的拜占廷和伊斯兰的封建惯例编纂成法典。

Constitutions of the Forest 〈英〉森林宪章（⇨Charta de Foresta）

Constitutio Tanta circa 《学说汇纂》生效令 公元533年12月16日罗马皇帝优士丁尼[Justinian]发布的赋予《学说汇纂》[Digest]以法律效力的命令，使其自同年12月30日起生效。

constitutor 〈拉〉（罗马法）担保人；保证人 依约对他人之债务承担履行责任的人。

constitutum 〈拉〉（罗马法）❶还债契约 指同意偿还自己或他人现有债务的协议，此非债务更新，债权人仍可向原债务人追索。❷指定还款日期

constitutum debiti alieni 〈拉〉（罗马法）同意代他人偿还债务的协议

constitutum debiti proprii 〈拉〉（罗马法）同意偿还自己的债务的协议

Constitutum esse eam domum unicuique nostrum debere existimari, ubi quisque sedes et tabulas haberet, suarumque rerum constitutionem fecisset. 〈拉〉所谓我们每个人的家应是指他居住和安放账册的住所，也可能是他从事生产经营活动的场所。

constitutum possessorium 〈拉〉（确定）占有权协议 拟制交付[constructive delivery]的一种，据此协议，转让人仍直接占有财产而将间接占有权[mediate possession]让与受让人。例如在涉及担保权益时，质物仍可以由债务人以债权人的受托人[bailee]身份继续占有。（⇨attornment; traditio brevi manu）

constraint n. 拘束；强制；强迫；约束

construct v. ❶建造；建筑；构筑 ❷创立；构想（⇨construction）

constructed value （海关法）推定价值 指关于货物的原材料、费用、利润及包装价值的推算。

Constructio legis non facit injuriam. 〈拉〉法律解释不得造成伤害。 法律不能作出对一方当事人有害的解释。

construction n. ❶建造；建筑；建设；建筑物；建筑方法；工程 ❷解释 指对法律、条例、判决、遗嘱等法律文书或口头协议就其用语复杂、含糊不清或适用有争议的部分进行恰当解释，以确定其含义和目的。依据解释的尺度，可分为严格解释[strict construction]和自由解释[liberal construction]。前者又称字面解释[literal construction]，指严格按其字面的一般含义作狭义解释；后者称公正解释或衡平法上的解释[equitable construction]、广义解释[broad interpretation]或不严密的解释[loose construction]，指在符合立法精神的前提下，对法律的内容进行扩大解释。（⇨broad interpretation; comparative interpretation; contemporaneous construction; construe; four corners rule; interpretation; last antecedent rule; literal construction; statutory construction; strict construction）

construction contract 建设工程合同 房屋和其他建筑物的建造合同，其中设计图纸和资料是合同组成部分，建设承包人应按此建造并应具有资质证书，一般合同双方可互相提供履约和付款担保，以保护业主和承包人、分包人的利益。

construction interest 建设利息 指为支付市政改造的费用而发行特种税债券[special assessment warrants]的应支付利息估算额。包括从债券出售日起至特种税到期应收日之前的利息支付，这笔费用计入改造项目的成本中，同时也包括在特种税债券的发售总额中。

construction lien 建设工程留置（权） 根据法律规定，不动产的修缮人在提供劳力等服务或供应原材料等物资后而未获报酬及有关款项时，有留置该不动产的权利，又称技工留置权[mechanics' lien]。

construction loan 建筑贷款 房屋建造的短期周转性贷款，以建成的房屋为抵押物，从抵押贷款中分期支付工程款。（⇨bridge loan）

construction mortgage （房屋）建筑抵押 房屋建筑融资中的一种抵押。

construction of law 法律推定 一条确定的原则，对当事人的某些行为或言论，不论其意图如何，均会导致特定法律后果，有时即指推断[implication]。

construction of will 遗嘱的解释 当遗嘱人的真实意图有争议时，对遗嘱的内容和适用的法律作出的解释。该职责一般由遗嘱检验法庭[probate court]行使。

construction warranty 建筑物担保 新房出售者或建筑承包商担保所提供的新建房屋符合约定目的，即不存在房屋结构、水电工程等方面的缺陷。美国多数州都通过立法向购房者提供此类担保的法律保护。

construction work 建筑工作 指建造房屋、桥梁、管道、修缮港口、开凿隧道、公路的建设和养护等工作，在劳工赔偿法[workmen's compensation acts]中，特指一种职业，包括新建、重建和对已建成建筑物的修缮加固工作。

constructive a. ❶积极的 ❷建设性的 ❸推定的；推断的；法律归责的 指虽不一定是事实，但应承担法律后果。法庭出于公平考虑，常作此推定性认定。

constructive acceptance 推定接受 构成默示的财产寄托人与被寄托人[bailor and bailee]关系的要素之一。当某人偶然发现和占有他人财物时，或当顾客或病人将其

衣物遗留在商店、办公室或其他经营场所时,即产生推定接受,成立寄托代管关系。

constructive admission 推定认可 在美国,指根据联邦法规应予支持的认可申请,当一方提出申请而另一方未予答复或答复错误时,法律推定已予认可。

constructive adverse possession 推定对立占有;推定相反占有 指无法律依据占有他人不动产并通过时效取得所有权的一种方式,包括依据某些法律,虽未实际占有,但假托所有人名义纳税,从而取得推定的对立占有。

constructive annexation 推定建筑附着物 尚未安装的门、壁炉台、门窗外框及屋柱等动产,按照其不动产附着物特征,推定其为已安装在不动产上。

constructive assent 推定同意 指法律根据当事人行为的意向推定其已同意,区别于当事人的明示同意。

constructive assignment 推定转让 指优先或欺诈性转让财产的行为通过法律转化成有利于债权人的转让。

constructive attachment 推定扣押财产 一种不采用查封或搬移方式扣押私人财产的作法。

constructive authority 推定权限;推定代理权 根据先前的授权而推定享有的代理权。

constructive bailment 推定寄托 当法律规定某一动产的占有人有义务将该动产返还给其所有人时,则产生一种寄托关系,从而形成一种非自愿寄托〔involuntary bailment〕。(⇨constructive acceptance)

constructive breach 推定违约 指有合同履行义务之一方当事人,在合同履行日到来之前,以某种行为或声明表示其将不履行合同义务。它构成预期违约。(⇨anticipatory breach of contract)

constructive breaking into a house 推定破门入户 当夜盗者通过威胁、欺诈等手段进入他人住宅时,则法律推定其"破门入户"。

constructive condition 推定条件 指合同虽未明示或默示规定,但法律为保证合同公正所规定的条件,如当事人间的相互协作义务即属法律推定的条件。

constructive contempt 推定的藐视法庭行为 常指间接的藐视法庭行为,即不是在法庭上,而是在距法庭一定距离之外发生的,以不遵守或抗拒法庭传票、恐吓证人或对正在审理的案件作虚假报告等方式藐视法庭的行为。

constructive contract 推定的合同;准合同 不是依据当事人的意思表示,而是为避免不公正从而按照法律成立的合同。又称准合同〔quasi contract〕或法律上的默示合同〔implied contract in law〕,以区别于事实上的默示合同〔contract implied in fact〕,在后一种合同中,当事人是用行为而不是语言文字为订立合同的意思表示,是真正的合同;而法律上的默示合同是法律为公正起见规定的一种义务,并不考虑当事人是否用言词或行为作出同意的表示。

constructive conversion 推定侵占财产 指对他人财产所采取的行为在法律上等同于将该财产占为己有。(⇨equitable conversion)

constructive custody 推定监管 指被监管人(如被假释者、被宣告缓刑者)的人身自由受到执法机关的控制,但其人身并不受到直接管制。

constructive delivery 推定交付;拟制交付 指由于实际交付困难或不可能实际交付等原因,只是象征性地将财产的所有权交付受让人。推定交付为法律所认可,如提单或仓单的交付相当于货物交付,交付保险箱的钥匙推定为交付了保险箱。(⇨attornment; constitutum possesso-

rium; traditio brevi manu; delivery)

constructive desertion 推定遗弃 配偶一方由于行为不端迫使另一方离开住所,前者的行为被推定为遗弃行为。

constructive discharge 推定解雇 指雇主故意恶化雇员的劳动条件,迫使雇员不自愿地辞职的情况。

constructive dividend 推定红利 指股东从公司获得的虽不是董事会明确发放的红利但仍应纳税的收益,如取得的高额补偿、超额的租金收入、廉价购买公司财产等,推定红利一般是股份不公开发行的公司中的问题。

constructive escape 推定脱逃 指正在服刑的罪犯虽仍处于监禁状态,但获得了超出法律所容许的自由。

constructive eviction 推定收回租地或房屋;推定被剥夺所租土地或房屋的占有权 指出租人并不实际剥夺承租人对租赁物的占有权,但通过自己的一定行为使租赁物不适于租用,使承租人无法实现租赁的目的,如果承租人选择放弃占有权,则构成推定的收回租地或房屋,或推定的剥夺承租人的占有权,例如承租人因为缺水、缺供暖而搬离租赁房屋时,即是推定被收回了承租的房屋。这种行为通常违反了所有权担保〔covenant of warranty〕和平静享用权〔quiet enjoyment〕。

constructive filing 〈美〉推定的归档备案 向有关机构提交文件归档备案时,如能接收文件的仅一人,而此人并非指定收件人时,应视为推定的归档备案。

constructive flight 〈美〉推定的外逃 一种假设,指推定某人在本州犯罪并逃亡他州,从而要求按逃犯将其遣返本州。

constructive force 推定的暴力 暴力是构成抢劫罪的要素,暴力可以是实际实施或推定的,推定的暴力是通过威胁、恐吓性语言或动作使受害人因恐惧而不敢反抗或失去意志自由,而实际暴力则直接作用于受害人的人身。

constructive fraud 推定欺诈 指虽非有意欺诈,但其实际结果和法律后果都与实际欺诈相同。衡平法认为,这种违反诚信原则利用法律获得的利益是不公正的,属推定的欺诈行为,包括作为、不作为和掩盖事实真相。

constructive intent 推定的意图 指应该预见到行为会发生某种后果,有意或任意作出此行为导致伤害他人,法律推定其具有伤害意图。

constructive knowledge 推定知道;应当知道 指对于某人以合理的注意〔reasonable care〕即能了解的事实,法律推定其应该且已经了解该事实,不论其事实上是否知情。(⇨constructive notice)

constructive larceny 推定偷盗罪 指被告人拿走他人财产时所怀有的偷盗意图是根据其行为推断出来的,尽管该行为的犯罪性质起初并不明显。

constructive levy ❶不动产的书面扣押 指执行官员对不动产实施的书面扣押,并未实际查封该不动产。❷推定扣押行为 指执行官员持有扣押或执行被告财产的令状的行为,假设没有该令状,被告可使执行官员承担非法侵入他人不动产的责任。

constructive loss (保险法)推定灭失 指财产遭受损害,或虽未完全损坏,但对被保险人已失去价值或恢复原状的费用将超过财产本身价值时,应推定为财产灭失。(⇨constructive total loss)

constructively received 推定收入 为计缴个人所得税,对股东虽未实际收到但应其要求公司无条件确定支付的股利,应作为推定股利收入。

constructive malice 推定恶意;默示恶意 根据当事人实施的罪恶行为所推定其具有的恶意。

constructive mortgage 推定抵押 指形式上为不动产转让契据,而实际上是作为债务担保的不动产抵押。

constructive murder 推定谋杀罪(⇨felony murder)

constructive notice 推定告知;推定知道 指法律认定对某一事由已给予足够关注,可以取代事实上的告知,即视同已经告知。例如,对于一个登记在案的产权契据,无论第二个买方事实上是否知悉,应推定为已被告知。

constructive ownership 推定所有权(⇨attribution)

constructive payment 推定支付;视同支付 指收款人有权要求付款人支付,而付款人已承担支付但还未实际支付的情况。如用于付款的支票已邮寄出而收款人尚未兑现,即属视同支付。

constructive placement of cars 推定的车辆安排使用 在因托运人或收货人的原因致使承运人的车辆未能实际使用时,推定这些车辆已交付使用。根据承运规则,必须有规定的起算时间,以便计算车辆的滞期费[demurrage]。

constructive possession 推定占有 指某人虽未实际占有而有权并有意图控制某物时,称作对该物的推定占有,也称法定占有[legal possession]、法律上的占有[possession in law],以区别于事实上的占有。对于未开垦和未圈围的土地以产权人名义缴纳税收,可视为推定占有或推定的对立占有。

constructive presence 推定在场;视为在场 刑法上的一种假设,指犯罪行为发生时某人虽不在现场,但因其指使他人实施犯罪,应视为在场。故意离开犯罪现场,以促使犯罪的实施者,在法律上仍应视为推定的在场主犯。

constructive-receipt doctrine 推定收入原则 指纳税人的总收入中尚未实际收到的部分,如未提取的利息,必须包括在总收入中以计算应征税额,除非其实际收入确实受到相当限制。

constructive reduction to practice (专利法)推定付诸实际 指就某一发明设计提出专利申请。(⇨reduction to practice)

constructive repeal 推定废除(法令)(⇨implied repeal)

constructive seisin 推定的土地占有 指法律上占有而非实际占有,如政府授予某人土地所有权证,而实际该地还被他人占有。

constructive seizure 推定的扣押(⇨constructive levy)

constructive service doctrine 视同服务原则;推定服务原则 ①在劳工法中指雇员被非法解雇后,如仍希望并准备好从事原来的工作,在法律上将被视为实际从事着该工作,即准备服务视同实际服务;②父亲有权接受其未成年的未婚女儿的服务,这就足以使父亲在女儿遭到诱奸后为其提供诉讼服务,尽管她实际上并没有向父亲提供过服务。

constructive service of process 推定的传票送达 指并非实际送达,而是通过邮寄、公告等方式进行的送达。在美国,有的司法区将把传票留在受送达人的常住地视为推定送达,也有的司法区认为这是直接送达。

constructive taking 视为取得;推定取得 指行为尚未构成侵占他人财物,但有占为己有的企图,如财物的受托人违背所有人的指示行事,即为推定取得;也指以欺诈或欺骗手段取得财物。(⇨inverse condemnation)

constructive total loss (保险法)推定全损 指被保险财产虽未完全灭失毁损,但已不能修复,完全丧失使用价值,被保险人已不能从中获益,应推定为财产全损并获得全部赔偿。

constructive transfer 推定转让 指非由财产所有人,而是由他人根据所有人的指示对该财物进行的转让。

constructive treason 〈英〉推定叛国 一种学说,认定合谋实施可能危害国王生命的行为就是公开图谋杀害国王的叛国行为。该学说导致 1795 年英国通过了《叛国罪法》[Treason Act]。由于推定叛国试图凭借旁证[circumstantiality]而不是严格依照法律来定罪,因此对公共自由[public freedom]极为有害。

constructive trust 推定信托 指法律根据当事人的某些行为以及衡平原则而推定产生的信托关系,以阻止不法行为人从其不法获得的财产上不当得利。如违反他人意愿或滥用其信任,以实际或推定的欺诈、胁迫或各种违法、不公正、阴谋、隐瞒手段获得在公平和诚信情况下本不应该获得并享有的权利。法律推定此类行为违反信托关系。

constructive trust ex delicto 由侵权引起的推定信托 指受托人违背职责,获取他人财产或提出权利要求,法律推定该财产为信托财产。

constructive willfulness 推定的故意 指明知对他人安全负有必要责任而有意放任不管,以及完全不关注他人的人身和财产安全,对后果漠不关心。

construe v. ❶结合 ❷分析或解释(文件、法令、规章和法院裁决等) ❸通过句法分析解释文句的意义

constuprate v. (古)❶强奸;奸污 ❷强夺;强掳

consuetudinarius 〈拉〉(教会法)(英格兰古法)礼仪书;仪规纪录 内容包括教会和修道院的宗教仪式、习俗、传统仪式。

consuetudinary law 不成文法;惯例法

consuetudines (英格兰古法)习惯;惯例

Consuetudines Cantiae(the Customs of Kent) 〈英〉《肯特郡习惯法》 爱德华一世所确认的一部法规,归在《王国法规集》[Statutes of the Realm]中《历代法典》[Statutes of Uncertain Date]项下,主要内容为关于土地继承和无主财产事项的习惯法。

Consuetudines et Assise de Foresta(the Customs and Assize of the Forest) 〈英〉《森林惯例及法规》 包括在《王国法规集》[Statutes of the Realm]中《历代法典》[Statutes of Uncertain Date]项下的一部法规。

Consuetudines Feudales (= Books of the Feus)

consuetudines feudorum 〈拉〉《封建惯例》 公元 1170 年对伦巴第[Lombardy]地区封建法律的编纂,在中世纪西欧封建法律中具有极高的权威。

consuetudinibus et serviciis 〈拉〉(英格兰古法)针对不交地租或拒服劳役的佃户所发的权利令状(⇨de consuetudinibus et servitiis)

consuetudo 〈拉〉❶(罗马法)习惯;惯例 ❷(古)习惯法 ❸(古)税收;税

consuetudo anglicana 〈拉〉英格兰惯例;英格兰普通法 区别于罗马法。

Consuetudo contra rationem introducta, potius usurpatio quam consuetudo appellari debet. 〈拉〉适用不合理的"惯例",与其说是"惯例",不如称之为"侵权"。

consuetudo curiae 〈拉〉法庭惯例

Consuetudo debet esse certa; nam incerta pro nulla habetur. 〈拉〉惯例应当是确定的,不确定的惯例应视为无效。

Consuetudo est altera lex. 〈拉〉惯例是另一种法律。

Consuetudo est optimus interpres legum. 〈拉〉惯例是法律的最好阐释。

Consuetudo et communis assuetudo vincit legem non scriptam, si sit specialis; et interpretatur legem scriptam, si lex sit generalis. 〈拉〉就特殊的不成文法律而言，惯例和习惯优于不成文法；就内容概括的成文法而言，惯例和习惯解释成文法。

Consuetudo ex certa causa rationabili usitata privat communem legem. 〈拉〉建立在合理基础之上的惯例和习惯优于普通法。

Consuetudo licet sit magnae auctoritatis, nunquam tamen, praejudicat manifestae veritati. 〈拉〉即使是极具权威的惯例也绝不能对明显的事实抱有偏见。

Consuetudo loci observanda est. 〈拉〉当地的习惯和惯例应予遵守。

Consuetudo manerii et loci observanda est. 〈拉〉采邑和当地的习惯和惯例应予遵守。

consuetudo mercatorum 〈拉〉商人习惯；商业惯例（=lex mercatoria）

Consuetudo neque injuriâ oriri neque tolli potest. 〈拉〉惯例既不能因违法行为而产生，也不能因违法行为而消灭。

Consuetudo non trahitur in consequentiam. 〈拉〉惯例和习惯不能作因果推断。

Consuetudo praescripta et legitima vincit legem. 〈拉〉约定俗成并且合法的惯例优于法律。

Consuetudo regni angliae est lex angliae. 〈拉〉英格兰王国的惯例即英国的法律。

Consuetudo semel reprobata non potest amplius induci. 〈拉〉惯例一旦被否定将不能再援用。

Consuetudo tollit communem legem. 〈拉〉惯例和习惯替代了普通法。

Consuetudo vincit communem legem. 〈拉〉惯例和习惯否定了普通法。

Consuetudo volentes ducit, lex nolentes trahit. 〈拉〉惯例引导自愿行为，法律则强制实施非自愿行为。

consul n. ❶（国际法）领事 指一国根据协议派驻他国某城市或地区的代表，一般可分为：总领事[consul general]、领事[consul]、副领事[vice consul]和领事代理人[consul agent]，除职业领事外，还可设名誉领事。领事的职责包括在驻在国保护本国及其公民的合法权益；增进本国与驻在国间的商业、经济、文化科学交往和友好关系；办理护照、签证、公证、认证；协助和管理本国侨民、船舶和航空器，以合法手段了解驻在国的情况。领事不享有外交代表的身份和特权，但领事人员人身不受侵犯，不受当地的司法管辖，馆舍不受侵犯，馆舍及领事人员皆享受免税待遇。❷（英格兰古法）伯爵的称号 ❸（罗马法）执政官 指罗马共和制时期每年选出的两名执政官，拥有最高执政权力。罗马帝国成立后，执政官职位仍予保留，但其权力已缩小成挂名职务，由皇帝任命或由皇帝兼任。

consular agent 领事代理人 其职责同领事相似，但权限更受限制。

consular courts 领事法庭 由派遣国领事根据条约在驻在国审理本国公民民事案件的法庭；在某些情形下，亦可审理刑事案件，但须经派遣国法院复核。美国最后一个领事法庭（摩洛哥）于1956年被撤消。

consular invoice 领事发票 在国际贸易中，由货物进口国驻出口国领事签发的一种公务发票，以证明装运货物的数量、价格等正确无误，便利货物抵达时办理进口手续。该国领事在出口商的商业发票上予以签署证明的，称之为领事签证[consular visa]。

consular jurisdiction 领事裁判权；领事管辖权 指领事在驻在的外国领域内行使司法职能的权力，如为其所代表的国家的公民主持婚礼。

consular law 领事法 有关领事的法律，由惯例和众多双边领事协议发展而成。

consular marriage （美）领事主持的婚礼 由美国领事或外交代表在外国主持的婚礼，在一些地区被认定为有效婚姻。

consular officer 领事人员 指总领事、领事、商务代表、代理领事、副领事、商务副代表及领事代理人。

consular relations （国际法）领事关系 由派出国领事在接受国境内行使领事职务所积聚的两国领事关系。

consulate n. 领事馆；领事职位；领事任期

consul general 总领事 最高级别的领事。

consult v. ❶（向律师、医生）咨询；请教；向…征求意见 ❷商讨；商议 ❸会诊

consult account trust 附咨询条件的信托 指处理信托财产时应先征得特定或专业人士的咨询意见或同意，主要是为防止受托人不诚实或没有能力就信托财产的投资或分配作出正确决策。如父母中的一方设立以其子女为受益人的信托财产，并委任另一方为受托人时，可要求受托人在将信托财产投资于不动产或证券之前进行专业咨询。

consulta ecclesia 〈拉〉（教会法）完备的或指定的教堂

consultary response 法庭意见 法庭对特定案件的意见。

consultation n. ❶咨询；商量 向律师等他人征求意见。❷协商会；评议会 ❸会诊 ❹（国际法）（国家间为预防或解决纠纷的）协商方式

consultation with physician ❶就医 个人就某种疾病向医生请求诊断治疗或开处方。❷（保险法）就医的情况 在人寿保险的投保单中，要求投保人披露有关自己无论大病小病的就医情况。

consultative opinion （法院的）咨询性意见 指法院应政府机构或官员的要求提供的法律意见，不涉及具体案件或争议。（▷advisory opinion）

consulto 〈拉〉（罗马法）故意地；蓄意地；有明确目的地

consumable n. 消费品；消耗品 指在使用过程中其物质必然发生改变或消耗的物品，如食品。

consumer n. 消费者 ①购买商品或服务供个人或家庭需要和使用，并无再出售等商业目的的自然人；②消费品的购买者和最终使用者，以转卖为目的者除外，但包括消费品在其默示或书面担保（或服务合同）有效期内的受让人或其他适用该商品担保条款（或服务合同）的使用者或有关法律规定商品担保人或服务合同应对之负责的使用者。

consumer advocate 消费者权益代言人 指被授权以消费者身份或代理消费者参与有关的司法、行政及立法活动的人。

consumer boycott 消费者联合抵制 消费者以此表示对制造商、销售商或服务提供者的不满。例如，联合拒绝购买某种商品以抗议该商品的过高售价；由于制造商的攻击性行为或其它类似情况拒绝与某一行业交易。

consumer-contemplation test 消费预期测试 一种测试方法，如果有证据表明一产品的危险大于通情达理的消费者所设定的预期，则其制造商应承担产品责任。

consumer cooperative 消费合作社 指消费者为了能购

得价格合理、质量好的纺织品、服装、食品、杂货等日用商品而组成的合作社[cooperative association]，一般通过开办并经营商店来实现。

consumer credit 〈英〉**消费信贷；消费者信贷** 为使不能或不愿立即付款的个人能购买商品或服务而发放的短期和中期贷款，包括金钱借贷、典押、赊销、小额贷款、租购、邮购和分期付款等。在英国，对这类交易的法律调整是从19世纪后期以一种相当偶然的方式发展起来的。1974年《消费者信贷法》[Consumer Credit Act]则在很大程度上使之合理化了。

Consumer Credit Code 〈美〉**消费信贷法典** 由美国若干州统一适用的一部法典，其宗旨与美国联邦《消费信贷保护法》[Consumer Credit Protection Act]相同。(⇨Uniform Consumer Credit Code)

consumer credit counseling service 消费信用咨询服务

Consumer Credit Protection Act 〈美〉**消费者信贷保护法** 也称《真实贷款法》[Truth-in-Lending Acts，简称TILA]，联邦和州制定法，要求①完全披露贷款协议的条款，包括融资费用；②限制扣押消费者的工资；③规范信用卡的使用方式。(⇨annual percentage rate; Equal Credit Opportunity Act; Fair Credit Billing Act; Fair Credit Reporting Acts; Fair Debt Collection Practices Act; Truth-in-Lending Act; Uniform Consumer Credit Code)

consumer credit sale 消费者信贷买卖；赊销 指由卖方提供或安排消费信贷的任何买卖交易。包括以财物寄托或租赁形式成立的合同，只要受托人或承租人承诺支付与商品或服务价值基本相当或略高的款项，并在实际完全履行了合同义务后，就成为该财产的所有人。

consumer credit transaction 消费者信贷交易 指个人通过贷款购买消费商品、服务或农用品的交易，此类交易一般应遵守有关保护消费者权益的法规。

consumer debt 消费债务 主要因个人或家庭消费所欠的债务。

consumer expectation test (= consumer-contemplation test)

consumer finance company 消费金融公司 向个人发放消费贷款或小额贷款的非银行金融公司。

consumer goods 消费品；生活资料 主要供个人或家庭使用或购买的商品，而不是用于转售或生产其他商品之目的，区别于生产资料[capital goods]。(⇨consumer product)

consumer-goods transaction 消费品交易 一种担保交易[secured transaction]，体现在①消费者因个人或家庭用途而负有债务；②消费品上存在担保权益，为该债务的清偿提供了担保。

consumer hire 〈英〉消费租用 指以一定期限租用中等价值商品，在英国受1974年《消费者信贷法》[Consumer Credit Act]的调整。

consumer law 消费品法；消费者法 关于消费品交易的法律领域，指有关消费者为个人与家庭用途而获得信贷、货物、不动产或服务等方面的法律规范。

consumer lease 消费租赁 消费品的租赁，也可适用于住宅租赁，相对于商业租赁[commercial lease]。美国《统一商法典》[U.C.C.]将其定义为从事正规租赁及出售业务的出租人与承租人(非组织)，主要为个人或家庭使用目的建立的租赁关系。美国《联邦消费租赁法》[Federal Consumer Leasing Act]对消费租赁合同的条款披露作了规定，该法现已并入《联邦真实贷款法》[Federal Truth in Lending Act]。

consumer loan 消费贷款 为个人购买消费商品或货物之目的而向其提供的一种短期贷款，消费贷款的利率通常高于商业性贷款的利率。(⇨consumer credit)

Consumer Price Index/CPI 〈美〉消费价格指数 美国劳动统计局[Bureau of Labour Statistics]每月计算发布的追踪普通消费者购买商品及服务的价格指数，被广泛用于衡量维持一定生活水平所需费用的变化。(⇨cost of living clause; producer price index)

consumer product 消费品 指商品领域中，通常用于个人或家庭生活需要的有形动产，包括任何可以附属、安装于不动产之上的物品。

Consumer Product Safety Commission 〈美〉消费品安全委员会 负责执行《消费品安全保障法》[Consumer Product Safety Act]的联邦独立管理机构，其主要职责包括：就消费品安全标准进行广泛研究，制定强制性产品安全标准，减少产品对消费者造成不合理的伤害，有权检查、查封、禁止销售并责成回收有危险的消费品，广泛收集消费者和生产者的信息，举办消费安全教育节目，并设立完善的产品伤害信息交换所。

Consumer Protection Advisory Committee 〈英〉消费者权益保护咨询委员会 根据1973年《公平交易法》[Fair Trading Act]设立的机构，其职能是根据政府大臣、部长或公平交易总监[Director General of Fair Trading]的要求，考察消费品交易有否损害英国消费者的经济利益。

consumer protection law 消费者保护法；消费者权益保护法 旨在保护消费者在购买和使用消费品中不受不公正交易、不公正信贷和不受假冒伪劣、有危险性商品以及虚假广告宣传等损害的法律。在英国，此类法律有：1968年和1972年《交易说明法》[Trade Description Acts]、1971年《消费者保护法》[Consumer Protection Act]、1973年《货物供应(默示条款)法》[Supply of Goods (Implied Terms) Act]、1973年《公平交易法》[Fair Trading Act]、1974年《消费者信贷法》[Consumer Credit Act]等。在美国，保护消费者权益的主要法律为《联邦贸易委员会法》[Federal Trade Commission Act]和各州的相关法律，这些法律均禁止"不公正和欺诈性贸易行为"。

consumer report 消费品报告 政府或私人机构发表的有关产品质量、属性和所含危险性的报告。(⇨Fair Credit Reporting Acts)

consumer reporting agency 消费品报告机构 专职或兼职的收费或合作性非营利政府或私人机构，定期从事消费品信息的收集、评估和发布，其宗旨是将此类信息通过州际商业渠道，制作和提供给第三方商业界人士。此类机构的活动由联邦和州的有关法律调整。(⇨Fair Credit Reporting Acts)

consumer's cooperative 消费者合作社 指为免除中间商利润而直接购进消费品后转售给社员的合作组织。

consumer's councils 〈英〉消费者协会 国有化工业部门中设立的组织，其任务是从消费者角度向管理部门和有关部长提出有关产品问题的建议。

consumer transaction 消费品交易 指一方主要为个人或家庭需要获得财产或服务的交易。

consumer-transactions law 消费品交易法 (⇨consumer law)

consumer-user-contemplation test 消费使用者预期(接受程度)测验 (⇨consumer-contemplation test)

consummate v. 完成；作成；使圆满；使…达到顶点

a.完成的;完全的;圆满的;实现的 在普通法中尤指鳏夫在有子女情况下对亡妻遗产的享有权,即鳏夫产[curtesy]:在妻未死前,此享有权称初始鳏夫产[curtesy initiate],妻死亡后称完全鳏夫产[curtesy consummate]。

consummate dower 完全寡妇产;已成就的寡妇产(⇨dower;dower consummate)

consummate lien 完全留置权 请求重新审理的申请[motion for a new trial]被驳回后,原判的留置权称完全留置权,在此之前该留置权尚不完整。

consummation *n*.❶完成;完美 ❷(通过同房)完成婚姻关系

consummation of marriage 同房 在普通法中,通常指婚姻正式缔结后夫妻通过性交完成婚姻关系。但在有些法域,法律给予该术语更为广泛的涵义。

consummation of offense 犯罪既遂 指完成了犯罪构成所需要件的犯罪行为。

consumption *n*.❶消费;消耗 ❷耗尽;用尽

consumption tax 消费税 对出售的消费品及提供的服务所征收的税。

contagious disease 传染性疾病(⇨infectious disease)

containing *a*.包含的 关税法律中的一个术语,指进口物品中含有相当数量的某种物质。

containment *n*.(国际法)遏制 遏制敌对国家意识形态和领土扩张的政策,这是冷战时期美国的基本哲学。

contamination *n*.不纯的状态;污染 因与外界物质相接触或混合而受到污染的状态。

contango *n*.❶延期利息 经纪人出售其所持有的股票,并在未来数月内以相同价格将相同的股票买回并加付结算日前的利息以重新结算,该利率即为延期利息。❷延期交割费 经纪人将主顾的账户延迟到下一结算日的费用。❸期货溢价 期货价高于现货价的情形。

contek 〈拉〉竞争;争端;扰乱(平静)

contemn *v*.轻蔑;藐视

contemner *n*.犯藐视罪的人 如藐视法庭(罪),藐视立法机关(罪)。

contemnor (= contemner)

contemplate *v*.❶凝视;反复观察 ❷沉思;默想 ❸仔细考虑、估量 ❹打算;计划 (⇨consider;premeditation)

contemplated *a*.预期的;预料的

contemplated suicide (保险法)预谋自杀(行为) 该术语出现在人身保险合同诉讼案件中对于自杀的抗辩的有关法律规定里,指投保人在投保时已准备或决意自杀。

contemplation *n*.❶沉思;冥想 ❷反复思考 ❸打算;计划 ❹期待

contemplation of bankruptcy 破产意图 指企业由于无力继续经营而意图宣告破产,常伴有旨在违反破产程序规定的财产转移行为。

contemplation of death 死亡预期 指即将死亡的想法,不一定出于立即死亡的危险,而是作为将财产转让给他人的迫因原因。

contemplation of insolvency 破产意图(⇨contemplation of bankruptcy)

contemplation of parties rule 当事人预期原则 指在合同违约诉讼中,违约损害赔偿额应当公平合理地认定为相当于缔约时当事人对违约后果的预期。但对于侵权损害赔偿案件中,多数法院拒绝适用该原则。

contemporanea expositio 〈拉〉当时的解释 指在法律或惯例制定或起源时制定者所作的解释应是其最合适的含义,又当时或专业界人士长期公开认可的含义应推定为真实含义,尽管从文字的词源或通俗含义来看可能大相径庭。

Contemporanea expositio est optima et fortissima in lege. 〈拉〉当时的解释在法律上是最佳和最有力的解释。对一部法律最好的解释是生活在制定这部法律同时期或在此之后不久的法官对其作出的解释。

contemporaneous *a*.同时存在或发生的;同时期的;同时代的

contemporaneous and practical construction 当时的实际解释

contemporaneous construction 当时解释 文件准备的当时或准备后不久所作的解释,通常由一个或几个文件制定的参与者所作。

contemporaneous construction doctrine 当时解释原则 ①行政机关或下级法院对含意模糊的法律作出的最初解释,如已长期使用,则对此类解释应予特别尊重;②对于概念模糊的法律,应根据该法律制定时所处的情况和背景进行解释。

contemporaneously *ad*.同时发生地 在有关禁止对同时运输的货物采用歧视运费率的法规中,该词所表示的同时不必是同一天,同一小时或同一个月,而是指在一段时间内同一承运人对不同托运人按不同运费率计价。

contemporaneous objection rule 同时(提出的)异议原则 该原则要求在上诉程序中,在决定是否采纳某一证据时,如反对采纳,必须及时提出异议。

contemporaneous services 同时期的服务 该术语用于有关禁止承运人对同时运输的货物采用歧视性服务的法规中,它要求承运人对同时期承运的不同托运人的货物采用同一运费率。

contemporary community standards 当代的社会标准 指在判定所称的淫秽作品是否具有一定的文学、政治或科学价值时,恰当的调查对象不应是根据一般社会成员的反应,而是当时当地具有合理智力的人对此作出的全面判断。

contempt *n*.❶轻蔑;藐视 ❷藐视罪(⇨civil contempt; common-law contempt; contempt of Congress; contempt of court; direct contempt; criminal contempt)

contemptibiliter 〈拉〉❶蔑视地;傲慢地 ❷(英格兰古法)藐视;侮辱;轻视

contempt of Congress 〈美〉藐视国会(罪) 指故意阻碍国会行使职责和权力的行为,如证人拒绝回答国会所属委员会提出的问题。藐视国会属刑事犯罪。

contempt of court 藐视法庭(的行为或罪行) 指故意妨碍、阻止法庭执行司法职务或故意贬低、损害法庭或法官的权威和尊严的行为。根据远近因素,藐视法庭可分为直接和间接(或推定)两类,前者指在法庭内或在距法庭很近的地方发生的妨碍法庭正常审理的行为,如使用攻击性语言或暴力行为,此类行为可立即受到惩罚,也可称为"刑事"藐视法庭;后者指在法庭外发生的拒绝或破坏法庭执法的行为,主要是拒绝或不执行法院的命令或裁决。根据诉讼目的,藐视法庭还可分为民事和刑事两类。凡直接阻碍法庭审判行为或侵犯法庭尊严的藐视具有刑事性质,已构成犯罪,可被处以罚金或监禁;对于间接藐视法庭,即拒不执行法庭下达的对对方当事人有利的命令的行为,属民事性质,法庭可采取罚款或拘留当事人措施,强制其执行法庭命令。

contempt of Parliament 〈英〉藐视议会(罪) 指故意妨碍

或企图妨碍议会两院的正当程序,或妨碍议员行使职权,触犯议会特权的行为或不行为,或攻击性地诽谤议员,损害其名声的行为。议会有权惩处此类行为人,包括科以罚金;但对构成诽谤罪的,可移送刑事法院处理。

contempt power 惩罚藐视(法庭)行为的权力 对于藐视法庭裁决或命令的行为以及在法庭上或附近发生的任何藐视行为,法院有权予以惩处。(⇨contempt of Congress; contempt of court; sanction)

contempt proceeding 藐视法庭罪的诉讼程序 为确认某一行为是否构成藐视法庭罪并对之作出相应处理而进行的审理程序。这是一种特殊程序,不一定与引发藐视法庭的原有程序相联系或相关。

contenement ❶(古)封建佃户拥有的自由保有土地 尤指赖以维持生计的土地。该词是 contenementum 的英译。❷(基于拥有土地享有的社会)声誉、信用

contenementum 满足;满意(⇨contenement)

content-based restriction (宪法)基于(言论)内容的限制 指对某类言论内容的限制,此类限制仅限于言论涉及重要国家利益,其措施也限于实现上述目的。

contention n.(争论中的)论点;(诉讼中的)主张

contentious a. ❶有争议的;有分歧的 ❷争讼的 指诉讼中双方相互指控和答辩。❸爱争吵的;好斗的

contentious business 争议事项 另一方当事人提出反对和疑义的法律事项,尤针对遗嘱检验证书的取得问题。

contentious jurisdiction ❶法院对(双方)争议事项的管辖权 ❷〈英〉(教会法)(教会法院)对(当事人间有争议的)诉讼案件的管辖权

contentious possession 有争执的占有 根据时效取得所有权时,对土地的占有须是有争执的占有,即这种占有必须有对立主张者[rival claimant]与之对抗,该对抗并具有充分理由;或者这种占有可以成为诉讼标的[subject of litigation]。

contents and not contents 〈英〉赞成者与不赞成者 英国上议院用语,赞成者[contents]指上议院中赞成某一议案的议员,不赞成者[not or non-contents]为不赞成某一议案的议员。

contents of a chose in action 权利动产的内容 指通过诉讼可请求或强制实施的动产性权利。这类权利包括许多无形的权利,可通过法庭诉讼获得金钱支付和取得金钱赔偿等,此类权利不能实际占有,而只能通过诉讼来获得。

contents unknown 内容不明 货运提单上的用语,表明承运人不了解集装箱或其他包装物内的货物具体内容,承运人只能承认货物的表面状况良好,其意图在于限制承运人对货物损害的责任。

content-valid test 有效性内容测试 指对申请工作者的测试内容应与该工作所需技能具有密切联系。在歧视性雇用的诉讼案件中,常须分析此类测试能否充分反映聘人员所需技能,以确定测试内容的有效性。

conterminous a.邻接的;毗连的;有共同边界的

contest v. ❶(在诉讼中对相反主张)提出答辩;(对原告或检察官提起的案件进行)反驳;异议;争议;(在诉讼或其他程序中)防御;辩护 ❷竞争;争夺

contestable clause 可争议条款 保单条款之一,它设定一定的条件或期间,在此条件或期间内,保险人可提出异议或使保单无效。

contestatio litis 〈拉〉(罗马法)诉讼的争辩 指被告在诉讼中主张原告没有起诉的理由,被告以后对这一主张加以扩展,并在辩护中予以维护,由此导致司法调查。此用法也用于旧时英格兰法。

contestatio litis eget terminos contradictarios 〈拉〉争论需要对立的观点(或条件) 即争论必须有肯定的一方和否定的另一方。

contestation n.争议;争辩;争论

contestation of suit (教会法)诉讼的争辩 在教会法案件中,当被告提出诉讼主张[allegation]而对原告的起诉应诉答辩时,诉讼即进入争辩阶段。

contested a.反对的;异议的;争辩的;(通过法律程序)攻击的(⇨contest)

contested case 〈美〉有争议的案件 指遭到另一方或利害关系人反对的由法院或行政机关所进行的程序。在《行政程序法》[Administrative Procedure Act]中,该词包括但不限于税率制定、确定价格、发放执照等程序,在这些程序中宪法或是制定法要求一方的法律权利、义务或特权要在举行听证会后由一个机构来确定。

contested election 有争议的选举 只要对选举提出了正式的异议,选举就是有争议的;如果发现情况属实,将会宣布选举无效。不论异议是基于宪法或是制定法,这一点都是适用的。

contest of election 选举的争议(⇨contested election)

contest of land entry 进入公地的争议 指取消或禁止进入公共地的程序。

contest of life insurance policy 〈美〉人寿保险单的争议 指保险人、被保险人或其代表和受益人作为当事人提起的旨在取消保单或阻止保单执行的诉讼。

contest of will 遗嘱的争议 指意图使遗嘱检验归于无效的争议,包括拒绝检验和提起诉讼要求宣布检验无效。遗嘱的争议也可指对遗嘱本身效力的争议,例如,主张立遗嘱人在立遗嘱时欠缺行为能力或受到不正当影响[undue influence]。

context n.上下文;语境;文章的前后关系 在书面合同、遗嘱或制定法条文中,单词、分句的前后内容。它主要用于词句的解释,一般规则是只能从它周围的语言环境,即上下文中去解释,并给出与上下文相一致的意思。

contiguity n.毗连;连接 指与大块土地在合理性的程度上实质接触或连接,但"合理"与"不合理"的界线,须根据实际情况予以确定。在国际法上,可据此对毗连领土提出主权要求,但须以合法占有为基础,否则无效。

contiguous a.邻接的;毗连的;相邻的;毗邻的 该词与"附近"[vicinal]并非同义词,这里指双方在一点或一条边上相互实际接触形成的相邻。(⇨adjacent)

contiguous territory 毗连领土

contiguous zone 毗连区 在领海以外而又与领海毗连,由沿海国对特定事项行使有限的海关、财政、移民或卫生管制权的一带海域。

continencia 〈西〉(案件诉讼程序的)克制性或统一性

continens (罗马法)毗连;相连;邻近

Continental Congress 〈美〉大陆会议 美国第一个全国性的立法机构。它是由马萨诸塞提议并被其他各殖民地同意于1774年召开。除佐治亚外,其余各殖民地均参加了此次会议。会议部分代表由州立法会议选举,另一部分则由人民直接选举。会议的权力并不明确,但它就民众幸福、独立战争的发动与展开等问题按议程采取了措施并通过决议。其中1774年的第一届大陆会议起草了《权利宣言》[Declaration of Rights];1775年的第二届大陆会议通过了《独立宣言》[Declaration of Independence],且

其作为国家管理机关存续至 1781 年《邦联条例》[Articles of Confederation]被批准时止。

continental currency 〈美〉大陆币;大陆通货 独立战争时期由大陆会议授权发行的纸币。

continental shelf 大陆架 沿海国对领海以外毗连海岸的海床和大陆架底上拥有专属管辖权的原则。

continentia[拉]❶(罗马法)(建筑物)相连接 ❷(英格兰古法)(诉讼程序中的)延期审理或合并审理

contingency n.❶偶然性;可能性;不确定性 ❷未来事件;意外事件;偶发事件 这种事件可能发生,也可能不发生。在法律上,指某种财产权、请求权、权益、义务、责任赖以存在或发生效力的不确定事件。例如,根据保险单的规定,在发生某种意外事件时,例如死亡、事故,可要求支付保险金;又如,甲向乙保证丙将支付乙一笔金钱,甲对所担保金额承担的责任就具有不确定性,即以主债务人丙的违约为条件。

contingency contract 不确定合同 该合同至少有一部分的履行依赖于某种不确定事件的发生。它有时指关于律师费的规定,即律师同意在案件胜诉时才能收取费用。

contingency fund 意外开支基金 为意外的或不可预见的开销所设立的基金。(= contingency reserve)

contingency on which the claim is founded 〈美〉(退伍军人)赔偿请求权的先决条件 美国联邦退伍军人保险法[federal statute on veterans' insurance]限制条款中的一个条件,即:死亡抚恤金之赔偿须以被保险人死亡为条件,残废抚恤金之赔偿须以被保险人完全残废为条件。

contingency reserve 意外事项准备金;应急准备金 指为弥补潜在的可能性损失——例如可能作出的不利于公司的判决——而设立的准备金。

contingency with a double aspect 双重的不确定性 在同一地产上有另一个剩余地产权[remainder],它并不减损在先的剩余地产权,而是作为在先剩余地产权失效时的补充,则该剩余地产权被称为具有双重的不确定性。(⇨remainder on a contingency with a double aspect)

contingent a.可能的;或然的;不确定的;附条件的

contingent beneficial interest 未定受益权;不确定受益权 受益人尚不确定或引致对受益权的享有或继受取得发生法律效力的特定事件尚不确定时,该项受益权即为不确定的。

contingent beneficiary 潜在受益人 在第一顺序受益人[primary beneficiary]死亡或丧失受益权时,才可作为受益人的人。

contingent bequest 不确定的遗赠;期待性遗赠;附条件遗赠(⇨contingent legacy;conditional legacy or devise)

contingent claim 不确定的请求权;期待性请求权 指尚未发生的、需取决于某一事件在将来是否发生才能确定的请求权。

contingent damages 不确定的损害赔偿 指在诉讼中对有关的法律抗辩[demurrer]尚未进行审理前提出的损害赔偿。

contingent debt 不确定债务;或然债务 指那些目前尚不确定,但今后随着某些未定事件的发生而得以确定的债务。(⇨contingent claim;contingent liability)

contingent delivery 附条件交付(= conditional delivery)

contingent devise 不确定的(不动产)遗赠 在立遗嘱人死亡后,该遗赠财产是否授予受遗赠人取决于某些将来事件的发生。如果该事件从未发生或在其发生之前,并不能根据遗赠而获得财产。但是,如果该将来事件仅用以确定受遗赠人可以开始使用财产的时间,则并不影响受遗赠人在立遗嘱人死亡时被授予遗赠。它与确定的遗赠[vested devise]相对。

contingent estate 不确定地产(权);不确定财产(权) 该项财产权的生效取决于未来某一事件的发生或不发生,例如指定给未出生胎儿的财产,或指以某人将来是否生存及其他不确定事件是否发生为条件。

contingent fee contract (律师)成功酬金合同;胜诉分成合同 律师与当事人之间达成的协议,协议规定:如案件败诉,律师不得收取费用;如案件胜诉,律师在所得赔偿金中按一定比例收取费用。这种合同在英格兰是非法的。在美国,在某种情况下,例如在刑事案件和离婚案件中订立这种合同也是非法的,因为其违反公序良俗(参见全美律师协会《模范律师职业行为规则》[ABA, Model Rules of Professional Conduct])。在人身伤害案件中,律师大多采用这种方式收取律师费,如案件在诉讼前和解决,按 1/3 提成收费;如案件经过艰难的诉讼而解决,则分成比例高达 40%。由于律师与当事人之间潜在的利益差异,因此,当通过诉讼无法寻求可能的其他赔偿金时,律师便会力劝其当事人接受保险人的保险赔偿,即使其数额极低。由于律师费是按赔偿金总额分成的,因此,在当事人支付全部诉讼费用后,律师费可能还会高于当事人赔偿所得,这是这种合同的最大弊端。

contingent fee(s) (律师)成功酬金;胜诉分成 在律师与其当事人达成的协议中,律师允诺代表该当事人进行索赔,并从索赔所得的赔偿金中按一定比例分成,以此作为律师费。

contingent intent 偶发的意图 指基于某个偶发事件而产生的行为意图,例如某人因他人不服从某项命令而意图对其实施暴力行为。

contingent interest 尚不确定的利益;期待利益;附条件的利益 指利益承受人或利益是否实际发生在现时尚不确定,而是取决于某项在现时情形下尚难以确定的未来事件在将来是否实际发生。

contingent interest in personal property 个人财产上的不确定利益 指就一项未来利益而言,如果承受人在此项利益转归其享有之前死亡,则此项利益不得再由该承受人的继承人代位享有。

contingent legacy 不确定的遗赠;期待性遗赠 指取决于某些未定事件而发生效力的遗赠。当时间作为遗赠条件时,如果仅仅是支付时间[time of payment]的推迟,那么这种遗赠就不是这里所说的不确定的[contingent],而是确定的[vested];如果时间和遗赠物之实质连在一起,作为一个先决条件,那么它就是不确定的。具体区分要看语句之表达,如:"到甲 21 岁时给他"[to be paid or payable to A when he shall attain 21]意味着该遗赠是确定的,如果省去 paid,payable 而说 the legacy is to A on attaining 21,则为不确定的遗赠。还有解释说只有涉及到土地遗赠(不包括土地利益之赠与)才可以被解释为是不确定的。动产与不动产混合遗赠的要优先适用动产解释,即要理解为是确定的。(⇨contingent bequest)

contingent liability 附条件义务;尚不确定之责任 指在现时尚不确定且有条件限制的义务或责任。此项义务或责任是否在将来得以确定和履行,以及何时得以履行,均依某项现时尚不确定的未来事件将来是否实际发生而定。(⇨contingent claim;contingent debt)

contingent remainder 不确定的剩余地产权;期待性剩余地产权 该种地产权因取决于地产接受人或导致在先地

产权终止的事件而不确定,故在先地产权可能已经终止而剩余地产权并不生效。不确定的剩余地产权只是一种可能或期待的地产权,并由于先决条件的成就而转化为确定的剩余地产权[vested remainder]。(⇨remainder)

contingent right 不确定的权利;期待性权利 该权利之实现取决于之前某一条件之履行或事件之发生与否。(⇨contingent interest)

contingent trustee 不确定受托人 对该受托人的设定以当前受托人或将来受托人的行为、能力为条件。这种安排有利于信托设定人与受益人,使其可以排除不诚实与无能力的受托人,而由其他适格受托人接任,以保护信托。

contingent use 附带用益 指以将来发生的附带事件为根据而生效的用益。(⇨use)

contingent will 附条件遗嘱 (= conditional will)

continual claim (英格兰古法)连续提出权利要求 中世纪土地合法占有需要转移占有[livery of seisin]和进入[entry]土地。当一个人在进入其土地遇到可能的危险时,他可以每年一次到最接近土地的地方提出正式的权利要求。这种要求如果在时间、形式等方面都合格,则具有进入土地的效力,即表明他已占有[seise]该土地。

continuance n. (诉讼程序)延期进行 指将庭审或其他程序推迟到以后的某一时间继续进行。延期的决定通常应当事人的请求而作出。

continuance in good health (保险法)持续良好的健康状况 人寿保险单的条件之一。一种解释为,自申请投保时起被保险人的健康状况一直没有发生变化;另一种解释为,在保险单签发或交付时被保险人应处于健康状态,而不管被保险人在保险单交付时的健康状况是否与申请投保时相同。

continuance nisi 非绝对延期 指附一定条件或者确定期限的延期。

continuando 连续性侵权行为的主张 旧时诉讼中的一种诉讼主张,宣称其所控告的侵权行为、犯罪行为或其他不法行为从确定的某一天发生一直持续到现在,或者宣称所控告的行为在确定的一段时期内的若干不同日期或不同时间发生过。在英国 1873 – 1875 年的《司法组织法》[Judicature Acts]之前提起的侵权之诉[action of trespass]中,如果侵权行为是连续性的,则原告可在其起诉状中述明给其造成损害的侵权行为从确定的某一天发生后持续至另一日,而不需对其中每一天发生的侵权行为分别起诉,从而避免复重诉讼[multiplicity of actions],这种情况称为基于连续性侵权行为提起的诉讼[laying the action with a continuando]。

continuando assisam 续审令(⇨de continuando assisam)

continuation n.延期交割 伦敦股票交易所每两周账目结算一次,如果买方无法支付价款或卖方无法交付股票,他们可以达成协议将这种交易延期到下一个结算日继续进行。该词在股票交易中有附回购协议销售的专门含义。

continuation schools 〈英〉(成人业余)补习学校 根据1921 年的《教育法》[Education Act]设立的一类学校,它们延续存在至 1944 年,由根据新教育法设立的县学院[county colleges]所取代。

continue v. ❶继续;持续 ❷留在原处;维持原状 ❸(诉讼程序)延期;推迟 ❹(会议等中断后的)恢复;重新开始

continued drunkenness 持续性醉酒 指严重并且经认的酒精中毒。

continuing a.持续的;连续的;连续履行的 指不因某一行为或事实而终止的,在某一确定的期间存在或者包含、适用于连续发生的、相同的义务或事件。

continuing bail 持续性保释 法定保释的一种形式,指保证人的义务一期地延续,直至被告人被释放或回到司法机关。

continuing breach 持续违约 造成违约的事件或行为呈持续存在的状态或重复发生。

continuing consideration 持续性对价 指该对价部分已给付而部分未给付;或指该对价所包含的行为或履行在合理期间内作必要的延续。

continuing contempt 持续性藐视法庭 指拒不执行法庭关于交付财产、支付款项或履行其他类似义务的命令,或者拒不向法庭就藐视行为认错,以求免罪[purge the contempt]。

continuing contract 持续性合同 一种未给付的合同,因其须在一定期间分阶段履行,故得名。

continuing crime 持续犯(⇨continuing offense)

continuing damages 连续性损害赔偿 一种间断的或临时的损害赔偿,有时被称为临时性损害赔偿[temporary damages],用于在连续诉讼[successive actions]中主张的损害赔偿。

continuing guaranty 连续保证;连续性担保 这种担保不限于一个特定的交易,而是延及主债务人将来一系列的交易,直至该担保被撤销为止。在连续交易[successive transactions]中,它与主债务人将来的责任相关,其目的在于给主债务人提供一种持续性的、可经常使用的信用。

continuing jurisdiction 连续管辖权 指法院在对其管辖的案件作出判决后,仍对该案继续拥有管辖权,允许其对先前作出的裁判或命令予以变更或修正。通常主要是指对有关子女监护或抚养的案件。

continuing offense 持续犯;继续犯 犯罪的一种类型。指基于一个犯罪动机,在一个持续的时段内,所实施的一系列不间断的行为,或所实施的某个犯罪行为处于不间断的持续状态。此犯罪行为不论持续时间多长,都只构成一个罪。犯罪共谋[conspiracy]就是典型的持续犯。持续犯的特点:①其犯罪行为可以在不同的地区持续实施;②持续犯的法定追诉时效[period of statute of limitation],自犯罪行为终了之日起计算。

continuing offer 持续性要约 在某一特定期间内保持开放、可以被承诺的要约。如其有对价支持,则通常被称为有选择权的要约。(⇨option)

continuing recognizance 持续性保证(具结)(⇨continuing bail)

continuing trespass 持续性侵权行为;持续性侵占行为 该行为在本质上是对他人权利的永久性侵犯。例如某人在自己所有的土地上建房,但房屋的一部分垂悬于邻地之上,或在邻地上倾倒垃圾,在此情况下,只要侵权物存在,就构成持续性侵权。又如侵占他人之物持续到为己有之故意,则此后的非法占有构成盗窃。

continuing wrong 持续性不法行为;继续性不法行为 (⇨continuing trespass)

continuity of life or existence (实体的)独立存续性 指法人实体中某一所有人的死亡或退出并不导致该法人实体的终止。这是公司的特征之一,因为公司股东的死亡或退出并不影响公司的存在。

continuity of statehood 国家连续性 在国际法上,系指

一国在发生政府更迭、宪法变动、被他国兼并或征服及其他变更时，其是否继续存在的问题。这一问题的答案对国家债务、条约义务等关涉国家责任的事项均具重要意义。

continuity of states 国家的连续性　指国际法律人格同一性的维持。(⇨continuity of statehood)

continuous account 连续账目　指其余额尚未确定，并仍在运行的账目，它对将来的流程和结算开放，常常是因为双方交易尚未结束。有时也指有待证据证明削减或变动的债务。(⇨open account; running account)

continuous adverse possession 持续的时效占有　为取得土地所有权，占有他人土地者需连续地、公开地占有他人土地，并且这种占有需对真正所有人不利，而承租人占有出租人房屋，则对出租人并非不利。(⇨continuous possession; adverse possession)

continuous adverse use 持续的时效使用(⇨adverse use)

continuous and uninterrupted use 连续和不间断的使用　有关取得时效法[law of prescription]的一个术语，这种使用既未因供役地所有权人的行为亦未因主张地役权人的自愿放弃而中断。

continuous disability 持续无能力；持续性残疾

continuous easement 持续性地役权　此种地役权在无人为的实际干涉的情况下将持续地使人受益。它往往是因为在供役地[servient tenement]上有人工构筑物或自然形成物，从而构成地役权受益的方式，例如流动的江河的河床、悬挑的屋顶、排水沟、下水道等。

continuous employment 持续雇佣；继续雇佣(⇨continuously employed)

continuous injury 持续性侵害行为　指某一侵害他人人身、财产或名誉的行为以一定的间隔期重复发生，从而成为重复性侵害行为，但并不必然指那种从未停止的侵害行为。

continuously employed (保险法)持续受雇　用于团体保单中的一项规定，作为请求伤残救济金[disability benefits]的条件，它要求索赔人在满两年内持续受雇。这一术语指在规定期间其雇佣未被中断或终止。临时性解雇[layoff]不意味着终止或中断雇佣。

continuously resided 连续居住　指连续居住于某地，不改变其法定居所。连续居住并不意味着某个人不可以暂离、甚至较长一段时间离开居所，只要他还没有打算改变居所地，仍应视其为连续居住。

continuous possession 持续占有；继续占有(⇨continuous adverse possession)

continuous quotations 连续报价表；连续行情表　指有关商品或股票买卖的市场价格报告，每间隔10至15分钟收集公布一次。现代信息工具则可作出即时报价。

continuous residence 连续居所；经常居住地(⇨continuously resided)

continuous retraction of agreement 协议的持续撤销　这可以说与违约无异。

continuous service 持续服务；连续服务　依集体谈判劳动合同[collective bargaining agreement]，这是假日付酬的条件。连续服务是指不存在几天故意停止工作的事实，但不排除因个人原因导致的工作中断。个人原因指依正常理人[reasonable men]判断在当时情形下是可以原谅的。

continuous servitude 连续地役(权)(⇨continuous easement; continuous and uninterrupted use)

continuous treatment doctrine 连续医疗原则　按照这一原则，如医疗进程中包括不法的作为或不作为，而该医疗进程系连续进行并与同一身体状况或疾病相关时，则对该医疗渎职行为提起诉讼的时间得以中止。

continuous voyage 连续航程　指与战时违禁品相关的原则，即中立国船舶由中立港运载战时违禁品至另一中立港，然后再将该战时违禁品运至交战国一方，则该船舶被交战另一方视为在两次航程中均运载战时违禁品，该两次航程被视为一次连续的航程。交战国另一方在启运港与中途停靠港之间即可对该船舶及其运载物品予以拿捕和没收。

contors (= countors)

contra 〈拉〉相反；反对；违反；反之；另一方面

contra account 抵销账户　指一个账户的余额用来冲减有联系账户的余额，以便更加恰当地反映联系账户的情况。例如，折旧账户就是固定资产的抵销账户。

contraband n. ❶[总称]违禁品；走私品；非法进出口的货物　任何非法生产、持有、买卖进出口的物品。在美国，贩卖走私烟的行为是联邦犯罪。❷走私；非法买卖 ❸[总称]战时禁运品 ❹〈美〉(南北战争期间)偷入北军战线的黑奴

contraband of war 战时禁制品　指根据国际法规则，禁止中立国向交战任何一方提供或运送的某些特定物品，如武器和弹药。如果在中立船舶上发现此种物品，可将其扣押。

contraband per se 本身违禁品　指仅占有即属违法的财产，而无需其他相关违法行为。它与派生违禁品[derivative contraband]相对。(⇨derivative contraband)

contra bonos mores 违反善良道德的；违反善良风俗的

contracausator n. 罪犯；刑事被告人　因犯罪而受到追诉的人。

contraception n. 避孕

contraceptive n. 避孕剂(药)；避孕器

contraceptive method 避孕方法

contract n. ❶合同；契约　合同之定义诸说纷杂。一般而言，它是指"在适格当事人之间基于合法之对价而达成的作为或不作为某一行为的协议"，或简而言之，合同乃"法律上可强制执行之协议"。又谓：合同是以引起法律关系为目的的作为或不作为某一行为的协议。在美国，最常被引用的则是《合同法第二次重述》[Restatement, Second, Contracts]的定义："合同乃为一个或一组允诺。违反允诺时，法律则给予救济；或者说允诺的履行，法律在某种情况下视之为一项义务。"在《统一商法典》[U.C.C.]第1-201条第(11)项中，合同被定义为"根据本法典的规定而从当事人协议中产生的全部法律义务"。合同有效或具法律强制力，须具备下列要件：①有协议存在，该协议通常以要约[offer]与承诺[acceptance]的方式达成；②当事人有缔约能力(决定于当事人的年龄、心智状态或身份等)；③有缔约的意图，即须以发生法律关系为目的；④当事人之间达成合意[consensus ad idem]；⑤有效的对价[valuable consideration]；⑥合法之目的。在某些情况下，还包括合同的形式。如协议以口头或书面形式表示的，则称为明示合同[express contract]；如协议系以推定或演绎之方式而达成，则称为默示合同[implied contract]。根据法律独立推定当事人意图而类推为合同关系的，被称为准合同[quasi-contract]。另根据不同的标准，合同可作如下分类：①根据合同的形式，分为三种：简单合同[simple contract]，契据合同或盖印合同[specialty contract or contract under seal],登录合同[contract of record]。简单合同系由两个或两个以上当事人的协议而产生,其中一方将作为或不作为某一特定事务并以他方作为或不作为某一事务为对价。因此,简单合同除了双方当事人意思表示一致[unity of intention]外,还有当事人关于作为或不作为的允诺[promise],其中一方的允诺以另一方的允诺为回报,后一允诺的内容即为对价[consideration]。简单合同按协议达成的方式可分为明示[express]合同和默示[implied]合同,按合同形式又可分为书面合同[contract in writing]和口头合同[oral contract]。盖印合同的法律效力来源于其形式或蜡封、送达行为,而非协议行为,故其与简单合同的重大区别在于对价并非盖印合同有效的必要条件。登录合同实际上并非合同,只是由于交易登录在存卷法院[courts of record]的裁判文书上而可得以被强制执行,它们存在于判决、具保文书[recognisances]和债务清偿保证书[statutes staple]上。这些主要存在于英格兰法律中。②根据合同的性质,还可分为:人身合同[personal contract],它依赖个人的存在、能力、技巧或服务,如婚姻合同、绘画合同,该合同的特点是不可转让,并随该方当事人的死亡而解除;已履行合同[executed contract],即双方当事人的义务俱已履行的合同,与之相对的是待履行合同[executory contract];单一合同[entire contract],其双方当事人的对价都是完整而不可分割的,与之相对的则是可分合同[severable contract]。③根据合同的标的,合同可分为买卖合同、代理合同、服务合同、保险合同、担保合同等。④根据合同的效力层次,可分为无效合同[void contract],它不能产生合法的权利和义务,如实施某一犯罪的合同;可撤销合同[voidable contract],它可因一方当事人行使选择权而被撤销,如因受虚假陈述[misrepresentation]诱使而签订的合同;不能强制执行的合同[unenforceable contract],这类合同本是有效合同,只因缺乏制定法所规定的书面证据而不能被强制执行。❷合同书 指包含当事人的协议,记载有条款或条件的书面形式,它被认为是当事人义务的证据。

v. 立约规定;立约承担 如通过订立合同买卖货物或接受服务。

contract acceptance 合同的承诺 成立有效合同的一项实质要求。在普通法中,承诺必须是绝对的、确切无疑的,必须符合要约的条件,而且在一定情况下,还必须到达约人。承诺也可从行为或者甚至是沉默[silence]中得出,以沉默形式表示承诺的,通常发生于过去有过交易历史的商业组织或个人之间。

contract against public policy 违反公序良俗的合同 (⇨public policy)

contract-bar rule 〈美〉(劳动法)合同阻止规则 这是指美国全国劳资关系委员会[National Labor Relations Board]在相应生效的集体谈判劳动合同仍存在的条件下解除认证选举的一种策略。这种选举通常要推迟,直到该合同行将期满或涉及谈判代表的问题重新出现。

contract bond 合同保函 保证善意履行工程建设合同和支付与此有关的全部材料与劳务费用的保函。其中担保履行工程建设合同者称为履约保函[performance bond],而担保支付有关费用者称为付款保函[payment bond]。

contract by parol 口头合同(= parol contract)

contract by specialty 书面要式合同(⇨specialty)

contract carrier 合同承运人;契约承运人;私人承运人 指仅与其认为合适的托运人订约并提供运送服务,而并非不加区别地为所有人提供服务的承运人。与公共承运人[common carrier]相对。(⇨contract hauler;private carrier)

contract carrier by motor vehicle 使用机动车的合同承运人

contract clause 〈美〉合同条款 指美国宪法第一条第十款第一项中所规定的有关内容,即任何州不得通过法律损害合同义务。

contract consideration 合同对价 指一方以自己的行为、容忍或所为的允诺以换取对方允诺的代价。其基本理论是对价的交换是有益的,并且这种对价为可交换。对价的有效条件包括:合法;有价值但不一定等价;非过去已取得的利益;真实可行;必须在允诺人和受允诺人之间进行,不能由第三人承担。无对价的合同除非盖印,否则无效。(⇨consideration)

Contract Disputes Act of 1978 〈美〉《1978年合同纠纷法》该联邦法规定,承包商可以将政府缔约官处理有关合同索赔的决定诉诸索赔法院[Court of Claims]或相应的行政代理机构,经这些行政代理机构处理的决定还可由合同任一方向索赔法院上诉。

contract for deed (交付)契据合同 指当某些条件满足时,例如买主已付款或完成交易,卖主将取得财产的契据交付买主的协议。契据指转让不动产之书面凭证。

contract for hire 租用合同;雇佣合同(= contract of hire)

contract for sale 买卖合同(⇨contract of sale)

contract for sale of goods 货物买卖合同 包括现货买卖合同和将来交付货物买卖合同。

contract for sale of land 土地买卖合同 指为转让不动产权益而订立的合同。对土地买卖合同的调整既有制定法的内容,也有惯例的成分。该合同应当采用书面形式并由当事人签字。卖方应当保证自己享有相应的土地权益,对土地上存在的租赁、抵押、地役权等负担应予以披露并承担提供必要书面文件的费用,在这个意义上,土地买卖合同有时也被称为最大诚信合同[contract uberrimae fidei]。自订立合同之日起,土地权益在衡平法上即归于买方并由其承担风险。

contract hauler 〈美〉合同承运人;契约承运人(⇨contract carrier)

contract implied in fact 事实上的默示合同 属于真正的合同[real contract],只是其合意的形成并非通过当事人的语言表达,而是根据当时环境、当事人的行为或他们之间的关系所作的推断。(⇨implied contract)

contract implied in law 法律上的默示合同 指基于公正和衡平[justice and equity]而由法律所默示的准合同或推定合同[quasi or constructive contract],法律之默示通常是为了防止不当得利[unjust enrichment]。(⇨implied contract)

contracting officer 〈美〉缔约官 根据美国联邦政府部门程序,被委任有权签订和管理合同,作出决定并检查与此相关事项的官员。该词亦指在缔约官职权范围内行使权力的缔约官代表。

contract in restraint of trade (= bargain in restraint of trade)

Contractio rei alienae animo furandi, est furtum. 〈拉〉盗窃是以偷窃的意图拿走物品。

contract labor law 〈美〉合同劳工法 美国联邦法律,限制以获得廉价劳动力为目的,通过提供旅费引诱移民至美国。

contract lien 约定抵押权;约定留置权

contract malam in se 〈拉〉合同本身是恶的 指合同规定的履行行为既不道德、不公正,又违反法律,因而是绝对无效的合同。(➪contracts mala in se)

contract mala prohibita 〈拉〉被禁止的坏合同 指合同规定的履行行为虽然是法律所禁止的,但合同并非绝对无效,而可根据被禁止行为的性质和效力认定为无效或可撤销。

contract modification 合同修改

contract note 合同书面记录;合同说明;合同备注 指关于合同效力的简短陈述。英国1910年《财政法》[Finance Act]对其定义表述为:由经纪人或代理人向委托人提交的、用以指导委托人在某些情况下买卖股票或流通证券的合同说明。

contract not to be performed within a year 〈美〉一年内不能履行之合同 (= agreement not to be performed within a year)

contract not to compete 不与竞争合同 在该合同中,雇员允诺其在雇佣终止后的约定时期和特定的地域内不与雇主进行竞争。若所约定的时间和地域范围具有合理性,则该合同有效而可被执行。

contract of adhesion (= adhesion contract)

contract of affreightment 〈海上〉运输合同(➪affreightment; charter of affreightment)

contract of agency 代理合同 本人与代理人之间所订立的合同,它通常是代理关系的基础。但代理关系并不必然以代理合同为基础,因为代理关系也可因法律的规定或代理人的无对价代理行为而设立。

contract of beneficence 单方受益合同(➪contract of benevolence)

contract of benevolence 单方受益合同 指仅为合同当事人一方受益而订立的合同。

contract offer 合同要约 构成有效合同的三个一般要素,包括要约、承诺、对价。要约是行为人欲与他人缔约的意思表示,其主要条款须明确、肯定,并应传达至他人,然后他人才取得承诺的资格,有权利或法定之强制性权利对要约进行承诺并设立有拘束力之合同。

contract of guaranty 担保合同;保证合同

contract of hire 租用合同;雇佣合同 合同规定一方利用另一方的财产、服务或劳动而给付一定的报酬。

contract of indorsement 背书合同 在票据上的一个附加合同,它是新设的、独立的、包含实体权利义务的合同。(➪indorsement)

contract of insurance 保险合同(➪insurance; policy of insurance)

contract of mateship 合伙(捕鲸)合同 指两艘捕鲸船的船主之间就捕鲸以获取鲸鱼油及其分配所订立的合同,属合伙的一种。

contract of mutual interest 互利合同 指缔约当事人均能从中得利的合同,例如买卖合同。(➪contract of benevolence)

contract of record 登录合同;记录在案的合同 ①根据登录法[recording statutes]而进行登录的合同,例如不动产买卖合同;②判决可以被称为"记录在案的合同"。登录合同也可以指根据法院判决记录而成的合同,其内容来源于判决而不来自当事人协议。

contract of sale 买卖合同 一方转移物的所有权而由另一方支付价金所达成的合同。

contract of sale or return 销售或退货合同(➪sale or return)

contract of suretyship (连带)保证合同(➪surety)

contractor n. ❶合同当事人 合同订立人的统称。❷承包人;承包商;承揽人 亦属合同当事人,但通常专指以确定的价格对公共机构、公司或个人大规模地承担工作或服务或大批量地提供物品者。其从事独立的商业业务,最显著的特征是其可能有广泛意义上的"雇主"[employer],但完成工作的方法并不受雇主指示和控制,只是工作的结果才受雇主的控制或体现雇主的意愿。它与雇员[employee]不同,前者根据其工作成果而获得酬金[fee],而后者则领取工资或薪金[salary or wage]。相应地,雇主对于因独立承包人的过错而致第三人的损害不承担责任,但对于因其雇员的过错而给第三人造成的损害则应承担责任。它通常被分为总承包人[general contractor]和次承包人或分包人[sub-contractor],前者对整项工作负责,例如负责建筑、挖掘工程;后者对工作的某一部分负责,例如负责其中部分工作的水电工、木工。

contractors' bonds 承包人保证书 分为两种类型:①履行保证书[performance bond],它保证承包人履行合同,如其违约,则保证人[surety]将完成合同或按保证书的限额支付赔偿金;②劳务和材料支付保证书[labor and materials payment bond],它规定在承包人违约时,由保证人对在承包工程合同中所用劳务或材料的所有人支付价款。

contractor's lien 承包人留置权 指承包人对其建造的建筑物所享有的留置权,系法定留置权,并非由合同条款明示。(➪mechanic's lien)

contract right 合同权利 尚未履行及未以票据或动产文据[chattel paper]证明的、按合同获得给付的权利。

contracts mala in se 〈拉〉合同本身是恶的(➪contract malam in se)

contract system 〈美〉(犯人监管)合同制 美国某些州监狱监管犯人的方式,即通过合同形式,由私人或承包人利用犯人的劳动。

contract to adopt 收养合同 指一方将他人收养为自己的子女的合同。就其本身而言,通常不能有效地构成一项合法收养[legal adoption],但是,即使养父母未能在生前按照收养程序完成收养手续而使收养产生法律效力,该养子女仍得在养父母死亡时宣布其有继承权。

contract to contract 合同的合同;为将来订立特定合同而订立的合同 基于有效对价,合同双方当事人同意在由其中一方选定的将来某个特定时间,按合同规定的条款,订立另一个特定的合同。

contract to repair 修理合同 仅对产品进行恢复原状的修理而不是重新制作。(➪repair)

contract to satisfaction 以履行令人满意为条件的合同;附对方确认条件的合同 在该种合同中,一方当事人同意履行其允诺直至对方当事人满意为止。在一建筑合同中规定进行施工"直至所有权人完全满意",是指该项建设使一个理性人[reasonable man]满意,而非所有权人个人满意。该术语亦写作 satisfaction contract。(➪satisfaction with performance)

contract to sell 销售合同;买卖合同

contractual a. 合同的;约定的

contractual consideration 合同对价

contractual obligation 约定义务;合同义务

contract uberrimae fidei 最大诚信合同 指合同当事人之间需有最大限度诚信并且公平交易的合同。保险合同为其著例。

contract under seal (= specialty)
contractus 〈拉〉合同;契约
contractus bonae fidei 〈拉〉(罗马法)善意契约　在罗马法中,此种契约发生诉讼时,不能仅凭法律的严格规则定案,而允许法官探寻交易的真意,进行衡平考虑。(⇨actio bonae fidei)
contractus civiles 〈拉〉(罗马法)市民法契约　指依罗马严格的市民法可能通过诉讼执行的契约,或依一特定制定法成立的契约。
Contractus est quasi actus contra actum. 〈拉〉合同一直是一个作为[act]对另一个作为。
Contractus ex turpi causa, vel contra bonos mores, nullus est. 〈拉〉基于邪恶对价或违反善良风俗的合同无效。
Contractus legem ex conventione accipiunt. 〈拉〉合同经双方当事人协议取得法律拘束力。
contradict v.反驳;反对;否认;与…抵触
contradiction in terms 用语矛盾　法律、合同等文件中用语表述的明确不一致。例如"无罪的谋杀"[innocent murder]即是用语矛盾,因为谋杀是非法的、有预谋的、杀了人,说是无罪的,就是自相矛盾。
contradiction of witness 对证人的反驳　针对案件争议的实质性问题提供与证人证言相反的证据,以证明证人证言的不可靠。
contradictory defenses 互相矛盾的答辩理由(⇨inconsistent defenses)
contradictory instructions 互相矛盾的指示　指法官就案件向陪审团作出的指示包含有互相矛盾和冲突的规则并且未作解释,使得陪审团若适用不同的规则,就会得出不同的结论。
contrafactio 〈拉〉伪造;假冒
contrafactio sigilli regis 〈拉〉伪造国王玉玺
Contra fictionem non admittitur probatio. 〈拉〉与法律拟制矛盾的证据不被接受。
contra formam collationis 〈英格兰古法〉违反寺僧受托之令状　这是针对寺院住持的一种令状,当以信仰和慈善为目的而永久捐赠寺院的土地被转移给别人作其他目的之用时,捐献人可依此令状要求收回该土地。
contra formam doni 〈拉〉违反赠与或让与的形式
contra formam feoffamenti 〈拉〉违反约定义务的令状　为佃户之继承人签发的令状。佃户依封地授予证书[charter of feoffment]的规定履行某些出席法庭的义务[suits]和役务[services],但其继承人后来却被强制履行封地授予证书规定之外的义务,遂有此令状。
contra formam statuti 〈拉〉违反了制定法的规定　原在普通法上,在对制定法所规定的某种犯罪提出指控的大陪审团起诉书[indictment]中必须使用的总结性语句,说明所指控的行为违反了所援引的制定法的规定,因而构成犯罪。现在在刑事起诉书中所使用的其全文通常是"against the form of the statute in such case made and provided"。(⇨against the form of the statute)
contra formam statuti in hoc casu nuper edict et provis 〈拉〉违反了制定法在这种情况下新近制定和规定的形式
contrainte par corps 〈法〉人身拘禁令　法国法中的一种民事拘禁令,适用于出卖土地而虚假陈述土地上无负担者,或明知并非自己的财产而设立抵押者。
contra jus belli 〈拉〉违反战争法
contra jus commune 〈拉〉违反普通法律或权利;违反普通法规则

Contra legem facit qui id facit quod lex prohibet; in fraudem vero qui, salvis verbis legis, sententiam ejus circumvenit. 〈拉〉做了法律所禁止的行为就违反了法律;法律的条文是神圣的,违反其意旨而使用,是规避法律的行为。
contra legem terrae 〈拉〉违反本国法;违反本地区法
contra leges et statuta 〈拉〉违反法律和法规;违反普通法与制定法
contraligatio 〈拉〉(英格兰古法)对应义务[counter-obligation]
contramandatio 〈拉〉撤回;取消　指发出一新的命令撤回或取消前一命令。
contramandatio placiti 〈拉〉(英格兰古法)❶(被告答辩时间的)延期 ❷(一种)庭外和解　在早期,延期答辩有给双方时间进行谈判之意,但在近代,这一词语仅指给被告时间进行答辩。
contramandatum 合法辩解　被告的律师在诉讼中代表被告宣称原告的起诉为无理由。
Contra negantem principia non est disputandum. 〈拉〉你不能同不承认道义的人争辩;与否认道义者争辩无益。
Contra non valentem agere nulla currit praescriptio. 〈拉〉任何(诉讼)时效对不能提起诉讼之人都中止进行。
contra omnes gentes 〈拉〉对一切人;对世　古代担保书上的正式用语。
Contra omnes homines fidelitatem fecit. 〈拉〉他对着一切人宣誓效忠。
contra pacem 〈拉〉(普通法)破坏治安;扰乱社会秩序(⇨contra pacem domini regis)
contra pacem ballivorum 〈拉〉(古)违反执达官的治安　依古代法,在所有特别的管辖中,认为犯罪是违反了审理法院的治安,如果这些犯罪是在自治城市的法庭[court of a corporation]审理,那么它们就是"违反执达官[bailiff]的治安"。(⇨King's peace)
contra pacem domini 〈拉〉违反国王的治安　在普通法中,一切犯罪均被视为违反国王的治安。(⇨King's peace)
contra pacem domini regis 〈拉〉(普通法)破坏国王的治安　在英格兰早期任何犯罪包括侵权,均被视为违反了国王的法令,破坏了国王的治安。但英格兰1851年的《刑事程序法》[Criminal Procedure Act]对此作了修改。1915年的《刑事公诉法》[Indictments Act]认为此声明已不合时宜。现代多指违反了公共秩序。(⇨King's peace)
contra pacem regis 〈拉〉〈英〉违反国王的治安(⇨contra pacem domini regis)
contra pacem vice-comitis 〈拉〉违反郡长的治安
contraplacitum 〈拉〉(英格兰古法)反驳;抗辩[counterplea]
contrapositio 〈拉〉(英格兰古法)❶答辩;答复 ❷相反的立场
contra proferentem 不利于提供者　用于书面文件的解释,意为文件中的模棱两可之处应作最不利于文件起草者或文件提供者的解释。
contra regiam proclamationem 〈拉〉反对国王的公告
contrarients n.〈英〉(爱德华二世时期既不属于造反者又不属于叛国者的)反政府者
Contrariorum contraria est ratio. 〈拉〉相反事物的理由是相反的。
contrarotulator n.监管人　其职责是监管收税员为国王或民众之用而征收的钱财。

contrarotulator pipae 王室账目主计官 过去英国财政署官员之一，每年两次向郡长发出命令，征收地租和索取王室账目的债务。

contrary to law 不合法的；违背法律的 用于指陪审团的裁断违背法律时，是指裁断与法官的指示中所含的法律相抵触。

contrary to the evidence 违背证据(之证明力)的

contrat 〈法〉契约；合同

contra tabulas 〈拉〉违反遗嘱

contrat aléatoire 〈法〉射幸合同；赌博性合同(⇨aleatory contract)

contratallia (英格兰古法)反记账 财政署用语。

contrat de vente 〈法〉(大陆法)买卖合同

contratenere 拒付；保留；扣留

contra vadium et plegium 〈拉〉(英格兰古法)违反誓言或担保合同

contravening equity 违反衡平法上的权利 指另一人享有的权利或衡平法上的权利，与所请求执行或承认的衡平法上的权利不一致。

Contra veritatem lex nunquam aliquid permittit. 〈拉〉法律决不容忍违反真理之事。

contra voluntatem suam 〈拉〉违背自己的意愿；不自愿的；非本意的

contrectare 〈拉〉❶(大陆法)对待；处理；掌握；干涉；干预 ❷(英格兰古法)处理；对待

contrectatio 〈拉〉(大陆法)(英格兰古法)触动；处理；干涉 将一件物品拿走，如果不送回原处，就成为盗窃。

contrefacon 〈法〉盗版(罪) 指未经著作权人授权，印刷或使人印刷他享有著作权的书籍。

contre-maitre 〈法〉(海商法)(轮船上的)大副

contributing cause 促成原因 指共同造成某一结果的所有因素，但其原因关系中不一定是直接原因。

contributing to delinquency 促成少年犯罪 指引起或倾向于引起少年犯罪的刑事犯罪，包括作为和不作为。

contribution n. ❶分摊(额)；分担(额) 指负有责任的几人中任一人应当承担的份额。它通常发生于以下几种情形：①在共同侵权人[joint tort-feasors]之间，每一行为人均应分担因侵权行为而给他人造成的损害。在美国，一部分州已采纳了《统一侵权人责任分担法》[Uniform Contribution Among Tortfeasors Act]；②在共同保险[coinsurance]中，每一保险人根据共同保险条款而与其他保险人对同一损失承担赔偿责任，如其承担全部赔偿责任或超过其应承担的赔偿份额的，则有权向其他保险人求偿；③在海商法上，如果发生共同海损[general average]，而损失已由一个当事人承担，则所有有关利益的当事人应当根据其在获救财产中的比例分摊该项损失。 ❷财产分配 一指破产案件中的债权人之间按照其各自的债权比例而对债务人的财产进行分割；一指继承人之间对遗产及债务根据其应承担的比例分割。 ❸(社会保险基金中应强制缴纳的)保险金 ❹捐款；出资(额) ❺占领军税 指占领军向被占领地居民征收的一种税金。亦作"war contribution"。

contribution between beneficiaries 受益人之间分担损失 对于因清偿遗嘱人的债务、或支付受赠财产应负担的某些费用、或活着的配偶行使与遗嘱有关的选择权等而使受赠财产发生的损失，动产或不动产的受遗赠人可请求其他受遗赠人共同分担。

contribution between cotenants 土地共同承租人之间的分担 分担的原则是：某一共同承租人为了共同财产的利益已经清偿债务或义务、解除了共同财产上负担的抵押权或征税、或以其自己的金钱购买了某项权利，他可以请求其他共同承租人按比例偿还他所付出的数额或放弃他们对共同财产的利益。

contribution between insurers 保险人之间的责任分担 共同保险人之一已全部赔偿了被保险人，他有权请求其他共同保险人按比例分担责任。

contribution clause (保险法)损失分担条款；分摊条款；共保条款 指若财产的全部价值并未完全纳入承保范围，则被保险人自己应承担一部分损失，这一条款即为保险人与被保险人共同分担损失。分摊条款常确定有被保险财产的最低限额，低于该限额时，被保险人按规定比例分担损失。两个以上保险人共同提供保险亦可用此术语。 (⇨coinsurance clause)

contributione facienda 〈拉〉(英格兰古法)分担责任令状 此令状用于下列情况，即几个承租人共同有义务从事某种行为，其中一人已承担了全部负担的，可以向其余的承租人要求分担。(⇨de contributione facienda)

contribution to capital 出资 指股东所出的资金，作为公司营业的财政基础。(⇨capital)

contributory a. ❶促成的；发生作用的 ❷(年金、保险金等)由雇主与雇员共同分担的
n. ❶促成因素；发生作用的因素之一 ❷捐献人；出资人 ❸〈英〉清算缴款人；清算出资人 指在公司破产清算时有义务对公司资产进行出资以偿付公司债务的人。法院或破产清算人的首要任务即在于确定应承担清算缴款义务的人员名单，并确定各人应承担的责任。根据1948年《公司法》[Companies Act]，在破产清算开始前曾经担任公司股东的任何人均可被列入清算缴款人名单，但是，以往的股东对于其退出公司后发生的任何公司债务均不承担责任，并且只有在现有股东不能完全承担缴款责任的情况下才承担缴款责任，故这一名单又分成甲表[A list]和乙表[B list]，其中甲表是在清算命令[winding-up order]之后即行制发的，包括在清算开始时的公司股东，而乙表是在表明甲表中的股东不能承担责任的情况下制发的，包括在清算开始前1年内的公司股东。一旦被列入名单并被通知催缴股款[call]的，则清算缴款人承担的责任只能通过付款而得免除。法院有权逮捕逃亡的清算缴款人。(⇨A and B lists; call; balance order)

contributory cause 共同造成某种结果的原因；促成原因 (⇨contributing cause)

contributory infringement 共同侵权；协助侵权 该术语主要用于专利法中，指某人在严格意义上并非某一专利的侵权人，但因其帮助或唆使他人侵犯专利权的行为而承担侵权责任；或指在某人非法制造、销售或使用他人已有专利发明的过程中给予的故意帮助。

contributory mortgage 分享抵押权 指从抵押获得的金钱由两个或两上以上的债权人分享。

contributory negligence 混合过错；混合过失；与有过失；促成的过失；可归责于己的过失 它是指原告本身的疏忽，并且在其诉称的由于被告过错而导致的损害中，原告的过失亦构成致损原因的一部或全部。在英国普通法上，只要有证据证明原告本身由于某种过失直接并且严重地造成了其所受的损害，被告的责任即可全部免除，故其成为损害赔偿之诉中被告的完全抗辩[complete defence]。在因事故而致的诉讼中，若原告的过失是构成事故发生的真实、有效原因——通常是在原告有避免事故

发生的最后机会的情况下——那么,无论被告的行为如何具有过错,原告亦无法胜诉。但是,自英国1945年《法律改革法(混合过失)》[Law Reform (Contributory Negligence) Act]颁布以来,它不再是一个完全抗辩,如果原告只有部分过失,则不再予驳回其全部诉讼请求,而是由法院或陪审团按照各当事人对损害造成的过错程度,相应地承担损害赔偿责任,亦即相应地减轻被告的赔偿责任。另外,未成年人——尤年龄过小者——的过失行为不构成混合过失;雇员的过失行为不一定构成混合过失;紧急避险行为也不一定构成混合过失。根据美国的相关判例,它是指原告自身的作为或不作为所构成一般注意的缺乏,它与被告的过失同时发生,从而成为造成原告损害的主要原因。原告对之承担责任,是因为其违反了法律所设定的保护自身免受伤害的义务。被告可以以之作为抗辩,根据美国《联邦民事诉讼规则》[Fed. R. Civil P.],它属于确定性抗辩,但须由被告提出并举证。但在许多州,这种抗辩已被比较过失[comparative negligence]原则所取代。另外,根据美国《统一商法典》[U.C.C.]第3-406条,由于当事人自身过失而导致票据发生重大涂改的,亦可适用这一原则。(⇨comparative negligence)

contributory pension 〈英〉共醵年金(⇨pension)
contrition n.(教会法)为恶行而忏悔
contrivance n.用于欺骗的任何装置;用以完成某种目的的技巧制作物
control group 控制小组 由公司授权的职员或代理人组成。当律师或某些特权小组成员提出有关诉讼的建议后,该小组负责控制并实际参与作出最终决定。他们代表公司与律师的交往受律师—当事人特权[attorney-client privilege]的保护。
controlled company 被控股公司;受控公司 该公司的有表决权股票[voting stock]大部分为某一自然人或法人所持有。例如母公司的子公司。控制程度取决于其所持有的股票数量。(⇨control person)
controlled foreign corporation 〈美〉被控股外国公司;受控外国公司 指在该外国公司的纳税年度任何一日,其有表决权股票的50%以上或占股票总价值5%以上的股票为"美国股东"[U.S. shareholders]所持有的任何外国公司。此处的"美国股东"是指持有该外国公司各类有表决权股票10%或以上的美国人。持股方式可以是直接、间接或推定的。
controlled group 受控公司集团 其目的在于在集团成员之间分享较低的公司税率或各种其他税收优惠。它可以是姊妹公司集团或母子公司集团。
controlled school 〈英〉受控学校 指根据1944年《教育法》[Education Act]设立的一类私人捐助学校。
controlled substance 管制物品 法律规定限制其流通、使用的麻醉性药品,包括麻醉剂、兴奋剂、镇定剂、幻觉剂、大麻等。
Controlled Substance Acts 〈美〉《管制物品法》 联邦和各州制定这种法律的目的在于控制含有此种物质的药品的分销、出售、使用等,联邦立法为《统一管制物品法》[Uniform Controlled Substances Act],大部分州亦有相关立法。
controlment n.〈英格兰古法〉❶监督、检查其他官员的账目 ❷名册副本的管理
control of vehicle 对机动车的控制 指谨慎行事,能够随时停车或转向,而不致于与其他车辆相撞。
control person (证券法)控制人;关系人 指对股票发行

公司[issuer]有实际权力或影响力者,制定或指导公司决策者或深涉公司重大业务者。
control premium 控股溢价 一种定价现象,对公司有控制权的股票每一股比无控制权的股票价值大。其计价不以单股为基础而看"控股块"[control block]在交易市场上的总值增长或非"控股块"的股票价格。
control stock 控制股份 指股东拥有的股份数已达到控制公司的比例要求,但不一定要超过公司股份总数的50%。
control test 控制检验(标准) ①决定某公司的国籍及敌对性质,判定依据是谁对该公司的政策有主要控制力;②决定某一采取商业信托形式的组织在法律上究竟是真的信托还是合伙。(⇨loaned servant doctrine)
controver n.〈英格兰古法〉杜撰假消息的人
controversy ❶争议;争端 ❷纠纷 ❸〈美〉〈宪法〉实际争议;具体争议
controvert v.争执;否认;反对;辩论
controverted facts 有争议的事实
contubernium (罗马法)奴隶的婚姻;被认可的同居 其子女属奴隶主所有。
contumace capiendo 〈英〉逮捕藐视法庭者 这是衡平法庭签发的逮捕藐视宗教法庭者的令状。英格兰法中对藐视宗教法庭者判处革除教籍的做法在乔治三世时被终止。此后,当法庭传票和判决未能被执行时,作为代替,法官可向大法官法庭宣称某人藐视宗教法庭,由衡平法庭签发上述令状,逮捕藐视者。(= de contumace capiendo)
contumacious conduct 拒不服从(法庭命令的)行为(⇨ contumacy)
contumacious witness 以藐视法庭的方式作证的证人;拒绝作证的证人;作伪证的证人
contumacy n.拒绝出庭应诉;不服从法庭命令;藐视法庭
contumax n.被指控犯罪但拒绝应诉之人;藐视法庭者;不受法律保护者
contuse v.擦伤;瘀伤;挫伤
contusion n.挫伤;擦伤;瘀伤
contutor 〈拉〉(罗马法)共同监护人 对共同监护人的指定可以通过遗嘱或法院命令来完成。
conus 已知(晓)
conusance n.〈英〉❶承认;确认 ❷管辖权;裁判权 ❸司法认知[judicial notice]
conusance of pleas 专属管辖权
conusant a.知情的;知道的;了解 当事人知道一个协议中有自己的利益,不作反对表示的,即为知情。
conusee (= cognizee)
conusor (= cognizor)
convalescere v.变为有效;生效
convenable a.〈英格兰古法〉合适的;合意的;便利的
convene v.❶召集;集合;集会 ❷〈大陆法〉起诉
convenience and necessity 便利和必要(⇨public convenience and necessity)
convenience of employer rule 雇主提供便利规则 该规则在计算雇员的总收入时排除了雇主所提供给雇员的膳食和住宿开支。
convenience of the maker 出票人的便利 本票中关于付款时间的用语。但无论如何,出票人的这一权利不能超过合理时间。
convenient place of business 合适的营业地点;适宜的营

业地点

convening order (法院发布的)有关开庭时间及地点的通知

convenire v. 起诉;订约

convenit 〈拉〉(罗马法)(英格兰古法)人们同意;已经同意

conventicle n. 〈英〉秘密宗教集会 该词起先指爱德华三世和理查德二世时对威克里夫派宗教集会的指责,后指不从英格兰国教者的集会。严格意义上来说,该词指非法集会,故不能用来指根据法律要求经许可的集会。

Conventicle Acts 〈英〉《秘密集会法》 在1664年和1670年分别制订,乃《克拉伦登法典》[Clarendon Code]的组成部分,旨在镇压不从国教者[dissenters]的宗教集会。前者规定了对参加非英格兰国教的宗教仪式的处罚,后者规定了对在家中举行秘密宗教集会者的处罚,进而引起了反对不从国教者的狂飙运动。

conventio 〈拉〉❶(教会法)(通过传唤被告人)召集当事人的行为 ❷(大陆法)约定;协议;合同 ❸违反盖印合同的令状

Conventio facit legem. 〈拉〉协议产生法律。 该格言意指按照法律,当事人应当受他们所同意的协议的约束。

conventio in unum 〈拉〉(大陆法)协议;意思表示一致;合意 指双方当事人以缔约的意思而达成的协议。它是合同的必要部分,在一方发出缔结合同的意思表示后,由另一方表示同意。

convention n. ❶(=international convention)(⇨treaty) ❷惯例;习惯 指虽无法律之效力但为人所遵守的宪法性规则。 ❸国际会议 指讨论涉及共同利益的国际性大会。 ❹制宪会议(⇨constitutional convention) ❺立法会议 指为特定或非常的立法目的而由民选代表或议员组成的大会。 ❻政党代表大会 指由政党选举代表所组成的大会或为候选人提名而组成的大会。 ❼(罗马法)协议 指双方当事人已达成合意,并具备契约的所有主观要件的协议,但其不能被提起诉讼,也不能得到法律认可,除非其被赋予契约的客观要件,例如要式口约[stipulatio]。换言之,它只是当事人的非正式协议,构成契约的基础,但尚须补充外部形式才能成为契约。在罗马法中,它被分为契约[contract]和简约[pact]。 ❽〈英〉非由国王召集的议会会议;非常议会会议;非常国会 指未经国王召集或同意而召开的上、下两院的特别会议。(⇨Convention Parliament) ❾(古)违约令状 针对违反契约所签发的一种令状。

conventional estates 约定地产权 指通过当事人的明示行为,诸如契据或赠与,而创设的地产权。它与法定地产权[legal estates]相对,后者系由法律的解释或实施而生。

conventional heir 约定继承人 由合同或协议赋予某人获得继承的权利。

conventional home mortgage 普通住房抵押 指购房者常用的一种担保方式,即将其财产的留置权或附解除条件的所有权[defeasible title]转让于银行或其他金融机构,以获取全部或部分的购房价款。这种抵押贷款没有其他政府组织诸如美国"联邦住房管理局"[FHA]或"退伍军人事务部"[VA]的支持,全凭贷款人对借款人的信用以及财产的担保,故得名。

conventional interest (借贷双方)协定利息

conventional law 约定法;协议法 来源于相关主体间有约束力的协议,具有法律效力并由法院认可的规则。加入社团、工会、合伙或公司的成员应受该机构或其主管机构制定的规则的约束。一般国内法允许制定这类规则,只要合法制定并且不违反一般国内法的规则,就会得到认可和执行。

conventional lien 约定留置权 指在根据当事人之间的关系或交易情况并不能单独依靠法律而创设留置权的情况下,由当事人以明确的约定而设立的留置权。

conventional life estate 协议设定的终身地产 由当事人的行为,如通过契据、遗嘱或合同设定的终身地产。

conventional loan 普通贷款;常规贷款 指没有政府以保险或保证方式参与的不动产贷款,它通常从银行或储蓄—贷款协会[savings and loan association]取得。

conventional mortgage ❶约定抵押 指双方当事人以合同方式约定,一方为担保某一行为的完成而将其财产之一部或全部设定抵押,但不移转财产的占有。它区别于法定抵押[legal mortgage],后者系指在某些案件中,未经当事人约定,仅以法律规定而使债权人对债务人的财产所享有的特权。 ❷〈美〉普通抵押 指未受政府保险支持的抵押,而由借款人将其留置权或附解除条件的所有权直接向贷款银行或其他金融机构进行转让。典型例子即为住房融资。(⇨conventional home mortgage)

conventional obligation 约定债务

conventional subrogation 约定代位(权)

conventione 违反书面盖印合同的令状(⇨de conventione)

convention in unum (=conventio in unum)

Convention of Royal Burghs of Scotland 苏格兰御准自治市会议 一个由12世纪四自治市:爱丁堡[Edinburgh]、斯特林[Stirling]、贝里克[Berwick]和罗克斯巴勒[Roxburgh]的立法会[court of Four Burghs]发展而来的古老的苏格兰机构。后由苏格兰所有自治市指派的代表组成,每年开会讨论共同关心的事务。1975年它易名为苏格兰地方当局会议——一个由地方、地区和岛屿当局的代表组成的机构,负责商讨共同关系的事务,但无执行权。

Convention of Scottish Local Authorities 苏格兰地方当局会议(⇨Convention of Royal Burghs of Scotland)

Convention Parliament 〈英〉非常议会 指起初非由国王召集,后演变为议会的议会。有两届非常议会,一是1660年为恢复查理二世[Charles II]王位而召开,一是1689年因罢黜詹姆士二世[James II]后,为将王位授予奥兰治[Orange]的威廉亲王[Prince William]和玛丽公主[Princess Mary]而召开。苏格兰的1689年非常议会宣布詹姆士七世和二世丧失苏格兰王位,并将王位授予威廉和玛丽。

Conventio privatorum non potest publico juri derogare. 〈拉〉私人协议不得损害公权和法律。

Conventio vincit legem. 〈拉〉契约超越法律。

conventual church (教会法)同一修会的修士组成的教会;主教参事会[dean and chapter];其他宗教团体

conventuals n. 修士;修女

conventus 〈拉〉(罗马法)❶集会;聚会 ❷(省内)巡回审判(庭);审判程序 ❸(大陆法)合同;契约;协议

conventus juridicus 〈拉〉(罗马法)省级法庭 指在罗马行省中,由省长主持,定期听取和裁断诉讼的法院组织。

conventus magnatum vel procerum 〈拉〉显要或贵族的集会(大会) 英国议会由此发展而来。

conversation n. ❶行为方式;生活态度;生活作风 ❷性交 用在criminal conversation中,意指诱奸他人的妻子,因对丈夫造成了伤害,故这一行为是可诉的。

converse instruction 相反指示 指对法官向陪审团作出的裁断指示中对诉因的基本要件所作的肯定性陈述的否定。

converse trust (= reciprocal trusts)

conversion n. ❶转换;转化(⇨equitable conversion) ❷侵占 用于侵权行为法和刑法中,指非法地将他人的财产当作自己的财产进行占有或处分;或指没有合法根据而侵犯他人动产权利,并导致剥夺了财产权利人对动产之占有和使用的一个或一系列行为。(⇨embezzlement)

conversion by bailee 受托人对寄托人财产的侵占行为 受托人无视或违背所有人的权利或提出与寄托人的所有权不相容的权利主张留占受托财产,藉破坏受托财产或非法干预委托人行使财产使用权和受益权,或为自己或第三人利益而占有、控制受托财产等情形,损及寄托人的财产所有权或占有权的行为。

conversion by bailor 寄托人的侵占行为 寄托人违反受托人的权利而从受托人处取得受托财产占有的行为,或寄托人为特定目的取得受托财产的占有,并在目的成就后,受托人有权占有受托财产的期限届满之前,拒绝将受托财产交由受托人占有的行为。

conversion clause ❶(利率、证券等)转换条款 允许借款人在借款期内的某一时间将可调整利率的抵押贷款[adjustable-rate mortgage/ARM]改为固定利率贷款。 ❷在可转换证券[convertible securities]中指明转换权的条文(⇨convertible securities)

conversion hysteria 转化性歇斯底里;转化性癔病 由于情绪冲突而导致的伴有身体机能巨大损害的神经官能症,诸如歇斯底里的失明、瘫痪、震颤、跛行等。

conversion in bankruptcy 〈英〉破产中的财产转换 在破产法上,无力偿债的合伙人可以进行任何他们认为合适的调整,将合伙组织的共有财产转换为其成员个人的财产,从而改变财产的性质,反之亦可。只要这种调整是在诚实善意的前提下进行的,对债权人即具有约束力。在发生破产时,该财产即按照在当时是属合伙人共有还是个别合伙人所有的性质进行分配。共同债务和个人债务之间也可以作这种转换。

conversion of insurance policy 更换保险单 指根据原人身保险单中赋予被保险人的权利,将原保险单退还给保险人以换取另一份保险单。

conversion ratio ❶转换数目 可转换证券转换为公司普通股票的数量。 ❷转换比率 可转换证券的面值与转换价之间的比率。

conversion reaction 转换反应 指将内心冲突转换为驱体症状。

conversion securities 由可转换证券转换而来的证券 如普通股。(⇨convertible securities)

convert v. ❶转变;转化;转换 ❷兑换 ❸非法挪用(他人财产)(⇨conversion)

convertibility clause (= conversion clause)

convertible bond 可转换债券 可以转换为其他证券的债券。通常转换为该债券的发行公司的普通股。

convertible debenture 可转换债券 持有人可将之转换为其他证券(如股票)的债券。

convertible debt 可转换之债 持有人在特定时间依特定条件可将其转换为股份的债券、债契或票据。(⇨convertible securities)

convertible insurance 可转换保险 无需提供进一步的可保性证明即可转换为其他保险的保险,通常是指将定期人寿保单转换为长期人寿保单,而无需进行健康检查。

convertible securities 可转换证券 所有人可依据发行条件将其转换为原发行公司的其他证券(尤其是普通股)的证券(通常是公司债券或优先股)。可转换证券和由之而转换得来的证券之间的比率通常在发行可转换证券时即已确定,并且保证不使证券贬值。

convertible stock 可转换股票 股票持有人有权将之转换成该公司的另一类股票或公司的其他债券的公司股票。(⇨convertible securities)

convertible term insurance 可转换定期寿险 定期寿险的被保险人可将之转换为保险人所开出的普通寿险、两全保险或其它形式的定期人寿保险。无需额外的健康检查。(⇨convertible insurance)

convey v. 转让;转移;让与;运输(⇨conveyance)

conveyance n. ❶不动产(权)转让;不动产(权)转让契据 指通过书面文件及其他方式,使土地所有权由一人向他人进行自愿移转。在广义上,它也包括土地的转让[assignment]、出租[lease]、抵押[mortgage]与财产负担[encumbrance]。有时,该词即指不动产转让契据[deed]本身。 ❷财产(权)转移;财产(权)转移证书 在最广泛的意义上,该词亦可指包括动产在内的所有财产的转让。例如美国《统一防止欺诈性转让法》[Uniform Fraudulent Conveyance Act]即把该词解释为"包括对有体财产或无体财产的付款、转让、转移、出租、抵押或质押,也包括创设任何留置或财产负担"。 ❸运输;运送;输送;运送方式

conveyance by record 案卷记录转让 指根据存卷法院[court of record]的命令、判决而进行的财产让与。

conveyance in fraud of dower 欺诈性转让寡妇产 指行将结婚的丈夫以不公正地剥夺其未婚妻之寡妇产[dower]为目的,在没有对价、没有征得未婚妻同意或在其不知道的情况下,将自己的不动产进行转让。

conveyancer n. ❶土地转让中介人 指从事准备契据、抵押,查验不动产权证书以及与不动产转让有关的其他事务的人。 ❷〈英〉不动产转让律师 指专于不动产转让业务的律师,其业务有起草契据、办理不动产抵押、调查不动产权状况以及其他与不动产转让相关的事务。该术语源自英格兰,原指律师公会[Inns of Courts]成员在尚未取得律师资格时可先行领取执照,从事不动产转让业务。该项特权因1949年《事务律师、公证人法》[Solicitors, Public Notaries, etc., Act]而被取消。在现代英国,该词指事务律师或持照的不动产转让律师[licensed conveyancer]。

conveyancing n. 不动产转让业务 指通过各种书面文件或契据进行财产上、特别是土地上权利让渡的活动及其技巧,因而它是律师业务的一个重要部分,主要包括土地权利调查、准备协议、办理抵押等与不动产转让有关的业务。

Conveyancing Acts 〈英〉不动产转让法 指以1874年《不动产买卖法》[Vendor and Purchaser Act]和1881年《不动产转让法》[Conveyancing Act]为主的一批相关法律的总称。这些法律后为1925年《财产法》[Law of Property Act]所代替和扩充。

conveyancing costs 〈英〉不动产转让业务费 指事务律师[solicitor]从事与不动产转让有关事务而收取的报酬。

conveyancing counsel 〈英〉土地转让出庭律师 指由大法官任命,用以辅助大法官法庭的3-6名出庭律师。他

们对土地所有权及其转让的意见都可能被法官直接受。

conveyancing counsel to the court of chancery 〈英〉衡平法院财产转让法律顾问 1852年《衡平法院法》[Court of Chancery Act]授权御前大臣[Lord Chancellor]任命不少于6名、至少做过10年财产转让顾问工作的律师作为衡平法院的财产转让顾问,就有关财产转让事务向法院或法官提供帮助。根据1873年《司法组织法》[Judicature Act],顾问团转至最高法院[Supreme Court],人数改为3至6人。

conveyor's heirs 出让人的继承者(原则) 依据普通法,当一项剩余地产权被限定给地产出让人的继承人时,后者并不是以剩余地产之性质接受它,相反,该权利被视为是出让人的回复地产权,这样上述继承人一旦接受,即是以继承而非购买方式获得。这被认为是为继承人创设了更有价值的权利。(⇨worthier title doctrine)

Convicia si irascaris tua divulgas; spreta exolescunt. 〈拉〉若因受辱而动怒,则会使所受之辱公诸于众;但若淡然处之,则所受之辱自然消失。

convicium n. ❶〈罗马法〉公然诽谤;(一系列)言词性侮辱(或伤害) ❷〈苏格兰〉恶意中伤 一种口头伤害的违法行为,它在于传播对他人有害的观念,以致使他人生恨、受辱或受奚落,只要这种观念能诋毁他人,不论是真实的、还是虚构的,也不论是不是破坏了其名誉,也许只是有所贬抑,例如说某人卑鄙或阳痿,对该行为都可提起诉讼。

convict v. 定罪;(经审判)证明…有罪;宣判…有罪
n. 已决犯;既决犯;(服刑中的)囚犯(⇨conviction)

convicted a. 已被定罪的;被宣判有罪的(⇨conviction)

conviction n. 定罪;有罪判决 指刑事法庭根据被告人的供认、有罪答辩、陪审团作出的有罪裁断、或者经过庭审而作出的被告人犯有受指控罪行的终局判决。

convict labor 罪犯劳动 罪犯受雇佣为劳动雇主提供的劳务。美国制定法规定,除非根据法院命令,在判决上载明,禁止雇佣罪犯。此项规定只适用于把囚犯作为劳动力出租给个人或法人团体,但不扩大适用于为公共工程并且在政府机构监督和管制之下的情况。

convincing proof 令人信服的证明 指足以使一个无偏见的人不犹豫、不模棱两可、无合理怀疑地得出该主张的证明。(⇨beyond a reasonable doubt; clear and convincing proof)

convocation n. 〈英〉教牧人员代表会议 英格兰国教中,由坎特伯雷和约克两个省的大主教分别根据王室令状召集举行的会议。每个省的会议都由上下两院组成,或称主教院[House of Bishops]和教士院[House of Clergy],上院有大主教和主教,下院有主教座堂的教长和大执事等。1970年,该会议的立法职能等移交给英格兰国教公会议[General Synod of the Church of England],从此其资格和作用大为减弱,但仍对各自教省的教会事务集会商讨。

convoy v. 护航;护送
n. 护航(舰);护航(队) 为在整个航程中或在需要提供保护的航段中对商船进行保护而派出军舰。通过派遣军舰进行护航,一国将国家船舶所享有的免受临检的权利扩大到商船。海战中,悬挂一交战国国旗并且悬挂同样旗帜或另一交战国国旗的军舰护航的商船是服从于海军指挥的海军单位的一部分,护航下的每一船只均丧失其和平性质而被对方视为敌对军舰,同时它们必须履行军事义务。但由中立国军舰护航的中立国商船是否享有免受临检的权利却是一个悬而未决的问题,目前在国际法上还没有公认统一的规则可遵循。

co-obligee n. 共同债权人;连带债权人

co-obligor n. 共同债务人;连带债务人(⇨joint obligor)

Cooley doctrine 〈美〉库利原则 由库利诉费城港务局董事会案[Cooley v. Port Board of Wardens (1851)]确立,主张剥夺州在对本质上有全国性或需要全国统一规定的问题方面的立法权。

cooling off period 冷却期;重新考虑期间;等待期 指争议各方均不采取特定行为的一段期间。常发生于以下情形中:①在劳动法中,指在工会或公司提出申诉后的一段期间(一般为一个月)内,工会将不举行罢工,公司亦不得解雇工人。②在买卖法中,买方可以在此期间内取消一项买卖。例如,在美国许多州的制定法中规定,对于送货上门或上门推销而达成的交易,应给予当事人3天时间重新考虑,在此期间,当事人可以取消该项交易。③美国的某些州,指在当事人提出离婚诉讼到法院首次开庭审理之间,除一般性的法院延缓时间外,尚须存在的一段自动延缓期间。④在证券法中,指提出登记申请到登记生效的一段时间,通常不低于20天。

cooling time ❶〈刑法〉冷静时间;息怒时间 尤指杀人罪中,行为人在极度兴奋或强烈刺激之后的精神恢复冷静的时间。❷〈劳工法〉调停时间;冷却时间 法律规定或者集体劳动合同中约定的劳资双方纠纷的调停时间。❸〈婚姻法〉冷却期间 又可称为等待期间[waiting period],离婚案件诉讼开始到案件审判之间的时间。(⇨cooling off period)

coop (= cooperative)

co-op (= cooperative)

cooperation clause 合作条款 保险单中要求保险人在保险人调查或抗辩一项索赔时进行合作的条款。合作条款中被保险人的合作是指,被保险人对保险人的合理请求要给以公正诚实的信息披露,以使其能判定是否存在真正的抗辩。

cooperative n. ❶合作社;合作商店 指本身不营利,而为其成员或股东提供经济服务的组织或社团。按其功能和特征,合作社可以分为消费合作社、市场营销合作社、商业采购合作社、工人生产合作社、金融财务合作社、保险合作社、工会、同业公会以及自助合作社等。亦作co-operative,通常可简作"coop"或"co-op"。❷合作公寓
a. 合作的;协作的

co-operative (= cooperative)

cooperative apartment 合作公寓 公寓的每一个所有人对公寓整体所有权享有利益,同时又根据租约各自占有其中特定的单元,但其对该单元并非因为共有而享有所有权。它通常采用法人形式并被视为公司,但它实际上是一种混合体形式,其股东既持有股份,也与公司订有租约。承租人股东与合作公寓所有人的关系由公司章程、招股说明书、募股协议以及租约决定。

cooperative apartment house 合作公寓房(⇨cooperative apartment)

cooperative association (= cooperative)

cooperative building societies 土地合作经营社 一种以买卖土地为目的而组成的社团,它可以抵押、租赁土地或在土地上进行建设。(⇨Industrial and Provident Societies)

co-operative business corporation 合作社商业公司 这种公司被授权对非本公司持股人分配利润。在美国曾出现在一般商业公司上冠以"合作社"名义的做法,现今已

根据制定法规定而受到限制。

cooperative corporation 合作社法人 这类组织虽然作为法人存在,但其主要目的是为其成员提供服务或利润而不是为法人组织本身谋利。(⇨cooperative)

cooperative federalism 〈美〉合作联邦主义 主张在联邦政府与州或地方政府间分权且各自承认他方的权力。

cooperative housing 合作公寓(⇨cooperative apartment)

cooperative insurance 合作保险 一种非股份制的相互保险,保单持有人即为所有人。

cooperative marketing association 市场营销合作社 指生产商特别是农民为从产品销售的合作议价及降低成本中受益而成立的合作组织,其重要特征是成员与该组织之间的市场合同,它要求每一成员必须向合作社或通过合作社出卖其全部产品。

co-operative negligence (必要)混合过错;(必要)混合过失 指只有原被告方均有过失或均有过错才能导致损害事实发生,而单方过失不能致此的情况。也写作 mutual contributory negligence。(⇨contributory negligence)

cooperative societies 〈英〉合作社 指通常由小生产者或消费者为通过集体经济企业购买原料或出卖商品等共同目标而组成的自愿性组织。(⇨Industrial and Provident Societies)

cooperative store 合作商店 由合作社经营的商店。

coopertio n.〈英格兰古法〉断树之顶或枝叉 coopertio arborum 则多用来指伐倒的树的树皮,以及厚木块、碎木头等。

co(-)opertus a.隐蔽的;遮蔽的

co-opt v.❶增选 ❷同化;吸收

co-optation n.补选;增选 指选举某人以填补缺额的行为,例如封闭公司[close corporation]股东进行的选举。

coordinate jurisdiction (= concurrent jurisdiction)

coordinate system 坐标系 以所设定的相互交叉的东西坐标和南北坐标为基准的测量土地的方法。

coowner n.财产共有人;共有人 指与他人就某一财产共同享有所有权、占有或用益的人。它可以是普通共有人、共同保有人或夫妻共有人。

coownership n.财产共有(权)(⇨coowner; cotenancy; joint tenancy; tenancy in common)

coparcenary n.〈英〉〈废〉共同继承的共有地产 数人基于共同的利益、共同的权利、共同的占有而作为一个继承人同时继承同一祖先的遗产而形成的共有地产。这种所有形式在1925年后被废除。

coparceners n.〈英〉〈废〉连带共同继承人 指公元1926年前相互连带地继承并共同所有一份地产的数个继承人。(⇨coparcenary)

coparticeps 〈英格兰古法〉共同继承人(⇨coparcenary)

coparties n.共同当事人 具有相同法律地位的当事人,如共同被告人。

copartner (= partner)

copartnership (= partnership)

copartnery (= partnership)

cope n.❶〈英〉铅税 从英国德比郡的铅矿外销铅时向国王或土地所有人缴纳的税赋。 ❷房顶 ❸(某些教派的教士在举行庄严仪式时所穿的)斗篷式长袍;法衣

Copeland Act 〈美〉《科普兰法》 美国关于禁止任何人克扣政府建筑合同[government construction contract]之雇工工资的一项联邦法。

copesmate n.❶商人 ❷经商合伙人

copia 〈拉〉❶(罗马法)(英格兰古法)接近的机会;接近的方式 ❷(英格兰古法)抄本;副本

copia libelli deliberanda 〈拉〉(英格兰古法)移交诉状副本之令 在某人无法从教会法庭法官手中得到诉状之副本时,责令后者移交诉状副本的令状。

copia vera 正本;原件

coppa n.〈英〉分堆的谷、草等收获物 为计征农产品什一税将农作物产品分作十份堆放,以便更加公平公正地计算。

copper and scales (罗马法)铜和秤 完成买卖合同的仪式上所用的器具。(⇨mancipatio)

copr. (= copyright)

coprincipal n.❶共同主犯 两个或两个以上的人实施的共同犯罪中实施犯罪行为人或者帮助实施犯罪行为人之一。 ❷共同委托人 共同指定一名代理人并有权对其予以控制的两个以上的委托人之一。

copula n.❶性交;交媾 有时也指完婚。 ❷系词

copulation n.性交;交媾

Copulatio verborum indicat acceptationem in eodem sensu. 〈拉〉词语结合在一起,即表明它们应在同一意义上予以理解。

Copulatio verborum indicat quod accipiantur in eodem sensu. 〈拉〉词语结合在一起,即表明它们应在同一意义上予以理解。 当某个词的词意不明时,当事人使用该词的意图应当根据该文书中相邻近的词语的意思加以确定。

copulative condition 联系条件 依赖于一系列事件的发生而实现的条件。

copy fee 副本费 准予律师收取的为对方当事人或其代理律师准备诉状或答辩状副本的费用;也泛指诉讼中为得到诉讼文件副本而支付的费用。

copyhold n.〈英格兰古法〉公簿保有;公簿保有地产(权) 英格兰的土地保有形式之一,于1925年被取消。公簿保有源于庄园制。庄园本是分配给领主占有并作为一个经济组织的一片土地,当封建制土地保有方式于诺曼征服后被引进英格兰时,原来持有庄园的领主被接纳为国王的直属封臣,原来从他那里以自由身份保有土地的人变成了他的自由封臣,而那些虽占有土地身份却不自由的人称之为农奴,亦译作"维兰"[villein]。农奴以向领主提供农役为条件保有土地,但这种农役是不确定的,它服从于领主的意志,这是它与自由保有地产的最大区别。大约15世纪,劳务地租转化为货币地租,农奴保有随之变为公簿保有。公簿保有地产是根据庄园习惯法依领主意志保有的一片庄园内领主自留地。就同一块土地,保有人本来也可以自由保有方式保有,如以非限嗣继承方式、终身保有方式、限嗣继承方式等,他还可以对该地产享有一定期限的动产性权益[chattel interest],而之所以选择公簿保有则有可能是庄园习惯、个人身份、双方协议等的结果。基于某些庄园的习惯,公簿保有地产还可以继承,称之为可继承公簿保有地产[copyhold of inheritance]。公簿地产保有人的役务属于较低贱的一等,这也是区别于自由保有的重要方面。虽这种役务受领主意志支配,但领主意志的行使也受庄园习惯法的制约,这使得公簿保有人的利益也不致轻易遭到侵害。另外,自由公簿保有地产或习惯自由保有地产[free copyhold or customary freehold]虽亦依庄园之习惯,但总体上是独立于领主意志之外的。公簿保有地产的成立需具备4个条件:庄园及庄园法庭的存在,该地产属于庄园,从很早时候起即通过庄园法庭

的卷宗副本出租。在为公簿地产保有人设立的习惯法庭[customary court]中，由领主或其管家出任法官，众公簿地产保有人作为助手，处理效忠及地产交易等事务。公簿保有地产的习惯分为两类，①经普通法认可适用于一切庄园的普通规则，并可由普通法法庭进行司法认知，在诉讼中无须进行特别答辩；②只适用于特定庄园的特殊习惯，在诉讼中需在答辩中特别指出，并得进行严格解释，若有悖于理性、道德或公正，或不能付诸肯定确实的规则，则将不会为法庭所承认。依据普通习惯，公簿保有人拥有以下权利和义务：①向领主效忠，但通常效忠宣誓会暂缓举行；②出席习惯法庭；③采木权，除非为庄园习惯所禁止；④不得抛荒土地，除非为庄园习惯所允许；⑤除非为庄园习惯所禁止，可继承公簿地产依普通法规则进行继承。原来依特定庄园习惯进行继承的公簿地产，其继承规则受到1833年《继承法》[Inheritance Act]的影响而有所改变；⑥公簿地产通过弃让[surrender]加接纳[admittance]方式实现转移；⑦公簿地产保有人可将其保有地出租一年，征得领主同意后则可不受此期限限制；⑧公簿地产可为各种债务提供担保；⑨公簿地产保有人的遗孀有权获得其亡夫原先保有地产的一定份额，称为寡妇公簿地产[free-bench]，具体份额依各地习惯不同而不同。它通常属于终身保有地产[estate for life]，但可因改嫁或未能从一而终[inconsistency]而被没收，也可因其夫亡前的转让行为或协议、领主的收回、领主恩准授予自由产或未来寡妇地产权[jointure]的设定而受到阻却；⑩与寡妇公簿产相对应，鳏夫亦有相应的地产权；⑪公簿地产的继承以交纳封地易主费[fine]为前提，这笔费用在前述寡妇、鳏夫接手相关地产以及公簿地产进行交易时都要征收，唯一例外是发生破产，但剩余地产保有人进入时则无需交纳。按份共有人[tenants in common]依其份额比例支付，共同共有人则以同一名义交纳，因后者存在生存者权[survivorship]问题，为不损害领主权益，第一个去世人交纳土地两年的收益，第二个去世者交纳前次费用的一半，依此类推；⑫普通法上的公簿地产保有人去世时要交纳死亡奉献金[heriot]，通常为最好的牲畜。公簿地产没收则一般归领主国王所有，没收原因无非是依习惯方式转让地产、抛荒、拒绝履行役务等。公簿保有地产可通过以下途径转化为自由保有地产：①保有人弃让，并为领主利益保有地产；②保有人将一切权益让予领主；③领主将该地产以自由保有方式授予他人，原保有人让出地产；④领主将地产性质由公簿保有转为自由保有；⑤以立法实现。1925年《财产法》[Law of Property Act]之后，原来的习惯保有和公簿保有都转化为相应的自由保有或租赁地产；1935年之后有关公簿地产的一些附属权益被取消。（⇨ villeinage; free-bench; customary court; surrender; admittance）

copyhold commissioners 公簿不动产专员 指负责贯彻实施旨在强制减轻采邑负担和限制（罚金、贡品、采伐权、采矿权等），并确依公簿获得土地使用权的各项议会法令的官员。他们按1841年的《公簿不动产法》[Copyhold Act]被任命。1888押，他们的权责转给农业局，今为农业部。

copyholder n. ❶依据公簿记录占有土地的佃户；依据公簿记录租赁不动产（土地）的人 ❷向校对员读稿的人

copyhold estate 依据公簿记录获得的租赁不动产（土地）

copyhold tenure 依据公簿记录获得的不动产租赁权（占有权、使用权）

copyright n.版权；版权法 版权是就独创的文学、戏剧、音乐或美术作品而授予其作者的一组权利，包括对作品进行复制、表演与其他使用行为的专有权。根据"思想-表现"二分法[idea-expression dichotomy]，版权并不保护抽象的思想[idea]，而只是保护对思想的特定、具体的表现[expression]。而且，构成一个有效的有版权作品[copyrighted work]，除了该表现必须具备独创性[originality]外，还应达到最低创作程度。在英美法上，版权是文艺复兴运动与印刷技术发展的产物。1556年，英国的书籍出版业公会[Stationers Company]根据特许权而享有书籍出版的垄断权，所有书籍均须经其登记官的同意与注册方得出版。1709年，英国一制定法承认作者享有印刷其作品的专有权利，已印刷作品的保护期为21年，未印刷作品之保护期为14年。这被认为是世界上第一部版权法，即《安娜女王法》[Statute of Anne]。英国版权法随时代发展而历经修改，逐步增加了受版权保护的作品范围与作者权限及保护期限。当前的英国版权法是1988年《版权、外观设计和专利法》[Copyright, Designs and Patents Act]。该法规定受版权保护的作品除文学、戏剧、音乐、美术作品外，还包括录音作品[sound recordings]、电影、广播、有线节目以及已出版版本的印刷排版设计[typographical arrangement]。版权的保护期一般为作者有生之年加死后50年。版权的内容包括对作品进行复制、发行、表演、公开展览、广播、改编等权利，而且，在该法中第一次增加规定了精神权利[moral rights]。在美国，国会于1790年仿照英国1709年版权法制定了第一部联邦的版权法。该法亦历经多次修订。最近的一次版权立法是在1976年10月，即《1976年版权法》[Copyright Act of 1976]，该法于1978年1月1日生效。在此之前，美国存在着普通法保护与制定法保护两套版权保护体系，通常，普通法版权[common law copyright]保护出版前的作品，而出版后的作品则产生制定法上的版权[statutory copyright]，受联邦版权法的保护。《1976年版权法》意在取消普通法版权而创设一套统一的版权保护体系。该法保护已被固定在有体载体上的所有表现[expression]，故只要某一作品已被某种确定的方式记载下来，其作者的即可受版权法保护。《1976年版权法》对版权的保护期限也为作者有生之年加死后50年。此外，为使国内法符合加入《伯尔尼公约》[Berne Convention]的条件，美国又专门制定了《伯尔尼公约执行法》[Berne Convention Implementation Act]。在该法生效（1989年3月1日）之前，如果没有在发行的版本上适当标注版权标记，则该作品的版权可能被没收，但在该法生效之后，进行版权登记或标注版权标记不再是取得版权的前提条件。这是美国版权法在形式要件上的重大变更。

copyright after publication 已发表作品的版权 主要指复制权，由制定法保护。

copyright before publication 未发表作品的版权 指在普通法上受到保护的初次发表权。

Copyright Clause 〈美〉版权条款 指美国宪法第一条第八款第八项的规定，授权国会保障作者于一定期限内对其作品享有的专有权利。

copyrighted a.受版权保护的；有版权的

衡平法上的共同共有或普通共有 [Joint Tenancy or Tenancy in Common in Equity]

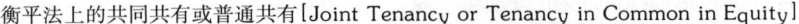

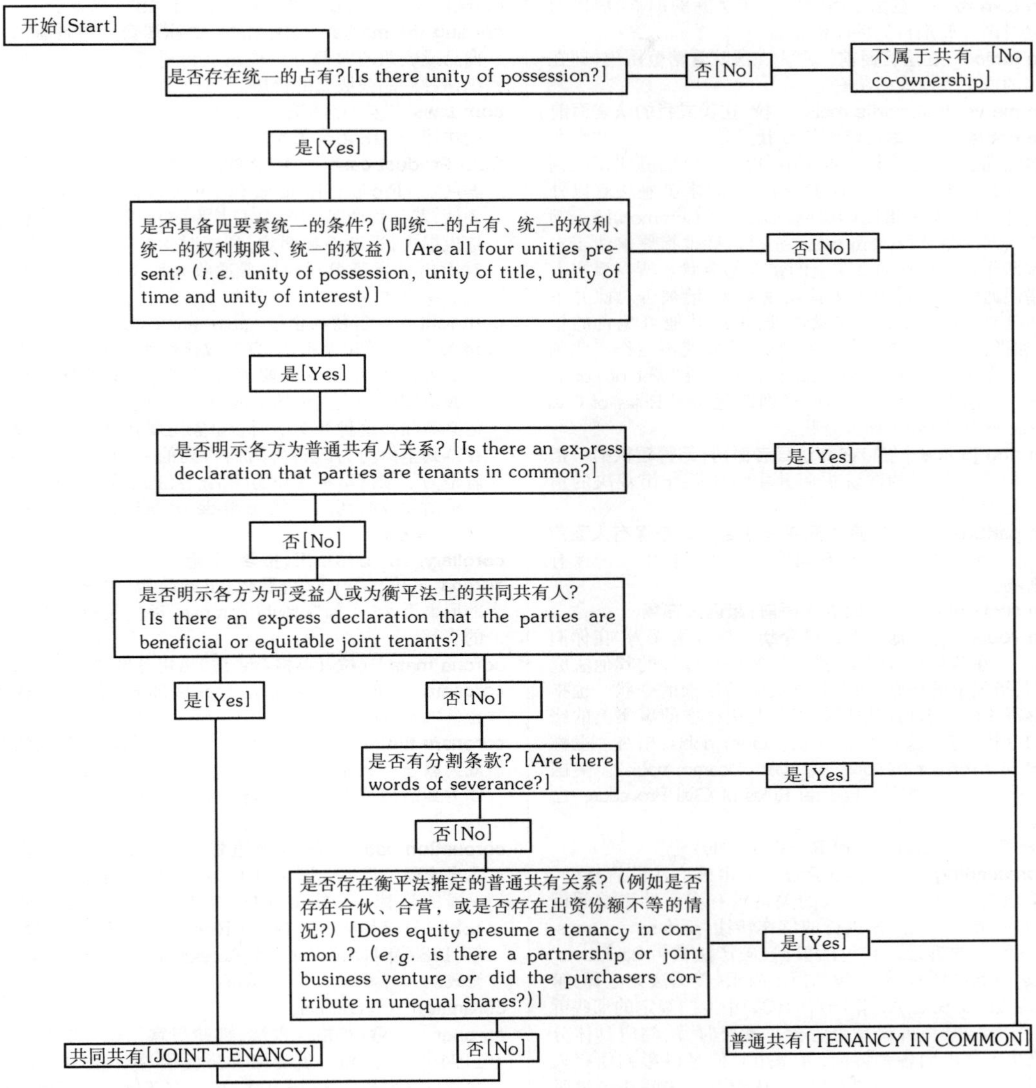

Source: John Stevens & Robert A. Pearce, *Land Law*, U.K.: Sweet & Maxwell, 1998, p.204

copyright infringement 版权侵权；侵犯版权的行为　指侵犯版权人专有权利的行为。依照《美国法典注释》[USCA]的规定，侵犯版权的行为是指任何侵犯他人依《联邦版权法》[Copyright Act]所享有的专有权利的行为。版权人对版权作品享有数项专有权利，包括：①复制权；②演绎权；③发行权；④某些作品的公开表演权；⑤某些作品的公开展览权；⑥录音作品的公开表演权；⑦进口权。(⇨infringement of copyright)

copyright notice 版权声明；版权通知　指关于某一作品享有版权保护的通知，通常置于每一册已出版的作品中。美国版权法曾以之作为版权有效的必要条件，但自1989年3月1日以后，不再将之作为版权有效的条件，尽管该种做法仍可提供某些程序上的便利。

copyright owner 版权人；版权所有人　指对版权作品享有专有权的人。(⇨copyright)

coraage (= coraagium)

coraagium (英格兰古法) 特量谷物　这是一种非常特别的赋税，只在非常特殊的情况下才征收，不同于一般的义务。古书中常与"hidage"、"carvage"相连。有人认为该词是"cornage"的误写，但多数人认为它是合法存在的一种特别赋税。(⇨hidage; carvage; cornage)

coram 〈拉〉当面；对面；在…面前　仅适用于人。

coram domino rege 〈拉〉在国王陛下面前　王座法院 [court of king's bench] 的旧称。

coram domino rege ubicumque tunc fuerit Angliae 〈拉〉无论他此时在英国何地,都在国王陛下面前

coram ipso rege 在国王面前 王座法庭的旧称,因以前开庭时国王亲自到场而得此名。

coram judice 在法官面前 意为在法院管辖范围内,即在适当的或正当组成的法庭上。

coram me vel justiciariis meis 〈拉〉在我或我的法官面前

coram nobis 〈拉〉本法院纠错令状 该词的本义是"在我们自己面前"。在英格兰古法中,指在王座法庭纠正已判决案件存在事实上的错误的令状,与要求王座法庭以外的其他法庭(尤其指民诉法庭[Court of Common Pleas])纠正错误的令状[coram vobis]相对。后也指要求纠正本法院所作判决存在的事实上的错误的令状。所指事实上的错误通常指在诉讼中未提出某事实,但被告对此并不存在疏忽,而是由于存在欺诈、胁迫或其他可免责的错误,如果在诉讼中该事实得到确认,法庭就不会作出此判决。也称作"writ of error coram nobis"或"writ of coram nobis"。美国《联邦民事诉讼规则》[Federal Rules of Civil Procedure]已废除了此种令状。

coram non judice 〈拉〉在非法官者面前;无管辖权的 指诉讼向无管辖权的法院提起并由该法院作出裁决的情况。此种判决无效。

coram paribus 〈拉〉在身份同等者或自由地产保有人面前 早先,见证各种契据必须有同等身份者或自由地产保有人在场。

coram sectatoribus 在起诉人面前;起诉人在场

coram vobis 〈拉〉他法院纠错令状 该词本义为"在你们面前"。在英格兰古法中,指由王座法庭以外的其他法庭(尤其指民事诉法庭)纠正其判决中的错误的令状。也指上诉审法院要求初审法院纠正其判决存在的事实上的错误的令状,与本法院纠错令状[coram nobis]相对。也称"writ of error coram vobis"或"writ of coram vobis"。美国《联邦民事诉讼规则》[Federal Rules of Civil Procedure]已废除此令状。

C.O.R.E. (= Congress of Racial Equality)

core proceeding 〈美〉核心诉讼 指由破产法院管辖的、其请求对债权人与债务人的关系具有实质性影响的诉讼,如请求追回破产前进行的欺诈转让[preferential transfer]的财产的诉讼。它包括根据《破产法典》[Bankruptcy Code]提起的所有诉讼,包括但不限于《美国法典注释》第28卷[28 U.S.C.A. §157(b)(2)]中专门规定的那些诉讼。在确定某一诉讼是否为核心诉讼时,法院应具体分析当事人提出的各种诉因,并得出它们足以影响债权人与债务人之间关系的调查结果,从而破产法院在经过听审后可以作出终局判决。

corespondent n. 共同被告 ①通常指衡平法诉讼中的共同被告人;②共同就申请或申诉[petition](如调卷令申请)作出应答的人;③在美国家庭法上,在因通奸而提起的离婚诉讼中,指被控与被告人通奸的人;④在美国某些州,指共同被上诉人。

corium for(f)isfacere 惩罚皮肤 即笞刑,在古代本为对仆人的一种惩罚。

cornage (英格兰古法)警示役保有 英格兰封建地产保有形式之一,封臣以在敌人入侵前吹响号角警示国民为条件保有土地,属大侍君役保有[grand serjeanty]。

corner n. ❶角 ❷垄断;囤积居奇 通过商品的买卖以及期权和期货的交易,压低商品的市场价格,大量买进并使之脱离市场一段时间,从而达到人为提高该种商品价格的目的。以非法手段联合起来而形成的垄断,构成刑法上的共同密谋。

cornet n. 〈英〉(骑兵的)掌旗官 于1871年废止。

corning the market 垄断市场;囤积居奇 对现有的一种商品或股票的大部分供应量获得所有权或控制权,以操纵该种商品或股票的价格。

corn laws 〈英〉谷物法 对各种谷物进口规定保护性关税的法律,于1846年被废止。

Corn Product case 〈美〉谷物产品加工公司诉国内税务署案[Corn Products Refining Co. v. C.I.R. (1955)] 该案确认,若谷物产品生产加工者为防止谷物原料价格上涨造成损失,买进谷物期货,到期时受领货物或卖出期货,对卖出期货所得利润按普通收入而不作为资本利得征税。

corn-rent n. 谷物租金 (⇨grain rent; crop rent)

corody n. (英格兰古法)皇室教仆生活必需品 根据国王的要求,由国王设立的修道院或其他宗教会所应向皇室在修道院的仆人提供的金钱、住所、肉食、饮料、衣物及其他必需品。这种开支不同于皇家附属教堂牧师[chaplain]在得到圣俸前为改善生活而得到的补助金[pension],前者是为了维持皇室教仆的生活。经国王恩准的这种必需品可发放必需品令状[writ de corodio habendo]加以执行。(= corrody)

corollary n. 必然结果;推断;推论

corona 〈拉〉〈英〉王位;君权;王国政府;君王 用于旧时的刑事诉讼中,如"placita coronae"指代表政府的控诉方的答辩。

corona mala 〈拉〉(英格兰古法)滥用身份的神职人员

coronare 〈拉〉(英格兰古法)(头顶部分)削发;使成为教士 (⇨tonsure)

coronare filium 〈拉〉(英格兰古法)削发以使某人的儿子成为教士 Homo coronatus是指接受第一次削发的人,作为到达较高神品的准备。削发是使头顶呈荆冠的形状。

coronation oath 〈英〉加冕宣誓 在加冕典礼或者授予君主皇家徽章以确认其对王国的统治时,国王发誓要遵守王国的法律、习惯和特权,维护新教。誓言的格式由1688年《权利法案》[Bill of Rights]加以规定,后经1910年、1937年《即位宣布法》[Accession Declaration Act]两次修改。

coronator (= coroner)

coroner n. ❶(英格兰古法)郡验尸官 这一职务最初于1194年9月设立,负责保管公诉状卷宗、记录刑事司法案卷。其职责由1276年的《验尸官条例》[De Officio Coronatoris]规定。在郡法院中,其职位低于郡长,每郡有4名验尸官。最初由郡中自由保有土地臣民选举,并负责保护王室财产。作为皇家官员,拥有郡内的管辖权,负责调查死因、主持验尸,并在必要时代替郡长行使职责。这一职务的存在是对权力日渐膨胀并威胁到王室对郡的控制的郡长的制约。在巡回法庭到达某郡时,验尸官应向巡回法官提交案卷,汇报犯罪情况,以使巡回法官获知该郡的有关情况。如果验尸官不能提交案卷,或者巡回法官从另外的渠道而不是从案卷中获知了有关的犯罪情况,则巡回法官就要对验尸官处以罚金。❷验尸官 负责调查暴力致死、猝死、非自然死亡、意外死亡、狱中死亡、不明原因的死亡等法律规定需要调查的情况的死亡原因和死亡情况的公职官员。在英国,验尸官由任命产生,被任命者必须是拥有至少5年从业经验的初级律师、

高级律师或开业医生。调查在验尸官法庭举行,法律有规定还需召集陪审团参加。调查结束后,验尸官或陪审团要公布事实认定书[verdict],并以调查报告[inquisition]予以证明。过去,法官仅凭事实认定书即可对某人定罪,但现在已不允许这样做。在美国也有验尸官职务,通常由选举产生,其职责与英国基本类似。现在,验尸官的职责范围逐渐缩小,多被法医[medical examiner]所替代。

coroner's court 〈英〉验尸法庭 具有特殊管辖权的普通法法庭,由郡验尸官[coroner of the county]主持,属存卷法庭[court of record],其职责是当辖区内发现不明死因的尸体时调查死因,前提是有合理的理由认为该死亡是在监狱或其它依法需进行调查的场合由暴力所致,或属非自然死亡等。验尸官的调查可以提起对谋杀罪[murder]、过失杀人[manslaughter]或杀婴罪[infanticide]的正式指控。在某些场合下需由陪审团参加,验尸法庭官陪审团的职能类似于大陪审团[grand jury],它并不参与审理,而只是指出嫌疑犯。(⇨coroner)

coroner's inquest 验尸官调查 由验尸官主持,在陪审团的帮助下,对于因暴力或在可疑情况下造成的死亡的原因和死亡情况进行的调查。(⇨inquest)

coroner's jury 验尸官陪审团 由验尸官所召集的负责对某人的死因进行调查的陪审团。

corpnership n.法人合伙 指以某一公司作为普通合伙人的一种有限合伙形式,通常以众多的公众投资者作为其有限合伙人。该词源于"corporation"(公司)与"partnership"(合伙)的混合。

corporale sacramentum (英格兰古法)手按《圣经》进行的宣誓(= corporal oath)

corporal imbecility 无性交能力 并不一定是先天的或者永久无法治愈的。

Corporalis injuria non recipit aestimationem de futuro. 〈拉〉人身伤害不指望在未来的诉讼中获得赔偿。

corporal oath 手按《圣经》宣誓;庄严宣誓

corporal punishment 肉刑;身体刑;体罚 指施于肉体使之感受痛苦的刑罚或处罚方法,区别于财产刑或罚金,如鞭笞[flogging]、铁烙[branding]、断肢[mutilation]等,也可以包括监禁刑。早期认为适用死刑尚无正当根据者以肉刑罚之是很普遍的。但英国自18世纪晚期以来肉刑的使用已大为减少,而作为对狱中违反监规的犯人的处罚措施却得到了最长时间的保留;关于父母或教师能否对子女或学生实行体罚则存在很大争论。在美国,尽管许多州的制定法禁止鞭打学生,美国最高法院的判决仍确认学校可以在合理的限度内使用体罚;而对于鞭笞他人,美国宪法第八条修正案将其视为一种"残忍且异常的处罚"形式而予以禁止。

corporal touch ❶身体接触 ❷人身拘禁

corporate a.法人的;公司的

corporate acquisition 公司收购 指公司通过购买对方股票或免税换股等方式对另一公司进行接管,交易完成后,双方都维持各自的法律人格。(⇨leveraged buyout; reorganization; takeover bid; merger)

corporate act 公司行为;法人行为 指公司实施的行为。就市政法人[municipal corporation]而言,指其作为财产所有人所实施的行为,区别于其履行行政职能的行为。

corporate agent 公司代理人 指被授权代表公司进行活动的自然人或法人;广义上,包括所有有权使公司受其行为约束的公司雇员及高级职员。

corporate authority 〈美〉❶(公司官员合法享有的)公司职权 ❷市政官员 在某些州,由市政法人[municipality]居民直接选举或以居民同意方式任命的市政官员,尤其指授权在某些特定问题上代表市政法人的市政官员。

corporate body 法人;法人团体 即"body corporate",亦即corporation。

corporate bond 公司债;公司债券;附担保的公司债券 指公司为某一财政目的而发行的一种长期附息债券,其期限通常为10年或更长,在确定的时间或分期支付事先确定的利息,到期还本。在其狭义上,该词意为附担保的公司债券,即该种债券通常以发行人的财产作为偿债担保,从而与无担保的公司债券[debenture]相区别。但它也经常用来泛指所有的公司债券,无论其有无担保。(⇨bond; debenture)

corporate books 公司记录 记载公司活动及交易的书面记录。

corporate bylaws (= bylaws)

corporate charter ❶公司执照;法人执照 指由政府机关(例如美国的各州州务卿)所颁发的一种文件,授予某一公司以法律上的存在资格,以及可以公司名义从事活动的权利。亦作"charter"或"certificate of incorporation"。
❷〈美〉公司注册证书 指由注册人向州务卿申请成立公司的一种法律文件。亦即"articles of incorporation"。

corporate citizenship 〈美〉公司公民权 指为获得酒类许可证之类的特权或豁免等特定目的而授予本州公司的公民权,外州公司不能依据特权和豁免条款(见美国宪法第四条第二款)取得该项权利。

corporate conduct 公司行为 指公司经由其授权机构或人员所实施的行为。包括正式行为或非正式行为,也包括作为或不作为。

corporate crime 法人犯罪;企业犯罪;公司犯罪 指法人作为犯罪主体的犯罪。构成法人犯罪一般应具备以下3个要件:①法人代理人[an agent of the corporation]实施了犯罪行为;②法人代理人实施的此一行为在其业务范围之内;③法人代理人实施此行为的目的是为法人谋取利益。法人犯罪的类型包括污染环境、物价垄断、欺诈消费者等公害犯罪[public welfare offense]以及其他违反行政法规的犯罪[regulatory offense]等。早期普通法没有法人犯罪的规定,因为传统刑法理论认为犯罪只能是自然人的行为;法人是法律实体,没有身体动作,也不具有心理要件,故不能犯罪。但经济的迅速发展,使工商企业活动对人们生活的影响越来越大。为了维护公众的福利和健康,19世纪末以来,法院开始将"仆人过错主人负责"这一普通法民事原则运用到刑事领域,法人犯罪应运而生。法人犯罪的立法和判例,对于企业加强行政管理,提高其社会责任感具有重要意义。然而,关于法人犯罪的存废,在刑法理论界一直存在着争论。

corporate director 公司董事(⇨director)

corporate domicile 公司住所 指法律认定的公司事务中心所在地。在美国,公司的法定住所通常为公司成立地所在州或公司主要办事机构所在州。为了在联邦法院中确定地域管辖权,公司被认为是其成立地所在州与其主要办事机构所在州的居民。公司的法定住所不同于公司的"商业住所"[business situs; commercial domicil],后者是指为税收等目的,公司在其住所地以外从事业务活动的所在地。与自然人住所不同的是,公司不能任意变更其住所。(⇨domicil(e))

corporate entity 公司实体;法人人格 指公司在法律上

享有的、与其股东相分离的独立主体地位。作为独立主体，公司可以拥有自己的名称，以自己的名义起诉、应诉，进行金钱借贷，买卖、租赁或抵押其财产。（⇨corporate personality）

corporate franchise 公司特许权；法人特许权 指由政府授予那些组成社团法人的自然人及其继受人的一种权利或特权，从而使其可以公司（法人）名义存在、从事业务，并得行使与该种组织形式相应的或在特许中所必然默示的权利与权力。首要的公司特许权〔primary corporate franchise〕是使设立公司的人可以一个单一的主体（公司）实施行为，并使其免于承担个人责任；其次的公司特许权〔secondary corporate franchise〕则是根据公司执照而被授予的各项权力。（⇨corporate charter; franchise）

corporate liquidation 公司清算（⇨liquidation）

corporate mortgage trust 公司抵押信托；法人抵押信托 一种公司融资手段。具体做法是：由公司发行无担保债券〔debenture〕，将公司财产向独立受托人设定信托，以该信托财产作为债券的担保，并由受托人保护债券购买人的利益。

corporate name 公司名称；法人名称 指公司用以从事各种法律行为——诸如起诉、应诉、纳税、处分财产——的已登记的名称。该名称须经相关的政府机关登记，并在公司执照上记载。在美国，公司名称的登记机关为州务卿，并且大多数州规定公司名称中须含有"corporation"、"incorporated"、"company"或它们的缩略语字样。公司的名称被认为是公司作为法人实体存在的一个要素及公司特许权的组成部分。

corporate officers 公司管理人员；公司高级职员 指充任公司执照中所设置的各项职位的人，如董事长、财务主管等，广义上也包括副董事长、总经理和其他高级职员。

corporate opportunity doctrine 公司的机会原则 公司的董事、管理人员或雇员，作为对公司负有忠实义务的人，不得利用所获得的信息，而把公司可从中享有期待权或财产利益的商业机会或依据公平原则应当属于公司的商业机会转归己有。

corporate personality 公司的人格；法人人格 公司在法律上被视为一个可以如自然人那样具有享受权利和承担义务能力的实体〔entity〕，并且其人格完全区别于其所有成员的资格，因此它通常被称为"法律上的人"〔juristic person〕。但是，对于这种法律实体的本质以及如何合理解释其具有的人格，则争论纷纭，如拟制说、特许说、实在说、有机体说、目的说云云，不一而足。但诸种理论皆有顾此失彼之嫌，难谓圆满。英美诸国立法均承认公司具有独立人格。（⇨corporation; corporate entity）

corporate pocketbook 公司的钱袋 一种形象的说法，意指个人持股公司的税务律师。

corporate powers 公司权力；法人权限 指由公司章程或公司赖以设立的法律所授予的权力，或为实现其前述明示权力及公司设立目的所必需的权力。（⇨capacity of corporation）

corporate purposes 公司目的；法人宗旨 指公司成立所希望达到的商业目标的一般范围。在英美各国历史上，以公司形式从事商业活动是一种特权，故政府规定成立公司必须有具体的目的。美国各州的制定法一般要求在商业公司的章程上明述公司的目的。但现在的通常做法是将公司目的表述为"任何合法目的"〔any lawful purposes〕，而非公司的具体商业行为种类，从而在实际上扩展了公司的经营范围。当然，与之相对的"非法目的"〔unlawful purposes〕则不仅指其本身违法或受到禁制的行为，而且还包括其他未经授权行使的权力、缔结合同或其他行为，亦即越权行为〔ultra vires〕。公司目的与公司权力〔corporate powers〕是"目的"与"手段"的关系，公司可以运用其权力以达到其成立之目的。就市政法人〔municipal corporations〕而言，尤其在涉及其征税权时，其"法人宗旨"在于提高公共繁荣与城市福利。

corporate raider 公司袭击者 指通过购买目标公司的股票与替代管理的方式，违背公司的意愿而试图取得其控制权的个人或公司。该词常用来指敌意收购人〔hostile bidder〕，简作 raider。（⇨raider; takeover; white knight）

corporate records 公司记录；公司档案 指公司执照、章程的正式文本或副本、董事会议和股东会议的记录以及公司正式业务的账册、所签合同及业务往来的书面凭据等。

corporate reorganization 公司重组；公司重整；法人重整 ①指在公司处于财务困难或竞争不利的状况下，对公司进行的重组或更新行为，以期调整公司现有利益；②在破产法中，指破产法院的一种程序，通过调整资本结构、减少债务以及作出其他可允许的变更，以使濒临破产的公司得到恢复，提高债权人获得全额的债务偿还或比立即偿还更好的债务偿还的可能性。（⇨reorganization）

corporate report 公司报告 指由公司向股东或有权对公司事务进行监督的政府官员所出具的关于某一时期公司财务状况及商业交往情况的陈述。报告可以是定期的，也可以是不定期的，后者则称为特别报告〔special report〕。（⇨report）

corporate rights 公司权利（⇨rights）

corporate seal 公司印章；法人印章 公司以印章实施并证明其成立及所出具法律文件的真实性。但是，如果公司的行为或合同系由自然人所完成，或者根据制定法的规定无需公司印章，则加盖公司印章不再是使该行为或合同生效的必要条件。有时，公司印章可以在括号内加注斜体字、印刷体或"L.S."字母为已足。

corporate securities 公司证券 指公司为筹集资金供公司业务所用而发行的股票、债券及其他各种债权凭证。（⇨securities）

corporate stock 公司股票 指公司发行的所有代表所有者权益〔equity〕的证券，但不包括代表债务的债券。（⇨stock）

corporate stockholder 公司股东（⇨stockholder）

corporate stock rights 股东优先认股权 指公司股东对新发行股票的优先认购权。（⇨rights）

corporate surety 担保公司 其字面含义是指以公司作为保证人，但通常是指以担任损害赔偿责任的保证人为其业务的公司。（⇨surety company）

corporate trustee 法人受托人；受托公司 指根据其执照授权可以担任受托人的公司，如银行、信托公司等。

corporation n.❶法人 该词的最初含义是指法人，即在法律上被视为是单一法律实体的、由个人组成的团体或一系列某一职位持有人。为了与自然人〔natural person〕相区别，法人有时又被称为"拟制的人"〔artificial person〕、"法律上的人"〔juristic person〕或"团体人"〔corporate person〕。法人与组成法人的所有个人在法律上的区别是，它有自身的法律人格，可以以自己的名义提起诉讼与被诉、拥有财产、进行交易、承担责任。在英国，最早被承认为法人的是市镇、大学与教职。在15世纪，法人与组成法人的成员开始被认为是相互独立的。在16世纪末到17

世纪初，一些商业企业开始被创设为法人形式，例如，东印度公司[East India Company]、皇家非洲公司[Royal African Company]与哈得逊河湾公司[Hudson's Bay Company]即是通过特许状而成立的法人。在英国法中，法人分为集合法人[corporation aggregate]与独体法人[corporation sole]两类。❷**公司** 在美国，该词通常在此义项上被使用，即指根据法律授权而可以以独立于股东的人格实施行为，并可以永续存在的一个实体（通常是商业实体）。在英国，该词多被用以指"市政法人"[municipal corporation]，即从事民用业务的市政当局。英国对应于"公司"义项者通常用"company"。

corporation aggregate 集合法人；社团法人 指在同一时间内由多人组成的联合体，并通过法律的授权使其有能力在许多方面以一个主体的身份实施行为。它最初在英国法中是一个历史概念，与独体法人[corporation sole]相对，指由多人联合而成的一个社团[society]，其成员身份可以永久继承，故其具有永久存续性。例如：由市长与市民组成的城市、由院长与研究人员组成的学院，以及由教长与全体教士组成的天主教堂等。现多用以指公司[incorporated company]。（⇨corporation sole）

corporation court 〈美〉市政法院 在某些司法区，针对每一依法设立的市政法人而设的法院。如以前弗吉尼亚州[Virginia]即规定，本州内的每一城市应设立一"市政法院"，由一名法官主持，其任职资格与选举方式与县法院[county court]的法官相同。

corporation de facto (= de facto corporation)
corporation de jure (= de jure corporation)
corporation for profit (= profit corporation; business corporation)
corporation not for profit 非营利法人；公益法人 指为慈善事业或捐助目的而成立的法律实体，一般由专门法规予以规范。它享受特殊的税收待遇。亦作"not-for-profit corporation"或"non-profit corporation"。

corporation sole 独体法人 指在任一时间内只有一名成员的法律实体，其作为法人的永久存续性是通过该成员的继承而实现的。它通常是为了取得某种法律行为能力或特权，从而根据法律而创设的。在英国，典型的独体法人存在于其俗教两个方面，例如，国王、主教、堂区长[rector]等均属之，在宗教方面的独体法人尤多。独体法人最主要的特征在于，其成员通过其职位[office]而拥有的财产（而非其个人财产），在该成员死亡后将转移至其职位继承人[successor in office]而非其遗产继承人[personal representatives]。

corporator n. ❶集合法人的成员；公司成员；股东 ❷公司组建人；发起人

corporeal a. 物质的；有形的 与无形体的、非物质的、精神的[incorporeal; spiritual]相对。"corporeal"与"corporal"之间的区别在于：前者强调物体的性质或者实际存在；后者则强调物体的外表或者与其他物体的协调。

corporeal hereditaments 有形遗产；有体的可继承遗产（⇨hereditament）

corporeal ownership 实物所有权 指对动产和不动产所享有的所有权，区别于对动产或不动产上的权利所享有的所有权。

corporeal possession 实际占有；实物占有；自然占有（⇨possession）

corporeal property 有形财产 与无形财产[incorporeal property]相对。

corpore et animo 〈拉〉在肉体和精神上；通过客观行为和主观意图

corps diplomatique 外交团

corpse n.(人的)尸体

corpus 〈拉〉❶物；物体 ❷信托财产 ❸原物 产生利息或租金等收入的本金或财产本身。

corpus comitatus 〈拉〉❶全郡(或县) 区别于郡或县的某个地方或某一部分。❷(作为集合体的)全体(或县)居民

corpus corporatum 〈拉〉法人；社团

corpus cum causa 〈拉〉(英格兰古法)连人带案移送复审令状 衡平法院签发的要求下级法院将当事人及诉讼卷宗一并移送以便对该下级法院所作的判决进行复审的令状。该令状主要用于审查下级法院所作的监禁裁决是否适当。

corpus delicti 〈拉〉犯罪事实 指犯罪的客观外在事实，如被谋杀者的尸体、被焚毁的房屋。其引申意义指证明犯罪确已发生并符合某一犯罪构成全部要件的证据，包含犯罪行为[act]与行为应受刑法追究[criminal agency of the act](即非意外事件)两方面。犯罪事实是追究犯罪的基础。若检察机关对犯罪的指控仅依据被告人的口供，而未提供犯罪的事实证据，则指控不能成立。这是英美法上一条重要的原则：犯罪事实原则[corpus delicti rule]。

corpus delicti rule 犯罪事实原则(⇨corpus delicti)

Corpus humanum non recipit estimationem. 〈拉〉人身无价。或：人身不容估值。

Corpus Juris 〈拉〉❶法律大全 该词常用于指一些法律汇集文卷的名称，如《民法大全》[Corpus Juris Civilis]、《教会法大全》[Corpus Juris Canonici]。❷〈美〉《美国法大全》 简称"C.J."，韦氏出版公司自1911年至1936年陆续出版。正文现已较少被参照使用，但是《美国法大全续编》[C.J.S.]在一些脚注或判例援用方面并未重复原文，而是指出参考《美国法大全》某页某脚注，因此，这一旧的版本仍具有历史研究价值。

Corpus Juris Canonici 《教会法大全》 1441年被巴塞尔会议[Council of Basle]正式采纳的特指罗马天主教会法规整体的名称，其中包括1140年格拉提安[Gratian]的《教令集》[Decretum], 1234年雷蒙德[Raymond]的《格列高利九世教会集》[Decretales Gregorii Ⅸ]等。特兰托公会议[Council of Trent]改革后，上述法令集编于1580年，经过改编，全称为《教会法大全》。现代教会法学家将格拉提安之前的法律称为"旧法"，将《教会法大全》称为"新法"，将特兰托公会议的法令及以后的立法称为最新法。在1917年《教会法典》[Code of Canon Law]颁布之前，该法律汇编一直是天主教会唯一的法定汇编，其标准版本是E.弗里德堡版(莱比锡，1879年版及其后之版本)。

Corpus Juris Civilis 《国法大全》；《民法大全》 16世纪初第一次使用此名，包括《法学阶梯》[Institutes]、《学说汇纂》[Digest]、《法典》[Code]和《新律》[Novels]。

Corpus Juris Secundum/C.J.S. 〈美〉《美国法大全续编》 韦氏出版公司[West Publishing Company]于1936年开始陆续出版。截止1993年全面修订后，共出版编号101卷，实际册数161册，以及多种增补本。在法律文献检索中被称作"法律的二次文献"[Secondary Sources of Law]。它的前一版为"Corpus Juris"，出版于1911年至1936年。《美国法大全续编》按照法律主题的字母顺序进行编排，共分为435个主题，每一个主题正文按逻辑顺序，如综述、主题词的用法、定义以及其他相关法理分析加以概

述，正文一般较为简短。脚注中包含大量判例(主要只提供判例名称与出处供进一步检索)，以及一些联邦或某些州的制定法或习惯以支持正文的阐述。《美国法大全续编》力求在其众多的法律主题讨论中，反映自 1658 年至今的全部已报道出版的判例法。这种百科大全的综合性质试图涵盖全美法院的判例，以满足不同领域读者的广泛需求。同时，根据韦氏出版公司"相互关联"出版体系的一部分，如果《美国法大全续编》中所讨论的主题为韦氏出版公司的摘要出版物的主题分类号所涵盖，则《美国法大全续编》中包含的"钥匙号"可用来查找韦氏公司的其他出版物的同一主题下更多的判例。此外，通过替换卷和每年出版的插袋式增补本来及时更新，插袋式增补本主要包含自原始卷出版以来重写的正文和一些判例的援引部分，如果正文的重要部分需要重写，或者插袋式增补本数量广泛增加，显得很庞大，则须出版新的卷对原始卷予以替换。另外，《美国法大全续编》还提供多卷本的"总索引"[General Index]便于参照、检索。而每卷卷首除了缩略语表，还有全部法律主题(词)列表。

corrected policy 修正的保险单 为纠正初次签发的保险单中错误陈述而作了风险调查后所签发的新的保单。

correction n.❶改正；纠正；矫正；校正 ❷(市场价格在上涨后的)回落；回跌 工商企业在景气后的衰退。 ❸(复)(通过监禁、缓刑或假释等刑罚制度对罪犯的)惩治；惩罚；教养；改造

correctional institutions 矫正机构 监狱、教养院、管教所及其他关押、改造犯人的场所的总称。(▷house of correction; industrial school; reformatory)

correctional system (由一司法辖区内所有负责假释和监狱管理的政府机构组成的)矫正体系

corrector of the staple (英格兰古法)交易记录员 城镇贸易中心记载商人交易情况的职员。

corregidor 〈西〉(有权审理各类轻罪及一些民事案件的)地方法官

correi 〈拉〉(罗马法)共同订约人；共同约定人

correi credendi 〈拉〉(罗马法)〈苏格兰〉共同债权人 也写作"correi stipulandi"。

correi debendi 〈拉〉(罗马法)共同债务人 也写作"correi promittendi"。

correlative a.❶相关的；有关的 ❷具有相互依赖关系的 一方的存在也必然意味着另一方的存在，如父与子、权利与义务等。

correlative rights (doctrine) 相邻权(原则) 主要涉及相邻土地的用水问题，指相邻土地的所有人(例如处于同一水资源上游的土地所有人)对于共同的水资源的利用应当限定在一个合理的范围内。

correspondence audit 〈美〉信函式纳税审计 国内税务署[Internal Revenue Service]通过邮件进行的审计活动。通常由该署写信要求纳税人确认某一特定的税务减免，纳税人则填报特定表格或寄回证明材料之副本或其他佐证便可。(▷audit)

correspondent n.❶代理行；商业代表；往来行号 为不能直接进入某一市场或地方进行交易的公司或个人提供经常服务的证券公司、银行或其他金融机构；亦指作为另家银行的代理人、完成其业务的银行。

correspondent bank 代理银行；往来银行；关系银行 作为其他银行的代理行，或在其他银行不能进入该银行所在地区时为其他银行提供服务的银行，如信用证业务中的通知行。

corroborate v.证实；确证 陈述事实使别人所作之陈述的真实性得到信任。如果证人的证言与其他证人的表述相符合，或者与其他已知事实相符合，就称为得到证实。

corroborating circumstances 补强事实；补强情节 支持证人证言的事实或情节；尤其指固定证人头脑中对事情的印象的情节。

corroborating evidence 补强证据 指补充已经提出的证据，并能强化其证明力的证据。

corroboration n.❶佐证；补强；补强证据 指以其他的证据确认、支持或加强某一证据的效力，或者对主要证据起支持作用的独立证据。有关共谋、确认生父诉讼以及其他一些案件中的证据都需要有佐证。 ❷正式确认；批准

corroborative evidence (= corroborating evidence)

corrody (= corody)

corrupt a.❶(古)血统受到玷污的 ❷腐败的；腐化的；接受贿赂的
 v.❶(古)使在血统上变得污贱 ❷腐蚀；使堕落；向…行贿

corruption n.❶堕落；腐化；败坏 尤指通过贿赂诱使公职官员背离职守。 ❷徇私舞弊 指公职官员利用职权或受托人利用受托关系，为本人或他人谋取利益，损害他人利益的行为。 ❸(利用关系或其他方法)影响司法程序的行为

corruption fund 贿赂基金 以备向他人行贿时使用。

corruption of blood (英格兰古法)血统败坏 因犯叛国罪或其它重罪而被剥夺民事权利和民事行为能力[attainder]所导致的直接后果之一。血统败坏的人被认为败坏、玷污了其祖上及后代的血统，因此他既不能继承土地或其他财产、维持财产的所有权，也不能将财产留给其继承人，后世地产权利的合法性不能追溯至该败坏家族血统者。他的土地、财产由其领主收回[escheat]，但国王的没收权[forfeiture]优先于领主的收回权。该制度于 1834 年废除。

Corruptio optimi est pessima 〈拉〉讹误最好的，便成为最坏的。 因此，最差的论证形式是从正确的前提或原则中推导出错误结论。

corruptly ad.腐败地；腐化地；贪赃舞弊地；接受贿赂地 在刑法中使用该词时，指对金钱利益或者其他利益的非法意图。

corrupt-motive doctrine 贿赂动机原则 指在刑法中，贿赂犯罪只有在恶意达成协议的条件下才应受到惩罚，而不仅仅是只有从事非法行为的意图。

corrupt practices (选举中的)舞弊行为 包括请客拉拢选民；施加不正当影响；对选民行贿；冒名顶替；对选举费用作不实之声明；不经选举机构书面授权募集选举费用等。

corrupt practices acts 〈美〉[总称]禁止选举中舞弊法 指要求提交开支报告或有时限制开支数额等办法规定候选人选举费用开支的州法及联邦法，有时也包括规范拉募竞选捐助、收买拉拢选民及指控攻击其他候选人等行为的法律。

corse n.尸体

corse-present n.(英格兰古法)殡葬礼品 教民死后殡葬时，根据习俗把其最好或次好的牲畜送给牧师，与尸体一起抬到教堂。在威尔士，当神职人员殡葬时，殡葬礼品送给本教区的主教。该做法后被废弃。

corsned n.〈撒克逊〉神判涤罪法 指教士在一块面包或

奶酪上念下咒语,让被告人吃下,被告人如果顺利吃完,则他被宣布无罪,如果面包哽在咽喉里,则被认为这是他有罪的证明。念下咒语的面包有时也被称为"corsned"。

cosa juzgada 〈西〉已判事项;既判案件

cosalvor n.(海商法)共同救助人员;共同救助船;共同打捞人员

cosas comunes 〈西〉公有物 不能据为私有的、所有人能平等共同受用之物,如空气、海洋和流动的河水。相当于罗马法中的"res communes"一词。

cosbering (= coshering)

cosduna n.(封建法)赋税;贡品

cosen v.(英格兰古法)欺骗;欺诈

cosenage n.(英格兰古法)❶血缘关系;宗亲关系 ❷堂表兄弟姐妹关系 ❸收回被占曾祖土地之令状 继承人的曾祖父死亡时,其原先占有的非限制继承土地遭到他人侵占,依据该令状,继承人可收回被占之土地。该令状因1833年的《不动产限制法》[Real Property Limitation Act]而废止。

cosening n.(英格兰古法)欺骗行为;欺诈罪行 与合同或商业事务有关或无关的欺骗他人的行为,例如利用伪造的信件、不正当地特制的骰子或其他假的代币等,与罗马法中之"stellionatus"(诈欺)意义相同。

coshering n.(英格兰古法)领主在其封臣家居住或宴请的封建特权(⇨cochering)

cosigner n.(期票等的)连署人 尤指在出票人[maker]不能履行义务时,期票上所注明的承担担保责任之人。(⇨comaker)

cosinage (= cosenage)

cost n.❶价格;价钱;成本;费用 ❷(复)诉讼费用 由败诉一方所负担的诉讼、起诉以及其他法律处理上的费用。❸(复)审理费 法院所征收的诸如起诉费[filing fees]、陪审团费用[jury fees]、法庭费[courthouse fees]等的费用。(= court costs)

cost accounting 成本会计 会计的一个分支。指采用复式记账法,连续进行产品或劳务成本计算的会计程序和方法,其主要的会计程序是对成本的分类、记录、分配、汇总和报告。在成本会计制度中,包括订单成本计算法、分步成本计算法、标准成本计算法、直接成本计算法。

cost accounting method (= cost accounting)

cost and freight/C&F/CAF/CFR 成本加运费 国际贸易价格术语之一,指卖方支付成本和将货物运至指定目的港所必需的运费,但货物交至船上之后的灭失或损坏的风险以及因此产生的任何额外费用则自货物在装运港越过船舷时由卖方转移给买方。国际商会《1990年国际贸易条件解释规则》[INCOTERMS 1990]更改简化为"CFR"。

cost basis 成本基准;成本基础 在会计上,指一种资产的原始价格,用于计算折旧和资本损益,一般指购买价格。

cost bond 〈美〉诉讼费担保 指诉讼一方当事人提供的担保,以保证在判决诉讼费用由该方当事人承担时,该诉讼费用能够缴纳。在民事上诉案件中也可以要求上诉方当事人提供诉讼费担保,以保证在维持原判时,可以支付被上诉人的诉讼费用。

cost contract (= cost plus contract)

cost depletion 〈美〉成本耗损 在对矿产或林业等易耗竭而难更新的自然资源经营者征收联邦所得税时所给予的课税优惠。

cost, freight, and insurance/C.F.I. 成本、运费加保险费

cost, insurance, and freight/CIF 成本、保险费加运费 国际贸易价格术语之一,简称为CIF。按此术语交易,卖方须自付费用、自担风险将约定货物装上船,并办理海上货物保险,将包括提单、保险单、发票等运输单据提供给买方后,才算履行了交货义务。买方自货物在装运港已越过船舷时起,承担货物灭失或损坏的一切风险,并凭卖方提供的运输单据支付货款。卖方将运输单据交付买方时,货物所有权也就转移给买方。如果货物在运输途中发生灭失或损坏,则由买方负责提出索赔,因此CIF交易是有关货运单据的交易,而非货物本身的交易,只要卖方提供的单据符合买卖合同,无论货物是否到达目的港或有无损坏或灭失,买方均须依照约定支付货款。

co-stipulator n.共同立约人

cost of capital 资本成本 公司为获得投资所需资金、维护其信用,给企业主以回报,以及为供未来需要而吸引资金等而必须支付的利益。包括借贷资本的利息、筹集资本的费用和为普通股、优先股支付的股息红利。

cost of construction 工程建设费 包括材料及人工费用,也包括附带的费用,如劳工伤害赔偿保险的保险金。

cost of living adjustment 生活费用调整

cost of living clause 〈美〉生活费用保障条款 劳动合同以及养老金、退休金、残疾补计划中的条款,规定将根据生活费用上涨水平而自动地提高工资及其他补助。该条款有时也出现在长期租赁合同中。生活费用和租金的调整通常依消费价格指数[Consumer Price Index]来确定。当然,这一条款也可能意味着工资、补助或租金的下调,但这种情况极为少见。

cost plus contract 成本加成合同 承包人有权在人工费和材料费等成本之外另收一定比例费用的建筑合同或工程建设合同。

costs de incremento 增加的费用 指在陪审团裁决给予胜诉方的费用之外,由法官判决另行增加的费用。通常陪审团只裁决给予胜诉方当事人较小数额的诉讼费用,当事人若希望获得额外诉讼费用,必须提交增加费用的宣誓书,说明其在案件审理过程中支出的其他费用。

costs of administration 破产财产管理费 包括给予破产财产管理人的补偿金及其他因执行职务而生之费用。该费用应优先于一般债权人的债权而得到偿付。

costs of collection 托收费用 为使票据获得兑付而产生的费用,尤其指在票据到期不能得到支付,因而原告提起诉讼并在取得胜诉情况下的原告律师的律师费。但它不包括诉讼费,因为诉讼费可依法追回。

costs of increase (英格兰古法)增加的费用 早期英格兰古法有一惯例,由陪审团判给胜诉方象征性的40便士,作为其诉讼费。同时,法庭由自己的官员评估胜诉方实际的诉讼费用,所评估数额超过陪审团判定的象征性金额部分,即被称为增加的费用。该做法现已完全停止。

costs of prosecution 起诉费 原告起诉所承担的费用。

costs of the day 开庭日费用 为准备在指定日期开庭审理案件而产生的费用,包括证人费及其他出庭费[fees of attendance]。

costs on delivery (= cash on delivery)

costs to abide event 依诉讼结果收取诉讼费 上诉审法院裁定撤销原判并将案件发回重新审判时,上诉审法院审理案件的诉讼费用由案件经重新审理后败诉的一方当事人承担。但它并不必然意味着最终胜诉的当事人可以收回其在本案所有程序中已支付的费用。

cosurety n. 共同保证人 指与他人共同就同一债务提供担保,并与他人共同分摊担保之债履行费用的人。(⇨surety)

cotarius 〈拉〉(英格兰古法)拥有农舍的农奴 《末日审判书》[Domesday]时期——大约11世纪末期,拥有农舍[cottage]的农役地产保有人,他们向领主交纳定额的货币或实物地租,并辅以某些人身劳役。

cotenancy n. 共有 指两人或两人以上对同一财产享有所有权,并且以未经分割的方式对财产进行占有或享有占有权。它包括共同共有[joint tenancy]、普通共有[tenancy in common]与夫妻共有[tenancy by the entirety]。

cotenant n. 共有人(⇨cotenancy)

coterelli n.(古)❶被逐于法外的乡民 ❷抢劫犯

cotland (= cotsethland)

cotortfeasors (= joint tortfeasors)

cotrespassers (= joint trespassers)

cotrustee n. 共同受托人 指被授予信托管理权的两人或多人之一。共同受托人之间形成一个受托人集体,共同行使信托管理权。亦作 joint trustee。(⇨trustee)

cotset n. 向庄园主提供人身劳役的农户

cotsethland n. 农舍宅基地及其周围附属土地

cotsetus (= cotset)

cottage n. ❶农舍;乡间小屋 ❷别墅 ❸〈英〉不附带土地的房屋

cottage residence 农舍居所 契据条款中的限制性用语,用以阻止在居住地上再建供宿住房或多用途住房等设施。

cottagium (= cottage)

cottier tenancy 〈爱尔兰〉房地租赁 该租赁以书面形式达成协议,并需符合以下条件:该地产包括住房和不超过半英亩的土地;年租金不超过规定数额;租期每次不超过一个月;出租者要保持房屋的良好状态。

cotton note 棉花收据 公用棉仓收储每捆棉花时出具的收据。

couchant a. 伏着的;卧着的;蹲着的(⇨couchant et levant)

couchant et levant 〈法〉(古)卧伏的和站起的 法律法语,指家畜或其他兽类入侵他人土地的时间足够长,已经在他人土地上卧伏休息和站起进食过。该时间通常为一天一夜,这个期限是作为动产扣押[distraint]根据的最低限度。在英文里可以写作 levant and couchant 或 couchant and levant。

could and should test 有权和应当的审查标准 对行政机关的具体行政行为进行司法审查时,适用于确定审查范围与内容的标准,即:①所作出的行为是否在该行政机关的权限范围之内;②该行政机关的行为是否应该被完成,即该机关的结论是否正确,行为是否适当、合理,事实或证据是否可说明其有正当理由。

coulisse n. (巴黎证券交易所经纪人的)场外证券交易市场

council n. ❶委员会;理事会 源于拉丁词"consilium"。❷〈美〉地方立法机关 由选举或任命作为公众代表的集体,他们的职责是确立州或市政政策,协助行政长官履行义务。❸〈美〉顾问委员会 向行政长官提出建议,协助行政长官的机构。❹〈英〉地方管理机关 指经选举产生的地方行政区域的管理机构。❺〈英〉谘议会 在英格兰,帮助国王并随国王治理王国的顾问班子称作Council。经托马斯·克伦威尔[Thomas Cromwell]在大约1536年重组后,成为枢密院[Privy Council]。(⇨Privy Council) ❻(教会法)公会 指基督教中由主教及其他上层人士组成的讨论及裁决有关宗教信仰、理论及行政事务的会议。它有时特别指教省的宗教会议,在这种会议上制定的教规成为了教会法的重要渊源;也指基督教世界的全体大会,从公元325年的尼西亚公会到1962-1965年的第二次梵蒂冈公会,共召开过21次,公会制定的法律成为了教会法的主要渊源。

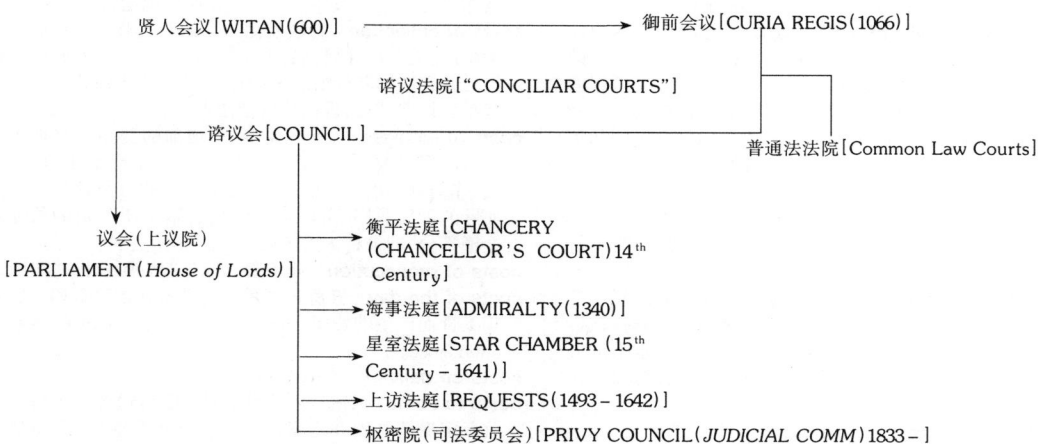

谘议法院["Conciliar Courts"]

提示:在这些谘议法院中,现仅存枢密院司法委员会对殖民地上诉案件享有司法管辖权。

Source: Daniel R. Coquillette, *The Anglo-American Legal Heritage*, U.S.A.: Carolina Academic Press, 1999, p.207

council of censors 〈美〉监察委员会　在某些州，经选举或任命以审查州政府官员行为和被指控为违宪之行为的机构。

council of conciliation 〈英〉（劳动争议）调解委员会　在英格兰，法律规定国王有权许可成立劳动争议调解和仲裁委员会[councils of conciliation and arbitration]，它由任一行业的一定数量的雇主和员工组成，有权对本行业中产生的或与本行业相关而又不能通过其他方式解决的雇主和雇员之间的争议进行听审和裁决，并有权申请司法机关强制执行其裁决。委员会的成员由本行业人员选举产生。

Council of Legal Education 〈英〉法律教育委员会　1852 年根据伦敦四大律师公会的决议成立，1967 年重新组建，作为四大律师公会理事会[Senate of the Four Inns of Court]的一个委员会，1974 年又成为四大律师公会和律师协会理事会[Senate of the Inns of Court and the Bar]的一个委员会。它主要负责四大律师公会中学员的培训和考试，以及律师公会的法学院的管理工作。

council of the north 北部法庭　1537 年由亨利八世创设，显示了极强的王权色彩，负责包括约克郡在内的英格兰北部五郡的司法事务。该法庭在斯特福拉德[Strafford]主持下曾显示了极大的活力，1640 年被废除星室法庭[Star Chamber]的立法所同时废止。

counsel n.❶（就法律问题所作的）劝告；建议；意见　❷律师；代理律师　代表当事人参与诉讼或者代表或协助客户处理有关法律事务（如参与谈判、起草文件等）的律师。❸〈英〉出庭律师　①对出庭律师协会所有成员的总称，包括资深出庭律师（即皇家大律师[Queen's Counsel]）和初级出庭律师[junior counsel]（即"barrister"和"advocate"）；②指个别出庭律师，如"原告的律师"[plaintiff's counsel]。

counsel and procure (= aid and abet)

counsellor n.律师；代理律师　该词在英格兰早已废弃不用，但在爱尔兰和美国有时仍然使用。指已获准可在所有法院执业的律师。(= counsel ❷)

counsellor-at-law (= counsellor)

counsel of record 备案律师　其出庭已经法院文件备案。

counselor (= counsellor)

count n.❶罪项　刑事起诉书中分别指控被告人犯有一项独立的罪行的部分。在这个意义上，"count"与"charge"可作为同义语使用。❷诉因；诉讼理由　原告起诉状中对一项独立的诉讼请求的陈述。在古时的法律文书中，count 常与起诉状[declaration]作同义语使用，但如果一个诉讼包含两个或两个以上诉因，或者原告对一个诉因作不同的陈述时，其中的每一个诉因或诉因陈述称为 count，它们合起来构成一个 declaration。❸〈古〉（不动产诉讼中原告的）起诉状　❹（专利法）在先发明陈述　专利申请书中，对多个专利申请之间或专利申请与已有专利之间的优先性争议进行阐释的部分。在数人就同一发明申请专利时，专利局可以依此决定如何授予专利权。❺(= countee) (⇨interference)

countee n.（英格兰古法）伯爵　威廉征服之前英国各郡最显赫的人物，负责管理郡的事务。后其权力被转授各郡郡长。(= count❺)

countenance n.（英格兰古法）❶脸面；声誉；信誉；尊重　❷鼓励；教唆；帮助；赞同

counter a.❶相反的；反对的　❷相应的；对应的　❸副的；替代的　n.（古）答辩人；（辩护）律师　v.反对；反驳；防御

counter affidavit 反驳宣誓书　为回答并反驳对方提出的作为某一申请根据的宣誓书而提交的宣誓书。

counter appeal 反上诉 (⇨cross appeal)

counter(-)bond n.反担保（书）　指由债务人出具的，对保证人因承担保证责任所受损失予以补偿的书面文件。

counterclaim n.反诉；反请求　指在已经开始的诉讼中的被告通过法院向本案原告提出的一项独立的请求，以代替就该请求对原告另外提起一项单独的诉讼。在英国，被告要提出反诉时，可在其答辩状中对作为其反诉请求根据的事实另加陈述，并提出其请求法院给予的救济。被告反诉的被告不限于原告，还可以包括应与原告一起就本诉标的向其承担责任的其他人。另外，原告对被告的反诉在一定条件下还可以再提出反诉。法院可以对本诉和反诉一并作出判决，但如果对反诉难以和本诉一并作出处理时，法院可予驳回，这种情况下，被告必须另外提起交叉诉讼[cross action]。在美国，《联邦民事诉讼规则》[Federal Rules of Civil Procedure]第 13 条对反诉作了具体规定。反诉可以由本诉的一名或数名被告或者被告所代表的人对本诉的一名或数名原告或者原告所代表的人或者原告和被认为应与原告一起承担责任的人提起。反诉一旦成立，将会抵销或降低原告的请求。在联邦和大多数州，反诉分为两种：①强制性反诉[compulsory counterclaim]，即当被告对原告的请求与本诉中的请求有逻辑关系，且是基于同一事项而产生的时，被告必须在原告提起的诉讼中提出反诉，否则，在本诉判决生效后，被告将丧失另行起诉的权利，但有例外；②选择性反诉[permissive counterclaim]，即如果被告对原告的请求与原告在本诉中的请求不是基于同一事项而产生的时，被告可以自行选择是否提出反诉。(⇨cross-claim; cross(-) action)

counter-deed n.相反契据；相反证书　指经过公证或加盖私人印章的秘密书面文书，它足以改变公开契据或使公开契据无效。

counter demand 反请求 (⇨cross-demand; setoff)

counterfeasance 〈法〉(= counterfeiting)

counter-feisance n.伪造行为 (⇨forge)

counterfeit v.伪造　以欺骗他人为目的，未经授权，复制、模仿真品，并冒充真品在市场上流通的行为，尤其是指伪造货币或其他有价证券的行为。在历史上，英国法将伪造货币罪作为比重罪更严重的叛逆罪来处罚。现代制定法则统一作为重罪处理。伪造货币，不仅指伪造金属硬币、纸币，而且包括伪造邮票以及伪造食品印花税票的行为。
a.假冒的；伪造的
n.伪造物；假冒物；伪制品

counterfeit coin 伪币；假币　包括伪造真币，伪造拟发行或改版后的真币，意图使之在市场上流通。被变造的货币亦称假币。例如，用化学方法处理银币，使之呈金黄色而充当金币使用。

counterfeiter n.伪造者；仿造者；变造者　指以欺诈为目的的，未经授权对某物——尤指文件、货币或者他人的签名——进行仿造的人。

counterfeiting n.伪造伪币；伪造货币罪　以欺骗为目的，制造假币的行为。历史上很早就将伪造货币行为规定为犯罪。1929 年日内瓦国际会议缔结的一个公约使惩治伪造货币罪的法律基本得到统一。国际刑警组织[Interpol]设立之初衷,即为了在打击伪造货币犯罪方面开展国际合作。

counterfeit money 伪币;假币 以欺骗为目的对真币进行仿造并意图使之在交易中流通。该术语在美国联邦制定法中的"伪造货币罪"中使用时,被伪造的货币必须是类似于美国货币。这一类似并不必然要求其在各个方面均是精确无误的,只要求足以使具有通常谨慎和观察力的人在平时的交易活动中误认其为真币。

counter-injunction n.反禁制令 指限制一项禁制令执行的禁制令。

counter-letter n.相反证书 指与表面上无限制条件的契据[deed absolute on its face]同时生效的另立的一种文件,在该文件中,所指名的受让人承诺在相反证书所规定的条件实现时将财产归还给让与人。

countermand v.撤销;取消;收回;改变 指撤销或改变已经发出的命令、授权或指示。它可能是明示的,也可能是默示的。明示撤销即明确表示原先的命令、指示或授权无效或被撤销。默示撤销是指当事人的行为与命令或指示的继续存在不相容,例如,发出与原先的命令、指示或授权不一致的新的命令、指示或授权。
n.撤销(命令、定单等)之诉;撤销;取消

countermanding payment 取消付款;止付(⇨stopping payment)

countermotion n.相反申请 在请求变更审判地的申请提出后,以便利证人作证和公正目的为理由,为使案件仍留在原起诉地审理而提出的申请。

counteroffer n.反要约 指进行磋商的双方当事人中的一方就对方提出的要约所发出的要约。附条件的承诺、在要约中增加内容或对要约内容进行任何实质性改变均被视为反要约。反要约导致对原要约的拒绝以及向要约人发出新要约的法律效果。这是由英美合同法中的"镜像规则"[mirror-image rule]所决定的。但是,根据美国《统一商法典》[U.C.C.]第2-207条的规定,在货物买卖合同中,承诺即使与原要约有所不同或对其有所补充,仍具有承诺的效力,补充条款应被解释为是对合同的补充建议。这一规定在实质上修改了前述原则。
v.反要约

counterofferor n.反要约人

counterpart n.副本 源于土地转让。有关土地转让的文件被制作多份,其中经由转让人执行的文本被称为"原件"[original],其余的文本则均被称为"副本"。后也被用作其他法律文件的副本。但现在多以"duplicate"或"copy"替代。

counterpart writ 〈美〉初始令状副本 当部分被告人是他县的居民或者在他县境内被发现,他县法院因而取得对该案件的管辖权时,应向他县法院签发的诉讼初始令状[original writ]的副本。

counterplea n.反答辩 在英国的不动产诉讼中,被告在答辩中请求传某人到庭对其权利予以担保或请求由产业更大者以支持或第三人对该土地主张权利,这些都被称为反答辩。若被告的请求得到法庭许可,担保人到庭并要求被告说明为什么要其作担保的理由,被告陈述了自己的理由后,担保人针对其陈述所作的关于自己不应为其作担保的答辩,即被称为担保的反答辩。(⇨replication)

counterplead v.提出反答辩;反驳答辩;否认

countersecurity n.反担保 为保证担保人免受损失而向担保人提供的担保。

countersignature n.副署;会签 为确保文件的真实性,在负责人或上级签署后,由下级在文件上所做的签名,也指书面合同条款中所要求的附加签名。

countervail v.❶对抗;抵销 ❷补偿

countervailing equity 对等股权;抵销股权

countervail livery 抵销交付;抵销让渡 在普通法中,让渡[release]是转移不动产的一种方式,在这种让渡中,不动产的一些权利存在于一人之手而其实际占有则在另一方,此种情况下的占有被称作抵销让渡,亦即它代替了其他情况下所必需的占有,而且使那种占有的公开转移成为不必要。

counterwills n.互为继承受益人的遗嘱;交互遗嘱(⇨mutual wills; reciprocal wills)

countez 〈拉〉〈法〉点数;计数 指在旧时诉讼中,陪审团成员宣誓后,法院书记官所发的要求传令官[crier]查点陪审团人数的指令。

countors n.〈英〉高级律师 中世纪时对高级律师[serjeants-at-law]的称呼,他们受当事人委托为其出庭代理诉讼或辩护。因他们处理有关诉因陈述或罪项[count]的问题,所以得此名。

country n.❶国家;领土;国民;民众 ❷陪审团 ❸区域;地区

county n.❶〈英〉郡 在盎格鲁-撒克逊时期,地方性行政区被称为"shire"。诺曼人征服英格兰之后,"shire"被称为"county",两者混同使用,含义一致。将国家划分为各个郡,起初的目的大概是为了便于执法。郡长[sheriff]是各郡的行政司法长官,但目前郡长职责的行政性质超过司法性质。大约400年里,英格兰划分为40个郡,威尔士则划分为12个郡。如今,英格兰(除伦敦)划分为6个大都市郡[metropolitan county]、39个非大都市郡,威尔士则划分为8个郡,以便于地方政府管理。在不列颠诸岛之外,前大英帝国殖民地也受其郡制的影响,但体制并不一致。加拿大从未普遍实行郡制,即使设置郡,郡议会也比英国小。新西兰自1876年即设置郡,澳大利亚的行政单位一般称为"shire",而county则指更大的地区。 ❷〈美〉县 州中最大的地方行政单位,其权力及重要性因州而异,在一州之内亦有所不同。在新英格兰各州,县的主要职能是执法。在其他州,县还负责维修公路,以及为贫困者提供救助及记录法律文献,在南部各州,县还负责学校管理。在路易斯安那州,与县同级的行政单位称为"区"[parish]。(⇨shire)

county affairs 〈美〉县事务 与县相关的、在其组织和权力范围内的事务。

county attorney 〈美〉县代理律师;县检察官 代表县参与民事诉讼的律师;在许多县则指对犯罪人提起公诉的检察官。

county auditor 〈美〉县审计官 审查县账目和财政记录的官员。

county board 〈美〉县政委员会 负责管理县的机构,尤指管理县的行政机构。亦称 board of supervisors 或 board of commissioners。

county board of equalization 〈美〉(应税财产价值)平等县委员会

county board of supervisors 〈美〉县督察委员会 依法律授权代表市镇并为市镇行事的官员团体。

county bonds 郡(县)地方政府债券 通过征收特别税偿还。

county boroughs 〈英〉郡级自治市 指依据1888年和

1933年《地方政府法》[Local Government Act]规定,居民数不少于50 000的自治市,其本身即为郡的自治市,这些自治市不受其所在地郡委员会[council of the county]的管辖。但1972年《地方政府法》颁布实施后,郡级自治市已不复存在,因而其只存在于1888年至1974年间。

county clerk 〈美〉**法院书记官** 此名称源于殖民时期的民事法院[court of common pleas]被称为县法院[county court],其书记官因而被称为县书记官。

county clerk's certificate **法院书记官的证书**(▷certificate of authentication;certificate of conformity)

county colleges 〈英〉**郡立职业学校;郡立专科技术学校** 据1944年教育法设立的教育中心。其宗旨在于向未进入任何全日制学校或其他教育机构学习的青年提供包括体能的、实用的及职业的训练等方面的继续教育,促进其各项才能和技能的发展,使他们能履行公民的义务。

county commissioners 〈美〉**县专员** 被授予多项行政管理和执行职责的县官员,但其主要管理财政事务、警察规范、公司经营等。有时地方法律还赋予其有限的审判权。有些州称之为督察委员会督察[supervisors]。

county coroner 〈美〉**县验尸官**(▷coroner)

county corporate 〈英〉**市镇法人** 英格兰的某些市、镇,受英王恩准,使其具有独立郡的特权地位,仅受自己的地方长官及其他行政官员的管辖,而不隶属于其他任何郡。具有市镇法人资格的市有:伦敦[London]、切斯特[Chester]、布鲁斯托[Bristol]、考文垂[Coventry]、约克[York]等12个城市。具有镇法人资格的有:卡那封[Caernarvon]、普尔[Poole]等8个镇。但1972年的《地方政府法》[Local Government Act]变革了该类地方政府结构。(▷county;county boroughs;local government)

county court ❶〈美〉**县法院** 州法院的一种,其管辖权由州宪法或制定法规定。有的县法院只具有行政职能,如在少数州被称为财务法院[fiscal court],负责处理本县的财政事务,实则为一行政机构;有的县法院只具有司法职能;有的则两者兼具。具有司法职能的法院在管辖权上,有的只有刑事案件管辖权,有的只有民事案件管辖权,有的则二者兼有。❷〈英〉**郡法院** 在古代,郡法庭或郡自由民集会[shiremote]是由伯爵[earl;earldorman]主持的,伯爵缺席时由郡长[sheriff]主持,出席法庭者是该郡全体自由土地保有人,他们充任法官。郡法庭不是存卷法院[court of record],对民事、刑事案件有一般管辖权,并且它受理的诉讼可经由调卷令[recordari facias loquelam]或纠错令状[writ of false judgment]移送至上级法院审理。郡法院一直是首要的民事法院,直到巡回审判[assizes]制度开始实行。此后其重要性逐渐降低,只限于选举郡长、郡内骑士[knight]、验尸官[coroner]和宣布逃亡罪犯[absconding offenders]被逐出法外[outlawry]。依据1846年《郡法院法》[County Courts Act]建立了一种全新的法院,但仍沿用旧郡法院的称呼。英格兰和威尔士被分成许多郡法院区,每区有一名或几名法官,每月开庭一次。郡法院的法官由御前大臣[Lord Chancellor]任命,并作为巡回法官[circuit judges],这些巡回法官必须至少有10年的出庭律师[barrister]资格,或至少有3年的记录法官[recorders]资格。郡法院起初主要受理简单的民事案件,后其管辖权限逐步扩大,现在可以管辖标的额不超过2 000英镑的合同和侵权案件,以及某些要求归还土地的诉讼和标的额有一定限度的衡平法诉讼,对遗嘱检验[probate]和破产[bankruptcy]、海事[admiralty]事务也有一定管辖权,且可管辖无抗辩的[undefended]离婚案件。

郡法院审理均由一名法官独任,特殊情况下可由陪审团出席。当事人对其裁判不服的,可向上诉法院[Court of Appeal]上诉。

county electors 〈英〉**郡选举人** 1888年的《郡选举人法》[County Electors Act]规定了选举依1888年《地方政府法》[Local Government Act]设立的郡当局的选举人资格及选民登记,该法扩宽了自治市居民[burgesses]的资格。1918年《人民代表法》[Representation of the People Act]废除了该法。1949年又制定了新的《人民代表法》,但1983年《人民代表法》又取而代之,不过并无重大变化。(▷elector)

county engineer 〈美〉**县建设官** 指具有土木工程师资格,通常经任命担任该职的县官员。其主要职责是对公用的改建工程进行准备性调查,规划公路建设或决定私有土地的边界划分。

county farm 〈美〉**济贫(或劳改)农场** 在某些州用来安排、救济有劳动能力的贫民,而在其他州则用来关押有劳动能力的服刑犯人,强制其进行体力劳动。

county franchise 〈英〉**郡选举权** 1867年《人民代表法》[Representation of the People Act]将此权授予所有郡户主,而1884年《人民代表法》又将此权也授予年租金达10英镑的房客。(▷elector)

county home (= county farm)

county managers 〈美〉**县主管** 指在较为现代的县政府体制下的县首席行政官。

county of a city 〈英〉**市郡** 某些市、镇经英王特准其自身成为郡,并由自己的郡长[sheriff]和治安法官[magistrate]管理;今见1972年《地方政府法》[Local Government Act]。(▷local government)

county of a town 〈英〉**镇郡**(▷county of a city)

county officers 〈美〉**县官员** 该类官员的权力和管辖权仅限于在其任职的县范围内行使,他们仅对该县尽责,县通过他们执行其日常的政治职能。

County Palatine 〈英〉**巴拉丁郡;御准特权郡** 指其领主拥有类似于国王的权力及司法管辖权的郡。在英格兰共有三个巴拉丁郡:切斯特[Chester]、达勒姆[Durham]和兰开斯特[Lancaster],其中前两者是基于古老习惯而形成的,兰开斯特则是由爱德华三世创设的。切斯特巴拉丁领地于1237年转归国王所有,其法庭于1830年被取消。长期授予达勒姆主教的司法管辖权于1836年被作为一项独立的特权赋予国王,而兰开斯特公爵的司法管辖权则被亨利四世收归国王,原来公爵领地的枢密大臣则成为政府中专门负责该领地事务的成员。相应的,原来兰开斯特和达勒姆领地的民事法庭于1873年并入高等法院,而各自独立的衡平法庭则一直保留到1971年。伊利岛[Isle of Ely]并非巴拉丁郡但却是一个特权区,其主教被亨利一世授予了皇家特权。(▷palatine)

County Palatine of Durham **达勒姆特权领地** 该领地内一切权力以前由达勒姆主教行使,1836年作为皇室既得特权转归国王行使。相应的,其中原来的独立普通诉讼法庭[Court of Pleas]也于1873年被取消,其管辖权转归高等法院。(▷County Palatine)

county prison 〈美〉**县看守所** 由县提供的羁押犯罪嫌疑人和未决犯的处所。

county property 〈美〉**县财产** 指县作为州的代理人以所授之权力依政府职能而获得、所有、占用的财产。

county purpose 〈美〉**县目的** 指县所追求之目的,尤指县征税之目的。就决定税率而言,县征税可用于各种目

county rate 郡(县)税

county seat 〈美〉县首府 指县主要政务所在地,县的主要事务皆在此办理,县法院也设在该地。亦称 county town。

county sessions 〈英〉郡季审法庭(⇨ Court of Quarter Sessions of the Peace)

county site 〈美〉县首府 在某些辖区内,该词可与"county seat"一词重复使用。

county town = county seat

county warrant 〈美〉县支付令 县官员签发的支付令,指令县财务主管[county treasurer]从县基金[county funds]中支付一定数额的款项给持票人或指定的个人。

county where the parties live 当事人居住地所在县 用在离婚诉讼中以确定案件审理地。一般被解释为诉讼开始时受害方居住地所在县。

coup d'etat (暴力推翻政府的)政治行动;(军事)政变

coupled with an interest 附随利益 在代理法中,指法律文书为被代理人设定或向其让与或授予的利益附随于作为代理标的物的动产或不动产。

coupon bond 附息票债券 以附加息票形式连续分期支付到期利息的债券。

coupon interest rate (= coupon rate)

coupon notes 附息票期票 息票附在期票下端,每当到期时依次撕下以提示付款。

coupon rate 息票利率 附息票债券的利率。

coupons n. ❶(公债、债券等的)息票 每张到期的息票即是一个独立的承诺,因而可以成为独立的诉因。 ❷(可与主券相分离的、证明与主券所示合同有关事项的)附券 ❸(附在商品上的)赠券;优惠券

coupon securities 附息票证券 通常既规定对持券人的本金支付,又规定在到期日经提示对持券人分期支付利息。面值一般为 1 000 美元,证券及/或息票的所有权通过交付而转让。根据美国《统一商法典》[U.C.C.],此类证券为可转让证券。

cou(r)cher n. ❶国外代理商 ❷(公司等的)记事册

cour de cassation 〈法〉最高法院;撤销法院 法国民事、刑事最高上诉法院。成立于 1790 年,原名为撤销法庭[tribunal de cassation],1802 年拿破仑将其改名为撤销法院[cour de cassation],实质上是最高法院。该法院有权撤销[quash;casser]下级法院的判决,其主要职能是保证法国法院系统内法律解释的一致性。它既不审查案件事实,也不审理对案件事实的上诉,也没有对立法合宪性的司法审查权,而只从是否正确适用法律这一角度来作出裁判。该法院由六个法庭[chamber]组成,一个刑事庭、五个民事庭,法庭对案件既不重新审理,也不接受上诉,只是听审有关法律适用问题的争端。最高法院可维持原判也可撤销该判决,在撤销之后应将该案移交原审法院的同级其它法院审理,再审法院可以不服从最高法院的意见而作出与被撤销的原判一致的判决,这时此案又交回最高法院,由其组成特别合议庭审理。如合议庭仍维持最高法院原来撤销原判的意见,该案再移交给与原审法院同级的第三个法院审理,该第三法院应遵从最高法院的意见。

course of business 商业惯例 商业事务中的习惯做法。

course of dealing 交易过程 指某一特定交易的当事人之间一系列先前的行为。美国《统一商法典》[U.C.C.]第 1-205 条规定,它在解释当事人的意思表示和其他行为时将正当地被认为确立了一个理解的共同基础。(⇨ trade usage)

course of employment 雇佣期间;雇佣过程 此语用在雇工伤害赔偿法律中,涉及事故发生的时间、地点和当时情形。雇工在受雇时间内,在适当的地点,因从事合理的工作而自然发生的伤害,被认为是在"雇佣过程"中的伤害,雇主应承担责任。雇主对雇工在受雇佣过程中所为之侵权行为应承担责任。对雇工因在雇佣期间外为自己利益从事的、与雇佣无关的活动所造成的损害,雇主不负赔偿责任。

course of performance 履约过程 如果合同涉及到反复履行,并且双方当事人均明知履行的本质并有机会对之予以反对,那么在合同生效后的一系列履行行为即为履约过程。根据美国《统一商法典》[U.C.C.]第 2-208 条,履约过程应当用于确定双方协议的意思。它与交易过程[course of dealing]不同,后者还涉及双方当事人在本合同以前的其他合同中的行为。

course of trade 商事惯例(⇨ course of business)

courses and distances 四至与长度 在不动产契据或抵押中,以不动产的各个方向及其长度作为边界,用来描述该地块的一种方法或形式。

court n. ❶法院 由法官组成的行使司法权、裁决争议的机构。 ❷法官 ❸(美国马萨诸塞州[Massachusetts])立法机关 称"General Court"。 ❹法庭 进行诉讼或其他法律程序的场所,如"庭外陈述"[out-of-court statement]。 ❺(= courthouse) court 与 judge 经常可作为同义词使用。在美国,court 现在被作为一个集合名词使用,其后的动词用单数形式;在英国,当进行庭审的法官为一名以上时,court 后面的动词用复数形式,而在很久以前,这种用法亦普遍地应用于美国。

court above 上级法院;上诉审法院;复审法院 通过上诉、纠错令、调卷令等方式将案件移送给其审查的法院,也称"higher court"或"upper court";移送案件的法院则称为下级法院[court below]。

court administrative offices 法院行政部门 为法院中非司法性部门,履行为法院行使司法职能所必需的行政职能及具体事务,使法官们能够集中精力处理审判业务。

court administrator 法院行政人员 由制定法或法院规则指定的负责管理法院的事务工作和卷宗的人员。由他们处理此类事务可以使法官将其全部时间用于他们最专长的工作,即审判。

court baron 〈英〉庄园法庭;采邑民事法庭 附属于每一个采邑或庄园[manor],并与之不可分割的法庭,属非存卷法庭。其职能主要是为了使由采邑领主所规定的义务得以履行,税收得以征收,并且审理标的额不超过 40 先令的债务和损害赔偿纠纷。通常与采邑刑事法庭[court leet]同时开庭,每年举行一次。法庭由领主的管家[steward]主持,由对领主负有参加庄园法庭义务的自由土地保有人[freehold tenants]充任封臣裁判官[suitor],实质就是法官,管家实际上只是记录人、主持人而不是法官。领主和管家都无权判处罚款[fine]或监禁[imprison],判决是以庄园法庭的名义作出的。庄园法庭有两种类型,包括管辖自由土地保有人的封臣法庭[court baron for freeholders]和管辖公簿土地保有人的习惯法庭[customary court;customary court baron],习惯法庭是由领主或其管家作为法官,公簿土地保有人作为当事人,它的职能是处理所有有关公簿土地保有人之间权利的事宜,特别是公簿土地[copyhold land]的转让事宜。1867 年

《郡法院法》[County Courts Act]实际已将庄园法庭废止。(⇨homage; hundred court; manor; presentment; roll; copyhold)

court below 下级法院 对其判决可以提出上诉的初审法院[trial court]或中间上诉法院[intermediate appellate court]。也称"lower court"。(⇨court above)

court calender 法院审案日程表 列出一段时间内(一周、一月或法院整个开庭期)待审的初审或上诉案件目录的日程表。有时也可以包括对处理某些申请或审前事务的安排。

Court Christian 基督教法院;教会法院 区别于世俗法院[civil court or lay court],以教会法准则为判案依据,法官由神职人员担任。中世纪英格兰教会法院享有广泛的管辖权,包括所有与教会地位和宗教职能有关的事务、教会财产诉讼、婚姻诉讼、遗嘱事务管辖以及对由宣誓或质押作出的允诺的管辖权、对神职人员管辖权和对教士作为一方当事人的民刑事私人诉讼案件的管辖权。

court commissioner ❶法庭执达员 由法官任命,负责录取证供、调查事实或履行与案件有关的其他职能的人。❷临时法官 为了缓解诉讼日程紧张而被委派作为法庭成员参与听审的律师。

court costs 诉讼费(⇨cost)

court days 开庭日

court decision 判决(⇨decision)

court docket (= docket)

court en banc 全席法庭 由所有有资格听审的法官出庭听审的法庭,多用于上诉审中。(⇨full bench; full court)

courtesy card 非常事故联络卡 司机、售票员发给各位乘客填写姓名和住址的卡片,以备发生事故造成乘客人身伤害或财产损失时使用。

court fees 法庭费用 法律明文规定应向法庭缴纳的特定费用,如案卷摘录费、证人费用、执行费等。

Court for Consideration of Crown Cases Reserved 〈英〉刑事案件再审法庭 1848年创立,目的是为了审议某些叛逆罪、重罪或轻罪案件中提出的法律问题,这些案件由刑事巡回听审法庭[Court of Oyer and Terminer]、巡回季审法庭[assizes of quarter sessions]或中央刑事法庭[Central Criminal Court]等候的法官保留下来。该庭由5名以上高等法院法官组成,其裁决是终局性的。它对已裁定罪名的案件仅就其法律问题发表意见,如果认为原案审理中存在适用法律错误,则可撤销原审法庭的有罪指控。1907年废除,其职能转归刑事上诉法院[Court of Criminal Appeal]。也称作 Court for Crown Cases Reserved。(⇨crown cases reserved)

Court for Divorce and Matrimonial Causes 〈英〉离婚及婚姻案件法庭 指依据1857年《婚姻案件法》[Matrimonial Causes Act]设立的普通法法庭,它被赋予了以前英国教会法庭对婚姻案件的所有管辖权,此外还享有批准离婚、发布婚生宣告等新的权力。该法庭由御前大臣[Lord Chancellor]、王座法庭[Queen's Bench]、民诉法庭[Common Pleas]和财税法庭[Exchequer]的3名首席法官和3名资深常任法官以及该法庭的常任法官组成全席[full court],但实际上所有的案件都是由常任法官一审。依据1873年《司法组织法》[Judicature Act],该法庭被撤销,其职能转归新的高等法院中的家事分庭[Family Division]。

Court for the Correction of Errors 〈美〉复审法院 根据上诉或纠错令[writ of error]对下级法院的判决有复审管辖权的法院。该名称以前在纽约州[New York]和南卡罗来纳州[South Carolina]使用过。

Court for the Relief of Insolvent Debtors 〈英〉无偿债能力债务人救济法庭 受理无偿债能力的债务人提出申请的有关破产案件的地方法庭,它只在伦敦开庭。1861年《破产法》[Bankruptcy Act]予以废除。

court for the trial of impeachments 弹劾法庭 被授权依弹劾程序审理政府官员或其他人员的法庭。美国参议院和英国的上议院即为弹劾法庭,在美国,多数州立法机关的上院也为弹劾法庭。该词亦称为 impeachment court; court of impeachment。(⇨impeachment)

court(-)hand 〈英格兰古法〉法院卷宗书写体 古时英格兰法院书记官使用的一种书写形式,字词按照一套共同的原则进行缩略和简化,以保持简洁和统一。这种书写形式从最早时期一直延续到乔治二世[George Ⅱ]在位期间。懂得此种书写形式亦成为书记官职业不可缺少的一项技能。后来,为使非律师人士能更易于看懂法院卷宗,这种书写形式与拉丁文的使用(某些专业性的或不可转译的用语除外)一起在18世纪早期被禁止。

courthouse *n.* 法院;法院大楼

courthouse door 不动产强制拍卖地 该词原义为"法院大门",意指法院对不动产进行强制拍卖的场所。

court in bank 全席法官庭 某一法院的全体法官共同听审有关法律抗辩[demurrer]的辩论、重新审理的申请等问题,区别于一名法官独任审理或几名法官合议审理。

court interpreter 法庭翻译;法庭译员 由法庭指定的为不懂英语的证人作翻译或在笔录证言时将外国语言翻译成英语的人。

court lands (= curtiles terrae)

court(-)leet 〈英〉地区刑事法庭;采邑刑事法庭 "leet"是英格兰东部地区的用语,指一个地区或一个司法管辖区域。地区刑事法庭属存卷法庭[court of record],它实质上相当于由某些领主行使本属于郡长治安巡视法庭[sheriff's tourn]的司法管辖权,设立于郡长不便到达的地区。其设立来源于国王的特权[franchise],但这种特权可因怠于行使[nonuser]或滥用[abuse]而被废止。14世纪时地区刑事法庭广泛分布于英格兰各地,其管辖权可由采邑领主[lords of manor]或自治市[boroughs]行使,同时具备行政、司法的职能。通常很难将这种法庭和封建法庭[feudal courts]或庄园法庭[manorial courts]亦即采邑民事法庭区别开来。采邑刑事法庭每年开庭两次,由领主的管家[lord's steward]主持并充任法官,从很早开始,这些管家就是由律师担当,它最初的职能是对十户联保编制[frankpledge]进行巡查,并关注由陪审团提出的对其管辖区域内刑事犯罪的指控。后来,严重的案件保留给了巡回法官[itinerant justices]审理,采邑刑事法庭只能审理处罚轻罪,并对重罪提出指控。某些地区刑事法庭的陪审团还可选举该采邑所属的自治市镇的市长[mayor; port-reeve]和其它市政官员。自16世纪以来,随着治安法官[J.P.]地位的日益提高,地区刑事法庭的作用逐渐降低,职能也受到了限制,每年只开庭一次,只能判处罚金而不能判处监禁。它所提出的对重罪的指控均可经由调审令[certiorari]转归王座法庭[King's Bench]审理,王座法庭也可否决它的指控。地区刑事法庭衰落的过程极其缓慢,1848年它被废止,但1887年又被恢复,从理论上讲,其中一些至今仍然存在。

英格兰行使民事管辖权的主要法院 [The Principal Courts Exercising Civil Jurisdiction in England]

```
┌─────────────────────────────────────────┐
│         上议院 [House of Lords]          │
└─────────────────────────────────────────┘
```

受理直接对高等法院的判决提出的上诉,但需:1. 当事人各方均同意;2. 案件涉及具有普遍意义的重大法律问题,该问题关系到对立法的解释或承审法官应受先例约束的某一法律要点。并应取得承审法官的批准证书和上议院的许可。['Leapfrog' appeal direct from the High Court provided:——(i) all parties consent, and (ii) a point of law of general public importance is involved relating to the construction of an enactment or on a point on which the trial judge was bound by precedent. Certificate of trial judge and leave of House of Lords required.]

受理只有取得上诉法院或上议院的许可才能对上诉法院的判决提出的上诉 [Appeal from the Court of Appeal only by leave of that court or the House of Lords]

```
┌─────────────────────────────────────────┐
│  上诉法院民事分庭 [Court of Appeal (Civil Division)]  │
└─────────────────────────────────────────┘
```

受理当事人对高等法院的判决依法有权提出的上诉,特殊案件除外 [Appeal from the High Court as of right, save in exceptional cases.]

受理当事人对郡法院的判决依法有权提出的上诉,某些需取得许可方可上诉的案件除外(如上诉金额不超过5 000英镑的合同和侵权案件)[Appeal from the County Court as of right except in certain cases where leave is necessary (e.g. in contract and tort claims where value of appeal does not exceed £5 000)]

```
┌─────────────────────────────────────────┐
│          高等法院 [High Court]           │
└─────────────────────────────────────────┘
```

高等法院的任一分庭在英格兰和威尔士的任何地方都可以开庭,但是王座分庭和家事分庭都在刑事法院的首层中心定期开庭 [Any division of the High Court may sit at any place in England or Wales, but sittings of the Queen's Bench and Family Divisions are regularly held at the Crown Court first-tier centres.]

王座分庭 [Queen's Bench Division]
受理以下民事诉讼:除由家事分庭和衡平分庭管辖以外的合同、侵权及其他案件。分庭内设两个独立法庭对商事案件和海事案件行使管辖权。分庭基于司法审查的申请对下级法院和裁判庭的运行进行监督。[Trial of civil actions relating to: —contract and tort and other matters not within the scope of the Family and Chancery Divisions. Two separate courts within the Division exercise jurisdiction over commercial matters and Admiralty matters. The Division supervises the operation of inferior courts and tribunals on applications for judicial review.]

家事分庭 [Family Division]
受理有抗辩的婚姻案件及有关子女准正、婚姻的效力、1882年已婚妇女财产法,以及其他有关婚姻争议和子女的事项的诉讼。受理对家事诉讼法院(治安法院)有关家庭事项所作决定提出的上诉(例如,有关子女的命令)。[Trial of defended matrimonial proceedings, and actions relating to legitimacy, validity of marriage, the Married Woman's Property Act 1882 and other matters relating to matrimonial disputes and children. Appeals from Family Proceedings Courts (Magistrates' Courts) in family matters (e.g. orders regarding children)]

衡平分庭 [Chancery Division]
受理有关抵押、契据、土地买卖合同的实际履行、合伙、公司、破产、税收以及有争议的遗嘱检验事项的案件。分庭还对来自郡法院的有关破产和土地登记事项的上诉享有有限的管辖权。[Trials of actions relating to: —mortgages, deeds, specific performance of contracts for the sale of land, partnerships, companies, bankruptcy, revenue matters and contentious probate business. Divisional Court has certain limited jurisdiction consisting of appeals from the County Court in bankruptcy and land registration matters.]

```
┌─────────────────────────────────────────┐
│          郡法院 [County Court]           │
└─────────────────────────────────────────┘
```

管辖权范围:
1. 合同或侵权案件(诽谤除外);
2. 金额不超过30 000英镑的衡平案件(信托、抵押、合伙等);
3. 回复土地之诉;
4. 无抗辩及一些有抗辩的婚姻案件:依1989年《儿童法》进行的程序;
5. 破产案件。
[Jurisdiction Includes
(i) Actions in contract or tort (except defamation);
(ii) Equity matters (trusts, mortgages, partnerships etc.) where the value of the fund does not exceed £30 000;
(iii) Actions for recovering land;
(iv) Undefended and some defended matrimonial cases: proceedings under the Children Act 1989;
(v) Bankruptcy.]

Source: S.H.Bailey and M.J.Gunn, *Smith and Bailey on The Modern English Legal System*, U.K.: Sweet & Maxwell, 1996, p.48

英格兰行使刑事管辖权的法院 [The Courts Exercising Criminal Jurisdiction in England]

上议院 [House of Lords]

- 受理对高等法院王座分庭的判决提出的上诉，条件同于受理对上诉法院的判决提出的上诉 [Appeal from the Divisional Court subject to the same conditions attached to appeal from the Court of Appeal.]
- 受理由上诉法院以许可证书批准的涉及具有普遍意义的重大法律问题的上诉案件，并须获得上诉法院或上议院的同意 [Appeal from the Court of Appeal subject to the grant of a certificate by that court that a point of law of general public importance is involved, and to the granting of leave by that court or the House of Lords.]

上诉法院刑事分庭 [Court of Appeal (Criminal Division)]

- 受理不服刑事法院依公诉书作出的有罪判决而提出的上诉，可系事实问题或法律问题，或仅系量刑问题。一般须先征得上诉法院的同意 [Appeal from the Crown Court against conviction on indictment on a question of fact or law or against sentence. The leave of the Court of Appeal is normally needed.]

高等法院王座分庭 [Queen's Bench Division]

- 受理起诉方或被告方以案情陈述方式就法律问题提出的上诉 [Appeal by way of Case Stated by prosecution or defence on a matter of law.]
- 受理以案情陈述方式提出的上诉，仅限于对治安法院的判决提出的上诉中所涉及的法律问题 [Appeal by way of Case Stated, on a question of law only, arising on appeal from the Magistrates' Court.]

刑事法院 [Crown Court]

- 受理就事实或法律问题对治安法院的定罪或量刑判决提出上诉的案件，或治安法院移送刑事法院量刑的案件 [Appeal from the Magistrate's Court against conviction or sentence on a question of law or fact, or committal for sentence.]
- 受理移送按正式刑事起诉书审判的案件，在刑事法院实行陪审团审判 [Committal for trial on indictment, Jury trial in the Crown Court.]

治安法院 [Magistrates' Court]

- 简易裁判权 [Summary Jurisdiction]
  负责对简易罪以及其他经被告人同意可依简易程序审理的犯罪的审判 [Trial of summary offences and other offences triable summarily with the consent of the accused.]
- 移送程序 [Committal Procedure]
  为案件的最初程序步骤，然后将被告人移交刑事法院审判 [Initial procedural steps in respect of cases then committed for trial in the Crown Court.]

Source: S.H. Bailey and M.J. Gunn, *Smith and Bailey on The Modern English Legal System*, London: Sweet & Maxwell, 1996, p.47

英格兰、威尔士和苏格兰的主要法院 [The Major Courts in England, Wales and Scotland]

英格兰和威尔士

高级法院 [Superior]

民事的 [Civil]	刑事的 [Criminal]	专门的（仅例举）[Special (examples only)]	行政的（仅例举）[Administrative (examples only)]
	上议院 [House of Lords]	——	
上诉法院（民事分庭）[Court of Appeal (Civil Division)]	上诉法院（刑事分庭）[Court of Appeal (Criminal Division)]	军事上诉法院 [Courts Martial Appeal Court]	
高等法院 [High Court]	高等法院王座庭刑事分庭 [Divisional Court of Q.B.D. of High Court]	限制贸易惯例法院 [Restrictive Practices Court]	劳工上诉法庭 [Employment Appeal Tribunal]
	刑事法院 [Crown Court]		国民保险委员会 [National Insurance Commissioner]

低级法院 [Inferior]

郡法院 [County Court]	治安法院 [Magistrates' Court]	——	劳资法庭 [Industrial Tribunals]

苏格兰

高级法院 [Superior]

民事的 [Civil]	刑事的 [Criminal]	专门的（仅例举）[Special (examples only)]	行政的（仅例举）[Administrative (examples only)]
上议院 [House of Lords] 最高民事法院（上诉庭）[Court of Session (Inner House)]	—— 高等刑事法院（上诉庭）[High Court of Justiciary (appeals)]	—— 军事上诉法院 [Courts Martial Appeal Court] 土地评估上诉法院 [Lands Valuation Appeal Court]	——
最高民事法院（初审庭）[Court of Session (Outer House)]	高等刑事法院（初审庭）[High Court of Justiciary (trials)]	限制贸易惯例法院 [Restrictive Practices Court]	劳工上诉法庭 [Employment Appeal Tribunal] 国民保险委员会 [National Insurance Commissioner]

低级法院 [Inferior]

郡法院 [Sheriff Court]	郡法院 [Sheriff Court] 地区法院 [District Court]	——	劳资法庭 [Industrial Tribunals]

Source: David M. Walker, *The Oxford Companion to Law*, U.S.A.: Oxford University Press, 1980, pp. 302–303

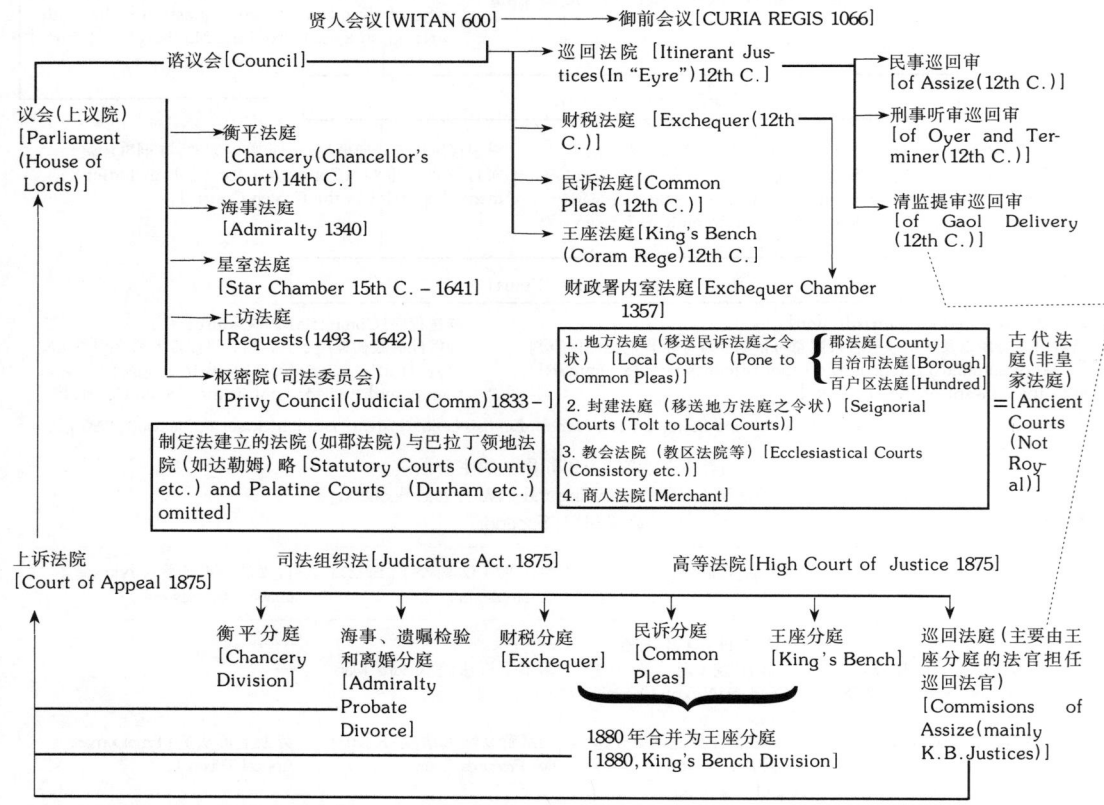

英格兰法庭的演变 [Evolution of the English Courts]

Source: Daniel R. Coquillette, *The Anglo-American Legal Heritage*, U.S.A.: Carolina Academic Press, 1999, p.74

court-martial　n. 军事法院；军事法庭　在美国，军事法院是对违反《统一军事司法法典》[Uniform Code of Military Justice]，特别是军队人员违反该法典的案件行使审判权的专门法院，它不属于根据美国宪法第三条的规定而设立的联邦法院，而是国会根据宪法赋予其管理军队的权力在军队中设立的刑事法院，其管辖权限于刑罚与军纪案件。有三种形式，按其级别由低到高排列依次为：简易军事法院[summary]、特别军事法院[special]和一般军事法院[general]，其组成也各不相同，案件由哪一级法院审理取决于犯罪的严重程度。军事法院主要是为处理军队内部案件，但许多民事违法行为[civil offenses]与民事法院有共同管辖权。在英国，军事法院是有权对正在军中服役人员违反军事法律或普通法律的犯罪行为进行审判和处罚的法院，1955 年的《陆军法》[Army Act]、《空军法》[Air Force Act]和 1957 年的《海军纪律法》[Naval Discipline Act]对有关军事法院的设置和权限等都作了规定，根据 1968 年《军事法院(上诉)法》[Courts-Martial (Appeals) Act]，对陆军、空军和海军军事法院所作的有罪判决不服的，可上诉至军事上诉法院[Courts-Martial Appeal Court]。如果案件涉及对公众具有特别重要意义的法律问题，经总检察长许可，还可上诉至上议院。

court not of record　〈英〉非存卷法院　相对于存卷法院[court of record]而言，是一种低级别的法院，只具有有限的或专门的司法管辖权，例如由治安法官[justice of the peace]、市长或其他地方司法官主持的法庭以及某些城市法庭。存卷法院和非存卷法院的称谓不是很确切，非存卷法院也有对诉讼活动和判决的记录，只是相对于存卷法院来说，它的记录不具有权威性和永久见证作用。它与存卷法院的主要区别在于它的司法权是有限的。(⇨ court of record; court of general jurisdiction; court of limited jurisdiction)

court of admiralty　(= admiralty court)

court of ancient demesne　古领地法庭　类似于采邑民事法庭[court baron]，该法庭由全体自由土地保有人[freeholders]充任法官和封设裁判官[suitors]。它是由国王任命的王室管家[bailiff]主持，仅为王室古领地上的封臣诉讼而设立的法庭，可以赋予王室古领地封臣一定的豁免权或特惠，如准许被剥夺了土地的人通过申请权利回复令状[writ of right close]而重新获得自己的土地权利。(⇨ right close; ancient demesne)

Court of Appeal　〈英〉上诉法院　最高法院[Supreme Court of Judicature]的一部分，由 1873 年《司法组织法》[Judicature Act]创设，行使以前财政署内室法庭[Court of Exchequer Chamber]、衡平上诉庭、枢密院在各自范围内的相关上诉管辖权，由历任御前大臣、高等法院王座分庭首席大法官[Lord Chief Justice]、上诉法院民庭庭长[Master of the Rolls]、高等法院家事庭庭长及上诉法官[Lords Justices of Appeal]组成，上议院常任上诉法官[Lords of Appeal]和高级法官[puisne judges]亦可被邀请参加开庭。上诉法院一般由上诉法院民庭庭长和另两名上诉法官组成普通庭，也可由总共 5 名法官组成全席庭[full court]。1966 年刑事上诉庭[Court of Criminal Appeal]被取消，自此，上诉法院作为民事上诉分庭或刑事上诉分庭开庭。刑事上诉分庭组成人员必须是单数，至少为 3 人，其中之一通常为高等法院王座分庭的法官，并经常由王座分庭首席大法官主持，一般受理来自刑事法院[Crown Court]的上诉，也处理内政部提交的案件。民事上诉分庭对来自高等法院和郡法院的案件有上诉管辖权。另外每个分庭都可以同时开设数个相关法庭。

court of appeals　❶ 上诉法院　指中间上诉法院。也称 "court of appeal"，如在加利福尼亚州[California]和英格兰。❷ (纽约州[New York]、马里兰州[Maryland]的)终审上诉法院

Court of Appeals for the Federal Circuit　(= United States Court of Appeals for the Federal Circuit)

Court of Appeals in Cases of Capture　〈美〉捕获上诉法院　在美国最高法院建立之前，它是 1780 – 1787 年间主要的联邦法院，主要处理独立战争期间的海上捕获问题。

Court of Arbitration of the Chamber of Commerce　〈美〉(纽约市的)商会仲裁庭　组建于 1874 年，受理作为商会[chamber of commerce]成员的当事人之间的、发生于纽约市内的商事纠纷。任何一方当事人可要求对方到庭，对方当事人必须服从该庭的裁决。由一名常任仲裁人主持仲裁，但其他仲裁人可由双方当事人指定，当事人可委托律师。裁决是终局的。该庭于 1879 年解散。

Court of Archdeacon　〈英〉执事长法院　教会法院系统中最低级的法院，由主教区执事长[archdeacon]主持，对执事长辖区[archdeaconry]内的遗嘱检验[probate]、遗产管理及教会事务有管辖权，12 世纪时还获得了习惯法管辖权，对该法院判决可上诉至主教教区法院[consistory court or court of the bishop]。现已废止。(= archdeacon's court)

Court of Assistants　〈美〉总督法院　1630 年马萨诸塞州设立的法院，由总督、副总督和总督助理组成，行使立法权、司法权及衡平法审判权。

court of assize　巡回法庭；初审法庭(⇨assize; nisi prius)

court of assize and nisi prius　〈英格兰古法〉巡回初审法庭　经国王特别授权每年两次到王国各郡进行巡回审判，由当地民众组成陪审团，对事实问题进行审理，法律问题将留给威斯敏斯特的中央法庭。(⇨assize; nisi prius)

Court of Attachment　〈英格兰古法〉皇家林地扣押法院　皇家园林法庭中最低的一级——上两级分别为 "Justice in Eyre's Seat" 或 "Justice Seat" 和 "Swanimote"，有权调查针对林木和鹿实施的标的额不超过 4 便士的侵权行为，但无权定罪。由王室护林官[verderer]主持，每 40 天开庭一次，审查和接受其他林区官员所扣押的财产及对侵权者的指控，并予以登记、确认。后被废止。(= attachment of the forest)

Court of Audience　〈英〉亲审法院(= Audience Court)

Court of Augmentation　〈英〉增收法庭　全称为增加国王岁入法庭[court of the Augmentations of the Revenues of the King's Crown]，设立于 1535 年，当年议会颁布了一项法令，没收所有年收入在 200 镑以下的修道院的土地和财产，转归国王所有，又颁布一项法令设立增收法庭。其职责是管理上述没收的财产，并受理与之有关的诉讼，以保证国王在这一没收过程中确实得到他依法所应得。该法庭属存卷法庭[court of record]，每年需向国王作一次收入报告。由国王保有的教会财产管理权于 1554 年转归财政署[Exchequer]，增收法庭即告解散。该法庭的卷宗起初由增收办公处[Augmentation Office]保管，后移至国家档案馆[Public Record Office]。

Court of Bankruptcy　❶〈美〉破产法院　设立于所有可适用《破产法》[Bankruptcy Act]的联邦司法区[judicial district]的联邦法院，附属于联邦地区法院，对破产事务具有一般管辖权。❷〈英〉破产法院　存卷法院[court of record]的一种，对初审[primary]和上诉[appellate]的破产

案件有普通法和衡平法上的管辖权，对其判决可向上诉法院[Court of Appeal]上诉，由副御前大臣[Vice-Chancellor]复审，在御前大臣[Lord Chancellor]和上议院[House of Lords]认为必要时，也可向御前大臣或上议院上诉。依据1869年《破产法》[Bankruptcy Act]，破产法院分为伦敦破产法院和郡破产法院，伦敦破产法院可受理对郡破产法院判决的上诉。依据1873－1875年《司法组织法》[Judicature Acts]，伦敦破产法院被并入最高法院[Supreme Court of Judicature]。

Court of Brotherhood 〈英格兰古法〉五港同盟法庭 由五港同盟[Cinque Ports]中重要城市的市长或其他首席官员出席组成，行使这些港口城市的管理权力，现已废止。

Court of Cassation 〈法〉最高法院（⇨cour de cassation）

court of castle chamber in Ireland 〈英〉爱尔兰城堡法庭 伊丽莎白一世女王为镇压爱尔兰的骚乱而设立的一个法院。它至少包括一名副大臣、郡治安法官或法官、大法官或掌玺大臣或爱尔兰财政大臣以及至少两名上议院议员，其中包括教会议员、世俗议员和枢密院的任何成员或爱尔兰法院的法官。该法庭有权像英格兰王室法庭那样处理骚乱。

Court of Chancery ❶〈英〉衡平法院；御前大臣法庭 诺曼征服以后，文秘署[Chancery]长官[Chancellor]起初只具有普通法方面的管辖权，可以签发诉讼开始令状[original writs]以启动王室法庭审判程序。15世纪末期，他又被赋予了衡平法的管辖权，他的办公机构因此被称为衡平法庭或御前大臣法庭，主要受理不能从普通法得到救济的案件。从衡平法庭的审判实践中衡平法得以系统化和制度化。后来又设置了案卷主事官[Master of the Rolls]和副御前大臣[vice-chancellor]协助御前大臣[lord chancellor]审理。17、18世纪以来，衡平法庭由于卖官鬻爵等腐化行为日渐声名狼藉，其诉讼形式也变得越来越机械、僵硬，拖延作风盛行，对它进行改革的呼声很高。1873年《司法组织法》[Judicature Acts]将其并入高等法院[High Court]，它的衡平管辖权继续由高等法院衡平分庭[Chancery Division]行使，原来的衡平法院上诉庭[Court of Appeal in Chancery]的上诉管辖权划给上诉法院[Court of Appeal]。衡平法院的管辖权包括：①普通法方面，主要涉及令状，与国王利益相关的案件及由法庭官员提起或针对法庭官员提起的对人诉讼；②衡平法方面，主要是用益权、信托、合同的特别履行、发布禁制令等，这些衡平法原则19世纪时也都汇编成法令；③其它，包括由制定法规定的破产、精神病人等方面。❷〈美〉衡平法院(⇨Chancery；Palatine Courts)

Court of Chancery in Ireland 爱尔兰衡平法院 爱尔兰于1232年建立了文秘署；其发展与英格兰有些相似。御前大臣与存卷主事官[Master of the Rolls]渐渐享有衡平法管辖权。1867年，设立一个副御前大臣，但根据爱尔兰1877年《司法组织法》[Judicature Act]，该职位被撤销，由衡平分庭的法官所替代。

court of chivalry 〈英〉骑士法庭；荣誉法庭 又称军事法庭[court military]，属非存卷法庭，由皇家侍卫官[Lord High Constable]和王室典礼官[Earl Marshal of England]主持审理，故也称皇家侍卫官和王室典礼官亲审法庭[court of Constable and Marshal]。该法庭对纹章或交战文书、纹章佩饰及席次等问题具有民事和刑事管辖权。由王室典礼官单独审理时，一般是以荣誉法庭[court of honour]的形式出现。该法庭在被废弃很久以后又于1955年恢复，用以受理城市法人[city corporation]对他人盗用自己徽章

的控诉。

Court of Civil Appeals 〈美〉民事上诉法院 亚拉巴马州[Alabama]、俄克拉何马州[Oklahoma]和得克萨斯州[Texas]设有州民事上诉法院，均为中间上诉法院。得克萨斯州民事上诉法院对于地区法院[district courts]、县法院[county courts]判决的案件均有上诉管辖权。(⇨Court of Appeal)

court of claims ❶索赔法院 在国家放弃司法豁免权的情况下，有权审理对国家提出的索赔请求的法院。也称claims court。❷[C- of C-]〈英〉权利请求法庭 审查君主加冕典礼[coronation]司仪请求的法庭，最初成立于理查二世[Richard Ⅱ, 1377－1399]加冕时，由贵族审判法庭庭长[Lord High Steward]主持，亨利四世[Henry Ⅳ, 1399－1413]时由一个委员会代替。自亨利七世[Henry Ⅶ, 1485－1509]起任命专员主持这一委员会的工作，但它完全受国王所控制。❸[C- of C-]〈美〉美国索赔法院(⇨United States Court of Federal Claims)

Court of Commerce (= Commerce Court)

Court of Common Pleas ❶〈英〉皇家民事法庭；民诉法庭；普通民事诉讼法庭 1875年之前英格兰最重要的三个中央法庭之一，12世纪开始逐渐从御前会议[Curia Regis]中分离出来，它不同于随国王流动的法庭。《大宪章》[Magna Carta]第17条规定，皇家民事法庭应设于特定地点，后来该庭设于威斯敏斯特，1272年任命了独立的皇家民事法庭首席法官[Chief Justice of the Common Pleas]。该法庭受理私人之间的民事诉讼，在该法庭可以提起全部的不动产权益之诉[real action]以及旧时个人间的债务之诉[action of debt]、扣留财物之诉[action of detinue]、报账之诉[action of account]和允诺契据之诉[action of covenant]，这使它成为中世纪英格兰最活跃的普通法法院。后来王座法庭[Court of King's Bench]和财税法庭[Court of Exchequer]通过拟制也获得了对一些动产诉讼的管辖权，但皇家民事法庭对不动产权益诉讼的排它管辖权一直持续到19世纪。该法庭对地方法庭和采邑法庭行使监督权，不服其判决最初可上诉至王座法庭，后来改为上诉至财政署内室法庭[exchequer chamber]。17世纪时该法庭取得了发布禁止令状[writ of prohibition]和人身保护令[habeas corpus]的一般管辖权；19世纪时还取得了对校勘律师[revising barrister]的上诉、反对国会选举的请愿等的排它管辖权。该法庭属高级的存卷法庭，由一名首席法官和五名助理法官组成，依据1873－1875年《司法组织法》[Judicature Acts]，它被并入新的高等法院[High Court of Justice]，其原有的管辖权除对选举事务的管辖权外均归高等法院的民事分庭[Common Plea Division]行使，1880年，高等民事分庭和财税分庭[Exchequer Division]被并入王座分庭[Queen's Bench Division]。兰开斯特民事法庭[Court of Common Pleas at Lancaster]是一个具有地方普通法管辖权的特权法庭[Palatine Court]，依据1873年《司法组织法》，其管辖权亦转归高等法院。❷〈美〉普通法院 对民事和刑事诉讼具有一般管辖权的法院，美国殖民地时期普通法院由英王任命的法官主持，一般为县法院，独立后某些州也将具有一般管辖权的法院称为普通法院，例如在宾夕法尼亚州，该院对于民、刑事诉讼均有管辖权。现已废除，其管辖权被转归区法院、巡回法院或高级法院。

Court of Common Pleas at Lancaster 〈英格兰古法〉兰开斯特高等民诉法庭 设立于巴拉丁伯爵领地[County Palatine]上的法庭，行使地方普通法上的管辖权，该法院的管

辖权于 1873 年移交给高等法院。

Court of Common Pleas in Ireland 爱尔兰民诉法庭 13 世纪末法庭固定在某一特定地点，区别于随摄政官[justiciar]巡回的法庭。它从巡回法官不同的职能中发展出来，1276 年有一个首席法官和三个助理法官[puisne justices]，该庭的法官后来也可作为巡回法官。1655 年它更名为下级法庭[Lower Bench]，但复辟时期又恢复原名。1877 年依爱尔兰《司法组织法》[Judicature Act]成为高等法庭在爱尔兰的民事诉讼分庭，1887 年并入王座分庭。

court of competent jurisdiction （对争讼）有法定管辖权的法院

Court of Conciliation 〈美〉调解法庭 对当事人在债务或婚姻等方面的纠纷予以调解，避免争讼。

Court of Conscience 〈英〉良心裁判法庭 又称小额债务索赔法庭[court of request]，是依据议会法在伦敦以及其它城市建立的。1517 年建立于伦敦，由 2 名高级市政官[alderman]和 4 名——后来为 12 名——市政委员[common councilmen]组成，处理市民之间的小额债务纠纷。依简易程序审理，由双方当事人及证人宣誓，并由法庭作出符合公平理念和正直人良心的裁判。1847 年取消，被并入属于郡法庭系统的伦敦城区郡长亲审法庭[Sheriff's Court of the City of London]。也指各种团体[corporation]的成员为追回债务而成立的法庭。此外，良心裁判法庭也被用来描述御前大臣法庭[Court of Chancery]或衡平法院[court of equity]。

Court of Convocation 〈英〉（教会法）教牧人员代表会议；宗教法院 由各教省的高级神职人员和低级神职人员的代表组成，就其本质而言是教会的立法机构，但也具有司法职能，负责审理异端邪教、宗派分立以及其他纯教会的案件，对其判决可上诉至国王。（⇨convocation）

Court of County Commissioners 〈美〉县行政专员亲审法庭 一种存卷法庭，在某些州，每个县都设有一个这样的法庭。

Court of Criminal Appeals 〈美〉刑事上诉法院 亚拉巴马州[Alabama]、俄克拉何马州[Oklahoma]、田纳西州[Tennessee]和得克萨斯州[Texas]设有刑事上诉法院，其中在俄克拉何马州和得克萨斯州为州最高刑事上诉法院，在其他州为中间上诉法院。（⇨Court of Appeal）

Court of Customs and Patent Appeals （= Customs and Patent Appeals Court）

Court of Delegates 〈英〉皇家教务代表法庭 1533 年由国王任命皇家教务代表组成的法庭，代替大主教审理教会上诉案件。1832 年被废止，权力移交枢密院司法委员会。

Court of Duchy Chamber of Lancaster 兰开斯特公爵领地宫室法庭 此法庭可由兰开斯特公爵领地事务大臣或其代表主持，其管辖权涉及君主作为该巴拉丁郡领地的保有人所持有的土地上的衡平法权利，而不论这些土地是否在巴拉丁郡领地之内。其诉讼程序采用旧时财税法庭和大法官法庭处理衡平讼时的诉讼程序。该法庭最后一次开庭是在 1835 年。

Court of Earl Marshal 〈英格兰古法〉皇家军务法庭 征服者威廉时期，就军务而言，皇家军务大臣[Earl Marshal]次于皇家侍卫官[Lord High Constable]，当后一职位被取消后，其职责移交给了前者，本来由二者共同主持的军务法庭也被称为"Marshal's Court"，后来又被称为"Court of Martial"。除刑事管辖权外，它对军役保有及骑士领地等事务有管辖权。（⇨ Earl Marshal; Lord High Constable; court of chivalry; court-martial）

Court of Ecclesiastical Causes Reserved 〈英〉宗教诉讼专门法院 成立于 1963 年，管辖英格兰国教坎特伯雷[Canterbury]和约克[York]两个教省。由两名担任或曾经担任高级司法职务者和三名或曾经是主教的人组成。法院对于指控牧师、执事、大主教、主教在教义、仪式或礼仪方面触犯宗教法规的犯罪案件具有初审管辖权，并受理对主教教区法院[consistory court]的有关教义、礼仪或仪式等方面的上诉案件。

court of equity 衡平法院 ①在英国，依据衡平[equity]、正义[justice]和公平[fairness]原则而不是严格的法律原则行使管辖权的法院。长期以来，英格兰主要的衡平法院是御前大臣法庭[Court of Chancery]，但还存在一些较小的衡平法院，例如小额债务索赔法院[court of requests]。就衡平法院管辖权的其它方面来说，它和普通法法院没有明显的区别，而只是对基于衡平的请求、抗辩和基于严格法的请求、抗辩一样，都行使管辖权。②在美国指行使衡平管辖权，依据衡平法规则、原则和先例实现正义、解决争端的法院，区别于普通法法院，仿照衡平法院的形式、程序而设置。在所有采用《联邦民事诉讼规则》[Federal Rules of Civil Procedure]的州，衡平法院已被废除，衡平法诉讼和普通法诉讼已被统一为民事诉讼。（⇨Court of Chancery; equity; court of requests）

court of error 复审法院 有权依上诉程序纠正另一法院法律上或事实上的错误的法院。在英格兰，起初主要由王座法庭[King's Bench]负责复审另一法院的错判，包括 1783 年前爱尔兰王座法庭的错判和 1870 年前民诉法庭的错判。至 1875 年，复审高级法院的错判递次由财政署内室法庭[Court of Exchequer Chamber]和上议院[House of Lord]负责，复审下级存卷法院的错判仍由王座法庭负责。依据 1875 年《司法组织法》[Judicature Act]，对于高级法院的错判由上诉法院[Court of Appeal]复审。刑事案件的复审法院最初为刑事案件再审法院[Court for Crown Cases Reserved]，1907 年后为刑事上诉法院[Court of Criminal Appeal]。美国一些州的终审法院[court of last resort]也命名为复审法院，例如康涅狄格州[Connecticut]，但也在广义上使用这个词，即指任何有权通过上诉、纠错令、调卷令[certiorari]或其他程序对下级法院的裁判进行复核的法院。

Court of Errors and Appeals 〈美〉(以前新泽西[New Jersey]和纽约州[New York]的) 终审法院

court of especial sessions 特别法庭 临时设立的就特定案件进行审理的法庭。

Court of Exchequer 〈英〉财税法庭 从御前会议[Curia Regis]中分出的四个机构中的一个。12 世纪时，财政署[Exchequer]从御前会议中独立出来，但在 1200 年以前，它的财政机构[receipt of Exchequer]和司法机构[court of Exchequer]并未分开。1312 年任命了第一位财税法庭首席法官[Chief Baron]，从此财税法庭就作为司法机构独立存在。到 16 世纪中叶，其管辖权几乎一直只限于税收案件，但后来它通过拟制[fiction]而获得了对普通臣民之间民事诉讼的管辖权，因此而具有辅助性的普通法和衡平法管辖权。作为税收法庭[court of revenue]，它就国王与国王账目官之间、国王与纳税人之间的纠纷作出裁决。根据通过拟制获取普通民事诉讼管辖权的令状[quo minus]而获得普通法管辖权后，它作为普通法法庭，对于普通臣民之间除了不动产权益诉讼[real action]以外其它形式的诉讼都有管辖权。根据《斯卡卡里程序惯例》[cursus scaccarii],财税法庭也具有某些衡平法上的管辖权,而且它通过简单的权力推定最终取得了一般的衡平法管辖权。1841年,财税法庭的衡平法管辖权被移交给御前大臣法庭[Court of Chancery]。财税法庭属存卷法庭[court of record],由6名法官组成。依据1873-1875年《司法组织法》[Judicature Act],财税法庭被并入高等法院[High Court of Justice],其审判权由高等法院财税分庭[Exchequer Division]行使,1881年财税分庭又被并入王座分庭[King's Bench and Common Pleas]。(⇨ baron; supreme court; Exchequer)

Court of Exchequer Chamber 〈英〉财政署内室法庭 早期英格兰中央法庭有这样一种做法:法官与财政署官员聚集在财政署的内室讨论法律或业务方面的难点。这使得人们产生了这样一种观念,即这种集会成为了一种法庭,并且议会也时常授予这一法庭以权力。在1873年以前,有4个法庭都使用这一称呼。①1357年的一项制定法建立了一个包括御前大臣、财政大臣和其他助理法官在内的法庭,以纠正财税法庭的错误判决。后来的制定法又屡次修改了其人员组成,1696年的"Bankers Case"确定,掌玺大臣[Lord Keeper]可不顾其他法官的反对而推翻原审判决。②因为审理不服王座法庭判决而上诉之案件的议会不能经常召集,1585年又建立了一个专门法庭负责此事,它由6名或6名以上的皇家民事法庭和财税法庭法官组成。但不服其判决仍可向上议院上诉。③1830年前两个财政署内室法庭合二为一,其中任何两个中央法庭的法官组成合议庭可以审理针对另一法庭作出判决的上诉案,当然最终仍可向上议院上诉。该法庭1875年为上诉法院[Court of Appeal]所取代。④也指所有3个中央法庭的聚会,有时御前大臣也参加,以审理特别重大且悬而待决的案件。从严格意义上讲,它从来没有成立过,而且也仅在15世纪显得重要,但法官们的共同意见对于一个案件仍意义重大。18世纪时其地位下降,刑事方面的管辖权已让位于刑事案件再审法庭[Court for Crown Cases Reserved]。

Court of Faculties 〈英〉(教会法)大主教特许权授予法院 它是大主教法院的特权授予机构,该法院不处理任何案件的争讼,但对教堂中家族席、纪念碑、殡葬事务等能创设权利,有权签发婚姻特许状,还可签发特免状。《1533年教会特许法》[Ecclesiastical Licenses Act of 1533]赋予该法院更多的其它权力。坎特伯雷和约克教省法院法官是当然的特许法院主事官[Master of the Faculties]。

Court of First Fruits 〈英〉初年圣俸与什一税征收法院(= Court of First Fruits and Tenths)

Court of First Fruits and Tenths 〈英〉初年圣俸与什一税征收法院 1540年建立的、负责征收初年圣俸[first fruit; annate]和什一税[tenths]的法院,1554年废除,由安妮女王基金管理会[Governors of Queen Anne's Bounty]行使其职能。1947年这一职能转归英格兰国教委员会[Church Commissioners]行使。(= Court of First Fruits)

court of first instance 初审法院;一审法院

court of general jurisdiction 普通管辖法院;具有一般管辖权的法院 对民、刑事各类案件都具有管辖权的法院,在某些情况下与存卷法院[court of record]作为同义词使用,有权根据其组织章程的规定决定行使管辖权,审理案件并作出最终的裁判,而不必在其诉讼过程中提出它有权作出裁判依据的事实和证据。该法院的记录的确实性除非经过上诉,不得以其他司法审查形式对其提出异议。

Court of General Quarter Sessions of the Peace ❶〈英〉季审治安法庭 在每个郡[county]设立的由两名以上治安法官[justices of the peace]组成、行使由治安委员会[commission of the peace]或特定制定法赋予他们的刑事案件管辖权,每季开庭一次的刑事法庭。但在米德尔塞克斯[Middlesex]郡,则是每月开庭两次。不是每季开庭一次而是在其他时间开庭的则称为一般治安法庭[general sessions of the peace]。季审治安法庭由1971年《法院法》[Courts Act]废除,其原有的大部分管辖权转归刑事法院[Crown Court]。 ❷〈美〉季审治安法庭 以前在新泽西州[New Jersey]存在的刑事法庭。

Court of General Sessions ❶〈美〉(某些州的)刑事初审法庭;地方刑事法庭 ❷〈英〉一般治安法庭 在每个郡设立的、由2名以上治安法官[justices of the peace]组成的、行使由治安委员会[commission of the peace]或特定制定法赋予他们的刑事案件管辖权的刑事法庭,每季开庭一次的被特称为季审治安法庭[quarter sessions]。不采取季审形式,在每年其他时间开庭的一般治安法庭只存在于伦敦和米德尔塞克斯[Middlesex]。1871年废除。也称作General Sessions或General Sessions of the Peace。

court of greatest convenience 最便利法院 破产案件要移送给对破产人、债权人、证人、财产所在地、不动产的有效与经济管理最便利的法院管辖。

Court of Great Sessions in Wales 〈英〉威尔士巡回法庭 1543年成立,在威尔士12个郡行使类似于英格兰巡回法官[judges of assize]职能的法庭。1830年被撤销。(⇨ Wales)

Court of Guestling (英格兰古法)泛五港同盟法庭 由五港同盟法庭[Court of Brotherhood]的成员、五港同盟[Cinque Ports]全体成员的代表以及五港同盟7个主要城市的市长共同组成的联席会议。

Court of High Commission 〈英〉宗教事务高等法院(委员会) 16世纪由王室设立,用以实施有关宗教改革协定的法律以及对教会实行监督的教会法院。依据《君主至上法》[Act of Supremacy]和《礼拜仪式统一法》[Act of Uniformity],英国君主是教会的最高首脑,拥有最高宗教管辖权,其任命的钦差专员[commissioners]有广泛的权力实施两个法令,处理宗教违法行为和压制危害国教的运动。他们行使权力时要听从枢密院的指示并受其监督。约1580年左右,若干钦差专员组成了一个长期固定的委员会审理普通教会法不受理的诉讼,成为担负司法职能的常设机构,史称宗教事务高等法院。该法院的司法程序完全奠基于教会法而非普通法,委员中既有神职人员也有俗人,他们遍布全国以保证教会法的统一实施。该法院与星室法院和枢密院关系密切,它曾因其权力和效率成为广受欢迎的法院,但也是有争议的镇压不承认国教者的工具。最终摧毁该法院的反对力量主要来自清教派、普通法及其法宫。1641年它被撤销,1689年《权利法案》[Bill of Rights]斥之为"非法"和"有害"而被废除。

Court of High Commission in Scotland 苏格兰宗教事务高等法院 1610年詹姆士六世为推行他在苏格兰强制实行教会主教制政策而设立两个宗教事务高级法院,旨在惩罚教会人员的犯罪。每院由一名大主教主持,由教俗人员组成,权力广泛。1615年两院合并,1638年废除,1664年再度恢复,但很快被终止。

Court of Honor ❶(英格兰古法)荣誉法庭 对侵害他人荣誉、名誉或尊严又不能由一般法庭认定的行为,对侵犯他人关于纹章[heraldry; coat-armor]和席次[precedence]之权利的行为有权听审并作出赔偿判决的法庭。骑士法庭[court of chivalry]在某些情况下可作为荣誉法庭而行使其职能。❷荣誉法院　在欧洲某些国家,这一名称用以指有权调查军官提出的有碍其军官荣誉的控诉、惩罚违反荣誉法典的失职行为和决定军官之间决斗[fighting duels]的原因、场合及方式的军事法庭。

Court of Hustings　❶〈英〉哈斯丁法院　诺曼征服以前即已存在的伦敦城市法院,最初对任何数额、任何形式的诉讼均有管辖权,为伦敦市最高法院。后来,尤其是在 13 世纪,它的一部分管辖权被转移给郡长法院[Sheriff's Court],更大一部分被转移给了市长亲审法院[Mayor's Court],只有对不动产权益诉讼[real action]、混合诉讼[mixed action]和动产占有回复之诉[action of replevin]的管辖权被保留。后来,该法院又被分为哈斯丁土地诉讼法院[Court of Hustings for Pleas of Land]和哈斯丁普通民事诉讼法院[Court of Hustings of Common Pleas]。理论上,应由市长[Lord Mayor]或以前曾任市长的高级市政官[alderman]、郡长[sheriff]充任法官,但实际上行使法官职能的是记录法官[recorder]。随着不动产权益诉讼和除驱逐之诉[ejectment]外混合诉讼的废除,哈斯丁法院的管辖权也相对被废弃。该法院也曾在大雅茅斯[Great Yarmouth]、林肯[Lincoln]、诺里奇[Norwich]、牛津[Oxford]、温切斯特[Winchester]和约克[York]存在过。❷〈美〉哈斯丁法院　以前在弗吉尼亚[Virginia]州某些地方存在过的地方法院。(= hustings court)(⇨husting s))

court of industrial relations　(= industrial relations court)

Court of Inquiry　❶〈英〉(军事)调查法庭　经国王授权、由海军或空军当局任命、调查事实以确定对某人或某些人提起诉讼或采取惩戒措施是否适当的法庭,也审理士兵个人的一些诉讼。❷〈美〉(军事)调查法庭　经总统授权,依据《军法条例》[Articles of War]规定而组成的,有权应任何军官或士兵之请求就他们之间的交易[transaction]或对他们提出的指控[accusation]、诋毁[imputation]进行定性调查的法庭。严格地说,它不能算作一个法庭,它只是一个依据制定法规定调查事实并作出报告的机构,不能审判和决定罪名是否成立,不能强迫证人出席也不能要求证人作证。在得克萨斯州[Texas],县、区法院的法官也可要求对有关某一罪行的证据进行事前调查,召集成立一个调查法庭。

Court of International Trade, U.S.　(= United States Court of International Trade)

Court of Justice Seat　〈英〉皇家园林高等法庭　皇家园林三级法庭中最高的一级。(= Court of the Chief Justice in Eyre; justice seat)(⇨Court of Attachment)

Court of King's Bench　〈英〉❶王座法庭　❷(高等法院)王座分庭(⇨Queen's Bench)

Court of King's (or Queen's) Bench in Ireland　〈英〉爱尔兰王座法庭　源于爱尔兰首席政法官[justiciar]所主持的法庭,原为由后者主持的巡回法庭,管辖范围包括刑事、土地占有和其它一些民事方面的案件。1290 年任命了一名法官处理原来管辖的那些案件,1324 年又任命了一名首席法官,1391 年遂成为王座法庭,1655 年称之为上座法庭[Upper Bench],复辟后又恢复原名,1877 年成为爱尔兰高等法院的王座分庭,后来于爱尔兰和北爱尔兰的法院分立之时消失。

court of last resort　终审法院　最高审级法院,对其判决不得再提起上诉。

court of law　❶(广义)法院　任何正式组成的法院。❷(狭义)普通法法院　依据普通法的规则和原则审判的法院,与衡平法院[court of equity]相对。

court of limited jurisdiction　有限管辖权法院　只对特定类型的案件或争议金额有一定限制的案件有管辖权的法院,如遗嘱检验法院、小额索赔法院、青少年法院等。有限管辖权法院多为低等法院。

Court of Magistrates and Freeholders　〈美〉奴隶与有色自由人刑事法院　以前在南卡罗来纳[South Carolina]存在的、负责审理奴隶和有色人种自由民的刑事犯罪的法院。

court of marchers　边境领主法庭　威尔士一种旧法庭,负责审理标的额不超过 50 英镑的债务和赔偿案件。

Court of Marshalsea　〈英〉宫廷侍臣法庭　由王室总管[steward]和宫廷侍臣[Marshal of the Royal Household]主持的法庭,对于王室仆从之间的诉讼有专属管辖权。有权审理王室 12 英里辖区[verge of the court]之内发生的一方当事人为王室仆从的侵害之诉[trespasses]及双方当事人均为王室仆从的定额债务之诉[debt]、合同之诉[contract]和立据允诺之诉[covenant],其中后者适用的是王室仆从陪审团。查理一世[Charles Ⅰ, 1625-1649]时又设立了宫廷法院[Palace Court;〈拉〉curia palatii],其组成人员略同于宫廷侍臣法庭,对王室 12 英里辖区内的各种对人诉讼都有管辖权,每周与宫廷侍臣法庭一齐开庭,后为 1849 年《郡法院法》[County Courts Act]废除。(⇨ palace court; Marshal of the King's Household; verge)

Court of Military Appeals　〈美〉军事上诉法院　1950 年依据国会立法设立的低级刑事上诉法院,由 3 名经总统任命的非军人法官组成,对于军事法院审理的刑事案件有广泛的上诉管辖权。

Court of Military Review　〈美〉军事复审法院　根据 1968 年《军事司法法》[Military Justice Act]设立的中间刑事上诉法院,其前身为复审委员会[Board of Review]。陆军、空军、海军和海岸警卫队均设有此法院。每一法院有一个或多个合议庭,每一合议庭至少由三名军事上诉法官组成,可以由合议庭主持审理,也可以全体法官出庭审理。对判处军人死刑、开除、处罚性退伍、或一年以上监禁而当事人又不自愿放弃上诉权的案件有权复审。复审法院拥有独立的事实裁决权,在对初审法院的裁决给予相应的尊重的情况下,它可以衡量证据、判断证人的可信性、裁决争议的事实。此外,该法院还拥有一些特别的令状签发权[writs power]。对其判决可由美国军事上诉法院[United States Court of Military Appeals]复审。

court of nisi prius　❶〈英〉独任巡回初审法庭　"nisi prius"意指"除非在这之前"[unless before],原是在出庭令[venire facias]中所用的特殊用语,按通常做法,该令状指令郡长[sheriff]应于某日将被选定的陪审员[jurors]带至位于威斯敏斯特的法院出庭,除非在该日以前[unless before that day; nisi prius]该案件已到过该郡的巡回法官[justice of assize]审理。依据 1285 年《初审法令》[Statute of Nisi Prius]亦即 1285 年《威斯敏斯特法Ⅱ》[Statute of Westminster the Second]规定,在这种例外情况下,郡长应将陪审团带至巡回法官前参审。这种审判方式就得名为巡回初审[trial at nisi prius],实质即是"trial of assize"。以前普通法诉讼形式采用合议庭审判[trial at bar],即由几名法官组成合议庭[full court]审判,而巡回法官审判采取独任制,故将组成的法庭称为独任巡回初审法庭[court of nisi prius]。在独任巡回初审法庭进行的审判因此区别于其它 3 种审判形式:合议庭审判、刑事审判和低级法院审判[trial in an inferior court]。独任巡回初审法庭最初只在巡回陪审[assize]的民事诉讼和一些土地诉讼中使用,但它作为一种便利的审判形式被迅速推广到财税法庭[court of exchequer]的民事诉讼以及一些刑事诉讼当中,因此它成为现代巡回审判制度的前身。但巡回法院系统已于1971年被刑事法院[Crown Court]取代。❷〈美〉民事一审(初审)法院 民事一审法院的通称,通指采用陪审团审理方式,区别于上诉法院的一审事实审法院。可与"trial court"替换使用。但一般是用来特指以前设立于费城[Philadelphia]的民事初审法院,由宾夕法尼亚[Pennsylvania]州最高法院的一名法官主持,该法院已被宾州1874年宪法废止。(= nisi prius court)(⇨nisi prius; assize; court of assize and nisi prius; forum)

Court of Ordinary 〈美〉遗嘱检验及监护法院 主要负责遗嘱检验、不动产遗产监管、监护事宜的法院,曾在佐治亚[Georgia]、新泽西[New Jersey]、南卡罗来纳[South Carolina]、得克萨斯[Texas]等州存在过,现均被遗嘱检验法院[court of probate]或地区法院[district court]取代。(⇨ordinary)

Court of Orphans ❶〈英〉(伦敦)孤儿法院 由伦敦市市长[Lord Mayor]和高级市政官[Aldermen]主持的、负责已故伦敦市自由民遗留下的孤儿的监护和土地、财产管理事宜的法院,已被废止。❷〈美〉孤儿法院 马里兰[Maryland]和宾夕法尼亚[Pennsylvania]州对遗嘱检验、不动产遗产管理、孤儿抚养与监护等事宜有一般管辖权的法院。(⇨orphan)

Court of Oyer and Terminer ❶〈英〉重罪巡回听审法庭 昔日审理叛逆罪、重罪的法庭。巡回审专员由国王从法官中挑选和任命,且经由国玺授权,常包括两位在威斯敏斯特的法官。一年内在全英格兰的大多数郡开庭两次,因为那时无论民事还是刑事案件的审理都是在威斯敏斯特举行。根据不同的审理委任状,每一巡回法官实际上都组成不同的独立的法庭。根据刑事听审委任状和提审羁押犯委任状,这些巡回法官享有完整的刑事案件管辖权。巡回法庭已遭废止,由刑事法院[Crown Court]代替。(⇨commission of oyer and terminer) ❷〈美〉(州)刑事法庭;(州)法院刑事分庭 这一名称在美国一般是审理重罪的法庭,这类法庭在特拉华州和宾夕法尼亚州存在过。1895年在纽约和新泽西州被废止。

court of oyer and terminer and general gaol (jail) delivery ❶〈美〉(宾夕法尼亚州)刑事法庭 与季审法庭[quarter sessions]同时开庭,一般由同一法官听审。❷〈英〉刑事听审提审法庭 现在已为刑事法院[Crown Court]所取代。

Court of Palace at Westminster 〈英〉王宫法庭 这一法庭对在白厅12英里范围内的对人诉讼有管辖权,1849年被废止。(⇨Court of Marshalsea)

Court of Passage 〈英〉(利物浦)自治市法院 这一法院属下级法院,拥有对利物浦自治市范围内诉讼案件的古老的管辖权。该法院在海事案件方面享有和兰开郡法院相同的管辖权,后为《1971年法院法》[Courts Act of 1971]废止。

Court of Peculiars 〈英〉特殊堂区法院 坎特伯雷省法院[Court of Arches]的一个分支,对不受普通司法管辖的坎特伯雷省中的特殊堂区行使管辖权,仅隶属于大主教,坎特伯雷省法院为其上诉法院。19世纪该法院被废止。

court of piepoudre 〈英〉尘土法庭;泥足法庭;集市法庭 "piepoudre"亦拼作"piepowder"、"pie-powder"、"pypowder"、"piedpoudre"等。在古英格兰司法中最低级别的法庭,也是办案效率最高的法庭。之所以称为尘土法庭,是因为诉讼当事人为奔波于各集市之间、脚上沾满尘灰的商人,设立法庭是附属于有权举办集市之领主或自治市的权利,由领主或市长指派总管[steward]主持,法官为参加集市的商人,对发生在集市中的民事案件和轻微罪行进行简易审理。其上诉法院在威斯敏斯特,15世纪之后其地位日趋下降。

Court of Pleas 〈英〉地方普通法法庭 达勒姆特权领地[palatine]的郡法院,拥有地方普通法管辖权。1873年依《司法组织法》[Judicature Act]被废止,其管辖权转入高等法院。(⇨County Palatine of Durham)

Court of Policies of Assurance 〈英〉保险法院 审理有关保险案件的法院,约成立于1550年,正式终止于1863年。

Court of Private Land Claims 〈美〉私人土地申诉法院 1891年根据国会立法成立的一个联邦法院,受理私人基于西班牙或墨西哥以前发布的授权书而在公有土地范围内提出的私人地产权利主张,这些主张一直未获美国国会认可或由其他机关作出裁决。该法院1895年底被撤销。

Court of Probate 遗嘱检验法院 在英格兰,根据1857年《遗嘱检验法院法》[Court of Probate Act],所有宗教法庭、领地法庭、特权法庭以及其他法庭在遗嘱检验和遗产管理方面的管辖权终止,由遗嘱检验法院行使,1873年的《司法组织法》[Judicature Act]又将其管辖权转入高等法院遗嘱检验、离婚和海事分庭,现在争议事项由衡平分庭受理,非争议事项由家事分庭受理。在美国的一些州,该法院对于一些民事和刑事案件享有有限度的管辖权,在一些州则对遗嘱检验、遗产管理权的授予、对遗产管理和处置的监督、离婚、监护、收养、未成年人的事务管理等具有管辖权。

Court of Protection 〈英〉保护法庭 根据1983年《精神健康法》[Mental Health Act]的规定在高等法院设立的管理精神病人的财产的部门,由衡平分庭负责,对其判决可向上诉法院和上议院上诉。

Court of Quarter Sessions 〈英〉季审法庭 季审法庭属存卷法庭,存在历史较长。自1363年以来,根据法令的规定,一年开庭4次。在各郡由全体治安法官出席,而在自治市,则由一名记录法官[recorder]组成独立的季审法庭。季审法庭过去在理论上享有对各种轻微的违法案件——除伪造罪和伪证罪之外——和各种重罪等案件的管辖权,而且还是小治安法庭[petty sessions]的上诉法院。但在实际中,季审法庭将重大案件移送到巡回法庭。1972年,季审法庭被撤销,其管辖权转到刑事法院,行政职能则归入地方当局。(⇨quarter session)

Court of Quarter Sessions of the Peace 〈美〉治安季审法庭 昔日美国宾夕法尼亚州的刑事法庭,有权审理轻微违法案件,兼具一定行政职能。(⇨court of oyer and terminer and general gaol(jail) delivery)

Court of Queen's Bench 王座法庭(= Queen's Bench)

court of record 〈英〉存卷法庭 最初存卷法庭是指那些其行为及程序被记录在羊皮纸上的法庭。依此,谘议会[council]、星室法庭[Star Chamber]、衡平法庭、海事法庭及教会法庭都不是存卷法庭。17世纪普通法法庭发展出这样的原则,即只有存卷法庭方能对藐视法庭的行为处以罚金或监禁。这随后便成为现代定义存卷法庭的一般原则,即存卷法庭是能对藐视该法庭自己的那些行为处以罚金或监禁的法庭。对于刑事法庭而言,这是唯一的考查标准,而对于民事法庭则是指那些有权听审债务、赔偿及诉请财产价值在 2 英镑以上的案件的法庭。另外,当发生错判补救时,民事存卷法庭适用的是纠错令[writ of error],而民事非存卷法庭则适用错判令[writ of false judgment]。存卷法庭还可以分为上级存卷法庭和下级存卷法庭,前者包括上院、司法委员会、上诉法院、高等法院及刑事法庭[crown court],后者包括郡法庭、验尸官法庭[coroner's court]等。这一划分的区别在于后者只能对在公开审理过程中发生的藐视法庭行为处以罚金和监禁。存卷法庭对它自己在诉讼过程中所采取措施均要作记录,这些记录是相关问题的结论性证据。除普通法的标准外,另外一些法庭还可能因制定法而被宣布为存卷法庭。在苏格兰,除非依据制定法,存卷法庭的概念是鲜为人知的。

court of referees 〈英〉审断人法庭 从 1864 年起,在下议院通过私法案[private bill]时,采用任命审断人的做法。审断人包括赋税委员会的主席[chairman of ways and means],以及议长任命的至少三名其他成员,审断人可组成一个或多个法庭,但每一法庭至少由三名审断人组成。审断人负责某些方面的调查工作,并向下议院作出报告。下议院中任一法案的委员会也可将任何问题提交给审断人作出裁决。

Court of Regard 〈英〉护林法庭 森林法庭[forest court]之一种,三年举行一次,负责调查损毁及其它影响森林的事件。形成森林的地区称为"regard",由森林巡视员[regarder]巡察。

court of requests 〈英〉❶小额债务索赔法院 又称为"良心裁判法院"[court of conscience],是根据各地的法令设立的初级法院,负责审理最高达 40 先令,但有时也达 5 英磅的小额债务纠纷案件。一般没有专业律师参加。1864 年被现代的郡法院所取代。伦敦市的小额债务索赔法院可能是其中最重要的一个。 ❷上访法庭 在都铎和斯图亚特早期曾盛行的小衡平法庭,接受穷人的诉状,起初是谘议会的一个委员会,由沃尔西[Wolsey]将其设立为一个单独的法庭,因而早期与星室法庭[Court of Star Chamber]关系密切。这一法庭由王玺掌管大臣[Lord Privy Seal]主持,但实际由上访法官[Masters of Request]控制。它一度很受大众欢迎,但遭到普通法法院的攻击。1641 年王座法庭的一项判决事实上撤销了这个法院。

Court of Review 〈英〉复审法院 1832 年至 1847 年间存在于英格兰的破产案件的上诉审法院。

Court of Session 〈苏格兰〉最高民事法院 苏格兰的最高民事审判机构。苏格兰最高民事审判机构的发展经历了一个很长的历史时期。在苏格兰,民事司法起初由首席司法官[justiciar]实施,12 世纪末出现了一个皇家司法委员会负责这方面的事务;独立战争之后该委员会无论在国内外好像一直都在听审案件,在接下来的一个世纪,一些专门的委员会经常被指派听审诉讼。1425 年的一项法律赋予了御前大臣[Chancellor]及社会各阶层某些特定成员开庭审理案件的权力,随后又有一些关于司法委员会方面的法规陆续出台。在休庭期间,枢密院似也处理一些司法事务,1491 年御前大臣和枢密院的一些贵族或司法委员会的贵族被授权一年内三次定期开庭处理诉讼事务。16 世纪早期枢密院和司法委员会之间的区别趋于明显,到了 30 年代产生了一种趋势,即司法委员会成员为一个稳定的团体,且都来自枢密院。1532 年詹姆士四世得到教皇资助建立了最高民事法院司法联合会[College of Justice],但它仍长期采用旧司法委员会的形式,一段时间内枢密院的贵族仍可参与民事审判事务。1532 年到 1808 年间该司法联合会没有实质性变化,它是一个统一的法庭,15 名法官共同出庭,尽管任何时候都可以有 3 名法官缺席而到外庭[Outer House]督导诉讼的准备阶段,也可以有 1/4 的法官在撤销法庭[Bill Chamber]审批特殊形式的诉讼,但其决定仍须多数通过方为有效。1808 年,作为最高民事审判机构的上述联合会分为两个庭,第一分庭由院长[Lord President]和 7 名常任法官[Lords Ordinary]组成,第二分庭由副院长[Lord Justice-Clerk]和 6 名常任法官组成。1810 年,当时的 5 名初级法官[junior judges]成为常任法官,仅在外庭就座,1825 年之后两分庭之内庭[Inner House]各留 4 名法官,其余法官在外庭就座,这一格局一直保留至今,从外庭升迁到内庭要在缺位时依资历晋升。最高民事法院继承了先前苏格兰海事法院[Scottish Court of Admiralty, 1450 – 1830]、爱丁堡代理主教法院[Commissary Court of Edinburgh, 1563 – 1836]、苏格兰财税法院[Scottish Court of Exchequer, 1708 – 1856]和陪审法庭[Jury Court, 1815 – 1830]的管辖权。最高民事法院法官也可以出席受理教会地产、什一税及选举等事务的专门委员会或法庭,还可以出席最高刑事法院。今天,最高民事法院既有初审管辖权,又有上诉管辖权,除那些明确保留给其它法庭及英格兰高等法院的案件外,常任法官对各种民事案件都有管辖权,他可以独任出庭,亦可由陪审团参加。内庭相当于英格兰的上诉法院,每一分庭的内庭有同等管辖权,各分庭可受理初审案件,但其主要职责还是受理来自常任法官和其它下级法院的上诉案件。内庭可以指令扩大庭或全席庭重新听审某一案件,这一类法庭可推翻极难的先例或在某些难点上作出权威的指导性意见。在某些情况下,不服最高民事法院判决还可向上议院上诉。(⇨ College of Justice; bill chamber)

court of sessions 〈美〉(少数几个州的)刑事法院

Court of Shepway 〈英〉谢普卫法庭 由五港[Cinque Ports]监督大臣[Lord Warden]主持的法庭。复审令[writ of error]由每个港口的市长和高级市政官递交给该法庭,再由该法庭递交至王座法庭。谢普卫法庭的民事管辖权于 1855 年废止。(⇨Cinque Ports)

court of stannaries 〈英〉锡矿区法庭 德文郡和康沃尔设立的矿区法庭,便于矿工就近出庭。该法庭属存卷法庭。1896 年其管辖权转到乡村法院[country courts]。

court of swanimote (= sweinmote)

Court of Sweinmote 〈英〉皇家林地中级法庭 一种古老的法庭,由王室护林官担任法官,每年开庭 3 次,由森林里自由地产保有人组成陪审团,有权调查林区官员因其失职或滥用职权行为而造成的冤屈,接受和审理皇家林地扣押法庭[Court of Attachment]确认的指控,在定罪的案件中在陪审团盖印情况下向林区高级法庭[Court of Justice Seat]确认案由,以请求后者作出判决。(⇨ Court of Attachment; Court of Justice Seat)

Court of the Arches 〈英〉拱顶法院 是对坎特伯雷大主教教务总长法院[Court of the Official Principal of the Archbishop of Canterbury]的通称,因其最初在构建于拱顶柱上的圣玛丽勒鲍教堂[church of St. Mary-le-Bow]开庭而得名。该法院对所有宗教事务均有初审管辖权,其管辖权是通过侵占主教区的司法管辖权而获得;但其对遗嘱事务的管辖权经 1857 年《遗嘱检验法院法》[Court of Probate Act]转归遗嘱检验法院。自 1963 年起拱顶法院始成为坎特伯雷教省法院；作为上诉法院,它对坎特伯雷教省内的教区法院[consistory courts]判决均有上诉管辖权,可听取来自主教、副主教、执事长等的上诉。对该法院判决可上诉至枢密院司法委员会。坎特伯雷教省法院法官[Dean of the Arches]同时也担任约克教省法院法官[Auditor of the Chancery Court of York]。

Court of the Chief Justice in Eyre 〈英〉皇家林地高级法庭 由首席法官主持,每 3 年开庭一次,主要审理林区内的各类民事案件,除对于违反森林法的犯罪有管辖权外,无其它刑事管辖权。1817 年废止。(= Court of Justice Seat)

Court of the Clerk of the Market 〈英〉市场监督官法庭 旧时在市场或集市设立的处理轻微违法案件的法庭,以前市场监查官还负责监督、检查市场的衡器是否达到标准,威廉四世时期这一管辖权被取消。

Court of the Constable and Marshal (= court of chivalry)

court of the coroner 〈英〉验尸官法庭 属存卷法庭,如某人非自然死亡时,验尸官主持这一法庭进行调查,有时由陪审团协助。(⇨coroner)

court of the counties palatine 〈英〉郡特权领地法庭 兰开斯特、达勒姆郡特权领地的地方性法庭。(⇨palatine)

Court of the Duchy Chamber of Lancaster 〈英〉(= duchy court of Lancaster)

Court of the Duchy of Lancaster 〈英〉兰开斯特公爵领地法庭 由领地的御前大臣[chancellor]或其副手主持的法庭,其程序与财税法庭和衡平法庭的程序相近,主要审理有关王室在兰开斯特直辖领地拥有的土地的衡平事务及在直辖领地的王室岁入问题。该法庭虽未被明确废止,但 1835 年以来就未开庭审理过案件。

Court of the Four Burghs 〈英〉四自治市法庭 四自治市最初指伯威克[Berwick]、罗克斯堡[Roxburgh]、爱丁堡[Edinburgh]和斯德林[Stirling],前二者后来被兰那克[Lanark]和林利思戈[Linlithgow]取代。直到 14 世纪,这个由苏格兰财务官[Chamberlain of Scotland]和每市的四位市民组成的法庭每年在汉廷顿[Haddington]开庭,审理来自首席财务官巡回法庭[Chamberlain ayre]的上诉案件。虽然该法庭逐渐发展为向所有自治市提供咨询的机构,但其司法权仍被保留。1500 年后其司法职能迅速消失,仅作为咨询机构继续存在,1552 年成为苏格兰御准自治市会议[Convention of Royal Burghs],主要是一个立法和行政机构,并仅对苏格兰自治市共同关心的事务进行联合审议。

court of the judiciary 〈美〉司法法院 指对全州法院的行政管理有监督权力的州法院;有时还对撤换法官或取消律师资格有管辖权。

Court of the Lord High Admiral 〈英〉皇家海军大臣法庭 14 世纪早期,海军大臣对其舰队拥有惩戒、纪律训诫的管辖权。1340 年后,海军大臣开始主持独立的法庭,审理海盗和其他海事案件。起初设有好几位海军大臣,因而有好几个海军大臣法庭,从 15 世纪早期开始,只设一位皇家海军大臣[Lord High Admiral]和一个海事法庭。

Court of the Lord High Steward 〈英〉贵族审判法庭 1948 年之前专门审理贵族犯罪的法庭。(⇨Lord High Steward)

Court of the Lord High Steward of the Universities 〈英〉特设大学法庭 专门审理牛津、剑桥两大学被指控犯有叛逆罪、重罪和伤害罪的学者或行政官员的法庭。

Court of the Official Principal 〈英〉坎特伯雷教省法院(= Court of the Arches)

Court of the Ordinary 〈英〉主教法院

Court of the Rota (= Rota Court)

Court of (the) Star Chamber 〈英〉星室法庭 在威斯敏斯特宫的星室[Star Chamber]开庭而得名。早期英格兰国王的谘议会在星室处政务。亨利七世和亨利八世时期,重组了这一机构,授予其司法管辖权,并规定了法官的组成人选。星室法庭在审理时不采用陪审团。其管辖权从原则和程序上与衡平法庭类似,主要处理普通法法庭无法审理的刑事案件或特殊性质的案件。星室法庭的民事管辖权包括审理英格兰人和外国人之间的纠纷、捕获案件、海商法案件、公司之间的诉讼以及遗嘱案件等。后来,这大部分民事管辖权逐渐移转到普通法院,但保留了刑事管辖权。它是一个"刑事衡平"法庭。星室法庭以其快捷有效的审理活动增强了王权。枢机主教沃尔西[Wolsey]扩大了其管辖权。在斯图亚特王朝时期,星室法庭被用作镇压清教徒的工具,因其独断行使权力和非法扩权而极不受欢迎,1641 年被撤销。此后,星室法庭成为专断司法的同义语。(⇨Star Chamber)

Court of the Steward of the King's Household 〈英〉王宫刑事法庭 这一法庭的设立起初是为了惩戒国王的仆人对谘议会成员的违法行为。亨利八世时期的一项制订法规定,所有在王宫以内或国王住宅地之内的叛逆罪、谋杀、过失杀人和流血伤害都须接受该庭审理。1828 年被撤销。又称为"Court of the Lord Steward of the King's Household"和"Court of the Steward of the Queen's Household"。

Court of Upper Bench 〈英〉上座法庭 1649 - 1660 年王位空缺期间,王座法庭的称谓。

court of venire 〈英〉(金斯顿的)民事法庭 依亨利七世、亨利八世和查理二世的特许状而在赫尔河畔金斯顿[Kingston-upon-Hull]设立的民事法庭,对任何标的额的案件均有管辖权。

Court of Veterans Appeals 〈美〉退伍军人上诉法院 全称为美国退伍军人上诉法院[U.S. Court of Veterans Appeals],创设于 1988 年,专门负责对退伍军人申诉委员会[Board of Veterans' Appeals]所作裁决的复审。对该法院的判决不服的,可向联邦巡回上诉法院提出上诉。

Court of Wards and Liveries 〈英格兰古法〉王室监护法院 亨利八世为了有效地取得其对骑士役领地的附属权益——幼子监护权、直属封臣寡妇改嫁权、未经允许擅自改嫁的罚金权等——而设立,由于国王是大部分王国土地的直接领主,通过这一法院收取封地的附属权益的做法遭到反对。同时,国王通过这一法院控制了精神痴呆者及其财产。1660 年被正式撤销。

court on judiciary 〈美〉司法法院 一种特殊的司法惩戒法院,根据州宪法对法官的禁止性规定以及《法官职业道德准则》[Canons of Judicial Ethics]等对法官的不当行为给予惩戒。

court(-)packing plan 〈美〉法院重组方案 指 1937 年富兰克林·罗斯福[Franklin D. Roosevelt]总统为了挽救新政[New Deal]立法而作的提议,意图将全国最高法院大法官的人数由 9 名增加到 15 名。因此前在 30 年代中期,最高法院在一系列案件中宣布新政计划违宪,以致罗斯福总统提议要对联邦法官的任职和任命程序作根本性的改变。该项提议宣称其目的是为了促进法院工作的高效率,但实际上是罗斯福总统想以此任命不会阻碍其实施新政的法官,该项提议最终在参议院未获通过,但最高法院在此之后一直都承认新政立法的合宪性。

court record 法院卷宗;法院记录 指记录诉讼中进行的各种行为及全部程序的档案。内容通常包括诉状、证据、法庭命令、对证人证言的笔录、陪审团裁断、判决等。法院卷宗被作为对诉讼程序和法院判决的永久性且不受质疑的备忘录。

court reporter ❶ 法院记录员 在有关诉讼程序中以速记、电子记录或其他方式记录证人证言的人员。若上诉时要求提交正式记录,记录员应制作正式的副本。 ❷ 判决发布人 也称 reporter of decision。(⇨reporter)

court rolls (英格兰古法)庄园法庭卷宗 其中记录了发生在庄园内的各种活动,当然主要是土地保有条件、土地交易情况等,公簿地产的交易就必须在此登记。这些卷宗属领主所有,因此不具有公共文献的性质,不能为了保有人的利益而公开。

courtroom n.法庭;审判厅 法院中实际进行听审或开庭审理的地方。

court rules 法院规则 规定不同法院的诉讼程序和实务、具有法的效力的规则,如《联邦民事诉讼规则》[Federal Rules of Civil Procedure]、《美国最高法院规则》[U.S. Supreme Court Rules]、《联邦证据规则》[Federal Rules of Evidence]。

courts of fairs and boroughs 定期集市与自治市法庭 在中世纪,设立定期集市及收取费用是由国王授予的特许权,其附属权利是设立一种法庭。这类法庭逐渐被称为"泥足法庭"[court of piepowder],因为在集市间流动的商贩常脚上带泥进出法庭。如果集市主人为个人,则法庭由集市主人或其管家主持,如果集市由自治市举办,则法庭由市长或市政官[bailiffs]主持。在13世纪和14世纪,无论法庭由何人主持,法官均由参加集市的商人充任。法庭管辖除与土地有关的及诉至国王的案件外的全部案件,包括契约、侵犯、轻微犯罪等。法庭在集市期间开庭,采用简易程序,执行商业习惯法。15世纪后期,泥足法庭重要性开始降低,16、17世纪时逐渐衰落、消失。

courts of survey 〈英〉海事调查法庭 指由一名司法人员(可以是郡法院法官、领薪治安官、舶舶失事调查专员或其他适合的人)和两名技术顾问(具有海商、机械或其他方面知识的人)组成的法庭。该法庭有权听审由船主提起的,因其船舶不适航、人员不足、不安全、或对客轮宣布调查,以及因某些其他情况而被扣押之控诉。

Courts of the Forest 〈美〉森林法院 为实施森林法而设立的法院。

courts of the staple (英格兰古法)贸易城镇法庭 中世纪,国王有意保护在特定的一些城镇里或其附近从事贸易的外国商人不受垄断性的和排他性的公会商人和贸易商协会的排斥。在14世纪,只能在一些选定的贸易城镇进行重要商品的交易。根据1353年《贸易城镇法》[Statute of the Staple],这种体制被巩固。在每一个被选定的城镇里,组成特殊的专为商人诉讼的法庭。法庭由市(镇)长、两名警官组成,并得到两名外国商人的协助。该法庭的管辖权涉及所有债务、契约、侵害等案件,而且除了有关完全保有地产权、重罪等案件外,不受王室法院的管辖。但该法庭受谘议会及其后续机构枢密院的监督。法庭适用商事法而不是普通法。涉及到外国人的案子时须组成混合陪审团。现在已被废弃。

courts of the United States 美国法院 包括最高法院、上诉法院、地区法院、国际贸易法院以及依国会立法设立的任何法院。参议院本身可作为一个弹劾法院开庭。

Courts of Westminster Hall 〈英〉英格兰高等法院 威斯敏斯特是早期英格兰王室的王宫所在地,英格兰的普通法和衡平法高等法院设立在此达数个世纪。以前的高等法院设在王宫并随王室在国内巡游,这给诉讼者带来极大的不便。约翰王和亨利三世的自由大宪章规定,高等民诉法庭不再跟随王室移动,而是固定在特定地点,从此,高等法院便固定在威斯敏斯特宫。

court system 法院系统 指在一个特定的司法管辖区内诸法院组成的系统,如初审法院、上诉法院、青少年法院、土地法院等。

cousin n. ❶堂(表)兄弟姐妹 指本人父亲或母亲的兄弟姊妹的子女。按大多数国家法律规定的亲等计算方法,属第四亲等的旁系血亲。(⇨cater cousin; second cousin; quater cousin) ❷卿 在英格兰,国王或王后对伯爵以上的贵族的称呼。

cousinage n. ❶堂(表)兄弟姊妹关系 ❷旁系血亲关系 (= cosenage)

cousin german 嫡堂(表)兄弟姊妹 又称为"first cousin"。

cousins-german n.亲堂(表)兄弟姊妹(⇨full cousin)

coustoumier 〈法〉〈古〉习俗惯例集 在法国法中指对于习惯不成文法和诉讼程序的汇编。在司法史上有两卷这类汇编特别重要,一卷是《诺曼底大习惯法》[Grand Coustumier de Normandie],另一卷是《法兰西习惯法》或《大习惯法》[Coutumier de France or Grand Coutumier]。

couth (= cuth)

couthutlaugh n.〈撒逊〉窝藏犯;包庇犯 指明知某人系在逃犯而故意予以窝藏、包庇者。窝藏包庇犯应受到与在逃犯同样的处罚。

couverture 〈法〉客户保证金;客户担保 指在客户委托经纪人购买证券时,为保证客户按时付款,由客户将一笔金钱或证券交给经纪人作为担保。

covenant n. ❶盖印合同;盖印契约 由两方以上当事人达成的协议或允诺,其中一方当事人向他方当事人承诺是否为或不为一定行为,或者保证某些事实的真实性。在普通法中,上述协议或允诺以书面契据形式作成,由当事人签名、盖章后交付,并因其需盖章而得名。但盖印的要求现已渐消失。该词在现代主要指与不动产有关的产权转让证书或其他法律文书中的约定。 ❷合同;协议 该词在最广义上可用于指任何协议与合同。 ❸违反盖印合同请求赔偿损失之诉 这是普通法中因对方违约而请求赔偿损失所引起的一种诉讼形式。最早使用于定期土地租赁案件中,属英国法中早期对人诉讼形式之一,在13世纪晚期逐步形成一些规则,规定这种诉讼形式不能用于债务之诉[action of debt],而仅适用于盖印契据[deed under seal]。后来,这种对人诉讼形式逐渐失去其重要性,但由此形成了违反盖印合同之诉[action of covenant]和因违反盖印合同请求赔偿损失的令状[writ of covenant]。 ❹盟约;公约;条约;专约

covenant against incumbrances 无负担保证条款 指出让人保证所转让的土地上未设有任何负担,即保证在土地上没有继续存在属于第三人的、可导致地产价值减少的权利或利益。

covenant appurtenant 随土地转移的合同(条款)(= covenant running with (the) land)

covenant collateral 附属条款 契约中与转让无关的条款。

covenantee n.合同受约人

covenanter (= covenantor)

covenant for further assurance 持续保证合同；再担保合同　指保证在转让的产权日后被证明是不完善者时，卖方将为一切完善产权所合理必要的行为。具体而言，在不动产转让过程中，经买受人合理要求，出卖人有义务以合同的形式采取各种进一步的行为，保证买受人取得该不动产所有权的手续得以完备。

covenant for possession 占有条款　授权受让人或承租人占有土地的条款。(＝covenant for quiet enjoyment)

covenant for quiet enjoyment 平静享用担保条款　不动产出租人或出卖人保证承租人或买受人对该不动产合法、平静、和平地受益，不受所有权人、留置权人或其他享有优先权者的干扰和驱逐。这种条款在租赁合同中可能是明示的，也可能是默示的。该类条款只及于占有而不及于所有权，亦称"占有条款"[covenant for possession]。

covenant for title 权利担保条款　指转让人保证其转让的权利具有完整性、安全性和持久性。这种条款通常包括不动产保有担保条款、无负担保证条款、转让权担保条款、平静享用担保条款及其他担保条款等。这类条款常用于土地转让中。

covenant inherent 固有条款　指契约中与转让直接相关的条款。(＝inherent covenant)

covenant in law 法定条款　指虽未在法律文书中以言词写明，但法律根据交易的性质认定含有的条款。这种合同条款只有在当事人疏于订入合同文书时才可起作用。(⇨implied covenant)

covenant not to compete 竞业禁止条款　指订约人同意在特定的时间和地域范围内不与受约人进行竞争的条款。这种条款通常是雇佣合同或出售企业的合同的内容。这种对竞争的限制必须在时间和空间范围上合理，并且有适当的对价支持。

covenant not to sue 不起诉协议　常用于侵权诉讼中。根据该协议，订约时有诉权的一方当事人同意不行使诉权起诉对方当事人。这种协议并不消灭诉因；而且即使当事人在协议中没有作特别保留，他也可以继续追究其他共同侵权人的责任。

covenant of (good) right to convey 转让权担保条款　立约人就转让人对所转让的地产拥有充分完整的转让权利和能力所作的保证。(⇨covenant of seisin)

covenant of non-claim 不主张权利条款　一种从前曾适用过的合同或合同条款，特别是在美国东北新英格兰诸州及宾夕法尼亚州抑制地租的文契中有运用，指出卖人及其继承人或其他任何人均不能对所转让的不动产主张所有权。

covenant of quiet enjoyment (＝covenant for quiet enjoyment)

covenant of seisin 不动产保有担保条款　权利担保条款[covenant of title]的一种，也称转让权担保条款[covenant of good right to convey]，指转让人向买受人保证自己对打算转让的财产享有合法权利，既是合法保有该财产，又有转让该财产的权利。

covenant of special warranty (所有权)特定担保条款(⇨special warranty)

covenant of title 所有权担保条款(⇨title covenants)

covenant of warranty (所有权)担保条款　它是最重要的权利担保条款[title covenant]，转让人或保证人以此保证，在合同项下所转让的不动产之全部或部分有权利瑕疵时，将就对方所受损失给予金钱赔偿。具体地说，是指出让人向受让人保证，第三人不得对所转让的财产主张合法的优先权利；如果第三人提出该类权利主张，则出让人应对受让人因此遭受的损失予以补偿。这类条款有时被视为与"平静享用担保条款"[covenant for quiet enjoyment]同义。

covenantor n. 合同订约人；订立合同人

covenant performed 盖印合同已履行　违反盖印合同请求赔偿之诉中的一种抗辩形式，即承认合同已经生效，但辩称已予履行。

covenant real (＝real covenant)

covenant running with (the) land 随土地转移的合同　根据该合同，履行合同的义务和要求履行合同的权利全部转移给受让人，而且，不仅原始的当事各方或其代表承受权利与义务，其继受土地的所有人也承受之。或指土地租赁的合同，其有关的利益和负担均由受让人承受。(⇨real covenant)

covenant running with title 随权利转移的条款　在租赁合同中，承认承租人有权选择是否延长期限继续租用的规定就是这种条款。

covenant to convey (不动产)转让的盖印合同　即订约人同意向受约人转让财产的盖印合同。

covenant to rebuild (房屋)重建条款　出租人承诺对因火灾或风雨而被毁的建筑物，在原出租房址上进行重建的条款。

covenant to redeliver (房屋)返还条款　承租人在租赁期届满后将所租房屋的占有权返还给出租人的默示义务或合同条款。

covenant to renew 续租合同　一种待履行合同，承租人依此有权续租。如果续租条款中订有条件，则按此条件进行；如果未订有条件，则在租期届满之前，承租人可以用通知的形式表达自己续租的愿望，此时，对他而言，该合同就成为已生效的合同。

covenant to repair (房屋)修理条款　系租赁合同中的明示条款，规定承租人在租赁期满时，将房屋以达到指定的修理状态交回。也可指出租人承诺对因火灾或风雨而毁的房屋结构予以修理的合同条款。

covenant to stand seised 承诺保持占有之契约　当对实际占有之地产[land in possession]、回复地产[reversion]、既定剩余地产[vested remainder]享有权利者意在将相关地产权转让于其妻、子或亲属时所采用的一种地产转让契据。在该契约中，权利人承诺基于自然的爱和情感为拟议中的受让人之利益而占有地产。在1535年《用益权法》[Statute of Uses]颁布之前，这一契约便可创设一项针对受让人利益的用益权；而该法颁布之后，这种用益权转化为了普通法上的权利，上述契约随之起到了地产转让契据的作用，但现在它已被废弃。

Coventry Act 〈英〉《考文垂法》　议会于1683年通过此法，把殴打他人、有意使其残废或毁人容貌的行为规定为重罪。因约翰·考文垂爵士[Sir John Coventry]在街头被毁其鼻而引发此法通过，故此得名。

cover v. 给…保险；投保(⇨binder；cover note)
n. 购买替代物权　在卖方违约后，买方有权购买替代物，即善意、及时地从公开市场上购买本应由卖方提供的货物作为替代。依照美国《统一商法典》[U.C.C.]第2－712条的规定，此时买方有权从卖方处获得损害赔偿，其数额为购买替代物的开支与原定合同价格的差额，并加上附加损失或间接损失，但应减去因卖方违约而使买方节省的支出。

coverage n. (保险法)保险范围；承保范围

cover-all clause 一揽子条款 指有目的地包容当事人预料可能出现的一切情况的文件条款。

cover note 承保条 由保险代理人签发给被保险人的书面文件,表明保险已生效,不同于保险公司签发的临时保单或暂保。(⇨binder)

covert *a.* ❶隐蔽的;秘密的 ❷受丈夫保护的 如:"feme covert"即为已婚妇女

covert baron 受丈夫保护的;已婚的

covert-baron *n.* 已婚妇女

covert de baron (= covert baron)

coverture *n.* ❶已婚妇女的法律身份(或状态) ❷对已婚妇女在法律上无民事能力的简称 在普通法上,曾限制妻子不能拥有独立于丈夫控制与权利主张之外的财产。这种限制在美国已被《已婚妇女财产法》[Married Woman's Property Acts]所取消。

cover-up *n.* ❶掩盖;隐匿 ❷掩盖犯罪、掩饰过错的犯罪行为(⇨harbo(u)r; misprison of felony)

covin *n.* (古)诈害密谋 指两个或两个以上的人以欺诈或损害他人的利益为目的而订立的秘密协议。这一密约仅仅会产生使交易无效的后果,而不会导致诸如欺诈或共谋行为所应承担的法律责任。现在该词已不再使用,相应的意义已为"deceit"、"fraud"、"collusion"、"conspiracy to defraud"等所取代。

covinous *a.* (古)欺诈的;欺骗的

Cox v. Hickman 〈英〉考科斯诉希克曼案 英国的一个著名案例,该案确立了这样一项原则,并已成为通说,即:事实上并非合伙人者,不能仅因为分享了经营利润而要求其对合伙的第三人承担责任,除非该人曾宣称自己为合伙人因而不容反悔或法院裁定其为合伙人。

cozen (= cosen)

cozenage (= cosening)

C.P. (= common pleas)

CPA (= Certified Public Accountant)

CPI (= Consumer Price Index)

C.P.S. (= Crown Prosecution Service)

C.R. (= Curia Regis; chancery reports)

cramdown *n.* 〈美〉强制破产 破产案件中的一种口语表达,意指虽然某些债权人反对,法院仍批准依《破产法典》[Bankruptcy Code]第 11 章制定的破产方案。《破产法典》规定,即使一项破产方案未被所有各类债权人接受,法院仍可给予批准,只要该破产方案:①已为至少一类权益受到损害的债权人接受;②不存在不公平的差别待遇;③是公正和公平的。

cranage *n.* ❶起重机使用许可(证) ❷起重机使用费

crashworthiness *n.* 耐撞原则 指在车辆碰撞案件中,即使最初事故的发生并不是由设计瑕疵造成的,但当司机或乘客因碰到汽车内部或外部的瑕疵而受到额外的或更重的伤害时,则汽车制造商应承担责任。

crassa negligentia 重大过失;重大失职 缺乏通常的注意。但不论如何严重,其本身不构成欺诈[fraud]。

crastino 〈拉〉次日;下一天;令状回呈日 由于开庭期的第一日往往是圣日,所以令状可在次日送达。(= crastinum)

crastinum (= crastino)

crazy *a.* ❶疯狂的;精神错乱的;精神失常的 ❷狂热的;热衷的;着迷的

creamus 〈拉〉我们创立 以前国王钦定在英格兰设立公司的用语之一。

créance 〈法〉❶相信;信用 ❷债权;请求权 ❸担保(物);质押(品)

creancer 〈法〉❶信托人 ❷债权人

creansor 债权人(= creancer)

creat *v.* 创造;创设 例如信托的设定、公司的设立等。

created *a.* (作品)创作完成的 在美国版权法中,只有当作品第一次被固定在原件或唱片上,才称为作品已创作完成。如果作品经过一段时期的准备,则在某一特定时被固定的作品部分,即构成该时的作品;如果作者准备了不同的版本[version],则每一版本均构成独立的作品。

creation *n.* ❶创造;创设 ❷创作的作品;(智力的)产物

creature of reason 人

credentials *n.* ❶授权书;全权证书 ❷证明书 用以表明某人值得信赖的文件。 ❸(国际法)国书 用以证明大使及外交代表身份的证件,其内容主要介绍其品德才能可以依赖,同时表示派遣国的国家元首或外交部长对发展两国关系的良好愿意。

credere 〈意〉(代销商的)货款保付;保付货款佣金(⇨del credere)

credibility *n.* 可信性;可靠性 证人的可信性,首先得由法庭判断确定证人的作证能力,然后再由陪审团判定其可信性。

credible *a.* 可信的;可靠的(⇨competency; character; reputation)

credible evidence 可信的证据;可靠的证据 指值得相信的证据,它不仅应当具有可靠来源,而且其本身也应当是可信的,即就证据所描述的或与之相关的事项而言,该证据是自然的、合理的且可能的,从而使其容易被相信。

credible person 可靠的人;可信的人 在法律程序中,指根据某人具有诚实的良好信誉、智力状况、对情况的了解、与争议事项无利害关系,可以认为他的誓言或宣誓书是可靠的而可被采纳。也指有资格作证的人。

credible witness 可信的证人 指具有作证资格且其证言可信的证人。

credibly informed 被可信地告知 在诉状或宣誓书中的陈述,如称某人"被可信地告知并确信"某事实,这意味着某人对所争议事项并非直接亲知,而是通过真实来源或通过可信且知道此事的人而获知的。

credit *n.* ❶信用;偿债能力 ❷信贷 ❸赊欠期 ❹(个人银行存款)账面应得余额;贷方余额 ❺贷;贷记;贷方;贷记金额 ❻信用证

credit advertising 为信用做广告 指直接或间接地帮助或促进信誉之扩大而做广告。在美国,联邦及各州对此类广告都有规定。

credit balance 贷方余额;贷方结余;贷差结欠 指贷记金额超过借记金额的一种财务状况,适用于借贷记账法。

credit bureau 资信调查所;征信所;资信咨询机构 这一机构以收集与企业和个人的资信有关的信息为业,并作成报告的形式公开,目的是为了向信息需求者如商人、银行、供应商等提供信息。在美国,其业务由联邦法及州法律予以调整。大多数的征信所都是美国联合资信调查所[Associated Credit Bureau of America]的成员。

credit card 信用卡 指任何为达到凭信用以取得金钱、财产、劳务或服务的目的而存在的卡片、板牌或其他类似之物。此词语不包括纸币、支票、汇票或其他类似的流通票据。在美国,其发行与使用由联邦法和州法作出规定。

credit card crime 信用卡犯罪 一人以获取财产或服务为目的而使用信用卡,且明知①该信用卡是偷盗而得的或是伪造的;或②该信用卡已被撤销或废止;或③因其他任何原因,其对该信用卡之使用未经授权,则该人的行为是犯罪行为。

credit foncier 不动产信贷银行;不动产抵押贷款公司

credit insurance 信用保险;信贷保险 该保险主要指当债权人因债务人不能偿付或拒绝偿付债务而遭受损失时由保险人赔偿的一种保险。通常有出口信用保险、抵押信用保险等。该保险还指对于不同寻常的坏账损失[bad debt losses]予以赔偿的保险。若损失超出规定数额,则由保险公司赔偿被保险人。该种保险一般会提供给制造商、批发商和某些服务公司,特别是广告公司,但很少提供给零售商。

credit life insurance 信用人寿保险;信贷寿险 以债务人的生命为保险标的,以债权人为被保险人的一种保险。在债务人死亡或全残时,保险人应向该债务人的债权人清偿到期债务。

credit line (= line of credit)

credit memorandum 贷项通知单;贷项凭单 卖方向买方发出的单据,用以确认卖方因错款或折让而减少了对买方的应收款项。

credit mobilier 动产银行;动产抵押贷款机构 以提供动产抵押贷款的方式开展银行业务的公司或机构。

creditor n. ❶债权人 指他人对其欠债的人,或者有权请求他人履行债务的人。它与债务人[debtor]相对,亦作"debtee"。该词可作不同范围的解释。在广义上,它指可以根据默示或明示的合同或者侵权行为而向他人主张法律责任的人;在狭义上,它仅指拥有某一数额确定的请求权的人。因此,若该词出现在不同的制定法中,则应根据其上下文以及合法目的而确定其特定含义。例如,在美国《统一商法典》[U.C.C.]第1-201条第(12)项中,该术语的外延包含普通债权人、有担保债权人、有留置权债权人以及包括债权利益受让人、破产受托人、衡平法清算人、破产债务人或让与人的财产执行人或管理人在内的债权人的任一代表。❷贷方;贷项

creditor at large 普通债权人 指尚未获得判决得以追索债务的债权人;亦指未对债务人任何财产获得留置担保的债权人。

creditor beneficiary 债权受益人 指经另一方同意后,由合同一方指定的接受合同履行利益的第三人。因合同债权人对其负有债务,故债权受益人有权请求合同的任一方当事人履行义务。

creditor of decedent 死者之债权人 既指死者曾经直接对之负债者,也指由于法律规定而成为死者的法定债权人,例如作为死者的遗产管理人。(⇨claim against decedent's estate)

creditor's bill 〈美〉债权人诉讼 一种衡平法上的诉讼程序。判决胜诉的债权人[judgment creditor]通过提起该程序,可迫使以通过普通法律程序无法取得的债务人的财产或其他收益来获得清偿。

creditor's claim 债权人之请求权 债权人对债务人所享有权利的统称。(⇨claim)

creditors' committee 债权人委员会 在美国破产法中,指由选举或指定的债权人代表所组成的委员会,其职责是与破产受托人或政府受托人进行磋商,且为其所代表的债权人的利益从事其他服务行为。

creditors in solido 共同债权人(⇨joint creditors)

creditors' meeting 债权人会议 指破产者的债权人所举行的会议,用以激活破产财产的管理,也指为债务人恢复业务、达成重整协议而在破产法庭举行的债权人会议;第一次债权人会议由债权人和普通股持有人组成,在会议上可选举破产管理人[bankruptcy trustee],并对债务人进行宣誓审查。

creditor's suit (= creditor's bill)

credit rating 信用评级 通常由信用评级机构对个人或经济实体的偿债能力、偿债的及时性及以往履行情况进行分析,供商人、供应商和银行据此可决定是否给以贷款或决定贷款限额。

credit report 信用报告 资信咨询机构就个人或公司的信用级别与相关财务数据、偿债能力、总体声誉等提出的信用评级及中肯的财务数据的书面文件,供商人、供应商、银行等据此可评估信用风险。

credit-reporting agency 信用报告机构

creditrix (古)女债权人 大陆法用语,已废。

credit sale 信用销售;赊销 与现金销售相区别,允许买方在以后的某个时间支付贷款。

credit slip 信用条 指顾客退还货物时,商店和供应商向该顾客开立的单据。凭该单据,顾客可以购买其它商品或得到价值相当的现金,也可以在将来某时购物。

credit standing 信用等级;资信状况;偿债能力 指到期偿还债务的能力和可信度。(⇨credit rating)

credit statement 信用报表;信用报告书 借款人为获得贷款,向银行或其他贷款机构提供的有关其资产、负债及个人情况的书面报表。

credit the drawer 对出票人提供信用 该语记载在本票票面,表明该本票的目的在于为出票人融通资金,故尽管其可以向任何人付款,但出票人是该本票的所有人,本票记载的财产均归出票人所有。

credit union 信用合作社;信贷互助会 利用社员储蓄,以优惠利息贷给本社成员,为本社成员提供信用,以促进共同发展。

Credit Union Act 〈美〉《信用合作社法》 美国国会为规范和监督联邦信用合作社而颁布的一项法律。

credo 我相信

crepare oculum 〈撒克逊〉挖掉一只眼 撒克逊时期刑罚的一种,附加罚金50先令,这一罚金是最高的数额。

crepusculum 〈法〉黄昏或黎明时的微光 在普通法上的夜盗罪[burglary]中,此词语指出现有足以辨认出人脸的光线,例如日出之前或日落之后的片时所存在的光。

Crescente malitia crescere debet et poena. 〈拉〉恶意增大,罚亦提高。

cretio 〈拉〉(罗马法)继承确定期 被继承人死亡后的若干时日,在此期间,继承人可决定接受还是抛弃继承。

cribler v. 争论;辩论

crica 〈拉〉大约;接近

crie de pays (= hue and cry)

crier n. ❶(法庭)传令官 法院的一种官员,主要职责为宣布开庭和休庭,宣布某些特定事项将要进行,传某人到庭,点呼陪审员、证人、当事人的姓名,宣布某证人已宣誓,按指示要求保持法庭肃静,及按法官的命令作这类公开性质的宣告。在英国历史上,衡平法院的传令官职位于1852年即已废除,普通法法院的传令官则由法官的一名书记官来充任。 ❷拍卖师(⇨auctioneer)

criez la peez (古)复述(或宣读)当事人的协议 古代征收罚金诉讼中的一个程序。指法官当着当事人的面要求出庭的律师[serjeant or countor]复述或大声宣读当事人之间就拟转让之土地所订立的协议。

crim. con. (= criminal conversation)
crime *n*. 犯罪 指具有社会危害性,并应受到刑罚处罚的作为或者不作为。也即统治者认为危害了国家、社会以及公共利益,并以国家的名义通过刑事诉讼程序加以惩处的违法行为。狭义上的犯罪不包括轻罪,仅指更为严重的犯罪。构成犯罪的一般要件是:首先要求被控人实施了非法和犯罪行为或者放任了他能够而且应当制止的事情的发生,或在依法应当作为时而不作为以及企图从事非法和犯罪行为的未遂;其次,作为或不作为应带有主观因素,即通称的犯意[mens rea]。根据犯罪的法律渊源和依据不同,可以将犯罪分为普通法上的犯罪和制定法上的犯罪。根据犯罪的严重程度不同,可以将犯罪分为重罪[felony]、轻罪[misdemeanor]和微罪[petty offense]。犯罪一般同违背道德是一致的,但也有例外。如违反交通规则或者行政规章,本质上并不违背道德,但受到刑事法规的禁止。犯罪与侵权的唯一本质区别在于:犯罪由刑事法庭通过刑事诉讼程序进行施以刑罚的处理;而侵权则是通过民事诉讼程序加以解决,最终只能施以返还财产、赔偿损害及其他民事救济办法。
crime against international law 违反国际法罪 ①根据国际规定的刑法,或者由一个国际公约所界定的并且根据成员国刑法必须予以惩罚的一种犯罪;②根据国际刑法予以处罚的一种犯罪,如海盗行为[piracy];③根据国际法可予处罚的犯罪,国际上认为属于犯罪的一种行为,如种族灭绝[genocide]。
crime against nature 鸡奸;兽奸 同一性别之间或者同兽类之间的性交。(⇨sodomy)
crime against spouse 对配偶施暴罪 即对无辜的配偶施以暴力或者身体侵犯的犯罪。
crime against the law of nations (= crime against international law)
crime index 犯罪指数 指用以报告全国或各地区犯罪数量、波动及其分布的一系列指数。在美国《统一犯罪报告》[Uniform Crime Reporting]中,以7种犯罪作为犯罪指数的统计内容。这7种犯罪是:谋杀罪[murder]、非过失非预谋杀人罪[nonnegligent manslaughter]、暴力奸罪[forcible rape]、抢劫罪[robbery]、加重的企图伤害罪[aggravated assault]、夜盗罪[burglary]、偷盗罪[larceny-theft]、机动车盗窃罪[motor vehicle theft]。
crime insurance 〈美〉犯罪保险 承保被保险人由于他人对其犯罪行为(如盗窃)所造成的损失的保险。这是联邦政府为高犯罪率地区的居民倡导的一种保险。
crime involving moral turpitude 涉及道德堕落方面的犯罪 该术语在美国移民法[Immigration Act]中使用时,其含义广于违法或犯罪,指违背人人奉守的社会公认的道德准则的行为。(⇨moral turpitude)
crimen 〈拉〉❶犯罪;罪行 ❷对犯罪的起诉或指控
crimen expilationis 勒索罪 平民百姓似不用该词指勒索罪[extortion]。西塞罗[Cicero]则用该词指抢劫[pillage]行为。
crimen falsi 〈拉〉❶伪证罪 ❷欺诈性犯罪 泛指带有欺骗性、虚假性、不真实性因素的犯罪。(⇨falsi crimen)
Crimen falsi dicitur, cum quis illicitur, cui non fuerit ad haec data auctoritas, de sigillo regis rapto vel invento brevia, cartasve consignaverit. 〈拉〉伪造罪是指利用窃取或偶得的国王印玺,未经授权而非法签署御制令状或特许状的行为。
crimen furti 〈拉〉盗窃罪

crimen incendii 〈拉〉纵火罪;放火罪 不仅包括现代法意义上的放火罪[arson],也包括放火焚烧人、兽或其他财产。(⇨incendii crimen)
crimen laesae majestatis 〈拉〉〈英格兰古法〉冒犯君主罪;伤害君主罪 属于严重叛逆罪。该词借自罗马法,原指企图从事违抗君主或冒犯共和国的事业。
Crimen laesae majestatis omnia alia crimina excedit quoad poenam. 〈拉〉对严重叛逆罪应施以最重的刑罚。
crimen laesage majestatis (= crimen laesae majestatis)
crimen majestatis 〈拉〉叛逆罪
Crimen omnia ex se nata vitiat. 〈拉〉万物源于罪恶,罪恶又将万物摧毁。
crimen raptus 〈拉〉强奸罪
crimen roberiae 〈拉〉抢劫罪
Crimen trahit personam. 〈拉〉犯罪地决定对犯罪人的管辖。指如果某一犯罪行为是在法院管辖区内实施的,则法院对该犯罪行为有管辖权,同时法院也取得了对犯罪人的管辖权。
crime of moral turpitude 道德堕落罪 (⇨moral turpitude)
crime of omission 不作为犯罪 应为而不为。与作为犯罪相对,作为犯罪是指不应为而为。
crime of passion 激情犯罪 (⇨heat of passion)
crime of reputation 名誉犯罪 制定法规定的有关名誉的犯罪。例如,开设、时常出入或居住于被一般认为是用于非法目的的场所。
crime of status 身份犯罪 取决于某种身份、状态或生活方式的犯罪。如流浪罪[vagrancy]、通奸罪[adultery]、私奸罪[fornication]等。
crime of violence 暴力犯罪 指他人的人身或财产使用、企图使用暴力或以使用暴力相威胁的犯罪,以及本身即包括对他人的人身或财产实施暴力侵犯之危险的重罪。(= violent crime)
crimes against property 财产型犯罪;侵犯财产罪 犯罪实施人没有使用武力或者以武力相威胁,而企图获得非法利益或者对他人财产造成损害的一种犯罪类别。如夜盗罪、盗窃罪、放火罪等。尽管放火行为可能导致伤亡结果,仍属财产罪。若放火中产生死亡结果的,则加处杀人罪。
crimes mala in se 自然罪;自然犯罪;本身邪恶的犯罪 与法定犯[crimes mala prohibita]相对,指受到传统道德谴责的犯罪,例如杀人、放火、奸淫、盗窃等。
crimes mala prohibita 法定犯;法定犯罪;法律禁止的犯罪 指为制定法所禁止的行为。与自然犯罪[crimes mala in se]相对。它们之所以构成犯罪,只是因为它们为制定法所禁止,而不一定违反社会伦理道德,如道路交通法上的犯罪属之。
crime statistics 犯罪统计 由政府机关所收集的数据,以示不同类型的犯罪在特定时间和特定地区的发生率。
criminal *a*. ❶犯罪(性质)的;有关犯罪的 ❷刑事的
n. ❶罪犯 ❷已被定罪者
criminal act (应受惩罚的)犯罪行为
criminal action 刑事诉讼 指指控某人实施了犯罪行为并将其提交法院审判,以确定其是否有罪和应否判处刑罚的诉讼。
criminal admissions 刑事承认 指刑事被告人直接或默示地对与争议问题相关的事实所作的承认,该承认与其他经证明的事实一起倾向于证明被告人有罪。但此种承认不同于有罪供认[confession of guilt],仅依此承认不足以对被告人作有罪认定。

criminal anarchy 虚无政府罪 主张必须用暴力、暗杀政府首脑或其他政府官员或者其他任何非法手段推翻现成的政府。对这一主张的煽动即构成重罪。

criminal appeal 刑事上诉 在英国，因为法院体系复杂，刑事上诉渠道较多，上诉形式也繁复。被告人如果对判决有罪和量刑不服可以提出上诉，但起诉方不能就判决被告人无罪提起上诉。被告人对治安法院的判决不服，既可以向刑事法院，也可以向高等法院王座法庭上诉，后者仅限于法律问题。起诉人和被害人也可提起上诉。对高等法院的判决不服，可以向上议院提起上诉。被告人对刑事法院的判决不服，可以向上诉法院刑事上诉庭上诉，不服上诉法院的判决，还可以再上诉到上议院，对于事实问题的上诉需经上议院批准。在美国，过去只有被告人才能对判决提出上诉，但现在某些州规定检察官也有权对判定被告人有罪的判决提出上诉，但对判决被告人无罪则无权提起上诉。联邦和各州都规定被告人享有上诉权，多数州重罪案件的被告人享有要求法院将案件自动提交上诉法院审查的权利，或直接向州最高法院提出上诉，或先向中间上诉法院提出上诉。如果案件涉及联邦宪法规定的权利问题，被告人还可向联邦法院提出上诉。上诉程序基本上实行书面和法律审。

Criminal Appeals Act 〈美〉《刑事上诉法》 一项联邦法律，允许联邦政府可以对联邦地区法院的某些判决、命令或裁定向上诉法院提出上诉。

criminal assault 企图伤害罪 普通法和制定法上的轻罪。只要行为人具有以一种恶意的方式攻击、殴打他人或对他人施以暴力的非法企图，并且有能力实施，就构成本罪。如果该企图得以实现，则构成殴击罪[assault and battery]，并在最高刑以下予以惩罚；如果具有加重情节，则按重罪处罚。

criminal attempt 犯罪未遂(罪)(⇨attempt)
criminal bail 刑事保释(⇨bail)
criminal battery (= battery)
criminal behavior 犯罪行为 具有社会危害性，并为法律所规定应受处罚的行为。
criminal capacity 刑事责任能力 行为人必须具备的对犯罪承担责任的智力能力或意识能力，也即认识到自己行为的犯罪性，并能够遵守法律要求的基本能力。
criminal case 刑事案件 涉及犯罪和刑罚的案件，与民事案件相对应。
criminal charge 刑事指控 指在刑事诉讼过程中以控告书[complaint]、刑事起诉书[information; indictment]的形式控告某人实施了某种犯罪行为。
criminal codes (= criminal statute(s))
criminal coercion 犯罪胁迫 为了达到限制他人自由行为的目的而实施的胁迫行为。例如：①威胁对某人施以暴力；②威胁对犯有某一罪行的人予以控告；③威胁揭发某一秘密，以使某人受到憎恨、歧视或嘲弄，或者损害其良好信誉；④实施或阻止某一官方行为，或者使得某一官员去实施或阻止某一行为。(⇨coercion)
criminal conspiracy 犯罪共谋 两个或两个以上的人密谋实施某一犯罪行为或违法行为，或以犯罪或违法手段实施某一合法行为。在美国的许多司法管辖区，构成犯罪共谋还要求必须有表明共谋者意图存在的外在的行为[overt act]。(⇨conspiracy)
criminal contempt 刑事藐视；藐视法庭罪 指妨碍正义或者对法庭的公正性进行攻击的行为。设立此罪的主要目的在于维护法庭的权威，并惩罚不遵守法庭命令的行为。在民事诉讼中虚假证言的获得即构成藐视法庭罪，而与民事藐视有所区别。基于法庭有权对此进行惩罚，藐视法庭罪的程序在性质上是具有惩罚性的，通常以警告阻止再犯。在美国宪法条款中，藐视法庭罪被视为"危害国家罪"，从而使得总统有权对此类犯罪给予赦免。

criminal conversation 通奸罪 第三人同他人的配偶之间存在性交行为，从而侵犯了他人的配偶权利。受害的配偶方有权对通奸者提起诉讼。在普通法中，以前只允许丈夫向与妻子通奸的人提起诉讼，要求赔偿。但在1857年离婚法律制度形成后，这一做法为向通奸的双方索赔所取代。

criminal court 〈英〉刑事法院 指对刑事案件有管辖权的法院。但少年法院不属于刑事法院。在英格兰，这类法院包括上议院[House of Lords]、上诉法院(刑事庭)[Court of Appeal (Criminal Division)]、王座法院分庭[Divisional Court of the Queen's Bench]、刑事法院[Crown Court]、治安法院[Magistrates' court]。在苏格兰，包括高等司法法院[High Court of Justiciary]、郡法院[Sheriff Court]和区法院[District Court]。

criminal damage 〈英〉刑事损害 根据1971年《刑事损害法》[Criminal Damage Act]的规定，凡无合法理由而损毁他人财产，或意图损毁他人财产，或对是否会造成财产毁损的后果疏于注意的行为均构成犯罪，且属于公诉罪[indictable offence]，可处以10年监禁。如果刑事损害行为危及他人生命安全的，可处以终身监禁。如以放火焚烧的方式实施刑事损害行为的，可以纵火罪提出指控。

Criminal Extradition Act 〈美〉《罪犯引渡法》 统一法[uniform laws]之一。
criminal fraud ❶逃税罪 指故意提供虚假的纳税申报以图逃避应缴税收的欺诈行为。犯有逃税罪应受到诸如罚金和监禁的惩罚。❷欺诈罪 指以欺诈、陈述虚假事实等手段使得合法占有人放弃对财物的占有。
criminal gross negligence 重大过失犯罪 在合理地预见到将要发生损害的情况下，或者当时的情形使得损害的发生成为可能时，行为人漠视他人的权利，明知或应当知道自己的行为可能产生的后果而故意或者放任实施的应受刑罚惩罚的作为或者不作为。
criminal homicide 杀人罪 指行为人给予他人致命伤后的一年零一天内导致受害人死亡，从而非法剥夺他人生命。如果行为人具有法定的明示或默示的恶意，则构成谋杀罪[murder]；如果行为人不具有恶意，则构成非预谋杀人罪[manslaughter]。构成以上任何一种犯罪必须具备以下两个条件：①人身伤害必须导致剥夺了他人生命，而不论其严重程度如何；②人身伤害必须持续影响受害人的身体状况直至死亡，而不能是因为其他的原因导致受害人死亡。
criminal information 〈英〉刑事起诉 指由总检察长或刑事部的主事法官[Master of the Crown Office]作为起诉人，不经由大陪审团作出报告[presentment]或公诉书[indictment]，在高等法院王座分庭提起的刑事控诉。除由总检察长依职权提起的刑事起诉外，其他的刑事起诉已于1938年被废除。1967年的《刑法》[Criminal Law Act]彻底废除了这一程序。(⇨information)
criminal insanity 刑法上的精神病(⇨insanity)
criminal-instrumentality rule 犯罪介入原则 根据这一原则，当某一犯罪行为而并非受害人的过错使得犯罪成为可能时，该犯罪行为才被认为是犯罪的直接原因。

criminal intent ❶犯罪心态(⇨mens rea) ❷犯罪蓄意(⇨intention)

criminalist n.❶刑事侦察员 ❷(古)刑法学家 ❸(古)犯罪精神病学家 ❹(古)惯犯;有犯罪嗜好者

criminalistics n.刑事侦察学;犯罪侦察学 运用化学、物理学、生理学、心理学及其他学科知识,例如摄影技术、毒物学、指纹学、血液分析等相关技术,进行犯罪侦破的一门学科。它有时被包括在犯罪学中,有时又是法医学和药学的一部分。(⇨criminology)

criminaliter 〈拉〉刑事上 与"民事上"[civiliter]相对。

criminalization n.❶犯罪宣布 通常通过制定法的颁布使得以前的某一合法行为转变为犯罪。❷定罪 使某人成为罪犯的程序。

criminal jurisdiction 刑事管辖权

criminal justice system 刑事司法系统 对参与处理对被告人的刑事指控问题的各种机构的总称,通常它包括三个组成部分:①执法部门,包括警察、行政司法官、执行官[marshal];②司法程序,包括法官、检察官或自诉人、辩护律师;③矫正程序,包括狱政官、缓刑官员、假释官员。

criminal law 刑法;刑事法律 规定犯罪,如何使犯罪嫌疑人受到侦查、起诉和审判,以及对已定罪的罪犯设定刑罚的法律体系。刑法的一些基本原则已为多数国家所接受,如法无明文规定不为罪原则;刑法规定的明确性原则;禁止类推原则以及无溯及力原则等等。在英格兰,刑法主要是从几个世纪的司法判例中发展起来的。在苏格兰,刑法仍然主要是普通法。美国的刑法源于英格兰的普通法,并保留了自己的传统。美国的一些州虽然已经制定了自己的刑法典,但它们多是由普通法编纂而成或者是不同时期制定的刑事法律的统一化。自1945年以来,英国和美国一直在朝着刑法法典化的方向努力。

criminal liability 刑事责任 指因触犯刑法的规定,应受刑事处罚或者处理的责任。刑事责任不同于民事责任。作为刑事责任基础的犯罪本体要件一般包括犯罪行为、犯罪心态、犯罪结果、因果关系和犯罪情节,但在特殊情形下,法律许可对某些缺乏犯罪心态的行为追究刑事责任,即绝对责任或严格责任[absolute or strict liability]。

criminal libel 诽谤罪 在普通法上,指以使某人受到憎恨、蔑视或者嘲弄为目的而进行的应受刑事制裁的恶意诽谤。而现代基于宪法对言论自由的保护,诽谤不再受到刑事追究。

criminal malversion 渎职罪

criminal mischief 毁坏财物罪(⇨malicious mischief)

criminal motive 犯罪动机 产生某种目的或引发某种行为的一种心理状态。它与犯罪意图不同,后者体现犯罪的直接目的,而动机则是隐蔽的意图。

criminal negligence 犯罪性疏忽;过失(⇨criminal gross negligence; negligence)

criminal non-support (有意地、不合理地)不履行法定抚养(或赡养)义务罪(⇨nonsupport; support)

criminal procedure 刑事诉讼;刑事程序 规定有关对犯罪的侦查、起诉、审理、裁判、处罚等程序的法律规则,其规定中包括对被告人宪法性权利的保护。

criminal proceeding 刑事诉讼;刑事程序 指为认定某人是否有罪或为了对已被定罪的人确定刑罚而进行的程序。在严格意义上,该词指由法院对被指控违反刑法的人所进行的程序,如刑事听审或开庭审理。区别于民事程序[civil proceeding]。

criminal process 刑事令状 迫使某人对某一犯罪指控作出答辩的令状,如逮捕令。

criminal prosecution 刑事起诉;刑事诉讼 指为了使被指控的人被定罪并被判处刑罚而在有管辖权的法院提起的诉讼。它不仅包括起诉、裁决有罪或无罪,也包括在被告人被定罪的情况下对其科处刑罚。

criminal protector 包庇罪犯者 在犯罪实施之后对违法犯罪者提供帮助或者庇护的人。也即重罪的事后共犯。

criminal registration act 犯罪登记法 要求有过犯罪前科者应向指定的官员进行登记的制定法或者地方性法规。

criminal responsibility 刑事责任(能力)(⇨criminal capacity)

criminal sanction 刑事制裁 对已决罪犯所实施的刑罚,如罚金、赔偿、监禁、缓刑等等。(=penal sanction)

criminal statute(s) 刑事法律 立法机关创设的规定犯罪定义、犯罪分类、犯罪构成以及对特定犯罪处罚的法律。创立少年法庭的法律,目的不是为了规定刑罚,而是为了预防少年将来成为罪犯,因此,它不属于刑事法律。

criminal syndicalism 工团主义犯罪 教唆、传授、帮助、鼓动实施破坏、暴力、恐怖等性质的犯罪,以实现工业产权或者经营管理权的变更,或影响政治变化。

criminal trespass 非法侵入(侵占)罪 ①对有明显标记或者围栏标志的他人不动产的非法侵入;②非法侵入者在有权之人下令其离开后仍停留在他人的不动产上。

Crimina morte extinguuntur. 〈拉〉死刑消灭犯罪。

criminate v.控告;告发;使有罪;证明…有罪

criminology n.犯罪学 ①对犯罪和刑罚作为社会现象的研究;②对犯罪原因的研究,主要包括两个方面:一是犯罪的生物学原因,从罪犯的生理和心理结构中发现犯罪原因,如遗传趋势、生理上的缺陷;二是犯罪的社会学原因,研究环境对于犯罪的影响。

crimp v.诱骗(或强迫)…去当水手(或士兵)
n.诱骗(或强迫)他人去当水手(或士兵)的人

critical evidence 关键性证据 指具有实质性的证明力、能够使足够多的陪审员对认定有罪产生合理怀疑的证据。

critical stage 关键阶段 指刑事诉讼中被告人的权利或辩护可能受到影响并且涉及到被告人的获得律师辩护权的阶段,如预审、开庭审理、召集陪审团等。

criticism n.❶评论 ❷指责;非难 适用于诽谤案件中,指对他人的行为、言论或品格的批判。

cro. n.赔偿金 指因致他人死亡而对某人支付的赔偿金。

crocia n.主教牧杖(或权杖)(=crosier)

crociarius n.(宗教行列中走在高级神职人员之前的)手举十字架者

croise n.❶十字朝圣者 因其上衣佩戴有十字架标志而得名。❷保护十字朝圣者的骑士 属耶路撒冷的圣约翰骑士团[order of St. John]。

crook n.骗子;诈骗者;窃贼

crooked a.不诚实的;不正当的;欺诈的

crop insurance 农作物保险 对生长在田间的庄稼及其他正在生长的农作物因洪水、冰雹、狂风、飓风、植物疾病等不可避免的原因造成损失予以承保的保险,但对烟草之保险则不限于在田期间。

Crop Insurance Act 〈美〉《农作物保险法》 一部旨在提高国民福利的联邦法律。它通过建立一个完善的农作物保险体系来促进农业经济的稳定发展。

Crop Insurance Corporation 〈美〉农作物保险公司 股本由联邦募集，委托董事会经营管理，以贯彻《农作物保险法》[Crop Insurance Act]为目的的公司。

crop lien（of landlord） （地主的）农作物留置权（⇨landlord's lien; agricultural credits）

crop mortgage 〈美〉农作物抵押 就正生长着的或打算种植的农作物设定的一种动产抵押[chattel mortgage]。

cropper n. 分益佃农（⇨sharecropper）

cropper's contract 分益佃农合同 从严格的法律意义而言，此词指土地所有人与分益佃农之间签订的合同，后者同意耕种土地，并以所收获农作物的一定份额作为劳作的对价，故由此所创设的关系不同于传统意义上的地主—佃农关系。但此语亦不严格地用于农场租赁合同，即以所产农作物的一份作为租金，从而创设了地主与佃农的关系。

croppy n. （古）被处以割掉双耳刑罚的叛国罪犯人

crop rent 实物地租；农作物地租 能以出租之土地上所收获的农作物的一部分缴付的地租。

crosier (= crocia)

cross(-)action 反诉；交叉诉讼 指同一诉讼中的被告就本案争议事项对原告或其他共同被告提起的一项独立的诉讼。在以前英国的衡平法诉讼中，反诉非常普遍，被告为披露[discovery]目的或为寻求在本诉中所不能获得的救济，即可通过提交反诉状[cross-bill]对原告提起反诉，然后法官即将反诉与本诉合并，作出一个判决。在普通法诉讼中，在1873-1875年《司法组织法》[Judicature Acts]之前，如果本诉被告对本诉原告有交叉请求[cross-claim]，他只能通过提起反诉[cross action]来解决。但现在，反请求[counterclaim]程序已几乎取代了反诉[cross action]。

cross appeal 反上诉 指在败诉方当事人已对判决提出上诉的情况下，胜诉方当事人也对该判决提出的上诉，即被上诉人对上诉人提出的上诉，其目的通常为寻求驳回败诉方的上诉。对反上诉通常和原上诉一起辩论、审理。

cross-assignment of error 交叉错误陈述 通过该程序，被上诉人可请求上诉审法院对原审中发生的对其不利的错误进行审查，而无需提出独立的上诉或反上诉[cross appeal]。

cross-bill n. 反诉状（⇨cross-complaint）

cross-claim n. ❶〈美〉交叉请求 指诉讼中的共同当事人之一对其他共同当事人提出的请求，即共同原告相互之间或共同被告相互之间提出的请求。根据《联邦民事诉讼规则》[Federal Rules of Civil Procedure]，交叉请求必须与本诉请求或反请求基于同一事项而产生，或者与作为本诉标的的财产有关。它与反请求[counterclaim]的区别在于，后者指同一诉讼中的被告对原告提出的请求，但实践中两者常被混用。 ❷〈英〉反诉；交叉诉讼 常等同于"cross action"使用。

cross collateral 交叉担保；相互担保 合同或一项事业的双方当事人就其履行或付款而互相提供的担保。

cross-complaint n. ❶反诉状 本诉被告对本诉原告提出反诉的诉状。 ❷交叉诉状 本诉被告向本诉当事人以外的第三人因与本诉标的有关的事项提起诉讼的诉状。

cross-demand n. 交互请求 当一人对另一人提出请求后，后者又对前者提出请求，这种相互对立的请求即称为交互请求。抵销即是一例。

cross easements 交叉地役权；相互地役权 通过合同设定的役权，其一是为合同一方当事人的房屋使用便利而授予的，但以该当事人为对方当事人房屋使用便利亦授予相应地役权为对价。

crossed check (= crossed cheque)

crossed cheque 平行线支票；划线支票 划线支票起源于英国，在支票正面（左上角）划两条平行线，并在平行线之间记载收款银行的名称，在此情况下，只能向横线内指定的银行付款，此为特别划线支票[special crossing]；也可以在平行线之间记载"与公司"[and Co.]字样或不作任何记载而只有两条平行线，这时，只能付款给银行，即通过银行账户转账，此为普通划线支票[general crossing]。划线支票必须由银行作付款提示，由其他人提示时则必须拒绝付款，故其较为安全、可靠，减少了因支票遗失、被窃或因欺诈而造成损失的风险。

cross-error n. 交叉错误 在为纠错令[writ of error]复审案件的程序中，纠错令的答辩人[respondent]提出的原审中的错误。对双方当事人都陈述的错误可称为cross-errors。

cross-examination n. 交叉询问；反询问 指在听审或开庭审理程序中，一方当事人对对方提供的证人进行的询问。反询问应在提供证人的本方对该证人进行主询问[examination-in-chief]之后进行，目的在于核查证人的证言或质疑证人或其证言的可信性，如指出证言与证人先前所作证言中的矛盾之处，向证人提出疑问，诱使证人承认某些事实以削弱证言的可信性等。在交叉询问中允许提诱导性问题[leading question]，但通常只能限于主询问中涉及的事项以及证人的可信性问题。

cross interrogatory 反质问 诉讼中受到质问的一方当事人向其他各方当事人提出的质问。

cross libel （海事诉讼中的）反诉状（⇨libel）

cross-licensing 交叉许可 两个以上当事人间交换使用对方财产或物件的许可或权利；亦指两个以上专利持有人交换许可，各自允许对方对自己的专利使用、收益。

cross-purchase buy-sell agreement 互购买卖协议 ①根据该协议，企业的留存股东同意购买退出股东在企业的股东权益。例如，甲和乙均为丙公司的股东，如果乙决定退出丙公司，则根据互购买卖协议，甲将承购乙在丙公司的股权；②在合伙保险方案中，每一个合伙人购买和持有以其他合伙人的生命为保险标的的足额保险，以便为购买其他合伙人的合伙份额提供资金。（⇨buy-sell agreement）

cross remainder(s) 交叉剩余地产权 指一份地产以未予分割的方式授予数人共有，并规定在其中一人去世后其原来占有的地产不是由其相应的剩余地产权人或回复地产权人占有，而是由依然存活的其他共有人占有，直至全部共有人死亡之后，剩余地产权才开始生效。在这种情况下，由于每一受让人对别的受让人的地产权有相互的剩余地产权，所以这未来的地产权称为交叉剩余地产权。（⇨remainder; particular estate）

cross trade 交叉交易 指经纪人对某一客户的买入订单与另一客户的卖出订单所作之抵销，即由经纪人代买卖双方进行的交割式证券交易。

cross trusts 交叉信托；相互信托 夫妻之间或家庭成员之间的相互信托。

crown n. ❶王冠；冕 ❷王室；王位；君王；王权；王国政府 ❸王徽 ❹刑事的；公诉的 法语为"couronne"，拉丁文为"corona"。原意是佩戴在君王头上的象征权力和尊严的冠冕，但其含义多有延伸，根据不同上下文含义有所不同。

Crown Advocate 〈英〉海事法律顾问　为海事法院中位居第二的王室法律官员，位于王室首席法律顾问[Advocate-General]之后。同时应为律师公会[College of Advocates]的成员。

crown cases 〈英〉刑事案件

crown cases reserved 〈英〉保留的刑事案件　对于巡回法庭刑事审判中的法律问题不作决定，留待征求刑事上诉法院意见。后被向上诉法院刑事庭上诉所取代。

crown colony (英国政府)直辖殖民地　区别于有殖民政府的殖民地。

Crown Court 〈英〉刑事法院　根据1971年的《法院法》[Courts Act]成立，对以公诉书[indictment]提起公诉的刑事案件的一审具有专属管辖权，并行使某些原先巡回法庭[Assize Courts]和季审法庭[Courts of Quarter Sessions]拥有的其他方面的管辖权。刑事法院为英国最高法院的组成部分，有关其管辖权及法院程序方面的法律规定于1981年的《最高法院法》[Supreme Court Act]中。除审理所有公诉书起诉的案件外，刑事法院还受理对治安法官的判决提出的上诉以及移送刑事法院量刑的案件。但它没有自己固定的法官，高等法院的任何法官、任何巡回法官或记录法官都可以在刑事法院审理案件。在审理上诉案件或移送其量刑的案件时，法官须与不少于2名不多于4名治安法官[Justices of the Peace]组成合议庭审理。当刑事法院在伦敦开庭时，也称为中央刑事法院[Central Criminal Court]。

crown debts 〈英〉王室债权；欠王室的债务　王室债权比其他债权有优先偿还请求权，并可通过一种叫做"扣押令"[extent]的简易程序收回该债。按照英国破产法，债务人破产并不能免除其欠王室的债务，除非财政大臣已具同意免除的书面证明。(⇨debt; extent)

crowner (= coroner)

crowner's quest 验尸官的(验尸)调查

crown lands 国有土地　尤指在英国和加拿大，属于国王个人、政府或国家的土地，同已变为私有的土地相区别。亦称 demesne land of the Crown。(⇨demesne lands)

crown law 刑法　适用于犯罪的普通法。英国有时用此术语取代"criminal law"，以表明在刑事诉讼中，国家总是其中的公诉方。

crown lawyer 〈英〉刑事(辩护)律师

Crown loan 克郎贷款　一种无息活期贷款的名称。它常指父母对子女所作的贷款，所贷资金用于投资，其投资所得则按"儿童所得税率"[child's rate]纳税。该种贷款方式因由芝加哥的哈里·克朗[Harry Crown]首先运用而得名。1984年，美国最高法院作出判决，对所有贷款必须适用市场利率，故将之视为赠与，应交纳赠与税[gift taxes]。(⇨kiddie tax)

Crown Office 〈英〉刑事部；刑事办公室　原为王座法庭的一部分，1879年并入最高法院中央办公室[Central Office of the Supreme Court]，即现在的中央办公室的刑事部和法庭事务官部[Crown Office and Associates' Department]，由高等法院王座分庭的一名法官处理该庭受理的刑事案件及大量的行政性事务。

Crown Office in Chancery 〈英〉衡平法院刑事部　旧时衡平法院的部门之一，现并入最高法院的中央办公室。

Crown Paper 〈英〉刑事案件目录　在1873–1875年的《司法组织法》[Judicature Acts]之前，记录王座法庭刑事部[Crown Side]受理的待审刑事案件的一览表。

Crown Paper days 〈英〉刑事案件审理日　预先确定的审理刑事案件目录[Crown Paper]中的案件的日期。

Crown Proceedings 〈英〉王权诉讼　指根据1947年《王权诉讼法》[Crown Proceedings Act]而对英王提起的合同或侵权诉讼。历史上，完美无瑕的君主特权(国王不为非)导致的最初结果是：不仅君主个人，而且王室本身(包括政府各部及其他一切作为王室的代理机构的公共团体)皆享有法律诉讼[legal proceedings]豁免权。但嗣后逐渐可对王室提起因违反合同而要求损害赔偿金或要求恢复财产之诉。诉讼的程式是一种权利请愿书[petition of right](非普通诉讼[ordinary action])，1860年《权利请愿法》[Petition of Right Act]最终对此种程序进行了规范。1947年《王权诉讼法》以普通诉讼替代了权利请愿。其也使王国政府可因下列行为而被诉：因受雇的任何公务员或代理人在受雇期间作出的侵权行为，违反作为雇主及财产占用人所应尽的义务，以及违反对王国政府有约束力的法定义务。于今，公民一般可以在合同或侵权诉讼中，对英王提起诉讼，其如同具有完全权利能力和行为能力的私人一样。

Crown Proceedings Act 〈英〉《王权诉讼法》(⇨Crown Proceedings)

Crown Prosecution Service/C.P.S. 〈英〉刑事起诉署　在英格兰，以前刑事案件的起诉主要由警察提起，1985年《犯罪起诉法》[Prosecution of Offences Act]规定设立刑事起诉署承担刑事案件的起诉任务，该机构由公诉署长[Director of Public Prosecutions]、首席公诉人[Chief Crown Prosecutor]以及由署长任命的其他职员组成。公诉署长由总检察长任命并受他监督，主要负责代表警察机关对犯罪提起公诉。

Crown Prosecutor 〈英〉公诉人；检察官　由公诉署长[Director of Public Prosecutions]任命的作为刑事起诉署成员的事务律师或出庭律师。(⇨Crown Prosecution Service)

crown side 〈英〉刑事部；刑事管辖权　高等法院王座分庭中行使皇室特权[prerogative jurisdiction]和刑事案件管辖权的部分，区别于专门处理民事事务的民事部[plea side]。

Crown Solicitor (= Director of Public Prosecutions)

cruce signati ❶签十字或打上十字标志　❷在外衣上佩戴十字符号的朝圣者

cruel and inhuman treatment 残忍和非人的待遇　一种离婚的理由，指配偶一方对另一方施以不能接受的虐待行为。具体而言，它包括配偶一方对另一方采取的无正当理由和不合理的行为，致其承受痛苦与忧伤，从而平和的心情受到破坏，以致难于忍受与配偶共同生活，完全违背了婚姻的真正目的。

cruel and unusual punishment 酷刑　指过度的、非人道的、残酷野蛮的刑罚。在美国宪法中，酷刑指国家中从未存在的或者已经废除的刑罚种类，而不包括罚金刑或者监禁刑。(⇨corporal punishment; punishment)

cruel treatment 残酷待遇(⇨cruel and inhuman treatment; cruel and unusual punishment; cruelty; cruelty to animals)

cruelty *n.* 虐待　指对活体，尤指对人，故意或恶意地施加肉体上或精神上的痛苦。该词主要用于离婚法中，通常，单独一次的虐待行为不足以构成离婚理由，还须有一定时期的虐待行为的过程。由于美国大部分州采用"无过错离婚法"[no-fault divorce law]，故该离婚理由的适用意义较为有限。在英国，已废止的1965年《婚姻案件法》[Matrimonial Causes Act]将虐待作为离婚或司法别居[judicial separation]的理由之一。根据1973年《婚姻案件法》,离婚的唯一理由是婚姻关系已无可挽回地破裂,但如果离婚案中被告的举止行为,使原告不愿再与之共同生活,则法院会作出离婚裁决,因此虐待是法院对离婚或分居申请所应考虑的因素之一。

cruelty to animals 虐待动物 使动物遭受疼痛的折磨或致其死亡的故意或过失行为。但出于训练其获取食物或使其从无法医治的病痛中解脱出来的目的者除外。在美国,现代刑法典中规定,行为人如果故意或放任实施下列行为之一,则构成轻罪:①使动物遭受残酷的待遇;②残酷地使其看护下的动物未得到应有的照顾;③未经合法授权或所有人同意,杀死或伤害他人的动物。在英国,最初虐待动物并非非法,但是动物所有人有权向对动物加以伤害者提起诉讼。但从19世纪中叶开始,通过了几部反对虐待动物法,将虐待动物的行为规定为简易罪。

cruelty to children 虐待儿童 指未尽到对儿童应有的法定义务或者职责。在美国许多司法管辖区的受虐儿童法[battered child statutes]中,虐待一词包括精神上和肉体上两方面的虐待。在英国,现行的有关立法主要有1933年的《儿童和少年法》[Children and Young Persons Act]、1963年的《儿童和少年法》、1967年的《刑法》[Criminal Law Act]。1933年法将虐待儿童的行为规定为既可按简易程序、也可按正式起诉程序审理的轻罪。

crypta n.教堂地下的祈祷室或小礼拜堂 早期基督徒为安全举行宗教仪式地向。

CSC (= Civil Service Commission)

C.T.A. (= cum testamento annexo)

C.T.T. (= capital transfer tax)

cucking-stool n.〈英〉浸水刑凳 古时主要用于惩戒悍妇或掺假的酿酒商和面包师,将违法者绑于凳或椅上没入水中。常被讹拼为"ducking-stool",也叫"trebucket"、"tumbrel"或"castigatory"。

cuckold n.妻子有外遇的人;戴"绿帽子"的人

cui ante divortium 〈拉〉〈英格兰古法〉离婚妇女收回地产令 英格兰的一种旧式诉讼形式,离婚妇女可以此收回属于她的地产,而这些地产在婚姻存续期间已被其丈夫转让。这一用词的完整形式是 cui ante divortium ipsa contradicere non potuit,其意思是"离婚之前她无权对某人提起诉讼"。

cui bono 〈拉〉为了…的利益;为了…的目的

Cuicunque aliquis quid concedit concedere videtur et id, sine quo res ipsa esse non potuit. 〈拉〉赠与某物者,为不使该物丧失效用,视为同时赠与该物所必需之物。

cui in vita (= sur cui in vita)

cui in vita(sua ipsa contradicere non potuit) 〈拉〉她不能在他生前反对 指收回被侵占土地的令状,该令状授予寡妇有权收回其丈夫在世时未经其允许转让的原本属于她的土地。

Cui jurisdictio data est, ea quoque concessa esse videntur sine quibus jurisdictio explicari non potest. 〈拉〉授予管辖权时,为使该管辖权得到有效行使,视为同时授予该管辖权所必需之物。

Cui jus est donandi, eidem et vendendi et concedendi jus est. 〈拉〉有权给予,视为有权转让和赠与。

Cuilibet in arte sua perito est credendum. 〈拉〉精于一艺之人,就其技艺可获信任。

Cuilibet in sua arte credendum est. 〈拉〉每个人就其技艺和职业可获信任。

Cuilibet licet juri pro se introducto renunciare. 〈拉〉仅为保护自我而存在的法律原则之利益,任何人都可以予以放弃或者宣布无效。

Cui licet quod majus, non debet quod minus est non licere. 〈拉〉允许某人大为,就不应阻止其小为。

Cui pater est populus non habet ille patrem. 〈拉〉以人民为父者无父。

Cuique in sua arte credendum est. 〈拉〉就与其个人技艺相关之事,应信任其本人。

Cujus est commodum ejus debet esse incommodum. 〈拉〉享受利益者亦应承担责任。

Cujus est dare, ejus est disponere. 〈拉〉赠与人有权(在不违反法律的限度内)处置赠与物。

Cujus est divisio, alterius est electio. 〈拉〉谁划分,谁后选。 即一方作分割,他方先选择。这是英国普通法遗产划分的一条重要原则:由共同继承人中的年龄最长者将共有遗产按份加以划分,并最后选取自己的份额。

Cujus est dominium ejus est periculum. 〈拉〉风险由物之所有人承担。 即谁有所有权,谁承担风险。

Cujus est instituere, ejus est abrogare. 〈拉〉有权制定(设立),即有权废除(终止)。

Cujus est solum, ejus est usque ad coelum. 〈拉〉土地所有人之所有权及于土地上空。 该格言并不能绝对严格地适用于一切相邻土地所有人之间的关系上,否则会有违普通法上的其他格言。

Cujus est solum, ejus est usque ad inferos. 〈拉〉土地所有人之所有权及于地底。 此普通法格言据称可解决许多司法上之困扰,因而在英国及美国东部各州经常被适用,但在美国西部的干旱地区凿井灌溉时,对地下的渗透水若适用此原则,则会很不公允。

Cujus juris est principale, ejusdem juris erit accessorium. 〈拉〉对主物有管辖权,则对从物亦有管辖权。

Cujus per errorem dati repetitio est, ejus consulto dati, donatio est. 〈拉〉误给(他人某物),有权索回;但若审慎为之,则属于赠与。

Cujusque rei potissima pars est principium. 〈拉〉好的开端等于成功了一半。

culpa 〈拉〉过失 罗马法中的一个术语,指行为人因怠于注意而造成不良后果,其并没有侵害的意图,故与故意[dolus]相区别。罗马法将过失分为两种:①重过失[culpa lata],它在客观上与故意非常相似;②轻过失[culpa levis],即行为人缺乏一个"善良家长的注意"[bonus familias]或一个人日常处理自己事务所惯用的注意,前者被称为抽象轻过失[culpa levis in abstracto],后者则被称为具体轻过失[culpa levis in concreto]。后世研究罗马法的学者又把过失分为三种,除上述两种之外,还有"最轻过失"[culpa levissima]。

culpabilis 〈拉〉〈英格兰古法〉有罪的;可受谴责的

culpability n.有罪;应受惩处(性);应受谴责(性);有责(性) 除法定的严格责任的刑事案件外,行为人应受刑事惩罚还必须具备法律可能要求的蓄意、明知、放任或过失等主观上的犯罪构成要素。

culpable a.❶犯罪的;应受惩处的;应受谴责的 在因不作为而应受惩处时,可用"censurable"取代之。❷违反义务的

culpable conduct 应受谴责(或惩处)的行为 一般情况下,包括违反法律义务或者有过错的、应受道义上的谴责的行为。虽然这种行为超出了一般过失,但并不含有恶意或者犯罪的目的。

culpable homicide 应受惩罚的杀人罪　在苏格兰法律中,是指尚未达到谋杀罪[murder]程度的杀人罪。杀人罪,包括应受惩罚的故意杀人[voluntary culpable homicide]和应受惩罚的过失杀人[involuntary culpable homicide]两种。前者是指行为人在受到严重挑衅、醉酒或限制责任能力等可使罪责减轻的情况下所实施的杀人行为。后者是指行为人由于重大疏忽而非故意所为的杀人行为,或者在实施诸如殴打、强奸等非法行为过程中致使他人死亡的行为。在特定情形下,如超越法定职责、出于必要、被胁迫等致使的杀人行为或杀婴行为等,在实践中一般是以杀人罪而非谋杀罪被起诉。

culpable neglect 可归责的过失　指损失能归咎于疏忽。可归责的过失较重大过失[gross carelessness]为轻,但比缺乏日常注意的过失要重。

culpable negligence 应受惩罚的过失;有责过失;负有罪责的过失　有主张认为,此种过失类似于普通过失[ordinary negligence],即行为人未能以一个理智的、谨慎的和诚实的人的行为标准而有所为或不为。另有主张认为,此种过失超过了普通过失,即对他人生命安全的漠视,或者故意引起不合理的危险而可能导致致命后果的漠视。如在《劳工赔偿法》[Workmen's Compensation Act]中,在因非雇员本身的过失而要求的赔偿中,实际上这一"应受惩罚性"指"恶意的、严重的滥用职权"。在美国,多数司法管辖区认为该术语表示比普通过失更为严重的过失,而足以成为承担民事责任的依据。只有个别司法管辖区将其等同为普通过失。

Culpa caret(,)qui scit sed prohibere non potest. 〈拉〉无法阻止危险,则虽明知,亦无过错。

Culpae poena par esto. 〈拉〉罪刑相适(应)。

Culpa est immiscere se rei ad se non pertinenti. 〈拉〉(罗马法)干涉与己无关之事,即是有过错。

culpa in contrahendo 〈拉〉契约中的过失;合同上的过失　用以描述违约责任的一个术语,尤指单方合同[unilateral contract]的要约人在被要约人已开始履行合同之后违约,且这种作为单方合同中接受要约的履行行为在完成之前被要约人予以终止。

Culpa lata dolo aequiparatur. 〈拉〉(罗马法)严重过失相当于恶意。

Culpa tene(a)t suos auctores. 〈拉〉罪责自负。

culprit n. 刑事被告人;犯罪人　指作出无罪答辩后候审的被告人。对该词在卷宗中首次使用见于1678年对彭布罗克伯爵[Earl of Pembroke]被控谋杀罪的审判中。唐纳森[Donaldson]认为其来源是这样的:书记官问犯人:"你有罪还是无罪?"犯人答:"无罪。"书记官:"Qu'il paroit(也许可以证明如此);how will you be tried(你将如何受审)?"犯人答:"By God and my country."这些话说快了,发音就会听成"Culprit, how will you be tried?"布莱克斯通[Blackstone]认为culprit一词是取自拉丁文culpabilis(有罪的)的缩写cul和prit(公诉人已准备好证明犯人有罪)二者的结合。

culvertage (英格兰古法)❶低贱的农奴;下等农奴　❷领主对封臣的地产的没收

Cum actio fuerit mere criminalis, institui poterit ab initio criminaliter vel civiliter. 〈拉〉纯粹的刑事案件一开始可以以民事诉讼或刑事诉讼提起。

Cum adsunt testimonia rerum, quid opus est verbis? 〈拉〉既有实物证据,何需言词证据?

Cum confitente sponte mitius est agendum. 〈拉〉坦白从宽。

cum dividend 附红利　在宣布分红后卖出股票时,购买者有权获得该红利。(⇨dividend; cumulative dividend)

cum new (= cum rights)

cum pertinentiis 〈拉〉含从物;含附属权利

cum privilegio 〈英〉有(出版)特权　指王室出版商[Queen's Printer]和牛津大学、剑桥大学出版《圣经》的垄断权。

cum rights 附带认股权　指股票附带有认购新发行股票的权利。

cum testamento annexo 附遗嘱的　当遗嘱不完整,没有指定遗嘱执行人,或所指定的遗嘱执行人为无能力人,或所指定的遗嘱执行人拒绝接受时,可作附遗嘱的遗产管理。另外,在遗嘱执行人死亡、无能力或拒绝时,也可以指定附遗嘱的遗产管理人[administrator cum testamento annexo]管理尚未处理的财物。(⇨administrator)

cumulative bequest (= cumulative legacies (or legacy))

cumulative dividend 累积(优先股)股息;累积(优先股)红利　在未予向股东分配的情况下逐年累积的股息,通常源于优先股,且须在向普通股分配股息之前予以全部支付。

cumulative errors 累积错误　指下级法院犯有多个错误,但后果轻微,就其单个而论无一足以构成撤销原判的理由。只有在这些错误累积造成的损害加重时才能作为撤销原判的根据。

cumulative evidence 累积证据;补充证据;复证;佐证　对已由其他证据证明了的同一问题起证明作用的补充证据。(⇨corroborating evidence)

cumulative judgment 累积判决　第一次判决期满后生效的第二次判决。(⇨consecutive sentences)

cumulative legacies (or legacy) 累积遗赠　在先前遗赠外增设的遗赠。如某人根据某个遗嘱而得到遗赠,根据遗嘱附件[codicil]又得到另一份遗赠;也可以是在同一遗嘱中,以相似的表达对同一人给予两项或更多的遗赠,此时可以称这些遗赠为互相累积。累积遗赠并不是对同一项遗赠的重复再提。

cumulative offense 累犯;累罪　在不同的时间内重复实施同一种犯罪行为。

cumulative penalties 累积处罚;追加处罚　因支付债款或履行合同之迟延、或因违反制定法而受到的连续处罚。(⇨cumulative punishment)

cumulative preference share (= cumulative preferred stock)

cumulative preferred dividend 累积优先股股息;累积优先股红利(⇨cumulative dividend)

cumulative preferred stock 累积优先股　指必须在普通股股东获得分红之前予以支付全部股息的优先股。如果不是每年支付,则未支付的股息逐年累积直至全部支付,且优先于普通股受偿。(⇨cumulative dividend)

cumulative punishment 累积刑罚　对惯犯或再犯所处的较重的刑罚。它是对罪犯的多个罪行连续作出判决合并执行,而非数罪并罚[concurrent sentences]。(⇨consecutive sentences)

cumulative remedy ❶累积救济　在现有补救方法上增加的新的或进一步的补救方法。❷附加行政救济　在司法救济之外增加的行政性救济。

cumulative sentences 累积判决　前一次判决生效期满后,又进行另一次生效的判决。又称连续判决[from and after sentence]。(⇨consecutive sentences; sentence)

cumulative stock 可累积优先股 一种对未支付股息可以累积计算直到完全偿付的优先股股票。在普通股股东分得股利之前,可累积优先股的未偿股息必须全部付清。亦称"cumulative preferred stock",或"cumulative preferred share"。

cumulative voting 累积投票制 股东在选举董事时,其投票权数等于所持股份数与候选董事人数的乘积,该股东可以将其全部投票权投给一个或一个以上的候选董事。这种方法可以使实质上的少数股东在董事会中也选出自己的代表。美国有的州公司法规定需有这种投票制,有的州则由公司章程作选择。

cunades 〈西〉联姻;姻亲

cuneator 〈拉〉铸币模子的保管人;铸币人

cunnilingus n.舔阴 指用口接触女性生殖器的性行为。

cur. (= curia)

cura 〈拉〉保佐 在罗马法中,指保佐人[curator]的功能或职位,未适婚人的监护则被称为 tutela。(⇨tutela)

cur. adv. vult (= curia advisari vult)

curagulos (物的)保管人;财产管理人

curate n.〈英〉(教会法)牧师助理 教堂的最低级牧师,协助堂区长[rector]或堂区长代理[vicar]行使牧师职责[cure of souls],或在其空缺时代行其职。该职位由本区的主教任免,可以是世俗的、受圣俸的或终身的。终身牧师助理由领受圣俸的俗界堂区长[lay rector or impropriator]提名,在此情况下亦可称作堂区长代理[vicar]。

curateur 〈法〉(独立生活之未成年人的)监护人 对离开父母而独立生活的未成年人负有监督其事务之管理的人,可提出忠告,在事务管理的重要举措上予以协助。

curatio 〈拉〉(罗马法)保佐人(或监护人)的职责 对未成年人或身心有缺陷不能处理自己事务者的财产予以经管的权责。

curative act (= curative statute)

curative-admissibility doctrine 〈美〉可修正的可采性原则 (⇨curative admissibility of evidence)

curative admissibility of evidence 〈美〉可修正的证据的可采性 指在对方当事人已提出类似证据的情况下,允许一方当事人提出在其他情况下本不可采纳的证据,以反驳对方提出的此类证据的效力。当提出排除证据的申请不能纠正由于对方当事人的行为造成的损害时,可适用该原则。但该原则在美国并非普遍接受和适用。

curative statute 矫正法 作为具有溯及既往效力的一种立法形式,旨在矫正、补救以往事件尤其是产权转让交易中的错误或不合法,从而使可能无效的未完成行为成为有效。

curator n.❶保佐人 在罗马法及大陆法上,为保护未成年人、精神病人和浪费人的财产而指定的财产管理人。在普通法上,他们实际上是监护人,除了大陆法上保佐人管理被保佐人财产的职责外,还要承担抚养和教育未成年人的责任。 ❷财产临时管理人 在美国路易斯安那州,指被指定管理业主在外之不动产的人。另根据英国1870年《财产没收法》[Forfeiture Act](经1948年《刑事司法法》[Criminal Justice Act]予以废止),如某人被指控犯有叛国罪或重罪,则国家可以委托他人为其财产管理人管理其财产,在其服刑完毕、被赦或被处死后,再将财产移交其本人或其继承人。

curator ad hoc 特别保佐人 由法院指定,只对某一项事务或交易承担管理职责的人。

curator ad litem 诉讼保佐人;诉讼监护人(= guardian ad litem)

curator bonis 遗产保佐人;财产保佐人;财产受托人

curator bonorum distrahendorum 财产分摊保佐人 该保佐人负责变卖债务人的财产并将所变现的数额分配给债权人。

curatorship n.保佐人职责(或身份)(⇨tutorship)

curatrix 〈古〉女保佐人

Curatus non habet titulum. 〈拉〉助理牧师无权享有什一税。

curb market 场外证券市场(⇨American Stock Exchange)

curb teller 〈美〉路边银行服务亭 在银行前面的人行道边上设的一个小间,离车道很近,足以使顾客不用下车即可同小间内的银行职员进行业务交易。

cure by verdict 通过(作出)裁决而纠正 指普通法诉讼中,以作出裁决来使得当事人诉状中的瑕疵得到纠正或使之无效。法庭在作出裁决后,即推定当事人诉状中所忽略的或陈述有缺陷的特定事项均已在审理中得到了恰当的证明。所以美国的《联邦民事诉讼规则》[Federal Rules of Civil Procedure]规定,允许当事人在法庭作出裁决后对诉状进行修改,以使之与案件证据相一致。

cure of souls (教会法)(堂区)牧师职责;宗教管辖 指灵魂的拯救监督,即任职神职人员对其所辖区内的教民及俗人的宗教事务方面的职责,尤指堂区牧师日常履行的职务。

curfeu (= curfew)

curfew n.❶〈英格兰古法〉夜半钟声;晚八时敲响的钟 征服者威廉规定,晚八时要敲响一口钟,听到钟声后,所有人均应熄灭蜡烛,盖上炉火。闻钟而行的各种义务在1100年被废止,但直到今天仍有某些地方有晚八时鸣钟的习俗。 ❷〈美〉宵禁时刻 晚间一个确定的时刻,此时刻过后,任何无外出义务者,尤其是儿童,不得外出。这是美日战争期间对居住于西部军事区的有日本血统的人设立的禁令。

curia 〈拉〉❶(罗马法)库里亚 罗马人的组织单位或政治区划。罗莫洛[Romulus]将罗马人分成三个部落,每个部落分成十个库里亚。每个库里亚由其共同的宗教崇拜和政治权力等联合在一起。 ❷(古罗马的)元老院;帝国行省的贵族院;元老院大厦 ❸〈英〉国王法庭;王庭;王宫;皇室;法院;院落

curia admiralitatis 〈拉〉海事法院

curia advisari vult/c.a.v. 〈拉〉法庭将考虑 指当案件涉及新的或疑难问题时,法庭决定推迟作出判决直至对该问题考虑成熟。在英格兰,当上诉法院决定保留作出判决(即不在听审后直接作出判决)时仍然使用该词。

curia baronis 〈拉〉领地法庭(= court baron)

Curia cancellariae (est) officina justitiae. 〈拉〉衡平法院是产生公正之所。

curia claudenda 〈拉〉强制修建围栏令 强制某人在其土地与原告的土地之间修建篱笆或围墙的令状,已废。

curia comitatus 〈拉〉郡法院(= county court)

Curia de arcubus 〈拉〉(= Court of the Arches)

curia domini 〈拉〉(英格兰古法)领主宅院 领地法庭所在地,开庭时所有佃农聚集在内的庄园主的房舍、厅堂或庭院。

curiae Christianitatis 〈拉〉基督教教会法院 由大主教法院、主教法院和其他教牧人员法院组成。

curiality (= curtesy)

curia magna 〈拉〉(英格兰古法)**大法院** 早期对议会的另一称呼。
curia majoris 〈拉〉(英格兰古法)**市长法庭**
curia palatii 〈拉〉(英格兰古法)**王宫法庭** 已废止。
Curia parliamenti suis propriis legisbus subsistit. 〈拉〉议会设立的法庭遵守议会自己制订的特别法律。在英格兰,任何法庭无权修改议会的决议。
Curia pedis pulverizati 〈拉〉(英格兰古法)**尘土法庭;集市法庭**(⇨court of piepoudre)
curia personae 〈拉〉(英格兰古法)(由教会提供的)**牧师寓所** 尤指苏格兰长老会的牧师住宅[manse]。
Curia Regis 〈拉〉(英格兰古法)**大谘议会;御前会议;王室法庭** 广义上是指大谘议会,即诺曼时代取代盎格鲁－撒克逊贤人会议[Witenagemot]的英格兰大谘议会,每年召开3次,由主教、伯爵和国王的直属封臣参加。狭义上指御前会议,即由从大谘议会中选出的少数成员组成并经常召集以协助国王处理政务的更小的团体。据此,"curia"均指巡回或随国王巡游之义,且其权力范围未予限定。但两会议之间的区别日益显著,大谘议会成为了封建性的议会,而御前会议则成为了行政或立法委员会及司法机构。在政治方面,它可以对立法及其它重要活动提出建议并给予首肯;并对整个封建社会行使最高的行政管理权;作为封建法庭,它对国王的直属封臣之间或其他显贵之间的纠纷有一审裁判权,并享有过去贤人会议所享有的上诉管辖权。在交纳一笔费用之后,普通民众可以将在郡或百户区法庭审理的案件移至这里。它同时对财产的评估和皇室税赋的征收进行督导。但御前会议的财政和司法职能逐渐专门化,亨利一世时从其中分出一个部门专门处理税务事务,称之为"财政署"[Curia Regis ad Scaccarium]。财政署又分为两部分,下署负责财政收支,上署负责处理财税、账目方面的纠纷。各郡郡长每年均要两次前往财政署上缴本郡应纳之赋税和其它款项,并处理相关财务纠纷。1198年御前大臣[Chancellor]脱离财政署,财政署职能遂变得重要起来,后被冠以财政大臣[Chancellor of the Exchequer]之称,其中的高级官员称为财政法官[Barones Scaccarii],他们经常被邀请来裁决不限于财税方面的各种案件。到亨利二世时,御前会议继续作为一个单一的无明显特征的法庭而存在,尽管时而有人数不定的法官在财政署处理财税方面的事务。这一时期王室法庭的业务范围迅速扩大,不再局限于显贵之间的纠纷,法官人数增至18人。但1178年亨利二世将法官人数减至5人,并组成一个委员会供国王自己听审那些御前会议无法处理的案件,这一委员会就变成了民诉法庭[Court of Common Pleas],它继续随着国王四处巡游,并在很长时间内实质上与御前会议无明显区别。《大宪章》[Magna Carta]的第17条规定,民诉法庭应在一个固定的地点进行,这使得民诉法庭固定在了威斯敏斯特,同时成为纯粹的司法机构。《大宪章》第18条规定,关于地产占有案件的巡回陪审[possessory assizes]应在案件发生地举行,这样民诉法庭每年4次派出2名法官外出审判,由当地4名骑士协助。到亨利三世统治末年,御前会议依据分工已逐渐分为3个法庭,并有各自较确定的管辖范围:处理财税纠纷的财政法庭,处理普通民众间民事纠纷的民诉法庭和王座法庭。后者起初实际上、后来在理论上都是一个随国王巡游的法庭,它负责管辖上两个法庭管辖权之外的案件,包括刑事和对民诉法庭的上诉管辖权。作为御前会议遗迹之一的是所有法官在财政署内室[Exchequer Chamber]聚会讨论疑难案件。

curing error **纠正错误** 指以宣誓书解释产权说明书[abstract of title]中的不一致,或者对承认书[acknowledge]予以补充或纠正书中的缺陷,或者指案件的进展,可以消除因法院的错误而造成的不利后果。
curing title **消除土地的产权瑕疵**(以适于市场交易)
Curiosa et captiosa interpretatio in lege reprobatur. 〈拉〉难以捉摸的、强词夺理的解释在法律上是要受到摈弃的。
currency *n*.**通货;货币** 指依法发行,作为流通手段的硬币或纸币。
currency futures contract **货币期货合同;外汇期货合同** 买卖一定数量货币的期货合同。这些货币通常为美元、英镑、德国马克、日元等西方主要货币。(⇨futures)
Currens test **卡伦斯鉴定** 精神病的一种鉴别标准。只要使陪审团确信,被告人在实施刑法所禁止的行为时,因精神错乱或精神障碍,不具有刑法规定的构成被指控之罪的刑事责任能力,被告人即具有合法辩护理由。
current account ❶**往来账户** 指双方当事人未结清的、仍在往来的账户。与已结清账户相对。(⇨open account) ❷**活期存款账户**
current asset **流动资产** 通常指通过正常商业渠道易于变现的资产,包括现金、应收账款、应收票据、存货等。
current earnings **现时收入;**(通常指公司分红期的)**当期收入**
current expenses (= operating expense)
current funds **流动资金** 包括现金及其它易变现财产。
current income **本期收入** ①本会计期间的实收入;②本税收年度的收入,据此征收所得税。
current liabilities (= short-term debt)
current maintenance **现时维修** 为使有形财产处于良好状态,在其使用期内能持续使用所需要的维护保养费用。
current market price **市场现价** 此商业术语常见于货物销售合同,意谓合同价格随市场波动而变化。
current market value **市场现值** 一项资产在当前会计期间内的市场售价。
current money **通货;货币**
current obligation **到期债务** 到期应付但并未超出清偿期的债务。
current price **现价;市价;时价**
current revenues (= current income)
current salary **当期工资;本期工资** 指特定工作或雇佣的现期工资价格。它是持续一段时间的服务的报酬,此种服务随着积累到一个工资期间而可以定期给付,亦即按周、按双周或按月,或到工作完成之日给付。若按月给付工资则"当期工资"即指"本月工资"。
current value **时价**(⇨current market value)
current wages (= current salary)(⇨minimum wage)
current year **当年;本年** 通常指事件在其间发生的历法年,但企业的会计年度可能始自7月1日直到6月30日或贯行于其他12个月的期间划分。
current yield **当期收益率;本期收益率;现时收益率** 指债券年利息额与债券现时市价之间的比率。
currit quatuor pedibus 〈拉〉**四肢着地;匍匐而行** 比喻完全相符。在论证中用此语,以表明所援引的判例得到了充分而又贴近的适用。
Currit tempus contra desides et sui juris contemptores. 〈拉〉光阴不等懒惰者及漠视权利者。
cursitor (英格兰古法)**书记官** 文秘署及后来的衡平法

庭的低级官员，其职责为起草必备令状——即诉讼开始令状，该职位于1835-1836年废止。

cursitor baron 〈英〉**财税法庭行政官** 财税法庭的成员，其职责纯粹是行政性的，无司法职能，因而他并非通常意义上的财税法庭法官[baron]。后来，这一职位变成了挂名的清闲职位，于1856年废止。之所以设立这一职位与财税法庭法官组成人员的学识背景变迁有一定关系。起初财税法庭的法官由通晓财政事务的官员担任，1579年开始，财税法庭的法官从高级律师[serjeants-at-law]中选拔，其级别与王座法庭和高等民诉法庭的法官相同。但后来发现有必要在财税法庭设一位具有财政方面知识的官员，1610年便第一次设定了这一职位。

cursor n. 天主教教会法院的低级法官

cursory examination **粗略检查** 为发现肉眼可以看见或可以确认的瑕疵而进行的一般检查。与彻底、仔细检查[thorough examination]相区别。

Cursus curiae est lex curiae. 〈拉〉**法庭的惯例即法庭的法律。** 克罗克[Croke]法官于1615年所讲，科克[Coke]在其案例报道集中强烈反对这点，但似乎他是针对星室法庭的程序而说的。法庭的惯例如果超出其管辖权范围或者违背自然公正[natural justice]的原则或制定法，将得不到支持。

curtesy n. **鳏夫产；丈夫应得的亡妻遗产** 在普通法上，当妻子死亡时，如果夫妻有合法子嗣存在，并可能继承遗产，那么其以已婚妇女身份享有的非限定继承地产权[fee-simple]或限定继承地产权[in tail]将授予其丈夫。此项制度又被称为英格兰鳏夫产[curtesy of England]，理由是它源于亨利一世甚至是撒克逊时代，但均无确证。在美国的一些立法中，已不再坚持夫妻要有子嗣存在这一条件，而只需妻子在死亡时对不动产享有所有权。现在，这一制度在大多数州已被取消或已作实质性改变。（⇨dower）

curtesy consummate **完全鳏夫产** 初始鳏夫产[curtesy initiate]在妻子死亡后即变为完全鳏夫产。

curtesy initiate **初始鳏夫产** 指在享有继承权的子女出生后、妻子死亡前，丈夫对妻子的不动产所享有的利益。

curtilage n. **宅院；庭院** 指与住所直接相连的土地或院子，通常由栅栏或灌木等加以围绕。在普通法中，以契约转让住宅和宅基时，庭院则一并转让而不用明确表述。在判定自卫权的存在时，家的庭院一般阐释为至少包括环绕住宅的院子和车房、畜栏以及其他外屋所占据的地方。在美国宪法第四条修正案中，对住所禁止非法搜查亦及于庭院。

curtiles terrae 〈英格兰古法〉**领主自留地；领主自用地**（＝court lands）

curtillium 〈拉〉（＝curtilage）

curtis 〈拉〉❶**花园；房屋周围空地** ❷**庄园；宅第** ❸**宫殿** ❹**法院** ❺**贵族住所**

custa 〈拉〉**诉讼费用**

custagium （＝custa）

custantia （＝custa）

custode admittendo 〈拉〉**指定监护人令**

custode amovendo 〈拉〉**撤换监护人令**

custode removendo 〈拉〉（＝custode amovendo）

custodes 〈拉〉❶〈罗马法〉**监护人；看护人；监察人；选举监督人** ❷〈英格兰古法〉**保管人；监护人；保护人**

custodes libertatis angliae auctoritate parliamenti 〈拉〉〈英〉**议会授权之英格兰自由监护人** 查理一世被处死后直到奥立佛·克伦威尔[Oliver Cromwell]被宣布为护国公[Lord Protector]之前这一段期间令状和所有司法程序的格式用语。

custodes pacis 〈拉〉〈英〉**治安监察官**

custodia 〈拉〉**看护；守卫** 巡警的两个主要职责之一，主要在白天负责逮捕暴徒和公路抢劫犯。

custodia comitatus 〈拉〉**授权监督** 根据国王授权，由郡长负责维持郡内秩序，处理郡内事务。

custodial account **监护账户；照管性账户** 为他人开立的银行账户，例如，父母为未成年子女或子女为老弱父母开立并控制的银行账户。

custodial arrest **羁押逮捕** 由警察或政府当局实施的拘留或关押，在羁押期间若讯问受羁押人应告知其享有的若干权利。

custodia legis 〈拉〉**法律的保管** 意为在法律的保管下。按照"法律的保管"原则，动产依据扣押财产令状[writ of replevin]而被另作重新占有的，则该财产被认为处于法院保管之下，而不论由哪一方当事人实际占有该财产。法院对该财产的保管，直至法院最后判决是由要求返还的一方还是原先占有的一方有权占有该财产为止。在两个法院都有管辖权的情况下解决管辖权争议时，这一原则与"谁先起诉，谁先受理"[first come, first serve]的方法并无二致，按照该原则，应由先对争议财产采取保全措施的法院管理该财产。（⇨custody of the law）

custodia legis conversion 〈拉〉**追回并出售法院扣押的留置财物** 对法院扣押的财物有留置权的人，在法院就该财物作出判决以前取回被扣押财物并出售，以实现留置权的行为。

custodial interrogation 〈美〉**羁押讯问** 指在被讯问人被关押或被以其他方式剥夺自由后由执法官员对其进行的讯问。根据米兰达规则[Miranda rule]，在讯问之前应告知被讯问人享有的有关权利。

custodiam lease 〈英格兰古法〉**监管性租让** 王室将其占有的土地转让给某人作为该土地的监管人或承租人。

custodian n. ❶**监护人；监管人；保管人** 对财产、证券、文件或其他资产进行监督管理的个人或金融机构的统称。❷**破产财产管理人** 在破产程序中，根据强制性授权委托，为了整体债权人的利益而管理债务人资产的第三人，如破产事务官、受托管理人等。

custodian trustee **保管受托人** 根据英国1906年《公共受托人法》[Public Trustee Act]第4条的规定，公共受托人、银行、保险公司或依该法规定可以担任保管受托人的其他法人团体，可以被委任为任何信托的保管受托人；法院、信托设立者或其他有权委任新受托人者均可实施委任。保管受托人可以像唯一受托人[sole trustee]那样占有信托财产，但保管受托人的委任并不影响一般委托人的权力和责任。

custody n. ❶**监护；监管；保管** 对人或物进行直接的、亲自的照管与控制。就对物的直接控制而言，它不是所有权，不是对物的最终和绝对控制，因此，纯粹将某物交与他人保管并不剥夺权利人的所有权。（⇨custody of children）❷**羁押；拘留；拘禁；监禁；监视** 广义上是指对自由的限制，而不仅仅是指某人实际关押在监狱里。因缓刑、假释或取保、个人具结悔过获得释放的人都处于"被监禁"状态[in custody]，因此都有权按人身保护程序申请人身保护令状[writ of habeas corpus]。

custody account **保管账户；代管账户** 代理账户[agency account]的一种，在此账户内，保管人有义务为委托人照管和保护其受托管理的财产。

custody of children 儿童的监护；子女的监护 父母对未成年子女的照顾、管理、教育和抚养。在离婚、婚姻无效或分居诉讼中，法院有权将这种监护权判给未成年子女的父亲或母亲中的一方。在这种情况下，一方获得监护权，另一方则有权合理地接近该子女，除非这种接近对子女不利。除极不寻常的情况外，接近子女 [access to children] 是父亲和母亲的基本权利。按照英国1971年《未成年人监护法》[Guardianship of Minors Act]，父、母任何一方均可以就非婚生子女申请监护令或接近子女令。在美国，各州都采用《统一儿童监护管辖法》[Uniform Child Custody Jurisdiction Act] 以处理跨州的儿童监护与探望争议。（▷guardianship）

custody of the law 〈美〉法律的保管 若一财产通过司法程序的授权被合法取得，并由经依法授权的政府官员（例如县治安长官 [sheriff]）或法院官员（例如财产保全管理人 [receiver]）占有，则该财产被认为是处于法律的保管之下。（▷custodia legis）

custom n. ❶习惯；习俗；惯例 ❷习惯法 指经过长期实践和使用所形成的为历代民众所肯定认可的惯常做法，它在人们的日常生活中一直保持效力，并以不成文的形式对人们产生拘束力。在许多发达地区，这种长期形成的习惯已经成为法律的重要渊源，而且通过司法适用、立法承认等方式，许多习惯已被确认为正式的法律。英国的普通法正是建立在习惯基础上形成的法律体系。习惯法实质上就是一个地区的共同法，但这并不排除它与国家法律相冲突的可能性。习惯成就的条件包括：形成时间长且人们理解一致；连续而自然和平地发生效力；合乎情理并且确定；有强制性和拘束力，并不是任由选择或抛弃；与其它习惯法相协调。在英格兰，习惯分为两类，一类成为了英格兰法律的一部分，另一类则通过影响私人间契约之内容而起作用。前者又分为三种：①普遍的习惯，指通行于整个王国具有普遍效力的规则，从更严格和通常的意义上来说，它们构成了普通法，比如地产继承规则等。②地方性习惯，指仅在某些特定地区有效的习惯，如肯特郡的地产平均继承习惯 [gavelkind]、庄园内部的公簿地保有习惯等，都只具有地域性，当然它们已为司法实践所认可。③特定身份者之间的习惯的一个典型例子就是商人间的习惯法，又称商人法 [law merchant; lex mercatoria]，它区别于贸易惯例 [usages or customs of trade]，却类似于普通法的遵循先例，因为它一旦为法庭判决所确定即成为王国一般法的一部分，而不再留给陪审团去决定，不过有疑问的地方仍可由商人陪审团确定。而后者一般是指那些长期稳定通行于某一行业的规则，当这一行业内的两方达成与该行业有关的契约时，若其中未包括与业内习惯相冲突的内容，则被推定为遵循了这一业内的习惯，或者说该习惯已构成了契约内容的一部分。

custom and usage 习惯；惯例；习惯法 通过不变的习惯和反复使用而形成的普遍采用的一般规则和惯例。

customary acre 习惯亩 一张犁一天能耕作的土地面积。

customary court （英格兰古法）习惯法庭 在领地内由领主或其管家 [steward] 主持的法庭。（▷court baron）

customary court-baron （英格兰古法）领地习惯法庭 根据习惯，须在领地内举行的法庭，是一个为公簿地产保有人 [copyholder] 举行的习惯法庭，公簿地产保有人可在该法庭移转地产以及进行与地产权益相关的交易。（▷court baron）

customary dispatch 合理速遣 指根据船舶所处的装卸港的规则、惯例或习惯作法进行装卸。

customary estates 习惯保有地产(权) 依据庄园惯例而保有的不动产。

customary freeholds （英格兰古法）特许公簿地产(权)；自由公簿地产(权) 是一种经过特许的农奴制或农奴土地保有形式，区别于一般公簿地产权之处在于保有人是依据习惯而非领主的意志保有土地。其转让亦是通过弃让 [surrender] 和接纳 [admittance] 的方式进行，另外相关的习惯、附属权利和义务亦与普通公簿地产权类似。特许公簿地产分两种：①自由保有在领主的自由公簿地产 [free copyhold]，它通过弃让与接纳方式转让；②自由保有在保有人的习惯自由保有地产 [customary freehold]，其转让除需弃权与接纳仪式外，还需出让人与受让人之间有转让契据。特许公簿地产几乎仅存在于英格兰北部，亦被称作"tenant right"。另外，"customary freeholds"一词有时也被不精确地用来指原本是自由保有性质但转让方式却受特定习惯制约的地产。特许公簿地产1822年之后转为了农役保有地产。（▷copyhold; surrender; admittance; tenant-right）

customary home occupation 日常家务 指由居所的某一成员在该居所中所承担的工作。除同一居所的其他家庭成员协助外，不需要其他人的帮助。

customary interpretation （依）惯例解释 基于以往就同一问题所作的裁决而作的阐释。

customary rent 习惯法上的租金 根据古老的习惯所应支付的租金。

customary services 习惯法上的劳役 根据领地的习惯或时效佃户所应承担的确定的劳役。

customary tenants 根据领地习惯保有土地者；公簿地产保有人

custome serra prise stricte 〈拉〉惯例应作严格适用（或解释）

custom-house broker 报关代理人 为船舶的进港或离港、货物的进口或出口准备相应文件、办理相关手续的代理人。

custom of London 伦敦惯例 该规则是指，如果已婚妇女完全依靠自己在伦敦从事任何一项职业，且其丈夫与她的职业没有任何关系，则在涉及其职业的任何事物上，该妇女被认为是享有独立财产权的已婚妇女。

custom of merchants 商人习惯法；商业习惯（▷law merchant）

custom of officers 〈美〉官员解释常规 指解释制定法要与行政解释一致。

custom of the marches 边境习惯法 英格兰法与威尔士习惯法的混合物，古时曾在威尔士边境地区发展适用。

custom of York （古）约克惯例 约克教省特有的继承惯例，将未留遗嘱之死者的遗产分为三份，即遗孀、子女和遗产管理人各占1/3。

customs 海关；进口税

Customs and Patent Appeals Court 〈美〉关税与专利上诉法院 1929年根据美国宪法第三条设立，取代了原来的美国关税上诉法院。1982年《联邦法院改进法》[Federal Courts Improvement Act] 废除了该法院，其管辖权转归美国联邦巡回上诉法院 [United States Court of Appeals for the Federal Circuit]。

customs appraiser 海关估价员 其职责是对应征收关税的进口物品的真实价值进行审查和评估。

customs broker (= custom-house broker)
customs broker's lien 报关代理人留置权　指报关代理人为客户的商品报关，因垫付了费用而取得的留置权。
Customs Court 〈美〉关税法院　成立于1890年，原名为"美国评估员总会"[Board of United States General Appraisers]，1926年改称此名，受理有关关税的案件。1980年又改名为国际贸易法院[Court of International Trade]
customs districts 〈美〉关税区　为便于征收关税和执行海关法而将全国加以分划设置的收税区。
customs duty 关税　指对进口和出口商品及其他货物所征收的税。在美国，尤指由联邦政府征收的进口关税，但在其他国家也可包括出口关税。(⇨tariff; customs)
customs entry 进口报关；报关单；海关报关手续(⇨entry)
Customs Service 美国海关总署　全称 United States Customs Service。
custos 〈拉〉监护人；看守人；保管人；看护人
custos brevium 〈拉〉〈英格兰古法〉令状保管官　高等民诉法庭的一个主要的负责档案的官员，其职责是接收和存档那些必须回呈的令状。1837年废止。
custos brevium et recordorum 〈拉〉〈英格兰古法〉令状与案卷保管官　王座法庭官员，其职责与高等民诉法庭的令状保管官类似。1837年废止。(⇨custos brevium)
custos ferarum 〈拉〉守林人；猎场看守人
custos horrei regii 〈拉〉〈英格兰古法〉皇家粮库看守人
custos maris 〈拉〉〈英格兰古法〉海军大臣　撒克逊时代和诺曼人征服之后海军官员的称号，其职责是保护海域。
custos morum 〈拉〉道德守护者　王座法庭的称号。
custos placitorum coronae 〈拉〉〈英格兰古法〉刑事案卷保管官
custos rotulorum 〈拉〉〈英格兰古法〉(郡)案卷保管官　从大约1400年起，各郡案卷保管官由维持治安委任状来任命，他是该郡首席治安法官及首席文职官员。这一职位的行政职能大过司法职能。
custos sigilli 〈拉〉印玺保管人
custos spiritualium 〈拉〉〈英〉(教会法)圣职代管人　在主教职位空缺时在主教辖区代行其职，行使宗教管辖权的人或团体。按照教会法，主教参事会是代管人，但多数教区按传统由大主教任之。
Custos statum haeredis in custodia existentis meliorem, non deteriorem, facere potest. 〈拉〉监护人不能使继承人的财产在其监护下变得更糟糕，而只能是更好。
custos temporalium 〈拉〉〈英〉(教会法)俗务管理人　由国王任命的主教空缺的主教区或院长空缺的修道院的管理人，掌管财产等方面的世俗事务，并向国家交账，直至空缺职位继任者行就圣职之仪式。
custos terrae 〈拉〉〈英格兰古法〉土地看护人；土地保管人
custum 〈拉〉成本；费用
custuma 〈拉〉关税
custuma antiqua sive magna 〈拉〉〈英〉旧关税或大关税　对出口羊毛、羊皮和皮革所征的关税，外国商人比本国商人多缴纳一半。
custuma parva et nova 〈拉〉〈英〉小的和新关税　对外国人进出口的任何货物每磅征收3便士的关税，只适用于外国商人，因而常称为"外国人关税"，爱德华一世时首征。
cuth *a*.〈撒克逊〉明知的；已知的；惯常的　与"未知的"[uncuth]相对应。(⇨uncuth)
cuthred *n*.见多识广或技巧娴熟的律师
cutoff date 截止日期
cutoff drainage 截断排水　沿着渗水山坡铺设瓦管排水系统，以截断渗水，防止其流达坡底。
cutpurse *n*.割包贼　早期英格兰男人将钱袋挂在腰上，当时割取钱包是盗窃钱财的习惯做法。
cutter of the tallies 〈英格兰古法〉财政署切符官　负责提供符木，并依数目切制。
cutting corners 违规转弯　对法律要求车辆应在交叉道口中心靠右转弯的规定的违反。
cutting out 牲畜分群　对畜群或根据各牲口所属之主或根据膘情之是否适于上市出售而加以分群。
cy-apres 〈法〉从此以后；今后
cycle of indiction 起诉周期　以15年间隔来计算时间的方式，由君士坦丁大帝[Constantine the Great]设立，原为特定税款的支付期限。在英格兰，埃德加[Edgar]和亨利三世的某些特许状即以此来确定期限。
cy-devant 〈法〉迄今为止；在此以前
cy gist 在这儿
cyne-bot (上交国家)部分的弑君赎罪金　在撒克逊时代，弑君的罚金分成两部分，一部分罚金属于国家，另一部则付给国王的家属，称"wer"。
cynebote 杀人赎罪金；杀人罚金　古时杀人者付给死者家属的赎罪金。(= kinebot)
cyne-gild (= cyne-bot)
cyphonism ❶枷刑　❷虫咬刑　身上涂上蜂蜜，让虫子叮咬的一种刑罚。
cy-près 类似原则　此词原系法律法语，cy意为"这，这里"，près意为"接近，附近"。类似原则是衡平法上对法律文件进行解释的一项规则，指如果法律文件按其字面意义生效将成为不可能或者不合法，则可以借用类似原则使当事人的目的尽可能地得到实现。类似原则主要适用于对遗嘱和慈善信托的解释等。例如：①若遗嘱人企图设立永久性地产权[perpetuity]，则法院并不宣布该遗赠全部无效，而是在"禁止永久权规则"[rule against perpetuities]许可的范围内，尽力实现遗嘱人的一般性意图；②在为设立慈善用益权的赠与中，尤其是在用语模糊或不确定而必须通过解释来探求遗嘱人的真实目的时，也同样适用类似原则；③如果遗嘱人曾表达过一般性的慈善目的，但由于某种原因，该目的并不能以遗嘱中所特别指定的方式来实现，则法院依照类似原则将享有衡平法的权利，仍可以执行这种为特定慈善目的而建立的遗嘱信托，即将信托财产运用于与初始信托尽可能类似的目的上，使该信托继续存在。
cyrce *n*.教堂
cyricbryce 冲闯教堂；破门闯入教堂
cyrographum (= chirograph)
czar (= Tsar)

Dd

D. ❶(= digesta; dictum; doctor; district; defendant; digest) ❷(罗马法)五百 在罗马的计数符号体系中,以字母D来代表500;如果字母D的上方有一水平横线,如"D̄",则表示5 000。
Da 〈法〉是;是的
D. A. (= district attorney(s))
Dabis? dabo 〈拉〉(罗马法)你给吗? 我给 订立口头契约的一种方式。
d'accroisement (= droit d'accroisement)
dación 〈西〉❶让与;转让 ❷交付 按约定履行合同时,标的物的实际和有效的交付。
dacker n. 争执;争议;纠纷
dactylography n. 指纹学;指纹鉴定学
daemon a. 疯狂的;精神错乱的;喝醉的 (⇨ voluntarius daemon)
Dagenham-breach 〈英〉代根汉姆大溃决 1707年,埃塞克斯[Essex]郡境内河流堤岸发生大溃决,致使泰晤士河泥沙淤积,危及航运。1713年制定了向进入伦敦港的船只征税的法律,直到1724年才停止征收。据推测所征税款用以修复堤岸决口。
dagger n. [总称]短剑;匕首
dagger-money n. 〈英〉匕首钱 主持完诺森伯兰巡回审判庭[Northumberland assizes]的法官们在离开纽卡斯尔[Newcastle]时,高级法官可以得到一个杰科巴士[Jacobus]或一个金沙弗林[gold sovereign],低级法官可以获得一个查理硬币[Carolus],用来购买匕首,以防备苏格兰袭击者的侵犯。
Dail Eireann 〈英〉爱尔兰众议院 爱尔兰共和国议会的下院。其形成、发展的历程如下:1919年由参加1918年大选的爱尔兰共和主义者首次建立,但在当时它未获不列颠的承认。1920年不列颠为根据《爱尔兰政府法》[Government of Ireland Act]建立的北爱尔兰和南爱尔兰选举了各自独立的议会。但是爱尔兰议员拒绝参加该议会,并于1921年成立了第二个众议院,由共和主义者和民族主义者组成。同年12月,《英爱条约》[Anglo-Irish Treaty]签署,在1922年得到不列颠议会的批准。根据该条约之规定,爱尔兰在不列颠王国中具有自治领[Dominion]的宪法地位,称做爱尔兰自由邦[Irish Free State]。同年,充当制宪会议的爱尔兰自由邦议会[Free State Parliament]成立,制定并通过了《爱尔兰自由邦宪法》[Irish Free State Constitution Act],该文件遂后在不列颠议会也得以通过。根据宪法规定,爱尔兰自由邦设立一个两院制的议会,包括参议院[Seanad]和众议院[Dail]。1936年,第二十七条宪法修正案[Constitution (Amendment No. 27) Act]通过,废除了参议院,使得议会只剩下众议院。1937年,一部新的成文宪法得以通过并开始实施,该宪法宣布爱尔兰是一个享有主权的、独立的民主国家。根据新宪法,国会由议长、参议院和众议院组成。参议院议员有60名,众议院议员有144名,任职均不得超过7年。众议院在议会中享有更大的权力,财政法案[money bill]由它通过。1949年,爱尔兰共和国[Republic of Ireland]成立,众议院即成为爱尔兰共和国议会的下院。
dailia (= dalus)
dailus (= dalus)
daily balance 每日余额;每日结存 指在计息期内不同日期的不同存款余额,便于银行计息。
daily rate of pay 日工资额 用正常工作日的工作时数乘以每小时的支付额计算。
d'ainesse (= droit d'ainesse)
daisy chain (证券法)"雏菊花环";(股票)系列交易 指为吸引购买者而由一小撮证券经纪人对同一股票进行连续的买进和卖出。这一行为属非法。
daker (= dacker)
dale (= dalus)
dale and sale (英语书籍中使用的)虚构地名
Dalhousie's Act 〈英〉《戴尔豪西法》 1846年制定的简化铁路公司解散程序的法律。
dalus n. ❶土地的一种计量单位 ❷在可耕地中数块已耕地之间保留的狭长牧场
dam n. ❶界限;限制 ❷(防波)堤;坝 ❸母兽
dama 〈西〉夫人(= dame)
damage v. 损害;伤害
n. 损害;伤害;破坏;损失 因过失[negligence]、故意[design]或意外事故[accident]而非法侵害他人人身、财产等合法权益所形成的损失或伤害。它的复数形式"damages"则意指损害赔偿金、损害赔偿额。(⇨ damages; injury; loss)
damage by the elements ❶自然力造成的损失 指由自然界中常见的破坏性力量所造成的损失。 ❷突发性损失 指突发、异常、意外的事件或行为带来的损害,与渐变、磨损、损耗等情形相区别。
damage-cleer n. (英格兰古法)从损害赔偿金中收取的酬金 在涉及契约、非法侵占、殴打等损害赔偿额不确定的案件中,皇家民事法庭[Court of Common Pleas]、王座法庭[Court of King's Bench]或财税法庭[Exchequer]可按不同比例从裁决的损害赔偿金中收取一定费用,以作为首席书记官[prothonotary]等人起草各种特别令状和诉状的额外报酬。原告需在首席书记官或执达官签发损害赔偿执行令状之前支付这笔费用。后来的立法取消了这一做法。之后如果这些法院中任何人以此名义或以其它方式收取费用，将被处以所收费用3倍数额的罚款。

damaged value 受损价值　推定全损[constructive total loss]船舶的受损价值是指船舶在维修前的价格。

damage faisant (= damage feasant)

damage feasant 加害；牲畜闯入他人土地造成损害　在普通法上，指某人的牲畜(包括家禽)闯入他人土地，践踏草地、谷物等所造成的损害。该土地所有人有权将牲畜关押或扣留直至其损失得到赔偿，但不得变卖该牲畜。该词源于法文"faisant dommage"，于爱德华三世[Edward Ⅲ]时引入英国。1971年英国《动物法》[Animals Act]废止了该种补救方式。

damage in law 普通法上的损害；损害法定权利　指虽未造成受害人的实际损害[actual damage]，但对其法定权利已构成侵害[infringed]。受害人仍可据此起诉，要求赔偿。例如，甲未经允许进入乙之土地，尽管并未因之而致乙遭受实际损害，但乙可以对甲提起侵入土地之诉[trespass]，要求获得名义上的损害赔偿金[nominal damages]。亦称作一般损害[general damage]，与实际损害或特定损害[special damage]相对。

damage in taking by eminent domain 国家征用造成的损失　指由私人完成的改建公共设施过程中，对国家征用的财产以外所造成的有形损失[physical injury]。这种损失在法律上是可许的。

damages n.损害赔偿；损害赔偿金；损害赔偿额　源于拉丁文"damnum"，意指一方当事人的行为致另一方当事人的人身、财产或权益受损害，从而由前者向后者支付的用以作赔偿或补偿的金钱。该词可用于指因侵权行为或违约行为而支付的损害赔偿金。

damages and costs 损害赔偿金及诉讼费　用于上诉保证书[appeal bond]中，以约束上诉人对包括诉讼费在内的判决结果承担责任。

damages at large 任意损害赔偿金　指没有货币计算标准[monetary standard of computation]的赔偿金，如对精神痛苦的损害赔偿金。

damages for delay 迟延损害赔偿金　①在判决中止执行保证书[supersedeas bond]中，指因上诉造成迟延而应向对方支付的法定损害赔偿金；②承运人因迟延运输和交付货物而应支付的损害赔偿金；③指因迟延支付国家征用财产的赔偿费而可获得的利息。

damages for loss of use 用益损害赔偿金(⇨loss of use)

damages ultra 额外损害赔偿金；附加损害赔偿金　原告认为被告已向法庭交纳的损害赔偿金不足而要求增加的赔偿金额[additional damages]。

damage survey 损失调查

damage to property 财产损害　一般不包括对该财产的侵占[conversion]或因公共权力机构[public authority]的征用造成的财产损失。(⇨damage)

damage to (the) person 人身损害　某人因故意或过失的作为或不作为而使他人身体、心理和情感等受到伤害。(⇨damage; injury; loss)

damage without wrong 非因不法所致的损害　指一方所受之损害并非由于他方不履行法定义务所致。该用语之实际含义即为"不存在诉因"。

damaiouse a.(英格兰古法)造成损害的；造成损失的；非法的

dame n.〈英〉夫人　对骑士[knight]或准男爵[baronet]之妻的法律称呼，或对妇女的相当于骑士或爵士身份的称呼。(⇨domina)

damn v.❶谴责；指责　❷诅咒；咒骂　❸判定(某人)有罪；判定(某人)应受惩罚

damna 〈拉〉损害赔偿金　damnum的复数形式。

damna clericorum (法院的首席书记官或其它工作人员起草令状所获得的)额外报酬(⇨damage-cleer)

damnatus a.(英格兰古法)❶遭谴责的；被指责的　❷为法律所禁止的；非法的　❸被判有罪的；被判刑的

damnatus coitus 非法性关系；非法结合

damnification n.加害；损害；伤害

damnify v.加害；损害；加害于他人

damni injuriae actio 〈拉〉(罗马法)非法侵害之诉　指对故意伤害他人奴隶或牲畜等所造成的损害提起的诉讼。

damnosa h(a)ereditas 〈拉〉❶(罗马法)不利遗产　指资不抵债的遗产，如果继承该遗产，非但不能获利，反而增加负担。❷〈英〉不利财产　英格兰法律中，有时将该词非正式地用于指破产管理人[trustee in bankruptcy]放弃的、对债权人并非有利的财产。如1914年的《破产法》[Bankruptcy Act]。

damnum 〈拉〉损害　指各种损害，如因欺诈、疏忽或意外事故造成的损害等。

damnum absque injuria 〈拉〉无不法行为的损害　又称各方均无过错的损害、未侵犯权利的损害、于法无可救济的损害。指因没有造成法律意义上的损失，或没有违反义务的行为，或对事故的发生没有过错，因而遭受损失的一方不能对造成损失的一方提起诉讼要求获得赔偿。(⇨damnum sine injuria)

Damnum absque injuria esse potest. 〈拉〉虽没有侵权行为，仍可能发生损害。　因可能发生意外事故，遭受损失的人不可能总是得到补偿，因而有时需单独承担其损失。在这种情况下，为保证其损失得到补偿，原告享有对被告的过错及其造成的损失提起诉讼的权利。

damnum emergens 〈拉〉积极损害　指现有财产的实际减损，如财产贬值。与未来期待利益的损害相对，如利润损失。

damnum et injuria 损害和过错　损害赔偿诉讼中必须同时具备的两个要件。损害和过错相结合是该诉因[cause of action]的核心。

damnum fatale 〈拉〉(罗马法)意外损害　即不可避免的意外损害，指因人力不可控制的原因，如闪电、海难等造成的损害，财产的受寄托人[bailee]及其他人都无需对此承担法律责任。在后来的普通法中，往往用"天灾或公害"[Act of God or public enemies]来加以概括，但罗马法中的意外损害还包含了一些现在已不认为是不可抗力[irresistable force]因素所造成的损害。意外损害不包括因盗窃所致损害。(⇨act of God)

damnum infectum 〈拉〉(罗马法)即将发生之损害；担心发生的损害　为防止损害发生，可发布预防性禁令。因该损害虽未发生但却有即将发生的危险，此类损害被视为准私犯行为[quasi-delict]。

damnum injuria datum 〈拉〉(罗马法)侵权损害　指因故意或过失实施某种不法行为造成损害。它是违法行为的一种，通常用于杀害他人奴隶、牲畜、给他人财产造成损失的场合。在此基础上，后来的民法创立了民事过错行为及责任的一般理论。

damnum rei amissae 〈拉〉(罗马法)给付错误造成的损失　指因法律上的错误，一方当事人为给付行为从而造成的损失。

Damnum sentire non videtur qui sibi damnum dedit. 〈拉〉对自己造成损害的人，法律不认为他遭受了损失。

damnum sentit dominus 〈拉〉(法律上的)所有者承担损失　货物买卖中货物遭受意外损失时适用的一般原则。若另无约定，视货物是否已转移来决定由买方或卖方承担货物损失的风险。

damnum sine injuria 〈拉〉(罗马法)无侵权行为之损害　指无不法行为，也未违反法定义务，而给他人造成了损害。此时，受害人无权对引起损害的人提起诉讼。该原则是侵权损害赔偿原则之例外。

damsel n. 年轻的单身淑女

Dan n. 〈英格兰〉先生　古时上层男子的一种称号。是以前对男子的尊称，相当于现在的"Master"或"Mister"。

dandy-note n. 〈英〉关栈取货单；出库证书　一种由海关批准，授权将货物从保税仓库中搬走的法律文件。

danegeld (= danegelt)

danegelt n. 〈英〉丹麦金　盎格鲁－撒克逊时代英格兰为满足丹麦勒索贡品或为筹措抗击丹麦所需军费而征收的一种年度税[annual tax]。后沿袭作为土地税向所有拥有土地的人征收。

danegold (= danegelt)

Danelage n. 〈英〉丹麦法　公元8世纪末至10世纪初丹麦人入侵并征服英格兰的过程中在当地推行的法律。到11世纪初丹麦法成为英格兰三大主要法律制度之一，主要在英格兰北部、中部和东部沿海地区施行。

Danelaw (= Danelage)

danger n. ❶危险；致害风险；威胁　如果某人导致或允许可能对他人造成某种可预见危险的事物存在，则他人可对此种不法行为提起诉讼。此种行为，诸如照管动物、驾驶机动车、安装机械等均可产生明显的危险，故法律对其行为人规定了强制性的注意义务，行为人应采取措施防止危险发生。❷耕种税　旧时佃户为在特定季节请假去耕种土地而交纳的税。

dangeria n. (英格兰古法)林地耕种费　耕种林地的佃户为获得在林地放牧猪群期间耕种土地的自由权而交纳的费用。

danger invites rescue (侵权法)(刑法)因援救引起的危险　某人因救助第三人而遭受的损失，应由给第三人造成危险的人承担责任。

danger money 〈英〉危险工作津贴　支付给从事危险性工作的工人的额外报酬。(⇨dangerous job)

dangerous agency (= dangerous instrumentality)

dangerous animals 危险动物(⇨liability for animals)

dangerous chattels 〈英〉危险动产　指可能对其占有人造成损害的动产。法律要求将危险动产投入流通者应尽到严格的注意与勤勉。若某项动产本身没有危险，但由于动产交易人的过失而使其具备了危险性，则该交易人对其应合理预见的可能受该动产影响的人承担责任。

dangerous condition 危险状况　①指产品的瑕疵使其在合理使用情况下可发生损伤的危险；②一种会对无知儿童带来危险的状况。

dangerous criminal 危险罪犯　指罪行特别严重或使用暴力逃脱或企图逃脱刑事监禁[penal confinement]的人；亦指持有武器的罪犯。对于这类罪犯应隔离关押。

dangerous driving 〈英〉危险驾驶　指在道路上采用可能对驾驶人、其他道路使用人的人身或财产造成伤害或者引发事故的方式驾驶机动车辆。危险驾驶属于一个事实问题。

dangerous drugs 〈英〉危险药物　如何控制危险、有害药物现主要为1971年的《滥用药物法》[Misuse of Drugs Act]所调整。这类药物一般被禁止进出口及作为普通药物销售，也禁止其生产、供应及持有、吸食，以及提供场所。英国建立药物监管机构对药物滥用情况进行监督管理，并指示有关各部门对滥用药物采取措施。

dangerous goods 危险物品　可能对携带者或使用者造成伤害的物品。在许多情况下，把危险物品投入流通的人都负有严格的注意义务。(⇨dangerous chattels)

dangerous instrumentality 危险物；危险工具　指自身即具有固有的潜在危险之物，如枪支；或指虽本身不具有危险但因操作使用的疏忽而使其具有潜在危险之物，如船舶。在操作使用危险物时应适当注意，以避免对毗邻的财产或人身造成可合理预见的损害，否则，即使其无过错，仍应承担责任。在实践中，雇员操作使用危险工具而对第三人造成损害时，雇主应承担严格责任。(⇨dangerous weapon; deadly weapon; inherently dangerous)

dangerous job 危险工作　可能使工人受伤或致工人死亡的工作。

dangerous machine 危险机器　如果在使用危险机器时未采取保护措施，则应合理预见到其危险性，雇主对此负有注意义务。

dangerous machinery 〈英〉危险机械　雇主应保障操作危险机械的雇员或工人的安全，否则，对法律规定的违反将作为其疏忽大意的表面证据[prima facie evidence]。

dangerous occupation 〈美〉危险职业　劳工赔偿法[worker's compensation law]和工资、工时和童工法[wage and hour and child labor law]中用以指危险性工作的术语。(⇨dangerous job)

dangerous performances 〈英〉危险演出；危险表演　1933年制定的《儿童和未成年人法》[Children and Young Persons Act]禁止未成年人进行危险演出，并绝对禁止对12岁以下的儿童进行危险表演训练，对12岁至16岁的未成年人进行危险表演训练需获得许可。

dangerous per se (自身即具有危险性的)危险物　指无人力或器械的直接帮助即可能造成损害的物。

dangerous place 危险地段　指有相当危险和极易发生事故或伤害的地方。

dangerous premises 〈英〉危险房屋；危险不动产　指存在可能危及人身安全隐患的房屋或其他地基。若因此对合法进入者或行人造成损害，应由房屋占用人承担责任。

dangerous product 危险产品　(⇨inherently dangerous; strict liability; dangerous goods)

dangerous structure 〈英〉危险建筑　指对身处其中的人或对其毗邻房屋构成危险的建筑物，或指因坍塌或被毁坏而恶化周围环境的建筑物。在前一种情况下，地方政府可向治安法院[magistrates' court]申请拆除令或禁止使用令。在后一种情况下，可申请修缮令、拆除令或清除废物令。若有关当事人不执行上述令状，则地方政府可代为完成，但由该当事人支付所需费用。

dangerous-tendency test 危险倾向性测试　对人或动物的伤害倾向性所做的测试，尤指在狗咬案件中所做的测试，以确定狗的所有人是否应对狗所造成的伤害承担责任。

dangerous things 有害物品；危险物品　有害物品的所有人应对可能造成的损害承担责任，即使所有人本人对损害的发生不存在过错。

dangerous weapon 危险性武器；凶器　指依其设计或性能，按通常方式使用即可致人死亡或重伤的器具。(⇨assault with a dangerous or deadly weapon; dangerous instrumentality; deadly weapon)

dangers of lake navigation 〈美〉大湖区航行风险　指在美国五大湖区航行时常遇到的以及由五大湖港口入口处浅水带来的危险。

dangers of navigation (海上)航行风险　指船舶在遵守公共规则的合法航行中所遭遇的、海上航行所特有的危险或事故。其范围大于不可抗力，还包括许多与海上航行有关的特定风险。此类风险非人为造成，即使谨慎行事也无法预防或避免。(⇨dangers of the sea; dangers of the river)

dangers of the river 内河航行风险　指船舶在河流、运河或湖泊上航行时可能遭遇的危险或事故。此类风险非人为造成，即使谨慎行事也无法预防或避免其发生。当该术语出现在提单上时，仅指船舶在内河航行时所遇到的自然灾害，不包括专业驾驶人员运用其技能、判断和预见能避免的事故。它还包括在运河中突然形成的暗礁所带来的风险。

dangers of the sea 海上风险；海难　指与海上航行有关的、具有特殊性质的意外事故，或由不可抗力造成的意外事故。此类风险非人为造成，即使具备一般技能或谨慎行事也无法预防或避免。(⇨peril of the sea)

danger trees 危险树木　指毗邻输电线路并对其构成具体危害[concrete threat of injury]的树木。

danism n. 借贷；高利贷

dano 〈西〉(= damage)

dans causam contractui 订立合同；合同成立　当事人可因其受欺诈或虚假陈述而请求撤销已成立的合同。但若该当事人未能证明其系受虚假陈述引诱而订立合同，则该合同有效。

Dans et retinens, nihil dat. 〈拉〉虽已赠与，但仍自己保留赠与物者，并未完成赠与。

dans locum contractui (= dans causam contractui)

Danube Commission 多瑙河委员会　1948年8月18日由多瑙河沿岸国家为管理和改造多瑙河而建立的组织。

dapifer n. 〈英〉(领地或庄园的)大管家

dar 〈英〉(= der)

darbies n. 手铐

dare 〈拉〉❶(罗马法)给付；转让(财产)　如果这种转让是为了偿还债务，则为"datio solvendi animo"；如果为了获得对价或设定义务，则为"datio contrahendi animo"；如果是自愿捐献，则为"gift"。❷使遭危险

dare ad remanentiam 以非限嗣继承的方式转让；永久转让

dareyne 〈法〉最后的；最终的(= darrein)

Darnel's, or the Five Knights', case 〈英〉达纳尔案或五骑士案　1626年，达纳尔等5名骑士因拒绝缴纳特别税而被送进监狱。达纳尔获得了人身保护令状[writ of habeas corpus]，要求监狱长说明被囚禁的原因。答复称是根据枢密院[Privy Council]发布的授权令[warrant]而拘留他。该令状证明，依据国王的特别命令，达纳尔应被送进监狱。首席大法官海德判定国王胜诉，并指出：国王有捕人的绝对权力，而臣民不得上诉；国王不会犯错误，关押达纳尔也没有违反《大宪章》[Magna Carta]。该监禁在当时虽属滥用权力[abuse of power]，但法院不可能深究这一答复。1628年，在这5名骑士被释放后，这个问题仍在继续讨论，并导致了1628年《权利请愿书》[Petition of Right]的产生。(⇨Petition of Right)

darraign v. ❶澄清；证明(细节)　❷(对指控)作出答辩　❸解决纠纷

darrein 〈法〉最后的；最终的

darrein continuance 上一次延期　指在上一次的答辩记录在案后，再次答辩提出新的事项。将首次答辩后的每一次答辩记录在案称为一次延期[continuance]。

darrein presentment (英格兰古法)最终推荐权(之诉)　为解决圣职推荐权[advowson]的争端而向郡长[sheriff]签发的令状，要求郡长组成陪审团来最后确定真正的圣职推荐权人[patron]，后被1833年《不动产时效法》[Real Property Limitation Act]废除。(⇨assize of darrein presentment)

darrein seisin (英格兰古法)最终占有　普通法中指被告[tenant]对权利令状[writ of right]进行答辩时提出的抗辩理由，藉此他可以主张比原告[demandant]更优先的权利。(⇨writ of right)

Dartmoor n. 〈英〉达特穆尔监狱　该监狱位于英格兰德文郡[Devonshire]达特穆尔高地，始建于1806年，最初用来囚禁拿破仑战争中的法国战俘，后成为已决犯监狱，1850年 – 1851年间成为关押长期徒刑犯人的中心监狱，其后一直是英格兰关押重罪犯人的监狱。

Dartmouth College Case 〈美〉达特茅斯学院案　即美国最高法院于1819年判决的达特茅斯学院诉伍德沃德案[Dartmouth College v. Woodward]。达特茅斯学院在1769年经皇家许可批准在新罕布什尔州[New Hampshire]推广教育。1816年，政府和教会冲突之后，该州立法机关[legislature]制定法律，修改1769年创立此学院的皇家特许状[royal charter]，把学院改为"大学"，改变其内部管理程序，并对学校管理施加外部和公共制约，学院拒绝并抗议立法机关违宪，滥用授权，违反了合同义务。最高法院将该学院划归为私法人[private corporation]而不是公法人[public corporation]。私法人的特许状[charter]属合同性质，受宪法第一条第十款合同条款[Contract Clause]的保护，该州不得妨害其履行，并认为该州的法律违宪。该案的判决确立了这样一个原则：依法人权力[corporate power]为公共目的向私人团体进行捐赠的行为，构成美国宪法意义上的合同，州立法机关不得制定法律削弱此合同的义务。

Dartmouth College v. Woodward 〈美〉达特茅斯学院诉伍德沃德案(⇨Dartmouth College Case)

data n. ❶(为特定目的而收集的)资料；材料；数据　❷作为证据的事实　❸(古)(转让所有权的契据)签约日；交付日；履行日

date n. 日期；期日；时期　其拉丁文为"datum"。指书面文据上载明的制作或执行文据的时间，一般是指制作或执行该文据的年、月、日。尤其在确定权利是否优先或时效是否届满时，行为或事件的日期往往具有实质性的意义。(⇨antedate; backdate)

date certaine 〈法〉确定日期　一份法律文书在履行登记手续后，其日期即予确定，此后双方当事人不能以相互同意为由改变这一日期。

date of adjudication in bankruptcy 裁定破产日　指登录破产裁决的日期。如对该裁决提起上诉，则破产日为裁决被维持或者上诉被驳回之日。

date of bankruptcy 破产宣告日　指法院宣告某人破产的

日期。若为自愿申请破产，则通常和提交破产申请书的日期一致。（⇨date of cleavage）

date of cleavage 自愿破产申请提出日；可清偿破产债务截止日 确定必须予以清偿的破产债务范围的截止日。除非例外，只有在该日期之前发生的债务才予以清偿。

date of commencement 〈英〉（议会通过的法案的）生效日

date of injury 损害日 指损害开始之日，它与引起该损害的事件发生日相一致。

date of issue ❶（票据的）出票日；（债券的）发行日 指作为票据或债券流转期间的开始而随意确定的日期，或股票、债券所载明的发行日期，而非其实际签发、交付或投入流通的日期。 ❷（保险单的）签发日 指在保险单上载明的日期，而非保险单履行签章等必要的生效手续或交付的实际日期，亦不同于生效日等载于保险单或其他地方的其他日期。 ❸（文件中载明的该文件的正式）生效日；公布日

date of judgment 判决日 指法官签署判决并由书记官将其登记备案的日期。

date of maturity （票据、债券等的）到期日

date of publication 首次出版日；发表日 指由版权所有人或经其授权的人首次公开出版、发行或销售作品的日期。该日期用以确定版权保护的有效期限。（⇨publication date）

date of record (= record date)(⇨ex dividend)

date wanted-as desired 任意日；即期 是常见于商业契约中的一项规定，相当于"on demand"。

datif (= dative)

datio 〈拉〉（罗马法）赠与；给付；支付；和解与清偿 (= dation)

datio in adoptionem （罗马法）他权人收养 即收养尚在亲权监护下的子女为养子女，与自权人收养[adrogatio]相对而言。

datio in solutum （罗马法）实物清偿；代物清偿 指以给付某物代替债务的清偿，是和解与清偿的方式之一，债务人支付的是实物而非金钱。

dation n. ❶任命（官员） ❷（罗马法）赠与；给付 该词不完全与捐赠[donation]同义，后者有指慷慨赠与的意思，而 dation 则是赠送给已被授权的受赠者。

dation en paiement 〈法〉❶实物清偿；以物偿债 指债务人将非金钱财产转让给债权人，债权人予以接受从而清偿债务的一种程序。类似于普通法中的和解与清偿[accord and satisfaction]。见于美国路易斯安那州法律中。 ❷抵押物折价清偿 指当抵押之债超过抵押物价值时，将抵押物转让与抵押权人，并由其接受从而清偿债务的一种抵押权实现方式。

datio solutionis causa 为清偿而给付

dative ❶（罗马法）经权威机构批准的 ❷（英格兰古法）可随意处置的

dative curatorship (= dative tutorship)

dative tutorship 指定监护权 由家庭会议[family meeting]赋予某人对未成年人或禁治产人[interdict]进行监护的权利。

Da tua dum tua sunt, post mortem tunc tua non sunt. 〈拉〉于物尚属你所有时赠与你所有之物；死后物即非你所有。

datum 〈拉〉❶赠品；礼物 ❷（一条）信息；资料 ❸日期

datur digniori 锦上添花 [It is given to the more worthy.]

d'aubaine (= droit d'aubaine)

daughter n. 女儿；养女 一个无固定含义的法律术语，其在文据中的具体所指依立据人的意图而定。该词用于遗嘱中，表示立遗嘱人将其非婚生女儿亦列入受益人之中。

daughter-in-law n. 儿媳

dauphin n.（自1349年起到1830年止）法国皇太子的称号；王储

Davies v. Mann 〈英〉戴维斯诉曼案 英国著名案例，最后明显机会原则[rule of last clear chance]即源于此案。因此案起因于被告的行为伤害了原告一头驴，故又称"驴案"[Donkey Case]。

Davis-Bacon Act 〈美〉《戴维斯-培根法》 规定联邦工程建设项目中雇工和技工最低工资标准的联邦制定法。最早制定于1931年。

Davis Case 〈美〉戴维斯案 涉及国外离婚效力问题的著名判例。

Dawkins v. Paulet 〈英〉道金斯诉波利特案 在1869年发生的这起案例中，一名军官向陆军副官长[Adjutant-General]申诉：被告即一名陆军中校[Lieutenant-Colonel]无权并不恰当地在军营中指挥了一场战斗。由于被告是在他的职责范围内行事并享有依法授予的特权[qualified privilege]，原告的指控以诽谤而告失败。

day n. ❶一天；一昼夜（24小时） ❷工作日；活动日 ❸（指定的）出庭日；（传票、令状的）回呈日

daybook n. 日记账；流水账

day burglary 日盗案 又称为"daytime burglary"，其显著特征在于这一犯罪发生在白天。

day certain 确定日；指定日；特定日

day in banc (= days in bank)

day in court ❶出庭日 当某人的权利与他人发生争议或有可能受到诉讼的影响时，按法院的指定出席法庭并为自己的利益陈述其主张或意见的日期。 ❷出庭权 当事人出席有管辖权的法庭陈述其主张、寻求法律救济、为自己的权益辩护的权利和机会。

daylight n. ❶日光 ❷白天；白昼 (⇨daytime; de die claro)

daylight saving time 日光节约时间；夏令时 指在夏季通常把当地的标准时间提早1个小时，以充分利用日光。美国国会立法规定，通常从4月的最后一个星期日凌晨2点到10月的最后一个星期日凌晨2点实行夏令时，但各州可以通过制定法不予实行。

day loan 日拆；日贷；按日贷款 提供给经纪人供其进行日常交易的一种短期贷款。

day of atonement 〈希伯来〉赎罪日 (= Yom Kippur)

Day of general humiliation 一般斋日(⇨fast-day)

day of 24 hours 〈美〉全日；整日 为确定酿酒厂的生产能力以便于征税的确切时间单位。

day order 当日委托指令 只能在某一特定日买卖某种证券或商品的指令。如果在该日未进行此类买卖，则指令失效。

day-rule n. 〈英〉准许囚犯出狱一天的法院命令；许可囚犯在日间外出监狱的法院命令；出监（参加审判的）许可 许可可被王座法院[King's Bench]或弗里特监狱关押的囚犯出监参加巡回法院[assize]对其所涉案件的审理的法院命令。依这一命令，囚犯必须在晚9点以前返回监狱。已于1842年废除。(= day-writ)

days after date 出票后…天

days in bank 〈英格兰古法〉出庭日；令状回呈日 最初为民诉法庭[Court of Common Pleas]对特定的诉讼事项所

指定的日期,包括当事人出庭的日期,传票送达的回呈日期等。在普通法上,除传票中另有指定的出庭日或回呈日外,被告通常可在3日内出庭。被告出庭后,即给予其一段时间答辩,称为延期[continuance]。若原告撤诉或法庭判决被告胜诉,则被告即免除再次出庭的义务。

daysman n.(英格兰北部旧称)选定的法官;仲裁员;首席仲裁员

days of grace ❶宽限期;优惠期 指在原有期限届满之后,作为优惠或宽限,允许债务人推迟履行义务的天数。在商法中,指流通票据或合同到期后的宽限日期,以允许票据的出票人或承兑人或合同的债务人在宽限期内承兑票据或履行合同。最初仅作为一项优惠条件,后演变为一种商业惯例,得到法院认可或由法律规定。现已成为出票人或承兑人或债务人可要求的一项权利。 ❷(英格兰古法)法庭允许被传唤的人在传唤令状期满后三天才出庭的宽限日期

day's sight[d/s 见票后…天 流通票据中规定承兑、付款期限的用语,如 30 d/s 表示"见票后30天"。

day's work 工时;一天的工作时间 若当事人各方另无约定,指制定法规定的一天的法定工作时数。(➪hours of labor; Portal to Portal Pay Act)

daytime n.白天;日间 一天24小时之中借助自然光即可辨认出人或物的这段时间,具体地说,从日出前一小时至日落后一小时均属于日间。如美国《联邦刑事诉讼规则》[Federal Rules of Criminal Procedure]中规定,涉及搜查和扣押时,白天即从早上6时至晚上10时。(➪nighttime)

daytime burglary (= day burglary)

day to show cause 〈英〉提出不服判决理由的日期 在高等法院衡平分庭[Chancery Division]取消抵押物回赎权[foreclosure]诉讼中,若被告是未成年人且败诉,则他有权在成年后的某一日根据法官为此目的签发的一张传票,述明其不服该判决的理由,否则他就要受到此判决的约束。现此程序在大多数案件中已被制定法取消。

daywere n.(英格兰古法)用一天时间即可耕完的土地(数量)

daywork drilling contract 日工开采合同;按开采时间付酬合同 指按承揽方从事开采工作的时间计酬的合同。

day-writ (= day-rule)

day, year and waste 〈英〉一天、一年和荒废权 英王对犯有轻微叛国罪[petty treason]者或犯有重罪[felony]者的土地所享有的权利。他有权获该土地上一年零一天的收益,并有权荒废该土地。

D.B. 《末日审判书》 指英国 1085–1086 年土地、财产、牲畜、农民的调查清册。(= Doomsday Book; Domesdaybook)

D.B.A. (= doing business as; Doctor of Business Administration)

d.b.e. 〈拉〉(= de bene esse)

d.b.n. 〈拉〉(= de bonis non)

D.C. (= district court; District of Columbia; deputy consul)

D.C.L. (= Doctor of Civil Law)

D.D. (= demand draft)

dd. (= delivered)

d.d. (= days after date)

DDB (= double-declining-balance depreciation)

de 〈拉〉…的;由;从;关于 在英国旧时的立法或令状中常用作标题的第一个词。

deacon n.❶(基督教新教的)执事 教堂或会众管理部门的成员之一。 ❷〈英〉助祭 协助教堂的牧师举行圣礼和分发圣餐的助理,是英格兰国教会中最低级的神职,不能出任圣职和出席神职人员代表大会[Convocation]。

de acquirendo rerum dominio 获得(物品的)所有权;获得(对某物的)控制权

dead a.❶死亡的;无生命的 ❷无效的;过时的;废除的 ❸剥夺公民权的

dead animal 死亡动物 动物尸体的所有权属于其存活时的所有人,野生动物的尸体则是动物死于其上的土地所有人的财产。死亡动物也可以某种方式危害公共卫生或使公众不适。

dead asset (无可实现价值的)无价值财产;不能变现资产;报废资产

dead beat (美俚)❶赖账者;赖债者;无财产偿债的人 ❷负债的;身无分文的;破产的

dead body (人或动物的)死尸;尸体(➪corpse)

dead-born a.死产的;出生时死亡的 死产儿[dead-born child]被推定为自始即无生命。普通法格言谓"死产即未生产"[mortuus exitus non est exitus]。这也是大陆法中的一项原则。

dead freight 亏舱费;空舱费 指租船人对其已经租用但未能装满的船舶载运吨位所付的费用。其实质是对空余吨位的运输损失支付的赔偿金。

dead hand (教会、学校、社团等的)永久管业;永久管业的财产 如土地、房屋等。(➪in mortua manu; mortmain)

dead letter ❶(虽未正式废除,但已)失效的法律;形同虚设的规定;停止使用的作法;具文 ❷死信 因发信人和收信人地址均不明而无法投递或者退回,由邮局死信科销毁的信。

deadline n.❶最后期限 ❷(报纸等稿件的)截稿线 ❸监狱周围划定的死亡线 囚犯一旦逾越,即可被处死的警戒线。(➪midnight deadline)

deadlock n.僵局;僵持不下 在法律上,多指公司董事在投票时出现势均力敌的分歧;或行政委员会成员在特定问题的处理上出现的相反意见双方人数相等的情形。(➪equally divided court)
v.形成僵局

deadlocked a.陷入僵局的;僵持不下的;不能达成一致的

deadlocked jury (= hung jury)

deadly feud 致命世仇 指因谋杀或其他伤害而引起报复的一种制度。

deadly force 致死力量;致命力量 可能致人死亡或造成人身重伤的力量。

deadly weapon 致死武器;致命武器 依其设计或结构可能致人死亡或造成身体重伤的火器或其它器物。(➪dangerous weapon; malicious assault with deadly weapon)

deadly weapon per se (本身即可致人死亡或使用时常可致人死亡的)致命武器

dead man's part 〈英〉〈苏格兰〉死者份 在英格兰古法中,指无遗嘱死者的动产中除其妻子和子女有权取得的财产份额外剩余的财产。依据伦敦城的习惯,当某一市民或自由人去世时无遗嘱的,如其有妻有子,则遗产分成三份,妻、子各得一份,余者归遗产管理人[administrator];如其有妻无子或无妻有子的,则遗产分为两份,妻或子得一份,余者归遗产管理人;如其无妻无子,则遗产全部归遗产管理人。上述由遗产管理人取得的财产即称为"死者份"。但 1685 年的制定法规定,由遗产管理人掌管

的全部遗产须根据 1670 年《遗产分配法》[Statute of Distribution]执行。该词亦写作"death's part"。在苏格兰法中，死者份[dead's part]是指并非根据法定权利而取得的死者动产份额，对此，可由死者在遗嘱中处分或按无遗嘱继承方式处分。

Deadman's Place 圣地；避难所（⇨privileged places）

dead man's statute 〈美〉死者生前口头承诺法 规定死者生前口头作出的承诺不得作为对死者的财产提出权利主张者的证据的制定法。它反映了受传统普通法上关于有利害关系的证人无资格这一规则的影响，但有许多州在符合法定条件的情况下对此种证言也予采信。

de admensuratione 〈拉〉有关分配的；关于调配的

de admensuratione dotis 〈拉〉亡夫遗产分配令 它适用于死者的未成年继承人或其监护人分得的遗产过多，或者死者遗孀所得到的土地超过了依法应得份额时，对遗产分配作出调整。

de admensuratione pasturoe 〈拉〉关于牧场分配的令状

de admittendo clerico 强制圣职授予令 责令主教承认已被正式任命的神职人员的俸金。（＝admittendo clerico）

de admittendo in socium 〈拉〉（＝admittendo in socium）

dead pay 〈美〉政府错发给已死亡士兵或水手的工资 ＝mortuum vadium。

dead pledge ＝mortuum vadium。

dead rent 〈英〉固定租金 指矿场租赁中除矿场使用费[royalty]外所支付的租金。因其不论开采有无结果均需支付而得名。

dead ripe land 〈英〉闲置熟地 根据 1947 年《城镇及乡村规划法》[Town and Country Planning Act]的规定，指被批准在该法案生效后即予开发，并对此种开发免收费用的土地。

dead's part （＝dead man's part）

dead stock ❶陈废存货；呆滞存货；滞销存货 ❷农具等固定资产

dead storage 长期库存 货物等因长期不使用时为妥善保管而存放起来，区别于正常使用中的存放。尤其是指当汽车不用时，存放于公共车库中。

dead time 未计入的时间 指未计入某一特定期间的时间。例如未计入雇工工资计算的时间，或者未计入罪犯服刑期间的时间。

dead use 将来用益权（⇨future use；contingent use）

dead vessel 死船 不再用于航行的船只。

de advisamento consilii nostri 〈拉〉根据议员的建议 旧时给议会的传唤令状中的用语。

de aequitate 〈拉〉按照平等原则的；在衡平法上

de aestimato 〈拉〉（罗马法）代销合同 罗马法中的一种无名合同，指以固定价格出售土地或其他货物，并由第三方保证找到买主的一种买卖合同。

de aetate probanda （罕）指示郡复归财产管理官[escheator of county]调查国王的直接封臣[tenant in chief]的继承人是否成年以接收其骑士领地的一种令状

deaf, dumb and blind 聋哑盲（人） 普通法认为出生时既聋且哑又盲的人不具备理解能力且思维不健全，因此视其若痴呆患者。但这一观念在现代因某些聋哑盲人所取得的突出成就而得到彻底的否定。

deafforest v. 伐尽（某地的）森林或树木；使（森林土地）恢复为普通土地；使不受森林法的约束

deal v.❶经营；交易；买卖；出售 ❷分配；分给 ❸发（纸牌） ❹密谋；策划；协作
 n.❶经营；买卖 ❷（为了共同利益达成的）交易；协

例如辩诉交易[plea-bargaining]等。 ❸（尤指政治上的）秘密协议；密约 以将来的可期待利益作为允诺，以求获得支持。 ❹（不确定的）数量

de aleatoribus 有关赌博的

dealer n.❶商人；坐商；零售商 为卖出而买进，而非为占有而买进，亦非生产而卖出的人。多指有固定柜台进行销售，而非游走叫卖的人。 ❷交易人；证券经纪人 为自己利益从事证券买卖的人，但不包括银行，也不指那些在其正常营业之外买卖证券的人。

dealer in land 土地交易商（⇨land jobber）

dealer in narcotics 麻醉品贩子

dealer in securities 证券交易商；证券经纪人

dealer's policy 汽车商保险单 承保汽车商所有风险的汽车保险单。

dealer's talk （＝puffing）

dealing in futures 期货交易（⇨futures）

de allocatione facienda 〈拉〉〈英〉给予减免的令状 旧时给财政大臣要求其减免某些官员应付费用的令状。

de alto et basso 〈拉〉全部地；从上至下地 旧时常用来指把所有争议都提交由仲裁裁决。

de ambitu 〈拉〉关于贿选的；通过贿赂获得选票的 对几部罗马法律的题旨进行说明的用语。（⇨ambitus）

de ampliori gratia 〈拉〉格外丰富的；特别恩惠的

dean n.❶〈英〉（教会法）教长；监督牧师 教会中仅次于主教的主管，主持牧师会[chapter]，对牧师会成员有普遍的监督管辖权，可以作主教参事会教长[deans of chapters]，特殊堂区教长[deans of peculiars]，教长堂区代理[rural deans]，教省教长[deans of provinces or deans of bishops]。教长在旧时通过主教参事会[dean and chapter]选举任命，后来通过皇家特许状[letters patent]任命。 ❷（律师协会的）主席 ❸（一个团体中的）资历最深者；泰斗 ❹（大学的）学院院长；系主任；教务长；学监

dean and chapter 主教参事会 由主教和牧师会[chapter]成员组成，以协助该主教的宗教和世俗事务。教长[dean]担任主席，牧师会由本主教座堂的法政牧师[canons]组成。

deanery n.教务长（或院长、教长等）的职位（或职权）（⇨archdeanery）

de anno bissextili 〈拉〉闰年法 亨利三世[Henry Ⅲ]21年通过的一部法律的名称，晓谕法官，在计算一年期间时，闰年日应与其前一日算作同一日。

de annua pensione 〈拉〉年金令状 指国王要求大修道院或小隐修院向其牧师或令状所指的人提供年金的一种古老令状。

de annuo reditu 〈拉〉❶年租金 ❷（英格兰古法）收取（以实物或金钱交纳的）年租金的令状

dean of bishops 〈英〉教省教长（＝dean of provinces）

dean of chapter 〈英〉主教参事会教长 或者是主教座堂的或者是大圣堂[collegiate church]的教长。

Dean of Faculty 〈英〉❶学院院长；系主任 ❷律师协会主席 苏格兰律师公会[Faculty of Advocates]和地方法律协会经选举产生的领导人。

Dean of Guild Court 〈英〉行会法庭庭长 指作为商人领袖的商业行会会长，负责审理商人之间、商人与海员之间产生的纠纷或有关邻里纠纷的案件。行会法庭在 1975年被废除。

dean of peculiars 〈英〉特殊堂区教长

dean of provinces 〈英〉教省教长 伦敦的主教就是坎特

伯雷教省教长,大主教向其发布命令以便在召集神职人员代表大会[convocation]时传唤教省中的诸主教。

Dean of St. Asaph's case (or R. v. Shipley) 〈英〉圣·阿萨夫院长案(或国王诉希普利案) 1783年,圣·阿萨夫院长希普利因出版了其姐夫赞同议会改革的小册子,而被控告犯有煽动性诽谤罪[seditious libel]。根据主持庭审的法官[trial judge]的指示,陪审团认为他仅仅是犯有出版方面的罪行,但究竟是否有诽谤罪,陪审团没有认定。在请求进行新的审判时,首席大法官曼斯菲尔德勋爵[Lord Mansfield C.J.]认为陪审团这种作出区分的做法是符合法律的。但1792年的《福克斯诽谤法》[Fox's Libel Act]对此加以改变,授权陪审团依起诉书提出的全部争议事项,作出被告人或是有罪或是无罪的总括裁断[general verdict]。

Dean of the Arches 〈英〉拱顶法院法官 最初指对坎特伯雷教省十三个不由其教区主教管辖的"特殊"分区行使管辖权的教会官员,后因其填补了教务总长[Official Principal]一职的空缺,从而二者合一。教务总长是正式名称,习惯的称呼是拱顶法院法官,自1874年以来,该法官必须是具有十年实践经验的出庭律师或曾担任最高法院[Supreme Court]的法官,并且是英格兰国教会成员。该法官同时担任约克教省法院法官[Auditor],由两位大主教任命,并需经女王批准,他是两位大主教当然的[ex officiis]教务总长,并担任拱顶大主教特许法院主事官[Master of the Faculties]。(⇨Court of the Arches)

de apostata capiendo 〈英格兰古法〉逮捕背教者令(= apostata capiendo)

de arbitratione facta 〈英格兰古法〉限制对已提交仲裁的案件再提起诉讼的令状

de arrestandis bonis ne dissipentur 〈英格兰古法〉诉讼保全令状 在诉讼前为保全财产而让诉讼一方先依法占有该项财产且无需对财产所有人进行补偿的令状。(= arrestandis bonis ne dissipentur)

de arrestando ipsum qui pecuniam recepit 〈英格兰古法〉逮捕领取国王发放的军饷后脱逃的士兵的令状(= arrestando ipsum qui pecuniam recepit)

de arresto facto super bonis mercatorum alienigenorum (= arresto facto super bonis mercatorum alienigenorum)

De Asportatis Religiosorum 〈英〉禁止教会非法转移财产 爱德华一世时一项法令的名称,旨在限制教会通过非法转移财产取得财产。

de assisa continuanda (= assisa continuanda)

de assisa prorogranda (= assisa proroganda)

de assissa mortis antecessoris 有关被继承人死亡的令状

de assissa proroganda 〈拉〉延迟审判令状 战时由于案件一方当事人为国王服役而不能参加诉讼活动,由此签发给法官要求其推迟开庭的令状。

death n. 死亡 所有生命功能和生命迹象的永久终止。美国《统一死亡确定法》[Uniform Determination of Death Act]对死亡的定义是:①人体的血液循环功能和呼吸功能处于不可逆转的终止状态;或②人的整个大脑系统处于不可逆转的终止状态。(⇨contemplation of death; presumption of death; Simultaneous Death Act; wrongful-death action; civil death)

death action (= wrongful-death action)

death acts 不法致死损害赔偿法 指对不法行为致人死亡允许提起民事诉讼的各种制定法。(⇨wrongful death statutes)

deathbed n. 临终规则 在苏格兰法律中,指被继承人在临终前无权对其遗留的可继承财产作出有损于其继承人利益的处置。任何这样的行为都被视为是可以对之提出异议的。临终的状态须是一人正患某种最终导致其死亡的疾病,此种事实可被下列证据推翻:该人为此行为后60天内未死,或该人单独去做礼拜或去市场。此种提出异议的基础在1871年被废除。

deathbed declaration 临终遗言;临终陈述 濒临死亡的人临终前作出的正式陈述。作为传闻规则的例外,它可以被法庭采纳作为证据。其原因在于:①虽然它未经宣誓,但临终前的良心感悟与宣誓有着异曲同工之效;②虽然它未经交叉询问,但临终前的利益漠视使得交叉询问没有必要,推定将死亡的人是不会说谎的。但采用临终遗言之前要从案件本身性质及情状推断出死者作出陈述时是否意识到了他终将死亡而没有治愈的希望。

death benefits ❶死亡保险金;死亡补助金 按保险单的规定,在被保险人死亡时由保险人支付的保险金。❷死亡抚恤金 指雇主因雇员死亡而向其受益人支付的抚恤金。

death by accident 事故死亡;意外死亡(⇨accident)

death by accidental means 事故死亡;意外死亡(⇨accidental means)

death by his own hand 自杀 不包括意外死亡,仅指故意自杀行为。在保险法中,被保险人即使是处于醉态,也必须具有明显的自杀故意,才能视为自杀。

death by misadventure 意外事故致死 指非故意且因合法行为致人死亡,不承担刑事责任。

death by natural cause 自然死亡

death by poison 中毒死亡(⇨poison; poisoning)

death by wrongful act 不法行为致死(⇨wrongful death statutes)

death case ❶死刑案件 被告人可能或已被判处死刑的案件。❷(= wrongful-death action)

death certificate 〈美〉死亡证明 由死亡登记官[Register of Deaths]或其他政府官员出具的某人业已死亡的官方文件,它通常包括死亡日期和时间、死亡原因以及参加或检查医师的签名等。

death duties 〈英〉遗产税;继承税 在英国,指对遗产征缴的各种税收的总称。在美国,则于1916年引进联邦遗产税[federal death tax],而此前各州亦已征收该种税收。(⇨death tax(es); estate tax; inheritance tax)

death grant 〈英〉死亡补助(金) 依《社会保障法》[Social Security Act]发给死者家属的补助金[benefit]。

death-knell doctrine 〈美〉丧钟原则 根据这一原则,对法庭作出的中间命令[interlocutory order],如果须等到终局判决的作出方可上诉,将会使争点在上诉审中变成无实际意义的问题[moot the issue],并将会对上诉人的实体权利造成不可弥补的损害,则允许在作出终局判决之前对之提起中间上诉。

death-knell exception (= death-knell doctrine)

Death on High Seas Act/D.O.H.S.A. 〈美〉《公海死亡法》 制定于1920年的一部联邦法律。该法规定了在公海上发生的死亡事件的经济赔偿,其中导致死亡的行为可包括过失、疏忽、不当行为等,该种行为必须发生于距美国各州或属地海岸线1里格[marine league](约合3海里)以外的公海上。联邦地区法院根据其海事管辖权对此类事件所致诉讼享有管辖权。法院曾通过判例将该法的适用范围扩展至在公海上空航空器事故导致的死亡事件。

death penalty 死刑 指针对谋杀或其他特别严重犯罪行为而设定的一种以剥夺罪犯生命权利为基本特征的刑罚方法。依法定方式执行，如绞刑、电刑、窒息、注射等。

death-qualified jury 〈美〉死刑案件的适格陪审团 指被认为有权对包括可能判处死刑在内的案件作出裁断的小陪审团。实践中曾长期排除原则上反对死刑者担任此类案件陪审员的资格，但现在则认为，仅在理论上反对死刑还不足以使该陪审员丧失资格，只有那些明确表示拒绝作出任何可能导致死刑的裁断，和那些因其观点而影响其公正性的陪审员才应被视为不适格。

death records 〈美〉死亡记录；死亡档案 市或镇死亡登记官［Register of Deaths］或其它承担类似职责的官员对死亡情况所作的官方记录。(▷death certificate)

death sentence 死刑判决(▷death penalty)

deathsman n.刽子手；死刑行刑人

death's part (= dead man's part)

death statute 不法致死损害赔偿法 当某人因受不法行为致死时，其家庭或其他被扶养人可依该法请求损害赔偿，赔偿标准为如未发生死亡事件，该等人可合理获得的扶养费。

death tax(es) 〈美〉遗产税；继承税 对死者财产或其转让所征收的各种税的总称。(▷death duties; estate tax; inheritance tax)

death trap 危险建筑；危险场所 原义为"死亡陷阱"，喻指随时可能发生致人死亡危险的建筑物或地点，或指表面安全但实际有生命危险的场所。

death warrant 死刑执行令 由法院或其他执行机关签发的载明对被判处死刑的罪犯执行死刑的时间、地点的令状。英国在制定 1837 年《中央刑事法院法》[Central Criminal Court Act]前，由老贝利法庭[Old Bailey Sessions]或中央刑事法院判处死刑的案件，需由君主亲笔签署死刑执行令状。1837 年《中央刑事法院法》统一了中央刑事法院和拥有刑事管辖权的其他法院的做法，规定由中央刑事法院作出的死刑判决的执行不受君主个人的干涉。

death without issue 无嗣死亡(▷die without issue)

deathwound n.致命伤

de attornato recipiendo 〈拉〉要求法官承认并接受某律师为一方当事人的诉讼代理人的令状

de attornato recipiendo vel faciendo (= attornato faciendo vel recipiendo)

de audiendo et terminando 审理并裁决 向法官签发的要求其对指定由其受理的非法侵入、轻罪、暴乱等案件进行审理并做出裁决的令状或委任状。(= audiendo et terminando)(▷oyer and terminer)

de auditu 传闻(▷hearsay)

de averiis captis in withernam (= averiis captis in withernam)

de averiis captis in withernamium ❶(因财物被转移而发出的)扣押被告其它牲畜的令状 ❷(因牲畜被人非法扣押且已被转移出境而发出的)可扣押转移者牲畜之令状 (= averiis captis in withernam)

de averiis replegiandis 〈拉〉通知赎回被扣押之牲畜的令状

de averiis replevandis 返还被扣押牲畜之令

de averiis retornandis 〈拉〉捕捉某人之牲畜的令状 因该人错误地将他人的牲口赶走。

de avo 来自于祖父的 继承人藉以在其祖父死亡之日获得其祖父在死亡时依法占有的、但被第三人提出所有权要求的土地的令状。

de banco 〈英〉关于法庭的 起初用于指皇家民事法庭的法官。

debasement n.货币贬值；降低(硬币)成色

debasing coin 贬值铸币；合金铸币

debatable land 〈英〉争议地 位于英格兰和苏格兰交界处，双方都曾对它提出要求。

debate on the Address 〈英〉对致词的辩论 女王在每届议会开幕式上宣读由内阁起草的致词，以阐述政策和本届议会的立法项目。对女王致词的辩论为讨论政府的政策提供了机会。

debauch v.❶诱使道德败坏；使放荡 ❷诱奸(妇女) ❸使(情趣等)变坏；败坏 ❹放荡；淫逸；纵情声色 n.放荡；沉溺声色

debauchery n.❶(广义)(对感官快乐的过分)沉溺 ❷(狭义)(性关系的)淫荡；(对情欲的)沉溺 ❸道德败坏；堕落

debauchment n.❶放荡；淫逸 ❷奸淫

debellatio n.(因国家机器被破坏而使该国)失去国际人格

de bene esse 〈拉〉有条件的；临时的；暂先处理；考虑到将来的需要(▷examination de bene esse)

debent 〈拉〉他们应该；他们欠

debenture n.❶无担保债务 仅以债务人的偿还能力作保障，而非以在特定财产上设定抵押等方式作保障的债务。❷无担保债务凭证 ❸公司债券；信用债券；无担保债券 公司根据某项契约发行的长期无担保债务文据。在公司解散时，公司债券持有人作为公司的债权人享有优先于公司股东获得清偿的权利。(= debenture bond; unsecured bond; naked debenture; plain bond) ❹海关退税凭单 海关发给进口商，对其进口后又出口的货物予以降低或减免关税的凭单。

debenture bond 公司债券；信用债券；无担保债券(▷debenture)

debenture indenture 债券契约 无抵押物或其它附属担保物作担保的债券的契约。其作用在于使债券持有人与债权得到优先抵押权保证的股东在实质上处于同等地位。这种债券契约是一般公司进行长期债务融资的重要工具。

debenture stock 〈英〉债权股证 指表示某公司或某一公共机构为偿还长期贷款而发行的、并以其全部或部分财产作担保的固定利息的债券。由于这种债券可以被回赎又数额固定，因此在许多情况下取代了股票。

debenture trust deed 债券信托契据 为给予债券持有人提供更多保证而向受托人保证的契据，通常包括不动产和租借财产的抵押和以其它财产提供的担保。

debet esse finis litium 〈拉〉诉讼应有终结；诉讼应有期限

debet et detinet 〈拉〉他拖欠并且扣留了我的财物

debet et solet 〈拉〉他应当并且通常如此

Debet quis juri subjacere ubi delinquit 〈拉〉人人都应受其违法行为地之法律的约束。

debet sine breve 〈拉〉他没有声明就拖欠债务 用于涉及判决认诺[confession of judgment]。

Debet sua cuique domus esse perfugium tutissimum. 〈拉〉每个人之住宅应是其安全的庇护所。

de bien et de mal 〈法〉❶不论如何；无论如何　旧时刑事被告人在陪审团面前表示自己完全服从陪审团裁断的正式用语。❷关于处理未决囚犯的委任状[jail delivery]　曾在英格兰使用过的签发给特殊囚犯的一种特别令状的名称。后被关于处理未决囚犯的一般委任状[general commission]所取代。(⇨de bono et malo)

de biens le mort 〈法〉死者财产的

De Bigamis 〈英〉《再婚男子法》　直译为：关于结过两次婚的男子。英国1276年通过的一部法令的标题，源于其第五章的头两个字，规定了契据中某些用语的效力。

de bilanciis deferendis (= bilanciis deferendis)

Debile fundamentum fallit opus. 〈拉〉房基不牢必然导致房子倒塌。　喻指诉讼的理由若不成立，则必然败诉。

debita n.债务；负债

debita fundi 〈苏格兰〉以不动产作担保的债务；土地担保债务　指与土地相联系的债务中，债权人享有对土地的留置权[lien]作为负债的担保，可通过土地扣押拍卖之诉[action of poinding of the ground]获得该地的所有权。

debita laicorum 〈拉〉〈英格兰古法〉世俗者承担的债务；在民事法庭可以追回的债　区别于涉及教士的债务，后者无法通过世俗法庭求索。

Debita sequuntur personam debitoris. 〈拉〉债务跟随债务人。

debit balance 借记差额；借差　在会计中表示借方金额超过贷方的部分，或表示欠卖方、贷款人的资金余额。

debit card 借记卡；借方卡　凭以通过电子资金划拨方式从买方的银行账户中直接支付货款或劳务费用的支付工具，与信用卡相对。

debit note ❶借记通知单；借记清单　一种载明被通知人的账户中应借记的因交易所发生的某些款项的单据，类似于发票但用于不宜使用发票的情形，通常用于收取运费、货款差额、运输损害赔偿金等，亦用于纠正发票中诸如少收款项之类的错误。❷保险费通知单　保险人发送给保险代理人或一项新保险业务的投保人的单据，载明应缴付的保险费金额。

debito 债务令(⇨de debito)

debito justitiae 根据所欠的；基于债务的(⇨ex debito justitiae)

debito naturali 源于自然债务的

Debitor creditoris est debitor creditori creditoris. 〈拉〉债权人的债务人亦是债权人之债权人的债务人。

debitores in solido 共同债务人；连带债务人(= joint debtors)

Debitor non praesumitur donare. 〈拉〉债务人的给予不被推定为赠与。　指债务人对其财产所作的任何处置都是为了清偿债务。债务人向债权人给付钱财或土地的行为均被推定为清偿债务，而非赠与，除非债务人明确表示赠与的意思。

Debitorum pactionibus creditorum petitio nec tolli nec minui potest. 〈拉〉债务人的协议不能减少或免除债权人的权利。

debitrix 〈拉〉女债务人

debitum 〈拉〉应给付之物；债(= debt)

debitum connexium 留置之债；导致留置权产生之债

Debitum et contractus sunt nullius loci. 〈拉〉债与合同无定所。　即有关债与合同的义务是人身性的，在当事人所在的任何地方都可提起要求履行该义务的诉讼。

debitum fundi 〈拉〉不动产担保之债

debitum in praesenti solvendum in futuro 〈拉〉债或义务于合同缔结时产生，但将来某时才能要求履行

debitum sine breve 〈拉〉无令状而提起之债务诉讼

debitum sine brevi/d.s.b. 〈拉〉无声明债务；无令状债务诉讼　指旧时依初始诉状[original bill]而非依令状提起的诉讼；现在有时指未经诉讼而由债务人在判决前自认[confession of judgment]即可证明存在的债务。也称作"debit sans breve"

de bone memorie 〈法〉记忆力好的；思维敏捷的

de bonis asportatis 〈拉〉(物品)被拿走的(⇨trespass de bonis asportatis)

de bonis defuncti 关于死者财产的

de bonis ecclesiasticis 关于教会财产的执行令状　一种针对教会财产的执行令状[writ of execution]的名称。郡长在一普通执行令状的回呈[return]中指出被告乃带俸神职人员，不持有任何世俗地产[lay fee]后，发出针对教会财产的强制执行令状。

de bonis intestati 关于无遗嘱死亡者财产的(⇨judgment de bonis intestati)

de bonis non (= de bonis non administratis)

de bonis non administratis 〈拉〉未经交付管理的；遗产未被(继续)管理的　由于前任遗嘱执行人[executor]或遗产管理人[administrator]在完成遗产管理之前死亡，而使得剩余的遗产无人继续管理。(⇨administrator de bonis non)

de bonis non amovendis 〈英〉不转移财物的令状　签发给伦敦的郡长[sheriff]，在败诉的被告提出推翻原判错误的再审令状[writ of error]时，监督被告的财物和牲畜在法庭未对原判错误作出判决前不被转移，以保证判决的执行。

de bonis propriis 〈拉〉关于遗产管理人或遗嘱执行人个人所有的财产的　判决用语。如遗产管理人[administrator]或遗嘱执行人[executor]浪费了死者的遗产或作有死者遗产已执行完毕的虚假陈述，则要求其以自己的财产而不是死者的财产来执行遗嘱。

de bonis testatoris ac si 〈拉〉如果立遗嘱人有财产，则执行他的财产；如没有，则执行遗嘱执行人的财产　如果遗嘱执行人[executor]虚构事实以求不按遗嘱的要求执行遗嘱，或在立遗嘱人财产不足而执行人被提出控诉时，可作出这种判决。

de bonis testatoris or intestati 〈拉〉有遗嘱死者或无遗嘱死者的财产的　用于准予执行死者的财产的判决中，指属于立有遗嘱或无遗嘱死者的财产，以区别于遗产管理人[administrator]或遗嘱执行人[executor]的个人财产。

de bono et malo 〈法〉无论如何；不论好歹　①被指控犯有重罪[felony]者在表示愿意接受陪审团审判时所用的语词，表明他服从陪审团的裁断；②以前英国一种特殊的提审令，后为通用于所有囚犯的提审委任状取代。(⇨de bien et de mal)

de bono gestu 良好行为的；品行良好

debt n.❶(金钱)债务；(一笔)欠款；欠债　❷(某人应履行的)义务；承诺　❸负债状态　对某人或某公司的负债加总。❹(普通法中的)追偿债务之诉

debt adjustment 债务调整　①通过折衷妥协和调整来解决债务方面的争端；②指按照美国《破产法》[Bankruptcy Code]第13章的规定，对有固定收入者的债务所作的调整。(⇨bankruptcy proceedings; compromise and settlement; debt pooling; wage earner's plan)

debt by simple contract 简单合同之债 指根据简单合同而产生的债务。(⇨simple contract)
debt by special contract (= debt by specialty)
debt by specialty 盖印合同之债 指通过盖印的契据或文书而产生的或被承认的到期债务。(⇨specialty)
debt cancellation 〈美〉债务取消 按照联邦税法的规定，债务人以少于其所欠债务金额的款项清偿其在法律上有义务偿还的债务时，被免除的债务金额则视为债务人的收入。(⇨bankruptcy proceedings)
debt collecting 〈英〉收债计债；债务托收 (⇨consumer credit)
debt consolidation (= debt pooling)
debt due 到期债务 就字面意义而言，指已届清偿期的债务。但在有关财产扣押[garnishment]的制定法中，该术语所指的并不一定为现时即付的债务，也指在将来支付的债务，甚至是尚未确定数额的债务。只要债务存在，即可对债务人财产进行扣押。
debtee n.债主；债权人 非常用术语，表示债权人之一般术语为"creditor"。
debt-equity ratio 债务产权比率；债务与权益比率 指公司等的全部负债与其全部产权之间的比例。若比率高则说明该公司难以清偿其到期负债。(⇨debt ratio)
debt financing 举债筹资 指通过发行债券或票据，或者通过向金融机构借款等方式筹措资金。这种方式筹集的资金通常是长期的，用于补充流动资金或偿还目前的债务。区别于通过发行、出售股票方式的增股筹资。(⇨equity financing)
debt instrument 债务凭证 保证清偿债务的书面文据。如债券、存单、银行承兑汇票或商业票据等。
debt limit 债务限额(⇨debt limitation)
debt limitation 〈美〉最高债务限额 是指个人、公司或政府所能保持的最高债务额。有些州的宪法禁止政府负债超过规定数额，其他州的宪法则规定，只有通过全民投票，政府才能超额举债。
debt not due 未到期债务(⇨debt due; maturity)
debt of another 他人之债
debt of record 有法院档案可资证明的债务 指依据存卷法院的有关记录（如判决或当事人的具结[recognizance]等）可证明已到期的债务。
debtor n.债务人 与债权人[creditor]相对。一般指对他人负有金钱支付义务的人。在破产法中，指提出自愿破产申请[voluntary petition]的人或被他人提起非自愿破产申请[involuntary petition]的人，有时亦称破产人[bankrupt]。在担保交易中，指对账债、动产文书或一般无体财产承担义务的人。(⇨debt)
debtor and creditor relation 债务人与债权人关系
debtor-executor n.〈英〉债务人的执行人 在普通法中，如果遗嘱人指定了其债务的执行人，则可以解除其债务；但在衡平法中，该执行人对遗嘱人的债务及财产负有责任。
debtor in possession 〈美〉〈破产法〉拥有控制权的债务人 指《破产法典》[Bankruptcy Code]第 11 章或第 12 章[Chapter 11 or Chapter 12]规定的情况，即在破产程序中，破产债务人对其财产仍有权占有和进行经营活动，以完善重整和恢复其财务状况。除某些例外情形，拥有控制权的债务人具有第 11 章中破产财产管理人[trustee]的权利、权力和义务。通常简称为 DIP。
debtor relief 〈美〉债务人的救济 指《破产法》[Bankruptcy Act]中关于债务和解[composition]、债务自行调整[readjustment]和重整[reorganization]的规定。
Debtor's Act of 1869 〈英〉《1869 年债务人法》 此法①废除了因债务而受监禁的规定，但王室的债务人以及有钱还债却拒绝偿还的债务人除外；②废除了依中间令状[mesne process]拘捕债务人的规定，但有理由相信债务人将离开英国的除外；③规定债务人为欺骗债权人而隐匿或转移财产的行为构成轻罪；④确定令状和判决的执行方式。
debtor's oath 债务人誓言(⇨poor debtor's oath)
debtor's summons 〈英〉债务人传票 根据 1869 年《破产法》[Bankruptcy Act]的规定，由英国破产法院签发的，通知债务人或者向债权人清偿债务或者进入破产程序的传票。相当于现在使用的破产通知[bankruptcy notice]。
debt owing 欠债 包括已到期的或将来到期的债务。
debt pooling 〈美〉债务合并；债务调整 债务人与债权人订立协议，由债务人在诸债权人之间分配其财产，债权人同意接受比债务数额少的清偿；或者由债务人分期给付债权人一笔款项，债权人同意其全部债务得以免除的债务调整方式。债务人的这些活动可能被视为不合法，在以前还可能被视为破产行为。(⇨act of bankruptcy; arrangement with creditors; assignment; bankruptcy proceedings; wage earner's plan)
debt ratio 负债率；负债比率 长期负债总额与公司资本总额之间的比例。(⇨debt-equity ratio)
debt retirement 偿还债务
debt security 债务证券 作为公司进行负债融资的工具而在公司账目上反映为债务的任何形式的公司证券，如债券、票据等。通常认为，债务证券包括除产权证券或股票之外的任何证券。(⇨debt financing; equity financing; equity security)
debt service 偿债；还本付息；支付（债务）利息
debts of decedent 死者债务 在遗嘱中指于死者生前到期的或原预计在其有生之年到期的债务。有时，它也包括遗产管理费用和遗孀的扶养费用等。
debts of record 有记录的债务 有存卷法院的判决书等证明已到期的债务。
debts of the United States 〈美〉合众国债务 见于美国宪法第一条第八款。该款授权美国国会偿付合众国债务。合众国债务不局限于在书面文件载明的义务，或局限于严格法律意义上的债务，它还包括在个人的权利主张超越权利和公平的基本原则时，虽不能得到法院的认可，但国家对该个人应承担的道德义务。
debt-to-equity ratio (= debt-equity ratio)
debt-to-net-worth ratio (= debt-equity ratio)
debt-to-total-assets ratio (= debt ratio)
debuit 他欠（债）；他应当
de caetero 将来；从今以后；此后
de calceto reparando 〈英格兰古法〉修复人行道的令状 命令郡长[sheriff]扣押当地居民财物以强制维修人行道的令状。
decalogue n.（基督教）摩西十诫(= Ten Words)
decana n.(英国居民的)十户联保组；十户区(= decanatus)
decanal a.关于教长职位的
decanatus 〈拉〉❶教长的职位（或管辖权）(= decania) ❷由十人组成的公司 ❸(英国居民的)十户联保组；十户区 由十户家庭或自由地产保有者[freeholder]组成。

decania 〈拉〉教长的职位；教长的管辖权；教长管辖的地区；教长发布的教令

decanus 〈拉〉❶（教会法）（欧洲古法）教长 因最初被任命监督十名法政教师[canons]或主教座堂的受俸牧师[prebendaries]而得名。（＝dean） ❷（民事或军事）官员 ❸（罗马法）对公司拥有控制权的官员；管理十名士兵就餐的食堂的军官；君士坦丁堡负责死者安葬事务的官员

decanus episcopi 〈拉〉教长堂区代理 主教的或乡村堂区的教长，管理10名以上的教士或牧师。（⇨rural dean）

decanus friborgi （撒克逊人的）十户联保组组长 承担低级司法官员的职责，又称作"tithing man；borsholder；dean of a friborg"。

decanus in majori ecclesioe （主教座堂里管理十名以上受俸牧师的）教长

decanus militaris 指挥十名士兵的军官

decanus monasticus 〈拉〉（管理十名以上修士的）修道院监理

de capitalibus dominis feodi 〈拉〉关于首席领主的

decapitation n. 斩首；杀头 旧译：大辟刑。在英国，曾一度作为一种死刑行刑方法。

de capite minutis 〈拉〉❶关于人格减等者的 ❷《学说汇纂》中的标题名（⇨capitis diminutio）

de cartis reddendis 〈拉〉❶（英格兰古法）返还不动产契据的令状 保证契据交付的一种令状。❷用于请求返还非法扣押物之诉[detinue]的令状

de catallis reddendis 〈拉〉（英格兰古法）返还动产的 返还非法扣留动产的令状。

de cautione admittenda 〈拉〉（英格兰古法）（要求）接受保证[caution]或担保的令状 某人因不敬被开除教籍，虽已保证服从教规仍被主教监禁，此令状要求主教接受担保，予以释放。

decease v. 亡故；死亡

deceased n. 死者（⇨decedent）
a. 已死亡的；死去的

deceased person 死者；亡故者 它在法律上并不包括离开住所杳无音信达法定期限的人。（⇨estate of a deceased person；personal representative）

Deceased Wife's Sister Bill 〈英〉《亡妻姊妹禁婚法案》该法案禁止鳏夫与其亡妻之姊妹通婚。

decedent n. 死者 尤指死去不久的人。原指临死的人，但在法律上现用以指所有死者，包括留有遗嘱的死者[testate]和未留遗嘱的死者[intestate]。（⇨deceased person）

decedent's estate 遗产 指死者死亡时所拥有的全部动产和不动产。这些财产的所有权在死者死亡时即转归其继承人享有，但由遗嘱检验法庭[probate court]加以控制，用来偿还死者债务。在遗产分配完成之后，"死者财产"也就不复存在。（⇨estate of a deceased person）

deceit n. ❶欺诈；诈称 使他人因不明事实真相而受骗上当并遭受损失的虚假陈述或手段。构成"欺诈"的陈述必须是不真实的，行为人明知其欺骗性且意图使对方相信其陈述的虚假情况。（⇨fraud；misrepresentation；reliance） ❷（英格兰古法）欺诈所致损害赔偿诉讼的开始令状；在不动产诉讼中要求佃户返还其欺诈所得的土地的法院令状

decem tales 〈拉〉召集十人陪审团的令状 在普通法诉讼中，开庭时陪审员不足额而向行政司法官发出的令其按所缺人数召集齐十人陪审团的令状。

decemviri litibus judicandis 〈拉〉（罗马法）十人审判团 在裁判官[praetor]决定法律问题时，作为其顾问或助手的十个人或十名法官。

decenna n. （英格兰古法）十户区 由十户自由保有不动产者及其家属组成。（⇨decennary）

decennarii n. 十户区的居民（⇨deciner）

decennarius 〈拉〉❶（十户区内）十户自由保有不动产者中的一户（⇨decennary） ❷拥有二分之一威尔格土地者 威尔格[Virgate]为英国旧地积单位，无一定算法，通常1威尔格约合30英亩。

decennary n. 十户区 在普通法中指由十户相邻的家庭或由十户自由保有不动产的家庭组成的区域。（⇨frankpledge）

decennial census 〈美〉十年一度的人口普查

decennier n. 十户区区长（＝deciner）

decent burial 〈美〉体面的葬礼 一个相对的概念，因死者及其亲属的经济状况和社会地位不同而变化，而且经常受到社会环境、宗教信仰以及死者所属的社团或政治组织等因素的影响，不可一概而论。但一般来讲，这类事宜应由死者的亲属或朋友决定。

de ceo se mettent en le pays 关于此问题，他们愿接受陪审团的裁断（⇨et de ceo se mettent en le pays）

deception n. 蒙骗；诈欺；欺瞒；（以言行）误导 指故意不怀好意地对事实作出明示或默示的虚假陈述。根据英国1686年《盗窃法》[Theft Act]，利用事实或法律的语言或行为，或他人有意或无意的表述，不诚实地获得他人金钱或财产利益的行为构成犯罪。

deceptione n. 签发给被他人盗用其名义进行欺诈而遭受损失的人的令状 可以是初始令状[original writ]，也可以是司法令状[judicial writ]。

Deceptis non decipientibus, jura subveniunt. 法律保护受骗者而非行骗者

deceptive act 〈美〉（商业）欺诈行为 指可能欺骗消费者，从而使之在同等情形下本可合理行事却未能合理行事的行为。联邦贸易委员会和大多数州的立法都把商业欺诈视为非法。（⇨consumer protection law；deceptive advertising）

deceptive advertising 虚假广告；欺诈性广告 载有虚假陈述或误导性陈述的广告。由于公众的购买习惯并非总是谨慎的，容易被误导，法律要求广告不仅不得有积极的欺诈意图，还必须采取积极措施，防止误导。

deceptive practice （＝deceptive act）

deceptive sales practice （＝deceptive act）

decern v. 判决；裁定

de certificando 要求证明某事（或文件）的令状

decertification n. 〈美〉取消指定 雇员决定不再由工会作为其谈判组织的程序。

de certiorando 要求作证明的令状 指示行政司法长官就某一特殊事项作出证明的令状。

decessit sine prole 〈拉〉死后无子女

decessus 〈拉〉（罗马法）❶死亡；去世 ❷背离；违反；变更 该词也用于大陆法和普通法，尤指放弃原诉状有利于他人的理由。（⇨departure）

de cetero 将来；从今以后；此后

Decet tamen principem, servare leges, quibus ipse solutus est. 〈拉〉君主应当维持法律，但不受这些法律的约束。 这是罗马法中的一项原则。

de champertia 执行制裁帮讼法之令状 发给法官要求其

执行制裁帮讼行为[champerty]之法律的令状。

de char et de sank 〈法〉现实的;实际存在的;非想象的;血肉(般)的

de chimino 保障或实现道路(通行)权[right of way]的令状

De Cibariis Utendis 〈英〉《限制消费法》 直译为:有关供消费的食物的。爱德华三世时通过的限制娱乐费用的法案的标题。

decide v.裁决;判决;决定(⇨decision)

decies tantum 十倍于 要求收受当事人金钱贿赂的陪审员向因其裁断而受到损失的对方当事人支付10倍于受贿金额的金钱的古代令状。

decilitre n.分升 等于1/10升。(⇨litre)

decimae n.〈英〉(教会法)(教士)什一税 神职人员每年交纳俸金收入的1/10。最初归教皇所有,但至亨利八世统治时期,随着教皇统治的结束,什一税归作为教会首脑的国王所有。(⇨tithe)

decimae debentur parocho 〈拉〉向堂区主持牧师缴纳的什一税

Decimae de decimatis solvi non debent. 〈拉〉什一税不应从作为什一税收取的钱物中支付。

Decimae de jure divino et canonica institutione pertinent ad personam. 〈拉〉什一税归基于神权和正式授职的堂区主持牧师所有。

Decimae non debent solvi, ubi non est annua renovatio; et ex annuatis renovantibus simul semel. 一年中没有恢复教会职位不纳什一税;一年恢复的职位只纳一次什一税。

decimal currency 十进币制货币;十进制通货 以十进制为基础,采用十位数字,并以十为进位数和单位计算的货币。目前世界各国几乎均采用十进币制,英国于1971年2月15日开始采用十进币制,成为最后一个改用十进币制的国家。

decimation n.(罗马法)❶(因叛变或渎职行为,从每十个士兵中以抽签方式决定)处死第十个士兵 古罗马人称之为"decimatio legionis"。如果是每被抽中的第20名士兵被处死则为"vicesimatio",如果是每被抽中的第100名士兵被处死则为"centesimatio"。❷大批处死 ❸征收什一税

deciner n.❶(十户区内)十户自由保有不动产者中的一户(= decennarius) ❷十户区区长;十户联保组组长 为维护社会安定,他们对十户联保制的情况进行监督。(⇨frank-pledge)

Decipi quam fallere est tutius. 被欺骗要比行骗安全。

de circumstantibus 来自旁听席的;从旁听人员中召集的 当一般候选陪审员名册中的人员已用尽而又需要另外的陪审员以补足审判陪审团的名额时,则由行政司法官从旁听席中召集。

decision n.❶裁定;判决;决定;裁判 指对事实问题,有时也包括对法律问题进行考虑、评议之后所得出的结论。它是一种具有司法或准司法性质的决定,其行为主体多数情况下是法院,但也包括仲裁机关、行政机关或委员会等。它不仅用于终局判决[final judgment],也包括中间裁决[interlocutory order]。它与 opinion 的主要区别在于:前者是指法院的判决,而后者是对作出判决的理由的陈述。(⇨decree; final decision; finding; judgment; opinion; order; verdict) ❷(欧共体理事会或委员会作出的)行政性决议;(司法的或具有司法性质的)决议

decision at chambers (= chambers decision)

decision on appeal 上诉审法院的判决 上诉审法院的判决形式可以是维持原判[affirmance]、撤销原判[reversal]、改判[modification]、终结诉讼[dismissal]或要求下级法院重审等。

decision on merits (= judgment on the merits)

decisive oath (大陆法)决定性宣誓;作为裁决依据之宣誓 指诉讼中一方当事人不能证明其指控时,将案件提请法庭依对方当事人的宣誓作出裁决。

decisory oath (= decisive oath)

decitizenize v.剥夺公民资格

deckar (= dickar)

deck cargo 〈英〉舱面货物 在1906年《商船法》[Merchant Shipping Act]中,指装载在甲板露天处的货物,或虽非装载在露天处,但未包括在船舶登记吨位之内的货物。此定义后被多次修订。1967年《商船法》授权贸易部[Department of Trade]制定有关法规,对在船舶甲板露天处装载舱面货物的要求作出规定。

Decker test 〈美〉德克标准 根据德克标准,公司雇员按主管人的指示,就公司征求该公司律师意见的事项,与该律师进行的通信被视为已得到特许,不构成泄密。(⇨privileged communications)

de clamea admittenda in itinere per attornatum 要求巡回法官允许当事人的律师代为出庭的令状 因该当事人正为国王效忠而不能出庭。(⇨clamea admittenda in itinere per attornatum)

declarant n.❶声明人;陈述人 其所做陈述可能被用作证据。❷〈美〉入籍申请者 指在入籍申请书上签字正式声明愿意加入美国国籍的人。

declaration n.❶起诉状 普通法上原告开始其诉讼的第一份诉状,应按照规定的格式,条理清楚地陈述作为其诉因的事实和情况。它通常包括几个部分,称为诉讼理由[counts]。正式的起诉状包含以下内容并按此顺序排列:法院名称、审判地、开始[Commencement]、诉因、诉讼理由、结论。作为普通法上的起诉状,其作用相当于教会法和海事法诉讼中的起诉状[libel]、衡平法上的起诉状[bill]、大陆法中的起诉状[petition]、不动产诉讼中的起诉状[count]。现在英国法中自1873–1875年之后,起诉状一般称为 statement of claim,在美国多数司法区中称为 complaint 或 petition。❷未宣誓陈述 陈述人就其所知道的与争议事件有关的事实未经宣誓所作的陈述。❸〈美〉书面陈述 指陈述人就其所知事实所作的正式的书面陈述,与宣誓书[affidavit]相似,但未经公证或宣誓,若陈述人作虚假陈述,可以伪证罪论处。在联邦法院中,合乎规定的此种书面陈述与宣誓书具有同等效力。❹宣言 在国际法上,宣言有时是条约,有时则不构成条约,须依当事方的意思表示来确定。作为条约,宣言对其当事方具有法律约束力;不构成条约而只是宣示某些国际法原则、规则时,宣言通常不具有法律约束力,如联合国大会通过的许多宣言。❺声明 在国际法上,指一国或国际组织单方作出的、影响他国权利义务的声明。❻权利声明;权利公告 指对于分套购置的公寓[condominium]或居民住宅小区等特定类型的不动产,需以权利公告作为该不动产合法权利的授权法律文书。❼〈英〉(法庭或法官就法律或权利问题所作的)判决 ❽〈苏格兰〉(犯罪嫌疑人的)供述 指由被逮捕的犯罪嫌疑人向治安法官所作的口头陈述,并以书面形式记录,由治安法官和陈述人[declarant]共同签字,在审判中可作为证据使

用。供述并非是强制性地必须作出,现代诉讼中一般很少使用。

declaration against interest 〈美〉对本人不利的陈述 非诉讼当事人,且不能在庭审时作为证人出庭作证的人在法庭外所作的于其本人的金钱或财产利益不利的,或者可能导致其承担民事或刑事责任的陈述,可以作为传闻规则的例外作为证据予以采信。但《联邦证据规则》[Federal Rules of Evidence]规定,可能使陈述人承担刑事责任或可以使被告人洗清罪责的此种陈述,除非有旁证能够明显表明该陈述的可信性,否则不能采信。

declaration date 分红宣告日 公司董事会宣告分红的日期,区别于实际分红的日期。(⇨ex dividend)

declaration in chief 对主要诉因的陈述

declaration of abandonment of homestead 〈美〉放弃宅地的正式声明 应依法进行和确认其效力,并到宅地[homestead]登记机构登记。

declaration of a desire for a natural death (= living will)

declaration of deceased person 死者生前的陈述 如果该陈述是在一般履行职责中作出的,或该陈述于死者不利,有有关家族[pedigree]或公权[public right]的陈述是在诉讼开始之前作出的,或该陈述有相关行为确认,则该陈述可以被法庭采纳作为证据。(⇨deathbed declaration)

declaration of dividend 分红宣告;分红声明 公司董事会留拨一定比例的公司净收入,按各股东所持股份额向其分配收益的行为。(⇨dividend)

declaration of estimated taxes 〈美〉估缴税额申报表 国内税务署要求特定个人或商业实体提供的近期估计应缴税款额的报表,并以分期支付的形式缴纳此纳税额。这一要求可确保对以预扣工薪税形式无法对其收入充分征税的纳税人充分征税。

declaration of homestead 〈美〉宅地豁免权公告;宅地公告 为维护宅地豁免权[homestead exemption rights]而要求在州或地方有关机构登记备案的财产所有权声明。它只是所有权人借以维护其法定权利的一种方式而不是所有权转让合同,即所有权并不因此发生移转或变更。

declaration of inability to pay debts 〈英〉无力清偿债务声明 债务人向破产法院[bankruptcy court]提交无力清偿债务声明的行为可视为破产行为[act of bankruptcy],法院据此可签发财产接管令[receiving order]。

Declaration of Independence✻ 〈美〉《独立宣言》 1776年7月4日由第二届大陆会议[Second Continental Congress]在费城通过。它主要是由托马斯·杰斐逊[Thomas Jefferson]起草,理论根据是约翰·洛克和让·雅克·卢梭的天赋人权和社会契约学说。该宣言第一部分高度概括地表述了当时资产阶级革命最激进的革命原理,提出人人生而平等,他们都有天赋的不可转让的生命权、自由权和追求幸福的权利,人们为了保障这些权利而建立政府,政府的正当权力来自于被统治者的同意。据此,人们有权改变或废除侵害这些权利的政府。宣言的第二部分列举、抨击了英国殖民当局压迫和剥削北美13个殖民地人民的27条罪状,说明殖民地人民是在忍无可忍的情况下被迫拿起武器进行独立战争的。宣言的最后部分则庄严宣告北美13个殖民地从此解除对于英王的一切隶属关系,而且它们与大不列颠王国之间的一切政治联系亦完全废止,成为完全独立的、自由的合众国。《独立宣言》不仅是宣告美利坚合众国独立的一个重要历史文献,而且它宣布的人人生而平等、人人享有不可转让的权利、政府的权力来自被统治者的同意等原则,成为美国人的理想和信条,对美国政治生活的影响经久不衰;对于1787年宪法的制定,它作了某些方面的准备和铺垫。

DECLARATION OF INDEPENDENCE
IN CONGRESS, JULY 4, 1776
THE UNANIMOUS DECLARATION
OF THE THIRTEEN UNITED
STATES OF AMERICA

When in the Course of human events, it becomes necessary for one people to dissolve the political bands which have connected them with another, and to assume among the powers of the earth, the separate and equal station to which the Laws of Nature and of Nature's God entitle them, a decent respect to the opinions of mankind requires that they should declare the causes which impel them to the separation. — We hold these truths to be self-evident, that all men are created equal, that they are endowed by their Creator with certain unalienable Rights, that among these are Life, Liberty and the pursuit of Happiness. — That to secure these rights, Governments are instituted among Men, deriving their just powers from the consent of the governed. — That whenever any Form of Government becomes destructive of these ends, it is the Right of the People to alter or to abolish it, and to institute new Government, laying its foundation on such principles and organizing its powers in such form, as to them shall seem most likely to effect their Safety and Happiness. Prudence, indeed, will dictate that Goverments long established should not be changed for light and transient causes; and accordingly all experience hath shown, that mankind are more disposed to suffer, while evils are sufferable, than to right themselves by abolishing the forms to which they are accustomed. But when a long train of abuses and usurpations, pursuing invariably the same Object evinces a design to reduce them under absolute Despotism, it is their right, it is their duty, to throw off such Government, and to provide new Guards for their future security. — Such has been the patient sufferance of these Colonies; and such is now the necessity which constrains them to alter their former Systems of Government. The history of the present King of Great Britain is a history of repeated injuries and usurpations, all having in direct object the establishment of an absolute Tyranny over these States. To prove this, let Facts be submitted to a candid world. — He has refused his Assent to Laws, the most wholesome and necessary for the public good. — He has forbidden his Governors to pass Laws of immediate and pressing importance, unless suspended in their operation till his Assent should be obtained; and when so suspended, he has utterly neglected to attend to them. — He has refused to pass other Laws for the accommodation of large districts of people, unless those people would relinquish the right of Representation in the Legislature, a right inestimable to them and formidable to tyrants only. — He has called together legislative bodies at places unusual, uncomfortable, and distant from the depository or their public Records, for the sole purpose of fatiguing them into compliance with his measures. — He has dissolved Representative Houses repeatedly, for opposing with manly firmness his invasions on the rights of the people. — He has refused for a long time, after such dissolutions, to cause others to be elected; whereby the Legislative powers, incapable of Annihilation, have returned to the People at large for their exercise; the State remaining in the mean time exposed to all the dangers of invasion from without, and convulsions within. — He has endeavored to prevent the population of these States; for that purpose obstructing the Laws for Naturalization of Foreigners; refusing to pass others to encourage their migration hither, and raising the conditions of new Appropriations of Lands. — He has obstructed the Administration of Justice, by refusing his Assent to Laws for establishing Judiciary powers. — He has made Judges dependent on his Will alone, for the tenure of their offices, and the amount and payment of their salaries. — He has erected a multitude of New Offices, and sent hither swarms of Officers to harrass our people, and eat out their substance. — He has kept among us, in times of peace, Standing Armies, without the Consent of our legislatures. — He has affected to render the Military independent of and superior to the Civil power.—He has combined with others to subject us to a jurisdiction foreign to our constitution, and unacknowledged by our laws; giving his Assent to their Acts of pretended Legislation:—For quartering large bodies of armed troops among us:—For protecting them, by a mock Trial, from punishment for any Murders which they should commit on the Inhabitants of these States:—For cutting off our Trade with all parts of the world:—For imposing Taxes on us without our Consent:—For depriving us in many cases, of the benefits of Trial by Jury:—For transporting us beyond Seas to be tried for pretended offences:—For abolishing the free System of English Laws in a neighbouring Province, establishing therein an Arbitrary government, and enlarging its Boundaries so as to render it at once an example and fit instrument for introducing the same absolute rule into these Colonies:—For taking away our Charters, abolishing our most valuable Laws, and altering fundamentally the Forms of our Governments:—For suspending our own Legislatures, and declaring themselves invested with power to legislate for us in all cases whatsoever.—He has abdicated Government here, by declaring us out of his Protection and waging War against us.—He has plundered our seas, ravaged our Coasts, burnt our towns, and destroyed the lives of our people.—He is at this time transporting large Armies of foreign Mercenaries to compleat the works of death, desolation and tyranny, already begun with circumstances of Cruelty & perfidy scarcely paralleled in the most barbarous ages, and totally unworthy the Head of a civilized nation.—He has constrained our fellow Citizens taken Captive on the high Seas to bear Arms against their Country, to become the executioners of their friends and Brethren, or to fall themselves by their Hands.—He has excited domestic insurrections amongst us, and has endeavored to bring on the inhabitants of our frontiers, the merciless Indian Savages, whose known rule of warfare, is an undistinguished destruction of all ages, sexes and conditions. In every state of these Oppressions We have Petitioned for Redress in the most humble terms. Our repeated Petitions have been answered only by repeated injury. A Prince, whose character is thus marked by every act which may define a Tyrant, is unfit to be the ruler of a free people. Nor have We been wanting in attentions to our British brethren. We have warned them from time to time of attempts by their legislature to extend an unwarrantable jurisdiction over us. We have reminded them of the circumstances of our emigration and settlement here. We have appealed to their native justice and magnanimity, and we have conjured them by the ties of our common kindred to disavow these usurpations, which would inevitably interrupt our connections and correspondence. They too have been deaf to the voice of justice and consanguinity. We must, therefore, acquiesce in the necessity, which denounces our Separation, and hold them, as we hold the rest of mankind, Enemies in War, in Peace Friends.—

WE, THEREFORE, the REPRESENTATIVES of the UNITED STATES OF AMERICA, in General Congress, Assembled, appealing to the Supreme Judge of the world for the rectitude of our intentions, do, in the Name, and by Authority of the good People of these Colonies, solemnly publish and declare, That these United Colonies are, and of Right ought to be FREE AND INDEPENDENT STATES; that they are Absolved from all Allegiance to the British Crown, and that all political connection between them and the State of Great Britain, is and ought to be totally dissolved; and that as Free and Independent States, they have full Power to levy War, conclude Peace, contract Alliances, establish Commerce, and to do all other Acts and Things which Independent States may of right do.—And for the support of this Declaration, with a firm reliance on the protection of Divine Providence, we mutually pledge to each other our Lives, our Fortunes and our sacred Honor.

John Hancock	Benj. Harrison	Lewis Morris
Button Gwinnett	Thos. Nelson, Jr.	Richd. Stockton
Lyman Hall	Francis Lightfoot Lee	Jno. Witherspoon
Geo. Walton	Carter Braxton	Fras. Hopkinson
Wm. Hooper	Robt. Morris	John Hart
Joseph Hewes	Benjamin Rush	Abra. Clark
John Penn	Benj. Franklin	Josiah Bartlett
Edward Rutledge	John Morton	Wm. Whipple
Thos. Heyward, Jr.	Geo. Clymer	Saml. Adams
Thomas Lynch, Jr.	Jas. Smith	John Adams
Arthur Middleton	Geo. Taylor	Robt. Treat Paine
Samuel Chase	James Wilson	Elbridge Gerry
Wm. Paca	Geo. Ross	Step. Hopkins
Thos. Stone	Caesar Rodney	William Ellery
Charles Carroll of Carrollton	Geo. Read	Roger Sherman
	Tho. M. Kean	Sam. Huntington
George Wythe	Wm. Floyd	Wm. Williams
Richard Henry Lee	Phil. Livingston	Oliver Wolcott
Th. Jefferson	Frans. Lewis	Matthew Thornton

Source: *The United States Government Manual*.

Declaration of Indulgence 〈英〉《信教自由令》 查理二世在 1672 年签发，中止对罗马天主教徒和不从国教者的刑事惩罚，仅仅对其宗教自由有所限制，如新教牧师必须经过批准，天主教徒不得公开举行崇拜仪式。但议会认为制定法不能被皇家敕令中止，国王不得不撤回其敕令。议会遂通过《忠诚宣誓法》[Test Act]，反而加强了对天主教徒的法律制约。詹姆斯二世在 1687 年进一步发表宣言中止《忠诚宣誓法》的施行及对任何不从国教者的法律惩罚，给个人提供宗教特许。1688 年此宣言被重新颁布并要求英格兰国教会的神职人员阅读。坎特伯雷大主教和六个主教因为反对而被起诉，后无罪释放。1689 年《权利法案》[Bill of Rights]宣布废除王室的中止权[suspending power]，并谴责国王的这种特许权[dispensing power]。

declaration of insolvency 〈英〉无偿付能力的声明 declaration of inability to pay debts 的旧称。

declaration of intention 〈美〉(入籍美国的)动机声明 申请入籍美国的外国人向存卷法庭[court of record]提交的表明自己加入美国国籍之真诚和善意动机，并表示在成为美国公民后不再效忠于其原先的国家或政府的正式书面陈述。

declaration of legitimacy 婚生声明 关于某人为合法婚生子女[legitimate child]的正式声明。

Declaration of London 《伦敦宣言》 1909 年伦敦海军会议[London Naval Conference]上发表的关于海战规则的宣言，是一个旨在解决有关禁运、续航、中立港等问题的国际性协议。有 11 个国家在该条约上签字。

declaration of pain 〈美〉庭外痛苦陈述 作为传闻规则的例外，一个人在庭外作出的有关他当前健康状况的痛苦的陈述(包括因疼痛而呼叫)是证明他的感觉的可采性证据。

Declaration of Paris 《巴黎宣言》 1856 年克里米亚战争结束时，英国、法国、土耳其、撒丁王国、奥地利、普鲁士和俄国在巴黎缔结的有关国际海事法重要问题的国际条约。其主要的四项规定是：①废除私掠[privateering]；②除战时禁运品外，中立国船舶可运载敌方货物；③除战时禁运品外，敌方船舶运载的中立国货物不得没收；④封锁必须有效才有约束力。

declaration of right 权利宣告 ①英国在 1947 年《王权诉讼法》[Crown Proceedings Act]实施之前，申诉人向英王主张契约上权利时，必须先提出权利请愿书[petition of right]，法院据此作出一个宣告，英王再在此基础上批准予以补偿；②美国州宪法的一部分。该部分应正式宣告并详细列举该州公民享有的、州政府应予尊重的各项权利，而不能仅仅规定一些抽象的原则。(⇨bill of rights)

Declaration of Rights 《权利宣言》 ①在 1688 年的光荣

革命中,英国议会为解决因国王詹姆斯二世[James Ⅱ]逃亡而引起的宪法性危机,决定立威廉和玛丽为国王和女王。但这并不是无条件的,议会于 1689 年 2 月 13 日通过《权利宣言》,对王权进行限制,规定了议会所享有的一系列权利。《权利宣言》被规定在后来通过的《权利法案》[Bill of Rights]之中;②在美国,指 1774 年 10 月在费城举行的第一届大陆会议[First Continental Congress]通过的体现各殖民地代表意见的决议。决议历数了英国议会的立法对其权利的侵犯,要求英国政府给予殖民地以一定范围的自治权利,宣称殖民地人民享有生存、自由和财产等权利。英国统治集团却没有接受这一要求,继续实行野蛮的殖民政策,从而使英国与北美殖民地的矛盾更加尖锐,最终导致了 1775 年独立战争的爆发。《权利宣言》的部分内容也被规定在 1776 年第二届大陆会议通过的《独立宣言》[Declaration of Independence]之中。

declaration of solvency 〈英〉有清偿能力的声明 公司董事向公司注册官[Registrar of Companies]所作的书面声明,表示该公司有能力自公司解散开始后不超过 12 个月的时间内清偿全部债务。提交此种声明是公司自愿解散之前须满足的一个条件。

declaration of state of mind 〈美〉精神状态声明 作为传闻规则的例外,一个人在庭外作出的有关他当前精神状态的陈述,可以作为证据采纳。

Declaration of Taking Act 〈美〉《征用法》 有关根据正式的征用声明[declaration of taking],依国家征用权[eminent domain]为公共目的而征用私人财产的联邦法律。(⇨ eminent domain)

Declaration of the Army 〈英〉《陆军宣言》 指由陆军委员会[Council of Army]在 1647 年提出的一项声明。陆军部据此声明干预查理一世[Charles Ⅰ]和长期议会[Long Parliament]间进行的谈判,并坚持认为陆军委员会比议会更能代表人民的利益,要求议会驱逐敌视军队的议员,规定了议会的自动解散和下届议会的成立。事实上,当议会不再遵守这个宣言时,有的议员虽被取消资格但又恢复。

declaration of title 所有权确权声明 如果所有权人担心自己的权利会被侵犯,他可以提起诉讼,通过司法判决[judicial decision]获得所有权声明,确保自己能够持续享有有效的所有权。

declaration of trust ❶信托宣告;信托声明 对某项动产或不动产拥有普通法上所有权者,可通过信托声明这种行为,承认自己是为他人或特定目的而以信托方式持有该财产。❷信托文书;信托契据 指借以创设信托的法律文书,又可称作"trust instrument"、"trust deed"或"trust agreement"。

declaration of uses 〈英〉用益权声明 历史上的一种做法。在英国,大约从 13 世纪开始,可以通过声明某人是为他人的用益而持有财产、或在向他人转移财产时以口头或书面形式声明其用益或目的,从而在财产上设立用益权。用益声明常常被用来达到现代"财产转让"的目的。(⇨declaration of trust;declaring a use)

declaration of war 宣战 一国通过其政府或立法机关,正式宣布该国与另一国之间目前处于交战状态。

declarative remedies 确权性救济;确权性补救 衡平法中的救济方式,其主要和直接的目的在于宣告并确认原告的权利、财产等是否合法或在衡平法上是否有效。(⇨declaratory judgment)

declarator *n.* 〈苏格兰〉确认之诉 指法院确认原告[pursuer]具有某种权利或法律地位,但不要求当事人履行给付或作为等义务的一种诉讼形式。法院的判决并未赋予当事人以新的权利,而只是对有疑问的权利或法律地位作出权威确认。但此种诉讼不适用于纯理论性的问题,必须是原告与之有实际的利害关系且存在疑问或争议的问题。如确认婚姻无效的诉讼,确认地役权不成立的诉讼等。它相当于英格兰法中的确认之诉[action for a declaration]。

declarator of trust 信托诉讼 普通法上的一种诉讼,指因信托的受托人,即信托财产的普通法所有权人为其自身的利益而持有财产所提起的诉讼。

declaratory *a.*❶解释性的;说明性的 ❷肯定的;确认的 ❸宣告的;宣言的

declaratory act 解释性法律 指当某一法律尤其是普通法在有关问题上含义不明确或产生争议时,为阐释或确认其含义而制定的另一法律。

declaratory action 确权诉讼 原告对自己的合法权利存有疑问,要求法院予以确认而提起的诉讼。(⇨declaratory judgment)

Declaratory Act of 1719 〈英〉《1719 年公告法》 议会制定的确认其对爱尔兰的立法权的一项法律。此法把爱尔兰议会视为一个附庸机构。

Declaratory Act of 1766 〈英〉《1766 年公告法》 议会通过的一项法律。该法坚持,无论在何种情况下议会都有权制定约束北美殖民地的法律。这一法律坚定了抗议者的决心,最终导致了《独立宣言》[Declaration of Independence]。

declaratory decree 确认判决 衡平法中法院只对权利予以确认,而未授予某种救济措施的判决。(⇨declaratory judgment)

declaratory judgment 确认判决;宣告式判决 指法院仅确认当事人之间的权利及其他法律关系而未规定可予强制执行等救济措施的判决。不论当事人在此之后是否会据之请求给予救济,法院都可以作出此种判决。通常在当事人对自己的权利或其他事项存在疑问时,可以请求法院就此作出确认判决,如保险公司请求法院确认某种风险是否属于其保险单中规定的承保范围。

Declaratory Judgment Act 〈美〉《确认判决法》 1934 年制定的一部联邦法律。该法规定:在存在实际争议[actual controversy]的案件中,若双方当事人请求确认各自权利或其他法律关系,法院有权作出相应判决,而不论当事人是否会请求给予进一步的救济措施。法院所作此种判决具有终局判决[final judgment]的效力,可请求复审[review],且对诉讼双方当事人现在和将来的权利均有约束力。大多数州已有类似的立法。

declaratory part of a law 法律的确认性部分 法律中明确规定有权行使的权利和应当避免的违法行为的部分。

declaratory part of a statute 制定法的宣言部分 制定法中表述该制定法所要实现的要求的部分。

declaratory relief 确认性救济(⇨declaratory judgment;declarative remedies)

declaratory statute 解释性法律;阐明普通法之法律 为消除歧义或争议,通过调和相互冲突的司法判决或解释先前立法的含义而制定的法律。

declared value capital stock tax 〈美〉设定股本税 一种由联邦征收的消费税,已取消。

declared war 宣战 在现实对抗以及将来停止对抗至和平条约签署前的时期内,政府机构认为战争依然存在的一种持续状态。

declaring a use 〈英〉声明用益权 在通过协议诉讼[fine]或阻却限嗣继承的拟制诉讼[common recovery]转移地产时,如果没有合适的对价,也未指明用益权,则在无特别声明的情况下,相关用益权由地产原所有人享有,这一般需要正式的契据予以确认。若该契据在诉讼前作出,则称为指明用益权的契据[deeds to lead the uses];若在诉讼后作出,则称为声明用益权的契据[deeds to declare the uses]。

de claro die 借助日光的

de clauso fracto 突破围栏(侵入他人土地)的(⇨clausum fregit)

de clerico admittendo 〈英格兰古法〉强制圣职授予令 签发给主教[bishop]或大主教[archbishop]的执行令状,要求其接受并授予在最终圣职推荐权之诉[assize of darrien presentment]中胜诉的圣职推荐权人[patron]推荐的候选人以圣职。该令状旨在建立国王的圣职推荐权。(=admittendo clerico)

de clerico capto per statutum mercatorium deliberando 〈拉〉释放因违反商事法规而被拘留或被监禁的神职人员的令状

de clerico convicto commisso gaolae in defectu ordinarii deliberando 〈拉〉释放被判有罪而入狱的神职人员,交付其上级或教会常任法官的令状

de clerico convicto deliberando (=clerico convicto commisso gaolae in defectu ordinarii deliberando)

de clerico infra sacros ordines constituto non eligendo in officium (=clerico infra sacros ordines constituto, non eligendo in officium)

De Clero 〈英〉关于神职人员 爱德华三世时一部法规的标题。该法对推荐圣职、起诉教会人员等做了一系列规定。

declination n. ❶(受托人向法院提出的)拒绝信托申请书 ❷管辖权抗辩 因法官本人与诉讼有利害关系而对法院的管辖权提出的异议。

declinatoires 〈法〉就法院的管辖权提出的答辩

declinatory exceptions 管辖权异议 就法院的管辖权提出异议的一种延诉抗辩。

declinatory plea 〈英〉(在庭审或定罪前)主张神职人员特权[benefit of clergy]的答辩 也称教堂庇护权答辩[plea of sanctuary]。现已废除。

declinature n. ❶自行回避 因法官与一方当事人有亲属关系,或审判结果可能与其有利害关系而导致诉讼的公正性受到怀疑,因而他有权也有义务拒绝审理此案。 ❷(=declination)

decoctor 〈拉〉〈罗马法〉❶破产者 ❷浪费者;挥霍者 尤指挥霍公款者。

decollatio n. 〈苏格兰〉〈英格兰古法〉(=decapitation)

decollation (=decapitation)

de combustione domorum 〈英〉焚烧房屋 旧时一种控告他人纵火烧毁房屋的重罪指控。

de common droit 共同权利的

de commorientibus 关于共同死亡者的

de communi consilio super negotiis quibusdam arduis et urgentibus, regem, statum, et defensionem regni Angliae et ecclesiae Anglicanae concernentibus 〈英〉(在与国王、政府以及英格兰王国和教堂的保护相关的困难或紧急事务上)涉及市(镇)议会(或立法机关)的

de communi dividendo ❶〈罗马法〉分割共有物;分割共有物之诉 ❷分割佃户[tenant]共有财产的令状

de comon droit (=de common droit)

de computo 〈英〉〈拉〉❶财务报告 根据1285年《威斯敏特法Ⅱ》[Statute of Westminster Ⅱ]规定,要求地方行政官、财产管理人、会计、监护人等报告财务收支状况的令状。 ❷报账令 要求被告向原告提供账目的令状,现代报账之诉的渊源。

de concilio curiae 根据法庭的建议或指示

deconfes 〈法〉未忏悔即死去的人 该人拒绝忏悔或者因其是罪犯而无资格忏悔。

de conflictu legum 关于法律冲突[conflict of laws]的

De Conjunctim Feoffatis 〈英〉《共同租赁法》 直译为:关于共同封臣的。爱德华一世统治时期所通过的一项法令的标题。

de consanguineo 〈古〉关于同血缘亲属财产的令状;收回高祖地产权令状 继承人借以获取其高祖或特定旁系亲属曾拥有的地产权的诉状。(⇨cosinage)

de consanguinitate (=de consanguineo)

de consilio 〈古〉〈刑法〉教唆的;关于教唆犯罪的

de conspiratione 关于共谋犯罪[conspiracy]的令状

De Conspiratoribus 〈英〉关于共谋犯[conspirator]的法令 爱德华一世时期的著名法令。该法令被认为首次提出了共谋犯罪[conspiracy]的罪名,但实际上在此之前普通法中已有此罪名。

de consuetudine Angliae 〈英〉根据英格兰习惯法

de consuetudinibus et servitiis 〈英〉依习惯法要求履行义务和交纳租金的令状 发给领主,依此他可向拒绝履行役务[service]和拖欠租金的地产保有人要求履行义务。已为1833年《不动产时效法》[Real Property Limitation Act]废除。

de continuando assisam 继续巡回审判的令状

de contributione facienda 役务分担令 要求土地的共同继承人[coparcener]或共同佃户[cotenant]分担役务的令状。

de contumace capiendo 〈英〉逮捕藐视法庭者的令状 英格兰衡平法庭[English court of chancery]签发的逮捕被教会法院[ecclesiastical court]宣布为藐视法庭者的令状。

de conventione 有关盖印合同的令状;有关损害赔偿要求的令状

de copia libelli deliberanda 关于诽谤罪控诉书副本送达之令状 指示宗教法庭[spiritual court]法官向在该法庭被控犯有诽谤罪[libel]的被告送达关于其诽谤行为的起诉书的令状。

Decoration Day (=Memorial Day)

de cornes et de bouche 〈法〉大叫大嚷

de coronatore eligendo 〈英〉验尸官选举令状 在1888年《地方政府法》[Local Government Act]生效之前签发给郡长,现这一令状经修改后一般发给郡议会[county council],指示英格兰各郡郡长在郡法院[county court]从完全保有地产人[freeholder]中选举验尸官[coroner]的令状。

(de) coronatore exonerando 〈英格兰古法〉撤换验尸官令状 撤换原因主要有:该验尸官从事其他事务;年老或多病以致不能胜任;在本郡无不动产或住在本郡的偏僻不便之地。该令状过去发给郡长,现一般发给郡议会。该令状签发完之后随之而来的便是选举验尸官令状[coronatore eligendo]。

de corpore 身体的

de corpore comitatus 〈英〉全郡选举陪审员令 乔治二世时颁布法令,将从某一特定街区选派陪审团成员的做法改为在全郡范围内选派。

de corpore suo 他的身体的

de corrodio habendo 皇室(从修道院为宗教机构)强征必需品的令状(⇨corody)

de coste 旁边的;旁系的;并行的;附属的;附加的;间接的

decoy v.以诡计引诱;勾引;诱骗 指以欺骗而非暴力手段诱惑他人的行为。如将某人诱骗到某法院的管辖范围内以向其送达传票;或将逃犯诱骗到某地以将其逮捕而无需引渡文件;或诱使某人离开其居住地以将其绑架等。警察诱骗不一定构成警察圈套。
 n. ❶诱骗者;引入入圈套的人或物 ❷诱擒野水禽的场所;饵兽;鸟媒

decoy duck (拍卖中的)假出价人;假竞拍人

decoying n.诱拐;拐骗;劫持(⇨decoy)

decoy letter 诱骗他人上钩的信件;引诱信 为侦查犯罪,尤指对违反邮政法律或财税法律从事欺诈活动的罪犯发出的信件。

decreasing term insurance 递减定期寿险 一种定期寿险,其保费始终不变,但保单面值逐渐减少。有时也称为家庭保护方案[home protection plan],因为保单面值减少很像房屋抵押款的减少。这是人寿保险的一种,它规定在合同期间,死亡保险金逐渐减少,直至保险期末为零。

de credulitate 〈英〉基于信念的 旧时宣誓断讼[wager of law]过程中宣誓助诉者[compurgator]的宣誓用语。

decree n.❶判决;裁定 尤指衡平法院或御前大臣法庭的判决。衡平法中的判决是法庭在审理和听取各方辩论意见后,根据公平[equity]和良知[good conscience]原则确定诉讼各方权利而作出的裁决或命令,是法院对已查明事实的法律后果所做的宣告。在衡平法中,判决可分为终局判决[final decree]和中间判决[interlocutory decree]两类。在普通法诉讼与衡平法诉讼的程序合二为一后,一般用"judgment"代替"decree"。(⇨decision;judgment;order) ❷法令;政令;命令 ❸〈英〉(坎特伯雷教省法院)开始诉讼程序的传令;最后裁决

decree absolute ❶〈英〉绝对判决;终局判决 指解除婚姻关系或宣布婚姻无效的判决。❷(=order absolute;rule absolute)(⇨decree nisi)

decree absolvitor 宣告被告人无罪的判决

decree a mensa et thoro 分居判决(⇨divorce a mensa et thoro)

decree a vinculo matrimonii 解除婚姻关系判决(⇨divorce a vinculo matrimonii)

decree by consent (=consent decree)

decree dative 指定(遗嘱中未提名的人担任)遗嘱执行人的判决

decree in absence 缺席判决

decree nisi ❶〈英〉(离婚案件中的)附条件的判决;暂时判决 所有解除婚姻关系的判决,不论是离婚还是宣告婚姻无效,首先只能是非绝对的判决,在判决作出后的6周内或法庭规定的其他期限内,任何人均可以提出异议并说明理由,若在此期限内无人提出异议或理由不成立,期限届满,当事人可以申请法院确定此判决为绝对判决[decree absolute],其婚姻关系正式解除。❷附条件的判决;暂时判决 指法庭作出的判决,如果其不利的当事人在规定期限内未说明理由以推翻该判决或上诉成功或通过其他方法使该判决被撤销,则法院将裁定该判决成为无条件的终局判决。等同于 nisi decree;order nisi;rule nisi。

decree of confirmation 确认出售行为的判决 法院作出的确认遗产管理人[administrator]、遗嘱执行人[executor]、监护人[guardian]、受托人[committee]以及涉讼财产管理人[receiver]或法院其他官员等的出售行为的判决,通常是转让所有权的前提条件。

decree of distribution 遗产分配令 遗产继承人据以继承死者财产的书面法律文书,它是对诉讼双方当事人所作的最终裁决。

decree of divorce 离婚判决;解除婚姻关系的判决(⇨divorce)

decree of foreclosure 回赎权消灭判决(⇨foreclosure)

decree of insolvency (遗嘱检验法庭[probate court]作出的)宣告遗产不足以清偿全部债务的判决

decree of interpleader 确定竞合权利诉讼中原告胜诉的判决 原告据此解除其责任,由其他对争讼物主张权利者进行诉讼。(⇨interpleader)

decree of nullity 婚姻无效判决 法院作出的宣告婚姻关系自始无效的判决。

decree pro confesso 原告胜诉的判决 衡平法诉讼中被告未及时对原告的起诉状[bill]作出答辩时,视为其承认原告起诉状中的主张,法庭从而判决原告胜诉。

decree quasi in rem 准对物判决(⇨quasi in rem action)

decreet 〈苏格兰〉(=decree)

decreet absolvitor 〈苏格兰〉❶驳回起诉的判决 ❷宣告被告人无罪的判决

decreet arbitral 〈苏格兰〉仲裁裁决

decreet cognitionis causa 〈苏格兰〉法院在债权人作为原告起诉债务人的继承人并要求扣押继承人的土地的诉讼中作出的一种判决

decreet condemnator 〈苏格兰〉原告胜诉的判决;判罪裁决

decreet of valuation of teinds 〈苏格兰〉确定什一税的判决 最高民事法院[court of sessions]作出的确定应向教堂官员因其服务而支付的什一税范围和数额的判决。

decrementum maris 〈拉〉(英格兰古法)退潮;海水退落(⇨reliction;dereliction)

decrepit a.(因疾病、年老在身体或智力上)老弱的;衰老的
 n.(因年老或其它原因在身体或智力上有缺陷的)残疾人;低能者

decreta 〈拉〉(罗马法)司法判决 decretum 的复数形式,尤指皇帝作为最高裁判官作出的司法判决。

Decreta conciliorum non ligant reges nostros. 议会的决定不约束我们的国王。

decretal n.❶(对救济的)准许或拒绝 ❷罗马教皇的教令 ❸法令
 a.❶教会的 ❷法令的;法规的

decretalist n.教会法专家 指主要研究教皇教令[papal decretals]的教会法学者,尤指约 1200–1234 年教会法学理论[canonist science]初创阶段的学者。他们主要从事教令的发掘和收集,并对教令中所包括的教会法[canon law]内容给予系统和科学的阐释。他们不同于以罗马教会的法律,即以教令为主要研究对象的教令法学家[decretist]。

decretal order 中间判决 在衡平法中,指在对案件作出最终判决前所作的初步决议,尚未对案件做出裁决,也未

设定任何权利。

decretals n. ❶(教皇)教令集 指教皇针对教会法院上诉案件所作的书面答复的汇编,在罗马天主教会中有法定约束力。1140 年的《格拉提安教令集》[Gratian's Decretum]是中世纪教令集的典范,此后教令集成为教规编纂的主要形式。❷教规汇编 指各次公会议对于同一事务制订的教规的汇集。

Decretals of Gregory Ⅸ 《格列高利九世教令集》 由雷蒙德[Raymond]在 1230－1234 年按教皇格列高利九世的要求编纂而成,在 1234 年颁布,是第一部权威性、综合性的教皇制定的教令和章程的汇编。它收集了除《格拉提安教令集》[Decretum]外所有其他教令,并由此产生了大量的评注和有关文献。

decretists n. 教会法学派 中世纪从事罗马教会教令研究的法学家或教会学者。

decreto 〈西〉(殖民法)决议;指令 高级法院以君权名义对有关教会的事项所做的决议或指令。

decretum 〈拉〉(罗马法)❶判决;君主的裁决(⇨decreta) ❷(一种)帝国法律 ❸教令集 几部重要的教会法汇编的名称,如 1033 年布尔夏德[Burchard]的教令集,1096 年伊沃[Ivo]的教令集,阿伯拉尔[Abelard]的《是与否》[Sic et Non],1140 年格拉提安[Gratian]的教令集。

Decretum Gratiani 《格拉提安教令集》 意大利本笃会修士格拉提安于 1140 年编纂而成的三卷本罗马教会教会法汇编集。

decriminalization n. 非刑事化;非犯罪化 指通过立法由官方宣布原本构成犯罪的行为不再被视为犯罪。

decrowning n. 剥夺王权(的行为)

decry v. ❶贬低;诋毁;诽谤;使⋯丧失信用 ❷对⋯不赞成;(强烈)反对;(公开)谴责 ❸公开使(货币)贬值

de cujus 〈拉〉来自于某人;通过某人 指某人主张权利时通过或依靠的人,指其权利来源或依据。

de curia claudenda 强制筑栏令 在普通法中,不动产相邻之一方依时效取得了可以要求相邻另一方修筑篱笆以保护该另一方之权益免受前者侵害的权利,这时他就可以申请此令状以强制被告修筑围栏。

decurio 〈拉〉❶元老 古罗马帝国行省大城市的首领或长官。由元老组成的元老院拥有行政权和立法权,管理该市的内部事务。 ❷(古罗马时由十名士兵组成的十人队的)队长;什长

de cursu 〈拉〉当然的;通常的;正规的 指诉讼过程中通常的、必要的、正式的程序。区别于简易程序[summary proceedings]或某些偶然需要进行或可依临时动议开始的程序。

de custode admittendo 〈拉〉承认看管人资格的令状

de custode amovendo 〈拉〉取消看管人资格的令状

de custodia terrae et haeredis 〈拉〉对土地和继承人的监管 是未成年人的监护人藉以重新占有被监护人土地、恢复其监护权的令状。

de cy en avant 〈拉〉从今以后

dedbana n. 〈撒克逊〉屠杀;杀戮;杀人

de debito 债务令状(⇨writ of debt)

de debitore in partes secando 〈拉〉(罗马法)将债务人切成碎块 《十二表法》[Twelve Tables]中的一个法律术语,其含义众说纷纭。一些评注者认为,在字面上它是指债权人有权将无清偿能力的债务人切成碎块并按各自债权比例予以分配。另一些评注者认为这是以比喻手法表明债权人有权分割债务人的财产。

de deceptione 欺骗令状 针对借他人之名为某种行为,并因此使该他人受到损害和欺骗的人发出的令状。

de defaute de droit 无权;不享有权利

de deoneranda pro rata portionis 〈拉〉强制分担债务令状 因为拖欠共同地租而扣押其中一位承租人的财产以强制履行,这势必对该承租人不公平。该令状正是针对这种情况为该承租人发出,要求其他共同承租人共同承担债务。

de déshérence (= droit de déshérence)

dedi 〈拉〉我已经给了 拉丁契据[deed]或其它转让文据[instrument of conveyance]中的用语。旧时持有这些契据或转让文据即表明了一种权利凭据。

dedicate v. 捐献 指为特定公共目的拨出或献出私人财物。(⇨dedication)

dedication n. 捐献;(将私产)奉献(给公用);奉献(私产的)行为 土地所有人为公共目的献出自己的土地或该土地的地役权[easement],由公众或以公众名义接受、使用。捐献的意思可以明示,也可根据行为人的行为或案情依法推定。(⇨dedication and reservation)

dedication and reservation 捐献与保留 捐献者可附加合理的条件、要求和限制,对方应当依从,除非他放弃接受捐献的权利。一般认为在捐献时为自己保留某项新的权利,包括人身性权利或土地的附属性权利。在普通法上,捐献中保留权益不得为永久性。

dedication by deed 契据式捐献 是捐献的一种常见形式,指在契据中规定被转让土地的确切用途,但对是否使用"捐献"一词、有无土地图示等文书记录不作要求。

dedication by plat 地籍图式捐献 捐献用于修建街区、行道、公园和广场的土地的常见方式。将准备售出或转让用以修建街道或道路等的土地绘制成图。

dedication-day n. 奉献日 指教堂奉献日,尤指教堂的圣徒和圣职推荐权人[patron]的节日。该节日由教堂所在地的居民和邻近村落的居民共同庆祝,此类集会活动被视为合法。

dedication of literary property 作品版权的奉献 指文字作品在发表时未作版权声明[copyright notice]或未采取任何措施以获得版权(保护)。

dedication to public 财产捐献;公益奉献 指所有捐献财产的行为,其本质在于将之用于一般公众的使用。

dedicator n. 捐献者 捐出土地用于公共目的的人。只有土地所有人或经所有人同意的捐献行为才属有效。

de die claro 白天的;日间的

de die in diem 〈拉〉一天又一天;一天的 相当于英文的 daily。

dedi et concessi 〈拉〉"我已经授权并交付" 旧时采邑授予证书[feoffment]或赠与契据[charter]中表明产权转让的关键用语。英文"given and granted"仍是表示此类产权转让的恰当用语,但不是必须使用。

dedimus 〈拉〉我们已经交付

dedimus et concessimus 〈拉〉我们已经交付并授权 授权人为国王时或有多名授予人时替代"dedi et concessi"的用语。

dedimus potestatem 〈拉〉我们已授权 ❶在英格兰古法中指大法官法庭[chancery]签发的授权某人为某种行为的令状或委任状[commission]。如委任某人担任宣誓证人,负责被告在大法官法庭宣誓并回答提问;❷在美国指授权司法官员采集证人证言的委任书。

dedimus potestatem de attorno faciendo 〈拉〉(英格兰古

法)我们已授权律师代为出庭　由国王签署的授权律师代被告出庭的令状。在《威斯敏斯特法Ⅱ》[Statute of Westminster Ⅱ]之前，无此令状则当事人无权委托律师出庭。

dedit et concessit　〈拉〉他已经交付并授权

dedition　n.放弃　源于拉丁文"deditio"，指放弃财产和权利等的行为。(⇨surrender)

dedititii　〈拉〉(罗马法)❶归化者；降服者　①向罗马投降或无条件投降的敌人，依照《艾里亚和森迪亚法》[Lex Aelia Sentia]，在其投降时降服者即获得自由；②指奴隶，尤指罪犯，他们在被解放或释放时并没有公民权。❷烙面罪犯　在罪犯脸部或身体其他部位，用火刑或烙刑留下疤痕以致不能抹去，然后再予以释放。

De Diversis Regulis Juris Antiqui　《古代法格言集》《学说汇纂》[Digest]第50卷第17篇的篇名，优士丁尼《学说汇纂》的最后一个题目，含有大量的、简明扼要的意见，在今天被称为法律格言。其中一些残存下来的编入了现代法律格言中。在中世纪和现代社会的早期，曾出现过大量评价该书的著作。

de dolo malo　〈拉〉关于诈欺的；基于诈欺的(⇨actio de dolo malo)

de domo reparanda　〈拉〉维修令状　①签发给某一承租人的令状，要求其他共同承租人分担因维修共同财产而付出的费用；②要求某人维修其对其他居民构成威胁的危屋的古令状。

De Donis　〈英〉《附条件赠与法》　爱德华一世时通过的一部成文法的题名。该法将非限嗣继承地产[estate in fee-simple]改变为限嗣继承地产[estate in fee-tail]，且不得转让，从而加强了领主的权力。(⇨Statute of Westminster Ⅱ)

De Donis Conditionalibus　《附条件赠与法》(⇨Statute of Westminster Ⅱ)

de dote amissa per defaltum　〈拉〉寡妇地产恢复令　根据1285年《威斯敏斯特法Ⅱ》[Statute of Westminster Ⅱ]为因缺席[by default]而丧失寡妇地产的寡妇发出的，使她可以重新取得该地产的令状。

de dote assignanda　〈拉〉寡妇地产分配令状　当国王的直封领臣去世时，官方查明他保有自由继承地产或限嗣继承地产，该封臣的遗孀可到文秘署[chancery]宣誓表明，如果没有国王的批准，她就不再结婚，而且她就可以取得上述令状，并能依此要求国王的复归财产管理官[escheater]将该遗孀之夫留下的寡妇地产[dower]分配给她。这些寡妇称为"王室寡妇"[King's widows]。

de dote unde nihil habet　〈拉〉寡妇地产分配令　亡夫生前未给其妻兑现法定的寡妇地产，该令状正为此而设，它要求亡夫现在的继承人给该寡妇分配适当数量的地产。

de droit　合法权利；正当要求

de droit de advowson　圣职推荐权令状　当圣职推荐权享有人[owner of an advowson]的推荐权受到干扰时为其发布的令状。

deductible　a.可扣除的；可减免的

n.❶扣减项目　在计算应税所得时可从总收入[gross income]或调整后的总收益[adjusted gross income]中扣除或减免的项目。(⇨deduction)❷免赔额　保险人对保险标的在保险期间所遭受的损失，在一定限度内不承担赔偿责任的限额。具体分为相对免赔额和绝对免赔额：前者是指损失超过该金额时，保险人予以全赔；后者是指损失超过该金额时，保险人只负责赔偿超过该金额的损失。❸免赔条款(⇨deductible clause)

deductible clause　免赔条款　保险单中规定免赔额的条款，旨在促使被保险人减灾防损和减少繁多的小额索赔。

deductible losses　准予扣减的损失额　纳税人因被损毁、盗窃、没收、取消抵押品回赎权等原因遭受财产损失而又未能通过保险等方式获得完全补偿时，在计算其应税净收入时准予扣除的金额。

deduction　n.❶扣减项目；扣减金额　在计算应税所得或应税财产时从纳税人的总收入或总资产中扣减的项目或金额。❷(罗马法)先取份额；先取物　某一继承人在分割遗产前有权从遗产中先于获得的遗产或遗产份额。(⇨charitable deduction; deductible; marital deduction; orphan's deduction)

deduction for new　(船舶修理)以新换旧费用差额扣减(⇨new-for-old)

deduction of a claim　对权利(主张)的推断　通过推溯制定法或衡平法中某项权利的渊源，来证明该项权利的存在。

deductive method　演绎法　一种从一般的原则推断出这些原则的具体运用或结果的推理方法。相对于归纳法[inductive method]。

de ea re ita censuere　〈拉〉关于他们已如此决定之事项　该短语用于记录罗马元老院的法令、政令。

deed　n.❶契据　一种由当事人签字、盖印[seal]并交付的书面文据。它记载一项契约或约定[contract or covenant]，表示当事人同意转移某项地产权利，或设定某项义务，或确认某项移转地产权利的行为。例如租约、抵押证书及财产和解协议[settlement]均属契据。按照普通法，原则上任何地产交易都应采取契据形式，制定法在许多情况下也有此要求。但现代法律已不要求契据必须盖印，只要签字即可。契据可分为单方契据[deed poll]与多方契据[indenture]。❷行为；事实　例如，"in deed"一词经常用来指已实际和明确完成，与"in law"相对。后者指在法律上推定已完成。

v.通过契据移转　指以契据转让不动产，强调采用书面文件，即契据的形式。该词常用于美国，英国极少用。(⇨absolute deed; ancient deeds; bargain and sale deed; contract for deed; quitclaim deed; release deed; Sheriff's deed; special warranty deed; tax deed; trust deed; warranty deed)

deed absolute　无限制契据；绝对契据；无条件契据　转让绝对权利[absolute title]的、无限制条件的契据。它与抵押契据[mortgage deed]相对，后者可因抵押条件的变化而失效。(=absolute deed)

deeded　a.立契转让的

deed for a nominal sum　象征性契据；名义对价契据　实质上等同于赠与契据[deed of gift]。

deed indented　缺边契据；多边契据；锯齿形契据　在普通法中，指双方或多方当事人为转让财产而签订并履行或准备履行的契据。契据一边被剪成锯齿形状，或从顶部以特殊方式将其剪开，分别交各方当事人收执。这一做法源于古代骑缝书的惯例，现在则以波形线将契据剪开，更通常的做法则是在契据边缘刻痕。又写作"deed of indenture"。

deed indenture　(=deed indented)

deed in fee　转让非限定继承土地的契据　常附有转让合同。(⇨fee simple)

deed inter partes　由当事人亲自履行的契据　区别于由

他们的代理人或律师代为履行的契据。

deed of accession 债务和解确认文书 债权人签署的一种文书，表明其同意和接受无力偿债的债务人提出的还债办法。

deed of agency 代偿契约信托 是一项可撤回的自愿的偿债信托。

deed of arrangement 和解证书 指破产程序中债权人和债务人达成的和解方案，包括一系列的法律文书，如对债务人财产的处理协议、债务偿还协议、为继续或终止债务人业务的监察员协议或类似的证书。它们都是破产程序中可供选择的和解方案。在英国，这类和解证书必须经贸易部[Department of Trade]登记才有效。（⇨ composition）

deed of bargain and sale 买卖契据（= deed of purchase）（⇨bargain and sale）

deed of covenant 个别条款证书 指为明确所有权，或为补偿购买人或抵押权人[mortgagee]，或为制作所有权文据[title-deed]而成为某一独立文据组成部分的条款。带有违约金[penalty]的条款者被认为是为保证债务的清偿，以取代附条件的合同，但二者的法律救济是相同的。

deed of discharge 解除信托关系的契据 信托法中，当财产清理结束后，受托人在契据上签名盖章，以示解除信托关系。

deed of distribution 遗产分配契据 指一种信托契据，死者的不动产据此发生转让。

deed of exchange 交换契据 指普通法上同种权利的互相转让。

deed of gift 赠与证书；赠与契据 自愿无偿转让财产的契据，区别于以对价[consideration]为基础的财产转让契据。

deed of grant 财产让与契据 卖方可以借契据把无体可继承遗产[incorporeal hereditament]转让给买方。英国在制定1845年《不动产法》[Real Property Act]后，有体可继承遗产[corporeal hereditament]也可以此种方式转让，此前有体可继承遗产则常以出租与弃权[lease and release]的方式转让。自1925年《财产法》[Law of Property Act]替代1881年《财产法》后，在契据中并非必须使用"grant"一语。其他可以表达相同意义者亦可使用，并具有相同效力，如"give"。

deed of inspectorship （英格兰古法）监督权证书 债权人和无力偿债的债务人所签订的文件。依该文件，任命一人或数人代表债权人监督对该债务人的财产进行清算。

deed of partition （财产）分割契据 共同保有人[joint tenant]或混合共同保有人[tenant in common]为单独占有地产而分割财产的契据，由此在受让人间产生单独地产权[estate in severalty]。

deed of purchase 买卖契据（⇨bargain and sale）

deed of quitclaim 产权转让契据；放弃权利证书（= quitclaim deed）

deed of release 转让证书；放弃权利契据；清偿契据；免责转让契据 债务履行完毕或其他条件满足之后，抵押权人或受托人将财产交付给原所有人，从而使他们之间的抵押关系或信托关系消灭。此语曾仅指无往转让人将其全部权利或利益转让给已在该地产上享有部分权利的受让人；但在现代用法中，受让人是否对所转让的财产拥有权益已不是此类契据的必要条件。它现在和"quitclaim deed"是同义语。（⇨quitclaim deed）

deed of separation 分居证书；分居协议 夫妻双方通过中间人订立的协议，规定夫妻分居、处置夫妻各自财产和丈夫向妻子支付扶养费等内容。

deed of settlement 〈英〉❶协议契据；财产授予契据 指1844年11月1日以前成立合股公司时订立的、指定公司合伙财产受托人并规定公司经营管理规章制度的协议。这些事项现由备忘录[memorandum]或公司章程[articles of association]来调整。❷财产处分契据 指用于处分某一事物的契据。

deed of trust 〈美〉信托契据；信托证书 美国一些州规定在设立抵押时所使用的一种文据。根据这种文据，将不动产的法定所有权交给一位或多位受托人托管，以保证债务清偿。它在形式上与抵押[mortgage]不同，但实质上也是一种担保。（= trust deed）

deed poll 平边契据；单边契据；单方契据 只有让与人单方签名对世表明或宣告其行为或意图并只约束其本人的契据。因契据边缘修剪成一条整齐的直线而得名，与多边契据或多方契据[deed indented; indenture]相对。若此契据为受让人所接受，则成为双方的共同行为，受让人应受该契据的约束并予以履行。（⇨ deed indented）

deed to declare uses 声明用益权的契据（⇨declaring a use）

deed to lead uses 指明用益权的契据（⇨declaring a use）

deed to support 协议扶养契据 以财产出让人将来获得扶养作为对价的协议。

deed to timber land 〈英〉林地转让契据

de ejectione custodiae 收回监护权令状 因监护权受到侵害而给监护人签发的令状。

de ejectione firmae 侵占租约地诉讼令；收回不动产之诉 定期承租人[tenant for years]针对土地的出租人[lessor]、土地回复权人[reversioner]、土地剩余地产人[remainderman]或与该土地无关而在承租期内非法剥夺承租人对该土地占有权的人提起侵占租约地诉讼的令状。后来，依此令状开始诉讼的逐渐扩展到不仅包括赔偿损失，还包括对剩余租约期内承租人的占有权之恢复，以及最后对土地一般占有权的恢复。因为此诉讼已开始涉及占有权，随即也用于解决土地的所有权问题，这就是后来逐步形成的收回不动产之诉或驱逐之诉[ejectment]。（⇨ejectment）

deem advisable 认为适当的；认为可取的 授予受托人自由裁量权时的用语。

deemed transferor 〈美〉推定的转让人；被视为转让人者 即某一信托关系中的受益人，该信托关系的终止将导致隔代转让税[generation-skipping tax]的征收。如某甲创设的信托关系中，其子为终身受益人，其子死后剩余权利属其孙。这样，其子死后，其子即成为推定的转让人，该信托被包括在其子的全部遗产中，作为征收隔代转让税的依据。（⇨generation-skipping trust）

deeming n. 假定；视为 现代常见的一种法律拟制，尤其是在制定法中规定一种事物应当被视为另一种事物的情形。

deemster n. 〈英〉马恩岛首席法官 马恩岛位于爱尔兰海中，岛上有两名首席法官。

deeply indebted 负债累累的；债台高筑的 用此表示一个人的财务状况，其财产不足以偿还其债务。

deep pocket 〈美〉❶深衣袋（雇主） 指拥有巨额资源的自然人或法人。美国律师的习用术语，意指不论胜诉或败诉，律师在这些雇主身上都有利可图。❷深衣袋论根据反托拉斯法[antitrust law]中的深衣袋论,母公司的雄厚财源会对子公司所参与的竞争产生影响。❸(复)巨额财产

Deep Rock doctrine 〈美〉深层岩石原则 破产法上的一项原则。按此原则,在破产公司拥有控股权的股东[controlling shareholder]提出的不公平权利主张应服从于普通债权人或销货债权人[trade creditor]的权利主张。此原则来源于联邦最高法院判决的泰勒诉标准煤气和电力公司[Taylor v. Standard Gas and Electric Co. (Deep Rock)]一案,该案中被告以欺诈性手段向其母公司转移财产,该原则因其名称而得名。

de escambio monetae 授权商人开具汇票的古令状

de eschaeta 土地复归令状 领主在其封臣无继承人而死亡时收回封地所需的令状。

de esse in peregrinatione 正在旅途中的 解释未到庭的托辞。

de essendo quietum de theolonio 免交通行税的令状 使享有免交通行税[toll]特权的人不受干扰而享受该豁免的令状。

de essonio de malo lecti 查明因病而不能出庭的理由是否属实的令状

de estoveriis habendis 别居必需品(或抚养费)给付令状 发给因离婚而分居的妻子,以使其能从前夫的财产中获得已为法庭所承认的必需品[estover]或抚养费[alimony]的令状,现已废弃。(= estoveriis habendis)

de estrepamento 免荒令状 在涉及土地的诉讼尚在进行时,发给被告禁止其抛荒争议土地的令状。

de et super praemissis 关于或基于上述各点;关于或基于上述房屋

de eu et trene 〈法〉关于水及三线鞭(之刑) 用于受雇从事奴隶劳动,受肉体惩罚的女性农奴。

de eve et de treve 〈法〉从祖父,从曾祖父的曾祖父… 相当于拉丁语中的"de avo et de tritavo"。字面意思是"从祖父,从曾祖父的曾祖父…",表示领主对其农奴的古老权利。该短语出现于《年鉴》[Year Books]中。

de excommunicato capiendo 〈英〉(御前大臣签发的)逮捕被开除教籍者的令状 命令郡长逮捕并关押被开除教籍者,直至其恢复教籍。

de excommunicato deliberando 〈英〉(御前大臣签发的从郡监狱中)释放恢复教籍者的令状 由主教证实该人被执行逮捕被开除教籍者的令状[de excommunicato capiendo],在被逮捕并关押后已恢复教籍。

de excommunicato recapiendo 〈英〉再次逮捕被教会开除教籍者的令状 被开除教籍者已被释放,但未能遵守恢复教籍的条件,或未向教会赎罪,或未能提供担保而被再次逮捕。

de excusationibus 关于免责 《学说汇纂》第27卷的标题。论述免除某人担任未成年人或精神病人之监护人职责的条件。

de executione facienda in withernam 以报复方式实施的执行令状

de executione judicii 要求司法行政长官或其副手执行判决的令状

de exemplificatione 准予制作原件之誊本的令状(⇨exemplification)

de exitibus terrae 来自土地之收益的

de exoneratione sectae 诉讼豁免令状 受国王监护的人在其被监护期内在郡法庭[county court]、百户区法庭

[hundred court]或庄园民刑事法庭[court-baron or leet court]享有全部诉讼豁免权的令状

de expensis civium et burgensium 要求司法行政长官向全体市民和从自治市(或大学)选出的议员收费的令状

de expensis levandis 〈英〉征取议员出席议会津贴的令状 指要求司法行政官向选区居民征收议会议员在参加会议期间享受的每天两先令的津贴的令状。在每次会议临近结束时,该议员可向法院请求获得此项津贴。

de expensis militum levandis 〈英〉征取下议院郡选骑士议员出席议会津贴的令状 指英国1681年以前要求司法行政官向选区居民征收郡选骑士议员[Knights of the shire]在参加下议院会议期间享受的每天四先令的开会津贴的令状。

de expensis militum non levandis 〈英〉禁止郡长向古地保有人征收郡选骑士议员在下议院期间所享受的开会津贴的令状

deface v.❶涂抹;涂损;销毁(书面文件、签名或刻印文字等) ❷使…贬值;减损(⇨defacement) ❸破坏(建筑物、纪念碑等的)外观;损坏;损害;污损

defacement n.贬值;减损 通过打孔、毁坏硬币边缘、擦损等非法操作方式降低钱币的价值。但钱币的磨蚀[abrasion]除外。

defacing brand 除去(烙在动物身上的)印记

de facto ❶实际上的;事实上的 指虽不合法,但因实际目的而必须予以承认的职位、政府或事实状态等。与"法律上的"[de jure]相对。 ❷〈英格兰古法〉有关谋杀的主行为或主犯行为[principal act]的 即个人行为[factum]。

de facto adoption 事实收养 根据法定程序达成收养协议,条件成熟时由当事人提出请求即可转为法律收养[de jure adoption]。属衡平法上的收养[equitable adoption]。

de facto annexation (= annexation de facto)

de facto blockade 事实封锁 作为海上军事行动的辅助,由海军官员依职权自行决定或根据上级指示实施而未经政府公告的封锁,仅在封锁区域当场通知来往船只远离封锁区域行驶。

de facto contract 事实合同(⇨de facto contract of sale)

de facto contract of sale 事实上的买卖合同 指合同意在从事实上将所有人的财产转让给他人,但尚欠缺某些要素。

de facto corporate officer 事实上的职员 虽不是法律意义上的职员,且可经由正当程序将其开除,但在诉讼中或经选举产生、或经指定而享有并行使公司职权。

de facto corporation ❶事实上的公司 没有法律上的成立许可[creative fiat],仅由公司成员宣称其为公司,实际上也依公司规范运营者。(⇨de facto director) ❷事实上的法人(组织) 这是一种形式上不完全的法人,其董事、经理、股东等善意地以之为形式上完善的法人,并以之作为承担个人责任的抗辩。

de facto court 事实上存在的法院 根据当时有效,但后来被认定为违宪的法律授权所建立的法院;或者是根据事实上存在的政府授权所建立的法院。

de facto custody 事实监护 指离婚后,一方当事人虽然没有被法院授予监护权,但由于其在享有监护权的另一方当事人遗弃子女或放弃监护权时,实际承担了监护之责,从而形成的事实上的监护关系。

de facto director 事实上的董事 非经合法选举或委任而取得公司董事职位并行使相应职权的人。

de facto dissolution (公司的)事实上的解散 公司因无

力清偿债务或因其它原因停止其全部经营活动并开始进行清算,即为事实上的解散。

de facto government 事实上(承认)的政府 原合法政府被推翻,或因原合法政府失去人民的支持而新成立的、在事实上统治全国并行使权力的政府。

de facto grand juror 事实上的大陪审团陪审员 指虽然可能因具有法定障碍[legal impediment](如曾拒绝担任陪审员并因此缴纳过罚款)而应被排除,但仍在大陪审团中履行职务,且在法律的名义下参与向法院提交大陪审团起诉书[indictment]的陪审员。

de facto grand jury 事实上的大陪审团 指虽然存在法定障碍而不应再行使大陪审团职责,但仍在法律的名义下行事且法庭认可其为合法的大陪审团。如为法院某一开庭期而召集的大陪审团,开庭期结束后,该大陪审团继续履行职责至下一开庭期。

de facto guardian 事实监护人 指在未成年人的父母去世后,不待被正式指定为监护人即主动承担管理和监护未成年人人身和财产之责者,尽管其与未成年人关系密切,可被委任为监护人。(⇨de facto custody)

de facto judge 事实上的法官 指在合法的名义下履行法官职责,但其权限存在程序上缺陷的法官,例如根据违宪的制定法而任命的法官。

de facto justice of the peace 事实上的治安法官 指占有治安法官职位并履行相应职责,但法律上实无此资格的治安法官。

de facto king 事实上的国王;篡夺王位者

de facto marriage 事实婚姻 男女双方以夫妻名义共同生活但在婚姻形式上有瑕疵的婚姻。

de facto municipal corporation (= municipal corporation de facto)

de facto officer 事实上的官员 实际担任某一职务,但非依法定方式据有其职位者。(⇨de facto corporate officer; de facto public officer)

de facto official newspaper 事实上的官方报纸 虽未经合法和正式地被指定为官方报纸,但实际上起到了官方报纸作用的报纸。

de facto public officer 事实上的政府官员 指以政府官员的名义行使职权,但其产生时未经法定程序或不符合法定条件的人。这种情况的出现可能由于以下原因:未经公开的任命或选举程序;虽经公开的任命或选举程序,但所产生的政府官员却不符合有关要求、条件或先例;虽经公开的任命或选举程序,但该程序由于某种原因而无效;根据某项法律经任命或选举程序产生政府官员,但该法律后来被宣布违宪。

de facto road 实际上(供公众通行)的道路

de facto school district 事实上的校区

de facto segregation 事实上的隔离 非以法律规定,但事实存在的隔离,如公立学校中非因学校当局支持,也非因国家行为引起的种族隔离,而是因社会、经济等方面的原因形成的种族不平衡,比如某一地区入学者过分集中于某一种族。(⇨segregation; de jure segregation)

de facto taking 事实上的取得 有国家征用权[eminent domain]的机关事实上干预了财产所有者对财产使用、占有和收益的征用行为。

defalcation n. ❶侵占公款;挪用公款 ❷不履行义务;清偿债务;违约 ❸(破产法)受托人对信托资金的侵吞或滥用 有受托人身份的债务人,因侵吞信托资金而不能履行债务。❹(罕)债务的减少或抵销;赔偿额的扣除 ❺反诉

defalk v. 抵销(他人的权利主张);扣除债务 该词与defalcation并非完全同义,它不能用于公务员或受托人挪用其所掌握资金的行为。

de falso judicio 错判复审令;撤销下级法院裁决的令状 (⇨false judgment)

De Falso moneta 〈英〉《伪币法》 爱德华一世统治时期通过的一项法令。该法令规定没收进口假币者的一切财产,直至剥夺其生命。

defalta (= default)

defamacast n. 诽谤性广播 利用广播进行诽谤。

defamation n. ❶诬蔑;诽谤;中伤;损害(他人)名誉 故意以口头或书面方式散布不实之辞以败坏他人声誉,或使公众对该人萌生有损其声誉的情绪或看法。在美国,政府官员或社会名流控告传媒有诽谤行为时,控告方须证明诽谤性言论出于真实的恶意[actual malice]。所谓"恶意",在这里是指明知是不实之辞而仍予以散布;或对是否为不实之辞持放任态度。❷侮辱 在公共场合嘲弄某人。该行为既构成民事侵权,又构成刑事犯罪。

defamatory a. 诬蔑的;诽谤的;中伤的;败坏(他人)声誉的 (⇨defamation)

defamatory advertising (败坏或贬低某产品声誉的)诽谤性广告;毁誉性广告

defamatory libel 书面诽谤 和口头诽谤[oral defamation]相对的一种诽谤方式。(⇨libel)

defamatory per quod 特殊情形下具有诽谤性的 除言辞的公知含义外,还需原告在其诉状中说明该言辞在某特殊情况下是具有诽谤性的。(⇨actionable per quod)

defamatory per se 当然诽谤性 无需其它证据证明,言辞本身便具有诽谤性。(⇨libelous per se; slanderous per se; actionable per se)

defamer n. 诽谤者;诋毁(他人)声誉者 (⇨defamation; defamatory)

defames 〈法〉(因犯重罪)被褫夺(部分)公权的

default n.&v. ❶未履行债务;违约 指未能履行法律规定的或合同约定的义务,特别指未能适时偿还债务。❷(庭审)缺席;未出庭 指当事人有义务出庭而未到庭应诉。❸未履行职责 在有关执行职务令[mandamus]的法律中,指公职人员未履行法定义务。(⇨default judgment; willful default)

default day 出庭的最后期限 被告为避免被法庭宣布为不到庭并作出缺席判决而出庭应诉的最后一日。

defaulter n. ❶不履行义务者;违约者;缺席者 ❷盗用公款者;挪用公款者;亏空公款者

default final 终局缺席(判决) (⇨judgment by default final)

default inquiry 缺席调查(判决) (⇨judgment by default and inquiry)

default judgment ❶缺席判决 被告在庭审中不到庭或未对原告的请求作出答辩的情况下,法庭所作的对被告不利的判决。❷不履行判决 当事人不服从法庭命令,尤其是要求其进行披露[discovery]的命令时,作为惩罚,法庭作出的于其不利的判决。

default summons 〈英〉支付令状 郡法院为了迅速实现原告的债权或清偿要求的简易司法措施。该令状发出后14天内,被告若没有支付原告要求的金额或提出异议、承认或反诉,则法院会作出简易判决[summary judgment]。

defeasance n. ❶撤销条件;废除条件;解除条件 使合同无效的条件。(⇨defeasance clause) ❷毁约证书;解除

合同 使证券、契据、保证书、判决书或遗嘱等失效的契约或文件。

defeasance clause （抵押物）权利回复条款 确保在抵押条件满足后，抵押人[mortgagor]恢复其原有权利的条款。该条款允许抵押人即债务人，通过清偿债务来撤销他人对被抵押的不动产所享有的一切权益，从而使对该抵押物的暂时的、附条件的转让无效。

defeasible a.可作废的；可取消的；可解除的；可宣告无效的 指行为、权利、合同等可以被撤销或归于无效。如抵押财产因为抵押人在衡平法上享有的回赎权[redemption]而成为"可作废的"。(⇨defeasance)

defeasible fee 〈英〉可失效的世袭地产权；非限嗣继承地产[estate in fee]可能因未来的意外事故而失效，如一项确定的剩余地产权[vested remainder]可能因为剩余地产权人[remainderman]在遗赠生效前死亡而失效。(⇨determinable fee)

defeasible title 可废除的所有权；可撤销的所有权 该种所有权在表面上并非无效，只是由于不特定条件的发生而可被撤销。它不同于绝对无效的所有权。

defeasibly vested remainder 可撤销的剩余地产权 指其真正成就有赖于遗赠之后特定事件发生的剩余地产权。换言之，若该特定事件不发生，则此剩余地产权将不成就，故称可撤销的剩余地产权。

defeasive a.（行为、权利、协议等）可被宣布无效的；可被撤销的

defeat v. ❶落空；挫折 ❷（在竞赛、选举中）战胜；击败；（在诉讼中）使败诉 ❸废除；使无效

defeazance (=defeasance)

defect n. ❶缺陷；不足 ❷（法律要件的）欠缺；标的物履行上的欠缺 ❸瑕疵 在产品严格责任诉讼中，可能包括产品在设计或制造等方面存在的缺陷或对于危险未作充分警示，主要指对产品的使用和安全至关重要的部分存在的缺陷。

defect in highway or street 公路或街道（中妨害通行安全的）瑕疵

defect in ways, works, or machinery 道路、工厂或机械（中妨碍充分利用的）瑕疵 如结构方面存在缺陷使其不能正常使用，配件短缺使机器不能正常运转，或事物本身内在的、导致使用和使用障碍的因素。

defective a. ❶有缺陷的；有毛病的 ❷欠缺法律要件的 ❸（产品）有瑕疵的 如该产品不具备应有功能，或因不符合产品的原设计功能而有危险等。(⇨defect; warranty)
n.身心有缺陷者；身心有缺陷的人

defective condition 产品瑕疵状态 指产品对人身可能造成的伤害超出了普通使用者或购买者凭常识所能合理预见的程度，因而对使用者构成不合理的危险。但如果只是在使用时可能造成伤害，则不能视该产品存在瑕疵或构成不合理危险。(⇨strict liability; product liability)

defective execution 法律效力瑕疵 指法律文件因不符合生效条件从而导致其不具备相应的法律效力。

defective highway 有瑕疵的公路 指公路的状态会给在通常注意状态中的行人造成不合理的通行危险，它包括公路本身建筑或修缮有缺陷、公路置有障碍物等。

defective or broken fixtures 有瑕疵的或破损的固定附着物 如果作出"禁止安装有瑕疵的或破损的管道等不动产固定附着物"之类的规定，则会因语义不清而无效，这是由于其可能把不影响有效运作也不影响公众安全的此类附属设施也包含在禁止之列。

defective pleadings 有缺陷的诉状 指诉状、答辩状、反诉状等诉答文书在形式或实质内容上不符合最低标准的充分性或准确性的要求。对有缺陷的诉状现代一般允许当事人补正。

defective product 缺陷产品；瑕疵产品 (⇨defect; defective)

defective record 有缺陷的记录 指因缺少索引、或因记录不准确等原因而不符合上诉规则必要条件的记录。也可指因契据登记有误而使不动产权利存在瑕疵。

defective street (= defective highway)

defective title 瑕疵权利 不能合法转让的财产权利，通常是由于在该项财产上存在着互相冲突的权利要求。(⇨bad title; unmarketable title)

defective title to instrument 有瑕疵的票据权利 指通票据的持票人以欺诈、强迫、暴力、谋取违法对价或其它非法手段获得该票据或票据上的签章，则该持票人的票据权利即为有瑕疵。

defective title to real estate 有瑕疵的不动产产权 指不可转让的不动产产权。(⇨marketable title)

defective verdict 有瑕疵的裁断 指因违反法定程序或者因不充分而不具有合法性的裁断，法官亦不能据此裁断做出判决。

defect of form 形式上的缺陷 指法律文件、起诉书、答辩书等的风格、形式、内容安排或非重要部分等方面存在的缺陷，区别于实质上的缺陷[defect of substance]。

defect of heirs 无继承人 佃户死亡后若无继承人，其土地即转归原领主或复归国王所有[escheat]。

defect of parties 参加诉讼的当事人不足 指对于法庭作出判决来说必不可少的当事人未作为共同原告或共同被告参加诉讼。

defect of substance 实质上的缺陷 指法律文件、起诉书、答辩书等的主体或实质内容方面存在的缺陷，例如，遗漏了应当说明的必不可少的条件，区别于形式上的缺陷[defect of form]。

defectu juris 权利瑕疵；无权(⇨ex defectu juris)

defectum 〈拉〉缺陷；瑕疵(= defect)

defectu natalium 非法出生(⇨ex defectu natalium)

defectus 〈拉〉瑕疵；缺乏；不完善；无资格；不合格；缺席；不履行

defectu sanguinis 无后嗣；无子女(⇨ex defectu sanguinis)

defectus sanguinis 〈拉〉〈古〉无后嗣；无继承人(⇨escheat)

defence (= defense)

Defence Acts 〈英〉[总称]《国防法》 1842年至1973年颁布的有关授予国防大臣一定的土地，并允许其为防御目的而强制征购土地的一系列法律。

defence area 防区；防御区域

defence certificate 〈英〉辩护证书 根据1930年《贫困犯人辩护法》[Poor Prisoners Defence Act]的规定，由治安法官或法官向贫困的犯人签发的为其提供法律援助[legal aid]的证书，现替之以1974年《法律援助法》[Legal Aid Act]规定的签发法律援助命令。

Defence of the Realm Acts 〈英〉《领土防御法》 指一战期间通过的一系列授权政府进行战争、战后继续占有某些与战争有关的土地的法律。

Defence of the Realm Acts, 1914 and 1915/D.O.R.A. 〈英〉1914年和1915年《领土防御法》(⇨Defence of the

Realm Acts)

defence regulations 〈英〉防御条例　指根据 1939 年和 1940 年的《紧急权力（防御）法》[Emergency Powers (Defence) Act] 以枢密院令 [Order in Council] 的形式制定的一系列条例。

defendant n. 被告人　在民事诉讼中被起诉的或在刑事诉讼中受到犯罪指控的人。(⇨respondent; joint defendants; nominal defendant)

defendant in error 被上诉人　在上诉案件中，指下级法院判决中的胜诉方。(⇨proceeding in error; writ of error)

defendare v. 承担责任；负有责任；对…负责

defendemus 〈拉〉我们保证　担保契据中的正式用语。指在财产转让和捐赠中，财产出让人和赠与人保证，在财产上除契约中已明示者之外，再没有设定其他如抵押等类的负担。

defendendo (= defense)(⇨homicide se defendendo)

defender n. ❶辩护人；答辩人　可以指自行辩护的被告人，也可以指辩护律师。❷〈法〉否认；辩护；禁止；防止；保护　❸〈苏格兰〉(教会法)被告

defendere v. 答辩；辩护；反驳；否认

defendere se per corpus suum 〈拉〉以决斗方式应诉；同意以决斗断案；凭其身体为自己辩护　即进行决斗。

defendere (se) unica manu 〈拉〉以宣誓否认对自己的指控　本义指以一只手为自己辩护，意指举手宣誓。

Defender of the Faith 〈英〉护教者；保教功臣　英格兰国王或女王的尊号之一。原为 1521 年罗马教皇利奥十世为感谢英王亨利八世撰文反对马丁·路德而赐予。所有英王王位继承人均可沿用此尊号。

defendit vim et injuriam 他为（自己的）暴力行为及其损害辩护

defendour 〈法〉❶被告人　❷揭发同案犯 [appeal] 中的被揭发者

defendre v. 答辩；辩护；反驳；否认

defendress n. 女被告

defeneration n. 放高利贷

defensa 圈地；围场；猎园

defense n. ❶答辩；辩护；答辩理由；答辩根据　指民事诉讼中被告对原告起诉状中的主张和请求，或者刑事诉讼中被告人对控诉方的指控所作的否认、反驳，以及支持被告人反驳主张的理由、证据等。❷辩护方；被告方　指在庭审中对一个或多个被告人的称呼。❸票据抗辩权　指正当的商业票据持有人免除票据责任或免除因票据而生的义务的权利。❹(对非法暴力行为的)反击；防御；防卫(⇨self-defense; national defense)

defense attorney 辩护律师　在民事或刑事诉讼中代表被告人进行答辩或辩护的律师。(⇨public defender)

defense au fond en droit 诉求不充分抗辩(⇨demurrer)

defense au fond en fait 概括否认答辩(⇨general issue)

Defense Bases Compensation Act 〈美〉《防御基地补偿法》　一部联邦法律，它规定根据公共防御工事合同受雇佣到国外修建防御基地而受伤的人员适用《码头工人和港口工人补偿法》[Longshoremen's and Harbor Workers' Compensation Act] 补偿。

défense bonds 〈法〉(= saving bond)

defense counsel (= defense attorney)

Defense Department 〈美〉国防部　根据《1949 年国家安全法修正案》[National Security Act Amendments of 1949] 成立的，负责有关国家安全的全部事务、对武装部队进行统一领导的联邦政府行政部门，其下属的军事部门包括陆军部 [Department of the Army]、海军部 [Department of the Navy] 和空军部 [Department of the Air Force]。由于国防部的前身是 1947 年根据《国家安全法》[National Security Act] 成立的国家军事组织，因此有人把 1947 年作为国防部建立的时间。

defense en droit (= defense au fond en droit)

défense of habitation 居住防卫权　指刑事法律中以武力保护个人住宅的权利。可作为刑事案件中的辩护理由。(⇨defense of property)

defense of insanity 精神病的合法辩护　指刑事案件中，被告人因精神病而缺乏承担刑事责任所必需的心理要件，由此可免除其刑事责任。《联邦刑事诉讼规则》[Fed. R. Crim. P.] 中规定，若辩方意图提出该辩护理由，须在审前通知控方。(⇨insanity)

defense of others 防卫他人　为保护他人的利益，针对侵害者所采取的正当防卫行为。(⇨self-defense)

defense of property 防卫财产　指刑事案件中，为了保护个人财产免受非法侵害而采取的适度暴力行为。

defense of self 自身防卫(⇨self-defense)

defense on the merits (= meritorious defense)

defensio 〈拉〉❶防御物；防御　❷答辩；辩护　❸禁止；禁令

defensiva n. (英格兰古法)(边界地区守卫国土的)领主；伯爵；封疆大吏

defensive allegation (教会法)应诉主张；辩护事实主张　指被告提出某种事实作为答辩根据，要求原告宣誓对此作出应答。在教会法庭上，其程序通常为：首先传唤被告到庭，然后向其告知原告起诉状中的起诉根据，对此，被告宣誓作出回答，如果被告否认原告指控，则通过询问证人来予以证明，并将证人证言书面记录下来。如果被告有任何事实或情况可作为其辩护根据，必须在辩护事实主张中提出，对此，他有权要求原告宣誓作出回答，并可以像原告一样进行证明。

defensive collateral estoppel 防御性间接不容否认(⇨collateral estoppel)

defenso n. ❶(英格兰古法)田地、草场中被用来种植谷物、牧草的部分；筑栅以防被牲畜破坏的林地　❷(教会法)代诉人；辩护人　负责教堂世俗事务的官员　❸(英格兰古法)被告；辩护人；保护人；保证人

defensor 〈拉〉❶(罗马法)(为不能出庭自行辩护的人进行辩护的)未经委托的辩护人　❷被告　❸监护人

defensor civitatis 〈拉〉(罗马法)(罗马帝国的)城市保护人；负责公共安全的罗马官员　其职责是保护人民免受地方官吏的枉法裁判和侮辱及放贷人的盘剥。对小额金钱纠纷和轻罪拥有类似法官的权力，对执行遗嘱和财产转让拥有类似公证官 [notary] 的权力。

defensor civitatus (= defensor civitatis)

defensores 〈拉〉(罗马法)(省属城镇)低级地方行政官

defensor fidei 〈拉〉护教者；保教功臣(= Defender of the Faith)

defensum 〈拉〉❶(= prohibition)　❷(= defenso ❶)

de feodo 世袭土地的；祖传土地的

defer v. ❶推迟；拖延；展期；延缓；迟延　❷遵从；听从；服从

deferment n. ❶推迟；延期　❷(军事法)缓役　❸暂缓服刑　军事法庭决定暂缓羁押，直至判刑被核准并下达执行令。

deferral n. ❶推迟;延期 ❷(军事法)缓役

deferral of taxes 纳税递延 将本税收年度应予收缴的税款推延至以后的税收年度收缴。如对纳税人存入个人退休金账户的收入及其利息,在存储期间不予征税,只有纳税人将之从该账户取出后才予以征税。(⇨Individual Retirement Account)

deferral period (= grace period)

deferral state 〈美〉反歧视州 在《反雇佣年龄歧视法》[Age Discrimination in Employment Act]中,是指拥有自己的反歧视立法及实施机制的州。

deferred annuity 延付年金;延期年金 在将来某一特定日期,如果领取年金者仍然生存时才开始支付的年金。

deferred annuity contract 延付年金合同

deferred charge 递延费用;递延支出 指在支付当时不被确认为费用,而是作为一项可在将来注销的资产向后结转扣减的费用支出,如预付的租金或保险费。

deferred claims 延期债权 推迟到将来某日或下一会计期实现的债权。

deferred compensation 延期补偿;递延报酬 ①在未来某一时间到来或某一事件发生时才予以支付的工作报酬;②雇主付给雇工的抚恤金、养老金、退休金、分红等,只有在雇工实际收到而非挣得这些报酬之时才对其征税。

deferred credit 延期贷项;延期信用 指延迟至以后的会计期处理的贷方项目或余额,如已发行债券的溢价。

deferred dividend policy 延付红利保单 保单红利不按年支付而是迟至一定期间支付的保单。这种保单规定,在分红期间届满之前,被保险人无权获得每年增加的红利。该分红期可能为5年至20年不等,视具体规定而定。如果被保险人在该期间内死亡,其保单将在该期间内被偿付,但保单上累积的红利将丧失。该部分红利将归入红利基金而由其他在该期间内尚生存的被保险人的同类保单分享。(⇨tontine policy)

deferred income 递延收益;迟收收入 指尚未挣得而预收的收入或收益。如预收的租金或保险费等,在资产负债表中,预收收益记作负债。(⇨deferred charge)

deferred interest bonds 延期付息债券;递延付息债券 延期支付利息的债券。例如,零息票债券实际上就属于延期付息债券,它在到期后将本金及其与面值之间的差价全部支付,这一差价实为一种利息收入。(⇨zero-coupon bond)

deferred lien 延期留置权 指与现时留置权[present lien]相对的、延缓至将来某时生效的留置权,当即并未占有财产。

deferred life annuity 延付终身年金 购买者只能在购买后的一定日期才可获得的终身养老金,若购买者在该日期之前死亡,则购买金不予退还。

deferred payment ❶延期付款;延付货款 推迟支付本金和利息。❷分期付款

deferred-payment annuity (= deferred annuity)

deferred sentence 〈美〉暂缓执行的判决 指如果被告人遵守特定的要求(例如遵从关于缓刑的条件)将不予执行的科刑判决。(⇨suspended sentence)

deferred shares 递延付息股;后派息股(⇨deferred stock)

deferred stock 延期付息股票;后派息股 指载明推迟支付股息的股票。即只有当其他某种类型的股票获得股息分派之后,或者公司的某项责任或债务履行之后才给予支付股息的股票种类。在这个意义上,相对于优先股来说,普通股也是延期付息股票,在只有普通股和优先股时,延期付息股票即指普通股。当优先股、普通股和延期付息股票并存时,后者只能在前二者的股息已经支付后才可分配股息。延期付息股票多见于英国,在美国则极少见。

defiance n. ❶(以言行公开表示的)蔑视;藐视 ❷挑衅;挑战;违抗;对抗;反抗

deficiency n. ❶缺少;短缺 ❷不足的数量;短缺额 ①在税收中,表示征税机构计征的税额,大于纳税企业已缴纳的税额部分;②在抵押贷款中,用以表示变卖抵押财产之后仍未能清偿债务的部分。(⇨deficiency assessment; deficiency notice; deficiency judgment)

deficiency account 亏损账户;清算损失表 指破产人准备的或为破产人准备的用于表明清算式资产负债表[statement of affairs]中所载亏损是如何产生的报告。

deficiency assessment 〈美〉不足税额;税款差额 指国内税务署估算并经行政审查和税务法院裁定的纳税人应交而少交的税款差额。(⇨tax deficiency)

deficiency bill 〈美〉弥补拨款不足额议案 联邦国会通过的弥补正常拨款议案中遗漏的各项开支的议案。若此议案是为了弥补各项开支的不足,常称为"普通不足额拨款议案"[general deficiency bill];若此议案是为了提供必须立即予以弥补的费用,或因情况紧急来不及采取拨款议案的正常程序,称为"紧急不足额拨款议案"[urgent deficiency bill]。

deficiency decree (清偿)不足额判决 在取消抵押品回赎权的诉讼[mortgage foreclosure suit]中,针对变卖抵押物后仍未清偿的债务余额所作的判决。(⇨deficiency judgement)

deficiency dividends 补发红利 为减免前一年的个人持股公司税而支付的红利。(⇨personal-holding-company tax)

deficiency judgment 清偿债务余额的判决 指如果抵押期满拍卖所得款、或者债权人在债务人未能清偿赊销款时收回财产再予售出所得的价款,并不足以清偿到期债务,则法院判令债务人补足余额。(⇨foreclosure sale; repossession)

deficiency letter 〈美〉不合格意见书 由证券交易委员会[Securities and Exchange Commission]向上市证券登记员发出的信件,详细指出登记声明的方式不符合联邦披露规定。亦称作"letter of comment"或"letter of comments"。

deficiency notice (= ninety-day letter)

deficiency on foreclosure (变卖抵押物所得仍不足清偿的)债务余额(⇨foreclosure sale)

deficiency suits 〈美〉要求清偿债务余额的诉讼 要求清偿拍卖抵押物所得后仍未获清偿的债务余额的诉讼。(⇨deficiency judgment)

Deficiente uno sanguine non potest esse haeres. 〈拉〉半血缘者,不得为继承人。(⇨halfblood)

deficit n. ❶逆差;赤字;亏损(额);亏空(额) ❷缺乏;不足(额)

deficit spending 赤字开支;赤字消费 指消费大于收入,尤其是以借入资金而不是实际收入或结余来支付。

De fide et officio judicis non recipitur quaestio, sed de scientia, sive sit error juris, sive facti. 〈拉〉法官善意及廉正,毋庸置疑;而对其判决,不妨因法律或事实错误而表示不服。

de fidei laesione 违背诺言的 宣誓断讼[wager of law]中

被告的誓词。

defile v.❶弄脏;污损;污染 ❷玷污;糟踏;贬低 ❸败坏;腐蚀(⇨desecrate; forcibly to defile)

defilement n.不纯;不洁;(行为或道德)败坏;堕落

defilement of girls 〈英〉污辱少女罪 英国1956年《性犯罪法》[Sexual Offences Act]规定,房屋所有人或占用人为使少女与一人或多人发生非法性关系而使该少女进入其房屋的行为构成轻罪。若该少女不满13岁,行为人应被判处终身监禁;若该少女不满16岁,行为人应被判处2年监禁。

de filio vel filia rapta vel abducta 赔偿因强夺或绑架他人子女所造成的损失的令状

define v.❶解释;阐述;下定义 ❷使明确;使清楚 ❸规定;限定;确定…的界线(或范围)

de fine capiendo pro terris 缴纳罚金(以代替没收土地) 被剥夺公民权利的陪审员在缴纳罚金后予以释放或还其财产的令状。

de fine force 〈法〉绝对必要的(⇨fine-force)

de fine non capiendo pro pulchre placitando 禁止对恶意答辩处以罚金的令状(⇨beaupleader)

de fine pro redisseisina capiendo 对因再次强占他人地产而受拘禁者缴纳合理罚金后予以释放的令状

De Finibus Levatis 〈英〉《罚金征缴法》 爱德华一世时的一部英格兰法令。该法令规定每一征收罚金的裁决都应公开在法庭上庄严地予以宣读。

definienda a.公开宣称的;公开承认的

definite a.❶明确的;确切的 ❷一定;固定;肯定的 ❸限定的;有界线的 ❹限制性;限定性的

definite failure of issue 一定期限内无子女 特指某具体事件发生时无子女。如受赠人死亡之时无子女。(⇨die without issue)

definite sentence 定期刑判决 明确规定了犯人服刑期限的判决,区别于不定期刑判决,后者期限的长短由监管机构根据犯人的表现来确定。也称为 determinate sentence。

definitio 〈拉〉定义;限定;界定

definition n.❶(对事物本质特征的)描述;下定义 ❷解释;释义 ❸界定;限定(⇨define)

definitive a.(争议的解决或诉讼)最终的;确定的;终局的 (⇨definite sentence)

definitive sentence ❶(教会法)终局判决 法官作出的标志案件终结的判决。 ❷定期刑判决(⇨definite sentence)

deflation n.通货紧缩 通常指货币或信贷供应量减少,以减缓物价上涨和降低需求,购买力下降,导致经济萎缩,物价水平和生活水平降低。(⇨inflation)

defloration n.诱奸;放荡;纵欲;奸污处女

deforce v.(英格兰古法)非法占有他人合法所有的土地 (⇨deforcement)

deforcement n.❶(英格兰古法)非法夺取或侵占别人的土地 包括侵占[disseisin]和驱逐,但并不要求受害人实际占有上述土地。这一词语也包括对别人保有之财产或职位的侵夺。 ❷扣押寡妇得到的寡妇地产[dower] ❸〈苏格兰〉抗拒执法 某人为阻止司法官员履行职务所实施的抗拒执法的犯罪行为。

deforceor (= deforciant)

deforcians (= deforciant)

deforciant n.❶非法占有他人土地者;(不动产)非法占有者 ❷拟制诉讼中的假定违约者 在为转让土地所进行的拟制诉讼中被假定为违反契约的那个人。(⇨common recovery; fine)

deforciare 〈拉〉剥夺合法所有者的土地或保有物[tenement]

deforciatio 〈拉〉(英格兰古法)为追偿合法债务而扣押财物

deforcor (= deforciant)

de forisfactura maritagii 婚姻处罚金令状 对未征得监护人的同意而结婚的被监护人处以罚金[forfeiture of marriage]的令状。

deformity n.畸形(状态);残疾;畸形器官 在人寿保险中,投保人的身体畸形或残疾在很大程度上削弱了其健康状况,增加了投保人死亡、患病或发生事故的机会。

defossion 活埋 旧时处决罪犯的一种刑罚。

De Frangentibus Prisonam 〈英〉《越狱处罚法》 爱德华二世时的一部法令,规定除死刑犯外,任何囚犯不得因越狱而被判无期徒刑或肢体刑。

defraud v.骗取;诈取 指以诈欺[deceit]的方式使他人受到伤害或损害,借此取得不正当的或不合理的利益。(⇨misrepresentation; fraud)

defraudacion 〈西〉(以欺诈手段)逃税

defraudation n.骗取;诈取(钱财)

defunct a.❶已死的;已灭绝的 ❷失效的;过时的 n.死者

defunct company 〈英〉停业公司 公司登记机关有理由认为已停止开展业务活动、履行特定手续后即可撤销登记的公司。

defunctus 〈拉〉死的

de furto 偷盗的;犯偷盗罪的 在英格兰,曾作为对偷盗罪的一种上诉形式。

de futuro 未来的;将来的;此后的

degaster 〈法〉浪费

de gestu et fama 关于行为和名誉的 旧时对其行为和名誉被怀疑犯有重罪而被监禁者予以救济而由王座法庭签发的一种令状。早已废弃不用。

degradation n.❶(级别、地位、身份等的)降低;不名誉;丢脸 ❷(道德、品质等的)堕落;(价格、质量、纯度等的)下降 ❸(由于侵蚀等导致的)陵削;减削 ❹(教会法)革除神职;贬黜 指被免除或剥夺职位或荣誉,尤指天主教会解除神职人员职位的宗教处罚。这种处罚可以口头即时做出,也可举行一定仪式剥夺其衔位。现已废弃,以废黜圣职[deposition]代之。(⇨deposition) ❺(根据普通法或议会法令)贬黜贵族爵位

dégradations 〈法〉浪费

degrading a.降低身份的;有辱人格的;丢脸的

de gratia 恩惠的;仁慈的;优惠的

degree n.❶程度 ❷地位;身份;等级 ❸(发展过程的)阶段;(等级中的)级 ❹亲等 ❺(罪行的)轻重等级(过失的)严重程度 ❻(航海地图上标注的)六十海里(的距离)

degree of care 注意程度 确定某一行为是否构成过失[negligence]的相对标准,即根据不同的情形而应具备的注意标准。(⇨care; due care; extraordinary care; great care; ordinary care; prudence; reasonable care; slight care; utmost care)

degree of proof 证明程度;证明标准;证明要求 指对不同性质的案件,对其事实的真实情况的证明必须达到的

标准或要求。在刑事诉讼中，对被告人有罪的证明必须达到排除合理怀疑[beyond a reasonable doubt]的程度，而在民事诉讼中，通常只要求一方的证据比对方的证据具有优势即可。(⇨burden of proof; preponderance of evidence; reasonable doubt)

degree(s) of crime 犯罪等级；罪行的等级；罪行的轻重程度 针对相似的犯罪行为，以不同的犯罪情节为依据，衡量犯罪行为人罪行严重程度及主观过错程度，确定犯罪的等级。对于不同等级的犯罪，处以不同的刑罚。例如，在美国，多数州都将谋杀罪分为两个等级：一级谋杀罪、二级谋杀罪。一般来说，犯罪分为重罪和轻罪，某些司法管辖区区分出微罪。在重罪和轻罪之下，又可分为不同的类型。(⇨classification of crimes; crime)

degrees of kin 亲等 死者与继承人间的、借以确定血统和财产分配办法的关系。(⇨descent)

degrees of kinship (= degrees of kin)

degrees of negligence 过失程度 由立法或司法判决划分的过失等级，如轻微过失[slight negligence]、严重过失[gross negligence]等。它是确定行为人责任大小的要件之一。(⇨negligence)

degrees of offenses 犯罪等级；罪行的等级；罪行的轻重程度(⇨degree(s) of crime)

degrees of relationship (= degrees of kin)

De grossis arboribus decimae non dabuntur sed de sylvia caedua decimae debuntur. 不以全部树木交纳什一税，而仅以砍下的木材交纳什一税。

de haerede deliberando alteri qui habet custodiam terrae 将继承人移交给对封地有监护权者的令状

de haerede deliberando illi qui habet custodiam terrae 把继承人移交给封地的监护人的令状

de haerede rapto et abducto 关于(恢复对)被抢夺或被诱拐的继承人(监护权)的(令状) 旧时发给监护人的令状，使其恢复对被抢夺或被诱拐的未成年女性被监护人的监护权

de haut en bas 有高有低的

De Heretico Comburendo 〈英〉镇压异端邪说者令 为镇压罗拉德派[Lollards]、制裁反对天主教学说的演说和著作而于1401年制定的一部英格兰法，授权主教有权逮捕和监禁被控有严重嫌疑的持异端邪说者，直到迫使他们宣誓证明自己无罪，如果被定罪，则要科以罚金或遭囚禁。拒绝放弃异教学说或放弃后又有反复者将被囚禁并处以火刑，以警示他人。此法令之动议缘于主教，激起了民众的怨恨。1414年的一项法令将上述逮捕权力赋予了世俗官员，但保留了教会的审判权。该法令为亨利八世所取消，玛利女王将之恢复，后又被伊丽莎白女王取消。(⇨compurgation)

deherison n . 剥夺继承权(= disinheritance)

de hoc ponit se super patriam 于是，他将该案留给陪审团去决定。(⇨et (de) hoc ponit se super patriam)

de homagio recipiendo 强制领主接受封臣臣服的令状

de homagio respectuando ❶对充公财产管理官员发布的命令 命令充公财产管理官[escheator]将土地占有[seisin]移交给国王封臣的继承人，尽管其未效忠义务。❷暂缓或推迟举行效忠仪式的令状

de homine capto in withernam 〈拉〉〈英〉逮捕将奴隶带至另一郡从而规避了返还扣押财物令状者的令状 根据返还扣押财物令状[writ of replevin]，该人应将作为财物的奴隶返还。

de homine replegiando 〈拉〉❶保释令状 在向司法行政长官保证后，保释某人出狱或脱离某人的监管，并答应随时前来进行答辩。此令状现已基本上为人身保护令状[habeas corpus]所取代，但美国某些州仍在使用这一令状，只是在形式上有一些变化。❷判断某一农奴是否享有权利或将之归还其主人的令状

dehors 〈法〉❶超出；超过；在…以外 ❷与…无关；同…没有关联

dehors the record ❶(行政机关听证过程中所作的)证据记录之外的事项 ❷不动产权利登记之外的事项 ❸记录以外的

Dei (= god) (⇨Dei gratia; judicium Dei)

de identitate nominis 同名同姓的 释放在对人诉讼[personal action]中因与真正的被告同名同姓而被拘捕并被监禁的人的令状。

de ideota inquirendo vel examinando 〈拉〉确认白痴令 发给郡长指示其通过陪审调查的方式确定某人是否为白痴的令状。

de idiota inquirendo (旧时)调查某人是否痴呆的令状

deiesman (= daysman)

d'eignesse (= droit d'eignesse)

Dei gratia 〈拉〉承蒙天恩 国王或女王正式头衔称谓中的用语，以示君权神授。古代还曾用于下级官员，尤其是基督教会官员的职衔中。

De iis qui ponendi sunt in assisis 将担任巡回审判员的爱德华一世时一部法令的标题，该法规定了担任陪审员应具备的条件。

Dei judicium 〈拉〉上帝的判决 指古代撒克逊的神裁法[trial by ordeal]。

de incremento 增加的；额外的

de infirmitate 体弱的 可作为不出庭参加诉讼的理由。

de ingressu 〈拉〉(英格兰古法)进入令状 签发给土地被非法转让的佃户，允许其收回土地的令状。(= ingressu)

de injuria (= de injuria sua propria absque tali causa)

de injuria sua, absque residuo causae 完全是因为他自己的过错，根本不存在他所宣称的那些另外的理由

de injuria sua propria absque tali causa 因其自身的过错，不存在其它原因 普通法诉讼程序中，原告对被告的答辩的回复。在侵权诉讼中，被告答辩时承认所诉事实，但又宣称自己无过错或寻找其他借口，原告抗辩证明被告的侵权行为完全是因他自己的过错，并不存在被告在其答辩状中所称的原因或借口。这种抗辩方式现在已不再使用。

de injuriis 关于人身损害的

de inofficioso testamento 〈拉〉(罗马法)违反道德义务的遗嘱 指违反道德义务、未尽到职责的遗嘱，尤其是无理剥夺继承人应有继承权的遗嘱。

de integro 再；重新

de intrusione 入侵土地令 某陌生人在佃户死亡后，侵入其闲置的土地或房屋，从而损害了对该土地或房屋享有土地归复权者[reversioner]的利益。该令状即为此而发。

deist n . 自然神论者；理神论者 提倡以理性为宗教信仰的基础，认为上帝创造世界后即不再干涉世界，而任其按自然规律运动。

deit 他负债

dejación 〈西〉交出；放弃；让与 如破产者为债权人利益而交出其财产；继承人放弃继承；将保险财产委付给保险人等。

de jactura evitanda 为避免损失的 被告在诉讼中并不想寻求积极的救济[affirmative relief],而仅为阻止原告的追索时的用语。

dejeration n.(庄严的)宣誓

De Judaeis 《犹太政令集》(⇨Capitula de Judaeis)

De Judaismo 《犹太人法令》 爱德华一世统治时期一部有关高利贷的法律。

de judicato solvendo 支付判决金额的

de judiciis 关于司法程序的

de judicio sisti 为了出庭

de jure ❶合法的;(完全)按法律要求的 ❷法律上的 与"事实上的"[de facto]相对。 ❸依据权利的;权利上的 与"依据仁慈或恩惠的"[de gratia]相对。 ❹根据法律;依据法律 与"根据公平"[de aequitate]相对。

de jure communi 普通法上的

de jure corporation 合法公司 按照所有可适用的法律成立并在责任组织形式上被作为公司看待的公司。

de jure director (公司的)合法董事 按照法律和公司章程的规定经选举产生或指定的公司董事。

de jure government 合法政府 依法成立并依法行使其职权的政府。

De jure judices, de facto juratores respondent. 法官判定法律问题,陪审团判定事实问题。

de jure justice of the peace 合法的治安法官 指不论是否实际担任治安法官这一职务,但都有法定权利或资格担任这一职务者。

de jure king 合法国王 指合法继承王位的国王。

de jure officer 合法官员 经合法任命并且有资格担任某一职务的官员;也指虽有担任某一职务的合法权利,但却被撤销该职务或从未实际担任该职务者。

de jure recognition 法律上的承认

de jure segregation 〈美〉(公立学校中)法律上的的种族隔离 一般指由法律直接规定或得到法律认可的种族隔离。此种隔离的危害性甚于事实上的隔离[de facto segregation]。(⇨segregation; de facto segregation)

de la pluis beale 〈法〉最公平合理的 指寡妇从其亡夫的保有地[tenement]中最公平合理地分得的一部分寡妇地产[dower]。

de la pluis belle 〈法〉最公平合理的(= de la pluis beale)

delate v.控告;告发;指控(犯罪)

de latere 并列地;附属地;间接地;旁系地

delatio 〈拉〉(罗马法)(大陆法)告密;告发(犯罪)

delator 〈拉〉❶控告者;指控者 ❷间谍;告发者;线人

delatura 〈拉〉(古)❶控告;告发 ❷给告密者(告者)的奖赏

De Laudibus Legum Angliae 〈拉〉〈英〉《英格兰法颂》;《英格兰法礼赞》 为英格兰法学家约翰·福蒂斯[John Fortescue]所著。作者在亨利六世时曾任王座法庭首席法官,该书是他和威尔士亲王及其他兰开斯特派[Lancastrian party]成员流亡法国时所著。流亡期间他曾被任命为御前大臣。本书采取作者与威尔士亲王对话的形式,用比较的方法探讨了英格兰法律的性质和优点,阐述了作为陪审制基础的伦理原则:宁肯放过有罪者也不能冤枉无辜者。作者警示后人,英格兰的某些君主力图引进大陆法仅仅是为了实行专断独行的统治,因为大陆法认为"帝王的意志有法律的效力"[quod principi placuit legis habet vigorem]。全书结尾处是关于一些英格兰法研究团体的情况。

delay v.❶推迟;延迟;延期 ❷耽搁;延误
n.❶延迟;拖延;耽搁 ❷延迟的期间 ❸(大陆法)期间 诉讼一方当事人必须完成应为的诉讼行为的期间,如依法提出上诉;对于书面披露要求作出答复等。(⇨laches; postponement; unavoidable delay; limitation of action)

delay days (= lay days)

delaying creditors 被迟延的债权人 因不合理障碍而不能以债务人财产实现其合法债权的债权人。

delay rental 延期租金 在油、气租赁中,承租人因获得在承租期之外延期占用土地以开采油、气的特权而需按延期支付的租金。

del bien estre 〈法〉❶(= de bene esse) ❷〈英格兰古法〉健康的;安康的

del credere 〈意〉❶担保;保证 ❷保付货款

del credere agent 保付代理商 指保证买方有支付能力的代理商。他接管并占有被代理方用于销售的财物,保证每一个赊购财物的买方都会即时付款,保付代理商为此收取一较高的销售佣金。他的这类允诺并非诈欺[fraud]。保付代理商又称为 del credere factor。

del credere agreement 保付货款协议 保付代理人与卖方之间签订的协议。约定保付代理人担保买方有能力清偿卖方赊销的货款,而收取额外的佣金,在买方违约或无力清偿时由保付代理人赔偿。(⇨del credere agent)

del credere commission 保付代理佣金 在货物买卖中,卖方因保付代理商[del credere agent]保证买方到期即支付贷款而额外支付给该代理商的佣金。(⇨del credere agent)

del credere factor (= del credere agent)

delectus personae 〈拉〉对人选择(权) 不公开招股公司[close corporation]、家族公司[family corporation]或合伙人决定是否接纳新的合伙人,以及选择或同意某人作为新的合伙人的权利。也适用于对股份转让所作的限制。

delectus personarum 〈拉〉对人的选择(权)(⇨delectus personae)

delegable duty 可委托的义务;可由他人代为履行的义务 该种义务应是非人身性的

delegare (= delegate)

Delegata potestas non potest delegari. 不得将他人委托的权力再委托给第三人。 在委托的权力涉及自由裁量权[discretion]时适用此规则。无论行为人是谁,代理人[agent]均应向本人[principal]负责。

delegate v.❶授权 把权力委托给他人,以使其能以本人[principal]名义行事。delegate 与 relegate 不同,delegate 指将权力委托给代理人或代表,而 relegate 指将权力委托给下级行使或将事务交由其决定或执行。 ❷委派(或选举)…为代表
n.❶(得到委托授权的)代表;代理人 ❷〈美〉(被选举或被委托参加特别会议的)众议院议员;(全体选民选举并授权在某党派或州的政治集会上代表选民的)代表(⇨delegable duty; delegation)

delegated legislation 委任立法 指行政机关根据议(国)会的授权制定普遍性的行政管理法规的行为。它又被称为次级立法,而议会立法则被称为一级立法。在有的国家中,行政机关以外的机关、团体根据法律授权也享有委任立法权。委任立法的历史可以追溯到古代,到了19世纪后期委任立法迅速发展,其数量远远超过议(国)会立法。

delegated power 委任的权力;授予的权力 指上级机关

(或个人)委托或授予机关(或个人)行使的权力。在美国宪法中,该词有时特指宪法通过明文列举而授予政府各部门的权力,以区别于默示权力[implied power]。

delegates n.〈美〉(得到授权代他人行事的)代表;代理人 尤指参加政治集会和参加由宗教团体、互助团体等召集的州或全国性集会的人。(⇨Court of Delegates)

delegatio (罗马法)债务人的替代

delegation n. ❶代表团 ❷委托;授权 ❸债务人的变更 (⇨imperfect delegation)

delegation doctrine 〈美〉授权原则 授权是指将宪法赋予某一政府部门的权力授予另一政府部门的行为。授权原则主要是基于权力分立[separation of powers]理念,限制国会将其立法权移交其他政府部门,尤其是行政部门的能力。美国宪法第一条第一款规定:"本宪法所授予的全部立法权,均属于由参议院和众议院组成的合众国国会。"因而,如果美国国会一定要独享这些立法权,那么没有其他部门能涉足这一领域似乎顺理成章。由此,国会立法权不能被让渡自然显而易见。然而,事实并非如此。由于国会既无时间又无精力对其政策和计划细节进行立法,在整个美国历史上立法权的授予始终存在。但立法权的授予仍必须受到某种限制,一般认为,只要国会在授予行政机关立法权时,确定了可以理解的原则[intelligible principle],这一授权即合法成立。该词亦称 nondelegation doctrine。(⇨legislative veto)

delegation of authority 权力的委任;权力的授予 (⇨delegation of powers)

delegation of legislative power 立法权的委托;立法权的授予 指立法机关通过授予另一机关制定法律的权力加强其立法权,或者赋予另一机关确定某一特定行为[specific act]效力的权力的行为。当然,它也可指宪法授予立法机关立法权。此外,该词亦指立法机关在权限内为市政目的[municipal purposes]而委任给市政法人的权力。

delegation of powers 权力的委托;权力的授予 指政府某一部门将授予其的权力委任给其他部门或行政机关行使;也指某一机关或机构成立时,宪法或法律授予它一定的权限。

de legatis et fidei commissis 〈拉〉关于遗产和信托 《学说汇纂》[Pandects]中的一标题。

Delegatus debitor est odiosus in lege. 〈拉〉被替代之债务人仍应负法律责任。

Delegatus non potest delegare. 〈拉〉代理人不得转让其受托权限。 若未通知本人或未经本人同意,代理人不能将代理事项再委托给复代理人[subagent];若无明确授权,被委托承担某项义务者不能再将此义务委托给他人执行。

De Legibus et Consuetudinibus Angliae 〈拉〉(英格兰古法)《论英格兰的法律与习惯》 由亨利·布拉克顿[Henry de Bracton or Bratton; Henricus de Bratton]约于1250-1259年(亨利三世[Henry Ⅲ时期])以拉丁文写成的一部关于英格兰法律的著作。该书共分五卷,每卷又分为若干编和章,与格兰维尔[Glanville]的著作相比,其开篇不凡,内容广博。尽管此书未竟,但它是英国历史上的且属于中世纪最系统的说明英格兰法的著作。其因袭了格兰维尔扼要评注诉讼程式的模式,且技高一筹,因为它引用判例法阐释评注的逐个细节,每一立论都建立在合理的逻辑推理基础上,或有权威的案例支持。此外,就书中反映出的法律观念而言,如果说格兰维尔的作品表明了王室法官依旧从属于国王,那么到布拉克顿时期,王室法官已开始形成一个独立的阶层,而科克[Coke]与詹姆斯一世[James Ⅰ]抗争时所引用的名言"陛下虽高居万人之上,但却在上帝与法律之下"则正源于布拉克顿,虽然他对此语的理解与布拉克顿有所不同。也正因此,法律史学才将普通法的形成时期定位于布拉克顿成书之后。虽则它是一部英格兰的法律著作,但该书受到了罗马法的影响。实际上一些罗马法原则正是借助这一著作而被引入英格兰法的。不仅如此,书中的内容证明作者对教会法及阿佐[Azo]的作品也有一定的理解。布拉克顿认为,他编写此书的目的意在使年轻一代免受当时王室法庭那些愚昧无知的法官对法律的误解的影响。故此,他主要研究了那些杰出人士,尤其是帕特舒尔[Pateshull]和罗利[Raleigh]的判决,并将它们加以简化整理。对王室司法成果的这一空前的系统性总结,极大便利了人们对于英格兰法的学习和掌握。其对英格兰法的发展的促进作用,一直持续到科克时代。该书的重要性还表现于它作为历史文献方面,布拉克顿之后不久,它即被桑顿[Thornton]节选摘编为《布里顿》[Britton]和《弗莱塔》[Fleta]两书;1569年首次由托特尔[Tottell]印刷,后历经屡次编辑出版,主要的编辑者包括伍德拜因[Woodbine]教授(1915-1943年间进行)和托恩[Thorne]教授(1968年出版)。布拉克顿用过的一些手稿是1884年由维诺格拉道夫[Vinogradoff]在大英博物馆发现的,这些手稿在1887年由梅特兰[Maitland]编辑出版,谓之《布拉克顿札记》[Bracton's Note Book]。

de leproso amovendo 迁居麻风病人的令状

delete v. ❶删去;划掉(文字等) ❷消除;擦去(痕迹等)

deleterious a.(对身心健康)有害的;有损害的;致伤的;有毒的

deletion n.(文据中字句的)涂抹;删除

de libera falda 自由牧羊的令状(⇨quod permittat)

Deliberandum est diu quod statuendum est semel. 下决定性结论之事,应经长时间深思熟虑。

de libera piscaria 自由捕鱼的令状(⇨quod permittat)

deliberate v. ❶仔细考虑;预先计划;细想;权衡 ❷商议;讨论 ❸审议 ❹预谋;预先谋划
a.❶经仔细考虑的;深思熟虑的 ❷有意的;蓄意的;故意的 ❸审慎的;谨慎的;慎重的;冷静的 ❹不慌不忙的;从容的;不莽撞的 ❺(犯罪行为)有预谋的;事先有计划的(⇨deliberation; premeditation)

deliberate and premeditated 仔细考虑的;深思熟虑的;预先谋划的 在行为或决定之前,对可行性进行仔细的考查、检验,以致在头脑中形成某种计划。

deliberately ad. ❶审慎地;仔细地;慎重地 ❷蓄意地;故意地;有目的地;有预谋地 ❸从容地;不慌不忙地

de liberate probanda 证明自由民身份的令状 农奴用于证明自己可以作为自由人的令状。

deliberate speed 〈美〉审慎的速度 1896年美国最高法院在普莱西诉弗格森案[Plessy v. Ferguson]中认为,如果为两个种族的成员提供同等的便利设施,种族隔离就不构成歧视。这就是"隔离但平等"[seperate but equal]原则。1954年,联邦最高法院在布朗诉教育委员会案[Brown v. Board of Education]中推翻了上述判决并裁定"隔离但平等"在措词上就是矛盾的。1955年,美国最高法院命令各地教育委员会着手以"十分审慎的速度"[all deliberate speed]尽早消除公立学校中的种族隔离制度。这便是"审慎的速度"一词的来源。后来,"审慎的速度"竟成为一些地方继续在学校实行种族隔离的借口。1969

年,美国最高法院在亚历山大诉霍尔姆斯县教育委员会案[Alexander v. Holmes County Board of Education]中宣布以"十分审慎的速度"作幌子继续实行种族隔离的做法是宪法所不容许的,要求各学校区立即终止按种族划分的双重学校体制。

deliberate violation 故意违反;故意违犯;故意违背

deliberation n. ❶仔细考虑;细想;研究;深思熟虑 ❷〈美〉评议;审议;商议 陪审员在陪审员室[jury room]中,根据庭审所获证据,秘密评议,对被告人作出裁断。这种审议只有在法定陪审员全部参加的情况下才能进行。 ❸〈美〉蓄谋;预谋;策划 一级谋杀罪的构成要件之一,区别于二级谋杀罪,指行为人在进行犯罪活动前处于冷静的状态,对犯罪活动进行理智的思考和计划。

de libero passagio 自由通行的令状 为实现通过私人水道的权利而要求自由通行。(⇨quod permittat)

de libertate probanda 〈拉〉证明自由的令状 对被称作农奴而申请证明自己已获得自由的人发出的令状,该令状要求申请人向郡长提供担保,并出庭证明其已获得自由。令状规定申请人提供担保后,在判决作出前可不受干扰。(= libertate probanda)

de libertatibus allocandis 〈拉〉承认权利令状 一种就公民或市民被指控而发给他的令状,以使其只在所住城市被指控,并旨在承认或恢复其应得的权利、特权或自由权。(= libertatibus allocandis)

de libertatibus exigendis in itinerere 〈拉〉允许律师出庭令状 古代令状,国王要求巡回法官允许律师代理某人出庭或为其自由辩护。

Delicatus debitor est odiosus in lege. 〈拉〉法律憎恶生活奢靡之债务人。

de licentia transfretandi 〈英〉准许通过海面的令状 古时命令多佛港或英格兰其它港口的看守人允许令状中指明的人在一定条件下从该港海面通过的令状。

delict 〈拉〉(罗马法)不法侵害;不法行为;违法行为;侵权行为;轻罪 在罗马法中,它包括那些对个人或其财产造成直接影响,危及到整个地区的安宁而构成轻罪[misdemeanor]的公共不法行为[public delict],也包括行为人并无恶意的侵害行为。

delicti (= crime)(⇨corpus delicti)

delicto 违法行为;侵权行为(⇨ex delicto)

delictual fault 不法过错 在彼此无合同关系或其它法律关系者之间发生的,并因此而在他们之中产生某种法定义务的行为。

delictum 〈拉〉(罗马法)❶违法行为;侵权行为;犯罪行为;私犯 ❷伤害;侵害;损害 ❸过错;应受惩罚性(= delict)(⇨action ex delicto; ex delicto)

delictus (= delict)

delimit v. ❶确定…的界限;划定(国家或地区)边界 ❷划定;界定;清楚地说明

delimitation n. (地区、国家、权力等的)界限的划定;限定

delineate v. 勾划轮廓;画出(界线)

delinquency n. ❶失职;疏忽;过失;渎职 ❷到期不能付款;逾期不能偿还债务 ❸少年违法行为(⇨delinquent children)

delinquency charges 惩罚性罚款 因借款人不能按时清偿借款而向其收取的带惩罚性的额外费用。

delinquency proceeding 〈美〉❶少年犯诉讼程序 在少年法庭进行的为了将违法少年置于法庭管制之下的程序,通常在性质上为民事程序而非刑事程序。 ❷(处于财务困境中的保险公司的)财务复兴程序

Delinquens per iram provocatus puniri debet mitius. 〈拉〉被激怒而犯罪者应从轻处罚。

delinquent n. 罪犯(尤指少年犯) a. ❶(债务等)到期未付的;拖欠的 ❷有过错的;违法的 ❸不履行义务的

delinquent children 犯罪少年(儿童);违法少年(儿童) 未达到特定年龄的违反刑事法律或有不良行为的未成年人,需要对其治疗、改造、管理。在美国,某些州的法律将有下列行为的少年儿童视为有不良行为者:①违反联邦或州的法律,或违反市政当局或其他地方性法规;②无正当理由离家出走或离开其合法的、当局认可的住所地;③脱离父母或其他监护人监护的;④有下流或不道德行为的;⑤经常逃学或在校期间屡次公开违反校规校纪;⑥违反法庭命令的。(⇨disobedient child)

delinquent tax 逾期未缴的税款

delirious a. 谵妄的;神志失常的;发狂的;妄想的(⇨delirium)

delirium n. 谵妄;精神错乱;神志失常;极度兴奋;发狂;妄想 无法意识到周围的事物或对其产生错觉。该病有时是由于传染病或有毒化学物质致害而造成的。

delirium febrile 伴有发烧症状的谵妄 有时是某些慢性病的后期症状。

delirium tremens 震颤性谵妄 因使用麻醉剂、毒品或因习惯性醉酒后突然戒酒而引起的精神病的一种。

delist v. ❶把…从清单中划去 ❷(暂时或长期)取消不符合上市条件的证券的上市权;把(证券等)从上市证券中除去(⇨deregistration)

delito 〈西〉犯罪

deliver v. ❶送交;传送;正式交付(契据等) ❷改变占有 指将动产、不动产以实物的方式或象征性地改变占有,它并不必然伴随所有权的变更。 ❸交出;放弃;引渡 ❹发表;宣布 ❺给(产妇)接生;帮助娩出(婴儿)

deliverance n. ❶(陪审团)裁断 ❷(法官的)意见;判决 ❸释放令 法庭指令将在押者释放的命令,尤指教会法庭的命令。 ❹动产返还令 在动产占有回复诉讼[replevin action]中,要求非法占有人将动产重新交还给原所有人的令状。

delivered a. ❶已交付的;交货的 ❷(产妇)分娩(活体婴儿)的

delivery n. ❶让渡;(正式)交付 使他人实际或拟制地占有、控制某项财产的行为。是否构成交付主要取决于当事人的主观意图,并不必然要求实际占有的改变。 ❷交出;引渡 ❸(从监狱)释放 ❹分娩

delivery bond 交付保证书 又称扣押物保管保证书[forthcoming bond]。包括两种情况:①用于保证在将来特定时刻或要求时制造或提供某物;②用于允许某人重新占有扣押的财产,条件是该人保证在作出不利判决[adverse judgment]时交出财产。(⇨replevin bond)

delivery by carrier 承运人交货 承运人在适当时间和地点,以恰当方式将货物交付给合法的收货人。

delivery in escrow 附条件的交付 指将某物先交付给第三人[escrow agent]保管,待约定条件成就时再交付给受让人或权利人。(⇨escrow)

delivery of bastard child 非婚生子女的出生

delivery of bill or note 票据所有权的自愿转让

delivery of deed 交付契据;转让票据 契据或票据生效流通的必经程序,让与人将契据或票据交付给受让人或

其代理人或为受让人的利益交与第三人之后，即不能撤销该转让，并且所有权也随之转让。

delivery of gift 交付赠与物　赠与人将其对赠与物的占有和所有权，实际或象征性地或推定地让渡给受赠人或其代理人、受托人或监护人等。

delivery of insurance policy 交付保单　若契据中有将保单转让给被保险人或其代理人占有的意思表示，或有旨在转让保单的行为，在交付契据后，保单即开始生效。若将保单连同向被保险人送交契据的无条件指示以邮寄或其他方式交给保险人的代理人，也可视为保单交付。

delivery of pleadings 〈英〉诉状的送达　将诉状送至诉讼对方或其律师所在之处即视为送达。若对方未到庭，则将诉状交给有关官员，即视为送达。(⇨service of process)

delivery of possession 〈英〉交付占有　指交付对土地的占有。在高等法院进行的诉讼中依占有令[writ of possession]进行，在郡法院进行的诉讼中依占有令状[warrant for possession]进行，对小块土地可依法官的命令进行。

delivery of ship 船只的交付　船只及其他大宗物品的交付，往往只能是拟制的[constructive]，通过交付船只等的产权证书而生效，买方在客观条件一旦允许时可立即实际占有财产。

delivery of warehouse receipt 交付仓单；交付提货单　这种交付代表了该仓单项下货物所有权的自愿转让。

delivery order 交货单；提货单　向仓储人、承运人或其他签发仓单或提单的人发出的书面交货指示。

delivery service 投递服务　特种邮件投递员或零售商店等的送货员递送小型物品的服务。在某些情况下，被递送物品所有人被视为公共承运人。

delivery time/D.T. 交货期

delivery to carrier 交货承运人　承运人为运输货物而占有、保管或控制货物。卖方将货物交付给买方委托的承运人时，即视为货物已交付给买方。承运人被视为买方的代理人接受货物。

de lucro captando 〈拉〉为了获取利益；(维持诉讼以获取利益的)原告的诉讼地位

de lunatico inquirendo 〈拉〉精神病调查令　指令行政司法官通过善良守法的人们来调查被控告人是否系精神病患者的令状。(⇨commission of lunacy)

delusion n. 妄想；错觉；幻觉；误信　指与事实不合，与本人受教育背景、智力水平、文化修养等不符，并在确有证据证明其为错误时仍然坚持之信念、看法。一种为与表达者同阶层、同种族、同时代、同样受教育的人们所无法接受的事实判断，并且用与之相反的逻辑论证或证据仍无法使之改变。三种常见的幻想、错觉、误信是：①受迫害的幻觉[delusion of persecution]；②夸大妄想[delusion of grandeur]；③与其个人身份不符[personal unworthiness]的误信。前二种为精神分裂症的通常形式。妄想表面上源于一种被扭曲的世界观，它是由于主体为满足其内心需要或其个性中矛盾因素互相妥协而造成的。在民法中，幻想、错觉、误信并不影响缔约能力和民事责任能力，除非它妨碍民事法律关系。妄想并不影响某人立遗嘱的能力，除非能推定该妄想在其订立遗嘱时影响了他。在刑法中，妄想本身不能作为辩护理由，但如果因为妄想而使该人不具备犯罪意图或其他构成犯罪所需要的心理要素，则可以作为辩护理由。(⇨insane delusion; lucid interval)

dem 出租；转让；遗赠　多用于不动产，是 demise 的缩写。(⇨demise)

de magna assisa eligenda 〈拉〉〈英格兰古法〉选定并召集大巡回审判庭的令状

demain n. ❶明天　❷自有之物；自用地；自主地(=demesne)

demaine 领主自用地　不作租佃而留作领主私人占有或使用的土地。(⇨demesne)

De majori et minori non variant jura. 〈拉〉法律不因事情巨细而作变动。

De Malefactoribus in Parcis 〈拉〉〈英〉《林地擅入法》　1293 年爱德华一世时期的法令，规定如果林地、狩猎园、狩猎场等地的非法闯入者拒不投降，看林人可以将其杀死。

de malo 〈拉〉生病的　该短语常用来指明当事人未按时到庭的缺席理由。

de malo lecti 〈拉〉卧床不起(⇨essoin de mal de lit)

de malo veniendi 〈拉〉途中染病(⇨essoin de mal de venue)

de malo villoe 〈拉〉卧病于法庭所在地

demand v. ❶要求；需要　❷询问；查问；追究　❸强要；强令　❹向…提出正式合法要求；传唤　❺召唤　n. ❶请求；要求　❷正式合法的要求　❸要求之物　❹征收　❺(汇票、本票、支票等的)提示付款(⇨call; liquidated demand; on demand; payable on demand; cross-demand; reciprocal demands)

demanda 一项要求；一项请求

demand against a decedent 针对死者的权利要求　指根据普通法或衡平法，针对某人的可被执行的债务因其死亡而提出请求交由其遗嘱执行人来履行。

demandant n. (不动产诉讼中的)原告　相当于动产诉讼或混合诉讼中的原告[plaintiff]。在不动产诉讼中被告一般均用 tenant。

demand certificate of deposit (银行开出的)存(款)单；存款收据(⇨certificate of deposit)

demand clause (票据中的)支付条款　在出票人对分期付款的任何一期款项不能按时支付的情况下，该条款允许持票人强制出票人全额付款。

demand deposit 活期存款；活期储蓄　存款人无须事先通知储蓄银行即可在任何时候提取款项的银行存款。对于此类存款，储户既可以用支票方式提取或自动取款机方式提取现金，也可以通过电话或计算机网络将金额转移至其他账户上。在美国，活期存款是美国货币供应量的最大组成部分，也是联邦储备银行实施货币政策的主要媒介。(⇨time deposit)

demand draft 即期汇票；见票即付汇票　此种汇票无须承兑，受票人见票后应立即凭票付款。(=sight draft)(⇨demand note)

demand for change of venue 申请变更审判地

demand for exemption (=notice of exemption)

demand for jury trial 申请由陪审团审判　在美国许多司法区内，当事人有权获得陪审团审判的前提是要提出此种申请。申请可以通过提交表示希望由陪审团审判的正式请求或通知来提出，也可以仅将案件列入由陪审团审判的案件目录内。

demand for rent on the due date 〈古〉到期请求付租规则　一项古老的普通法规则，根据科克[Coke]所编判例记载，"租金到期时，地主必须在到期日日落之前的某个方便的时候，在该块土地最引人注目处提出租金的准确数额，请求付租,即使当时在该土地上并无付租的人。"并且,地主还必须严格遵守某些细节,例如"他必须在前门而不是后门提出支付租金的要求。"现在人们则认为这个规则是荒唐和不实用的而加以拒绝,巡回法院法官法兰克[Frank]通过深入研究中世纪历史后得出结论:当时的人们是形式主义的奴隶,而司法上的自由裁量权则是后世进步社会的产物。

demand for struck jury 申请由特别陪审团审判 指对某一特定案件请求由经过特别挑选组成的陪审团,而非从法院开庭期内的常规陪审员名册中选出的陪审团来审判。(⇨struck jury)

demand in attachment 为查封(或扣押)所担保的债务 指债权人可以获得查封或扣押债务人财产担保的债务。例如公司股票持有人对公司所负缴纳认购股款的债务即属此种债务。

demanding money with menaces 讹诈钱财(⇨blacklist; blackmail)

demand in reconvention (大陆法)反诉;反请求 相当于counterclaim。

demand instrument (= demand note)

demand loan 活期贷款 没有固定的到期日,贷款人可以随时要求偿还的贷款,借款人亦应在贷款人要求时即时偿付。

demand note 即期票据;见票即付票据 票面上未记载固定到期日,无须承兑,一经提示或见票即应付款的票据;对于已过期票据的出票人、承兑人和背书人来说,该过期票据也是即期票据。

demand of view 查验请求 在普通法上的不动产诉讼中,被告有权请求对原告所主张之物进行现场查验,以查明其特征及其他情况。如原告对一不动产承租人提起一项不动产之诉,而该不动产承租人并不确切知道原告所主张的是哪一块土地,这时他就可申请进行现场查验,以查明被主张的土地的具体情况。对被告的此种请求是否准许由审理案件的法官依案件具体情况来判定。但此项程序在现代诉讼中已不存在。

demandress n.(不动产诉讼中的)女原告(⇨demandant)

de manucaptione 保释令 对因受到重罪指控而被拘禁且被拒绝保释者,在其提供可靠的保证人的情况下,可签发此令状要求行政司法官将其释放。

de me 〈拉〉来自于我的[from me]

demeanor evidence 行为证据 实物证据的一种,事实问题审理者可通过证人在法庭上作证时的行为举止来判定其证言的可信度。

demeano(u)r n.行为;举止;态度 证人的举止、态度包括证人作证时的语调、回答问题时的反应、表情、眼神、手势等情况。陪审团在确认证人的可信性时通常可以考虑证人作证时的举止。

demease n.(英格兰古法)死亡

de medietate linguae 〈拉〉双语的;使用两种语言的 普通法中有一种针对一方当事人系外国人的案件而召集的陪审团,它由一半讲英语的人和另一半讲被告人所使用的语言的人组成。

de medio 〈拉〉〈古〉针对中间领主的令状 当封臣之财产被最高级领主[lord paramount]扣押以迫使中间领主[mesne lord]履行其所应尽之义务时,封臣可依此令状向中间领主提出诉讼。该令状本质上属权利令[writ of right]。(⇨mesne lord)

demeine (= demesne)

de melioribus damnis 〈拉〉(为)更多损害赔偿(的) 指在陪审团错误地对共同侵权案件中的两名或多名被告分别确定了应承担的损害赔偿金时,原告可以选择接受对其中一名被告判处的损害赔偿金。在这种情况下,原告通常可以选择接受被确定承担损害赔偿金最多的一名被告,由法院作出判决;而对其他被告人作出撤诉[nolle prosequi]的决定。

demembration n.(苏格兰古法)断人肢体罪 指砍断他人肢体、割掉他人身体上某器官的犯罪行为。

demens 〈拉〉弱智者;失去理智的人 区别于精神完全错乱的人[amens]。

demented a.失去理智的;精神错乱的

dementenant en avant 〈拉〉〈法〉从今往后;从此以后

dementia 痴呆;精神错乱(⇨insanity)

dementia precox (= dementia precox paranoid)

dementia precox paranoid 早发性精神错乱 生命早期发生的精神错乱,也称青春期精神病[adolescent insanity]或精神分裂症[schizophrenia],包括三类,即早期痴呆、紧张症和青春期痴呆。(⇨insanity)

De Mercatoribus 〈拉〉(英格兰古法)《商人法》 爱德华一世时于1285年通过的一部法律,通称"阿克顿·伯内尔法"[Statute of Acton Burnel],该法的主要内容是关于债务的偿还。

demerit n.❶缺点;过失;过错;罪过 ❷(常作复)应受谴责的行为;犯罪

demesne n.自有;自主地;自用地 多用于土地保有,指既不是从上级领主那儿受封而来,也未分封给别人而是由自己经营,供本人及家庭所用。

demesne as of fee 自物占有 指对有形物体本身的占有、控制,谓之"be seised in one's demesne as of fee",区别于自权占有[seised as of fee],后者指对无形物的占有,如权利。

demesne lands (英格兰古法)领主自用地 不作分封而留作领主私人自用的土地,与供分封的土地[tenemental lands]相对。它包括领主为供应家庭生活而由自己出钱出力耕种的土地,也包括以各种方式出租给农奴或其他人但未形成分封关系的土地,如通过定期租约或任意租约出租的土地。

demesne lands of the crown 王室自主地 国王通过公权获得(如通过继承、没收等方式)且未分封出去的土地,区别于以他自己私人名义获得的土地。

demesnial a.关于自用领地的;附属于自用地的

demi 〈法〉❶半;一半;部分 ❷小;低级 用作构词中的前缀。

demidietas n.〈古〉一半;(财产等的)二分之一

De Militibus 〈英〉《临时募费法》 1307年爱德华二世时期的法令,它强迫国王的封臣受封为骑士,否则要缴纳罚金,以此作为紧急筹集金钱的权宜之计。此方法后为诸如爱德华六世、伊丽莎白一世等国王所用。

demi-mark n.〈英〉半马克 在某些由大陪审团审理的权利诉讼中需交给法庭的费用,大约6先令8便士。

de minimis 〈拉〉关于琐事的

de minimis doctrine 〈拉〉法不干涉琐事原则(⇨de minimis non curat lex)

de minimis non curat lex 〈拉〉对屑事法律不以为意 刑法中,以此来驳回对某些轻微违法行为的刑事指控。①该格言引申出承认合同的"实质履行"[substantial performance]为合同充分履行[sufficient performance]的原则;②

该格言有时用以排除对细微赔偿金的支付,如果行为人没有妨害财产、权利的不法意图,并且所有可能的损害都无法得到证明;③它有时还用于排除对上诉的推翻或变更;④它不适用于对金钱的请求权;⑤但它并不阻止对明显损害的赔偿请求权,比如非法侵入土地,尤其是如果不处罚这种侵害,它就会导致侵害人依时效取得权利。

de minimis non curat praetor 〈拉〉(罗马法)裁判官不干涉琐事

de minis 〈拉〉反胁迫令 在某人的人身或财产安全受到威胁时,可取得此令状以迫使侵害人守法。

De minoribus rebus principes consultant, de majoribus omnes. 〈拉〉执政者定小事,人民定大事。

deminutio 〈拉〉(罗马法)拿走;减少;剥夺(⇨capitis diminutio)

demi-official a. 半官方的

demi-sangue 〈法〉(= demy sangue)

demise v. ❶出租;转让 常指用来创设可继承地产、终身地产或定期租约地产之行为,且尤指后者。该词起初指死亡时的转让行为,故它本身有死亡之意,后扩及一般的转让、出租行为,且包括动产。租约中使用该词表示出租者对标的物享有充分的权利,能保证承租人不受干扰地享受权益。 ❷遗赠;继承
n. 驾崩 多指国王死亡,源于国王即将驾崩而不得不将王位传给别人的隐讳说法。

demise and redemise 〈古〉相互租让 财产转让的方式,指对同一块土地或土地附着物,双方当事人互为租赁。例如甲将财产出租给乙,只收取有名无实的租金,如一粒胡椒子,意即已具对价[consideration];同时,乙将同一财产再出租给甲,租赁期限缩短并收取实际租金。(⇨lease and release)

demise charter 光船租赁 指承租人仅租赁船舶,而不包括船员,或包括船员,但船员由承租人付薪并对其负责。在规定的租期或航次内,承租人有权占有和使用该船舶,船东仍享有船舶所有权,并有权收取租金。(= charter of demise;bareboat charter)

demised premises 出租的房产 可以指整体或部分。

demise of the crown 〈英〉王位传承 指国王因自然死亡、弃位或被废黜而使其生理躯体与政治躯体相分离,而将王国传于其继承者以使王位得以存续。1707、1837、1867、1901年的四项法令使得王室机构及其成员不因王位的变动而变动。

demisi 〈拉〉〈古〉我已出租(或转让) 古代租约用语。

demissio 〈拉〉租让;出租 主要用于短语 ex demissione 中。(⇨ex demissione)

demissio regis, vel coronae 〈拉〉王位传承

de mittendo tenorem recordi 〈拉〉要求提供某记录的精确抄本或者盖有国玺的正本的令状

demi-vill n.〈英〉十户区之一半 由5名自由民组成。

democracy n. 民主;民主政府;民主政体 指由人民进行的统治。这种政府组织形式区别于君主制[monarchy]、贵族制[aristocracy]或寡头独裁制[oligarchy],国家主权属于全体自由公民并且他们直接或通过选举制度间接行使该项权力。因而它可以分为两种形式:一是直接民主[direct democracy],即:政治性决议由全体公民来决定,采纳多数人的意见;另一种是代议制民主[representative democracy],即政治性决议由选举出的代表决定,代表则向全体公民负责。"民主"这一概念被扩大运用于社会、经济各个领域,其宗旨在于减少在权力、权利、特权和财产上的不平等。"民主"一词源于古希腊,不过当时希腊人所理解的"民主"非常不同于我们今天对民主的理解:古希腊的民主是有限的民主制度——仅限于有公民权的本邦成员,而占大多数的奴隶和其他地位低下的阶层则被剥夺了公民权。现代民主观念受到了作为限制君主独裁权力法律和向人民代表咨询尤其是为获得人民代表同意征税的需要的影响。民主为代议制取推动,并在天赋人权学说和人类平等的观念上得到发展。美国和法国革命促进了民主观念。19世纪和20世纪民主的基本特征是通过广泛的选举权自由选举产生代表大会,行政机关通常向代表大会负责并从中获得自己的职权。民主的概念随时间而变化,通常是随"人民"概念而变化。民主最主要的缺陷是大多数公民没有能力理解包含在现代管理中的经济和社会政策中的许多十分困难和复杂问题,他们有不断被由大众喜爱的领导者所支持的、有吸引力和简单的方针路线所哄骗的危险。大多数选民肤浅的理解力和他们的倾向性易受他们自身贪婪、嫉妒和自私的影响。

de moderata misericordia capienda 〈拉〉处以适量罚金令 依英格兰《大宪章》的规定而设立的一种令状,指如果某人在非存卷法院被判处过高的罚金,可申请签发此种令状,要求法院执行官[lord of the court]或其副手[bailiff]只对该当事人收取适量的罚金。

de modo decimandi 〈英〉(教会法)免除什一税的形式[of a modus of tithing] 由于习惯或长期使用而获得权利从而使某人或某块土地在很久以前即免纳什一税。这种久远得无法追忆的权利为 de modo decimandi 或是 de non decimando,其中 a modus decimandi(常称为"modus")是指改变了缴纳什一税的一般法律或采取了新的征收方法。(⇨de non decimando)

De molendino de novo erecto non jacet prohibitio. 〈拉〉禁令不得针对新建的磨坊。

demolition loss 拆房损失 纳税人因其建筑物拆除而受的损失,在其所得税中扣除。

demolition order 〈英〉房屋拆除命令 根据1957年《住房法》[Housing Act]的规定,如果住房不适合人们居住且不能以合理的代价进行整修,地方政府就可以发出该命令将它拆除。

de moneta 关于通货的;有关货币的

demonstratio 〈拉〉描写;描述;名称;头衔;称号 常用在短语 Falsa demonstratio non nocet 中。

demonstrative bequest (= demonstrative legacy)

demonstrative evidence 实物证据;展示证据 广义上该词相当于物证[real evidence],狭义上指本身并无证明价值[probative value],但可用来说明或澄清有争议的事实问题的实物,如地图、图表、模型、照片等。(⇨real evidence)

demonstrative legacy 指示遗赠;指明数额的遗赠 指遗嘱人指明从某一特定财产中支付一定数额的金钱,或从特定的财产或证券中支付一笔金钱、股票或其他财产进行遗赠。指示遗赠与特定财产遗赠的区别在于:当指示的所有支付遗赠的财产灭失或不足时,指示遗赠的受遗赠人仍有权从一般遗产中实现其权利。指示遗赠与不特定财产遗赠的区别在于:当全部财产不足以支付各项遗赠时,指示遗赠的受遗赠人仍能获得其应受的全部财产,不特定财产遗赠的继承人只能按比例分配,且指示遗赠的支付优先于不特定财产遗赠。(⇨specific legacy;general legacy)

demonstrator n. ❶示威者 ❷示范产品 ❸示范者

De Monticolis Walliae 〈拉〉〈英〉《威尔士山人法》 埃塞尔雷德王[King Ethelred]时期公布的一部法令的名称,规定威尔士人(在当时还是外国人)可以请求由6名威尔士人和6名英格兰人组成陪审团审判。

demorage (= demurrage)

demorari 抗辩;抗议,反对;表示异议

demoratur 他表示异议[he demurs](⇨Moratur in lege.)

De morte hominis nulla est cunctatio longa. 〈拉〉事关某人生死时,绝不能拖延。

de mot en mot 逐字逐句地

dempster n. ❶英国马恩岛议会法院[Tynwald Court in the Isle of Man]的首席法官(= deemster) ❷(苏格兰古法)公告人 最早是指公布法律的官员,后逐渐演变为仅仅公布法官决定和判决的宣告人。其职权随着时间的推移逐渐削弱,到17世纪,仅仅是一个普通的绞刑执行者,在17世纪和18世纪已逐渐废除。

demur v. ❶迟疑;犹豫 ❷抗辩,表示异议;反对

demurrable a. 可抗辩的

demurrage n. 滞期费 ①因船舶滞留的时间超过租船合同或提单中规定的载货、卸货或航运的天数,由承租人或托运人向船东或承运人支付费用作为补偿,此项规定旨在加速载货、卸货,便于商业流通;②适用于铁路运输时,指托运人如果不能按价目表中规定的时间完成载货、卸货,承运人向其收取的费用。

demurrage lien 滞期费留置权 承运人就未获偿付之滞期费而对相关货物行使的留置权。

demurrant n. 抗辩者;提出异议者

demurrer n. ❶诉求不充分抗辩;法律抗辩 指诉讼一方当事人承认对方主张的事实是真实的,但认为它在法律上却不足以支持其救济请求,或认为其诉状表面上仍存在某些缺陷,使得本方在法律上无义务继续推进诉讼的一种抗辩。现美国联邦民事诉讼及刑事诉讼中均已不再使用这种抗辩形式,但在某些州仍有保留。英国则于1883年即将之废除。 ❷反对;异议 ❸停顿;迟疑

demurrer book 法律抗辩争点记录 指关于法律抗辩中的争执点的记录,它包括诉状的副本,以备法庭和律师在法庭辩论时使用。

demurrer ore tenus ❶口头法律抗辩 指在辩论时口头提出的抗辩,以支持其书面的法律抗辩。 ❷以起诉状或申请书[petition]未能陈述一项诉因为由而反对提出任何证据

demurrer to evidence 对证据的异议 指诉讼一方当事人认为对方所提证据——不管它是否真实——在法律上不足以支持其请求或主张而提出的异议。现已主要被请求驳回诉讼或直接裁断的申请[motion]所取代。

demurrer to form 对形式的抗辩 指针对诉状的形式而非实质内容作出的一种特别抗辩。

demurrer to indictment 对公诉书的抗辩 因公诉书存在形式上的不完善而提出的抗辩,如未叙述一项罪因或者未能以公诉书所要求的准确、清晰程度来叙述指控罪行。

demurrer to interrogatory (证人)对质询的抗辩 指证人反对或拒绝回答某一问题并述明理由的抗辩。

demurrer to plea 对(被告)答辩的抗辩 在民事诉讼中,指原告针对被告所作答辩的充分性提出的质疑。认定抗辩是否成立,需结合全部诉答书状中的全部事实及相关情况加以考虑。在刑事诉讼中,指针对被告人所作的特别答辩[special plea]在法律上的充分性提出的质疑。

demurrer to plea in abatement 对妨诉答辩的异议 指原告对被告提出的妨诉答辩[plea in abatement]在法律上的充分性提出的质疑。

demurrer to substance 实质性抗辩 针对他方诉状中的实质内容之充分与否而提出的抗辩。

demurrer to the jurisdiction 管辖权异议 针对原告的诉状而提出法院对被告人或诉讼标的[subject matter]无管辖权的异议。

demurrer to the person 对原告维持诉讼的能力提出质疑的抗辩

demy sangue 〈法〉半血亲;半血缘 指同父异母或同母异父的兄弟姐妹间的亲等关系。(= demi-sangue)

demy sanke 半血亲;半血缘 demy sanke和demy sangue均系demi-sang的讹用。(= demy sangue)

den and strond (英格兰古法)(船舶)靠岸停泊或搁浅的自主权

denariata terrae 每年交一便士之土地(⇨denariate)

denariate n. (英格兰古法)每年上交一便士的土地 近似于一英亩。

denarii 〈拉〉❶预备金;现金(⇨pecunia numerata) ❷denarius的复数

denarii de caritate 奉献 在圣灵降临周[Whitsuntide]向主教座堂缴纳的习惯性捐赠。

denarii quadragesimales 大斋节捐献(⇨quadragesimals)

denarii Sancti Petri "彼得便士" 在每年圣彼得节那天,每户人家捐一便士给教皇,这种制度于1534年废止。

denarius 〈拉〉❶古罗马的小银币 ❷罗马帝国的金币 值25个小银币,最早铸于公元前264年,在后来它就逐渐用铜来铸造。 ❸〈英〉一便士

denarius Dei 〈拉〉〈古〉"上帝的便士";定金 当事人一方支付的用以证明磋商完成、合同成立的金钱,因其早期常被捐赠给教堂或穷人,因而得名"上帝的便士"。它与arra不同,后者构成合同对价的一部分,而它则不属于合同对价的组成部分。(⇨earnest money; arras)

denarius Petrii 〈拉〉"彼得便士"(⇨denarii Sancti Petri)

denarius tertius comitatus 〈英〉(英格兰旧制郡法庭所收)罚金的三分之一 主要供给该地的伯爵,另外2/3上交给国王。

dena terrae ❶两小山之间的空地 ❷一小块林地 ❸树丛;小灌木林;杂树丛

denationalization n. ❶取消国籍;出籍 ❷恢复私人占有或所有;恢复私有化 指国有化经过一段时间后恢复私有。

de nativo habendo (英格兰古法)逃奴拘捕令状 领主在其农奴逃跑时申请的权利令状。该令状直接指示郡长,要求他拘捕逃奴,并弄清被拘捕者究竟是农奴还是自由人,然后将该逃奴及其财物一并归还领主。

De natura brevium 〈拉〉《令状性质论》 英格兰中世纪几部法律教科书的名称。

denaturalise (= denaturalize)

denaturalize v. 取消国籍;出籍 不论国籍是否是通过归化[naturalization]取得。(= denaturalise)

denatured a. 失去自然特性的;改变了本性的

denaturized (= denatured)

denbara n. 猪圈

denber (= denbara)

denelage 丹麦人征服英格兰时在英格兰颁行的法律(⇨Danelage)

denial n. ❶拒绝;驳回 如拒绝给予正当程序保护;驳回

当事人的申请等。❷否认；反驳 在诉讼中，指宣称对方当事人的肯定性主张是不成立的或不真实的。根据美国《联邦民事诉讼规则》[Federal Rules of Civil Procedure]：凡未被否认的主张被视为承认，且一方当事人所作的说明对方不具有足够的知识和信息以使人形成对某主张的真实性的确信的陈述，即视为对该主张的否认。当事人作否认答辩时必须充分说明其否认哪些主张或主张的哪些部分。(⇨general denial; specific denial)

denied boarding compensation 航班让位赔偿（⇨airline bumping）

denier 〈法〉(英格兰古法)❶否认；拒绝 用于指地租的未付。❷否认者；拒绝者 ❸便士；一小笔钱

denier á Dieu 〈法〉定金（= denarius Dei）

De nihilo, nil. 〈拉〉无终归是无。无中不能生有。 例如无效契约不产生诉权，无效契据不能赋予受让人权利。

Denison's Act 〈英〉《丹尼逊法》 1854年制定，后被1873年的《初等教育法》[Elementary Education Act]所废止。

denization n.❶获得居留权 ❷给予（外籍居民以部分或全部）公民权

denizen n.(国际法)居民；(享有全部或部分公民权的)外籍居民 指惯常居住于某国但又非该国的土生居民[native born subject]的人。其地位介于外国人与土生居民之间，可以享受某些公民权。在英国，外国人可通过国王颁发的特许状而成为外籍居民；但国王无权归化外国人，因为根据归化法(或称入籍法)[naturalization act]，归化需经议会批准。

Denman's (Lord) Act 〈英〉《登曼(勋爵)法》 即1843年《证据法》[Evidence Act]。它规定，对于提供作证的证人，不得以其曾犯罪或与诉讼有利害关系[interest]而丧失证人资格为由将其排除。

Denman's (Mr.) Act 〈英〉《登曼(先生)法》 即1865年《刑事诉讼法》[Criminal Procedure Act]。它规定，在刑事被告人由律师为其辩护时，允许律师对证据总结重述，证明对方证人前后矛盾的陈述、证人的前科记录，及对有争议的笔迹进行鉴定等。该法的规定也适用于在所有法院进行的民事诉讼。

denne 镇；村镇

Dennis case 〈美〉丹尼案件

denombrement 〈法〉(封建法)授予采邑的记录或法令 包括对采邑以及附属于它的权利义务的描述。

denominatio ❶命名 ❷宗派 ❸单位(= denomination)

denomination n.❶命名；名称；名目 ❷宗派；教派；派别 ❸(货币度量衡等)单位；票面金额；币值

denominational a.❶宗派的；教派的 ❷名称上的

denominational institution 〈美〉教派机构 由某一教派控制、管理的机构。由于宪法规定政教分离，因而禁止它接受政府资助。

De nomine proprio non est curandum cum in substantia non erretur; quia nomina mutabilia sunt, res autem immobiles. 〈拉〉只要实质上没有错误，不必介意名称是否正确，因为名称可以改变，而事物(即事实)则永恒不变。

De non apparentibus et de non existentibus, eadem est ratio. 〈拉〉证据无法证明之事物，理论上等同于并不存在之事物。

De non apparentibus, et non existentibus, eadem est ratio. 〈拉〉对未被证明的事实，如同不存在的事实适用同一规则。

de non decimando 〈拉〉未缴什一税 这是英格兰教会法中一项基于时效[prescription]要求免缴全部什一税或其替代物的主张。它用在prescription一词之后。在1832年《什一税法》[Tithe Act]之前，提出这项主张的人必须证明自古以来就未对有关土地征收什一税；但根据该法，只需证明在一定期限——30年或60年——内未缴什一税即可。(⇨tithe-free)

de non desidentia clerici regis 免除在海外的、居无定所[non-residence]的神职人员王室劳役的一种古代令状

de non molestando (= non molestando)

de non procedendo ad assisam 〈拉〉禁止法官对某些特殊案件进行陪审裁决

de non sane memorie 〈法〉精神不健全的；神志不清的

denoting stamp 印花税票(⇨stamp duties; stamp tax)

denounce v.❶谴责；斥责 ❷告发；揭发 ❸通告废除(条约、协定等)

denouncement n.❶(= denuncia) ❷(= denunciation) ❸〈墨〉采矿用地申请 指依墨西哥法律的有关规定为了采矿而向政府提出用地的申请，这个申请即称"denouncement"，为墨西哥政府批准后称为"开矿权"[concession]或"所有权"[title]，有时也称专营权[patent]。 ❹〈西〉〈墨〉没收外国人所占有土地的司法程序 ❺〈美〉请求政府授予采矿权的申请 指基于发现新的矿藏或者基于原矿主因遗弃或违反采矿法而丧失采矿权要求政府授予采矿权。

de novi operis nuntiatione 〈拉〉(罗马法)要求停止侵害(的禁令)；新工程抗议 指抗议或禁止实施新工程，即因他人修建或拆除建筑物而权利受到损害者，有权在工地提出抗议并禁止进一步施工，以免受害人权利进一步受损。

de novo 重新的；再次的；第二次的

de novo hearing (= hearing de novo)

de novo trial (= trial de novo)

denshiring (= devonshiring)

Dental Technician Law 《牙科技师法》(⇨Denturist Law)

dentists' liability insurance 牙医责任保险 责任保险的一种，承保牙医在为病人治疗过程中因作为或不作为而造成的损失。

Dent operam consules ne quid respublica detrimenti capiat. 请领事多加留意，以免国家受损。

Denturist Law 〈美〉《牙托技师法》 1978年通过，1980年7月1日开始生效，俄勒冈州[Oregon]率先实施该法。它允许非牙医[non-denstists]直接为患者出售或安装假牙。此举深受老年人的欢迎，因为他们对医疗和牙科保健费用的迅速提高十分憎恶。比如说，牙托技师提供一副假牙大约只需250-300美元，而牙医提供则需600-2 000美元。

Dentur omnes decimae primariae ecclesiae ad quam parochia pertinet. 〈拉〉教区所征收的所有什一税都应上缴它所属的主管教会。

De nullo, quod est sua natura indivisibile, et divisionem non patitur nullam partem habebit vidua, sed satisfaciat ei ad valentiam. 〈拉〉寡妇对本质上不可分之物和不容许分割之物不能享有其部分所有，但应由其亡夫之继承人以等价物补偿。

denumeration n.当场支付；即时清结

denuncia (西班牙美洲属地法)对某人不法取得不动产提起诉讼的司法程序 在本质特征上，该程序或没收外国

人土地的司法程序与普通法上的职权调查[inquest of office]是相同的。

denunciation n. ❶谴责；斥责 ❷(大陆法)告发；揭发(犯罪) ❸(教会法)起诉者之外的其他人向教会法庭提供信息 ❹废止条约；解除条约 条约当事方单方面终止条约，使其不再受条约拘束的一种方式。 ❺(古)公告

denuntiatio n. (英格兰古法)公告；通知

denver boot(Boston Buckle) "丹佛车夹"；"波士顿车扣" 一种发明于法国，并首先在美国丹佛投入使用的奇巧的设计，其也因此而得名。用它夹住汽车的右前轮，汽车便无法开动。警察以此来对付没有交付交通罚款的汽车的主人，在波士顿，该发明也被证明为一种十分有效的征收罚款的技术，平均对每一辆车能征收 180 美元的罚款。若擅自取下"丹佛车夹"，则构成重罪，将有可能被判处最高可达 10 年的监禁。

deny v. ❶否定；否认 ❷拒绝(让与或接受)(⇨denial)

deodand n. (英格兰古法)迪奥丹；敬神之物 对直接致人或其他生灵死亡的私人动产依法予以没收，归于国王，并用于宗教、慈善事业。1862年，该制度被废除。

de odio et atia (拉)出于憎恨和恶意的 古代的一种令状，它指令行政司法官调查对被指控谋杀者的拘禁是基于正当的怀疑还是仅出于憎恨和恶意。如经调查属于后者，即签发另一道令状，要求行政司法官允许对其保释。

de office ❶官员的；公务的；职务的 ❷官方的；法定的；正式的

dé office (法)公务的；官方的；正式的；履行普通职责的

De Officio Coronatoris 〈英〉《验尸官法》 爱德华一世时期(1276年)制定的法令，它规定了验尸官的主要职责和任务，特别是主持调查时的职责。

de onerando pro rata portione 按份承担令 共同承租人在被要求承担与其所享份额不一致之义务时可申请此令状。

de outre mere 被告不在国内的缺席理由(⇨essoin de outre mer)

de pace et imprisonamento (拉)(英格兰古法)对扰乱治安行为签发的并将行为人予以拘禁的令状 具有刑事控告的性质。

de pace et legalitate tuenda (拉)(英格兰古法)要求遵守治安并守法(或保持良好行为)的令状

de pace et plagis (拉)(英格兰古法)扰乱治安并造成伤害的 古代英格兰的一种刑事控诉，适用于企图伤害[assault]、伤害[wounding]、扰乱治安等案件。

de pace et roberia (拉)(英格兰古法)扰乱治安并抢劫的 古代英格兰的一种刑事控诉，适用于抢劫和扰乱治安案件。

de pace infracta 对扰乱治安行为签发的令状

de palabra 口头的

de parco fracto (拉)突入待赎所令状 对闯入扣押物待赎所，擅自取回扣押物的违规者，实施扣押物的一方有权诉请签发违禁补偿的令状。(⇨pound breach)

depart v. ❶离开；离去 ❷死亡 ❸背离；违反

de partitione facienda 分割令状 用于共同继承人或者混合共同保有人对土地或房屋等进行分割。

department n. ❶行政区 指一个国家的分区之一。主要用于法国。 ❷〈美〉部 指通常以内阁官员为首长的主要行政部门，如国务院[Department of State]。 ❸司；局；处；科；部门 一般用来指行政机关的一个部门或机构；也用于指企业或其他组织的一个部门。

Departmental Committee 〈英〉部设调查委员会 指由负责政府一个部门的部长设立的，就某一事项进行调查和报告的委员会。它在调查方面的重要性不如皇家委员会[Royal Commission]，该委员会呈交给部长的报告作为一项政府文件[Command Paper]发布，通常以委员会主席的名字命名。如果所调查的事项涉及一个以上的部门，则可由经双方或所有有关的部门的部长共同任命的部际委员会[Inter-Departmental Committee]承担。

departmental doctrine 部门规则 对受雇于雇主同一部门的雇员所制定的规则。

Department of Defence 〈美〉国防部

Department of Defense Intelligence Agency 〈美〉国防部情报局

Department of Education 〈美〉教育部 总统内阁中的第13个机构，创于1979年，国会把原属于"卫生、教育和福利部"[Department of Health, Education and Welfare]中的教育问题逐渐转给所设的教育部管理，而原来的"卫生、教育和福利部"则相应地更名为"卫生和公共服务部"[Health and Human Services]。

Department of Energy/D.O.E. 〈美〉能源部 是美国政府为应付能源危机于1977年设立的一个部，它是实施综合性国家能源计划的机构。该部负责能源科技的研究、发展及示范工作、核武器计划以及能源的生产和使用的管理。能源部的主要工作既要保护国家的环境又要促进消费者的利益，鼓励能源工业的竞争。

department of government 〈美〉政府部门 ①指在三权分立之下美国政府的三大部门即立法、司法和行政机关之一；②指美国政府行政机关的部门或分支之一，如司法部[Justice Department]，国务院[State Department]等；③州政府甚至地方政府行政机关的部门之一。(⇨cabinet; head of a department)

Department of Housing and Urban Development 〈美〉住房与城市发展部

Department of State ❶〈美〉国务院 美国主管外交的部门，首长是国务卿。(⇨State Department) ❷〈英〉政府部门 指英国中央政府的各个分支机构。由文官充当职员，其负责人被称作大臣和部长。在某些情况下，因历史原因，那些主持有较长历史的部门的领导具有特别称号，如财政大臣[Chancellor of the Exchequer]，较老的部门一般沿用传统名称，如内政部[Home Office]、外交部[Foreign Office]，但一些现代的部门趋向于叫"Ministries"或者"departments"，如国防部[Ministry of Defence]，环境保护部[Department of the Environment]等。

Department of Transportation/DOT 〈美〉交通部

department rule 部门规章 一种行政规则或命令。(⇨departmental doctrine)

department store index 〈美〉百货商店价格指数 由劳工统计署[Bureau of Labor Statistics]根据不同商品种类编制而成的价格指数。

departure n. ❶出发；偏离 ❷诉答变更 在普通法上的诉答程序中，当事人提出起诉理由或答辩理由后，在以后的诉答文书中又提出不同的根据或主张，即不再继续支持自己先前的理由。为了防止拖延诉讼，法律一般禁止当事人作此种变更。但美国《联邦民事诉讼规则》[Federal Rules of Civil Procedure]对诉答变更未作规定，而是对诉答文书的修改采取了较为自由的原则。

departure in amended pleading 已修改诉状中的变更

指通过对原起诉状或答辩状的修正而变更其中原提出的诉因或答辩理由。

departure in despite of court （英格兰古法）藐视法庭而擅自退庭 指在不动产权益诉讼[real action]中经法庭再次传唤而被告未到庭。在该种诉讼中，被告一旦出庭即被推定为在再次传唤前他可以随时出庭，所以，如果法庭再次传唤而被告[tenant]未到，即构成"藐视法庭而擅自退庭"。（⇨retraxit）

depecage n.〈美〉分割 美国冲突法中，与识别、反致并列的决定法律选择的程序。法院对同一案件中基于同一事实引起的不同的争论点[issues]分别加以分析，即分割，以适用不同州的法律。来源于法语单词 dépecage。

depeculation n.〈英〉抢劫君主或国家财产；贪污、侵占、挪用公共财产 该词主要用于17世纪，指皇室侍从的各种不忠行为。

dependant (= dependent)

dependency n.附属国；附属地 在英国，曾指虽未被正式兼并但要服从英国司法管辖的地区或国家，它比殖民地的范围要广。（⇨protectorate；trust territories）

dependency exemption 扶养免税额 根据美国《国内税收法典》[I.R.C.]，纳税人有适格的被扶养人，且被扶养人的总收入低于免税额；或纳税人有子女未满19岁或尚为全日制学生，从而在计算纳税人应税收入时扣减的数额。

dependent n.被扶养人；被赠养人；非独立生活的人 其生活费用主要来源于他人，即其依赖于他人的资助，不能自我维持或存在，或者须借助他人的意志、权力、帮助才能从事法律行为。就劳工赔偿[workers' compensation]而言，它是指依赖于他人并由他人维持其生存的人。根据美国税法，它是指在某一公历年中，其一半以上的生活费用来自于纳税人的人，且须为纳税人的亲属和美国公民。（⇨lawful dependent；dependency exemption）
a.从属的；依靠的；非独立的；附条件的

dependent bill （衡平法）从属诉状 也称"非初始诉状"[bill not original]，指与同一当事人之间已在法庭争讼的事项相关，并依赖于该前一诉讼的诉状，它是前一诉讼的补充或延续。

dependent conditions 非独立的条件；相互条件 双务合同中，双方当事人的条件构成完整的对价，它们又互为条件。

dependent contract 附条件合同；在先履行合同 指以其他合同行为为条件的合同。该种合同中，在对方当事人未履行同一协议中规定的某一义务之前，另一方当事人不承担履行合同的义务。

dependent covenant 附条件合同条款；在先履行合同条款 合同条款可以分为三种：在先履行合同条款、同时履行合同条款[concurrent covenant]与独立合同条款[independent covenant]。其中，在先履行合同条款是指依赖于某一在先履行的行为或条件的合同条款，并且，除非条件成就，对方当事人在由该合同条款提起的诉讼中不承担任何责任。（⇨concurrent covenants；independent covenant）

dependent coverage 对被抚(扶)养人的保障 人寿和健康保险单中的条款，对由指定被保险人抚养的人提供保障。

dependent intervening cause 从属性介入原因 指在被告的行为发生后，既定的结果产生之前介入的某一原因，但被告仍应对该结果的发生承担责任。

dependent jurisdiction (= ancillary jurisdiction)

dependent promise 附条件允诺；在先履行允诺 在对方当事人未履行同一协议中规定的某一义务之前，允诺人不承担履行的义务。

dependent relative revocation （遗嘱的）附条件的相对撤销 立遗嘱人意图订立新遗嘱以撤销旧遗嘱，但因为某种原因尚未订立新遗嘱或新遗嘱效力有瑕疵，则推定遗嘱人在无遗嘱与旧遗嘱之间宁愿选择后者，于是恢复旧遗嘱的效力。这一原则也称为"有条件"或"临时性"撤销遗嘱[conditional or provisional revocation]。

dependent state 附属国 指在某种程度上处于从属他国的地位的国家，包括附庸国和被保护国两种表现形式。附庸国与宗主国相对应，附庸国隶属于宗主国的宗主权，在对外关系上完全或基本上由宗主国代表，但在国家内部事务上仍享有独立的地位，被视为不完全国际法主体。被保护国与保护国相对应，被保护国基于其与保护国缔结的约约而将其对外事务交由保护国处理和负责，亦被视为不完全国际法主体。目前，附庸国已成历史陈迹，被保护国也只有安道尔。

dependent stipulation 非独立的合同条款；附条件的合同条款（⇨dependent covenant；dependent promise）

depending a.❶依赖于；以…为条件的 ❷正在进行的；未决的 (= pending)

de perambulatione facienda 〈拉〉勘定界线令状 当毗邻的贵族领地或城镇间存在边界争端时，要求郡长勘查并确定界线的令状。

de permutatione archidiaconatus et ecclesiae eidem annexae cum ecclesia et prebenda 〈拉〉更换圣职令 签发给教会常任法官[ordinary]的、要求其同意为一神职人员更换圣职的令状。

depesas （西班牙美洲殖民地法）城镇附近为公共用地或公共牧地而保留的土地

de pignore surrepto furti, actio 〈拉〉（罗马法）被窃质押物返还之诉

de placito 〈拉〉关于答辩的[of a plea]；诉讼（中）的 起诉状[declaration]中的正式用语，用来表示已提起的某一诉讼。

de plagis et mahemio 〈拉〉（英格兰古法）关于伤害罪和重伤罪的 旧时英格兰刑事诉讼中用于对伤害罪[wounding]和重伤罪[mayhem]的刑事上诉名称。（⇨appeal）

de plano 〈拉〉❶清楚地；立即地 ❷（罗马法）裁判官与原告同站在地上 古罗马的一种非正式的、迅速作出裁决的听讼方式。而在正式的诉讼中，裁判官应当坐在法庭的法官席上。

de plegiis acquietandis 补偿担保令 担保人在偿还债务之后要求被担保人对其承担责任的令状。

de pleine age 成年的

deplete v.❶(部分或全部地)消耗；使空虚 ❷耗尽（资源、精力等）

depletion n.❶(财产的)耗尽；枯竭 ❷(油、气和其他矿产资源在纳税年度中的)减少 ❸通过开采和出售收回某种自然资源的成本或其他消耗的过程

depletion allowance 折extend备抵；耗减扣除 税法中允许石油、天然气、矿产和林木的所有者就所消耗的资源进行扣除。

depletion deduction (= depletion allowance)

depletion reserve 耗减准备 会计上，对折耗性资产或自

然资源等,提取其收入的一部分作为该资产价值减损的反映。

depone v. 宣誓作证

de pone 案件移送令 指令将案件移送给上级法院审理的令状。

de ponendo sigillum ad exceptionem 〈拉〉要求在异议书上加盖法院印章的令状

deponent n. 宣誓证人;提供书面证词者(⇨depose; deposition)

deponer (= deponent)

depopulatio agrorum 〈英格兰古法〉荒废土地罪;破坏国土罪 近似于叛国罪。

depopulation n. 灭毁人口;人口凋零 对人口灭毁,导致王国人口减少。对整家整家的人口毁灭是一种公开的犯罪。

deport v. ❶放逐(罪犯) ❷驱逐(出境) ❸递解(出境)

deportatio 〈拉〉(罗马法)放逐;流放 将犯罪遣送到国外,通常为某一岛屿,并取消其罗马公民的资格。

deportatio in insulam 〈拉〉(罗马法)终身放逐 指终身被监禁在某一指定地域。受此重罚者被视为民事死亡而不再成为公民[civis],但也可被皇帝赦免。

deportation n. ❶驱逐出境 常伴随着没收财产和剥夺民事权利;它不同于引渡[extradition],后者将在另一国被控告的罪犯送交该国审判。❷(现代通常做法)遣送回国 ❸放逐(⇨banishment; extradition; to the country whence they came)

deportation proceeding 〈美〉遣返程序 由移民局官员通过听证以决定某外国人是否应当遣返回国的一种行政程序,如决定遣返的,则发布命令强令其离境。

deportee n. ❶被放逐者 ❷被驱逐出境者 ❸被递解出境者

depose v. ❶(在录取证人庭外书面证词[deposition]中)询问 ❷提供书面证词;作证 ❸罢免;废黜 尤指废黜国王。(⇨deposition)

deposit n. ❶保证金;定金 合同一方当事人向另一方当事人支付的用以保证合同履行的金钱,如其未能履行合同义务,该笔金钱则予没收。它也可最终成为部分付款,从而使买受人成为合同标的物的真正所有权人。❷(无偿)寄托;寄托物 指根据最初的信托目的而交付财物与受寄托人,由其无偿保管该财物。通常,由某人将其动产移转他人占有,后者负有为前者或第三人的利益而保管、使用、收益,或以种类物归还的义务。委托他人保管的财物即为寄托物。大陆法将该种寄托分成3种:①紧急寄托[necessary deposit],也称灾害寄托[miserable deposit],指在突发灾害事故时,未经充分和自由地选定受寄托人而仓猝将其财物交由他人保管;②任意寄托[voluntary deposit],根据当事人之间的合意或协议而产生;③非任意寄托[involuntary deposit],指未经寄托人同意而产生的寄托,例如某人的林木被洪水冲至他人土地上。普通法对前两种寄托不作区分。❸(法院的)讼争物寄托 指法院对未决诉讼的财产进行保管,至有权占有该争议财产的人已确定。❹储备;存款 ①指一种行为,某人基于安全或便利的目的,将其金钱交由银行保管,并可由存款人随时或按事先约定支取该金钱;②指交由银行保管的金钱,或存款人因此而获得的债权。❺(矿产的)矿床;储量
v. ❶寄托;保管 ❷交付保证金;交付定金 ❸储蓄;存储(⇨bailment; earnest money; escrow)

deposit account 存款账户;提存账户 储户将钱存入银行,银行据此向储户出具存款单,储户借此赚取利息的账户,实为储户按一定利率贷给银行的贷款。储户对此账户不能开支票提款,且通常需在提款前向银行发出提款通知。该账户亦包括定期存款[fixed deposits]在内。

depositary n. 保管人;受托人 其义务是对受托的事物予以合理的注意,并根据要求将管理物返还受托人或按原有信托进行交付。其易与depository相混淆,后者指保管的物理上的场所,但二者在现代用法中区别不大。

deposit box 保险箱;保管箱(⇨safe deposit box)

deposit company 保管公司 以出租保险箱的形式为客户保管证券等贵重物品的公司。(⇨safe deposit company; depositary; depository)

deposit contract 存款合同 存款银行和客户之间订立的就客户存放在银行账户中的款项规定双方权利和义务的协议,并且具体规定在何种情况下可以从账户上提取款项和如何从账户上提取。

deposited for record 存档备用(⇨filed for record)

deposit for collection 托收寄托;托收委托 指客户将商业票据交付给银行,由银行作为其代理人承担收款的义务。

deposit for hire 有偿寄托 受托人可因保管寄托物而获取报酬,与无偿寄托[gratuitous deposit]相对。(⇨deposit)

deposit in court 讼争物寄托 责任人同意承担赔偿责任,但受偿人不明确时,由责任人将赔偿金交与法院保管,待法院确定权利人后再行支付;也包括在支付租金案件中有待于收回出租物之诉[evication case]作出判决时,根据法院命令,由当事人向法院先行支付的款项。(⇨payment into court)

deposit insurance 储蓄保险;存款保险 在美国,为使银行存款人免受银行经营失败而造成的损失,由各银行向联邦存款保险公司交纳保险费,如果银行破产,存款人遭遇丧失存款的危险时,可以用来偿付存款人。(⇨Deposit Insurance Corporation)

Deposit Insurance Act 〈美〉《联邦存款保险法》 规定建立联邦存款保险公司[Federal Deposit Insurance Corporation/ F.D.I.C.],以保护适格银行的存款。(⇨Deposit Insurance Corporation)

Deposit Insurance Corporation 〈美〉联邦存款保险公司 美国的一个机构,其设立目的是建立一项永久的保险基金,以便在某一被保险银行关闭时保护存款人的存款能够得到清偿,并保持贸易和商业交易渠道的通畅。(⇨Deposit Insurance Act; Federal Deposit Insurance Corporation)

deposit in trust 信托存款

deposition n. ❶书面证词 指证人在公开法庭外,依法院命令[commission]或一般法律或法院诉讼规则的规定,在宣誓后对口头询问[oral examination]或书面质询[written interrogatories]问题作出回答,并作成笔录且经正式认证[duly authentication]后所形成的证词。书面证词可用作披露[discovery]的一种方式,在证人患有严重疾病或其他原因在庭审时不能到庭作证时,或为在庭审时对证人的证言进行质疑[impeachment],先前收集的证人的书面证词在符合法定条件的情况下可在庭审中作为证据使用。其与宣誓书[affidavit]的不同在于,收集和使用书面证词时应通知对方当事人并给予其对证人进行交叉询问的机会。该词也可以指记录有此种证人证词的经过认证的文件[certified document]。❷收集书面证词的听审

[hearing] ❸（教会法）废黜圣职　指神职人员被罢免其圣职的一种教会惩罚，宗教改革后，逐渐代替革除神职[degradation]而被广泛使用。（⇨degradation）

deposition de bene esse　将在庭审中宣读的书面证词　在不能保证证人能够到庭接受口头询问的情况下，可在庭审前要求证人提供证词，在庭审时作为证据宣读。对于其相关性和可采性，可按照如同证人出庭情况下的方式进行审查。

depósito　〈西〉（财物之）寄托；寄托合同

deposit of earnest money　保证金存款；定金存款　通常仅为总金额的一部分。（⇨earnest money）

deposit of title-deeds　产权证书寄托　作为一种不动产担保贷款方式，由借款人将产权证书交付贷款人保存。

deposit of wills　〈英〉遗嘱寄托　立遗嘱人生前可以把遗嘱寄托在萨默塞特宫[Somerset House]家庭析产登记处的保管库[depository at the Principal Registry of the Family Division]中，以备死后遗产分割之用。

depositor　n. 储户；存款人

depositor's guaranty fund　〈美〉存款人保证基金　由一州的银行根据存款数额出资成立的基金，目的是保护存款人利益和现金支票的安全。（⇨permanent insurance fund）

depository　n. ❶寄托物品存放处；仓库；寄存处　如银行、存款互助会、信托公司等。其易与"depositary"相混淆，后者是指承担寄托保管责任的人或机构，而不是该地方，但在现代用法中，两者区别已不大。（⇨depositary）❷〈美〉指定接受公共基金（如税款）存款的银行。

depository bank　托收行　在托收业务中，接受委托人的托收申请及相关票据和单据的首家银行，由其再委托代收行[collecting bank]代为办理收款事宜。托收行凭代收行向其发出的付款人是否付款的通知，决定是否对委托人付款。托收行与委托人之间系委托代理关系，自身并不承担因付款人拒绝付款而款项不能收回的风险。（＝remitting bank）

depository for wills of living persons　生者遗嘱寄托处（⇨deposit of wills）

depository transfer check/DTC　托收转账支票　一种没有签名的、不可转让的支票，用于将款项从当地代收行转移到托收行。

deposit premium　预付保险费　被保险人根据保险条款预先交纳的保险费，在保险单被调整的情况下保险费也相应调整。

deposit ratio　存款资本比　存款总额与资本总额的比率。

deposit receipt　存款单；存款收据　由银行向储户开具的，证明在某一时间储户将一定金额的款项存入了银行的书面收据或凭证。当储户从其银行账户中提款时，必须向银行提示存款单。（⇨deposit slip）

deposit slip　存款凭单；（存人向银行存款时填写的）存款通知单　确认银行已在某一特定时间收到所记载的款额的书面凭证，证明在特定的某一天、某一时刻，银行已将该存款凭单上记载的特定数额的款项存入银行。（⇨deposit receipt）

deposits tax　存款税（⇨bank deposits tax）

deposit subject to final payment　须最终支付存款（⇨subject to final payment）

depositum　〈拉〉（罗马法）寄托　《优士丁尼法典》中四种要物契约之一，即受托人无偿为委托人的利益保管财物。受托人对寄托物负一般注意义务，只在其有重大过失或欺诈行为时，才对寄托物损失负赔偿责任。寄托物所有权属于委托人，受托人只享有占有权。（⇨deposit）

dépôt　〈法〉寄托　用于法国法中，相当于罗马法的 depositum 和英格兰法上的 deposit。它分为两种，即通常寄托[dépôt simply]与讼争物寄托[séquestre]。前者可以是任意寄托或紧急寄托[voluntary or necessary]；后者可以是当事人合意的讼争物寄托，也可以是法院命令或裁判的讼争物寄托。（⇨deposit; depositum）

dépôt simply　〈法〉通常寄托（⇨dépôt）

De Praerogative Regis　〈英〉《君王特权法》　爱德华一世时期的法律，其中确认了君主的诸多特权，尤其是规定国王有权对智力不健全者的土地实行监管，对被剥夺财产权的重罪犯的土地享有一年零一天的收益权。

de praesenti　现在地；当前地（⇨Per verba de praesenti）

deprave　v. 〈英〉（教会法）轻视；蔑视；瞧不起　如，轻视圣餐[Lord's Supper]或《公祷书》[Book of Common Prayer]被视为一种轻罪，将被处以罚款或监禁。

depraved mind　堕落的思想　指缺乏道德感和正直心，是最高等级的"恶意"，在二级谋杀罪[second-degree murder]的定罪中指对他人生命漠不关心的心理状态。

depreciable　a. （资产）可折旧的　指经过一段时间的使用或废弃，其价值下降的财产。可折旧资产包括机器设备。土地是不可折旧资产。

depreciable life　折旧期限；折旧年限　资产的折旧成本分摊的年限；计税时，折旧年限通常比估计服务年限要短。

depreciated book value　折旧账面价值　为财产计税而设立，包括计入公司日常经营账目的资产成本价格减去考虑设备老化等因素在内的日常折旧。

depreciated value　折旧价值　成本减去折旧所余价值。

depreciation　n. ❶贬值；跌价　❷折旧

depreciation reserve　折旧准备账户　公用事业公司等的账目中用来记录财产折旧的账户。

depredation　n. ❶（常用复）抢劫；掠夺；偷盗　❷〈法〉抢夺；毁坏　尤指对死者的遗产。

depressed areas　（工商业）萧条地区

depressing bids　（司法拍卖中）令人沮丧的报价

depression　n. ❶降低；压低　用以排除表面积水的一种自然方法。❷凹地；凹陷　❸大萧条　指经济衰退，工商业条件下降并伴随高失业率、低价格等的一段时期，它比"工业衰退"[recession]更为严重。❹抑郁症　精神综合症，表现为自我低估、忧郁和犯罪感等。

depression reaction　抑郁反应　由于外界刺激而突发的抑郁症症状。

deprivation　n. ❶（教会法）罢免圣职　指一种教会处罚方式，剥夺牧师的圣职和圣俸，取消圣职推荐权等优先权资格。可由教会法院依处罚法令判决执行，处罚的原因是受俸牧师疏于职守、触犯教规或犯下罪行。❷剥夺；丧失　将某人的财产、权利、特权等予以收回或充公，或指依国家对私有财产的征用权[eminent domain]而非依正当法律程序（如不给予合理的补偿）剥夺某一宪法性权利或征用某一财产。

deprivation of citizenship　剥夺国籍；取消国籍　1948 年《英国国籍法》[British Nationality Act]对此作出规定，1964 年和 1965 年两次修改。其中规定：通过归化取得英国国籍者在下列情况下可能被剥夺国籍：①采取欺骗、虚假陈述或隐瞒重要事实等手段获得国籍的；②其言论或行为表明不忠诚于英国的；③在战时英国敌对国进行非法贸易、非法通讯或以其它方式帮助敌方的；④取得英国国籍后，5 年内被任何国家判处高于 12 个月监禁的。同时规定,归化而取得英国国籍者实施刑事犯罪行为而被判刑,如因剥夺其国籍而成为无国籍人的,则不予剥夺。

deprivation of property ❶剥夺财产 ❷〈美〉剥夺私人财产 指政府未经正当法律程序,未做合理补偿对私人财产的剥夺,即使是暂时的也构成了宪法第十四条修正案意义上的剥夺,尽管其并不要求为私人或公众用途的实际或有形的剥夺行为,但执行警察权力的特殊情况除外。(⇨condemnation; eminent domain; expropriation; just compensation; taking)

deprivation without due process 〈美〉未经正当程序的剥夺(财产)(⇨deprivation of property)

deprive v.❶剥夺;使丧失 在美国用以指占用赃物,使其永远脱离原所有人,或者使用、处分赃物使原所有人不可能再收回。❷免去…的职务 尤指圣职。

deprive permanently 〈美〉永久剥夺 ①剥夺所有人对财产的占有、使用或收益且不欲归还;②持有他人财产不欲归还或者只有当原所有人购回、回租、支付报酬或进行其他补偿后才同意归还;③以出售、赠与、抵押等方式处分他人财产上的利益或者使原所有人之外的第三人有权对该财产利益提出主张。

de proavo 〈拉〉曾祖父土地收回令状 直译为:"关于曾祖父的"。当继承人之曾祖父占有的土地在其去世时被他人非法进入时,该继承人可申请此令状收回土地。

de probioribus et potentioribus comitatus sui in custodes pacis 〈拉〉从他们郡中选取最优秀和最能干的人作为维护治安的官员

de procedendo ad judicium (英格兰古法)作出判决令 国王文秘署[chancery]要求任一法院的法官作出判决的令状。(⇨procedendo)

deprogramming (使)消除受毒化的思想(或信仰) 指通过"洗脑"[brainwashing]或思想控制[mind control]方式说服某一宗教团体的成员放弃其信仰。

de proprietate probanda 〈拉〉(英格兰古法)调查扣押物所有权令 在返还扣押物之诉中,当原、被告就扣押物的所有权发生争议时,该令状即可用以指令郡长就此进行调查。

depuis 〈法〉从…以来;自从

deputize v.委派代表;授权…为代表 在法律上常被严格限定为委派官员的代位、代职或副职者。

deputy n.代理人;代表;受托人 指本级政府官员的下属人员,他仅能以该官员的名义行使职权,除非在管辖范围内他被作为独立的政府官员。

deputy consul 副领事(⇨consul)

deputy-judges n.❶备补法官 最初,国际常设法庭[Permanent Court of International Justice]由 11 名法官和 4 名备补法官组成。备补法官的作用在于当一定数目的法官因各种原因不能出庭时,由他们代替原审法官参加庭审。1929年《国际常设法庭法令修改草案》[Protocol for the Revision of the Statute of the P. C. I. J.]规定取消备补法官,并任命 15 名法官职位。但在 1931 年,该法庭第二次候选人选举时,仍选举了备补法官。后来在该法庭被国际法院[International Court of Justice]取代时,该职位也随之被取消。 ❷代理法官 一个似是而非的译名,因为司法权是不容代理的。(⇨deputize)

deputy lieutenant 〈英〉郡军事长官助理 指一个郡的军事长官[Lord lieutenant]的副职,根据 1882 年《民兵法》[Militia Act],每个郡军事长官都有几个助理,有关郡军事长官助理的资格见 1966 年《预备役部队法》[Reserve Forces Act]。

deputy sheriff 〈美〉(县)行政司法官助理 受任命代理和代替行政司法官履行其职责的官员。分为"副行政司法官"[general deputy sheriff,有时简称为 general deputy,或称为 undersheriff]和"行政司法官临时助理"[special deputy sheriff,简称为 special deputy]。前者在任命后,有权履行行政司法官的全部职责,毋需得到行政司法官的特别授权。后者则为临时任命的官员,仅在一些特别场合或为某一特殊的任务而任命,如送达特别的传票,在有可能发生动乱或骚乱,或者在动乱、骚乱发生时协助维持秩序等。临时助理受到特别授权和特别任命,而非一般授权和一般任命。(⇨sheriff)

deputy steward 〈英〉(庄园或采邑的)代理管家 在英国法中,采邑的管家可以委托或授权另一人举行开庭,后者的开庭行为与管家亲自开庭具有同样的法律效力。代理管家还可以委托他人为次级代理管家[subdeputy]替其开庭,这种有限的权利与"受托之权不能转托"[delegatus non potest delegare]之规则并无不符。

de quarentina habenda 〈拉〉保护寡妇居留期之权的令状 普通法中保证寡妇在丈夫死后 40 天内继续占有亡夫的宅邸或其它居所的令状。

de ques en ca 〈拉〉从何时至今

de quibus 〈拉〉何物或何人的(= de quo)

de quibus sur disseisin 〈拉〉(古)古进占令之一种(⇨writ of entry)

de quo 〈拉〉关于…的 简易进占令状中的正式用语,因为这个原因,进占令状又被称为 a writ of entry "in the quo",或"in the quibus"。(= de quibus)

de quodam ignoto 来自于不知其名的某人处

de quota litis 〈拉〉(罗马法)成功酬金协议 指某人在其案件难以胜诉时与他人所签的合同,同意将部分胜诉所得交给该人作为帮其胜诉的劳务报酬,后发展为律师的胜诉酬金[contingent fee]。

der 水

deraign v.❶证明;证实 在古文献中,"deraign a warranty paramount"意味着执行或利用这种优先所有权担保[warranty paramount]。如甲将土地转让给乙,并对该土地权利之合法性作出保证,而乙以同样方式将土地转让给丙。如此,当丙因土地权利之瑕疵而被人驱逐之时,他就有权向乙索要等值的土地,同样乙亦有权向甲索要等值的土地,乙即可被认为是利用了优先所有权担保来证明自己的权利主张。 ❷反驳;驳斥(对方的主张);免职 指教士被逐出教会而成为俗人。

deraignment of title 财产权争端的解决方法 即从政府、相反占有[adverse possession]和被告三方面证明其财产权。

deranged a.精神错乱的;疯狂的;痴呆的(⇨insane)

derangement n.(精神)错乱(⇨insanity)

de raptu haeredis 保护被房掠者令状 被监护人被诱拐后,监护人要求获得其监护权的令状。

de raptu virginum (英格兰古法)强奸处女罪的上诉

de rationabilibus divisis 合理划分界线的令状

de rationabili parte 保证合理份额的令状 共同保有人中的一人僭越其应得份额时,其他人借以要求保护各自权利的令状。

de rationabili parte bonorum 〈拉〉遗产合理份额令状 直译为:关于赠与财产的合理份额。死者个人财产中属于其妻子和子女的合理份额,如果被死者生前转让,那么其妻子和子女便可凭此令状要求受让人予以返还。另外此令状还可针对遗嘱执行人提出。

de rationalibus divisis 划界令状（= de rationabilibus divisis）

de rebus 物 《学说汇纂》[Digests or Pandects]第三部分的标题。

de rebus dubiis 〈拉〉在可疑事物上

derecho 〈西〉法；法律；权利；税收；合法主张

derecho común 〈西〉普通法

de recognitione adnullanda per vim et duritiem facta 具保书记录提供令 向皇家民事法庭法官发出的令状，要求其将有关某一具保书的法庭记录送出，在该具保书中具保人声称是在强迫和威胁下承认；如果事实如此则该具保书无效。

de recordo et processu mittendis 〈拉〉移送案卷令状 纠错令状[writ of error]的一种，指将诉讼记录移送给上级法院重新进行审理的令状。

de recto 返还财产所有权的令状（⇨writ of right）

de recto de advocatione （英格兰古法）圣职推荐权令状 具有圣职推荐权的人推荐受阻时签发给他和他的继承人的令状。后被废弃。

de recto de dote 寡妇对其亡夫遗产权利的令状

de recto deficere ❶无权的 ❷缺乏正义的

de recto patens 公开的权利令状

de redisseisina 收回再次侵占地令状 指某人将被侵占不动产收归占有后又被同一侵占人再次侵占后所需的令状。

deregistration n.〈美〉撤销注册 根据1934年《证券交易法》[Securities Exchange Act]第12条的规定，注册的证券发行人，若其证券持有人减至一定数量，不再需要注册，则撤销对该证券发行人的注册。（⇨delist）

deregulation n.撤销管制；放松控制 即减少政府对商业的控制，允许市场自由和竞争自由。

Deregulation Act of 1978 〈美〉《1978年解除管制法》 一部联邦法律，它逐步减少民用航空委员会[Civil Aeronautics Board/C.A.B.]在控制航线和价格方面的权力，到1983年则完全解除管制，而该委员会本身也于1985年被撤销。这是几十年以来第一次通过法律对一个独立的工业部门解除管制，自此以后，解除管制的观念也迅速地深入到其它领域。

dereine （= deraign）

derelict a.被抛弃的；遗弃的；无主的 尤指海上弃舟船。
n.❶抛弃物 动产所有人将动产遗弃或抛弃，以表明其从此不再对该物主张权利。假如一个人把他所有的珠宝扔到大海里或公路上，则该物就成为遗弃物，最先拾到者取得所有权。 ❷无主物；无主船 尤指在大海中被遗弃的船舶。如果船主或船员对该船舶无希望或无意图要求返还的，则认定为完全遗弃，而不论是出于海难事故被迫遗弃还是自愿遗弃。如果并没有遗弃该船舶，只是不再为船员所控制，则称为"准遗弃船舶"[quasi derelict]。如果船员暂时离开船舶且有返回或重新占有的意图，也不能称为遗弃船舶，但常被冠名为"准遗弃船舶"。如果遗弃船舶被救助成功，则它仍属于船主，除非船主已将遗弃公告交给保险商，不过，船主需要支付救助费。（⇨quasi derelict） ❸水退后露出的新土地 ①海水退至寻常高水位线[high-water mark]以下时露出的土地；②河流改道后留下的旧河床。旧河床以及与之相连的河岸地的所有权不变，仍在原先的河岸所有人之间分割。新河床也属于原土地所有人所有，不因河流的经过而改变所有权。但如果某人在原先的河流上经营着渔场和渔业，那么他在新河流上也拥有相同的权利。

dereliction n.❶水边新生地 由于海水、河流从其正常水位线退后而获得的新的陆地；也指河流逐步从一岸向另一岸偏移而获得的土地。（⇨derelict） ❷抛弃 无论在海上或陆地上，动产所有权的抛弃既要有抛弃的意图，又要有实际的抛弃行为。 ❸（罗马法）抛弃；遗弃

de religiosis 有关宗教人士的

de reparatione （废）修缮令状 一种古老的令状，现已作废。共同佃户中的一人借以要求其他共同佃户对关于共同财产之修缮费用分担合理份额的令状。

de reparatione facienda （废）修缮令状 共同佃户中的一人借以迫使其他共同佃户分摊费用，以对他们共同的房屋、磨坊进行必要修缮的令状，但不适用于用来包围林地或可耕地的篱笆。

de replegiare 〈拉〉（= writ of replevin）

de rescussu 〈拉〉强行释放令 为解救被拘禁的人或夺回被扣押的牛的令状。（⇨rescous）

de restitutione extracti ab ecclesia 〈拉〉（教会法）回归教堂令状 要求将以教堂为避难所但被强行带出的重罪嫌疑犯交还教堂的令状。

de restitutione temporalium 〈拉〉（教会法）回复教会财产令状 签发给郡长的令状，要求其将主教管区的教会财产交还给已选出并经确认的主教。

de retorno habendo 〈拉〉交回已返还的扣押物 在动产占有回复之诉[action of replevin]中，该词可以指：①法院判定被告胜诉，原告应将已返还给他的争讼财产交回给被告的判决；②依被告胜诉的判决而签发的要求原告将争讼财产交回给被告的执行令状；③原告在提起动产占有回复之诉时所提供的担保。

dereyn （= deraign）

D.E.R.I.C. （= de ea re ita censuere）

de rien culpable 〈拉〉〈法〉无罪的；无辜的

de rigore juris 〈拉〉严格按照法律[in strict law]（⇨rigor juris; stricti juris）

Derivativa potestas non potest esse major primitiva. 〈拉〉受托人的权利不能大于委托人的权利。

derivative a.❶派生的 ❷次要的；第二手的
n.❶衍生物；派生物 ❷继受物；传来物

derivative acquisition ❶传来取得；继受取得 指通过买卖、赠与、遗赠的方式从他人处取得财产，区别于原始取得[original acquisition]。（⇨acquisition） ❷领土割让

derivative action 〈美〉❶股东代位诉讼；派生诉讼 在公司的基本权利受到侵犯而公司不行使其诉权时，股东为公司利益而向第三人提起的诉讼。股东的诉权来源于公司的诉权，股东实际上是作为公司和其他股东的代表进行起诉，因而得名。按照多数人承认的规则，提起诉讼的股东在起诉时须持有公司的股票，且在其起诉前须用尽公司内部救济方法，即该股东应先请求董事起诉。若请求无效果，应向其他股东提出类似请求，该请求也无效果时，股东才可自己起诉，并要在起诉状中说明自己曾作出过此种努力，但都归于失败。在诉讼进行中，原告必须公正且充分地代表其他股东的利益。该词也可以指社团组织的成员为了社团的利益而提起的诉讼，其规则与股东的代位诉讼相似。 ❷派生诉讼 基于他人受伤害而提起的诉讼，如妻子受到伤害后，丈夫以其丧失了配偶权[consortium]为由向侵权人提起的诉讼。

derivative contraband 派生的违禁品 自身并非违禁品，但用于违法活动时可予以没收的物品。

derivative conveyances 附随性转让 以先前发生的转让作为先决条件的转让，它是对先前转让所赋予的利益进行转让、放弃、增加、限制或改变等。

derivative deed 附随性转让契据（➩compound settlement; derivative conveyances）

derivative evidence 派生证据 指由其他非法取得的证据所派生的证据，由于其来源的非法性而不可采用。（➩fruit of poisonous tree doctrine）

derivative feuds (= improper feuds)

derivative interests in copyholds 〈英〉官册登录的保有不动产权所衍生的权益

derivative jurisdiction doctrine 〈美〉派生管辖权原则 依该原则，只有在移送案件的州法院的标的管辖权[subject matter jurisdiction]范围内进行的案件移送才是合法的。

derivative liability 派生责任 有两种派生责任：①原告就侵害人对他人造成的损害要求赔偿；②原告对于给自己造成的损害要求赔偿，而该损害是以侵害人对他人的不法行为作为近因所造成的。（➩derivative action; vicarious liability）

derivative settlement 〈英〉派生的共享救济金 根据1930年《济贫法》[Poor Law Act]，如果某一穷人自己还未领到救济金，可以共享其父母已领得的救济金或其他补贴。后来，《济贫法》被1948年的《国家救助法》[National Assistance Act]所取代。（➩settlement）

derivative suit (= derivative action)

derivative title 〈美〉派生财产权 普通法原则，在美国《统一商法典》[U.C.C.]中有多处体现，它指财产的受让人只享有转让人原有权利范围内的权利。

derivative tort 派生侵权 因代理人的侵权行为而产生的责任由本人[principal]承担，在此限度内，本人的责任是派生的。（➩derivative liability; vicarious liability）

derivative use immunity 派生证据使用豁免（➩use immunity）

derivative work 演绎作品 在版权法中，它指根据原有作品而产生的作品，例如以翻译、编曲、改编等形式创作而成的作品。只有版权人或经其许可者才能对作品进行演绎，否则构成侵权。

derive v. ❶取得；得到 ❷派生出；导出 ❸衍生出 ❹引申出；推知 ❺起源；由来 ❻衍生；导出

dernier 〈法〉最后的；最终的（➩au dernier）

derogate v. (对法律、权利等的)限制；部分废除 对权利或权利让与进行部分废除就是对它进行减损甚至破坏。一个确认的原则是授权人不能部分减损其授权，它常被用于有关默示让与而创设地役权的案件中。比如，某人在自己的土地上建一房屋，后将其售与他人，同时保留与该房相邻土地的所有权，则他不能阻挡该房屋开设窗户，因为房屋的转让就默认了窗户采光权的转让，否则就是其对自己转让权利行为的部分减损。

derogation n. ❶(法律、合同、条约等的)部分废除 指后来制定的法律规定限制原先法律的适用范围或强制力，从而导致其某部分废除。它与"废止"[abrogation]不同，后者指整部法律被废止或被宣告失效。 ❷废止；取消 指制定法[statute]全部或部分地废止或取消普通法上的权利。

derogation from grant 财产转让契据中的限制条款 转让契据中订立的减损、妨碍转让本身的条款。

derogatory clause 变更限制条款 法律文件的一项条款，以此取消在此后对该法律文件进行变更或撤销的权利，此后文件的有效性依赖于正确复述该条款或将该条款正式撤销。在遗嘱中，它是指由立遗嘱人在遗嘱中插入的一项条款，如果立遗嘱人在此后订立的遗嘱中未完全包含该项条款，则为无效。其目的在于预防立遗嘱人因受暴力或其他不正当胁迫而订立遗嘱。

Derogatur legi, cum pars detrahitur; abrogatur legi, cum prorsus tollitur. 〈拉〉部分废除法律[derogate]是指删除其一部分；废止法律[abrogate]是指使其全部失效。（➩derogate; abrogate）

desafuero 〈西〉不法行为；违法行为；违反风俗习惯或理性的行为

de salva gardia 〈英〉(对外国人的)保护令状 对在英国法院中主张权利，并担心自己的人身和财产安全会受到侵害的外国人签发的保护令状。

de salvo conductu 安全行为令状

desamortizacion 〈墨〉剥夺财产 指对教会或其他民事法人团体享有永久管业权[mortmain]的财产的剥夺，即将财产从前两者的掌握中"结算"[unloose]出来。该术语在英语中没有对应词。

de sa vie 〈法〉为了他(她)自己的生命；为了他(她)自己的有生之年（➩pur autre vie）

De Scaccario (英格兰古法)《财政署法》 亨利三世在位第51年通过的一部法令。

descend v. 继承；继承转让 指被继承人死亡时依法通过继承而取得遗产；在某些制定法中，它还包括遗赠取得财产。它用于遗嘱中，相当于"给予"或"归于"，表示根据遗嘱而非根据制定法转让财产所有权。它还可用作"转让"[transfer]的含义。

descendant n. ❶子孙；后代；晚辈血亲 包括所有亲等的晚辈血亲。现代仅指直系晚辈血亲[lineal descendant]，包括养子女[adopted child]，但是不包括旁系亲属[collateral relations]。 ❷(复)可以继承无遗嘱死者遗产的晚辈亲属

descender n. 子嗣的身份；后裔的头衔（➩formedon）

descendibility of future interests (死者之)未来利益的可继承性 例如，剩余地产权[remainder]或将来生效利益[executory interest]，在权利人死亡后可依法通过继承而转让。

descendible a. (财产、权利、官职等)可遗赠的；可继承的；可世袭的

descending from airplane 离机 人寿保险单对由于操纵飞机[operating an airplane]、登机[riding in an airplane]、离机[descending from an airplane]所引起的死亡不支付意外死亡保险金。descending from这一术语包括乘降落伞自由下落或飞机着陆后离开飞机。

descending line of descent 直系卑亲属

descent n. ❶血统；世系 指依据共同的祖先而形成的亲属关系体系，据此某人可以与他人之间的关系而主张权利、特权或身份。该种关系在继承时有重要意义。 ❷血统继承制；法定继承 在英国，根据1926年以前的不动产法，血统继承制是取得土地财产的两种重要方法之一。在1833年《继承法》[Inheritance Act]中，它被定义为"依据血缘而继承取得土地所有权"，从而与依据赠与或时效取得土地权利相区别。血统继承制确定有男性优于女性、男性中长子优先的原则。现在通指以继承方式取得财产权利，区别于以"购买"方式取得财产权利。

严格而言,它仅指在被继承人死亡时以无遗嘱继承方式取得不动产或不动产权益,区别于以无遗嘱继承方式取得被继承人的动产,但通常在广义上指对不动产和动产的继承。(▷ lineal descent; mediate descent; immediate descent)

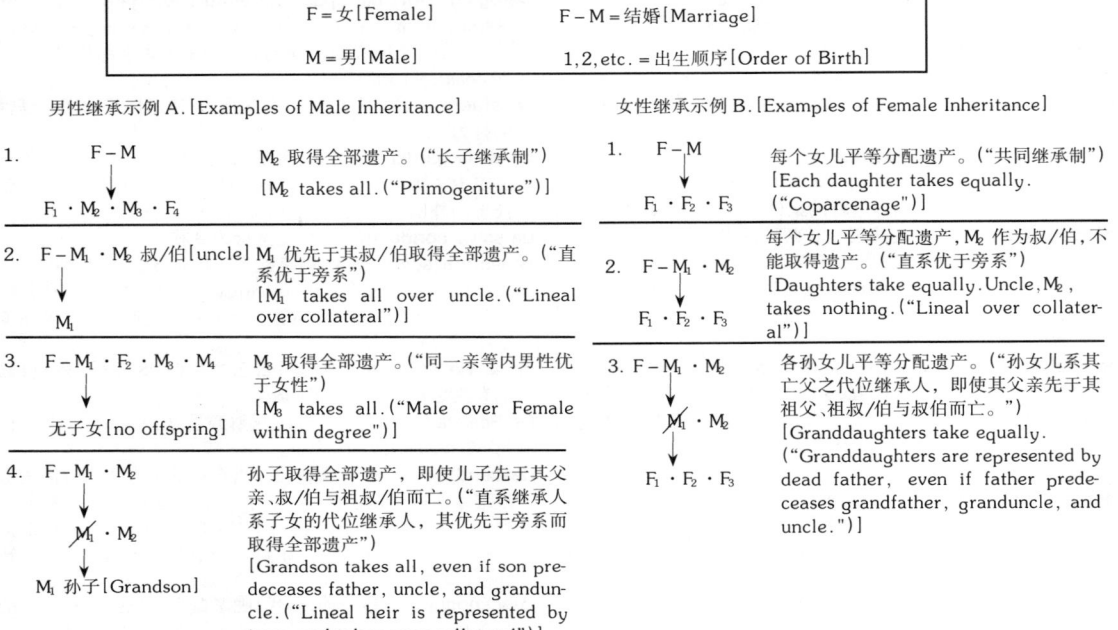

血统继承规则[Canon of Descent]

Source: Daniel R. Coquillette, *The Anglo-American Legal Heritage*, U.S.A.: Carolina Academic Press, 1999, p.105

descent cast ❶无遗嘱死亡者的不动产的继承 ❷〈英〉侵占土地所有权的继承取得 某人侵占或侵入他人土地,在其死亡时仍由其占有,其继承人即通过继承而取得该土地实际所有人的权利,土地的实际所有人只能通过诉讼来恢复其权利。该项原则已被 1833 年《不动产时效法》[Real Property Limitation Act]取消。

describe v. ❶描写;描述;形容;叙述 ❷画图;制图 ❸划分(土地的)边界;界标

description n. ❶描述;描写;说明 ❷产品说明 指对财产的组成部分、质量状况、所有权或相关文件等的书面列举,它与产品目录[inventory]相似,但更为具体,且不涉及估价问题。❸说明书 指为申请专利而提交的对某一发明产品、装置或方法的书面描述。❹(对人的)身份介绍 通过其与他人之间的关系或其身份特征,如为官员、受托人或遗嘱执行人等,来说明某一特定的人。❺(立法)说明书 指对立法草案的主要特征以平易的语言进行公正介绍,以利于有表决权者的理解。❻对犯罪嫌疑人的描述(▷ lineup; identification)

description of real estate 不动产说明 指运用地图、平面图或勘测等手段对不动产的边界标记、范围、距离和数量进行的描述。

descriptio personae 〈拉〉(对人的)身份说明 指用语词确定某人的身份,通常以其头衔、职位等予以描述,如"主席"、"经理"、"代理人"等。在遗嘱中,则常以继承的语词来说明某人的身份,例如由"长子"甲继承遗产即属对其身份的说明。(▷ persona designata)

descriptive calls 描述性标记 指用走向或距离描述的土地的边界,它不同于界标、纪念碑等实物,后者被称为位置标记[locative calls]。

descriptive mark 描述性商标 该种商标以文字、图案或其他标志直接说明有关商品或服务的某些特征,例如说明产品的特征;产品的设计目的、功能和用途;产品的质量和成分;产品的尺寸或颜色;该产品的用户种类等。除非证明其有第二含义,否则该种商标不得注册并受到保护。它还应与"暗示性商标"[suggestive trademark]相区别。直接表示上述信息的为描述性商标;必须通过想象才能与其所适用的产品相联系的,则属暗示性商标。(▷ secondary meaning)

descriptive term (= descriptive mark)

de scutagio habendo 〈拉〉兵役免除税令 该令状以前用于强制服骑士役之封臣为领主服兵役或缴纳一笔钱作为兵役免除税。但后来同样的令状用于已在国王的军队里服兵役或已缴纳罚款者请求其下属服骑士役之封臣缴纳该种税金。

de se bene gerendo 在其举止良好的期间

desecrate v. 亵渎;侮辱;冒犯 包括毁损、破坏、玷污或其他肉体上虐待等伤人感情的行为。(▷ deface; defile; flag desecration)

desecration of burial place 亵渎墓地

de secta ad curiae 〈英〉履行出庭义务令 针对那些拒绝履行出席郡法庭[county court]和领主法庭[court baron]之义务的人发出。

de secta ad molendinum 磨坊诉讼令状 指强制某人在原告的磨坊碾磨加工其谷物的令状。

de secta facienda per illam qui habet enitiam partem 长者履行义务令 强迫年龄最大的共同继承人代替其他共同继承人履行出庭等义务的令状。(⇨enitia pars)

de secunda superoneratione pasturae 〈英〉再次超量放牧令状 (= writ of second surcharge)

de securitatem inveniendi 〈英〉保证令状 一种古令状，由国王颁发，要求其臣民保证，除非获得许可不得离开王国。其理论依据是，任何人都有义务以国王认为适当的方式保卫王国，为国家服务。

de securitatis pacis 〈英〉治安保证令状 在英格兰古法中，衡平法庭为了受到死亡或人身伤害威胁的人针对威胁者而颁发。现在这一程序用来在法官面前保证不扰乱社会治安。

desegregation n.〈美〉废除种族隔离 一种司法命令，它取消将肤色作为选择入学或就业地点的条件，它适用于娱乐、商业和交通领域。它也指本世纪 50 年代在美国开始的一场运动的总称。(⇨Brown decision; discrimination)

desert v.❶抛弃；遗弃；舍弃 主观上必须有抛弃的意图。(⇨desertion) ❷擅离职守
n.功过

deserted premises 〈英〉被遗弃的房屋

desertion n.❶抛弃；遗弃 指在公共社会或家庭生活中，无正当理由或未经合法授权而逃避其职责或义务的行为。在收养法中，若生父母故意遗弃子女，表明其已放弃对子女的权利和义务，则对该子女的收养无须其生父母的同意。在离婚法中，它是离婚的基础，是指夫妻任何一方在事实上的遗弃或分居，拒绝履行夫妻之间的义务，并且在主观上是彻底遗弃而无恢复夫妻关系的愿望。作为离婚要件的遗弃，在构成要件上还要求是故意，并且没有正当理由或经被遗弃一方的同意。根据英国 1973 年《婚姻诉因法》[Matrimonial Cause Act]，在提出离婚诉讼前继续遗弃 2 年以上的，构成证明该婚姻已经彻底破裂的事实。(⇨abandonment; desertion and nonsupport; nonsupport; constructive desertion) ❷擅离职守 在海商法上，指船员在航期内，未经请假而擅自离开航行船舶的，它不仅指未经许可而离开船舶的行为，而且主观上不想有回到其岗位的目的，即通常表述为有擅离职守的故意[animo non revertendi]。根据英国 1894 年《商业航运法》[Merchant Shipping Act]，擅离商船者构成犯罪。在军法上，根据美国《军事司法法典》[Code of Military Justice]的规定，武装部队的任何成员有下列行为之一者构成擅离军职罪：①未经授权而离开其编制、组织或岗位并有永久脱离的故意；②为逃避危险任务或重要使命而离开其编制、组织或岗位；③尚未永久脱离本武装部队而又参加或受命于另一武装部队，并且未充分透露其尚未永久脱离原武装部队这一事实；或加入外国武装，但经合众国授权许可的除外。根据英国 1955 年《陆军法》[Army Act]、1955 年《空军法》[Air Force Act]、1957 年《海军纪律法》[Naval Discipline Act]等，擅离军职的均构成犯罪。❸遗弃罪 夫妻一方在另一方患有疾病或经济困难时，无正当理由而遗弃配偶或故意怠于提供照料、保护或扶养，构成遗弃罪。

desertion and nonsupport 遗弃和不履行扶养义务 在许多案件中这两种行为同时存在，但它们是有区别的：有时，遗弃行为构成犯罪而不履行扶养义务的行为不构成犯罪；有时，故意不履行扶养义务的行为构成犯罪，但因行为人仍留居家里而不构成遗弃罪。(⇨desertion; nonsupport)

Desertion and Nonsupport Act 〈美〉《遗弃和不履行扶养义务法》 美国统一法之一。

desertion by seaman 船员擅离职守(⇨desertion)

desertion of the diet 〈苏格兰〉放弃诉讼 指在刑事诉讼中，放弃以特定起诉书[particular libel]提起的诉讼。它有两种形式：一种是暂时的放弃[pro loco et tempore]，在这种情况下，控告方可以重新起诉；另一种是绝对的放弃[simpliciter]，在这种情况下，控告方不得再次起诉。

Desert Lands Act 〈美〉《沙漠土地法》 联邦法，通常称作《凯里法》[Carey Act]，它规定了在公共的干旱沙漠土地上进行扶持开垦的计划。

deshonra 〈西〉❶不名誉；耻辱 ❷失节 ❸诽谤；诋毁

design n.❶外观设计 在英国，外观设计经由登记而享有版权，最先由 1907 年《专利与外观设计法》[Patents and Designs Act]调整，后由 1949 年《注册外观设计法》[Registered Designs Act]规定，其中第 1(3)条规定，"外观设计"是指应用于由工业技艺或方法制造的产品中的外观、形状、式样或装饰特征，该工业产品特征须借助于视觉并由视觉进行判断。但它不包括结构的原理或方法，也不包括仅因该工业产品的使用功能而产生的外形或结构。根据该法第 8(1)条，外观设计进行注册的，其权利人自登记注册之日起 5 年内享有版权。1988 年《版权、外观设计与专利法》[Copyright, Designs and Patents Act]对 1949 年《注册外观设计法》进行了补充修改。在美国，则在专利法中进行规定，它是指应用于制造产品、纺织品或美术品中的表现新颖的式样、模型、外形或构造的图案或图形，它主要表现装饰性特征。外观设计的本质并非其各个组成部分，或者其组成部分的编排方法，而在于其整体的表现，从而引起观察者在心理上对被观察的对象产生某种独一无二的、富于特征的感受。美国联邦政府对新颖的、非显而易见的和富于装饰性的工业外观设计授予独占性的外观设计专利[design patent]，外观设计专利权人有权排除他人制造、使用、销售与之相同或相似的外观设计。外观设计专利与实用专利[utility patent]不同，但两者可以表现在同一产品的不同方面，实用专利覆盖该产品的功能性方面，外观设计专利覆盖其装饰性方面，例如，汽车或台灯就可以同时存在这两种专利。❷计划；企图；图谋 ❸设计；图样
v.❶计划；谋划；图谋 ❷设计；构思 ❸预定；指定

designate v.❶指明；标出 ❷指定；选派 ❸把…叫做；称呼
a.已受委派而尚未上任的；选出而尚未上任的 用于被修饰的名词后。

designating petition 候选人的提名请求 在初步选举中用以指定党派候选人或用以选举党内职务。

Designatio justiciariorum est a rege; jurisdictio vero ordinaria a lege. 〈拉〉法官是由国王任命的，但其一般裁判权是由法律赋予的。

designation n.❶指明；标示 ❷指定；选派；任命 ❸名称；称号；牌号 ❹(军队的)番号(⇨identification)

designation of beneficiary (保险法)❶指定受益人；受益

人的指定　指人寿保险中,被保险人在保险单上指定某第三人作为其死亡后的保险金受益人。❷(人寿保险单的)受益人指定条款

designation of homestead 〈美〉宅地的指定　根据有关宅地权的法令,权利人有权指定某一土地为宅地,从而免于被强制变卖。

designation plan 〈美〉"牌号计划"　它规定只要律师能证明其在过去5年内有60%或以上的工作是属于某一法律领域的,则其可宣称自己是该领域的专家。新墨西哥州[New Mexico]率先采用此方案。

designatio personae 〈拉〉对人的确定;(对人的)身份说明　指对契据或合同一方当事人的描述。(⇨persona designata;descriptio personae)

Designatio unius est exclusio alterius, et expressum facit cessare tacitum. 〈拉〉对某人(或物)的指定即排除了其他的人(或物),对某物的明示指定胜于默示指定。

designed a.预先策划的;故意的　常用来表明行为人的不良动机。

designedly ad.事先策划地;故意地;蓄意地;非法地;恶毒地

design patent 外观设计专利(⇨design)

design to kill 谋杀企图　指在一定阶段内怀有谋杀故意[intention to kill],即便此阶段极短。

De similibus ad similia eadem ratione procedendum est. 〈拉〉事物相同,则其适用规则亦相同。　即允许从对案件的类比推理中进行证明。

De similibus idem est judicandum. 〈拉〉(在相同的案件中)事实相同,其判决亦相同。

desire v.希望;请求;要求;授权　根据不同的环境或上下文,可用来表示请求或要求,但通常用来表明某种愿望。在有关遗产管理和分配的遗嘱中,法院常对之作从"某种偏好的表达"到"强制性命令"的不同语气程度的解释。

desire to improve the premises　增加房屋价值的愿望　房屋租赁合同中的省略条款,其含义表达了出租人希望实现的愿望。

desistement n.(遗嘱)间断原则　依据该原则,法院在解释外国遗嘱时,如认为该遗嘱有语句遗漏、间断的,则适用法院地法。

deslinde 〈西〉划定疆界;划分界限

desmaintenant n.从今以后;此后;今后

desmemoriados 〈西〉丧失记忆的人;健忘的人

de son gree 〈法〉自愿的

de son tort 〈法〉出于自身过错的(⇨executor de son tort; guardian de son tort;trustee de son tort)

de son tort demesne 〈法〉出于自身过错的　相当于拉丁短语 de injuria。(⇨de injuria;de son tort)

De son tort demesne sans tiel cause. 〈法〉没有外因,只是由于其自身的过错。

desormes (= desmaintenant)

desoubs (= dessous)

despatch (= dispatch)

despatch money 〈海商法〉速遣费　指船舶承租人先于租船合同规定的装卸期限完成装卸任务时,由船舶出租人即船东向承租人支付的租船合同中规定的款项。(⇨demurrage)

desperate chose in action　无法实现的权利动产(⇨desperate debt)

desperate debt ❶呆账;死账　❷无法履行的债务

despoil v.掠夺;抢劫;剥夺　指使用暴力或秘密手段夺取他人占有的财产。

despojar 〈墨〉恢复不动产占有之诉　在墨西哥法律中,以此恢复原不动产占有人被他人侵夺的对不动产的占有。(⇨despoil)

desponsation n.订婚

desposorio 〈西〉订婚;婚约　为将来结婚而作的双方承诺。

despotism n.专制　当政府权力不加分割、无限制地集中于一人手中时出现的权力滥用现象。确切地说,它称不上是一种政府形式。"专制"与"独裁"[autocracy]有所区别:前者包含暴政和滥用权力,后者则未必。

desrenable 〈法〉不讲道理的;不合理的;非理性的;缺乏理智的;过度的;过分的

dessaisissement 〈法〉剥夺;放弃　被宣告破产的人立即丧失对其财产的受益权和管理权;该种剥夺扩展至其所有的权利。

dessous 〈法〉在…下面

dessus 〈法〉在…上面

de statuto mercatorio 〈拉〉商人违约令　该令状分俗人商人违约令和教士商人违约令两种。前者指俗人在交付曾依商人债务保证书[statute merchant]提供保证的款项时违约,令状要求郡长监禁他直到欠债清偿;后者指教士同样违约时郡长向其强制征收与货物相等的债款。

de statuto stapulae 〈拉〉关于贸易中心保证书令状

destination n.❶目的地;终点　❷目标;目的　❸预定;指定

destination bill 〈美〉目的地(签发)提单　根据《统一商法典》第7-305条的规定,应托运人的要求,承运人可以不在货物装运地向发货人签发提单,而是在目的地或要求中指定的任何地点签发。当货物处在运输途中,任何在控制货物方面拥有对抗承运人之权利的人提出要求并交付任何流通在外的提单或代表货物的收据时,承运人可按要求中指定的任何地点签发替代提单。

destination contract　目的地交货合同　一种货物买卖合同,当卖方在目的地交付货物之后,货物毁损灭失的风险才由卖方转移至买方。

destination du père de famille 〈法〉所有人为其一部分财产而在另一部分财产上设定的用益权　历史用语,相当于在该财产上设定永久而明显的地役权。该法文的原意为"以家父为目的"。

destine v.预定;指定(某一用途、目的或地点等)

destitute circumstances　贫困境况　指个人生活必需品的缺乏,不仅包括维持生存所必需的物质困乏,而且包括个人实际所需的缺乏。

destitute person　无资产者;赤贫者(⇨destitute circumstances)

destroy v.❶破坏;毁灭;拆毁;摧毁　❷使…无用;使…丧失价值　❸使…无效;使…丧失法律效力

destroyed by fire　火灾毁损　指财产的全部损毁,或损毁至非经彻底修复已不适于或不能使用的程度。(⇨total destruction; total loss; wholly destroyed)

destructibility n.可消灭性　指可能因特定行为、事件或法律而归于消灭。(⇨destructibility of contingent remainders)

destructibility of contingent remainders　不确定剩余地产权的可消灭性　处理因条件不足而可能丧失未来利益的一种原则。这种可消灭的不确定的未来利益依照"反永

久性规则"[Rule Against Perpetuities]处理,其他未来利益的可消灭性则基于授予者或现有地产的所有者的行为确定。

destructible trust 可消灭的信托 指容易因特定事件的发生或法律规定而被终止的信托。

destructio n.浪费(⇨exilium; vastum)

destruction n.破坏;毁灭;消失 不仅包括实际的物质损毁,而且包括使某物失去某一作用或者丧失价值。(⇨destroyed by fire; total destruction; wholly destroyed)

destruction of subject matter 标的物的灭失

De sturgione observetur, quod rex illum habebit integrum; de balena vero sufficit, si rex habeat caput, et regina caudam. 〈拉〉如果是一条鲟鱼,国王应得到全部;如果是一条鲸鱼,国王得其头,王后得其尾即可。

desuetude n.废弃;不用 该词可用以指一种学说,该学说认为,如果一部法律或一项条约久未实施或适用并达到足够的时间,则即使其并没有被废除,法院也不再认为其具有法律效力。这种"不用可以废止法律"原则的适用极为有限且须谨慎为之。罗马法和古苏格兰及国际法中都承认这一原则。英格兰并不承认这项原则,英格兰法不会仅因为长久不用而失效,其废止需明令废除,但也可用新法废止旧法的方式进行。

de suit 债务追偿(⇨droit de suite)

de superoneratione pasturae 〈古〉牧场超负荷令 英格兰的一种令状,据此可以向地方法院起诉养牛数高于共有土地负荷量的当事人,若此人从前在同一法庭被起诉过,则该案移送到高级法院。

de supersedendo 〈拉〉停止执行令状 向执行官员发出的、要求其停止对将要执行的或可能要向其交付的另一令状的执行。

de tabulis exhibendis 〈拉〉出示写有遗嘱的简札

detachiare 〈拉〉扣押;扣留 指根据保全令状或其他法律救济手段而对财产或人员实施的扣押行为。

detail v.详述;明确说明;列举
n.❶选派的人(小组或小队等) 指军队中被选派执行特殊任务或者负有特殊责任,并且随时可以召回的人员。
❷细节;详情;详述 ❸细部;局部

detain v.❶扣押;扣留(财产) ❷拘留;关押 ❸拦截;阻止

detainee n.被拘留者 尤指在押候审者。

detainer n.❶(对财产的)扣押;扣留;占有 尤指非法占有。(⇨unlawful detainer) ❷拘押;关押 ❸〈美〉指控服刑犯的通知;即将释放服刑犯的通知 指检察官、法官或其他官员告知监狱官员某一服刑犯受到了刑事指控,需要其对指控作出答辩并要求对该犯人继续关押的通知,或者指监狱告知上述人员某一服刑犯即将被释放的通知。根据《州际指控服刑犯通知的协议》[Interstate Agreement on Detainers]的规定,该词指一州的控诉机关或警察机关向另一州某一犯人的服刑机关提出的说明该犯人在本州正受到刑事指控的通知。 ❹〈英〉续行拘禁 指在民事诉讼程序中受到拘禁的人,在被释放前,又对其签发了另一拘禁令,从而对其继续执行拘禁。在1838年的《判决法》[Judgments Act]废除了依中间令状的拘禁[arrest on mesne process]后,续行拘禁的做法亦被废除。

detaining officer 〈英〉扣押官员 由贸易部[Department of Trade]任命,临时扣押被认为是不安全的船舶的官员。(⇨courts of survey)

detainment n.❶扣留;扣押;拘留;阻止 ❷(海商法)羁押 在船舶保险和海上货物运输保险中使用的术语,是英国"协会战争险和罢工险条款"[institute war and strikes clauses]中承保的风险[perils],也是"协会战争险货物保险条款"[Institute war clauses(cargo)]中承保的风险[risks]。实践中的案例表明,羁押与扣留[arrest]、拘禁[restraint]没有区别,其基本含义都是指:通过法定程序(一般司法程序除外,如船东欠债而遭受扣船或海事留置权等,没有涉及政治原因的)或其他方式阻止了保险船舶的正常使用或行动,如被拒绝给予某种许可或被禁止进港或离港等;与扣押[seizure]的区别在于,这三种危险不要求有得到保险船舶所有权或对其进行控制的意图,而且可能是不存在任何武力或武力威胁。

detainment of kings (= restraints of kings)

detainment of princes (= restraint of princes)

detainment of vessel 船舶扣押

De Tallagio non Concedendo 不得征税 爱德华一世在位第25、34年发布之法令的名称,限制国王征税的权力。

de tarris 关于寡妇地产的税收

detection n.侦查;调查 尤指对犯罪行为的侦查或调查。

detective n.侦查员;私人侦探 其职责在于查找犯罪人或获取难于获得或不能从公开渠道获得的信息的人,可以是警察,也可以是私人雇佣的人员。

detector n.探测器;检验器 用以探测电波、辐射线、特定金属、窃听装置等是否存在的装置。(⇨polygraph; wiretapping)

de tempore cujus contrarium memoria hominum non existit 〈拉〉从没有相反证据证明人类存在的时期起(⇨legal memory)

de tempore in tempus et ad omnia tempora 〈拉〉有时;不时;随时;总是

de temps dont memorie ne court 〈法〉从史前时期起(⇨legal memory)

detentio 〈拉〉(罗马法)持有;握有 该词在罗马法中与自然占有[naturalis possessio]同义,指主观上仅为他人保持之占有。另外,在历史上该词曾意为滞留,与"取走"[captio]一词相对,但现已不作此用。

detention n.❶拘留;扣押;阻止;滞留 如警察认为某人有参与犯罪活动的嫌疑时,可进行拦阻并询问。亦指某人在举行听审或开庭审判前被暂时拘留的状况。 ❷(对财产的)留置;占有 如船员对雇主财产的占有,而不考虑其是否有合法的占有权。 ❸〈英〉(对青少年犯的)收容教养(⇨detention center)

detention center 〈英〉感化中心 根据1952年《监狱法》[Prison Act]的规定,对年龄在14岁至21岁之间的青少年犯根据其年龄和具体情况给予适当的短期惩罚并提供教育和培训的场所。现已为1988年的《刑事司法法》[Criminal Justice Act]规定的少年犯教养所[young offender institution]取代。

detention during Her Majesty's pleasure 〈英〉女王恩准的拘押 指对本来应判处终身监禁刑罚之人,由于其年龄不满18岁,而由内务大臣或苏格兰事务大臣根据具体情况判处一定时间拘押的刑罚,一般在少年感化院、少年犯管教所或监狱执行。又根据1800年的《刑事精神病人法》[Criminal Lunatics Act],对犯罪时患精神病的人虽应宣告无罪,但法院必须发布命令将被告人予以羁押直至其恢复神志为止。1964年的《(精神病患者)刑事诉讼法》[Criminal Procedure(Insanity) Act]改将精神病犯罪人拘押于国务大臣[Secretary of State]所指定的医院。

detention hearing 〈美〉❶拘留听审 少年法庭为确定对被指控有犯罪行为的青少年在案件审理期间是否拘留、继续关押或予以释放而举行的听审。❷收容保护听审 法庭为确定在对父母有疏忽、虐待或犯罪行为的控告举行充分的庭审之前是否应将未成年子女从其父母身边带走以给予保护而进行的听审。此种听审通常应在收容保护请求[detention request]提出后的24小时内举行。

detention in a reformatory 关押在教养院 指判决将少年犯送往教养院并在那里关押一定期间的一种惩罚或预防措施。

detention request 〈美〉收容保护请求 由缓刑监督官[probation officer]、社会福利工作者或检察官向少年法院或家事法院的书记官提交的请求举行收容保护听审[detention hearing]和将未成年子女收容保护至庭审日的文件。该请求通常应在对未成年子女采取收容保护措施后的48小时内提出。

deter v. 威慑;吓住;阻止;防止

determinable a. ❶可终止的 如果某一权益的存在取决于某一条件,则该权益即属于可终止的权益,例如可终止的可继承地产权[determinable fee]。❷可确定的;可确认的

determinable fee 可终止的可继承地产权 该种地产权限于某人及其继承人行使,并且附有某一资格或条件,在该资格消失时,则地产权亦行终止。如果授予可终止的可继承地产权,则授予人保留了回复地产权的可能。该词亦作"base fee"、"qualified fee"或"defeasible fee"。(⇨fee; base fee)

determinable future time 可预期的未来时期 可预期的特定事件发生之后的一段时间。

determinable interest 可终止的权益 指可能因条件的成就、时效届满、契约失效、再婚或其他特定事件而终止的财产权益。

determinable life interests 可终止的终身利益 本来可以终身享有的利益,在权利人生命终止之前因意外事件的发生而终止。

determinate hospitalization 确定的住院治疗期间 通常是指由民事监管令[civil commitment]确定的一段期间。

determinate obligation 确定的债务;特定物之债 (⇨obligation)

determinate sentence 定期刑判决 具体确定刑期长度的判决。与不定期刑判决[indeterminate sentence]相对。

determination n. ❶(法院的)裁判;判决 可指终局性的判决。对初审法院作出的此种判决可以上诉。❷(行政机关的)裁决;决定 ❸(地产权、财产利益、权利、权力等的)终止

determination and findings/D. & F. 〈美〉(针对政府采购合同的)裁决和调查结果 指政府机构作出的证明其下列行为合法适当的书面裁决和支持该裁决的调查结果:运用职权通过协商订立政府采购合同[government procurement contract],根据合同预付价金,决定合同采用的类型或者免除对方提交成本、价格数据及证书的义务等。

determination letter 〈美〉税务认定书 由国内税务署[Internal Revenue Service]的地方税务官员根据某纳税人的询问,就某项已经完成或将来完成的交易的纳税事宜作出的书面意见或答复。它常用来明确受雇人的身份,确定某一方案是否符合《国内税收法典》[Internal Revenue Code]的规定,决定某非营利性组织的免税地位。该词也用作 ruling letter。

determination of adverse claims 对相反请求的确认 对不动产相反请求的确认是一种制定法上的救济,它是对所有权确认之诉[quieting title]与排除所有权瑕疵之诉[removing a cloud on title]等衡平法救济的扩张。其目的在于为不动产所有权确认之诉设立一种简捷的模式。

determination of will 确定意图 指通过出租人或承租人适当的作为或不作为而表现的保持任意保有地产[estate at will]的意图或心理状态。

determinative issues 决定性争点 指可以包括在陪审团所作的特别裁断[special verdict]中的一些基本争点,这些争点一经裁定,即可确定性地解决当事人之间的全部争议,法庭仅需根据陪审团的裁断来作出判决。

determinative powers 决定权 指行政机关针对特定个体和个人的权利、义务、责任作出决定的权力和职能,它不同于行政机关针对不特定人通常只发生向后[prospective]效力的行政权力,尽管后者从最广泛意义上也涉及决定。

determine v. ❶确定 ❷使终止;解决

de terra sancta 〈拉〉向着圣地方向的(⇨essoin de terra sancta)

deterrence n. 威慑 通常被认为是刑法和刑罚的主要目的之一。威慑的作用分为两个方面:一是阻止犯罪人再次犯罪;二是阻止他人以相同或类似的方式犯罪。最有力的威慑在于这样一种确定性,即罪犯必须被抓获并受到惩罚,而且不能从犯罪中获得任何利益。但是在实践中,此种效果往往很难达到,甚至定罪的确定性也不一定能威慑每一个罪犯。对某些刑罚,尤其是谋杀罪的死刑是否能起到威慑作用一直存在争论之中。当某些罪犯认为他们可以逃避罪责,或是在激动、狂怒及未考虑可能被逮捕定罪的情况下犯罪时,威慑对他们没有什么作用。但威慑仍不失为许多刑罚存在的目的,在惩戒性惩罚[exemplary sentences]中尤其明显。

deterrent n. 制止物;威慑物;制止因素;威慑因素

de terre seynte 〈拉〉向着圣地方向的(⇨essoin de terre seynta)

de testamentis 〈拉〉❶遗嘱的 ❷《遗嘱篇》 《学说汇纂》[Digests; Pandects]第五部分的标题。

de theolonio 〈拉〉捐税令

detinet 〈拉〉返还被扣动产之诉 该词拉丁文直译是:"他扣留了"。在英格兰古法中指一种债务诉讼[action of debt],用于返还依照合同应当交付的动产。当原告仅仅诉称被告非法保留或扣留了原告所请求返还的财物时,我们就可以说这一债务诉讼处于"detinet"的状态;当被告保持对财产的占有直到判决作出后,我们也可以说该返还被扣押财物之诉[action of replevin]处于"detinet"的状态。(⇨detinue; replevin)

detinue n. 请求返还动产之诉 原告请求返还属其所有但被被告非法占有的动产的一种普通法上的格式诉讼。当动产的所有人将其动产交他人占有,而此后后者拒绝将该动产返还给所有人时,所有人可通过提起此种诉讼作为救济。法律上曾一度确认如果被告对动产是通过非法手段占有的,则原告不能提起这种诉讼。但是从原则上来说,被告当初以何种方式占有动产并不重要,此种诉讼存在的根据是对动产的非法占有,而非最初的取得方式。在诉讼中,原告只对自己对该动产享有所有权及被告占有该动产的事实负有证明责任。

detinue of goods in frank marriage 授权离婚后的女方收回婚姻期间所得财物的令状

detour n.（侵权法）稍微偏离 雇员因个人原因稍微偏离了雇主的营业范围时，因这一偏离仍属于雇佣范围之内，雇主仍需对雇员的行为承担替代责任。

detournement n.滥用；挪用 指仆人对其主人财产的滥用，亦指雇员对雇主的资金财产进行挪用，从而损害其利益。（⇨embezzlement）

detraction n.转移；财产转移 在美国，尤指根据遗嘱或继承而发生的财产所有权在州际的转移。

de transgressione 〈拉〉（对土地或不动产的）非法侵占（或侵害）诉讼令状

de transgressione, ad audiendum et terminandum 〈拉〉对任何严重违法行为或轻罪进行听审、裁决的令状或委任状

detriment n.损失；损害；不利益 指任何财产损失或人身伤害。在合同法中，亦可专指合同对价的一种。合同之对价既可以是金钱或其他有价物的给付，亦可以是受允诺人所受之损失或"损害"。在此种意义上，该词意指受允诺人作为对允诺的回报，暂缓行使其本可行使的某些法定的权利，或放弃其有权保有的物品，或实施其本有权不作为之行为。（⇨consideration; legal detriment）

detrimental reliance 不利益的信赖；致人损害的信赖 由于一方当事人对他人的行为或陈述产生信赖，从而导致自己处于不利地位，则该种信赖即属不利益的信赖。不利益的信赖可以替代合同的对价，使某一单方的允诺成为可强制执行的合同。（⇨promissory estoppel）

detriment to promisee 受允诺人之损害；受允诺人的不利益 在合同中，由受允诺人向允诺人提供的对价。特别是在要求受允诺人为一定行为的单方合同中，在该行为完成之前允诺人可撤销其允诺。（⇨consideration; culpa in contrahendo）

detunicari 发现；揭露；公诸于世

de ultra mare 〈拉〉在海上；出海；在海外（⇨essoin de ultra mer）

de una parte 〈拉〉单方的；单务的 单方契据[deed de una parte]即指仅由一方当事人向他人给予某物或实施某一行为的契据，区别于双方契据[deed inter partes]。

Deus solus haeredem facere potest, non homo. 〈拉〉能确定继承人者非凡人——唯上帝而已。

deuterogamy n.再婚 指在配偶死亡、离婚或宣告婚姻无效后第二次结婚。亦作"digama"或"digamy"。

Deuteronomic Code 〈申命法典〉 记载在《申命记》[Deuteronomy]第12-26章的一组古代希伯来法。它是一部在公元前7世纪历史学家解释的基础上，根据历史条件对希伯来法的重新解释或修订。其目的是纯化犹太教的耶和华崇拜，使之免受迦南[Canaanite]宗教及其他方面的影响。其中规定叛教是要被处死的最大之罪，该法典分为宗教仪式和法规两个部分，对迦南宗教的处理作了特别规定，同时规定耶路撒冷圣殿为全国唯一的敬拜中心。此外还包括民事、伦理、宗教崇拜和安息年制度等。

de utlagato capiendo quando utlagatur in uno comitatu et postea fugit in alium 捉拿在一郡被宣布为不受法律保护而逃避至另一郡者的令状

Deutschenspiegel 〈德〉(= Spiegel der deutschen Leute)

de uxore abducto 绑架原告人之妻的行为（⇨trespass de uxore abducto）

de uxore rapta et abducta 〈拉〉（英格兰古法）因妻子被强奸或诱拐而发给其丈夫使之借以获得赔偿的令状

devadiatus n.（英格兰古法）无人作保的罪犯

devaluation n.货币贬值（⇨revaluation）

devant prep. & a.在…之前

devant le roy 〈拉〉在国王面前

devastation n.❶遗产浪费；遗产毁损 指遗产管理人对死者财产的挥霍与浪费，例如举行极其奢侈的葬礼或开支其他不必要的费用。❷破坏；毁损

devastaverunt （英格兰古法）"他们浪费了" 英格兰古法中的一个术语，用于表述遗嘱执行人或遗产管理人对死者遗产的挥霍，多见于针对上述情况所签发的令状中。

devastavit 〈拉〉"他浪费了" 用于表述遗嘱执行人或遗产管理者对死者遗产浪费的术语。这些行为使其对继承人、债权人或受遗赠人负有个人责任，包括因管理不善而造成的损失、违反信托或有其他玩忽行为。

de vasto 〈拉〉（英格兰古法）故意毁损令状 发给对剩余地产或回复地产享有直接继承权的人，允许他或她对在同一地产上享有终身地产权、寡妇地产权、鳏夫地产权或定期地产权的人在他们的权利终止以前对土地进行了故意毁损的情况下提起诉讼，要求他们出庭陈述这样作为的原因。

development charge 〈英〉土地开发费 根据1947年《城乡规划法》[Town and Country Planning Act]应向中央土地局[Central Land Board]缴纳一笔费用，以获取土地开发权，此项规定已被1953年的《城乡规划法》所废除。

development land 〈英〉开发地 1975年《社区土地法》[Community Land Act]中的一个术语。依照该法，开发地是指在地方政府看来需要在十年内为了某种目的而加以开发的土地。至于为何目的进行开发，该法其他条文有详细规定。

development value 〈英〉开发价值 1947年《城乡规划法》[Town and Country Planning Act]未获颁布的土地价值和现有已获得开发规划许可之后的土地价值之间的差异。取得开发规划许可通常需要缴纳土地开发费[development charge]。如果根据该法开发价值丧失的请求得以成立，当事人可以依据1971年的《城乡规划法》以拒绝规划许可提出赔偿请求。

devenerunt 〈英〉地产复归令状 发给国王的复归财产保管官[escheator]的令状，用于查明国王的直属封臣[tenant in capite]死后他所持有的哪些地产应复归国王。

Devenio vester homo. 〈拉〉我已臣服于您。 附庸在封赠仪式上行效忠礼时的用语，表示他已与领主建立了相关的封建依附关系。

devenit 〈拉〉他来了；他进入了

de ventre inspiciendo 〈拉〉（普通法）检查妇女身体以确证其是否怀孕的令状 通常用于遗产继承中，防止妇女谎称怀孕，以假定继承人的名义要求继承财产；也适用于被判死刑而声称怀孕的妇女。早期美国法律也承认此种令状。（⇨heir presumptive）

de verbo in verbum 〈拉〉逐字逐句的；一字不变的

devest v.（古）❶剥夺（对财产的占有或所有权）❷取走；移走

deviation n.绕航 该术语原来仅限于水路运输，后来扩展到陆地运输。指承运人改变原定航线，或不按通常的或习惯的航线航行。只有绕航是故意的并且没有正当的理由，方可对其提起索赔。

deviation by carrier 承运人绕航（⇨deviation）

deviation by ship 船舶绕航（⇨deviation）

deviation doctrine 偏离原则 ①在某些情况下，为避免破坏遗嘱或信托的设立目的，允许变更文件所用的术语；

②在代理法中,该原则允许代理人的行为与本人的授权范围稍有偏离;③在保险法中,如果船舶不合理地偏离其航程,则包含船舶航程的保险单被撤销。

deviation well survey 〈美〉井位偏离勘查 根据《联邦民事诉讼规则》[Fed. Rules Civ. Proc.]第34条所进行的勘查,以确定某一井位的底部是否已发生偏离而处于他人地下。

device n. ❶发明;设计 ❷发明物;机械装置 ❸计划;谋略 ❹诡计;恶谋 ❺诈欺;欺骗;虚假 例如,公共选举中在选票上使用图案、纹章等任何标识。❻标志牌 罢工者将之置于雇主企业所在地,为阻止其他工人进行工作所用的布告、旗帜等。

de vicineto 〈拉〉来自邻近地区的 该词用于陪审团的挑选。

devier v. 转向;偏离

devil n. (旧时)印刷所学徒

de vi laica amovenda 〈拉〉排除世俗强力令状 两个堂区主持牧师竞争主持同一教堂,其中一个牧师率俗众进入教堂以排挤另一牧师,后者可以据此令状请求郡长排除世俗强力。

devilish character 性格怪癖者 表现为古怪、粗鲁、爱争吵、甚至下流,但不包括精神错乱。

devilling n. 〈英〉❶代理办案 指一名出庭律师将案情摘要[brief]移交给另一名出庭律师,以便其代理前者出庭办理案件,就好像该摘要是由其自己制作的一样。❷办案协助 指一名出庭律师为另一名已被当事人聘请为代理人并向其介绍了案情的出庭律师起草诉状、律师意见书等文书,由后者审核并签署。

devil on the neck 颈夹 一种刑具,由数块铁片制成,固定在颈部、腿部,绞动时可以拉伤其背部。以前用于逼供。

devil's advocate ❶诡辩律师 为纠正错误或查清事实而提出质询者。该术语源于天主教会,在授予"圣者"封号的仪式上,专门有人指斥受封者的性格瑕疵或受封理由的不实。❷列圣审查官(= advocatus diaboli)

devil's island 魔鬼岛 位于大西洋法属圭亚那沿岸的一个小岛,长期被用作法国的刑罚执行场所。

Devil's Own 律师步兵团 英国本土防卫军[territorial army]中由专门从事法律职业的人——主要是律师公会中的成员——组成的一个团。这种从律师公会中征募律师入伍的做法始于1584年,而这一团队的上述绰号则源于乔治三世1803年在海德公园检阅他们时所发出的惊叹。

de viridi et venatione 〈拉〉关于破坏草地与捕杀野味的[of vert and venison] 王室护林官[venderer]每40天主持森林法庭一次,就在林中发生的类似于破坏草地或捕杀野味的犯罪进行调查。

devisable a. 可遗赠的(⇨devise)

devisavit vel non 遗嘱争议;遗嘱异议事项 就遗嘱异议而产生的事项。就争议遗嘱是否属于立遗嘱人自己可负责的行为而产生的事项。

devise n. ❶不动产遗赠;遗赠 在其严格和传统意义上,该词仅指对不动产进行遗嘱处分,但在其广泛含义上,包括对动产和不动产的遗赠。在制定法上使用该词,除非立法者明确表示相反意图,否则仅指其严格含义,即对不动产的遗赠。例如美国《统一遗嘱检验法典》[Uniform Probate Code]对动产与不动产未加区分,该词可表示对任何财产的遗赠。但在英国制定法中,则以该词表示不动产遗赠为当。当事人在其遗嘱中使用该词,可根据遗嘱意图而解释为包括对动产的处分。与该词相对应的术语还有"bequest"、"legacy"。三者区别表现在:"devise"在传统上指对不动产的处分,"bequest"则指对除金钱以外的动产的处分,但在现代意义上已倾向于包括金钱在内,"legacy"则更多的是指对金钱的处分。❷(遗嘱中的)不动产遗赠条款 ❸遗赠的财产 尤指不动产。❹处分不动产的遗嘱
v. ❶遗赠;不动产遗赠;不动产赠与 ❷发明;设计;策划

devise and bequeath 遗赠;不动产与动产遗赠

devise and grant 遗赠和让与 在创设承诺保持占有之契约[covenant to stand seised]时,该词与转让[conveyance]意思相当。

devisee n. 受遗赠人 尤指接受土地等不动产遗赠的人。(⇨devise)

devisor n. (不动产)遗赠人;立遗嘱人(⇨devise)

Devitt Committee Report 〈美〉德维特委员会报告 1978年,首席大法官沃伦·伯格[Warren Burger]根据美国司法会议的一项决议任命24位著名法官、律师和教授组成一个以爱德华·德维特[Edward Devitt]法官为主席的委员会,以考虑对准予在联邦法院执业的律师的资格作统一规定。该报告的10条建议是:①在联邦法院执业的律师必须经过考核,并且有4次庭审经验(至少有两次是参加实际的庭审);②新规定出台之前已被联邦律师协会授予资格的律师不需要参加考核;③各地区适用统一考核标准,并成立地区录取委员会;④各地区建立对律师表现的审查制度,以促进在该地区执业的律师的工作表现,并成立地区律师表现审查委员会;⑤地区法院应制定学生实习规则,为2-3年级的法学院学生提供参与实际办案的实习机会;⑥法学院在法院、律师协会的支持下,为学生设立实习课程;⑦地区法院与律师协会和法学院合作,定期举办法律实务研讨会;⑧建立司法会议执业律师录取常设委员会[Standing Committee on Admission to Practice of the Judicial Conference],监督全国统一标准的适用;⑨司法会议执业律师录取委员会应负责研究测试庭审技能方法的制定、律师协会成员保持资格的需要、举办继续法律教育项目的可行性等;⑩对美国律师协会[ABA]制定的《律师职业责任法典》[Code of Professional Responsibility]进行审查,以便在法庭辩护的标准方面给予更具体的指导。

devoir 〈法〉义务;责任

devolution n. ❶财产的转移 指直接根据法律规定而非当事人的行为实现的财产从一个人向另一个人的转移。❷权利、责任或职位的转移 ❸(教会法)权利或权力的剥夺和转移 指权力或权利的享有者因不行使或有其他行为而被剥夺该权力或权利,使之转移给另一人。

devolve v. (财产、权利、责任)转移

devonshiring 〈英〉用焚烧植物种子、草皮取得的草木灰来给土地施肥的一种肥田方法

devy 〈法〉死亡

devyer (= devier)

de warrantia chartae 地产权利担保令状 发给封地的受让方,附有不动产转让契据中的担保条款。当受让方因该不动产而被起诉时,可以凭该令状要求封赠人或其继承人为该不动产作担保。

de warrantia diei 〈拉〉〈古〉开庭日担保令状 命令法官不得因当事人在开庭日未到庭而对其作出缺席判决的令状,因为国王担保该当事人正为国王服役。

d'execution (= droit d'execution)

D. & F. (= determination and findings)

dharmasastra 法论 古代印度法学汇集,历经制定法的修改仍然保持效力,目前从根本上讲仍是巴基斯坦、马来西亚、东非及印度国外其它地区印度教教徒的家庭法。它与犹太法典一样古老,比罗马法更早,更具连续性。法论虽然广泛论述法庭和诉讼程序,但主要还不是讲司法行政,而是讲面临各种难题时如何正确行事。凡在典型的印度传统环境中长大的人都了解法论的基本原则,如义务重于权利;妇女永远处在最近的男性亲属保护之下;国王必须保护臣民不受精神和物质上的伤害等。法论在古代传到缅甸、泰国、巴厘等地,这些地区的法论文献逐渐丧失印度特色,吸收了本地习俗。法论著作用梵文写成,共 5 000 多部,可分为三类:①"经"[sutras],指格言警句;②"传承"[smrtis],指长短不等的诗体论文;③"集"[nibandhas]和"注"[vrttis],前者指各种传承的摘编,后者指个别分段传承的评注,这二者供法律顾问使用,在"经"和"传承"之间发挥很好的调和作用。西方学者主要是通过威廉•琼斯爵士[Sir William Jones]和后世学者的著作来了解法论的,现代印度学者已对法论进行了较深入的研究。法论的原则受到了英国在印度行政管理的影响,并以非常僵化的形式付诸实施。印度独立之后,法论的许多原则都已被制定法化了。

diaconate n.(基督教新教)执事的职位;(英格兰国教会)助祭的职位

diaconus 〈拉〉(基督教新教)执事;(英格兰国教会)助祭 协助牧师做弥撒、分发圣餐的最低级的教阶。

Dialogus de Scaccario (英格兰古法)《财政署对话集》 用对话形式记述的 12 世纪英国财政收支情况等的著述,据信为 1169 – 1189 年任财政署国库长的菲兹尼尔[Richard Fitzneal or Fitznigel, Bishop of London]所作。

diarium 〈拉〉(罗马法)一日口粮;一日津贴;一日补助 多指给罗马士兵或奴隶的。

diatim a.(用于旧时案卷记录中)每天的;天天的;从一天到另一天

dica n.(英格兰古法)(会计用)簿记账册 原意为木签,上刻线条以记数。

dicast n.〈希〉(古)迪卡斯特 一种司法官员,在某种程度上类似于现代的陪审员,但他具有法官与陪审员的双重职能,按案件的重要程度由 1 人至 500 人担任审判。

dicastery n.迪卡斯特法庭;陪审员法庭 古代雅典的一种司法机构。从约公元前 508 年克里斯蒂尼改革[reforms of Cleisthenes]时起,当赫里埃[Helianea]组成一个初审法庭时,它是其中的一个部门。每年有 6 000 个代表自由民各个阶层的公民被选出,每 500 人组成一个法庭,从中抽调出陪审员对案件进行初审。陪审员审查事实和法律,最后按多数人意见作出裁断。但公民大会[Ecclesia]可以否决陪审员法庭的裁断。

Dicebatur fregisse juramentum regis juratum. 他被认为违背了国王的誓言。

dicere et non dare legem 〈拉〉解释法律,而非制定法律

dicing n.掷骰子 赌博游戏的一种。

dickar (古)迪卡 皮革的古代计量单位,1 迪卡包括 10 张兽皮。

dict. (= dictum)

dicta 为 dictum 的复数形式

dictate v.❶口述;口授 ❷命令;支配(⇨dictation)

dictation n.口授;口述 在美国路易斯安那州,该词作为专门术语,指由他人同时进行笔录而作的口述,即用于指口头遗嘱[nuncupative will]。在此情况下,该遗嘱以记录口述的内容为必要,而非其形式,故仅需记录口述者所表述的意思,而非逐字笔录。

dictator n.❶独裁者;专政者 ❷(罗马法)独裁官 在国家危难时产生的、权力不受限制的统治者,他对公民的人身和财产有绝对的权力,其任期仅 6 个月。

Dictatus Papae 《教皇教令集》 约于 1075 年由教皇格列高利七世[Gregory Ⅶ]主持编纂的一本法律汇编。下设 27 个条目,确立罗马主教对所有基督徒的精神领袖地位,以及高于一切神职牧师和世俗国王的法定地位。

dicto majoris partis 多数决定原则

dictor(e)s n.仲裁人;公断人

dictum n.❶法官个人意见;附带意见 指某一法官在法庭判决意见书[opinion]中就某一并非与案件必定有关的法律点或并非为确定当事人的权利所必要的法律点所发表的意见。此种意见在论证时有说服论述的价值,但不能作为判例约束以后的案件。也称为 obiter dictum。❷(英格兰古法)仲裁裁决;中间人裁决 ❸〈法〉判决报告书 由一位法官代表全体法官所作的判决报告。

dictus 〈拉〉所称者;所说者(⇨alias dictus)

did then and there 于某时某地 常用来指代违法行为实施的时间和地点。

die v.死 与"lose his life"同义。(⇨death)

Diebus Dominicis mercari, judicari vel jurari non debet. 〈拉〉(罗马法)在安息日不得从事任何商业活动,不得开庭,也不得作出任何判决。

died (or dying) without issue 无嗣而亡;死亡时无子嗣

diei dictio 〈拉〉(罗马法)❶审判告示 行政长官向公众发布的控告某公民的告示,载明审判日期、被控告人及罪行。❷传票送达

Diem clausit extremum. 〈拉〉❶"他度尽了最后一日"。令状名,发给国王的管理充公地产的官员,目的是确定死亡佃户的终身地产权并收归国王所有。❷王室债务人死后由财税法庭发出之令状 陪审团据此要求地方司法行政长官调查该债务人的死亡时间、地点、死亡时所拥有的牲畜、债权、地产等,并将其财产收归王室。

dies 〈拉〉天;日;出庭日

dies ad quem 〈拉〉(大陆法)截止日;到期日 指利息到期日。

dies amoris 〈拉〉(古)被告出庭日 由法庭确定的对被告有利的出庭日,通常为法院开庭期的第四日,这天通常也是法院开庭办案的第一天,对被告来说,从传唤到出庭有三天时间,而在第四天出庭对其来说通常是很充分的了。

dies a quo 〈拉〉(大陆法)起算日;开始日

dies cedit 〈拉〉(苏格兰)(罗马法)赋予权利(尤指遗产继承权)的日期;附条件义务已届履行期之日(⇨dies venit)

dies communes in banco 〈拉〉规定的出庭日;固定的开庭日 又称 common return-days。

dies consilii 〈拉〉听审日;辩论日

dies datus 〈拉〉(给予被告的)宽限日;延期 该词仅适用于原告提出起诉状[declaration]之前,起诉状提出之后的延期称为 imparlance。

dies datus in banco 法官给予的宽限日 区别于由陪审团审判的情况下给予的宽限日。

dies datus partibus 诉讼延期

dies datus prece partium 应当事人请求而给予的日期

dies dominicus 主日;星期日

Dies Dominicus non est juridicus. 星期日不是法院工作

diesel-powered single-car unit 没有一辆火车处于机组人员满员状态

dies excrescens （英格兰古法）闰年所增加的日子

dies fasti 〈拉〉（罗马法）听讼日；开庭日 为了便于进行审判，罗马人把所有的日子分为听讼日[fasti]和不听讼日[nefasti]。听讼日是执行审判的日子，裁判官[praetor]在那一天可以开庭并会正式作出："do"、"dico"、"addico"的判断。听诉日又称"triverbial days"，相当于英国法中的"dies juridici"。如果某一天部分为听讼日、部分为不听讼日，则那一天是半不听讼日[intercisi]。

dies fasti vel nefasti 〈拉〉（罗马法）听讼日和不听讼日 裁判官[praetor]只有在听讼日才有资格开庭执法，在不听讼日则既无权开庭执法，也不得召开民众大会[comitia]。

dies feriati 〈拉〉（罗马法）（大陆法）假日；假期

dies gratiae 〈拉〉（英格兰古法）宽限日 有时称"quarto die post"。

dies in banco 〈拉〉（= days in bank）

Dies incertus pro conditione habetur. 〈拉〉日期不确定被视为条件。

dies intercisi 〈拉〉（罗马法）非全天开庭日；半不听讼日（⇨dies fasti）

dies interpellat pro homine 债权人可以主张权利的预定日期

dies juridici 为 dies juridicus 的复数形式

dies juridicus 〈拉〉法院工作日；开庭日

dies legitimus 〈拉〉（罗马法）开庭日；出庭日

dies marchiae （英格兰古法）英格兰与苏格兰和谈日 每年3月在边境举行一次，以消除分歧，维持和平。

dies nefasti 〈拉〉（罗马法）不听讼日；休庭日 相当于英国法中的"dies non juridicus"。（⇨dies fasti）

dies non (= dies non juridicus)

dies non juridicus 〈拉〉休庭日；非法院工作日 如星期日、节假日等。

dies pacis 〈拉〉和平日 古代将其划分为国王的和平日[dies pacis regis]和教会的和平日[dies pacis ecclesiae]。

dies solaris （英格兰古法）太阳日 与太阴日相对。

dies solis 〈拉〉（罗马法）星期日

dies utiles 〈拉〉（罗马法）法定期限；有效期 指可合法做某事的日子，如可向法院提出继承申请之日。

dies venit 〈拉〉（苏格兰）（罗马法）义务履行期；到期 指可以要求得到某利益或可对此利益起诉的日子，也写作"dies veniens"。

diet n. ❶〈苏格兰〉到庭日期 刑事诉讼法中所规定的当事人必须出庭的日期，可以分为两种：①答辩日期，即法庭要求被告人作出答辩的日期；②审判日期，即作无罪答辩的被告人接受开庭审判的日期。 ❷神圣罗马帝国议会 起初由教俗两界的诸侯构成，14世纪时演变为三个集团，即七大选侯、一般诸侯、贵族、市镇代表，该议会具有立法、征税及其它方面的权力。依据1648年的《威斯特伐利亚条约》[treaty of Westphalia]，神圣罗马帝国议会不再作为全国性的集会而变成了组成德意志松散联邦的各州的特使的会议，1663年起它完全失去作用，1806年随帝国的灭亡而消亡。

dieta rationabilis 合理的一天工作量；合理的一天旅程

di. et fi. (= dilecto et fideli)

diet of compearance （为诉讼当事人确定的）出庭日

Dieu et mon droit 〈法〉上帝和我的权利 英国皇家卫队的箴言，最早由理查一世提出。

Dieu et son acte, Dieu son acte. 上帝不偏待任何人。（⇨act of God）

Dieu son acte 〈法〉上帝的作为；不可抗力 非人力所能控制、不能预见的事件。（⇨act of God）

die without issue 无子嗣而亡；死亡时无子嗣

diffacere v. 破坏；毁坏；毁损

difference n. ❶（仲裁协议中的）争议；分歧 ❷（合同条款的）不同；差别 ❸导致差异的原因（⇨disagreement）

differential duty 差别关税 按照原产地不同而对进口商品实行不同的关税税率。

differentiated tax 分级税；等级税（⇨graduated tax）

differing site conditions clause 〈美〉工地环境差异条款 在与国防部订立建筑工程承包合同时，如果工程承包人在建筑工地遇到的实际情况与合同所述或通常情况存在实质性差异，该条款赋予工程承包人对合同中的权利义务加以公平调整的权利。

Difficile est ut unus homo vicem duorum sustineat. 〈拉〉一人为两人的罪恶而受罚是令人痛苦的。

difforciare （英格兰古法）拒绝；避免 如，拒绝审判某人[difforciare rectum]。

difforciare rectum 拒绝承认某人的权利或拒绝主持正义

diffuse v. 广布；扩散；散布

diffusion theory 扩散理论；弥散理论 该理论认为，所有税收负担最终将以提高价格的形式转嫁给消费者。

digama (= deuterogamy; digamy)

digamy n. 再婚 前一次婚姻终止后的再次结婚。例如某人第一个妻子死后，他与第二个妻子结婚。它不同于重婚[bigamy]，后者指同时有两个妻子。（= deuterogamy）

digest n. ❶文摘；汇编 将包含主要问题的众多书籍、文章或者法院判决等，配以适当的标题或名称，并通常以字母顺序排列汇集成册的汇编，以便查阅。 ❷判例摘要 指为法院的案例配备索引并对案件的事实或法院判决意见[court holdings]提供简要说明，它按主题[subject]进行排列，再以辖区和法院进行分类。作为法律术语，"digest"与"abridgment"不同，后者只是单一作品内容的概要或缩写，原则上仍保持各部分的原始顺序，编辑者的主要任务是合并。而 digest 范围更广，它由引文[quotations]或释义部分组成，有自己的分类和编排系统；"index"仅指出可查找出的特定问题的位置，而不详尽地[in extenso]提供这些问题；"treatise"或"commentary"并非是汇编，而是原始创作[original composition]，尽管它可能包含引文和摘录[excerpts]。 ❸[the D –]（罗马法）《学说汇纂》 公元6世纪东罗马皇帝优士丁尼敕令完成的法学家学说的汇编，共50卷。该书又称"digesta"、"digests"，意为系统的编纂；也称"Pandecta"，在希腊文中为"全书"之意。

digesta (= digests)

digests 《学说汇纂》 通称。其缩略形式以前为"Ff."，现在为"Dig."，有时也用单数形式"digest"。（⇨digest）

Digestum (= digesta)

dignitary n. （教会法）高级教士 享有圣俸和显贵身份的神职人员，比教会中普通的牧师和法政牧师[canon]地位突出，原仅指主教、教长[dean]和执事长[archdeacon]，现也包括教会中所有主教座堂受俸牧师[prebendary]和法政牧师。

dignity n. 〈英〉接受贵族或荣誉头衔的权利；尊称；封号；显贵身份；尊显之头衔 该词既指可以接受某一显达头

衔的权利,也指这种头衔本身。这些尊贵的头衔既可以由普通令状[writ]或开封特许状[letters patent]创制,如贵族和准男爵;也可以通过举行具体的仪式授予,如下级骑士[knight bachelor]等。它们既可以是终身的[for life],也可以是可继承的[of inheritance],前者如骑士身份[knighthood]、终身贵族[life peerages]等,后者如男爵身份[baronies]和非终身贵族等。可继承的尊贵头衔[dignity of inheritance]是一项无形遗产[incorporeal hereditament],它也可依时效[prescription]而存在。1926 年以前遵循土地的继承规则,这种头衔或者传给受封人的继承人或者是受封人本身所出的后嗣。如果某一头衔在授予之时特许状并未提及受封者的继承人,那么这只是一个终身头衔,不具有可继承性。如果特许状在授予伯爵爵位时提及了后嗣继承人,而受封者死时只留下了女儿,那么这一爵位将被搁置,直至国王宣布由死者的哪一个女儿终身保有该爵位。在温斯莱代尔勋爵一案[Lord Wensleydale's case]中,贵族院作出决定,终身贵族无权出任贵族院议员,更无权参加投票表决。然而根据 1876 年《上诉管辖权法》[Appellate Jurisdiction Act],国王有权任命终身贵族为贵族院常任上诉法官[Lords of Appeal in Ordinary],而后者在贵族院享有出席会议并投票表决的权利,后 1958 年《终身贵族法》[Life Peerages Act]又授予国王指定任何人为终身贵族的权利。作为一项无形遗产,这种头衔是被视作具有同地产一样的性质,事实上头衔的享有附属于对特定土地的占有,并由该地产的授予所创制,至少在大多数情况下如此。尽管头衔已具有人身性质,但名义上仍属不动产,并因为与地产的这种联系——至少理论上是这样——而可能被国王依 1285 年《限嗣继承条例》[De Donis]限定继承范围,或者被限制为剩余地产权[remainder]性质,在某一先行的限嗣地产权——在同一头衔之下占有——终止后才开始。限定与头衔共同转移的财产不受 1969 年《家事改革法》[Family Law Reform Act]相关条款的影响。

dijudication *n*.(古)法院判决
dike *n*.堤;坝
dilación 〈西〉给予诉讼一方当事人对请求作出答辩或提供证据的期间
dilapidation *n*.❶倒塌;毁坏 ❷(教会法)毁坏 教牧人员倾覆或损坏教会建筑。此种行为既可以是主动的破坏,也可以是消极地任由教堂、牧师住宅等建筑的朽坏。教会法院或普通法院均可提供救济。除非为了必要的修缮,否则对教会的财产损毁可以作为革除主教、牧师或其他神职人员教职的理由。普通法院还有专门的禁止令状。❸对租赁房屋的毁坏 包括怠于必要的修缮,听任其朽坏或拆除房屋的部分或全部。
dilation *n*.推迟;延期
Dilationes in lege sunt odiosae. 〈拉〉在法律上的延误是可憎的。
dilatoria 〈拉〉(罗马法)延期(⇨exceptio dilatoria)
dilatory *a*.故意拖延的
dilatory defense 延诉答辩 衡平法诉讼中当事人所作的旨在暂时拖延诉讼而不涉及案件实体问题的答辩。(⇨dilatory pleas)
dilatory exceptions 拖延诉讼的异议 目的在于拖延诉讼而不是藉以胜诉的异议。
dilatory motion 延期申请 为拖延时间而提出的申请。
dilatory pleas 延诉答辩 普通法上的一小类答辩,它不就案件的实体问题进行答辩,而是基于一些程序性的理由以求拖延诉讼或使原告的起诉落空。这种答辩主要有两类:①关于案件管辖权和审判地的答辩;②妨诉答辩[plea in abatement]。
dilecto et fideli 〈拉〉给他所爱的和忠诚的
diligence *n*.❶谨慎;注意;勤勉 在特定情况下对某人所要求的注意义务,与"negligence"相对。在罗马法中的对应词为"diligentia",意谓注意、无过失,在现代英语,此词义已不常用,但作为法律措词的古语仍保留至今。普通法与罗马法对于注意均分成三种不同的程度:一般注意[ordinary diligence(diligentia)];特别注意[extraordinary diligence(exactissima diligentia)]和轻微注意[slight diligence(levissima diligentia)]。(⇨care) ❷〈苏格兰〉强制(执行债务)令 债权人通过该种法律形式而强制债务人偿付债务,它通常是在法院作出支付判决的基础上进行的。包括以下形式:①通过民事拘禁方式而对人强制(目前已废止);②对可继承不动产的强制,包括对地产的判决、禁令和扣押、对财产的评估与拍卖等;③对动产的强制,包括扣押、冻结、拍卖,以及对土地保有人财产的拍卖和对破产者的商业性查封。❸强制证人出庭或出示文件之令状
diligence of bailee 受托的注意 指高度注意和超出一般程度的谨慎。(⇨high diligence)
diligentia 〈拉〉(罗马法)注意;谨慎;关注 罗马法把注意分为三个等级:一般注意[diligentia]、特别注意[exactissima diligentia]、轻微注意[levissima diligentia];相应地,罗马法上的过失也分为三个等级:严重过失或重过失[lata culpa]、一般过失或轻过失[levis culpa]、最轻过失或轻微过失[levissima culpa]。
diligentia quam in suis rebus (罗马法)个人在处理自身事务时的注意程度
diligentia quam suis rebus adhibere solet 处理自身事务时通常具备的谨慎
diligent inquiry 谨慎调查 指一个谨慎的人为确认某个事实,以慎重、诚信的态度所作的调查。
diligiatus *n*.被剥夺法律保护者;被剥夺公民权者
dilligrout 燕麦粥 以前在加冕日为国王准备的一种膳食,侍君保有役[serjeanty]的义务之一就是在加冕仪式上为国王提供这道膳食。
Dillon's Rule 〈美〉狄龙规则 是一项限制地方政府权力的原则,指地方政府即市政法人[municipal corporation]只能行使下列权力:①宪法和州的法律明文授予的权力;②上述明示权力必然默示或必然附带的权力;③对市政法人的宗旨和目标具有绝对实质性意义的权力,即必需的而不仅仅是出于便利的权力。狄龙规则在其发展过程中,日益受到地方自治[home rule]呼声的冲击。
dilution *n*.淡化;稀释 指减少某一事物的力量或价值的行为或情形。其含义广泛:①在宪法上,指通过重新分配议会(或国会)的席位或不正当地划分选区的手段限制某一特定团体选票的效力。该种做法亦称为选票稀释[vote dilution],它违反了有关平等保护的条款;②在公司法上,指通过增加发行股份的方式而减少股票的金钱价值或投票表决权。亦称为股本淡化或股本稀释[dilution of equity]。如果不按照现有股东的持股比例发行新的股份,则会淡化股票的表决权;如果不按持股比例发行新股或以低于在此前出售的股票市值或账面价值发行新股,则会淡化股票的金钱价值;③在商标法上,指他人使用某一强势商标,虽未导致相同或类似商品的混淆,但对该商标的显著性造成损害或者因其使用产生令人讨厌的联系,而

对该商标的形象造成损害。商标的淡化是一种对强势商标的侵权行为。

dilution doctrine 反淡化原则 一项用以保护强势商标的商标法原则。他人对该标识的使用并不构成竞争冲突或商品出处的混淆,但可能导致商标淡化时,则商标所有人有权反对他人的使用。(⇨dilution)

diluvion n. 洪积 由于潮水涨落,在河流或狭窄海湾中突然形成使土地裸露出水的过程。这块土地首先应该归属君主。但如果该地处于某臣民的封地或其依法占有的土地领域之内,则归该臣民所有。如果洪积是逐渐发生的,所形成的土地不归君主而归其邻近主人所有,君主也无权拥有由于突如其来的潮退或洪水而形成的使陆地与之分隔的岛屿。

dimidia 半;一半

dimidietas 物的一半

dimidium (= dimidia)

dimidius (= dimidia)

diminished capacity doctrine 减轻责任能力原则 指被告人在案发时虽不处于可以全部免除刑事责任的精神状态,但确因醉酒、精神创伤、脑部疾病导致脑力减弱、不具备为实施被控罪行所必需的精神状态或故意时,对其定罪量刑应适用减轻责任能力原则。(⇨diminished responsibility doctrine)

diminished liability clause 减轻责任条款 事故保险中的保险条款,指当被保险人从事超过承保风险危险程度的职业时,赔偿的保险金将减少。

diminished responsibility doctrine 减轻责任原则 在被告人不完全具备为实施犯罪所需的精神状态,即不完全精神错乱[partial insanity]的情况下,这一原则允许事实审理者[trier of fact]对此加以考虑,以减轻对犯罪的惩罚或者降低犯罪等级。在某些司法管辖区,精神障碍[mental retardation]和极端的智力低下如果得到证明,可以将一级谋杀罪降级为非预谋杀人罪。(⇨insanity)

diminutio 〈拉〉(罗马法)减少;损失;剥夺(= deminutio) (⇨capitis diminutio)

diminution n. ❶减少;减损 ❷不全;不完整 用以表示下级法院呈送上级法院复审的案卷不完整或不充分。

diminution in value 价值减损 一项损害赔偿规则,用以计算损害发生后财产价值较损害发生前减少的数额。在违约造成损害,但受损方的损害额度无法确定时,受损方可以按财产市场价值减损的数额要求赔偿损失。

diminution-in-value method (= diminution in value)

diminution of damages (= mitigation of damages)

dimisi (英格兰古法)我已将…出租 古时转让土地时所用术语,尤其多见于租约中。"Dimisi, concessi, et ad firmam tradidi"意为"我已出租转让…"。(= demisi)

Dimisi, concessi, et ad firman tradidi. 〈拉〉我已将土地租给别人耕种了。(⇨dimisi)

dimisit (英格兰古法)他已将…出租(⇨dimisi)

dimissoriae litterae (教会法)牧师转出教区的许可状(= dimissory letters)

dimissory letters 〈英〉牧师转出教区的许可状 当一圣职候选人在一教区已领受授阶仪式[ordination]并准备出任另一教区的圣职,前一教区的主教向后一教区的主教签发该许可状,同意圣职候选人被授予圣职。

dinarchy n. 双王政府;两头政府

Dingley Act 〈美〉《丁格雷法》 1884 年国会通过的保护性关税法。

diocesan a. 教区的
n. (教区的)主教;〈英〉(隶属于教区主教的)教区成员

Diocesan Advisory Committee 〈英〉主教咨询委员会

diocesan courts 〈英〉教区法院 教会在主教管区[diocese]中设立的,对所有权限内的事务行使普遍管辖权的法院,属于特殊堂区[peculiar]管辖的除外。该法院由主教教区法院[consistory court]、代理主教法院[commissary court]和执事长法院[court of archdeacon]组成。

diocesan mission 教区布道团 在每个教区进行布道工作的团体。

diocese n. 〈英〉教区 主教宗教权管辖的巡查区域,下分执事长监察区[archdeaconries],执事长监察区下分教长代理辖区[rural deaneries],教长代理辖区下分堂区。每个教区都有主教法院[consistory court],坎特伯雷教区是代理主教法院[Commissary Court],法官由负责主教管区司法事务的副主教[chancellor]担任。尽管副主教受命于主教,但是他依法获得法官的权威,不受主教的控制。副主教亦担任主教的教务总长[official principal]和教区的主教总代理[vicar-general]。

diocess (= diocese)

dioichia 主教宗教辖区

Dionysiana Collectio 《狄奥尼西教令集》 公元 6 世纪时由迪奥尼西·埃克西古斯[Dionysius Exiguus]编纂的教会法规汇编,旨在为西部拉丁教会和东部希腊教会的和解铺平道路,强调罗马教廷的最高权威。公元 520 年左右它在罗马成书后,大受欢迎,后来又增添了许多内容。它是《哈德良教令集》[Hadriana Collectio]和其他一些汇编如博比奥的《狄奥尼西汇编》[Dionysiana of Bobbio]的基础。

Dionysiana-Hadriana 《狄奥尼西-哈德良教令集》 或称《哈德良教令集》。公元 774 年由教皇阿德里安一世[Adrian I]送给查理曼大帝[Charlemagne]的一部法律汇编。该教令集在 9 世纪初的亚琛[Aachen]宗教会议上被教会接受。

diploma n. ❶(罗马法)(君主授予某种荣誉、特权的)法令;文件 ❷文凭;毕业证(⇨certificate) ❸(古)特许证 ❹执照 指可从事特定职业的证明。

diplomacy n. ❶外交 ①各国政府之间通过谈判等方式处理国际关系的方法及实践;②外交官履行的各种职能的总称。 ❷外交策略;外交政策

diplomatic agent 外交代表 代表一国与他国谈判、交往或处理外交事务的各类人员的总称。具体包括:①大使;②全权公使;③向国家元首派遣的使节、公使;④向外交部长派遣的代办等。

diplomatic immunity 外交豁免 国际法上主权国家属地管辖权的一项例外,指外交官在驻在国免受该国国家或地方的法律管辖,包括民事和刑事管辖,如免受起诉和逮捕、免受搜查和扣押。此项豁免在很大程度上还及于外交官的随员和家属。

diplomatic language 外交语言 外交活动中为互相明确或理解对方的意思而使用的语言。17 世纪以前的外交语言是拉丁语,后为法语所取代。1919 年英语同法语一样也成为外交语言;1945 年联合国在其宪章中首次将汉语、俄语和西班牙语也确认为外交语言。

diplomatic officers 外交官员(⇨diplomatic agent)

diplomatic protection 外交保护 外国人在其居留国因该国对之实施违反国际法的行为受到人身或财产损害时,该外国人的本国要求居留国予以适当救济,即为外交保护。外交保护是一种国家行为,外交保护权属于国家主

权权利的范畴,行使与否由国家自行裁定,不论受害者是否自本国提出请求。一国享有对居留他国的本国人给予外交保护的权利,但须符合两项原则或条件:一是国籍继续原则,即受害者自受害之时至受到外交保护的期间,须持续保有其本国国籍;二是用尽当地救济原则,即受害者已在居留国采取一切可供采取的救济手段,仍未得到合理救济。

diplomatic relations 外交关系 一国与他国之间通过互派外交代表进行正式交往和承认所形成的关系,是主权国家之间惯常的永久性关系。

diplomatics n.古文书学 鉴定古代文献并判明真假的学科。

dipper n.庄园法庭[court baron]中以退休补贴为收入来源的工作人员

dipsomania n.嗜酒狂;瘾君子 轻度精神错乱的形式之一。

diptych n.❶(罗马法)可折闭双连书写板 ❷(教会法)登记表;登记 教堂用以登记作感恩祈祷仪式人的姓名、出生、结婚及死亡的表格。

dirationare (=disrationare)

direct ascending line 直系血亲 指由儿子、女儿、孙子(女)、玄孙子(女)等向上辈回溯而形成的血亲体系。

direct attack 直接攻击 指在作出判决的同一程序中,对该判决提出的质疑。如上诉或申请重审。

direct confession 直接供认 被指控者承认犯罪的供认。

direct contempt 直接藐视法庭 指在法庭上公开藐视法庭,如律师在法庭上攻击、侮辱审判席上的法官。

directed verdict 指示裁断 指直接依案件审法官的命令而对案件作出判决。在这种情况下,法官取代了陪审团作为事实认定者的角色,因为案件的证据非常具有说服力,据此只能合理地得出唯一的结论,或者案件的证据未能确立表面案件的成立[establish a prima facie case]。

direct estoppel 再诉禁止

direct evidence 直接证据 指在其为真实的情况下,无需经过推理或推定即可直接证明待证事实成立的证据,尤指证人就其亲自经历或感知的事实所提供的证言。与情况证据[circumstantial evidence]相对。

direct examination 直接询问;主询问 在庭审或其他程序中,传唤证人到庭的一方当事人首先对该证人进行的询问。(⇨examination in chief; cross-examination)

direct financing 直接融资;直接筹资 获得资金的一种方式,指为购买、租赁财产或取得服务,而从银行或该财产、服务提供者之外的第三人处取得贷款。

direct injury 直接损害;直接侵害 ①指因违反法定权利而直接造成的损害;②指没有任何其他原因介入而由某一特定原因所直接造成的损害。(⇨proximate cause)

direct interest 直接利益 指确定的、绝对性的利益关系。与案件结果有直接利益的人不能证人,不能担任陪审员等。

direction n.❶指导;指令;命令 ❷董事会 ❸(衡平法)起诉状中对其所呈送的法院的说明部分(⇨address) ❹(法官就案件中的法律问题对陪审团作出的)指示(⇨jury instructions)

directive to physicians (=living will)

direct line 直系血亲(⇨descent)

direct loss 直接损失 指由某一事件的发生而直接或近于直接造成的损失。(⇨consequential loss; loss)

directly essential to production (美)对生产具有直接必要性的 根据《公平劳动标准法》[Fair Labour Standards Act],所谓雇员的职业与商业性产品的生产之间是"密切相关的"[closely related]和"具有直接的必要性的",并非要求该雇员的工作与生产是必不可分的。

director n.❶董事;经理 依法任命或选举的指挥公司业务的人员,全体董事构成公司的董事会,管理公司的业务,是公司的决策机构。❷主管;指导者;管理者(⇨board of directors; officer)

Director of Public Prosecutions/D.P.P. 〈英〉公诉局长 刑事起诉处[Crown Prosecution Service]的负责人,该处负责提起所有的公诉案件。公诉局长由总检察长[Attorney-General]根据1985年《犯罪起诉法》[Prosecution of Offenders Act]任命,无任何政治色彩,其职责由《犯罪起诉法》规定,地方检察官在对某些指定的严重犯罪提起公诉前须取得公诉局长的同意。在作出刑事破产令[criminal bankruptcy order]的案件中,公诉局长为官方申请人。

directors' and officers' (D&O) **liability insurance** 董事和高级职员责任保险 承保对公司董事和高级职员基于疏忽、不告知情况以及在一定限度内的其它过失对其提起诉讼的情况。这类保险的范围包括对处理案件过程中所支付的费用、一定限度内的罚款以及判决确定的债务及和解中支付的款项提供的赔偿。

directory n.❶人名地址录;工商行名录;号码簿 ❷指南;使用手册 ❸(教会法)礼拜程序说明书;礼拜程序大全 英格兰1664年制定的《公共礼拜程序大全》[Directory for the Public Worship of God]取代了《公祷书》[Book of Common Prayer]。罗马天主教的礼拜程序说明书对一年当中每一天所作的弥撒、举行的仪式均有详细说明。
*a.*指导性的;指示性的 制定法规范、程序规则的规定等,如果只是指导性的而不具有强制遵守的效力,则称之为指导性的规范。未遵守此种规范并不会引起行为或者程序无效的后果。它与强行性规范[imperative provision]相对,对后者必须遵守。

direct payment ❶绝对支付 指付款时间、金额、付款人、收款人都是确定的和无条件的。❷直接支付 指不通过中介机构而直接向债权人所作的支付。

direct placement 直接发行 证券发行的一种方式,指证券发行人不通过证券承销机构而是将其证券直接全部售予投资者。在美国,这种发行可以豁免向美国证券交易委员会注册,又称为私募。(⇨private placement)

direct selling 直接销售 ①不通过分销商或经销商而直接向顾客的销售;②不通过批发商而直接向零售商的销售。

direct tax 直接税 对财产征收的税,其大部分须由纳税人自己承担而不能转嫁给他人,例如人头税、土地税、财产税等。区别于对权利或特权等征收的间接税。

diribitores 〈拉〉(罗马法)选票分发官

diriment impediments (教会法)妨碍缔结婚约的绝对障碍 如已婚、血亲关系、年龄不够等。

disability n.❶无能力;无资格 指在法律上缺乏实施行为或享有某些利益的能力,诸如无能力提起诉讼、缔结婚姻或转让财产。导致当事人无能力的原因可能是不足法定年龄、精神缺陷或被追究刑事责任等。与其相对应的概念是豁免[immunity]。它可以分为一般无能力[general disability]和特殊无能力[special disability],前者指缺乏对所有行为的能力,精神病人或未成年人即为殊例,其不能缔约或转让财产。在古代,罪犯不能就其自己的权利提起诉讼。后者是指缺乏从事特定行为的能力或暂时无能力，例如某人无权签订某一种类的合同。它也可以分为本人无能力[personal disability]与绝对无能力[absolute disability]，后一种情况除使当事人本人无能力外，尚及于其后代或继承人，例如，在以前，某人若构成叛国罪或其他重罪，则其继承人不得主张继承非限嗣继承地产。❷残疾；伤残 在有关劳工赔偿法上，伤残是由以下两个条件综合构成的：①实际上无法从事雇佣工作并由此而失去工资；②身体受到损害。基于社会保障利益之目的，该词在制定法上的定义则须符合三个条件：①发生医学上可确定的肉体或精神损害，该损害将导致死亡或在很长时期或不确定期间内持续存在；②缺乏从事任何可获得实质性收入的雇佣工作的能力；③该无能力系由前述损害所致。(⇨capacity; civil disabilities; incapacity; incompetency)

disability clause 伤残条款 人寿保险单中的条款，规定在被保险人伤残期间，保险人放弃收取保费的权利，并且保单仍然有效，有时还规定保险人按保险单面值的一定比例，按月向被保险人支付保险金。

disability compensation 伤残补偿 由公共或私人基金向伤残或无法工作者支付的补偿金，如社会保障或工人伤残补偿金。

disability insurance 伤残保险 保障被保险人因伤残无法工作而造成的经济损失的保险，通常由专业人士购买。

disability provisions 伤残条款 (⇨disability clause)

disability retirement (plan) 伤残退休(方案) ①为因伤残而退休的人提供增加福利的方案；②涉及因工致残的人直至其达到正常退休年龄期间的方案。

disable v.❶使无能力；使无资格 ❷使残疾；使伤残 ❸利用自己或他人的无行为能力 用于旧时诉讼中。普通法中有谚语谓："一方不得利用自己的无行为能力"[the party shall not disable himself]。

disabled person ❶无行为能力人 ❷残疾人 (⇨disability; civil death)

disabling restraints 财产转让能力限制 此种限制有时会因违背公序良俗而归于无效。

disabling statutes 〈英〉限制地产转让法 英国议会制定的关于限制土地转让权利或权力的法律，主要在16世纪伊丽莎白统治时期，其内容是对教会及慈善团体的土地转让权力进行限制，从而使女王从教会手中无偿接管了大量有价值的土地。

disadvocare v. 否认；不承认；拒绝

disaffirm v.❶撤销；拒绝履行(合同等) ❷宣告(合同等)无效

disaffirmance n.❶否认；拒绝；(对合同的)撤销 ❷(对可撤销合同的)无效宣告

disafforest v. 将已变为森林的土地恢复至普通土地；使成为不受森林法约束的普通土地(= deafforest)

disagreement n.❶意见分歧；意见不一 例如，陪审团成员之间、法官之间或仲裁员之间意见不同或缺乏统一。❷拒绝；否认；不同意 ①指被授予人[grantee]或承租人[lessee]等拒绝接受某一地产或租赁，从而使该项授予或租赁在本质上归于无效。因为不得违背当事人意志而向其授予地产，故未经其同意，任何人也不会成为地产的被授予人，并且，当事人的拒绝将使该项地产授予不发生法律效力。如果未成年人购买地产的，则其在成年时对此予以拒绝；②在美国有关退伍军人保险的联邦制定法中，指退伍军人管理局[Veterans Administration]局长或其指定的职员或机构在有关事实进行考察后，拒绝

有关保险金的给付请求。

disallow v.❶不准许；禁止 ❷驳回；否决；拒绝

disalt 〈古〉(= disable)

disappropriation n.(教会法)取消圣俸转拨 即中止转拨给某一圣职[benefice]的薪俸。有两种方式，①圣职推荐权人[patron]或圣俸转拨人[appropriator]推荐一圣职候选人并正式就任神职成为牧师；②具有圣俸转拨资格的宗教法人被解散。(⇨appropriation)

disapprove v.❶不赞成；不同意 ❷否决；不批准；不准许

disaster loss 〈美〉灾害损失；灾难损失 如果意外事件发生在美国总统确认的灾区，那么此种损失称为disaster loss。这时，损失被认为是发生在实际发生的纳税年度的上一个纳税年度，这样便可以向受灾者提供直接的税收优惠。(⇨casualty loss)

disbarment n. 取消律师执业资格 指将违反执业纪律的律师逐出律师协会或取消其执业律师资格。也称律师除名[striking off the roll]。

disbarment proceeding 取消律师执业资格的程序 一种特别程序，它不属于刑事或民事诉讼，而是法院根据其固有的权力取消律师执业资格的一种简易的惩戒性程序，可以由因律师的行为而受损害的当事人、律师协会、律师会的委员会、个别律师或律师集体提起。

disbursement n.❶支付；支出 通常从某项基金中划出，以清偿债务或填补费用支出的货币支付行为。❷支出金额；支付额

DISC (= Domestic International Sales Corporation)

discarcare (英格兰古法)解除(责任)；卸货(船舶) "carcare et discarcare"即指装卸。

discargare (欧洲古法)解除(责任)；卸货(马车)

disceptio causae 〈拉〉(罗马法)纷争双方辩护人的辩论

discharge v.&n.❶清偿(债务) ❷履行(义务) ❸免除(债务、义务的履行，包括在破产程序终止后免除破产人的剩余债务) ❹释放；出狱；允许离开 ❺解雇；解聘；使退役；解除(军职) ❻驳回(诉讼) ❼撤销(法院命令) ❽起(卸)货 ❾排放；排泄

dischargeable claim 〈美〉可免债务；债务免除 指可以在破产程序中被免除的债务。

discharging bond 解除扣押保函 被告在其财产被扣押[attachment]后提供的保证履行判决以换取在诉讼进行期间返还被扣财产的保函。其与释放保函[delivery bond]的区别在于不仅使被告恢复对被扣财产的占有，而且免除了附着在财产上的扣押权[lien of attachment]。

disciplinary proceeding 职业惩戒程序 对某一行业或其他职业团体的成员因其具有不当的、不守职业道德或非法的行为而予以斥责、暂停执业或者剥夺其执业资格的程序。对律师适用职业惩戒程序可导致该律师被暂停执业或被取消执业资格。

disciplinary rule 〈美〉执业纪律规则 指美国律师协会制定的《模范律师职业责任法典》[Model Code of Professional Responsibility]中的执业纪律规则，它规定了律师在执业中应恪守的最低行为标准，若有违反则受纪律惩戒。现这些规则已为美国律师协会制定的《模范律师职业行为规则》[Model Rules of Professional Conduct]所取代。

discipline v.❶训练；教导 ❷控制；管理 n.❶纪律；风纪；行为准则；规章制度 ❷训练；教导 ❸惩罚；惩戒；处罚

disclaim v. 弃权；放弃 指放弃对一项权利、一项权益或

一个职位的请求或拒绝接受对其的授予。①在出租与承租的法律上,放弃特指承租人断绝与出租人的租赁关系的行为。②一个遗嘱的执行人[executor]可以在遗嘱检验[probate]之前,放弃其执行人身份。如果一个遗嘱执行人在自己的遗嘱中委托另一个人做自己的遗嘱执行人,那么该第二遗嘱执行人也可以在遗嘱检验之前,放弃做第一立遗嘱人[testator]的执行人之责任。但是在他认证和确认了他的立遗嘱人的遗嘱之后,他就不可以放弃这一责任。因为这时他已成为他的立遗嘱人的完全的执行者,包括行使对于第一立遗嘱人的执行职责。

遗嘱执行的放弃

第一立遗嘱人 ——→ 第一遗嘱执行人和第二立遗嘱人
[the first testator]　　　[executor and the second testator]
　　　　　　　　　　　↓
　　　　　　　　　　第二遗嘱执行人
　　　　　　　　　　[executor of an executor]

③一个尚未接受信托的受托人可以放弃信托责任,但是如果他把自己的信托权转给另一位共同受托人,就意味着他接受了这种信托责任。④一个拥有完全所有权的地产所有人可以采用契据、记录或行为的方式放弃,契据是最好的弃权的证据。⑤如果一个人获得了一项发明专利,这项专利的名称与特征不符,或者这项发明的一部分既不新颖,又无实用,严格地说这项发明专利无效。但是依据英国1949年的专利法,专利权人[patentee]在此种情况下,经专利局长[comptroller]批准,请求放弃其专利中之特征的任何一部分,这个弃权文件随后可以被当作整个专利特许证[letters patent]或专利特征中之一部分,因而使得这项专利在今后可以获得法律上的有效性。⑥如果破产后的财产属于那些繁重的合同义务的土地,不可出售的公司股份,没有利润的合同,或者因为具有种种限定而无法转卖的财产(这些限定的原因可能是需要履行繁重的义务,或需要支付巨额的金钱),在这种情况下破产的受托人[trustee in bankruptcy]可以签署一项文件放弃该项财产。该弃权行为对于根据财产的特征终止合约、放弃租约、抛却股份、了断破产的产业和利益都是有效的。但是对于租约的放弃,除非根据1952年《破产规则》[Bankruptcy Rules]中的特别规定,否则须事先取得法院的批准。在英格兰,法律也赋予了在公司清算中的清算人[liquidator]同样的放弃破产财产的权利。

disclaimer n.❶(对法律权利或者主张的)放弃 ❷(对他人法律权利或者主张的)拒绝;(对义务的)否认 ❸放弃(或撤销)声明书;(衡平法)(被告人提交的表明其对诉讼标的物无利害关系的)答辩书

disclaimer clause 弃权条款;否认条款 采用这种方法可以减少卖方违反担保[warranty]的情形,从而使卖方的瑕疵担保责任受到限制。(⇨warranty)

disclose v.❶使显露 ❷揭露;泄露;披露;使公开(⇨discovery)

disclosure n.❶披露;告知 ❷(证券法)信息披露 指向投资者披露的与其证券投资有关的财务及其他信息资料,也指为使投资者对某种证券作出理性评估而作出的提供充分信息的要求。❸〈美〉消费信贷成本信息披露《1968年消费者信贷保护法》[Consumer Credit Protection Act of 1968]要求贷款人向作为消费者的借款人提供消费信贷时,必须披露有关能够决定信贷交易价格评估基础的成本信息,如贷款总成本等。

disclosure by parties 当事人披露 有关欺诈案中的用语,若由于当事人相互之间的地位关系,有必要披露某些重要的事实,则当事人有披露的义务,否则便构成欺诈。

discommon v.剥夺公有土地的公有性质;把公有土地圈为私有 通常以圈地、占地、提高土地使用价值等方式进行。

discontinuance n.❶结束;终止 ❷诉讼终结;(原告)撤诉 原告自愿地终结诉讼程序,可以是在被告答辩后原告书面通知被告终结诉讼,也可以是在其他时间依法官的裁定而终结。在诉讼规则中,更为恰当的用语是"dismissal"。

disconvenable 〈法〉不合适的;不恰当的

discount n.❶折扣;扣减 ❷贴现;扣减额 ❸(证券)折价发行;(债券)贴水 ❹预扣利息 ❺(抵押贷款)利率优惠 ❻(外汇)贴水(⇨rebate;rediscount;rediscount rate)

discount bond 折扣债券;贴现债券 以低于其面值或到期值的市场现价出售的债券,其利息不是每年支付,而是积累至到期日时一并支付。

discount broker 贴现经纪人;折扣经纪人 ①贴现汇票、本票,并为证券预先垫款的票据经纪人;②从事证券业务,以低于综合服务经纪人收费的佣金率执行买卖委托的证券经纪人。

discount loan 贴现贷款 在贷款之时即预先从贷款金额中扣除利息的贷款。

discount market 贴现市场 货币市场的组成部分,是银行和其他金融机构进行商业票据交易的市场。

discount rate 贴现率;折现率;折扣率;贴水率 ①商业票据持有人在贴现票据时支付的票面金额的比率;②贴现贷款支付的利息率;③计算现值时使用的利率;④美国联邦储备银行对其成员银行贷款时使用的利率,由联邦储备委员会制定,可起到控制银行可贷资金量、确定利率下限的作用。

discount share (= discount stock)

discount stock 折扣股;折价股 发行价格低于面值的股票,被认作为掺水股的一种,接受者可能要承担补交面值与发行价间差价的责任。

discount yield 折扣收益率;折价收益率 以折扣方式销售的证券的收益率。

discovert a.❶(古)未掩盖的;暴露的 ❷(妇女)未婚的;无丈夫的 包括寡妇以及从未结过婚的女子。

discovery n.❶披露 民事诉讼中的一种审前程序,一方当事人可以通过该程序从对方当事人处获得与案件有关的事实与信息,以助于准备庭审。根据美国《联邦民事诉讼规则》[Federal Rules of Civil Procedure]的规定,要求披露的方式包括:书面证词[deposition]、书面质询[written interrogatories]、请求承认[requests for admissions]、请求出示文件[requests for production]等。在英国,任一方当事人经法庭许可并预交诉讼费用保证金后,可以书面质询的方式要求对方披露有关事实和文件,对方应经宣誓后作出回答,其回答的内容在庭审时可作为证据使用。刑事诉讼中的披露程序侧重于强调辩护方有权获得对其辩护所必要的证据,如美国《联邦刑事诉讼规则》[Federal Rules of Criminal Procedure]规定,被告人可以通过披露程序获得其所作的书面或被记录下来的陈述或有罪供认、检查与测试的结果、在大陪审团面前所作的证词、控诉方的专家证人的证词,并有权查阅控方的文件、照片、证物等。❷〈美〉(专利法)发明物 指发明某种原先不存在的物质、机械装置或作出某种改进、应用等,其创造性的程度比发明[invention]要低。❸〈英〉(破产人为债权人的利益而)公布财产

discovery and occupation 发现和占有(领土);先占 主权国家获得领土的一种方法。

discredit v.怀疑;证明…不可信 常指在法庭上对证人所提供证据的真实性和准确性提出异议,所使用的方法有:证明他以前作过与所提供的证据不相符的陈述;证明他在诚信方面名声不佳;证明他有某些不当行为,如曾经收受贿赂等,归根结底,这是对证人本身的诚实性表示怀疑。在对证人的交叉询问中,一般一方当事人不可以对本方提供的证人表示不信任,但若该证人所提供证据对其不利,也即该证人成为敌意证人[hostile witness]时,在法官的允许下可以对其可信性提出质疑。(⇨impeachment)

discreetly ad.谨慎地;审慎地;有见识地

discrepancy n.不符合;差异;不一致;不一致之处

Discretio est discernere per legem quid sit justum.〈拉〉自由裁量即依法辨明何者是公正的。

Discretio est scire per legem quid sit justum.〈拉〉自由裁量在于依法了解何者是公正的。

discretion n.❶裁量权;斟酌决定的自由 指公务人员根据授权法的规定,在特定的环境下根据自己的判断和良心执行公务,不受任何他人干涉或控制的权力或权利。也用作 discretionary power。(⇨discretionary act)❷〈刑法〉(侵权法)判断能力;辨别能力 行为人若具有辨别正确和错误、合法和非法、明智和愚蠢的能力,就应对自己的行为负完全责任。❸明智的行为;谨慎的判断 多用于处理谨慎、恰当适度且需要自控力的事情。

discretionary account 可任意支配账户;经纪人全权代理账户 指客户授予经纪人全权代理权的账户,经纪人在代理买卖证券或商品时,可自行决定买卖的种类、时机、数量和价格。

discretionary act ❶任意性行为 在法律没有明确、严格的规定时,行为人可以自由决定作为、不作为以及作为的方式的行为。当法律有明确、严格的规定时,便排除行为人的任意性行为。❷裁量行为 法官或行政官员根据具体情况,自由决定是否作为以及作为的方式的行为。除非证明行为人滥用自由裁量权,不得否认该行为的效力。也称作 discretionary function。(⇨discretion; abuse of discretion)

discretionary damages 酌定损害赔偿金 指其本身并不确定,但可由中立的陪审员根据自己公正无私的良心加以衡定的损害赔偿金。诸如对精神痛苦、疼痛等的损害赔偿。

discretionary function 裁量行为(= discretionary act)

discretionary power 自由裁量权 指公职人员在特定情况下可以根据其自己的判断和良心采取措施的权力。

discretionary review 自由裁定的复审 上诉审[appellate review]的一种形式。指由上诉法院自由裁定对案件进行复审,而非由当事人上诉引起的复审。(⇨certiorari)

discretionary trust 自由裁量信托;斟酌决定处分的信托 指受托人被授予广泛自主权的信托。根据信托条款,受托人有权自主管理和使用信托资产,在决定投资意图和投资方式时不受控制。同时,受托人有权独自决定是否及如何将信托财产或其收益分配给信托受益人,而受益人对此没有发言权。该种信托较多用于家庭财产计划。

discrimination n.区别对待;歧视 就其作为中性词而言,discrimination(区别对待)是大多数法的目的。法律旨在将善行[good or useful conduct]与恶行[harmful conduct]分别开来。因而,通常必须将允许或禁止从事某一行为的人进行区分,例如,某些人饮酒有害,法律规定青少年不得饮酒。就本质而言,区别对待并非违宪。不过 discrimination 在目前的用法中,非指中性,而常被用作贬义。它指授予某些人特权或因种族、年龄、性别、民族、信仰或残疾剥夺某些人权利的法律或惯例的后果,或者指没有正当理由,不平等地对待各方。美国联邦法律、法院判例和州法禁止因种族、年龄、性别、民族等在雇佣、选举、公共教育、信贷[extension of credit]、住房[housing]等方面实行歧视待遇。(⇨bias; disparate treatment; equal protection clause; equal protection of the laws; invidious discrimination; price discrimination; protected class; reverse discrimination)

discussion n.❶讨论;商讨 ❷先诉;(保证人的)先诉抗辩(权) 指债权人在对保证人追索之前,应当先行对主债务人用尽所有救济。保证人所享有的权利即为先诉抗辩权[benefit of discussion]。这种做法源于罗马法,目前主要见于大陆法系。在苏格兰法中,这种特权于 1865 年被取消,但当事人可以明示方式约定授予该项权利。

disease n.❶病;疾病 ❷(复)(某一特殊的)病种 缘于相似的原因,侵袭相似的器官,并具有相似的特性的疾病种类,如职业病[occupational disease]等。❸(身心、机能等的)失调;紊乱

diseases of animals〈英〉动物疾病(法) 与该主题有关的第一项立法是 1894 年《动物疾病法》[Disease of Animals Act]。随后大量的法律——统称为 1894 - 1937 年《动物疾病法》——修改并扩延了 1894 年的法律。后来所有这些法律均由 1950 年《动物疾病法》予以合并,该法给予英国农业、渔业及食品部[Ministry of Agriculture Fisheries and Food]与某些地方当局广泛的有关处理动物疾病的权力,使得该部不仅能处理动物疾病问题,还能处理诸如马和禽类适其运输的问题。该法最新修订本是 1975 年《动物疾病法》,另外,英国还有大量的与动物疾病有关的其它法律。

disembargo v.解除禁运

disenfranchisement (= disfranchisement)

disentailment n.取消对不动产继承权的限定 使财产受让人取得非限定继承地产权[fee simple]或者使限定继承地产权的长子不能取得其地产。

disestablishment n.政教分离 指断绝特定的教会机构与国家的联系,免除教会的特权法律地位,将其削弱为自愿性结合的组织。如 1870 年爱尔兰安立甘宗教会[Anglican Church of Ireland],1920 年威尔士教会[Welsh Church]均与国家分离。

disfigurement n.毁损(人或物的)体貌或外形

disfranchise v.❶剥夺…公民权;剥夺…特权 尤指剥夺选举权。❷〈英〉(古)剥夺(某地)向议会选派议员的权利 ❸〈英〉(古)剥夺自治市[borough]、市[city]和地区[country]自由民的权利和特权 该词也用作 disenfranchise,尽管它越来越常用,但 disfranchise 仍然是人们使用的主要形式。

disfranchisement n.❶剥夺公民权利 ❷剥夺成员资格 用开除的方式剥夺某人作为公司或其他组织成员权利的行为。它不同于 amotion,后者指解除某官员的职位,但仍保留其成员资格。(⇨amotion)❸剥夺选举权 这是该词更常用的含义,指剥夺某人或某类人在公职选举

[public elections]中的选举权。

disgavel v.〈英〉取消对土地平均继承制的限定(⇨gavelkind)

disgrace n.耻辱;污辱;不名誉

disgrade v.褫夺封号(或者爵位等)

disgrading n.〈英格兰古法〉剥夺人的称号或高位显爵

disherison (废)(=disinheritance)

disheritor n.(废)剥夺他人继承权的人

dishonesty n.不诚实 指说谎、欺骗、欺诈等不正直、不值得信赖的性情。

dishonor v.拒兑或拒付(票据)
n.(票据的)拒兑或拒付

disincarcerate v.使…获得自由;将…从监狱中释放

disinflation n.反通货膨胀;通货紧缩 由政府实施的缓慢收缩通货,以减缓或降低通货膨胀率的行为。(⇨deflation)

disinherison n.(罗马法)剥夺继承权 指剥夺法定继承人依法所享有的继承权的行为。它并非单纯是对违反孝道的惩罚,而是一种遗嘱处分行为。但这种遗嘱处分行为不能自行生效,除具备遗嘱的表面特征外,还需要其他生效要件。(⇨disinheritance)

disinherit v.剥夺继承权(⇨disinheritance)

disinheritance n.❶剥夺继承权 指财产所有人剥夺将来继承人继承该财产的期待权的行为。❷继承权被剥夺(的状态)

disinter v.❶从坟墓中掘出(尸体等) ❷发现;使显现

disinterested a.无偏见的;公正的;无财产上的利害关系的

disinterested juror 无利害关系的陪审员 与案件或当事人无利害关系的陪审员,例如当案件当事人不属于可影响其陪审员资格的一定亲等内的亲属。

disinterested witness 无利害关系的证人 与案件或争议事项无利害关系,有资格作证的证人。

disintermediation n.非中介化;弱化金融中介 指当自由市场利率高于银行等金融机构的定期存款最高限定利率时,存款人将大量提款,转而进行其他收益率更高的投资,这样便削弱了金融机构的中介作用。

disjunctim 〈拉〉(罗马法)分别地;各自地 亦作 disiunctim,与"conjunctim"一词相对。

disjunctive allegation 选择性主张 指在民事诉答书状[pleading]或刑事起诉书[information or indictment]中以可选择的形式陈述一项主张或提出指控,中间以"or"连接,如称被告"谋杀(某人)或造成(某人)被谋杀"即属此类。在刑事起诉书中提出选择性的指控是不允许的,除非有制定法明确许可。在民事诉讼中,则可以提出可选择的或几种不同形式的救济请求。(⇨alternative pleading)

disjunctive condition 选择性条件 只需数个行为中的一个发生即可实现的条件。

disjunctive term 选择性术语 经常用"or"连接。

dislocation n.❶错位;紊乱 ❷脱臼;脱位

disme n.❶十分之一 ❷(教士的)什一税 所有教士俸金的1/10。❸〈美〉十分硬币(的最初形式)

dismiss v.❶解雇;免职;开除 ❷驳回(起诉);(未经开庭审理而)终结诉讼

dismissal n.❶终结诉讼;撤诉;驳回起诉 指未经进一步的审理,尤其是在对所涉争议事项开庭审理之前终结诉讼或撤回请求。若原告在诉讼中未能维持其起诉,法庭可以驳回其诉讼;在原告举证之后,被告可以原告无救济请求权为由申请法庭驳回原告的起诉。这两种情形称为强制性驳回起诉[involuntary dismissal]。起诉被驳回后,一般禁止原告就同一请求再次起诉。如果是原告主动撤回其诉讼请求的,称为自愿撤诉[voluntary dismissal]。美国《联邦民事诉讼规则》[Federal Rules of Civil Procedure]规定在被告提交答辩或申请法庭作出简易判决前,原告可以撤诉而不需法庭作出裁定。作出此种撤诉后,原告仍可再次起诉。在刑事诉讼中,指控诉方撤回其公诉或指控。如美国《联邦刑事诉讼规则》[Federal Rules of Criminal Procedure]规定,检察官经法庭许可,可以撤回其公诉或指控;如果控诉方在诉讼中有不必要的拖延,法庭也可以驳回起诉。❷撤诉申请书 ❸解雇;免职 ❹(军事法)开除 军事法庭所作的将军职人员开除出部队的一种处罚。

dismissal and nonsuit 诉讼终结 由于原告未能维持其起诉或原告不愿继续进行诉讼而使诉讼终结。

dismissal compensation 解雇补偿 由雇主向雇员支付的一笔特定数额款项,作为对后者被永久性解雇的补偿,亦作"severance pay"或"separation pay"。

dismissal for cause 基于正当理由的解雇 根据法律或者公序良俗,认为某一合同雇员已无法胜任其职而将其解雇。

dismissal without prejudice 不影响实体权利的驳回起诉;可以再诉的驳回起诉 此种驳回起诉不妨碍原告在以后以同一诉因再次起诉。

dismissal with prejudice 裁决实体权利的驳回起诉;不可再诉的驳回起诉 此种驳回起诉即为对案件实体问题作出的终局裁决,禁止原告在以后以同一诉因或请求再次起诉。若原告再次起诉,被告可以提出既判事项[res judicata]的抗辩。

dismissed for want of equity 因欠缺实体上的根据而驳回起诉 指法庭以实体上的理由而非程序上的理由驳回起诉,如发现原告的陈述虚假,原告的诉讼请求不充分等。

dismortgage v.回赎抵押物(⇨redemption)

disobedience n.不服从;不顺从;违抗(⇨civil disobedience;willful disobedience)

disobedient child ❶违抗父母(或监护人)的子女 ❷少年犯(⇨delinquent children)

disorder n.❶杂乱;混乱;凌乱 ❷违反规则的行为;不符合司法程序的行为 ❸骚乱;动乱 ❹(身心)失调;紊乱;病

disorderly a.❶不合良好秩序或行为的 ❷妨害治安或良好秩序的 ❸目无法纪的;暴乱的;骚乱的

disorderly conduct 妨害治安行为 除非制定法有明确规定,该词含义宽泛不定,泛指任何有悖于法律的行为,尤指扰乱公共治安、冒犯道德观念、危害公众安全和健康等类似行为,有时亦指侵犯公共道德、和平、安全的犯罪行为。制定法规定该类行为时必须特别指出哪些行为是被禁止的,否则这种立法是违宪的。具有引起公共混乱或骚乱的目的或有引起这些情况的危险,并且具有以下条件之一时,行为人的行为构成犯罪:①进行斗殴、威胁或其他暴力或骚乱的行为;②制造过度的噪音或侮辱性下流的言词、姿态或其他表现,侮辱、谩骂他人;③行为人以不是为了达到任何合法目的的行为制造危险或身体攻击性的状态。(⇨breach of (the) peace)

disorderly house ❶妨害相邻权的住户 ❷扰乱社会治

安的场所 指任何经常发生违反社会治安、损害公共道德行为的场所。其含义很广，包括妓院[bawdy house]、赌场[gambling house]等类似性质的场所。在普通法上，经营该类场所构成轻罪。根据现行法，在这类场所中从事的行为一般属于违反社会治安的行为，其中一些特定行为往往以犯罪论处。（➪house of ill fame; whorehouse; house of prostitution; lewd house）

disorderly persons 扰乱社会治安的人 因其不良行为或恶习而对社会治安、公共利益有危害性的人。这些人可成为违警法规[police regulation]制裁的对象。该术语主要规定于制定法中，且不同的地方法规有不同的规定。（➪vagrancy; disorderly conduct）

disorderly picketing 扰乱社会治安的扒窃行为

disorientation n. 迷失方向；迷惑

disparagare v.（英格兰古法）将不一致的东西放在一起；以一种不适当和不值得的方式联结；非门当户对的联姻

disparagatio （英格兰古法）（= disparagement）

disparagation 〈法〉❶贬损；诋毁（= disparagement）❷（将其继承人）下嫁或下娶（而致失去体面）

disparage v.❶（古）不平等地联结或联姻 例如与地位较低者结婚。❷以对比毁损名誉 ❸贬损或诋毁（他人财产、产品或业务）

disparagement n.❶（英格兰古法）因下嫁或下娶而使名誉受损 ❷使得他人对某人的财产或品质等产生疑问的出版物材料 ❸贬损他人的商品或服务 这在普通法上可构成诉因。

disparagement of goods 对竞争对手货物的诋毁 指就竞争对手的货物所作的虚假、误导性陈述，影响或意图影响公众拒购该货物。

disparagement of title 对他人财产所有权的诋毁 指没有特权或正当理由，对他人在土地、动产或无体物上的财产权进行诽谤，并使通情达理的人可以预见作为买主或承租人的第三人将终止其行为，从而使他人遭受金钱损失。这是一种可以提起诉讼的侵权行为，行为人须对此承担损害赔偿责任。

disparaging instructions 诋毁性指示 法官对陪审团所作的贬低或诋毁诉讼一方当事人的指示。

disparate treatment 〈美〉歧视性待遇 指因其种族、性别、民族、年龄或残疾而故意对这些人采取不同的待遇的作法。该词尤指雇佣中的歧视性待遇。原告如果想在歧视性待遇诉讼[disparate-treatment claim]中胜诉，则必须证明被告有歧视意图或动机。

dispatch n.❶迅速处理；迅速完成 ❷急件；快信 ❸（迅速）派遣；调遣；发送 ❹（海商法）（卸货时所要求的）速遣
v.❶派遣；调遣；发送 ❷（利索地）杀死；谋杀 ❸迅速办妥；迅速处理；迅速行事

dispauper v. 宣布为非贫民 指正式宣布曾为贫民者不再是贫民，即剥夺其提起贫民诉讼[forma pauperis]的权利。

dispel v. 驱散；清除；消散

dispensaries n.〈美〉（复）酒店 州内或市内零售酒精饮料的场所。

dispensary act 〈美〉酒店法 该法禁止任何私人在本州内将酒精饮料作为普通饮料制造和销售，并通过指定的官员和机构独占授予在州内制造和销售酒精饮料的权利。

dispensation n.❶（为法律所禁止的行为的）特许；（为法律所规定行为的）特免 在美国，除了立法机关，其他任何机构无权授予特许权或特免权。 ❷（教会法）特许权 指授权者对一普遍禁止的行为加以认可。罗马天主教最初只为了教会整体的利益才授予与教规相违的特许权，但后来也可为了个人的利益这么做。原则上制定教规的机构和它的上级机构可以颁发对该教规的特许权，但最终权力归属教皇。

dispersonare 〈拉〉（古）诋毁；诽谤

displace v.❶取代（某人的）位置；接任 ❷降职；免职

displaced person 流落他国者；土地被征用者；战时流民 因战争、饥荒或政治等原因而逃离本国或原居住地的人或者是为了公共利益而被征用土地的人。

displacement n.❶移位 ❷取代；替代 ❸被迫的离开家（或者祖国） ❹情感转移

display v.（版权法）展览；展示 指对有版权作品之复制件的展示，既可以直接展示，也可以通过胶片、幻灯片、电视图像或任何其他技术手段，包括以电影或其他视听作品的非连续的单独图像进行展示，同时，在计算机显示器上展示有版权作品的图像，亦属于对作品的展览，故未经许可而在因特网上传送有版权作品的，亦构成违法。除录音作品外，其他有版权作品均可被授予公开展览权。

display right （版权法）展览权（➪display）

dispono 〈拉〉〈苏格兰〉处分；授予；转让

disposable earnings 可支配收入 个人收入中，支付税收和其他债务后可以自由花费或投资的部分。亦作 disposable income。

disposable portion 可支配份额；可处置份额；可处分份额 在某一男子的财产中，指可自由遗赠给妻子和子女以外之受益人的部分。旧时普通法规定，如果立遗嘱人先于其妻子和子女死亡，这部分可达其遗产的1/3。罗马法中，这部分可达3/4。

disposal n. 处分 指以出售、赠与、使用、消费、质押、互易等形式转移财产所有权或转移占有的行为。
v. 控制；移转占有；转让；赠与（➪disposition）

dispose v.❶处分 ❷终止诉讼 ❸转移占有；让与；出售；放弃 该词通常在狭义上或根据上下文而意指"出卖"[sale]。

disposing capacity or mind 有处分的能力或心智 在遗嘱法中常与"心智健全"[sound mind]和"遗嘱能力"[testamentary capacity]同义或可相互替代使用。（➪testamentary capacity; sound and disposing mind and memory）

disposition n.❶处分；转让；放弃（➪bequeath; testamentary disposition） ❷（事件的）最终解决；（案件的）裁决 ❸科刑；宣判 ❹气质、态度；倾向

disposition hearing 〈美〉处置听审 指对经过裁决性听审[adjudicatory hearing]已被认定为犯罪青少年[juvenile delinquent]或轻微违法青少年[status offender]者，为确定最适当的关押或矫治形式而进行的听审。

disposition without trial 不经审判的处理 指对作出有罪答辩或承认足以认定其有罪的事实的被告人，没有经过实体上的审理即作出科刑判决或其他处理。

dispositive facts ❶决定性事实 指引起法律关系产生、变更或消灭的事实，亦即法律事实。 ❷决定性证据 ❸处分性事实 指导致权利授予或丧失的事实。

dispossess v. 剥夺占有；逐出土地 指通过法律程序将某人逐出土地、剥夺其占有。（➪eviction; forcible entry and detainer; process）

dispossession n.❶转移占有 ❷逐出土地；剥夺占有

❸非法剥夺占有;强行占有;非法入侵(地产);(将他人)非法逐出 以剥夺他人占有、使自己取得实际占有为目的而实施的非法行为,这使得受害人有权提起诉讼以回复占有,请求赔偿。(⇨ouster)

dispossess proceeding(s) 驱逐承租人之诉 指土地或房屋所有人因承租人拒付租金或其他违反租约的行为而提起的驱逐承租人以回复对土地或房屋占有的简易程序。(⇨ejectment;forcible entry and detainer)

disproportionate a.不成比例的;不相称的 如判定的损害赔偿费与所受伤害的不相称。

disprove v.反驳;驳斥;证明…为虚假

dispunishable (英格兰古法)不承担责任的;不受惩罚的

disputable presumption (= rebuttable presumption)

disputatio fori 〈拉〉(罗马法)当庭辩论

dispute n.(尤指引发诉讼之)争议;纠纷;冲突

disqualification for interest 因利害关系而丧失资格 任何人如果与诉讼标的有任何直接的利害关系,他就丧失了参与审判的资格;如果他参与了审判,其参与将导致诉讼程序无效;除非他的这种利害关系已向诉讼各方宣告或已被诉讼各方知晓,且诉讼各方放弃了反对权。

disqualify v.使…不适格;使…不适合;取消…的资格

disrate v.降级 尤指降低船舶或低级别职员的等级。

disrationare v.证明…为正当;洗清过错;推翻(刑事)指控;证明…不成立

disregard v.忽视;不考虑;不注意 如法官指示陪审团不应考虑从诉讼记录中排除的某一证言。

disregarding corporate entity (= disregard of corporate entity)

disregard of corporate entity 不予考虑法人实体;对法人人格的否认 (⇨piercing the corporate veil)

disrepair n.失修;破败 指受损后的待恢复状态。

disrepute n.丧失名誉;名声狼藉

disruptive conduct 妨碍司法的行为 在司法或准司法程序中实施的扰乱秩序的或藐视性的行为。(⇨contempt)

disseise v.剥夺土地;强占土地 指逐出不动产的占有人而自行占领之。

disseisee n.被非法剥夺不动产占有的人

disseisin n.强占;(对不动产占有的)强夺;剥夺;非法剥夺对不动产的占有 指以非法驱逐的方式排斥或剥夺他人对地产、出租房屋或其他继承财产事实上占有的行为。它不同于侵夺[abatement]和侵入[intrusion],后两者指非法侵入无人占有的地产或房屋,即法律上的强占[ouster in law]。"disseisin"则是指通过驱逐实际占有人而实现对事实占有的强夺,即事实上的强占[ouster in deed]。被强占者享有进占权[right of entry]和诉讼权[right of action]。选择强占[disseisin by election]是指在强占行为实际上并未发生的情况下,当事人声称遭到了强占,但其目的只是为了取得更为简捷的新侵占之令[writ of assize of novel disseisin]。衡平法上的强占[equitable disseisin]指权利人被非法剥夺了衡平法上的占有,即地租和其他收益。对无形可继承财产的强占[disseisin of incorporeal hereditaments]因无形的可继承财产不能事实上占有,因而仅针对权利人享有权利的干扰和妨碍。因诉讼格式的废除,强占和其他非法剥夺、侵占他人对土地占有的行为的区别已没有实际意义,并已被废除。(⇨seisin;dispossession; abatement;intrusion)

Disseisinam satis facit, qui uti non permittit possessorem, vel minus commode, licet omnino non expel-lat. 〈拉〉虽然不驱逐土地占有人,但不允许其享有收益或妨碍其行使收益权,也完全构成强占[disseisin]。

disseisitrix n.女性强占者(⇨disseisin)

disseisitus 被非法剥夺土地占有的人(⇨disseisin)

disseisor n.非法剥夺他人对土地合法占有的人;强占者 (⇨disseisin)

disseisoress n.非法剥夺他人对土地合法占有的妇女(⇨disseisin)

dissemble v.❶(古)假扮;化妆 ❷(通过欺骗)掩盖;掩藏;假装;佯作

dissensus 〈拉〉(罗马法)解约合意;解约协议 指解除或废止契约的(合意或)协议。

dissent n.❶〈英〉不从国教者(= dissenter) ❷分歧;异议 常用来指在法官评议案件中,少数法官不同意多数法官的意见[majority opinion]。 ❸(= dissenting opinion)

dissenter n.❶〈英〉不从国教者 尤其指信奉新教各派者,如信奉长老派、公理会、循道宗和浸礼宗等的教徒。1688年《信仰自由法》[Toleration Act]首次允许不从国教者在被批准的集会场所按照他们自己的仪式举行礼拜。1871年《大学考试法》[Universities Test Act]允许不从国教者在牛津、剑桥等大学攻读神学之外的任何学位。苏格兰的国教是长老会,所以不从国教者指信奉长老会之外的其他各派的信徒。 ❷持异议者

dissenters' chapels 〈英〉不从国教者礼拜堂 1844年《不从国教者礼拜堂法》[Nonconformist Chapels Act]规定不得过问在不从国教者礼拜堂或集会场所中举行的礼拜仪式或布道的教义,该法适用于不从国教的各新教教派和一位论派[Unitarian]。

dissentiente 〈拉〉持异议的;持不同意见的

dissenting opinion 反对意见 指一名或几名法官持有的不同意根据多数法官意见所达成的判决结果的意见。常简称为"dissent",也称"少数意见"[minority opinion]。(⇨opinion)

dissignare (古)拆封;启封

Dissimulatione tollitur injuria. 〈拉〉权利之侵害,因和解而消灭。

dissipate v.❶浪费;挥霍 ❷驱散 ❸放荡;耽乐

dissipation n.浪费;(财产的)不当使用 指以非法的或不符合衡平法要求的目的使用财产,如在即将离婚时,配偶一方为个人利益而使用夫妻共有财产。

dissolution n.解散;终止;结束 如:①合同的解除,协议终止;②公司的终止,公司法人资格的终止,如依法被撤销、许可期届满、破产等;③离婚,婚姻关系的解除,不包括婚姻无效;④合伙关系的终止,指因合伙人退伙而终止,区别于其业务的终止。

dissolution of attachment or garnishment 解除扣押或债权扣押 指基于扣押实施后所发生的特定事件,或由于当事人提供了担保等原因而解除扣押或债权扣押。

dissolution of injunction 解除禁制令 根据当事人所提出的理由而解除或撤销禁制令。

dissolution of Parliament 〈英〉解散议会 国王有权亲自或以公告[proclamation]方式解散议会,不过通常是在议会休会期间以公告方式进行。自1701年以来,国王不再自己决定是否解散议会。现在,国王依据首相的建议行使这项权力,依宪法惯例,国王不能拒绝首相的建议;尽管存在国王可以正当拒绝首相建议的情况,但自1858年以来尚无拒绝的先例。首相通常根据选举是否对本党有利而决定提出建议的时机。

dissolve v. 解散；终止；解除；取消（▷dissolution）

dissolving bond 令状撤销保证书 为使某一法律令状（尤其是扣押令、禁制令）被撤销而提供的保证书，通常以赔偿对方当事人的损失或遵守法院即将作出的判决为条件。

dissolving condition 解除条件（▷resolutory condition）

dissuade v.（刑法）劝阻；劝止 劝说并说服某人不要为某一行为。普通法中，劝阻证人作证的行为是可起诉的犯罪行为。

distill v. 用蒸馏法提取 在法律上该词多用于指酒类生产。

distilled liquor 蒸馏法制成的烈酒 以蒸馏法获得的所有适合饮用的含酒精饮料，如威士忌、白兰地、朗姆酒、松子酒。

distilled spirits (= distilled liquor)

distincte et aperte （英格兰古法）清楚的和公开的 这是错案重审令中的用语，用以描述对纠错令的回呈。

distinction (= distinguish ❶)

distinguish v. ❶区分；区别；辨别（ = distinction） ❷识别 指出认定被作为判例的案件与正在审理的案件之间存在事实上、程序上及法律上的不同，其意图一般在于显示该判例不应予以适用或者使该案件的判例价值达到最低限度。

distinguishing n. 识别 指将引作判例的案件和正在审理的案件之间在事实和法律要点上的区别予以指明的一种技巧。问题的实质在于这一区别是否为实质性的或者具有重大意义的，从而排除该项判例的适用，对本案作出完全不同的判决。如果该判例被认为是可识别时，则无论这一判例出自哪一级别的法院，对审理案件的法院均不予适用，但是它仍然具有说服力［persuasive］。因此，识别常常成为法官认为其不应或不愿受判例约束时所求助的一种手段。但如果某一判例被认为是不可识别时，后来的法院应依据遵循先例原则［rules of stare decisis］受其约束。

distinguishing mark 识别性标记 指确定或刻划某人或物区别于他人或他物的物理特性，如胎记［birthmark］。如果投票人在其选票上加盖识别性标记，该选票将因违反投票的秘密性而无效。

distracted person 精神错乱者 该术语用于美国某些州的制定法中。

distractio 〈拉〉（罗马法）❶分割 ❷变卖 指抵押权人或质权人出卖抵押物或质物。 ❸占用；挪用 指监护人占有或挪用被监护人的财产。

distractio bonorum 〈拉〉（罗马法）变卖财产 财产管理人出售破产财产，以实现债权人的权利。

distraction doctrine (= distraction rule)

distraction rule 注意分散规则 如果原告由于某一充分理由而从某一明知的危险转移注意，则其可不受混合过错［contributory negligence］的追究，并由陪审团对此作出裁断。（▷contributory negligence）

distractio pignoris 〈拉〉变卖担保财产 指当债务人不能清偿债务时，抵押权人或质权人为实现自己的权利而出卖抵押物或质物。

distrahere 〈拉〉❶出卖；拍卖 ❷分开 ❸解除（合同） ❹离婚

distrain v. 扣押 指为迫使他人履行某一义务而扣押其财产，常被作为迫使承租人支付已届期的租金，或保证出庭、送达文书等的手段。合法所有人也可以通过此种扣押取回被他人非法占有的财产。该词还可以指为任何目的而合法或不合法地扣押他人动产。

distrainer n. 扣押人
distrainor (= distrainer)

distraint n. ❶扣押（财物）；自主扣押（▷distress） ❷财物扣押权；动产扣押权 指在封臣未履行义务时，领主所享有的扣押封臣地产上动产或其它财物并予以留置的权利。具体方式可能是换锁或通告等。这种权利的效力依当地习惯法而定。

distress n. ❶财物扣押 指受害人可以扣押及拍卖不法行为人的货物或其他动产，以取得对不法行为侵害的补偿。它主要见于欠付租金的案件中，是出租人在普通法上享有的权利，现由制定法加以规定，指出租人可以不经司法程序，占有或扣押承租人在出租房屋内的动产，以此实现逾期未付的租金。此外，也有为迫使被告出庭及为迫使纳税而实施的扣押财物行为。在美国，某些州的制定法由于授权出租人为租金而扣押承租人财产而被法院认定违宪。 ❷被扣押的财物 ❸为扣押财物的救济方式（▷distraint; landlord's warrant）

distressed goods 贱卖的货物；减价出售的货物 指按异乎寻常的低价或亏本出售的货物。

distressed property 折价出售的财产 指因抵押物回赎权被取消或属于破产财产的一部分而必须折价出售的财产。

distressed sale 清算减价出售 财产清算的一种形式，出卖人以低于正常售价的价格出售自己的财产，尤指歇业降价出售［going-out-of-business sale］。

distress infinite 无限制扣押 指行政司法官为迫使某种义务得到履行而可以反复进行的、在次数上没有限制的扣押，如为召集某人担任陪审员、迫使当事人到庭等。但在不法行为人履行了义务后，被扣押的财物应当返还。

distress warrant ❶财产扣押令 授权法院有关官员扣押某项财产的令状，尤指扣押未向土地出租人支付租金的承租人的财产。 ❷扣押委托书 土地出租人授权代理人行使其扣押权的委托书。

distributable net income/DNI 可分配净收益 源自财产或信托等，且构成受益人收益的可分配金额。

distribute v. ❶分配；分割 ❷分类；按序排列 ❸交付 ❹散布；传播 ❺（刑法）经销（毒品） 指向他人出售、转让、交付，或者与他人交换毒品的行为，对上述行为的提议或同意也属于经销毒品。

distributee(s) n. ❶接受偿付者；接受财产分配者 ❷继承人；遗产受分配人 指在死者未留遗嘱时，依遗产法有权分得遗产的人；广义上也可指任何有权接受死者遗产分配的人，无论死者是否立有遗嘱。（▷beneficiary; heir(s)）

distribution n. ❶分发，分配；销售；分割；分派 ❷（公司法）分配；配送 指公司为了股东的利益而直接或间接向股东转让现金、其他财产或承担负债，以此作为其持有股票的报酬。分配的形式有支付股息、购买或赎回股份、分配负债等。 ❸支付 合伙以现金或财产方式向合伙人支付款项。 ❹（证券）发行；募集 发行人自行或通过承销机构公开发行证券。 ❺（信托法）分配额；支付额 向信托受益人支付或贷记款项。 ❻遗产分配 根据法院授权，将无遗嘱死亡者的财产分配给其继承人。

distribution in kind 实物分配 以实物形式进行的财产转移，如分配土地，而不是将土地出售后分配所得的收入。

distribution in liquidation (= liquidating distribution)
distribution of capital 资本资产的分配 公司以其资本资产向其股东分配，从而剥夺了债权人优先受偿的财产。
distributive a.分发的；分配的；分派的；分送的；分布的；散布的
distributive clause 分配条款 遗嘱或信托文件中用以调整收益和赠与物分配问题的条款。
distributive deviation 分配偏差 指当信托财产的收益不足以实现信托设立人的分配方案时，受托人未经本金享有将来利益的剩余财产承受人[remainderman]之同意，将本金也分配给仅对财产收益享有权利的受益人。这种行为通常是不容许的，除非是为了让终生受益人购买生活必需品。
distributive finding 分配性裁断 陪审团所作的部分有利于一方当事人、部分有利于另一方当事人的裁断。(⇨ comparative negligence)
distributive justice 分配正义 它涉及团体对个人的义务，要求公平地在个体之间分配权利与义务，即根据个体的价值的，并与他人作比较，以获得相应的权利或义务，避免产生如下结果：平等的人得到不相同的结果，不平等的人得到相同的结果。(⇨ justice; commutative justice; social justice)
distributive share 分配额；分配份额 ①继承人或受益人从财产的合法分配中所获得的份额；②合伙人按照合伙协议的约定，对合伙经营盈亏的分享或分担份额，并在合伙人的纳税申报单[tax return]中作记录；③在合伙终止时，合伙成员对其财产和责任所获得的分摊份额。
distributor n.批发商；经销商；分销商 在采购、寄售或订立消费品销售合同中介于制造商与零售商之间的任何个人、合伙企业、公司、协会或其他法律实体；主要向零售商及商业用户进行销售的制造商或供应商。
district n.❶区；管区；行政区；选区 指因司法、政治、选举或行政管理等目的而作的区域划分。❷地区；区域 相似的地方性工商企业或实体集中的地带，如艺术区[arts district]等。
district attorney(s) 〈美〉地区检察官 在州的每一司法区或每一联邦司法区代表州或联邦政府行使控诉职能的公职官员。在有些州，对其领域为司法目的进行划分但不称"district"的，其相当于地区检察官的官员则称为 prosecuting attorney, county attorney, state's attorney。
district clerk 〈美〉（州或联邦）地方法院的书记官
district council 〈英〉区委员会 根据1972年《地方政府法》[Local Government Act]在英格兰和威尔士的郡下设下级单位区[district]，每个区的委员会是一法人团体，享有诸多法定的权利和职责，负责在堂区建立堂区俗务委员会[parish council]，并有权解散小堂区的委员会和将堂区集群[grouping]或分散，其职责还包括公共卫生和设施、市镇交通和规划等。在苏格兰的行政区[region]下亦设有类似机构。
district court ❶〈美〉联邦地区法院 设于各联邦司法区[judicial districts]的初审法院，对涉及联邦法律、联邦法律规定的犯罪及当事人具有不同州籍的案件具有一般管辖权[general jurisdiction]。通常每个州包括一个或几个联邦司法区，每一司法区设一地区法院，每一州至少有一所联邦地区法院，在哥伦比亚特区[District of Columbia]有一所，关岛[Guam]、波多黎各[Puerto Rico]、维尔京群岛[Virgin Islands]等领地也各有一所。一般案件由一名法官审理和裁决，但有些案件则需由三名法官组成合议庭审

理。在法官超过一名的联邦地区法院中，由年龄不超过70岁的资深法官担任首席法官[chief judge]。❷〈美〉州地区法院 州中享有一般管辖权的下级存卷法院。❸〈苏格兰〉地区法院 为最低一级的刑事法院，仅对轻微犯罪案件有管辖权。由一名领薪的治安法官或者一名或多名不领薪的非职业治安法官组成。对犯罪的控诉由地区检察长[procurator-fiscal]提起，审理适用简易程序。
districting n.区划 指在地域间划定界线或确定边界建立选区[voting district]的行为。(⇨ apportionment; gerrymander(ing))
districtio 〈拉〉〈古〉扣押财物 可指扣押行为本身或扣押权、可扣押的财物、可执行扣押的地区，甚至可借以指任何强制性的程序。(⇨ distress; distraint)
District Judge/D.J. 〈美〉❶联邦地区法院法官 ❷（某些州的）州地区法院法官
District of Columbia 哥伦比亚特区 美国首都华盛顿所在的行政区。
district parishes 〈英〉堂区分区 应王室专员的请求，为做礼拜、举行婚礼、洗礼和葬礼等目的建立新教堂时在堂区下设分区。
district registrar 〈英〉地区登记官(⇨district registry)
district registry 〈英〉地区登记处 在最高法院[Supreme Court of Judicature]管辖区域内设立的分支机构，可在此提起诉讼程序。如果被告在某一地区居住或从事经营活动，则其必须在该地区的登记处登记其对传票和原告起诉状的签收，否则应在伦敦进行登记。
district school 〈美〉地方学校 对所有适龄儿童开放的公共学校，某些城市称之为"ward school"，目前大多被中心学校或联合学校[centralized or consolidated school]所取代。
distringas 〈拉〉❶财产扣押令 指令郡长[sheriff]扣押某人的财产以迫使其履行一定义务的令状，如扣押刑事被告人的财产以迫使其到王座法庭[King's Bench]就起诉书[indictment or information]作答辩；扣押陪审员的财产以迫使其出庭履行陪审员的义务（该种令状称 distringas juratores）；在返还动产之诉[detinue]中，distringas 是一种特别的执行令，通过反复扣押被告的动产来迫使其向原告交付财产。英国1852年的《普通法诉讼程序法》[Common Law Procedure Act]已废除了这些令状。在衡平法诉讼中，扣押法人[a corporation aggregate]的财产以迫使其到庭应诉的第一道令状[first process]也称为 distringas。❷〈英格兰古法〉临时限制股票转让令 应有关利害关系人的请求，衡平法院[Court of Chancery]签发的临时限制英格兰银行[Bank of England]或其他公开公司[public company]转让其股票的命令。该程序的目的旨在阻止欺诈性交易，但它只是一项临时性救济措施，其效力仅持续至请求签发限制转让令者有机会陈述其主张之前，因此，请求者应尽快起诉以求获得禁止令[restraining order]或禁制令[injunction]。
distringas nuper vice comitem （英格兰古法)扣押财物、强制离任郡长履行公务令；强制被告出庭令
distringas vice comitem （英格兰古法）扣押财物、强制郡长执行扣押物变卖令
distringere v.（封建法）（英格兰古法）扣押（财物）
disturb v.扰乱；妨害；妨碍
disturbance n.干扰；骚扰；妨害；妨碍 ①指任何扰乱他人安宁，引起他人愤怒、焦虑不安的行为；②指妨碍他人合法且适当地工作或正常集会的行为；③在普通法中，指

妨碍、干扰他人正常行使无形之财产权利的侵权行为。布莱克斯通[Blackstone]列举了五种妨害行为:妨害特许权[franchises]、妨害公地使用权[common]、妨害保有权[tenure]、妨害通行权[ways]和妨害圣职推荐权[patronage]。

disturbance of common 侵犯公地;侵犯公地使用权 普通法中,指任何使他人对公地使用权的行使受到妨害或减损的行为,如无公地使用权者在公地上放牧、有公地使用权者将不许在公地上放牧的牲畜于公地上放牧或过度放牧、土地权利人或其他人将公地圈围或堵塞等。

disturbance of franchise 侵犯特许权 在普通法上,指对他人自由或者特权的非法干预。

disturbance of patronage 〈英〉妨碍圣职推荐权 指阻止或妨碍圣职推荐权人[patron]行使推荐权,它不同于侵占圣职推荐权[usurpation],后者指圣职推荐权人完全被剥夺了推荐权,而无推荐权的人推荐的圣职候选人被授予了圣职。

disturbance of peace 妨害治安;扰乱治安 尤指以非必要的噪音破坏邻里、社区的安静和良好秩序,也指其他扰乱治安的行为。美国加利福尼亚等州将斗殴[affray]也包括在妨害治安之列。(= breach of (the) peace)(⇨disorderly conduct;riot)

disturbance of public meetings 扰乱公众集会 普通法上的轻罪,指意图扰乱公众集会的行为。多数情况下,控方需证明扰乱行为是出于故意而为。在美国多数司法管辖区,该行为被制定法规定为犯罪,并且不要求扰乱行为达到暴乱[riot]的程度。

disturbance of public or religious worship 妨害公共或宗教礼拜罪(⇨disturbance of worship)

disturbance of public worship 妨害公共礼拜罪(⇨disturbance of worship)

disturbance of repose 妨害(死者)安息权 指未经授权而掘墓、移尸或亵渎神物等对墓地的侵害行为。这既是一种可诉的不法行为,也是一种犯罪行为。

disturbance of tenure 侵害土地保有关系 指以威胁、暴力、劝诱或其他方式使封臣离开保有地,这是一种侵害,领主可以对此提起诉讼。

disturbance of ways 妨碍通行权 如果某人依据授权或长期的习惯而享有在他人土地上通行的权利,却因该土地被围以篱笆或有其他障碍物或被犁耕而无法通行或至少不能以应有的便利方式通行,就成为妨碍通行权。

disturbance of worship 妨害礼拜罪 在普通法中指任何有碍宗教礼拜的合法集会之秩序的行为。

disturber n. ❶骚乱者;妨碍者 ❷〈英〉(圣职推荐)妨碍者 如果主教无理由地拒绝审查或授予推荐权人[patron]所推荐的圣职候选人,在法律上称他为妨碍者,并且没有资格在圣职推荐权中止[lapse]时进行圣职推荐。

disturbing meeting 扰乱集会 指以言行举止等各种方式对宗教或其他合法的集会进行干扰或企图进行干扰,有违于集会的性质和目的。

disturbing the peace (= breach of (the) peace)

dites ouster 你再说一遍 用于要求重作答辩的判决[judgment of respondeat ouster]中的正式用语。

dittay 〈苏格兰〉(旧时公诉书中的)刑事指控事项(或理由)

ditto mark 表示同上(或同前)的符号 " "

divadiatus (= devadiatus)

diverse considerations 不同的对价 在普通法上,指不足以主张为金钱对价的对价。

diversification n. 经营多元化;多样化;多种经营 ①公司增加新产品生产线或进入另一全新的经营领域;②投资者在多家公司进行投资,以降低或分散某一项投资遭受损失的风险。

diversion n. ❶转移;转向;改变 指改变某物的自然方向和路线,主要用于指未经授权而改变水流的自然流向,损害下游河岸所有人的利益;也指未经授权使用某项资金。❷消遣;娱乐

diversion laws 〈美〉转化法 州的一种程序:将毒品犯罪的初犯交付管教,在管教期内对罪犯进行有关使用毒品导致的危害的教育。如果在此期间,这些人不再犯罪,则取消犯罪指控,密封犯罪记录。

diversion of goods 运输路线变更(权) 指托运人在货物运至原定目的地之前的任何中途站点,通过承运人改变运输目的地的行为或权利。

diversion of stream 改变自然水道的路线;改变河道(⇨ diversion of water)

diversion of water 水流转向 指为使用目的从河流或其他水体中抽水。如果抽水超出合理使用的范围,造成水量严重减少从而严重影响下游河岸所有人的权利,则构成对下游河岸所有人的侵权,后者可对此提起诉讼。

diversion program (审前)转化程序 在审判之前将刑事被告人移交社区处理,使其接受工作培训、教育等,如果改造成功,则可能会导致取消指控。(= pretrial diversion; pretrial intervention)

diversis diebus et vicibus 在不同的日子和时间

diversity n. ❶(= diversity of citizenship) ❷〈古〉将被执行刑罚的犯人身份有误的答辩 普通法刑事诉讼中,将被执行刑罚的犯人所作的声称自己并不是那个受到指控和被认定有罪的人的答辩。这种情况下,法院应立即召集陪审团以查明该囚犯的身份,但对是否有罪的问题则不需再作认定。

diversity cases 〈美〉不同州(国)籍当事人之间的案件(⇨ diversity of citizenship)

diversity jurisdiction 〈美〉对不同州(国)籍当事人之间诉讼的管辖权(⇨diversity of citizenship)

diversity of citizenship 〈美〉(诉讼当事人的)州(国)籍不同;公民身份不同 如果案件的当事人分别属于美国不同州的公民,或者一方为美国一个州的公民,而另一方为外国人,且争议金额超过一定数额(现在为 75 000 美元)时,该案件应由联邦法院管辖。若当事人为法人的,该法人被认为同时具有其成立地所在州与其主要营业地所在州的州籍;对非法人组织,如合伙,被认为具有其每一成员所属州的州籍。在有多个当事人的案件中,若所有原告的州籍与所有被告的州籍均不相同,称为当事人州籍的完全不同[complete diversity]。

diversity of person 囚犯身份不同的答辩 在定罪判决作出以后,囚犯提出其并非被定罪的那个人的答辩。

diverso intuitu 具有不同的目的或动机 如甲最初给付的对价并非仅依据乙或丙的允诺,而是同时依据乙和丙两者的允诺,则出于不同的目的或动机,乙和丙需分别就其自己的允诺对甲承担责任。

divers persons 若干人 至少3人。

divert v. 转向;改变用途(⇨diversion)

dives costs 普通诉讼费;通常诉讼费 指对胜诉的当事人按通常标准收取的诉讼费,区别于对以贫民身份[in forma pauperis]起诉或应诉并获得胜诉的贫民当事人收

取的有限的诉讼费,该词来源于《路加福音》[Luke 16:19-31]富人与乞丐[rich man and Lazarus]的寓言故事中富人 Dives。在拉丁语中,Dives 就是富有的意思。

divest v.剥夺产权或权利

divestiture n.❶剥夺财产;取消称号(职位等) ❷放弃财产令 法院依据反托拉斯法向被告发出的一种令状,要求被告放弃自己的财物、证券或其他资产,以防止贸易限制或垄断。也可指法院要求当事人对财物或资产进行处分或放弃财产的令状。

divestive fact 消灭或变更法律关系的事实 该事实可以是事件或行为。

divestment n.缩减 在财产法中,指某项权益在正常终结之前的缩减,包括完全丧失[total divestment]和部分缩减[partial divestment]两种情况,前者指土地权益的完全丧失,后者指因与他人分享而导致的部分缩减。该词也可用于指抽回投资[disinvestment]。

divide v.分割;分开;分裂;使分离;分隔(⇨distribute)

divide and pay over rule 分割(财产)和交付的规则 在遗嘱与遗产法中,该原则是指:如果在遗嘱处分条款中的用语是指示于立遗嘱人死亡后某一时间交付遗产,例如:"(遗产)由甲终生享有,并在此后分割并交付给甲的子女"["to A for life, then to divide and pay over to A's children"],那么该时间就是实质性的,继承人之利益就是将来利益或不特定利益,而非已授予的或直接[vested or immediate]利益。

divided court 〈美〉法官意见有分歧的法院 指上诉审法院对某一具体案件作出判决时,法官不能形成一致的意见,尤指多数意见[majority]比较微弱的情形,如美国最高法院以 5:4 作出的判决。(⇨division of opinion)

divided custody 分开监护 指夫妻离婚后对子女监护问题的安排,即双方分开监护,一方在与子女共同生活期间对子女有完全的监护权,另一方则享有探视权,然后改由另一方监护,依此轮流进行。(⇨custody)

divided damages rule 损害分担规则 海事法中,如果双方当事人共同为对第三人的侵权损害负责,那么各自仅对损害的一半承担责任。该规则已过时,法院现在适用比较过失标准。

divided fractional part 分割的部分 该术语用于契据中的转让条款[granting clause],表明将标的物分割成各部分予以分别转让的意图。

Divided Parishes Acts 〈英〉分散堂区法 包括 1876 年《分散堂区和济贫法修正法》[Divided Parishes and Poor Law Amendment Act]、1879 年《济贫法》[Poor Law Act]、1882 年《分散堂区和济贫法修正法》[Divided Parishes and Poor Law Amendment Act]。这些法令是为了有效实施地方管理和济贫工作,而授权地方政府委员会[Local Government Board]将一些堂区分散,不便管理的部分结合或重新安排,但不影响教会的堂区。

divided reputation 有分歧的声誉 指对一般的声誉存在不一致的证据。

Divide et impera, cum radix et vertex imperii in obedientium consensu rata sunt. 〈拉〉分而治之,因为帝国的顶层和基层均建立在臣民的同意之上。

dividend n.❶股息;红利;股利 ①公司按持股比例向股东进行的当期或累积利润的分配,通常为现金形式,也可以是股票或财产;②互助人寿保险公司向其保单持有人所作的利润分配。❷破产偿金;清偿金额 指破产清算过程中对普通债权人所做的偿付,有时也包括对优先

债务的清偿。

dividenda 〈拉〉(古)需分割之物;多方契据;双联合同;双联合同中的一联

dividend account 股利账户 指将股利总额记入其贷方的银行账户,并据此签发支票或提供担保。亦指公司总账中的账户,将应支付股利从利润分配账户转入其中。

dividend addition 红利增额 在人寿保险中,分红保单持有人有权选择以其红利分配方法,即用现有保单的红利支付保险费,以购买缴清增额保险,从而增加保单的现金价值和红利。

dividend income 股利收入;股息收入;红利收入 因股利分配而获得的收入,需纳税。

dividend in kind 实物股利;实物股息;实物红利

dividend in liquidation ❶清算偿付 指企业破产清算过程中对债务所作的偿付。❷清算股息 指企业清算并偿付债务后,以剩余资产向其股东或成员所作的股息分配。

dividend in scrip (= scrip dividend)

dividend off 无股息;无红利 指投资者购买的股票不包含已公布的当期股利。

dividend on 有股息;带红利 指投资者购买的股票包含已公布的当期股利。

dividend on insurance policy 保单红利(⇨dividend addition;dividend policy)

dividend policy 红利保险单;分红保险单 一种非常普通的人寿保险单形式,其具体操作是:每一保单持有人每年预缴固定金额的保险费,由此形成一基金,该基金数额可能会超出已到期保单保险金和预计费用支出之和,这两者的差额加上预缴保费和其余收入的总额便构成盈余基金。该盈余基金可立即在保单持有者中间以红利形式按比例分配,或根据合同规定进行类似的分配。年红利保单持有人接受其应得红利的方式有:现金支付、贷记或减少下期保费、用红利购买一份已缴清保费的保险以增加保额、累积生息等。

dividend received deduction 〈美〉股利收入的扣除;股利收入扣除额 指公司股东从国内公司取得的股利收入在计算应税所得时允许作一定比例的扣除。依照《1986 年税收改革法》[Tax Reform Act of 1986],公司在 1987 年的股息收入可作 80% 扣除,1987 年以后的可作 70% 扣除。但是若该公司持有派息公司 80% 以上的股份,则允许的扣除额为 80%。

dividend warrant 股利证;股息单 公司向其股东分配股利的书面凭证或通知。在英国,指由公司签发而由股东向银行要求支付定额股利的证明文件。

dividenda yield 股息收益率 当年股息除以每股市价。

divinare 〈拉〉占卜;预言;猜测

Divinatio non interpretatio est, quae omnino recedit a litera. 〈拉〉完全脱离字面意思就成了推测而不是解释。

divine law 神法 上帝制定的法律,不同于人制定的法律,有时也分为自然法或神启法[revealed law]和实在法两类。

Divine right of kings 君权神授;王权神授 最初出现于 16 世纪后期的神授权力理论。依此理论,君主[monarch]及其合法继承人通过神授而享有王权,且无论行为如何不端或脱离王位时间多长,皆不丧失此权力。其最初的提出是为了对抗罗马教皇及教会声称的在宗教和世俗领域的最高统治权,后来英格兰斯图亚特王朝[Stuart]早期的几位国王在与议会争夺政治主权的冲突中也用该理论

捍卫君权。该理论综合了三个基本命题,君主的权力是上帝为了人类利益而赐授的;君主的统治权是不受限制和不可分割的(尽管他们在道义上负有遵从神法的义务);任何对其命令的违抗都是非法的。

divine service ❶宗教礼拜 ❷〈英〉限定教役保有 教会的土地保有方式之一,与自由教役保有[frankalmoign]相对。该保有方式指教会作为土地保有者有义务举行某些宗教礼拜仪式,如做一定次数的弥撒,分发一定金额的施舍。俗人也可以通过这种方式保有土地,领主可因为教会没有履行教役义务而扣押土地。(= tenure by divine service)(⇨frankalmoign)

divining-rod n.占卜杖 据称将占卜杖握在手中,可通过神秘力量对其另一末端的拖曳来探寻暗藏的水源。

divinity n. ❶神性;神力 ❷神威 ❸[the D—]上帝

divisa 〈英格兰古法〉❶边界;地界 ❷地界庭审 指在地界上举行的庭审,以解决土地纠纷。

divisavit vel non 〈拉〉〈古〉遗嘱审查 衡平法院向普通法法院发出的文书,要求后者对当事人以存在欺诈或立遗嘱人无行为能力等理由而发生争议的遗嘱的有效性作出确认。

divisible a.可分割的;可分离的

divisible contract 可分合同;可分割合同 指合同中包含可分别执行的两个或更多的允诺,未履行其中一个允诺并不必然置允诺人于对整个合同违约的境地。具体是指合同依照性质和目的可以分割,标的也有两个或两个以上的组成部分,且彼此不必然相互依赖,当事人间也无意使其相互依赖。可分合同的一部分或几部分无效或不可强制执行不影响其他部分的有效性。一方当事人履行其中的一部分,另一方就有义务履行与之相对应的部分。每一相互独立的部分都有独立的对价支持,一方当事人违反合同的一部分或若干部分并不赋予另一方当事人解除整个合同或拒绝履行合同其他部分义务的权利。该词又可写作"severable contract"。(⇨severability of contract)

divisible divorce 可分割的离婚判决 指离婚判决可分割为两部分,一是解除婚姻关系部分,一是附属于离婚的部分,诸如抚养费、子女监护与探视并将后一部分保留到以后的程序中,而解除婚姻关系并不一定消灭丈夫对前妻的扶养义务。在美国,当法院仅有事物管辖权而缺乏对被告的对人管辖权时,可作出该种判决。

divisible offense 可分犯罪 包括一种或多种低级犯罪的犯罪。例如谋杀罪包括企图伤害罪、具有杀人故意的企图伤害罪和殴击罪。(⇨lesser included offense)

divisim 〈英格兰古法〉各自地;分别地

divisim et conjunctim 分别地和共同地

division n. ❶分组表决 在英国,指在议会两院中对动议表决时,寺反对和赞成该动议的议员自然分成两个表决厅的表决方式。愿意表决的议员离开会议厅[chamber],进入其中一个分表决厅[division lobby],两名计票员站在分表决厅的入口处,在议员向书记员通报了姓名出分表决厅时计点议员数;而那些弃权的议员则不离开会议厅。多数一方的计票员向议长[Speaker]或主席报出数字,然后由后者宣布分组表决结果。此项表决方式在英国始于1554年。在美国它指立法机关的议员分开进行投票。❷(为特定目的而划分的)地区;区域 ❸部门;分支机构 指政府、法院、企业或学校等的分支单位。❹师 主要军事单位。❺分歧;分裂

divisional courts 〈英〉高等法院各分庭 在英格兰和威尔士,由高等法院各庭[Divisions of the High Court]的两名或两名以上的法官组成,负责审理那些不能由一名法官审理的初审案件和上诉案件。分为王座分庭[Queen's Bench Division]、衡平分庭[Chancery Division]和家事分庭[Family Division],各分庭均依原法庭享有相应管辖权。有关这些分庭民事判决的上诉要到上诉法院[Court of Appeals]。(⇨Divisions of the High Court)

divisional securities 特定项目证券 为某一特定项目筹措资金而发行的特种证券。

divisional system 〈英〉分级服刑制 1898年至1948年间在英格兰实行的一种服刑制度,指法院在判决某罪犯监禁刑的同时,应根据其所犯罪行情况,确定对该罪犯按第一、第二或第三级别来执行。第一级别是对犯有煽动性诽谤罪或其他政治犯罪的罪犯进行羁押的特殊形式;第二级别是针对不属于道德败坏或有犯罪恶习的罪犯;第三级别则针对一般罪犯,可能会被加诸苦役。这一制度后为行政分类[administrative classification]所取代。现已废除。

division fence 界栅;界栏(⇨partition fence)

division of administrative body 行政机关的分支机构 由专门小组或科室组成的局或委员会,每个小组或科室拥有并行使该局或委员会的全部管辖权和权力。

division of commission 分割委托(⇨splitting commission)

division of fees 律师费的分配;收费分割 指两个以上律师由于为同一当事人共同代理而对律师费进行分割的合法行为,如无相反的合同约定,则平均分配。但如果实施该行为被认为构成招揽业务[solicitation of business],则其属于可惩戒行为,行为人应受到取消律师资格或暂时吊销律师执照的处分。它也指另一种违规行为,亦称费用分割[fee-splitting],即职业代理机构将其向工人收取的费用部分支付给雇主。

division of opinion (法官之间的)意见分歧 在上诉审法院的诉讼程序中,指法官之间意见分歧不能形成某一多数意见,以致对案件不能作出判决的情况。但该词通常也可指法官的意见分为两派,其中一派包含多数法官的意见,从而可对案件作出判决的情形。

division of powers 〈美〉(联邦宪法规定的联邦和州之间的)政府权力划分;分权(⇨separation of powers)

division order 分配令 关于石油购买者应以指定方式分配货款的指示和授权。其目的是确保购买者仅向有资格取得货款的当事人付款。

Divisions of the Hight Court 〈英〉高等法院各分庭 依1873年《司法组织法》[Judicature Act]第31条建立。将原有的诸多法庭划分为王座法庭、民诉法庭、财税法庭、衡平法庭和遗嘱检验、离婚、海事法庭。1880年,前三个法庭合并入王座分庭[Queen's Bench Division],该庭处理大部分普通法事务和刑事案件,并包括一个海事庭和商事庭。1971年遗嘱检验、离婚、海事庭易名为家事分庭[Family Division],主管婚姻、收养、监护及相关事务。衡平分庭[Chancery Division]处理包括合伙、公司、破产、抵押、遗嘱、信托财产等衡平事务。各庭法官可互相调任。

division wall 界墙;分隔墙 位于两块相邻地界线之上或紧靠该界线的墙壁。它可因协议或时效而成为共有界墙[party wall]。(⇨party wall)

divorcé 〈法〉已离婚男子

divorce n.离婚 源于拉丁文 divortium,指根据法定事由,依法定程序解除有效婚姻关系,但因夫妻一方或双方死亡、婚姻无效所致婚姻关系终止者除外。绝对离婚[absolute divorce]是离婚的典型形式,它导致婚姻关系完全地、

永久地解除,当事人双方均有权再婚。法定分居[legal separation]或限定离婚[limited divorce]亦被视为一种离婚形式,但当事人双方仅是终止同居关系,婚姻关系并未解除,也均无权再婚。无效婚姻[nullity of marriage]亦导致婚姻关系解除,但其与离婚的区别在于:离婚是以有效婚姻的存在为前提,无效婚姻则视该婚姻自始即不存在。在70年代,美国许多制定法以"解除婚姻关系"[dissolution of marriage;marriage dissolution]替代了"离婚",在《统一婚姻与离婚法》[Uniform Marriage and Divorce Act]中即是如此。
v. ❶判决…离婚 ❷以司法判决解除婚姻关系 ❸离婚(⇨absolute divorce;limited divorce;judicial separation;nullity of marriage;divorce a mensa et thoro;divorce a vinculo matrimonii;legislative divorce;no-fault divorce)

divorce a mensa et thoro 〈拉〉分居;别居;有限离婚 经法院判令的一种部分的或有限的离婚,即夫妻双方以此分居,禁止其共同寝食,但并不解除婚姻关系本身。英格兰于1857年废除了这种离婚方式。它是现代司法别居[judicial separation]的先导。又可写作"separation a mensa et thoro"或"separation from bed and board"。(⇨divorce)

divorce a vinculo matrimonii 〈拉〉(法院判决的)完全离婚 即婚姻关系的完全解除,以此解除婚姻纽带并使双方当事人彻底免于承担婚姻责任。这是一种普通法离婚方式,其判决的理由应于婚姻关系缔结之前既已存在,而这种离婚将宣告因该婚姻关系所生的子女均为私生。英格兰于1857年的《婚姻案件法》[Matrimonial Causes Act]中引入了法定的完全离婚。

divorce by consent 协议离婚;合意离婚 无过错离婚[no-fault divorce]的一种,当事人无须证明导致离婚的过错或理由,仅需说明婚姻已无可挽救地破裂[irretrievable breakdown of marriage]或意见分歧之巨已不可调和[irreconcilable differences]即可。美国大多数州制订有各种形式的无过错离婚的制定法,《统一婚姻与离婚法》[Uniform Marriage and Divorce Act]第302、305条亦有相关规定。英国《婚姻案件法》[Matrimonial Causes Act]亦将婚姻无可挽救地破裂作为离婚的唯一理由。(⇨divorce)

divorce by mutual consent 两愿离婚 指不经法院判决,迳由夫妻双方立据离婚。这种制度源自罗马法。(⇨divortium)

divorce clinic 〈美〉离婚培训班 一种自助离婚[do-it-yourself divorce]商业组织,对欲自行参加离婚诉讼的当事人提供法律服务。该业务已被认定为违反了有关禁止鼓励离婚的州制定法和有关管理法律服务从业人员的制定法。

divorce county court 〈英〉郡离婚法院 依1967年《婚姻案件法》[Matrimonial Causes Act]被指定有权听审未出庭或未答辩[undefended]的婚姻案件的郡法院。

divorce court 〈英〉离婚法庭 全名为离婚及婚姻案件法庭[Court for Divorce and Matrimonial Causes],1857年设立,行使前英格兰教会法院对婚姻无效及分居案件的管辖权。同年,由制定法授予批准离婚的新的管辖权,享有宣布婚姻合法和其它特定的权利。它由御前大臣[Lord Chancellor]、王座法庭和民诉法庭的首席法官、财税法庭首席法官及这三个法庭的高级法官和该离婚法庭常任法官[Judge Ordinary]组成。其中这些常任法官听审大部分初审案件[cases at first instance]。1873年的《司法组织法》取消了该法庭,其管辖权转给后来的家事法庭。(⇨Court for Divorce and Matrimonial Causes)

divorced a. 已离婚的 指婚姻关系已完全解除。如仅作出离婚的中间判决[interlocutory decree],则当事人尚不属已离婚的。

divorce division 〈英〉离婚法庭 1875－1971年间高等法院遗嘱检验、离婚和海事法庭的俗称,现为家事法庭。

divorcée 〈法〉已离婚女子

divorce from bed and board (＝divorce a mensa et thoro)

divorce kit 离婚指南(⇨Do-It-Yourself Divorce Law)

divorcement n. 离婚(＝divorce)

divorce mill 〈美俚〉离婚机器 指以简易离婚为目的而采取行动和政策的律师或州政府。

divorce proctors 〈美〉离婚代理人 在离婚诉讼中被指定以保护儿童或州政府利益的人,通常作为代理人。其规定见于《统一婚姻与离婚法》[Uniform Marriage and Divorce Act]第310条。

Divorce Recognition Act 〈美〉《离婚承认法》 美国统一法的一种。

divorce registry ❶离婚登记;离婚登记处 ❷[D-R-]〈英〉伦敦离婚法院

divortium 〈拉〉(罗马法)协议离婚;两愿离婚 指夫妻不经法院判决而自行解除婚姻关系的行为。《十二铜表法》[Twelve Tables]规定丈夫有权休妻,自夫权婚姻风行后,夫妻即可因双方合意而离婚。优士丁尼受基督教影响,对离婚自由加以限制。因不符合罗马的传统习惯,故优帝二世(公元565－578年)接位后即恢复离婚自由。

Divortium dicitur a divertendo, quia vir divertitur ab uxore. 〈拉〉离婚源自"divertendo"一词,意为一个男子逃避[divert]其妻子。

divot n.〈苏格兰〉一块草皮(⇨feal and divot)

divulge v. 泄露(秘密);透露(消息) 未经送话者同意将电话线转接以致第三人听到电话对讲,亦为制定法所禁之泄露。

dixième 〈法〉十分之一

D.J. (＝District Judge)

DNA identification DNA鉴定;脱氧核糖核酸鉴定 对脱氧核糖核酸的分析可以验明个人遗传信息中的化学结构型式。这种方法可确定遗传物质中的独特的型式以便鉴定诸如血液、人体组织、毛发等生物标本的来源,在刑事案件中可被用来鉴别嫌疑犯,在亲子关系的案件中可被用来鉴别父亲的身份。

DNI (＝distributable net income)

D. notices 〈英〉国防机密通知 指英国政府为了国家安全要求舆论工具不应发表某些机密情况的备忘录。它由政府、军界、出版、广播事业的领导组成委员会进行编制。英国编辑人手一册,置于案头。如将列于其中的情报泄露,可处罚款或监禁。

do 〈拉〉(古法)我授予(采邑);我赠与(不动产)(⇨dedi)

dock n. ❶码头;船坞;抛锚地 两个凸式码头间的水区。❷(刑事审讯时的)被告席
v. ❶使(船)入船坞;使(船)靠码头 ❷扣减(工资)

dockage n. 船坞使用费;码头费;停泊费

dock brief 〈英〉当庭指定律师辩护 因受公诉而被传讯的被告人可不必经过事务律师的参与而当庭直接指定一名出庭律师为其辩护,被告人只需支付2.23英镑的费用。随着法律援助[legal aid]制度的确立,这种做法现在实际上已被弃用。

dock defence (＝dock brief)

dock dues 入坞费;码头费 由进出船坞、靠泊处或码头

的船舶支付的码头维护费。

docket n. ❶概要;摘要 ❷诉讼摘要;案件摘要 对法院处理每一案件过程中的所有重要程序的摘记。 ❸待审案件目录;待审案件表 由法院书记官制作的记明某一开庭期内将要审理的案件的一览表,供法官和律师使用。

docket fee ❶立案费 将某案件列入待审案件表中而收取的费用。 ❷〈美〉律师费 根据联邦法律,作为诉讼费之一部分或与诉讼费同时收取的,向胜诉方律师支付的一笔数额固定的费用。

docketing judgment 记录判决 指将已经登记的判决在法院判决登记簿[judgment docket]上记录下来,以便与判决相关的人员易于注意到。而且据此可以签发执行令状。

dock line 船坞线;码头线(= harbor line(s))

dock-master n. 〈英〉船坞长 一种在码头内或码头外的一定距离内,为了避免码头入口处堵塞,有权指挥船舶的停泊和移动的官员。

dock receipt 码头收货单;码头收据 由海运公司签发证明已在码头收到托运人所交货物的临时单据,被指定人得凭此收据享有请求承运人向他签发提单的权利。按照商业惯例,该单据有时亦被视为一种权利凭证[document of title]用于直接转让。如果该收据实际上明示了由海运公司承担的存储义务,那么它就具有仓单[warehouse receipt]的效力。

dock sale 船坞销售;码头销售 购买者利用其自己的或租用的交通工具在销售者的码头上取得货物的一种销售方式。

dock warrant (= dock receipt)

doctor n. ❶博士 ❷医生;医师;大夫 ❸博学者 v. ❶授…以博士衔 ❷诊治;医疗 ❸窜改(记录、文件);修改

Doctor and Student 《博士与学生》 由克里斯托弗·圣杰曼[Christopher St. German,? 1460 – 1540]所著的一部关于普通法的著作,它采用了一位神学博士与一位普通法学生对话的形式,包括两个对话,其中第一个用的是拉丁语,第二个更长一些的对话用的是英语,后来在第二个对话上又增加了13章有关议会权力和管辖的内容。在本书中,作者用宗教和道德标准对普通法规则进行了评判,并对理性法、自然法和普通法的基础提出了许多质疑。他将教会法学者关于不同法律及法律之目的、性质的研究纳入到了通行的形式中,并促进了这些原则在不同方向上的发展。本书1523年以拉丁文出版,1530年又用英文出版,它对衡平法的发展产生了重大影响。

Doctor of Business Administration 工商管理学博士
Doctor of Civil Law 罗马法学博士
Doctor of Laws ❶法学博士 ❷〈美〉(= J.D.)
Doctor of Letter/Literature 文学博士
Doctor of Medicine 医学博士
Doctors' Commons 〈英〉博士院 旧时教会法院和海事法院及在这些法院执业的罗马法和教会法律师公会[College of Advocates]所在的地方,位于圣保罗教堂附近。1768年,根据一项特许状,成立了"在教会法院和海事法院执业的法律博士协会"[College of Doctors of Laws exercent in the Ecclesiastical and Admiralty Courts],1782年该协会买下了该处地产。加入该协会的条件是:①取得牛津大学或剑桥大学的罗马法[civil law]博士学位;②根据坎特伯雷大主教的谕令[rescript]已被接收为律师,并已出席法庭一年。1858年,该协会律师在教会法院和海事

法院执业的专属权利被废除,协会也随之解散。

Doctor's Draft Act 〈美〉《军医征募法》 一部联邦制定法,规定征集医务人员入伍并按其所受之教育、经验及能力而授以军阶军衔。

doctrinal interpretation 学理解释 与法定解释[legal interpretation]相对,其依法律本身内在的合理性进行解释。按其解释方法不同,又可分为语法解释[grammatical interpretation]和逻辑解释[logical interpretation]。(➪ interpretation)

doctrine n. (由法院判决发展而来的)法律规则;法律原则;法律学说 如 clean hands doctrine 等。

doctrine of attraction 吸收理论 当某可继承男爵爵位[barony in fee]被授予一位以限嗣继承方式享有伯爵爵位的男性封臣后,男爵爵位的继承随伯爵爵位一道进行,不可分离,即前者为后者所吸收。但在英格兰,1640年该原则被否定。在当时的一个案件"Grey de Ruthin Case"中,上议院认为当伯爵爵位被废除后,男爵爵位仍可由其继承人继承。1668年该原则在费次沃特[Fitzwalter]案中最终被否定,当时伯爵爵位最终保有人无合格继承人承继伯爵爵位,但仍有继承男爵爵位的继承人。在苏格兰,该理论据信仍在流行。

doctrine of corporate alter ego 公司人格否认原则;公司第二人格原则 根据这一原则,法院将无视公司的外在形式而直接追究其实质,将公司股东作为公司财产的真正所有人,或者作为利害关系中的真正当事人,以此作为阻止欺诈、矫正不法行为以及维护正义的必要手段。亦简作"doctrine of alter ego"或"alter ego"。(➪ piercing the corporate veil)

doctrine of equivalent (= equivalents doctrine)
doctrine of fellow servant (= fellow servant doctrine)
doctrine of the last antecedent (= rule of the last antecedent)
doctrine of the last preceding antecedent (= rule of the last antecedent)

doctrine of virtual representation 实际代表原则 依该原则,当许多具有共同利益的人作为一方当事人,因共同的标的而涉讼时,其中一部分人可代表其自身及其他人来维持该诉讼。在当前实践中,此种诉讼通常依集团诉讼的程序来进行。(➪ class action)

doctrine of waiver by election of remedies 因选择补救方法而产生权利放弃的原则(➪ waiver by election (of remedies))

doctrines of law 法律学说 由法官和法学家发展和阐述的关于法律原则、规则、概念和标准、或案例类型、或法律秩序的系统理论,由此可以根据此系统及其逻辑内涵作出推理。

document n. ❶文件;文书 能够传达一定信息的书面材料,如契据、租约等。 ❷书证 可作为证据使用的材料,在此意义上,它可以包括文书、照片、地图、平面图、印章、甚至石雕、石刻等。 ❸(可作为权利或特权等的根据、证明等的)公文 如许可证。
v. 提供书证;用文件证明

documentary bills 跟单汇票 发货人向收货人签发的附有可转让提单、发票和保险单据等文件的汇票。据此,发货人可以得到货款。

documentary credit ❶跟单信用 指以权利凭证或其他法律文件为担保而提供的信用。在对外贸易中,表示在买方申请下,银行向买方提供信贷。约定在卖方交来代

表权利凭证的货运单据时,银行立即向其支付货款,然后银行再向买方收取垫付款。❷跟单信用证

documentary draft (= documentary bills)

documentary evidence 书证;书面证据 以书面文件为表现形式的证据。通常在作为证据被采信之前应经过认证。

documentary exchange (= documentary bills)

documentary instruction 单据处理说明 进口商与出口商之间就货物运输和处分相关的各种单据处理达成的书面协议。

documentary stamp 文件印花;印花税票 贴于契约或其他权利转让文件之上的印花。只有加贴印花的文件才能在相应的官方档案中登记,加贴印花的费用一般视合同中所记载的转让价值而定。

documentary stamp tax (= stamp tax)

documentation n.❶文件(或证书)的提供 ❷提供的文件(或证书)

document bill (= documentary bills)

document of title 权利凭证 持有这种凭证的人有权接受、持有和处置该凭证和凭证中所列的货物,如提单、码头收据、码头提货单等。

D.O.D. (= Department of Defence)

do, dico, addico 〈拉〉〈罗马法〉任命,指定,裁给 罗马法官处理民事案件的 3 种方式或所用的术语。do 即任命,如法官认为当事人的诉讼成立,即任命某某为承办案件的承审员;dico 即指定,如在诉讼进行中,法官指定当事人一方暂行占有讼争物;addico 即裁给,如诉讼中原告陈述后,被告不为正当的辩护,法官即认为原告权利正当而将讼争物或被告本人裁给原告。

D.O.E. (= Department of Energy)

Doe (= John Doe)

doed-bana 〈撒克逊〉杀人案的真凶

doer n.❶行为者;实行者 ❷代理人;律师

dog-draw 〈英格兰法〉猎犬追踪 这是古代森林法中侦查判断某人是否猎捕某种野生动物的证据。如果某人正在追捕或打死、打伤某种猎物,只要有猎狗通过追踪猎物相协助,则可证明其违反了森林法。

dog hole 〈英俚〉狗窝 英格兰第二副御前大臣主持的法庭的绰号。(⇨vice-chancellor)

Dog-Latin n.不正规的拉丁语;粗陋拉丁语 按英语语法体系拼凑起来的拉丁文。

dogma n.❶教理;教义;教条;信条 在罗马法中,偶尔用以描述元老院的决议或命令。❷独断之见

dog racing 赛狗 一种娱乐形式。美国某些制定法规定以此为赌下注者应受刑事处罚,在某些法域,如采用同注分彩赌博[pari-mutuel]法进行赛狗赌博,则属合法。

dog tag ❶狗牌 标有经登记而发给的识别号码的金属牌。❷(部队中俗称)士兵的身份识别牌

D.O.H.S.A. (= Death on High Seas Act)

doing business 〈美〉经营;营业;从事商业活动 公司在某一州内从事商业活动是本州对之征税或行使民事管辖权、送达法律文书的依据。这里的"商业活动"应是经常性的实质商业交往,该活动应足以保证本州对其征税管理或诉讼文书的送达,区别于临时、偶然的交易或单独的某个商业行为。

实质商业交往,如在本州购置、占有或控制财产,就该财产与他人交易、处分财产、履行合同,通过广告等手段推销产品及回收已售出之产品等一系列相关的行为,应被视为该公司在本州内从事、参与或进行商业交易活动的行为。临时、偶然的交易或单独孤立的某个商业行为均不构成这里指称的"从事商业活动"。界定"从事商业活动"概念的法律意义在于保证在本州内向某外国或外州公司签发的诉讼文书能被妥善送达,因此能否"被送达"往往成为某企业是否在本州"从事商业活动"的标准,而"从事商业活动"在每个具体的案件中就有了不同的解释。在美国的有些州,确定"从事商业活动"的目的和标准在于税收管辖权能否行使,因此对各州来说,"从事商业活动"有不同的内涵和意义。

doing business as 以…名义营业

doing business in state 〈美〉在本州从事商业活动 外国公司或外州公司通过其在本州的代理人参与的经常性的

doing equity 公平行事 (⇨He who seeks equity must do equity.)

doit 〈荷〉硬币 15 世纪荷兰小面值银币的名称,约于1400 年流入英国,英王亨利五世于 1415 年以制定法禁止其使用。

doitkin (= doit)

Do-It-Yourself Divorce Law 〈美〉《自助离婚法》 最先由加利福尼亚州于 1978 年制定,作为该州许多部自由创新的家庭法律之一。该法允许结婚不足两年且财产有限的无子女夫妻交付 50 美元即可离婚,无需律师的服务,也无须诉诸法院。

Do-It-Yourself Law 〈美〉《法律自助指南》 为不愿支付法律服务费用者编写的关于如何处理诸如遗嘱、信托、合同、破产、离婚等问题的手册。但有些州禁止此类书籍的出版和发行,理由是认为此类书的作者实际是在未取得执照的情况下从事律师业务。

dole n.〈撒克逊〉❶分配(行为) ❷份额 ❸界标 ❹荒地或公用地的一份 ❺布施(物);施舍(物) ❻慈善机构 ❼〈英〉〈口〉(失业)救济金 ❽〈苏格兰古法〉犯意 为使行为构成犯罪,必须具有此犯意。

v.布施;少量分配

dole-fish n.〈英〉份鱼 习惯上作为报酬分配给北海地区受雇渔民的一定份额的鱼。

do, lego 〈拉〉〈罗马法〉我赠与;我遗赠 是赠与遗产的正式用语。现代许多西方国家的遗嘱中仍保留了这种表述。

dolg 〈撒克逊〉创伤;伤口

dolg-bote 〈撒克逊〉伤害赔偿 为引起的伤害所作的赔偿,多指针对身体造成的创伤、伤口等。

doli 〈拉〉(= dolus)

D & O liability insurance (= directors' and officers'(D & O) liability insurance)

doli capax 〈拉〉有犯罪能力的 具备犯罪意图,分辨力和智力水平足以明辨是非者,对其犯罪行为应负刑事责任。

doli incapax 〈拉〉无犯罪能力的 不具备犯罪意图,分辨力和智力水平不足以明辨是非者,例如,未达法定刑事责任年龄,对其行为则不负刑事责任。

dollar n.❶〈美〉元 ❷(价值为一百分的)货币单位

dollar average 美元成本平均值法 一种每隔一定时期以固定量的美元购进某一证券的做法。投资者按美元的价值而不是按股票的数量购买。

dollar-cost averaging (= dollar average)

dolo 〈西〉❶恶意;预谋 ❷欺诈;诈欺

Dolo facit qui petit quod redditurus est. 〈拉〉欺诈所得必当返还。

dolo malo 欺诈（⇨de dolo malo；ex dolo malo）

Dolo malo pactumse non servaturum. 〈拉〉以欺诈而订立的契约不能被支持。

Dolosus versatur in generalibus. 〈拉〉欺诈者必含糊其辞。

Dolum ex indiciis perspicuis probari convenit. 〈拉〉欺诈必须以明显证据证明。

dolus 〈拉〉（罗马法）❶故意 指行为人明知自己的作为或不作为将损害他人的权益而仍为之，或消极地听任损害的发生。由于其违背交易的诚信原则，故与无意识的过失［culpa］不同，对所致的损害，一般应负赔偿之责。❷诈骗 分为善意诈骗［dolus bonus］和恶意诈骗［dolus malus］。

Dolus auctoris non nocet successori, nisi in causa lucrativa. 〈拉〉前手［predecessor］的欺诈行为不损害其后手［successor］的利益，除非（后手）没有提供有效的对价。

dolus bonus 〈拉〉（罗马法）善意诈骗 指习惯中所容忍的欺诈，即行为人的吹嘘、夸耀或掩盖缺陷等。如卖瓜人自夸其瓜脆而甜，虽有不符事实之嫌，但为习俗所允许，因此法律不予禁止。

Dolus circuitu non purgatur. 〈拉〉迂回战术无法肃清欺诈。或：欺诈不因因果链（的延长）而涤除。 此处的欺诈实指任何意图损害他人之过错行为，由此而造成的因果链即使最远的结果仍受该欺诈的影响。只要此种因果链存在，则整个交易均因最初的欺诈而有瑕疵，故不应适用"远因不致损害"［in jure non remota］等法律原则。

dolus dans causam contractui 〈拉〉导致契约订立之欺诈

dolus dans locum contractui 〈拉〉导致契约成立之欺诈 指一方当事人作欺诈性虚假陈述［misrepresentation 或 false representation］，另一方当事人对之产生信赖，后者受此陈述之诱使而与之缔结契约。该短语常用于合同法中，指合同不因虚假陈述而可撤销［voidable］，除非该陈述"导致契约成立"［dans locum contractui］，亦即，除非该陈述诱使受误导之当事人缔结合同。故此，若某人虽受虚假陈述，但并未对之产生信赖，而是对之进一步查询，则其不得以之为由使合同无效。

Dolus est machinatio, cum aliud dissimulat aliud agit. 〈拉〉欺诈是一种诡计，因为它说一套做一套。

Dolus et fraus nemini patrocinentur,（patrocinari debent）. 〈拉〉欺诈和欺骗不能成为开脱理由，亦不能以之受益。

Dolus et fraus una inparte sanari debent. 〈拉〉欺诈和欺骗总应得到补救。

Dolus latet in generalibus. 〈拉〉欺诈隐藏于含糊之词中。

dolus malus 〈拉〉（罗马法）恶意诈骗 简称诈骗，私犯的一种。指行为人故意以习惯所不容许的欺骗手段使对方为或不为某行为以致损害他人，故为法律所禁止。犯者除受处罚外，并受"丧廉耻"的宣告。

Dolus versatur in generalibus. 〈拉〉欺诈产生于含糊其辞。

domain n. ❶对土地绝对的和完全的所有权；土地领有权 ❷国家领土；领地；版图；领域 ❸（影响、控制、统治的）范围；领域

domanium n. 自留份地 指领主留为己用而未分封或出租的土地。（⇨demesne）

Dombec 〈撒克逊〉《阿尔弗雷德大王法令集》（= Domboc；Dome-book；Liber Judicialis）

Domboc 〈撒克逊〉《阿尔弗雷德大王法令集》（= Dome-book；Dombec；Doom-book；Liber Judicialis）

Dombrowski doctrine 〈美〉多姆布罗斯基原则 此原则源出美国最高法院1965年"多姆布罗斯基诉菲斯特"［Dombrowski v. Pfister］一案。美国最高法院在该案中认为原告有权获得禁制令［injunction］以阻止州官员根据一项其规定非常模糊而又笼统因而与美国宪法第一条修正案所赋予的权利相抵触的州法律，对原告起诉或威胁要对原告起诉。该案判决后，联邦法院接到数以百计的案件，其中诉讼者援此原则主张权益，至今该原则之实际意义及其适用尚未确定。

dome 〈撒克逊〉❶判决；裁决；裁判 ❷法律；法令 ❸誓言；誓约；宣誓 赫里福得［Hereford］黑皮书中臣服者［homager］的宣誓。（⇨doom）

Dome-book 《阿尔弗雷德大王法令集》 约于公元887年在英格兰国王阿尔弗雷德指示下编订而成并曾通用于英格兰的一部法典。其内容包括了后世普通法的一些基本准则，对轻罪的惩罚和审判程序的形式等，又称 Liber Judicialis。据传它一直保存到爱德华四世时期，但现已失传。（= Dombec；Domboc；Liber Judicialis）（⇨doom）

Domesday 〈撒克逊〉《末日审判书》 征服者威廉［William the Conqueror］统治时期制作的一种关于英格兰财产状况的调查记录，现存于国家档案馆［Record Office］。该调查主要目的在于弄清国王及直属封臣［tenant-in-chief］土地的范围和价值，为征收丹麦金［Danegeld］提供依据。它由派往各郡的皇家特派员通过宣誓征询［sworn inquest］的方式进行，调查所得资料汇集，称为《末日审判书》。这一名称据信是因为它在经济和法律意义上与基督教的末日裁判一样是普遍的和决定性的。又因该调查记录起初存于威斯敏斯特修道院中一间名为"上帝之屋"［Domus Dei, House of God］的房子中，其中加于审判书［Domes］后的"日"［day］字并不暗指调查审判的最后一天，而只是为了强调这种调查，表明它注定是公正的和精确的司法记录。《末日审判书》中包括除诺森伯兰［Northumberland］、达勒姆［Durham］、威斯特莫兰［Westmorland］、坎伯兰［Cumberland］和北兰开夏［Lancashire］以外英格兰所有各郡的材料。自1081年开始进行，至1086年完成，分为大小不等的两卷，其中第一卷称大清册［Great Domesday］，共382页，是关于除埃塞克斯［Essex］、诺福克［Norfork］和萨福克［Suffolk］三郡外各郡的调查材料；第二卷又称小清册［Little Domesday］，共450小页，是关于上述三郡的调查材料。其中小清册可能更早，且提供了比大清册更多却欠准确的信息。《末日审判书》成为当时英格兰法的重要权威，其中记载的材料成为确定争议事实的最终依据。在确定土地权方面极有价值，至今仍有人查阅。1783–1816年《末日审判书》以四卷形式重印。（= Doomsday Book；Domesday-book）

Domesday-book 《末日审判书》（= Domesday）

Domesday of Ipswich 〈英〉《伊普斯威奇末日审判书》 一部地方资料汇编，其中包括伊普斯威奇海上法典。该汇编刊载于《海事法庭黑皮书》［Black Book of the Admiralty］第二卷第16–209页。

domesmen 〈撒克逊〉〈英格兰古法〉民众裁判官；封臣裁判官（= doomsmen）

domestic a. ❶家庭的；家事的；家务的；与家庭有关的；属于家庭的 ❷与国家有关的；国产的 ❸国内的；与国内问题有关的 ❹本地管辖范围的

domestic animal(s) 家畜；驯养的动物

domestic association 〈美〉州内协会；州内组织 受州法

律管辖的存在于州内的协会或组织。
domesticated *a.* 被驯化的;被驯服的
domestication *n.* ❶驯养;驯化 ❷〈美〉州内法人化;国内法人化 指对外州公司或外国公司赋予本州公司或本国公司地位的程序。常用于指对外州公司或外国公司颁发执照,或授予公用事业经营权或再合并[reincorporation]外州公司或外国公司的权利。
domestic attachment 〈美〉州内债务人财产扣押(⇨foreign attachment)
domestic authority 家长训导权 父母训导子女并强迫子女遵奉其合法命令的权利。也可扩大适用于教师对学生的训导权。
domestic bill 〈美〉国内汇票;州内汇票 ①在出票地所在国或州偿付的汇票;②出票人和受票人居住在同一国或州的汇票。(⇨foreign bill)
domestic bill of exchange 〈美〉(= domestic bill)
domestic citizenship 〈美〉州公民身份;州公民籍 与美国公民籍相区别的州的公民籍。根据美国宪法第十四条修正案,美国公民也是其居住的州的公民。
domestic coal consumers' council 〈英〉国内煤炭消费者理事会 规定于1946年《煤炭工业国有化法》[Coal Industry Nationalisation Act]第4条。
domestic commerce 〈美〉州内商业;州内贸易(⇨intrastate commerce)
domestic corporation 州内公司;州内法人;国内公司;内国法人 在美国使用该词有两个含义:一是指在某一州设立和登记的公司,区别于外州公司;另一是指在美国设立的公司,区别于在美国以外地区设立的外国公司。(⇨foreign corporation)
domestic courts 〈美〉本地法院;当地法院 位于当事人居住地或住所地并在该地区有管辖权的法院。
domestic dispute (= family disturbance)
domestic export 〈美〉国内出口物 生长、生产或制造于本国的出口物品,以别于进口后再出口的货物。
domestic fixtures 室内固定装置 为承租人居住之舒适和便利而在房内安装的动产,如壁炉、火炉、水泵、百叶窗、浴盆等。承租人为使用便利,在不对这些装置造成实质损害的前提下,可对之进行移动。
domestic guardian 当地监护人 在被监护人法定住所地指定的监护人。
Domestic International Sales Corporation/DISC 〈美〉国内国际销售公司 通常是一个子公司,收入主要来自出口。该公司可享受延缓缴纳所得税的待遇,使其母公司缴纳的总税款降低。
domestic judgment 国内判决 判决所涉权利和义务处在其内的主权国家的法院所作的判决。(⇨foreign judgement)
domestic jurisdiction ❶国内管辖权;国内管辖 法院对本国或本地区(在美国为本州)的人或诉讼的管辖权。❷家事案件管辖权
domestic medicine 〈美〉家庭用药(⇨domestic remedy)
domestic proceedings 〈英〉家事诉讼 由治安法院根据1980年《治安法院法》[Magistrates' Courts Act]所制定的家事诉讼管辖权进行的涉及夫妻和父母子女关系等的诉讼,通常不公开进行。现在称为 family proceedings。
domestic purposes ❶家庭利用 对有助于家庭居住的健康、舒适和方便的公共设施的利用。 ❷家庭用水权 有时在制定法中规定有关用水权及灌溉用途包括家庭用水及家畜用水在内。(⇨family use)
domestic relations 家事(关系)法;亲属法 调整、处理家庭关系或事务的法律,诸如离婚、分居、监护、抚养和收养。也可写作 domestic-relations law 或 family law。
domestic relations court 〈美〉家庭关系法院;家事法院 对涉及婚姻状况、扶养费[alimony]、离婚、子女监护等家事问题拥有管辖权的州法院。通常在一些大城市,那里的具有一般管辖权的初审法院无力承担对所有家事案件的审理时,会设有此类法院。在有些州,家庭关系法院则与少年法院合并组成了家事法院[family court]。
domestic remedy 家庭用药 此种表达常出现在规范行医的制定法中,指无须医生帮助即可在家庭内服用的药品。
domestics (= domestic servant)
domestic servant 家佣;家仆 主要从事家务的受雇者,一般在雇主的房屋内居住并领受工资,如贴身男仆、厨役、管酒食的男仆等,但家庭教师或管家不属此类。(⇨master and servant; menial servant)
domestic service 〈英〉家庭雇佣;家庭服侍 ①依据《失业保险法》[Unemployment Insurance Acts],高尔夫球僮[golf caddie]不属此类服务人员;②校园清洁工和郡议会雇佣的办公室看管人,属于此类服务人员。
domestics infra moenia 家仆;佣人
domestic tribunal 〈英〉内部法庭 团体或社团组织内部建立起来的负责处理成员之间的争端、实施组织纪律和规则的准司法机构,如行业惩戒委员会。除非违背了自然正义,法院不予干涉。
domesticum 私人的;家庭内部的;国家内的(⇨forum domesticum)
domesticus 〈欧洲古法〉❶(中世纪贵族的)管家;执事 ❷法官助理 ❸陪审推事(⇨steward; assessor)
Domestic Violence and Matrimonial Proceedings Act of 1976 〈英〉《1976年家庭暴力与婚姻诉讼法》 该法授权法院在虐待配偶的案件中可以签发禁止令[restraining order],包括禁止被告人进一步实施暴力行为令,以及将被告人逐出配偶双方共同居住的家庭令。如果警察有合理理由相信被告人违反禁止令的规定,不需取得逮捕证即可将之逮捕。
Domestic Violence Assistance Act of 1978 〈美〉《1978年家庭暴力救助法》 一部被美国众议院否决的联邦议案,该议案的失败曾震惊了许多美国民众。然而,许多众议院议员认为家庭暴力是一个州和地方的问题,不是一个联邦问题。同时,其他议员则考虑到该议案在财政方面的影响。为建机构、协调、交换情报、设避难所、协助就业、提供咨询及法律服务等,5年内将开支125 000 000美元。
domicellus 〈英格兰古法〉❶修道院中较优秀的仆人 ❷对国王私生子的称谓
domicil(e) *n.* ❶住所 是一个人保有其真正的、固定的、永久的家及主要住宅的住处,并且即使该人目前不在该地居住,其仍有返回该住处的打算。构成"住所"通常须同时符合两个要件:一是客观要件,即客观上居于该地[physical presence 或 bodily presence],二是主观要件,即当事人主观上有将该地作为家而居住的意图。住所的重要意义在于税收管辖权及个人行使选举权和其他政治权利的地点是以住所而不是以实际居所来确定的。在美国法上,"住所"与"家"[home]通常被视为同义词,"家"构成"住所"的基础,而"住所"则表现为"家"的法律意义;也正

是基于这一点，home 有时也译为"住所"。但两者也有各自不同的侧重点："家"侧重于指某人或其与家人居住之处所，在于描述一种客观事实，而"住所"更能反映出某人与某一特定地点的法律联系。"住所"与"居所"[residence]虽然在大多数情况下指的是同一地点，但在法律意义上两者有明显区别：某人可以同时拥有两个或两个以上的居所，但却只能有一个住所；"居所"仅要求满足客观上居于该地的条件即可，而"住所"却是必须同时具备前述主客观两个要件。许多民事身份问题都与住所有关，例如离婚、子女之是否为婚生、继承、遗嘱等。公司也有住所问题，例如英国公司在阿根廷建筑铁路，其住所为英国，因其行政管理主要所在地位于英国。❷户籍 ❸（汇票）支付场所

v. ❶定居；居住 ❷指定（汇票）在某地支付

domicile by operation of law 法定住所 不依赖本人的意愿和选择，而由法律认定某人的住所，通常是基于夫妻或父母子女关系而产生的，如妻子的住所随夫，子女的住所随父等。

domiciled a. ❶定居的 ❷（由于取得居住权而）隶属于某一国家或管辖权的

domiciled note 定点支付本票 只有在指定银行方可以支付的本票。

domicil(e) of child 子女住所（⇨domicile by operation of law）

domicil(e) of choice 选择住所 个人根据自己的意愿和居住事实为自己所选定的住所。未成年子女无此类住所，未成年子女以其父母亲的住所为当然住所，一般称之为原始住所或法定住所。

domicil(e) of corporation 公司住所（⇨corporate domicile）

domicile of dependence （= domicile by operation of law）

domicil(e) of matrimony 婚姻住所（⇨matrimonial domicile）

domicil(e) of nativity 出生地（⇨domicil(e) of origin）

domicil(e) of origin 原始住所；出生地 指因人的出生而形成的住所。即出生时父母的家或按法律其所依靠的人的家。该住所将持续至该人抛弃之或在异地取得新的住所为止。

domicil(e) of prisoner 囚犯的住所 受监禁的犯人在监狱中是不能有住所的，因此，该词指其在被监禁之前的住所。

domicil(e) of succession 继承地 它区别于商业性、政治性或法庭的住所，而是指个人在某管辖区域内的实际居住地[residence]，继承地的确定用以指导对该人动产的继承。

domicil(e) of trustee 受托人住所 指对受托人予以委任的管辖区域。

domicil(e) of wife 妻子住所（⇨domicile by operation of law; matrimonial domicile）

domiciliary a. 适合定居的；与住所有关的

domiciliary administration 住所地遗产管理 在美国，指于死者死亡时住所地州进行的遗产管理。这是首要的和第一位的遗产管理。

domiciliary administrator 住所地遗产管理人 在死者住所地被指定并实施遗产管理行为的人。

domiciliary executor 住所地遗嘱执行人 在立遗嘱者住所地被委任并执行遗嘱的人。

domiciliary trustee 住所地受托人 受托管理位于自己住所地之财产的人，他对所托之土地或有形财产更有就近监察管理之责。

domiciliate v. 定居；居住 为本人或法定居所跟随本人的另一人设定住所。

domiciliation 〈西〉定居权（和身份）的取得 近乎归化[naturalization]，其取得方式有：在西班牙王国出生；笃信天主教；取得永久居所和与内国女性结婚；拥有自己的土地、购买或继受不动产和其他占有物。

domicilii 〈拉〉住所地（⇨forum domicilii）

domicilii actoris 〈拉〉原告住所地（⇨forum domicilii actoris）

domicilii rei 〈拉〉被告住所地（⇨forum domicilii rei）

domicilium 〈拉〉（罗马法）住所 最初是指设祖先祭坛之处，也是经常居住之处。自实行户口登记制度以后，即以户口所在地为住所。在手工业、商业发达后，工商业者的作坊、店铺常和居住地分离，且可能有多处，于是即以业务中心或法律关系中心为住所。如中心有几个而又不分主次时，则几个中心都可为住所，故罗马法承认复数住所，即一个人同时可能有两个以上的住所。

domicilium ex proprio motu 〈拉〉本人自己选择的住所（⇨domicil(e) of choice）

domicilium originis 〈拉〉出生住所；子女出生时指定给他（她）的住所（⇨domicil(e) of origin）

domigerium n.（英格兰古法）❶（超越于他人之上的）统治权；权力 ❷危险

domina 〈拉〉女男爵 对因继承权而持有男爵爵位的妇女的尊称，它与英国的 dame 相对应，仍部分地被用来作为拉丁语对女统治者的描述。（⇨dame）

dominant a. 控制的；主要的；支配的；统治的

dominant cause （引起某种结果的）主因（⇨proximate cause）

dominant contacts rule 最密切联系原则 根据该原则，法院得选择与某诉讼案件中所涉及的全部或部分因素具有最密切联系的地方的法律作为本案件的适用法律。该原则既是一个法律选择的指导原则，同时它更作为一个灵活的开放型的系属公式，大量出现于各种法律选择法中。该原则因其缺乏一个客观标准而只是允许法官在选择适用法时衡量政策和政治利益而受到批评。在选择何种连接点作为适用法律的基础方面，该原则不能向法官提供选择标准作为指导。

dominant estate 需役地 指从地役权中受益的土地。（⇨easement; servient tenement）

dominant part （商标的）主要部分 商标中比其他部分更易被人记住的、指明货品来源的部分。

dominant tenant 需役地权利人 与供役地权利人[servient tenant]相对。（⇨dominant estate）

dominant tenement 需役地；承役地 对他人土地（通常是相邻的）享有地役权利益的土地。该术语用于罗马法、大陆法与苏格兰法中，后转用于英美法。与之对应的是供役地[servient tenement]。（⇨easement; servient tenement）

dominant theme 主题 某一题材中主要的、决定性的和主导性的思想。例如在认定某一题材是否涉及猥亵时，须从整体上认定其主题是以性的淫欲兴趣吸引人，并且其为具有强烈感染力的、占优势的和支配性的思想。（⇨obscene; obscenity）

dominate v. 支配；控制；统治

n.（罗马法）[D-]帝制专政时期 指自公元284年戴克

里先重建皇权到公元 395 年罗马帝国分裂为东西两部分,或到公元 476 年西罗马灭亡这一历史时期。其特点是君主专政,皇帝大权独揽;所有官吏不再由选举产生,而由皇帝任免;元老院也不再立法,而降为类似罗马市议会的组织;敕令几乎成为唯一的法律渊源。

dominatio 〈拉〉(英格兰古法)❶贵族身份 ❷贵族权力 ❸贵族领地

domination n.支配;统治;控制;管辖(⇨interference and domination)

Dominica in ramis palmarum 〈拉〉棕榈主日 复活节前的星期日。

dominical a.主的;主日的

dominicide n.(仆人或奴隶等)谋杀主人

dominicum 〈拉〉❶领土;领地;自留份地 ❷领主权 ❸自有农地[home farm] 在《末日审判书》[Domesday]中区别于封臣之保有地[holdings of the tenant]的土地。❹附属于领主权的一切财产 ❺教堂

dominicum antiquum 〈拉〉(英格兰古法)古有地地产(权) (=ancient demesne)

dominio 〈西〉最完整的所有权 源于拉丁文 dominium,主要见于西班牙裔美洲居民的财产转让中,意为只要法律、遗嘱或协议没有限制,当事人可以自由处分某物的权利。

dominio alto 〈西〉(国家对私有财产的)征用权(⇨eminent domain)

dominio directo 〈西〉直接所有权 指某人虽放弃对某物的用益权,但仍控制对该物的处分权。

dominion n.❶主权;统治;管辖 ❷控制;支配;占有 ❸ (=foreign dominion)

dominion income tax relief 主权所得税减免 两个国家依据各自的税收管辖权得按同一税种对同一纳税人的同一征税对象在同一征税期内同时征税时,为避免国际重复征税而由其中一国(一般是纳税人居住国或国籍国)给予纳税人的所得税减免待遇。(⇨double taxation)

dominion over premises 对房产的支配;房产所有权 指对房产进行控制并排除他人控制的能力。

dominion register 〈英〉(公司的)自治领登记 指根据英国 1948 年《公司法》[Companies Act]登记的公司在英国任一自治领成员内进行的公司分支登记[branch register]。据此,该公司可以自治领成员居民的名义在该自治领从事商业活动。其登记方式与在英国本土登记[principal register]相同。

dominion status 〈英〉自治领地位 1931 年《威斯敏斯特法》[Statute of Westminster]确认加拿大、澳大利亚、新西兰、南非、爱尔兰和纽芬兰是英国的自治领。然而,上述地区在 1931 年以前已实际获得自治领的地位。根据《英属北美法》[British North America Act],在 1867 年以后,加拿大获得自治。到 1914 年,纽芬兰、澳大利亚、新西兰、南非也获得自治。1919 年,上述地区单独派代表出席巴黎和会,并逐渐被称为英国的自治领。1926 年,帝国会议的帝国内部关系委员会将自治领定义为:"大英帝国内部拥有自治权的共同体,地位平等,在其内部和外部事务的各个方面均不相互隶属。尽管它们因共同忠诚于英王而联合起来,并以英联邦[British Commonwealth of Nations]的一成员而自由地联合在一起"。爱尔兰自由邦已于 1949 年宣告独立成为爱尔兰共和国,纽芬兰于 1949 年也成为加拿大的一个省。南非不再是英联邦的一员。英联邦尚有其他成员遍及欧、亚、非、拉美各洲。

dominio pleno y absoluto 〈西〉完全的绝对的所有权 指某人对其所有物享有独立转让权、收益权、排他使用权。(⇨dominio)

dominio util 〈西〉用益所有权 指某人享有收取全部收益的权利,但应将其中部分交付给直接所有权人[dominio directo]。(⇨dominio)

dominium 〈拉〉❶统治;控制;支配 ❷(罗马法)所有权 对土地或物品的绝对所有权,包括全部占有与使用权。❸(英格兰古法)保有 封建关系中领主与封臣上下级间对土地均不享有绝对所有权,其区分可以 dominium directum 及 dominium utile 来说明,前者是名义上的所有权,上级所有者已将使用权及全部或有限的处分权授予了别人,后者指已被授予实际的使用权及处分权的下级所有权人的权益,称为用益所有权。

dominium directum 〈拉〉❶(罗马法)严格所有权;完全所有权;市民法所有权 区别于裁判官法所有权。❷(封建法)直接所有权;名义所有权 领主[lord]对土地享有的权利,区别于封臣[tenant]对土地享有的权利。在英国,国王对全国土地享有所有权,英王作为最高的领主直接或间接地保有土地。

dominium directum et utile 〈拉〉完全所有权 对财产完全的和绝对的所有,是所有权和排他的使用权的结合。(=dominium plenum)

dominium eminens 〈拉〉国家征用权 为公共目的,在必要的情况下,国家所拥有的以有偿方式强制取得公民财产的权利。(=eminent domain)

dominium ex jure quiritium 〈拉〉(罗马法)市民法所有权 该所有权的主体限于罗马公民,客体限于罗马物,也就是要式移转物,其移转只能通过要式买卖[mancipatio]或拟诉弃权[in jure cessio]方式始生效。

Dominium non potest esse in pendenti. 〈拉〉所有权不能悬而不定,万物均当有主。

dominium plenum 〈拉〉(罗马法)完全所有权 直接所有权与用益所有权结合为一体的称谓。(=dominium directum et utile)

dominium utile 〈拉〉❶(罗马法)裁判官法所有权 凡要式移转物尚未按市民法规定的方式买卖之前,不生效力。该物所有权仍属出卖人,他仍可起诉追回之,裁判官为维护公平正义,保护买受人的利益,在买受人被诉追时,授予他以"物已出卖和交付的抗辩",用以驳回原告之诉。因之,在罗马法上,于市民法所有权外,又产生了裁判官法所有权。❷(封建法)受益所有权 指封建封臣对土地享有的使用与收益的权利,以区别于领主的名义所有权。(⇨dominium directum)

domino theory 多米诺(骨牌)理论 在强大侵略者威胁下,某一地区诸国中如有一国被征服,其他诸国亦将相继覆亡的一种政治理论。

domino volente 〈拉〉经所有权人同意;所有权人愿意

dominus 〈拉〉❶(教会法)(封建法)封君;领主 对骑士、教士、同等地位的绅士、庄园主的称谓。放在姓名前表示不是法律上的特别官职。❷所有人;业主 ❸主人;委托人 ❹(罗马法)家主;家主权 指家长对奴隶而言。

dominus capitalis 〈拉〉地位最高的领主;最高领主

Dominus capitalis feodi loco haeredis habetur, quoties per defectum vel delictum extinguitur sanguis sui tenentis. 〈拉〉因无后嗣或因犯罪致使封臣无合法继承人时,封地的最高领主则被视为继承人。

dominus legum 法学大师 中世纪的一种头衔。曾授予 13 世纪法学家阿佐·代·波里[Azzo dei Porri]。

dominus ligius 〈拉〉君主；王侯；国王；统治者
dominus litis 〈拉〉诉讼当事人；诉讼之主 也可写作 litis dominium。①在大陆法中，指于诉讼中作出决定并控制进程的人，通常以之与律师等代理人[attorney]相区别；②在海事法中，指于案件中代表缺席方当事人的第三人。
dominus manerii 〈拉〉庄园主；领主
dominus, master, lord （= dominus）
dominus medius 〈拉〉中间领主 身为他人的封臣同时又有自己的封臣的人。
dominus navis 〈拉〉（罗马法）船东；船舶所有人
Dominus non maritabit pupillum nisi semel. 〈拉〉领主对婚姻的监护权只能行使一次。
dominus pro tempore 〈拉〉临时船主 租船者在某些情况下即为该种船主。
dominus rex 〈拉〉君主；国王
Dominus rex nullum habere potest parem, multo minus superiorem. 〈拉〉无与君主平等者，更无位居其上者。
domitae 〈拉〉驯养的；驯化的；非野生的 用于家畜则表示已有绝对的所有权。
domitae naturae 〈拉〉自然驯化的；驯养的 经驯化或长期与人交往而已驯养，不再具有逃逸的趋向。
domitae naturae animalia 〈拉〉驯养的动物 如马、牛、羊、鸡等。
domitellus 〈拉〉王子 古时给予法国国王亲子的称号。（⇨domicellus）
dommages intérêts 〈法〉损害赔偿
domo reparanda 强制修缮房屋令 为使自己房屋免予因邻人房屋倒塌而受损，经申请而获得的强制邻人修缮其房屋的令状。（= de domo reparanda）
Dom. Proc. 即 domus procerum or domo procerum 的缩写，有时亦简写为"D.P."
domus 〈拉〉（罗马法）（英格兰古法）房屋；家；住所；聚居地
domus capitularis 〈拉〉牧师会堂
domus conversorum 皈依堂 英王亨利三世在今天的文秘署街[Chancery Lane]为皈依基督教的犹太教徒拨出的一所房屋。在爱德华三世驱逐犹太教徒出英国后，该房屋用作衡平法庭的存档库。现为国家档案馆[Public Record Office]地址。
domus Dei 〈拉〉❶（位于南安普顿的）圣朱利安医院 ❷教堂；医院 许多医院及教会房舍用此名。
domus mansionalis 〈拉〉邸宅；公馆（⇨mansion house）
domus mansionalis Dei 〈拉〉神邸；教堂
Domus Procerum 〈拉〉〈英〉贵族院；上议院
Domus sua cuique est tutissimum refugium. 〈拉〉每个人的房屋是其最安全的庇护所。 每个人可以将其房屋作为一个堡垒，以保护其本人、家人和家庭财产免受侵犯和伤害。
Domus tutissimum cuique refugium atque receptaculum (sit). 〈拉〉（罗马法）人之房屋是其最安全的避难所和庇护所，人之住所不容侵犯。
Don 〈西〉先生（= Dan）
dona 〈拉〉赠品；礼物
Dona clandestina sunt semper suspiciosa. 〈拉〉暗中赠与必属可疑。
donaison 〈拉〉（= denizen）
donare 〈拉〉赠送；赠与；赐与；恩赐
Donari videtur, quod nullo jure cogente conceditur. 〈拉〉非因法律所迫而转让某物，则属赠与。 即，无法律之强制而转让某物，视为赠与。
donary 〈拉〉祭品；牺牲
donatarius 〈拉〉接受赠与者；受赠人（⇨donee）
donate v. 捐赠；赠送；赠与 通常有特定的目的。
donated stock 捐赠股票 慈善机构或公司股东将其股票赠与该慈善机构或公司，一般用于再出售。
donated surplus 捐赠盈余 ①公司股东捐赠给公司的股权形式的财产；②因捐赠所产生的股东权账户的升值部分。
donatio 〈拉〉❶赠与物；礼物 ❷（罗马法）赠与（行为） 指当事人约定由一方（赠与人）无偿地将其财产给予他方（受赠人）所有的协议。
donatio ante nuptias 〈拉〉（罗马法）婚前赠与；（新郎或其家长于结婚前赠与新娘的）聘礼（⇨donatio propter nuptias）
donatio causa mortis 〈拉〉（罗马法）死因赠与 指以赠与人先于受赠人死亡为条件的赠与。它和遗嘱相类似，但一为契约行为，一为单方行为。通常多在赠与人临终前为之，故又称临终赠与。为略式行为，其订立不需任何方式，且赠与人有权撤销其赠与，除非其抛弃此项权利。
donatio coditionalis 〈拉〉有条件赠与
donatio feudi 〈拉〉世袭土地的赠与；可继承地产的赠与
donatio inofficiosa 〈拉〉逆伦赠与 该赠与额占赠与人财产之绝大部分，从而缩减了赠与人的法定继承人的继承份额。这被认为是违反天伦的，故名。
donatio inter vivos 〈拉〉（罗马法）生者间的赠与；生前赠与 来源于罗马法的一个术语。它包括无偿赠与[gratuitous donations]、附有法律义务的赠与[onerous donations]和报偿赠与[remunerative donations]三种形式。
donatio mera（or **pura**） 〈拉〉生者之间的无偿赠与
donation n. ❶赠与；赠送；捐赠 ❷赠与物；赠品；捐款 ❸（教会法）圣职赠与 无需推荐、授职和任职仪式等程序，仅凭圣职赠与人的赠与契据[deed of gift]即可获得牧师职位的一种圣职取得方式。（⇨donatio; gift; charity）
Donationes sint stricti juris, ne quis plus donasse praesumatur quam in donatione expresserit. 〈拉〉对赠与应作严格解释，以免任何人被认为其赠与超出了在赠与文件中所描述的范围。
donation inter vivos (= donatio inter vivos; gift inter vivos)
donation lands 赠与土地 指作为奖励或赠与物而转让于个人所有的公有土地。特指在宾夕法尼亚州的早期历史中，为分配给参加美国独立战争的宾州公民而由州保留的土地。
Donation of Constantine 君士坦丁赠礼 约在公元730年，一份伪造的君士坦丁大帝的授权文件，宣布授予教皇西尔维斯特一世[Pope Sylvester Ⅰ]和他的后继者管理所有其他宗主教区，管理信仰、礼拜等事务以及对罗马和西罗马帝国的世俗统治权力。在中世纪，这个文件常被用以支持罗马教皇的权力要求。但它现早已被认为是8世纪各种资料拼凑而得的伪作。然而它仍被收入9世纪的《伪教令集》[False Decretals]和格拉提安的《教令集》[Gratian's Decretum]中。
Donatio non praesumitur. 〈拉〉赠与不能推定。或：赠与不是推论出来的。 甲对公认的属于乙的财产的占有，不能推定产生赠与。
**Donationum alia perfecta, alia incepta, et non perfecta; ut si donatio lecta fuit et concessa, ac traditio nondum

fuerit subsecuta. 〈拉〉有些赠与是已经完成的,有些赠与则刚刚开始或尚未结束,例如虽已知悉并同意赠与,但尚未随之进行交付。

Donatio perficitur possessione accipientis. 〈拉〉赠与以受赠人取得占有而告成。 如未发生占有转移,则赠与不完全。

Donatio principis intelligitur sine praejudicio tertii. 〈拉〉君主之赐与不损及第三者。

donatio propter nuptias 〈拉〉(罗马法)婚娶赠与;聘礼 原称婚前赠与[donatio ante nuptias]。指新郎或以新郎名义于婚前赠给新娘的礼物,其目的在于平衡夫妻财产关系,以弥补无夫权婚姻中妻子赠给丈夫嫁奁而对丈夫却无继承权的不公平状态,同时也起补助家庭开支的作用。优士丁尼规定此项赠与即使在婚后设定,也生效力。所以便把"婚前赠与"改称"婚娶赠与",使其名实相符。

donatio regis 〈拉〉国王的赏赐

donatio relata 〈拉〉服务报酬赠与 因已享之服务而给予赠与。

donatio remuneratoria 〈拉〉(作为服务报酬但并非基于法律义务的)报酬性赠与 比如年金和土地赠与。

donatio stricta et coarctura 〈拉〉受限制的赠与 比如限定继承地产[estate tail]。

donatio sub modalis (= donatio sub modo)

donatio sub modo 〈拉〉管束赠与;特定赠与 指为达到某一特定目标或以受赠人从事某行为为条件——但并非为赠与人之利益——的赠与。例如对医院或学校的捐赠。

donatio testamento 〈拉〉遗赠

donatio velata 〈拉〉隐蔽(或秘密)赠与;假设对价的赠与

donative n. ❶捐赠物;赠品 ❷(英格兰古法)赠与圣职推荐权 这是圣职推荐权的一种形式,即国王或其特许的臣民建立教堂时由资助人,即圣职推荐权人[patron]以赠与契据[deed of donation]的方式将圣职绝对地赠与圣职候选人,无需推荐、授与和就职仪式。此事纯出于资助人之赠与和处断,只由资助人巡视而不由教会常任法官[ordinary]巡查。主教对该圣职不能直接控制,但可行使监督权。据称这是英国古老的授予教会圣职的唯一方式。一旦圣职推荐权人放弃其赠与特权,则该圣职推荐权成为一般圣职推荐权[presentative]。根据1898年《圣职法》[Benefices Act],该圣职赠与推荐不足一百人时也转为一般圣职推荐权。(➯advowson donative)

donative advowson (教会法)赠与圣职推荐权(= advowson donative)

donative intent 赠与意图 赠与人对赠与物的所有权所作的不可撤销和即时转让的意图。

donative trust 赠与信托 指不要求受益人支付任何对价的信托。

donator 赠与人;捐赠者

donatorius 〈拉〉❶受赠人 ❷买主;买受人

Donator nunquam desinit possidere antequam donatarius incipiat possidere. 〈拉〉受赠人开始占有前,(赠与物)终归赠与人所占有。

donatory n. 接受国王恩赐者

donatrix 〈拉〉女赠与人;女捐赠人(➯donor)

donc 〈拉〉❶当时;到那时 ❷然后;接着

donec 〈拉〉长达…;达…之久;直到…;到…为止;和…同时;在一定期间内

donec probetur in contrarium 〈拉〉(已经肯定,)除非有相反证据证明

donee n. ❶受赠人 ❷指定人;任命人 ❸被授权人 ❹限嗣继承地产的受赠人 ❺(英格兰古法)地产受赠人

donee beneficiary 受赠获益第三人 被指定的从合同的任一方当事人按约履行义务中受益的第三人,其所获之利益纯属受赠性质。

donee of power 被授权人 被信托设立人[settlor]或授权人[donor]授予权利并行使该权力的人。该权力可以是特定的——只使限定的人员受益;也可以是一般的——使所有的人包括被授权人受益。

Dongan Charter 《唐甘特许状》 1686年英王詹姆斯二世时,由殖民地副总督托马斯·唐甘授予纽约市的特许状。

donneur d'aval 〈法〉(背书人之外的)流通票据保证人

Donoghue v. Stevenson 〈英〉多诺霍诉史蒂文森案 英格兰法院于1932年作出的一起产品责任案件。原告诉称,其在饮用被告所生产的瓶装姜汁啤酒时,发现饮剩的啤酒中飘浮一只高度腐烂的蜗牛,使其因此得病。法院判决认为,食品或饮料制造商生产的产品供最终消费者[ultimate consumer]使用,虽然其没有对中间环节进行监督的合理可能,但仍对最终消费者使用该产品时的人身安全负有注意义务,且该注意义务独立于合同。

donor n. ❶授权人 ❷赠与人;捐赠人 ❸信托人;托管人 ❹限嗣继承产业之赠与人 ❺(英格兰古法)地产赠与人(➯donee)

do nothing legislature (美俚)无(所作)为的立法者 报刊或行政首长(在美国指总统、州长、市长)用以形容未能通过行政首长所提出的法案的立法机关。

donque 〈拉〉(= donc)

donum 〈拉〉(罗马法)礼物;捐赠;祭品

doom n. ❶命运;厄运;毁灭;死亡 ❷(古法)决定;判决;宣判 ❸〈盎格鲁-撒克逊〉法律;法令(➯dome)

Doom-book (= Domboc)

dooming n. 〈美〉财产估价 县估税员在纳税义务人未作纳税申报的情况下对其财产价值进行估算的行为。

Doomsday Book (= Domesday-book)

doomsmen n. 〈撒克逊〉(英格兰古法)民众裁判官;封臣裁判官 在早期日耳曼各族中法律纠纷均由本地全体自由民依习惯裁断,这些人或其代表团体即为裁判官。查理大帝[Charlemagne]则在各郡引入了常设的民众裁判官团体,由皇家巡回特使指定终身任职。诺曼英国时,地方法庭在百户区郡长或其执行官主持下作出判决,由当地有义务出席法庭的封臣[suit]作为裁判者,封建法庭也是由领主的管家率有义务出席法庭的封臣裁判者开庭审案。这几种裁判者均可用doomsman来表示。(= domesman)(➯suit; suitor)

door closing doctrine 补牢原则 指用制定法或法院判决来弥补法律漏洞的原则。

door-to-door 门到门;全程 在海运中,指从托运人的门到收货人[consignee]的门的运输服务。

Doorway Search Case 〈美〉门口搜查案 指1976年的美国诉桑塔纳[United States v. Santana]一案。法院在该案判决中确认,警察对于站在某一住家门口[doorway of a home]的犯罪嫌疑人,只要其具有逮捕的可成立理由[probable cause],无需取得搜查证即可对该嫌疑人实施搜查。因为法院认为,门口应被视为公共场所,在该处任何人都不应享有隐私权。

D.O.R.A. (= Defence of the Realm Acts, 1914 and 1915)

dormancy n. ❶判决执行效力的失效;经判决确定的留置

权效力的失效 可以通过使判决效力恢复[revival of judgment]的方法予以补救。❷休眠;蛰伏;不活动状态

dormant *a*.❶休眠的;蛰伏的 ❷不活动的;静止的 ❸潜伏的;隐藏的 ❹匿名的;未知的;沉默的 ❺未决的;未定的 ❻闲置的;不用的 ❼中止的;暂时搁置的;缓议的

dormant account 未在使用中的银行账户

dormant claim 中止的权利要求;受时效法所阻抑的权利要求

dormant corporation 暂停活动的公司 具有活动能力,能使之活动起来但现时并不运作的依法成立的公司。

dormant execution ❶后置执行令状 因未及时依令状扣押财产而丧失了优先执行效力的执行令状。❷搁延执行令状 由法院书记官已经正确填写并签字后,本可执行扣押,但注明"搁延"[to lie]字样,暂不发给有关官员执行扣押的令状。❸先行扣押暂缓执行令状 债权人发给行政司法官[sheriff]要求其在接到进一步的命令[further orders]或后续执行令[junior execution]之前仅能扣押财产而不能将其出售的令状。

dormant funds 〈英〉无人主张权利的资金;闲置资金 法院中经过15年未予处理的资金。对高等法院和郡法院中的无主资金分别依据1927年的《最高法院资金条例》[Supreme Court Funds Rules]和1965年的《郡法院资金条例》[County Court Funds Rules]处理。地区登记处[district registry]的无主资金应转交给总会计师[Accountant-General]。

dormant judgment 未予执行过的判决;已过执行期限的判决 指未在法律规定的期限内予以执行的判决。由此会导致债权人丧失判决确定的留置权[judgment lien]。如要对该判决签发执行令,必须首先恢复该判决的效力[revive the judgment]。

dormant lien of judgment 中止的判决留置权 指判决确定的对土地的留置权,在该土地享有执行豁免期间,留置权即中止,一旦豁免终止,留置权即为有效。

dormant partner 隐名合伙人 不以商号合伙人的名义出现,其与商号的关系不为公众所知,并且不参加商号的经营管理,但在商号中拥有经济利益,分担经营损益的合伙人。他们至少在与第三方的关系中被视为合伙人。

Dormant Route Case 〈美〉闲置航线案 美国民用航空委员会[Civil Aeronautics Board]于1978年11月作出裁决,将248条航线划归22家不同的航空公司,将那时尚未运行的航线分配给声明需要使用它们的航空公司。

dormant titles 未决的不动产所有权

Dormit aliquando lex, moritur nunquam. 〈拉〉一项法律虽偶有睡眠之时而永无死亡之日。

Dormiunt aliquando leges, nunquam moriuntur. 〈拉〉法律虽偶有睡眠之时而永无死亡之日。

Dorr's Rebellion 〈美〉多尔暴动 托马斯·W.多尔[Thomas W. Dorr]于1842年领导的反对罗得岛州[Rhode Island]政府的暴动。

dorso recordi 〈拉〉记录的背面(⇨in dorso recordi)

dorsum 〈拉〉背部;背面

dorture *n*.寄宿舍;寝室

dos 〈拉〉❶(罗马法)嫁资;嫁奁 指结婚时妻子本人或他人转让给丈夫或其家长的财产。目的主要是补助女子婚后生活和抚育子女的费用。嫁资是赠与,一经设定,其所有权即归丈夫或丈夫的家长所有,他们不负返还之责。但嫁资是婚姻赠与,以婚姻的成立为条件,如婚姻不成立,则嫁资的设立便自始无效。在罗马,有无嫁资是区别正式婚姻与姘合的重要标志。嫁资有三种:①祖赠嫁资[dos profectitia]。指父系尊亲属为出嫁女子设定的嫁资;②外来嫁资[dos adventitia]。指父系尊亲属以外的人,如生母、其他亲友、妻子本人甚或妻子的债务人等设定的嫁资;③约还嫁奁[dos receptitia]。指设定时双方用"要式口约"约定,在婚姻关系解除后必须还设定人的嫁资,以保护女方的利益。❷(英格兰古法)(丈夫在教堂门口给妻子作为婚姻对价的)婚姻赠礼;(妻在未丧夫生前赠与时所应得的)亡夫遗产;寡妇地产[dower]

Dos de dote peti non debet. 〈拉〉已作为寡妇地产的土地不能再作为寡妇地产赠与另一位寡妇。或:寡妇地产不能从已作为嫁资的地产中取得。

dos rationabilis 〈拉〉❶合理的或合法的婚姻赠礼 每一位寡妇所享有的在结婚日她丈夫所应赠与她的合理份额的地产。若结婚时丈夫在教堂门口未进行赠与,则普通法赋予妻子对丈夫结婚时所有的土地和房屋的1/3享有权利。这1/3的部分即是她的合理合法的婚姻赠礼。❷寡妇地产 在普通法上的意义。

Dos rationabilis vel legitima est cujuslibet mulieris de quocunque tenemento tertia pars omnium terrarum et tenementorum, quae vir suus tenuit in dominio suo ut de feodo. 〈拉〉合理或合法的寡妇地产为每一位妇女所享有的她丈夫持有的全部自有领地[held in demesne]的三分之一。

dossier 〈法〉案卷;卷宗;档案材料(⇨record)

dot 〈法〉嫁妆;妆奁(⇨dotal property; dowry)

DOT (= Department of Transportation)

dotage *n*.老年昏愦;衰老 也被称为第二童态[second childhood]。

a.嫁妆的;嫁资的

dotal *a*.与嫁妆有关的;嫁妆的

dotalitium 〈拉〉(教会法)(封建法)嫁妆;寡妇地产

dotal property (大陆法)妆奁资财 妻子为帮助丈夫负担结婚费用而带给丈夫的财产。普通法中无此法律概念,但美国路易斯安那州因为原属法国,所以其法律体系大陆法系而非英美法系,其法律中即有该概念。

dotation *n*.❶送给嫁妆 ❷赠与;捐赠;基金;捐助

dote 〈西〉❶嫁妆 ❷衰老;昏愦;变得愚痴

dote assignando 〈英格兰古法〉遗孀保有令状 若国王的直属封臣死亡时土地复归国王,直属封臣的遗孀可在衡平法院申请,并宣誓未经国王许可她将不会再婚。遗孀凭此可得到本令状交给土地复归官。这样的遗孀称为"国王遗孀"[king's widows]。

Dote lex favet; praemium pudoris est, ideo parcatur. 〈拉〉法律赞成寡妇产;它是对贞操的报偿,因此应该受保护。

dote unde nihil habet 〈拉〉(从受让人处)获得寡妇地产的令状 若封臣生前曾将他所保有的自由继承地产或限嗣继承地产转让给他人且其妻原是可受寡妇遗产的人,那么在他去世后,他的遗孀即可依此令状从受让人那里获得她应该获得的寡妇地产。(⇨writ of dower)

dotis admensuratione 〈拉〉寡妇地产调配令(= writ of admeasurement)(⇨admeasurement)

dotis administratio 〈拉〉寡妇地产的调配 用于寡妇保有的寡妇地产多于法定份额等情况。(⇨admeasurement)

dotissa 〈拉〉已取得寡妇地产的寡妇

Douay Bible 杜埃版英文《圣经》 由英国天主教学者翻译

的《圣经》译本，因 17 世纪初该译本的《旧约全书》在法国城市杜埃 [Douay, 即今 Douai] 出版而得名。

double *a.* ❶双重的；双层的；双的 ❷两倍的；两次的 ❸两方面的；双关的
v. ❶加倍；变成两倍 ❷使加倍；使大一倍

double adultery 已婚男女之间的通奸（⇨ adultery; single adultery）

double agency ❶双重代理；双方代理 代理人同时代理相互间存在利益冲突的双方当事人进行同一项交易活动的行为。❷双重间谍 同时为两个敌对国家或市场竞争者服务的间谍行为。

double allegiance 双重效忠义务 个人因具有双重国籍 [dual nationality] 因而分别对其两个国籍国都具有的效忠义务。（⇨ dual nationality）

double assessment 重复征税；双重征税 同一征税机关就同一事项 [subject matter] 征收同一种税款。

double avail of marriage 取得结婚权的双倍价金（⇨ value of the marriage）

double bond 双重债务 指于其债中包含了对不履行行为 [nonfulfillment] 的惩罚，即债务人既承担原有债务又承担因不履行行为而被罚的附加债务。区别于无惩罚内容的简单债务 [simple bond]。

double bunking 〈美〉同性犯人同监 美国最高法院于 1979 年 5 月裁定认为是合宪的一种做法——将两名同性犯人监禁在同一间牢房。

double-check *v.* 双重核算

double comma （= ditto mark）

double commission 双重佣金；双重酬金 指由买卖双方同时支付的佣金或酬金，或者是向不同身份的同一人（例如执行人又兼受托人）支付的佣金或酬金。

double complaint （教会法）双重控诉 指圣职候选人 [clerk] 或其他人对教会常任法官 [ordinary] 在一些宗教诉案中延迟或拒绝给予公平处理，例如处刑或授予其圣职等而向教省大主教提出的控诉。其所以称作双重控诉，因其既控诉法官，亦控诉被拒绝或拖延之案件的对方当事人。大主教核实情况后以诚谕 [monition] 责令教会常任法官陈述延迟理由，否则大主教亲审法院 [court of audience] 将对该案件进行公正评判。（⇨ duplex querela; duplicity; double pleading; joinder of causes of action）

double contingency 双重偶然性（⇨ remainders on a contingency with a double aspect）

double conversion （地产及其收益的）重复转换 若土地被指示以出售转换成金钱，此钱款又被指示再投资于土地，即出现了重复转换。这整个过程形成了一个连续的债权关系。在此情况下，财产被认为是处于其最终被转换的状态，即地产。（⇨ reconversion）

double costs 双份诉讼费 当事人一方由于诉讼的性质或延迟策略而负担的额外费用。根据法律规定，双份诉讼费用的计算方法为：正常诉讼费用加上正常诉讼费用的一半。

double cousin 双重堂（表）亲 可从父系和母系双方追溯而来的既是同辈的堂亲，又是同辈的表亲，其亲等与一般的堂亲或表亲同。

double creditor 双重优先权的债权人 在用于与确定债务人财产的清偿次序 [marshaling assets] 相关的场合时，指对两种不同的资金或证券都拥有优先权 [lien] 的债权人。

double-cross *v.* 〈口〉欺骗；出卖

double cutout 双重图样 利用两个挂名虚设的接受者以便秘密转移资金的做法，尤指以秘密投资为目的的国际性资金秘密转移。

double damages 双倍损害赔偿金 指由制定法规定的一种损害赔偿金，其数量为陪审团等事实调查人 [fact-finder] 所确定之到期债权或实际损失的两倍。在某些案件中，法院判决于实际的损害赔偿金之外再支付双倍损害赔偿金，所以其效果实际等同于三倍损害赔偿金 [treble damages]。

double-declining-balance depreciation 双倍余额递减折旧（法）

double derivative suit 双重派生诉讼 在一家公司的权利受到侵犯而该公司和作为其股东的另一家公司均无意行使诉讼权利的情况下，由该另一家公司的股东就该侵犯公司权利的行为提起的诉讼。

double dipper 〈美〉双重支薪人 一个人提前从军队中退役后作为文职人员在联邦政府工作。有其他薪水同时领取军人养老金是完全合法的，所以每年有成千上万的人这样做，他们的净薪甚至超过了他们就职部门的内阁成员，40 个人的总收入可超过副总统的收入。

double eagle 〈美〉双鹰金元 美国金币名称，价值为 20 美元。

double entry 复式记账法 会计记账方法之一。在为每笔会计事项记入某些有关账户时，都要记入一个或几个账户的借方和一个或几个账户的贷方，并且借贷两方所记的数额必定相等。该记账法的优点在于能够全面而清晰地反映出会计事项的内容。

double entry bookkeeping 复式簿记 记录商业活动通常采用的一种簿记方法。对每一项商业活动必须以相等的金额分别记入借方和贷方。（⇨ double entry）

double fine （= fine sur done grant et render）

double gibbet 双臂绞刑架 为同时执行两个罪犯的死刑，而在绞刑架上向相反的方向安装两根支臂。

double hearsay 再传闻；多重传闻 即传闻的传闻。在英美证据法上，传闻证据一般是不可采纳的，但有例外情况。如已死亡的人在死前根据其亲身经历所作的陈述，即为可采信的传闻。但是，如果该陈述不是死者根据其亲身经历所作的，而是从别人处听来的，该陈述即为再传闻。根据美国《联邦证据规则》[Federal Rules of Evidence]，对传闻中的传闻，如果符合传闻规则的例外情况，可以不予排除。未作证 [non-testifying] 的共谋者对被告人在法庭外所作供认 [admission] 的复述也是再传闻。

double house 双连房 供两家垂直分开居住的房子。

double indemnity 双倍赔偿（补偿） 泛指在权利人由于特定原因或情况而遭受损失时，由义务人按权利人基础利益的双倍进行赔偿。尤指在人身保险合同中规定被保险人意外死亡时，由保险人按保险单面额进行双倍补偿。

double insurance 重复保险 两个以上的保险人就同一被保险人的同一财产或利益的相同风险分别进行保险的情况。被保险人可以向任一保险人请求就自己的某项保险范围内的实际损失进行赔偿，如果他从某一保险人处取得全额赔偿，该保险人得要求其他保险人分担其支出的保险金。

double jeopardy 双重危险；双重追诉 指对实质上同一的罪行给予两次起诉、审判、定罪或科刑。禁止对当事人的同一罪行进行双重追诉是英美法上一项重要的诉讼原则。美国宪法第五条修正案具体规定了这一原则，美国最高法院则通过判例确认该原则对在第一次起诉后被法院定罪或宣告无罪的被告人均适用，并通过宪法第十四

条修正案,即"正当程序条款",而将该原则扩大适用于各州。(⇨former jeopardy)

double letter 双页信函 在早期通讯中,指两页纸组成的一封信函。

double liability 双倍赔偿责任(⇨double damages)

double liability of stockholder 股东的双倍赔偿责任(⇨superadded liability)

double meaning 两层含义;模棱两可的含义(⇨ambiguity)

double nationality 双重国籍 一人同时具有两个国家的国籍的法律状态。(= dual nationality)

double parking 并行停车 指将汽车停于另一停靠人行道边的车辆旁。

double patenting 重复专利;双重专利 指两项专利授予同一人,而该两项专利包含的权利要求书所引用的系同一发明或就同一发明所作的显而易见的改变[obvious variations of the same invention]。法律禁止一人就同一发明或就同一发明所作的显而易见的改变取得多于一项的有效专利。重复专利的判定标准是:当对两份专利说明书[descriptions]的内容进行正当解释时,该两项专利的权利要求书[claims]是否实质上同一。判定重复专利,是拒绝授予第二项专利或认定第二项专利无效的理由。它分两种类型:①同一专利型重复专利[same invention-type double patenting];②显而易见型重复专利[obviousness-type double patenting]。

double plea 多重答辩 陈述两项或两项以上独立的答辩理由的答辩。(⇨duplicity)

double pleading (诉因或答辩理由)并陈诉答(⇨duplicity)

double possibility 双重可能性(= possibility on a possibility)

double proof 〈美〉❶〈破产法〉双重证明 指两名或多名债权人对同一债务提出请求所作的证明。这种情况违反了对同一债务只能有一项权利请求的一般原则。❷(证据法)双重证据 指对某些罪行定罪,要求控诉方必须提供的佐证,通常要求有两个证人的证言。

double punishment 重复惩罚;双重处罚 对同一犯罪行为给予两次或两次以上的惩罚。这是违背禁止双重追诉原则的。(⇨former jeopardy)

double quarrel (教会法)双重控诉(= double complaint)

double-radius rule 双重半径规则 在海湾[bay]沿岸均属一国领土的情况下确定该领水基线[base-line of territorial waters]的原则。

double recovery ❶双重损害赔偿 指基于不同的赔偿原理,在判决中对同一损害错误地判给了两次损害赔偿金。❷超额赔偿 指判给当事人的损害赔偿额超过其所遭损失的可获赔偿的最高额。

double rent 〈英〉双倍租金 根据1737年《租金扣押法》[Distress for Rent Act]第18条规定,地产承租人在其通知终止租赁后一段时间内继续占有地产的,应向出租人支付两倍于约定租金的租金。

doubles n. 特许证(= letters patent)

double standard 双重标准 通常是指基于性别、种族、肤色等方面的差异而使一类人比另一类人拥有更大机会的歧视性原则,因而也是一些会侵犯对受歧视少数民族的平等法律保护的令人反感的标准。

double taxation 双重征税;重复课税 指同一税收机关在同一税收期间内为同一目的对同一财产或收益两次征税。在国际法上,指两个国家均对同一个人或公司征所得税或遗产税,这种双重征税可以通过协定加以避免。

double taxation agreement (or treaty) 双重征税协定(或条约) 国家之间缔结的避免双重征税的国际条约,规定居住在一国的个人或公司在另一国的收入不得同时在两国被征税。

double use (专利法)双重用途;新用途 将已知并已被应用的原理或方法应用于新的用途,但这种新用途并不产生新的产品或新的制造方法。

double value ❶(英格兰古法)双倍地价 根据1730年《地产出租人和承租人法》[Landlord and Tenant Act]第1条,如果一个终身或定期地产承租人在其权利终止或在地产出租人、剩余地产[remainder]或回复地产[reversion]的权利人或其合法代理人发出转移占有的通知后,仍继续占有该地产,则应向有权占有地产者支付双倍的地产年金[yearly value of the lands]。❷〈英〉加倍处罚 在一些情况下,由于不支付关税、货物税或其他税款等而形成的避税、骗税行为,责任人应支付二倍或三倍的税收或财产价值。(⇨holding over; smuggling)

double voucher (英格兰古法)二次担保 在限嗣继承的阻却诉讼[common recovery]中,为使该拟制诉讼更安全,当事人往往在引进一般担保人[common vouchee]之后,又引进另外一个地产受让人,即传唤令状针对的被告[tenant to the praecipe]。这样诉讼中的权利请求人[claimant]就可针对引进的受让人提起诉讼,后者请求限嗣继承地产持有人[tenant in tail]出庭担保,而该持有人又请求引进的一般担保人出庭担保,这两个过程称为二次担保。如果只有一次担保,那么只能阻却限嗣继承地产持有人当时实际享有的地产权,他所享有的那些潜在的权利则很难受到影响。二次担保的程序使他的权利得到了完全的阻却,使这一拟制诉讼更为安全和彻底。(⇨common recovery)

double waste 〈古〉双重损害 指负有修缮房屋义务的租户使房屋遭受损害,然后又为修缮房屋而非法砍伐树木。

double wharfage 双倍入坞费;双倍泊船费 法律规定当一艘船未付停泊费就离坞时,应交纳两倍的停泊费以资补偿。

double wills 相互遗嘱;交互遗嘱 由两人订立的遗嘱,各将自己的财产和地产留给对方,以使生存者取得两人的全部财产和地产。(⇨mutual wills; reciprocal wills)

doubtful title 不确定的所有权;有争议的财产所有权 指在事实上和法律上存有疑问的所有权,持有该项所有权的当事人负有遭受对立请求权的风险,可能引起相关当事人的讼争。它与可转让所有权[marketable title]相区别,后者可由法院强制买受人接受或将其公开出卖。(⇨marketable title; unmarketable title)

Douglas cause 〈苏格兰〉道格拉斯案 18世纪苏格兰一起影响很大的诉讼。阿奇博尔德[Archibald]公爵无嗣而亡,生前曾立汉密尔顿公爵为继承人,后又撤销。在公爵死亡前10天,他又立他妹妹简·道格拉斯[Jane Douglas]的长子阿奇博尔特·道格拉斯·斯图亚特[Archibald Douglas Steuart]为继承人,但汉密尔顿先以某些限嗣继承证书后又以斯图亚特为私生子为由提起诉讼,以图取消后者的继承权。1767年苏格兰最高民事法院[Court of Session]以8比7裁决汉密尔顿胜诉,结果引起混乱,多数派法官的家被打碎门窗。后来经过上诉,上议院推翻了这一结果。该案在社会上引起很大反响,人人都为揭露上层社会的丑行而高兴。终审胜诉方财产一直传到目前的霍姆伯爵[Earls of Home]。

doun 〈拉〉〈法〉赠与;捐赠;赠品;礼物 亦写作don或

done。

do ut des 〈拉〉(罗马法)互易 无名契约的一种。罗马五大法学家之一保卢斯[J. Paulus]把无名契约[contractus re innominati]分为4种：①以物易物，即互易；②以物易工；③以工易物；④以工易工，即换工。互易是早于买卖出现的一种商品交易形式。它不通过货币而直接以物换收他物，如我给你一只羊，你给我五只鸡等。

do ut facias 〈拉〉(罗马法)以物易工 无名契约的一种。指物与劳务的交换，如我给你一只羊，你为我耕一亩地等。

douzen peers (= dozen peers)

doves n. ❶鸽子 ❷(喻)鸽派；主和派；非战派 指反对越南战争[Vietnam War]逐步升级的美国国会议员和其他公众人物。

dovetail seniority 合并资历表 将正在进行合并的不同公司的两份或多份雇员资历表合制成一份雇员资历总表。表中每一雇员保有原有的资历。

dow v.赠与；捐赠

dowable a. ❶(寡妇对其亡夫不动产)有受赠资格的 ❷应赠与或可赠与的(丈夫的地产)

dowager n. ❶享有寡妇地产或寡妇授予产[dower or jointure]的寡妇 ❷贵人 对于国王、贵族的遗孀的称谓。

dowager-queen n.英王的遗孀；王太后 享受她在国王生前原本享有的特权；对她进行谋杀或侵犯她的贞洁不被视为叛逆，因为王位继承不会因此受到威胁；无特殊批准不能再嫁。

dower n. ❶(英格兰古法)寡妇地产 根据中世纪英国的普通法，寡妇有权获得其亡夫生前曾经占有的自由继承地产[lands and tenements seised in fee]的1/3，并作为自己的终身保有地产[estate for life]。如果没有特殊条件，寡妇地产不能因为丈夫的转让行为而被剥夺，这使得土地流通极为不便。于是1535年的《用益权法》[Statute of Uses]规定寡妇可在寡妇地产和寡妇授予产[jointure]之间进行选择，但这仍未完全消除上述不便，直到阻却寡妇地产的用益权[uses to bar dower]出现之后才解决了这一问题。1833年的《寡妇地产法》[Dower Act]规定妻子的寡妇地产权取决于丈夫的意愿。1925年普通法上的寡妇地产制度被取消，相关权利转化为一种衡平权益。在习惯法上，该制度体现为寡妇公簿地产权[free bench]或其它一些份额不同的地产权利。(⇨jointure; free-bench) ❷婚姻赠礼 丈夫给予妻子作为婚姻对价的各种赠与。

dower ad ostium ecclesiae (英格兰古法)教堂门前的婚姻赠礼 一种古老的英格兰婚姻赠与形式。保有自由继承地产的成年男子在庆祝婚姻正式举行的教堂门前，签订婚约和盟誓之后[after affiance made and troth plighted]，公开将自己保有的地产的全部或部分赠给新娘，并宣布在自己死后，自己的妻子可以无需另外的授予仪式而进占并保有该份土地。

dower by common law 普通法上的寡妇地产(权) 英国和美国法律所确认的一种普通的寡妇地产权。据此，妻子有权取得其亡夫于婚姻存续期间的任何时所保有的自由继承地产的1/3。在美国，根据1945年《遗产管理法》[Administration of Estates Act]此制已被废除。

dower by (particular) custom 〈英〉(特别)习惯法上的寡妇地产(权) 与普通法上的寡妇地产权在数量上有所不同，寡妇根据不同地方的习惯可对其丈夫去世时占有地产的一半、全部或1/4享有类似于普通法上的寡妇地产权的权利。

dower consummate 寡妇地产权的成就 当丈夫死亡时，妻子的寡妇地产权得以成就，此前它处于不确定状态[in contingency]。但成就后尚需请求将土地过户给自己，一俟过户后，寡妇地产权才成为既得的权利[vested right]。

dower de la plus belle (de la pluis beale) 〈法〉最公平的寡妇地产 当持有农役保有地和骑士役保有地的封臣去世时，其子尚未成年，这时骑士役保有地的领主可以监护人的身份进入该骑士役领地，而封臣的遗孀则作为农役地监护人进入农役地。在这种情况下，如果该遗孀依寡妇地产令状[writ of dower]要求得到骑士役地，那么上述领主则可请求法庭判令她从农役地中获得最公平的部分作为她的寡妇地产。该判决作出后，封臣的遗孀即可在邻人面前举行仪式取得自己应得的地产。此种地产于1600年连同骑士役一同被取消。

dower ex assensu patris 经父亲同意的赠礼 新郎在其父明示同意的情况下将其父占有的部分自由继承地产赠与新娘。而且指定了数量与地块，即使丈夫死后其父亲仍然健在，妻子也可以无需其它授予仪式而直接占有该地产。

dower inchoate 未成就的寡妇地产权(⇨dower)

dower unde nihil habet 寡妇地产取得令状 为未被授予寡妇地产的寡妇提供的一种权利令状[writ of right]。(⇨writ of dower; de dote unde nihi habet)

Dow Jones Average 〈美〉道·琼斯平均指数 由纽约市道·琼斯公司发布的，报告美国最大的30家工业公司的股价涨跌情况，并以此说明美国纽约股市行情变动的代表性指数。亦称作"Dow Jones Industrial Average"缩写为"Dow"。

dowl and deal ❶分开；分割 ❷分界线；间隔物

dowle stones (分隔土地等的)界石

dowment n.(英格兰古法)❶捐赠(= endowment) ❷寡妇地产(= dower)

dowment ad ostium ecclesiae 教堂门前的婚姻赠礼(= dower ad ostium ecclesiae)

down draft ❶向下的气流或风；湍流 ❷(商业活动等的)下降趋势

Downing Chair of Law 〈英〉唐宁讲座法学教授职位 剑桥大学高级法学教授职位，由乔治·唐宁爵士[Sir George Downing](? 1684 – 1749)创设。1800年的唐宁学院[Downing College]章程[charter]则创设了法学教授(唐宁英格兰法学教授职位[Downing Professorship of the Laws of England])和医学教授职位。

down payment 定金；履行保证金；(分期款的)首付款 指在订立买卖合同时以现金或其他等值物支付的部分项，以作为履约担保或预付款项。(⇨earnest money)

down zoning 下行城市区划分级法 城市区划分级方法的改变，将原来以高价值的商业用途为划分城市区标准的方法改变为以低商业价值的居住环境和资源保护为区划标准的方法。

dowress n.被授予寡妇地产权的妇女

dowry n. ❶聘礼 在圣经产生时代指求婚者向未来新娘的父亲或其他近亲属赠送的聘礼，与普通法上的赠礼[dower]不同。❷嫁妆 新娘于结婚时带给丈夫的地产或金钱，在罗马法和法语中为dot，与dower不同。(⇨dos; dotal property; portion; dot; marriage settlement)

dozein n.十二户区 古代一种由12户家庭组成的市政管辖区。(⇨deciner)

dozen peers 〈英〉十二贵族 亨利三世时由贵族们提议

作为枢密顾问官[privy counselors]或王国管理委员会成员[conservators]的12名贵族。

doziner n.十户区区长(=deciner)
D.P. (=Domus Procerum;displaced person)
D.P.P. (=Director of Public Prosecutions)
dr. 借方 会计簿册或单据中记载所用,为debtor的缩写,与"贷方"(简写作cr.)相对称。
drachm n.(液量或药衡)打兰 重量单位,一打兰为1/8盎司,合3.887克。今已不作计量单位。与dram不同。(⇨dram)
drachma ❶(英格兰古法)表示一种四便士的银币 ❷约值十五美分的雅典银币
draconian a.❶(法律等)严酷的;严厉的;残酷的;苛刻的;严格的;不人道的;残忍的 ❷[D-]德拉古的;德拉古法典的
Draconian Laws ❶《德拉古法典》 雅典著名的立法者德拉古于公元前621年制定的雅典第一部成文法典,它以刑罚严酷著称。"德拉古的"[Draconian]一词以后就成为严酷的代称。❷极端严酷的法律;过于严厉的法律
draff n.❶渣滓;废物;糟粕;垃圾 ❷尘垢折ןů 从前海关官员为保证进口商不因所用衡器而受损失,乃对货物总重量作出任意之扣减,所减者指灰尘污垢数,与draft不同,但有时也混用。
draft n.❶汇票 出票人[drawer]指示付款人[drawee]应受款人[payee]的要求或按规定的时间向受款人支付一定款项的书面指令。根据美国《统一商法典》[U.C.C.],它同于bill of exchange。❷(遗嘱、合同、租约、计划、决议、方案等的)草稿;草案 ❸(建筑、设计等的)草图 ❹征兵 ❺重量损耗折扣 海关官员为使进口商免受超损失,对货物因搬运和过秤造成的损失而对货物的总重量进行的任意扣除。(⇨military draft;check;redraft;trade acceptance)
v.❶起草;设计 ❷征兵
draft avoider (=draft evader)
draft board 〈美〉选募兵役局 负责被征募服兵役人员的登记、分类和选拔等工作的联邦机构。(⇨Selective Service System)
draft dodger (=draft avoider;draft evader)(⇨selective draft act)
draft evader 逃避兵役者
draftsman n.❶(遗嘱、合同、财产转让证书、诉状、法案等法律文件的)起草者 ❷(建筑、机器等的)绘图者;设计者
dragnet clause 不特定债权抵押条款;概括性债权抵押条款 抵押合同中的条款之一,指抵押人对过去、现在和将来产生的债务提供担保。该担保条款通常是指不动产抵押人为他人不特定债务,不论是已有的还是将有的,均对抵押权人提供担保。
dragnet of conspiracy 对同谋罪的全面起诉 指检察官在对同谋罪[crime of conspiracy]提起公诉时,倾向于将与主犯[main offenders]稍有牵连的人均作为被告人予以指控的做法。
dragnet restraints 全面禁止令 法院在处理劳资争议[labor disputes]过程中发布的禁止劳工为拖延争议而采取的任何行动的命令。
Drago doctrine 德拉戈主义 阿根廷前外交部长路易斯·马里亚·德拉戈[Luis Maria Drago]于1902年12月29日在致阿根廷驻美国公使的信中提出的一种主张。该主张

认为欧洲国家无权以武力干涉强迫美洲债务国偿还拖欠欧洲国家国民的国家债务,因为这种武力干涉将危及南美国家的安全与和平。(⇨Calvo clause)
dragoman n.土耳其法院中的译员
drain n.❶(自然或人工的)排水道;排水管;下水道;阴沟;(复)(建筑物的)排水设备(⇨drainway) ❷(通过他人土地进行的排水)地役权;排水权(⇨drainage rights)
v.❶排水 ❷耗尽;用完
drainage n.❶(土地)排水 ❷排水设备;排水系统 ❸排出的水(⇨cutoff drainage;right of drainage)
drainage district 〈美〉排水区 负责某一地区被淹土地的排水、开垦以及公共卫生和便利设施的维护工作的政府性或准政府性自治团体。
drainage ditch (土地的)排水沟
drainage rights 排水权 利用河渠或自然水道排水的权利。土地所有人不能阻碍水道或天然排水道的自然水流以致损及他人。在城镇,"天然排水道"应作狭义解释,即只限于有明确的通路与两岸的河川溪流,在农村则可包括漫渗的地表水的水流与流向。
drainway n.(地表水的)排水道
dram n.❶少量酒类饮品 ❷打兰 重量单位。在常衡中,一打兰为1/16盎司,合1.771克,在药衡中为1/8盎司,合3.887克。与drachm不同。
drama n.戏剧 该术语是指有关叙述故事、传播道德、描述形象的任何表演[representation],无论是语言与动作相结合,或仅有动作。
dramatic composition 戏剧作品 在版权法中,它指一种表现生活中的故事、事件或场景的文学作品[literary work],但其并非与叙述相似,仅可以对话或动作进行的表演而已。它还包括音乐诗、哑剧[pantomime]。
dramatic copyright 戏剧版权;戏剧著作权(⇨copyright)
dram shop 小酒店;酒吧(间);酒馆
Dram Shop Acts 〈美〉《酒类供应商责任法》 美国许多州制定的一种民事责任法。这种法律一般规定,酒店业主应对在其酒店买酒并喝醉者给第三人造成的人身或财产损害负责。有些州法中的酒类包括啤酒,有些州法不包括,有些州法除适用于出售酒类外也适用于以酒作礼品的场合。这些法律所规定的责任不仅及于醉酒者直接造成第三人的人身伤害及财产损失,还及于第三人因受伤害而致家庭失却的抚养和赡养。(⇨Civil Damage Acts)
draw v.❶开具、签发(汇票、支票等票据) ❷拔枪等致命武器;瞄准 ❸草拟(契约、诉状、请求书、请愿书等) ❹(古)将犯人(拖赴刑场) ❺提取(存款) ❻(按建筑贷款协议)定期贷款或预付(销售佣金[sales commissions]) ❼挑选(陪审团成员)
draw a prize 抽奖 一旦抽中(号码等),奖品即被认为抽定,而接受奖品则是另一个独立的行为。
drawback n.(海关法)(出口)退税 进口物资经加工生产再行出口时,政府将已经对该物资进口时征收的关税部分或全部地退还给进口商。
drawee n.(票据的)受票人;付款人 出票人在汇票或支票中指明的对票据负有承兑和付款义务的人或银行。
drawer n.(票据)出票人
drawing n.将犯人沿街拖到刑场 这是犯人所受惩罚的一部分。尤对犯叛逆罪者适用。
drawing account 预支账户 雇主为推销员或其他雇员提前支取工资或佣金而设立的账户。
drawing and quartering 〈英〉四肢裂解 英格兰以前对叛

逆犯实行惩罚的一部分，全过程则包括沿街拖赴刑场、悬其颈但不致死、当即开膛取内脏、当其面焚烧其肠，然后砍首，分其全身为四份。

drawing jurors 选择陪审员（⇨selection of jurors）

drawing lots 抽签（⇨lottery）

drawlatches n. 贼；强盗；挥霍者；浪子

draw on ❶开具汇票 ❷向⋯支取

drayage n. ❶（货物的）马车拖运 ❷本地运货费用（= cartage）

Dr. Bonham's Case 博海姆案 著名的英国判例，法院在该判例中称：不可能履行的或侵犯普通法所衍生的权利[common right]和违反理性[reason]的制定法在普通法上是无效的。

Dred Scott Case 〈美〉德雷德·斯科特案 全称为德雷德·斯科特诉桑福德案[Dred Scott v. Sanford]。这是美国最高法院于1857年审判的涉及奴隶地位的著名案件。美国最高法院在该案中判称，被贩卖到美国的非洲奴隶后裔，不论其是否已解放成为自由人，均不包括也不打算将其包括在美国宪法中的"公民"范畴之内，不能享有美国公民的权利或特权，除非政府授予其权利或特权。同时，在该案中美国最高法院认为，从住所所在州进入自由州并在此获得自由的奴隶返回其住所所在州后是否仍享有自由权，联邦法院对此无管辖权，但这些人的身份，即是自由人还是奴隶，由其住所所在州的州法院单独决定。（⇨Dred Scott decision）

Dred Scott decision 〈美〉德雷德·斯科特案判决 美国最高法院1857年对德雷德·斯科特案[Dred Scott Case]所作的判决。该判决推翻了1820年密苏里折衷案[Missouri Compromise]，并宣称奴隶是私有财产，不享有公民权。该判决是促成美国南北战争的重要原因之一。

dreit-dreit 〈拉〉双重权利 占有权和所有权的结合。古代法谚云：若无此双重权利，财产权就不算完善。

drenches n. ❶〈撒克逊〉直属封臣 撒克逊土地所有人在威廉[William]征服时被逐出了他们的土地，后来在他们自己证明他们为土地的真实所有人之后，国王又将土地返还给他们的，并作为直属封臣从国王处保有原来的土地。 ❷军役农奴 威廉征服英国前，在诺森布兰[Northumbria]地区通过部分服兵役部分提供农奴役务而保有土地的人。这种土地保有方式在威廉征服英国后又持续了很长时间。 ❸自由佃农 《末日审判书》[Domesday]中对庄园里自由佃户的称谓。（= dreng(e)s）

drengage n. 军役农奴保有土地的条件 指英格兰北部军役农奴[drenches]保有土地的条件。（⇨drenches）

dreng(e)s n. ❶直属封臣 ❷军役农奴 ❸自由佃农（= drenches）

drengi (= drenches)

Dreyfus affair 德雷福斯事件 法国将军阴谋陷害法军中一名犹太军官的不光彩事件。德雷福斯于1894年被判犯有叛国罪。法国政府明知德雷福斯是无罪的，但给一个犹太人定罪可以避免起诉包括情报部门首长[Chief of Intelligence]在内的真正罪犯的尴尬局面。虽然德雷福斯的清白有压倒一切的证据，但反犹太主义及公众对军队的尊敬仍使身为犹太人的德雷福斯被判有罪。1906年，德雷福斯得以平反并成为荣誉军团[Legion of Honour]的一名军官。

driftland n. 〈撒克逊〉采邑通行费 某些佃农[tenant]因赶牲畜通过采邑前往市场时应向国王或领主[landlord]交纳的贡金或年金。（⇨drofland; dryland）

drift(s) of the forest （英格兰古法）森林放牧巡视 每年由森林官定期进行的关于在林区内或其它特定地方放牧情况的检查，内容包括看牲畜是否过多、牲畜的归属、是否享有共牧权等。

drift-stuff n. （所有权不明的）漂流物 在法律上此词自有其意义，它非指打捞主体之货物，而是杂乱漂浮之物。其所有人不明，亦无法找到其主人，若弃之于岸亦不致有人认领，但按事理应属于沿岸土地所有人的增值。

driftway n. 有权驱赶牲畜通行的公用道路

driller's lien 钻探者留置权 为钻探石油或天然气而提供劳务或物资者所享有的一种特殊的留置权。

Drinan Bill 〈美〉《德里南法案》 即1978年《新闻保护法》[Press Protection Act]。该法案规定，除非被调查者有犯罪嫌疑，否则，在签发搜查令之前，被搜查者有要求举行听证的权利。该法的目的是抵消美国最高法院对泽克诉斯坦福日报案[Zurcher v. Stanford Daily]所作判决带来的令人不安的影响。该案授权警察可以搜查不牵涉犯罪行为者的私人文件。记者们深信此案会压制机密信息提供的来源，因为警察搜查会泄露他们的身份。

drince-lean n. 〈撒克逊〉酒税 撒克逊时期的佃户[tenants]针对供给封建领主或其管家享用的酒而交纳的特别税。

drinclean (= drince-lean)

drinkham (= drince-lean)

drink-lean (= drince-lean)

drip n. 檐水滴落（⇨eaves-drip）

drip rights 檐滴承溜权 屋顶的雨水可经屋檐滴落到邻人土地上的一种地役权。（⇨eaves-drip）

drive-in n. 〈美〉免下车服务处 通常设在路边的为坐在车中的顾客提供服务的银行、餐馆、电影院、糖果店、冰激凌自动售货机等服务设施。

drive-in theater 〈美〉露天电影院；露天剧场 供坐在车中的观众欣赏电影或表演的场地。

drive-it-yourself cars 租赁汽车；（租车人）自驾汽车 通称出租或租借汽车[rental or leased cars]。指汽车所有人作为常规的业务提供租用的汽车，并不提供司机，而是由租车人自己驾驶。

drive-it-yourself system 汽车租赁业；自驾汽车出租业 仅出租汽车但不提供司机的租车行业。（⇨renting automobiles）

drive other cars clause 驾驶其它汽车条款 汽车责任保险单中的条款，对使用保险单中所列汽车以外的其他汽车的记名被保险人予以保障。

driver's license （机动车）驾驶执照 由政府颁发的准许驾驶机动车的执照。通常为取得此执照须经书面考试及驾驶考试。

driving under the influence of alcohol or drugs/ D.U.I. 在酒精或药物影响下驾车（罪）（⇨driving while intoxicated）

driving while intoxicated/D.W.I. 〈美〉醉酒驾车 在醉酒状态或致幻药物影响下驾驶机动车辆的一种刑事违法行为。这种违法行为并不要求表现出完全的醉酒，各州法令详细规定了被认为醉酒者血液中酒精含量的标准，多数州将法定限度定为0.08%。刑罚也各不相同，例如，密西西比州[Mississippi]的最高刑为500美元罚金和6个月监禁刑；而纽约州的最高刑则为500–5 000美元罚金和4年监禁刑。（⇨blood alcohol count; blood test evidence; breathalyzer test; drunk-o-meter; field sobriety tests;

intoxilyzer; intoximeter; sobriety checkpoint; operation of motor vehicle while intoxicated行驶

drofland n.〈撒克逊〉采邑通行费(= driftland)

droit 〈法〉❶权;权利;法律权利 ❷法;法律;法令 ❸公平[equity];正义[justice];道德[morality] ❹(英格兰古法)法律;权利;权利令状 尤指地产权。❺(复)税;关税;海上漂流货物(⇨ jus; Recht; right)
 a.正当(正义、公平、公正、合理)的(= just)

droit administratif 〈法〉行政法 法国的行政法体制建立在这样的原则上,即行政诉讼有权决定政府与个人间产生的争议。

droit-close (英格兰古法)古地令状 古时的一种令状,发给古地保有者之领主,为的是这些保有者、即领主之封臣们的利益。这些封臣是依特许状[charter]以自由继承、限嗣继承、终身保有或寡妇地产权等方式保有上述古地的。

droit common 普通法;习惯法;不成文法[common law]

droit coutumier 普通法[common law];习惯法

droit d'accession 〈法〉加工物所有权 指利用他人的材料,加工制作成新的物,从而取得该物所有权。相当于罗马法的加工[specificatio]。(⇨ specificatio)

droit d'accroissement 〈法〉(共同继承人或共同受遗赠人的)增添权 在共同继承人[coheir]或共同受遗赠人[co-legatee]的一方拒绝或不能取得其利益时,另一方在继承中享有的取得双方全部利益的权利。(⇨ survivorship)

droit d'ainesse 〈法〉长子继承权;生来就有的权利;与生俱来的权利

droit d'angarie 〈法〉(国际法)战时非常征用权 交战国所拥有的一种权利。据此,交战国为进攻或防御目的,对于在本国、敌国或公海上发现的中立国的财产[neutral property]可以使用或毁坏,但对财产所有人负有赔偿的义务。这项权利由德国人于1870年为堵塞塞纳河[Seine]时,扣留并沉没了一些停泊在该河上的英国船只时所主张;1918年,英国和美国政府为了对德国作战,也引用这一权利占有了许多停靠在英国和美国港口的荷兰[Dutch]船只。(⇨ angary)

droit d'aubaine (法国古法)外国人遗产没收权 1819年以前法国国王和政府享有的一种权利。据此,在法国不享有特别豁免权的外国人死亡时,法国国王和政府有权将该人位于法国的所有动产和不动产收归国有。(⇨ jus albinatus)

droit de bris (法国古法)对失事船舶享有的权利 法国某些海滨地区享有爵位的领主主张的、对因船舶失事而在海上漂流的财产和人员予以没收或征用的权利。

droit de corvees 〈法〉对封建役务[corvees]享有的权利

droit de déshérence 〈法〉(领主、国王、国家的)归复财产取得权[right of escheat]

droit de détraction 〈法〉遗产出境税 对将通过继承或遗嘱处分所得之财产从一国转移到另一国时所征收的税金。(⇨ duties of detraction)

droit de garde 〈法〉(封建法)监护权 国王对未成年的贵族侍臣[noble vassal]的财产和人身的监护权。

droit de gite 〈法〉(封建法)御用膳宿权 在国王领地内拥有土地的臣民[roturier]有向巡行的国王及其随行人员提供膳宿的义务。

droit de greffe (法国古法)鬻职权 法国国王出售与保管法院案卷[judicial records]或公证行为[notarial acts]有关的各种职位的特权。

droit d'eignesse 〈法〉最长者的权利 相当于英文的 right of the eldest。

droit de maitrise (法国古法)独立从业费 在商业行会或同业公会[commercial guild or brotherhood]中学徒期满的人请求在该行会或公会独立从业时向王室交纳的费用。

droit de naufrage 〈法〉对失事船舶及船员的处置权 拥有海岸的封建领主或国王所享有的占有失事船舶的残骸以及将该船船员处死或卖为奴隶的权利。

droit de passage 〈法〉通行权

droit de prise 〈法〉(封建法)皇室家用消费品的赊购权 臣民有在一定时期内向皇室赊销某些家用消费品的义务。

droit de quint 〈法〉(封建法)采邑(所有权)转移费 贵族侍臣[noble vassal]在其采邑[fief]的所有权转移时向国王交纳的费用。

droit de seigneur 〈法〉初夜权 欧洲中世纪封建领主享有与其附庸[vassal]的新娘共度第一夜的权利。有证据表明在某些原始部落里曾有过这样的权利。但在欧洲这种权利存在的唯一证据是附庸可以交一笔钱作为替代。它可能仅是一种类似于为避免领主为其择妻而由附庸交纳的一种税金。

droit des gens 〈法〉万国法[law of nations];国际法[international law] 原意为人民的权利。

droit de suite 〈法〉❶追及权 指债权人对处于第三人手中的债务人财产进行追索以实现其债权请求权的权利。类似于英美法的停止交付权[stoppage in transitu]。❷(版权法)(作品)追续权 该项权利为法国、意大利和德国法律所承认,是指艺术家有权从美术作品[work of art]的后续销售收入中参与分配。其目的是使艺术家对美术作品再销售中随时间而增值的部分获取金钱收益。美术作品原件每销售一次,艺术家均依法有权获得一笔版税[royalty],数额据再销售收入的一定比例确定。在美国版权法中未规定作品追续权,但1977年《加利福尼亚州再销售版税请求法》[California Resale Royalties Act]规定在该州适用作品追续权。只要出卖人在加州居住或销售行为发生在加州,则无论美术作品原件在何时进行再销售,出卖人均应将售价超过1 000美元的5%支付给艺术家。

droit d'execution 〈法〉代售证券权 该词有两种含义:①证券经纪人[stockbroker]在其客户拒绝接受为之代购的证券时,将所购证券代销出售的权利;②证券经纪人为担保其依照客户指示行事而付款,将委托人寄存的证券出售的权利。

droit-droit (= dreit-dreit)

droit écrit 〈法〉❶成文法 ❷(罗马法)国法大全(⇨ Corpus Juris Civilis)

droit international 〈法〉国际法[international law]

droit maritime 〈法〉海商法[maritime law]

droit moral 〈法〉(作者的)精神权利 英文形式为 moral right。它在欧洲大陆法系国家的著作权法中均有明确规定,源于欧洲关于"艺术完整性"[artistic integrity]学说,即艺术家有权阻止他人未经其许可而改变其作品。这是一种基于艺术家与社会、艺术家与其作品之间的关系而产生的非金钱性权利。一般而言,精神权利包括三种:①发表权与确定作者身份权(包括署名权)[right of attribution and paternity];②保护作品完整权[right of integrity];③收回权[right of withdrawal]。英美法国家版权法中原未直接规定作者精神权利,现有所改变。

droit naturel 〈法〉自然法[law of nature]

Droit ne done pluis que soit demaunde. 〈法〉法律的援助不会超出请求的范围。

Droit ne poet pas morier. 〈法〉权利不会死亡。

droits civils 〈法〉民事权利[civil rights];私权[private rights]

Droits of Admiralty 〈英〉海军特权;海军(夺获敌国财产)权 旧时海军事务大臣[Lord High Admiral]根据王室特许有权扣留所有在公海上发现的弃船和无主物,以及在英国港口发现的或由未经特许的船舶捕获的敌船或敌货和一切漂浮投弃的货物。上述财物如无人对之主张权利,则由海事法院宣告为海军依法夺获的财产。现在依照王室年金[Civil List]的规定,任何根据海军特权获得的财产均应解缴财政部[Exchequer]。对海军夺获的财产依1894年《商船法》[Merchant Shipping Act]的规定处理,被没收的财产拍卖后其收益上缴王室。

droits of the Crown 〈英〉皇家捕获权 英国王室早期赋予捕获者[captors]取得其在海上捕获的船舶和财产的权利。

droitural 〈法〉权利的;所有权的;关于权利的 它主要与物的占有[possession]相对,故对物诉讼[real action]可分为权利诉讼[droitural action]与占有诉讼[possessory action],于前者原告请求回复其财产权,于后者原告则请求恢复其对物的占有。

droitural action 权利诉讼 为失去土地占有权和所有权的原告提供的收回土地的诉讼。(⇨droit-droit)

dromones n. ❶大型载重船 ❷军舰

dromos (= dromones)

dromunda (= dromones)

drop v.〈英〉对命令搁置 当法庭成员对当事人针对暂时裁定[rule nisi]所提出的理由持赞成和反对意见的人数相等时,便不作出裁决,亦即该裁定既不被撤销,也不能成为绝对的裁定[rule absolute],这时该裁定即被搁置。

drop-letter n. 本地收寄信件 寄发地和收取地均在同一城市或地区的信件。

dropout father 不能继续履行抚养义务的离婚父亲 指抚养判决[support order]的作出以父亲当时的收入水平为根据,但父亲在离婚后不能保持先前的收入水平,以致不能继续履行抚养义务。如果其标准是可能收入而不是实际收入,则必须作出事实的认定,认定该父亲忽视了父亲的责任,未能尽其能力去挣钱。

drop shipment delivery 直接运交;直接发货 指批发商向制造厂商采购之货物不经该批发商而直接运交零售商或消费者。

drop shipper 安排直接发货的批发商

drouly fund 〈英〉供支付军官遗孀年金之用的基金

drug n. ❶药;药品;药材;药剂 ❷麻醉药品;麻醉剂;成瘾性致幻毒品(⇨Controlled Substance Acts; Food, Drug, and Cosmetic Act; narcotics)

drug abuse 滥用毒品 因反复吸食毒品导致的长期或定期的有损于个人及社会的中毒状态。美国许多州将自愿、习惯、大量的吸食毒品的情形作为离婚理由之一。(⇨addict; drug dependence)

drug addict 吸毒成瘾者;瘾君子 未遵医嘱,习惯性吸食或使用有害药物的人。吸毒对对人有害或致使不能控制自己的行为或不能处理相关事务,若期望其正常情感或其同居生活将是不合理的,因此,吸毒可作为离婚理由;因吸毒导致犯罪活动的行为人的刑事责任依醉酒情况认定处理。(⇨addict; drug abuse; drug depen-dence)

drug courier profile 〈美〉贩毒者形迹特征 禁毒机构[Drug Enforcement Agency/D.E.A.]用以表示毒品犯罪嫌疑人的一系列大致特征,包括:①使用小额现金买票;②短期往来于主要的毒品输入中心;③没有行李或使用空衣箱;④神经紧张;⑤使用化名。具有这些特征的人可能会携带走私毒品,但并不能成为逮捕的充分根据。

drug dependence 毒瘾(⇨addict)

drugging animals 〈英〉对动物使用药物 1876年《动物药物法》[Drugging of Animals Act]规定,恶意对动物,尤指马及赛马,使用有毒药物是犯罪行为,应处以罚金或监禁。该法被1911年《动物保护法》[Protection of Animals Act]所取代。1954年《动物保护法》要求给动物带来疼痛的手术须在麻醉状态下进行。

druggist n. ❶药商 须有执照以示已取得从业资格。❷非合成药品(植物的、动物的或矿物的)销售商 ❸药剂师 须经教育与训练而被认为合格。(⇨chemist)

druggist's liability insurance 药剂师责任险 对药剂师操作失当、差错和错误导致病人的伤害或疾病所应负责任提供的保险。

drugless healer 不借助药物的治疗者 使用手法操作、调节校正、教学示范或电疗或任何相似的方法对人体的疾患、疼痛、缺陷、残疾进行治疗的人。

drugless therapeutics 无药疗法 为建立身心的正常状态而用来刺激人的生理和心理反应[physiological and psy-chological action]的治疗方法,诸如水疗法[hydrotherapy]、营养法[dietetics]、电疗法[electrotherapy]、放射疗法[radi-ography]、环境卫生[sanitation]、暗示[suggestion]或机械或人工技法,绝不包括施用内服药物。

drumhead court-martial 战地(简易)军事审判

drummer n. ❶鼓手 ❷旅行推销员 只带样品,不携商品,亦不作交付。主要是使零售商来向批发商定货。

drungarius n. ❶(欧洲古法)士兵队长 ❷海军中校

drungus n.(欧洲古法)一队士兵

drunk driver trap (= sobriety checkpoint)

drunkenness n. 醉酒;习惯性醉酒(⇨intoxication)

drunk-o-meter n. 醉酒测量器 用来对某人的呼吸进行化学分析以测量该人血液中的酒精含量并借此断定该人是否醉酒或其醉酒程度的仪器。检验结果用作对醉酒驾车的起诉依据。(⇨blood alcohol count; breathalyzer test; driving while intoxicated; field sobriety tests; intoxilyzer; in-toximeter)

dry n.〈美〉主张禁酒者;禁酒主义者 主张通过立法及严格执法禁止含酒精饮料的交易的人。

dry-craeft n. 巫术;魔法 旧时基督教教会或政府官员对"超自然现象"的贬称。行巫者往往遭到搜捕、审判,甚至火刑。

dry exchange 虚假交易;名义上的交易 交易双方伪装均进行了交易,而实际上只是实行单方交付。

dryfland n. 采邑通行费(= driftland)

dry hole agreement 干井协议 油井钻探资助协议。根据该协议,当钻出不出产油气的干井时,资助方同意以现金换取地质或钻探资料。

dry hole clause 干井条款 油气井租约中的一个条款,规定了在承租人钻出一口不产油气的干井后,为使原租约能在剩余的时期内继续有效,承租人必须履行的义务,如支付延期租金[delay rentals]等。

dry law 〈美〉禁酒法;禁酒令 禁止制造、销售及以其他方式处置致醉酒类的制定法。

dry mortgage 有限责任抵押 指在不动产上创设的一种担保,但其未对抵押人[mortgagor]设定任何个人责任[personal liability],即抵押人的担保责任以抵押财产的价值为限,对超过部分的债务不承担担保责任。

dry multures 干碾磨税 以金钱抑或碾过或未碾之谷物等形式交纳的碾磨税。(⇨multures)

dry receivership 名义上的破产管理 指没有任何可用来偿付一般债权人的财产以供管理的破产管理。

dry rent 无扣押担保的租金 该租金的支付不通过扣押违约承租人财产的方式,而仅凭一般合同条款实现。

dry state 〈美〉禁酒州 禁止出售酒精饮料的州。

dry territory 〈美〉禁酒地 因当地的抉择禁止销售酒类的县[county]或更小的政治区划。

dry trust 消极信托;名义信托 在这种信托中,受托人只单纯持有信托财产的所有权而实际由受益人支配该财产;或者受托人只单纯将信托财产的所有权转让给受益人而不负有其他任何义务。该词等同于 passive trust 和 naked trust。

D.S. (= Department of State)

d.s.b. (= debitum sine brevi)

d.s.b. judgment 〈拉〉(= judgement debitum sine brevi)

D.S.P. (= decessit sine prole)

D.S.T. (= daylight saving time)

D.T. (= delivery time)

DTC (= depository transfer check)

dual agency 双重代理;双方代理 一人同时代理交易双方当事人的行为。若不向双方披露,难免受责。

dual capacity doctrine 双重身份理论 关于雇主侵权责任的一种理论。一般情况下,雇主以雇主身份给雇员造成的侵权损害可以通过劳工赔偿法[workers' compensation law]的专门救济而得以避免责任;但如果雇主以雇主身份以外的另一种身份对雇员造成了损害,则不能免除雇主的责任。因该第二重身份又赋予他独立于雇主身份所承担的责任之外的另一责任。

dual citizenship ❶双重国籍 指一个人同时具有两个国家的公民身份。❷〈美〉双重公民身份 指出生于美国或归化于美国的人,既是美国的公民,又是其所居住的州的公民,因而拥有双重公民身份。

dual court system 〈美〉双重法院体系 美国联邦法院和州法院相互平行,互不隶属。

dual distributor 双渠道销售商 同时向供销环节中两个不同销售平面的购买者销售货物的商行,例如同时直接向批发商和零售商销售产品的制造商。

dualism n.二元论 关于国际法[public international law]和国内法[municipal law]之间的一种理论。该理论与一元论相对立,认为国际法与国内法是不同的法律秩序,两者均无权创设或改变对方的规则。国际法调整主权国家为主要主体的国际关系,国内法则调整主权国家内部个人之间、个人与国家之间的关系。按照该理论,尽管一国国内法可能规定在其管辖范围内,国际法在一定程度上可以适用,但这不是顺从国际法,而是采纳国际法或适用与国际法规则相同的国内法规则。二元论倾向于实在法学派[positivists]的理论。这一学派的学者否认非经国家制定的法律的效力,亦即否认国际实践以外的国际法渊源的效力。在此种理论指导下,有些国家规定国际法必须经过特别的程序纳入或转化才在国内具有法律效力。

dualist n.二元论者(⇨dualism)

dual jurisdiction 双重管辖权 外国人所在国及其本国对该外国人同时具有的管辖权。

dual listing (证券)双重上市;双重挂牌 同一证券在两家证券交易所上市。(⇨listing)

dual nationality 双重国籍(⇨dual citizenship)

dual purpose doctrine 双重目的原则 确定因公务外出的雇员是否处于雇佣过程中的一个原则。如果由于工作性质的需要,需要雇员外出旅行,当该雇员在外出执行工作任务时,即使外出符合其个人目的,也应被视为处于雇佣过程中。因此,在该外出过程中雇员受到的损害应按雇佣过程中的损害处理。

dual-purpose vehicle 〈美〉两用运载工具 客货两用车。按美国1960年《道路交通法》[Road Traffic Act],该车指一种在车厢两侧增设玻璃窗的大货车,即使这些玻璃窗因窗中镶嵌的木料而变得模糊不清。

dual sovereignty 〈美〉双重主权 双重主权从本质而言是联邦主义[Federalism]的别名。是指联邦政府和各州在宪法所授予的权力范围内都是主权者。尽管州主权有时看起来只是华而不实的词藻,但为对抗国家立法的中央集权,法院仍继续发挥其作用。双重主权也说明了州法院比美国最高法院更注重刑事被告人的保护这看似异常而实为必要的原因。同样,双重主权也认为联邦和州对同一行为先后指控并不一定违反禁止双重追诉[double jeopardy]的原则。

dual sovereignty doctrine 〈美〉双重主权理论 指美国联邦和美国各州可以在同一事项上均享有合法利益的理论。该理论认为,联邦和州对同一行为先后起诉并不一定违反宪法禁止对同一罪行双重追诉[double jeopardy]的规定。

duarchy n.二元政治;双头制 由两名统治者共同执政的一种政治形式。

Duas uxores eodem tempore habere non licet. 〈拉〉同时拥有两个妻子是非法的。

Duas uxores eodem tempore habere non potest. 〈拉〉一名男子不能同时拥有两个妻子。

dub. (= dubitatur)

dubii juris 〈拉〉值得怀疑的权利或法律的…

dubitante 〈拉〉持怀疑态度 在判例汇编[law reports]中,该词常附于法官姓名之后,表明其对已作出的判决有怀疑,但不肯定它是错的。

dubitatur/dub. 〈拉〉值得怀疑的;可疑的 常用于判例汇编中表明某一法律点[point]是有疑问的。

dubitavit 〈拉〉怀疑的;疑惑的;不信的(⇨dubitatur)

ducat n.杜凯particularly 古欧洲一种金币,在许多国家通用,在不同国家其价值不同。

ducatus n.(封建法)(英格兰古法)公爵领地;公爵爵位

duces tecum 〈拉〉随身带来 某种令状的名称,其中最常见的是"携证出庭传票"[subpoena duces tecum],要求受传唤者携带可作证据的文件或其他物件到庭,供法庭运用或审查。

duces tecum licet languidus 〈拉〉即使生病,也要带其出庭 指法院在退回传票的犯人因病不能出庭时对郡长[sheriff]发出的令其将生病的囚犯带到法庭听审的一种古老令状,现已废弃不用。

duchy n.公爵领地;公国(⇨duke)

duchy court of Lancaster 〈英〉兰开斯特公爵领地法庭 以前由兰开斯特公爵领地的枢密大臣[Chancellor]或其代表主持的一个处理该领地内有关衡平及税收事务案件的

法庭。它采用与衡平法庭[Chancery Court]处理衡平案件时相同的程序,所以它不是存卷法院。衡平法庭与它有并存的案件管辖权。另外,它不同于巴拉郡领地的衡平法庭[Chancery Court of the County Palatine]。1835年以来它就一直没有开庭,但并未被正式取消。(⇨duchy of Lancaster)

duchy interest 公爵领地的利益

duchy of Lancaster 〈英〉兰开斯特公爵领地 指那些以前属于兰开斯特公爵们的土地。亨利七世时国王开始领有这一部分土地,直到今天仍为国王以公爵领地的名义领有。它与兰开斯特巴拉丁郡领地[county palatine of Lancaster]不同,它不仅包括后者,还包括其它地方,如伦敦的萨弗依[Savoy in London]和威斯敏斯特附近的一些土地。该领地由领地枢密大臣管理,设有兰开斯特公爵领地法庭。

Ducitur in absurdum. 〈拉〉被引入荒谬。

ducking stool (英格兰古法)漫水刑凳 17世纪初到19世纪初用以惩罚泼妇、巫婆和娼妓的刑具。犯人坐在木椅中,用铁链条把椅子固定在水边或河边的一根长杆的一端,由治安法官宣布将犯人投入水中的次数。此外尚有其他一些方式使犯人浸水。(⇨castigatory; cucking-stool)

ducroire 〈法〉保证;保证人;资力保证;资力保证人(⇨del credere; guaranty; guarantee)

due a. ❶(债款等)到期应支付的 due 一般指一种确定的责任或义务,在没有上下文背景的情况下,可能指债务或其它权利请求已到期并具有执行力,或者应在过去某一时间支付但尚未履行,或者已确定支付的日期但尚未到期。通常 due 专指第一种情况,第二种情况下用 overdue,最后一种情况用 payable。 ❷正当的;适当的;合理的 ❸应有的;应得的;应受的
n. 应得物;应得权益

due allowance (贷款利率的)适当折扣 在贷款所融通的贸易利润下降时,根据协议给予一定的利率折扣。这种利率钉住利润的做法较难操作。

due and proper care 应有和适当的注意

due and reasonable care 应有和合理的注意 指合理谨慎人[reasonably prudent man]在相同或相似情况下都会给予的注意。(⇨due care)

due attestation 充分的证明;合理的证明(⇨attest)

due-bill (= IOU)

due care 应有注意;适当注意 具体情况所要求的正当、合适和充分的注意。一个通情达理的人[reasonable person]或普通谨慎的人[ordinary prudent person or man of ordinary prudence]在相同或相似情况下将会给予的注意。它与"合理注意"[reasonable care]或"一般注意"[ordinary care]同义。(⇨due diligence; reasonable care)

due compensation 公正的补偿;适当的补偿;应给予的补偿 常用于国家征用法[law of eminent domain]中,指国家对被征用财产的所有人所应给予的、相当于被征用财产的价值及因征用而造成的实际损失的补偿。(⇨just compensation)

due consideration ❶适当的考虑 对某项事实给予根据其具体情况所应获得的注意和重视,它包含酌情处理权。 ❷适当对价 它在合同法上被认为是充分对价[sufficient consideration]。

due course 正当过程;正常过程(⇨holder in due course; payment in due course)

due course holder 正当持票人;合法持有人(= holder in due course)

due course of administration 正当的遗产管理程序

due course of justice 正当司法程序(⇨due process of law)

due course of law 正当法律程序(⇨due process of law; law of the land)

due course payment (票据的)按期支付(⇨payment in due course)

due date 债的履行日;付款到期日 指依约定条款,本票或其他债务的支付或履行之日。

due diligence ❶应有的注意;适当的注意 ❷目标的持续性与坚定性 为在合理的时间内完成某一事项所作的刻苦努力。一个理智时又谨慎的人为否定过失或共同过失而在此情况下所作的努力。 ❸(当事人为了迫使证人出庭所作的)合法而适当的努力(⇨due care; reasonable diligence; diligence)

due in advance 利息预付 在贷款合同中规定贷款利息应预先支付的条款。

due influence 适当的影响;正当的影响 指通过劝说、争论或感化等方式施加的影响。(⇨coercion; duress; undue influence)

duel n. 决斗 两人或多人之间在事先约定的时间和地点,按照事先约定的条件和规则,使用致命武器进行的争斗,作为司法裁决的替代形式。中世纪初在欧洲广为采用司法决斗形式审理案件。司法决斗的程序规定得很详细,并要求有法官、法庭人员及宗教高职人员在场。司法决斗在11世纪由威廉传入英国。约从15世纪开始,出现名誉决斗。但英国直到16世纪后期才开始有决斗,18世纪最为普遍。19世纪法国有政治决斗。法国大学中有学生决斗。从法律的观点看,决斗或许是一种犯罪行为。19世纪经常有决斗者被审判,甚至被判处死刑。现代英国法律没有明确规定决斗是犯罪,但是挑起决斗是一种犯罪,使用武器主动争斗构成互殴罪。在公共场所决斗更是一项罪行。如果在决斗中杀伤他人,则定为谋杀、杀人未遂或非法伤害罪。

dueling n. 决斗(⇨duel)

duello n. ❶决斗(术) ❷决斗规则

duellum n. 决斗裁判(⇨battel)

due negotiation 正常流通 根据美国《统一商法典》[U.C.C.]第7-501条的规定,它指流通权利凭证[negotiable document of title]的转让,并使受让人[transferee]取得凭证与货物,而免受针对出让人[transferor]的可强制执行的请求。正当流通属善意买受[good faith purchase],除非派生所有权原则[doctrine of derivative title]适用于权利凭证。

due notice 充分的合法的通知 合理地希望被并且有可能被特定的个人或公众知晓的通知。关于什么才算是充分合法的通知,一般并无固定的规则,应由法官根据每一案件的具体情况裁量确定。

due-on-encumbrance clause 再抵押加速到期条款 抵押协议中的条款。据此,在抵押人未经抵押权人同意将抵押的不动产再抵押给第三人时,抵押权人有权要求抵押人提前偿还抵押债务。

due-on-sale clause 〈美〉出售加速到期条款 抵押协议中的条款。据此,当抵押人出售其所抵押的不动产时,贷款人有权宣布贷款加速到期,要求抵押人立即偿还贷款。这种做法是为了防止其后的购买者以低于现时市场利率

的条件承担现存的贷款。美国联邦最高法院曾在其判决中承认该条款的有效性。

due process　正当程序；正当法律程序　due process of law 常用的缩略形式。(⇨due process of law)

due process clause　〈美〉正当法律程序条款　指规定在美国宪法中的两个正当法律程序条款，一个是适用于联邦政府的第五条宪法修正案，另一个是保护个人不受州行为侵害的第十四条宪法修正案。美国大多数州宪法中也有类似条款。(⇨due process of law)

due process of law　〈美〉法律的正当程序　正当程序是个多义的宪法概念，既指法治、法律程序的公正，也指一项基本权利。该词首先见于1354年英国议会重申《大宪章》[Magna Carta]的一项制定法中，它指如果不遵循既定的法律规则，英王不能占用公民的财产、对其进行监禁或将其处死。正当法律程序意味着程序的存在——一个人不先经过审判，不能被处死。这种观念经过几百年的发展，从英国传入美国，其内涵已融于《权利法案》[Bill of Rights]之中——聘任律师权、由陪审团审判权、不得自证其罪等。其他的一些权利也只有通过正当法律程序这个概念才成为美国宪法权利的一部分，比如程序的正式性[regularity]和公正性。在1787年之前，各州宪法并未使用该词。当詹姆斯·麦迪逊[James Madison]提议将其写入1791年批准的第五条宪法修正案[Fifth Amendment]——"非经正当法律程序，不得剥夺任何人的生命、自由或财产"时，正当法律程序终于成为美国宪法体制的一部分。最初正当法律程序条款[Due Process Clause]被认为仅仅适用于联邦政府，而且在许多方面明显多余，因为《权利法案》中的确已包括了不少程序保护内容，这些程序保护已激励战争中的自由主义者去捍卫基本的公民自由。直到1856年美国最高法院才援引该条款审理了一起案件，在该案中美国最高法院认为国会不能随意创制它所希望的程序规则，法院应遵循英国早在几百年前已为人所知的既定的程序模式，但这一限制没有持续多久，美国最高法院很快脱离其他宪法规定和英国法律传统，转向依正当法律程序条款来控制不公正的法。这个发展很大程度上是1868年含有适用于各州的第二个相同的正当法律程序条款的第十四条宪法修正案通过的结果。最初，第二正当法律程序条款被用来作为反对州经济立法的挡箭牌。在1873年之后的25年里，美国最高法院在正当法律程序的法律含义上又进行了一场革命。从1884年开始，美国最高法院就宣称"专横的权力…不是法律"。美国最高法院迅速把正当法律程序又解释为对有关调整经济活动的联邦和州政府权力的实质性[substantive]限制。大约从19世纪90年代到20世纪30年代中期的40年中，美国最高法院在并不完全一致的经济正当法律程序[Economic Due Process]的旗帜下废除了大量的州和联邦法律。尽管从同一时期开始，美国最高法院曾暂时承认正当法律程序也有其他方面的内容。如：①正当法律程序并没有失去其早期程序公正的含义；②正当法律程序不仅保护经济和财产利益而且也保护非经济性自由。随时间推移，这些原则将在宪法法理上引起另一场革命。今天，经济正当法律程序几乎已经绝迹。自19世纪后期发展起来的侧重于强调权力的合理行使的实质上的正当程序[substantive due process]适用范围有限，主要限于私人利益的保护而且也受到了攻击。而程序上的正当法律程序[procedural due process]则是主要成果。程序上的正当法律程序要求政府行使权力的方式方法符合最基本的公平，其根本要件是：听证的权利、对待决案件的知情权、根据有关情况在沉默或争辩间作出抉择的自由以及在相应的裁判机关陈明其抉择理由的权利。在刑事司法中，正当程序的概念主要体现在刑事诉讼中被告人享有一系列的权利及对公正审判的要求，当然这些权利和要求已经由最高法院判例而得以扩展，包括及时通知被告人就其受指控的罪目举行听审，被告人有机会在公正的陪审团或法官面前提供对自己有利的证据并与指控者对质，无罪推定，在诉讼的早期阶段被告知享有的宪法性权利，反对自我归罪，在诉讼的任一关键阶段能够获得律师的帮助，不因同一罪行而受到两次追诉等。

due process rights　〈美〉正当程序权利　指要求遵循公平与正义的正当程序标准[due process standards of fairness and justice]具有根本性的所有权利，即公民享有的对抗危及剥夺其生命、自由和财产的政府行为的程序上和实体上的权利。(⇨due process of law)

due proof　充分的证明　指足以支持某一结论的证明。在保险单的规定方面，该词意指已经合理证实的事实陈述如经法庭认可，即可初步[prima facie]要求对索赔予以支付，而不是指保险人所任意要求的某种证明力。

due proof of loss　对损失的充分证明　指送到保险单所要求的合理的且令人满意的证明。即具备形式上合法的证据，且足以说明所述事实的真实性，并显示了保险人对损失同意给予赔付之事件的发生情况。

due publication　适当的公布　符合法定形式和时间的公布。

due regard　应有注意；适当注意(⇨due consideration)

due regard for the safety of others　对他人安全的应有注意(⇨due care)

dues　n.❶应付款；费用；税款　❷(协会、社团、团体、成员的)会费　❸(罕)契约义务；侵权责任

due to conditions of employment　(伤害等)因雇佣环境所致　雇员赔偿制定法中的用语，用以强调雇佣与伤害之间的必然因果关系。

D.U.I.　(= driving under the influence of alcohol or drugs)

duke　n.公爵　欧洲的一种贵族称号，通常仅次于国王或亲王。罗马帝国的公爵[dux]起初仅有军事职能，后获得民事职能；法兰克帝国的公爵[duces]则作为重要的民事、军事长官出现。加洛林王朝时，公爵及其领地独立性增强。法国、德国、西班牙、葡萄牙、意大利都有许多著名的公爵和公国。在英格兰，公爵的产生始于1337年爱德华三世封其子"黑太子"[Black Prince]为康沃尔公爵的事实，在苏格兰则始于1398年罗伯特三世对其子的分封。从那时起，公爵就成为英国最高的贵族爵位，地位仅次于皇族、大主教和御前大臣。公爵受封时并不同时都有封赠的封地。公爵一般也可以同时兼受较低的贵族爵位。其长子、长孙在其生存期间则接受较低的两级封号即侯爵[marquis]与伯爵[earl]爵位，其幼子及女儿则接受礼仪上的勋爵[lord]和贵妇人[lady]的称谓。(⇨peer; nobility)

Duke of Exeter's Daughter　〈英〉"埃克斯特公爵之女"　15世纪在伦敦塔[Tower]中一种类似拉肢刑架的拷问刑具，由亨利六世的大臣埃克斯特公爵引入英国，并由此而得名。

Duke of York's Laws　《约克公爵法律汇编》　1665年为纽约殖民地政府编纂的法律汇编。

dulocracy　仆人统治　其仆人和奴隶享有过多特权以至于实际统治的政府。

duly adjudged　依法判决的　对诉讼标的和当事人都有管

duly authorized agent 正当授权代理人 经明示或默示授权,于特定场合从事代理行为的人。

duly negotiated 正当流通;正当转让 ①根据美国《统一流通票据法》[Uniform Negotiable Instruments Act]第30条的规定,它是指商业票据[commercial paper],以使受让人成为正当持票人的方式和形式进行的转让;②美国《统一商法典》[U.C.C.]第7-501条亦规定了流通权利凭证的正当流通。(⇨due negotiation)

duly ordained minister of religion 依教规任命的牧师 依据被承认的教堂、教派或教会组织的仪式、圣礼和教规所任命的牧师,该牧师通常要负责宣讲教义和主持礼拜仪式等。

duly performed 完全履行;适当履行 等同于充分履行[fully performed]。在合同之诉中,一方当事人多辩称其已"完全履行"合同义务,以使其处于有利地位。而疏漏"完全地"[duly]一词,则可能对其有致命的影响,同样,以"实质性地"[substantially]替代"完全地",则被认为不是充分履行。

duly qualified 完全有(担任官职的)资格的;完全符合(担任官职的)条件的 指该官员必须具有所需的各项资格,在就职前即应在各方面适合各项要求,且须宣誓拥护宪法并忠诚履行职责。

duly recorded (文件等)经适当登记的;依法有权被登记的 不仅指已入档并载入登记簿类的,而且还指该文件在形式与实体上都是有法律依据而登记的。

duly sworn 已经正当宣誓的 指已在有权主持宣誓的官员面前,按法律要求的方式作了宣誓。

dum 〈拉〉只要;长达…;达…之久;就…;尽;直到…;至于…;如果…;假如…;以…为条件;在…条件下

dumb a. ❶哑的;不能说话的 ❷没有发言权的 ❸(美俚)笨的;愚蠢的

dumb-bidding n. 秘密标价;不公开标价 在拍卖品价格已预先秘密确定的拍卖中的竞投标价,如该标价低于预定价格,拍卖人[auctioneer]将予以拒绝。

dum bene se gesserit 〈拉〉(官员)在忠诚服务、行为良好期间 此词语适用于不能任由君主等予以撤职的任职者。指任职期限不依赖于指派他的当权人物的好恶,亦不限于有限的期限,而是终结于其死亡之时或任职者的渎职之时。所以英国高等法院法官不能随便被免职,必须经议会两院提出。(⇨durante bene placito; quamdiu se bene gesserit)

dumboc 《阿尔弗雷德大王法令集》(=Dombec; Domebook)

dum casta clause 〈拉〉贞居条款 夫妻分居协议[separation agreement]中规定丈夫仅在妻子贞居期间向其支付抚养费的条款。

dum casta vixerit 〈拉〉在她贞居期间(⇨dum casta clause)

dum fervet opus 〈拉〉工作进行期间;交易进行期间;行为持续期间

dum fuit infra aetatem 〈拉〉(英格兰古法)恢复幼年让渡之地产令状 直译为:在他未成年期间。以前的一种进占令状[writ of entry],用以恢复出让人在其年幼时期让渡出去的地产。他死后,其继承人享有同种救济。此制已由1833年《不动产时效法》[Real Property Limitation Act]所废。

dum fuit in prisona 〈拉〉(英格兰古法)恢复监禁期间让渡之地产令状 直译为:在他被监禁期间。指向某人颁发的用以恢复因其被监禁而不得已让渡的地产的令状。

dum fuit non compos mentis suae, ut dicit 〈拉〉如其所说,他处于心智不健全期间 土地或房产出卖人或其继承人为恢复其本人或被继承人在心智不健全期间让渡的土地或房产,可请求颁发令状,以返还财产。此时,他可以辩称,他本人或被继承人在让渡当时处于心智不健全期间。

dummodo 〈拉〉假如…;以…为条件

dummy n. 挂名者 为他人利益,在名义上持有财产或享有法律地位的人,其行为目的在于掩饰实际所有人或权利人的身份。

dummy corporation 虚设公司;挂名公司 为虚假目的而非为任何合法商业目的而组成的公司,如仅以规避个人责任为目的而成立的公司。

dummy director 虚设董事;挂名董事 只为获得担任董事之资格而持有公司股份,但在公司中不享有任何实际利益且不履行任何职责的名义上的董事,这往往是公司进行注册时的权宜之计。

dummy incorporators 〈美〉名义上的公司创设人 最初为符合州公司法形式上的要求而参与创设公司,但在公司成立后即退出该公司的人。

dummy stockholder 挂名股东 为真正的股票所有人的利益而以自己的名义持有股票的人,真正的所有人的名字一般都被隐瞒。(⇨street name)

dum non fuit compos mentis 〈拉〉(英格兰古法)恢复心智不健全期间让渡之地产令状 直译为:他在心智不健全期间。令状名称,指某人在心智不健全期间[non compos mentis]让渡了其地产,其继承人可根据此令状恢复其权利。

dump v. ❶倾倒(垃圾等);抛弃(废物等);丢弃;放弃;倾卸 ❷倾销(商品);(季节性的)甩卖

dumping n. ❶倾销 该词有四种含义:①以极低的价格或几乎不计价格地大量销售货物;②以低于商品的国内市场价格[market price at home]亦即低于其公平价值[fair value]的价格在国外销售商品;③在收获季节大量销售产品(如棉花),加快推销;④在证券交易中,指不考虑价格和市场状况,大量出售证券。 ❷卸货;倾倒(垃圾、煤炭、矿石等)(⇨Dumping Act)

Dumping Act 〈美〉《反倾销法》 关于反倾销的联邦法律。该法要求美国商务部长[Secretary of Commerce]在确定外国商品正在或可能在美国或其他地方以低于其公平价格的价格销售之情事以后,即应通知美国国际贸易委员会[U.S. International Trade Commission/USITC],如果国际贸易委员会确认此种进口对美国同类产品的国内销售造成了损害或损害威胁,则可下令停止这种进口或征收反倾销税。(⇨antidumping law)

Dumpor's Case (英格兰古法)邓普尔案 由该案发展而来的一项规则是:授予土地的条件一经放弃,便将永远无法挽回。

dum recens fuit maleficium (古)罪行刚刚发生 古法中控诉强奸罪的用语。

dum sola 〈拉〉独身期间;未婚期间 在古法财产转让证书中用以表示限制条件的用语。一般也涉及未婚女子于该期间所做或可做之事。

dum sola et casta 〈拉〉(她)在未婚且贞居期间(⇨dum sola)

dum sola et casta vixerit 〈拉〉(她)在独身且贞居期间(⇨dum sola)

dum sola fuerit 〈拉〉(她)在独身期间(⇨dum sola)
dum vidua 〈拉〉孀居期间(⇨dum sola)
dun n.催债;讨债
dungeon n.土牢;地牢
dunio n. ❶相像者;相似物;替身 ❷不值钱的小额铜币
dunnage n.垫舱物料 垫衬于舱底或舱壁以防货物因船体渗水而受损或置于货物之间以防货物彼此碰撞造成损伤的木块、木板等。(⇨ballast)
duodecemvirale judicium 〈拉〉十二人审判;陪审团审判 用于指混合成员的陪审团。(⇨de medietate linguae)
duodecima manus (第)十二只手 指在宣誓断讼审判[trial by wager of law]中的被告和十一名宣誓助讼人[compurgator]宣誓时举起的右手。
duodena n.十二人陪审团 古代案卷中的用语。
duodena manu 十二只手 指证明犯人无罪的十二名证人。(⇨duodecima manus)
Duo non possunt in solido unam rem possidere. 〈拉〉二人不能彼此排他地完全占有某物。
duopoly n.(生产者或销售者的)(卖方)双头垄断 由两家生产者或销售者垄断某一产品的市场的状态。
Duorum in solidum dominium vel possessio esse non potest. 〈拉〉完全的所有权或占有权不能分属于两人。
duosony n.(买方)双头垄断 由两家购买者垄断某一产品的市场状态。
Duo sunt instrumenta ad omnes res aut confirmandas aut impugnandas, ratio et auctoritas. 〈拉〉确认或否认一切事物的手段有二,即理性和权力。
duoviri 〈拉〉〈罗马法〉双人制 指古罗马由两人担任同一官职的制度。在王政改为共和时,最初设置两名执政官[consules],他们享有平等的权力,以便互相监督,彼此牵制而避免一人专断独裁。嗣后因国务发展,又陆续增设助理官[quaestores]、监察官[censores]、市政官[aediles curules]和保民官[tribunus plebis]等各两人。双人制也适用于审理叛逆案件,由执政官或独裁官选任两名法官共同负责审理并同时宣判之。
duoviri juri dicundo 〈拉〉〈罗马法〉(罗马殖民地和地方自治市的)地方行政长官
duoviri perduellionis 〈拉〉〈罗马法〉(古罗马审判叛逆案件的)两名法官
dupla 〈拉〉〈罗马法〉某物物价的两倍;加倍其值
duplex querela 〈拉〉〈英〉(教会法)双重控诉 教会法院的一种诉讼程序,指不服教会常任法官[ordinary]延迟或拒绝授予已被推荐圣职者以圣职,而向该法官的直接上级上诉,由他发出诫谕[monition]要求该法官陈述延迟理由。该诫谕有时也包含一个禁审令[inhibition],责令法官不得悬搁该案件,女王听审该诉讼的特权被1963年《教会管辖法》[Ecclesiastical Jurisdiction Measure]废止。(⇨double complaint)
duplex valor maritagii 〈拉〉〈英格兰古法〉双倍婚价 领主对被监护的封臣子女有权给他们提供相匹配的配偶,如果后者拒绝,则要向领主交纳一笔相当于婚价的费用,该婚价可由陪审团评估。如果封臣子女未经领主同意自行嫁娶,则要向领主交纳相当于双倍婚价的费用。
duplicate n.❶原件复本 指用一定的技术手段作成的与原件内容完全相同,而且通常是与原件同时作成的原件的复本。在原件丢失或毁损时,该复本可以替代原件证据之用,与原件具有同样的法律地位和效力。因此,在这个意义上,它与 duplicate original 同义。在用作证据方面,它与纯粹的副本[copy]不同,后者适用最佳证据规则[best evidence rule],而 duplicate 不适用。 ❷〈英〉御前大臣[Lord Chancellor]颁发的第二份公开令状[letters patent] ❸抄本;摹本;配对物
duplicate bill 副本票据(⇨bills in a set;duplicate bill of lading;duplicate paper)
duplicate bill of lading 副本提单 为给发货人[consignor]或收货人[consignee]提供便利和信息而另行复制的一份提单。按制定法的规定,该副本上应有"副本"字样或类似文字以示该文件并非正本。
duplicate paper 替代票据 用以替代遗失、毁损或残缺的流通票据的票据。(⇨bills in a set)
duplicate taxation 双重征税(= double taxation)
duplicate will 复本遗嘱 立遗嘱人[testator]立下的、分由自己和他人持有的一式两份遗嘱。申请遗嘱检验时,两份遗嘱均须交存遗嘱检验法院的登记处。若要撤销遗嘱则对两份遗嘱均须依法办理。
duplicatio 〈拉〉(罗马法)再抗辩 指被告对原告的反辩[replication]所作的抗辩。在普通法上称为 rejoinder。例如:原告向被告索债,被告辩称借债是实,但原告已写信免除该债;原告反辩免除之事嗣后曾在某证人前,双方协议作废;被告对原告的反辩再提出抗辩,声称此项作废的协议出于原告的欺诈,因此免除有效,自不负清偿之责。(⇨rejoinder)
duplication n.❶复制;复写;复印 ❷复制品;复写品;复印件;副本;复本 ❸重复;加倍;成倍;成双 ❹(海商法)原告针对被告的答辩所作的答辩
Duplicationem possibilitatis lex non patitur. 〈拉〉法律不允许双重的可能性。
duplicatum jus 〈拉〉双重权利
duplicem valorem maritagii 〈拉〉双倍婚价(= duplex valor maritagii)
duplicitous a.❶(诉状)诉因(或答辩理由)并陈的;数罪并诉的 ❷欺骗的;搞两面派的(⇨duplicity)
duplicitous appeal 并行上诉 对可提出上诉的两个独立的判决,或一判决和一裁定[order],或两个独立的裁定提出的上诉。
duplicity n.❶诉状中主张事实的复合 也称诉因或答辩理由并陈,为普通法上诉答程序中的一种技术性错误,指在一项诉讼理由[count]中陈述了两个或两个以上的诉因[cause of action],或者在一项答辩[plea]中提出了两个或两个以上的答辩理由[ground of defense]。普通法上一般禁止多项诉因或答辩理由并陈,但现在英国对该规则的限制已宽松了许多,美国的《联邦民事诉讼规则》[Federal Rules of Civil Procedure]也允许提出此种诉状。 ❷数罪并诉 指在公诉书的同一罪项[count]中指控两项或两项以上的罪行。这在法律上是禁止的。 ❸立法项目并立 指在同一立法中对两种或两种以上不相一致的主题作出规定。 ❹欺骗;口是心非;言行不一
duplicity in indictment or information 两罪并诉 在同一罪项[count]中指控两项不同的罪行。
duplicity in pleading 诉状中主张事实的复合;诉因(或答辩理由)并陈(⇨duplicity)
duplo 〈拉〉加倍(⇨in duplo)
duply 〈苏格兰〉被告人的第二次答辩 相当于普通法中的 rejoinder 和罗马法中的 duplicatio。
Dupuytren's contraction 杜氏(手掌筋膜)挛缩症
durable leases 长期租借 定期(一般为每年)支付租金

的租借。出租人可因任一期租金的拖欠而行使收回权。

durable power of attorney 持久代理权 指在被代理人能力不完全期间持续有效的代理权。(⇨power of attorney)

dura lex scripta tamen 〈拉〉尽管苛刻,但法律规定如此。

dura mater 〈拉〉硬脑膜;硬脊膜

durante 〈拉〉在…期间

durante absentia 〈拉〉(提出检验遗嘱者[proponent]和指定的遗嘱执行人[executor])不在期间(⇨administration durante absentia; administrator; administrator of absentee)

durante animo vitio administrator 〈拉〉在(原遗产管理人)心智不健全期间的继任遗产管理人(⇨administrator durante animi vitio)

durante bello 〈拉〉战争期间(⇨duration of war)

durante bene placito 〈拉〉在(国王)满意期间 古时高等法院法官的任期随国王之满意而定,治安法官似亦在国王高兴时予以派任。(⇨dum bene se gesserit; office)

durante casta viduitate 〈拉〉孀居并贞居期间

durante furore 〈拉〉在某人犯精神病期间

durante itinere 〈拉〉在某人旅行期间

durante lite 〈拉〉诉讼进行期间

durante minore aetate 〈拉〉未成年期间

durante minoritate administrator(is) 〈拉〉在指定的遗嘱执行人未成年期间(⇨administrator durante minoritate administratoris)

durante viduitate 〈拉〉孀居期间

durante virginitate 〈拉〉未婚期间;童贞期间

durante vita 〈拉〉生存期间;终身

duration n.存续期间;期间

duration of risk 风险(承担)期间 保险单中规定的保险人应对损害的发生负责赔偿的期间,从保险单生效时起至保险期终了或因撤销保险单(退保)或违反合同要件而终止风险的承担时止。

duration of war 战争期间 自战争爆发一直延续到交战国主管当局正式宣告和平的一段时间;在通俗意义上,该词一般指从战争爆发到实际敌对行动停止的一段时期。在合同中,该词可归因于当事人意图,并应从合同文件本身、有关合同履行情势的证据以及当事人所追求的合同目的而予以确定。

duress n.强迫;胁迫 拉丁文为durities,指以身体伤害、打击或非法拘禁方式迫使他人为一行为,此为严格意义上的胁迫。或以杀害、遭受身体伤害或非法拘禁相威胁而迫使他人为一行为,此为威胁[menace],或恫吓胁迫[duress per minas]。并且,胁迫还包括针对其配偶、父母或子女的威胁、打击或拘禁。因此,胁迫可归结为某人用以迫使他人违背其自由意志从而为或不为某行为的任何非法威胁或强制[threat or coercion]。在刑法上,行为人在他人胁迫下所实施的犯罪行为根据一定条件可以进行合法辩护。而考察是否存在胁迫须按主观标准予以确定,即被胁迫者的自由意志是否被遏抑,而不是凭一般具有通常的勇气与毅力的人的自由意志是否被遏抑来加以判断。在合同法上,英格兰法认为,因胁迫而从事的行为通常不具有法律效力,但某人因胁迫而与人缔结合同的,其可在事后请求宣告合同无效,如果合同是在作出胁迫以后签字的,则该合同是可撤销的,除非能够证明该胁迫对合同的签字未产生任何作用。根据美国《第二次合同法重述》[Restatement, Second, Contract]第174、175条,以身体强制的胁迫方式所缔结的合同是无效的[void],并且,如一方当事人对合同所作的同意表示系受他方当事人的不正当威胁,从而使该当事人失去合理的选择[reasonable alternative],则该合同可由该当事人撤销。另外,胁迫不可以作为违约或侵权行为的抗辩理由。严格言之,并不存在针对某人物品或财产的胁迫。但是,若某人对其被他人违法扣押之财产,须付款以获取财产占有权,或其须对合同义务履行支付超额代价的,则其可以请求返还。在苏格兰法上,它被称为暴力与恐惧原则[force and fear],源于罗马法的"基于胁迫行为的诉讼"[actio quod metus causa]。在教会法中,暴力或胁迫导致婚姻仪式在法律上无效[ipso jure void],现在,它只是使婚姻可撤销[voidable]。(⇨ business compulsion; coercion; economic duress; extortion; undue influence)

duress by imprisonment (= duress of imprisonment)

duress by public utility 公用事业服务胁迫 为向客户强索服务费用而以中断公用事业服务以使客户的财产或业务蒙受巨大损失的方式实施的胁迫。

duress by threat 以恐吓相胁迫 为使签订合同而以加害受威胁人本人或其家人或其财产的恐吓手段实施的威胁。所签之合同可撤销。(⇨duress per minas)

duress of family 以危害其家人相胁迫 为使签订合同而以加害受威胁人的家人,危及其安全、自由或生命健康为威胁手段实施的威胁。所签之合同可撤销。(⇨duress per minas)

duress of goods 以剥夺财产相胁迫 以非法夺取、扣留、控制或损坏他人财产为手段实施的威胁,由此所签之合同可撤销。(⇨duress of property)

duress of imprisonment ❶以拘禁相威胁 指非法拘禁他人或限制他人的人身自由,以迫使其实施某行为。❷虐待(被合法监禁的)囚犯

duress of property (= duress of goods)

duressor n.(非法)强迫者;胁迫者 使别人受胁迫或强令别人做某事者。

duress per minas 〈拉〉以恫吓相胁迫 以死亡的恐惧、身体的伤害,例如残害器官或肢体[mayhem]等的痛苦相威胁,强迫他人为或不为某种行为。(⇨duress by threat)

Durham 〈英〉达勒姆巴拉丁郡领地(= County Palatine of Durham)

Durham Court of Chancery 〈英〉达勒姆巴拉丁郡衡平法庭(= Chancery Court of the County Palatine of Durham and Sadberge)

Durham rule 〈美〉德拉姆规则 又称"产物规则"。哥伦比亚特区上诉法院于1954年在德拉姆诉美国案[Durham v. U.S.]中确认的刑事责任规则。据此,如果被告人的非法行为是精神疾病或者精神缺陷的产物,被告人不负刑事责任。1972年,特区上诉法院自己放弃了这一规则,转而采用"模范刑法典规则"。美国多数州也采用了"模范刑法典规则",只有新罕布什尔州[New Hampshire]和新墨西哥[New Mexico]州仍采用德拉姆规则。(⇨Durham Test; insanity)

Durham Test 〈美〉德拉姆准则(⇨Durham rule; mental disease; mental defect)

during coverture 在婚姻存续期间。

during good behavior 在行为良好期间(⇨good behavior)

during their joint lives 在他们共同生活期间

during the term 在(官员)任职期间;在(租户依约)占有期间

during the trial 在审理期间 自陪审团宣誓到作出裁断的一段期间,也指自大陪审团向法院提交起诉书到法院

作出终局判决的一段期间。

dursley n. 不致伤或不致流血的殴打

Dutch auction ❶荷兰式拍卖 拍卖者开出通常高于财产价值的拍卖价格，然后逐渐落价，直至有人接受所报之价而成交的一种拍卖方式，一般称为减价拍卖。❷荷兰报价法 在购买股票时提出报价的一种方法，公司报出一个价格范围，股票持有人指示其在哪一价格上出售的多大数量的股票，公司从中选择最低价格购入其拟购入的股票数。

Dutch lottery 荷兰式博彩法 各等级博彩奖品的数量和价值都在事先确定，彩票得下注后从诸多彩票中随意抽取确定的数量，是否中奖取决于所抽彩票数字是否落到某个预先给定的数字上。

Dutch net (= pound net)

dutiable a. 应纳进口税的

dutiable goods 应纳（进口）税货物

duties and imposts 〈美〉❶进口税 ❷一般意义上的税[taxes]和消费税[excises]以外的各种税

duties, imposts and excises 〈美〉进口税与消费税 与直接税[direct taxes]并行的一类税种，包括对进口、消费、制造、某些产品的销售、特权享有、特种商业交易、行业设立、就业等行为征收的许可税。

duties of detraction 遗产转移税；遗产出境税（⇨droit de détraction）

duties required of him by law 法律对其所设定的义务 指遗嘱执行人或遗产管理人[executor or administrator]所需出具保证书中的常见术语，其效果是使其所负的责任涉及管理遗产的各项义务，包括清偿债务以及在有权接受遗产者之间分配剩余遗产。

duty n. ❶义务 指依照法律规定应当承担的或者依照约定自愿承担的责任，如欠他人的、应偿还的债务，对方当事人则相应地享有权利。在侵权行为法中，如果当事人违反注意义务从事某项行为，也会产生使其承担相应责任的法律关系。也可用于指官员或受托人的职责等。❷税收 指对货物或交易征收的税，尤指关税。这种意义上的责任是加诸于物品而非人身的。

duty(-)bound a. 有（法律或道德）义务的；责无旁贷的；义不容辞的

duty of care 注意义务（⇨care）

duty of disclosure 告知义务 代理人所负有的一项义务，即在不违反对第三人的优先义务[superior duty]的前提下，其应将与代理有关的一切情况迅速、充分、坦白地告知委托人。（⇨duty to communicate）

duty of the flag （古）〈英〉降旗义务 在英国领海通过的外国船舶，为表示对英王主权的尊重，在遇到英国国旗时降下船旗和中桅帆的古老礼仪。

duty of tonnage （船舶）吨位税 对进入、停泊及离开港口的商船征收的各种税。

duty on import 进口税 在某一产品进入本国之时和进入本国之后对该进口产品及进口该产品的行为所征收的税。(= import duties)（⇨customs duty; duties and imposts）

duty-paid a. 已完税的；已纳税的

duty-paid goods 已完税货物；已纳税的货物

duty sergeant 当值警官

duty solicitor 〈英〉当值事务律师 在治安法庭[magistrates court]中轮流值勤为当事人服务的事务律师。出庭当事人、被逮捕之当事人以及为审问之目的而被携至警局的当事人得随时与该事务律师联系，以使其权利得到保护。

duty to act 作为义务 为防止伤害他人而采取某种行动的义务。违此义务是否导致侵权责任的承担，须视具体情况及双方相互的关系而定。（⇨emergency doctrine; humanitarian doctrine）

duty to communicate 告知义务 该词有两种含义：①代理人的告知义务；②将控告事项（包括道德义务和社会义务）告知与此有利害关系的权利人或义务人的义务。（⇨duty of disclosure）

duty to lessen damages 减轻损害的义务（⇨mitigation of damages）

duty to warn 〈美〉警告义务 某些州规定医疗专家[therapists]对于来自其精神病患者的危险，负有危险信息披露的义务。

duumvir 〈拉〉（罗马法）执政官 duumviri 的单数。

duumviri 〈拉〉（罗马法）二人执政官 由军伍大会[comitia centuriata]选择其共同执政，享有平等的权力，任期一年。

duumviri municipales 〈拉〉（罗马法）（罗马自治城市和殖民地的）最高行政长官 任期一年。

duumviri navales 〈拉〉两名海军军需官

dux 〈拉〉❶行省军事长官 ❷〈罗马法〉领导者；军事指挥官；统帅 ❸（封建法）（欧洲古法）公爵 一种荣誉称号或贵族阶层的称号。

dwell v. 居住；居；住；寓于 某人永久或暂时地居住在某地，可以同时存在两个或更多的地方供其居住；公司的住所地一般指该公司主要的商业活动地。（⇨domicil(e); dwelling; residence）

dwelling n. 住处；住宅；寓所 供人生活于其中的房屋或其他建筑物。在住宅转让中，同时包括与房屋相关相连的建筑物；在刑法中，尤其是夜盗罪中，则指建筑物或其一部分、帐篷、流动房屋、汽车或其他可用来居住的封闭空间。

dwelling defense 〈美〉防卫住宅 美国多数司法辖区规定，在自己的住宅中为保护自身、家人和住宅本身不受攻击可采取包括致命方式在内的防卫措施。（⇨castle doctrine）

dwelling(-)house n. 住宅 供人居住和生活的建筑物和其他设施。在放火罪中，指意图供作住处的房屋或人类常住常宿之房屋。在夜盗侵入住宅罪中，指人居住或寝宿的公寓、旅馆客房、建筑物或建筑群。

dwelling house of another 他人所有或占有之住宅 在放火罪中指纵火者以外之人占有之居处，占有人可能是所有人，也可能是非所有人。

D.W.I. (= driving while intoxicated; died (or dying) without issue; dying without issue)

Dyarchy n. ❶双头政治 罗马帝国时期的政治体制，在此体制下，帝国统治权由皇帝和元老院分享。❷〈英〉二元政体 作为印度宪法改革方案被提出并被 1919 年《印度政府体制法》[Government of India Act] 采纳的政府体制。该体制将英属印度领地的行政权分交专权机构[authoritarian sections]和民主机构共享，前者由英王任命的协政官[councillors]组成，后者由总督任命的部长[ministers]组成并向领地议会负责。这一转变标志着英属印度领地的最高行政机构中实行了民主制度。1935 年英属印度领地完全取得自治时，这种体制遂告终结。

Dyer Act 〈美〉《戴尔法》 即 1919 年《全国机动车辆失窃法》[National Motor Vehicle Theft Act]。该法令规定，在州际或国际贸易中运输、接受、隐藏、交易或出售明知是盗窃而来的机动车辆的行为是一种犯罪行为。
dying declaration (= deathbed declaration)
dying intestate 未立下有效遗嘱的死亡；无遗嘱而亡
dying without issue 无嗣而亡 死者生前或亡后无子女而殁。在普通法上指无限定的子女而不是指遗嘱继承或遗赠的第一位接受者［first taker］在死亡时无生存子女。但该规则已为许多判例所改变。美国一些州主张"dying without issue"一类词语意指当事人死亡时，而非无限定的无子女。若依上下文，立遗嘱者的意思是，在立遗嘱者生存期间，第一位接受者死亡时无子女的，第二位接受者应取代其位子，以防止因懈怠而丧失权利，此处"死而无子女"则指在立遗嘱人生存期间无子女。
dying without leaving issue 无嗣而亡（⇨dying without issue)
dyke (= dike)
dyke-reed (= dyke-reeve)
dyke-reeve （沼泽地区的）沟渠（堤坝）防护官
dynamite instruction (= Allen charge)
dysnomy n. ❶恶法 ❷恶法的制定
dyvour n. 无力偿债者；破产者
dyvour's habit 破产者的服装 法律规定破产者应当穿的服装。

Ee

e 〈拉〉从;来自;在…之后;根据 作为介词使用,等同于 ex,但只能用于辅音字母前。

ea 〈撒克逊〉❶水面;河流 ❷涨潮线与落潮线之间的河口口岸

eadem causa 相同原因;同一状况;同一案件(或诉讼)(⇨in eadem causa)

Eadem causa diversis rationibus coram judicibus ecclesiasticis et secularibus ventilatur. 〈拉〉同一事由在教会法官和世俗法官面前会基于各种不同的原则而产生分歧。

Eadem est ratio, eadem est lex. 〈拉〉对相同的事理适用相同的法律。

Eadem mens praesumitur regis quae est juris et quae esse debet, praesertim in dubiis. 〈拉〉统治者的意见被推定为与法律一致,尤其是对于模棱两可的问题,应当这样来推定。

eadling n.贵族;王室成员(= atheling)

Ea est accipienda interpretatio, quae vitio caret. 〈拉〉没有错误的解释才应被接受。

eagle n.〈美〉鹰徽金币 美国1933年前通行的一种金币,价值10美元。

ea intentione 〈拉〉基于这一意图

ealder 〈撒克逊〉年长者;首领

ealderman n.〈撒克逊〉方伯 盎格鲁-撒克逊时代对郡的高级官员的称谓。这一官员与郡长和主教成为每一郡的三大主要官员,方伯的管辖权有时越过郡的范围,有时他的职位类似于总督。诺曼人征服英格兰后,这一职位不复存在,但其名称在中世纪被借用,称为"alderman",指伦敦市政府的议员或行政官员,至今仍在使用。(= ealdorman; earldorman)(⇨alderman)

ealding (= ealder)

ealdor-biscop n.大主教

ealdorburg 〈撒克逊〉(废)大都市;大城市;中心城市

ealdorman (= ealderman; alderman)

ealhorda 〈撒克逊〉(废)出售啤酒的特权;啤酒专卖权

Ea quae, commendandi causa, in venditionibus dicuntur, si palam appareant, venditorem non obligant. 〈拉〉在售货时所说的吹嘘的话,如果所售货物的质量已公开显示,即不再约束卖方。

Ea quae dari impossibilia sunt, vel quae in rerum natura non sunt, pro non adjectis habentur. 〈拉〉不可能被提供的物或不属理所当然提供的物,应认为不计在内(不包括在协议中)。

Ea quae in curia nostra rite acta sunt debitae executioni demandari debent. 〈拉〉在法院已得到正确解决的事项应不折不扣地付诸执行。

Ea quae raro accidunt, non temere in agendis negotiis computantur. 〈拉〉在处理事物时,除非有充分的理由,不应当将那些极少发生的事情考虑进去。

earl n.〈英〉伯爵;(古)郡长 英国贵族等级中的第三级,位于公爵、侯爵之后,子爵之前,它是英国最早的贵族爵位,据说最早可追溯到撒克逊时代,但该头衔其实源于斯堪的纳维亚人,并由"jarl"改变成"earl"。最早由委任状创设这一爵位始于1140年的埃塞克斯[Essex],在诺曼和安茹王朝时期,伯爵为郡之首,并主持郡法庭,这时该爵位成为世袭,巴拉丁伯爵在自己的领地内有类似于国王的权利。14世纪时,一些伯爵已不再被任命为郡的首领,而是被授予封地。到了近代,原先附带授予的封土、领地司法权等已不复存在,而只是授予爵位和在上议院中的世袭议席,当然这种爵位多授予有突出贡献者。伯爵夫人称"Countess",其长子称子爵或男爵,其他儿子称阁下[the Honorable],女儿称女勋爵[Lady]。

earldom n.❶伯爵爵位 ❷伯爵领地 ❸伯爵管辖权 后已转移给了郡长[sheriff]。

earldorman (= ealderman)

earles-penny 已给付的部分价金(⇨earnest)

earlier maturity rule 较早到期规则 依该规则,当变卖担保物的价款不足以清偿所有的债务时,较早到期的债务契约享有优先受偿权。

earliest possible convenience 最先的可能的机会 一种关于允诺支付的期限,指允诺人一旦有能力即应作出支付。

Earl Marshal 典礼官(⇨Earl Marshal of England)

Earl Marshal of England 〈英〉王室典礼官 国家重要官员,在不同历史时期职责各异。早期,作为皇家军务官,与皇家军事总长[lord high constable]一起,主持封建军事法庭[court of chivalry]和荣誉法庭[court of honor]。他同时也主管纹章院[herald's office]事务,安排国家典礼,以及在国会开幕与闭幕时陪同君主出席。这一职位始于12世纪,自1672年起,由诺福克公爵[Duke of Norfolk]霍华兹家族所保有。

earl palatine 享有巴拉丁特权的伯爵(⇨palatine)

earl's penny (= earles-penny)

ear-mark n.标记 加在一事物上以区别于他事物的符号或标志。该词的字面意思是指耳记,最初原为打在羊或其他家畜耳朵上的戳记。当一件财产能与其它同类财产区别开来时,便可以说该项财产被打上了耳记[ear-marked]。

v.打耳记;作标记;区分

earmark doctrine （废）标记原则 指如果信托受托人或其他受托人死亡，那么财产所有人就成为死者的普通债权人，除非财产上有标记，能够与死者自身的财产区别开来。该原则已让位于一条现代原则，即无论所有物呈现为何种形态，所有权人都有权恢复其所有物及各种代位或等价物的权利。

ear-mark rule 标记规则；指令用途规则 适用于破产法中的一项衡平原则，指在出借人向债务人发放贷款以使其能够向特定债权人清偿债务时，该笔资金即专门为该特定债权人留存，故如果债务人丧失对资金处分权的控制，该笔资金也并不构成债务人财产的组成部分，其他人不得对其主张优先受偿权。

earn v.赚得；(通过劳动、服务、表演等)挣得；应得

earned income 劳务所得 ①包括工资、薪水、酬金等，区别于消极收益，如有价证券和其它非劳务收入；②在税法中，则恒指除资本利润外的一切收入。

earned income credit 劳务所得税收减免 美国税法对低工薪收入并有家庭子女负担者所给予的个人所得税税额减免。

earned premium 已赚保费 保险期满后保险人根据保单实际获得的保险费，不同于保单签发时保险人向保险人支付的保险费。对于后者被保险人可在保险期间内要求退保而请求部分返还。

earned surplus 营业盈余 指所有营业收益减去一切业务亏损后，尚未分配股利及提存公积金等之时的累计净剩盈余。这一名词主要用以与溢价发行股票时所得的资本盈余[paid-in surplus]相区别。亦称作"retained earnings"或"undistributed profit"。

earner n.❶单纯依靠个人劳动取得收入(如工资)者 ❷对自己生产的产品享有所有权的人

earnest n.定金；预付的部分货款 合同一方当事人为担保合同的履行而预先向另一方交付的部分价款或货物。(⇨earnest money)

earnest money 定金 买方在订立合同时预先向卖方支付的部分价款，以表明其将履行合同的意图和能力。合同中一般规定，如果买方违约，定金将不返还。

earning capacity 收入能力 ①工人在其能够进入的市场上出卖其劳动力或提供劳务的能力，需要考虑其由于事故而受到的肢体功能的损伤、任何以前所遭受的伤残、职业状况、受损伤时的年龄、损伤性质、受损伤前后的工资水平等。收入能力并不必定指受损伤者在受损伤时的实际收益，亦可指根据其所受的培训、经验、商业意识等而具有的收入能力；②在夫妻互负扶养义务案件中，决定一方应给付他方的金额时，所谓的"收入能力"则不必根据理论而应迳行依据当时的实际情况，也包括对其年龄、健康、精神状态、教育程度等的考虑在内。

earning power 收入能力 (⇨earning capacity)

earnings n.收入 包括劳务收入、货物销售收入、利息、股息、个体经营收入等；不仅仅指工资[wages]。

earnings after taxes／EAT 税后收益；税后所得

earnings and profits 收入和利润 税法上的概念，指法人纳税人用以分配股息、红利给其股东的经济能力。

earnings before interest and taxes／EBIT 利税前营业收益 在计算企业净收益过程中，尚未扣除借入资本利息和所得税时的营业收入。

earnings per share 每股收益 衡量普通股价值的常用方法。其数值通过用全年的净收益减去利息和优先股股利后除以发行在外的普通股股数而得出。

earnings report 损益报告书；损益报表 一般由公众持股的公司按季度发布。

earth n.土壤 包括砂砾[gravel]、粘土[clay]、壤土[loam]等，别于岩石。

ear-witness n.耳闻证人 以其亲耳所闻之事作证的人。

ease ❶舒适；安闲；满意；自在 ❷容易；不费力 v.减轻；缓和；放松；使舒适；使安心

easement n.地役权 为实现自己土地的利益而使用他人土地的权利。地役权的成立须有需役地[dominant tenement]与供役地[servient tenement]的存在，二者一般是毗邻的，但并不以此为限，即使两地并不相连，也可设定地役权。地役权中最主要的一般为通行权、用水权等。

easement appendant (= easement appurtenant)

easement appurtenant 从属地役权 为使用土地的方便而存在的、从属于另一更高级的权利，且不能与其依附的需役地分离而独立存在的一种无形权利。通常指地役权从属于土地所有权。又作 pure easement 或 easement proper 等。(⇨easement in gross)

easement by custom 习惯地役权 在性质上它属于地役权，但不存在需役地，如有利于特定地区居民的、依习惯而存在的通行权。这种地役权在美国很少被接受。

easement by estoppel 不容反悔地役权 指被地役权所有人自愿在其土地上设立明显的地役权，从而使他人相信这一地役权是永久性的，并依赖这一确信而为或不为一定行为。对此，设立地役权人便不能再反悔。

easement by implication 默示地役权；推定地役权 土地交易中依法律及法院判决而成立的一种地役权。指事实上已经成立地役权关系的两块土地，即其中一块土地的所有人早已经为了自己土地的利益而使用着另一块土地，那么，在其出卖该受益土地时，其原已享有的地役权，即使用另一块土地的利益，也应视为已一并转移给购买人。

easement by implied grant (= implied easement)

easement by natural right 自然地役权 如出于从下面或侧边支撑其土地的需要，或出于使其土地表面的积水能自由流出的需要，对其相邻土地享有的、由法律规定的权利。因其不是通过人的行为来设立，而是作为自然权利来存在，所以它不是真正的地役权。

easement by prescription 时效地役权 指通过在法定期限内未经许可地公开、持续使用他人土地而取得的地役权。又写作 prescriptive easement。

easement ex jure naturale (= easement by natural right)

easement for years 定期地役权 于特定期间内存续的地役权。

easement in gross 人役权；非附属于土地的地役权 指为某人而非特定土地之便利而存在的地役权，是该人在他人土地上的权益，或使用他人土地的权利。它并不以需役地的存在为前提，其用益权人实际也通常并不拥有与供役地相毗邻的土地。

easement of access 通行权 地役权的一种。指附属于某块私人土地的、从土地所有人的房屋至与该土地相关的[appurtenant to the land]街道的出入权。

easement of convenience 便利地役权 指增进利用需役地或其相关权利之舒适、便利或方便的地役权。

easement of drip 滴水权 地役权的一种。指从某一土地上的房屋屋檐下的雨水滴落并流经其相邻土地的权利。

easement of highway 公路地役权；公路通行地役权 指

法律允许的各种公共通行权。(⇨highway easement)

easement of natural support 自然支撑地役权 指依据自然条件,土地所有人为从边侧支撑其土地所需而使用其相邻土地的权利。(= lateral support)

easement of necessity 必要地役权 指为合理使用需役地所必不可少,故而依法成立的地役权。如将需役地与道路相连所需的地役权。又写作 easement by necessity 或 necessary way。

easements of light, air and view 采光、通风及观望地役权 消极地役权[negative easement]的一种,借此可阻止与需役地相毗邻之土地所有人建造影响前者采光、通风及观望景物的建筑物。

Easter n.复活节 基督教为纪念耶稣死后复活而举行庆典的节日。据尼西亚公会议规定,在每年3月21日至4月25日之间春分月圆后第一个星期日为复活节,它调整和规定教会其他不固定节日的时间。由复活节产生了法院的复活节休庭期和复活节开庭期。

Easter Day (= Easter)

Easter-dues n.〈英〉复活节税 复活节时,教区居民向堂区牧师支付的用以补偿人役什一税[personal tithes]的少量金钱。

easterling n.〈英〉传说为理查一世时所铸的一种硬币有人认为英国货币[sterling]的名称即从此而来。

Easter offerings (= Easter-dues)

Easter pence 复活节捐款(⇨quadragesimals)

Easter sittings 〈英〉复活节开庭期 英国高等法院和上诉法院的开庭期之一,从复活节后的第二个星期二至圣灵降临节——即复活节后第七个星期日——前的星期五为止。

Easter term 〈英〉复活节开庭期 英格兰法院早期的四个不固定的开庭期之一,后来被确定下来。一般在每年的4月15日开始,到5月8日结束,有时可以延长到5月13日。从1875年11月2日复活节开庭期被废除,由另一种开庭期[sittings]所代替。

Easter vacation 〈英〉复活节休庭期 英国最高法院休庭日之一,从复活节前的星期四到复活节后第二个星期一结束。

East India Company 〈英〉东印度公司 1600年12月由皇家特许成立,目的在于垄断英国对远东和印度的贸易。后来公司在印度设立了若干代理处,逐渐控制了印度的广大地区,参与政治,成为18世纪初至19世纪中叶英国政府在印度的代理机构。1858年公司统治地区的政治权力移交给了英国国王。1873年公司的特许状期满,公司被解散。

eastinus n.东海岸;东方国家

Eastland Company 伊斯特兰德公司 在伊斯特兰德商人团体的名义下成立于1579年,章程中授予它在普鲁士和波罗的海地区的贸易垄断权,根据1672年法律其垄断贸易权被取消,此后便开始衰落。

Eastman formula 〈美〉伊斯特曼公式 指州际商业委员会委员伊斯特曼向国会提出的一项建议,它要求根据铁道重整计划确定的收费不应超过过去10年中最不景气的3年的可支配净利息的80%。

Ea sunt animadvertenda peccata maxime, quae difficillime praecaventur. 〈拉〉最难预防的犯罪应受到最严厉的惩罚。

easy-divorce state 〈美〉简易离婚州 指一些州,依其法律规定,可据以要求离婚的理由很多,对当事人居住期限的要求很短,而法官对原告的申请与陈述,一般又均予不置疑。

EAT (= earnings after taxes)

eat inde sine die 〈拉〉立即释放,还他自由 对宣告无罪或释放原在关押中的被告时使用的语言。

eaves-drip n. ❶从屋檐上滴落到相邻土地上的水 ❷滴水权;承受相邻土地上的房屋屋檐滴水的义务 相当于罗马法上的承溜地役[stillicidium]。

eavesdropper n.偷听者;窃听者 指躲在他人的窗下、墙外或屋檐下偷听屋内的谈话,并由此编造中伤他人的流言蜚语的人。在普通法上,偷听[eavesdropping]为轻罪,可被判处罚金,并责令行为人提供今后行为端正的保证。英国《刑法》[Criminal Law Act]于1967年废除此罪名。在美国刑法上,惯于实施偷听行为的,构成普通法上的偷听罪[common-law offense of eavesdropping],但起诉方必须证明行为人具有偷听的习惯。在苏格兰,天黑以后,向亮着灯光的屋内偷看,被认为是破坏治安罪[breach of the peace]。

eavesdropping n.偷听;窃听 指故意非法实施下列行为:①进入私人区域,以便偷听里面的私人谈话或偷窥里面的私人行为;②未经隐私权受保护人同意,在其所在的私人区域以外安装、使用用于偷听、录制、放大该区域里面发出的声音的设施,或将该区域里面发出的、外面听不到或听不清的声音传播出去;③未经电话、电报或其他通讯设施所有人的同意,安装或使用任何设施或仪器,以偷听电话,或截取电报或其他通讯信息。按照美国联邦或州的制定法的规定,司法官员在调查犯罪中实施窃听,必须持有法庭许可令。(⇨eavesdropper)

ebb (= ebba)

ebba n.〈英格兰古法〉退潮

ebb and flow (潮)涨(潮)落 早期用来判定水域适航性,以确定海事法庭管辖权的范围。

ebdomadarius n.(教会法)主教座堂中(监督圣礼举行和安排唱诗班各成员任务)的官员

ebdomary (= ebdomadarius)

eberemors n.明显的谋杀罪 区别于危害性相对较小的非预谋杀人罪[manslaughter]和自卫杀人[chance-medley]。(⇨aberemurder)

eberemorth (= eberemors)

eberemurder (= eberemors)

ebermord (= aberemurder)

EBIT (= earnings before interest and taxes)

ebriety n.醉酒;酒精中毒

ecchymosis n.(法医学)瘀斑 死后仅数小时内以击打造成的瘀斑与生前造成的无法区别。

ecclesia 〈拉〉❶宗教集会 ❷教堂 在法律上常用来指做礼拜的地方。❸(堂区)牧师住所 ❹(罗马法)集会 指任何性质的集会,尤指古希腊雅典等城邦的公民大会。

ecclesia commendata 〈英〉托管的圣职(薪俸) 当圣职出缺时由国王指派候选人托管该职位。托管可能是暂时的,直到正式的牧师就职;托管也可能是终身的。

Ecclesia decimas non solvit ecclesiae. 教会对教会不缴纳什一税。

Ecclesia ecclesiae decimas solvere non debet. 一个教堂不必向另一个教堂缴纳什一税。

Ecclesiae de feudo domini regis non possunt in perpetuum dari, absque assensu et consensione ipsius. 〈拉〉在国王采邑内的牧师住所,未经其允许不得转让。

ecclesiae sculptura 教堂雕像 古时教堂的图样经常被刻在或铸在金属或其他材质的板上，作为宗教财富或纪念物保存，使一些著名教堂永久存在，不被遗忘。

Ecclesia est domus mansionalis omnipotentis dei. 教堂是万能上帝的住所。

Ecclesia est infra aetatem et in custodia domini regis, qui tenetur jura et haereditates ejusdem manu tenere et defendere. 〈拉〉未成年受监护的国王要保护和支持教会的权利和继承权。

Ecclesia fungitur vice minoris; meliorem conditionem suam facere potest, deteriorem nequaquam. 〈拉〉教会享有未成年人的特权；它可以使自己更好，而不是更坏。

Ecclesia magis favendum est quam personae. 〈拉〉爱教会胜于爱牧师。或：爱的是神而不是个人。

Ecclesia meliorari non deteriorari potest. 只能改善教会的条件，不能变得更糟。 在普通法中，这是堂区主持牧师、圣职推荐权人或教会常任法官处理教会捐赠时的一条公理。

Ecclesia non moritur. 〈拉〉教会永在。

ecclesiarch n. 教堂司事；圣器保管员

ecclesiastic n. (教会法)神职人员；牧师；司祭
a. 教会的 与民事的或世俗的相区别。

ecclesiastical a. (教会法)教会的；宗教的；教士的

ecclesiastical authorities 〈英〉教会职衔 国王是教会的世俗首脑，在他的统治下，神职人员与俗人相区分，以监督公众对神的敬拜和其他宗教仪式等。神职人员职衔的等级是：①大主教和主教；②主教参事会[deans and chapters]；③执事长；④堂区教长代理[rural deans]；⑤堂区主持牧师[parsons]；⑥牧师助理[curate]。堂区俗人执事[church-wardens]或堂区副执事[sidesmen]等与教会职责有关的，也属教会职衔之列。

ecclesiastical commission 〈英〉宗教事务法院 由伊丽莎白女王设立的，享有很大的处理宗教事务的权力的法院。(⇨High Commission)

ecclesiastical commissioners 〈英〉宗教事务委员会 1835年任命，1836年根据《宗教事务委员会法》[Ecclesiastical Commissioners Act]建立的委员会，由大主教、主教、御前大臣、财政大臣等组成，管理英格兰国教会的财产、税收等财政事务，保证国教会体制的有效运作，为新建立堂区的宗教管辖权、任命牧师、修缮教堂等做准备工作。该委员会促进了国教会适应工业社会的发展，1948年与安妮女王基金会[Queen Anne's Bounty]合并，重新组成英格兰国教委员会[Church Commissioners]，处理教会的房地产、信贷和税收等事宜。

ecclesiastical committee 〈英〉宗教委员会 根据1919年《英格兰国教全国会议（权力）法》[Church of England Assembly(Powers) Act]成立的一个委员会，由上议院议长提名的15名贵族和下议院议长提名的15人组成，英格兰国教全体大会[General Synod]通过的每一项法令由立法委员会先递交宗教委员会，并由宗教委员会向议会报告。(⇨National Assembly of the Church of England)

ecclesiastical corporation 教会法人 在英国法律中，所有的私法人分作教会法人（或称宗教法人[spiritual corporation]）和世俗法人[lay corporation]。前者指以发展宗教信仰和保持教会权力为目的设立的法人，完全由神职人员组成，分为独体法人（如主教、教长、执事长、教区牧师等）和集体法人（如主教参事会[deans and chapters]、修道院和修女院等）；后者以世俗的商业为目的，由俗人组成。但这种区分在美国法律中不予认可。美国法律以宗教法人[religious corporation]与商业法人[business corporation]相区别，但二者同属世俗法人。尽管宗教法人同样以发展和传播宗教信仰为目的，并拥有教会的动产和不动产，对其进行管理，但其法人代表由俗人担任。

ecclesiastical council （新英格兰早期的）教会法院；宗教裁判所 它具有部分司法职能和部分警诫职能，负责处理涉及宗教的事务及教会内部纠纷。

ecclesiastical courts ❶宗教法院 在基督教和其他宗教中由教会建立的，处理牧师之间、神职人员与俗人之间涉及宗教事务的法院。宗教法院管辖权的扩大常与世俗法院发生冲突。随着社会世俗化的普及，现宗教法院的管辖权仅限于教会财产与教规方面。 ❷〈英〉教会法院 也称基督教法院。在王权的领导下，享有对有关英格兰国教会的礼拜仪式、教会人员的权利、职责、教规等宗教事务管辖权的教会法院体系。其管辖权包括：对指控牧师和违反宗教信仰的刑事管辖，对婚姻、遗嘱检验及执行等的民事管辖，对圣职任免、教会人员和财产、土地管理等的行政管辖，同时在宗教信仰和道德方面对教士和俗人有广泛的管辖权。教会法院体系主要包括在教省[province]由大主教主持的拱顶法院[Court of Arches]和约克郡法院[Chancery Court of York]，在教区[diocese]由主教主持的主教区法院[consistory court]，以及坎特伯雷主教代理法院[commissary court]，主教总代理法院[court of vicar-general]等。 ❸〈苏格兰〉教会法院 宗教改革后，法律上否认了教皇的权威，由主教行使教会管辖权。1564年设立爱丁堡主教代理法院[Commissary Court of Edinburgh]对遗嘱、什一税和婚姻等诉讼行使管辖权，1876年被撤销。1592年以后，苏格兰长老会[Church of Scotland]的法院在教会事务方面拥有法定的管辖权与最高司法权，与民事法院和刑事法院相区别。新教设立了4级教会法院体系：苏格兰长老会全会[General Assembly]、教区长老会[synod]、教务评议会[presbytery]、堂区教会法院[kirk session]，神职人员和俗人均可参加。 ❹〈美〉教会法院 指处理教会事务和内部纷争的法院，在美国联邦及少数州它不属于司法制度的一部分。

ecclesiastical dilapidations （教会法）毁坏教会财产（⇨dilapidation）

ecclesiastical division of England 〈英〉英格兰教会区域划分 从上至下分为教省[provinces]、教区[dioceses]、执事长辖区[archdeaconries]、教长堂区代理辖区[rural deaneries]与堂区[parishes]。

ecclesiastical jurisdiction 宗教裁判权 对有关宗教事宜及争议的裁判权，由宗教法院行使，区别于世俗裁判权[secular jurisdiction]，即国家机构的司法管辖权。

ecclesiastical law ❶教会法 一般而言，包含所有与教会有关的法律，不论这种法来源于国家、神法、自然法和理性，还是仅仅是独立宗教团体的规则。这是最广泛意义上的教会法，涵盖从古至今所有基督教教派的法规。 ❷英格兰国教会法 指英格兰教会法院实施的有关英格兰国教教会[Church of England]的法律，包括国教内部有关财产、神职人员、圣俸和圣礼的教规，也包括规定国教与国家关系的法律。教会法的渊源和组成要素影响到国教的国会立法，由英格兰国教全国会议[Church Assembly]、全体大会[General Synod]通过的法令，以及从罗马法和宗教改革前的天主教教会法[Canon law]中吸收的并已包含于英格兰普通法及制定法的一些原则。由于宗教改革后，英格兰的国王成为世俗国家和教会的最高首脑，教会从属于国家，因此教会法成为国家法律的组成部分，但它的管辖权逐渐缩小。1857年，教会法院的遗嘱检验和婚姻事务的管辖权移交民事法院。今天，教会法仅涉及英格兰国教会的教规和财产，教省、主教教区和堂区制度，神职人员、教义、圣礼和礼拜活动。教会法由国教全体大会制定，违反者受教会法审判。❸苏格兰教会法 苏格兰的教会法并不专门指宗教改革之后建立的国教苏格兰长老会[Church of Scotland]的法律。宗教改革之前的教会法包括罗马天主教的教令、公会议的决议，有时也采纳英格兰宗教会议的决议，以及苏格兰地方教会的补充性教规。宗教改革后否定了教皇的权威，建立了长老制教会，1690年建立的国教苏格兰长老会及其法院不受世俗政府干预，对教会内部的教义、礼拜、管理和教规等事项享有立法权和终审权，但对遗嘱和婚姻等民事的管辖权逐渐移交世俗法院。除国教以外，其他教派的教会法的约束力仅仅基于其成员的自愿服从，今天这些教派都是通过契约和信托管理自己的事务。ecclesiastical law的三个义项与canon law的相关义项既有意义的重合，也有涵盖范围的差异，二者的比较性阐释请参见canon law。

ecclesiastical matter 宗教事务 诸如有关教会的教义、信条、礼拜的形式，或者在一个宗教团体内部为管理成员而采纳和强制实施必要的法律和教规，以及将不适合的人驱逐出社团的事宜。

ecclesiastical notary 教会法院或宗教裁判所的文书（或书记官）

ecclesiastical offense 宗教异端罪（⇨heresy）

ecclesiastical officer 教会官员 指教会中有较高教阶职务的人，一般称之为高级教士[dignitary]，其职位高于司祭或法政牧师[canon]。

ecclesiastical sentence 教会法的判决 与普通诉讼中的判决[judgment]相似。

ecclesiastical things （教会法）教会财产 包括教会建筑、教会土地、教会墓地、捐赠教会以施舍给穷人的财物，及其它用于宗教用途的财产。

Ecclesiastical Titles Act, 1851 〈英〉《教阶等级法》 为反对教皇庇护九世[Pius IX]在英格兰重建天主教的主教等级制度的计划而通过的一项法令，禁止英格兰国教实行天主教会的教阶等级制度。可是由于仍然采用如"威斯敏斯特大主教"等称谓，故该法的实际效果不大。1871年被废除。

ecclesiastical tribunal 教会法庭（⇨church tribunal）

ecclesiastical waste 滥用教会财产

eccliasticum 教会法院

ecdicus n.（法人的）律师（诉讼代理人或辩护人）

echantillon 〈法〉债权人的债符 古时在符木上刻痕记数，分作两半，借贷双方各执一半作为凭证。债务人手中的称为"tally"，债权人手中的另一半称为"echantillon"。

echevin 〈法〉（1789年资产阶级革命前某些城市的）市政长官 相当于英国的仅次于市长的高级市政官或代表城市出席国会的议员，在某些场合对一些不太重要的事情具有民事管辖权。

echolalia n. 模仿言语 指某人不断地且毫无意义地重复某些词句，这被认为是精神错乱或失语症的征兆或症状。

echouement 〈法〉（海商法）搁浅（= stranding）

eclampsia parturientium （法医学）分娩期痉挛症 在怀孕、分娩或产后发生痉挛，失去知觉、昏迷的一种病症，和羊痫风病人发生的痉挛很相似。这种病通常是致命性的，大约有1/4的病人会死亡，1/2会导致胎儿死亡，由于惊厥还可能会留下永久性精神损伤。

eclecticism n.（国际法）折衷主义；折衷学派 国际法学派之一，主张国际法规则渊源既包括自然法又包括实在法，因以格老秀斯[Hugo Grotius]为最著名代表，故又称格老秀斯学派[Grotians]。

eclectic practice of medicine 综合疗法 一种不常见的、甚或有点怪异的治疗疾病的方法，它从各种不同的疗法中进行随意选择，而不是仅遵循一种疗法。

Ecloga 利奥三世《法律汇编》 东罗马帝国皇帝利奥三世[Leo III]约于公元740年用希腊文颁布的一项立法，被认为是一部用人道主义精神加以改进了的优士丁尼著作的选集，但实际上包括了许多新的法律，并力图使这些法律更易为基督教徒所接受。该法扩大了妇女、儿童的权利而限制了父权，限制了死刑的适用，主张以肢体刑代替死刑，要求对社会各阶级平等适用刑罚并提倡消除贿赂和贪污腐化等。它是优士丁尼时期以后拜占廷的一份最主要的文件，对后期拜占廷的立法及斯拉夫国家法律的发展都有巨大影响。

École Nationale d'Administration 〈法〉国家行政学院 1945年建立，用以培训职业行政官员，大多数高级公务员皆来源于此，故颇负盛名。建立该所学院的部分原因是为抗衡较早期的自由政治科学院（1871）[École Libre des Sciences Politiques]，后者在1945年后被国家接管，并更名为政治研究院[Institut d'Études Politiques]。

economic adulteration 经济掺假 用价值低的原料或成分替代价值高的原料或成分或减少价值高的原料或成分的比例来制造产品。尽管产品本身仍属有用，但其质量低于消费者购买时所期望的标准。

Economic and Social Committee of European Communities 欧洲共同体经济和社会委员会 欧洲共同体内由代表各种不同类别的贸易和行业的144人组成的一个咨询机构，其成员资格按各成员国的人口比例分配，在部长理事会或共同体委员会认为适当时，向该组织提出咨询意见；在有些情况下，这种咨询是必须的。该委员会的意见，虽无法律约束力，但因其作为受共同体政策影响的那些团体的意见，故具有很强的影响力。

Economic and Social Council of U.N. 联合国经济和社会理事会 联合国主要机构之一，由54个理事国组成，每一理事国派代表一人。每年由联合国大会改选其中18国，任期三年，得连选连任。其主要职权是负责联合国经济和社会方面的活动，就国际经济、社会、文化、教育、卫生及相关事项从事研究并作出报告和建议；促进对人权和基本自由的尊重；就其职权范围内的事务召集国际会议，起草提交给大会的公约草案等；它还监管联合国儿童基金会[UNICEF]。

economic burden 经济负担 ①每人自己为尽义务帮助别人而负担的开支；②抽象的关于税收的概念，即每实行一种新税时每人将增加的负担。其理论根据是：一切税款最后都必然将转嫁于广大消费者，从而成为人民的共同负担。

Economic Commission for Europe 欧洲经济委员会 联合国于1947年建立的一个委员会，旨在交换东西欧有关煤、电和运输方面的信息和统计资料。但由于东西欧集团之间分歧的加深，使它失去了作为一个合作机构的作用。

economic compulsion 经济强制（⇨business compulsion）

economic depression 经济大萧条 指工商业的不景气，直至影响到普通的老百姓，表现为商业滑坡、价格下跌、工厂倒闭、失业增加、越来越多的人靠救济金生活。

economic discrimination 经济歧视 指贸易领域中的差别待遇,如对特定商品的联合抵制或限价等。

economic divorce 〈美〉析产离婚 指夫妻双方合法地解除婚姻关系的同时进行财产分割。这往往是离婚中最关键的一个问题。婚姻财产的分配和抚养费的转移将会影响到婚生子女及离婚双方将来的生活,因此,对婚姻关系已经破裂的当事人,法律应具有有效的手段以解除他们的婚姻关系并同时妥善安排其经济生活。目前,除弗吉尼亚州[Virginia]等三个州外,其他州都已授权离婚法院可以同时对离婚当事人之间的动产和不动产如何安排作出裁决。

economic duress 经济胁迫 指以即将发生经济损失为内容胁迫他人,非法地以此强迫对方实施违背自己意愿的某项行为。又可写作 business compulsion。

economic life 经济寿命 指财产的使用寿命或可供营运获利的寿命。一般比其物理寿命[physical life]短。

economic loss 经济损失 在产品责任诉讼中对经济损失的赔偿包括对瑕疵产品的修理或替换所费用用,以及由于价值不足而产生的商业损失[commercial loss]和因失去利润或使用效益而产生的间接损失[consequent loss]。

economic obsolescence 经济性报废 外部因素(如使用需求降低或政府规章变迁等)引起的价值降低或用途减少。

Economic Opportunity Act 〈美〉《经济机会法》 1964年颁布的一部联邦法律,旨在进一步开展反贫穷运动,以帮助穷人实现自给。

economic pressure 经济压力 足以决定单个工商企业选择倾向的经济大环境的力量,如在某些情况下他们不得不在市场上低价卖出或高价买进。

economic sanctions 经济制裁 指通过施加经济或金融压力而使之履行国际义务。

economic strike 经济罢工 工人因工资、工时、劳动条件等与资方发生集体争议而进行的罢工。

economic waste 经济性浪费 由于原油、天然气的过量开采而引起的浪费,可通过按比例分配产量以缓解。

e contra 相反地

e converso 相反地;另一方面(=e contra)

écrit 〈法〉(=droit écrit)

ECSC (=European Coal and Steel Community)

ECU (=European Currency Unit)

ecumenical a. ❶普遍的;一般的 ❷全基督教会的;教会的 各种不同教派的总称。 ❸普世教会的

edderbreche 〈撒克逊〉(废)穿破篱笆的违法行为

Edge Act 〈美〉《埃奇法》 1919年12月24日通过的一项法案,作为《联邦储备法》[Federal Reserve Act]的第25(a)节,题为"授权从事涉外银行业务的银行企业"。该项立法的目的在于:允许在联邦管辖权下建立涉外银行企业,以在财政上帮助并促进对外贸易。

Edge banks 〈美〉埃奇银行 从事国际银行业务的金融机构的别称,该别称来源于1919年的《埃奇法》[Edge Act]。(⇨Edge Act)

edge lease (位于油田)边缘(之油井的)租赁

edia n. ❶舒适;安逸;自在;容易 ❷援助;帮助

edict n. ❶(罗马法)告示 罗马地方长官,如裁判官[praetor]、监察官[censor]等在其各自辖区内以公告发布的命令。因他们都有司法权,因此告示的内容也表明他们在管理过程中将要适用的法律规则;如果国内法没有规定,还可以及时创立或引进新的法律体系(裁判官法或衡平法)作为补充。后来,皇帝也发布告示。 ❷(罗马法)(出庭)传票;个别案件的判决书[special edict];一般适用的法令[general edict] ❸命令;敕令;法令 国家统治者发布的成文法或具有法律效力的命令,在全国或部分地区有效,内容通常都与国家事务有关。 ❹〈苏格兰〉召集令 指在某人请求为其指定遗嘱执行人时,代理主教[commissaries]为此所发布的令状,用以召集有关人员。

edicta 〈拉〉(罗马法)(皇帝)敕令;(地方长官的)告示 在罗马帝国体制下,皇帝是最高的地方长官,其发布的敕令是帝国时期法律的主要渊源,用以处理各个不同方面的事务。敕令可以口头发布,但通常都采用书面形式。皇帝的敕令与一般地方长官的告示不同,即皇帝死后虽常遭咒骂,但其敕令仍具有法律效力,而这一点在帝国初期并不明显。(⇨edict)

Edicta Justiniani 优士丁尼敕令(⇨Edicts of Justinian)

edictal citation 〈苏格兰〉域外传票 苏格兰法院对居住在苏格兰以外但在苏格兰境内有地产的外国人或居住在苏格兰以外的苏格兰人或虽不知其下落、但对其有管辖权的人所发出的传票。

edict nautae, caupones, stabularii 〈拉〉(罗马法)关于船主、旅店主、马车行主的责任的告示 指船主、旅店主、马车行主对旅客带入船舱、旅店、车行内财物的安全负有严格责任。如果发生财物丢失或毁坏,即使不能证明是由于船主、旅店主、马车行主的过错所致,他们仍要承担责任。这一原则后被苏格兰法所采纳。

Edict of Atalaric 阿塔拉里克敕令 约公元535年东哥特[Ostrogothic]国王阿塔拉里克发布的敕令,共12条,用以处罚非法强占、姘居以及其他不法行为。

Edict of Milan 米兰敕令 罗马帝国的两位皇帝君士坦丁一世[Constantine Ⅰ]和李锡尼[Licinius]于公元313年在米兰达成的政治协议公告,宣布信仰自由,给予基督教徒法律权利,包括建立教堂,归还被没收的基督徒的财产等。

Edicts of Justinian 优士丁尼敕令 优士丁尼的13部新法,附加在《新律》[Novels]汇编后作为附录出版。大多数在《新律》以后出版的《民法大全》[Corpus Juris Civilis]中都能见到。由于其内容仅限于有关帝国行省的警察事务,因此实际作用不大。

edictum 〈拉〉(=edict)

edictum annuum 〈拉〉(罗马法)年度告示 指罗马每年选出的裁判官[praetor]就职后颁布的年度公告或一系列规章,用以提出在他任职期间判决案件时将要遵循的原则。

edictum perpetuum 〈拉〉(罗马法)❶永久告示 罗马裁判官[praetor]或其它行政官发布的并在其整个任期内一直有效的公告。 ❷[E-P-]《永久性敕令》 罗马法学家优利安努斯[Salvius Julianus]奉阿达里[Adrian]皇帝之命,对裁判官发布的敕令及罗马大法官法[Jus Honorarium]的其它部分所作的汇编,共50本,现留传下来的只是保留在《学说汇纂》[Digests]中的节录。

edictum provinciale 〈拉〉(罗马法)行省告示 罗马行省执政官或裁判官发布的有关司法问题的公告。

Edictum Theodorici 〈拉〉狄奥多西法令集 意大利罗马政权势力衰败后的第一部法律汇集,由东哥特国王狄奥多西于公元500年在罗马颁布。共154条,内容包括从格里高列、海莫真使徒和狄奥多西法典中抽出的法律规定,以及后来的《新律》[Novels]、保罗的《判例》[Paul's

Sententiae]等。它对哥特人和罗马人均适用。但哥特法律中未被修改的部分仍然有效。

edictum tralatitium 沿袭告示 最初罗马裁判官[praetor]的告示,只在其任期内有效,任期终结就无效了。但在实践中,后继的罗马裁判官就职后一般并不发布全新的告示,而是将其前任裁判官所发告示的全部或主要部分保留下来,仅增加一些为改变社会状况和司法观念所必要的规定。这些被承袭下来的告示即为"沿袭告示"。

Edictus(**or Liber Edictus**) 法令和告示集 记载从公元641年的罗萨告示[Edictum Rothari]以来的伦巴第国王的法令和告示的集册。它对于后来的意大利法律有相当大的影响,并与11世纪的三部论著:Liber Papiensis, Walcausina 和 Expositio 一起构成伦巴法律书籍[Liber Lombardae]。

edile (= aedile)

editus (英格兰古法)❶颁布(法律) ❷(婴儿)出生

Edmunds Act 〈美〉《爱德蒙兹反重婚法》 美国国会于1882年3月22日通过的惩罚重婚和非法姘居罪的法律。

Edmunds Anti-polygamy Law 〈美〉《埃德蒙兹反一夫多妻法》 1892年颁布的一项联邦法律,旨在惩罚重婚罪以及同时与不止一个妇女同居的行为。

educational appliance 教具 对教师教育学生有益或必需的事物,如黑板、地图、词典等,但学校的普通教材不在其列。

educational corporation 教育法人 为教育目的而不是为营利目的而设立的法人,如果是由私人建立的或由私人基金或私人捐赠维持的,就是私法人;如果是由国家或市政机构建立和维持的,就是公法人。

educational expenses 教育费用 个人所得税报表中的一个扣除项目,指雇员为保持或提高工作技能,或是满足法律或雇主明示要求的为保持其受雇佣状态而支出的费用。

educational purpose 教育目的 宪法和制定法条文中的术语,用于教育目的的财产可免除纳税义务。

educational institution 〈美〉教育机构 ①指包括学校[School]、学院[College]、大学[University]、神学院[Seminary]及其他从事教育活动的组织在内,并非必须是特许成立的机构[chartered institution];②当用于规划法[zoning ordinance]中时,该词指为完成全部教育计划所必需,包括对学生精神、道德和身体发展有重要意义的事项在内的所有建筑和场地。

Educational Rights and Privacy Act 〈美〉《教育权利与隐私法》 1976年通过的一部联邦法律,规定未经家长事前书面许可,学校不得将学生的档案向外界展示。

educational trust 教育信托 为提供教育费用的目的而设立的信托。通常是祖父母为了孙子女的利益而设立此种信托。

education committee 〈英〉教育委员会 各地的教育行政部门均须组设教育委员会。对除筹集资金以外的一切教育事务,教育行政部门在采取措施之前均应先送教育委员会咨询。教育委员会的组设方法应先经教育部同意,教育行政部门的人员亦可参加教育委员会。

Education of All Handicapped Children Act 〈美〉《残疾儿童教育法》 国会于1975年通过、1977年生效的一项联邦法律。规定至1978年9月,美国所有学校必须向在身体、精神、情感上存在障碍,并在之前被排除在公共教育系统之外的儿童提供个别教育[individualized education]。凡未能遵照执行的学校,将丧失一切联邦资助。

ee n.水;岛屿;充满水的地方

eé 〈法〉是

EEOC (= Equal Employment Opportunity Commission)

effect v.❶使发生;产生;造成 ❷实现;完成 ❸实施;执行
   n.❶结果 ❷效果;作用;影响 ❸(法律、协议等的)实施;生效 ❹(复)财物;动产

effecting loan 实施贷款 约定放款的实际贷出为新的贷放,不同于对原有的贷款期限的续展[renewal]。

effective a.有效的;生效的;起作用的

effective absence 有影响的缺席 指有关官员在需要其立即行使其权力的场合缺席的情况。

effective assistance of counsel 〈美〉有效的律师协助 指律师为被告人提供了认真而有意义的法律服务,包括告知了被告人他所享有的权利;诚实、精通法律且有能力的律师被给予了合理的机会去履行他所承担的义务。如律师的行为使对抗式诉讼程序不能发挥正常的作用,以致无法作出恰当的判决,则律师被认为没有提供有效的协助。

effective blockade 有效封锁

effective date 生效日期 指制定法、合同、保险单或其他法律文书可执行或生效的日期。生效日期有时并不同于这些法律文件的颁布日期和签署日期。

effective height 有效高度 指为磨坊提供水力而筑的拦水大坝能够很好地发挥其作用的高度。

effective money 硬币

effectiveness n.管辖效力 有关法院管辖权的一项重要原则。即一般情况下,法院在其对某人或某事项能够发布命令,并能通过一定的强制性手段使该命令发生实际效果时,才能对该人或该事项行使管辖权。

effective occupation 有效占领 国际法上的概念,它是一国取得对尚不属任何国家的土地的主权的一种方式。它包含该国占领该土地的动机和意愿,及在被占领的土地上对国家主权的某种持续、有效的行使。

effective possession 有效占有 也叫事实占有[virtual possession],指实际无权者凭藉借口有权而在事实上占有某块土地的一部分,在占有达法定期限后,依时效占有[adverse possession]的规定,占有人便可对整块土地主张权利。或称推定占有[constructive possession],但它不同于一般的推定占有[conventional constructive possession],后者的权利人并未进行实际占有,故也无时效占有。

effective procuring cause 促成购买起因 在不动产买卖中,其促成购买起因通常是指中间商[broker]首先引起买主的购买愿望,并帮助买卖双方最终达成协议。

effects n.个人财产 一般指动产;在某些制定法条文中,也包括不动产。

Effectus punitur licet non sequatur effectus. 〈拉〉可以对行为加以惩罚,以免其产生后果。

Effectus sequitur causam. 〈拉〉有因,必有其果。

effeerers (= affeerors)

effet 〈法〉❶汇票 ❷(复)财产;动产 用于遗嘱中时,该词和英语中的动产[effects]同义。在有些情况下也可以指立遗嘱人的全部财产,包括其不动产在内。

effets mobiliers 〈法〉资金;股票

efficient breach 效益违约 一种现代合同法理论,由以波斯纳[Posner]为代表的经济分析法学派提出。该理论认为:如果一方当事人在违约补偿对方当事人的"期待利

益"[expectation interest]后仍可获利,则属效益违约,当事人在此情况下就应当违约。因其与"合同必须遵守"的原则相背,且有违公平正义之价值,故该理论并未被广泛接受。

efficient cause 主因;近因;直接原因;有效起因 直接造成结果的原因或导致结果发生的一系列原因中之最主要者,如果没有这一原因,该结果就不会发生;在伤害案件中,即使它是导致伤害发生的一系列事件中最初的事件,但由于它引起了其他事件对于结果所起的作用,因而其行为人将为此承担法律责任。(= immediate cause)

efficient intervening cause 有效阻却原因 指由于一种新的且独立的力量的介入,打断了过错行为与损害结果之间原先的因果联系,这一新介入的原因则成为损害结果发生的近因或直接原因[proximate and immediate cause]时,原先的过失行为人[negligent actor]对这一损害结果的发生不负责任。

effigy n.(木石等制作的)肖像 故意使某人的肖像成为别人讥笑对象的行为构成诽谤[libel]。

effluent n.(排入河、湖等的)废水;废液

efflux n. ❶时光的流逝 ❷期满;告终 尤其用于指租赁期限的终止。

effluxion of time 期限届满;到期 指当事人在租约、转让证书或其他契据或协议中约定的具体期限由于事件的发展而自然届满,它不同于因当事人的行为或发生意外事件或其他突发事件而引起的期限终止。

efforce v.迫使;强行进入

effortialiter ad.强行地 适用于借助军事力量。

effraction n.(使用暴力)侵入;闯入

effractor n.入室行窃者;夜盗者(⇨burglar)

effranchise v.给…公民权(或选举权)(⇨enfranchise)

effray n.(在公共场所)吵架;打架;闹事(⇨affray)

effusio sanguinis (英格兰古法)伤人罚金;罚款 原意是"流血":国王授权一些封建领主可对于引起流血等伤害的人罚款;一部分归领主,一部分归受害人,伤害致死时归死者家属。

EFTA (= European Free Trade Association)

egality (= equality)

egetter (= eject)

eglise 〈法〉教堂

eglise 〈法〉(= egglise)

ego, talis 〈拉〉我,如此一个 该词用于描述旧契约的格式。

egrediens et exeuns 继续进行;各抒己见(直至辩论出结果) 旧时诉讼程序中用语。

egreditur personam 来源于自身 即指,他是其作者。

egress n. ❶外出;外出权 ❷出口;出路

egressus 〈拉〉出去;出路;出外权 离开土地的权利或自由。(⇨ingressus et egressus)

Egypt n.埃及 奥斯曼帝国在非洲北部的一个名义上的省份,1882年英国介入后,其事务由在英国监督下的总督[khedive]进行管理。它有一个由30人组成的立法委员会。随着英国的介入,又建立了新的地方法庭,本地人与外国人之间的诉讼则由混合法庭审理,地方上诉法院[Native Court of Appeals]的法官有8名是欧洲人。全省划分为若干行政区,法庭法官被授权处理行政区内的法律事务,对各行政区内的最后判决不能再上诉。

Egyptians n.在古英格兰借用来称呼吉卜赛人[Gypsies]的名称 这是一个流浪的民族,没有永久的居所,住帐篷,并自称能给别人算命。

EIB (= European Investment Bank)

Eighteenth Amendment 〈美〉美国宪法第十八条修正案 该修正案是唯一一条被废止的修正案。它规定禁止在美国各州和联邦领地内生产、销售、运输和出口酒类饮料。该修正案于1917年12月获得国会上下两院逾2/3支持而通过,并在1919年1月16日为3/4州所批准,于1920年1月17日生效。但在经过十数年的争论、异议,当美国宪法第二十一条修正案于1933年12月5日获批准后,该修正案同样以压倒多数被推翻。全美禁酒是以历时一世纪的禁酒运动为广泛基础的产物。在自愿戒酒运动已明显削减了美国酒类消费之后,内战前禁酒主张者又试图从法律上寻找禁酒的支持。19世纪50年代,有十数个州迅速通过了禁酒法,从19世纪80年代至第一次世界大战,地方自治法和州范围内的禁酒不断扩大。受此胜利的鼓舞,宗教团体、女权主义者、社会和政治改革家以及商人一致要求实行全面性的宪法禁酒,似乎这是全国人民唯一的、永久选择。那些尽管不愿投票支持禁酒修正案但又怯于投反对票的参议员,于是提出了7年的批准期,他们希望此一计策能阻止批准的完成,但事与愿违,13个月内就有44州立法机关批准了该修正案。而到1922年该修正案获除罗得岛[Rhode Island]外所有州的批准。不过,对全国禁酒的普遍抵制和有组织反对日益高涨,终于1933年的第二十一条修正案废除了这一被赫伯特·胡佛[Herbert Hoover]称之为"动机崇高的尝试"[an experiment noble in motive]。

Eighth Amendment 〈美〉美国宪法第八条修正案 该修正案于1791年作为《权利法案》[Bill of Rights]的组成部分获通过。它规定不得科处过多的保释金、过重的罚金和处以残酷而异常的刑罚,这一规定为联邦刑事司法处刑的严厉性提供了唯一的实体上的限制。1962年该规定首次被扩展适用于州。

eight hour laws 八小时工作制法 确立一天的工作时间为8小时的制定法,如《亚当逊法案》[Adamson Act]、《合理劳动标准法案》[Fair Labor Standards Act]等。这些法律禁止一天的工作时间超过这个限度,并规定对超出8小时外的工作应另给报酬。

eighty per cent credit 〈美〉百分之八十税额信用贷款 一种为支持借款人向州政府缴纳联邦财产税、地产税、遗产税或继承税等而提供的信用贷款,数额不超过应缴税额的百分之八十。

eigne 〈拉〉〈法〉最年长的;先生者 该词常见于旧时的法律书籍中。如 bastard eigne 指婚前私生子,其父母在其出生后结婚,并生下第二个婚生子,则后者被称为后生者[mulier puisne]。此词可能为法语"年长"[aîné]的变体,也写作 eisne, eisna, einsne, aisne 及 eign。

eignesse (= esnecy)

Ei incumbit probatio, qui dicit, non qui negat. 〈拉〉举证责任应由主张事实的人,而不应由否认事实的人承担。

Ei incumbit probatio, qui dicit, non qui negat; cum per rerum naturam factum negantis probatio nulla sit. 〈拉〉举证责任应由主张事实的人,而不是否认事实的人来承担,因为,按照事物的规律,否认事实的人是不能提出任何证据的。

eik 〈苏格兰〉增加物;附加物 如复归地产[reversion]上的增加物。

einecia ❶(= esnecy) ❷长子继承权

einetia (= einecia)

einetius 〈拉〉年龄最大者；长子（女） 拉丁法律用语，相当于法律法语中的 eigne。

Ei nihil turpe, cui nihil satis. 〈拉〉对永不知足的人来说，没有什么是最基本的。

eins ceo que 因为；由于

eire n. (英格兰古法) ❶行程；路线 ❷巡回 巡回法官[justices in eire]指每七年一次被委派去不同的郡主持巡回审判和审理公诉案件[pleas of the Crown]的法官。(= eyre)

eirenarcha n. 治安法官 "justice of the peace"的旧称；在《学说汇纂》[Digests]中，该词也写作"irenarcha"。

Eisdem modis dissolvitur obligatio quae nascitur ex contractu, vel quasi, quibus contrahitur. 〈拉〉由契约或准契约产生的义务，应当用与缔约相同的方式来解除。

eisnetia (= einecia)

either pron. (两者之中的)任一个 有时也可以指几个[several]中的每一个或任何一个，但不能用来指全部[all]，也不能指许多[many]中的任何一个。

either extremity (身体四肢中的)任一肢尖 指手和足。

either or survivor 任一或幸存者 保管箱[safe deposit box]租借业务中的用语。

eject v. ❶驱逐；逐出；排斥 ❷解雇；免职 ❸喷出；吐出 ❹(通过诉讼)驱逐(佃户或土地占有人)；将…逐出(土地)

ejecta n. ❶(英格兰古法)被强奸的妇女；被夺去童贞的女子；不贞洁的女人 ❷废弃物

ejection n. ❶驱逐 强制某人离开某地，可以命令其离开或对其人身施以强制。该词也常用来指运输人将行为不端而令人讨厌的乘客逐出车辆。 ❷排除占有 ❸〈苏格兰〉排除非法占有的诉讼 指排除无权占有人占有土地或建筑物的诉讼。也用于依据排除土地承租人在租期届满后仍占有土地的判决而作出的执行令，及被非法剥夺继承权的权利人提起的排除侵占人并恢复其对遗产的权利的诉讼。

ejectione custodiae 〈拉〉(英格兰古法)恢复监护权令 等同于法语的 ejectment de garde，这种令状旨在给予被逐出被监护人土地的监护人以救济，使其得以恢复监护权，包括进入土地。

ejectione firmae 逐出租地之诉(⇨ejectment)

ejectment n. (英格兰古法)(普通法)逐出租地之诉；收回土地之诉；驱逐之诉 在英格兰古法中有一种特殊的侵害之诉，即"逐出租地之诉"[ejectione firmae]，这种诉讼程式给予被侵占土地的定期承租人以救济，但起初只给予损害赔偿。从15世纪开始这一救济扩大到可以使承租人恢复占有被占租地。后来，这一诉讼程式又被用于可继承完全保有地产的占有权[possessory titles to corporeal hereditaments]争议的诉讼中，从而绕过了不动产诉讼中的繁文缛节。但"逐出租地之诉"的程式原只能用于那些根据租地契[lease]而有权占有土地的人所提起的诉讼。在此类诉讼中，要求原告证明他与土地所有权人订有租地契，并曾根据租地契进占了土地[entry]，以及有驱逐他出租地的第三方[ouster]。后来，用于收复可继承不动产的诉讼中时，不得不引进了两层拟制[fiction]以满足这些要求，这一通过拟制而进行的诉讼程式得到了英格兰首席法官亨利[Ch. J. Rolle]的许可。这两层拟制是指：其一，虚拟的租地契，事实上的原告与名义上的原告，虚拟的 John Doe 订有一份租地契；其二，虚拟的驱逐者[ouster]，即 John Doe 被一个虚拟的驱逐者 Richard Roe 从租地上逐出。Richard Roe，即虚拟的驱逐者，也是名义上的被告，常被称为临时侵占人[casual ejector]。具体的诉讼程序以原告的陈述书[declaration]开始，陈述书说明争议中的地产已由主张地权的一方(即事实上的原告)租让与 John Doe 若干年，John Doe 根据租地契进占了土地，其后，Richard Roe 进占该租地并将 John Doe 从其租地逐出。传票送交事实上的被告，即实际占有土地的人[tenant in possession]。传票并附有名义上的被告 Richard Roe 签名的一份通知，通知他在某某时间出庭答辩，否则，Richard Roe 将面临缺席审判，其结果是实际占有土地的人将被驱起出土地。实际占有土地的人如准时参加诉讼和答辩，条件是他必须承认这些拟制的真实性，从而仅仅能依靠所有权[title]为其抗辩。1852年，这些拟制被废止，1875年，整个诉讼程式也遭到废止。1852年之后，"逐出租地之诉"被称为"恢复土地占有之诉"。在美国早期，这一诉讼程式也是殖民地法律的一部分，但在多数州经制订法律加以修改，使其在任何土地所有人的土地所有权诉讼中使用。

ejectment bill (衡平法上)要求收回不动产的诉状 随状仅附有关于租金和收益的账目，但并不提出明显的为什么要诉请衡平法管辖的依据，因此可对此进行抗辩。

ejector n. 驱逐者；占有侵夺者；侵占人 指驱逐、赶走他人的人，剥夺他人占有的人。

ejectum n. 海上漂弃物 如船舶残骸或船舶遇险时投弃的货物等。

ejectus n. (英格兰古法)嫖客；老鸨

ejercitoria 〈西〉对船东的诉讼 基于船长订立的关于要求修理、装配或供给等的合同而产生的诉讼。相当于罗马法中的"actio exercitoria"。

ejettement (= ejectment)

ejettement de garde 〈法〉恢复监护权的诉讼(⇨ejectione custodiae)

ejidos 〈西〉公用土地 城市、村镇居民共用的充作牧场、林地或打谷场等的土地。

ejurare v. 发誓放弃；公开宣誓舍弃；辞去职务

ejuration n. ❶放弃职位 ❷辞职

ejusdem generis 〈拉〉同类解释规则 一项解释的规则，指在列举数项特定的人或物之后，紧接着采用了一个总括性表述的单词或短语时，该总括性语词只能解释为包括与其列举者同类的人或物。如在"马、牛、羊、猪或其他谷场上的动物"这样的表述中，不管"谷场上的动物"本身含义如何广泛，但此时只能解释为包括四条腿的、有蹄的哺乳动物，并将鸡等排除在外。但也不可机械地套用此项规则而违背合同当事人、立遗嘱人、法律、立法机关的明显意图。

ejusdem negotii 属于同一事项；属于同一交易

Ejus est interpretari cujus est condere. 〈拉〉解释权属于制定者。 罗马法上的一句格言，在英格兰法中并不适用，英国上议院或下议院中的任何陈述都不能被法院引作对制定法的解释。

Ejus est nolle, qui potest velle. 〈拉〉凡能表达其意志者，也就可拒绝表达其意志。

Ejus est non nolle qui potest velle. 〈拉〉凡能表达其意志者，就不应拒绝表达其意志。 指不置可否或模棱两可，拒绝承担责任。

Ejus est periculum cujus est dominium aut commodum. 〈拉〉谁有其利，谁有其权，则谁承担其风险。

Ejus nulla culpa est, cui parere necesse sit. 〈拉〉被迫服

从的人应属无罪。
elaborare 〈拉〉〈古〉(通过劳动与勤勉)赚取;获得;购买
elaboratus 〈拉〉劳动所得
Elastic Clause 〈美〉弹性条款 指美国宪法第一条第八款的术语。该款授权国会为使联邦政府的权力得以实施可以"制定一切必要的和适当的[necessary and proper]法律"。因其给予国会默示的权力,且这种权力可以延伸至没有明示赋予立法权的场合,故称之为"弹性条款"。该词亦称 Basket Clause; Coefficient Clause; Sweep Clause; Necessary and Proper Clause。(⇨ Necessary and Proper Clause)
el converso 相反地
elder brethren 〈英〉领港协会会员 系对1514年由亨利八世敕准设立的"领港协会"[Trinity House]会员及码头与灯塔管理人员的通称。
elder title 老头衔 一种先前的头衔,但后来改用新头衔时仍被同时使用。这种情况很流行,相对于新头衔人们称之为老头衔。
eldest a.最年长的;最早出生的
n.❶最长辈者 ❷长子 关于长子继承权[primogeniture]的法律在美国并无效力,家庭中的长子均不能以其为长的身份主张任何特权。
Electa una via, non datur recursus ad alteram.〈拉〉已经选择了一种方法者不能再求助于另一种方法。
elected a.通过投票选出的 通常指普选选出的,有时也指内部选举[restrictive vote]选出的。
elected domicil (合同)选定的住所 指为实现合同的目的而当事人经过选择,规定在合同中的住所。
Electio est creditoris.〈拉〉债权人有他自己的选择权。
Electio est debitoris.〈拉〉债务人有他自己的选择权。
Electio est interna libera et spontanea separatio unius rei ab alia, sine compulsione, consistens in animo et voluntate.〈拉〉选择是指发自内心地、自由地、自然地将一事物与他事物区别开来,没有强制,构成意志与愿望。
election n.选举 指投票推选某人担任某一职位,尤其是公职[public office]的过程;或者已通过投票为某一职位选定人员的事实。
election agent 选举代理人 在议会或地方政府选举中由各候选人指派的,代表候选人负责掌管投入竞选的所有费用并负责对这些费用作出报告的人。候选人也可以充任为其自己的选举代理人。
election at large 〈美〉大区选举 指在全州(或全市)、或在较大的选区内选举政府官员的选举,而非在大选举单位下的一个小区或分区内进行的选举。
election bet 选举打赌 指双方为选举结果何方获胜或某一人在选举中最终是否当选而打赌,赢方将获得钱财。选举打赌还可以是为某一候选人能否获得一定的选票数而打赌。美国大多司法管辖区都在制定法上将选举打赌规定为犯罪。
election between causes of action 诉因的选择(⇨ election of counts)
election between dower and will 寡妇在寡妇地产和遗嘱遗产之间的选择
election between offenses 指控罪行的选择(⇨ election of counts)
election board 〈美〉选举委员会 ①由政府在每个选区任命的监察员或委员组成,负责审查选民资格、监督投票、确定和报告选举结果等事务;②负责进行选举的地方机关。
election by ballot 投票选举 等同于秘密投票选举。
election by spouse 配偶的遗产选择权 指遗孀可以在接受其亡夫遗嘱中为其保留的财产份额和接受遗孀地产[dower]或其应得的法定继承份额之间进行选择。当遗嘱中为其保留的财产份额少于她依法应得的份额时,遗孀可主张这种选择权。如果遗嘱中有"凡对遗嘱有争议者将丧失依遗嘱取得遗产的权利"之类的规定,而该配偶又意欲撇开此遗嘱时,也可以行使这种选择权。
election commissioners 〈英〉选举监察专员 根据1949年《选举监察专员法》[Election Commissioners Act]选任,受命对选举中广泛盛行的腐败行为进行调查的人。该人选必须为出庭律师,但不能是议会议员,调查结果须向议会报告,总检察长据此决定是否对某人提起诉讼。该官职于1969年被撤销。
election committee 〈英〉选举调查委员会 下议院中的一个委员会,负责调查其议员选举的有效性。1868年被审理选举请愿书的法官所代替。
election contest 选举异议 指选举中失败的一方针对有权机构宣布或决定获得胜利的另一方的权利提出的异议。选举异议涉及选举报告、选民资格、清点选票、其它影响投票有效性等事项的调查。
election day ❶选举日 ❷[E- D-]〈美〉总统及国会议员选举日 分别为每隔四年及两年的11月份的第一个星期一后的星期二。
election de clerke 书记官选择令状 该令状用于选择书记官以制作和保管债务清偿保证书[statute merchant]。
election district 选区 在美国,指为便利于某一选举或选举该地区的政府代表而在州、县或市设立的区。
election dower 遗孀遗产选择权 指遗孀拒绝其亡夫在遗嘱中为她保留的财产份额,而接受法律所规定的其应得财产份额的权利。(⇨election by spouse)
electioneering n.❶竞选;拉选票 ❷教唆选举罪 指在选举日[election day]的特定时间和地点仍在通过各种宣传取得选票的一种犯罪。
Electiones fiant rite et libere sine interruptione aliqua.〈拉〉选举应当以适当的形式,自由地、不受干扰、毫无阻碍地进行。
election expenses 选举开支
election judges 〈英〉选举法官 指根据1983年的《人民代表法》[Representation of the People Act]和1981年的《最高法院法》[Supreme Court Act]的规定,从高等法院王座庭的普通法官[puisne judges]中选出的审理选举申诉事件的法官。
election of counts ❶指控罪项的选择 有关诉讼程序的一项原则。即当一份刑事起诉书中包含两个或两个以上相互独立且不同的罪行时,控诉方可能被要求选择究竟按哪一罪项指控并提交法庭审判。❷诉因的选择 如果原告在他的起诉或请求中混淆了或错误合并了各种不同的诉因,他将可能被对方当事人要求选择其中一个诉因提交法庭审判。
election of defenses 抗辩选择 指选择一种具体的抗辩措施以批驳对自己的请求或对抗对自己的刑事指控。
election officers 选举官员 包括监察员[wardens]、书记员[clerks]、点票员[tellers]、检查员[inspectors]等。有时也指市镇的官员,如市镇管理委员会委员[selectman]、社团的理事[trustee]、政府办事员[clerk],其法定职责包括参与特定的或普通选举。

election of place of payment 票据支付地点的选择 根据票据上的条款，票据持有人有权在几个指定地点中选择某一特定地点请求支付；上述票据的出票人要求持票人选择支付地点而持票人未选择时，出票人有权选择支付地点。

election of remedies 救济的选择；救济选择权 指在法律所提供的几种损害赔偿救济方式或诉讼形式中选择其一的权利或行为。若两个互不协调或彼此矛盾的救济方式共存，当事人可以从中选择一种，但其一旦选择后，则丧失以另一种方式获得救济的权利。

election petition court 〈英〉选举申诉法庭 由王座法庭的两名法官组成的法庭，在苏格兰由最高民事法院，在北爱尔兰由最高法院的法官组成。1868 年以来，该法庭即依选民或落选候选人提出的基于诸如候选人资格等理由而对选举的效力表示异议的申诉进行审理。其判决要以报告形式交下议院议长，下议院依法律有接受义务，但下议院也可以按照旧规通过决议，仅将该报告记录在《议院公报》[Journal of the House]作为对申诉的处理。

election petitions 〈英〉选举申诉 指当某下议院议员的当选因行贿或其它原因而被指控为无效时，要求对该议员的选举的合法性进行调查的申诉。该申诉由选举申诉法庭[election petition court]负责审理。

election precinct 选举区（= election district）

election returns 选举报告 由法定统计选票的工作人员向检票员委员会[board of canvassers]或选举监督委员会[election board]所作的关于计算或核对每一候选人或提案所获赞成票和反对票情况的报告。

election to fill vacancy in office 补缺选举 既指在尚未出现职位空缺时进行的定期的现任官员期满时的继任者的选举，也指在出现空缺时所进行的选举。

election to hold agent 选择由代理人承担（原则） 该原则适用于本人不明[undisclosed principal]的情况下，即第三人在不知代理关系存在的情况下与代理人签订合同，后该第三人发现有代理关系存在并确定了本人，则他既可以选择由代理人也可以选择由本人来承担合同义务或责任，但不能要求该两人均承担责任，因为他们之间是选择性责任[alternative liability]，而非连带责任[joint and several liability]。

election under（the）will 遗嘱选择（原则） 指有遗嘱时，遗产继承人或受遗赠人既可以选择接受遗嘱中为其设定的权益，但若该遗嘱中剥夺了其依法应得的财产权益，也可以选择拒绝接受遗嘱，而主张其依法应得的财产权益。简而言之，对是否接受遗嘱进行选择。

Electio semel facta, et placitum testatum, non patitur regressum. 〈拉〉选择一旦决定，请求也已提出（或意思也已表明），就难以再予撤回。

Electio semel facta non patitur regressum. 〈拉〉选择一经作出就不允许撤回。

elective a. ❶选举的 ❷选任的；由选举产生的 ❸有选举权的 ❹可以选举的

elective franchise 〈美〉公民选举权；公民投票权

elective office 选任公职；选任职 指任职公务人员必须通过选举产生；与之不同的职务是委任公职或委任职[appointive office]。

elective share 选择的（遗产）份额（⇨election by spouse）

elector n. ❶选民；有选举权者；合格选人 ❷〈美〉选举团[electoral college]成员 指为选举总统和副总统而组成的选举团的成员。亦称 presidential elector。

electoral a. 选举的；选举人的；由选举人组成的

electoral college 〈美〉选举团 常用大写。指由每州选出的、正式选举总统和副总统的选民所组成的团体。有时也指由几个州的选举团所组成的大团体。

electoral franchises 〈英〉选举资格；候选人资格 指有权选举议员的资格，有时也指有权成为某种候选人所需的资格、条件。就郡而言，起初选举资格并未要求必须以定居为条件；1413 年的一项法律增加了这一条件；选举人人数众多引起的混乱使得 1429 年又增加了选举人必须保有 40 先令地产这一条件；1774 年的一项法律又取消了定居的条件；1832 年的《改革法》[Reform Act]通过之后，郡选举人数量大增，因为每年支付 50 镑的公簿地产保有人、定期租赁产保有人及不定地产保有人均被赋予了选举资格。就自治市而言，选举资格较复杂，但下列人员一般都有选举资格：自治市内定居的住户；缴纳地方税者；生活能自足者；拥有自治市保有地者；享有某种社团权利者。当然在某些自治市，可能需要同时具备几个条件。1832 年的《改革法》和 1884 年的《人民代表法》[Representation of the People Act]主要在财产方面对自治市和郡选民的选举作了规定；1918 年的《人民代表法》将选举议员的权利赋予妇女，但又限定其年龄必须在 30 岁之上；1928 年修改为女性同男性一样，自成年时享有选举权；经 1969 年的修订最终确定为：有定居权的大不列颠臣民及爱尔兰共和国的公民年龄达到 18 岁者享有选举权。

electoral process ❶[总称]选举程序 ❷投票过程 指投票和计票。

electoral register 〈英〉选民登记名册 议会和地方政府选举的选民名册，一年准备一次，必须在 2 月 15 日以前公布。

electors of president 有权参加选举总统的选民（= presidential electors）

Electric Safety Code 〈美〉《安全用法法典》 商业部标准局[Bureau of Standards of Department of Commerce]颁布的用来调整用电装置和电线的安装、维修等事务的法规汇编。

electrocution n. 电刑 死刑的执行方式之一，即把犯人捆坐在装有导线的椅子上，把电极两端分别接在其头部和一条腿上，使强大的电流通过其身体而致死。1888 年美国纽约州最早采用电刑，后美国许多州亦相继采用。一般认为，电刑使受刑人在瞬间无痛苦死亡，符合美国宪法第八条修正案"禁止残酷的和异常的刑罚"的精神。

electronic eavesdropping 电子窃听 指在谈话人不知晓的情况下，使用电子仪器录制其谈话。

electronic funds transfers 电子资金转账 指金融机构通过计算机、电话或其它电子手段进行的资金转移。典型的电子资金转账通常是由一银行客户最先提出，要求银行将资金转入账户中，通常是转入另一家银行的另一人，即受益人[beneficiary]的账户。

electronic surveillance 电子监视（⇨eavesdropping; wiretapping）

Electronic Surveillance Courts 〈美〉电子监视法院 1978 年 10 月国会批准成立的一种专门的联邦法院，负责批准是否允许外国反间谍情报组织[foreign counter intelligence]在美国使用电子监视手段。

eleemosyna （英格兰古法）自由教役保有的地产（权）（= alms）

eleemosyna aratri （= eleemosyna regis）

eleemosynae　n. 属于教会的财产

eleemosyna regis　〈英〉犁税　埃塞尔德国王[King Ethelred]下令对英格兰的每一张耕地用犁征收的一便士税，用以支援穷人。

eleemosynaria　n. ❶宗教社团用于存放施舍物的处所　即放赈人员接收施舍物，并向穷人发放的场所。 ❷〈英格兰古法〉餐具室；食品室；小橱　用于英格兰北部的普通方言中。❸施赈官的办公场所

eleemosynarius　n.〈英格兰古法〉❶赈济官　指接受慈善捐赠并以适当方式用于宗教和慈善事务的官员。❷皇家施赈官　负责发放王室赈济金和施舍物的官员。❸施主

eleemosynary　a. 慈善的；施舍的；救济的
　　n. 依靠救济者

eleemosynary corporation　慈善法人　为慈善目的或为管理用于慈善事业的信托财产而设立的私法人。

eleemosynary defense　〈美〉慈善豁免权抗辩　慈善法人或慈善机构在被指为民事侵权行为时以慈善事业享有豁免权进行的答辩。在许多州，这种豁免权现已被取消或受到很大限制。

eleemosynary purpose　慈善目的

eleganter　〈罗马法〉精确地；无误地；有辨别地

elegit　〈拉〉〈英格兰古法〉占地执行令　原拉丁含义为"他已作出选择"。根据1285年《威斯敏斯特法Ⅱ》[Statute of Westminster Ⅱ]，判决之后的债权人有权在两种救济中作出选择。第一种是通过签发给郡长的"动产扣押令"[fieri facias, 常简称为 fi fa]来收回债款，第二种即通过"占地执行令"，占有债务人的一半土地和动产(牛及其他耕畜除外)，以土地的租金或收益来清偿债务，直至偿清为止。1677年《欺诈法》[Statute of Frauds]规定这一令状可适用于信托地产。根据1838年《判决法》[Judgments Act]，该令状的执行范围可延及债务人的全部土地。根据1883年《破产法》[Bankruptcy Act]，这一令状不再适用于动产。1956年，这一令状被废止，代之以法院可为之在败诉债务人的土地上设定抵押权。

Elementary and Secondary Education Act of 1965　〈美〉《1965年初等和中等教育法》　该法规定对公立学校和教区学校[public and parochial schools]提供援助，是第一个重要的联邦教育援助计划，为以后的联邦教育援助提供了基础。

elements　n. ❶自然要素　指水、火、土、风这四大要素，古代人们认为这四种元素是构成整个世界的基本物质。❷自然力　指由自然要素构成的各种现象，特别出恶劣的天灾，如洪水、龙卷风等，有时被认为是上帝所为。

elements of crime　犯罪构成要件　指公诉方为支持公诉而必须以证明的构成犯罪的要件。在普通法上，犯罪构成要件包括犯罪行为[actus reus]、因果关系[causation]和犯罪意图[mens rea]。美国《模范刑法典》[Model Penal Code]扩大了犯罪构成要件的范围，除犯罪行为、因果关系、犯罪意图外，还将决定罪行轻重的因素[grading factors]以及各种辩护理由的不能成立包括在内。

elevator insurance　电梯保险　承保由于电梯的操作运行造成人员死亡或伤残责任风险的保险险种。

Eleventh Amendment　〈美〉美国宪法第十一条修正案　这是条限制联邦法院受理他州公民或外国属民起诉某一州的权力的修正案。在美国历史上，仅有两条宪法修正案的通过明确是为了"撤销"美国最高法院判决，其一是第十六条修正案，另一条即是第十一条修正案，它否决了美国最高法院1793年的奇泽姆诉乔治亚[Chisholm v. Georgia]一案的判决。在该案中法院认可了一州公民在美国最高法院初审诉讼[original action]中诉他州的权利，这一判决引起了共和主义者的愤怒和各州的强烈反对，认为破坏了各州的主权，随即在国会提出建议；国会接受建议并于1793年4月提出第十一条修正案，1795年2月7日该修正案获得3/4州立法机关的批准，但直到1798年1月8日美国总统提出咨文后，方被正式宣布成为美国宪法的组成部分。尽管传统上认为后一日期是该修正案的生效日，但现在人们认为由于美国总统在宪法修正程序中并无地位，因而1795年日益被认可作为其生效日期。该修正案以其简洁的43个词阐明了复杂的管辖权规则，否决了联邦法院受理两类原告，即"他州公民"[citizens of other states]和"外国公民"[citizens of subjects of any foreign state]诉某州案件的权力，尽管其仅提及了"普通法或衡平法"[in law or equity]的案件，但1921年的纽约案[Ex parte New York]判定它(及相关的州主权豁免原则[doctrine of state sovereign immunity])同样也适用于海事管辖权[admiralty jurisdiction]案件。在标志性的联邦管辖权案件汉斯诉路易斯安那州[Hans v. Louisiana (1890)]中，最高法院进一步扩大该修正案的适用范围，认为某州公民无权在联邦法院起诉本州；而在新罕布什尔诉路易斯安那州案[New Hampshire v. Louisiana (1883)]中，最高法院又认为一州在其不代表本州而代表州公民利益时，无权起诉他州。最后，美国最高法院在1934年摩纳哥诉密西西比案[Monaco v. Mississippi]中否决了联邦法院对外国政府诉州案件的管辖权。因而，总体而言，联邦法院无权受理任何州(包括本州)公民、外国人、外国诉州的案件，但有权受理美国或代表本州利益的其他州起诉某一州的诉讼；此外，州的政治实体，如县、镇或一定的政府实体并不享有州的此类豁免权。由于对联邦司法权的限制可能危及重要的国家目标，第十一条修正案和州主权豁免存有一些重要例外：其一，州可以放弃该修正案，认可此类诉讼；其二，美国国会有权根据美国宪法第十四、十五条修正案所授予的执行权，按照商业条款[Commerce Clause]和或许其他情况下所享有的权力，创立起诉州的专门诉因[private causes of action]；其三，不过，到目前为止，对州主权豁免最重要的限制，是允许在联邦法院起诉州的官员，而事实上这类案件常常是诉州本身的诉讼。

eligibility　n. 合格；符合条件　通常指具备法律上的资格。

eligible　a. ❶合格的；有资格当选的；符合被推选条件的 ❷适宜的 ❸(婚姻等)合适的；适宜的

eligible alien　〈美〉合格侨民　指符合美国国会规定的加入美国国籍的条件，有资格成为美国公民的外国移民。

eligible list　合格(申请人)名单　指申请公务员职位的人中通过考试，具有该职位所要求的条件和资格的申请人名单。

eligible to an office　职位适格者　指有法定资格并有能力拥有一定职位的人，在一定时期内他可能被选举或任命该职位。

elimination　n. ❶〈英格兰古法〉驱逐；放逐 ❷排除；略去；丢弃

elinguation　n. 割舌刑　一种古老的刑罚。

elisor　n.(指定的)临时代理行政司法人员　此词原意是指"挑选者"。指执行"召集陪审团令状"[writ of venire]负责挑选陪审员的行政司法官，或组织验尸陪审团[coroner's jury]时，验尸官因故——如回避、失职或其他

原因——不能执行职务时,法院为其指定的临时代理人。其职责原只是挑选合适的陪审员,递交陪审团成员名单[jury array]。其后,则于行政司法官或验尸官因故不能执行任何令状时,被指定之临时代理人员,均被用此名称称呼,遂泛指一切行政司法人员的临时代理人。

Elkins Act 〈美〉《艾尔金斯法》 1903年颁布的一项联邦法律,禁止对托运人给予回扣或其它形式的优惠待遇,并规定故意地从《州际商业法》[Interstate Commerce Act]中规定的铁路运输业者那里接受回扣是一种犯罪。该法通过这些规定强化了《州际商业法》。

Ellenborough's Act 〈英〉《爱伦堡法》 一部关于惩治侵犯人身的犯罪行为的制定法。

Elmira system 〈美〉埃尔迈拉制度 美国的一项刑罚执行制度,因1876年设立于纽约州的埃尔迈拉教养院[Elmira Reformatory]而得名。该教养院对因犯除采取评分制外,还增设道德、体质和职业训练;将因犯分成若干类型,根据不同类型因犯的具体情况,重点在职业训练和劳动就业方面给予不同的处遇;采取不定期刑、立功受奖和假释监督[release on parole under supervision]等制度。埃尔迈拉教养院推行的上述制度使社会公众认识到对青少年犯采取特殊处遇的重要性,并使人们普遍认识到每个犯人都有改过自新的可能性。从此,设立教养院的运动遍及美国各地。埃尔迈拉制度对美国刑罚执行制度的改革做出了不朽贡献,并对刑罚思想的发展产生了重大影响。

elogium 〈拉〉(罗马法)遗嘱;遗言
eloign v.& n. (= eloigne)
eloigne v. (为逃避被扣押而)将财产转移至法院管辖范围以外的地区
n.说明被扣押物已被转移的执行回呈 在执行返还原物的令状[writ of replevin]时,行政司法官所作的说明被扣押的财产已被转移至管辖范围以外地区的回呈报告。
eloigner n.隐匿(被扣押物)的人(⇨ eloign)
eloignment n.隐匿(人或物);将(人或物)转移至(法院)管辖范围以外的地方(⇨ eloign)
eloin v.& n. (= eloign)
eloinate v. (= eloign)
elongare v. (= eloign)
elongata a.(财产)已被隐匿的;被移至远处的
n.说明被扣押物已被隐匿的执行回呈 指旧时行政司法官在执行返还原物的令状[writ of replevin]时所作的说明被扣押物或牲畜已被移出郡外或隐匿的报告。该词有时和 eloigne 同义。(⇨ capias in withernam; replevin; retorno habendo)
elongatus n.说明被准予保释的当事人已隐匿起来的执行回呈 指行政司法官在执行将某人予以保释的令状[de homine replegiando]时所作的说明该人已自己或被人隐匿起来或已转移到其管辖范围以外地区的报告。
elongavit n.〈英〉说明待估价的财产已被转移或隐匿的报告 指在扣押诉讼外债务人财产[foreign attachment]的诉讼程序中,原告已经取得了对财产进行估价的判决,但由于诉讼外债务人[garnishee],即案内债务人之债务人,已将该财产转移或出售等原因而使得估价无法进行,执行警察[serjeant-at-mace]基于这种情况向法院所作的报告。

elope v.❶私奔 ❷逃走;潜逃(⇨elopement)
elopement n.❶逃走;潜逃 ❷私奔 指未婚男女为达到结婚目的而秘密地离家出走的合法行为;在普通法上则指妻子自愿离开自己的丈夫而与其他男子出走并同居。

elsewhere ad.在另外的地方;别处 该词的含义取决于具体语境。例如在船员雇佣合同[shipping articles]中应载明目的地港口,如在载明目的地港口后再加上此词,因其含义不明应视为无效;或解释为仅指其附属港口。

Ely n.〈英〉伊利岛 早期伊利岛具有独立的司法组织,后依1837年《伊利自由法》[Liberty of Ely Act]为英格兰其他地区的司法组织所吸收。当时它曾被人们称为是一块有贵族特权的领地,目前是剑桥郡的一部分。

emancipate v.❶解放;使不受束缚 ❷(罗马法)解放子女(⇨emancipation)
emancipated minor 获得解放的未成年人 指脱离父母而能完全独立生活的未满18岁的未成年人。
emancipatio 〈拉〉(罗马法)放弃父权 指解放其未成年子女时,应采取的郑重、庄严的行动。
emancipation n.解放 ①因免受奴役或监禁而获得自由;②未成年子女从父母的控制下解放出来而获得自立。这种解放可以通过子女与父母达成明示协议来实现,也可以通过父母的默示同意而实现;依其内容可分完全的和部分的两种解放。就未成年人来说,获得解放并无固定的年龄标准。在罗马法上,主要指儿子从父权下解放出来,最初是通过拟制出卖[imaginary sale]的方式来实现,后被优士丁尼[Justinian]废除,代之以由裁判官宣布解放的简便程序。
emancipation by marriage 通过婚姻获得的解放 指未成年子女由于结婚——不管是否得到其父母的同意——而摆脱父母对其时间和收入等的控制。
Emancipation Proclamation 〈美〉《解放宣言》 指1863年1月1日由美国总统林肯发布的,宣布在指定州和地区处于奴隶制度之下的人从即日起获得自由的宣言。
emancipists n.〈澳〉刑满释放者 指18世纪末19世纪初在澳大利亚被赦免的、并正在争取获得完全民权的罪犯。该词也指服刑期满而获释的罪犯。本来,刑满释放者仅可以分得土地,但不得从事社会活动和政治活动。1842年,法律规定刑满释放者具有参与社会管理的完全权利。

emasculate v.❶阉割 ❷使无力;使无男子气;使柔弱
embalmer n.(对尸体)进行防腐处理者
embalmer's license (对尸体)进行防腐处理者的执照
embargo n.❶(战时发布的禁止外轮进港或商船进出港的)封港令 ❷禁运令 因为政治或安全原因对某一国家或一些国家的商品、原材料、服务等进出口进行的单方或集体性的限制。❸征用 国家为政治目的而暂时或永久地征用私人财产,被征用财产所有人由于此项强制服役可得到适当补偿。 ❹扣押 为政治目的而扣押敌对国家的船舶或财产,为一种略次于战争的国际对抗手段。
v.❶禁止(船只)出入港口;禁止(贸易) ❷征用(船只、物资等) ❸扣押 捕捉并扣留敌对国家的船舶或其他财产。
Embargo Act 〈美〉《禁运法》 ①1807年美国国会应杰斐逊总统的要求而通过的一项法律,宣布封闭所有美国港口,禁止港内的美国和外国船只出港,并禁止从英国进口货物。宣布该法的目的旨在对付英、法对运送或被怀疑为从事拿破仑战争的国家运送战争物资的美国商船的侵扰,但并未完全取得预期效果。1809年的《断绝贸易法》[Non-Intercourse Act]对它作了修改,允许与英、法之外的国家进行贸易;②1807年杰斐逊总统公布的又一项联邦法律,禁止此后再作为合法进口[legal importation]将奴隶送入美国。

embassador n. 大使(⇨ambassador)

embassage n. (= embassy)

embassy n. ❶大使的职务；大使的使命 ❷大使馆；大使的住宅 ❸大使及其随员；大使馆全体人员

embedded property 埋藏物；埋在地下的财产(= imbedded property)

Ember Days （教会法）四季斋期 指教会神职人员一年四季的特定斋戒日，在古代教会中极为重要。具体日期为大斋节[Lent]第一个星期日后的星期三、星期五、星期六；圣灵降临节[Whit Sunday]（为复活节后的第七个星期日）；圣十字架节[Holy Rood Day，9月14日]；圣露西殉难节[St. Lucy's Day，12月13日]。

embezzlement n. 侵占；侵占罪 最早是指仆人非法侵犯主人委托其管理的财物的行为，纳入普通法的偷盗罪[larceny]。但两罪的构成要件不同，性质有别。英格兰1799年的一项法律将侵占规定为独立罪名。在美国，侵占罪也由制定法予以规定。侵占罪，是指受物主委托管理其财产的人，为了自己的利益，对该财产实施欺骗性挪用、吞没或转换的行为。侵占罪的构成要件是：①犯罪主体是受托人。受托人不仅包括仆人，还包括雇员、代理人、公职人员以及其他基于雇佣、信托、委托或职务关系受托的人员。受托人对物主委托其管理的财产拥有合法占有权；②违约行为。受托人侵犯他人的权利将受托管理的财产挪用、典当、出售、严重损坏、吞没等，即受托人以其无权实施的违约行为来处理物主委托其管理的财产；③具有欺骗意图[fraudulent intent]。受托人必须具有为自己的利益欺诈和蒙骗物主的意图。若行为人真诚地认为他有权，并为物主的利益转换该财产，即使该认识是错误的，也不构成侵占罪。

embezzlement by agent 代理人侵占财物罪 指代理人非法挪用或侵占被代理人授权其以被代理人名义占有的财物。

embezzlement by bailee （财物）受托人侵占财物罪 指受托人非法挪用或侵占其受托占有的财物。依据美国制定法，财物租借人[hirer of property]不属于"受托人"之列。但依据雇用合同受托管理汽车[automobile]而不返还的，构成此罪。

embezzlement by employee 雇员侵占财物罪 指受雇于他人的雇员和虽被免职但仍未脱离雇主的控制和管理的雇员所实施的侵占罪。

embezzlement by fiduciary 信托受托人（如遗嘱执行人、遗产管理人、监护人、经纪人等）侵占财物罪

emblemata Triboniani 〈拉〉（罗马法）特里波尼安的标记 指优士丁尼皇帝的大臣特里波尼安[Tribonian]和他的同事奉命对罗马法学家的著作加以变动、修改、增添，协调原矛盾之处，删除已被废弃不用者，使其整体与优士丁尼时期对法律的理解相一致。对这些著作所作的改动一般称作"特里波尼安的标记"。经过加工的这些法学家的著作构成了《学说汇纂》[Pandects]的主体。

emblements n. ❶庄稼；（一年生）农作物；庄稼收益 指当年耕种土地所收获的庄稼，区别于自生长的野生作物收益。庄稼收益被认为是一种个人财产，故无论在土地承租人死后由谁占有土地，死者的遗嘱执行人或遗产管理人都有权收割和取走当年的庄稼收益。❷庄稼收益原则 指土地承租人在租期届满后，有权收割和带走由于其劳动和管理而获得的当年庄稼收益，故称"庄稼收益原则"[doctrine of emblements]。(⇨fructus industriales)

embler v. ❶播种 ❷偷窃

emblers de gentz 〈法〉（英格兰古法）偷窃；偷盗

embrace v. ❶拥抱；包围 ❷利用 ❸贿赂（陪审员）；企图（以收买、恐吓等方法）笼络（法庭或陪审团）

embraceor n. 犯有贿赂（陪审员）罪的人；犯有企图非法笼络陪审团罪的人；(⇨embracery)

embracer n. (= embraceor)

embracery n. 〈美〉笼络陪审员罪 指企图以除在公开法庭上举证和辩论以外的一切不正当手段，如许诺、威胁、劝诱等，来影响或左右陪审员，或给予陪审员利益以取得偏袒的行为。这种行为，依联邦和各州法律都构成阻碍审判罪[offence of obstructing justice]。此罪在普通法上为轻罪。也指陪审员接受他人给予的此种利益的行为。(⇨obstructing justice)

Embring Days (= Ember Days)

embrothel v. 把（某人）置于或藏于妓院里(⇨brothel)

emenda n. 修复；赔偿；补偿 在古撒克逊时代，指因其侵权行为或犯罪行为给予他人的赔偿或补偿。

emendals n. 〈英〉留出的供（建筑物等的）折旧和修理用的资金 用于内殿律师公会[Inner Temple]的账目中的一个古老的词汇。

emendare v. 〈撒克逊〉❶赔偿；补偿（因犯罪或侵权行为而给他人造成的损失） ❷交罚金或赎罪金；被处以罚金或赎罪金

emendatio n. ❶（英格兰古法）修正；改正；根据确定的规则及度量衡标准纠正欺骗行为的权力 ❷〈撒克逊〉对损害的金钱赔偿(= emenda)

emendatio panis et cerevisiae （英格兰古法）对面包和啤酒执行度量衡监督的权力

e mera gratia 仅仅出于恩惠或宽容

emergency n. 紧急情况；非常时刻；不测事件
a. 紧急的；应急的；紧急情况下使用（或出现）的

emergency appointment 紧急任命 指对某一公务员职位的临时任命。

emergency brakes 紧急制动装置 常见于法律，规定为摩托车的必要装备。

emergency call 紧急呼叫 通过电话急召医生、消防员、救护车或报警等。

Emergency Court of Appeals 〈美〉紧急上诉法庭 二战中创立，负责复查价格管理员[Price Control Administrator]决定的法庭，1953年被取消。但1970年根据《经济稳定法》[Economic Stabilization Act]第211条得以重建，主要负责处理工资和物价管理事务。

emergency custody 紧急监护 执法人员根据刑事法律，对面临迫近的危险的未成年人予以暂时监护，并将其置于未成年人保护机构的控制之下。采取这种行动后，必须在48小时内举行监护听证。

emergency doctrine 紧急避险原则；紧急避难原则 若一个人遇到突然发生的危险而做出本能的反应[instinctive action]，这时就不能如在正常情况下一样要求他必须仔细思考而后行动。因此，由此而给第三人造成损害时，只要他事先尽了适当的注意以避免这种紧急情况的发生，且在事后，他也尽了在非常情况下所能尽到的合理的谨慎和注意，他便被认为是无过失的。医生在抢救病人时，如需要本人或家属的同意而一时无法取得，亦可援用此原则，先行施治，并以此作为对人身伤害侵权之诉的有力抗辩。(⇨Good Samaritan doctrine)

emergency employment doctrine 紧急雇佣原则 指一个

被正式雇佣从事某项工作或事务的人,当在其职责范围内出现绝对需要一个助手帮助的紧急情况时,有权雇佣帮手协助其完成工作的原则。

emergency fund 应急基金 由保险公司或互助团体提供的、用于应付出现突发的超过通常预计损失的基金。

emergency hospitalization 〈美〉临时(或紧急)医院收容 对严重精神病发作的病人所采取的紧急防护措施。在此情况发生时,可以不受通常保护个人自由的程序性保障的约束。如在大多数州,采取该种措施无需司法批准手续,仅有医生证明即可。病人通常被关入综合性医院的紧急病房或当地监狱收容所。但医院收容与通常的监禁不同,它有时间的限制,一般为24小时至30日。

emergency legislation 〈英〉紧急立法 根据1939年《非常时期权力(防御)法》[Emergency Powers(Defence)Act]及其后的一些法律,为维护公共安全、保卫国家、维持公共秩序、有效进行战争、保障对公众生活至关重要的供给和服务,以枢密院令[Order in Council]颁行法规。枢密院被授予紧急立法权,其院令为紧急立法。这些紧急立法多为1959年《紧急法律(废除)法》[Emergency Laws (Repeal) Act]所废除。

emergency measures ❶〈美〉紧急立法;紧急法令 由于存在紧急情况而制定的法律,依其规定在其通过后、或经签署后立即生效。❷紧急市政条例 为维护公共安全、秩序、财产、卫生、道德等而制定的、规定在其通过后立即生效的市政[municipal]条例。

emergency ordinance 紧急条例(⇨emergency measures)

emergency powers 〈英〉非常时期的权力 指女王在其认为已经发生或可能发生危及公共生命安全情况的任何时候,依法有权宣布紧急状态,制定紧急条例。

emergency price control 物价的紧急控制

emergency relief 紧急救济金;临时救济金 对遭受龙卷风、飓风、干旱、地震、洪水、瘟疫等自然灾害或因工厂突然关闭而失业等造成的贫困给予的救济性拨款。

emergency rent laws 紧急租金法;临时租金法 这种法律的主要目的在于,当出现房屋意外需求或房屋短缺的情况时,限制将房租哄抬到不合理的高度。

emergency special session 紧急特别会议(⇨general assembly)

emergency statutes 紧急法律(⇨emergency measures)

emergency year 划时代的起始年代(或日期)

emeritus a. 退休后仍保留职称的

emigrant n. 移居外国(或外地区)的人;移民 不论因何种理由而离开其本国不欲返回,并打算居住于其他地方的人。
a. 移居的;移民的;供移民用的

emigrant agent 移民出境代理人 以招募劳工到境外就业为职业的人。

emigration n. ❶移居外国(或外地);迁移出境 ❷[总称]移民 ①国内的迁移,即在国内从一地区移居至另一地区;②国外的迁移,即外国人从其原属的国家移居至另一个国家。

emigration of companies 公司的迁移

emigré 〈法〉❶移居国外的人 ❷逃亡者;流亡者 由于政治原因而被迫移居国外者。(⇨deportation)

eminence n. 枢机主教[cardinals]的一种荣誉头衔 他们被称作"illustrissimi"或"reverendissimi",直到乌尔班八世[Urban Ⅷ]教皇任职。

eminent domain 国家征用权 该词指一政府实体为公共目的,征用私有财产尤其是土地,将其转为公用,同时为其征用支付合理补偿的权力。据称,该词源于17世纪法学家格老秀斯[Grotius]首创的"eminens dominium"一语。格老秀斯认为,为了社会团体利益,国家拥有征用或破坏财产的权力;但他同时认为国家如此行事时,其有义务补偿物主因此而遭受的损失。不过在英国英语中,"eminent domain"主要是国际法上的用语;而在美国英语中指联邦和地方政府宣布将某一私有财产转为公用的权力,在此意义上的英国英语用词为"expropriation";具有美式英语特点的"condemnation"一词事实上与此同义。在美国,征用权主要体现在美国宪法(第五条修正案)和州宪法中,不过美国最高法院一直认为此种权力先于美国宪法第五条修正案而存在。在美国,若任何财产被定为公用就不能免于被征用;美国国会不仅有权征用任何土地,而且可以征得州同意或不必征得其同意,不管征用是否会对州项目产生影响,而征用归州所有的土地。同时州也享有此项权力,并且该权力并非立法机关所专有,它可被授予行政机关,甚至是实施公共目的的私人组织。但在美国,征用权是被附加了严格限制的权力,其核心要件有二,即财产仅为"公用"[public use]而被征用和物主必须得到合理补偿[just compensation]。

emissary n. 使者;密使;间谍
a. 被派遣的;密使的;间谍的(⇨ambassador; diplomatic agent)

emisset 他买了

emotional distress (=mental anguish)

emotional harm (=emotional distress)

emotional insanity (由于情绪过分激动而引起的暂时性的)精神异常

empalement n.(古)穿肛刑 用一根尖锐的杆子穿过受刑人的肛门。(=impalement)

empanel v. ❶把…列入陪审员名单 ❷选任(陪审员等)(=impan(n)el)

empannelling 〈英〉行政司法官在羊皮纸上写他所拟召唤的陪审员名单

emparlance n. (=imparlance)

emparler (=imparl)

emparnours 〈法〉案件承办人

emphasizing facts 强调的事实 法官对陪审团的指示,一般应强调法律点,事实则由陪审团调查审核。有时已具备足供作出陪审团裁断[verdict]的事实内容,可被认为是"强调事实"的指示。但是,如果其包含的事实内容是从证据中经过挑选的,而且在其陈述中又特别强调其重要性,那就显失公平,也是不合法的了。

emphyteusis 〈拉〉(罗马法)❶永久租赁契约 根据这种契约,土地出租人将土地长期或永久性地租给承租人,用于耕种或建造房屋或作其他用途,只保留每年收取租金的权利;承租人并有权将土地转让给他人或由其继承人继承,且只要他逐年交纳了租金,出租人即不得撤销契约或要求重新订约或要求收回土地。 ❷永租权 依永久租赁契约而享有的上述永佃权及地上权。

emphyteuta 〈拉〉(罗马法)永佃户;长期租户 以支付年租,改良土地,如耕种、建筑等为条件,永久或长期租用土地,承租人并有权出让其权利。

emphyteuticus 〈拉〉(罗马法)永佃权上的;长期租赁权上的;具有永佃权特征的;具有长期租赁权特征的

empiric n. ❶江湖医生;庸医 指没有科学知识和法律资格,仅凭经验行医者。 ❷经验主义者

empirical *a.* ❶仅凭经验行事的;经验主义的 ❷经验(上)的 ❸来自观察的

empiricist theories of justice 经验主义的正义理论 一种寻求以义务的社会起源来解释义务并把社会生活中的事实作为正义的标准的理论。这种推崇事实的思想,在边沁和狄骥[Duguit]的法律思想中均有体现。这种理论假定,如果确定和分析了事实本身,正义的结论就会出现。但没有一位经验主义的法学家曾阐明正义的解决是如何出现的,从现实中产生的正义结论又是如何与明确的具有相反效果的制定法规则协调一致的。

emplazamiento 〈西〉(法官签发的要求某人于指定日期到庭的)传票

emplead (= implead)

emploi 〈法〉再投资 一种公平转化。指当妻子的随嫁财物属于《妆奁条例》[régime dotal]规定范围者——主要指不动产——被变卖后,所得收益应为妻子的利益而用于再投资,买主有义务确保这种再投资利益的实现。

employ *v.* ❶雇佣 ❷使用;利用(时间、精力等) ❸使从事;使忙于
n. 雇佣;使用;职业

employed *a.* 受雇佣的 依雇佣合同而受雇;依合同规定或雇主要求从事某项体力或脑力工作。

employee *n.* 雇员;雇工;受雇者 指根据任何雇佣合同,为雇主工作并领取工资或报酬的人。雇佣合同可以是明示的或默示的、书面的或口头的。受雇人在其工作中,不仅为完成一定的任务而工作,同时应受其雇主的管理与指导,遵循其要求的方法与细节,因而不能混同于独立合同人、高级职员、正副负责人和代理人等。在公司法中,雇员包括高级职员,但不包括董事,除非后者承担了一定的义务。该词也可拼作 employe。其实法语中的 employé 在逻辑上更宜于充当雇员的通用名称,但法语中用于指女性的 employée 却更广为人接受,以致雇员的标准英文写法为 employee;不过《华尔街日报》[The Wall Street Journal]和其他一些出版物仍坚持使用 employe。(▷servant)

employee benefit plan 雇员福利计划 指专为公司雇员、职员和顾问所制定的各种书面福利计划。包括雇员薪金福利计划和雇员退休金福利计划及该二者的组合。不包括雇员不参与其中的任何计划、基金和除职业培训以外的活动。

employee of the United States 〈美〉美国政府雇员 广义上,指任何受美国政府雇佣的人,在《联邦侵权赔偿法》[Federal Tort Claims Act]中,特指在政府直接控制下,不受任何进行干涉的主权[intervening sovereignty]、独立机构或独立承包人所控制的立场的影响,进行工作的人。

employee pro hac vice 借用的雇员(▷borrowed employee)

Employee Retirement Income Security Act/ERISA 〈美〉《雇员退休收入保障法》 联邦法律,涉及个人养老金计划的设立、授予、管理和终止。该法同时设立了养老金受益担保公司[Pension Benefit Guaranty Corporation]。(▷Pension Benefit Guaranty Corporation)

Employees' Pay Act 〈美〉《雇员工资法》 规定受雇于美国政府的雇员的工作时间分配和报酬计算方法的一项联邦法律。

employee stock option 雇员认股权 指公司给予其雇员或符合规定条件的雇员在规定的期限内以一定的价格购买本公司股份的权利。

employee stock ownership plan/ESOP 雇员持股计划 指让雇员投资于其受雇企业股份并分享利润的计划。一种做法是由雇主将让出股份分发给雇员作为福利待遇而雇员毋须另行出资。另一种做法则要求雇员出资购股,但一般均酌量降低股价。雇员的出资也可以汇合为雇员持股基金,雇员股份由持股基金组织掌管。这样,则其逐年股份收益亦可以由基金组织滚存运用,直至雇员离职或因其他原因售出其股份时,取得全部收益。实施雇员持股计划的公司常可享受有关的税收优惠待遇。

employees trust 〈美〉雇员信托 雇主为雇员利益或为给予雇员补偿而设立的信托,包括保险信托、股票购买权信托、股本红利信托、养老信托等相关信托安排。

employee theft 〈美〉(超级市场)雇员盗窃 指超级市场的雇员实施的盗窃超级市场商品的行为。雇员盗窃使超市商品丢失,造成资金大量浪费。据估计,超级市场每花1美元,要用其中的15美分来弥补雇员盗窃所造成的损失。雇员盗窃损失要远远大于外来扒窃损失额。每起外来扒窃案超市平均损失6美元,而每起雇员盗窃案则使超市损失50美元。雇员又往往通过少算或不算其亲友所购商品的价额实施这种盗窃行为,以减少被发觉的可能性。在超市发生的所有失窃案中,雇员(包括前雇员)盗窃约占20%。

employer *n.* 雇主;雇佣者 指根据合同雇佣他人为其工作的人,他控制着该工作的过程和结果并支付相应报酬。在美国《全国劳资关系法》[National Labor Relations Act]中,雇主的概念要比普通法或一般成文法宽泛,包括了雇主的任何直接或间接的代理人。(▷master)

Employers and Workmen Act 〈英〉《雇主与劳工法》 1875年通过的一项法律,规定某些法院有劳资纠纷管辖权及扩大在解决劳资争议中的法院权力。

employers' association 雇主协会 由雇主、拥有企业或企业部门或附属组织的个人及其代表组成的组织,可以是法人团体或非法人团体,可以是永久性或临时性的。这种协会通常都由同一行业的雇主等组成,其目的是为了调整雇主与劳工的关系或双方协会之间的关系。

employers' liability 雇主责任 即雇主对雇员的责任。对于因雇主对其雇员的安全缺乏合理注意[reasonable care]而给雇员造成的伤害,雇主负有普通法上的责任;因雇主未达到有关法律、条例、规章规定的对雇员的注意标准而造成伤害的,雇主应依该各有关法律、条例及规章负责。此外,雇主责任还包括雇主要对其雇员的过错[faults]负责。

employers' liability acts 〈美〉雇主责任法 包括一系列制定法,如《联邦雇主责任法》[Federal Employer's Liability Act]、《劳工赔偿法》[Workers' Compensation Acts]等。它们都规定了政府或私人雇主对雇员在受雇佣期间受到的损害应负责任的情事和范围;尤其是排除了普通法中雇主对因其他雇员的过错或疏忽所致之伤害不负责任的规则,并排除了雇主以受害方自己有过错应自担风险为由的抗辩。

employers' liability insurance 雇主责任保险 承保雇主对雇员在受雇佣期间发生死亡、伤残所产生的责任风险的保险险种。

employing unit 雇佣者;雇佣单位 在美国失业赔偿法中,该词与 employer 同义。它们所指的雇佣单位,不包括营运中的商业组织之部分或部门;也不包括没有法律人格的单位,即使该单位与雇主所有、管理或控制的其他单位互相独立。

employment n. ❶雇佣；受雇 ❷事务；活动 ❸工作；职业 包括实际从事的职务或工作及上下班所经过的合理时间与空间。

employment agency 职业介绍所 为他人找工作及为雇主找雇员，并为此收取酬金的商业组织。该酬金是由雇主还是由雇员来支付，需依协议内容而定。

Employment Appeal Tribunal 〈英〉劳工上诉法庭 1976年取代全国劳资关系法庭［National Industrial Relations Court］而成立，由法官及劳资双方的非司法专业人员作为代表共同组成，负责与工业和劳动立法有关纠纷的上诉案件审理工作。

employment at will 自由雇佣；任意雇佣 指在无明确的相反协议时，雇主或雇员任何一方都可随时终止其雇佣关系，可以是因为某种理由，也可以不需要理由。

employment contract ❶雇佣合同 雇主和雇员之间有关雇佣期限和条件等内容的协议。❷集体劳动协议

employment exchange 〈英〉（由劳工部等政府机构设立的）劳工介绍所（⇨labor exchange）

employment security 就业保障 指劳动法规定的一些就业保护措施。

emporium n. 海运货物批发市场；外贸现货交易市场 常设在港口地区的海运货物市场。

empower v. 授权

empresarios 〈墨〉取得政府特许权或垄断权的大企业创办者 尤指那些带来移民、并使其定居下来，从而增加了该国人口、开发了国家资源，作为报酬而获得大量土地授权的人。

empréstido 〈西〉贷款；借贷款

emptio 〈拉〉（罗马法）购买 亦作 emtio。

emptio bonorum 〈拉〉综合购买；概括购买 一种为债权人利益的强制性转让类型，指在公开拍卖破产债务人的财产时，买主除获得该债务人的财产和权利外，还须在转让前确定的范围内承担债务人的债务和责任。

emptio et venditio 〈拉〉❶买和卖 ❷（罗马法）买卖契约（⇨emptio-venditio）

emptionis venditionis contractae argumentum 买卖合同的定金（或象征性的定金——少量付款）

emptio rei speratae 〈拉〉（罗马法）预约购买 指为将来可获得的不特定的收益而购买，以及在要购买的物品还不存在，或卖人还不占有该物品的情况下进行的购买。至于应付价款，则应视实际收获数量而定。如果不管实际收数如何，预先确定价款，如包购若干亩田地的秋收谷物，则称作预约包购［emptio spei］。

emptio spei 〈拉〉❶机遇购买 指在货物买卖合同中，买方购买的是取得标的物的机会。无论买方是否取得标的物，他都必须支付固定的价款。通常的例子如购买彩票，彩票即为买主提供了获得奖品的机会。❷预约包购（= emptio rei speratae）

emptio-venditio 〈拉〉（罗马法）买卖合同 属善意诺成性合同，合同一经成立，风险即转移给买方。但对于标的物上的瑕疵，不论卖方是否知道或能够知道，卖方都应负责。遇到这种情况，买方也可退还标的物，收回价款，或依后来的法律，减少价款。（⇨emptio et venditio）

empto 购买

emptor 〈拉〉（大陆法）买主；购买人 亦作 emtor，常用于"买者自慎"［caveat emptor］这一习语中。

Emptor emit quam minimo potest, venditor vendit quam maximo potest. 〈拉〉买方寻求以最低价买进，卖方寻求以最高价卖出

empty chair doctrine 缺位原则 根据该原则，庭审法官须指示陪审团，如果当事人未能解释称可出庭作证并作出对他有利的重要证言的证人因何未出庭作证时，陪审团可推断如果该证人到庭作证，将会作出对该当事人不利的证言。

emtor (= emptor)

emtrix 〈拉〉（大陆法）女购买者；女购买人

en 在…里；在…上

enable v. ❶使能够；使可能 ❷授权；许可 专指使无能力者有能力，无权者有权。在某人不具备与他人交易的能力的情况下，指消除其无能力的状态，而不是授予其强制该他人的权力。

enabling act ❶〈美〉权利（力）授权法 指准许公民、法人或机关从事先前被禁止事宜，或者创设新权利（力）的法律，尤指授权行政机关实施各项被委任职能的国会立法。该词亦称 enabling statute。 ❷［E-A-］〈英〉授权法［statute 1540, 32 Hen. 8］ 该法授权有限嗣继承的土地保有人［tenant in tail］、以妻子的名义占有土地的丈夫及其他人可以订立终身或为期21年的租约，而在此之前，他们不能订立此种租约。

enabling clause 授权条款 宪法或法律中授权政府官员实施或执行宪法或该项法律的部分。

enabling power 批准权 对法律所规定的事项给予批准或发给许可证的权力。

enabling statute 授权法（⇨enabling act）

enach 〈撒克逊〉对过错的补救；对犯罪（造成的损失）的赔偿

enact v. ❶制定；通过（法律等） 尽管 enact 在某种情况下可作为 adopt（通过）的同义词使用，但原则上指立法机关的行为，而非行政行为。 ❷颁布；发布（命令等）

enacting clause （在法律的开头）说明法律的制定机构的条款 其格式为"兹由…制定如下条款"［Be it enacted by ...as follows, 或 ...do enact.］。

enactment n. （法律的）制定

enagenacion (= enajenación)

enajenación 〈西〉〈墨〉财产转让 包括以捐赠和交易的形式进行的转让。在更广义上，该词还包括永租权［emphyteusis］合同、抵押合同和质押合同，甚至在某一地产上地役权的创设。

en aprés 〈法〉将来；以后

en arere 〈法〉过去；以往

en arière 〈法〉过去

en autre droit 〈法〉为了第三人的利益

en autre soile 〈法〉在他人土地上

en avant 〈法〉将来；为了将来

en banc 〈法〉全院庭审 这是英语国家最常用的形式，但也有用 in banc, in banco 和 in bank 的，尽管这些用法并不广泛。en banc 与 panel 相对，指由法院全体法官审理和裁决案件的制度，区别于通常由法院部分法官审理案件的制度。美国最高法院和州最高法院无一例外进行全院庭审，而联邦和州上诉法院虽一般只委派三名法官主持上诉审，但有时也进行全院庭审。此外，在对非常重要的案件进行审理或重审时，当事人也可以申请上诉法院进行全院庭审，但这种请求很少被批准。不过通常只在案件争议性很大或合议庭法官对主要法律问题意见不一时，才进行全院庭审。类似地，美国税务法院在平时只需一名法官即可单独审理并裁决税务纠纷，但当案件争议

的问题非常新颖或有广泛影响时,将对案件进行全院庭审。

en bloc 〈法〉作为整体;整个;全部
en bonne foy 〈法〉善意的;诚实的
enbrever 〈法〉缩写;简写
en brevet 〈法〉(遗漏而未登记的)公证书 公证人所作、但未经登记的公证书。
en ce 〈拉〉在这方面;在此
enceinte 〈法〉怀孕的
encheason (法国古法)原因;理由
en chemin 〈法〉在路上
encheson n.原因;理由;事由;缘故 均指任何事情的起因。
en chiefe 主要地;在首席地位
enclave n.飞地 在一国境内而隶属于另一国的领土。
enclose v.❶围住;圈起 ❷把(文件、票据等)封入(= inclose)
enclosure n.(= inclosure)
Enclosure Acts 〈英〉《圈地法》 圈地是指用篱笆和栅栏将中世纪时分散的空地和公共土地圈起来合并成整块整区,加以改造的过程。它是 16 至 19 世纪不列颠(主要是英格兰)的农业及土地所有制发展的特征之一。圈地可通过协议方式进行,1760 年以后则常采用立法授予[private legislation]的形式。在拿破仑战争期间,因农产品价格上涨刺激了大规模农业的发展,圈地法令的颁布也随之经常化。1801 年的《统一圈地法》[Enclosure Consolidation Act](也称《一般圈地法》[General Enclosure Act]),规定了圈地法案[Enclosure Bills]的统一格式。虽然圈地法经常因压制小业主的权利要求和造成普通法权利的丧失而受到指责,但总的来说,它还是公平地解决了既得权利问题。
encomienda 〈西〉❶国王授予个人拥有海外殖民地中的部分土地和其土著人口的特许 ❷授予对西班牙的军事命令享有特权的皇家特许
en coste ❶在一边 ❷附属的;伴随的
encourage v.(刑法)❶鼓动;煽动 ❷教唆;怂恿 ❸帮助;促使(⇨aid and abet)
en court 在法庭上
encroach v.❶逐步或暗中地)侵占;侵犯;侵害 指非法取得或侵占他人的土地、财产或权力。
encroachment n.❶侵占;侵犯 ①对他人财产、权力或权利的侵犯;②指非法侵入他人不动产。在法律意义上,一般指非法侵占公路和可通航河流,以栅栏或围墙圈住其一部分,或建造建筑物伸入进去,虽未阻塞行道,但使其更加狭小;③在关于地役权的法律中,如果地役权人改变需役地,从而给供役地增加了额外的限制或负担时,即认为其实施了侵占行为。 ❷侵占物;蚕食地
encumber v.❶妨碍;阻碍 ❷阻塞;塞满 ❸牵累;拖累;烦扰 ❹使承担债务;使承受负担(或其他法律义务)(⇨encumbrance)
encumbrance n.❶妨害;阻碍;障碍物 ❷累赘 ❸财产负担;土地负担 指附加于土地等财产上、使财产价值降低的请求权及其他义务负担,如留置权或抵押权,也可指任何非所有权的财产权利。财产负担不能对抗财产占有的转移,但在财产或财产权利转让之后,财产负担仍继续存在。该词又可拼作 incumbrance。
encumbrancer n.财产负担享有人 指对(他人)财产享有法定请求权的人,如抵押权人、留置权人等。

end n.❶目的;目标;意图 ❷结果;结局;终点(⇨duration;end of will;end on)
Endangered Species Act of 1973 〈美〉《1973 年濒临灭绝物种法》 该法授权内政部长[Secretary of Interior]公布濒临灭绝的植物、动物、鸟类、鱼类的种类,一旦某物种被确定为濒临灭绝,所有联邦行政机构必须避免采取任何可能危及其继续生存的行为。
endangering life (行为)危及他人生命;使他人生命安全处于危险状态 不限于侵犯人身的暴力行为。
endeavor n.❶努力;尽力 ❷试图 在法律上指为实施意欲影响、阻止、妨碍正当的执法活动的行为或意欲为其他任何法律上所禁止的不良行为所作的努力。
v.❶努力 ❷企图;试图 为意图犯罪而进行尝试,行为人须承担罪责。试图成功不是构成该犯罪的要件,但一旦成功,将加重其罪。
en déclaration de simulation 〈美〉宣布通谋虚构 路易斯安那州[Louisiana]的一种诉讼形式。其目的是通过法院宣布某项契约是通谋虚构的、无效的,消除所有权不明状态,并将已被出卖之物依有关法律归还真正的所有人。
en demeure 〈美〉不偿债;债务人不按规定期限履行义务 适用于路易斯安那州。
en demeyne 在领主自有的领地内(⇨demesne;demesne as of fee)
endenizen (= endenzie)
endenzie v.❶恢复自由;释放 ❷解放(奴隶);给予公民权(= endenizen)
endless chain contract 无限连环合同 该合同表面上是将在指定地区销售某一物件的权利售与了买主,但实际上只是为了掩护买主,使其得与他人订立相同的销售合同。
end lines 端线 在采矿法中,一块被要求的矿区土地的端线,是指标明其短边的界限,且穿过矿脉的线。而边线[side lines]则是指标明其长边的界限,且沿着矿脉方向伸展的线。但对于可以超越矿界开采权[extralateral rights]的情况来说,如果其有权开采的矿区土地作为一个整体穿过矿脉,而非沿着矿脉的方向伸展,则其端线就变成了边线,而边线则成了端线。
end of month 月底;月末 常用于买卖合同的付款条款中。
end of will 遗嘱的尾部 法律一般要求在遗嘱的末尾应当签字。在适用该项法律要求时,对何为遗嘱的结尾有两种不同的解释:①认为是指自然意义上的结尾,即遗嘱行文结束的地方;②认为是指逻辑意义上的结尾,即遗嘱中财产处置条款结束的地方,而不论该结束点出现在文书的何处;或指结果意义上的结尾,即遗嘱人所设定的结果在文书中所处的位置。
end on 逼近 接近顶撞或擦边;用来形容两只船舶从相反的方向渐渐逼近,或者它们在相互平行的航线上行进,但由于距离如此之近以至有碰撞的危险。
endorse v.背书;签收;签署(姓名等);批注(文书等)(= indorse)
endorsee n.被背书人;受让人(= indorsee)
endorsement n.背书;签名;(票据等的)签署;(文书等的)批注(= indorsement)
endorser n.背书人;转让人(= indorser)
endow v.❶向…捐赠基金;资助 ❷给予;赋予 ❸(古)给…嫁妆;给(寡妇)产业
endowed charities 受捐赠的慈善救济团体

endowed school 〈英〉受捐赠的学校 根据1869年的《受捐赠学校法》[Endowed School Act],指全部或部分地由各种捐赠基金资助的学校。《受捐赠学校法》的最后一次修改是1948年,其后被1973年的《教育法》[Education Act]废除。

endowment n. ❶捐赠;捐款;捐赠的基金 指为特定目的向大学等机构捐赠金钱或财物,尤指本金永远不能动用而只能利用其利息收益的捐赠。 ❷天赋;天资;才能 ❸(古)给(寡妇)产业

endowment funds (为雇员利益而建立的)养老基金;福利基金

endowment insurance 生死合险;两全寿险;混合保险;储蓄寿险 被保险人在保险期内死亡或生存到保险期限届满时,由保险人给付保险金的一种保险。(⇨insurance)

endowment policy 养老保险单;定期人寿保险单 在某一确定的期限终了时支付保险金的人寿保险单,即使被保险人生存超过了该期限。或者,若被保险人在期限终了前死亡,则在死亡时支付保险金。

en droit 〈法〉权利上;法律上(⇨defense en droit)

ends of justice 公正合理的目的 "for ends of justice",即指为了达到公正合理的目的或结果。

end-use factor 使用目的因素 指在发给公用事业许可证书前确定其提供的物品是否符合实际使用要求的检验标准。

end use statement 〈美〉不使用声明 指国际合同中关于外国一方声明不为军事目的而使用美国货物或劳务的条款。

enecius (= anecius)

Enelow-Ettelson Rule 〈美〉伊尼罗－埃特尔森规则 该规则规定在对衡平法上的抗辩作出裁决之前,暂时中止联邦法院诉讼程序的决定是可上诉的,前提是被延缓的诉讼程序在普通法程序与衡平法程序合并之前可以作为一个普通法上的诉讼存在。

enemy n. 仇敌;敌人;敌方
  a. 敌人的;敌方的

enemy alien (国际法)敌国人;敌侨 指两国交战时居住在一交战国或正在该国旅行的敌国公民,他们通常会被所在国拘留[intern]或受到约束[restrict]。

enemy belligerent 敌军 与敌国政府之军队有联系的、进入国境内意图从事敌对行为的人。

enemy character (国际法)敌性 战时对某人或财产确定的性质。一般情况下,具有敌性的是战时交战国敌对方的国民及其财产,甚至包括在敌对国居住或经商的本国国民,但不包括中立国国民及其财产。居住在敌对国领土上的中立国国民虽不具有敌性,但仍受其本国保护,但他们必须被视为敌国人,与他们进行贸易就是与敌国进行贸易。船舶的性质一般由船旗加以确定,而不管其所有人的国籍如何。

enemy goods, enemy ship (国际法)敌货装敌船原则 指敌国的货物如装于中立国的船舶,该船舶亦可视为敌船予以没收。它与"敌船载敌货"是两项曾在19世纪中叶前使用的原则。但现代国际法,对此两项原则,均不予接受。(⇨enemy ship, enemy goods)

enemy property (国际法)敌方财产 交战或武装冲突状态下,交战国或武装冲突国领土内的归敌对国家或其国民所有的财产。

enemy ship, enemy goods 敌船载敌货原则 如中立国货物被装运于敌国船只,则该货物被认为是敌国货物而可予以没收。(⇨enemy goods, enemy ship)

enemy waters 敌水 造成灾害的水,如暴雨、洪水等;在普通法上,受暴雨洪水灾害的低地居户或业主有权自行设法防护,毋须负担因此而加重邻地损害的责任。

Energy Petroleum Allocation Act 〈美〉《石油能源分配法》 1973年国会通过的一部法律,授权能源部在发生石油能源短缺时,决定石油在全国石油批发商和零售商之间的分配。

En eschange il covient que les estates soient egales. 〈法〉交易中的财产应该等价。

enetius (= anecius)

en fait 〈法〉事实上;实际上

enfeoff v. ❶授予(某人)采邑(或世袭封地等);赠与(一切有形的不动产,如土地或房屋) ❷(古)转让;让渡;放弃 (⇨feoffment)

enfeoffment n. ❶采邑的授予 ❷授予采邑的证书 ❸采邑;封地 ❹不动产让渡的契据(或其他凭证)

enforce v. ❶实施;使生效;执行 ❷强制遵守;强迫支付

enforceable legal right 可执行的法定权利 由法律确认并准予实施的权利,在必要的时候也可依法强制执行。

enforceable trust 可执行的信托 某人或某类人对指定的全部或部分信托财产享有权利,并可要求将此财产转让给他们,如被拒绝,可在衡平法院对受托人提起诉讼,以迫使其服从此要求。广义上可指一切在衡平法上被确认有效存续的信托。

enforcement n. (法律、命令等的)实施;强制执行(⇨enforcement powers)

enforcement notice 〈英〉执行通知 对土地开发计划调控的执行由1971年的《乡镇规划法》[Town and Country Planning Act]调整。任何未经规划允许的开发或未按规定内容进行开发都构成对计划调控的违反。对在1963年以后发生的这种情况,地方计划机关如认为适当,可向土地所有人或占有人或其他利害关系人发出执行通知,通知中应详细说明违反计划的情况及要求采取的补救措施的步骤和期限。对执行通知可向环境事务国务大臣[Secretary of State for the Environment]提出申诉,在对申诉的审理期间,通知应停止执行。对环境事务国务大臣的裁决,就适用法律问题还可上诉至高等法院和上诉法院。

Enforcement of Foreign Judgments Act 〈美〉《执行外州法院判决法》 数州采用的一项统一法,它赋予外州法院判决的持有人在对债务人的财产提出请求以及采取扣押的救济手段方面,享有与州内判决的持有人基本上相同的权利。根据该法的定义,"外州法院判决"包括在本州被给予充分信任和尊重[full faith and credit]的美国法院或任何其他法院所作的任何判决或决定[judgment, decree, order]。

enforcement powers 〈美〉执行权 指美国国会所享有的、可通过合适的立法实施某一特定宪法修正案规定的权力。美国宪法第十三、十四、十五、十九、二十三、二十四、二十六条修正案中均含有授权国会通过适当立法来执行各修正案的条款。

enfranchise v. ❶给…公民权(或选举权) ❷使自由;释放(奴隶等) ❸使租借保有的土地自由,成为完全保有土地 普通法和大陆法上都有,但发生的方法不同。

enfranchisement n. ❶给予公民权(或选举权);授予(特权、市政自由或政治自由权) ❷给予自由;释放(奴隶等)

enfranchise of copyhold 〈英〉依据公簿保有的不动产产权转化为自由保有的不动产产权　即地产权的公簿保有[copyhold]转化为自由保有[freehold]。在普通法上,这种转化可通过庄园领主将自由保有的地产权转让给公簿地产保有人,或领主放弃其全部领主权利的方式来完成;在制定法上,这种转化主要根据1894年的《公簿地产法》[Copyhold Act]来进行。公簿保有地产权已依1922年《财产法》[Law of Property Act]全部取消,并转化为自由保有地产权。

engage v. ❶使从事;使忙于　❷参加;使卷入　❸订婚　❹保证　❺雇佣;聘任

engaged in or about　从事于…;受雇于…　该词用于各种有关劳工赔偿的法律中,以强调其工作与受到的伤害之间具有必要的因果联系。

engagement n. ❶协议;契约　❷订婚;婚约　也可指双方达成结婚协议之后,实际结婚之前的那段时间。

engagements of bank　银行债务　银行负担的所有金钱债务与责任。

engagement to marry　婚约　在美国的早期时候,违反婚约在许多辖区内可以成为诉讼的理由,但现在这种诉讼已失去支持,于大多数州都不再能进行。这种诉讼被称为是安慰心灵的诉讼[heart balm suits]。

England n. 英格兰　①根据1746年《威尔士和伯威克法》[Wales and Berwick Act],英格兰包括威尔士和特威德[Tweed]河边的伯威克城,但不包括苏格兰和北爱尔兰,也不包括海峡群岛和马恩岛[Isle of Man];②普通法的产生地。

englecery　(= engleschire)

englescherie　(= engleschire)

engleschire n. 英格兰人身份的证明　克努特王[Canute]为保护他的丹麦臣民而颁布了一项法令,规定当发生谋杀时,除非能够证明被谋杀者是英格兰人,否则推定为丹麦人,这样发生谋杀的镇或百户区[hundred]的居民将被处罚。

English barrister　英格兰出庭律师　(⇨barrister)

English bill　用英语撰写的衡平起诉状　旧时衡平法庭的一般诉讼被称为是以英语起诉状提起的诉讼,以此区别于法庭受理的普通法诉讼[suit on common law side of the court],后者是用诺曼法语或拉丁语进行处理的。(⇨ bill of complaint)

English Church　〈英〉英格兰国教会(= Church of England)

English consols　英国政府债券　英国政府为融资而发行的一种债券。只付利息,没有还本日期,但可在市场上买卖,政府可通过市场买回,亦可随时通知回收。

English information　英语诉讼　指国王在王座法庭税务部提起的衡平法上的诉讼,这样称呼是为了区别于由国王提起的要求清偿债务、侵权损害赔偿或返还动产等方面的拉丁诉讼[Latin information]。英语诉讼有四种:涨滩请求、其他土地和矿产请求、金钱索赔和根据《婚姻法》提起的诉讼。这种诉讼属纠问性质,一旦提起,即全部或部分地采用讯问形式。英语诉讼是为了给国王从其部下或他人处获取诉由或其他衡平法上的救济而提供途径,但被视作为一种压制性的工具。1947年的《王权诉讼法》[Crown Proceedings Act]废除了这种诉讼,然而该法仍保留国王在任何程序上进行讯问的权力,但非经法院的准许,讯问不得超过两次。

English law　英格兰法　指在英格兰,即联合王国和以前的英格兰王国的不列颠岛的一部分,和威尔士发展起来并在那里适用的法律制度,但不包括苏格兰。英格兰法通常又被称作"普通法"[common law]。由于历史及发展的原因,英格兰法从未被系统化过,也未被彻底分过类;它未经编纂,要寻找关于任何事项的规定通常都是一项费时、复杂和困难的工作;不仅如此,英格兰法的部门和分支也是不确定的。在英格兰法的发展过程中,一个十分重要的特点是对法院判决,甚至高级法院的单个法官的判决的服从。由于缺少制定法的规定,且只是在1830年以后制定法在创制法律中才发挥了较大作用,因此,法院判决,甚至是单个法官的单个判决就被认为创设了一项法律规则,法院的判决对其自身及下级法院具有约束力。到目前仍有影响的一个构成普通法的基本原则是:只有存在被承认的救济方法时,普通法上的权利才存在。实体法被限制在程序的空隙中,并在其中发展。另一个重要的特征是普通法和衡平法两套原则的平行发展,以前两者时有冲突,现在则通常是彼此互补的。以前,它们分别按不同的程序在不同的法院适用,现在,在任一法院均可适用这两种法律原则,法院在受理普通法诉讼和衡平法诉讼时适用同样的程序,普通法和衡平法在所有法院具有同等效力,但在发生冲突时,衡平规则优先。(⇨ common law; equity; case law)

English-only law　〈美〉官方语言法;英语官方语言地位法　指在一些州制定的或建议联邦议会制定、有关确立英语作为州或联邦的官方语言的一些法律的通俗称谓,又称作:"official English law"或"official language law"。这些法律并不阻止律师、法官在正式诉讼程序中使用拉丁法律用语。

English-only policy　唯英语政策　指雇主禁止雇员在工作中讲英语之外的其他语言的政策。这种政策可能合理,亦可能构成引起争议的非法雇佣歧视。

English Pale　英格兰特辖区　指14世纪以来用于指爱尔兰一特定地区的用语。从1171-1172年亨利二世的远征以后该地区即直接从属于都柏林的英国当局。它包括都柏林周围区域,该特辖区一直存续到伊丽莎白征服爱尔兰。在1347-1558年的英国占领期间,法国加来周围区域也曾是英格兰特辖区。

English Reports　《英格兰判例集》　1220年至1865年判例报道集的重印本。

English rule　英格兰规则;英式规则;败诉方承担规则　美国律师使用本短语说明不同于美国法的英格兰法规则。但20世纪80年代以来,本短语逐步变成只是表达一个规则——败诉方承担胜诉方的费用和律师费。这样,"English rule"仅指"loser-pays rule"。

English Ruling Cases　《英格兰法院重要判例集》　一套英格兰法院裁决的重要判例集。

englishry n. (= engleschire)

English solicitor　英格兰事务律师(⇨solicitor)

English statutes　英国制定法　指英国议会制定的法律。

English tables　英国寿命表　为英格兰法院所接受的寿命表,亦即卡利斯[Carlisle]和诺萨普顿[Northampton]寿命表。(⇨mortality table)

en gros　〈法〉❶全部;整体　❷大量的;整批

engross v. ❶(古)正式写成　指用大字体书写法律文书,尤其是契约。这种书写方法源自古代的法院卷宗书写体。(⇨court(-)hand) ❷准备文件　如准备好契据等法律文书印件以便执行;或在立法机构最终投票前,准备好有关决定或议案的印件。❸大量收购(股票或商品)以垄断市场并操纵价格　❹使全神贯注;全部占用;独占　该词早先也曾拼作 ingross。

engrossed bill 最终法案 已经誊写清楚,作为最终形式提交立法机关投票的法案。

engrossing n.囤积居奇罪;垄断罪 普通法和某些制定法上规定的一种犯罪,指为控制市场而大量购进某种商品的行为。
a.❶(文件草案等)正式誊清的 ❷非常引人注意的;使人全神贯注的

engrossment n.❶(正式投票表决前,决定或议案等的)最后写成;(文件的)最后誊清 ❷(为谋垄断而)大量购进;囤积居奇(= engross)

enhanced damages ❶累积损害赔偿金 在依普通法可获的损害赔偿金之外,可获准的制定法损害赔偿金。又作 accumulative damages。 ❷(专利法)惩罚性损害赔偿金 指以被告行为的严重性及其侵权的故意为依据,法院在侵犯专利权的案件中,运用自由裁量权,判令被告支付三倍于补偿性损害赔偿[compensatory damages]的赔偿金。

enhancement of damages 惩罚的加重;损害赔偿金的增加(⇨aggravation of damages; enhanced damages; exemplary damages)

enheritance 〈法〉❶继承;继承权 ❷继承物;遗产 法律法语,相当于英文的 inheritance。

enicia pars (= enitia pars)

enitia pars 〈拉〉〈英〉最年长者优先选择的继承份额 原指共同继承人在自愿进行遗产分割时,具有长女身份者所优先选择的部分遗产。

Enitia pars semper praeferenda est propter privilegium aetatis. 〈拉〉长女的继承份额因其年龄上的特权而总是被优先选择。

enjoin v.❶要求;命令;禁令;明确地指令 ❷根据禁制令[writ of injunction]要求实施或停止实施某行为(⇨injunction; restraining order)

enjoy v.❶享用;享受;享有(权利或利益) ❷享受…的乐趣;欣赏;喜爱

enjoyment n.❶享有(权利、特权、财产继承权);行使权利;对权利的占有收益 ❷享乐;乐趣;乐事

en juicio 〈西〉从法律上讲;在诉讼中;在法庭上

enlarge v.❶扩大;扩展 ❷延长期限;准予当事人延长诉讼期限 ❸释放(被监禁者或被拘留者)

Enlarged Homesteads Act 〈美〉《扩大宅地法》 一部联邦法律,规定在某些州向定居的移民提供 320 英亩以下未经保留或分配的、无矿藏和灌溉设施的公有土地;在某些情况下,还可以增配更多的土地。

enlarged liability 增添的责任;扩大的责任 指于原责任上增添或附加的义务。(⇨indorsement with enlarged liability)

enlargement of estate 地产权的扩张 指土地保有人对土地享有的权利的扩大。如某一块土地由甲终身保有,同时指定甲死后由乙和他的继承人继承,如果乙将其对该土地所享有的权利转让给了甲,这时甲所享有的地产权即得到了扩大,成为了无限定继承的地产[fee simple]。

enlargement of time 期限的延长 指准予延长法庭规则或命令规定的行为期限。

enlarger l'estate 地产权的扩张(= enlargement of estate)

enlarging statute 扩充法令 指与禁止法令或限制法令[restraining statute]相对的名称。前者是对现行法律中的欠缺所作的补充;后者是对现行法律中的冗余所作的删节。

en le mercie 可处以罚金的[in mercy];可受(较轻)惩罚的[liable to amercement]

enlightenment n.启蒙运动 指 17 世纪末和 18 世纪发生的波及欧洲大部分地区的一场哲学运动,始于对社会、宗教及洛克和牛顿科学学说的理性探讨。运动影响了很多思想家,著名的有伏尔泰、孟德斯鸠、爱尔维修、贝卡利亚和卢梭,他们主张人具有理性,反对传统,反对封建主义、专制主义和天主教会的绝对控制。他们的思想对全欧的思想改革产生了重大影响,对法国大革命,对宗教信仰自由和对正义与法律的理性探索等思想也有一定影响。他们认为人定法应受理性和自然法的检验,法律不是由敕令制定的,而是由正确的理性发现的,按照理性标准修改和复述法律的手段就是法典。这就是制订普鲁士、奥地利和法兰西法典的原动力。

enlist v.征募;自愿从军;入伍 指作士兵而非作军官。

enlistment n.征募;自愿应征入伍

enlistment service 征募新兵工作(⇨recruiting and enlistment service)

en masse 〈法〉成群;成堆;整批地;批发地

en mort mayne 〈法〉属永久管业权(⇨mortmain)

ennoyer (= anoyer)

Enoc Arden doctrine 〈美〉伊诺克·阿登原则 该法律原则适用于解决在一定条件下夫妻中男方失踪达一定期限,以致其配偶确信他已死亡并再婚,其前前夫又重新回来时的法律问题。通常在美国大多数州,为求稳妥起见,其配偶在再婚前宜先取得离婚。

Enoc Arden law (= Enoch Arden law)

Enoch Arden law 〈美〉伊诺克·阿登法 依该法的规定,当夫妻中一方(男方或女方)未说明原因而失踪数年(通常为 5 年或 7 年等特定数目的年份)时,为使他或她的配偶可以再婚,法律准予他们离婚或豁免其配偶的责任。这种法律得名于丁尼生[Tennyson]的诗歌,该诗歌中的同名英雄,因海难事故被滞留在一荒岛上数年后回家,发现妻子已再婚,他便无私地对妻子隐瞒了自己的身份,让她与现任的丈夫继续共同生活。

Enoch Arden Statutes 伊诺克·阿登法 便利为失踪人宣告死亡的立法,特别有利于配偶已失踪者。(⇨Enoch Arden law)

enormia 〈拉〉❶任何不法行为;不端行为 ❷侵害 旧时侵权诉讼和诉状的常用语。

enormis a.过多的;巨大的

enormous a.巨大的;极大的;庞大的 在一些古书中写作 enormious,指事物是违法或背离常规的。

en oultre 〈法〉而且;此外还有

en owel main 〈法〉在主要方面均属平等

en pais (= in pais)

enparler (= imparl)

en passant 〈法〉附带地;偶然地

enpleet v.(古)控告;起诉

en plein vie 〈法〉在一生中 包括事实上的和法律上的一生。

en poigne 〈法〉(= en poin)

en poin 〈法〉在手中

en primes 〈法〉首先

enquest ❶(= enquête) ❷(= inquest)

enquête 〈法〉(教会法)询问证人 为搜集案件的证据,由经授权的法官当面询问有关证人,并以书面形式记录下来。

en recouvrement 〈法〉收回汇票金额的背书　指为某人利益而作的背书,并不将汇票中的财产转让给他,而只是使他有权要求收回汇票金额。

enrégistrement 〈法〉登记　指契约或文件在政府主管部门进行的、依必要格式的登记。除在政府簿册上记录要点外,并应于已登记的契约或文件上,由主管人员证明登记日期,加盖印记。

enrol (= enroll)

enroll v. ❶登记;注册　先前也曾拼作 inroll。❷写下;录下　❸入册　把⋯归入某一类档案。❹吸收(成员);加入

enrolled a. 登记的;注册的　一般情况下,已注册[registered]和已入册[enrolled]被用来区别授予两种不同的船舶的证书:前者用以表明从事对外贸易的商船的国籍,后者用以表明从事沿海贸易和国内运输的商船的国籍特征。

enrolled agent 〈美〉(税收)注册代理人;在编代理人　准许在国内税务署[IRS]执业的人员,一般通过考试或者在某一专门地区为国内税务署工作五年以上而获得执业许可。准许在国内税务署执业的有四类人,除了注册代理人,其他三类为:律师、注册会计师、在某些特定案件中准许代表自己或他人的人。

enrolled bill 〈美〉❶待签议案;已经立法机关两院通过并待签署的议案或联合决议　❷归档的法案　在立法实践中,指已获两院通过,并经两院负责人签署和总统(或州长)批准,交存国务卿或州务卿的法律文件。

enrolled bill rule 〈美〉已归档的法案规则　依此规则,凡已交存州务卿或国务卿[Secretary of State]的法案,应认为是绝对真实可靠,其内容与立法机关原本通过的内容无异。法院不得凌驾其上,无权判定法案内容的真实性以及法案表达是否符合法案规定。该原则同样适合这样的情况:在选举是否符合成文法仍存在争议的时候,一旦被法律批准且举行,那么就不能再对投票的步骤或法定程序提出异议。

enrolled order 已签署的决定　待签署的决定一旦经法官签署,该决定即将被登记为法院的判决。

enrolled ship 已登记入册(在一国海岸及内水航行)的商船(⇨enrollment of vessels)

enrollment n. 登记;注册

enrollment for military service 编制军人名册;征募军人

enrollment of judgment 判决的登记　将判决记入法院档案的一种行政性行为,以便为法院解决过的诉讼留下记载,并对判决的检验提供途径。

enrollment of vessels (在一国海岸及内水中航行的)船舶的登记　区别于从事对外贸易的商船的登记[registration]。

enrollment of voters 〈美〉(党派)选民登记　指由党派[party affiliation]对选民进行的登记,藉此确定初选[primary election]中的投票资格。

enrolment (= enrollment)

en route 〈法〉在途中　这是两个单词,"en"最好发音为"on"或者/en/,而避免/in/。本术语在其比喻含义上使用较时兴,如"en route to its conclusion, the court⋯"。而"in route"则是错误用法。

ens 〈拉〉存在;实体;创造物

enschedule v. 写入;列入(名单、账目、文件中)

enseal v. (古)封;密封;盖章(或印记)于

enseint 〈法〉怀孕　法律法语。

enserver 〈法〉使服务;使做苦役　法律法语。

ensi ad. 因而;如此

ensient (= enseint)

ensign n. ❶旗　❷〈美〉海军少尉

ens legis 〈拉〉法律的创造物;拟制人　与自然人相对,用于指法人,它们被认为完全是由于法律的规定而存在的。

en son damage 〈法〉在其损害中;在造成损害时;由(他人的)动物非法侵入造成的损害

en son demeyne come de fee 〈法〉在其作为可继承地产的领地

ensue v. 接着发生;(一系列事件)接踵而来

ensure (= insure)

en suspence ❶暂停;中止　❷(所有权)未定

ensy (= ensi)

entail v. 限嗣(地产等的)继承;使(地产等)被限嗣继承
n. 限嗣继承的地产;限定继承地产　旧时英国土地保有和继承的一种形式。即土地只能由特定继承人或受赠人的特定继承人继承,而非其全部继承人都能继承。土地的限嗣继承在进行土地赠与时即可设立,如在赠与时确定该土地只能由受赠人和他的直系继承人继承,这样,土地就能在其家族中世代相传下去。限嗣继承土地的保有人[tenant in tail]不能处分该土地,如果受赠人死亡时无子女,或其继承人死亡时无子女,限嗣继承将终止,土地转归回复地产权人[reversioner]或剩余地产权人[remainderman]所有。土地的限嗣继承可以一般设定,如在赠与时写明土地给予某甲和他的直系继承人,没有更多的限制;也可以特别设定,如在赠与时写明土地给予某甲和由他的特定妻室所生的直系继承人。此外,这两种限嗣继承也都可以被设定为只允许男性继承人或只允许女性继承人继承。1925年以后,限嗣继承权益可以通过信托的形式在任何财产——包括动产和不动产——上设立。在苏格兰,1685年的法律确认了对土地可以进行限嗣继承,至1914年最终禁止设定新的限嗣继承土地。在美洲殖民地也曾存在过土地限嗣继承制度,但1776年弗吉尼亚首先予以废除,其后大多数州也都废除了。

entailed a. 限嗣继承的;有限嗣继承人的(⇨entail)

entailed money 限嗣继承的金钱　该金钱被指定用于投资限定继承的不动产。

entaille (= tailler)

entailment n. 限嗣继承行为;限嗣继承(财产)

entencion 〈英格兰古法〉原告的理由或起诉状

entendment (古)(= intendment)

entente 〈法〉(国家、党派之间的)谅解;协定;协约

enter v. ❶参加;加入　指成为某种法律关系的当事人。❷进入;进占　在不动产法上,为占有土地而进入。在严格意义上,进入土地只是占有土地的一个预备阶段,但照现在的一般说法,进入已包括在占有的含义里面,即进入是指依进入权正式占有某项不动产。❸在法庭上正式提出;把⋯记入;登录

entercer 〈法〉主张对物权利的一方当事人　该物他曾交予第三人。该词为法律法语。

entering judgments 判决登记　指将判决正式登录于法院的诉讼卷册中。这对提起上诉或根据该判决采取任何行动都是必要的前提事项。它是由法院的书记官进行的行政性行为,通过登录将法院作出判决的司法行为记录了下来。它与法院对判决的宣告[rendition of judgment]是不同的,后者是法院宣告根据法律对争议事实作出的判决的司法行为。(⇨entry of judgment)

entering short 记入代收期收款项账 未到期的票据持有人,将期票存入银行,银行把它记入代收期收款项,表明托收,只有在得到付款以后才作贷记。如果银行破产,票据持有人仍对票据享有权利,只要票据还未兑付,银行仍只是票据的受寄托人[bailee]。

entering the common rule 在案卷上登录送交起诉通知函令 在旧式"逐出租地之诉"[ejectment]中,法庭书记官将以下命令登录在案卷上,该命令要求临时侵占人[casual ejector]发通知函给实际占有土地的租佃人[tenant in possession],告知其已遭起诉,除非他出庭答辩,否则他将被逐出土地。

enter into 加入;(与他人)联合

enter into a conspiracy 参与共谋犯罪

enter into a contract (与他人)签订合同;缔约

enterlesse a.省略的;遗漏的;留出的

enterprise n.❶组织;事业 可泛指各种组织或事业,但尤指以营利为目的者,如企业、公司等。组织也可以指为共同商业目的而在行动中相互联系、统一运作或服以统一指挥的个人或组织体。依照美国联邦反组织诈骗法[anti-racketeering law]的规定,组织可以指合伙、公司、协会、联合会及其他法人实体,也可指非法人实体的任何事实上的个人联合;同时,美国《公平劳动标准法》[Fair Labor Standards Act]规定,受雇于组织的雇员有权受到最低工资标准和加班福利的保障。❷企业(单位);公司(⇨common enterprise;joint enterprise)

enterprise liability 企业责任 ①指因制造的产品有害或有瑕疵而加诸于该产品制造行业之每一企业的责任,由这些企业按各自的市场占有份额来分担产品责任。这种理论又称为"行业广泛责任"[industry wide liability],因为生产者依据他们的贸易联合或共同行为而进行协作,无法区分造成伤害的产品究竟为谁所生产,从而就将造成伤害的责任转移给整个行业来承担。被告企业可以通过证明它并不生产这种发生争议的产品来为自己辩解;②亦指法人、合伙企业、非法人团体或其它拟制实体在上述情况发生时应承担的刑事责任。

entertainer n.供人娱乐者;表演者 尤指以此为业者,如喜剧演员、杂技演员、小丑等。

entertainment expenses 招待费;交际费 在所得税税单中作为成本应予扣除的、为向顾客和客户或潜在的顾客和客户提供娱乐招待而支出的通常和必要的商业费用。

entertainment of suit 接案;受理 为审判目的而对案件行使管辖权。

entertainment tax 娱乐税 以娱乐场所出售门票所得为征税对象的一种税。(⇨admissions tax)

en tesmoignance 在证言中;在证据中

entice v.(非法地)引诱;诱使;吸引

enticement of a child 诱拐儿童 指诱导、劝说或企图劝诱儿童进入汽车、建筑物、房间或僻静场所以对其实施非法性行为,或指诱拐儿童脱离父母的监护。该父母可以提起诉讼,要求赔偿因此行为而造成的损失。诱拐儿童也属于绑架行为。

enticement of servant 引诱雇员 指蓄意引诱正在雇佣期内的雇员离开其工作岗位致其雇主遭受损害的侵权行为。

entire a.完全的;整个的;全部的;未经分割的;不可分的

entire act 完全的法律;完整的法律 用于解释法律的规则中,指法院在需要解释法律时,有义务考察法的整体性,包括其标题、主体部分和有关紧急状态的条款等。

entire balance of my estate (偿债、纳税、遗赠等后的)全部剩余遗产

entire blood 完全血亲;全血缘 指源于同一对——而不仅是其中的一个——祖先或尊亲属、具有相同血缘者。(=full blood)

entire compensation 全部赔偿 用于制定法中,意指对因政府未经专利权人许可而使用其专利发明所造成的损失应给予的全部赔偿,包括实际损失及其利息。

entire contract 不可分契约 指契约的对价对于双方当事人皆不可分,任何一方对于承诺的完全履行是另一方履行其任何一部分承诺的前提条件。与之相对的是可分契约[severable contract]。

entire controversy doctrine 全部争议原则 指一方当事人在第一阶段的诉讼程序中已决定不予提及的争议内容不得在其后阶段的程序中提出来。诉讼的单位是全部争议,是一切诉因的集合。一切诉因必须合并提出,否则以放弃论。

entire day 一整天 指完整的、未经分割的一天,不能是由两天中的各一部分而组成的一天,它应该有法律上的、固定的、精确的起始时间。从法律上讲,一整天包括24小时,从夜里12点开始,到下一个夜里12点结束。

entire interest 整体利益;整体权利

entire loss of hands or feet 完全失去双手或双脚 指由于瘫痪而被截肢或已完全丧失功能。

entire loss of sight 完全丧失视力 指丧失能够看见物体的能力;或视力已不具有任何实际作用,无法区别光明与黑暗。但不是指还剩有有限的或局部的视力,尽管已不足以使受害人继续从事其工作。

entirely without understanding 完全不能理解 指对其从事的交易,不能理解其性质及效果,但不是必须以绝对的低能、愚笨或弱智等为条件。

entire output contract 全部包销协议 指协议中的卖方的产品必须以约定的价格全部卖给协议中的买方;买方亦必须在约定的期限内全部购进卖方的产品。

entire property and assets 全部财产 包括现金、票据、账款和动产的租赁权等在内。

entire tenancy 单独占有;单独保有

entirety n.全部;全面;总体;整体 ①指共同共有,区别于分别共有[moiety];②有时指某事物在法律上被看作是一个整体,不能被分割为若干部分。如:一个判决通常被看作是一个整体,如果它对两个被告之一是无效的,那么对另一被告也是无效的。

entirety of cause of action 诉因的同一性 即如果两个诉讼,其所依据的主要事实是同一的,那么,虽然同一证据能够同时支持两个诉讼,但应被认为是只有一个诉因。

entirety of contract 合同的单一性 该词语义混淆不清,有时意指只有一个而非数个合同,有时又指合同为不可分割者。

entirety of statute 成文法的整体性;成文法的不可分割性 指法律如果其中一部分无效,则其它部分也不能生效的性质。

entire use,benefit,etc. 单独使用,单独受益等 该词用于为已婚妇女的利益所订信托契约中授予财产的条款[habendum],含义相当于单独使用[sole use]。根据这种契约,该妇女的丈夫不能获得任何利益。

entitle v.❶给…资格;(教会法)授予牧师头衔(或职位)❷给…权利 对某物的权利或请求权。❸给予标题(或名称)

entitlement n. 法定权利 指个人获得法律规定的金钱或利益的权利,如驾驶执照、福利等。其是对某项利益(通常是金钱的)的绝对权利,一旦符合法律要件即应立即授予,且一旦某人获得此项权利,非经公平听证不得予以剥夺。在美国,法定权利有时被作为财产权[property],有时则被看作是一种自由[liberty]。但不管哪种情形,美国最高法院皆认为非经正当程序[due process]不得剥夺个人的此项权利。

entity n. 存在者;实体 为税收上的目的而独立存在的组织或个人,它包括本国法人、外国法人、非营利法人、营利或非营利的非公司化联合、合伙、商业信托、具有共同经济利益的两人以上的联合、州、国家、外国政府等。

entity of corporation 法人实体

entity of partnership 合伙企业

entrance fee (进入娱乐场所的)入场费;(为取得工会等团体成员资格应缴的)入会费

entrapment n. 警察圈套;执法人员诱人入彀 指政府官员或代表,一般是执法人员或与其进行协作的秘密工作人员[undercover agent],为获取犯罪证据,布成圈套,在出乎对方意料的情况下,为之提供犯罪机会,诱之实施犯罪,从而达到对该人提起刑事控诉的目的的行为。

entre ❶在…里;在…内 ❷在(两者)之间 ❸(= entry)

entrebat 〈法〉入侵者;非法闯入者

entrega 〈西〉(= delivery)

entrenched clause 刚性条款 指宪法和法律中,只有经过特别的程序或法定多数通过才能加以修改或废除的条款。刚性条款通常用来规定基本原则或基本制度。

entrepôt 〈法〉仓库;货栈 在法国法中,指保税仓库,从外国运来的货物可以存储于此并再出口到另一国家而无须缴纳关税。

entrust v. 委托;信托;托付;委托管理(财产等) 不使用"intrust"的拼写,这种拼写常见于19世纪后期、20世纪早期的司法文献中。(⇨entrusting)

entruster n. 信托人;托管人 (= truster)

entrusting 委托;托卖;托付 指将某物置于某人的照料之下。依照美国《统一商法典》[UCC]2-403(2)的规定,将占有的货物托付给经营该类货物的商人时,该商人即有权把委托人的全部权利转移给正常经营活动中的买方。

entrustment agreement 〈美〉委托领养协议 在该协议中,父母同意将其子女送给经政府许可的育婴机构或福利团体以便私人来领养,并同时解除他们在法律上的父母子女关系。

entry n. ❶入口;门口;门厅 ❷登记;记载;记账;记下的条目(项目、账户等) ❸进入 在美国的移民法中指外国人从国外某地或边沿领地等进入美国的行动,不管这种进入是自愿的,还是由于其它原因。❹(非法)进入(房屋) 在刑法上,指为进行犯罪活动而非法进入他人住宅或房屋。在夜盗案件中,如果行为人怀有犯重罪[felony]的意图,只要其身体或手、脚身体的一部分,或其所携带的武器或工具进入他人住宅,都构成夜盗罪。❺(为占有土地而)进入 ❻(海关法)报关 将进口物品及对这些物品的说明、发票等交给海关税务官员检查,以决定应交纳的关税。(⇨enroll;docket)

entry ad communem legem 〈英〉普通法上的进入令 终身土地保有人转让其保有的土地,或其死亡后对该土地具有回复权的人[reversioner]为取得该土地,可以申请此种令状,以对抗土地占有人。后被1833年的《不动产时效法》[Real Property Limitation Act]废除。

entry ad terminum qui praeteriit 期限届满时(签发)的进入令 ①土地租赁期限届满后,土地出租人为恢复对该土地的占有而取得的进入令;②土地被出租给某人在另一人的生存期间保有,在该另一人死亡后,承租人仍继续占有该土地时,出租人也可以取得此种进入令。(⇨ad terminum qui praeteriit)

entry at customhouse ❶海关报关 船舶上的高级船员在海关出示法律上要求的文件,或向海关机构提供关于船上装运的货物的情况,以获取在该海关港口靠岸卸货的许可。❷货物进口报关单 进口商品的收货人或其代理人按规定所作的提交海关的关于进口物品的情况的书面说明,为此确定应交纳的关税和办理正式的检验、检疫、估价和清算手续。也可指某人进入另一国国境时在海关提交的关于他所携带入境的物品的清单。(⇨entry of imports)

entry book 登记簿

entry cui ante divortium 〈拉〉使已离婚妇女取得被其前夫转让出去的土地的进入令

entry for marriage in speech (古)因结婚已成空谈的回收令状;空谈婚姻的回收令状 例如:因某人允诺将于一定日期与之结婚,遂将土地或房屋给予该人后,该人却不与之依约成婚,或另娶他人或成了牧师时,可请求发给此种令状以回收土地房屋。此种令状亦称做"违背婚约的回收令状"[writ of entry causa matrimonii praeloquuti]。

entry in casu consimili 〈拉〉在类似情况下的进入令 使对土地具有回复权[reversion]者取得已被保有人转让之该块土地的令状。(⇨casu consimili)

entry in regular course of business 在通常事务过程中所作的记录 指某人在其通常从事营业、职业或机关工作事务的过程中所作的记明某一事项或交易等的记录。

entry into automobile 进入汽车 指进入车辆内或至少作了使车辆移动的行动,并非指为了进入车内而向车辆靠近的行为。

entryman n. 〈美〉依宅地法[homestead laws]进占公共土地者

entry of alien 〈美〉外侨入境 指从国外任何港口或地区进入美国意义上的领土范围内的行为。

entry of amendment to state constitution 〈美〉州宪法修正案记录 指立法两院的议事录中对宪法修正案提案的详细记录。各该院议事录中的记录可以作为各该院已通过提出修正案决议的证明,决议本身则由各该院另行保存。

entry of appearance 到庭登记 表明诉讼中的被告已到庭的方式,可以通过提出原送达要求正式到庭的传票表明被告的到庭,或在公开审判庭上宣布被告已到庭。在这两种情况下,都应同时列出出庭的被告律师的姓名。

entry of cause for trial 提出起诉理由书 在英国旧时诉讼中,应由原告负责的一个程序,即原告在发出审判通知后,应填具初审记录单[nisi prius record],并附具陪审员名单交给法院有关工作人员,以此在开庭审理前向法院提出起诉理由。

entry of court order 法庭裁定的登记 指裁定经法庭宣布或签署后,由书记官将其登记入册。(⇨entry of judgment)

entry of decree 判决登记(⇨entry of judgment)

entry of homestead 〈美〉根据宅地法进入公共土地(⇨entry under homestead law)

entry of imports 进口报关手续；进口申报单（⇨ entry at customhouse）

entry of judgment 判决登记 指将判决记入法院的判决文册中，它是一种行政工作，而非司法行为。（⇨ entering judgments）

entry on public land 〈美〉（为占有而）进入公共土地（⇨ entry under homestead law）

entry on the roll 案卷记录 英国旧时的诉讼中，双方当事人常常亲自或由其律师出庭并进行口头陈述，而不像现在，双方相互交换诉讼文书直至找到案件的实质争论点。在旧时口头陈述的过程中，各种诉讼程序都由法院专职官员记录在羊皮纸上，这一羊皮文件即成为案件的卷宗。口头诉讼被废弃后很长时间内，仍要求以同样的方式将诉讼过程记录于羊皮卷册上，这种记录即称为"entry on the roll"或编制"issue roll"。后来编制"issue roll"也被取消，仅要求以法定形式列出争论点并交与法庭及对方当事人，称之为"初审纪录单"[nisi prius record]。（⇨ issue roll）

entry-taker n.〈美〉（土地）登记员 各州的官员，其职能相当于联邦法律规定的土地管理机构中负责土地登记的官员。

entry under homestead law 〈美〉根据宅地法而进入公共土地 指个人为获得土地分配而进入尚未被人占用的公共土地，为此，当事人要向美国的土地管理机关或州土地登记员[entry-taker]等提出申请；据此，他可以获得对一部分土地的初步权利。

enumerate v. ❶ 数；点 ❷ 列举；枚举 ❸ 详细说明 用在法律文件中。

enumerated a. 明确列举的；明确指定的；特别提到的；详细说明了的 用在法律文件中。

enumerated powers 〈美〉明确列举的权力 指宪法明确授予联邦政府某些机构或部门的权力；这些权力是既未拒绝给予美国政府亦未由州或人民保留的权力。授予国会的专有权力明确列举在联邦宪法的第一条中。

Enumeratio infirmat regulum in casibus non enumeratis. 〈拉〉明确规定的规则否定未经明确规定的规则。

Enumeratio unius est exclusio alterius. 〈拉〉明确规定此事物，亦即排除他事物。 其更为通常的表达形式为"expressio unius est exclusio alterius"。

enumerators n. 被指定收集人口统计资料或报表的人

enure （= inure）

en ventre sa mere 〈法〉胎儿 法律法语，原意为"在母亲的子宫中"，即指尚未出生的胎儿，用于讨论该胎儿权利的行文中。基于某些目的，法律确认胎儿为生命体，他可以继承遗产、有监护人、某项遗产限于专供其所用等。

envers 反对；相反

en vie 〈法〉活着的 法律法语。

environment n. 环境 指周围全部物质的、经济的、文化的、艺术的、社会的，并能影响财产的价值、人们的生活质量等的情况和因素。

environmental impact statements 〈美〉（联邦和州法律要求提交的）环境影响报告书 联邦行政机构在进行可能影响环境的活动时，所必须准备的一种文件。1969年的《国家环境政策法》[National Environment Policy Act]首次要求提交该类文件。其目的是为了促使行政机构在进行决策时充分考虑到环境因素，包括社会方面与美学方面的；并为总统和国会审查或变更行政机构影响环境的行为提供基本材料。环境质量委员会[Council on Environment Quality]在准备环境影响报告书的过程中应提供公众参与机会，在最后报告书完成之前，应当就该问题举行听证。许多州对州和地方行政机关都有提交类似于联邦环境影响报告书的要求。

Environmental Protection Agency/EPA 〈美〉联邦环境保护局 成立于1970年，主要职能是从事并协调有利于环境的行政活动，如通过研究、管理、设置规范等方式努力减少和控制环境污染。

envoy n. 使者；使节；公使

Eodem ligamine quo ligatum est dissolvitur. 〈拉〉契约的解除应以与缔约相同的方法进行。 如，按以往的英格兰法，盖印契约须以另一盖印契约方能解除，现则可以非要式合同解除之。

Eodem modo quo oritur, eodem modo dissolvitur. 〈拉〉（= Eodem modo quo quid constituitur, dissolvitur.）

Eodem modo quo quid constituitur, dissolvitur. 〈拉〉事物以某种方式形成，应以该种方式解除。

Eodem modo quo quid constituitur, eodem modo destruitur. 〈拉〉（= Eodem modo quo quid constituitur, dissolvitur.）

eo die 〈拉〉在那天；在同一天

eodorbrice 〈撒克逊〉破坏树篱；打破围栏

E.O.E. （= errors and omissions excepted）

eo instante （= eo instanti）

eo instanti 〈拉〉在那时；同时；当时；立即（= eo instante）

eo intuitu 〈拉〉为该目的；具有该意图

eo ipso 〈拉〉依其本身；由其本身；以其本身

eo loci 〈拉〉（大陆法）在该情况下；在该地；在当地

E.O.M. （= end of month）

eo nomine 〈拉〉在该名义下；以该名义 如 Perinde ac si eo nomine tibi tradita fuisset 的意思就是：正如它以该名义交付给你的。

eo quod plerumque fit 〈拉〉从所频繁发生的事（= ex eo quod plerumque fit）

eorl n. ❶〈英格兰古法〉上层大户；大土地所有者 在盎格鲁–撒克逊时代，人们被划分为大土地所有者或上层大户[eorls]和下层自由民[ceorls]，前者拥有大片土地，后者只是贫穷的自由土地保有者。大土地所有者与下层自由民之间的差别实质是一种社会地位，而不是法律地位上的差别，这种差别或多或少地类似于15世纪时苏格兰的"骑士"[knight]和"下层自由民"[churl]之间的差别，及再后来的"贵人和庶民"[gentle and simple]之间的差别；另外，eorl还颇不同于earl。（⇨ earl）❷（英国的）伯爵

eoth 〈撒克逊〉宣誓；誓言

EPA （= Environmental Protection Agency）

Epanagoge《法律入门》 大约于公元879年在拜占廷皇帝巴西尔一世[Basil I]的主持下编纂的一部法典，它以优士丁尼法典和利奥三世《法律汇编》[Ecloga]为基础，试图对希腊法律的综合性选编工作进行介绍。最初它只涉及皇帝、牧首[patriarch]及其他世俗和宗教的高职人员的权利和义务。它把教会和国家视为一个由皇帝和牧首共同领导的统一体，皇帝负责促进人民的物质繁荣，牧首则负责人民的精神幸福。这种把世俗和宗教权力分开的理论一般认为是出自佛提乌[Photius]。但该法典从未得到过立法机关的认可。它后来成为《巴西尔法典》[Basilica]的基础，其部分内容还可在《斯拉夫法典》[Slavic codes]及《俄罗斯律书》[Russian Book of Rules]中找到。

eparch n. 都长 公元6–11世纪拜占廷的主要政府官

员,地位仅次于皇帝,负责维持首都的良好秩序和公共安全,保障城市供给、监督法院和工商活动。12世纪时,其职能被其它官员所代替,13世纪时,它仅作为宫廷里的一个荣誉头衔而存在。都长区[eparchy]过去指拜占廷帝国的民事行政区,现在指希腊的一些临时区划和东正教的宗教行政区划。

ephor n.督政官;掌政官 古代斯巴达的首席行政官员,设有5人,与国王一起组成最高行政机构。督政官每年从成年男性公民中选举产生,主持元老院会议[gerousia]和公民大会[apella],并负责执行其决议。他们还拥有治安权,在紧急情况下还可以逮捕、监禁国王及参加对国王的审判。

epidemic a.流行性的
 n.流行病

epidemic disease 流行病

epilepsy n.癫痫;羊痫风

e pili ana (夏威夷语)邻近的;毗连的

epimenia n.费用;礼物

Epiphany n.显现节 亦称"主显节",基督教节日之一,纪念耶稣向世人显现。天主教和基督新教规定一月六日为此节日,通常称为"第十二日"[Twelfth Day]。

epiqueya 〈西〉衡平 这是西班牙法律术语,源于希腊语。相当于"equity",其意义为"根据时间、地点和个人的情况而善意谨慎地解释法律"。

episcopacy n.❶监督机构 ❷(监督教堂事务的)主教职位 ❸主教统治制度 教会管理的一种形式。

episcopal a.主教的;主教统治的;主教制度的(⇨archiepiscopal)

Episcopal Church ❶美国或苏格兰圣公会 ❷英格兰国教会

episcopalia 〈英〉(教会法)教士捐税 指神职人员向主教或教区缴纳的复活节捐税[synodals]或其他应负担的捐税,由教长堂区代理[rural dean]征收后转交主教,但根据1860年《宗教事务委员会法》[Ecclesiastical Commissioners Act],该捐税转交英格兰国教委员会[Church Commissioners]。

episcopalian a.主教职位的;主教制教会的
 n.❶〈苏格兰〉不从长老会教徒 指对长老会持有不同意见的人,不同意长老会主张的人。 ❷〈英〉(宗教改革后的)天主教徒 现与英格兰国教会的神职人员和睦相处。

episcopate n.主教职务;主教辖区

episcoporum ecdicus 主教的代理人;主教的代诉人;教会律师

episcopus 〈拉〉(罗马法)❶监督员;视察员 源自希腊语。指负责监督作为市民日常食品的面包和其它食物之供应的市政官员。 ❷(中世纪时基督教会的)主教(= bishop)(⇨archiepiscopus)

Episcopus alterius mandato quam regis non tenetur obtemperare. 主教只服从国王的命令。 这意味着主教不必遵从教皇。

episcopus puerorum 孩子们的主教 指一项古老的习俗,在某些节日,一些俗人要将他们的头发梳成辫,穿上主教的长袍,并假装行使主教的职权,做一些荒唐滑稽的动作,因此,这些人被称为"孩子们的主教"[bishop of the boys],这一习俗在几部规定废除它的法规颁布很长时间以后才在英格兰得以公认。

Episcopus teneat placitum, in curia christianitatis, de iis quae mere sunt spiritualia. 主教在教会法院只能就宗教事务进行申诉或答辩。

epistola 〈拉〉❶书信;证书 ❷土地转让书 ❸合同担保书

epistolae 〈拉〉(罗马法)(复)批复;书信 ①罗马皇帝对呈送给他们决定的案件所作的复文或批示,即敕答[rescript];②法律顾问,如涅拉体乌斯[Neratius]等,对向他们咨询的法律问题,以书信形式所作的答复。该词又可写作 epistulae。

epistula epistulae 的单数形式

epistulae (= epistolae)

Epitome Gaii 《盖尤斯节录》 也写作 Liber Gaii,属《西哥特罗马法》[Lex Romana Visigothorum]的一部分,包括盖尤斯的《法学阶梯》[Institutes]的节本,但有可能不是直接来源于《法学阶梯》,而是来源于其节录本,并很可能是西罗马法学家的杰作。

Epitome Hispanica 《西班牙节录》 一部自公元6世纪以来在意大利广为人知的关于罗马教会法的西班牙语的节录。

Epitome Juliani 《朱利安节录》 一部汇集了公元535–555年间124项法律的拉丁语节译本,由当时一位名叫朱利安的君士坦丁堡的法学教师编译而成,可能为了适用于被优士丁尼军队重新征服了的意大利而编译。该节录在整个中世纪时期在意大利很有名。

e pluribus unum 〈美〉合众为一 美国的国箴,美国的国玺及部分钱币上均刻有此国箴。

epoch n.具有新的起算点的一段时间、时期、时代;新时代;新纪元(= epocha)

epocha n. (= epoch)

E.P.S. (= earnings per share)

EPU (= European Payments Union)

equal a.相等的;均等的;平等的 该词用于法律中,并不意味着同一性,而是指二元性,以一事物作为衡量另一事物的尺度。

equal access rule 同等机会规则 依据该规则,仅发现在被告人所占有地上有走私物品并不足以对其定罪,如果其他人也有同等机会去实施该犯罪的话。该规则要求有证据能够肯定地证明其他人有同等的机会进入该土地,仅仅凭推理证明其他人可能非法进入该土地并不能阻止对被告人作出有罪判决。

Equal Access to Justice Act 〈美〉《司法平等法》 1980年通过,该法使在涉及美国国家的诉讼中胜诉的当事人可得到律师费、专家证人费及其它费用的补偿,除非政府的行为被证明有充分正当的理由。

equal and uniform taxation 〈美〉公平统一税收 在同一征税区域,无论其为州、市或县,对于同样的价值或物,所有的人都依照同样的税率缴税。

Equal Credit Opportunity Act 〈美〉《公平信贷机会法》 禁止贷款人在处理信贷业务时,基于种族、肤色、宗教信仰、民族、性别、婚姻状况、年龄的不同而对信贷申请人采取歧视待遇的一项联邦法律。

equal degree 同一亲等 指从共同的祖先开始,到其自身,其间所经过的阶位数目相同的两个或两个以上的人。

equal election 平等选举 指每一选民的选票都平等有效的选举。

Equal Employment Opportunity Commission 〈美〉就业机会均等委员会 这是根据1964年《民权法》[Civil Rights Act]设立的组织,1965年7月2日开始工作。其设立的目的,在于消除因种族、肤色、宗教、年龄、性别、民族等不同而产生的在就业、升迁、解雇、工资、考核、培训、培训期以及所有其他就业条件等方面的歧视，并促使雇主、工会和社区组织自愿提出以使就业机会均等能真正被付诸实施的行动计划。

equal equities 平等权益

equal footing doctrine 〈美〉同等地位原则　该原则规定美国新增加的州和原先的州一样，对其辖区范围内的可航行水域的底部拥有所有权。但亦有例外。

equal guilt 同等过错（➪recrimination）

equality n. 同等；均等；平等（➪equal protection of the laws）

equality clause 平等条款　指旧时公共运输商执照中的一项条款，它要求公共运输商在平等条件下为其顾客提供运输服务。

Equality is equity. 平等即衡平。　这是衡平法的基本原理，也就是衡平法原理发展的基础。

equality of states 国家平等　国际法上的一项基本原则，即凡是被承认为国家的政治实体，不论领土大小，人口多少，在政治或经济实力上是否均等，都应具有法律上平等的地位。根据此项原则，国际法和国家的权利、义务都同样地适用于每个国家。所有国家都享有主权，都具有国际法上的人格，并且都有尊重其他国家的人格、政治独立和领土完整的义务。

equalization n. ❶使相等；使均等；平等化；使均衡　❷（= equalization of taxes）

equalization board 〈美〉（税收）平衡委员会　这是美国地方政府机构之一，其职能是负责监管对各种不同的财产和不同地区税收的平衡，以使税务负担得以公平合理地分配。

equalization of assessments 平衡估定税款（➪equalization of taxes）

equalization of taxes 〈美〉平衡税收　各州税收平衡委员会[equalization board]对其辖区内不同分区地方官员对应税财产所核定的评估价值进行比较，并对其根据通常的统一标准进行必要的增减损益，以使得在整个辖区范围内，应税财产的评估价值与其实际现金价值之间保持统一、平等的比率。平衡税收亦指对个人纳税人应缴税款核估值的平衡或调整，以避免对不同纳税人适用不同的财产核算标准。

equalize v. 使相等；使均等；平等化；使均衡

equally between 彼此平等地　这是常用于遗赠的词语，通常指对某些个人而不是对一组人的遗赠，但也不是绝对的。

equally divided （遗产）平等分割　在遗嘱中使用该词或"按份并等份分割"[divided share and share alike]，则表示遗产应当按继承人人数[per capita]进行分割，而不按家系[per stirpes]。但若遗嘱其他部分另有规定，则该词含义发生改变，可以按家系继承。

equally divided court 〈美〉赞成和反对票数相等的法庭　指最高法院法官对原判投赞成票的人数和投反对票的人数相等时，下级法院的判决应得到维持。

equal pay 同工同酬　女权主义者长期以来强烈主张的一项原则，即如果妇女与男子从事相同的工作，就应获得与男子相同的报酬。该原则被规定为国际劳工组织的最初章程中，后在1944年的《费城宣言》[Declaration of Philadelphia]和《欧洲社会宪章》[European Social Charter]中都得到了重申。该原则现已广泛地为各国法所接受。

Equal Pay Act 《同工同酬法》　规定对从事相同工作的任何人，不分其性别、年龄等，都应支付同等报酬的法律。在美国，该法系联邦法律，其中规定的"相同工作"不必指完全相同的工作，只要求系本质上相同的工作即可。

equal protection clause 〈美〉法律平等保护条款　此条款是美国宪法第十四条修正案[Fourteenth Amendment]第一款所包含的三项个人权利中的一项，它规定任何一州"对于在其管辖范围内的任何人，不得拒绝给予平等法律保护"。尽管有此规定，美国宪法第十四条修正案仅适用于州，但美国最高法院在1954年布朗诉教育委员会案[Brown v. Board of Education]中认为美国宪法第五条修正案的正当法律程序条款[Due Process Clause of the Fifth Amendment]具有法律平等保护的内涵。美国最高法院认为"偏见可能是如此不正当以致违反了正当法律程序"。因而，自1954年开始，法律平等保护[equal protection of the laws]这一宪法概念适用于包括联邦、州和地方的各级美国政府。（➪equal protection of the laws）

equal protection of the laws 〈美〉法律平等保护　美国宪法保证：任何人或阶层，在和其他人或阶层处于相同的情况时，对于他们的生命、财产、自由和追求幸福等，不得拒绝享有同其他人或阶层相同的保护。简言之，处于相同情况下的任何人，无论是享有权利还是承担义务，都应当受到法律相同的对待。不过，在为了进行征税而作的分类方面，"平等保护"并不要求相同的对待，但必须以此为条件：①分类基于真实而非虚拟的差异；②这些差异与所作分类的目的相关；③与不同类别相关的差别待遇是合理的而非完全是武断的。美国在《独立宣言》[Declaration of Independence]中虽已有"人生而平等"的承诺，但制宪者却删除了所有有关平等的宪法规定。直到1868年当美国宪法第十四条修正案[Fourteenth Amendment]被批准时，平等思想才有了宪法基础，也只有到现代，美国最高法院才赋予其持久的宪法生命力。很早美国最高法院就认为平等保护并不能局限于对"法律平等保护"一词有争议的字面解释，否则，那可能意味着无论法律本身带有多大的歧视性，只要它的每一规定都被平等地适用于每一个人，那么该项法律就可能被维持。在1886年美国最高法院赋予平等保护更广阔的活动空间："平等的法律保护是法律保护的应有之义。"而且，法律平等保护条款不仅仅适用于立法机关所制定的法律，而且适用于政府官员执行这些法律的方式。在经常被引用的一段话中，大法官斯坦利·马修斯[Stanley Matthews]说："尽管法律本身从表面看来是公正公平的，但一旦为带有邪恶和不公正的政府机关贯彻执行时，事实上在情况相似的个人之间造成了不公正、非法的歧视，拒绝公平执法同样为宪法所禁止。"美国最高法院在1948年认为平等保护同样适用于法院自身。正如现在被解释的那样，法律平等保护条款依据三部分标准来审查不平等的法律和政府政策。最高部分是那些基于敏感分类[suspect classification]而制定的法律——依人种或种族进行分类的法律。美国最高法院一再重申这样的法律应受严格的审查。如果它们不是为了实现维护合法和有重大价值或强制性的权益[substantial or compelling interest]而且必定实现立法机关之意图，这样的立法必须撤销。必须接受这种严格审查的其它类型的法律是影响基本权益[fundamental interest]的法律。中间性标准一直适用于其它类型的分类，如性别。在这个标准之下，任何法律必须是为实现重要的政府目标而且其与这些目标的实现有实质的关联，否则该项法律无效。司法审查中的最低标准部分适用于其它所有法律，如果这些法律不是以一些被禁止的法律分类为基础,它本身又不是完全不合理或它规定的方式与该法目的并非无合理的关联,则此类法律就有效。在20世纪80年代的许多案件中,大法官瑟古德·马歇尔[Thurgood Marshall]反对用三部分标准来审查平等保护的请求,他认为美国最高法院实际上是根据受到不利影响的权益和法律分类所确定的歧视性在宪法和社会上的重要性而采用不同的标准。尽管最高法院似乎的确如此,但大多数人并不同意以这种方式来概括它。上述显见,法律中的绝对平等并没有一个严格而僵化的标准,因为就本质而言,几乎所有的法律都有分类及界限,完全的平等的概念是无意义的,平等保护所关注的事件是相当狭窄且又相当重要者,即平等系关每个人的内在尊严。

Equal Rights Amendment 〈美〉男女平权修正案　为保证男女平等,美国在1972年提出的一项建议修正案。共三款,主要规定:"合众国或任何州不得以性别为由而剥夺或限制法律上的平等权利"。这项宪法修正案,若能从国会通过之日(1972年3月22日)起7年内得到3/4的州议会的批准,将成为美国宪法的第二十七条修正案。但临近期限到来时,批准支持该项修正案的州只有35个,距离法定批准州数尚差3州。为挽救该项修正案,国会于1978年10月决定将待批准期限延长到1982年6月30日。然而努力并没有成功,最终已在国会通过10年的男女平权修正案,因为没有得到法定州数的批准而成废案。

equal rights statutes 〈美〉平等权利法　指美国内战和废除农奴制以后制定的某些法律,这些法律反映了人们对于黑人感情的变化,其目的在于使有色人种在法律上处于与白人完全平等的地位。在此意义上,本词等同于"民权法"[civil rights act]。但平等权利法有时亦指那些禁止歧视妇女的法律。(⇨Civil Right Acts)

Equal Time Act 〈美〉《相等时间法》　该法规定领有广播设备使用许可证的人,如果许可一位公共职位的法定候选人使用其广播设备,那么,对于该职位的其他所有候选人,应当提供同等的机会。

equal time doctrine 〈美〉均等时间原则(⇨fairness doctrine; Equal Time Act)

equerry n.(英国旧时王族或贵族的)掌马官
eques 〈拉〉(英格兰古法)骑士
equilocus n.同等的人;匹敌者;可与之比拟的人或物
equinoxes n.昼夜平分时;二分点　指春分和秋分。春分约为3月21日,秋分约为9月22日。

equipment trust 设备信托　通常由铁路公司为筹措购置设备的资金而采用的一种融资手段,与租赁业务密切联系,具体做法是由受托人与铁路公司联合购买设备,由受托人支付大部分价款,并出租给铁路公司使用,而铁路公司需支付剩余的设备价款,且向受托人支付租金,包括利息、分期偿还款及受托人的费用。

equipment trust certificate 设备信托凭证　铁路公司为支付新设备货款而出具的担保。设备的产权由受托人持有,直至本票付清。亦称作"car trust certificate"、"trust certificate"。(⇨equipment trust)

equitable a.❶公正的;公平的;合乎公平原则的 ❷衡平法的;衡平法上有效的;按照衡平法原则的

equitable abstention doctrine 公平弃权原则　指法院基于各法院相互之间及各州之间的礼让而对某些涉及外国或其他州的法人或土地的案件放弃行使管辖权。这一原则也适用于联邦法院不干涉州行政机关对地方事务所作的决定的情况。

equitable action 衡平法上的诉讼　指为寻求衡平法上的救济而提起的诉讼。在美国,在规定取消普通法上的诉讼和衡平法上的诉讼之间区别的程序规则颁布后,该词已不具有多大意义。目前在美国联邦及大多数州的法院,两种诉讼已经合并,在程序上只存在一种类型的诉讼,即民事诉讼[civil action]。

equitable adjustment theory 〈美〉公正调整理论　在解决联邦政府承包合同纠纷时,立约的主管官员在承包人被要求与分包人、供应人及其他债权人协商解决之前,应在合理时间内作公正的调整。

equitable adoption 衡平法上的收养　指具有缔约能力的人订立具备一切应有条款的收养合同收养子女,且该收养合同已被完全履行,但该收养未符合某种法律程序的要求——例如收养合同不是书面而是口头订立。在这种情形下,被收养的子女在衡平法上仍具有被收养人的地位,在收养人死亡时享有继承其遗产的权利。

equitable apportionment 衡平法上的分配　指未经债务人同意而在债权人之间分配租金或其他款项。此种分配只对参加分配的人有约束力。也可以用来指在终身土地保有人和指定继承人之间,根据衡平法原则进行的分配。

equitable approximation doctrine (衡平法上的)类似原则(= cy-près)

equitable assets 衡平法上的资产　指债权人只有通过衡平法院才能取得的资产,不论其是动产或是不动产。它是相对于普通法上的资产而言,后者只能通过普通法院取得。但在现代,这种区分已无实质意义。

equitable assignment 衡平法上的转让　指在普通法中被认为无效,但为衡平法所承认并得以执行的转让。例如对权利动产[chose in action]或将来可得利益的转让。待履行的协议[executory agreement]或信托宣告[declaration of trust]在普通法法院被认为是不能执行的转让,但在衡平法院,则可适用合理的自由裁量权,认定其可被执行。构成衡平法上的转让,须以转让人对被转让的债务或基金享有绝对专有权[appropriation]为条件。

equitable assignment of debt 衡平法上的债务转让　指债权人只需通知债务人,不必再履行其他手续即可成立的债务转让。

equitable benefit doctrine 衡平法上的利益原则　这个原则允许破产法庭赋予破产官员以外、为破产财产工作的人享有优先受偿权。

equitable charge 衡平法上的担保　指借款人以其财产为担保向出借人借款,但出借人不享有担保物的所有权,而仅享有衡平法所承认的权利,如取得所有权契据作为担保。

equitable chattel mortgage 衡平法上的动产抵押
equitable chose in action 衡平法上的权利动产　指为给予法律救济而由衡平法承认对其拥有合法权利、但尚未实际占有的财产。

equitable claim 衡平法上的索赔权　指衡平法为给予法律救济而承认的索赔权,尤其是在受信托人违反义务时,受益人享有的索赔权。

equitable construction 衡平法上的解释　指依衡平法的规则或原则进行的解释。对法律的解释可以限制或扩大条文的字面意思。衡平法和普通法对合同的解释规则,在总体上是一致的,不论是衡平法院还是普通法法院,都不得在合同明确记载或必然含有的意思之外加入其他内容,对合同进行篡改。

equitable conversion 衡平法上的转化　指对财产的性质

或特征进行的一种推定转化。为某些目的,不动产可以被视为动产,同样,动产也可被视为不动产。在任何一种情况下,财产都被认为可以转化后的形式进行转让和继承。在不动产买卖中,双方当事人订立合同时,买方就取得该不动产的衡平法所有权[equitable title],卖方保留其普通法所有权[legal title]只是作为买方付清价款的担保。该原则通常适用于不动产买卖合同签订后至不动产转让前当事人死亡的情况,此时,不动产被看作动产,就可使买卖合同对双方当事人均有拘束力。

equitable defense 衡平法上的答辩 以前指只有在衡平法才能进行的答辩,在普通法诉讼与衡平法诉讼的程序合并后,衡平法上的答辩可以和普通法上的答辩在同一诉讼中一并提出。

equitable distribution 〈美〉公平分配 美国某些州——如新泽西州[New Jersey]——的无过错离婚法[no-fault divorce statutes],授权法院在判决离婚时,对婚姻关系存续期间丈夫和妻子或任何一方所合法取得的财产进行公平分割,不管这些财产是由他们共同所有还是个人所有。

equitable doctrine of approximation 衡平法上的近似原则 这条原则与要求尽可能接近立遗嘱人意图的原则[cy pres doctrine]不同,它仅允许法院变更有关遗产管理的细节问题,以保护根据遗嘱所设立的信托财产,从而实现遗赠人的总意图。(⇨cy-près)

equitable easements 衡平法上的地役权 该术语常用于与土地有关的合同条款中。这种条款的主要内容是限制供役地的使用,或是对在供役地上建造房屋或其他建筑物的位置或性质加以限制。(⇨equitable servitudes)

equitable ejectment 衡平法上的收回不动产诉讼 这是一个自相矛盾的词语,因为收回不动产的诉讼是一项普通法而不是衡平法上的救济方式。但该词却用来表示为使不动产买卖合同得到强制执行或某些其他情况而使用的衡平法上的救济。

equitable election 衡平法上的选择 指权利人对遗嘱或其他文件中所规定的两项权利或利益,只能从中任选其一,而不能两者同时享有。根据衡平法上的选择原则,如权利人接受了遗嘱中为其设立的某项利益,便不能否认遗嘱在其他方面的有效性。但该项原则不得用以损害第三人的利益。

equitable estate 衡平法上的财产权 指只有衡平法才承认的财产权。(⇨equitable title)

equitable estate of wife 衡平法上的妻子财产权 指衡平法上规定已婚妇女享有的独立占有和控制财产的权利。该项权利不受其丈夫的干涉。(⇨separate estate of wife)

equitable estoppel 衡平法上的不容否认 又称既有行为而不容否认[estoppel in pais],指行为人由于其言行而自受约束,不得自相矛盾,作相反的主张。因为,如果允许其否定自己先前的言行,必然会给他人造成损害,而这是违反衡平法的。(⇨estoppel;estoppel in pais)

equitable execution 衡平法上的执行 指为执行衡平法上的判决而进行的程序。例如:发出协助令、扣押财产、任命债务人的财产管理人。另外,当按普通法上的判决执行程序胜诉人不能实现其权益时,也可援用此程序。

equitable foreclosure 衡平法上抵押物回赎权的取消(⇨foreclosure)

equitable garnishment 衡平法上的债权扣押诉讼 指判决所确定的债权人进行的一种诉讼。即当判决已被全部或部分执行,但仍未能清偿债务时,判决所确定的债权人可对判决所确定的债务人或其他人起诉以追查属于该债务人的任何财产——包括可经诉讼取得其权利之动产、金钱、他人所欠被诉人之财产、为被诉人的利益而托管的财产等——并用这些财产来充分清偿判决中确定的债务。

equitable interest 衡平法上的利益 指信托中受益人的利益,相对于受托人的利益而言。因为受托人具有普通法所有权,而受益人享有衡平法所有权。(⇨equitable ownership)

equitable jointure 衡平法上的未来寡妇产 指婚前即确定的、丈夫死后由妻子终身享有以供其生活之用的财产。

equitable jurisdiction 〈英〉衡平法管辖权 指以前的衡平法院和现在的高等法院(尤其是其衡平分庭)的管辖权,包括专属管辖权、并存管辖权和辅助管辖权。在不同的管辖权范围内,法院所能行使的权利也不同。但现在这种区分已失去意义,在实践中,高等法院既可行使普通法管辖权,也可行使衡平法管辖权,并有权对当事人给予不论是普通法上的还是衡平法上的救济。

equitable lien 衡平法上的留置权 指将特定财产的一部或全部用于偿还某项债务或一组债务的权利,该项权利在普通法上不被承认。衡平法上留置权的产生,或者是来源于书面合同中当事人有明确的、用特定财产偿还债务的意思表示,或者是由衡平法院根据当事人之间的关系及他们交易的情况,出于公正的考虑而作出的宣告。

equitable life estate 衡平法上的终身财产权 指基于衡平法而非普通法所产生的动产或不动产的权益,由财产持有人终身享有。如信托财产的受益人根据信托享有的终身财产权。

equitable maxim 衡平法格言 衡平法院所确认并援引的法律原则。

equitable mortgage 衡平法上的抵押 指在以某项财产设立担保的协议成立之前,将该财产视作担保的一种协议;即虽不具备担保的法定形式,但根据衡平法而被认为具有抵押效力的法律行为。例如,某人与其债权人缔约,将其财产作为担保转让给债权人,且双方言明,在债务人清偿欠款后,债权人必须将该财产仍旧转让给债务人,法院即可将此认为是抵押。善意买受人以适当对价从债权人处购得该财产时,可以对抗债务人的这一衡平法上的权利。(⇨mortgage)

equitable or moral consideration 合理的或道义上的对价 从严格的法律意义上来说尚不具有法律效力,但出于道义可作为明示允诺的基础。

equitable owner 衡平法上的所有人 指因实际使用财产而在衡平法上被视为财产所有者的人,虽然该项财产法律上名义的所有权属于他人。

equitable ownership 衡平法上的所有权 指受衡平法保护的所有权,如信托受益人享有的财产所有权。

equitable partition 公平的财产分割 指在共同所有人或共同继承人之间对土地、动产、遗产等进行分割。一般是按每一共同所有人或继承人所享有的权利比例,将共有财产或遗产分割成与共同所有人或继承人所享权利相等的若干份;为公平起见,也可将共有财产或遗产出卖,再将所得价款和收益进行公平分配。(⇨partition)

equitable plaintiff 衡平法上的原告 广义上指所有衡平法诉讼的原告。狭义上指财产受益人为了所有权人的利益以法定权利享有者的身份而作为名义上的原告。

equitable plea 衡平法上的答辩(⇨equitable defense)

equitable rate of interest 衡平法上的利率 由衡平法院确定的、应由受托人承担的利率,通常比法定利率要低。

equitable recoupment （税法）衡平抵偿　衡平抵偿权，指仅在时效法的适用将产生不公平的结果时可主张的权利。衡平抵偿可用于两种含义：①纳税人可将原先超额支付的税款部分，用于抵偿现在到期的税款，即使纳税人的退税请求权已过时效；②政府可将原先未收取的税款部分，用于抵偿纳税人现在的退税请求权，即使政府原来的征税权已过时效。（➪recoupment）

equitable-recoupment doctrine 衡平抵偿原则　指如果债权人持有其不享有权利的债务人财产或金钱，则在该财产或金钱范围内，债权人请求对方清偿债务的权利也相应减少。这一原则通常只能用作减少损害赔偿金数额的抗辩。有时，依据该原则，也可主张将已过时效的退税请求权与政府的征税权相抵。（➪recoupment; equitable recoupment）

equitable redemption 衡平法上的赎回　指抵押人清偿抵押债务以赎回抵押物的行为。（➪equity of redemption）

equitable relief 衡平法上的救济　指在衡平法院寻求的救济。例如，请求法院发布禁制令或强制实际履行的命令，而非金钱赔偿。

equitable rescission 衡平法上的解除合同　指衡平法院判决的解除合同，区别于普通法上的解除合同［legal rescission］。

equitable restraint doctrine 〈美〉衡平谦抑原则　依该原则，对州法院悬而未决的刑事案件，如未表明起诉明显出于恶意或将造成不可弥补的损害的情况，联邦法院将不介入。也称作扬格回避原则［Younger abstention］，源自1971年扬格诉哈里斯［Yonger v. Harris］一案。

equitable right 衡平法上的权利　指受衡平法保护，在衡平法院予以承认并只有通过衡平法院才可最终行使的权利。现在美国联邦法院和大多数州法院都已把普通法诉讼与衡平法诉讼在程序上合并起来一并处理。

equitable rule ❶衡平法的规则；衡平法的法律原则　即衡平法院应遵循的规则。❷公平规则

equitable salvage 衡平法上的救助　指在一些情况下，救助虽然与海上危险无关，但财产因多个救助中的最后一个救助的施行而获保存；此时，施行最后救助行为的人通常被给予较其他救助人更大的优先权，其理由是，如果没有他的救助，财产可能会全部灭失。

equitable seisin 衡平法上的占有　由于对土地享有受衡平法承认和保护的所有权，即有权占有并实际上占有土地。

equitable servitudes 衡平法上的地役　指衡平法上可实施的、对供役地建造房屋和使用土地的限制。（➪equitable easements）

equitable setoff 衡平法上的债务抵销　这是衡平法对被告的一种救济手段。指在某些案件中，根据权利主张的性质和双方当事人的情况，被告通过答辩或反诉［cross action］方式都不可能获得公正的裁决；或者说，被告并无过错，但在普通法上不能获得适当的救济。在这种情况下，被告就可得到衡平法上的这种债务抵销救济。

equitable subrogation 衡平法上的代位求偿　这是一种法律拟制的债权债务关系，指某人代债务人清偿债务后，便取代该债权人的地位，享有该债权人所有的权利和法律救济。

equitable title 衡平法上的所有权（➪equitable ownership）

equitable trust fund doctrine 〈美〉衡平法上的信托基金原则（➪trust fund doctrine）

equitable waste 衡平法上的损耗　指由于未很好管理或不合理使用而对财产造成的损耗，这种损耗在衡平法院被认为是损害而加以阻止。例如普通法上并无过错的土地承租人荒置土地造成地力浪费，法院得根据衡平法对土地的荒置加以阻止。

equitas 〈拉〉公平；衡平；衡平法　aequitas的不规范写法。（➪aequitas）

Equitas sequitur legem. 〈拉〉衡平法随从普通法。（➪Equity follows the law.）

equitatura n.（英格兰古法）旅行者的装备

equites n. 骑士团　指古罗马时期介于元老院议员和平民之间的一层人。最初仅指军队中的骑兵部队，后来逐渐发展成为一个独特的社会和政治阶层。在帝政早期，骑士头衔可授予任何具有自由民血统、品行良好和有一定财产的男性公民。他们从事商业、金融、政府契约、公用土地开发等活动，并担任地方检察官和文职官员。其后，他们还担任禁卫军长官和埃及地方行政长官。

Equities being equal, the law prevails. 衡平法上权利相等时，应按照法律。　指两人对同一事物享有平等的衡平法上的权利并受到衡平法院的保护时，除衡平法上的权利外尚享有普通法上的权利者胜诉。

equity n. ❶衡平法　"Equity"是一个多义词。作为法律名词，它最重要的意义是指与普通法相对应的、由衡平法院在试图补救普通法的缺陷的过程中演变出来的、与普通法和制定法并行的一套法律原则和法律程序体系。它构成英格兰法的一大渊源。"公平"、"公正"、"衡平"的观念在古希腊、罗马时代即已存在，在英格兰，衡平法的产生起源于普通法，它的存在和发展也从未离开过普通法。按照国王享有维持公正的最终管辖权的习惯，那些不在固定的诉讼程式［forms of action］之内的申诉在普通法法院得不到应有的救济时，当事人可径向国王或御前会议上的国王申请救济，而国王一般将这些事情交由其秘书——王室文秘署长官［chancellor］，即后来演变成御前大臣［Lord Chancellor］的官员来处理。到后来，这些申诉状直接呈递给御前大臣。御前大臣作为"国王良心的看护人"，早期都是从教士阶层中选拔。他们并不通晓普通法，也不受普通法规则的约束，而是根据公平和良心的原则来裁决。到14、15世纪，文秘署逐渐演变成了一个具备法院特征的"御前大臣法院"，也被叫做"衡平法院"。"衡平"早期带有浓重的御前大臣个人色彩，以至于到17世纪，约翰·塞尔登［John Selden］对"衡平"曾有过言辞激烈的著名评论。在后来，经由几任御前大臣，尤其是诺丁汉勋爵［Lord Nottingham］、哈德维克勋爵［Lord Hardwicke］及艾尔登勋爵［Lord Eldon］的努力，通过奠定"遵循先例"的司法原则，"衡平"逐渐摆脱个人色彩，其原则逐步体系化和固定下来，成为名符其实的"衡平法"。1873－1875年《司法组织法》［Judicature Acts］将分离的普通法管辖权和衡平法管辖权合并起来，使得新设的高等法院的每一个法庭都同时可以提供普通法和衡平法救济；但作为实体规则，普通法和衡平法仍旧保持各自的鲜明特征，并未因此融合起来。在提供的救济方面，无论其性质还是范围、程度，衡平法与普通法都有很大的不同。一般来讲，普通法裁定严格、绝对地针对"物"［in rem］，即对双方当事人所提起的诉讼相关联的交易本身来进行裁决。而衡平法针对"人"裁决［adjudicating in personam］。这样，根据普通法，只能提供损害赔偿［damages］的救济；而根据衡平法，可令当事人依约特定履行［specific performance］或颁发禁制令［injunction］。此外，衡平法还设立了一些普通法不曾有的新的权利。如它承认了信托项下

的受益人权利。信托法理及其技术的发明和发展,按梅特兰[F. W. Maitland]之说,是衡平法中最大的也是最重要的建树。另外,有关抵押权方面,衡平法上的"衡平法的回赎权"[equity of redemption]依照"衡平法注重意图而非形式"原则纠正了严格遵循普通法而带来的不公正,实际上设立了一种新的权利。在美国,各州很早就仿照英格兰设立了衡平法院。但在 19 世纪末 20 世纪初,大多数美国法院废除了普通法诉讼与衡平法诉讼的区别,而采用同一程序。❷公平;公正;平等;平衡 此为该词的初始含义,原文来源于拉丁文"aequitas"。❸衡平;平衡;个案公正;自然公正 指在某一特殊情形下适用自然公正[natural justice]与正当的标准,而与严格法[strictum jus; rigor juris]相对,这种严格法是指同一规则适用于所有的情形,而不顾及在某种特殊情形下适用该规则可能导致的不合理或不公正结果。在这个意义上讲,衡平不止是与严格法相对,而是对严格法原则的缓和[relaxation],以符合实质公正的目标。这种方法实际上体现的是一种个案公正。在现代,法院通过适用理性和公正的标准使其既成为衡平法院[court of equity],同时又是普通法法院。同时,通过制订灵活的标准和授予法官自由裁量权,使得公正与法律之间的对立不断缩小;但这种矛盾在某些情况下仍然不能完全消除。❹衡平权益 即 "equitable right"或"equitable interest",可在衡平法院得到执行的权利。❺附属权利或义务 指附属于某一财产或两人间合同的权利或义务。在这个意义上使用时,常用复数形式"equities"。举例说,如转让某一非占有的法定动产[chose in action],无论它是债务、法律(合同)义务或是信托基金,负有债务、法律(合同)义务或是持有信托基金的人对受让人的义务与对让与人的义务完全一致。反之,则指拥有权利。❻净资产 在商业上指全部资产减去对外债务后的资产净值。合伙时指资本加上流动资金,公司中则指全部股本加上准备金。❼股权;股份 指在股票交易所挂牌的公开发行上市公司的股份。❽(制定法的)含义;意图;一般目的 该用法出现在布莱克斯通爵士[Sir W. Blackstone]的《英格兰法释评》[Commentaries of the Laws of England]中,但阿伦[C.K. Allen]说这一含义已在现代法理学或是法学术语中消失了。

Equity acts in personam. 衡平法对人行事。 拉丁文为 Aequitas agit in personam。这是衡平法的基本原则之一。指衡平法以对人作出判决的方式提供救济,通常只是通过对人判决而及于对物、对事的处理。普通法则通常以判决金钱损害赔偿等方式进行救济。

Equity aids no man to the injury of another. 衡平法不得帮助某人而去伤害他人。 这是衡平法的一项基本原则,其拉丁文为 aequitas neminem juvat cum injuria alterius。

Equity aids the vigilant and diligent. 衡平法帮助警觉者和勤勉者。 这条衡平法的格言有时也写作"Equity aids the vigilant, not the sluggards."其拉丁文是 aequitas subvenit vigilantibus non dormientibus。意思是衡平法帮助警觉者,而不帮助怠于行使权利者。这条格言在实质上相当于不容否认原则[doctrine of estoppel],其意为:衡平法对那些积极维护其权利并取得该项权利的人不剥夺其权利,而对那些因未主张其权利因而失去该权利的人不使其从中受益。

Equity assists ignorance, but not carelessness. 衡平法帮助不知,不帮助不注意。 这是衡平法的一项基本原则,其拉丁文为 aequitas ignorantia opitulantur, oscitantiae non item。其意为:衡平法对那些未对自己的权利加以注意因而蒙受只要加以普通注意便可避免的损失的人不予救济。

equity capital 股本 公司股东用以换取股票或其他出资证明而投入到公司的资金。

Equity corrects a law which is too broad in that particular in which it is defective. 衡平法可矫正普通法过于笼统而产生的欠缺。 这是衡平法的一项基本原则,其拉丁文是 aequitas est correctio legis generaliter latae, qua parte deficit。

Equity corrects errors. 衡平法纠正错误。 拉丁语原文为 aequitas erroribus medetur。

equity court (= court of equity)

equity credits 资产信贷 合作组织以其由全部或部分利润转增的流动资本向其成员提供的贷款。

Equity delights in amicable adjustments. 衡平法崇尚和解。 这条衡平法的格言常常作为法院裁判当事人之间诉讼纠纷的准则。

Equity dislikes superfluity. 衡平法不喜冗余。 这条衡平法格言的拉丁文是 aequitas supervacua odit。(⇨Equity regards substance and intent, rather than form.)

Equity does justice completely, not by halves. 衡平法要实现完全公正,而非部分公正。 这是衡平法的一项基本原则。

Equity does not change the nature of a thing. 衡平法不改变事物的性质。 这项衡平法格言的拉丁文是 aequitas naturam rei non mutat。

Equity does not confuse jurisdiction. 衡平法不使管辖权混乱。 这项衡平法格言的拉丁文是 aequitas jurisdictiones non confundit。

Equity does not cure defects in positive requirements of the law. 衡平法对普通法的实在规定中的缺陷不予纠正。 这条衡平法格言的拉丁文为 aequitas non medetur defectu eorum quae jure positivo requisita alium。

Equity does not make the law, but assists the law. 衡平法不创造法律,而是辅助法律。 这项衡平法格言的拉丁文是 aequitas non facit jus, sed juri auxiliatur。它阐述了衡平法与普通法的关系,即衡平法是对普通法的辅助。

Equity does not permit a person to get double satisfaction for the same grievance. 衡平法不允许一个人因同一损害而获得双重赔偿。 这项衡平法基本原则的拉丁文是 aequitas non sinit ut eandem rem duplici via simul quis persequatur。

Equity does not suffer him who holds a true right to prosecute it to extremes. 衡平法不允许享有真正权利的人将其权利行使至极端。 这项衡平法基本原则的拉丁文为 aequitas non sinit eum qui jus verum tenuit, extremum jus persequi。

Equity does not supply those things which may be in the hands of the complainant. 衡平法不提供可能在原告手中之物。 这项衡平法原则的拉丁文是 aequitas non supplet ea quae in manu orantis esse possunt。

Equity favors the redemption of a pledge. 衡平法支持抵押物的回赎。 这项衡平法原则的拉丁文为 aequitas rei oppignoratae redemptionibus favet。

equity financing ❶募股融资 企业通过发行股票筹集资金的做法,相对于通过发行债券或借贷以筹集资金的"债务融资"[debt financing]。 ❷募股融资资本

Equity follows the law. 衡平法追随普通法。 拉丁文为

aequitas sequitur legem。指衡平法在处理具有衡平法性质的案件时，在可以适用普通法规则的情况下，均应适用这些规则。这是衡平法上一项主要的原则，但也不是普遍适用的，它有许多例外。

equity for a settlement 妻子按衡平法享有的财产 亦称 wife's equity。英国在1882年《已婚妇女财产法》[Married Women's Property Act]以前，丈夫有权以妻子的名义享有她依法取得的财产，而在1873－1875年的《司法组织法》[Judicature Acts]以前，他是不能通过普通法诉讼取得这种权利的。如果由于丈夫起诉要求享有这些财产，或是妻子要求实现其衡平法上的权利，引起衡平法院的介入，则丈夫只能取得其中的部分财产，即扣除妻子按衡平法应享有的财产之后所余之财产。换言之，除非妻子明确表示放弃她按衡平法享有此项财产的权利，衡平法院将考虑他们之间的婚姻状况而决定丈夫能取得多少财产。通常的做法是将财产的一半授予妻子，另一半由丈夫取得，但有时妻子取得的比例会高些。如果丈夫已破产或抛弃了妻子、或因与他人有通奸行为而造成婚姻关系解除，也可将全部财产都授予妻子。在1882年法律之后，该词已失去意义，因为在那以后妻子可以占有和支配归自己所有的全部财产。(⇨equity to a settlement)

equity for marshaling 衡平法上的顺位清偿权(⇨equity to marshal assets)

Equity gives the power of the law to him who wishes to observe it. 衡平法给予愿意遵守法律的人以法律上的力量。这项衡平法原则的拉丁语原文是 aequitas in eum qui vult summo jure agere summum jus intendit。

Equity imputes an intention to fulfil an obligation. 衡平法假定当事人有完全履行义务的意图。这一格言体现了衡平法院的一般假定，常适用于有关合同履行和清偿的案件中。据此，若死者在生前缔结书面合同并已作部分履行，则应假定其将全部履行合同，并假定其财产为合同完全履行的受托人财产。

Equity is a certain perfect reasoning which interprets and amends the written law; not embraced in any writing, but consisting simply in true reason. 衡平法是解释和修订成文法的完美的根据；它不包含于任何书面文字中，而仅仅存在于真正的理性中。其拉丁文形式为：aequitas est perfecta quaedam ratio quae jus scriptum interpretatur et emendat; nulla scriptura comprehensa, sed solum in vera ratione consistens。

Equity is a relaxing or alleviation of the law. 衡平使普通法得以放宽或缓和。衡平法的一项减轻原则。在某些法律规定或习惯形式过于僵硬严厉，从而不宜适用时，便可应用该项原则，以使具体案件实现实质正义，得以公平处理。其拉丁文形式为 aequitas est laximentum juris。

Equity is equality, and equality is equity. 衡平即平等，平等即衡平。其拉丁文是 aequitas est aequalitas, aequitas est quasi aequalitas。

Equity is not vague and uncertain but has fixed boundaries and limits. 衡平法并非模糊和不定，而有确定的范围和界限。其拉丁文形式为 aequitas non vaga atque incerta est, sed terminos habet atque limites praefinitas。

equity jurisdiction 衡平法管辖权 一般意义上指衡平法院的管辖权，以区别于普通法管辖权；也就是指衡平法院依衡平法诉讼程序审理一些特定种类的案件，并依衡平法原则作出裁决的权力。这种裁决包括确认衡平法上的权利、财产、利益及提供衡平法上的救济。法院要对某一案件行使衡平法管辖权，就必须具备下面两种因素之一：要么请求予以保护的基本的权利、财产、利益或构成诉因的对权利、财产或利益的侵犯是衡平法而不是普通法上的；或虽然普通法上也能提供救济，但从案件实际情况来看，只有依衡平法诉讼程序来处理，才能给予充分和适当的救济。

equity jurisprudence 衡平法理学 指研究衡平法院据以作出判决的原则、规则、衡平法院有管辖权的案件和争议事项以及衡平法院所提供救济的性质和形式等的一门法律科学。

equity loan 抵押房屋净值贷款 指银行向房屋所有人提供的限额贷款。该贷款限额[line of credit]的确定以借款人用以抵押的房屋在扣除一切抵押费用所增加的净值为基础，并以该净值作为贷款的保证。

Equity looks upon that as done which ought to have been done. 衡平法将本应成就者视为已经成就。

Equity never aids contention where it can give a remedy. 在能提供救济时，衡平法绝不帮助对抗。其拉丁文形式为 aequitas nunquam liti ancillatur ubi remedium potest dare。

Equity never contravenes the law. 衡平法绝不违背法律。这项衡平法原则的拉丁文为 aequitas nunquam contravenit legis。它是另一衡平法原则——Equity follows the law 推断的必然结果。

equity of (a) statute 制定法中的衡平精神 指用以解释制定法的理由与精神。在适用制定法时，如某类案件既未明确规定可直接适用该制定法，亦未明确排除其适用，但经与可直接适用该制定法的另类案件的类比[analogy]，它们明显和公正地符合法律的精神与一般意义，则该类案件被认为"合乎制定法中的衡平精神"[within the equity of the statute]。

equity of partners 合伙人权益 指合伙企业财产用于清偿合伙债务后，每一合伙人对剩余财产进行分配的权利。

equity of redemption 衡平法上的回赎权；赎回抵押物的权利 不管当事人约定的回赎期限是否已过，抵押人都可以随时行使衡平法上的回赎权，只要抵押人未表示取消回赎权，就可以在抵押权人没有依权利出卖抵押物之前支付债务的本金、利息和有关费用，赎回抵押物。衡平法上的回赎权是抵押权的本质属性，是抵押权内在的、固有的权利，任何剥夺这项权利的条款皆为无效。但衡平法上的回赎权可以因以下四个原因而消灭：①抵押人将回赎权转让给抵押权人；②抵押权人根据其于债务人未能清偿时即得出售抵押物之权利而将抵押物出卖；③法院判决取消回赎权；④依英国1939年《诉讼时效法》[Limitation Act]而超过12年的最长时效期限。(⇨ foreclosure; redemption)

equity pleading 衡平法上的诉状 衡平法诉讼中根据衡平法传统惯例提出的诉状，包括起诉状、请求书、答辩状、反诉状等。这种诉状现已大多被成文法规定的诉状所替代，尤其在衡平法诉讼与普通法诉讼已合并为一或现在只有一种诉讼即民事诉讼[civil action]的司法管辖区内更是如此。

Equity prevents mischief. 衡平法阻止侵害。

equity ratio ❶产权率；权益比率 买方权益价值，尤指买方首期付款额与财产价值之间的比率。❷股东权益比率 股东权益除以资产总额所得的值。

equity receiver 衡平法上的破产财产管理人 法院不是

根据其法定权限而是根据其衡平法管辖权所指定的破产财产管理人。

Equity regards substance and intent, rather than form. 衡平法注重的是实质和意图,而不是形式。 亦写作"Equity regards form and circumstance as of less consequence than subject matter itself."其拉丁文形式为:aequitas rem ipsam intueturde forma et circumstantiis minus anxia,意为:不能仅仅因为文字而牺牲当事人的权利,而应当优先关注合同、协议或交易的意图或精神。

Equity relieves against accidents. 衡平法对意外事件提供救济。 这项衡平法原则的拉丁文形式为 aequitas casibus medetur。

equity rules of practice 〈美〉衡平法诉讼程序规则 已被 1938 年的《联邦民事诉讼规则》[Federal Rules of Civil Procedure]取代。

equity security ❶股票;股份 指代表公司型企业所有人(股东)对于企业之所有者权益的证券,不同于公司债券[bond]。 ❷股权证券;权益证券;认股权证 指类似于证券的任何权证,或者任何可以转换成股份(票)或认购、购买任何股份(票)或类似证券之权益的权证或证券。(⇨security;stock)

Equity seeks to do justice. 衡平法意在实现正义。 它反映了衡平法的首要原则即为正义。

equity shares 指各种股票,不论对红利或资产有无优先权,凭其均可享有无限的红利权。

equity side 衡平法方面;衡平法管辖权 指对衡平法诉讼和普通法诉讼都有管辖权的法院,仅作为衡平法院而开庭时的称法。

equity stock (= equity shares)

Equity suffers not a right without remedy. 衡平法不允许权利得不到救济。 或:衡平法不允许无救济之权利。

Equity supplies defects. 衡平法弥补不足。 这是衡平法的一条格言,意思是衡平法弥补法律的不足。

equity term 衡平审理期 指法院只处理衡平事务的开庭期,在此期间既不审理刑事案件,也不审理需召集陪审团的任何案件。

equity to a settlement 妻子按衡平法享有的财产(⇨equity for a settlement)

equity to marshal assets 衡平法上的顺位清偿权 同一债务人有两个以上债权人,如果某一债权人只对债务人的部分财产、有价证券或基金享有次位担保权[junior lien],而另一债权人对同一债务人的同一财产、有价证券或基金享有优位担保权[prior lien],则次位债权人[junior creditor]对该财产、有价证券或基金享有顺位清偿权,即在优位债权人[prior creditor]就债务人的该项财产、有价证券或基金求偿之前,要求其先用尽其享有而次位债权人并不享有担保权或其他利益的其他财产、有价证券或基金。

Equity which is prior in time is better in right. 衡平法上的权利,时间优先,则权利优先。 其拉丁文形式为 qui prior est tempore potior est jure。

Equity will not do or require the doing of a vain or useless thing. 衡平不做或不要求做徒劳的或无用的事。 这条衡平法格言的意思是必须查核案件的实际情况并据此来给予衡平法上最适当的救济。

Equity will not suffer a wrong to be without a remedy. 衡平法不容许有不法而无救济。 衡平法格言,与之相应的法律格言[legal maxim]是:有权利,必有救济[where there is a right, there is a remedy]。 (⇨ubi jus, ibi remedium)

equivalent *a.*(在价值、力量、效果、意义等方面)相等的;相同的;相当的

equivalents doctrine (专利法)等同论 如果两项发明的功能相同,即以实质上相同的方式进行使用并产生实质相同的结果,那么,即使它们在名称、形式或外形上有所差异,亦应认定该两项发明是相同的。它突破了专利权利要求书的文字术语范围,从而阻止他人以对专利发明进行轻微改动的方式逃避专利侵权处罚。一般而言,越是重大的专利发明,则适用该原则的范围越大。

equivocal *a.*有歧义的;模棱两可的(⇨ambiguity)

equivocation *n.* 双关语

equuleus 〈拉〉刑床;肢刑架 古罗马时代用于逼供的一种刑具,木制板块,其状如马。

Erant in Anglia quodammodo tot reges vel potius tyranni quot domini castellorum. 〈拉〉在英格兰,国王,说得确切一点是暴君,和城堡领主一样多。

Erant omnia communia et indivisa omnibus, veluti unum cunctis patrimonium esset. 〈拉〉任何东西都是共有的、未被分割的,就像父亲的遗产为所有继承人所共有一样。

Erastians *n.* 瑞士神学家、医生埃拉斯都[Erastus]的追随者 该派在英格兰,特别是在约翰·塞尔登[John Selden]时期精通普通法的人中有很大的影响,他们主张宗教应受国家支配,凡违反宗教和道德的犯罪都应受到世俗政权的惩罚,而不受教会的公开谴责或被开除教籍。

erasure *n.* ❶擦掉;删去;消除 ❷擦掉处;删除的地方

erasure of record 消除(犯罪)记录 在一定条件下,个人的犯罪记录可被封存起来或被毁掉。通常法律对青少年犯罪有此种消除犯罪记录的规定。如被告人被宣布无罪,其所有在警察局和法院的有关记录都应被消除。(⇨expungement of record)

erciscundus 〈拉〉(罗马法)要被分割 该词语来自《十二铜表法》[Twelve Tables]。用法如 Judicium familiae erciscundae,意即"分割遗产之诉"。

erect *v.* 建立;设立;创立 在英国,它常正式用于准许设立公司的皇家特许状或执照中,所用的语句通常是"we do, incorporate, erect, ordain, name, constitute, and establish …"。其同义词是 construct(建造;建立)。

erection *n.* 建立;设立;建造

ergo 〈拉〉❶因此 ❷因为;由于

ergo hic 〈拉〉因此;所以

ergolabus 〈拉〉(大陆法)承担者;承办者;承揽人;承办人

ergot *n.* 麦角;麦角碱;麦角菌 用于流产的一种药物。

Erie v. Tompkins. 〈美〉伊利诉汤普金斯 全称为 Erie Railroad Co. v. Tompkins。此案是美国最高法院于 1938 年审理的一起具有里程碑意义的案件,在该案中最高法院裁定:凡在联邦法院所进行的诉讼,除了涉及由美国宪法和美国的法律所调整的事项外,任何案件所适用的法律都应是联邦法院所在地的州法。伊利案推翻了最高法院 1842 年在斯威夫特诉泰森[Swift v. Tyson]一案确立的在这类案件中应适用普遍的联邦普通法[federal common law]的先例。在此案中最高法院承认斯威夫特案所造成的近百年的错误,因而使得伊利案成为美国历史上唯一一起最高法院承认自己侵犯美国宪法保留给州的权力的违宪性的案件。

erigimus 〈拉〉(古)设立;创立 在英格兰,表示根据国王特许状设立公司。

ERISA (= Employee Retirement Income Security Act)
erles (= arles)
ermine n.貂皮;貂皮长袍;法官的地位和职责 该词常用来喻指法官的职位和职责,因为法官的长袍上缀着貂皮,象征着无瑕的纯洁和荣誉。
erosion n.腐蚀;侵蚀 在法律中常指土地被风力、水力等侵蚀,而逐渐消失。它与淹没[submergence]不同,后者指土地被水淹没消失而形成可通航水域。(⇨avulsion; accretion)
erotic mania n.女性色情狂;慕男狂 现代常称为 nymphomania,精神病之一种。(⇨nymphomania)
erotomania n.色情狂(⇨insanity)
errant a.周游的;巡回的 常用来形容巡回法官和无任所的执法官[bailiff at large]。
erraticum n.走失的家畜;失主不明的家畜(= estray)
erratum 〈拉〉错误;差错 相当于英文中的"error",常用于惯用套语"in nullo est erratum"中,意为:没有错误,并无差错。
erroneous a.错误的;不正确的;违背法律的 该词通常不用以表示腐败的或邪恶的行为。
erroneous assessment 不当评估 指评估由于不合法律规定而无效,在性质上属于管辖权方面的错误,不是指评估员在确定财产价值方面的判断错误。
erroneous judgment 错误判决 法院在审理过程中依惯常的诉讼程序作出的、但由于法律观点的错误或适用法律原则的不当而造成的与法律相违背的判决。
erroneous tax 非法征收的税 未经法定授权所征的税费、对非征税对象征收的税费、由没有税务征收管理权的官员征收的税费或在其他方面系属非法的税收。亦称"illegal tax"。
erronice 〈拉〉错误地;由于错误
error n. ❶谬误;错误;差错 ❷过错 ❸(诉讼程序、判决等方面的)错误;误判 ❹writ of error 之略(⇨mistake; ignorance; plain error rule; writ of error)
error apparent 明显错误 在程序、诉状、判决、裁定等的表面上的错误,区别于那些只有通过审查案卷才能发现的证据方面的错误。
error apparent of record 从审判记录中可明显见到的错误 指与证据无关而牵涉到讼案根本问题的明显的重要错误。这种错误是对可适用之法律的明显误解所造成的。
error coram nobis 〈拉〉在我们面前所犯的错误 用于自己误审令状[writ of error coram nobis]中。coram nobis 的意思是"在自己面前",error coram nobis 是指法院在审理案件中发生错误,据此该原审法院可对该案件再审或修改原判决或撤销原判决。(⇨writ of error; coram nobis)
error coram vobis 〈拉〉在你们面前所犯的错误 用于上诉法院发给案件原审法院的"纠错令状"[writ of error]中。按 coram vobis 的意思是"在你们面前",因此 writ of error coram vobis 就是"你们误审令状"。此种令状是在上诉法院发现案件原审法院在审理案件中犯有错误时向原审法院发出的。(⇨writ of error; coram vobis)
error de persona (= error personae)
Errores ad sua principia referre, est refellere. 〈拉〉追究错误的根源即可否认其正确性。
Errores scribentis nocere non debent. 〈拉〉书写者的错误不应造成损害。
error fortunae 主体财富状况错误(⇨error personae)

Error fucatus nuda veritate in multis, est probabilior; et saepe numero rationibus vincit-veritatem error. 〈拉〉在许多情况下,掩饰着的错误比赤裸裸的真相更令人可信;并且错误常因其表面上显得合理而胜过真实。
error in exercise of jurisdiction 行使管辖权上的错误 指在确定案件的法院管辖权所依据的事实或法律问题上的错误。
error in extremis 在面临重大危险时所犯的出于善意的错误 衡量该种错误的标准应与并非处于这样重大的危险中所犯错误的标准有所不同。
error in fact 认定事实之错误 指由于某些法院所不知和在案卷中记载不明显的事实(如当事人为未成年人或一方当事人已死亡)而造成法院判决无效或可宣告无效的认定事实方面的错误。
error in law 适用法律之错误 法院在审理案件时适用法律不当而造成的错误,如关于证据的采纳的裁定、对陪审团所作的指示等方面的错误。
error in vacuo 形有实无的错误 指有不利于一方当事人的裁定但无不利的效果的错误,这种错误的后果只是对有过错的法官进行批评,而不会成为对案件进行再审的理由。
error juris 法律上的错误;由于对法律无知而产生的错误
error juris nocet 法律上的错误产生有害的后果 指犯有法律上的错误的人应承担其后果。
error lapsus 由于误解或疏漏而造成的错误 区别于由于无知——如对法律的无知——而犯的错误。
error nominis 姓名错误 与 error de persona 不同,后者是指对人的身份的错误。
Error nominis nunquam nocet, si de identitate rei constat. 如果事物本身究竟是何物是清楚的,那么其名称的错误亦无甚大碍。
error of condition 主体身份状况错误(⇨error personae)
error of fact 认定事实之错误(⇨error in fact)
error of judgment 判断错误 如果行为时尽了通常一般合理的注意,虽然作出了错误判断,也不能认为是过失行为[negligence]。
error of law 适用法律之错误(⇨error in law)
error of quality 主体特质错误(⇨error personae)
error personae 主体认定错误 它与主体名称错误[error nominis]相对。在英格兰法上,四种错误被认为违反了缔结婚姻之合意:①主体认定错误,即将结婚对象甲为乙;②主体身份状况错误[error of condition],即将结婚对象误认女奴[bond-woman]为自由女子[free woman],反之亦然;③主体财富状况错误[error fortunae],即将结婚对象误贫为富;④主体特质错误[error of quality],即将结婚对象误以失贞女子为贞女,或误以寒门女子为望门女子。
error proceeding 错案复审程序(⇨proceeding in error)
Error qui non resistitur approbatur. 未对错误提出异议或反对即是对该错误的认可。
errors and omissions excepted 错误和疏忽除外
errors and omissions insurance 过错和疏漏保险 被保险人由于其本身的过错或疏漏而遭受损失时由保险公司提供赔偿的保险。常缩写为"E & O insurance"。
Error scribentis nocere non debit. (= Errores scribentis nocere non debent.)
errors excepted 错误除外 该词常用于叙述之后,以免作者对某些轻微错误或疏忽的责任。

erthmiotum　*n*.〈英格兰古法〉❶协调解决邻里间争端的会议 ❷在两块土地的边界之间审理案件的法庭

Erubescit lex filios castigare parentes.　法律因子女纠正其父母的错误而感到羞耻。

esartum　(= assart)

escaeta　(= escheat)

escaetor　(= escheator)

escalation clause　浮动条款　①（工会与雇主签订的劳动合同[union contract]中）规定工资可按一定标准（如生活指数等）作上下调整的条款；②（租赁合同中）规定租金可因房地产税、管理费用或消费品价格指数等的上升而提高的条款；③（建筑合同中）规定承包人可因劳动力报酬和原材料价格的提高而提高合同价款的条款

escalator clause　(⇨escalation clause)

escambio　*n*.〈英格兰古法〉汇票令状　旧时允许英国商人向国外开汇票的令状

escambio monetae　取得向国外开汇票的权利的令状(⇨escambio；de escambio monetae)

escambium　〈英格兰古法〉汇兑

escape clause　免责条款；豁免条款；例外条款　合同、保险单或其它法律文件中规定当事人可在一定条件下不受原协议条款约束的条款。如保险单中规定如有其他相同的有效保险时保险人不负责任的条款。

escape of dangerous things　危险物的逸出（或泄漏）　英国侵权法中的一项原则，始见于1868年赖兰兹诉弗莱彻[Rylands v. Fletcher]一案的判决。若某人为自身目的而在其土地上保留非土地自然之物，且该物的逸出或泄漏将构成危害，则行为人应自担风险控制其危害，并初步[prima facie]构成赔偿因危险物逸出或泄漏的自然结果而造成的所有损害的责任。危险物的逸出或泄漏适用严格责任原则，即无须证明行为人有过失。它适用于蓄水、引起火灾、造成地动或爆炸等案件。其抗辩理由是：不可抗力、原告的过错或原告的同意、第三人的行为。(⇨Rylands v. Fletcher)

escape period　可退出期间　工会与雇主签订的劳动合同[union contract]中规定的工人可在本合同即将届满而下一合同尚未开始履行之前的一段期间内退出工会，这段期间即称为可退出期间。

escape warrant　〈英〉逃犯追缉令；追缉逃犯的拘票　用来追捕从监狱脱逃的因欠债而被囚禁的囚犯并将其重新投入监狱的令状，它由申请人宣誓具结后由原审民事法院的法官签发。令状向全英格兰的郡长[sheriff]发出，要求他们追回逃犯并将其重投监狱，直至债务清偿为止。

escaping substances　逸出物；漏出物(⇨escape of dangerous things)

escapio quietus　〈英格兰古法〉免除（某人）由于其饲养的动物进入了禁止进入的土地或林区而依据森林法应受的惩罚

eschaeta　许可领主在土地保有人死亡而无继承人时取得土地的令状(⇨de eschaeta)

Eschaetae vulgo discuntur quae decidentibus iis quae de rege tenent, cum non existit ratione sanguinis haeres, ad fiscum relabuntur.　通常所称的土地复归是指保有国王的土地的人，如果死亡时没有同宗继承人，土地即归还国库。

Esch Car Service Act　〈美〉《运输服务法》　该法规定了有关车厢、机车及其他用于货物运输的车辆的调配、交换、归还等事项，并保证运输业者在紧急时刻能够获得这些运输工具。(⇨car service)

escheat　土地复归　在英格兰封建土地法中，指土地保有人因死亡时缺乏继承人或犯重罪而其土地复归给领主。在后一种情况下，保有人的土地就丧失了可继承性并转归领主所有，但国王有权对该土地享有一年零一天的收益权，后来国王的这种特权可以通过领主向王室交纳税金或提供服务来代替。但如果土地保有人犯有严重叛国罪，则其土地被国王直接没收[forfeiture]。领主所享有的因缺乏继承人而产生的土地复归权为1925年的法律所取消，实际上转化为了国王或兰开斯特公爵[Duke of Lancaster]、康沃尔公爵[Duke of Cornwall]对无主财产[bona vacantia]的权利；因犯重罪而产生的土地复归在1870年被取消。土地复归与财产没收[forfeiture]不同，前者源于土地保有，会影响到无遗嘱继承，实际上是基于传承的障碍；而后者是一种刑罚，国王只不过是依特权而将财产没收，在这种情况下，土地保有人的直接领主丧失土地复归权。在美国，土地所有人无遗嘱而且没有继承人时，土地归国家所有。(⇨forfeiture)

escheat grant　复归土地的转让

escheator　〈英〉复归财产管理官　指每一郡中被任命来照管该郡的土地以及为免除兵役而上缴给国王的土地等的官员，其任期一年，任期届满3年后方可再连任。现已无此种职务。

escheat patent　复归国家的土地被国家再转让的正式文件或证书

escheat propter defectum sanguinis　因无血亲继承人而发生的土地复归

escheat propter delictum tenentis　因土地保有人的过错而发生的土地复归　如因土地保有人被判死刑或其他原因而被剥夺财产和公民权时发生土地复归。

escheat warrant　(= escheat patent)

escheccum　*n*.〈英格兰古法〉❶陪审团 ❷（有陪审团参加的）审讯；调查

Eschekere　〈法〉〈中世纪〉财政署　相当于英格兰中世纪的财政署[Exchequer]。

eschoir　*v*.将无合法继承人的土地复归领主、国王或国家

escippare　(= eskippare)

Escobedo rule　〈美〉埃斯科韦多规则　根据该规则，警察在讯问被拘留的嫌疑人时，如果嫌疑人要求获得律师的帮助而被拒绝，且警察亦未告知其有权保持沉默，那么在这种讯问下取得的任何陈述都不得在刑事法庭审判中被采用。该规则源自1964年的Escobedo v. Illinois一案，为米兰达规则[Miranda Rule]的前身。(⇨effective assistance of counsel；Miranda rule)

escot　*n*.〈英〉维持税　又称"scot and lot"，指享有特权的自治市镇或市镇组织征收的一种用于维持社区的税收。

escribano　〈西〉公证人　一种官职，类似于法国法中的公证人[notary]，其有权对私人之间的交易、合同，以及司法活动与程序进行记录并予以证明。

escrier　*v*.宣布；声明

escript　*n*.书面文件

escrit　(= escript)

escritura　〈西〉公证文件；公证状　指由公证人[public escribano]或市政会议[concejo]公证人所制作，或盖有国玺或其他被授权人印章的文书。

escroquerie　〈法〉欺骗；诈骗

escrow　*v*.在条件实现前暂将…交第三者保管　指让与人、立约人或债务人先将契据等法律文书、金钱、股票或

其它财产交给第三者保管,直到约定的事件发生或约定的条件实现时,才由该第三者将该法律文书或财产交给受让人、受约人或债权人。
n. ❶在条件实现前暂由第三者保管之物 尤指契据等法律文书,通常由立契约人交给第三人保管。 ❷在条件实现前暂由第三者保管

escrow account 代管账户 以储户和代管人[escrow agent]的名义开立的银行账户,在代管条件实现时交还给储户或支付给第三人。例如,作为不动产抵押权人的银行将用于支付抵押人不动产税的资金存入代管账户中。

escrow contract 代管协议 买方、卖方和财产或契约代管人[escrow holder]之间签订的、明确各自权利、义务的协议。

escrow deposit 代管存款 (= escrow account)

escrow holder 暂时保管法律文书或财产的第三人(⇨escrow)

escrowl 〈英格兰古法〉(= escrow)

escuage n. 随君出征税 封建时代骑士役的一种,指封建领主要自费随国王出征40天,如果自己不出征,可以找人代替。后来发展为也可用金钱代替,称作兵役免除税[escuage certain]。

escurare v. 清洗;冲洗

esketores n. 强盗;毁坏他人土地或财产者

eskippamentum n. 船上用具;索具

eskippare v. 船运;装运

eskipper (= eskippare)

eskippeson n. 船运;海运 亦写作"skippeson"。

eslier v. 挑选;选择

esliors (= elisor)

eslisor (= elisor)

esloigner (= eloign)

esne n. 〈英格兰古法〉处于奴隶地位的佣工

esnecy n. (同一顺序继承人中的)年长者的身份;依年长者身份取得的优先选择权 尤指在自愿进行遗产分割时,共同继承人中的年长者对已分割财产享有的优先选择权

ESOP (= employee stock ownership plan)

espera n. 期间 法律规定的或由法院指定的进行一定行为的期间,如必须呈交某种文件、清偿债务等的期间。

espionage n. 〈美〉间谍罪 故意收集、传送或者丢失国防情报,且有理由相信这些情报将被用于进行危害美国或对某外国有利的行为。

Espionage Act 〈美〉《间谍法》 规定惩治间谍犯罪及处理有关国防战争事务的一项联邦法律。

esplees n. ❶土地上的产物 如草地上的草料、牧场上的牧草、耕地上的谷物。 ❷土地收益 如租金。 ❸(古)土地

espousals n. 婚约 指男女双方互相承诺在以后结婚的约定。它与结婚不同,后者指婚姻关系已经成立。

espouse v. ❶同…订婚;嫁(女);娶(妻) ❷拥护;支持

espurio 〈西〉私生子;生父不明的孩子 指与很多男子乱交的妇女所生子女。

esq. (= esquire)

esquire n. ❶〈英〉候补骑士;绅士 地位仅次于骑士[knight],略高于绅士[gentleman]。 ❷[E-]…先生 在英国,一般用来称呼郡长、治安法官、高级律师等,为较古老的尊称。在美国,一般附于姓名之后用来称呼律师[attorney]。

essart n. 已被砍伐干净改作耕地的林地(⇨assart)

essartum (= essart)

esse 〈拉〉是;在;存在(⇨in esse)

essence of the contract 构成合同要素的事项 当事人在合同中合意约定的、为充分履行合同所不可缺少的重要内容。(⇨condition; warranty)

essence test 本质考评 仲裁人对集体劳资协议的解释如果能以合理的途径,即通过考察协议的文字、上下文含义及其它表征当事人订约意图的材料而得出时,此种解释应予确认。

essendi quietam de theolonia 免交通行税(= essendi quietum de tolonio)

essendi quietum de tolonio 免交通行税 一种令状,指任何享有特权或根据因袭惯应免除交纳通行税的市镇公民,在要求其交税的场合,依此令状可免除此项义务。

essential governmental duties 〈美〉(美国宪法规定的)联邦政府各部门的主要职责

essentialia negotii 交易的基本要件

Esse optime constitutam republicam quae ex tribus generibus illis, regali, optimo, et populari, sit modice confusa. 〈拉〉体制最好的共和国是由王室、贵族和平民三部分组成的稳健的国家。

essoign v. 〈英格兰古法〉提出未按法庭传票指定的日期出庭的理由
n. 〈英格兰古法〉❶未按法庭传票指定的日期出庭的理由 如生病、年老体弱因而行走不便、人在国外等。 ❷未按法庭传票指定的日期出庭的理由的提出

essoign day 〈英〉法庭听取未按传票规定出庭的理由的开庭日期 此种开庭日期已于1830年被取消。

essoign roll 〈英〉记录未按传票指定的日期出庭的理由及延期至何日开庭的案卷

essoin (= essoign)

essoin de infirmitate 因病或年老体衰不能出庭

essoin de mal de lit 被告因卧病在床而不能出庭

essoin de mal de venue 被告因在前往法庭途中发生意外事故而不能出庭

essoin de malo lecti (= essoin de mal de lit)

essoin de malo veniendi (= essoin de mal de venue)

essoin de malo villae 被告因病而不能到庭 指被告于案件首次开庭日到庭,但未作答辩即退庭,其后由于生病等原因而不能出庭,并委派两人向法庭代其陈述其不出庭的理由,对此,法庭应予接受。至于此种不出庭理由是否真实由原告承担举证责任。

essoin de outre mer 被告因在国外而不能出庭

essoin de servitio regis 被告因正外出为国王服役而不能出庭

essoin de terra sancta 被告人因正在圣地[holy land]而不能出庭

essoin de terre seynte (= essoin de terra sancta)

essoin de ultra mer (= essoin de outre mer)

essoineour n. 代表未出庭的被告向法庭陈述未出庭理由的人

essoiner n. 受当事人委派向法庭陈述当事人未出庭理由的人

essoiniator (= essoineour)

essoin service del roy (= essoin de servitio regis)

est 是;有

establish credit 建立信用(⇨opening a credit)

established business 固定业务;固定的营业 如医生的诊所或农民在当地出售农产品的农场便是其固定业务的营业场所。

established church 国教会 指被国家依法承认其为在法律上享有特殊地位的国家官方教会。这样的教会拥有一些法律上的特权，但因与国家的关系亦负担某些义务。如英格兰国教会、苏格兰长老会、意大利和西班牙的罗马天主教会、以色列的犹太教会。美国没有国教。在承认国教的国家，其他教会仅是自愿性团体。

established religion 国教 指被国家依法承认其为在法律上享有特殊地位的国家官方宗教。(⇨ established church)

establishment clause 〈美〉政教分离条款 指美国宪法第一条修正案，该款规定:"国会不得制定关于确立某种宗教为国教或禁止自由信仰宗教的法律。"它禁止联邦或州政府设立教堂、通过扶持宗教的法律、授予某一宗教特权或强制公民信仰或不信仰某一宗教。

establishment of dower (= assignment of dower)

establishment of grade 〈美〉(公路或街道)等级的确定 指官方进行的确定公路或街道等级的活动，既可通过立法机关以立法形式进行，也可由立法机关授权的市政机构、私人公司或个人施行。在某些地区，等级确定是公路或街道改进的必经程序。

establishment of heirship 继承权的确认 遗产管理的一般内容之一，它通常因一方当事人根据有关遗产管理的制定法主张继承权或继承份额而引起。它是法院根据普通管辖权即可受理的案件之一。(⇨heirship proceeding)

establishment of religion 国教的确立 (⇨ establishment clause)

establishment of wills 遗嘱的确认 旧时如果法定继承人或其他人对处理不动产的遗嘱的有效性提出质疑，那么对于受遗赠人来说，唯一的法律救济就是对质疑者提起衡平法上的诉讼，由法院来确认遗嘱的有效性，防止以后再发生争议。在英国，此种由衡平法院确认遗嘱的程序，自从《遗嘱检验法庭法》[Court of Probate Act]于1857年公布以来就被废止。

estadal 埃斯塔达尔 在美洲的西班牙语地区使用的一种土地丈量单位，相当于16平方码、11英尺、3.334米。

estadia 〈西〉❶租船人或收货人造成的航期延误和交货延误 造成延误的责任人应缴纳滞期费。❷航期或交货期延误的期间(= sobrestadia)

Est aliquid quod non oportet etiam si licet; quicquid vero non licet certe non oportet. 不合理的事物可能合法，但不合法的事物肯定不合理。

estandard 〈法〉(度量)标准 该标准固定不变，其他度量依此而统一。

est a scavoir 〈法〉应被理解为;应被认为;就是;即 相当于英文的 it is to wit。

estate n. ❶状况;社会地位;社会等级;社会阶层 一个人或一个阶层的人在社会中所处的境况或地位，系该词的最广含义。例如，在中世纪英国的议会中，成员根据其社会地位分为教士、贵族、平民三个等级，称为"三级"[three estates]或"王国各阶层"[estates of the realm];而法国的"三级会议"也就是全国各阶层代表的大会。❷地产权;地产;土地;供役地 指一个人在与土地的关系中所处的地位，或他相对于土地的关系，包括其对土地享有的不同种类、不同程度的权利;在口语中则引申为土地本身。在英格兰封建法中，除国王之外任何人都不能成为土地的绝对所有人，他所享有的只能是一项地产权或对土地的有限权益，由此产生了地产保有制度。在1925年《财产法》[Law of Property Act]生效之前，普通法上的地产权根据保有程度[quantity of estate]分为完全保有地产权[estate of freehold]与非完全保有地产权[estate less than freehold]两大类。其中完全保有地产权分为可继承地产权[estate of inheritance]与不可继承地产权[estate not of inheritance]。前者包括非限定继承地产权[estate in fee simple]、限定继承地产权[estate in fee tail 或 estate tail]和嫁资地产权[estate in frankmarriage]。后者又分为:①约定地产权[convention estate],即通过当事人的协议设定的地产权，包括终身保有地产权[estate for life]和在他人生存期间保有的地产权[estate pur autre vie];②法定地产权[legal estate 或 estate created by construction or operation of law],即根据法律享有的或在法律上被承认并可强制执行的地产权，包括有后嗣可能性消失后的限定继承地产权[estate of a tenant in tail after possibility of issue extinct]、鳏夫地产权[estate of tenants by the curtesy]和遗孀地产权[estate in dower]。非完全保有地产权分为确定的[certain]与不确定的[uncertain]两类。前者即定期地产权[estate for years 或 estate for a term];后者包括任意地产权[estate at will]、容许地产权[estate by sufferance]、商人法保证书地产权[estate by statute merchant]、贸易中心保证书地产权[estate by statute staple]、土地扣押执行令状地产权[estate by elegit]以及其他一些无具体名称的权利——例如通过向遗嘱执行人遗赠用以偿还债务的土地所设定的地产权。此外，根据保有方式[quality of estate],地产权还可分为绝对地产权[absolute estate]、可终止地产权[determinable estate]与附条件地产权[conditional estate];根据享受权利的时间分为即时地产权[estate in possession 或 immediate estate]与期待地产权[estate in expectancy],其中后者包括归复地产权[reversion]与剩余地产权[remainder]。根据享受权利的确定性分为既定地产权[vested estate]——包括占有既定的地产权[estate vested in possession]与权利既定的地产权[estate vested in right]——和不确定的地产权[contingent estate];依权利享有者的数目及其相互关系分为单独地产权[estate in severalty 或 estate in sole tenancy]与两人或两人以上共同享有的地产权,后者包括夫妻共有地产权[estate by entireties]、共同继承地产权[estate in coparcenary]、共同保有地产权[estate in joint tenancy]与共用地产权[estate in common],以及那些时而属于一人或一地,时而属于另一人或另一地的地产权,例如在抽签划分草地[lot-mead]与变更土地份额[shifting severalty]情况下的地产权。除上述普通法上的地产权外,旧时英格兰还存在习惯法上的地产权[customary estate]与衡平法上的地产权[equitable estate]。前者为根据当地习惯在某一领地的土地上存在的特殊地产权,如公簿地产权[copyhold]、习惯法上的完全保有地产权[customary freehold]、肯特郡地产权[gavelkind]、幼子继承地产权[borough English]与古有地产权[ancient demesne]等。这些地产权同完全保有之地产权一样,依保有程度不同可分为限定继承的、不限定继承的等多种类型。后者为以前在衡平法院被承认的地产权,其与普通法上的地产权的区别在于其不仅可存在于不动产上,也可于一定程度上存在于动产上,且它没有普通法上对地产权的各种限制及附带义务[incident]。衡平法上的地产权分为两类:①与普通法上的地产权相类似或对应的衡平法地产权,例如衡平法上的非限定继承地产权、

限定继承地产权、终身保有地产权、共同保有地产权等。在此情况下,土地上的普通法地产权与衡平法地产权分属不同的人。例如,为了给甲和乙设立一项信托而将土地交与受托人,并规定在甲、乙均死亡后将土地交与丙,则受托人享有普通法上的地产权,甲、乙享有衡平法上的共同终身保有地产权,丙享有衡平法上的剩余地产权。②在普通法上无对应地产权的衡平法地产权,例如衡平法上的回赎权[equity of redemption]。上述复杂繁琐的地产制度在1925年后得到了简化与统一,根据1926年1月1日生效的1925年《财产法》[Law of Property Act],在普通法上能够存在、被创设或转让的地产权只有两项:①绝对占有的非限定继承地产权[estate in fee simple absolute in possession];②绝对的定期地产权[term of years absolute]。同样,在普通法上能够存在、被创设或转让的土地上的权益或负担[interests or charges]也只有如下几项:①相当于绝对占有的非限定继承地产权或绝对的定期地产权的土地上的役权[easement]、权利[right]或特权[privilege];②存在于永久或定期租地上以占有形式存在的可通过扣押执行的地租[rentcharge];③通过法定抵押[legal mortgage]设定的担保权益[charge];④土地税、什一税、可通过扣押执行的地租或其他非由法律文件[instrument]设立的类似土地负担;⑤可依普通法上绝对占有的定期地产权行使的或与之有关的或不论出于任何目的附属于一项普通法上可通过扣押执行的地租的进占权[right of entry]。在这些为普通法所承认的地产权、权益或负担之外,其他所有在土地上的地产权、权益或负担均归属衡平法上的权益[equitable interests]。在苏格兰法中,地产权分为国王的地产权[dominium eminens]、贵族的直接地产权[dominium directum]、使用土地的封臣的用益地产权[dominium utile]、占有土地的限定继承人[heir of entail in possession]的地产权、终身用益权人[life renter]的地产权和封臣[tenant]的地产权,但其原理远没有在英格兰法中那么复杂。❸财产(权);遗产 含动产与不动产,例如合伙财产、信托财产等,尤指涉及财产管理[administration]的死者遗产、破产企业的财产、解散的合伙的财产等。在用于这些情况下时,estate有法律拟制人格的含义,例如人们可以说"一笔债务应当支付给破产财产或死者遗产"、"某一财产无清偿能力"等,因为财产被认为代表或延续它所归属者的人格。用作遗产之意时,也指被继承人死亡时所遗留下来的权利义务总体,包括积极的财产权和消极的财产权,即债务。
v. 创设(或设定、授予)地产权

estate ad remanentiam 非限定继承地产(权)(⇨estate in fee simple)

estate agent ❶房地产代理人 土地、房屋出售者或出租者的代理人。他们一般通过广告等手段寻找买主或承租人,并从买卖、租赁房地产交易中按价款的一定比例收取佣金作为报酬。❷房地产代管人

estate at sufferance 容许地产(权);容忍地产(权) 非完全保有地产权[estate less than freehold]的一种,土地保有人经土地所有权人许可而合法占有土地,其在许可占有期限届满后继续占有同一土地,即为容许地产权。亦写作"estate by sufferance"。

estate at will 任意地产(权) 非完全保有地产权[estate less than freehold]的一种,指承租人根据出租人的意愿占有土地,出租人可随时决定终止承租人的占有。任意地产权可依土地租约或法律规定而产生,也可在土地所有人同意对方占有土地但双方合意不足以设立完全土地保有权[estate of freehold]时产生。

estate by elegit 强制执行令状中指定移交的不动产;被扣押用于补充抵债之地产(⇨elegit)

estate by entirety (=estate by (the) entirety)

estate by new acquisition (=estate by purchase)

estate by purchase 置得地产(权);非继承取得地产(权) 指以继承以外的任何方式所取得的地产,法律在陌生人和祖先的租赁转让之间未作区别。(⇨purchase)

estate by statute merchant (英)商人法保证书地产(权) 非完全保有地产权的一种,根据伦敦当地惯例,债权人可以根据商人法的规定占有债务人用以担保其债务而移转的土地,并以土地孳息偿还债务,直至债务完全清偿。(⇨statutes merchant and statute staple)

estate by statute staple (英)贸易中心保证书地产(权) 非完全保有地产权的一种。根据贸易中心城镇法,债务人将其土地作为债务清偿担保移转给债权人占有,并经镇长正式承认,直至该土地的租金或其他收益偿清全部债务为止。(⇨ statutes merchant and statutes staple)

estate by sufferance (=estate at sufferance)

estate by the curtesy 鳏夫地产(权)(⇨curtesy)

estate by the entireties (=estate by (the) entirety)

estate by (the) entirety ❶夫妻共有地产权 亦作estate in entirety 或 estate by the entireties。它是一种普通法上的地产权,其理论依据是夫妻一体主义,即妻子将不动产转让给丈夫而创设同一地产权,并由夫妻在生存期间共同保有该地产,未经一方同意则另一方不得擅自处分;在一方死亡后,由生存方保有全部地产,成为非限定继承地产权所有人[owner in fee simple]。它与共同保有地产权[joint tenancy]在生存者取得权[survivorship]方面相似,但前者仅发生于夫、妻之间,而后者则可以在多个自然人之间设立。❷夫妻共有财产 夫妻对全部动产和不动产享有共同所有权[co-ownership]的形式,从而对全部财产形成统一的占有和支配。在一方死亡时,由生存的一方根据原始转让[original conveyance]取得全部财产。(⇨community property;entirety;joint tenancy)

estate clause (英)地产权条款 又称all estate clause。在1881年以前,任何地产交易中都依习惯加入此明示双方权利的条款,但并不具有法律效力。现在,根据1925年的《财产法》[Law of Property Act],地产权的转让范围应包括全部土地权利和利益,除非当事人在合同中表示相反的意图。

estate contract 地产契约 指由地产所有人、不定期租赁人或订有契约取得受让地产之权利的人,为设立或转让一项地产权而订立的契约——包括明示或默示地授予有效购买选择权、优先购买权及其他类似权利的契约。

estate duty (英)遗产税 在英格兰,根据1894年法律对遗产主要价值征收的一种税,现已被1975年的资本转让税[capital transfer tax]取代。

estate for a term (=estate for years)

estate for life 终身保有地产(权)(⇨life estate)

estate for years 定期地产(权) 非完全保有地产权[estate less than freehold]的一种,指权利人只能在双方约定的期限内占有土地并对土地享有权益的地产权。亦写作"estate for a term"。

estate from period to period 期间连续地产权 指以一年或一年内某一段时间为单位的若干期间相连续的一种地产权,直至其被终止。也称期间连续的租赁[tenancy from period to period]或期间地产权[periodic estate]。

estate from year to year 年限连续地产权 指通过当事人的书面约定或其实际行为可以认定在期限届满后仍然维持出租人与承租人关系,继续使用该土地的地产权。它由任意租赁[tenancy at will]发展而成。

estate in bankruptcy 破产人的财产;破产财团 指在破产程序中由破产管理人接管的财产。

estate in common 并用地产(权) 指二人以上共同占有的地产,各共有人按其各自享有的权利,或依同一权利在不同的时期、或按各自的份额分享收益,与共同保有地产权[estate in joint tenancy]不同之处在于前者各人所享有的权益在享有人死后不是留给其它并用人而是供继承之用。(⇨tenancy in common)

estate in coparcenary 共同继承地产(权)(⇨coparcenary)

estate in dead pledge 设定死质的财产 指不能以其收益或租金偿付债务的质押财产。(⇨dead pledge)

estate in dower 寡妇地产(权)(⇨dower)

estate in expectancy 期待地产权 指并非现时取得[in possession],而是在将来才享有收益的地产权。如剩余地产权和归复地产权[estates in remainder and reversion]。

estate in fee (= fee simple)

estate in fee conditional 有条件限定继承地产权(⇨conditional fee)

estate in fee simple 非限定继承地产(权)(⇨fee simple)

英格兰法的地产权体系[Estates in England]

存在时间	法律依据	划分标准			权 利 名 称	
1925年之前	普通法	保有程度[quantity of estate]	完全保有地产权[estate of freehold]	可继承地产权[estate of inheritance]	非限定继承地产权[estate in fee simple]	
					限定继承地产权[estate in tail]	
					嫁资地产权[estate in frankmarriage]	
				不可继承地产权[estate not of inheritance]	约定地产权[convention estate]	终身保有地产权[estate for life]
						在他人生存期间保有地产权[estate pur autre vie]
					法定地产权[legal estate or estate by construction or operation of law]	有后嗣可能性消失后限定继承的地产权[estate of a tenant in tail after possibility of issue extinct]
						鳏夫地产权[estate of a tenant by curtesy]
						遗孀地产权[estate in dower]
			非完全保有地产权[estate less than freehold]	定期地产权[estate for years or estate for a term]		
				任意地产权[estate at will]		
				容许地产权[estate by sufferance]		
				商人法保证书地产权[estate by statute merchant]		
				贸易中心保证书地产权[estate by statute staple]		
				土地扣押执行令状地产权[estate by elegit]		
				其他		
		保有方式[quality of estate]	绝对地产权[absolute estate]			
			可终止地产权[determinable estate]			
			附条件地产权[conditional estate]			
		享受权利的时间	即时地产权[immediate estate or estate in possession]			
			期待地产权[estate in expectancy]	剩余地产权[estate in remainder]		
				归复地产权[estate in reversion]		
		享受权利的确定性	既定地产权[estate vested]	占有既定的产权[estate vested in possession]		
				权利既定的地产权[estate vested in right]		
			不确定的地产权[contingent estate]			
		权利享有者的数目及其相互关系	单独地产权[estate in severalty or estate in sole tenancy]			
			夫妻共有地产权[estate by entireties]			
			共同继承地产权[estate in coparcenary]			
			共同保有地产权[estate in joint tenancy]			
			共用地产权[estate in common]			
			其他			
	习惯法		公簿地产权[copyhold]			
			习惯法上的完全保有地产权[customary freehold]			
			肯特郡地产权[gavelkind]			
			幼子继承地产权[borough English]			
			古有地地产权[ancient demesne]			
			其他			
	衡平法		与普通法地产权相类似的衡平法地产权			
			在普通法上无对应地产权的衡平法地产权			

Source:英美法术语服务机构(北京),2002年[The Anglo-American Law Terms Service,Beijing,2002]

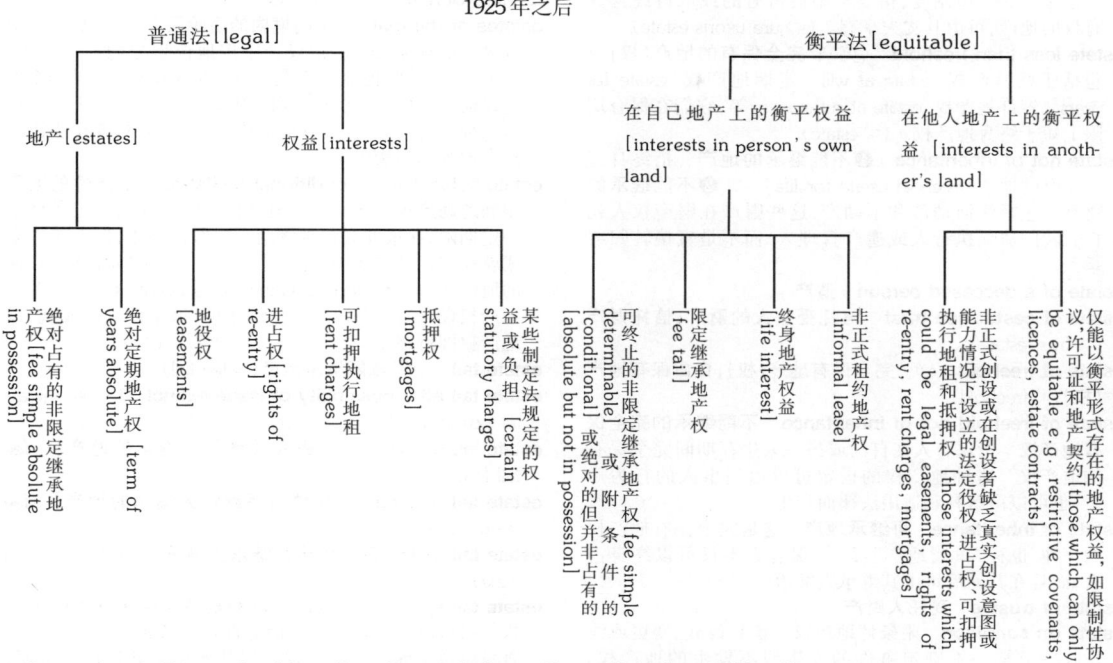

Source: Angela Tannett, *Land Law*, Great Britain: Anderson Keenan Publishing, 1982, p.12

estate in fee simple absolute in possession 〈英〉完全的土地所有权 estate 是地产权的总称，包括自由保有地产权[freehold]和租赁地产权[leasehold]，fee 在这里的意思是可继承的[inheritable]，换言之，这个权利是永久的，除非他的所有人或继承人全部去世，既无遗嘱也无继承人。simple 在这里的意思是可以转移给一般继承人，而对继承人的等级没有限定，以表示与另一种继承——fee tail 相区别。后者是限定只能转移给直系子孙的。fee simple 是土地自由保有权中的一种，是广义可继承的自由土地保有权。absolute 在这里的意思是该地产权不带有任何可以终止的限定条件，即可以持续永久，以表示与一种可以终止的可继承地产权[determinable fee simple]的区别。后者在设立时带有一些限定条件，即如果一些特殊情况发生，地产权即告终止。in possession 的意思是"现在持有权"、"即时占有"，而不是将来财产。假如有人立有遗嘱把财产给乙终身享用，然后把 fee simple 给丙，那在乙的有生之年，丙的财产就不具备现在占有权[in possession]。所以 fee simple absolute in possession 的全部意思是：现在占有的，永久的（不带限定条件的），广义可继承的土地自由保有权，是所有各种地产权中最强势，最有权威的一种。所以"estate in fee simple absolute in possession"的概括含义就是最完全的土地所有权。

estate in fee-tail 限定继承地产（权） 指具有一定身份的人才能继承的地产权，通常是土地受让人或受赠人的直系卑亲属才能继承，而非任何亲属或其他人都可以继承。

estate in gage 已设定抵押财产（⇨estate in dead pledge; gage）

estate in joint tenancy 共同保有地产（权） 指二人或数人共同所有的地产，各共有人对共有地产享有同一个权利，如其中一个共有人死亡，该地产整体归其它共有人。（⇨joint tenancy）

estate in lands 地产；地产权

estate in living pledge 设定活质的财产 指以其收益作为偿付债务担保的财产。（⇨living pledge）

estate in mortuo vadio （＝estate in dead pledge）

estate in pledge 已设定质押的财产（⇨estate in gage; estate in dead pledge; estate in living pledge）

estate in plurality 共有地产权 指享有地产权的不止一人，包括共同保有地产权[estate in joint tenancy]、共同继承地产权[estate in coparcenary]、并用地产权[estate in common]三种情况。

estate in possession 现时取得地产权；直接有权占有的地产（⇨executed estate; vested estate）

estate in remainder 〈英〉剩余地产（权） 指土地所有人在出让地产时同时指定出让的地产权终止后的地产继承人，在土地受让人死亡或某特定事件发生后，由指定的地产继承人取得该剩余的地产权。（⇨remainder）

estate in reversion 〈英〉回复地产（权） 先行地产权[particular estate]终止后返还给出让人自身的地产权。（⇨reversion）

estate in severalty 单独地产（权） 指非与他人共有，亦非与他人之权益有关的、个人凭其本身的权利拥有之地产权，它是拥有地产的最普通与一般的状态。

estate in tail 限嗣继承地产（权）；限定继承地产（权） 指可继承之地产的继承并非笼统地归于一般继承人，而是限定由地产保有人所出的合法后嗣来继承，并依此向下传递，直至这种合乎规定的继承人不存在为止，这时该地产权终止。（＝estate in fee-tail）

estate in vadio 已抵押财产；抵押地产（权）（⇨mortgage; pledge; dead pledge; living pledge）

estate in vivo vadio （＝estate in living pledge）

estate jure uxoris 丈夫以其妻子的名义完全保有的地产

普通法上的一项制度,指妻子婚后占有的或取得终身保有权的地产,可由其丈夫享有。(⇨jure uxoris estate)

estate less than freehold 〈英〉非完全保有的地产(权) 包括任意地产权[estate at will]、定期地产权[estate for years]、容许地产权[estate at sufferance]等,它们在保有期限上短于终身地产权。(⇨estate)

estate not of inheritance ❶不能继承的地产 指终身完全保有的地产[freehold estate for life]。❷不能继承的财产 包括任何动产和不动产,这些财产在财产权人死亡后转归遗嘱执行人或遗产管理人,而不是直接转归继承人。

estate of a deceased person 遗产

estate of cestui que trust 信托受益人的财产;信托财产 (⇨trust estate)

estate of freehold 〈英〉完全保有地产(权);自由保有地产(权)(⇨freehold)

estate of freehold not of inheritance 不能继承的完全保有地产权 指保有人在自己或另一人生存期间完全保有的地产权。这种地产权的设定可以由当事人的行为产生,也可以由解释和适用法律而产生。

estate of inheritance 可继承地产 这是完全保有地产权的一种,也称"世袭地产"[fee],保有人不仅可以终身占有,而且在其死后可由其继承人继承。

estate of trustee 受托人财产

estate on condition 附条件地产权 指其设立、变更或终止取决于某一不确定事件的发生或不发生的地产权。(=estate upon condition)

estate on conditional limitation 附条件性期限的地产权 该地产转让时附加条件,在某一不确定的事实成就或不成就时,无论该事实是条件还是期限,则地产权须从原受让人转由第三人享有。

estate on condition precedent 附停止条件的地产权 指以条件的成就而设立或扩展的地产权。(⇨condition precedent)

estate on condition subsequent 附解除条件的地产权 该地产权设立时附有条件,若履行该条件,则地产权继续;若违反,则地产权即行解除。(⇨condition subsequent)

estate on limitation 附期限地产权 指在设立时就明确规定期限的地产权;约定的期限到来时,地产权自然终结,不能再重新取得,土地归还原出让人。该期限常以"当…的时候"、"在…的期间"等词语表达。

estate owner 地产权所有人 根据英国1925年《财产法》[Law of Property Act],所谓地产权所有人包括享有完全权利的绝对所有人、受托出售人、终身保有人、抵押人等。

estate planning 遗产计划 指考虑到有关遗嘱、税收、保险、财产、信托等法律的规定,对某人的财产作出安排,以便在其死后按照其意愿处分财产时得以取得法律上的最大利益。

estate pur autre vie 他人生存期保有;在他人生存期间保有的地产 在英格兰法上,指在他人生存期内对土地进行保有[cestui que vie],即他人生存期为权利期。1926年以前,这是法律认可的最低限度的完全保有地产权。从1925年起,它仅仅作为土地上的一项衡平法权利而转移给土地保有人的遗产代管人。依1837年《遗嘱法》[Wills Acts],该地产可依遗嘱处分,并可进行生前处分但不可进行限定继承,也不能设定为寡妇或鳏夫地产。现在该地产在保有人死后传于其遗产代管人,并可用来偿付生前的债务。

Estates General (=States General)

estates of the realm 王国境内的诸阶层 有时也称"三个等级"[three estates],指议会中按地位划分的三个群体,在中世纪欧洲,他们分别是教士、贵族和平民。在14世纪以前的英格兰,这三个等级为牧师、贵族和骑士。现在这三种人为神职贵族、世俗贵族和平民,前两者在法律实践中被统称为贵族。

estate subject to a conditional limitation 受条件的期限限制的地产权 指设定该地产权时明确规定一定条件及一定期限,在条件成就时该地产权即行终止,但在条件未成就前期限已届满时,地产权亦终止。它与附解除条件的地产权[estate upon condition subsequent]不同,后者指地产权设立时订有以后发生的条件,该条件一经成就,该地产权即行终止。

estate tail 〈英〉限嗣继承地产(=fee tail)

estate tail after possibility of issue extinct (=fee tail after possibility of issue extinct)

estate tail female 只限由女性继承人继承的地产(⇨fee tail female)

estate tail general 由全体直系继承人继承的地产(⇨fee tail general)

estate tail male 只限由男性继承人继承的地产(⇨fee tail male)

estate tail special 只限由特定的直系卑亲属继承的地产权 指只由授让人的某些特定直系卑亲属而非其全部直系卑亲属继承的地产权。如某人在妻子死亡后再婚,并前后均育有子女,则他可以限定其地产权仅由其与前妻所生子女继承。

estate tax 〈美〉遗产税 对因死亡而转移的财产所征收的税。该税种系针对死者的全部遗产而不是对每一个继承人所继承的那一部分遗产所征之税。遗产税与继承税[inheritance tax]不同,后者是对继承人就其已经继承取得的部分遗产所征收的税。

estate upon condition (=estate on condition)

estate upon condition expressed 附明示条件的地产权 指在进行土地授让时,附有明确的条件,一旦该条件成就,所授让之地产权即行终止。

estate upon condition implied 附默示条件的地产权 指虽无明确的条件,但从该地产权的本质即可推知必然附有与其不可分割的条件。

estate vested in interest 既定地产权 指已确定的、现在即可合法转让的、不附任何先决条件的地产权。

estate vested in possession 既定占有地产权 指现在即被占有并可以享用的地产权。

estate vested subject to defeasance (=estate on condition subsequent)

Est autem jus publicum et privatum, quod ex naturalibus praeceptis aut gentium, aut civilibus est collectum; et quod in jure scripto jus appellatur, id in lege angliae rectum esse dicitur. 〈拉〉公法和私法来自自然法则,即一方面来自关于国际社会的法则,另一方面来自关于公民的法则。在大陆法中称作 jus 的那个词,在英格兰法中称作"权利"[right]。

Est autem vis legem simulans. 〈拉〉暴力也可能戴着法律的面具。

Est boni judicis ampliare jurisdictionem. 〈拉〉不拘泥于字面来解释其管辖权是一个称职法官的责任。

este 是

ester in judgment 〈法〉(作为原告或被告)出庭

esterling (= easterling)

estimate *n*. ❶估价;估计;预算 ❷估计数;估计值 ❸评价;判断
v. ❶估价;估计;预算 ❷评价;判断

estimated *a*. 估计的 在书面合同中,该词表示合同标的物数量并非以数学的精确性表述,合同本身不应被解释为包含精确表述的数量。其含义相当于"大约"、"几乎"。

estimated cost 估计费用;预算成本 指依一定的计划和规格建造一项建筑物的合理费用,而不一定是施工者实际估算的费用。它指双方协商达成的预算费用或被正式接受的投标额。

estimated tax 〈美〉估缴税款;估算税款 非以预扣税款方式纳税的纳税人(如个体户),依其前一年的纳税金额或当年估算的纳税金额按季度缴纳的税。

estimated useful life 估计使用年限 指某项资产由特定的纳税人使用的年限。虽然该年限不能比该项资产的估计自然寿命更长;但如果纳税人不想保存该项资产直至耗尽,则这年限可以短一些。有些如商誉那样的资产是没有估计使用年限的。资产的估计使用年限在计算资产折旧和分期偿还债务以及合法投资税款贷项等方面均有重要意义。

estimates *n*.〈英〉财政预算 指英国财政大臣每年向议会下议院提交的财务报告,用于说明对国家文职和军事部门等方面支出所作的预算。

Estimates Committee 〈英〉预算委员会 指以前议会下议院的一个主要的特别委员会,负责审查它认为合适的预算项目,报告如何更经济地推行这些项目所含的政策。如果它认为合适,也可审议上一年度和本年度预算的变化。后被开支特别委员会[Select Committee on Expenditure]所取代。

estimation *n*. 估计;估价;预算

Estin doctrine 〈美〉爱斯汀原则 指美国 Estin v. Estin 一案的判决所确立的一项原则,它指出离婚判决的效力是可分的;对终止婚姻关系的判决应完全信任,而对于判决中要求丈夫扶助妻子的部分则并不要求如此,除非作出判决的法院对丈夫有人身管辖权。

Est ipsorum legislatorum tanquam viva vox. 〈拉〉立法者自身的声音,似为活的声音。 意谓法律之用语应像一般语言那样来理解和解释。

Est ipsorum legislatorum tanquam viva vox; rebus et non verbis legem imponimus. 〈拉〉立法者自身的声音,似为活的声音;我们适用法律的对象是事物[things],而非用语[words]。

esto 任其自然;任它去

estop *v*.禁止;阻止;防止;不容否认

esto perpetua 任其永远继续下去;任其持久下去

estoppel *n*.❶不容否认 指禁止当事人提出与其以前的言行相反的主张;即对于当事人先前的行为、主张或否认,禁止其在此后的法律程序中反悔,否则,将会对他人造成损害。它分为三种:因立有契据而不容否认[estoppel by deed]、因已记录在案而不容否认[estoppel by record]和因既有行为而不容否认[estoppel in pais],其中,前两种又称为普通法上的不容否认[legal estoppel],后一种称为衡平法上的不容否认[equitable estoppel]。❷再诉禁止;既判事项不容否认 禁止对同一当事人之间相同或不同争点再次争讼。(⇨collateral estoppel; direct estoppel; estoppel by judgement) ❸主张因对他人的误导性陈述存在善意信赖而受有损害的答辩

estoppel by acts and declarations 因已有行为和声明而不容否认 指对于当事人用以诱使他人改变主张并因此蒙受损害的行为和声明,禁止推翻。

estoppel by bond 因立有债务契约而不容否认 指签订债务契约的当事人对其在契约中陈述的有关事实不得否认。类似于因立有契据而不容否认[estoppel by deed]。

estoppel by conduct 因已有行为而不容否认(⇨estoppel in pais)

estoppel by contract 因已订立合同而不容否认 指当事人双方已达成合意并通过合同缔结而确定的事实,其真实性不容否认。

estoppel by deed 因立有契据而不容否认 指禁止一方当事人否认其在契据中的陈述与声明的真实性。例如,在财产转让中,出具担保契据[warranty deed]的出让人在财产转让时并不享有产权,但在其后取得产权的,则该人不能以其在转让时无产权而否认财产转让效力,该此后取得产权的财产利益归于受让人或其继承人。

estoppel by inaction 因已默示认可而不容否认(⇨estoppel by silence)

estoppel by judgement 因既有判决而不容否认 指由有管辖权的法院所作的生效判决不容推翻。亦即,有管辖权的法院对争议事实所作的终局判决,在以后的任何程序中对当事人均具有约束力,任何一方均不得对之提出异议和使案件再审。(⇨collateral estoppel; res judicata)

estoppel by laches 因迟误而不容否认 一项衡平法原则,指如果原告在主张权利方面有疏忽或者有不合理的拖延,法院可以拒绝给予原告救济。

estoppel by matter of record (= estoppel by record)

estoppel by mortgage 因已设定抵押而不容否认 指立有付保证书或抵押契据的人,对该保证书或契据中所述的事实不得否认。

estoppel by oath 因已作誓言而不容否认 指禁止当事人在后来的诉讼中推翻其在先前的诉讼中或在申诉、辩护或作证时宣誓所作的陈述。在美国大多数司法区,此种限制仅适用于是先前诉讼的当事人的人。

estoppel by record 因已记录在案而不容否认 指禁止否认立法或司法记录中所述事实的真实性。也指禁止否认有管辖权的法院作出的判决中所认定的事实。

estoppel by representation 不容否认的表述 一方由于其行为、陈述、承认或应说明时保持沉默,故意或出于不可原谅的过失导致另一方相信某项事实确实存在,并合理地由此采取一定行动;前者若否定此项事实,将对后者造成损害,则前者不得加以否定。此项原则一般只适用于对过去的或现在的事实的表述。(⇨equitable estoppel; estoppel in pais)

estoppel by silence 因默示认可的事实而不容否认 因既有行为而不容否认[estoppel in pais]的一种,指当事人在一定情况下有义务向他人作明示陈述却未尽此义务,从而导致他人相信某种事实的存在,并据此从事了一定行为,此时,即禁止该当事人否认由于其沉默而使人以为存在的事实。

estoppel by standing 因默示认可的事实而不容否认(⇨estoppel by slience)

estoppel by verdict 对已生效的裁决不容否认 指有管辖权的法院在前一诉讼中就案件的主要事实或问题已作出裁决,同一当事人在后一诉讼中就同一事实或问题再次发生争议,若前一诉讼的裁决被当事人提出,则该裁决

中就该事实或问题所作的决定对后一诉讼发生既判力，而不论前后两个诉讼的诉因是否相同。（▷estoppel by judgement; collateral estoppel）

estoppel certificate 不容否认证明书 指由一方当事人签名的声明,证实有利于对方当事人的某些事实在证明当日确实存在。该证明书在送达对方当事人后,即禁止签名一方当事人提出与其中记述内容相异的主张。

estoppel in pais 因既有行为而不容否认 指当事人由于其先前的行为或不当沉默而自受约束,以后不得自相矛盾,作相反的主张。（▷equitable estoppel）

estouviers (= estover(s))

Estoveria sunt ardendi, arandi, construendi et claudendi. 采木权包括为烧火、耕地、建房、筑篱之用采伐木材的权利。

estoveriis habendis 别居抚养费给付令状 现已被废除。(= de estoveriis habendis)

estoverium (= estover(s))

estover(s) n. ❶采木权 指土地保有人有权采伐其土地上的木材以供必需的修理房屋、篱笆、作燃料及其它农业之用。❷必需的津贴 如维持某人生活必需的食物、衣服等所需的津贴。❸别居抚养费 指对被依法判决别居[divorce a mensa et thoro]的妻子一方支付的生活费。现通常用抚养费[alimony]。

Est quiddam perfectius in rebus licitis. 〈拉〉在被许可的事物中有更佳者。

estray n.走失的家畜;失主不明的家畜 在普通法上,仅指尚不知其主人的走失的家畜。（▷erraticum）

estreat n.〈英〉法院审判记录(尤指判处罚金、没收具结保证金等的记录)的副本或节本
v.〈英〉摘录(有关判处罚金或没收具结保证金等的)审判记录以便执行 具结人违反具结条件时,其保证金将被没收。此时需摘录当初关于具结的记录,做成副本,送交有关官员执行。在高等法院和巡回法院所作的摘录要送交财税法庭[Exchequer]执行,在治安法院所作的摘录要送交郡长[sheriff]执行。

estreciatus 弄直了的;取直的 用于指道路。

estrepamentum (= estrepement)

estrepe v.破坏(土地);荒废(土地) 指土地终身保有人通过破坏土地或土地上的林木,或使之荒废,或连年耕种而使土地贫瘠,从而给土地的回复地产权人[reversioner]造成损害。

estrepement n.破坏(土地);荒废(土地)（▷estrepe）

estrepement pendente placito 在诉讼期间进行的破坏土地行为;(按照格洛斯特[Gloucester]条例规定)在不动产诉讼的结果产生之前发布的制止破坏土地行为的令状

estrepment (= estrepement)

estuary n.(有潮汐)的河口湾;河口段三角港

et 〈拉〉〈法〉和;并且;也

Établissements de Saint Louis 《圣路易法令集》 指 14 世纪法国的一部法律汇编,内容主要有路易国王的法令及图赖讷-安茹[Touraine-Anjou]和奥尔良[Orleans]地区的部分习惯,也包括部分摘自《国法大全》[Corpus Juris]的内容。这部汇编在当时曾产生了巨大影响。

et ad huc detinet 〈拉〉他仍然扣留

et adjournatur 被暂停;被延期 这是以前报告中的用语,用于把案件的辩论延期至另一天举行或以后举行第二次辩论的情况。

et al. 以及另一人;以及其他人;…等人 既是拉丁词"et alius"(单数形式)也是拉丁词"et alii"(复数形式)的缩略形式。其(有时以另一复数形式 et als.)通常附在被提到的第一个人名之后,表示有数个原告、被告、证人等。如果该词用在判决被告败诉的裁判中,引用该词包括所有被告。"et al."主要指人,而"etc."主要指物。

et alii 以及其他人;等人 et alius 的复数。（▷et al.）

et alii è contra 以及另一方的其他人 这是年鉴中常用以表示共同诉讼的习语。

et alios 〈拉〉以及其他人;等等 et alius 的复数。

et alius 以及另一个 et alii 的单数形式。(= et al.)

et allocatur 亦是被允许的

et als 〈拉〉及其他人(▷et al.)

etc. 等等 即"et cetera"。主要是针对事物太多而无法一一罗列的省略用语。法国人有一句谚语,叫做"上帝把我们从律师的'等等'中拯救出来",这是提醒律师少用"等等",而应尽可能罗列明确。"and etc"是一个错误用法,因为"et"在拉丁文中本身即"and"之义。

et curia consentiente 〈拉〉法庭同意

Et de ceo se mettent en le pays.〈法〉在这件事上,他们将自己的命运交给了国家。 即他们任由陪审团裁断。

et (de) hoc ponit se super patriam 在这件事上,他将自己的命运交给了国家 即听任法庭裁判。如果被告否认或反驳原告主张,通常以此句作为其抗辩的结束语。

et ei legitur in haec verba 〈拉〉用这些话读给他听 旧时关于请求听审的记录中常用的一句话。

eternal law 永恒法 这是最初由斯多噶学派提出的、区别于自然法和人定法的一个概念。它被认为是统治世界的宇宙理性法。西塞罗[Cicero]和圣·奥古斯丁[St. Augustine]都接受并详细阐述了这一概念。他们把永恒法与上帝理性或上帝意志等同起来。圣·托马斯·阿奎那[St Thomas Aquinas]认为,神法是永恒法的一部分,它由上帝通过神的启示而广为人知,但它不能由人类理性所掌握,而是被作为永恒真理由上帝赋予人类。自然法则是人类通过其独立理性能够理解的永恒法的一部分,但人类不能以其理性加以创造或改变。在自然法规定的范围内,人类理性可以为了共同利益而创设实在法。之后,苏亚雷斯[Suarez]认为法律具有理性的基础,永恒法为一切法律提供了外在来源。而自然法则仍是人类共同的法则,而且能为人的理性所掌握。在宗教思想与法律思想之间的密切联系日益削弱后,法学家们已很少再讨论永恒法的概念。

eternal security 永久保障 基督教教义之一,指一个人一旦成为基督徒或曾"获得重生",不管其将来的行为如何,都不会危及获得拯救。

et habeas ibi tunc hoc breve 那么你己拿到这令状了 这是用来指示交回令状的正式用语。

et habuit 他得到了;他被允许了 这是常用于年报中的习语,表示当事人的申请或要求得到了许可。

ethel-land n.公社土地;族内土地(= folc-land)

ethical a.❶伦理的;道德的;合乎道德的 ❷伦理学的

ethics n.伦理学;伦理(观);道德(观);道德标准;(某种职业的)行为标准 如 legal ethics(法律道德)就是指法律人士(律师、法官等)都必须遵守的行为标准。

ethling 〈撒克逊〉贵族(= atheling; aethling)

et hoc paratus est verificare 〈拉〉并愿证明此事属实 这是常用于承认原告所述之事但又规避其法律效果的答辩[plea in confession and avoidance]中总结部分的拉丁短语。（▷confession and avoidance）

et hoc petit quod inquiratur per patriam 〈拉〉他请求国家（指陪审团）调查此事　这是原告申诉结束时的拉丁用语，表示向国家（指陪审团）提出争议的问题。

et hoc ponit se super patriam 〈拉〉他将自己置于陪审团的裁断之下　被告人对原告人的主张表示异议，并提出争议的正式结束用语。

et inde petit judicium 〈拉〉并据此请求法庭判决　这是当事人在诉状结束部分向法庭请求作出支持其观点的判决。

et inde producit sectam 〈拉〉并据此提起诉讼　这是旧时普通法上原告申述结束时的用语。其原来的意思是原告提起诉讼时带有证人，其后要求原告所提供的证人的证词足以构成在有反证前可以认为有足够证据之案件[prima facie case]。在爱德华三世时，这种做法就被废弃，但该用语仍被沿用。

etiquette of the profession　职业道德　法律界，尤指律师界全体成员通过相互理解和默契而达成一致的行业准则。（⇨Code of Professional Responsibility; legal ethics）

et issint　〈拉〉因此；所以

et modo ad hunc diem　〈拉〉在今天；现在　这是用于记载到庭及案件延期后继续或把记录中不连贯的部分连接成一体的记录的开首部分的短语。现在其英语译文"And now, at this day"仍被使用。

et non　〈拉〉没有；不　用于被告的答辩，用以引入对原告主张之事表示断然否认。它与 absque hoc 有同样的效力，并有时与之代用。

et non allocatur　〈拉〉未被允许

et petit auxilium　〈拉〉并请求帮助

et praedictus X similiter　〈拉〉和提到的 X 同样；该 X 也

Et quod non habet principium, non habet finem.　〈拉〉没有开始的事物也没有终结。

et semble　〈拉〉看起来；好像

et seq.　〈拉〉及以下的；以及其后的　复数为 et seqq.。是 et sequitur, et sequentes 或 et sequentia 的缩略语。

et sequentes　〈拉〉以下的　阳性和阴性的复数形式。

et sequentia　〈拉〉以下的　中性。

et sequitur　〈拉〉以下的　阳性。

et sic　〈拉〉因此；所以　用来引入对审判中进行的答辩所作的结论，其目的是表示该结论是肯定性的而不是争论性的。

et sic ad judicium　〈拉〉因此可作出判决

et sic ad patriam　〈拉〉所以交给国家（即法庭）　指将争执问题提交给法庭。

et sic fecit　〈拉〉如此做

et sic pendet　〈拉〉因此尚悬而未决　表示某争议点尚未被裁决。

et sic ulterius　〈拉〉等等

et sim.　〈拉〉及类似的；及诸如此类　et similia 的缩略语。

et similis　〈拉〉及类似的；及诸如此类

Et stet nomen universitatis.　〈拉〉法人的名称可以保留。

et ux　〈拉〉和妻子；及其妻子　et uxor 的缩略语，表示当事人的妻子为共同当事人，例如出让人的妻子也是共同出让人。

et uxor　〈拉〉(= et ux)

et vir　〈拉〉和丈夫；及其丈夫　常用以表示丈夫和妻子共同作为诉讼等的一方当事人。

EU　(= European Union)

Euclidian Zoning　欧几里得分区制　指一种根据立法规定的各区用途确定某一地区规划来进行的城镇分区方法，其名称源于1926年美国最高法院的一起欧几里得村诉安布勒不动产公司案[Village of Euclid v. Ambler Realty Co.]，该案确认了此种分区方法。根据这种分区制，财产所有人可以依分区图来确定将其财产置于何种用途的区内，并可根据该区的限制来确定其财产的用途。

eugenics　n. 优生学

eugenics laws　有关优生的法律　旨在促进优生的法律，如规定颁发结婚证前应当进行医学检查和提交未患性病证明的法律。

Eum qui nocentem infamat, non est aequum et bonum ob eam rem condemnari; delicta enim nocentium nota esse oportet et expedit.　〈拉〉说坏人坏话的人因此而受到谴责是不公平和不恰当的，因为使坏人的恶行被众所周知是恰当的和有好处的。

eundo et redeundo　〈拉〉在往返途中　船舶用语，描述在途船舶。

eundo, morando, et redeundo　〈拉〉前往，停留，返回　指享有不受逮捕特权的人（如证人、议员等），在其前往履行其义务的途中，在履行其义务之地停留期间，及返回途中同样不受逮捕。

eunomy　n. (良好法治下的)良好秩序

euphoria　n. 异常欣快；欣快症　一种与外界环境或刺激不相称的过分的愉快感，通常是由于心理原因，也可以是因为脑器官疾病或中毒和吸毒所致。

Euratom　(= European Atomic Energy Community)

euro　n. 欧元　1999年1月1日引进欧盟的新货币。瑞典、丹麦、希腊和联合王国当时没有加入，余下的11个国家同意将其货币自1999年1月1日至2001年12月31日止与欧元挂钩，各国货币同欧元一道使用，非现金的结算可使用欧元。现金结算只能用国内货币。欧元纸币和硬币计划从2002年1月1日至2002年6月30日开始使用，之后，欧元将成为支付的唯一货币。

Eurobank　n. 欧洲银行　在欧洲货币市场中经营外币储蓄、信贷的银行。

Eurobond　n. 欧洲债券　非在债券币种国发行的国际债券。

Euro currency　欧洲货币　①在另一国内某一国货币的存款；②在发行国控制地之外交易的货币。

Eurodollar　n. 欧洲美元　存款在美国境外，包括美国银行之境外分行但用于欧洲货币市场的美元。

European Atomic Energy Community　欧洲原子能共同体　1958年为共同开发欧洲原子能建立的共同组织，1967年，与其他两个欧洲的共同组织合并成欧洲共同体[European Community/EC]。

European Coal and Steel Community　欧洲煤钢共同体　也称欧洲煤钢联营。这是1951年比利时、法国、联邦德国、意大利、荷兰、卢森堡六国签署《巴黎条约》[Paris Treaty]成立的组织；其目标是通过建立煤钢共同市场，消除关税壁垒、限额、限制和歧视等措施，促进联营各国的经济增长，并在经济一体化的基础上建立一个联合的欧洲。1973年英国、丹麦和爱尔兰加入该组织。

European Commission of Human Rights　欧洲人权委员会　为实现《欧洲人权公约》[European Convention on Human Rights]所宣布的权利而设立的一个机构。由欧洲理事会[Council of Europe]的部长委员会选出的成员组成，每国一名，主要职责是根据请求处理有关违反公约的行为，并有权将有关案件提交欧洲人权法院。

European Communities 欧洲共同体（⇨European Union）

European Community law 欧共体法 由创设欧洲的三个共同体的条约文件，以及其后共同体各个下属机构发展出来的一套范围广泛的法律规范等组成的总体。与成员国法律相比，欧共体法实际上为司法指令［legal orders］，其法律渊源主要为：①创设三个共同体的条约及其附文［annexes］、议定书［protocols］；建立单一的理事会［Council］和委员会［Commission］等条约文件。②欧共体各机构的规章、指令、裁决等。③欧共体法院的判决。④成员国对于欧共体事务的立法与判决等。欧共体法在各成员国内具法律效力，并在与成员国法冲突时处于优越地位。

European company 欧洲公司 欧洲共同体委员会为使欧洲公司一体化而于1966提出的一个设想，即以公约的形式建立一种公司法制度。根据该制度不同国家的公司得按照两个或更多成员国的法律合并成数个欧洲公司。但委员会未提出任何明确的为成员国所接受或采纳的模式。

European Convention on Human Rights 《欧洲人权公约》 这是欧洲理事会［Council of Europe］各成员国为了共同维护和进一步实现人权和基本自由，于1950年在罗马签署的公约。该公约于1953年生效。公约宣布应禁止奴役和强迫劳动，以及保证人身自由与安全、受到公正的审判、思想自由、宗教信仰自由、集会结社自由等诸多权利。后来的议定书中又增加了财产权和教育权等内容。

European Convention on Human Rights and Fundamental Freedoms 《欧洲保护人权与基本自由公约》（⇨European Convention on Human Rights）

European Court of Human Rights 欧洲人权法院 欧洲理事会［Council of Europe］的司法机构，创建于1950年，位于斯特拉斯堡［Strasbourg］。1950年的《欧洲人权公约》［Convention on Human Rights, 1950］，1953年生效，但并不必然构成成员国的国内法的一部分，也并不强迫成员国接受其管辖权。

European Court of Justice 欧洲法院 创建于1958年，旨在解释、适用欧共体法。其管辖权由欧共体条约创设，对于成员国之间关于适用条约条款的争议有排他性管辖权。对于欧洲委员会［European Commission］提起的针对成员国未履行条约义务或未执行欧共体立法的诉讼也可以审理。与普通法国家相比，欧洲法院的程序更类似于罗马法系国家的高级法院。

European Currency Unit/ECU 欧洲货币单位 欧洲货币体系成立以后，在共同体内部代替欧洲记账单位所使用的货币单位，由10个欧盟成员国货币混合组成的"篮子货币"构成。它是清算成员国之间国际收支的工具。

European Defence Community 欧洲防务共同体 1952年，比利时、卢森堡、荷兰、法国、德国、意大利六国为谋求合作建立一支超国家的欧洲联合部队以抗衡苏联军事力量而拟建立的一个国际组织。因成立该组织的《欧洲防务共同体条约》在缔结后未得到法国议会批准而流产。1955年建立的西欧联盟［Western European Union］取代了上述计划。

European Economic Community 欧洲经济共同体（⇨European Union）

European Establishment Convention 《欧洲居留公约》 这是欧洲理事会［Council of Europe］的多数成员国于1955年缔结的一个多边条约，内容主要包括成员国国民进入或迁至另一成员国领土、或在另一成员国领土上居留时所享有的公民权利，以及对其提供的法律和行政保护、其经济活动等事项。

European Free Trade Association/EFTA 欧洲自由贸易联盟 1960年由奥地利、丹麦、挪威、葡萄牙、瑞典、瑞士和联合王国联合成立。在联合王国、丹麦、葡萄牙、奥地利和瑞典退出而加入欧盟后，芬兰、冰岛和列支敦士敦加入。欧洲自由贸易联盟比欧盟松散，只处理有关关税壁垒的问题，并不协调成员国经济政策。1984年，欧盟与欧洲自由贸易联盟国家之间的所有关税壁垒全予以废除。

European Investment Bank/EIB 欧洲投资银行 欧洲经济共同体的金融机构，具有独立的法律人格，于1958年根据《罗马条约》成立，行址设在卢森堡。其成员为欧洲经济共同体的成员国。它的主要业务是为共同体内经济落后地区的发展计划提供长期贷款或保证，同时也对共同体以外的地区输出资本。

European Law 欧洲法 自公元4世纪罗马帝国行将崩溃开始，欧洲作为一个文化区域而存在的特征逐渐明显。随着共同的社会、宗教、精神与文化生活的不断发展，伴随大量而又不同的政治实体的出现，千差万别的宪法与法律制度、法律机构、概念、原则亦同时存在和发展，尽管各种发展了的国内法与地方法之间存在巨大差别，但亦有一使欧洲各国法律体系能够相通的因素。如罗马法和教会法在西方都留有深厚的根基。同时，文艺复兴、宗教改革、罗马法的继受以及启蒙运动、自然法思想的兴起、法典化运动等都影响了差不多整个欧洲。从大约15世纪起，欧洲逐渐明显地分为不同的民族国家，各自发展其自身的政治、法律和法院。这是一种分化的过程。法国、德国、意大利在这一过程中，其国家统一及法律的法典化都得到了不同程度的发展。在欧洲法的发展中，英格兰以及爱尔兰和威尔士不在其中，它们很早就发展了独特的法律体系，几乎不受罗马法或教会法的影响，同样，斯堪的那维亚国家在某种程度上也是自行发展其法律。在现代，多种力量，尤其是欧洲共同体的发展促进了欧洲法的统一。甚至"欧洲法"一词有时就被用来指欧洲共同体法。

European Monetary Agreement 《欧洲货币协定》 欧洲经济合作组织成员国间为进行多边清算和提供贷款而缔结的货币协定。该协定于1958年生效，其主要内容是建立欧洲基金和多边清算制度，以解决成员国实行货币自由兑换后产生的国际收支平衡问题。

European Parliament 欧洲议会 欧洲共同体的主要机构之一。根据《欧洲共同体有关共同机构的公约》，将欧洲煤钢共同体、欧洲原子能共同体和欧洲经济共同体的三个共同大会［Assembly］合并为单一的欧洲议会，自1962年起，正式称为欧洲议会。该机构的作用主要在于咨询和监督方面，其议员名额按成员国人口比例分配，自1979年以来，议员由各成员国根据其本国宪法程序直接普选产生。

European Payments Union/EPU 欧洲支付联盟 欧洲经济合作组织为调节其成员国的国际收支而于1950年正式建立的清算体系。1958年被"欧洲货币协定"所取代。

European plan 欧洲收费制 指包括住宿费和服务费而不包括膳食费的旅馆收费制。但对于旅馆开设的餐厅，顾客需要的时候可以在那里就餐，就餐时自付餐费。

European Union/EU 欧洲联盟；欧盟 由奥地利、比利时、丹麦、芬兰、法国、德国、联合王国、希腊、爱尔兰、意大利、卢森堡、荷兰、葡萄牙、西班牙、瑞典等15个欧洲国家组成的联盟。其目标为通过消除成员国之间影响资本、产品和劳务自由流动的障碍来实现经济一体化,最终实现政治一体化。欧盟是根据1993年11月生效的《马斯特里赫特条约》[Maastricht Treaty on European Union]成立的,其前身为欧洲共同体[European Community],而欧共体来自于欧洲煤钢共同体、欧洲原子能共同体以及欧洲经济共同体。欧洲共同体在法律文件和正式材料中用复数[European Communities],表示这三个共同体组织。然而,这三个共同体是作为单一政治机构发挥作用,单数表达方式除在法律文件中以外,已是普遍用法。

euthanasia n.安乐死 又称"怜杀"[mercy killing]。是指出于人道主义,应不治之症或病危患者的要求,为解除其痛苦而采取无痛苦加速其死亡的措施的行为。安乐死是否可以成为合法辩护理由,还存在着争论。

evade v.逃避;躲避;规避

evangelist n.❶福音传播者 指从一个教堂到另一个教堂,或从一个城市到另一个城市进行巡回讲道、传播福音,以使人们信奉基督教的神职人员。 ❷[E-s]《圣经新约》四《福音书》作者 即马太、马可、路加、约翰。

Evarts Act 〈美〉《埃瓦茨法》 指1891年《巡回上诉法院法》[Circuit Court of Appeals Act]。该法创设了联邦巡回上诉法院,从而改变了联邦法院系统的传统格局。在这以前的巡回法院没有固定的法官,而是由最高法院和地区法院的法官来进行巡回审判。该法保留了地区法院和地区法院作为初审法院,但取消了巡回法院的上诉管辖权,同时在最高法院和巡回法院、地区法院之间设立巡回上诉法院,并设置专门的巡回上诉法官,从而废除了长期以来遭到人们非议的地区法官自己审查自己的判决的情形。该法还严格限定了联邦最高法院的复审权范围,但最高法院享有根据调卷令审查由巡回上诉法院管辖的案件并作出终审裁决的自由裁量权。对某些重要案件,该法则直接规定由最高法院复审。(⇨Judiciary Acts)

evasio 〈拉〉逃跑;逃脱

evasion n.规避;逃避;以使计的办法规避 指回避事实或逃避法律制裁的一种狡猾的行为。在税收中,偷税[tax evasion]同避税[tax avoidance]是不同的,前者是指利用非法的方法不缴纳应纳税款,而后者是指根据法定的减、免税规定少缴或不缴应纳税款。

evasion marriage 〈美〉为逃避军役而缔结的婚姻

evasion of tax 偷税;逃税(⇨tax evasion)

evasive a.❶规避的;逃避的;偷漏(捐税)的 ❷(辩论或答辩等)难以捉摸的;含糊其辞的

evasive answer 含糊其辞的回答 指被认为了解某种事实情况的人对其承认或否认该事实未作出直接、明确的回答。此种回答被视为未作回答,一方当事人可请求法庭命令回答人作出明确回答。

evenings n.(英格兰古法)晚间赏赐 晚上或夜间给提供了收割劳务的习惯法封臣[customary tenant]送去一定份额的青草或谷物等以作为感谢或鼓励。

evening schools 〈英〉夜校 1944年《教育法》[Education Act]规定的提供继续教育[further education]体系的组成部分。

event n.❶事件;事变 与行为[act]不同。行为是由意志产生的;而事件则是其发生与意志无关的事,如地震、水灾等。 ❷诉讼结果;判决结果

event causing injury 造成伤害的事件 用于意外事故保险单中,指伴随其种意外事件的发生,立即产生伤害的后果。此处的事件不是指伤害本身,而是造成伤害的意外原因。

eventual waste 基于诉讼而抛荒土地 指不动产保有人或承租人在有关产权或财产分割的诉讼被提出后抛荒土地。

Eventus est qui ex causa sequitur;et dicitur eventus quia ex causis evenit. 〈拉〉结果总是由一定原因引起的,之所以称之为结果,是因为它产生于原因。

Eventus varios res nova semper habet. 〈拉〉新情况总会产生不同的结果。

evergreen contract 常青合同 指除非缔约一方通知对方终止合同,否则其有效期逐年自动延长。

Everson rule 〈美〉埃弗森原则 美国最高法院于1947年在埃弗森诉教育委员会[Everson v. Board of Education]一案中确立的一项原则,即禁止将公款用于宗教学校,但若公款的主要受益者是学生而非学校则是允许的。

every corporation 每一法人 这一短语可以兼指本国的和外国的法人,但在某些法律中不包括地方自治团体法人[municipal corporation]。

every other reasonable hypothesis 所有其他合理的假设 这是在刑事案件中就情况证据[circumstantial evidence]向陪审团作总结指示[instruction]时常用的一个习惯用语,意即"排除所有其他合理的假设"。

every other thing 所有其他的事情 此词常用于要求雇主提供安全工作条件的情况,指雇主为保证工作场所的安全必须做的同类性质的事情。

evesche n.(基督教的)主教辖区;教区

evesdroppers n.窃听者;偷听者(⇨eavesdropper; eavesdropping)

evesque n.(基督教的)主教

evict v.❶驱逐;逐出 指通过法律诉讼或个人行为,将某人赶离某物,尤指因为未付租金而将承租人从租赁的房屋赶走。 ❷(古)收回财产 指通过法律诉讼从某人处收回财产或权利。

eviction n.(通过重新占有[re-entry]或诉讼)驱逐(佃户、承租人等);强制迁出;(通过法律程序)收回(土地、房屋等)(⇨actual eviction; partial eviction; ejectment; forcible entry and detainer; notice to quit)

eviction by title paramount 依绝对权利而强行迁出 指如果土地出租人越权将土地出租给承租人,则对该土地享有绝对权利者可以对土地承租人实施驱逐、收回土地。在这种情况下,由于该绝对权利享有者对该土地享有优于出租人和承租人的权利,因此,后两者对强行迁出都不允许提出抗辩。

evidence n.证据 用以证明未知的或有争议的事实或主张的真实性的事实或方法。在英美证据法上,对在司法程序中提出的证据必须要具有关联性[relevancy]和可采性[admissibility]方可用来证明案件事实,否则将依有关证据规则予以排除。其证据表现形式主要有言词证据、实物证据、书面证据、司法认知等。

evidence aliunde (= extrinsic evidence)

evidence by comparison 比较证据 指通过将一事物与另一事物进行比较,而由于这两者的相似性足以使比较的结果具备有效的证明力,从而能够被采纳用以证明某一事实的证据。

evidence by inspection 可察证据 指能够直接由感官认知,无需借助语言陈述来加以说明的证据。

evidence codes 证据法典 指规定在听证及审判程序中关于证据的可采性及证明责任等问题的法律规范。

evidence completed 举证完毕 指原、被告双方均已提供

完自己的证据,或原告方提供完证据后,被告方不愿举证而要求法院就原告所提事实作出裁决。

evidence in mitigation 减轻证据 用来证明损害赔偿的数额不应是原告所要求的那么高的证据;也就是说,证明损害赔偿的数额应比原告所要求为小的证据。

evidence introduced (= introduced evidence)

evidence of debt 债务证据 指从其字面意义即可证明债务存在的书面文件或债券等。(⇨bond;debenture)

evidence offered 诉讼当事人提供的证据 指由诉讼当事人提供,但法庭可以采纳,也可以不采纳的证据。如被采纳,就成为 introduced evidence。

evidence of insurability 可保性证据 在人身保险等特种保险中,保险人为确定被保险人是否具有被保险资格而要求提供的体检报告、病史或类似证据。

evidence of title 产权证据 证明对某项财产、尤其是不动产享有产权的契据或其他文书。(⇨deed)

evidence reasonably tending to support verdict 可据以合理地作出裁断的证据 指具备可采性且与案件有关、对定案有决定性的影响,并能使审判者作出有效、公正、合理和有充足理由的判断的证据。

evidence rules 证据规则 规定在审判程序中关于证据的可采性的规则,如美国的《联邦证据规则》[Federal Rules of Evidence]。不少州采用了以《联邦证据规则》为模式的证据规则。有些州(如利福尼亚)制订了证据法典或关于证据的成文法。

evidence to support findings 支持裁决的证据 指具有正常理性的人能够接受的足以支持某一法庭裁决、或当某一结论需根据应由陪审团决定的事实而作出时,足以证明法官拒绝指令陪审团作出裁断是正当的实质性证据[substantial evidence]或有关证据。

evident a.明白的;明显的;显然的(⇨proof evident)

evidentia 〈拉〉证据

evidentiary a.证据的;作为证据的;证明的;有关证据的;为取得证据而举行的(听证会等)

evidentiary facts 证据事实 指用来认定案件主要事实所必需的事实,即足以作为证据的事实;亦指用以证明其它事实存在的事实。

evidentiary harpoon 证据标枪 指公诉方通过其证人成功地把本不应采用的证据提交给陪审团审议,如被告人的被捕记录和犯罪前科。

evil liver 〈英〉品行不端的人;生活放荡的人 如果一个人的行为与其宗教信仰相悖,便被认为是不良行为,该人将受到教会的排斥。

evil spirits 邪神;魔法

evocation 〈法〉案卷移送 指将案件从有管辖权的下级法院收回,移交给另一法院或法官审理。它在某些方面类似为了复审向下级法院调取案卷的程序[proceedings upon certiorari]。

evolution of law 法律的演进 对于无文字记录的社会及史前时代而言,由于有关法律、司法制度、法律关系等方面资料阙如,因而很难作一个人类社会法律的演进发展的一般说明。尽管法律与其他的社会、文化制度交织在一起,关系紧密,但人类社会在法律制度上获得的发展并不完全与其在物质、文化上获得的进展亦步亦趋。有些国家,法律的演进缓慢而扎实,但另有一些国家却曾有过巨大的跳跃。这,法律的演进在时间和空间上均不呈直线演进的状态。撇开以上因素,粗略地看,法律仍大可分为:①早期法律;②中期法律;③成熟法律或可称"发达的法律"。早期法律的特征是:依赖于习惯、受制于社会压力以及欠发达的法院体制,在这个阶段,"血亲复仇"还是常见的制度,随着法院的发展,法院也倾向于接受习惯规定的赔偿并认可其强制力。有意识地制定规则的做法已经出现,但不是常态。中期法律的主要特征是:法律更严厉、更僵硬、更格式化,法院及司法制度已建立起来,规则逐渐变得更准确,程序也开始专业化。成熟法律的特征是:存在复杂的法院及其他组织体系,有丰富的执业人员、法学家及学者队伍,有充足的法律文献,制订法律和改变法律方式多种多样,有一套常人远不能理解和掌握的专业知识。(⇨ancient law)

evolution statute 〈美〉禁止学校讲授进化论的法律 这项法律因违背美国宪法第一条修正案[Establishment Clause of First Amend.]而被裁定为违宪。

ew 〈撒克逊〉婚姻

ewage n.〈英格兰古法〉过河费(= aquage;aquagium)

ewagium n.过河费(= ewage)

Ewart's Act 〈英〉《尤尔特法》 即1836年的《重罪审判法》[Trial for Felony Act]。

ewbrice n.通奸;破坏婚姻

ewry n.皇家管理台布等物品的部门

ex 〈拉〉❶从…;从…里面;来自…;因为;依据;按照 ❷(前缀)以前的;先前的 用于某一职业或某种关系、身份之前,表示以前曾担任某一职务或具备某种关系、身份,但现在已不担任或不具备。如 ex-judge 前任法官,ex-wife 前妻。❸(前缀)无;除 如 ex-dividend 除股利的,不带股息的。❹(= exhibit)

ex abundanti 〈拉〉充分地;足够有余地

ex abundanti cautela 〈拉〉出于充分的慎重;十分谨慎

Ex abuso non arguitur ad usum. 〈拉〉对物品的滥用不能作为论证其有用性的根据。 意即,不能因为物品被滥用而推论该物品无用。

exaction n.强征;索要 指公务人员或其他人利用职务之便强要款项或索取报酬的违法行为。

exactissima diligentia 〈拉〉特别注意;格外注意

exactor n.❶〈罗马法〉〈英格兰古法〉收费人;征税人 ❷强征(费用、捐税的)人;勒索人

exactor regis 〈英格兰古法〉王室税吏;国家征税官 指收应归于国库的捐税及应归于国库的债务的官员。有时该词也被用于指郡长[sheriff],但这种用法是不正确的,因为早期的郡长有权征收其职权范围内的应征收的一切款项。

ex adverso 〈拉〉对方 用于指反对方律师。

ex aequitate 〈拉〉依据衡平法;在衡平法上

ex aequo et bono 〈拉〉从公平与正义的角度;依据公允及善良(原则) 被授权从公平与正义的角度作出判决者,尤其在国际法中,并不受法律规则的束缚,而是遵循衡平的原则。根据《国际法院规约》[Statute of International Court of Justice]的规定,在必要的情况下,国际法院经各当事方同意,可根据公允及善良原则解决争端。

exaltare v.提高;升高

exaltare stagnum 抬升池塘或水池中的水位

ex altera parte 〈拉〉作为另一方

examen 〈拉〉审讯;审判

examen computi 〈拉〉结账余额;结余

examination n.❶(对证人的)询问(⇨direct examination;cross-examination) ❷(对破产人的)询问 尤指在第一次债权人会议上就破产人的债务和资产情况进行的询

问。❸审问;讯问 刑事诉讼中治安法官对被指控犯罪并被逮捕的人进行的讯问和调查,以确定是否有充分的根据允许其保释候审。❹预审 刑事诉讼中为确定是否应将被指控犯罪的人提交审判而进行的预备听审。(⇨preliminary hearing) ❺(专利法)审查 专利局对申请专利的发明创造是否具有新颖性和实用性,以及是否侵犯他人的专利权进行的审查。❻调查;检查;审查 预备购买不动产者对该不动产的产权说明书[abstract of title]进行的审查,以查明该不动产产权的历史及现状。

examination de bene esse 先行录取证言 指对重要证人的证言在审判前于法庭外先行收集,制成作证书,以备其将来在正式庭审时不能亲自出庭作证的情况下,替之宣读这一作证书。

examination in chief 主询问 指由提供证人一方的律师对该证人进行的询问,也称直接询问。(⇨direct examination)

examination of bankrupt 〈美〉对破产人的质询 根据《破产法》[Bankruptcy Act]的规定进行的一种询问,据此,破产人应宣誓回答有关其商业行为、破产原因、与债权人或其他人的交易、财产的种类、数量与所在地以及任何可能影响破产财产管理与分配的事件等方面的提问。

examination of juror 对陪审员的询问 指对为审理某一案件而召唤来的陪审员,通过对他的询问来确定其是否具有回避的理由及是否对其适用无因回避[peremptory challenge]。陪审员的回答对法庭没有约束力,法庭也可采用其他必要的方式来确定其人是否具有陪审员应具备的资格。

examination of witness 对证人的询问 指在公开法庭上,对证人以口头方式进行的询问,而证人则经宣誓对问题作出回答。

examined copy 审查过的副本 已和原本核对过的副本。

examiner n.❶检查人;审查人;审阅人 ❷讯问人;询问人 指由法庭委派在案件进行过程中听取证人证言的人,又指法庭任命的对由于在国外、生病或体弱而不能出庭的证人进行询问的人。询问人只记录询问情况,不能对证人的可靠性发表意见。现在司法实践中,除证人不在管辖区范围外,一般不任命专门的询问人。

examiners in chancery 〈英〉衡平法庭的询问人 指由衡平法庭任命、听取证人证言并将该证言交给法庭的官员。

Examiners of Private Bills 〈英〉有关私法案的审查者 指由议会上下两院各选一名议员担任,负责明议会议事规程[standing orders]所要求的审议一项私法案的预备工作是否已经完成的人。审查的通知应送达提案人,提案人必须出席,否则,关于要求议会审议该项法案的申请将被取消。

examining board 审查委员会 指由公职或准公职人员组成的、负责审查和测试行业或专业执照申请者的委员会。

examining court 〈美〉预审法院 指对案件进行预先审查以确定对刑事被告人的指控是否具有合理根据,及在将其移送大陪审团审查以前是否准予保释的一种初级法院。

examining surgeon 〈英〉外科体检医师 这是英国根据1937年有关雇员安全和工作条件等的《工厂法》[Factories Act]所正式任命的开业外科医生的职称,其后根据1961年《工厂法》,改称为"委派的厂医"[appointed factory doctor]。

examining trial (= preliminary hearing)

ex animo 〈拉〉发自内心的;出自良心的

exannual roll 〈英格兰古法〉呆账年册 英国古代登录未能征收的税款和呆账的案卷,每年结账时向郡长宣读,以查看哪些税款及呆账可以收回。

ex antecedentibus et consequentibus 〈拉〉根据上下文 即根据文件的全部内容。

Ex antecedentibus et consequentibus fit optima interpretatio. 〈拉〉解释法律(或其它文件)中的一段文字最好是通过参考它的上下文来进行。

ex arbitrio judicis 〈拉〉〈罗马法〉依法官的自由裁量;由法官斟酌决定

ex assensu curiae 〈拉〉经法庭同意

ex assensu patris 〈拉〉经父亲同意 英国旧时教堂门前的婚姻赠礼[dower ad ostium ecclesiae]之一种,儿子经父亲同意可将父亲的土地赠与妻子。这种做法久已废弃。

ex assensu suo 〈拉〉经其同意 关于损害赔偿的缺席判决中的正式用语。

ex audito 〈拉〉从所听到的;来自传闻;依据传闻

ex bonis 〈拉〉〈罗马法〉货物的;财产的 指实际占有的财产,以区别于 in bonis。后者指非实际占有的财产。

ex bonis maternis 〈拉〉来自母亲的财产;自母亲处继承的财产

ex bonis paternis 〈拉〉来自父亲的财产;自父亲处继承的财产

excambiator n.土地交换人;(不动产交换)代理人;土地买卖经纪人 此词现已废弃。

excambion 〈苏格兰〉土地或房屋的交换契约(= excambium)

excambium 〈拉〉〈英〉❶交换 ❷商人集中进行交易之地 ❸土地交换契约 ❹补偿 用于 an excambium for dower 短语中,意指因寡妇地产不能实际转交而向其支付的一定对价。

ex capite doli 〈拉〉以欺骗为理由

ex capite fraudis 〈拉〉以诈欺为理由

ex cathedra 〈拉〉来自椅子的 原指教皇坐在椅子上作出的决定,后喻指权威的、有权威性的。

ex causa 〈拉〉根据产权;出于(某种)原因

ex causa lucrativa 〈拉〉出于自愿的考虑;无偿地

Excellency n.阁下 用于对国家或州最高行政长官以及大使、总督等的尊称,也可以用于称呼教会统治集团的成员及海牙国际法院的法官,常与 your, his, their 等连用;直接称呼时用 Your Excellency,间接提到时用 His Excellency, Her Excellery, Their Excellencies 等。

except prep.除…之外
v.❶把…除外;不计 ❷反对(法庭的命令或裁决);对(法庭的命令或裁决)提出异议

excepta dignitate regali 皇室尊严除外

exceptant n.异议人 指对法庭命令或裁决提出异议的诉讼当事人。

excepted risk 除外风险 指保单中规定不属承保范围的风险。对由于此种风险造成的损失不予赔偿。

excepting prep.除…之外 在契约中,和"reserving"可互换使用。

exceptio 〈拉〉〈古〉❶例外;除外 ❷〈罗马法〉异议 答辩的一种。指被告承认诉因的存在,但同时提出新的事实。如果这些事实被证明是真实的,将起到全部或部分地反驳原告主张的效果。因此,它和仅仅否认原告主张的抗辩[traverse]不同。这种答辩相当于普通法上的承认与规避答辩。(⇨plea in confession and avoidance)

exceptio ad breve prosternendum (= plea in abatement)
exceptio dilatoria 〈拉〉(罗马法)以延诉为理由的异议 根据一定事实——如存在约定于一定期限内不能起诉的协议——而提出的使已提起的诉讼无效从而使诉讼推迟的答辩。
exceptio doli mali 〈拉〉(罗马法)以诈欺为理由的异议
exceptio dominii 〈拉〉主张所有权的异议 指在诉讼中提出的异议,要求收回原告尚未占有的财产。
exceptio dotis cautae non numeratae 〈拉〉以彩礼未交付为理由的异议 指所提出答辩的理由在于:丈夫在婚前答允给予新娘但未实际支付的彩礼,在婚姻解除后一定期限内,女方仍有权请求男方支付。
Exceptio ejus rei cujus petitur dissolutio nulla est. 〈拉〉以诉讼所要求解除之事无效为理由提出的异议。
Exceptio falsi omnium ultima. 〈拉〉否认事实的异议(即与事实不符的异议)是最差的异议。
Exceptio firmat regulam in casibus non exceptis. 〈拉〉异议肯定了不被提出异议的案件中的规则。
Exceptio firmat regulam in contrarium. 〈拉〉异议肯定了相反的规则。(⇨exceptio probat regulam)
exceptio in factum 〈拉〉基于事实的异议 指基于案件中的特定事实而提出的异议。
exceptio in personam 〈拉〉必须本人亲自提出的异议 指只能由法律许可的人亲自提出的答辩。
exceptio in rem 〈拉〉不是必须本人亲自提出的异议 指不具有个人的性质,但与诉讼所基于的法律事实相关联,因此,任何具有利害关系的当事人,包括债务人的继承人和担保人,都可以提出的异议。
exceptio jurisjurandi 〈拉〉业经宣誓的异议 指以关于某事已经当事人宣誓确认为理由提出的异议。如当债务人经债权人提议,已经宣誓说明不再欠债权人任何东西,但还是被债权人起诉时,可以提出此种异议。
exceptio metus 〈拉〉以被强迫为理由的异议 指以曾经受到强制为理由提出的异议。相当于现代诉讼中以胁迫为理由提出的答辩 [plea of duress]。
exception n. ❶例外;除外 ❷除外的人(或物、事) ❸(对法庭命令或裁决的)反对;异议 以前的诉讼中,在当事人不接受法庭作出的决定时,可通过提出异议的方式,使法庭重新审查其决定,或表明其将保留提出上诉的权利,寻求在以后的程序中推翻该决定。现在这种做法已基本被废除。(⇨objection; reservation; challenge; bill of exceptions)
exceptional and extremely unusual hardship 〈美〉异常的极端的困苦 这是暂停驱逐外国人的一种理由。总检察长在决定是否实施驱逐时,要正确判断实施驱逐是否会使其成为本国公民或已获永久居住许可的外国侨民或其配偶、父母、子女处于极度困苦状态。
exceptional bailment 特殊的财物寄托 指该财物寄托对公众利益有重大影响,因而法律对受托人规定了与一般受托人不同的义务。如将财物寄托给运输业者或旅店老板。
exceptional circumstances 非常情况;例外情况
exception d'illégalité 关于违法性的异议 法国法和欧洲共同体法中的一种异议,指尽管通过诉讼对某项法令的有效性表示异议的请求期限已届满,当事人仍有权提出关于该项法令违法性的异议。如果异议成立,并不能使该法令不能普遍适用,而只是宣布该法令在涉及申诉人时不适用。

Exceptiones Legum Romanorum 罗马法中的例外 也可写作 Exceptiones Petri。这是从 11 世纪末叶流传下来的一本关于罗马法的小册子,用于帮助行政长官履行职务。其内容选自《国法大全》[Corpus Juris Civilis]。
Exceptiones Petri (= Exceptiones Legum Romanorum)
exception in admiralty 在海事法庭的诉讼中提出的异议 这是在海事法庭提出的相当于普通民事诉讼中的妨诉答辩 [plea in abatement] 或特别终止诉讼答辩 [special plea in bar]。
exception in an equity suit 衡平法诉讼中的异议
exception in contract 合同除外风险 该词常用于合同中。通常指对于某一条款或某一段落之基本情况的例外,而不是指在整个合同中相对于其他条款规定的例外。
exception in deed 契据中的保留条款 这里的 exception 常可与 reservation 一词互换使用。
exception in insurance policy 保险单除外风险 指将某种或某些风险排除在保单所承保的范围之外。
exception in lease 租赁中的例外 指根据租赁契约的规定,被租赁的不动产的某些部分被排除于租赁之外。
exception in statute 制定法中的除外条款
exceptio non adimpleti contractus 〈拉〉以契约未履行为理由的异议 据有关双务合同的诉讼中,被告以原告尚未履行合同义务从而无权起诉为理由所提出的异议。
exceptio non solutae pecuniae 〈拉〉以债务未因偿付而解除为理由的异议 指在关于债务的诉讼中,一方提出债务已偿付时,另一方提出所付债款虽然有收款人的收据为证、但不足以解除债务的异议。
exceptions clauses 免责条款 指合同中规定对某些违反合同的行为或造成的某些损失可以不负责任的条款。但可因根本违约行为 [fundamental breach of contract] 而导致该条款无效。法院也并不鼓励当事人订立此种条款,因而多采严格解释,制定法对其效力也有所限制。
exception taken on trial 在审判过程中对法庭命令、裁决等提出的异议(⇨exception)
exception to bail 对保释的异议 指对保释保证书中的保证人或保释金的数额提出的异议。
exception to hearsay rule 传闻规则的例外 根据传闻规则,传闻证据一般不具有可采性,但对某些传闻,出于公正的考虑并根据正确的政策,也可以采纳,如临终前的陈述等。
Exceptio nulla est versus actionem quae exceptionem perimit. 〈拉〉对不存在异议理由的诉讼提出的异议不成立。
exceptio pacti conventi 〈拉〉(罗马法)以原告同意不起诉为理由的异议
exceptio pecuniae non numeratae 〈拉〉以款项未支付为理由的异议 指从未收到一笔款项的当事人,在被他人以曾允诺偿还该款项为由起诉时所提出的异议。
exceptio peremptoria 〈拉〉不容置辩的异议 指根本否认原告具有起诉权的异议。如以受欺诈为理由提出的异议,以被胁迫为理由提出的异议。
exceptio plurium concubentium 〈拉〉(在确定生父身份的诉讼中提出的)以原告的情人不止一位为理由的异议
exceptio probat regulam 〈拉〉异议证实规则 常写成 Exceptio probat regulam de rebus non exeptis,意即:关于未被提出异议的事,异议证实了规则。
Exceptio probat regulam de rebus non exceptis. 〈拉〉例外证实不属例外情形的事件的规则。或:关于未被提出

异议之事,异议证实规则。
Exceptio quae firmat legem, exponit legem. 〈拉〉证实法律的异议解释了法律。
Exceptio quoque regulam declarat. 〈拉〉异议也表明了规则。
exceptio rei adjudicatae 〈拉〉以一事不再理为由的异议 指以相同当事人间的同一争议已被法院在以前的诉讼中作出裁判为理由而提出的异议。(=exceptio rei judicatae)
exceptio rei judicatae 〈拉〉(=exceptio rei adjudicatae)
exceptio rei venditae et traditae 〈拉〉〈罗马法〉以物已售出并已交付为理由的异议
Exceptio semper ultima ponenda est. 〈拉〉异议应放在最后。 意即异议应在最后提出来。这条原则在詹姆斯一世时还应用,现已不再适用。
exceptio senatusconsulti Macedoniani 〈拉〉以债务人是受监护人为理由的异议 在请求偿还借款的诉讼中,以借款人是未成年人或其他受父权监护的人为由而提出的可以不偿还借款的异议。这种异议因来源于古罗马元老院的一项禁止返还此类借款的法令而得名。
exceptio temporis 〈拉〉以诉讼时效已过为理由的异议
exceptis excipiendis 〈拉〉通过一切必要的异议
exceptor n.〈英格兰古法〉〈对法庭裁决〉提出异议者
except right of way 通行权除外 该短语用于土地转让合同的有关条款中,表示出让人将供役地[servient estate]上的全部权益进行转让,同时明确承认需役地[dominant estate]上的通行权。亦写作"less the right of way"。
excerpta 〈拉〉摘录(=excerpts)
excerpts n.摘录(=excerpta)
ex certa scientia 〈拉〉确实可靠的知识的;根据确实可靠的知识
excess baggage 超重行李 指超过了允许旅客免费携带的行李的最大重量。因此,对超重部分要征收运费。
excess clause 超额条款 指保单规定只对损失额超出其他保险承保范围的部分负赔偿责任的条款。(⇨excess policy)
excess condemnation 过度征用 指国家征用的财产超过实际公用所需。
excess insurance 超额损失保险 指保单规定承保同一风险,他保险不足以赔偿该风险造成的全部损失时,承保人才负担赔付未偿损失的保险。(⇨excess policy; excess clause)
excessive assessment 高估应税金额
excessive award 超出范围的裁决 指仲裁人对当事人提交仲裁以外的事项作出的裁决。
excessive bail 〈美〉超额保释金;过高的保释金 指法庭所定的保释金金额明显高于足以防止被保释人逃跑或隐匿以逃避法庭审判所需的合理数额,或与所犯罪行极不相称等。联邦宪法第八条修正案及各州宪法都禁止收取超额保释金。
excessive damages 超额损害赔偿金 指陪审团由于受情绪或偏见的影响,或由于滥用裁量权等原因而判给原告的大大高于根据案件实际情况法律所准许的损害赔偿金额。
excessive deposit 超额存款 指存款额或结算账目金额超过存款银行有权接受或承受的范围。
excessive drunkenness 过度醉酒;酗酒过度 指因醉酒而失去了理智和判断力,以致不能理解自己行为的性质和后果的状态。(⇨driving while intoxicated)

excessive fine 〈美〉超额罚金 指与所犯罪行极不相称的罚金。即使是在法定罚金限额以内,如果罚金数额明显超过被告人的支付能力,或终其一生的努力也无法缴清,亦属超额罚金。美国宪法第八条修正案和各州的宪法都规定禁止判处超额罚金。(⇨excessive punishment)
excessive force 过度的暴力 指所用的暴力超过特定事件所必要合理使用的程度,或依具体情况来看此种暴力的使用是不适当的;如自身防卫[self-defense]时所使用的暴力超过必要限度而明显具有报复目的;逮捕罪犯时使用过分的暴力等。
excessive homestead 超值宅基 指在价值上超过法律所确定的免税额的宅基。
excessive levy 超额扣押(或没收) 指综合考虑在被告人的特定财产上设定的担保物权、司法拍卖将导致贱卖、为扣押或拍卖之目的分割财产的便利等因素,依据法院的命令对该财产实施的扣押超过了任何谨慎的人所认为的用以清偿债务、利息、费用所必要的财产范围。
excessive loan 超额贷款 指贷款数额超过了法律或特许状中规定的贷款银行有权提供的数额范围。
excessively intoxicated 过度醉酒的;酗酒过度的(⇨excessive drunkenness; driving while intoxicated)
excessive or unusual noise 超噪音 指机动车在运行过程中发出的噪音超过了在其减音器正常发挥作用的状态下所发出的噪音的程度。
excessive penalty 〈美〉超额罚金(⇨excessive fine)
excessive punishment 〈美〉过重的刑罚;量刑畸重 指所判之刑或罚金与被告人罪行的严重程度或有罪记录不相称。美国宪法第八条修正案中的过重的刑罚是指刑罚的刑期或严厉性与所犯罪行极不相称的情况。刑期过长可被该条修正案认为是残酷和不正常的刑罚而被禁止。(⇨corporal punishment; excessive fine; excessive penalty; excessive sentence; punishment)
excessive sentence 量刑畸重;判刑过重 指判刑超过了法律允许对某一犯罪判处的刑罚的限度。即使判刑并未超过法定最高限,但与被告人所犯罪行相比仍有减轻之必要者,仍属判刑过重。(⇨excessive punishment; excessive fine; excessive penalty)
excessive speed 超速 对机动车的行驶速度而言,指以下几种情况:①超过法定速度;②超过在特定情况下所应采取的合理且谨慎的速度;③司机不能有效地控制车辆的速度;④不能在一定时间内有效避免与前车相撞的速度。也指船舶超过为了避免与其他船舶或其他物体相撞而应采取的合理速度。
excessive verdict 过当裁断 指陪审团由于受情绪或偏见的影响而作出的裁断。
Excessivum in jure reprobatur. Excessus in re qualibet jure reprobatur communi. 法之过当,千夫所指。事之过当,普通法斥之。
excess jurisdiction 分外的管辖权 指法院对某些人或事件具有管辖权,在审理涉及这些人或事件的案件的过程中,对那些它本无权处理但与本案有关的事项具有的管辖权。(⇨excess of jurisdiction)
excess-liability damages 超额责任损害赔偿 因保险人未能在保单范围内处理索赔而给予被保险人承保范围之外的损害赔偿。亦称作"excess damages"。
excess limits 超额 指承保超出特定限额的损失。
excess of jurisdiction 超越管辖权 指法院起初的诉讼程序是在其管辖权范围内进行的,但其后发布的一些命令或进行的某些司法行为则超越了其管辖权限。法院的这种行为侵犯了公民所享有的宪法所赋予的权利。

excess of privilege 〈美〉超越可不构成诽谤罪的特权；超越拒绝泄漏内情权　指超越某种可不构成诽谤性言论[privileged statement]范围的行为，或者不正当及恶意行使此项特权的行为。此类行为需承担法律责任。

excess or surplus water　过量水流　指河水流量超过了对水流享有优先使用权的人有益使用所需的合理数量。

excess policy　超额保险单　指规定只有其他保险所付之赔偿金额不足以偿付同一风险之损害赔偿时，承保人才对不足之额负赔偿之责的保单。(⇨excess insurance)

excess profits tax 〈美〉❶超额利润税　指对超额利润征收的一种所得税，它以超过纳税人的投资额一定比例的净收入为基础，并规定了不断增长的税率。这种税一般是在国家处于紧急状态下（如战时）才征收，以制止牟取暴利。❷(= accumulated-earnings tax)

exchange broker　❶外汇经纪人　❷买卖经纪人　指为他人进行有关金钱或货物的谈判，并对谈判做出决定的人。

exchange certificate　交易证　指证券或商品交易所的成员资格证书。

exchange control 〈英〉外汇管制；外汇管理　1947年的外汇管制法延续了战争期间关于外汇管制制度的规定，希望以控制对非英镑区国家[sterling area countries]居民的支付的办法，来制止除国家利益需要外的国外资本输出以及遏制短期资本的投机性流动。1972年的两个外汇管制令对1947年的外汇管制法做了修改。该法第1－4条禁止被授权的经营商——主要是银行——之外的其他人经营黄金和几乎所有的外币，并要求将黄金和外币出售给被授权的经营商，而被授权的经营商有义务通过外汇平准账户[Exchange Equalisation Account]买卖黄金和主要外币。第5－7条禁止对非英镑区居民的支付，但经财政部许可的除外。第8－20条规定控制证券的发行和转让。第20－23条限制纸币、证券的进出口。

exchange equalisation funds　外汇平准基金　指由政府金融机构掌握的一种货币基金，部分由外汇、部分由黄金组成，用以干预外汇市场，保持汇率的平稳。

exchange offer　交换要约　在双务合同中，交换要约经由承诺而构成合同对价，并使合同最终成立。

exchange of goods　易货（交易）(⇨barter)

exchange of judges 〈美〉法官借调　为减轻某一地区法院或巡回法院案件积压的压力，而从另一地区法院或另一巡回法院临时借调法官以协助工作。

exchange of livings 〈英〉教士薪俸的交换　指任何两个领薪的神职人员取得一致同意并遵循正式手续分别将其圣职交还给主教，再由主教分别授予对方的职位。如果双方中任何一方在各自均被正式授予对方的职位前死亡，则交换无效。如果交换双方是出于钱财或其他利益的考虑，将被罚款并失去两年圣俸的收益。

exchange of policy　更换保险单　指根据保险单中的规定或承保人与投保人的协议，用某一保险单替换另一保险单。

exchange rate　汇率；兑换率　指一国货币与另一国货币在价值上的兑换比例。

exchange ratio　转换比率　指公司吸收合并中，买受公司为获得被买受公司的每一股份而应该让出的股份数额。

exchanging work　交换劳动；换工　指农场主在劳动中互相提供帮助，但他们之间并不构成雇佣关系。

exchequer *n*. ❶[E－]〈英〉财政署　the Exchequer原是征服者威廉时期王廷[aula regia]的一个部门，属存卷法院[court of record]。其职责是处理有关应向王国政府缴付款项的纠纷。当时这一部门兼理财政以及司法。到13世纪末其司法的职责逐渐脱离行政职责，形成财税法庭[Court of Exchequer]。而the Exchequer则为管理国家财政的财税署。Exchequer的名称来源于当时铺在这个部门处理财政事务的桌子上的棋盘花纹格子台布[chequered cloth]。(⇨Court of Exchequer; Court of Exchequer Chamber; Barons of Exchequer) ❷国库 ❸（个人、公司等的）钱财

Exchequer and Audit Department 〈英〉财政及审计署　这是由审计总长领导的一个政府部门，掌管来自统一基金会[Consolidated Fund]的公款的分配，也负责对政府各部门进行不间断的审计工作，并执行特别的抽查审计。

exchequer bills 〈英〉国库券　指由财政部以前根据议会授权而发行的债券，目的是筹集短期借款，其筹集的款项通常用于经议会批准的政府日常开支，有时也用于公共建设等。持有国库券的人对其认购的国库券所代表的金额享有权利，有权在通知确定的到期日获得偿还的国库券的本金及利息。国库券是可流通证券。国库券的发行由1886年的《国库券和国家公债法》[Exchequer Bills and Bonds Act]规定，1877年《短期国库券法》[Treasury Bills Act]对之做了修改。该种国库券现在已不发行，而被短期国库券[treasury bills]和国库债券[exchequer bonds]代替，并由统一基金[Consolidated Fund]来支付利息。

exchequer bonds 〈英〉国库债券　首次发行于1853年。它包括债券本身及附随息票，是国家短期债务[unfunded debt]的一部分。

Exchequer Chamber 〈英〉(= Court of Exchequer Chamber)

exchequer division 〈英〉财税分庭　指根据1873年的《司法组织法》[Judicature Act]，作为取代财税法庭[Court of Exchequer]的职能而设立的隶属高等法院的一个分庭。从1881年起并入王座分庭。(⇨Court of Exchequer)

exchequer grants 〈英〉财政援助　指地方政府在实施住宅建设、教育等事务时，由中央政府提供的援助。

Exchequer of the Jews 〈英〉犹太人财政署　这是财政部约于1200年设立的一个部门。主要负责监督犹太人的放债行业的活动。它的成立主要是出于对国王利益而非对犹太人或其债务人利益的考虑。它还负责处理国王与犹太人之间的任何事务。把犹太人的复归土地[escheats]收归国有，对犹太人收取罚金并征税，裁决犹太人与基督徒之间的纠纷，审理涉及犹太人的刑事案件。1290年爱德华一世将犹太人驱逐出境，此机构亦被取消。

Exchequer records 〈英〉财政记录文件汇编　记录英国财政部财政活动的文件汇编。

excisable *a*. 应交纳货物税、消费税、营业税或执照税等国内财政税的

excise (= excise tax)

excise lieu property tax　保险执照税；保险许可证税　对经批准或许可经营业务的各类保险公司收到的保险费总额所征收的税。

excise tax　货物税；消费税；营业税；财产转让税；执照税　现在该词的含义可扩大到包括除所得税以外的任何国内财政税。

excited utterance　激情表述　证据法中指陈述人在有关惊人事件或情况所造成的兴奋状态下对该事件或情况所

作的陈述。激情表述是传闻规则[hearsay rule]的一个例外。

exclusa n.〈英格兰古法〉❶排水的闸门 ❷为了此种排水阀门的利益而向领主所付的费用

exclusagium (= exclusa)

exclusionary clause 免责条款 指交易双方在合同中约定限制对当事人的违约行使损害赔偿请求权的条款。(⇨exceptions clauses)

exclusionary hearing 排除证据的听审 指由庭审法官在庭审前主持进行的听审,旨在对被指称为非法取得的证据进行审查,以决定该证据能否在庭审中被采纳。

exclusionary rule 〈美〉证据排除规则 依据此规则,对于违反美国宪法的规定,通过非法搜查与扣押取得的证据,在庭审时不得采纳。此规则于1914年确立,1961年被适用于各州。1984年美国最高法院对证据排除规则的适用作出了限制,增加了"最终或必然发现的例外"和"善意的例外"。前者指对非法取得的证据,只要能证明最终或必然会以合法手段取得,即可采用;后者指警察进行搜查时,如以法官签发的搜查证为依据且其行为是出于善意,则尽管最终发现搜查不合法,但取得的证据仍可采用。(⇨ good faith exception to exclusionary rule; illegally obtained evidence; inevitable discovery rule)

exclusionary zoning 除外分区制 指依据分区法令将某些人或事务排除于特定地区之外的分区制。

exclusion orders 〈英〉驱逐令 指根据1976年《防止恐怖活动(临时条文)法》[Prevention of Terrorism (Temporary Provisions) Act]禁止具有恐怖分子嫌疑的人进入或滞留在英国而发布的命令。

exclusive agency 独家代理 指被代理人授予代理人在一定地区或市场内享有独家销售权的代理。这种代理包括下列三个条件:①独家代理协议只是规定被代理人在同一地区或市场不得再指定其他代理人,但并不剥夺被代理人自己在该地区或市场进行直接销售的权利;②代理人是唯一有权在指定地区或市场进行销售的人;③对在代理人享有独家代理权的地区或市场进行的无论是通过还是未通过代理人的所有的销售,代理人均享有从中获得约定佣金的权利。

exclusive agency listing 独家代理协议 指财产所有权人与代理人之间订立的一种协议,约定在特定期间内,除财产所有权人外,该代理人是唯一有权销售该财产的人。又可写作"exclusive-authorization-to-sell listing"。(⇨exclusive agency)

exclusive agency to sell 独家销售代理(⇨exclusive agency)

exclusive agent 独家代理商 指享有在某一地区或市场独家销售权的代理人。(⇨exclusive agency)

exclusive and concurrent jurisdiction 〈美〉专属管辖权和并存管辖权 指联邦法院对某些案件具有专属的初审管辖权,如关于两个以上州之间的争议的案件;而对另外一些案件则联邦法院和州法院具有共同的管辖权——如关于不同州的公民之间争议的案件——当事人可任意选择向联邦法院或州法院起诉。(⇨concurrent jurisdiction)

exclusive authorization to sell listing 独占性销售代理协议;独家销售代理协议 指不动产所有人授予某代理商独占的出售其不动产的书面协议。在这种情况下,不动产所有人及任何第三人均不能有出售该不动产的权利,即使是所有人自己找到买主,也应付给代理商佣金。(⇨listing)

exclusive contract 专买或专卖合同 指立约人保证将其全部商品仅卖给一人或仅从一人处购买其所需全部商品的合同。(⇨ entire output contract; exclusive dealing arrangements)

exclusive control 单独控制 这是适用"事情不言自明"原则[res ipsa loquitur]的一个重要前提。指导致损害发生的事物仅在被告的控制之下,其他任何个人或实体对其都不能控制。如果该事物处于正常管理状态下,就不会导致损害的发生,则损害发生的事实构成被告未尽适当注意义务的合理证据。

exclusive dealing arrangements 〈美〉排他性交易协议 指买方根据合同只能全部从卖方购买他所需要的某种商品,而不能再和第三人进行同样的交易。普通法一般认为这种只同某一卖方或某一买方排他性交易的协议是合法的,但根据《谢尔曼法》[Sherman Act]、《克莱顿法》[Clayton Act]及《联邦贸易委员会法》[Federal Trade Commission Act]等法律,此种协议通常被认为是非法的。

exclusive fishery 专有捕鱼权 指在一定水域独家享有的捕鱼权,无论对其该水域上的土地是否享有财产权。

exclusive franchise 独家经销权(⇨exclusive agency)

exclusive jurisdiction 专属管辖权 指某一法院对某一案件或某人具有专属的、排他的管辖权。也就是说,某一案件只能在某一法院起诉,因为其他任何法院对该案均无审判之权。例如,根据美国《证券交易法》[Securities Exchange Act]所提起的诉讼必须向联邦地区法院起诉。

exclusive lease (= exclusive license)

exclusive license 排他性许可 指专利权人授予被许可人独家使用、制造和销售专利产品的权利的许可。同时它也约束专利权人不得在授予该排他性许可后扩大已授予的其他许可的范围,也不得增加被许可人。

exclusive licensee 排他性许可可人;独家被许可人 指被许可独家享有使用、制造和销售专利产品权利的人。常指在某一指定地区独家享有使用专利方法和专利产品的权利的人。

exclusive listing 独家(代理)协议(⇨exclusive agency listing)

exclusively used 专用的;专门用途 在免税的规定中,指专门用于宗教礼拜、学校或纯粹慈善目的的财产可免除纳税。且此种用途一般指的是该项财产的主要或固有用途,而非次要的或偶然用途。

exclusive ownership 独享的所有权 指在该所有权指向的财产上,其他任何人都不享有任何普通法和衡平法上的利益。(⇨fee simple)

exclusive possession 排他性占有 时效占有人[adverse possessor]的排他性占有,系指时效占有人必须为其自身的使用和收益对土地实行排他性的支配,但他人对该土地行使地役权并不影响其排他性占有的效果。(⇨adverse possession)

exclusive power of appointment 排他性委任权 该种委任人向他人授予权利,但禁止被授权人就权利指定对象再行转移。(⇨power of appointment)

exclusive representative 〈美〉全权代表 即唯一的代理人。用于《全国劳资关系法》[National Labor Relations Act]规定的集体谈判时,指作为全体雇员的唯一代表与资方就工资、劳动时间及其他劳动条件进行谈判的代表。

exclusive right 专属权;专有权 指只有受让人才能行使,其他人均不得行使的权利。

exclusive right of sale 专卖权;独家销售权 享有此种权

利的代理人为被代理人的唯一销售代理人，被代理人自己亦不得再销售其产品。（⇨exclusive right to sell）

exclusive right to sell 专卖权 指不动产所有人授权某一不动产经纪人为其某一不动产的唯一出卖代理人。订立此种专卖协议后，在约定期限内，不动产所有人自己不得出卖该不动产，也不得再授权另一经纪人为该不动产的代卖人。

exclusive sales contract 专卖合同 指制造商或批发商同意将其商品只卖给某一地区的某一经销商，或某一经销商同意只从该制造商或批发商处购买商品的协议。如果此种合同没有垄断价格和压制竞争的倾向，即为有效。

exclusive use 专有使用 ①在商标注册授权的法律中，注册商标的专有使用权不仅及于所注册的特定商标，而且及于其他易于混淆的相同或相似的标识、用语；②它作为时效取得地役权的要素之一，是指权利人行使权利并不依赖于他人的相同或类似的权利。但它并不排斥供役地 [servient estate] 所有人对土地的使用。

ex colore 〈拉〉假借…的名义；以…作为借口；以…作为掩饰

ex comitate 〈拉〉出于礼貌；出于礼让；为公共秩序目的

excommengement n. 开除教籍；逐出教会（= excommunication）

ex commodato 〈拉〉源自贷款的；基于贷款的 此词语在英格兰古法中常用以表示因贷款而产生的起诉权。

ex commodo 〈拉〉在方便的时候；以认为合适的方式；从容地

excommunicate v. 剥夺…参加圣礼、圣事的权利；逐出教会（⇨excommunication）

excommunication n. 绝罚；开除教籍 一种教会惩罚，指将被惩罚者逐出教会。分为两种，前者指被惩罚者不能参加圣礼或担任圣职，惩罚程度较轻，由教会法官执行；后者针对最严重的违反教规者，被惩罚者不能与任何基督徒交往，甚至被捕入狱。如果被绝罚者认罪并忏悔，可由教会法官、主教或教皇赦免。中世纪绝罚经常被用以惩罚世俗君王，但后逐渐失效。

excommunicato capiendo 〈英〉（教会法）逮捕被开除教籍者令 指经主教证明被告为被开除教籍者后，由文秘署 [Chancery] 发出的令状，要求郡长逮捕和拘禁被告，然后将此令状交还给王座法庭。（= de excommunicato capiendo）

excommunicato deliberando 〈英格兰古法〉释放囚禁的被开除教籍者令 经教会法官证明被囚禁者遵从教会法院的管辖后，向郡长发出此令状。（= de excommunicato deliberando）

Excommunicato interdicitur omnis actus legitimus, ita quod agere non potest, nec aliquem convenire, licet ipse ab aliis possit conveniri. 被开除教籍者被禁止实施任何法律行为，也不能起诉他人，但可以被他人起诉。

excommunicato recapiendo 再次逮捕被开除教籍者令 指被开除教籍者在作出服从教会权力的保证前被非法释放或被释放后不遵守教规，从而发布此令状，要求将其重新抓回，再次监禁。（= de excommunicato recapiendo）

ex comparatione scriptorum 〈拉〉通过比较笔迹 证据法中的用语。

ex concessione 〈拉〉依据授权；基于授权

ex concessis 〈拉〉已承认的事实；被确认无疑地

ex concesso 〈拉〉依据已被承认的事实

ex concessu 〈拉〉（= ex concesso）

ex consulto 〈拉〉经过考虑或协商

ex continenti 〈拉〉（大陆法）立即；马上；毫不迟延

ex contractu 〈拉〉来自契约；源于契约 大陆法和普通法一般都将诉讼划分为两类：一类是来自契约，一类是来自违法或侵权 [ex delicto]。

ex culpa levissima 〈拉〉由于极小的错误（或疏忽）

exculpate v. 开脱；使无罪；证明…无罪

exculpatory a. 开脱罪责的；申明无罪的；辩白的

exculpatory clause 免责条款 指规定当事人对特定的不法行为免于承担责任的合同条款，主要目的是使当事人免于因过错而承担责任。它常见于租赁、合同和信托中。在信托文件中，该条款有利于受托人便宜行事，即只要受托人的行为系根据信托文件而善意为之，即可免责。

exculpatory statement or evidence 证明无罪的陈述或证据 指有助于证明被告人无罪或其行为是出于善意并有正当理由因而可免责，或证明其为清白无辜的陈述或其他证据。（⇨incriminating evidence）

ex curia 〈拉〉法庭之外；不在法庭内

excursion permit 旅行优惠许可证 指允许船只搭载超过其原准载人数的额外乘客，或可以出入其原来不准航行的水域的许可证。

excusable a. 可原谅的；可辩解的；可免除的 此词在法律中用于指某些行为或过失从表面上看是错误、不合法的或将会使行为人承担由此造成的损失或不利的后果；但由于伴随该行为或过失的客观情况足以构成合法免责理由，从而使行为人免负责任。

excusable assault 可免责的伤害 指在以合法方式为合法行为时，行为人已尽了通常的注意义务且无非法意图，但由于发生意外或不幸而导致伤害他人的后果，对此，行为人可免负责任。

excusable homicide 可免责的杀人 指行为人从事法律并不禁止的行为时，由于某种原因而造成了杀人的后果，行为人可以免负罪责。可免除罪责的杀人有两种情况：一种是意外事故杀人 [homicide per infortunium]；一种是行为人进行正当防卫而杀人 [homicide se defendendo]。（⇨homicide）

excusable neglect 可原谅的疏忽 指当事人未在适当期限内为适当行为，并非是由于其粗心、不注意或无视法庭的诉讼程序，而是因为出现了某些无法预见或不可避免的意外，或是因为信赖其诉讼代理人的谨慎或对方当事人的允诺而造成的。因此，法律一般都授权法庭允许当事人在应进行该行为的期限届满以后可以继续进行由于出现上述原因而未能进行的行为。

excusable trespass 可原谅的侵害 指由于法律宽恕而不得起诉的侵害，即法律认为有正当理由的侵害。

Excusat aut extenuat delictum in capitalibus quod non operatur idem in civilibus. 在死刑案件中能够免除或减轻刑事责任之情事，在民事诉讼案件中则无足轻重。

excusatio 〈拉〉（罗马法）（大陆法）免负责任的理由；免除义务的理由

excusator ❶〈英〉辩解人 ❷（德国古法）被告人；完全否认原告主张的人

Excusatur quis quod clameum non opposuerit, ut si toto tempore litigii fuit ultra mare quacunque occasione. 因特定事由身在国外，致其在应主张权利期间内失于主张权利之人，应免于承受由此所致之不利。

excuss v. 依法扣押；依法扣留

excussio 〈拉〉（罗马法）（大陆法）检索抗辩；依法索赔

指债权人在要求保证人履行保证义务之前，应先向主债务人穷尽一切追偿手段。（⇨discussion）

excussion n. 依法扣押

ex date （＝ex-dividend date）

ex debito justitiae 〈拉〉❶基于法定债务；作为法定债务 ❷根据法定条件或要求 ❸基于法定权利；作为法定权利

ex debito naturali （＝debito naturali）

ex defectu juris 〈拉〉由于权利的瑕疵或无效

ex defectu natalium 〈拉〉由于不是合法出生；由于非婚生 鉴于制定法已将普通法中涉及非婚生子女地位和权利的严格规定予以缓解，故该词已无现实意义。

ex defectu sanguinis 〈拉〉由于没有子女或后嗣（⇨issue）

ex delicto 〈拉〉由于侵权；源自侵权 不论大陆法还是普通法，诉因都分为"由于合同"［ex contractu］和"由于侵权"［ex delicto］两种。违反合同义务产生的诉因，形成因合同引起的诉讼；违反合同外义务产生的诉因，形成因侵权行为引起的诉讼，如侵害之诉［trespass］、动产侵占之诉［trover］、返还原物之诉［replevin］

Ex delicto non ex supplicio emergit infamia. 〈拉〉名声败坏是因其犯罪，而不是因其受罚。

ex delicto trusts 〈拉〉非法信托 指为非法目的而设立的信托。最常见的是为阻止债权人实现其债权，债务人故意将自己的财产设立信托。

ex demissione 〈拉〉〈古〉依租约 驱逐之诉［ejectment］中名义上之原告在申明其权利之合法来源时用语，等于 on demise of。（⇨ejectment）

ex directo 〈拉〉立即；马上

Ex diuturnitate temporis, omnia praesumuntur solemniter esse acta. 〈拉〉期间届满则凡事皆推定完成。

ex dividend 〈拉〉无股息；除去红利 指股东在公司宣布红利后但未实际支付前出售其持有的股票，则该期应分红利仍归其所有，买方并不能获得该期红利。此种股票出售时，通常以该种股票的一般市场价格减去已宣布的红利的余额为其价格。这种股票经常被标明为"除去红利交易"［trading ex dividend］。

ex-dividend date 〈拉〉除息日；无红利日 指股票被除去红利的日期。若在此日期后转让股票，则获取公司近期宣布的红利的权利并不附随股票转移给买方。（⇨ex dividend）

ex dolo malo 〈拉〉基于欺诈；由于欺诈 该词用于指义务或诉因基于欺诈的存在而归于无效。

Ex dolo malo non oritur actio. 〈拉〉欺诈不产生诉权。意指法庭不为基于不道德或非法行为产生的诉由提起诉讼的人提供帮助。

Ex donationibus autem feoda militaria vel magnum serjeantium non continentibus oritur nobis quoddam nomen generale, quod est socagium. 〈拉〉从不包含军事封地和大军役土地保有［grand serjeanty］的土地授予产生了我们所用的一个概括性的名词，即"农役土地保有"［socage］。（⇨serjeanty; socage）

exeat n. ❶〈英〉（英格兰国教会中）主教允许牧师迁至另一教区任职的许可 ❷（牛津和剑桥大学）允许本科生短时离校的许可 ❸（泛指）离开许可

execration n. ❶食审法 在这种审判形式中，给被告人一小块祝圣过的乳酪或面包要其吞咽，同时祈祷，如果能吞下则证明其无罪，如为噎死所为罪。 ❷（在食审中）给被告人吞食的食物

execute v. ❶实施；执行；履行；完成 ❷签字、盖章、交付等一切使契约、文件等生效的必要手续 ❹处死刑

executed a. ❶完成的；已做成的；已履行的 ❷已完成使契约、文件等生效的签字、盖章、交付等一切必要手续的；即行生效的 ❸现存的；现有的 ❹转让财产（或权利）的

executed agreement 已履行的协议（＝executed contract）

executed and recorded ❶已经履行并已登记在案 相当于 executed and delivered（已经履行并已交付）。 ❷已完成生效的必要手续并已登记在案

executed compromise 已完全履行的和解协议

executed consideration 已履行的对价 订约时或订约前已经完全履行的对价，过去的对价，相对于当前或未来的对价。

executed contract ❶已履行的合同 指双方当事人均已完全履行义务的合同。如只是部分履行，则称为部分履行合同［partially executed contract］，实为待履行合同［executory contract］。 ❷即时清结合同 指合同订立时立即完全履行的合同，例如即时交割、银货两讫的现金合同［cash sale］。

executed contract of sale 已完全履行的买卖合同 指价款已付，转让契据已经完成签名等一切必要的手续，且转让契据已经交付的土地买卖合同；也指已经完全履行、买卖标的产权已转移给买方、买卖标的灭失毁损等风险也已由卖方转给买方的动产买卖合同。

executed deed 已完成生效的必要手续的契据 指一切使之生效的必要手续已经完成，以便标的物得以转让的契据。也就是说，契据已经具备法律所要求的签字、盖章、确认、证人联署证明等手续，并已交给受让人或其代理人。

executed estate 既定地产权 已经为权利人实际享有的确定的地产权，其存在不依赖于以后某种情况或事件的发生与否。与其相对的是"期待地产权"［executory estate］。（⇨estate in possession）

executed fine 〈英格兰古法〉佃户作为地产受让人的权利被确认时向领主所缴纳的费用

executed gift 已交付的赠与 指赠与人以产权转移的意思将所赠之物交付给受赠人并为受赠人所接受的赠与。

executed insurance policy 已完成生效必要手续的保险单；已生效的保险单 指已由保险人或其代理人签字的保险单。如果保险单规定必须副署和交付保险单才生效，则除保险人或其他代理人签字外，还需副署及交付该保险单，才算完成生效的必要手续。

executed license 已执行的许可 一种关于不动产的不可撤销的许可，指被许可人已经向许可人支付了对价，或基于善意，被许可人已对该不动产进行有价值的改良或进行投资。

executed note 已开出的期票 指已经签字并已交付的期票。

executed oral agreement 已（由双方当事人完全）履行的口头协议

executed remainder 既定剩余地产权 指剩余地产权现时已被授予，但要将来才能享用。与之相对的是期待剩余地产权［executory remainder］。

executed sale 已履行的买卖

executed trust ❶书面订明的信托 指信托意图已经书面订明的信托。 ❷已生效的信托 指信托财产和权益已

在设立信托的文书中得到明确限定,并已将信托财产和权益为指定受益人的利益而转移给了受信托人,无需受托人再为某些行为即已生效的信托。

executed unilateral contract 已履行的单务合同 指已按照要约的条件及在其所规定的期限内完全履行的要约。亦指要约已由被要约人部分履行而承诺,但其所履行的部分必须达到使要约人不得撤销或撤回要约的程度。

executed use 〈英〉❶已生效用益 土地移转中的第一层用益,《用益法》[Statute of Uses]根据已生效用益提供占有。使用与占有合而构成普通法地产权,从而可说《用益法》使用益生效。(⇨use) ❷实际履行的用益权 指享有法律上的产权并取得对物的实际占有,即可依制定法对物实际履行的用益权。

executed will 已完成生效的必要手续的遗嘱 ①已经由立遗嘱人签字,并按法律要求由证人签字证明的遗嘱;②已由立遗嘱人签字的遗嘱。

executed writ 已执行令状 指已被接受该令状的官员执行了的令状。

executio 〈拉〉❶实施;完成 ❷管理;经营 ❸执行 旧时指诉讼的最后一项程序。

executio bonorum 〈拉〉(英格兰古法)对动产的管理

Executio est executio juris secundum judicium. 〈拉〉执行是依据判决执行法律。

Executio est finis et fructus legis. 〈拉〉执行是法律的目的和结果。

Executio juris non habet injuriam. 〈拉〉执行法律不构成侵害。

execution n. ❶实施;执行;履行;完成 ❷为使契约、文件、票据等生效而履行签名、盖章、交付等一切法律所要求的手续 ❸执行死刑 ❹(判决)执行令(⇨writ of execution)

execution against the person 人身执行令 普通法上一项有名的对判决的执行令状,依拘留债令状[capias ad satisfaciendum]进行,由行政司法官或验尸官将判决中确定的债务人予以逮捕,并加以拘禁,保证其在指定的被传唤出庭日能够出庭,以向债权人清偿其债务。

execution creditor 申请执行的债权人 指已获得确认其债权的判决,并申请签发执行令的债权人。

executione facienda in withernamium 命令取回被他人运至郡县之外的避免被郡县治安官追回的牲畜的令状

executione judicii 要求下级法院法官执行该下级法院的判决或要求其报告迟延执行的合理理由的令状

executioner n. 死刑执行人;刽子手

execution in duplicate 使完全一样的文本生效的手续的完成 指经签字等手续使内容完全一样的两份或更多文件生效,其中每一份都是该文件的正本。

execution lien 执行留置权 债权人对为执行判决而扣押的财产享有的留置权。依该留置权,申请执行的债权人可以该项财产优先获得清偿。

execution of criminals 〈英〉处决罪犯 指对被判处死刑的罪犯执行死刑。它必须由执法官(行政司法官或其副手)来进行。普通法执行死刑的方式是绞刑,在1868年以前,绞刑公开执行,以后则在监狱内在行政司法官、监狱看守、监狱牧师、监狱医生以及行政司法官认为必要出席的人面前执行。在美国及其他一些国家死刑用电刑、毒气处死等方法执行。

execution of deeds 契据生效要件的完成 指在证人的见证下完成签字、盖章、交付等一系列使契据生效的必要手续。英国1925年《财产法》[Law of Property Act]规定了个人、法人、代理人完成契据的各种要求。1925年《司法组织法》[Judicature Act]则规定了强制完成契据生效要件[compulsory execution]。

execution of instrument 完成使法律文件生效的一切手续 指履行一切使法律文件生效所必需的签字、交付等行为。

execution of judgment or decree 判决的执行 指由执行官依法院签发的执行令使判决结果得以实现的法律程序。对于执行要求给付金钱的判决的,执行官可以扣押和变卖债务人的财产,以使债务得到清偿。

execution of wills 遗嘱生效要件的完成 根据英国1837年《遗嘱法》[Wills Act],遗嘱须由立遗嘱人在遗嘱末尾签字或由其在场并指示他人在遗嘱中代为签字,且经两位证人在场签字证明,始为有效。1852年《遗嘱法修正法》[Wills Act Amendment Act]对遗嘱签字作了灵活规定。另外,上述规则对现役军人或海上作业之海员并不适用。(⇨executed will; attestation clause)

execution parée 〈法〉根据债务人承认所欠债款而对其财产所作的执行 法国法中的一种执行程序。按照这一程序,债务人自己承认欠有债务并同意接受要求自己偿还债务的判决时,债权人得不经传唤债务人,直接扣押和变卖债务人的财产,以所得价款偿还债务人所欠债务。(⇨confession of judgment)

execution sale 执行拍卖 指行政司法官或其他行政官员依执行令拍卖已被扣押的债务人的财产,以拍卖所得来清偿判决所确定的债务。(⇨judicial sale)

execution sale en masse (= sale en masse)

executive a. ❶实行的;执行的 ❷行政的 n. ❶行政部门 ❷执行者;行政官员;高级官员 ❸执行权 ❹(工商企业中的)高层管理部门

executive administration, or ministry 〈英〉行政机关;(全体)阁员 英国的一个政治术语,指那些管理联合王国的政府主要部门中担负重要责任的高层官员。(⇨executive employee)

executive agency 〈美〉执行机构 指诸如陆军和空军调剂服务机构[Army and Air Force Exchange Service]的行政部门,其行为由成文法规定,其签定的合同须接受司法审查。

executive agreement 〈美〉行政协定 指总统依其行政权力,无需取得参议院的同意而与外国政府签订的协定,其效力优于与之相背的州法律。虽然此类协定没有明确的宪法授权,但是其宪法上的有效性是早已被确立的。与条约所处理的事务相比,行政协定通常解决相对次要的问题。

executive capacity 管理能力 指积极参与工商企业的管理、监督及操纵的能力。

executive certificate 行政机关证书 国际法的用语,指行政机关向法院提交的、证明在法院里争讼的某些事实的证书。如证明某一组织是否为某一地域的政府,某人是否具有外交代表的身份等。这种证书通常是决定性的,其证明的事实不容争辩。

executive clemency 〈美〉行政宽赦(权);行政赦免(权) 指行政首脑即总统或州长对已定罪者免除或减轻刑罚的权力。

executive committee 管理委员会 指非官方组织或社团的管理委员会,其职权由其章程规定。在工商企业中指在董事会休会期间处理日常事务的委员会,通常由董事会指派的董事和高级职员组成。

executive department 〈美〉行政部门　指政府中区别于立法机关和司法机关的部门,其首脑在联邦一级为总统,在州一级为州长,主要职能为执行立法机关通过的法律。也指联邦或州政府中主要的管理或执行机构,如国务院、国防部、司法部等。

executive employee 行政雇员　指具有某种管理权并实际指导其他人员工作的人,其所具有的对一般雇员的监督或控制权,使之区别于一般雇员[ordinary employee]。

executive necessity 〈英〉行政上的需要　指英格兰法"君主不能使自己负担法律义务而使其将来的行政功能受到束缚"的原则。

executive officer ❶行政官员　政府行政部门的官员,既享有执行法律的权力,又具有保证法律被遵守和执行的义务。❷行政人员　既非立法机关,又非司法机关的机关工作人员。❸(工商业)管理人员　控制,指导全部或部分业务活动或概括地向下级职员交代其职责和指导下级职员工作的人。例如公司的总裁或副总裁。

executive order 〈美〉行政命令　指总统或其属下的行政机构为解释、补充宪法、法律、条约的规定,或使宪法、法律或条约的某一规定得以施行而发布的命令或规则。该命令只有在《联邦政府公报》[Federal Register]上公布,才产生法律效力。

executive order Indian reservation 〈美〉印第安人居留地　指根据总统的行政命令,从被移民者占有的印第安人原居住区域内划出的专供印第安人居留的土地,或者在符合美国公共土地法的情况下,另外分配给印第安人的居留地。

executive ordinance 〈美〉市政条例　指为了行使管理权或行政权而非立法权而通过的地方性规章,故不得进行公民复决。

executive pardon 行政赦免　指免除某人应受的刑事处罚的行政行为。美国总统的行政赦免权由美国宪法第二条规定,州宪法也规定了州长的行政赦免权。(⇨executive clemency)

executive power 〈美〉行政权　指法律赋予联邦或州行政部门实施法律的权力。美国宪法第二条明确列举了总统的行政职权,州长的行政权力则由各州宪法加以规定。

executive privilege 行政官员豁免权　指根据宪法分权原则赋予行政官员的一种特权。它免除行政官员公开某些情况的义务。这种免除是为保持政府运行而必须处理高度重要的行政职责时所必需的。它不仅是免除公开军事和外交秘密的义务,还包括免除公开政府各部门间有关国内事务的决策的文件的义务。

executive proceeding 〈美〉行政强制执行行为　指行政机关或者公务员无需由法院行使司法权或法院协助而直接强制义务人履行义务的行为。比如,行政机关扣押和没收纳税人的财产而即时征收税款的行为。

executive session 内部会议;行政会议　指董事会或政府机构举行的不公开会议,在这种会议上,只有那些经该董事会或该政府机构邀请的人才可出席。

executor *n.* ❶遗嘱执行人　指由立遗嘱人在遗嘱中指定在其死后依遗嘱处理其遗产的人。❷(大陆法)(判决)执行官　❸执行者;实施者

executor ab episcopo constitutus (教会法)主教指定的遗嘱执行人;(未留遗嘱死亡人的)遗产管理人

executor à lege constitutus (教会法)❶法律指定的遗嘱执行人　❷(教区的)教会常任法官

executor à testatore constitutus (教会法)立遗嘱人指定的遗嘱执行人

executor by substitution 继任的遗嘱执行人　指由立遗嘱人指定的、当第一遗嘱执行人部分执行遗嘱即辞任时,接替继续管理遗产的人。

executor dative 〈苏格兰〉法庭指定的遗嘱执行人　相当于英格兰法中的"administrator"或"administrator with the will annexed"。

executor dativus (= executor ab episcopo constitutus)

executor de son tort 〈拉〉无权遗嘱执行人　指某人并未经合法的许可或授权,而自行介入对他人遗产的管理,从而使自己在某种程度上履行遗嘱执行人的职责。(⇨ de son tort)

executorial trustee 由遗嘱执行人担任的受托人　指通过遗嘱设立信托,并规定遗嘱执行人除执行遗嘱外还被授权托管该信托财产。

executor lucratus 可受益遗嘱执行人　指可拥有由于生前错误地干预别人的财产而应负法律责任的遗嘱人的遗产的遗嘱执行人。

executor of an executor 遗嘱执行人的遗嘱执行人　遗嘱执行人对立遗嘱人的财产享有的权益,在该遗嘱执行人死亡时,转移给他指定的自己的遗嘱执行人。但在法庭任命的遗产管理人[administrator]死亡时,法庭任命的新的遗产管理人必须经过授权,才能取得此权益。这是因为遗嘱执行人是立遗嘱人自己所指定;而遗产管理人则是由法院任命,其管理权来自法院。

executor of his own wrong (= executor de son tort)

executor's bond 遗嘱执行人保证金　指作为遗嘱执行人取得立遗嘱人代表的权利的条件,要求他交纳的保证金。其数额、形式、条件等通常由法律加以规定。

executorship *n.* 遗嘱执行人的职务

executor's right of retainer 遗嘱执行人的保留权　指在遗嘱执行人自己也是遗产的债权人时,有权保留他所管理遗产中的一部分,以优先实现自己的债权。(⇨retainer)

executor testamentarius (教会法)遗嘱指定的遗嘱执行人　亦即立遗嘱人指定的遗嘱执行人[executor à testatore constitutus]的另一种名称。

executor to the tenor (教会法)实际遗嘱执行人　指虽然不是遗嘱中直接指定的遗嘱执行人,但其对于遗产的职责与只有遗嘱执行人才能履行的职责相同,即实际上履行遗嘱执行人的某些职责的人。

executory *a.* ❶(法律、法令)现行有效的;正在实施的　❷待生效的;将来生效的;尚未履行(或执行)的;将来履行(或履行)的

executory accord 待履行的和解协议　由债务人明示或默示地允诺在将来某一时间内全部或部分履行其债务,而债权人则明示或默示在将来该时间接受债务人对其债务的履行而达成的协议。和解协议的另一种形式是重新订立替代合同[substituted contract],替代合同一经订立,原债权即被新合同所订之债权所替代,原债权亦随之消灭。

executory bequest 将来生效的遗赠　指死者在遗嘱中对其动产设定的、在将来某一时间才生效或其是否生效取决于将来一定事件的发生与否的遗赠。

executory consideration 待履行的对价　合同订立后才能给付的对价;当前或将来的对价,相对于过去的对价。

executory contract 未完全履行的合同;待履行的合同
executory contract of sale 尚未生效的买卖合同;尚待履行的买卖合同　指必须在买卖合同的条款被履行后,买卖标的的产权才能移转给买方的买卖合同;亦指按照合同规定,在合同签订后还必须签署和交付将买卖标的的产权移转给买方的文据的土地买卖合同。
executory contract to sell 尚未完全履行的买卖合同　根据该合同,在买卖标的交付及产权移转前,尚有合同当事人按合同必须履行的义务。
executory devise 将来生效的不动产遗赠　指不动产遗赠的生效取决于将来某一事件的发生。因此,该事件的发生与否决定着该项不动产的将来归属,且在此之前,任何人都无权转让该项不动产。如果受遗赠人在该事件发生前死亡,则该项不动产由在该事件发生时受遗赠人的继承人继承,而不是由该受遗赠人死亡时的继承人继承。在英格兰,此种不动产遗赠受到衡平法以及1535年《用益法》[Statute of Uses]和1540年《遗嘱法》[Statute of Wills]的承认;早期的普通法有一项确立的原则,即遗赠的不动产如果没有明确的限制,只能由受遗赠人在其生存期间保有,而将来生效的不动产遗赠与此原则相背,因而是无效的;后来则承认在有遗嘱的情况下可作为例外。
executory estate 期待地产权　指权利的赋予或享有取决于将来一定事件的发生。与之相对的是"既定地产权"[executed estate]。
executory instrument 待生效的契约(或法律文书);尚未执行或全部执行的契约(或法律文书)
executory interests 将来的利益;期待利益　指现由第三人拥有,但通过将来的遗赠或财产转让而在将来可获得的利益。它包括通过将来生效的不动产遗赠而获得的地产权,及通过财产转让或遗赠而获得的对动产的将来利益,但它不包括归复地产权[reversion]和剩余地产权[remainder]。此种利益得到衡平法和英国1535年《用益法》[Statute of Uses]的承认,但在早期普通法上则被认为无效。
executory judgment 待执行的判决
executory license 待实施许可(证)　指被许可的行为尚未实施。
executory limitation (= executory interests)
executory process 执行程序　指大陆法上的一种民事程序,当债务人承认其债务而接受判决从而使债权人的权利得到确认,或债权人对某一法院作出的生效判决申请另一法院予以执行时,可开始此程序,它在性质上属一种简易程序,无需经过传讯、听审和判决即可单方扣押和变卖债务人的财产,使债务得到清偿,此种执行程序相当于法国法中的"execution parée"。(⇨execution parée; confession of judgment)
executory promise 待履行的承诺　指承诺人尚未履行其承诺的任何行为。
executory remainder 期待的剩余地产权　指将来地产权的享有人尚未确定,或其生效取决于某一不确定事件的发生与否。与之相对的是既定剩余地产权[executed remainder]。
executory sale 未完全生效的买卖合同　指买卖合同的条款已经双方同意确定,但由于某些条款细节——如价格、买卖标的的数量、买卖标的的特点、价款的分期付款办法、交付方式等——尚未确定,因而尚未完全生效的买卖合同。
executory trust 待履行的信托;不完全信托　指信托的完全设立还有待于进一步实施信托文件确定的财产转让行为。如设立的信托旨在管理某项财产,但该项财产却尚未转让给受托人。(⇨executed trust)
executory unilateral accord 待承诺的要约;尚未生效的单方同意　指在订立一项合同而发出的要约。
executory use 待生效用益;待确定的用益;(附条件或附期限的)将来用益　基于待生效遗赠而授予普通法权利的一种派生用益[spring use]。(⇨use)
executory warranty 附条件的担保(⇨promissory warranty)
executress (= executrix)
executrix n.(古)女执行者;女遗嘱执行人
executry n.遗产中转归遗嘱执行人所有的动产
exedos 〈西〉公用土地(⇨ejidos)
exegence (= exigent)
Exempla illustrant non restringunt legem.〈拉〉实例乃法之例证,非法之限制。
exemplars n.采样证据　指从被告人取得的可证明身份的证据,如指纹、血样、声纹、列队辨认、笔迹等。
exemplary damages 惩罚性损害赔偿金　指由于被告的暴力、强制、诈欺、恶意行为加重了原告的损害,从而判决给予原告以超出实际或通常程度的损害赔偿金,以示对被告的惩罚。
exempli causa 例如;举例
exemplification n.真实抄本　指为用作证据而制作,并经鉴定或证明是真实的正式副本。
exemplificatione n.批准(或承认)原始记录抄本的令状
exemplified copy ❶经认证的文件正本(或副本) ❷(盖有国玺或法院印章以证明其真实性的)公文或记录的正本(或副本)
exempli gratia 例如;为举例之目的　常缩写为"ex. gr."或"e.g."。
exemplum 〈拉〉❶(大陆法)副本;抄本 ❷例子;范例　如ad exemplum constituti singulares non trahi的意思就是:例外的事物不可用作例子。
exempt v.豁免;免除(纳税、兵役等义务)
　a.被豁免的;被免除(义务责任等)的
　n.被免除(责任、义务)者;被免税者(⇨exemption; exemption laws)
exempted securities 〈美〉豁免证券　根据《1933年证券法》[Securities Act of 1933]规定无须登记注册的证券。
exempt income ❶免税收入;免税所得　在美国,既指免除州和联邦所得税的收入,亦可指只免除州所得税或只免除联邦所得税的收入。 ❷免于被扣押的收入
exemption n.❶豁免;免除(责任、义务) ❷财产豁免权　指法律允许判决确定的债务人得以保留的一定数量或一定种类的财产在执行、扣押、破产等程序中可免被扣押和变卖的特权。 ❸(收入中的)免税额　包括两种情况:个人收入免税额[personal exemption]和被扶养所得收入免税额[dependency exemption]。(⇨exemption laws; dependency exemption)
exemption clause 免责条款　规定免除一方当事人责任的合同条款。它只有在当事人履行合同过程中发生符合该条款规定的情形时,才可适用;若背离合同或根本违反合同,则不适用。
exemption equivalent 〈美〉最高免税转让财产额　指由于适用统一的税收抵免而免征联邦赠与税或财产税的可转让的最高财产额。

exemption from arrest 逮捕豁免；拘留豁免　由宪法或法律规定的在某一刑事案件或某一类刑事案件中不受逮捕的特权，及由宪法、法律或普通法规定的在民事案件中不受拘留的特权。

exemption from income tax 免税所得额　指在确定应税所得时，依法律规定，纳税义务人因为其自身、配偶或受其扶养人的原因可以不缴纳所得税的所得额；也指根据制定法或普通法免纳所得税的某类性质的所得。

exemption from jury duty 免除担任陪审员的义务　指法律规定某一类人不能履行担任陪审员的一般义务，而不是指某人由于某种原因不能在某一具体案件中担任陪审员。

exemption from military service 兵役义务之减免　指对某类应服兵役之公民的兵役义务的全部或一定限期的免除。

exemption from self-incrimination 自我归罪的豁免　指宪法和法律中规定的任何人不得被迫证明自己有罪的权利。（⇨self-incrimination）

exemption from service of process 免除传票的送达　指根据宪法和法律的规定，或由法院基于公共政策的考虑而决定的在民事诉讼中的特定期间免除对某人或某些人送达传票。如被送达人是正在服兵役的军人、正出席法庭的律师、正在履行职责的国会议员或州立法机关的成员等。

exemption from taxation 免税　广义可指对所有财产的免税。狭义指对某些特定的个人或企业，或某一类个人或企业免征财产税、营业税、国内货税或消费税［excise］。

exemption laws 〈美〉财产豁免权法　指由各州制定的法律，规定在破产程序中判决确定的债权人或财产托管人不得扣押或变卖债务人享有豁免权的财产以清偿债务。（⇨exemption）

ex empto 〈拉〉（罗马法）（大陆法）基于购买；由于购买

exempt offices 免除文官考试的职位　不受文官考试制度法［civil service law］规定拘束的职位或职业。

exempt organization 〈美〉免税组织　指部分或全部免缴联邦所得税的组织。

exempt private companies 〈英〉免税私营公司　1967年的《公司法》［Companies Act］废除了1948年的《公司法》规定的免税私营公司的特权地位。依据1967年法律，除了某些无限公司外，所有的公司都应依照1948年法律的第127节的规定申报账目。

exempt property 〈美〉❶免税财产　属于宗教、教育或慈善组织及联邦、州和地方政府的不动产免纳不动产税。❷（在破产、扣押等诉讼程序中）被豁免的财产（⇨exemption; exemption laws）

exempt securities 〈美〉豁免证券；自由证券　指免于依1933年《证券法》［Securities Act］进行注册登记，且不受1934年《证券交易法》［Securities Exchange Act］有关保证金［margin］要求约束的证券。（⇨exempted securities）

exempt transactions 〈美〉法外交易；自由交易　指在1933年《证券法》［Securities Act］和1934年《证券交易法》［Securities Exchange Act］规定的范围以外的证券交易。

exennium n.〈英格兰古法〉赠品；新年礼物

ex eo quod plerumque fit 〈拉〉从经常发生的事

exequatur ❶〈拉〉使其被执行　❷领事证书　由接受国政府发给派遣到该国的领事官员的官方书面认可证书。❸〈法〉法院对外国或法国其他地区的判决文本的认可，并批准该判决在其管辖权内执行

exercise clause 〈美〉自由信教条款　指美国宪法第一条修正案，即国会不得制定关于确立国教和禁止宗教活动自由的法律。（⇨free exercise clause）

exercised dominion 实施的支配　指可构成对土地主张绝对占有、使用和所有之权利的证据的公开支配土地的行为。

exercise of judgment 行使判断　指对事物所作的头脑清楚的自由裁断，但要以正确、公平、合理为标准，不能主观武断。

exercise of judicial discretion 司法裁量权的行使（⇨judicial discretion）

exercise of power of appointment 财产处分权的行使

exercitalis 士兵；封臣

exercitoria actio 〈拉〉（罗马法）（大陆法）对船东（或租船者）的诉讼　指对船舶所有人或船舶租用人［exercitor］提起的诉讼，尤指因其违反船长订立的合同而引起的诉讼。又可写作 actio exercitoria.

exercitorial action 因船长违反合同而向船东或租船者提起的诉讼（= exercitoria actio）

exercitorial power 给予船长的托管权

exercitor maris 〈拉〉（大陆法）（出航前）对船进行装备的人；船舶管理人

exercitor navis 〈拉〉租船人；船舶承租人

exercitual n.（英格兰古法）（佃户死后其继承人）以武器、马匹、军事装备的形式（向领主）上交的贡品

exercitus n.（欧洲古法）军队；武装力量　该词所指的军队在数量上没有绝对的限制；在不同的场合所指人数不同，有时指42人，有时指35人，甚至有时仅指4人组成的军队。

Exeter Provost Court 〈英〉埃克塞特宪警法院　英国一地方存卷法院，被1972年的《地方政府法》［Local Government Act］废除。

ex facie 〈拉〉从表面上　用于指书面文件表面上记载的东西。

ex facto 〈拉〉根据某一事实（或行为）；由于某一事实（或行为）；实际上　通常用以指某一权利是通过非法或侵权行为获得的；有时相当于 de facto（实际上，事实上）。

Ex facto jus oritur.〈拉〉法律产生于事实。　指法律在适用于某项事实前只停留在抽象理论的阶段，直至它适用于某一事项才得以具体化。

exfestucare v.〈英格兰古法〉（象征性地把权杖交予受让人以表示）放弃（财产、职位、荣誉等）

ex fictione juris 〈拉〉法律拟制

exfrediare v.扰乱治安；公然施暴；暴动

Ex frequenti delicto augetur poena.〈拉〉随犯罪次数增加而加重。

ex gratia 〈拉〉出于恩惠；出于特准　并非基于权利。

ex gratia payment 非因法律义务而付款　即非出于法律的考虑而付款。指不是因为自己承认负有付款的法律义务，而是因为要避免更多的支出所作的付款；如保险公司为了避免支付庞大的诉讼费用而与被保险人达成和解，同意向被保险人支付的款项。

ex gravi querela 〈拉〉（英格兰古法）使受遗赠人得以收回遗赠给他但被遗赠人的继承人非法占有的土地的令状

exhaeredatio 〈拉〉（大陆法）（普通法）剥夺继承权

exhaeres 〈拉〉（大陆法）被（其先人）剥夺继承的人

exhausted *a.* 用尽的;用完的;枯竭的 指债务人的全部资产已用来清偿所欠债权人的债务,因此对判决进一步执行将毫无结果。

exhausting security 穷尽担保 指债权人只能先以单独为自己设定了担保物权的担保物实现债权,而后对仍不足清偿的债务,才可以从为包括自己在内的数个债权人设定有担保物权的担保物得到清偿。

exhaustion of administrative remedies 穷尽行政救济原则 指在法律规定了行政救济的情况下,当事人应当首先利用一切可能的行政系统内部的救济手段然后才能请求法院给予救济的法律原则。此原则的基本作用在于保障行政机关的自主性,防止法院过早地干预行政权。但穷尽行政救济原则亦有例外,在行政机关不能提供适当救济、行政决定对当事人产生不可弥补的损害等情况下,当事人可直接请求法院给予救济。

exhaustion of remedy 穷尽行政救济原则(= exhaustion of administrative remedies)

exhaustion of state remedies 〈美〉穷尽本州救济原则 在某些案件中,联邦法院要求当事人在要求联邦法院提供救济之前,必须先使用一切本州能提供的救济手段,其目的是联邦法院作为一种礼让,向州法院提供一个对上述案件的所有指控做出最初决定的机会。根据本原则,州立监狱囚犯提起的人身保护权诉讼,只能在请求该州救济而无结果时,才可寻求联邦法院的救济。但是根据《民权法》第 1983 节[Civil Right § 1983]提起的诉讼不受本原则的限制。

exheredate *v.* 剥夺…的继承权

exheredatio (= exhaeredatio)

exhibere *v.* 出示(实物);(亲自)出庭辩护

exhibit *v.* ❶展出;陈列;显示 ❷(公开、正式)出示(证据等)
n. ❶陈列品;展览物 ❷展示证据 如向法庭、仲裁员等提交的作为证据的文件或物品;在提出申请或进行辩护时提出的附于起诉状、答辩状等的证明文件;向证人出示的、证人在作证过程中提到的文件或物品。

exhibitant *n.* ❶出示证据的当事人 ❷控告他人威胁或意图侵害自己的人(⇨articles of the peace)

exhibitio billae 〈拉〉呈交诉状 在英国旧时的诉讼中,诉状的提交就表明了诉讼的开始。

exhibition *n.* 〈苏格兰〉强制(某人)提出书面文件的诉讼

exhibitionism *n.* 露阴癖 通常指男子向异性暴露生殖器官,以此作为获得性快感的手段,而不是为了威胁或引诱对方与之进行性交。在法律上通常被作为破坏治安或骚扰行为对待。

exhibition value 票房价值 亦称 minimun sale; price expectancy。指电影业中销售商期望通过电影的公映能够获得的最低收入。

exhumation *n.* 挖掘(埋葬物,尤指人的尸体)

ex hypothesi 〈拉〉根据假设

exidos *n.* (= ejidos)

exigence *n.* ❶紧急(状态);危急(关头) ❷急事;突变 ❸(迫切的)需要;急需

exigency *n.* (= exigence)

exigency of a bond 债务证书执行的条件 指执行债务证书所必须的行为、履行或事件。

exigency of a writ 令状的要求 指令状的指令部分,亦即令状所要求的行为或履行。

exigendary (= exigenter)

exigent *n.* 〈英〉催促被告出庭的令状 指在宣告剥夺受法律保护之权的程序中不能找到被告时发出的令状。令状要求行政司法官在连续 5 个郡法院传唤被告出庭,回答原告的诉讼请求。如果被告经 5 次催促仍不出庭的,则被剥夺受法律保护之权。(⇨outlaw; outlawry)

exigentarius de banco communi (= exigenter)

exigent circumstances 紧急情况 指需要立即采取非常措施的情况。在紧急情况下,为保存犯罪证据、预防犯罪或其他原因,执法官员可以进行无证逮捕、搜查和扣押。

exigenter *n.* 〈英〉(在民诉法庭与王座法庭中)签发催促被告出庭的令状并在剥夺法律保护之权程序中处理有关事务的官员 1837 年的《高级法院(官员)法》[Superior Courts (Officers) Act]废除了该职位。

exigent list 急案单 指各种附带作出的申请或裁决所要求听审的案件名单。

exigent search 紧急搜查 在紧急情况下进行的搜查。可以在未取得合法搜查证的情况下进行。(⇨exigent circumstances)

exigible *a.* 可要求的;可强求的

exigible debt 可要求清偿的债务;到期债务

exigi facias 〈拉〉(= exigent)

exile *v.* 流放;放逐
n. ❶流放;放逐 ❷被流放者

exilium 〈拉〉(英格兰古法)❶流放(国外) ❷驱逐;剥夺 以把封臣或佃户的房屋拆除等方法将该封臣或佃户从其保有地逐出。

Exilium est patriae privatio, natalis soli mutatio, legum nativarum amissio. 〈拉〉流放就是丧失国家、变更乡土,失去本国法律的保护。

ex improviso 〈拉〉无准备的;未经事先准备的;非意料中的

ex incontinenti 〈拉〉❶无节制地;不能自制地 ❷立即

ex industria 〈拉〉故意地;有预谋地

ex insinuatione 〈拉〉根据…信息;根据…的建议;根据…的示意

ex integro 〈拉〉重新

ex intervallo 〈拉〉间歇之后

exire *v.* 出来;出去;发出

existence *n.* ❶存在;生存 ❷存在物;实体;被赋予法律行为能力的公司、社团或其他法人组织

existimatio 〈拉〉(罗马法)❶罗马公民的市民名誉 指无可指摘的名誉,或人格无缺陷。享有市民名誉[civil reputation]表示享有罗马公民的最高地位。 ❷(古)仲裁裁决

existing claim 现有请求 指已提出而待决的请求。

existing creditors 当前债权人 在防止欺诈性转让行为的制定法中,它指在财产转让时,转让人或赠与人对之负有债务的人,即使该债务当时尚未到期或条件尚未成就。亦指依明确的协议确定了应偿付款项的债权人。(⇨existing indebtedness)

existing debt 现存债务 指可要求清偿的到期债务或未到期的债务。

existing equity 现有衡平法上的权利

existing indebtedness 现存债务 指依明确协议确定了应偿付金额的债务。(⇨existing debt)

existing insurance 已存在的保险 指投保人申请保险时,已就同一风险投的其它保险。

existing law 〈美〉现行法 这是一个意义很广的用语;但

在特定的上下文中可指制定法,以区别于普通法;或指联邦法律,以区别于州的法律。

existing person 未出生的胎儿

existing use 现存的使用权 常用于分区法规中,指在法规制定或通过时即已存在,但和条例中的规定不一致的事实上的使用权,而非期待的使用权。但它也并不必然意味着该使用权在当时事实上已经行使。

exit 〈拉〉签发(令状、传票等)
  v. 退出;离去
  n. 退出;出口;太平门

exitus 〈拉〉(古)❶子女;后代 ❷土地收益 ❸出口税 ❹起诉状或答辩状的结论部分

exit wound 贯通伤 法医学用语,指凶器穿过身体或身体的任一部位,在出口一侧形成的创伤。

ex jure naturale 〈拉〉基于自然法;根据自然法

ex justa causa 〈拉〉基于正当或合法的理由;根据合法权利

ex latere 〈拉〉从侧面;并行地;附带地

exlegalitas n.(英格兰古法)剥夺受法律保护之权(⇨outlaw)

exlegaliticus (= exlegalitus)

exlegalitus n. 被剥夺受法律保护之权者(⇨outlaw)

exlegare v.(英格兰古法)剥夺受法律保护之权;使丧失受法律保护的权利

exlegatus a. 被剥夺受法律保护之权的
  n. 被剥夺受法律保护之权者(⇨outlaw)

ex lege 〈拉〉依据法律;作为法律问题;法律上

ex legibus 〈罗马法〉依据法律 指不仅依据法律的文字,而且依据法律的精神。

exlex 〈英格兰古法〉被剥夺受法律保护之权者;被剥夺受法律保护之权的重罪犯
  v. ❶免除责任(或义务) ❷澄清罪责

ex licentia regis 〈拉〉经国王许可

ex locato 〈拉〉基于租借;根据租约 用于因租借契约而产生的诉讼或起诉权。该词被早期的英格兰法所采用。

ex majore cautela 〈拉〉为了更加谨慎

Ex mala causa non oritur actio. 〈拉〉非法交易不产生诉因。 意即:不得以非法交易为理由提起诉讼。

ex maleficio 〈拉〉由于不法行为;由于侵权行为;来自侵权 (⇨trustee ex maleficio)

Ex maleficio non oritur contractus. 〈拉〉违法行为不产生契约。

Ex malis moribus bonae leges natae sunt. 〈拉〉好的法律产生自邪恶的品行。 意即:因为有了人的邪恶的行为才有必要制订好的法律。

ex malitia 〈拉〉出于恶意 用于关于诽谤的法律,此术语含有"发表法律不能原谅的虚伪言论"的意思。

ex malitia sua praecogitata 〈拉〉恶意蓄谋地

ex merito justitiae 〈拉〉为了正义的利益

ex mero motu 〈拉〉自愿地;主动地 该词早期主要用来指国王作出的特许是出于国王自发的行为,以阻止某些主张国王受到了欺骗从而对此特许提出的异议。现在仍用于指法庭主动作出的——即不是因为当事人申请而作出的——行为。

ex mora 〈拉〉(大陆法)由于耽搁;由于迟延 此语常用于指因未按时清偿欠款而应支付利息。

ex mora debitoris 〈拉〉由于债务人的拖延

ex more 〈拉〉依据习惯

Ex multitudine signorum, colligitur identitas vera. 〈拉〉事物的真正面目由大量的标志和特征集合而成。 意即:事物的真正面目很容易通过其大量特征的描述来识别,虽然其中某些描述不一定很准确。

ex mutuo 〈拉〉因借贷;由于借贷 在英格兰古法中,当某人借给另一人一定数量、重量或尺寸的东西时,便可谓债务因借贷而产生。

ex natura rei 〈拉〉根据事物的性质

ex necessitate 〈拉〉由于必要;因为迫不得已

ex necessitate legis 〈拉〉出于法律上的必要;由于法律认为必要 如妇女被判死刑,但由于正在怀孕,可使执行推迟到其分娩后进行,即为由于法律认为必要。

ex necessitate rei 〈拉〉因事情需要;因情况急需

ex new 〈拉〉无权要求新股;对即将发行的新股没有权利 指如果旧股东在出售原有股票时,声明保留其认购新股的权利,那么买方就无权要求认购新股。这种股票出售称"除去新股出售"[sold ex new]。

Ex nihilo nihil fit. 〈拉〉无中不能生有;无因则无果。

Ex non scripto jus venit quod usus comprobavit. 〈拉〉有些法律未形成书面,但从习惯获得效力。

Ex nudo pacto non oritur (nascitur) actio. 〈拉〉无有效对价的口头契约不生诉权。或:无偿契约不生诉权。 这是大陆法与普通法上都适用的一句格言。意思是:无有效对价的口头契约不得为诉讼的基础。

ex officio 〈拉〉依职权 ①仅依所authored官职而无需另外授权即能产生相应结果。如御前大臣[Lord Chancellor]依职权当然为上诉法院[Court of Appeal]法官和高等法院衡平庭庭长[President of the Chancery Division of the High Court],高等法院首席大法官[Lord Chief Justice]依职权为上诉法院法官;②指官员所行使的权力不是特别授权给他的,而必然是他的职位所固有的。这种权力,就是"依职权"而行使的权力。

ex officio information 〈拉〉〈英〉依职权提出的控诉 指总检察长依职权代表国王对某些直接影响政府的犯罪在王座法庭提出的控诉,以区别于以国王作为名义上的公诉人所提出的控诉。

ex officio justice of the peace 依职权而担任的治安法官 指不是被选举或任命而是依其职务享有全部治安法官职权的官员,如市长和市治安法官等。

ex officio justices 〈拉〉依职权工作的法官 指审判官出于其职务当然在某种委员会等担任工作,而不是被挑选担任此工作。

ex officio oath 〈英〉出于职务的宣誓 根据英国1661年的法律,宗教法院不得要求任何人作该宣誓。因为宣誓人将被迫回答问题,而其回答将会使其遭受教会处罚。在宗教事务高等法院[High Commission]中曾实行过类似的宣誓。在该法院被废除后这种宣誓也随之被取消。(⇨High Commission)

ex officio services 〈拉〉依职务而提供的服务 指法律要求担任某种职务的人必须提供的服务。

exoine 〈法〉说明被依法传唤的当事人不出庭原因的书面文件(⇨essoin)

exonerare v. 免罪;免除(义务、责任)

exonerate v. ❶使免罪;免除…的罪责 ❷免除(某人的)义务;解除(财产的)负担 尤指通过将该义务或负担转移给他人或他物来实现这种目的。

exoneration n. ❶免罪;免除(义务、责任) ❷追偿权;免

责权;卸责权** 指替他人偿还其应付款项后,再向该他人追偿所付金钱的权利。保证人的卸责权本是保证人在衡平法上享有的权利,但在美国许多州的制定法中也得到确认,这是因为,如果负有主要义务的主债务人有能力清偿债务却强迫负次级义务的保证人进行清偿,有失公平。这与各当事人对同一义务负有同等责任时的责任分担[contribution]不同,卸责权只存在于当事人所担义务有主次顺序的情形中。

exoneratione sectae 〈英〉诉讼豁免状(⇨de exoneratione sectae)

exoneratione sectae ad curiam baron 〈英〉致法院的诉讼豁免令 由受政府监护的人的监护人向行政司法官或法院官员[stewards]签发,禁止他们受理对其所监护的人提起的诉讼的令状。(⇨de exoneratione sectae)

exoneration of bail 保证人责任的免除 由于保证人将被保释人逮捕送回司法机关,或在保证书中规定的日期前亲自到司法机关要求承担责任,或由于在取消或执行保证书之前宣告被保释人无罪或通过其他方式而使案件终结等原因,可免除保证人的担保责任。

exoneration of surety 保证人责任的免除(⇨exoneration of bail)

exoneretur 〈拉〉免除其责任 记于保释备忘录[bailpiece]上的短语,指保证的条件已经由于将被保证人重又送交拘押[surrender]或其他原因而得到履行,从而免除保证人的责任。

exorbitant a. 偏离常规的;(收费、要求等)过高的、过分的

ex ordine 〈拉〉根据命令

exordium n. ❶(演说的)开场白 ❷(文件等的)绪言;介绍部分

Ex pacto illicito non oritur actio. 〈拉〉非法契约不产生诉讼。 意即:不能以曾缔结非法的契约为理由而提出诉讼。

ex parte 〈拉〉单方面的;为一方利益的;依单方申请的

ex parte deposition 〈拉〉单方面的庭外证词 指在必要情况下未经通知而要求某人所作的证词,亦指所要求作证的只是形式上的证据或关于某项单独的事实的证据。

ex parte divorce 〈拉〉单方要求的离婚 指只有夫妻一方参加或出庭的离婚诉讼。这种离婚是否有效取决于签给未出庭一方的通知的性质。

ex parte hearing 〈拉〉法庭只听取一方当事人的主张的听审

ex parte injunction 〈拉〉依单方申请发出的禁制令 指法庭只听取了申请人一方的主张后未向对方发出通知便签发的禁制令。

ex parte investigation 〈拉〉单方调查 指未与被调查人本人接触亦未询问被调查人本人而进行的调查。

ex parte materna 〈拉〉母亲一方的;母系的

ex parte motion 〈拉〉单方申请 指当事人一方未通知另一方而单独向法庭提出的申请。

ex parte order 〈拉〉依单方申请而作出的命令 指法庭根据诉讼一方当事人的申请而未通知另一方即作出的命令。

ex parte paterna 〈拉〉在父亲一方;父系的

ex parte proceeding 〈拉〉单方程序 指只有一方当事人参加听审的司法程序或准司法程序。如签发临时限制令[temporary restraining order]程序。

ex parte revocation 〈拉〉单方撤回 指没有对方的参加、或未给对方通知及提出答辩的机会,即单方撤回对其许

ex parte talis 〈拉〉因副行政司法官或破产管理人所管理的财产账目不清又不能作出合理解释而发出将其拘捕的令状

expatriate v. 选择他国国籍 放弃原国籍而加入另一国籍。
n. 放弃原国籍者

expatriation n. 放弃原国籍 指自愿放弃原国籍而加入他国国籍。

Ex paucis dictis intendere plurima possis. 〈拉〉用词不多便可以表达丰富的内容。

Ex paucis plurima concipit ingenium. 〈拉〉从很少的语言或暗示中便能了解很多内容。

expectancy n. ❶期待;期望;期望的事物 ❷(复)期待地产权 普通法的期待地产权有两种,一是依当事人的指定而设立的,称为剩余地产权[remainder];一是依法律规定而成立的,称为归复地产权[reversion]。(⇨remainder; reversion)

expectancy of life 生命期望值 指对于特定年龄的人,在同等机会条件下,预计还能生存的年限。这常用于人寿保险年金的计算。(⇨actuarial table; mortality table)

expectancy tables 死亡率表;寿命表(⇨actuarial table; life tables; mortality table)

expectant estates 期待地产(⇨estate in expectancy; expectancy)

expectant fee 期待的可继承地产权(⇨expectant estates; fee-expectant)

expectant heir 期待继承人;候补继承人 指可期望继承财产的人,即将来特定条件实现时方可继承财产的人。

expectant right 可期待的权利 指能否享有该权利,取决于特定的事件是否在将来发生或特定的条件将来是否实现。

expectation of life 生命期望值(⇨expectancy of life)

expected return 期待收益 指根据年金保险合同可获得的收益总额或估计额。

expect to pay 打算支付 这是表示愿意支付的愿望或意图而非承诺的用语。

expediency of measure 措施得当 指行政机关为执行政策而采取的措施得当。

expediente ❶关于政府授予土地程序的记录 ❷〈墨〉记载政府授予土地或权利的所有文件或材料

expediment n. 个人全部动产;个人全部财物

expeditate v. 刑;斩足

expeditation of dogs 对犬施以斩足 亦称 lawing of dogs (将狗致残使之就范)。指除去犬的前足的爪和指球,使其不能在国王的御猎场里逐鹿。

expeditio n. ❶远征队;非常规部队 ❷送达;执行 ❸(盎格鲁-撒克逊时期)土地所有人应承担的抵制外族入侵的费用的义务

expeditio brevis 〈古〉令状的送达;令状的执行

expeditio contra hostem 服兵役 根据英格兰古法规定,保有土地者的三项基本义务之一。(⇨trinoda necessitas)

Expedit reipublicae ne sua re quis male utatur. 〈拉〉从国家利益考虑,个人不应滥用自己的财产(而对他人造成损害)。

Expedit reipublicae ut sit finis litium. 〈拉〉为了国家利益,诉讼应有结束。 这是各国法律都适用的一句格言。

expel v. ❶驱逐;逐出 用于针对非法侵入或其它侵权行

为,且通常可使用武力。❷把…除名;开除;取消会员或团体成员的会籍或成员资格

expendable a.可消费的;可消耗的;不值得保存的;可支用的(资金等)
n.(常用复数)消耗物;短期内被消耗之物(或支出之资金) 如企业日常运作支出的资金,以别于长期投资。

expendere 〈拉〉消费;花费

expenditors n.(尤指部队中)发放薪饷的官员;负责发放费用的官员 在英国尤指早期被国家下水道委员会[Commissioners of Sewers]任命的负责发放专为修理下水道所用而征收的税款的官员。

expenditure n.❶(金钱等的)消费;花费 ❷费用;支出(额)

expensae 〈拉〉花费;费用;支出

expensae circa funus 〈拉〉丧葬费

expensae litis 〈拉〉诉讼费

expense n.花费;费用;支出;代价

expense in carrying on business (年内)正常营业费用

expense incurred 所支付的费用 指已使某人有义务支付的费用,但不一定已支付。

expense of litigation 诉讼费用 包括法院的审判费用和律师费。

expense ratio 费用比率 会计用语,指消费与收入的比例。

expense ration 费用总额 保险用语,指通过计算所支付的费用,包括获得该项保险业务、签订保单、提供服务等所支付的费用而得出的数额,但不包括损失理算费用。

expenses of administration 〈美〉遗产管理费用 此短语用于美国国内税收法典[Internal Revenue Code]时,指被继承人死后,其代理人为管理遗产所支出的费用。(⇨administration expense(s))

expenses of family 家庭支出 指用于整个家庭的开支,即家庭全体成员的费用,包括医疗、丧葬等费用;此项费用应由夫妻双方的财产共同支付。

expenses of last illness 因最后一次患病而支出的费用 指因导致死亡的那次疾病而支出的费用。

expenses of receivership 争议财产管理费用 指争议财产管理人为管理争议财产而支出的包括律师费、估价费、审计费、租金等在内的各种费用。

expenses of the state 〈美〉州政府每一财政年度的正常费用

expensis civium et burgensium 扣押公民或议会议员的费用的令状(⇨de expensis civium et burgensium)

experience rating 按照过去经验评定出来的保险费率 指保险业务中,保险人根据过去一定时期内被保险人的财产损失率计算出来的保险费率。

experience tables 死亡统计表;寿命估计表 (⇨mortality table; expectancy tables)

Experientia per varios actus legem facit. Magistra rerum experientia. 各种行为的经验足以成为法律。或:经验是万事之母。 意即:法律是根据各种行为的经验而制定的。

experimental evidence 实验证据 在法庭上当着法官和陪审团的面通过实验而获得的证明事实的证据,或在法庭外模拟案件发生时的情况进行实验而获得的证据。

expert n.专家 通过教育或经验等而获得在某一领域普通人所不具有的专门知识或技能的人。

expert evidence 〈英〉专家证据 指具有专门知识或技能的人,如医生、精神病专家、药物学家、建筑师、指纹专家等,依其知识或技能对案件中的有关问题提供的意见证据。专家不一定是该专业方面的权威,但在该专业方面必须具备一定的经验和资格。在只有专家意见才能帮助法官或陪审团解决争议问题的情况下,专家意见是可以被采纳为证据的。(⇨expert testimony; expert witness)

expert opinion 专家意见 (⇨expert testimony; expert witness)

expert testimony 专家证言 指专家提供的意见证据。在法律上,如果科学、技术或其他专业知识能够帮助陪审团理解证据或确定争议事实,那么,在知识、技能、经验或教育等方面具有专家资格的证人可以用意见或其他方式作证。(⇨expert; opinion evidence)

expert witness 专家证人 具有专家资格,并被允许帮助陪审团理解某些普通人难以理解的复杂的专业性问题的证人。专家证人提供的意见称为专家证言。(⇨expert; expert testimony)

expilare 〈拉〉(罗马法)破坏;抢劫;掠夺(继承物或遗产)

expilatio 〈拉〉(罗马法)非法盗用(属于有继承权人的财产)罪 这种行为并非严格意义上的盗窃[theft],因为这种财产此时已不属于死者,而其继承人还尚未占有。

expilator 〈拉〉(罗马法)破坏者;抢劫者;掠夺者

expiration n.期满;届满;由于期限届满而终止 在保险单中,expiration指保单因保险期届满而自行终止,而cancellation(撤销)则指因一方或双方在保险期满前的行为而使保险单终止。

expiration of policy 保险单期满

expiration of term 租借期届满 指由于一定期间的经过或租约所规定的终止条件的发生而使租借关系终止。

expirations n.保险代理人保存的已签发保险单的记录 内容包括签发保险单的日期、被保险人的姓名、保险单终止日、保险金额、保费、投保财产及关于保险的其他内容。

expire v.期满;到期

Expiring Laws Continuance Act 〈英〉《期满法律延续法》联合王国议会每届会期都要通过此种法律,规定某些用于处理某些紧急情况或适应一时之需只在一定期限内有效的法律,在期满后一段时间内仍然有效。如果未被列入《期满法律延续法》,则这些法律在有效期届满后自动失效。

explecia n.地产所孳生的租金和收益 亦写作"expletia"、"expleta"。

explees n.土地孳息 指土地收益,如牧场上的牧草、田地的谷物、地租等。(=esplees)

expleta (=explecia)

expletia (=explecia)

explicatio 〈拉〉(大陆法)第四次申辩 相当于普通法上原告对被告第二次答辩[rejoinder]所作的反驳[surrejoinder]。

exploration expenditure 勘探费用 指为寻找石油、天然气或其它矿物而进行的地质勘探工作所支出的费用。

explorator n.侦查员;猎人;追踪人

exploratory drilling test 探测性钻探试验 指为确定矿物埋藏范围而进行的钻探试验。

export v.[iks'pɔːt]输出;出口
n.['ekspɔːt]输出品

exportation n.输出;出口

export certificate 〈英〉(种马)出口证书 指由《英国种马血统记录簿》[English Stud Book]的主管人签发的,证明记

录在册的种马被外国买主买走，而使得该外国买主能在其自己国家给该种马登记的证书。

export declaration 报关单；出口申报单 指出口报关时填写的记载出口装运的详细情况的报单。

export draft 出口汇票 国际贸易中，买卖双方通常通过银行结算货款。为了结算货款，买卖双方经常使用"出口汇票"或"汇票"[bill of exchange]。出口汇票由卖方向买方发出，要求买方根据卖方或卖方银行的要求，无条件见票即付或在指定的时间支付汇票票面金额。

export entry 出口报关单；出口报单 指出口货物的一方在海关填写的有关货物及出口装运等详细情况的报单。

export guarantees 出口保函；出口保证书 银行替出口商向进口商开立的书面保证文件，保证出口商在投标后能够签约或签约后能够履约。

Export-Import Bank 〈美〉进出口银行 指美国联邦政府的一个独立机构，设立于 1934 年，其职能是为进出口贸易提供资金援助。

export quota 出口限额；出口配额 指政府对某种商品的输出规定的数额限制，目的是为保护本国安全、稳定经济、维持价格等。

exports clause 〈美〉出口条款 指美国宪法第一条第十项关于限制各州征收进口税权力的规定。

export tax 出口税 指对出口商品和货物所征收的一种税。

export value 外销价值 指进口的物资在出口国国内所具有的价值。

expose v. ❶暴露；使曝光；揭露 ❷使面临；使遭受（危险、疾病等） ❸陈列；展出（商品等）

exposè 〈法〉❶陈述；解释 这是一个外交用语，用来指对某种行为的原因或过程作出的书面解释。❷（个人、政府等的丑事的）暴露；揭发

exposing buildings 无保护建筑物 这是常见的保险法用语，指容易遭受火灾的建筑物。在为确定保险费率时当然要考虑其失火风险的因素。

exposing children 〈英〉遗弃婴儿罪 指遗弃 2 岁以下的婴儿使其生存面临危险的行为。根据 1861 年的《侵犯人身罪法》[Offences against the Person Act]，这种行为属于轻罪。

exposing person with contagious disease 〈英〉暴露传染病人 在普通法上，将传染病人弃于公共场所的行为以及将受感染的衣服物品等出售的行为都属于轻罪，由简易法庭判罪。

exposing unfit food for sale 〈英〉为出售而陈列不合格食品 根据 1955 年《食品和药品法》[Food and Drugs Act]，此种行为属于犯罪。

expositio 〈拉〉解释；说明

exposition n. 解释；讲解；阐述

exposition de part 〈法〉遗弃婴儿 指将不能自理的婴儿遗弃在公共场所或非公共场所的行为。如果造成婴儿死亡的后果，遗弃人即犯有谋杀罪。

Expositio quae ex visceribus causae nascitur, est aptissima et fortissima in lege. 根据案件的要害所作的解释在法律上是最恰当和最有说服力的。

expository statute 解释性法律 指为解释先前颁布的法律而制定的法律。

ex post facto 〈拉〉事后的；有溯及力的；追溯既往的

ex post facto law 有溯及力的法律 指在某一事实发生或某一行为完成之后制定的、能够适用于该事实或行为

并改变其法律后果或者法律关系的法律。如使某一依当时认法律为无罪或属于轻罪的行为变成为有罪或属于重罪的行为的法律即为有溯及力的法律。在美国，联邦宪法第一条禁止国会和各州通过有溯及力的法律。许多州宪法也有类似规定。

exposure n.❶暴露；显露； ❷（对婴儿的）遗弃 ❸（在火灾保险中指存在于投保财产之外的）危险源

exposure of child 遗弃婴儿 将婴儿置于使其健康或生命面临危险而无所保护的地方的行为。

exposure of person 裸露身体 指在公共场合故意裸露身体或生殖器以使人感到震惊的有伤风化的行为。（⇨indecent exposure）

Ex praecedentibus et consequentibus optima fit interpretatio. 〈拉〉最好的解释来自对上下文的理解。

ex praecogitata malicia 〈拉〉恶意预谋地

ex praemissis 〈拉〉从上述各点；基于假定；根据前述条件

express abrogation 明确废除 指新法或其条款明确规定废除某一旧法或其中的某些条款。

express acceptance 明示承兑 指见到书面或口头形式明确表示付款人（通常为银行）已看到了汇票并对其有效性无异议。书面的明示承兑通常是以在票据上盖承兑[accepted 或 presented]章或写明承兑字样为之；而在出票人或持票人已放弃要求书面承兑之权时，付款人可以采用口头的明示承兑，但必须直接向出票人或持票人为之。

express active trust 明示积极信托 指遗嘱中明示授权遗嘱执行人管理遗产并将遗产的净收入转交给受遗赠人，基于这种授权而产生的信托，即为明示积极信托。

express agency 明示代理 指依据当事人的口头或书面协议而实际成立的代理关系。

express aider 明示的帮助 指诉讼一方当事人的起诉或答辩中有缺陷，而另一方当事人对该起诉或答辩作出回答的方式使原起诉或答辩中的疏漏或不符合程序之处得以补充或纠正。这无异于对对方予以帮助。

Expressa nocent, non expressa non nocent. 明确表述的事物可能造成偏见，而未明确表述的则不会。

Expressa non prosunt quae non expressa non proderunt. 〈拉〉未明示亦有利益，明示亦无何益。 如果无需明示即可获得之利益，予以明示则无意义。若竟为之，则可能损害该利益。

express assumpsit （履行一定行为或给付一定金钱的）明示承诺；明示的简单契约

express authority 明示授权；明示委托 指本人直接向其代理人明确表示授权该代理人代理本人进行某项行为。

express business 快运业务（⇨express company）

express carriage 〈英〉快速车 指运送乘客的一种公共车辆。其车费高于一般车辆。

express color （英格兰古法）明示的表见权利 被告为避免因概括答辩而使自己的问题被提交陪审团裁断，而作出原告对争议标的亦享有权利的拟制答辩，从而使争议问题由事实问题转化为法律问题而达到由法官而不是陪审团来裁决的目的。在这一拟制答辩中，被告所称原告享有的权利即为明示的表见权利，而事实上原告的权利在法律上并不成立。

express common-law dedication 明示的普通法上的奉献私有土地作为公用 指奉献私有土地作为公用的意图已通过行为、通知或口头宣布等形式明确地表示出来并已被接受。（⇨dedication）

express company 快运公司 指从事包裹及其他动产的

运输业务的公共运输公司,通常有其固定的运送路线和时间,其业务尤其集中在迅速、安全地运送体积小但价值大的商品或货币小包裹。

express condition 明示条件 合同等契据中明文规定的条件,尤指形成文字的契约性条件。

express consent 明示同意 以口头或书面形式明确无误地表示且不需推断或暗示的同意。

express consideration 明示的对价 指合同条款中明确表示的对价。

express contract 明示订立的合同 指其条款是由双方当事人在缔约时以口头或书面形式明确表示的合同。

express covenant 明示合同;合同中的明示条款 指以明确的语言表示当事人合同意思的书面合同或条款。

express direction 明示倾向 当事人以其语言或行为表示其将要在合同上签字的倾向。在关于诈欺的法律中,当某一合同需要签字时,可以要求对合同负责的当事人签字,也可以要求具有此种明示倾向的人签字。

express dissatisfaction 明示的不满 指在遗嘱检验程序中,受益人对遗嘱有效性提出异议或反对遗嘱的任一内容。如果遗嘱规定任何受益人表示对遗嘱中的规定不满就丧失其权益,那么,当受益人在法律程序中对执行遗嘱中的任何规定提出异议或表示反对时,这个受益人在法律上就是明示对遗嘱的规定"不满"。

express easement (通过授权、订立协议等方式)明示设立的地役权

express(ed) *a*.明示;明示的 作为形容词,express 与 expressed 通常均可表示"特定的、明确的、清楚的"的意思,并与"默示的"[implied]相对,例如"明示和默示合同"即为"express(ed) and implied contracts"。但以 express 为常用,并且,若以 expressed 作形容词,其发音与 express 同。另外,express 极少作为及物动词与 imply 相对。

express emancipation 明示承认的子女独立 指父母自愿地表示承认其子女已经能够照顾和供养自己,从而准许其离开家庭,独立生活。

express invitation 明示邀请 指财产所有人明确邀请他人到其房屋及土地中,或使用这些财产或在其内从事其他行为。

Expressio eorum quae tacite insunt nihil operatur. 〈拉〉将业经默示者予以明示则无济于事。 意即:用来表达法律已经暗含的意思的言语不过是多余的言语。

expressio falsi 〈拉〉虚假陈述

expression of opinion 意见的陈述;意思的表达

expressio unius est exclusio alterius 〈拉〉明示其一即排除其他 这是用以解释法律的一句格言,指如果在法律、合同或遗嘱等文件中具体指定某一特定的人或物,那么就意味着排除其它未被指定的人或物。

expressio unius personae est exclusio alterius 〈拉〉指定一人即排除其他人

express license 明示许可;明文许可 指以直接订立的条款授予的许可。

express lien 明示的留置权 指依当事人明确的意思表示而成立的留置权,以保证债务得以偿还或义务得以履行。(⇨lien)

express malice 明示的恶意 指外部情况所显示的蓄意损害他人的意图,即故意或预谋策划造成他人伤害或死亡的心理。在诽谤罪中是指故意公布损害他人名誉的材料的心理。区别于默示的恶意[implied malice]。

express messenger 送急件的专差;快运送货人 指快运公司中负责管理从事运送业务的快运车厢的雇员。(⇨express company)

express notice 明示通知

express or implied consent 明示或默示的同意 美国的汽车责任保险法中规定,保险单应及于经车主明示或默示同意的对汽车驾驶负有责任的人。本术语重点在于"责任"而非"驾驶"。

express permission 明示许可 在有关汽车车主责任的法律中,指如果车主事先明知他人借用汽车的用途,并明确许可其使用自己的汽车,则该车主对其在使用汽车过程中造成的伤害应负赔偿责任。

express private passive trust 明示的私益消极信托 指受托人不承担积极义务的明示信托。例如,某人作为受托人,为他人利益而受让所转让的土地,但其并未被授予积极占有土地和行使所有人行为的权力,除非根据受益人的指示。该种信托即属明示的私益消极信托。

express private trust 明示设立的私人信托 (⇨ private trust)

express ratification 明示的追认;明示认可 指以口头或书面形式明确表示认可某一未经授权的行为。

express repeal 明示废止 新法明文宣布旧法被废止或撤销。

express republication 明示重新订立遗嘱;明示恢复遗嘱的执行 指立遗嘱人重复遗嘱仪式的必要要件,声明重新订立遗嘱或恢复已撤销的遗嘱的执行。(⇨ republication)

express request 明示要求;明示请求

express terms 明示的条款;明确的条款

express trust 明示信托 依当事人明确表示的设立信托的意思而成立的信托;此项设立信托的意思通常通过契约、遗嘱或其他书面文件表达。区别于根据当事人的行为由法律推定已成立信托或根据衡平法要求成立的信托。

Expressum facit cessare tacitum. 〈拉〉已明示者排除未经明示者。 意即:明示的意思优先于未表示出来的意思。因之,如果法律已将其意思明确表达,则法庭就不能违反其意思而另作解释。

Expressum servitium regat vel declaret tacitum. 〈拉〉业经明示者规范或申明默示者。

express warranty 明示担保 ①在买卖合同中,通常指包括在合同中,卖方对标的质量、种类及将按样品交付等方面所作的明确保证或承诺;②在保险合同中,指被保险人在保险单中对与投保风险有关事实的真实性,或与保险有关的行为已经完成或即将完成所作的明确保证。(⇨ warranty)

ex professo 〈拉〉公开声称地;公开表示地;公开承认地

expromissio (罗马法)债务人更替 债务更新的一种。指债权人接受新的债务人代替原债务人承担对其所负的债务,原债务人即获解脱。

expromissor (罗马法)债务接替人 指与债权人约定,替代原债务人的地位而完全对债权人承担原债务的人。

expromittere (罗马法)代替他人承担债务(⇨ expromissor)

expropriate *v*. 征用 指征收私有财产以作公用。
n. 放弃财产请求权 旧时用法。

expropriation *n*.❶〈英〉〈加〉(路易斯安那州法)(政府对私有财产的)征用权(= eminent domain)❷〈美〉政府依征用权而征用私有财产;外国政府没收在该国境内的美国企业 ❸放弃权利(或请求)(⇨ condemnation; eminent domain)

ex proprio motu 〈拉〉出于自愿;出于本意;主动地(⇨ex mero motu)

ex proprio vigore 〈拉〉以自己的力量;通过自己的力量

ex provisione hominis 〈拉〉根据其自己的行为;通过其自己的行为;由于其行为

ex provisione mariti 〈拉〉根据丈夫的行为

ex provisione viri 〈拉〉(= ex provisione mariti)

expulsion n.❶开除;除名 指由于某人违反义务、行为不端或有其他充分理由,剥夺其作为公司、立法机构、大会、社团、商业组织等的成员资格。 ❷驱逐;逐出 用于侵权行为法和有关土地出租人与承租人的法律。(= eviction;ejectment)

expulsion from parliament 〈英〉逐出议会 上议院在某一贵族议员被控犯罪时,有权暂时或永久地剥夺其在议会中的席位。现这种做法已被废除。下议院对冒犯议会或犯有严重罪行的议员有权将其逐出议会,这种驱逐并不剥夺该议员重新被选入本届或下届议会的资格,但议会也不能被强迫同意该议员获得在议会中的席位。

expunge v.除去;删去;抹掉 指除去记载在案卷、计算机或其它记录中的信息的行为,如除去犯罪记录等。

expungement of record 〈美〉(犯罪)记录的消除 指一定期间届满后销毁或封存犯罪记录的法律程序。有的州还规定在确认被逮捕人无罪后或存在非法逮捕的情况下亦要销毁犯罪记录。

expurgation n.删除(书籍等中不健康或不当之处);删改(以使文字等洁净)

expurgator n.删改者;修订者 通过清除书籍中不健康的内容而对其加以修订的人。

ex quasi contractu 〈拉〉基于准契约;根据准契约

ex rel. 〈拉〉(= ex relatione)

ex rel. action 〈拉〉(利害关系人作为)告发人的诉讼 诉讼是为该利害关系人的利益而提起的。

ex relatione 〈拉〉〈英〉❶根据…的告发 总检察长或其他人根据私人的告发代表国家以国家名义提起诉讼,从而使法律程序开始。这种案件通常具有这样的标题,如"State ex rel. Doe v. Roe"(国家根据 Doe 的告发而对 Roe 提出之诉)。 ❷根据…的叙述 在判例汇编中,如果说一个判例是"根据…的叙述"来报道的,那就是说报道者不是根据自己直接所知,而是根据该案在辩论时某一当时在场的人的叙述来报道。

ex rights 〈拉〉除权 指在股票出售时股票中的权利已由出售者保留,买方并不能获得此种股票中的权利。因此,这种股票出售时也不附随优先认购新股权。亦指上市流通股的购买者不再享受股票上所宣布的权利的日期。(⇨ex new)

ex rigore juris 〈拉〉基于法律的严肃

exrogare 〈拉〉(罗马法)在制定新法中吸收旧法的某些内容

ex scriptis olim visis 〈拉〉根据先前看到的文件

ex ship 〈拉〉船上交货(价) 贸易术语之一,指在货物越过船舷之前的一切风险和费用都由卖方承担,在货物越过船舷之后,货物风险转移给买方,此后发生的一切费用也都由买方承担。(= ex vessel)

ex speciali gratia 〈拉〉根据特殊的恩惠(或优惠待遇)

ex speciali gratia, certa scientia, et mero motu regis 〈拉〉根据特殊的恩惠、一定的知识及国王个人的提议 国王颁发特许状中的通常用语。

ex statuto 〈拉〉依据制定法

ex stipulatu actio 〈拉〉(罗马法)(大陆法)❶口头契约之诉 ❷要求返还结婚嫁妆的诉讼

ex tempore 〈拉〉临时;暂时

extend v.❶〈英〉对(地产等)估价 ❷(为使债务得到清偿而)扣押(土地等) ❸记录(诉讼全过程)

extended coverage clause 延展承保条款;扩展责任条款 指保险中对基本保单承保范围以外的风险予以承保的条款。(⇨omnibus clause)

extended insurance 延期保险 指选择以发给投保人的盈余比例份额代替保费的方式来延长原定期保险的期限,因而无需再交付保险费。

extended service warranty 附加保修单 指在销售器械、设备、汽车或其他消费品时附加给买方的、对不包含在制造商一般担保之内的维修费用给予补偿的保证。

extended warranty 附加保证书(⇨extended service warranty)

extendi facias 〈拉〉〈英〉扣押令(⇨extent)

Extenditur haec pax et securitas ad quatuordecim dies, convocato regni senatu. 这种安宁和保护从元老院开会时起延续十四天。

extension n.❶延长;延期;展期;续展 如经债权人同意,延长债务人履行义务的期限;延长原有租赁协议的有效期限;在法定范围内延长专利有效期限;经法庭同意,延长当事人履行一定诉讼行为的期限等。 ❷(主体的)扩展部分;(现有设施或建筑物的)增设部分;附加部分

extension agreements 延期协议 指延长基础协议履行期限的协议。

extension of building 建筑物的扩建部分;建筑物的附加部分

extension of charter 公司执照的延期 指依法延长法人的存在期限。此处的执照续展[extension]与执照更换[renewal]近义,但两者亦有区别,前者指授予公司以更长的经营期限,后者则指在公司执照被没收或失效后重新换发。

extension of debt 延长还债期限(⇨extension of time)

extension of lease 租赁期的延长 指经租赁双方协商同意或承租人依租约中规定的权利,将原定租借期限延长。

extension of mortgage ❶延长抵押期限 指延长抵押担保债务的期限。 ❷扩展抵押范围 指使原先设定的抵押物同时扩展担保其他债务。

extension of term 延长租用期(⇨extension of lease)

extension of time 延期;延长履行义务的期限;票据兑现日期的展期

extension or renewal of note 票据展期 指将票据支付延期至原到期日之后的某一日期。

extensive interpretation 广义的解释;扩张解释;不拘泥于字面的解释

extensores n.(英格兰古法)估价人 指被任命来评估并划分或分配土地的官员。

extent n.❶〈英〉(为征税等而对土地或其它财产的)评估;估价 ❷(英格兰古法)扣押令 指由英格兰财税法庭签发的,指令司法行政官对债务人的人身、财产或土地实施扣押,以清偿判决中确定的债务的执行令状。司法行政官对扣押的土地要先进行估价,然后在一段时期内拨交给债权人,以该段时期内的土地租金和收益来清偿债务,此种令状因此而得名。最初它被适用来执行确认商事法律上的保证或债务的判决,后又扩展到被用来使

记录在案的、归于国王的债务得到清偿,它包括两种:一是主扣押令[extent in chief],由财税法院签发,指令司法行政官对债务人的土地和动产的全部价值进行评估后,没收归国王所有,以清偿其对国王的债务。一是副扣押令[extent in aid],由法院签发,用以维护国王债务人的利益,使他人欠他的债务得到清偿。还有一种特殊的扣押令,即在国王债务人死亡的情况下,指令司法行政官扣押其土地和其它财产,并收归国王的令状,称为死后财产扣押令状[diem clausit extremum]。这些令状都已被1947年的《王权诉讼法》[Crown Proceedings Act]废除。❸〈美〉土地扣押令 使债权人占有债务人的土地直到债务得到清偿的令状。只在美国的一些州中使用。

extenta manerii 〈拉〉〈英〉**庄园的估价或测量** 这是爱德华一世时通过的一项法律的名称,用来指导对庄园的测量或制作地产册。

extent in aid (英格兰古法)副扣押令(⇨extent)

extent in chief (英格兰古法)主扣押令(⇨extent)

extenuating circumstances ❶**减轻情节** 指可使刑事案件中罪责或处罚减轻或民事案件的过错减轻的情节。❷**阻却情节** 在合同法中,指阻却当事人在一定期限内履行义务的特殊情况。(⇨extraordinary circumstances; mitigating circumstances)

extenuation n.(罪行、过错等的)减轻;减轻情节

external administration 对外行政管理 指法律中关于行政机关与私人利益之间的法律关系的部分。

external and visible signs of injury 损伤的明显可见的外部症状 这是许多意外事故保险单中规定的可以向保险人赔偿的条件,目的是为了保护保险人的利益,防止投保人提出欺骗性索赔请求。

external means 外部原因 这是意外事故保险单中对承保范围的一种限制性的用语,即规定只对由于外部原因给身体造成的损害才可提供赔偿,而不论此外部原因是外在还是内在地影响被保险人的身体;对被保险人因疾病等内在原因造成的损害而在身体外部未有明显伤痕的,保险人则不予赔偿。

external or visible evidence 外部的或明显可见的证据 这是常用于意外事故保险单的用语。在承保驾驶汽车时遭受伤害的保险,如要求保险人承担责任,被保险人需有证明他在驾车受伤时所驾车辆发生了碰撞或其他意外事故的外部的或明显可见的证据。

external, violent and accidental means 外部的、暴力的及意外的原因 这是意外事故保险单中限制对风险损失承担责任的用语。根据这种规定,要想就意外事故造成的损失取得保险赔偿金,必须证明造成损失的原因同时具有这三种特征。例如,因"外部的、暴力的及意外的原因"而死亡就含有不是间接地、由于疾病或年老体弱的原因而死亡之意。

exterritoriality n.治外法权 指一国的法律在其境外实施。在国际法上,由于外交官员虽然实际是在外国的领土内,但因享有治外法权,故仍视为受本国的法律管辖,而不受其驻在国的法律管辖,因而享有各种外交代表豁免权及其他特权。享有治外法权的除外交官员外,尚有外国元首,经同意进入领海的外国军舰、军队等。治外法权与领事裁判权[consular jurisdiction]不同。

exterus 〈拉〉外国人;外侨 在国外出生的人。与市民[civis]相对。

Exterus non habet terras. 〈拉〉外国人不拥有土地。

ex testamento 〈拉〉依据遗嘱

extinct a.❶(火、希望等)熄灭的;破灭的 ❷灭绝的;根绝的;绝种的 ❸已死的 ❹(官职等)被撤除了的;废除了的;(爵位等)无人继承的 ❺(法令等)过时的;已失效的

extinction of rights 权利的消灭 导致权利消灭的原因有多种,各因权利的内容及其适用的法律制度的不同而异。一般来说,权利可因一方或双方当事人的行为而消灭,如义务的履行、一方解除另一方的义务等;也可因法律规定而消灭,如时效期限的届满、权利的混同等。

extinctive prescription 消灭时效

Extincto subjecto, tollitur adjunctum. 目的消灭,手段消灭。

extinguish v.❶扑灭;熄灭 ❷消灭;灭绝 ❸废除;取消;使无效 ❹偿清(债务等)

extinguishment n.❶消灭;消亡;灭绝 ❷(合同、权利等的)取消;废除;无效 合并[merger]是extinguishment的一种方式,适用于特定情况下的地产权,而extinguishment则一般适用于各种权利,包括地产权。❸(债务等)偿清

extinguishment of common 〈英〉共有权(或共同用益权)的消灭

extinguishment of copyhold 〈英〉公簿地产权的消灭 当完全保有地产权[freehold]与公簿地产权[copyhold]统一于同一人时,原公簿地产权即消灭。这种消灭可以是通过放弃公簿地产权而恢复完全保有地产权而实现,也可以由土地所有人将其完全保有地产权转让给公簿地产权人而使公簿地产权人享有完全保有地产权,公簿地产权随之消灭。根据1925年《财产法》[Law of Property Act],公簿地产权被转为完全保有地产[enfranchised]后,则可成为租地保有权[leasehold],或更多地成为完全保有地产权。(⇨copyhold)

extinguishment of debt 债务消灭 引起债务消灭的原因有债务清偿、和解清偿、破产、债务变更或转移、债务免除[release]、债务合并、债权人或债务人指定对方为自己的遗嘱执行人等。(⇨bankruptcy proceedings)

extinguishment of easement 地役权的消灭 可因需役地和供役地的混同、放弃使用、免除供役义务等原因而导致地役权的消灭。

extinguishment of highways 〈英〉公路的废弃 治安法院因公路管理当局的申请有权发布命令废弃干线或特殊路线以外的公路,或使之改道。大城市道路的废弃或改道当由地方公路管理机构经大伦敦市政会[Greater London Council]同意后申请。希望公路废弃或改道的个人也可向公路管理机构提出申请。禁止非法废弃公路或阻止在公路上非法设置障碍是公路管理机构的职责。

extinguishment of interesse termini (土地承租人的)期待地产权的消灭 可因依法放弃、被转让或被解除等原因而消灭。(⇨interesse termini)

extinguishment of legacy 遗赠的消灭 指所遗赠的财产已不存在或已被处分,故在立遗嘱人死亡时已不能构成其遗产的一部分。(⇨ademption)

extinguishment of lien 留置权的消灭 指留置权被依法撤销。

extinguishment of manorial incidents 庄园附属财产权益的消灭(⇨copyhold; enfranchise)

extinguishment of powers 〈英〉权力的消灭;权力的终止 除为执行信托或职务而享有的权力不能被终止外,根据1925年《财产法》[Law of Property Act],其他所有权力,

不管其是否与某种利益相关,均可以被终止。另据1925年《限定处分土地法》[Settled Land Act],土地终身保有人的权力亦不能被终止,除非其将终身保有土地交与剩余地产权人[remainderman]。

extinguishment of rent 地租的消灭 指负有逐年交纳地租义务的人,在购买了其承租的土地后,即可使地租归于消灭。此外,地租也可因地产的合并[conjunction]、出租人放弃或豁免承租人的交租义务等原因而消灭。

extinguishment of ways 通行权的消灭 通常由于财产占有的混同而产生,如某人在相邻的他人土地上享有通行权,后由于其购买了该相邻土地,从而使得通行权归于消灭。

extirpation n.〈英〉根除;拔除(树木等);毁损;破坏(土地等) 类似于"对土地的破坏"[estrepement]。(⇨estrepe)

extirpatione 〈英〉制止破坏土地令状 一种司法令状。当某人发现可能作出不利于其恢复占有土地的裁决时,其可能会采取恶意手段毁损土地上的房屋或树木,法院即可在判决前或判决后发出此令状,以阻止该种行为发生。

extocare v.掘地 使之成为可耕地或牧草地。

extorsively ad.强取地;意图勒索地 这是常用于对勒索罪提起公诉的用语。

extort v.❶逼取(有罪供认等) ❷强取;敲诈;勒索 指通过身体强制或精神胁迫等暴力方法而索取钱财等。(⇨extortion)

extorting money, etc., by menaces 通过胁迫勒索钱财等(⇨blackmail;extortion;threat)

Extortio est crimen quando quis colore officii extorquet quod non est debitum, vel supra debitum, vel ante tempus quod est debitum. 〈拉〉任何人以执行公务为名,索要其不应得的,或多于应得的,或未到时的东西,均构成勒索罪。

extortion n.勒索罪 该罪有普通法和制定法之分。普通法上的勒索罪是指政府工作人员以政府机关的名义非法收取他无权获取的费用的行为。该罪为轻罪,可被判处罚金和监禁。这一含义也为现代制定法所吸收。制定法上的勒索罪是指以使用暴力或以暴力相威胁的手段,非法索要钱财的行为。该罪通常包含了制定法 blackmail 所指的讹诈罪之义。美国《模范刑法典》[Model Penal Code]中规定,如果以伤害身体、公开秘密、夺取官位、指控犯罪等相威胁来勒索他人财物的行为可构成勒索盗窃罪[theft by extortion]。(⇨blackmail;Hobbs Act;loansharking;larceny by extortion)

extortionate credit (=loansharking)

Ex tota materia emergat resolutio. 〈拉〉对事物(包括法律)的解释应从其整体出发。

extra 〈拉〉在…之外;超出;越出
a.额外的;外加的

extra allowance 〈美〉附加诉讼费 指美国纽约州在特别疑难的案件中法院按情况斟酌在正常诉讼费用[costs]以外裁决给予胜诉方当事人的额外费用。

extra baggage 超重行李(⇨excess baggage)

extra commercia 捐作公用的财产(⇨extra commercium)

extra commercium 〈拉〉非商业 该短语用于罗马法和大陆法中,表示捐作公用而不构成私人所有权的财产。

extra compensation 额外补偿 ①指对完成合同中约定的工作给予超出合同原定报酬以外的补偿;②对完成其职责范围内工作的行政官员给予超过其固定薪金的补偿。

extract n.❶摘录;抄录;选录 一般而言,文字资料的摘录不能作为证据使用,因为从文字资料的整体出发可能给出与摘录部分不同的解释。但当与争议事项有关的所有事实已被摘录的情况下,则从公开记载中摘录的内容有时也可以作为证据,例如根据法律所保存的出生、婚姻丧葬等记载。❷〈苏格兰〉判决摘录书;私人契据副本 指可从法院办公室获得的、由专门的摘录官签署的证明书,证明裁决已包含在法庭记录中。它载有进行一般形式的强制清偿债务之诉的授权令状,同时也是强制执行法院裁决的前提。该词还指由专门官员签署的、在公开登记簿中记载的、经过证明的私人契据副本。❸抽取物;提取物
v.抽出;取出;拔出;索得;逼取

extracta curiae (英格兰古法)庭审费 指产生于封地法庭开庭所得的收益。

extraction n.❶抽出;取出;(牙的)拔出 ❷出身;血统;家世

extractor of the Court of Session 〈苏格兰〉最高民事法院的判决摘录官 一种领薪官员。

extradition n.引渡 指一国应他国之请求,将在本国境内但被该他国追诉或判刑的人移交给该国审判或处罚的行为。

Extradition Act 〈美〉《引渡法》 美国统一制定法[uniform laws]的一种。

extradition treaty 引渡条约 指两个或两个以上国家为从一国向另一国引渡被控犯有某种罪行的人而订立的条约。

extradition warrant 〈美〉引渡逮捕状 为逮捕和拘留在本州或本国境内但已被外州或外国要求引渡的罪犯而由州或国家的行政当局发布的正式逮捕状。

extra dividend 额外股利 公司以现金或股票的形式支付给股东的超出通常红利的部分。(⇨extraordinary dividend)

extra-dotal property 〈美〉嫁资以外的财产 在美国路易斯安那州,该词指不属于妇女的嫁资的财产。也称已婚妇女除嫁资外可自由处分的财产[paraphernal property]。

extra feodum 〈拉〉世袭土地以外的;领地以外的

extrahazardous a.特别危险的;危险性特别大的 保险法用语。

extra-hazardous employment 特别危险的职业 这是一种相对的说法,指对雇员来说比一般职业更具人身危险性的职业。

extrahura n.(英格兰古法)(失主不明的)迷失的牲畜(⇨estray)

extrajudicial a.法庭外的;诉讼外的;正常司法程序之外的;超出法庭职权的;法庭管辖之外的

extrajudicial admissions 法庭外的承认;庭外承认

extrajudicial confession 庭外供述;诉讼外的供述 当事人在法庭外所作的有罪供述,或在正常的司法调查或讯问程序以外对他人(包括有关官员)所作的有罪供述。此类供认必须有其他证据佐证,否则不足以定罪。(⇨confession)

extrajudicial evidence 诉讼外证据;司法外证据 指私人为证明某项事实而要求的不是在司法程序中所采用的证据。

extrajudicial identification 庭外辨认 指审讯前在法庭外作出的辨认。如果从作出辨认当时的情况来看值得信任时,这种辨认的结果也可被作为证据采用。

extrajudicial oath 诉讼外宣誓；庭外宣誓　指不是在正常的司法程序中作出的宣誓，或非法律所认可的宣誓。这样的宣誓即使是在有关人员面前正式作出的，对宣誓人仍无拘束力。

extrajudicial opinion 非司法程序所要求的意见　指对未在诉讼中提出的、或非为作出裁决所必要的问题提供的意见。

extrajudicial statement 庭外陈述　指在法庭外所作的口头或书面陈述。这种陈述如在法庭上被作为证据提出，则适用传闻规则及其例外的规定。

extra judicium 〈拉〉诉讼外的；法庭外的；超出管辖范围的（⇨extrajudicial）

extra jus 〈拉〉超出法律的；超出法律要求的

extralateral right 超越矿界开采权　在与走向并行的矿界之外，于接壤的公共区域里发现的有些矿脉，其整个矿脉的顶部都处在矿区以内，则该矿主有权申请扩大其原采矿权范围，而将新发现的界外矿脉包括进去。

extra legem 〈拉〉法律范围之外的；不受法律保护的

extra legem positus 〈拉〉置于法律之外　它等于民事死亡[civil death]。犯有叛国罪或重罪之人除剥夺公权外，还可在法律上被宣告死亡，从而被剥夺充当证人、充当原告或从事法律行为的资格。

Extra legem positus est civiliter mortuus. 〈拉〉被置于法律之外等于宣告死亡。

extraliminal right (= extralateral right)

extramural *a*. 市外的；城镇外的　用以指市政法人的权力，其市外权[extramural powers]即指在其权限范围外行使的权力，以区别于市内权[intramural power]。

extranational *a*. 国家领土之外的；国家统治范围之外的

extraneous evidence 外部证据；旁证　在涉及合同、契约、遗嘱或其他书面文件时，旁证指并非由这些文件本身作为证据，而是从其他来源取得的证据。（⇨extrinsic evidence）

extraneous offense 被告人正在受审判的罪行以外的罪行

extraneous question 与待裁决的争议问题无关的问题；在将被裁决之事之外的争议问题

extraneus 〈拉〉❶ (古)在国外出生的人；外国人　❷ (罗马法)非出生于立遗嘱人家族内的继承人；外国人

Extraneus est subditus qui extra terram, i.e., potestatem regis natus est. 外国人是指出生在本国领土以外的人，即出生在国王统治范围以外的人。

extraordinary *a*. 特别的；非常的；用于例外或特别情况的；不普通的；反常的

extraordinary average 共同海损分担　指在商业海运中对于为全体当事人利益所造成的损失，包括对船舶和货物造成的损失，所有当事人都应承担全部海损中的一部分。

extraordinary care 特别注意；最高程度的注意　它与"greatest care"、"utmost care"、"highest degree of care"同义，指比正当注意[due care]程度更高的注意。在特定情况下，对谨慎的人和非常谨慎的人的注意程度有不同的要求，对此，应由陪审团来决定。（⇨care; highest degree of care）

extraordinary circumstances 特殊情况；非常情形

extraordinary costs 附加诉讼费（⇨additional allowance; extra allowance）

extraordinary danger 特殊危险（⇨extraordinary hazard; extraordinary risk）

extraordinary diligence 特别注意；最大程度的注意（⇨extraordinary care）

extraordinary dividend 特别股利　指企业由于某些特殊情况——如产生了异常的高额利润等——不定期地向股东支付的红利。特别股利是相对于普通股利[ordinary dividend or regular dividend]来说的。（⇨extra dividend）

extraordinary expenses 〈美〉特别支出　指非经常性的、具有特殊性质的某种费用，如因工厂报废、商誉受损、被法院判决应承担很重的产品责任时所支出的费用。

extraordinary flood 特大洪水　指按通常的自然趋势无法预料其发生，且其规模和破坏性均非常人所能预见的洪水。它常可作为不可抗力[act of God]的一种。

extraordinary gain or loss 额外获利或损失　指特殊的、非经常性的获利或损失，如因出卖工商企业的重要部分而获得的收益，因地震而遭受的损失等。

extraordinary general meeting 〈英〉特别股东大会　指公司为处理某些特定事务而召开的股东大会。它一般由董事召集，在某些情况下，亦可由公司股东召集。在召开特别股东大会的通知中必须载明需在本次大会上处理的特定事项。1948年《公司法》[Companies Act]第132条有此规定。

extraordinary grand jury 特设大陪审团　调查范围有一定限制的大陪审团。它不得超越授权范围进行调查。其对证人所作的讯问亦必须在其授权调查事项之内，亦不得利用调查证人泄露或干预与授权调查事项毫不相干的事。

extraordinary hazard 异常的危险　指不是做某项工作或任务一般容易发生的危险，如由于其他雇员的行为而使某种工作的危险性增加并对与此无关的雇员造成了伤害，这种危险即为异常的危险。（⇨extraordinary risk）

extraordinary lords 〈苏格兰〉特命贵族　苏格兰1532年成立最高民事法院[Court of Session]时，法院由院长、14名普通贵族[Ordinary Lords]和3至4名特命贵族组成。特命贵族由国王提名，不需要具备一定资格，也没有薪金，并且可以随意决定是否出庭。这种做法虽可博取贵族的欢心，但却加强了王室的干预。但这些贵族只是在案件与自己有利害关系时才愿意出庭。1553年特命贵族人数增加到8人，但后来遭到反对，又减为4人。该数目一直持续到1723年，这一年还规定，任何空缺都不能填补。伯内特大主教[Archbishop Burnet]是最后一位担任法官(1664 – 1668)的神职特命贵族。约翰·海[John Hay]，特威黛尔侯爵[Marquis of Tweeddale]则为最后担任此职(1721 – 1761)的特命贵族。

extraordinary physical effort 特别费力　它常用于因某些文职部门的职位有特别体力要求从而规定其最高和最低年限的制定法中，意指该职位需长时间运用体力或时而需特别用力，但并非连续性超常运用体力。

extraordinary proceedings 特别程序　指某些提供特殊救济的法律程序。（⇨extraordinary remedies）

extraordinary remedies 特殊救济　这是与通过诉讼而获得的普通救济相对而言的，其中最主要的有调卷令[certiorari]，上级法院发给下级法院或其他公私团体的执行职务令[mandamus]，上级法院发给下级法院的禁令[prohibition]，追究某人凭借任何权力行使职权的令状[quo warranto]，人身保护令[habeas corpus]等一系列令状。现在美国联邦法院和大多数州法院中多数此类特别令状已被废除。

extraordinary repairs 特别修缮;特别维修 在不动产租用关系中,指由于发生不可预见的异常事故,使租借物虽未毁损,但不再适于使用,因而进行的必要修缮。它不同于一般性的、正常的修缮。

extraordinary risk 特殊危险 指由于工作条件不正常而产生的危险,它是由于工作中不是正常的也不是必然容易发生的原因产生,且如果雇主尽了合理的注意,也是可以避免的。(⇨extraordinary hazard)

extraordinary session 〈美〉特别会议 指通常由州长在两届会议之间为解决特别立法问题而召集的立法机关的会议。在大多数州,特别会议限于讨论州长所要求的问题。(⇨extra session)

extraordinary storm 特大风暴 指虽非前所未有,但极少发生,且难以预见其发生的风暴。(⇨extraordinary flood)

extraordinary traffic 〈英〉道路的不正常使用 指由于运输的物品在质量、数量上或运载人使用道路的方式上的特殊性,致使公路承受的负担加重,造成了超出一般程度的损失或费用,根据1959年的《公路法》[Highways Act],公路管理机构有权收取弥补因此而造成损失的费用。

extraordinary writs 特别令状(⇨extraordinary remedies)

extraparochial 〈英〉堂区外的;不在堂区界限内的 n.〈英〉无法纳入堂区的土地 指由于土地领主是非信徒,或由于土地处于森林或沙漠之中,而无法划归于堂区的领域。

extrapolation n. 推断;推知 在诉讼中用于指法院从其他案件中推出某一法律原则。

extra praesentiam mariti 〈拉〉丈夫不在场;不在丈夫当面

extra provincial company 〈加〉外国公司(⇨foreign corporation)

extra quatuor maria 〈拉〉四海之外;英国以外

extra regnum 〈拉〉国土以外

extra services 额外服务 ①指代理人提供的超出其与本人所订立合同范围的服务;②指建筑承包商应所有人的要求或未受所有人的反对而提供的超出合同范围的服务;③指雇人提供的超出合同所规定工作的服务;④指公务员提供的与其职务有关但在法律上属无偿的服务。

extra session 〈美〉❶特别会议 指立法机关休会后,为处理某些在例会期间未能考虑的事项而由州长召集举行的会议。(⇨extraordinary session) ❷临时开庭 指法院为清除或减少积案而临时增加的开庭。(⇨extraordinary session)

extra-statutory concessions 〈英〉额外的法律让步 指对严格法[strict law]的放宽理解,或国内税务署不时建议作出的对纳税人有利的法律解释。

extraterritorial a.❶国家领土以外的 ❷国家司法管辖权以外的 ❸治外法权的(⇨extraterritoriality)

extraterritoriality n. 治外法权 指一国法律的域外适用,即该国法律对该国境外的个人、权利及法律关系的适用。该词用来表示一国给予外国的外交代表、军舰等的免受该国法律管辖的权利。也用来指一国依条约或通过其外交使节、领事在外国领土上行使管辖权。(⇨exterritoriality)

extraterritorial jurisdiction 域外管辖 指延伸至某一特定州或国家自然界限之外的司法权。(⇨long arm statutes)

extraterritorial wrong 域外侵权行为 指依行为发生地的法律而非依诉讼地的法律属于侵权的行为。

extra territorium 〈拉〉领土以外

Extra territorium jus dicenti impune non paretur. 在管辖区域以外行使管辖权者不被服从而不受惩罚。

extravagance n. 奢侈;铺张;浪费 尤指在服饰、生活方式、公款的花费等方面。(⇨sumptuary laws)

Extravagantes (教会法)《编外教令》 指《格拉提安教令集》[Decretum]之外的诸教令,特别指雷蒙德[Raymond]编纂、1234年出版的《格列高利九世教令集》[Decretals of Gregory Ⅸ],但最通常是指1317年克雷芒五世的教令集出版以后,尚未收编于在此之前的教令集中的教令。教皇约翰二十二世[John XXⅡ]编纂和出版了以《编外教令》为名的教令集。

Extravagantes Communes 《常用编外教令》 指教皇约翰二十二世[John XXⅡ]以后的教皇所发的教令。

Extravagantes Joannis 《教皇约翰的编外教令》 指教皇约翰二十二世[John XXⅡ]所发的二十项教令。

extra viam 〈拉〉道路以外;通行权以外 用于普通法诉讼中,指在原告控告被告非法侵入自己的土地时,被告辩称自己是行使正当的通行权,而原告则反驳被告的侵入行为是在其宣称有通行权的场所以外之地进行的。

extra viam rights 〈拉〉道路外通行权 ①指公路因失修而不能供实际通行时,行人可从与公路相邻的土地上通过的权利;②指享有地役权[easement of way]的人,在供其通行的道路被供役地所有人[servient owner]堵塞或不能通行时,从供役地相邻土地上通过的权利。

extra vires (=ultra vires(doctrine))

extra work 额外工作 该术语常用于建筑承包合同中,指承包商完成的在合同中虽未规定、但与合同有关的其他工作。承包商据此可请求给予额外的补偿[additional compensation],但它又受制于对原合同的解释,且一般只限于就所提供的劳务和材料[labor and materials]进行补偿。(⇨extra services)

extreme a.❶末端的;尽头的;最远的 ❷极端的;过分的 ❸激进的;严厉的 ❹最后的;最终的

extreme care 最大程度的注意 指谨慎的人在面临危险时应尽的注意。(⇨care)

extreme case 极端案件 指案件的事实或适用的法律或事实与适用的法律二者已达到可能性的极限。

extreme cruelty 极度残忍;极端虐待 它可作为离婚理由,与"残忍与非人道的待遇"[cruel and inhuman treatment]以及"无可忍受的暴虐"[intolerable severity]同义,指以人身伤害或身体施暴方式致生理或心理健康受损或足以导致婚姻目的消灭的行为。

extreme low tide 最低潮

extreme tide 上下水位差最大的潮汐 指高潮与低潮之间的水位差别最大的潮汐。

extremis 〈拉〉临终 指因患疾病已无治愈希望而临近死亡的状态。在临终状况下[in extremis],如果立遗嘱人尚有健全的理智,且不受不正当影响,则其所立遗嘱有效。(⇨dying declaration)

Extremis probatis, praesumuntur media. 〈拉〉两个极端被证明后,中间事物即可推定。

extremity n.❶极端;末端;端点 ❷(身体的一)肢 ❸极其危险;极度贫困 ❹极端行为;极端措施

extrinsic a.❶外在的;外来的 ❷非本质的;非固有的 它指用制定法或法律文件以外的材料来解释制定法或法律文件,与"内在的"[intrinsic]相对。它还可与其他词组成不同的法律术语。

extrinsic ambiguity 外在的不确定性 指在书面合同中,其不确定性并非因书面合同条款所引起,而是因未在书面合同中记载的其他相关事项所引起。

extrinsic evidence 旁证 指并非包含于协议、契约等文件中的、而是从其他来源所得的证据,如当事人的陈述、订约时的情况等。旁证在一定情况下可用来证明有关的书面文件。旁证也指未以合法方式在作出裁决的审判庭上提出的证据。(⇨parol evidence rule)

extrinsic fraud 外在欺诈;非本质欺诈 指与已作出判决的有关案件事项相关的欺诈,这种欺诈可以作为撤销判决的依据。例如在单方要求[ex parte]的离婚诉讼中,若原告欺骗法庭称其不知被告在何处从而获得离婚判决的,则可以欺诈为由撤销离婚判决。

extum 由此;因此;从那里;以后

ex turpi causa 〈拉〉由于(对方)违反实在法而产生的作为诉因提出来的主张

Ex turpi causa non oritur actio. 〈拉〉违背道德之对价,不生诉权。 指不能以违背道德或违法之合同对价作为提起诉讼的理由。

Ex turpi contractu actio non oritur. 〈拉〉违背道德之契约不生诉权 指基于违法或违背道德的对价而订立的合同不能通过诉讼方式得以执行。

exuere patriam 放弃原有国籍

exulare (英格兰古法)放逐;流放 例如"Nullus liber homo, exuletur, nisi, etc."即指"自由民不得被流放,除非…"。

ex una parte 〈拉〉单方的;在一方

Ex uno disces omnes. 〈拉〉举一反三。或:从一件事情可看到全部。

exuperare 制服;逮捕

ex usu 〈拉〉通过使用;从使用中

ex utraque parte 〈拉〉双方的;在双方

ex utrisque parentibus conjuncti 〈拉〉与父母双方都有血缘关系的;完全血亲的

ex vessel (= ex ship)

ex vi aut metu 〈拉〉通过使用暴力;通过恐吓

ex visceribus 〈拉〉从内部;从其本质 例如"ex visceribus verborum"的意思就是"只从文字本身而不是从任何其他东西"。

ex visceribus testamenti 〈拉〉根据遗嘱的本质内容 亦即根据遗嘱的整体。它是遗嘱解释的规则之一。

ex visitatione Dei 〈拉〉❶基于上天的安排 指由于先天性的缺陷。旧时诉讼中,当犯人被传讯却保持沉默而不作答辩时,就要组成陪审团来调查他是否故意拒绝答辩或先天就是哑巴。❷由于自然的原因 以区别于暴力等其他原因。当验尸官经调查发现死亡是由于疾病或其他自然原因造成时,通常即称为"因自然的原因"而死亡。

ex visu scriptionis 〈拉〉由于看到其人书写 这是用以描述证明笔迹的一种方法。

ex vi termini 〈拉〉从所用词语本身的意思;从该用语;根据该用语

ex vi terminorum 〈拉〉依据用语;依其用语固有的意思

ex voluntate 〈拉〉自愿地;自主选择地

ex warehouse 〈拉〉货栈交货;仓库交货 指卖方在仓库交货,并承担在此之前及交货时发生的有关费用。

ex warrants 无担保的;不予担保的

ex wharf 〈拉〉码头交货 指卖方在码头交货,并承担在此之前及交货时发生的有关费用。

ey n.❶水 ❷岛屿

eyde 〈法〉❶帮助;援助;救济 ❷补助金;津贴

eye for an eye 以眼还眼 这是引自圣经《出埃及记》[Exodus]的一则成语。通常用来表示法律上准许的与已造成的伤害相等的报复,即允许受害人对造成伤害的行为人施以同类的伤害。在古巴比伦法、犹太法、罗马法和伊斯兰法中都允许这种报复方式。但实际上常用金钱支付或其他赔偿方式来满足受害人。后来,法律要求双方达成和解协议。

eyewitness n.目击证人;见证人 指以其亲眼所见而证明某种事实的人,区别于耳闻证人[ear-witness]。

eyewitness identification 目击证人的辨认 一种证明方式,指由亲眼目睹某一事件发生的证人根据其对该事件的记忆来证实某一人或数人是否涉入此事件。

eyewitness provision 目击证人条款 指意外事故保险单中要求由目击证人而非由被保险人或索赔人对伤害的意外性质作证的条款。

eyewitness testimony 目击证人证言(⇨eyewitness)

eygne (= eigne)

eyre n.巡回;巡回法庭 由巡回法官[justice itinerant 或 justice in eyre]组成的巡回法庭在1176年的北安普顿议会[Parliament of Northampton]上派,得到王室法庭[Aula Regia]授权,他们每七年一次巡回听审案件。根据《大宪章》[Magna Carta]的规定,巡回法官每年被派往各个郡听审案件。巡回陪审[assize]兴起后,随着主持巡回陪审的法官的权力扩大,早期的这些巡回法官逐渐消失了。在王室狩猎场,根据古老的习惯,每三年派出巡回法官处理有关王室狩猎场的案件。(= eire)(⇨assize)

eyrer 〈法〉巡回;巡游

Ff

f (= Fahrenheit)(⇨fathom)

F. ❶(英格兰古法)重罪烙印 神职人员成为重罪犯时烙在脸上以示耻辱的字母标记,被判犯有斗殴罪或欺诈罪者也被烙以这种标记。1827年《刑法》[Criminal Law Act]予以废除。(⇨benefit of clergy) ❷(= Federal Reporter, First Series)

F.A.A. (= free from all average; Federal Aviation Administration)

fabrica n.(英格兰古法)铸造钱币;铸币

fabricare 〈拉〉❶(英格兰古法)铸币 包括合法铸造、非法铸造或伪造钱币。❷伪造(提单) 用于刑事起诉书中。

fabricated evidence 伪造的证据;捏造的证据 完全伪造、虚构的证据;为歪曲事实真相、企图给人造成一种假象而变造、编造的证据。

fabricated fact 捏造的事实;编造的事实

fabric lands (英格兰古法)教堂用地 个人通过遗嘱赠与的以供修建、重建、维修、保养主教座堂或其他教堂建筑物之用的土地。

fabula n.(欧洲古法)契约;格式协议 尤其用在伦巴第和西哥特的法律中,表示婚约或遗嘱。

face v.面对 如美国宪法规定:在刑事诉讼中,被告人有权与对其不利的证人面对面地对质。
n. ❶(文件的)正面 相对于文件的背面而言。如格式合同的正面包括了应具备的所有必要项目,背面则印有一些特别条件。 ❷(文件、制定法、案卷、判决、遗嘱等的)文义;字面 指文件、判决、遗嘱等的表面所明白包含的字句和数量,区别于用其他证据加以印证所能从其中发现的内容。如该合同的文义约定的价值为100美元;从遗嘱的字面看,她是唯一的受益人;该条例明确禁止自由言论,从其字面来看,这是违反宪法的。 ❸(文件的一般性的)表面 区别于用其他证据加以印证而可能会从其中发现的东西。如从该文件表面看来,没有明显的伪造痕迹。

face amount ❶票面金额;面值;面额 不含利息。 ❷(保险)保单;承保面额 亦称"face value"、"face amount insured by the policy"、"face of policy"。

face amount certificate company 面额投资公司 一种投资公司,只发行支付固定担保收益的债券。

face amount insured by the policy 保单承保面额 在关于展期人寿保险的成文法中,指在任何情况下,根据固定费率终身人寿保险单应支付的金额。保险人支付此项金额时无须考虑意外事故或伤残险等其他情事。(⇨face amount)

face amount of policy (固定费率终身人寿保险中)保险单的面额

face of instrument (票据、证券的)票面 票据或证券的条款和条件都列在票面上,仅以票面所记载的文字为准,不能用外在的事实或证据予以解释、修改或补充。

face of insurance policy 保险单的字面文义 指保险单所包含的整个保险合同。

face of judgment 判决(给付的)金额 不含利息。

face of (the) record 案件的卷宗 指保存在存卷法院[courts of record]以备查询的案件全部审理过程的记录,而不仅指判决书部分。刑事案件中指起诉书和陪审团的裁断。

facere 〈拉〉干;做;行动;引起

facere defaltam 〈拉〉(= make default)

facere duellum 〈拉〉进行决斗(审)(⇨duel; duellum)

facere finem 〈拉〉交纳罚金(⇨fine)

facere legem 〈拉〉立法

facere sacramentum 〈拉〉宣誓;发誓

face to face 面对面 诉讼中令证人出庭作证,以便双方当事人当面对其进行交叉询问。

face value ❶表面价值 ❷票面价值;票面额 保险单、债券、票据抵押契据、或其他证券等单据或文件上所载明的到期应支付的价值,其价值只能根据单据的字面文义,而不得借助其他事实或证据确定,也称为平价值或名义价值,是计算利息的依据。在计算股票交易税时,交易票的票面价值由章程条款而非票面之记载决定。

facial a. ❶面部的 ❷表面的 如某制定法在表面上是无效的[facially invalid];表面上是违宪的[facially unconstitutional];表面上是含混的[facially vague]等。

facial disfigurement 毁容 损害、损伤他人的容貌、体态或外表,或以某种手段造成他人变丑、致畸、致残。

facias 〈拉〉你所造成的;你所引起的

faciendo 〈拉〉正在实施中;正在付款中;在某行为中

facies 〈拉〉❶面容;外貌;外观;外表 ❷根据事物的外表或表面现象对其进行的观察或研究

facilitation n. ❶简便化;促进 ❷(刑法)为他人犯罪提供方便的行为

facility and circumvention 易受影响和弱智 苏格兰法的一项原则。易受他人影响且弱智的人,难以表达自己的真实意思与作出判断的人,其所缔结之契约、作出的赠与、遗嘱均可被宣告无效。

facility of payment clause 付款便利条款 保险单中的一个条款,该条款规定被保险人和受益人可指定有权接受保险金的人。同时,此条款也赋予保险人选择保险金接受人的权利。

facility of transportation　交通工具　汽车、摩托车、马匹等。

facio ut facias　〈拉〉(罗马法)我为则你为　①一种无名契约[innominate contract]，是债或劳务与债或劳务的交换，即某人答应为他人做某事且该他人也答应做某事作为回报，如结婚协议；②这种无名契约中的对价。

facsimile signature　复制签名　指以机械或影印方式复制的签名。

fact　n.事实；真相；实际情况　指实际发生的事情、事件及通常存在的有形物体或外观，具有确定的绝对的真实性，而非仅为一种推测或见解。事实必须是实情，而非虚构的或谬误的。"事实"指事件发生或事物存在的真实性要由证据加以证明。"事实"常与"法律"对照使用。事实问题由陪审团裁决，法律问题由法庭判定。法律是原则，事实是发生的事。法律是设想的，事实是现实的。法律是关于责任的规则，事实是遵守或违反这种规则。

facta　n.(英格兰古法)事实；行为；行动

facta armorum　〈拉〉武功；格斗；比武

Facta sunt potentiora verbis.　〈拉〉事实胜于雄辩；行动比言辞更有力。

Facta tenent multa quae fieri prohibentur.　〈拉〉行动中含有许多被禁止做的事。

fact finder　事实调查人　指由企业、政府或法庭派遣的就某一特定事件、情况或争议进行调查、取证的人员，或者是认定事实的人员，如陪审团等。

fact-finding　n.查明事实　法庭对每一案件必须进行的一项程序。对案件必须预先查明事实，然后才能适用相关的法律，作出判决。查明事实主要是重现已发生过的事情。在这一程序中，各方当事人提出允许提出的证据；各当事人向对方证人进行交叉询问；然后各自说明其提供的证据足以证明某项事实。法官明示或默示地作出关于事实的裁决，指出某些事实已被证实，某些事实未被证实。这一程序包含对证人证言的真实性和可靠性的认定，对相互矛盾的证据的判断等。查明事实程序有时会遭遇困难，诸如证人失踪或死亡、记忆失误、偏见、不诚实、信函遗失，甚至包括法官的偏见。查明的"事实"可能不是实际发生过的事实的重现。陪审团似乎困难更大，因为他们极少对某项事实作出明确的裁决，而只是笼统地作出对原告有利或不利的裁断。

fact finding board　(由企业、工会组织、政府或类似团体任命的)事实调查委员会

fact in issue　诉讼中的系争事实

factions　n.❶(政党、教会等团体内的)派别；宗派；(持不同意见的)小集团　❷派系斗争；内讧

factio testamenti　〈拉〉(罗马法)遗嘱能力　包括立遗嘱的能力[factio activa]和遗嘱继承的能力[factio passiva]。前者又称主动遗嘱能力，后者又称被动遗嘱能力。

fact material to risk　重要事实(⇨material fact)

facto　〈拉〉实际上；事实上；根据事实或行为

facto et animo　〈拉〉根据事实和意图

fact of general notoriety　❶众所周知的事实　❷历史性事实　指只能根据历史性文献或已故名作家的作品加以证实的事实。

factor　n.❶代销商；行纪人　受货主委托销售货物并赚取佣金的代理商。与一般代理人[agent]不同的是，该代销商通常以自己的名义支配和销售委托人提供的货物，并对货物享有所有权。在代委托人销售货物时，代销商须依照委托人所指定的价格及条件进行交易，不得随意变更。❷保理商　经营保理业务，进行应收账款贴现的商号。❸次债务人；案外债务人(⇨garnishee)　❹〈苏格兰〉地产管理人
v.❶代销经营　❷保理经营　❸代管(产业)

factorage　n.❶代销商佣金；代销商手续费　❷代销业务

factorage financing　保理融资　一种带有担保安排的融资方法。业务营运良好的债务人占有并有权出售或处置债权担保品，但通常必须提交足额的其他替代品。

factoring　n.保理业务　指承购制造商(卖方)的应收账款，承担收款风险，包括信用损失，而赚取折扣或手续费等的短期融资经营行为。保理融资经营行为。保理业务最常见于服装业，但在其他产业也已较为普遍。一般有两种最基本的保理业务形式：①贴现保理[discount factoring]。指应收账款未到期，保理人予以贴现；②到期保理[maturity factoring]。指应收账款已到期，保理人以一定价格承购该应收账款。保理人一般对原债权人(转让应收账款之债权人)无追索权，由保理人自行评估和承担信用风险。而享有追索权的融资称为"应收账款融资"[accounts receivable financing]。

factoring process　第三人财产扣押程序　扣押第三者手中所有属于债务人的财产和权利以保证债权人权利的实现的法律程序，又称"受托人程序"[trustee process]。(⇨garnishment)

factorizing　(= factoring process)

factorizing process　(= factoring process)

factors' acts　代销商法　英、美两国规范代销业的立法。根据该立法，代销商有权占有并出售委托人的货物，并有权以委托人的全部或部分货物设定抵押，从而保护善意第三人的权利。

factor's lien　代销商留置权　指代销商有权留置委托人的货物，直至后者付清其佣金和为代销而垫付的款项等有关费用。这种权利通常由立法规定。

factory　n.❶制造地；生产地　❷(制造)厂家；工厂；修理厂　❸(在外国的)代理商行；代理店

factory acts　工厂法　旨在限制劳动时间、改善安全和卫生条件等保护雇员权益的劳动立法。

factory and commission　〈苏格兰〉授权委托书　授权他人代理自己行为的契据。

factory weight　〈美〉(机动车辆的)出厂重量　机动车辆开出或运出工厂时的重量，供计算牌照费或登记费之用。

fact pleading　事实诉答　要求原告在起诉状中陈述足以确立其诉因的事实的诉答。有时也被认为与code pleading同义。

fact question　事实问题(⇨question of fact)

factual impossibility　事实上的不可能性　因某一非法行为在事实上不能完成或不能达到目的而产生的不可能性，例如扒窃空的钱包。事实上的不可能性不能用作犯罪未遂的辩护理由。也称作physical impossibility。

factum　〈拉〉❶(罗马法)事实；某一事实；事实问题　区别于法律问题。❷(法)事实摘要　简明地包含争讼事实的摘要，一方当事人据此事实摘要提出其权利要求，另一方当事人依据这种事实摘要提出反驳。❸(英格兰古法)行为；某人的行动及行为；违法或犯罪行为；法律之外的行为　❹载明或确定的任何事物；转让契据；盖印文契亦称为 charta。❺事实；情事；证据中的某一事实　如"待证事实"[factum probandum]；factum 即英文 fact，在英格兰法及美国法中含义颇丰。(⇨fact)　❻(欧洲古法)

一块(份)土地 ❼(遗嘱法)执行遗嘱；正当执行遗嘱
Factum a judice quod ad ejus officium non spectat non ratum est. 〈拉〉法官超出职权范围的行为无约束力。
Factum a judice quod ad officium ejus non pertinet ratum non est. 〈拉〉法官之与其职务无关的行为无约束力。
Factum cuique suum non adversario, nocere debet. 〈拉〉一方的行为可不利于其自身而不得有损于对方。
Factum infectum fieri nequit. 〈拉〉既成事实不容更改。
factum juridicium 〈拉〉法律上的事实 民事责任的构成要件之一。
Factum negantis nulla probatio sit. 〈拉〉对事实的否认无需举证。
Factum non dicitur quod non perseverat. 〈拉〉未遂之事不可谓"已作为"。
factum of will 立遗嘱
factum probandum 〈拉〉(证据法)待证事实；有争议的事实
factum probans 〈拉〉❶证据事实；有证明力的事实 ❷用以证明主要争议的次要事实或相关事实 ❸情况证据
factum reputabitur pro voluntate 〈拉〉依据意图考虑某一行为
Factum unius alteri noceri non debet. 〈拉〉一人之行为不得损及他人。
Facultas probationum non est angustanda. 〈拉〉提供证据和证言的权利不受限制。
facultative compensation 任意性赔偿；随意性赔偿；不确定赔偿 当事人一方排除某种法律规定的不予赔偿的因素后，根据当事人双方的意志而给付的赔偿。
facultative reinsurance 临时分保 指事先未订立分保合同而临时分出的保险业务。分保人可以选择是否接受。
faculty n. ❶能力；才能 ❷官能 如听觉、视觉。❸代理人等经授权所取得的权利 ❹(苏格兰)根据当事人的同意而非基于财产所产生的某种权利 ❺(婚姻法)丈夫扶养妻子的能力 这种能力可以是暂时的或永久性的，包括丈夫的有形财产和收入、取得收入的能力等。❻〈英〉(教会法)特许(权) 由教会法院法官[ordinary]，通常是主教或大主教，赋予的有关婚姻和教会事宜方面的特权，如不发布婚姻布告[banns]而结婚，改动教堂设施和建筑等，详见 1964 年《特许权管辖条令》[Faculty Jurisdiction Measure]。坎特伯雷大主教的特许法院[Court of Faculties]专门处理需要特许的申请。❼(大学或学院等)全体教学人员；(从事某一特定职业的)全体人员 ❽大学的分科学院
faculty of a college 学院的全体教学人员 由讲师、助教、教授等组成，负责教学事务、课程设置及学院纪律等工作，区别于学院的理事会。
Faculty of Advocates 苏格兰出庭律师协会 由苏格兰全体出庭律师[advocates]组成的法人团体，成立于 1532年，位于爱丁堡，其成员可以在苏格兰的任一法院和上议院出庭执业。
faderfium (英格兰古法)嫁妆 新娘的父亲或兄弟所赠之结婚礼物。
faeder-feoh (英格兰古法)陪嫁；嫁妆 若亡夫之继承人不同意寡妇改嫁，该陪嫁即复归寡妇娘家。
faesting-men ❶遭到管教的[approved]武装强悍的人员 ❷富人；有产者 ❸保人；连坐保人 根据撒克逊习惯，保人应对彼此的行为端正负责。
faggot n. ❶笃教徽章 早期那些公开誓绝信奉异端邪说

的人所佩戴的徽章，作为受到奖励的象征。 ❷火刑 古时一种刑罚，将受刑者活活烧死。
faggot vote 〈英〉虚假投票权 指因财产不足而无选举权的人，通过仅名义上拥有足够数量财产的方式取得投票权。例如，先购入一笔地产，取得名义上的所有权，从而获得投票权，再以同样价值抵押出去。这种做法始于 1700 年，1832 年《改革法案》[Reform Bill]予以严肃干预，1884 年《人民代表法》[Representation of the People Act]进一步加以限制，于 1918 年《人民代表法》[Representation of the People Act]颁布后不再存在。
faggot voter 〈英〉虚假投票权人(⇨faggot vote)
Fahrenheit n.(华氏)温度
faida n.〈撒克逊〉恶意；公开的敌意；世仇 指凶杀事件引起的双方家族之间的深仇大恨。条顿民族允许被害一方的任一家族成员对施害一方的任一家族成员进行报复。
fail n. ❶失败；不及格 ❷失去清偿能力 ❸〈美〉交割失信；无力交割 指证券经纪人在买卖证券后于规定期限内收不到或交不出证券。 ❹过失；疏忽 ❺(体现客观必然而非主观意志的)拒绝
v. ❶失败，未达到目的 ❷缺乏；不足；中断 ❸失去支付能力；破产 ❹不履行；未履行；未做 ❺忽略；疏忽；犯错误 ❻拒绝 ❼失灵；失去作用 ❽变得无价值；跌价
failed bank 破产银行 因资不抵债，不能清偿存款人及其他债权人的款项而被银行管理部门接管进行清算并停止经营的银行。
failing circumstances 濒临破产 指企业或个人缺乏足够的资金以清偿到期债务。(⇨insolvency)
failing-company doctrine 〈美〉(濒于)破产公司原则 如果一个公司已破产或濒临破产，则对它的收购不适用《克莱顿法》[Clayton Act]中关于公司收购的规定。
failing of record (= failure of record)
faillité 〈法〉破产；资不抵债；失败
failure n. ❶失败；失去；放弃 ❷无偿债能力；破产 ❸失职；懈怠；疏忽 ❹缺乏；不足 指达不到某种法律标准。 ❺无效
failure of bank 银行破产 指银行因资不抵债，或不能偿还储户或其他债权人的款项，而被管理部门接收进行清算并停止业务。
failure of consideration 无对价；对价无效 此术语不一定表示合同或票据缺乏对价，而是指缔约时当事人所期待的合同的对价因事物内在的瑕疵或当事人的全部或部分不履行而变得全部或部分无价值或不存在了。
failure of evidence 证据不足(⇨failure of proof)
failure of good behavior 行为不良；行为不当 指违反公认的礼仪或道德标准的行为、失职或违法行为。
failure of issue 死亡时无子女；无后嗣(⇨dying without issue)
failure of justice 审判不公；误判 指由于不恰当的审判致使当事人的合法权益不能得到保护或权利受损害时不能得到补偿。
failure of proof 证据不足；证据缺乏 指当事人不能提出足以证明自己的主张或抗辩成立的证据。
failure of record (被告)未能出示(作为其答辩依据的)记录 指诉讼中被告依某记录中的事项提出终止诉讼的答辩[plea in bar]，而原告辩称不存在该记录，如果被告不能出示该记录，则将导致其败诉。
failure of title 所有权瑕疵 出让人对所签约出售的全部

或部分财产不享有完整的所有权,致使受让人全部或部分丧失所有权。

failure of trust 信托无效;信托不能执行 指由于信托合同自身的瑕疵或不合法、不确定或其他法律原因致使信托无效或不能执行。

failure otherwise than upon merits 未经事实审理而判决(原告)败诉 指法院不经过对案件事实的审理,如仅依据诉状或经简易程序而裁决原告败诉。

failure to bargain collectively 集体谈判失败 指雇主拒绝与作为雇员代表的工会就雇佣条件及雇佣合同的解释等问题进行讨论。

failure to file tax return 未在法律规定的时间内提交所得税申报表

failure to make delivery 交付不能;(为某种目的而)交付不当

failure to meet obligations 无力清偿到期债务;拒绝清偿到期债务(⇨failing circumstances)

failure to perform 履行不能;拒绝履行

failure to state cause of action 起诉理由不足 指原告在起诉状中未提出充足的事实根据以支持其请求;即使原告起诉状中所主张的事实都得到了证实,仍不足以使原告获得司法救济。

failure to testify 〈美〉拒绝提供证词 根据联邦宪法第五条修正案提供的保障,刑事被告人有权拒绝提供证词,且法庭或控方不得据此作出对被告人不利的推断。

faint action (= feigned action)

fainting spell (大脑供血不足而引起的)暂时失去知觉 并非由疾病或身体虚弱引起。

faint pleader 虚假答辩;欺诈答辩;(当事人)串通的答辩 以欺骗诉讼外第三人。

fair n.❶(定期)集市;商品交易会 ❷〈美〉展览会 ❸〈英〉市场;特许集市;(按特许状或时效取得的)开市权

fair à scavoir 〈法〉使知道;使知晓

fair abridgment (作品的)合理节略;合理摘要;合理节本(⇨copyright)

fair and equitable 公正而且公平 制定和采用公司或企业的改组、重整方案时,必须载明(部分)债权人按照约定所享有的优先权,以及按照公司章程规定的部分股东较其他股东享有的优先地位。

fair and impartial jury 公正而无偏袒的陪审团 指每一个陪审团成员不仅是合格的,而且是公正的、无偏见的;事先对被告人是否有罪或有无责任没有成见。(⇨impartial jury)

fair and impartial trial 〈美〉公正而无偏袒的审理 指由公正的、无利害关系的法庭依据法律规定的正当程序而进行的无偏袒的审理。在审理过程中,当事人享有的一系列宪法性权利均得到了保护,如被告人在开庭前有充裕的时间作辩护准备,有权获得律师的帮助,有权提供己方证据,有权对不利于己的证人作交叉询问,以及有权获得陪审团的审判等。

fair and proper legal assessment 公正、适当而合法的资产评估

fair and reasonable value 公允价值;公平市价(= fair market value;fair value)

fair and valuable consideration 公平合理的对价 指根据当时的环境、条件以及同类地区可比商品的市场价格所确定的足以补偿所转让财产价值的或合理的对价,相对于不充分对价而言。

fair average value 公允平均价 指为征税而进行股本评估的价值,这种价值一部分取决于公司资产的公平净价值,而非全由股份总数的价值决定。

fair averaging (税务评估中)合理平均数;合理水平 指在一个会计年度中所取得的货物的平均价格和数量。

fair book value 公允账面价值(⇨book value)

fair cash market value 公平市价;合理市价(= fair market value)

fair cash value 公平市价;公允价值 货物在市场上出售时的公平合理价格。从财产税的角度来说,指公平的市场价格或者买卖双方都自愿、有能力并准备成交的价格。(⇨fair market value)

fair comment 公正的评论 对有关公众利益的事物和行为的评价,不涉及对个人人格的攻击和关于不道德或不正当动机的论断;在正确引述作品内容且不涉及作者人格的基础上对文字作品出于诚实的观念[honest opinion]的评论。"公正的评论"是诽谤之诉中被告人的辩解理由。

fair competition 公平竞争 商业竞争者之间公开、平等和公正的竞争关系。

fair consideration 公平的对价;合理对价 ①对价在价值上相当于所交换之物;在下列任一情况下获得对方财物或义务所给付的对价:为交换财物或义务诚信地给付的对价;或为他人当前贷款或先前债务提供担保而诚信地收受对方的财物或义务,其对价在数量上不是不成比例地少于所收受的财物或义务。也称"公平合理的对价"[fair and valuable consideration];②诚信、合理、无可怀疑的对价,但并非绝对充分。该术语在防止欺诈性转移财产的法律,尤其是破产法中有特别重要的意义。(⇨fair and valuable consideration)

fair construction (对合同的)合理解释

Fair Credit Billing Act 〈美〉《公平信用票据法》 联邦法律之一,该法旨在更方便地解决因票据错误引起的争议,并使信用卡公司对其持卡人所购商品的质量承担更大的责任。

Fair Credit Reporting Acts 〈美〉《公平合理信用报告法》 1970年联邦立法。要求各种信用报告活动要以对有关消费者公正、合理的方式进行,并尊重其隐私权。消费者有权了解调查报告活动情况,有权了解调查报告的内容和修改其中的错误等。

fair criticism 合理评论;公正评论(⇨criticism)

fair dealing ❶公平交易 ❷〈英〉(版权法)合理使用 相当于美国版权法的 fair use。

Fair Debt Collection Practices Act 〈美〉《正当收债行为法》 1978年联邦立法。仅适用于债务人为个人、家庭及因家庭开支所产生的债务。本法禁止职业收债人以各种骚扰、威胁、恐吓、损害名誉、使用污秽语言等不良方式收取债务;同时保护不滥用收债行为的债权人不在竞争中处于不利地位;鼓励各州协调行动以保护消费者免受不良收债行为的侵犯。律师所作的收债行为亦适用本法。大多数州已有规范收债行为的立法。

fair employment practices legislation 公平雇佣法 该种制定法旨在禁止雇主因雇员的种族、肤色、宗教信仰或民族等不同而在招工时予以歧视待遇。

fair enjoyment 合理的使用 指需役地所有人行使其地役权应与该地役权的目的和特点相一致,并不影响供役地所有人在不妨碍合法行使地役权的前提下对其土地的使用。

fair equivalent 公平等价

fair hearing ❶公正的审理（⇨fair and impartial trial）❷公正的听证　指行政机关依据制定法或条例等规定的正当程序举行的听证。

fair knowledge or skill 合理水准的知识或技能

Fair Labor Standards Act 〈美〉《公平劳工标准法》　1938年联邦立法。对从事州际贸易的工厂规定最低工资标准（以后制定的法律定期给予增加）和每周 40 小时的最长工时。该法对可由少年人从事的工种及工时也作了规定。

fairly *ad*. ❶公平地；公正地；无偏见地；未经歪曲地　❷正当地；合法地；合理地　若某商品为"合理可销售的"[fairly merchantable]，即表示该商品的质量为中等或中等以上。

fairly and legally 公正合法地；善意地

fair market price 公平市价；公允市价（⇨fair market value）

fair market value 公平市场价格；公允市价　指进行交易时买卖双方都自愿接受的合理价格。买卖双方都掌握与交易有关的必要信息，不存在任何强迫性的买卖行为。这种价格一般以现金或其等价物表示。

fairness doctrine 〈美〉公平原则　依据这项原则，电台或电视台负有在其提供的节目中应包含恰当、能公平反映不同观点且对公众有重要影响的问题的责任。即使在无人赞助的情况下，电台或电视台也必须为对立观点提供足够的陈述时间，且在无人要求对公共问题开展讨论时，电台或电视台也应主动作出安排。按《联邦电讯法》[Federal Communications Act]的规定，对政治和公共问题持不同意见的主要支持者，应为之提供公平的、均等的说明其观点的机会。亦称"equal time doctrine"。

fair on its face 表面上合法　从表面上看不出有不合法之处的税收单据，即为表面上合法。由法庭、官员或依法有权发出某种性质令状的机关所合法签发、合法送达的令状，且在格式上并无瑕疵，也是表面上合法。

fair persuasion 正当劝说　指对某人进行主张、劝告、请求，而未以人身伤害或经济上的损害相胁迫，亦未进行持续的骚扰或重要的、欺诈性的错误陈述。

fair pleader 正当答辩令状（⇨beaupleader）

fair pleading 公正的答辩；恰当的答辩；合于目的的答辩

fair preponderance of evidence 合理的证据优势（⇨preponderance of evidence）

fair rate of return 公平收益率；合理收益率　由公用事业委员会规定的、允许公用事业行业可获得的利润水平。该收益率考虑如下因素：维持对客户服务所需费用，发展扩大公用事业的费用开支，支付给股东的红利等。

fair representation 合法代表（权）；正当代表（权）　指工会有权正当、合法地代表全体会员进行集体谈判并执行所达成的协议，非歧视性地保护全体会员的利益，以充分的诚实信用行使工会权力并避免武断行为。

fair return 公平收益；合理的报酬　指在公用事业投资中所获得的合理收益，收益的高低取决于符合常理的正确判断。

fair return on investment 合理的投资收益　指出售或持有某项投资资产所获得的合理收益，主要以同一时期相同地区的同类投资的一般收益来衡量，常被用作确定公用事业收益率的参考数值。

fair sale 公平买卖　指对相关各方当事人的权利与利益均属公平的买卖，尤指在司法拍卖[judicial sale]、抵押物拍卖[foreclosure]及其他司法程序中对各方当事人权益均为公平而无偏私的买卖。

Fair Sales Act 〈美〉《公平买卖法》　一项制定法，它禁止以低于成本的价格销售商品，但特定情况除外。

Fair Trade Acts 〈美〉《公平交易法》　该法旨在取消有注册商标的商品的生产商和经销商间垂直[vertical]价格维持协议中有关垄断市场或限制贸易的条款，从而批准并保护这些协议。（⇨fair trade laws）

fair trade laws 〈美〉公平交易法　州立法允许名牌商品的生产商和经销商确定其商品的最低零售价。鉴于一系列法院判决不支持这项立法，国会在 1976 年予以废除。（⇨Fair Trade Acts）

fair trading 公平贸易　在英国，1973 年《公平贸易法》[Fair Trading Act]规定了公平贸易总署署长[Director General of Fair Trading]与保护消费者咨询委员会[Consumer Protection Advisory Committee]的任命，处理有关垄断、合并、金字塔式销售（传销）[pyramid selling]和商品说明[trade description]等事务。并指导 1974 年《消费者信贷法》[Consumer Credit Act]的实施。公平贸易总署署长可对持续性实施侵害消费者利益行为的人提起诉讼，并可根据垄断与合并委员会[Monopolies and Mergers Commission]的报告提起诉讼。在美国，"公平贸易"则与《联邦贸易委员会法》[Federal Trade Commission Act]相联系，用以防止州际贸易中的不正当竞争与欺诈性行为。

fair trial 公正的审理（⇨fair and impartial trial）

fair use doctrine 合理使用原则　指非版权所有人未经版权人同意而以某种合理方式使用其作品的特权[privilege]，尽管版权人享有作品垄断权。另一种观点则认为它是针对版权侵权的抗辩[defense]，作为衡平法规则，已由来已久，它将某些版权侵权行为视为不构成侵权。美国 1978 年《版权法》[Copyright Act]规定了法院确认某一案件是否构成合理使用抗辩的 4 项要素：①被指控使用行为的目的和特征；②有版权作品的本质；③所使用部分在整个作品中的重要性；④被指控使用行为对有版权作品的潜在市场或价值的影响。国会将上述 4 项判断标准视为"衡平利益"的指南，而非"限定性或确定性"的检测手段。而最高法院认为上述第 4 项标准是判断合理使用的唯一最重要的因素。在英国，则与之相应，"fair dealing"表示"合理使用"，并在 1956 年《版权法》[Copyright Act]中有规定，现行的 1988 年《版权、外观设计与专利法》[Copyright, Designs and Patents Act]即规定了若干具体的合理使用行为，见该法第 1 编（版权）第 3 章（对有版权作品允许实施的行为），即第 28 条及以下诸条。

fair valuation ❶合理估价　❷（破产案件中）买卖双方都能接受的公平市场价格；能即时有效清偿债务的价格（⇨fair value）

fair value 公允市场价格；公平市价　指现时市场价格或公平市场价格。（⇨fair market value）

fair wages clause 〈英〉公平工资条款　1891 年、1909 年及 1946 年英国下议院多次通过公平工资决议[Fair Wages Resolution]，并得到政府、英国雇主联盟及英国工会大会[Trades Union Congress]的同意，以该决议为政府部门与承包人订立合同的标准。它要求承包人通过当地同行业的工商界的雇主与工会代表进行谈判，承认工人加入工会的自由及工人的工资不低于当地同行业的工资水平。这些决议最初系针对"血汗劳工"[sweated labour]的使用。只有承包人同意上述条件，政府部门才能与之缔约。

faisant (= feasant)

fait 〈法〉❶事实;(已完成的)行为 ❷合法签署的契据;文据

fait accompli 〈法〉既成事实;已完成的行为

fait enrolle 〈法〉登记在册的契据

faith n.❶信任;信赖 ❷信心;信念;信仰 ❸保证;承诺;诺言;信用;约定

faithful a.❶忠实的;忠诚的;可信赖的;守信的 ❷尽职的;责任心强的;认真的 ❸保证信守的;有约束力的 ❹如实的;准确可靠的

faith healing 信仰疗法 通过祈祷和宗教信仰恢复或试图恢复健康。

fait juridique 〈法〉法律事实

faitours n.游手好闲的人;流浪者

fake n.❶假货;赝品;伪装物 ❷虚假报道;虚构(的事) ❸欺诈;伪装
v.假装;伪装;佯装;捏造
a.假的;伪造的;冒充的

faker n.〈口〉❶伪造者;捏造者;伪装者;冒充者 ❷卖滑头货的小贩;骗子;扒手(⇨fakir)

fakir n.❶(印度教)苦行僧;(伊斯兰教以行乞为生的)托钵僧 ❷从事无益的或不正当的行业的人 ❸卖假货的小贩 指沿街兜售一些无价值的小商品,或以虚假宣传、圈套、诡计、抽奖等方式高价出售货物的小贩。

falca 〈拉〉割下的草(= falcata)

falcare 〈拉〉砍;刈;割

falcare prata 〈拉〉在草地上割草并将其晒干 佃户为领主提供的一种劳役。

falcarious 伪造者;造假币者

falcata (= falca)

falcatio 〈拉〉割草

falcator 〈拉〉割草佃户

falcatura 〈拉〉为领主割一天草

falcatura una 〈拉〉曾经割草

falcidia 〈西〉法尔西地亚份额 用遗嘱处分遗产时必须为继承人保留的份额,即至少四分之一。(⇨Falcidian law)

falcidia lex (= Falcidian law)

Falcidian law (罗马法)《法尔西地亚法》 根据保民官法尔西地亚[Falcidius]的提议,于罗马714年(即公元前40年)奥古斯都统治时期制定的关于遗嘱处分的法律。根据该法,立遗嘱人通过遗嘱处分遗产的权利受到重大限制。即遗嘱所作出的遗赠不得超过遗产的3/4,至少应为继承人保留1/4的遗产份额,即法尔西地亚份额[Falcidian portion]。如有违反,继承人有权于必要时按比例扣减各受遗赠人所得的遗赠。

Falcidian portion 法尔西地亚份额 遗产继承中的特留份,相当于总额至少1/4的份额。(⇨falcidia;Falcidian law)

fald (= falda)

falda 〈西〉❶山坡;山脚 ❷羊栏,羊圈

faldae cursus (英格兰古法)牧羊场;羊圈(⇨faldage; foldcourse)

faldage (英格兰古法)❶领地积肥权 领主特权,他可以在其领地范围内设置圈栏将他自己的羊群及佃户的羊群围起来积肥。在某些地方,faldage 称作 foldcourse 或 freefold,而在一些古老的特许状中,则称为 faldsoca。❷积肥役金 指佃户向领主交纳的役金,以免除此积肥役。

faldata 一群羊

fald-fee n.积肥役金(= faldage)

fald-fey (= fald-fee)

faldisdory n.〈撒克逊〉(教会法)圣坛内主教的座位

faldsoca 牧地积肥权(⇨faldage)

faldstool n.(教会法)❶(主教主持宗教仪式时用的)折叠凳 ❷(君主加冕时用的)跪凳

faldworth n.〈撒克逊〉有资格作为一户的人 指其年龄已达到可以作为民政管辖单位十户区[tithing]中的一户的人,而且关于十户联保制[frank-pledge]的法律也能够对其适用。(⇨tithing;frank-pledge;decennary)

falerae n.(英格兰古法)马车装备

falesia n.(英格兰古法)海边的小山、丘陵或堤岸

falkland n.〈撒克逊〉民田 依民俗法或习惯法由平民占有的土地,无成文的所有权凭证,不同于书田[bookland; bocland],后者由国王以特许状或赐地文书授权而产生所有权。(= folc-land;folkland)(⇨bookland)

falkmote (= folkmote)

fall n.❶秋季 ❷(债务等)到期;(租约等)期满;失效 ❸落下;跌倒;失败 ❹跌价;(地位、声誉等)降低
v.❶落(下);降(落);跌落 ❷传(下);遗传 ❸减弱;衰退;萧条 ❹崩溃;瓦解 ❺属(于);(包括)在…限度(范围或管辖权)内

fall due 到期;期满

fallo 〈西〉(就法律争议所作的)终局判决

fall of hammer (拍卖中表示交易达成、竞价结束的)落锤

fall of land 一小块土地 面积为一英亩的1/160。

fallow n.休闲地;休耕地;休闲(期)
a.❶(耕地)休闲的;休耕的 ❷潜伏的;不活跃的 ❸贫瘠的;无出产的

fallow-land n.休耕地 连续几季收获之后,为恢复土地肥力而在一段时间内不再耕种的土地。

fallum n.(英格兰古法)某种特定种类的土地 未明确解释过。

falmotum (= folkmote)

falsa demonstratio 〈拉〉(罗马法)错误标识;错误描述 可指在法律文书中对某人或某物的描述有误。一般而言,描述中发生的语法或拼写等简单错误,并不使文书或者其中的条款归于无效。

Falsa demonstratione legatum non perimi. 〈拉〉叙述错误不影响遗赠效力。

Falsa demonstratio non nocet, cum de corpore constat. 〈拉〉只要对有关的人或物作过充分描述,则书面文件中的错误描述不影响文件的效力。

Falsa grammatica non vitiat chartum. 〈拉〉语法错误不影响文件的效力。

Falsa grammatica non vitiat concessionem. (= Falsa grammatica non vitiat chartum.)

falsa moneta 〈拉〉(罗马法)伪币;假币

Falsa orthographia non vitiat chartam, concessionem. 〈拉〉拼写错误不影响文件的效力。

falsare v.(英格兰古法)伪造;造假币(⇨forgery;counterfeiting)

falsarius (= falcarious)

false a.❶不真实的;有误的 ❷撒谎的;欺骗的 ❸伪造的;假的

false account 虚假账目 指明知不真实而作的假账,不同于因错误或失误而作的错账。

false accounting 〈英〉伪造账目(罪) 1968年《盗窃法》[Theft Act]中的一个罪名,基于暂时获得的故意而产生。(⇨false oath)

false action (= feigned action)

false advertising 虚假广告

false affidavit 虚假宣誓书　制定法规定,在法律许可作出的宣誓书中提供虚假陈述的行为构成伪证罪,而不问宣誓时是否由经授权的官员到场监督。

false and fraudulent 虚假和欺诈(⇨false representation; fraud)

false and pretended prophecies 伴作的错误预言　为扰乱公共治安而伴作错误的预言,应受惩罚。这项规定虽未废除,但已很少应用。

false answer 〈美〉❶虚假答辩　指被告故意所作的无事实根据的答辩。对该答辩,法庭可依当事人的申请裁定予以排除。❷虚假回答　指故意错误地回答联邦人口调查官员提出的问题,属犯罪行为。

false appeal 〈英格兰古法〉对重罪的不成功的控诉

false arrest 非法拘捕　非法拘禁[false imprisonment]的一种。指未经合法授权而剥夺、限制他人人身自由的行为,且不以行为人出于恶意为条件。受非法拘捕的人可对此提起民事侵权之诉,要求赔偿损失。如果行为人系出于恶意,则除补偿性的或名义上的赔偿外还应支付惩罚性的损害赔偿金。

false bank note 假钞(⇨bank note)

false brand 假品牌;假标签(⇨misbranding)

false branding 假冒品牌;假冒标签(⇨misbranding)

false certificate of acknowledgment 虚假收讫;虚假收讫证明　指回执中对重要事实,尤其是收件人身份的错误记载。收取回执的官员因过失或故意失职而造成这种错误,须承担民事或刑事责任。

false certificate of citizenship (事实记载有错误的)虚假身份证明

false certification of check 〈美〉支票的虚假保付　指国民银行的职员故意对出票人在开具支票时并无等量存款的支票进行保付的违法行为。

false character 虚假品行证明　在英国,书面或口头冒用主人或其代表的名义为仆人编造虚假品行证明,属违法行为,可处以罚金。

false check 空头支票　指出票人在付款银行并无存款且无理由认为银行会付款的情况下所签发的支票。

false claim 虚假的陈述;虚假的请求

False Claims Act 〈美〉《虚假陈述法》　一项联邦法律,它规定了以下行为应承担民事及刑事责任:故意向政府提供虚假陈述或申诉,向政府少交应付金额,制造或使用虚假记录以减少对政府的义务。

false claims against government 对政府的欺诈性索赔或权利主张　如进口税退款。

false colors 虚假船旗　与登记国不符的船旗。(⇨impersonation)

false conflict of laws 假法律冲突　①指似乎有法律冲突但实际并无冲突,因为可能适用的有关国家的法律并无分歧,其所依据的政策目的相同,或其中一国的法律不拟适用于涉讼的案件;②指案件尽管在地域上涉及几个法律上有冲突的国家,但其中一个国家对该案件有主要利益关系而必须适用该国法律,故实际上无真正冲突;③指与争议事实有关的几个国家的法律规定均相同或会对案件作出相同的裁决。假法律冲突常被简称"假冲突"[false conflict]。

falsedad 〈西〉不真实;虚伪;虚假;欺骗;欺诈

False Decretals 《伪教令集》　成书于9世纪中期的一部教会法汇编,自称是基督教时代最初7个世纪的宗教会议法令和罗马教皇教令的汇编,实际上其中包括许多赝品。这部汇集声称在所有有关信仰和道德的精神领域要赋予教皇以至高无上的地位,超越一切世俗统治者。整部汇集的意图在于保证教会脱离国家,并面对日益增长的大主教的权力保持主教的独立性。直至15世纪该书一直是关于教会法的主要典籍,到17世纪才揭露出其中很多内容是伪造的。但该教令集在复兴神职人员的力量和保持主教权力方面影响甚广。

false demonstration ❶错误描述　指书面文件中对人或物的错误描述。❷错误描述原则　若遗嘱对人或物的描述部分真实但部分不真实或不确切,只要真实部分足以确定赠与主体(即受赠人)及赠与物,则可排除错误部分,遗赠仍成立。

false document 伪造的文件;假造的文件　指冒用他人名义或用不存在的人的名义制作的文件。

false entry 假账;虚假记录

false fact 虚假事实;捏造的事实

false financial statement 虚假财务报告(或报表);失实财务报告

false form 形式错误　按照古普通法惯例,诉状里的错误或遗漏称为"形式错误"。虽有形式错误但意义清楚的,可由裁决更正;因形式错误导致诉状意义不确定的,则不能由裁决更正。

falsehood (= lie)

false impersonation 假冒他人名义(罪)　指以欺骗他人并取得一定利益为目的,或以享有他人的权利或特权为目的,或以使他人承担某种费用、支出或责任为目的,而冒用他人名义行事的犯罪行为。(= false personation)

false implication libel 虚假的暗示诽谤(之诉);欺骗性的暗示诽谤(之诉)　知名人士对新闻媒介提起的一种诽谤之诉,指称虽然每项叙述单独来看都是真实的,但在整体上却给人造成一种虚假的印象或暗示。

false imprisonment 非法拘禁　非法剥夺他人的人身自由的行为。凡未经依法授权或无法律根据,以暴力或以暴力相威胁,强制他人违反自己的意愿留在某处或到某处去,即构成非法拘禁,而不论拘禁的地点或拘禁时间的长短。在普通法上属刑事犯罪行为及民事侵权行为。恶意虽非构成非法拘禁的必要条件,但可加重行为人的赔偿责任。

false instrument 仿造的文件;假冒的文件　指对真实文件的仿制。

false judgment ❶〈英格兰古法〉纠错判决令状　对非存卷法院[court of record],如郡法院[county court]、领地法院[court baron]所作出的错误判决发出的令状。❷〈法国古法〉错判上诉　败诉一方当事人有权指控法官作出的是错误判决或腐败判决,案件的争端即由决斗解决。此称为"对错误判决的上诉"。(= writ of false judgment) (⇨accedas ad curiam;error)

false Latin (英格兰早期的起诉书、申诉状等法律文书中出现的)拉丁文误用　某个词使用了错误的拉丁文并不使整个文书无效,但如该词使用了既非拉丁文又非法律允许使用的文字,且意义关键,则整个文书无效。

false light privacy 错误暴露(他人)隐私　在对新闻媒介提起的有关隐私权的诉讼中,原告指称报道失实。如果报道确有新闻价值,则要求原告证明刊登该报道是出于恶意。

false lights and signals 欺诈性的灯号和信号　为将船只

引入危险境地而恶意地打出错误的灯号和信号。

falsely ad. 不真实地；错误地；虚假地；伪造地；欺诈地

false making 伪造（证券、契约、笔迹等）（⇨forgery）

false measures 虚假度量 以欺诈为目的，在测量大小、尺寸、体积、容积时使用不准确的度量单位或容器。

false news ❶〈英〉虚假消息；虚假新闻；谣言 传播谣言致使女王与其臣民或国内显赫人物发生矛盾或者造成其他危害的行为，曾被认为是轻罪。传播谣言者将被关押在监狱中，直至谣言制造者归案为止。❷虚假信息 普通法认为阴谋传播虚假信息以影响股票或商品价格的行为应受追诉。

false oath 伪誓；假誓 指破产程序中，为免除债务而在宣誓后故意对关键问题中的重要事项作不实的陈述。（⇨false swearing; perjury）

false packed 欺诈性包装 指为欺骗买受人而事先将有瑕疵的商品装在箱、桶、篓、篮等容器的底层，而上覆以品质完好的商品。

false personation 假冒他人名义（罪）（⇨false impersonation; impersonation）

false plea 虚假答辩（⇨sham pleading）

false pretences 诈骗罪 怀着欺骗意图，以捏造虚假事实的方式，非法获取他人金钱、财物、商品或其它有价物的犯罪行为。美国各州立法规定，构成诈骗罪一般包括下列特征：①有欺诈的意图；②对既存事实作虚假陈述；③用虚假陈述实施欺诈。虚假陈述亦包括用行为暗示或隐瞒应当说明的情况。根据被诈骗物品的价值，这一制定法上的犯罪为轻罪或重罪。美国《模范刑法典》[Model Penal Code]规定，行为人故意欺骗而获得他人财产的行为构成欺骗盗窃罪[theft by deception]。英国也有类似变化，诈骗获得财产罪[obtaining property by false pretenses]已被不诚实欺骗获得财产罪[dishonestly obtaining property by deception]所取代。对于不同情节的犯罪行为规定了不同的量刑标准，并作出了关于法人犯罪、支票诈骗的规定。诈骗罪可作为免除破产责任的例外。

false pretense(s) (= false pretences)

false pretenses and larceny distinguished 诈骗罪与偷盗罪的区别（⇨false pretences）

false prophecies 虚假预言；错误预言

false report 虚假报告（罪） 指法人的董事或高级职员虚假地报告法人的财务状况。

false representation 虚假陈述 普通法上的此种侵权，可以是虚假地陈述事实，也可以是在有义务披露某项重要事实时没有披露。要提起对虚假陈述的损害赔偿诉讼，原告必须在实质上主张并证明以下几点：①陈述已作出；②陈述是虚假的；③被告知道陈述是虚假的或对不知道的事当作真实的来陈述；④原告相信陈述是真实的；⑤原告信赖该陈述并据此行事；⑥原告因此受到损害；⑦损害赔偿金额。(⇨misrepresentation)

false return ❶虚假的回呈 指郡长[sheriff]或其他行政官员对其执行令状情况所作出的与事实不符的回呈。因这种不符而给当事人或其他有关人员造成损害时，受害人可提起损害赔偿之诉。❷虚假报告书 指人口调查官员或雇员明知虚假而故意制作的证明书或报告书。❸（纳税人为逃税而故意）错误填写的所得税申报表；（过失或故意）错误填写的应税财产申报表

false rumour 虚假传言；谣言

false signals 欺诈性信号；错误信号（⇨false lights and signals）

false statement 虚假陈述 意图误导或诓骗而对明知是虚假的或轻率地相信为其真实的事实所作的陈述。制定法所称公司的董事或其他职员对有关公司财务状况的虚假陈述，不但指该陈述是错误的、不真实的，而且指为了欺骗有关人员有意作出的欺骗性的陈述。联邦刑事立法规定虚假陈述涉及到三种明显的犯罪行为：①用欺骗手段伪造或隐瞒重要事实；②作出不真实的、虚构的或欺骗性的陈述；③制作或利用虚假文件。（⇨false representation）

false suit (= feigned action)

false swearing 虚伪誓言；伪誓 在被授权主持宣誓的官员面前宣誓后，作出明知是虚假的陈述，或对自己并不相信的以前所作的陈述予以肯定。作为普通法上的轻罪，它必须具备两个要件：①在正式程序中作出；②目的在于误导有关官员履行职责。如果伪誓在诉讼程序中作出，则构成伪证罪[perjury]。

false testimony 虚假证词；伪证（⇨perjury）

false token ❶虚假标志；虚假证明 刑法上，关于一事实存在的虚假文件或标记，通常以欺诈为目的。❷（以欺骗或诈取钱财为目的的）欺诈手段

false trade description 〈英〉虚假商品说明 以任何方式直接或间接对商品或其部件的数量、生产方式、成分、适用性或其他类似事项所作的足以引起误解的虚假说明。依1968年《商品说明法》[Trade Description Act]，这种行为构成违法，但不影响合同的有效性。

false verdict 不当裁断；谬误裁断 指陪审团用抽签或掷骰子等方法而不是依据对证据的分析、评议和法官指示作出的带有偶然性的裁断。在早期英国，陪审团作出了谬误裁断属犯罪行为，受害当事人可申请签发陪审查问令状[writ of attaint]，以撤销原裁断并惩罚陪审团。后该令状的使用被撤销裁断并重新审理案件的做法所取代。1825年《郡陪审团法》[County Juries Act]将之完全废除。（⇨attaint）

false weights 虚假度量衡 与法定标准、国家或政府颁布的标准或行业、地区通用标准不一致的度量衡。使用虚假度量衡的目的在于欺骗顾客。普通法和美国大多数州立法都认为是犯罪。

falsi crimen 〈拉〉伪作；隐匿 以言辞、文字或行为等方式掩盖、隐藏事实真相。

falsification n. 弄虚作假；篡改；伪造；歪曲（⇨falsify; falsehood）

falsification of accounts 〈英〉篡改账目 指某人为使自己或他人获益或对他人造成损失而不正当地破坏、涂改或篡改账目、记录以及其他会计文件；或在其明知会导致误解的情况下，为利用上述会计文件而增加实质上虚假或欺骗性的资料。

falsifier n. 伪造者；伪证者；篡改者；撒谎者；弄虚作假者

falsify v. ❶篡改（文件）；伪造；歪曲；捏造 ❷证明…为虚假；证明…为错误 ❸回避；挫败

falsify a judgment 宣称判决无效 正式宣称法庭的判决是错误的、不正确的。这项特许权为《耶路撒冷法令》[Assizes of Jerusalem]所认可。但行使这项特许权的人须与包括法官、诉讼当事人[suitors]在内的法庭全体人员逐个进行辩驳。鲜有主张该项权利者。

falsifying a record 篡改记录 指为欺骗或损害他人或隐瞒不法行为而篡改公共记录的犯罪行为。

falsifying evidence 伪造证据 指用贿买等方法引诱证人作伪证的犯罪行为。

falsing n. ❶伪造(罪);假冒(罪) ❷〈苏格兰〉造假行为;伪造行为

falsing of dooms 〈苏格兰〉判决质疑 中世纪时存在于苏格兰的一种对法院判决不服而向上级法院提起上诉的方式。但在当时对法院判决是否错误的问题只有议会才能判定。这种方式于1550年被废止。

falsity n. ❶虚假;虚妄;不真实;不正确 ❷欺诈;不忠实;背信弃义 ❸谎言

falso clamore 〈拉〉虚假索赔(➪in misericordia)

falsonarius n. 伪造者;假冒者;伪币制造人

falso retorno brevium 〈拉〉〈英格兰古法〉虚假回呈之诉 针对郡长制作虚假回呈而签发的诉讼令状。按照法律,郡长若制作虚假回呈,他即面临公诉;因该虚假回呈而遭受损害者可以索赔。(➪false return)

falsum 〈拉〉伪造之物;伪造之事

falsus 〈拉〉虚假的;欺诈的;错误的;虚伪的;谬误的

falsus in uno, falsus in omnibus 〈拉〉一事假,事事假 根据美国判例的总结,本法谚表达了一般性的法律原则,即,若证人在案件中某一重要事项上作了虚假证明,陪审团有权忽略其证词中的其他方面。

fama 〈拉〉❶名声;声望;品行;性格 ❷谣言;传闻

famacide n. 诽谤者;造谣者;毁坏名誉者

Fama, fides et oculus non patiuntur ludum. 〈拉〉名望、信用和眼光不容欺骗。

Fama quae suspicionem inducit, oriri debet apud bonos et graves, non quidem malevolos et maledicos, sed providas et fide dignas personas, non semel sed saepius, quia clamor minuit et defamatio manifestat. 〈拉〉引起猜疑的传言,源于善良严肃之人,即非源于恶毒饶舌之人,而源于谨慎可信之人。常常是,好事不出门,坏事传千里。

familia n. ❶〈英格兰古法〉户;家庭;全家人;全体家仆;(足够维持一家生活的一定数量的)家用土地 ❷〈罗马法〉户;家庭;全家人;家长身份或家长权 ❸〈西〉家庭 包括家仆、佣人等。

familiae emptor (罗马法)家产买受人 依《十二铜表法》[Twelve Tables]订立遗嘱后,以要式买卖方式购得全部遗产之人。该买受人仅为中间人,遗产要转交适格的继承人。

familiae erciscundae (罗马法)遗产分割之诉 即共同继承人因分割遗产而提起的诉讼。该诉讼也可用于强制执行对家庭所支必要费用的分担。

familiar n. 谙熟者;老手
a.❶熟悉的;通晓的 ❷亲近的;亲密的

familiares regis 〈拉〉〈英格兰古法〉国王的家人;英格兰文秘署六个书记官[six clerks]的古称

families of laws 法系 比较法学研究者把世界上的法律制度依其家族相似性划分为几大法系。当然,划分的标准并非唯一,以下是比较通行的划分:①民法法系,或称罗马法系、成文法系。这个法系主要包含以罗马法为基础的法律制度国家,以法国、德国为代表,意大利、西班牙、瑞士等大部分西欧国家都属于这个法系。中美洲和南美洲、非洲和亚洲的部分国家也属于这一法系。②普通法法系,亦称英美法系、判例法系。英格兰、爱尔兰、美国绝大部分州,以及英联邦的许多国家如加拿大、澳大利亚、新西兰,以及英帝国的前殖民地、自治领或租借地等移植英格兰法的国家或地区都属于这个法系。③资本主义法系和社会主义法系。这种划分是根据政治意识形态不同来区别的,冷战时期和社会主义国家法学研究者使用较多;④宗教标准划分的法系。以宗教信仰而不是特定国家的法律制度划分。如基督教教会法、伊斯兰或者穆斯林法、犹太法、印度法等。

family n. 家庭;家属;子女 根据适用该词的上下文,其含义甚广:①指同住一家的人,包括父母、子女和其他亲属,甚至包括仆人和看门人;或②指基于血缘、婚姻或收养关系而形成的人的集合,他们往往互负义务;或③具有某一共同祖先的所有后代,即所有的血亲亲属;或④仅指子女。对该词的解释需以相关的法律领域、使用该词的有关文件的目的、案件的具体事实等为根据。

family agreement (= family settlement)

family allowance ❶〈美〉家属扶养补助 在遗产管理过程中,为保障生存配偶和子女的生活而从遗产中拨付的一部分财产。 ❷〈美〉子女抚养补助 为抚养双方当事人的子女而在离婚或分居判决中所规定的补助金,通常判决向其妻子和/或子女一次性支付。 ❸〈英〉家庭补助;家庭津贴 英国政府自1946年起向有两个或两个以上子女的家庭拨付的补助金,该补助依子女人数(长子或长女除外)按月由财政部提供的基金中支付,并为整个家庭所受益。在此类子女到达离校年龄之前或未满18岁处于全日制在校阶段之前,可一直享受该补助。后于1975年被儿童津贴[child benefit]所取代。

family arrangement ❶家庭协议 指在家庭成员内部达成的非正式协议,一般用于在家庭成员间按不同于法律规定的方式分配财产。也可以写作 family settlement。 ❷〈美〉私立寄宿学校生活规则 寄宿生与校长同吃同住,等同于一个家庭。

family automobile doctrine 〈美〉家庭用车责任原则 指若是为某一家庭的一般使用或便利而由其作为汽车所有人保有某一汽车,则其对于家庭成员在使用该汽车过程中的过失行为承担责任。但大多数州拒绝或限制此原则的适用。该原则是基于这样的认识,父亲或丈夫以其个人能力而拥有一汽车,同时在汽车使用时,他也作为普通法上的家长而非家庭共同体的代理人。据此,若为家庭的愉悦或便利目的而由家庭使用该汽车,或由于其明示或默示的许可而由家庭成员使用该汽车,则汽车使用者均为其代理人,并由其承担代理人的过失责任。(➪family group)

family Bible 家用圣经 家庭中使用多年的圣经,有时代代相传。常在空白处记载家庭成员的出生、死亡、婚嫁、受洗等重大事项。

family burial ground 〈美〉家庭墓地;家族墓地(➪family cemetery)

family car doctrine (= family automobile doctrine)

family cemetery 〈美〉家族墓地

family corporation 家族(持股)公司 同一家族的成员持有公司的大部分股票。

family council 〈美〉亲属会议(➪family meeting; conseil de famille)

family court 〈美〉家事法院 只有几个州设有此法院,其管辖范围在各州也有所不同,一般包括:虐待儿童及疏于或拒绝抚养儿童案件、扶养案件、确定生父及非婚生子女的抚养案件、因长期拒绝抚养儿童而终止监护权的案件、少年犯罪案件、家庭犯罪案件。具有一般管辖权[general jurisdiction]的法院也可以设立家事法庭。

family disturbance 家庭纷乱 指家庭内部或与家庭有关的任何犯罪、侵权或骚扰。(= domestic dispute)

Family Division 〈英〉(高等法院)家事分庭 英格兰高等法院中管辖家庭纠纷的法庭。1970年从遗嘱检验、离婚和海事分庭[Probate, Divorce and Admiralty Division]中分出。

family expense statutes 〈美〉家庭开支法 州制定法,它允许以丈夫或妻子的财产支付那些为维持家庭生活所需的各项费用,如房租、食品、衣服、学费等。

family group 〈美〉家庭群体 指家庭用车责任原则的适用,不仅限于车主的亲属,还包括与车主同住一处且有权使用车辆的人。

family history ❶家史 关于家庭成员的出生、死亡、婚嫁、受洗、坚信礼等事项的记录,常记载于家用圣经的空白处。(⇨family Bible) ❷家族病史 关于家族成员中某种常见病、体格上的缺陷等的记载。

family immunity 亲属豁免 因加害人与受害人之间存在亲属关系[family relationship]从而使加害人免于承担侵权责任。

family income insurance 家庭收入保险 定期险的一种,在家庭成员最需抚养的时期提供最大程度的保障。

family law 家庭法;家事法 关于婚姻、收养、监护、离婚、分居、父权、子女抚养等家庭关系的法律部门,又称"家庭关系法"[domestic relations law]。

family meeting 〈美〉亲属会议 在路易斯安那州,指为帮助法院决定有关家庭事务而召集的咨议性陪审团[advisory jury],它由至少5名未成年人的亲属(若无亲属,则由朋友替代)组成,就有关未成年人的监护、财产管理等问题向法院提出参考意见。该种"陪审团"与一般陪审团的不同,在于其成员与所考虑的事务之间有偏见、偏私或感情牵连。它相当于法国民法典中的 conseil de famille。

family member (= member of family)

family name (= surname)

family of a pauper 贫困家庭 法律要求该家庭中至少有一人接受救济。

family partnership 〈美〉(税法)家庭合伙 合伙成员为家庭成员,包括配偶、尊亲属、直系卑亲属或这些人员的受托人。

family physician 〈美〉家庭医生 定期为家庭成员诊治或提供咨询的医药顾问,并非在任何情况下都须进行诊治或向每一位家庭成员提供咨询。

family provision 〈英〉家庭供养费 根据1975年《继承法》[Inheritance Act],在英格兰或威尔士的定居者死亡后,依照死者的遗嘱或根据法律对无遗嘱继承的规定,原来依靠死者供养的人的生活不能得到合理的经济保障,则法院有权依法从死者遗产中划给他一定的家庭供养费。家庭供养费的支付可以采用定期支付、一次性总付、财产移转、财产处分或其他变通办法等多种方式进行。

family purpose doctrine (= family automobile doctrine)

family service rule (= family automobile doctrine)

family settlement 家庭财产协议 ①家庭成员之间就家庭财产分配而达成的协议;②继承人与被继承人之间就遗产管理和分配事宜达成的协议,以此排除有管辖权的法院按遗产管理程序进行遗产管理。(⇨family arrangement)

family use 〈美〉家庭使用 家庭成员个人或家庭整体对公共设施或公益服务的利用。(⇨domestic purposes)

famosus 〈拉〉(罗马法)(英格兰古法)造谣中伤的;诽谤的;败坏(他人)名誉的

famosus libellus 〈拉〉❶诽谤性文字;毁损他人名誉的书籍、印刷品 ❷(罗马法)侵辱[injuria]行为的一种 几乎等于诽谤。

fanatic n.狂热分子;极端分子;盲信者;(尤指)宗教或政治狂热分子

fanatica mania 〈拉〉由于病态的宗教感情而引起的一种精神错乱

fanatio 禁猎期;产鹿期 包括6月6日前后各15日,在此期间禁止猎鹿。

fanciful marks 杜撰的标识;凭空想象的标识(⇨fanciful terms)

fanciful terms 杜撰的词语;凭空想象的词语 在商标法中,它们没有独立的含义,完全是作为商品标识或服务标识而存在,故即使它们没有第二含义[secondary meaning],亦能进行商标注册。亦写作 fanciful marks。

fanega 〈西〉法内加 土地丈量单位,各省不一,在西属美洲,相当于6 400平方码。

Fanny Mal 范妮·梅 美国联邦国民抵押协会的绰号,由 Federal National Mortgage Association 的缩写 FNMA 衍化而成。它是由住房和城市发展部长[Secretary of Housing and Urban Development]管辖的一政府机构,其所有权属私人股东,其职责是帮助私人建造住房。

FAO (= Food and Agricultural Organization)

faqueer n.❶(印度教的)苦行僧 ❷(伊斯兰教以行乞为生的)托钵僧 ❸(沿街兜售假货的)骗子(= fakir)

fardel n.四分之一的部分

fardella n.(英格兰古法)捆;包;扎

fardel of land (英格兰古法)"yardland"的四分之一(⇨yardland)

farding deal 一英亩土地的四分之一

fare n.❶航行;旅行 ❷运费;车费、船费;飞机票价;(因供水而收之)水费 ❸乘客

fare-paying passenger 付费乘客 需以自己的或第三人所提供的金钱支付车费。

farleu n.贡金 替代上佳牲畜供赋[heriot]而由佃户交纳的封建役赋,上佳牲畜供赋往往是佃户死亡时,其继承人将最好的牲畜交给领主。在德文郡的一些领地,farleu 常指"最好的动产",与"最好的牲畜"[heriot]相区别对应。(= farley)

farley (= farleu)

farlingarii n.皮条客;奸夫;嫖客

farm n.❶农地 一个集体名词,可指宅院、耕地、草地、牧地、林地、公地等,盎格鲁-撒克逊时代相当于 fermholt、tack、wike。 ❷(特指)农家宅院(⇨agricultural holding) ❸(出现在遗嘱中指)遗赠的农地 包括附属于农地的非农用土地如林地,也可以是不相邻的几片土地,只要立遗嘱人曾经或一直将其作农地使用。 ❹(英格兰古法)租金;租期;租佃地 ❺(英格兰古法)包税 盎格鲁-撒克逊时期称 feorme、foodrent、ferm、firma,指每年交付一次的固定租金或税额,中世纪时由郡长[sheriff]负责包缴所在郡的年总税额,即预先交付一定金额,超过固定包税额的税收由包税的郡长获利。 ❻农用土地;养殖场;畜牧场;林场

v.❶耕作;耕种;种植;养殖 ❷出租(土地) ❸(附条件、交付固定租金而)转让、让渡(不动产) ❹经营(农场)

farm aid 〈美〉农业援助 政府对从事农业者提供的直接或间接援助。

Farm Credit Administration/F.C.A. 〈美〉农业信贷署 独立的联邦机构,负责监管和协调合作农业信贷系统的各种活动。该系统包括联邦土地银行和联邦土地银行协会,联邦中间信贷银行和生产信贷协会,以及合作社银行。

farm credit institutions 农业信贷机构

farm crossing 农地交叉通道 为通过被铁路隔断的农地而在铁轨之上或之下修筑的通道。

farmer n. ❶(英格兰古法)佃农;佃农的长子 ❷(英格兰古法)包税人 包收各种税费的人,包括地租、捐税[toll]以及使用领主的磨房、面包坊等应交纳的费用等。❸农夫;农学家;(从事农、牧、畜业的)农民 ❹农场(或牧场、养殖场)主;农场承包人

farmer bankruptcy 〈美〉农场主的破产(⇨bankruptcy proceedings)

Farmer Cooperative Service 〈美〉农场主合作署 隶属于农业部的一个联邦机构。

farmer general (1789年前法国包收税收的)包税人 大部分在大革命期间被送上断头台。

farmers' cooperative 农场主合作协会

Farmers Home Administration/FmHA 〈美〉农场主住宅管理局 农业部的一个部门,在农村地区或小城镇从事对农场主的直接抵押贷款,同时提供住宅抵押贷款的保险和担保业务。

farming n. ❶农业 ❷农事;耕作;种田

farming on shares 实物租佃 以土地的收获实物交纳租金的租佃。(⇨share rent;cropper)

farming operation 〈美〉(破产法)农牧业经营 包括农业、耕作、牛奶场、农牧场、生产或种植农作物、家禽、家畜及未经加工的农产品或畜产品等。

farming out convicts 雇佣犯人耕种土地(⇨hiring out prisoners)

farming products 农产品 在农业生产中获得的谷物、蔬菜、肉类、禽、蛋、奶等可供食用的产品。

farming purposes 农业目的 包括田地出产、饲养家畜。

farm let 农田租佃 租约中规定以收获物的一部分作为租金的专用术语。(⇨fee farm;fee-farm rent)

Farm Loan Act 〈美〉《农业贷款法》 是一项联邦立法,旨在为农业用地提供贷款,或为取得该项贷款提供帮助。该法规定设立联邦土地银行和合股土地银行,为低息农业抵押贷款的发放提供便利。

farm manager 农场经理 指受托经营农场的代理人。通常在农场经理必不可少的贷款中才被授权以委托人的信用向银行借款。

farm out ❶以固定租期及定额租金出租土地 ❷归还租地由所有人经营、照管 ❸由于连续耕种同一作物而耗尽地力 ❹包出 ①古罗马时期有过包出税收的办法,法国、英国等均实行过包税制,其弊端日益明显,早已废除;②律师将接受的案件包给另一专业律师办理。

farmout agreement 〈美〉转让协议 拥有采矿权的人协议将采矿权转让给第三人,由第三人自费勘探、采掘石油或天然气,钻取后成为矿产的所有人,但需向原采矿权人支付一定的矿区使用费。

farm relief 农业救济 指农民从政府机构获得新的低息农业抵押贷款从而缓解其沉重的债务负担。

farm use (汽车保险单中指)农用汽车

faro n. 法罗牌戏 一种纸牌赌博游戏。每次从成堆的扑克牌中抽出最顶端的一张,并由参加者猜测某张特定牌将会于第几次出现的赌博游戏。

farrago libelli 〈拉〉以混乱或无序方式编著而成的书籍

farthing n. ❶法寻 英国旧时值1/4便士的硬币。❷不值钱的东西

farthing damages 象征性损害赔偿

farthing of gold 法寻金 英国古时一种硬币,价值为一诺布尔[noble]的1/4。

farundel of land 一英亩土地的四分之一(⇨farding deal)

Faryndon's Inn 〈英〉法里顿律师公会 1484年后改称为高级律师公会[Serjeant's Inn],位于文秘署街[Chancery Lane]东部,紧邻克利福德律师公会[Clifford's Inn]。

fas 〈拉〉❶天意;天理;神法 ❷权利 ❸公正;正义;公理

F.A.S. (= free alongside ship)

fasaculus de superioritate maris 〈拉〉〈英〉海事管理录 14世纪海事记录汇编。

fascès (复)法西斯 古罗马高级执法官的权威标志,红带捆绑的棒束中有一柄突出的斧头,后被作为意大利法西斯主义的标志。复数为fascis。

fascist n. 法西斯主义者;法西斯分子

F.A.S. contract 船边交货合同(⇨free alongside ship)

fast bill of exceptions 〈美〉要求上级法院不拖延地重新审理案件的异议书

fast-day n. ❶(基督教的)斋戒日 教会规定须禁食或减食的虔修日。天主教和东正教对斋戒日规定极多,英格兰国教会[Church of England]规定圣诞节、复活节[Easter]、耶稣升天节[Ascension Thursday]、圣灵降临节[Whit Sunday]、圣母行洁净礼[Purification of Mary]、圣母领报节[Lady Day]等的前几日均为斋戒日,并由大主教、主教等监督信徒,违反者要受教会训诫。新教对斋戒日无具体规定。❷(基督教的)大斋日;禁食日 在规定日内一天只吃一顿饱饭,其余不吃或吃少许,区别于小斋日[abstinence-day],后者只要求不食肉或减食。

fastens n. (基督教)忏悔星期二 圣灰星期三[Ash Wednesday]的前一天。

fastermannes (= fastermans)

fastermans n. 〈撒逊〉望族;殷实家底之人;保人

fastern's E'en (= fastens)

fastern's even (= fastens)

fastern's Tuesday (= fastens)

fast estate 〈美〉不动产 有时用于遗嘱中。(⇨estate)

fasti 〈拉〉(罗马法)听讼日;听讼日历(⇨dies fasti)

fastingmen (= fastermans)

fast writ 优先令状 对某些实体或程序问题在法庭日程中优先安排的令状。

fast writ of error 优先复审令状 通过复审令状优先审理案件的程序。

fatal accident 死亡事故 常用来指非故意的、不希望发生的、造成一人或数人死亡的偶发事件。可能是不可避免的事故,如遭雷击致死;也可能是由于他人的过失或失职所造成,如不慎驾驶。后者可引起刑事追诉,也可产生损害赔偿的请求,该请求由死者亲属或其代理人依法向肇事者提出。这两种死亡事故还都可以根据保险合同要求赔付,也可以请求社会福利救济。

fatal accident inquiry 〈苏格兰〉死亡事故调查 依苏格兰制定法由行政司法官主持(以前是由七人组成的陪审团)进行的对死亡事故的调查。这里的死亡事故指工人在受雇期间由于事故造成的死亡,以及其他突发且可疑的死亡,也包括交通事故引起的死亡。调查由检察官[procurator-fiscal]提出证据,并可对证人进行询问和交叉询问。但该调查结果不能作为日后进行民事或刑事诉讼的依据。

Fatal Accidents Acts 〈英〉《死亡事故法》 在英格兰普通法上,因过失或疏忽造成他人死亡的,死者亲属不享有民事请求权。但随着铁路和工业化的发展,因疏忽造成的死亡人数日增,从而促使法律作出变更,由此制定了《坎贝尔法》[Lord Campbell's Act],即 1846 年《死亡事故法》,此后又进行过增补。该法规定,如果死者是在仅因受伤就可对肇事者提起诉讼的情况下死亡的,则死者生前扶养的亲属有权对肇事者提出赔偿请求,请求范围限于实际的和预期的经济损失,不包括对精神损害的赔偿。

fatale 〈拉〉致命的;毁灭性的;重大的;人力以外的;天意的(⇨damnum fatale)

fatal error 重大错误 在诉讼中指有害的错误、可撤销的错误。因该错误而受到损害的当事人可据此申请对案件复审。(⇨prejudicial error)

fatal injury 致命伤害 包括造成死亡结果的伤害。

fatal variance 实质性分歧 民事诉讼中,指诉状与证据之间存在严重的不一致,致使对方在主张权利或进行答辩时处于不利地位。在刑事诉讼中,指起诉书中指称的事实与审判中查证的事实不一致,使得被告人缺少充裕时间准备辩护,无法享有不受双重危险的宪法保障。由于侵犯了被告人的实质性权利,构成撤销有罪判决的理由。

Fatetur facinus qui judicium fugit. 〈拉〉逃避司法判决者等于承认有罪。

father n. ❶父亲 包括生父、养父、继父。 ❷[F-]神父 用作对教士、牧师等的尊称。 ❸(议会的)元老;(古罗马)元老院议员(⇨bastard) ❹对年长或地位尊荣的男子的尊称

father-in-law n. 配偶的父亲

Father of the House 〈英〉下议院元老 授予在下议院连续任职时间最长的议员的称号。

father's natural guardianship 父亲为(未成年子女之)当然监护人的身份或职责

fathom n. ❶吗 测量水深的长度单位,相当于 6 英尺或 1.829 米。 ❷测量土地或矿山面积的计量单位 相当于 36 平方英尺。

fatua mulier 〈拉〉堕落的女人;妓女

fatuitas 〈拉〉(英格兰古法)痴呆;白痴(状态)

fatum 〈拉〉(罗马法)命运;超人的力量;不可抗力 指造成损害的事件或原因,为人所不能预见也不能避免和克服。(⇨damnum fatale)

fatuous person ❶〈苏格兰〉愚人;傻子 ❷(罕)白痴

fatuum judicium 〈拉〉❶愚蠢的判决 ❷愚蠢的(陪审团)裁断 指因愚蠢的判决而非由于伪证等违法行为所导致的错误裁断。

fatuus 〈拉〉❶白痴;傻子 ❷愚笨的;呆傻的;荒唐的;轻率的

Fatuus, apud jurisconsultos nostros, accipitur pro non compos mentis; et fatuus dicitur, qui omnino desipit. 〈拉〉在法学家们看来,"呆傻"即心智不正常;那些完全是白痴的人会被称为"呆傻"。

Fatuus praesumitur qui in proprio nomine errat. 〈拉〉自己的名字都弄不清的人被认为是头脑简单的人。

faubourg 〈法〉(美国路易斯安那州的)市郊;郊区

fauces terrae 〈拉〉岬角

fault n. 过错 一种心理状态,通常作为侵权或不法行为责任的构成条件,与罗马法中的"过错"[culpa]相对应。过错本质上是一个道德概念,表示被告是有责任的,因为其本来应该和能够避免或阻止该致损行为发生。但是,随着法律的发展,在某些法律规则——如替代责任[vicarious liability]或法定责任[statutory liability]——中,过错就仅仅具有法律技术上的意义。就法律层面而言,过错相当于过失[negligence],属于某种判断或行为上的错误或瑕疵,是对法律规定的或合同约定的义务的违反。在美国《统一商法典》第 1-201 条中,"过错"专指不当行为、懈怠或违约。(⇨negligence; pari delicto; tort)

Fauntleroy doctrine 〈美〉方特勒罗伊原则 来源于方特勒罗伊诉卢姆[Fauntleroy v. Lum]一案。在该案中,美国最高法院认为,如果一个州对案件有权作出判决,则其他州对该判决须给予充分信任,即使该判决所依据的原始诉因在被申请执行的州属不合法,也不例外。

fausse a. 不正确的;错误的;假的;伪造的(⇨false)

fautor ❶〈英格兰古法〉支持者;教唆犯;党徒;鼓励抵制执行判决者 ❷〈西〉从犯;帮凶

faux ❶〈罗马法〉虚假;诈欺 ❷〈法〉(以言辞、文字或行为)伪造、恶意改变或隐瞒事实 可以在三个意义上理解。最广义的指任何改变真相的行为,不论有意无意;第二个意义指欺骗性的改变真相;最狭义的则指构成犯罪,应受惩罚的恶意欺骗。 〈拉〉(英格兰古法)伪造的;不真实的

fauxer v. 篡改;伪造;造假

Favorabilia in lege sunt fiscus, dos, vita, libertas. 〈拉〉法律优先考虑的是:财富、天赋、生命和自由。

Favorabiliores rei, potius quam actores, habentur. 〈拉〉法律偏向于被告而不是原告。 若从卷宗记录中了解到原告并无诉因,即便被告存在过错,法庭也不会作出对被告不利的裁决。

Favorabiliores sunt executiones aliis processibus quibuscunque. 〈拉〉执行程序应优先于其他程序。 本法谚与"执行程序是法律的终极(目的)与成果"[Executio est finis et fructus legis.]类似,这里的执行程序针对的是民事诉讼。

favorable construction 自由解释;任意解释(⇨liberal construction)

favorable error 有利的错误 指法院审理案件时所犯的有利于一方当事人的错误。该当事人不能通过申请复审或提起上诉加以纠正。

favored beneficiary 特惠受益人 遗嘱执行中,对立遗嘱人的财产较其他本应享有同等权利的人享有优越地位的受益人。特惠受益人与死者的亲密关系及其活动可以初步推定存在不当影响。

favored nation 受惠国(⇨most favored nation clause)

favored vessel 特惠船 航行中,为避免碰撞或损害,其他水运工具必须避让的船舶;航行中,二船相遇时,按照船运法规可以保持航线和航速的船舶。

Favores ampliandi sunt; odia restringenda. 〈拉〉鼓励善意意见,限制敌意陈述。

favoritism n. ❶(主要考虑友情或其他因素而非其才德的)任人唯亲 ❷偏袒;偏爱

favor legitimationis (冲突法)子女合法性原则 在确定子女的合法地位时采用的原则。

favor matrimonii (冲突法)婚姻有效原则 确认婚姻成立的原则。

favor negotii (冲突法)支持协议原则　支持当事人之间的协议的法律原则,以对抗认为协议不合法或无效的解释。

favor of ❶站在…一边;支持　❷(签发支票)以…为受款人　❸信用关系的建立　非正式用语。

favor paternitatis (冲突法)支持父权原则　确认子女父权的法律原则。

favor solutionis (冲突法)有利于解释原则　按照合同履行地的法律解释合同的原则。

favor testamenti (冲突法)遗嘱有效原则　认可遗嘱有效性的一般原则。

FBI (= Federal Bureau of Investigation)

F.C.A. (= Farm Credit Administration; free carrier)

FCC (= Federal Communications Commission)

F.C.S. (= free of capture and seizure)

F.C.S. clause (海上保险)捕获和扣押免赔条款　依该条款,保险人对船只或货物被敌人、海盗、本国和外国政府捕获和扣押时不负赔偿责任。

FDA (= Food and Drug Administration)

FDIC (= Federal Desposit Insurance Corporation)

feal (= fele)

feal and divot 〈苏格兰〉取草地役权　在他人土地上采取皮做燃料的权利,类似于英国法中的掘炭地役权[turbary]。

feal homager 忠实的封臣;忠诚的臣民

fealte (= fealty)

fealty n.❶(臣民对国王的)忠诚;忠实;效忠　❷(封建法)效忠宣誓　由封建土地保有人对其领主宣誓保证效忠于领主,是对宗教性忠诚的保证,宣誓时由宣誓人置右手于一本《圣经》或其他圣物之上。效忠义务包括:不伤害领主身体、不损害其名誉、不损坏其财产、便利领主行善。不同于人身依附性的臣服宣誓[homage],后者是对土地保有权的承认,产生封建主与其封臣[vassal]或佃户之间庇护与忠诚服从的权利义务关系,但它并不能超越于对君主的效忠。而前者是必不可少的封建权利义务关系,只产生于土地保有人与其直接领主[immediate lord]之间。它包括缴纳租金及其它财产性封建义务等内容。效忠宣誓也指公簿地产保有人[copyhold tenant]对领主在租约期间内的附带义务,即宣誓在租约期内忠实履行封建义务。(= fealte; fidelitas; feaulte)(⇨allegiance; homage; service; subtraction)

fear n.❶对受伤害的恐惧;畏惧;濒临危险的感觉;对威胁的反应　包括对人身、财产、名誉的伤害及对疾病的害怕。❷深深的敬畏(⇨fright)

fearm (= farm; ferm)

fear of death 害怕死亡;对死亡的恐惧

feasance n.作为;行为;履行(⇨malfeasance; misfeasance; nonfeasance)

feasant n.行为过程;生效过程;正在进行(⇨damage feasant)

feasibility n.可行性;可能性;(完成某事的)能力

feasible a.❶可行的;行得通的　❷可能的(⇨possible)

feasor n.行为人;实施者;制定者;制作人　它也可用于复合词中,如 tort-feasor 即为"侵权行为人"。

feasors del estatute 法律的制定者

Feast of All Saints 万圣节　11月1日。

Feast of the Annunciation 〈英〉春季结账日　3月25日,传统的季度清账日之一。(⇨quarter day(s); fast-day;

feasts; Old Lady Day)

Feast of the Purification 圣母行洁净礼日　又称"圣烛节"[Candlemas],纪念圣母玛丽亚在生育耶稣满了洁净期后,带婴儿耶稣进圣殿,为自己行洁净礼。教会规定2月2日守此节。

feasts n.❶(教历上的)节假日　❷(据教历上的节假日而确定的)开庭日;缴租日

featherbedding n.超额雇工　指雇主对特定工种在人数上雇佣超过业务需要的雇员,或增加雇员人数,或加大产品的工时总量。这种做法主要由于工业技术的不断发展,为保证雇员的劳动安全而采用。

Featherstone Riots Inquiry 〈英〉费瑟斯通暴乱案调查　1893年9月7日,约克郡费瑟斯通一个煤矿发生暴乱,一小队士兵被派往维持秩序,一位治安法官宣读了1714年《叛乱法》[Riot Act],又向军官下达书面命令向人群开枪。命令执行后,有两人被枪杀。事后由高等法院法官鲍恩[Bowen]、赫尔丹[Haldane]及爱尔伯特·罗利特爵士[Sir Albert Rollit]组成委员会对该事件进行调查,结论认为开枪是正当的。委员会的报告还指出军队可以动用武力制止民众骚乱的各种情况。

feaulte (= fealty)

FECA (= Federal Employee's Compensation Act)

feciales 〈拉〉(古罗马的)战和事务祭司

fecial law (古罗马)战争与和平法　规定使节、宣战、媾和等事务的法律部门,类似近现代的国际法。(⇨feciales)

federal a.❶联合的;❷联盟(制)的;❸联邦政府的;联邦宪法(或法律)基础之上的　❹[F-]美国联邦政府的　❺(古)条约的;契约的

Federal Acquisition Regulations 〈美〉《联邦政府采购法规》　规定与联邦政府订约的方式、条件以及程序的一项联邦规章。

Federal Acts 〈美〉联邦法律　美国国会在美国宪法授予联邦政府的权力范围之内,就有关事项所制定的法律。

federal agencies and instrumentalities 〈美〉联邦政府机关及机构　指美国政府的委员会、部、局、处、署等办公机构。

federal agency 〈美〉联邦政府机关　指联邦政府的行政机关、军事部门、政府公司[government corporation]或政府控股公司以及包括总统办事机构[Executive Office of the President]和独立控制委员会在内的其他行政机构。

federal aid 联邦援助　指动用联邦基金向州政府或其机构提供金融援助,一般具有特定目的,如修建公路、消除贫困、控制疾病等。

federal airports 联邦机场　美国大陆上在国家公园、国家名胜古迹区及国家休闲区内或其附近的机场。

federal airway 联邦航线　联邦航空管理局在美国领空划定的可供航行的航线。

Federal Aviation Administration/F.A.A. 〈美〉联邦航空管理局　原联邦航空管理处[Federal Aviation Agency],依照交通部法[Department of Transportation Act]于1967年成为交通部的一部分,负责联邦航空事务,如航空安全、发展民用航空及联邦机场系统、有效利用航行空间、控制飞行器对环境的污染等。

Federal Bureau of Investigation/FBI 〈美〉联邦调查局　成立于1908年,负责调查除法律、条例规定由其他联邦机构管辖之外的所有违反联邦法律的案件。其管辖范围涉及刑事、民事及国家安全领域,包括间谍、颠覆及其他危害国家安全的破坏活动、绑架、敲诈勒索、抢劫银行、州际赃物转运、公民权事务、州际投机活动、蒙骗政府、袭击或杀害总统或联邦官员等案件。此外，它还是一个服务性机构，提供诸如鉴定指纹、训练警官等服务。

federal bureaus (⇨federal agencies and instrumentalities)

federal census 〈美〉**联邦人口普查；联邦人口统计** 指各州或地区或者特定州或者州的分区在美国人口统计局[Census Bureau of the United States]的指导和监督下进行的人口普查。联邦人口普查每10年进行一次。该项普查经州或分区批准和审核后可作为该州或分区的人口普查。(⇨census; Census Bureau)

federal citizenship 〈美〉**美国公民权** 指作为美国公民而享有的权利与义务，美国公民的地位及身份。根据美国第十四条宪法修正案，凡在美国出生或加入美国国籍并受其管辖的个人，均为美国及其所居住州的公民。

Federal Code 〈美〉**联邦法典**(⇨United States Code)

federal commissioner 〈美〉**联邦司法官**(⇨United States Commissioners)

federal common law 〈美〉**联邦普通法** 尽管在美国并不存在区别于各州自己采纳并作为当地的法律适用的国家普通法，不过就美国宪法、条约和法律可依普通法原则来解释而言，的确存在联邦普通法。进一步，在有关实质上涉及联邦政府或部门的利益或责任事务中实体问题的案件里，联邦法院也可以适用普通法原则。但联邦普通法的适用受到伊利原则[Erie doctrine]和《裁判规则法》[Rules of Decision Act]的限制，即除宪法、美国所订立的条约及国会所制定的法律支配的案件外，联邦法院须适用各州的法律。联邦普通法的适用范围包括联邦专利利益、海事及对外关系。(⇨common law; Erie v. Tompkins; Rules of Decision Act; Swift v. Tyson Case)

Federal Communications Commission/FCC 〈美〉**联邦电讯委员会** 由《1934年电讯法》[Communications Act of 1934]设立，是为公共利益而管理州际和国际有线和无线通讯的独立管制委员会之一。根据《1962年通讯卫星法》[Communications Satellite Act of 1962]的规定，联邦电讯委员会又被赋予其他事项的管理权。因而目前联邦电讯委员会的管理权包括无线电和电视广播、电报电话、有线电视、收发两用无线电和无线电经营、卫星通讯。

Federal Constitutional Convention 〈美〉**联邦制宪会议** 由于宣布独立的北美诸州间发生争执，弗吉尼亚州遂于1786年邀请各州派遣代表出席在安纳波利斯举行的会议，以考虑合众国的贸易问题。五个州派代表出席了安纳波利斯会议(1786年9月)。汉密尔顿和麦迪逊劝说其他代表一起提出建议，由十三个州派遣代表出席一个会议，作出组成联邦政府的进一步规定，以适应联盟的迫切需要。1978年2月21日，国会为此目的邀请各州派遣代表出席五月份在费城举行的会议，并修订邦联条例。1787年5月25日，联邦会议于费城举行，除罗德岛外的十二个州的55名代表参加了会议。辩论持续至9月17日，结果并未修订邦联条例，而是制定了一部切实可行的宪法。当时只有39名代表签署了这部宪法。在宪法为所有十三个州最后批准前，各州立法机构进行了激烈和尖锐的争辩。

Federal Control Act 〈美〉**《联邦控制法》** 一战期间由联邦政府管理运营铁路的法律。

federal corporation 〈美〉**联邦法人** 依国会法令特许设立或依联邦法律组建的法人。

federal courts 〈美〉**联邦法院** 根据联邦宪法第三条或由国会设立的一套司法系统，包括联邦最高法院[Supreme Court]、上诉法院[Court of Appeals]、地区法院[District Courts]，以及破产法院[Bankruptcy Courts]和税务法院[Tax Courts]。也称作美国法院[United Sates Courts]。

联邦法院体系[Federal Court System]

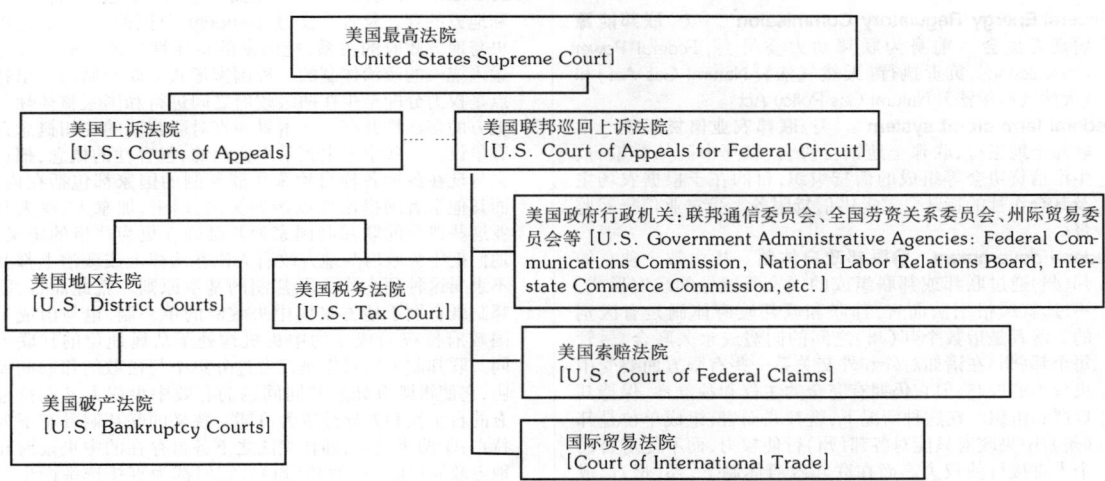

Source: *Merriam Webster's Dictionary of Law*, U.S.A.: Merriam-Webster, Incorporated, 1996, p.552

federal crimes 〈美〉联邦犯罪 联邦法律规定的犯罪。

Federal Deposit Insurance Corporation/FDIC 〈美〉联邦储蓄保险公司 联邦政府的一个独立机构。在法律规定的限度内,对参加的银行或储蓄合作社的储蓄存款进行保险。

federal district ❶联邦政府所在地区 指联邦制国家首府所在地区。❷[F- D-]美国的哥伦比亚特区 ❸联邦法院的管辖区

Federal Employee's Compensation Act/FECA 〈美〉《联邦雇员损害赔偿法》 规定对因履行受雇职责而致死亡或伤残的联邦雇员给予赔偿的联邦法律。

Federal Employer's Liability Act/FELA 〈美〉《联邦雇主责任法》 指对从事州际和对外贸易的铁路雇员进行保护的一项联邦雇员赔偿法。该法最早制定于雇员赔偿计划兴起前的1906年,它规定了铁路部门对其雇员受的伤害所承担的责任。但很快最高法院在1908年雇主责任案件中表示出对该法的不满,判决该法因超越了国会的权限而违宪。国会接受了这几个判决,限制了该法的适用范围,使最高法院能够接受,并重新通过此项法律。不过国会于1939年对其再次修订所制定出的现行法,却与曾被宣布无效的现行法的前身1906年的法律非常相像。该法的作用使得过失责任的普通法法典化,但其重要性在于有时为了增加对因工作场所事故遭受伤害的雇员的赔偿力度方面,微妙地偏离了普通法制度,其主要体现在:①铁路部门不再享受普通法上自负危险[assumption of risk]抗辩的保护;②共同过失的存在不能免除赔偿责任;③比普通法要求雇员承担更小的过失举证责任。由于一些争端仍是关于该法如何保护铁路工人,可能增加了该领域内的诉讼量。《1915年琼斯法》[Jones Act of 1915]和《1920年商船法》[Merchant Marine Act of 1920]规定这些条款必须适用于海员。

federal enclave 联邦飞地 在一州内的联邦机构所在地,如军事基地。属于美国的特殊海事和属地管辖权之内的地区。

Federal Energy Regulatory Commission 〈美〉联邦能源管理委员会 前身为联邦动力委员会[Federal Power Commission],负责执行《天然气法》[Natural Gas Act]和《天然气政策法》[Natural Gas Policy Act]。

federal farm credit system 〈美〉联邦农业信贷系统 由联邦土地银行、联邦土地银行协会、联邦中间信贷银行、生产信贷协会等组成的信贷组织,目的在于根据农场主及其合作社的特殊要求提供信贷服务。受农业信贷署监督。

federal government ❶联邦政府体制 指由数个独立的邦(州)通过联邦或邦联组成的国家所领导的政府形式。不过,就严格用法而言,邦联和联邦政府体制是有区别的。前者是指数个邦(州)之间的同盟或永久联合,尽管每个邦(州)在诸如对外和外交关系一些有限方面要受中央权力的控制,但它仍拥有完全的主权和独立性,保持其尊严和组织。在这种情况下,就邦联而言,组成单位是邦(州),中央政府只能对各邦(州)行使权力,而不能对公民个人直接行使权力。而在联邦政府体制下,邦(州)形成了联邦(如美国),虽然联邦并没有达到破坏邦(州)各自的独立组织或剥夺它们对自己纯地方事务的准主权[quasi sovereignty]的程度,但中央的权力却足以形成真正的国家政府,拥有对内对外的主权。同时,国家事务的管理和影响不是由各邦(州)进行,而是由国家的公民以集体力量来进行的。(⇨confederation) ❷[F- G-]美国联邦政府

federal grand jury 〈美〉联邦大陪审团(⇨jury; grand jury)

Federal Home Loan Bank/FHLB 联邦住宅贷款银行 1932年创立的联邦住宅银行系统之一,由11个地区性银行组成。为住房抵押贷款提供信用,并为中低收入者住房计划提供资金。受联邦住宅金融委员会监督。有时亦简写为"home loan bank"。

Federal Home Loan Bank Board/FHLBB 〈美〉联邦住宅贷款银行委员会 联邦政府的一个机构。负责管理联邦储蓄与贷款协会及联邦住宅贷款银行系统。1989年撤销,其职能现由储蓄监管办公室[Office of Thrift Supervision]和联邦住宅金融委员会[Federal Housing Finance Board]执行。

Federal Home Loan Mortgage Corporation/FHLMC 〈美〉联邦住宅贷款抵押公司 一个联邦机构,成立于1970年,负责从联邦储备系统和联邦住宅贷款银行系统的成员处购买第一抵押[契约]。亦称作"Freddie Mac"。

Federal Housing Administration/FHA 〈美〉联邦住宅管理局 1934年国会设立的联邦机构,为住房与城市发展部[Department of Housing and Urban Development/HUD]的分支机构。其职责是保证该局核准的贷款人的住宅抵押贷款符合FHA标准。

Federal Housing Finance Board 〈美〉联邦住宅金融委员会 一个独立的行政机构,负责监管联邦住宅贷款银行系统。

Federal Insecticide, Fungicide and Rodenticide Act 〈美〉《联邦杀虫剂、杀真菌剂和灭鼠剂法》

federal instrumentality (为执行联邦法律或实施联邦职能而设立的不受州控制的)联邦政府机构

Federal Insurance Contributions Act/FICA 〈美〉《联邦保险税法》 向雇员、个体户和雇主征收社会保障税的联邦法律。依该法,雇主与雇员缴纳相同税款。该税款用作社会保障和医疗方案的基金。

federalism n.联邦制;联邦主义 是以由宪法来保证中央和地方的存在及各自权力[authority]范围的方式,确定中央与地方政府的关系,把国家的整体性与地方的多样性融入统一的政治体制的一种国家形式。联邦制的突出特点是权力分配至少在两级政府之间进行和国家整体性与地方的多样性并存。学术界一直对联邦制的确切概念存有争议。一些学者主张采用宽泛的、包容性的概念,把过去与现在各种各样自称采用联邦制的国家都包括在内。而其他学者则提出应以诸如美国、瑞士、加拿大、澳大利亚这些典型的联邦制国家为基础确立更为严格的定义,他们把中央政府与地方政府无论在法律上或政治上都互不隶属这种理念作为联邦制的基本原则。就此而言,联邦制既有别于地方隶属中央政府的单一制,也与由成员国政府授权而成立的中央机构处于从属地位的邦联不同。联邦制可以看作是权力过分集中与松散的邦联的妥协,它使得既有处理共同问题的有效中央权力又保持地方的自主性和差异性成为可能。狭义的联邦制具有下列特点:①两级政府,即在宪法之下各自存在的中央政府和地方政府(通常称为邦(州)),它们都为直接选举产生而且可以通过立法、行政和税收直接作用于公民;②两级政府在立法权、行政权及税收来源上有严格区分;③由成文宪法确定这种权力划分,而且两级政府都负有遵守宪法基本条款的义务;④由一个裁判者(通常是最高法院)来解决两级政府在各自宪法上的权力的争端;⑤有具体的程序和机构来促进政府间在行政和政治上的相互作用;

⑥中央机构,包括两院制的立法机关,旨在保证地方少数人和团体的利益能纳入中央政策的制定程序之中。

federalist n. ❶联邦党;联邦派;拥护联邦制者;联邦党人 ❷[F-]联邦党人文集(⇨Federalist Papers)

Federalist Papers 〈美〉《联邦党人文集》 由亚历山大·汉密尔顿[Alexander Hamilton]、詹姆斯·麦迪逊[James Madison]和约翰·杰伊[John Jay]所写的关于美国《联邦宪法》的政治论文集,共收85篇文章,其中79篇均首次发表于1787年10月至1788年4月纽约的《独立日报》[Independent Journal],署名为普布利乌斯[Publius],1788年结集出版。这些文章力陈《邦联条例》[Articles of Confederation]的弊病,呼吁各州通过当时尚未被批准的《联邦宪法》。该书是美国宪政理论的奠基性著作,是解释联邦宪法的重要理论依据,至今仍受到广泛研究。

federal judge 〈美〉联邦法官

Federal Judicial Code 〈美〉《联邦司法法典》 包含《美国法典》[United States Code]第28标题下的全部内容,涉及联邦法院系统的组织、管辖权、审判地及诉讼程序等。此外,该法典还包括司法部以及法院官员等有关内容。

federal jurisdiction 〈美〉联邦法院管辖权 联邦法院根据美国宪法和国会立法的规定所享有的司法权力。

Federal Land Banks 〈美〉联邦土地银行 由国会设立的地区银行,归美国农业信贷管理局管理,负责向农民提供抵押贷款。现与联邦中间信用银行[federal intermediate credit bank]合并组成联邦农业信用系统[federal farm credit system]。

federal lands 联邦土地;公有土地(⇨public land)

federal law* 〈美〉联邦法 由美国宪法、联邦法律[federal statutes]和联邦法规、美国条约及联邦普通法[federal common law]所组成的法律总称,与州法[state law]相对。(⇨federal statutes; federal common law)

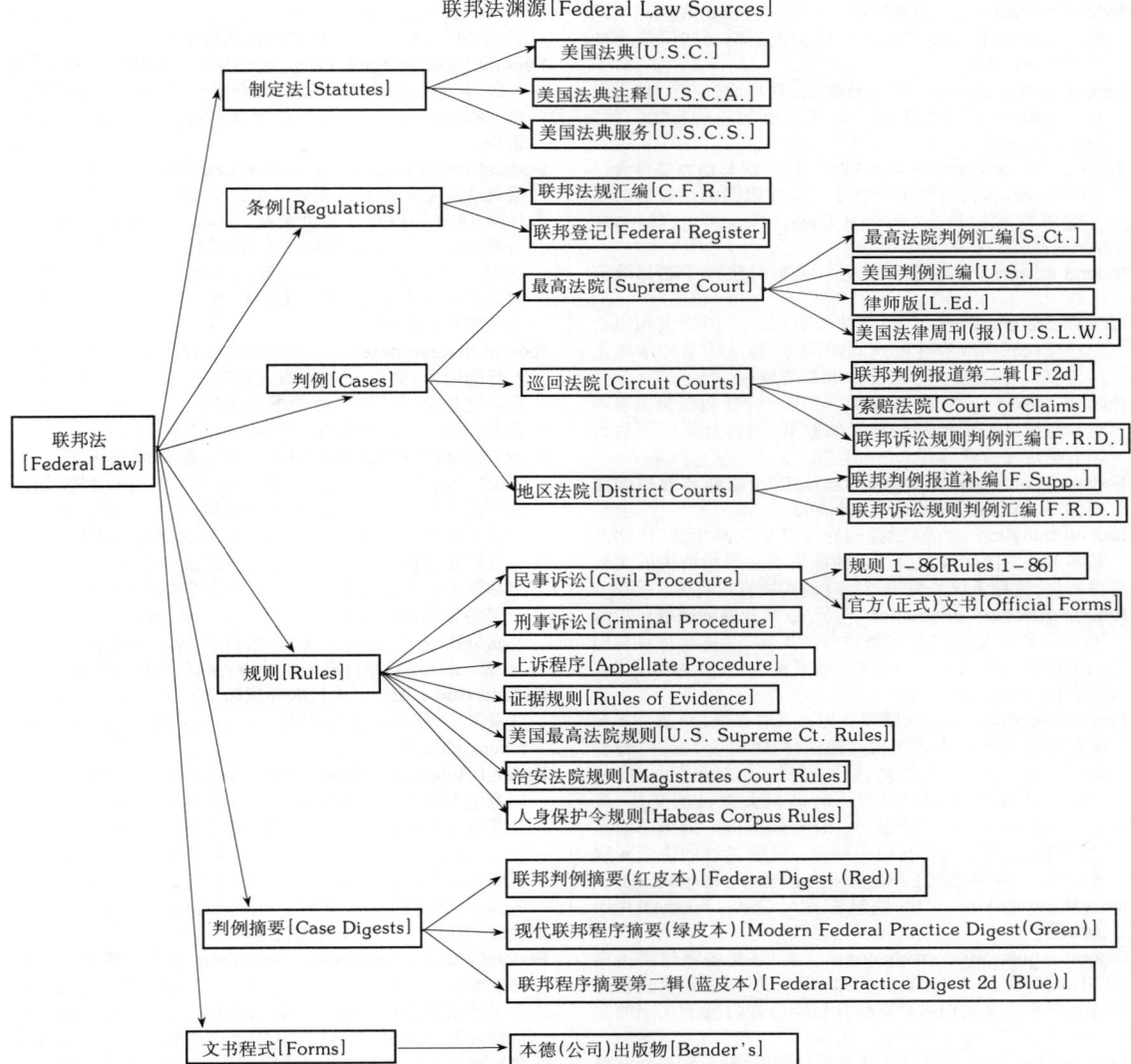

Source: Charles P. Nemeth, *Legal Research*, U.S.A.: Prentice-Hall, INC., 1987, p.11

federal legislation 联邦立法(⇨federal statutes)
Federal Maritime Commission/FMC 〈美〉联邦海事委员会 负责管理美国国际与国内的水运业,以保证美国国际贸易在公正平等的条件下对各国开放,防止美国水运业中未经授权的垄断。
Federal Mediation and Conciliation Service/FMCS 〈美〉联邦调停调解局 该局在劳资纠纷中,通过为争议双方提供调解人帮助解决纠纷,从而防止由纠纷导致的对州际商务活动的破坏。该局可以主动干预纠纷,也可以应一方当事人的请求干预。调解人没有执法权,完全凭借劝导说服技巧进行工作。该局也可以提供合格的中立的第三方作为纠纷事实的调查人或纠纷的仲裁人。
Federal National Mortgage Association/FNMA 〈美〉联邦国民抵押贷款协会 成立于1938年,由美国政府特许成立,但由私人所有和经营。负责为由退伍军人管理局或联邦住宅管理局担保的抵押债券的买卖提供二级抵押债券市场。该协会的英文简称为 Fannie Mae。
federal offenses 〈美〉联邦罪行 由国会确定并规定刑罚的罪行;亦指仅在哥伦比亚特区实施的制定法所规定的反对美国的罪行。
federal police power 联邦警察权;联邦治安权 与州警察权类似;系联邦宪法赋予联邦政府的一种权力。(⇨police power)
Federal Power Commission/FPC 〈美〉联邦动力委员会 1977年撤销,其管理州际能源工业的职能由能源部的联邦能源管理委员会[Federal Energy Regulatory Commission]行使。
federal powers 〈美〉联邦权力 美国宪法授予联邦政府的权力。
federal pre-emption 〈美〉联邦专有权 美国宪法和国会立法授权联邦政府在处理州际商务、骚乱等某些事项上的专有权力,对这些事务排除州的管辖权。
federal prison 〈美〉联邦监狱 依国会授权而在美国境内设立的用以关押被判监禁者的监狱;国会与州协商后由国会指定接收联邦犯人的州监狱。
Federal Procurement Regulations 〈美〉联邦政府采购法规(⇨Federal Acquisition Regulations)
federal question 〈美〉联邦问题 基于联邦宪法、法律及联邦参加的国际条约而产生的能用司法手段解决的实质性争议,这种争议的解决与案件的判决直接有关。
federal question jurisdiction 〈美〉联邦问题管辖权 指基于美国宪法、国会立法和条约而产生的、以及涉及对它们的解释和适用而产生的案件,通常称为包含"联邦问题"的案件,由联邦法院管辖。
Federal Register 〈美〉《联邦登记》 《联邦登记》是公开刊载联邦行政机关的法规和其他法律文件的公报,内容涵盖了十分广泛的政府活动,周一至周五每日出版。《联邦登记》的重要功能之一是公开行政机关拟议的变革(规章、法规、标准等),以便公民、团体参加讨论,提出书面意见、数据,有时也可进行口头辩论。最终通过的法规和规章刊载于《联邦法规汇编》[Code of Federal Regulations]。
federal regulations 〈美〉联邦法规(⇨Code of Federal Regulations)
federal regulatory commissions 〈美〉联邦各管理委员会 美国政府在不同时间设立的约60个机构,主要负责管理各类企业。该机构除享有行政权外通常被授予一定的立法和司法权。
Federal Reporter 〈美〉《联邦法院判例汇编》 到目前共有三辑,第一辑(简称 F.)和第二辑(简称 F.2d.)分别收录了1880－1924年和1924－1993年间的联邦法院的判例,1993年后的判例收录在第三辑(简称 F.3d.)中。该汇编包含下列联邦法院的判例:①1880年至1932年:巡回上诉法院、地区法院、原美国关税和专利上诉法院、原美国索赔法院[U.S. Court of Claims]、哥伦比亚特区上诉法院;②1932年至今:美国上诉法院;③1932年至1982年:原美国关税和专利上诉法院;④1942年至1961年:美国紧急上诉法院;⑤1972年至今:美国临时紧急上诉法院;⑥1960年至1982年:原美国索赔法院,1982年起该法院更名为 U.S. Claims Court,其判决收录在《美国索赔法院判例汇编》[U.S. Claims Court Reporter]中出版。(⇨Federal Supplement)
Federal Reporter, First Series 〈美〉《联邦法院判例汇编第一辑》
federal reserve 联邦储备(⇨reserve system)
Federal Reserve Act/FRA 〈美〉《联邦储备法》 1913年美国国会通过立法建立联邦储备系统,即将全国划分为12个地区,各设一家储备银行,执行中央银行任务。
Federal Reserve Bank/FRB 〈美〉联邦储备银行 据1913年《联邦储备法》[FRA]设立的金融机构,由12家区域性分支银行组成。有权发行钞票,向银行贷放款项,并监管银行。
Federal Reserve Board of Governors/FRB 〈美〉联邦储备委员会 委员会七名成员由美国总统任命,经国会批准,任期14年。该委员会负责就许多重大问题制定联邦储备系统的方针政策,如对成员银行的法定存款准备要求、贴现率、银行最高存贷利率等。委员会成员为联邦公开市场委员会成员,后者是执行联邦储备委员会全国货币政策的主要机构。
federal reserve notes 〈美〉联邦储备券 指联邦储备银行发行的纸币,类似于向持票人即期支付的不含利息的本票。它是使用最为广泛的纸币,取代了以金银为后备的金券和银券。该储备券是美国的直接债务。
Federal Reserve System/FRS 〈美〉联邦储备系统 据1913年联邦储备法建立,负责管理美国货币和银行系统。其主要职责是管理全国货币供应;规定对会员银行的法定最低准备金要求;办理银行系统内资金划转结算;检查监督会员银行的经营等。该系统由五部分组成:在华盛顿的联邦储备委员会;12个联邦储备银行及其遍及全国的分支机构;联邦公开市场委员会;联邦咨询委员会及成员商业银行,这些商业银行包括所有的国民银行[national banks]和自愿加入的由各州特许成立的银行。
Federal Rules Act 〈美〉《联邦规则法》 1934年批准最高法院采用《联邦民事诉讼规则》[Federal Rules of Civil Procedure]的法律。
Federal Rules Decisions 〈美〉《联邦诉讼规则判例》 《全国判例汇编系统》[National Reporter System]的组成部分,刊载从1938年起有关解释和适用《联邦民事诉讼规则》、《联邦刑事诉讼规则》、《联邦上诉程序规则》及《联邦证据规则》的联邦法院判决。此外,它还包括对有关规则的修改、联邦法院的仪式程序[ceremonial proceedings]以及有关联邦法院诉讼程序与实践的论文。
Federal Rules of Appellate Procedure 〈美〉《联邦上诉程序规则》 适用于以下三种情形:①自联邦地区法院和联邦税务法院上诉至联邦上诉法院的上诉程序;②联邦上诉法院对行政机关、部门、委员会及有关官员的决定进行复审或执行的程序;③申请联邦上诉法院或法官签发令状或给予其他救济的程序。部分州在它们的上诉法院实践中采用了同样的规则。

Federal Rules of Civil Procedure 〈美〉《联邦民事诉讼规则》 经国会授权,1938年由美国最高法院发布,此后经过多次修正。是联邦地区法院审理所有民事案件的程序规则。大部分州按照联邦规则修正了自己的民事诉讼规则。

Federal Rules of Criminal Procedure 〈美〉《联邦刑事诉讼规则》 经国会授权,1945年由美国最高法院发布,此后经过多次修正。是联邦地区法院审理所有刑事案件的程序规则,美国司法官[U.S. magistrate]审理某些案件也适用此规则。部分州按照联邦规则制定了自己的刑事诉讼规则。

Federal Rules of Equity Practice 〈美〉《联邦衡平诉讼规则》 美国最高法院采用的,规定在联邦地区法院进行衡平诉讼时应遵循的规则。后为《联邦民事诉讼规则》所取代。

Federal Rules of Evidence 〈美〉《联邦证据规则》 规定在联邦地区法院审理案件时和在美国司法官[U.S. Magistrates]面前可以作为证据提出的事项。许多州已采用类似联邦规则的证据规则。

federal statutes 联邦制定法(⇨Federal Acts)

Federal Supplement 〈美〉《联邦法院判例汇编补遗》 包括下述联邦法院的判决意见:①1932年至今:美国地区法院;②1932年至1960年:美国索赔法院[U.S. Court of Claims];③1949年至今:美国关税法院(1980年更名为国际贸易法院)。(⇨Federal Reporter)

federal taxes 联邦税收(⇨internal revenue)

federal tax lien 〈美〉联邦欠税留置权 指在纳税人未交纳联邦税时,联邦政府就其财产及财产上的一切权利设定的留置权[lien]。

Federal Tort Claims Act 〈美〉《联邦侵权赔偿法》 美国传统上奉行主权豁免原则,公民对联邦官员执行职务中的侵权行为要求赔偿的请求受到严格限制。在1946年以前,国会已制定了一些特殊的政府侵权赔偿法,有限度地放弃了主权豁免原则,但这些法律适用范围很窄、赔偿数额较低。进入20世纪后,由于政府职能不断扩张,政府侵权行为也大量增加,迫切需要制定一个普遍适用的侵权赔偿法。几经周折后,国会终于在1946年通过这部法律。《联邦侵权赔偿法》很大程度上放弃了联邦政府承担侵权责任的豁免权,规定联邦官员执行职务的过失或不法的作为或不作为而产生损害的,都应承担赔偿责任,而且赔偿数额也不予限制。因而该法是美国政府侵权赔偿方面起着中心作用的法律。不过,该法在普遍放弃主权豁免原则的同时,仍作了保留,规定美国对政府官员在执行职务范围内的故意侵权行为、对行政机关及公务员行使自由裁量权的作为或不作为等情形不负赔偿责任。该法通过后曾在1966、1974、1988年等多次被修改。

Federal Trade Commission/FTC 〈美〉联邦贸易委员会 1914年设立的联邦机构,其基本职能是通过防止一般性的贸易限制诸如固定价格协议、虚假广告、联合抵制、竞争者非法联合及其他不正当竞争手段来促进州际商务的自由、公平竞争。该委员会负责执行消费者保护法和反垄断法。(⇨Clayton Act; Robinson-Patman Act; Sherman Antitrust Act)

federation n. ❶联邦;联盟 ❷联邦政府 ❸联合会;工会联合会

fee n. ❶酬金 指付给律师,在英格兰,特别是指付给出庭律师[barrister],以及付给建筑师、医生等专业人员的酬金。❷可继承地产(权) 除非保有人有权并且在其有生之年或者根据其遗嘱处置该财产,该财产不受限制地由他的继承人继承下去。本术语主要用于土地,可继承地(产)称为 estates in fee。这种地产权可分为非限嗣继承地(产)[fee simple]和限嗣继承地(产)[fee tail]。❸封土;封地 因接受上一级领主分封而领有的土地,以服一定的封建役务为条件,如骑士役封(领)地[knight's fee]。与自主所有地[allodium]相对,自主所有地是诺曼征服以前的一种土地保有方式,保有人依自己的权利占有土地,不存在领主和对领主的役务。❹可继承财产(权) 包含有形或无形的继承遗产。❺〈苏格兰〉非限嗣继承地产(权) fee 通常与 fee simple 同义,与 entail 或 liferent 相区别。(= feu)

fee-bill n.(由法庭书记官、行政司法官或其他官员收取他们的服务费而出具的)收费单

feeble-minded a. 弱智的 指心智发育不健全、不能独立合理处理事务的状态。弱智者需有他人的照看、监督和控制。

fee-conditional (= conditional fee)

feeder organization 补给性组织 一种为了某个免税组织的利益而开展商贸活动的实体,但这种关系并不导致该补给性组织本身成为免税组织。

Feed Grain Program 〈美〉饲粮计划 联邦政府为稳定价格而减少种植饲料粮土地面积的计划。

feed loans 饲养贷款;饲料贷款 由于旱、农作物减产、歉收等原因致使农民无法饲养牲畜时,政府所提供的用以饲养牲畜的贷款。

fee-expectant 期待继承地产(权) 由夫妻双方或其血亲后裔保有。(⇨frank-marriage)

fee farm (封建法)永久租佃地产(权) 自由继承地[fee simple]的一种,无保有期限,由保有人和其后代永久保有,须交纳年租,无效忠宣誓[fealty]、臣服宣誓[homage]的义务,除土地授予证书[feoffment]上规定的义务外不负担其它义务,类似于罗马法上的永佃权[emphyteusis]。有些学者认为永久租佃地也附带效忠宣誓的义务。永久租佃地的出租人与承租人之间无分封与臣服的封建关系,出租人不享有收回占有的权利,也不能限制永久租佃地的转让。因永久租佃地须以交纳年租为保有条件,故也可译称"有保留的自由继承地"。

fee-farm rent (封建法)永久租佃地的地租 授予永久租佃地时出租人收取的租金,不得超过土地年出产的1/4或1/3,保有人及其后代必须每年交纳,以作为保有永久租佃地的条件,如欠付地租两年以上,出租人或其后代可以提起诉讼请求收回占有。(⇨rentcharge)

fee in abeyance 待定地产权 指权利归属未确定的地产权。(⇨in abeyance)

fee interest 可继承地产权益(⇨fee; fee simple; fee tail)

feelings n. 感情 伤害感情常用作精神痛苦之同义词。

fee schedule 收费价目表;费用一览表(⇨minimum fee schedules)

fee simple 非限嗣继承地产(权) 这种地产的继承不限于特定人,凡合法继承人均有权继承,包括直系的、旁系的和其他受遗赠的继承人。一旦拥有这种地产,本人享用终身——如果他有权当然也可以任意处置——并将永远传给其后的继承人。在土地保有体系内它最接近于所有权。

fee simple absolute 〈英〉绝对非限嗣继承地;无条件的非

限嗣继承地;绝对自由继承地　在保有期限、处分、可世袭性方面无任何限制的非限嗣继承地,是由保有人及其后代永远无条件保有的地产,保有人有接近于完全所有权的权利,可以遗嘱自由处分,无遗嘱死亡时则由其继承人或法定继承人继承该地产。1925年后,现实占有的绝对非限嗣继承地产权[fee simple absolute in possession]是唯一可作为普通法权利存在的完全保有地产权。它是法律所认可的最广的土地权益。在现代法律中,fee simple absolute和fee simple是实质同一的。

fee simple conditional　〈英〉附条件的非限嗣继承地　非限嗣继承地的保有人附条件让与非限嗣继承地,条件可以是做某事或不做某事,特定条件成就时达成让与,被让与的地产即成为附条件的非限嗣继承地。在普通法中,附条件的非限嗣继承地是指只限由特定继承人继承的非限嗣继承地,如受让人的某一特定类别的直系血亲后嗣出生,即视为条件成就,受让人即可取得非限嗣继承地,这种地产他可以转让,但如果在生前并未转让,死后就应依让与的条件授予特定的继承人。1285年《附条件赠与法》[De Donis Conditionalibus]规定受让人生前不得转让此类地产,因而将其实际上变为限嗣继承地[fee tail]。在现代法律中,非限嗣继承地可以附条件地赠与,如条件中规定的事项发生,赠与人可以重新取回并确定产权。

fee simple defeasible　可废除的非限嗣继承地;可宣告无效的非限嗣继承地　特定情形成就时,即某特定事件发生或不发生时,即可宣告地产权无效、予以废除的一种非限嗣继承地。

fee simple determinable　可终止的非限嗣继承地　当在创设此项地产的地产权证书中载明的特定事项发生时即自动终止地产权的一种非限嗣继承地。

fee simple title　享有非限嗣继承地产的权利或资格(⇨fee simple)

fee splitting　〈美〉律师酬金分成　指实际承办案件的律师与向其推荐案件的律师之间就所得律师酬金进行分配,它通常因推荐律师缺乏专业知识或经验从而无法有效地胜任特定案件代理而发生。(⇨division of fees)

fee tail　限嗣继承地产(权)　这种地产的继承只限于特定的继承人,通常是土地拥有者的直系卑亲属[issue]。另外这种地产可以指限定于一类人,如某妻所生的子女,也可以指限定于某一个人等。一旦持有这种地产,除享有者本人享用终身外,还可沿特定方向往下传承,直至不再有符合条件的继承人时,该地产终止。

fee tail after possibility of issue extinct　〈英〉绝嗣的特殊限嗣继承地　后嗣存在之可能性消失后的限嗣继承地产权,依特殊限嗣继承地产制,保有人特定的某位妻子未留下后嗣[issue]或虽留下后嗣却已死亡时,原特殊限嗣继承地即成为绝嗣的特殊限嗣继承地,该保有人即成为绝嗣的特殊限嗣继承地的占有人。(⇨fee tail special)

fee tail female　〈英〉限定女性继承地　限定只能由受赠人的血亲后嗣中的女性继承人继承的地产。

fee tail general　〈英〉一般限嗣继承地　限定只能由受赠人的血亲后嗣继承的地产。

fee tail male　〈英〉限定男性继承地　限定只能由受赠人的血亲后嗣中的男性继承人继承的地产。

fee tail special　〈英〉特殊限嗣继承地　限定只能由受赠人和其指定的某位妻子所生的子女继承的可继承地产。(=special estate tail)

feet of fines　〈英格兰古法〉协议诉讼的文书附尾　fine一词有时用以指结束实际或拟制诉讼,承认土地转归一方当事人保有的最后协定。它形式上为诉讼和解,实质为土地转让[conveyance],它记录了下列文件中:①确认一方当事人违约的违反盖印契据令状[writ of covenant];②由当事人签署并于公开开庭时[open court]承认的协定;③当事人和解诉讼协议的摘录;④和解诉讼的文书附尾,该附尾作成一式三份,沿一条与底线平行的线以倒"T"型分割线分成三份,两个主要部分交当事人,附尾由令状保管人保存。其汇编早自1175年即已存在,当时主要由郡负责编纂,1200年开始大量汇编,直至1834年。(⇨fine)

fegangi　n.(英格兰古法)携赃物逃跑时被抓获的小偷

Fehmgerichte　〈德〉"面具"法庭　12世纪末至16世纪中叶盛行于德意志的一种秘密法庭。由于政府过分软弱,难以维持法律与秩序,致使这种法庭夺取了政府的许多权能,并对其管辖范围内的一切人造成恐怖。在威斯特伐利亚地区[Westphalia]这种法庭一直存在,但从14世纪末起权力已大为削弱,至1811年始被杰罗姆·波拿巴[Jerome Bonaparte]清除。

feigned　a.杜撰的;假装的;假的;冒充的

feigned accomplice　佯装共犯　为了获知犯罪计划,发现犯罪人及其党羽,取得证据而佯装与其密谋实施犯罪的人。

feigned action　假托诉讼;虚造诉讼　为了取得法庭意见或为某种非法目的,在双方当事人之间并不存在争议,即无真正诉因的情况下提起的诉讼。

feigned conduct　虚假行为　作出某种姿态虚假地表示自己的感觉、感情、意图或目的。

feigned disease　装病;假装的疾病　通常有三种装病的原因:害怕、害羞、希望从中得益。

feigned injury　虚构的伤害　为增加损害赔偿金额而虚构的人身伤害。

feigned issue　虚构的争端　双方当事人同意,将有关事实真假的争执不经正式诉讼程序而提交陪审团裁断的程序。现已废除。

feint　n.虚构;伪装;假象

feint in law　法律上之虚构;法律拟制(⇨action)

FELA　(=Federal Employer's Liability Act)

felagus　〈撒克逊〉❶保证人;连保之人　指在十户区内对其他人行为守法负有保证义务的人。❷盟友　❸代替之人　指代替死者地位的人,即若某人被谋杀,若该死者既无父母又无领主,则赔偿金付给这一代替之人。

feld　❶田地　❷荒野的　用于复合词中。

fele　〈法〉忠诚的(=feal)

Felix qui potuit rerum cognoscere causas.　〈拉〉能明察事因者是幸运的。

fellatio　n.口淫;口交　以口、唇接触阴茎的一种性行为。(⇨sodomy)

fellow　n.❶伙伴;同伴　与他人一起,共同处于某种法律地位或法律关系中的人。❷会员;成员　可泛指任何大学、董事会、公司及其他组织的成员。

fellow-heir　n.共同继承人　与他人共享遗产者。

fellow servant doctrine　共同雇员原则　一项普通法原则,在受伤雇员对雇主提起损害赔偿之诉时,雇主可以伤害系由其他共同雇员的过失所致,应由共同雇员全部或部分承担损害赔偿责任为由,主张减轻或免除自己的责任。这一原则是由英国1837年的普里斯特利诉福勒[Priestly v. Fowler]一案所确立的,后在1880年《雇主责任法》[Employer's Liability Act]中受到限制,并被1948年《法律改革(人身伤害)法》[Law Reform(Personal Injuries)Act]所废止。在美国,该原则被有关劳工赔偿法[worker's compensation acts]和《联邦雇主责任法》[Federal Employers' Liability Act]所废止。

fellow servant rule (= fellow servant doctrine)

fellow servant(s) 共同雇员 其字面含义为受雇于同一雇主而从事同类工作的人员。在"共同雇员原则"中,则指人身受害人与导致损害发生人,他们同为某一雇主工作,并且损害发生时的行为属于其受雇工作范围。另外,在同一船上的所有工作人员,除船长或其他指挥官员外,均为共同雇员,尽管他们的义务与功能互有差别。受雇于建筑、修理或装卸业中的工人亦属共同雇员。

felo 〈拉〉重罪犯(=felon)(⇨felony)

felo de se 〈拉〉自杀者 普通法认为自杀或企图自杀是一种轻罪。英国在1961年以后,除帮助、劝导、引诱、促使他人自杀或产生自杀企图的仍属犯罪外,自杀行为不再是犯罪。执行本人意志而将其杀害的,以非预谋杀人罪[manslaughter]论处。

felon n.❶重罪犯 ❷(封建法)不服从或不效忠领主而有罪的封臣(⇨felony)

felonia 〈拉〉重罪;对领主不忠而致封地被没收的罪行(=felony)

feloniae cepit et asportavit 〈拉〉犯重罪盗走 以前对偷盗罪[larceny]的起诉书中的正式用语。

Feloniae, per quas vasallas amitteret feudum. 〈拉〉封臣因犯不效忠领主罪而丧失封地。

Felonia, ex vi termini, significat quodlibet capitale crimen felleo animo perpetratum. 〈拉〉重罪一词是指恶意实施的可处以极刑的罪行。

Felonia implicatur in qualibet proditione. 〈拉〉凡叛国均为重罪。

felonice (= feloniously)

felonice abduxit unum equum 他(被指控)犯重罪盗走一匹马

felonice cepit 他(被指控)犯重罪盗走

felonious a.❶重罪(性质的);犯重罪的;罪恶的 ❷恶意的;违法的 该词为专门性法律术语,意指恶意实施某种犯罪。(⇨felony; feloniously)

felonious assault 恶意企图伤害罪 属于加重企图伤害他人的行为,是重罪,应处以监禁刑。(⇨assault)

felonious entry 恶意侵入 制定法夜盗罪的构成要素之一。(⇨burglary)

felonious homicide 恶意杀人 无正当理由而实施的杀人行为,属于谋杀[murder]和非预谋杀人[manslaughter]的范畴。(⇨homicide; manslaughter; murder; premeditation)

felonious intent 重罪犯意 犯重罪的故意。在偷盗罪[larceny]中,指明知自己无相应权利,而取走他人财物,企图永久全部地剥夺所有人的财产的主观故意。

feloniously ad.❶犯有重罪地 ❷邪恶地 ❸有犯罪意图;有犯重罪意图 在公诉书中指控犯重罪的专业用语,对于此类指控必不可少。

feloniously and burglariously 恶意且有意侵入地 夜盗罪起诉书中的习惯用语,指行为人具有犯重罪的故意。

felonious offense 重罪(⇨felony)

felonious taking 恶意拿取 用于偷盗罪和抢劫罪中。

felony n.❶重罪 普通法中,指涉及没收罪犯的土地与财产归国王所有,并根据其犯罪行为的轻重另行处以死刑或其他刑罚的严重犯罪。在传统上,叛逆罪[treason]被划入重罪范畴之中。1967年,英国完全取消了重罪与轻罪的划分,重罪一词不再使用。重罪与轻罪之分已被可逮捕罪[arrestable offence]与不逮捕罪[non-arrestable offence]之分取代。在美国,重罪是指对某些比较严重罪行的总称。某些州则据如下标准进行犯罪分类:①罪犯关押地——是州监狱[prison]还是教养收容所[penitentiary];或②可能最长刑期。许多州的制定法都规定重罪是指应判处1年以上监禁或死刑的犯罪。美国联邦和许多州的刑法典都规定了重罪种类或级别及与之相适应的刑罚。重罪犯可能丧失许多轻罪犯不会丧失的权利,如选举、律师执业、就任政府官员、做陪审员等。❷(封建法)对领主不忠而致封地被没收的罪行

felony murder 重罪谋杀(规则)(⇨felony murder doctrine)

felony murder doctrine 重罪谋杀规则 普通法上,对犯重罪或企图犯重罪时故意或非故意地造成他人死亡,均以谋杀罪论处的规则的适用。如今,英国废除了这一规则。在美国,虽然有些州仍遵循该普通法规则,但在全国范围内已作出对此规则的重大修改以限制其适用。某些司法区现已采取下列方式限制该规则的适用:①仅允许其适用于某些类型的重罪;②对其所要求的近因或法定原因作更为严格的解释;③对犯重罪的时间限制更为严格;④要求先行的重罪必须独立于杀人罪。现在,许多重罪都被判处罚金或短期监禁,甚至更轻的刑罚。

felun 〈法〉(= felon)

female n.❶女性;女子;女人;妇女 ❷雌性动物 a.❶女性的;妇女的;由妇女组成的 ❷雌的 ❸女性特有的 ❹温柔的;(声、色)柔和的;(音调)高的

female estate tail 仅限女性继承人继承之遗产

feme 〈法〉❶妇女 ❷妻子(= femme)

feme covert 已婚妇女;有夫之妇 通常用以指旧时无独立行为能力的已婚妇女,与单身妇女[feme sole]不同。(⇨coverture; marriage; separate estate)

feme sole 单身妇女 包括未婚、寡居和离异的妇女,主要指经司法程序判令与丈夫分居的妇女。

feme sole trader (英格兰古法)独立女商人;单身女商人 指依伦敦习惯,独立于丈夫,以自己名义承担责任的已婚经商女性。之所以这么称呼,因其经商方面的地位与feme sole相同。另外,对被丈夫抛弃的经商女人也使用这一术语。

femicide n.杀害妇女的行为;杀害妇女的凶手

Feminae non sunt capaces de publicis officiis. 〈拉〉妇女不能担任公职。

feminine a.妇女的;女性的;由女性组成的;具有女性特质的;属于女性的

femme n.妇女;已婚妇女(= feme)

femme couleur libre 〈法〉(美国南北战争前指包括印第安人在内的)非白种女人

fenatio n.(森林法)❶产鹿 ❷产鹿期;产鹿季节

fence n.❶栅栏;围栏;篱笆 ❷收买赃物者;买卖赃物的人或场所 ❸(美)政治利益;政治地盘 v.❶(用篱笆等)围起;隔开 ❷(筑栅)防护;保卫 ❸〈英〉宣布(森林、河流等)不准渔猎 ❹〈苏格兰〉以特定方式保护

fence county 未实施圈养法[stock law]的县

fence district (= fencing district)

fence month (英格兰古法)禁猎期 依英格兰古法,不同

禁猎期内禁止捕猎各种不同的野生鸟兽、淡水鱼。禁猎期自仲夏前15天起，至仲夏后15天止，在此期间禁止捕鹿；由于这段时间为产鹿期，为使幼鹿免受野兽威胁而对其加以看管、监视。禁猎期又称保护期[defense month]。(= fence season; fence time)

fence operation 收受被偷盗的财物或车辆

fence season (= fence month)

fence time (= fence month)

fence viewer 〈美〉围栏视察员 通常为乡镇官员，负责确定相邻土地所有人间有争议的边界，有时还可决定边界线上是否有足够的围栏。

fencing district 〈美〉围栏区 依法划定的区域，要求区域内的牲畜所有人看管好各自的牲畜，使之不越入他人场地，不影响在未设围栏的场地种植谷物。

fencing patents 防卫性专利；保护性专利 为扩展要实际生产或特许生产的产品发明或方法发明的范围而申请的专利。

feneration n. 高利贷；利息收入；有息贷款；利息（⇨interest）

fengeld 〈撒克逊〉御敌税 为防御敌人入侵或击退敌人而征收的赋税。

fenian n. ❶英雄；勇士；巨人 该词用于复数时，通常指外国侵略者。❷(爱尔兰传说中的)芬尼亚勇士团团员 ❸芬尼亚组织成员 居住于美国、加拿大及其它各地的爱尔兰人的秘密政治组织，1857年成立于纽约，旨在推翻英国在爱尔兰的统治。

feod n. 封地；采邑；领地；授予封地的赐地文书；封地领有者的权益（⇨feud; fief）

feodal a. ❶属于封地或领地的 ❷封建的 与 feudal 含义相同，但古代作家更常用 feodal。（⇨feudal）

feodal actions 不动产诉讼；对物诉讼（⇨feudal actions; real action）

feodality n. 忠诚；忠实（⇨fealty）

feodal law 封建法（ = feudal law）

feodal system 封建制度（ = feudal system）

feoda propria et impropria 军役与非军役封地

feodarum consuetudines ❶领地、封地的惯例 ❷封建法律和惯例集 12世纪成书于米兰的一部封建法律和惯例汇编，是该领域最古老的文献。在欧洲大陆一直被认为具有最高权威。

feodary n. 〈英〉❶监护法院调查官 由监护法院[Court of Wards and Liveries]主事官指派，参加王室收回财产陪审团的调查，对土地的保有情况及其价值提供证据，他的职责还包括：向国王遗孀或骑士役保有佃户之遗孀分配财产，并收取监护土地税、租款。(= feudary) ❷封臣；佃户

feodatory n. (封建法)封地的受封人；因履行封建义务而保有封地的封臣、佃户（ = feudary）

feodi firma 〈拉〉(英格兰古法)永久租佃地（ = fee farm）

feodi firmarius 〈拉〉(英格兰古法)永久租佃地承租人

feodum 〈拉〉❶封地；采邑；领地 古时英国法学家最常用的词。与 feudum 含义相同，但后者通常为近代作者及封建法的作者所用。 ❷(英格兰古法)领主特权；领主司法权 ❸(英格兰古法)(因提供服务而获得的)酬金；津贴；补偿（⇨feudum; fee; feod）

feodum antiquum 祖传封地 保有人自其祖先处无遗嘱继承而得来的封地，可由保有人及其后代在四代内保有。(= feudum antiquum)

Feodum est quod quis tenet ex quacunque causa sive sit tenementum sive redditus. 〈拉〉封地指以任何起因而持有的土地，无论是保有地还是租佃地。

Feodum est quod quis tenet sibi et haeredibus suis, sive sit tenementum, sive reditus, etc. 〈拉〉封地是为自己和继承人持有的土地，不论是保有地还是租佃地。

feodum improprium 〈拉〉(封建法)派生的封地；非军役封地。(= improper feuds)

feodum laicum 〈拉〉(封建法)世俗封土；世俗封地 区别于教会领有的封地。(= lay fee)

feodum militare 〈拉〉(封建法)骑士役封地；赐地（ = knight's fee）

feodum nobile 〈拉〉贵族封地 保有人应负守卫封地之责，且应履行效忠宣誓[fealty]和臣服宣誓[homage]的封地。(= feudum nobile)

feodum novum 〈拉〉新封地 封臣自己由继承以外的途径而获的封地，且该地的领主是第一次将其授予他人。(= feudum novum)

feodum proprium 〈拉〉(封建法)原始封地；军役封地 严格接受封建法中继承、保有权等规定的约束。(= proper feud(s); original estate)

feodum simplex 〈拉〉(封建法)非限嗣继承的封地（⇨fee simple）

Feodum simplex quia feodum idem est quod haereditas, et simplex idem est quod legitimum vel purum; et sic feodum simplex idem est quod haereditas legitima vel haereditas pura. 〈拉〉"非限嗣继承的地产"[fee simple]一词，之所以如此称之，是因为"地产"[fee]与"遗产"[inheritance]同义，"非限嗣继承的"[simple]与"合法的"[lawful]和"纯正的"[pure]同义，因而"非限嗣继承的地产"一词意指合法的遗产或纯正的遗产。

feodum talliatum 〈拉〉限嗣继承地产（ = fee tail）

Feodum talliatum, i. e., haereditas in quandam certitudinem limitata. 〈拉〉限嗣继承的地产[fee tail]，即限定由特定后裔继承的遗产。

feoffament 〈法〉(= feoffment)

feoffamentum (= feoffment)

feoffare 〈法〉授予封地；让与不动产（⇨enfeoff; feoffment）

feoffator n. ❶(英格兰古法)授予封地者 ❷不动产让与（ = feoffor）

feoffatus (= feoffee)

feoffavit n. 已接受封地者；受让人

feoffee n. ❶(英格兰古法)接受封地者 ❷不动产受让人 ❸〈英〉公共不动产管理人

feoffee to uses 用益受让人 指为第三人用益而受让并持有土地的人，该第三人称为"保有地受益人"[cestui que use]，用益土地受让人与信托中的受托人地位一致，他负有类似于罗马法的信任义务。在1535年《用益法》[Statute of Uses]生效前，该受封人被赋予法律上的占有权。1535年《用益法》规定保有地的占有权由受封人转移给受益人。1925年《财产法》[Law of Property Act]废止了1535年《用益法》，规定法定所有权只授予受让(封)人，受益所有人只是单纯"信托受益人"[cestui que trust]。

feoffment n. 〈英〉授予封地；自由保有地的让与 中世纪英国法中规定的在自由保有土地[freehold land]上设立或转移地产权益的标准模式，必须以授封[investiture]或转移保有[livery of seisin]的仪式完成。最初，它是转让自由保有地的唯一途径，且无需使用书面协议方式。但在诺

曼征服后,开始越来越频繁地使用书面协议形式,且转让协议或契约的内容、形式发展渐趋严格、精密。1677年《防止诈欺法》[Statute of Frauds]规定转让必须采用书面形式,因此通过转移保有仪式来完成的让与方式逐渐很少被实际使用。1925年《财产法》[Law of Property Act]正式将其废除。(⇨registration of title to land; conveyance; grant; use; livery of seisin; investiture)

feoffment to uses 用益分封;用益让与(⇨feoffee to uses; feoffment)

feoffment with livery of seisin 履行转移保有仪式的封地授予(土地让与) 英国早期的一种让与土地的形式,让与人与受让人在准备让与的土地上或土地边,以交付嫩枝[twig]或土块[clod]的方式,当着证人的面说出让与已完成的言辞。(⇨livery of seisin)

feoffor n.封地授予人;不动产让与人

feoh n.〈撒克逊〉酬金;赏金;封地 该词在撒克逊语中,最初指牲畜,后引申为表示财产或金钱,再引申为酬金、赏金、封地。可能为表示封地的 feod、feudum、fief、feu、fee 诸词的原始形式。(= fioh)

feorme n.(依租约条款由受让人[grantee]付给地主的部分)农产品(⇨farm)

ferae bestiae 〈拉〉野生动物
Ferae igitur bestiae, et volucres, et omnia animalia quae mari, coelo et terra nascuntur, simul atque ab aliquo capta fuerint, jure gentium statim illius esse incipiunt. Quod enim nullius est, id naturali ratione occupanti conceditur. 〈拉〉(罗马法)依万民法[law of nations]生于海洋、天空和大地之各种野生动物和禽类,一旦被捕获,即归捕获者。因为基于自然原因的无主物归占有它的人。

ferae naturae 〈拉〉❶野性的 用来指动物的天性,区别于天性驯服的动物,后者称 domitae naturae。❷野生动物

ferd (= fyrd)

ferdella terrae 〈拉〉一块土地;十英亩;佃农租地

ferdfare 〈撒克逊〉兵役征召令;兵役豁免

ferdingus n.〈英〉费迪格斯 自由民中的最低阶层,根据一种叫卡特塞特[cotsetus 或 cotsethus]的稿夫得名。

ferdwit (= ferdwite)

ferdwite 〈撒克逊〉❶对在军队中非故意杀人者免予惩处 ❷对不参加军事远征者的罚款

ferens ligna in sylva 〈拉〉携木入林 意指多余的、不必要的。

Fere secundum promissorem interpretamur. 〈拉〉我们一般作出有利于发誓者的决定。 此为罗马法法谚,不能适用于英美普通法。

feria 〈拉〉(英格兰古法)❶周日;假日;节日 ❷不可进行诉讼日 ❸集市;交易会 ❹渡口

feriae 〈拉〉❶(罗马法)节日;休息日 在此期间,罗马自由人停止其政治事务及诉讼,奴隶则停止劳作。所有节日均为非听讼日[dies nefasti]。分为公共节日[feriae publicae]和私人节日[feriae privatae]两类。后者仅为某个家庭或某人纪念对自己或对祖先有重大意义的事件的日子。罗马帝国早期,许多节日都可以"feriae"一词称之。到罗马帝国后期,从基督纪年第七天开始,每隔一星期的同一天被称作 feriae。❷feria 的复数形式

ferial days ❶节ID ❷国15世纪时,指不进行劳作和诉讼的。 ❷(在亨利六世时代特指星期日和诸如耶稣升天节[Feast of the Ascension]之类的节假日之外的)工作日;劳作日

ferita n.(欧洲古法)创伤;打击

ferling n.〈英〉❶法寻 一便士的1/4。(= farthing) ❷自治市中一个区的四分之一 ❸一英亩土地的四分之一

ferlingata n.芬尼格特 "yard-land"的1/4。

ferlingum (= ferlingus)

ferlingus n.弗隆(= furlong)

ferm n.(依租约出租的)房屋;土地

ferme 〈撒克逊〉农地;租佃地;地租;包税 依契约或租约而取得的房屋、土地。(= farm)

fermented liquors 发酵饮料 经酒精发酵过程,可以致醉的饮料,包括啤酒、葡萄酒、高酒精度苹果汁及类似饮料;以蒸馏法或其他方法制成的烈性酒不包括在内。

fermer n.承租人;租户;农民;保有一定期限土地或无形财产权的人

fermholt (= ferm)

fermier 〈法〉包税人

fermisona n.(英格兰古法)猎鹿的冬季

fermor (= fermer)

fermory n.济贫所 修道院中收容穷人并为其提供食品的场所。后也指医院、医务室。

fernigo n.(英格兰古法)(生长着蕨类的)废地;荒地

ferret n.❶雪貂;白鼬 ❷搜索者;侦查者
v.❶用雪貂猎取 ❷赶走 ❸搜出;查获(秘密、罪犯等)(⇨tax ferrets)

ferri 〈拉〉(罗马法)人力负载或运送

ferriage n.摆渡费 运送旅客及其随身行李、货物渡过河流、湖泊、港湾的法定费用。

ferrifodina n.(英格兰古法)铁矿

ferrum n.(英格兰古法)马蹄铁;马掌

ferry n.❶渡运 ❷渡口;渡船 ❸渡运业 属法律上的特许,与土地的所有权或占有无关,由法律规定或经有关部门批准才能经营的业务。即将旅客、行李、车辆、货物等运过河流、湖泊、海湾等水面,并收取一定费用。渡运业主必须提供合理服务,收取合理费用,设置安全渡口,并对所运货物承担责任。渡运业主可以禁止他人在附近地区经营同一业务,但不能限制他人建立桥梁。

ferry franchise 渡运特许 在指定地点经管渡运的特许;在特定地点渡运人或物并收取费用的特许;在被水面隔断的地块间渡运的特许。

ferryman n.渡船工人;渡船主;特许经营渡运的人

ferspeken 突然说

fesance (条件、责任、义务等的)履行;行为;作为;行动(⇨feasance)

fesaunt (= feasant)

festa in cappis (英格兰古法)戴帽节 英国的一个盛大节日,这一天唱诗班依习惯要戴帽子。

Festinatio justitiae est noverca infortunii. 〈拉〉草率的审判带来不幸。

Festinatio justitiae noverca. 〈拉〉仓促决定导致不公。

festing-man n.(英格兰古法)保证人;担保人;联保人 即对他人行为守法提供保证。修士享有不担当联保人的特权,不因他人触犯法律而承担责任。(⇨frank-pledge)

festinum remedium 〈拉〉迅速补偿 用于必须对损害迅速作出补偿、不得无故拖延的案件的术语。例如,寡妇地产之诉[action of dower]即属迅速补偿范畴。

festival n.节庆日;纪念日 尤指对宗教事件的一年一度的节庆日、纪念日,常伴有音乐及其他娱乐活动进行狂欢。(⇨feasts)

festuca (= fistuca)
festum 〈拉〉节假日
festum stultorum 〈拉〉❶愚人节 ❷新年(= caput anni)
fet a.完成的;既为的
　　　 n.行为;行动;事实
fetal death 胎儿的死亡　指重量 500 克以上、怀胎 20 周或以上的胎儿在母腹内死亡。死亡指胎儿脱离母体后无呼吸且无心跳、无脐带搏动等其他存活迹象。
Fet Assaver 〈法〉《费特萨维》　1260 年左右用法语写成的一本法律小册子,其名称来自其篇首及各段开端所用的词语。作者可能为拉尔夫·德·亨厄姆[Ralph de Hengham]。该书主要论述了不动产诉讼的程序问题。因其文字简洁具有实用价值而广为流传,并经常被重印。
fetiales (= feciales)
fetial law (= fecial law)
feticide n.杀害胎儿;非法堕胎;堕胎罪
fettering n.给某人戴上镣铐
fetters n.脚镣
fetus n.胎;胎儿　可泛指所有胎生动物,尤指已成形的胎儿,人的胎儿指受精后 7 – 8 周至出生为止。(= foetus)
feu n.❶火;壁炉 ❷封地(= fee) ❸〈苏格兰〉租佃保有地产(权)　保有人交纳谷物或金钱来代替服军役,区别于监护土地保有[ward-holding]。(= few)
feuage 〈英〉烟囱税(⇨fumage)
feu annuals 〈苏格兰〉租佃地保有人向其领主交纳的年租
feuar n.〈苏格兰〉租佃地保有人
feud n.❶(封建法)(因提供役务而保有的)领地;(向领主或土地所有人提供役务而保有的)可继承的土地占有、使用权(= feod;feodum;feudum;fief;fee) ❷〈撒克逊〉〈德国古法〉世仇;血亲复仇　被害人家族向凶手家族复仇,后为赎杀金或向国王支付罚款代替。(⇨vendetta) ❸(封建法)(英格兰古法)(在苏格兰和英格兰北部指)实施血亲复仇的全体同族人(= faida;feudum)
feuda n.(封建法)(因服役而保有的)领地　feud 的复数形式。(⇨feud;fee)
feuda individua (封建法)长子继承地产(权);不可分地产(权)　feudum individuum 的复数形式。
feudal a.❶封地的;采邑的　区别于自主地的[allodial]。 ❷封建的;封建时代的;中世纪的;封建法的;封建制度的
feudal actions 〈英〉〈古〉不动产诉讼　最初指解决有关于不动产的纠纷的诉讼,后因其手续复杂,遂被手续更为简便的产权诉讼代替。(⇨real action;feodal actions)
feudal canons of descent (英国封建时期)关于遗产继承的五个宗教法规　其最初目的在于通过防止不动产财产权的分散,促使地产权集中在少数人手里,以加强军事力量。
feudal courts 领地法院;采邑法院　在 12 世纪,封建领主有权以领主身份为佃户主持法院。在 13 世纪,由于以下三个原因,该法院之重要性降低:①封建法的原则要求有一个从下到上的领地法院系统,而有些大领主的领地往往分散各处,使大的领地法院不可能存在;②王室司法权的扩张减少了领地法院的必要性;③所有封建制度的附属权利义务逐渐被视为具有获利的性质,被视为财产。领地法院的司法权逐渐成为只是土地占有的附属权益,可以世袭。领地法院后来发展出了领地封包法庭[courts baron]和习惯法庭[court customary],分别处理自由土地保有人[freeholder]之间和公簿土地持有人[copyholder]之间

间发生的纠纷。在苏格兰,大封建领主的世袭司法权[heritable jurisdictions]直到 1747 年才被废除。
feudalism n.封建主义;封建制度　封建原则和惯例的集合体。从 9 世纪至 15 世纪统治欧洲各主要国家的社会、政治、经济制度的总称。封建制的基础是封臣[vassal]与领主[lord]之间的依附关系:封臣对领主效忠并为其服役,领主则为封臣提供土地和保护。(= feudal system)
feudalize v.分封(土地);使(土地制度)封建化;实行封建制
feudal law 封建法　欧洲中世纪关于封建土地保有制、封建制度下的不动产、调整领主[lord]与封臣[vassal]之间财产关系、以及关于封建地产的创设、附带权利义务、移转等方面的一整套法律制度。构成封建法的规则和习惯最初是不成文的、惯例性质的,但在 12 世纪出现了一本称为《采邑习惯》[Feodarum Consuetudines]的汇编,它成为后来法规汇编的基础。封建法在欧洲流行于 12 – 14 世纪,在诺曼征服后传入英国,为直至近代的全部英国土地法律制度打下了基础,并且直到现代仍有部分保留。(⇨feudal system)
feudal system✻　封建制度(⇨feudalism)
feudal tenure　封建土地占有;封建土地保有　按照封建土地占有制度,国王是王国内所有土地的统一领主和原始所有人,其他人除非直接或间接自国王处接受土地的封赠,否则就不占有也不能占有任何土地。占有土地者必须履行相应的封建义务,如服兵役、交地租等。它是封地[feud;fief]产生的基础。(⇨bordage;fealty;fief; free services; honorary services; investiture; relief; services; subinfeudation)
feuda nova 〈拉〉新获封地　feudum novum 一词的复数。
feudary n.❶封臣;佃户(= feudatory) ❷古代英国监护法院调查官(= feodary)
　　　 a.封臣的;履行封建义务的
feudatory (= feodatory)
feudbote n.世仇赔偿　对参加世仇争斗及所造成的损害作出的赔偿。古时有全体亲属参与其成员的争斗的习惯。
Feude 〈德〉不共戴天之仇;世仇　指只有置仇人于死地才能消解的仇恨,被害人的所有族人可以向凶手及其家族复仇。(= deadly feud)
feudist n.❶封建法学者 ❷结下世仇者;参与家族复仇者
feudo 〈西〉封地;采邑(= feud;fee)
Feudorum liber 《采邑法汇编》　遵腓特烈一世皇帝之令而编纂,1170 年在米兰出版。该汇编包括五个部分,现前两部分仍完整,其余部分则仅存片段;刊印于现代版的优士丁尼《国法大全》[Corpus Juris Civilis]的末尾。
Feudorum libri 《采邑法全书》　约 1152 年在亨利三世统治期间出版。大约从 1152 年起伦巴第采邑制的特殊习惯由于它的精炼开始成为其他国家的权威性标准。该汇编在英格兰可能为人所知,但似乎只影响了英国法学家对其固有的土地保有制度进行更多的批判性研究,使他们拓宽了对于不动产的知识面,接受了一些不同的土地产权概念。
feudum 〈拉〉领地的永久使用权　领主在封臣宣誓效忠、服兵役和履行其他义务的条件下授予封臣永久使用其土地的权利。确切地讲,该词指的是土地上的权利而非土地本身。该词为采邑法作者所用,英国早期作者通常使用 feodum 一词。

封建制度[The Feudal System]

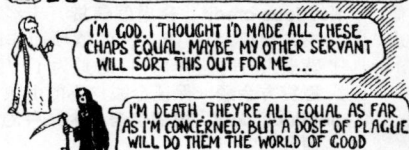

Source: Daniel R. Coquillette, *The Anglo-American Legal Heritage*, U.S.A.: Carolina Academic Press, 1999, p.116

feudum antiquum 〈拉〉(保有四代以上的)祖传地产(权)

feudum apertum 〈拉〉可复归的地产(权) 保有封建者死亡时无后嗣、犯罪或有其它法定事由时,该地产复归授予地产的领主。

feudum francum 〈拉〉自由地产(权) 贵族保有的免于佃租及其它义务的地产,区别于平民地产(权)[pleberia feuda]。

feudum hauberticum 〈拉〉军役地产(权) 在领主发出出征召命[ban]或国王发出出征召命[arriere ban]后全副武装从军服役而保有之地产。

feudum improprium 〈拉〉派生地产(权) 在创设时附特殊条件的地产,例如以一定价格售与封臣。(⇨improper feuds)

feudum individuum 〈拉〉不可分地产(权);长子继承地产(权)(⇨feuda individua)

feudum laicum 〈拉〉世俗地产(权)(= lay fee)

feudum ligium 〈拉〉臣服封地;直接封地;封臣只对其领主效忠保有地

feudum maternum 〈拉〉母嗣继承地产(权)

feudum militare 〈拉〉骑士军役地产(权) 因履行骑士役[knight service]而保有之地产,被认为是最荣誉的一种土地保有形式。(= knight's fee)

feudum nobile 〈拉〉贵族地产(权) 由保有人负守卫之责并履行效忠宣誓[fealty]和臣服宣誓[homage]而保有之地产。

feudum novum 〈拉〉(非由继承而获的)新获地产(权)

feudum novum ut antiquum 〈拉〉视作祖传地产的新获地产(权) 与祖传地产的性质完全相同。

feudum paternum 〈拉〉父嗣继承地产(权) 父系祖先保有四代以上的地产;只能由父系继承人继承的地产。

feudum proprium 〈拉〉原始地产(权) 因服军役而保有之地产。(⇨proper feud(s))

feudum simplex 〈拉〉非限嗣继承地产(权)(= fee simple)

Feudum sine investitura nullo modo constitui potest. 〈拉〉无授封仪式,任何方式都不能设定地产(权)。

feudum talliatum 〈拉〉限嗣继承地产(权)(= fee tail)

Feu et lieu. 〈法〉(法国古法)(加拿大法)家;住宅 指土地保有人在土地上建立的定居点。

feu holding 采邑租用地 交付谷物或钱财代替服兵役而保有的土地。(⇨feu)

feum 〈拉〉feudum 一词的古代形式(⇨feudum)

few n. ❶(= fee) ❷(= feu)
a. ❶很少的;几乎没有的 ❷少量的;几个;少许

Ff 〈拉〉片段 Fragmenta 一词的缩写,指优士丁尼《国法大全》中的《学说汇纂》。系由众多法学家著作的片断组成,故称 Fragmenta。

f.f. (= fieri facias)

f.f.a. (= free from alongside)

FGA (= free from general average)

FHA (= Federal Housing Administration)

FHLB (= Federal Home Loan Bank)

FHLBB (= Federal Home Loan Bank Board)

FHLMC (= Federal Home Loan Mortgage Corporation)

fiancé 〈法〉未婚夫;婚约中的男方

fiancée 〈法〉未婚妻;婚约中的女方

fiancer 〈法〉❶订婚 ❷誓约;保证;允诺

fianza 〈西〉❶保证;担保　❷保证人;担保人　❸保证契约;担保契约

fiar n.〈苏格兰〉可继承地保有人

fiars prices 〈苏格兰〉谷物的集市价格　一些郡中由郡长[sheriff]在陪审团帮助下每年二月在集市法院确定各种谷物价格。现已取消。

fiat 〈拉〉❶命令;许可;授权;批准　英格兰古司法程序中,法官或治安官[magistrate]发出的要求某事必须完成的简短命令,也指有法定资格的政府官员授权为某种法律行为的命令,通常表示根据一定法规进行诉讼之前,总检察总长应给予的许可。　❷裁决;决断

fiat in bankruptcy 〈英〉破产调查令　御前大臣[Lord Chancellor]签发的命令,授权破产法庭受理债权人申报的债权。1849年《破产法》[Bankruptcy Act]予以废除。

Fiat justitia. 〈拉〉公正处理。　请求国王允准议会颁发重审令状,国王在请求书上方批注"公正处理"字样后,令状即颁发。又如权利请愿书只有经内务大臣以国王名义批注"公平处理"字样后,法院才能受理。(⇨petition de droit;petition of right)

Fiat justitia, ruat coelum. 〈拉〉公正处理吧,纵使天国倾覆。　意指法院应尽职守,不必顾虑后果。但常用来表示相反的意思,即法律不应被引入极端。

fiat money (无金、银作后备的)纸币

Fiat prout fieri consuevit (nil temere novandum). 〈拉〉依惯例为之(万事不可轻率改变)。

Fiat quod prius fieri consuevit. 〈拉〉依惯例为之。(⇨Nihil temere novandum.)

Fiat ut petitur. 〈拉〉依请求办理。　批准申请的一种形式。

fiaunt n.命令(⇨fiat)

FICA (= Federal Insurance Contributions Act)

fictio 〈拉〉拟制　罗马法中指假设、法律上的假定。诉讼程序用语。指被告不能反驳的原告的虚假陈述。例如原告实际上是外族人却自称是罗马公民。其目的是使法院获得审判权。(= fiction of law)

Fictio cedit veritati. 〈拉〉真实优于拟制。

Fictio est contra veritatem, sed pro veritate habetur. 〈拉〉拟制与真实相反,但被视为真实。

Fictio juris non est ubi veritas. 〈拉〉有真实则无需拟制。

Fictio legis inique operatur alicui damnum vel injuriam. 〈拉〉法律拟制不应造成损失或伤害。　若法律拟制对任何人造成损失或伤害,则是不当。

Fictio legis neminem laedit. 〈拉〉法律拟制不得损害任何人。

Fictio legis non operatur damnum vel injuriam. 〈拉〉法律拟制不会导致损失与不公。

fiction n.拟制　法律上假定为真的原则,包括把本来为假的事假定为真,这种假定是不容反驳的。起初英格兰的王室法庭主要靠拟制获取管辖权,例如王座法庭[King's Bench]可以假称被告由于实施了某种他实际上并未实施的侵害行为而被拘留,因而获得债务诉讼的管辖权,允许原告起诉被告要求其偿还债务。财税法庭[Court of Exchequer]也可以提出原告是国王的债务人,且由于被告拖欠债务的原因而不能偿还这一拟制的对国王的债务,因此获得它本身不具有的审判权。英格兰法中拟制比较丰富,在罗马法上,拟制的定义较狭窄,只是一个辩诉的名词。(⇨ejectment;latitat;common recovery;fine;fictio)

fictione juris 法律上的拟制(= fiction of law)

fiction of law 法律上的拟制　对不真实的或可能不真实的情况,法律上假设为真实的;或对并不存在的事实假设为存在的。这种拟制必须是无害的,甚至是有益的,以实现公正为目的。某些案件由于无关紧要的情节致使法院无权审判,即由法律"拟制"成与之相仿而法院有权审判的案件,从而取得审判权。法律上的拟制不容置疑,不可推翻。

fiction theory 拟制学说　关于法人人格的理论之一,主要为萨维尼[Savigny]所发展。该学说认为,法人,如公司,并非真正法律所指称的人,它们是因法律的拟制而在许多方面具有法律上的人格。按照该学说,法人自身并无意志、意识和行为能力,而是由法律赋予人格。

fictitious a.拟制的;虚假的;假装的

fictitious action 虚假诉讼　仅为获得法庭对某个法律问题的意见,不为解决当事人间任何纠纷而提起的诉讼。(⇨feigned action;feigned issue)

fictitious bidding 虚假竞买　拍卖中目的不在购买而在提高成交价的竞买行为。

fictitious credit ❶虚假信贷　未经本票出票人或任何背书人授权,为一未支付的款项而作的背书。受款人或被背书人有时这样做,目的是为了中断诉讼时效。　❷虚拟贷方余额　保证金账户不能由顾客使用的余额。

fictitious debt 虚假债务　为某种隐蔽目的而随意设置的债务,如为逃税。

fictitious increase in capital stock 公司股本虚拟增加　无资产、债务为依托的股票发行。

fictitious name 假名;虚构的名称　包括自然人的姓名和法人的名称。

fictitious party 假冒的当事人　指经授权而以他人名义提起诉讼的当事人。用不存在的或不知情的人的名义提起诉讼的行为被认为是藐视法庭。

fictitious payee 虚拟收款人　票据所记载的收款人是虚拟的,不问是否确有其人,即以持票人为收款人。

fictitious person 虚拟之人;假想之人　指依法律创立的公司等实体,并由法律赋予其人所享有的特定权利和承担的特定义务;也指真实或假想的存在物,为了进行法律推理而被有多或少当作是人。也作 artificial person、legal person、moral person 等。

fictitious plaintiff 虚拟的原告　指以诉讼原告的名义出现在令状、诉状或案卷记录中,但实际上并不存在,或对该诉讼并不知情而被他人盗用其名义的人。(⇨fictitious party)

fictitious proceeding 假托诉讼(⇨feigned action)

fictitious promise 虚拟的允诺　有时又称"默示允诺"[implied promise]或"法所默示之允诺"[promise implied in law],意在便于特定情形的当事人对合同特有的古老书状规则[old rules of pleading]加以利用。现已无实际意义。

fictitious purchase 虚假购买　经纪人向客户报告已购入,但实际上并未发生。

fictitious receipt (仓库并无存货而签发之)假收据

fictitious return 〈美〉虚假报告　联邦人口普查中政府官员或雇员故意作出的虚假报告。该行为可构成犯罪。

fictitious sale 虚假销售　经纪人向客户报告已售出,但实际上并未发生。经纪人为自己获得证券谎称已售给某人。

fictitious stock 虚拟股票;掺水股票　指未收齐投资而全额发行的公司股票。

fictitious suit (= fictitious action)
fictitious warrants 虚假公债券 即使在不知情的购买人手中,仍属无效。
fide 〈拉〉忠实;信用(⇨bona fide)
fide-commissary n.信托受益人;信托财产受益人 由拉丁文 fidei-commissarius 一词演化而来,衡平法著作偶尔采用,代替拗口的法语 cestui que trust 一词,以示更优雅悦耳。
fidei-commissa 〈拉〉fidei-commissum 的复数
fidei-commissarius 〈拉〉(罗马法)信托受益人;信托财产受益人 与 cestui que trust 一词含义相同。指对暂时由他人经管的财产、基金享有利益的人。
fidei-commissum 〈拉〉(罗马法)信托赠与;信托遗赠 赠与人或遗赠人将其财产赠送给受托人,同时要求其将财产转交给目前不能经管该财产的信托受益人。
fidei laesione 〈拉〉宣誓断讼法中被告发誓的一种形式 (⇨de fidei laesione)
fide-jubere 〈拉〉(罗马法)❶为他人债务担保 ❷信用担保
fide-jussio 〈拉〉(罗马法)诚意负责保证 一种担保形式。其发展虽晚于允诺保证[sponsio]和诚意允诺保证[fidepromissio],但几乎不受适用于这两种担保形式的限制的约束。该担保通过要式口约[stipulatio]做成,用以保证依要式口约或其他方式所设之债务。该担保并不减轻或免除本人债务,反而增加了担保人的保证责任。
fide-jussor 〈拉〉(罗马法)债务担保人
fidelis 〈拉〉忠诚的;可信的;有信用的;忠信的;可依恃的;知己的
fidelitas 〈拉〉忠诚;忠信;诚信;可靠
Fidelitas. De nullo tenemento, quod tenetur ad terminum, fit homagii; fit tamen inde fidelitatis sacramentum. 〈拉〉效忠。土地保有不是通过臣服之誓[oath of homage],而是通过效忠之誓[oath of fealty]取得的。(⇨fealty; homage)
fidelity n.忠信;忠诚;尽职
fidelity and guaranty insurance 忠诚和保证保险 保险人收取合理保险费,同意承保在特定条件下投保人因特定人的不忠实或失职所受损失的险种。广义而言,保证保险[guaranty insurance]包括信用保险[credit insurance]、所有权保险[title insurance]及各种形式的担保书[surety bonds]。该险种兼有保险与担保两种性质。如投保人在签订合同时怠于向保险人告知有关其雇员在缔约前及保险单有效期内可能发生的不忠实行为,则保险人可以解除保险合同。但并不要求投保人报告其雇员与道德堕落无关的不当行为,如无特别约定,也不要求投保人对保险人负监管有关雇员行为之责。亦写作"fidelity guaranty insurance"、"fidelity insurance"、"surety and fidelity insurance"。
fidelity bond 诚实保证;忠诚保险合同 对政府官员或公司职员的个人诚信给予保证,对因其盗用资金或疏于职守造成的损失提供赔偿。可承保部分或全部人员。(⇨fidelity and guaranty insurance)
fidelity guaranty insurance 忠诚保证保险(⇨fidelity and guaranty insurance)
fidelity insurance 忠诚保险(⇨fidelity and guaranty insurance; insurance)
fidem 〈拉〉信任;信赖;忠诚(⇨trust; confidence)
fidem mentiri 〈拉〉背弃效忠之誓 在封建法和英格兰古法中指封臣[feudatory]或佃户不遵守其对领主的效忠之誓。

fidepromissio 〈拉〉(罗马法)诚意允诺保证 一种担保形式。允诺保证[sponsio]仅适用于罗马市民,而诚意允诺保证还可适用于外国人。这两种担保形式均赋予债权人以起诉主债务人或担保人之权利,此处的主债务人须依要式口约[stipulatio]产生。约从公元前200年起,允诺保证和诚意允诺保证均受到旨在限制担保人负担的立法的限制,而这些限制并不适用于诚意负责保证[fide-jussio]。
fide-promissor (= fide-jussor)
fides 〈拉〉信任;信赖;信用;忠信;诚信;忠厚;诚实;信托;依赖;准确 用于 bona fides、mala fides 和 uberrima fides 等短语之中。
Fides est obligatio conscientiae alicujus ad intentionem alterius. 〈拉〉信任乃对他人期望所负的良心之债。
fides facta 〈拉〉象征缔结契约的正式行为 在伦巴第和法兰克的法律中,以交付树枝作为正式缔约的象征。(⇨festuca; vadium)
fides servanda 〈拉〉必须守信
Fides servanda est. 〈拉〉诚实信用,必须严守。 例如,代理人不得有负委托人对他的信任。
Fides servanda est; simplicitas juris gentium praevaleat. 〈拉〉必须守信;国际法简洁性优先。 适用于作为郑重书据的汇票的规则。
fiducia 〈拉〉(罗马法)信托 抵押[mortgage]和质押[pledge]的一种早期形式。指财产所有权和占有权以正式的买卖方式——如要式买卖[mancipatio]——转移给债权人,同时附有明示或默示的协议,规定当债务及时得到清偿时,债权人应将财产以相同的买卖方式返还;如债务人违约,则该项财产将不附带任何赎回权,完全归于债权人。
fiducial a.信托的;信用的
fiducial relation 信托关系(= fiduciary relation)
fiduciaries act 信托法
fiduciarius haeres 〈拉〉信托继承人(⇨fiduciary heir)
fiduciarius tutor 〈拉〉(罗马法)信托监护人 父亲亡故时不满14岁的已解放未成年人[emancipated pupillus]的兄长。(⇨pupil; tutor)
fiduciary a.受信托的;信用的;信托的
n.受托人 源自罗马法,指受托人及其他类似信任关系中的受信任者。受托人应克尽诚信勤勉之责,为委托人的利益处理有关信托事务,且须达到法律或合同所要求的标准。受信托人、破产管理人、遗嘱执行人、监护人等均属受托人之列。
fiduciary bond 受托保证书 法院要求受托人、遗嘱执行人、监护人、遗产管理人、保管人等提供的保证妥善履行职责的书面文件。
fiduciary capacity 受托人身份 以受托人身份从事某项工作、接收财物或订立合同时,其行为并非为自身的利益而是为另一人的利益。建立信托关系,一方要给予另一方高度的信任,另一方则应有高度的信誉。受托人身份不限于正式信托或明示信托。其他如律师、监护人、遗嘱执行人、经纪人、公司董事、公共官员等都是以受托人身份从事一定工作。(⇨fiduciary)
fiduciary contract 信托合同 指财物的转让以受让人日后将财物返还原主为条件。
fiduciary debt 信用债务 基于信用、信托关系而产生的债务,区别于仅因合同而生的债务。

fiduciary duty 受托人责任；信托义务 为他人利益办事时，必须使自己的个人利益服从于他人的利益。这是法律所默示的最严格的责任标准。

fiduciary fund 信托基金（▷trust fund）

fiduciary heir （罗马法）信托继承人 须将继承权转移给遗嘱规定之人的指定继承人。

fiduciary note issue 信用纸币发行 指没有任何贵金属储备作为担保的纸币发行。

fiduciary relation 信用关系；信托关系；信任关系 基于信用、信托而产生的关系，如律师与当事人、监护人与被监护人、本人与代理人、遗嘱执行人与继承人等之间的关系。该词所指甚广，包括正式信托关系和其他因当事人的信任而产生的非正式关系。

fiduciary shield doctrine 信托保护原则 依该原则，对于法人职员的职务上的行为，在任何情况下都不能单独以他个人作为被告提起诉讼。这项原则赋予法人职员以司法豁免。只要其行为是为了法人的利益而非仅为个人谋取利益，即使其行为构成侵权，也不应由其个人负责。

fief n.领地；封地；庄园；采邑；可继承地产（权） 指在封建制度下，为授予人或领主服役而保有之土地。封地起源于西罗马帝国衰亡时期分布于欧洲各地的北部日尔曼氏族的军事政策，征服某地的军事首领将大片土地分赐于他部下的高级将领，后者又将土地分赐给士兵。分封的土地是作为对受封者的效忠的奖赏和酬金，如受封者不再效忠，则授予人有权收回土地。（= fee; feod, feud）（▷honorary feud; impartible feud; improper feuds; military feuds; proper feud(s)）

fief d'haubert 〈法〉(诺曼封建法中)骑士保有地；骑士役保有(权)地 在领主发出出征召命[ban]或国王发出出征召令[arriere-ban]后全副武装从军服役而保有的封地。（▷knight's fee）

fief tenant (英格兰古法)领地保有人；完全保有地产的保有人；自由保有地的保有人

fiel 〈西〉争议财产之暂行保管人；涉讼财产之合法保管人

field n. ❶土地；农田；田地 通常用以耕作或畜牧。❷田赛场地 ❸战场；战地 ❹领域；范围；专业

fieldad 〈西〉争议财产之暂时保管

field-ale n.(英格兰古法)麦芽酒贡 古代英格兰的一种习惯，百户区长[bailiff of hundreds]、护林官以及管理农田的其他官员，有权命令百户区为其提供麦芽酒[ale]或用来购买麦芽酒的费用，这一习惯已被废除很久了。

field audit 现场审计；实地审计；外勤审计（▷audit）

field book 地况记录书 用以记录实地勘测而得之各种信息，描述某一地块的四至、走向、各种自然的或人工的边界标志等。

Field Code 〈美〉《菲尔德法典》 1848年由达维德·达德利·菲尔德[David Dudley Field]起草，为最早的纽约法典，旨在简化民事诉讼程序。后该法典成为其他各州民事诉讼法典和规则的典范。

field gardens 〈英〉分配地 分配给贫穷劳动者的小块土地，由分配地管理员管理，也可移交地方当局管理。（▷allotment）

field manager 现场经理 为公司的雇员或代理人。

field office 分支机构；附属机构 政府机构中除总部之外的分支机构或附属机构。

field reeve 〈英〉牧场总管 根据1845年《圈地法》[Inclosure Act]而设立，由规划牧场[regulated pasture]所有人推选以管理围栏、水沟等设施，调控牲畜进入牧场的时间，通常还依所有人指令维修、经管牧场。

field sobriety tests 清醒程度现场检测 警察机关为确定拘捕酒后驾车人是否合理时常采用的检测方法。在此项测试中，被检测人被要求下车并作一系列协调性的肢体活动，以检测其醉酒程度，如用手指指鼻、捡起硬币、沿线走动、背诵字母表以及其他一系列类似活动。

field warehouse financing agreement 实地存货质押融资协议 协议中规定，把作为担保品的存货与公司其他存货区别开来，在存货质押公司控制下，储存于其生产经营场所。（▷field warehousing）

field warehouse receipt 实地存货质押清单；实地存货质押收据 货仓主出具的证明所存货的清单或收据，可作为贷款的担保品。

field warehousing 实地存货质押；实地存货担保 常用以作为存货融资的一种方式。批发商、零售商、制造商为筹措资金而用存于其生产经营场地的货物作为质押物。质押人对质押物享有必要权利，而第三人作为货仓主在质押人的生产经营场地控制和保管该质押物品。贷款人希望对借款人的存货保持较密切控制并享有质押权人的优先权益时，常采用这种方式。

fierding courts 菲尔丁法庭 古代哥特人的一种初级法庭。之所以称fierding，是因为在每个行政区或百户区内有四个这样的法庭。

fieri 〈拉〉待实现；待完成 意为"to be made"、"to be done"，在不同语境有不同含义，如待完成、待履行等。（▷in fieri）

fieri feci 〈拉〉我已处理完毕 郡长或其他官员执行债务人财产扣押令[fi.fa.]所要求的全部或部分金额后所作的执行回呈，在扣押令上加注"已清偿"字样。

fieri facias/fi.fa. 〈拉〉债务人财产扣押令 是向郡长[sheriff]或其他官员发出的，命令其扣押债务人财产，以清偿债务判决或损害赔偿判决中所判的债务人应偿还的款项及利息的令状。最初只能执行债务人的私人财产、动产[chattels]或准不动产[chattels real]，后来逐渐扩展到也可执行其不动产。与现代的执行令状[writ of execution]基本同义。该扣押令因其行文中之拉丁语"quod fieri facias de bonis et catallis"而得名。在执行该扣押令时，执行人可以进入债务人财产所在的房屋，但应以和平的方式进入且不得破门而入，且不得以武力将债务人的财产予以正式扣押。如债务人未能按判决要求偿还债务，执行人可以在债务人或被扣押财产所在房屋内的人的同意下，委托拍卖商开列财产清单，就地拍卖或运走拍卖该财产，从所得金额中偿还判定的债务和其他费用，余额归还给债务人。如果该扣押令是应回呈的，郡长应在执行完毕后向法院作出书面执行报告[fieri feci]或作出无财物供执行[nulla bona]或虽已扣押财物但无法变卖的执行报告。（▷testatum writ）

fieri facias de bonis ecclesiasticis 〈拉〉神职债务人财产扣押令 当郡长执行债务人财产扣押令[fi.fa.]而以"无财产可供执行"[nulla bona]回呈时，如被告为受圣俸的教士[benefited clerk]且无世俗保有地[lay fee]，则原告可申请向教区主教——主教缺位则向大主教——发出神职债务人财产扣押令，扣押被告在教区内的财物以供清偿债务。（▷fieri facias; sequestration）

fieri facias de bonis testatoris 〈拉〉立遗嘱人财产扣押令 在立遗嘱人被诉清偿债务时，对遗嘱执行人发出的财产扣押令。如该令状被以"无财产可供执行"[nulla bona]及遗产执行人为遗产毁损人[devastavit]回呈，则原告可申请

签发个人财产扣押令[fieri facias de bonis propriis]，扣押遗产执行人的个人财产。(⇨fieri facias; devastavit)

Fieri non debet, sed factum valet. 〈拉〉此事不应为，如已为之，则为有效。

fi. fa. 〈拉〉fieri facias 的缩写

FIFO (= first in, first out)

FIFRA (= Federal Insecticide, Fungicide and Rodenticide Act)

Fifteenth Amendment 〈美〉美国宪法第十五条修正案 1870年被正式批准。它规定美国公民的投票权不得因种族、肤色或曾被迫服过劳役而被剥夺或限制，国会有权制定相关的法律保证这项权利的实现。

fifteenths n.〈英格兰古法〉十五分之一税 起初为亨利二世组建十字军时所征收的费用，当时为全部动产的10%；后来它成为了一种税款或贡金，由议会通过法令授权国王不定期征收，数额为各城市[city]、镇[township]和自治市[borough]全部动产或全体臣民动产的1/15。爱德华三世[Edward Ⅲ]时估定应税财产，其总价值的1/15记录于财政署，并依该定额计征税款，因而称为十五分之一税。此后虽然王国财产总额不断增加，但该应税财产额未变，故它已非应税价值之准确描述。

Fifth Amendment 〈美〉美国宪法第五条修正案 1791年被正式批准。它规定除军事案件外，任何人非经大陪审团的起诉或指控，不受判处死刑或其他不名誉罪之审判；任何人不得因同一罪行而两次受审[double jeopardy]；不得在任何刑事案件中被迫自证其罪；不经正当法律程序，不得被剥夺生命、自由或财产；不给予公平赔偿，私有财产不得充作公用。该条修正案在美国宪法上具有重要作用，比起《权利法案》[Bill of Rights]的其它条款和美国宪法本身，美国最高法院更多依此项修正案作出判决。

fifth degree of kinship 五亲等血亲 例如某人与他的表姐妹的子女就是五亲等血亲。美国许多州已采用这一计算法。(⇨second cousin)

Fifty Decisions 《五十敕令集》 由优士丁尼[Justinian]帝于公元520 – 532年发布的一系列法令，目的是为第二版《优士丁尼法典》[Codex]作准备工作，解决一些有争议的问题，并正式废除某些过时的规定。这些裁定的实质内容包括在公元534年颁布的新版《优士丁尼法典》之中，但其本身没有留存下来。

fifty-fifty a. 对半；均分

fifty per cent rule 百分之五十规则 海上保险中确定推定全损[constructive total loss]的一项规则。按此规则，当被保险船舶或海运途中的货物等保险标的发生保险事故后，其实际全损[actual total loss]已经不可避免，或者为避免船舶发生实际全损所需支付的费用超过保险价值的，或者为避免货物发生实际全损所需支付的费用与继续将货物运抵目的地的费用之和超过保险价值的，构成推定全损。换言之，当保险标的的损失或修理费用等于或超过保险标的之保险价值的50%时，任何修理或避免措施都失去经济意义，因此构成推定全损。故称"百分之五十规则"。保险标的发生推定全损，被保险人要求保险按照保险人价值全额赔偿的，应当向保险人委付[abandon]保险标的；如被保险人不采取委付措施，则只能要求赔偿部分损失。被保险人是否选择委付措施，由其自主衡量决定。

fight n. ❶战斗；打架；搏击；斗争；冲突 ❷争辩；争论；争讼
v. ❶与…搏击；与…战斗；与…斗争 ❷打仗；进行(决斗等) ❸反对(议案等) ❹为(诉讼等)而争辩

fighting age 兵役年龄；应征年龄

fighting words doctrine 〈美〉挑衅性言论(不受保护)原则 美国宪法第一条修正案所规定的言论自由不是绝对的、无条件的。淫秽和猥亵、诽谤及挑衅性言论不受宪法保护。其中挑衅性言论指会造成伤害或可能即刻招致和平的破坏，直接引起对方暴力行为的言辞。是否构成挑衅性言论是以具有正常理性的人能够判断该言论可能会引起一般听众暴力行为为标准的。

fightnite (= fightwite)

fightwite 〈撒克逊〉争斗处罚金 盎格鲁 – 撒克逊时代向争吵、打斗等破坏治安者征收的罚金，一般不少于120先令，这在当时已属相当严厉的处罚，因为这个数目在当时已堪称巨额。也指对有管辖权的领主缴纳的同种性质的罚金。

filacer n.〈英〉令状归档官 1432年最初在威斯敏斯特民诉法庭[court of common pleas]设立，共设14名，后来王座法庭[court of King's Bench]、财税法庭[courts of Exchequer]也都设立了令状归档官，其职责在于将起始令状归档，并对其进行分理。1837年《高等法院法》[Superior Courts Act]废除这一官职。(⇨prothonotary)

filare v.〈英格兰古法〉归档

filazer (= filacer)

filch v. 偷窃 尤指偷窃价值较小之物。

file n. ❶文件；档案 ❷(法庭)案卷；卷宗 每一案件的卷宗通常包括原告最初的起诉状，其后的诉答文书及与案件相关的所有其他文书。❸(法院中的)存卷处 法院中正式存放案卷的地方。
v. ❶提交(法律文件) 通常指作为法律程序中的一个步骤，向合法的相关机构或部门(如法院的书记官室)提交有关的法律文件，以作登记备案。几乎在所有案件中，当文件被相关机构实际收到时，即认为该文件已被提交，但在少数情况下，认为文件从被交付邮寄时提交。❷将(文件等)归档 将正式收到并作登记后的文件送至文件存放处归档保存。❸(未对案件作出任何裁决而)将案卷交还法院书记官 广义上，也可指在未对案件作出实体处理的情况下终结案件。❹通过提交有关文书或遵循合法程序而)提起诉讼(或行政程序) ❺(在初步选举[primary election]中)登记(为候选人)

file clerk 档案管理员；卷宗管理员

filed for record 存档备用

filed rate doctrine 〈美〉规定收费规则 普通法上的一项规则，要求法律规定的实体——通常是公共承运人——在因提供服务而收费时，其费率不得违反在联邦管理机构如州际商业委员会所备案的标准。

file wrapper 〈美〉专利申请记录 指专利局所存关于专利申请和协商活动的书面记录。

file wrapper estoppel 〈美〉专利申请记录不容反悔原则 按照这项原则，专利权申请人为避免申请被驳回而限制或变更权利要求范围的，事后不得扩大其权利范围，不得将其权利保护范围扩大至已被排除的事项、不得延长专利权期限。

filial consortium 子女对父母的关爱和情谊

filiate v. 确定(非婚生子女之)生父(⇨affiliate)

filiatio 〈拉〉(= filiation)

filiation n. ❶生父身份的确定 ❷父亲与子女的关系 ❸(罗马法)子女与父母及祖先的血统关系

Filiatio non potest probari. 〈拉〉生父身份不可证明。

法律推定母亲的丈夫即为子女的父亲,除非有相反事实能推翻该推定。

filiation order 〈美〉生父确认令 对非婚生子女的生父作司法的或其他官方认定的命令。一些州规定,对非婚生子女的抚养、继承等以取得该确认令为条件。

filiation proceeding 〈拉〉生父确认程序 一种制定法规定的特别民事程序,用以确认生父身份及其抚养非婚生子女的义务。

filibuster n.阻挠议事 用拖延战术阻挠立法工作,特别是在议会发表冗长演讲以消耗时间。该词最早在美国使用,当时在美国参议院已经发生这种情况。自1900年起众议院以程序规则防止这种情况发生,参议院1917年起以终止辩论方式阻止阻挠议事的出现。在英国下议院,议长有权命令停止无关的、重复的或者只是浪费时间的发言。

filing n.文件归档

filing articles of incorporation 社团章程归档 将社团章程放置于法律规定的政府机构,以存档备查。

filing claim in bankruptcy 〈美〉在破产案件中提出权利主张 向地区法院书记官、公断人[referee]或破产管理人[trustee in bankruptcy]提交对破产人主张权利的证明材料。

filing date 签发日期;填写日期;申请日期;归档日期

filing fee 申请费 因将诉状、文件等登记备案而由公职人员收取的费用。申请宣告破产及破产案件中申请重组或债务人整顿计划[plan for rehabilitation]而向法院书记官交付的费用,也可称申请费。

filing laws 登记(生效)法 指规定以登记作为法律文件完全生效条件的制定法。

filing libel 在海事法院起诉

filing status 〈美〉纳税申报身份 个人在申报所得税时有四种方式可供选择:①单独申报;②户主申报;③夫妻共同申报;④夫妻分别申报。纳税人申报的纳税身份决定计算其税负时的税率,其中以夫妻共同申报最为有利。

filing with court 向法庭提交法律文件 指通过将法律文件提交给法院书记官或其他有权接受的官员以使该文件被提交给法庭。如美国《联邦民事诉讼规则》[Federal Rules of Civil Procedure]规定,在原告起诉之后,凡要求向当事人送达的所有文书都应在送达前或送达后的一段合理时间内提交给法庭。

filiolus 教子

filious (= filiolus)

filius 〈拉〉子女 作为生理意义上的用语,与法律用语中的"继承人"相区别。

Filius est nomen naturae, sed haeres nomen juris. 〈拉〉"儿子"为普通用语,"继承人"为法律用语。

filius familias 〈拉〉(罗马法)家子;未解放的子女

Filius in utero matris est pars viscerum matris. 〈拉〉母腹中之胎儿为母体之一部分。

filius mulieratus 〈拉〉(英格兰古法)(婚前与其夫有过私生子之妇女的)婚生长子

filius nullius 〈拉〉非婚生子女;私生子女

filius populi 〈拉〉❶民众之子 ❷亲生子[natural child] 区别于收养的子女。

filizer (= filacer)

filkdale (= field-ale)

fillage 〈英〉从前运至伦敦港的某种货物应支付的关税

fill an office 任职

filled cheese tax 〈美〉加料乳酪税 对制造、进口或经营加料乳酪征收的联邦税。

filling blanks 填空;在空白处签字;填写文据

filling in instrument 填写文据

filling prescription 按照规定(将所需材料)填写(至适当位置)

fill out (在文件空白处依其目的)填写

fils 〈法〉儿子;子孙;后裔;后代;门徒

filthy a.❶下流的;诲淫的;猥亵的 ❷肮脏的;污秽的 ❸卑劣的;邪恶的(⇨obscene)

filum 〈拉〉❶用线把文件串连在一起 古时建立档案的方法。❷(溪流、道路等的假想)中间线

filum aquae 〈拉〉河流的中间线 将河流分成均等的两部分的假想线,在有关两岸所有者权利的案件中作为双方的边界。

filum forestae 〈拉〉森林的边界

filum viae 〈拉〉道路中间线;道路两侧土地所有人的分界线

fin 〈法〉终止;结束;限制;时限

final a.❶最后的;最终的 ❷终止一切讨论的;终局性的;决定性的

final account 期终账目;决算账户(⇨final report)

final act 最后文件 国际会议结束后发布的会议纪要达成的协议。

final (and) appealable order or judgment 可上诉的终局决定或判决 ①已全部解决当事人之间的争端而无未决事项的判决;②终局性的可待司法审查的行政决定;③在人身保护令[writ of habeas corpus]程序中,撤销令状或释放被拘捕人的决定。

final appeal court 〈英〉教会和海事最高上诉法院 依据亨利八世1533年《上诉法》设立,目的在剥夺罗马教廷对英国教会事务的裁决权,为1832年《枢密院上诉法》[Privy Council Appeal Act]所废除。(⇨delegates; Court of Delegates)

final architect's certificate (建筑师)完工证书 在工程完成后签发,对双方当事人在价金、争议等方面的权利作出最后决定的证书。

final award (留待执行的)终局裁决

final concord (就征收罚款达成的)终局协议

final costs 最终费用 在诉讼终结或作出终局判决时裁定应给付的费用。该费用由谁承担要依诉讼结果而定。

final decision 终局判决;终局裁定 ①指案件事实审理清楚,对当事人的有关权利、责任、赔偿等问题作出处理,所有争端已获解决,法院无需再作进一步审理的判决;②未对涉讼事实作出判断,终止案件或诉讼程序的裁定。

final decision on the merits 依案件事实作出的终局判决

final decision rule 〈美〉终局裁决规则 依该规则,只有对联邦地区法院的终局判决才可向联邦上诉法院提起上诉,即上诉法院对非终局判决的上诉无权受理。作此限制的目的在于防止利用中间上诉[interlocutory appeals]逐个提起诉讼。

final decree 终局判决;终局裁定(⇨decree; final decision)

final determination 终局判决;终局裁定(⇨determination; final decision)

final disposition (对标的物的)最终处分;终局处分 指在法院判决、裁定或决定作出后,不再对当事人的权利和义务进一步确定,并且不再有引起诉讼的进一步的争议,从而达到对标的物的终局性决定。

final distribution （遗产的）最终分配　指依照法院命令将死者遗产最终分配给权利人。

final hearing　最终一次听审　区别于预备性审理或中间性审理。

final injunction　(= perpetual injunction)

final interlocutory decree　终局性的中间裁决(⇨definitive sentence)

finalis concordia　〈拉〉最终协议(= final concord)

final judgment　(= final decision)

final judgment rule　〈美〉终局判决规则(⇨final decision rule)

final jurisdiction　最终管辖权　一旦行使，则排除其他法院对同一案件的管辖权。

final meeting　（破产程序中债权人会议的）最后一次会议

final order　终局决定；终局裁决　指法庭或准司法机构作出的已无未决事项而只待执行的决定或裁决，且当事人对该决定或裁决不服的可提起上诉。

final passage　（立法机关对法案或议案的）最后通过

final payment　终结付款　根据美国统一商法典［U.C.C.］第4－213条第1款，只要付款行为履行了该条款所规定的四种付款行为方式之任一，即被视为作出了不可撤销的付款行为。四种方式可以参见 U.C.C.第4－213(1)。

final process　终局令状　即执行令［writ of execution］，区别于中间令状［mesne process］。

final proof　〈美〉最后证明　由定居移民［homesteader］提出，作为其获得政府公有权地［patent］的证据。

final receiver's receipt　正式的收受人收据　政府在收到由于公共土地产生的收益款项时出具的正式收据。政府对公共土地享有法律上的所有权，该土地之进占人［entryman］依据政府经过合法程序签发的公共土地许可状取得土地财产的受托人地位，并承担义务向作为信托人的政府支付信托财产所产生的收益。

final recovery　终局判决　指法庭作出的终局判决。也有人将之解释为陪审团的裁断，与判决［judgment］相区别。

final report　决算报告；决算书　指破产管理人［trustee in bankruptcy］、遗产管理人［administrator］、遗嘱执行人［executor］、监护人［guardian］或涉讼财产管理人［receiver］等受托人按要求对其经管他人财产过程中的行为、收支状况，以及可支配的款项、财产等作出的详细报告。

final sentence　终局判决　指刑事案件中判刑的判决。(⇨sentence)

final settlement　❶最后清算　指在遗产管理、破产管理、监护人管理或其他信托关系执行完毕后，对财产进行最后清算，解除信托关系。也指合伙关系终结后的清算。❷最后确定　指由有关政府机关对合同当事人的债权数额作出最后决定。❸最后交付　指不动产交易中的最后转让行为。(⇨closing)

final submission　最后结论（形成阶段）　审理案件时，双方证据均已提出，辩论已经终结，在此基础上法庭（或陪审团）即进入考虑对案件的最后结论阶段。

finalty rule　〈美〉终局裁决规则(⇨final decision rule)

finance　n.❶财政收入；国库收入　❷公共基金；政府基金　❸经营管理货币；筹措资金　❹财政；金融　❺财政学；金融学
v.❶通过支付现金、发行股票、债券、设定抵押等方式提供资金；融资　❷理财；从事金融活动

Finance Acts　〈英〉《财政法》　1894年及其后的年度征税法。在很长时间内简称为关税与国内财政收入法［Customs and Inland Revenue Acts］，现简称财政法。该法包括预算的一部分，即财政大臣［Chancellor of the Exchequer］对上一年度的财政状况、下一年度的收支情况、税收安排等提出的议案。这些提案依财政法而成为法律，一旦议会赋税委员会［Committee of Ways and Means］同意立即予以执行。

finance charge　融资费用　为取得赊购信用优惠支付的对价，如买受人以分期付款方式为其所购商品、服务支付之费用等，但不包括保险费、拖欠费［delinquency charges］、律师费、法庭费用等。在美国，融资费用受州或联邦《诚实贷款法》［Truth-in-Lending Act］调整，该法要求提供赊购信用者全面披露融资费用的情况。本词愈来愈作为代替"利息"［interest］一词的矫揉造作之用法。(⇨Truth-in-Lending Act)

finance committee　❶〈美〉参议院财政委员会　❷（企业）财务委员会　由董事会成员组成，负责企业重大财务决策。

finance company　财务公司；金融公司；信贷公司　向个人或企业提供贷款的非银行公司。其资金来源于银行、其他金融机构或者短期资本市场而非储户存款，其主要业务是为分期付款购买交易提供资金融通。财务公司主要有三种：消费者财务公司、销售财务公司、商业财务公司。

finance lease　融资租赁　以融资为目的的租赁方式。在此租赁方式中，出租人并不选择、制造或提供商品，而是与供应商缔约取得货物，并出租给承租人，定期收取租金，向其提供信用。

financial　a.❶国库的；财政的　❷金融的；财务的

Financial Accounting Standard Board/FASB　〈美〉财务会计标准委员会　负责制定并解释《通用会计准则》［Generally Accepted Accounting Principles］的独立机构。

financial circumstances　财务状况；资信状况(⇨financial condition)

financial condition　（某人基于其财产及收入的）经济状况；财务状况；资信状况

financial corporation　营利法人　税法用语，主要指为商业目的而组建的各类法人，有别于公法人［public corporation］、慈善法人［charitable corporation］及其他非营利性质的法人。

financial emergency　资金紧张　常指在为死者遗孀利益的信托中，受托人有权在资金紧缺时自委托人处收回资金，交付给遗孀。资金紧缺并非指暂时不能满足其生活需要，而是指遗孀的收入，包括自信托遗产所取得的收入在内，经受托人妥为安排，考虑到遗孀的紧急需要，有必要自委托人处收回资金，以便满足遗孀的赡养、安逸、康乐等方面的需要。

financially able　有偿付能力的；有信用的；能偿还到期债务和费用的　买受人有能力于规定时间内支付所需的款项以结束交易。(⇨financial responsibility laws; solvency)

financially embarrassed　财务困难；为债务所困扰；为应紧急支付之请求所困扰；不能支付应付款项

financial rating　信用状况；资金状况；信用等级(⇨credit standing)

financial reports　财务报告　由公司定期向股东提交的用以说明公司财务状况的报告。(⇨annual report; financial statement; profit and loss statement)

financial responsibility clause　〈美〉财务责任条款　机动

车辆保险单中的条款,根据该条款,被保险人应至少有能力支付州财务责任法[financial responsibility laws]所要求的最低限度的保险金额。

financial responsibility laws 〈美〉财务责任法　州制定法。该法要求机动车辆所有人提供其支付能力的证明,作为授予驾驶执照和登记证的条件。如在发生交通事故或违反机动车辆法规后,机动车所有人不能执行终局判决或提供关于其责任的证明,管理当局则可中止或吊销其驾驶执照或登记证。该立法还规定驾驶机动车辆须以预先投保责任保险为前提。(⇨compulsory insurance)

financial statement 财务报告;会计报表　反映个人或公司企业等组织在特定日期或特定期间的财务状况或经营成果的书面报告。主要包括资产负债表、损益表和财务状况变动表。(⇨annual report; credit statement)

financial worth 财务价值　某人财产减去其欠款后的价值,或其资产减去其负债后的价值。

financial year 〈英〉财政年度;会计年度(⇨fiscal year)

financier n.❶(妥善管理、运用资金的)金融家;金融机构　❷(通晓投资、贷款、货币经营等事务的)理财专家;理财机构　❸(为商业风险提供财务支持的)金融家;金融机构

financing agency 融资机构　任何经营融资业务的银行、财务公司或其他人。该机构的主要经营业务为在正常商业业务中以货物或权利凭证[documents of title]为凭提供贷款;或依据与卖方或买方达成的协议以正常方式参与支付或收取买卖中已到期或约定之款项,例如购买或支付卖方的汇票,或为之提供贷款,或单纯为收款而取得汇票,而不论汇票是否随附权利凭证。通过上述经营手段,该机构介入货物买卖双方之间,提供融资和减少双方商业风险的服务。

financing statement 融资声明　载明担保权利人对被担保物享有担保权益的文件。该文件旨在公示担保权益的存在,以便使潜在的担保物买受人或贷款人周知债务人财产上随附有可供执行的担保权益。本文件仅为设定担保权益之证据,而非担保协议本身。根据美国《统一商法典》[U.C.C.]第9篇之规定,融资声明经担保权利人向州务卿或类似的公共机构提交后,即成为公共档案[public record],所有潜在的贷款人或第三人均被推定为知晓该项担保权益的存在。

find v.❶发现遗失物　❷找到失去联系之人　❸得知某事;被告知某事　❹得出结论;(陪审团)作出裁断　❺(经司法调查)确定;查明;探明　❻寻找;(通过努力)发现

find and establish 经查明后确定　对早先存有怀疑的事物经查明之后予以确定。

find bail 交保;具保　指交纳保释保证金或提供保释保证人。

fin de non recevoir 〈法〉(法庭应)拒绝受理的抗辩　在案件进入实质性审理阶段前,被告依法提出的一种抗辩,说明原告无权起诉,包括已超过诉讼时效期限、双方当事人已达成和解协议、原告的请求已得到满足,或其他使原告丧失起诉权的任何事由。

finder n.❶拾得人;发现人　❷居间人;经纪人;中间人

finder of lost property 遗失财产拾得人　其与其他财产占有人一样,有权占有该财产并可对抗除财产所有权人以外的任何人。根据英国1968年《盗窃法》[Theft Act],无论是在发现当时或此后,遗失财产拾得人主观上有侵占意图的,则可构成盗窃罪。在个人财产上的拾得物,如财产所有人在当时占有该财产,则属于该财产的所有人。在商店里的拾得物,即使拾得人已将其交与店主以进行失物招领,拾得人仍可向店主请求返还。以拍卖方式取得某一衣柜,而该衣柜的隐藏抽屉中放有若干现金,则受人的地位同于遗失物拾得人。另外,当值警察不得对其拾得物主张所有权。

finder's fee 居间人佣金;经纪人佣金;中间人佣金;中介费

finder's fee contract 中介费合同　因给他人提供商业交易机会而收取费用的合同,但交易的最后磋商和达成由交易人本人决定。

finder's lien 拾得人留置权　拾得人为取得因保管拾得物所支出的费用及返还遗失物的赏金,对该拾得物享有的留置权。

finding n.裁决　通常指法庭或陪审团经审议后作出的结论。也指行政部门的决定。(⇨decision; judgment; verdict)

finding of fact ❶对争议事实的裁决　法庭对一方肯定而另一方否定的事实,经过对证据作合理推断而得出的结论。对事实的裁决,除有明显错误外,不得予以撤废;但经当事人的申请,可以修改或补充。上级法院在审理上诉案件时,一般以下级法院所认定的事实为基础。　❷仲裁人对争议事实的认定　❸验尸官或法医对死亡原因的确定

finding of law 对适用法律的裁决　指对某种事件的法律后果的裁决,例如裁决一合同无效等。对适用法律的裁决可以上诉。

fine n.❶罚金　刑法中指对罪犯征收一定数额金钱的刑罚,可作为判处监禁的附加刑。罚金的数额由法律规定。现代立法要求法院判处罚金时考虑被告人的支付能力、被告人的家庭负担以及对补偿被害人损失的影响。　❷罚款　包括俱乐部、互助会等社会团体对其成员因行为不当、过失所作出的经济上的处罚。　❸〈英〉(封建法)封地易主费　指封臣基于封地易主——无论是实际持有人还是领主的变更,向其领主交纳的费用,最通常的一种是领主接纳[admittance]新附庸时由后者缴纳的费用,在封地易手、领主死亡和其他情况下交纳的款项也包括在内。这一费用于1660年废除。近代存在的重要的情形是公簿地产保有人[copyholder]在转让其地产时向其领主交纳的费用。　❹(英格兰古法)协议诉讼　1833年前存在一种拟制司法程序,它被广泛地应用于土地转让,其实这是一种关于被转让土地的拟制和解诉讼,这种运作被称为征收"土地转让金"[levying a fine]。其过程如下:签发诉讼起始令[praecipe]——通常是违约令状[writ of covenant],双方出庭应诉,然后经法庭的允许达成协议,使争议土地归属于一方。该协议落实到文字上并登录入卷后,便具有了(法庭)判决的效力。为了完成这一协议诉讼,相关令状会发给争议土地所在郡之郡长——正如在执行普通诉讼之判决那样,由他将争议土地移交给权利获得方,若后者已占有该土地,则此相关令状可以免发。协议诉讼包括五个部分:首先是签发诉讼开始令;然后是法庭批准双方和解[licence to agree; licencia concordandi],并支付令状中所规定的"令后金"[post fine];第三部分是达成协议,确认土地归属;第四部分是由和解协议保管官[chirographer]起草诉讼程序之纪录;第五部分是签署上述程序记录。该记录由当事人双方各自保存,作为协议诉讼的合法证据,并成为土地购买者的权利证书[title deeds]。在该诉讼中,受让土地的一方被称为控告

方[complainant]或被认可方[conusee]，转让一方被称为非法持有人[deforciant]或认可方[conusor]。协议诉讼主要是为了将在一定期间内提出的针对土地的相反权利请求予以终止，为此需要在连续的四个开庭期间内公开、严肃地予以宣示，并征收土地转让费。常见的情形是通过封赠获得非限嗣继承之封地的封臣想通过协议诉讼阻却回复地产权人[reversioner]的权利，另外还有限嗣继承地产保有人用协议诉讼来中断地产的限嗣继承性质，从而阻却特定继承人的权利以及已婚妇女借此获取与丈夫共同转让地产的权利等情形。协议诉讼包括下述四类：① 认可通过封赠方式授予对方地产权[fine sur conusance or cognizance de droit come ceo qu'il ad de son done; fine on acknowledgment of right as that which he had of his gift]，主要转让非限嗣继承地产权或自由保有地产权；② 认可转让回复地产权或剩余地产权[fine sur cognizance de droit tantum; fine on acknowledgment of right only]；③ 认可授予新地产权[fine sur concessit or he has granted]，在这种情况下，为了终止一切纠纷，通过协议授予对方新的地产权，这主要是授予终身地产权或定期地产权；④ 将被认可的权利再部分地转让出去[fine sur done, grant et render; fine on the gift, grant and re-grant]，这实际上是一种双重协议诉讼，被认可的一方在权利被认可接受后，又将该地产权的一部分授还认可方或其他人。协议诉讼于1833年被《拟诉弃权法》[Fines and Recoveries Act]所废除。协议诉讼得名于其运作的和平性和法庭对此诉讼之记录中的语词：这是双方最终的协议…[Haec est finalis concordia inter, etc; this is a final concord or compromise between, etc.]。在刑法中亦流行着这样的观念：之所以称之为罚金[fine; finis]，因为它意味着是犯罪行为的终结。（⇨post fine）

Fine and Recoveries Act 〈英〉《拟诉弃权法》 英国1833年的一项法令，它废除了协议诉讼和阻却限嗣继承的拟制诉讼。（⇨fine; common recovery）

fine anullando levato de tenemento quod fuit de antiquo dominico 〈拉〉一种取消基于古地而征收的、且有损领主利益的土地转让费之令状 已废。

fine capiendo pro terris 〈拉〉对依陪审团有罪判决监禁其人身，没收其土地、财物的人所发出的因其支付罚金而取消监禁，返还土地、财物的令状 已废。

fine for alienation 土地转让费 由提供骑士役[knight's service]的土地保有人，或直接自国王处受封的[in capite]农役土地[socage]保有人，为获得领主[lord]的同意转移其保有之封建地产[feudal estate]或由一个新的保有人代替[substitute]自己成为原领主的附庸而向领主支付的费用。在英格兰，该费用在1660年已被废止。在法国，前手保有人转让其保有之地产时，其领主向其要求支付的同类费用，称"lods et vente"，法国大革命[French revolution]将该费用与其他封建特权[feudal right]一起废止。

fine-force n. 绝对的必要性；不可避免的、现实的强制性

fine for endowment （封建法）亡夫遗产继承费 古时封臣之遗孀付给领主的一笔费用，用以继承其亡夫之地产。在英格兰，亨利一世时即将其废除，后《大宪章》[Magna Charta]再度予以废止。

fine levando de tenementis tentis de rege in capite juxta licentiam regis 〈拉〉授权对直属保有地征收罚金之令状

finem facere 征收罚款；交付罚款

fine non capiendo pro pulchre placitando 〈拉〉一种禁止法庭官员对正当的申诉征收罚款的令状 已废。

fine permittendo levari de tenementis quae tenentur de rege in capite 〈拉〉授权对直属保有地征收罚金之令状

fine print 小号字体印刷 用小号字体打印，以否认或规避同一保险单、融资协议及类似文件中已显著印就之规定为目的的条款或其他表述。由于此类条款或表述字体较小，且被置于合同文本中较为偏僻的部分，因此被保险人或借款人等不易阅读。美国联邦及各州之信息披露法[disclosure law]均对此多有限制。

fine pro redisseisina capiendo 〈拉〉允许因再次非法侵占他人不动产而被监禁者支付合理数额的罚金后获释的一种古令状

fine rolls 〈英〉《贡金录》 记录1199年至1641年间向国王缴纳的各种费用的卷宗。这些费用可能有多种目的，其中多数费用仅为购得令状，后来，该卷中所记录的费用多为获得特许[license]和赦免[pardons]，如土地转让费、因玩忽职守[breach of duty]而被罚款等，但其中最重要最多数的则是那些为获得盖有国玺[under the Great Seal]而签发的与王室有直接财政利益关系的特许状[letter patent]或密封特许状[letters close]所缴付的费用，包括命令将财物交付管理人加以管理的令状等。到14世纪末，该卷趋向于专门记载充公产业[escheats]和安排监护事宜向国王交付的款项。1835年至1836年间，出版了该卷的两卷摘编[excerpt]，包括从1216年至1272年的有关内容，此后，又出过几卷。（= Oblate Rolls）

fines in copyhold 公簿保有地转让费 公簿保有地的封臣发生变动或被许可为特定事时应付之罚金。

fines le roy 〈法〉（英格兰古法）向国王（缴纳）的罚金 指因实施诸如非法侵入、错误地否认自己的契据、藐视法律等行为而向国王缴纳的罚金。

fine sur cognizance de droit, cum (come) ceo que il ad de son done 〈法〉（英格兰古法）转让人承认已将涉讼土地赠与或授封予受让人的协议诉讼[fine] 最为常见的一种协议诉讼的形式，作为不法占有人[deforciant]的转让人[cognizor或conusor]在法庭上承认受诉前已履行了赠与[gift]或授封[feoffment]的手续，将自己所有的土地让与作为原告[plaintiff]的受让人[cognizee或conusee]。此种协议诉讼用于非限嗣继承地产[estate in fee simple]或自由保有[freehold]地的转让，是一种最为稳妥的协议诉讼形式，转让人通过当庭承认[acknowledge in court]的形式，可避免实际履行授封[feoffment]和转让仪式[livery]。（⇨fine; cognizor; cognizee）

fine sur cognizance de droit tantum 〈法〉（英格兰古法）仅承认权利的协议诉讼[fine] 转让人仅承认受让人对涉讼土地的权利而不承认诉前已将土地赠与或授封予受让人，此种协议诉讼通常用于转让复归性权利[reversionary interest]，转让人[cognizor; conusor]无需承认事先存在的赠与[gift]或授封[feoffment]。（⇨fine; reversion）

fine sur concessit 〈法〉（英格兰古法）授予新地产（权）的协议诉讼[fine] 转让人[cognizor; conusor]虽不承认受让人[cognizee; conusee]对涉讼土地具有在先的权利，但为结束争执，以达成和解协议[composition]的形式授予受让人以新地产[estate de novo]。通常由受让人终身或在一定限期内保有，且必须交纳租金。（⇨fine）

fine sur done grant et render 〈法〉（英格兰古法）承认权利的附条件协议诉讼[fine] 同时具有仅承认权利的协议诉讼[fine sur cognizance de droit tantun]和授予新地产的协议诉讼[fine sur concessit]之效果的双重协议诉讼。在仅承认权利的协议诉讼中，被转让的是绝对地产权[absolute estate],或者可继承,或者至少可以自由保有[freehold];而承让权利的附条件协议诉讼是用于转让附特定条件的地产权,还可用来针对第三人[stranger]或未在因违反盖印契据诉请赔偿损失的令状[writ of covenant]上具名之人。在这种协议诉讼中,受让人[cognizee]在被非法占有人[deforciant]承认具有对涉讼土地的权利之后,应授予转让人[cognizor]或第三人以其它地产权。(⇨fine;fine sur cognizance de droit tantum;fine sur concessit)

fines villarum (= venville tenants)

fine to bar entail 〈英格兰古法〉使限嗣继承地产(权)失效的拟制诉讼 一种已被废除很久的诉讼形式,在其不是完全不合法的情况下,可使一个限嗣继承地产[fee tail;entail]失效,从而使其保有人自由处分该地。是一个拟制的诉讼程序[fictitious proceeding]或虚假诉讼[feigned suit],须由涉讼的限嗣继承地保有人[tenant in tail]当庭承认诉前已转让了涉讼土地。(⇨common recovery)

fine to covey 〈英格兰古法〉转让妇女土地的共谋诉讼 普通法的一种串通诉讼或共谋诉讼[collusive proceeding],已婚妇女与其夫在诉讼中合谋,通过虚假协议[purported agreement]的形式以使对她的土地的转让生效。

fine with proclamation (= proclamation of fine)

fingerprinting n.提取指纹 提取并保存某人的指纹,经检验后确认或排除其和犯罪行为的关联。

fingerprints n.指纹 在物体上留下的人的手指的印痕。由于几乎没有两个人的指纹相同,因此,指纹可作为证明为同一人的最可靠证据。

finibus levatis 征收罚金(⇨De Finibus Levatis)

finire v.〈英格兰古法〉❶征收罚金;缴纳罚金 ❷完成;结束

finis 〈拉〉❶罚金;罚款 ❷结束;终止 ❸限制;边界;界限

Finis est amicabilis compositio et finalis concordia ex concensu et concordia domini regis vel justiciarum. 〈拉〉协议诉讼是经国王或他的法官同意而作出的友好的协议和最终的解决。

Finis finem litibus imponit. 〈拉〉协议诉讼结束讼争。

Finis rei attendendus est. 〈拉〉事情的结果应予考虑。

Finis unius diei est principium alterius. 〈拉〉一日之结尾乃次日之开始。

finitio 〈拉〉结束;终结;终止;完成;死亡

finium regundorum actio 〈罗马法〉确定边界之诉 土地相邻、有共同边界的当事人为确定边界而提起的诉讼。

Finlay's Act 〈英〉《芬利法》 1890年《最高法院法》[Supreme Court of Judicature Act]。

finors n.金银提纯人 以水和火从粗金属中析出金银的人,也称 parters。

FIO (= free in and out)

fioh (= feoh)

FIOS (= free in and out stowage)

fira abla 〈拉〉白租 (= alba firma;white rent)(⇨black rents)

fird (= fyrd)

firdfare 〈撒克逊〉〈英格兰古法〉军事远征召集令

firdiringa 〈撒克逊〉服兵役之准备

firdnite 〈撒克逊〉(= ferdwite)

firdsocne 〈撒克逊〉〈英格兰古法〉免服兵役

firdwite 〈撒克逊〉〈英格兰古法〉❶对拒服兵役者所处的罚金;对拒服兵役或拒绝参加远征的军役保有人[military tenant]所处的罚金 ❷对军队中犯谋杀罪者所处的罚金;对这种罚金的免除

fire and sword ❶(尤指侵略军的)大肆烧杀破坏 ❷〈英格兰古法〉火与剑之令 古时发给郡长要求他以全部力量驱逐土地的非法占有人的令状。(= letters of fire and sword)

firearm n.枪支;火器 包括各种猎枪、手枪、步枪等。此外,手榴弹壳、导火索、火药等虽经拆卸,仍属火器。

Firearms Acts 〈美〉《火器法》 对非法持有、销售和使用火器者处以刑罚的联邦立法和州立法。

firebare n.警戒台;灯塔 海边的灯标[beacon]或高塔,灯光不停,在夜间为船只导航,也可警戒敌人靠近。

firebote 〈古〉木材补贴 出租人向承租人供应的家庭必需的木材,如用于维修房屋或火炉取暖的木材补贴。又可写作 housebote。(⇨estover(s))

firebug n.(俗)放火犯;纵火犯(⇨arson)

fire clause 火灾条款 提单中免除承运人因失火导致货物损失的责任的条款。

fire insurance 火灾保险 对被保险财产因火灾造成的损失提供赔偿的一种保险。(⇨insurance)

fire insurance policy 火灾保险单 保险人同意对被保险财产因火灾造成的损失进行赔偿的保险合同,其赔偿数额以保险金额为限。

fire limits 防火范围 为避免或降低火灾发生的危险而对一定范围内之建筑所用材料所作的规定。

fire loss 火灾损失 火灾保险单所定义之损失,包括火灾造成的直接或间接损失。被保险财产不一定与火苗直接接触或被火焰烧毁,因火灾引发的爆炸所造成的损失,或因火灾造成被保险建筑物倒塌,都包括在内。

Fireman's Rule 消防队员规则 由于其工作的特殊性质,在救火过程中受伤的消防人员,不得要求因过失造成火灾的人赔偿。

firemen's pensions 消防人员退休金;消防人员抚恤金

fire ordeal 〈古〉火审 神明裁判的一种方式。指要求被告人用手拿住一块重为1至3磅的烧红的烙铁,或者蒙住眼睛,赤脚从9把烧红的犁头上走过,如果被告人被烫伤,则说明他有罪,反之则无罪。(⇨ordeal;trial by fire)

fire policy/f. p. 火险保单(⇨fire insurance)

fireproof safe clause (保险标的物)防火安全条款(= iron-safe clause)

fire raising 〈苏格兰〉纵火(罪) 指放火烧毁他人财产或为欺骗保险人而放火烧毁自己财产的行为。

fire regulations 防火条例 为降低火灾危险,尤其在商业区和人口密集区,对建筑材料、建筑地点及建筑方式加以规范并要求进行消防演习和定期检查火灾危险的条例。

fire sale 火损或水损货物的减价销售 常由法规加以规定,以防公众买受人因欺诈性销售而遭受损失。

firkin n.弗金 一种容量单位,合8½美制加仑或9英制加仑。也可用以表示黄油和奶酪的重量,合常衡的56磅。

firlot n.〈苏格兰〉弗洛 一种容量单位,合2加仑1品脱。

firm n.❶商行 非法人商务团体。两人或多人的合伙。❷(全体)合伙的成员
 a.❶确定的;固定的;最终的 ❷有拘束力的;附义务的

firma 〈拉〉〈英格兰古法〉❶租赁契约 ❷地租 通常以实物[provisions]支付,但有时也以货币支付,货币地租后来被称为"白色租金"[alba firma],因其以白银或其它货币支付。❸御膳贡物 诺曼征服后规定的向国王进贡足够招待国王一夜的膳食费用。 ❹宴会;晚餐 ❺住宅;宅

基地

firma alba 〈拉〉白色租金 以银币支付的租金,故名。(⇨alba firma)

firma burgi 〈拉〉自治市固定收入权 中世纪自治市[burgh;borough]收取自己的通行税[toll]、地租[rent]及其它收入的权利,自治市市民[burgesses]为取得该权利,应获得国王或自治市其他领主的许可,并向其交付一笔固定的款项。

firma feodi 〈拉〉(英格兰古法)农地;封土租赁;永久租赁地(= fee farm)

firman n. ❶〈土〉命令;特许状;通行证 ❷(莫卧儿大帝[Great Mogul]授予外国船只的船长,许可其在自己管辖范围内进行贸易的)通行证;许可证

firmaratio n. 保有权 指土地保有人[tenant]对其土地和保有物[tenements]所享有的权利。

firmarium n.(古)济贫处 指修道院[monastery]中或其它地方为穷人提供食物的场所,后又称 infirmary。

firmarius 〈拉〉终身或一定期限内保有土地的土地承租人

firm bid 不可撤销的要约;实盘 对对方作出承诺无期限限制的要约;在对方作出承诺或表示拒绝前一直有效的要约。(⇨firm offer)

firme n.(古)农场(= farm)

Firmior et potentior est operatio legis quam dispositio hominis. 〈拉〉法律的效力比个人的处分或意志更为确定有效。

firmitas (英格兰古法)(以契据或特许状作出的)某种特权的保证

firmly ad. 确定地;确认地 例如,在宣誓书[affidavit]中,宣誓人声明其"确信"宣誓书的内容,即指其坚定而高度地相信,等于毫无疑问地相信其内容。又如,债务人在债券或保证书[bond or recognizance]中使用"确认负有债务"[firmly bound]字样,即表示其承认债务并允诺偿还。

firm name 商号;字号 公司或合伙组织以之为名从事商业交易活动。(⇨partnership name)

firm name and style (= firm name)

firm offer 实盘;不可撤销的要约 ①按照美国《统一商法典》[U.C.C.]的解释,指商人为购买或出售货物而在所签署的文件上保证保持其有效性的要约。这种要约在规定期限或合理期限内不得因其无对价而撤销;但不可撤销的期限不超过三个月。如载有这种条款的表格系对方所提供,则必须由要约人另行签署才有效;②在双方同意的期限内不可撤销的要约。

firmura (英格兰古法)冲洗和修理磨坊水坝、运走泥土等的特许

first aid clause 急救条款 汽车责任保险单中关于赔偿医疗费用的条款,保险人同意对由于汽车的状况或使用所造成的人身伤害依约支付一定限额的医疗费用。

First Amendment 〈美〉美国宪法第一条修正案 1791年被正式批准。该条修正案确立了在民主政府的自由社会里所必需的四项基本自由:宗教信仰和宗教活动自由、言论自由、出版自由以及和平集会和请愿自由权。过去认为此项修正案是为了限制中央政府的权力,但通过美国宪法第十四条修正案的正当法律程序条款此项修正案被扩大适用到各州。

first annual election 第一次年度选举(⇨election to fill vacancy in office)

first bite 初咬免责 一种古老的说法,认为每一条狗均可咬一次人,换言之,主人对狗的第一次咬人不负责任。由于同人道主义不合,该说早已不被接受。

first blush rule 第一印象规则 指如果陪审团作出的裁断使人一眼就看出陪审团在感情用事或偏袒一方当事人,则法庭可宣布该裁断无效。

first board 首任董事会 公司章程中载明的第一任董事会,各董事之姓名均列其上。

first-class investment 一流投资 运用信托基金所做的既可保证本金安全又可获得稳定收益的投资。这种投资无需专人监管即可进行。

first-class mail 〈美〉一类邮件 在美国,普通邮件[general mail]分为四类:一类邮件为书信和其他书面材料;二类邮件为报纸和杂志;三类邮件为书籍和小册子等;四类邮件为商品(包括农产品与工业品)。与普通邮件相对的则为挂号邮件[registered mail]。

first-class misdemeanant 〈英〉一级轻罪犯 依英国监狱法[prisons act],在郡[county]、市[city]、自治市[borough]监狱中服刑的犯有轻罪而未被判处苦役[hard labor]的犯人,被分为两类,其中一类即"一级轻罪犯"。法院有权决定其为一级轻罪犯,即不被视作刑事犯[criminal prisoner]。

first-class state of repair 头等修理状况 该词用以指明承租人有依合同对租赁物品进行修理使之保持合理状态的义务;其含义依不同情况而不同,要根据租约的上下文及周围具体环境而确定。

first-class title 优等所有权;一级所有权 具有清洁记录(即无负担记录)的所有权,或至少不存在合理怀疑或不确定事实的可转让的所有权。(⇨marketable title)

first conviction 初次定罪 关于惯犯的刑事立法用语。按照惯犯初次定罪所判刑期而加以以后定罪的刑期。

first cousin 堂(表)兄弟姐妹 指伯、叔、舅、姑、姨的子女。在罗马法亲等计算法中属四亲等。

first cousin once removed 堂(表)兄弟姐妹的子女;五亲等亲属

first degree manslaughter 一级非预谋杀人罪(⇨manslaughter)

first degree murder 一级谋杀罪 包括以下三类谋杀:①恶意预谋的谋杀;②在实行可以判处死刑或终身监禁的重罪过程中发生的谋杀;③极端残忍的谋杀。(⇨murder;premediation;murder in the first degree)

first degree principal 一级主犯(⇨principal in the first degree)

first devisee 第一受遗赠人 指根据遗嘱确定的首先接受遗赠的人。"次受遗赠人"[next devisee]则是剩余遗产的受遗赠人。

first domestic processing 〈美〉首次国内加工 国内财税用语,指在美国境内在为销售或被征税的产品的制造、生产中首次使用。

first fruits ❶(封建法)土地初继承捐 封建土地保有权的附带义务,在直接自国王处受封的[in chief]封臣死后,其继承人应向国王缴纳一年的土地收益才能够继承地产。(= primer seisin) ❷〈英〉(教会法)初年圣俸 指神职人员[clergyman]上任后第一年的圣俸[benefice]。后来教会依土地初继承捐提出对初年圣俸的要求,规定初年圣俸由领圣俸者[incumbent]献给教皇[pope],1534年亨利八世规定初年圣俸应献给国王,1703年安妮女王又规定将其交给"安妮女王基金会"[Queen Anne's Bounty],用以增加贫困牧师的职俸。(= annates; primitae)(⇨Queen Anne's Bounty; receiver; tenths)

firsthand knowledge 第一手材料；第一手信息；原始材料；原始信息（⇨hearsay）

first heir 第一继承人 在终身地产权或定期地产权终止后，首先有权继承该地产权的人。

first impression case 无先例可循的案件 指案件中包含全新的、无先例可循的法律问题，须由法院作出决定。

first in, first out/FIFO 先进先出法 为税收目的计算存货的一种方法。当货物混合在一起无法依发票详细区别时，为计缴联邦税，存货被视为最近购进或生产的。当有价证券卖出情况不能确定时，为计算盈亏额以缴纳所得税［income tax］，卖出的有价证券将与最先购进的有价证券相抵销。相对于后进先出［LIFO，即 last-in, first-out］。

first in payment of taxes （争议的双方和所有人都已付税金时确定时效占有[adverse possession]权利的）先支付税金规则

First in possession is first in right. 占有在先，权利优先。该规则适用于双方都是不动产进占者的情况。

first in time 在先原则 指对同一案件有并存管辖权［concurrent jurisdiction］的几个法院由最先行使管辖权的法院继续审理该案。

First in time, first in right. 时间在先，权利在先。

first inventor 第一发明人 在美国，指首先将一项发明创造应用于实践的人。

first lien 第一留置权 指留置权人对同一财物享有较其他债权人优先的权利。当出卖该财物时，有权优先获得清偿。（⇨first mortgage）

First Lord of the Admiralty 〈英〉海军大臣 以前在英国行政部门主管海军事务的正规首长系海军事务大臣[Lord High Admiral]，但实际上此项职能由几名海军部委员会成员[Lords Commissioners of the Admiralty]行使。几名委员中一位"首长"[First Lord]，为内阁成员，由几位海军事务大臣[Sea Lords]和秘书、次官等协助其执行职务。这位首长即英国的海军大臣。（⇨admiralty）

First Lord of the Treasury 〈英〉首席财政大臣 财政部的名义长官，该职务现由首相[Prime Minister]兼任，其实际长官是财政大臣[Chancellor of the Exchequer]。早在安妮女王时代，财政大臣[Lord Treasurer]就在王国政府中地位显赫。1714年以后，该职务因得到比其他大臣更多的国王恩宠而地位愈显重要，这种恩宠也被用来争取下院的支持。1714年后，高级财政大臣[Lord High Treasurer]的职责由财政专员[commissioners]、首席财政大臣[the First Lord]、次席财政大臣[the Second Lord; Chancellor of Treasurer]及五位同时是下院议员的较低级的贵族行使。18世纪，长期内阁在下院议员多由首席财政大臣领导。19世纪后期，这些职务有时各自分开。后来由于首相无任何具体职务而使其至少在名义上担任财政大臣的职务，这项职务也由于政府财政重要性的不断增加而更显重要。

first meeting ❶首次相遇 被害人对凶手有侮辱性言行，凶手立即或在首次相遇时实施杀人行为的，对谋杀罪的指控可减轻为非预谋杀人罪。"首次相遇"是指凶手知悉被害人对其有侮辱性言行后与被害人首次相遇并处于可以实施杀人行为的接近状态。 ❷（破产法）首次债权人会议

first meeting of creditors （破产法）债权人首次会议 由法院召集审查破产事宜的债权人首次会议。

first money in, first money out （资金的）先进先出法 是一项用以确定银行对某项不断发生存款活动的银行存款的留置权是否存在的规则。根据该项规则，银行的某一特定信贷额度并不被视为已经动用，直到存款人提取一笔大于信贷额设定之前的原账户余额的存款，并且当存款人的提款额等于原账户余额与信贷额度之和时，该信贷额才算使用完毕。（⇨banker's lien）

first mortgage 第一抵押权 较同一财产的其他抵押权具有优先受偿权利的抵押权。

first name ❶教名 小孩出生或正式洗礼时所取的名字。（= Christian name） ❷名字 区别于姓[surname or family name]。

first occupant 先占原则 依自然法则，无主物归先发现的人。

first of exchange 汇票第一联 为使流通更加安全，汇票签发时采用一式两联或三联方式，规定相同期限，在承兑或支付其中最先安全到达的一联后即令其它各联失效。它们分别称为"第一联"、"第二联"等。

first offender 初犯 首次被判处有罪的罪犯。在英国，制定法对判处初犯监禁作了限制，并有以非监禁的刑罚方法处罚初犯的倾向。在美国，对于轻微罪行的初犯多采取缓刑方式予以惩罚。

first open water/FOW 〈英〉解冻后即起航 用于冬季冰冻的北方港口的租船合同，意指解冻后立即起航。

first option 优先选择权 指现有租约到期后承租人有优先缔结新的租赁合同的权利。

first party insurance 第一方保险 即适用于被保险人本人的财产或人身的保险。

first policy year 第一个保险单年度 在保险中，指签发保险单后的第一年。

First President 〈法〉首席院长 法兰西国王任命的高级司法官员，为巴黎高等法院[parlement of Paris]的真正首脑，他在全体法官出席庭审时主持审判，并在大法官缺席时在一些仪式性的场合作主持。他长期担任御前会议的重要成员，具有重要的司法职能。

first privilege 优先选择权（⇨first option）

first publication 首版 作者的一项普通法权利，有时也称"出版前的版权"。首版日是指版权人或经版权人授权而将作品版本进行出卖展示、销售或公开发行的最早日期。

first purchaser （继承法）初买人 指以继承以外的其他任何方式获得财产的祖先，该财产至今仍归其家属或后代所有。

first refusal 优先购买权 在所有人表示接受要约的情况下，要约人选择以与第三人真诚提出的要约相同的价格和条件优先购买某物的权利。（= right of first refusal）

first return 初次纳税申报表 用于国内税收中，指第一税务年度的纳税申报表，包括该年度及时修正的申报表。

first sale rule 初卖规则 依该规则，转让有版权作品的特定版本的版权人，不再享有出售该版本的排他性权利，不得干涉受让方的转让行为。

first vested estate 最初授予的遗产 指被继承人死亡后授予继承人的最初那部分遗产。

fisc n. 国库 拉丁语 fiscus 的英语形式。（⇨fiscus）

fiscal a. ❶财政的；国库的 ❷财务的；金钱的

fiscal affairs 财政事务；财务事务

fiscal agent 财务代理机构 指作为公共或私人基金的受托人，代其处理财务事务或进行投资的机构，通常为银行或信托公司。

fiscal court 〈美〉财政管理机关 先前在美国某些州设立

的负责县财政事务管理的机关。它并不是通常意义上的法院,而是行政机关。

fiscal judge　财政官;财务官　里普利安人[Ripuarians]及其他一些日耳曼人的法律中所使用的名称;负责直接征税或以收取罚款方式征收财政收入。

fiscal officer　财务官员　负责征收和分配公共资金的官员。在私法人中直接负责监管财务的职员,如财务主管、审计员等。

fiscal period　财务期间;会计期间　指编制财务报表的期间,一般为一年,一个月或一个季度。(➪accounting period;fiscal year)

fiscal year　❶会计年度　指企业为制作年度报告而选择的连续12个月作为其会计年度。大多数企业采用年历,但有些企业把会计年度定为每年2月1日至次年1月31日或每年7月1日至次年6月30日。(➪accounting period)　❷政府的财政年度

fiscus　〈拉〉❶(罗马人习惯上用以装大额货币的)柳条筐;背篓　❷(罗马法)皇家私人金库　区别于国库或公共金库[aerarium]。大概由奥古斯都[Augustus]创设,其收入来源包括帝国行省纳税、没收财产[confiscated property]和无人认领的土地[unclaimed land]等。皇家私人金库专设有账目官[rationibus],内尔瓦[Nerva]任命了一个专门的裁判官[praetor]来解决皇家私人金库和国库之间的纠纷,哈德良[Hadrian]设立了财政辩护人[advocati fisci]在法院出庭。随着时间的推移,皇家私人金库日益变得比国库更为重要,它负责支付军队、舰队以及帝国行政活动的薪俸和费用。在法国,这个词与国库并无区别。罗马帝国后期,国库一词遂被fiscus一词吸收,fiscus后就被用以指帝国金库。　❸〈英〉王室金库　作为罚没物[forfeited property]的存储场所。　❹贵族或其他人的私人财产

fish and game laws　鱼类及猎物法　保护野生鱼类和猎物等自然资源的立法,它通过规定允许和禁止渔猎的季节、在某些情况下对某些物种绝对禁止捕猎,以达到限制渔猎的目的。

Fish Commissioner　〈美〉渔政官员　依1871年2月9日国会制定的法律设置的政府官员,其主要职责是在全国范围内保护与增产适合食用的鱼类。渔政官员署[Office of Commissioner of Fisheries]已被撤销,其职责并入美国鱼类及野生动物保护署[U.S. Fish and Wildlife Service]。

fishery　n. ❶渔业　❷捕鱼权　❸渔场

fish for evidence　寻证(➪fishing expedition)

fishing bill　试探性诉状　对某种向衡平法院递交的起诉状的贬称。指原告并无诉因,而是试图为自己的利益迫使被告披露某事项。

fishing expedition　(美俚)远距离求证　指利用法庭审讯获取超出案件合理范围的信息;向证人提出松散的、含糊的、不明确的问题,或在法庭调查阶段过分扩大调查范围;试图以含糊、松散的辩解或以怀疑、猜测来查明事实;仅为寻找证据和证人而请求法庭命令对方当事人提供书籍、文件、著作等做法。联邦立法对此已作出限制。

fishing licence　〈英〉捕鱼许可证　领水资源管理当局依照1975年《鲑鱼和淡水鱼捕鱼权法》[Salmon and Freshwater Fisheries Act]颁发的捕鱼许可文件。

fishing preserve　禁渔区(➪private preserve)

fishing right　捕鱼权　指在他人区域内捕鱼的权利,也指在所有公共水域捕鱼的权利,或指经授权享有的捕鱼权。

fishing trip　(= fishing expedition)

fish royal　〈英〉王室渔产权　根据国王的特权[prerogative]或为报答国王对国土的保护,使臣民免受海盗的侵扰,鲸、鲟,有时还包括海豚,凡是在岸边垂钓所获或在英格兰海岸附近捕获的,均归国王所有,如果是在康沃尔郡王室直辖领地[Duchy of Cornwall]所获,则归威尔士亲王[Prince of Wales]所有。据古代作家所说,如果鲸要分给国王和王后,则头归国王,尾归王后。1971年《野生动物和森林法》[Wild Creatures and Forest Laws Act]废除了君权中对野生动物的权利,但将王室渔产权加以保留。(➪prerogative)

fisk　n. ❶〈苏格兰〉王室收入　主要指对叛乱者的罚没财产。　❷(= fisc)

fist-law　n. 关于暴力的法律;反暴力法

fistuca　n. 〈英格兰古法〉树枝;木棍　在授封仪式[feoffment]中,通过交付树枝或木棍来表示土地权利的转让已完成。(= festuca;baculus;virga;fustis)

fistula　n. ❶(致使马形成瘘甲瘘等的)化脓炎症;(马的)瘘甲瘘　❷(罗马法)水渠;水管

fithwite　(= futhwite)

Fit juris et seisinae conjunctio.　〈拉〉由权利及占有相结合。

fitness　n. 合适;适合;恰当;合理

fitness for particular purpose　(货物的)适用性　缔约时卖方应当知道买方对所购货物的特定用途,且买方信任卖方有足够能力代为挑选适用的货物,则卖方负有保证货物适用于这种用途的责任,但缔约时另有约定的除外。

fitness of parent　监护人的选定　离婚案件中可以此解决子女的监护问题。选定子女的监护人不但要考虑父母各方的经济能力及道德水平,且主要得从子女的利益出发考虑。父母一方对配偶的不忠实,不一定在道德上不适宜做子女的监护人。

fittings　n. 家具;设备;附件　尤指建筑物中的设备或交通工具的配件。

fitz　〈诺曼〉儿子　用于法律和家谱[genealogy]中,如Fitzherbert指Herbert的儿子,Fitzroy指国王的儿子。最初用来指非婚生子女。

Fitzgerald's (Vesey) Act　〈英〉《菲茨杰拉德(维西)法》1816年统一基金法。

five civilized tribes　文明五部落　指克里克人[Creeks]、彻罗基人[Cherokees]、奇克索人[Chickasaws]、乔克托人[Choctaws]和西米诺尔人[Seminoles]。

Five Mile Act　〈英〉《五英里法》　1665年通过,为《克拉伦登法典》[Clarendon Code]的最后一部分,用以镇压非国教徒[non-conformists]。依据该法,除非国教徒宣誓不图谋推翻英国国教教会和宪法,否则禁止其在学校任教,并禁止其在自治市镇[corporate town]或其原来传教、举行宗教仪式的地方周围五英里之内活动。该法于1689年废止。该名称还用以指1592年的一部法律,该法禁止不出席英国国教仪式的天主教徒[popish recusants]迁出其通常所居五英里以外的地方。

Five Ports　〈英〉五港口　指黑斯廷斯[Hastings]、罗姆妮[Romney]、海斯[Hythe]、多佛[Dover]和桑威奇[Sandwich],均位于英格兰南部海岸。(➪Cinque Ports)

fix　n. ❶(航行中的)定位　❷(口)尴尬的处境;困境　❸(口)(非医疗目的使用的)麻醉剂;致幻剂;毒品注射
　　v. ❶固定;确定;决定　❷归罪;归责;惩罚;处罚;将可能的、附带的责任转化为现实的、确定的责任

fix by law 依法安排(描述、确定)

fixed assets 固定资产 指用于企业经营的有形资产,在当前会计期间内不能消耗掉或转换为现金或其等价物。固定资产包括厂房、机器、土地、建筑物、设备等。与其相对的是流动资产,如现金、债券等。

fixed bail 确定的保释金额

fixed by law 法律所规定的或许可的

fixed capital 固定资本 流动资本的对称。它是生产资本的一部分,是以机器、设备、厂房等形式存在的资本。

fixed charges 固定费用 指不随企业产量变化而变动的费用,甚至在企业没有产出时也依然存在,如某些管理费用、债券利息支出、折旧、财产税等。

fixed costs 固定成本;固定费用(⇨fixed charges)

fixed debt 固定债务 指企业以债券等形式承担的较长期的、固定的债务。(⇨fixed indebtedness; fixed liability)

fixed expenses 固定费用(⇨fixed charges)

fixed fee 固定酬金 常用于建筑合同。指合同规定支付方式为成本加预先确定数额的酬金。

fixed income 固定收入;固定收益 在一定期间内不变动的收入,如优先股的股息、债券的利息。亦指退休者获得的养老金、年金或其他形式的固定退休收入或利益。

fixed indebtedness 确定债务;既定债务 已确定存在的、而非其产生或存在仍具有或然性的未确定债务。(⇨fixed liability)

fixed liability ❶固定债务 债务责任及金额均为明确的债务,如债券的利息。❷长期债务

fixed opinion 成见 指陪审员事先已形成的、关于被告人是否有罪或是否应承担责任的确信、偏见或预断,致使其不能公正地考虑全部证据以及依法庭指示无偏见地适用法律。

fixed price contract 固定价格合同 不管成本是否变动,买卖双方同意按预先确定的价格付款的合同。

fixed prices 固定价格 买卖双方之间协议决定的不得再作变动的出售或转售原料、货物或产品的价格。美国的州或联邦立法通常禁止固定价格协议。亦指政府规定的最高限价或最低限价。

fixed rate loan 固定利率贷款 指利率不随市场利率而变动的贷款。

fixed route (承运人的)固定航线

fixed salary 固定薪金 指在一定期间确定数额和支付日期的报酬,不包括各种额外津贴和酬金。

fixed sentence ❶(= determinate sentence) ❷(= mandatory sentence)

fixed trust 固定信托(⇨unit trust)

fixing bail 确定保释金额 由法庭或法官确定使被羁押人得以释放的保释金数额或保证人的保证金数额。

fixture n.(不动产的)附着物;固定装置 原为动产的物品因固定地、永久性地安装在不动产上,即成为该不动产的一个组成部分。如拆除或移动该物品,将对不动产造成损害。例如在住房砌嵌的炉灶、建筑物内安装的自动灭火系统等。(⇨trade fixture)

FKA (= formerly known as)

flag n.❶旗;旗帜;国旗 ❷(用作标志或目标的)小旗;旗状物 ❸旗舰旗;司令旗;(尤指船舶或飞机的)国籍旗 国家旗帜并不总是该国武装力量的标志,对大多数国家来说,有两种国旗,一种悬挂于军舰上,一种则用于商业。v.❶挂旗 ❷打旗号表示;用旗号传达

flag desecration 亵渎国旗 公然侮辱国旗的行为,如毁损、玷污、焚烧等。在美国,这一行为在宪法上受到言论自由的保护。

flagellis et fustibus acriter verberare uxorem 〈拉〉用鞭子或棍棒猛击妻子

flag of convenience 方便旗 在对安全标准、登记费用等方面要求比较宽松的国家(如巴拿马、利比里亚等国)登记的商船所悬挂的登记国旗帜。船主在该国不必有法定住所或进行商业活动。其目的在于逃避赋税、雇用廉价的船员或免于遵行严格的安全要求。

flag of truce 休战旗 交战一方为向另一方表示谈判及停止敌对行动的愿望而打出的白旗。

flagrans 〈拉〉❶燃烧的;愤怒的 ❷在实施中的(犯罪)

flagrans bellum 〈拉〉进行中的战争

flagrans crimen 〈拉〉(罗马法)现行犯罪

flagrant a.❶罪恶滔天的;罪名远扬的;可耻的 ❷明显的;明目张胆的

flagrante bello 〈拉〉在战争最激烈时

flagrante delicto 〈拉〉正在实施犯罪;现行犯罪

flagrantly against evidence 无视证据;明显与证据相背 指陪审团作出的裁断明显缺乏证据依据,与良知相背,足以说明陪审团为情绪和偏见所左右。

flagrant necessity 紧急避险 一般情形下的非法行为,在特殊紧急情况下不属违法。如迫使某人离开即将发生危险的场所。

flag salute 向国旗致敬 学校开学或青年组织开会时所举行的一种仪式,包括面对国旗举右手过头顶致敬,或其他恰当的方式,并默念表示忠诚敬意的言辞。

flag station (铁道上的)旗站;信号停车站 只有在发出信号时火车才停靠的车站。

flash check 空头支票 指出票人明知在某一银行无存款而签发由该银行付款的支票。

flash-houses n.(盗贼)巢穴 在19世纪初的伦敦指一些低级酒吧、旅舍和咖啡店。这些地方是犯罪团伙的大本营和罪犯的集散地。警察熟知这些地方并经常出入。由于警方可在此获得关于罪犯的很多信息,所以并不予以取缔。

flat a.❶(价格等)固定的;无涨落的;一律的;(证券等)无息的 ❷(市场等)不景气的;萧条的 ❸(保险法)平的;无息的;纯的 指免收服务费或采无息的方式。n.❶(楼房的)一层;(在同一层楼上的)一套房间 ❷(常用复)一套公寓 ❸浅滩 指普通商船不能航行的被浅水覆盖的平地,也指海湾、潮水河道等高低水线之间的空间。

flat bond 无息债券;无应计利息债券 价格中包含着应计利息[accrued interest]的债券,此种债券在交易时,债券的全部应计利息由买方获得,而不支付给卖方。

flat money 法定货币;法定纸币 根据政府命令而不是以金银为基础发行的纸币。

flat rate 统一收费率;统一价格 在特定期间对电力、燃气等不问其实际使用量而支付固定的金额。

flat sentence (= determinate sentence)

flat tax 固定统一税;统一税率税 不考虑任何例外、信用或抵扣,按单一税率对总收入额计征的税。

Flavianum Jus 〈拉〉弗莱维纳姆法论 关于罗马法诉讼程序规则的论著,出版于约公元前304年。书名源于作者弗莱维尼斯[Cneius Flavius]。

fledwit (= fledwite)

fledwite n.(英格兰古法)❶(对罚金的)免除 逃犯因自

愿交纳罚款[fine]或因赦免而不再被认为违反王国秩序[within the king's peace]后,对其应交罚金[amercement]的免除。❷(逃犯为不再被认为违反王国秩序而交纳的)罚款(=fletwit; flitwit; flightwite)

flee from justice 畏罪潜逃;逃避审判 犯罪后逃离居所、住所或已知处所,以逃避逮捕、拘留、追诉或惩罚。(⇨extradition; flight from prosecution; fugitive)

fleet n.❶小河;小海湾 ❷舰队 尤指有固定活动区域的舰队。❸(统一指挥下或在一起活动的)船队;机群;车队 ❹[F-](英)弗利特监狱 位于伦敦法林顿街附近的一所著名监狱,因在弗利特河畔而得名。用于关押债务人和犯有藐视法庭罪的人。建于12世纪,1842年撤废。❺[F-]弗利特运运公司

Fleet Books 〈英〉弗利特登记簿(册) 1674年至1754年间在弗利特监狱举行的结婚仪式的原始记录。因不是根据官方授权而作,所以不能作为婚姻存在的证据,但可作为家谱的依据。(⇨Fleet prison)

Fleet marriages 〈英〉弗利特婚姻 普通法并不以结婚预告、特许或牧师主持为婚姻生效的必要条件。弗利特婚姻为无视教会的权威,在证人面前或由牧师或自称牧师的人主持,在任何自认为合适的地点(常为酒吧室)私下举行的婚礼。参加婚礼的为居住在弗利特监狱内或监狱附近的一群名声不佳的人,他们根本不顾教会的非议。第一宗有记录的弗利特婚姻产生于1613年。自1674年到1754年有过数以千计的婚姻。(⇨marriage)

flee to the wall (喻)逃至墙壁 指正当防卫造成侵害人死亡,在此之前,自卫者先已竭尽一切可能逃避或防止遭受侵害。

fleet policy 船队保险单;车队保险单 指同一投保人为其所拥有的一定数量的交通工具同时投保的总括保险单,即以一份保险单承保一定数量的交通工具,投保人可能因此获得较优惠的费率。

fleet policy insurance 车队保险 承保同一被保险人所拥有的若干车辆,尤其是商用车辆的综合保单。

Fleet prison 〈英〉弗利特监狱(⇨fleet)

flem 〈撒克逊〉〈英格兰古法〉❶逃亡的奴隶或农奴;逃犯;畏罪潜逃的人 ❷(因逃亡而)失去法律保护的人

flemene frit 对逃犯的收容或赈济

flemenes frinthe (=flemene frit; flymena frynthe)

flemeswite 〈古〉对逃犯财物的占有(权)

flet 〈撒克逊〉土地;房屋;住宅

Fleta 《弗莱塔》;《英格兰法律摘要》 Fleta seu Commentarius Juris Anglicani,系有关英格兰法律的一部古代论著。相传为一法官或律师约于1290年被困于伦敦弗利特监狱[Fleet Prison]时作,并因该监狱而名为Fleta。

Fleta seu Commentarius Juris Anglicani 〈拉〉(=Fleta)

Fletcher v. Peck (1810) 〈美〉弗莱彻诉佩克案 被收买的佐治亚州立法机关将从印第安人处获得的大片土地以低价出售给一群投机商。土地被分割后又以高价出售。后一届立法机关撤销了原先的土地出让,但善意第三人新近获得的权利却由此受到损害。联邦最高法院审理后一致认为,原先的土地出让是宪法意义上的合同,原始出让人有权出售;而撤销的命令则违反联邦宪法的合同条款和自然权利原则,因而是违宪的。该案是最高法院判令与宪法相抵触的州立法无效的主要先例。虽然它认可了投机商靠不诚实取得的利益,但对稳定合同和财产权利具有重要意义。

fleth n.❶土地 ❷(=flet)

fletwit (=fledwite)

flexible constitution 柔性宪法 无特定文本明确规定的宪法,其修订程序也和普通法律的修订相同。英国宪法属柔性宪法。

flexible participation scheme 〈美〉自由参与式博彩 观众根据剧院摇奖箱摇出的号码而获奖的一种博彩方式。

flichwite n.〈撒克逊〉对争吵或喧哗者的罚款(=fightwite)

flight n.逃匿;逃避审判;畏罪潜逃(⇨fugitive from justice; extradition)

flight from prosecution 逃避追诉 指犯罪嫌疑人为避免逮捕、拘留、接受指控或继续审判而主动逃离或隐匿,而不论其是否逃离司法管辖区。包括在被发觉有犯罪嫌疑前就逃离犯罪地区。(⇨flee from justice; fugitive)

flightwite (=fledwite)

flim-flam n.合谋诈骗 两人伴装互不相识,以获得更多金钱为诱饵,诱使他人交付给其中一人一定数量的金钱,得手后两人即逃离。

flipping n.利滚利 贷款以复利计息的俗称,一般利率较高。

flit n.叛国;叛逆(=treason)

flitchwite n.对斗殴及吵架者所处的罚款

flitwit (=fledwite)

float n.&v.❶在途资金 银行业务中由于票据交换等业务需要一定的时间,因而使一方银行可以在短时期内无息占用这一笔资金。❷浮存;托收未承付款项 ①支票已贷记存款人的银行账户,但尚未借记出票人的银行账户的一种尚在托收过程中的存款,对这种存款,银行暂时不允许提取;②存款人开出超过其存款额的支票,但须在支票提示支付之前存入不足资金部分。❸发行;筹资 ①指发行新的证券;或以发行证券方式筹资设立公司;②尚未被公众购买的一部分新发行债券或股票。❹浮动汇率 指完全由供求关系决定一种货币与另一种货币的兑换比率。❺〈美〉进入位置不定地块的授权证书 用于美国西部诸州。

floater policy 流动保险单;流动保单 指保由被保险人随身携带的、诸如珠宝等位置不固定的动产的保险单。

floating capital 流动资本;流动资金;经营资金 企业为支付日常开支而留存的部分资金。(⇨working capital)

floating charge 浮动担保 指在企业现有资产上设定的一种担保。它允许企业继续经营,该担保资产仍可在正常的商业交往过程中进行处分,除非债权人以某种方式或因发生某种情况而致该担保"具体化"[crystallise,一译"结晶"]。在债务人公司发生破产清算时,该担保即被固定[fixed]而可以强制执行。它通常用作公司债发行担保。根据英国公司法的规定,所有的浮动担保均须在担保登记官处进行登记。(⇨floating lien; floating security)

floating debenture 浮动抵押债券;流动抵押债券 以借款人即债券发行人的全部资产而非任何特定资产作担保的债券。(⇨floating lien)

floating debt 流动债务;短期债务 除债券外,应及早或一经通知即须及时偿还的债务,如应付账目、银行贷款等。

floating easement 流动通行权 一旦设立,即不限于供役地[servient tenement]任何特定区域的通行权。

floating interest rate 浮动利率 依金融市场利率的变动而变动的利率。

floating lien 浮动留置权 指无论担保物的性质、种类或

位置发生何种变化,都始终存在于担保物上的一种担保权益[security interest]。例如,库存商品担保贷款[inventory loan]中,贷款人所获得的担保权益即为浮动留置权,其对借款人的所有库存商品均享有担保权,不仅包括贷款当时的库存或账目中的财产,而且包括此后取得的库存或账目财产。

floating policy ❶流动保险单 一种对财产特定保险[specific insurance]进行补充的保单。当超出特定保险所保风险时,则该保单生效。其目的是对那些由于位置、数量经常发生变化而为特定保险不予承保的财产提供保险。 ❷(= blanket policy)

floating security 浮动担保 等同于 floating charge。在英国担保体系中,担保分成人的担保[personal security]、物的担保[security on property]与司法担保[judicial security]。其中在物的担保中,根据担保方式,又可分为特定物担保[security on specific property]与浮动担保[shifting or floating security]。(⇨securities)

floating stock 发行股票 指发行并出售股票的行为或过程。(⇨issue)

floating zone 流动地带;流动地块 关于土地规划的概念。指土地的几种用途已预先确定,但尚未划定特定地块的特定用途,地块的具体界限尚未明确,而是流动于整块土地的范围内。

flode-mark n.高潮线;高潮标记 海水在高潮时构成的海岸线。(⇨high water mark)

flogging n.笞刑 用鞭子抽打。一种主要的体罚方式。用来在军队中和对奴隶维持纪律。有些国家则作为刑罚的一种。英国在1948年对暴力犯罪取消笞刑,此后又对哗变、煽动哗变和暴力侵犯监狱官员等罪行取消笞刑。美国于1861年和1872年分别在陆军和海军中取消笞刑。

flood channel 泄洪道 在常规的河道被雨水或融雪充溢时,用于排泄河水的水道。

flood control 防洪;洪水控制 一般由公共企业通过挖水道、筑堤坝、建蓄水区等手段防止水灾的发生或阻止其造成更大损害。

Flood Control Act 〈美〉《防洪法》 联邦立法,规范密西西比河沿岸的洪水控制。

Flood Control Acts 〈美〉[总称]《防洪法》 包括《密西西比河防洪法》[Mississippi Flood Control Act]在内的一系列联邦和州立法。规定各种控制洪水的途径和手段。(⇨Flood Control Act)

flooding land 洪水泛滥的土地

flood insurance 水灾保险 对被保险人的财产因水灾造成的灭失或损害承担赔偿的保险。

floor n.❶(房间等的)地面;地板;占有人使用的地面 ❷(楼房的)一层;住在同一层楼的人们 ❸(议会的)议员席位;全体议员或入会者 ❹交易厅;交易场;展销厅 ❺最低下限;最低限价;底价

floor area restrictions 〈美〉建筑面积限制 规划法规规定的,在特定地区建造住宅的最低占地面积。

floor broker 场内经纪人 证券或商品交易所的会员,受雇于经纪商行,代理客户在交易所内进行交易。

floored a.被赊销的;被购进同时又作为贷款担保的(⇨floor plan financing)

floor of the court 〈英〉(高等法院或上诉法院的)诉讼当事人席 设在法官席与前排律师席之间,诉讼当事人在此席位发言。

floor plan financing 〈美〉货物担保贷款(协议) 指汽车商或其他商品供应商为购进货物而贷款,这种贷款以所购的汽车或其它商品为担保,随着货物的陆续售出,贷款逐渐偿还。

floor plan rule 展销厅规则 根据此规则,放在零售商的展销厅进行展销的汽车,其所有人不得否认以正常交易方式购得该车的善意购买人对该车的所有权。

floor tax 〈美〉最低税 根据国会立法对已缴纳国内税的无论在国内生产或进口的酒类和烟草制品,在销售或为销售而加工时征收的税。

floor trader 场内交易人 在证券或商品交易所内为本人账户进行交易的交易所会员。

Florentine Pandects 《佛罗伦萨学说汇纂》 1137年在意大利阿马尔菲[Amalphi]发现的优士丁尼[Justinian]《学说汇纂》的复制本。后移至佛罗伦萨。

florin n.弗罗林 ①金币名。1252年首先在佛罗伦萨铸造;后来被欧洲若干国家仿造;②英国1849年首次铸造的两先令银币,或英联邦国家所发行的类似银币;③荷兰货币盾[guilder]与匈牙利货币福林[forint]的别名。

flotage n.❶漂浮物 失事船舶漂浮在海面上的物品;船舶残骸或货物。 ❷对失事船舶漂浮物的占有权(⇨flotsam)

flotation of securities (为创办企业或融资而进行的)证券发行;证券发售

floterial district 非固定选区 指立法机关的某一选区内包含若干分区,各分区不能单独增加代表人数,但由于人口密集,整个选区可在特定的按比例分配名额的立法机关增加一名代表名额。

flotsam n.漂浮物 指为船舶的安全而抛入海中或因沉船而漂浮于海面的物品。

flotsan (= flotsam)

floud-marke n.(英格兰古法)高潮线;高潮标记(⇨flode-mark)

flowage n.❶泛滥;流出 ❷(因河水泛滥或筑坝拦阻而形成的)积水;泛滥或流出的河水 ❸承水地役权 低地所有人必须承受的、来自高地的水流不经过筑有堤岸的天然水道而从其土地上流过的一种地役权。

flowage easement 承水地役权(⇨easement;flowage)

flowage right 承水地役权(⇨flowage)

flower bond 〈美〉鲜花债券 一种政府储蓄债券,当该债券的合法持有人死亡时,可按面值折现支付联邦遗产税。

flowers of the Crown 〈英〉王冠之花 指重罪犯及逃犯[fugitives]的财产。

flowing lands 使土地积水(或排水) 在原为他人土地天然排水道的河流或水道上修筑水闸,致使该土地上的水位上涨或下落。

FLSA (= Fair Labor Standards Act)

fluctuating clause 波动条款 在某些长期合同中,允许在合同期间内提高成本费用的一种伸缩条款[escalator provision]。(⇨escalator clause)

fluid ounce 液量盎司 液体容量单位,美制等于1/16品脱,英制等于1/20品脱。

flumen n.❶(罗马法)排水役权 地役权的一种。指将屋檐上的雨水通过檐槽或落水沟引向邻居屋檐或土地上的权利。(⇨easement of drip) ❷(古)檐滴 ❸河流;小溪 ❹(英格兰古法)洪水;涨潮

Flumina et portus publica sunt, ideoque jus piscandi omnibus commune est. 〈拉〉河流与港口是公众的,因而

人人有权在此捕鱼。
fluminae volucres 〈拉〉野禽;水鸟;水禽
Fluminis naturalem cursum non avertere. 〈拉〉河流应不受阻挠地顺其自然水道流动。
fluvius 〈拉〉❶河流;公共河流 ❷洪水;水灾 ❸涨潮
fluxus n.(英格兰古法)(由于海潮涨落形成的)潮流
fly for it (英)逃避审判 早期的刑事审判中,在陪审团作出裁断后,即使是无罪裁断,法庭仍会询问:"他逃避了审判吗?"如认定被告人逃避审判,则没收其财产。这种做法曾长期被停止使用,后为1827年《刑法》[Criminal Law Act]所废除。
flying pickets 流动纠察队员 受工会派遣去各处进行罢工宣传,劝说进行罢工和阻止不愿参加罢工的工人上班的人员。
flyma n.(英格兰古法)逃亡者;逃犯;(因逃亡而)失去领主[hlaford]的人
flyman-frymth n.窝藏或包庇逃犯(⇨flemene frit)
flymena frynthe (= flemene frit; flemenes frinthe)
flymera-ferm (= flyman-frymth)
fly-power n.空白授权书 附于股票权利证书,股票即可转让。
fly the flag 挂旗 一种占有行为,据此向不动产的真正所有人表明其土地处在对立的所有权请求之下。
flywheel insurance 飞轮保险 对因飞轮破损、爆炸等造成的伤害进行承保的事故保险。
FMC (= Federal Maritime Commission)
FMCS (= Federal Mediation and Conciliation Service)
FMV (= fair market value)
FNMA (= Federal National Mortgage Association)
FOB (= free on board)
FOB cars 〈美〉车上交货
F.O.B. contract 离岸价格合同;装运港船上交货合同(⇨free on board)
focage n.房屋修理采木权;采薪取火权 租户有权为修理房屋或取火而采伐出租人或租屋所有人的木材。(⇨firebote; estover(s))
focagium (= focage)
focale n.(英格兰古法)❶木柴 ❷采木取火权(⇨fire-bote)
fodder n.❶秣;饲料 尤指牛、羊、马等的粗饲料。 ❷(封建法)饲料收取权 领主享有的在战时向附庸收取谷物等作为饲料的特权。 ❸(= fother)
fodder shed 饲料房 贮藏家畜饲料或其他粗草料的库房。
fodertorium n.(英格兰古法)❶(盎格鲁-撒克逊时期)供给王室的食品或饲料 ❷(按惯例向王室征发官[purveyors]交纳的)食品和其他必需品
foderum 〈拉〉(= fodder)
Foedera, Conventiones, Literae et cujuscunque Generis Acta Publica 〈拉〉《条约、协议、公文及所有一般官方文件集》 由托马斯·赖默[Thomas Rymer]和罗伯特·桑德森[Robert Sanderson]汇编,1704-1735年首次出版,收录有1066年至1654年间英格兰国王与其他君王及国家之间的条约、协议、公文及其他官方文件,是有关历史和国际关系的珍贵原始资料。
foedus 〈拉〉❶(国际法)条约;盟约 ❷(个人或国家间的)协议;协定
Foeminae ab omnibus officiis civilibus vel publicis remotae sunt. 〈拉〉妇女不得担任任何私人的及公共的职务。
Foeminae non sunt capaces de publicis officiis. 〈拉〉妇女不得担任公共职务。
foemina vero co-operta (= foemina viro co-operta)
foemina vira co-operta 〈拉〉(= foemina viro co-operta)
foemina viro co-operta 〈拉〉已婚妇女(⇨feme covert)
foeneration n.有息贷款;放高利贷(⇨feneration)
foenus 〈拉〉(罗马法)❶利息;孳息 ❷有息贷款
foenus nauticum ❶海上贷款协议 由于贷款人承担丧失本金的巨大风险,这类利息不受法律限制。 ❷海上贷款协议 类似风险借贷,一般有很高的利息。(⇨marine interest)
foenus unciarium 〈拉〉❶本金十二分之一的年息 即年利率为8⅓%,为罗马共和国早期的最高法定利率。 ❷(海上风险贷款协议中约定的)高利率 船舶抵押贷款协议中约定的高利率。
foeticide n.❶非法堕胎 ❷杀害胎儿(⇨feticide)
foetura 〈拉〉(罗马法)孳息 指动物的繁殖或其他财产的收益,归动物或财产的所有人所有。
foetus 〈拉〉胎儿
foetus in utero 〈拉〉(腹中的)胎儿
fogage (= fogagium)
fogagium n.〈拉〉(英格兰古法)再生草
foghorn n.雾笛 航行规则要求配备的、船只在雾中航行时用以发出声音信号的喇叭或其他装置。
fogy pay (= longevity pay)
foi 〈法〉(对封建主的)忠诚;效忠;效忠宣誓
F.O.I.A. (= Freedom of Information Act)
foinesun (= fenatio)
foirfault (= forfeit)
foiterers n.流浪者;漂泊者(⇨vagabond)
folc-gemote n.〈撒克逊〉民众大会 处理公众所关心事务的群众集会,包括郡[shire]集会、郡法院、百户区法庭[court of the hundred]和郡长治安巡视法庭[sheriff's tourn]。
folc-land n.〈撒克逊〉民有地;民间社区保有地 民众所有的土地,为社区财产,可以共同占有,也可分别占有。分别占有时,土地由民众大会或社区法庭向出席大会或法庭的自由人授予。民有地不可永久授予,期限届至则复归社区,再行分配。民有地上附有各种负担,如维修公共设施等,它不同于特许状保有地[bocland]。(⇨bocland)
folcmote (= folc-gemote)
folc-right n.〈英〉全体人民共享的权利 长者爱德华王[Edward the Elder]制定的法律提及的普通法,宣称所有等级的人都普遍适用的权利、法律和正义。
foldage (= faldage)(⇨fold-soke)
foldcourse (英格兰古法)❶领主牧权 指某些领地的领主可在佃户的土地上一年若干次放牧领主的若干数量的羊群,这种权利严格地说,并非是法律上设定的,而只是领主保留给自己的对佃户土地所享有的封建特权。 ❷领地积肥权(= faldage) ❸领地放牧权 指佃户可在领主的土地上放羊的权利,这种权利是一种附属共用权。
fold-soke n.羊栏受制义务 一种封建义务,它要求佃户必须将他的羊圈牧于其领主羊栏内以供应粪肥,而不得私自设置羊栏放牧。(⇨faldage)
foldstool (= faldstool)
folgarii 〈拉〉仆人;随从;侍从

folgere *n.*〈英格兰古法〉弗给民　没有自己房屋、住所的自由民，成为他人的仆人，从事一定的农业劳役。

folgers　(= folgarii)

folgoth *n.* 官职；官位

folie brightique　〈法〉患慢性肾炎的精神病患者(⇨insanity)

folie circulaire　〈法〉间歇性精神病患者(⇨insanity)

folio *n.* ❶书或手稿的一页　❷张数号；页码　在古代手抄本的法律书籍中，按照习惯一个页码包括一张的对折两面，此时用字母 a 和 b 区分每个页码所含的两面。❸大号书　通过对折每张纸编页，许多古代法律书籍都是这种大号书。❹单位字数　计算法律文件长度的单位。在英国，按照英国最高法院规则，一单位指72个字；在美国，计算文件长度时，超过50而少于100个单字作为一个单位，少于50个单字不计算，除非整个文件不足50个单字。

Folio Edition　〈英〉对开本版　《年鉴》[Year Books]的一种版本，又称通行版[Vulgate Edition]或1679年版。(⇨Year Books)

folkland　(= folc-land)

folkmoot　(= folcmote)

folkmote　(= folc-gemote)

folk-right　(= folc-right)

following assets　追索财产　衡平法上的一项重要原则。其效果在于：双方当事人之间存有受信关系时，如果一方当事人违反受信义务而将财产转移至他人手中，可以从该人处追还财产，无论该人系法定所有权的取得者或自愿受让者，但不能向善意买受人进行追索，如果该受人已支付有效对价且未被告知所存在的受信关系。这一原则适用范围颇广，包括追索受托人违反信托而转让的信托财产、追索受托人已将其与自有资金混同的信托资金、还不当支付或超额支付的信托财产。

following federal rule　〈美〉遵循联邦判例规则　指联邦法院所作判例对州法院具有约束力，州法院应予遵循。

following fund　追索（信托）资金(⇨following trust fund or property)

following proceeds of sale　变卖所得收入的代位权　指动产抵押权人对抵押人变卖抵押财产所得收入享有的担保权益。

following state court decisions　〈美〉遵循州法院判决　指联邦法院不但应遵循州法院判决所涉及的有关州制定法的问题，也应遵循所涉及的有关一般普通法及商法的问题。

following trust fund or property　追索信托资金或财产　指对被受信人[fiduciary]不法移转的财产进行追索，目的是将其返还给受益人。只要该财产、其衍生物或其收入能够被确认，并且尚未有偿转让给善意买受人[bona fide purchaser]，则可以进行该种追索。亦指对破产受托人[trustee]或受让人手中的财产进行追索，以保护债权人的利益。或指在信托公司或银行破产时，确认和追索该信托财产，以对该财产重新取得所有权。

fonds de commerce　〈法〉商业与贸易中的货物

fonds et biens　〈法〉货物和财物　包括不动产。

fonds perdus　〈法〉以息偿本　借款人支付约定的高于普通利率的利息，逐步偿还贷款人的本金，在规定期限内支付完利息，本金也清偿完毕。

fonsadera　〈西〉献给国王供支付战争费用的贡金或贷款

Food and Agricultural Organization/FAO　联合国粮食及农业组织　成立于1945年10月，1946年12月成为联合国的专门机构，总部设在罗马。该组织的宗旨是：提高人民的营养水平和生活标准；改进农产品的生产与分配效率；改善农村人口状况，促进世界经济的发展。该组织的主要机构是大会、理事会和秘书处，其中大会为最高权力机构。

Food and Drug Administration/FDA　〈美〉食品及药品管理署　美国卫生及公共服务部[Department of Health and Human Services]的一个部门，负责为食品、药品、化妆品及其他作为消费品的家居用品设定安全及质量标准。其基本职能包括研究、检查和批准药物的制造与销售，并负责实施《食品、药品及化妆品法》[Food, Drug and Cosmetic Act]。(⇨Food, Drug and Cosmetic Act)

Food Choking Law　〈美〉《噎食法》　首先由纽约市在1978年3月公布，其后为各地仿效。目的在于缓解每年因吃饭时噎食而致五千人死亡的问题。该法要求餐馆等处张贴海姆利克氏手法[Heimlick technique]的图片。该手法是指在哽噎者的上腹部迅速向上施压以将异物压出气管。

Food, Drug and Cosmetic Act　〈美〉《食品、药品及化妆品法》　1938年联邦立法。该法禁止在州际贸易中运输伪劣或假冒商标的食品、药品及化妆品，以保护公众健康。由食品及药物管理署[Food and Drug Administration]负责实施。

food premium　送给购买食品者的赠品

Food Stamp Act (1964)　〈美〉《食品优惠券法》　根据该法建立的一项由农业部执行的计划规定，每个家庭可按其通常的食品消费量通过州福利机构购买食品优惠券。该券具有比其售价更高的价值，持券人较他人能购得更多的食品。

fool's test　〈美〉傻子测试标准　联邦贸易委员会用以判定广告是否有欺诈的标准。因为该委员会认为大多数消费者都易轻信，所以，为说明某一广告具有欺骗性，只需证明一个傻子将会被欺骗就足够了，不必证明一个正常人是否会被欺骗。

foot acre　一英尺厚的一英亩煤田　为税收而估定煤田价值的一种方法，以1英尺厚的1英亩煤田作为计算单位。据此计算时，应剔除已耗尽地区、矿柱占地、因自然条件完全不能开采的地区以及未证明贮煤的地区。

footage drilling　按钻井进呎计酬　根据钻油井合同的约定，钻井人按钻井每进一英尺计算报酬，另加设备费用。

foot frontage　（土地的）实际面积

foot-frontage rule　实际面积规则　一种土地估价的规则。据此，对土地的估价应限于改良土地的实际面积，而地块的厚度、改良的数目与性质或所产生的价值都不重要。

footgeld *n.*〈英格兰古法〉狗爪罚金　对未剪除狗的爪子或未割去狗脚掌上的肉垫者所处的罚款。(⇨expeditation of dogs)

foot of a fine　(= foot of the fine)

foot of the fine　〈普通法〉协议诉讼中最终协议的结尾部分；契尾　内容包括对整个事件的说明、当事人的姓名、进行诉讼的时间、地点以及见证人等。(⇨fine)

footpath *n.* ❶小路　指只能供步行的公共小路。❷私有小路　专供房地产占有人或当地居民使用。❸〈英〉人行道　指公路两侧供行人步行的部分。

footprints *n.* 脚印；足迹　人脚或鞋、靴、脚套、脚罩等在地面、积雪或其他物体表面留下的印痕，在诉讼中可作为证据。

footway (= footpath)

for 〈法〉法庭;裁判所

prep. ❶(表示时间)在(在一段时间)之内;贯穿;持续期间 通知或启示[notice]应在数周或月内公布。❷代替;替代;代表 ❸作为…的报酬;作为…的等价物;作为交换;替代 某项财产作为其他财产或劳务的对价而被同意给予他人。❹因为;由于;为了;为了…的利益;作为…的结果 ❺属于;在…行使职权或发挥功能 ❻依靠;产生于 ❼适合于;适宜于;为;给;供 ❽在…之前 ❾先决条件 用于合同中。

F.O.R. (= free on rail)

for account of 入…的账 票据背书时用以指明收款人的用语

for account of whom it may concern (= on account of whom it may concern)

Foraker Act 〈美〉《福勒克法》 国会 1900 年 4 月 12 日批准的法律,全称《为波多黎各临时制订税收和组织文官政府并为其他目的的法律》[Act Temporarily to Provide Revenues and a Civil Government for Porto Rico, and for Other Purposes]。

foraneus n. 外侨;外国人;外人

forathe n.(森林法)可以宣誓为他人作证的人

for at least …至少…(天) 通知中表示期间的用语,可以包括起始日或终止日,但不能同时包括二者。

forbalca n.(古)毗邻公路的未耕地

forbaner v. 永久剥夺;排斥;排除

forbannitus n. ❶海盗 ❷亡命之徒 ❸被流放者

forbarre v. 永久剥夺(他人)某一物品

forbatudus n.(英格兰古法)被杀的寻衅者

forbearance n. ❶容忍;忍耐;克制 关于高利贷的立法中,指债权人在约定的期限内不得要求债务人偿还到期的债务。❷推迟行使某项权利;不行使某项权利;不起诉 ❸推迟债务人清偿债务的期限 ❹延迟偿还债务的协议(⇨consideration)

forbearance to sue 放弃起诉

for cause 根据(法定)事由 在免除公职人员的职务时,"根据(法定)事由"指根据法律和公共政策,确认该公职人员无能力或不适宜担任这项职务,而非人事部门的任意性决定或根据个人好恶作出的决定。

force n. ❶武力;暴力;强制;强迫 通常用于表示非法行为。❷效力;法律约束力 ❸(英格兰古法)事前从犯 英格兰古法中用来指某种事前从犯[accessary before the fact]的术语。

force account 总体结账合同 指建筑承包商与雇主之间订立的合同。据此,对建筑工人的劳动按进度,以英尺或码为单位计薪。承包商负责雇佣劳力并监督工作,以与雇主约定从工程总价中获得一定比例的报酬。

force and arms 暴力和强力 普通法诉讼中关于非法入侵行为之[trespass]的起诉状[declaration]或公诉书[indictment]中的必要用语,以说明被控行为系以暴力实施。现已不用。

force and fear 暴力和威吓 以暴力或威吓迫使他人签署的合同或作出的行为可以撤销。

force and violence 暴力和胁迫 构成抢劫罪的要件之一,包括直接实施暴力和以实施暴力相威胁,致使被害人无法抗拒或不敢抗拒。

forced heir 享有特留份的法定继承人 立遗嘱人或遗赠人不得剥夺法律为法定继承人保留的遗产份额,但由于恰当的或法定的原因被剥夺继承权的除外。这项制度为罗马法、欧洲大陆各国民法及美国路易斯安那州宪法所采用。(⇨election by spouse)

forced heirship (= forced heir)

forced labour 强迫劳动 如古代对奴隶的强迫劳动。现代特指第二次世界大战期间德国对外国劳工和占领区平民所实施的强制劳动。强迫劳动在集中营、劳动营、隔离车间、战争工业和其它场所被广泛使用。劳工的食品供应不足、居住条件拥挤不堪、警戒极其蛮横;他们的安全、健康和福利完全不受关注,其处境与奴隶无所区别;死亡率极高,且往往是被蓄意杀害。1945 – 1946 年间,国际军事法庭判定实施强迫劳动是犯罪行为。

forced loans 〈英〉强制借贷 指国王不经议会同意自行筹款。强制借贷在理查二世时曾被广泛使用,在他之后,直到 1640 年,其间也有很多位国王采用。《权利法案》[Bill of Rights]宣布强制借贷为非法,到 17 世纪末,税收控制权转入国会手中。

forced reporting statute 〈美〉强制报告法 规定某些人向特定机构报告信息的作为义务[affirmative duty]的法律,为各州广泛采用。要求保健人员[health care professionals]、社会工作者及教师报告虐待儿童、老人或无行为能力的成年人的可疑案件,在某些州也包括虐待配偶的案件。

forced sale 强制出售 指为执行已生效的法院判决而对被执行人的财产在法定时间内以法定方式和程序强行出卖。(⇨fire sale; foreclosure; judicial sale; sheriff's sale)

force majesture (= force majeure)

force majeure 〈法〉不可抗力 其字面含义为"超级力量",作为法律用语,意指不能预见、不能控制的事件或结果。本词作为法律法语与作为法律拉丁语的"不可抗力"[vis major]含义相同。但该两词的含义又广于英文中的"不可抗力"[act of God],因为它们不仅包括自然力,还包括人为的力量(例如暴乱、罢工、政府干预、战争行为等)。与本词同义的另一法律法语是 force majesture,但后者是一种不必要的同词变体。不可抗力条款在合同解释中颇为常见,其意在当合同当事人因非其所能控制的且以正当注意仍无法避免的原因而致其不能履行合同时,对该当事人提供保护。对不可抗力的解释应参考文件的上下文,并结合具体文件的性质和条款。(⇨act of God)

force with force 以暴力反暴力

forcheapum (= forestalling the market)

forcible detainer ❶强行滞留 指拒绝返还所占用的土地或房屋。占用人一般系合法进入并占用,但在期满时拒绝返还。若进入时即为非法,或进入时虽属合法,但以暴力或胁迫手段滞留其内,则属构成犯罪。❷强行扣押 为使合法占有人获得对土地、房屋的占有而采用的迅速、适当的简易程序。(⇨ejectment; eviction; forcible entry and detainer)

forcible entry 强行侵入 普通法指未经法律授权,违反合法占有人或所有权人的意愿,以占有为目的,用威胁、恐吓、实施暴力等手段强行侵入他人不动产的不法行为。美国许多州对未经合法所有人同意,或不听其劝阻,或符合非法侵入[trespass]条件的强行进入他人不动产,均认为是"强行"侵入。(⇨ejectment; eviction; forcible detainer; forcible entry and detainer)

forcible entry and detainer ❶强行侵入并霸占 普通法指未经法律授权以威胁、恐吓、实施暴力等手段强行侵入

并霸占他人土地或房屋的不法行为。(⇨forcible entry)
❷强制进入和扣押 为使被非法逐出或被非法剥夺土地的人恢复其对土地的占有而适用的简易程序;或因转让合同获得不动产的人,为取得或恢复对不动产的占有而提起的诉讼;不同于确认财产所有权之诉。(⇨ejectment; eviction; forcible detainer)

forcible rape 暴力强奸 强奸罪的加重情节。(⇨rape)

forcible trespass 强行侵入 以武力、暴力或恫吓等手段占有或攫取他人的动产或以暴力毁损他人的动产。其性质和情节与普通法上对不动产的"强行侵入并霸占"相同。

forcibly to defile 强奸

for clearing house purposes only 仅为清算所目的 在支票上所作的一种通常背书,持票银行以之用于托收。该种背书并不表示银行是票据所有人。

for collection 委托收款 一种限制性的票据背书。如银行为客户代收票据所列款项,而非取得票据权利。

for commerce 为商业目的(⇨production of goods for commerce)

for compensation 以获得补偿为目的 与"以获得对价为目的"[for a consideration]相同。它是衡量公用事业公司章程的标准之一;但又不同于"以营利为目的"[for profit]。

F.O.R. contract 铁路交货价格合同;铁路交货合同(⇨free on rail)

fordal n.〈撒克逊〉地界;畦头的未耕地;岬;(伸于其他地块之上以作农具转弯的)掉头地

fordanno n.〈欧洲古法〉首先攻击他人者

for deposit 委托收款 限制性背书的一种形式,被背书银行只是托收代理人而非所有人。

for deposit only 仅用于委托收款(⇨for deposit)

fordol (=fordal)

fore ❶〈撒克逊〉(=before) ❷〈法〉(=out)

forebalk (=forbalca)

forebearance (=forbearance)

forecheapum (=forcheapum)

foreclose v.❶排除;排斥 ❷阻止;妨碍 ❸停止;终止 ❹终止抵押人的回赎权(⇨foreclosure)

foreclosure n.终止回赎权 ①原指终止抵押物回赎权之诉。抵押人未在规定期限内清偿抵押债务时,抵押权人有权起诉请求终止抵押人对抵押物的回赎权,由抵押权人取得抵押物的所有或变卖抵押物以清偿债务;②现在一般指依法执行留置权、信托合同或抵押权。

foreclosure by action and sale 终止回赎权之诉及变卖抵押物 请求终止抵押物回赎权的诉讼和根据裁决变卖抵押物。变卖所得款的分配顺序为:首先支付诉讼费用和清偿抵押债务及利息,其次清偿次级担保权人的债务,余款归抵押物所有人。

foreclosure by entry and writ of entry 〈美〉以进入和进入令实现抵押权 在有些司法区,抵押权人可以进入并占有抵押的不动产以实现其抵押权。抵押人不依约偿还债务,抵押权人占有抵押财产已届至允许抵押人回赎的期限时,在该不动产价值范围内的抵押债务视为已清偿。

foreclosure by sale 变卖抵押物实现抵押权 依抵押合同或信托契据中规定的权力变卖抵押财产以实现抵押权的一种简易方式。

foreclosure decree 终止回赎权的裁决 在严格意义上,该词指绝对终止抵押人对抵押物的回赎权[strict foreclo-

sure]的裁决。但通常该词也被用来指变卖抵押物并以变卖所得偿还抵押债务的裁决。

foreclosure of chattle mortgage 抵押动产回赎权的终止 ①指请求宣告抵押人丧失回赎权并变卖抵押物的诉讼;②指抵押权人在抵押人不履约时,依抵押合同的规定变卖抵押物。

foreclosure receivership (=receivership in foreclosure)

foreclosure sale 变卖抵押物 指根据法院判决或抵押合同中的规定,变卖抵押物以清偿抵押债务。

foreclosure suit 终止回赎权之诉(⇨foreclosure by action and sale)

forefault 〈苏格兰〉(=forfeit; lose)

foregift n.❶租赁小费 承租人为租赁而支付的额外费用。❷预付款

foregoers n.王室用品征收官(⇨purveyance)

foregoing instrument 前述文书 在确认[acknowledge]当中使用的表明同一性的用语。

forehand rent 〈英〉预付租金 承租人先期支付的租金;严格地说指租赁小费,尤指教会法人[ecclesiastical corporations]在续租时支付的额外费用。(⇨foregift)

foreign acknowledgment (对文书的)国外认证

foreign administration 域外遗产管理 管理死者遗留在居住地以外的司法管辖区内的财产,亦称辅助遗产管理[ancillary administration]。

foreign administrator 域外遗产管理人(⇨foreign representative)

foreign adoption 〈美〉域外收养 指由外州或外国法院裁决批准而须在本州或本国内获得法律效力的收养。

foreign affidavit 〈美〉国(州)外宣誓书 对涉及州内的事项而在外国或外州在当地官员面前作出的宣誓书。

foreign agent 〈美〉外国代理人 在联邦政府登记,为外国政府或外国公司的利益(如进口配额、旅游业、对外援助等)进行院外活动,游说议员的人。

Foreign Agents Registration Act 〈美〉《外国代理人登记法》 为保障国防、内部安全及对外关系而制定的联邦立法。要求凡为外国政府、外国政党或外国领导人进行宣传或其它活动的人,必须公开其身份,以便美国政府和人民知晓这些人的身份,并对其活动和言行作出考察。

foreign aid 对外援助 一国向他国提供贷款、资金和物资特别是粮食,以使经济陷于困境的国家得以复兴并由此帮助其建立和维持稳定的政治、经济秩序。

foreign answer 〈英格兰法〉郡外答辩 指不在受审郡作出的答辩。

foreign apposer 〈英格兰古法〉司法行政财务审计官 财政署官员之一,审问司法行政官执行某些带有财务内容的命令之记录,并将其与原记录核对,还要询问每一笔收入的具体情况等。据称,除支付其副手的工资及其它费用后,该职位的保有人每年可获收入210英镑,而他本人可能仅仅是坐享其成。该官职于1833年被废除。

foreign assignment 域外转让 在外国(或外州)进行的财产、权利、利益的转让。

foreign attachment ❶〈英〉外国人财产扣押令 对位于某特权地区[liberty]的外国人的财产予以扣押以实现债权人的债权的令状。❷异地扣押 指对居住在法院管辖区以外、且不到庭应诉的被告在法院管辖区内的财产实施的扣押,以促使被告到庭应诉。若被告仍不到庭时,即以被扣押财产清偿其所欠债务。(⇨attachment) ❸(=garnishment)

foreign award 域外裁决 在外州或外国作出的仲裁裁决。(⇨foreign judgment)
foreign bank 外国银行；根据外国法成立的银行
foreign bill (= foreign bill of exchange)
foreign bill of exchange 〈美〉外国汇票；外州汇票 在一国或州出票而在另一国或州付款的汇票。
foreign bond 外国债券 发行人在其本国之外的某一国资本市场以当地货币发行的债券。例如在美国发行的"扬基债券"[Yankee Bond]、在英国发行的"猛犬债券"[Bulldog Bond]、在日本发行的"武士债券"[Samurai Bond]等。
foreign broker 外籍经纪人；外国经纪人
foreign cause 域外诉因 指根据另一司法管辖区的法律规定而产生的提起诉讼的理由。
foreign charity 外国慈善机构；外国慈善活动 在捐赠人住所地以外的国家设立的慈善机构或进行的慈善活动。
Foreign Claims Settlement Commission of the United States 美国对外索赔处理委员会 负责处理美国国民向外国政府提出的因外国政府致其损失和伤害的索赔的联邦机构。
foreign coins 外国硬币；外国金属货币
foreign commerce 对外贸易
foreign consul 外国领事
foreign consulate 外国领事馆 外国设在接受国的领事馆。
foreign corporation 〈美〉外州公司；外国公司 在美国，凡在一州注册成立而在另一州从事经营活动的公司，对于另一州即为外州公司；外州公司进行经营活动，必须符合一定条件，受到一定限制；联邦立法中所称外国公司，则指非依美国的州立法或联邦立法注册成立的公司。
foreign counter-intelligence 外国反情报组织(⇨Electronic Surveillance Courts)
foreign court 外国法院；外州法院(⇨foreign judgment)
foreign credit 外国信贷；对外信贷 银行向国外或州外的客户提供的信贷。
foreign creditor 外国债权人
foreign currency 外币；外国货币；外国通货 尤指纸币。
foreign decree 外国判决(⇨foreign judgment)
Foreign Depositions Act 〈美〉《外州证词法》 关于在一州作出的书面证词可以在另一州采用的统一立法。许多州在作出某些修改后已予采用。
foreign divorce 域外离婚 指在婚姻缔结地、夫妻共同住所地或被告住所地所在国或州以外的国家或州获准的离婚。
foreign documents 〈英〉外国文件 外国公共档案馆[public registers]所记载的记录，何种可在联合王国作为证据，由1933年的《证据法》[Evidence (Foreign, Dominion and Colonial Documents) Act]及1963年的《宣誓和证据法》[Oaths and Evidence (Overseas Authorities and Countries) Act]规定。
foreign domicile 国外住所
foreign dominion 〈英〉自治领 指曾在外国统治之下，通过征服或割让[cession]而受英王统治的国家。
foreign enlistment 外国征募(⇨Foreign Enlistment Act, 1870)
Foreign Enlistment Act, 1870 〈英〉《外国征募法》 该法规定，在与英国和平相处的国家与第三国发生战争时，任何英国臣民未经国王特许，受雇于或任职于该第三国的海陆军队、建造或装备为该第三国服务的船只、帮助其增强军事和战争力量，均构成犯罪，应处以罚金及监禁。但在1819年之前此类事项并非违法。

foreigner n. ❶〈英格兰古法〉外地人 指非某一城市居民。❷外国人；外邦人 他国公民。❸〈美〉外国人 指任何在美利坚合众国以外的国家出生的人；或任何效忠于外国的人。
foreign exchange ❶外汇 指以外国货币表示的、用于国际结算的支付手段，包括外币、外币票据、外币支付凭证等。❷外汇汇率 指两种货币的比价，即以一国货币表示的另一国货币的价格。❸国际汇兑 指将一国货币兑换为另一国货币的金融活动。
foreign exchange market 外汇市场
foreign exchange rate 外汇汇率
foreign executor 域外遗嘱执行人
foreign factor 域外代理商；驻外代理商(⇨factor)
foreign fiduciary 外来受托人 法院指定的受托人、遗嘱执行人、遗产管理人、监护人或保管人等。
foreign general average/FGA 国外共同海损 指在作为船货目的港的外国港口的海损理算。
foreign-going ship 远洋船舶；行驶于国外航线的船舶 在英国《商船法》中，系指在英国与该法所列明的英国之外的特定地区之间从事贸易的任何船舶。
foreign government 外国政府；被承认的外国政府
foreign guardian 域外监护人 在被监护人居住地以外的司法管辖区指定的监护人。
foreign immunity 国家豁免；国家管辖豁免
foreign investment 对外投资；海外投资；外国投资
foreign investment company 〈美〉外国投资公司 ①依1940年《投资公司法》[Investment Company Act]作为管理公司或单位信托投资公司注册的外国公司；②从事投资业务并且大部分股权由美国投资者掌握的外国公司。
foreign judgment 外国(外州)判决 指外国法院作出的判决。在美国也指外州法院的判决。按照美国联邦宪法第四条第一款规定的精神，对外州法院作出的民事判决，其效力视同本州法院的判决。有些州并采纳《统一外州判决执行法》[Uniform Enforcement of Foreign Judgments Act]。对有管辖权的外国法院经合法程序作出的最终民事判决，本国法院在审同一案件时，原则上可作为决定性的证据，法院的各项认定都倾向于支持该项外国判决。但若该判决系以欺诈手段获得，或有悖于公正和理性，则法院不予认可。对外国法院判决的承认和执行，一般按照互惠原则办理。英国在1933年制定有《外国判决(互惠执行)法》[Foreign Judgments (Reciprocal Enforcement) Act]。
foreign jurisdiction ❶外国(外州)的司法管辖权 ❷域外司法管辖权 指一国或一州在其领土范围以外行使司法管辖权。如美国的长臂送达传票[long-arm service of process]即属行使域外司法管辖权的一种形式。
foreign jury 外地人陪审团 指在争议发生地以外的县或郡挑选陪审员组成的陪审团。
foreign law 外国法；外州法 指其他国家的法律，在美国也指其他州的法律。涉外案件往往根据冲突法或国际私法产生适用外国法律的问题。外国法律的内容属事实问题，但系由法官而非由陪审团认定。对外国法的内容需由有关专家提供证明，在某些情况下也可由法院向外国法院咨询。
foreign marriage 涉外婚姻 指内国人与外国人缔结的婚

姻;或内国人在外国缔结的婚姻;或外国人在内国缔结的婚姻。

foreign matter 在外郡(县)发生的事项;必须在外郡(县)审理的事项

foreign money 外国货币;外国通货(⇨foreign currency)

foreign office 外交部门 政府中负责本国政府同外国政府交往的部门。

foreign oil tax credit 〈美〉外国石油税抵免 指已向外国生产商支付开采权使用费的美国石油公司,可将该项支出用于抵免其在美国的应付税款。

foreign opposer (= foreign apposer)

foreign pauper 外来贫民 在城镇、区、县没有合法居住处所的贫民,可从当地公共福利部门获得救济。

Foreign Pay-Off Law 〈美〉《防止贿赂外国官员法》 1977年通过的联邦法律。该法规定贿赂外国政府官员是犯罪行为。根据该法,美国公司,包括其外国分支机构,要有精确的具备合理细节的账簿以防止贿赂外国公司[foreign corporate bribery]。公司管理机构必须控制记账体系以保证没有资金用于贿赂外国政府官员。

foreign personal holding company/FPHC 〈美〉外国个人控股公司 指符合下述条件的外国公司:①纳税年度总收入的60%或60%以上是公司收入;②在纳税年度的任何时间,总表决权或股票总额的50%以上由5个或不足5个美国人直接或间接拥有。如果持续一个纳税年度符合总收入60%的标准,则该标准降为50%,直到该外国公司连续3年不能达到50%标准或在该纳税年度内美国股东对股票的拥有比例未达到标准。

foreign plea 无管辖权答辩 以法官对案件的争议事项无管辖权为由而提出的答辩。

Foreign Policy Association 〈美〉外交政策协会 1918年成立的超党派、非会员制的教育组织,其目的是激发公众对国际关系的更大兴趣。

foreign port 外国港口

foreign proceeding 国外破产程序 在破产程序开始时,因债务人的住所、居所、主要营业场所或主要资产在国外而在国外进行的司法或行政破产程序,以清算财产、清理债务(包括部分清偿、延期清偿、免除债务)或重组公司。

foreign process acts 〈英〉域外送达诉讼文书法 规定法院向域外送达诉讼文书的一系列制定法。

foreign receiver 外国(州)涉讼财产管理人 由外国或外州的法院指定的正式的涉讼财产管理人。(⇨receiver)

foreign representative ❶外交代表 指大使或其他外交官员;领事官员。❷在国外破产程序中正式选任的财产受托人、管理人或其他代表(⇨foreign proceeding)

foreign service ❶外交部门 负责执行对外政策和处理外交事务的部门。❷(封建法)外在义务 初次分封时封地所附带的义务。

foreign service of process 诉讼文书的域外送达

foreign state 外国;〈美〉外州 指他国,与本国、内国相对应。在美国,除作为联邦的共同成员外,各州视彼此间的关系具有涉外性质。

foreign substance 异物 指在人的身体或器官的任何部分存在的物质,而该物质在正常情况下不会产生,一般系由外界进入。病人在发现或应当发现体内有异物时,才可以开始对在其体内遗留该异物的医师提起诉讼,这一规则所指的"异物"包括因服用而进入体内的药物。

foreign surety company 〈美〉外州担保公司 在外州注册从事担保业务的公司,在符合本州法律规定的特定条件时,允许其在本国(本州)开展业务。这种条件通常是在指定的官员处存放有价证券,以保证其清偿能力。

foreign tax credit 外国税收抵免 避免国际重复征税的一种方法。如果纳税人就其在本国应纳税的所得已在收入来源国纳税,则应将其已在外国所纳税额从应在本国应纳税额中扣除。

foreign trade 对外贸易;进出口贸易

foreign trademark 外国商标 在外国注册或使用的商标。

foreign trade zone 对外贸易区;自由贸易区 指位于一国境内关税区之外的地区。商品可在此地自由出入、存储和包装,只有在进入国内市场时才须缴纳关税。(⇨free port)

foreign vessel 外国船舶 在外国注册登记,取得该国国籍,并悬挂该国国旗的船舶。

foreign will 涉外遗嘱 根据外国法律作成并执行的遗嘱;死亡时居住在外国或外州的人所作的遗嘱;在美国还指根据遗嘱检验[probate]州之外的州的法律作成并执行的遗嘱。

forejudge v.❶(英格兰古法)逐出法庭 法庭官员或律师或其他人会因犯罪或其它不当行为而被"逐出法庭"。❷(经判决)剥夺;宣告丧失 ❸驱逐;流放

forejudger n.〈英〉剥夺(某人某物)的判决;将某人流放或驱逐出法庭的判决(⇨forejudge)

foreman n.首席陪审员;陪审团团长 由陪审团或法庭在陪审员中挑选,主持陪审团的评议并宣布陪审团的裁断。

foreman of grand jury 大陪审团团长 由法庭在大陪审团成员中指定,负责向法庭报告大陪审团的调查情况及程序进行情况;负有不同于其他陪审员的特定义务。

fore-matron n.妇女陪审团团长(⇨foreman)

forensic a.关于法庭的;属于法庭的;司法的

forensic engineering 司法工程学 指运用工程学的原理和实践来阐明诉讼中的有关问题。作阐释的工程师不仅应是其专业领域内的专家,而且应具备一定的法庭经验和法律知识;其职责是以调查、研究、评估、报告、意见或建议、提供口头或书面证词等方式协助法庭解决有关人身或财产纠纷。

forensic hypnosis 司法催眠术 通过催眠引导被害人或证人回忆起犯罪现场的情况,以帮助侦破案件。

forensic linguistics 司法语言学 一种技能,它通过比较知道作者的和作者不明的原作,深入评析文章的语言特点,包括语法、句法、拼写、词汇与措词等,力图发现作者的特有风格,以判断两作者是否同一人。

forensic medicine 法医学 与法律有关的医学科学,对与案件有关的事实问题作出解释或提供意见。这种事实问题包括死亡或伤害的原因、验血、怀孕、中毒、性犯罪、药物或酒精的影响、指纹等。解剖学、生理学、内科学、外科学、化学、物理学和植物学在需要时均能提供帮助,有些案件且须综合各学科以协助法庭作出有关人身或财产争议的正确结论。法医学在民事案件中有时也需应用,而在刑事案件中所起的作用尤为重要。

forensic pathology 司法病理学 医学科学的一个分支,涉及与法律原则及案情有关的疾病和身体失调问题。

forensic psychiatry 司法精神病学 医学科学的一个分支,涉及与法律原则及案情有关的精神错乱问题,包括人的民事行为能力和刑事责任能力、记忆丧失等精神状态、能否出庭受审或作证等。司法精神病学也涉及对精神失常及精神病患者的治疗。

forensic science 司法鉴定学 科学的一个分支,主要任

务是运用科学知识来解决某些法律问题,尤其是解释某些案件事实,它研究诸如武器、弹道、爆炸物以及对被篡改的文件的检验等问题。

forensis (罗马法)(= forensic)

forensis homo (罗马法)辩护人;律师

fore-oath n.(英格兰古法)诉前宣誓 诺曼征服前初审案件中,原告若缺乏明显事实[manifest facts],即需宣誓,以保证其并非缠讼。

foreperson (= foreman)

forera n.(畦头留出供农具转弯的)掉头地;畦头未耕地

fore-rent (= forehand rent)

foreright n.优先继承权;长子继承权

foresaid a.(苏格兰)上述的;前述的

foreschoke a.舍弃 尤指封臣对土地的放弃。因封臣[tenant]不履行役务[service]而导致土地被领主[lord]占有[seised],若封臣[tenant]经一年零一日仍不采取任何回复[recovery]措施,则被认为舍弃或放弃土地。

foreseeability n.可预见性 指有能力预先知道,例如对作为或不作为可能造成的损害或伤害的合理预测。

foreseeable a.可预见的

foreseeable consequences 可预见的结果

foreshore n.海滨;前滩 位于高潮线与低潮线之间的、因潮水涨落而时湿时干的地带。

foresight n.预见 对未来发生的事的留心思考;对某种作为或不作为所产生结果的合理预测。

forest n.❶森林 ❷(英格兰古法)王室猎场 专供王室围猎的森林和牧场,王室享有专门的狩猎特权,设有专门的法庭和官员进行管理,并保护所有猎物。❸(英格兰古法)狩猎特权地 王室猎场成为臣属狩猎场时,该狩猎地所有人即享有相应特权,但已不再拥有专门法庭和官员了。❹(英格兰古法)狩猎特权 拥有在王室猎场或狩猎特权地打猎的世袭特权。这种特权也可延至他人土地上实现。

forestage n.(英格兰古法)王室猎场税 向森林官[forester]缴纳的贡赋或税。

forestagium (= forestage)

forestall v.❶(英格兰古法)拦路;拦截行人 ❷拦阻佃户(前往其田地) ❸阻碍贸易 ❹拦截鹿之归路(⇨forestalling the market)

forestaller n.(英格兰古法)❶阻碍;阻止;道路阻拦;阻止佃户[tenant]前往其土地;拦截鹿以阻止其返回森林 ❷阻止者;拦截者;囤积者;抬高物价者(⇨forestall)

forestalling n.阻塞公路交通;在公路上阻拦行人

forestalling the market 垄断市场 在商品投放市场前予以收购,以图高价销售;或阻止他人将商品投放市场,或劝使他人在市场上抬高商品价格。

forestarius (= forester)

forest courts (英格兰古法)王室猎场法院 为管理王国各地的王室猎场而设的法院,以对破坏王室猎物、伤害猎场中鹿及其他猎物的行为予以处罚。由扣押法庭[courts of attachments]、护林法庭[courts of regard]、皇家林地中级法庭[courts of sweinmote]、林区高级法庭[courts of justice-seat]组成。王室猎场法院于1688年废止。

forester n.❶(英格兰古法)王室猎场巡查官 由国王特许状任命,经宣誓任职的巡查王室猎场的官员。其职责是管护巡区内的林木和猎物,扣押并呈报所有的非法侵入其巡区内的人。❷〈美〉林务员;林业局[U.S. Forest Service]雇员

forest laws (英格兰古法)王室猎场法 有关王室猎场的法律。该法肇于卡努特国王[King Cnut,约995 – 1035]时期;征服者威廉[William the Conqueror]时得到很大发展;亨利二世[Henry Ⅱ]时建立了王室猎场法庭,使得王室猎场法13世纪成为与普通法[common law]不同的法律体系。王室猎场的缩减、王室狩猎特权的削弱、王室猎场管理的衰败,以及普通法法院对王室猎场法庭司法管辖权的限制和剥夺,都使得该法逐渐废弛。至1971年,该法完全由《野生动物和森林法》[Wild Creatures and Forest Laws Act]所废除。

forest liberties 〈英〉在王室猎场狩猎的特权(⇨forest)

Forest of Dean 〈英〉迪恩森林 位于格洛塞斯特郡[Gloucestershire]的皇家猎场,占地19 200英亩。虽然1971年《野生动物和森林法》[Wild Creatures and Forest Laws Act]废除了以前的森林法,但迪恩森林的王室护林官仍继续选举产生并履行护林职责。

Forest or Chase of Dartmoor 〈英〉达特穆尔林地(猎场) 康沃尔公爵所拥有的一项财产,占地达52 000英亩,其中约33 000英亩的未筑栅篱土地,其上的牧场由公爵租给代人放牧者[agister]使用。1908年《公社法》[Commons Act]对在达特穆尔林地放牧做了限制性规定。

forest products 林产品 包括原木、木材、木料、松脂、柏油等。

forest reserves 〈美〉❶美国国家林区[National Forest Areas of the United States] 由农业部林业局监督和管理。❷保留林 禁止私人取得,为林木的保护与再生而设立的州属林区。

Forest Service 〈美〉林业局 隶属于农业部的联邦机构,负责管理国家林区[National Forest Areas]、国家草原[National Grasslands]、土地利用规划及其他特殊区域,并负责国家林区用地[land for National Forests]的征用。

forethought n.预谋;事先的策划(或考虑);先见 a.预先策划的;预谋的(⇨aforethought; malice aforethought)

forethought felony 〈苏格兰〉事先策划的重罪 尤指谋杀罪。

forever ad.永远地;永久地 该词如用于契据[deed]中权利授予条款[granting clause]时,并不必然与终身保有地产授予[grant of a life estate]相联系。

forfang n.(英格兰古法)❶先取 在御膳官[royal purveyors]征收生活必需品[necessaries]之前从市场上以交易方式取得这些物品。(⇨purveyance) ❷私力救取 从盗贼或非法占有人手中扣押[seizing]和夺回[rescuing]被盗或走失的牲畜[cattle]。❸为私力救取而支付的赏金

forfault (= forfeit)

forfaulture (= forfeiture)

forfeit v.❶丧失;失去 因为违约、失职[neglect of duty]或犯罪而失去权利、特权或财产。❷产生责任;受惩罚 n.❶地位(权利或财产)的丧失 ❷剥夺 违背被剥夺人的意思,将其财产转移给他人或由原始授予人收回。

forfeitable a.可没收的;(因不行使权利[non-user]、疏忽、犯罪等而)被没收的

forfeit and pay 罚没与支付 合同中约定一方违约时,向另一方支付一定数额的违约金,此约定的数额即为损失赔偿额。

forfeitment (= forfeiture)

forfeiture n.剥夺;没收;充公;丧失 含义较广,可泛指不受补偿地丧失某项权利、财产、特权或利益。包括:①由

于不履行义务或条件而被剥夺某项权利，或作为对某些违法行为的处罚而罚没其某项权利或财产，或由于违反法定义务（例如不付款）而丧失财物或金钱；②美国联邦和州的某些刑事立法把没收财产作为刑罚的一种，所没收的财产包括供犯罪所用及因犯罪取得的财物；③在英格兰古法中，指封臣[tenant]因对领主[lord]不忠诚而丧失土地；对某些犯罪或轻罪处以没收财物的处罚，并以没收的财物作为对受害人的补偿。(⇨confiscate; default; divestiture; foreclosure; forfeit; seizure)

forfeiture by alienation 〈英〉因未经国王许可向法人团体转让（死手保有[mortmain]）土地而导致的土地被王室或领主没收(⇨mortmain)

forfeiture by non-performance of conditions 因不履行契约条件而丧失 由于违反或不能满足附加于不动产的条件而导致的该不动产的丧失。

forfeiture by waste 因浪费而被没收财产

forfeiture for crimes 因犯罪而被没收财产

forfeiture for treason 因叛国罪而被没收财产

forfeiture of bail 没收保释金 因违反保释保证书[bail bond]的规定而没收保释金，尤指保证人未将被保释人送交执法官员监管或促使其到庭的情况。

forfeiture of bond ❶（合同当事人一方违反合同时，另一方有权要求对方支付的）违约金 ❷没收保释金(⇨forfeiture of bail)

forfeiture of charter 吊销执照 指私营公司因多次故意滥用或不行使特许经营权[franchise]而被吊销营业执照并解散。

forfeiture of insurance 退保；丧失保险（价值）(⇨nonforfeiture provision)

forfeiture of lease （普通法）丧失租赁权 如放弃租赁权；由于法律的规定失去租赁权；或按照租约的规定，在违反约定义务或条件时丧失租赁权。

forfeiture of marriage 婚姻罚金 军役土地保有人的子女，因未经其监护人，即领主的同意而结婚所交纳的罚金。

forfeiture of mining claim 丧失采矿权 因不符合法律规定的条件，特别是未完成年度开发工作而丧失采矿权。

forfeiture of mining lease 采矿租约的撤销 因不支付租金或违反租约其他条款而被撤销采矿租约。

forfeiture of property and rights 财产及权利的丧失(⇨forfeiture)

forfeiture of shares 〈英〉股份的丧失 公司持股人因未支付催缴的股款、分期付款的款项或其他与股权有关的款项而丧失股份。

forfeiture of silk 〈英〉没收丝绸 在禁止进口丝绸时，财政部按惯例宣布没收存放在码头的丝绸。

forfeiture of vessel 〈美〉没收船舶 国内船舶受雇于任何外国君主或政府，用于攻击同美国和平相处的国家和人民，则该船舶将被没收。

forfeiture of wages 工资的丧失 对雇佣合同中关于雇员因疏忽或处理不当造成公司损失将丧失工资的约定，应从严解释。

Forfeitures Abolition Act 〈英〉《废除没收法》 即1870年《重罪法》[Felony Act]，它废除对重罪犯没收财产的做法。

forfeng (= forfang)

forgabulum (= forgavel)

forgavel n.（以金钱支付的）小额租金

forge v.伪造；仿造；假冒(⇨forgery)

forged check 伪造的支票 通常指假冒出票人名义签发的支票。

forged deed 伪造的契据 假冒转让人名义的所有权转让契据绝对无效，对于后来的善意购买人也不发生效力。

forgery n.伪造文书罪 指以欺诈或损害他人为目的而伪造或变造具有法律意义的书面文件，包括未经本人同意或授权而仿冒其签名。意图欺诈或损害他人而使用明知是伪造或变造的文件，亦属这种犯罪。(⇨alteration; counterfeit; false making; falsify; fraud; imitation; raised check; utter; uttering a forged instrument)

Forgery Act, 1870 〈英〉《伪造法》 该法旨在惩罚伪造股份证书的行为，并将1861年伪造法的某些条款扩张至苏格兰适用。

forgetfulness n.遗忘 一种对某事失去记忆的状态。在很多情况下，遗忘可能影响人的可产生法律后果的行为。因遗忘而对事实作出错误陈述，该陈述将被认为是善意的错误陈述；因遗忘而作出的错误支付，则有权要求返还；因遗忘某些事实导致被控犯罪时，若被告人能证明确属遗忘而非假装，可与精神病人同样对待，终止诉讼。

forgiveness n.❶豁免；免除 ❷原谅；宽恕(⇨condonation; reconciliation)

for good cause 因充足理由(⇨good cause)

forgotten invention 被遗忘的发明 指该发明创造已被人遗忘，因而不为社会所知并于社会无益。

forgotten notice doctrine 未予注意原则 尽管票据的持票人在此前被通知或已经引起注意，但其在持票时由于遗忘或出于疏忽而未注意所持票据中的缺陷。根据该原则，此仅为一种过失，而非恶意地影响其作为正当持票人的地位。

forgotten property 遗忘物；被（所有人）遗忘的财产(⇨mislaid property)

forherda n.(英格兰古法)地头

for hire or reward 供出租的；收费的；取酬的 如为收取酬金、运费而运送乘客或货物。

fori disputationes 〈拉〉（罗马法）法庭辩论 学识渊博的公民和官员经常在法庭上辩论问题，他们对问题的解答逐渐被法庭采纳并吸收进罗马法律。

forinsecarum apposer (= foreign apposer)

forinsecus 〈拉〉❶外国的；外部的；外来的 ❷非常的；特别的 ❸被宣布为非法的；不受法律保护的[outlawed]

forinsic a.(英格兰古法)❶外国的；外来的 ❷非常的；特别的

forinsic service （封建法）例外贡金；特别军役外在义务

Fori regni Valentiae 《巴伦西亚法典》 巴伦西亚的詹姆斯一世于1240年颁布的一部法典，代替了原有的源于阿拉贡[Aragon]和加泰罗尼亚[Catalonia]地区的法典。该法典以罗马法为基础，最初以拉丁文作成，于1261年被译为巴伦西亚方言，后几经修订。该法典完整地反映了中世纪巴伦西亚地区的法律制度和习惯。

foris 〈拉〉国外的；外来的；户外的；某地之外的；外部的

forisbanitus a.(英格兰古法)被流放的；被驱逐的

forisfacere 〈拉〉❶没收；充公 因犯罪或违法行为而丧失财产。❷触犯法律；犯罪；犯错 ❸放弃；否认

forisfacere, i.e., extra legem seu consuetudinem facere 〈拉〉触犯法律，即超越法律或习惯的行为

Forisfacit omnia quae juris sunt. 〈拉〉他已丧失全部合法权利。

Forisfacit patriam et regnum, et exul efficitur. 〈拉〉他已失去自己的国土与王国,成为流亡者。
Forisfacit utlagatus omnia quae pacis sunt. 〈拉〉逃犯失去一切平静生活。
forisfacta 因犯罪被没收的土地和财物
forisfactum 〈拉〉❶没收的;充公的 ❷犯罪 ❸forisfacta的单数
forisfactura 〈拉〉❶导致财产被没收的犯罪或罪行 ❷罚金 ❸(=forfeiture)
forisfactura plena 〈拉〉没收全部财产;没收的财物
forisfactura pugnae 〈拉〉(=fightwite)
forisfactus 〈拉〉❶罪犯;重罪犯 ❷因犯死罪而丧失生命的人
forisfactus servus 〈拉〉因犯罪而丧失自由从而沦为奴隶的人
forisfamiliare v.❶生前赠与 ❷脱离监护;解除亲权
forisfamiliate 〈英格兰古法〉生前赠与 父亲于生前将部分土地赠与其子,使其合法实际占有,而其子同意放弃对其父其他财产的继承。受赠人因此而脱离了家庭监护[put out of the family]。(⇨forisfamiliation)
forisfamiliated a.〈英格兰古法〉生前赠与的 父亲生前应儿子的要求或经儿子同意,将部分土地分割给他,供其终身占有,儿子表示满意并不再对父亲的其它财产提出要求。
forisfamiliation n.脱离监护;解除亲权 指子女脱离家庭监护[family tutelage]而独立。在罗马法中,通过家父予以解放[emancipation]或因家父死亡而实现;在现代,则因为达到法定年龄或满足法律规定的其他条件而实现。
forisfamiliatus (=forisfamiliated)
forisjudicatio 〈拉〉〈英格兰古法〉❶(=forejudger) ❷(特指)剥夺财产的判决
forisjudicatus 〈拉〉被逐出法庭的;被流放的;(经法庭判决)被剥夺某项权利或事物的(⇨forejudge)
forisjurare v.发誓抛弃;发誓放弃;丢弃;放弃
forisjurare parentilam 脱离家父监护;因脱离家父监护而丧失继承权的人(⇨forisfamiliation)
forjudge (=forejudge)
forjurer 〈法〉〈英格兰古法〉发誓抛弃;发誓放弃
forjurer royalme 〈法〉〈英格兰古法〉发誓弃绝王国
fork n.交叉应诉 指共同被告为了拖延诉讼而轮流到庭应诉。现已不常见。
forler-land n.〈英〉赫里福德[Hereford]教区内的土地 系该教区受赠土地的一部分,仅在为维持主教的生计时才临时出租。
form n.❶形式 与实质相对。❷格式合同;格式文件 指打印或印制的格式化的合同或文件,留有空白处,当事人可按要求填写姓名和其他具体情况,使其成为一份完整的文件。❸(某种典型的诉状、申请、法庭裁定或判决中陈述或请求的)格式
forma 〈拉〉形式;司法程序的规定程式
Forma dat esse. 〈拉〉形式表明存在。
Forma dat esse rei. 〈拉〉事物的形式表明其存在。
forma et figura judicii 〈拉〉判决或司法行为的形式(外形)
forma juramenti illorum de consilio regis 〈拉〉国王顾问团成员的宣誓仪式
formal n.❶形式(上)的 ❷正式的;合乎法律规定格式的;符合手续的

formal conclusion 正式结论 ①法庭得出的据以对案件作出判决的结论;②具体事项裁断[special verdict]中的结论性陈述。
formal contract 要式合同 指书面合同,与口头合同或非要式合同相对。以前要求该种合同盖印,现在如果法律未专门规定,则一般无此要求。(⇨contract)
Forma legalis forma essentialis. 〈拉〉法律的形式乃基本的形式。或:法律形式是实质性的形式。
formal error 形式上的错误;无害的错误
formalities n.❶礼节;仪式;传统的举止、服饰或礼仪 ❷〈英〉市政官员等在庄重场合所穿的袍服
formality n.法律手续;法律形式 订立合同、转让权利或进行诉讼时,法律所要求的方式、顺序、安排、用语、完成特定行为等,以确保其有效和符合规范。通常是指程序性内容,而非实体性内容。
formal party 形式上的当事人;名义上的当事人 指与诉讼标的无利害关系但法律要求其共同参加诉讼的当事人。区别于诉讼中的必要当事人[necessary or indispensable party]。
Forma non observata, infertur adnullatio actus. 〈拉〉法律行为不依法定方式者,无效。
forma pauperis 〈拉〉穷人的方式(⇨in forma pauperis)
form a quorum 达到法定人数(⇨quorum)
formata n.(教会法)牧师证书;教士证书
formata brevia 规定格式的令状(⇨brevia formata)
formed action 程式化诉讼;格式诉讼 必须严格遵循一套规定的语言模式的诉讼。现已基本废除。(⇨forms of action)
formed design 既定谋划 刑法中,尤其在杀人罪中,指蓄意的、确定的杀人意图,而不问是否指向特定的被害人。(⇨premeditation)
formedon n.限嗣土地受赠人令状 英格兰一种古老的权利令状,因限嗣赠与[gift in tail]而对土地享有权利的人在该地被他人非法占有后,可依此令状获得最高的法律救济。这一令状分为三种:限嗣土地受赠人继承令状[formedon in the descender]、限嗣土地受赠人剩余地产权令状[formedon in the remainder]、限嗣土地回复地产权令状[formedon in the reverter]。
formedon in the descender 限嗣土地受赠人继承令状 限嗣土地受赠人令状之一。若限嗣土地受赠人将该土地转让或该土地被他人强行占有,则在该受赠人死亡后,其限嗣继承人[heir in tail]可依此令状要求回复其对该土地的权利。
formedon in the remainder 限嗣土地受赠人剩余地产权令状 限嗣土地受赠人令状之一。限嗣土地受赠人死亡而无子嗣,而他生前实际占有的土地又被他人强行占有,则剩余地产人[remainderman]可依此令状而对该土地享有权利。
formedon in the reverter 限嗣土地回复地产权令状 限嗣土地受赠人令状之一。限嗣土地受赠人死亡之后,因无子嗣,该土地的赠与人或其继承人,或其土地受让人可依此令状而回复对该土地的权利。
formee (=formella)
formella 〈英〉七十磅的重量
former acquittal 先前的无罪判决(⇨autrefois acquit)
former adjudication 先前的裁判 指对先前的诉讼的裁判。可以是对当事人权利的最终判定,也可以是对某些事实问题的裁判。

former jeopardy 先前的危险(处境) 也称"双重危险(处境)"[double jeopardy]。不受双重危险,即不能因一项罪行而多次受审的抗辩,是被告人在普通法上的一项基本权利和宪法权利,用以保护被告人不因同一罪行而再次受审和被定罪。美国联邦宪法第五条修正案对此有明确规定。但由联邦政府和州政府提出的控诉,则不受此项宪法保护的限制。(⇨double jeopardy)

formerly known as 以前被认为是

former proceedings 先前的诉讼 指先前已进行过的诉讼。根据既决事项[res judicata]原则,先前诉讼及其结果决定当前诉讼是否应不予受理。

former recovery 先前的关于恢复权利或财产的判决 (⇨ res judicata)

former statements 先前的陈述 指作为证据的当事人或证人以前所作的陈述。

former testimony 先前的证言 指当事人或证人在此前审理另一案件时所作的证言,在一定条件下,可以作为本案的证据。

formido periculi 〈拉〉对危险的恐惧

form of the statute 制定法的形式 指制定法的词汇、语言及结构及其所包含的禁止或命令[inhibition or command]。

forms of action※ 诉讼程式;诉讼格式 普通法上的诉讼程式,与普通法所确认的责任理论相适应。若原告未恰当地分析诉因,选择合适的责任理论并选用正确的诉讼程式,则起诉将被驳回。原告必须在起诉前选定诉讼程式,不得在起诉后更改。按照不同的救济要求,诉讼可分为三大类:不动产诉讼[real action],要求索回不动产;混合诉讼[mixed action],要求索回不动产及赔偿对不动产的损害;对人诉讼[personal action],要求追索债务或动产,或要求赔偿对人身、财产或合同权利的损害。普通法上的诉讼程式通常有11种:侵害之诉[trespass]、间接侵害之诉[trespass on the case]、动产侵占之诉[trover]、收回土地之诉[ejectment]、返还动产之诉[detinue]、动产占有回复之诉[replevin]、追索债务之诉[debt]、允诺契据之诉[covenant]、报账之诉[account]、特别简约之诉[special assumpsit]、普通简约之诉[general assumpsit]。诉讼程式在英国已为1873-1875年的《司法组织法》[Judicature Acts]所废除。美国联邦和绝大多数州均已废除普通法上的诉讼程式,只留下一种程式,即"民事诉讼"。

forms of law 法的形式 指法的渊源。调整社会行为和国际社会中国家行为的各种规范的形式。各种法的形式在不同时期和不同社会中的重要性各不相同。罗马法中法的形式有立法、法学家的咨询意见和论述。欧洲大陆法系法的形式有立法、有权解释和法学著作。英美法系法的形式有立法、司法裁判或判例法(很多领域较立法更为重要)、(教会、公司、工会的)协定和权威著作。国际法仍以惯例为重要的法的形式,但国际立法和协议及司法裁判正逐渐增多。

Form 10-K 〈美〉表格10-K;年度报表 证券交易委员会要求注册证券公司、交易所上市公司、股东人数超过500人的公司、或总资产超过100万美元(含100万美元)的公司必须提交的年度报告。该报告的内容主要包括公司销售总额、收入总额、税前营业利润额,以及前5年中每年单项产品销售额等事项。在该报告提交给证券委员会之后,上述内容即构成财务公开的信息。

Form 10-Q 〈美〉表格10-Q;季度报表 证券委员会要求注册证券公司提交的季度报告。该表只需填写一个季度的数字或累计月数为一个季度的数据,以及可与上年同期进行比较的各种数据。因此,该表要求报送的事项不及表格10-K全面,而且不要求表内所填写的数据已经过审计。

formula n. ❶(普通法)诉讼中所用的一套程式化语句 ❷(罗马法)诉讼

formula deal 〈美〉(票房收入)分成交易 电影发行商与一家或一轮电影院间所订立的、关于在放映某部电影时按总票房收入的一定百分比提取报酬的协议,这项百分比为美国各家放映这部电影的电影院所接受。

formulae (罗马法)程式;程式诉讼 由于原来适用于一切诉讼的法定诉讼[legis actiones]僵化的程序难以解决纠纷,遂逐步引入灵活的程式诉讼程序。原来的法定诉讼于公元前164年被废除。程式诉讼系由裁判官[praetor]指定审理事实的承审员[judex],并告知其审理案件的有关程式(准则)。程式的四个主要部分包括:①请求的原因[demonstratio],原告说明其提出要求的事实根据;②原告的请求[intentio],原告提出对被告的诉讼要求;③分析裁判[adjudicatio],即在某些财产争议案件中,承审员决定财产在当事人之间如何进行分配;④判决要旨[condemnatio],承审员根据事实是否得到证实,决定被告应否向原告支付一定金额的货币。

formula instruction 程式化指示 向陪审团作出的与案件有关的法律的具体说明,即指示陪审团在特定事实成立时应作出有利于原告或被告的裁断。(⇨jury instructions)

formularies 程式化用语汇编;言辞程式汇编 ①罗马时代的程式汇编;②早期欧洲大陆国家使用之诉讼及法律文书等的汇编。(⇨formula; formulae)

formulary n. ❶(=form) ❷判例;先例 ❸处方集;药典

formulary system (罗马法)程式诉讼制度 使罗马法在古典时代得以实施和发展的一种民事诉讼制度。其特点在于每一项诉讼事由都有用特定程式表达的适当的诉讼形式。这种程式构成诉讼中的请求并显示双方的争执点。每一案件先由原告及其顾问要求裁判官准予使用适合原告请求的程式。得到书面批准并由裁判官签署后,双方当事人来到承审员[judex]前,提出证据;承审员则根据程式所定争执点的证据,作出判决。每一项诉讼事由有它自己的程式这一原则,赋予裁判官以发展法律的广阔天地。每认可一项新的程式,实质上创制了一项新的诉讼事由。裁判官可以在无先例的情况下允准新的适合案情的程式。裁判官在每一次诉讼中均处于解决争端的关键性位置。在古典法时代以后,程式诉讼为非常诉讼[cognitio extraordinaria]程序所取代。

fornagium n. 炉灶费 佃户为使用领主的炉灶烘烤食物所交纳的费用;或佃户为使用自己的炉灶而向领主交纳的费用。(⇨furnage)

fornication n. 私通 指无婚姻关系的男女自愿的性行为。若一方已婚而另一方未婚,则前者为通奸[adultery],后者为私通。但美国有些州的制定法规定,只要女方已婚则双方均构成通奸,而不问男方婚否。各州立法对私通有不同的界定,但实际上极少有对之作出处罚的。(⇨ adultery; illicit cohabitation)

fornication statutes 将私通规定为犯罪的现代制定法

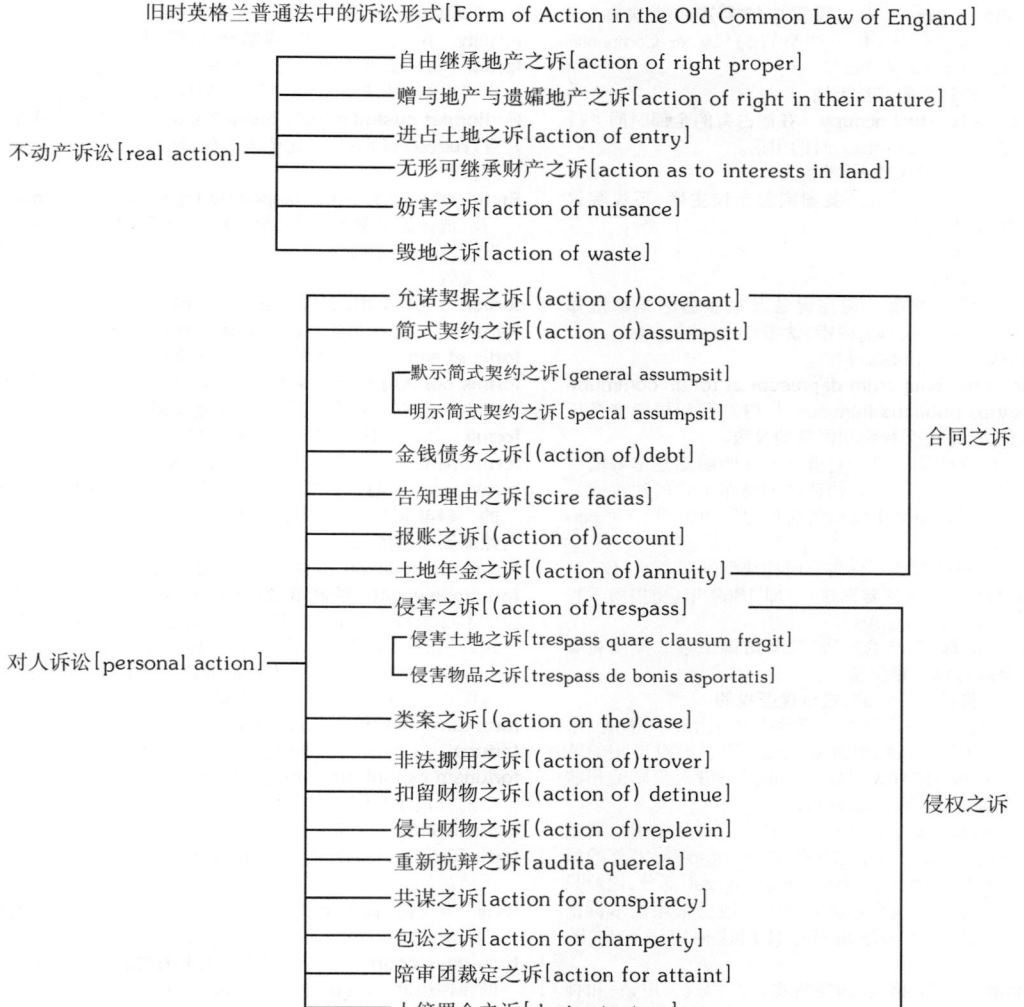

Source: 英美法术语服务机构(北京),2002年[The Anglo-American Law Terms Service, Beijing, 2002]

fornix 〈拉〉妓院;私通
forno 〈西〉烤炉;面包房
foro 〈西〉法庭审理和裁决案件的地点
foros 〈西〉对土地享有永佃权[emphyteusis]者所交的租金
foro seculari 〈拉〉在世俗法院;在非宗教法院
for other purposes 为其他目的 用于成文法的名称中,以期引起对与该法的一般主题[general subject]紧密相关的内容的注意,虽然这些内容在该法的名称中未被明确表述出来。
for own use 为己用 指一种目的限制。在与终身地产保有人[life tenant]相关时,指对其享有或将来享有的所有地产上的权益的限制,该地产保有人只能为自己的使用或享用[enjoy]而享有该权益。
forprise n. ❶保留;除外 此术语以前经常用于租约[lease]及权利转让证书[conveyance]中。❷强征;勒索 a. 被保留的;被除外的
for public use 为公用 来自或属于人民,在其经营范围内对公众开放。此术语是判断一个公司作为公用事业[public utility]的标准。
for purpose of 为…的目的;旨在…
for purpose of argument 为(上述)目的 常用于授予特许权[qualifying a concession]的文书中。
Forrester intoximeter test 〈美〉福雷斯特醉酒测试法 一种以呼吸中的酒精度来判断是否醉酒的测试方法。

Forrest-Fulton's Act 〈英〉《福雷斯特－富尔顿法》 即1887年的《沃特公司（权力调整）法》[Water Companies (Regulation of Powers) Act]。

forschel n.公路旁的狭长土地

for so long as he shall occupy 在他占有的全部时间 授予终身保有地产[life estate]时的用语。

forspeaker n.诉讼代理人；辩护人

forspeca n.（英格兰古法）英国宗教会议主席；下议院议长；男傧相；女傧相

forspreca (= forspeca)

forstal (= forestall)

forsteal n.（在盎格鲁－撒克逊法及征服后的早期法律[early post-Conquest law]中指）伏击敌人（⇨forestall）

forstellarius (= forestaller)

Forstellarius est pauperum depressor et totius communitatis et patriae publicus inimicus. 〈拉〉囤积居奇者是压迫穷人的人，是整个社会和国家的公敌。

forswear v.发伪誓 刑法上指宣誓证明明知是虚假的事实。其涵义较伪证为广。伪证必须是在主管的法庭或官员面前就有关的重要事实宣誓后作虚假的证明。（⇨perjury）

forsworn a.发伪誓的 伪誓有时构成伪证罪。

Forsyth's Act 〈英〉《福赛思法》 即1869年《受捐赠学校法》[Endowed Schools Act]。

fortalitium n. ❶（苏格兰古法）筑有防御工事或周围有壕沟的房屋或城镇 ❷堡垒

fortaxed a.被错误征税的；被过度征税的

for that 为此 格式用语。起诉状中引出诉讼请求的起始语。而"由于…"[for that whereas]则引出对事实的陈述。美国联邦法院和大多数已采用民事诉讼规则的州法院并不要求诉状中使用这种用语。

for that whereas 由于… 格式用语。起诉状中引出对事实的陈述的起始语，用于除侵害之诉[trespass]之外的所有诉讼。在侵害之诉中，无事实陈述[recital]部分，因此只使用"for that"。美国联邦法院和大多数已采用民事诉讼规则的州法院并不要求诉状中使用这种用语。（⇨for that）

forthcoming n.〈苏格兰〉扣押货物 经债权人申请，扣押债务人的货物。法院将传唤债务人到庭并命令其偿还债务，或以被扣货物抵抵。

forthcoming bond 财产保全保证书 债务人提交给扣押财产的行政司法官[sheriff]的保证书，保证一经要求立即交出财产。提交保证书后，财产可继续由债务人占有。

for the purpose and consideration stated 为上述目的和动机 认证书中的程式化条款。

for the uses and purposes herein set forth 为上述用途与目的 认证书中的程式化条款。

forthwith ad.迅速地；无迟延地；在合理的时间内 该词指在符合当时具体情况的合理时间内，合理地快速地完成某事。如允许做某事的期间内，能够遵循可行且通常的方式合法地完成该事，即为符合迅速之要求。

fortia n. ❶暴力；武力 ❷统治；支配[dominion] ❸司法权；管辖权 ❹（英格兰古法）从犯[accessory]使用的暴力的帮助行为 从犯使用的，使主犯[principal]得以实施犯罪的暴力，如在他人杀人时捆住或抓住受害人，或事前提供犯罪武器或以任何方式提供帮助或提出建议，或指挥[command]实施犯罪作为。

fortia frisca 新用的暴力（⇨fresh force）

fortifications n.防御工事 如城堡、碉堡等。

fortility n.（英格兰古法）设防地；城堡；堡垒

fortior 〈拉〉更有力的 证据法中指根据证据所证明的事实得出的各种推定足以将举证责任转移至对方当事人。

Fortior est custodia legis quam hominis. 〈拉〉法律的保管[custody of the law]比个人的保管[custody of man]更有力。

Fortior et potentior est dispositio legis quam hominis. 〈拉〉法律的处置比人的处置更强、更有效。 在某些情况下，法律压倒个人意愿，能使个人表示的意图或合同归于无效。

fortiori 〈法〉更加；更有理由（⇨a fortiori）

fortis 〈拉〉强有力的；强大的；有分量的；有效的

fortis et sana 〈拉〉坚强而健全的；结实而牢固的

fortius contra proferentem 〈拉〉对要约人要求更为严格

fortlett n.有一定兵力的地方；小堡垒或要塞

fortuit 〈法〉偶然的；不测的；意外的

fortuitment 〈法〉偶然地；不测地；意外地

fortuitous a. ❶偶然发生的；意外发生的；不明原因发生的 ❷非策划的；不定的 ❸（罗马法）因不可避免的自然原因导致的

fortuitous collision （海商法）船舶的意外碰撞

fortuitous event 偶发事故；意外事件 偶然或意外发生的不可预料的事故；非当事人所引起也非当事人所能防止的事故。如闪电、风暴、洪水、地震等。偶发事故可引起强制性的债务。例如为避免沉船必须将船上的货物抛入海中，由此造成的损失应由船主和货主按比例分摊。

fortuitum 偶然性（⇨forum fortuitum）

fortuna 〈拉〉财产；大量财产；被发现的宝藏

fortunam faciunt judicem 〈拉〉他们让运气断定 如以抽签的方式在共同继承人[coparceners]之间进行财产分割。

fortunetelling n.算命

fortunium n.（英格兰古法）以长矛进行的比武或比赛诉诸运气。

forty n.〈美〉四十英亩 常用语，尤其在西部和中西部。指一块土地（640英亩）的1/4中的1/4，即40英亩。

forty-days court （英格兰古法）四十天法庭 指御猎场中的扣押法庭[courts of attachments]，因每隔40天对所有违反御猎场法的行为进行审判而得名。（⇨forest courts）

forty shilling freeholder （英）四十先令土地完全保有人；特权小地主 一种小片土地拥有者。约从1430年起，他们在各郡有资格获得议会特权。随着19世纪这种特权范围的扩大，其重要性已丧失。

forum 〈拉〉❶法院；裁判所；诉讼地 ❷管理机构 ❸（罗马法）市场；（罗马城里进行审判、选举和货物交易的）公共庭院（⇨venue）

forum actus 〈拉〉行为地法院

forum competens 〈拉〉对案件有管辖权的法院

forum conscientiae 〈拉〉良心法院 有时用来表示衡平法院的特点。

forum contentiosum 〈拉〉法院；诉讼地；普通法庭 区别于良心法庭。

forum contractus 〈拉〉合同缔结地法院

forum conveniens 〈拉〉适于审理案件的地点 考虑到双方当事人和公众的最大利益，最适于审理案件的地点。（⇨forum non conveniens）

forum domesticum 〈拉〉内部法庭 裁决内部事务（如职业纪律等）的法庭。

forum domicilii 〈拉〉住所地法院；被告住所地法院　有管辖权的法院。
forum domicilii actoris 〈拉〉原告住所地法院
forum domicilii rei 〈拉〉被告住所地法院
forum ecclesiasticum 〈拉〉❶教会法院　❷（区别于世俗管辖权的）宗教管辖权
forum fortuitum 〈拉〉偶然性法院　指偶然性地向该法院起诉。
forum incompetens 〈拉〉对案件无管辖权的法院
forum ligeantiae actoris 〈拉〉原告效忠国法院
forum ligeantiae rei 〈拉〉被告效忠国法院
forum litis motae 〈拉〉起诉地法院
forum non conveniens 〈拉〉不方便审理的法院　如法院认为案件由另一法院审理对双方当事人更为方便且更能达到公正的目的，可不予受理。法院在作出这项决定时，必须综合考虑：取得证据的方便程度、减少证人到庭的困难和费用、勘验现场的可行性以及其他各种使审判方便、快捷、节约的实际问题。此外，要有至少两个法院对案件有管辖权，即原告可任择其一起诉时，法院才能行使这项裁量权。（⇨change of venue; forum conveniens）
forum originis 〈拉〉出生地法院
forum regis 〈拉〉王室法庭
forum regium 〈拉〉王室法庭
forum rei 〈拉〉❶被告住所地（或居所地）法院　❷争议标的物所在地法院
forum rei gestae 〈拉〉行为地法院
forum rei sitae 〈拉〉争议标的物所在地法院
forum saeculare 〈拉〉世俗法院　区别于教会法院或宗教法院。
forum selection clause 协议管辖条款　合同的双方当事人可以预先约定，在发生纠纷时，由某一州、某一国家、某一法院管辖；也可约定采用的司法程序或行政程序。这种条款通常有效，但其目的是为阻挠诉讼的除外。
forum shopping 选择法院　一方当事人选择某一特定法院进行诉讼，以为获得最有利的裁判。
for use ❶为他人利益（起诉）　特定利益的受让人有义务以转让人的名义起诉时，此类诉讼的名称即为"甲为乙的利益起诉丙"[A. for use of B. v. C.]。　❷使用借贷　借贷人有权使用借贷物，但不能消费或毁坏它，因此区别于消费借贷[loan for consumption]。
for value 付对价
for value received 作为已收到的对价
forward ad.向前；向将来；提前地；超前地
　a.在前面的；在先的
　v.❶发往目的地；发送；传送；传输　❷（由普通承运人）运输货物；（不按承运人的线路）直达某地的运输
forward contract 远期合同；期货合同；预购合同　在将来某一确定日期依签合同时所定价格和数量清算交割商品、证券、外汇的合同。远期合同属于完全执行的合同，与期权合同相反，因为期权合同的交易者在规定的清算交割日有权对是否执行合同作出选择。（⇨futures contract; option）
forwarder n.❶货运代理人；转运人；代运人　❷转交法律事务的人　指律师将接受当事人委托的业务转交距离较远的另一律师办理。这种做法通常出于对地域管辖的考虑，或者另一律师与一方当事人有关标的物距离较近，因而能更迅速地进行处理。
Forwarder Act 〈美〉《货运代理法》　将货运代理人及其业务运营置于州际贸易委员会[Interstate Commerce Commission]管辖之下的一项联邦立法。
forwarder's receipt 货运代理人收据；转运商出具的货物收据
forwarding n.货运代理业务；转运业务；运输业务
forwarding agent 货运代理人；货物转运人；货运承揽行　将小批量货物集中安排为整车货物装运，从运费率差价中获利的转运商；亦指以代客户装卸或发运货物作为主要业务的公司或个人。
forwarding bank 转递银行　将托收的票据和单证传递给另一银行的银行。
forwarding fee 转让费　指律师将受委托的法律事务转另一律师办理，后者向前者支付的费用。
forwarding merchant （= forwarding agent）
forwarding suit papers 转递诉讼文件　按照汽车责任保险单的合作条款或明文规定，被保险人在收到由于承保车辆的使用和操作所造成的索赔或诉讼的每一项要求、通知、传唤或诉状后，应立即向保险人转递。
forward rate 远期汇率　在将来某一日期进行外汇交割，但交割时适用达成交易时所确定的汇率。
forwards and backwards at sea （海运航线中的）港至港；港际往返；航程往返　在海上保险中，指航程中任何港口之间的往返，而不仅仅指起运港与目的港之间的往返。
for whom it may concern 可能关涉保险利益者；可能涉及的人　保险单中的用语，意指在保险单中未指明但对保险标的享有可保利益或可执行利益的人。根据该术语，可将保险单所提供的保护扩展至这类人。
fossa 〈拉〉❶（罗马法）沟；水沟；人造贮水容器　❷〈英格兰古法〉（用以淹死犯重罪妇女的）壕沟；城堡的壕沟　❸〈英格兰古法〉坟墓
fossage n.〈英格兰古法〉向设防城市居民所征疏浚护城河之税
fossagium （= fossage）
fossator(i)um operatio 〈拉〉〈英格兰古法〉市民或近城佃农提供的疏浚护城河的劳役
Foss v. Harbottle (1843) 2 Hare 461 〈英〉福斯诉哈伯特尔案（⇨Rule in Foss v. Harbottle）
fossway 〈英〉福兹街道　古代罗马人在英格兰修筑的四条大道之一，从阿克斯明斯特[Axminster]经巴斯[Bath]和莱斯特[Leicester]通往林肯[Lincoln]，是罗马统治第一阶段（公元1世纪中叶）边界的标志。
fosterage n.领养　照料他人的孩子、兄弟、姐妹、父母等。由于照料与抚养，虽无血缘关系，亦视同亲属。
foster child 领养的孩子　由非亲生父母照料、抚养和教育的孩子。（⇨foster parent）
foster home 收养所　收养没有父母的孩子或被从父母身边拐走的孩子的收容所。
fostering n.❶领养　照管非亲生的儿童，但并非收养。现代最通常的领养是由地方政府依法对孤儿、弃儿行使亲权，并支付酬金交托他人对儿童进行实际照管。受托人必须同对待自己的子女一样对待领养儿童。领养可以是短期的，也可以是长期的。　❷寄养　爱尔兰古代的习惯。指将子女安置在寄养人处。寄养关系被认为比血缘关系更为亲切。寄养的子女分享养父的财产。
fosterland 养育地　为使之获得食品或粮食而授予、指定或分配给某人或某些人的土地，如修道院分配给僧侣的土地。
fosterlean n.❶领养孩子的固定酬金　❷（= jointure）

foster-loan n.〈撒克逊〉❶结婚赠礼 ❷(= jointure)
foster parent 领养的父母 将他人子女视同自己的孩子进行照管、教养的人。(⇨foster child)
foster-ship n.林务官或林务员的职务
fother n.一车的装载量 约一吨,一种对铅制品的约定俗成的计量单位,所表示的重量在各地有所不同。
foto-patrol n.光电测速系统 通过电子脉冲[electronic impulse]驱动一束光和一架相机来测量汽车速度的装置,与交通流量照相机[photo-traffic camera]相似。
fouage (= fuage)
foul bill of lading 不清洁提单;不洁提单 承运人对所装载承运的货物的表面状况加以不良批注的提单,如批注"破损"、"包装不固"或"油污"等。此种提单表明,货物是在表面状况不良的情况下装船。如果在交付货物时发现货物受损或灭失,而致损原因可归于批注事项,则承运人对此损失不负责任。在国际贸易中,货物的买方和银行一般都不愿意接受不清洁提单。
foul shop 违规商行 雇佣非工会会员的商店或工厂。
found v.住宿与膳食[room and board]
— a.发现的;查明的;认定的 ①确认或裁决某事实为真实;②为确定管辖权或送达诉讼文书之目的,而发现或查明某人位于某一司法区内或某公司在某一司法区内从事营业活动。
foundation n.❶(建筑物的)根基;地基 ❷基金 为公益、教育、宗教、研究或其他慈善[benevolent]目的,通过捐助设立和维持的永久性资金。❸基金会 为学院、学校、医院和慈善团体提供财政援助,一般通过获得以此为目的的捐赠得以维持的机构或组织。❹预备性问题 向证人提出的,据以确认其他证据可采性,并与争议事项有关的问题。
founded a.建立在…基础上的;由…引起的;依靠…的
founded on statute 以成文法为基础的 指一项法律提案[proposition]引证了某项成文法或涉及对成文法的适用。
founder n.发起者;捐赠者;创立者 尤指为学院、医院或其他慈善性机构的创立作出捐赠或提供资金的人。
founder's shares 〈英〉发起人股票 按照英国公司法的规定,指为酬报发起人或创办人创立企业的贡献,公司为之发行的股票。这种股票只能在普通股票分配股息后的余额中获得收益。现已近于消失。
foundling n.弃婴;弃儿 被发现的不知其父母、监护人及亲属的幼儿。
foundling home 弃儿院 照料被抛弃儿童的慈善机构。(⇨foundling hospital)
foundling hospital 育婴堂 在许多欧洲国家设立的、安置和照料被父母遗弃之婴幼儿的慈善机构。被弃婴幼儿通常是非法结合所生的子女。
four (法国古法)烤炉;窑;烘烤房
four banal (法国古法)公共烤炉 由领主保持这种烤炉的专有权利,佃户只能在此烘烤面包。
fourch (= fourcher)
fourcher 〈法〉交叉应诉 古时被采用的一种拖延诉讼的方法。在有两个共同被告的诉讼中,两被告不同时到庭,而是轮流到庭,并为另一人提出缺席理由,由此推迟审判进程。(⇨fork)
fourching n.拖延诉讼
four corners 四只角 指书面文件的字面所记载的内容,称"在它的四只角以内"。因每项契据仍假定为书写于一张完整的兽皮上,只有四只角,故名。

four corners rule 四角规则 根据该规则,双方当事人,尤其是让与人的真实意图,应当按照文件的完整内容认定,不能根据某一孤立部分推测。
four day order 〈英〉四天裁定 《最高法院规则》[R.S.C.,Ord.42,r.2]规定要求某人做某一行为的裁定或判决必须指定行为应完成的时间。但如果该裁定未指定完成时间,法庭将作出补充裁定以确定完成的时间。虽然裁定中规定实施行为的时间不必完全是四天或仅四天,该裁定在高等法院衡平分庭[Chancery Division]内仍被称为"四天裁定"。
Four Doctors 四大博士 对四位12世纪罗马法学者即巴尔格鲁斯[Bulgarus]、马蒂努斯[Martinus]、雅各布斯[Jacobus]和胡果[Hugo]的称呼。他们继伊内留斯[Irnerius]之后成为注释法学派[school of glossators]的领袖人物。
four freedoms 〈美〉四项自由 第二次世界大战期间美国总统罗斯福[F.D.Roosevelt]提交国会敦促支持《租借法案》[Lend Lease Bill]的咨文中,在陈述目的时提出的四方面自由,即免于匮乏(的自由)、信仰自由、言论与表达自由和免于恐惧的自由。
401(k)plan 〈美〉401(k)计划 公司为雇员利益而建立的储蓄计划。该计划允许雇员按一定比例将薪金总额中的部分税前收入投资于公司基金,再由公司基金投资于股票、债券或其它投资工具。参加该投资计划的雇员可将薪金总额的一部分(如10%)以及直到退休或调离前尚未进行综合纳税的投资资产和收益投到该计划中。由于上述资产可不包括在雇员的薪金收入内,不必申报纳税,因此,该计划可以使个人资产的一部分成为免税资产,故该计划又称作薪金扣减计划。
four seas 四海 指环绕英格兰的诸海。划分为西部海,包括苏格兰海和爱尔兰海;北部海,或北海[North sea];东部海,指日耳曼洋[German ocean];南部海,指英吉利海峡。"在四海以内"意指在英国管辖范围之内。
fourteen-day costs 〈英〉十四天费用 在以令状追索债务或请求支付约定金额中,如果该债务额或金额能在十四天内偿还或支付,法院在令状上签署的需缴纳的固定数额的诉讼费用。
Fourteen Points 十四点建议 美国威尔逊[Wilson]总统于1918年1月8日向国会所作的演讲中提出的关于第一次世界大战后的和平处理国际事务的十四点建议:①公布公开达成的盟约;②公海航行自由;③消除贸易壁垒;④削减武装力量;⑤调整殖民地的要求;⑥撤离俄罗斯领土并由其独立决定国家政策;⑦撤离并恢复比利时;⑧撤离并恢复法国,交还阿尔萨斯洛林;⑨⑩⑪对奥匈、意大利、巴尔干半岛各国的边境进行重新调整;⑫达达尼尔自由,土耳其各族人民有权自决;⑬独立的波兰;⑭成立一个广泛的国家联盟。
Fourteenth Amendment 美国宪法第十四条修正案 1868年批准。该修正案旨在把美国宪法第十三条修正案扩展为联邦民权[civil rights]权威[authority]的基础,同时,目的还在于强制南方州遵从为黑人新确立的政治权利。修正案共分五款,其中第一款乃是其核心。修正案创立或首次确认了区别于各州公民身份的美国公民身份;禁止各州制定或实施剥夺美国公民特权及豁免权的法律;各州未经正当法律程序不得剥夺任何人的生命、自由或财产;不得剥夺任何人应获得平等的法律保护。修正案还包含关于国会中代表名额分配的规定。第十四条修正案提出了在保护民权方面的联邦地位。但对该修正案的早期解释仍保留了在这一政策领域中州的主导作用。只是到近期,主要通过对正当法律程序和平等保护条款的扩大解释才使其产生了重大变化。第十四条修正案现在已成为美国民权政策的奠基石和《权利法案》[Bill of Rights]保障一直扩展到各州的主要方式,它在保障美国人基本权利方面的重要性与此事实相关:与美国奠基人的看法相反,对人民自由的主要威胁一直是来自州和地方政府而不是联邦政府。(⇨due process of law; equal protection clause)

Fourth Amendment 美国宪法第四条修正案 修正案保证人们的人身安全及财产免遭非法搜查和扣押。修正案还规定,无合理根据不得发布搜查令和扣押令,而且只能对指定的地点进行搜查,只能对指定的人和物品予以扣押。在美国早期历史上该修正案只适用于联邦政府,至1868年第十四条修正案通过后,通过第十四条修正案中的正当法律程序条款,该修正案的适用范围才被扩展到州。它确立了美国公民一项不受政府官员和代理人不正当入侵威胁的绝对权利。(⇨probable cause; search)

fourth branch of government 政府第四部门 即行政机关。

fourth class mail 四类邮件 指包裹邮递。

fourth-degree manslaughter 四级非预谋杀人罪(⇨manslaughter)

fourth estate 〈英〉第四等级 指新闻工作者或新闻界。由于议会的记者席对公共政策的影响可与议会的三个传统等级相同,故名。三个传统等级是教士、贵族和平民。

Fourth of July 七月四日;美国独立日(⇨Independence Day)

four unities (夫妻)共有财产设定与存续的四要素 即利益、权利、时间和占有。

foutgeld (= footgeld)

fowls of warren 〈英〉繁殖园地的禽类 英国森林法禁止任意猎杀的野生禽类。包括三大类:田野禽类,如鹧鸪、秧鸡、鹑;林木禽类,如丘鹬、雉;水上禽类,如野鸭、苍鹭。

Fox's Libel Act 〈英〉《福克斯诽谤法》 指 1792 年在查尔斯·詹姆斯·福克斯[Charles James Fox]动议下通过的诽谤法。该法授权陪审团依据全部案情对诽谤罪的控诉作出被告人有罪或无罪的裁断,从而改变由法官认定所指控的文字是否属于诽谤的普通法原则。

foy 〈拉〉〈法〉忠诚;效忠;忠实

f. p. (= fire policy; floating policy)

FPA (= free from particular average)

FPC (= Federal Power Commission)

FPH (= foreign personal holding company)

F.P.R. (= Federal Procurement Regulations)

fr. (= fragmentum; fractional)

FRA (= Federal Reserve Act)

fractio 〈拉〉破碎;分割;碎片;部分

fraction n. ❶破碎;分割 ❷片断;碎片;碎块 ❸一部分;小部分 ❹个别;单独

fractional n. 部分的;少量的 对成片的土地,尤其是 6 英里见方的地块、1 平方英里的地块、160 英亩的地块和政府测定的其他地块以及矿区土地,"部分的"一词意指划定这种地块或矿区的外圈边界线内的土地,由于重叠测量、存有河流湖泊或其他外部原因,未能达到应有的面积或原定的英亩数。

fractional lot 不足地块 城市或乡村的土地,其面积少于通过测量而划定的地块。

fractional part 一部分 整个单位的一部分;对特定土地的一部分进行转让时,如未指明转让部分的具体位置,则视为在这部分限度内转让整块土地的权益。

fractional share 零股;零星股;不足一股的股份 股东源于股权和股利而拥有不到 1 股的股份,可在支付股利时产生。例如持有 75 股的股东,公司按 10%分派新股。

Fractionem diei non recipit lex. 〈拉〉法律不承认一天的一部分。

fraction of a day 一天的一部分;将一天分割 除有必要或出于公正的目的外,法律不承认一天的一部分;规定在某日作出的行为可在这一日的任何时段作出。

fraction of section 〈美〉地块的一部分 由政府勘测划出少于通常为 640 英亩的地块。测量出的土地通常用词语或者数字表示,如:E2NE4sec.10,表示 80 英亩,包括第 10 块的东北部 1/4 的东半部。

fractitium n. 可耕地

fractura navium 〈拉〉❶船舶失事;船舶破裂;船舶残骸 ❷(= naufragium)

fragentibus prisonam 〈拉〉越狱者(⇨de Fragentibus Prisonam)

fragmenta 〈拉〉片断 有时用来(尤其在引文中)指优士丁尼的《国法大会》[Corpus Juris Civilis]中的《学说汇纂》[Digest or Pandects],因其系由众多法学家的著作的许多摘录或"片断"编纂而成。

fragmentary appeals 对同一裁判不停的上诉

fragmented literal similarity (版权法)片断文句相同 用以判断是否构成侵犯版权的"实质相同"[substantial similarity]的认定方法之一。原告只要表明分散在被告作品中的文句(或音乐段落、艺术符号或形象)就是原告受版权保护作品的组成部分,即可以证明被告构成复制侵权。

fragmentum 〈拉〉片断(⇨fragmenta)

frais 〈法〉支出;花费;费用

frais de justice 〈法〉〈加〉诉讼的附加费用;诉讼费用

frais d'un procés 〈法〉诉讼费用

frais jusqu'a bord 〈法〉(商法)装船前费用 指货物越过船舷前的费用,包括搬运费、包装费、佣金等。

frame v. ❶构筑;建造 ❷给(照片等)装框 ❸拟订(宪法草案[outline of a constitution]);设计(政府形式[form of government]) ❹(俚)诬陷;捏造(罪名等)

framed a. (俚)诬陷的;受诬陷的;捏造的 因虚假的或捏造的证据而显得有罪。用于描述证据时,一般指证人受案件利害关系人的唆使或与之合谋,有意识地对毫无根据的事实宣誓作证。

frame-up n. (俚)阴谋;策划 尤指有恶毒的意图,如用虚假的证据归罪于人。

frampole fences 〈英〉埃塞克斯郡[Essex]里特尔地区[Writtle]领地的围栏 佃户有特定的权利砍伐领主的树木以修补这种围栏。

franc n. 法郎 法国、瑞士、比利时等国的货币单位。〈法〉❶自由的;不受拘束的;没有约束的 ❷免费的;免税的

franc aleu 〈法〉(封建法)自主地;自主遗产 行使这种财产(尤指地产)权利时,除对国王承担一定义务外对其他任何人都不承担义务。

franchilanus 自由人;自由佃户

franchise n. ❶公民的选举权 ❷特许;特许权 政府授予个人或团体的做某事的特权,而非公民普遍享有的权利,例如准予经营有线电视的特许,在英国指臣民享有的

王室特权。❸特许使用权;特许经营权 例如使用名称或出售产品或提供服务的权利;生产或供应商可授权零售商根据约定的条款使用其产品及名称。也指商标或商号的权利人允准他人以其商号或商标出售产品或提供服务的特许。❹特许协议 ❺特许经营人所经营的业务 ❻(海上保险)相对免赔率;相对免赔额(⇨franchise agreement;franchise clause;franchised dealer)

franchise agreement 特许协议 一般指提供产品或服务的人或商标或版权的权利人,即特许授予人与特许经营人之间的协议;根据协议,特许经营人同意以特许授予人的名义出售特许授予人的产品或提供服务,或从事其他经营活动。

franchise appurtenant to land 附属于土地的特许权 特许权通常并非不动产或土地,也不包括在"地产"一词范围内。但有时行使特许权与不动产相关联时,则归入不动产或具有不动产性质的财产。

franchise clause 相对免赔率条款;相对免赔额条款 意外事故保险单中的一个条款,意思是保险公司将只对那些超过规定百分比或金额的索赔进行全额赔偿,而对那些未达到规定百分比或金额的索赔,由被保险人自己负责。其与绝对免赔额条款[deductible provision]的区别在于:在后者,不论损失多少,被保险人都要承担一定损失额,保险公司只赔偿超过该规定金额部分;而在前者,一旦累赔超过规定金额,保险公司就应支付整个索赔金额。

franchise courts 〈英〉特权法庭 指不同于国王代表掌管而由私人设立的法庭,它因特许或国王准许而设。主要有自治市特许法庭、海事法庭、商事法庭、各种工商事务监察委员会法庭。特许法庭的特许司法权在特权领地郡[Palatine Counties]内相当大,以致爱德华一世[Edward I]于1274年派委员专门调查此种权利,并建立了权力开示令状[Quo Warranto]制度。据此特许权人要拥有这些特权,必须出示正当文件或其他依据来证明其特权是由王室赐予的,或者依据《1290年格罗斯特法》[Statute of Gloucester of 1290]来证明自理查一世[Richard I]以来即拥有此种特权,而且未曾中断该特权的行使。

franchised dealer 特许商;特许经营人 指根据特许协议出售制造商或供应商的商品或提供服务的零售商。此协议一般对零售商的销售区域提供保障并协助其进行广告宣传和促销活动。

franchisee n.特许经营人

franchise prisons 〈英〉特许监狱 依王室颁发的特许状有权关押债务人的监狱,此种权利可由自然人或法人继承。这些特许监狱于1857年被法律废除,自此只有郡监狱可以扣押债务人。

franchise tax 特许权税 对公司现有的特许权或经营某项业务的特许权所征的税。特许权的价值,虽然可以根据营业额、利润或股权进行估算,也可根据公司超过有形资产的资本或股本的总值进行估算,但特许权税并非直接对财产、资本、股本、利润或股权所征的税。

franchisor n.特许权人;特许权授予人

Francia 〈法〉法兰西;法国

Francigena n.❶在法国出生的人 ❷以前对在英国的外国人的称呼(⇨Frenchman)

franclaine n.❶自由地产保有人(⇨freeholder) ❷自由民;公民(⇨freeman)

francling (= frankleyn)

Franconia Case 〈英〉弗兰科尼亚案 即1876年R.v. Keyn案。该案提出的问题是:外国人指挥外国船只,在距离英国海岸3英里以内,因航行中的失误造成有人死亡时,中央刑事法院可否判定其犯有非预谋杀人罪。法院对之作出否定的裁决。(⇨high seas)

franco price 包括将货物运至买方货栈的运费的价格

franc tenancier 〈法〉不动产终身保有人;自由地产保有人(⇨freeholder)

francus 〈拉〉自由民(⇨freeman)

francus bancus 〈拉〉(英格兰古法)(= free-bench)

francus homo 〈拉〉(古)自由人;自由民

francus plegius (= frank-pledge)

francus tenens 〈拉〉自由地产保有人(⇨freeholder)

frank a.(古)自由的;不受监禁的;免费的;免税的 常用于复合词中。
n.❶[F-]法兰克人 六世纪征服高卢[Gaul]的日耳曼人中的一支。法兰西即得名于法兰克人。 ❷邮资已付戳 为代替邮票而在邮件上加盖的签章或标记。 ❸免费邮寄权

frankalmoign n.自由教役保有 撒克逊时代遗留下来的一种土地保有方式,也是教会作为土地保有人的两种保有方式之一,与限定教役保有[tenure by divine service]相对。按照该保有方式,教会法人[religious corporation]及其继承者永久保有捐赠者[donor]的土地,免于向领主承担除三项基本役务[trinoda necessitas]和《公祷书》[Book of Common Prayer]规定的宗教役务[divine service]以外的一切役务。但若其违背所承担的役务,领主不能扣押其动产,只能向教区长或教会巡督[visitor]提出控告。此外,在12 – 13世纪,以该方式保有的土地专属教会法院管辖。在1660年之前,该保有方式已基本废弃。在1925年《地产管理法》[Administration of Estates Act]生效后,这一保有方式即转化为普通自由农役保有[common free socage]。

frankalmoigne (= frankalmoign)

frankalmoign tenure 〈英〉自由教役保有(= frankalmoign)

frankalmoin (= frankalmoign)

frank bank (= free-bench)

frank-chase n.自由狩猎权 任何人享有的自由狩猎的权利。在划定的狩猎地范围内拥有土地的人不得砍伐即便是自己的树木,以免损害狩猎权人的利益。(⇨chase)

franked investment income 已完税投资收入

frank-fee n.免役完全保有地 除臣服礼[homage]以外得以免除一切役务的完全保有地。它不属于古地[ancient demesne],依领地习惯可由保有人自己或其继承人保有,并且不必担负古地自保所要求的役务。免役完全保有地受普通法保护。公簿地产[copyhold]可通过向国王的法庭交费而转化为免役完全保有地。

frank ferm(e) 〈英〉特别农役封地 指免除了臣服礼[homage]及监护[ward]、婚姻[marriage]及地产继承[relief]的费用的农役保有[socage]封地。该封地[fee]原为骑士役[knight's service],因授予或赠与而转变为农役。

frank-fold (= foldage)

franking letters 免费信件(⇨franking of letters)

franking of letters 免费寄信 1660年英国议会两院即已提出,议员只需在信封上签名即可免费寄信,但直至1763年才由立法认可,并作出某些限制。议员们常以大量签署过的信封供友人免费使用。为此,1837年对这项特权进一步加以限制,并于1840年废止。但两院议员仍可从议会两院寄出未贴邮票(官方预付邮资)的信件。在美国,免费寄信最初系独立战争中作战士兵的特权,随

后范围有所扩大,来又限于议员和政府官员名义上为公务而邮寄的信件。

franking privilege 免费寄信权(⇨franking of letters)

frank-law n.(废)公民权 普通法上指自由民或公民的各种权利和特权。该用语现已废弃。

frankleyn n.自由人;完全保有地产人;绅士;有教养的人

franklin (= frankleyn)

franklyn (= frankleyn)

frank-marriage (英格兰古法)免役陪嫁地产(权) 女方的父亲或其他血亲将土地赠与夫妻二人及他们的后代,限定由双方所生之子嗣继承该地产。受赠人及他们直至第四代的后嗣可以免除对赠与人的役务,但因血缘关系从赠与人处取得非限嗣继承土地时,必须先将受赠的土地与其他财产合并。(⇨maritagium)

frank-pledge n.(英格兰古法)连带担保;十户连保(制) 指十户区内的全体14岁以上的自由民互相保证品行良好,并互相担保在触犯法律时不逃脱审判。

Franks Committee 〈英〉弗兰克斯委员会(⇨Committee on Administrative Tribunals and Enquiries)

frank-tenant n.自由保有地产人(= freeholder)

frank-tenement 〈英〉自由保有地产 既可指该土地保有方式,又可指该地产。

frank tenure 自由地产保有(⇨free tenure)

F.R.A.P. (= Federal Rules of Appellate Procedure)

fratenia n.(古)教友会;信徒组织 各成员相互为对方祷祝身体健康、生活幸福等,并为已故教友的亡灵祈祷。

frater 〈拉〉(罗马法)兄弟

frater consanguineus 〈拉〉同父异母兄弟

Frater fratri uterino non succedet in haereditate paterna. 〈拉〉对同母异父兄弟的父系遗产不能继承。

fraternal beneficial society (= fraternal benefit society)

fraternal benefit association (= mutual benefit association; mutual relief association)

fraternal benefit society 兄弟会;共济会 从事相同或相近职业和行业的人,或兴趣相同的业余爱好者,或为某种有价值的目标而协同工作的人,为互相帮助促进共同的事业而组成的团体。亦指为互相帮助和共同利益而自愿组成的非营利性组织,通常设有分会,有一定的工作程序和代表机构,规定死亡抚恤金和意外事故、疾病或老年津贴的发放,其资金来源则以会员所缴会费或向会员征集。(⇨mutual benefit society)

fraternal insurance (= mutual insurance; mutual benefit insurance)

fraternal lodge (互助会等的)地方分会(⇨fraternal benefit society)

fraternal order or society 兄弟会;共济会

fraternia n.兄弟关系;兄弟会

fraternity n.❶(因共同的利益、业务或爱好而结成的)兄弟会 ❷〈美〉大学生联谊会 美国大学中的学生组织,主要为促进会员之间的友谊和福利而组成,常以希腊字母命名并有秘密的仪式。

fraternity or co-operation 博爱或协作 通常和自由、平等一起构成正义的三项原则。它意味着团结、集体精神、兄弟情谊、互相帮助和满足共同需要。其法律上的涵义包括认可国家或社会设置的对外防御系统、内部的法律和秩序,以及日益广泛的社会服务。

frater nutricius 〈拉〉私生子兄弟

frater uterinus 〈拉〉同母异父兄弟

fratres conjurati 〈拉〉(为保卫君王或为其他目的而结成的)同盟伙伴;结义兄弟

fratres poes (= fratres pyes)

fratres pyes 〈拉〉习惯穿黑白袍服的托钵修士

fratriage (古)❶弟弟的继承 作为遗产,由弟弟取得的父亲的财产份额。按照封建法[feudal law],虽然弟弟取得的是作为父亲遗产的土地,却仍须向兄长行臣服礼[homage]。❷共同继承人的继承份额

fratriagum (= fratriage)

fratricide n.杀害兄弟姐妹者;杀害兄弟姐妹

fraud n.欺诈;诈骗 指为诱使他人放弃有价值的所有物或合法权利而有意地歪曲真相。无论通过言词或行动,或虚假的或造成错误印象的陈述,或隐瞒应告知的情况,只要有意欺骗他人,造成或企图造成他人损害的,均为欺诈。无论是单个行动或互相配合的若干行动,无论是隐瞒真实情况或作谬误的建议,无论是正面的虚假陈述或暗示,无论是明说或沉默,乃至表情和手势,都可构成欺诈。(⇨actionable fraud; cheat; civil fraud; criminal fraud; deceit; false pretences)

fraudare 〈拉〉(罗马法)诈骗;欺诈;欺骗;骗取

fraud in equity 衡平法上的欺诈 比普通法对欺诈的含义广泛。对法律上可控诉的欺诈以及各种从他人处获取昧心利益的行为、交易和情况,衡平法均认为存有欺诈。

fraud in fact 事实上的欺诈 指现实的、肯定的[positive]、有意识的欺诈;为事实所揭露的欺诈。

fraud in law 法律上的欺诈 与事实上的欺诈不同,指法律暗指或推断的,为法律所认定的欺诈。(⇨constructive fraud)

fraud in the execution 履行中的欺诈 欺骗他方当事人的、有关合同的文件性质的虚假陈述。

fraud in the factum 对事实的欺诈 对书面文件的性质作错误的表述,致使他人在不了解且无从了解文件性质或主要条款的情况下予以签署。

fraud in the inducement 引诱性的欺诈 与交易相关而与所签署的合同或文件的性质无关。对合同的条款、质量、风险或合同的其他方面作虚假的表述,诱使他人在对所承担的风险、责任或义务产生错误认识或理解的情况下同意作成交易。

fraud of creditors 对债权人的欺诈(⇨fraudulent conveyance)

fraud on court 欺瞒法庭 一种干扰司法机关进行公正审判的不正当手段,例如阻止对方当事人正当地陈述案情或提出答辩。但只有在针对法庭并达到极端恶劣的程度,而且有清楚的、明确的、可靠的证据时,才能作出欺瞒法庭的裁决,例如律师为伪造证据向法官或陪审团行贿。

fraud order 〈美〉禁邮令 邮政总局局长[Postmaster General]签发的,因收件人从事被禁止的规划、装置、营业而将邮件退回寄件人的命令。

fraud or dishonesty 诈欺或不诚实 在忠诚保险[fidelity bond]中导致保险责任发生的行为,该行为不包括犯罪。

fraudulent alienation 欺诈性出让 一般指企图欺骗债权人、留置权人或其他人而出让财产。在特殊情况下,指遗产管理人以送掉或低价出售等方式损耗资产的行为。

fraudulent alienee 欺诈性受让人 明知遗产管理人在作欺诈性出让而受让财产的人。(⇨fraudulent alienation)

fraudulent alteration 欺诈性变造 为获得更多利益而不诚实地、欺骗性地更改契据、证件或其他书面文件所载明的条款。(⇨alteration; forgery; raised check)

fraudulent assignment 诈欺性转让 转让人为避免将其财产立即用于偿还债务而将财产转让出去。

fraudulent claims 欺骗性要求（⇨false claim）

fraudulent concealment 欺骗性隐瞒 指遮掩或隐瞒在法律上或道德上有责任透露的重要事实或详情。也指使用计谋以避免询问、逃避调查、误导或阻挠他人获得有权起诉的信息。合同的一方当事人有意识地对另一方当事人隐瞒某些重要的事实，则另一方当事人有权解除合同。（⇨material fact）

fraudulent contract of marriage 欺骗性婚姻（合同） 用欺骗手段诱使男方或女方结婚的，或由于近亲、低能或其他情况，从一开始即属无效婚姻。

fraudulent conversion 欺诈性变换 指收取他人的金钱或财物后，欺诈性地予以扣留、变换、使用或使自己获益，或供所有人以外的第三人使用或使之获益。

fraudulent conveyance 欺诈性转让财产 ①指以欺骗、阻碍或拖延债权人为目的而转让财产，或将财产转移至债权人鞭长莫及的地方，或为规避债务而转让财产；②在破产法上，指债务人在无力偿债时无对价地或以极小的对价将财产转让或赠与他人；或债务人因转让财产造成其资本不合理缩减，或债务人自己清楚将因转让财产而不能履行到期债务；或债务人为阻碍、拖延或欺诈债权人而转让财产。（⇨Uniform Fraudulent Conveyance Act）

fraudulent debtors 诈欺性债务人（⇨Debtor's Act of 1869）

fraudulent disposition of property 欺诈性处分财产 应具备三个要件：①被处分的物品必须有一定价值；②由债务人作出转让或处分；③债务人有欺诈的故意。

fraudulent enlistment or appointment 欺诈性应征或任命 指通过虚假陈述或蓄意隐瞒自身条件而得以在武装部队应征或接受任命，并取得相应的报酬与津贴；将明知不合格的人吸收入伍或予以任命。

fraudulent exchange 欺诈性的交换 对一方当事人的债权人有欺诈的互换财产。

fraudulent intent 欺诈故意 以利己或误导他人为目的，对明知是虚假的或并不确信其真实的事实作出陈述。（⇨fraud; fraudulent misrepresentation）

fraudulent joinder （美）欺诈性的共同诉讼 原告为避免案件被移送联邦法院审理而不正当地、恶意地将本州的居民列为共同被告。

fraudulently ad. 欺诈性地；欺骗性地

fraudulent mediums 〈英〉欺诈性灵媒 指以图财为目的而从事迷信招魂术者，根据1951年《欺诈性灵媒法》[Fraudulent Mediums Act]对此可以罚款或高达2年的监禁。

fraudulent misrepresentation 欺诈性错误陈述 指对重要事实[material fact]作出虚假陈述，使对方当事人误信而陷于错误的认识，且基于这种错误认识进行某项行为，并由此遭受损害。欺诈性错误陈述人主观上既可以是明知所为为假，也可以是不问其是否明知所述真假而作出陈述。欺诈性错误陈述作为一种诉因可回溯至1201年，并与因违反保证中严格责任而生的诉讼相区别。

fraudulent mortgage 欺诈性抵押

fraudulent or dishonest act 欺骗性的或不诚实的行为 指恶意的、有背诚实信用的或道德卑劣的行为。

fraudulent practice 欺诈性做法 在美国《蓝天法》[Blue Sky Law]原文中，指对公众认购人进行欺骗或误导的各种行为。

fraudulent preference 欺诈性特惠；虚假的优先权 行将破产的债务人给予个别债权人不合理的优惠（如优先清偿其债务），从而损害了其他债权人的公平受偿权。根据英国《破产法》[Bankruptcy Act]及《公司法》[Companies Act]，如果债务人在向他人优先偿付债务、转让财产等6个月之内破产的，则该行为属于欺诈并无效。

fraudulent representation 欺诈的陈述 对明知是不真实或不信其是真实的事情所作的陈述，目的在于引诱他人作出相应的行为。

fraudulent trading 欺诈交易 以欺诈债权人或其他人为意图而进行的公司业务。这类行为可使负责经营该项业务的人对公司的相关债务和赔偿责任承担个人责任。

fraudulent transfer 欺诈性财产转让（⇨fraudulent conveyance）

fraudulent use of process 传票（或令状）的欺诈性使用 传票（或令状）滥用的一种形式，即使用合法签发的传票（或令状）以达到欺诈性目的。（⇨abuse of process）

fraus 〈拉〉欺诈；欺骗 在民法中通常称 dolus 和 doclus malus，不过二者有时仍有区别。（⇨dolus）

fraus dans locum contractui 欺诈诱导订约 以欺诈手段诱使他人与其订立合同。

fraus et dolus nemini patrocinari debent 〈拉〉欺诈与恶意不得有利于任何人

fraus et jus nunquam cohabitant 〈拉〉诈欺与正义势不两立

fraus legis 〈拉〉（罗马法）为了欺骗法律；规避法律 尤指从事法律未明文禁止但并不希望人们从事的行为。

fraus meretur fraudem 〈拉〉欺诈应得；招致欺诈

FRB (= Federal Reserve Bank)

frectum 〈英格兰古法〉运费

frednite 〈英格兰古法〉❶开设法庭并就殴击和伤害行为征收罚金的自由 ❷罚金的免除

fredstole 〈拉〉庇护所；避难所；圣所

fredum 〈拉〉❶（破坏治安时为了求得宽恕而支付的）罚款 ❷（为防报复而付给治安官的）钱款

fredwit 〈拉〉对殴打和伤害案开庭审理和判处罚金的自由（= fredwite）

fredwite 〈拉〉(= fredwit)

free a. ❶自由的；非专制的；享有法律和政治权利的；不受奴役的 ❷有选择权的；不受拘束、强迫和限制的（⇨free will）❸开放的；公开的；无限制的；无障碍的 ❹不受拘禁和管制的；不受规范和管辖的 ❺免费的；免税的 ❻中立的

v. ❶解放；释放 ❷免除；使摆脱（约束或义务）

free alms 自由教役保有（⇨frankalmoign）

free alongside ship/FAS 船边交货 一种国际贸易术语，在该术语中，卖方在指定港、指定船边将货物交付买方以履行交货义务，并承担交货前的风险和费用；买方自货物在指定船边交货后，承担货物风险和此后发生的一切相关费用。

free alongside steamer (= free alongside ship)

free and clear 没有财产负担的；可销售的 指没有抵押权等负担的财产所有权。

free and equal 〈美〉自由且平等的 指选民有合理的机会和方式行使其选举权以表达其自由意志而不受到某种限制，并且每一选民与其他选民享有同样的权利，其选票具有同等的效力。

free-bench n. 〈英格兰古法〉寡妇公簿地产 依一些庄园

之习惯,寡妇以守节为条件持有其亡夫的公簿地产[copyholds]。这种地产的性质、数量、持有时间及权利请求等均依特定习惯而定,它被视为源于亡夫的权利,是其亡夫权利的延续。(=liber bancus)

free-borough men 特别自治市居民

free burgh 特别自治市 国王授予特许的自治市。

free carrier 货交承运人 国际贸易术语,指卖方在指定地或地点将经出口清关的货物交给买方指定的承运人监管时,即履行了交货义务。

free chapel 〈英〉(教会法)自由礼拜堂 由国王建立,不受教区主教管辖的小教堂。它也可能是在国王特许下,由私人建立或捐赠的礼拜堂。

Free Church case 自由教会案 1843年,一牧师团体和苏格兰长老会的成员离开该教会,成立了苏格兰自由教会[Free Church of Scotland]。1900年,自由教会的多数派欲与联合长老会[United Presbyterian Church]共同成立联合自由教会[United Free Church],但其少数派选择保留自由教会,而且宣称这是真正的自由教会,所以坚持该会原来的基本宗旨。后来上议院确认了少数派对该教会财产的所有权。

free competition 自由竞争 买方与卖方之间的商品买卖和经销商品的自由和开放的市场。

free course (船舶)顺风航行

free delivery limits 免费投递界区 电报公司免费投递的区域。

freedom n.自由 ①指有德行的人除受公正、不可或缺的法律及社会生活义务限制外,不受其他约束而根据自己意愿行事的权利。freedom和liberty虽为同义词,但内涵不同。freedom是含带强烈的正面意义[positive connotations],宽泛而无所不包的词语;而liberty情感色彩较淡,一般指昔日对特定自由[freedom]限制的解除;②就一国政府和宪法而言,是指保障公民个人的公民自由[civil liberty]的法律制度占主导地位的状态。(⇨liberty)

freedom from arrest or molestation 〈英〉免受逮捕或干扰的自由 英国下议院议员的特权之一。它包括在议会期间和往返于议会途中免受所有民事诉讼的逮捕。但随着在1838年和1869年民事程序中的监禁实际上的废除,该特权已毫无价值。它不包括免受刑事司法和紧急立法中所规定的逮捕,但对这两种情况下的逮捕,必须将逮捕及其原因以及对犯罪的判决通知议长。此外,该特权还包括免受非法的干扰。

freedom from discrimination 不受歧视的自由 在《联合国世界人权宣言》[U.N. Universal Declaration of Human Rights]和《欧洲人权公约》[European Convention on Human Rights]等的影响下,直到20世纪才完全确认的一种公民自由权,指对任何人不得基于年龄、性别、肤色、种族、民族或国籍而予以歧视。

freedom of access 〈英〉会见自由 每届议会开始时,在任何需要的场合,由议长为全院议员提出会见女王陛下的自由。在议会以外,此项特权的行使主要用于陈述有关公共政策[public policy]事宜之目的。此项特权并不属于个别议员。大臣,尤其是首相,享有个别会见的权利。

freedom of assembly 集会自由 公民基本权利之一,指具有某种共同目的的众多人聚集起来举行会议的自由。这一自由须受一定限制,如有时要事先经过有审批权的机构或团体的同意等。

freedom of association 结社自由 指与他人一起参加旨在追求或促进某一团体活动的自由。各国宪法一般均把它作为公民基本自由而加以规定。美国宪法虽没有明确提及此项自由,但通过美国最高法院的解释而使该项自由得以确立。

freedom of belief and opinion 信仰和意见自由 即持有某种信仰和意见的自由。这一自由本身不会受到任何法律程序的干涉;但是,借以表现这一自由的行为或其他方式则往往要受到某种限制。

freedom of choice 〈美〉选择自由 指在无任何合法隔离、单一而完整的学制下,出席所选择学校的自由,它是在既非白人学校,又非黑人学校,而在真正实行单一制学校里最大限度的自由和能被清楚理解的选择权。就处罚而言,选择自由的丧失是强制学生课后留校[detention]的自然副产品,不应认为是宪法意义上的"处罚"。

freedom of communication 通信自由;交流自由 指通过口头、报刊、书籍、广播、电视等各种途径交流信息和见解的自由。这一自由在各国都要受到不同程度的限制。

freedom of conscience 信仰自由 公民的主要自由之一,指公民保持自己喜欢的行为原则并根据此原则生活的权利。它与信教自由密切相关,但又不尽相同,因为信仰对行为正确与否的信念,有别于宗教信仰。该权利与法律相联系的事例,在英国如个人出于信仰的考虑拒绝为国家服兵役或加入工会。

freedom of contract 契约自由;合同自由 指不受强制,依照自身意志订立合同并确定合同条款内容的自由和权利,并且该合同的履行,除有限的和例外的情况外,将由法院强制执行。契约自由是人们享有的一项基本权利,但它并不是绝对的,而是受到公共利益等的限制。同时,自19世纪中期以来,受垄断等因素的影响,合同当事人中处于弱势的个人往往并不能真正享有契约自由,该弊端现在正通过制定强制性默示条款、法定最低标准、限制免责条款以及代表雇员的工会讨价还价力量的发展等方法加以克服。(=liberty of contract)

freedom of expression 表达自由 即表达自己观点、看法的自由。这一自由在不同国家会受到不同程度的法律限制,有时还会受到种种实际上的限制。(⇨freedom of speech, expression and the press)

Freedom of Information Act/F.O.I.A. 〈美〉《信息自由法》 亦译"情报自由法"。美国国会为加强行政的透明度,保证个人、团体知悉并取得联邦行政机关的档案资料和其他信息,于1966年制定的有关行政公开的重要法律。该法反对行政文件保密的传统,规定除国防、外交政策、机关内部人员的规则和习惯等明确列举的九项免除公开(但不是必须不公开)的情况外,一切联邦行政机关掌握的信息都可供公众使用,一切人都具有同等得到政府文件的权利。行政机关应通过《联邦登记》[Federal Register]原文公布相关信息,按一定程序主动公布某些信息供公众查阅和复制以及除此之外的信息在公众申请后提供给公众这三种途径公开政府信息。若行政机关不公开政府信息,公众可向法院提起诉讼强制其公开,在诉讼中法院享有对行政机关拒绝公开行为进行严格审查的权力。该法是第一次在成文法中保障个人取得政府信息的权利,是美国历史上的一项革命,也是世界行政发展史上的一个重要里程碑。澳大利亚等国家也随之制定了信息自由法。美国的这部法律曾于1974、1976、1986、1996和1998年多次修改,其中1974年和1996年两次修改最为重要,1974年的修改除限制两项免除公开的范围外,重点在方便公众申请政府文件;而1996年的修改则主要是增加了电子信息,同时规定行政机关应利用各种方法迅速提供依申请的政府文件。

freedom of movement 迁徙自由；行动自由 指从一地到另一地的自由。在美国，有时特指离开一州到另一州的自由。

freedom of religion 信教自由 公民的主要自由之一，指个人信仰或不信仰宗教、参加或不参加公开宗教仪式的自由，其重要的一个方面是公开或秘密集会，自由地举行宗教仪式、宣传教派宗旨等。在中世纪，欧洲的宗教自由通常没有得到承认，国家和教会强迫公民信奉天主教，即使宗教改革以后这一情况也无实质性改变。美国的信教自由从独立之时就得到了宪法的确认，它包括政府不干预教会事务和教会不干涉政府事务。英国从18世纪承认了信教自由，但直到19世纪才实现了不遵奉国教者与国教徒的完全平等。

freedom of speech 言论自由（⇨civil rights）

freedom of speech, expression and the press 言论、表达和出版自由 最重要的公民自由或权利[civil liberties or rights]之一。它指公民在任何问题上均有以口头、书面或印刷以及其他手段进行交流的自由。它和思想、道德及宗教自由联系在一起，因为如果没有表达思想的机会，持有思想的自由就会失去意义。它也与集会自由[freedom of assembly]相联系，集会自由允许多人聚集在一起行使其结社和言论自由。对言论、表达和出版自由较为充分的重视始于资产阶级革命时期。17世纪为言论自由辩护的斗士有约翰·弥尔顿[John Milton]、约翰·洛克[John Locke]和荷兰哲学家斯宾诺莎[Spinoza]。此后，最著名的代表人物有伏尔泰[Voltaire]、托马斯·潘恩[Thomas Paine]和19世纪的穆勒[John Stuart Mill]。要求言论自由成为启蒙运动的特征，在大革命时期的法国，人们获得了比以前更大的言论自由。托马斯·杰斐逊[Thomas Jefferson]、詹姆斯·麦迪逊[James Madison]和其他一些美国宪法之父都是深受启蒙运动熏陶的新一代。美国宪法第一条修正案规定"国会不得制定关于下列事项的法律：确立国教或禁止宗教活动自由；限制言论自由或出版自由；或剥夺人民和平集会和向政府请愿申冤的权利。"作为《权利法案》[Bill of Rights]的第一条，这个"第一"本身即象征着上述自由在自由中的首要地位。1925年美国最终确认宪法第一条修正案所禁止的严禁联邦政府限制和剥夺言论自由，也同样适用于州政府。在20世纪，表达自由所达到的程度因国家不同而有所差异，在民主国家，表达自由一般达到较高的程度，确实被视为既是先决条件又是目标本身。第二次世界大战以来，人们始终在寻求对表达自由的国际保障。联合国在1948年的《世界人权宣言》[Universal Declaration of Human Rights(1948)]中宣布"每个人都有思想和自由表达的权利"。

freedom of the city 〈英〉荣誉市民权 该术语指根据英王的特许状[charter]免受郡的管辖，可以对社区课税和进行自治的特权，但要受特许状条款的限制。通常它是作为一项荣誉而授予王子和其他有名望的个人。英格兰古法下市政法人[municipal corporation]的市民或自由民所享有的权利和特权，今天已没有太大意义，主要是作为一种荣誉的象征而授出。该术语在美国法中并没有地位，常用在欢迎参观美国城市[city]组织的致辞中（尤其由市长），除了表达良好意愿外并无其他含义。

freedom of the seas （国际法）公海自由 指对所有国家而言，公海是自由的、开放的，不从属于任何国家主权，任何国家和个人不得侵占公海的任何部分。各国在公海中享有航行自由、捕鱼自由、飞越自由、铺设海底电缆和管道自由、建造人工岛屿和其他设施自由及科学研究自由。任何国家不得在公海上对悬挂外国旗帜的船舶行使管辖权，但各国对于在公海上发生的海盗行为、贩运奴隶、贩运毒品和从事未经许可的广播等行为，可行使普遍管辖权。

freedoms of the air 航空自由 根据1944年《国际航空运输协定》[Convention on International Civil Aviation]的规定，缔约国间相互给予定期国际航班五项自由，亦称五项权利：①飞越其领土而不降停的权利；②非商业性降停的权利；③卸下来自航空器所属国领土的旅客、邮件和货物的权利；④装上前往该航空器所属国领土的旅客、邮件和货物的权利；⑤装上前往或卸下来自任何缔约国领土的旅客、邮件和货物的权利。

freedom to hold private property 持有私有财产的自由 公民自由权重要内容之一。意指个人有权取得并只为自己的利益而持有土地和财产，除非具有公用事业方面的明显原因，不得对这些财产的使用和收益加以限制，亦不得非法剥夺。

freedom to work 劳动自由；工作自由 个人有工作或不工作、选择行业或职业的自由。但并不意味着有获得工作或任何特定工作的法律权利，这是法律所不能规定的，实际上也是不可能达到的。"工作自由"会受到社会、经济、智力等多种因素制约，但法律上不存在任何歧视规定，从而取消某人从事某职业的资格。"工作权"[right of work]的另一面是不工作、辞职或与他人联合进行罢工的权利。

free election 自由选举 指投票人不受限制或不正当影响而根据自己的判断和良心投票的选举。（⇨free and equal）

free enterprise 自由营业；自由企业 依一般的供求法则[laws of supply and demand]从事合法营利的事业，不受政府不当干预的权利。

free entry 免税报关单

free entry, egress and regress 〈英〉反复进出（土地）的自由 该短语表示在合理必要的限度内，某人有反复进出某一土地的自由，这主要是基于保有人对保有地上的作物[emblements]享有权利的事实而产生的。这样，即使保有期限届满，法律仍允许该保有人反复进出土地以收获作物。

free exercise clause 〈美〉宗教活动自由条款 美国宪法第一条修正案规定，政府不得干涉人们的宗教或宗教信仰形式。（⇨establishment clause）

free fishery 〈英〉（在公共河流）捕鱼自由；自由捕鱼权 这是一种在公共河流里捕鱼的排他性皇室特权，已为《大宪章》原文所禁止。（⇨fishery）

free flow of labor 劳动力自由流动 雇主有雇佣自愿受雇的工人的权利，不受非法干涉，但无权雇佣不愿受雇的工人。

free fold （英格兰古法）设栏围羊权 据说这就是领地积肥权[foldage]，但它好像更强调土地保有人要求领主设栏将自己——指土地保有人自己的羊围起来的权利，而不是强调领主要求其下属将羊围圈在自己土地上以肥田的权利。（⇨foldage）

free from all average/F.A.A. （海上保险）全损赔偿 指只对保险标的全部损失承担赔偿责任。

free from alongside 〈美〉船边交货（= free alongside steamer; free alongside ship）

free from average unless general (= free from particular average)

free from general average/FGA （海上保险中指）共同海损免赔 有时指国外共同海损[foreign general average]，其确切含义须依据上下文决定。

free from particular average/FPA 平安险；单独海损不赔 平安险是海上保险的基本险别之一，与水渍险和一切险相比，保险人的责任范围最小。其英文意思"单独海损不赔"并非指对于所有的单独海损均不予赔偿，而是仅指对因自然灾害所造成的单独海损不赔，对于因意外事故造成的单独海损仍应赔偿。此外，如果在运输过程中运输工具曾发生过搁浅、触礁、沉没等意外事故，则不论在事故发生之前或之后由于自然灾害所造成的单独海损，保险人均负有赔偿责任。

free goods 中立货物 1856年《巴黎宣言》[Declaration of Paris]概括的一条国际法原则："中立船的货物亦中立"[free ships make free goods]。因此，装载于中立国船舶上的货物免受交战国捕获。

free government 自由政府 指采用共和制的一种政府形式。在这种政府形式下，政府的权力被分为立法权、司法权、行政权等不同的部分，分别由不同的部门行使，它们各自独立，互不隶属，一方不能侵越他方职权，通过它们之间的制衡以防止权力的滥用。

freehold n. ❶完全保有地产（权）；自由保有地产（权） 这种地产的持有者除了向其领主履行一定不带奴役性的役务[service]外，他有权自由、完全不受限制地占有处分其地产，如出租、抵押、转让等。与这种持有地相对的是非自由的农奴持有地——后为公簿持有地[copyhold]，和其它习惯保有方式，如肯特郡习惯土地保有[gavelkind]、幼子继承保有[borough English]和古有地保有[ancient demesne]。另外，今天与自由保有相对的是租地持有[leasehold]，后者指依契约在一定时期内持有地产，但却是一种动产性权益[chattle interest]。自由保有地有两个特征，即不动产性——如地产或地产性权益，和保有期间的不确定性。事实上的自由保有地产[freehold in deed]蕴含着地产的实际占有，可分为非限嗣继承地产[fee simple]、限嗣继承地产[fee tail]和终身地产[tenement for life]；法律上的自由保有地产[freehold in law]是指继承人在被继承人死亡之后和自己进入土地之前所享有的地产权。另外，自由保有地依性质分为军役保有地[knight service]、侍君保有地[serjeanty]、农役保有地[free socage]和自由教役保有地[frankalmoign]。❷自由保有之职位 终身享有或可以继承。

freeholder n. 自由地产保有人（⇨freehold）

freehold estate 自由保有地产（权）（= freehold）

freehold estate not of inheritance 不可继承的自由保有地产 包括终身地产[estate for life]和在他人生存期间保有的地产。

freehold estate of inheritance 可继承自由保有地产 包括限嗣的和非限嗣的，绝对的和附条件的等。

freehold in deed 事实上的自由保有地产（权）（⇨freehold）

freehold in law 法律上的自由保有地产（权）（⇨freehold）

freehold land societies 〈英〉自由地产协会 旨在帮助英国工人以尽可能低的价格购买年收入能达到一定数额的自由地产，使之能获得当地的选举权。

free ice 自由冰 在适航河流中，除已被授权占用外的所有冰（块）。它不属于邻近河岸所有人，而属先占人。

free in and out/FIO 船方不负担装卸费用

free in and out stowage/FIOS 船方不负担装卸及理舱费用 租船合同或提单中注明由托运人、收货人或租船人承担装卸货物及理舱费用的条款。

free labor market 自由劳动力市场 劳动力可自由流动，雇主可自由雇佣工人的劳动力市场。

free law 〈英〉自由法 过去英国表明自由人[freemen]所享有的公民权利的术语。若自由人犯叛逆罪[treason]或不名誉罪[infamous crime]将可能被剥夺该权利。

freeman n. 自由人 指拥有并享受自由政府给予人民的所有民事和政治权利的人。在罗马法上，指生来自由的人或自奴隶地位解放出来的人，与奴隶相对。在封建法上，指完全保有地产所有权的人，与佃农相对。在英格兰古法上，指不动产完全所有人或承担免费劳役的佃户；一个不是隶农的人。后来它用作指享有选举权的城市或自治市的成员，或被授予完全公民权的任何市自治社团的成员。

freeman boroughs 〈英〉自由民自治城市

freemasons n. 共济会会员 共济会是世界上最大的秘密团体，起源于中世纪的石匠和教堂建筑工匠的行会，旨在传授并执行其秘密互助纲领，其传播是由英帝国的向外扩张引起的。共济会常被误认为是基督教组织，带有许多宗教色彩，其纲领强调道德、慈善及遵守当地法律。会员必须是相信上帝存在并坚信灵魂不灭说的成年男子。然而事实上一些分会歧视犹太人、天主教徒和有色人种，因而受到指责。一般说来，在使用拉丁语族语言的各国中，共济会吸引着自由思想家及反对教权的人士；在操盎格鲁－撒克逊语诸国中，其会员多是白人新教徒。大部分共济会分会将成员分为三个等级：学徒、师兄弟及师傅。

freemen's roll 〈美〉自由民名册 有资格参加村政府的人员名册。

free of capture and seizure/F.C.S. （海上保险中指）捕获和扣押免赔

free of duty 免税

free on board/FOB （装运港）船上交货 国际贸易术语之一，指卖方须将约定货物交付到买方指定的运输船只或其他运输工具上，并承担交付前的一切责任以及运费、包装费等全部费用。

free on board acceptance final 〈美〉车上最终交货 根据美国农业部规定，买方在装运点以车上交货[f.o.b. cars]价格条件接受农产品的，如该产品装车后在运输途中质量发生变化，买方无权向卖方追索。

free on board cars/FOB cars 车上交货 贸易术语之一，据此，买方对货物装车不负担任何义务或费用，而一旦货物装至指定运输车后，如没有任何情况表明卖方为保全价款而保留中途停止运输之权，则货物全部风险及此后发生的一切费用就转移由买方承担；卖方负有货物的装车义务，并承担此前的所有风险和费用。

free on rail 铁路交货价格；铁路交货 指卖方负责将货物装上铁路车皮或交至铁路发货站并承担费用，买方则承担运费和保险费。货物送交铁路后，其所有权和风险即转移。

free pardon 赦免（⇨pardon）

free pass 免费通行（证）

free passage 自由通行 指在公路相邻的不同车道间保留足够宽度的路面不被阻塞，以便交通自由畅通。

free port 自由港；免税港 进口货物在其再出口之前可在

港内免税保管或加工的港口。
free right of way 自由通行权
free services 自由役 指那些体面的、不带奴役性的役务,如随领主出征,支付某种费用等。(⇨free tenure)
free ships (国际法)(战时)中立国船只
free socage 自由农役保有(⇨socage)
free socmen 自由农役保有人
free tenure 自由保有 以履行自由性质的役务保有土地,区别于那些奴役性的役务。(⇨freehold)
free time 装卸期间 货物运输合同的当事人约定的将货物装上运输工具而无需在运费之外再支付其它额外与装卸有关的费用(如滞期费)的时间。
free trade 自由贸易 所有货物都可以自由进出口而不用交特别税或受其他限制的贸易状态。
free trade zone 自由贸易区 为刺激本地经济,而由主权国家设立的,允许货物自由进出口、转口而不征关税和其它税的地区。
free will 自由意志 哲学概念,即人们在自己理智、不受限制的基础上对各种事物进行选择,以及在特定情况下从事活动的能力。在实践上,自由意志由许多基本概念和法律规则所假定。对犯罪、侵权行为和其他行为承担责任,承担惩罚和赔偿损失的义务,都意味着假定某个人能运用他的意志,能避免去做他已经做的事情。如果某人没有自由意志而认定他应承担法律责任,那是不公平的。因此,一个智力不健全或神志不清的人,是不负法律责任的。
freeze-out n.排斥 通常指在封闭性控股公司[closely held corporation]中,控股股东[controlling shareholders]采取措施阻止少数股东[minority shareholders]获得直接或间接的投资收益,迫使他们以有利于控股股东的条件,清算他们在公司中的投资。(⇨squeeze-out)
freight n.❶运费 ❷货运;货物运输 ❸载运的货物。
freight agent 货运代理人 承运人的代理人,由承运人授权委托代为接收货物并订立运输合同的人。
freight booking 货运预订 提前对货物运作出安排。
freight charges 运费
freight collect 运费到付;运费待收
freight collected from consignee 运费向收货人收取;运费到付
freighter n.❶货船;运输机 ❷租船人、货主;(船的)装货人 ❸托运人;发货人 ❹承运人
freight forward (= freight collect)
freight forwarder 货运代理人;货物转运人 以集中小额货物并将运至目的地为业的人。
freight lien (海商法)货物留置权(⇨carrier's lien)
freight line company 货运线路公司 向铁路提供或出租车辆用以运输货物的公司。
freight mile 吨英里 一吨货物运输一英里。
freight prepaid 运费预付 销售合同或运输合同中常用术语之一,约定由卖方或托运人承担支付运费的义务。
freight pro rata 比例运费 在船舶因遭受事故或损坏而中途终止航程或变更目的地时,对已完成的航程按其占总航程的比例支付运费。
freight pro rata itineris peracti (= freight pro rata)
freight rate 运费率 根据运货件数、重量、价值、运程公里数或综合上述要素计算出的支付给承运人报酬的比率。
freight shipment (= shipment by freight)
French law 法国法 是在法国发展起来的一套法律制度的总称,它是大陆法[civil law]或罗马-日尔曼法系[Romano-Germanic family of legal systems]的重要组成部分。其在国际上有着广泛的影响,这一方面是因为拿破仑的法典编纂[Napoleonic codifications],另一方面也是因为民主政体[democratic political system]在法兰西的较早确立及当时法语在世界上的广泛使用。
Frenchman n.❶法国人;法兰西人 ❷外国人;陌生人 在早期英国法里,该词泛指任何外国人或陌生人。
frendlesman 〈撒克逊〉被剥夺公民权的人 直译为在法律上"没有朋友的人",因为被剥夺公民权的人,在一定时间内不能得到朋友的帮助,故有此称。(⇨outlaw)
frendwite (英格兰古法)(因庇护被流放的朋友而被科处的)罚金
freneticus (英格兰古法)疯子;狂人
frentike (= freneticus)
frenzy n.(暂时的)疯狂;狂热
freoborgh 自由人联保制(⇨frank-pledge)
freoburgh (= friborg)
freoling 〈撒克逊〉天生自由人(⇨frilingi)
freomortel (= frodmortel)
frequenter n.常客 即经常光顾某一地点的人,用于指非雇员但常到雇佣工作地点的人。该人不属于非法侵入者[trespasser]。
Frequentia actus multum operatur. 〈拉〉一个行为多次重复便产生许多效力。或:连续的惯行有产生权利的效力。
frère 〈法〉兄弟
frère eyne 〈法〉兄
frère puisne 〈法〉弟
fresh complaint rule 〈美〉及时告发规则 依该规则,在某些性侵害案件中,若被害人在被侵害后的合理时间内,向其通常寻求帮助或建议之人告发了该犯罪行为,则可作为支持该被害人可信性的证据。
fresh disseisin 新近的侵占 根据古普通法规则,某人的土地被他人新近侵占,他有权以武力将侵占人从该土地上驱走而不必诉诸于法律,但必须即时进行。至于其具体期限则说法不一,一说15天,一说1年。
freshet n.(因大雨或融雪引起的)洪水泛滥
fresh fine (英格兰古法)过去一年内征收的罚金
fresh force 新近的暴力 在此前40天以内发生的构成强占[disseisin]的暴力行为。
fresh pursuit ❶立即追捕;紧追 指警察为逮捕重罪犯,有权越过自己的管辖范围进行连续追捕。美国有几个州的法律允许这样做。在美国,也指联邦宪法第四条修正案规定的允许警察在追捕逃跑的嫌疑犯至一藏身处时,可以执行无证搜查和逮捕的情形。❷立即追回 指个人财物在被偷走或抢走后,可立即采取合理手段予以追回。
fresh start 〈美〉重新开始 根据《联邦破产法》[Federal Bankruptcy Act],破产债务人被免除了先前的债务后,允许其重新开始。然而,并非所有债务在破产中均可免除,1978年《破产改革法》[Bankruptcy Reform Act]规定,有九类债务在破产程序结束后仍需承担清偿责任。
fresh start adjustment 〈美〉重新开始调整 1976年后死亡之人的财产所得税的税基通常将结转至继承人的财产。而"重新开始调整"则允许将自死者获得财产之日至1976年12月31日期间该财产的增值增大税基。"重新开始调整"只适用于继承人在以后处分其财产时确定所

fresh suit （英格兰古法）立即追捕　指财物被盗、被抢者对盗贼从抢劫时起立即进行不间断的追赶，直至将其捕获为止。这是早期返还动产的方式之一。（⇨fresh pursuit）

fréter 〈法〉租船；船舶租赁

fréteur 〈法〉船舶出租人

frettum （英格兰古法）船舶的货运；船舶运费

fretum 〈拉〉海峡

friar n.托钵修士　天主教托钵修会的成员，有4个主要的托钵修会：①方济各会[Franciscans]，其修士称灰衣修士；②奥古斯丁会[Augustines]；③多明我会[Dominicans]，其修士称黑衣修士；④加尔默罗会，其修士称白衣修士。

friborg （英格兰古法）联保；治安联保（= frithborg; frihborgh; fridborg; froborg; freoburgh; friburgh）（⇨frankpledge）

friburgh （= friborg）

fribusculum （罗马法）夫妻暂时分居　指夫妻因吵架或疏远而暂时分开居住，但并不等于离婚，双方也没有解除婚约的意思。

fridborg （= frithborg）

fridhburgus （英格兰古法）贵族或主人对其依附者或仆人负责的一种联保制度

friendlesman （= frendlesman）

friendless man （英格兰古法）被剥夺公民权人；丧失公民权人（= frendlesman）

friendly fire 友善之火　在火灾保险中，对于火灾的构成要件并无统一的界定。美国法律将火分为"友善之火"与敌意之火[unfriendly fire; hostile fire]：友善之火是指为一定目的而던设放在一定范围内点燃并燃烧的有用之火，如火炉内的火；敌意之火是指越出正常范围或在不该燃烧的地方燃烧的火。敌意之火被认为是火灾的构成要件之一，友善之火则不然，如保险标的物意外落入火炉中而遭烧毁或损坏，属友善之火所致，不构成保险责任。但是，友善之火超出其正常范围则会转变为敌意之火，如点燃香烟之火为友善之火，但点燃的香烟落在地毯上将地毯烧破或引致地毯燃烧，友善之火即转变为敌意之火，构成保险责任。

friendly receivership 友好接管　经争议双方当事人同意，为特定目的而由有管辖权的法院任命某人接管某项财产。

friendly societies 〈英〉互助会　一种为防备因疾病、死亡或年老引起的负债，由个人自愿组织起来的互助组织，其基金主要来源于捐赠。于17、18世纪兴起，在19世纪有显著发展。

friendly suit 友好诉讼；双方协议的诉讼　遗嘱执行人[executor]或遗产管理人[administrator]以债权人名义提起的针对自己的诉讼，旨在促使债权人平分财产；或者泛指任何由当事人双方协议提起以取得法院对某些疑难问题的意见的诉讼。（⇨amicable action）

friend of the court （= amicus curiae）

fright n.惊吓；恐吓　法律中指称为劫者所受的恐吓，应是客观存在的并由行劫者的行为所致，而不是单纯主观想象的或仅当事者生性胆怯所致。

frigidity n.性冷淡　不等于性无能。

frilingi 〈撒克逊〉天生自由人；（撒克逊人中的）中等阶级（= freoling）

fringe benefits 附加福利　非工资性福利，支付给雇员的常规工资以外的保险、娱乐设施、病假、带薪休假之类的额外福利。

frisk n.&v.〈美〉拍身搜查　警察轻拍嫌疑人的衣着以探测其是否暗藏武器。其目的是为确保警察及在现场附近他人的人身安全，而非为审判收集证据。警察决定实施此种搜身时应当具备两个要件：一是对当事人携带武器且具有危险性有充分程度的怀疑；二是警察正在被搜身人的面前，若该人携有武器将使其面临危险。（⇨stop and frisk）

frith 〈撒克逊〉安宁；安全；和平　该词多与其它词语一起构成复合词出现于盎格鲁－撒克逊法中。

frithborg （英格兰古法）治安联保

frithborgh （= frithborg）

frithbote （对破坏安宁所处之）罚金；赔偿金

frithbreach 破坏安宁；破坏和平

frithgar 和平友谊之庆典年；禧年

frithgeard （= frithsplot）

frithgild （= frithgilda）

frithgilda ❶治安团；安维会　负责维护安宁、安全的团体。❷（对破坏安宁所处之）罚金

frithman 安维会成员

frithsocne 治安管辖权；安全防守

frithsoken （= frithsocne）

frithsplot n.❶（为罪犯提供庇护的）圣所　❷庇护所；避难所

frithstool n.庇护凳　教堂里设置的，象征着逃进教堂并坐上它的人即受庇护[sanctuary]的凳子或椅子。

frivolous a.无意义的；不重要的　当一方当事人的辩护显然不充分而且没有攻击到对方辩护的实质要点时，这种辩护就是"无意义的"，法律上推定其是在拖延诉讼或使另一方当事人感到为难。当事人没有基于法律和证据上合理的理由而提出的主张或反驳即是无意义的。根据美国联邦地区法院民事诉讼规则，无意义的辩护依其情形可以以适当的形式加以修正，也可以由法庭以命令予以取消。

frivolous action 无意义的诉讼　缺乏理由，几乎没有胜诉希望，通常是为滋扰被告而提起的诉讼。

frivolous answer 无意义的答辩　没有形成或未提出实质性争议点[issue]的答辩，或虚假的答辩。

frivolous appeal 无意义的上诉　指所提异议[exception]明显无意义而无需辩论的上诉；或指未提出应由法院受理的问题[justiciable question]或明显缺乏实体根据[merit]，几乎没有希望胜诉的上诉。

frivolous claim 无意义的请求　不存在实际争议的当事人间由一方提出的请求。

frivolous demurrer 无意义的诉求不充分抗辩　明显站不住脚的，仅通过检查诉答书状即可看出其不充分性，不经辩论法庭即可确定其性质的诉求不充分抗辩。

frivolous plea 无意义的答辩（⇨frivolous answer）

frivolous pleading 无意义的答辩　指形式完备但事实虚假且非出于善意的答辩，或指从表面上看即明显虚假的答辩。

frivolous question 无意义的问题　指向法庭提出的缺乏实质内容的问题，或明显可根据先前的判决来确定的问题。

frivolous suit （= frivolous action）

frl a.部分的　fractional 的缩写，常用于描述不动产[real estate]。

froborg (= friborg)

frodmortel 对非预谋杀人[manslaughter]犯免除刑罚

frolic of his own 自己的随意行为 指代理人或雇员超越代理或受雇范围从事的行为。该行为不属代表本人或雇主而为者,本人或雇主并不对此类行为承担责任。

from and after passage (制定法)自通过和其之后〔起生效〕 制定法中的规定,有时解释为自通过日起生效,但有时解释为自通过后次日起生效。

"from and after" sentences (= consecutive sentences)

from the making 自(合同)订立起 不包括订立日在内。这是有关诈欺的制定法中常见的术语。

from (the) person 从该人那里(抢劫财物) (⇨taking from the person)

from whatever cause arising 无论出于何种事由 提单或其他货运合同或单证中免除承运人损害赔偿责任的术语。

front n. ❶脸;面容 ❷掩盖真实身份者;非法活动的掩护者 ❸前面;前部 ①建筑物的前面可以指代它的任何一边或一面,但最常用的意义仅指出口所位于的那一边;②空白场所的前面指与街道毗连,根据特定地区的规划建筑房屋时预计面向的那一边。
v. 面向;面对 拐角处的场所虽与两条街道毗连,但它面向一条还是两条街道的问题仍存有争议。

frontage n.❶临街地(河、湖等);临街地界(长度) ❷临街(或河、湖等)的屋前空地 可用于建筑,不包括横穿的街道或在人行道与街缘之间的人行道及装饰性场所所占用的空间。街道上的建设:如铺砌、排水等费用一般由临街的房屋所有人按其各自所占空地的比例分摊。但临海的房屋所有人并没有在屋前土地上建筑防波堤的责任。房屋所有人对其屋前空地享有地役权,但如无特殊损害的证据,不允许其提起阻碍航海之诉。

frontage cost 市政改造费 市政法人[municipal corporations]对街衢、道路等实施改造时,对财产所有人按临街长度比例征收的费用,而不考虑该毗邻所有人是否从中获益。

frontager n.(英)临街(或河、湖、海等)的屋前空地所有人 相应于美国的 abutter。(⇨frontage)

front door of the courthouse 法院前门 法院拍卖不动产的场所。

front foot (plan or rule) 临街长度 估价、分摊公共改造费时使用的测量方法。(⇨frontage)

frontier n.边境 靠近他国边境线、并同他国相面对的一国领土部分。它不仅指边境线本身,还包括一定宽度、延伸至边境线的一带区域。

fronting and abutting property 前面和毗邻财产 沿街公共改造评估术语,指直接毗邻沿街的财产。

front wages 前期工资;预付工资 支付给受工作歧视的受害者的一种预期赔偿金,直至该受害者获得其应有的职位为止。(⇨backpay award)

frozen account 冻结账户 在撤销法院命令之前不能动用的账户。

frozen assets 冻结资产 指依据法律不允许提取或销售的财产。

frozen deposits 冻结存款 指依据法律不能提取的银行存款,纳税人通常不必呈报其被冻结存款的利息。

FRS (= Federal Reserve System)

fructuarius 〈拉〉❶(罗马法)用益权人 指对土地或牲畜享有使用和收益权的人。❷(英格兰古法)承租人;佃农

fructus 〈拉〉孳息 在罗马法和大陆法中,指土地和牲畜的天然产出品及财产带来的利益增长,可包括收益、出产物等。对物之孳息享有权利的人并不直接享用该物,典型形态的孳息,如租金等,即是某人因将某物交由他人享用而自该他人处获取的相应补偿。(⇨fruit)

Fructus augent haereditatem. 〈拉〉孳息增大遗产之价值。

fructus civiles 〈拉〉法定孳息 法律认可的收益,指将某物交由他人使用或享用,并因此可从该他人处获取的收入,尤指不动产租金、借款利息等。

fructus fundi 〈拉〉土地孳息;土地出产物

fructus industriales 〈拉〉人工出产物;人工孳息 指主要由劳动得来的产物,与单纯依靠自然力而得的天然出产物[fructus naturales]相区别。人工出产物属于动产[chattels],而天然出产物在分割之前则被认为是属于土地的一部分。在普通法[common law]中,人工出产物也用于指称当年耕种土地所获的庄稼收益[emblements],如麦、谷、蔬菜等,以与多年生作物相区别。

fructus legis 〈拉〉法律的果实或产品 即法的执行。

fructus naturales 〈拉〉天然孳息;天然出产物 指仅靠自然力作用的出产物,被认为是其原物的组成部分,如毛、奶、矿物、幼仔等。该词也包括草、灌木、树等有多年生根茎的植物。

fructus pecudum 〈拉〉牛群和羊群的产物 诸如毛、奶等。

fructus pendentes 〈拉〉树上的挂果

Fructus pendents pars fundi videntur. 〈拉〉未采摘的果实是土地的一部分。

Fructus perceptos villae non esse constat. 〈拉〉已收割的果实不是农场的一部分。

fructus rei alienae 〈拉〉他人财产的果实

fructus separati 〈拉〉分离的果实

fructus stantes 〈拉〉未采摘的果实

fruges 〈拉〉(罗马法)产物;果实;谷物 谷物和豆类。从严格意义上讲,指任何可食用的谷物及其他农产品。

fruit n.❶产物 ❷(大陆法)财产收益;孳息 指不损害原物的价值,从原物形成或产生的收入或产品。 ❸成效;成果 指行动的结果,如证据。

fruit and the tree doctrine (税法)果与树原则 个人不得将从其财产或劳务所获的收益转让他人,以逃避所得税。

fruit fallen (英格兰古法)孳息 从占有物派生而来的产品为原物所有人所有,依此,下一次的圣职推荐[next presentation]是圣职推荐权[advowson]的孳息。

fruit of poisonous tree doctrine 〈美〉毒树之果原则 指直接或间接通过非法搜查或非法讯问所取得的证据一般不得作为对被告人不利的证据而予以采纳。其理由是,非法搜查行为的违法性不仅影响了在搜查时取得的证据的效力,还将影响通过该非法搜查引起的其他程序所发现的事实。该规则通常适用于涉及违反联邦宪法第四条修正案关于禁止非法搜查与扣押的案件,但也适用于涉及侵犯制定法规定的权利的搜查之情形。

fruits of crime 犯罪所得物

fruits of property 孳息 指财产所生收益。

Frumenta quae sata sunt solo cedere intelliguntur. 〈拉〉已播种的谷物不言而喻是土地的一部分。

frumentum 〈拉〉(罗马法)谷物;谷粒

frumgild 〈撒克逊〉(谋杀犯支付给死者家属的第一笔)赔

偿金（= frumgyld）
frumgyld （= frumgild）
frumstoll 〈撒克逊〉主宅；寓所；故居
frungyld （= frumgild）
frusca terra 〈古〉荒地
frussura 〈拉〉❶犁（地） ❷破碎
frustra 〈拉〉徒劳的；无效的；无理的；错误的
Frustra agit qui judicium prosequi nequit cum effectu. 〈拉〉判决得不到有效执行的人起诉是徒劳的。
Frustra est potentia quae nunquam venit in actum. 〈拉〉权力从不见诸行动或者从不行使，等于无用。
Frustra expectatur eventus cujus effectus nullus sequitur. 〈拉〉不产生效果的事件，对它的期望是徒劳的。
Frustra feruntur leges nisi subditis et obedientibus. 〈拉〉法律的制定全然无用，除非对于受它支配和服从它的人。
Frustra fit per plura, quod fieri potest per pauciora. 〈拉〉能够以较少的投入做到的事而以较多的投入去做，是不成功的。
Frustra legis auxilium invocat (quaerit) qui in legem committit. 〈拉〉违反法律的人想得到法律的帮助，是徒劳的。
Frustra petis quod mox es restiturus. 〈拉〉你索要你即须归还的东西，是徒劳的。
Frustra petis quod statim alteri reddere cogeris. 〈拉〉你索要你即须归还给他人的东西，是徒劳的。
Frustra probatur quod probatum non relevat. 〈拉〉证明（与案件）无关的事是无用的。
frustrated expectations 预期受挫；预期落空 指事物的发展或不发展与预期相反。它与对价无效［failure of consideration］并非同义。
frustration n. 目的实现受阻
frustration of ancestral or testamentary intention 祖先或遗嘱人意愿的实现受阻 指继承人或受遗赠人违背其向遗赠人所作的、为他人保有遗产或将该遗产给予他人的承诺，而遗嘱人正是基于此种有利于该他人的承诺才订立或修改其遗嘱的。
frustration of contract 合同的落空；合同因不能履行而终止（⇨commercial frustration）
frustration of conversion 恢复原状（⇨reconversion）
frustration of purpose doctrine 合同目的落空原则 法院创设的一个规则：在由于合同一方当事人不能控制的原因使合同履行的客观目的不复存在时，该当事人的履行义务可被解除。
frustrum terrae 〈拉〉与其他土地分离的零星土地；小片土地
frutos 〈西〉果实；收益；产品
FTC （= Federal Trade Commission）
fuage 〈英〉炉火税 英国旧税种，爱德华三世［Edward Ⅲ］对每个家庭壁炉课征一先令［shilling］的税费。（= fouage; feuage; fumage）
fudge n. & v. 虚构；捏造
fuer 〈英格兰古法〉逃跑 分两种情况：事实上的逃跑［fuer in fait; fugere in facta］——行为人实际已逃离某地，和推定逃跑［fuer in ley; fugere in lege］——指经传唤而未到庭因此被推定为逃跑。
fuer en fait 事实上的逃遁 实际的逃跑行为。
fuer en ley 法律上的逃遁 经法院传唤但未到庭。

fuero 〈西〉❶法律；法典 ❷（一个省的具有法律效力的）习俗；惯例 ❸特权和豁免的授予 ❹（向个人、教堂、女修道院等所作的）捐赠 ❺地方行政官（兼掌司法）［magistrate］关于税收、罚金等的宣示 ❻君主（给予市、镇特权的）特许令 ❼法院；法庭 ❽审判管辖权
Fuero de Castilla 〈西〉以前盛行于西班牙卡斯蒂利亚地区［Castilians］的法律与习惯
fuero de correos y caminos 〈西〉邮政和道路法庭 有权审理有关邮政和道路的事务的特别法庭。
fuero de guerra 〈西〉军事法庭 有权审理有关现役军人的一切事务的特别法庭。
Fuero de las Leyes 〈西〉《卡斯蒂利亚法典》 大约于1255年左右，依智者阿方索十世［Alfonso Ⅹ the Wise］的命令编纂而成，以罗马法为基础，意在适用于整个卡斯蒂利亚地区，但该意图遭到贵族及各城市的反对，他们强迫国王放弃创制单一法典体系的企图，确认他们的特权和传统习惯。该法典是后世《七章法典》［Siete Partidas］的基础。
Fuero de Leon 〈西〉《莱昂法典》 西班牙最古老的法典，约颁布于1020年，包括特别适用于莱昂市的法律，但也包括一般适用于全西班牙王国的法律。
Fuero de los Espanoles 〈西〉《西班牙宪章》 指1945年由佛朗哥将军批准的一部宪章，规定在不攻击政府的前提下给予民众法定的个人自由。这部宪章是向着更民主方向迈进的一步。
fuero de marina 〈西〉海军法庭 有权审理有关海军及其人员的一切事务的特别法庭。
Fuero Juzgo 〈西〉《西哥特蛮族法》 由西班牙的西哥特国王们于7世纪和8世纪早期颁布的西哥特法律的总称，其意在为西班牙－罗马人和西哥特人提供共同的法律制度。公元654、681、693年分别出现了三个不同的版本，该法涉及主题广泛，尽管不如优士丁尼的立法先进，但它是当时法律充分发展的一个见证。尽管后来以摩尔人［Moor］对西班牙的征服，但该法仍然继续适用于西班牙而从未被取消。随着西班牙的殖民扩张，其影响亦随之扩大，包括中南美一些国家的法律，波多黎各［Puerto Rico］，美国的一些州都受到了该法的影响。
fuero municipal 〈西〉授权自治法 授权市政进行管理和司法行政的法律总称。
Fuero Real 〈西〉《王室法典》（= Fuero de las Leyes）（⇨Fuero Juzgo）
Fuero Viejo 〈西〉《古法汇编》 西班牙法律汇编名称，公布于公元992年。
fugacia （= chase）
fugatio 捕猎特权
fugator ❶司机；马车夫 ❷〈英格兰古法〉狩猎特权
fugie （= fugitive）
fugie-warrant 对逃亡债务人的逮捕令
fugitate v. 〈苏格兰〉法院以判决剥夺法律对一个人的保护；对未出席刑事审判的人剥夺法律对他的保护
fugitation n. 〈苏格兰〉法院对受到传唤而不到庭的犯罪人以判决宣告其为逃犯，并将其动产收归国有
fugitive n. 逃亡者；逃犯 逃离司法管辖区或者隐匿起来或以其他方式逃避逮捕、起诉或监禁的犯罪嫌疑人。
Fugitive Felon Act 〈美〉《逃亡重罪犯法》 一项联邦法律，该法规定，为逃避因在一州犯有重罪或未遂重罪而受控诉或监禁，或者为逃避在一州重罪案件中作证而越过州界逃跑的行为为重罪。

fugitive from justice 〈美〉逃犯 犯罪后或受指控后逃离犯罪地法院的管辖范围或其经常居住地,并躲藏起来的人。

fugitive's goods 逃犯物品 根据英格兰古法,对逃亡者的财产,在经记录程序[proceedings of record]确认其为因犯重罪而逃亡之前不得作为逃犯的财产予以没收。

fugitive slave 逃亡奴隶 特指逃离主人的奴隶。

fugitive slave law 〈美〉逃亡奴隶法 1793年和1850年国会通过的,规定对逃奴主人后进入另一州(一般是自由州[free state])的奴隶的引渡、驱逐出境事项的法律。

fugitive witness 逃亡的证人 指作为证人但为逃避作证而离开法院管辖区的人;或者作为证人但恰正为逃犯的人。

fugitivus 〈拉〉(罗马法)逃犯;逃亡的奴隶

fugue n. 神游(症) 阶段性记忆丧失。在此期间,主体功能几乎正常,但以后又无法回忆起来。(⇨automatism)

full a. ❶满的;充满的;装满的 ❷完全的;完整的 ❸完美的;完善的 ❹最大(量)的;最高级的 ❺详尽的;丰富的 ❻彻底的;绝对的 ❼同父母生的 ❽(资格)正式的

full actual loss (海商法)全部实际损失 通常依据未损货物的公平市场价格与其运输中受损状态下公平市场价格之差确定。

full admiral 海军上将 区别于海军中将[vice admiral]或海军少将[rear admiral]。(⇨admiral)

full age 成年;成年年龄 指到达法定的成年年龄。普通法中,成年的年龄原为21岁,按照成文法的规定,从1970年起减为18岁。英格兰普通法过去规定的法定成年从21岁生日前一天起算,根据现在成文法的规定,则从18岁生日当天起算;但仍有一些例外情况,如对于议会议员,只有年满21岁才为有法定资格。(⇨majority)

full and satisfactory evidence 充分且令人满意的证据 民事诉讼中比证据优势[preponderance of evidence]要求更高的一种证明程度。在制定法规定仅依充分且令人满意的证据可准于离婚的情况下,并不意味着对原告的证言[testimony]必须加以佐证。

full and true value 全部实际价值 在没有标准市场价值可供参照时,考虑所有有关因素而决定的价值。作为进口货物关税估价的规则,实际价值是指进口货物在出口启运地的实际成本,而非在该地的时价。

full answer 完整答辩 指所作的答辩全面、有价值、必需的要素俱全。

full bench ❶扩大庭 在苏格兰指高等刑事法院[High Court of Justiciary]审理刑事上诉案件时要求由多于通常法定人数(3人)的法官组成的法庭审理。扩大庭可由5－7名或更多的法官组成,但并不一定要求该法院的全体法官都出庭。❷全院庭审;全体法官庭 在美国,尤其是在上诉法院中,指所有适格的法官全体出庭审理案件,其组成法官的人数多于通常要求的法定人数。(⇨en banc)

full blood 全血缘;全血系 指源于同父同母。(=whole blood)

full cash value 全部现金价值 即市场价格,作为纳税财产的估价标准,其价值额每年按标准评估方法评定。

full compensation 全额赔偿;充分赔偿(⇨compensation)

full copy 完整副本 在衡平法诉讼中,指起诉状[bill]或其他诉答书状的完整的、未加删减的副本,包括所有签名和全部证据的副本在内。

full court 〈美〉(=full bench)

full court of divorce 〈英〉离婚扩大庭 由一名常任法官[Judge Ordinary]和其他两名原离婚和婚姻案件法院[Court for Divorce and Matrimonial Causes]的成员共同组成的一种法庭。它具有部分初审管辖权和部分上诉管辖权,后于1881年合并于上诉法院。

full cousin 亲堂(表)兄弟姐妹 指伯叔舅姑姨[uncle or aunt]的子女。

full covenant 完全担保合同(条款) 该词广为使用,包括土地占有担保合同[covenants of seisin]、转让担保合同、和平用益[quiet enjoyment]担保合同等,含有无条件、无财产负担、保证不受阻碍或干扰等内容。

full coverage 完全承保 以保险金额为限,凡由保险风险造成的保险标的的损失,保险人给予全额赔偿,无免赔额。

full crew law(s) 〈美〉正式乘员法 规定配置火车员工定员最低数的法律。

full defense 〈美〉全面答辩 普通法中答辩的一种程式,指冗长的、毫无删减的陈述。在联邦或州的民事诉讼规则中已不再要求这种技术性的答辩。(⇨defense)

full disclosure 充分披露;完全公开 该术语用于不同法律中,具体含义有所不同,通常是:要求为自身利益参加交易的人必须充分披露与交易有关的细节。在消费者法中,指出售人有向消费者公开所有交易细节的义务;在美国联邦选举法中,要求候选人完全公开竞选捐助的来源和数额。

full faith and credit(clause) 〈美〉充分信任和尊重(条款) 联邦制的一个严重后果就是总会存在各类辖区内法律相冲突的可能。美国宪法第四条中的联邦法律效力最高条款[Supremacy Clause]对州法与联邦法的冲突予以规范,而该条中的充分信任和尊重条款则调整的是州法之间的冲突。它要求每州对其他各州的公共法律[public acts]、案卷和司法程序应给予充分信任和尊重,承认其效力。不过这种充分信任是有条件的,即只能在他州上述内容依照该州的法律合法成立并且有效时才可以,原来的州不承认的行为,不能要求他州承认,他州所承认的效力不能超过该行为所产生的法律所得的效力。此外,该条款在适用时有例外,其中最主要的例外是一州只适用自己的刑事法律,不适用他州的刑事法律。充分信任和尊重条款旨在保持州与州之间的友好关系,当人们从一州到另一州时该条款即保护其法定权利,也促使法定义务的实现,随着美国人口流动的增加这显得尤其重要。

full hearing 〈美〉充分听证 指能够给所有当事人提供充分的机会,使之通过提供证据和辩论来表明足以判定,从法律和正义的观点来看,其所要求采取的措施是否正当的听证。在由行政机关进行的准司法程序中的充分听证中,当事人不仅有权提出证据,亦有权获得合理的机会以了解对方当事人的请求并与其当面辩论。

full indorsement 记名背书;特别背书 背书人在背书时指定向某人支付票款,即同时载明背书人和被背书人姓名或名称,区别于只在票据背面载明背书人名称的空白背书。

full jurisdiction 完全管辖权 指对某种特定类型的诉讼或诉讼标的具有完全的、无任何例外或保留的管辖权。

full life 完全生存 法律上和事实上都生存着或活着。(⇨in full life)

full name 全名;姓名 由首名、中间名和姓氏或由首名、中间名的开头字母和姓氏组成的姓名。在实际生活中，则指具有确定的身份联系，由自己使用并可供他人识别的姓名。

full officer 正式军官 拥有正规所授军衔的军官，区别于拥有名誉晋升军衔[brevet rank]的军官。

full parden 完全赦免 指同时免除犯罪人的刑罚与罪名，使其在法律上视为未犯过罪之人的赦免。

full powers 全权证书 指一国政府颁发的、授权其外交代表参加国际谈判、出席国际会议、缔结条约以及同外国政府进行其他特定交往活动的证明文件。尤指在缔结条约的过程中所使用的全权证书，即国家的有权机关所颁发的，用以证明持有人有权代表该国进行条约的谈判和认证约文以及签署条约的证明文件。

full priority 绝对优先权;完全优先权(= strict priority)

full proof 充分的证明;完全的证明;无合理怀疑的证明 ①在大陆法中，指由两个证人或一个公文书提供的证明; ②指证据对案件事实的证明达到了使陪审团对待证事实的真实性无任何合理怀疑的程度。它高于民事诉讼中通常所要求的"证据优势"[preponderance of evidence]的证明程度。

full prosecution 完整的控诉 指从起诉或提起控告直至对案件作出终局判决。为使案件构成未决诉讼[lis pendens]，必须在诉讼中存在自始至终的完整的控诉，而不能出现疏忽性的中断[negligent intermission]。

full right 完整权利;完全权利 指有效所有权[good title]与实际占有相统一的权利。

full-service lease 全役租赁 指出租人同意支付有关租赁财产的各项费用，如维护费、保险费、税款等。(⇨ gross lease)

full settlement 全面解决 指对当事人间存在的所有未决事项或请求予以调整、解决，或当事人对义务的相互免除。

full time 专职的;全日制的 用于形容固定的工作;区别于不固定的、季节性的或临时性的工作。

full-time child (充分妊娠的)婴儿 按照过去的观念，指怀孕40周后出生的婴儿;依现代的法律，则指怀孕36周或更长时间后出生的婴儿，特别是出生体重超过5.5磅者。

full value 全值;全额;足额(⇨ full cash value; fair market value)

fully administered (遗产)全部执行完毕 遗嘱执行人或遗产管理人所做的一种答辩，称所有遗产已被完全地、合法地处理完毕，无任何剩余财产可供满足新的权利请求。

full year 一整年 连续不间断计算的一年。

full(y)-paid stock 全部缴清的股本

fulmen 〈拉〉雷霆;霹雳(⇨ brutum fulmen)

fumage 〈英格兰古法〉烟囱税;壁炉税(= fuage)

function n. ❶官能;机能 ❷职责;职务;职业 v. 履行职责;工作;活动 起源于拉丁文 fungor 的过去分词形式 functus。

functional a. 有作用的;实用的 指具有或执行某一功能。专利法中，如果"方法"[means]或"装置"[mechanism]等词用于描述一项发明的新颖性[novelty]，就可以表示发明人的权利请求是基于发明的实用性。

functional depreciation 功能性折旧 由于新发明和机器、设备的改进而使设备在完全报废前就被替代。(⇨ functional obsolescence)

functional discount 职能性折扣 供应商对不同经销职能等级的购买人索要不同的价格，如对零售商的要价高于批发商。

functional disease 官能疾病 器官本身没有结构上的缺陷或异常，但无法正常行使其特定机能。不同于器官受损伤或畸形引起的器质性[organic]疾病。

functionality n. 功能性(商标) 商标法只保护其外形、结构或颜色设计为非功能性[non-functional]的商标。如果商标的图案或色彩较其他可供选择的方案为佳并达到一定程度，致使给予其首先使用人以排他权保护将妨碍竞争，则该商标标识属于功能性的，不能给予保护。

functional obsolescence 功能性报废 由于新的发明或设备结构的改进而使原有机器、设备相对落后或效率低下，因而被替代。其损失的价值计入财产的内耗。

functionary n. 公务人员;官员;(有时也指)公司的管理人员

functus 〈拉〉死亡的;期满的;无效的

functus officio 〈拉〉已履行其职务;已完成其任务;已实现其目的 该词用于指某一官员任期已满，因此已不再拥有相应的职权;也指某份文件、令状、某种权力或代理关系等已被执行或已达到制作或设定其的目的，因而已不再具有价值或效力。

fundamental error 〈美〉根本错误;重大错误 指有关原告诉因的实质[merits]发生的错误，且不论该错误是否被指出，但从司法公正的要求来说，在对案件复审时都应予以考虑;或指会导致判决无效的错误;或是重大错误，若不加以纠正，将会导致违反基本的正当程序的要求;或是从案卷表面可以看出的明显的法律错误，如初审法院对案件缺乏管辖权等。在有些司法区，也指虽然未在下级法院中被提出异议，或未在上诉中对其他错误详述[assignment of error]，但在上诉审中仍将予以考虑的错误。

fundamental fairness doctrine 基本公正原则 指将正当程序[due process]原则适用于司法程序的一项法律规则。通常认为它与正当程序一词同义。

fundamental law 基本法;根本法 在现代政治学中，基本法表明某种政体结构，如美国宪法，或者表明一个法律体系中的某些规定，而这些规定已经牢固地树立起来，不能用普通的立法程序加以废除或修改。基本法一般与司法审查制度有密切联系，根据司法审查制，最高法院在立法机关制定的法律的效力受到质疑时有最后决定权，并必须裁定这些法律是否符合基本法。在这一意义上，英国就不存在基本法。

fundamental right 基本权利 一般指个人所拥有的、不容侵犯或剥夺的重要权利。洛克个人主义兴起后，基本权利问题日益突出，引人关注。基本权利遂被称为天赋人权[natural rights]，又常被称为人权[human rights]。因而近代资本主义国家的宪法一般都把基本权利载入宪法，使之能得到最大程度的保护和保障。各个国家的基本权利类型会有所不同，但通常包括以下内容:生存权，人身自由，言论自由，信仰自由，言论和出版自由，结社自由，参与政治活动权，隐私权，个人自主，受法律平等保护等。1948年的《世界人权宣言》[Universal Declaration of Human Rights]对人权提出了一个总体范围，以供各国参照和采纳，其中不少已被一些国家宪法所确认。随着社会的发展，总会产生一些新的基本权利，所以基本权利的范围并不固定不变，而是不断发展和变化的。为了确保基本权利不被侵犯，不少国家规定法院有权对影响基本权利的行为进行严格审查，而对那些已得到牢固确立的权利，则授权法院可以撤销以此方式得到保护的权利的任何立法和政府活动。不过在英国宪法里,却没有防止更改人权的保障条款,因此,虽然联合王国[United Kingdom]除尚受到一些与人权有关的国际公约范围有限的约束外,与国家有关的个人权利不曾确定,出现了要求将《欧洲人权公约》[European Convention on Human Rights]纳入国内法的呼声。但在 1998 年英国通过了自己的《人权法案》[Human Rights Act]后,这一切将会有所改观。

fundamus 〈英〉"我们创设" 在英王批准设立公司的特许状中使用的正式用语。

fundatio 〈拉〉设立;创立 特别用于法人团体[corporations]的设立和捐助创立。在适用于慈善性法人团体时,fundatio incipiens 是指合伙力量的合并,而 fundatio perficiens 是指基金或税收的捐助。

fundator 〈拉〉创立人;设立人;捐助人

funded a.设定基金的;固定资金的

funded debt ❶融资债务;转用债务 ①以偿债基金作为偿还债务的担保而发行债券所形成的债务;②以长期债券和长期银行贷款形式承担的债务,与流动债务[floating debt]相对;③企业财务管理中,通过筹借长期贷款、发行长期债券以偿清各种短期债务,从而形成的新债务。❷〈英〉固定债务;长期债务 英国政府承担的无固定偿付期的国债,如统一公债[consols]和战时公债。对于此类债务,只需支付利息而无需返还本金,债权人亦无权要求返还本金,但可转让其收取利息的权利。(⇨funding system)

funded pension plan 〈美〉养老基金方案 指由法人团体捐款,设定足够基金,以确保目前和将来的退休福利的需要。这一方案由《雇员退休收入保障法》[Employee Retirement Income Security Act]调整。

fundi 〈拉〉土地

fund in court 存放于法院的资金 ①指存放在法院的、对其权属有争议的资金。在英国,指高等法院[High Court]的各分庭因任何案件、事项或账目而支付或存放于法院的款项,它由总会计师[Accountant-General]代表最高法院掌管。这类款项包括属于精神不健全人的款项,所有权有争议的款项或应由中立人保管的款项;②指存放在法院的,以备在发生意外情况时承担责任之用的资金。

funding n.❶提供资金 ❷转债融资;债务转期 通过发行长期债券或将短期债券转换为长期债券的方式筹措资金偿还到期债务或补充经营资金。❸(福利)投资 为了参加养老金和各种福利投资计划,事先将货币资金进行各种投资或投放于储备基金。❹〈英〉投资公债

funding system 〈英〉投资公债法 政府以发行公债方式筹集资金,投资者或购买者享有特定权利或收益(如获得永久性利息),但无权要求政府偿还本金,除非政府自愿,政府以支付利息方式使借款本金逐渐减少。

fund in hand 现存金额;到期款项

fundi patrimoniales 〈拉〉继承的土地

fundi publici 〈拉〉公用土地;公有地

fund(s) n.❶基金;专款 为特定目的提留一部分款项。❷资金;现款;有价证券 包括各种票据、股票、公债在内的各种有价证券。❸流动资金 包括现金和各种可出售的证券。
v.❶拨款偿付债务本金和利息 ❷融资;提供资金 ❸将短期借款转化为长期借款

fundus 〈拉〉(英格兰古法)(大陆法)❶土地 普通意义上的,不考虑特定用途的土地。❷地产;不动产 土地以及附带的建筑物。❸农场;(物体的)底部

funeral expenses 丧葬费用 为埋葬、火葬或以其他方式处理尸体而支付的必要费用,一般包括购买适当的纪念物费、永久照看墓地费以及参加葬礼者的招待费等。丧葬费用一般优先于其他债务和费用得到给付。丧葬费用也依法可以计入损害赔偿金。

funeral expenses clause 丧葬费用条款 标准的汽车责任保险单条款之一,作为特约承保范围,它规定向符合保险条件或因使用投保汽车而致死亡的人支付丧葬费用。

fungibiles res 〈拉〉替代物种;类物;(⇨fungible(s))

fungible goods 可替代商品;可替代物 指性质相同并可代替使用的商品,如咖啡、谷粒等。

fungible goods or securities 代替商品或证券

fungible(s) a.可替代的
n.替代物种;类物 指性质、特征相同,可按数量、度量、重量来估算并可互相替换的物品,属于动产范畴,如谷、酒、石油、金钱、证券等。

fur n.❶(动物的)毛或毛皮 ❷〈拉〉窃贼;小偷;盗窃犯 以秘密的、非暴力方式窃取财物,不同于抢劫犯。

furandi animus 〈拉〉盗窃意图

furca n.(英格兰古法)叉;绞刑架;绞台

furca et flagellum 〈拉〉绞刑和鞭笞 供役保有的最低级形式,指奴隶被其主人占有,身体和生命都听任处置。

furca et fossa 〈拉〉绞刑和淹死 在古代君主的刑事管辖特许状中,授权用以惩罚重罪犯或盗窃犯的方式,对男犯处以绞刑,女犯则被投入水中淹死。

furcare 〈拉〉(= fourcher)

fur diurnus 〈拉〉白日行窃者

Furem, si aliter capi non posset, occidere permittunt. 〈拉〉如不能以其它方式抓获窃贼,可以将其杀死。

furigeldum 〈拉〉为盗窃而付出的罚金

Furiosi nulla voluntas est. 〈拉〉精神病人没有自由意志。

furiosity 〈拉〉疯狂;发疯状态 不同于痴呆[fatuity or idiotcy]。

furiosus 〈拉〉精神病人;精神错乱的人

Furiosus absentis loco est. 〈拉〉精神病人被视同为未在场人。

Furiosus furore solo punitur. 〈拉〉精神病人只受自身疯狂行为的惩罚。 意指他不受法律的惩罚。如果某人犯罪后变得心智不健全[non compos],则不再对其起诉;如已经定罪,则不再对其判决;如已经判决,则不再对其执行判决。

Furiosus furore solum punitur. 〈拉〉因为精神失常,精神病人不受惩罚。

Furiosus nullum negotium contrahere (gerere) potest (quia non intelligit quod agit). 〈拉〉精神病人(因其不具有自我辨认能力)不能订立合同。

Furiosus nullum negotium gerere potest, quia non intelligit quod agit. 〈拉〉精神病人(因其不具有自我辨认能力)不能从事任何交易。

Furiosus stipulari non potest nec aliquod negotium agere, qui non intelligit quid agit. 〈拉〉不具有自我辨认能力的精神病人不能订立合同,也不能从事任何营业。

furlong n.弗隆 英美制长度单位,等于 1/8 英里[mile],或 40 杆[pole],约合 201.17 米。

furlough n.休假 如服役军人的临时休假等。也用于指雇员因缺少工作、资金或其它非纪律性理由被暂时解雇,暂时失去工作和工资的状态。

fur manifestus 〈拉〉(罗马法)现行盗窃犯　指行窃时被当场抓获之人。

furnage 〈拉〉烤炉费　庄园主对租户使用其烤炉或烤房而收取的费用。(= fornagium; four)

furnishing instrumentality for commission of crime　为犯罪提供手段或工具

fur nocturnus 〈拉〉夜盗;夜间行窃者

furor brevis 〈拉〉激情;义愤;暴怒

Furor contrahi matrimonium non sinit, quia consensu opus est.　〈拉〉精神病人不能缔结婚姻，因为婚姻必须双方同意。

furst and fondung　(英格兰古法)提供建议或听取咨询意见的时间

furta 〈拉〉犯罪惩处权　这种权力源于国王作为最高领主的身份，他有权在贵族领地或庄园的特定范围内对盗窃犯和重罪犯进行审理、判决和处决。有人说该词来源于furca，因后者之绞架之意。

further advance　追加贷款;再贷款　抵押贷款人以原贷款项下的抵押物或追加提供的担保物为担保，向抵押借款人二次或多次追加提供的贷款。此外，根据当事人的协议将拖欠的利息转化为本金，在衡平法上也构成一项追加贷款。

further assessment　(= additional assessment)

further assurance　持续保证合同;再担保合同　不动产出卖人为保护买受人的利益而就该不动产作出保证的契约。出卖人通过保证契约中的再担保条款，允诺将来会执行所有为完善原合同转让之标的财产所必要的任何法律文书。这种保证契约十分重要，它既与出卖人转让的不动产所有权有关，又与转让契约有关；一方面它保证实施必要的行为以弥补所有权上的缺陷，另一方面它又为充分、有效、安全地履行转让契约扫除了障碍。(⇨covenant for further assurance)

further consideration　进一步审议　衡平法院的裁决中，时常指示书记长[chief clerk]就某些问题听取说明并进行调查。对这种调查所产生的问题进行听审称为关于进一步审议的听审。

further directions　进一步指示　衡平法院主事法官[master]听取说明并提出报告后，依法院裁决的指示所进行的审理，称为根据进一步指示的听审。这一诉讼阶段现在称为关于进一步审议的听审。(⇨ further consideration)

further disability　进一步的残疾(⇨new and further disability)

further hearing　〈美〉进一步审理;重新审理　指在另一时间对案件再次进行的审理，它是对一现存案件诉讼程序的继续，而非新的诉讼。通常在没有充分证据以作出最后判决，或治安法官[magistrate]无足够时间听取全部证据时，即将罪犯关押起来等待进一步审理。法律一般要求治安法官应当尽快恢复审理。

further instructions　(对陪审团的)进一步指示　在陪审团已被给予指示并已退庭评议之后，法官应陪审团的请求进一步给予的指示。陪审团对在评议过程中所遇到的问题，如对本案应适用的法律不确定时，即可请求法官给予进一步的指示。

further proceedings　(同一案件)进一步的程序

furtum 〈拉〉❶盗窃(罪);盗窃行为　❷盗窃物

furtum conceptum 〈拉〉(罗马法)经搜查发现的盗窃　在有证人在场的情况下，通过以适当方式搜查发现某人占有盗来的赃物而披露的盗窃行为。

Furtum est contrectatio fraudulosa, lucri faciendi gratia, vel ipsius rei, vel etiam usus, possessionisve. 〈拉〉盗窃罪是为了谋利而欺诈性地取得、利用或占有某物。

Furtum est contrectatio rei alienae fraudulenta, cum animo furandi, invito illo domino cujus res illa fuerat. 〈拉〉盗窃罪是出于盗窃意图，违背财产所有人的意志，欺诈性地取得其财产的行为。

furtum grave 〈拉〉加重偷盗罪　以前，该类犯罪分为3种：①土地拥有人犯该罪；②受托人或受托财产管理人犯该罪；③盗窃大动物(包括小孩)罪。

furtum manifestum 〈拉〉公开、明显的盗窃　如在偷窃时被抓获的盗窃。

Furtum non est ubi initium habet detentionis per dominum rei. 〈拉〉占有某物如经物主同意即非盗窃。

furtum oblatum 〈拉〉窝赃　接受他人盗窃物，而被搜得。

fust　(= fuz)

fustigatio 〈拉〉(英格兰古法)笞打;笞刑　一种用棍、杖责打罪犯的刑罚。

fustis 〈拉〉(英格兰古法)(在土地转让过程中举行转移占有仪式[livery of seisin]时用作土地权利象征的)棍棒

futhwite　n. 因斗殴或破坏治安而被判处的罚金

futile act　无用之举;无效果的行为(= vain act)

future acquired property　(= after acquired property)

future advance　(= further advance)

future advance clause　追加贷款条款;未来贷款条款　在开放型抵押[open-end mortgage]或信托契据[deed of trust]中的一项条款，规定借款人可以基于同一抵押财产和同一担保文书，在将来某一时间增加借款。(⇨future advance)

future consideration　将来对价　①将来给付的对价，尤其在一方履行后才给付的对价；②构成对价的一系列行为中，有一些将在对方履行之后才进行；③双方尚未就其细节达成一致的对价。

future damages　未来损害赔偿金　指法院就被告之不法行为在未来将要产生的损害，例如可预见的痛苦、可能的医疗费用与谋生能力的减损等，判令其向受害人支付的赔偿金。这种损害赔偿是被诉行为的必然后果，而与特别损害赔偿金[special damages]相区别。

future debt　未到期债务

future earnings　未来收入　将来可获得的工资、薪金等收入，尤指在侵权案件中受害人本可于日后取得，但因受到伤害而失去的收入。

future estate(s)　未来地产(权)　在将来才能取得权利或实际占有的财产，亦称期待的地产[estates in expectancy或expectancies]。在普通法上，未来地产包括剩余地产[remainder]与复归财产[reversion]两种。在英国1925年《财产法》[Law of Property Act]生效之后，土地上的所有未来地产权演化为衡平法上的未来权益[future interests]。

future fund　未来基金　在将来积累、形成的基金。

future goods　期货　在订立买卖合同时尚未生产出来或者卖方尚未取得的货物。出售这种期货商品的合同也就是出售这种商品的期货合同。(⇨ futures)

future interests　未来权益　在将来占有或享有不动产、非土地财产、赠与或信托利益等的权益。与现实权益[present interests]相对。(⇨ future estate(s))

future performance　将来履行;延期履行　指合同履行时

间为将来某一时间或被推迟到将来某一时间。

future premiums 应计未付保险费;期得保险费 在含有免缴保险费条款的意外事故保险单中,意指如果被保险人致残一定时期后(如90天或6个月),保险人放弃收取以后的保险费。

future property 未来(取得的)财产(= after acquired property)

future rent 应计未付租金;预期租金

future right 未来权利 根据现有合同在将来条件成就时享有的权利。(⇨future interests)

futures n.❶期货 买卖双方约定在将来某一时间交割的商品或证券或外汇等,合同价格随市场价格而定。❷期货合同 买卖双方达成的按约定价格购买约定数量的期货的合同,其价格由双方在期货交易所以公开竞价方式确定。期货合同对商品品级、交货方式、保证金等条件均有统一规定,买卖双方只在交易中确定价格、交货期与合同数量。期货交易一般不导致实际交割,因为卖方在交货期之前可以转手或购同样数量的合同对原合同进行对冲。期货交易者分为两大类:①是为规避价格风险而利用期货作套期保值业务的商人;②是利用期货市场的价格变动赚取价差的投机者。

future sales 期货交易(⇨futures)

futures contract 期货合同(⇨futures)

futures market 期货市场 进行期货合同交易的商品交易所。

futures trading 期货交易;期货贸易(⇨futures)

future use 未来用益权 指在土地转让中可能赋予[vest]的有条件用益权。(⇨contingent use)

future value 未来值;终值 指现有的一笔资金或一系列款项按照适当的利率或增值率计算所得出的在未来某一时刻的价值。

futuri 〈拉〉将来之人 出自古代契据[deed]的起首语"让所有现在活着的人及将来之人知晓,我和某甲、某乙…"。

fuz 〈凯尔特〉森林;树林;林地(= fust)

fygtwite (= fyhtwite)

fyhtwite 〈撒克逊〉杀人罪和平金 就杀人行为而向领主缴纳的罚金,类似斗殴罪和平金[fightwite]。

fyle v.〈苏格兰〉❶亵渎;玷污(⇨defile) ❷裁定…有罪

fylit a.〈苏格兰〉被裁定有罪的

fynderinga 〈撒克逊〉和平金或赔偿金由国王决定是否及如何科征的犯罪或侵权行为

fyrd 〈撒克逊〉(全国的)军队;陆军 为供养军队而缴纳的贡赋是三项基本税[trinoda necessitas]之一。

fyrdfare 〈撒克逊〉军事征召令 通知服兵役或参加军事行动的命令。

fyrdsocne 〈撒克逊〉兵役豁免 免除服兵役或承担军事义务。

fyrdsoken (= fyrdsocne)

fyrdung (= fyrd)

fyrdwite 〈撒克逊〉❶(针对被征召入伍但未遵从命令者所处的)未服兵役之罚金 如果领主未按其对国王负有的役务提供足够人数的兵员,则应为每一名空缺者支付罚金。该空缺者只对领主,而非对国王负有义务。 ❷针对在军队内发生的谋杀行为所处的罚金以及对此罚金的豁免

fyrthwite 〈撒克逊〉逃兵罚金 对擅离军队者科征的罚金。

Gg

G.A. (= general average)
GAAP (= generally accepted accounting principles)
GAAS (= generally accepted auditing standards)
gabel n.〈英格兰古法〉每年以实物形式交纳的地租
gabella 〈拉〉❶(= gabel) ❷佃农会 在日耳曼人和早期美国社会中,自由民或农奴组织的一种地租偿付互助团体,可用实物或劳役偿付地租。
gablatores n.纳税人;交租人;进贡人
gablum n.租金;税款
gabulus denariorum 以货币支付的租金
Gadsden Purchase 加兹登购买(⇨Gadsden Treaty)
Gadsden Treaty 《加兹登条约》 1853年12月30日美国与墨西哥签订的条约。依据此条约,美国在新墨西哥州的南部边界自墨西哥取得一块狭长领土,即通常所称"加兹登购买"[Gadsden Purchase]。
gafolgild n.支付租金、税款或贡赋
gafol-land n.应支付税收、贡赋或租金的土地
gag n.❶〈英〉〈口〉下议院的终止辩论程序(⇨closure) ❷限制言论自由的方法或行为 v.限制言论自由
gage n.❶质;质押;当 在英格兰古法中,指将某物交付于他人处,以担保实施某一行为或支付金钱,在未能履行时该他人有权将该物没收。在法国法中,即为质押合同。❷质物;当物 v.〈英格兰古法〉❶设质;出当;履行(或付款)担保 ❷设赌
gage of land 〈英〉土地质押 将土地交付他人占有,以作为债务担保。其最初有多种形式,但基本特征是移转占有。如果土地收益是用来扣减债务的,则该种质押属于合法,否则即为高利贷,被称为死质[mortuum vadium]或抵押[mortgage]。后将土地质押转化为土地保有权,出售一定年限的土地使用权作为定金或附条件转让,即到期未偿还债务,承租人就有权绝对占有土地。此后又允许抵押人[mortgagor]保留土地占有,并最终在16世纪通过衡平法院[Chancery]的干预,形成了不动产抵押回赎[re-demption]的衡平法理论。
gager (= gage)
gager de deliverance 〈英格兰古法〉保证交付;保证返还 扣押他人动产者被诉时,若他尚未返还被扣押之财物,就需要承认扣押行为,并保证他将返还这些财物。
gager del ley 宣誓断讼;共誓涤罪(= wager of law)
Gagging Acts 〈英〉《禁言法》 "六条法"的通俗说法。(⇨Six Acts)
gag laws 〈美〉[总称]限制言论自由法 美国国会于1836年通过的违反有关宪法第一条修正案的法律,其规定凡与奴隶制有关的申请都不需提交委员会,并且不得将其出版公诸于众。1844年上述法律被废除。
gag order 〈美〉禁言命令 ①对庭审时不守秩序的被告人可予以约束并禁其发言以免进一步扰乱庭审的命令;②对有重大影响的案件,为确保被告人受到公正的审判,法庭规定律师和证人不得与新闻记者谈论案情的命令;③法庭规定新闻记者不得报道案件的审理过程或某些细节的命令。这种命令由于违背宪法规定的新闻自由,已被美国最高法院废除。
gain v.获得;赚取 n.❶利润 收入与费用的差额;销售价格与成本的差额。❷收益;增值 金钱收益;证券或财产价值的增加。❸特别收益 特别交易中收入和费用的差额,不同于企业日常业务的收益。❹〈美〉(税法)实际收益 已实现收益 超过所出售或处置的财产的调整后价值的实际收益。
gainage n.〈普通法〉❶土地收益 耕种土地取得的收益。❷下层佃农或农奴耕种土地时使用的牛马、犁和农具
gainery n.〈普通法〉❶耕种 ❷耕种收益 从耕种土地或耕种所用的牲畜获取的收益。
gainor 〈英格兰古法〉耕地的占有者或耕作者;索克曼 英国诺曼王朝时的一种土地保有人。
gale n.〈英〉❶(定期支付)租金、税款、年金 ❷特许采矿权 以支付租金并遵守特定义务为条件而取得的采矿许可。采矿权人按所采矿石数量的一定比例向王室支付租金。❸采矿权特许费
galea n.(旧时)平底大船;(古希腊、罗马的)战舰;(古时卷宗中指)海盗船
gale-day n.租金支付日;采矿权特许费支付日
galee (= galea)
galeis (= galea)
galenes n.〈苏格兰古法〉(对屠宰)的补偿
gallagher agreements (= Mary Carter agreement)
galley-halfpenny n.加利半便士 热那亚的一种银质硬币,价值相当于同时期英国的半便士银币。由到伦敦进行贸易的热那亚船只带入英国并投入流通。1415年法令禁止在英国境内使用加利半便士和苏币[suskin]、德币[doitkin]以及所有苏格兰银币,并规定将上述货币输入英国境内的行为构成重罪,而此前1409年法令仅规定没收在英国境内流通的加利半便士。
galli-halfpence (= galley-halfpenny)
gallivolatium 〈拉〉猎鸡场
gallows n.❶绞刑架;绞台 ❷〈口〉绞刑;死刑

galoie (= galea)

gamalis 〈拉〉婚生子女；已订婚但尚未结婚者所生的子女

gamble v.赌博；投机；冒险

gambler n.赌博者；赌徒；冒险者；投机者

gambling n. ❶赌博；打赌(= gaming) ❷投机；冒险

gambling contract 打赌合同 指当事人约定将财物或金钱押在某一发生与否不确定的、与其无关的事件上，根据事件的发生与否决定各方的输赢。

gambling place 赌博场所 任何进行或提供赌博、抽彩、摸奖、赌博机的处所、房间、建筑物、车辆、船舶、帐篷或地点。

gambling policy 赌博保险单 人寿保险中，投保人对被保险人不具有保险利益的保险单。亦称押赌保险单[wager policy]。此类保险单通常为非法；由于缺乏保险利益，保险人亦不签发此类保险单。

game n. ❶野生动物 指成为狩猎对象的野生动物。根据英国狩猎法[game laws]规定，除拥有土地所有权外，狩猎许可证书均为必需。 ❷赌博(⇨game laws)

game certificate 〈英〉狩猎许可证；狩猎执照 1860年前使用，相当于现在的狩猎执照。(⇨game licence)

game-keeper n.〈英〉猎场看守人 包括两种人：①由庄园领主或王室庄园管家任命可以使用特定器具捕猎动物者；②由普通地主雇佣来照看猎场的人。

game laws 狩猎法 规范捕捉、猎杀禽类和兽类的法律。英国的狩猎法只允许某些特权阶层(通常为土地所有人或土地租用人)有权捕杀猎物，据称系直接承袭古代的御猎场法。1831年修改后的英国法律则规定任何人支付一定费用后均可取得捕杀猎物的许可证或执照。美国的狩猎法是联邦和州为保护野生动物而制定，通常禁止或在一定季节禁止捕捉或猎杀某些特定猎物，或禁用某些捕猎手段，或在狩猎期内对捕杀猎物的数量和品种予以限制。

game licence 〈英〉狩猎许可证；狩猎执照 除王室成员外，捕杀猎物时必须持有许可证。它是根据法律得到的一种许可。据此可以在开放的或允许的狩猎季节在准猎的土地上捕杀猎物。

gaming n.赌博 二人或二人以上的由胜者赢得各人所押的赌注的协议。赌博的要素有赌资或付价、或然性、奖品或赢利。

gaming contract (= gambling contract)(⇨wager)

gaming house 赌博场所(⇨gambling place)

gananciales 〈西〉夫妻共同财产 婚姻关系存续期间所得的财产。

ganancial property 〈西〉夫妻共同财产 该财产由夫妻共同享有，并在婚姻关系解除时，在夫妻之间平分。

ganancias 〈西〉从夫妻共同财产获得的收益

gang n. ❶一帮；一群；一伙 若干人结合在一起的群体，尤指以反社会或犯罪为目的的团伙。 ❷〈古〉通货；货币

gang-days n.祈祷日 意即耶稣升天节的三天。(⇨gang-week; parish boundaries)

gangiatori n.〈古〉负责检查度量衡的官员

gangster n.(参加或组织犯罪团伙的)歹徒；流氓；匪徒

gang-week n.〈英〉祈祷日周 包括祈祷日[gang-days]的那一周，在此期间堂区主管官员勘察堂区边界，并举行净化仪式。

Ganser syndrome 甘塞式综合症 指对所提问题作出无意义的回答，从回答有时可推测其隐瞒的有关情况。这见于因犯为图获得宽大处理而伪装精神障碍。又可写作"Ganser's syndrome"。

GAO (= General Accounting Office)

gaol n.〈英〉监所 与美国用法 jail 同义。

gaol delivery 〈英〉(= jail delivery)

gaoler 〈英〉(= jailer)

gaol liberties 监所自由活动区 指监所周围划定范围的区域，囚犯在保证返回的前提下，可在内自由活动。自由活动区被认为是监所的一部分。

gaol limits (= gaol liberties)

gaol sessions 〈英〉监所法庭 根据1824年《监所法庭法》[Gaol Sessions Act]，监所法庭由全郡的法官或其中的两名法官组成，是全郡监所的管理机构。1877年其职责转移给内务大臣。

garage liability insurance 车库责任保险 为补偿车库所有人、加油站或维修站经营人、汽车出租人或汽车商在经营业务中对他人造成的人身或财产损失而特设的一种责任保险。

garageman's lien 车库管理留置权 车库管理人因其服务而对保管的汽车所享有的留置权。

garandia 〈古〉保证；保证书

garantia (= garandia)

garantie 〈法〉担保；保证 相当于英文中的"所有权担保"[warranty; covenants for title]。在货物销售中，该项担保扩展于买受人可以安全地取得货物，且无隐藏的瑕疵。

garathinx n.〈古〉〈伦巴第〉赠品；礼物；赠与物

garauntor n.〈英格兰古法〉(土地的)担保人；保证人 对地产受让人权利的合法性承担担保责任的人，一般是土地出让人或领主，他在受让人被诉至法庭时要出庭提供土地权利合法性的证明；在受让人败诉或被驱逐出土地时，要为受让人提供另一等值之土地。

garb n.〈英格兰古法〉一捆；一包(未脱粒的谷物)

garba (= garb)

garbal(l)es decimae 〈苏格兰〉谷物什一税 也称向堂区牧师缴纳的什一税[parsonage tithes]，包括各种谷物。

garballo decimae (= garbal(l)es decimae)

garble v.〈英〉精选；筛选(香料、药物等)

garbler of spices 〈英〉〈古〉查验官 伦敦市的官员，有权进入任何商店、仓库等场所查验香料和药物，并剔除次品。

gard 〈法〉 ❶监护；保管；照管 ❷(城市的)行政区；选区；区域

garde 〈法〉监护(关系)；保管；照管(= gard)

gardein 〈法〉监护人；保管人；管理人 亦作 gardian、gardien 或 gardeyn。

gardein de Lestemery 〈英〉爱德华三世时的一种官衔，后称锡矿矿长[warden of the stanneries]

gardi 〈法〉监护；保管；照管(= gard)

gardia 〈拉〉〈法〉(= gard)

gardianus n. ❶〈英格兰古法〉保护人；辩护人；监护人 ❷(封建法)监护；看管(= gardio) ❸管理员；看守人

gardinum n.〈英格兰古法〉花园

gardio (= gardianus)

garner v.警告；扣押 后来的扣押一词"garnishment"即源于该词。

garnestura n.〈英格兰古法〉(城防所需的包括粮食、武器和其它作战工具的)战备品；军需

garnish n.〈英〉犯人初入狱时被同狱犯人强索的金钱

1815 年被禁止。
v. ❶通知；传唤 ❷通知案外债务人扣押被告的财产(⇨garnishee)

garnishee n.案外债务人 占有属于被告的金钱或财产的人，或对被告负有债务的人，此项金钱、财产或债务由法院扣押或冻结。

garnishment n.对案外债务人的扣押程序；债权扣押程序 案内债权人申请扣押在案外债务人[garnishee]处的属于被告的金钱或财产，或冻结被告的债权。是一种执行判决的辅助手段。美国某些州称之为"受托人程序"[trustee process]。

garnistura （英格兰古法）❶附属品；装饰物 ❷(= garnestura)

garroting n.❶〈英〉勒抢罪 通过掐住某人的脖子使其失去知觉——偶尔可能导致死亡——从而实施抢劫行为的犯罪。该种犯罪曾于 1850 年在曼彻斯特、1850 年与 1862 年在伦敦蔓延。1863 年《勒杀者法》[Garrotters Act]规定对勒杀者施以附加笞刑的劳役监禁，才得以遏制此种犯罪。❷使用铁环的绞刑 旧时西班牙、葡萄牙和某些使用西班牙语的美洲国家执行死刑的方法。执行时，用固定在柱子上的铁环套住罪犯的脖子，用螺丝将铁环拧紧，直至受刑者窒息死亡；或由行刑者手握两头有木柄的绳索，使劲外拉，勒死罪犯。

garsumme n.（英格兰古法）罚金；罚款

Garter n.嘉德勋位 英国爵士的最高勋位，仅次于贵族。据说这种爵士的军事职位由理查一世首次于艾卡[Acre]被围攻时创设，他授予当时的 26 名护卫着皮袜带的特权。(⇨knight; Order of Garter)

garytour n.（苏格兰古法）监狱看守人；狱吏

gasoline tax 〈美〉汽油税 联邦和州政府对销售汽油所征收的消费税。

gas sold 售气量 天然气井租约用语，指实际售出的天然气量，不一定包括生产过程中消耗的气量。

gastalders n.❶国家的临时统治者 ❷执行官；法警 ❸管家；管理员

gastaldus (= gastalders)

gastine （拉）〈法〉荒地；未开垦的土地

gas used 耗气量 天然气租约用语，指开采气井时所使用或消耗的天然气量，而不论其是否售出。

gate n.❶放牧牲口的地役权 仅用于某些特定状态。(⇨toll gate) ❷关卡

gaugeator n.〈英〉计量官；计量员 根据关税、货物税和国内税收法律任命的官员，对装载酒类、油类或其他液体的各种容器进行测量并加盖许可标志。在大的海港城市，也有经政府批准执行此项职责的民间计量员。

gauge of railways 铁道轨距 根据英国 1846 年《铁路管理(轨距)法》[Railway Regulation (Gauge) Act]规定，除某些例外，在大不列颠铁轨的间距为 4 英尺 8.5 英寸，在爱尔兰为 5 英尺 3 英寸。

gauger (= gaugeator)

gauntlet (= gent(e)lope)

gavel n.(英格兰古法)❶关税；贡金；通行税 ❷年租金；税款 尤指实物地租。❸法锤；惊堂木

gavelbred n.实物地租 以面包、谷物、粮食等实物支付的地租。

gavelet n.〈英〉（废）租金追缴令 古时的特种令状，在肯特郡和伦敦地区用于追缴租金。

gavelgeld n.❶年利润；年收益；年贡税 ❷可以提供年收益的土地等财产

gavelherte n.耕役 由庄园内的下级封臣或农奴履行的耕地劳役。

gaveling men 除习惯法上的义务之外还保留有其它义务的土地保有人

gavelkind n.〈英〉❶肯特郡土地保有习惯 一种主要通行于肯特郡[Kent]之习惯。该习惯也在英国其它一些地区存在，著名的如哈克尼[Hackney]庄园和斯特普尼[Stepney]庄园。在威廉征服之前，这种习惯几乎通行于整个英格兰，后被封建法[feudal law]的长子继承制[primogeniture]取代，但在肯特郡仍有保留。作为一种继承方式，除特别规定外，它被 1925 年的《地产管理法》[Administration of Estates Act]废止。以这种保有习惯之土地由被继承人的所有儿子平均继承；若继承人无儿子，则按通常方式由其女儿继承。虽然男性继承人之继承权优先于女性继承人，但后者可通过代位继承[representation]和男性继承人一起继承。如若一人有三个儿子且购买了以上述保有方式取得之土地，其中一个儿子先于其父死亡，留有一女儿，则她可继承其父之应继额。该习惯也延伸及旁系血亲[collateral line]，若一男子死亡未留子嗣，则其诸兄弟均可继承其遗产，若其兄弟已死亡，则由他们各自之子嗣代位继承；但若侄子或外甥从其叔叔或舅舅那里继承遗产，则属代位继承[per stirpes]而非平均继承[per capita]。这种土地保有习惯的可分性也扩及嗣继承之土地[estates tail]，即若一以该土地保有习惯之方式拥有限嗣继承土地之人死亡，则其所有男性子嗣共同继承之。该土地保有习惯的内容还包括：①妻有权继承亡夫遗留土地之一半而代替继承亡夫遗留土地 1/3；②夫可继承亡妻之土地，无论其是否再婚，只要其未再婚则可继承一半；③以该习惯保有之土地不因犯了重罪而被没收，尽管在犯叛逆罪或无继承人时将被征收；1870 年的《没收财产法》[Forfeiture Act]废止了因犯叛逆罪及重罪之没收；④以该习惯保有之土地的继承人年满 15 岁时即可转让其土地，但这种转让须由其亲自进行。❷平均继承制习惯 自 16 世纪起，该词的含义指称平均继承制习惯，并不局限于肯特郡的这种土地保有习惯。

gavella (= gabella)

gaveller n.〈英〉采矿官 王室任命的负责管理在一定区域内的煤矿开采的官员。

gavel-man n.有义务交纳租税或贡赋的土地保有人

gavelmed n.刈草役 佃农为领主刈草的劳役。

gavelrep n.（英格兰古法）按领主的吩咐或命令收割庄稼的劳役(= bederepe)

gavelweck (= gavelwerk)

gavelwerk n.习俗徭役 一种习惯上的劳役，或由佃户本人出劳工，或则由他的马车出工。

Gazette n.〈英〉政府公报 英国政府机关报，负责刊载政府行动[acts of State]、公告[proclamations]、英王对官吏的任命以及枢密院令[Orders in Council]、制定法要求出版的命令、规则和章程、破产通知[notice of bankruptcy]、解散合伙[dissolutions of partnership]及其他类似事项也在公报中刊载。伦敦公报[London Gazette]是英国最主要也是最著名的政府公报，除此之外，爱丁堡公报[Edinburgh Gazette]和贝尔法斯特公报[Belfast Gazette]也具有同类职能。

gdn. (= guardian)

gebocced a.〈盎格鲁－撒克逊〉被转让的

gebocian 〈撒克逊〉转让；转让册本土地[book-land]

Gebrauchsmuster 〈德〉实用新型专利；小专利 依德国法律取得的一种专利权。

gebur n.〈撒克逊〉半自耕农；布尔[boor] 盎格鲁－撒克逊时期一种半独立的佃户。占用领主的一块土地，每周为领主工作2至3天并提供某些体力劳动。

geburscript 〈英格兰古法〉邻近；毗邻地区

geburus 〈英格兰古法〉邻国；邻居；邻近地区的居民

geld n.❶〈撒克逊〉金钱；贡金；罚金；赔偿金；价值；价格；税款 ❷骗马
v.阉割马

geldabilis 〈英格兰古法〉(= geldable)

geldable a.应纳税的(= geldabilis)

gemot n.〈撒克逊〉会议；集会；公众聚会 包括贤人会议[witena-gemot]、民众大会[folc-gemot]、郡会议[shire-mot]、自治市会议[burg-gemot]、百户区会议[hundred-gemot]、贵族会议[hali-gemot]、公民会议[hal-mote]、宗教会议[holy-mote]、森林会议[swein-gemote]、分区会议[ward-mote]等。

genealogy n.家谱；宗谱

genearch n.家长；族长

geneath n.〈撒克逊〉农奴；佃农；农民

gener 〈拉〉女婿

general accident policy 普通事故保险单 为被保险人不论在何种场合或在何种情况下遭受意外事故提供保险的合同，即不限于机动车意外、飞机失事等事故。

General Accounting Office/GAO 〈美〉审计总署 1921年设立，美国国会中独立的、非政治性机构，职能是协助国会及其委员会、国会议员履行立法和监督职责，负责对由国会委派给该机构的联邦政府项目和工作进行会计核算和审计等，提出使政府运作更具效力和效能的建议。审计总长[Comptroller General of the United States]和副审计总长[Deputy Comptroller General of the United States]负责审计总署的领导工作，他们由总统提名经参议院同意后任命，任期15年。

general agency 全权代理；一般代理 授权范围包括与特定业务相关的一切活动。意味着代理人可以代理委托人从事与委托人业务相关的各项事务，而不受限制。

general agency business 一般代理业务 代理人并不单为一个企业或个人代理，而是面向公众提供代理业务。(▷general agency)

general agent 总代理人；一般代理人 指在代理权限范围内，有权处理所有有关业务的代理人；或经本人授权，进行一系列交易的代理人；或在代理权限范围内作出代理行为，即使违反本人的特别指示，仍对本人发生法律效力的代理人。

general agent of insurance company 保险公司总代理人 经授权就特定险种或在特定地区办理公司全部业务的代理人，可初步认定其权限和受委托业务范围相同。

general and notorious recognition 一般的、公开的承认 指对非婚生子女准认的一种方法。即父亲对该子女的行为举止使相当数量的社会公众相信该子女系其所生。

general and special insurance 一般保险和特别保险 在海上保险中，从保险合同的性质来看，其承保的风险虽未明确规定，但据法律规定其为默示风险，则系一般保险。实行特别保险则必须在保单中明确明除法律默示规定风险以外的其他风险。

general appearance 一般应诉 与特别应诉[special appearance]相对。当事人的到庭应诉表明接受法院对案件的管辖，对法院的某些失误，诸如缺少有效的传票、传票未按时送达等，不再提出异议。目前在美国联邦法院及采用《联邦民事诉讼规则》[Federal Rules of Civil Procedure]的州法院中，一般应诉与特别应诉均已不用。(▷appearance)

general assembly ❶联合国大会 联合国的决策机构。由各成员国派1至5名代表组成，但每一成员国只有一个表决权。 ❷〈美〉(某些州的)州议会 为州的立法机关。 ❸[G- A-](教会法)长老制教会最高司法机构 代表长老制不同宗派教会的一个机构。 ❹[G- A-]〈苏格兰〉苏格兰长老会全会 苏格兰长老会的最高法院和立法机关，每年5月在爱丁堡开会10天，由担任神职的会议主席[Moderator]主持，王室高级专员[Lord High Commissioner]代表女王出席会议，他可以是俗人。1969年后女王亲自出席该会。(= General Assembly of the Church of Scotland) ❺[G- A-]〈美〉联合长老会[United Presbyterian Church]最高管理机构

General Assembly of the Church of Scotland 〈苏格兰〉苏格兰长老会全会(= general assembly ❹)

general assignment 全面转让 一种破产行为。指债务人绝对地、无条件地拨出其全部财产并公平地支付给债权人。(▷general assignment for benefit of creditors)

general assignment for benefit of creditors 为债权人利益的全面转让 债务人无偿将其现实的全部财产转让给受托人，由受托人收取其应收款项，出售并转让其财产，将全部收入和收益在债权人之间合理分配，并将剩余部分返还债务人。(▷assignment for the benefit of creditors)

general assumpsit 普通简约之诉 基于默示的承诺或合约而提起的诉讼，其关键在于法律如何定义默示合约。(▷assumpsit)

general average/G. A. 共同海损 为使同一航程中的船舶、货物及人员免受正在发生的共同危险之侵袭，即为共同的安全和利益而有意采取合理措施人为地对一部分船货作出的特殊牺牲，或是由一方或多方当事人为保护各方的总体利益而支出的特殊费用，该特殊牺牲或费用由遭受共同危险的受益人分摊。共同海损成立的要素是：海上危险必须是共同的、真实的；共同海损的措施必须是有意的、合理的、有效的；共同海损的损失必须是特殊的、异常的、共损措施直接造成的。

general average adjustment 共同海损理算 在船方宣布发生共同海损后，对共同海损是否实际发生和成立，以及如果共同海损成立，如何确定共同海损的损失金额、分摊价值、分摊比例及各受益方的分摊金额等事项进行的调查和核算。

general-average bond 共同海损协议 在发生共同海损后为分担责任，船方与货方签署此协议，以作为货方提取货物的前提条件，其目的在于确保货方支付其应承担的共同海损分摊金额。

general average contribution 共同海损分摊 共同海损发生后，所有受益方按各自的分摊比例分担共同海损的全部损失金额。

general average deposit 共同海损保证金 在船方宣布发生共同海损后，货方向船方提供的一种共同海损担保，作为货方提货的条件。

general average loss 共同海损的损失 因共同海损措施的采取所造成的特殊牺牲或费用。(▷general average)

general average statement 共同海损理算书 作为共同海损理算结果的记录，载明共同海损的损失金额、分摊价

值、分摊比例、各受益方分摊金额等事项。

general average undertaking 共同海损分摊保证书 在船方宣布发生共同海损后,由货方提供并经货方保险人签署的一种共同海损担保文书,作为货方提货的条件。

general bequest 一般遗赠;不特定财产遗赠 该种遗赠并非根据遗嘱条款而从遗产中分出或划拨一部分,而是依照此后的指示另行以金钱或财产进行遗赠。它可以从遗产总额中获得相应的份额,但并不针对特定的物或金钱数额。(⇨general legacy)

general building scheme 〈美〉总体建筑规划 大片土地的所有人将土地分成若干建筑区并分别出售。转让合同统一规定各受让人对土地用途的限制。

general challenge 一般回避申请 以某一陪审员在任何案件中都无资格担任陪审员为理由而提出的回避申请。

general charge 总体指示 指法官就案件整体向陪审团所作的指示。(⇨jury instructions)

general circulation 普通发行量 仅指普通报纸的发行量,和特定种类的报纸的发行量不同。报纸的普通发行量不是由订户的数量而是由订户的多样性和报纸主题的性质所决定的。

general compromis 国际争端一般解决协议 通过订立国际仲裁条约或在国际条约中的仲裁条款约定将国家间可能发生的所有或某类争端提交仲裁机构、法庭或特定仲裁机构解决的协议。也称"abstract compromis";"anticipated compromis"。

general contractor 总承包人;总承揽人 指签订合同承建整体工程项目的人,由其雇佣分包人[subcontractor]从事工程项目中某一方面的工作,对全部工作进行协调并负责向分包人付款。亦称作"主承包人"[prime contractor]。(⇨contractor)

General Council (来自世界各地的罗马天主教主教召开的)大公会议

General Council of the Bar 〈英〉出庭律师总理事会 1895年成立的代表整个英国出庭律师界的机构,处理有关出庭律师界的荣誉和独立、职业标准、品行与礼仪、法律教育的促进、法律援助制度以及有关事项。总理事会在出庭律师公会与出庭律师理事会评议会[Senate of the Inns of Court and the Bar]的范围内从事活动,但在其独立权力与职能方面有自主性。总理事会由主席、副主席、总检察长、副总检察长及其他成员组成,其工作通过常设委员会和特别委员会开展。总理事会无惩戒权。(⇨Senate of the Inns of Court and the Bar)

General Court ❶〈美〉(美国马萨诸塞州[Massachusetts]和新罕布什尔州[New Hampshire]等州的)州立法机关或州议会 ❷〈美〉参事会 北美殖民地时期兼行使司法权和立法权的机构,为马萨诸塞所首创,在新英格兰地区实行。

general court-martial 普通军事法庭(⇨court-martial)

general credit 一般信誉 指证人的品格总的来说是值得信任的。(⇨general reputation)

general custom ❶一般习惯 指在一国的全部或大部分地区盛行的并经法院确认其存在的习惯。❷行业习惯或地方习惯

general damages 一般赔偿金 指对不法行为所当然或通常造成的损害或损失给予的金钱补偿。原告毋需在诉状中专门说明或加以证明。(⇨damages)

general debt 一般债务 指以政府机构的信誉作担保,可以合法地从财政税收中偿付的政府机构所欠债务。

general demurrer 一般诉求不充分抗辩 指以起诉状中存在某种实质性缺陷为根据而提出的抗辩。(⇨demurrer)

general denial 概括否认答辩 指被告否认或反驳起诉状中的全部主张。

General Dental Council 〈英〉牙科总会 根据1956年《牙医法》[Dentists Act]设立,同医疗总会[General Medical Council]相对。1983年的《牙医法》曾对其组成和职责作出修订。

general deposit 普通存款 将金钱或资金存入银行,存款即与其他存款人的存款混合,成为银行资产,存款人则得到载有相应的存款单,由此在存款人与银行之间形成债权人与债务人的关系。存款人可据存款单在银行的工作时间内取回同等金额的款项,但银行并无义务向存款人支付其实际存入的那部分特定货币。

general deputy 〈美〉(县)副行政司法官(= general deputy sheriff)(⇨deputy sheriff)

general deputy sheriff (= general deputy)

General Development Order 〈英〉《一般开发令》 1963年《城乡规划一般开发令》[Town and Country Planning General Development Order]列举了若干类无需经明示的规划许可即可实施的开发项目。

general disability clause 普通伤残条款;一般伤残条款 健康或意外事故保险单中的条款,即向不能从事任何工作或职业的完全残废的被保险人给付保险金。

generale (宗教场所的)普通民众 不同于神职人员[pietantioe]。在特殊的场合中,允许神职人员凌驾于普通民众之上。

Generale dictum generaliter est interpretandum. 〈拉〉一般性用语应作一般性解释。

Generale nihil certum implicat. 〈拉〉一般性的表述不具有确定性。 契据上的一般说明不产生禁止反言的效力。

general equitable charge 〈英〉衡平法上的一般担保 根据1972年《土地担保法》[Land Charges Act],指不存留任何与普通法地产权相关的证明文件或获取任何托管利益而设立的担保,并且不包括在任何其它种类的土地担保中。

general estate 全部财产 指个人拥有的全部动产和不动产,尤指死者遗留下来的全部财产。

Generale tantum valet in generalibus, quantum singulare in singulis. 〈拉〉一般规律适用于一般事物,如同特殊规律适用于特殊事物。

general exception ❶一般异议 以起诉状或其某一部分缺乏实质性根据为由而提出的异议。❷一般例外 适用于各种刑事案件的例外。如精神病人、不能理解其行为性质的未成年人、因醉酒而不存在某种构成犯罪的意图、受胁迫等,均为一般例外。

general execution 普通执行令 依据判决向执行人员发出的令状,指令其可对被告的任何动产进行执行。如授权执行人员只能对被告的某项特定财产进行执行的,则为"特别执行令"[special execution]。

general executor 遗嘱总执行人 被指定管理全部遗产的人。

general eyre 一般巡回审判(权);大巡回审判(权);总巡回审判(权) 这是授予巡回法官的最重要和最广泛的职权。依此授权,巡回法官可以审理各种案件。在13、14世纪,一般巡回审判权在郡的管理中非常重要,就如郡长

对百户区的治安巡视审判权[sheriff's tourn]一样。巡回法庭的事务包括三个主要部分：刑事诉讼、陪审及咨审[assizes]诉讼、提审囚犯。在巡回审判期间，所有地方法院都要停止审判活动。皇家民事法庭的案件也要送交巡回法庭审查。但王座法庭和财税法庭的审判并不因此而暂停。巡回法庭非常不受欢迎，因为其主要目的在于依据陪审团提供的信息对各种可处罚的行为判处罚金或罚款——虽然同时它也听审一些民、刑事案件，因此后来逐渐形成一项惯例，即巡回审判不得多于7年一次。随着议会的兴起，一般巡回审判权变得没有必要。14世纪初，这种一般巡回审判权也已不复存在。

general fee conditional 附条件的非限定继承地产（权）（⇨fee simple conditional）

general finding 事实认定 由初审法院对案件事实所作的认定。

general fund 普通基金 ①不指明其他用途的非盈利实体的资产和负债；②不指明特定用途的政府部门的基本运作基金。

general guardian 总监护人；一般监护人 对被监护人的人身和财产进行全面照顾和管理的监护人。与特殊监护人[special guardian]或诉讼监护人[guardian ad litem]相区别。

Generalia praecedunt, specialia sequuntur. 〈拉〉一般事项优先，特别事项次之。

Generalia specialibus non derogant. 〈拉〉一般词句不影响特别词句。

Generalia sunt praeponenda singularibus. 〈拉〉一般事项优先于特别事项。

Generalia verba sunt generaliter intelligenda. 〈拉〉一般词句须按一般含义理解。

Generalibus specialia derogant. 〈拉〉特别事项削弱一般事项。

general imparlance 一般延期答辩 指准予被告人延迟至法庭下一次开庭时提出答辩，但不保留被告人为其利益可提出任何异议的权利，即请求延期的被告人以后不得再对法院的管辖权提出异议，或作起诉不当的答辩[plea in abatement]。

general improvement 一般改良；公众设施改良 主要为公众的利益而对建筑物、街道、下水道等进行的改良，尽管在其附近的财产所有人恰巧可以更多受益。

General Inclosure Act 〈英〉《圈地法规总汇》 英王乔治三世在位第四十一年颁布的一项制定法，它综合了以前关于圈占共用地和荒地的法令。

general indorsement 普通背书 也称为无记名背书或空白背书[blank indorsement]。（⇨indorsement）

general intangible 一般无形资产 除货物、账目、合同权利、动产文据、档案、证券和现金外的各项动产，如商誉。（⇨intangible property; goodwill）

general interest 一般利益 在涉及传闻可否作为证据提出时，有时要对公共利益[public interest]和一般利益加以区别，前者指与国家每一成员均相关的利益，而后者则限于指与社会一部分人有关的利益。

Generalis clausula non porrigitur ad ea quae antea specialiter sunt comprehensa. 〈拉〉已作出特别规定的事项不适用一般条款。

Generalis regula generaliter est intelligenda. 〈拉〉对一般规则须作一般理解。

general issue 全面否认答辩 普通法诉讼中指被告全面否认原告的主张而不作任何说明或提出任何理由。英国于1873年废除此种答辩，美国大多数州亦已废除。在刑事诉讼中则为被告人口头声称无罪。

general jurisdiction ❶普通管辖权 不同于特别管辖权或限定管辖权[special jurisdiction or limited jurisdiction]，指法院依据法律的规定对所有刑事和民事案件都具有管辖权。❷全面管辖权 指法院在被告住所地或传票送达地审理向被告提出的所有请求的权力，无需表明请求与起诉地之间存在联系。（⇨specific jurisdiction）

General Land Office 〈美〉土地总局 原依据1812年国会的法令组建，系内政部[Department of the Interior]一个部门，主管与公共土地有关的一切行政活动，包括对土地的测量、出售或其他处置、特许使用等。根据1946年的《重组计划》[Reorganization Plan]，土地总局和美国草原局[U.S. Grazing Service]并入内政部下属的国家土地管理局[Bureau of Land Management]。（⇨Bureau of Land Management）

general law 一般法 在一国范围内不分地域、对一切人或特定种类的人适用、涉及一般性事项的法律，不同于特别法或地方法。

general ledger 总分类账；总分户账 用于描述概括整个财务账目的账簿或其他文书的会计术语。总分类账是整个试算表和财务报表的根据，包括每一资产、负债、收益和费用的独立账户。（⇨ledger）

general legacy 一般遗赠；不特定财产遗赠 与特定财产遗赠相对，指从遗嘱人总的财产中支付一定数量而不与同类财产相区分或分离的遗赠，例如100英镑。如果剩余财产不足以清偿债务和其他遗赠，则不特定财产遗赠将被扣减或者全部扣除。（⇨legacy; general bequest）

general lien 总括留置（权） 与专项留置[particular lien]相对，指留置权人将债务人的财物进行扣留，直至债务人清偿全部债务为止，不论被扣留的物品与该债务是否直接相关。一般而言，代销商[factor]、保险经纪人、证券经纪人或银行对其客户的财产可以进行总括留置。（⇨lien）

generally accepted accounting principles/GAAP 〈美〉通用会计准则 在特定时间内处理普通会计业务所必须遵守的准则、规则和程序；包括一般的和特定的规则；这些准则由财务会议标准委员会制定。

generally accepted auditing standards/GAAS 〈美〉通用审计标准 与特别手续相反，该标准由美国会计师协会颁布，其内容为关于审计员的职业素质以及查账过程中和审计报告中的结论等。

general malice 概括的恶意 在杀人案件中，指针对一群人而非特定被害人的犯罪蓄意。该词也可用于指邪念、有意犯罪、阴暗的凶暴的心态、不顾社会责任去犯危害社会的罪行。

general manager 总经理 公司的主要职员，有权对公司事务进行全面管理和控制，在公司业务范围内可以进行任何活动，作出任何决定。

General Medical Council 〈英〉医疗总会 依1956年的《医疗法》[Medical Act]对医疗业进行全面管理、监督医学教育并对医务人员进行注册的机构，由女王提名的、大学及皇家学院指定的和注册医务人员选举的成员组成。医疗总会通过其纪律委员会对注册医务人员的行为实施严格的管理，并有权对违反纪律的人员予以除名或作出较轻的处分。（⇨Medical Act; infamous conduct）

general meeting 全体会议 如公司的全体股东大会，破产人的全体债权人会议，等。

general mortgage bond 总括抵押债券 以在发行人资产上设定的总括抵押[general mortgage; blanket mortgage]为担保发行的债券。

General Nursing Council 〈英〉护理总会 根据1957年《护士法》[Nurses Act]设立，负责制订取得护士资格的条件并管理护士的注册工作。其成员部分是指派的，部分是选举的。护理总会通过其纪律委员会执行职业纪律，并可对被判有罪者除名。

general occupant 一般占有人；普通占有人 指在他人生存期间保有地产权的人[tenant pur autre vie]死亡后和作为终身享有地产权的人死亡之前，合法占有土地的人。区别于特别占有人[special occupant]，后者是由在他人生存期间保有地产权的人的继承人所进行的占有。亦作"common occupant"。

general orders 一般规则 指法院发布的一般性的关于诉讼程序事项的规则，不同于就具体案件所发布的命令。

general owner 一般所有人 指对财产享有最终所有权的人，与受托人、承租人、留置权人、抵押权人等对财产享有一定利益的特殊所有权人[special owner]不同。

general pardon (= amnesty)

general participation clause 一般参与条款

general partner 普通合伙人；无限(责任)合伙人 指在普通合伙[general partnership]中的合伙人，也指在有限合伙[limited partnership]中完全参与合伙组织的经营管理，分享利益，分担亏损，并以个人财产对合伙组织的全部债务承担责任的合伙人，故与有限合伙人[limited partner]相对，后者仅以其出资为限对合伙债务承担责任。

general partnership 普通合伙 指全体合伙人均参与合伙组织的经营管理，共担风险、共享利益的一种合伙，与有限合伙[limited partnership]相对。(⇨partnership)

general plea (= general denial)

general pleading (= notice pleading)

general power of appointment 一般指定权；非限定指定权 指受赠人享有的指定由其选择的任何人作为受益人，从而处分赠与人遗产的权利。与限定指定权[limited power of appointment]相对。(⇨power of appointment)

general property 一般所有权人享有的财产(权)(⇨general owner)

general publication 〈美〉公开发表；公开发行 指将作品向不特定的公众进行公开传播。根据美国1978年以前的版权法规定，对于未出版作品享有普通法上的版权[common law copyright]，对于已出版作品则享有制定法上的版权[statutory copyright]，因此，也就相应地把作品的发表或发行分为两种——公开发行与限定发行[limited publication]，前者使得作者丧失普通法上的版权，而后者仅在当时确定的团体范围内公开，作者仍保留普通法上的版权。而要取得联邦制定法上的版权，则必须在出版发行时在作品上标注版权标记。但1978年对版权法的修改则消除了这一区别，联邦法律对未出版作品与已出版作品进行一体保护，故上述发行方式的区别已不重要。

general receivership 一般破产管理 破产管理人为保护债权人利益而对破产的公司或个人的全部财产进行的管理。

general recognition 一般认领 给非婚生子女以合法地位的一种方法，即公开的、广泛的承认。

general relief 一般救济；通常救济

general reputation 公众声誉 可作为证明民事件当事人或刑事被告人的品性的证据，例如，为人平和、遵守法纪等。这种证据的价值及可信度取决于当事人所居住的社区是否够大，足以使周围的人们熟悉其品性并形成共同的评价。(⇨character; reputation)

general reputation in the family 家族的公众声誉 指有关血缘、门第、出生、死亡等家族历史的证据；也指家族世代相传的传统。

general restraint of trade 一般贸易限制 构成垄断或对贸易构成非法限制的协议或做法。(⇨restraint of trade)

general retainer 一般律师聘请费 指在一段时间内聘请律师而非为某一具体项目聘请律师而支付的律师费。

general retention 〈苏格兰〉一般留置权 指对他人的财产进行扣留的权利，而其针对的是财产所有人对留置权人所负的任何到期债务。

general return day 总令状回呈日 指法院已签发的在某一特定开庭期可回呈的所有令状被回呈的日期。

general revenue 总收入；总税收 国家或市政当局的所有合法支出，在无明文规定须从特定资金中拨付时，可从总收入中拨付。(⇨general fund)

general rules 一般规则(⇨general orders)

general search warrant 〈美〉概括搜查证 该种搜查证未详细描述所要搜查的场所、人身或要扣押的物品的情况，实质上是授予了警察进行随意搜查或全面搜查的自由裁量权。因其违反了美国宪法第四条修正案的规定，因而是违法的。

General Services Administration/G.S.A. 〈美〉行政事务管理局 负责管理政府财产和档案的联邦机构。该局负责监督建筑物的建造和管理、日常用品的采购和分配、剩余财产的处理、交通和通讯设施、战略和重点物资的储备，以及自动数据处理资源程序[automatic data processing resources program]的管理。

general sessions 〈英〉治安法庭 旧时由两名或两名以上治安法官主持的存卷法庭。在每年四个季度的指定时间开庭时，称为季审法庭[quarter sessions]，只有伦敦和米德尔塞克斯[Middlesex]两地可以在其他时间开庭。1971年废除。

general ship 一般货运船舶；杂货船 指船舶所有人或船长为各个分散的托运人将货物运至卸货港的船舶，不同于租船合同下的船舶。一般货运合同通常以向各托运人分别签发提单的方式订立。

general statute 一般制定法(⇨general law)

General Synod of the Church of England 〈英〉英格兰国教公会议 1970年对"英格兰国教全国大会"[National Assembly of the Church of England or the Church Assembly]更名和重组而建立的机构，由坎特伯雷和约克两郡的教牧人员代表会议[convocation]合并而成的一个主教院[House of Bishops]即上院，一个教士院[House of Clergy]即下院，以及依据代表法则选举产生的俗人院[House of Laity]组成。它一年至少开两次会，研究与英格兰国教会有关的事务并为此制定法规。这些法规是通过《公会议法》[Acts of Synod]、命令或规则制定的，以及原来由教牧人员代表会议和议会通过的教会法规。

general tail 普通限嗣继承 该种限嗣继承限于特定的某人的子嗣，但并非仅限由该特定夫妻所出。亦作"tail general"。(⇨tail)

general taxes 普通税收 ①国家征收的税收，纳税人并不由此获得特殊利益回报，国家只是保护纳税人及其财产的合法权益，并开发各项建设，以增进包括纳税人在内的全体人民的福利;❷只是为增加公共岁人之目的、而无特定目的所征收的财产税或从价税。(⇨special assessment)

general tenancy ❶概括保有 指期限未定的不动产保有。❷普通租赁 租赁期限不确定的租赁关系。(⇨tenancy at will)

general term 〈美〉一般开庭期;通常开庭期 在一些司法区,指法院开庭审理和裁决案件的惯常开庭期,区别于特别开庭期[special term],后者指法院审理申请[motion]、听取辩论[argument]、审理特殊案件或处理各种形式上的事务[formal business]的期间。该词还可以指全席法官开庭[sitting in banc]的期间。

general traverse 全面否认(⇨traverse)

general usage (= general custom)(⇨usage)

general verdict 总括裁断 指陪审团作出的概括地宣布原告胜诉或被告胜诉或者刑事被告人有罪或无罪的裁断。不同于特别裁断[special verdict]。(⇨verdict)

general verdict with interrogatories 〈美〉附书面问题的概括裁断 在民事诉讼中,法官可将与作出裁断所必要的事实争议有关的若干问题提交给陪审团解决,法官应当给予陪审团必要的解释或指示,以使其能够对这些问题作出答复,并作出概括裁断。如果陪审团的答复和裁断是一致的,法官即可据其作出判决;如果对各个问题的答复是一致的,但与裁断有不一致之处,法官可依答复作出判决,而不管裁断如何,或者要求陪审团进一步考虑其答复和裁断,也可以命令重新审判;如果各个答复互不一致,且有一个以上的答复与裁断有不一致之处时,法官不能作出判决,但可以要求陪审团进一步考虑其答复和裁断,或命令重新审判。

general warrant 〈英〉一般逮捕令 旧时由国务大臣签发的一种逮捕令,不写明被逮捕人的姓名而只指定逮捕对某一行为——如书面诽谤——负责的人,谁应受逮捕则由执行令状的人决定。17世纪时这种逮捕令非常普遍。1776年下议院确定其为非法。

general warranty 永久担保(⇨covenant of warranty; warranty)

general welfare 公共福利;全体福利 即公共健康、安宁、道德与安全。

General Welfare Clause 〈美〉公共福利条款 美国宪法第1条第8款第1项规定,国会为了美国的公共福利,可以征收赋税和清偿债务。

general words 〈英〉全面性词句 在对土地的转让、抵押等转让文书上,不但详细写明可能归属于该项土地的各种特权和附加权利,而且详细描述土地的划分、附着物及产品(如林木),称为"全面性词句"。由于1925年《财产法》[Law of Property Act]对这些情况已经作出规定,这类词句现已删除不用。

generatio 附属母修道院的子修道院

generation-skipping tax (= generation-skipping transfer tax)(⇨generation-skipping transfer; generation-skipping trust)

generation-skipping transfer 隔代转让 指转让人将财产转让给超过一代的晚辈,例如祖辈转让给孙辈。

generation-skipping transfer tax 隔代转让税 对隔代信托或隔代转让征收的赠与税或遗产税。设立该税种的目的在于防止以隔代信托或隔代转让的方式逃避遗产税。

generation-skipping trust 隔代信托 指为超过一代的晚辈的利益所设定的信托。(⇨deemed transferor)

generic drug laws 〈美〉[总称]通用药品法 允许药剂师在特定情况下用通用药品代替注册药品的法律,其目的是向消费者提供价格便宜的通用药品以代替价格较贵的注册药品。大多数州已通过此类法律。

generic mark or term 〈美〉通用标志或名称 通用标志指标志中包含涵盖整类产品或服务的文字。通用名称指通常用于某类商品的名称或描述。通用标志或名称由于缺乏显著特征,不受联邦商标法的保护。

generic name 通用名称 在商标法中,该术语仅用以表示某类物品而无法用以确定商品的出处,诸如"汽车"、"牛奶"等。在药品行业,指药品的化学名、常用名或在官方药典中的正式名称。它们不能注册商标,或作为商标而受到保护。亦作"generic term";"generic mark";"common descriptive name"。

genetic fingerprinting 遗传指纹识别(⇨DNA identification)

Geneva Arbitration 日内瓦仲裁 1871年12月17日起在日内瓦进行的一次仲裁,以确定英国政府因允许为美国南部邦联政府制造和装备"亚拉巴玛"号等军舰出海并对美国商业造成损害所应承担的责任范围。英国政府同意承担责任,仲裁所要解决的问题是损害赔偿的数额。1872年9月15日,5名仲裁员作出裁决,英国政府应赔偿3 229 166英磅。(⇨Alabama case)

Geneva Award (= Geneva Arbitration)(⇨Alabama case)

Geneva Convention on Fishing and Conservation of the Living Resources of the High Seas 《公海捕鱼与生物资源养护日内瓦公约》 1958年在日内瓦举行的第一次海洋法会议上签订,1966年3月20日生效。该公约允许沿海各国在毗连其邻水的公海设置保护区。设置保护区的目的是保护沿海各国的自然资源和渔业活动,以防止沿海各国设置实际上倾向于保护其本国国民、阻止外国人捕鱼的非科学的资源保护制度所造成的过度捕捞。

Geneva Convention on the Continental Shelf 《日内瓦大陆架公约》 1958年4月29日于日内瓦举行的第一次海洋法会议上签订,1964年6月10日生效。该公约试图解决公海的海床和底土的权利归属问题。根据公约的规定,沿海国为勘探和开发其自然资源可以对大陆架行使主权权利,但不得损害公海自由,不得干预其他国家在大陆架上的航行、捕鱼、敷设海底电缆或管道等权利。公约最后规定,如果大陆架邻接两个或两个以上国家的领海,在有关各国未能达成协议时,其分界线应与各国领海的基线距离相等。

Geneva Convention on the High Seas 《日内瓦公海公约》 1958年8月23日于日内瓦举行的第一次海洋法会议上签订,1962年9月30日生效。该公约确认自19世纪以来即已被接受为国际法准则的海洋自由原则。公约确定公海为除国家的领水或国内水域外的全球所有水域。根据公约的规定,任何国家不得对公海的任何部分主张主权。各国在公海享有航行、捕鱼、铺设海底电缆和管道以及飞越公海的同等权利。公约并未解决不同国籍的船舶在公海上碰撞的管辖权问题。对船员的刑事或纪律程序只能由船旗国或被告人的所属国管辖。

Geneva Conventions [总称]《日内瓦公约》 1846年至1949年间在日内瓦签订的关于减轻战争对军人和平民造成的损害的一系列国际条约。1864年制订《改善战时伤病员待遇公约》[Convention for the Amelioration for the Wounded in Time of War],1906年经修订后得到广泛批准,1899年和1907年海牙会议将其扩展适用于海战。1929年签订《关于战俘待遇公约》[Convention Relating to the Treatment of Prisoners of War]这些早期的公约在两次世界大战中并未得到遵守。1949年签订"日内瓦四公约",进一步扩大并发展了此前所确立的原则。

Geneva Copyright Convention 《日内瓦版权公约》(= Universal Copyright Convention)

Geneva Disarmament Conference 日内瓦裁军会议 自1963年以来进行国际裁军谈判的主要机构。

Geneva Space Broadcasting Conference 日内瓦外空广播会议 1977年在瑞士举行的多国会议,试图通过法律来分配外空的卫星转播站,并控制一国从宇宙飞船向另一国的广播和电视发射。

geniculum n. 亲等

genocide n. 种族灭绝(罪) 有计划、有预谋地企图灭绝一个种族或种族群体的大规模屠杀,如第二次世界大战期间纳粹对犹太人的杀戮。1948年联合国大会通过《防止及惩治种族灭绝罪公约》[Convention on the Prevention and Punishment of the Crime of Genocide],确认种族灭绝行为无论在战时或平时都是一种国际罪行,以及与执行种族灭绝政策有关的国家责任和个人责任。公约于1951年生效。

Genoese lottery 热那亚抽彩法 亦称"数字抽彩法"。指从90个连续的数字中选定或任意抽取5个,抽彩者将赌资押在自选的1个、2个或多个数字上,依其是否在这5个数字中出现来决定输赢,也可押在这5个数字出现的顺序上。

gens 〈拉〉(罗马法)部落;氏族;宗族 源于同一自由民祖先,具有同一姓氏,享有完整公民权的自由民家庭群体。

gens de justice 〈法〉法院的官员

gent(e)lope n. 夹道鞭打刑 旧时的一种军事刑罚。由士兵排成两行,令罪犯在中间穿行,受士兵的鞭打。(= gauntlet)

gentes 〈拉〉人们

gentile n. 异教徒;不信犹太教的人;(摩门教中)非摩门教徒

gentiles 〈拉〉(罗马法)同一宗族或部落的成员(⇨gens)

gentleman n. 绅士;有身份的人 在英国,以前指出身贵族或名门的人、有土地的上等人、有独立财产的人、社会地位高于自耕农的人。现在则指品行良好、有教养的男子。

Gentleman User of Black-Rod 〈英〉乌杖侍卫 (⇨Black Rod)

gentlemen's agreement ❶君子协定 指当事人达成的口头协议或未加签字的合同,该协定并无强制执行效力,其履行端赖当事人的诚实信用。 ❷〈美〉美日移民协议 1907年美国与日本达成协议:日本停止向美国输出劳工,美国停止歧视日侨。1924年美国国会禁止从日本移民,协议遂告终止。

gentlewoman n. 淑女;贵妇人 与绅士处于同等阶层或地位的妇女。现在则指有教养的文雅的妇女。

Gentoo Law 印度教法(⇨Hindu law)

gentrification n. 移居开发 土地开发用语,指中产阶级或相对富裕的人群向欠发达地区移民,以推动该地区及周边地区的经济发展。

genuine a. ❶(物品)真的;真正的 指该物品具有当事人所希望的或其应当具备的品质。 ❷(文件)真实的 就票据、债券或其他书面文件而言,指其内容并非假冒或伪造。

genuine issue 真正的争议点 指双方当事人对案件的有关事实的争执。案件的争议点由陪审团根据证据作出判断。一方当事人申请适用简易程序时必须证明案件中并无"真正的"争议点。

genuineness of instrument 文件的真实性

genus ❶(罗马法)(包含若干种类的)总类或类别 ❷人的直系后裔 ❸(逻辑学)属 一类事物包含另一类事物时,前者是后者的属,与种[species]相对。

geodetic survey system 〈美〉大地测量系统 联邦政府建立的在全国范围以经线和纬线的交叉点为基准点的测量系统,是将美国大部分不动产纳入统一测量体系的一种科学方法。

geographic market (反垄断法)区域市场 就有关联的市场部分确定的一个公司可以享有市场权的地域,是商人从事有效竞争的活动领域。

george-noble n. 金乔治 英国亨利七世时期流通的金币,合6先令8便士。

gerechtsbode n. 〈美〉法警 旧时纽约州法律中指法院的文书送达人员或警卫员。

gerefa 〈撒克逊〉地方行政长官 英国古时的行政官员的头衔,相当于欧陆国家的伯爵[grave; graf (grafio)]。这一头衔被用以称呼级别高低不等的许多行政官员,其中有掌管一郡的郡首[scyre-gerefa; shire-grefe; shire-reve],其头衔和职责相当于现代的郡长,也有职位较低的镇首[tungerefa; town-reeve]等。

gerere pro haerede 〈拉〉作为继承人行事

german a. 嫡亲的 指亲属关系和血缘关系是完整的,如同父母的、同祖父母的等。

germane to the title 与标题密切相关的 一部法律的主旨能通过标题清晰、合理地加以表达,是制定法律所必须的要求。

Germanic law 日耳曼法 日耳曼法始于日耳曼部落与罗马人的接触、交流,后来发展成为适用于一定地域范围内的日耳曼人的法律。对日耳曼法的最早观察与记录在凯撒[Caesar]的《高卢战记》[Gallic War]与塔西佗[Tacitus]的《日耳曼尼亚志》[Germania]中。日耳曼法主要为习惯法,是属人法而不是属地法。大陆的日耳曼法受罗马法的影响较大,法律用拉丁文记录,不像盎格鲁-撒克逊人法那样用本地方言书写记录。罗马帝国灭亡后,日耳曼人定居在前罗马帝国的土地上,日耳曼法仍是属人法,不适用于居住在前罗马帝国各行省的罗马公民。日耳曼法在5世纪末到7世纪初经历了所谓"蛮族法典"的成文编纂运动。法兰克王国是当时最为强盛的"蛮族王国",法兰克王国的《萨利克法典》[Lex Salica]被视为最具有代表和权威性的"蛮族法典"。日耳曼法随着教会与教会法的兴起,以及封建关系与制度的建立逐渐式微。日耳曼人的属人法让位于地区习惯法。日耳曼法的主要特征为"团体本位"制度,属人主义,判例式具体规则,缺乏抽象化,法律形式主义等。

germanus 〈拉〉出身于同一世系的;同宗的

gerontocomi n. 老年医院职员;安养院管理人 大陆法中,指收治老年贫困者的医院的管理人员。

gerontocomium n. 安养院 大陆法中,指照料老年人的机构和医院。

gerrymander(ing) n. 〈美〉不公正划分的选区;不公正划分辖区 该词是19世纪早期由马萨诸塞州[Massachusetts]州长埃尔布里奇·格里[Elbridge Gerry]的姓与"salamander"一词后缀合并而成的具有讽刺意味的混合词[portmanteau word]。当1812年格里所属政党为支持反联邦主义者而重新划分马萨诸塞州选区后,埃塞克斯县[Essex County]被划分的形如蝾螈[salamander]。自此,gerrymandering 指通过划分选区,削弱对手党的投票能量[voting strength]而使某一政党获得不公平的优势。在此情况下,其亦称 political gerrymandering。目前,此项涵义虽仍是该词的主要含义,但已有所扩展,即其也指为使某一团体获得特别优势而划分辖区(如校区[school districts]),其亦称 jurisdictional gerrymandering。(⇨reapportionment)

gersome (= gersume)

gersuma (= grossome)

gersumarius a.(英格兰古法)应被罚款的;依庄园领主决定应被罚款的

gersume n.(英格兰古法)费用;报酬;补偿;财富;罚金;赔偿金;(允许佃户转租土地而向其强索的)款项;(对租金折扣所支付的)补贴

gesith n.〈撒克逊〉上层贵族 盎格鲁撒克逊时代的一种贵族,其偿命金 6 倍于普通民众。

gest n.〈撒克逊〉宾客 指在他人家里住宿到第二个晚上的陌生人。(⇨twa night gest)

gestation n.妊娠期 指孕妇女从开始怀孕至分娩的期间。

gestation period 怀孕期 (⇨period of gestation)

geste (= gest)

gestio 〈拉〉(罗马法)行为;举止;管理;办理

gestio pro haerede 〈拉〉接受继承 源于罗马法,为大陆法和苏格兰法所采用。指被指定为继承人或有权继承的人接受继承的表示,并向死者的债权人表明其继承人身份。接受继承包含负责清偿被继承人的债务。

gestor n.(大陆法)管理人 主要用以指无因管理人[negotiorum gestor]。

gest-taker (= agister)

gestu et fama (= de gestu et fama)

gestum 〈拉〉(罗马法)行为;完成某事;事务(= factum)

get v.收到;得到;获得;取得优势
n.(古希伯来法)休书;离婚证明 犹太人离婚时由专门的法律学家经过字斟句酌用阿拉姆文写成休书,在正规的仪式上由拉比[rabbi]向双方提问,特别是询问双方是否同意离婚,然后由丈夫在 10 名见证人面前将休书交给妻子。

gewineda n.〈撒克逊〉(古时裁决案件的)民众集会

gewitnessa n.〈撒克逊〉(英格兰古法)提供证据;作证

gewrite n.〈撒克逊〉契据;证书;文件

gibbet n.〈英〉绞架 绞死罪犯或吊悬其尸体示众的立柱。1834 年废止。它不同于一般绞刑台之处在于它是直角形的;或者是双梁绞架,形状像大写的罗马字母"T"。

gibbet law (古)私刑 盛行于英格兰哈利法克斯[Halifax]教区的习俗,自由市市民对被指控犯有轻微偷盗罪的人进行简易的审判,若认定被控者有罪,就将其斩首。

Gideon v. Wainwright 〈美〉吉迪恩诉温赖特案 美国最高法院的一个划时代的案例。它确认,美国宪法第六条修正案关于刑事被告人有权获得律师辩护的规定通过第十四条修正案的正当程序条款,也适用于各州法院的刑事诉讼。

gift n.❶赠与 指自愿地将自己的财产无偿转让他人的行为。因该种财产转让没有对价或补偿,故其区别于买卖或物物交易[barter]。它可以是生前赠与[gift inter vivos],也可以是遗赠[gift by will],而后者又分为不动产赠[devise]与动产遗赠[bequest]。赠与的本质要件一般包括赠与人的行为能力、赠与意图、已完全交付受赠人、受赠人接受赠与。如果赠与人[donor]尚未完成赠与,则衡平法不能使赠与完全生效。但通过将意图设定的受赠人[donee]指定为赠与人的遗嘱执行人,则可以使赠与生效。动产赠与在未经交付前并不发生财产转让的效力,除非该赠与系以契据方式作成。❷赠与物;赠与财产
v.赠与

gift causa mortis 临终赠与 预计赠与人即将去世,并以其去世为条件的对动产的赠与。临终赠与必须符合下述条件始为有效:赠与人患有某种致其将死亡的疾病;赠与人的死亡是作出赠与时所患疾病的发展结果,此后赠与人从未完全康复;赠与人死于原来所患的疾病;赠与物已实际交付给受赠人。临终赠与在一方面与遗嘱处分相同,因为赠与人在死亡之前有权撤销赠与;另一方面又与合同相仿,因其需要双方当事人意思表示一致方使财产转让有效。(⇨donatio causa mortis)

gift deed 赠与契据 为一笔微不足道的款项或基于爱和感情而出具的契据。

gift enterprise 赠品活动;有奖销售计划 一种根据参与人的运气决定的分发或分派赠品的策划,是一种公平的办法。例如商家以市场价出售商品,同时为吸引顾客,向顾客分发奖券,顾客有机会根据抽奖结果获得某些赠品。

gift exhibition 一种赌博的形式(⇨lottery)

gift inter vivos 生前赠与 与遗赠[gift by will]相对,指赠与人与受赠人在有生之年完成的赠与行为。生前赠与的生效条件是:①有赠与的意思;②赠与物交付给受赠人,对于尚未实际占有而无法交付的动产,赠与人必须在生前放弃其所有权;③受赠人接受赠与。亦作"inter vivos gift";"lifetime gift";"absolute gift"。

gift in trust 信托赠与 该种赠与方式是指,将法定所有权转移给受赠人,并为信托受益人[cestui que trust]的利益而进行使用。

gift nominatim 指名赠与

gift note 赠与本票 赠与人出具的以受赠人为收款人的本票。

gift of public money 公款拨付 对原可依据法律或依据衡平法获得补偿而未提出要求的个人,用公款向其拨付一笔款项。此项拨付与道义上的责任无关。

gift over 转赠 赠与物由受赠人终身享有,而从受赠人死亡之日起,则转移给第三人。

Gifts (or Transfers) to Minors Act 〈美〉《向未成年人赠与(或转让)财产法》 一部为大多数州采用的统一制定法,规定向未成年人转让财产(通常为股票和债券)的办法。指定的财产管理人即使未取得监护权,也有权代表未成年人为一定法律行为。管理人一般有权变更投资,如售出一种股票买进另一种,可以将财产收益用于未成年人的生活开支,甚至有权终止管理。由于这些财产属于未成年人,管理人不得为自己的利益予以动用。保管期间,财产的收益应向未成年人收税。这种财产管理在未成年人达到法定年龄时终止。向未成年人赠与财产的主要原因在于可获得税收方面的优惠。这项法律已为《统一向未成年人转让财产法》[Uniform Transfers to Minors Act]所取代。

gift splitting election 〈美〉分开赠与选择 联邦赠与税法规定的一项特殊选择权。夫妻双方可以将其中一方向第三人的赠与选择为双方各赠一半。这种选择的主要好处是夫妻双方都可以从非赠与物所有人一方的年度免税额

gifts within three years of death 〈美〉赠与人死亡前三年内的赠与 依《国内税收法典》[I.R.C.]的规定,对某些应纳税的赠与,赠与人在作出赠与后三年内死亡的,赠与财产自动计入其全部遗产[gross estate]。

gift tax 赠与税 对以自愿、无偿方式转让财产而征收的一种税。在美国,根据联邦立法的规定,赠与税应向赠与人征收,但有些州规定向受赠人征税。

gift to a class 向集体赠与 将一笔款项赠与人数尚待确定的群体,其中每人可得到平均的或一定比例的份额,每人所得的具体数额则根据最终确定的人数而定。

Gilbert Acts 〈英〉《吉尔伯特法》 指 1776、1780、1826 年的《神职人员住宅修缮法》[Clergy Residences Repair Act],和 1838、1865 年的《堂区牧师住宅法》[Parsonages Act]及修订案,以及《在职牧师与圣职贷款延期法》[Incumbents and Benefices Loans Extension Act]等法的统称,其目的是为神职人员提供合适的住房。

gild n. ❶〈撒克逊〉税金;贡金;罚金;罚款;赔偿金 ❷〈英格兰古法〉行会;公会;同业公会(➪guild) ❸〈撒克逊〉十户联保组

gildable a.〈英格兰古法〉应纳税的;应进贡的(=geldable)

gilda mercatoria 〈英格兰古法〉商会;商人行会

gildam mercatorium 〈英格兰古法〉国王对商会[mercantile corporation]成立之御准令

gild hall 会馆(➪guild(-)hall)

gildo n.〈撒克逊〉行会会员;十户联保组成员(=congildo)

gild-rent 〈英格兰古法〉❶行会贡金;团体税 行会或兄弟会、联谊会等团体向王室缴纳的特定种类的款项。 ❷(宗教团体收取的)租金

gillravage (=gilravage)

gilour 〈法〉骗子;奸商 布立吞[Britton]人用以指以假货作真货贩卖的人,如以白镴冒充白银,以黄铜冒充黄金。

gilravage v. 毁坏;劫掠;掠夺;抢劫

gilt edge 金边证券 指一流的、具有最好质量或最高价格的商业票据,也指最有投资价值的债券或证券。但非金边证券并非是不可接受的或发行人是不负责任的。

Gin Act 〈英〉《禁酒法》 ①对 1735 年制定的一项已废除的法律的俗称。该法规定,凡销售 2 加仑以下烈性酒的零售商每年须缴纳 50 英镑营业税,每售出 1 加仑再加纳 20 先令税款。②由于公众对社会上盛行饮用杜松子酒及由此造成酗酒现象的强烈反对,在 1751 年制定本法。它授权治安法官进入监狱、济贫院、教改所并搜查非法运入的烈性酒。事实证明,这项规定比此前的征收消费税及提高零售商的营业税更为有效。

Ginnie Mae (=Government National Mortgage Association)

Gipsy 吉卜赛人(➪Egyptians)

girante 〈意〉(票据的)出票人 源于"出票"[girare]一词。

Girl Scouts 女童子军 一个世界性组织,训练女童的公民意识和领导才干,培养她们的爱国主义精神,被称作具有慈爱意义的组织。

girth n.〈撒克逊〉〈英格兰古法〉各斯 长度单位,相当于一码。此词义从男子的腰围一词衍生而来。

girth and sanctuary 〈苏格兰〉避难所;庇护所 为一时冲动而未曾预谋的杀人者提供的庇护或安全场所。宗教改革时废止。

gisement 〈法〉❶代人放牧 收取一定费用代他人饲养并照料牲畜。 ❷代人放牧的牲畜 ❸代人放牧收取的费用

giser 〈法〉存在;成立
gisetaker n. 代人放牧者
gisle n.〈撒克逊〉誓言;保证
gist n. 诉讼根据;诉讼理由 普通法上指诉讼赖以成立的主要根据或理由。美国联邦法院及采用《联邦民事诉讼规则》[Federal Rules of Civil Procedure]的州法院已不再使用该词。

gist of action 诉讼根据;诉讼理由
give v. 送给;赠与;授予;作出(➪gift)
give and bequeath 给予并遗赠 该词用于遗嘱中,表示在立遗嘱人死亡并证明遗嘱成立时,有关权益的转移即已生效,除非规定以某些不确定事件或先决条件为前提。

give and grant 给予并转让 在表示移转占有的书面合同中的用语。(➪devise and grant;give, grant, sell, and convey)

give bail 交保;取保 指交纳保释金或提供保证人以保证被保释人按时出庭。也称"post bail"。

give color 表面上承认 指以明示或默示的方式承认对方当事人的似是而非的权利,而不作任何否认。在普通法诉讼中,提出承认但无效的答辩[plea of confession and avoidance]时必须对原告在起诉状中提出的事实给予表面上的承认,否则将构成无法补救的缺陷。

give, grant, bargain, etc. 给予、转让、交易等 契据中用于表示企图实现即时移交产权的词语。(➪give, grant, sell, and convey)

give, grant, sell, and convey 给予、转让、出卖和让渡 契据中用于表示企图实现即时移交产权的词语。通常被认为是专用于非限定继承地产权的转让。它们本身不包含担保条款。

give judgment 宣判 法院对案件作出并宣布判决。

given as collateral security with agreement 作为合同附属担保而给予 在汇票或本票上标注其为一份外部合同[extrinsic contract],从而取消了这些票据的可流通性。

given for a patent right 因专利权而给予 根据美国某些司法区的制定法规定,在以专利权为对价的本票中必须记载的事项。

given for life insurance 〈美〉以人寿保险单作担保的支付 根据某些地区的法律,要求在期票上做一说明,以人寿保险单的初期保费作为对价。

give notice 通知 以适当的或法律许可的方式与他人联系,提醒或告知其已存在的事实或行将采取的行动。例如承租人提前 30 天通知出租人解除租约;雇员提前两周向雇主辞职;将上诉状送达被上诉人等。(➪notice)

give precedence 给予优先(权)
giver n. 赠与人
give way 让道 航海规则所称给另一艘船舶"让道",是指船舶偏离航道航行,使另一艘船舶能不改变航道而顺利通过。

giving aid and comfort to enemy 资敌 叛国罪的要素之一,这一故意行为若既遂,从其自然结果来看,将会使敌方受到鼓舞并增强实力。

giving in payment 〈美〉折抵债务;以物抵债 路易斯安那州[Louisiana]法律中的用语,意指以转让不动产和动产的方式清偿债务,以替代货币偿付。

giving time 延期 债权人同意债务人延迟原来约定的履行债务的期限。这种延期如未经债务人的保证人同意,则免除其保证责任,但原先另有约定的除外。同样,如汇票的持票人同意承兑人延期,则免除出票人或背书人的

责任。(⇨forbearance)

gladius 〈拉〉(罗马法)剑;刀 皇权,尤其是惩罚犯罪的权力的象征。

glamour stock 热门股票 由发展迅速、销售盈利极大的公司所发行的股票。

glass n.〈英〉玻璃规则 根据1830年《运输业法》[Carriers Act]的规定,承运人对所运输价值超过10英镑的玻璃器皿发生的毁损灭失不负赔偿责任,但已事先声明并为此加付运费者除外。

Glass-Steagall Act 〈美〉《格拉斯－斯蒂格尔法》 亦称《1933年银行法》[Banking Act of 1933]。为保护存款人的权益,该法限制商业银行从事与证券有关的业务,禁止商业银行拥有经纪行或参与经纪业务。作为联邦储备系统成员的国家银行和州立银行均适用这种规定。

gleaning n.拾落穗 拣拾他人收割后遗落在田间的谷物。普通法上属无权占有。

glebae ascriptitii n.〈英格兰古法〉(如完成规定的义务,则不得从土地上被驱逐的)隶农 但作为土地附属物可随土地转让。

glebe n.❶(教会法)(因遗赠、岁入或封地而取得的)教会地产 ❷(罗马法)土壤;草皮;土地;继承的土地;地产

gliscywa n.〈撒克逊〉行会;协会;兄弟会

glomerells n.〈英〉调查员 受指派负责调查学校学生与当地居民之间的争执或分歧的特派官员。

glos 〈拉〉(罗马法)大姑;小姑 丈夫的姐妹。

gloss n.注释;解释;注解 在文章的行间或页边空白处所作的注释;为阐明或详述其内容而对文章的某一段落所作的注解、说明或译注。

glossa 〈拉〉注释;解释;注解 指12世纪讲授罗马法的教授,尤指波伦亚[Bologna]法学院的教授,对优士丁尼法典所作的简要阐释性的评注或注释。这些教授因此被称为注释法学家。开始时,这些注释插在有关文字的行间,称为"行间注释"[glossoe interlineares];后来,改为写在书页的空白处,有的注在书页的旁边,有的注在书页的底部,称为"页边注释"[glossoe marginales]。公元1220年至1260年间,这些注释由阿库修斯[Accursius]精选并编纂成册,取名"法令注释"[glossa Ordinaria],此书具有极大权威性。

glossator n.(罗马法)注释者;注释法学家 对12世纪讲解罗马法的教授和教师的称谓,其代表人物是伊尔内留斯[Irnerius]。

Glossa viperina est quae corrodit viscera textus. 〈拉〉歪曲文章实质的注释是有害的注释。

glove money (英格兰古法)手套金;礼金 旧时一度对完成某项任务的人赠以一双手套作为额外补贴;后逐渐演变为在手套中填塞金钱,或直接以"手套金",即津贴,替代手套。例如旧时在巡回法庭巡回期满而未留下需要执行的罪犯时,由郡长对巡回法庭的书记官和法官的各随从官员所发给的津贴,即为手套金。

glove silver (= glove money)

GNMA (= Government National Mortgage Association)

GNP (= Gross National Product)

go v.❶被法院驳回 ❷法院签发(令状)

go bail 根据保释保证书承担保证人的责任

go-between n.中间人; 交易双方的居间人。

god n.❶神 ❷[G-]上帝;天主

God and my country 上帝或我的邻人;神明裁决和陪审团审判 古时犯罪嫌疑人受审前要作的回答。在提审时他将被讯问:"你愿意如何受审?"按当时的诉讼程序,他有权进行选择,或者选择神明裁决,或者选择陪审团审判。以前的回答方式大概是"让上帝或者我的邻人决断",也就是他对两种审判方式都不拒绝,并以此来证明自己的无辜。

God-bote n.(教会法)罚金 教会对触犯上帝的罪行科以的罚款。

God-gild n.祀品 祭拜上帝的物品。

Godparents n.教父教母 在英国教堂举行洗礼仪式必须有教父教母,英国国教祈祷书规定男孩要有两名教父和一名教母,女孩要有两名教母和一名教父。教父教母制度存在于基督教的所有教派和犹太教中。

God's acre 墓地

God's penny (英格兰古法)证约定金 支付定金即证明已达成交易。称为"上帝的便士"可能缘于古时将这项定金捐献教会或施舍穷人。(= denarius Dei)

go fifty-fifty 对分;各半 按照商定由双方各分得相等的一半。

goging stole (= cucking-stool)

go hence 可以离开 指当事人被驳回起诉或被免予追究责任。

go hence acquitted 宣告无罪判决中的正式用语

go hence without day (= go hence)

go in evidence 作为证据考虑 就文件而言,"作为证据考虑"指法庭允许并接受该项文件作为证据,但并不等于将在法庭宣读并作为证据采纳。

going and coming rule 上下班途中(受伤)规则 根据该规则,雇员在上下班途中受伤,由于不是发生在工作过程中,一般不能按劳工赔偿法获得补偿。

going before the wind 顺风航行 在海员用语和航海规则中,航向顺时,即风从船尾部吹来,称为"顺风",因此帆桁可以固定于与船身正交的位置。当风吹在帆的某一侧时,即横梁之后的任何一侧或船的侧后方,称为"抢风调向行驶"[going off large]。

going business 正常运营的企业 (⇨going concern)

going concern 运营企业 为特定目的而作为一个整体运作的企业。该术语指现存的有偿还能力的企业为其组建目的以正常方式运作。当用于公司时,指其持续进行日常业务。一个企业或公司,尽管经济上处于困境,仍继续进行其日常业务。

going concern value ❶运营企业的原值 企业资产原值,即假定企业的机构和资产原封未动,并用于产生将来收入和现金流量。与企业成立后的资产价值不同,企业资产原值指公司产生时就有的价值。 ❷运营企业的价值 运作、营业中的企业的资产价值,而不仅是清算变卖时的账面资产价值,该价值还包括商誉。(⇨goodwill)

going forward with the evidence 提出证据 (⇨burden of proof)

going, going, gone 继续,继续,成交 拍卖人在即将成交前的唱词。

going into effect of act 产生法律的效力

going off large 抢风航行 (⇨going before the wind)

going price 时价 普遍的市场价格;商品销售当时和在售地通行的市场价格。

going private (公司)转为非公开招股;转为封闭型 指公开招股公司通过将其已发行而由社会公众持有的股票转由特定股东持有,从而成为非公开招股公司的过程。

going public (公司)转为公开持股;转为开放型 指公司

首次向社会公众而非特定股东发行股票从而成为公开招股公司的过程。

going short 卖空(⇨short sale)

going through the bar 〈英〉向出庭律师逐个征询 1873年前,每一普通法法院的首席法官在开庭时,除特别案件审理日[Special Paper Days]及不接受申请日外,按惯例对在法庭的每一出庭律师以其资历深浅为序逐个询问有无申请提出。

going to the country 将案件提交陪审团;(通过诉答)确定事实争议(以备陪审团裁断)

going value (= going concern value)

going witness 准备外出的证人 指准备离开法院管辖区域的案件证人。

goit (= gote)

Goldberg Reservation 〈美〉戈德伯格保留 美国驻联合国大使戈德伯格于1965年8月采取的一项行动,确认美国对那些违反其国家利益或依《联合国宪章》[United Nations Charter]应负义务的联合国提案或项目,有权停止财政支持。

gold bond 〈美〉黄金债券 ①到期由持有人选择以金币或美国政府认可的货币偿付的债券。此种债券在美国放弃金本位制时于1933年取消;②由黄金开采公司发行、以黄金为担保的债券。

gold certificates 〈美〉金券(⇨gold bond)

gold clause 〈美〉黄金条款 合同、债券或抵押契据中规定以黄金清偿债务的条款。1933年国会宣布此项条款无效。

golden parachute 〈美俚〉金色降落伞 用以指公司管理层变动时保护原高层管理人员利益的解职协议。这种协议一般为离开原公司或退出管理层的高层管理人员和某些董事提供优厚的津贴和其它福利。对这种津贴要课以特种税收。

Golden Rule argument "金科玉律"型辩论 "金科玉律"源出《圣经·新约全书》所说"希望别人怎样待自己,自己也要怎样待别人"。"金科玉律"型辩论指法庭辩论时要求陪审员将自己或家人或亲朋好友设想为案件的受害人,并由此作出裁断。在刑事案件和民事案件中这种辩论方式都是不恰当的。

gold or its equivalent 黄金或其等价物 规定清偿债务时支付手段的条款,指可以用黄金或任何合法货币支付。

goldsmiths' notes 〈英〉金匠票据 英国最初的银行业务全部由金匠办理,因此,在伦敦银行签发的本票原先称为"金匠票据"。

gold standard 金本位制 指各种面额的通货均可按法定比价兑换成黄金或金币的货币制度。

Gold Star Mothers 〈美〉金星母亲协会 出于爱国和慈善目的组织起来的会员制团体,其为数众多的分会遍及美国各地。协会会员都是在军队服役时于战争中牺牲者的母亲。

goldwich (= goldwit)

goldwit n.以黄金缴纳的罚金或罚款

gomashtah 〈印〉代表;代理人;管家;极受信任的管理人

good a.有效的;法律上有充分理由的;奏效的;不可反驳的;可靠的;信誉良好的;有偿还能力的;能支付原定数额的;价格与价值相当的;到期会付款的

good abearance 具结保证行为端正

good accounts 优良账户 该种商业账户与其面值相符,能以通常的商业手段在正常的商业往来中收取,而不必借助诉讼或执行程序。

good and clear record title, free from all incumbrances 良好的、未设定担保或其它负担的记录在案的所有权 无明显缺陷和实质性疑点,根据记录可以再度出售的所有权。而"良好的可销售所有权"[good, marketable title]则为真实的所有权,能够以记录以外的证据予以确认。

good and indefeasible title 有效的、不可剥夺的所有权 所有人享有绝对的、专有的权利。

good and sufficient deed 充分有效的契据 根据土地转让合同约定的条款,卖方应交付符合规定的契据并转让充分有效的所有权。

good and valid 充分并有效的 指可靠的、足够的、充分的、不受法律追究的并可履行的。

good behavior 品行良好;行为端正 指守纪律的、合法的行为,平和守法的公民应有的品行。在对刑事被告人宣告缓刑的裁判中,"品行良好"仅指其行为符合法律的规定。根据美国有些州的刑事制度,犯人每"品行良好"一天可减少刑期一天。(⇨goodtime allowance)

good cause 充足理由 实质性的、充分的、法律上的理由或依据。"充足理由"一语是相对的、抽象的,要根据不同案件的具体情况认定。在变更或撤销赡养费的案件中,"充足理由"指情况发生重要的、实质性的变化。在要求对方在庭审前提供证据的申请中,"充足理由"指此项证据对申请人准备法庭审理是重要的。在失业救济案件中,"充足理由"指其离开工作岗位是出于客观的原因,任何正常的谨慎的人在类似情况下都会作出同样决定,等。

good commercial title 交易良好的产权

good condition 良好的状态 该词只有相对的含义,须根据具体情况或文件的上下文确定其含义。租赁合同中规定租赁的房屋必须处于良好的状态,其中"良好的状态"一语并无固定的或严格的含义,这种用语并不涉及房屋的特征和用途。如适合于制革厂的房屋可能处于良好状态,却完全不适合钟表厂租用。

good condition and repair 良好的状态与适当的维护 用以表述承租人在解约时对有关房屋状况所承担的义务,即考虑到房屋折旧年限以及被租赁使用的情况,还应将其保持在合理维护状态。

good conduct 品行良好(⇨good behavior;certificate of good conduct)

good consideration ❶道德对价;情感对价 指纯然基于爱或情感而产生的对价,从而使该人存在道德义务或自然义务。该种对价通常是不可强制执行的[unenforceable]。亦作"meritorious consideration"或"moral consideration"。❷有效对价 指足以支持当事人之间交易的对价,即"valuable consideration"。

good faith bargaining 善意的(劳动)谈判 在劳动法中,它指在雇主与雇员代表——通常是工会——之间举行的谈判,双方有义务在合理的期限内进行开诚布公的会谈,并且须怀有达成协议的真诚意图。美国《全国劳资关系法》[National Labor Relations Act]规定了善意谈判,未以善意方式进行谈判则是一种不正当的行为。

good faith declarant 〈美〉善意入籍申请人 有可能且意愿成为美国公民并已按照入籍法律的规定善意提出申请的外侨。

good faith exception to exclusionary rule 〈美〉(证据)排除规则的善意的例外(⇨exclusionary rule)

good faith holder 善意持有人(⇨holder in due course)

good faith in collective bargaining 善意的(劳动)集体谈

判(⇨good faith bargaining)

good faith in filing petition for reorganization 申请重整的善意 指基于诚实而善良的意图提出重整申请,并且有合理的根据相信可以获得重整。

good faith of occupant making improvement 占有人实施改良的善意 指占有人对其权利或财产所有权的合理和诚实的信赖。

good faith operation 实际运作;善意运作(⇨bona fide operation)

good faith purchaser (= bona fide purchaser)

good faith residence 永久住所(⇨bona fide residence)

good firms (= terms good firms)

good for this day only 限当日有效 客车车票上的一种规定。

Good Friday ❶耶稣受难节 复活节前的星期五。❷英国和美国某些州的法定休假日

good health 健康状况良好 这是相对意义的措词,意指身体和心理的状况能够进行生活中的日常活动,不致造成严重损伤。在保险合同中,通常指合理的健康状况,即投保人没有慢性的、重大的、严重的疾病,而且没有严重影响健康的总体失调。不削弱或损害体质的偶尔小病不会使人"健康状况恶化"。"健康状况良好"并不等于完全健康。

good husbandry 良好耕作

good jury 优良陪审团 普通法上由具有较高社会地位的人组成的陪审团,通常审理较重要的案件。为特别陪审团的一种。(⇨special jury)

good, merchantable abstract of title 良好的可转让所有权的摘要 表明良好的、未设定负担的不动产所有权的摘要。不限于工作人员按一定格式作出的有关所有权的记录事项的摘要,也通行于买卖不动产和检验所有权的人们之间。(⇨marketable title)

good moral character 良好的品行 被批准执行律师业务的先决条件,即历史上无劣迹或不道德行为。

good mortgage 有效抵押 合法的、足以担保债务的抵押。

good note 有效票本

good offices and mediation 斡旋和调停 国际法上指通过第三国的介入求得争端的解决。这种介入可出于一方或双方当事国的请求,也可由第三国主动提供。几个国家可以联合出面调停。斡旋与调停在理论上是有区别的,前者包括进行各种活动,以促使争端各国进行谈判,而调停则是在调停人提出的建议的基础上进行直接的谈判。但各种条约和惯例并不一定把二者区别清楚。当事国并无请求或接受第三国斡旋或调停的义务,第三国也无提供帮助的义务。《联合国宪章》[United Nations Charter]规定秘书长和各国有权对各项争端提请安理会注意,要求联合国进行集体调停。

good order 良好状况 在买卖合同中,指货物或财产在任何情况下均处于可接受的状态,但其含义应根据相关行业标准确定,而并不要求绝对的完好无缺。它与适当的维护[good repair]并非同义,例如就城市街道而言,如果其为泥沙质或鹅卵石路面,则尽管可能仍处于适当维护状态,但由于承担现代日益增长的运输任务而处于不良状况。

good order and condition 状况和条件良好 在提单上所作的针对提单对象的用语。

Good Parliament 正当议会 指英格兰1376年的改革议会。

good record title 记录良好的所有权;记录无瑕疵的所有权 根据正当记录即可表明的一种无财产负担、非限定继承的财产所有权,且不存在任何有效的权利主张、扣押或财产负担。(⇨marketable title)

good repair 适当的维护 指合理的、适当的养护、维修。租赁合同中承租人的一项义务。(⇨good order; habitable repair)

good repute 好名声

goodright n. (英格兰古法)古德赖特 驱逐之诉[action of ejectment]中拟制的原告,常称约翰·多伊[John Doe],有时亦称"goodright"或"goodtitle"。(⇨ejectment)

good right to convey 有权转让(⇨coveant of (good) right to convey)

goods n. 物品;货物;动产 该词在古义上泛指所有的财物,包括动产和不动产,但在现代用法中则采狭义,限指动产,例如英国《货物买卖法》[Sales of Goods Act]中的"goods"即限于可以人工方式移交的财产。为明确起见,多用"goods and chattles"表示动产。而在美国《统一商法典》[U.C.C.] 2-105 条中,货物[goods]是指买卖合同项下确认的可移动的一切东西,并不包括用于支付货款的货币、投资证券和权利动产[things in action],但包括未出生的动物和生长中的作物,以及附着于不动产的其他确定物。(⇨chattel; chose; personal property)

goods administered 已处分的遗产 在指定追加的遗产管理人之前已由遗嘱执行人或遗产管理人转移或变更的物品、动产和债权等遗产。(⇨goods not administered)

good safety 良好的安全状态(⇨in good safety)

Good Samaritan doctrine 〈美〉行善人原则 侵权法上的一项原则,某人在对处于紧急危险中的他人进行救助时受伤,则其可以对因过错而造成危险的人提起诉讼要求赔偿,并且对其不得适用混合过失原则[contributory negligence],除非其救助意图或救助行为不合理。该原则的目的在于对见义勇为者给予更多的法律保护,在美国大多数州制定有相应的法律。"行善人"[Good Samaritan]源于基督教《圣经》的《路加福音》。(⇨emergency doctrine)

good-samaritan law 〈美〉行善人(保护)法 该种制定法的目的在于,使那些对处于紧急危险中的他人自愿施以救助、但又在施救过程中由于过错而导致他人伤害的人免除责任。例如已经下班的医生对处于紧急危险状态的他人施救,则其不对该救助行为承担任何民事赔偿责任。某些州的法律则规定,当某人身体受到严重伤害并为人所见时,其他有能力救助并且不会因此对自身造成危险的人应当提供帮助。

goods and chattels (全部)动产 用以指动产的常用词组,区别于不动产。在遗嘱中,如未加限制,则指全部动产。

goods and effects 物品与财产 一般指动产,有时也包括不动产。

goods and merchandise 货物与商品 通常指储存以备销售的货物或为补充库存而购进的货物。

goods bargained and sold 已达成交易并售出的货物 旧时简约之诉[assumpsit]中的一种诉因,即货物已经售出但尚未交付。货物虽未交付但所有权已转移,买受人应按合同支付价款。(⇨goods sold and delivered)

goods, effects, and credits 物品、财产与债权 含义非常广泛的一个用语,包括有体财产和无体财产,但不包括

未经法院判决确定的损害赔偿金。

goods not administered　未处分的遗产　在指定追加的遗产管理人时,死者的物品、动产及债权等遗产未发生任何变更或转移。

goods of another　他人财物　在有关盗窃的定义中,指任何为他人所有或占有,从而可以推定属于该人的财产。

goods sold and delivered　已售出并交付的货物　简约之诉[assumpsit]的一种诉因。售出的货物一经交付,价款应即支付。(⇨goods bargained and sold)

good standing　合格的;够格的;资格完备的　指在兄弟会或其他互助团体中,因缴纳会费、遵守规章、履行义务而保留其成员资格。

goods to arrive　将到货;路货　动产买卖合同中的一个术语。据此,出卖人以货物运抵为条件而负有实际交付的义务。

goods, wares, and merchandise　货物、物品和商品　一个通用的综合性词语,用以指称交易或买卖的标的,通常指那些准备用于销售的种类物商品。在国内税收中,指被征收关税的所有进口物件。它亦出现于防止欺诈法[statute of frauds]、诉状或其他书面文件中。

good time　缩减的刑期　由于犯人在狱中的良好表现[good conduct]而依法缩减其原判刑期。

goodtime allowance　缩减刑期　对在执行期间表现良好的犯人可给以减少刑期的奖励,以此激励同狱犯人改过自新。(⇨good behavior)

goodtitle (= goodright)

good title　有效的所有权;权利状况良好的所有权　指可以被免除合理怀疑的所有权,亦即可以被通情达理的买主接受或被合理谨慎的人认可抵押的所有权。该种所有权须未涉诉讼,无明显瑕疵或重大疑点。它与"clear title"或"marketable title"含义相近。(⇨clear title; marketable title)

good watch　良好的照管(⇨constant watch)

goodwill　n.商誉　商事主体因其个体特色、技术水平、可信度、经营位置或附随经营的其他条件,从而吸引顾客和保有固定客户进而获得的声望或公众偏爱,构成无形资产。其价值表现在营业的转让价格中。高于该主体其他净资产价值总和的售价部分即为商誉价值。亦可写作"good will"。

goote (= gote)

go quit　被法院裁定驳回;被免予追究责任

Gordon Riots　戈登暴乱　1780年6月发生在伦敦的一系列"废除教皇制"的暴力活动。因新教徒协会会长乔治·戈登勋爵[Lord George Gordon]而得名。暴乱持续了四、五个昼夜。暴徒们洗劫并焚毁布鲁姆斯伯利广场[Bloomsbury Square]上曼斯菲尔德勋爵[Lord Mansfield]的住宅并毁坏了他的藏书及大批手稿,包括许多曼斯菲尔德勋爵的手迹。军队最终将暴乱平定,但损失十分惨重。乔治·戈登因之被控犯有谋反罪。后因证据不足,被宣告无罪。

gore　n.❶〈英格兰古法〉狭小的楔形地块　❷小的三角形地块　用于现代土地法中,如测量时遗漏的地段。❸〈美〉散居点　指县的分区,由于人烟稀少未组成市镇。其分布在美国东北部的某些州,如缅因州[Maine]和佛蒙特州[Vermont]。

gossipred　n.〈教会法〉❶教亲关系　个人与教父教母的关系。❷神亲关系

gote　〈撒克逊〉❶水渠;排水沟　❷水闸　❸磨坊引水槽

go to　归属于　制定法、遗嘱或其它文书中所称财产"归属于"某人,指将财产授予或转移给该人,并归其所有。

go to protest　被拒付　商业票据被拒绝承兑或拒绝付款。(⇨protest)

go to the country　要求陪审团审判　在1852年《普通法诉讼程序法》[Common Law Procedure Act]之前,当被告人以"and of this he puts himself upon the country"的用语结束其答辩时,他便被称为"go to the country",即要求陪审团审判。与之对应的原告要求的形式为"And this the plaintiff prays may be enquired of by the country."。

gotti (= guti)

govern　v.❶管理;指导;控制　指通过立法、权力当局、个人遗嘱等对行为进行指导、规范和控制等。❷成为准则或先例

governing body　管理机构　机关、组织或地区的管理机构,指对其方针政策有最终决定权并支配其行动的机构。

governing director　执行董事　有权独立决定公司方针的董事。当某人将其营业转化为私人的有限公司[limited company]时,有时会任命执行董事。

governing law　适用的法律(⇨conflict of laws)

government　n.❶政体;体制　指确定管理一个国家或某一组织的原则和规则结构。❷统治权　❸政府　众人行使政权[political authority]的组织,即体现主权的机器。在此意义上,该词用来总称一个国家的政府组织,而不问其职能或级别,也不问其所处理的事务。(⇨nation; state)

Government Actuary　〈英〉政府保险精算师

government agency　〈美〉行政机关;政府机构(= governmental agency; administrative agency; public agency)

government agent　〈美〉❶公务人员　为全体居民的利益执行公务和提供公益服务的人员,如消防员、警察。公立学校的行政人员在联邦和州宪法权限范围内也属公务人员,必须尊重学生的宪法权利,不得对学生进行无理搜查和没收。❷政府线人　指由执法部门雇佣的线人,尤其是犯人,以获得另一犯人有罪的供述。当政府情报员对被告人进行讯问时,根据美国宪法第六条修正案被告人有获得律师帮助权。

governmental　a.政府的;与政府有关的　当可使用形容词governmental来表达时,我们无需寻求用名词government来充当形容词的工作。尽管当今的趋势是使用government agency,但文体家[stylist]仍写作governmental agency,这些写作上的微妙之处既可使读者更轻松,也可将正式文体与普通文体区别开来。

governmental act　〈美〉政府行为　联邦、州或地方政府为了公共利益,行使治安权[police power]或被授予的宪法、立法、行政和司法权力而作出的行为。(⇨governmental activity; governmental functions)

governmental activity　〈美〉政府行为　政府为维持自己或为公众提供服务而行使的职能,如征税。总体而言,当市政法人[municipality]为州的整体利益或履行国家主权所赋予的职责而采取的行为,也为公共行为或政府行为。(⇨governmental act; governmental functions)

governmental agency　〈美〉政府机构;行政机关　指从属于联邦、州或地方政府,履行某项政府职能或执行某项法令、法规的机构。(⇨administrative agency; public agency; governmental subdivision)

governmental agent (= government agent)

governmental body　政府机构(⇨administrative agency;

governmental agency; governmental subdivision)

governmental duties 〈美〉政府职责 市政当局为公众的利益而行使的职责，这种职责在某种程度上与国家主权有关。宪法制定者要求每个联邦成员履行此项职责，以便在宪法保证的体制下充分发挥政府的作用。(⇨ governmental functions)

governmental enterprise 政府规划 由政府实施的永久性工程或项目，如地区排水系统。

governmental facility 政府设施 政府为特定需要而提供的建筑物或场所，如县政府办公大楼[Courthouse]、县监狱等。

governmental functions 〈美〉政府职能 政府机关为公众利益由宪法、法律或其它法律明示或默示授权或委托行使的职能。一般而言，政府机关免除其政府行为[governmental acts]的侵权责任。它也可称作 governmental act; governmental activity. (⇨ proprietary functions)

governmental immunity 〈美〉(= government immunity) (⇨ sovereign immunity; Federal Tort Claims Act)

governmental instrumentality 〈美〉政府机构 指依据宪法或法律成立的机构，行使重要的政府职能，免除税款或惩罚性赔偿金等一定责任。(⇨ administrative agency; governmental agency; governmental subdivision)

governmental interests 〈美〉政府利益 在法律冲突法中，用以描述一州特有的政府政策，以确定对案件适用该州的或另一州的法律。

governmental lien 政府留置 指就保证分期偿还为个体务农者利益而花费的公款所产生的留置权。(⇨ tax lien)

governmental powers 政府权力 政府为履行其职责而行使的全部权力。美国联邦政府、州政府和市政府的权力分别由美国宪法、各州宪法和市政特许[charter]规定。

governmental privileges 政府特权(⇨ governmental secret)

governmental purpose 政府的目的 指政府出于提高公众健康、安全、道德水平、公共福利、繁荣及使辖区居民满意的目的。

governmental secret 政府机密 指军事或外交机密以及其他可能影响公众利益的情报。政府机密有免于被公开的特权。该词也用作 government secret。(⇨ executive privilege)

governmental subdivision 政府机构;政府部门 负责执行政府职能的部门。(⇨ administrative agency; governmental agency)

governmental survey 〈美〉政府测量 即政府对公有土地[public domain]进行的测量，有时亦称为国会测量[Congressional Survey]。依此测量，将土地规划为 township(6英里见方)、section(1平方英里，相当于640英亩)、quarter section(1/4平方英里，相当于160英亩)和 quarter of quarter section(40英亩)几个部分。

governmental trust 政府信托 是一种公益信托[charitable trust]，其设立的目的可以是：①为了建设和维护由社区公众受益的便利设施，包括公共建筑物、桥梁、街道、公园、学校和医院等；②为了政府的常规目的，如支付政府法人实体的费用或偿付公债等。这种政府信托在美国常由市级政府设立。

government annuities 〈英〉政府养老金保险 1929年《政府养老金法》[Government Annuities Act]为购买政府养老金保险和保证在死亡时获得保险金提供方便。这些方便为1962年《财政法》[Finance Act]终止。(⇨ annuity)

government bonds 政府债券(⇨ bond)

government contract 政府合同(⇨ procurement contract)

government corporation 政府法人 依法设立，履行政府某项职责，从事有益于公众的活动的法人。它通常保有财政上的独立性，由政府任命的董事会进行管理。(⇨ public corporation; Home Owners' Loan Corporation)

government de facto 事实上的政府 与正式的合法政府相对抗而实际掌握并行使权力的政府。这种政府虽非按国家宪法建立，也未得到合法承认，但已取代法律上的政府[government de jure]。

government de jure 法律上的政府 依照国家宪法成立的合法政府，虽得到合法承认，但已失去控制国家的权力，即虽被视为是合法或正义的政府，但现已被替代，公众不再服从(尽管先前服从)的政府。

government grant 〈美〉政府转让证书 联邦政府或州政府对公共土地出具的契证。

government immunity 〈美〉政府豁免;主权豁免(⇨ governmental immunity; Federal Tort Claims Act; sovereign immunity)

government instrumentality doctrine 〈美〉政府机构原则 指政府机构豁免税收的原则。

government insurance 〈美〉政府保险 联邦政府为老兵提供和签发的人寿保险。(⇨ National-Service Life Insurance; war risk insurance)

government lands 政府土地(⇨ public land)

Government National Mortgage Association/GNMA 〈美〉政府国民抵押协会 联邦政府住房及城市发展部的分支机构，其业务是在二级市场上从地方贷款人手中购入住房抵押契约，然后将这些契约分类形成各种政府国民抵押协会的抵押债券向各种投资人发售，并保证向证券持有人按时偿付本金和利息。

government of laws 法治政府 指政府必须依既定的、一贯的法律原则办事，而不应按在位权力者利益行事的基本原则；其尤指法院裁判必须依法作出，不受诉讼当事人身份和法官个人偏好影响的原则。

government of paramount force 具有最高权力的政府 即事实上的政府。

Government Printing Office/GPO 〈美〉国家印刷局 印刷和出版联邦政府的法律、法规、表格等文件的机构。

government security 政府证券 由政府、政府机构或国有公司发行的证券。尤指由美国政府签发或者其本金或利息由美国政府担保的证券；或者根据国会的授权，由美国政府控制或监管的人或者代表美国政府的人签发或担保的证券；或者为前述证券缴纳的保证金凭证。(⇨ treasury bill; treasury bond; treasury note)

government survey system 〈美〉政府测量系统 按照法定的绘制方式，将美国版图总体划分成方格或条块，还可作更细的划分，如边界[metes]、分界[bounds]等。(⇨ governmental survey; metes and bounds)

government tort 〈美〉政府侵权行为 由政府控制下的雇员、代理人或机构实施的侵权行为。该侵权行为是否可诉取决于政府是否享有该侵权行为的豁免权。对联邦政府侵权的诉讼由《联邦侵权赔偿法》[Federal Tort Claims Act]规定；对州的赔偿诉讼则由各州侵权赔偿法规范。(⇨ Federal Tort Claims Act; sovereign immunity)

government traffic 政府运输 指政府机构和陆军、海军的车载运输。

governor n. ❶〈美〉州长 美国各州和属地的最高行政长

官,由选举产生,任期通常为 2 年或 4 年且不得超过两届,享有否决权、召集特别立法会议权、赦免权、缓刑权和其他多项任命权、行政权和财政权。(⇨lieutenant governor) ❷(英国殖民地)总督

Governor-General n.〈英〉总督 负责一个地区行政事务的官员,通常下设总督[governor]或副总督[lieutenant governor]。澳大利亚、加拿大和新西兰的英王(英女王)代表称总督。

governors of the Chest at Chatham 〈英〉查塔姆基金会主管人员 旧时根据 1671 年法律任命的负责救济贫困和伤残海员的官员。

governors of the Federal Reserve System 〈美〉联邦储备系统主管(⇨Reserve Board)

go without day 无需再来 法院驳回起诉时告知原告不必再来。

GPM (= graduated payment mortgages)

GPO (= Government Printing Office)

grace n.宽恕;恩惠;优惠(⇨days of grace; grace period; of grace)

grace period 宽限期 指在义务履行期限届满后,允许迟延履行某项义务而无需承担迟延履行责任的额外期间。保险法中,指允许超过支付保险费日期的期限(美国大部分州对人寿保险定为 30 天或 31 天)。宽限期内保险继续有效并可补交保险费。保险费的支付宽限期并非免费保险,也非保险期满双方同意终止保险时保险单继续有效。在贷款合同中,宽限期指约定的贷款到期后允许延期付款的期限。(⇨days of grace)

gracias 〈西〉谢谢(⇨gratia)

gradatim 〈英格兰古法〉循序渐进地;逐渐地;逐步地

grade n.❶(道路的)坡度;斜坡 ❷(学校的)年级 ❸等级 按一定标准对产品等评定的等级。在刑法中"grades of crime"指犯罪的等级,如一级、二级或三级谋杀罪[first, second or, third degree murder]。
v.❶把(路面等)筑平 ❷评定等级

graded income tax 级差所得税(⇨progressive tax)

graded offense 分等级犯罪 将犯罪按严重程度划分为不同等级,并相应规定不同刑罚。

graded probate fee 级差遗嘱检验费(⇨progressive tax)

graded tax 级差税(⇨graded income tax; progressive tax)

grades of crime 犯罪等级(⇨graded offense)

grading and marking 分级与标记

graduate n.❶〈美〉毕业生 泛指获得小学、中学、大学、研究院或各类职业学校文凭的毕业生。 ❷〈英〉取得大学学位的毕业生

graduated lease 累进租赁;浮动租约 考虑到未来费用开支上涨的租赁(约)。这种租赁合同中必须确定一个据以判断开支上涨的基准年。由于通货膨胀和税收、能源支出和其他费用的持续上涨,累进租赁变得比租金固定租赁[fixed-straight lease]更为普遍。

graduated license fee 分级特许费

graduated payment mortgages/GPM 累进还款抵押 一种抵押贷款,近期每月的还款金额每年按一定百分比增加,然后每月按固定金额偿还。(⇨mortgage)

graduated tax ❶累进税 税率随纳税人收入的提高而提高。 ❷分级遗产税 根据继承人和被继承人关系的亲疏确定税率的遗产税。

gradus 〈拉〉(罗马法)(英格兰古法)❶空间的计算单位 ❷亲等 ❸等级 ❹港口;任何可以使船舶登陆的地方

gradus parentelae 〈拉〉家系;血统;家谱

graf n.地方行政官;首长

graffarius n.(英格兰古法)公证人;抄写人;代书人;法律文书起草人(= graffer)

graffer n.公证人;职业抄写员 法语"greffier"的讹用。

graffium n.登记簿;登记册 契据、证据等的书面登记册。

grafio n.❶男爵 ❷财税征收官 ❸律师 该词主要用于早期欧洲国家。

graft n.❶用不正当(不合法)的手段谋取的钱财 ❷贪污;受贿 公职人员利用职务上的特殊地位或优势,以窃取、欺诈、骗取等非法手段获得或谋取利益的行为。(⇨bribery) ❸确定抵押权 衡平法用语,指设定抵押权时,抵押权人对抵押物只拥有不完整产权,在之后抵押权人取得完整产权时,对原设定的抵押再重新予以确认。

grafter n.贪污者;受贿者;欺诈者

grain n.❶谷;喱 英美制度量衡中最小的重量单位。在金衡中,1 英钱[pennyweight]等于 24 谷。 ❷谷物;谷类

grainage n.〈英〉盐税 古时伦敦对由外国人进口的食盐征收 1/20 的税收。

grain broker 谷物经纪人

grain company 谷物公司 从生产者处购进粮食,运送到加工厂或其他市场,且经常进行粮食期货交易的公司或合作化社团。

grain elevator 谷物仓库 储存谷物的建筑物,配备有吸粮机、斗车、滑槽、汽车等设施,对谷物的接收、储存以及运输极为方便。

grain rent 谷物地租;实物地租

grain rust 谷物锈病 植物受真菌感染所引起的疾病,尤易在谷物成熟期蔓延,典型症状表现为在叶柄和叶子上会出现红色或深褐色斑点。

grammar school ❶〈英〉大学预科 指提供大学预备教育的学校。1647 年《马萨诸塞州殖民法》[Massachusetts Colonial Act]中曾使用该语,指令每个拥有百户家庭的城镇建立一所大学预科学校。 ❷〈美〉初中 介于小学和高中之间的学校。 ❸〈英〉文法学校 大多由爱德华六世捐建的、进行拉丁语或希腊语教学的学校。(⇨endowed school)

Grammatica falsa non vitiat chartam. 语法错误不影响契据效力。

grammatophylacium 〈拉〉(大陆法)档案馆

gramme n.克 公制重量单位。1 克是温度在摄氏 4 度时 1 立方厘米蒸馏水的重量,等于英美制金衡 15.4341 谷。

Gramm-Rudman-Hollings amendment 〈美〉格莱姆-罗德曼-霍林斯修正案 1986 年的一项联邦法律,规定平衡预算目标,并要求如国会通过年度预算,则可在联邦开支(特定项目除外)中自动扣减。

granatarius n.(英格兰古法)守仓官 寺院中管理谷仓的官员。

grand n.(俚)一千美元

grand assise (英格兰古法)大咨审团;咨审权利诉讼 在诺曼人征服英格兰后前 100 年里,以权利令状[writ of right]开始的不动产权利诉讼[action in the right]解决的是究竟是谁从领主那里封受了这一争议土地,实际上相当于处理所有权问题,这时被告必须在他领主的法庭以决斗方式维护其权利。在亨利二世时,王室提供了另一种审判方式,即由咨审团决定哪一方对争议地产更有权利。被告有权在决斗和咨审之间作出选择,一旦选择后者就

意味着本来在领主法庭进行的诉讼将被移送到郡法庭，这又是王室法庭扩大管辖权的举措之一。被告选择咨审之后，将有一项和平令状[writ of peace]签发给郡长，郡长暂停领主法庭的所有程序，并指定4名骑士，这4名骑士再挑选12名骑士，由这16人组成大咨审团，来决定哪一方更有权主张争议的土地。他的裁决是终局性的，并送回给巡回法官或在威斯敏斯特的王室法庭。如果原告对被告选取咨审权利诉讼表示反对，他必须有反对理由支持自己。决斗被当作是竞争性的替代方式得以保留。咨审权利诉讼于1833年被废止。(▷petty assise; assize)

grand assize 〈英〉咨审权利诉讼　亨利二世时期所创立的一种特殊的由16位骑士组成的咨审团进行审判的审判方式。在权利令状中，承租人或被告人可以选择该种审判方式，以取代原始的决斗诉讼的审判习俗。这一审判方式已为1833年《民事诉讼法》[Civil Procedure Act]所取消。

grand bill of sale 卖船契约　在历史上是指用以转让某一正在海上航行船舶的所有权的书面文件，现指船厂据以向第一买主转让船舶所有权的一种书面文件。

grand cape 回复占有令状(=cape magnum)

grandchild n.孙子女；外孙子女　二亲等后代。在文书中使用"child"时，只有从该文书上下文或有关的事实情况明显表明有此种意图时，"child"才包括"grandchild"。

grand coutumier 〈法〉习惯法汇编　法国早期使用的惯例、法律以及诉讼程序的汇编。(▷coustoumier)

grand days 〈英〉盛大日　旧时将每一开庭期中的一天定为盛大日，它们分别是春季开庭期[Hilary Term]的圣烛节[Candlemas Day](2月2日)；复活节开庭期[Easter Term]的耶稣升天节[Ascension Day](3月25日)；三一节开庭期[Trinity Term]的施洗约翰日[St. John Baptist Day](6月24日)；米迦勒节开庭期[Michaelmas Term]的万圣节[All Saints' Day](11月1日)。在盛大日法院不开庭，四大律师公会和预备律师公会都要举行盛大仪式。现在的盛大日仅是在开庭期律师公会的主管[bencher]宴请客人的日子。

grand distress 〈英〉全部扣押　在圣职推举权妨碍排除诉讼[action of quare impedit]中被告不到庭或到庭后又缺席的情况下发出的令状，判令被告在该郡境内的全部财产以迫使其到庭。此种诉讼已为1860年《普通法诉讼程序法》[Common Law Procedure Act]废除。

grandfather n.祖父；外祖父　父亲或母亲的父亲。

grandfather clause 〈美〉祖父条款　①法律、法规中的不回溯条款或例外条款。新的法律、法规中规定的某些限制，不适用于已经开始的活动，并允许其继续进行。《机动车运输业法》[Motor Carrier Act]中的"祖父条款"规定，凡在本法通过前已经建立的运输机构仍可继续经营。②南方一些州的宪法规定，凡1867年前享有选举权的人，或内战时期服役于联邦陆、海军或邦联军队的人，以及上述两类人的合法后裔，不受财产状况和读写能力的限制，一律享有选举权。1915年美国最高法院宣布此项条款为违宪。

grand juror 大陪审团的陪审员

grand jury 大陪审团　在刑事法庭审案期间由行政司法官选定并召集。其职责为受理刑事指控，听取控方提出的证据，决定是否将犯罪嫌疑人交付审判，而不是认定其是否有罪。称为"大"陪审团，因其成员的人数较通常的陪审团即小陪审团为多；普通法上由12-23人组成。大陪审团起源于1166年的《克拉伦敦法》[Assize of Claren-don]。开始时对案件既负责起诉，又负责审理。逐渐演变为只决定是否对犯罪嫌疑人起诉，对案件的审理则由小陪审团承担。在英国，除个别情况外，大陪审团已于1933年取消；至1948年则被彻底废除。美国宪法第五条修正案规定，对可能判处死刑的犯罪和不名誉罪的指控，原则上必须经由大陪审团起诉。联邦法院的大陪审团由16-23人组成。各州法院大陪审团的人数，则各有不同。

grand jury investigation 大陪审团调查　大陪审团对可能存在的犯罪行为进行的调查。这种调查通常在检察官的支持下进行，根据调查结果可决定是否将犯罪嫌疑人交付审判。

grand jury report (=report by grand jury)

grand larceny 重偷盗罪　在14世纪的英国，按被盗物品的价值是否超过12便士，将偷盗罪分为重偷盗罪和轻偷盗罪[petit larceny or petty larceny]两类。现在已取消了这种分类方法。在美国，现在大多数司法区仍沿袭普通法，把偷盗罪分为重偷盗罪和轻偷盗罪。轻重的区别标准有两种，一种是按被盗物品的价值为标准，具体数量各司法区不尽相同；另一种是非价值性的标准，即从偷盗犯本人的情况、被盗物品的性质、偷盗方式来区分。

grandmother n.祖母；外祖母　父亲或母亲的母亲。

grandnephew n.侄孙；外侄孙；甥孙；甥外孙　指侄子、侄女、外甥或外甥女的儿子。侄子或外甥[nephew]一词在遗嘱中通常不指侄孙这一类人；侄孙这一类人又通常不包括侄子、侄女、外甥或外甥女收养的男性儿童。

grandniece n.侄孙女；侄外孙女；甥孙女；甥外孙女　侄子、侄女、外甥或外甥女的女儿。在遗赠给侄女或外甥女[niece]时一般不包括侄孙女这一类人；侄孙女这一类人也通常不包括侄子、侄女、外甥和外甥女收养的女性儿童。

grandparent n.祖父母；外祖父母　父亲或母亲的父母。按大陆法的亲等计算法，为二亲等血亲。这种方法已为美国大多数州采用。

Grand Remonstrance 《大抗议书》　1641年11月英国下议院通过的宪法性文件。它具有向全国呼吁的性质，阐明下议院在政治上的不满。《大抗议书》包括序言21款和正文206款，每一款都经分别表决。它首先提出的纠正措施是针对天主教徒的；其次要求所有的非法损害他人和征收苛捐杂税的行为都应受到法庭的审判和处罚，各级法官都应宣誓正确贯彻《权利请愿书》[Petition of Rights]和其它法律；第三是关于禁止任用道德败坏的地方议员的一系列预防措施。

grand serjeanty (采邑法)大侍君役土地保有　一种通过履行侍君役而获得土地保有权之保有形式。这种土地保有人应亲自为国王服役，诸如为其持旗、执兵器、担任御马总管、统帅军队、司膳总管及在国王加冕礼上在国王前为其持剑或任宫廷其他任何官职等。大侍君役土地保有与小侍君役土地保有[petty serjeanty]不同，因为前者所服劳役是较高贵和荣耀的。这种土地保有形式现在尽管不再是一种骑士役土地保有[tenure by knight's service]，但仍存在，1660年的一部制定法将其转变成了一种自由和普通的农役保有[socage]形式，仅保留了那些荣誉性的劳役服务，后得到1925年的《财产法》[Law of Property Act]的继续确认。

grand theft 重大盗窃(=grand larceny)

grange n.❶田庄；农庄　置有谷仓、牲口棚等农业设施的农场。❷[G-]〈美〉格兰其　一种农民合作组织，要求废除铁路和其他公司强加的限制和负担并摆脱中间商和代理商,以提高农业收益,改善生活状况。

Granger Cases 〈美〉格兰其(保护农业社)社员案件 1876年联邦最高法院判决的6起案件的总称。格兰其社员发动的一次骚动导致制定调整承运商、仓储商、装卸机业主收取费用的若干法规。这些法律的执行遭到抵制,是否符合宪法也受到质疑。联邦最高法院肯定普通法的原则,即所有人将私有财产用于公共事业时须服从公共管理;并指出,此项管理权不受美国宪法第十四条修正案关于各州未经合法程序不得剥夺私有财产规定的限制。

grangia n.田庄;农庄

grangiarius n.田庄的管家或看守人

grant v.❶赠与;让与;转让 ❷(立契)转让不动产 ❸同意;允许;准予
n.❶让与;转让;不动产的正式转让 以契据或以其它文件的形式转让动产或不动产。适用于不能通过交付方式转让产权的情况;一般用于一切不动产的转让,包括法律强制的和自愿的转让;作为术语用于特定的土地转让合同中。❷财产转让证书 在英格兰,它是一种普通法上的转让证书[common law conveyance],最初局限于转让无形可继承财产[incorporeal hereditaments]和期待地产权[expectant estates]中。但占有移转与转让即时的完全保有地产的区别于1845年《不动产法》[Real Property Act]中被废除,1925年《财产法》[Law of Property Act]又进行了修改,规定所有的土地和财产权益都能以不移转占有的方式转让。因此,转让一词的初始意义用于转让土地及其相关权益中已无必要。 ❸许可;许可协议;授予 权利或优惠的授予或准许,据此而创设不同于授予人(许可人)所拥有的权利,例如租赁权、地役权、特许权、专利权、许可证等。 ❹转让的财产或财产权利 ❺〈英〉特权的授予 指以加盖国玺的特权许可证为根据,由国王将某些特权授予臣民的行为。

grant and demise 授予和租赁 定期租赁合同[lease for years]中的用语,据此而创设所有权的默示担保以及安宁享用[quiet enjoyment]的担保。

grant and to freight let 让与并作货运出租 租船合同中的重要用语,意指按照预定的航程,船舶归承租人支配,通常是转移占有权。

grant, bargain, and sell 转让、交易和出卖 不动产转让合同中的重要用语。美国有些州的法律指让与人保证未设定抵押权或有其他负担。

grantee n.受让人

grant-in-aid n.拨款;补贴;补助金 政府部门为教育或科研等目的拨给个人或机构的款项。

granting clause 让与条款 该文句用以转让契据或其他书面文件——尤其是油气开采租赁合同[oil-and-gas lease]——中的利益。在油气开采租赁合同中,有关让与条款具体规定所转让的权利、被允许使用的范围以及租赁合同所包括的其他实质内容。

grant of patent 专利权的让与 对发明专利权或使用、销售专利产品的权利所作的书面转让。(⇨license; patent)

grant of personal property 动产的让与 转移动产的一种方法。与赠与不同,让与总是有偿的或等值交换。法律上称作"转让"[assignment]或"买卖"[bargain and sale]。

grant of probate or of letters of administration 批准遗嘱检验和授予遗产管理委任书 有管辖权的法院授予遗嘱执行人和遗产管理人处理死者的遗产有关事务。此项授权可以是总的即无限制的,也可以限于死者的部分财产或一定期间(例如,限于执行人的孀居期内),也可以限于特定目的,如为进行诉讼或为收集死者的财物。执行人或管理人在遗产处理完毕而死亡或丧失行为能力时,由法院指定新的处理未竟事务的执行人或管理人,以完成遗产管理事务。

grantor n.让与人;转让人;授予人(⇨settlor)

grantor-grantee index 〈美〉财产转让目录;让与人和受让人目录 该目录通常置备于县登记办公室[recorder's office],依让与人姓名的字母顺序排列,载明让与人的登记财产交易事项。

grantor's lien 让与人优先权 出卖人已将买卖标的物的所有权转移给买受人但尚未取得全部价款时享有的优先权。

grantor trusts 委托人信托 委托人保留对信托财产或其收益或包括信托财产和收益这二者的支配权,由此被认作这种财产和收益的所有人,应由委托人而非受益人就信托财产的收益和扣减负纳税义务。(⇨Clifford trust; reversionary interest)

grant to uses 〈英〉用益让渡 附带让渡用益权的普通转让方式,普通法上的地产权通过转让条款得以让渡,基于这种让渡受让人获得对地产的占有权。依据占有权,原来依1535年转化为普通法地产权的用益权即可被声明由受让人享有。(⇨use)

grantz n.(英格兰古法)贵族;大公

grass colt (俚)野种 对私生子的蔑称。

grass hearth (英格兰古法)❶用犁具翻耕田地 ❷耕日 指佃户自备犁具为地主耕地一天的习惯性劳役。

grasson n.〈英〉土地转让费 在转让公簿保有土地[copyholds]时缴纳的费用。

grassum (= gressume; grasson)

grass week 〈英〉食草周 即祈祷日周[rogation week],旧时伦敦的四大律师公会和预备律师公会对该星期的戏称,由于纪念耶稣升天节,在该星期只能吃素。

grass widow (俚)活寡妇;独居妇女 指被丈夫遗弃或丈夫久出不归的妇女,也指与丈夫分居或离婚的妇女。此词语无甚法律意义。

gratia 〈拉〉恩惠;宠遇;优待;知恩;感激(⇨a gratia; bona gratia; de gratia; Dei gratia; ex gratia; ex speciali gratia; lucri gratia)

gratification n.报酬;酬金;赏钱 对所提供的服务或得到的方便自愿给予的报酬或酬金,并不出于对方的要求或自己的许诺。

gratis ad.免费地;无偿地

gratis appearance 自愿到庭 诉讼中被告不待传票送达即主动到庭。

gratis dictum 自愿的陈述;法律并不要求作出的陈述;对其准确性不需负责的陈述

gratuities n.小费;赏金 侍者、服务员等所得的酬金,不包括在雇主所支付的工资里。对这种赏金应缴纳所得税。(⇨gratification)

gratuities received in the usual course of business 日常服务中得到的赏金或小费 雇员在工作中得到的小费,如餐馆的侍者、旅馆的服务员、车站或码头的搬行李工人等依习惯得到的酬金,是其劳动报酬的一部分。

gratuitous a.❶单方受益 对无价值的或法定的约因作出的赠与或转让。转让契据、保管合同和其它合同用

语。❷(英格兰古法)自愿的 指无被迫、恐惧或偏爱等情况。(⇨gratis)

gratuitous agent 无偿代理人

gratuitous allowance 抚恤金；退休金；养老金

gratuitous bailee 无偿受托人 无偿接受他人交付保管的动产的人。受托人有责任妥善保管财物。因受托人的重大过失造成财物损毁或灭失时，受托人应承担责任。

gratuitous bailment 无偿寄托 无报酬的保管。有人认为这种寄托是为寄托人的单方面利益或为受托人的单方面利益。鉴于有些法院将无偿寄托看作仅为寄托人的单方面利益，不将寄托分为"有偿"和"无偿"，而将其划分为三类也许更为合理：①仅为寄托人的利益；②仅为受托人的利益；③为双方的利益。

gratuitous consideration 无偿对价 指给付对价的一方并无损失的对价，不能构成合同，给付对价方本已有履行的义务。

gratuitous contract 单方面受益合同；无偿合同 合同领域的一种异常现象，即以受允诺人[promisee]受益为目的而订立的合同，但无需其作出或承诺任何补偿。

gratuitous conveyance 无偿转让

gratuitous deeds 无充分对价的契据

gratuitous guest 免费搭车人 按美国的机动车法律，指经车主或其授权代理人的邀请而免费乘车的人。(⇨guest statute)

gratuitous licensee 允入者 指未经邀请但被允许进入他人建筑物又不支付任何费用的人。这类人既不是受邀请者[invitee]，也不是非法侵入者[trespasser]。

gratuitous promise 无偿允诺；无对价允诺 未获得对价支持而作出的允诺，因而不具备强制执行的效力。

gratuitous services 免费服务 不收取费用的工作或劳务。它可以是见诸广告的对违纪律师的一种处分；也可以是由城市中的公用事业组织依照与市政府的协议提供的服务。在机场、码头等处运送转机、换船旅客的服务，也是免费的。在封建土地保有制度下，提供这种服务的基础是本人必须是自由民或士兵；在骑士役保有制度下，这种服务是无偿的，但不确定；在自由农役保有制度下，这种服务则是无偿的与确定的。(⇨liberum servitium)

gratuity n.❶退伍费；遣散费；养老金之外的退休补贴 ❷奖金；小费 ❸发给刑满人员的安家费 ❹人寿保险金 被保险人死亡后由受益人领取。❺礼品；赠与物；贿赂品。(⇨honorarium)

gratulance n. 贿赂(⇨bribe)

gravamen n.❶请求、抱怨、指控等的要点 ❷(英格兰)(教会法)教士在教牧人员代表会议[convocation]上向主教诉说的委屈

gravare et gravatio 控告；弹劾

gravatio n.(英格兰古法)控告；检举；控诉；弹劾

grave n. 墓穴；坟墓；埋葬处

graveyard n. 墓地；公墓 美国有的州规定只有埋葬一定数量——如6具或6具以上——尸体的场地才称作墓地。

graveyard insurance 黑色保险 指用假冒或其它手段骗取对婴儿、高龄老人或垂危病人的人身保险。有时亦指保险公司出具赌博性的保险单，承担特别危险的风险责任，或者承担超出正常限度及合法业务范围的赔偿责任。

gravi querela 土地回复令状(⇨ex gravi querela)

gravis a. 严重的；重大的

gravity n.❶重力 ❷(美)格拉弗蒂 美国石油协会制定的比重，石油越轻，该比重越高。

gravius 地方行政官；首长(=graf)

Gravius est divinam quam temporalem laedere majestatem. (拉)亵渎神明甚于冒犯君主。

gray market goods (美)灰色市场商品 使用在美国有效的商标，但未经美国的商标持有人许可而进口到美国的商品，与在美国国内制造的、使用该相同商标的商品形成竞争。前述行为即称为平行进口[parallel imports]。美国国内当事人通常抱怨这在美国市场上是一种不公平竞争，但美国商标法对大多数平行进口商品的销售未予禁止。灰色市场商品的产生通常有以下情形：①国内企业已向独立的外国企业购得将后者的商标在美国注册并予以使用的权利，且有权在美国销售其国外制造的产品，但外国企业仍将标有该商标的商品输入美国并进行销售，或者在国外将产品出售给第三方，由第三方输入美国；②国内企业将其在国外的分支机构所制造的产品在美国申请商标注册，国外分支机构指美国公司的子公司、母公司或非法人的制造厂，商标注册人或其国外分支机构在国外出售其标有商标的产品，第三方未经商标注册人的授权，又将产品输入美国；③国内的商标注册人授权独立的外国制造商在国外特定地区使用其商标。外国制造商或第三方将其在国外制造的产品输入美国并进行销售。

Gray's Inn (英)格雷出庭律师公会(⇨Inns of Court)

grazing right 放牧权 在他人土地上放牧牲畜的权利。

great aunt 伯祖母；叔祖母；舅婆；姑婆；姨婆 按大陆法系计算亲等的方法，为四亲等亲属。这种方法已为美国大多数州所采用。

great bodily harm 重大身体伤害(⇨great bodily injury)

great bodily injury 重大身体伤害 指造成生命危险、严重的永久性毁容、丧失或长期损伤身体任一器官机能的身体伤害。法律对殴击[assault and battery]造成重大身体伤害的，定为加重的殴击，但与一般的殴击并无明确的界定，而是指较一般的殴击造成更大的伤害并具有更严重的性质。

Great Body of Laws (=Great Law)

Great Britain 大不列颠 地理用语。指英格兰、苏格兰和威尔士；联合王国及英联邦的一个组成部分。但在国际关系中，过去作为"大英帝国"[British Empire]的同义语。

great cape (=cape magnum)

great care 高度注意 指非常谨慎的人在处理自身事务时的关注程度；或一般谨慎的人在处理其重要事务时的关注程度。(⇨care)

Great Chamberlain of Scotland 苏格兰首席财务官 在司库[treasurer]的职位未采用前，首席财务官是国家的高级官员，掌管国王的财库。他对自治市的事务如治安、习惯与法律、度量衡等有广泛的管辖权。他在各自治市还拥有一个巡回法庭，以检查账目。17世纪下半叶该职位消失。

Great Contract (英)大契约 英格兰1610年提出的一项财政改革，根据这项改革，议会将每年拨给詹姆斯一世[James I]及其继承者20万英镑作为对其放弃征收某些封建捐税的王室权力的补偿。协商持续了很长时间，但最终破裂，封建捐税直至1643年由议会颁布一项法令才停止征收，该法令在1660年得到了制定法的确认。

Great Council 大谘议会 一译"大会议"。诺曼人征服英格兰后，取代原先盎格鲁-撒克逊时代的"贤人会议"的议事机构。由国王召集，主要由国王的直属封臣[tenants in chief]和高级教士组成。后来，这一机构发展成上议院

[House of Lords]。在上议院已经存在后,"Great Council"这一名称被用来指称不在议会里召集的贵族们的集会,最后一次大谘议会在 1640 年由查理一世[Charles Ⅰ]在约克召开。大谘议会亦被称作 Great Council of the Realm 或 Concilium Magnum Regni。(▷King's Council; House of Lords; witenagemot; privy council)

great diligence 高度注意(= great care)

great emergency 极度紧急情况(▷great necessity or emergency)

greater hardship 〈英〉更大的(居住)困难 依据 1968 年《租金法》[Rent Act],房屋业主请求收回房屋时,如果业主收回房屋是供自己、或其年满 18 周岁的子女、或其父母居住之用,则法院可作出决议支持此项请求。但法院综合各种情况,包括各方当事人能否获得其他居住处所,认为作出这种决议将造成更大的居住困难时,则拒绝此项请求。

greatest convenience to the parties in interest 对利害关系人的最大方便 常用于对破产程序地点的选定。本身并无确定的含义,须视案件的具体情况而定,如可为距离破产法院、债权人和证人最近的地点,财产所在地,或有利于节约、有效地管理破产财产的地点等。

great fee (封建法)直封领地;大领地 直接接受国王分封而领有的封地。

great-grandchildren n.曾(外)孙子女 (外)孙子女的子女,按大陆法的亲等计算法,为三亲等血亲。

great grandparent 曾(外)祖父母 (外)祖父母的父母,按大陆法的亲等计算法,为三亲等血亲。

great-great-grandparent n.高(外)祖父母 曾(外)祖父母的父母,按大陆法的亲等计算法,为四亲等血亲。

great jury (= grand assize)

Great Lakes rule 〈美〉五大湖原则 指在州际水面上因合同或侵权纠纷发生的海事诉讼的当事人有权要求由陪审团审判的原则。

Great Law 〈美〉《大法律》 1682 年宾夕法尼亚州[Pennsylvania]及其属地制定的第一部成文法典。这部法典由于其第一章所规定的宗教信仰自由而受到赞扬。

great necessity or emergency 极度必要或紧急情况 该词用于授权额外征税的必要或紧急情况时,指性质极为严重、情形非常危急。

great prejudice 重大损失 指重大的金钱损失,而不只是暂时的不便或暂时的收入减损。该词出现于制定法中,即如果在财产分割之诉中,对财产的实际分割必然造成财产所有人的"重大损失",则法律授权出售该财产。

Great Roll 〈英〉〈财政署〉财务总卷(= Pipe Rolls)

great seal ❶〈美〉国玺 指美国的官方印玺,由国务卿[Secretary of State]掌管。该词亦称 Seal of the United States。❷〈美〉州玺 指美国某一特定州的官方印玺。亦称 Seal of the State; State Seal。❸[G—S一]〈英〉国玺 藉此行使诸多王权的印玺,是王权的一种象征,由忏悔者爱德华[Edward the Confessor]引入。现在它由御前大臣[Lord Chancellor]或掌玺大臣[Lord Keeper]掌管。根据 1706 年《与苏格兰合并法》[Union with Scotland Act]的规定,联合王国[United Kingdom]应使用同一国玺,用于加盖在议会召集令[writs to summon parliament]、签署对外条约以及所有与英联邦有关的国家行为[Acts of State]文件之上。

Great Session of Wales 〈英〉威尔士大法庭 亨利八世[Henry Ⅷ]时设立,其管辖权类似英格兰的巡回法庭。后来,它由两名出庭律师主持,开庭 18 天。1830 年,该法庭被废除,由高等法院在威尔士[Wales]和切斯特[Chester]如同在英格兰一样行使管辖权。

great tithes (教会法)大什一税 对谷物、豆类、粮秣和木材征收的什一税。(▷tithe)

great uncle 伯祖;叔祖;舅公;姑公;姨公 按大陆法的亲等计算法,为四亲等亲属。这种方法已为美国大多数州采用。

great writ of liberty 大自由令状(= habeas corpus ad subjiciendum)

gree n.赔偿 指对所犯过错或所造成的伤害作出的赔偿。

Greek bearing a gift 附条件赠与(= onerous gift)

Greek Calends (喻)永远不会到来的日子

Greek cross 希腊式十字架

Greek kalends 猴年马月 意指遥遥无期,即永远不会发生。kalends 是古罗马历法中每月的朔日,而希腊历法中则根本没有这一概念。

Greek law 希腊法 古代希腊文明色彩缤纷,在时间和空间上甚为广阔,未能形成单一的法律体系。希腊的迈锡尼文明(公元前 2500 — 前 1100 年)和克里特的米诺斯文明(公元前 1600 — 前 1000 年)都未留下任何法律文书。公元前 8 世纪,城邦在希腊兴起。大约公元前 7 世纪,开始制定成文法律。许多城邦的立法者都制定了法典。由于各城邦都有各自的法律,所以不存在所谓希腊法,只有一些许多城邦共同的法律原则。古希腊的公法和私法都有相当的发展。希腊的法律实践在埃及存续到公元 4 世纪,并传播到整个希腊殖民地。尽管希腊的思想对罗马产生过影响,但其法律实践对罗马法的影响甚微。令人不解的是古希腊没有产生过致力于促使法律系统化,对法律制度或部门法律进行分析、阐述的法学家或学者。即使有,他们的著作也已不复存在。只有雄辩家,没有法学家。哲学家对正义等抽象概念的兴趣,远远超过对分析现实法的兴趣。直到罗马征服后,法学才成为一门专门学问。1821 – 1829 希腊独立。1951 年对 1911 年的宪法作出修改。1968 年又制定新宪法。希腊的审判机关包括最高法院、11 个上诉法院和约 58 个初审法院,另设轻罪法庭和少年法庭。1940 年所制定的民法典受德国民法典的影响颇大。

Greek letter fraternities 大学生联谊会 有时也指高中生联谊会,因其名称用希腊字母组成而得名。(▷fraternity)

greenback n.美钞;绿背钞币 1861 年联邦政府发行的法定货币,因其背面呈绿色而得名。

green belt 〈英〉绿化地带 在工业和建筑业发展中,为维护伦敦市内及周围地区的土地,1938 年《绿地法》[Green Belt Act]对绿化地带作出规定。地方规划部门应把绿地列入开发规划。

green card ❶〈美〉绿卡 用以证明居住在美国、具有外国人身份的人享有美国永久居民地位的登记卡。之所以称之为绿卡是源自于最初的颜色为绿色,尽管自 1965 年以来已经印刷为红、白、蓝色,但一直沿用"绿卡"的称呼。获得绿卡的外国人应具备下列条件:①在美国有近亲属;②有美国所需的专门技术;③在美国有至少 40 000 美元的投资。 ❷〈英〉绿色保险证;汽车国外事故保险证

Green Cloth 〈英〉王室财务署 由王室总管[Lord Steward]、财务官[Treasurer]及其他较低级官员组成一会讨论和决定王室及家仆财政开支之场所,系因其开会时所铺绿色桌布而得名。(▷Board of Green Cloth)

green goods 〈美〉(俚)绿货 伪造的纸币。
greenhew n.〈英格兰古法〉(在森林中)采伐草木权
greenhue (= greenhew)
Greenland fisheries 格陵兰捕鱼业
greenmail n.绿色邮件 在公司收购中,指目标公司以高于市场价的价格购回潜在的股票收购人所持有的股票。作为回报,该持股人同意不与对手竞价收购。对于此类支付应征收特别税。
Green River ordinance 〈美〉格林里弗条例 一项地方性法规,禁止小贩、推销员等的登门打扰。因怀俄明州[Wyoming]的格林里弗率先于20世纪早期通过此种条例,故得名。
green silver 绿银 封建时代的年租。
green wax 〈英〉财税法庭记录副本 这些副本送达给郡长,因其印有绿蜡而得名。
Greenwich Hospital 〈英〉格林威治医院 1694年为救助伤残的皇家海军官兵而创设的慈善机构,现隶属英国海军部。
Greenwich time 〈英〉格林威治时间 除另有规定外,英国议会颁布的法律及其他法律文件中提及的时间均使用格林威治时间。
greeve (= gerefa)
greffiers 〈法〉注册官;法院书记官 协助法官履行职责的官员,负责保存案卷、制作由法庭作出的判决、裁定和其他决定,以及送达这些文书的副本。
Gregorian Calender 格列高利历 又称新历、公历、阳历,是指罗马教皇格列高利十三世名字命名的历法。他命人修改传统的儒略历,将误差降低到3000年1天,该历法于1582年颁行,为基督教国家所采用。
Gregorian Code 《格列高利法典》 公元3世纪中叶罗马法学家格列高利编纂成集的历朝法规汇编。(⇨ Codex Gregorianus)
Gregorian epoch 格列高利纪年 以格列高利历,即自1582年起,直至现在。
gremio 〈西〉行会 从事同一行业的工人、技工或商人为保护和扩大利益而组成的团体。
gremio legis 法律保护(⇨in gremio legis)
gremium 〈拉〉胸膛 由此派生出保卫、保护的含义。在英国法中,把产权未定的财产称为"in gremio legis",意指"在法律保护下的"。
Grenville Act 〈英〉《格伦维尔法》 1770年制定。规定了对议会议员选举的申诉,并将处理申诉的事务全部移转给一个特别委员会。1828年废止。
Gresham's Law 格雷沙姆法则 托马斯·格雷沙姆[Thomas Gresham]爵士提出,劣币总是驱逐良币,而不是相反。在复本位制[bi-metallic]中,实际价值较低的货币保持流通,而实际价值较高的货币则被储存;在单本位制[mono-metallic]中,轻币流通而重币储存。
gressame (= gressume)
gressum (= gressume)
gressume ❶〈英格兰古法〉(公簿地产[copyhold]保有人于领主死亡时缴纳的一种习惯法上的)贡金 ❷〈苏格兰〉(租期开始或续延时所交的)租金 (= grassum; grossome; gressame; gressum; gersome)
Gretna Green 格雷特纳·格林 ①英格兰靠近苏格兰边界的一个小村镇,英格兰的私奔情侣去那里结婚以逃避宗教结婚仪式前的结婚公告和英格兰法律规定的其他正式手续;②在美国,指许多情侣为躲避某些强加的结婚手

续,保守结婚秘密而选择的某个地方,在那里怡人的环境中举行婚礼。
Gretna Green marriage 格雷特纳·格林婚姻 1940年前,在苏格兰只要双方在两个证人面前宣布或书面证明自愿结为夫妻,即可成婚。因此常有英格兰的青年男女,为逃避父母的反对,通过边境私奔至苏格兰境内的格雷特纳·格林村成婚。1856年的《布鲁海姆法》[Lord Brougham's Act]规定结婚双方必须有一方婚前在苏格兰住满21天。1940年起,除某些例外,在苏格兰结婚必须由牧师主持或经授权的民事注册官办理。尽管如此,仍不断有成对的情侣为逃避其本地法律关于不到一定年龄结婚必须获得父母同意的限制,来到格雷特纳或苏格兰的其它地方结婚。苏格兰法律不要求取得父母的同意,只需婚前住满21天并举行宗教的或世俗的仪式即可。
greva n.(旧时案卷中指)沙滩;海滩;海滨
greve n.权力;权威
greyhound racing 〈英〉赛狗 由赛犬追逐一个机械推动的假猎物的一种赌博游戏。赛狗活动受1963年《打赌、赌博和彩票法》[Betting, Gaming and Lotteries Act]第一部分规制。
grey seals 〈英〉灰海豹 1932年《灰海豹保护法》[Grey Seals Protection Act]规定了灰海豹的禁猎期。此法后为1970年《海豹保护法》[Conservation of Seals Act]所取代。根据《海豹保护法》的规定,灰海豹[Halichoerus grypus]的禁猎期为每年的9月1日至12月31日;普通海豹[Phoca vitulina]的禁猎期为每年的6月1日至8月31日。此外,该法还对非禁猎期内海豹的捕杀作了严密的规范。
grievance n.❶申诉 尤其在劳动法中,指雇员或其所属工会的代表就工作条件等违反集体合同而提出的申诉。❷不平的事;委屈;冤情 指不公正或歧视性的伤害等,可成为提出申诉的理由。(⇨complaint)
grievance arbitration 申诉仲裁;权利仲裁 ①涉及对一既存合同的违反或有关合同解释的仲裁。②劳动法上,指对雇员的申诉所作的仲裁,通常涉及雇员主张依集体谈判协议[collective-bargaining agreement],其雇员权利受到了侵犯。仲裁程序通常规定在集体谈判协议中。也称作 rights arbitration。
grieved a.悲痛的;受委屈的;痛苦的
grievous bodily harm 〈英〉重大身体伤害;重伤 根据1861年《人身侵害法》[Offences against the Person Act]和1967年《刑法》[Criminal Law Act]的有关规定,对以任何非法手段恶意致人重伤者可判处终身监禁。
griff n.黑白混血儿 美国路易斯安那州[Louisiana]对黑人和第一代黑白混血儿[mulatto]的后代称呼。griff的肤色较mulatto为深,较黑人为浅。
gripping efficiency 制动效能 指机动车刹车的效能。(⇨braking distance)
grist n.(一定数量的)制粉用谷物 有时也指磨坊主收作劳务费的谷粉或面粉。
grith n.〈撒克逊〉安全;和平;公共秩序 即国王统治下的良好秩序。
grithbrech n.〈撒克逊〉扰乱公共秩序;妨害治安(罪) 指扰乱国王的统治秩序,和frithbrech相对,后者指对一国与他国的和平秩序的破坏。
grithbreche (= grithbrech)
grithstole n.〈撒克逊〉避难所;庇护所
GRM (= gross-rent multiplier)
groat n.格罗特 从13世纪起为欧洲认可的一种硬币名

称，但其真实价值依不同时期、不同国家而异。在英国，于 1327 年（一说 1279 年）作为银币开始发行。当时 1 格罗特价值 4 便士，其后由于格罗特和便士都遭贬值，二者的比例有很大变动。1662 年停止发行。在此期间，还同时发行半格罗特的硬币。"格罗特"又于 1836 年以 4 便士的面值重新发行，至 1856 年即终止。

grocer *n*. ❶（英格兰古法）垄断收购有销路的货品的商人；囤积居奇者 ❷杂货商

grogging 〈英〉掺水烈酒 指从盛放过烈酒的木制空酒桶中用水浸出掺水烈酒。按照 1952 年《关税与货物税法》[Customs and Excise Act]，应当场给予处罚。

gros 大的；巨大的

gross *a*. ❶总的；毛的 ❷绝对的；完整的 ❸严重的；极端的；恶劣的
n. ❶罗 计数单位，等于 12 打。 ❷总额；总量

gross abuse of discretion 严重的滥用职权 指作出不公正的、任意的、不合理的、随心所欲的、肆无忌惮的行为或决定。

gross adventure 共同风险贷款；船舶抵押贷款 之所以如此称谓，是因为贷款人将对共同海损负责，即参与共同海损分摊。（⇨bottomry）

gross alimony 生活费总额 指夫妻离婚或分居时，经协议或经法院判决，由配偶一方向另一方支付的生活费总额，通常是分期付款。

gross allowance 总付的生活费 离婚时一方向另一方一次性支付的生活费。

gross annual value 年度总价值 指业主在公开市场上可以获得的租金额，其中，业主负责维修，承租人负责交纳地方税。（⇨gross value）

gross average (= general average)

Grosscup Rule 〈美〉格罗斯卡普规则 住房贷款协会[building and loaning association]在破产或解散时，用以处理其借款会员[borrowing member]权利和义务的规则。

gross earnings 总收入；总盈利（⇨gross income）

grosse aventure 〈法〉(= gross adventure)

gross estate (of decedent) 全部遗产 指死者在去世当日所遗留的全部财产。在美国，这是死者所拥有的应缴纳联邦遗产税的财产。它可能与遗嘱检验遗产[probate estate]不同，后者是指实际交由遗产管理人或遗嘱执行人管理的遗产。

gross immorality 严重的道德败坏 指与社会上正直的、受人尊敬的成员的道德观念相违背、恶劣的、可耻的不道德行为；或者怠于履行职责的行为。可成为免除公职的理由。

gross inadequacy of consideration 对价极不充分；极不适当的对价 指对价的不充分或不适当严重违背良心，以致可以认为其由于欺诈、强迫、利用他人的信任或依赖关系而获得。

gross income 总收益；总收入 进行纳税减免之前的全部收益。根据《国内税收法典》[I.R.C.]的规定，总收益指不论何种来源的全部收入，包括（但不限于）下列收益：①提供服务的酬金，如服务费、佣金等；②经营业务的总收益；③买卖财产的收入；④利息；⑤租金；⑥版权费、专利权费；⑦股息、红利；⑧赡养费、扶养费；⑨年金；⑩由人寿保险和捐赠合同所得的收入；⑪养老金、退休金、抚恤金；⑫因免除债务而取得的收入；⑬从合伙收入中分得的份额；⑭因继承或遗赠所获收入；⑮财产或信托财产的利息收入。在商业或制造业中，总收益指总利润，即总销售额或总收入减去所售出商品的成本。

gross-income multiplier (= gross-rent multiplier)

gross-income tax 总所得税 就全部收入而非净收入所征收的税，不许抵扣或减除费用。

gross incompetency or recklessness 明显不称职或疏于职守 根据一般人的评价，其行为属明显不称职或粗心大意、疏于职守，可成为吊销执业执照的理由。

gross interest 总利息；利息总额 借款人所支付的包括管理费、服务费和保险费在内的利息总支出。

gross lease 总额租赁 由承租人交纳一笔总括的租金，而由出租人从中支付所有的费用，诸如水、气、电费。（⇨net lease）

gross lewdness in an open place 在公众场合的淫荡行为 区别于公开的淫荡行为[open and gross lewdness]，后者强调淫荡行为的非秘密性。

gross margin 毛利；总利润 经过折扣、退货还款后的销售额与所售商品成本之间的差额。

gross misdemeanor 严重的轻罪 严重程度高于一般的轻罪，但并非重罪。

gross misdemeanor of public school pupil 公立学校学生的严重违规行为 指多次违反学校合理适当的规章制度，但尚未构成犯罪的行为。

Gross National Product/GNP 国民生产总值 一国在一年内生产的全部产品和提供的服务的市场价，扣除重复统计部分。分为四大类：消费、国内私人投资总额、政府采购的商品和获得的服务、净出口额（出口额减去进口额）。

gross neglect of duty 严重不负责任 指一种严重的不履行义务或怠于行使职责，包括公务人员应负的责任和在私人事务方面应负的责任，例如遗弃[desertion]。（⇨desertion; nonsupport）

gross negligence 重大过失 ①缺乏最起码的谨慎或注意；②在作为或不作为时不顾及法律义务和他人可能遭受的后果，他人可据此获得惩戒性损害赔偿；③具有刑罚惩罚性的重大过失。（⇨negligence）

gross negligence in homicide 重大过失杀人 未尽常人在相同情况下应尽之谨慎注意义务，忽视他人生命之存在或不顾他人死亡结果之发生而致使他人死亡的杀人行为。

grossome *n*.（英格兰古法）❶罚金；租金 ❷贡金 疑为 gersuma 错讹而成。（⇨gersuma）

gross premium 毛保费；总保费 ①净保费加上附加保险费，而不考虑利息因素的影响；②购买分红人寿保单支付的费用。（⇨participating insurance; loading）

gross proceeds 总收入；总收益（⇨gross receipts）

gross production tax 总产量税 国家对特定工业品适用的征税，用以取代普通税法中的按价征收的税种。

gross profit 总利润；毛利 销售收入和所售商品成本的差额，未扣减销售费用和所得税。（⇨net profit）

gross receipts 总收入；毛收入 商事纳税人出售财产或提供服务取得的全部收入，即未经扣减的全部营业收入，与净收入相反。（⇨gross income）

gross receipts tax 总收入税 指对全部收入而不是仅对净收入征收的税。(= gross-income tax)

gross-rent multiplier/GRM 租金／总增值率 租赁财产的市场价值与其租金年总收入之间的比率。该比率可用于评估财产的市场价值。例如用租金年总收入乘以特定的租金总增值率得出其市场价值。

gross revenue 总收益(⇨gross income; gross receipts)

gross sales 销售总额 以发票价格计算的销售总金额,不扣减折扣、折价、退货、回扣或进行其他调整。

gross spread 总价差(⇨spread)

gross stress reaction 强烈反应 指由于严重的环境压力造成的剧烈情绪反应。

gross up 反计还原 将已纳税额加回到财产价值或已收入中;对死前3年内的赠与所征的赠与税计入遗产总额;美国公司将其国外纳税收入[pre-foreign tax income]计入其联邦所得税报表以在联邦外国所得税中抵免其已缴税款。

gross value 〈英〉总价值 就遗产[hereditament]而言,指未扣除债务、抵押权等各项负担、丧葬费用及遗产税的遗产价值。就可继承财产而言,只要承租人支付各项税金而出租人承担维修、保险和其它费用,且该项财产预期能年复一年地租出,总价值即指租金。

gross weight 毛重 指包括货物包装物在内的总重量。

ground n. ❶土地;地面 拨给私人使用的已耕或待耕土地。❷根据;理由 如提起民事诉讼的理由、追究罪犯刑事责任的根据、认可作为证据的根据等。(⇨ground of action)

groundage n. 停泊费 船舶在港口停泊所缴纳的费用。(⇨demurrage)

ground annual 年租金

ground collision 地面碰撞 指航空器在起飞或着陆时的相互撞击。

ground for disbarment or discipline 惩戒律师或取消律师资格的依据 律师在其业务范围内或业务范围外的不良行为表明其已不适合从事律师职业或已不值得信赖。

ground for divorce 离婚的根据;离婚的法定理由

ground game 〈英〉小猎物 1906年的《小猎物(修正)法》[Ground Game (Amendment) Act]规定,土地的占用人为保护庄稼免受损害,无需狩猎许可证即有权捕杀诸如野兔等地面小猎物,但使用枪支时仍须持有枪支许可证。

ground landlord 土地出租人

ground lease 土地租赁 未开发土地的租赁。通常约定承租人除支付租金外,须承担税款、保险费、维修费等各种费用。(⇨ground rent; lease)

groundless a. 无根据的(⇨frivolous)

ground of action 诉因;诉讼根据(⇨cause of action)

ground rent 地租 ①为在土地上建造建筑物而向土地所有人支付的租金。这种租赁合同往往是长期的(如99年),并且可以续订。城市中的办公楼、酒店或类似的大规模建筑物通常采用这种土地租赁;②非限定继承土地的转让人对所转让的土地,为自己及继承人保留的永久性租金,其性质为永佃权的佃租;③在英国法律中,亦指房租。

ground rent lease 〈美〉地租租赁 在马里兰州[Maryland]常用的法律用语,在其他州则罕用。其主要特征是:①可继承土地的所有人将土地出租给指定的承租人,租期99年;②支付少量续展费后,即可不限次数地续展租赁期限;③必须支付一定数额的租金,通常每半年支付一次;④如未在规定期限内支付租金,则出租人有权收回土地并解除租约。此外,承租人必须按约定缴纳整个地产的全部税款。

ground vessel 搁浅的船舶

ground writ (英格兰古法)裁判地令状 1852年《普通法诉讼程序法》[Common Law Procedure Act]颁布前适用的一种令状,在法院向案件审判地以外的其他郡签发拘留还债令[capias ad satisfaciendum]或债务人财产扣押令[fieri facias]之前,必须先向本郡签发裁判地令状,然后再向有关他郡签发异地执行令状[testatum writ]。

group n. 群体;集合体 一定数量的人或物存在于或集中成一个整体,可能有也可能没有相互关系、组织形式或相互间的协议。

group annuity 团体养老金保险 向同一养老金合同(如团体养老金计划)项下的团体中各成员支付的养老金。例如,雇主每年为符合条件的雇员购买分期付款的养老金保险。雇主持有总保险单或总合同,雇员分别持有载明险种和保险金额的保险凭证。

group boycott 联合抵制 指一些商人共同拒绝同其他商人作交易。这种情况发生在竞争者联合起来,以停止业务往来威胁与潜在的竞争者进行交易的商家,以排斥该潜在的竞争者。在美国,这种做法本身就违反了《谢尔曼反垄断法》[Sherman Antitrust Act]。但单个商人拒绝同另一商人进行交易,不构成联合抵制。

group health insurance 团体健康保险 承保团体人寿保险单下的雇员或其他人员的住院、外科手术和其他医疗费用的保险。

grouping-of-contacts theory (= center of gravity doctrine)

group libel 团体诽谤 指对某一团体的全体成员进行书面诽谤,例如因其种族、性别、民族、宗教信仰等。但追究这种行为时原告不仅要证明自己是该团体的成员之一,且须证明该诽谤性陈述是特别针对他或他们的。

group life insurance 团体人寿保险(⇨group policy)

group medicine 团体医疗 在保险中,指根据保险合同、保险凭证或保险单,对由团体投保的被保险人提供的医疗。

Group of Seventy-Seven 七十七国集团 由参加第一届联合国贸发会议的77个发展中国家和地区联合组成,其后参加这个集团的成员国不断增加,但"七十七国集团"的名称仍沿用下来。其宗旨是一些发展中国家联合起来,共同协调立场,采取行动,寻求建立国际经济新秩序。

group policy (= master policy)

group term life insurance 团体定期人寿保险 雇主为雇员所购买的保险,可逐年续保,但不累积价值,即无现金退保价值。

grouse n. 〈英〉松鸡 每年12月10日至次年8月12日禁猎。(⇨game)

growing crop(s) 青苗 处于生长过程中的作物。一般被认为是土地的附属物,因此在转让或处分土地时也包括青苗。但是,若土地所有人死前未立遗嘱,则青苗归种植它的人所有。关于尚未长出土层的幼芽以及成熟而未收割的作物是否算作青苗等问题意见尚不一致;牧场上的青草是否为青苗也有不同意见。

growing timber 在生林 处于生长过程中的树木,不包括伐倒或枯死的树木。(⇨growth of timber)

growth corporation 成长型公司 指公司的设备、发展潜力、产品销路的扩大或正在增长,而不是指利润的增加。

growth company 成长型公司(⇨growth corporation)

growth half-penny (英格兰古法)牡牛税 某些地方对每头育肥的牲畜、公牛或其他不能产仔的母牛征收的什一税。

growth of timber 成活林 指正在生长的树林,有时也指将要长成的树林。

growth stock 增值股票;热门股票;成长股 ①由发展前

景看好的公司发行的股票。由于此类公司通常将其部分收入用于再投资,所以尽管其股票具有相对较高的市场估价,但支付的红利较低;②(= glamour stock)。

gruarii 林务官 管理森林的主要官员。

grub stake 合作探矿 矿产法中指一方提供物资、工具和其他设备,另一方查找矿源并竖桩标出的合同。所得利润双方平分或按合同约定的比例分配。

G.S.A. (= General Services Administration)

guadia n.(欧洲古法)质押;一种税金(= wadia)

guarantee n. ❶被保证人 即主债权人。❷保证合同 ❸保证人的责任
v.保证 保证人承担保证责任的行为。

guarantee clause 保证条款 ①合同、契据、抵押等协议中的条款,约定保证人同意为债务人履行债务;②[G-C-]美国宪法第四条第四款规定,联邦政府保证各州实行共和政体,并保证在各州发生入侵和内乱时提供保护。

guaranteed annual wage 保证年薪 劳动合同中的一项规定,雇主每年付给雇员一定数额的基本工资,即使该雇员是按小时计薪或按周计薪。

guaranteed bond 保证债券 由发行人以外的公司保证[guarantee]本金及/或利息的支付的债券。

guaranteed dividends 担保红利(⇨guaranteed stock)

guaranteed insurability rider 经担保的可保险附加条款 出具寿险保单时附加的条款,允许被保险人无需体检而获得寿险保单,但要受附加条款所载明的总额限制。也称作购买选择权附加条款[purchase option rider]。

guaranteed sale 销房担保 在不动产销售协议中常见的一种担保。约定如经过一定期限,协议所涉及的不动产仍未售出,不动产公司应根据特有的条件将其购入,通常其价格会比原定价格大幅度降低。

guaranteed stock 担保股票 由某公司(通常是母公司)而非发行人保证支付红利的股票。(⇨preferred stock)

guaranteed title 有担保产权 该指定的不动产产权,将由保险公司同意承保。(⇨title insurance)

guarantee stock 〈美〉保证股票 住房贷款协会[building and loan association]的保证股票是固定的不可撤回的投资,保证协会的所有其他投资者依固定利率取得股息或利息。

guarantor n.担保人;保证人 在英国,即指保证人[surety],而在美国尤指一般保证人,即对于主债务人[principal debtor]的债务承担第二顺位责任[secondary liability]的人,以区别于连带责任保证人[surety],后者对于主债务承担第一顺位责任[primary liability]。依据美国《统一商法典》[U.C.C.]第 3 条,凡在票据上加注"保证付款"或"保证收款"字样的人即为票据保证人,通常也是票据融通人[accommodation party]。(⇨guaranty;surety)

guaranty n.保证;担保 同意在在主债务人[principal debtor]不履行债务时为之偿付债务或实施义务的允诺。其与 surety、warranty 相应,但均存在区别。(⇨surety;warranty)
v.保证;担保

guaranty bond 保证书 指保证付款或履行的一种书面文件,与保证债券[guaranteed bond]不同。(⇨bond)

guaranty clause 担保条款(= guarantee clause)

guaranty company 保证公司;担保公司 经批准办理担保和保证业务的公司。其收取一定的担保费[premium],提供诉讼中的担保、受雇人的忠诚担保等。并作"surety company"。

guaranty fund 保证基金 指为银行存款保险的储存保证基金。法律规定,应根据对银行的资产评估而全部或部分地增加保证基金,当某一银行无力偿债时用以支付其储户的存款。在美国,大多数银行存款都在一定的限度内由联邦存款保险公司[Federal Deposit Insurance Corporation]提供保险。

guaranty insurance 保证保险 对第三人的迟延、破产、疏忽或过失所造成的损失提供的保险。(⇨credit insurance)

guaranty of collection 收款保证 该担保暗含着债权人必须尽最大努力向债务人行使收款责任的内容,这是区别于付款保证[guaranty of payment]之处。

guaranty of dividends 股息保证;红利担保(⇨guaranteed dividends)

guaranty of payment 付款保证 它不以债权人在起诉人之前须先行对债务人用尽法律救济手段为条件。作出付款保证的人是保证人,即付款保证人。根据美国《统一商法典》[U.C.C.]的规定,在票据上签名并注明"保证付款"或类似字样的人,在票据上未获付款时,应按照票面付款,持票人毋需先向其他他人请求付款。

guaranty of prior indorsements 对前手背书的担保(⇨prior indorsements guaranteed)

guaranty policy 保证保险单 根据此保险单,在债务人无力偿还被保险债权人的债务时,保险公司要代为偿付。(⇨credit insurance;guaranty insurance;solvency policy)

guaranty stock 〈美〉保证股 指某些州的储蓄与信贷协会[saving and loan association]发行的股票。保证在向其所有储户发放红利之后,方将剩余红利全部分给股东。

guard n. ❶保卫;保护人 负有保护他人人身或财产之责的人。❷更夫;看守 ❸护栏 用于在建筑物内围绕电梯井,在公路或街道上围绕敞开的井口、坑洞或其它对行人或司机有危险的障碍物。
v. ❶警戒 保持对危险的监视。❷保护 ❸控制;约束

guardage n.监护;保护

guard dogs 〈英〉警卫犬 1975 年《警卫犬法》[Guard Dogs Act]对豢养和使用警卫犬作出了规定。

guardian n.监护人 对于年龄不足、缺乏理解和自控能力而不能处理自己事务的人,依法有权并有责任照顾和保护其人身、财产及其他合法权益的人。监护人依法有责任保护和照顾被监护人的人身权益,或管理其财产,或兼负这两种职责。(⇨next friend)

guardian ad litem 诉讼监护人 由法院指定的一种特殊监护人,代表未成年人、被监护人或胎儿的利益进行诉讼,其监护人的身份限于诉讼进行期间。

guardian by custom 习惯上的监护人 按照当地风俗习惯而享有监护权的监护人。

guardian by election 选任监护人 由未成年人自己选定并由法院指定的监护人。

guardian by estoppel 不容否认的监护人 指未经合法授权而履行监护人职责的监护人,类似自任监护人[guardian de son tort]。

guardian by nature 自然监护人 普通法上其为未成年人的父亲,父亲死亡时自然监护人则为母亲。这种监护权到子女成年时为止。普通法对父亲的优先在美国已为许多州的立法所改变,例如现在在纽约州,父亲和母亲对子女具有同样的监护权。

guardian by nurture 养育监护人 指未成年人的父亲,父

亲死亡时养育监护人则为母亲。这种监护权，依普通法，仅指对人身的监管，至被监护人男满14岁，女满16岁为止。对非婚生子女，则母亲是唯一的养育监护人。（➪guardian by nature）

guardian by statute 遗嘱确定监护人　由未成年人的父亲用遗嘱指定的监护人，在子女成年前对其人身和财产均应监管。

guardian de l'église 堂区俗人委员

guardian de son tort 自任监护人　有时称作"准监护人"，即未经授权而履行监护职责的监护人，类似于主动监护人［guardian by estoppel］。

guardian for nurture （= guardian by nurture）

guardian in chivalry 骑士役领地监护人　在军役保有制下，依据封地法，如果封臣死后，其继承人未成年——男性不满21岁，女性不满14岁，则其领主对该继承人的人身和领地有监护和管理之权，并有权决定该继承人的婚姻，该领主被称作"骑士役领地监护人"。

guardian in socage 农役土地保有者的监护人　在普通法中，对不满14岁的未成年人，为照管其人身及所继承的土地而设立的监护人，通常由不能继承此项遗产的近亲属担任。

guardian of spendthrift 挥霍无度者的监护人　法院经过一定程序指定的监护人，负责管理不节俭者、恣意挥霍者、极其浪费者、酗酒者的财产。美国一些州的制定法对这种监护人的指定作有规定。

guardian of the peace 治安监管人

guardian of the poor 〈英〉济贫管理人　由堂区纳税人选出，负责管理堂区贫民救济所或联合救济院的人。

guardian of the spiritualities 〈英〉圣职代管人　在主教出缺时代管其宗教事务的人，可推荐和授予圣职，通常为大主教。（➪temporalities）

guardian of the temporalities 〈英〉俗务代管人　监管归属国王的出缺圣职和修道院。（➪temporalities）

guardian (or warden) of the cinque ports 五港总督　英国仿效罗马帝国，在东南沿海几个重要港口（起初为 Dover, Sandwich, Romney, Hastings, Hythe 等五个，后又增加 Winchelsea, Rye 等港口）设置的地方长官，享有行政和司法等特权，以便于加强海防、抵御外敌。

guardian's bond 监护人保证书　指法院指定的监护人所出具的保证书，有时也要求自然监护人出具。

guardian's commission 监护人的报酬　监护人因履行职责而获得的酬金或补偿。

guardianship n.监护；监护权；监护职责；监护关系（➪guardian; ward）

guardianus n.监护人；看守人；保管人

guarentigio 〈西〉履行保证　书面约定，法院有权将合同视同经法定程序作出的判决而强制其履行。

guarnimentum n.（欧洲古法）必需品供应；装饰品

guastald n.（英格兰古法）宫殿管理官；皇宫看守者

gubernator 〈拉〉❶（罗马法）（船上的）领航员；舵手　❷长官

gubernatorial a.州长的；与州长职务有关的

guerpi 〈法〉被遗弃的；被抛弃的；遗留的

guerpy （= guerpi）

guerra n.战争

guerre （= guerra）

guessing contest 有奖竞猜　以预计或预测进行的竞赛。作出最接近或最佳答案的预测者可获得奖金或奖品。

guest in motor vehicle 搭车人　指接受机动车车主或其经营者直接或默示的邀请乘车的好意，搭乘其车的人。搭车人可以是为了观光享受或办理自身事务而乘车。他无需付给车主或驾驶员任何形式的报酬。该词不包括购票上车的乘客。（➪gratuitous guest）

guest statute 〈美〉乘客法　指各州制定的关于机动车乘客的制定法，其中规定，在免费乘坐机动车的乘客遭受伤害时，机动车经营者只对由于严重的有意的过错、有意的或漫不经心的失误或类似情况造成的伤害负责。有的州则规定其对在醉酒状态下驾驶车辆时出于一般的疏忽所造成的伤害也应负责。由于近年来出现要求废除或限定这项法律的倾向，其适用范围已日趋狭窄。

guest-taker （= agister）

guet 〈法〉观察；守卫

guia 〈西〉❶道路　❷通行权

guidage n.(英格兰古法)❶领路费　因被带领安全通过陌生地段或他人领地而支付的报酬。❷引导旅客通过危险地带的导引机构

guide n.领路人；导游　①带领众人到达特定目的地的人；②指引旅游者或外地人游览一个地区、地区内建筑物及其他感兴趣的地点的人。

guide book 旅行指南　描绘、刻画、描写有关景点并提供相关资料的汇编物，介绍一个城市或地区的风土人情、历史背景和自然条件，向来访者作引人入胜的宣传，为其游览提供方便。它是著作权法所规范的作品。

guild n.同业公会；行会；基尔特　一种为共同目的、相互援助而自愿组成的协会、行会或同业公会。因为每个成员均须交一定会费，故称为"guild"，该词来源于盎格鲁－撒克逊语"gild"或"geld"，原意为贡、税。每个行会大都建有自己的议事大厅，以自己的规范、规则处理本行会内部的事务，维护其共同利益。欧洲中世纪早期的行会多具互济会性质。后来影响最大的是同业商会和手工业行会，它们对内实行超经济的强制性管理和监督，对外拥有行业垄断权，常被城市承认或雇佣为管理经济生活的代理人。行会伴随着启蒙运动、工业革命和自由主义经济思想的兴起而衰落。现在西方世界的"行会"与中世纪的行会已无多大联系，但行会导致了合作商业企业的产生；它们为互助会的思想和当代职业协会作出了贡献，导致了现在还存在的伦敦同业公会和其他地方的类似团体的产生；它们还极大地影响了教育和商业培训的发展，使中世纪的大学本身成为同业公会，并导致了在贸易和海商关系上拥有广泛管辖权的法院和法律的产生。（= gild）

guild(-)hall n.❶行会的会馆　❷〈英〉市政厅　一般认为撒克逊商会是今天英格兰市政机构的前身，故其聚会场所至今仍称为会馆。

guildhall sittings 〈英〉市政厅开庭期　也叫伦敦开庭期［London Sittings］，指1883年前在伦敦市政厅由普通法法院的法官（在1873-1875年后由王座庭的法官）开庭审理伦敦市的案件的期间。1885年后规定这些案件由王室法院［Royal Courts of Justice］来审理。

guild merchant 商会（➪guild）

guild rents 〈英〉行会税　行会应向王室缴纳的税费。

guillotine n.❶断头台　以斩首方式执行死刑的刑具。在两根平行有沟槽的柱子上方用绳索垂悬沉重的锋利刀斧，放松绳索，刀斧即沿沟槽落下，斩断受刑者的脖颈。这类刑具曾在中世纪末的英格兰、苏格兰和其他一些地区使用。1789年法国吉勒蒂恩［Guillotine］医生促使法国国民大会通过法律，规定死刑由机器执行，断头台被广泛

使用。1792年首次使用并成为法国大革命时期执行死刑的标准刑具。❷〈英〉**审议截止程序** 下议院为加速通过提交审议的法案所采用的程序。将法案分为几个段落，对每一段落规定审议的时限，在规定的时限届满时，必须终止辩论。采用审议截止程序的动议必须经过讨论，并在辩论开始前获得通过。

guilt n.罪;过失 违反法律规定，实施了犯罪或违法行为应承担受法律惩罚的责任的事实状态。普通法上，犯罪通常与违背道德相一致，而制定法上则不受道德因素的限制。

guiltwit (= gultwit)

guilty a.有罪的;有过失的 ①被指控人通过对指控作有罪答辩[plea of guilty]，自认其有罪的;②陪审团经审判后裁断被指控人有罪的。

guilty but insane 〈英〉有罪但有精神病的 在维多利亚女王的要求下，由1883年《精神病犯审判法》[Trial of Lunatics Act]规定的一种裁断方式。据该法，一个受刑事审判的人，如果陪审团发现该人犯有被指控的罪行，但在犯罪时有精神病的，则该人对自己被指控的罪行不负任何法律责任。从1800年至1883年，尔后从1964年起对这种裁断形式采取了精神病不定罪的做法。这两种形式的裁断实际效果是一样的，即除非内政大臣[Home Secretary]另有指示，此种行为人将根据王室的指示被收留在精神病医院中。(⇨insanity)

guilty knowledge 明知有罪 犯罪构成要素之一。"明知"指行为人对相关事实确实知晓或者可以从某些事实中推断得知，但不包括由于疏忽而造成的善意不知情，必须有此认识才能确定其对某一罪行的犯意。(⇨malice; mens rea)

guilty mind 犯罪故意;犯罪意图(⇨mens rea)

guilty plea 认罪答辩 刑事被告人理智地自愿地在法庭上正式承认犯有受指控的罪行。对被告人必须先充分告知其享有的权利，并由法庭认定其明了此项权利，其对罪行的供认是自愿的。被告人作认罪答辩等同于法庭审理后的定罪，其法律上的效力等于有罪裁断，可据此根据法律判处刑罚。

guinea n.〈英〉几尼 英国旧时的一种硬币，威廉四世时所有硬币均称"几尼"。现在仅指1英镑1先令，用作律师费的计算单位。

gultwit n.对非法侵入他人地产的赔偿

gun boat diplomacy 炮舰外交 一国为胁迫他国按其要求行事而故意炫耀、展示其军事力量的做法。

Gunpowder Plot 〈英〉火药密谋案 1605年一群天主教徒密谋炸毁议会两院。真实的历史情况现已含糊不清，一般认为是英国1558年以来实行的一系列压制天主教徒的措施所引发。1605年3月，密谋者租赁了议会上议院的地窖，并在其中藏匿多桶火药。同年10月，一名天主教贵族收到一匿名信，警告其不可出席议会的开幕式。他把匿名信传送王室大臣。11月4日，即英王詹姆斯一世主持议会开幕前一天，对地窖进行突击搜索并查获火药。8名密谋者被逮捕、审判并处死，其余的在逃跑时被击毙。为纪念这次事件，每逢议会会期开始前，王室卫士按惯例对地窖进行搜索，并在11月5日这一天燃起篝火，点放烟火。

gurgites n.私人渔塘 私人土地上的沟渠或池塘，与其它水域隔离，土地所有人对此享有专属捕鱼权。

gust n.❶急风骤雨 ❷住客 撒克逊语表示客人的词，尤指连住两夜的客人。住在他人家中到第二夜时，该客人即为"gest"。(⇨twa night gest)

guti n.朱特人 在扩张过程中，渡海到达英格兰的日耳曼人的一支。

gwabr merched 童贞金 佃户女儿因结婚或其它原因失去童贞时向领主缴纳的费用。(⇨marcheta; merchet; maiden rents)

gwalstow n.法场 执行死刑的场所。

gwayf n.〈英格兰古法〉丢弃的赃物 窃贼因害怕被发现而丢弃在公路上的窃得的财物。

gylput 〈英〉吉尔普特法庭 位于英国沃里克郡[Warwickshire]，每三周开庭一次。

gyl(t)wite n.〈撒克逊〉(因欺诈或非法侵入而支付的)补偿金;赔偿金(= guiltwit)

Hh

H. ❶亨利国王[Henry] 用于英国成文法中的引证。❷〈英〉希拉里开庭期[Hilary term] 用于《年鉴》[Year Books]中。❸住宅[house] 用于征税估值[tax assessment]及其它正式记录[official records]中。❹(尤指两院制政体中的)议院[House]

H.A (= hoc anno)

hab. corp. (= habeas corpus)

habe 〈拉〉狄奥多西法典[constitutions of the Theodosian]和优士丁尼法典[Justinian Codes]中每一主题的起首语

habeas corpora (= habeas corpora juratorum)

habeas corpora juratorum 〈拉〉(英格兰古法)强制陪审员出庭令状 原意为"控制陪审员身体"。为在皇家民事法庭审理的一审案件而签发的令状。由皇家民事法庭签发,它要求郡长将陪审员带至法庭,必要时得扣押其土地和财物以强制或保证其到庭。该令状为 1852 年《普通法诉讼程序法》[Common Law Procedure Act]所废止。

habeas corpus 〈拉〉人身保护令 原意为"控制身体"。人身保护令为一系列令状的名称,其最初目的在于将当事人带至法庭或法官面前。16 世纪,英国王座法庭[King's Bench]开始签发"解交审查令"[habeas corpus ad subjiciendum],以对拘押的合宪性提出异议[challenge the constitutionality]。该令状的基本功能在于释放受非法拘押人。通常使用中,如单独使用,该词一般指"解交审查令"。

Habeas Corpus Act 《人身保护法》 英国查理二世时期的制定法,旨在对普通法令状不能提供实质性救济的忽视个人权利的情况予以救济,它未引进新的权利并未改变法庭授予令状的惯例[practice],但它却修正了普通法令状中的某些不足并为被扣押人提供了较迅速的救济。美国也颁行有相同法律。人身保护法被视为是对个人自由的宪法性保护。

habeas corpus ad deliberandum et recipiendum 〈拉〉将被拘押人解交行为地审判的人身保护令

habeas corpus ad faciendum et recipiendum 〈拉〉(民事案件中)将被拘押人解交有管辖权的上级法院审理并说明拘押日期和原因的人身保护令 又称附原因解交令。(⇨habeas corpus cum causa)

habeas corpus ad prosequendum 〈拉〉将被拘押人解交有适当管辖权地(通常为行为地)以控告或使之得为刑事案件控方证人的人身保护令

habeas corpus ad respondendum 〈拉〉依下级法院程序将被拘押人解交上级法院审理的人身保护令

habeas corpus ad satisfaciendum 〈拉〉〈英〉解交执行令 一种将已得到败诉判决的被告解交上级法院以使合得对其提起执行程序的人身保护令。在美国,由于法院不得执行其他法院判决,故无此执行令。

habeas corpus ad subjiciendum 〈拉〉解交审查令 针对拘押他人者签发的、令其交出被拘押人的令状。该令状为人身保护令[habeas corpus writ]的最普通形式,旨在审查拘押的合法性而非被拘押人是否有罪。(⇨ habeas corpus)

habeas corpus ad testificandum 〈拉〉解交作证令 将被拘押人带至法庭作证的令状。

habeas corpus cum causa 〈拉〉附原因解交令 即将被拘押人解交有管辖权的上级法院审理并说明拘押日期和原因的人身保护令。(⇨habeas corpus ad faciendum et recipiendum)

habeas ibi tunc hoc breve 〈拉〉(⇨ et habeas ibi tunc hoc breve)

Habemus optimum testem, confitentem reum. 〈拉〉被告自白者乃最好的证人。

habendum 〈拉〉权利取得(⇨ habendum clause)

habendum clause 权利范围条款 财产转让契据[deed]中的条款,通常位于开端部分[premise]之后,即以"取得"[to have and to hold]起首的部分,用以表明被授予人对被授予财产的权利的范围。据该条款确定被授予人对被授予财产的权利范围时,可对之予以缩小、扩大、解释或修正,但不得与开端部分完全矛盾。

habendum et tenendum 〈拉〉权利取得 早期土地转让契据中的正式用语,相当于 to have and to hold。(⇨to have and to hold)

habentes homines 〈拉〉(英格兰古法)富人

habentia 〈拉〉富有

haberdepayes n.常衡(⇨avoirdupois)

habere 〈拉〉(罗马法)所有 区别于占有[possidere]和持有[tenere]。所有是对自己物件完全支配的权利;占有乃原则上以所有的意思支配物件的事实;如仅有支配物件的事实而无所有的意思则属持有,亦称握有。后世学者和立法例也有把占有视为权利的。

habere facias possessionem 〈拉〉恢复占有令 向郡长签发的一种令状,令其据以使在驱逐之诉[action of ejectment]中胜诉的原告恢复对土地的实际占有,常缩写为 habere facias 或 hab. fa.。

habere facias seisinam 〈拉〉恢复占有土地令 向郡长签发的执行令状,命令其给予原告自由保有地产的实际占有,因为原告已在诉讼中获胜。

habere facias visum 〈拉〉地产勘验令 命令郡长勘查、验看争议中的地产的令状。

habere licere 〈拉〉(罗马法)**占有保证** 指出卖人负有保证买受人占有和享用买受物的义务。若出卖人违反该义务,致买受物被追夺时,则买受人得提起买受之诉[actio ex emptio],要求赔偿因此所受的损失。

Habeto tibi res tuas. 〈拉〉(罗马法)**"把你自己的东西带走"** 古罗马的一种休妻方式。《十二表法》[Twelve Tables]规定:家长得向妻或媳索回钥匙,令其携带自身物件,把她逐出。

hab. fa. 〈拉〉回复占有令(= habere facias possessionem)

habiles ad matrimonium 〈拉〉适婚

habilis 〈拉〉❶合适的;适当的;有能力的;(奴隶)有用的;积极的;有效的 ❷(圣经)经证明的;可靠的 ❸(国王权力)固定的;稳固的

habit n. 习惯;习性 做某事之惯常方法。源于经常重复的倾向的惯常性行为。当某人间歇性地以一特定方式重复行为时,无论是规律性的还是非规律性的,如果我们可以通过该时间长度合理地确信该人将继续如此行为,则可以断言此乃该人习惯。就某一单独的行为而认为某人有某方面的习惯,是不正确的。例如,不能因为一次看见某人日出之前在户外而断言其有早起的习惯,也不能因为某人的外表或行为显示其曾有一夜过度放纵就说其有放纵之习惯。

habitability n. 可居住性 指房屋状况适于居住人生活,无对健康和安全有严重影响之缺陷。

habitable a. 适于居住的;适于租住的(➪habitability)

habitable repair 适于居住之修缮 租赁合同中的条款。指承租人应对房屋进行适于居住之修缮,以使房屋处于可居住之状态。房屋就其使用目的而言,应具有安全性和合理的舒适性。

habitancy n. 住所;住处;居所(➪domicil(e); residence)

habit and repute 〈苏格兰〉周知与公认 通常指一种周知与公认的同居,它是一种非正式的婚姻方式:如有证据表明两人同居已经过相当长时期且已获结婚之名,则可承认其结婚。从前也用于指犯罪中:如被告人为周知与公认的罪犯,则构成加重情节。

habitant 〈法〉(古)❶封臣 指从领主处获取封建土地占有权者。❷法裔加拿大人 尤指农民。

habitatio 〈拉〉(罗马法)居住权 人役权的一种。指有住他人房屋的权利。其效力范围较用益权[jus fruendi]窄,而较使用权[jus utendi]宽。按习俗,此项权利以受益人的终身为限,但不因不行使或人格变更而消灭。优士丁尼规定居住权可以出租,在此之前,罗马法学家对能否出租是有争议的。(➪habitation)

habitation n. ❶住所;居所(➪domicil(e)) ❷居住;占用 ❸(罗马法)居住权 指在他人财产中居住的权利。它区别于用益权:居住权人只能为其家庭或个人居住的目的使用该房屋,用益权人则可将房屋用于任何目的,如用于商业。

habit-forming drugs 成瘾性毒品

habitual a. 依习惯的;习惯性的;经常的;通常的;惯常的;常见的;有规律的

habitual carnal intercourse 经常性交 指非夫妻之间至少不止一次的性交。

habitual criminal 〈美〉惯犯;累犯 作为加重量刑的情节之一,指先前已有犯罪记录的罪犯。在英国,累犯被称为"persistent offender"。(➪sterilization; recidivist)

habitual criminal statute 惯犯处罚法;累犯处罚法 一种对惯犯或累犯处以比初犯较重的刑罚的制定法。

habitual drunkard 酗酒成性者;习惯性醉酒者 指经常、习惯性地过度饮酒或醉酒,嗜酒成癖,以致不能或不愿控制自己的酒瘾的人。

habitual drunkenness 〈美〉习惯性醉酒;一贯酗酒 在民事上,酗酒可成为离婚理由;在刑事上,从生理心理角度看,醉态[intoxication]虽不是精神病[insanity],但它能使人在一定时间内减弱甚至丧失辨认或控制能力。虽然缺乏心理能力,但根据社会利益原则,行为人主动引起的醉态不能作为合法辩护的理由。

habitual intemperance (= habitual drunkenness)

habitual intoxication (= habitual drunkenness)

habitually ad. 依习惯地;习惯性地;经常地;通常地;有规律地

habitual offender 惯犯;累犯 指因刑事犯罪而被多次定罪判刑,且犯罪已成为其生活的正常组成部分的人。一般对之处以延长期限的监察或采取其他特殊处理方法。

habitual user 瘾君子;吸毒成瘾者(➪habitual drunkenness)

habitum et tonsuram clericalem 〈拉〉神职人员的着装与削发仪式

habitus 〈拉〉❶习惯 ❷服装 ❸外表

habitus et tonsura clericalis 〈拉〉牧师或神职人员的着装与削发仪式

hable 〈法〉(英格兰古法)港口;船港

hacienda 〈西〉❶国有地产;王室地产;国家财产 ❷国有财产管理学 ❸财政 ❹私人地产

hac voce 该词;该词下 用于指词典及其他作品按字母顺序排列。

had v. 开始;提起 该词用于规定不得提起有关取消抵押物回赎权或信托契据的诉讼的制定法时,即意为开始。

hadbote 〈撒克逊〉侵犯神职人员的赔偿或罚金

hadd ❶〈印〉界限;边界 ❷(法定的)刑罚

hade of land 两条已耕垄畔之间的未耕地

haderunga n. (英格兰古法)❶恶意;怨恨 ❷偏见;偏心 ❸人的地位;名誉

Hadfield's Act 〈英〉《哈德菲尔德法》 指 1864 年乔治·哈德菲尔德提出的《判决法》[Judgments Act]。

hadgonel n. (英格兰古法)税款;罚款;罚金

Hadley v. Baxendale 〈英〉哈德利诉巴克森德案 发生于 1854 年的一起英国案件。案情如下:原告的一台磨粉机因传动轴损坏而停止工作,后将该传动轴交由承运人送至制造商处修理,但承运人未被告知有关因缺乏传动轴而使磨粉机无法工作从而丧失利润等情况。承运人在将传动轴送回时发生迟延。法院判决认为:只有当损失是因违约而在正常情况下自然产生时,该损失方可赔偿;在没有通知承运人从而其不知情所造成的损失,则不应予以赔偿。自该判决后,本案成为有关违约造成间接损失方面的判例。

Hadriana Collectio 〈拉〉《哈德良教规汇编》 公元 774 年,教皇阿德里安一世[Pope Adrian I]送交理大帝[Charlemagne]的罗马教会教会法的正式汇编。公元 802 年被宗教会议正式确定为《法兰克教会法典》[Code of the Frankish Church]。后曾被多次编入教会法规汇编。

Haec est conventio. 〈拉〉是为协议。 古时协议的起首语。

Haec est finalis concordia. 〈拉〉是为最终协议。 协议诉讼文件附尾[foot of a fine]的起首语。(➪foot of the fine; fine)

Haec quae nullius in bonis sunt, et olim fuerunt inventoris de jure naturali, jam efficiuntur principis de jure gentium. 〈拉〉从前依自然权利拾得之财物以及无主物,现依万民法应归国王。

Haec sunt institutiones, quas Rex Edmundus et episcopi sui cum sapientibus suis instituerunt. 〈拉〉〈英〉是为埃德蒙国王及其主教与贤人所设之制度。

Haec sunt judicia quae sapientes consilio regis Ethelstani instituerunt. 〈拉〉〈英〉是为贤人依埃塞斯坦国王之建议所作之裁决。

haec verba 〈拉〉这些语词(⇨in haec verba; pleading in haec verba)

haereda 〈哥特〉领主治安巡视法庭;百户邑法庭

haerede abducto 〈拉〉〈英〉绑架被监护人救济令 给予对其成年封臣享有监护权的领主的令状。令状针对该未成年人已被他人绑架,而领主未得到该封臣的情形。

haerede deliberando alteri qui habet custodium terrae 〈拉〉〈英〉监护移送令 对郡长签发的一种古老令状。该令状要求郡长将处于他人监护之下的未成年继承人移送至因土地而得为监护之人。

Haeredem Deus facit, non homo. 〈拉〉上帝确定继承人而非人确定。

Haeredem, qui ex testamento succedit in universum jus testaris. 〈拉〉继承人依遗嘱得概括继承立遗嘱人的一切权利。 用以表明罗马法上的继承人与英格兰法上的继承人的区别。

haerede rapto 〈拉〉〈英〉抢夺被监护人救济令 领主之被监护人被抢夺后所给予的古老令状。

haerede rapto et abducto 〈拉〉〈英〉抢夺和绑架被监护人救济令(⇨de haerede rapto et abducto; haerede rapto; haerede abducto)

haeredes 〈拉〉(罗马法)继承人 haeres的复数形式。

Haeredes est nomen collectivum. 〈拉〉继承人乃集合名称。

haeredes extranei 〈拉〉(罗马法)外来继承人 亦称任意继承人[haeredes voluntarium]。指既非死者子女等家属,亦非被其立为继承人的奴隶的法定继承人。他们有接受或拒绝继承的自由。

haeredes facti 〈拉〉(罗马法)指定继承人 指死者在遗嘱中指定继承其人格和财产的人。

haeredes necessarii 〈拉〉(罗马法)必然继承人 任意继承人的对称。指不享有选择继承与否的权利而必然继承之继承人。

haeredes proximi 〈拉〉最近亲继承人;被继承人的子女

haeredes recti 〈拉〉法定继承人(⇨right heirs)

haeredes remotiores 〈拉〉远亲继承人 指较近亲继承人亲属关系为远之继承人,即除死者子女以外之亲属。(⇨haeredes proximi)

haeredes sui et necessarii 〈拉〉(罗马法)正统必然继承人 即死者之直系卑亲属。因法律规定其为继承人而无接受或拒绝继承的选择权,故称之为"必然"。但因奴隶也可因遗嘱而成为"必然"继承人,为以示区别,故以"正统"一词表示其与死者间亲属关系之必然性。

Haeredi magis parcendum est. 〈拉〉对继承人应从宽。

haeredipeta 〈拉〉〈英格兰古法〉遗产请求人 即地产的最近继承人[next heir to lands]。(⇨next heirs)

Haeredipetae suo propinquo vel extraneo periculoso sane custodi nullus committatur. 〈拉〉任何人均不得被托付于其直接继承人,无论该直接继承人为其亲属或为陌生人,如果他确属具危险性之监护人的话。

haereditas 〈拉〉❶(罗马法)继承 指对死者遗产的概括继承[universal succession],而不论死者是否立有遗嘱或是否设有信托。在裁判官法[Praetorian law]中,与之相类似的继承为遗产占有[bonorum possessio]。❷(英格兰古法)遗产

Haereditas, alia corporalis, alia incorporalis; corporalis est, quae tangi potest et videri; incorporalis quae tangi non potest nec videri. 〈拉〉遗产既可有形亦可无形:前者摸得着看得见,后者摸不着看不见。

haereditas damnosa 〈拉〉负担继承 指所继承的实为负担而非利益,即继承人因继承遗产而应清偿被继承人之超过遗产的债务。

Haereditas est successio in universum jus quod defunctus habuerit. 〈拉〉继承为对死者所有权利的继受。

haereditas jacens (= hereditas jacens)

haereditas luctuosa 〈拉〉悲惨性继承 指父继子产等有悖正常继承顺序之继承。

Haereditas nihil aliud est, quam successio in universum jus, quod defunctus habuerit. 〈拉〉继承为继受死者所有权利外别无其他。

Haereditas nunquam ascendit. 〈拉〉继承绝不回溯及尊亲属。 在英国1833年的《继承法》[Inheritance Act]之前,在后代与祖辈之间,后者不能从前者获得继承。

haereditas paterna 〈拉〉父系继承 指自继承人父亲处所获之继承。

haereditas testamentaria 〈拉〉遗嘱继承

Haeredum appellatione veniunt haeredes haeredum in infinitum. 〈拉〉"继承人"名下包括继承人之继承人,直至永远。

haeres 〈拉〉❶(罗马法)继承人 指继续死者的人格,接替其法律地位,从而继受其所有财产之人。他不仅继承死者积极财产,如各种资产和权利,而且继承死者消极财产,如债务。但未属于死者的权利义务不在此限。遗嘱指定的继承人,如其职务更近于现代法中的遗嘱执行人[executor],则非真正继承人。 ❷(普通法)继承人

haeres actu 〈拉〉(罗马法)死者生前指定之继承人

haeres astrarius 〈拉〉(英格兰古法)实际占有遗产之继承人

haeres de facto 〈拉〉❶(英格兰古法)事实继承人 ❷(罗马法)(= haeres factus)

Haeres est alter ipse, et filius est pars patris. 〈拉〉继承人为(被继承)人之另一自我,而嗣子则为其父之一部分。

Haeres est aut jure proprietatis aut jure representationis. 〈拉〉继承人之为继承人,或依财产权或依代位继承权。

Haeres est eadem persona cum antecessore. 继承人与被继承人人格相同。

Haeres est nomen collectivum. 〈拉〉"继承人"乃集合名称或集合名词。

Haeres est nomen juris; filius est nomen naturae. 〈拉〉"继承人"乃法律用语,而"儿子"则为普通用语。

Haeres est pars antecessoris. 〈拉〉继承人乃被继承人之一部分。

Haeres est quem nuptiae demonstrant. 〈拉〉婚姻能表明谁为继承人。

haeres ex asse 〈拉〉(罗马法)全部遗产继承人 指继承被继承人所有遗产之人。

haeres extraneus 〈拉〉(罗马法)外来继承人　haeres extranei 的复数形式。

haeres factus 〈拉〉(罗马法)遗嘱继承人；指定继承人（= haeres institutus）

haeres fideicommissarius 〈拉〉(罗马法)信托受益继承人　指遗产信托中的受益人。类似于英国法中的信托受益人[cestui que trust]。

haeres fiduciarius 〈拉〉(罗马法)信托继承人　指由遗嘱设定的为他人利益接受遗产的继承人。该人名义上是继承人，实际上是遗嘱人和受益人的中介人。

Haeres haeredis mei est meus haeres. 〈拉〉吾之继承人之继承人为吾之继承人。

haeres institutus 〈拉〉遗嘱继承人　指由遗嘱所指定之继承人。

haeres legitimus 〈拉〉法定继承人；合法继承人

Haeres legitimus est quem nuptiae demonstrant. 〈拉〉婚姻表明为合法继承人者即为合法继承人。

Haeres minor uno et viginti annis non respondebit, nisi in casu dotis. 〈拉〉21岁以下之继承人不具责任能力，但遗孀事务除外。

haeres natus 〈拉〉(罗马法)法定继承人；生来继承人　区别于遗嘱继承人[haeres factus]。

haeres necessarius 〈拉〉(罗马法)必然继承人　该词为 haeredes necessarii 的单数形式，指不享有选择权而必然接受继承之继承人。如，遗嘱中指定某奴隶为继承人，则一旦立遗嘱人死亡，该奴隶立即获得自由并取得继承人身份，而不论其是否同意接受该继承。

Haeres non tenetur in Anglia ad debita antecessoris reddenda, nisi per antecessorem ad hoc fuerit obligatus, praeterquam debita regis tantum. 〈拉〉在英格兰，除被继承人使继承人负责之外，继承人不必支付被继承人之债务，但其所欠国王之债务例外。

haeres rectus 〈拉〉(英格兰古法)合法继承人；法定继承人（⇨right heirs）

haeres suus 〈拉〉(罗马法)自家继承人；正统继承人　指死者死亡前处于其家父权之下而于其死亡时成为自权人的继承人。是死者的直系卑亲属。

haeretare 〈拉〉(英格兰古法)给予继承权；将财产遗赠他人

haeretico comburendo 〈拉〉❶〈英〉烧死异教徒法　亨利四世时颁行的制定法，是旨在镇压教徒的第一部刑法。它对拒绝改变信仰的异教徒或重新信仰异教者施以火刑处死。该法已于 1677 年被废止。此后，尽管大主教等教会法官还可对神职人员处以教会处罚，但对俗人异教徒已无教会管辖权。❷烧死异教徒令（⇨De Heretico Comburendo）

haesitabant 〈拉〉迟疑；犹豫不定

hafne courts 港口法庭　古时英格兰某些港口所设的一种法庭。

haga n. 房屋；市镇房屋　《末日审判书》[Domesday]中对位于市[city]或镇区[borough]的房屋的称呼。

hagia 〈拉〉围栏；围篱

hagne n. 小手枪　hague 的误拼。

hagnebut n. 手枪　比 hagne 范围广。

Hague Academy of International Law 海牙国际法学院　国际上最高层次的国际公法、国际私法和同类学科的学术机构和研究中心。该学院于 1923 年由卡内基国际和平基金会[Carnegie Foundation for International Peace]资助在海牙成立，其宗旨是促进国际司法关系问题的研究。学院每年邀请世界各国著名国际法学者用英语或法语讲授国际法课程，课程内容包括国际公法和国际私法。学员来自世界各地。讲课以后，课程讲义均发表于学院出版的《海牙国际法学院讲演集》[Hague Recueil des Cours]，该讲演集已成为国际法研究的重要经典文献。自 1949 年以来，该学院建立"学院证书"[Diplôme de l'Académie]制度，授予学业合格的学员以学院证书。学员已组成了海牙国际法学院学员和院友协会[Association des auditeurs et anciens auditeurs de l'Académie, A.A.A.]。

Hague Conference on Private International Law 海牙国际私法会议　以逐渐统一国际私法为目的的政府间组织。该组织的宗旨是促进国际私法的编纂，其主要职能在于为统一国际私法提出建议，并与其他国际组织如国际法协会[International Law Association]保持联系。1893 年，在学者阿塞尔等人的建议和荷兰政府的邀请下，各国政府代表齐聚荷兰海牙，举行了第一届海牙国际私法会议。大会的发展经历了两个阶段：从 1893 年第一届会议到 1951 年第七届会议为第一阶段；1951 年第七届会议以后为第二阶段。第七届会议制定了《海牙国际私法会议章程》，使之成为永久性的政府组织，设立由秘书长领导的常设事务局，并原则上规定每四年举行一次例会。根据《章程》的规定，凡曾参加一届或数届会议并愿意接受《章程》的国家均为会员国，任何其他国家如对其参加会议的工作具有法律上的利益，通过下列程序也可成为会员国，即由一个或几个会员国提议，经多数会员国同意后成为会员国。大会每届会议结束后，都出版与本届会议相关的《法律集》[Acts]和《文件集》[Documents]，在这些文件的基础上产生了大量有关统一国际私法公约。通过这些公约，海牙国际私法大会为统一不同国家之间的国际私法规则作出了重大贡献。

Hague Conventions 海牙公约　通常指各国在海牙召开的 1899 年和 1907 年和平会议上签署的一系列有关战争法的条约。（⇨Hague Peace Conferences）

Hague Peace Conferences 海牙和平会议　指 1899 年和 1907 年在海牙召开的两次会议。第一次会议最为重要的成就在于通过了《和平解决国际争端公约》[Convention for the Pacific Settlement of International Disputes]等一系列公约，创建了常设仲裁法院[Permanent Court of Arbitration；Panel of Arbitrators；Permanent Hague Court；Tribunal of the Hague]。第二次会议通过了《限制用兵索取契约债务公约》[Convention respecting the Limitation of the Employment of Force for the Recovery of Contract Debts]、《陆战时中立国及人民权利义务公约》[Convention respecting the Rights and Duties of Neutral Powers and Persons in Case of War on Land]等一系列公约。两次海牙和平会议确立了国际问题可以而且应该通过和平方法和手段解决的原则。

Hague Regulations 《海牙章程》　1907 年有关陆战的第四《海牙公约》[Hague Conventions]的附件。

Hague Rules 《海牙规则》　《统一有关提单的若干法律规则的国际公约》[International Convention for the Unification of Certain Rules of Law Relating to Bills of Lading]的简称。在 1924 年于布鲁塞尔被正式签定前，该公约的草案曾由国际法协会在 1921 年的海牙会议上批准，故得其名。该公约的目的是限制承运人凭借其缔约优势地位，滥用契约自由权利而在提单上任意加注承运人免责条款的行为，统一确立海上货物承运人最低限度的义务和责任，避免海上承运人和托运人之间的争端激化,以平衡双方的利益。《海牙规则》于1931年6月2日生效,其主要内容包括:①承运人承担两项基本的法定义务,即承运人必须在开航前和开航当时,谨慎处理,使船舶适航;承运人必须妥善地和谨慎地管理货物。这两项基本义务不得由提单中所列明的合同条款免除或减轻。②承运人的17项免责事项,其中特别是承运人对船长、船员、引航员或承运人的雇佣人员在驾驶船舶或管理船舶中的过失以及火灾中的过失可以免责。③承运人的货物运输责任期间为从货物装上船起至卸下船为止的期间。④承运人的损害赔偿责任限额为每件或每单位货物不超过100英镑。⑤托运人应保证其提供之货物情况的说明正确。⑥收货人索赔的诉讼时效为一年,从货物交付之日或应交付之日起算。⑦本公约的各项规定适用于在任何缔约国内签发的一切提单。英国批准《海牙规则》并将其转化为国内成文法后,承运人的权利和义务发生了重大变化。在此以前,按照英格兰普通法,承运人对托运人或收货人承担严格责任,相反在承运人的缔约自由方面倒没有什么限制,结果导致了承运人在提单上任意扩大免责范围,减轻自己的义务,托运人或收货人仍是受害者,《海牙规则》改变了这一状况。《海牙规则》对统一国际海上货物运输法律具有积极的作用,但也存在一些不足之处。1968年在布鲁塞尔通过了对《海牙规则》进行修订的议定书,即《修改统一有关提单的若干法律规则的国际公约的议定书》[Protocol to Amend the International Convention for the Unification of Certain Rules of Law Relating to Bills of Lading],该议定书对《海牙规则》作了一些非根本性的修订和补充。由于在讨论制定该议定书的会议期间,会议代表曾对中世纪著名的《维斯比海法》的发源地维斯比城进行了访问,因此就以《维斯比规则》[Visby Rules]来命名该议定书。经《维斯比规则》修订和补充后的《海牙规则》,被称为《海牙—维斯比规则》。此外,还把批准《海牙规则》并使之成为国内法的立法,称作"《海牙规则》立法"[Hague Rules Legislation]。一般认为,尽管《海牙规则》对承运人的最低限度的义务和责任作了规定,但该公约所规定的免责条款和责任限制仍有利于承运人和航运大国。这些保护承运人利益的免责条款和责任限制的立法基础是与巨大的海上风险不相称的航海技术。随着现代航海技术的提高,《海牙规则》的立法基础被动摇,收货人和托运人要求风险均衡承担的呼声日隆,其结果是《1978年联合国海上货物运输公约》[United Nations Convention on the Carriage of Goods by Sea, 1978],即《汉堡规则》,该公约于1992年11月生效。

Hague Tribunal 海牙法庭 ①根据1899年海牙和平会议制订的《和平解决国际争端公约》[Convention for the Pacific Settlement of International Disputes]的规定在海牙正式成立的常设仲裁法院。后来根据1907年海牙和平会议修订的《和平解决国际争端公约》作了相应调整。②根据《国际联盟盟约》和《国际常设法院规约》于1922年2月15日在海牙设立的国际常设法院。③作为联合国的司法机构,根据《联合国宪章》和《国际法院规约》于1946年4月3日在海牙正式成立的国际法院。(⇨ international courts; International Court of Justice)

haia 〈英格兰古法〉❶圈围园林 ❷暗墙;围壕 ❸捕幼兔的网

haie 〈法〉围栏;围篱

hail insurance 雹灾保险;冰雹保险 承保由于冰雹、暴风造成的谷物损失的保险。

hakh ❶真神;真理 ❷正当合法的权利 ❸依村吏所设习惯而生的权利

hakhdar 〈古〉权利享有人;权利保有人

halakar 〈古〉收入的实现

halegemot (= halmote)

half blood 半血缘亲属 广义上指仅有一方共同祖先的亲属;狭义上仅指同父异母或同母异父的子女间的亲属关系。(⇨ blood relationship)

half brother 半血缘兄弟 指同父异母兄弟或同母异父兄弟。

half endeal 一半;一部分

halfen-deal (= half endeal)

half-kineg 〈撒克逊〉千岁 全英格兰方伯[alderman of all England]的称号。(⇨ alderman)

half nephew 半血缘的外甥或侄子 指半血缘兄弟或半血缘姊妹之子。

half niece 半血缘甥女或侄女 指半血缘兄弟或半血缘姊妹之女。

half-notes n. 半张钞票 订货时买受人支付半张钞票于出卖人,另半张于货物交付时支付。

half pilotage 一半领航费 领航员已为领航准备妥当但遭拒绝时,依强制领航法[compulsory pilotage laws]应得到相当于其实际领航时应得领航费的一半,以作为其所付出的劳务、风险和成本的补偿。

half proof ❶〈罗马法〉不充分的证明;不完全的证明 指仅有一名证人或一份私人文件所提供的证明。❷初步证明[prima facie proof] 指尚不足以借此形成判决的证明。

half-quarter days 〈英〉季度中间日 指每两个季度结账日[quarter-day]之间的日子,即2月2日、5月9日、8月11日和11月11日。

half seal 〈英〉半印 从前衡平法院[Court of Chancery]用以在向皇家教务代表法院[Court of Delegates]提起的关于教会或海事方面的上诉中的委托书上加盖的印章。

half(-)section 〈美〉半块地 官方测量中,半块地为320英亩,以东西线或南北线划分。

half sister 半血缘姊妹 指同父异母或同母异父姊妹。

half-timer n. 〈英〉半工半读儿童 依1908年《工厂与作坊法》[Factory and Workshop Act]所指定期间受雇的儿童,他本应入全日制学校学习,由此可减少上学次数。现在,低于离校就业年龄[school-leaving age]者不得受雇于工厂或作坊。

half-tongue a. 双语的 指陪审团中一半人讲一种语言,另一半人讲另一种语言。在旧时,对外国人由这种陪审团来审判。

half-truth 半真半假的陈述 指仅陈述部分事实,而意在对缺乏同等了解事实真相手段的对方当事人产生影响的一种欺诈方式。

halfway house 过渡训练所 旨在为刚离开医院或监狱者重返社会提供适应性训练的松散型组织机构。

half(-)year 半年 即182天,多出的小时不计在内。

half-year lands 休耕共牧地 指在秋冬两季收获后的相邻土地彼此开放,以作为牧地之用。

Halifax Gibbet Law 〈英〉《哈利法克斯绞刑法》 哈利法克斯自治市居民自古即享有的一种权利,这种权利可能源于王室授权[royal grant],也可能是一种领主于其领地上处罚盗窃者的残余权利。即在哈利法克斯特许区域内可对被认定盗窃了价值超过 13 便士的财物的罪犯予以处决:将罪犯带到镇外小山上,用类似现代断头台的一种刑具将其斩首。依该法最后一次执行是在 1650 年。
Halifax Law (= Halifax Gibbet Law)
haligemot n. 〈撒克逊〉领主法庭;庄园法庭
hali-gemote (= halle-gemote)
Halimas n. 〈英〉❶万圣节;诸圣日 即 11 月 1 日。❷跨季度的一季 指自万圣节至圣烛节[Candlemas]之间的时间,即自 11 月 1 日至 2 月 2 日之间的时间。
Halimass (= Halimas)
halimoot (= hallimote;haligemot)
halimote (= haligemot)
hall n. ❶大厅 市政厅或镇政厅等作为公共集会的建筑物或房间。❷〈英格兰古法〉地方治安法庭
hallage n. 〈英格兰古法〉大厅占用费 指在作为集市的大厅出卖货物而交纳的费用。
Hallamass (= Halimas)
Hallamshire n. 〈英〉哈勒姆郡 依 1962 年《刑事司法法》[Criminal Justice Administration Act]将约克郡谢菲尔德分区作为一个单独的郡而设立,称哈勒姆郡。
hallazgo 〈西〉无主物的先占 指无主物的发现和占有,该物因此而成为先占人的财产。
hall day 庭审日;开庭日
halle-gemote n. 〈撒克逊〉领主法庭;庄园法庭
hallimote n. 〈盎格鲁 – 撒克逊〉领主法庭;庄园法庭
hallmark n. 金银纯度标志 金匠贴于金制品或银制品上的官方标志,用以表明该物品已经过鉴定并至少含有一定比例的纯金或纯银。在英国,这一标志从 1300 年开始使用。在美国,在 18 和 19 世纪时某些城市有地方标准,但没有统一的金银纯度标志。
hallmarking n. 金银纯度标志(⇨hallmark)
hallmark principle 标志原则 指运用相似事实的证据进行鉴定。这一原则不仅适用于个人,而且适用于群体。(⇨identity)
hallmote (= hallimote)
Halloween n. 万圣节前夜;诸圣日前夜 即 10 月 31 日晚。
Hallowmass (= Halimas)
hallucination n. 幻觉;错觉;妄想;由幻觉产生的形象(或声音等)
hallucinogenic drug 致幻药;幻觉剂 如三甲氧苯乙胺[mescaline]、麦角酸酰二乙胺[LSD]等。
halmote (= haligemot;court baron)
halsfang (= healfang)
halt n. 停止
v. 停止 尤指依命令。
halved notes 半张钞票(⇨half-notes)
halymote n. ❶教会法庭;神圣法庭 古时于紧靠圣·托马斯日前的那个星期日开庭,故称教会法庭。❷领主法庭;庄园法庭
halywercfolk n. 〈撒克逊〉〈英格兰古法〉教役保有人 指以维修保卫教堂、纪念碑等役务为条件而保有土地的土地保有人,他们被免于封建役务和军役[feudal and military services]。尤指在达勒姆郡[County of Durham]因保卫圣·卡思伯特[St. Cuthbert]遗体而保有地产的封臣。14 世纪时,该词原形被写为"hailwerkfolk"、"halkwarkfolk"、"haliwerfolk"和"holy workfolk"。
ham n. ❶〈英〉房屋;小镇;村庄;小块窄草地;火腿状地块 ❷火腿 ❸(俚)蹩脚演员;表演过火的演员 ❹股臀部
hama n. 〈英〉一块地;地块
Hamburg Company 汉堡公司(⇨Merchant Adventurers)
hamel (= hamlet)
hameleta (= hamlet)
hamesecken (= hamesoken)
hamesoken n. (= hamesucken)
hamesucken n. 〈盎格鲁 – 撒克逊〉强行入室企图伤害罪 一种古老的犯罪,指强行闯入私宅企图伤害他人的行为。苏格兰法至今仍保留该罪,原先是一种死罪,现在被作为加重的企图伤害罪处罚。
hamfare n. 〈撒克逊〉(私宅内)企图伤害 在私宅内,企图伤害他人,破坏私宅的安宁。该词有时意指在私宅内的自由。(⇨hamsocne)
hamlet n. 小村庄;小村庄的一部分;小村庄中的一些人 在农村社区,小村庄可能仅有一个小商店、一所学校、一座教堂,且居民极少。
hamleta (= hamlet)
hamma n. 房屋附近的小块土地、草地(= curtilage)
hammer n. 〈喻〉强制变卖;公开拍卖 该词原义为拍卖用的小槌子,本词条为其比喻含义。它常用于"to bring to the hammer"(交与拍卖)或"sold under the hammer"(经由政府官员或拍卖员出卖)等短语中。(⇨forced sale)
hammered a. 〈英〉击槌宣布(某人无力偿债)的 1970 年以前,伦敦证券交易所仍用小槌子敲击引起人们注意。某成员因买入证券而不能付款或卖出证券而不能交付时,证券交易所即以击槌方式当众宣布其无力偿债。该成员须将其债务至少部分清偿并经获准后才可以重新进行交易。1970 年后,伦敦证券交易所已废止击槌方式而改用电铃。
Hammer v. Dagenhart (1918) 〈美〉哈默诉达根哈特案 本案中,最高法院以多数票裁决国会在 1916 年颁布的一部关于禁止在州际贸易中装运由童工生产的货物的联邦法律是违宪的。后来,这一裁决在美国诉达比案[U.S. v. Darby(1941)]中被推翻。
Hampden's case 〈英〉汉普登案 1634 年和 1635 年,查理一世为筹款建设海军而发布命令,要求海港城镇提供船只,要求各城镇为此而缴款。虽对此一直有些抵抗,查理一世仍得到了支持其行为的司法意见。1636 年,非海港城镇的白金汉郡绅士约翰·汉普登拒绝缴纳向其所征款项。在财政署内室法庭[Exchequer Chamber]辩论后,7 名法官支持国王,5 名法官支持汉普登。在不同开庭期间,大多数法官均赞成专制王权主义者的观点,认为国王不能因课税需得议会同意而受束缚,尤其是在紧急状态下。该判决为长期议会[Long Parliament]所撤销。《权利法案》则宣布,国王未经议会同意而征收款项是违法的。
hampsel (= hamlet)
hamsocn (= hamesucken)
hamsocne (= hamesucken)
hanaper n. 〈英格兰古法〉大篮子 用以保存衡平法院[Court of Chancery]有关臣民事务的令状及其回呈[returns]的大篮子,因令状而收取的费用也盛放其中。它与罗马的"fiscus"相近。
Hanaper Office 〈英〉衡平法院普通臣民事务局;大篮子文件局 与原衡平法院[Court of Chancery]普通法管辖权相关的机构,之所以称其为"大篮子文件局",是因为所有关于普通臣民事务的令状及其回呈[returns]均被保存在一个有盖的大篮子之中,而有关国王的令状及回呈则保

存在小袋中。该文件局的职能在于为已盖国玺[Great Seal]的特许状[charters]、特许证书[patents]及令状[writs]加盖印章。

Hanc Tuemur, Hac Nitimur 〈美〉吾辈保卫之，吾辈依赖之。 作为箴言而出现于1774年殖民地国会[Colonial Congress]议事录扉页的纪念章面上，指作为自由的基石的《大宪章》[Magna Charta]，它获得了来自12个殖民地的12名代表的支持。

hand n. ❶手；(动物的)脚；爪 ❷一手之宽 长度单位，等于4英寸，用以测量马的高度。❸签名；签字 ❹工具 ❺(尤指动手的)帮助 ❻(复)占有 ❼(英格兰古法)宣誓 ❽人手；雇员
v. ❶交付；提供 ❷搀扶

handborow n.〈撒克逊〉手保 十户联保制[frank pledge]中首保[headborow]之外的九保，因其次于首保，故称手保。

handcuffs n. 手铐 有时又称为镣铐[manacle or shackle]。

hand down 〈美〉宣布(或提出)判决意见 最初该词仅指上诉审法院向下级法院传达其对案件的判决意见。后来也可泛指法院对保留案件或法律点[case or point reserved for consideration]所作的任何判决。

handfasting n.(英格兰古法)握手婚(约)；临时婚 指在英格兰和苏格兰边界地区存在的通过握手订婚的习俗，或者有时虽然服从教规约束但却未受洗的结婚。在苏格兰指这样一种临时婚姻：男女双方有权于同居一年零一天后，决定使婚姻永久化或分手。

handgrith n.〈英〉国王亲自保护 用于亨利一世的法律中。

handhabend n.〈撒克逊〉❶人赃俱获 指行窃者在持有所窃赃物时被发觉。❷对人赃俱获的盗窃犯的审判管辖权 ❸人赃俱获的盗窃犯
a. 人赃俱获的

hand-habende (= handhabend)

handholds n. 扶手；抓手

handicap n. ❶障碍 ❷让步赛 在高尔夫球、保龄球、赛马等比赛中，为使强弱竞争者获胜机会相等，而由强者给予一定让步，或对其施以某种限制以使弱者在比赛开始时处于优势。❸(让步赛开始时对强者施加的)不利条件；障碍

handicapper n.(让步赛开始时)指派给比赛者某种有利(不利)条件的人

handle v. ❶控制；操纵；管理；操作 ❷〈美〉经销；经营 ❸处理；处置；应付；对付

handled a. ❶手动的；手控的 ❷〈美〉买卖的；交易的 《公平劳工标准法》[Fair Labor Standards Act]中准备将商品投入流通的偶然行为。

handling n.〈美〉处理 指接收、贮存、包装和发送货物。美国1918年《联邦公平劳动标准法》[Federal Fair Labor Standards Act]将该词定义为下列行为：从农场取得农产品或园艺产品；将其运送至加工企业；接收、称量或确定其价格；将其堆放于企业内以供进一步处理或送至仓库保管。

handling charges 经营费；手续费 为经纪人、银行、合作组织等代表顾客或客户利益完成交易等服务行为而支付的费用。

handling firearms 操纵火器 指使用火器的行为，仅运送火器的行为也包括在内。

handling stolen goods 销赃罪 指行为人明知或相信是赃物而非法收受该物，或参与或帮助该物的保存、转移、处理、变卖等。赃物不仅指偷盗来的，也指盗用的和诈骗来的。

hand money 定金(⇨earnest money)

handsale n. 握手买卖；定金 北欧诸国古时买卖中，以握手而使磋商[bargain]具有约束力，故此类买卖称"握手买卖"，该习惯在口头契约中至今仍保留。在演进过程中，该词又用以指握手后立即给付之价金或定金。

handsel n. 握手买卖；定金 (= handsale)

hand signals 手语 以手臂运动所做的信号，尤指铁路机车司闸员或汽车司机的手势。

hands of justice 正义之手 人寿保险单的除外风险中常用术语，指公权行为所造成的死亡，如警官在执行公务时造成被保险人的死亡，保险人不予负责。

handsworn (= mainsworn)

handwriting n. ❶笔迹；笔法 ❷手写件；手写稿 ❸书写；手写 包括用密码或符号表示的。

handwriting exemplars 笔迹样本 某些刑事案件(如伪造、绑架等)中为比较、鉴定某人的笔迹而要求提供的样本。在美国，大陪审团命使证人提供笔迹样本以确定证人是否为某些文书的作者，并不违反美国宪法第五条修正案规定的不被强迫自证其罪的特权。

handwriting expert 笔迹鉴定专家

hang v. 使悬而未决 古代诉讼用语。

hanged, drawn and quartered (英格兰古法)吊起、剖腹和肢解(吊剖分尸刑) 古代对叛国罪者所处以的一种酷刑。据说在1241年被引进采用。具体做法是指将罪犯系于马尾或置于囚车或雪橇上押赴刑场。将罪犯吊至半死后，剖其腹并焚烧其内脏，而后将其头颅砍下，再将其尸体裂为四段，与头颅皆悬挂于公共场所示众。此刑罚后演变为先将受刑人吊死，再执行其余程序，这一点由1814年《叛国罪法》[Treason Act]予以确认。1870年《褫权法》[Forfeiture Act]将这种刑罚改为单独适用绞刑。

hanging n. 绞刑 一种死刑执行方法。指用绞索缠绕于受刑者的脖颈将其身体吊起或陷窒使其窒息至死。最初，它似乎是对罪犯尸体的一种侮辱刑，后来才演变为一种执行死刑的方法。在英国，绞刑仍然适用于叛逆罪犯，但不适用于任何其它种类的犯罪。在美国也很少被采用，基本由电椅刑或毒刑所取代。

Hanging Cabinets 〈英〉酌处绞刑的内阁会议 指18世纪末19世纪初决定对被判死刑的犯人是否予以宽恕的内阁会议。当时，做出该决定的权力尚未移交给内政大臣[Home Secretary]，仍由国王个人在内阁会议上作出决定。国王对来自伦敦中央刑事法院[Old Bailey]的死刑案件做决定时常参考伦敦市司法官[Recorder of London]的意见，而对来自巡回法庭的案件则参考法庭庭长[presiding judge]的报告。1823年的《死刑判决法》[Judgment of Death Act]允许法官对其认为适于建议王室赦免的死刑案件的判决予以记录，但不予宣布。1837年这一做法扩展至谋杀案。在实践中"酌处绞刑内阁会议"[Hanging Cabinets]似乎只对伦敦案件作出决定。从1825年起，特别是1837年维多利亚女王登基起，对死刑宽恕的决定由内政大臣[Home Secretary]一人作出。

hanging, drawing and quartering 吊剖分尸刑(⇨hanged, drawn and quartered)

hanging in chains (英格兰古法)吊尸 在处理恶性谋杀案件时，法院可以下令将被执行死刑后的罪犯尸体在谋

杀现场附近用绞链吊起以示众。此种刑罚由 1752 年的制定法予以确认,于 1834 年被废除。

hanging the process 诉讼悬而未决

hangman n.刽子手;执行绞刑者 (=hangwite)

hangwit n.=hangwite

hangwite n.〈撒克逊〉❶直接绞死或赦免 古代不经审讯而将盗窃犯直接绞死或将其放走使其不受监禁的做法。❷(对非法绞死窃贼或允许其逃跑者所处的)罚金

Hanover 〈英〉汉诺威 乔治一世[George I]即位,为其汉诺威领地[Hanoverian dominion]而增设一纹章官,称汉诺威纹章官[Hanover herald],另增一纹章长官,称格洛斯特纹章长官[Gloucester King of Arms],二者均非纹章院[College of Arms]组成部分,并且已废除。(⇨herald)

Hansard 〈英〉《汉萨德英国议会议事录》 逐字逐句记录英国议会辩论的官方报告,因相当长历史时期内为汉萨德家族所编辑而得名。现由皇家文书署[H.M. Stationery Office]每日、每周出版一部分,并定期出版装订成册的汇集本,亦有每周和每届会期的索引出版。上议院和下议院各有单独的报告出版,下议院各常设委员会的辩论亦有部分和汇集成册的报告出版,《汉萨德英国议会议事录》除对议会发言逐字逐句完整记录外,还记录了对质询的答复,无论此答复是书面的还是口头的。同时议事录还记载了议会成员分组投票的情况。现代已被接受下来的规则是在法院寻求解释制定法的指导意见时,议事录不能在辩论中被援用。

Hanse n.汉萨同盟 北欧城市结成的商业、政治同盟,以德意志北部诸城市为主。它是 13 世纪至 15 世纪北欧重要的经济和政治势力,特别是在与低地国家、英国和波罗的海国家的贸易中。汉萨同盟自 15 世纪开始衰落,1669 年召开最后一次会议。

hanseatic a.❶协会的;商业同盟的 ❷汉萨城市的;汉萨同盟的

Hanseatic Laws of the Sea 《汉萨海商法》 经收集汉萨同盟诸城的海商法,汉萨同盟于 1591 年出版了一部海商法法典,其权威性在北欧诸国被广为接受,该法中涉及的事项,在更早的维斯比海商法中亦有规定。

Hanseatic League 汉萨同盟 (⇨Hanse)

Hanse Towns 汉萨同盟诸城 (⇨Hanse)

hansgrave n.〈德〉公司总经理;公司负责人

hantelode n.〈欧洲古法〉逮捕;拘捕;扣押

hap v.偶然发现;碰巧遇到

happiness n.幸福 在美国,作为一项宪法性权利,任何人均有权追求其幸福,它表明任何人都有权以不与其他人平等权相冲突的任何方式从事合法工作或职业,以促进繁荣、发展技能,实现最充分的享受。

harangue n.慷慨激昂的演讲;长篇大论的讲话;冗长的训话;言词激烈的发言

harassing litigation 缠讼;滥讼;恶讼 (⇨vexatious litigation)

harassment n.骚扰;烦扰 指非出于合法目的,用语言、身势或行为搅扰、威吓或辱骂他人,造成其巨大情感压抑和精神痛苦。如缠讼行为,在不适当时间或用冒犯性粗俗语言与他人通讯等。在美国,禁止以骚扰方式收债;雇主对雇员的性骚扰可依 1964 年《民权法》[Civil Rights Act]提起诉讼。

harbinger n.❶〈英〉御膳宿官 指负责国王和贵族食宿而先行的王室官员。❷旅店老板;客栈掌柜

harbor dues 港口费 船东或货主为使用港口设施而支付的费用,常被称为吨税、泊位费、入港费、出港费、浮标费等。

harboring a criminal 窝藏罪;隐匿罪;包庇罪 指使罪犯逃避逮捕与惩罚而加以窝藏或为了实施上述行为而充当中间人的行为。相当于事后从犯[accessory after the fact]。(⇨harbo(u)r)

harboring an alien 〈美〉窝藏外国人 违反法律的规定继续让外国人居住在美国或帮助其定居于美国。在关于输入和窝藏非法进入或居住在美国的外国女性的联邦法律中,"窝藏"是指将外国女性庇护起来以免移民局发现其为外国人。

harbor line(s) 港界线 在公共水域为了船舶装货卸货的便利为港口划出特定水域的界线,港口或其它设施不得设置于此界线之外。

harbor master 港务长;港监

harbor watch 港口守望人 船只停泊港内时为其安全而予以守望的人员。

Harbor Workers' Compensation Act 〈美〉《港口工人赔偿法》(⇨Longshoremen's and Harbor Workers' Compensation Act)

harbo(u)r n.❶港口;港湾 ❷避风港;躲避处 v.❶使(船)在港内停泊 ❷居住;躲藏 ❸〈美〉包庇、窝藏或藏匿罪犯 联邦及州的法律都将这种行为规定为犯罪,行为人是事后从犯。(⇨accessory after the fact; aid and abet)

harbour dues (= harbor dues)

harbouring n.窝藏罪;包庇罪 指窝藏或包庇罪犯使其不受逮捕和惩罚的行为。用在民法中,指明知雇员违背了与前雇主的合同却予以雇佣的民事侵权行为。

hard action 侵权之诉;违约金[penalty]之诉

hard cases 疑难案件 为满足诉讼中一方当事人就疑难争点提出的诉讼请求,法院的司法裁决并不完全依照所适用法律的真正原则作出,而可能在法律的解释上做出妥协。正如一句法谚所说:"疑难案出坏法"[Hard cases make bad law.]。

hard labo(u)r 〈英〉强迫苦役;(监禁中的)苦役 对仅被判处监禁刑的罪犯所采用的附加刑。有时适用于犯重罪被判处监禁的罪犯以及在狱中具有不良行为的罪犯。这一刑罚方法由 1948 年《刑事司法法》[Criminal Justice Act]予以废除。

hard law 硬法 与"软法"相对,指对主权国家有拘束力,并要求某一主权国家为赞同或批准它而采取积极的决定。公约即"硬法"的例子。(⇨soft law)

hardship n.❶贫穷;困窘 ❷履约损失 ❸(法律解释的)严谨性 ❹不公正;专制;武断

Hardwicke's(Lord) Act 〈英〉《哈德威克(勋爵)法》 1753 年的一部法律,禁止秘密结婚。该法规定,无结婚公告或证书者,结婚仪式将被宣告无效,结婚仪式必须在堂区教堂或公共小教堂举行,并公布结婚公告,否则婚姻无效,除非坎特伯雷大主教已为其在其他地方举行的婚礼颁发了特许证。该法律使不从国教者和罗马天主教徒按照他们自己的仪式举行的婚姻无效,而只认可英格兰国教会的婚姻,这种情况持续到 1837 年。

Hare System 黑尔制 选举中比例代表制[proportional representation]的一种计算当选数的形式。其基本方法如下:以有效投票总数(V),除以应选出议员的名额(M),结果即为当选基数(Q),公式为:$Q = \dfrac{V}{M}$。黑尔制最初由英

Harger drunkometer 哈格酩酊测定器 一种通过对行为人呼吸中所含酒精量进行检验而确定其是否醉酒的仪器。

hariot (= heriot)

harm n. 伤害；损害；危害（⇨damages; injury; physical injury; bodily harm; great bodily harm; serious bodily harm）

harmful a. ❶（食物等）有害健康的 ❷（案件审理中的错误）有害的；有影响的

harmful publications 〈英〉有害出版物 根据1955年《青少年法》[Children and Young Persons Act]，指任何一种可能为儿童所阅读到的、用图画的形式主要或全部描述犯罪的发生、暴力行为以及恐怖性事件的作品。（= horror comics）

harmless a. 无害的；无损害的 罕指未受伤害的。

harmless error doctrine 〈美〉无害错误原则 依该原则，上诉法院不会因审判过程中的轻微或无害的错误而撤销原审法院的判决。所谓无害错误指任何轻微的、形式上的或纯理论上的、没有侵犯当事人的实质权利和对判决没有影响或仅有极小影响的错误。它不构成准予对案件重新审理，或撤销陪审团裁断，或撤销、变更法院判决或裁定的根据。

harmonic plane 〈美〉一致线 商务部美国海岸与大地调查[United States Coast and Geodetic Survey of the Department of Commerce]所确认的零点基线，潮汐表、航海图、地图等均以此为基础。它是任意性的一条线[arbitrary plane]，在皮吉特湾[Puget Sound]，它是该部所认可的最低潮汐线。

harmonization of laws 法律协调 欧共体法中一个与"法律相近"[approximation of laws]可相互替换的术语，两者均被用作对"接近"[rapprochement]和"相称"[Angleichung]的解释。在英文中，"相近"[approximation]比"协调"[harmonization]或"一致"[coordination]含义较广，但在统一性上有所欠缺。

harmonize v.（使法律、契约、遗嘱等）前后一致；对照统一；和谐

harmony n. 前后一致；对照统一；和谐

harnasca ❶船舶器具 ❷马具 ❸铠甲；装甲

harness n. ❶船舶器具 ❷马具 ❸铠甲；装甲

Haro 〈法〉哈罗（⇨Clameur de Haro）

harriott (= heriot)

Harrison Narcotic Act 〈美〉《哈里森麻醉品法》《麻醉法》[Narcotic Act]的前身，旨在使进行麻醉品交易的人对其销售的产品是否为该法所禁止而自担风险，该法惩罚任何销售被禁止的麻醉品的人，即使其不知该麻醉品为法所禁止也不例外。（⇨Narcotic Act）

harrou n. 哈罗（⇨Clameur de Haro）

Harrow 〈法〉哈罗（⇨Clameur de Haro）

harsh and unconscionable 苛刻且显失公平的 如果协议是苛刻且显失公平的，衡平法院可认定其有悖良心而不予强制执行。

harsh contract 苛刻的合同 指从一方当事人的立场看是苛刻的、甚至是愚蠢的合同，但它并不一定是对方当事人滥用其信任的结果。

hart n. 〈英〉五岁雄鹿 如果它被国王捕获并逃脱，则成为"皇家鹿"[hart royal]，任何人均不得阻碍其返回森林。

Harter Act 〈美〉《哈特法》 1893年2月13日国会通过，主要内容包括：①提单中解除在美国与外国港口之间航行的船舶的所有人等应承担的在合理装载、积载、保管、照料或卸载交付货物等事项上的疏忽或过失责任的协议无效；②任何提单不得包含以任何方式减轻、减弱或免除船舶所有人谨慎处理、适当配备合格船员及供应品、使船舶适航和适货的义务，或船长等的谨慎处理、装载、照料和卸载交货义务的协议；③如果船舶所有人谨慎处理，使船舶在各方面处于适航状态，并做到适用和适货，则其对因驾驶船舶或管理船船中的过失造成的损失或因海上风险、天灾、公敌行为、司法扣押、海上救助人命及为此目的的绕路等造成的损失，以及因所载运货物的内在缺陷、不适当包装造成的损失，均不负责任。

harth-penny (= chimney money)

Hart-Scott-Rodino Antitrust Improvement Act 〈美〉《哈特－斯科特－罗迪尼反托拉斯改进法》 1976年颁布的一部联邦制定法，它授权州总检察长可作为国家监护人[parens patriae]就消费者在州内所受的损害提起诉讼。并从整体上加强了司法部的反托拉斯执行权，尤其是规定了合并前通知[premerger notification]，即如果意欲合并的公司中有一家公司的年收益或资产超过1亿美元，且收购价格或被购公司的资产超过1500万美元，应在合并前通知联邦贸易委员会[Federal Trade Commission]和司法部。

has been 已经 当行用于成文法时，只要此解释不违反宪法，可以解释为允许该法有溯及力。

hashish n. 大麻 指从大麻植物的花头刮出的脂制成的毒品，区别于由大麻植物的叶、茎提取制成的毒品，后者称"marijuana"。

haspa n. 〈英格兰古法〉门搭扣 古时可于房屋所在地进行自由保有地之交付[livery of seisin]时作为权利象征物予以交付。

hasp and staple 门搭扣与肘钉（⇨seisin by hasp and staple）

hasta 〈拉〉枪；矛 在罗马法，矛为公开出卖或拍卖的标志。在封建法，矛为授予封地仪式[investiture of a fief]的标志。

hastae subjicere 〈拉〉枪下而为；矛下而为 在罗马法，矛为公开出卖或拍卖的标志。故"矛下而为"指以拍卖方式出卖。

hasten death 致死；加速死亡 指引起或加快引起死亡的法律后果。

hasty legislation 紧急立法 指立法机关无暇充分考虑就制定的法律。

Hatch Act 〈美〉《哈奇法》 禁止联邦、州或地方政府雇员参加特定政治活动的一部联邦法律。该法宣布受雇于行政机关的任何人的下列行为为非法：利用其职权或影响达到干预选举或影响选举结果的目的；或者虽然他可以以对政治问题和候选人享有选择权和发表意见的权利而坚持有投票权，但却积极参与政治管理或政治运动。

hat money （海商法）小额酬金 指因照料货物而由托运人支付给船长或船员的小额酬金。（⇨primage）

hats in court 〈英〉法庭之冠 在任命衡平法院新主事法官[Master in Chancery]时，御前大臣[Lord Chancellor]从主事法官手中接过主事法官之冠将其戴于该主事法官之首，对其口称"先生，你有权成为本庭成员[Sir, you have a right to be covered in this court]"。

hauber 〈法〉〈古〉高级领主；大封建主

haugh n. 河岸平台；泛滥平原；山谷绿地

haula n. ❶厅堂 ❷法庭（⇨aula）

haulage royalty 拖运补偿费 经出租人土地地下的通道拖运煤时依吨煤比例给予出租人的补偿。

hauled or used 拖运的或使用的 火车车厢安全器具法规中的术语。

hauler n. 拖运人；(约定的)货物承运人(⇨contract hauler)

haur n. 仇恨；憎恨；敌意；恶意

haustus 〈拉〉(罗马法)汲水权 一种地役权，即自他人井、泉之中汲水的权利。如为必要，通行权[iter]亦包含其中。

haut 〈法〉高的

haut bois 〈法〉高大的树木

haut chemin 〈法〉公路

haut en bas 〈法〉高的和低的(⇨de haut en bas)

haut estret 〈法〉大街

have 〈拉〉狄奥多西法典[constitutions of the Theodosian]和优士丁尼法典[Justinian Codes]中每一主题的起首语
v. ❶有 意指所有权，包括所有、占有、持有之意。❷生育

have and hold (= to have and to hold; habendum et tenendum)

haven n. ❶港口；避风港；锚泊地 ❷庇护所；避难所(⇨habo(u)r)

haver n. 持有诉讼中应提交之文件的人

having a car under control 使车处于受控制之下(⇨control of vehicle)

having an interest 有利益；有利害关系(⇨interest)

having due regard 进行相当考虑的(⇨due regard)

having lottery tickets in possession 〈美〉持有彩票 根据有关禁止彩票的法律法规，持有彩票属于违法，但能证明无过失或为合法目的而持有者除外。

having received full value 已接受充分对价 契约中用于描述事实的用语，它本身不足以构成完整、充分的对价。(⇨for value received)

haw 〈英〉❶小块土地 肯特郡用语。❷房屋；房基

haward (= hayward)

hawker n. 行商 无固定场所，靠沿街叫卖等方式招徕买主之商人，区别于在固定场所经营之坐商。行商或于大街小巷走来串去叫卖，或逐门逐户推销，但通常需有许可证。从前，则为靠役畜驮货沿街叫卖之小贩。(⇨peddler)

hawking n. 逐门逐户推销；沿街叫卖 该行为区别于出卖自己制造之产品者，例如农民即不属行商。

hay n. ❶篱笆；围栏 ❷打猎用的网 ❸待割的草；割好的草；干草

hay-bote n. ❶〈英格兰古法〉草木取用权 指封臣[tenant]所享有的终身或按年取用修建其土地围栏或其他农具所必须之权利。❷制叉、耙等农具所需的木料

Haymarket Riot 〈美〉秣市骚乱 1886 年 5 月 4 日发生于伊利诺伊州芝加哥市秣市广场的警察镇压集会抗议的工人群众的暴力事件。

hayward n. 〈英格兰古法〉庄园看守官 由领主法庭选任的官员之一，负责照管地界围篱、防止牲畜穿越围篱进入他人土地，同时负责圈围已越界的牲畜。

hazard n. ❶危险；危险源；危险性 ❷(保险法)风险 指导致或增加承保损失发生的可能性的特殊情形或状态。❸〈英格兰古法〉掷骰子游戏；赌博

hazardor n. 〈英格兰古法〉玩掷骰子游戏者；赌博者

hazardous a. 有危险的；担风险的；冒险的；有危害的

hazardous contract 冒险合同；不确定要素合同 指其履行依不确定事件而定之合同。(⇨aleatory contract)

hazardous employment (or **occupation**) 高度危险工作(或职业) 指与其它工作或职业相比，雇员或工人承担有受伤害或致死亡的更大危险的工作或职业。

hazardous goods 危险货物

hazardous insurance (高度)危险保险；风险性保险 指承保处于特别危险之下的财产或从事特殊危险职业的人身的保险。

hazardous negligence ❶危险的过失 指过失或疏忽的程度已足以使人面临受伤害或其它严重的危险。❷重大过失(⇨gross negligence)

hazardous substance 危险品 指在没有正确使用、贮存、运输的情况下，对人体健康或环境造成危害或有潜在性危害的物品。包括易燃、剧毒、放射性物品。美国联邦危险物品法[Federal Hazardous Substance Act]对危险物品作了明确的界定。

hazard pay 危险补偿 指对使人不快的工作或不安全的工作条件所提供的特别补偿。

hazar-zamin n. 担保他人出庭的人

H.B.M. (= His (Her) Britannic Majesty)

H.C. 〈英〉(= House of Commons)

h.c. of l. (= high cost of living)

he pron. 他 表男性的代词，通常用于法律中时，包括男性和女性组成的自然人以及法人。但立法上有特指的除外。

head n. ❶首领；负责人；领导；头儿 ❷河源；上游 ❸(俚)厕所；卫生间

headborough n. 〈撒克逊〉首保 十户联保制[frankpledge]中的首领，由地方刑事法庭[court leet]选任，负责维持该地区治安，后逐渐为低级警官和教区警官[petty and parish constables]所取代。

headborow (= headborough)

head-courts n. 〈苏格兰〉首庭 从前，所有自由地产保有人负有出庭义务的三个法庭，如不到庭将被征收罚金。这三个法庭后缩减为一个，在米迦勒节(9月29日) [Michaelmas]开庭，依 1747 年的一项法令，对未到首庭者征收罚金的规定被废止。

heading n. 标题；题目；题词(⇨caption)

Headlam's Acts 〈英〉《黑德勒姆法》 指 1850 年和 1852 年由托马斯·黑德勒姆等提交下议院[House of Commons]通过的《受托人法》[Trustee Acts]，黑德勒姆后任军法署署长[Judge Advocate-General]。

head money n. ❶人头税；人头费 ❷入场费 ❸追捕逃犯的赏金 ❹人头奖 以与捕获赏金相同的方式给予船舶高级职员和船员的奖金。(⇨admissions tax; prize money; polltax; bounty; reward)

Head Money Cases 〈美〉人头税案件 美国最高法院[United States Supreme Court]确认 1882 年 8 月 3 日的一项法律有效性的几个著名案件，对自外国港口载运旅客至美国的船舶所有人，按其所载非美国籍旅客的人数，每人征收 50 美分的关税。

headnote n. 判决提要 判例汇编中对案件判决所适用的法律原则以及案件主要事实所作的简要概括，置于法官的判决意见[opinion]之前。也称作 syllabus; synopsis。(⇨digest)

headnote lawyer 判决提要律师 指依赖判决提要而忽略阅读判决本身的律师。

head of a department 部门领导;部长;部主任

head of a family 户主;家长 在美国,该词用于有关免于强制执行,尤其免于就宅地被强制执行的法律中,是指负有扶养同居一处的家庭成员的法律或道德义务的人。(⇨householder)

head of household 户主;家长 指供养和维持家庭中一人或多人生活的人,其对家庭及由其供养的家庭成员的控制权基于某些法律及道德责任。根据美国《国内税收法典》[Internal Revenue Code],符合家长条件的人可以享受较低所得税率的优惠。该词也用于有关宅地[homestead]和免于被强制执行的法律中,但不一定指家庭的丈夫或父亲,也包括被抛弃而抚养未成年子女的妻子或扶养其父母的单身汉。(⇨head of a family)

head of state 国家元首 对外代表国家的最高国内机构。由于国家是一个抽象的法律和政治概念,就必须有一个自然人作为国家元首来代表并为某种目的而体现这一国家。在国际法上,国家元首的对外交往行为被视为国家行为。由此行为产生的权利、义务与责任均归属于国家,同时国家元首享有外交特权与豁免。国家元首如何产生取决于每一特定国家的宪法。目前世界上存在着三种主要的国家元首类型:世袭的君主;通过选举产生并有一定任期的总统;以武力获得并维持权力的独裁者。

head pence 〈英〉人头税 诺森伯兰郡郡长[sheriffs of Northumberland]每7年间向该郡居民强征两次金额为40英镑的费用,供自己使用,即在第3个年头和第4个年头征收。该费用称为人头税或人头银。人头税为1444年一项法律所废止。

head pistareen 比塞塔里恩币 一种西班牙银币,1835年起在美国流通,面值20分或1/5美元。它不是依美国法律而流通的一种硬币。

headright n.〈美〉人头权;按份权 一种信托基金[trust funds]的权益,产生于印第安部落保有或曾经保有土地上的矿藏收入和开采权使用费[royalty]及权益。依1906年《分配法》[Allotment Act],该信托基金由所有部落基金[tribal funds]所创设,部落基金包括出卖部落土地的基金、依据对美国的请求权以及部落油气矿藏权而获得的基金。每一受领人[allottee]按各自比例持有该信托基金的股份,该按比例享有的权益通常称为"人头权"。

headright certificate 〈美〉人头权证书;公地授予证书 得克萨斯州法律中依1839年法授权签发的证书。该1839年法规定,凡自1837年10月1日至1840年1月1日移民该州之人,如其家长且与其家庭实际定居于该州管辖之下,将被授予640英亩土地,如其在此间永久定居于该州且履行所有公民义务,则其可依人头权证书保有该土地3年,并给予定居者以绝对契据[absolute deed]。

head silver ❶〈英格兰古法〉人头银 公共岁献金[Common Fine]的别称,当事人通过向领主[lord]支付一定金额而可使其案件在离家较近处审理。❷付给地方刑事法院法官[lords of leets]的费用 ❸〈英〉人头银(⇨head pence)

Heads of the Proposals 〈英〉《建议要点》 1647年议会军[parliamentary army]中的克伦威尔[Cromwell]、艾尔顿[Ireton]和其他高级军官起草了一份建议,以作为英国内战结束后与查理一世[Charles Ⅰ]妥协的基础。这些建议要求国王必须每两年召开一次议会;规范两年一次的选举,对选举进行一定程度的改革,其中包括废除臭名昭彰的"依附自治市"[pocket boroughs],增设与税收有固定关系郡的代表权;设立一个享有对军队进行为期十年控制权的"国务委员会"[council of state];依"和解清偿债务"计划,保皇党人再入政坛应缓慢进行;保留主教制,但其应有彻底的宗教宽容精神;改革普通法,废除消费税[excise]和什一税。虽然这些建议本质温和,但查理一世仍拒绝回应,而宁愿与苏格兰作战[engagement]。

head tax (= polltax)(⇨head money)

healer n. 医治者;治疗者 尤指"基督教科学派"[Christian Science]不用药物或其他物质手段,而用祈祷靠宗教信仰进行治疗的人。(⇨Christian Science healer)

healer of felons 隐匿重罪犯之人(⇨harbouring)

healfang (= healsfang)

healgemote (= halmote)

healing act (= curative statute)

healsfang n.〈盎格鲁-撒克逊〉颈手枷 古代一种刑具。用木板枷在颈部,板上有3个孔以供头和双手伸出来。该刑罚用于惩罚伪证罪等罪行,但在征服英国[the Conquest]之前是否使用该枷具却并不确定。

health board 卫生委员会(⇨board of health)

health insurance 健康保险;健康险 ①在此种保险中,保险人同意,在被保险人缴付保险费的基础上,负责赔偿由于疾病或意外伤害而带来的费用和损失,亦称为意外和健康保险[accident and health insurance];②在美国《国内税收法典》中,为计算免税所得,该术语不限于指通过保险公司获得保险的传统方式,还指在雇主方案[employer's plan]下支付的疾病补助金。

health laws 健康法;卫生法 指关于公共卫生、保护公众健康的法律、法规和条例。

Health Maintenance Organization/HMO 保健组织 指为参加团体健康保险计划的成员提供综合性医疗服务的组织,如医生、医院、诊所等。

health officers 卫生官员 指被授权实施和执行卫生法的政府官员。

health plan 保健方案 就医疗服务和医药用品的提供达成的协议或合同。

health regulations [总称]卫生法规 指有关公共卫生、公众健康的法律、条例和行政规章等。

health service 〈英〉公共医疗卫生服务;社会保健服务

healthy condition 健康的状态 与病态[diseased condition]相对。

hear v. ❶听 ❷听审;审理

hear and determine 审理并裁决 指对与提交法庭处理的争议有关的问题进行审理并作出裁决。

hear and report 听审并呈报 指公断人[referee]听取证人证言,并向法庭提出报告,由法庭作出裁决。

Heard Act 〈美〉《赫德法》 1894年的一部联邦法,它要求承包商在对公共建筑建、改、修或进行公共建设而缔有契约时提供保函。该法为1955年《米勒法》[Miller Act]所承继。

hearing n. 听审;听证 指可就争议问题提供证据,陈述理由,并由有裁判权的个人或机关作出裁决的相对正式的程序。听审的目的在于为争议各方,尤其是可能被剥夺权益的一方,创造陈述意见的机会。听审不限于由司法机关举行,立法机关和行政机关也可以举行听证。包括通知在内的听审是公正程序的基本组成部分。英国的自然公正原则和美国宪法都有此明确的要求。美国宪法第一条修正案明确规定无论是州还是联邦政府非经正当法律程序不得剥夺任何人的生命、自由或财产。听审提出的四个重要问题是：①什么情况下必须举行听审？任何刑事案件都必须进行审判［trial］并无疑义，但对民事案件，什么情况下要求听审以及听审是否必须由法庭或其他机关举行，却很少有确定的一般规则。在美国，最高法院一直认为只有在限制或剥夺特定个人的生命、自由或财产的情况下，才必须进行听审。因而立法机关或行政机关起草规则的行为，针对的是众多不知名的个人，并不一定需要举行听证。②听证必须在什么时间举行？美国最高法院一直认为听证必须在有意义的时间以有意义的方式举行，但什么情况下才算有意义需视具体情况而定，不过美国最高法院并不要求必须举行事前听证。③由谁主持听证？美国宪法并没有要求每项听证都由法院举行，许多直接影响特定个人的重大政府政策都是由行政机关主持的。④何种程序才能使听证保持公正？对于刑事案件，象美国的《权利法案》［Bill of Rights］已以多种方式规定了其审判程序。而民事审判要求由一位中立的裁判者采用对抗制程序进行审理，同时要求赋予当事人律师出庭参加案件审理的机会；法官必须阐明其判决的理由并基于案件的记录［record］作出判决。同样，行政听证也必须由无偏私的裁决者主持，但偏见的界定有时很松。

hearing de novo 重审；二次听审 指对已经听审过的事项按照同样的方式再次进行审理，在该程序中，重审法院是作为初审法院而非上诉审法院进行审理的，就好像该事项从未经审理过，也未被作出过裁判一样。

hearing examiner 〈美〉听证官 通常指行政机关的文职官员，负责对本机关管辖范围内的事项举行听证。现在联邦政府中称行政法官［Administrative Law Judge］。

hearing officer (= hearing examiner)

hearsay n.传闻；传闻证据 指证人不是以自己对某事实的亲身感知为基础，而是就自己从别人那里听说的事实所作的陈述。因此，其内容通常最初是在法庭外未经宣誓作出的，而在庭审时被作为证据提出来证明其所称之事实为真实。由于传闻证据本质上是证人对其所听说之事实的重述，因而属于间接证据或二手证据。依英美法的证据规则，传闻证据不具有可采性［admissibility］，因为对这种证据不能通过在公开法庭上交叉询问［cross-examination］的方式来验证其真实性。所以，为了确保提供给法庭的证词的可靠性，对传闻应予排除。但是，不论在英国还是在美国，传闻证据规则都有许多例外。如在普通法上，临终前的陈述在以后的诉讼中可以作为证据被采纳；英国 1988 年的《刑事司法法》［Criminal Justice Act］规定大多数第一手的传闻和商业文件可以采纳，1968－1972 年的《民事证据法》［Civil Evidence Act］也规定传闻在符合特定的程序要求的情况下具有可采性。美国《联邦证据规则》［Federal Rules of Evidence］的第 803 条和 804 条则明确列举了传闻证据的二十多种例外。此外，传闻证据规则的适用并不仅限于口头陈述，也包括书面陈述、手势、甚至是影片。

hearsay evidence 传闻证据(⇨hearsay)

heart balm statutes 〈美〉心灵慰藉法 指取消对离间感情、违背婚姻承诺、通奸［criminal conversation］、诱奸超过合法年龄［legal age of consent］之人等行为的诉权的州法。

hearth money 〈英〉火炉税 国王针对境内每家的火炉征收的一种税，税额为 2 先令。又称"烟囱税"，此税并不常见，并于 1688 年被依法废止。

hearth-penny n.圣彼得节奉金(= Peter pence)

hear ye, hear ye, the polls are now closed 诸位听真，投票结束 选举官员在投票结束时的正式声明。

hear ye, hear ye, the polls are now open 诸位听真，现在唱票 选举官员在开票时的正式声明。

hear ye, hear ye, this honorable court is now in session 诸位听真，现在开庭 法庭执行官在开庭时的正式声明。

heat of passion 一时冲动；情急状态；激情状态 系普通法对被告人犯罪时精神状态的描述：被告人的杀人行为是由于受到强烈的、攻击性的刺激和挑拨，这种刺激和挑拨足以使一个正常人失去正常的自控能力。该状态包括被告人的极度气愤、仇恨、报复或恐惧心理等。如果被告人具有这种激情状态，可因此将谋杀罪降格为非预谋故意杀人罪［voluntary manslaughter］。

heaven of juristic conceptions 法律概念的天国 耶林［Jhering］在其 1885 年作品《法理学的诙谐与严肃》［Scherz und Ernst in Jurisprudenz］中描绘的一种场景，意在批评德国民法学家们使理论过于概念化的现象。

heave to 顶风停；顶流停 为停驶帆船，将船头对准业风的方向；蒸汽船停驶则是指顶流。

hebberman n.〈英〉钓者；偷渔人 特指在伦敦桥下泰晤士河畔落潮之时钓取特定种类的鱼之人，该行为违反 1488 年的一项法令。

hebberthef n.〈撒克逊〉在一定限度范围内扣押盗贼财物并对其进行审判的特权

hebberwears n.一种落潮时捕鱼之渔具

hebbingwears (= hebberwears)

hebdomad n.七天；一星期

hebdomadius 〈拉〉主教座堂值周人 指法政牧师［canon］或受俸牧师［prebendary］，在其负责的一周时间里管辖该教堂的唱诗班和教会人员。

he be out of the state 〈美〉他不在本州 时效法中常用的一种表达方式，指债务人不在本州。

hebote n.要求其臣民进入田地的国王敕令

heccagium n.为使用拦鱼木栅而向领主交付的租金

hectare n.公顷 测量土地面积的单位，1 公顷等于 2.471 英亩。

hectogramme/hg. n.百克 重量单位。

hectolitre/hl. n.百升 容量单位。

heda n.小港；小锚地；着陆地(⇨harbo(u)r; haven)

hedagium n.〈英格兰古法〉卸货税

hedefaest (= heord-faete)

hedge n.套期保值；套购保值；套头交易；对冲买卖 为避免商品或证券的价格波动带来商业损失，而通过在期货市场上买卖同种商品或在期权市场上买入同种证券的卖出期权或卖出同种证券的买入期权进行的套头交易。

hedge-bote n.做围栏之材料 它可依共用权［common right］而采用。(= hay-bote)

hedge fund 〈美〉套头交易基金；套利基金；有限合伙投机基金 专门从事套头交易的互助基金，通常以有限合伙形式组成，利用套头交易降低其投资风险。

hedge-priest n.(没受过教育的)游方教士

hedger n.套期保值者；作套头交易的人

hedging (= hedge)

hedging bets 两面下注 在体育比赛项目中，在一方比赛选手或队伍上下注后又在对方选手或队伍上下注以将损失减少至最低限度。

hedging sale 套卖；套头销售(⇨hedge; sale against the

hedonic damages 〈美〉快乐损害赔偿 在某些司法区,对于因丧失生活享乐或生活价值本身而判决给予的赔偿,它与受伤害者或死者的经济价值损失赔偿分别计算。许多法院则将该种损失包括在因遭受残疾或身体痛苦而获得的损害赔偿中。(⇨damages)

hedonist utilitarianism 享乐主义者的功利主义 该学说源自爱尔维修、孟德斯鸠、贝卡利亚等,其代表人物为杰里米·边沁。该学说认为,法律的正确性和合理性取决于该法是否及怎样促进最大多数人的最大幸福,而幸福则由特定法律状况引起或将引起的痛苦与快乐来计算。

heed v.注意;留心;听从 尤指危险境况中对指令、命令的一种注意、留心、听从。

heedless a.不加注意的;掉以轻心的;未听从的;欠考虑的 指对他人权利和安全漠不关心。(⇨reckless)

heedlessness n.不加注意;掉以轻心;未听从;欠考虑

hegemony n.❶统治权;霸权;支配权;盟主权 ❷霸权国;拥有支配权的政府

Hegira 穆罕默德从麦加到麦地那的逃亡 时间为公元622年7月16日,星期五,阿拉伯人和土耳其人使用的回教纪元从这天开始。

height regulations [总称]限高条例 指为促进公共健康、安全、福利而限制建筑物高度的法律或市政法令。规划法令常限定特定区域内建筑物的最高高度或最低高度。

heir apparent 当然继承人 指确定进行继承的继承人,这类继承人只因为自己先于被继承人死亡或在有效遗嘱被剥夺其权利而丧失继承权。也可写作 apparent heir。君主之长子,或长子死亡时该长子之长子,为王位之当然继承人。女性后裔不可为当然女继承人,其继承权可因当然继承人出生而废除。

heir at law 法定继承人 在普通法中,指被继承人无遗嘱死亡时,有权继承被继承人所有或占有的土地、保有地产和其他可继承财产的人。等同于"一般法定继承人"[general heir],或更为简单的术语"法定继承人"[heirs]。但该词不必专指普通法的法定继承人[heirs at common law],后者仅指在无遗嘱的情况下继承死者不动产的人。在不法致死法[wrongful death statute]中,指直系卑属类。(⇨descent; legal heir)

heir beneficiary (罗马法)限定继承人 根据接受继承的方式,将继承人分为非限定继承人和限定继承人。前者指以明示或默示方式无保留地接受继承之人;后者指享受财产清册利益[beneficium inventarii]的继承人。如继承人认为遗产所负担之债务超过其资产,则可依法造具财产清册,这样,他就可在所继承资产的范围内偿还死者所欠的债务,不足部分不负清偿之责。

heir by adoption 被收养法定继承人 在美国,几乎所有州的制定法均规定,除非被继承人明确表达相反的意图,否则养子女享有与生子女相同的对无遗嘱遗产的继承权;但对于养子女是否可以另行继承其生父母或家庭的遗产,各立法则有不同规定。

heir by custom (英格兰古法)习惯继承人 指依特定地区习惯而享有继承权之人。

heir by devise 土地受遗赠人 根据遗嘱而获得土地遗赠的人,对应于罗马法的遗嘱继承人[haeres factus]。

heir collateral 旁系血亲继承人(⇨collateral descent; collateral heir)

heir conventional (罗马法)约定继承人 指依继承人与被继承人之间的契约而继承遗产之人。(⇨heir of provision)

heirdom n.继承

heiress n.女法定继承人 如果有两个以上女继承人的,称为共同的女法定继承人[co-heiress]。在英国,1956年《性犯罪法》[Sexual Offences Act]第18条规定,诱拐女法定继承人构成重罪。后被1969年《家庭法改革法》[Family Law Reform Act]所废除。

heir expectant 期待法定继承人(⇨heir; heir apparent)

heir general 一般法定继承人 依普通继承规则继承遗产之继承人。

heir hunter 继承人查寻人 指以查寻、确认继承人为职业之人。

heir institute 〈苏格兰〉约定继承人(⇨heir conventional)

heir-land n.继承地 指被继承人死亡时由继承人继承之土地。

heir legal (罗马法)法定继承人 指依法律规定的继承人范围、继承顺序和遗产分配原则而继承被继承人遗产之人。区别于遗嘱继承人或约定继承人。

heirless estate 无人继承遗产 指死者无遗嘱死亡亦无法定继承人的遗产。(⇨escheat)

heirlooms n.祖传遗产;传家宝 通常指家庭几代相传有重大情感价值之物。在英格兰古法中,一些虽可能为动产但在目的和性质上与动产相悖的物件,根据特殊的习惯,应同不动产一起由继承人接收,而不给予遗嘱执行人,也不能通过遗嘱进行处分。它们常常是一些珍品,或是保有土地、荣誉、地位等的象征物。这些东西代代相传,一直保留在家族中。

heir of conquest 掠得财产的继承人 指继承人继承的遗产是被继承人掠夺得来的。

heir of line 直系血亲继承人

heir of provision 约定继承人 指依书面文件的条款而继承遗产之继承人。(⇨heir conventional)

heir of tailzie (= heir special)

heir of the blood 血亲继承人 基于血缘关系而继承遗产之继承人,尊血亲或卑血亲均可,包括非婚生子女,但不包括配偶和养子女。

heir of the body 直系血系继承人 不包括生存配偶、养子女和旁系血亲。

heir per stirpes 按家系的继承人;代位继承的法定继承人 (⇨per stirpes)

heir presumptive 推定法定继承人 指在被继承人无遗嘱死亡时可以继承其遗产之人,但其继承权可因血缘关系更近的继承人出生而消灭。例如某人的侄子或侄女为推定法定继承人,但其继承权可因该人的子女出生而消灭。(⇨heir(s))

heir(s) n.❶法定继承人 严格地说,该词仅指在无遗嘱的情况下继承遗产的人,而不包括根据遗嘱继承遗产的人。在更准确的意义上,1926年以前的英格兰和1965年以前的苏格兰中,该法定继承人仅指根据封建继承规则[feudal rule of succession]有权继承死者不动产的人,与继承死者不动产的遗嘱执行人[executor]或最近亲者[next-of-kin]相对。而所谓的封建继承规则,即以男性优先于女性、男性继承人中的长子继承制[primogeniture]以及代位继承[representation]为基础而确立的继承规则。1925年后的《遗产管理法》[Administration of Estates Act]将之废除,但1926年以前使用"heir"一词的,仍依其原义。该词在美国也可指法定继承人,因此,它与其他表示法定继承人的词,如"heir at law"或"legal heir"同义,通常,仅该词即可表达法定继承人的意思。一般而言,在某人尚生存期间,并没有法定继承人,但英文中却有若干术语对这种潜在的法定继承人[potential heirs]进行分类,如期待法定继承人[expectant heir]、将来法定继承人[prospective heir](包括推定法定继承人[heir presumptive]和当然法定继承人[heir apparent])。(⇨ prospective heir; heir presumptive; heir apparent) ❷继承人 在广泛意义上,指依遗嘱或法律继承死者财产的人[successor]。在大陆法上,该词概括继承人[universal successor],其中由遗嘱所创设的继承人称为"遗嘱继承人"[testamentary heir],无遗嘱的最近亲者[next-of-kin]则称为"法定继承人"[heir at law]或"无遗嘱继承人"[heir by intestacy],而普通法中的遗嘱执行人[executor]则在多方面对应于大陆法中的遗嘱继承人。(⇨ universal succession) ❸不动产法定继承人 严格言之,该词指无遗嘱时有权继承土地的人;无遗嘱的情况下有权继承动产的人,则称为动产法定继承人[distributee]或最近亲者。但此区别即使在一般的律师用语中亦已不再被遵循。

heirs and assigns 继承人与受让人 一种限制性语句。在普通法中,为转让非限定继承地产权[fee simple]中必需之语句,当用于遗嘱[wills]和契据[deeds]中而有相同或其他法定目的时,尽管该语句非为必需,仍有相同含义。

Heirs at law shall not be disinherited by conjecture, but only by express words or necessary implication. 法定继承人不得因推测而被剥夺继承权,只能因明示或必要的默示而剥夺其继承权。

heirs by blood 血亲继承人 用于契据[deed]中,作为授予非限定继承地产权[fee simple]的限制性用语[words of limitation];如作为指定性用语[words of purchase],则指同血缘的人。

heirship n.继承人身份;继承权;继承关系

heirship movables ❶〈苏格兰〉可继承动产 指某些具有可移动性的物品,在死亡发生时转移到死者继承人手中,而不转给遗嘱执行人。对这类物品的权利主张于1968年废止。 ❷法定继承人 在遗嘱中,该词有时与"子嗣"、"法定继承人"同义。(⇨ bodily heirs)

heirship proceeding 继承程序 指由制定法[statute]规定的、用以确定继承人范围和遗产分配事宜的特殊程序。

heirs of her body begotten 由她所出之继承人 设定限嗣继承地产权[estate in fee tail]时使用的法律术语,除非整个上下文显示遗嘱人将其作为指定性用语[words of purchase]使用外,一般将其解释为限制性用语[words of limitation]。

heir special 〈英〉特定继承人 指限定继承地产权[entailed estate]的继承人。

heirs-portioners n.〈苏格兰〉继承人 – 遗产获得人 1964年之前关于继承的苏格兰法律中,如果继承权对女性直系血亲开放,遗产并不转移给其中年龄最大的女子,而是转移给同一亲等的所有女子,那么她们就作为继承人——遗产获得人,平等地按人分割遗产。

heir substitute(in a bond) 担保之债的债权继承人 指在担保之债的债权人死亡时,替代其继受权之人。

heir testamentary 遗嘱继承人 由死者在遗嘱中指定的继承人,以区别于法定继承人[legal heir]和约定继承人[heir conventional]。

Hejira (= Hegira)

held v.❶判决;裁定 ❷(绑架罪中)(一定程度上)限制

人身自由;扣押;扣留 ❸(财产法)占有;持有;保有;实际占有;占有权(⇨ hold)

held for sale (代理人等)为出卖而占有(财产)

held in trust 信托占有;受托人占有

Heliaea n.赫利亚 指古雅典30岁以上的雅典公民举行的司法大会,也指举行该大会的场所。梭伦[Solon]创设了不服执政官判决[archon's decisions]而向该大会上诉的体制。赫利亚可能被克利斯梯尼[Cleisthenes]解释为按抽签从各德谟[demes]选出6 000名公民组成。公元前462年以后,执政官ू限于初审,而赫利亚成了雅典的最高法院。实践中赫利亚分成几个迪卡斯特里法院[dicasteries],每个法院都代表赫利亚整体。

hell n.❶债务人拘禁所 在17世纪,通指拘禁债务人的场所,特指财政署内室法庭[Court of Exchequer Chamber]中拘禁国王债务人的场所。 ❷地狱 罪人[sinner]、不信上帝者[unbeliever]死后将被投入地狱。

Hellenistic Law 希腊化时代之法 源于希腊,适用于希腊以及希腊化的亚洲地区居民的法律。这种法律并不统一,是因为其来源于各希腊城邦的法律。后随着罗马帝国的扩张和公元212年罗马公民权的普遍化,它逐渐为罗马法所取代。由于缺乏法典或文献方面的材料,对于希腊法的知识远不够完整,现在大部分有关希腊法的知识来自于在埃及发掘的材料。

helowe-wall n.〈撒克逊〉防护墙;保护墙

helsing n.〈撒克逊〉面值半分的一种铜币

He must protect himself if he can do so at trifling expense. 得以微小代价自保者须自保。 有关损害赔偿法中的一项原则。依该原则,即使为减轻损失而采取措施可能引起费用负担,但只要该费用小于间接损失,受害人就有义务采取该项措施。

henceforth ad.从今以后;从此以后 在法律上意味着从现在开始的持续行为或状态,但不包括过去。

henchman n.❶(古)侍从;仆人;听差 ❷(政治上的)追随者;支持者 ❸帮凶;走狗

henfare n.〈英格兰古法〉对逃跑的谋杀犯科以的罚金

hengen n.〈英〉苦役犯监狱

henghen n.〈撒克逊〉监狱;看守所;拘留所;矫正所

henogamy n.单一婚制 家庭中只允许有一人结婚的习惯,目的在于维护财产的完整性和限制继承人数目。该习惯在南印度某些部落中仍能发现。

Henry Ⅷ clause 亨利八世条款 指在立法活动中授予立法权,给予被授权者以修改授权所立的法案的权力,或修改任何其它法案的权力,以使其付诸实施。亨利八世曾以专制主义著名,该条款因此而得名。

Henry system 亨利制 以字母和数字对指纹进行分类的一种方法,它以十个手指为单位。此制构成英美法国家所采用的众多指纹分类制的基础。

heord-faete n.〈撒克逊〉管家 负责看管房屋,区别于较低级的自由民,后者并无自己的住宅,而只为其领主之家臣[house-retainer]。

heordwerch 牧役 一种依庄园内习惯所产生的役务,由以不自由役保有土地的封臣依领主之意履行。(= herdwerck)

he or they paying freight 由他或他们支付运费 提单中表明由收货人支付运费的条款。

Hepburn Act 〈美〉《赫伯恩法》 1906年6月25日国会通过的修正《州际商业法》[Interstate Commerce Act]的一项法律。该法扩大了州际商业委员会[I.C.C.]的管辖权,把管道纳入其管辖范围之内;禁止除雇员外的人员自由通过[free passes except to employees];禁止普通承运人运送木材之外其有利益[interest]的任何产品;该法还要求联合关税[joint tariffs]和统一会计制度[uniform system of accounts]。

heptarchy n.七头政治;七国之治 在不列颠,大约6世纪形成了七个王国争雄的局面,史称"七国之治"。到9世纪时,其中大部分被丹麦人所灭亡。这"七国"指诺森伯里亚、麦西亚、东盎格里亚、埃塞克斯、肯特、苏塞克斯、威塞克斯,他们都是从大陆迁徙过来的日耳曼诸部落,主要是盎格鲁和撒克逊建立起来的。起初是这七国之间的斗争不断,后来则是它们与北欧人的斗争。

herald n.❶信使;使节 ❷纹章官 这一官职在古代有一部分职责是掌握马上比武活动。起初是王室或贵族成员,负责登记宗谱、纹章、徽章、管理葬礼事宜、充当信使、宣布战争与和平。在英格兰,有9个纹章官。1484年,英格兰国王理查三世建立了纹章院[College of Arms]。在现代,英格兰与苏格兰的纹章院主要参与王室典礼、颁授纹章、记载纹章及宗谱、处理涉及优先权的事宜。

heraldry n.纹章术;纹章学 纹章官所具有的知识与技能,以及其工作。主要指有关纹章,及用在盾牌及印章上以区别身份和现在由个人、团体或组织用作徽章的学问与技艺。西欧大约自1150年起开始广泛使用纹章、徽章设计,当时尤其在盾牌及表明真实可靠的印章上运用较多。由于纹章的使用与封建上层社会联系在一起,因而纹章术与优雅、高贵联系在一起,绅士们都争相拥有纹章。纹章很早即被公认为是一种无形不动产,可继承与转让。

Heralds' College 纹章院 亦称College of Arms,一古老的皇家社团,最初由理查三世在1483年(亦说:1484年)创立,其现在的特许状由菲利普与玛丽于1556年颁发。纹章院属皇家典礼大臣[Earl Marshal]管辖,纹章院主要管辖有关纹章的事宜,以及一些与骑士法庭[Court of Chivalry]的管辖范围相重叠的事宜,因而与其产生冲突。同时,纹章院对贵族葬礼方面的事务有一部分管理职能,纹章办公处[Heralds' Office]至今仍有权颁授纹章。更改姓名所需的皇家许可证亦由纹章办公处记录在案。其现在的职能完全是司法以外的。

heraut 〈法〉(= herald)

herbage n.放牧权 指在他人土地上放牧的一种地役权。(⇨vesture)

herbagium (= herbage)

herbergare v.招待;停泊;住宿

Herbert's Act 〈英〉《赫伯特法》 指由牛津大学校董事会董事赫伯特提出的1937年《婚姻案件法》[Matrimonial Causes Act]。

herbigare (= herbergare)

herciscunda 〈拉〉(罗马法)❶遗产的分割;继承权的分配 ❷分开的;分离的

herdbook n.牧群登记册 用以记录牲畜生产日期、幼畜父系、受孕日期等事项。

herdewic (= herdewich)

herdewich n.牧场

herdwerch n.〈撒克逊〉(英格兰古法)牧役 由牧人或下级封臣依领主意愿所为之工作。

herdwerck (= heordwerch)

herdwick n.由牧人专门照看的牧场

hereafter ad.此后;今后 表将来,不含过去与现在的。

herebannum n.(英格兰古法)❶军队开赴战场令 ❷对未应召参军者施以的罚金 ❸援军税

herebote n.(英格兰古法)召集民众开赴战场的王室敕令

hereby granted 即时授予;即时转让

heredad 〈西〉❶已耕地;熟地 ❷遗产;继承权

heredad yacente 〈西〉待继承的遗产;待接受的遗产 源于拉丁文 haereditas jacens。

heredero 〈西〉继承人 包括法定继承人与遗嘱继承人。

hereditagium 〈拉〉遗产 用于西西里法和那不勒斯法中,相当于英格兰法中的"hereditament"一词。

hereditament n.可继承财产 指任何可被继承的物,包括有体的、无体的、动产、不动产或混合物。既包括可以直接继承的财产,也包括须经由死者遗产代理人[personal representative]才能继承的财产。在普通法上主要分成两类:①有体的可继承财产[corporeal hereditaments],指物理上的实体物,例如"土地";②无体的可继承财产[incorporeal hereditaments],指并非实体物的本身,而是根据法律的规定从有体物中产生的或与之相关的权利。

hereditary a.❶继承而得的;可继承的;世袭的 一般指由父系先辈传给其子孙后代。❷遗传的 n.遗产

hereditary disease 遗传性疾病

hereditary insanity 遗传性精神病

hereditary real estate 可继承的不动产

hereditary revenues 〈英〉王室世袭收入;皇室总入(⇨hereditary revenues of the Crown)

hereditary revenues of the Crown 〈英〉王室世袭收入;皇室总入 传统上指王室从它所享有权利和特权的地产及其它财产上所取得的收益。1760年之后,国王要将王室世袭收入交予财政署已成为惯例,作为回报他可以每年从财政署提取一笔皇室年费[Civil List]及获得为王室特定成员提供的津贴。当然国王上交的那部分收入不包括兰开斯特和康沃尔公爵领地内的收益,它们由自己保留,苏格兰亦如此。但国王自己作为普通个人而不是国家元首所享有的财产收益不在上交之列。(⇨Civil List)

hereditary right to the crown 王位继承权 依据王国的宪法,英国的王位一直就是可继承的,并将持续下去。尽管后来受到了议会的一些限制,英国王位的可继承性未予改变,仍由限定的王子来继承。

hereditary succession 法定继承;法定继承权(⇨descent)

hereditary successor 法定继承人

hereditas n.❶(英格兰古法)继承地 ❷(罗马法)概括继承

hereditas iacens 〈拉〉空位遗产;待继承遗产 罗马法中指在被继承人死亡之后而继承人接管之前处于一种管理真空状态的遗产。在谁代表该遗产行使权利的问题上,罗马法有三种观点:一是遗产代表了死者本人;二是继承人的权利有一定溯及力;三是遗产本身就代表了一种准人格。现代大陆法普遍采取第三种观点。英格兰法律不存在这一问题,因为它有遗产管理人的存在。

hereditas jacens 〈拉〉❶待继承的遗产 指继承人接受之前,属于遗产组成部分的那些财产。相似于普通法中归属未定的[abeyance]财产。❷(古)无人继承的遗产 指所有继承人或受遗赠人都不接受的死者的遗产,即复归领主的财产;也指该遗产在法律上没有所有权人,其权利将属于第一个占有该财产的人。(⇨escheat)

heredity n.遗传;遗传性 生物学普遍规律,指所有生物体都在其后代中重复自己的趋势,由父辈到子女辈的基

因传递。

heredium 〈拉〉〈罗马法〉世袭宅地 指古罗马由公家拨给每个家长私有的土地，其面积约为2罗亩——约合25公亩——供其建造住宅、菜园和羊圈之用。按习俗，此项宅地在家长去世时，即由当然继承人继承，此后世代相传，故称世袭宅地。家长不得用遗嘱另作处分，更不能在生前将其出让。随着商品经济的发展，此项制度有所变更。但最初，人们仍以出卖世袭宅地为不光彩的行为。

herefare 〈撒克逊〉入伍；参军；军事远征

heregeat （= heriot）

heregeld 〈撒克逊〉〈英格兰古法〉军队维持费 指为维持军队而征收的税、费。

heregild （= heregeld）

herein ad. ❶在此；于此；此中 该词的含义依上下文而定，可以指文章中的一部分、一页或一段，也可指整篇文章。❷在这件事上；在这方面

hereinafter ad. 在下文

hereinbefore ad. 在上文

heremitorium n. 隐居之地

heremones n. 军队之侍从

herenach a. ❶继承而得的；可继承的；世袭的；祖传的 一般指由父系先辈传给其子孙后代。❷遗传的 n. 遗产

heres 〈拉〉概括继承人 常用于罗马法中，为 haeres 的一种。（⇨haeres）

heres fiduciarius 〈拉〉〈罗马法〉信托继承人 指接受信托而继受遗产之人，即遗产信托中的受托人。

hereslita n. 未经许可而离队的雇佣兵

heressa （= hereslita）

heressiz （= hereslita）

heresy n. ❶异端 一般指与基督教罗马教会的正统教义有分歧或持有不同观点者。❷〈英〉宗教异端罪 该罪并非完全否认对基督教的信仰，而是指公开承认并坚持某些与正统基督教教义不同的观点或教义。最初要处以死刑，后被废除，改由教会法院审理，处以革除圣职、开除教籍等宗教处罚。神职人员犯此罪按教会法治罪，但教会法不对俗人行使该项管辖权。

hereteams （= heremones）

heretoch n. 将军；领导；司令；王国的贵族

heretofore ad. 此前；迄今为止；直到此时

heretum n. 庭院

hereunder ad. 在下文；在下面；据此

hereyeld （= heregeld）

herge 〈撒克逊〉人数超过35人的抢劫团伙

heriot 〈英〉上佳牲畜贡赋权 领主拥有的一种权利，在封臣死亡时，其上佳的牲畜应上贡给领主，即使牲畜不在领地内，领主仍可以捕获它。早期，这种贡赋权主要是死亡的封臣的马匹及装备上贡给领主，以利于后来的封臣运用这些马匹及装备作军事防御。1922年及1924年的《财产法》规定可以用等值的金钱支付替代应上贡的牲畜，该贡赋权成为一种可追索的民事债务，受时效限制。该贡赋权分为三类：①封建役务贡赋权 [heriot service]，它只作为1285年《封地购买法》前设立的完全保有地产权的附属权利而存在。领主对死亡封臣遗产中的上佳牲畜享有权利，可以捕获或扣押的方式实现这一权利。②可诉贡赋权 [suit heriot]，即对死亡的佃户的一些动产的权利，依据现代作出的完全保有土地授予或租佃而保留。这种权利并不局限在上佳牲畜或者死亡佃户的遗产情形，它实际上是一种租金，领主可以扣押或者提起诉讼来实现该权利，但不可占有它。③习惯法上的贡赋权 [heriot custom]，这种权利一般只在公簿地产权 [copyhold] 中存在，它不是扣押，而是根据特别的习惯规则来实现，在一些其他方面完全受地方性习惯的调整。最初，"heriot"与"relief"同义，诺曼人征服英格兰后，"relief"用于自由民 [free tenant]，而"heriot"则用于维尔 [villein]。

heriot custom 习惯法上的贡赋权（⇨heriot）

heriot service 役务贡赋权（⇨heriot）

heriscindium n. 分家析产

heristal n. 军事基地；营地

heristall n. 城堡；要塞

heritable a. 可继承的；可遗传的；可继受的

heritable and moveable 〈苏格兰〉可继承的和可移动的 苏格兰法的这种划分与英格兰法中的不动产和动产 [real and personal] 划分相似但并非完全一致。可继承的（不动产）是指于1964年之前发生无遗嘱死亡时要转移给法定继承人之物，尤指土地、土地上所有的权利以及与土地相联系的权利。可移动的（动产）则指在形态上可以移动且应交付遗产执行人在最近亲者之间进行分割之物。

heritable bond 〈苏格兰〉以可继承财产担保的债券 指将可继承的土地交由债权人占有，并以其转让权或继承权作为债务清偿的质押担保。

heritable jurisdiction 世袭管辖权 指封建制下领主对封臣的司法管辖权。

heritable property 〈苏格兰〉可继承财产；可继承不动产 指过去在所有人死亡时将其未加分割地交与死者法定继承人的财产，从而与在所有人死亡时将其交由遗产执行人从而在最近亲者之间分割的动产相对。（自1964年以后，该两种可继承财产均交由遗嘱执行人，但也有例外。）对此又可分为有体的可继承财产 [corporeal heritable property] 与无体的可继承财产 [incorporeal heritable property]。前者具有物理实体的不动产，包括土地和建筑物。后者则指与土地或建筑物相关的权利，如土地年租金、土地租赁权、地役权。但后者属于动产。（⇨heritable and moveable）

heritable rights 可继承权利；不动产权利

heritable security 可继承财产担保 指以可继承财产为担保物之担保。苏格兰法中，指在可继承财产 [heritable property] 上所设立的不动产担保 [real security]。但自1868年以后，某些用作担保的可继承财产实为动产。

heritage n. ❶遗产；可继承财产 ❷代代相传的文化；传统

heritor n. 〈苏格兰〉继承人；遗产所有人

Her Majesty's dominions 〈英〉陛下自治领 指英王统治下的领土。除特别法律规定之外，陛下自治领不包括英联邦内不把英王作为国家元首的国家，也不包括保护地、被保护国或托管领土。

Her Majesty's Forces 〈英〉皇家三军 指根据皇家特权和法律授权建立并维持的皇家武装力量。包括皇家海军 [Royal Navy]、陆军 [Army] 和皇家空军 [Royal Air Force]，以及诸如妇女皇家陆军军团 [Women's Royal Army Corps] 和妇女皇家空军 [Women's Royal Air Force] 等预备役和自愿预备役团体。

Her Majesty's Stationery Office 〈英〉皇家文书出版署 指专门为议会和行政部门提供文具和图书的政府部门，创立于1786年，但其产生并非源于成文法的规定，因而其存在依赖议会每年的投票。它也是一个庞大的出版机

构,由它来出版和出售许多种政府出版物,如议案[Bills]、法律[Acts]、行政立法性文件集[Statutory Instruments]、汉萨得议会议事录[Hansard]、白皮书[White Papers]、蓝皮书[Blue Books]、皇家委任令[Royal Commission]和其他判例汇编、地图等。它负责印制由政府要求或者发行并出售给公众的各种材料。所有政府出版物的版权均归属于皇家文书出版署的主事官,他也是议会法律的政府出版人员。

hermandad 〈西〉民团 为预防犯罪和滥用暴力,保证公共安全和秩序而由不同村、镇组织起来的互助团体。

hermaphrodite n.阴阳人;阴阳体 指既有雄性生殖器官又有雌性生殖器官的人或其他生物有机体。在美国一些州,如果妇女被谓之阴阳人,她可以对此提起诽谤之诉,而无需证明特殊损害。

Hermaphroditus tam masculo quam feminae comparatur, secundum praevalentiam sexus incalescentis 〈拉〉阴阳人依其显现之性别优势确定男女。

hermeneutics n.解释学;阐释学

hermer n.大领主

Hermogenian Codex 〈拉〉《海默根法典》(= Codex Hermogenianus)

hernasium (= hernesium)

hernesium n.家庭必需品;农、商业工具

heroud 〈法〉(= herald)

herring silver 代鲱银 指教堂或修道院的佃户[tenants of a religious house]为替代向教士或修士每年缴纳的鲱鱼而纳的税。

herus 〈拉〉所有人;领主;家长;主人

Herus dat, ut servus faciat 〈拉〉家主付钱目的在于家仆工作。

hesia 〈拉〉地役权(= easement)

hetaerarcha n.修道院院长;大学校长;社团监理人

hetaeria 〈拉〉(罗马法)社团;团体;组织

heterogeneous goods 特定物;类别不同物;结构不同物 与种类物[homogeneous goods]相对。

He that hath committed inequity shall not have equity. 已为不公平之事者将不会得到公平。 衡平法法谚。

heurematic law 解释学 根据公正解释法律规则的科学。

heuvelborh 〈撒克逊〉(英格兰古法)债务担保;保证人

He who comes into a court of equity must come with clean hands. 到衡平法院起诉者须自身清白。(⇨clean-hands doctrine)

He who has committed iniquity shall not have equity. 未公平行事者得不到衡平法保护。(⇨clean-hands doctrine)

He who is silent when conscience requires him to speak shall be debarred from speaking when conscience requires him to be silent. 良知要求其发言时保持沉默之人,于良知要求其保持沉默时亦被禁止发言。

He who made the loss possible must suffer. 导致可能之损失者须负担之。

He who owns land owns to the sky above it. 土地所有人的所有权上至天空。 但相邻的所有人之间应相互供便利,而且由于航空业的发展,在裁判中此原则已被大大修正。

He who owns soil, owns to the heavens. 土地所有人的所有权下至地心。

He who seeks equity must do equity. 求诸公平者须公

平待人。

He who will have equity done to him must do equity to the same person. 要求对方给予公平者须给予对方公平。

Hexabiblos 《法律六书》 为满足14世纪拜占廷社会的需要而由哈门纳普罗士[Harmenopulos]在《巴西尔法典》[Basilica]及后来影响拜占廷发展的其它法律基础上编纂的法律汇编,共六册,1828年为希腊议会接受为希腊民法的基础,并存续至1941年。

Hexham 〈英〉赫克瑟姆 古代曾被视为巴拉丁郡[county palatine]之一,但1572年的一项法令宣布它仅为诺森伯兰郡的一部分。(⇨palatine)

hey (= hay)

heybote (= hay-bote)

heyloed n.围篱维修费 为维修围篱而向下级土地保有人征收的习惯性费用。

hg. (= hectogramme)

HHFA (= Housing and Home Finance Agency)

Hibernensis Collectio 〈拉〉《爱尔兰教会法汇编》 始编于公元700年左右的一部关于爱尔兰教会法规的综合性汇编。它从《圣经》、教父作品和《古代教会法》[Statuta Ecclesiae Antiqua]中汲取了很多原则,但并未过多依赖教皇的敕令、爱尔兰宗教会议的法令及爱尔兰宗教学者们的著作。全书共65章,依主题编排,对8世纪之后的欧洲产生了相当的影响,并为格拉提安之前的教会法编纂者经常利用。

Hicks Hall 〈英〉希克斯厅 位于克拉肯韦尔[Clerkenwell],中央刑事法庭[London Sessions]自1612年至1779年被拆毁期间曾于此开庭。1660年10月9日,20名弑君党人于此受审。(⇨London Sessions)

hidage n.(英格兰古法)海得税 对骑士役[knight's service]保有地之外的其它土地按每一海得征收的税,其形式并非金钱而通常是提供盔甲等。它与租税[tallage]相对应,但《经同意征税法》[De Tallagio non Concedendo]均涵盖这两项。(⇨tallage; De Tallagio non Concedendo)

hidalgo 〈西〉❶(次于最高贵族的)西班牙贵族 ❷(使用西班牙语的美洲国家的)地主;绅士

hidalguia 〈西〉世袭贵族

hidden asset 账外资产;隐藏资产 当所定资产价值大大低于其市场价值时,市场价值与账面价值之间的差额即代表隐藏资产。

hidden defect 内在瑕疵;隐藏瑕疵 指不能以合理检查或简单检查发现的瑕疵。出租人或出卖人应对财产的内在瑕疵所造成的损害负责,而买受人则可以撤销以前对有内在瑕疵财产的接受。

hidden meaning 言外之意

hidden property 隐藏物;埋藏物(⇨conceal; treasure-trove)

hidden tax 隐蔽税;间接税 指对先前生产、分配阶段发生的最终销售收入所征的一种税。

hide n.(英格兰古法)海得 源于盎格鲁-撒克逊时期的一种土地计量单位,大约与卡鲁开[carucate]相当,指一犁所耕之地的面积,在60至100英亩之间,各地依惯例而不同。也可指维持一个家庭或领主庄园住宅[mansion-house]区内居民所需的土地。该词还可用以指房屋、住宅。古时用作计税单位,也是征召民兵[fyrd]或军役[militia]的基础。

hide and gain 可耕地

hidegild n.❶海得税 ❷(= hidgild)

hidel n.(英格兰古法)避难所;庇护所
hide lands 海得地 指依海得分割的土地。(⇨hide)
hide of land 〈英〉一海得土地(⇨hide)
hidgild n.免鞭刑税;代答金 指维兰[villein]或家仆[servant]为免受鞭刑[whipping]而支付的金钱。
hierarchy n.❶神职政体 指僧侣统治。❷教阶制度 指按权力及权威的大小而组成的由低到高逐级相属的教会或神职机构的等级职官体系。❸等级制度;等级体系
hierlooms (= heirlooms)
higgling n.讨价还价 尤指证券交易术语,意指买方与卖方就此磋商方式而在价格上达成一致。
high a.❶高的;高度的 ❷普通的;公开的;开放的 ❸(等级、地位、职位等)高级的;重要的;主要的
high bailiff 高级执达官 在英格兰,依1888年《郡法院法》[County Court Act]由郡法院[county court]法官任命的官员,其职责是在开庭时亲自或派其副手出庭法庭,送达令状,执行拘传票、令状,他们在郡法院的破产管辖权方面负相同职责。该职位为1959年《郡法院法》所废止,其职责为郡法院登记官[registrar]所承担。在美国佛蒙特州[Vermont],指与特任陪审员选择官[elisor]职能相同的官员。
highbinder n.敲诈勒索者;刺客 旧时用语,指为敲诈勒索或谋杀之目的,或兼有此两个目的而组织起来的华人帮会、社团中的成员。
High Commission (= Court of High Commission)
High Commission Court (= Court of High Commission)
High Commissioners 〈英〉高级专员 英联邦成员国之间互派代表的职衔,他们与大使同级并享有大使级豁免权。
high constable 高级治安官 指百户区[hundred]治安官,由其统辖的特许或百户区刑事法庭[court leets of the franchise or hundred]任命。该职位为1869年《高级治安官法》[High Constables Act]所废止。(⇨constable)
high cost of living 高生活费
High Court of Admiralty 〈英〉高等海事法院 旧时审理海事案件的专门法院,原先隶属于舰队司令,故亦称舰队司令的法院[court of the deputy of the Admiral],创立于1340年左右。最初北、南、西三个地区的舰队司令各自设立了高等海事法院,15世纪初,随着海军事务大臣[Lord High Admiral]一职(全英的舰队均归其统率,成为全英国的舰队司令)的出现,这些法院亦合并成为一个高等海事法院。设立该法院最初是为了防止或惩罚海盗及处理海上捕获等事件,后来其民事管辖范围扩展至一切航运与商事案件,并一度与普通法法院发生管辖权冲突。16世纪后海上刑事案件也归属该法院管辖,但1834年后其刑事管辖权移归中央刑事法院[Central Criminal Court]。在1873-1875年司法体系改革后,该法院被并入高等法院遗嘱检验、离婚与海事分庭[Probate, Divorce and Admiralty Division]。1970年该法庭更名为(高等法院)家事庭[Family Division],将海事案件移归(高等法院)王座分庭[Queen's Bench Division]设立的海事法庭[Admiralty Court]管辖。
High Court of Chancery 〈英〉衡平法院(⇨Chancery)
High Court of Chivalry 高等骑士法庭;军事法庭 非存卷法庭,由皇家军事总长[Lord High Constable]和王室典礼官[Earl Marshal]主持,因此又称"Court of the Constable and Marshal"。该法庭在有关武器和战争、兵器携带、优先权问题、血缘和亲属等不受一般法院管辖的荣誉事务方面拥有民事和刑事的管辖权。作为荣誉法庭时,单独由原副皇家军事总监,即后来的典礼大臣公爵[Earl Marshal]主持。该法庭在1954年因一宗案件首次在二百年后重新开庭。(= court of chivalry)(⇨Earl Marshal)
High Court of Delegates 〈英〉(高级)皇家教务代表法院 宗教改革之前,英国教会法院的所有案件上诉至教皇。1533年,此做法被禁止,教会案件向主教、拱顶法院[Courts of Arches]、大主教上诉。1534年设立了该法院,听取大主教法院以及不受大主教管辖的案件上诉。1833年该法院的权力移交枢密院司法委员会。(⇨Court of Delegates)
High Court of Errors and Appeals 〈美〉高等上诉法院 从前新泽西州和纽约州的终审法院。(⇨Court of Errors and Appeals)
High Court of Justice 高等法院 ①1875年司法改革之后,英国的高等法院、上诉法院[Court of Appeal]和刑事法院[Crown Court]共同构成最高法院[Supreme Court of Judicature]。其中高等法院合并并取代了原来的衡平法庭、王座法庭、民诉法庭、财税法庭、高等海事法庭[High Court of Admiralty]、遗嘱检验法庭、离婚和婚姻案件法庭[Court for Divorce and Matrimonial Causes]和伦敦破产法庭[London Court of Bankruptcy]等,起初它分为衡平、王座、民诉、财税及遗嘱检验、离婚和海事五个分庭,1880年,民诉分庭和财税分庭并入王座分庭;1971年遗嘱检验、离婚和海事分庭更名为家事分庭,有争议的遗嘱检验方面的案件移交给了衡平分庭,海事案件转给了王座分庭。高等法院的全部司法管辖权同样地属于所有各分庭,所有法官享有同等的权威,全部分庭组成一个高等法院。高等法院法官包括衡平分庭的庭长大法官[Lord Chancellor]、王座分庭的庭长英格兰首席大法官[Lord Chief Justice of England]、家事分庭庭长[President of the Family Division]及附属各庭的常任法官。上诉法院的法官可以出任高等法院法官,巡回法官[circuit judge]或记录法官[recorder]应大法官之召也可出任高等法院法官;另外高等法院法官亦可根据需要出任上诉法院法官或其他特别法庭的法官。高等法院取得了原有各类被它取代的法庭的管辖权,其他的一些法庭的管辖权现也归高等法院所有。这种管辖权在地域上涵盖了英格兰和威尔士,在诉讼级别上则既包括初审管辖权,又有上诉管辖权,并能受理各种诉讼和标的不限的案件,但在某些方面,它与其他法院有并存管辖权,对于特殊事项的管辖权则依据规则授予特别成立的分庭。王座分庭内又设立海事和商事庭。高等法院的上诉管辖权和监督权在某些案件中是由独任法官行使,但通常是由三个分庭的两三名法官组成一个分庭来行使,来自下级法院的重要案件的上诉管辖权和批准签发人身保护令[habeas corpus]、执行职务令[order of mandamus]、禁审令[prohibition]及调卷令[certiorari]的权力则属于王座分庭设立的分庭。除了特殊案件,如从郡行政司法官法庭上诉的案件,高等法院的管辖权一般都限于民事方面,救济方式包括赔偿损失、颁发禁令、确定权利归属、解除婚姻等。②北爱尔兰最高法院的一个分支,始建于1920年,后于1978年重建。它是一审的高等民事法院,行使以前爱尔兰高等法院的管辖权,由北爱尔兰首席法官和五名法官组成。它也分为王座、家事和衡平三个分庭,其中王座分庭在刑事方面对提供特殊救济,如人身保护令、调卷令等享有管辖权,民事方面则对所有的普通法案件享有管辖权,衡平分庭则处理信托、遗产、遗嘱、合伙、公司及其它相关事务。(⇨Court of

Appeal; Crown Court; House of Lords; Supreme Court of Judicature)

High Court of Justiciary 〈苏格兰〉高等刑事法院 苏格兰的最高刑事法院，1672年设立，由最高法院院长［Lord Justice-General］、副院长［Lord Justice Clerk］和5名常任法官［Lords Commissioners of Justiciary］组成。它的司法管辖权涉及到任何在苏格兰领土内实施的犯罪、在领水内发生的犯罪、以及在公海上发生的海盗行为。只有该法院有权审理叛国罪、谋杀罪、强奸罪、治安法官的渎职罪、泄露官方秘密罪、邮递员非法占有他人信件罪及其他一些案件。高等刑事法院有三种职能：①作为审判庭审理案件；②作为上诉法庭审理来自郡法院和其他低级法院的即决案件的上诉；③作为上诉法庭审理来自高等刑事法院和郡长法庭的按起诉程序审理的案件的上诉。高等刑事法院的判决在苏格兰刑事制度以及刑事诉讼规则中是最重要的。按照《程序条例》［Act of Adjournal］高等刑事法院的法官有权为调整刑事诉讼程序制定规则。

High Court of Parliament 〈英〉议会 英国的议会包括上议院和下议院，其中上议院有司法职能。（= Parliament）

high crime 〈美〉严重犯罪 指违背公共道德的不名誉行，尤指参议院认为构成总统、副总统或其他文职官员不适合担任行政职务，应受到弹劾的适当理由的犯罪，如叛国、贿赂等。严格来说不同于重罪［felony］。

high crimes and misdemeanors 严重犯罪与轻罪 指与重罪［felony］具有大致相同的社会危害性的不道德和不合法的犯罪行为，但又有别于刑法术语中严格意义上的重罪。例如，叛国罪、贿赂罪或其他重罪与轻罪，都属此列，依据美国宪法，总统、副总统和合众国的所有文职官员犯有此类罪行，将受到弹劾。

high degree of care 高度注意 程度高于一般注意［ordinary care］。（⇨care）

high degree of care and diligence 高度注意（⇨care）

high degree of negligence 重大过失（⇨negligence）

high diligence 高度注意（⇨care; diligence）

higher and lower scale 〈英〉高额（费用）与低额（费用） 英国现行的最高法院规则形成之前，在司法实践中对于法官和律师的收费有两种等级：所有在王座分庭和遗嘱检验、离婚、海事分庭诉讼的案件，所有债务、侵权和契约案件，在衡平分庭进行诉讼且标的额小于1 000英镑的案件都适用低额收费原则。其它案件或虽属前述案件但主要救济措施为颁发禁令的案件均适用高额收费原则。

Higher Education Facilities Act 〈美〉《高等教育设施法》 1963年颁布的一部联邦法律，旨在对公立高等教育机构和其他非营利性高等教育机构的学术及相关设施的建设、修复、改进提供财政支持。

higher law 高级法 指比实在法的单纯规定更有权威的规范。它包括永恒法［eternal law］和阿奎那确认的自然法。高级法的性质并无清楚的表述，但它是自然法的主要原则。

higher schools 〈美〉高等学校 指包括八年级以上年级的公立学校。

highest and best 最高且最佳的（价格） 在仅有一名投标者的情况下，其提供的价格可认为是最高且最佳的。

highest and best use 最高的且最佳的使用 在不动产估价中，指对该土地或建筑物的使用能够在给定时间内带来最大经济回报。

highest bidder 出价最高的竞拍者；出价最高的投标人 其在拍卖中即为竞买成功者，而在合同招标中则为落标者。

highest court 最高法院 指终审法院，即对同一事项无更高级法院进行审理，因而其判决为最终判决而不能予以上诉的法院。（⇨court of last resort）

highest degree of care 最高注意 指一个极度小心谨慎的人在相同情况下所采取的注意。但该种注意义务只是相对的，有时在特定情况下并不要求高于合理注意［reasonable care］。美国某些法域要求公共客运人须具有该注意标准。（⇨care）

highest legal interest 最高法定利率

highest point 最高点 指矿脉最高顶点。

highest proved value 被证明的最高价值 动产侵占之诉［action of trover］中，指陪审团考虑所有证据后所确定的在侵占［conversion］至审理［trial］期间该财物的最高价值。

highgrading n. 盗矿

high justice 高级司法管辖权 指对于涉及肢体和生命的案件的管辖权，换言之，指对各种犯罪——即使是最严重的——所享有的管辖权。这是中世纪一些大领主所主张和享有的特权。（⇨low justice; justice）

high justiciar 享有高级刑事审判权之领主

high justicier (= high justiciar)

high license 高级许可；高级执照

high misdemeano(u)rs 比较严重的轻罪 制定法上的用语，指与轻微的轻罪或微罪［petty offenses］以及普通的轻罪［ordinary misdemeanor］相比，其犯罪性质较为严重，具有较为严重的社会危害性。（⇨gross misdemeanor）

Highness n. 〈英〉殿下 12世纪起英格兰国王的称号。自詹姆士一世起英格兰国王称"陛下"［Majesty］，此前称"皇上"。王室［crowned head］子女通常获殿下称号。自1917年起，"王室殿下"［Royal Highness］用来称呼君王的子女、君王儿子的子女和威尔士亲王［Prince of Wales］在世长子的在世长子。"王室殿下"［Royal Highness］这一称号由爱丁堡公爵［Duke of Edinburgh］所创。

high prerogative writ 〈英〉特权令 指法庭仅依据恰当事由签发的某些特定的司法令状。这不是一个简单的权利问题，其理论基础是政府的这些行为会直接影响到人民的自由与财产，因此只能以这是行使王权为由来使之合理化。

high probability rule （海商法）（全损）高度可能性规则 关于作为被保险人的船东所享有的弃船权的一项规则，根据该规则，弃船权不是基于船舶、货物或船货的确定性全损，而是基于全损的高度可能性。如果存在着极度的风险，致使可能发生的费用将超过船舶价值的一半时，被保险人可以弃船，尽管此后该船可能会以较低的费用得以修复。

high school 〈美〉中学 指教授公立学校教育的高级部分的学校，为公立学校的一部分，通常包括九年级至十二年级，有时区分为初级［junior］中学和高级［senior］中学。

high seas 公海 除所有国家的内水和领海外的一切覆盖地球表面的海域，包括毗连区和大陆架的上覆水域。公海不在任何国家的管辖之下，各国在公海上享有航行自由、飞越自由、捕鱼自由、铺设海底电缆和管道的自由、海洋科学研究的自由和建造人工岛屿和设施的自由。

high sheriff 〈英〉郡长 每年在英格兰和威尔士指任一人出任，该职位历史悠久，意义重大，由包括御前大臣在内的一些高级法官组成的会议提名三个合适的人选，然后由国王指定。维持国王和平是郡长的主要职责，为此他要取缔非法组织，镇压反叛，拘捕罪犯，防御外敌入侵等。

另外他还要安排和参加巡回法官的开庭,并执行法庭的各种命令。郡长过去所享有的大部分民事和刑事管辖权现已移交给了常规的法庭,但仍保留了某些重要的司法和行政职能。郡长可派副手代行其职责。(⇨sheriff)

High Steward 〈英〉**高级执事** 以前威斯敏斯特特别行政区[Liberty of Westminster]的一种官员;在现今的一些城市里仍有一些名誉上的官职仍用该名词。牛津和剑桥大学也有此种职位,他们地位尊显,但并无实际职责。理论上任何学者都有在学校高级执事主持的法庭上受审的特权,但自18世纪以来这种特权已被搁置使用。(⇨steward; Lord High Steward)

high tide ❶**高潮线** 海水涨潮时所能到达的最高线。❷**高潮;高潮期** 一天中潮水到达高潮线的时刻。(⇨mean high tide)

high treason 〈英〉**重叛逆罪** 指背叛国王或政府的犯罪。曾有别于轻叛逆罪、微叛逆罪[petit or petty treason],但1828年以后,轻叛逆罪或微叛逆罪已被废除,而统称叛逆罪。(⇨treason)

high water **高水位;高潮;满潮**(⇨ high tide)

high water line **高水位线** 指通常天气情况下高潮所达的水位线,通常指平均高水位线而非最高水位线。通航水域的高水位线指通常情况达到的水位线而非发生洪水时达到的水位线。用于淡水湖泊和河流时,指因潮水、河水经常停留而使河床的泥土在植物生长及土质方面显示出与河岸上的泥土明显不同特征的那条线。

high water mark (= high water line)

highway n.❶**公共道路** 指对公众开放的道路,即任何人都有权使用的道路。 ❷(水上、陆中、空中的)**交通干线**

highway acts 〈总称〉**公路法** 指规范公路的设计、修筑、维修和使用的法律。

highway authorities **路政机关**

highway by prescription **时效公路** 指因时效而获得权利的公共道路。

highway by user **使用者公路** 指经长期不间断使用而获得权利的公路。

highway code 〈英〉**公路规则** 指由环境事务部[Department of the Environment]制定的关于安全驾驶和妥当行为的规则。不遵守此类规则既非犯罪也非侵权上的过失,但为考虑是否承担民事责任、刑事责任的一个因素。

highway commission 〈美〉**公路委员会** 州、县或市政法人行使与公路相关的政府职能的机构。

highway district **公路区** 为修建、维护公路而予以改良的区域。

highway easement **公路通行地役权**

highway intersection **公路交叉口**(⇨intersection)

highway laws **公路法**(= highway acts)

highwayman n.**拦路强盗**

highway patrol **公路巡逻队**

highway-rate n.〈英〉**公路税** 为养护、修补公路而征收的税。

highway robbery ❶**拦路抢劫** 在公路上或公路附近进行的抢劫罪。最初,拦路抢劫是指拦截路人进行抢劫。拦路抢劫与一般意义上的抢劫的区别在于实施的地点不同。如今,只要使用暴力或恐吓方法进行抢劫,也可以拦路抢劫论处。(⇨hijacking) ❷**过高的价格(或要价)**

highway tax **公路税** 指为修筑、修补公路而征的税。

highway toll **公路过路费**(⇨toll)

higler 〈英〉**行商**(⇨hawker)

higuela 〈西〉**遗产接受收据** 由继承人签名,表示其已得遗产的收据[receipt]。

H. I. H. (= His or Her Imperial Highness)

hiis testibus 〈古〉**这些是证人;有这些证人** 旧时契据和盖印证书中述明该契据或证书的证人姓名的条款。但自亨利八世[Henry Ⅷ]以后不用。

hiis testibus clause **证人条款;连署证明条款**

hiis testibus Johanne Moore, Jacobo Smith, et aliis, ad hanc rem convocatis **有这些人,约翰·穆尔、雅各布·史密斯及其他人,作为证人证明该事实** 如:作为证人连署证明某契约是真的。

hijack v.❶**拦路抢劫;抢劫(运输中的车辆或航空器)** ❷(尤指在枪口威胁下)**劫持(车辆或航空器)**

hijacker n.❶**拦路抢劫者** 尤指抢劫非法持有或运输中的麻醉药品或酒类。 ❷**劫持者**

hijacking n.❶**拦路抢劫** 一般指抢劫正在运输中的货车上的货物,有时仅指抢劫货物,有时也包括抢劫车辆和货物。 ❷**劫持航空器** 在航空器上,使用武力或任何威胁手段夺取或控制该航空器的罪行。通常是为了一定的政治目的而实施的。1970年为在海牙国际公约专门针对非法劫持航空器的犯罪而制定了《海牙公约》[Hague Convention],英国在1971年、1973年分别制定了相应的《制止劫持航空器法》[Hijacking Act]、《保护航空器法》[Protection of Aircraft Act],规定对该罪提起诉讼需要征得总检察长的同意,对该罪可判处无期徒刑。

hijodalgo (= hidalgo)

Hikenild Street 〈英〉**哈艾克尼尔德大街** 英格兰的四条古罗马大道[Roman roads of Britain]之一,从圣戴维兹[St. David's]到泰恩茅斯[Tynemouth],也称作"Ikenild street"。

Hilary Rules 〈英〉**希拉里规则;春季开庭期规则** 指英国于1834年在春季开庭期所确立的适用于高级法院的诉答和程序的一系列规则的总称,目的在于简化原先严格的诉答要求,例如限制格式诉讼中概括否认答辩的范围,要求被告肯定性地确立其主张的事项而非简单地否认对义务的违反或有违法行为等。但规则实施后却出乎意料地使严格诉答要求扩大到了一些新的法律领域,对这些规则又产生了广泛的不满,由此导致了1873-1875年《司法组织法》[Judicature Acts]在诉答制度上放松限制。

Hilary sitting 〈英〉**春季开庭期**(⇨sittings)

Hilary term 〈英〉**春季开庭期**(⇨term)

Hilton doctrine 〈美〉**希尔顿规则** 一项民事诉讼规则,指在油气租约[oil-and-gas lease]当事人之间发生的纠纷中,如果被告的租约被终止,特许权人[royalty owner]将丧失其权利,则特许权人为反对该租约[challenging the lease]诉讼的必要当事人。

himself order (= himself or order)

himself or order (收款人)**本人或凭指示** 附加于票据收款人之后的用语,使票据具有可流通性。

hinc inde **各方面;相互地;交互地**

hind (= hine)

hindeni homines 〈撒克逊〉**人的一个等级** 撒克逊将人分为三等,并据等级确定不同的损害赔偿金:最高等级为1 200先令,第二等级为600先令,最低一级为200先令。

Hinde Palmer's Act 〈英〉《**欣德·帕尔默法**》 即1869年《遗产管理法》[Administration of Estates Act],它废除了在死者遗产处理中,盖印合同[specialty]比简单合同享有的债的优先权,而使两者之债处于同一受偿次序。后被

1925年《遗产管理法》取代。

hindering and delaying creditors 妨碍债权人（行使债权）；阻止债权人（行使债权） 指以欺诈之故意，阻止或妨碍债权人对债务人的财产行使合法请求权的行为；也指不论主观上有无阻碍之故意，但实际上阻碍债权人的行为。例如，债务人低于公平价格出售其财产。

Hindu law 印度教法 印度教徒遵循的宗教法律，是印度、东非和东南亚国家印度教社会成员的属人法。在印度，其宗教教义起着西方社会中法律的某些作用。印度教法的渊源是古代宗教文献《传承》[Smrtis]，以及《梨俱吠陀》[Rigveda]，《吠陀经》[Vedangas]和《奥义书》[Upanishads]，它们包括对哲学和宗教教义的诠释，说明组织、道德和行为的规范。印度教法分为两大派：米塔克萨拉[Mitakshara]学派和达亚不哈嘉[Dayabhaga]学派，各自涉及特定的领域。除了涉及宗教和习俗外，印度教法后来也作为处理个人与家庭关系的法规，西方法律则应用于其它关系。1947年印度独立以后，法律的发展倾向是以西方的世俗法代替宗教法。

hine n.〈英格兰古法〉农场雇工；农业雇工；农场管理人

hinefare （= hine fare）

hine fare 〈英格兰古法〉奴仆丢失或离开其主人

hinegeld n.农奴或佣人犯罪后交纳的悔赎金（= hidgild）

hinterland n.内地；腹地 该地不能自动或者未经占有就随相邻土地成为殖民土地。

hipoteca 〈西〉不动产抵押

hirciscunda 遗产分割（⇨herciscunda）

hire v.租；租用；雇佣 指有偿使用他人的动产或劳动、服务。(⇨employ；rent；lease)
　　n. ❶租赁；租用；雇佣 ❷租金；工钱

hired automobile clause 租赁汽车条款 汽车责任保险单的条款之一，承保被保险人在驾驶租赁汽车时所产生的责任，但通常不承保汽车的所有人或其雇员。

hireman n.臣民；国民

hire or retain 雇用；聘employ （尤其指专业人员）在美国制定法中，雇用公民离开美国去外国服兵役的行为构成犯罪，"雇用"报酬无需立即支付，且不限于金钱。

hire-purchase n.〈英〉租购；分期付款购买 指货物所有人与租借人之间达成协议，由所有人将货物有偿出租给租借人，在租借人付清预定金额后，货物所有权转让给租借人，但在条件未完成之前，所有权仍归属所有人。租借人可随时将货物归还所有人，而没有义务支付归还后的租金差额。

hire-purchase agreement 〈英〉租购合同；分期付款购买协议（⇨conditional sale contract；credit sale；hire-purchase）

hirer n.雇主；租借人

hiring n.租；租佣；租出；雇用；雇出；租赁合同 分四种：①物的租赁；②劳动或服务的租赁；③完成某项工作或保管的租赁；④货物运输的租赁。后三者又统称劳务租赁。(= hire)

hiring at will 任意性雇佣合同；任意性租赁合同 指雇主可以任意终止的雇佣合同；也指双方当事人都可随意终止的租赁合同。(⇨employment at will)

hiring fair (= statute fair)

hiring hall 〈美〉职业介绍所 由工会举办，或由雇主与工会共同举办，或由州或地方政府劳动部门举办，为特定工作提供雇员的机构。

hiring-hall agreement 职业介绍所协议 集体劳动合同[collective labor agreement]的一部分，规定由工会维持职业介绍所的有关事宜，其特点在于对因雇员是否为工会会员所产生的差别待遇作出规定。

hiring out prisoners 雇佣在押犯（⇨convict labor）

his pron.他或她 用于书面文据中，指其教名仅用首字母表示的某人，该人并不必然是男性，可以通过口头陈述表明其为女性。

His Excellency 阁下 间接提到时使用。在英格兰法中，它是对总督[viceroy]、政府首脑、大使或司令官的尊称。在美国法中，它是马萨诸塞州[Massachusetts]宪法规定的对该州州长的称呼；通常它是对其他州的州长、美国总统、某些神职人员的尊称；另外，该词在外交部长致国务卿的信函中也经常使用。

his heirs 其继承人（⇨heirs and assigns）

His (Her) Britannic Majesty 〈英〉国王陛下

his mark 标记签字（⇨signature by mark）

His (or Her) Honor 〈美〉阁下；大人 通常是对法官、地方自治市[city]市长[mayor]的尊称；另外，它也是马萨诸塞州宪法对该州副州长[lieutenant governor]的尊称。该词的复数形式为 Their Honors。

His or Her Imperial Highness/H.I.H. 殿下；阁下 用于间接称呼。

His or Her Royal Highness 殿下

Hispana Collectio 《西班牙教会法集》 公元8世纪早期出现于高卢并迅速传播，是当时最为详尽和重要的教会法汇编。它包含了教会和宗教会议的传统法规和教令，实际上是由西班牙教会编辑而成的，取代了以前的所有汇编。该汇编与其它汇编合并后，被加洛林王朝用以支持宗教改革。

Hispana Versio 《西班牙教规集》 5世纪时的一部教会法规汇编，在非洲被称为《非洲教会法大全》[Corpus canonum Africanum]。被认为是狄奥尼西[Dionysius Exiguus]所编，目前共发现三种版本，即《原始古本》[Antiqua-originalis]、《通俗本》[Vulgata]和《伊西多 – 高卢本》[Isidoriana-gallica]。

hissa n.一份；一份租金；一份收益

His saltem accumulem donis, et fungar inani munere. 〈拉〉至少我已增加了他所给之物，而且我已为死者辩护。

his testibus 〈拉〉有这些人作证 古时契据及特许状中的证明条款用语。契据或特许状于证人在场时宣读，他们的名字随后被记入这些法律文书中。

historical cost 原始成本；历史成本

historical interpretation 历史性解释 通过参照缔结条约或制定法律时的具体情况而对条约或法律所作的解释。

historical jurisprudence 历史法学 指将法律主要视作一个历史发展过程的学术思潮，它认为法律的发展并不是一个有意识的立法过程，而是与传统、习俗、民族精神等因素紧密相连。历史法学的代表人物有：德国的胡果[Hugo]、普赫塔[Puchta]、萨维尼[Savigny]、艾希霍恩[Eichhorn]等，英国的梅因[Maine]等。其实孟德斯鸠[Montesquieu]很早就揭示法律与其它自然和社会因素之间的关系，这其中就包括了"民族精神"。但历史法学的兴起还是源于对18世纪理性主义思潮和自然法学的反对，尤其是对法国大革命抛弃一切传统的批判，以及由此产生的对过去的一种浪漫主义的回归。埃德蒙·伯克[Edmund Burke]最先提出了历史法学的主要观点，他宣称，法律只能是渐进和有机发展的结果。在德国，历史法学产生于编纂统一的德国民法典的争论过程中，萨维尼在与以蒂堡为首的法典编纂派的争论中形成了自己的历史法学思想体系。历史法学的兴起引起了德国法学界对传统的罗马法和日耳曼法的深入研究,并提高了日耳曼法的影响。19 世纪后期,历史法学渐渐摆脱了从产生时便带有的极其浓厚的政治因素而臻于学术化,法律史学即产生于这个时期。

historical society 〈美〉历史协会;历史社团 该协会旨在保护历史文物,激发公众对历史的兴趣并提高对历史的重要性的认识。

historical title 历史性所有权 因取得时效[acquisitive prescription]而获得对某地域的所有权。

historical waters 历史性水域 海湾、河口等特殊水域如果依国际法的一般规则不具有沿海国内水的性质,但由于沿海国对该水域拥有历史上的权利根据,从而排除一般规则的适用,而赋予该水域具有沿海国内水的性质,则该水域在国际法上被称为历史性水域。除历史性海湾外,河口、海峡及群岛水域等也可以成为历史性水域。

historic bay (国际法)历史性海湾 海岸属同一国家,湾口宽度超过两岸领海宽度的海湾。由于沿海国在长期的历史中对这样的海湾主张并连续行使主权,且该主权得到国际社会的默认,这样的海湾即构成历史性海湾,在法律地位上被认为是一国内水的组成部分。

historic bays and waters 历史性海湾及水域 (➯ historic bay; historical waters)

historic-preservation law 〈美〉历史保护条例 禁止将特定历史性建筑或在某历史地域内的所有建筑毁坏或作外观变动的条例[ordinance]。

historic rights 历史性权利 根据国际法的一般规则本来不属于一国,而由于该国在相当长的历史过程中反复主张并得到国际社会的默认所取得的权利。例如,一国对其历史性海湾所拥有的权利。

historic site 古迹;历史遗址 具有历史意义或者是由法律确定具有历史意义的建筑或物品等,未经相应授权不得擅自改动。

his verbis 这些词语 (➯ in his verbis)

hit-and-run a. (汽车驾驶员等)肇事后逃跑的;(死亡等)因交通肇事人逃走而引起的 (➯ leaving scene of accident)

hit and run accident 〈美〉交通肇事逃逸事件 在交通事故发生之后,肇事者未亮明身份或向警察、事故的其他方当事人提供法律所要求的相关信息就连行逃离现场的行为。大多数州的制定法将这一行为规定为犯罪。

hit-and-run driver 交通肇事后逃逸的汽车驾驶员 (➯ leaving scene of accident)

hitherto ad. 到目前为止;迄今 在法律上,该词用来限制与已经过的某一期间有关的事项。

hit the jackpot ❶ (在靠碰运气决定胜负的游戏中)赢一大笔钱 ❷获得惊人成功;突交好运

Hittite Law 赫梯法 赫梯是大约公元前 2000 年中期小亚细亚中部和南部的一个强大国家。考古发掘的土碑上存有条约、行政法令、国家文件和大量赫梯法。载有法律内容的土碑上涉及到广泛的民事、刑事问题,不同碑文表明法律发展、修正的各个阶段。有些涉及到特殊案例,并可能是以前例为基础。这些土碑实际是司法准则和判决的汇集,有些还涉及到法律的修改,另外还有一些可是习惯法。尽管有对争议事实进行详细调查的证据,但我们对当时法院和法官的情况仍知之甚少。赔偿比惩罚重要,几乎没有死罪。过错行为由家庭承担集体责任。虽然当时有整理规则的某种努力,但没有证据证明当时存在法律科学和思想。

hl . (= hectolitre)
H. L. (= House of Lords)
hlafaeta 〈撒克逊〉由雇主[master]供给膳食的仆人
hlaford 〈撒克逊〉贵族;领主;勋爵;君主
hlafordsocna 〈撒克逊〉领主的保护;贵族的庇护
hlafordswice 〈撒克逊〉❶背叛领主罪 ❷背叛;不忠[treason]
hlasocna 〈撒克逊〉法律利益;法律特权
HLA test (= human-leukocyte-antigen test)
hlothbote 〈撒克逊〉(对参加非法集会者的)罚金;对在暴乱或非法组织中的杀人者处以的罚金
hlothe 〈撒克逊〉(八至三十五人的)非法团体;非法集会
hlytas (= lots)
HMO (= Health Maintenance Organization)
hoarding n. ❶囤积 指在物资供应紧缺时,聚藏超过本人合理需求的物品。 ❷临时围篱;板围 指施工时用来圈围建筑物及建筑材料者。 ❸〈英〉广告牌
hoastmen 〈古〉行商 最早出现于英国泰恩河畔纽卡斯尔[Newcastle-on-Tyne]的同业行会,奥斯门人[Ostmen]或陌生人通过行会购买煤或其它商品,并付给行会一定的费用。行会获得成立公司的特许状,其特权不受 1623 年《垄断法》的影响。但是现在霍斯特曼公司[Hoastmen Company]仅是个其成员资格要求有地方特色的组织,而与煤炭业无多大关系。
hobblers n. (英格兰古法)❶轻骑兵;弓箭兵 ❷根据土地保有而有义务维持一小支轻骑兵以报告沿海遭入侵等危险的封臣
Hobbs Act 〈美〉《反敲诈勒索法》 该联邦法将以欺诈、抢劫或其他暴力方式干涉州际贸易的行为规定为犯罪。
hobby loss 业余爱好损失 因个人爱好而导致的不可扣除的损失,区别于以营利为目的的活动中的损失。法律通常推定,如果在 5 年内,用于从事该活动以获取毛利[gross profits]的时间达到 2 年以上,则是以营利为目的的活动。
Hobhouse's Act 〈英〉《霍布豪斯法》 即 1831 年的《堂区委员会法》[Vestries Act],是改善管理堂区委员会的采纳法[adoptive Act],后来除第 39 条关于乡村堂区会议的规定外,其它条款均被 1849 年《地方政府法》[Local Government Act]取消。
hobilers (= hobblers)
Hobson's Choice 霍布森式选举;霍布森式选择 指强制性的或没有选择自由的选举,或没有选择余地的选择。霍布森[Thomas Hobson]是 17 世纪英国的一位马店老板,不许租马主顾挑马,只许租离厩门最近处轮到的马匹。
hoc 〈拉〉此;为此;因此
hoc anno 〈拉〉今年;在这一年
hochepot (= hotchpot)
hoc intuitu 〈拉〉怀此期望
hock-day n. 〈英〉霍克日 古英格兰的节日,指复活节后第二个或第三个星期二。
hockettor n. ❶ (= knight of the post) ❷穷困潦倒者
Hock Monday (= Hock-tide)
hock-money n. 〈英〉(为庆祝)霍克日[hock-day](而进行的)捐款
Hock-tide n. 〈英格兰古法〉霍克节 复活节后的第二个星期一[Hock Monday]和第二个星期二[Hock Tuesday],又称为霍克日[Hock Days]。在宗教改革前[pre-reforma-

tion]，教会或教区在这两日募集捐款并举办各种庆祝仪式或活动。宗教改革后亦作为庆典节日，举行传统仪式，现在有些地方仍流传着这种习俗。

Hock Tuesday (= Hock-tide)

Hock-Tuesday money 〈英〉霍克星期二税 封臣与农奴为庆祝英国征服丹麦日——复活节后第二个星期二——而向领主缴纳的赋税。

hoc loco 〈拉〉在此地

hoc nomine 〈拉〉以此名；以此名义

Hoc paratus est verificare. 〈拉〉对此，他已准备好加以证明。

Hoc paratus est verificare per recordum. 〈拉〉对此，他已准备好用记录加以证明。

hoc paratus verificare 〈拉〉他已作好证明准备（⇨et hoc paratus est verificare）

hoc petit quod inquiratur per patriam 〈拉〉他所请求的此事可能会被陪审团审查（⇨et hoc petit quod inquiratur per patriam）

hoc ponit se super patriam 〈拉〉他将自己置于陪审团面前（⇨et hoc ponit se super patriam）

hocqueteur (= hockettor)

Hoc quidem perquam durum est, sed ita lex scripta est. 〈拉〉这件事确实非常困难，但法律就是这么规定的；这是成文的或明确的法律。 布莱克斯通［Blackstone］引用的评语，曾在罗马法中为乌尔比安［Ulpian］使用。用于下述情形：衡平法院无权取消法律的严格规定。

Hoc servabitur quod initio convenit. 〈拉〉初始即有用的东西将被保留。

hoc titulo 此题目；在此题目下 提及书籍时常用。

hoc verbo (= hac voce)

Hoc vobis ostendit. 〈拉〉这使你很清楚；这已出示给你。

hoc voce 〈拉〉据该词

hodge-podge act 〈美〉混合法 指包含不同主题的成文法。此种法律，除了包括有明确证据证明属立法者的无知或缺乏诚实信用外，皆被视为故意制造一种对公正利益极为不利的混乱。在众多州的法案中，除拨款法案［appropriation bills］外，仅能包含单一主题，且必须明确表示在其名称之中。

Hogarth's Acts 〈英〉《贺加斯法》 指 1734 年和 1766 年的《版画版权法》[Engraving Copyright Acts]，前者是在英国画家威廉姆·贺加斯［William Hogarth］及其他艺术家的建议下通过的，故得名。二者皆由 1911 年《版权法》废止。

hog(h)enhine 〈撒克逊〉在某家庭住三夜以上的房客 被看作是该家庭的一名成员，房东将对客人的违法行为负责。

hoghenhyne 〈撒克逊〉家仆；住三夜以上的房客 10 年间在主人房子里住 3 夜以上的陌生人，主人对其行为之后果须像对其仆人一样负责。

hogshead n. ❶（尤指装六十三至一百四十加仑的）大桶；琵琶桶 ❷豪格海 一种容量单位，在美国等于 63 加仑，在英国等于 54 英制加仑，即 64.85 美制加仑。

hoist v. 撤回调查人员以终止一项调查

H.O.L.C. (= Home Owners' Loan Corporation)

hold v. ❶依法占有 ❷裁定；判决 ❸依法进行；正式举行 ❹使负有义务；限制 ❺（通过支付租金或履行义务而从他人处）取得；占有（土地）；保有（土地等） ❻掌管；执行；主持 ❼对（职务等）占有；持有

n. (古) 保有 通常与其他词语合并使用，如 freehold, leasehold。（⇨tenure; holding）

holder n. ❶持票人 指以背书或交付方式合法占有汇票、本票、支票等票据的人，其有权接受票据项下的付款。❷持有人 指占有所有权凭证或投资证券的人。 ❸占有人；土地保有人 指对财产进行占有、使用的人，尤指对土地进行实际占有或拟制占有的人。

holder for value 已付对价的持票人 指已经支付有效对价而占有所有权凭证、票据或投资证券的人。在英国《汇票法》[Bills of Exchange Act]中，指已支付对价的汇票或本票的持票人。美国《统一商法典》[U.C.C.] 第 3－303 条规定，在下述情况下构成已支付对价的持票人：①在约定对价完成的范围内或其以司法程序以外的方式取得票据上的担保利益或留置权；②以对在先债权进行偿付或提供担保的方式取得票据，无论债务人为谁或债务是否已经到期；③以交付其他流通票据或对第三人实施不可撤销行为的方式取得票据。

holder in due course 正当持票人 指已付对价的善意持有票据的人，其有权实现票据权利，而免于受到任何人对该票据主张权利或任何未直接与其交易的人对票据提出任何抗辩。英国《汇票法》[Bills of Exchange Act]规定的正当持票人有：①在票据到期前已成为票据持有人，且不知该票据此前已被拒绝承兑；②支付对价的善意持票人，并且其在议付票据时不知道议付人存在权利瑕疵。美国《统一商法典》[U.C.C.] 第 3－302 条规定的正当持票人是指符合下述条件而取得票据的人：①已支付对价 [for value]，并且②善意 [in good faith]，并且③不知道该票据已经到期或已经被拒绝承兑或拒付，或者任何人对该票据可以主张权利或提出任何抗辩。

holder in good faith 善意占有人；善意持票人 指不知道财产或票据上存在权利瑕疵而占有该财产或票据的人。例如某人接受某一汇票或本票，但不知道该汇票或本票已经过期或已被拒绝承兑或拒付，该人即为善意持票人。（⇨holder in due course; bona fide holder）

holder of life insurance policy 人寿保单持有人 指保单指定的被保险人或受益人，他们可以根据保单的不可作废条款，在中途退保时获得保单的退保现金价值。

holder of warehouse receipt 仓单持有人 指实际持有仓单并对该仓单享有财产权利的人。

hold harmless 免于承担赔偿责任 指免除对方当事人因交易而产生的损害赔偿责任或其他责任，亦写作"save harmless"。

hold harmless agreement 免于承担赔偿责任的协议 一种合同性协议，一方当事人承担因交易而产生的全部责任，以此免除另一方当事人的责任。典型的如租约或地役权合同。（⇨guaranty; indemnity; surety）

holding n. ❶裁决 ①法庭就针对其判决来说属关键性的法律问题所作的裁决；②法官就庭审中提出的证据或其他问题所作的裁决。 ❷（从法庭判决中引出的）法律原则 ❸（个人或公司）拥有（的财产、证券等） ❹（封建法）保有（封地）（⇨tenure）❺持有（某种职位）

holding company 控股公司；持股公司 以拥有其他公司一定比例的股票并控制其经营从而获取控股利益为目的的公司。

holding company tax 〈美〉（个人）控股公司所得税 个人控股公司的收入扣除已支付的红利后，对未分配剩余所得征收的一种联邦税。

holding corporation (= holding company)

holding court 主持庭审;开庭

holding for ransom 为索赎金而绑架 构成绑架罪的要件之一。

holding for reward (= holding for ransom)

holding out 自称 某人声称自己有事实上并不存在的某种权力或资格,以诱惑第三人来信任他并有所作为,在此情况下,该人应受到不容否认原则[principle of estoppel]的约束。

holding over ❶逾期占有 指承租人在承租期届满后继续占有土地。如果其占有违背土地所有人的意思,则其属于土地侵占人[trespasser];但如其占有经过土地所有人同意,则其成为任意承租人[tenant at will]或容忍承租人[tenant at sufferance]。❷(期满后)留任;留用 指政府官员在任期届满后,由于再次当选或被再次任命,或因其继任者所需而继续履行其职责。

holding period (税法)资产占有期;资产持有期 在此期间内,纳税人持有资本资产,以确定因该项资产的出售或交易而产生的收益或损失是长期的还是短期的。

holdings n.拥有的投资财产 指不动产、证券等。

hold over ❶逾期占有人 ❷(期满后)留任的官员(⇨holding over)

holdover tenant 逾期保有人;逾期承租人 指租期或保有期已过但仍占有不动产者。

hold pleas 审理案件;取得管辖权

hold to bail 拘留直至保释

holdup n.(持械)抢劫;拦劫

holiday n.❶宗教节日;圣日;宗教祭日 ❷假日;节日 ❸休息日

holimote n.贵族法庭(= halmote)

Holland n.〈英〉霍兰 林肯郡[Lincolnshire]所属的一个行政区名。(⇨riding)

Holloway Prison 〈英〉霍洛韦监狱 根据1862年《女王监狱废除法》[Queen's Prison Discontinuance Act],在1870年怀特克罗斯大街监狱[Whitecross Street Prison]被取消后,该监狱被作为债务人监狱。现为女子监狱。

holm n.❶沿河平地;沿河低地 ❷河(或湖)中小岛 ❸山;悬崖

holografo 〈西〉亲笔遗嘱;亲笔文据

holograph n.❶亲笔文件;亲笔契据;亲笔遗嘱;自书遗嘱 指全部或基本部分由当事人亲笔书写的文据或遗嘱。在苏格兰,此种遗嘱即使没有证人签名也被认为是有效的;在美国,各州法律对这种亲笔遗嘱的规定不一,有些州基于遗嘱须由见证人签名的要求,不承认无证人签名的亲笔遗嘱,有些州则予以承认。美国《统一遗嘱检验法》[Uniform Probate Code]第2-503条规定,如果遗嘱签名及实质条款是由立遗嘱人亲笔所写,则无论是否有证人见证,该遗嘱均属有效。该法为部分州所采纳。

holographic will 亲笔遗嘱;自书遗嘱(⇨holograph)

holt n.❶小林;园林;林丘;林地 ❷兽穴

Holy Communion 圣餐 基督教对纪念耶稣基督救赎的圣礼的称谓,具体礼仪各教派不尽相同,一般是由主持牧师对饼和酒进行祝祷,然后分给受餐信徒。英格兰国教会[Church of England]认为,神职人员坚持主耶稣亲临圣餐的说法是合法的。

holyday (= holiday)

holy days 圣日;宗教节日(⇨holiday)

holymote (= halmote)

Holy Orders 圣职 在英格兰国教会中,指主教、大主教、牧师及助祭[deacon]。罗马宗教法规学者认为包括以下等级:主教(包括大主教和教皇)、祭司、助祭、副助祭、领唱者、襄礼员、驱魔员、诵经士、低级教士。在长老会和其它非圣公会的教会中,牧师是唯一的圣职。圣职的委任是终身的,但现在也可以放弃圣职恢复俗人身份。有圣职身份的人无资格担任陪审员。

holy table 圣桌身份

Holy Thursday 圣星期四 受难节前的星期四,亦称作濯足节[Maundy Thursday]。英格兰国教指升天节,天主教指复活节前的一个星期四。

holywarkfolk n.❶圣·卡思伯特的信徒 ❷从事神职工作的人(= halywercfolk)

homage n.臣服;臣服礼 这是封臣接受领主封赠时向领主所必行的大礼,是封建契约关系建立的重要仪式。臣服礼在封臣与领主之间建立起了一种依附关系,依此,封臣要履行协助领主的义务,而领主则要保护封臣,包括在武力和诉讼两方面。违反臣服礼的义务则被视为十恶不赦的犯罪,起初是重罪的主要部分。臣服礼的仪式是:封臣跪在领主面前,将双手放于领主双手之间,用诺曼法语说:"从今往后,我将怀着无比崇敬的心情终我一身完全臣服于您,蒙您恩惠保有地产,故将对您忠贞不渝。"臣服包括如下几种:绝对臣服[liege homage]、简易臣服[homagium planum]、相对臣服[homagium simplex]、世代臣服[homagium antecessorium]。随着王权的加强,对普通领主的臣服渐趋衰微,地产法中的财产性因素取代了人身性义务变得重要起来,对国王的效忠也取得了优先地位。另外,臣服礼只能面对领主本人作出,但效忠[fealty]则可向领主的管家或执行管家作出。臣服于1660年被取消,而效忠仍沿袭下来。(⇨fealty)

homage ancestral (封建法)世代臣服 指封臣及其祖上从很早时候起就自现在的领主及其祖上处领有土地并行了臣服礼,依此领主要保证封臣对土地的权利,并免除封臣对上级领主的义务。如果该土地被转让,则受让人已不再能被称为世代臣服。

homage jury (封建法)庄园内封臣法庭[court baron]中的臣服封臣陪审团 由行臣服礼之封臣组成,就庄园接受新封臣及其它事项作出决定。

homage liege (封建法)绝对臣服 指仅向一位领主——多为仅向国王——行臣服礼,而不向任何其它第二位领主效忠。

homager n.(封建法)臣服者;有臣服义务者

homagium 〈拉〉臣服;臣服礼(⇨homage)

homagium ligium 〈拉〉(封建法)绝对臣服(= homage liege)

Homagium, non per procuratores nec per literas fieri potuit, sed in propria persona tam domini quam tenentis capi debet et fieri. 〈拉〉臣服不能由代理人或出租人为之,而必须由领主及佃户中的适当人选接受封赠和履行义务。

homagium planum 〈拉〉(封建法)简易臣服 臣服者只负忠诚义务,而不负担其他如兵役、参加领主法庭等义务。

homagium reddere 〈拉〉(封建法)声明放弃臣服 属臣作出正式声明,脱离或否认其领主,当然这需要遵守一套法定的程式和方法。

Homagium repellit perquisitum. 〈拉〉臣服排除占有。

homagium simplex 〈拉〉(封建法)普通臣服 只认可保有[tenure]关系,而保留同时对其他领行臣服礼的权利。

hombre bueno 〈西〉❶法官 ❷诉讼双方选择的仲裁人

❸有资格在诉讼中作证者;品格良好者

home n.❶家;住所(⇨domicil(e)) ❷家庭;家庭生活 ❸(法国古法)男人

Home Building and Loan Association v. Blaisdell (1934) 〈美〉住宅建筑和贷款协会诉布莱斯德尔案 在1933年大萧条期间,明尼苏达州制定一项法律,延长对抵押财产取消回赎的期限。在1843年布郎森诉坎齐[Bronson v. Kinzie]一案中,美国最高法院曾判决伊利诺斯州的一项法律构成违宪,因为该法律中关于延长抵押取消回赎期和禁止以低于评估价值三分之二的价格出售抵押财产的规定将损害合同之债。但在本案中,鉴于当时在经济上出现的紧急情势,最高法院以多数票支持明尼苏达州的这一法律。

home consumption 国内消费

home equity loan (= equity loan)

home factor 本地代理商;本国代理商

Home Guard 〈英〉地方军;英国国民军 1940年为防御英国本土,在志愿基础上组成的军事力量,原被称为地方防御志愿军[Local Defence Volunteers]。后归入1951年的《地方军法》[Home Guard Act]调整。其成员的地位与皇家军队相同。

home loan bank 〈美〉住宅贷款银行(= Federal Home Loan Bank)

Home Loan Bank Board 〈美〉住宅贷款银行委员会 指导联邦住宅贷款银行系统及联邦储蓄信贷保险公司业务的联邦政府部门。

Home Loan Bank System 〈美〉住宅贷款银行系统(⇨ home loan bank)

home loans 住宅抵押贷款(⇨mortgage)

home loss payments 住宅损失赔偿金 由于强制收购或房地产再开发等原因而被迫离开原有住宅时所要求的赔偿金。

Home ne sera puny pur suer des briefes en court le roy, soit il a droit ou a tort. 〈法〉一人无论其正确与否,都不应因请求王室法院给予令状而受到惩罚。

home occupation 住宅占用

Home Office 〈英〉内政部;内务部 英国政府的一个部,由内政大臣[Home Secretary]领导,主要负责英格兰和威尔士事务,同时也负责处理联合王国政府和马恩岛[Isle of Man]以及海峡群岛[Channel Islands]之间的关系。其管理事务主要涉及民防[civil defence]、公共秩序、外国人、归化和移民、监督警察和监狱制度、引渡、消防等。(⇨ Home Secretary; Isle of Man)

Homeopathic Pharmacopoeia 〈美〉《顺势疗法药典》(⇨ United States Homeopathic Pharmacopoeia)

homeowner's association 房主协会 由特定区域的土地开发商或公寓建筑开发商组成的旨在提高、维持当地房产质量的协会。

homeowner's equity loan (= home equity loan)

homeowner's insurance 房主保险 对被保险人的住宅所遭受的损失和被保险人对第三者造成损害发生的赔偿(尤指因被保险人的过失所致损害赔偿)予以承保的保险。

Home Owners Loan Act 〈美〉《房主信贷法》 美国法典的其中一章,规定对联邦储蓄和信贷协会[Federal Savings and Loan Associations]等机构的组织、成立、检查、运作和监管,并授权联邦住宅贷款银行委员会[Federal Home Loan Bank Board]颁发特许证和进行监管。

Home Owners' Loan Corporation 〈美〉房主贷款公司 根据1933年的一项国会立法[Act of Congress]而成立,旨在为受到抵押品取消回赎威胁的房主提供债务融资。该公司于1951年被清算。

homeowners policy 房主保险单 承保房主因火灾、水灾、盗窃、房主的过失行为等风险而遭受的损失的保单。

Home Owners Warranty/HOW 〈美〉房主担保与保险计划 它与其他保险范围一并规定,担保新住宅用房的主体结构没有质量瑕疵,并提供10年保险。该种保险计划由国家住宅建筑商协会[National Association of Home Builders]下属的房主担保公司[Home Owners Warranty Corporation]开发完成。建筑商多提供该种保险范围,多数州的制定法中亦设有相同的规定。简称HOW,亦作"Home Owners' Warranty"。

home place 居所;家乡

home port 船籍港 海商法中,船舶的船籍港是指:注册或登记港;或船主经常居住地,或距该经常居住地最近的港口;或,如有多个船主则指管理和经营的船主住地,或距该居住地最近的港口。

home port doctrine 〈美〉船籍港原则 根据该原则,从事州际和国际贸易的船舶,仅在其船籍港纳税。

home rule ❶〈美〉地方自治 州宪法或类似立法授予地方市镇一定自治权以分配州和地方政府间权力的规定,地方政府如接受上述条款,即构成自治。(⇨local option) ❷[H - R -]〈英〉地方自治运动 为建立基本或完全独立于威斯敏斯特的民族政府,改变1707年《与苏格兰合并法》[Acts of Union (with Scotland)]及1800年《与爱尔兰合并法》所确立的中央集权政策而于1870年至1921年在爱尔兰、1850年起在苏格兰进行的运动的总称。

home rule charter 〈美〉地方自治宪章 市政法人[municipal corporation]的组织规划或框架,类似于州或国家的宪法,由市政法人[municipality]自己制定并经当地公民投票通过。多数州宪法授权地方可以制定此类自治宪章,其中某些州规定地方自治宪章必经州立法机关批准后方得生效,而且州立法机关有权在批准其之前和之后更改和修订自治宪章;而在另外一些州,州立法机关无权批准、更改或修订地方自治宪章,自治宪章一经地方选民通过即告成立,选民在将来选举中可以修正该宪章。

Home Secretary 〈英〉内政大臣;内政部长 掌管内政部[Home Office]的大臣,其职责是负责英格兰和威尔士的法律和秩序,包括执行刑法,管理警察和监狱,就赦免权[mercy]行使向英王提出建议,同时也负责管理诸如国籍、移民和引渡等其他事务。

homesoken (= hamesecken)

homestall n.(古)农家场院;庄园房屋;大宅

homestead n.宅地 ①指某一家庭居住的住宅,包括附属的土地和其上的建筑物,它是家庭的主要住所。在宅地豁免法[homestead exemption laws]上,尤指享有免于被强制执行特权的家庭住宅。亦作"homestead estate"。② 指根据《宅地法》[Homestead Act]而由定居移民从美国联邦公地[public land]中所获得的农庄土地。美国国会1862年通过的《宅地法》规定,凡连续耕种公地5年的农户只需缴纳规定的证件费,即可获得160英亩公地的所有权。

homestead association 宅地联合会 类似于储蓄和贷款协会的一种团体。

homestead corporations 〈美〉宅地开发公司 该公司的成立目的在于,获取大片土地,通过付款涤除土地负担

[incumbrance]，对土地进行改良，将土地划分为适于建造住宅的小地块并将其在股东之间进行分配，以及为上述目的而筹集资金。

homestead entry 进（入并）占（领）宅地（⇨entry under homestead law）

homesteader n.❶宅地拥有人；宅地权人 ❷进（入并）占（领）宅地者

homestead exemption 宅地豁免（⇨homestead exemption laws）

homestead exemption laws 〈美〉[总称]宅地豁免法 大多数州通过的法律。允许宅地拥有人或家长标明一处房屋及土地作为其宅地，在执行其一般债务时，该宅地免于被强制执行。在某些州，宅地还可获得财产税减免。确立宅地的法定条件包括每年一次正式声明，该声明应记录在案。

homestead ex vi termini 住宅

homestead laws 〈美〉[总称]宅地法 关于从公有土地中获得宅地的成文法。

homestead right 宅地权 指：①免受债权人申请执行的，对家产进行有益的、和平的、不受干扰的使用的权利；②根据宅地法，以占有并最终获得所有权为目的进入未被侵占的公地的权利。（⇨homestead）

homestead servants 家仆；家佣

home trade passenger ship 国内客运船舶

home trade ship 从事国内贸易的船舶

home work 家庭手工业；家庭作业

homeworker n.家庭手工业者；家庭手工业工人

homicidal a.杀人的；嗜杀成性的

homicidal insanity (= homicidal mania)

homicidal mania 杀人狂；杀人癖 有病态的、不可控制的杀人嗜好者。

homicide n.杀人 指一人导致或促使他人死亡的一般用语。该词是中性词，只描述客观行为，而对其道德或法律性质并没有作出判断。杀人并不必然构成犯罪，在依法执行死刑、自卫以及作为追捕逃犯的唯一可能手段时，杀人则是合法的。但如果一人蓄意、明知、轻率或疏忽致使他人死亡的，该人则犯有杀人罪。英美普通法和制定法都把杀人罪分为谋杀[murder]和非预谋杀人[manslaughter]。在苏格兰，杀人分为有罪杀人[culpable homicide]、正当杀人[justifiable homicide]以及意外、疏忽或可宽恕杀人[accidental, negligent, or excusable homicide]。

homicide by misadventure 意外杀人 因纯粹的意外事件导致的杀人，即一人在为合法行为且没有任何可构成犯罪的疏忽大意行为的情况下而导致他人死亡。（⇨accidental killing）

homicide by necessity 紧急避险杀人；必要杀人 因某些不可避免的必要而导致的杀人，对杀人者而言，没有任何意图、蓄意或愿望，也没有任何疏忽。此时杀人者不负法律责任。

homicide per infortunium (= homicide by misadventure)

homicide se defendendo 自卫杀人 在突发性殴打中，为了自卫而杀人，除此之外没有任何其他可能的、至少是适当的逃脱攻击者的手段。（⇨self-defense）

homicidium 〈拉〉杀人（ = homicide）

homicidium ex casu 〈拉〉意外杀人

homicidium ex justitia 〈拉〉执法杀人

homicidium ex necessitate 〈拉〉自卫杀人；必要杀人

homicidium ex voluntate 〈拉〉故意杀人；自愿杀人

homicidium in rixo 〈拉〉争吵中的杀人

homicidium per infortunium 〈拉〉意外杀人（ = homicide by misadventure）

homicidium per misadventure 〈拉〉意外杀人（ = homicide by misadventure）

homicidium se defendendo 〈拉〉自卫杀人（ = homicide se defendendo）

Homicidium vel hominis caedium, est hominis occisio ab homine facta. 〈拉〉杀人或过失杀人是一人杀害另一人。

hominatio 〈拉〉❶召募士兵；召集人员 ❷(= homage)

homine capto in withernamium 〈拉〉逮捕已找到保证人的人并将其送到国外，从而使其不能依法被保释的令状

homine eligendo (ad custodiendam peciam sigilli pro mercatoribus editi) 〈拉〉（英格兰古法）在某公司法人代表死亡之后，根据《阿克顿·伯内尔法》[Statute of Acton Burnell]，向一个团体发出的、要求其成员选出继任掌管一方商人证书[statutes merchant]印章者的令状

homine replegiando 〈拉〉（英格兰古法）保释令状；取回被扣押物令状 指保释某人出狱或摆脱私人扣押的令状。被扣押的财产也可以同样方式取回。

homines 〈拉〉（封建法）❶人 ❷申请享有其案件只在其领主法院审理的特权的佃户

homines ligii 〈拉〉臣民；封建附庸；效忠者 尤指从国王处直接保有土地者。

hominium (= homage)

Hominum causa jus constitutum est. 〈拉〉法律为人类利益而设。

homiplagium n.（英格兰古法）重伤（某人）；残害（某人）；使（某人）残废

homme 〈法〉❶人；人类 ❷男人；男子

hommes de fief 〈法〉（封建法）封臣；属臣；采邑承受人；出席领主法庭、从同一领主处保有土地、地位平等之封臣

hommes feodaux 〈法〉(= hommes de fief)

homo 〈拉〉❶人；人类 ❷属臣；佃户 ❸家臣；侍从；仆从

homo aster (= aster)

homo astrer 〈拉〉屋主；户主；家长

homo chartularius 〈拉〉通过特许状获得解放的奴隶

homo commendatus 〈拉〉（封建法）属臣；请求庇护者；臣服者 为获得保护或支持而自愿投身于他人权力之下的自由民。

homo ecclesiasticus 〈拉〉教会的附庸 指为教会服役的人，尤指从事农业性质的服役者。

homo exercitalis 〈拉〉军人；士兵

homo feodalis 〈拉〉（保有封地的）家臣；属臣；封臣；佃户

homo fiscalinus 〈拉〉(= homo fiscalis)

homo fiscalis 〈拉〉国库属臣；国库侍从

homo francus 〈拉〉（英格兰古法）自由民；法国人

homogenous goods 同类货物；种类物

homo ingenuus 〈拉〉自由人；自由民；自耕农

homo liber 〈拉〉❶自由人 得依法充任陪审员。 ❷对土地享有完全所有权的人；自主地所有人 该词用于欧洲蛮族国家的法律中。

homo ligius 〈拉〉封臣；臣服者；臣民；国王属臣；封王的家臣；效忠者

homologación 〈西〉❶默许；默认（⇨homologation ❷） ❷（法官）同意；认可；批准

homologare (= homologate)

homologate v.〈罗马法〉❶同意 该词的字义为使用与他人相同的字儿,可用以表示同意他人所说或所写。❷批准;确认(⇨homologation)

homologation n.❶〈罗马法〉批准;确认 尤其指法院对某些行为的批准和授权。❷〈罗马法〉同意 指在当事人于10天之内未对裁决提出异议时,法院推定其同意仲裁裁决或关于破产财产接管或遗产继承等的处理方案。❸〈罗马法〉批准执行;执行判决 ❹〈英〉不容推翻的事实(⇨estoppel in pais)❺〈苏格兰〉认定 依法核准契约的行为,此时即使该契约有缺陷,仍对各方产生约束力。

homo novus 〈拉〉〈封建法〉新属臣;新封臣;新被授予采邑者;犯罪后被赦免者

homonymiae 〈罗马法〉重复的案例;同类案例 指该案例适用的法律及其规则与已在先前的案例中所确认者相同。

homo pertinens 〈拉〉〈封建法〉奴隶;农奴;奴仆

Homo potest esse habilis et inhabilis diversis temporibus. 〈拉〉一人在某一时间有行为能力,而在另一时间则可能无行为能力。

homo regius 〈拉〉国王封臣;国王家臣;国王扈从

homo romanus 〈拉〉罗马人 各蛮族国家法律中,对高卢及其他罗马行省原居民的称呼。

homosexual n.同性恋者(尤指男性)

homosexuality n.同性恋 相同性别者尤指男性之间产生性吸引并导致身体接触和性快感。在英格兰,男性同性恋长期以来受到社会的强烈谴责并被视为鸡奸[buggery]而受到制裁。女性同性恋很少见并不被认为是犯罪行为。1956年英格兰《性犯罪法》[Sexual Offences Act]规定,如果同性恋者双方私下同意并且年龄都达到21岁,便不视为犯罪。

homos logos similiter dicere 〈拉〉说相似的话;赞同;确认(⇨homologation)

homo sui juris 〈拉〉凭本身的权利(能力、实力、资格等)(⇨datio in adoptionem)

homo trium litterarum 〈拉〉三字母人;盗贼 由"f"、"u"、"r"三个字母组成的拉丁词"fur"意为盗贼。

Homo vocabulum est naturae; persona juris civilis. 〈拉〉人类是一个自然词语;而人则是民法上的术语。

homsoken (= hamesecken)

homstale n.领主宅第;官邸(⇨homestall)

homstd (罕)(= homestead)

hon (= Honorable)

hondhabend n.〈撒克逊〉当场抓获

honest a.诚实的;正直的;公正的;可信任的(⇨true)

honeste vivere 〈拉〉〈罗马法〉诚实生活 优士丁尼归结为法律原则的三大戒律之一。

Honeste vivere, alteri non laedere suum cuique tribuere. 〈拉〉诚实生活,不害他人,各得其所。

honestiores 罗马高贵阶层 指罗马时代属于上流社会的人,区别于平民和贱民。他们在法律上享有一些特权。

honestus 〈拉〉诚实;正直;公正

honesty n.诚实;正直;真诚;忠贞

honfangenethef (= hontfongenethef)

honi (= hony)

honor v.付款;承兑并付款 指对票据到期日所为的兑付行为或在信用证有规定时,购买或贴现符合信用证条款的汇票。

n.❶领主特权 由贵族或君主[Lord paramount]领有的几个封地的封建特权。❷荣誉权;尊严;贵族及骑士的级别 来源于君主的荣誉权。❸〈美〉阁下;大人 对法官偶尔也对其他官员的尊称。❹名誉;荣誉

Honorable n.阁下 ①在英国,是对伯爵[earl]长子以下的儿子、子爵[viscount]和男爵[baron]的子女、高等法院[High Court]法官、苏格兰最高法院法官[Scottish Lords of Session]等人员的尊称;而枢密院[Privy Council]成员,包括各部大臣、上诉法院法官[Lords Justice of Appeal]和其他人员,则常用Right Honourable;英格兰巡回法院法官称作His Honour Judge So-and-So 和 Your Honour;②在美国,是对法官、美国国会议员、大使及其他政府官员的尊称。但该词不能单与姓并用,而只能与全名或尊名同用,如The Honorable Antonin Scalia, The Honorable Mr. Scalia.其简略语Hon.只应在信址中使用。

honorable discharge 〈美〉荣誉退役;荣誉退役证书 政府根据其全部服役记录对士兵作出的正式的最终鉴定,及据此发出的以荣誉身份退役的权威证明。完全的退伍补助[full veterans' benefits]只发给荣誉退伍者。

honorarium n.❶谢礼;礼金 指对在法律上或习惯上不予收费的服务而自愿给付的金钱或其他任何有价物。有时,授受该种礼金属于非法,例如美国联邦法律限制对国会议员赠送礼金。❷〈罗马法〉酬金;赠礼 指对专门职业化服务支付的金钱,区别于对体力劳动的付酬。后多指对自由职业者,如医师和律师所付的酬金。

honorarium jus 〈拉〉〈罗马法〉长官法 包括裁判官[praetor]法和市政官[aedile]谕令

honorary a.❶荣誉的;光荣的;名誉的 ❷(职位、职务等)无报酬的;义务的 ❸(债务、义务等)道义上的

honorary canons (大教堂的)名誉法政牧师

honorary feud 〈英格兰古法〉荣誉封地 是贵族的一项荣誉权,只能由长子继承。

honorary freeman 荣誉自由人;荣誉自由民(⇨freeman; freemen's roll)

honorary office ❶无薪公职 ❷(为公众服务的)名誉职位;荣誉职务 社团、公司等内部设立的不承担义务而仅仅作为一种荣誉的职务。

honorary rank 名誉职衔;荣誉军阶

honorary services (封建法)❶荣誉役务 献给国王的特定役务,以保有附荣耀役务之土地为特征,如为国王举旗执剑或在加冕典礼上任先锋官或其他官职。❷无报酬的服务;义务服务

honorary trust 名誉信托 一种只负担道德上、伦理上或名义上义务的所谓的信托。该种信托并无确定的、适当的受益人,故其在法律上是无效的。(⇨trust)

honorary trustees 名誉受托人 指用以保管期待性剩余遗产[contingent remainders]的受托人。因其只在名誉上根据最谨慎正当的理由对事务作出决定,故得名。

honor courts 领地法庭 由领主等在名义上掌管的封臣法庭[courts baron]及领主治安巡视法庭[courts leet]。

honoring paper 承兑票据;兑付票据

honoris causa 〈拉〉作为荣誉标志

honoris respectum 〈拉〉出于荣誉;由于特权

honour (= honor)

honours n.〈英〉勋位 指各种等次的贵族、准男爵、骑士爵位,不同等级的骑士资格及其他类似荣誉。

hontfongenethef n.〈撒克逊〉当场抓获的盗贼;人赃俱获的盗贼

hony 〈法〉羞耻;耻辱;罪恶

hood n. (俚)暴徒;打手;恶棍;流氓
hoodlum n. 暴徒;恶棍;无赖;流氓
hootch n. (俚)酒 尤指劣酒或私酒。
hope n. ❶希望;期望 用于遗嘱中,作为恳求性嘱托语。❷(英格兰古法)山谷;峡谷
hopelessly insolvent 绝无清偿能力的;处于破产绝境的;无可挽回地破产的 指已经明显地不能继续其业务或偿还债务。
hope of benefit 利益期待 指出于完全或部分逃避惩罚的期待而作出供述。
hora aurorae 晨钟
horae judiciae 〈拉〉法庭开庭期间;法官开庭处理司法事务的时间
horae juridicae 〈拉〉(= horae judiciae)
Hora non est multum de substantia negotii, licet in appello de ea aliquando fiat mentio. 〈拉〉尽管时间有时在上诉中被提及,但它对于事情的实质没有太大意义。
horca 〈西〉绞刑;绞刑架
hordera n. (英格兰古法)司库;会计(员);出纳(员);财务主管
horderium n. (英格兰古法)❶贮藏物;贮藏的钱财 ❷仓库 ❸司库
horizontal a. 同一类的;同行业的;横向的
horizontal agreements 同(行)业协议;横向协议 在同一销量水平的同行业竞争者之间为控制商品价格等目的而达成的协议。(⇨horizontal restraint (of trade))
horizontal integration (= horizontal merger)
horizontal measurement 水平测量 在多山地带用测链保持水平测量而不受上坡或洼地的影响。
horizontal merger 同(行)业公司合并;横向合并 两个或两个以上相互直接竞争的公司的联合,亦指生产相同或相似产品、并在同一区域的市场上销售的公司之间的合并。(⇨merger; vertical merger)
horizontal price-fixing 横向统一定价;横向限价 处于同一层次上的竞争者,如同行业的生产商、批发商、零售商之间的统一价格,以消除竞争为目的,从而为反托拉斯法所禁止。
horizontal property acts 〈美〉平行财产法;平行物业法 指关于合作公寓及区分共有建筑物的成文法。
horizontal restraint (of trade) 横向贸易限制;水平贸易限制 处于同一营销层次的竞争者之间通过协议达成的对公平贸易的限制。(⇨restraint of trade)
horizontal union 同业工会
hornage (= cornage)
hornagium n. (英格兰古法)有角野兽税(⇨horngeld)
hornegeld (= horngeld)
horner n. 嗅吸毒品成瘾者 而非注射吸毒者。
Horne Tooke's Act 〈英〉《霍恩·图克法》 指1801年《下议院(神职人员无资格)法》[House of Commons (Clergy Disqualification) Act]。通过该法的目的在于明确担任圣职的霍恩·图克先生不能成为下议院员。(⇨Holy Orders)
horngeld n. 〈撒克逊〉(英格兰古法)有角野兽税 属于皇室猎场税[forest tax]。
horning n. 〈苏格兰〉鸣号 传唤债务人出庭以偿还债务,如不出庭则处以监禁。(⇨letters of horning)
hornswoggle v. ❶(俚)诈骗;欺骗;哄骗 ❷获胜;征服;打击;虐待

horn tenure (英格兰古法)鸣号角役土地保有权(⇨cornage)
horn with horn (在公用地上)混养(公牛与母牛)
horoscope reading 星象观测 据称通过观测一个人出生时各天体的位置可预测其未来命运。
horror comics (= harmful publications)
hors 〈法〉在…之外;在…外面;除…以外
hors de combat 〈法〉退出战斗的;丧失战斗力的;被打败的
hors de court 〈法〉退出法庭;离开法庭
hors de la loi 〈法〉被宣布为非法的;在法律上不受保护的;被剥夺公民权的;在法律上失效的;被放逐的
hors de son fee 〈法〉在其封地之外 在古代普通法诉讼中,这是主张租金或封建役务之诉中的答辩用语,被告以此主张争议土地在原告封地的范围之外。
horse breeding 〈英〉马匹饲养 1958年《马匹饲养法》[Horse Breeding Act]授权农业、渔业和食品部[Ministry of Agriculture, Fisheries and Food]有权决定是否颁发或吊销种马许可证,使用无许可证的种马是一种犯罪行为。
Horserace Betting Levy Board 〈英〉赛马赌注征税所 根据1961年《赌注征税法》[Betting Levy Act]设立,对赌马注册经纪人及赌金总计委员会征税。
Horserace Totalisator Board 〈英〉赛马赌金总计委员会
horseway n. 马道 供骑马者走的路,亦可步行。可分为公用马道与私人马道。
hors pris 〈拉〉被取出;把…除外
hors-wealh n. 〈英〉照管国王马匹的布立吞人[Briton]
hors-weard n. 〈英〉照管领主马匹的役务
hortus 〈拉〉园圃;花园
hospes 〈拉〉客人;宾客
hospes generalis 〈拉〉内侍大臣;宫廷大臣;贵族的管家
hospital n. ❶医院 为身体上或精神上有疾病者提供医疗护理和治疗的机构。❷慈善院 一种为无钱的学生受教育而建立的慈善团体,如基督慈善学校等;亦指为人提供帮助,特别是提供食宿和医疗卫生条件的慈善团体。
hospitalaria (= hostilaria)
Hospitalarii (= Hospital(l)ers)
hospital insurance 〈美〉住院保险 指保险人在被保险人支付保费的条件下,对被保险人或其家属在保险期间由于承保范围内的疾病而引起的住院费用进行赔偿的保险。
hospitalization insurance (= hospital insurance)
Hospital(l)ers n. 医院骑士团;医院骑士团成员 又称耶路撒冷的圣约翰骑士团,乃12世纪由教皇建立的一个宗教军事团体,它在耶路撒冷为生病的朝圣者建立了一所医院。1314年,圣殿骑士团被镇压时,其财产转移到医院骑士团名下。爱德华三世时,医院骑士团将圣殿骑士团的修道院转让给律师,即后来的内殿律师公会[Inner Temple]和中殿律师公会[Middle Temple]。其余的地产根据英国1540年《继承权转让法》[Grantees of Reversions Act]转到王室名下。中东地区的医院骑士团仍继续存在。
hospital liability insurance 医疗责任保险 由保险人承担医院因其医护人员的渎职或医疗事故致病人伤亡而发生的损害赔偿责任的保险。
hospital service contract 医疗服务合同 指某一非营利性法人与其成员所签订的合同,该法人据此应对其成员或成员的家属提供医疗服务。(⇨Blue Cross; Blue Cross contract)

hospital service corporation 医疗服务公司（⇨ hospital service contract）

hospital zone 医院区 在该区域内实行机动车交通管制，诸如车速、鸣笛限制。

hospitelarius 主人；旅店老板；客栈掌柜

hospites （古罗马庄园的）主人；业主 古罗马时代，富有贵族宽大官邸的两侧是被称为"hospitium"的小客房，它是可用来供客人享乐的处所。而"hospes"则用来指称官邸的主人，他也是接待该客人的主人。（⇨hospitium）

hospitia 〈拉〉小旅馆；小酒店；客栈

Hospitia Cancellariae （= Inns of Chancery）

hospitia communia 〈拉〉普通旅馆；普通客栈

Hospitia Curiae （= Inns of Court）

hospiticide n.（在旅馆中）杀害主人或客人；杀害主人或客人者

hospitium n. ❶小旅馆；小酒店；客栈 ❷友好款待；好客 ❸主客关系 ❹〈英〉巡游费 ❺一家人；家庭 ❻（罗马法）客人接待地 分布在富有的贵族宽敞的住处两旁的、用于接待客人的较小的房间。

host n. ❶主人；东道主 ❷旅店老板；客栈掌柜
v.（作为主人）招待；接待
〈法〉军队；军队出征；战争

hostalagium （= hostelagium）

hostelagium n.（领主在其佃户的房子内）居住和消遣的权利

hosteler n. 旅店老板；客栈掌柜；主人

Hostels n. 〈英〉出庭律师公会（⇨Inns of Court）

hostes 〈拉〉敌人

Hostes hi sunt qui nobis, aut quibus nos, publice bellum decrevimus; caeteri latrones aut praedones sunt. 〈拉〉敌人是向我们公开宣战或我们向其公开宣战的那些人，以及窃贼或强盗。

hostes humani generis 〈拉〉人类的敌人

Hostes sunt qui nobis vel quibus nos bellum decernimus; caeteri proditores vel praedones sunt. 〈拉〉敌人是我们向其宣战或向我们宣战的那些人，以及叛徒或海盗。

host-guest relationship 主客关系

hostiae n.（在圣餐中经过祝圣的）圣餐面包；圣餐面饼

hosticide n. 杀敌；杀敌者

hostilaria n. 寺院客房；客房 宗教团体设立的用于接待来客和异乡人的地方或房间。

hostilarius n. 宗教团体的客房主管；教会慈善机构工作人员（⇨hostilaria）

hostile act 敌对行为

hostile embargo 敌对禁运 针对现在或未来敌对国家的船舶的禁运。

hostile fire 敌意之火（⇨friendly fire）

hostile in its inception 自始的对抗 强占他人土地者[disseisor]基于先占，而非基于首先侵入所提出的对抗请求。

hostile paramount title 最高对抗权 推定某行为为驱逐行为的要素之一；可用来支持某人认为其财产即将被夺占之主张。

hostile possession 对抗占有；对立占有 指某人根据其提出的对某一土地享有独占权的主张而实施的占有，从而排除任何他人（包括土地的登记所有人）对该土地主张权利。但该种占有并不必然表示其为恶意或敌意，仅是占有人以所有人的特征占有土地。（⇨ adverse possession）

hostiler （= hosteler）

hostile witness 敌意证人 指在主询问中对传唤其的本方当事人表现出敌意或偏见、或不愿意作证、或已提供对本方当事人不利证据的证人。在英国，本方当事人经法庭许可可以对敌意证人进行反询问，并可提出证人先前所作的不一致的陈述。在美国，对敌意证人在主询问中可以提诱导性问题。

hostilian law （罗马法）盗窃法（⇨lex Hostilia de furtis）

hostilities n.（战争过程中公开进行的防御性或进攻性的）作战行动；军事行动；战斗

hostility n. ❶敌对；对抗 ❷（个人或国家之间的）敌对状态；战争状态 ❸敌对行动；敌对事件

hostler n.（诺曼）（英格兰古法）❶寺院负责接待工作的僧侣 ❷（伊丽莎白女王时代前）旅店老板；客栈掌柜 ❸马厩管理人；（旅店马厩的）马夫

hot a. 盗来的或通过其它非法途径获得的

hot blood （刑法）冲动；激情（⇨ heat of passion; manslaughter）

hot cargo 劳资争议货物 在劳动法上，指与工会有劳资争议的雇主所生产或经销的货物。（⇨hot）

hot cargo agreement 劳资争议货物协议 指工会与中立的雇主达成的协议。依照该协议，后者同意通过诸如终止或限制经营、使用、销售、运输或以其它方式处理属于其他雇主但被工会视为对劳工不公平或有劳资争议的任何产品等手段，向与其工会有争端的其他雇主施加压力。（⇨Landrum-Griffin Act）

hot cargo clause 劳资争议货物条款 指集体劳动合同中的一项条款，根据该条款，工会成员有权拒绝经营对劳工不公平或有劳资争议的货物。

hotchpot n. ❶财产混同；财产合算 指将分属于不同人的财产进行混合，以进行平等分配。该词的荷兰文为"hutspot"，法文为"hochepot"，意为"一盘大杂烩"。其在法律上的含义与罗马法中的财产合并或财产聚合［collation; collatio bonorum］以及苏格兰法中的继承人间遗产合并核计原则［collatio inter haeredes］和遗产分配原则［collatio inter liberos］相当。在古代，该词用于免役陪嫁婚姻［frank-marriage］中，指其中一个女儿因陪嫁而取得的土地与自己以及姊妹们的自由保有地产［fee simple］相互混合，然后在她们之间进行平均分配。在其未将财产混同前，不得享有自由保有地产的份额。在现代法中，主要针对遗产分配中的预赠，即预早遗赠［advancement］，即获得预赠财产的子女应将该财产与无遗嘱死亡人的遗产进行合算，后由其与该无遗嘱死亡人的其他子女共同进行遗产的平等分割。英格兰1670年的《遗产分配法》［Statute of Distribution］即规定，无遗嘱死亡人的子女应平等取得死者的动产，若某一子女事先已获得部分预赠，但又不足于其在遗产中的可分配份额，则其须将已取得的预赠财产进行遗产合算，然后进行遗产分割。后该法被1925年《遗产管理法》［Administration of Estate］取代，后者将遗产合算原则扩大适用于死者的动产和不动产。 ❷（海商法）船舶碰撞损失合算 根据海事惯例，两船相撞，则先将各船的碰撞损失相加，用以分配损失。（⇨ advancement; frank-marriage）

hotel n. 旅馆；旅店；饭店 在普通法中，旅馆是指业主用来为所有符合接待条件，并表明能够且愿意为其接受的服务和使用的设施支付合理价款的来客提供饮食，并在需要时提供住宿的处所。在英格兰法中，旅馆可以是客栈[inn]，但如果旅馆只向房客提供住宿和饮食而不向房客之外的人提供食物，则非属客栈。

hotel divorce 旅店离婚 指夫妻双方共同谋划的一种离婚方式，其中一方伪造一个通奸现场。

hotel-keeper n.旅馆经营人；旅馆老板；旅店业主

hotel keeper's lien 旅店业主留置权 指允许旅店业主或客栈业主对旅客携带入店的动产进行扣留的一种占有性法定留置权，用作旅客支付账单的担保。

hot iron ordeal 热铁神判法 古代一种刑事审判方式，由被告抓握烧红的烙铁后，在一定时间内看烫伤之处是否痊愈来确定被告是否有罪。(⇨ordeal)

hot issue 热门股发行；抢手股发行 指在证券向公众发行后，该证券在公开交易市场的交易价格远远高于其最初发行的价格。

hot pursuit 紧追 沿海国对违反其法律和规章的外国船舶进行追逐，继续进行至公海，并将外国船舶拿捕和交付审判的行为。根据1982年《联合国海洋法公约》第111条的规定，"沿海国主管当局有充分理由认为外国船舶违反该国法律和规章时，可对该外国船舶进行紧追。"根据该《公约》，紧追权的行使须遵守以下规则：①紧追须是外国船舶或其所属小艇之一在追逐国的内水、群岛水域、领海或毗连区开始，而且只有追逐未曾中断，才可在领海或毗连区继续进行；②紧追只有在外国船舶视听所及的距离内发出视觉或听觉的停驶信号后，才可开始；③紧追不得中断，但在船舶进入其本国领海或第三国领海时应立即终止；④紧追权只可由军舰、军用飞机或其他有清楚标志可资识别并经授权为政府服务的船舶或飞机行使；⑤若无正当理由而行使紧追权，追逐国应对在领海以外因被命令驶或逮捕而遭受损失或损害的船舶予以赔偿。

hot-water ordeal (英格兰古法)沸水神判法 一种古老的审判方式，将被告手臂至肘的部分置于沸水中，再在一定时间后看烫伤之处是否痊愈，以确定被告是否有罪。(⇨ordeal)

hound-bailiff (= bound-bailiff)

hours for presentment (票据)提示期限(⇨presentment)

hours of banking 银行营业时间(⇨banking hours)

hours of business 营业时间；工作时间(⇨business hours)

hours of labor 〈美〉劳动时间；工时 即雇员每天或每周为雇主工作的时间。由联邦和州的授权立法规定，主要适用于劳动强度较大的特定行业，旨在保障劳动者的健康和公共安全。(⇨Adamson Act; day's work; Hours of Service Act; child labor law; Fair Labor Standards Act)

hours of service 工作时间；劳动时间(⇨hours of labor)

Hours of Service Act 〈美〉《劳动时间法》 通过规范和限制从事国内和国外铁路运输的职工的工作时间，来促进铁路职工和旅客安全的一部联邦法律。

hours of voting 投票时间；选举时间

hours worked 工作时间；劳动时间(⇨hours of labor)

housage n.存储费；仓储费；保管费

house n.❶住所；房屋；住宅；房间；室 指个人及家庭居住之建筑物，包括庭院、花园、外屋、建筑物间通墙及合理占用所必需的附属物。(⇨curtilage; domicil(e); home; residence) ❷立法机构 (如果实行两院制)两议院之一（如参议院或众议院）；(立法机构开会时的)法定人数 ❸立法机构以外的其它人的集合体；(教育、慈善、宗教性质的)社会公共机构；(口)商业机构或股份公司

houseage n.存放费 承运人存放货物或在码头等处存放货物所支付的费用。

house agent 〈英〉房屋代理人(⇨accommodation agencies; agency)

House Bill 〈美〉众议院法案

housebote n.(英格兰古法)修房木料采伐权 指佃农为了修理房屋而在领主土地上采伐必要木材的权利。

housebreaking n.破门入户罪 指怀有犯重罪的意图闯入他人住宅或其他建筑物的犯罪。在英格兰，这一"破门入户罪"已经在1968年为制定法上的夜盗罪所取代，但在苏格兰法中，这一罪名仍然存在。在美国，"破门入户"系夜盗罪的构成要件之一。(⇨burglary)

house-burning n.烧房罪 普通法上的轻罪。指烧毁自己位于城市中的住宅，因而有危及四邻安全之虞的犯罪，但不构成放火罪[arson]。又称为"combustio domorum"。(⇨arson)

house confinement clause (保险法)户外限制条款 健康和意外险的保险条款，旨在表明残废的程度，而不是完全限制其外出。强调被保险人因疾病或事故造成的身体伤害，在相当程度上限制了他户外活动的自由，但是外出锻炼和就诊不在该条款限定的"外出"范围之内。在家中与在医院或疗养院而不能外出均符合该条款。

house counsel (企业)法律顾问 指受雇于某一企业，为其提供法律服务的律师。他们是企业的雇员，而非独立的律师，负责就企业日常的经营活动提供建议。大企业通常设有法律部门，指定专门的律师负责处理同企业的经营活动有关的某一特定领域的法律问题，如劳动法、税法、人身伤害诉讼、公司法等。

house duty 〈英〉房税 根据1851年《房税法》[House Tax Act]对住宅征收的代替窗户税[window-duty]的一种税，其征收额随着应税房屋的年价值和用途的不同而不同，该税已被1924年《财政法》[Finance Act]废除。(⇨inhabited house duty)

household n.家人；家庭；户 居住在同一屋檐下并组成家庭的那些人。该术语在保险业中通常与family同义，如在汽车保险中，与home和family同义。a.家庭的；家用的；家里的

household effects 家庭用品；家庭财产 与家庭事务有关的物品。

householder n.❶户主；家长 指一家之主人或为一家负责提供生计的人。❷屋主；住户 拥有或占有房屋的人。(⇨head of household)

household furnishings and effects 家产 出现在遗嘱中的一种用语，它包括立遗嘱人所有的个人财产。(⇨household effects; household furniture)

household furniture 家具；家用物品 ①作为火灾保险单的保险标的，是指根据通常的性质和用途主要与家庭生活有关的各种物品；②在免予强制执行某些财产的法律中，是指那些最初生产时的目的就是为了满足家庭生活需要且未成为房屋内固定装置的物品。(⇨necessary household furniture)

household goods 家庭财产；家用物品 作为火灾保险单的保险标的，是指根据其通常的性质和用途主要与家庭生活有关的财产或物品。(⇨household furniture)

household servant 家仆(⇨menial servant)

household stuff 家用器具；家具；家产(⇨household effects; household furnishings and effects; household furniture)

housekeeper n.女管家；主妇；房屋管理人 指管理房屋、

照管家务或管理家仆的女子。一般来讲，这个术语涉及与居住者有关的房屋管理活动中所提供的服务，但具体需要履行什么特殊和特别的职责，则通常取决于双方所订立协议中的实际规定。

housekeeping unit 家庭单位 指根据有关城市区划法划分的家庭。

house law 家法 早期一种特殊类型的、具有规范性的法典，现大部分已被废弃，由王室、贵族或其他显赫家族的家长或首脑颁布，用以调整家族内部关系，涉及婚姻、财产处理、继承以及类似的事务。这些法典通常不具有法律权威，其执行是通过族内的人身或经济制裁得以实施。

housellage n. 仓储费 享有自由使用仓库的权利所应支付的费用。

house money 赌额；赌资；赌金 ①赌场老板为赌博者提供的总额；②赌场老板声称拥有普尔赌金的百分比。

house number （房屋）门牌号 指在特定街道上的房屋编号。在一个门牌号体系管理较好的市镇，只要在转让房产的契据上指明房屋门牌号，即表示对转让财产的确定。

house of assignation 妓院

House of Commons 〈英〉下议院；下院；平民院 英国两院制立法机构中，由选举产生的议院。虽为下院，但它实际上是两院中权力更大、作用更突出的议院。下议院源于13世纪，当时国王为满足自己的需要，从各郡召集两名骑士——之后是自治市[borough]的显要自由民（市民）——开会批准募征新的款项。1275年爱德华一世[Edward I]召开了他的"第一次大议会"[first general Parliament]，参加者不仅有国王的主要顾问即王国的伯爵[earls]、男爵[barons]和显要教士，而且有骑士、显要市民和普通市民。1325年以后国王定期召集各社区的代表或公社的代表（平民）前去开会。爱德华三世[Edward Ⅲ]统治时，为征收额外款项，他不得不定期召开议会，平民代表开始把款项的批准与纠正社会疾苦连接起来。14世纪，平民代表屡次有意与伯爵、男爵分庭开会，从而使议会最终发展为下议院[House of Commons]和上议院[House of Lords]。经过都铎王朝[Tudors]和斯图亚特王朝[Stuart]的发展，下议院逐步确立了其重要地位，尤其经过18世纪中后期扩大选民资格的改革，真正代表选民的下议院取得了两院中较高的地位。目前下议院共有650个议席，其中英格兰占523席，威尔士占38席，苏格兰72席、北爱尔兰有17席。下议院的职能主要有：①代表民意；②通过预算决议[Budget resolutions]和年度财政法案[annual Finance Bill]控制财政；③通过下列方法制定和控制政策：对女王的演说[Queen's Speech]作出答复；审议预算和统一基金法案[Consolidated Fund Bills]；提出实质性[substantive]动议和休会动议；向内阁提出质询；④讨论下列立法：公法案[Public Bills]，私法案[Private Bills]，委任立法；⑤通过特别委员会[select committee]监督行政机关。下议院审议和通过立法以历时已久的固定程序进行，包括：正式一读（提出法案时）；二读，讨论并通过法案的基本原则；委员会阶段，法案被送至各个委员会——通常是常设委员会[standing committee]，有时是全院委员会[Committee of the whole House]详细讨论；报告阶段，对委员会所作的变动（及新的修正案）进行审议；三读，法案得到最终通过。下院随后还有可能考虑上院对该法案提出的修正案。

House of Commons Papers 〈英〉下议院文件 指盖有"依下议院命令印制"签章的一系列文件，包括按照法律规定须呈送给议会的报告书和统计表；根据议会的命令

由政府官员准备的报告书，诸如财政部[Treasury]和税务部门的报告及附于年度预算报告书后的财政统计表；还包括特别委员会[Select Committees]的报告和常设委员会的议事录[Minutes of Standing Committee]。按每届会议顺序被依次编号。

house of correction ❶〈美〉（少年）感化院；教养院；劳教所 主要接纳以下人员：①孤儿；②贫穷、堕落、屡教不改的劣迹少年；③父母没有监护能力或监护资格的儿童；④犯有轻微罪行的成年人，例如初犯；⑤不幸的或被遗弃的妇女；⑥其他一些特定阶层的人。目的在于使被收留的人变得勤劳、有道德、信仰宗教，远离不良人群的恶劣影响。❷〈英〉监狱 最初是为了收留拒绝工作的流浪汉和乞丐的场所。1835年《监狱法》[Prison Act]使之用于羁押审前被告人。1865年《监狱法》废除了这一性质的监狱与其他监狱的区别。

House of Delegates 〈美〉❶（弗吉尼亚、马里兰及西弗吉尼亚诸州的）州众议院；州下议院 ❷代表会议 当与美国律师协会[American Bar Association]连用时，指被授权控制和管理美国律师协会的机构。

house of his usual abode 经常居住地；经常性居所（⇨abode; residence）

house of ill fame 妓院；卖淫场所

House of Keys 〈英〉马恩岛下院 指英国马恩岛[Isle of Man]议会[Court of Tynwald]下议院，它由具有选民资格的公民选举产生的24名成员组成，议员任期5年。（⇨Isle of Man）

House of Laity 〈英〉世俗议会；俗人院（⇨General Synod of the Church of England）

house of legislature ❶议院；议会 两院制立法机关之一。❷（议会的）全体议员或议员的大多数；（议院开会时的）法定人数

House of Lords/H.L. 〈英〉上议院；上院；贵族院 英国议会上议院自中世纪早期产生以来就由神职贵族[Lords Spiritual]和世俗贵族[Lords Temporal]组成。大不列颠或联合王国所有世袭贵族爵位保有者一直有权作议员，成为议员的贵族必须达到21岁，但外国人、破产者、精神病人或者由于叛国罪或重罪而被剥夺资格的人不能充当议员。1876年英国又产生了司法终身贵族[judicial life peers]，即常任上诉法官[Lords of Appeal in Ordinary]。自1958年起男女一般皆可被授予贵族爵位。1985年英上议院的组成是：26名大主教[archbishops]和主教[bishops]、726名世袭贵族[peers by succession]（其中有18位女性）、30名初始册封的世袭贵族[hereditary peers of first creation]、345名终身贵族[life peers]（其中有48位女性）以及20名常任上诉法官。上议院中所有世俗议员都是终身议员，但大主教和主教大约在70岁时退休。上议院实行议员不愿开会即可缺席不到的制度，开会的法定人数仅为3人，通过议案的法定人数也仅为30人。议员不领取薪水，但可以领取一定数额的活动经费。1911年以前，上议院除了受下议院财政特权限制外，拥有不受限制的权力，但1911年的《议会法》[Parliament Act]废除了上议院否决"财政筹款法案"[money bills]的权力，并规定一般的公法案若由下议院三次会议连续通过并经过两年后，即自动成为法律；1949年的《议会法》则将三次会议减为两次，两年时间减为一年。英上议院主要职能有：①作为最高上诉法院，享有司法职能，既是英格兰、威尔士、苏格兰和北爱尔兰民事案件的最终上诉法院，也是英格兰、威尔士和北爱尔兰刑事案件的最终上诉法院。②作

为公共事务的辩论讲坛。此项工作占用上议院全部开会时间的五分之一,特别是星期三。③修订下议院提出的公法案。此项工作占用上议院全部时间的三分之一,为各项职能耗用时间之首。④创议公共立法[public legislation],包括政府法案,特别是那些与党派争论无关的技术性法案以及有关法律改革的法案。⑤审议委任立法。上议院对此享有全部权力。对议案的技术性审查由联合委员会负责。⑥监督行政部门的各项活动。⑦审查私法案[private legislation]。对此上议院与下议院具有同等的权力和任务。⑧建立特别委员会[select committees]。直到19世纪,上议院与下议院的工作程序在许多方面都是相似的,但自那以后,它们开始分道扬镳。不过上议院的工作程序并没有发生剧烈变化。相对而言,上议院议事规则较少,它的活动规则规定在《议事规则指南》[Companion to Standing Orders]之中。

House of Lords Chairman of Committees 〈英〉上议院委员会主席 在每届议会开始,或是在该职位出现空缺时,被任命为主席及上议院第一副议长的贵族。除非上议院另行指定,他还担任上议院各全院委员会[Committees of the Whole House]的主席,同时担任上议院其他所有委员会的主席。

House of Lords Offices Committee 〈英〉上议院办公委员会 从事上议院内务安排的委员会,由御前大臣[Lord Chancellor]、掌玺大臣[Lord Privy Seal]、枢密院院长[Lord President of the Council]以及数额不定的其他贵族组成。

house of prostitution 妓院(⇨house of ill fame)

house of public worship 教堂;礼拜堂 指用于宗教礼拜或举行宗教仪式的场所。(⇨church)

house of reformation (＝house of correction)

house of refuge 少年犯管教所;教养院;感化院(⇨house of correction)

house of religious worship 教堂(⇨church;house of public worship)

House of Representatives 〈美〉众议院 美国立法机构两院的下院,根据美国宪法于1789年成立。目前有435名议员。席位按各州人口分配,但每州至少有一名议员。议员的资格是年满25岁,成为美国公民至少7年,并且当选时为所在州居民;议员由各地区选民选举产生,每届任期两年。在美国,众议院与参议院在立法上负有同等职责,按照美国国父们[Founding Fathers]的设想,众议院应代表公众的意愿,因此其成员由直接选举产生。美国宪法赋予众议院一定的特有权力,其中最重要有发动弹劾程序的权力和提出税收法案的权力。由于受政党的影响,众议院的组织和特性一直在发展变化,政党领袖,如议长和多数与少数党领袖在众议院的运作中起着中心作用。不过,政党纪律对那些准备重新参选、倾向于寻求选区而不是政党支持的议员团体并不总有很大的约束力。对众议院组织有突出影响的另一因素是委员会制,在此制度下,议员基于诸如选举议程、准备议案、规范众议院议事程序等目的被分在某一委员会中,每一委员会都由多数党来控制。目前众议院有20个常设委员会。

house of worship (＝house of public worship)

house rules 住宿规则;居住规定 指旅馆、公寓大楼、合作公寓[co-operative apartment]或寄居宿舍制定的、涉及客人、居住者以及他们的来访者行为的规章制度,目的为保证上述房屋的安全及相关人士的舒适和方便。

Houses of Parliament 〈英〉议会大厦 议会大厦是英国议会上下两院聚集召开会议的场所,位于伦敦威斯敏斯特皇宫[Royal Palace of Westminster],此皇宫由"忏悔者"爱德华[Edward the Confessor]于14世纪建造,但在1834年被大火严重毁损,只有威斯敏斯特大厅[Westminster Hall]得以幸免。现在的议会大厦是依查尔斯·巴里[Charles Barry]和奥古斯塔斯·皮金[Augustus Pugin]爵士的设计于1840年至1867年间建造的。在第二次世界大战中下议院会议厅被炸毁,但1950年又得以重建。

house tax 房税(⇨house duty;inhabited house duty)

house to house collections 〈英〉挨家逐户募捐

Housing Administration 〈美〉房屋管理局 美国房屋建筑与住宅财政署[Housing and Home Finance Agency]中的一个机构,负责实施有关改进住房条件和健全房屋抵押市场的计划。

Housing and Home Finance Agency 〈美〉房屋建筑与住房财政署 为履行联邦政府住宅建设规划[housing projects]的职能而设立的一个联邦机构。(⇨Housing Administration)

housing code 建筑法典(⇨building code)

housing courts 〈美〉住宅法院;房屋法院 许多城市中设有此种法院,主要处理房屋出租人和承租人之间的事务,包括涉及房屋维护、出租期限、建筑和消防条例以及其他方面的事务。

housing laws [总称]公共住房法(⇨public housing)

housing projects 〈美〉住宅建设规划 指在特定地区建设住宅小区的计划,通常为公共住房[public housing]的建设规划。

housing societies 〈英〉住宅协会 1964年《住宅法》[Housing Act]设立了一个住宅公司[Housing Corporation]帮助住宅协会,向其提供住宅建设上的便利。

housing subsidies 〈英〉住房津贴;住房补助

hovering vessel 〈美〉不准靠岸船舶 如果通过对某船的历史、行为、特征或位置进行分析,有理由相信其被用于或可能被用于以违反美国关税法[revenue laws]的方式向美国输入、促进或便利输入或试图输入商品的目的,则可令其不准靠岸。

HOW (＝Home Owners Warranty)

Howe v. Lord Dartmouth 〈英〉豪诉达特茅斯勋爵案 该案发生于1802年,其判决确立了如下原则:在没有证据证明遗嘱人有相反意图时,就应当推定留有剩余动产的遗嘱人是意图让所有的受遗赠人在继承中享有同样的东西。因此,遗产中具有消耗性和可复制性的部分应当进行转换(例如在终身地产保有人与剩余地产权人之间转换),并在那些被认为具有永久性特征的投资项目中进行投资。该项规则后又有许多公认的例外情形。

howgh (＝haugh)

H.R. (＝House of Representatives)

H.R.H. (＝His or Her Royal Highness)

H.R.10 Plans (＝keogh plan)

hstd homestead的缩略语,但是未被广泛使用(⇨homestead)

H.T. (＝hoc titulo)

hub-and-spoke conspiracy 毂辐式共谋(⇨wheel conspiracy)

hucksering n.叫卖;做小商贩;小本经营

hucusque (用于旧时诉讼中)到目前为止;迄今

HUD (＝Department of Housing and Urban Development)

hudefaest (＝heord-faete)

hude-geld n.(英格兰古法)❶责罚赎金 为免除殴击入

侵之奴仆的责任而交纳的罚金。❷赎笞金 奴仆为免于被鞭打而付的赎金。(⇨hidgild)

Hudson's Bay Company 〈英〉哈得逊湾公司 指根据皇家特许状，以总督和英格兰冒险家公司[Governor and Company of Adventurers of England]的名义于1670年组成的进入哈得逊湾做贸易的公司。根据该特许状，他们实际上获得了现构成加拿大中部地区的王权[jura regalia]。他们利用其地位，将那一地区的所有贸易掌握在手中。该公司于1868年让出主权，其下属的区域也根据相应的成文法成为加拿大的一部分。该公司现仍拥有很多土地，是一个庞大的贸易公司。

hue and cry 〈英格兰法〉❶喊捉声；捉拿声；追捕呼叫 早期英格兰刑法中有一条重要原则，即当抢劫或其他重罪发生时，犯罪发生地的百户邑居民有义务大声呼唤众人捉拿罪犯，并且在40天之内将罪犯抓获。否则他们应负责赔偿受害者的损失或被处以罚金。1584年的一项制定法又规定了相邻的百户邑的部分责任以及补偿办法。在这些规定于1827年被废除之后，1887年的郡法又规定了类似的内容，允许追捕者大声呼唤，听见呼喊者有义务参加追捕。即使被追捕者后来被证明为无罪，也不能对追捕者提出指控，但追捕者出于恶意除外，应被处以罚金或监禁，并赔偿受害者的损失。❷高声喊捉的追捕；循声追捕 ❸通缉令 由内政部长[Home Secretary]发布的要求所有官员和警察协助追捕越狱逃跑的重罪犯的书面公告。(⇨Statute of Hue and Cry; vociferatio)

huebra 〈西〉日耕量 在美洲通用西班牙语地区所使用的一种土地丈量单位，意指两头牛拉一张犁一天所耕的土地面积。

hui 合有 根据夏威夷法设立的一种地产权所有人联合体，其成员一般以共同承租人身份持有地产。

huisher (= huissier)

huissier 〈法〉法警；传票送达员；执达官 法院的行政官员，主要负责送达诉讼中的传票、令状、签发执行令、在法院开庭时维持法庭秩序等。

hulks n.〈英格兰古法〉(利用不再航行的旧战船等改造成的)监狱船；囚船 18世纪后期被判流放的囚犯改造地，后在1853年开始的囚犯处罚改革中苦役刑代替了流放后，监狱船停止使用。(⇨transportation)

hull insurance ❶船舶保险；船壳险 对船壳、船具、设备等因自然灾害、意外事故及船长船员疏忽造成的损失，或引起的碰撞责任的保险。❷机体保险 飞机机身及引擎、机舱内机器设备等的保险。

human a.人的；人类的；具有人的形体和属性的

human act 人的行为 由人类实施的行为，与自然力所导致的事件相区别。在法律上，人的行为区还分为意志自主(有意)的行为和不由意志自主(无意)的行为。前者涉及行为人对行为目标有清醒的预计，并做出判断和方式方法的选择，通过实施经过选择的行为途径来实现目标。尽管法律上主要考察外在行为的性质及后果，但对于有意行为，根据行为人意图的善或恶，又可分为善意行为和恶意行为。有意行为通常会导致法律责任及法律基础之上的其他后果。无意行为一般不会导致民事或刑事责任，即便在一些情形下，这类行为引起了有害的后果，但行为人必须证明这类行为不是有意的，而是其意志被压制的结果。然而，两者之间的界限并不十分鲜明，针对一些具体行为，判断标准有时很得含糊，因而区别起来较棘手。

human being 人；自然人 男人或女人。

human body 人体(⇨body)

humane a.仁爱的；慈善的；富于同情心的；人道的 它与"宽恕的"[merciful]不同，前者是指积极努力地去发现和减轻痛苦，尤其是防止痛苦的发生，而后者则指对可能遭受痛苦者的一种饶恕意向。

Humane Society 〈美〉动物慈善协会 指保护动物免受虐待的社会团体。

humanists n.人文主义法学家 尤指1400 - 1600年间受复古、特别是受古典文化复兴熏陶的法学家。他们重新崇尚罗马法，企图找到并恢复古典罗马法的确切文本和本来面目。他们继承了注释法学派和评论法学派——亦称注译法学派，分别致力于罗马法原文的理解与说明和对现实生活的适用。他们对于文本的学术性编辑以及评注，对罗马法的许多概念和原则作出了新的解释。该派起源于意大利，15、16世纪发展到欧洲各国，17、18世纪即为自然法学派所取代。

humanitarian considerations 人道主义的照顾；人道主义的关心；乐于助人 指由向路边生病的人和受伤的人给予援助的行善者所表现出来的仁慈和同情。

humanitarian doctrine 〈美〉人道主义原则 该原则由沃纳克诉密苏里太平洋铁路公司[Wonnack v. Missouri Pacific R. Co.]一案发展而来。指在通常被驾驶火车或汽车，而原告步行的情况下，如果原告能证明被告存在能避免事故发生的最后机会，则可免除其自己的疏忽责任。该原则仅在原告处于一种迫在眉睫的危险状态之中，如果情况不发生变化，将势必给原告造成伤害时才适用，由此要求被告在虽无法定义务的情形下，出于道义上的义务，亦应尽其适当注意以避免这一损害的发生。事实上只有很少几个州适用该原则。(⇨last-clear-chance doctrine)

human laws 人法；人定法 指由人制定的法律，而不是神法。

human-leukocyte-antigen test 人体白细胞抗原测试 一种人体组织类型测定方法，用以确定亲子关系。(⇨DNA identification)

human rights 人权 指人的权利或基本自由，在法律上予以承认并加以保护的，使每个人在个性、精神、道德和其他方面获得最充分和最自由发展的权利。这些权利被认为是生来就有的个人理性、自由意志的产物，即不是实在法授予的，也不能被实在法剥夺或取消。

human tissue 〈英〉人体组织 1961年《人体组织法》[Human Tissue Act]对有关为治疗和教学及科研目的而使用死者身体器官作有规定。

Humber Rules 〈英〉《亨伯规则》 根据1894年《商船法》[Merchant Shipping Act]制定的亨伯规则，对亨伯郡的航海事宜作出了规定。

Humble Petition and Advice 〈英〉《恭顺请愿和建议书》 英国资产阶级革命时期，在受军事力量统治几年之后，1657年，第二届护国议会[Protectorate Parliament]提出了《恭顺请愿和建议书》，它实际上是起配宪法作用的《政府约法》[Instrument of Government]的修订。它最初是向克伦威尔提供王位，但克伦威尔尔犹豫再三未接受。最后经《续请愿和建议书》[Additional Petition and Advice]修正改立克伦威尔为护国公[Lord Protector]。护国公有权任命其继承人，三年内至少召集一次两院议会。国务会议[Council of State]被重新指定为枢密院[Privy Council]，反对主教和其他神职官员的立法依然原封保留。上院由护国公任命的40至70名议员组成。政府通过一种特定的军事配给方式获得固定岁入。这些变化反映了一种明确的君主之下两院议会政体的复辟倾向。

humbug n.冒名顶替者;假冒者;骗子

humdinger n.(美俚)在另一司法区裁决的、但对法律问题[point]的评议周全、清晰的案件

humiliating insults 侮辱;羞辱;辱骂 指人身侮辱,有时构成离婚的理由。

humiliation n.屈辱;耻辱;丢脸;蒙耻 指使人有丢脸、显得懦弱、卑微、愚蠢或蔑视的感觉。这是侵权诉讼中要求赔偿的一个因素,但是无法用准确的损害赔偿标准进行衡量。

hunc modum 这种方式(⇨in hunc modum)

hundred n.❶一百 ❷(英)百户区 英格兰盎格鲁-撒克逊时期建立的郡下面的一级行政单位。它于6世纪法兰克人[Franks]正式确立,由阿尔弗雷德国王[King Alfred]引入英格兰。百户区的界定,有认为由100海得[hides]土地的面积构成,有认为由10个十户区[tithings]组成,有认为由100户自由民家庭组成,等。在英格兰各个不同地区,百户区的范围和名称均有不同。百户区由高级治安官[high constable]管理,并有自己的法庭。百户区的居民集体对其任一成员的犯罪行为或法庭缺席行为承担共同责任。同时,如果有百户区居民聚众闹事或暴动因而造成损失的,全体百户区居民也要承担全部赔偿责任。相类似的组织在法兰克王国、丹麦也存在过。(⇨wapentake;ward)

hundredarius n.❶(= hundredary) ❷百户区居民

hundredary n.百户区长 百户区的最高行政长官。

hundred court (英)百户区法庭 百户区自设的法庭,是一种较大的封建法庭。一般每3-4周开庭一次,审理的多为轻微的民事案件。审理时,由百户区内土地完全保有人担任法官,由庄园管家或百户区执事作为登记官主持审判。百户区法庭不是存卷法院[court of record],且比一般的领主法庭的司法管辖权为大。这些法庭由1867年《郡法院法》[County Courts Act]废除。

hundreders n.负有出庭义务的百户区居民

hundredes earldor 主持百户区法庭的官员

hundredes man (= hundredes earldor)

Hundred-fecta n.履行出席百户区法庭义务 这些义务包括出任陪审员或法官。(⇨suit)

hundredfeh (= hundred-penny)

hundred fetena (= hundred setena)

hundred gemote 百户大会 撒克逊百户区内由土地完全保有人参加的大会。起初每年召集12次,具有较广泛的民事、刑事司法权和教权。它是郡法庭[county court]和郡治安巡视法庭[sheriff's tourn]的前身。

hundred lagh ❶百户区法 ❷百户区法庭 ❸出席百户区法庭的义务

hundred-law (= hundred lagh)

hundredman n.❶百户区法庭的官员 ❷(= hundreders)

hundred-mote n.盎格鲁-撒克逊时期的百户区法庭

hundredor(s) (英)❶百户区居民 在古时也充任百户区法庭的起诉人或法官。(= hundreders) ❷陪审员 居住于诉讼所在百户区而被列入陪审团名单的居民。 ❸百户区长官 对百户区有管辖之权并主持百户区法庭的官员。 ❹百户长;百户区执事[bailiffs of hundreds]

hundred-penny n.(英格兰古法)百户税 由郡长或百户区领主向百户区居民征收的税。(= hundredfeh)

hundred rolls 百户区卷档 由英王爱德华一世[Edward I]于1274-1275年派王室专员调查大封建主是否篡行王室特权[jura regalia]后所作的记录卷档。

hundred secta (= hundred-fecta)

hundred setena (撒克逊)百户区居民

hundredweight n.英担 重量单位,在英国等于112磅,在美国等于100磅。(⇨pound)

hung jury 悬案陪审团 指陪审员意见分歧而无法作出一致裁决或达到法定票数裁断的陪审团。也称"僵局陪审团"[deadlocked jury]。(⇨verdict;dynamite instruction)

hunting n.❶寻找;搜索 指寻找丢失的物或下落不明的人。 ❷打猎;狩猎 ❸(英)猎狐(⇨game;closed seasons)

hunting heirs (= heir hunter)

hunting license (美)狩猎许可;狩猎执照 美国大多数州法规定狩猎的先决条件。这些法律通常要求狩猎者交纳一定的费用,同时限定只能狩猎野生动物。

hunting privilege 狩猎特权;打猎权(⇨hunting license;hunting right)

hunting right (在他人土地上的)狩猎权

Huntley hearing (美)亨特利听审 在纽约州[New York],为刑事诉讼中的一个独立程序,其任务在于确定被告人在法庭外所作的陈述是否具有可采性。

hurdereferst n.家仆;仆人;家庭成员

hurdle n.(英格兰古法)(1870年前将叛国罪犯押赴刑场用的)雪橇状囚笼

hurricane n.飓风 一种以猛烈和突变为特征的风暴。一般起源于热带海域,经常移向温带陆地,由其带来的强风和暴雨会造成严重的生命与财产损失。它易与旋风[cyclone]和龙卷风相混淆。一般情况下,为保险目的,经常将飓风[hurricane]、龙卷风[tornado]与风暴[windstorm]这几个术语作为同义词。(⇨windstorm insurance)

hurricane insurance 飓风保险(⇨windstorm insurance)

hurt n.受伤;伤害;痛;(精神上的)痛苦 该词不仅指肉体上的伤害,也包括精神上的痛苦以及不适或烦恼。(⇨damage;injury)
v.伤害;使(肉体或精神)痛苦

hurtardus n.❶公羊;未去势的成年牡羊 ❷阉羊;去势公羊

hurto (西)偷窃;盗窃

hurtus (= hurtardus)

hus and hant 哈斯和汉特 亨利三世时在起诉状、答辩状或申诉书中的用语,除这一用语外其余部分都要用拉丁语。

husband n.❶丈夫 ①已婚的男子;②有与之共同生活的合法妻子的男人;③妻子[wife]的对应词。从词源学上讲,该词意指"房契"[house bond]。根据撒克逊的观念和习俗,丈夫是指为整个家庭负法律责任的男人。 ❷农民;管理人
v.耕作;耕地;务农;保存;保留 如荒野中食物的贮备。(⇨husbandry;ship's husband)

husband and wife 夫妻;夫妻关系 指夫妻间的自然和法律关系。由有效婚姻产生的男女关系可以产生相互间权利义务关系,包括相互依附、共同寝食、相互扶养以及在性生活上相互忠诚的权利义务。英国的普通法将夫妻当作一个人对待,已婚妇女的法律人格完全被包含在其丈夫的法律人格中,妻子不能独立于丈夫而取得、支配或转让任何财产。但在衡平法中,妻子的地位得到了改善,她可以独立于其丈夫,享有完全的契约缔结权和财产所有

权，双方各自承担婚前债务，各自拥有并独立支配各自的财产，但也可把财产合在一起共同享有。在英格兰，丈夫可就因第三方的原因造成的失去配偶或妨碍夫妻关系提出损害赔偿。配偶中任何一方都不对另一方的行为承担刑事责任，除非这种行为是在对方煽动或命令下所实施的。根据法定继承规则，配偶的任何一方死后，活着的一方对死者的财产享有权利。夫妻关系只有当配偶一方死亡或双方离婚才告终止。（⇨ alimony; curtesy; divorce; dower; free-bench; judicial separation; jus mariti; marriage; marital rights; married woman; matrimonial causes; unity of husband and wife; wife）

husband de facto 事实上的丈夫 有同居关系的丈夫。
husband de jure 有合法婚姻的丈夫
husband infra brachia 具有合法婚姻又同居的丈夫
husbandman n. 农民；农夫；庄稼汉 指耕作土地的人。该词在口语中的同义词为 farmer，但后者最初仅指耕作租地的佃农。
husband of a ship (= ship's husband)
husbandria (= husbandry)
husbandry n. ❶农业；农事；耕作；种田；畜牧业；养殖业；饲养业 ❷家政；家务管理；资源的妥善管理（⇨ implements of husbandry）
husband's faculties 丈夫的技能 指丈夫的财政状况和挣钱能力，无论其是否运用这种能力，都在决定婚后或诉讼期间妻子扶养费的给付数额时作为参考。
husband-wife privilege 配偶特权；婚姻特权 普通法中证人资格的一种例外情况。依普通法，配偶一般不能在诉讼中充当证人，不得强迫夫妻中的一方提供在婚姻关系存续期间从对方获知的情况。在美国，它包括两方面的权利，一是拒绝提供不利于对方的证据权。在刑事诉讼中，未征得被告人的同意，不能传唤被告人的配偶作为控方证人，使其提供不利于被告人的证言。在一些州，此特权还适用于被告人为了阻止他人作出不利于他的证言而特地与其结婚的情况；二是夫妻间谈话的守密权。在一切民、刑事案件中，配偶的一方有权拒绝揭示或阻止另一方揭示婚姻关系存续期间配偶之间谈话的内容，甚至诉讼进行时婚姻关系已经终结者也不例外。但这项特权规则也有例外，主要是指配偶的一方或子女为另一方配偶犯罪行为的被害人的情况。
husband-wife tort actions 夫妻间的侵权诉讼 在普通法上，禁止夫妻间提起侵权诉讼。在美国，该规则为许多州的制定法所采纳。但现在则越来越倾向于废除这种配偶间的豁免权，允许夫妻间提起侵权诉讼。虽然如此，有些州仍只是在汽车侵权诉讼中取消了这一规则。（⇨ consortium）
husbrec(e) n.〈撒克逊〉夜盗罪；破门入户罪（ = burglary; housebreaking）
huscarle 〈英格兰古法〉❶家仆；家臣 ❷国王近臣；封臣；附庸；从仆；王室臣仆
husfastne 房地产拥有人；房地产占有人 指拥有房屋和土地的人。
husgablum 〈英格兰古法〉房屋租税
hush-money n.（口）塞嘴钱；封嘴钱；缄口贿 指以金钱贿赂人，使其保守秘密。（⇨ compound; theft-bote）
husting(s) n.〈英〉❶审议会；地方法院；裁判所 因在室内开庭而得名，以区别于露天开庭的法院。它是一种地方法院，也称 hustings court; court of hustings。❷议员竞选演说坛 1872年《选举法》[Ballot Act]颁布之前，议员候选人在被称为"议员竞选演说坛"的讲台上被提名，并向选民发表演说。后来在口语中该词被用来表示选举的整个程序。
hustings court 〈英〉市法院 具有与治安法院类似的刑事案件管辖权的一种城市治安法院[city police court]。旧时伦敦市的郡法院即用此名称。此外，在约克[York]、温彻斯特[Winchester]和林肯[Lincoln]等地区也有此种法院。
hustler n. 妓院的雇员；为妓女拉客者；皮条客
hutesium et clamor 〈拉〉(= hue and cry)
hutilan n. 税；赋税
H. V. (= hoc verbo; hac voce)
hwata hwatung 预兆；征兆；占卜（术）；预测（术）；预言
hybernagium n. 播种冬季作物的季节 指米迦勒节[Michaelmas]（每年的9月29日）与圣诞节之间的季节。tremagium 为在春季播种夏季作物的季节。这两个词有时分别表达下述意思：①包括它们在内的季节；②冬季作物即小麦、黑麦和夏季作物即大麦、燕麦；③这两类作物的种植地。
hybrid bill 〈英〉混合法案 在议会中提出的具有普遍适用力的法案，因此是一种公法案，但其在适用中又特别影响到个人或地方利益，故也被提交给私法案审查员[Examiners of Private Bills]，且在处理的中间阶段也被作为私法案对待，但它最终成为一种公法[public act]。（⇨ bill）
hybrid class action 混合集团诉讼 指由一人或一人以上代表一群人进行的诉讼，但它不是典型的集团诉讼，因为缺少必要的共同利益，即集团成员的利益为数个，而不是共同的，他们之所以支持这种形式的诉讼，是因为集团的所有成员对现有财产有利益且对争议问题有利益上的相互关系。（⇨ class action）
hybrid securities 混合证券 指具有债务证券[debt security]和产权证券[equity security]双重性质的证券。（⇨ convertible bond; convertible securities）
hyd n. ❶兽皮；皮；皮肤 ❷〈英〉海得 土地的一计量单位，大约合100英亩，但具体大小在王国的不同地方也不尽相同。(= hide)（⇨ hidage; hide of land）
hydegild n. 为免受鞭刑而交付的赎金
hymen n. 处女膜
hypnosis n. 催眠；似睡眠状态；催眠术 通过催眠师的口头暗示，使对催眠暗示有极度敏感的人陷入一种假睡眠状态或对周围事物意识逐渐不清而专注于某一事物。美国大多数州认为使用催眠术获得的证据在刑事审判中是可以采纳的，但是一些法院则裁定以此方法获得的证据必须先满足科学证据[scientific evidence]可接受的标准，方能在刑事审判中予以认可。
hypnotism n. 催眠；催眠术；受催眠状态 在英国，在与公共娱乐有关的场所实施催眠术是被法律所禁止的，除非有特别授权批准，但对18岁以下的人实施催眠术是绝对不容许的。警方只要有合理根据怀疑在某一场所存在此类行为，便有权进入该场所，对实施催眠术者可以即时收50英镑的罚款，但法律允许为了科学目的而对本人实施催眠术。如英国哥伦比亚最高法院[Supreme Court of British Columbia]允许使用催眠术使丧失记忆的证人恢复记忆。
hypobolum 〈拉〉（罗马法）（丈夫死亡时留给妻子超过她嫁妆的）遗赠
hypothec n.（大陆法）不转移占有的抵押 罗马法上债务担保的一种。抵押权人对抵押物既无所有权，也无占有权,只有在债务人不履行债务时,抵押权人方可占有抵押物。当代苏格兰、法国及其他大陆法系国家都有不转移财产占有的担保方式。苏格兰法设有约定的和法定的两种不转移财产占有的担保方式;法国法则有合同上的、法院裁定的和法定的三种不转移财产占有的担保方式。(⇨hypotheca)

hypotheca 〈拉〉(罗马法)**抵押** 包括动产和不动产抵押,可以是明示或默示的。它与质押[pignus]的区别在于:前者不转移担保物,即担保物仍归担保人或债务人占有,而后者的担保物需转归质权人占有。抵押制度起源于古罗马地主和佃农为担保租金的给付而对质权所作的一种变通办法。当时佃农除农具和牲畜外别无可供担保之物,一旦将其移转于地主,佃农就无法进行生产。于是双方协议不移转担保物,而佃农不付租金时,可对之扣押处理。然而这种私人协议仅发生债的关系,如担保物落入第三人之手,债权人对之并无追及权,这样,担保也就落空了。后来裁判官赋予这种担保以物权的效力,使之可以对抗第三人,以兼顾债权债务人双方的利益。

hypothecaria actio 〈拉〉(罗马法)**实现抵押权之诉** 债务人到期不履行债务,债权人为实现抵押权或获得抵押物而对占有、持有财产之人提起的诉讼。其目的在于逼使他们交出抵押物并出卖之,就其价金优先获得清偿。

hypothecarii creditores 〈拉〉(罗马法)❶(不占有抵押物的)**抵押权人** ❷(有抵押物作担保之借贷合同的)**债权人**

hypothecary action (大陆法)**实现抵押权诉讼**(⇨hypothecaria actio)

hypothecate v.**抵押** 通过签订合同而指定特定的动产或不动产作为债务清偿的担保,但不移转该物的占有,在债务人未履行债务时有权出卖该抵押物。它源于罗马法的抵押[hypotheca],而区别于质押[pignus]。严格而言,该词只存在于大陆法中,在英美法中有相似的术语,如mortgage、charge等。(⇨pledge; rehypothecation; hypotheca)

hypothecation n.❶(罗马法)(不转移占有的)**抵押** ❷**抵押契约** 特指为担保债务清偿和义务履行,以特定财产作为抵押,但抵押物并不转移于债权人的契约。(⇨hypotheca)

hypothecation bond (罗马法)**押船借贷契约;船舶抵押;冒险借贷合同** 亦称航海借贷契约。即用船舶、船货为抵押的借款契约。当时航海经商既受风浪的侵袭,又有海盗为害,风险极大,但利润丰厚。罗马政府对借贷利率曾设有限制。于是航海界产生一种具有射幸性质的借贷方式,其利率甚高,如船货安全到达目的地,借款人即应履行契约,照付本息,反之则借款人可不负清偿的责任。其超过普通利息的部分即作为债权人所负风险的补偿。此为近代保险的起源。

hypothèque 〈法〉**抵押权;不动产抵押权** 在法国法中,指为保证清偿债务而在不动产上为债权人设定的物权,尽管抵押权人并不占有该不动产。它与英国法中的不动产抵押权[mortgage of real property]相对应,是一种真正的抵押权,无论该不动产归何人所有,抵押权均随之而存在,具有追及力。法国法中的抵押权分为三种:①法律上[légale]抵押权,例如国家对其会计人员的土地或已婚妇女对其丈夫的土地所享有的抵押权;②裁判上[judiciaire]抵押权,即根据法院判决而产生的抵押权;③契约上[conventionelle]抵押权,即由当事人协议而产生的抵押权。

hypothesis n.**假说;假设;前提** 指未被证明的,但为辩论之目的,或为解释某一事物或某种情况而作的假定。

hypothetical a.**假定的;基于假定的** 为当前目的假定其真实性,而可能并非如此。许多法律领域都涉及假定陈述或假设,在对专家证人的质证中假定问题[hypothetical questions]被使用得很广。与其他证人不同,法律允许专家证人出具意见证据[opinion evidence]。在被要求假设一系列事实之后,专家证人通常被问道:"大夫,假定我提供上述事实,你能够对我所描述的伤害是永久性或非永久性的问题形成一个观点并表达出来吗?"大夫的正确回答应当是肯定的,然后他将被要求给出他的观点。现在,假定问题在法律上不象以前那么重要。在大多数案件中,专家证人不再被提假设问题而直接给出其观点。

hypothetical case **假想案例;拟制案件** 案件的事实都基于假设,目的是为解释和讨论法律的适用。除极少数例外情况,法院一般不对假设案件作出裁决。

hypothetical facts **假定的事实** 指并不实际存在的事实。通常情况下法院拒绝依假定的事实来裁决争议。在判决中,与假定的事实有关的任何事项只能被作为附随意见[obiter dictum]。

hypothetical instruction **对假设事实的法律指示** 指将某一假设的事实陈述是否被证实的问题交由陪审团决定,法官就该假设事实向陪审团所作的法律指示。

hypothetical question **假设的问题** 指基于假定的事实而向专家证人提出来,用以征求他的意见的问题。这是一种审判中经常被采用的用以征询专家证人对某一他并不了解的事实的意见的方法。采用此方法的步骤是:首先提供给专家证人所有与形成意见有关的各项事实,假定列举的事实都是真实的,然后询问此专家证人是否能形成意见,如果可以,要求专家证人将此意见陈述出来。美国联邦证据规则第705条和703条排除了在联邦法院中必须使用假设的问题的要求,但是法院和询问者都有权决定是否使用假设的问题这一方法。

hypothetical tenant 〈英〉**假想的承租人** 为了确定出租房屋的租金,假设出一个理想的承租人,他承诺支付的租金是包括所有权人在内的一切可能承租人支付的租金的平均数。该种租金被认为是合理的。

hypothetical yearly tenancy 〈英〉**假设的年度租赁** 在确定土地和继承财产应征收的济贫税[poor-rate]和其他税收时,常假设出一个租赁年度,以租金年收入作为计税基础。

hyrnes n.**堂区** 基督教教会中最基层的教务行政区,由主教委派神父主管。(=parish)

hysteria n.**歇斯底里;癔病;精神病** 指由于精神的、感觉的、运动的和内脏的功能紊乱而造成神经系统的紊乱,通常是以引起他人注意或冲动情绪的显露为特征的极度感情冲动。

hysterical diathesis **歇斯底里素质** 指先天具有的可能加重伤害的一种情绪高度激动状态。

hysteropotmoi **复境权人** ①指那些被认为已经死亡,但实际在国外长时间居留后又平安返回家中的人;②指那些被认为是在战争中已死亡,后又出人意料地从其敌人处逃离而返回家中的人。在罗马法中,这些人不允许进入自己的家门,而只能在有屋顶的过道中被接待。

Ii

IAEA (= International Atomic Energy Authority)
I am satisfied. 我已得到清偿。 出现在收讫中。它不足以说明执达员知道收讫人的身份。
ib. (= ibidem; ibid.)
I believe. 我相信。 出现于证人的证词中,表示他所说的证词是出于其观察、记忆或回忆,但并不必定表明某种结论。
ibi 〈拉〉❶当时;在那时;在那里 ❷于是
ibidem/ibid./ib. 〈拉〉❶在同一地方;在同一书里;在同一页上 ❷在同时
Ibi esse poenam, ubi et nox est. 〈拉〉犯罪之所在亦即刑罚之所在。 罗马法的一项原则,意指不得对罪犯之子孙处以剥夺权利等处罚。
Ibi jus, ibi remedium. 〈拉〉哪里有权利,哪里就有救济。(⇨Equity will not suffer a wrong to be without a remedy.)
Ibi semper debet fieri triatio ubi juratores meliorem possunt habere notitiam. 〈拉〉审判应始终在陪审员最能了解案情的地点进行。
IBRD (= International Bank for Reconstruction and Development)
ICAO (= International Civil Aviation Organization)
ICC (= Interstate Commerce Commission; International Chamber of Commerce; International Criminal Court)
Icelandic lawspeaker 冰岛法律长老 中世纪冰岛共和国唯一的官员,从祭司首领中选举产生,任期三年。在任职期间,他在冰岛民众大会,即冰岛法庭上详述法律,每次集会陈述1/3,并且每年重复诉讼法的全部内容,同时监督法庭的活动。在当时若无异议则他所宣布者即有完全的效力。1271年挪威征服冰岛后该官职被废弃。
ICJ (= International Court of Justice; International Commission of Jurists)
icona 〈拉〉肖像;图像;形象;外形
ICPO (= International Criminal Police Organization)
i-ctus 〈拉〉法学家;律师 jurisconsultus的缩写。(⇨jurisconsultus)
ictus 〈拉〉击伤;擦伤;刺伤;敲伤;(击伤或敲伤造成的)青肿
ictus orbis 〈拉〉(击伤或敲伤造成的)青肿;挫伤 它指皮肤并无割裂破损。如为皮肤破损之伤,则用"wound"。
ictus orbus (= ictus orbis)
id. (= idem)
Id certum est quod certum reddi potest, sed id magis certum est quod de semetipso est certum. 〈拉〉可予以确定者方为确定,而其本身即为确定者则更确定。

idea n. 思想 在专利法中,专利并不保护思想、原理与概念,只保护发明[inventions];在著作权法中,有"思想 – 表达"二分法[idea-expression dichotomy],即著作权并不保护思想,而只保护某一思想的特定表达[specific expression]。(⇨copyright; patent)
ideal lien creditor 〈美〉假设的留置债权人 破产法中与破产财产管理人之优先地位相关的术语,其可据此主张优先权。本指在宣告破产之日依普通法或衡平法诉讼而享有留置权的一种假设债权人,但破产财产管理人[trustee in bankruptcy]依据破产法的规定而取得这种留置权,即可主张优先权,以对抗秘密的留置权及未登记的抵押权。
idem/id. 〈拉〉同上;同前
Idem agens et patiens esse non potest. 〈拉〉同一人不能既是行为实施者又是行为承受者。
Idem est facere, et non prohibere cum possis; et qui non prohibit, cum prohibere possit, in culpa est (aut jubet). 〈拉〉能阻止而不加以阻止如同自己行为一样;有能力阻止犯罪而不加以阻止的人需承担责任,或视为该罪行系由其命令作出。
Idem est nihil dicere, et insufficienter dicere. 〈拉〉不作充分说明等于不作说明。
Idem est non esse, et non apparere. 〈拉〉未出现等同于不存在。
Idem est non probari et non esse; non deficit jus, sed probatio. 〈拉〉未经证明的情势等同于不存在,这不是法律上的而是证据上的缺陷。
Idem est scire aut scire debere aut potuisse. 〈拉〉应当知道或能够知道即为知道。
Idem non esse est non apparere. 〈拉〉不存在等同于未出现。
idem per idem 〈拉〉同义反复
idem quod 〈拉〉如同;等同于
Idem semper antecedenti proximo refertur. 〈拉〉"该事、该人"通常是指与其最邻近的前项所指的事或人。
idem sonans 〈拉〉同音 对于两个姓名,即使很专注地倾听也难以区分它们的发音,或者由于日常的且长期的误用或简称已使得它们的发音相同,即认为这两个姓名同音。在法律上,同音规则并不要求在法律文书或诉讼程序(包括民事诉讼和刑事诉讼)中使用的姓名的拼写绝对准确。如果法律文件中出现的姓名与该姓名的正确拼写有所不同,但其通常发音与该姓名的正确拼写的发音实际上相同时,即认为法律文件中的姓名与所指之人为同一,而不将其认定为笔误[clerical error],或者说这种错误是无关紧要的,不影响文件的法律效力。现在,同音规则的适用范围已通过法院判例被大大放宽了,即对于姓名拼写上的差别,只有在给对方当事人造成误导从而使其产生偏见[prejudice]时,才认为是实质性错误。

identical causes of action 相同诉因(⇨identity of causes of action)

identical crimes 相同犯罪(⇨identity of offenses)

identical goods 同类货物;种类物(⇨fungible goods)

identical offenses 相同罪行(⇨identity of offenses)

identical parties 相同当事人(⇨identity of parties)

identical property 同类财产(⇨fungible goods)

identifiable event 可证明事件 在征税时,可作为损失而免予征税的因股票价值丧失所造成的损失必须基于一项"可证明事件",即一项意外事件或表明该损失的事件。

identification n.鉴定;识别;认定同一;辨认;验明 证明某个被指控犯有某项罪行的人确是该罪犯或某项被提交到法庭之物正是该存在争议之物或诉讼所涉之物,或认定两种笔迹同一,以及查明诉讼中涉及的某人的身份等的过程。

identification of goods 货物的确认 通过把实际存在的货物确认为合同项下的货物,从而使买方取得货物的特定财产权和可保利益,即使所确认的货物与合同并不相符而买方可选择退货或拒收。此种货物确认可由当事人按明确约定的任何方式在任何时间进行。美国《统一商法典》[U.C.C.]第2-501条对此作有规定。

identification of instrument 文件的鉴定(⇨identification)

identification parade 〈英〉列队辨认 刑事侦查的一种方法。指将犯罪嫌疑人和其他具有相似相貌和身材的人混在一起,排成一行,让控告人或证人从中挑选出犯罪行为人或与犯罪行为相关的人。

identifying trust fund 追索信托基金或财产(⇨following trust fund or property)

identi-kit n.拼图辨认 指把人的耳、口、鼻等的图形逐件拼凑起来,成为一个完整的面貌,让曾见过罪犯的人来辨认,得出罪犯的相仿面貌并印制成图,供警方追寻辨认。

Identitas vera colligitur ex multitudine signorum. 〈拉〉正确的同一认定来对大量事实迹象的收集整理。

identitate nominis (英格兰古法)同名冤囚释放令 发给在对人诉讼过程中因同名而被误捕入狱者的令状。(= de identitate nominis)

identity n.❶(证据法)同一(人或物);一致 指在法庭上出示的有关事实与当事人所陈述或主张的相同。❷(专利法)同一性 指两个外观设计、发明或组合十分相同,从而一方被授予专利的另一方构成侵权。形成"发明同一性"[identity of invention]并构成侵权,不仅要求两个发明的结果相同,而且,如果两个发明所使用的方法都是对已知成分的组合,那么还要求它们都使用了相同的组合成分和组合方法,从而使每一成分都产生相同的功能。"外观设计同一性"指的是:两个外观设计在外表上相同或在视觉效果上相同——并非通过专家的眼光,而是由普通理性的观察者判定。

identity certificate 身份证明书(⇨certificate of identity)

identity of causes of action 诉因的同一性 指两个案件的诉因完全相同。它是构成既决事项[res judicata]的一个基本要素。该词常用来指两个案件在性质、诉讼原因、请求的救济及其他方面完全相同。是否属同一诉因,通常按照相同的证据是否都支持这两个诉因而定。

identity of interests 利益的一致性 在民事诉讼中,指两个当事人在商业经营或其他活动方面的关系非常密切,从而对其中一人的起诉可视同为对另一人的起诉的通知。在此情况下,可以追加后者为诉讼当事人。

identity of issues 争点的同一性(⇨identity of causes of action)

identity of legal personalities 法律人格的同一性 指普通法规定的丈夫和妻子的一体性。

identity of offenses (对是否属于)同一犯罪的验证 英美等国宪法有"一罪不二罚"[autrefois]的原则,即一个人不能因同一犯罪而两次受到起诉。对两罪是否属于同一犯罪的验证有两种情况:一种是看两罪在实质上是否是独立的和不同的,即是否触犯一种罪而不必触犯另一种罪;另一种是看两罪是否以同样的证据来证明。如果某人同时触犯了两项罪,而每项罪都可独立实施,那么,即使对两罪的起诉基于相同的事实,也不属于同一犯罪;若检控方基于不同的犯罪事实而对某人同时实施的两项犯罪提起两项起诉,也不违反"一事不再理"原则。

identity of parties 当事人的同一性 ①相同的当事人之间在判决生效后,因受既判力[res adjudicata]的约束,任何一方不得基于同一诉讼原因,就同一诉讼标的再行起诉对方;②当事人的同一性是进行诉讼原因合并的先决条件,即所有诉因应影响诉讼的所有当事人,包括原告当事人和被告当事人;③当事人的同一性是以前一诉讼尚未终结为由而提出妨诉答辩[plea in abatement]的先决条件,即本诉讼的当事人必须与前一诉讼的当事人相同,并且代表相同的利益。

identity of the person 查明身份 诉讼中的一个附带性争议问题,即在法院对被告人作出剥夺公民权的判决[judgment of attainder]后,为阻止该判决的执行,可提出质疑:该人是否即应被剥夺公民权之人。

ideo 〈拉〉为此;因此

Ideo consideratum est 〈拉〉由此认为 用于法庭判决的开头。

Ideo consideratum est per curiam. 〈拉〉因此,法庭认为。

ideot (= idiot)

ideota inquirendo (= de ideota inquirendo vel examinando)

ides n.(古罗马历法上)艾德斯日 将每月划分两段的日期,即指3月、5月、7月、10月的第15日;其他月份的第13日。

id est /i.e. 〈拉〉即;就是说;此之谓 该词为非必需的法律术语,但常用于法律文体中。

idiochira 〈希〉〈古〉亲笔;私文 希腊文原意指某人亲笔;在民法上指私下作成的文书,区别于在政府官员主持下作成的文书。尤指某人亲笔书写的契据。

idiocy (= idiot)

idiopathic disease 自发性疾病 一种发展缓慢、不易察觉、并非因意外事故伤害所致的疾病。这种疾病虽可归因于外部条件,部分也依赖于本人的内在条件。

idiot n.白痴;心智丧失者 智力不足的四种情形之一。英国1959年的《精神健康法》[Mental Health Act]对智力不足和精神疾病有相关规定。

idiota 〈拉〉(大陆法)头脑简单的人;无知者;文盲;无职务者;白丁

idiota a casu et infirmitate 〈拉〉由疾病和事故造成的白痴

idiota a nativitate 〈拉〉天生的白痴 生来就没有理解能力的人,因此法律推定其永远也不可能有该能力。

idle and disorderly person 〈英〉游手好闲而妨碍秩序者

《流浪法》[Vagrancy Act]中对无照商贩、普通妓女、流浪乞丐的统称。(⇨vagrancy)

idle funds 闲置基金 未被用于投资的公共基金;信托中未被用于投资的基金。

idoneare 〈拉〉证明自己无罪;证明指控自己的罪行不成立

idoneitas 〈拉〉(英格兰古法)合适;适应;能力

idoneum se facere;idoneare se 〈拉〉以发誓洗涤自己被控的罪行

idoneus 〈拉〉(罗马法)(普通法)足够的;有能力的;合适的;负责的;无可置疑的

idoneus homo 〈拉〉(法律上)诚信、有学识和有能力的人

idonietas (= idoneitas)

Id perfectum est quod ex omnibus suis partibus constat. 〈拉〉包括其所有组成部分在内者始为完整无缺。

Id possumus quod de jure possumus. 〈拉〉可为者仅得为法律许可之行为。

Id quod commune est, nostrum esse dicitur. 〈拉〉共有的可谓我们的。 英国1890年《合伙法》[Partnership Act]明确地给予合伙人以代表合伙组织投保的默示授权。

Id quod est magis remotum, non trahit ad se quod est magis junctum, sed e contrario in omni casu. 〈拉〉越是久远的事物,越是远离新事物。然而,在一般的情形中,较新的事物则能反映旧事物的情况。或:较远的事物不能表现较近的事物,但反之则必定正确。

Id quod nostrum est sine facto nostro ad alium transferri non potest. 〈拉〉非以我们的行为,不得将我们的财产转让给他人。

Id solum nostrum quod debitis deductis nostrum est. 〈拉〉扣除各种债务后所余者,始归属于己。

Id tantum possumus quod de jure possumus. 〈拉〉只能在法律许可范围内行事。

Id tenementum dici potest socagium. 〈拉〉这种保有可被称为农役保有。

i.e. (= id est)

IET (= interest equalization tax)

if affirmed 如果维持原判的话 上诉费用保证书[appeal bond]中的一项条款,指如果最终维持原判的话,包括原判决一开始被推翻,但经重新审理后被维持原判;或原判决被中间上诉法院推翻,但在随后向最高法院提出的上诉中被维持原判的情形,保证书担保上诉人支付诉讼费用。

if any 如果有的话 ①终身地产保有人如果有后嗣的话,那么不确定的剩余地产权[contingent remainder]就将成就;②桥梁公司的章程中如要求支付因架桥而发生的"如果有的话"的损害赔偿,指的即为所有的损害,包括间接损害在内。

if any remains 若有剩余 作为遗嘱中表示动产遗赠的一项条款,它表示立遗嘱人欲将某物遗赠他人,但立遗嘱人生前仍保留对该物的使用、收益权,并可因履行法院判决或因生活必需而处分该物,剩余部分作为遗赠财产。

if appeal is dismissed 如果上诉被驳回 上诉费用保证书[appeal bond]中的一项条款。如果上诉被驳回,将可能使保证人承担责任,即使该驳回是错误的。但如果纠错令[writ of error]仅仅因为其自身存在形式上的缺陷而被撤销的话,并不能使保证人承担责任,因为这种撤销不属于对案件作出的处理。

I.F.B. (= invitation for bids)

IFC (= International Finance Corporation)

"if" condition "if"条件

if living at his death 如果他去世时,…尚在世 指终身地产保有人去世时,如果他的孩子还活着,那么附条件的剩余地产权将成就。

if necessary 如果必要的话

if no agreement is reached 如未达成协议 与根据国家征用权[power of eminent domain]征用财产有关的条款。指无协议的状况,从而使公共团体或征用人并无义务通过购买方式去获得财产的所有权。该条款的另一权威作用则依附于一条基本原则:通过协议作出善意的努力去购买财产是开始征用程序的先决条件。

if practicable 如果可行的话 指时间、空间、能力等各方面的条件允许。如交通法规规定:如果可行的话,司机应靠右行驶。

if you believe 如果你们相信 用于阐述对陪审团所作的假设性指示中。

iglise 〈拉〉教堂;教会(= eglise)

ignetegium (= ignitegium)

ignis judicium 〈拉〉(古)火审(⇨ordeal)

ignitegium 〈拉〉夜半钟声(= curfew; ignetegium)

ignoramus 〈拉〉❶不知情的人 ❷不知道;(大陪审团)不批准(公诉书) 从前,大陪审团在听取案件证据后,认为对犯罪嫌疑人的指控缺乏根据时,即将该词签于公诉书[bill of indictment]上,意指指控事实也许是真实的,但他们不知道。现在,在这种情况下,大陪审团则在公诉书上签上英语:"No bill"、"Not a true bill"或"Not found",但仍称此为"不批准"公诉书[ignore the bill]。

ignorance n.不知 在法律意义上,对事实的不知和对法律的不知不同。在刑法中,对事实的不知有时构成一种理由或抗辩;而对法律的不知一般不能作为理由或抗辩,但可能减轻处罚。不知不同于无知[nescience],无知是指一个人天生没有能力知道,没有知识,如白痴、婴儿;不知也不同于错误[error or mistake],错误是指理解不准确。

ignorance of fact 对事实的不知 相当于"对事实的误解"[error of fact],包括两种情况:①对实际存在的事实不知道;②对实际不存在的事实认为其存在。

ignorance of the law 对法律的不知 人人都应知道其本国的法律,不能以不知道法律规定作为抗辩理由。这里的法律仅指其本国法律,不包括外国法。

Ignorance of the law is no excuse. 对法律的不知不得为抗辩理由。

ignorantia 〈拉〉(= ignorance)

ignorantia eorum quae (quis) scire tenetur non excusat. 〈拉〉对应知之事不知者不得以之为抗辩。

ignorantia excusatur, non juris sed facti. 〈拉〉所谓不知作抗辩,仅指对事实的不知,并非指对法律的不知。

ignorantia facti 〈拉〉对事实的不知(⇨ignorance of fact)

Ignorantia facti excusat. 〈拉〉对事实的不知可以作为抗辩理由。

Ignorantia facti excusat, ignorantia juris non excusat. 〈拉〉对事实的不知可作为抗辩理由,对法律的不知则不能作为抗辩理由。

Ignorantia judicis est calamitas innocentis. 〈拉〉法官的无知乃无辜者的灾难。

ignorantia juris 〈拉〉对法律的不知(⇨ignorance of the law)

Ignorantia juris haud excusat. 〈拉〉对法律的不知绝对不得作为抗辩理由。

Ignorantia juris neminem excusat. 〈拉〉任何人不得以对法律的不知作为抗辩理由。

Ignorantia juris non excusat. 〈拉〉对法律的不知不得作为抗辩理由。

Ignorantia juris quod quisque tenetur scire, neminem excusat. 〈拉〉对所有人均应知之法不知者不得以之为抗辩。

Ignorantia juris sui non praejudicat juri. 〈拉〉对自己权利的不知不损害该权利。

Ignorantia legis neminem excusat. 〈拉〉(= Ignorantia juris neminem excusat.)

Ignorantia legis non excusat. 〈拉〉(= Ignorantia juris non excusat.)

Ignorantia praesumitur ubi scientia non probatur. 〈拉〉不能证明知道者,即被推定为不知;对法律的不知不能成为抗辩理由。

ignorantia vincibilis 〈拉〉可避免的不知

ignorare 〈拉〉无知;不知

Ignorare legis est culpa. 〈拉〉对法律的不知为过失。

Ignorare legis est lata culpa. 〈拉〉对法律的不知为重大过失。

ignoratio elenchi 〈拉〉诡辩论证 逻辑学术语,指歪曲或捏造对方论点,把虚假的论断当成"真",进行论证。

Ignoratis terminis artis, ignoratur et ars. 〈拉〉不知一门技艺的术语,也就不知这门技艺。

ignore v.❶不注意;不理;忽视 ❷驳回;不批准 如大陪审团认为指控缺乏证据支持时,即驳回指控,不批准起诉。(⇨ignoramus)

Ignoscitur ei qui sanguinem suum qualiter redemptum voluit. 〈拉〉为保护自己生命或肢体而作出的任何行为可不负法律上的责任。

ignotum per ignotius 〈拉〉为更不知晓者所不知晓之事

iisdem terminis 〈拉〉同样的措辞

ikbal 承诺;承兑

ikbal dawa (= confession of judgment)

ikrah 〈拉〉强迫 尤指某人强迫另一人从事违法行为或违背其意愿的行为。

ikrar 〈拉〉同意;承认;批准

ikrar nama 〈拉〉批准书;承认证书

ilk n.〈苏格兰〉同类;等级

illegal a.不合法的;违法的;非法的;违反规则的 该词被普遍使用,含义及后果不甚明确。它可以指法律直接禁止的行为,如谋杀、阻塞公路等;也可以指违反法定义务或社会公共政策而不可强制执行的行为。行为的不合法性不仅在于因其违反法律而对行为者施加刑事处罚,而且因为该行为得不到法律的承认,也无从产生权利,只能对由此造成的损失进行补救。它经常与"非法"[unlawful]同义使用。

illegal acts 违法行为;非法行为;不法行为 一个普遍适用、包罗万象的术语,指被制止的行为。不宜用于禁制令中。

illegal agreement 违法协议(⇨illegal contract)

illegal alien 非法入境的外国人(⇨wetback)

illegal ballot 不合法选票 指因筹备方式、填写选票方法、选举人缺乏资格而在确定选举结果时不应计算在内的选票。

illegal branding 非法烙印;非法标记 指以欺骗为目的,未经主人同意,给牛打上烙印的非法行为;也指为暗示公众而对商品进行错误标记的非法行为。

illegal conditions 违法的合同条件(⇨illegal contract)

illegal consideration 违法对价 指违反法律或公共政策的一种作为或不作为或对某一作为或不作为所作的承诺。违法对价不足以支持合同,因此,以之为基础而成立的合同也属违法。(⇨illegal contract)

illegal contract 违法合同;非法合同 该合同的形成或履行为民事或刑事法律所明文禁止,或合同中所约定的行为应受刑罚处罚。有时,也扩至因违反公共政策、社会道德而无效的合同。根据违法对价成立的合同是违法合同。违法合同的目的与成文法律或依据司法判例而形成的法律规则或他人的合法权利相冲突,从而威胁生命、破坏社会治安、妨害社会公众的安全和道德规则。

illegal corporate behavior 〈美〉企业非法行为 法律执行协助署[Legal Enforcement Assistance Administration]在1980年对全国582家最大企业的违法行为及因此所受制裁的调查分析报告表明,自70年代中期以来的每两年内,60%以上的被调查对象被指控违反某项联邦法律,其违法行为包括违规操作证券,虚报所得税,操纵金融市场,在广告中作虚假陈述、垄断,环境污染和行贿等。这些违法行为对美国经济与社会造成了巨大的损害,但据该报告指出,事实上,这些违法公司的高层管理人员因其公司违法而坐监者极少,即使入狱,时间也很短,一般的惩罚是被公司辞退,但据调查,大多数被辞职科的高层管理人员仍能保留其原有职位或担任"特别顾问"的职务。对违法的公司来说,其遭受的一般惩罚也只是被要求签署一项承诺协议[consent agreement],承诺将来不再从事类似行为。该协议并不要求违法的公司对其过去的行为承担责任。

illegal entry 非法入境 在未经批准的时间、地点入境;规避移民官的检查而入境;采用欺诈手段入境;故意地以缔结婚姻为手段规避有关移民法律而入境。

illegal fee 非法费用 官员为个人目的而征集的费用,不论其费用征自个人还是州、县、城市等。

illegal gaming 非法赌博 指在触犯法律的情况下打赌或下赌注。该术语暗示双方打赌的得失将激起贪婪的欲望。

illegal immigrant 非法入境者;非法移民

illegal interest 高利贷;非法利息 高于法律允许的利率的利息。

illegality n.违法;不合法;非法;非法行为

illegality of contract 合同的违法性(⇨illegal contract)

illegally obtained evidence 〈美〉非法获得的证据 在侵害被告人权利的情况下取得的证据,如执法官员没有取得逮捕证,并且不存在进行逮捕的可成立理由[probable cause];或者令状有缺陷而又不存在可无证扣押的有效理由;或者违反了制定法和宪法上关于禁止非法搜查的规定,如美国宪法第四条修正案。对非法获得的证据在庭审中应予排除。(⇨exclusionary rule; fruit of poisonous tree doctrine; suppression of evidence)

illegally procured 〈美〉非法获得 这个术语用在归化法中涉及撤销身份证件时,指该证件是以发假誓或对法庭使用其他不合法的方式而获得的,并不意味着该证件的签发是基于法律错误。

illegal operation 非法手术 指外科医生进行的触犯法律的手术,如人工流产。

illegal per se 自身非法;自身不合法 指事物本身不合法,而不是由于外部环境而导致不合法,如为暗杀某一官

illegal practices 〈英〉选举舞弊;非法手段　指在英国议会、市政法人、郡议会[county council]、堂区和区议会[parish and district council]及其他地方政府选举中的不合法行为。

illegal purpose doctrine　非法目的原则　指合法行为的实施若是为了达到非法目的,该合法行为也成为非法。

illegal transaction　非法买卖;非法交易(⇨illegal contract)

illegal vote　不合法投票(⇨illegal ballot;illegal voting)

illegal voting　非法投票　明知不具有合法投票资格却有目的、有计划地进行投票的行为,属于刑事犯罪。

illegible　*a*.难以辨认的;字迹模糊的

illegitimacy　*n*.❶非法(性);不法(性)　❷私生;非婚生　指未婚父母所生的子女或已婚妇女与非其丈夫的男子所生的子女,以及由此造成的社会和道德问题。非婚生子女一般由母亲抚养,但根据非婚生子女生父确认令或根据合同,她可取得抚养费。在英国,非婚生子女一般不能继承财产,但能通过赠与或遗嘱取得财产。制定法已大大改变了普通法的立场,并且在很大程度上使非婚生子女的地位等同于婚生子女。在美国,非婚生子女对其生父财产的继承权得到宪法性保护。自从联邦最高法院对特林布尔诉格登[Trimble v. Gordon]一案作出判决后,许多州就有关继承权的法律进行了修改,以避免对非婚生子女造成不公平歧视。(⇨illegitimate child;legitimacy)

illegitimate　*a*.❶非法的;不合法的　❷非婚生的;私生的　*n*.无合法身份的人　尤指非婚生者

illegitimate child　非婚生子女;私生子　指未婚父母所生的子女或已婚妇女与非其丈夫的男子所生的子女。在英国,无效婚姻的子女在普通法上属于非婚生子女,但是现在,只要父母其中一方认为其婚姻是有效的,则属于婚生。可宣告无效的婚姻在被宣告无效后,所生子女属于婚生子女。在美国,如果该子女在受孕后到出生前其父母结婚,则为婚生子女。

illegitimate war　非法战争

Ille non habet, non dat.　〈拉〉非己之物,不得转让。

illeviable　*a*.不可征税的;免税的

ill fame　恶名;臭名(⇨house of ill fame)

illicenciatus　*a*.〈英格兰古法〉未经许可的;无执照的

illicit　*a*.不允许的;不合法的;禁止的;非法的;不正当的　如用于非法同居。

illicit cohabitation　非法同居　指没有合法婚姻关系的男女以夫妻名义共同生活。在美国,普通法和许多州的制定法规定以通奸或私通方式共同生活构成犯罪,尽管在普通法上,此类同居须为公众所知且声名狼藉方构成公共丑闻[public scandal]。但该类制定法极少得到适用。(⇨adultery)

illicit connection　不正当性关系;非法性交　任何形式的非法性关系或性行为,如通奸。(⇨adultery;fornication)

illicit distillery　〈美〉非法酒厂　指违反有关烈酒销售和税收规定的酒厂。

illicite　*ad*.非法地;不合法地

illicit intercourse　(= illicit connection)

illicit relation　(= illicit connection)

illicit trade　非法贸易　海上保险单中通常含有禁止非法贸易的保证条款。根据该条款,被保险人应保证其投保的货物不是于货物交付地所在国法律所禁止或被宣告为违法的贸易。

illicitum collegium　〈拉〉非法公司　指人们为建立不合法

的公司而自愿组成的团体。

Illinois land trust　〈美〉伊利诺伊式土地信托(⇨land trust)

Illinois Rule of Liquidation　(= Grosscup Rule)

illiteracy　*n*.文盲;失学　指某人不会读和写的状况。(⇨illiterate)

illiterate　*a*.文盲的;无知的　*n*.文盲;失学者　能签名者也可能是文盲,因此仅将不会签名的人描述为文盲是不合适的。文盲对自己所签署的文件如声称并证明是他人错误地念给他听的,可以不受该文件的约束,并可被认为是受了欺诈;该规定同样也适用于盲人和不懂该国语言的外国人。

illiterate person　文盲(⇨illiteracy;illiterate)

illocable　不能出租的;不能雇用的

ill treatment　虐待;滥用(刑罚);不公正的对待

illud　〈拉〉那;那个

illud dici poterit foedum militare　〈拉〉那应被称为军役土地保有

Illud, quod alias licitum non est, necessitas facit licitum; et necessitas inducit privilegium quoad jura privata.　〈拉〉紧急情况下可为在其他情况下不容许之事;紧急情况使特权成为私权。

Illud, quod alteri unitur, extinguitur, neque amplius per se vacare licet.　〈拉〉与他物混合之物即不再存在,不再独立。

illumination of way　道路照明(⇨lighting way)

illusion　*n*.错觉;幻觉;幻影　不能归因于感觉器官的缺陷,而起因于观察者的想象。(⇨hallucination)

illusory appointment　〈英〉虚假处分　指对处分权[power of appointment]下的财产进行名义上的、附加限制或附加条件的处分。依照先前的规定,违背非经创设处分权的法律文件之特别授权即不得为独占性处分[exclusive appointment]的规则,将名义上的财产份额处分给权利人中的一个,则该处分行为在衡平法上是虚假并无效的。但这一规则在英格兰已经废除。(⇨Illusory Appointment Act;power of appointment)

Illusory Appointment Act　〈英〉《虚假处分法》　英国于1830年制定的法律,规定自其通过之后,依分权[power of appointment]而对动产和不动产等财产在部分权利人间进行的处分是无效的或在衡平法上是可诉的;这种处分的效力是作为非实质性的、虚假的、名义上的财产份额处分或是当作未作处分,将由一个或更多的权利人来决定。但1874年《处分权法》[Powers of Appointment Act]已废除原有规则,规定将权利人之一或之几人排除在外的财产处分,在衡平法上仍然为有效。1925年《财产法》[Law of Property Act]作了与1874年法律相同的规定。

illusory contract　虚假合同　一种以表示允诺的条款作掩饰的合同,但细查该合同,则显示允诺人并未以任何方式承担义务。(⇨illusory promise)

illusory promise　虚假允诺　一种名义上的允诺,实际上并未作出任何允诺,因允诺人有履行或不履行的选择权。虚假允诺使受允诺人对允诺人不能行使任何请求权。

illusory tenant　虚假承租人　①指房屋所有人为规避有关房屋租赁法的义务进行转租而将其自身虚设为承租人;②指为商业性转租而对稳定的、受控制的公寓房进行中间商交易的主承租人。

illusory trust　虚假信托　指财产托管人在形式上宣布将其财产进行信托或交付给第三人,但在本质上仍由其对信托财产进行控制而并无放弃其权利之意图,这种信托因其虚假而属无效。也指某一类信托安排,它虽具信托的形式,但因其权力仍在于受托人,故在本质上不属于完全意义的信托。

illustrious n.阁下 对生来具有高地位或通过努力而获得高地位的人的一种尊称。
　　a.〈英〉尊敬的 用于王子或王孙的称呼之前。

ill will 敌意;仇视;恶意(⇨malice)

I.L.O. (= International Labour Organization)

imaginary damages 虚构的损害赔偿金 一个似乎矛盾的术语,有时用来指惩罚性损害赔偿金[punitive or exemplary damages]。

imagine v.推测;想象 在古代英国,臆想国王死亡被视为叛国罪,不过充分其构成要件,脑部的活动要通过某种公开行为表示出来。

IMB (= International Maritime Bureau)

imbargo (= embargo)

imbasing of money 降低硬币成色 用合金混入硬币,使其本位金属成分降低至货币标准成分之下,但硬币的面值不变。(= debasing coin)

imbecile n.弱智者;低能者 英国 1927 年《智力缺陷者法》[Mental Deficiency Act]将其定义为存在智力缺陷,又未构成白痴[idiocy],并被宣告为禁治产人而不能管理自己事务的人。(⇨feeble-minded ; imbecility; idiot; insanity)

imbecility n.❶弱智 包括各种形式的智力低弱,但并不一定表示无行为能力。❷弱占有;弱保有 例如租借土地保有[leasehold]弱于土地自由保有[freehold]。

imbedded property 埋藏物;埋藏的财产 埋藏于地下的财产。精确地说,是指除金银外,由他人埋藏于地下而又被人发现的财产。

imbracery (= embracery)(⇨obstructing justice)

IMF (= International Monetary Fund)

imitation n.模仿;仿造;仿冒 按照一物的形象而制造另一物,例如假币就是仿冒真币而成。也指仿造物或复制品。对商标的仿冒是指与真正的商标非常相似,从而也可能使人信以为真,不论是使用了在外形或读音上相似的词语或字母,还是使用了符号、装置或其他手段。"引人误购的仿冒"[colorable imitation]测试是:购买者在没有机会将两个相互竞争的商品的名称放在一起进行比较的情况下,能否看出两者的不同之处,而不是指将这两种名称并列比较时能否看出其不同之处。(⇨counterfeit; forgery)

immaterial allegation (诉状中)非实质性的主张;不重要的主张 指无需证明其成立或不成立的主张。将这种主张从诉状中排除出去,并不影响诉状的充分与否。

immaterial alteration 非实质性的修改 指不改变文件的法律效力,或特定含义,或当事人的权利或利益、义务或责任,或不会对任何人产生误导的修改。

immaterial averment (= immaterial allegation)

immaterial evidence 无关紧要的证据 指缺乏证明力且对法庭解决案件争议不产生影响的证据。在诉讼中提出这种证据通常会遭到对方律师的反对,而且也不会被法庭许可。

immaterial facts 无关紧要的事实 对起诉权或辩护权[right of action or defense]的行使并非必不可少的事实。

immaterial issue 不重要的争点 指就不重要的问题,即不能决定案件的事实真相的问题所产生的争议。

immaterial representation 不重要的陈述 在保险投保单中,尤其是在人寿或意外事故保险中,对某一事情所作的陈述。这类事情,如果投保人作真实陈述,将不会引起保险人作进一步的询问,也不会大量增加投保风险的可能性,从而不会导致拒绝承保或保费增加,同时,在保险合同条款中也并未明示该类事情的重要性。

immaterial variance 非重大差异 指诉状与证据之间的差异不大,从而不会使对方在坚持其诉因或答辩时被误导而受到损害。

immature claim 未到期请求 根据未到期义务而提出的请求。

immaturity n.❶未成年;未成熟 指因年轻而缺乏辨别力或判断力;尚未完全成熟。❷未到期 指债务尚未到偿付期限。

immediate a.❶即时的;立即的 该词用于时间范畴时并无十分确切的含义,其核心要素是"毫不迟延",因此它既可指行动或事件在某一时点后随即发生,也可指在此后一段合理时间内发生,只需中间没有相当大的时间间隔。而所谓合理时间须依具体情况确定。❷紧接的;直接的 该词在表示距离、因果关系、血缘关系或利益关系时,表示未被其他物体、原因、亲属关系或权利隔开。
❸目前的;现在的

immediate cause 直接原因 事物因果链中最后直接产生某一结果的原因或事件的原因,需注意其与"近因"[proximate cause]的区别。

immediate cause of injury 损害的直接原因

immediate control 瞬时控制 这类控制可使司机立即控制车辆的运动,包括在一个有合理技能的司机以合法行驶的车速驾驶性能良好的车辆时,可使车辆停下来的距离内,使车辆停止前进的能力。

immediate danger 紧急危险 作为适用"人道主义原则"[humanitarian doctrine]时的一个考虑因素,指在被告——通常是火车或机动车的驾驶者——由于过失而未能避免伤害事故之前,原告——通常是行人——已处于某种不可阻挡的情况或力量的伤害威胁之下。(⇨humanitarian doctrine)

immediate death 直接死亡 指发生伤害后短时间内的死亡,不一定是即时[instantaneous]死亡。例如:被害人的头部被击打后失去知觉,被害人在几分钟甚至几天内不能思考、说话和行动,直至死亡。

immediate delivery 随即交货 指以与公平商业活动相符合的、合理的速度交付货物。该词语并不指即时交货[delivery instanter]。确定货物是否在法律规定的合理期限内交付,应对货物的特征、状况以及其他各种情况进行综合考虑,而这通常是陪审团所要解决的事实问题。

immediate descent 直接继承 该词有两种含义,一是指根据继承关系直接得到的继承,如在父亲或中间继承人死亡的情况下,由孙子直接得到的无遗嘱财产的继承,相当于代位继承;二是指血缘关系或亲等没有受到间隔的无遗嘱财产的继承,如儿子对父亲的继承,但不是孙子对祖父的继承——在此意义上,后者的继承是间接的。(⇨descent)

immediate disability 直接残疾 在意外伤害保险单中使用的术语,指直接由意外伤害造成的残疾。(⇨immediate injury)

immediate family 近亲属 一般指父母、配偶、子女和兄弟姐妹。

immediate hazard 紧急危险 在适用有关优先通行权[right of way]规则的场合,这一概念指同时抵达路口的两辆机动车的速度与距离使得通常谨慎的司机相信,如果两辆车以相同的速度沿着各自原来的路线继续行驶,很可能发生碰撞。

immediate injury 直接伤害 指行为直接产生的伤害。(➪immediate disability)

immediately *ad*. 迅速地;即时地 用于对商业活动中的某些当事人的行为的要求,应以合理的时间解释该词,即指符合正当商业活动的合理快速。

immediately adjacent 紧邻 制定法条款中的术语。如果紧邻土地的所有者中有20%对土地的重新划分提出异议,则负责该争议的委员会需经投票一致同意才能作决定。

immediately due at the option of the holder 一经持有人选定,即到期 期权购买人一旦选定履行期权合约,合约即到期。

immediately on demand 一经请求立即付款 经债权人请求后在合理期限内付款。

immediately upon arrival 到达即处理 代理销售活动中的术语,出现于货主给予代理商的指示中,表示货物一到代理商处即应尽快卖出,不论是否因此受到损失,代理商对此无权酌情处理。

immediate medical assistance 即刻医疗救护 责任保险单的急救条款中的术语,指根据实际情况在事故发生后的合理时间内采取的医疗救助。

immediate notice 即刻通知 保单要求在合理时间内提供损失证明。

immediate notice of defects 即刻瑕疵通知 指在合理时间内发出的关于瑕疵的通知。(➪notice of defects)

immediate notice of dishonor 〈美〉拒付即刻通知;即刻拒绝承兑通知 《流通票据法》[Negotiable Instruments Law]规定,除非有正当的迟延理由,持票人必须在法律规定的期限内向背书人和出票人发出关于付款人拒绝付款或拒绝承兑的通知,否则,前者可能丧失对后者的追索权。

immediate notice of loss 损失即刻通知 根据法律或保险单的要求,在保险人承保范围内的损失发生后,被保险人应当在合理时间内尽快通知保险人。何谓合理时间,应依具体情况确定。

immediate parties 直接当事人 票据中直接涉及的各方,如背书人与其前后手、出票人及承兑人等。

immediate payment 即期付款(➪immediately on demand)

immediate surgical relief 即期外科救助 责任保险单的急救条款中的术语,指紧急性的或初步的救助,不同于为使意外事故受害者恢复到正常状态而在一段时间内持续进行的一般的通常的治疗。

immediate trust beneficiary (= income beneficiary)

immediate vicinity 邻近;相邻 该词含义模糊,须根据上下文来确定其真正的含义。有时指两物直接接触,有时可指两物或两个不动产之间有间隔空间的状况。

immemorial *a*. 无法追溯的;无法记忆的;远古的(➪time immemorial)

immemorial usage 习惯;风俗 从远古时代起就存在的习俗。

immeubles 〈法〉不动产 分三种类型:①依其本身性质,如土地和房屋;②依其用途,如地主所提供的农用工具及牲口;③依其所附着之物,如地役权[easement]。(= immovable)

immigrant *n*. 移民 离开自己的国家,永久定居在外国的人。

immigrant alien 外国移民 为成为某国公民而迁入该国并在此永久居住的外国人。

immigrant visa 移民签证 根据移民国法律规定,外国人作为移民进入另一国时所必须持有的签证,该签证由该国驻外领事机关或其他有关机关签发。

immigrate *v*. 移民入境;迁居入境

immigration *n*. 移民;移居 为获得永久居留权[permanent residence]而进入外国。约3 500万人自1820 – 1970年从欧洲进入美国,也有很多人进入澳大利亚和新西兰;美国于1921年建立了限额制度,美国最高法院已通过解释认定,美国宪法授予了国会对移民美国事实上无限制的管理权;英国也对入境实行限制;在欧洲共同体内,其成员国的国民可以在任一成员国内定居,但要受到健康、公共安全或公共政策等条件的限制。

Immigration and Nationality Act 〈美〉❶[总称]《移民和国籍法》 调整外国人移民、许可、入境、驱逐出境和归化入籍的联邦法律的总称。❷《移民和国籍法》 1952年由国会通过的一项联邦法律,又称《麦卡伦－沃尔特法》。该法反映西方与苏联处于冷战关系时的移民政策,它限制美国政府当局接受难民的数量,而这些难民按照一般的移民程序是可以被接受的。该法议案曾遭杜鲁门总统否决,但该否决后被国会推翻。

Immigration and Naturalization Service/INS 〈美〉移民及归化局 美国联邦机构之一,隶属于司法部,负责执行有关外国人许可入境、驱逐出境以及入籍的法律。该机构主要从事下列活动:对外国人进行审查以决定是否允许其进入美国;对外国人提出的要求享受法律规定的权益的请求作出裁定;防止任何人非法进入美国;调查、逮捕及遣送在美国违反法律的外侨;对申请入籍的外国人进行审查;处理针对外国人的正式决定提出的申诉。除此之外,该机构还同其他联邦执法机构和州、地区执法机构合作,阻止非法的精神药品交易。

immigration officer 移民局官员

immigration quota 〈美〉移民配额 在某一特定年份对允许进入美国的某一特定国家的移民数量的限制。

Immigration Service 〈美〉移民局(➪Immigration and Naturalization Service)

imminence of danger 危险的迫近 当某人面临被杀死或遭受重伤的危险时,构成"危险的迫近",杀死不法侵害者属于合法的自身防卫[self-defence]。

imminence of death 死亡的迫近 直接面临死亡,而并非仅仅是人人都会有的对死亡的预见。

imminent danger 迫近的危险 在正当防卫的杀人中,指直接面临的迫在眉睫的危险。例如:立即会遭遇到的危险,或者危险将要发生之时无法得到他人的帮助或法律的保护。也可将"迫近的危险"定义为会使任何有理智而谨慎的人[reasonable and prudent man]都会立即进行自身防卫的、迫近的、严重威胁生命的危险。(➪self-defense)

imminent insolvency 临近的无力偿债;逼近的无力偿债 指随时都可能发生的无力偿债。

imminently dangerous article 高度危险的物品 包括:①自身含有在任何时候和任何条件下都会对生命安全构成危险的成分的物品,如炸药、毒药;②该种物品在正常使用时不会产生灾难性后果,但如果不是安全、妥善地使用,就会对生命安全产生危险,如以电为动力运转的机器。

imminently dangerous motor vehicle 高度危险的机动车 指由于结构上存在缺陷,一旦使用,必然会使人们的生命安全受到威胁的机动车。

imminent peril 紧急危险 作为适用"人道主义原则"的一个考虑因素,这一概念表示原告所面对的伤害危险是肯定的、直接的和紧迫的,而非遥远的、不肯定的或不确定的。(= immediate danger)

immiscere 〈拉〉混合;并入;搀杂

immittere 〈拉〉(为占有土地)使进入

immobilia 〈拉〉(= immovable)(⇨bona immobilia)

Immobilia situm sequuntur. 〈拉〉不动产适用不动产所在地法。

immobilis 〈拉〉(= immovable)

immoral a.不道德的;邪恶的;猥亵的 指与善良道德相背;与道德的准则和原则不符合;按照某一社会中以法律或其他方式表达的标准,有碍公共福利。它不仅仅指性方面的问题,也包括其它许多方面,如堕落、恣意挥霍。

immoral act 不道德的行为 任性的、不体面的或不知羞耻的行为,对律师界出色的、值得尊敬的成员的意见表示道义上的冷漠;具有该种行为的律师可能被剥夺律师资格。

immoral conduct (= immoral act)

immoral consideration 不道德对价 违反社会准则因而无效的对价,以不道德的对价成立的合同可以被撤销或无强制执行力。

immoral contract 不道德合同;有伤风化的合同 指根据不道德对价而缔结的无效合同。但是,如果基于不道德对价而成立的合同已经履行,且双方当事人均有过错,则无论普通法还是衡平法都不加干预。基于过去的非法同居而达成的盖印合同[contract under seal]能够被执行,其原因不在于它要受到名誉或良心的约束,而在于该合同是盖印合同[specialty],而且它不是基于不合法的待履行的对价而订立的。因此,以将来非法同居为对价而支付一定金钱的合同是无效的,尽管它也是盖印合同。(⇨immoral consideration;illegal contract;indecency;policy)

immorality n.不道德行为 一般是指违反善良风俗和良好行为规范的行为、举止或习俗,尤指娼妓的性关系、卖淫、私通、通奸及类似的不正当性行为。该词经常出现在有关合同标的、对价、版权、信托等的内容中。在宗教上,有时也指比拒绝服从多数派的意愿或拒绝同意多数派就其宗教信仰发表的观点更有过之的行为。(⇨immoral;gross immorality)

immoral purpose 不道德目的 从字面解释,是指从事某一不道德行为的目的,但该术语应根据其上下文来解释。例如美国移民法中规定,拒绝妓女或为卖淫或任何其他为"不道德目的"而进入美国的外国人移居美国,则该术语限于指卖淫性质之类的目的,不包括除纳妾之外的婚外恋关系。

immortality of corporation 公司永久存续 公司最重要的属性之一,即公司在其存续期间具有不间断的连续能力,不论其存续期是确定的还是不确定的。

immovable n.(常用复)不动产 在民法中,指那些依其性质、目的和用途为自身不能移动或不能被外力移动的财产;或牢固附着于土地上,以致被视为土地组成部分的财产。在冲突法[conflicts of law]中,则指土地和那些与之紧密相连而被认为是土地组成部分的物,其法律适用原则是适用物之所在地法。
a.不动的;不可移动的 与 movable 相对。

immovable property (= immovable)

immoveable (= immovable)

immunity n.❶豁免 指一个人所处的不承担某种法律后果或对其不适用某些法律规则的法律地位,它是法律不根据一般规则而给予该人的一种特别优待。例如未成年人免予承担刑事与民事责任、证人在出庭作证时免于被逮捕或享受绝对豁免[absolute immunity]的人免予承担诽谤责任等。与之相关的法律概念是无能力[disability]。
❷国家主权豁免 国家根据国家主权和国家平等原则对其财产或行为不接受他国管辖的特权。按此特权,非经某国同意,该国行为或财产不受他国法院的管辖。因此,在此豁免仅为管辖权豁免,而不意味法律责任的豁免。当代多数国家在处理涉及外国的案件中把国家或政府的行为分为两类:一类为"统治权行为"[act jure imperii],又称"主权行为",包括国家的政治、军事和外交行为;另一类为"管理权行为"[act jure gestionis],又称"商业交易行为"或"非主权行为",包括经济、商业和贸易行为。一般的做法是对两种行为中的前者给予豁免,对后者不予豁免。这种做法通常被称为"相对豁免原则"。经国家同意,豁免可被放弃。外交代表及领事官员和领馆雇员对其执行职务而实施之行为不受他国司法或行政机关之管辖。经外交官或其上级同意,其豁免可被放弃。国际组织及其官员的行为及财产也享有与国家主权豁免类似的豁免。

immunity bath 豁免权的滥用 指某人使自己获得提供自证其罪的证言的机会,以便乘机利用制定法赋予证人的豁免权。

immunity clause 豁免条款 获得公司债券的信托证书中的一项条款,该条款限制了信托的受托人的责任,通常规定信托受托人在履行职责的过程中除有重大疏忽和故意不当行为外,不承担任何责任。

immunity from arrest ❶免受逮捕 指少数人免于因刑事指控而受逮捕的特权。其适用范围较窄。❷免受民事拘禁 指某一类人或正履行特定职能者免受民事拘禁的特权,它通常适用于中间令状[mesne process]和对人身的执行措施[body execution]。这种特权的适用范围较广。

immunity from liability 免予承担责任;责任豁免 指被告人基于自身所具有的性质而免予承担法律责任,如被告为慈善机构;法官对其行使司法职能所作的行为不承担民事责任;行政机关或公职官员[public officer]对其自由裁量行为、司法或准司法行为免予承担责任等。

immunity from process 免受送达传票 指具有一定身份或地位的人免于被送达民事传票的特权,如国会议员、立法机关成员等。

immunity from prosecution 〈美〉追诉豁免 指法律规定对证人可给予不因其提供的证言而受刑事追诉的豁免。各州采用的豁免有两种:①证言使用豁免[use immunity];②证人检举豁免[transactional immunity]。联邦则于1970年以前一种豁免方式取代了后者。两种豁免的区别在于证言使用豁免禁止以任何与对证人的刑事追诉相关的方式使用证人因受强迫而提供的证言;证人检举豁免则保护证人免予因与其证言相关的罪行而受追诉。

immunity from suit 免受起诉;诉讼豁免 指出于公共政策[public policy]的原因,对特定的人或物免予行使司法管辖权。如一个主权国家不经过其同意或许可,不能在本国法院或任何其他法院被起诉,即是一项通行的法律原则。

immunity of witness 证人的豁免权(⇨immunity provisions;judicial immunity of witness)

immunity provisions 〈美〉豁免规定;豁免条款 指宪法

和制定法上的规定,旨在通过赋予证人免受起诉的特权而从证人那里获取证言;否则证人可以根据反对自证其罪的特权保持沉默。

immurement n.监禁;禁闭

IMO (= International Maritime Organization)

impacted area 〈美〉受影响的区域　指受某一事件影响的区域,尤指因大量正在为某一联邦项目或活动工作的联邦雇员子女入学而导致学校学生人数增加,但由于美国政府免交地方税,使税收收入减少而负担加重的地区。

impact rule 实际接触规则;击中规则;碰撞规则　在普通法上,若对因过失而给他人造成精神痛苦的情形判处损害赔偿金,则须以其发生有实际的身体接触为构成要件。这一规则在美国的绝大多数州已遭废弃。又可称为physical-impact rule。

impaired capital 受损资本　盈余账户余额为负,使资本价值减少到其股票的发行面值以下。

impairing the obligation of contracts 〈美〉损害合同义务　损害合同义务的法律是指使合同本身价值减少或执行力降低的法律,无论其是通过改变合同的条款、法律效力和条件,还是通过规定合同执行中对违约的补救。美国宪法第一条第十款所禁止的"损害合同义务"是指削弱合同、减少其价值或使合同受到任何方面、任何程度的破坏。任何法律具有下列情形者,即构成对合同义务的损害:改变当事人的意图或法律效力;给予一方过多利益而使另一方得到较少利益;强加合同中未予规定的条件或摒弃合同中已有的内容。一项法规如通过其条文使现存合同义务无效或使之有实质性改变的,即构成对合同义务的损害。

impairment of capital 资本亏损　由于损失而导致银行的负债超过资产,但未必处于破产境地。

impairment of earning ability 盈利能力受损

impairment of justice 妨碍审判;妨碍司法(⇨obstruction of justice)

impairment of memory 记忆受损;损伤记忆力

impairment of mind 心智受损

impairment of obligation of contracts 〈美〉合同义务的损害　指在订立合同后实施的法律通过下列方式产生的使合同无效或改变其条款的后果:增加或删除实质性条件、条款或规定,或改变违约补救的内容,使新的补救与原来的发生实质性差异,从而降低合同的价值。确定州立法是否违宪性地损害合同义务,却没有一个固定不变的标尺,用以在任何时候、任何情况下衡量各州立法的有效性。每个案件都要结合各自的情况加以确定。(⇨impairing the obligation of contracts)

impairment of vested right 已被授予的权利受损;既定权利受损(⇨retrospective legislation)

impalare 扣押

impalement ❶刺刺刑　死刑之一种,执行方式是将木桩插入人体内致人死亡。❷圈地

impan(n)el v.将…列入陪审团名单;(为审理某一案件)挑选陪审团　该项事务通常由行政司法官来进行。

imparcare 〈英格兰古法〉扣押;监禁

impargamentum 扣押行为;扣押权

imparl v.❶取得延期答辩的许可　❷(为寻求争议的和解而与对方当事人)协商;商谈;取得庭外和解的许可。(⇨imparlance)

imparlance n.❶答辩期间的延长　旧时诉讼中指允许提出请求的一方当事人(通常是被告)对对方的诉状进行答辩的期间推延。英格兰在1853年废除了这一制度。该词还可以指当事人请求给予此种延期的申请,以及法庭授予此种延期的许可。❷庭外和解　指法庭许可当事人双方进行协商,以寻求以友好方式解决争议。

imparsonee (正式被就任的)圣职或(正式就职的)神职人员

impartial expert 公正的专家　由法庭聘请的就提交法庭解决的事务提供公正意见的专家证人。如劳工赔偿委员会通常会聘请一位公正的医生进行检查并将检查结果报告该委员会。

impartial hearing 公正的听审　指公平的、公开的听审,没有任何偏见和偏袒,对双方当事人一视同仁。

impartiality n.公正　通常认为是法官和执法者所应具备的素质:平等地对待争议的各方当事人,对所有人平等地、公正地适用法律,没有偏见和偏袒。

impartial juror 公正的陪审员　能够根据证据作出公正裁断的陪审员。

impartial jury 公正的陪审团　指无偏见的、公平的、正直的、不偏袒任何一方当事人的、与案件结果没有利害关系的、不对案件的是非曲直预先作出判断的陪审团,他们只根据在审判过程中提出的合法的、可被采纳的证据来作出裁断。美国宪法第六条修正案即规定刑事被告人有权受到由公正的陪审团进行的公正审判。

impartial trial 公正的审判(⇨fair and impartial trial)

impartible fee (= impartible feud)

impartible feud 不可分割的封地　在分封时被规定不能分割,而只能传给长子的封地。

impatronization n.就任圣职　指堂区主持牧师[parson]或神职人员正式就任被授予的圣职。

impeach v.❶控告;检举　❷弹劾(⇨impeachment)　❸置疑;怀疑　不相信某一证据或其他法律文书的可靠性。

impeachable for waste 可控告的毁损(⇨impeachment of waste)

impeachment n.弹劾　弹劾是解除达不到任职条件的官员公职的一种法律程序。它起源于中世纪的英国,并在17世纪英王与议会的斗争中重新复兴。在英国议会或美国国会实行两院制的国家,由下院向上院提出弹劾书[articles of impeachment],最后由上院投票决定被告人有罪还是无罪。因而弹劾程序具有要遵循一般程序规则的审判和政党政治双重特征。在著名的1641年的斯特拉福德[Strafford]伯爵案和1787年的沃伦·黑斯廷斯[Warren Hastings]等弹劾案中,党派斗争的色彩十分明显(这也部分说明了这类弹劾案最终都未能定罪的原因),不过,部长责任制的发展以及弹劾程序的冗长繁琐,致使英国的弹劾制度长期废弃不用,英国最后一次动用弹劾程序的是1806年的梅尔维尔[Melville]勋爵弹劾案。现在解除部长职务更便捷的方法是使部长在普选中失利或使其不能获得下议院的信任票[vote of confidence]。美国的弹劾制度与英国略有不同。依照美国宪法的规定,总统、副总统和所有的文职官员以及州长(俄勒冈州除外)和州司法人员均在被弹劾之列,不过国会议员不属弹劾对象;而依照英国法作为英国首脑的英王不能成为弹劾对象。在美国,联邦一级的弹劾指控由众议院行使,众议院通过弹劾条款后交由参议院进行审判。因而众议院是唯一有权提起弹劾的机关,而参议院则是唯一有权对弹劾进行审理的组织。弹劾程序从有关问题被提交到众议院常设或特别委员会而正式启动,尔后由该委员会向众议院提出弹劾条款的动议,众议院只需简单多数就可通过弹劾条款。

众议院在通过弹劾条款后任命专人将案件提交参议院。如果遭弹劾者是美国总统,就由美国最高法院首席大法官主持审理。对弹劾中的每项指控都必须经参议院2/3多数通过才能对被告定罪。被告被定罪极有可能被解除公职,因为他已丧失了担承公职的资格。同时,赦免权不适用于弹劾。尽管除了解除公职外,弹劾本身并没有附加其他任何处罚措施,但被弹劾者仍免不了由于在弹劾调查中已发现的任一犯罪行为而遭刑事指控。目前在弹劾中存在的主要宪法问题是众参两院用来作为支持弹劾和定罪的根据和基础。美国宪法第二条第四款只泛泛规定弹劾定罪的根据是"叛国、贿赂或其他重罪与轻罪"。叛国和贿赂十分明确,但"其他重罪与轻罪"则是相当含混的用语,自参议院以一票之差未能对安德鲁·约翰逊总统定罪以来,达成的共识是:不能仅仅因为国会政策不一而解除总统和其他任何官员的公职。是仅仅因为官员犯有可诉罪而不是由于严重的道德问题,还是因为官员并不构成犯罪的滥用职权行为而被解职,一直没有权威性的结论。如果理查德·尼克松[Richard Nixon]总统在1974年不辞职,此问题可能得以检验,因为众议院过去曾打算对并不限于狭义犯罪的违法行为进行弹劾。

impeachment court 弹劾法庭 在美国,指参议院;在英国,指上议院。具体的弹劾程序在不同法律制度下存在差异。(= court for the trial of impeachments)

impeachment of account 对理由的质问 对理由的正确性提出质疑。

impeachment of acknowledgment 对承认的质疑 指证明认证书[certificate]中所述的事实不成立。

impeachment of award 对仲裁裁决的质疑 指为撤销无效的、已显示有撤销理由的仲裁裁决而进行的法律程序。

impeachment of public officer 对公共官员的弹劾 对受到正式指控的公共官员提出的给予免职的请求。

impeachment of title or right to office 对(担任)职位的权利或资格的质疑 决定某一法官是否有资格或权利担任职务的诉讼。

impeachment of verdict 对(陪审团)裁断的质疑 基于与陪审团的评议和作出裁断的方式有关的理由而对裁断进行攻击。

impeachment of waste 〈英〉对毁损行为的控告 根据英国1925年《财产法》[Law of Property Act]第135条,如果授予某人"免予因毁损行为而被控告"[without impeachment of waste]的终身土地利益,则其可以在该土地上伐木并据为己用,或开设矿井,但不得毁损家宅或砍伐观赏性树木,或实施被认为构成衡平法上毁损的其他行为。

impeachment of witness 对证人的质疑 指通过提出证据对证人的一般可信性或在特定案件中的可信性进行攻击。方式可有很多种,如:根据其他证人的证言说明该证人所作证之事实并非如他所述;提出表明该证人一般信誉恶劣的证据,或该证人以前曾作过与该证言不一致或相矛盾的陈述的证据,或该证人有偏见、有切身利益或有敌对态度的证据等。

impechiare v.弹劾

impediens (英格兰古法)妨碍者;被告;对不动产的非法占有者

impediment n.阻碍;障碍;障碍物

impedimento 〈西〉婚姻的障碍 法律对特定人之间缔结婚姻的禁止性规定。

impediments n.❶缔约障碍;缔结合同的法定障碍 如未成年、缺乏理智等。❷合法婚姻的障碍 一般分为以下四种类型:①绝对性障碍[absolute impediments],指绝对禁止结婚的情况,而不必通过宣告婚姻无效的形式;②无效性障碍[diriment impediments],指导致婚姻无效的情况,如婚姻一方当事人因其原先婚姻关系未经解除而不能结婚;③限制性障碍[prohibitive impediments],指那些并不导致婚姻无效,但当事人要受到法律处罚的情况;④相对性障碍[relative impediments],指因某些当事人之间的关系而形成婚姻障碍的情况,例如婚姻当事人属于禁止结婚的亲等之内。

impediments to marriage 法定的结婚障碍 可分成如下情况:①先前婚姻的存续;②禁止结婚的血亲或姻亲关系;③暴力、欺诈或误解;④未到法定结婚年龄、智力或身体的能力缺陷。以上情况又可分为两类,即无效性障碍[impedimentum dirimens]和限制性障碍[impedimentum impediens],前者导致婚姻无效,不产生合法婚姻的效力,后者是不道德的婚姻,但并不导致无效。(⇨impediments)

impedimentum dirimens 合法婚姻的无效性障碍(⇨impediments to marriage)

impeding apprehension 〈英〉妨碍司法逮捕罪 指意图妨碍对犯可逮捕罪[arrestable offense]的人进行逮捕和起诉的犯罪行为。此种犯罪行为以前被视为事后从犯。妨碍司法逮捕罪的主要表现有隐匿犯罪分子、为犯罪分子提供逃跑手段、毁灭定罪证据等。被告人是否知道该人为罪犯不影响此罪的构成。

impeditor n.(英格兰古法)干扰者 在妨碍圣职推荐之诉[quare impedit]中,干扰圣职推荐权人[patron]行使圣职推荐权的人。

impensae 〈拉〉(罗马法)费用;开支 它分为三种:必要开支[necessariae]、有用开支[utiles]和浪费性开支[voluptuariae]。

imperative direction 必要的指示 衡平法上财产转让的要素之一,指以某种形式表示的转让财产的绝对意图应予生效,即该土地应当出售以获取金钱,或该笔金钱应作为购买土地之开支。

imperative law 强行法 指所规定的权利、义务具有绝对肯定形式,不允许法律关系的参加者以相互协议或一方任意予以变更的法律。(⇨imperative statute; mandatory statute)

imperative power 强制性权力 信托中的权力。它是委任权与信托之间的本质区别,即前者是指示性的,后者则是强制性的。

imperative statute 强制性法律 指明确地命令做某事或禁止做某事的法律,区别于主要是指导性的法律,后者允许行为人选择做某事或不做某事。

imperative theory of law 法律命令说 认为法律即由强制力所支持的命令组成。(⇨positive law)

imperative words 命令性言语(⇨precatory words)

imperator n.绝对统治者;最高统治者 ①古罗马皇帝的尊称;②诺曼征服[Norman Conquest]之前,在英格兰国王所持特许状[charters]中常加于国王姓名之前的尊称。

Imperator solus et conditor et interpres legis existimatur 〈拉〉皇帝被认为是集法律的制定者和解释者于一身。

imperceptible process 难以察觉的过程 与添附[accretion]规则有关的术语,指添附发生的过程难以被察觉,尽管经过较长一段时间后还是能被察觉。

imperfect delegation 债务的不完全转让 新债务人替代

原债务人，但不免除原债务人的义务。
imperfect gift 不完全赠与 指该赠与缺乏法律规定的转移所有权所必须具备的行为或形式要件。
imperfect mortgage 不完全的抵押 指在衡平法上有效而在普通法上无效的抵押。
imperfect obligation 不完全的义务；道德上的义务 不能通过诉讼强制实施，而只能由义务人依其意志和良心来履行的义务。
imperfect right 不完全的权利 如权利人在权利产生所依据的事实中有过错或过失，其权利就不是充分和完整的。例如，挑衅者提出的正当防卫辩护权。
imperfect trust 不完整信托 一种未完全成立的信托，尚不具有法律效力；或者虽已具有法律效力，但其范围尚不完全及未最终确定，故它在衡平法上是不能被执行的。
Imperial Chamber 帝国大法院 1495年至1806年期间神圣罗马帝国的最高法院。院长由国王任命，法院的成员必须精通罗马法，其职能是处理帝国各地区法院的民事上诉案件，该法院对德国接受罗马法起了重大作用。
imperial parliament 帝国议会 英格兰议会的曾用名称。
imperial standards 帝国标准 法律规定和授权使用的以取代此前使用的公认的习惯性或地方性度量衡的标准。
Imperii majestas est tutelae salus. 〈拉〉帝国的最高权力是其治下之保障。
Imperitia culpae adnumeratur. 〈拉〉不熟练视为过失。
Imperitia est maxima mechanicorum poena. 〈拉〉不熟练是技工最大的罪过。 另一种译法为"不熟练是对技工的最大惩罚"。前者把"poena"译为"fault"，实应译为"punishment"。
imperium 〈拉〉❶统治权；最高权力 ❷司法权 即运用国家力量实施法律的权力。 ❸统治；命令
imperium in imperio 〈拉〉主权内的主权；政府中的政府；最高权力中的最高权力
impersonalitas 〈拉〉非人格性；非人格性的东西
Impersonalitas non concludit nec ligat. 〈拉〉非人格性者既无禁止亦无约束。
impersonal payee 不指定受款人 票据的受款人不预先指定为某一人、某一组织或某一法人，债务人只向票据持有人付款。
impersonal trademark or trade name 非人格性商标或商号 这种商标或商号不具有通过其本身来显示商品制造中的个人因素的特征，但可以与某些种类或品质相联系，从而起到标示商品的作用。
impersonation *n.* 模仿；假装；冒名顶替 指装扮他人，或假冒或试图假冒某一特定的人（如以他人名义投票或使用他人信用卡），或有某种权力或资格的人（如假冒警察或医生）。此类行为若为非法目的，其本身即为犯罪；它也常是许多犯罪及某些假冒行为的构成要件之一。该词亦称为 personation, false impersonation, false personation。尽管该词与 false 连用可将非法假冒[unlawful impersonation]与合法装扮[lawful impersonation]区别开来，但在法律语境中论及 impersonation 时多与违法行为相关，即使缺省了形容词亦如此。上述四词中，impersonation 最为常用，且最可能用指非罪行为。在刑事领域，false personation 次常用，personation 和 false impersonation 较少用。
impescare (= impeach)
impetere 弹劾
impetitio vasti 〈拉〉(= impeachment of waste)
impetrare *v.* 通过请求获得

impetration *n.* 〈英国古法〉通过请求获得 尤指获得圣职。
impier (= umpire)
impignorata 〈拉〉〈古〉质押的；抵押的
impignoration *n.* 〈古〉设质；质押财产；抵押财产
Impius et crudelis judicandus est qui libertati non favet. 〈拉〉反对自由的人应当被判定是邪恶的、残忍的人。
implead *v.* ❶〈古〉起诉；控告 ❷使（某人）参加诉讼 尤指使在起诉时并非当事人者成为参加诉讼人。
impleader *n.* 第三人参加诉讼 指使原告和被告之外的第三人参加到诉讼中来的程序，尤其是在被告寻求向原告并未起诉的第三人转移责任的情况下。也称为 third-party practice 或 vouching-in。
implement *n.* （契约、承诺等的）履行；（法律、法令的）实施 *v.* 履行（契约、承诺等）；实施（法律、法令）
implements of husbandry 农业用具 为农业用途设计并由权利人专用于农耕的设施。
implication *n.* 推断；默示 它区别于由文字表达的明确意思表示。(⇨inference; implied)
implied *a.* 默示的；暗指的；不言而喻的 该词在法律上的用法与"明示的"[express]相对，即当事人对有关客体的意图没有通过明确、直接的言词表达出来，但可从特定环境通用的语言或当事人的行为所暗示的意思或通过必要的推理获知。该词亦与"推断的"[inferred]有别，两者的区别在于：听者或读者作出的是推断，而作者或说话人作出的是默示。
implied acceptance 默示的承诺；默示的接受；默示的承兑
implied admissions 默示承认 以当事人为或不为某一行为而推定的承认。例如，对债务部分付款即为对该债务负有清偿责任的承认。
implied assertion 默示的声明 指虽未明示，但可从有关书面或口头内容中推定而知的声明。
implied authority 默示代理权 在代理法中，指虽未明确声明但与明示授权必然相随的委托人授予代理人的权力。根据代理人应承担的责任或完成明示委托行为所必需承担的责任而推断出代理人享有代表委托人为一定行为的权力。实际代理权[actual authority]可以是明示的，也可以是默示的，而默示代理权是完成或履行明示授权给代理人的主要代理行为所必须的、通常的和适当的权力。
implied bequest (= implied devise)
implied condition 默示条件 虽未明文规定但从交易的性质或当事人的行为，法律推定双方已默认这一条件为协议的组成部分。(= constructive condition)
implied confession 默认供认 被告人未供认有罪，但请求法庭宽恕和轻判。
implied consent 默示同意；默许 并非直接表达而是以动作、行为、事实、不作为或沉默推断出的同意，如根据当事人之间的关系和一系列行为，双方对某一事项相互默认或不予反对的即可推断为默示同意。强奸诉讼中的受害人作出的使被诉人诚实地、合理地认为他可以与其发生性关系的行为；受害人在苏醒、成年、神智清醒、不恐惧的状况下未进行反抗也视为默许。
implied consideration 默示对价；推定对价 法律根据一方行为推定的对价。
implied contract 默示合同 虽无明示的言词，但从当事人的行为、当时的环境或双方的关系而推断出的合同。

分为事实上的默示合同[implied in fact]和法律上的默示合同[implied in law]。例如，一方对另一方提供的劳务支付合理费用的合同，虽然并未对补偿有明示的协议，但根据当时环境，尤其是接受劳务一方的行为，使提供劳务一方可正当合理地理解对方将支付费用，此即为事实上的默示合同；法律上的默示合同是指基于公平和正义而为法律所默示的准合同或推定合同，通常用于阻止不当得利。

implied contract of sale 默示的买卖合同 从案件的事实和环境推定的货物买卖合同，为买受方创设支付货款的义务。一般发生在如下情形：某人从他人处收到了物品或商品，法律即默示存在着该人支付货款的合同，对方可据此为销售和交付的货物提出诉讼。

implied covenant 默示协议；默示合同条款 普通法上的合同条款；或指由整个合同以及与合同执行有关的情形中合理推定的协议或合同条款。例如，由缔结租赁合同的行为以及租赁合同中所使用的某些文字可以在法律上推定承租人可以和平占有和享用该房屋，并免受出租人的干扰；而出租人对该房屋享有完全的所有权，并有权缔结租赁合同。

implied dedication 默示奉献 土地所有人默许对其土地的公共使用；或土地所有人表现出的将其财产奉献给公共使用的行为。

implied delivery 默示交付 指虽不构成对转让财产的实际占有，但法律推定与实际交付等同的行为，包括象征性交付[symbolical delivery]和替代交付[substituted delivery]。

implied devise 默示遗赠 指为了贯彻遗嘱人虽未明确表示，但从遗嘱整体看来确系其真正的意图，而从其遗嘱的措辞中推论出的遗赠。

implied easement 默示地役权 交易当事人没有明示，但从交易意图推断并由法律强加的地役权。它基于这样的原理：拥有两块或两块以上相邻土地的所有人在出售部分土地时，即以默示方式授予受让方所有明显可见的地役权，以使受让方能对受让财产进行必要的合理使用和收益。默示地役权的构成条件：①所有权的分割；②分割前进行了长久的、明显的、表明永久性的使用；③这种使用对收益受让土地是必不可少的。

implied emancipation 默示取得行为能力 指子女取得独立行为能力并非基于父母的明示同意，而是以其行为或其他各种情形表示父母同意子女自主支配其时间，并控制其收入。

implied exception 默示的例外 当土地转让者将其土地完全地有价地转让给他人之后，为使自己能享有对剩余土地的所有权，而仍然对已转让土地享有地役权或其他某些权利作为例外。

implied finding 默示裁决 当初审法院对某些问题或重要事实在判决中未作决定时，推定负有举证责任的当事方未能以证据证明这些问题或事实。也指在行政程序中，当程序法要求明示裁决时而没有这么做的情形。

implied force 默示的暴力 通过言行使对方相信如果不屈服就会受到身体伤害。

implied franchise 默示特许权 从市政当局与公司的协商过程中必然默示的、公司作为公共实体提供服务而享有使用街道的特许权。

implied illegality 默示的不合法 虽未明文禁止或许可，但从某一法规可明显推断出的属不合法的行为。

implied in fact 事实上的默示(合同) (⇨implied contract)

implied-in-fact condition 事实上的默示条件 当事人以其行为或交易的性质默认的契约性条件。

implied in law 法律上的默示(合同) (⇨implied contract)

implied-in-law condition 法律上推定的条件 (⇨constructive condition)

implied intent 默示的意图 从某一文书所使用的语句或当事人的行为中可必然表现出来的意图。尤指由控方根据行为人的行为而推定的犯罪意图。

implied invitation 默示的邀请 房屋的所有人或占有人或经其授权者作出的行为，使一个有正常判断力的人认为房屋的所有人或占有人希望他到该房屋中去。

implied lease 默示租赁 指根据默示合同而存在的所有人与承租人的关系，亦即，双方当事人的行为表明，他们的关系仅仅与根据租约而产生的所有人与承租人的关系相一致。

implied license 默示许可 指因土地所有人的默许，或从双方当事人的行为，从他们的相互关系、从习俗，或从该国家的习惯来推断某人可在他人的土地上从事某种或某些行为，但这种许可并未赋予被许可人任何土地权益。例如，许可他人为渔猎目的而进入土地。它与默示的邀请[implied invitation]的根本区别在于：前者只对特权行使人一方有利并受益，后者则对双方当事人均有利。

implied lien 默示留置权 缺乏明示合同而根据衡平的基本原则所创设的留置权，衡平法院在对适用于当事人之间的关系以及交易环境的权利和公平作了全面考虑后，可暗示并宣告该留置权。例如，不动产出卖人将不动产的法定所有权转移给买受人时，出卖人享有留置权，以作为未付价金的担保。

implied malice 推定恶意

implied notice 默示的通知 属实际通知，而不是推定通知。指从一个人所能获得了解的途径中推定他已得到通知，虽然并无证据证明他已使用这些途径。

implied partnership (= partnership by estoppel)

implied permission to use motor vehicle 使用机动车的默示许可 根据各种情况可以预见该车辆已经、正在或即将被使用而未表示反对者，可推断为对这种使用的容许或是消极的许可。

implied powers 默示的权力 ①为行使明示授予的权力所必需的权力；②政府官员为实现其主要职能而享有的附带的权力；③美国宪法所默示赋予的联邦权力，指不是明确规定在宪法或法律中而是从明确的法律授予的权力中推演出来的权力。默示权力必须来源于明示的权力[expressed power]，而且是实现明示权力的手段。在美国，联邦政府被认为是只享有列举权力[enumerated powers]的政府。但是因为宪法中的用语常常含混而晦涩，如果对授予联邦政府的权力作狭隘理解的话，可能会严重束缚联邦政府的活动空间。因而从美国建国早期，美国最高法院就已经开始关注首席大法官约翰·马歇尔[John Marshall]关于美国宪法本身并没有具体规定"从严解释"[strict construction]的规则这一主张。通过从宽解释宪法，马歇尔认为国会的商业管理权不仅仅限于交通方面。现在由于默示权力的存在，商业管理权已成为一项极宽泛的国会权力。同样，马歇尔有充足的理由从必要而适当条款[necessary and proper clause]推导出其意图并不是限制国会只能采取行使职权所绝对必需的方式，而是指国会可选择采取任何合适的行使职权的方式。其他例子还有：设置邮电局的权力必然包含惩罚抢劫邮件者这项默示权力；移民归化权一直被认为暗含着在移民方面的绝对权力。这种默示权力——相当部分是包括在宪法文本精神中的权力——并不限于国会。例如，总统所享有的解雇下级官员的权力，就是授予其行政权的默示权力，尽管并不存在总统解职权的确切规定（⇨implied authority）；④为行使公司被明示授予的权力，或为实现公司的目的而默示授予的权力，除非这种行为被法律或章程明令禁止。

implied powers of Congress 〈美〉国会的默示权力 美国宪法第一条第八款在授予国会各项具体而确定的权力同时，并在最后授权国会制定"为执行上述各项权力和由本宪法授予合众国政府或其任何部门或官员的一切其他权力所必要而适当的各项法律"。美国宪法制定伊始，这一规定曾引发了两派即支持限制中央政府权力而主张对这一权力作狭义解释者和主作广义解释者之间的论战。以亚历山大·汉密尔顿为首的联邦主义者主张对这一权力作广义解释，以加强中央政府的权力。这种观点得到了马歇尔首席大法官领导下的美国最高法院的支持。自美国内战以来，美国最高法院的判决允许极大扩展联邦权力以及政府干预和调节的权力。（⇨implied powers）

implied promise 默示的诺言；默示的允诺 它是根据合同理论使一方当事人承担责任的一种法律拟制，以避免欺诈或不当得利[unjust enrichment]。（⇨equitable estoppel）

implied publication 默示表达 指立遗嘱人以言语、手势、行为等方式，向遗嘱证明人表达其欲使该文件产生遗嘱法律效力的意愿。

implied ratification 默示追认 根据行为过程、时间的经过或默许而推断的表示同意、确认或认可某一事物的意图，而当事人在最初本可以撤销此一事物。①关于合同的默示追认，是指接受合同利益，或在合理长的时间内未对合同进行撤销或使之无效，而是对之保持沉默或默许，从而导致合同生效；②关于代理行为的追认，是指以本人的行为、语言或行为过程，可以合理地推定其有意追认未经其授权而他人代理其实施的行为，或因接受由此产生的利益、接到有关他人越权代理的通知后未予以拒绝等而构成默示追认；③关于票据更改的追认，是指该票据的债务人明知更改而同意按更改后的金额支付、重新签发票据或接受并保留由此票据而取得的利益。

implied rejection 〈美〉默示的拒绝 被授权的官员作出的表示意图拒绝的行为，暗示对某种奉献的拒绝。

implied remainder 默示的剩余地产权 指根据立遗嘱人或赠与人的意图而推定设立的剩余地产权。

implied repeal 暗示废止（⇨repeal）

implied representation 默示陈述 指非由言词直接表示，而由言词、行为或动作间接推定的对事实的陈述。

implied rescission 默示解约 当双方当事人就同一事物又签订一份新的合同，而该合同的条款与前合同的条款相互矛盾从而不能并存时，法律将默示前一合同解除。也指当事人的行为与合同的持续存在不相一致时，该合同即解除。

implied reservation 默示保留 指在可继承地产权[fee]完全让与时，对转让的某一权利或地役权所作的保留，其条件为：这种权利或地役权对于让与人享用仍归其所有的剩余土地是必不可少的。

implied reservation of water doctrine 〈美〉水资源的默示保留原则 如联邦政府将土地从公共领域收回而保留联邦政府之用，则政府可默示保留附属的水资源，但其数量以实现保留水资源的目的为限。

implied review 默示的审查 （法院）对行政机关的决定进行审查的宪法权利。

implied revocation of will 遗嘱的默示撤销 由于立遗嘱人的家庭或亲属关系发生重大变化，从而运用法律撤销原有遗嘱。例如遗嘱设立后的结婚、生子女或涉及遗嘱人或遗嘱受益人的财产的变化等。

implied term 默示条款 虽未在合同中明示，但为使当事人缔约意图免于落空而必须得以适用，从而可推定的合同条款。

implied trust 默示信托；拟制信托；推定信托 没有明示，但根据对事实、行为或当事人情况所作的衡平法解释而出现的信托。默示信托分为两种：①以当事人推定的意图为基础的信托，例如一方交付给另一方的财产是为了移转给第三人，则财产的受让方即可按此以第三人为受益人的默示信托来保管该财产；②并非以当事人的意图为基础，而是在当事人通过不法行为获得某项财产时，基于公平考虑，法院认定存在信托，即该人是为他人的利益持有该财产，以此防止行为人从不法行为中获取不正当利益，这种信托并不产生信任关系。在这个意义上，默示信托又可写作"involuntary trust"或"constructive trust"。

implied waiver 默示弃权 从当事人的行为中可以合理推定的权利放弃。

implied warranty 默示担保 ①在海上保险单中，由被保险人所作的陈述、描述或承诺，视为与合同中明确表示的担保一样，对被保险人具有拘束力；②在动产销售合同中，由法律所加予卖方的对其所售货物的质量或权利状况的强制性担保义务，而不问卖方是否有作出这种担保的意图；③在卖方的确认中暗示的，而非用专门术语表达的对质量的担保，这种担保是事实默示的担保，而不是法律默示的担保；④流通票据背书人承担的除制定法规定的强制性义务以外的默示义务。

implied warranty of fitness for a particular purpose （= warranty of fitness）

import cost 进口价格；进口成本 在正常贸易过程中以通常批发的数量输入本国的商品价格加上运费及其他所有必要费用之总和。

import duties 进口关税

importer n. 进口商；进口者 ①将货物或商品从国外输入国内的人；②在美国将商品尤其是酒类从一州输入另一州的人。

import-export clause 〈美〉进出口条款 美国宪法第一条第十款第三项规定，任何一州，未经国会同意，不得对进出口货物征收任何进口税[imposts]或关税[duty]，但为执行本州检查法律所绝对必要者，不在此限。任何一州对进出口货物所征全部关税和进口税的纯收益均应充作合众国国库之用。

import taxes n. 进口税 对某些进口商品征收的税。

impose v. 设定负担 多指强制性行为，如征税。

imposed duties 责任；负担；义务 在字面上，系指在某人身上设定的任何负担或义务。严格意义上，则指市政法人[municipal corporation]在政府职能外被附加的那些义务。

Impositions 苛税案 1606年，詹姆士一世为了筹集钱款，利用自己的权力规定海关对进口无核葡萄干增收额外的税收，商人们向下议院提出申诉，尽管下议院通过一项议案，规定未经议会批准，不得在已有税种之外设立新的税收，但该议案遭到上议院的否决，最后肯定了额外征税是合法的行为。

impossibilis conditio 〈拉〉（= impossible condition）

impossibilitas facti 〈拉〉行为能力之不可能　做某事之不可能是由于某人没有做该事的能力，以区别于某事在本质上属不可能。

impossibilitas rei 〈拉〉情事本身之不可能　某事在本质上不可能，以区别于某人没有做该事的能力所致之不可能。

impossibility n.不可能性　按事物和法律的本性及正常趋势，无人能作出者。不可能性分为以下几类：①事实上的不可能，指与自然进程相矛盾的情形。这种不可能性又可以分为绝对不可能和相对不可能。绝对不可能指在任何情况下都不可能，如让地球停止转动。相对不可能有时又称事实上不可能，即在特定情况下的不可能，如要甲付款给乙，而甲已死亡；也包括实际不可能，即该行为虽能完成，但必须付出超常的或不合理的代价。②法律上的不可能，指由于某一条法律规则而使之不可能作出。例如，要甲在成年之前设立有效的遗嘱。这类行为不应与虽为法律禁止但可能为之的行为相混淆，例如实施盗窃行为。③逻辑上的不可能，指与交易的本质相反的情形。例如，甲明示为自己的利益将财产给乙，却以将该财产转让给丙作为条件。(⇨legal impossibility)

impossibility of performance 无法履行；(合同等的)履行不能　它区别于履行困难[difficulty of performance]，是指因事物本身不可能完成，而非指当事人没有履行能力。它分为自始履行不能[original impossibility]和意外履行不能[supervening impossibility]，前者指在合同缔结时即已存在的无法履行的情形，后者指在合同缔结后发生其他情形而造成的合同无法履行。

impossibility of performance of contract 合同的无法履行；合同履行不能　合同当事人在并非由于其过错而使合同履行成为不可能或完全不能实行[totally impracticable]的情况下，可据此免于履行义务的一项原则。作为免于履行的抗辩事由，是指由于下述情况而无法履行，例如：合同主体内容的破坏、履行所必须的人员的死亡、合同约定的履行行为成为非法等。合同履行的一般规则是，无论由于不可预见的情形使履行变得如何困难，承诺人必须要么履行义务，要么支付不履行的违约金，而"合同履行不能"的原则则是一个例外。尽管这一原则已涉及到许多不同种类的合同，但该原则的基本部分是该履行不能必须具有客观性而非仅为主观判断。现代合同法承认不能实行的事情在法律上视为不能，而不能实行的事情则指必须以超常的或不合理的代价才能作出的事情。确定是否构成合同履行不能，至少须经过以下三个步骤：①发生了意外事件[contingency]；②意外事件发生的风险必须未依合同或惯例进行分配；③意外事件的发生已使合同的履行变成"商业上不能实行"[commercially impracticable]。

impossibility of proof 无法证明　指无法证明之事，如某些特殊案件中的损害。

impossibility of relief 无法给予法律救济　指无法用金钱来衡量损害或无法证明损害。可以作为取得衡平法上的管辖权的一种依据。

impossibilium nulla obligatio est 〈拉〉无义务为不可能之事

impossible condition 自始不能的条件　指合同缔结时所规定的条件在本质上是绝对无法实现的。

impossible consideration 不可能实现的对价　指所允诺的对价或行为是不可能实现的。

impossible contract 自始履行不能的合同　指合同规定以当事人须从事某一行为作为对价，但该作为在本质上或法律上是无法完成的。这种合同在法律上对当事人无约束力。

impossible statement 不可能的陈述　指非常过分的陈述，只有轻信的人才会相信。

impost n.税负　尤指进口税。

impostor rule 〈美〉冒名人规则　指美国《统一商法典》[UCC]第3章第3-405条第(1)款(a)项，它规定，任何人在以冒名人为收款人而签发的支票上进行的背书，为有效。

impotence (= impotency)

impotency n.性交不能　判决离婚的理由之一。

Impotentia excusat legem. 〈拉〉不可能之事，法律豁免。

impotentiam 〈拉〉(⇨property propter impotentiam)

impound v.扣押　①指警察或法院在有关的程序或诉讼中扣押某物，如车辆、资金或其他动产等，但应在该程序或诉讼终结时将被扣押物完整地退还；②指为指控犯罪而扣押某物以便在诉讼中作为证据使用，如为实施犯罪使用的车辆、伪造的文件或其他物品等。

impracticability n.不能实行；不可行性　①在民事诉讼规则中对集团诉讼的规定上，如果一方当事人的人数众多以致让所有的当事人都参加诉讼是不可行的。这里的"不可行性"并不是指不可能，而是指如果让所有的当事人都复参加诉讼很不方便，有很大困难。②在合同法中，指使合同当事人免于履行某一行为——尤其是合同义务——的事实或情势，因为即使这种履行是可能的，也将带来极大的、不合理的困难。履行要成为真正的不可能，须是该义务变得过于困难或费用过于高昂而无法履行，并且这种困难或费用必须是未曾预见到的。该词也可用于指这种事实或情势可使当事人免于履行合同义务的原则。(⇨frustration of purpose doctrine; impossibility)

imprescriptibility n.不受时效限制性　指不具有可因时效而取得权利的性质。

imprescriptible right 不受时效限制的权利；不因时效而丧失的权利　不论多长时间没有行使也不致因时效届满而丧失的权利。

impressment n.〈英〉强制征用　为英王享有的、出于保护王国利益毋须征得有关当事人的同意而征用人员或征用财产的权力。尽管它也作为军队征兵之用，但它最常见的作用是征用商船上的水手甚至是不谙航海的人为皇家海军服役。强制征用经枢密院君令[Orders in Council]批准，由征用队[press gangs]执行。这种作法在普通法上是以必要性为凭据经获准许的，并且一直延续到1815年。但随后因鼓励自愿从军而遭废弃。海军部在一定情况下给予禁止强制征用的保护措施，有时依照法令保护某些人员。不过，依据今后某些立法的默示规定，强制征用可能仍是合法的。在两次世界大战期间，经法律授权可以要求为军队强制服役。在早期也有强制征用商船的事例。

imprimatur 〈拉〉出版许可　罗马教会法规定的，主教对出版关于《圣经》、教义或道德的神学理论著作或其他重要的出版物所作出的许可。近代以后，指对书籍等出版物的出版许可，以前在英国存在，现在在其它国家仍然存在。

imprimery (英格兰古法)出版机构；印刷技艺；印刷

imprison v.❶监禁；囚禁　❷剥夺自由；限制自由

imprisonment n.❶监禁；拘押　一种刑罚方法。指将被判处监禁刑的罪犯依监令[commitment]予以关押，直到将其释放。亦指对待审的被告的临时拘押。最早,监禁是指拘押待审的人,而不是指一种刑罚,13、14世纪以后监禁才被作为主要刑罚,并被广泛使用。❷**限制人身自由** 指任何违反本人意志而限制其人身自由的行为。限制人身自由不一定要求必有特定的场所,它可以是将人用锁或闩等拘禁于某一专门处所,也可以是以言语或暴力相威胁而将某人限制在没有任何人工强制措施(如锁等)的地方。广义上说,不论是将犯人囚禁于监狱、拘所,还是将某人拘禁于私人住所,甚至在公共街区以暴力强行限制某人人身自由,都称为限制人身自由。使用暴力或以暴力相威胁而将某人羁留于该人不愿居留的场所,构成非法拘禁。

imprisonment for debt 债务拘禁 在英国早期,债权人可以因任何数额的债务,甚至是数额极微的债务而拘捕债务人。债务人将被关在王室内务法庭监狱[Marshalsea]或弗利特监狱[Fleet]中,直到其亲友为其还债方可获释。1827年《因债务而受监禁法》[Imprisonment for Debt Act]规定,任何人不得因少于20英镑的债务且仅有说明欠有该数目债务的宣誓书而依中间令状[mesne process]被拘捕。1838年《判决法》[Judgments Act]取消了在民事诉讼中依中间令状拘捕债务人的做法,除非有例外情况。1869年《债务人法》[Debtors Act]几乎完全废除了因债务引起的监禁。美国多数州的宪法都禁止债务拘禁。

imprisonment on civil process 依民事令状进行的拘禁 依执行令或中间令状而进行的债务拘禁;也指对不服从法院命令者进行的拘禁。(⇨imprisonment for debt)

imprisonment with hard labor 〈英〉苦役监禁 英格兰的一种监禁制度,首创于1865年。按劳动强度分为第一级苦役、第二级苦役,具体强度由法官确定。1898年废除了第一级苦役,1948年废除了所有苦役。

improbation 作废 因伪造而宣布某一文件无效的行为。

Improbi rumores dissipati sunt rebellionis prodromi. 〈拉〉流传于国外的邪恶谣言是叛乱的征兆。

improper conduct 不良行为 具有一般谨慎的人不会作出的行为,尤其指不道德行为。

improper fee (= improper feuds)

improper feuds (英格兰古法)次生封地 指由纯军役保有地[proper feud]派生发展而来的封地类型。一般是指上级领主为了充分履行其军事方面的役务而以其它条件分封出去的土地,这些条件可能是由其属下支付一定数量的价金或履行某种低贱的役务,或者是以地租代军役,可以无相互许可而转让,不分男女也在后嗣中继承等。(⇨proper feud(s))

improper influence 不正当的影响

improperly obtained evidence 不正当地收集的证据;以不正当手段获得的证据(⇨illegally obtained evidence)

improper navigation 不当航行 船舶以违反航行规则的方式进行的航行;处于不适航状态的船舶的航行。

improper use doctrine 不当使用原则 专利法中的一项原则,又称"污手原则"[unclean hand doctrine]。依此原则,专利权人无权就他人向使用其专利的被许可人提供非专利材料要求救济。尽管专利权人与被许可人之间订立有约定——即与该专利相关的任何非专利材料均应向专利权人购买,但专利权人仍无权要求被许可人遵守该约定。

impropriate rector (教会法)带圣俸的俗界堂区长 指通过圣俸转交俗人[impropriation]这一过程而部分地享用圣俸的俗界堂区长,他任命堂区长代理[vicar]或助理牧师[curate]行使宗教管辖权。而由教士担任的堂区长[spiritual rector]领受完整的圣俸并行使宗教管辖权。(= lay rector)

impropriation n.〈英〉(教会法)圣俸转交俗人 指将圣俸归属于不论为个人或集体的俗人。宗教改革以前,俗人不能享用圣俸;宗教改革以后,许多拨给修道院的圣俸因其被解散而转交俗人。

impropriator n.(教会法)领受圣俸的俗人 有时亦称作带圣俸的俗界堂区长[impropriate rector or lay rector]。(⇨impropriation)

improved land 改良地 因在其上铺设排水、排污管道和建造道路等公用设施使其本身增值的土地。

improved value 发展的价值 土地本身及附于其上的公用设施的价值总和,而不是指其各自的价值。

improvement n.〈美〉不动产的改进 包括永久性与临时的,特别是指增加其价值或效用,或改善其外观的措施。亦称"land improvement"。

Improvement Act district 〈英〉《改良法》地区 根据1875年《公共卫生法》[Public Health Act]的规定,是指任何地方官员、受托人或其他由地方方法授予城镇管理及评价权的人管辖的任何区域。

improvement bond 发展债券 由市政当局或其他公共机构发行的,只以发展基金为偿付来源的债券。

Improvement Commissioners 〈英〉促进市政委员会 根据地方方法设立,旨在补充地方官员有限权力的特别机构。第一个特别机构是1662年建立的,其职责是管理伦敦和威斯敏斯特的卫生、照明和污物处理。该委员会拥有有限的征税和借贷的权力。从1835年起即不再进一步建立此种机构,其权力逐渐移交给新选出的地方政府当局。

improvement lien 改良留置权 一种衡平法上的留置权,为因改良他人土地而要求补偿者的利益而设。

improvement of dwellings 住房改善 英国1974年的《住房法》[Housing Act]中有住房改善的强制性规定,住房当局不得因改建房屋或其他建筑物以提供住房或依据改善住房的要求实施工程而产生任何费用,除非该工作是依据住房当局提交给国务大臣并获批准的计划而进行的。

improvement of land 土地改良 根据英国1864年和1899年的《土地改良法》[Improvement of Land Act],对土地的改良包括排水工程、灌溉工程、筑堤工程、土地的清理、开垦和耕种以及道路、农场及其他农业建筑的修建;根据1870年和1871年的《住房的有限所有人法》[Limited Owners Residences Act],土地的改良还包括建筑领宅地及其通常的和必需的附属房屋。

improvement on invention 改进发明;后续发明 对可获专利的或已获专利的发明所作的改进。例如,就某一机器提出原先不存在的机械原理或运转方式而产生的改变。也指标志了工艺上显著进步的改进。

improvement patent 改进专利;后续专利 在专利法中,指在其他人已从事研究但未达到完善程度的领域中,依赖经验、进一步地研究或反复试验而获得的专利。

improvement petition 发展请求 要求发展公用事业的请求,发展的费用由特殊的税收支付。

improvidence n.❶不节俭 ❷不谨慎 在某人因不谨慎而不适于担任财产管理人的情形中,指该人在管理财产时缺乏谨慎和预见力,因此很可能会使财产处于不安全状态并使其价值消失。

improvident contract 不谨慎的合同 寻求救济的一方当

事人因计算错误或缺乏谨慎而缔结的不明智的、无利益或不公正的合同;对一方当事人不利的合同;在经济上无效率的合同或内容不合理并需放弃法律权利、为保护公共利益而不应执行的合同;执行后将会对当事人利用其职业谋生的自由加以不合理限制的合同。

improvidently *ad.* 不谨慎地 在某些情况下,例如:在未经法庭的充分考虑、或未获得与之有关的所有情况的适当信息、或基于错误的推测、误导性的信息或建议作出的判决、命令、规则或禁令即称为系"不谨慎地"作出或发布。

improviso 〈拉〉临时;猝然;意外(⇨ex improviso)

impruiamentum (= improvement)

impruiare 〈英格兰古法〉❶改进土地 ❷(为开发土地而在其上建立的各种)建筑物

impubes 〈拉〉(罗马法)未适婚人;未成年人 指7岁以上未到青春期的未成年人。男性为14岁以下,女性为12岁以下。

Impunitas continuum affectum tribuit delinquendi. 〈拉〉免除惩罚强化了犯罪意向。

Impunitas semper ad deteriora invitat. 〈拉〉免除惩罚时常引致更严重的犯罪。

impunity *n.* 〈拉〉免除惩罚(⇨immunity)

Impuris manibus nemo accedat curiam. 〈拉〉双手不洁者不得进入法庭。

imputability *n.* 可归责性;可归因性 使对某一行为负责的状态;对作为或不作为所负的责任。(⇨liability)

imputable negligence 可归责的过失(⇨imputed negligence)

imputatio 〈拉〉(罗马法)法律责任

imputation of payments (罗马法)(债务人向债权人作出的)履行请求 也可指直接向债权人进行偿付。

imputed cost 估算成本;应计成本 不是按实际支出记录,而是经估算而得的成本,主要指从事某一项生产经营活动的机会成本[opportunity cost]。

imputed income 应计收入;推算收入 ①为计税用对财产或收入的估算价值;②纳税人作为报酬的一部分而享受的财产的价值,如雇主向雇员提供的住房。

imputed interest ❶应计利息;推算利息 对使用资金而应负的利息费用的计算。❷应计收益;估算收益 对于买者利用其特殊的机会购买低于公平市价的资产而获得的收益,应计入所得税的应税收入。

imputed knowledge 推定知道 该用语有时相当于"默示通知"[implied notice]。指某人知道某一事实或某些事实,是因为根据当时的情况,任何一个具有一般常识的人都能知道或了解。也指某人有义务了解并了解的途径,从而推断其知道。在代理法中,因代理关系的存在,代理人的知道也对被代理人产生拘束力。

imputed negligence 转移过失 指基于双方当事人之间的关系,可使一方的过失由另一方负责,例如,代理人在授权范围内的过失可由被代理人负责。转移过失也是否认过失责任的一个理由,即提出原告同第三人负有共同过失[concurrent negligence],从而被告可获得与有过失[contributory negligence]的抗辩。

in *prep.* ❶在…内 ❷(用于不动产法中)表示保有权[seisin]、所有权[title]、占有权[possession]的某些不同情况,如 seisin in fact、seisin in law 及 title in fee;涉及占有时则常用短语 in possession, 如 chose in possession 及 estate in possession 等 ❸作为 intitled(有权)或 invested with title

(已被授权)等词的缩写,如"in by lease of his lessor…(根据与其出租人订立之租约而有权…)" ❹与拉丁单词或短语连用,有多种意义

in abeyance 处于暂行搁置状态 如:①祖传土地无人继承时,所有权不知应归属何人,只能一切暂行搁置,待权利人出现后,再行依法处理;②原有法律、法规因特殊事故一时无法再继续实施,只能暂行中止适用,待情况变化,再行恢复。(⇨abeyance)

inability *n.* 能力的缺乏 如:①无实际能力,如缺乏体力或其他工作能力;②无合法资格,如破产的信托公司,不得再根据信托契约担当信托受托人的职务。

inability or no-right 无能力或无权利 依霍菲尔德[Hohfeld]对法律术语的分析,指无权利或法定能力去反对或阻止另一人行使特权的法律概念。因此,如一方有在他人土地上的通行权,则另一方无能力或无权利去阻止该权利的行使。与其相对的概念是有特权[privilege]或自由权[liberty]。

inability to bear (母亲)生育不能 未必因其无生育能力[impotency]。

inability to beget (父亲)生育不能 未必因其无生育能力[impotency]。

inability to pay 未支付 并非本身无偿债能力[not insolvency in itself]。

inability to testify 无作证能力 因精神上或身体上缺乏能力的原因而不能作证。

inability to work 无工作能力 用于劳工伤残赔偿事件,专指已无继续承担原来的通常工作的能力。

in absentia 〈拉〉缺乏;缺席

in absurdum 〈拉〉荒谬的;不合逻辑的(⇨Ducitur in absurdum.)

inaccessible *a.* 〈美〉无法传讯的 指证人的住所或所在地在法院所在州的境外者,应被认为"无法传讯"。但有些州的法律规定,对于"无法传讯"的证人,可免予传讯;至于是否构成"无法传讯"则应由初审法官自行决定。

inaction *n.* 无言语;无行动;不活动;不活跃(⇨estoppel by inaction)

in action ❶非在占有中的;能通过诉讼取得的 property in action, 即指一方对财产没有占有而只有通过诉讼才能取得或恢复占有的权利。(⇨chose in action) ❷在诉讼中的 a right in action 即指在诉讼中主张,而须待法院加以认定的权利。

inaction by Congress (= nonaction by Congress)

inactive account 不活跃账户 多年未发生存取款业务的银行储蓄账户。

inactive concert or participation 消极协助或参与 非当事人以其不法行为帮助和教唆某被告为禁令所禁止之行为;或在法律上被认定为有利于某被告,则该人同样是参与了上述被禁止的行为。

inactive trust 消极信托 受托人只具有信托财产的所有权而不能处理或向信托受益人要求分配该信托财产,此类信托用于为财产计划或纳税之原因而自信托委托人的产业中划出一部分特定财产,但今天的应用已很有限。

in actual use 在实际使用中 免除随身衣物进口关税法律中的一个术语。随身衣物指入境时身上所穿之衣物和在行李或行李箱内放着的将要穿的衣物。

inadequacy of plant 设施不健全 公共事业设施的一种状态。指由于事务增加而需用新设备取代旧设备,以更充分地满足服务的需要。

inadequacy of price 价格不充分 指在司法拍卖[judicial sale]的程序中所产生的价格，因其显著不足额，以致会使人受到震惊，并推断其中有欺诈、不公平和误解。

inadequate a.不适当的；不够格的；不能胜任的；不充分的

inadequate consideration 对价不相当 指相比于对方让与物品的价值，所付代价不等值或不充分。

inadequate damages 不足的损害赔偿金 指裁决给予原告的损害赔偿金数额过小，以致于和原告所遭受的损失无合理联系，或者不能充分公正地补偿原告所受损失。它表明案件审判中存在偏见、错误或其他情况，可以作为撤销陪审团裁断的根据。

inadequate price 不充分的价格 所售货物的对价不充分，或其出售价格与其内在价值完全不符。

inadequate remedy at law 普通法的救济方法不适当 依通例，凡依普通法能获得适当救济的案件，衡平法院概不受理。所谓救济的适当或不适当，不是指能否取得适当数额的损害赔偿，而是指能否取得其性质与特色适合于原告要求的救济方法，如对于某些情况，依普通法只能给予损害赔偿，而原告需要的则是防止性措施：禁制令[injunction]。

inadmissible a.❶不容许的；不能接受的 ❷(证据)不可采信的；不可采纳的

in adversum 未经对方同意；与对方意旨相反

inadvertence n.疏漏；疏忽 指由于粗心大意、漫不经心而未注意到。主要用于列举某一判决可能被撤销的理由的法律或规则中，包括如"错误"[mistake]、"疏忽"[inadvertence]、"意外"[surprise]或"可原谅的疏忽"[excusable neglect]等。

inaedificatio 〈拉〉〈罗马法〉建筑 指在他人的土地上用自己的材料、或在自己的土地上用他人的材料从事建筑行为。无论材料的来源如何，建成的建筑物都成为土地所有权人的财产。

In aedificiis lapis male positus non est removendus. 〈拉〉大厦已建成，虽误置一石，亦无法可移。

in aequali jure 〈拉〉权利平等；具有相等权利

In aequali jure melior est conditio possidentis. 〈拉〉权利相同时，占有者地位更优先。

in aequali manu 〈拉〉秉公持有 当双方当事人将有关文据[instrument]交由中立的第三人掌管以保持特定的状态时，可称之为为双方秉公持有。

in aequa manu 〈拉〉(= in aequali manu)

in aid of its jurisdiction 〈美〉为了其管辖权(的行使) 授权联邦法院得以指令中止在州法院进行的诉讼程序的用语。

inalienability n.〈美〉不可剥夺性；不可让渡性 若国会赋予某些分配给印第安部落的土地不可让渡的性质，那么就不能对这些土地进行征税，原因在于为了合理有效地限制土地转让，土地的不可征税性必须与不可让渡性并存。

inalienable a.不可分离的；不可分割的 因之不能转让、不可剥夺、不能流通，例如，人身自由、公路及河流等。

inalienable interests 不可转让的权益 不能买卖、交易的财产权。

inalienable rights 不可转让的权利；基本人权；天赋权利 未经权利所有人同意不得放弃或转让的权利，如自由权、财产所有权、宗教自由权、言论出版自由权、正当法律程序与法律平等保护权等。

in alieno solo 〈拉〉于他人土地上
in alio loco 〈拉〉于他处
in all likelihood 大概是；多半是
in all probability 大概可能；多半可能

In alta proditione nullus potest esse accessorius sed principalis solummodo. 〈拉〉犯叛国罪者无从犯，均为主犯。

In alternativis electio est debitoris. 〈拉〉两可时，由债务人选择之。 对于可以相互替代的债，如何清偿，债务人具有选择权。

In ambigua voce legis ea potius accipienda est significatio quae vitio caret, praesertim cum etiam voluntas legis ex hoc colligi possit. 〈拉〉法律表意不明或有歧义时，必须采用符合正义与公平原则的解释；立法原意如此时尤甚。

In ambiguis casibus semper praesumitur pro rege. 〈拉〉逢有疑义，终不免作了有利于王室之推定。

In ambiguis orationibus maxime sententia spectanda est ejus qui eas protulisset. 〈拉〉表意不明则应着重考虑表意人之意图。

in ambiguo 〈拉〉有疑义的

In ambiguo sermone non utrumque dicimus sed id duntaxat quod volumus. 〈拉〉不论表意所用言语有何歧义，均不可能表达双重意义，而只能表达一种欲表之意。

in amity 和平的；和睦的 "与美利坚合众国和睦相处"[in amity with the United States]通常用于有关印第安部落的国会法中，指不对美国及其公民、财产采取敌对行动。

in a motor vehicle 在车中 专指人与车的关系，如正在开车，或正在进入或离开车辆；它不限于正坐在司机或乘客的座位上。

in and on the body 〈美〉在身体的里面和上面 指控在流产或试图流产中使用器械的大陪审团起诉书[indictment]中的用语。

in an elevator 在电梯中 意外事故保险单中的一个条款或者人寿保险单中的双重赔偿条款。其承保风险包括由电梯运行造成的伤害或起因于电梯的伤害。如电梯掉入井底造成的事故，包括电梯的损坏，或者随后发生的准备乘坐电梯的旅客跌入井洞而造成的伤害等。

In Anglia non est interregnum. 〈拉〉英格兰王位永继。 国王去世时，其继承人自动登上王位。

in an intoxicated condition 处于醉态 即受酒类制品的麻醉。但应注意的是，醉酒的人属处于醉态，但处于醉态的人未必都是因为醉酒而引起。

in another state 在另一州(⇨arising in another state)

in any degree under the influence of intoxicating liquor 处于任何程度的醉酒状态

in aperta luce 〈拉〉公开地；光天化日之下；在白天
in apicibus juris 〈拉〉在法律的极端微妙理论中

in a public conveyance 在公共运输工具中(⇨in or on a public or passenger conveyance)

in arbitrio judicis 〈拉〉由法庭自由裁量；由法庭裁决
in arbitrium alieno 〈拉〉由另一人处置；按另一人意见办理
in arbitrium judicis 〈拉〉由法庭自由裁量；由法庭裁决
in arcta et salva custodia 〈拉〉处于严密安全的监护之下
in articulo 〈拉〉立即；即时；此时；当时
in articulo mortis 〈拉〉濒死时；临终时(⇨in extremis)

ination by Congress 〈美〉无国会立法 根据美国宪法商

业条款[commerce clause]的规定,对外贸和州际商务[foreign and interstate commerce]的政府管理权专属于美国国会,州无权直接干预,原因在于该领域本质具有全国性,必须规范,应由同一权力机关制定统一规定,使各州一致。假如国会不行使其立法权,国会的沉默即意味着宣布特定领域的州际商业免除政府规制,州无权进行干预,但如果某事项纯粹为地方事务,本质上适宜由州为地方需要而制定正当规范,即使其可能与州际商业有关,国会也尚无立法并不能认定该州立法侵犯了国会的专属立法权。

In atrocioribus delictis punitur affectus licet non sequatur effectus. 〈拉〉对一些严重犯罪,即使损害结果并未发生,也可以对犯罪意图加以惩罚。

inattentive peril 漫不经心的危险(▷last-clear-chance doctrine)

in auditu 〈拉〉在听审中

inauguration n. ❶就职;就职典礼 ❷落成典礼 ❸开始;开展

Inauguration Day 〈美〉❶总统就职日 当选总统与副总统的就职日,即1月20日。❷(州法定的)州长就职日

in auter droit (= in autre droit)

in autre droit 〈法〉代理他人行使权利;代表他人 如:遗产管理人、遗嘱执行人、受托人等参与诉讼都是"in autre droit"

in bad faith 恶意的 指故意或诈欺。(▷bad faith)

in banc 〈拉〉(= en banc)

in banco (= en banc)

in bank (= en banc)

in being 在世的;活着的 无论是关于继承遗产、遗赠,还是其他关于财产分配的制定法,英美两国都认为胎儿是在世的、活着的,并从出生前9个月起算。若胎儿死产或因早产而无法存活,则视其为从未受胎或出生。

in blank 空白的 用于票据中,指留有空白事项待以后填补之情形,如空白背书。(▷indorsement in blank;blank indorsement)

inblaura 土地出产物;土地收益 用于古代记录之中。

inboard ad.〈海商法〉在船内;在舷内 特指货物的装载。与"在船外,在舷外"[outboard]相对。

in body 亲自(▷in person)

in bona fide operation 〈美〉诚信营运 《联邦汽车运输公司法》[Federal Motor Carrier Act]中"祖父条款"[grandfather clause]的措词,由于该法通过之前即已进行的运输业务不受该法限制,故满足前述条件的运输业务必须是真实的而非伪造的,必须是合法的而非与州法相背的。

in bonis 〈拉〉❶在实际占有中 ❷在财产之中;在财物之中

in bonis defuncti 〈拉〉在死者的财物和产业中

in bonis, in terris, vel persona 〈拉〉在其财物、土地或其本人中

inborh 〈撒克逊〉个人动产担保 指不能提供保证人时,就以个人的动产作为担保,但不转移占有。(▷hypotheca)

inborow n.封邑[principalities]之间的城楼 常作监狱使用。

inborrow and outborrow 〈英〉出入境担保 13世纪财政署资料记载,邓巴伯爵以为来往于英格兰和苏格兰的人作保人为条件保有"Beneleghe"这一男爵爵位,实际上是一个边境官员。

inbound common 有明确分界但未用栅栏围起来的公地

In Britannia tertia pars bonorum decedentium ab intestato in opus ecclesiae et pauperum dispensanda est. 〈拉〉在不列颠,无遗嘱死亡人所遗留下动产[goods]的三分之一应按教堂和穷人的需要进行分配。

in bulk 整批;整个的

Inc. (= incorporated)

in cahoots ❶共享财产利益 ❷合伙 ❸通谋;共谋

in camera 〈拉〉❶在法官办公室 ❷在非公开法庭上;在无旁听者的法庭上 ❸(某一司法措施)在法院休庭期内采取的 在用于指法官的判决意见时,该词等同于 in chambers。

in camera inspection 私下审查;在法官办公室进行的审查 在某些情况下,案件承审法官可在其办公室里审查律师希望在法庭上使用的文件,以确定其是否具有可采性。

in camera proceedings 非公开程序 在法官办公室或其他非公开场所进行的程序。

incapable a. ❶无能力的 由于身体或心理上的原因或所受教育的不足,不能胜任某项工作。❷无资格的

incapable of being ascertained 不能被确实核定 指在陪审团或事实审理者[trier of the facts]缺乏指导其确定违约所致实际损害数额的规则时,可以根据契约中约定的违约赔偿金[liquidated damages]条款认定,其性质不同于罚金[penalty]。

incapacitated a.丧失行为能力的(▷incapacity)

incapacitated person 丧失行为能力之人 指任何由于心理疾病、心理缺陷、身体疾病或身体残疾、老龄、长期使用毒品、长期嗜酒或其他原因(未成年除外)而受到损伤,以致于缺乏足够的理解力或能力,不能作出或表达出有关自身责任的决定。

incapacity n.无能力;能力欠缺 指法律能力、身体能力或智慧能力[legal, physical, or intellectual capacity]等方面不充分,缺乏对某事或处理某事的能力、权力的状态,具体所指应依语境而定。其含义与"capacity"一词相反,与"disability"一词相同。(▷incompetency; mental incapacity; physical incapacity)

incapacity for work 无力工作 劳工赔偿法[workmen's compensation statutes]中的常用词语,不仅包括缺乏工作的生理能力,也包括缺乏工作机会和由于受伤而丧失了挣钱的能力。

incapacity of physician 身体能力不充分 为能力明显不充分[manifest incapacity]的一种。(▷manifest incapacity)

incapacity to defend 〈刑法〉无辩护能力 用以指未成年人和精神病人自己无辩护能力。

incapacity to sue 无起诉资格;无诉讼能力 用以指由于未成年[infancy]、无行为能力[incompetency]、未经授权[lack of authority]等原因而使原告提起的诉讼不能成立。

incapax 无犯罪能力(▷doli incapax)

in capita 〈拉〉按人头;每人 例如:a challenge in capita 指请求某一陪审员回避,与请求全体陪审员回避[challenge to the array]相对。

in capite 〈拉〉〈古〉主要的;总的 指一种保有方式,即某人直接从国王处领受土地。(▷tenure in capite)

incarcerate v.关押;监禁

incarceration n.关押;监禁(▷imprisonment)

in case 如果

in case of need 在需要的情况下;如果需要

incastellare 建造建筑物作城堡之用

in casu consimili 〈拉〉在相似的案件中；在相似的情况下

In casu extremae necessitatis omnia sunt communia. 〈拉〉凡遇亟需，万物皆共有。

in casu proviso 〈拉〉在所定情况下

in causa 〈拉〉〈苏格兰〉在案件中；在诉讼中　即 in the cause,以别于"诉讼开始"[in initialibus]。

incautacion 〈西〉剥夺财产　类似通过惩罚没收财产,及对被废黜国王财产的剥夺。被剥夺或没收的财产,均不予归还。

Incaute factum pro non facto habetur. 〈拉〉非有意而为之事常被视若未为。

incautious a.不谨慎的；粗心大意的；考虑未周的

incendiary a. ❶引起燃烧的　❷纵火的
　n. ❶引起燃烧的物品　❷纵火犯　即故意燃烧他人财物的人。

incendi crimen 〈拉〉纵火罪

Incendit et combussit. 〈拉〉他纵火并烧毁。

Incendium aere alieno non exuit debitorem. 〈拉〉火灾不能使债务人免除债务。

incense n.焚香　在圣餐之前焚香是非法的。

incentive compensation 奖励性报酬　对公司高级职员和雇员的奖金与利润分享计划。

incentive pay plan 奖励性工资计划　指生产率增长超过一定标准或基础时,工资即随之增长以激励工人生产积极性的计划。

incentive stock option 奖励性认股权　公司给予公司雇员的在特定时间内以优惠价格购买本公司股票的特权。通常,在股票对外出售前不必纳税。

inception n.开始；发端　该词可指契约、遗嘱、票据、抵押[mortgage]、留置[lien]等开始生效,又可指案件或诉讼的开始。该词不指实际存在的状态,而指条件成熟,情况可由此得以发展。

inception of lien 留置权的开始　尤指基于判决或执行令状的留置权的开始。

inception of risk 承保风险的开始　保险合同缔结后,保险单所承保的风险即开始。

inception of title doctrine 所有权开始说　夫妻共有财产法[community-property law]的原则,指夫妻财产的区分单独所有或共有应始于配偶财产[spouse's title]开始取得时。

incertae personae 〈拉〉不确定的人　指死后才能确定或出现的继承人,如遗腹子、某些穷苦人、公司或法人团体,须待遗嘱执行后才能确定。

incertainty n.不肯定；不确定性　它与确定性[certainty]都用于令状和诉状中,有时也用于契约中。(⇨uncertainty)

Incerta pro nullis habentur. 〈拉〉不确定之物视为无物。

Incerta quantitas vitiat actum. 〈拉〉数量不确定,行为无效。

incest n.乱伦；血亲相奸；近亲性交；犯乱伦罪　法律禁止通婚的异性血亲之间的性行为。

incestuosi 〈拉〉因乱伦所生子女

incestuous adultery 乱伦通奸　构成该罪的因素是已婚的被告同自己的禁婚亲发生性关系。

incestuous bastards 因乱伦所生子女

incestuous marriage 血亲婚姻；乱伦婚姻　法定禁婚亲之间缔结的婚姻。

inch n. ❶英寸　等于 1/12 英尺或 2.540 厘米。也等于旧时长度单位 barleycorn 的 3 倍。　❷面积和体积的测量单位,可表示平方寸和立方寸(⇨inch of water; miner's inch)

in chambers 在法官办公室　chamber 一般是指邻近法庭的房间,供法官在休庭时办公,它也可以是休庭时法官进行司法行为的地点。因此,当在休庭期间,法官采取了某一司法行为,就被说成是"在办公室"活动,而不管该行为是在法官办公室、图书馆、家中或其他场所实施的。(⇨chamber(s); in camera)

in charge of 负责看护；掌管；看管或经营；指导(⇨guardian; ward)

in charge of motor vehicle 控制机动车辆(⇨in control of a motor vehicle)

inchartare 〈拉〉书面授权

in chief 主要的；原始的；直接获得　用于修饰证据时,指提供证人的一方在法庭上通过直接询问证人而获得的证据；用于修饰土地保有权时,tenure in chief 指直接从国王那里获得的保有权。

Inchmaree Clause 殷琪玛瑞条款　船舶保险单中确定承保风险的一个条款。该条款承保的风险主要是与船舶经营运输有关的人为的意外事故,包括(a)、(b)两款的风险:(a)款承保船舶由于下列原因产生的灭失或损坏:①装卸、搬运货物或燃料过程中的事故;②船上或其他地方的爆炸;③核装置或反应堆所发生的故障或事故;④锅炉爆炸,转轴断裂和其他机器或船体任何的潜在缺陷;⑤船长、船员和引水人员的疏忽;⑥非被保险人的修理人员的疏忽;(b)款承保由于被保险船舶与其他物体的碰撞和自然灾害所引起的船舶灭失和损坏。上述灭失或损坏如系由于船舶所有人或管理人本人因缺乏应有的勤勉谨慎所造成,被保险人不得依据本条款索赔。

inchoate a.才开始的；不完全的；不成熟的；尚未完成的；尚未生效的；期待的；(合同)各方尚未全部履行的

inchoate battery 未遂的殴击　即企图伤害[assault]。

inchoate crimes 不完整罪　即未达到刑法条文要求的完整程度的犯罪行为,包括未遂[attempt]、共谋[conspiracy]、教唆[solicitation]三种情况。

inchoate curtesy 初始鳏夫产；亡妻遗产享有权　类似于"亡夫遗产享有权"[inchoate dower],指妻子存活时,丈夫对其妻在婚姻期间因继承而取得的土地所享有的一种将来的权利,如丈夫后于其妻死亡,则亡妻的土地将由丈夫享有终身地产权[life estate]。

inchoate dower 初始寡妇产；亡夫遗产享有权　丈夫生存期间妻子对于他所有的土地所享有的一种将来的权利。这种权利在丈夫死后即成为寡妇的继承遗产权[right of dower]。它不是基于合同而是基于法律,且不能由丈夫单方转让,但妻子若同意放弃,则此权利可以丧失。(= dower inchoate; inchoate right of dower)(⇨dower)

inchoate instrument 法律手续未完全的文件　依法律规定必须核准登记或呈报备案的文件,在其法律手续未完全即未经过法定登记或备案程序时,只能在当事人、利害关系人或知情人之间有效。

inchoate interest 期待权益　指不动产中,现在可以确定而将来可以实现的权益；若不被禁止、取消或剥夺[barred, extinguished, or divested],则将来可成为既定的地产权[vested estate]。

inchoate lien 不确定担保权；不确定留置权　指判决留置权[judgment lien],一旦其赖以产生的判决被撤销或者重审的动议得到准许,则该留置权失效。

inchoate offense (= anticipatory offense)
inchoate right 期待权 在专利法中，指发明人在其申请待决[pending]时就其发明所享有之权利；待发给专利证书时即成为财产权[property]。
inchoate right of dower (= inchoate dower)
inch of candle 寸烛式出卖 商人间曾采用的一种出卖方式，将待出卖货物分成若干份，在出卖时，点燃约一寸长的蜡烛，蜡烛燃烧完毕时的最后竞买人即获得他所竞买的一份。(⇨auction by inch of candle)
inch of water 降水量测量单位 在某些司法管辖区域，指从习惯或法律规定的标准蓄水高度垂直注入一平方寸小孔里的降水量。
incidence of tax 税收负担的归宿 也就是支付税款的负担如何最终转移。已支付税款的人通过直接或间接的方式可向他人收取该款项而使该负担最终移至他人。
incident n. ❶事件；事变 ❷附带事物；附属权利（或义务）；附带条件；附属物
incidental a. 附带的；伴随的；从属的；非主要的；偶然连带发生的
n. 附带事件；伴随事件；从属事件；次要的事；偶然连带发生的事
incidental admissions 意外承认 因其他关系或涉及对其他事实的承认而作的承认。
incidental authority 不言而喻的授权(⇨implied authority)
incidental beneficiary 附带受益人 通常有许多人因契约的执行而受益，"附带受益人"用来指那些可能受益、但却并非出于契约各方当事人的本意使其受益的人，因此他们不能请求契约的执行，如财产授予人[settlor]不表明授予某人受益权的意图，则尽管某人可能会因信托的执行而附带受益，他也非信托受益人。
incidental damages 附带发生的损害(⇨damages)
incidental fees 附带费用；杂费 学生会会费、注册费[matriculation fee]、医疗费、实验费、运动费等国立大学征收的费用；根据宪法或法律规定，学费是可以免缴的。
incidental jurisdiction (= ancillary jurisdiction)
incidental power 附属权力；相关权力 在执行某一经特殊授权的权力时适宜于同时行使的与之直接并紧密相关的权力。(⇨implied authority)
incidental proceeding 附属程序(⇨ancillary proceeding)
incidental relief 附带救济 由衡平法院给予的超出原告诉状中明确要求的救济之外的救济。
incidental rights (= appurtenant rights)
incidental third-party beneficiary (= incidental beneficiary)
incidental to employment 工作中的 在美国《劳工赔偿法》[Worker's Compensation Act]中，若某种危险属于或与工人的工作相关，则为"工作中的"危险，并不以发生在雇主场所者为限；其责任或权力与工作相关者亦同，为"工作中的"职责或职权。
incidental use 附带使用 ①对公路的使用非出于交通或运输目的，而是为了有助于公共便利或更好地使用公路，或是出于运用特殊工具或运输方式进行交通或运输的目的，但该特殊工具和运输方式与公路的主要目的或惯常使用方式并不相背；②分区法[zoning law]中一常用术语，指依附于或与基本或主要使用相关的使用。
incident and appurtenant 附带与附属物 用以指在移转土地[conveyance of land]时虽未指明，但仍应随土地移转之物。

incident of ownership 所有权的附属权利 人寿保险单中规定由被保险人享有或控制的一项权利。此权利的保有将导致保险金在被保险人死亡时计入遗产总额，并被征收遗产税。
incident to arrest 附属于逮捕的 若在执行逮捕时要附带进行搜查，则搜查应与逮捕实际上同时并限于在逮捕的附近地区进行。(⇨search incident to arrest)
incident to employment (= incidental to employment)
incidere 〈拉〉(罗马法)(英格兰古法)发生；陷于；爆发；进攻；袭击；易于…
Incidit in Scyllam evitare Charybdin. 〈拉〉他为避开卡律布狄斯漩涡而撞上了锡拉岩礁。 当律师努力证明其当事人就一项罪行是无辜时，却表明就另一罪行他是有罪的。
incinerator n. 焚化炉 用于焚化居民的垃圾和废弃物。
incipitur 〈拉〉诉讼开端 在普通法诉讼中，只提交了诉状，但尚未在诉讼争点卷宗[issue-roll]中作详尽记录的状态。
incite v. 激惹；劝说；煽动；诱发；怂恿；促使 总的来讲，该词类似于刑法中的"教唆"[abet]。
incitement n. 刺激；煽动；激励(⇨incite)
incitement to disaffection 〈英〉煽动(军人)背叛罪 1934年《煽动(军人)背叛法》[Incitement to Disaffection Act]规定制止和惩罚企图诱使军队成员放弃职责或忠诚；在军队成员间以此目的散发传单属于犯罪；在某些案件中可签发搜查令。经刑事起诉，其刑罚可为2年监禁或200英镑以下的罚金；经简易程序作出有罪判决[summary conviction]，其刑罚为四个月监禁或20英镑以下的罚金，或并处监禁及罚金。
incitement to riot 煽动暴乱 利用言词、行动或其他方法鼓动或教唆他人暴力反抗合法当局或对他人的人身或财产造成明显实在的损害危险或为其他扰乱社会公共治安的行为。仅仅口头或书面上的思想煽动并不构成本罪。如果骚乱果真发生，尽管煽动者不在场，也以暴乱罪论处。
inciter n. 教唆犯；帮助犯
inciting fraudulent litigation 煽动欺诈性诉讼 故意妨碍司法的一种形式。
incivile 〈拉〉不公正的；不适合的；不正当的；专制的；不合法定程序的
Incivile est, nisi tota lege prospecta, una aliqua particula ejus proposita, judicare vel respondere. 〈拉〉不综观法律全文而仅断章取义地作出判决或提出建议，则有失妥当。
Incivile est, nisi tota sententia inspecta, de aliqua parte judicare. 〈拉〉对判决的一部分妄加评论而不作整体研究，有失妥当。
In civilibus ministerium excusat, in criminalibus non item. 〈拉〉民事事件许有代理人；刑事事件则不许。 指在民事事件中，代理人到场则当事人可以不到场；而在刑事事件中，代理人到场时，一般并不能使当事人免于到场的义务。
incivility n. 粗鲁；无礼 可成为离婚的理由。
incivism n. 无公民心；无视公民义务；无爱国心
In claris non est locus conjecturis. 〈拉〉对显而易见的事情，没有进行猜测的余地。
inclausa 〈拉〉(房屋周围的)圈地 用于古代记录中。
in clientelam recipere 〈拉〉加以保护；加以庇护

inclination n. 倾斜 墙向邻屋的倾斜或倚靠相关侵权行为。

inclose v. ❶围住;圈起;用…围起来 ❷(随函)封入(= enclose)

inclosed land 圈围地 指用篱笆、围栏、沟、墙等圈围起来,以与他人财产相区别的土地,并不一定能防止牲口的出入。

inclosure n. ❶(用以圈围土地的)篱笆、栅栏、沟;墙 ❷圈围 指为耕作等目的,以篱笆、栅栏、沟、墙等圈围土地,从而消除了该场地上的公用权。❸圈围地 ❹(随函)封入的信件或纸张;附寄品

Inclosure Acts 〈英〉《圈地法》

Inclosure Commission Act of 1845 〈英〉《1845年圈地委员会法》

include v. 包括;包含 拉丁语为"inclaudere"。可有两重意义:①有"限制"及"举例"或"列举"性质,说明前词原有的内涵;②有"增补"及"扩大"的作用,兼及前词未有的内容。应依上下文确定其具体含义。

included offense (刑法)包含在内的罪行(⇨lesser included offense)

inclusionary approach 包括法;包含法 据包括法,关于先前犯罪、不法行为或其他行为的证据,只要和审判中争论的问题有关,并可满足"已足证明–尚属偏颇"[probative-prejudice]之间需进一步检验的要求,即可为证明被告人的犯罪倾向之外的任何目的而被提出,以供采纳。

Inclusio unius est exclusio alterius. 〈拉〉纳入一物则排除另一物。 对某一人的特别指定[designation]即是对所有其他人的绝对排除。该原则规定当法律明确阐述其应该适用的特定情况时,必须得出其他情况是有意加以排除的这一不可辩驳的推论。

inclusive a. 包括的;包含的;相容的 与"排他的"[exclusive]相对。

inclusive deed 相容性契约(⇨inclusive grant)

inclusive grant 相容性转让 用于财产转让[conveyance]时未排除转让人[grantor]保有之英亩数的契据[deed]中。

inclusive survey 包含性勘测 在土地法中,指估征土地税时,将包含于界线内的若干优先请求权[prior claims]一并考虑在内,而该原和地界内面积计算无关,亦不在土地转让[grant]的范围内。(⇨cadastral survey)

incognito a. 隐匿姓名的;隐匿身份的

incola 〈拉〉(罗马法)居民 严格说来,其正式住所已迁至任何国家。即指外国居民,不享有完整的公民权。

incolae territorii 〈拉〉域内居民

Incolas domicilium facit. 〈拉〉居所产生住所。

income n. 收入;收益;所得;进款 财产、劳务、营业、资本投资上的收益。通常指纯收入[net income],而非总收入[gross income]。(⇨gross income;net income)

income and revenues 收入及税收 有自主征税权的行政分区动员其征税力量通过税务征收管理渠道征收的财政收入,包括一切可征收的滞纳税款。

income averaging 〈美〉收入平均法 一种计征个人所得税的选择方法,它允许纳税人将当年的高收入与前三年的收入相平均后再计税。1986年的税收改革法[Tax Reform Act]取消了这一作法。

income basis 收益基础 在计算证券的收益率时,所得股息或利息与为购入证券实际支付的价格而非证券票面价格之比。

income bearing 带来收入的;可产生收入的

income beneficiary 收入受益人 有权利从财产中获取收益的当事人,一个典型的例子是信托:甲有权终身收取一定本金或资本的收益,在其死亡时则将本金及收益合并转于乙。在这个例子中,甲是信托的收入受益人。(= immediate trust beneficiary)

income bond 收益债券 指只有在公司有收益,并且在支付了所有抵押借款利息之后还有盈余时才能支付利息的一种债券。有时,这种收益债券的未付利息可以累积起来,作为在债券到期时对该公司的债权。发行这种收益债券也用来代替优先股。(⇨bond)

income excise tax 所得税(⇨income tax)

income exclusions 免税收入 不必缴纳国家税收的收入项目。例如:自政府债券所得利息,因受赠或继承所得金钱或财产。

income execution 就其应收款执行 指一种扣押程序,即根据判决从债务人的应收款中收到判决确定的、应给付的款项。(⇨garnishment)

income in respect of decedent/I.R.D. 与死者有关的收入;死者的所得 死者在死亡时所得的,但由于计税方法上的原因未能在最后的所得税申报表中申报的收入。该收入应计入死者的全部财产总额[gross estate]里,其最终的接受者将承担由此产生的缴税义务,但同时该接受者亦得因缴纳此税而在自身的所得税上获得减免。

income property 收益性财产 指可以带来收入的财产,如可收租金的财产。

income, rents, and profits 收入、租金和利润 用于遗嘱、契约或信托文件中的术语,指净收益。

income security 收入保障 保持人民收入水平的政府计划,包括社会保险、政府津贴、失业救济、福利救济、食品补贴、残疾补助和能源帮助。老年保健医疗和医疗补助则归类于健康计划。

income shifting 收入转移 纳税人将钱转移给一位或多位家庭成员,以减轻其纳税义务。美国1986年的《税收改革法》[Tax Reform Act]按如下规则限制了收入转移,即对14岁以下的孩子的非劳动所得的收入(利息和分红)以父母亲的最高税率加以课税。(⇨kiddie tax)

income splitting 所得分计 指申报所得税时,夫妻分别计。(⇨joint tax return)

income statement 收益表;损益表 反映企业在一定时期盈利能力的财务报表。它通过记录一定时期内的销售收入和销货成本计算净收益或是净损失。亦称作"statement of income"、"profit-and-loss statement"、"earnings report"。

income tax 所得税 对年度收入、毛利或净利所课征的税。按课征的对象不同,可分为公司所得税和个人所得税。美国联邦政府和某些州政府都可能对个人、公司或其他应纳税单位征收所得税。

income tax deficiency 〈美〉所得税缴纳不足 纳税人未能就收入缴纳足够的税款,尽管缺少所得税调查委员[commissioner]或其代理人的最终裁定。

income tax return 〈美〉所得税申报表 联邦或州税务当局要求纳税人填写的纳税申报表,应填入为计算税款所必需的所有项目的收入并自行算出应缴税金。

in commendam 〈法〉托管(⇨commenda)

in commerce 〈美〉在商业上 通常指州际贸易。

in commerce test 〈美〉在商业中的审查 根据《谢尔曼法》[Sherman Act]规定,如果被指控的行为发生在商业流通中,或者虽属地方性行为却影响了州际商业的,可以授予司法管辖权对其进行审查。据此,对于某种行为是否影响了州际商业,取决于性质上的标准,即使非实质性的

活动,如果符合了司法管辖的条件,亦可构成。

In commodato haec pactio, ne dolus praestetur, rata non est. 〈拉〉(罗马法)在使用借贷中,关于"诈欺免责"的约定为无效。

Incommodum non solvit argumentum. 〈拉〉不便并不解决争议。 即:不能因为有困难或麻烦而认为争议已经解决。

in common ❶公用;共有;共享(⇨condominium) ❷共用地(⇨estate in common)

in communi 〈拉〉(= in common)

incommunicado 〈西〉❶无法交谈的;无交流途径的。 ❷(犯人)被禁止与外界接触的;只有权与少数特定人员交流的(如监管负责人或犯罪侦查人员)

incommunication 〈西〉禁止交谈 犯人在监禁期间被禁止与来访者见面或交谈。除非因某些严重犯罪,法官作出明确命令,否则被告人不应受此种限制,且持续时间不能超过合理需要。其目的是为防止被告人事先知道证人的证言,或试图贿赂证人,共同密谋消除其犯罪痕迹。一旦这种危险消除,该限制也应随即停止。

incommutable *a*.不可转换的(⇨commutation)

incompatibility *n*.不能相容 指缺乏共存或共同生活的能力。夫妻二人在个人性格和气质等方面不能相容,使正常的婚姻关系不能继续。在美国某些州的法律中,这构成无过错离婚的基础。

incompatible *a*.不能相容的(⇨incompatibility)

incompatible offices 互不相容的职位;不能同时担任的公职 不能由一人同时担任的公职[public offices]。两个各具责任和功能的职务,履行其中之一的职责必将干扰另一职务职责的履行,以致于不可能同等忠实、公正地履行该二职务的职责。

incompatible things 不能相容的事物 指事物不能同时同地互不干扰地共同存在。

incompetence (= incompetency)

incompetency *n*.❶无能力;不胜任;不称职;不合适 ❷无行为能力;法律上无资格 尤指缺乏作证或接受审判的法律资格。

incompetency proceeding 〈美〉认定资格(或能力)程序 为确认某人是否具有相应的资格或能力而进行的程序。其目的在于确认本州能否对其人身或财产行使管辖权,或者仅为公示此种状况。

incompetent *a*.❶(证人)无作证资格的;无作证能力的 ❷(证据)不可采信的

incompetent evidence 不合格的证据;不可采信的证据 根据已有的证据规则不具有可采性的证据。(⇨hearsay; inadmissible)

incompetent, irrelevant, and immaterial 无适格性、无相关性、无实质性 这是对证据可采性提出的非常概括的反对理由。通常单独提出时会因缺乏具体根据或理由而被认为不充分。

incompetent person 能力缺乏之人;欠缺行为能力者 指缺乏体能或智能之人。法律上,通常指心智不健全者或弱智者,缺乏缔结契约或参与商业交易的智力之人;有时兼指法律上无行为能力之人,包括未成年人及精神病人。

incompetent to stand trial 无受审资格 用以描述被告人在接受审判时而不是在犯罪时的智力状态。因此,它不能成为对指控进行辩护的理由。法官有责任确定被告人是否对指控和程序具有合理的理解力,是否有能力与其律师商讨。如发现被告人无资格,则要将其送入精神病

医院进行短期治疗。如其恢复正常,则继续对其进行审判。如需延长治疗时间,则要采取民事拘禁程序[civil commitment proceedings]。

incomplete dedication 不完全土地捐献 带有瑕疵的法定土地捐献,或作此项法定捐献的无效努力,在被公众接受或第三人据此获得权利后,不容否认其效力。

incomplete gift 不完全赠与(⇨imperfect gift)

incomplete instrument 不完整票据;不完全票据 因缺乏必要的内容或格式而不能成为票据。

incomplete possession 不完全占有 从字面上讲,指非对整体的占有或缺乏完全控制的占有。从法律上讲,指与另一请求权人存在争议或将产生争议的占有。

incomplete transfer 〈美〉不完全转让 死者生前进行的财产转让。按照联邦死亡税[death tax]的规定,如转让人对转让财产仍拥有特定的控制或享用的权利,则这种转让是不完全的,由此转让的财产的部分或全部将依其公平市场价值[fair market value]被计入转让人的总财产[gross estate]之中,作为税基的一部分而被征税。

incomplete trust 不完全信托(⇨executory trust)

inconclusive *a*.非结局性的;非决定性的 指证据尚有被驳斥或否定的可能性,并不产生结论或确定的结果。

in confidence 于信任关系中的;秘密的并需要保密的

in confinio comitatus 〈拉〉在郡界之内

in confusum 〈拉〉财产合并(⇨mittere in confusum)

in conjunction with 与…关连;与…协力

In conjunctivis oportet utramque partem esse veram. 〈拉〉协力者必须同心。或:共事者必须协力。

In conjunctivis oportet utrumque, in disjunctivis sufficit alteram partem esse veram. 〈拉〉以联言命题为条件时,各项均需实现,方能使条件满足;以选言命题为条件时,其中有一项实现,即可使条件满足。

in consequence of 因为;由于…的缘故

in consequence of intoxication 因为醉酒的缘故 酒店[dramshop]法或民事损害法中的条款,意即醉酒是造成损害的近因[proximate cause],或至少是促成原因[contributory cause]。

inconsequential error 无关紧要的错误 审判中发生的不违反公正原则,不侵犯当事人实体权利的错误。

in consideratione ejus 〈拉〉在他看来[in his sight or view]

in consideratione inde 〈拉〉基于此

in consideratione legis 〈拉〉❶根据法律;由于法律 ❷处于归属待定状态(⇨abeyance)

in consideratione praemissorum 〈拉〉鉴于上述各点

in consimili casu 〈拉〉相似案件(⇨consimili casu)

In consimili casu, consimile debet esse remedium. 〈拉〉案件相似,救济措施也应相似。

inconsistency *n*.❶互相矛盾 指自相矛盾的行为或言论。❷不一致 指不一致或不相协调的事物或行为。

inconsistent *a*.矛盾的;不一致的;不协调的

inconsistent counts 前后不一致的诉讼理由

inconsistent defenses 前后不一致的答辩理由 指此一答辩理由与彼一答辩理由相互矛盾或相互不能印证,若其中一项成立,另一项则不能成立,如被控犯谋杀罪的被告人辩称自己是出于自卫,同时又称自己在杀害行为发生时不在犯罪现场。

inconsistent offices 相冲突的职位(⇨incompatible offices)

inconsistent pleading 前后不一的诉答(⇨inconsistent

counts; inconsistent defenses)

inconsistent position 前后不一致的态度 一方当事人在诉讼中前后持相反态度。这构成一种不容否认的事实[estoppel in pais]，即他知道，或被认为应知道，自己前后态度不同的事实会使他人因他这种态度的改变而受到损害。

inconsistent remedies 相互矛盾的救济措施 指可供诉讼当事人选择的多种救济措施，但相互矛盾，如选择此一种则必须放弃另一种。实际上，并非救济措施本身有矛盾，而是作为某一特定救济措施基础的事实状态与作为另一特定救济措施基础的事实状态之间存在不一致。

inconsistent statement 不一致的陈述（⇨prior inconsistent statements）

inconsistent things 相互矛盾的事物

inconsistent verdict 自相矛盾的裁断 例如，在指控共谋犯罪的案件中，陪审团裁断认定被告人之一有罪，而另一被告人则被无罪释放。

in conspectu ejus 〈拉〉在他看来

In consuetudinibus, non diuturnitas temporis sed soliditas rationis est consideranda. 〈拉〉惯例与习俗，应更多地考虑其形成原因与合理性而非其存在时间之长短。

inconsulto 〈拉〉（罗马法）未经征集意见的；非经考虑的；非故意的

in contemplation of bankruptcy 打算破产；计划破产；破产之际（⇨contemplation of bankruptcy）

in contemplation of death 死亡之际；在接近死亡的情况下 在美国联邦财产税中，死者死亡前3年之内［within three years of the decedent's death］从事的财产转让被认为是在其死亡之际所为，该财产属应税财产。（⇨contemplation of death）

in contemplation of insolvency 支付不能之际（⇨contemplation of insolvency）

in contempt 藐视法庭 指在已犯藐视法庭罪，而尚未经惩罚，亦未向法院道歉而获宽恕的状态。

incontestability clause 不可抗辩条款 人寿或医疗保险合同中的一个条款；如果保险合同生效达一定期限，例如两年或三年，则保险人不能再就投保单中被保险人陈述的真实性提出抗辩；如果是医疗保险，该条款还要求如果未能在保险合同生效日期之前把保留条款明确地列入保单，则保险人不能否认或减少任何索赔请求。亦称作"noncontestability clause"或"noncontestable clause"。

incontestability provision 不可抗辩条款（⇨incontestability clause）

incontestable clause 不可抗辩条款（⇨incontestability clause）

incontinence n.无节制（尤指性行为）；荒淫

incontinenti 〈拉〉立即；马上 有时写作 in continenti。

In contractibus, benigna, in testamentis, benignior, in restitutionibus, benignissima interpretatio facienda est. 〈拉〉契约之解释应周详、大度，既不受拘束亦排除偏见；遗嘱之解释更应如此；有关回复原状之解释则尤应如此。

In contractibus, rei veritas potius quam scriptura perspici debet. 〈拉〉对于契约，应着重探究有关事实之真相而不应拘泥于文字。

In contractibus, tacite insunt quae sunt moris et consuetudinis. 〈拉〉一切契约，毋庸明言，包括惯例与习俗在内。

In contrahenda venditione, ambiguum pactum contra venditorem interpretandum est. 〈拉〉对于买卖契约中有疑义之约款应作不利于出卖人之解释。

in control of a motor vehicle 控制机动车辆 指利用机动车辆自动力，或在其被另一车辆推拉时，对机动车辆的控制。（⇨in charge of motor vehicle）

inconvenience n.不方便；不平静；麻烦；打扰 作为常规，解释制定法应避免产生不方便。若适用于公众时，指对重要的公共利益的牺牲或危害，对政府立法活动、公共事务处理的妨碍；若适用于个人时，指造成严重困难或不公正待遇。

inconvenience of legal remedy 法律救济的麻烦 向法院寻求救济引起的令人愤怒、烦恼或尴尬之结果。

inconveniences of trial 审判的不方便 用以指审判中遇到的困难与负担，如接送证人、录取书面证词、运送书籍或文件、雇用当地律师、当事人所花费的时间、外国法律证明的必要性以及在另一辖区进行审判的必要性与可能性等。

inconvenient forum 〈美〉非方便法院地说 是美国法中确立法院管辖权的一项制度。一案件可有其他管辖法院时，如果受理法院认定本法院地对任何一当事人来说是一个不公平或十分不便的地点，而另有更为方便的地点可作为法院地，该法院可经成熟考虑后拒绝行使管辖权，而让当事人向更为方便和公平的地点的法院起诉。（⇨forum non conveniens）

inconvenienti 〈拉〉困难；不便（⇨ab inconvenienti）

In conventionibus contrahentium voluntas potius quam verba spectari placuit. 〈拉〉协议的解释，应追求双方当事人的真意而非仅拘泥于文字。

incopolitus 〈拉〉❶训导员；监督人[proctor] 在某些案件中，负责监视诉讼当事人，不使有串供等情事发生的官吏。❷教区牧师；教区主教的代表[vicar]

Incorporalia bello non adquiruntur. 〈拉〉无形财物不能在战争中获得。

incorporalis 〈拉〉(= incorporeal)

incorporamus 〈拉〉吾等组成公司 英王颁发的公司特许状中的正式用语。

incorporate v.结合；组合；使组成公司；收编

incorporated a.合并组成的 合并组成的组织不仅包括严格依照法律规定成立的法人组织，甚至包括一切凡属合法的组织。

incorporated company 法人公司；股份公司 区别于慈善性、宗教性、文学性或会员性社团的营利性组织。

Incorporated Council of Law Reporting for England and Wales 〈英〉英格兰及威尔士判例报告委员会 1865年设立，以出版英格兰和威尔士高级法院的主要判例为目的。其判例报告取代了那些私人所作的判例报告，准确而按期地为人们引证提供了来源。其范围包括上议院、枢密院、上诉法院、高等法院各庭等的判决书，所据文本均经法官审校过。此外，苏格兰和爱尔兰亦各有其独立的判例报告委员会。

Incorporated Dental Society 〈英〉公司制牙医协会 创始于1892年，最初是未注册牙医执业者协会，1911年3月组成为保证有限公司。在1921年7月28日之前，其合法成员需具备的条件是：①品格良好；②跟随已注册或未注册的牙医作学徒不少于4年，个人行医不少于1年；③通过协会规定的考试。

Incorporated Law Society 〈英〉特许成立的事务律师协会 预备律师公会[Inns of Chancery]衰落之后兴起的一种律

师组织,其职能是执行有关见习律师[articled clerk]的议会法令及法院命令;保管律师名单;按时为被接纳入会者发放证书;对开业律师行使监察权,及向法官提交有关渎职案件等。(⇨Law Society)

incorporated territory 〈美〉❶合并领土;合并区域 并入美国的领土。❷并入某市的地区或以后并入的地区

incorporating state 〈美〉合并州

incorporation n.❶法人设立 指组建法律实体,如单一法人、集体法人或政治实体的行为、程序。❷法人;公司 ❸并合 使一物并入另一物从而使之成为一物,如,将在先的文件并入遗嘱而使之成为遗嘱的一部分。❹原建筑物的附加或增建 ❺并入说 一种国际法学说,认为国际法只有根据国内法规定或吸收才能成为一国法律的一部分。❻(罗马法)两块土地的合并 ❼〈美〉(宪法)合并(⇨incorporation doctrine)

incorporation by reference 参引合并 指在制定法律时,用参引的方式而并非以明示包含或重复的方式将原法律中的章节或更大部分并入后来的法律。

incorporation controversy 〈美〉合并争议 就美国宪法第十四条修正案将《权利法案》并入州的程度引发的争议。美国最高法院传统做法一直认定美国宪法第十四条修正案的正当法律程序条款仅将《权利法案》的部分权利并入州,此种做法由大法官本杰明·卡多佐[Benjamin Cardozo]明确阐述和倡导,被称之为选择性合并[selective incorporation]方法;1947年在亚当斯诉加利福尼亚案[Adamson v. California]中大法官雨果·布莱克[Hugo Black]首倡全部合并[total incorporation]法,主张美国宪法第十四条修正案要求州尊重《权利法案》所规定的所有权利,将《权利法案》全部并入州。尽管此观点未据主导地位,但美国最高法院已推翻了先前诸多例,将《权利法案》绝大多数规定适用于州。

incorporation doctrine 〈美〉合并原则 通过美国宪法第十四条修正案,将最初仅对联邦政府权力有约束力的《权利法案》[Bill of Rights]的多数规定,同样扩展适用于州政府的宪法原则。直到19世纪初期,美国法院一直将《权利法案》适用于联邦政府。此种观点在19世纪中受到质疑。而在合并进程中起关键作用的则是1868年获批准的美国宪法第十四条修正案,该修正案规定非经正当法律程序[due process of law]任何州不得剥夺公民的生命、自由或财产。自1897年起,美国最高法院通过各类判决意见,已将除下列规定外《权利法案》所有权利并入州:①第二条修正案的携带武器的权利[right to bear arms];②第三条修正案的禁止驻扎士兵[prohibition of quartering soldiers];③第五条修正案的由大陪审团起诉的权利[right to grand-jury indictment];④第七条修正案的民事案件受陪审团审判的权利[right to a jury trial];⑤第八条修正案的禁止科处过高保释金和罚金[prohibition of excessive bail and fines]。

incorporation fees 〈美〉成立费用 宪法或许多州法规定的为取得法人资格所必须交纳的费用。

incorporation under general laws 按照一般法律组建的公司 组建公司的通常方法,要求依法成立并依法行使法律赋予的权力。

incorporator n.公司创办人 创办公司的人,包括所有在组建公司的文件上签字的人及其继任者;亦即应负责执行公司章程的人。现代公司法只要求有一个公司创办人。这些法律大多取消对公司创办者的资格限制,而重在规定其履行公司章程的行为。(= corporator)

in corpore 〈拉〉有形体的;物质的

incorporeal a.非物质的;无形体的

incorporeal chattels 无形资产 产生于或附属于个人财产的权利,如专利权和版权。(= chose in action)

incorporeal hereditament 可继承无形资产 指可继承的权益。(⇨hereditament)

incorporeal property (罗马法)无体财产 指存在于权利中之财产,不具有物理形态,与普通法中的权利动产[chose in action]相同。

incorporeal rights 无体财产权;无形财产权

incorporeal things 无形体物 指无形体之物,如继承权、役权、债权、知识产权等。

incorrigibility n.不能矫正;不能改正;不可救药 指未成年人的不服管教,而父母或监护人已无能为力。

incorrigible a.难以纠正的;不可改造的;不可救药的;屡教不改的

incorrigible child 屡教屡犯的子女;父母难以管教的孩子(⇨delinquent children)

incorruptible a.不受腐蚀的;廉洁的;正直的;诚实的

Incoterms 《国际贸易术语解释通则》 其全称为:International Rules for the Interpretation of Trade Terms。为国际贸易惯例中最常用的商业术语的统一定义和解释,由国际商会[International Chamber of Commerce]于1923、1936、1953、1980、1990及2000年出版,它们采用实践中最常使用的意义,并根据国际贸易的发展而不断更新。1990年版对13种术语进行了解释,它们是EXW、FCA、FAS、FOB、CFR、CIF、CPT、CIP、DAF、DES、DEQ、DDU和DDP,并将它们依不同特点分成四类:E字组为发货,F字组为主要运费未付,C字组为主要运费已付,D字组为货到。(= International Commercial Terms)

in course of employment 工作过程中(⇨in the course of employment)

in court (作为当事人)出庭;在法庭上

in crastino 〈拉〉次日;翌日

in crastino animarum 〈拉〉万灵节(11月2日)次日;威斯敏斯特的米迦勒节开庭期[Michaelmas term at Westminster]的令状返回呈日

increase v.增长;增加;增大;增强;繁殖
n.增长;增加;产物;后代

increase and fix 增加与固定 见于涉及公务员和雇员薪水的法律中,含有工资稳定并增长之意。

increase of capital 增加资本 公司账面资本的增加。属于公司主要章程的变更,只有法律明确授权时方可增加资本。

increase of hazard (= increase of risk)

increase of livestock 家畜增加 为含家畜在内的动产抵押中所用术语,指包括原群繁殖后增加的家畜及其产品,但通常不将羊毛包括在内。

increase of risk 风险的增加 保单承保标的损失发生可能性的增加。被保险财产所处环境或本身状况发生的改变可能会增加风险,这种改变是持续一段时间的,而非临时性质的偶然改变。

incrementa 〈拉〉增加;增长;增大 incrementum之复数形式。

incrementum 〈拉〉(= incrementa)

increscitur (= additur)

In criminalibus, probationes debent esse luce clariores. 〈拉〉刑事案件中,证据应当是明确的。

In criminalibus, sufficit generalis malitia intentionis, cum facto paris gradus. 〈拉〉刑事案件中，普通恶意如伴有同等程度的行为即已充分。

In criminalibus, voluntas reputabitur pro facto. 〈拉〉在刑事案件中，意愿将被当作行动。

incriminate v. 控罪；显示…有罪；归罪于

incriminating admission 对犯罪事实的承认 指对确认被告人有罪的事实所作的承认。

incriminating circumstance 证明犯罪事实的情况 指能够表明有某一犯罪行为发生过或者是某人实施了该犯罪行为的情况或事实。

incriminating evidence 有罪证据 指能够确认被告人有罪或者可以据以推断被告人有罪的证据。

incriminating statement 归罪陈述 可能导致认定被告人有罪的陈述。

incrimination of self 自证其罪（⇨self-incrimination）

incroachment (= encroachment)

in cujus rei testimonium 〈拉〉〈古〉特此证明 古代契约最后条款的起首语。

In cujus rei testimonium huic chartae (vel scripto) nostra sigilla apposuimus. 〈拉〉特此盖印说明。

inculpate v. ❶控告；指控 ❷连累（某人）；牵连（进某一犯罪或非法行为中）

inculpatory a. 可指控的；可归罪的；连累的

incumbent n. ❶公职人员 ❷教会中的神职人员；带俸牧师

incumber (= encumber)

incumbrance (= encumbrance)

incumbrancer (= encumbrancer)

incur v. 招致；引起 通过自己的行为或依照法律来承担责任。

incurable a. (人或疾病)无法治愈的；不可救药的；不能矫正的；无可补救的

incurable disease 不能治愈的疾病；不治之症 按一般医药常识而论，认为无法治愈。

in curia 〈拉〉(= in court)

incuria 〈拉〉疏忽；粗心大意

incuria dans locum injuriae 〈拉〉对损害地点或场所的疏忽

In curia domini regis, ipse in propria persona jura decernit. 〈拉〉在王座法庭，国王亲自裁决案件。

incurramentum 〈拉〉遭受罚款的法律责任 此处的"罚款"，兼指法律规定的限额罚金[fine]及可由法官自由决定的无定额或限额的罚金[amercement]。

incurred risk 所招致的风险 被过失的抗辩，区别于原告与有过失[contributory negligence]的抗辩，指原告明知有特殊风险而自行招致之。(⇨assumption of risk)

in current funds 按流通货币计值 以与某国流通货币等价的其他流通物替代支付。该替代流通物之价值不因其替代地位而有所折损，仍按其票面价值计值。

in custodia legis 〈拉〉处于法律的保管中；依法保管 指文件、财产或金钱处于法院或其他法定机关的保管之下，例如：债务人对经债权人申请而被查封或扣押之财产，应依法保管，等待判决确定后，再予处理。(⇨custodia legis; custody of the law)

in custody 被监禁；被拘留；在羁押中

in damno 〈拉〉损害；破坏

inde 〈拉〉因此；由此；因而

indebitatus 〈拉〉负债的

indebitatus assumpsit 〈拉〉债务人承诺偿还或履行 普通法的一种诉讼方式，即普通的简约之诉[general assumpsit]。原告诉称：被告向其所负的债务或义务已经到期并证实了上述情况；由此被告承诺履行债务或义务。(⇨assumpsit)

indebitatus nunquam 〈拉〉从不借债；绝不负债

indebiti solutio 〈拉〉〈苏格兰〉〈罗马法〉误偿债务 指实际上并未欠债或欠债并未到期无须清偿时，误为给付或清偿。该项给付可通过"收回不当给付之诉"[conditio indebiti]而取回。

indebitum 〈拉〉〈罗马法〉未欠债；欠债未到期

indebitus 〈拉〉无外欠；无到期外欠

indebted a. 负债的；欠债的；应予偿还的 即受有债务约束，应支付货币、财物或提供服务，而该债务不必是已到期的。(⇨debt; deeply indebted; mutually indebted)

indebtedness n. ❶处于负债中 ❷所欠之款；债务(⇨debt)

indebtedness of decedent 死者的债务 遗产中应将死者的债务予以扣除，才能确定遗产或继承税。死者的债务不包括管理费用。(⇨claim against decedent's estate)

indecency n. 下流、猥亵、粗鄙、有伤风化的言行 在美国，与色情材料不同，猥亵性言语受美国宪法第一条修正案的保护。

indecent a. ❶下流的；有伤风化的；猥亵的；粗鄙的；亵渎的 ❷不合适的；不礼貌的

indecent advertisements 有伤风化的广告 指任何有关性疾患方面的广告，但由地方或公共当局制作的广告或由国务大臣[Secretary of State]授权个人制作的广告不在此列。任何在公共场所散发、展示或试图散发、展示该种广告的行为都构成犯罪，可依简易程序作出有罪判决。教唆他人为以上行为者，也视为犯罪。

indecent assault 强暴猥亵行为 指男性未经他人同意或违背他人意志，强行和他人进行实际或试图的肉体接触，包括对女性、另一男性或儿童进行性侮辱和性伤害等，但无意犯强奸罪。(⇨indecent proposal)

indecent behaviour 有伤风化的行为 教会法中曾把在某些神圣的地方制造混乱也视为有伤风化的行为。

indecent exhibition 有伤风化的展示 尤指以一种猥亵的方式公开展示或进行销售。

indecent exposure 有伤风化的暴露 以一个理智人的标准，知道或应该知道该种行为会引起他人注意，却故意或轻率地在公共场合多次暴露自己或他人身体的隐密部分从而败坏社会风俗的行为。普通法以及美国大多数州的制定法都将其规定为可诉罪。美国《模范刑法典》[Model Penal Code]规定，男性在非其配偶的女性面前暴露生殖器以侮辱女性的行为属轻罪。

indecent gesture 下流的姿态；猥亵的动作

indecent language 下流语言；猥亵语言

indecent liberties 下流行为；猥亵行为 制定法上的犯罪，指对女童实施的下流行为。一些权威人士认为，该行为包括企图性交或性交未遂的情形，但另一些权威人士认为，该行为或类似行为并不一定要与女童的阴部相关。

indecent prints or books 黄色印刷品或书刊；猥亵性书籍或印刷品(⇨obscenity)

indecent proposal 下流要求；猥亵要求 直接或间接地提出非法的或不正当的性交的要求。

indecent publication 淫秽出版物

indecimable (英格兰古法)不可征收什一税的；不应缴什一税的

Inde datae leges ne fortior omnia posset. 〈拉〉必须立法，否则强者将得为所欲为。

in deed 事实上；实际上（⇨possession in deed）

indefeasible a.不能废除的；不能收回的；不能使之无效的 通常用以指某种权或其他权利

indefeasible trust property 不能废除的信托财产 指不能使其权原[title]无效的不动产信托财产。委托人可牢牢控制该信托财产，而不存在对其权原提出置疑的可能性。这种信托由于能为委托人提供超常的安全感而得到采用。

indefeasibly vested 授予后不能褫夺的

indefensus 〈拉〉❶（古代英国诉讼中）未经辩护的；未经否认的 ❷拒绝答辩及辩护的被告

indefinite a.不确定的；不清楚的 ①指范围、性质、内容、时间等不确定或不清楚的；②接近甚至等同于暂时性的[temporary]，含有情况可能随时变化之意，与永久性的[permanent]相反。

indefinite award 不明确的裁决 其内容不够明确或完整，并有可能导致未来争议或诉讼之可能性的仲裁裁决。

indefinite contract 不定期契约 用于规范教师任期的法律中。若教师契约的期限届满而继续任教，除非另再订约，否则即认为不定期，可以长期任教，成为永久教师[permanent teacher]。其立法用意在于维护教师利益，促使其能于任期届满时不断续约。

indefinite delivery contract 〈美〉不定期交付合同 一种联邦政府合同。按照合同的约定，对方应在特定的合同期限内，依合同中确定的限制条件，按照此后的定单履行义务，即供应货物或提供服务。

indefinite failure of issue 非限定无后嗣 指可于或迟或早的任何期间无后嗣，尤不限于当事人死亡时的无后嗣。（⇨die without issue）

indefinite imprisonment 不定期监禁刑（⇨indeterminate sentence）

indefinite legacy 无定额遗赠 指以概括条款将财产遗赠某人，而无关于数量等的明确规定，例如：遗嘱中只载明"将所有动产"或"将银行股票"遗赠某人。

indefiniteness n.不确切；未确定

indefiniteness of pleading 诉答的不明确性 指起诉状或答辩状中的陈述不够确切。这是一种瑕疵，对方可加以攻击或指责。

indefinite number 不确定数额；可任意增减的数额 股东人数不确定的公司中，任何构成出席多数的股东都可采取任何行动，除非有其他规章或法律控制。

indefinite payment 不指定清偿 指一债务人对一债权人负有多项债务时，所还款没有被指定用于归还哪一项债款。

indefinite sentence 不定期刑（⇨indefinite imprisonment; indeterminate sentence）

Indefinitum aequipollet universali. 〈拉〉凡未加限制者等于整体；未设定范围者即一切在内。

Indefinitum supplet locum universalis. 〈拉〉"无限制"即为"整体"之代称。 指所谓"不确定"或"无限制"的[undefined]及所谓"普通"或"一般"的[general]，均是"整体"或"全部"[the whole]的代称。

indelicacy n.不文雅；不得体 但不一定不道德。

in delicto 有过错（⇨in pari delicto）

indemnatus 〈拉〉未被判刑的

indemnification n.❶补偿；损失补偿 指为他人的行为所造成的损失进行赔偿或使之恢复原状的行为。如，甲不能清偿所欠乙之债而由担保人丙支付，即是丙对乙进行了补偿[indemnify]，乙自丙处获得了补偿。 ❷补偿金

indemnificatus 〈拉〉已补偿

indemnifying bond 补偿保证书（⇨indemnity bond）

indemnis 〈拉〉(古)无害的；未受损害的

indemnitee n.受补偿人 从他人处获得补偿及保护的人。（⇨indemnification）

indemnities n.〈美〉补偿 ①indemnity 的复数形式；②谷物市场或谷物交易委员会的一种术语。1921 年 8 月 24 日以前，谷物交易所的成员以大宗协议售出或买入谷物时，只需在固定时间内表示承诺即可，即通常所说的"补偿"。

indemnitor n.补偿人 负补偿责任，向他人提供保护的人。（⇨indemnification）

indemnity n.❶补偿；损失补偿 指以货币或财产弥补损失。 ❷补偿契约 指使某人免受一方当事人或第三人行为损害的契约，如海上和火灾保险契约。 ❸补偿请求权 一种契约性权利或衡平法权利。据此，损失负担由形式上的、被动的侵权人转移至另一首要的、主动的、应负责任的人，即受害人有权向负有补偿义务者提出损失补偿的请求。 ❹补偿金；补偿支出

Indemnity Acts 〈英〉[总称]《赦免法》 为减轻因某些特殊行为而招致刑罚者的处罚而通过的法令。1727－1828 年间这种法令每年都要通过，意在使那些在选举后而非选举前通过加入圣公会而获职务的不从国教者逃避依 1661 年一项法令所招致的刑罚，随着该 1661 年法令被取缔，赦免法亦不再成为必要。此外，赦免法也被用来保护那些参与镇压叛乱或暴动者。今天，它偶尔还被用来免除那些虽无资格但出于善意而非法出席下议院会议者之责。

indemnity against liability 责任补偿 与损失补偿相对，指权利人不论是否已实际受到损害，只要对方负有责任，如有违约行为时，权利人就享有要求补偿的权利。（⇨subrogation）

indemnity and guaranty 赔偿与保证 这是两种有区别的许诺[undertaking]，后者是附带的[collateral]，从属于其他合同或交易；而前者是基本的，属于原合同。

indemnity belt 补偿地带 指可以从中挑选补偿地块的地带。（⇨indemnity lands）

indemnity bond 补偿保证书 债务人允诺补偿债权人或受补偿人因债务人或第三人行为所受损失的保证书。

indemnity contract 补偿契约（⇨indemnity; indemnity bond）

indemnity for damage to the person 人身伤害赔偿 对由于事故造成的人身伤害及当时在被伤害者身上或身边、或为其所有的一切物品的损害进行赔偿。

indemnity insurance 损害赔偿保险 指以被保险人的人身或财产为承保范围的保险，如人寿保险、火灾保险等。又称作"first-party insurance"，与"third-party insurance"相对应。

indemnity lands 〈美〉补偿用地 由制定法允许，可选用于支援铁路建设的土地，实则是用作铁路征用土地的补偿。

indemnity mortgage 补偿性抵押；抵押保证 指该抵押的执行是用以补偿抵押权人未来可能遭受的损失。如预先提供抵押物，作为今后抵押权人向抵押人提供借款的担

保。

indemnity policy 补偿保险单（⇨indemnity insurance; liability insurance）

indemnity provision 补偿条款 建筑契约或分包契约中，作为补偿人的承包人或分包人同意补偿所有人或总包人因补偿人疏忽所受损害的条款。

indempnis (= indemnis)

indenization (= denization)

indent v. ❶曲线切割 古时，如果当事人多于一人，所制契约通常需依当事人人数制作复本，各复本顶部以锯齿线或波浪线切割，以便彼此契合，故此类契约称 indenture。最初，契约各部均写于同一张羊皮纸上，中间骑缝写有字符，沿骑缝字符切割。后来，不再写此字符，开始使用曲线切割，同一契据可通过各部切口彼此契合而予以证明。现今，曲线切割也不再使用，indenture 只用以与单方契据[deed poll]相区别，指由两方或两方以上当事人签署的契据。（⇨indenture） ❷自我约束；以合同形式同意 ❸（以合同）约束（某人）

indented deed 多方契据（⇨indenture）

indenture n.多方契据 与单方契据[deed poll]相对，指由两方或两方以上当事人签署的契据。古时，因需依当事人人数制作复本，各复本顶部以锯齿线或波浪线切割，以便彼此契合，容易识别真假。现已不采此种方式。现代法中，多方契约指由各方当事人执行的契据。商务融资中，指一种据以发行债券的协议，内容包括债券形式、到期日、发行数额、抵押资产、利率等，其典型形态是由公司与负责代表债券持有人利益的信托受托人[indenture trustee]签订的契约。在美国破产法中，多方契据意指抵押、信托契据等。

indenture of a fine 〈英格兰古法〉土地转让的协议诉讼契约 指一种涉及转让土地占有权的和解诉讼的契据；由法院记录员办公室[chirographer's office]草拟及誊写，除载明有关当事人、时间、地点及和解诉讼的全过程外，并记明已给付或同意给付的转让费[fine]。索取转让费的一方为出让人[cognizor]，给付转让费的一方为受让人[cognizee]。土地转让和解契据通常以"是为最终协议"[haec est finalis concordia]为起首语。

indenture of apprenticeship 学徒契约 指学徒应向雇主[master]提供服务的契约，需一式两份。（⇨apprentice; articles of apprenticeship）

indenture of trust 信托契约（⇨trust indenture）

indenture trustee 债券信托受托人

independence n.独立；自主 可分为政治的[political]及自然的[natural]独立自主。政治的，指国家的独立自主，不受任何别国的干涉；但这并不等于说独立自主的国家可以无视天赋人权。自然的，指自然人的独立自主，人人有权追求久远的、幸福美好的生活，而无视那些支配者的意旨。

Independence Day 〈美〉独立日 指7月4日，美国为庆祝1776年7月4日通过《独立宣言》而设立的国庆节。

Independence Hall 〈美〉独立厅 曾是宾夕法尼亚州议院所在地，1775－1777年第二次大陆会议[Continental Congress]在此召开，讨论了《独立宣言》和《邦联条例》[Articles of Confederation]。它也是费城会议的会址和1790－1800年联邦政府的所在地，现独立厅被保留作为美国革命历史的纪念地。

independent a.独立的；自主的；自治的；自立的；自力更生的；不受外来干涉或制约的

independent adjuster 独立理算人 作为多家保险公司的理赔理算人，而非公司的固定职员，按工作所花时间、费用收取报酬的个人、机构或公司。

independent advice 独立意见 用于与信托有关的合同或遗嘱中，意指赠与人或遗赠人预先要能征取独立意见，即与他人秘密地就其捐赠进行充分协商时，后者应不仅有能力正确告知有关法律后果，而且与受赠人应无利害关系，能公正、秘密地对该捐赠提出意见。

independent candidate 独立候选人 因被依法提名，而有权作为公职的候选人，但不是任何现存政党的被提名人。

independent condition 独立性条件 两个条件中的任何一个都必须在与另一条件无关情况下单独实现。

independent consideration 独立对价 指担保人而非主债务人签订契约的对价。

independent contract 独立合同 ①合同所定当事人交互的行为或允诺并不关联，既不是对等给付也不是对价；②合同可得以强制执行，并不以其他合同的履行为条件。（⇨independent contractor）

independent contractor 独立承揽人；独立合同当事人；独立承包人 指虽受雇承担特定工作任务，但却可以自由从事该特定工作并自由选择完成任务的方法。与雇员[employee]不同的是，如果独立承揽人等在执行工作任务的过程中从事了不法行为，其雇佣人并不对此承担责任。

independent counsel 〈美〉独立法律顾问 被任命调查高级政府官员可能的犯罪行为。

independent covenant （合约中的）独立条款 指仅为涉及对价[consideration]的一部分的条款，但任何一方当事人都可以就其被违反而受到的损害从对方得到赔偿，原告无需证明他必须首先履行他的义务才能提出诉讼，而被告无权宣称原告也有违约行为来作为逃避责任的理由。独立条款与非独立条款[dependent covenant]、相互或共同条款[mutual or concurrent covenant]是同一分类标准下的三个概念。

Independenter se habet assecuratio a viaggio navis. 〈拉〉保险航程不同于实际航程。

independent executor 独立遗嘱执行人 与普通遗嘱执行人不同，独立遗嘱执行人在管理遗产时，极少受到遗嘱检验法庭的管理监督。在美国，只有少数几个州——大多位于西部和西南部——允许立遗嘱人指定独立遗嘱执行人。也可写作"nonintervention executor"。

independent fires 独立火灾 由不同原因造成的火灾，其中某一原因可归责于某一人，但其它起因不详或无可归责。

independent intervening cause 独立介入因素 于被告人违法行为之后介入，与被告人的行为无关，但共同造成原告所受损害的事由。独立介入因素属造成损害的近因[proximate cause]。（⇨intervening cause）

independently engaged 独立从事工作的 指与雇主无关的、独立进行经营的商业或贸易，它构成美国失业赔偿规定的一个例外。

independent promises 独立允诺 指该允诺不附有任何条件，对它的强制执行也只需以时间的经过为条件。作出独立允诺的当事人必须履行自己所为的允诺，即使对方当事人并没有依约履行。又可称为无条件允诺[unconditional promise]。

independent school 独立学校 为五个或更多处于义务教育年龄的学生提供全日制教育的学校，独立运转而不由地方或全国性教育机构资助。

independent school district 独立校区 邻接或位于城镇或乡村,未与其他任何校区相连,其事务也由独立的分学区[school township]负责管理。

independent source rule 〈美〉独立来源规则 依该规则,对通过非法途径获得的证据如果也可能通过与最初的非法行为无关的合法途径取得,则该证据仍然具有可采性。该规则构成证据排除规则[Exclusionary Rule]的一个例外。(⇨fruit of poisonous tree doctrine; inevitable discovery rule)

independent stipulation 独立规定;独立约定(⇨independent covenant; independent promises)

independent tortfeasors 独立侵权人 指该数人虽侵害了同一人或同一财产,但无共同故意或共同行为,也缺乏使之成为共同侵权人的其他事实,如合营事业、亲戚关系等。

inde petit judicium 〈拉〉因此他请求判决(⇨et inde petit judicium)

inde producit sectam 〈拉〉他据此提起诉讼(⇨et inde producit sectam)

in descendu 〈拉〉按血统;按家族

indestructible trust 永久性信托 指由于信托设立人的意愿而使受益人不能提前终止该信托。如在信托合同中规定,受托人不得侵损本金,而应将收益提供给某甲终身用,在甲死后归其子及其后代,如无子或其子亦无后代则归其女及其后代享受。

indeterminate a.不明确的;不确定的;未限定的 例如,约定"售予米 100 担",即是不明确的,不知究指何种米。

indeterminate bond 无限期可赎回债券 未规定到期日的可赎回债券[callable bond]。

indeterminate conditional release 不确定的附条件释放;假释 指以犯人满足一定的条件为前提而将其释放,但如果所附条件被违反,假释将被撤销,而将犯人重新收监。

indeterminate damages 不确定损害赔偿金 意指惩罚性损害赔偿金,但很少使用,且并不恰当。

indeterminate obligation 不明确之债 指债务人应给付种类物中任何一物,具体给付标的不确定之债。(⇨obligation)

indeterminate permit 不定期许可 制定法规定的、授予公用事业公司在某些区域内以特许经销权,其效力可持续到市政府行使法定的买卖特权为止。

indeterminate sentence 不定期刑 根据法律的规定,法官可以宣告相对确定的幅度刑,即有上限期刑或下限刑期或两者兼有。在犯人服完最低刑期后,其余刑由假释委员会或其他执行机构根据法律和犯人的表现来确定。(⇨sentence; sentencing guidelines)

index n.❶索引;目录 ❷指数 用于跟踪测量经济变动状况或者股票市场波动的统计数据,这些指数的制定通常是以某一年某一月为基期以便比较。 ❸指标;率 在抵押贷款中,用于确定在贴现期[discount period]结束之后,可据以调整抵押利率的指标,例如通胀率;一年国债利率或同业存放平均利率等。

Index animi sermo. 〈拉〉语言是思想的写照;法律或文件的语言是意图[intention]的最好指南 当一项法律已经非常清楚、明确地被表述的时候,该立法就应被理解为其被明确表述的内容,并无进行解释的余地。

Index Florentinus 〈拉〉《佛罗伦萨索引》 一部有关书名与作者的索引,在《优士丁尼法学阶梯》[Justinian's Digest]编纂过程中曾从中作过一些摘要。因在佛罗伦萨手稿中发现得名。但它遗漏了一些用过的书,提到了一些未用过的书,并混淆了一些重要的著作,因此它对于法典编纂并不是一部准确的索引。它是从法典编纂者准备用的书中编出来的,尽管不太准确,但仍给我们提供了一些有关当时的编纂情况的资料。

index fund 指数化证券投资基金 互助基金[mutual fund]的一种,其证券投资组合与公众大量交易的普通股指数,如标准普尔指数[Standard Poor's Index]相联系。因此,其经营能全面反映市场情况,其业绩大致与市场平均收益水平持平。

Index Interpolationum 〈拉〉修正索引 关于考察优士丁尼法典编纂委员会对古典罗马法文体进行修正以适应当时社会需要情况的索引文献,其中涉及许多著述和论文。著名的有 Mitteis、Levy 和 Rabel 合著的 Index Interpolationum quae in Justiniani Digestis inesse dicuntur; Broggini 的 Index for the Code; Volterra 的 Rivista di Storia del diritto italiano 等。(⇨interpolation)

index lease 浮动租赁 租金将随着消费指数的增长而增长。(⇨graduated lease)

Index Librorum Prohibitorum 〈拉〉天主教禁书目录 1559 年制定,此后不断修订,直到 1966 年不再出版。目录所列的书籍被认为是有害于天主教徒的信仰和道德,禁止阅读。

index offenses 〈美〉指标犯罪;列入统计指数的罪行 联邦调查局[FBI]每年在其统一犯罪报告[Uniform Crime Reports]中公布该年罪案发生指数的八种重罪,包括谋杀、强奸、抢劫、夜盗、加重的企图伤害、超过一定数额的偷盗、纵火和偷窃机动车。

index of net business formation 〈美〉企业构成指南 每月新设立企业数目的统计。统计数据包括新成立的企业数、由非公司地位转为公司的既有企业数、获得准许在他州经营的既有企业数、住所转移至其他州的既有企业数以及虽已获营业许可但并未按原计划成立的企业数和破产企业数等。

index on appeal (= index to transcript of record)

index option 指数期权 以股票市场上股票价格指数为相关商品的期权。该期权持有人在指定时间按指定指数与当时实际指数的差额以现金结算盈亏,而不发生实际的股票转让。

index to judgments (= judgment index)

index to legal periodicals 〈美〉法律期刊索引 对在美国许多法律杂志和几乎所有英国期刊中发表的文章的作者和文章主题按字母顺序排列的一览表。1908 年首先由威尔逊[W.H.Wilson]公司出版。现在,为与全美法律图书馆合作,该多卷本系列索引每月出版一次(九月份除外),并编有半年、全年和三年期的合订本。从 1961 年起,索引划分为三部分:①主题和作者索引;②所评论的案件目录;③书评索引。

index to records of title 产权记录索引 用以方便公众查找所有权、抵押、留置等产权记录的索引。

index to transcript of record 〈美〉记录副本索引 部分司法辖区的法院规则中有关于记录副本索引的规定,从而为上诉法院的审理提供方便。

Indian n.❶印第安人 ❷印度人(⇨mestizo; mixed blood; reservation Indians)

Indian adoption 印第安收养 按部落习惯收养孩子。印

第安部落对某人的收养,具有授予其部落成员所享有的特权和豁免权的效力,使他受部落的法律和习惯约束。

Indian Affairs Bureau 〈美〉印第安事务署 内务部[Department of the Interior]下属的联邦机关,由参议院提名通过、总统任命的印第安事务专员[Commissioner of Indian Affairs]领导,旨在推进和简化规范印第安事务法律的实施。

Indian agent 〈美〉印第安事务官 在印第安保留地[Indian reservation]或其附近居住的美国政府官员,代表政府与印第安部落交往,负有为印第安部落利益服务的职责。

Indian allotment 〈美〉印第安人的土地划拨 根据有关印第安人的政策,将土地划拨给印第安个人且通常是一家之主。该术语也用于印第安人的任何土地划拨,这些土地的性质为美国政府托管的财物,非经美国政府同意不得转让。

Indian band 〈美〉印第安帮 通常为印第安人同族或同部落的公司,受统一领导。

Indian chief 〈美〉印第安酋长

Indian Child Welfare Act 〈美〉《印第安儿童福利法》 在美国印第安领袖、教会组织、儿童福利专家敦促下,国会于1978年通过的联邦法案。它许可印第安部落的法庭[Indian Tribal Courts]适用印第安部落法解决有关印第安儿童监护纠纷。曾在很多案件中,印第安父母受到官僚机构的压制,以生活环境未达到应有水平为由指称印第安父母不适于抚养其子女。历来,有近1/3的印第安儿童曾被迫离开父母、被其他家庭收养长大。虽然印第安人可能是美国最贫穷的民族,但他们简朴的生活方式却非常值得尊重,故这一人道主义法律颁布得太迟了。

Indian Claims Commission 〈美〉印第安求偿审查委员会 一联邦机关,负责听审由居于美国境内的美州印第安人,即印第安部落或其他具有一定资格的印第安人团体向美国政府提出的权利主张,并作出裁决。已于1978年被撤销,现由美国联邦索赔法院[U.S. Court of Federal Claims]受理此项请求。

Indian country 〈美〉印第安地区 原属于印第安人、土地所有权未被剥夺的地区。亦指依法从公有土地[public domain]拨出的作为印第安保留地[Indian reservation]的土地,或任何划拨给印第安人的土地[Indian allotment],其性质为美国政府托管的财物,非经美国政府同意不得转让。

Indian Depredations Acts 〈美〉《防印第安人毁损法》 美国国会通过的补偿美国公民遭受印第安人毁损的法律的总称。

Indian divorce 印第安式离婚 依照印第安部落习俗,可因双方同意或配偶一方被另一方抛弃而离婚。

Indian lands 〈美〉印第安土地 指①印第安部落拥有的、或划拨给印第安人的土地;②根据国会立法,印第安部落保留的土地;③美国政府托管的、受益人为印第安人的土地;④美国政府所有的土地,但出售该土地的方式和目的必须符合政府与印第安人之间签订的特别协议中的相关规定;⑤印第安人享有永久占有权的土地,印第安人享有以其认为合适的方式使用它们的特权,直至该占有权让渡于美国政府,该类土地的税收权属于美国政府。

Indian marriage 〈美〉印第安婚姻 居住于印第安部落且隶属于部落的成员,按照部落的法律和习惯缔结的婚姻。

Indian nation 〈美〉印第安部落;印第安联盟

Indian Non-Intercourse Act 〈美〉《禁止买卖印第安土地法》 1790年通过的联邦法,它规定,在每一州加入联邦时,非经国会批准,其任何白人与印第安人之间的土地买卖皆为无效。20世纪70年代之前,该法一直为人们所忽视,而至今,仍有许多印第安部落对各州的数以百万英亩计的土地主张所有权,其中包括整个缅因州的1/4土地。

Indian reservation 〈美〉印第安保留地 根据条约或行政法规,从公有领土分出、由印第安人享有永久占有权的土地,直至该占有权被让渡于政府。(⇨reservation Indians)

Indian territory 〈美〉印第安区 原为印第安地区,现为俄克拉荷马州的一部分。

Indian title 〈美〉印第安人的权利 基于对北美大陆的先占,印第安人的权利至多仅为被许可的占有权[permissive occupancy],而非一个可以转让的权利,美国政府也不会承认权利让渡的行为。除了美国国会有可能承认其为不受干涉的永久占有权外,它只能是获准许可的占有权。印第安人在被白人征服前,有对土地的主权及占有权,但现在这种权利已不是一种财产所有权[property right],而是统治者授予的占有权。印第安人可以基于该权利抵制第三方的入侵,但这是一种可以被终止的权利,美国政府完全可以处置该土地,且毋需负任何法定的赔偿责任。转移到白人发现者手里的对美国土地的独占权[exclusive title]容忍了印第安人的权利[Indian title],但白人统治者有权通过购买或征服方式单方面废除印第安人的权利。

Indian treaties 〈美〉印第安条约 美国各个印第安部落与政府间签订的条约。

Indian Tribal Law Court(Tribal Court) 〈美〉印第安部落法庭 该术语包括美国印第安部落的三种法庭类型。最普通的一种为部落法庭[Tribal Court],根据《印第安重组法》[Indian Reorganization Act]汇编《部落法法典》[Tribal Code of Law]而成立,依《1968年印第安民事权利法》[Indian Civil Rights Act of 1968],该类法庭有权审理民事案件,及轻微刑事案件,可作出最高刑期为6个月的监禁和500美元的罚款。部落不同,法庭的组织和审判权限也相异,许多部落无此类法庭而依赖于州法院系统。第二种为传统法庭[Traditional Court],只处理涉及部落传统和习惯事项,而不依编入法典中的法律[codified law]。第三种为联邦条例法庭[Court of Federal Regulations],按照通过印第安仪式[Indian Service]编纂的联邦法典运行。现在有19个联邦条例法庭、18个传统法庭和51个部落法庭。

Indian tribal property 〈美〉印第安部落财产 由印第安部落享有法定利益的财产,通常指不动产,所有权属美国政府,但受益人为印第安部落。根据使用该术语的上下文,该财产既可特指美国"公共财产"[public property],也可不是。

Indian tribe 〈美〉印第安部落

Indian tribe member of adoption 印第安收养(⇨Indian adoption)

Indian war 〈美〉印第安战争 美国印第安人与白人间发生的战争。

India Office 〈英〉印度事务处 一政府部门,首长为印度事务大臣[Secretary of State for India]。

indicare 〈拉〉❶〈罗马法〉指控(犯罪) ❷〈大陆法〉展示;展露 ❸〈大陆法〉定价;告知价格

indicatif 〈英〉移送令状 依此令状,某些案件将从教会法庭[ecclesiastical court或court-christian]移至王座庭[queen's bench或king's bench]。

indication n.指示;表示;指征

indicative evidence 指示性证据 严格意义上而言并非证据，而仅仅是就有关适格证据提出的建议，若该建议被采纳，便可能获得该适格证据。

indicavit 〈拉〉(英格兰古法)禁令 教堂的圣职推荐权人[patron]申请的禁令[writ of prohibition]，因其推荐的圣职候选人被另一推荐权人的候选人起诉，原因是什一税占神职薪俸的1/4。

indicia n. ❶indicium之复数 ❷标记；象征；表明事实可能存在的情况 其存在可导致某种结论，在罗马法中大致相当于情况证据[circumstantial evidence]。

indicia of fraud 诈欺的标志；明显的诈欺 如，濒于破产或负有巨额债务者转让财产而不要求支付对价，若无其他正当理由，均属明显的欺诈行为，表明系为蒙骗其债权人而转移财产[conveyance]。

indicia of title 产权证明；产权凭证 可用以证明动产或不动产等财产所有权的书面文件。

indicium 〈拉〉(罗马法) ❶指控；控告(犯罪) ❷允诺补偿；允诺付酬 指允诺要为他人提供的特定劳务给付报酬。 ❸标识；标志 尤指用作证据的记号。

indict v. (通过提出公诉书)控告；揭发；对…起诉 (⇨indictment)

indictable a. 可被控告的；可被提起公诉的

indictable attempt 可被提起公诉的犯罪未遂

indictable nuisance 可诉性的妨害罪 普通法上的妨害公共和平、公众健康和公共道德的犯罪。区别于妨害私人利益的犯罪[private nuisance]。

indictable offense 可诉罪；公诉罪 只能以大陪审团起诉书[indictment]起诉的犯罪。在普通法上，可诉罪包括叛国罪、可判死刑的犯罪、重罪。在美国联邦法院，可诉罪指可被判处死刑、1年以上监禁刑或劳役的犯罪；在英国，对犯罪有一种较简单的划分，即分为公诉罪和简易罪[summary offence]。其中，公诉罪指，如果由成年人实施(对18岁以下的未成年犯人适用特殊规则)，可依公诉书按正式起诉程序审理[triable on indictment]的犯罪，而不论对该种犯罪是否只能依公诉书审理，还是既可依公诉书审理，也可按简易程序审理[triable either way]。

indictare 〈拉〉控告；检举揭发；对…起诉

indicted a. 被提起公诉的；受到犯罪指控的

indictee n. 受到刑事起诉者；刑事被告人

indictio 〈拉〉❶(罗马法)(=indiction) ❷宣言；声明；公告 如战争宣言[indictio belli]。 ❸(=indictment)

indiction n. ❶控告；告发 ❷(罗马法)宣告 指古罗马康斯坦丁一世[Constantine Ⅰ]于公元312年9月规定的、每隔15年一次的宣告，宣告内容为作为课税基础的估定的财产价值。 ❸(罗马法)财产税 指根据"宣告"而计交的税。 ❹(罗马法)十五年周期 指自公元800年起，宗教法庭[papal court]采用的以15年为周期的计算时间的方法，与"宣告"的周期相符。

indictment n. 大陪审团起诉书；公诉书 指控刑事犯罪的正式书面文件，原先由大陪审团经宣誓向法院提出。1933年英格兰部分废除了大陪审团。大陪审团被废除之前，如果发现有刑事犯罪，需向大陪审团提出申请公诉书[bill of indictment]，大陪审团对支持指控的证人进行询问，如果大陪审团的多数成员认为犯罪已得到充分证明，应将犯罪人交付法庭审判，即在申请公诉书上签署"准予起诉"[True bill]，则公诉书获准批准，犯罪人处于被起诉的地位，并将被安排传讯[arraignment]；如果大陪审团的多数成员认为犯罪未得到充分证明，即在申请公诉书上签署"不予起诉"[No true bill; Not a true bill; Not found]，并将被控告人释放。从前在普通法上，大陪审团起诉书用于对叛国罪[treasons]、重罪[felonies]、包庇叛国罪或包庇重罪的犯罪[misprisions of either]和具有公共性质的轻罪[misdemeanours of a public nature]提起控诉，现在，公诉书只适用于应由小陪审团审判的严重犯罪[serious crime]，对应由具有简易裁判权[summary jurisdiction]的法院专属管辖的其他罪行不适用。在英格兰以女王的名义，在苏格兰则以总检察长[Lord Advocate]的名义提出。目前，在英格兰，申请公诉书只在下列两种情况下可以提出：①预审治安法官已决定将受指控人移交法院审判；②依高等法院法官的指令或经高等法院法官同意。申请公诉书应提交给刑事法院的有关官员，如果符合法定要求，经该官员签署即成为正式的公诉书。在美国，该词依然指由大陪审团提出的刑事起诉书，区别于由检察官提出的起诉书[information]。大陪审团起诉书通常适用于对重罪的起诉，如美国宪法第五条修正案即规定，对可能判处死刑的犯罪和其他不名誉犯罪[infamous crimes]案件应依大陪审团起诉书进行审判。有的州规定对所有的重罪都须以大陪审团起诉书起诉，而有的州则一般允许以检察官起诉书对重罪案件提起控诉。通常在须以大陪审团起诉书起诉时，先由检察官向大陪审团提出申请公诉书[bill of indictment]，如果大陪审团经过审查认为有足够的证据支持指控，并将犯罪人交付审判，即在申请公诉书上签署"准予起诉"[true bill]的字样来批准起诉，否则即签署"不予起诉"[no true bill; not a true bill; not found]。如果是大陪审团自己发现某犯罪行为，并主动提出的起诉书，有时也称作大陪审团的起诉报告[grand jury original 或 presentment]。

Indictment de felony est contra pacem domini regis, coronam et dignitatem suam, in genere et non in individuo; quia in Anglia non est interregnum. 〈拉〉对重罪的起诉，是指控某人对一般意义上的国王陛下，及其王权、尊严犯有罪行，而不是指对国王个人犯有罪行；因为在英格兰帝祚永续。

indictment for wrongful death 〈美〉对不当致死的控告 旧时某些州的制定法规定可以提起的一种诉讼，用以对因不法行为而导致的死亡寻求获得赔偿。现这些制定法已被依照《坎贝尔勋爵法》[Lord Campbell's Act]的模式制定的法律所取代，后者允许就此提起民事诉讼。

indictor n. 控告人；使他人受到刑事起诉者

in diem 〈拉〉一天 (⇨de die in diem)

indifferent a. 不偏不倚；中立的；漠不关心的；冷淡的

indifferent person 中立者 与诉讼各方当事人无利害关系，能够公正行事，对任何一方均不存在偏见的人。

indigena 〈拉〉(英格兰古法)土著国民；被归化者 (⇨alienigena)

indigent defendant 贫困被告人 指因过于贫困而无力聘请律师的被告人。在刑事诉讼中，贫穷被告人可获得法院为其指定的辩护律师的帮助，并免予承担法庭费用。

indigent relief (=poor relief)

indigestion n. 消化不良；不消化；消化不良症 不属于人寿险或意外险保单中所谓严重疾病[serious disease]。

indignity n. 侮辱 指以各种方式对他人的情感、自尊和荣誉而不是身体进行损害，造成他人难堪、亲朋疏离等。被侮辱者可请求损害赔偿。其在夫妻间构成离婚理由。 (⇨personal indignity; mental cruelty)

indirect a. 间接的；迂回的；曲折的；非直截了当的；不坦

诚的

indirect attack 间接反击;间接反驳(⇨collateral attack)

indirect bounty 间接补贴 由政府间接支付的出口补贴。其做法是对出口商品免征其如在国内销售或消费本应缴纳的国内税或其他财政负担。

indirect confession 间接供认 从被告人的行为推断的供认。

indirect contempt 间接藐视法庭(⇨constructive contempt)

indirect corporate purpose 间接的共同目的;远期的共同目标 指一种目标,其直接的、即时的效果对其成员不产生影响,但其有益的作用以后终将被感受到。追根溯源时,则恍然大悟,会予以正确的评价。

indirect evidence (=circumstantial evidence)

indirect review 间接评议 对判决的来自法院以外的有关方面的评议。

indirect solicitation 间接请求 用于指交通事故损害赔偿案件的律师以各种迂回的方法接近受害人,试图对其索赔请求权加以控制。这种行为受到法律的禁止和处罚。

indirect tax 间接税 对某些权利、特权和团体特许权征收的税,如特权税[privilege tax]、特许权税[franchise tax]。对某一事件的发生所征收的税,以别于对其有形成果所征的税。总的说来是指按照价值直接对财产征收的税之外的各种税,大致上是指那些税负可以转移给其他人的税,或那些由不负法定纳税义务的人所交纳的税。

In disjunctivis sufficit alteram partem esse veram. 〈拉〉可供选择之条件,其中一项实现,则条件即已完成。

indispensable evidence 必要证据;必不可少的证据 无此证据,某一事实即无法得到证明。

indispensable parties 必不可少的当事人 指与诉讼结果有利害关系,必然会受到法庭判决的影响,因而必须参加诉讼的当事人。如果该当事人未参与到诉讼中来,诉讼程序即无法进行,法庭也无法作出充分的或正确的判决,因而诉讼应予终止。(⇨necessary party)

indispensable repairs 必要维修;必要维护(⇨necessary repairs)

indisputable a.不容争辩的;不容置疑的;确实的

indisputable presumption (=irrebuttable presumption)

in dispute 在争论中;有争议的(⇨dispute)

indissolvable union 不可解散的联盟 指美国的州联盟[Union of the States]。

indistanter 立即;即刻

indistributable a.不可分发的;不可分类的

inditee 〈法〉(英格兰古法)被控告者;刑事被告人(=indictee)

indiuciae legales 〈拉〉〈苏格兰〉从被告被传讯到出庭之间的时间;从签发令状之日到回呈令状之间的时间

individual a.个别的;单独的;个人的;个体的;独特的
n.个人 区别于集团[group]或阶级[class]的单个人,同时,也区别于合伙、法人或社团,指私人或自然人。但在一定场合,也指拟制的人[artificial person]。本词过去曾被认为是替代男人[man]、女人[woman]或人[person]的不规范用法,被替代的语词男人、女人或人当然是更具体特定的,一般也更优先使用。individual 一般限制在区分单个人与一群人时使用。single 与 individual 的区别在于:前者更强调单个性质、独自的性质,而后者强调对立于一群人的意义。

individual assets 个人财产;个人资产 在合伙法中指合伙人私人的独立的财产,与其合伙企业的资产相区别。

individual banker 〈美〉私人银行 无法人团体或公司资格的银行,其存在一般为法律所禁止。(=private banker)

individual debts 个人债务 指合伙人的个人债务,以区别于企业债务或合伙债务。

individual enterprise 个体企业(⇨private enterprise)

individual estate 个人财产(⇨separate estate of wife)

individual liability 个人责任(⇨personal liability;superadded liability)

individually ad.以个人资格(或身份);分别地;个别地;各自地 例如:赠与夫妻的财产,一般为共同共有[entirety],但如赠与时指明为各自所有,则该项财产应为分别共有[moieties],各得1/2。

individual operator's license 个人驾驶执照(⇨operator's license)

individual proprietorship 个人独资企业;个人独资企业主 (=sole proprietorship)

Individual Retirement Account/I.R.A. 〈美〉个人退休金账户 指允许个人每年从其所得中扣留有限的余额存储于退休金账户,这部分余额就可免于缴纳所得税,国内所得税法对这种可免税的预提收入有一定的限制,如该纳税人或其配偶是否参加了由其雇主提供的合格的退休计划;规定提留退休金的最高余额等。

Individual Retirement Act/I.R.A. 〈美〉《个人退休法》 允许个人纳税人每年提取其应税收入的一定数额纳入其个人退休计划或账户[Personal Retirement Plan or Account]的法律。该法系以1974年《退休金改革法》[Pension Reform Act]为基础制定。美国国内税收法典[Internal Revenue Code]规定了总应税收入中可提留养老金的最高数额。

Individual Retirement Annuity/IRAN 〈美〉个人退休年金

Individual Retirement Bond/IRB 〈美〉个人退休债券

individual rights 个人的基本权利;宪法赋予的个人权利(⇨fundamental right)

individual system of location 〈美〉分别定位系统 先前某些州用以通过测量来标明公共土地位置的用语,每一份授权证[warrant]要求的土地都是分别测量的。

individuo 完整的;不可分的(⇨in individuo)

individuum 〈拉〉(罗马法)不可分的;不可分割的;不可分离的

indivisibility n.不可分性;不可分割性(⇨entirety)

indivisible a.不可分的;不可分割的;不可分离的

indivisible contract 不可分合同 指该合同不能划分为部分内容无效而部分内容有效且可强制执行。(⇨divisible contract;entirety of contract;severability of contract)

indivisible statute 不可分割的制定法 此类法律的特征在于其不能部分无效而部分得以执行。

indivisum 〈拉〉两人或两人以上共同共有之物;未分割之物

indoctrination of prospective jurors 〈美〉对候选陪审员的培训 内容涉及法庭程序、一般法律原则等。这一做法从理论上来说可能是有益的,但在实践中则被认为是危险的,且通常受到法院的指责。

indominicata (=terra dominica)

in dominico 〈拉〉(土地)占有;领地(⇨demesne)

indorsat 〈拉〉被背书的

indorse v.❶(在票据背面)签名;背书 ❷批准;赞同;认

可 ❸保证；担保 ❹签注；批注 除了表达赞同这一含义外，该词在非法律场合与"endorse"通用。但在与流通票据相关的法律含义中，美国主要采用"indorse"，例如在美国统一商法典[Uniform Commercial Code]中；而在英国的商业文件中，"endorse"较为常见。在美国马萨诸塞州[Massachusetts]的一些案件中，应当支付诉讼费的一方当事人要在令状的背面签名，以示认可。（⇨endorse; indorsement）

indorsed note 经背书的本票 已由收款人[payee]或由收款人和前手被背书人[prior indorsee]背书的本票[promissory note]。

indorsed over 背书转让 背书并交付。

indorsee n.被背书人；背书票据受让人 在票据的特别背书中被指名的人。如唯一的背书或最后的背书是空白背书[blank indorsement]，则票据所有人是持票人[bearer]。

indorsee in due course 手续正当的被背书人 指普通商业行为中，善意、有偿地在票据到期日前取得流通票据的人，其并不知道该票据实际上已被止付。

indorsement n.背书 字源为拉丁文 indorsa，为在背面书写之意。①流通票据持有人为转让其票据权利并承担由此产生的法律责任，而在票据背面签名记载的行为或事实。背书人的背书行为不仅转移受让票据的完整的权利，而且产生一个明示或默示合同的效力，如对票据支付的默示担保等。这种合同的内容视背书签名旁的其他特别的言词而定，系一新增的、独立的、实质意义上的合同。②不以转让或设定义务为目的而在票据背面所作的书写。③在任何文据背面或空白处的任何书写，无论发生何种法律效力。

indorsement after maturity 到期日后的背书 票据的一种背书，总的说来其法律后果是：持票人所持有之该票据的权利从属于原当事人之间存在的权利。

indorsement before due 到期前背书 对尚未到期的票据或单据的背书，其法律后果是：持票人不受因原当事人之间权利而发生的抗辩的影响。

indorsement for account of 入…账背书

indorsement for clearing house purposes only 仅用于票据交换所的背书 银行在办理托收业务时为方便票据交换按通常形式所作的背书，这种背书并不表明托收行是票据的所有人。

indorsement for collection 托收背书（⇨for collection）

indorsement for deposit 银行托收背书 表明只有被背书的银行才是托收代理人的限制性背书。（⇨for deposit）

indorsement in blank 空白背书；不记名背书（⇨blank indorsement）

indorsement in full 完全背书；记名背书（⇨full indorsement）

indorsement of address 住址背书 如果诉讼是由原告律师提起的，律师需在每一张传票上背书原告住址，以及本人的姓名、其事务所及开业地址，如果他是另一律师的代理人，即复代理，则还需背书其原代理律师[principal solicitor]的姓名、其事务所及开业地址。原告自己提起诉讼的，每张令状需背书其地址和职业。

indorsement of ballot 选票背书 有的制定法要求选举官员在向选民分发的选票上签名。

indorsement of claim 〈英〉诉讼请求背书；请求要旨附记 在高等法院发出的传票[summons]上必须简要地附记上原告的诉讼请求[statement of claim]或要求的救济。如果诉讼请求未背书在传票上，原告须随传票附送一份简要的陈述书[concise statement]，述明其请求的性质或者要求的救济。如果是有关债或清偿债务之诉，则令状上应记明：债的数额、诉讼费用以及如果被告人在开庭前的时间内偿还了债务，诉讼停止的有关事项；如果是有关土地所有权之诉，则令状上应记明：此诉讼请求是否与土地之上的房屋相关，如果相关，房屋连同土地的估价值在伦敦是否超过400英镑，在别处是否超过200英镑；如果是有关货物所有权之诉，则令状上应证明货物的价值。

indorsement of deed 契据背书 指契据上具有财产移转效力的背书，是使财产有效转让的文字。（⇨in the within deed）

indorsement on indictment 大陪审团起诉书的背书 在大陪审团起诉书上注明"应予起诉"[true bill]。（⇨indictment）

indorsement on information 检察官起诉书的背书 注明控方证人的姓名。

indorsement on instruction 说明书背书 法官在审判中在律师向他提交的说明书上，根据案情注明"接受"[given]或"拒绝"[refused]的字样。如果法官因疏忽而未作此背书签注，通常认为属于无害错误[harmless error]。

indorsement on policy 保险批单 通过书写、打印或印刷对原保单的实体内容增加，这批注可在保单空白处、保单背面或加贴纸张于保单之后。

indorsement on writ 令状背书 令状执行官员在回呈令状时必须在令状下面注明其执行送达的情况或未能送达的情由；未经背书的令状，是尚未进行送达的令状，不能被认为是有效回呈的令状。

indorsement sans recours 〈拉〉无追索权的背书（⇨without recourse）

indorsement with enlarged liability 扩大责任的背书 单据或流通证券的背书人在签名背书时另行注明"免除付款请求、通知义务并免作拒付证书，保证支付"字样。

indorsement without recourse 无追索权的背书（⇨without recourse）

indorser n.背书人；转让人（⇨indorsement）

indorser duly notified in writing 被及时书面通知的背书人 制作票据拒付证书时采用的词语。

indorser not holden 不受追索之背书人（⇨without recourse）

in dorso 〈拉〉在背面

in dorso recordi 〈拉〉在记录的背面

In dubiis, benigniora praeferenda sunt. 〈拉〉在疑难之际，应采用较为适宜的见解和较公允的解释。

In dubiis, magis dignum est accipiendum. 〈拉〉在疑案中，应采纳或接受更有价值的[more worthy]的观点。

In dubiis, non praesumitur pro testamento. 〈拉〉在疑案中，不得作出有利于遗嘱的推定。

in dubio 〈拉〉有疑问的；在存疑状态中；在疑案中

In dubio, haec legis constructio quam verba ostendunt. 〈拉〉在疑案中，应采用词语明示的意义。

In dubio, pars mitior est sequenda. 〈拉〉疑案从轻（处理）。

In dubio pro dote, libertate, innocentia, possessore, debitore, reo, respondendum est. 〈拉〉有疑，解答[response]则利于遗孀、自由人、无辜者、占有人、债务人和被告人。

In dubio, pro lege fori. 〈拉〉存疑时法院地法优先。

In dubio, sequendum quod tutius est. 〈拉〉对疑案应采

用更可靠的方案。
indubitable proof 确证 指不但证据本身可靠,同时具有证明事实确凿、无可置疑的效力。
induce v. 教唆;引诱;诱发;劝诱;招致
induce and encourage 教唆、引诱和怂恿 包括各种形式的影响和劝导。
induced error 被教唆的错误行为;诱发错误(⇨invited error)。
inducement n. ❶引诱;劝诱 ❷立约诱因 ❸犯罪动机 ❹(诉状的)引言部分 尤指在诽谤之诉中,原告声称外在事实使得某一表面上不具毁坏名誉之嫌的陈述带有了毁誉之意味;或者指在刑事起诉书中需要显示被指控犯罪的刑事特征的初步事实陈述。(⇨entrapment)
inducement of breach of contract 劝诱违反合同;诱使违约 某人无正当理由劝诱他人违反其已与第三人订立的合同,如证实导致损害则属可诉之侵权行为。但是,根据英国 1974 年《工会与劳资关系法》[Trade Union and Labour Relations Acts],某人意图对劳资争议[trade dispute]施加压力而实施下列行为的,不构成可诉之侵权行为:①劝诱他人违反合同,或干预、劝诱任何其他人干涉合同的履行;②威胁其将破坏合同(不论其是否为该合同当事人)或干涉合同的履行,或其将劝诱他人破坏合同或干涉合同的履行。英国 1894 年《商船法》[Merchant Shipping Act]对劝诱海员抛船的违约行为也作了规定。
induciae 〈拉〉(国际法)停战;休战;停战协议
induciare 〈拉〉推迟;延期;暂缓;休会
inducing cause 诱因(⇨procuring cause)
induct v. 引入;引导;(通过正式仪式)使就职;征召…入伍
inducted a. 被引导的;被委以任职的;应征入伍的
inductio 〈拉〉涂抹;删除
induction n. ❶入伍;入会;就职 ❷(教会法)就职 指神职人员的正式就任,通过若干象征性的仪式实际拥有圣职的收益[temporalities]。
Inducti sunt in carcerem et imparcati. 〈拉〉他们被送进监狱并遭到监禁。(⇨imparcare)
inductive method 归纳法 由个别现象归纳出一般规律。
in due course 以正常途径;以正当程序(⇨holder in due course)
in due course of transportation 在正常运输中 从货交承运人接管至货交收货人或代收人之间的一个时段,一般作为货物运输保险合同的保险期间。具体指按预定的路线将货物从一地运往另一地的实际运输期间和停驻期间,不包括绕航期间。
indulgence n. ❶宽容;纵容 ❷延期;延期优惠 ❸(罗马天主教)特赦;豁免 ❹〈英〉(给予不从国教者的)信教自由特许
indult (= indulto)
indulto ❶〈西班牙古法〉国王对罪犯的赦免 ❷(教会法)教皇的特许 准许他人做教会法和普通法所禁止之事,如特许主教在大斋节中缓和禁食的严格性。宗教改革后这种特许权被废存。
indument (= endowment)
in duplo 双倍;双倍数额;双倍损害赔偿
in duplum 双倍数额
industria 故意地;有意地(⇨ex industria)
industrial accident commission 〈美〉工业事故委员会 管理工人事故赔偿的行政机构。在其他州亦称劳工赔偿委员会[workmen's compensation commission]。

industrial accident fund 工业事故基金(⇨state insurance fund)
Industrial and Provident Societies 〈英〉工业福利协会 按照 1965 年到 1975 年间的《工业福利协会法》[Industrial and Provident Societies Acts],由工人依合作原则组建的消费合作组织。其目的在于以批发价格购消费品,并以微利价出售给作为合作者的工人。依照 1965 年和 1967 年的《工业福利协会法》,该类协会得向其成员提供信贷。此外,该类协会得依据团体所得税法[Income & Corporation Taxes Acts]享受所得税减免待遇。
industrial arbitration 工业仲裁;劳资仲裁
Industrial Arbitration Board 〈英〉劳资仲裁委员会 1919年建立的一个作为劳资法庭[Industrial Court]的机构,可设两个或更多的法庭。列入仲裁员名单的包括中立成员、代表雇主的成员、代表雇员的成员。全体成员均由就业大臣指定。提交给法庭的事项可由独任仲裁员负责审理并作出裁决。在成员意见不一致时,则由主席作出决定。1974 年该组织被更名为劳资仲裁委员会。
industrial assurance 劳工人身保险 以劳工人身安全或健康为保险对象的商业保险或社会保险,其保险费一般按周或按月收取。在英国,这种保险业务只能由已经注册的保险公司、工业福利会社[Provident Society]或已登记的互助会[Friendly Society]经营,并受特别立法约束。互助会总注册官[Chief Register]作为劳工人身保险管理者,有权控制、管理该保险业务,根据法律他还具有行政与司法职能。劳工人身保险公司或互助性会社可以签发的保险单种类及保险金额是受到限制的。对此种保险业务的经营方式还有广泛的法律控制,如禁止取消保险单的规定等。
industrial award 〈英〉劳资法庭的判决 依照 1919 年《劳资法庭法》[Industrial Courts Act]作出的确定雇佣条件的判决。
industrial bank 工业银行 一种特殊类型的银行,其主要业务是以分期付款方式向工薪阶层中有良好信誉者提供信用贷款。
industrial blindness 工业失明 视力受损达到不能从事工业职业的程度。
industrial bounties 〈美〉工业补贴 国会法案规定用以促进国家防务的工业补贴。
industrial commission (= industrial accident commission)
Industrial Council 〈英〉劳资协商会议
Industrial Court 〈英〉劳资法庭 1919 年创设,由劳资双方代表组成,均由劳工部部长[Secretary of State for Employment]委派,处理劳资纠纷案件。1974 年改名为劳资仲裁委员会[Industrial Arbitration Board]。(⇨Industrial Arbitration Board)
industrial design 工业产品设计(⇨design)
industrial development 发展工业;工业的发展 指:①建立工业开发区;②为开发区引进工厂;③新建工厂。
Industrial Development Advisory Board 〈英〉工业开发顾问委员会 属国务大臣的咨询组织。
industrial development bond 工业发展债券 在美国,这是指由市政当局发行以吸引私人工商业发展的债券,其收益用于建设私人工商营业设施,通常则由工商企业从市政当局租得这些设备,而租金应与债券利息和本金的分期偿还额相当。
industrial disease 工伤及职业病 ①因工而致的意外伤害;②因工作条件和工作场所影响健康而导致从事某种

职业者易患的疾病,患者可按工伤得到赔偿。
industrial dispute 劳资纠纷;劳动争议; ⇨labor dispute; strike)
industrial district 工业区(⇨industrial zone)
industrial establishment 工业企业 从事生产的企业,尤指需投入资本和劳动力的制造业。
Industrial Estates Corporations 〈英〉工业地产公司 依照《地方雇佣法》[Local Employment Act]和《工业发展法》[Industrial Development Act]分别在英格兰、苏格兰和威尔士建立了三个工业地产公司。
industrial goods 工业用商品 指用以生产其他商品,即可以充当生产资料的某些商品,与单纯用于生活消费的商品相对。
industrial homework 工业家务 指可在家中完成的工业活动。(⇨home work)
industrial hospital 劳工医院 铁路或工业企业为其雇员利益而开办的医院,通常由雇主出钱或由雇主、雇员各分担一部分资金来维持经营。
industrial injuries 工伤 由于从事的职业所导致的伤害,可由工伤福利受偿;如果是恶意致伤,还可依普通法或制定法寻求赔偿。
industrial injuries benefit 工伤福利(⇨Social Security Act)
industrial insurance 劳工保险 一种人寿保险,其主要目的是向被保险人提供最后的治疗和丧葬费用。其特征为保险合同所约定的金额相对较小,保险费要按月支付,并且由保险公司所雇的收费人逐户收取。
industrial law 工业法 是有关雇佣和雇主与雇员关系——20世纪前被称为主仆关系——的法律的一个概括的术语,包括雇主协会和行业工会、罢工、争端等劳资关系方面的法律。尽管其名为工业法,但不限于工业雇佣,也包括农业、商业和其他方面的雇佣。它不是法律的独立分支,只是为了便利而对数个法律部门中相关法律的总称,主要来自于合同法和侵权法。
industrial life insurance 劳工人身保险(⇨industrial insurance)
industrial property 工业产权 指具有实用价值的权利,如商标、专利、外观设计与专有技术[know-how]上的权利。
industrial railroad 工业铁路 为了便捷和效益而在工厂厂区内修建的铁路。
industrial relations 劳资关系 雇主和雇员之间的各种关系。包括集体谈判、安全问题、雇员福利等。
industrial relations court 〈美〉劳资关系委员会 是一个立法机关,规范和调整劳资关系的管理委员会。
industrial relations department 劳资关系委员会;工业关系部门 执行劳工赔偿法的政府部门。在有些地方被称为劳工赔偿委员会[workmen's compensation commission]。
Industrial Reorganisation Corporation 〈英〉工业重整公司 由1966年《工业重整公司法》[Industrial Reorganisation Corporation Act]创设,为1971年《工业法》[Industry Act]所解散。
industrial revenue bonds 〈美〉工业收益债券 一种由地方政府发行的债券,用于集资购买或建造设备、设施,出租给私人公司以鼓励、发展私人企业,并以租赁收入偿还债券本息。
industrial school 工读学校 教育不良青少年以及家庭破裂或父母不能监管的青少年的机构,使其养成劳动的

习惯,具有道德感,免受不良同伴的消极影响。
industrial tribunals 〈英〉劳资法庭 根据1964年《工业培训法》[Industrial Training Act]设立,处理解雇或裁员等各种雇佣关系纠纷。如对其裁判不服,可诉至劳工上诉法庭[Employment Appeal Tribunal]。
industrial union 产业工会 以特定产业的所有工人为会员,并不考虑其工种或技能。
Industrial Workers of the World/I.W.W. Wobblies 世界产业工人 19世纪末20世纪初,工会曾保证要采用法律以外的方式使工人获得社会上的最高地位。
industrial zone 工业区 依照分区法规[zoning ordinances],可建设和运营工厂的地区。
industry n.❶工业;产业;行业;企业 ❷勤劳;勤奋 ❸工业企业的资方人员(工业界)
industry affecting commerce 工业影响商业 在美国《塔夫脱-哈特利法》[Taft-Hartley Act]中,指商业中有工业成分,或者是劳资纠纷对商业负担和自由流通产生影响。
industry wide liability 工业责任(⇨enterprise liability)
indutiae (= induciae)
in eadem causa 〈拉〉在相同情况下;在相同案件中 亦可指长期处于同一状态之人,如长期处于麻醉状态下之人,不论是过量饮酒,还是过量使用吗啡、鸦片。
inebriate n. 酒鬼;醉汉;酗酒者
v. 使醉;灌醉
inebriated a. 酒醉的
inebriation (= intoxication)
inebriety (= intoxication)
in effect 实际上;有效;生效;在实施中
ineffective assistance of counsel 〈美〉律师的帮助无效 帮助无效不仅指被告败诉,而是指律师帮助的质量很差,以至于他从整体上忽视了履行其责任。依宪法第六条修正案,刑事被告人应有律师帮助其进行辩护。"律师的帮助无效"可成为指责判决的理由。
ineffectual judgment 无实效的判决 指判决为胜诉方提供了充分的救济,但由于实际上的缺陷而无法为之执行。
inefficiency n. 无效率;无能;不称职
In ejus unius persona veteris reipublicae vis atque majestas per cumulatas magistratuum potestates exprimebatur. 〈拉〉古老国家的权力和尊严通过最高统治者的集合权力在一人身上体现出来。
ineligibility n. 无资格;无被选举权;不合格(⇨ineligible; incapacity)
ineligible a. 无资格的;无被选资格的;不合格的
in emulationem vicini 〈拉〉由于邻居积仇;由于解不开的仇恨 用于指泄愤的行为,或为泄愤而进行的诉讼,以伤害或滋扰他人为唯一目的。
In eo quod plus sit, semper inest et minus. 〈拉〉谈及大的,当然也就包括其中之小的。
in equal shares 平均分享 该词有时可表示对个人而不是对集体的赠与。
in equal wrong 过错相同(= in pari delicto)
inequitable a. 不公正的;不合乎衡平原则的
inequitable conduct 不公正行为;不合理行为;违反衡平原则的行为
in equity 在衡平法院;借助衡平程序
inescapable peril 不可避免的危险 指原告依靠自身力量无力避免而应由被告采取行动予以避免的危险,属于"最后明显机会原则"[last clear chance doctrine]的重要内

in esse 〈拉〉实在的；实存的；存活的 与"尚未存在"[in posse]相区别。如已出生的孩子为"in esse"，出生前的孩子为"in posse"。(⇨in being)

in essentialibus 〈拉〉本质上；实质上；基本上

Inesse potest donationi, modus, conditio sive causa; ut modus est; si conditio; quia causa 〈拉〉在赠与契约中可能会有方式、条件或原因。用"依照"[ut]一词引进方式；"如果"[si]引进条件；"因为"[quia]引进原因。

In est de jure 〈拉〉是为公理或法律所默许。

in evidence 已被采纳为证据的 指证据被提交给法庭，并已被采纳。facts in evidence 即指有证据被采纳的事实，已具证的事实。

inevitable a. 不可避免的；无法规避的；必然(发生)的

inevitable accident 不可避免的事故；不可避免的意外 ①在当时条件下，采取任何合理与可行的谨慎和预防措施都无法避免的、非故意的和不希望发生的灾难，如突然死亡或生病；②自然灾害，如闪电、暴风雨、海事危险、地震。(⇨act of God; inevitable casualty; unavoidable accident)

inevitable casualty 不可避免的严重伤亡事故 常用于租约起草中的术语，指出租人和承租人均未直接参与的、不能预见的、意外的、异常的事故。(⇨inevitable accident)

inevitable discovery rule 〈美〉必然发现规则 该规则规定，对以非法手段取得的证据，如果控诉方能够证明该证据最终必然也会以合法手段取得，则具有可采性。它构成证据排除规则[Exclusionary Rule]的一个例外。(⇨fruit of poisonous tree doctrine)

inewardus 看守人；保管人；监管人；监护人

in excambio 〈拉〉供交换 古时交换契约[deed of exchange]中的正式用语。

inexcusable neglect 不可宽恕、辩解的过失 意味着毫无疑问的明显的错误判断，不仅仅是一般人基于人性的通病难免会有的疏忽或过失。

in execution and pursuance of 为执行；为使生效 表示该文件意在使其他文件得以生效执行。

in exitu 〈拉〉在争论中 (⇨in issue)

in expectancy 在期待中；期待的 (⇨estate in expectancy; expectancy)

in expectation 期待中的 用于地产权时，该术语与"占有中的"[in possession]正相反。二者都意指获得被授予的、不可取消的权利，但"占有中的"指立即享受权利，而"期待中的"指权利的享受被延期了。

In expositione instrumentorum, mala grammatica, quod fieri potest, vitanda est 〈拉〉文件起草，应尽可能避免语法错误。

in extenso 〈拉〉完全的；详尽的；无遗漏的 相当于"unabridged"。

in extremis 〈拉〉临死时；临终

in eyre 在巡回中 (⇨adjournment in eyre)

in facie curiae 〈拉〉在法庭前

in facie ecclesiae 〈拉〉在教堂 在英格兰，婚礼只有在教堂中举行，或者由神职人员主持在别处举行，才能被认作是"在教堂"举行的，妻子才能得到她的嫁妆。(⇨marriage in facie ecclesiae)

in faciendo 〈拉〉真实的；实施中的；见诸客观事实而不是见诸理论的；见诸客观情况而不是见诸法律的

in fact 事实上的；实际的；源自当事人行为的(而非源自法律的作用或含义)

in facto 〈拉〉事实上的；实际的；真实的；源自当事人行为的(而非源自法律的作用或含义) (⇨in fact; in deed)

In facto quod se habet ad bonum et malum, magis de bono quam de malo lex intendit 〈拉〉对既得视为好又得视为坏的行为，法律应较多地注意其好的一面。

infalistatus 〈英格兰古法〉露置于海滩之上 亨汉姆[Hengham]的著述中提到的一种刑罚。

infamia 〈拉〉臭名；声名狼藉；臭名昭著

infamia facti 〈拉〉事实上的不名誉；事实上有罪 但在法律上尚未证明。

infamia juris 〈拉〉因犯罪而部分丧失公权

infamis 〈拉〉(罗马法)臭名昭著的；声名狼藉的；(因其不名誉职业或犯罪)丧失(部分)公权的

infamous a. 声名狼藉的；臭名昭著的；无耻的

infamous conduct 〈英〉不名誉的行为；行为不正 据1956年《医疗法》[Medical Act]，医药总会[General Medical Council]、纪律委员会[Disciplinary Committee]可因医生的职业行为的不诚实、不道德而判处医生犯有不名誉职业行为的罪行。医生可能会因此丧失执业资格或被暂时停业。

infamous crime 丧失廉耻的犯罪；不名誉罪 在普通法上，指可处以丧失名誉或地位惩罚的犯罪。犯本罪者将被宣布取消其陪审员资格、担任某一公职资格或丧失作证权，如伪证罪、叛国罪和诈骗罪。在美国，指可判处监禁刑的任何犯罪。根据美国宪法第五条修正案，对不名誉罪或死罪(包括所有的联邦重罪)的指控必须以大陪审团起诉书提起。(⇨indictable offense)

infamous crime against nature 违反自然的不名誉罪(⇨pederasty; penetration per anum; sodomy)

infamous offense (= infamous crime)

infamous punishment 耻辱刑 适用于重罪犯，而非轻罪犯。在200年前，耻辱刑包括死刑、绞刑、枷刑、烙刑[branding]、鞭笞刑、服苦役及截耳、刈发[cropping]。殖民时期，鞭笞刑和枷刑不被认为是耻辱刑，但现代可能被认为是耻辱刑。被监禁于监狱或教养所被认为是耻辱刑。(⇨punishment)

infamy n. ❶声名狼藉；臭名昭著 ❷(因犯不名誉罪而)丧失名誉或地位

infancy n. ❶未成年 未达法定成年年龄[legal majority]的人为未成年人。普通法认为成年年龄为满21岁，现在通常为满18岁。普通法关于刑事责任年龄的划分是：7岁以下为不具有刑事责任能力；7岁至14岁为"推定缺乏刑事责任能力"，即如果在缺乏证据证明有责任能力的情况下就被推定为没有责任能力；14岁以上为完全刑事责任能力。如今，美国许多州通过制定法对刑事责任能力年龄作了一些变动，而且许多司法管辖区采用少年法庭法律规定的年龄界限——必须或可以在少年法庭接受审判的被告必须不满一定的年龄——通常为18岁。由于未成年人生理、心理不成熟，其认识和意志结构不健全，因而成为合法辩护理由之一。 ❷幼年；婴儿期

infangenthef 〈英格兰古法〉庄园内盗贼裁判权 这是庄园领主从国王那里领受来的一种特权，对庄园内盗贼有裁判权，后随王室法庭兴起而消失。(⇨outfangthef)

infangtheefe (= infangenthef)

infangtheft (= infangenthef)

infans 〈拉〉(罗马法)幼儿 最初指不会说话的儿童[quasi impos fandi]，后指7岁以下的儿童。

Infans non multum a furioso distat 〈拉〉幼儿与心智丧

失者相差无几。

infant n. ❶幼儿；新生儿；婴儿 ❷未成年人 指未满法定成年年龄之人。其在行为能力等方面受诸多限制，如合同能力、结婚能力。美国普通法成年年龄为 21 岁，现一般为 18 岁，在某些州法律中规定可因结婚而成年；英国成年年龄为 21 岁，但 1969 年《家庭法改革法》[Family Law Reform Act]将之降低到 18 岁，该法同时规定任何未达法定成年年龄的人都称"minor"以替代"infant"。所以，在指未成年人时，用"minor"更为准确，不易产生混淆。（⇨child；minor；infancy；emancipation；legal capacity；majority；natural infancy）

infantia 〈拉〉（罗马法）幼儿 自出生至 7 岁。

infanticide n. ❶（尤指父母或未经其同意）杀害婴儿 古代用法也包括对胎儿的杀害。❷杀婴者

infantile paralysis 小儿麻痹症；骨髓灰质炎

infanti proximus 〈拉〉（罗马法）近幼儿 ①指会说话但无理解力的儿童；②指 7 岁以下的儿童。

Infants' Marriage Act 〈英〉《未成年人婚姻法》 一部英格兰制定法，允许未成年人通过法庭许可而订立有效的婚姻协议[marriage settlement]。

infanzon 〈西〉贵族 指出生于贵族之人，能在其领地或继承产范围内行使他所承受的权利或特权。

infatuation n. 着迷；迷恋；痴迷 指无原因而被吸引。

In favorabilibus magis attenditur quod prodest quam quod nocet. 〈拉〉对受欢迎的事物，人们较多地注意其有利的方面，而较少地注意其有害的方面。

in favorem libertatis 〈拉〉利于自由

in favorem prolis 〈拉〉利于子孙后代

in favorem vitae 〈拉〉利于生命；利于生活

In favorem vitae, libertatis, et innocentiae, omnia praesumuntur. 〈拉〉在无论何种情况下，世间万物，可视为无不有利于生命，有利于自由，天真无邪。

infected a. 受感染的；受污染的

infectious a. ❶传染的；传染性的 ❷有感染力的；易传播的 ❸（因夹带违禁品而）可使全部货物受到没收处分的

infectious disease 传染病

in fee 〈拉〉自由继承 指不动产的自由继承。意同 in fee simple。（⇨fee simple）

in fee simple 自由继承；非限嗣继承（⇨fee simple）

in fee tail 限嗣继承（⇨fee tail）

infeft v.（土地的）封赠；分封；转让（= enfeoff）

infeftment n.（土地的）封赠；分封；转让（= enfeoffment）

infensare curiam 〈拉〉"不可造次！" 法庭向律师提醒某件其因错误或疏忽而忽略的事情时使用的术语。

infeodare 授予（某人）封地（或世袭地等）

infeodatio (= enfeoffment)

infeodation (= enfeoffment)

infeodo (= in fee)

infeoffment (= enfeoffment)

infer v.（根据已知事实等）推断；推定

inference n. ❶推论；推理；推断 ❷推断的结果；结论

inference on inference rule (= rule of inference on inference)

inferential facts 根据推论得出的事实 指从其他事实中，而非根据直接的证据得出的事实。

inferior n. 下级；部下；权力较小者；等级较低者
a. 下级的；部下的；权力较小的；等级较低的

inferior agent 次级工作人员 指公司的普通雇员，他的工作范围和行事方式受上级指挥。区别于管理层次的工作人员[managing agent]，后者被授予包括判断和自由裁量的一般权力。

inferior court 初级法院；低级法院 指某一特定的司法系统内级别较低、并要接受高级法院令状管理的法院。它的审判权通常由法律加以规定，负责有限的或特殊的管辖。其案卷须载明其对某一案件有管辖权，以此推定其所作裁决的有效性，当事人有权对法院的管辖权提出异议。对于低级法院作出的裁决，当事人有权向高级法院提出上诉。

inferior equity 衡平法上的从属权利；次位权利（⇨junior equities）

inferior use （对公共土地的）次要使用 由于公共需要而征用土地，不作较高级的使用，而作较低级的使用。

inferred a.（根据已知事实）推断的

inferred promises 推定允诺；默示允诺 指通过沉默或行为而非言词所表达的允诺。某人的沉默有时可推定为接受，有时可推定为拒绝（如对反要约[counteroffer]的沉默），这最终依案件的具体情势而定。

infeudation n. 〈英〉❶赐封采邑；授予（某人）封地（或世袭地等）❷将什一税收入赐予俗人（⇨enfeoffment）

infeudation of tithes 授予俗人收受什一税的权利

in feudis stricte novis 〈拉〉在新封地里

in feudis vere antiquis 〈拉〉在世袭封地里；在老封地里

inficiari 〈拉〉（罗马法）否定；否认 指否定原告的主张，尤指否定债务。也写作"infitiari"。

inficiatio 〈拉〉（罗马法）否定；否认 指拒绝承认某项债务或义务，否定原告的主张。也写作"infitiatio"。

In fictione juris consistit aequitas. 〈拉〉法之拟制为衡平法所支持。

In fictione juris semper aequitas existit. 〈拉〉拟制中常有公平；拟制总是与公平一致。

In fictione juris semper est aequitas. 〈拉〉拟制中常有公平。

In fictione juris subsistit aequitas. 〈拉〉在适用拟制时，公平是最重要的原则。

infidel n. ❶不信宗教者；无宗教信仰的人 普通法不允许不信上帝者作证，但现在英国和美国大部分地区立法均已允许无宗教信仰者出庭作证。❷异教徒；不信奉基督教者

infidelis n. ❶（英格兰古法）异教徒；不信宗教者 ❷（封建法）违背效忠宣誓者

infidelitas （封建法）不贞；不忠于效忠誓言

infidelity n. ❶不信奉宗教 ❷（夫妻间的）不忠实行为；不贞 构成离婚的理由。（⇨adultery；infidel）

infiduciare 〈拉〉（古）出质财产 相当于英文中的 pledge。

in fieri 〈拉〉未决的；未完成的；在开始或发展阶段的 用于指法律程序时，泛指判决前的所有程序。

infiht （撒克逊）同室操戈 对同住一屋之人的攻击。

in fine 〈拉〉最后；结尾；完了 该词具夸张性。

infinite a. 无限的（⇨distress infinite）

infinitum 〈拉〉无限地；无穷地

Infinitum in jure reprobatur. 〈拉〉法律禁止无限。

infirm a. ❶合法性不足的 ❷（尤指因年迈而）体弱的；虚弱的 在某些情形下，身体虚弱证人的证言可被认为是暂时的。❸意志薄弱的；优柔寡断的

infirmary 医院；医务室 尤指学校、教养所等附设的病房

infirmative *a.* 弱化的；起削弱作用的　用于指证据具有削弱刑事指控或使之无效的作用或特性。该词并不常用。也有人使用 exculpatory 作为其同义词。

infirmative consideration 弱化有罪的意见　指案件中与证明被告人有罪的事实中所包含的可以弱化被告人有罪结论的认定、推测或假设。

infirmative fact 弱化有罪的事实　案件中与证明被告人有罪的事实相对的已经证明或推定的事实，它对依据有罪事实所作的有罪推论起弱化作用。

infirmative hypothesis 无罪的假设　对待刑事案件的一种态度或方式，即假设被告人是无罪的，并持此观点来解释案件中的所有罪证。

infirmity *n.* 虚弱（包括身体状况或精神状况）；疾病；病症　在人寿险、健康险或意外险投保单中常用语，指明显在一定程度上损害投保人身体状况和健康，增加其死亡或患病机会的病症。一经知道，即可能阻止保险公司签发保单。

infirmity exemption 因病豁免　宅地豁免[homestead exemption]的一种，指债务人如果体弱多病，即使他不是家长，其宅地也享受债务豁免，债权人不得从中受偿。

in flagrante delicto 〈拉〉正在犯罪的；现行犯的

inflation 通货膨胀　一种以物价普遍上涨、货币实际购买力下降为特点的经济状况。

inflation rate 通货膨胀率　在一定时期内商品和服务价格变化的比率。检测变化率的主要指标是消费者物价指数[Consumer Price Index]和生产者物价指数[Producer Price Index]。

inflict *v.* 处（罚）；加（刑）；使承受（负担）；予以（打击）

inflicted injury ❶故意伤害　由他人故意行为引起的身体伤害，不包括精神病人造成的伤害，属人寿保险合同中双重赔偿条款的免责事由。❷影响力　通过个人的能力、教育、社会地位和财富而对他人行为方式产生的影响。

influence *n.* 影响；作用；势力；权势；支配力
v. 影响；支配；感化　在某些隐含意义例如劳动关系中，指腐蚀或压倒主观意愿的压力，至少是一种超越了雇主与雇员之间单纯关系和友好交往的影响力。（⇨ undue influence）

influence of liquor 酒精的影响（⇨ under the influence of intoxicating liquor）

influence peddling 〈美〉权力叫卖　指将政治性、行政性或其他性质职位的权力与金钱等好处进行交易。权力叫卖最普遍地发生在政客和政府职员中，通常是一方答应以某种方式投票支持，而对方，即决策者，将使投票的个人或集体受益。

influencing election 影响选举　限制选民按照自己的最佳判断或良心进行投票的自由，或施加任何影响，被认为有损选举的纯洁性。

influencing jurors 影响陪审员　对陪审员施加影响以图达到所期望的判决的目的。

in force （法律等）有效；生效　就合同而言，指一份合同的效力持续存在，直至它被撤销或自愿解除或处于诉讼过程中，或根据合同规定的期限届满而终止。

informal *a.* ❶非正式的；非正规的　❷缺乏法定形式的；缺乏正当形式的　❸不要式的

informal contract 不要式合同　指不要求特定形式的合同：①一般指口头合同，即全部不采用书面形式或仅部分采用书面形式的合同，相当于 oral contract、parol agreement 等。②在普通法中，指虽以书面写成，但未盖印的合同，相当于 simple contract。

informality *n.* 非正式；不具备合法形式；不符合法定形式

informal proceedings 非正式程序；不具备合法形式；不符合法定形式　以较正式的法庭审判程序更为灵活或随意的方式进行的程序，如行政听证程序，小额索赔法院的诉讼程序等。

informant *n.* 检举人；告发人；线人　指检举或告发他人者，尤指秘密向警方提供有关犯罪情况或信息的人，有时可以此换取一定报偿或某种特别待遇。也称 informer 或 feigned accomplice。

in forma pauperis 〈拉〉以贫民的身份　业经确认有贫民身份的人进行诉讼，可免去其诉讼费用的负担。英国 1495 年和 1532 年的制定法规定，如果一个希望提起诉讼的穷人能够宣誓，除了他的衣物和他主张的标的物之外，他拥有的财产不足 5 英镑，法庭将为他指派律师并免去法庭费用。1883 年取消了这两部制定法，有关这类案件现由《法律援助计划》[Legal Aid Scheme]加以规定。

information *n.* ❶〈美〉检察官起诉书　由检察官制作并提交法院的指控刑事犯罪的正式书面文件，区别于由大陪审团批准的起诉书[indictment]。在大多数州，检察官起诉书适用于起诉轻罪[misdemeanors]案件，也有大约一半的州允许用于起诉重罪案件，有的州规定对重罪案件只有被告人放弃由大陪审团批准起诉时才可以检察官起诉书起诉。❷〈英〉（民事）起诉状；（刑事）起诉书　在性质上相当于 pleading，它是开始一些民事或刑事诉讼程序的一个步骤，亦相当于开始诉讼的令状[initial writ]。①旧时以 information 开始的民事诉讼要么是在衡平法院提起的，要么是在财税法庭[Court of Exchequer]提起的，视其所要寻求的救济的性质而定。例如普通法上的特权起诉状[prerogative process of information]即是一种以国王的名义提出的民事请求状，旨在寻求获得对国王财产造成损害的赔偿或收回欠国王的财物或金钱，它由总检察长提出。②information 是向治安法官[justice of the peace]提起刑事诉讼通常使用的方式，其中简要陈述所指控的犯罪事实，以使得可以采取适当的措施确保受指控的犯罪人能到庭应诉。③在高等法院王座分庭提起刑事诉讼的刑事起诉书[criminal information]，它可以由总检察长依职权[ex officio]提出，也可以由私诉人[private prosecutor]以国王的名义提出，但在后一种情况下，只有取得高等法院的明确指令才可以提出。这种刑事起诉书已被 1967 年《刑法》[Criminal Law Act]废除。④在衡平法院以 information 开始的诉讼是由总检察长以国王的名义提起的，通常是根据某人的告发，告发人的姓名列于起诉状中，且告发人通常与争议事项存在利害关系。⑤在财税法庭的衡平法管辖权部还有一种用以取得对国王的损害赔偿或对国王的欠款的诉讼，称为英格兰诉讼[English Information]，有别于拉丁诉讼[Latin Information]。这两种诉讼都已被 1947 年的《王权诉讼法》[Crown Proceedings Act]废除。

information agencies 具有调查及查询权的各种行政机构

information and belief 〈美〉信息和确信（⇨ on information and belief）

information for an intrusion 对非法侵入的告诉　指对侵入公有土地[public domain]者提出的告诉，是针对非法侵入国家土地的一种救济，具有非法侵入他人土地之诉[action of trespass quare clausum fregit]的性质。

information in chancery 〈英〉衡平法庭起诉状 在衡平法庭提出的代表王室的诉讼。它只需事实的陈述，不必定由王室担当起诉人或原告，并请求救济［pray for relief］。

information in equity (= information in chancery)

information in rem 〈英〉❶无主物申报 对查获的埋藏物、漂流物、失事船舶所载货物等物品应向财政部申报。经公告后无人认领时，则作为无主物予以没收，归王国所有。❷由政府提起的没收未交进口税的进口货物的控告

information in the exchequer 〈英〉财税法庭诉讼 指代表国王就债务等涉及金钱的问题向财税法庭［court of exchequer］提起的诉讼，或代表国王就非法侵入［trespass］要求损害赔偿提起的诉讼。

information in the nature of quo warranto 〈英〉权利滥用之诉 对权利滥用者的一种刑事控诉程序，不仅对被告人要处以罚金，还要将其官职免去，特权剥夺。实际上是替代了以前的权利开示令状［quo warranto］。(⇨ quo warranto)

information of intrusion 地产侵占之诉(⇨information for an intrusion)

information of title 所有权诉讼 依土地复归[escheat]法确认所有权的普通法诉讼程序。

information return 信息申报 税法对雇主、银行、公司等要求的，对以工资、薪水、利息、分红等形式向雇员、顾客、股东等人所支付的款额的报表。(⇨tax return)

informative advertising 实质性广告 提供有关产品的适用性与品质方面信息的广告，与无实质内容的竞争性广告［competitive advertising］形成对照。

informatus non sum 〈拉〉我未接到指示 当被告律师声称"我未接到指示"回答原告提出的问题，或为其当事人辩护时，法庭对被告作出缺席判决[judgment by default]。

informed consent 知情同意 指某人在被充分告知作出明智决定所需事实的基础上，同意为某事。它是法律的一项一般原则，据此，医生在施行外科手术前，应取得病人的"知情同意"，即有义务告知病人在所建议的治疗过程中可能产生任何损害的风险及有无供选择的治疗方案，以使病人能运用自己的判断力，明智合理地权衡利弊。

informer ❶(= informant) ❷(= common informer)

informer's action 告发者诉讼；一般起诉人提起的诉讼 文义上可指一般起诉人[informer]提起的任何诉讼。在严格意义上则指分享的诉讼［qui tam action］。

informer's privilege 告发者特权 指政府拥有的一项对告发者身份进行保密的特权。但如果被告人在预审中作出的实质性的陈述中能有力地显示，政府方提供的宣誓作证者明知、故意或因为对事实真相的疏忽粗心而导致在宣誓证明书中作出了虚假陈述时，被告人有权要求进行真实听审[veracity hearing]。

in foro 〈拉〉在法庭上；在讲台前

in foro conscientiae 〈拉〉在道德法庭上；从道德立场而言

in foro contentioso 〈拉〉在诉讼法院

in foro domestico 〈拉〉在国内法院

in foro ecclesiastico 〈拉〉在教会法院

in foro legis 〈拉〉在法庭；在法院

in foro saeculari 〈拉〉在世俗法院

infortunium 〈拉〉横祸；恶运；突发事故致死

infra 〈拉〉在下；以下；下文；在…期间

infra aetatem 〈拉〉未成年；年龄不够

infra annos nubiles 〈拉〉〈古〉未届婚龄

infra annum 〈拉〉一年内

infra annum clause 一年内条款 指《欺诈法》[Statute of Frauds]中对自订立起一年内未得履行之合同进行规定的条款。

infra annum luctus 〈拉〉〈古〉在哀丧期内 例如，寡妇需居丧一年，方可再嫁。

infra brachia 〈拉〉在她的手臂里 兼指合法的丈夫及事实上的丈夫，据此，如"在她手臂里"的丈夫被害，该女子亦有权为之起诉。

infra civitatem 〈拉〉在国家范围内

infra comitatum vel extra 〈拉〉在一郡[county]之内或之外

infra corpus comitatus 〈拉〉在一郡边界之内 在英国法上，在一郡内的水域免予海事法庭的管辖。

infraction n.违反 指违约、违法、违章、违纪，尤指违反地方法令或规章，通常不应对此处以监禁。

infra dig 〈拉〉(= infra dignitatem)

infra dignitatem 〈拉〉有失身份；有失体面

infra dignitatem curiae 〈拉〉不值得法院受理；有失法院体面

infra-enterprise conspiracy (反托拉斯法)企业下属部门的共谋 指同一企业下属的两个子公司、部门或其它部分之间的共谋。(= bathtub conspiracy)

infra furorem 〈拉〉精神失常时；在精神失常状态下

infra hospitium 〈拉〉在旅店内 指旅店老板对旅客存放的物品承担责任的原则。

infra jurisdictionem 〈拉〉管辖范围内

infra ligeantiam domini regis 〈拉〉在国王陛下的领土范围内

infra ligeantiam regis 〈拉〉在对国王的效忠范围内

infra maneria 〈拉〉在封地内

infra metas 〈拉〉在边界内

infra moenia 〈拉〉在墙内；在房周围

infra praesidia 〈拉〉墙内；在保护下；在完全控制下 在国际法上，当海上战利品或其他被捕获财产被运进捕获者的港口，或进入其边界，或以其他方式处于捕获者的完全控制下，所有援救的机会都已丧失时，即被称为"在完全控制下"。

infra quatuor maria 〈拉〉在四海之内 即在英格兰。

infra quatuor parietes 〈拉〉在四墙之内；在监狱里

infra regnum 〈拉〉在王国内

infra sex annos 〈拉〉六年之内

infra tempus semestre 〈拉〉六个月之内

infra triduum 〈拉〉三天之内

in fraudem creditorum 〈拉〉欺骗债权人；有意欺骗债权人

in fraudem legis 〈拉〉欺骗法律；规避法律；有意规避法律

In fraudem legis facit, qui salvis verbis legis, sententiam ejus circumvenit. 〈拉〉他对法律玩弄手法、进行诈骗：遵守其字面意义，逃避其精神实质。 形式上遵守，实质上欺诈。

infringement n.❶违法 ❷侵权 常用于指对著作权、专利权、商标权、外观设计权等的侵害。

infringement of copyright 侵犯版权；侵犯著作权 即未经版权人允许，擅自使用享有版权保护的作品。确定是否确实侵犯版权，而不属"合理使用"豁免["fair use" exemption]范围时，应考虑的因素包括：①使用的目的和性

质,包括该使用属商业性质或出于非营利的教育目的;② 作品的性质;③使用的数量及实质;④该使用对作品的潜在市场或其价值的影响。对侵犯版权的处理包括禁止侵害[injunctive relief]、没收和处置侵权物品、对实际损害和利益的赔偿等。对故意或非故意的侵权,其损害赔偿有不同的规定。(⇨copyright infringement; fair use doctrine; fragmented literal similarity)

infringement of name 侵犯姓名权;侵犯名称权 指一公司采用与另一公司、团体、商号相似的名称,造成混淆或欺骗。(⇨infringement of tradename)

infringement of patent 侵犯专利权 指侵犯专利法所保护之专利权的行为。如,未经专利权人许可,擅自生产、使用、销售专利技术或设备、超过专利许可有效期使用专利发明等。

infringement of trademark 侵犯商标权 指未经许可而在自己的商品上使用与他人相同或相似的商标,以产生混乱,欺骗或误导顾客,使其相信该产品系由商标权人制造或销售。(⇨likelihood of confusion)

infringement of tradename 侵犯商号权 指欺骗性地模仿商号,使公众在合理注意情况下可能误认为它是最先使用这一名称者。

infringer n.侵权人 指侵犯他人享有的排他性权利,如著作权、专利权或商标权等的侵权人。

infugare 〈拉〉追赶;强迫逃跑;挑起争斗

in full 完全;充分;全额 全部履行,尤指金钱债务的全部履行。一般用于支票或支票所附信件上的短语说明,意指支票的承兑将被作为全部清偿的方式。(⇨receipt in full)

in full life 〈美〉完全存活 指生理上与法律上两方面均为活着的;在美国,有些州对被剥夺公民权利及行为能力的人,宣告其法律上的死亡[civiliter mortuus]。

in full settlement 全部偿还(债务);全部支付

in future 将来;未来 英国英语短语,疑为拉丁语"in futuro"的转译,相当于美国英语中的"in the future"。

in futuro 〈拉〉将来;未来;今后的 在拉丁文中与之相对立的词是"in praesenti"和"in esse",意为:现在、当前。

ing 〈以〉草地;草场(= inge)

inge 〈以〉草地;草场;草原(= ing)

In generalibus versatur error. 〈拉〉错误来自一般性表述。

in generali passagio 〈苏格兰〉〈英格兰古法〉随队前往圣地 指在随十字军前往圣地巴勒斯坦的途中。这在古代诉讼中是常见的开庭缺席理由[essoin],区别于"独自朝圣"[simplex passagium],后者表示某人独自前往圣地朝圣。

in genere 以同类 指虽在个体上不同,但质量数量相同,如涉及同一主题的法律。在罗马法上,可以归入同类[in genere]的事物,与属于同一种[in specie]的事物有别。

In genere quicunque aliquid dicit sive actor sive reus, necesse est ut probat. 〈拉〉一般而言,无论原告还是被告,只要有所主张就有必要予以证明。

ingenui 〈拉〉〈罗马法〉生来自由人 ingenuus 的复数形式。

ingenuitas 〈拉〉自由 指通过解放程序[manumission]后奴隶获得的自由;也指一种自由的状态。

ingenuitas regni 〈拉〉〈英格兰古法〉王国的黎庶 指王国境内的自由民、自耕农或普通民众,有时也指贵族或王国大谘议会[magnum concilium regni]。

ingenuus 〈拉〉〈罗马法〉生来自由人 指从出生之日起即为自由人者。与解放自由人[libertinus 或 libertus]相对,后者指生为奴隶,后被主人解放而成为自由人者。

in gold or the equivalent thereof in United States legal tender notes 〈美〉以黄金或等值的美国法定货币(支付)

in good faith 诚实地;善意地 不论是否具有过失。

in good safety (货物)完好 海上保险中的保证条款,指在保险契约生效时,如果船舶或货物已经灭失或损坏,则该保险无效。

ingratitude n.忘恩负义;不领情 罗马法中,忘恩负义可成为撤销赠与或取消自由民自由的充分原因;在法国法中也是撤销赠与的原因;但英美法将此完全归为道德范畴。依照路易斯安那州[Louisiana]的法律,如果受赠人虐待赠与人,如其企图杀害赠与人或拒绝为赠与人提供必需的食物,则该赠与可撤销。

ingredients n.组成成分;组成物

in gremio legis 〈拉〉搁置;中止 该词表示了处于不确定剩余地产权[contingent remainder]产生与终止之间的可继承地产的法律状态。(⇨in abeyance)

ingress n.❶进入;入境 ❷进入权;入境权 ❸入口

ingress and egress 进入和离开土地的权利

ingress, egress, and regress 进入,退出,再进入 表示对争议土地所享有的反复进入的权利的语词。(= free entry, egress and regress)

ingressu 〈拉〉〈英格兰古法〉进入令 古进入令[writ of entry]之一种,又称强制进入令[writ praecipe quod reddat],1833年被取消。

ingressus 〈拉〉〈英格兰古法〉❶进入 ❷进入继承封地金;继承金 继承人成年后脱离领主监护开始自行管理其封地时所应向领主缴纳的金钱。 ❸进入没收土地金 进入被没收的土地时交给该土地现受赠人的费用。

ingressus et egressus 〈拉〉(= ingress and egress)

in gross ❶大量地;大批地 ❷没有减少的 ❸批发的 ❹(权利)非附属于土地而附属于人的(⇨in bulk; engross)

ingrossator 〈英格兰古法〉财务总卷保管 英国保管财政署内从12世纪至今财务账目的官员,又称 clerk of the pipe 或 engrosser of the great roll。

ingrossing n.誊清文件;正式写成 是 engrossing 的旧用形式。指将契据、文件等的草稿誊写成完美而合理的形式,以便其执行或实现其最终目的的行为。(⇨engross; engrossment)

inhabitant n.居民;住户;常住居民 在某一地方实际和永久居住并设立其住所于该地的人。常住居民[inhabitant]、公民[citizen]和居民[resident]三个词,在不同国家的宪法中用以定义选民的资格时,是指相同的意思;总体上讲,一个人是在其拥有住所或家的地方被称作常住居民、公民和居民的。但是居民和常住居民也被认为不是同义词,其区别在于:后者与前者相比,是指拥有一个更为确定更为永久的住所,并要享有和承担一个纯粹的居民所不能享有和承担的特权和责任。一个公司仅能作为其成立地所在州的常住居民。

inhabited house duty 〈英〉住房税 对达一定标准的住房所征收的税。该项税收为1924年的《财政法》[Finance Act]废除。

in hac parte 〈拉〉为了这一方利益;站在这一边

in haec verba 〈拉〉用这种话;用同样的话

In haeredes non solent transire actiones quae poenales ex maleficio sunt. 〈拉〉犯罪不株连后人。

inhalation n. 吸入　如吸入不良环境中的空气、烟雾、灰尘或其他有害物质。

inherent condition　内在条件，固有条件　作为协议内在部分的条件；协议中原已存在而非新增加的条件。

inherent convenant　(= convenant inherent)

inherent danger in work　(某项)工作的固有危险　伴随着特定工作的危险或由工作本身的特征所产生的危险，并非只是由于工作中具体操作方法所致的危险。

inherent defect　内在瑕疵；隐藏的瑕疵　指货物具有的瑕疵无法通过适当的检查得以发现。如果内在瑕疵造成了损害后果，则销售者或出租人通常应对此承担责任。依照美国《统一商法典》[U.C.C.] 2－608 条的规定，买方在发现货物的内在瑕疵时，可以撤销自己先前对货物的接受。又可写作 latent defect 或 hidden defect。(⇨strict liability)

inherent jurisdiction　固有管辖权　存在于法院被授予的一般管辖权之中，区别于为特定目的而被授予的管辖权。

inherently dangerous　内在危险的；固有危险的；潜在危险的　指工具或环境本身随时存在危险，非因疏忽造成，因而需采取防止损害发生的特别措施。(⇨dangerous instrumentality; dangerous weapon; strict liability)

inherently dangerous article　固有危险品；固有危险物　其内容或特征充满危险的物品，若外力作用会立刻导致灾难性的后果。

inherent power of court　法院的固有权限　指法院能够存在或履行其司法职能所应具有的必不可少的权限，它存在于法院所拥有的管辖权范围内，且不能通过立法予以剥夺。

inherent power of officer (or agent)　官员(或代理人)的固有职权　指尽管可能没有明确授权，但源于某一职位本身的权力。

inherent powers　固有权力　指不是源于宪法具体条款的规定，而是源于一国主权而允许政府尤其是行政当局可以在即使没有明确授权的情况下为了国家的利益和安全进行活动的权力。通常，这种权力的行使发生在处理对外政策方面而非国内事务。由于固有权力缺乏明示或默示的宪法根据，使得行使该项权力的范围和程度不易确定，因而固有权力仍是一个难以处理的问题。

inherent right　天赋权利；固有权利　人生来就享有、而不是来自外物或他人的权利。(⇨fundamental right; inalienable rights)

inheretrix n. (古)女继承人　现作"heiress"。

inherit v. ❶继承　该词在专门含义上指无遗嘱而根据法律规定继承遗产，但用于遗嘱中，亦包括遗赠。❷(作为继承人)接受遗产　❸接受；获得(财产)　(⇨descent; inheritance)

inheritable a. 可继承的；有继承权的；可遗传的　inheritable 用于指人，descendible 用于指财产。

inheritable blood　❶有继承权的血亲　❷(构成继承理由的)血缘关系

inheritance n. 遗产　①依照无遗嘱死亡法从先人处得来的财产；②遗赠得来的动产或不动产。

Inheritance Act　(英)《继承法》　1883－1884 年间制定的一部有关继承的法律。

inheritance tax　(美)继承税　某些州对从死者获取财产的特权所征之税，它不同于遗产税[estate tax]，后者为对因死亡而转移的财产所征之税。继承税是对以动产遗赠、不动产遗赠、无遗嘱继承等方式让与或转移财产所征的税，它不是对财产本身征税，而是对以继承或遗赠方式获取财产的权利征税。但该词也可泛指遗产税。

inherited and equally divided　继承并平等分割　遗嘱用语，指可以立即取得遗嘱中所分配的利益。

inhibition n. ❶(英)土地办理禁止令　根据 1925 年《土地登记法》[Land Registration Act]，在一定期间内或在作出进一步的命令之前，禁止办理与依该法登记的土地有关的事务的命令，或者是在土地登记簿上所作的登记 [entry]。❷(英)(教会法)职务中止令　对犯罪的神职人员[incumbent]的一种惩罚措施，即禁止其在一定期间内履行职务。❸(英)禁审令　①从上级法院发出的禁止下级法院的法官继续审理某一案件的令状；②1873－1875 年的《司法组织法》[Judicature Acts]之前，在枢密院审理海事上诉案件的程序中，上诉请求提出后，枢密院即可签发禁审令，禁止下级法院继续审理该案件及被告人[respondent]继续从事与本案有关的诉讼活动。❹(苏格兰)私人禁令　指应债权人请求而签发的禁令，禁止债务人订立任何使其负有债务的契约或许可转让其土地的任何部分从而给债权人造成损害的任何契据。它可用作担保，或作为强制债务人偿债的预备性执行措施。该种禁令必须送达债务人并公告。

inhibition against a wife　与已婚妇女进行商业交易的禁令

in his demesne　他亲自占有

In his enim quae sunt favorabilia animae, quamvis sunt damnosa rebus, fiat aliquando extentio statuti.　〈拉〉法律对那种虽会造成物质损失但精神有益之事应有一定的灵活性。

in his own favor　为其自身利益　制定法上的用语，可使合同中尚存一方所作的证词在其与已去世一方的代理人进行的诉讼中无效。

in his own right　凭其自身的权利　它排除了源于代表资格而取得的权利。

In his quae de jure communi omnibus conceduntur, consuetudo alicujus patriae vel loci non est allegenda.　〈拉〉在法律承认系众所共有的事情上，不能以某一特定郡或地区的惯例作为辩解理由。

in his verbis　〈拉〉用这些话

in hoc　〈拉〉这一点；关于这一点

inhoc　地头　已经犁过并种植燕麦等之普通土地的一部分或角落，对作为休耕地的剩余部分起屏藩作用。

inhoke　(= inhoc)

inhonestus　〈拉〉❶不名誉的；可耻的　❷不合时宜的；不合适的

inhuman treatment　不人道待遇　在家事法中，指某种严重的肉体或精神虐待，足以危及受害人的生命或健康。不人道待遇往往构成离婚的理由。(⇨cruelty)

inhuman treatment which endangers life　〈美〉危及生命的非人道待遇　某些成文法中规定的离婚条件，其行为不局限于身体暴力行为，也可仅指侮辱性言词，要依受害人的道德、心理及精神品质而定。(⇨inhuman treatment)

in hunc modum　〈拉〉以此方式

in iisdem terminis　〈拉〉用同样的措辞

in individuo　〈拉〉以个别方式；以独特方式；以同样方式

in infinitum　〈拉〉无限地；无限制地

in initialibus　〈拉〉起初；开始时

in initio　〈拉〉开始；起初

in initio litis　〈拉〉在诉讼的起始阶段

in integrum 〈拉〉恢复原状；恢复以前地位
in invidiam 〈拉〉有偏见
in invitum 〈拉〉违背意愿；未经同意
in ipsis faucibus 〈拉〉在某一特定的入口处 in ipsis faucibus of a port 指正在实际进入该港口。
in ipso articulo temporis 〈拉〉在这一特定时刻；就在此时
Iniquissima pax est anteponenda justissimo bello. 〈拉〉最不公正的和平也要好于最公正的战争。
iniquity n. ❶不公正 ❷司法错误；法庭或法官的错误
Iniquum est alios permittere, alios inhibere mercaturam. 〈拉〉只许某些人从事贸易而禁止其他人是不公平的。
Iniquum est aliquem rei sui esse judicem. 〈拉〉做自己案件中的法官是不适当的。
Iniquum est ingenuis hominibus non esse liberam rerum suarum alienationem. 〈拉〉自由民不能自由处分自己的财产是不公平的。
in issue 在（法庭上）争论的；待裁决的
initial appearance （刑事被告人被逮捕后在法院前的）第一次露面（⇨arraignment; preliminary hearing）
initial carrier 第一承运人 在有关寄售买卖的法律中指首先从托运人处接受货物并开始运输过程，此后再将该货物转交其他承运人以完成运输过程的人；也指与船东签订货物运输合同的承运人而不一定是构成运输中的第一环节的人。
initial determination 初步裁定 指在涉及社会保障福利的请求时由处理申请人福利申请的机关首次作出的决定。若该决定驳回其请求，申请人可进行几次申诉。
initialia testimonii 〈拉〉〈苏格兰〉对证人的初步审查 审查目的主要在于确定证人是否被使如何作证，是否接受贿赂等，在某些方面，它类似于英格兰诉讼程序中考查证人是否合适的预先审核程序[voir dire]。
initial notice of loss 初步损失通知 承运人所管领货物受损情况的简要的通知，有时在运输合同中约定必须有此通知。
initials n.（姓名的）首字母 在英国，1833年民事诉讼法规定，在汇票期票或其他书面文件中，可以用姓名的首字母形式指称当事人。一般用于传票上的称呼应写明被告人的名，但是如果不知道被告人的名，可以按被告人的姓加上其名的首字母形式对被告人提起指控。在美国，在破产债权人列表、流通票据上可以用姓名的首字母形式加以签署，但在担保书、抗辩状中除外。
initiated law 经人民创议所制定的法律
initiation fee 会费 指为加入俱乐部或其他组织以享受其会员权利而交纳的费用。
initiative n. 公民立法创议权 公民所享有的一种通常独立于立法机关的、在政治选举中提出法律议案和宪法修正案、决定法律议案和宪法修正案生效或不生效的权利。它是直接民主制的一种形式。法律议案和宪法修正案可以向立法机关提出，也可以向全体选民提出。但必须由一定数目的公民集体提出。这种做法是1860-1920年在瑞士发展起来的。1898年被南达科他州引进到美国。现在美国其他一些州也承认公民享有这一权利。该词与referendum不同。（⇨referendum）
in itinere 〈拉〉❶〈英格兰古法〉处于巡回之中 指巡回法官在各地巡回审案。❷在途中；处于运输过程中 指货物尚未运达买受人手中，此时该短语与"in transitu"意思相同。
iniurcolleguia 〈苏联〉律师协会 一个设在莫斯科由司法部管辖和控制的律师团体，专门代理本国公民办理一些涉外法律事务。

in jeopardy 在危险中；处于危险状态；在追诉中 在说明双重危险[double jeopardy]规则时用到的一个专业术语，指案件已由具有管辖权的法院进行审理，起诉书在内容和形式上都足以认定被告人有罪，且陪审员也已选定并经宣誓，这时被告人即处于可能被定罪的危险状态中。
in judgment 在法庭上
In judiciis, minori aetati succurritur. 〈拉〉未成年人在审判中可得到帮助。
in judicio 〈拉〉（罗马法）当着法官的面；在法庭上；（案件）在审理中 指罗马诉讼程序的第二阶段，即在民选法官[judex]面前进行的事实审阶段。（⇨in jure）
In judicio non creditur nisi juratis. 〈拉〉审判中未宣誓者不可信。
injunction n. 禁制令 法院签发的要求当事人做某事或某行为或者禁止其做某事或某行为的命令。它是一项衡平法上的救济措施。当普通法上对某种损害行为不能提供充分的救济时，便可寻求以禁制令来作为补救。它主要用于防止将来某种损害行为的发生，而不是对已发生的损害给予补偿，或者是对不能以金钱来衡量或给予金钱损害赔偿并非恰当的解决方式的损害行为提供救济。根据其内容是要求做一定行为还是禁止做一定行为，可分为命令性禁制令[mandatory (compulsive) injunction]和禁止性禁制令[restrictive (preventive) injunction]。根据其存续时间长短，又可分为中间（或临时性）禁制令[interlocutory (interim) injunction]和终局（或永久性）禁制令[permanent (perpetual) injunction]。在诉讼进行中，为阻止可能发生的损害或保护有争议的财产，法院可签发中间禁制令，并为此目的而存在一定的期间，如直到法院对案件进行开庭审理为止。终局禁制令则由法院在对案件进行审理之后，根据对当事人的权利所作的最终判定来作出，并构成法院判决的一部分。终局禁制令旨在永久性地防止损害行为的发生，所以其有效期间没有时间限制。但对于可以要求损害赔偿作为救济的可起诉的过错行为，法院通常不发布终局禁制令，但如果损害是不可弥补的，且不能以损害赔偿获得充分救济，且持续存在时除外。在英国，高等法院各分庭及上诉法院有权签发禁制令，其签发以法院的对人管辖权为准，而不论受禁制的行为是否在其管辖范围内。如因要求偿还到期债务而提起的诉讼中，即使被告人不在英国，但有财产在英国境内，法院即可签发中间禁制令防止其在案件审理期间将财产转移出去。在离婚和司法别居[judicial separation]案件中，为防止发生骚扰或处分财产，法院也可以发布禁制令。对法院已经签发的禁制令，如果违反，将作为藐视法庭行为而予以处罚。
injunction against suit 禁止起诉令（⇨stay of action）
injunction bond 禁制令担保 要求原告提供的一项担保，必须有此担保，原告才能通过预备性禁制令[preliminary injunction]或中间禁制令[interlocutory injunction]取得救济。
injunction pendente lite （= temporary injunction）
in jure 〈拉〉在法律上；根据法律 按罗马惯例，诉讼程序分为两个阶段。第一个阶段叫做法律审[in jure]，在裁判官[praetor]前进行，包括介绍部分及对法律问题的解决；第二阶段叫做事实审[in judicio]，在民选审判官（事实审判员）[judex]前进行，包括对事实的调查与审理。
injure v. ❶伤害；损害（健康、名誉等）；侵犯他人合法权益

❷毁损建筑之一部分；侵害（财产） 直接或间接地毁损、破坏或降低财产价值。（▷injury）

in jure alterius 〈拉〉靠他人之权利

In jure causa proxima non remota spectatur. 〈拉〉法律只问近因，不问远因。

injured *a*.受伤的；受损害的（▷injure）

injured party ❶受害方 ❷原告；起诉方 尤指有离婚理由的一方。

In jure, non remota causa sed proxima spectatur. 〈拉〉法律只考虑近因，不问远因。

in jure proprio 〈拉〉根据自己的权利

injures graves 〈法〉严重伤害 法国法中，指严重的侮辱或伤害，包括人身侮辱和责备性的言词。它构成离婚的正当理由。

injuria 〈拉〉❶伤害 ❷过错；过失 ❸（对权力的）剥夺或侵害

injuria absque damno 〈拉〉未造成损害的侵害或过失 不构成诉因。

injuria atque damnum 〈拉〉造成实际损失的侵害 侵害合法权利并造成实际损失。

Injuria fit ei cui convicium dictum est, vel de eo factum carmen famosum. 〈拉〉称某人做过恶事或加之于恶语则构成对该人的侵害。

Injuria illata judici, seu locum tenenti regis, videtur ipsi regi illata maxime si fiat in exercentem officium. 〈拉〉对法官或钦差之侵害，尤其在其执行公务时，犹如对国王之侵害。

Injuria non excusat injuriam. 〈拉〉任一过错或侵害行为不能成为另一过错或侵害行为之借口。

Injuria non praesumitur. 〈拉〉侵害行为不可推定。

Injuria propria non cadet in beneficium facientis. 〈拉〉任何人不应从其侵害行为中获利。

Injuria servi dominum pertingit. 〈拉〉佣人侵权，责在其主。

injuria sine damno 〈拉〉未造成损害的侵权行为 指侵犯他人合法权利，但未造成损害或损失的过错及失职行为。一般地说，对未造成确定损失的过错或失职行为，只需判处象征性损害赔偿金[nominal damages]，不作更多赔偿。但在某些案例中，特别是过失的侵权行为，必须有可确定的损失才能提起诉讼；如无损失，就根本不产生请求权[claim]。（▷damnum sine injuria）

injurious affection 有害影响 所有人的土地被部分征用时，如因分割或有害影响造成了其剩余土地价值的减损，该所有人有权得到赔偿。

injurious exposure 有害暴露 暴露在有毒害的环境中。如果延长在毒害物集中的场所的暴露时间，这些毒害物足以造成疾病。无论导致疾病实际所要求的暴露时间有多长，有害暴露均将使雇主对雇员的职业病承担责任。（▷occupational disease）

injurious falsehood 致害诋毁 指造成实际损害的诽谤，即这种虚假陈述减损或败坏了他人财产、产品或企业的名声。提起致害诋毁这种侵权之诉的原告，必须证明该致害诋毁导致第三人采取了某种行动，从而使原告遭受了特定经济损失，才能获得补偿。（▷disparagement; defamation）

injurious reliance 有害性信赖 一项有时被引用为要求执行合同之理由的原则，指合同一方因信赖某人会实现其保证或赔偿自己的损失，从而改变自己的主张，并因此遭受损失，这种信赖称为有害性信赖。

injurious words 诽谤；诽谤性言词（▷libel; slander）

injury *n*.❶侵害 指因故意、或过失造成的对他人人身、权利、名誉、财产及其他受法律保护的利益的侵害。一般认为，"injury"与"damage"的区别在于：前者针对人身；而后者则针对财产，但这一区别并不严格。❷（复）损害；伤害 尤指对人身的伤害。（▷damage）

injury arising by accident 意外伤害（▷accident）

injury arising out of employment 职业伤害；工伤 此种伤害与所从事的工作存在着直接的因果关系。

injury by the elements 自然损害 指因受自然界最常见的破坏力作用而对建筑物等造成的损害。

injury in fact 具体的损（伤）害；事实上的损害 指可使原告提起诉讼的具体及确定的损害。此外，为使之能提起诉讼，还必须有理由认为该损害可因法庭提供的救济而得到补偿。

injury in his property 侵害财产 对财产的损害，亦包括因欺诈而为的财产让与、金钱支付。包括直接侵害与间接侵害。

injury in person or property 对人身或财产的侵害 一种选言命题的表述方式，常用于制定法中。

injury to life or limb 人身伤害；身体伤害 不限于导致死亡或肢体伤残的侵害。（▷bodily injury; personal injury）

injury to person 人身伤害（▷personal injury）

injury to property 财产损害 指实质性地影响财产正常使用的损害。

injustice *n*.不公平；非正义 在法律上，一般指法院的某种行为、过错或疏忽，不同于当事人一方的欺诈行为[fraud]。这两者都可作为对案件重审的理由，但实质上不同。

Injustum est, nisi tota lege inspecta, de una aliqua ejus particula proposita judicare vel respondere. 〈拉〉未对整个法律进行研究而只就法律的某一部分作出决定或反应是不公正的。

in jus vocando 〈拉〉传唤到庭

in jus vocare 〈拉〉召集（传唤）到庭

in kind ❶以实物 以货物或劳务，而不以货币。❷以同类方式；以相同方法

inlagare *v*.（英格兰古法）恢复受法律保护的状态 指对被逐于法外者[outlaw]重新给予法律保护。

inlagary *n*.恢复受法律保护的状态（=inlagare）

inlagagh （=inlagary）

inlagh *n*.受法律保护者 区别于被逐于法外者[utlagh; outlaw]

inland *n*.❶（英格兰古法）自留地；自用地 指庄园内临近领主居舍，能为视野所及，因此为领主留为自用的土地，区别于那些出租或分封出去的土地，与utland或outland相对。❷内地；内陆

inland bill 国内汇票 指出票地和付款地都在同一国内的汇票，区别于国外汇票[foreign bill]。

inland bill of exchange 国内汇票 指其收款人和付款人系居住于同一国家的汇票，亦称domestic bill，区别于国外汇票[foreign bill]。（=inland bill）

inland marine insurance 〈美〉内陆水上运输保险；内河运输保险 对在美国内河运输的船只、货物所遇风险进行承保的保险，保险人以不加选择的方式承保了范围很宽的风险，有的甚至与水上运输无关，如珠宝、服装等的流动保单。

inland navigation 内水航行 用作美国国会立法的主题。(⇨inland waters)

inland revenue 〈英〉国内税收 包括国内所得税、资本税构成的公共收入的一部分,区别于国内消费税和对进口商品所征的关税,由国内税收专员署[Commissioners of Inland Revenue]监管。

inland rules of navigation 内水航行规则 在美国,指地方政府制定的有关河流、湖泊和其他内水航行的特殊规则。

inland trade 国内贸易 全部在一国国内完成的贸易。与对外贸易[foreign commerce]相对。(⇨commerce)

inland waters (= internal waters)

inlantal n. 自留地;自用地(⇨inland)

inlantale (= inlantal)

inlaughe 〈撒克逊〉〈英格兰古法〉处于法律保护之下;处于十户联保制下

inlaw v. 置于法律保护之下;恢复对…的法律保护;赦免被剥夺公民权的人

in law ❶在法律意义上 ❷根据法律所推断的 ❸用法律的手段(⇨in fact)

in-laws n. 姻亲;外亲 因婚姻而非血缘形成的亲属关系,如妻子的父母与丈夫的关系。

in lecto mortali 〈拉〉(在)临终时

inlegiare 对违法少年的惩罚性保护

in liberam elemosinam 〈拉〉以自由施舍役保有 教会保有土地方式之一。(⇨frankalmoign)

in libero soccagio 〈拉〉以自由农役保有(⇨free socage)

in lieu of 代替;取代;作为…的替代 但在租约中仅仅陈述某一节"代替"上一节时,并不必定取消上一节。

in limine ❶开始;最初;初期 ❷偏见申请(⇨motion in limine)

in linea recta 〈拉〉在直线上

in litem ❶在诉讼中 ❷为了诉讼;对于诉讼

in loco parentis 〈拉〉❶替代父母的地位;担当起父母的权利与责任 代行父母义务者,即 loco parentis,指某人在另一人的生父母不在并且没有正式法律认可的情况下,对其进行的照顾和管理。它是临时性的,有别于长期性的收养。❷(大学等)托管机构的管理或监督

in majorem cautelam 〈拉〉为了更加保险;为了更加安全

In majorem cautelam,si qua forte sit irregularitas. 〈拉〉为更谨慎起见,因为间或有意外发生。

In majore summa continetur minor. 〈拉〉少数包括于多数之中。

in malam partem 〈拉〉恶意地;出于恶意

In maleficiis voluntas spectatur, non exitus. 〈拉〉对于坏事,需看其动机,而非其结果。

In maleficio,ratihabitio mandato comparatur. 〈拉〉在侵权案或渎职案中,批准相当于命令。

INMARSAT (= International Maritime Satellite Organization)

inmate n. ❶同屋居住者 指居住于同一座房屋并由同一门户出入,但并不占有同一房间的自然人。❷同狱犯人 ❸同房病人

In maxima potentia minima licentia. 〈拉〉权力越大,自由越少。

In mediam viam tutissimus ibis. 〈拉〉走在路中央最为安全。

in medias res 〈拉〉径入问题实质;径入事物核心

In mercibus illicitis non sit commercium. 〈拉〉违禁品不能交易。

in mercy 听候发落;就如何处罚法官正在斟酌中 旧时的判决中往往会注明败诉的一方当事人正听候法庭发落以表明哪一方输了官司。如原告因提出虚假主张而听候发落[in misericordia pro falso clamore suo]。

in mero jure 〈拉〉纯权利的;关于纯权利的 指只有财产的权利,而没有财产的占有。

in misericordia 〈拉〉(= in mercy)

in misericordia domini regis pro falso clamore suo 〈拉〉因虚假主张而听任君王发落

in mitiori sensu 〈拉〉在较为宽松的意义上;在造成较小危害的意义上 早期的普通法中关于诽谤案有这样一条原则:如果指控的诽谤性言词有两种意义,法庭一般断定该言词系用于造成较小危害的意义上。

in modum assisae 〈拉〉以法令形式;以巡回审判方式

in mora 〈拉〉不履行;迟延 根据罗马法,债务人到期怠于或拒绝返还借用物,则为 in mora。泛指债务人迟延或未能履行债务。

in mortua manu 〈拉〉(拥有)永久营业权;在永久营业权的意义上 宗教团体所拥有的财产即属此种性质,称为 held in mortua manu。

innamium n. 〈英格兰古法〉❶誓言;誓约;保证;保证物 ❷保证人 ❸抵押(品)

in naturali laxitate 〈拉〉❶处于自由的自然状态 ❷野生动物无拘无束的状态

in naufragorum miseria et calamitate tanquam vultures ad praedam currere 〈拉〉饿鹰扑食般迅速地救助海难

innavigability n. (保险法)(船只或水道的)不适航性

innavigable a. ❶(船只)不适航的 ❷(水道)不能航行的;不可通航的;船只不能通过的(⇨navigable waters)

inner barrister 〈英〉❶(= Queen's Counsel) ❷四大律师公会学员

Inner House (苏格兰最高民事法院[Court of Session]的)内庭;上诉庭 包括第一分庭和第二分庭,主要行使上诉管辖权,因其较外庭(初审庭)[Outer House]距离法院入口处更远而得名。

Inner Temple 〈英〉内殿律师公会(⇨Inns of Court)

innocence n. 无罪;清白 尤指并未犯有某一特定罪行。(⇨presumption of innocence)

innocent a. 无罪的;清白的(⇨not guilty)

innocent agent 无罪的行为人 受他人教唆、对非法目的一无所知而从事违法行为的人。因其缺乏对可归罪的事实的认识,在法律上不构成犯罪。

innocent construction rule 〈美〉无害解释规则;无诽谤性解释规则 在有关诽谤的法律中,指如果对一方所主张的具有诽谤性语言可以作无诽谤恶意的理解时即应依此来理解,并确认不得就此提起诉讼。

innocent conveyances 不动产无害转让 关于英格兰古代不动产转让的法学术语之一。它指通过地产买卖契约[bargain and sale],二次出租[lease and release],有效占有等方式达到转让土地权益之目的的活动及契约。因为它仅通过对法律的解释来转让对土地的实际占有,故它转让的地产权不能超过转让者所实际享有的权利,如果出现超过的情况,则超过部分的权利之转让无效。但通过分封[feoffment]超范围地转让土地权利则是一种有害转让[tortious],将全部无效。(⇨bargain and sale; lease and release)

innocent holder for value 支付对价的善意持有人 未注

意到第三人对某项财产拥有衡平法上的权利或请求权，购入该项财产且已支付对价的人。(▷holder in due course; innocent indorsee)

innocent indorsee 善意被背书人 指没有注意到票据本身的瑕疵、前手已被拒付或第三人对该票据享有衡平法上的权利或请求权，通过背书取得该票据的人。

innocent misrepresentation 善意的误述 指当事人并非出于欺骗或欺诈目的，而是因为错误地相信该陈述系真实而作出的误述。

innocent or injured person 无辜方；受害方 指以前一婚姻关系未解除为由而请求宣告婚姻无效的诉讼中的一方当事人的身份，但如其在缔结婚姻时知道前一婚姻的存在，则不具有该身份。

innocent party 无辜方 指并非有意地参与某一事件或交易的一方。

innocent passage 无害通过 指一国的船舶只要不损害沿海国的和平、良好秩序或安全，就可以驶入或穿过沿海国领海的权利。商船的无害通过权已得到公认，但应服从当地有关航行、污染、卫生等方面的规定。在行使无害通过权时如违反沿海国的法律，该船舶可被当地政府扣留。军舰在无害通过他国领海时还享有管辖豁免权。

innocent purchaser 善意买主 指通过诚实的合同或约定购得财产或获得利益而不知道或无法知道卖方权利瑕疵的人。(▷good faith purchaser; bona fide purchaser/B.F.P.)

innocent trespass 无辜侵入他人土地 指因疏忽、错误或善意认为自己在行使合法权利而侵入他人土地。

innocent trespasser 无辜侵入他人土地者 该人非法进入他人土地，并从该土地取走沙土或其他物质；但该行为系出于无意或行为人相信自己有权这样做。(▷innocent trespass)

innocent woman 清白的妇女 指从未与男人发生过不正当性关系的女人。

innominate a.〈罗马法〉❶未归类的；未命名的；不属于任何特别种类的；列于总目下的 ❷无名的；匿名的 用来指无具体独立的诉权的契约，即无名契约。

innominate contracts 无名合同；无名契约 指该合同不归属于任何有专门名称的合同类型；对无名合同，除当事人间的明示合意内容之外，法律不作任何规定。在罗马法中，无名合同分为互易[permutatio]、行纪[de aestimato]、容假占有[precarium]及和解[transactio]四种。

In nomine Dei, Amen.〈拉〉以上帝的名义，阿门。 古时遗嘱或其它文书中所用的比较庄重的引语。今天的遗嘱中则多用其英译，即 In the name of God, Amen.

innonia〈拉〉〈英格兰古法〉圈地；围栏

In nostra lege unum comma evertit totum placitum.〈拉〉依我们的法律，一个逗号可推翻整个答辩。

innotescimus〈拉〉〈英格兰古法〉予以周知 用于公开令状中的术语，表示令状中涉及的事项要予以公开，该术语常用于文末。也指一种无案可查的[not of record]令状、特许状之副本，它由国王发出。

in notis〈拉〉在笔记中；在记录中

In novo casu novum remedium apponendum est.〈拉〉新案件应运用新的救济方式。

innoxiare〈拉〉洗雪罪名

inns n.〈英〉小酒馆；小酒店 在英国，小酒馆最为繁荣兴盛的时期是从17世纪开始之后的200年内。这些小酒店在马车时代既为旅行者及马匹提供休息、膳食与住养、休顿之所，同时也是那个时代"信息网络"的重要部分。铁路时代使小酒馆生意凋零，新的靠近铁路线的餐厅和酒店取代了它。20世纪末，汽车旅店和服务车站则后来居上。在英格兰法中，中世纪开始存在的几个律师公会[Inns of Court]早先即是指招待这些律师的饮食起居之所。

Inns of Chancery〈英〉预备律师公会 与出庭律师公会类似并附属于各出庭律师公会的组织。之所以叫 Inns of Chancery，据说是因为这些公会所在的房屋早期是由文秘署[chancery]学习草拟令状的书记员住的。总计有9个这样的公会。起初这些公会不过只是提供学徒学习法律，为被出庭律师公会接纳作准备的学徒们的集体宿舍。17世纪，出庭律师公会排斥法律事务代理人[attorney]及事务律师[solicitor]，这令他们在18世纪完全掌握了各预备律师公会。但预备律师公会不像出庭律师公会那样指导法律教育训练、进行职业纪律训诫及控制成员资格等，基本上沦为只不过是会员们在那里用餐的俱乐部。19世纪后半期，所有的预备律师公会均解散。

Inns of Court〈英〉出庭律师公会 泛指各自治性的、自愿组合的非法人的出庭律师社团。其历史悠久，据信至少可追溯至13世纪，但起源的确切年份不详。是集法律职业训练、同业纪律训诫与行业资格授予等功能于一体的行业公会式的组织。Inns of Court 起初的含义是指各公会所在房屋的名字，出庭律师及学徒律师集中住在 Inn 里，过一种半集体的生活，他们各自所在的公会的名称便以经常活动的住所地命名，如现存的四个出庭律师公会中，林肯公会[Lincoln's Inn]与格雷公会[Gray's Inn]均以房主名字命名，中殿公会[Middle Temple]与内殿公会[Inner Temple]的房屋曾属于"圣殿骑士团"[Knights Templar]。这四个出庭律师公会中，内殿公会历史最为悠久、也最为著名，格雷公会则相比之下历史短一些。在各出庭律师公会中，其成员可分为三个等级：主管[bencher 或 master of the bench]、出庭律师、学徒。主管往往由法官或资深律师担任，他们在招收学徒以及授予出庭律师资格方面享有绝对的控制权，每个公会每年选举一位主管担任司库[treasurer]，并作为公会名义上的领导。对主管们的决定可申诉至御前大臣[Lord Chancellor]及高等法院的法官们那里，由其担任(公会)内部裁判所[domestic tribunal]的到访裁判人[visitor]来裁断。对法律教育和训练，起初是通过诵讲[readings]、模拟审判[moots 或 mock trial]及辩论的方式来进行。但这种方式在17世纪即已式微。在1852年，各出庭律师公会[Inns]联合成立了法律教育理事会[Council of Legal Education]，负责为学徒提供指导并管理出庭律师资格考试[Bar examination]。在职业纪律训诫方面，各出庭律师公会对成员拥有单独的申斥甚至是开除(取消律师资格)的权力。1966年，各出庭律师公会各自通过一项得到高等法院法官们的裁定确认的决议，成立一个新的联合机构，叫做"出庭律师公会评议会"[Senate of the Inns of Court]。1974年，该评议会同各出庭律师公会以及代表全体出庭律师的出庭律师理事会[Bar Council]达成协议，组成一个新的机构，叫做"出庭律师公会与出庭律师理事会评议会"[Senate of the Inns of Court and the Bar]。评议会由90名成员组成，在其职权范围内，有权代表全体出庭律师作决定，其职能包括法律教育、律师职业纪律训诫、授予出庭律师资格。各出庭律师公会须遵照执行评议会的决定，法律教育理事会也受其指导。评议会还通过一个特别的职业道德纪律委员会行使职业纪律训诫权，但最终的处罚由各出庭律师公会执行。尽管如此,各出庭律师公会仍保留自治性机构地位,对其成员以及财政仍保持控制权。

in nubibus 〈拉〉中止;暂停(⇨in abeyance)

in nuce 〈拉〉简要地;准确地

innuendo n. ❶影射;暗射 通常指对他人带有贬损或诽谤性的、间接的、隐晦的言词。 ❷(法律文件中的)附带说明;插入解释 指诉状等法律文件中插入正文的解释性词句或段落。在刑法上,常指公诉书中对前面讲到过的事项的含义予以解释的陈述部分,如果不作此解释,其含义将会不清楚。在有关诽谤的法律中,插入解释指原告在起诉状中对所指称的诽谤性言论的含义所作的解释,一般在从该言论的表面并不能看出其诽谤性质的情况下使用,通过插入解释来揭示其隐含的意思。❸〈拉〉即;就是;意指 该词原为拉丁语。在古代,普通法上的诉状是以拉丁语写成的,该词被用来引出解释性的插入语。后来诉状改为以英文写成,该拉丁语仍时常被使用,如被告称:"他(即原告)是贼。"[The defendant Stated:"He(innuendo the plaintiff)is a thief."]再后来的诉状中,该词也被转译成了英语,如"He(meaning the plaintiff)…"。

in nullius bonis 〈拉〉在无主财产中

in nullo est erratum 〈拉〉没有犯过错误;没有任何错误 在根据纠错令状[writ of error]对案件进行复审的诉讼中,被上诉人提出的一种答辩,否认诉讼过程中或案件记录中存在所指称的错误。

In obscura voluntate manumittentis, favendum est libertati. 〈拉〉在解放奴隶的愿望表达含混时,自由应得到优先考虑。

In obscuris, inspici solere quod verisimilius est, aut quod plerumque fieri solet. 〈拉〉在模糊不清的案件中,我们通常着眼于最可能或最经常发生的情况。

In obscuris, quod minimum est sequimur. 〈拉〉在模糊不清或有疑问的案件中,我们应以最不模糊或最少疑问的情况为准。

in octavis 〈拉〉在八(天)中

in odium spoliatoris 〈拉〉不利于掠夺者、强盗或过错者 侵犯专利权案件中所作的推定。

In odium spoliatoris omnia praesumuntur. 〈拉〉所有的推断都不利于掠夺者或过错者。

inofficiosum 〈拉〉(罗马法)违反道德上义务的 用来描述无正当理由剥夺继承人应有继承权的遗嘱。如家长剥夺子女或子女剥夺家长应有之继承权的遗嘱。对此可提起遗嘱逆伦之诉或不合义务遗嘱之诉[querela inofficiosi testamenti]。

inofficiosum testamentum 〈拉〉(罗马法)违反道德上义务的遗嘱

inofficious testament 违反道德义务的遗嘱 指有违自然情感和遗嘱人道德义务的遗嘱,如父母违反自然义务[natural duty],无合法理由剥夺子女继承权的遗嘱。在罗马法中,指遗嘱人剥夺了继承人依法不得被剥夺的遗产应继份额的遗嘱,这种遗嘱可能被推定无效。在英格兰从未适用过这一原则,而在苏格兰亦未加用,因为亲属的权利可通过法定遗产请求权[legal rights]而获得保护。

inofficious will 违反道德义务的遗嘱 忽略了遗嘱人最近亲属的遗嘱;欠缺自然责任的遗嘱。(= inofficious testament)

inoficiosidad 〈西〉有悖职责之事;有违义务之事;有违自然义务之事 该术语尤其指那些损害债权人或继承人权利的遗嘱、赠与或寡妇产,对此可请求撤销或变更。

In omni actione ubi duae concurrunt districtiones, videlicet, in rem et in personam, illa districtio tenenda est quae magis timetur et magis ligat. 〈拉〉在对人之诉和对物之诉中,同时发生两项扣押时,应选择最令人生畏和最具约束力者。

in omnibus 〈拉〉在所有问题上;在各方面;在各点上

in omnibus causis motis et movendis 〈拉〉在所有正在进行以及可能提起的诉讼中

In omnibus contractibus, sive nominatis sive innominatis, permutatio continetur. 〈拉〉在所有契约中,无论有名抑或无名,均包含一项对价。

In omnibus imperatoris excipitur fortuna; cui ipsas leges Deus subjecit. 〈拉〉任何情况下皇帝的财产都是豁免的;上帝使法律服从皇帝。

In omnibus obligationibus in quibus dies non ponitur, praesenti die debetur. 〈拉〉(罗马法)凡未指定履行日期之债,今日即为履行日期。

In omnibus poenalis judiciis, et aetati et imprudentiae succurritur. 〈拉〉对未成年人、弱智者的刑事判决应从宽。

In omnibus quidem, maxime tamen in jure, aequitas spectanda sit. 〈拉〉在一切事务中,尤其在法律中,应注重衡平观念。

In omni re nascitur res quae ipsam rem exterminat. 〈拉〉凡事物均包含自身的否定因素。

inoperative deed 不起作用的契据 指依契约法虽可能有效,但不能有效转移普通法所有权[legal title]的契据。

inoperative patent 不起作用的专利 未能保证发明人对其实际发明予以独占的专利。

inoperative will 无效遗嘱 该遗嘱因其意图作出的财产处分存在制定法上的限制而不具法律效力。

inopportune a. 不合时宜的;不凑巧的;在错误的时间的

inops consilii 〈拉〉未获法律顾问帮助的;无律师建议的 指某人为某行为,如立遗嘱人起草其遗嘱时,没有顾问为其提供建议的情况。

inordinatus 〈拉〉无遗嘱死亡者;未留有效遗嘱而死亡的人(⇨intestate)

in ore 在口中

in or on a motor vehicle 在机动车内或机动车上 在交通事故保险的保单中,描述损失风险的条款。依照该条款,被保险人只要与机动车有某种身体接触即可适用本条款,而不必坐在机动车为乘客提供的座位上,也不必身体完全离地而在车中。在某些情况下,即使被保险人与机动车并未有直接的接触,只要损害系发生在该被保险人意欲上车或已下车而接近车辆时,亦得适用本条款。因此,一般认为它在解释上有利于被保险人。

in or on a public or passenger conveyance 在公共或旅客运送工具内或在这种工具上 事故保险保险单及人寿保险保险单中描述承保范围的条款。它适用于在运输工具内、在站台上、上下车过程中产生的损失。

in ovo 萌芽阶段;初始阶段;开始时

in pacato solo 〈拉〉在和平的土地上

in pace Dei et regis 〈拉〉以上帝和国王的和平的名义 古时对谋杀罪上诉时的正式用语。

in pais ❶非正式的 ❷法庭之外

in paper (英格兰古法)(诉讼程序)处于即时记录阶段 指诉讼程序在整个案件的卷宗登记工作完成之前所处的状态,可能来源于当时诉讼程序均记录于羊皮纸上的事实。与其相对应的是"登录在卷"[on record]阶段。

in pari causa 〈拉〉❶在同等条件下；在权利平等时　如在同等条件下，占有财产者的权利优先于不占有财产者。❷有同等过错；同等罪行；同等犯罪　在普通法中，如果原告对违法事件的形成具有同等过错，则对方当事人可以此作为抗辩理由。但反垄断法中一般不承认该项抗辩。(⇨unclean hands doctrine)

In pari causa possessor potior haberi debet. 〈拉〉在同等情况下，占有的一方应有优先权。

In pari causa potior est conditio possidentis. 〈拉〉在同等情况下，占有的一方地位最强。

in pari delicto 〈拉〉具有同等过失；犯同等罪行　指双方当事人在非法的协议或交易中具有同等的过失。

In pari delicto melior est conditio defendentis. 〈拉〉双方当事人的过失相等时，被告人的地位更有利。

In pari delicto melior est conditio possidentis. 〈拉〉双方当事人的过失相等时，占有的一方地位更有利。

In pari delicto potior est conditio defendentis. 〈拉〉双方当事人的过失相等时，被告人的地位更强。

In pari delicto, potior est conditio defendentis et possidentis. 〈拉〉双方当事人的过失相等时，被告人和占有的一方地位更强。

In pari delicto potior est conditio possidentis. 〈拉〉双方当事人的过失相等时，占有的一方地位更强。

in pari jure 〈拉〉权利相等；平等权利

in pari materia 〈拉〉关于相同的问题；关于相同主题　"相同主题"的法律指关于相同的人、相同的物或具有相同目的的法律，尽管其颁行时间可能不同。根据解释法律的基本原则，应将相同主题的法律一并解释，以便从中发现并实现立法目的和意图。

in pari passu 〈拉〉在平等地位上

in part 部分

in part of 部分地　计征关税时的一种表达方式，指商品中包含相当数量的指定材料成分。

in patiendo 〈拉〉经许可；经允许；经容许

in paying quantities 超出经营费用的产量　石油和天然气租约的条款之一。(⇨paying quantities)

in payment 付款；清偿(⇨in full)

in pectore judicis 〈拉〉在法官内心；由法官自由裁量的

in pejorem partem 〈拉〉最坏的部分；最坏的方面

in pendente 〈拉〉悬而未决的(⇨pendente lite)

inpeny n.〈英格兰古法〉进入封地费　指封臣[tenant]进入其封地[tenancy]时向领主[landlord]交纳的费用。

inpeny and outpeny 〈英格兰古法〉❶封地出入费　指某人被接受为封臣在进入封地或与领主结束分封关系在离开封地时向领主交纳的费用。❷公簿地产转让费　在某些庄园中转让公簿地产时应向领主缴纳的费用。

in performance of duty 履行职务过程中(⇨in the course of employment)

in perpetuam 〈拉〉永久；无终期(⇨perpetual)

in perpetuam rei memoriam 〈拉〉保存某一事件的记录；永久保留对某一事件的记忆　如为了防止证人在开庭时不能出庭而在庭审前对该证人录取书面证词。

in perpetuity 永久；无终期(⇨perpetual)

in perpetuum 〈拉〉永久；无终期

in perpetuum rei testimonium 〈拉〉对某一事件的永久性证言；使某一事件得到永久性认可

in person ❶亲自；本人　指当事人一方自己进行诉讼而非由其律师代理进行。❷身体上的

in persona (= in person)

in personam 〈拉〉对人　与"对物"[in rem]相对。(⇨jus in personam; jurisdiction in personam; actio in personam)

In personam actio est, qua cum eo agimus qui obligatus est nobis ad faciendum aliquid vel dandum. 〈拉〉对人诉讼指对有义务为我们做某事或者给付某物的人所提起的诉讼。

in personam action 对人诉讼(⇨actio in personam)

in personam judgment 对人判决(⇨judgment in personam)

in personam jurisdiction (= jurisdiction in personam)

in personam, not in rem 〈拉〉对人，而非对物　表示衡平法管辖权的法谚，指衡平法上的救济通过对人裁决实现。

in pios usus 〈拉〉为宗教用途；为宗教目的

in plena vita 〈拉〉具有完全的生命　指在生理上和法律上均具有生命。

in pleno comitatu 〈拉〉在郡法院全席庭上

in pleno lumine 〈拉〉光天化日之下；公开地；当众地

In poenalibus causis benignius interpretandum est. 〈拉〉在刑事案件中应采取更为宽泛的解释。

in poenam 〈拉〉刑罚的；以刑罚方式

in posse 〈拉〉在可能性上；在可能状态中　与在现实性上[in esse]相对。

in possession 占有(⇨chose in possession; estate in possession; estate vested in possession)

in posterum 〈拉〉在将来

in potentia 〈拉〉在可能性上

in potestate parentis 〈拉〉在父亲或母亲的权力之下

in praemissorum fidem 〈拉〉兹确认上述各点；兹确认上述房屋　公证术语。

In praeparatoriis ad judicium favetur actori. 〈拉〉〈罗马法〉对判决前之事，应有利于原告。

in praesenti 〈拉〉❶现在；此时；当前　与"in futuro"相对。❷立即；马上　❸立即生效的；马上生效的

in praesentia 〈拉〉当场；在场

in praesentia diversorum 〈拉〉有不同的人在场(⇨divers persons)

in praesentia et auditu aliorum 〈拉〉有他人在场及见证的情况下

In praesentia majoris potestatis, minor potestas cessat. 〈拉〉权力大者出现，则权力小者终止。

in prender 〈法〉(直接)取得的　其英文含义为"in taking"，用于古法中，表示可以将财产取回以偿付债权。诸如土地出租人可以扣押承租人的无体可继承财产(例如习惯法上的贡赋权[heriot custom])以行使其权利。它与"in render"相对。

in presence 当场；在场

In pretio emptionis et venditionis, naturaliter licet contrahentibus se circumvenire. 〈拉〉关于买卖中的定价，自然允许缔约当事人相互欺瞒斗智。

in primis 〈拉〉首先；第一；开端；开始；最初

in principio 〈拉〉❶最初；开始　❷原则上

in privity 有利害关系的；有相对关系的；有关系的(⇨privity)

in promptu 〈拉〉即席的；即兴的　该词通常写作"impromptu"。

In propria causa nemo judex. 〈拉〉任何人不得充任自己

案件的法官。

in propria persona 〈拉〉本人；亲自　指当事人一方自己进行诉讼而非由其律师代行。早期在诉讼中有这样一条规则：对于法院有无管辖权的答辩须由本人亲自提出，因为律师作为法院的一名官员，他是在获得法院许可之后，即承认该法院有管辖权的前提之下，进行答辩的。

in proximo gradu 〈拉〉下一级；最近的一级

in puris naturalibus 〈拉〉自然状态的；赤裸的；一丝不挂的

in quantum lucratus est 〈拉〉在他获利的范围内

inquest *n.* ❶验尸调查；死因调查　由验尸官[coroner]或法医[medical examiner]对被人杀害、猝死、死于狱中或在其他可疑情况下死亡者的死亡情况进行的调查，有时由陪审团协助其进行。❷调查陪审团的调查　专为调查某一特定事项而召集的陪审团对该事项所作的调查。❸调查陪审团的裁决　❹在被告缺席后为确定对原告的损害赔偿金而进行的程序

inquest in lunacy 心智调查　指对某人心智是否健全所进行的调查。

inquest jury 〈美〉调查陪审团　由行政司法官、验尸官或其他行政官员从某一特定地区的公民中召集的，对与死亡有关的事实情况进行调查的陪审团。

inquest of drunkard 酗酒者调查　确定酗酒者在习惯性醉酒状态下是否有能力处理其自身事务的调查，类似于对精神病的调查。

inquest of office 〈英格兰古法〉官方调查　该词语也经常简称"office"。这实质上是王室为获取对叛变者、无嗣而亡者或精神不健全者等的财产、遗产的权利或所有权所采取的一种措施。它采用由数目不定之当地居民组成之陪审团或咨询团的形式，由郡长、验尸官或其他王室特派官员主持。在上述调查结束以后，若被调查者属于上述几种情况，则其财产将被收归王室。这种调查通常分为两种情况：一是赋权性调查，其命令通常由文秘署[Chancery]正式发出，这种调查是国王取得对相关财产所有权的必要条件。如王室若对某白痴症患者之土地主张权利，那么必须有显示该患者为白痴之调查存在。二是指示性调查，其命令由财政署[Exchequer]正式发出，它用于官方调查并非王室获得权利之必要条件的情况，这种调查只是为了相关官员在采取措施前进行充分说明而进行的，其目的在于防止对被调查者采取突发性行动。后来由于土地复归[escheat]和没收[forfeiture]制度的取消，使得官方调查制度几乎失去了意义。

inquest of sheriffs 〈英〉郡长大调查　指1170年亨利二世对已被他撤职的郡长们就其行为、收入及非法勒索等事项进行的大调查。后者必须宣誓回答，并对其不法行为作出赔偿。通过这一次大调查，亨利二世撤换了大部分当时在任的郡长，并任命了新郡长，加强了自己对地方的控制。

inquest of title 所有权调查　在美国，指对县行政司法官[sheriff]征收的货物的所有权进行的调查。该项调查非属司法程序。

inquilinus 〈拉〉〈罗马法〉房屋承租人；房客　尤指在城市中租房者。（⇨colonus）

in quindena 〈拉〉在十五日内

inquirendo 〈拉〉调查权　指对政府官员调查有关国家利益的事情的授权。

inquiry *n.* ❶询问；讯问　❷调查　在英国高等法院的诉讼中，经常指对主要争议问题的某些附属性事实予以查明。法庭有权将此种事项提交给指定的官员或特别公断人[referee]进行调查并作出报告。现在通常是由主事法官或其他官员在法官室[Chambers]中对当事人提交的证据进行调查来完成的。❸〈古〉确定损害赔偿金的令状　❹（国际法）调查　国际关系事务中搜集资料的方法。亦称作"fact-finding"。

Inquiry Court (= Court of Inquiry)

inquiry notice 调查通知　指依法授权某人进行某项合理调查的通知。该人应对调查结果负责。

inquisitio 〈拉〉❶（英格兰古法）调查；检查；查询　❷（罗马法）纠问　指某些情形下，在任命监护人[tutors or curator]之前由检察官[proctor]进行的调查。

Inquisitio Comitatus Cantabragiensis 〈拉〉〈英〉《剑桥调查录》　约写成于1200年之前，似为剑桥郡财产大清查[Domesday survey]原始报告书[original returns]的复本。

Inquisitio Eliensis 〈拉〉〈英〉《伊利岛调查录》　关于威廉一世统治末期就在伊利岛[Isle of Ely]进行财产大清查之方式所进行的调查之记录。现存文本藏于大英博物馆，年代始于12世纪末。

inquisitio geldi 〈拉〉〈英〉纳税调查　1085年依征服者威廉[William the Conqueror]的命令对应纳丹麦金[Danegeld]的人进行的调查。关于调查过程的原始报告书，据知并无完整复本存世，但其所收集的信息构成了《末日审判书》[Domesday]的基础，且其中某些报告书转记于《埃克松末日审判书》[Exon Domesday]。

inquisition *n.* ❶调查　尤指行政司法官会同其指定的陪审团对特定事件进行的调查。❷调查报告书；司法调查报告书　❸（教会法）异端裁判所；宗教法庭　1231年由教皇格列高利九世设立的旨在审判、镇压异教徒的宗教法庭，其法官几乎全部是多明我会和方济各会的修士，13世纪发展至高峰，14世纪其权限受到限制。它主要盛行于西班牙、德国、法国等大陆地区，对英国和斯堪的那维亚未产生影响。

inquisition after death 死后调查 (= inquisitio post mortem)

inquisitio patriae 〈拉〉❶全国调查　❷普通调查团；咨询团

inquisitio post mortem 〈拉〉〈英〉死后调查　在国王的封臣[tenants of the crown]死亡后对其进行的一种官方调查[inquest of office]，以便确定该封臣死亡时所领有的土地及其继承人的年龄，从而确定国王对未成年继承人的婚姻、监护等项权利。封建土地保有废止后，该调查即限于王室的土地复归[escheat]、没收财产[forfeiture]的情形。

inquisitor *n.* ❶调查官　指行政司法官、验尸官等对某特定事件享有调查权的官员。❷（教会法）宗教裁判所法官

inquisitorial power 调查权　指行政机构享有的对账目、记录等进行检查，或通过由证人作证或提交有关文件等方式而要求披露信息的权力。

inquisitorial system 审问制；纠问制　指大陆法系国家中由国家而非私人主动追究犯罪的刑事诉讼制度，与英美法系实行的控告制[accusatory system]或对抗制[adversary system]相对。纠问制起源于罗马帝国晚期，到16世纪时被欧洲国家普遍采用。它的一般特征是由法官主导审判活动的进行，法官可以依职权主动决定要进行的所有必要的调查活动，确定调查的范围而不限于当事人所提交的证据，以及主动传唤和询问证人等。此种制度在大多数欧洲大陆国家、日本以及中南美洲普遍适用，在英格兰

法中唯一具有此种特征的程序是由验尸官进行的调查[Coroner's Inquest]。

in quo 〈拉〉在何处(⇨locus in quo)

In quo quis delinquit, in eo de jure est puniendus. 〈拉〉罪刑相适应。

in re 〈拉〉关于;至于;在…方面;就…而论 该词过去常用于法律文件起首处,现常用于案件名前,尤其是用于一方当事人即无相对人案件[uncontested proceedings]名之前。此种案件没有对抗双方,只涉及一定标的,如破产财产、公共道路等的处理。

in re aliena 〈拉〉关于另一事;关于另一财产

in rebus 〈拉〉关于物、案件或问题

In rebus manifestis, errat qui auctoritates legum allegat; quia perspicua vera non sunt probanda. 〈拉〉因为显而易见的事实无需证明,所以企图援引法律对此进行证明的人显然犯错。

In rebus quae sunt favorabilia animae, quamvis sunt damnosa rebus, fiat aliquando extensio statuti. 〈拉〉如果意图是好的,即使对财产有损,亦应使法律有某些伸缩性。

In communi melior est conditio prohibentis. 〈拉〉对共有财产,阻止者的地位更有利。 换言之,任何共有人均有权阻止其他共有人的行为。

In re communi neminem dominorum jure facere quicquam, invito altero, posse. 〈拉〉共有财产的任何共有人均不得违反其他共有人意志对该财产行使权利。

In re communi potior est conditio prohibentis. 〈拉〉对共有财产,阻止者的地位更重要。

In re dubia, benigniorem interpretationem sequi, non minus justius est quam tutius. 〈拉〉如有疑义,选择较为自由的解释是更为安全、而且也同样是更为公正的途径。

In re dubia, magis inficiatio quam affirmatio intelligenda. 〈拉〉如有疑义,不言而喻,宁可选择否定而非肯定。

in regard to 关于;至于;在…方面;就…而论

In re lupanari, testes lupanares admittentur. 〈拉〉事关妓院者,妓女可为证人。

in rem 〈拉〉对物 与"对人"[in personam]相对。

In rem actio est per quam rem nostram quae ab alio possidetur petimus, et semper adversus eum est qui rem possidet. 〈拉〉对物诉讼指自他人占有下追夺自己财产的诉讼,它总是对占有该财产的人提起的。

in rem action (= action in rem)

in remainder 在剩余地产上(⇨estate in remainder; remainder)

in re mercatoria 〈苏格兰〉有关商业的 在法律上,有关商业的交易一般指从事商业活动的人们之间进行的交易。在这种交易中,未经正式认证而仅由当事人签署甚至缩写签署或盖印的合同文本、定单、发票、支票等均属有效。

in rem judgment (= judgment in rem)

in rem jurisdiction (= jurisdiction in rem)

in rem mortgage 对物抵押 抵押物回赎权终止[foreclosure of mortgage]具有对物诉讼性质,但它更接近于准对物诉讼,因为它是针对消灭抵押人以及其他一切人权利的。

in rem proceeding (= in rem action)

in rem process (= process in rem)

in rem suam 〈拉〉关于其自己之事

in rem versum 〈拉〉在某人的事务中使用;为某人的利益而使用

in render 〈法〉交纳的;偿付的 其英文含义为"in yielding or paying",用于古法中,指该种无体的可继承财产只能被请求交纳或给付,而不能直接扣押或取得,故与"in prender"相对。

In re pari potiorem causam esse prohibentis constat. 〈拉〉对于(几个人)平等共有之物,很明显,有权拒绝(许可使用该物)者的理由更强。 该法谚用于合伙,表示一个合伙人有权对其他合伙人的行为不予同意。

in re propria 〈拉〉关于某人自己之事;关于某人自己的业务

In re propria iniquum admodum est alicui licentiam tribuere sententiae. 〈拉〉任何人在自己的案件中担任法官都是极为不公的。

In republica maxime conservanda sunt jura belli. 〈拉〉一国之内,战争法尤需遵行。

in rerum natura 〈拉〉依照物的本性;依照事理;实际存在

in respect of decedent 关于死者的(⇨income in respect of decedent/I.R.D.)

In restitutione, non in poenam haeres succedit. 〈拉〉继承人继承返还[restitution]的义务,但不继承刑罚。

In restitutionibus benignissima interpretatio facienda est. 〈拉〉对于返还[restitution],应采最宽厚的解释。

in reversion 以可回复方式(设定地产权)(⇨estate in reversion; reversion)

in rixa 〈拉〉在争论中;在争端中

inroll enroll在古书中的形式(⇨enroll)

inrollment (= enrollment)

Inrollments of Acts of Parliament 〈英〉《议会法律刊录》 1483年以后(但1642年至1660年间除外),英格兰和不列颠制定法的原本权威典籍,包括经确认并送交秘署[Chancery]的议会法律。1849年之前,所有议会法律均誊抄在羊皮纸上,由议会书记官[Clerk of the Parliaments]签署并确认,与其他档案一并存放于议会档案馆[Rolls Chapel]。自1849年起,由国家印刷局[Queen's Printer]用仿羊皮纸印刷每一份议会法律,一式两份,经议会两院的官员[Officers]核证后,一份存放于上议院[House of Lord],一份存放于国家档案馆[Public Record Office]。

INS (= Immigration and Naturalization Service)

insane a. 精神错乱的;患精神病的(⇨insanity)

insane delusion 精神妄想症 精神、心智不正常的一种状态,该症患者幻想存在无证据之事,而理智之人、精神或智力正常之人基于证据与合理分析坚信特定情形下不会发生此事。

insane person 精神病人 包括先天性心智不全之人[idiot]、间歇性心智不全之人[lunatic]、心智不全[non compos mentis]之人和精神错乱[deranged]之人。

insanity n. (刑法)精神病 社会学和法学的专门用语,而非医学用语。指由于精神疾病或精神缺陷,行为人缺乏像正常人那样对事物性质的辨认能力或对自己行为的控制能力,此时他实施社会危害行为,不负法律责任。精神病成为合法辩护的理由之一。美国共有四种对精神病的检验规则:姆纳顿规则[M'Naghten rule]、不能控制规则[irresistable impulse rule]、德赫姆规则[Durham rule]和实际能力规则[substantial capacity rule]。其中为《模范刑法典》所采用的实际能力规则现为大多数州所接受。

Insanus est qui, abjecta ratione, omnia cum impetu et fu-

rore facit. 〈拉〉失却理智,以暴力和狂怒支配行为者,为患有精神病之人。

In satisfactionibus non permittitur amplius fieri quam semel factum est. 〈拉〉清偿时,付款不应比一次付清之数更多。

in scaccario 〈拉〉在财税法庭(⇨exchequer)

inscribe v. 刻;雕;写

inscribed a. 登记的;记名的(政府债券等)

inscribed stock 〈英〉记名公债 指不发行任何票据,只在发行机构登记债券持有人姓名的公债。这种公债只能通过持有人或其授权律师以签名方式转让。

inscribere 〈大陆法〉签署告发书 其作用是为了防止滥用控告权。如果告发人对他所指控的罪行未能有效地加以证明,则对他按所控之罪加以惩处。

in scrinio judicis 〈拉〉在法官的笔记或文件中 意即未包含在法庭记录[record]中。

inscriptio 〈拉〉(罗马法)对犯罪的书面控告 若被告被证明无罪,则控告者须承受所控罪名之应得惩罚。

inscription n. ❶铭文证据 为永久保存而刻于金石等固体物(如墓碑、石柱、石表、徽章)上的文字、图形等。它们的证明力很大程度上取决于制作者的权威性和制作时与所纪念事件发生时相距的时间。❷登记 指对抵押[mortgage]、留置[lien]或其他书件在政府档案簿[book of public records]上进行的登录记载。❸(大陆法)对告发书的签署;对告发者的约束 如果告发人错误指控某人犯有某个罪行,则他要承受所控之罪的惩罚。

inscriptiones 〈拉〉(英格兰古法)授权文书

in se 在其自身;就其本身(⇨mala in se)

insect infestation 〈美〉虫灾 指在植物,尤其是农作物上泛滥成灾。依《联邦农作物保险法》[Federal Crop Insurance Act],虫灾属于农作物保险的损失风险之一。

insecure a. 不安全的;有危险的;无保障的;不确定的

insecure clause (= insecurity clause)

insecurity clause 不安条款 该种合同条款出现于以下情况下:①在借款合同中,如果债权人有理由相信债务人将要违约,当债务人突然丧失重要收入来源时,则允许债权人请求债务人立即全部返还借款余额;②在动产抵押中,当抵押权人认为其抵押权不能保障时,可据此条款而有权占有抵押动产;③在票据中的一项条款,若持票人认为其票据权利是不安全的,则有权加速票据到期,从而要求提前付款。(⇨acceleration clause)

in sensu et re ipsa 〈拉〉关于其意义或意图和关于该事本身

inseparable error 不可分的错误 指初审过程中发生的错误影响到所有共同当事人的利益,以致虽然并非所有的共同当事人都提起上诉,但上诉审法院对原判决的撤销仍应适用于所有的共同当事人。

in separali 〈拉〉单独的

insert v. 插行书写;插页书写
n. 插行;插页

in session 在开庭中;在开庭期内

in severalty 一个人所有的土地 指个人单独保有土地的地位,在其地产存续期间无人与其共享该权益。

inside director 内部董事;董事 公司任职的董事,系公司全日工作的职员。(⇨outside director)

inside information 内部信息;内幕信息 公司董事或高级职员等内部人员因其职位而先于一般公众获得的有关公司财务、业务和经营现状的信息。证券交易委员会的规章和法院的裁决都禁止内部人员基于内部信息进行股票交易。

insider n. (证券交易中的)内部人员;内幕人员 指因其职位而可先于一般社会公众获得关于公司业务和现状的信息的公司人员,如董事、高级职员、重要雇员[key employee]及其亲属等。

insider reports 〈美〉内部报告;内幕报告 若公司股票10%以上发生交易,应在联邦证券交易委员会[Securities and Exchange Commission]备案。

insider short-swing transaction 〈美〉内部短线交易;内幕短线交易 《证券交易法》[Securities Exchange Act]使用的术语,指公司董事、高级职员、主要持股人[principal stockholder]基于其在公司职位而获得的信息所进行的股票交易。

insider trading 〈美〉内部交易;内幕交易 指基于内部信息或预先获取的信息[advance information]而进行的公共持股公司的股票交易。通常,交易人本身是与公司基于雇佣关系或其他信托[trust]或信任[confidence]关系而成为公司内部人员的。内部交易需逐月报告证券交易委员会[Securities and Exchange Commission]。最高法院已经采纳更为宽泛的"内部交易"的定义,称为"不当理论"[misappropriation theory],欺骗性获取或滥用属于应承担保守义务者的信息亦纳入此范围。

insidiatio viarum 〈拉〉拦路抢劫者 一种普通法上的重罪[felony],对该罪不得主张神职人员特权[benefit of clergy],因为通常认为该罪近于叛国罪[treason]。(⇨lying in wait)

insidiator n. ❶间谍 ❷拦路抢劫者 ❸叛国者 ❹伏击者

insidiatores viarum 〈拉〉拦路抢劫者 指潜伏于路旁,旨在攻击他人而犯重罪[felony]或其他轻罪[misdemeanor]者。

insidious machination 欺诈;阴谋诡计

insignia n. 徽章;纹章 用以区别不同阶层、团体、等级的识别符号、标志、标记。

insiliarius n. 出坏建议的顾问

insilium n. 坏建议;坏意见

in simili materia 〈拉〉关于相同或近似的主题

in simplici peregrinatione 〈拉〉在普通的朝圣中

insimul 〈拉〉同时;共同地

insimul computassent 〈拉〉已共同结算 在普通法诉讼的答辩中,是一种针对已确认的欠账单提起的简约之诉[assumpsit]的诉因名称。它声称双方当事人已将他们的账目共同结算,并且被告保证向原告支付其差额部分。

insimul tenuit 〈拉〉(英格兰古法)共同继承人的限嗣继承土地回复令 基于其祖母对土地的占有,发给共同继承人的一种限嗣继承土地回复令[writ of formedon],针对的是进入土地之陌生人。(⇨formedon)

insinuacion 〈西〉呈文 指向主管法官提交公文以便获得其批准,从而获得司法认可。

insinuare 〈拉〉(罗马法)(大陆法)❶存于法庭档案;归档 ❷在司法官员面前宣布或承认 ❸赋予某一行为以官方形式

insinuatio 〈拉〉(古)信息;建议 拉丁法律用语,常用于"根据…信息"[ex insinuatione]中,成为现代"基于信息及信赖"[(up)on information and belief]一词的前身。

insinuation n. ❶(罗马法)在政府登记处进行登记的行为 是捐赠行为的必要条件。 ❷(尤指对犯罪行为或不法行为的)暗示;提示 ❸〈英〉遗嘱的提供;将遗嘱提交登记处 指在大主教法院[prerogative courts]的诉讼中,为获得遗嘱检验证书而将遗嘱提交登记处。

insinuatione 〈拉〉(= insinuation)

insinuation of a will (罗马法)遗嘱的提交登记处 指为获得遗嘱检验证书而将遗嘱提交登记处。

in situ 〈拉〉在原来位置;在原处;在原地

insocna n. 对同居一处者的暴力行为(⇨infiht)

insolence n. 傲慢的行为;粗鲁的行为;无礼的行为

insolent a. 傲慢的;粗鲁的;无礼的

in solido 〈拉〉为全体;作为全体;连带责任地;共同地 其英文含义为"as a whole",但多用于大陆法系中。在美国路易斯安那州法典中,该术语即表示在债务人之间创设连带[jointly and severally]责任,例如为全体之债[obligation in solido]即指每一债务人对全体债务均负有责任。亦作"in solidum"。(⇨solidary; creditors in solido; debitores in solido)

in solidum 〈拉〉(= in solido)

in solo 〈拉〉在土地中;在陆地上

in solo alieno 〈拉〉在他人土地上

in solo proprio 〈拉〉在自己土地上

in solutum 〈拉〉清偿;给付

insolvency n. 无力偿付债务;无力偿债 指一个人的全部财产和资产不足以偿付其债务。无力偿债可引起破产程序,也可引起债务和解[arrangement]程序。破产需经司法裁决。

insolvency laws 无力偿债法(⇨insolvency statutes)

insolvency proceedings 〈美〉破产程序(⇨bankruptcy)

insolvency statutes 〈美〉无力偿债法 与《国家破产法》[National Bankruptcy Act]类似的州法。依这些制定法,可由债务人自己提起或债权人对债务人提起宣告债务人无力偿债的程序,并依法对债务人的财产在债权人之间进行分配。

insolvent n. 无力偿债者 在普通交易中停止支付债务的人,或在债务到期时无力支付的人,或根据《联邦破产法》[Federal Bankruptcy Act]为无力支付的人。
a. 无清偿能力的

in spe 希望;期望

in specie 以硬币方式;以金币或银币方式;以实物方式;以同样方式

inspectator n. ❶对方(当事人) ❷起诉人;检察官

inspected and condemned 〈美〉经检查和没收的(⇨U.S. brand)

inspection n. 检查;调查;检验;审查 对产品、商品、文件、住所、企业等的质量、真实性、状况等进行的检验、审查等。该词不仅指简单地察看,还意指认真仔细或批评挑剔地检查、官方正式调查和测验等。

inspection by customs 〈美〉海关检验 指海关官员对来自国外的商品、货物、行李等进行的检查。

inspection charges 〈美〉检验税 依美国宪法第一条第十款的授权,为执行检验法[inspection laws]而由各州对进出州境的货物征收的费用。它是禁止各州对进出州境的货物征收费用的一种例外。(⇨inspection laws)

Inspection Division 〈美〉调查部 原子能委员会[Atomic Energy Commission]为收集有关承包商、被许可人、该委员会的官员及雇员是否遵守法律、规则及委员会的规章的信息而设立的机构。

inspection duties (= inspection charges)

inspection laws 检验法 旨在使公众免于受到诈骗、伤害,保障公共健康、安全、福利,授权政府官员为此目的对待售商品是否符合规定标准,是否适于使用等进行检验的法律。在美国,州和联邦的检验法还涉及劳动保护、建筑结构安全、餐馆或食品加工者的卫生状况、机动车安全状况等内容。美国宪法第一条第十款规定,除达到为实施检验法"绝对必需的"[absolutely necessary]程度,各州不得对进出州境的货物征税。

inspection of corporate records 公司账目稽核 持股人以股票所有人的身份,对公司账目进行的检查。

inspection of documents 文件检查 由一方当事人对另一方当事人提供的作为证据的文件进行的初步审查。

inspection officer 检查官;调查官(⇨inspector)

inspection of records 检验权;查阅权 ①自由查阅公共档案记录的权利;②股东为了解公司股权状况而查阅公司账簿的权利。

inspection of vessels 〈美〉船舶检查 为确定船舶是否符合规定的结构、设备而依联邦法进行的检查。

inspection rights 检验权;查阅权 依据美国《统一商法典》[U.C.C.],货物买受人得于付款或接受前于任何合理的地点、时间,以合理方式对货物进行检查。诉讼中,当事人得对对方提供的文件、记录、土地等进行检查。

inspection search 〈美〉行政搜查;调查性搜查 为保障卫生、安全或福利等法律的实施和遵守,由行政机关对公共场所或经营场址进行的调查。原则上,行政搜查应有基于可成立理由[probable cause]而签发的搜查证,不过此可成立理由之要求比刑事搜查要求低,在例外情况下,行政机关也可以进行无证搜查。该词亦称 regulatory search; administrative search。

inspector n. ❶〈美〉巡官 低于警长[superintendent]或副警长[deputy superintendent]的一级警衔。❷视察员;检查员;稽查员

inspector general 〈美〉监察主任 联邦政府许多部门均设监察主任一职,其基本职能是对各机构履行职务各项活动进行审计、调查。

inspectors of election ❶指在公司会议[corporate meeting]上负责公司董事选举的人 ❷指在堂区[precincts]和区[districts]投票中实施选举法的选举官

inspeximus 〈拉〉〈英〉已经检阅 用于开封特许状[letters patent]的开头。之所以如此,因其起首语以国王名义[Crown]宣称,"我们已检阅以前这样的特许状的登录[enrollment]",此后即可逐字逐句记载授予的特权。

Inst. (= Institutes of Coke)

install v. ❶就职;就任 ❷安装;安置;装配

installation n. ❶(政府官员、主教、骑士等的)就职典礼;就任典礼 ❷安装;安置;装配

instal(l)ment n. 分期付款支付方式中每期应付款项

instal(l)ment contract 分期履行合同;分期付款合同

instal(l)ment credit 分期付款信用;分期付款信贷

instal(l)ment judgment 规定分期履行的判决;规定分期付款的判决

instal(l)ment land contract 分期付款土地买卖合同 一种土地买卖合同,买方可分期付款,但只有最后一期价款付清后,才可要求卖方交付契据[deed]。也称付据合同[contract for deed]或长期土地买卖合同[long-term land contract]。(⇨land sale contract)

instal(l)ment legacy 分期给付遗赠 一定数额的遗赠,规定在将来特定期间分数次给付。也指以遗嘱设定年金

方式所为的遗赠。

instal(l)ment loan 分期偿还的贷款　在规定期限内，通常以相等金额逐期偿还的贷款，该契约应具体规定偿还的金额和方法。

instal(l)ment method 〈美〉分期付款方法　一种会计上记录分期付款销售收入的方法，即在任何财务年度内按照总销售价格中当年收到的现金付款比例确认销售毛利。对1987年以后开始的纳税年度有效，但对其运用有限制，不动产或动产销售商不得用分期付款法计算财物销售收入。

instal(l)ment note 分期支付本票　指每隔一段固定的时间而分别到期支付的一系列本票之一，或指规定每隔一段固定的时间而分期支付的一张本票。

instal(l)ment payments 一笔大额款项的分期支付；分期付款中每期应付的款项

instal(l)ment plan 分期付款的商业销售安排；分期付款的购货方法

instal(l)ment sale 分期付款销售　一种附条件销售。买方付首期款，以后分期付款。卖方保留所有权或者担保，直到所有款项付清。亦称作"instal(l)ment plan"；"retail instal(l)ment sale"。

instal(l)ments of insurance 分期支付的保险金

instance n. ❶请求　❷实例　❸鼓动　❹审级　❺（大陆法）〈法〉所有诉讼或司法请求　❻（教会法）当事人一方的请求　请求的起因[causes of instance]与职务的起因[causes of office]相对，前者由当事人一方的请求而引起，后者以法官名义进行。　❼〈苏格兰〉在开庭中可坚持的请求、主张等；在遗嘱检验中可坚持的请求、主张等

instance court ❶〈英〉普通海事法庭　旧时海事法院[Admiralty Court]中对除捕获案件[prize case]以外的案件有初审管辖权的法庭，与另一管辖捕获案件的捕获法庭[prize court]相对。　❷初审法院

instancia 〈西〉提起诉讼；进行诉讼（直至法院作出最终判决）

Instans est finis unius temporis et principium alterius. 〈拉〉时刻指一个时间的结束和另一时间的开始。

instant a. 现时的；此刻的；当前的

instantaneous a. 瞬间的；即刻的；猝发的

instantaneous crime 即时完成的犯罪　仅一个行为便已全部完成的犯罪，如放火、谋杀等。区别于由一系列行为构成的犯罪。

instantaneous death 猝死

instantaneous seisin 即时占有　该学说意指瞬间的暂时占有，即同样的一个行为将地产转移给一个人而又立即将其从该人处转移。此种占有并非"停留"在该个人处，即该人不能为其自己而利用、受益。即时占有允许在有关土地上设置诸如遗孀地产权[dower]、宅基地[homestead]、技工留置权[mechanic's lien]或卖方留置权[vendor's lien]等权利。

instante 〈拉〉当时；立刻（⇨eo instante）

instanter 〈拉〉立即；马上；迅速；不迟延　该词一般意指24小时之内。

instantly ad. 立即　该词常用于指控谋杀罪的起诉书中，指称被害人的死亡是在受到伤害或打击后迅速发生的。但它并非当时当地[then and there]的同义语。

instar 〈拉〉相同；相似；相当

instar dentium 〈拉〉像牙齿一样的；锯齿状的；犬牙交错的　例如契据中的骑缝线。

instar omnium 〈拉〉完全相同；完全一致

in statu quo 〈拉〉依原样；照旧；维持原状

in statu quo ante bellum 〈拉〉依战前原状

in statu quo ante fuit 〈拉〉依先前状态

instigate v. 教唆；怂恿；煽动；引诱（⇨aid and abet；entrapment）

instigation n. 教唆；怂恿；煽动；引诱（⇨aid and abet；entrapment）

instinctive statements 自发的不经思考的陈述（⇨res gestae）

instinct of self-preservation 自我保存的本能（⇨self-preservation）

In stipulationibus cum quaeritur quid actum sit verba contra stipulatorem interpretanda sunt. 〈拉〉在协议中，如对是否实施某一行为存有疑义，则该协议术语应当作出不利于协议提供方的解释。

In stipulationibus, id tempus spectatur quo contrahimus. 〈拉〉协议须考虑其缔约之当时(情形)。

In stipulationibus quum queritur quid actum sit verba contra stipulatorem interpretanda sunt. 〈拉〉在协议中，如对是否实施某一行为存有疑义，则该协议术语应当作出不利于协议提供方的解释。

in stirpes (= per stirpes)

institor 〈拉〉〈罗马法〉交易人；店主；贩卖人　可泛指任何与之为交易的人，尤指负责某项商务者。

institoria actio (= actio institoria)

institorial action (= actio institoria)

institorial power (大陆法)代理权限　指由店主等商业所有权人授予代理人的、为本人利益而行事的权力。

Instituta Cnuti aliorumque regum Anglorum 〈拉〉《克努特法学阶梯》　一部关于盎格鲁－撒克逊法律的汇编，约于1100年由一位牧师用拉丁文编辑而成。其前两部分主要包括克努特法典的章节；第三部分则摘录了阿尔弗雷德[Alfred]大帝法令集、伊尼[Ine]法典及其他盎格鲁－撒克逊法律的原始材料。

institute v. ❶提出；提起（诉讼等）　❷开始　❸任命；提名；指定　如以遗嘱指定继承人。　❹建立；创建；制定　n. ❶提出；提起　❷建立　❸教研机构　尤指为特定工作提供培训的学校、学院。　❹确立的法学原理；规则　❺第一继承人　在苏格兰法和罗马法中，依遗嘱所指定的继承人，但依遗嘱此人应将遗产转移至特定第三人处。（⇨substitute；tailzie）　❻(复)法学著作；法律教科书　包括法学基本原理，以一定顺序和体系编排的教科书，如《盖尤斯法学阶梯》[Institutes of Gaius]、《优士丁尼法学阶梯》[Institutes of Justinian]、《科克勋爵法学总论》[Institutes of Lord Coke]等，简称不提作者名。

institute an action 提起诉讼；开始诉讼

instituted a. ❶已开始的；已提起的　❷已建立的

instituted executor 无条件的遗嘱执行人

institute heir (= heir institute)

Institute of International Law 国际法学会　又译作"国际法研究院"。成立于1873年，旨在通过系统阐述与文明道德规范相一致的一般原则以及为促进国际法的渐次编纂提供帮助来推动国际法的发展。该学会出版的刊物为《国际法学会年刊》[Annuaire de l'Institut de Droit International]。

Institutes of Caius (= Institutes of Gaius)

Institutes of Coke 〈英〉《科克法学总论》　爱德华·科克所

著关于普通法的论著(1628年版),共四卷。第一卷对爱德华四世朝代利特尔顿法官所编《土地保有法》的评论;第二卷关于《大宪章》及议会的古老法令的评注;第三卷关于刑事诉讼的专论;第四卷关于各种法院的论述。

Institutes of Gaius 《盖尤斯法学阶梯》 罗马法学家盖尤斯(公元117-180年)所著关于罗马法的教科书,其重要性在于为《优士丁尼法学阶梯》[Institutes of Justinian]提供了基础。

Institutes of Justinian 《优士丁尼法学阶梯》 关于罗马法的基础教材,成书于6世纪,以盖尤斯及其他人的同名著作为基础,由特里波尼亚等人奉优士丁尼皇帝命令组织编纂而成。成书于公元553年。

institutio haeredis 〈拉〉(罗马法)遗嘱继承人的指定 相当于英国法上遗嘱执行人的指定。无此指定则遗嘱在法律上无效,但裁判官可于特定情况下实现遗嘱人的意图。

institution n. ❶(教育、慈善、宗教性的)社会公共机构 ❷(诉讼等的)提起;开始 ❸法律;规则;习惯;原则;原理 ❹(法律、规则等的)制定;设立;创设 ❺(罗马法)(以遗嘱方式进行的)继承人指定 ❻(教会法)授予圣职 被授予者由主教委以宗教监护权,享有圣俸,成为堂区牧师[parson],主持宗教仪式,并可进入牧师寓所。但是在就任仪式[induction]之前,他不得自由处置教区事务。根据1898年的《圣职法》[Benefices Act],主教可基于某个理由拒绝授予某人圣职。

institutional broker 机构证券经纪人 指为互助基金会、银行、退休基金会、保险公司等机构从事证券交易的经纪人。

institutional decision 机构的决定、决议 由机构本身而非个人或机构领导所作出的决定、决议。

institutional investor 机构投资者 指主要以集中他人的资金进行投资的大机构,如共同基金、退休基金、保险公司等。

institutional lender 机构贷款人 如银行、存款互助协会等提供的商业贷款,区别于个人、信贷机构或公司对其雇员的贷款。

institutional theories of law 制度法学 一种将各种制度视为法律人格化的社会关系体系的理论,由法国的霍利欧[Hauriou]和雷纳德[Renard]提出。该理论认为,一种制度是各种外部环境的复合体,它要求人们的行为与人们对待这些环境的态度持续地保持一致,尽管在一段时间内二者并不一定完全相同,这些制度构成了作为法律基础的社会现实,它们比法律规则产生得更早,持续时间更久。

institutional writings 〈苏格兰〉法学阶梯类著作;经典法律著作 指效仿《优士丁尼法学阶梯》[Justinian's Institutions],并且也自称"法学阶梯"的著作,有时也指虽未称"法学阶梯",但具有一般性、论述范围广的书籍。这些著作被认为具有高度权威性,对法律的形成和发展有重大影响。

institution and prosecution of action 诉讼的提起和进行

institutiones 〈拉〉❶总论性著作 指包括了一门学科的所有因素的著作。❷[I-]《法学阶梯》 罗马法的基本教科书,其最著名者为《盖尤斯法学阶梯》和《优士丁尼法学阶梯》。

institution of a clergyman 授予神职人员圣职 由教区[diocese]主教授予一神职人员或候选人以圣职,以使他实际上拥有堂区牧师的薪俸和寓所[parsonage]的仪式。(⇨institution)

institution of learning 教育机构 广义而言,该词可指任何教育机构或学校。

in stricto jure 〈拉〉依照严格法律;依照严格权利

instroke n. 矿物运入权 将矿物自一矿井通过另一矿井运至地面的权利,就所通过的矿井而言,称矿物运出权[outstroke],就运至地面的矿井而言,称矿物运入权[instroke]。

instruct v. ❶(法官就法律问题)指示(陪审团) ❷(当事人向律师,或事务律师向出庭律师)介绍案情;说明事实

instructed verdict (陪审团)依(法官)指示作出的裁断(⇨directed verdict)

instruction n. ❶(= jury instructions) ❷案情介绍;说明 当事人向其委托的律师,或者事务律师向出庭律师就案件事实或其他所需信息所作的介绍或说明,以备其出庭代理或辩护。❸取证程序 在欧洲法院,预审法官需审查有关诉状,并听取检察长的意见以决定是否对本案进行取证。如需取证,则由本法院、法庭或者预审法官主持进行。在此程序中,双方当事人和证人均需出庭,并提供文件证据,由主持者进行审查。取证完成之后,法庭允许当事人就此过程中产生的问题发表自己的意见,此后当事人继续进行法庭辩论。

instrument n. ❶文契 用以记载某项行为,表明权利、义务等的设定、变更、终止的正式的书面文件,如契约[contract]、契据[deed]、遗嘱[will]、债券[bond]、租约[lease]等,可为证据。❷票据 指流通票据[negotiable instrument]、证券[security]或其他任何可以证明取得金钱支付权利的书面文据。本身并非担保协议[security agreement]或租约[lease],而且是于正常业务活动中以必要的背书或让与程序交付转移的。

instrumenta 〈拉〉(作为证据的)未盖印文书

instrumentality n. 工具;手段;中介

instrumentality rule 工具规则 主要适用于美国公司法中。其含义是指:若一公司的组织或其事务在很大程度上受另一公司控制,从而沦为后一公司的工具,则前一公司被视为后一公司的附属子公司,不具有独立的法人人格,由后一公司对前一公司的债务承担责任。它与"alter ego"、"piercing the corporate veil"等具有相同的性质。

instrument for the payment of money 金钱证券;金钱支付的票据 一种不附带任何条件、确认绝对支付义务的证券。债权人一经提示,即可就证券载明的金额[existing debt]得到偿付。

instrument inter partes 两人或两人以上之间的文据(⇨deed inter partes)

instrument of appeal 〈英〉上诉状 依1857年《婚姻案件法》[Matrimonial Causes Act],对高等法院遗嘱检验、离婚和海事分庭[Probate, Divorce and Admiralty Division]所作的离婚判决不服向由该分庭全体法官组成的全席庭[full court]提起上诉时使用的书状。1881年《司法组织法》[Judicature Act]规定对此类判决不服的向上诉法院[Court of Appeal]上诉,取代了原来向该分庭全席庭上诉的做法,此种上诉亦不再使用。

instrument of evidence 证据文件 记载有关争议事实或需被证明的事实的书面文件。

Instrument of Government 〈英〉《政府约法》 在奥利弗·克伦威尔[Oliver Cromwell]1653年12月16日成为护国公[lord protector]后拟定的成文宪法。作者为少将[Major-General]军衔的约翰·兰伯特[John Lambert]。该约法原欲任命克伦威尔为国王,但遭到婉拒,克伦威尔最

终接受依约法规定担任护国公。该法规定：立法权属于护国公克伦威尔和议会，行政权由护国公和一个人数不超过 21 人的政务会掌握；议会应于 1654 年 9 月召开会议，此后应每 3 年召开一次，会议期间享有对陆军和海军的控制权；议会有权制定法律，并有权制止任何未经其同意的税收；内战期间反对议会之人不能参加议会选举或被选入前四届议会，永远取消罗马天主教徒入选议会的资格；护国公为终身职位，但该职位应选举产生，它对立法仅有暂停性否决权等。该法的缺点是未规定权力机关即护国公、政务会、议会之间的协调，也未规定该法本身的修订。该法为英国制定成文宪法的第一次尝试。

instrument of sasine　〈苏格兰〉(证明交付不动产占有的)不动产占有文据

instrument of war　战争器械　指应作为军事器械予以禁运的器械。

instrumentum patrisfamilias domesticum et quotidianum　〈拉〉家庭日用品

instrument under hand　签名文据　指规定或影响权利义务，由授权人签名证实，但未加盖印章的文件。

instrument under seal　盖印文件(⇨sealed instrument; specialty)

insubordination　n.拒绝服从上级的命令、指示　该词含有故意不理会雇主或上级官员的合理合法的指示的意思。

in subsidium　〈拉〉通过帮助；在…帮助下

in substantialibus　〈拉〉实质上；实体上

insufficiency　n.不充分　在英国旧时的衡平法诉讼中，被告提出答辩后，原告有 6 周的时间指出该答辩中的不充分之处——即被告未能针对原告诉状中的具体指控作出具体的回答。在现在的诉讼程序中，通常一方当事人对对方的质询[interrogatories]应以宣誓书[affidavit]作出回答。如果被质询方所作的回答不充分，质询方可申请法庭或法官命令被质询方作更进一步的回答。

insufficiency of evidence to support verdict　支持作出裁断的证据不充分　指案件中存在某些证据，但与案件中的相反证据对比来看，其尚不能充分支持裁断的结论。当事人据此可以申请重审[motion for new trial]、申请法官指示陪审团作出裁断[motion for directed verdict]，或者申请作出与陪审团裁断相反的判决[motion for judgment notwithstanding the verdict]。

insufficiency of repair　(关于公路)疏于维修；失修

insufficient　a.不充分的；不足的；不适合的；不完全的；不能胜任的；缺乏能力的(⇨sufficient)

insufficient consideration　非充分对价(⇨sufficient consideration)

insufficient funds　存款不足　表示支票签发人的银行存款余额不足以支付其支票支取额的银行用语。

insufficient record　记载不充分

insula　〈拉〉❶岛屿　❷(周围空地与其它建筑物隔开的)孤立的建筑物　❸出租给穷困家庭的房屋

insular courts　〈美〉海岛法院　国会设立以对其属岛行使管辖权的联邦法院。

insular possessions　〈美〉属岛

insulation period　隔离期；禁止期　指集体劳动合同届满之前 60 天，在此期间不得提出代表申诉。此举意在为雇主和现行工会就新的劳动合同谈判提供机会，而无须承认相反的竞争性请求。

insult　n.侮辱；凌辱；损害名誉　在美国的某些管辖区域，此种行为可引起补偿性损害赔偿[compensatory damages]，而在其他管辖区域则可能引起惩罚性损害赔偿[punitive damages]。

insultus　n.攻击；欺凌；侮辱

in summa　〈拉〉总的看来；大体上；基本上

in summo jure　〈拉〉依最严格的法律；依最严格的权利

in suo genere　〈拉〉与其同类的

In suo quisque negotio hebetior est quam in alieno.　〈拉〉当局者迷，旁观者清。

insuper　〈拉〉❶上面；上部；以上；超过　❷远远超过…以上　❸而且；此外　❹对　英国古财政用语，指对某人账目[account]征收费用。

in superficie　〈拉〉在表面；表面上

insurability　n.可保性　可保险的性质或状况。在人寿保险中是指人寿保险公司在决定承保范围时与风险有关事宜时所合理考虑的所有生理的、精神的因素。恢复人寿保单的条件是：被保险人身体健康，以及保险公司可接受的风险。

insurable　a.可保险的；适于保险的；有保险的充分理由的

insurable interest　可保利益　被保险人具有的、因承保风险发生而导致损失的利害关系。被保险人对保险标的物或人必须具有真正的金钱上的利益，才有权对标的物或人进行保险。潜在的被保险人应具有可保利益，若保单无可保利益作为其基础，可视为一种赌博而不具有法律强制执行效力。

insurable interest in liability　对责任的可保利益　在第三人可能伤亡时或第三人财产遭到灭失或受损时，被保险人所拥有的利益。这可能是被保险人应负责任或至少是向其提起诉讼的依据。

insurable interest in life　对生命的可保利益　在人寿保险中，投保人必须对投保的身体或生命具有保险利益。当被保险人即投保人时，他对他的生命所拥有的利益即为可保利益；若被保险人不是投保人，则两者由于金钱关系或出于抚养、自然情感等因素而使得投保人对被保险人拥有可保利益。

insurable interest in property　对财产的可保利益　若财产所有人会因财产的存在而获得收益，也会因财产的灭失而遭受损失，则其对财产拥有可保利益。

insurable risk　可保风险；承保风险　可以预见到损失的任何风险，但不包括被保险人自己的错误行为所造成的风险，或者其保险为法律或公共政策所禁止的风险。

insurable value　可保价值　保险财产的价值。在火灾保险中，指以财产价值为基础，扣除不可摧毁部分(如土地)的价值；在产权契据保险[title insurance]中，指销售价(即市场价)。

insurance　n.保险　双方约定，一方即被保险人[insured]给予另一方即保险人[insurer]一定的补偿或对价(保费)，而由保险人承诺赔偿被保险人将来可能遭受的某种损失的一种契约关系。

insurance adjuster　保险理算人(⇨adjuster)

insurance agent　保险代理人　经保险公司明示或默示授权，代表保险公司与第三者处理有关保险事宜的人。他们代表保险公司开展业务、收取保费。(⇨insurance broker)

insurance agent's lien　保险代理人的留置权(⇨insurance broker's lien)

insurance broker　保险经纪人　介绍保险业务，在保险合同订约双方间斡旋，促使保险合同成立并为此收取手续费的中间人。

insurance broker's lien 保险经纪人的留置权 保险经纪人对到期的应收款项，如佣金、预垫款或洽谈保险的服务费等，有权留置其为委托人购买的保单，以担保应收取的保费等款项的支付。

insurance business 保险业务 签发保险合同、保单的业务。保险业务包括接受风险(其中的一部分将会带来损失)、分散风险以使保险人对每一风险承担最小的责任。

insurance carrier 〈美〉保险的承保单位 劳动保险赔偿案的常见术语，指雇主所投保的州立基金、州立公司或协会。从广义上说，指从事保险业的公司。

insurance collector 保险收费员 由保险公司(尤其是商业保险公司)授权的、代收到期保险费的人员。

insurance commissioner 〈美〉保险专员 指主管保险公司的州政府官员。

insurance company 保险公司 指经营保险业务的企业。

insurance contract 保险契约;保险合同 保险人与被保险人签订的、承诺在收到被保险人交纳的约定的保险费后对被保险人遭受的保险责任范围内的损失给予赔偿的协议。

insurance cost 保险成本 人寿保险中的重要术语，系根据死亡率表制定，并且随着年龄的增长而增长。它是在估计寿命期内必须支付的保单面额加上利息的总额，与费率无关。

insurance department 〈美〉保险处 州政府中指导和管理保险公司的机构。

insurance exchange 保险业协会 为了促进保险业的发展、提高福利和保障保险业的统一性而成立的保险公司或保险代理人的协会。有时亦指互保协会[reciprocal insurance]。

insurance money 保险金 指被保险人依据保险公司签发的保险单可从保险公司获得的赔偿金。

insurance patrol 保险公司巡逻队 保险公司组织的救护队，其作用是灭火和救助面临危险的保险财产。

insurance policy 保单;保险单 载明保险人以保险费为对价，负责赔偿被保险人所可能遭受的损失的书面文契。亦称作"policy of insurance"、"contract of insurance"，常缩写为"policy"。

insurance premium 保险费 作为保险人根据保险契约承诺对于约定的某项危险事故所致损害负赔偿责任的对价，而向投保人或被保险人收取的费用。

insurance rate 保险费率

insurance reserve 保险准备金(⇨reserve)

insurance solicitor 保险公司推销员 为其保险公司推销保单的保险代理人。

insure v. ❶给…保险 ❷(投保人)投保;(保险人)承保

insured n. 被保险人;保户
 a. 在保险范围以内的

insured bank 〈美〉被保险银行 其存款由联邦存款保险公司[Federal Deposit Insurance Corporation]提供保险。

insured deposit 〈美〉被保险存款 指被联邦存款保险公司保险的银行存款。

insured premises 被保险房产 指保单所承保的不动产，保障其所遭受的灭失或损坏或在房产上对第三人造成损失应负的责任。

insured's permission 被保险人的允许

insured title 被保险的不动产契据 契据保险单所承保的不动产的契据。

insurer n. 保险人;承保人;保险商;保险公司

insurer's liability 保险人责任 字面含义即保险人的责任，但通常是用于表示"绝对责任"的一个专门术语。所谓绝对责任，系指责任人承担所有风险，除非该风险是由于公敌、不可抗力或被保险人自己的原因造成的。

Insurer's Liquidation Act 〈美〉《保险人清算法》

insurgency n. 叛乱 尚未达到以内战形式同政府交战的程度，故不能享有内战交战一方的地位。

insurgent n. ❶起义反对政府者;叛乱者 因政治目的而对现政府采取暴力行动者。❷(政党内因政见不同或意图推翻政党领袖的)党内反对者

insurrection n. 〈美〉暴动罪 指任何人煽动、鼓吹、参与、帮助或者从事任何反对美国政权或其法律的暴动行为。

insurrectionaries n. 暴动者

insurrectionists (=insurrectionaries)

in suspenso 〈拉〉待决的;未定的

in syllabis et verbis 〈拉〉逐字逐音节的

intact value 完整价值 公司股票的实际价值而非账面价值[book value]。

intaker n. 〈英〉收赃人 指在苏格兰接受被盗牲畜并带入英格兰之人。

intakes (英格兰古法)临时圈地 某些封建庄园存在这样的习惯，即农奴可对部分荒地进行围圈利用，直至该荒地被开垦和耕殖。

in tali casu editum et provisum 〈拉〉在制定和规定的情况下(⇨in casu proviso)

In tali conflictu magis est, ut jus nostrum, quam jus aliorum servemus. 〈拉〉在这种冲突的情况下，我们遵守本国法比遵守外国法为好。 即指在法院地法[lex fori]和缔约地法[lex loci contractus]发生冲突时，国际礼让不应优先于本国法。

intangible a. 无体的 指非物质存在的、不可触摸的。
 n. 无体物;无体财产 指不可触摸之物，尤指无体财产，诸如知识产权。(⇨chose in action; intangible property)

intangible asset 无体财产;无形资产 以权利形式存在的财产，如专利权、版权、商标权等，也包括非物质存在的财产，如商誉。

intangible drilling costs 无形的钻探成本 在石油和天然气矿井勘察、钻探和开采过程中发生的费用。根据美国《国内税收法典》[I.R.C.]，此项成本可在发生当年扣除。

intangible property 无体财产;无体财产权 与有体财产(权)[tangible property]相对，指不具有物质实体，仅系人与人(包括自然人和法人)之间关系的权利。其通过与可由法院强制执行之制裁相联系而获得法律的承认，并根据宪法的正当程序条款而与动产、不动产受到相同的保护。多用于税法中，指该种财产不具固有的、市场化的价值，而仅系价值的代表或证据，诸如可强制执行的请求、可偿付的债权、股票、票据、知识产权、特许权等。

intangible res 无体物;无体财产 可使被告涉于对物诉讼的财产，如运费请求权。

intangibles tax 〈美〉无体财产税 某些州就其居民对无体财产权所有、转让、遗赠或其他处分而征收的一种税。

intangible value 无体财产价值 指专利权、版权、商标权以及商誉等资产的价值。

in tantum 〈拉〉如此多

intare mariscum 排去湿地或低地之水，使之成为牧地

integer 〈拉〉完整的;全部的;未受损害的;无可指责的

integral a. 构成整体所必需的;整个的

integral part 〈美〉构成整体的必要组成部分　确定其经营被限于在地方零售市场销售商品的雇主,是否属于全国劳资关系委员会[National Labor Relations Board]管辖范围的标准。如果该零售商为州际销售系统的"必要组成部分",例如他是根据某一全国性制造商的特许而营业的,他的经营影响州际商务,他应受上述委员会管辖。

integrated agreement 综合协议(= integrated contract; integrated writing)

integrated bar 〈美〉统一律师协会　通常由州最高法院依职权按照法院规则或依制定法的授权而成立的律师组织,其成员包括全州范围内的执业律师,取得该协会的成员资格是准予作为律师执业的前提条件,因而是强制性的,其成员不能自由选择退出该协会。也称作 unified bar,区别于 voluntary bar。

integrated contract 完整合同　指当事人合意的最后表述,即包含协议全部条款的书面形式。意在与之矛盾或对其修改的口头证据均不得允许。亦作 integrated agreement 或 integrated writing。(⇨integration)

integrated property settlements 整体财产分割协议　包含在离婚判决中的一种合同,涉及离婚配偶财产的分割。

integrated writing (= integrated contract)

integration n. ❶结合;综合;整合　使组合为一个整体的过程。❷种族融合;取消种族隔离　主要用于美国,指为消除历史上的种族隔离[racial discrimination]影响而使不同种族相互存在于同一机构,诸如公安学校。❸(合同法)合同的完整文本;合同的完整性　指当事人合意的充分表述,从而优先于当事人在此前达成的合意。其法律效果在于,任何一方当事人在此后不得与此合同条款相冲突或有所增益,亦作"merger"。❹合并　在反托拉斯法中,指某一公司通过进入其自行开拓的市场,或者通过收购其他在次级市场中从事经营的公司,或者通过与其他在次级市场中从事经营的其他公司签订合同等方式而达到在公开市场上进行操纵之目的。亦作垂直合并[vertical integration]。❺(证券法)证券合并　指在某一时期内把所有有证券的发行视为一次发行而所需的条件,意在避免登记。在美国,美国证券交易委员会与法院在决定多次证券交易是否属于证券的同一次发行时使用的标准:①是否属于同一项融资计划;②是否涉及相同种类证券的发行;③是否在(大约)相同时期作出发行;④是否收到相同种类的对价;⑤是否为相同的总的目的而作出发行。(⇨parol evidence rule; merger)

integration of the bar 〈美〉统一律师协会(⇨integrated bar)

integration theory 〈美〉一体化理论　该理论的内容是为了在所有人住所地以外的州缴纳财产税的目的,无体财产的营业处所应依下列因素而确定:该财产是否已成为某些企业的活动的组成部分,并且已成为在所有人住所地以外的独立企业或投资所占有和控制,因而其实质性使用和价值已基本附属于或成为了外部企业的资产,换言之,该地方独立企业已于经营中控制和使用该无体财产。

integrity n. 正直;诚实;廉洁　用以指官员、受托人等的品性,与"probity"、"honesty"、"uprightness"同义。

integro 〈拉〉❶复元;复兴;重整　❷革新;复始　❸休息;休养;恢复(⇨de integro; ex integro)

integrum 〈拉〉❶复元;复兴;重整　❷革新;复始　❸休息;休养;恢复(⇨in integrum)

intellectual freedom 智力活动自由　在没有干预或命令的情况下,个人进行调查、思考并得出结论,以及出版与交流其思想或将其研究成果供他人参考或欣赏的自由。智力活动自由中特别重要的一部分是学术自由[academic freedom]。在很多时期和社会中,智力活动自由要受到政府或宗教当局的控制、压制或限制。在现代西方工业化国家,主要通过对发表煽动、猥亵或诽谤言论的行为提起诉讼的方式对该项自由进行一定限制,那种把不信奉国教或亵渎神明作为犯罪来处理的做法实际上已经过时。

intellectual insanity 智力不健全的精神病　指不能区别是非,不能理解行为性质、后果的精神状态。

intellectual property ❶知识产权　无体财产权的一种,它保护人的智慧创造的具有商业价值的产品。它主要包括商标权、版权和专利权,也包括商业秘密权、公开权、精神权利以及反不正当竞争权。简作"IP"。有时为了与下一含义相区别,亦作"intellectual property rights"。❷知识产品　该术语亦指上述权利的保护对象,即人的智慧创造的、具有商业价值的产品。例如可以版权保护的作品,可以受到保护的商标、可以被授予专利的发明、商业秘密等。

intelligence office (为提供家庭女佣人或其他劳动力的)职业介绍所

intelligence quotient 智商

intemperance n. ❶无节制;过度;放纵　❷酗酒;纵酒

intemperant use of intoxicating liquor 酗酒;纵酒

intemperate a. 酗酒的;纵酒的

intemperate habits 酗酒的习惯;纵酒的习惯

intend v. ❶打算;准备　❷意图　❸意指;意思是

intendant n. ❶监督人;管理人;经理;主管　❷(政府部门的)主要官员;主要负责人　❸〈法〉总督　在古代制度下,代表中央政府负责各省司法、财政和警察等方面事务的王室官员。该职位出现于 16 世纪,后成为常设职位。它最初负责征收租税,但后来职权增大,包括作为国王对各省财产的代表,就地方行政、财政及其他问题向国王提供意见、负责实施正受到蔑视的法律等。总督通常为从查案官[maitres des requêtes]中选拔的职业法官。法国大革命时取消了这一官职。

intended a. 有意的;有计划的;预谋的;故意的

intended to be recorded 拟登记的　用于指财产契据或其他文书,即虽然尚未向公共登记机关提交登记,但已形成为产权链[chain of title]中的一个环节。

intended-use doctrine 预期用途原则　该原则主要用于产品责任法中,据此,生产商负有义务使其生产的产品对于其所打算的或可预见的消费者而言是安全的。因此,法院在确定生产商责任时,就会考虑被告的市场销售计划及其对损害的可预见性。

intendente 〈西〉❶财政部部长代表;财政部副部长　❷各省不同部门内有关税收的不同机构的长官

intending passenger 预期的乘客;候车者　指进入承运人场地内,具有欲为旅客的善意,于列车或其他运送工具到来之前的合理时间内、于适当地点以适当方式候车之人。

intendment n. ❶(事物的)法律含义　例如合同的含义是其具有强制性。❷作出决定者对法律文件真意的推定　❸在法律领域与他人交流时对法律含义的个人期待

intendment of law ❶法律的意旨　指法律的真正含义、目的及对法律的正确理解。❷法院关于法律的推定(⇨presumption)

intent *n*. 目的;意图;打算
　　 a. 有目的的;有意的;预谋的;故意的
intentio 〈拉〉❶(罗马法)目的;意图;打算;含义 ❷(罗马法)(原告向裁判官提出的)主张;正式诉讼请求(⇨formulae) ❸(英格兰古法)(对物诉讼中原告的)诉讼请求为起诉状[narratio]一词的早期名称。
Intentio caeca mala. 〈拉〉隐含之意无效。 用以指立遗嘱人的目的。
Intentio inservire debet legibus, non leges intentioni. 〈拉〉(当事人的)意图应符合法律,而非法律应符合(当事人的)意图。
Intentio mea imponit nomen operi meo. 〈拉〉我的行为因我的意图而得名。
intention *n*. 意图;目的;蓄意
intentional *a*. 故意的;有意的;蓄意的
intentional injury 故意伤害
intentionally *ad*. 故意地;有意地;蓄意地
intentional tort 故意侵权 指某人以一般意图或专门目的而实施的侵权行为,例如殴击、非法拘禁、不法侵入土地等。亦作 willful tort.
intentione *n*. (英格兰古法)回复地产或剩余地产返还令 针对在寡妇地产权人或终身地产权人死亡后擅自进入其生前所占有的土地者发出,由回复地产权人[reversioner]或剩余地产权人[remainderman]申请。
intention of parties 当事人的意图 它是确定合同的缔结以及解释的主要考虑因素。
intention of testator 立遗嘱人的意图 指遗嘱条款所表明的意图,而并不一定是立遗嘱人头脑中的意图。
intent to commit a felony 犯重罪的意图;犯重罪目的
intent to defraud 欺骗的意图;欺骗目的
intent to kill 杀人的意图;杀人目的
intent to nuncupate (在紧急情况下)有意口授遗嘱
intent to rape 强奸的意图;强奸目的
intent to steal 盗窃的意图;盗窃目的
intent to take life 杀人的意图;杀人目的
inter 〈拉〉在…之中;在…之间
inter absentes 〈拉〉在缺席人之列
inter alia 〈拉〉除了别的东西;除了其他事项;特别(是);其中 其英文含义为"among other things"。例如,"除了其他事项,合同规定当事人将任何争议提交作出有约束力的仲裁"[The contract provides, inter alia, that the parties will submit any dispute to binding arbitration.]。
inter alia enactatum fuit 〈拉〉除其他事项外,该法规定…
Inter alias causas acquisitionis, magna, celebris, et famosa est causa donationis. 〈拉〉除了财产取得的其他方式外,一种重要的、常用的且著名的方式是赠与方式。
inter alios 〈拉〉在其他人之间;在第三人之间
inter alios acta 〈拉〉其他人之间的行为;双方当事人以外的第三人之间的行为
Inter alios res gestas aliis non posse praejudicium facere saepe constitutum est. 〈拉〉据一贯确定之原则,当事人间的行为不得损及第三人。
Inter-American Conferences 美洲国家会议 美洲国家为表示团结并解决问题而召开的一系列会议。首次拉丁美洲所有国家均出席的会议于 1889 年召开。该会议的主要成果是建立了泛美联盟[Pan-American Union]。该联盟后归由 1948 年成立的美洲国家组织[Organization of American States/OAS]管理,成为其促进文化与信息交流

的行政机构。
inter amicos 〈拉〉朋友之间;友人之间
inter apices juris 〈拉〉在法律的绝境或微妙之间(⇨apex juris)
Inter arma silent leges. 〈拉〉刀剑乒乓作响时法律保持沉默。 即战时法律失去效力。
inter brachia 〈拉〉在其双臂之间
inter caeteros 〈拉〉其他人之间;一般条款中;非指名 罗马法中,此词适用于遗嘱中剥夺继承权的条款。
intercalare 〈拉〉(罗马法)❶加入;插入;添加 ❷设置闰日或闰月 即在历法中加入的日子或月份。
intercalary month 闰月
inter canem et lupum 〈拉〉黎明 字面意义为"在狗与狼之间",喻指黎明时狗欲睡眠而狼则欲出猎。
intercedere 〈拉〉(罗马法)❶居中;调停 ❷因他人债务而受约束 即承担他人债务,尤指充当他人的保证人。
intercept *v*. 窃听 在美国联邦窃听法[federal wiretapping statute]中使用时,指通过电子、机械或其他设备听取任何有关有线或口头交流[wire or oral communication]的内容。(⇨eavesdropping; wiretapping)
intercepted shipment 截取船运货物 卖方交船运的货物,买方于船到达原来目的地之前截取其货物,因此即获得实际上合法的占有。
intercepting merchandise on way to market 在运送市场途中截取商品;阻止进入商品市场(⇨forestalling the market)
interchangeably *ad*. 以交换或互换的方式 通常用于表示契据、租约或合同等的签字方式,即由各方当事人在文件副本上签名后交与对方当事人而使之生效。
interchange of traffic 货物、旅客的交换;换乘 指将货物或旅客由一承运人转至联运的另一承运人。
intercommon *v*. 公地共牧(⇨intercommoning)
intercommoning *n*. 公地共牧(权) 若两片领地的公地相互接壤,则其上居民可以在彼此公地上互相放牧。(⇨common)
inter conjuges 〈拉〉夫妻之间
inter conjunctas personas 〈拉〉有关系的人之间(⇨conjunct persons)
intercourse *n*. ❶(思想、情感等的)交流 ❷(不同人、地之间的)往来;交往;联系;交易
interdict *v*. 禁止
　　 n. ❶(教会法)褫夺教权的禁令 指一种教会的惩罚[ecclesiastical censure],禁止特定的人或在特定地区举行宗教仪式[divine services]。该惩罚于英国宗教改革后废止,而美国从无此种禁令。 ❷禁令 ①罗马法中,禁令系裁判官[praetor]据以直接命令何事应为或应不为的裁决[decree],特定案件以敕令[edict]决定。禁令尤其用于涉及占有或准占有的案件。禁令分三类:禁止禁令[prohibitory]、出示禁令[exhibitory]与复原禁令[restorative]。作为一种救济方式,禁令曾较诉讼广为使用,但后来使用渐少,优士丁尼时已基本废止。现代民法中,禁令可视为与诉讼相同,尽管它们引起的是简易程序;②在大陆法中,指因某人心智不全而剥夺其处理自身事务的权利;③在国际法上,是指政府发布的禁止两国间商业往来的贸易禁令,目的在于暂时停止任何形式的贸易。
interdiction *n*. ❶禁令(⇨interdict) ❷禁治产 该词用于法国民法典中,与法文语词相同,指对于心智不健全而不能管理自身利益者,应将其置于监护人的控制之下,由监

护人管理其事务并发生与其本人处理事务相同的效果。该人即被称为"禁治产人"[interdit],而其地位则为"禁治产"[interdiction]。❸〈苏格兰〉禁治产程序 苏格兰法的一种程序,现已废除。若某人处理事务柔弱无能从而未经其管理人[curator]同意不得签署任何契据,则该人即被称为[interdictor]。该人既可以通过被授予禁治产保证书[bond of interdiction]而自愿受此限制,亦可经由最高民事法院[Court of Session]的司法程序而被施以限制。

interdiction of commerce 贸易封锁 一国针对另一国采取的报复行为,由该国当局发布禁令,暂时终止两国间的所有贸易。

interdiction of fire and water 水火禁止令 指禁止对被逐驱者提供生命所必需的水或火的命令。

Interdictum Salvianum 〈拉〉(罗马法)萨尔维禁令 根据该禁令,土地所有人可以获得对佃农作为租金担保而提交之物品的占有。

Interdum evenit ut exceptio quae prima facie justa videtur, tamen inique noceat. 〈拉〉有时表面上看来公正的抗辩依然是不公正的。

interesse 〈拉〉利益;利息;金钱利益;土地权益(⇨interest)

Interessenjurisprudenz 〈德〉利益法理学;利益法学派 20世纪初产生于德国的一个法学流派,接受了耶林关于法律是人类利益的合成与融合的观点。反对传统的概念法学和形式主义法学,认为对成文法中的前提和类推,必须考察其中所涉及的利益,而不能仅考虑到法律的文字概念与逻辑。这个学派的代表人是菲利普·赫克[Philipp Heck]。

interesse termini 〈拉〉定期租赁土地的权益 指承租人于占有土地之前进入土地的权利。在英国,1925年《财产法》[Law of Property Act]已经将此原则予以废除。

interest n.❶权益;地产权益 广义上包括有关财产的各种权利[right]、产权[title]、请求权[claim]或合法份额[legal share]。就不动产而言,它可指任何对土地的受益权利[beneficial rights],即地产权[estate]——无论普通法上的还是衡平法上的,土地负担[charge]、地役权[easement]、他地权益[profits à prendre]、衡平法上的回赎权[right of redemption]等一切在目前或将来使权利人可以使用土地的权利。狭义上,作为与地产权相对的概念,interest指地产权以外的土地权利,例如①定期地产权益[interesse termini];②在旧封臣缴回[surrender]之后,新封臣被承认[admit]之前领主对公簿地产[copyhold]的权利;③在为支付债务而设立的土地遗赠中遗嘱执行人[executor]的权利;④类似地产权但不为普通法所承认的权利——如待生效权益[executory interest]。此外,旧时不动产律师业务中使用的 interest 一词还可有多种解释:①指与土地密切相联的权利——如土地他益权,以有别于来自历史习惯的地役权或根据他人授权进入土地的权利;②对土地的独占权利,即基于所有权的权利,区别于对他人土地的权利——如并存地产权[common];③与"占有"[possession]相对而言,例如一项已经赋予权益[vested in interest]的地产权表示该项权利已经产生,但权利人对土地的占有则要推延一段时间。❷(拥有权益的)企业;经营事业 ❸利益;利益关系;利害关系 ❹损害;损害赔偿金 ❺利息

interest annually 年收入;年息(⇨annual interest)
interest-bearing stock 优先股(=preferred stock)
interest bond 利息债券 为支付其他债券的利息而发行的债券。

interest by way of damages 延期支付利息 对因非法(不论违约或侵权)延期支付金钱所致的利息损失获得的赔偿,这种赔偿只能通过诉讼获得。(=moratory interest)

interest coupons 息票 附于票据或债券上以证明在主债券存续期间各期到期利息的文据。通常,息票均以本票形式制成,以示有别于主债务。

interest, dividends, rents and profits 利息、股息、租金与利润 用于说明以遗嘱、契约、信托文书等方式赠与或授予的标的物时,指净收入。

interested in estate 对遗产有利害关系的 对死者遗产享有经济利益的人,有权被通知出席关于最终报告及解除遗产管理人等职务的诉讼。

interested in patent 对专利有权益的 在专利权受侵害时拥有排他性权利的。

interested person 利害关系人

interested witness 有利害关系的证人 在英格兰旧时,任何对案件具有经济上的利害关系的人均不得在诉讼中充当证人。1843年的《证据法》[Evidence Act]废除了此种规定,但是诉讼的当事人仍不得充当证人,直到1851年的《证据法》[Evidence Act]公布为止。

interest eo nomine (制定法特别规定的)使用货币应支付的利息

interest equalization tax/IET 〈美〉利息平衡税 对本国公民购买外国证券获得的利息征收的一种特别税。其目的是控制本土资本外流,平衡国际收支。此税开征于1963年,1974年税率减到零,但未取消。

interest-free loan 无息贷款
interest from bond 债券收益;债券利息

Interest (imprimis) reipublicae ut pax in regno conservetur, et quaecunque paci adversentur provide declinentur. 〈拉〉王国内应当保持安定,任何破坏安定的事情均应慎重地予以避免,这对国家利益是至关重要的。

interest in case 诉讼利益 存在于诉讼标的或有待作出的判决中的金钱或财产利益。

interest in contract 在政府合同中存在的个人利益 常用于制定法中的术语,指政府官员在其谈判订立的政府合同[public contract]中涉及其本人的私人利害关系,也就是影响他绝对地和专一地忠诚于其所服务的国家机构的个人利益。这种私人利害关系不是必然地与他的直接经济收入有关。

interest in land 土地权益 用于防止诈欺法中,指所有权的一部分或占有权。(⇨interest in property)

interest in litigation 对诉讼(标的)的利害关系(⇨interest in subject matter)

interest in property 财产权益 广义上指对特定财产的所有权,无论享有全部或部分的权益;狭义上指尚不构成所有权的对财产的权益,包括普通法上的权益和衡平法上的权益。

interest in real property 不动产权益(⇨interest in property)

interest in subject matter 对诉讼标的的利害关系 指对诉讼标的的某种法律上的权益或衡平法上的权益,判决将会或可能会对之产生影响。

interest in the event 对争议事实的利害关系 指某人对于某诉讼处于这样的地位,即法庭关于诉争事实的判决将直接影响其利益,或该判决的记录将在其他诉讼中作为对其有利或不利的证据。

interest may appear 只要可保利益出现(⇨as interest may appear)

interest on indebtedness 贷款收益

interest on interest 复利(⇨compound interest)

interest on money 利息

interest or no interest(clause) 不论有否利益条款 保险单中的一项条款或规定,其内容是:保险人放弃质询关于被保险人对被保险财产是否享有保险利益或所有权的权利。

interest policy 具有可保利益保险单 指保险人对保险标的具有真实的可保利益的保险单,是保护被保险人真实和实质利益的保险单。

interest rate 利率 一定时期(通常为一年)的利息与本金之间关系的百分数。

Interest reipublicae ne maleficia remaneant impunita. 〈拉〉犯罪行为受到惩处是与国家利益攸关的事。

Interest reipublicae ne sua quis male utatur. 〈拉〉(为了国家利益)任何人不得滥用其财产。 常用以支持承租人不得浪费和破坏租物的论点。

Interest reipublicae quod homines conserventur. 〈拉〉人之生命应受保护是与国家利益攸关的。或:国家利益要求人的生命受到保护。

Interest reipublicae res judicatas non rescindi. 〈拉〉已经作出的判决或裁定不被撤销乃国家之福祉。或:已经作出的判决或裁定不被撤销是合乎国家利益的。

Interest reipublicae suprema hominum testamenta rata haberi. 〈拉〉人们的最后遗嘱应被认为有效是符合国家利益的。或:为了国家的利益,人们的最后遗嘱应被认为有效。

Interest reipublicae ut carceres sint in tuto. 〈拉〉囚禁犯人的处所必须安全符合国家利益。

Interest reipublicae ut quilibet re sua bene utatur. 〈拉〉每个人都合理地使用自己的财产是符合国家利益的。

Interest reipublicae ut sit finis litium. 〈拉〉诉讼应有终结是符合国家利益的;对诉讼设定期限合乎国家利益。

Interests on Lawyers' Trust Accounts/IOLTA 〈美〉律师信托账户利息 在某些州如马萨诸塞州,律师将该利息上交给公共服务机构。

interest suit 死者遗产管理权诉讼 确定对死者的遗产享有利益的当事人中,应授予谁遗产管理权的诉讼。在英国,此种诉讼由高等法院的大法官庭受理。

interest upon condition precedent 不确定利益;偶然利益

interest upon condition subsequent 既定利益;既得利益

interest upon interest 复利(⇨compound interest)

interference n.❶(专利法)抵触审查 指两人或两人以上就同一发明主张专利权时,用以确定孰为优先的行政程序。专利申请人之间或专利申请人与专利权人之间均可产生抵触。在美国,因采取发明在先制度[First to Invent System],故多有必要进行抵触审查。一般由专利与商标局[Patent and Trademark Office]自行或由当事人申请而宣布审查结果,如有不服,则由专利上诉委员会[Board of Patent Appeals]进行裁决。(= interference proceeding) ❷妨害;扰乱;介入;干涉;干预 例如雇主阻止或强制职工行使美国《劳资关系法》[Labor Management Relations Act]所保证的权利,特别是集体谈判的权利;又如工会组织无正当理由故意唆使他人离职、或唆使他人不接受某项职务、或与其他工会组织联合唆使工人不接

受某雇主的雇佣,以使该雇主蒙受损失等。

interference and domination 干预和控制 公司雇主对独立工会组织的改制和重组的参与。

interference proceeding 抵触审查程序(⇨interference)

interference with burial 妨害埋葬 一种侵权行为,指以破坏尸体、阻挠下葬等方式侵害他人通过埋葬配偶或亲属尸体而获得慰藉的权利。亦指国家官员无正当理由拒绝许可某人埋葬其亲朋尸体的侵犯私权行为。

interference with business relationship 侵害商业关系 此种侵权行为应具备以下要素:存在着商业关系且原告因该关系的存在享有合法权利;被告对该关系进行了故意的和不正当的干涉;原告因此受损。

interference with calling 妨害职业(⇨interference with trade)

interference with contractual relationship 侵害契约关系 这种侵权行为有四项要素:有效合同的存在;被告明知该项合同;被告故意导致违约;损害。

interference with mail 妨碍邮件 指任何妨碍或阻挠邮件运输或递送的行为。

interference with military activities 〈美〉故意妨碍武装力量行动罪 指故意阻挠或破坏本国征兵工作或其他军事活动或战争行动的行为。

interference with trade 妨害职业 妨害某种关系以致影响他人职业、工作或谋生手段的侵权行为。

interfere with 妨碍;冲突;抵触;干涉;干预;扰乱 在劳资关系中,指雇主积极阻挠职工行使其权利的行为,不包括雇主拒绝与职工集体交涉。

Intergovernmental Maritime Consultative Organization 政府间海事协商组织 联合国 1957 年建立的一个专门机构。其目的是为各国政府在国际贸易海运方面提供合作机构,加强海上安全,提高海运效率。1975 年 11 月,更名为国际海事组织[International Maritime Organization]。

interim 〈拉〉❶当时;同时 ❷暂时;临时;过渡期间 例如 interim receipt 是临时收据,破产法中的 assignee ad interim 是宣告破产后指定正式受托人前的临时受托人。

interim allowance 临时津贴;临时补助费(⇨temporary allowance)

interim certificate 临时(认购证券)证书 在正式发行有价证券前所发的认购股份、债券或其他证券的证明。

interim committitur 〈拉〉暂时收押;临时收押 意为"在此期间,将其收押",是法院的一项命令,据此,罪犯被投入监狱关押,直至对其采取进一步的措施或执行对该罪犯的判决为止。

interim curator (英格兰古法)重罪犯财产临时管理人 由治安法官任命临时管理重罪犯财产的人,其任务至国王为相同目的任命正式的管理人为止。

interim dividend 暂定股利;期中股利 在两次正常股利支付日之间支付的股利,因公司境况改变可以收回。

interim factor 〈苏格兰〉破产财产临时管理人 根据破产法选举或任命的,在适当的受托人选任出来之前,负责管理破产人财产的司法官员。

interim financing 临时融资 在长期融资取得前为满足建筑、公司购并等方面的临时支出而获得的短期贷款。又称过渡贷款[bridge loan]。

interim officer 临时官员 担任非常设职位的官员或在正常的任职官员因丧失工作能力或因外出致使该职位出现暂时空缺时被任命暂时掌管其工作、履行其职务的官员。

interim order 临时命令；暂时命令　法院作出的在一定期间内暂时有效的命令。如关于对诉讼标的物予以临时保管的命令，要求将争议金额临时交存于法院的命令等。

interim ordinance 〈美〉临时法令　指旨在于永久性划区规定正式通过前维持城市某一或某些地区的现状的划区法令，其目的是防止在制订完整的、详细的划区计划期间开发建筑工程从而逃避全面划区计划的规定。

interim receipt （保费）临时收据　申请订立保险合同时支付保险费所取得的临时收据。如果风险不予承保，则该笔款项予以退回。

interim receiver 〈英〉临时财产接管人　在破产申请提出后，法院发出接管令[receiving order]之前，如为保护债务人的财产所必要，破产法院可以随时任命官方接管人[official receiver]作为债务人财产的临时接管人，并要求其占有债务人的财产。

interim report 〈美〉期中报告　破产法要求破产财产管理人在提交财产目录后至提交最终报告前这段时间内，应报告破产财产的状况、现有的金钱数或者法律、法院要求的其它情形。除法院另有命令外，这一报告应在破产财产管理人被任命后的第一个月内提出，此后每隔两个月仍要提出。

interim statements 期中报表　在财政年度结束前分期编制的财务报表。大部分公司均要每季度作出一份期中报表。

interindemnity n. 相互赔偿；相互补偿；互惠保险（= reciprocal insurance）

interinsurance n. 相互补偿；相互保险；互惠保险（= reciprocal insurance）

interinsurance association 互保协会　为其成员提供相互保险的协会。（⇨reciprocal insurance）

interinsurance exchange 互保协会（⇨reciprocal exchange）

Interior Department 〈美〉内政部　美国于1849年成立的一个部。主要职责是发展美国的自然资源和保护美国的环境。该部管理所有公共土地，包括为放牧保留的牧地、国家公园、纪念物及国家历史名胜，它的职责中也包括监督开发公共土地上的煤和石油之类的自然资源。此外，该部筹划和监督垦荒工作，特别是在干旱地区的灌溉工程；它执行联邦管制打猎和捕鱼的法律，并保护美国的鱼类和野生物；它强制执行矿井安全标准以及监督自愿留居保留地的美国印第安人的卫生、福利和教育工作。

interlaqueare 〈英〉〈古〉连接在一起；（可交替或可互换地）连接；联系　对居住在数个不同的郡的人每人发出一份令状，而每一收受令状的人被要求与其他保证人一起为承租人作保。这样的令状被称作"互相关联的"[interlaqueata]。

interline v. （为增补或修正原内容而）在字行间书写

interlineation n. ❶在字行间的书写 ❷在字行间书写的内容 ❸在字行间书写文字符号等以达到文件的更改（⇨interpolation）

interlining n. 转托承运　承运人因其被批准的路线不能达到指定的运送目的地而将交其运送的货物转由其他承运人承运。

interlocking confession 连锁供认；关联供认　内容实质相同且与所控犯罪的主要构成要件相一致的供认。在合并审判[joint trial]中，此种供认可作为证据被采纳。

interlocking director 连锁董事　兼任几家公司的董事，以便各公司在经营政策上互相协调。

interlocking directorate 连锁董事；互派董事关系　数人同时在两家或两家以上的公司担任董事，以便各公司在避免彼此竞争、制定价格等方面协调政策。美国联邦反托拉斯法禁止业务上相互竞争的公司之间具有连锁董事关系。

interlocutio 〈拉〉（= imparlance）

interlocution n. 在诉讼程序进行中提出的申请；在诉讼程序中作出的命令或裁决

interlocutor n. 〈苏格兰〉有效裁决　法院就案件的部分或全部所作的裁定、判决或命令，它是司法裁判中的有效部分，区别于包含法官的判决理由在内的意见书[opinion]。

interlocutory a. 中间的；临时的；暂时的；非最后的；在诉讼程序进行中的　通常指在诉讼过程中对与案件有关的某些事项或法律点作出的决定，而非对整个案件作出最终的处理。

interlocutory accounting 中间结算（= intermediate accounting）

interlocutory appeal 中间上诉　在初审法院对整个案件作出终局裁决之前发生的上诉，它通常不是就对案件争议的解决具有决定意义的事项，而是对为决定案件的是非真相所必要的事项提出的。

Interlocutory Appeal Act 〈美〉《中间上诉法》　一项联邦法律。该法授予联邦上诉法院审查民事案件中的任何中间命令[interlocutory order]的裁量权，条件是，联邦地区法院的承审法官[trial judge]在作出中间命令时用书面说明该命令涉及某一具有不同意见且有实质性根据的关键性法律问题[controlling question of law]，而且不服该中间命令直接提出上诉可大大促进诉讼的终结。

interlocutory application 中间申请　在案件审理过程中提出的寻求获得暂时的救济，而非为获得终局判决的申请。也指为了使案件能得到正确的审理并最终被裁决而在诉讼进行中向法庭请求作出命令的申请。

interlocutory award （仲裁员作出的）中间裁决；非终局裁决

interlocutory costs 中间费用；中间支出　因在诉讼过程中提出中间申请[intermediate motion]或因其他中间程序而支出的费用。

interlocutory decision 中间判决；非终局判决（⇨interlocutory; interlocutory judgment）

interlocutory decree 中间判决；非终局判决（⇨interlocutory judgment）

interlocutory divorce 中间离婚　指法院判决准许当事人离婚，但必须俟法定期间届满时判决始成为终局判决。

interlocutory hearing 中间听审　不是为了作出最终裁决，而是为了使案情得以以某种形式陈述出来，从而使其得到恰当的审理并根据是非曲直对其作出终局判决而进行的听审。

interlocutory injunction 中间禁制令；临时性禁制令　指在法院对相关事实作出最终判定之前为维持当事人之间的现状而发布的禁制令。在美国，通常认为中间禁制令包括两类，一是预备性禁制令[preliminary injunction]，法院应在给予被告人通知及参加就是否应签发该禁制令而举行的听审的机会之后，才能签发；二是临时禁止令[temporary restraining orders]，它是在如果不及时提供救济将会造成不可弥补的损害，而时间又不允许送达通知和举行听审的情况下由法院签发。所以它与前者的区别在于它是由法院为一方当事人的利益而签发的，没有给予对方事先通知及参加听审的机会。但也有许多司法区

不将临时禁止令作为禁制令的一种。(⇨injunction)
interlocutory judgment 中间判决;非终局判决 指为了查明为作出终局判决所必需的法律或事实问题,决定一些初步的、次要的法律点或申辩事由,解决案件进行中所发生的各种问题,法庭在作出终局判决前所作的不涉及当事人的根本权利,并且不是最终了结案件的判决。
interlocutory judgment or decree of divorce 中间离婚判决。(⇨interlocutory divorce)
interlocutory motion 中间申请(⇨interlocutory application)
interlocutory order 中间命令;中间裁决 在诉讼过程中法庭为给予临时救济而作出的命令,或者根据当事人在诉讼中提出的申请,为决定陈述案情的方式以便对案件进行审理并根据是非曲直断案而作出的命令,但这种命令本身不是对案件的是非曲直作出的断定。
interlocutory sentence 中间判决 最终判刑前作出的暂时判决。在大陆法中系指对主因[principal cause]中产生的次要问题所作的判决。
interloper n.❶无执照经营者 ❷干涉与己无关的他人事务者;侵害他人权利(如营业权等)者;非法在同一地点经营与他人相同的业务从而对他人的业务构成妨害者 ❸无权上诉者 与诉讼结果没有利害关系而提起上诉或参加由他人提起的上诉的当事人。
intermarriage n.不同家族(或种族、宗教徒等)间通婚(⇨miscegenation)
intermeddle v.管闲事;干涉 没有合法权利而管理他人的财产或商业事务。该词并非法律术语,但有时用于指民法上的无权执行遗嘱或无因管理。(⇨executor de son tort; negotiorum gestor)
intermeddler n.❶管闲事者;干涉者(⇨intermeddle) ❷挑起诉讼者
intermediary n.❶仲裁人;调解人 ❷中间人;中介人;经纪人;中介组织
intermediary bank 中间银行;中介银行;代收行 从其他银行接受票据托收[collection]并将其委托给第三方银行托收的银行,亦指除款银行或付款银行以外的在托收过程中取得票据转让的任何银行。
intermediate a.❶中间的;居间的;插入的 ❷在诉讼进行期间的
intermediate account (遗嘱检验法)中间账(目) 遗嘱执行人、遗产管理人或监护人在遗产首次账目与末次账目之间呈交的账目。
intermediate accounting 中间结算 由受托人在财产清单登记到最终结算之间所作的结算。
intermediate administrative appeal 中间行政申诉 不服行政命令而向中级行政官员所作的申诉;如申诉被驳回,可向该行政部门的首长申诉。
intermediate appellate court (=intermediate court of appeal)
intermediate carrier 中间承运人 三个或更多相互衔接的承运人之间既非初始承运人又非最终承运人的承运人。
intermediate costs 中间费用;中间支出(⇨interlocutory costs)
intermediate court of appeal 中间上诉法院 两级上诉法院体系中的低级法院,其判决还可由更高一级上诉法院复审。
intermediate courts 中间法院 指对初审案件或上诉案件具有一般管辖权[general jurisdiction]或兼对初审和上诉案件都有一般管辖权,但在拥有终审管辖权的法院之下的法院。
intermediate day 中间日 股票交易所的第三个交割日。
intermediate estate 中间地产权 指介于现时取得地产权与将来取得地产权利益之间的一种地产权。其法律效果在于阻止两者的合并从而创设非限嗣继承地产权[fee simple]。
intermediate hearing 中间听审(⇨interlocutory hearing)
intermediate injunction (=interlocutory injunction)
intermediate interest 中间收益 一种有限的不动产收益,处于终身保有地产[life estate]和剩余地产最终利益[ultimate interest by way of remainder]之间。
intermediate lien 中间留置权 位于中间受偿顺序的留置权。(=intervening lien)
intermediate order 中间命令 指诉讼开始后最终结案前法庭所作的命令。它只决定有关诉讼进行中所发生的事项而不决定案件本身。对这种命令一般不能直接上诉。
intermediate point 中途地点 运送合同规定的,在装运地至目的地之间运送路线上的一个地点。
intermediate port 中间港;途经港;中途停泊港 指起运港和目的港之间的港口。
intermediate rate 固定运费率 指在两个固定地点间航运所明确固定的运费率[freight rate]。
intermediate witness 中间证人 指不是根据自己所知晓的情况,而是根据别人的证词来作证的证人。
intermediation n.间接金融 将资金置于银行或其他金融机构——金融中间人——的手中,再由其投资于股票、债券等。
intermediator n.中间人;调解人(⇨arbitrator)
interment n.埋葬;安葬
intermingling n.混合 指为侵害他人权利,故意地把自己的物品与别人的物品混在一起以致难以区别,从而不能按照各原所有人的权利把这些物品再行分开。(⇨intermixture)
in terminis terminantibus 〈拉〉以明确的语言(表达);用明确的话
inter minora crimina 〈拉〉在轻罪中;属于轻罪
intermittent easement 间歇性地役权 不是或不能持续地而只是或只能间断地实际享有的地役权,如对邻人经常被洪水淹没的土地的地役权。
intermittent injury 间歇性侵害 与持续性侵害相对。指暂时的且其发生与否取决于将来情况的侵害行为。
intermittent stream 间歇性河流 指在一年中河水时而自然中断或/及河水在其流程中的某些地方自然被阻断的河流。
intermittent watercourse 间歇性河流(⇨intermittent stream)
intermixture n.混合物;混合 不同所有人的物品的混合;除非故意,所形成的混合物属于各方共有,但各人财产可以区分且混合物可分割的除外。
intermixture of goods 物的混合(⇨intermixture; intermingling; confusion of goods)
intern v.拘留;扣押 尤指战时对敌国国民、战俘、船只、财产等进行拘留或扣押。
internal a.❶内在的;内部的;界线内的 ❷国内的;内政的

internal act 内部行为 发生在一个人或组织或政府内的行为,与发生在其外的外部行为相对而言。

internal administration 内部行政管理 机构内的公共行政管理,包括行政的法律结构或组织、机构活动的法律方面的情况以及对这些活动的全面管理所涉及的法律问题等。

internal affairs of corporation 〈美〉❶公司内部事务 ①仅存在于公司及其股东间的交易和关系;②关于公司内部的权利义务,如在不同国家或不同州的法律有不同的规定时,适用与该事项及其当事人关系最密切的州的法律,作为公司注册地的州的法院对因此产生的纠纷享有管辖权。❷市政当局内部事务 为实现其职能而通常必须办理的诸如建立警察机构、监狱,建造市政办公楼等。

internal audit 内部审计 公司自身为确保内部业务的良好秩序等原因而由其内部人员对其账目进行的审查。

internal commerce 〈美〉州内商业 同一州内不同的人之间或不同地区之间所进行的并不扩展到其他州或影响其他州的商业。现通常称为 intrastate commerce。(⇨intrastate commerce)

internal financing 内部筹资 企业通过自身正常的经营活动,以自有资金积累为来源筹措资金,相对于通过借款或发行股票的对外融资方式。

internal improvement 内部改良 指为促进通讯、贸易、商业、运输设备的改进或者为开发各州的自然资源而进行的公共工程建设。例如建设铁路、公路、运河、桥梁,改善沙道和港湾,修建人工灌溉系统以及改善水利设施等。但是建设和维护政府机构设施的工程不包括在内。本词多用于有关减免税收或发行公债的政府政策和宪法条文中。

internal police 〈美〉州治安权 指州为维护公共安全、公众健康和公共道德而制定颁布相关法律的权力,是各州享有的固有立法权,只能针对州内事务和该州居民行使。该项权力不能移交给联邦政府。(⇨police power)

internal revenue 国内岁入;国内税收 通过税收等从国内获得的政府收入。与从关税或从国外来源获得的政府收入不同。(⇨inland revenue)

Internal Revenue Bureau 〈美〉国内税务局 旧称,现称国内税务署[Internal Revenue Service]。

Internal Revenue Code/I.R.C. 《国内税收法典》 美国法典第 26 章编纂了包括所得税、财产税、赠与税、消费税等税种及其征收程序的全部联邦税法。由于 1986 年《税收改革法》[Tax Reform Act]对税收立法进行了广泛修正,故美国法典第 26 章现被称为 1986 年国内税收法典。

internal revenue law 国内税收法 (⇨ Internal Revenue Code; revenue law)

internal revenue officers 国内税税务官

Internal Revenue Service/I.R.S. 〈美〉国内税务署 财政部的一个机构,负责管理和实施国内税收法——但其中关于酒类、烟草、军火、爆炸物、赌博的除外——并决定领取养老金的资格等。该机构有权通过税务法院调查并起诉税收违法案件。

internal revenue stamps 印花税票(⇨revenue stamp)

internal revenue tax 〈美〉国内税 关税之外的联邦税收。

internal security 〈美〉国内安全机关(如中央情报局、联邦调查局)或安全法 指为保护国家免受颠覆活动的破坏而设立的机关或所制定的法律。

internal security acts 〈美〉国内安全法 指为控制以推翻或瓦解政府为目的的共产主义组织或其他团体,规定其颠覆行为非法而制定的联邦法,其中包括史密斯法[Smith Act]、麦卡伦法[McCarran Act]等。

internal waters 内水 一国领海基线向陆一侧的全部海域以及为该国所包围或封闭的水域。与领陆具同等法律地位,均系国家领土的一部分。内水与领海构成一国领水。

international a.国际的,国际上的;世界的 n.❶[I-]国际;共产国际 "The International"一般为国际工人运动所采用的名称。受到1848年《共产党宣言》[Communist Manifesto]的鼓舞,1864年9月28日,国际工人协会[International Working Men's Association]在伦敦创建了第一国际。第二国际成立于1889年,称作"社会党国际"[Socialist International]。第三国际成立于1919年,被称为"共产国际"[Komintern 或 Comintern],于1943年解散。1947年至1956年,第三国际的传统在共产党与工人党情报局[Informbiuro](称作"Kominform")得到延续。1921年,13个离开"社会党国际"的欧洲社会民主党组成了"两个半国际",1923年,"两个半国际"加入"社会党国际"。第四国际由托洛茨基[L.D.Trotsky]的追随者和1928年至1938年被共产国际驱逐的共产党活跃分子于1938年创建。❷国际歌

international administrative law 国际行政法 国际法的一个分支,主要涉及作为国际法主体的国际组织,如联合国,与其官员和工作人员之间的关系。联合国行政法庭处理许多这类的纠纷,主要依据西欧国家接受的行政法规则。

international agreement 国际协定 不同国家间缔结的条约或协议。国际协定是国际法的主要渊源,其效力主要及于缔约方而不涉及任何第三方。国际协定的形式繁多,除条约外,还有公约、协定、备忘录、议定书、宪章、盟约、换文及谅解备忘录等。国际协定的主要作用在于解决实际存在的或者潜在的纠纷或冲突,以及在不同国家间开辟合作和一体化的新领域,发展和编纂国际法。一些国际协定还意在为一些目标而创建地区性或国际性、全球范围内的组织,相当多的国际协定十分复杂,如1944年的布雷顿森林协定建立了国际货币基金组织[International Monetary Fund]、国际复兴开发银行[International Bank for Reconstruction and Development]和关税及贸易总协定[General Agreement on Tarriffs and Trade]。

international airport of entry 国际航空进入港 为征收关税而被指定作为国际航空港的航空港。

international arbitration 国际仲裁 由共同协议挑选的仲裁人或中间人对主权国家之间的争议或分歧的听审和裁断。这种共同协议可能是一个特别的条约或者有关仲裁的公约。历史上最早的国际仲裁的案例是由古希腊历史学家希罗多德[Herodotus]讲述的大流士[Darius]仲裁的阿塔巴赞尼斯[Artabazanes]与薛西斯[Xerxes]的纠纷。古希腊、罗马均有国际仲裁的案例。在蛮族中,仲裁也是通行做法。中世纪,尽管罗马教会在臣民与国王间的所有争议享有裁判的优势影响,但仍有一些俗世仲裁的做法,如圣路易[Saint Louis]在1263年充当亨利三世与其贵族间争议的仲裁人。1655年10月23日的《威斯敏斯特条约》[Treaty of Westminster]则规定汉堡共和国[Republic of Hamburg]充当法兰西与英格兰的仲裁者。在19世纪,仲裁的做法得到拓展,并成为国际性制度。在1899年和1907年两次海牙和会[Peace Conferences in the Hague]中为和平解决国际争端拟定了公约。两个公

约均创设了驻在海牙的常设仲裁庭[Permanent Court of Arbitration]。一次大战之后的国际联盟[League of Nations/LN]盟约曾有国联成员国对彼此间争端提交仲裁的规定,但并没有生效或付诸实施。二次大战后,联合国宪章推荐利用仲裁和平解决国际争端。

International Association for Penal Law 国际刑法协会 成立于1924年,旨在促进从事刑法研究及实务的人员之间的合作,研究犯罪及其成因与矫正,推进国际刑法在理论与实践上的发展。其定期出版物是《国际刑法评论》[Revue Internationale de Droit Pénal]。

International Association for Philosophy of Law and Social Philosophy 国际法哲学与社会哲学协会 成立于1909年,旨在促进国际间法哲学和社会哲学的科学研究,其出版物是《法哲学与社会哲学评论》[Archiv für Rechts-und Sozialphilosophie]。

International Association of Comparative Law 国际比较法协会 成立于1960年,旨在促进和提高比较法研究。

International Association of Democratic Lawyers 国际民主律师协会 成立于1946年,旨在便利法律工作者与其协会之间的联系和观点交流,增进了解与友谊,为实现《联合国宪章》的目标而共同工作。其出版物是《当代法律评论》[Revue de Droit Contemporain]。

International Association of Lawyers 国际律师工作者协会 成立于1927年,旨在促进律师工作者的独立与自由,在国际层面上维护其职业上的精神和物质利益,促进建立在法律基础上的国际秩序的发展。

International Association of Legal Science 国际法律科学协会 由联合国教科文组织[U.N.E.S.C.O.]发起,成立于1950年,旨在通过鼓励对外国法律制度的研究来促进各国间的相互了解与理解。

International Atomic Energy Authority/IAEA 国际原子能机构 1957年7月29日成立的一个政府间国际组织,总部设在维也纳,系联合国专门机构之一。该组织的宗旨是谋求加速和扩大原子能对全世界和平、健康与繁荣的贡献,确保由其提供的援助不致用于推进任何军事目的。该组织主要机构包括大会、理事会和秘书处。

international bank 国际银行 在外国从事商业交易的银行。

International Bank for Reconstruction and Development/IBRD 国际复兴开发银行 亦称"世界银行"[World Bank]。国际贷款组织,1944年在布雷顿森林[Bretton Woods]经济会议上最早创设,其目的是为了二战之后欧洲的重建(复兴),现在该机构更多是为发展中国家提供私人融资市场上无法获得的长期低息贷款。国际复兴开发银行及其附属机构国际发展协会[International Development Association]、国际金融公司[International Finance Corporation]常被作"世界银行"。世界银行与国际货币基金组织[International Monetary Fund]密切合作,其成员国必须同时亦为国际货币基金组织成员。国际复兴开发银行总部在华盛顿,欧洲办事处设在巴黎,东京设有办事处。

International Bar Association 国际律师协会 1947年2月17日于美国纽约成立的一个非政府间国际组织,现设于英国。该组织的宗旨是建立和保持各国律师协会在业务上更好地合作和提高,促进法学特别是国际法和比较法的研究,解决共同的国际性法律问题,促进法律的统一和国际性法律规则的创立与维护,以及同其它具有共同目标的国际组织建立合作,在法律方面促进联合国原则

和目标的实现。

International Chamber of Commerce/ICC 国际商会 1919年成立的具有国际性的民间组织,旨在促进自由贸易和私营事业的发展,并在国际事务中代表商业利益。其总部设在巴黎。

International Civil Aviation Organization/ICAO 国际民用航空组织 根据1944年12月7日在芝加哥召开的国际民用航空会议上签订的《国际民用航空公约》即《芝加哥公约》[Chicago Convention],于1947年4月4日成立的一个政府间国际组织,总部设在加拿大蒙特利尔,同年成为联合国的专门机构之一。该组织的宗旨和目的在于发展国际航行的原则和技术,并促进国际航空运输的规划和发展。该组织的主要活动包括促进各国在国际民用航空领域内的合作,研究国际民用航空的有关问题,制定民用航空的国际标准和规章,鼓励使用安全措施、统一的业务规章和简化国际边界手续,协调国际航空运输政策,对发展中国家提供技术援助等。该组织的主要机构是大会、理事会和秘书处。其中大会是最高机关,有权处理该组织一切重大问题,决定该组织的政策;理事会是向大会负责的常设机构,负责执行大会的指示,向大会及缔约国报告执行公约及大会决议的情况,制定国际民用航空的各种国际标准,搜集、出版有关航空发展、国际航班经营的资料等;秘书处是常设执行机构,由秘书长负责。该组织的经费主要来源是成员国缴纳的会费和杂费收入。

international claim 国际求偿 一个国家或其它国际法主体因其国家权利遭受来自另一国家或其它国际法主体的不法侵害时,对后者提出赔偿要求。国际求偿最主要的表现形式是一国或其国民遭受另一国或其国民的不法侵害而未获应有补偿时,受害国向侵害国提出赔偿请求。具有国际法主体地位的国际组织因其自身或其官员、工作人员在执行该组织事务时遭受一国或其国民或其它国际法主体的不法侵害时,亦有权对侵害国或其它国际法主体提出赔偿要求。

international comity 国际礼让 指国际关系中必须遵守的、以礼让为基础的行为规则。英国法院有时将该词等同于国际惯例或国际习惯法。(⇨comity of nations)

International Commercial Terms/Incoterms 《国际贸易术语解释通则》

International Commission of Jurists/ICJ 国际法学家委员会 成立于1952年的一个非政府间国际组织,享有联合国经社理事会非政府组织特别咨询地位,其分支组织和个人成员主要分布于西欧国家。该组织的宗旨在于以各种形式促进和加强法治原则,当这些原则被违反或受到威胁时,通过各国法学家法律观点在世界范围内的宣扬和交流对其加以维护。

international convention 国际公约 广义的国际条约中的一种形式或名称,通常指许多国家或在国际组织的主持下为解决某项或某些重大国际问题而举行国际会议,以多边谈判方式缔结的多边条约。

International Convention for Safety of Life at Sea 《国际海上人命安全公约》 1914年由英国倡导在伦敦召开了主要由欧洲国家参加的关于国际海上人命安全问题的国际会议,制定了该领域的第一个国际公约。此后,随着船舶技术的发展和航运经验的丰富,先后于1929年、1948年、1960年和1974年对上述公约进行了修订,先后形成五个公约。现行公约由1974年10月至11月在伦敦召开的第五次国际海上人命安全会议制定,1980年5月25日生效。该公约由正文和附则组成,对船舶检验、船舶证

书、船舶构造、船舶消防、救生设备、无线电设备、航行安全、谷物装运、危险货物装运及核能船舶等事项作了规定。(⇨Merchant Shipping Acts)

International Co-operation Administration 〈美〉国际合作署 国务院下设的联邦政府的一个行政机构,负责管理美国对外援助事务及海外投资。其前身最初是美国于1948年创设海外投资保险制度时设立的"经济合作署",1952年改称"共同安全署",1953年改称"海外事务管理署",1955年改称"国际合作署",1961年11月又改称"国际开发署"。

international copyright 国际版权 根据国际协议,在作者权利取得地之外仍受到保护的版权。

International Copyright Act 〈英〉《国际版权法》 根据1887年《保护文学和艺术作品的伯尔尼公约》[Berne Convention]制定的英格兰国内法。

International Court of Justice/ICJ 国际法院 亦称"世界法院"[World Court]。1945年创立,设在荷兰海牙,为联合国的首要司法机构,由15名来自不同国家、经联合国大会[U.N. General Assembly]和联合国安全理事会[U.N. Security Council]绝对多数票当选的法官组成。国际法院授权向联合国提交咨询性司法意见,以及解决争议国自愿提请国际法院裁判的争端。提请国际法院裁决的争议大多为某一条约的解释、某一国际法问题的解释,或者指责违反国际义务等。

international courts 国际法院 指①根据1899年国际和平会议设立的海牙常设仲裁法院[Hague Tribunal];②1920年国际联盟下设的国际常设法院[Permanent Court of International Justice];③联合国下设的国际法院[International Court of Justice]。三者是依次继承关系。

international crime 国际犯罪 违反国际法的犯罪,须满足三个条件:①刑事规范源自国际法或国际惯例下的条约,其拘束力直接及于个人,而毋须国内法另行规定;②有关控诉国际犯罪的规定应符合普遍管辖原则,因此,犯罪的国际性特征在控诉(比如移送给国际刑事法院)本身得到体现;③条约规定的行为责任必须对绝大多数国家有拘束力。

International Criminal Court/ICC 国际刑事法院 一个根据1998年联合国外交会议上几乎所有国家一致达成的协议而拟设的常设国际法院。设立国际刑事法院的提议和讨论贯穿整个20世纪。1948年,纽伦堡[Nuremberg]和东京[Tokyo]审判战争罪犯的国际军事法庭有例在前,联合国建立了一个委员会研究建立一个常设法院的可能性。但随着冷战的开始,有关设立常设国际刑事法院的计划搁浅。冷战结束后,1992年对此问题重新开始认真考虑,经过多年的准备工作,1998年在罗马[Rome]举行为期五周的外交会议讨论后,于7月17日达成一个建立国际刑事法院的框架,参加这次外交会议的既有几乎所有国家的代表团,也有许多国际性组织和非政府组织。在会议中,许多意在减少国际刑事法院权力的修正案被采用,以使美国能够接受。在最后一天,美国提出一个修正案,对国际刑事法院的管辖权作了更大的限制,即除非一国接受国际刑事法院的管辖权,则该国的任何国民不受国际刑事法院的审判。与会国以113票反对、17票赞成、25票弃权否决了美国的提案。该外交会议以120票赞成、7票反对、21票弃权的投票结果采纳了建立国际刑事法院的规约[statute],应美国的要求,最后一次投票是不记名的,即实际为秘密投票,但美国、以色列和中国在投票后发表了声明,解释其为何反对建立国际刑事法院。以色列反对将在被占领土上定居视作战争罪行者的具体规定,而美国和中国则反对未经一国政府同意,而将该国士兵或其他被指控犯有战争罪行者送交国际刑事法院审理的全盘做法。这次外交会议的协议规定计60个国家批准该协议,国际刑事法院即成立,美国的外交压力使各国批准步伐减慢,到2000年底为止,仅六个国家批准了这个协议。2002年4月11日,批准这一协议的国家其数量达到协议所规定的60个,国际刑事法院正式成立。根据协议,国际刑事法院有权审判和惩罚被指控犯有违反人性的犯罪、战争罪或种族灭绝罪,以及达成共识的侵略罪等严重的国际法犯罪行为的个人。如果犯罪行为发生地在某一建立国际刑事法院的条约成员国,或对被指控的罪行接受国际刑事法院的管辖权的国家,而被指控的个人为以上该国的国民,则国际刑事法院即拥有管辖权。

International Criminal Police Organization/ICPO 国际刑事警察组织 简称"国际刑警组织",亦称作"Interpol",于1923年成立于维也纳,原称"国际刑事警察委员会",1946年进行了重建,现总部设在法国里昂,成员国超过180多个。该组织主要在成员国之间收集和分享跨国犯罪的有关情报,并在国际事务中协调各成员国警察当局的活动等。

international criminal tribunal 国际刑事法庭 联合国安全理事会[United Nations Security Council]建立的专门特设法庭,用于审理严重违反国际人道主义准则的个人的罪行,如战争罪、违反人道罪、种族灭绝罪。在20世纪90年代,有两个这样的专门特设法庭,即联合国前南斯拉夫[former Yugoslavia]国际刑事法庭和联合国卢旺达[Rwanda]国际刑事法庭,前者的建立是因为1992年开始发生的种族清洗[ethnic cleansing],后者则基于1994年发生的种族大屠杀。

international delinquency 国际不法行为 一国元首或其政府或经一国元首或政府命令或授权的官员或个人违反国际法规定的义务而对另一国实施的侵害。范围包括从违反国际法的不法行为到不履行条约义务的行为。构成国际不法行为要求主观上必须是出于故意或存在有恶意或重大过失;因此,根据正当权利或出于正当防卫为保护自身而为的行为不属于国际不法行为。国家不得以国内立法为由逃避国际义务。

International Development Association 国际开发协会 世界银行集团,即国际复兴开发银行集团成员,创立于1960年,主要以低利率贷放长期(超过50年)借款。国际发展协会主要由世界银行成员国家定期捐款。

international dispute 国际争端 国家或其它国际法主体之间关于法律上或事实上的论点不一致、法律上的见解或利益的矛盾对立,系国际关系的一种表现形式。在国际法理论上,国际争端依其性质被分为法律性质的争端和政治性质的争端:前者争端当事方的要求和论据是以国际法所承认的理由为根据,可通过法律方法予以解决,又称为可裁判的争端[justiciable dispute];后者基于当事方政治利益的冲突而发生,不涉及或不直接涉及法律问题,不能或不宜通过法律方法解决,而需通过政治外交途径解决,又称为不可裁判的争端[nonjusticiable dispute]。但在实践中,由于导致国际争端的原因往往很复杂,对某一争端作上述严格的划分是困难的。因此,国际争端的解决方法也没有固定模式。传统国际法把国际争端的解决方法分为强制性和非强制性两类:前者主要包括反报[retortion]、报复[reprisals]、平时封锁[pacific blockade]、干涉

[intervention]，乃至战争或非战争使用武力；后者又分为政治方法和法律方法，政治方法包括谈判、斡旋[good office]、调停[mediation]、和解[conciliation]及国际调查[investigation]，法律方法包括国际仲裁和司法解决。现代国际法确立了和平解决国际争端原则，禁止使用武力或武力威胁及其他非和平方法解决国际争端。

international extradition 国际引渡 一国将在其境内而被他国追捕、通缉或判刑的人，根据有关国家的请求移交给请求国审判或处罚。

International Federation for European Law 欧洲法国际联合会 成立于1961年，旨在通过协调欧共体[European Community]各成员国有关社团的活动和组织学术讨论会的方式促进对欧洲法的研究。

International Finance Corporation/IFC 国际金融公司 世界银行集团的成员机构，1956年创立，主要为发展中国家提供长期贷款，促进发展中国家的私营投资活动。国际金融公司根据市场利率经营，并寻求利润回报。

International Grotius Foundation for the Propagation of the Law of Nations 国际格老秀斯传播国际法基金会 成立于1945年，旨在促进国际法的研究与发展。

International Institute for the Unification of Private Law/UNIDROIT 国际统一私法协会 成立于1926年，旨在研究比较法，为建立统一立法及起草私法方面的国际协议作准备。出版有《年鉴》[Yearbook]、《国际组织法律活动摘要》[Digest of Legal Activities of International Organizations]及其他一些刊物。

International Institute of Space Law 国际空间法学会 成立于1960年，系旨在推动空间法研究的一个非政府间组织，出版物有《空间法文献目录年鉴》[Annual Bibliography of Space Law]及其他书刊。

International Juridical Institute 国际司法学会 成立于1918年，旨在提供与国际利益有关的、涉及国际法、国内法和外国法的信息材料。

international jurisdiction 国际司法管辖权 法院或其他组织审理和裁判不同国家之间或不同国家的个人之间的争议的权力。(⇨International Court of Justice)

International Labour Organization/I.L.O. 国际劳工组织 1919年根据《凡尔赛和约》[Treaty of Versailles]设立，与国际联盟密切相关。1946年成为联合国的第一个专门机构。其宗旨是促进社会正义事业，其基本职能是通过制定国际劳工法典[international code of labour law]及实践来提高劳工待遇。这些宗旨和职能由国际劳工大会以公约和建议的形式固定下来。公约是法律文件，并被作为各国劳工立法的样板。建议则是用以作为各国政府处理劳工问题的指导。国际劳工组织的最高机构是国际劳工大会[International Labour Conference]。该大会每年在日内瓦召开一次，并选举作为其执行机构的理事会。

international law 国际法 规范各主权国家相互关系及其权利义务等的法律原则。"international law"为英国学者杰里米·边沁[Jeremy Bentham]在1789年创制的新词，现已取代同义的"万民法"[jus gentium; law of nations]，成为通用名称。在现代，国际性关系不仅包括国与国之间的关系，也包括一些国际性组织、跨国公司及非政府组织甚至是个人（犯有战争罪或侵犯人权的人）。国际法亦作"public international law"；"law of nations"；"law of nature and nations"；"jus gentium"；"jus gentium publicum"；"jus inter gentes"；"foreign relations law"；"interstate law"；"law between states"。

international law and national law 国际法与国内法 关于两者的关系，学者们有两派主张，一派持"分离论"或者称为"两重论"，另一派持"统一论"或"单一论"。前一派认为国际法与国内法（亦可称作"内国法"[internal law]）有两个不同的渊源，这种差别决定了两者的关系。因此，国际法只有在某一主权国家通过宪法或立法将其并入国内法时方有效力。后一派认为所有的法律规范都来自一个统一体，处在统一体中高级别的是国际法，国际法与国内法冲突时，前者优于后者。

International Law Association 国际法协会 1873年10月由数名欧美法学家发起、在布鲁塞尔设立的一个学术团体，时名"国际法改革与编纂协会"[Association for Reform and Codification of the Law of Nations]，1895年更名为"国际法协会"。该协会的初始宗旨是制定一部国际法法典以作为国际仲裁制度的前提条件。后来其宗旨转变为研究、阐释和发展国际公法和国际私法，研究比较法，并就法律冲突问题和统一法律问题的解决提出建议，增进国际谅解与友好。该协会的会员除法学家外，还有政界、商界、金融界、企业界等方面的个人或组织。该协会主要研究国际实践中的法律问题，研究范围几乎涉及国际公法和国际私法的全部领域，为促进国际法的发展、统一和规范化发挥了积极作用。

International Law Commission 国际法委员会 即联合国国际法委员会[United Nations International Law Commission]，系依据1945年《联合国宪章》第13条和联合国大会于1947年11月21日通过的《国际法委员会章程》设立的、从事国际法的发展和编纂工作的联合国大会的辅助机构。依《章程》的规定，委员会的组成须代表世界各主要文明型态和各大法系。委员会委员由联合国大会根据各国政府提名选出，提名人选须为"公认胜任的国际法人士"，委员则以个人名义参加委员会，而不代表任何国家。委员会最初由15名委员组成，任期3年；1956年增至21名委员，1961年增至25名，1981年增至34名，任期5年，可连选连任。委员会旨在促进国际法的逐渐发展及其编纂，主要任务是：①促进国际法的进一步发展，即对"国际法尚未规定的"某些问题或"各国实践尚未充分发展成为法律的"某些问题草拟公约草案；②编纂现有国际法，即"在那些已有广泛国家实践、先例和学说的领域内"，使国际法"更加精确地条文化和系统化"。委员会的具体工作是向联合国大会提出选题或联合国大会自己提出选题，由委员会草拟公约草案或条款草案，然后经联合国大会讨论通过，开放给各国签字批准。委员会自成立以来，已经向联合国大会提出了数十项公约草案或条款草案，其中有些已在联合国的主持下形成多边公约，对国际法的发展与编纂作出了积极贡献。

international legal person 国际法律人格者；国际人格者 由国际法赋予其法律人格并由此享有权利并承担义务的实体，任何由国际社会承认的、独立的并具有完全主权的国家都具有国际法律人格。但不包括没有完全主权而依附于某一国或受另一国保护的国家，也不包括联邦制国家的成员州或共和国。

international legislation 国际立法 指以下各种立法：①多边条约所确立的立法，仅对各缔约方有效力。②通过（国内）制定法来改变国际法的协调努力的成果。③依靠（国内）制定法改变国际法的程序。④指由大多数国家或国际法主体所制定的国际法惯例，而少数持不同意见的国家或国际法主体要么受修改后的文本约束，要么不受其约束。⑤指在某些特定的情境下或争议中，国际机构对有约束力的裁决的采用。

International Maritime Bureau/IMB 国际海事局 国际商会[International Chamber of Commerce]的分支机构。负责监督国际货物运输中的欺诈、海盗或其他犯罪行为。国际海事局的代表负责搜查被偷窃或转移的货物与船舶，搜查虚假或偷窃的文件与护照。根据《国际海事局多边公约》[IMB Multilateral Treaty]的授权，该条约获得经合组织[Organization of Economic Cooperation and Development/OECD]的所有成员同意，国际海事局代表在全球范围内巡游，负责处理以上事务。(⇨International Chamber of Commerce; International Criminal Police Organization)

International Maritime Committee 国际海事委员会 1897年成立，其目的是通过会议和出版物等途径促进海商法立法的国际统一，并鼓励为此目标而建立国内协会。

International Maritime Organization/IMO 国际海事组织 联合国的一个专门机构，1948年创建，总部在英国伦敦。该组织旨在提供有关海上航运技术问题的合作，包括促进海上安全、防止海上污染等。

International Maritime Satellite Organization/INMARSAT 国际海事卫星组织 一个国际性的彼此给签署国提供移动卫星服务的合作组织，至1996年已有67个国家签署参加。国际海事卫星组织自1976年开始提供服务，其服务遍及海上、航空和陆上移动用户，包括航运、漫游、捕渔、研究、近海探查、航空业等。

International Military Tribunals 国际军事法庭 为审判德国和日本的主要战犯而根据1945年国际协议设立的司法机构。两个主要法庭分别设在纽伦堡[Nuremberg](1945-1946)和东京[Tokyo](1946-1948)。

international minimum standard 国际最低标准 根据国际条约和国际习惯法确立的有关外国人的各文明国家所承认的最低限度标准。

International Monetary Fund/IMF 国际货币基金组织 1945年12月27日在华盛顿成立。1947年与联合国的关系协议确立了该组织与联合国的互助关系，表明其既作为一个独立的国际组织而存在，也作为联合国的一个专门机构而存在。该组织的宗旨为：致力于通过常设机构来促进国际间货币合作，并依靠这些常设机构提供有关国际货币问题的协商与合作的机制。它的主要目标是：①便利国际贸易的扩大与平衡发展，由此有助于各成员国促进和保持高水平的就业率和收入水准，促进生产性资源的开发，并力促成员国将此作为经济政策的主要目标。②促进汇率稳定，保持成员国之间有序的汇率安排，避免竞争性的外汇贬值。③向成员提供该组织可以提供的资源，给予其信心。其组织机构为：所有的权力归于理事会[Board of Governors]，由一名理事长和各成员国指派的一名理事组成。理事的投票权按照其所属成员认缴份额的规模的同等比例计算。理事会之下有一个执行董事会[Executive Directors]，他们行使理事会委托的权力，五个执行董事由拥有最多份额的成员国指派，其他的十二个执行董事则由代表剩余成员国的理事选举。执行董事会选举一名总裁[Managing Director]。总裁不能是理事或执行董事，他是执行董事会的主席和经营部门的领导。根据执行董事会的指令，总裁承担完成该组织的日常业务。该组织在1969年设立了特别提款权[Special Drawing Rights/SDR]的资金使用机制，特别提款权的价值依据国际贸易中重要的16种货币的平均值计算，能在剧烈浮动的外汇市场中保持相对稳定。

international morality 国际道德 各国认为基于道德而非基于法律必须遵守的行为规范。

international organization 国际组织 指根据多边条约建立的、追求共同目标的国家间的团体。如世界卫生组织[World Health Organization]、国际民用航空组织[International Civil Aviation Organization]以及石油输出国组织("欧佩克")[Organization of Petroleum Exporting Countries]。

International Organization Immunities Act 〈美〉《国际组织豁免权法》 这是一部关于国际组织的地位、规定国际组织作为当事人的能力的联邦法律。

International Peace Conference 国际和平会议 1899年召开的国际会议，当时世界上的大国均派代表参加。其最主要的贡献在于通过此次会议设立了海牙常设国际仲裁法院[Hague Tribunal]。

international person 国际人格者 国际法上享有法律人格的主体，拥有国际法上的权利、义务、权能等，有能力在国际领域内采取行动。

international personality 国际人格 亦即国际法律人格[international legal personality]，指国际法主体所必须具备的资格和能力。在国际法上，具有国际人格的国际社会成员被称作国际人格者[international person]或国际法律人格者[international legal person]，具有国际法上的权利能力和行为能力，可以独立地进行国际交往，参与国际关系，直接承受国际法确定的权利、义务与责任。(⇨international legal person)

international private law 国际私法 解决两个或两个以上国家有关交易、事件或诉讼方面冲突性法律间的适用的冲突法。亦称作"private international law"; "jus gentium privatum"。

international public law 国际公法 (= international law)

international public policy 国际公共政策 国际法的一种学说，认为国际法领域存在一些基本规则，其效力高于那些与其相抵触的条约。

International Red Cross 国际红十字会 1859年成立的国际人道主义机构，和平时期致力于人类的健康和安全，战时照料伤员并防止和减轻人们的苦难。目前它已成为一个国际性的组织，总部设于日内瓦，与各国国内所设的红十字会协调工作。第一个关于红十字会的多边条约即1864年日内瓦公约规定缔约国政府对友军和敌军的伤员均应予以照料，1909年照料范围扩大至海战，1929年扩大至战俘，1949年扩大至战时的平民。

International Refugee Organization/IRO 国际难民组织 根据1946年12月15日联合国大会通过并于1948年8月20日生效的《国际难民组织公约》成立。国际难民组织作为联合国的临时专门机构，主要任务是处理第二次世界大战遗留下来的难民问题，根据难民和流离失所者本人的意愿将其送回本国。1949年12月3日联合国大会通过319(Ⅳ)号决议，决定设立联合国难民事务高级专员[United Nations High Commissioner for Refugees，简称UNHCR]一名，在国际难民组织结束活动后继续从事难民问题的解决。1951年初，联合国难民事务高级专员办事处——简称联合国难民署开始工作。国际难民组织构成了联合国难民署的前身，并于1952年3月1日正式取消，但其实质性工作已于1951年底结束。

international regimes 国际地役 为保护国际社会整体或特定国家的权益，由另一国或若干其他国家对某国在部分领土上的主权所加的限制。如为其他国家的普遍利益而对苏伊士运河和巴拿马运河所建立的国际限制即是一例。

international river 国际河流 流经两个以上的国家或根据条约被国际化的河流。

international river community 国际河流共同体 国际法的一种学说，认为属于同一条国际河流体系的各国基于这种连带关系而享有特定的权利并承担相应的义务。

International Rules for Navigation at Sea 〈美〉《国际航海规则》 普遍适用于所有本国公务与私人船舶的联邦法律。亦称《海上避碰规则》[Regulations for Preventing Collisions at Sea]。

International Rules to Prevent Collisions (= International Rules for Navigation at Sea)

international servitude 国际地役；国家地役 国家基于国际条约使其部分或全部领土为了另一国的利益而在有限范围内设立的特殊限制，实质上系国家依国际条约承受的对其领土主权的限制，并不导致国家领土或领土主权的变更。国际地役分为积极的国际地役和消极的国际地役；前者是一国承担义务，允许他国在一定事项上或一定范围内使用其领土从事特定活动；后者是指一国承担义务，在一定事项上或一定范围内限制在其领土上行使主权。根据现代国际法，只有国家在平等的基础上依条约自愿承担的国际地役，才是合法的。

International Shoe Case 〈美〉国际鞋业案 该案确立了一项规则，即若要对一个外国公司在某州提起诉讼，正当程序要求该外国公司必须在该州内进行的活动量达到足以证明其在该州存在的最低限度标准。

international sight draft 国际即期汇票 在一国开立而以他国银行为付款人的即期汇票。

International Social Science Council 国际社会科学理事会 成立于1952年。1973年改组为包括国际法学协会[International Association of Legal Sciences]和国际法协会[International Law Association]的联合组织。其宗旨是促进社会科学的发展及应用，推动社会科学领域内的合作。

International Trade Court 〈美〉国际贸易法院(⇨Court of International Trade, U.S.)

International Trade Organization/ITO 国际贸易组织 二次大战前一些国家采取的贸易政策引起了许多困难，导致美国拟议设立一个全新的国际贸易组织规范各国贸易政策，解决贸易伙伴间的争议，该机构作为联合国的一个专门机构，致力于减少关税或其他贸易壁垒，协助经济发展与复兴，规范阻碍贸易的限制性商业惯例等。建立国际贸易组织的谈判于1947年在日内瓦展开。鉴于很快出现了反对国际贸易组织章程的意见，尤其是美国国会内的反对意见，杜鲁门政府撤销了对国际贸易组织的支持，这一创议随之淡出人们的兴趣范围。但是，国际贸易组织未能建立所留下的空白被其他机构，如关税及贸易总协定[General Agreement on Tariffs and Trade]、世界银行、联合国贸易与发展会议[United Nations Conference on Trade and Development]所填补。

international tribunals 国际裁判庭 指根据国际法拥有管辖权裁判国家间争议的裁判庭。国际裁判庭有几种形式，根据条约建立的仲裁庭，如亚拉巴马索赔案仲裁庭[Alabama Claim arbitral tribunal]；海牙常设仲裁庭[Permanent Court of Arbitration at The Hague]；临设专门仲裁庭；混合任务的法庭；以及国际法院等。

international union ❶国际工会；跨国工会 其组织和活动跨越国界的工会。❷国家联盟 ❸联合国

international waterway 国际水道 包括分隔或流经两个以上的国家并可通航至海的天然河流和国际性通海运河，依据特定国际协议向各国船舶自由开放。

interned alien 被扣押的敌国侨民 这一法律地位并不妨碍该侨民依合同享有权利的实现及向扣押国法院起诉的权利。(⇨internment)

internment n.❶扣押；拘禁 尤指战时将敌侨、战俘、恐怖主义分子等拘留在或迁移至特定区域，以减少其为敌人服务的危险。❷(中立国)扣留交战国的船只、水手、士兵或财产

inter nos 〈拉〉仅限于我们自己之间

internuncio n.罗马教廷公使 罗马教廷向有外交关系但未派遣教廷大使[nuncio]的国家派遣的较教廷大使低一级的驻外使节。

internuncius n.信使；中间人；中介人

inter pares 〈拉〉(在勤勉、机会、责任诸方面)同等地位者之间

inter partes 〈拉〉各方(当事人)之间(⇨deed inter partes; instrument inter partes)

interpellate v.提出质询；质问 尤指正式和公开地询问。最初指法国议会立法程序中的质询程序。现指在案件辩论中法官对律师的提问。

interpellation n.❶传讯；传唤；传票 ❷(罗马法)义务人根据协议宣称超出一定时间将不受义务约束

interplea n.❶要求进行确定竞合权利诉讼的答辩 指对财产否认有任何权利的被告要求法院就对该财产主张同一权利的二人或数人间确定权利究应谁属的答辩。(⇨interpleader)❷第三人对扣押物主张权利的诉讼 制定法上规定的一种诉讼，作为返还原物诉讼[action of replevin]的替代程序，指第三人加入到某一扣押诉讼[action of attachment]中来，阐明其对被扣押财产享有所有权[title]，并寻求恢复占有。

interplead v.❶提出进行确定竞合权利诉讼的答辩 ❷(与对第三人持有的财产主张同一权利的对方)进行确定竞合权利诉讼(⇨interplea; interpleader)

interpleader n.确定竞合权利诉讼 在有两人或两人以上对由第三人持有的财产提出同一权利主张时，确定该财产究应谁属的诉讼程序。即，持有某项财产但不享有任何利益者，在有两人或两人以上对该财产均提出了权利主张，而他又不知道谁是真正的权利者，且已被或将会被主张权利者起诉要求其返还财产时，为避免自己受到损害，要求他们相互之间进行诉讼，以确定真正的权利人。这种情况称之为"争议财产保管人提出的确定竞合权利诉讼"[stakeholder's interpleader]。如果有第三人对行政司法官正在执行中的财产提出权利主张，行政司法官也可以申请进行确定竞合权利的诉讼，这种情况称之为"行政司法官提出的确定竞合权利诉讼"[sheriff's interpleader]。该程序最初主要为衡平法上的救济方法，但现在在普通法上更容易获得。它不能作为一项权利来主张，是否授予该救济由法院自由裁量决定。其诉讼标的通常为曾经合法转让的债务、金钱、物品或权利动产[chose in action]。

Interpleader Act 〈美〉《确定竞合权利诉讼法》 1917年施行，之后被修正。该法赋予联邦法院对确定竞合权利诉讼以及具有其性质的案件享有初审管辖权。

Interpol (= International Criminal Police Organization)

interpolate v.篡改；插入(字句等)(⇨interpolation)

interpolation n.插语；插入文字；篡改 指将字句插入法律文书当中，以改变或明晰文书的含义。在消极意义上，

指在文书中加入额外的或伪造的字句,以改变其含义。

interposing a defense 提出答辩 在答辩状中提出答辩理由,或在诉讼的任何阶段坚持其答辩理由。

interposition n.〈美〉提出异议原则 指州行使该州的权力时,可以该命令是违宪的或是超越了宪法授权而作出的为由,拒绝执行联邦的命令的原则。该原则否认各州有尊重它们不同意的由联邦最高法院所作出的判决的义务。这一原则的依据是宪法第十条修正案所规定的州的保留权。美国最高法院对此原则的合法性予以否认。

inter praesentes 〈拉〉出席者之间;在场人之间

interpret v. ❶解释;说明;阐释 ❷口译

Interpretare et concordare leges legibus, est optimus interpretandi modus. 〈拉〉对法律的最佳解释是通过解释使其相互协调一致。

Interpretatio chartarum benigne facienda est, ut res magis valeat quam pereat. 〈拉〉对文件的解释应不拘泥于字面,以使其内容得以被贯彻而不是被湮灭。

Interpretatio chartarum benigne facienda est, ut res magis valeat quam pereatquando res non valet ut ago valeat quantum valere potest. 〈拉〉对文据的解释不应拘泥于字面,以使其内容得以实现而不是不能实现——如其内容不能如我所解释的那样完全实现,亦应使其尽多地实现。

Interpretatio fienda est ut res magis valeat quam pereat. 〈拉〉对文件的解释宜使其内容得以被实现而不是被湮灭。

interpretation n.解释 揭示和确定成文法、遗嘱、合同或其他书面文件之意思的推理过程和技术。该词有"法律解释"[legal interpretation]与"学理解释"[doctrinal interpretation]两个层面的含义,前者系指与被解释的法律文件本身具同等效力的解释,它更强调解释主体和解释结果的权威性和有效性,包括由立法机关明确作出的权威解释和根据不成文的法律实践所作的解释;后者系指根据法律的内在合理性所作的解释,它更强调解释方法和解释结果的逻辑合理性。学理解释可分为语法解释(或语义解释[literal or grammatical interpretation])和逻辑解释[logical interpretation]。语法解释是指严格按照法律文件中语句的含义所作的解释,着重于所用词语的字面普通含义,而不得有所扩张或限制,因之又称严格解释[close and strict interpretation];一般而言,对税法、刑事法规等约束公民自由和权利的法律规范应作严格解释。逻辑解释则针对文件制订者的意图所作的逻辑推断,着重于对制定法、合同的目标和宗旨的探求。按照逻辑解释的方法,如为了表达语句的完整含义,将法律文件中语句的意义加以延伸扩展,而不拘泥于其字面的理解,系扩张性解释[extensive interpretation];如法律文件文义过于宽泛,为了不超越立法者或立约者的真实意图,将语句作狭义解释,使其局限于文义核心,则系限制性解释[restrictive interpretation]。解释的首要规则是对语句必须首先赋予其通常使用的含义,对专业术语必须赋予其在该门学科、专业或行业中所用的含义。因此在制定法或合同中一般都含有特定的解释条款[interpretation section or clause],用以说明本法律或合同中使用的特定语句的含义。当文件中语句的字面普通含义歧义甚多或按其字面严格解释将导致不公平或不合理的后果时,则应使用逻辑解释方法解决当前的争端。对于逻辑解释方法中所要求的"立法者或立约者意图",可以参考法律文件中语句的语境、文件中有关宗旨或目标的条款、立法和立约时的历史背景资料和以前的判例等材料,以资确定。此外,作为一般规则,解释者不得有意使解释的意思不公正、不合理或不利于实施;解释亦不得溯及既往,不得违反国际法之规定。本词与 construction 二者都可作"解释"解,关于二者的异同,有两种相反的意见。一种意见认为,通常二者可以互为同义词并互相换用,但确有必要也有可能予区别:interpretation 的目的是根据法律文件所用的语句本身确定其真实含义,而 construction 则旨在说明整部文件理应导致的特定法律效果,同时还说明在该文件中既无明示的立法或立约意图也无从知晓其默示之意图时创造性地补充立法或合同的途径。另一种意见认为,仅从词源学意义上出发两者或许确有不同,但法律职业界一般并不接受这种区分。鉴于二者的目标都在于确认立法机构或立约方的真实意图,以使法律或合同得以正确适用,是故在法律实务中可以忽略二者之间存在的所谓"差异",在理论上讨论这种差异亦无甚价值可言。

Interpretation Act 〈英〉《解释法》 该法确立了大量成文法中常见词的标准含义,如"国务大臣"、"上诉法院"、"人"、"交付审判",并规定了成文法的一般解释原则。该法曾于 1837 年、1889 年、1978 年被修订。

interpretation clause 解释条款 法律中规定在该法律中的一定词语含义的条款。亦指其他法律文件,如契约中规定在该法律文件中所使用的一定词语的含义的条款。

interpretation section 解释条款(⇨interpretation clause)

interpretation test 〈美〉解释测验 对可预期的选举人的一种测验,其内容包括对联邦或州宪法中任何条款的解释。通过此项测验是取得选举人资格的条件。

Interpretatio talis in ambiguis semper fienda est ut evitetur inconveniens et absurdum. 〈拉〉在解释含义不明的文本时,应避免不便与荒谬。

interpretative regulation 解释性条例 指行政机关为解释含糊不清的法律而颁布的条例。(⇨interpretative rule)

interpretative rule 〈美〉解释性法规 行政机构颁布的、用以解释、澄清、说明由该机构实施的法律的法规。

interpreter n.解释人;译员 特别指在审判中经宣誓向法庭解释或翻译外国人或聋哑人的证词的人。

interpretive regulation (= interpretative regulation)

inter quatuor parietes 四堵墙之内

interracial marriage 异族通婚;异族婚姻(⇨miscegenation)

inter regalia 〈英〉在君主专有权之中 在君主的专有权中包括诸如捕鲑鱼权、金银矿开采权、狩猎权、没收权、收取地租权等,被称为"次要的王权"[regalia minora],并可以出让于臣民。次要的王权包括几类与君主本人不可分的君主特权。(⇨regalia; jura regalia; regalia minora)

interregnum 〈拉〉❶空位期 两个国王统治期之间的王位空缺时期,在英国史上尤指 1649－1660 年间查理一世被处决后至查理二世复辟前这一段时期。但布莱克斯通[Blackstone]认为那是一段叛乱的时期,因为在英国一般认为国王是永生的。 ❷(新旧政府更替的)过渡期 在这一时期没有政府统治。

interrogating part of bill in equity 衡平法起诉状中的质询部分 位于起诉状中一般管辖权条款之后,通常包括一般质询[general interrogatory]和特别质询[special interrogatories]两部分。

interrogation n.(刑事)讯问 通常指警察通过向被逮捕的或被怀疑有犯罪行为的嫌疑人提问来查明其是否真正犯有罪行的程序。在英国,讯问一般按法官规则[Judges' Rules]进行。警察决定指控某人时,应在讯问或进一步讯问之前告知其有保持沉默的权利,如果犯罪嫌疑人回答,其陈述将被记录下来,并可能在庭审时作为证据提出。犯罪嫌疑人可以自愿作出回答,但不得强制其回答。其自愿陈述可作为证据被采纳。在美国,最高法院确立了一系列规则以规范对犯罪嫌疑人的讯问,如米兰达规则[Miranda Rule]。若警察在讯问前没有告知被讯问人其所享有的权利(如保持沉默的权利、延请律师的权利等),那么通过讯问所获得的陈述不能作为证据被采纳。

interrogatoire 〈法〉审讯记录 包含法官就指控事项向被告人所作的讯问及被告人的回答。

interrogatories n. 质询书;书面询问 指诉讼一方当事人向他方当事人或向证人或向知悉案件有关情况的第三人用书面提出有关诉案的问题。被询问者对质询书所提的问题作出回答时一般必须经过宣誓,以表明其回答均为真实。质询书在现在英美民事诉讼的披露程序[discovery]中普遍使用,在刑事诉讼中则使用较少。是否允许诉讼一方提出质询书一般由法庭自由裁量决定。在美国,当法官要求陪审团作出概括裁断[general verdict],并想了解其裁决的根据时,或在法官要求陪审团作出特别裁断[special verdict]时,也可以向陪审团提出质询书,要求陪审团就有关问题作出回答。

in terrorem 〈拉〉为了恐吓;作为恐吓;以威胁的方式

in terrorem clause 威慑条款;恐吓条款 指用以威胁某人为或不为一定行为的条款。尤指在遗嘱中威胁将剥夺对遗嘱条款有异议之受益人的权利。

in terrorem populi 〈拉〉恐吓民众 以前指控暴乱罪[riot]的起诉书中的法律用语。

interruptio 〈拉〉中断 指对土地占有的中断,从而终止时效取得的请求权。

Interruptio multiplex non tollit praescriptionem semel obtentam. 〈拉〉时效一旦确定,不因其反复中断而终止。

interruption n. 中断 权利行使连续性的破坏。即时效期间内某些足以阻止有关追诉时效的法律生效的行为或事实的发生。分为自然中断与法定中断,前者是指因当事人行为引起的中断,后者指因法律或某些事实或条件的发生而引起的中断。在苏格兰法中,指因真实所有人在时效期间提出权利要求引起的时效中断。

interruption-of-business insurance 营业中断保险(= business interruption insurance)

interruption of possession 占有中断(⇨interruption)

interruption of prescription 时效中断 指财产所有权人明确地表示排除他人占有、使用自己财产的意愿,从而阻止他人通过时效占有取得财产权,产生时效中断的后果。

interruption of statute 时效法规定的诉讼时效的中止

inter rusticos 〈拉〉在文盲之中;在缺乏教育的人中

inter se 〈拉〉他们自己之间;在他们自己之中 用以将两方或多方当事人之间的权利或义务与其对他人的权利或义务区分开来。

intersecting streets or highways 交叉街道;交叉公路 立法中仅指公共街道或公路之间的相交,不包括私人道路之间交叉或私人道路与公共街道交叉。

intersection n. (街道或公路)交叉处;交叉点;交叉路口

inter se liability 他们之间的责任

inter se rights 他们之间的权利

inter sese 〈拉〉(= inter se)

interspousal a. 夫妻之间的

interspousal immunity 夫妻间(侵权诉讼)豁免(⇨husband-wife tort actions)

interspousal transfers 夫妻间的财产移转

interstate a. 〈美〉州与州之间的;州际的 指两个或更多的州之间,不同州的地方或人之间,政治上或区域上涉及或影响到两个或更多的州。

interstate agreements 〈美〉州际协定(⇨interstate compact)

interstate and foreign commerce 〈美〉州际与涉外商业交易 指下述贸易:①一州的某地与另一州的某地之间的;②同一州的异地之间通过另一州或他国进行的;③外国异地之间通过美国进行的;④美国的某地与外国或美国的准州或属地的某地之间在美国进行的商业交易。

interstate commerce 〈美〉州际贸易;州际商业 指不同州之间进行的各种商业交易,包括各种形式的贸易和各种其他方式的商业交易。宪法赋予国会管理本国与外国及各州之间商业的权力。所谓商业,包括贸易及运输,并且包括宪法通过以后才出现的一切商业及运输手段。

Interstate Commerce Act 〈美〉《州际商业法》 1887年2月4日国会通过的法律。用以规范州际商业交易,尤其是州际旅客和货物运输。根据此法成立了州际商业委员会[Interstate Commerce Commission],对运输企业或承运人进行管理、监督和审查。

interstate commerce clause 〈美〉(宪法的)州际商业条款(⇨commerce clause)

Interstate Commerce Commission 〈美〉州际商业委员会 1887年根据州际商业法设立的联邦行政机构。其职能是管理州际商业交易、陆路或水路运输,包括火车、卡车、公共汽车、水上客货轮等运输及运输经纪等。它有权依据不同类型的运输而制定不同的行政法规。不仅如此,它还通常负责颁发从事州际陆路运输的执照,监督其收费标准、服务的充分性、相互兼并等,确保其管理的运输者向公众提供的服务和收费是公平合理的。该机构还拥有准司法权,是一独立机构。

interstate compact 〈美〉州际协定 各州之间为解决共同的问题而自愿订立的协议。根据宪法第一条第十款的规定,有关重大事项的协定须经国会同意。州际协定主要是涉及资源保护、边界问题、教育、港口管制、防洪、水资源利用权及刑事问题等事项。

interstate extradition 〈美〉州际引渡 在一州实施了犯罪行为者为逃避被起诉或审判而逃至另一州时,后者根据适当的法律程序将其移交给前者。(⇨extradition; interstate rendition)

interstate ferry 〈美〉州际渡运;州际渡船

interstate free pass 〈美〉州际自由通行证 除了某些特殊例外,在禁止州际间旅客自由载运的情形下,对某些人可由载运者颁发的证件。

interstate highway 〈美〉州际公路 受联邦援助建造的高级别公路,意在促进各州之间的交通运输。

Interstate Land Sales Full Disclosure Act 〈美〉《州际土地出售信息充分披露法》 一项联邦法律,其目的是为未开发土地的购买人及承租人提供充分的信息。

interstate law 〈美〉州际法律 指规定解决不同州的公民之间因州籍不同或各州法律、习惯不同而引起的权利义务争议的有关原则、规则的法律。

interstate rendition 〈美〉州际引渡 犯罪嫌疑人为逃避审判而从一州逃到另一州并被发现时,前者有要求后者交还该犯罪嫌疑人的权利。美国的《统一刑事引渡法》[Uniform Criminal Extradition Act]对几乎全部的州都适用。(⇨extradition; interstate extradition)

interstate surface water 〈美〉州际水流；跨州水流 流经两州以上的地面的水流。

interstate traffic 〈美〉州际交通 自某一州或准州出发后，进入或途经另一州或准州的交通。

interstate watercourse 州际水道 作为两个或两个以上的州的州界或流经两个或两个以上的州的水道。

inter-temporal international law 时际国际法 在国际法的原则、规则由于时间先后的不同而其内容也有不同的原则、规则。"时际法"这一概念在国际法上第一次出现在 1928 年胡伯所作出的帕尔玛斯岛的仲裁裁决中。胡伯在该仲裁裁决中所陈述的国际法上的时际法规则是：一个法律事实必须按照与之同时的法律，而不是按照就该事实发生争端时或解决该争端时的法律予以判断。至于在一个具体案件中，在先后继续的不同时期所实行的几个不同的法律制度中究竟应适用哪一法律制度的问题，即所谓时际法问题，必须对权利的产生和权利的存在这二者加以区别。产生一个权利的行为受该权利产生时所实行的法律支配；按照同一规则，该权利的存在，即该权利的继续表现，也应依循法律的演进所要求的一切条件。

interterritorial *a*. 领土间的

intertiare *v*. 〈英格兰古法〉交予第三人 在盎格鲁－撒克逊时代，当被盗财产的所有人向从盗贼处购得该财产的买受人要求返还时，该财产通常被交给第三人，直至裁判作出时为止。

interurban *a*. 城市之间的；市际的 *n*. 市际交通线路；市际交通车辆

interval *n*. （时间或空间的）间距；间隙；空隙

intervallo 〈拉〉间隔（ = interval；ex intervallo）

interval ownership 间隙性所有权 指对财产（主要是房屋）拥有一年中一段时间的所有权，如两星期或一个月的所有权；例如为了在某别墅度假，购买了每年 6 月 1 日至 6 月 30 日的居住权，在这段期间内别墅的所有权属于该购买者。（⇨timesharing）

intervene *v*. ❶参加诉讼；加入诉讼 ❷介入；干涉

intervener *n*. 参加诉讼人；加入诉讼人 自愿并经法庭许可而加入到某一诉讼中来，并成为该诉讼的一方当事人，以维护自己的权利或利益的人。

intervening act 介入行为 指第三者所为之切断因果关系链并消除最初违反义务人责任的行为。它是在最初违反义务人的行为或过失以后发生并产生损害的原因，而且，最初违反义务人无法预见该行为将自然或通常产生的损害结果。（⇨intervening cause；superseding cause）

intervening agency 介入因素；介入的行为或自然力 指在原侵权行为人的行为或过失与损害结果之间介入的人的行为或自然力。它切断了原侵权行为人的行为或过失与损害结果之间的自然连续关系，使原侵权行为人的行为或过失成为损害结果的远因［remote cause］，该介入的行为或自然力产生了原侵权行为按情理无法预料的后果，因而是产生该损害结果的直接的近因［proximate cause］。（⇨intervening act；intervening cause；superseding cause）

intervening cause ❶（侵权法）介入原因 介于最初的过失行为或疏忽与损害之间，改变了侵权行为因果关系的独立原因。它可以是受害者的行为、第三人的行为或自然力。介入原因可能减轻最初侵害人的责任，也可能作为主要原因而取代了最初侵害人的责任。❷（刑法）介入因素 介于先在行为与最后结果之间的因素，从而改变了行为的发展过程，使得某些本来不会产生这种结果的先在行为同这个结果发生了某种联系。如果介入因素独立于先在行为，即介入因素本身不是先在行为引起的，则介入因素取代先在行为成为结果的近因；如果介入因素从属于先在行为，即介入因素本身是由先在行为引起的，则先在行为仍然是结果的近因。（⇨intervening act；intervening agency；superseding cause）

intervening damages 因上诉造成的拖延而使被上诉人遭受的损失

intervening efficient cause （ = efficient intervening cause）

intervening force 介入力量 在被告的行为或过失之后直接造成损害的力量。如果该力量对最初侵害人而言是可能的或可以预见的，则不切断被告的行为或过失与损害之间的原来的因果关系。（⇨intervening cause）

intervening human agency 介入的人的行为 与自然力相对而言。（⇨intervening agency）

intervening lien 介入留置权 在时间上或记录上介于其他留置权之间或同一财产的其他转让之间的留置权。

intervenor （ = intervener）

intervention *n*. ❶介入；干涉 ❷参加诉讼；加入诉讼 非诉讼最初当事人的第三人，声称对诉讼标的享有利益，从而加入诉讼以保护其权利或提出请求。❸（国际法）干涉 指一国、数国或国家集团、国际组织等，从自身利益考虑，为维持或改变既存情势而对他国的对内对外事务实施的专横、武断的干预行为。干涉通常伴随强制性手段，包括政治、经济和军事手段，干涉在国际法上被认为是国际不法行为，因为其法律后果是侵犯了被干涉国的独立与主权。

intervention on appeal 上诉中的参加诉讼 在案件已到达上诉法院或者上诉已满的情形下，除非是实现法律正义所必需，第三人要求加入诉讼的请求法庭一般是不会受理的。

interview *n*. 会见；面谈 在披露程序中获取对书面询问［interrogatories］的回答的一种非正式方式。

inter virum et uxorem 〈拉〉在夫妻之间

inter vivos 〈拉〉生存者之间；活人之间 通过产权转让而转移财产时，该项交易被称为"在生存者之间"，以区别于继承或遗赠的情形，表示该项财产转让是于出让人在世时完成的，并非出让人通过遗嘱或因其考虑到自己即将去世才完成或从事的财产转让。通常一人对另一人的赠与被称为"生存者之间的赠与"，以区别于死因赠与或遗嘱赠与。

inter vivos gift 生前赠与 在赠与人生存期间发生并生效的赠与，以相对于在赠与人死后生效的遗赠。

inter vivos instrument 生前文据 在赠与人、抵押人、留置人等生存期间有效的文据。

inter vivos transfer 生前财产移转 所有人生存期间的财产移转，区别于在所有人死后生效的遗嘱财产移转。

inter vivos trust 生前信托 财产托管人生存期间设立并生效的信托。区别于财产托管人或遗嘱人死后生效的遗嘱信托。亦写作 trust inter vivos 或 living trust。（⇨trust）

intestabilis 〈拉〉❶无作证资格的人；不适于作证的人 ❷无证人资格的；无立遗嘱能力的 ❸不名誉的

intestable *n*. 无遗嘱能力者；不能依法立遗嘱者 如精神病人、未成年人。

intestacy *n*. 无遗嘱死亡 指人在死亡时未留下有效遗嘱，或其遗嘱未处分其部分财产。死亡时留下遗嘱的是全部无遗嘱死亡［total intestacy］，其遗嘱只处分了一部

分遗产的是部分无遗嘱死亡[partial intestacy]。(⇨partial intestacy)

In testamentis et ultimis voluntatibus tractatur de probanda voluntate defuncti post ejus mortem. 〈拉〉有关遗嘱的事项在被继承人死后，将根据他被确证的意愿加以执行。

In testamentis plenius testatoris intentionem scrutamur. 〈拉〉对于遗嘱，我们应认真探究立遗嘱人的意图。

In testamentis plenius voluntates testantium interpretantur. 〈拉〉对于遗嘱，应彻底查清立遗嘱人的意图。

In testamentis ratio tacita non debet considerari, sed verba solum spectari debent; adeo per divinationem mentis a verbis recedere durum est. 〈拉〉遗嘱中未表达的意思不应被考虑，但单独的字句应被关注；脱离字句来揣测意图是很困难的。

intestate *a.* 无遗嘱的；未立遗嘱的 可用于描述死时未立有有效遗嘱的人、或该人所有的财产等相关情形。一人死亡时未立遗嘱或未留下任何表明其死后如何处置其财产的愿望的材料，称为无遗嘱死亡。此时由法律规定谁将接受死者财产，即由法定继承人[heirs at law]继承其遗产。
n. 无遗嘱死亡者；未留下遗嘱而死亡的人（⇨dying intestate；intestacy；partial intestacy）

intestate estate 无遗嘱死亡者的遗产；未留下有效遗嘱而死亡的人的遗产（⇨partial intestacy）

intestate laws 〈美〉无遗嘱死亡者遗产法 规定无遗嘱死亡者遗产继承的成文法。(⇨descent)

intestate property 无遗嘱死亡者的财产（⇨intestate estate；partial intestacy）

Intestates' Estates Acts 〈英〉《无遗嘱死亡者遗产法》 指1884年和1890年无遗嘱死亡者遗产法。后它们被1925年《遗产管理法》[Administration of Estates Act]取代。

intestate succession 无(有效)遗嘱遗产继承 即法定继承。(⇨descent)

intestato 〈拉〉(罗马法)无遗嘱的

intestatus 〈拉〉(罗马法)（英格兰古法）无遗嘱死亡者；未立遗嘱而死亡者

Intestatus decedit, qui aut omnino testamentum non fecit; aut non jure fe cit; aut id quod fecerat ruptum irritumve factum est; aut nemo ex eo haeres exstitit. 〈拉〉无遗嘱死亡者是指其根本未立遗嘱或所立遗嘱依法无效；或者其遗嘱被撤销或被废弃；或者没有生存的继承人。

in testimonium 〈拉〉作为…的证据；证明 例如 in cujus rei testimonium [in witness/testimony whereof]的意思就是：作为此事的证明；为证明此事。

in the air ❶在空中 ❷无根据的；缺乏基础的

in the bosom of the country 在国内；在州内 用于货物诉讼的一个短语。在货物成为国际贸易或美国州际贸易的商品前，被称为"在国内"或"在州内"。

in the bosom of the court 按法官的良心（⇨breast of the court）

in the course of employment 在为其雇主服务期间；在雇佣期间 用于劳工赔偿法[workers' compensation acts]中，与事故发生的时间、地点和环境相关，指事故发生于雇佣范围内正在工作的雇员身上。此词语与"在受雇期间"[during the period of employment]的意思略有不同。后者泛指受雇的那一段时期，前者则强调从事为雇主服务的工作。(⇨arising out of and in the course of the employment；course of employment)

in the custody of the law 在法律的保管下（⇨custody of the law）

in the debet and detinet 在债务未经清偿及扣押期间（⇨debet et detinet）

in the detinuit 根据发还扣押物的令状而占有

in the employ 受雇(于他人)

in the nature of quo warranto 具有权利开示令状性质的（⇨information in the nature of quo warranto）

in the opinion of the agency 按行政机关的意见 对行政机关授权的法律用语，其作用是授予该机关不确定的政策制定权。

in the ordinary course of business 在通常交易过程中；按通常的商业程序或做法 以区别于某些特定行业的商业程序或做法。

in the premises 在文件开头部分所述的；在前文所述的 此法律用语常用于合同和原告向衡平法庭提交的诉状中；例如 … wherefore plaintiff demands [specific relief requested, such as foreclosure, injunction, etc.] and such other and further relief as he may be entitled to in the premises 的意思是"…为此原告要求所申请的终止回赎权、禁制令等特定司法救助以及在前文所述原告可以有权得到的其他司法救助"。(⇨premises)

in the presence 在…的面前；当着…的面；在…在场的情况下

in the presence of the court 在法庭上；在法庭面前；当法庭的面（⇨presence of the court）

in the presence of the testator 当着遗嘱人的面；当遗嘱人在场时 指在遗嘱人的可视范围内签署遗嘱，遗嘱人的这种目睹不应被打断且遗嘱人当时须是清醒的。在立法中该短语涉及遗嘱的执行或证明时，一般认为遗嘱人和证人并不一定要处在同一房间内，遗嘱人也不必实际亲眼目睹或监视证人签名的过程；但亦有相反的意见。

in the public domain 在公共土地内；在国有土地内；不受版权或专利权的限制；不受版权或专利权的保护（⇨public domain）

in the residence 在居所内；在该住处内；在该物业内 常用于规定不动产出租人对租户在其所租住处内的全部财产享有留置权的制定法中。

in the service of the ship 在海员受雇期间（⇨service of the ship）

in the trial 审理过程中；审理期间

in the within deed 契据的背书 其效果是使契据所载明的财产发生移转。

in this state 〈美〉在此州；在本州 指在本州的全部地域内。

intimacy *n.* ❶友好；亲密；亲昵 ❷不当关系；不体面关系；非法关系 ❸私通

intimate *a.* ❶亲密的；密切的；熟悉的 ❷私通的
v. 暗示；提示

intimation *n.* ❶〈罗马法〉诉讼通知 告知一方当事人已申请或将申请进行某一法律程序或步骤的通知。尤指上诉人提交给对方的、告知其上级法院将审理上诉的通知。❷〈苏格兰〉通知书 公证员作成的、通知一方当事人第三人已取得某项权利的书据。如债权人将其债权转让给他人时，受让人必须以通知书通知债务人。

intimidation n. ❶胁迫；威胁；恐吓　通常指采用威胁或暴力手段迫使他人做某事或阻止其行使权利的侵权行为或犯罪行为。即加害人故意使被害人陷入即将受到人身伤害的恐惧，这种恐惧不是因受害人胆小所致，但也不必达到使受害人陷入惊惧、恐慌或歇斯底里的程度。也指被胁迫的状态。在英国，1964年鲁克斯诉巴纳德［Rookes v. Barnard］一案确定胁迫为侵权行为。❷（英格兰古法）胁迫　以暴力或恫吓强迫他人，包括该他人的妻与子，不做其有权做之事或做其无权不做之事，构成轻罪。

intimidation of voter　胁迫投票人　指以暴力或其他方式胁迫投票人，使其不能依照自己之自由意志投票，从而影响选举之公正。

intitle　entitle 的古体

intol and uttol　对进出口货物或被买卖的商品征收的税费

Intolerable Acts　〈英〉［总称］《强制法》　亦称 Coercive Acts，美国历史上英国议会针对殖民地人民的反抗，为加强英国控制而制定的一系列法律的总称。包括《波士顿港口法》［Boston Port Act］、《马萨诸塞政府法》［Massachusetts Government Act］、《司法实施法》［Administration of Justice Act］、《强制法》［Coercive Act］、《魁北克法》［Quebec Act］。其制定目的是重振英国对北美殖民地的统治，但为时已过晚，并且导致了1774年第一届大陆会议［First Continental Congress］的召开。

intolerable indignity　无法容忍的侮辱　相当于一种精神虐待的侮辱，根据某些法律，构成离婚的理由。

intolerable severity　无法容忍的苛刻待遇　此用语常用来描述构成离婚理由的虐待的特征，指夫妻一方对另一方的极端残暴的行为。

intolerance n. 不容异己　指不愿意容许或拒绝允许与统治集团观点相左的观点的存在。不容异己是对思想自由的侵犯。主要有宗教上的不容异己和政治上的不容异己两种形式。

in totidem verbis　〈拉〉以如此多的字数；以同样多的字数

in toto　〈拉〉整个；全部；完全　如 the award in void in toto 的意思就是"该裁定完全无效"。

In toto et pars continetur.　〈拉〉在整体中亦包含了部分。

intoxicants n. 酒类饮料；致醉物

intoxicated a. ❶喝醉的　常见于人身保险或意外伤害险中，用以表示由于含酒精饮料或麻醉药物作用引起的大脑或机体功能的实质性紊乱或者责任分辨力的实质性损害的情形。❷陶醉的

intoxicated condition　醉酒状态

intoxicating drinks　致醉饮料；烈酒

intoxicating liquor　致醉液体；烈酒　通常饮用一定数量便足以导致完全或轻度醉酒的饮料；通过发酵或蒸馏制成的含有一定比例的酒精，人在饮用一定数量时即致醉的液体。（▷alcoholic liquors）

intoxicating quality n. 致醉性质

intoxication n. 醉态　指因饮用酒精饮料或服用药物而使人在一定时间内减弱甚至丧失辨认或控制能力。被指控在醉态下犯罪者，若以醉态为抗辩理由，则其醉态必须是非自愿造成的并导致其确实不能正确理解其行为的违法性从而不能依据法律行事。自愿引起的醉态不能作为免罪或减轻罪责的理由；但是，当某一具体犯罪以某种故意或其他犯罪心态作为主观构成要件时，醉态可用来判断其是否具有这种故意或犯罪心态。在美国许多州关于酒后驾车的法律都规定：所谓"醉酒"包括饮酒致醉以及吸毒在内。许多州关于离婚的法律中，自愿过量饮酒至致的习惯性醉酒是离婚的一条理由。（▷drunkenness；habitual drunkenness；intemperance）

intoxilyzer n. 呼气测醉器　测量酒后驾车的嫌疑人血液中的酒精浓度的装置。（▷breathalyzer test）

intoximeter n. 呼气测醉器（▷breathalyzer test）

intra　〈拉〉在…内；在…的内部　在现代拉丁语中，该词已在很大程度上被 infra 和 inter 取代。

intra anni spatium　〈拉〉在一年的时间内

in trade　从事商业　美国联邦所得税法规定在一个年度内从事商业的实际亏损在征税时应予减免，所谓"trade"是指纳税人所投资并实际经营的商业。

In traditionibus scriptorum, non quod dictum est, sed quod gestum est, inspicitur.　〈拉〉在文件交付中，以所为而非所说为准。

intra family　家庭内；家庭成员之间

intra fidem　〈拉〉可信的；可靠的

intra hospitium　〈拉〉在旅馆内；在客栈内

in trajectu　〈拉〉在运送途中；在航程中

intraliminal a. （矿业法）区域内的；境界内的

intra luctus tempus　〈拉〉服丧期间；丧期内

intra moenia　〈拉〉墙内；房屋内　用于家仆或家佣

intramural a. 墙内的；内部的；在政府或机构的内部　美国市政法人［municipal corporation］在该自治体范围内行使的权力是"内部的权力"［intramural powers］，在其以外行使的权力则称为"外部的权力"［extramural powers］。

in transit　在运输中；途中　指自将货物交付给承运人起至承运人向收货人或收货代理人交付该项货物的全部期间。该术语不仅指将货物运至目的地，还包括在目的地依据运输合同由承运人将货物进行交付。

in transitu　〈拉〉在途中；在（人或地之间）传送中；运输途中

intra parietes　〈拉〉墙与墙之间；朋友之间；法庭之外；无诉讼

intra praesidia　〈拉〉在防卫或保护的范围内　依照国际法，战时被交战国一方捕获的敌国船只及其货物以及其他被捕获的财产被带到捕获者的港口或被带到捕获者的防线内或完全被其监管以致无法将其救出，该被捕获物便称为在对方的防卫范围内。（▷infra praesidia）

intra quatuor maria　〈拉〉四海之内　指在英格兰。

intrastate a. 〈美〉在一州境内的；州内的

intrastate commerce　〈美〉州内商业　在确定某项交易是否属于州内商业时，应根据该项交易的实质而不是其形式。法院考虑的是实际情况并以已确立的商业做法为依据。

Intrationum　〈英〉《旧判例汇编》《判例汇编》［Books of Entries］系列中的一本。（▷Books of Entries）

intra-urban a. 在市内；市内的

intra vires　〈拉〉在权限内　如果某行为处于行为人的合法权力范围之内，则称该行为"在权限内"，反之则为越权［ultra vires］。

intrinsecum servitium　〈拉〉〈英格兰古法〉内部义务　指封臣对领主法庭所负有的一般性义务。

intrinsic a. 内在的；固有的；本质的

intrinsic danger　固有危险；内在的危险（▷inherent danger in work）

intrinsic evidence　内在证据　①在庭审中通过对证人的询问而获得的证据；②存在于书面文件中的证据。

intrinsic fraud　实质欺诈　指在审判中发生的，涉及争议

事项,并对其裁决发生影响的欺诈。此种欺诈可以是伪证、使用错误的或伪造的文件或对证据加以隐瞒或作虚伪的陈述。亦指导致文据无效的欺诈,如既不了解亦无法了解票据的性质及其基本条款者签发的票据,即使其持有人是正当的,法律上亦不得加以强制执行。

intrinsic service 对内义务 指封臣基于土地保有而对其直接领主[immediate lord]所负的义务。(⇨forinsecus)

intrinsic value 内在价值;实质的价值 事物真实的、本质的和固有的价值。此种价值不取决于事件、地方或人物,在任何地方对任何人均相同。

introduced evidence (庭审中)当事人提出的并已被法庭采纳的证据

introduction n.引言;导言 书面文件正文前说明文章的基本内容或详细阐述与主题相关的事实的部分。

intromission n.❶引言;导言 ❷进入;准许进入 ❸〈英〉介入 指本人的某项股票、货物或现金的交易由其代理人处理,代理人对本人负责。❹〈苏格兰〉(对他人财产的)僭越占有;(对他人财产的)处理权;遗产干预权

intronisation n.〈法〉(教会法)主教就职

intruder n.侵入者;闯入者 既无占有权、表面上亦无产权而进入土地者。在更严格的意义上,指被继承人死后,在继承人之前无法进入土地者。亦指无法律权利或表面拥有的权利而僭取官职并行使其职能者。

intrusion n.❶非法侵入(或占有)他人财产 ❷(普通法)侵占终身保有地产 指在终身保有地产的继承权被确定后、剩余财产权或未来所有权人进入前,进入该终身保有地。(⇨encroachment; trespass; abatement of freehold)

intrusione 〈拉〉非法侵入(⇨de intrusione)

intrust v.〈古〉委托;交托 指将某物交与他人信托管理或委托其照料、使用或处分该物。(= entrust)

in trust (财产)受托保管中;作为托管物的

intuitu 〈拉〉意图;打算(⇨eo intuitu)

intuitu matrimonii 〈拉〉打算结婚;考虑结婚

intuitu mortis 〈拉〉预期死亡;考虑到死亡

intuitus 〈拉〉考虑;看法;观点

in tuto 〈拉〉安全的

inundation n.泛滥;洪水

inure v.❶(法律等)生效;实施;使适应(于) ❷(财产法)使…获利;确定利益

inurement n.利益;有用物;有益物

inurement of title 利他权利;利他产权 如某共同承租人租赁某物时对另一共同承租人亦有利,该租赁权即为利他产权。

in utero matris 〈拉〉在母亲子宫内;未出生(⇨unborn child)

Inutilis labor et sine fructu non est effectus legis. 〈拉〉无用和无效果的劳动并非法律之目的。 法律不做任何无用和无效果的事。

in utroque jure 〈拉〉在两种法律中 指罗马法与教会法。

in vacation 在休庭期中(⇨vacation of court)

in vacuo 〈拉〉在空地;在空处;在空间

invade v.侵入;侵犯;侵袭

invadiare 〈拉〉〈古〉抵押土地

invadiatio 〈拉〉〈古〉抵押

invadiatus 〈拉〉〈古〉主债务人

invading a judge 攻击法官;侵犯法官

in vadio 被抵押;被质押;抵押着的;设立保证的

invalid n.['invəlid]病人 尤指无康复希望的。 a.[in'vælid]无效的;无法律约束力的;无法律效力的(⇨void; voidable)

invalidated a.失去法律效力的;无效的 火灾保单中通常有一项条款规定,保单中保险标的物抵押人的利益不因保险标的物所有人的任何行为而失去效力,即抵押权人的利益不因此而受损。

invalid carriage 病人专用车 指专为生理有缺陷及残疾的人设计和制造的机动车。根据英国1972年《道路交通法》[Road Traffic Act],此车重量不得超过5英担,可以是机动车。根据此法及1962年《车辆(消费税)法》[Vehicles (Excise) Act],这种车辆免缴消费税。其车速不得超过每小时20英里,并可于人行道上行驶,可不亮车灯,并可作为非机动车看待。

invalidity n.无效;无法律效力

invalid pension 因病弱或伤残领取的养老金、退职金;残疾抚恤金;(军人)伤残退役津贴

invasio 〈拉〉〈英〉侵犯;侵害 在1212年举行的关于侍君役保有和骑士役保有地的调查[Inquisition of Serjeanties and Knights Fees]中,某些请愿者[claimants]被冠以"冒犯王权"[invasiones super regem]。

invasion n.❶入侵;侵略 ❷侵害,侵犯(他人之权利)

invasiones 冒犯(⇨invasio)

invasion of corpus (principal) (信托)本金亏损 由本金产生的收入不足以支付信托文据规定的收益年金时,由本金部分填补造成的亏损。

invasion of privacy 侵犯隐私(权) 指不正当地利用他人人格或侵扰他人私人活动,在侵权法、有时在宪法上具有可诉性。侵权法中,侵犯隐私权的活动有四种类型:①为个人利益而盗用他人姓名或使用与之相似的姓名;②故意侵扰他人住宅安宁或私人事务;③公开披露他人的私人信息,尤其与某人公开性格相左的信息;④利用媒介使公众对某人形成误解。与普通人相比,公众人物的隐私权保护受到较多限制。(⇨privacy)

invasion of province of jury 侵犯陪审团职权 指法庭对陪审团职权范围内的某一事实问题作出裁决。亦指法庭试图控制陪审团或决定本应由陪审团作出裁断的事项。

invecta et illata 〈拉〉〈罗马法〉带入物;运入物 指承租人带到其承租房屋或土地的物品。出租人对这些物品享有默示抵押[tacit mortgage]权,以确保租金的偿付。

inveigle v.诱骗;引诱 通过虚伪的陈述、许诺或以其他欺骗手段,引诱、怂恿他人,把他人引入歧途,以使其从事某种错误的行为。

inveniendo 〈拉〉发现;发现物

Inveniens libellum famosum et non corrumpens punitur. 〈拉〉发现诽谤文字图画而不销毁者将受惩罚。

invent v.发明;创造 指通过独立的研究和实验,设计、发明和制造以前不知或不存在的事物。尤指机器、器械及各种可取得专利的发明。

invented consideration 虚构的对价 法庭提出的一种虚构对价,以避免合同因无对价而失效。

inventio 〈拉〉❶(罗马法)发现物 珠宝的发现者,或者有权取得财产的所有权,或者有权与珠宝发现地的土地所有人分享该珠宝的所有权。 ❷无主埋藏物(= treasure-trove)

invention n.发明 在专利法上,该词有两重含义,一是指创造新事物的行为或过程;二是指由该行为或过程而形成的创造物。就后者而言,各国专利法对之规定亦有所不同,如美国1952年《专利法》[Patent Act]规定,可以获

得专利的发明是指新颖而有用的制造方法、机器、制造品、物质的组成,或者对它们的新颖而有用的改进。通常,发明是发明人的一项思想,能在实践中解决技术领域的某个具体问题。实际上,确定发明的含义应与其可被授予专利性[patentability]相结合,即该技术方案是否符合专利法规定的要求,从而成为可授予专利的发明[patentable invention]。(⇨patent; improvement on invention; patentable invention)

inventiones 〈拉〉inventio 的复数

inventor *n.* 发明人

inventory *n.* ❶财产清单 遗嘱执行人、遗产管理人或破产受托人制作的标明各项财产及其估计的或实际价值的清单。 ❷存货 财务报表中反映企业的原材料、半成品和成品的价值的那部分。存货估价通常有先进先出法和后进先出法两种方法。根据美国《统一商法典》[U.C.C.]第9-109条,存货指为了出售、租赁或根据服务合同而持有的货物,以及原材料、半成品和业务活动中使用或消耗的材料。(⇨FIFO; LIFO)

inventory goods 存货;库存(⇨inventory)

inventory search 财产清查 不是一个独立的法律概念,而是在逮捕被清查人之后、监禁之前可能采取的行政步骤。在美国,法庭决定清查是否合理时,则权衡进行财产清查对宪法第四修正案所赋予公民的利益的侵犯与对政府合法利益的促进二者之间关系以作出判断。

in ventre sa mere 〈法〉在母亲子宫中;未出生的 法律法语,常用于讨论未出生的胎儿的权益。又写作 en ventre sa mere。

inventus 〈拉〉被发现的;被寻获的

In veram quantitatem fidejussor teneatur, nisi pro certa quantitate accessit. 〈拉〉保证人应就契约之全部负其责任;但保证人仅就一部分为保证者除外。

In verbis, non verba, sed res et ratio, quaerenda est. 〈拉〉在解释词句时,不能仅仅探究词语,还应对事物本身以及词语的内在含义进行探究。

inveritare *v.* 证明;证实

inverse condemnation ❶逆向征用 国家征用土地而使邻近地块价值大减,该地块虽未被正式征用而应推定为已征用,其所有人有权要求政府合理补偿。 ❷反征用(诉讼) 财产所有人对政府或拥有征用权的私人实体提起的,目的在于获取对被征用土地的公正补偿的诉讼。是专门提供给财产所有人的救济手段,可在征用人无意提起征用权程序时使用。例如邻近新建机场或高速公路的土地用途及价值猛降时,该土地所有人就可提起反征用诉讼。

inverse order of alienation doctrine 让渡顺序相反原则 根据该原则,抵押者或者其他留置权人,在已设定留置权的土地被先后分块转让时,得以出让人或原始所有人剩余的土地满足其留置权;如其剩余的土地尚不能满足其留置权,得按照与转让相反的顺序对设定留置权的各块土地行使留置权。

invest *v.* ❶投资;投入(资金) ❷赋予占有封地的权利 通过向领主宣誓效忠而得以占有土地。(⇨investment)

invested captial 已投入的资本;投资资本

investigate *v.* 调查;侦查;查问 指系统地查究某一事项,尤指将某一嫌疑人列为刑事侦查的对象以查明犯罪事实的活动。

Investigation Bureau (= Bureau of Investigation)

investigatory interrogation 〈美〉调查性讯问 指警察在尚未达到指控阶段的调查程序中对未被拘禁或未被剥夺任何行动自由的人进行的常规性讯问。因此,它不受米兰达规则[Miranda Rule]的限制。(⇨interrogation; Miranda rule)

investigatory powers of Congress 〈美〉国会调查权 是美国国会影响最大但也是争议最多的权力之一。国会运用委员会制度可以为与引起全国关注的严重问题有关的证词和对事实或相关材料的看法提供展示的机会。一些委员会可以传唤行政官员对范围涉及从对外政策到国内犯罪或战争这些问题秘密或公开作证。美国最高法院因顾忌美国政府三个机关之间的权力分立体制,一直不愿意对国会调查权进行控制。

investigatory stop 〈美〉调查性拦截 指在拍身搜查武器[frisk]或进行预备性询问时所作的暂时的、非侵扰性[nonintrusive]的扣留,被认为足以会引起是否侵犯联邦宪法第四条修正案所保护的权利的问题。但由于此种侵扰并不严重,所以在实施此种拦截时,仅要求拦截警察根据明确的事实足以合理怀疑被拦截人实施了或正在实施某项犯罪。

investitive fact 赋予权利的事实 指其存在能够使人得到特定权利的事实,如违约或侵权的事实使受害人得到损害赔偿请求权。

investiture *n.* ❶引见就职;就职仪式 指正式就职时举行的仪式性引见活动。 ❷(采邑法)公开转移占有;授封仪式 指领主将土地占有公开移交[public delivery of seisin or legal possession]给其封臣的行为或仪式,包括向封臣交付某些象征性物品,如土块、木棍等。这种公开转移占有的方式在文字未普及前是获得占有[seisin]的要件之一。起初继承人亦需此仪式,但其后来为更简单的进入[entry]土地所取代。另外授封仪式与效忠不同,前者与财产方面有关,是权利的转让,后者则与人身关联,意味着建立了一种约束关系,且后者一般先于前者而发生。 ❸(教会法)授职仪式 大主教确认经选举产生的主教时举行的仪式。中世纪对这种授职权曾有争论,在英国于亨利一世时达成妥协:由教皇向教士授予代表教会管辖权的权标与戒指[baculum et annulum; ring and crosier],臣服礼和效忠礼[homage and fealty]则作为俗权向国王作出。

investment *n.* ❶投资;投资资本;投资金额 指投入货币或其他财产以从其使用中获取收益;如以从其使用中获得利润为目的而贷出资金,购买具有或多或少长期性质的证券,或将金钱或其他财产投放于工商企业或房地产等,以期在将来获得收益。以诈骗为目的引诱他人投资构成犯罪。(⇨investment contract) ❷授权(仪式);授职(仪式);授勋(仪式) ❸授予封地占有权(⇨investiture)

investment advisor 〈美〉投资顾问 以营利为目的直接向他人或通过出版物或其他文字形式就证券价值或投资、买卖某种证券的合理性提供咨询意见的人。亦指为营利,以发表或公布关于证券的分析或报告作为其通常业务的人。

Investment Advisors Act 〈美〉《投资顾问法》 对投资顾问进行管理的联邦法律。目的在于保护公众和投资者免受投资顾问失职行为的危害。该法由证券交易委员会[Securities and Exchange Commission]执行并要求所有的投资顾问必须在该委员会注册。

investment allowances 投资税减免;投资补贴 为鼓励进行资本投资,对符合规定条件的折旧资产在计算应税所得时给予一定的扣除,以达到减税或免税的优惠效果。

(⇨obsolescence)

investment banker （由投资银行组成的）证券包销商　系承销新发行证券的金融机构,协助公司获得新的资金。证券包销商是发行新证券的公司与公众之间的中间人或经纪人。通常的作法是,由一个或数个证券包销商承购一公司新发行的全部股票或债券。这些证券包销商组成一个辛迪加向个人或机构出售其所承购的证券。此后,这些证券将在证券交易所或场外交易市场进行交易。

investment banking 证券包销(⇨investment banker)

investment bill 投资汇票　系汇票的一种类型,作为一种投资形式,以贴现方式买入该类汇票,至到期日予以兑付,所得贴现额即构成投资利润。

investment bonds 投资债券

investment broker （证券）投资经纪人　经政府登记许可代理公众进行证券买卖的个人或公司。

investment company 投资公司　专门从事投资、再投资及买卖证券业务的公司。这种公司通过发行股票和债券,将小额投资人的资金汇集起来按规定的目标进行再投资,从而为投资人提供更多的投资多样性、流动性和专业管理服务。它与控股公司[holding company]不同,后者寻求对被投资企业进行控制,而投资公司只为自己营利进行投资而且其所从事的投资通常也是多样化的。投资公司通常有两种:①开放型[open-end],如常见的互助基金[mutual fund],上市,股份数额不固定,可以根据需求随时向投资人出售新股份或回购旧股;②封闭型[closed-end],亦称作投资信托公司。这种投资公司的股份是固定的,股票上市交易。(⇨mutual fund)

Investment Company Act 〈美〉《投资公司法》　1940年美国国会通过的管理和规范投资公司的一项联邦法律。该法规定了互助基金及其它类型的投资公司在相关领域内进行业务经营应遵循的标准。根据该法,证券交易委员会负责投资公司的注册与管理。

investment contract 投资合同　指一人将其资金投资于联合投资企业[common enterprise],并希望仅仅依靠发起人或第三人的努力获取利润的合同;亦即希望通过资金运用而获利的资金贷出合同。联邦证券法所指的投资合同包括下列三个要素:①货币投资;②投资于联合投资企业[common enterprise];及③期望仅通过他人的努力来获利。(⇨common enterprise)

investment credit (= investment tax credit)

investment grade bonds 投资级债券　在权威的债券评级机构对发行人的信用评级中被评为高级、适合谨慎投资者投资的债券。在美国,被标准普尔[Standard & Poor]公司评为BBB级以上和被穆迪投资服务公司[Moody's Investor Service]评为BAA级以上者属投资级债券。(⇨credit rating)

investment income 投资收入;投资收益

investment indebtedness 投资债务　纳税人因从事可产生证券收益的资产的投资而发生的债务。在计算应税所得时,与此项债务相关而发生的利息扣除额受到一定的限制。

investment property 投资财产　以获取利润为目的而购置的任何财产。利润可以来自收益或转卖。

investment scheme 投资方案;投资计划

investment security 〈美〉投资证券　作为一种投资手段,以记名或不记名方式发行的,并能证明对发行人的财产或企业拥有一定份额或其他利益的文据。

investment tax credit 投资税减免;投资税抵免　为鼓励以实物资本和设备进行投资,允许将购买此类投资资产的价款的一定比例直接从应纳税额中扣除,而不是从应纳税所得中扣除,从而减少了纳税人的应纳税额,构成一种税收优惠。

investment trust 投资信托公司　发行本公司的股票以筹集资金,然后将其投资于其它公司发行的股票或债券、不动产及其它投资项目,以所得收益作为股息或红利向其股东进行分配。(⇨investment company; mutual fund; real (-)estate investment trust)

investment value 投资价值　作为投资的某种股票的实际价值,不同于账面价值,是按财产收益资本化计算出的价值。

invidiam 〈拉〉有偏见(⇨in invidiam)

invidious discrimination 〈美〉惹人反感的歧视　有区别地待人如果是专断的、失去理性的并且不是为了合法的目的就构成触犯宪法第十四条修正案的"惹人反感的"歧视。

in vinculis 〈拉〉❶受约束;被胁迫;受到不正当的压力 ❷被拘禁

inviolability n. 不可侵犯性;不可违背性;免受侵犯;免受袭击

inviolable a. 神圣的;不可侵犯的;不可违背的

inviolate a. 未受实质性损害的;未被侵犯的;完整无缺的

in viridi observantia 〈拉〉（生动地）出现在人们的头脑中;出现在脑海中

in vita 〈拉〉生存的;活着的

invitation n. 邀请　在关于过失的法律中,指某人请求或鼓动他人进入、通过、使用或停留于其土地或建筑物的行为,或者该人设置其土地或建筑物或其出入通道的方式使他人有理由相信该人期待或意图让他人进入或通过该土地、建筑物或其通道。邀请可以是明示的,也可以是默示的。(⇨attractive nuisance doctrine; invitee)

invitation for bids 招标

invitation to bid 招标　要求他人投标承包某项工程所做的广告。

invited error 诱发的错误　这是上诉的一项重要原则,被告请求法庭做出事实上是错误的裁定,法庭作出该裁定后,被告不得以法庭的行为或其结果错误为由提起上诉,从而使被告不能因此而得益。

invited visitor 受邀者(⇨invitee)

invitee n. 受邀者;被邀请者　下述情形为受邀进入他人土地:①受明示或默示邀请而进入;②进入与所有者的营业相关或与所有者的活动或其允许的活动相关;③进入者与土地所有者之间存在共同利益,即进入对进入者及所有者双方或所有者一方有利。

invito 〈拉〉不愿意的;不情愿的;未经同意的(⇨ab invito)

Invito beneficium non datur. 〈拉〉利益不应赋予不愿接受该利益的人。或:不得强迫任何人接受利益;利益不得强使人接受。

invito debitore 〈拉〉违背债务人意愿的;未经债务人同意的

invito domino 〈拉〉未经所有权人同意的;未经主人同意的　被盗财物必须是未经所有权人同意而被取走,这是盗窃罪的实质要件。

invitum 〈拉〉不愿意的;未经同意的(⇨in invitum)

invitus 〈拉〉不愿意的;违背意志的;未经许可的

in vivo vadio 〈拉〉（地产权）质押(⇨estate in vivo vadio)

In vocibus videndum non a quo sed ad quid sumatur.

〈拉〉对于谈话,应注重的不是它从何而来,而是它导致的结果。

invoice *n.* 发票;发货票;发货清单 由商品销售者或劳务提供者向购买人开具的载明所售商品或所提供劳务的种类、数量、金额等事项的书面凭证。
v. 开发票;开发票给某人;把⋯列入发货清单

invoice book 发票簿 载录发票副本的簿册。

invoice discounting 发票贴现 将账面负债,如应收款等转让给金融公司的商业惯例。金融公司根据借方提供的担保,向借方垫付记载负债之发票的票面价值总额的部分款额。借方应及时收账并向金融公司偿还。金融公司按贴现风险大小收取佣金。借方对无法收回的呆账负责。(⇨factoring)

invoice price 发票价格 发票上所列某项商品的价格。货运合同中常有条款规定,货物在运输途中灭失时,承运人的责任限于货物装运时的发票价格。如实际上未开具发票,则货运合同中的"发票价格"应被合理地解释为货物已装或待装备运时的实际价格。(⇨invoice purchase price)

invoice purchase price 发票购买价格 在大宗货物买卖合同中具体交易价格不明确的情况下,依据卖方为履行交货义务预先购入某批货物使之划归本合同项下,并在实际付款时该批货物的估价来确定的履约价格,相对于履约时的市价。

involuntary *a.* ❶非自愿的;不由自主的;不受意志控制的 ❷非故意的;无意的;偶然的 非自愿行为[involuntary act]是指被强迫或怀反感而为的行为;在胁迫之下或在暴力威胁之下或被强制而为的行为是非自愿行为。(⇨coercion;duress)

involuntary adjudication 非自愿(破产)宣告 指法庭不是因债务人主动申请而依法宣告债务人破产。

involuntary admission 非自愿供认 指被控犯罪的人由于怀有减免罪责的希望或由于恐惧或对自己的不幸处境的顾虑而作的自认有罪的陈述。(⇨admission;involuntary confession)

involuntary alienation 非自愿的财产转让 指财产所有人因该财产被扣押、征收、或因欠税或欠债未还被拍卖或因破产而丧失其对该财产的利益。

involuntary assent 非自愿同意 指通过暴力、胁迫或不正当影响而获得的同意。

involuntary assignment 强制转让财产;非出让人自愿所作的转让 指权利不是由出让人自己进行转让,而是按法律规定转移给受让人。如死者所遗权利动产[chose in action]在死者死亡后依法当然转移给遗嘱执行人或遗产管理人;又如破产人的权利动产依法当然转移给破产管理人。

involuntary assignment for benefit of creditors 为债权人利益强制转让财产 指负债超过资产的债务人将其财产优先转让给债权人中的一人或数人或将其财产作欺骗性的转让时,其财产得不经该债务人同意依法当然转移给全体债权人。

involuntary association 非任意加入的社团 这种社团——如律师协会那样的专业人士的社团——不仅赋予其成员某种社会地位,还赋予其成员某种有价值的权利。(⇨integrated bar)

involuntary bailee 非自愿寄托的受寄托人 (⇨involuntary bailment)

involuntary bailment 非自愿寄托 指所有人非因过失而无意中使其动产被他人占有时产生的财产寄托,即未经所有人同意而无意中将物品置于其占有。例如,寄住者遗忘物品于住处;被洪水冲至某人土地并搁于其上的物品等。(⇨constructive bailment)

involuntary bankruptcy proceeding 强制破产程序 指不经债务人同意、由债权人向破产法院提出要求宣告债务人破产的程序。(⇨involuntary adjudication)

involuntary confession 非自愿供认;非自愿作出的认罪陈述 指供认并非出自行为人的自由选择,而是在其受到强制、威胁、许诺或其它不当影响下作出的。在英美法上非自愿的供认不得作为对被告人不利的证据被采纳,其根据在于这种供认往往是不可靠的,且人们反对强迫被告人作有罪供述。

involuntary consent 非自愿同意(⇨involuntary assent)

involuntary conversion 财产受侵害;财产非因所有人意志而被转换 指财产因被盗、偶然事件或被依法征用而丧失或被毁坏。

involuntary conveyance 非自愿的财产转让(⇨involuntary alienation)

involuntary deposit 非自愿寄托(⇨involuntary bailment)

involuntary deviation 非自愿绕航 指船只不在计划中且由于离港时未必能预见到的原因而偏离其航线。

involuntary discontinuance 强制终止诉讼 指法庭因当事人答辩的错误、技术上的疏漏等影响诉讼程序顺利进行的情形而终止诉讼。

involuntary dismissal 强制驳回诉讼 法庭因原告不维持其起诉而将诉讼驳回;或在原告举证后,被告以原告的证据未能表明应给予其救济为由提出申请,法庭依被告的申请而将诉讼驳回。(⇨voluntary dismissal)

involuntary exposure 不由自主地处于险境 指仅仅是由于粗心大意无意地使自己面临已知的危险,或由于自己有意的行为而使自己面临未知的危险。

involuntary indebtedness 〈美〉非自愿负债 指在履行州法所规定的义务过程中所负担的债务。亦指县依法举行特殊选举而负担的债务。

involuntary insolvency 强制破产 指按照法律对被指控无力偿债的人提起的破产程序。(⇨involuntary bankruptcy proceeding)

involuntary intoxication 被动醉酒 指因未能行使自己独立的判断力和意志而服用致醉物品以致醉酒。例如在治疗疾病过程中服用医生处方所开的药物而醉酒,又如因受他人欺骗误服致醉物品而醉酒。

involuntary lien 不以当事人意思而设立的留置权;法定留置权 指无须所有人同意即在财产上设定的留置权,如税务扣押权、判决留置权等;与必须经所有人同意才能设定的抵押留置权不同。(⇨lien; tax lien; judgment lien; mortgage lien)

involuntary losses 非自愿损失 指不是自己有意或主动造成的资金损失。

involuntary manslaughter 过失杀人罪 非预谋杀人罪[manslaughter]的一种类型,与非预谋故意杀人罪[voluntary manslaughter]相对。指没有杀人或重伤的故意但出于犯罪性疏忽[criminal negligence]或在实行不包括在重罪-谋杀规则[felony-murder rule]之内的重罪的过程中造成他人死亡的行为。

involuntary nonsuit 强制终结诉讼;非自愿终结诉讼 一般指由于原告经传唤不于审讯时出庭,原告无充分之起诉理由等而被法庭驳回诉讼。与其相对的是"因原告自

动放弃诉讼而终结诉讼"[voluntary nonsuit]。(⇨non(-)suit)

involuntary payment 非自愿付款 因不利情势的存在致使付款人违背其意志进行的付款。如因受欺诈、压制、勒索付款，或为避免遭受暴力胁迫而付款，或为使被扣留的人员或财产获释而付款。

involuntary peonage 强制劳役(⇨peonage)

involuntary petition 强制性宣告破产的申请 指不是由被告本人向破产法院提出的、旨在获得宣告被告破产的判决的申请。

involuntary plea of guilty 非自愿的认罪答辩 指在受到引诱或诱导的情况下所作的自认有罪的答辩，而这种引诱或诱导可以使无罪的人供认有罪。

involuntary self-destruction 非自愿自杀 指没有自杀的意图而因疏忽或过失做了一些当然或极可能使本人死亡的事而且事实上本人亦因之而死亡。非自愿自杀案件中死亡者本人对其死亡负有直接的法律上或道德上的责任。但在人寿保单中"非自愿自杀"这一用语不包括被保险人没有自杀的意图或过失而其行为促使其生命缩短或终止的情况。

involuntary separation of jury 非自愿脱离陪审团 指陪审员接受案件后，因暴风雪、火灾等不可抗拒的原因离开陪审团。

involuntary servitude 强制劳役；违反本人意志的劳役 指违反本人的意志，因武力、强制或监禁而被迫作的劳动，不问有偿与否。除因犯罪被判刑外，一切强制劳役，包括因未能偿付债务而被迫劳动，均为法律(如美国宪法第十三条修正案)所禁止。

involuntary transfer 非自愿的财产转让 (⇨involuntary alienation)

involuntary trust 非自愿信托 由于法律赋予某些交易以类似于信托的效果而产生的一种默示的信托。如代理人违反忠实义务，在本应为本人利益购买某物时却以自己的名义购买，此时即构成推定信托[constructive trust]；又如甲出资о乙购买某物，言明该物虽系以乙的名义购得，但应归甲所有，此时构成归复信托[resulting trust]。(⇨constructive trust; resulting trust)

in witherman 为了报复；作为报复

in witness whereof 为证明此事 这是契据结尾条款开始时的正式用语，说明在该契据结尾部签名的人系该契据的证明人，亦即签立该契据的人。"In witness whereof the said parties have hereunto set their hands"的意思就是"为证明此事，该当事人等于此亲笔签名"。

IOLTA (= Interests on Lawyers' Trust Accounts)

iota n. ❶极少量；些微 ❷希腊语的最小字母

IOU n. 借据 系"我欠你"[I owe you]的缩写，借据即由IOU、金钱数额及债务人签名三部分构成。

I promise to pay. 我承诺付款。 本票中表示出票人义务的文句。

Ipsae leges cupiunt ut jure regantur. 〈拉〉法律本身要求其应受正义主宰。

Ipsa utilitas justi prope mater et aequi. 〈拉〉实用几乎是正义与公正之母。

ipse 〈拉〉(他)自己；(他)本人

ipse dixit 〈拉〉他自己说 意即"根据他本人的陈述"。

ipsis faucibus 〈拉〉入口处(⇨in ipsis faucibus)

ipsissima verba 〈拉〉同一的语词

ipsissimis verbis 〈拉〉正是以该字句

ipsius patris bene placito 〈拉〉由于其父的恩惠；凭借他父亲的恩惠

ipso 〈拉〉自己；自身；由自己

ipso articulo temporis 〈拉〉特定时刻(⇨in ipso articulo temporis)

ipso facto 〈拉〉❶根据事实本身；根据某项行为或事实的自身效力 ❷开除教籍 教会法院的一种处罚，依法审判后适用于各种罪行。

ipso facto et ipso jure 〈拉〉根据事实及法律本身

ipso jure 〈拉〉根据法律本身；根据法律的自身效力

ipsum matrimonium 〈拉〉婚姻本身

I.Q. (= intelligence quotient)

i.q. 〈拉〉与…相同 idem quod 的缩写。

I.R.A. (= Individual Retirement Account; Individual Retirement Act)

Ira furor brevis est. 〈拉〉愤怒是短暂的精神错乱。

ira motus 〈拉〉因愤怒或强烈情感而激动

IRAN (= Individual Retirement Annuity)

irato 〈拉〉愤怒(⇨ab irato)

IRB (= Individual Retirement Bond)

I.R.C. (= Internal Revenue Code)

I.R.D. (= income in respect of decedent)

ire ad largum 〈拉〉逃跑；处于自由状态；不受监禁

Irish corporation 爱尔兰的公司 指在爱尔兰注册的公司，这样的公司在英国被认为是外国公司。

Irish Free State 爱尔兰自由邦(⇨Act of Union)

Irish gavelkind 爱尔兰土地重分配 这是一种土地保有制度。土地所有人死后，其所在区域内的所有土地，包括死者的土地，均重新分配。

Irish Land Acts 《爱尔兰土地法》 指英联合王国议会的一系列法令，旨在赋予爱尔兰佃农对土地的控制权，进而限制并最终完全结束领主的土地所有权。1870年《格拉德斯通法》[Gladstone's Act]给佃农以改良土地的补偿。1881年法保证了租赁关系的稳定和地租的公平以及租赁权益出让的自由。1885年至1903年间，一系列土地买卖法为佃农购买其自己的土地提供资金。结果，爱尔兰的许多地区由佃农耕作制转向了农民所有制。

Irish law 爱尔兰法 爱尔兰最早的居住者是皮克特人[Picts]。青铜时代[Bronze Age]为凯尔特人[Celts]征服，施行布里亨法[Brehon Laws]，后又遭到北欧人的入侵，12世纪又为征服英格兰的诺曼人所征服，普通法也随之传入爱尔兰。此后，爱尔兰在英格兰派来的摄政官[justiciar]主持下组成政府，设立了自己的议会。虽然英格兰和爱尔兰之间一直存在着控制与反控制的斗争，但直到18世纪，普通法仍是爱尔兰重要的法律制度。独立之后的爱尔兰，其法律仍受到英国法的强烈影响。另外爱尔兰法几乎没受到罗马法的影响。

Irish system 爱尔兰制 19世纪50年代沃尔特·克罗夫顿[Walter Crofton]爵士建立的一种刑罚制度。该制度强调以矫正和劳动为改造手段，由三阶段组成：单独监禁、集体劳动、在狱外最低限度地监管。在监禁期间罪犯的行为须有连续的良好的表现方得出狱接受狱外监管；如有必要，可将罪犯重新监禁。

IRO (= International Refugee Organization)

iron ordeal 烙铁裁判 这是古代神明裁判的一种形式，它要求被告人手拿烧红的烙铁走九步，然后取下用布绑好，三天之后揭开看伤口是否愈合。若烙印清洁平滑则无罪，若伤口处有不洁之物、未愈合则被视为有罪。(⇨ordeal)

iron-safe clause 铁制保险箱条款 就库存货物、商品投保火灾险时,在火灾保险单中的一个条款,要求被保险人将其账簿和存货盘存报表等保存在铁制或其它防火的保险箱内,或者其它安全地方,使其免遭火灾的破坏,并应保险人的要求随时将其出示。如果保险人或其雇员因故意或过失而未履行上述义务,则账簿或其它记录的损失责任由被保险人自负,保险单将导致无效。

irrebuttable presumption 不可反驳的推定(⇨conclusive presumption)

irreconcilable differences 〈美〉无法和解的意见不合 美国一些州的离婚法规定,无法和解的意见不合是解除婚姻关系的理由,不问婚姻当事人是否有过错。

irrecusable *a.* 无法反对的;无法拒绝的;不能逃避的;必须接受的 此词作为法律用语常与 obligation 连用。所谓 irrecusable obligation(不可拒绝的义务;必须接受的义务)是指法律所承认的、不需本人同意,即不论本人有何行为都可强加于本人的义务;例如无合法理由不得殴打他人的义务便是 irrecusable obligation。与此相反,recusable obligation(必须本人自愿才接受的义务)是指基于本人的自愿而承担的义务;如购买某物品而承担的支付货款的义务。

irredeemable *a.* ❶不能赎回的;不能买回的 ❷不能提前清偿的;不能变现的 ❸无法补救的

irredeemable ground rent 不可回赎的地租 指不随土地转移而为土地出让人及其继承人保留的地租。此种地租不从属于土地所有权,但它亦被认为是不动产并与所有权一样可以继承、遗赠和转让。

irregular *a.* ❶不符合已确立的法律、方法或习惯做法的;不合自然法规、道德规范或已确立的原则的 ❷不规则的;不正常的;不合常规的

irregular deposit 不定期存款;活期存款 为安全起见将金钱存储于银行,储蓄银行不负返还原来存放的特定货币的义务,而只负向存款人返还相同数额的金钱的义务。

irregular heirs 非正规继承人 指在没有遗嘱继承人或法定继承人的情况下,根据法律规定取得死者土地的人。

irregular indorsement 非正规背书 一种非以转让票据为目的所作的背书,即在事实上或形式上都非票据权利关系人所作之背书,或在票据交付给受款人之前所作的背书。这种背书的目的通常在于将背书人的信誉加诸于票据之上。

irregular indorser 非正规背书的背书人(⇨irregular indorsement)

irregularity *n.* ❶违规行为 指诉讼进行中未按诉讼程序的常规行事,包括未在适当的时间进行某种行为及以不适当的方式进行某种行为。不同于"非法行为"[illegality]。(⇨illegality) ❷(教会法)对某人就任圣职的任何妨害

irregular judgment 违规判决 指未按法律规定的诉讼程序规则或方式作出的判决,如未进行某种诉讼程序所必要的行为,或未在合理的时间内以适当的方式进行该行为等。违规判决应予撤销或推翻,但在撤销或推翻之前仍然有效。

irregular marriage 〈苏格兰〉非正式婚姻;事实上的婚姻 指未经正式手续或仪式而形成的婚姻关系。此种婚姻现在仅须当事人像夫妻那样同居并被公认为是夫妻即为有效;以前也可以通过双方同意作为夫妻或双方承诺结婚并因此发生性关系而成为有效婚姻。

irregular process 不合法律规定的令状;有瑕疵的令状 该词有时用于指绝对无效的令状,而不仅指有错误并且可撤销的令状。但是通常它指未严格依照法律规定发出的令状,而不论是令状的表面有瑕疵,还是参考别的事实认定其有瑕疵,也不论该瑕疵会导致令状绝对无效还是仅使其成为可撤销的。

irregular water course 不规则河道;不规则水道(⇨intermittent watercourse)

irrelevancy *n.* 无关联性;缺乏相关性 当事人在诉答或者举证中提出的事实、情况或证据和当事人之间的实质争议点的逻辑联系是那样的遥远与间接,以至于对案件的判决是无关紧要的。对诉状中不具有相关性的事项可依当事人的申请予以驳回。

irrelevant allegation 不相关的主张 指与诉讼双方当事人间的争议无实质性联系,同时对法院裁决不能发生影响的主张。判断当事人的主张是否与争议有实质性联系的标准是看它能否构成当事人提起诉讼的理由或答辩理由。

irrelevant answer 不相关的答辩 指与争议无实质性联系的答辩。不同于恶意虚假答辩[sham answer]。

irrelevant evidence 不相关的证据 指与争议事项无关、不能对待证事实起证明作用——即不能证明该事实存在或不存在——的证据。在庭审中这种证据通常遭到反对或禁止。

irremovability *n.* 〈英〉不得迁徙 指贫民不得从其接受救济的堂区或教区间联合济贫院移出,即使其未在该堂区或教区间联合济贫院取得合法居留权;因此在一个堂区居住满一年的贫民不得迁出。有关的贫民法现已被废除。

irreparable damages 无法弥补的损害;难以用金钱补救的损害 在有关禁制令的法律中,指那些难以用金钱衡量的,也就是说,在法律上不易确定的损害;在有关公害的案件中指那些反复的、持续的损害或那些只能凭推测来估计而无法根据准确的标准来衡量的损害。(⇨irreparable injury)

irreparable harm (= irreparable injury)

irreparable injury 无法弥补的损害;难以用金钱补救的损害 这是适用有关禁制令的法律时所用的术语。由于此类损害难以用金钱来衡量,以致受损害人诉诸法庭采用通常的诉讼程序不能取得公平合理的救济。此种情形下,只有采取禁制令的救济方式,被损害人才能获得迅速和完全的法律救济。

irrepleviable *a.* (财产)不能具保取回的 指在返还原物之诉[replevin]中不能具保领回的财物。

irreplevisable (= irrepleviable)

irresistible force 不可抗力 指当事人等无法抗拒、克服或控制的力量。广义指任何不可抗拒的力量;狭义仅指不可抗拒的人为的力量,如暴动、敌国军队的入侵等。(⇨act of God; force majeure; irresistible superhuman cause)

irresistible impulse 不可抗拒的冲动 在美国,用于以精神错乱为由的辩护中,指由于精神疾病已破坏了自由意志、自我控制力和行为选择力而造成的不能抗拒或不能抑制的从事非法或犯罪行为的冲动。在用于判断精神错乱时,不可抗拒的冲动标准比姆纳顿标准[M'Naghten test]要宽泛。依据前者,若能证明行为人不能抑制其行为,他可以免于承担刑事责任,即使他能辨认正确与错误并能完全认识行为的性质。现在在少数采用此标准的司法区已将其与姆纳顿规则[M'Naghten rules]合并。在英

国法中,如果行为人在不可抗拒的冲动下实施的行为属犯罪行为,例如杀人,行为人不得以精神失常为由免除法律责任,甚至该情形也不被视为是精神失常;因为要辨别精神疾病造成的不可抗拒的冲动和由于嫉妒、憎恨或复仇心理造成的不可抗拒的冲动是不可能的。

irresistible superhuman cause 不可抗力;不可抗拒的非人为力量 指常人无法阻止或抗拒的自然力量。(⇨force majeure; irresistible force)

irretrievable breakdown of marriage 无法挽救的婚姻关系破裂 作为双方均无过失的离婚理由,指双方不能或不愿作为夫妻共同生活并且无和好的可能性。某些地方的法院认为这是无过失离婚的唯一理由。

irretrievably insolvent 财力绝对无法清偿债务的(⇨hopelessly insolvent)

irreversible a.(判决、裁定等)不可改变的;不可撤销的

irrevocability n.不可撤回性;不可撤销性(⇨irrevocable; revocable)

irrevocable a.不可撤回的;不可撤销的;不得废除的;不得取消的 指不得由一方当事人任意撤销或废除。此词的通常意义是"永不得撤销、撤回或废除的",但如果这样解释过分苛求、有失公允时,法院得不这样解释。

irrevocable letter of credit 不可撤销信用证 信用证的一种,此种信用证一经开出即约束开证行,开证行的义务无须得到受益人对信用证的正式确认即成立。在该信用证的有效期内,未经受益人及有关当事人同意,开证行不得单方修改或撤销信用证。只要受益人提供的单据符合信用证条款的要求,开证行就必须履行付款义务。(⇨letter of credit; revocable letter of credit)

irrevocable offer 不可撤销的要约(⇨firm offer)

irrevocable trust 不可撤销的信托 指一经成立,未经受益人同意,不得变更或撤销的信托。

Irrigation Act 〈美〉《灌溉法》(⇨Reclamation Act)

irrigation company 〈美〉灌溉公司 指在美国一些州为建造和经营灌溉工程而依法设立的私营公司,其目的是获得对某些河流或其他水源的独占使用权,并通过沟渠或运河将水输送到需要农业用水的地区。灌溉公司的供水由公司各股东分配自行使用,或者由公司与消费者订立合同供给消费者使用,或者按一定价格提供给任何申请用水的人。

irrigation district 〈美〉灌溉区 美国有些州在有共同水源并使用同一灌溉系统的规定地区依法批准成立公法人[public corporation]或准市政法人[quasi-municipal corporation]。这些地区为建造灌溉系统有权购买或依法征用土地及河流湖泊并在地区内建造运河及其他工程项目。灌溉系统的供水由该地区的各土地所有人按比例分配使用。

irritancy 〈苏格兰〉权利废置 由于未遵守附属于某项权利的明示或默示条件而终止或取消该项权利,从而强制当事人遵守这些条件。如在5年内未付封建租金时取消租地权;又如按合同规定,在承租人破产时取消租赁关系。

irritant 〈苏格兰〉使无效的;使被废置的

irritant clause 〈苏格兰〉使文据无效的条款 契约或其他文据中规定若某一条件发生则文据即无效的条款。

irritus 〈拉〉无效的

irrogare 〈拉〉(大陆法)❶罚(款);处(刑) ❷制定(法律)

irrotulatio 〈拉〉登记;记录

I.R.S. (= Internal Revenue Service)

is cui cognoscitur 〈拉〉应缴付罚金的人

ish 〈苏格兰〉租约终止期

Islam n.❶伊斯兰教 ❷伊斯兰教信徒;穆斯林

Islamic law 伊斯兰法 又称穆罕默德法,是极具代表性的宗教法之一,不依人的公民身份、住所或居住国家,而依信仰伊斯兰教为实施准则。伊斯兰法是穆斯林神学理论的一个部分,仅适用于穆斯林,范围比任何世俗法律制度都广,最早源于穆罕默德在麦地那当法官时作出的判决,主要渊源有《古兰经》[Koran]、《圣训》[Sunna]、《依默书说(公议)》[Ijma]和《吉雅论(类比)》[Kiyas]等。伊斯兰法对穆斯林团体及社会生活产生了重大影响,在流传及实施过程中多与世俗法律并存。

island n.岛屿 根据1958年《领海及毗连区公约》的规定,指四面环水并在高潮时露出水面的自然形成的陆地,岛屿可以有自己的领海。1982年《联合国海洋法公约》规定,岛屿的领海、毗连区、专属经济区和大陆架应按照该公约中适用于其他陆地领土的规定加以确定;但不能维持人类居住或其本身的经济生活的岩礁,不应有专属经济区或大陆架。

Isle of Man 马恩岛 在爱尔兰海的不列颠岛屿,面积588平方公里。该岛在18世纪自封建领主手中购得,不属于联合王国领土,而属于英王室自治附属地。

isolated sale 单独出售 不负担默示适销担保的单独出售,即指此种出售在通常商业交易中是一次性的或至少极少发生。

isolated transaction 单独交易 单个的、非反复的亦非连续的交易。

is qui cognoscit 〈拉〉科罚金者;收取罚金的人

issei 〈日〉居美日侨

issint 因此;所以 以前用以引出既已提出特定事项作为答辩就等于否认的陈述。

issuable a.❶可签发的;能够发出的 ❷可作为争议提出来的;可引起争议的;与争议有关的;涉及实质问题且允许争议的 ❸可发行的;待发行的 ❹(某种结果)可能的

issuable defense 可争议的答辩;涉及实质性问题的答辩 普通法诉答中的一个专业用语,指就案件的实体问题[merits]提出合法的答辩理由[legal defense]的答辩,不同于妨诉答辩[plea in abatement]以及任何仅旨在拖延诉讼的答辩。

issuable facts 根本事实;涉及争执点的事实 相对于证据而言。

issuable plea (= issuable defense)

issuable terms 〈英〉争议(解决)期 指以前的春季开庭期[Hilary term]与三一节开庭期[Trinity term]。因为只有在此二开庭期巡回法庭才开庭解决法律争议,但根据1873 – 1875年《司法组织法》[Judicature Act],这种区分已被取消。(⇨Hilary term; Trinity term)

issue v.❶颁布(法律、法令);签发(令状、传票及诉讼中的各种命令) ❷发行(证券);签发(票据、信用证) ❸出生;传代 ❹生成孳息;收益
  n.❶(法律、法令的)颁布;(令状、传票及诉讼中各种命令的)签发 ❷(证券)发行;(票据、信用证)的签发 ❸争点;争执点;争议点 诉讼中双方当事人之间关于事实或法律的争议事项或问题。争执点可以从当事人的诉求和答辩中推断出来,当一方当事人肯定某一法律事项,而另一方当事人予以否定,且在以后的诉答中当事人未能有所补充时,当事人即成为争议双方[parties at issue],由此

引出的争议事项即成为争执点。争执点可以是法律上的,也可以是事实上的,但均须是单一的、确定的、实质性的。争执点实际上是双方当事人希望法院就法律上的问题,或法院、陪审团就事实上的问题作出裁决的有争议的事项或问题。❹子女;后嗣;后代 ①一般是指所有具有同一祖先的人,包括所有将来的后嗣。在可继承财产转让契据中,若无明确相反的说明,该词通常被解释为包括各种亲等的后嗣。在此意义上,不仅包括子女,而且包括所有亲等的其他后嗣。②当该词用于遗嘱中时,其范围须依据遗嘱人在遗嘱中的意思表示加以具体确定。因此,其范围可能仅限于子女,也可能依据遗嘱人明示的意思表示而包括在遗嘱人死亡时尚生存的其他后嗣。该词通常具有限定含义,有时被视为与"直系继承人"[heirs of the body]同义。简言之,该词的含义和范围极易引致争议,宜避免使用。在必须使用时,应符合语法规则。其经常引致的问题是,该词应被作为单数还是复数处理。(⇨issue at law; issue of fact)

issue at law 法律上的争点 基于申请或者法律抗辩[demurrer]产生的法律问题。(⇨issue of law)

issue begotten of her body 她生的后代 用于遗嘱中,但有时不必然指子女。

issue by marriage 婚生子女

issue devisavit vel non 基于遗嘱中的抵触之处提出的法律问题(⇨devisavit vel non)

issued stock 已发行的股票 指公司章程授权发行并已实际向认购者出售的股票,包括经回收的库存股票[treasury stock]。

issue in law (= issue at law)

issue joined 达成的争点(⇨joinder of issue)

issue legally begotten 合法所生子女

issue of fact 事实上的争点 指一方当事人在诉状中所主张但为他方所反驳、且必须通过法院的判决来解决的事实争议。事实上的争点可由于被告在答辩状中否认原告在起诉状中所主张的重要事实或原告在对被告答辩的答复[reply]中否认被告在答辩状中所主张的重要事实而产生;在刑事诉讼中,被告人作无罪答辩或辩称就同一行为曾被定罪或曾宣告无罪时,即产生事实上的争点。

issue of his body 他的后嗣

issue of law 法律上的争点 指与案件的法律适用相关的争议问题。在案件的证据确凿、不存在争议,且从证据只可能得出一个有关事实的结论时,可能产生法律上的争执点;根据当事人对起诉状、反诉状、答辩状或排除申请[motion to strike]所作的法律答辩[demurrer],也会产生法律上的争执点;在当事人申请法庭依简易程序作出判决时,必须证明本案中只存在法律上的争执点需要法庭裁决,即当事人之间对案件的重要事实不存在真正的争议。

issue of patent 专利权的授予 为提出专利申请的发明授予专利权证书,申请时需附以对发明的文字说明及图样、样品或模型。

issue of riens per descent 原告是否因继承取得土地的法律问题(⇨riens per descent)

issue preclusion (既决)争点阻却(再诉) 指同一争点经有管辖权的法院判决后,除非该判决被依法撤销,当事人或利害关系人不得在以后的诉讼中在同一法院或与存管辖权的其他法院就该争点再作争执,而不论前后两个诉讼在诉因、请求、目的或标的方面是否相同。

issuer n. ❶证券发行人 发行和销售证券的公司、政府机构及其他实体。根据《美国统一商法典》的规定,在涉及投资证券项下的义务或对该证券的抗辩时,发行人包括:①在证券上注明或授权注明其姓名,以证明该证券代表对其财产或某个企业的分享、参与或其他权益,或证明其为应履行证券义务的人,但鉴证人[authenticating trustee]、登记人[registrar]、转让代理人等除外;②直接或间接地在其权利或财产上设立由证券代表的按份共有权益的人;③处于上述发行人的地位或为其承担责任的人。❷信用证开证人 指开立信用证的银行或其他人。❸权利凭证签发人 签发权利凭证的货物保管人,但在交货指示尚未被接受时,指向货物占有人发出交货指示的人。签发人包括任何由其代理人或雇员签发权利凭证的人,只要其具有相应的真实授权或表见授权,即使签发人实际上并未收到货物,或对货物作了错误说明,或代理人或雇员以其他方式违反了签发人的指示。

issue roll 〈英〉诉讼争点卷宗 旧时诉讼中,在当事人提交了诉答书状后即要求将案件的争执点记录下来。如果案件是由陪审团审判的,只是先在案卷上记下诉讼开始[incipitur],开庭审理之后才记录争点的全部内容。此做法已于1834年被废除。

issues and profits 不动产收益;不动产孳息 指来自不动产的所有收益或孳息,不论其来源于地上还是地下。

issuing bonds 发行债券(⇨bond issue)

issuing execution 签发判决执行令(⇨issuing writ or process)

issuing insurance policy 签发保险单 此术语可作以下不同的解释:①保险公司职员在保险单上履行签名、盖章等必要手续,以使保险单生效;②送达或交付已完成签名、盖章等必要手续而生效的保险单;③保险单上载明的、作为保险单生效日期的特定日期。

issuing money 发行货币 政府将金属货币和纸币等投入流通的行为。

issuing negotiable instrument 签发可流通票据 将形式上完整的可流通票据第一次交付给某人持有的行为或过程。被交付给最初受款人的票据被认为是"已签发的"票据,而不是"已流通的"票据。

issuing stock 发行股票 授权发行、在股票上履行签字、盖章等必要手续以使之生效,以及将股票交付给认购者的全部过程。

issuing writ or process 签发令状或传票 指法院制作令状或传票,并在其上签字、盖印后,送交给行政司法官或其他适当的官员,由其送达给当事人或予以执行。

ita 〈拉〉因此;所以;如此。

Ita est. 〈拉〉它就是如此。 在现代大陆法中,这是继任公证人[notary]在做登录时,附加于前任公证人所作原始登记的一种证明性用语。

Ita lex scripta est. 〈拉〉法律是如此规定的。 法律必须被遵守,即使其适用显然过于严厉。我们必须严格遵守法律,而不必探究其原因。

ita quod 〈拉〉所以;因此;为使;以便

Ita semper fiat relatio ut valeat dispositio. 〈拉〉解释应有利于处分。

Ita te Deus adjuvet. 〈拉〉愿上帝助你。 英格兰的一种古老的宣誓形式,一般与其他词语连用,如"Ita te Deus adjuvet, et sacrosancta Dei Evangelia."(愿上帝及上帝的圣马太或马可、路加、约翰,如此助你);"Ita te Deus adjuvet et omnes sancti."(愿上帝及所有圣徒助你)。

Ita utere tuo ut alienum non laedas. 〈拉〉使用财产或行

使权利不应伤害邻人或妨碍其享受自己的财产或权利。常写作"Sic utere tuo"。

it being understood 以上(事实)已达成共识;以上(事实)已被认可 资格证明中的用语,相当于:如果以上事实存在且属实,则就以上事实当事人已达成共识。

item ad. 也;又;同样地 用于正式标明新段落或部分的开始。起初在账目中用以表明单独的一项。

n. ❶条;项;项目;条目;条款 ❷一条;一则;一项;一部分

itemize v. 逐条记载;逐项登录;分项列举 常用于税务会计。

itemized deductions 〈美〉分项扣减额 根据《国内税收法典》,交纳个人所得税时允许从个人收入总额中扣除的某些特定支出,如特定的医疗费用、房屋抵押贷款利息、慈善捐献等。其条件是个人纳税人不使用标准扣减额[standard deduction]且分项扣减总额大于标准扣减额。

item of gross income 总收入项目 计算所得税时任何影响总收入的项目或金额。

items of appropriation 拨款项目 载于拨款法案中的特定拨款项目。

iter 〈拉〉❶(罗马法)道路;通行地役权 通行地役是田野地役的一种,附属于地产。作为地役权的通行权包括三种:①步行地役权[iter],役权人享有步行、骑马、坐轿等通行的权利;②兽畜通行地役权[actus],役权人享有驱使家畜或小车等交通工具通行的权利;③车辆通行地役权[via],它是完全的通行权,包括步行或骑行、驱赶兽畜或车辆通行的权利。 ❷(英格兰古法)旅行;巡回 尤指巡回法官为审理案件而作的巡回旅行。 ❸(海事法)航线;航道

iteratio 〈拉〉(罗马法)重复 占用奴隶的主人[bonitary owner]可以解放奴隶,但必须经法律上的[quiritary owner]重复解放的手续方可使奴隶获得完全解放。

Iter Camerarii 〈拉〉(苏格兰古法)《地方官政务调查录》 这是关于内务大臣对地方行政官员[burgess]的活动进行行政和经济方面调查的法律文件。

Iter est jus eundi, ambulandi hominis; non etiam jumentum agendi vel vehiculum. 〈拉〉步行地役是步行通过之权,不包括驱赶负重牲畜或驾驶车辆通行之权。

itinera 〈拉〉巡回;巡回旅行 iter 的复数。

itinerant a. 巡回的;巡游的;流动的 以前适用于巡回法官。在一些国内制定法中也用以指人、推销人员等从一地行至另一地。

n. 巡回者;巡游者

itinerant dealer 摊贩;流动商人 在某地短期经营业务的商人而不论这一期限是否确定,例如一个星期或数个星期,乃至数月,亦或直至某一商品售完或所经营商品在当地已无市场。在此特定期间内,在某一建筑内或其他地点展销其商品。与沿街叫卖的商贩[peddler]不同的是其有相对固定的地点展销其商品。

itinerant domicil 临时住所 指住所变更时,在从旧住所到新住所的途中,到达新住所之前,其住所仍为旧住所。这种状态下的住所称为临时住所。

itinerant justices 〈英〉巡回法官 诺曼征服后不久,威廉一世开始向各地派出巡回特派员[commissioners]代表王室法庭[Curia Regis]处理当地的财政、法律诸事务,其管理权依每次出巡时发布的委任令而定。13、14 世纪时,委任状的内容和出巡时间均已固定下来。在各种委任状中,早期被废弃的是大巡回审[General Eyre]和特殊治安案件的调查委任令[Commission of Traibaston],其它如刑事提审委任令[commission of Gaol Delivery]、治安案件委任令[commission of the Peace]和普通民事案件委任令[commission of Assize]仍继续保持其重要性。巡回审判是英国司法体系的重要组成部分,尤其是其中发展出来的民事审判对普通法制度及统一司法体系的形成起了重要的作用。"itinerant"与"eyre"、"assize"的不同之处在于"itinerant"是一个总称,而后二者是内容不同的巡回审判。(⇨assize;eyre;commission)

itinerant merchant (= itinerant dealer)

itinerant peddling 沿街叫卖;行商 指沿街叫卖的商贩在穿街走巷时与其随机碰到的顾客就地进行交易。

itinerant physician 流动行医者;江湖医生 因无执业所需的固定场所而无权获得行医资格,但应病人的要求而行医者。

itinerant vender 流动摊贩 该词在立法中有不同的定义。例如,将该词定义为:包括所有从事临时的或短期的商业经营的商人及其代理人,这些人或在某一地点、或往来于各地从事上述商业经营,并且为此目的而暂时租赁、租借或占有某一建筑物以展销其商品。(⇨ hawker;peddler;itinerant dealer;itinerant merchant)

itinerant vendor (= itinerant vender)

itinere 〈拉〉旅行;航行;巡游(⇨durante itinere;in itinere)

it is lawful 它是合法的 制定法中用以表达许可的用语,尤指不影响第三人也不明显有益于第三人或公众的行为。

it is understood (= it being understood)

ITO (= International Trade Organization)

iudex 〈拉〉罗马审判官 亦作 judex。指罗马民事诉讼程序中主持第二阶段[iudicium]诉讼活动的人,但在罗马帝国后期,"审判官"一词则指一切享有审判权或行政权的官员。(⇨ iudicium)

iudicium 〈拉〉(罗马法)诉讼第二阶段 此词除用于其原义,即"诉讼第二阶段"外,也常用以指整个审判过程,或程式书状[fomula]或最后的审判行为即判决。

iura (复)(= ius)

iuridicus 〈拉〉(罗马法)裁判官 公元 163 年由马科斯·奥雷利乌斯[Marcus Aurelius]在意大利罗马之外的地区开始设立。其管辖权限于民事案件,并被局限在一个或几个行政区内。审判通过非常程序[cognitio extra ordinem]进行。该职位在戴克里先[Diocletian]时代消失。后来在《学说汇纂》[Digest]中用以指在埃及享有广泛管辖权的亚历山大最高裁判官。

iurisconsulti (= iurisprudentes)

iurisperiti (= iurisprudentes)

Iuris praecepta sunt haec: honeste vivere, alterum non laedere, suum cuique tribuere. 〈拉〉法律的格言是:体面地生活,不损害他人,做自己应做的事。 引自乌尔比安《法学阶梯》[Institutions]I, 1, 3。

iurisprudentes 〈拉〉(罗马法)法学家 法学家为个人、地方行政官和法官提供咨询,在诉状及程序方面帮助当事人诉讼,起草遗嘱或契据,也经常教导年轻人。法学家对法律的发展产生了重大影响。

iurisprudentia 〈拉〉(罗马法)法理学(= jurisprudentia)

ius 〈拉〉(罗马法)法律;权利(= jus)

ius ad rem 〈拉〉(罗马法)要求给付物的权利 指向债务人而不能向一般人要求给付某物的权利。

ius civile 〈拉〉(罗马法)市民法(= jus civile)

ius cogens 〈拉〉强行法；绝对法；强制法 这一概念起源于国内法，与任意法[ius dispositivum]相对。在国内法上，这一概念可追溯到罗马法。在罗马法《学说汇纂》中就有"私人的契约不能改变公法"的法律规则。在国际法上，对强行法规则的存在与否及其范围、标准等颇有争议。1969年《维也纳条约法公约》[Vienna Convention on the Law of Treaties]第53条规定："条约在缔结时与一般国际法强制规则抵触者无效。就适用本公约而言，一般国际法强制规则指国家之国际社会全体接受并公认为不许损抑且仅有以后具有同等性质之一般国际法规则始得更改之规则"。有的学者认为这一规定正式宣告了虽然尚未经国际习惯和条约确认其存在、但事实上早已存在的一个普遍性的一般法律原则。但是，该《公约》对于哪些国际法原则、规则是一般国际法强制规则未作出明确规定，也未规定具体可行的界定标准。就国际判例而言，尚无权威性的国际判决肯定国际法中有强行法规则存在。

ius disponendi 〈拉〉处分权；让渡权 此词与货物销售有关。即使出售方已经放弃对货物的占有，他仍可以保留对货物的处分权。

ius edicendi 〈拉〉〈罗马法〉告示权；公告权 某些高级法官就其管辖权范围内的事务发布公开的强制性布告的权力或者组织部分公务活动的权力。例如，监督官发布进行人口财产调查的布告；执政官发布召集元老院和平民会议的布告；市政官发布调节公共市场的布告等。其中以司法官行使此项权力最为重要。

ius gentium 〈拉〉万民法 该概念源于罗马法，原指调整罗马人与外国人及外国人之间关系的法律，与调整罗马人之间关系的市民法[ius civile]相对。自16、17世纪以来，欧洲的一些哲学家和法学家开始使用该概念表示调整国家关系的法律。特别是被誉为近代国际法奠基人的格老秀斯在其1625年出版的《战争与和平法》中使用"万民法"这一概念后，当时的国际法学者通常使用万民法来指国家间的法律，而不复是原来意义上的万民法。后来该概念被转译为英文"law of nations"，即万国法。18世纪末，英国哲学家和法学家边沁[Bentham]提出国际法[international law]这一概念后，国际法逐渐被广泛采用而成为表示调整国际关系的法律的通称，万民法、万国法作为国际法的旧称，已鲜为使用。

ius in personam 〈拉〉对人权 仅得向特定人主张的权利，如合同下的请求权。(= jus in personam)

ius in re (复)(= ius in rem)

ius in re aliena 〈拉〉他物权 对他人财产享有的权利，如地役权、担保物权和管理权。此项权利减损或限制财产权人对自己的财产享有的权利。

ius in rem 〈拉〉对世权；物权 物权是一个人对某物所享有的一般可以对抗任何他人的权利，如所有权。(= jus in rem)

ius in re propria 〈拉〉自物权 对自己所有的财产享有的权利，如使用、出售、消费或遗赠等。所有这些对财产标的行使的权利共同构成了所有人的所有权。(= jus in re propria)

iusiurandum 〈拉〉〈罗马法〉诉讼宣誓 根据罗马法，某些审判处在第一阶段[in iure]时，如果原告向被告提出一项誓约，而后者宣誓他不欠原告任何东西，则当事人的宣誓可使诉讼终止。被告亦可拒绝原告的誓约，此时原告必须宣誓其指控应誓，否则败诉。在特殊案件中要求诬告宣誓[iusiurandum calumniae]，即应一方要求，另一方必须起誓保证其请求或答辩是真诚的。优士丁尼要求辩护人也履行这一义务。在诉讼第二阶段[apud iudicem]，宣誓仅作为证据或用以估计争议标的价值。

ius mariti 〈英〉夫权；夫对妻之动产所享有的权利 根据普通法，夫因婚姻取得此项权利，但妻子得到的赠与和转让可以仅供她使用并排除其夫对此的权利。1882年《已婚妇女财产法》[Married Women's Property Act]终止了此项权利。

ius naturale 自然法 此概念起源于古希腊哲学并为罗马的法官所接受，包括所有自然地存在于人的意识中的公平和正义的原则，区别于人定法。

Ius Papirianum 〈拉〉《帕皮里斯法》 据传说这是由塞克斯都·帕皮里斯[Sextus Papirius]主教印刷出版的一些早期罗马法律。

ius primae noctis 〈拉〉初夜权 据说初夜权是中世纪的一种习惯：领主有权在作为其臣仆的土地保有人的新婚之夜占有他的新娘。但在权威记录中并无此种习俗存在的证据。又有人认为它是为免除早期教会规定新婚夫妇初婚头三天必须禁欲的戒律而产生的。(= jus primae noctis)

ius quaesitum tertio 〈拉〉〈苏格兰〉第三人获得的对契约的权利 如果契约条款表明契约目的是为第三人的利益，并指名或提到了该第三人且给予该第三人强制执行契约以对抗原缔约人的权利，则该第三人就获得对契约的权利。

ius relictae 〈拉〉〈苏格兰〉遗孀动产继承权 这是普通法承认的有关继承的一种法律权利。如果丈夫死时留下妻子和孩子，则该妻子可对其夫所遗动产的1/3主张权利，如果仅留下妻子则妻子得其夫所遗动产的1/2。现在有一些成文法规定的权利在适用法律时优先于遗孀的上述继承权。(= jus relictae)

ius relicti 〈拉〉〈苏格兰〉鳏夫动产继承权 这是1881年已婚妇女财产法赋予鳏夫有关动产继承的一种法律权利，它使鳏夫享有与遗孀相同的权利。该权利现已被一些成文法上的权利所取代。(▷ius relictae)

ius respondendi 〈拉〉法律解答权 罗马共和时期，法学家的主要活动是解答法律问题，即就某些问题如何适用法律向个人提供咨询或消除法官对适用法律的疑惑。诉讼当事人可以把法学家的意见向法庭提出以作为根据。从罗马帝国早期以来，解答就是一种重要的法律渊源。皇帝授予一些法学家公共解答权，使其解答具有一定的权威。

iustitium 〈拉〉〈罗马法〉管辖权暂时中止 元老院可以出现了扰乱公共生活的任何事件——如国家灾难、骚乱等——为由，宣布暂时中止司法行政官、法官及法院对民刑事案件行使管辖权及其他管理行为。

I, we, or either of us 我，我们，或我们中的任何一个 用以指本票的出票人对付款承担连带责任。

I.W.W.Wobblies (= Industrial Workers of the World)

Jj

jacens 〈拉〉处于暂时中止状态；处于归属待定状态
jacens haereditas 〈拉〉(= haereditas jacens)
jacet in ore 存在于口头上
Jack Ketch 〈英〉绞刑吏；刽子手 原为17世纪时一刽子手名，后指继承其职位的那些人。
Jack the Ripper 〈英〉刀手杰克 1888年8月至10月间在伦敦先后杀死七名妓女但一直未被逮捕的凶手。每名被害者的尸体均被仔细切割，显示凶手具有广博的解剖学知识。事后警方接获署名"刀手杰克"的便条承认对事件负责。此案一直没有解决，引起公众一片哗然。此事件成为许多小说和电影的主题。
jacobus n. 〈英〉雅各布斯金币 国王詹姆斯一世[James I]时期铸造，直径1⅜英寸，价值约等于25先令[shilling]，有时亦定为24先令。麦考利[Macaulay]说8 000这种金币与10 000英镑等值。又名"broad"；"laurel"；"broad-piece"。
jactitationis matrimonii causa 〈拉〉诈婚
jactitation of marriage 〈英〉(教会法)婚姻诈欺 诈称为他人之夫或妻，从而令他们二人的婚姻关系[matrimony]获得承认。以往，教会法院会要求诈称人举出证据，否则判处他对此保持永久缄默[perpetual silence]及支付诉讼费用[costs]；但自从1766年婚姻法改革之后，法定婚姻之形式已有相当之确定性，可避免个人单凭诈称已婚而致使他人受损，故此相关的司法救济已很少被采用。
jactitation of right to seat in a church 〈英〉诈称有权拥有教堂座席
jactitation of tithes 〈英〉(教会法)诈称有权征收什一税
jactitation of title 所有权诈称之讼 一种旨在令没有实际占有某项财产，但在法庭外对该财产主张权利者到法庭上通过司法程序来放弃或主张该权利的诉讼。在有些司法区则使用该诉讼来对权利诽谤[slander of title]要求损害赔偿。
jactivus ❶不履行(契约等)义务带来的损失 ❷丢失的；抛弃的
jactura 〈拉〉(大陆法)❶弃货；投弃货物 指将货物抛出船外以减轻船的负重或保全船只。(⇨jettison) ❷弃货损失；共同海损(⇨general average)
jactus 〈拉〉抛弃海运货物 船舶遭遇海难时，将货物抛弃海中，以减轻负担。由此造成的损失可视为共同海损。亦可称为 jactura。
jactus lapilli 〈拉〉(罗马法)扔掉石块以中断时效 在罗马法中，当一个人在他人土地上修建房屋并想通过时效取得权利时，土地的真正所有人对这种侵入可以提出质疑并在证人面前扔掉建筑物上的石块以中断时效。

jail n. 监狱；看守所 英国称为 gaol。该词最早起源于拉丁文 carea，所以两种形式引入英语中，一种为来源于古法语的 jaiole，后演变为 jail，另一种来源于盎格鲁－诺曼法语 gaole 的 gayole，后演变为 gaol。jail 为一种介于警察局拘留所[police station lockup]与监狱[prison]之间的监禁机构，关押等待审判的未决犯和轻罪犯。
jail breaking 突破监所罪 使用暴力从监所逃脱的行为。只要用暴力制服监所看守即满足"暴力"条件。而从敞开的门出去或仅仅停留在计划逃脱的预谋阶段，都不构成此罪。
jail credit 刑期折抵 刑事被告人等待审判的羁押期间，可以从终审判决所确定的刑期中扣除，用以折抵刑期。
jail delivery ❶集体脱逃 ❷(古)监狱出空 指提审所有在押的未决犯出监的程序。 ❸(古)提审委任状 指示巡回法官审判所有在押未决犯的委任状。 ❹(古)提审法院 被委以审判所有的一般刑事案件职责的法院。
jail delivery judges (= judges of gaol delivery)
jailer (= jailor)
jailhouse lawyer 狱中法律行家 指在狱中服刑期间自学法律以求诉诸法律程序获得释放或者为同狱其他犯人提供法律帮助的人。
jail liberties 监所自由区(⇨liberties of the jail)
jail limits 监所自由区(⇨liberties of the jail)
jailor n. 监狱看守(人)；狱卒；监狱管理员(= jailer; javelour; gaoler)
jamun(di)lingi n. ❶〈拉〉寻求庇护者；委身者 自愿将自己及财产托付予较有势力的人，以获得其庇护而回避服兵役[military service]的自由人[freeman]。 ❷jamunlingus 的复数
janitor n. ❶(公寓等建筑物处)照管房屋的工友 ❷门房；看门人
janus-faced a. 两方面的 指同一论点同时含有正反两方面的主张。例如辩护律师一方面请求陪审员不要为同情心所支配，但另一方面又主张应同情己方当事人。
Japanese curfew 〈美〉日侨宵禁令 二战期间针对侨居在西海岸军事地区的日籍居民发生效力的宵禁行政命令。
Japanese evacuation 〈美〉强制撤出日本侨民(法令) 1942年美日开战之后强制日本侨民撤出西海岸，前往其他地方居住的法令。
Japanese exclusion 〈美〉❶拒绝日本人(及其他黄色人种)入境(政策)；拒绝日本人及其他黄色人种归化政策 已废除。 ❷(美日开战后，依据有关法令在西海岸某些地区)对日本人的驱逐

jaques n.〈英格兰古法〉小额金钱

Jason clause 杰森条款　海运提单中的条款,规定在因承运人驾驶或管理船舶的过失或错误所引起的危险、损害或灾难发生共同海损,而承运人依法予以免责时,货物的托运人、所有人或收货人应与承运人一起分摊共同海损。

javelin-men n.〈英格兰古法〉持枪护卫　以前巡回法官的护卫,由郡长挑选和装备。

javelour n.〈苏格兰〉监狱看守;狱吏（= jailor; jailer）

jay walking ❶斜穿过马路　❷在十字路口或人行横道以外的地方横穿过马路

J.D. 〈美〉法律博士　①由法学院获得的初级法律学位,其常作为一个名称而非缩写词使用。该学位在60年代最终取代了法学学士[LL.B.];②下列初级法律学位的首字母,Doctor of Jurisprudence; Doctor of Law（拉丁文 Juris Doctor 的转译）; Doctor of Laws（拉丁文 Jurum Doctor 的转译）; Juris Doctor; Jurum Doctor.（⇨LL.B.）

Jedburgh justice〈苏格兰〉杰德堡审判（方式）　一种先判后审的不公正的诉讼方式。杰德堡为苏格兰并入英格兰之前与英格兰接壤处的一个苏格兰小镇。因两地边民时有冲突,乃在该小镇设立法庭,以一种特别简易的方式审判案件。至于该法庭在判刑之后是否仍进行审理,尚有疑问。

Jeddart justice （= Jedburgh justice）

Jedwood justice （= Jedburgh justice）

Jehovah's Witnesses 耶和华见证会　一宗教派别,因教徒将信仰戒律付诸实践,常会受到他人起诉,尤其是刑事检控。该教派的牧师不能免除国家义务。

jeman （= yeoman）

Jencks Act（or **Rule**）〈美〉《詹克斯法》（或《詹克斯规则》）　它规定,在联邦法院受审的刑事被告人有权获取政府文件以助于对控方证人进行交叉询问,以便就该证人先前所作过的不一致的陈述进行质询。詹克斯诉美国[Jencks v. U.S.]一案确立了该规则,随后又通过了一项联邦制定法就此作了规定。

jeofail〈法〉（诉答中的）错误;失误;对诉答中错误的承认　在15世纪以前的口头诉答中,诉答人发现自己的口头陈述有错误时,通过承认"我失误"[j'ay faillé],即有权对此错误作修正。自1413年起制定法对此做作了规定,以避免对方当事人在诉讼经过一定阶段之后仍提出形式上的异议。这些制定法被称为《诉答错误承认与修正法》[Statutes of Amendments and Jeofail]

jeofaile （= jeofail）

jeopardy n.危险　指在审判过程中刑事被告人面临的被定罪和判刑的危险。通常在陪审团审判的情况下,从组成陪审团起,在由法官审判的情况下,从第一个证人宣誓时起,被告人即开始面临这种危险。有时也作为"legal jeopardy"。（⇨double jeopardy）

jeopardy assessment n.〈美〉预险征税　在国内税务署认为应纳税人已经欠税,且拖延计征将面临无法实际征收所欠税款的情形下,不须遵循正常审查程序而予以计征。

jerguer n.〈英〉查税海关员　负责检查船舶上货物的应课税款。

jerquer （⇨jerguer）

Jerusalem assizes 《耶路撒冷法典》（= Assises de Jerusalem）

Jervis' Acts〈英〉《杰维斯法》　由约翰·杰维斯爵士[Sir John Jervis]提议制定的三部法律的总称,包括1848年《公诉罪法》[Indictable Offences Act], 1848年《简易裁判权法》[Summary Jurisdiction Act]和1848年《法官保护法》[Justices' Protection Act]。当时约翰·杰维斯为总检察长,其后任民诉法庭的首席法官[Chief Justice of the Common Pleas]。

jetsam n.沉入海底的抛货　指因船舶在海上遇风暴或其他紧急情事,为减轻船货重量而被迫自愿抛投的货物,且于此后被弃沉于海底。它与其他抛货有所不同,例如被抛投而漂浮于海面的货物为"flotsam"、系有浮标以便于日后寻找的沉入海底的抛货为"ligan"。在英国,上述任一种抛投货物均属于王室,除非其所有人在此后提出主张。（⇨jettison; flotsam; ligan; waveson）

jetsom （= jetsam）

jetsome （= jetsam）

jettage n.入船税　对船舶使用防波堤或码头所征收的费用。

jettison n.投弃货物;抛弃　船舶在遭遇触礁、暴风、海盗或其他紧急情形下有意实施的行为,行为后果是导致共同海损。（⇨average）

jetty n.突堤;防波堤

jeux de bourse 〈法〉（公共基金、公债、股票、期权或期货市场的）投机买卖行为　在买卖过程中,投机双方不必进行实物交割,只需通过交易日与交割日之间的货物差价来进行结算。

jewelry n.（供个人装饰的）饰物　包括手表、领带夹等有用的物品以及无论是否镶嵌的宝石。

jewish interest〈英〉犹太人利息　旧时英格兰对高利贷的别称。

Jewish law 犹太法　古老的犹太律法,即妥拉[Torah],指希伯来圣经的前五卷——《摩西五经》[Pentateuch]所包含的宗教教规、道德规范、仪式典礼、司法制度,它透过《圣经》和基督教影响了西方的法律,如认为法律是上帝意旨的反映,犹太法的自然法思想对教会法、商法等也有影响。时至今日的犹太法是调整礼拜与宗教仪式,私人行为和社会行为,以及犹太人生活各方面的宗教规范。犹太法的一个特点是,研究犹太法律是每个犹太人的职责,而不是拉比[rabbis]的特权。犹太法是现代以色列法的组成部分,亦对其所应用的法律概念产生了影响。

Jews n.犹太人　尤指旧约中古代希伯来人[Hebrews]的后裔。（⇨judaism）

Jim Crow laws〈美〉黑人歧视法　"Jim Crow"一词来源于1828年一位黑人喜剧作家托马斯·德·赖斯[Thomas D. Rice]创作的剧目"Jumping Jim Crow",后来,"Jim Crow"就演变成为对黑人的蔑称。自19世纪70年代开始,南部立法机通过了在公共交通运输中实行种族隔离的法律,以后种族隔离的范围又渐渐扩至学校、公园、剧院、饭店等,这类种族隔离法逐渐被称之为"黑人歧视法"。这类法律的目的在于反对"有色人种"[person of color],即任何有或被怀疑有黑人祖先的人。随着20世纪50年代民权运动的兴起,这类法律开始衰弱,直至最高法院宣布在学校和其他公共场合实行种族隔离为违宪,从而使这类法律彻底终结。

jim-jams n.（复）〈美俚〉❶震颤性谵妄　❷神经过敏;极度紧张

jimmy n.〈美俚〉（小偷用以撬开门窗等的）撬棍　v.撬

jitters n.（俚）紧张不安

JNOV （= judgment notwithstanding the verdict）

job *n.* (俚)犯罪行为　尤指抢劫。

jobber *n.* ❶中间商；批发商　指从制造商处进货再转卖给零售商的人，常与 wholesaler、middleman 等混用。❷股票经纪人；证券商　该词包括代理他人从事股票买卖的经纪人与以自己的账户从事投机交易的证券商。在英国，专指在伦敦证券交易所买卖股票的经纪人。亦作 stockjobber。

jobber's association　批发商协会　本地批发商为在商品购销中进行合作而成立的协会。

jobbery *n.* (政府官员)以权谋私；营私舞弊；勒索

job lot ❶成批出售　商业用语，指在一宗买卖中出售各种不同种类的商品。❷零星交易　指在证券交易或期货交易中不足交易标准量的交易。

job selling　(专业人士之间的)费用分摊 (⇨ division of fees)

jocalia　珠宝；首饰

jocelet *n.* ❶(封建时代贵族之)小采邑　❷小农场　如用一头牛耕作。(= jokelet)

Jockey Club　(英)(私人团体性质的)赛马总会　管理平地赛马[flat race]的机构。根据 1950 年《动物疫病法》[Diseases of Animals Act]，有关马匹出口的限制并不适用于赛马总会发照的良种马匹。

jocus *n.* (英格兰古法)赌博；博彩 [hazard]

jocus partitus　(英格兰古法)赌博式裁决　诉讼双方协议约定以一博彩 [hazard] 的方式决定诉讼胜负。

joggs (= jougs)

John Doe　约翰·多伊　亦可译作"某甲"。在英格兰中世纪法律中有一种特殊的不法侵占之诉，称为"逐出侵占租地者之诉"[ejectione firmae]。但该格式诉讼原只能用于救济那些根据租地契约有权占有土地的人，这种格式诉讼要求原告证明他与土地保有人订有租地契约，曾根据租地契约进占了土地，以及从出租地将其逐出的第三者。后来，这种诉讼用于收复可继承不动产的诉讼时，不得不引进两层拟制来满足这些要求。虚拟的"John Doe"被引进作为名义的原告与事实上的原告签订虚拟的租地契约。其后，John Doe 被虚拟的第三者 Richard Roe 从租地上逐出。通过这类拟制，绕过了原先不动产格式诉讼中的繁文缛节。按梅因的说法，拟制是法律发展的一种途径，尽管有人认为这一说法有言过其实之嫌。(⇨ ejectment)

John Doe action　轶名被告诉讼　①对不知名的未投保险的驾车者以"约翰·多伊"为名提起的诉讼；②原告不知被告真实姓名的情况下，以"约翰·多伊"为名提起的诉讼。

John Doe summons　轶名传票　①在送达时不知被告的真实姓名，而以"约翰·多伊"为其姓名之代称发出的传票。在送达后如明确了被告的真实姓名，可予补正；②美国国内税务署[Internal Revenue Service]向第三人发出的传票，旨在提供不知其姓名但负有潜在纳税义务的纳税人的有关信息。

John Doe warrant　轶名逮捕证　对不知其真实姓名而以"约翰·多伊"或其他虚拟姓名为代称者签发的逮捕证。

Johnson Act　(美)《约翰逊法》　一项联邦制定法，规定对有关州税的案件，只有在州法院不能给予明确、迅速且有效的司法救济时，联邦法院才有管辖权。

joinder *n.* ❶(对诉讼当事人或诉讼请求的)合并　❷(刑事起诉书中对罪行或被告人的)合并

joinder in demurrer　诉求不充分抗辩争点的确定　普通法诉讼中，当被告提出一项法律上的争点(称为诉求不充分抗辩)时，若原告有意维持其起诉，则必须接受被告提出的该争点。原告用来表明其接受该争点的一段固定用语即称为"joinder in demurrer"。

joinder in issue　争点的确定　普通法诉讼中，一方当事人对对方当事人提出的事实争点的接受。也称为争点承认[similiter]。

joinder in pleading　争点与审判方式的确定　指普通法诉讼中，一方当事人接受对方提出的争点和提议使用的审判方式。

joinder of actions　诉讼的合并 (⇨ consolidation of actions; joinder of causes of action)

joinder of causes of action　诉因合并　指将可以作为不同诉讼之根据的多个诉因合并到一个诉讼中。如英国 1965 年的《最高法院规则》[RSC]即允许在某些情况下，原告在一个诉讼中对同一被告人可依多个诉因请求救济。

joinder of claims　(美)诉讼请求的合并　在联邦及纽约等州的民事诉讼中，提出救济请求的一方当事人，不管其请求是主请求[original claim]，还是反请求[counterclaim]、交叉请求[cross claim]或第三方请求[third party claim]，均可将其对对方当事人提出的若干请求合并，而不论这些请求是普通法上的还是衡平法上的。

joinder of counts　❶诉讼理由的合并　指将意在提出不同诉因的多项诉讼理由合并在一份起诉状中。❷罪项的合并　指在一份刑事起诉书中包括多项不同的罪行，而每一罪项在法律上均可构成独立的刑事指控。

joinder of defendants　被告人的合并　指两名或两名以上的被告人，如果他们被控参与了同一犯罪行为的实施，则可以在同一刑事起诉书中对他们提出起诉。

joinder of defenses　答辩理由的合并　在同一份答辩[plea or answer]中提出不同的答辩理由。

joinder of error　错误否认　指在根据纠错令[writ of error]开始的刑事程序中，对错误陈述书[assignment of errors]中所称错误的书面否认。

joinder of indictments　(刑事的)并案起诉 (⇨ joinder)

joinder of indictments or informations　(美)起诉书的合并　在联邦刑事诉讼中，如果有两份以上的大陪审团起诉书，或两份以上的检察官起诉书，或两种起诉书兼有，而其中指控的罪行和被告人(如果不止一名的话)本可以合并在一份大陪审团起诉书或一份检察官起诉书中却没有合并的，法庭可以裁定将多份起诉书合并审理。

joinder of issue　❶争点的达成；争点的确定　指在诉讼或争议中双方接受或采纳某一争论点作为双方辩论的基础。当一方当事人在其诉状中主张某一事实，而另一方否认该事实时，即认为在此阶段争点已达成。❷共同将争点提交裁决　❸接受对立面；接受(对某一问题的)相反观点

joinder of offences　罪行的合并　指在一份起诉书中指控被告人犯有两项或两项以上的罪行。除非合并后又作分案处理，合并的罪行应一并审理。

joinder of parties　当事人的合并　指将具有相同权利请求的多人或对之提出同样权利请求的多人合并为一件诉讼的共同原告或共同被告。

joinder of remedies　救济请求的合并　指将可替换选择的不同请求予以合并，如对承担违约责任的请求与给付劳务报酬请求[quantum meruit]，或者将一项请求与另一项预期的请求合并，如债权人请求债务人返还借款与债权人请求确认第三人转让该项借款的担保财产的行为无效。

joint *a.* 共同的;共有的;连带的;联合的 在共有财产上,尤指两个或两个以上的人共同享有的权利或共同承担的义务;对共同共有不动产,则包含有生存者权[survivorship]的意思,即其中一人死亡又未处分其权利时,则由其余生存者享有,直至财产由最后一个生存者全部享有。(▷joint and common property)

n. ❶接合点;连接处 ❷(美俚)吸毒窝;下流场所

joint account 共同账户;联合账户 指以两人或两人以上名义共同开立的银行账户或经纪账户,可以分为两种形式:一是须经账户各方同意,才能签发支票、使用账户;二是任何一方都可单独使用账户。

joint action 共同诉讼 两名或两名以上的原告或被告为了共同的利益而共同起诉或应诉的诉讼。

joint administration 联合管理破产财产 对于两项或两项以上的破产财产,通常涉及多个债务人,于此场合合并在一个案件中联合办理各种管理事项,包括通知各债权人,以便更有效率地结案。如果在系属中的两个或两个以上案件牵涉一对夫妻,合伙和至少一个合伙人,两个或两个以上的商业合伙人,或一项商业和一个分支机构,此时破产法院可宣告联合管理破产财产。其目的是提高办理两个案件的行政效率,但不应影响债权人的实质权利。亦称 procedural consolidation。

joint administrators 遗产共同管理人 指两个或两个以上的人被正式委派或获准管理遗产。

joint adventure 短期合伙;联营;合营(▷joint venture; joint enterprise)

joint agency 共同代理 指同一代理事务由两个或更多被指定的人共同进行代理。被代理人以此得到该数人能力、经验、判断、诚信以及其他个人品质的结合以处理代理事务。

joint and common property 共同共有财产权和按份共有财产权 是多个主体共有同一标的的财产权的两种形式,而不论该标的是动产或不动产。共同共有财产权[joint ownership; joint tenancy of land]中,只有一个单独的所有权、单独的收益及唯一的开始时间,并是统一的占有;在这种情况下存在生存者财产权[right of survivorship],故其有人一死亡时,其权利即行消灭,而转移给仍生存的共有人,直至最后一个生存的共有人成为该财产的唯一所有人。不动产的共同共有财产权可以转化成按份共有财产权。而按份共有财产权是指每个共有人就其份额享有共有权及其收益;此份额不必是等分的,虽然各共有人就该财产享有不可分之占有权;按份共有财产权不存在生存者财产权,如一个共有人死亡,其所占份额之共有权通过其遗嘱或无遗嘱继承转让给他的继承人。(▷joint tenancy; estate in common)

joint and mutual will 共同互惠遗嘱 指由两人或两人以上共同作出的一份遗嘱,其中涉及其各自所有或共同所有的财产的处分。据此,如一方先死,生存方有义务根据遗嘱条款处分财产,并以各遗嘱人彼此获得对方的遗嘱为对价。它实际上是共同遗嘱[joint will]与互惠遗嘱[mutual will]的组合。

joint and several 共同的和个别的;连带的 债务责任的一种形式。债权人可以选择分别起诉一个或数个债务人,也可以起诉全体债务人。如果某个债务人清偿了全部债务或超出其应清偿份额的债务,则其有权要求其他债务人分摊,如果某个债务人死亡,则可以用其财产清偿债务。在合伙的交易中,合伙人承担连带责任被认为是一种基本规则。

joint and several annuity 生存者共同养老金合同 规定两个或两个以上缔约者中任何一人仍然存活就有权支取养老金的合同。

joint and several bond ❶连带保函 由两个或两个以上的保证人对债务的支付承担连带责任[joint and several liability]的保函。❷连带债券 两个或两个以上的债务人保证偿本付息的债券。债务人可以共同或分别对债权人承担责任,债权人可以就全部债务起诉全体债务人,或者分别对任何一个债务人提起诉讼。但债权人不能就部分债务提起共同诉讼,而对其余部分提起分别之诉。

joint and several contract 连带合同 一方当事人为多数,其关系既相互独立又相互连带的合同。

joint and several covenant 共同连带合同 指作为合同一方的数个受约人[covenantee]共同连带地享有权利、承担义务。

joint and several demurrer 连带抗辩 指对某一份诉答提出抗辩的当事人既共同又分别单独地对该诉答提出异议。

joint and several judgment 连带判决 既针对两名或两名以上当事人又分别针对他们每一人的判决。

joint and several liability 连带责任 侵权之债或合同之债的一种责任形式。根据债权人的自由决定,责任可以由全体债务人或其中的一人或数人承担,所以,每一个债务人都独立地对全部债务负责。但在债务人中,某一偿付人有权从其他未偿付人处得到分摊和补偿。

joint and several note 共同连带责任本票 指由两个或两个以上出票人共同签发、各出票人之间对票据支付承担共同连带责任[joint and several liability]的本票。票据未被支付时,受款人既可起诉全部出票人,也可起诉其中任何一位出票人,以要求支付全部票据金额,任何出票人都应就全部票据金额向受款人负责。

joint and survivorship estate 附生存者权的共同共有地产权 它是一种共同保有地产权,由两个或两个以上的人在共同生活过程中共同拥有地产,当其他共有人死亡时该地产保有权完全归属于作为生存者的共有人。(▷joint tenancy)

joint appeal 共同上诉 两名或两名以上当事人共同提出的上诉。

joint authors 合作作者 指合作作品[joint work]的所有作者。每一位合作作者均有权按照其意愿使用该作品,但因此得到的收益应由合作作者按其在作品中所创作部分的比例分享。

joint authorship 合作作者身份 两个或两个以上的作者合作完成一部作品的创作,并共同享有该作品的版权。判断合作作者身份的关键在于每位作者进行创作时是否有将各自作品合并为一个不可分割的整体的意图。另外,对作品创作起辅助作用的人,或者无论是否经作者同意而对作品进行修改、增补或改进的人,均不能主张合作作者的身份。(▷joint work; joint authors)

joint bank account 联合账户 两个或两个以上的人共同持有的银行账户。持有人各方权利平等并且通常享有生存者权[survivorship],即生存者有权取得死者名下的财产。

joint bill of exceptions 联合异议书 上诉人提出的、其中也包含了被上诉人的异议的异议书。

joint bond ❶共同保函 由两个或两个以上保证人承担共同责任[joint liability]的保函。❷共同债券 指包括两个或两个以上债务人的债券,其债务人只负有共同清偿责任,并不承担单独清偿全部债务的义务。与连带债券的区别在于,在对共同债券债务人提起诉讼时,必须将所有债务人列为共同被告,而不能仅起诉个别债务人。(⇨joint and several bond)

joint cause of action 共同诉因;联合诉因 ①共同合同[joint contract]中的债务人主张的诉因;②两名或两名以上当事人主张的诉因,它提出了所有原告共同具有的事实或法律问题。

joint committee 〈美〉联席委员会 由国会两院的议员组成的一种立法委员会[legislative committee]。

Joint Committee on Atomic Energy 〈美〉原子能联席委员会 根据《原子能法》[Atomic Energy Act]成立的国会委员会[Committee of Congress],其职责为监察原子能委员会[Atomic Energy Commission]的活动;研究解决由于发展、使用和控制原子能所带来的问题,并且举行有关原子能工业的听证会[hearing]。

joint contract 共同合同 两人或两人以上作为合同缔约一方,共同享有权利和共同承担义务。如果共同缔约人中有人死亡,死者的权益和责任将转移给其他生存者。如果全体缔约人死亡,则有关合同义务的请求权可由最后死亡的权利人之遗嘱执行人或遗产管理人向最后死亡的义务人的遗嘱执行人或遗产管理人提出。(⇨contract; joint and several contract)

joint covenant 共同协约;共同条款 协议或条款的一方当事人为两人或两人以上,且共同承担义务或享有权利。(⇨joint and several covenant)

joint creditors 共同债权人 指有权与其他债权人共同请求某一债务人偿还债务的人。他们只有全体一致行动才能使其债务求偿权。(⇨joint contract)

joint debtors 共同债务人 指两个或两个以上对同一债务承担共同清偿责任的人。(⇨joint contract)

joint debtors' acts 〈美〉共同债务人法 指在多数州所通过的两类制定法:①法院认为适合对共同被告分开判决时,可运用自由裁量权对共同债务人中的一人或多人先行判决,其余债务人的诉讼则继续进行。②如果共同债务人中有一部分人不在法院的管辖范围而无法应诉,原告可对部分共同债务人起诉,法院只对管辖范围内的共同债务人进行审判,但判决对于管辖范围以外的共同债务人同样发生效力。

joint defendants 共同被告 指共同被诉和受审的被告人。在刑事诉讼中,指被指控犯有同一罪行,一同接受审判的被告人。

joint defense 共同辩护;共同答辩 两名或两名以上被告人共同作出的辩护或答辩。

joint defense doctrine 〈美〉共同辩护原则 依该原则,被告人可以主张律师–客户守密特权[attorney-client privilege]以保护其与共同被告人的律师所作的秘密交谈,只要其内容与他们的共同辩护有关。也称作共同辩护特权规则[joint defense privilege]。

joint demurrer 共同抗辩 两名或两名以上当事人共同就某一诉答在法律上的充分性提出异议的抗辩。

joint deposit 共同存款(⇨joint bank account)

joint donees ❶共同指定权人 共同拥有受益人指定权[right of appointment]的人。❷共同受赠人 两个或两个个人以上被指定共同接受特定赠与财产的人。

joint donors 共同赠与人 两个或两个以上联合作出赠与的人。

joint drawees 共同受票人;共同付款人 开立汇票时所列明的两个或两个以上的受票人。

joint enterprise ❶共谋犯罪(⇨conspiracy) ❷共同侵权;共同行为 指两人或多人共同实施的行为,并从行为中共同受益。指其中某一人的疏忽和过失可以由其他人承担责任。(⇨common enterprise) ❸合营;联合经营 两个或两个以上的人为了共同利益所组成的单一商业企业。它包括以下必要条件:①明示或默示的协议;②共同的目标;③同享收益、共担风险;④合营或合伙各方在管理和控制企业上拥有平等的权利。(= joint venture) ❹非商业性合营(企业)

joint estate 共同共有地产权 两个或两个以上的人于某不动产上享有的权益,各共有人的利益[interest]、权利[title]、权益享有的时间及对该不动产的占有[possession]都必须是相同或一体的[unity]。当其中某一共有人死亡,其权益则由其他共有人享有,即这种共有关系中存在生存者财产权[right of survivorship],这是它区别于并用地产权[estate in common]的最重要特征。(⇨joint tenancy)

joint execution (对全体被告人的)共同执行

joint executors 遗嘱的共同执行人 指在某一遗嘱中被指定的两个或多个遗嘱执行人。亦作"coexecutor"。(⇨executor)

joint feasors in pari delicto 〈拉〉具有同等过错的共同侵权人 两人或两人以上共同故意违法侵害他人,其中承担责任者无权向其他共同侵权人追偿。

joint fiat (= joint order)

joint fine ❶共同罚金 不按常规,两个或两个以上的人被共同指控有罪,但在定罪后则被分别判处罚金。❷(在和解诉讼中对整个村庄的土地转让时所征收的)土地转让费

joint gift 共同赠与 赠与人或受赠人中一方或双方为两人或两人以上的赠与。(⇨joint donees; joint donors)

joint grantees 共同受让人 契据中指定的两个或两个以上有权共同受让的人。

joint grantors 共同让与人 指契据中指定的两个或两个以上的进行财产转让的人。

joint guarantors 共同保证人 两个或两个以上根据同一保证合同为同一债务人提供担保的保证人。

joint guardians 共同监护人 两个或两个以上对同一资金、财产或被监护人拥有连带[joint and several]监护权的人。

joint heir ❶(= coheir) ❷合册继承人 该人系指定的两人的继承人,并在该两人中的生存者死亡时发生继承。

joint indictment 合并起诉书 指控两名或两名以上被告人共同犯有同一罪行的起诉书。

joint inventions 共同发明 两人或两人以上共同设计完成并付诸实践而成为专利对象的发明。

jointist n. 娱乐场所经营者 通常指非法出售酒类饮料的公共场所经营者。

joint letters of administration 共同遗产管理委任书 授权两人或两人以上共同管理遗产的委任书。(⇨letters of administration)

joint liability 共同责任 由两人或两人以上共同承担的责任,若其中一人被起诉,则其可要求其余人必须作为共同被告应诉;若其中一人死亡,则其责任由其他生存者承担。(⇨liability; joint and several liability)

joint life insurance 联合人寿保险;共同人寿保险 指两人或两人以上联合投保人寿险,在保险期内第一个人死亡后即支付保险金。

joint lives 共同生存期间 用以表述两人或两人以上对共同地产或财产权益的享有期限。如果其中一人去世，该权益即行终止。

jointly *ad*. 联合地；共同地；连带地

jointly acquired property （夫妻）共同劳动所得财产 指婚姻关系存续期间夫妻双方劳动积累的财产。

jointly and severally 共同连带地（⇨joint and several contract；joint and several liability）

jointly owned property 共同所有财产；共同财产（⇨community property；joint bank account；tenancy）

joint maker 共同出票人 与他人共同在流通票据上签章并因此负有第一位付款责任的人。

joint mine 共同矿藏 两个或两个以上的承运商共同负责承运的矿藏，而一个承运商负责承运的矿藏被称为"local mine"。

joint negligence 共同过失行为 指两个或两个以上共同行为人的过失共同导致事故或损害的发生。（⇨comparative negligence；contribution；contributory negligence；negligence）

joint note 共同责任本票 指由两个以上出票人签发的，各出票人对票据支付承担共同责任[joint liability]的本票。如果该票据被拒付，受款人应对全体出票人提起诉讼，请求偿付债务。（⇨joint liability）

joint obligor 共同义务人；共同债务人；连带债务人

joint offenders 共犯 同一犯罪行为的所有参加者。

joint offense 共同犯罪 两个或两个以上的人共同实施的同一犯罪，如犯罪共谋。其对应于单独犯罪。

joint order （法院对两人或数人作出的）共同裁决

joint owners 共有人（⇨coowner；cotenancy；joint tenancy；tenancy）

joint ownership 共同共有权 指由两人或两人以上共同享有权益的所有权，并在其中一人死亡时，生存者根据生存者权[right of survivorship]而取得其享有的所有权。（⇨joint；joint tenancy）

joint parties 共同当事人 在诉讼中处于同一方的当事人，即共同原告或共同被告。

joint patent 共同专利（权） 对两个或两个以上共同发明人授予的同一专利。

joint payees 共同受款人 根据可转让票据上所列的两个或两个以上付款人的共同指示可以向其付款的人。

joint policy 联合保险单 两人以上共同投保的保险单，其中任何一人去世，其保险赔偿金由其他共同投保的生存者受偿。

joint possession 共同占有 两人或两人以上对财产进行事实占有或拟制占有。共同占有人的占有是平等的，其中每人的占有都及于财产之全部。

joint rate 联合运费 由两个或两个以上承运人在某一线路上运输某货物而发生的一笔运费。承运人之间对此运费进行分配，可以获得其中正当而合理的一部分。也通常称为全程运费[through rate]，但全程运费并不必然是联合运费，因为在全程运输中所涉及的各承运人的运费可以是各自独立而确定的。（⇨joint through rate；through rate）

joint resolutions of Congress 〈美〉国会（两院）的联合决议 国会两院的联合决议通过的程序与法案[bill]相同，即都必须在两院获得通过，并经总统签署，始成为法律。联合决议是表述国策的重要手段。联合决议不同于共同决议[concurrent resolution]，共同决议由一院通过并经另一院批准，但不具法律效力。（⇨concurrent resolution）

joint return 〈美〉夫妻共同报税单；夫妻所得税联合申报表 由夫妻共同申报所得税用；即使夫妻中仅有一方有收入时，亦可用此表申报。

joint sentence 共同判决 对合并起诉书[joint indictment]中指控的两名或两名以上被告人共同作出的科刑判决。这种判决是不符合规则的，对共同起诉的被告人，若认定他们均有罪，通常分别予以量刑。

joint session 〈美〉立法机关两院的联席会议 指立法机关上下两院为某一共同议程，如为了迎接新任行政长官或聆听行政长官对立法机关的发言而召开的会议。

joint-stock association （= joint stock company）

joint-stock bank 〈英〉合股银行 依照法律或特许成立的银行。合股银行的股东在绝大多数情况下根据特许令状规定的数额负有限责任，通常为各人持股量的两倍；但对于银行发行的钞票则负无限责任。（⇨bank note；Leeman's Act）

joint stock company 合股公司 一种形成于十八世纪初期英国的营利性组织形式，其所有人的权益体现为股份。合股公司的共有资金由各个成员的出资构成并被划分为可转让的股份，由每个成员按出资比例分别拥有。合股公司不具有法人资格，而是一种合伙，没有独立于其股东的人格。合股公司与一般的合伙不同，其成员众多，成员相互之间并不熟知，成员的变动和死亡对合股公司的存续没有任何影响，成员所持的股份无需其他合伙人的明示同意即可转让，且在合股公司的股东与公司及任何其他公司成员之间也没有任何代理关系。合股公司与公司也存在诸多差异，如：美国的合股公司是经由成员的协议而组建，并不像公司那样需要州的授权；公司的成员一般不对公司债务承担责任，但合股公司的成员则需对合股公司的行为承担责任；在诉讼中，公司可以自己的名义起诉和被诉，合股公司则须以指定的高级职员的名义进行指控和辩护。在英国历史上，先后有多部法律对合股公司进行规范并促进其发展，最早是 1825 年通过了一部法律，此后合股公司曾依 1844、1856、1857 年的《合股公司法》[Joint Stock Companies Acts]而组建，现在则由 1948 年的《公司法》[Companies Act] 对合股公司进行调整。（⇨company；partnership）

joint-stock insurance company 股份保险公司（⇨stock insurance company）

joint-stock land bank 〈美〉联合股份土地银行 根据《联邦农业借贷法》[Federal Farm Loan Act]设立的直接向农民发放抵押贷款并发行类似农业放款债券的联邦银行。

joint tariff 联合运价表 当运输过程涉及两个或两个以上的承运人时，由这些承运人联合决定的运价表。

joint tax return （夫妻）个人所得税合并申报单（= joint return）

joint tenancy ❶共同保有 两人以上以同一名义共同保有某一地产，他们所享有的这种地产权是统一的一项权利，由同一地产转让契据创设，其权利同时开始，并不加分割地共同占有。其最大的特点是当共同保有人之一死亡时，该共同保有的地产并不予以分割，而是仍作为整体由生存者或遗属[survivor]继续共同保有，直至最后一个共同保有人。❷共同财产（权） 二人以上共同对某一财产享有不可分割的权益，并彼此享有遗属权[right of survivorship]；或是由某一契据或行为所创设的一项统一的财产权由二人以上共同享有；也指二人以上共同享有，但在整体中每人都有各自独立的权益并可平等享用该财产的情况。

joint tenant(s) 共有人；共同保有人；共同租赁人　准确地说指限定共有人[tenants under a joint tenancy]；广义上也指共有人[cotenant]。(⇨joint tenancy)

joint through rate 联合全程运费　两个以上承运人将货物由一条运输线上的某一地点运至另一条运输线上的某一地点而发生的运费。

joint tort 共同侵权行为　两个或两个以上的人因共同过错[common neglect]实施的侵害行为。(⇨contribution; joint negligence; joint tortfeasors)

joint tortfeasors 共同侵权人　指各该人的行为共同构成一个侵权行为并导致他人受损害，从而对于受损人应当承担共同连带责任。在受害人提起的诉讼中，共同侵权人应作为共同被告，而对受害人作出赔偿的共同侵权人有权向其他应当分担损害赔偿的共同侵权人追偿。

joint trespass 共同非法侵入　指两人或两人以上共同实施的非法侵入他人土地或住宅的行为；或指其中一人或数人实际实施，而由其余的人命令、怂恿或指示实施的非法侵入行为。

joint trespassers 共同非法侵入人(⇨joint trespass)

joint trial 合并审理　指法院对两名或两名以上的当事人一并进行的审理。尤指对两名或两名以上犯有相同或类似罪行的被告人一并进行的刑事审判。

joint trustees 共同受托人　两个或两个以上受托为他人利益持有并管理信托财产的人，其必须共同行使权力。(⇨cotrustee)

jointure n.未来寡妇地产(权)　为保证妻子在自己死后的生活，丈夫在生前划拨给其妻子的地产，规定妻子对此土地的权利自他死后开始，至少继续到她死亡，当然她可以处分该地产以使该权利终止。

joint(u)ress n.(经其夫生前设定)享有寡妇地产权者(⇨jointure)

joint venture 合营；联合经营　指由两人或两人以上为某一独立的、确定的项目而从事商业活动。亦即，两人以上通过明示或默示的合同而组成的联合，意图实施某一特定的商业投资而共同获利，并为此而将其实物、金钱、技能、知识等进行组合。该联合体的成员互为本人与代理人，并对商业活动享有平等的控制权。它既不是合伙，也不是公司。一般而言，它的构成要件如下：①存有明示或默示的协议；②成员之间存在意图实施的共同目标；③共享利益、共担风险；④每一成员对于该项目的控制权相等。亦作"joint adventure"或"joint enterprise"。

joint venture corporation 合营公司　由两个或两个以上人或公司为完成某一特定项目而共同组成的公司。(⇨corporation)

joint verdict 合并裁断　陪审团作出的包括诉讼的双方或多方当事人的裁断。

joint will 共同遗嘱　由两个或两个以上立遗嘱人所作出的一份独立遗嘱，通常涉及将其各自的财产所有权转让与某一受遗赠人，及对共同财产的处分。(⇨mutual wills; joint and mutual will; reciprocal wills)

joint work 合作作品　指由两个以上的作者合作创作的作品。根据美国版权法，它是指由两个或两个以上的作者以合作之意思，即各自所创作的部分构成该作品完整的不可分割的组成部分，而完成的作品。在英国 1988 年《版权、外观设计和专利法》中，"合作作品"[works of joint authorship]是指由两个或两个以上的作者合作创作的一个作品，且每一作者所完成的部分与其他作者所完成的部分不相区分。例如一首歌曲的词、曲部分是可以分开的，故词、曲作者分别享有文字作品与音乐作品的版权，而不构成合作作品。

jokelet n.小农庄　仅需一头小牲口即可完成耕田作业。(=jocelet)

joker n.〈美〉伏笔条款　为使立法等无法实施或者内容无法确定而在立法通过时以不易被人觉察的方式在条文中写入的某一内容含混或者非实质性的条款。

Jones Act 〈美〉《琼斯法》　1920 年通过的一项联邦法，规定海员在受雇期间由于船主、船长或其他海员的过失而遭受伤害，可索取赔偿金。该法也用于铁路员工。(⇨Longshoremen's and Harbor Workers' Compensation Act)

jornale 〈英格兰古法〉一天所耕土地的面积

josh v.戏弄；开玩笑；哄骗

jougs n.颈枷　苏格兰、荷兰等地适用于宗教罪犯或普通罪犯的惩罚器械，其形状如一铁圈，使用时套在罪犯的脖子上，上锁，并用一短铁链定于教堂的墙上或树上。

jouir 〈法〉❶享受；享有　❷拥有；占有

jour 〈法〉一天；日子　常用于古时法学著作中。

jour en banc 全院庭审日(⇨en banc)

jour in court 〈古〉出庭日

journal n.❶(海商法)航行日志　指存于船舶上用以记录航行路线等事项的文书。(⇨logbook)　❷(商法)日记簿　在复式簿记[double entry]中用以记录每日交易事项为日后制作总账簿[ledger]之用的材料。　❸〈美〉立法机关议事日志　国会两个议院根据宪法规定制作和保存的议事日志。

journal entry 日记账分录　会计日记账中的一笔分录。其中包括借方和贷方，如果需要，还应有对该笔交易的解释说明。

journal entry rule 〈美〉议事日志的查核规则　法院通过审查州立法机关其中一院的议事日志，以查究所颁布法令是否符合宪法要求的规则。

journalists' privilege ❶记者特权　指根据宪法和有关制定法，记者等新闻工作者享有的免于被迫作证，提供秘密消息或消息来源的权利。亦作"reporter's privilege"或"newsman's privilege"。　❷出版者特权　根据诽谤法，出版者如果在出版物中对执行公务的国家公务员或政府雇员的行为进行正当的评论，可免于受到"诽谤"的指控。但如果有证据表明所该出版材料含有恶意，则出版者无论是明知或出于过失而刊登了不实之内容，均丧失上述特权。亦作"editorial privilege"。(⇨shield law; libel; fair comment)

journal of Congress 〈美〉国会议事录(⇨Congressional Record; journals of Parliament)

journals of Parliament 〈英〉议会日志　指上院自 1509 年，下院自 1547 年开始就所议事项制作的记录，但所作讲话[speeches]不在其列。上院日志[journals of the House of Lords]为公共档案[public records]，而下院日志[journals of the House of Commons]则不属公共档案，它们取代了议会卷宗[Parliament Rolls]。

journals of the Houses of Parliament (=journals of Parliament)

journee (法院)开庭日

journey n.旅行；行程；路程　最初表示一天的行程。但在某一除"旅行"外禁止携带隐藏性武器的制定法中使用该词时，是指某人并非出于日常习惯、工作或者职责上的原因，从家中出发去其朋友或者熟人圈子之外的某地，而不受时间的限制。

journey's accounts （英格兰古法）在途时间 指一项令状被撤销后到另一新的令状签发大概所需的最短期间。在旧时，一项令状非因原告的过错而被撤销[abated]后，原告有权在尽可能短的合理期限内取得一项新的令状，该期限依其到达法院所需的时间来计算。通常为15日。

jousts (= justs)

J.S.D. 法学博士 来自拉丁文"Juris Scientiae Doctor"，即"Doctor of the Science of law"，是法学高级学位的缩写。亦称作"Doctor of Juridical Science"或"Doctor of Jurisprudence"。J.S.D.是哲学博士[Ph.D.]层次的学位，仅有非常少的法律人[lawyer]获得这一学位。主要为那些志在从事法律学术与教学的人所攻读，甚至即便在法学院教员中间，拥有该学位也较为罕见。获得法学博士需要除LL.M.学位或与其相等同的学位之外进行至少一年的研读，以及完成一篇博士论文和通过博士论文主题的口头答辩[oral examination]。在一些法学院，该学位亦称作"S.J.D."。

jubeo 〈拉〉我命令 遗嘱中的指示性嘱托词[word of direction]，其效力有别于恳求性嘱托词[precatory words]。

jubere 〈拉〉（罗马法）❶指导；指示；命令 ❷确保；允诺 ❸颁布法令；通过法律

J.U.D. 双法博士 为拉丁法律用语"juris utriusque doctor"的缩写，意即"doctor of both laws"。对那些在世俗法[civil law]和教会法均获得博士学位者的称谓。(= juris utrius doctor)

judaism n.❶[J—]犹太教 ❷放高利贷 ❸犹太人居住地

Judaismo （英格兰古法）《犹太人法》 爱德华一世时一部关于高利贷法律之标题。(= De Judaismo)

judaismus 〈拉〉❶犹太教 ❷高利贷 ❸犹太人居住地 (= judaism)

judex 〈拉〉❶(古)陪审员 ❷（大陆法）法官 ❸（罗马法）承审员 由裁判官或其他长官指定并经当事人同意的审判官，由其听审和判决案件。罗马的承审员最初是从有资格的一些人中进行挑选，后来承审员本身也成为法官。故该词在罗马的不同时期有不同指义。(⇨in judicio; in jure)

judex ad quem 〈拉〉（大陆法）受理上诉案件的法官；上级法官

Judex aequitatem semper spectare debet. 〈拉〉法官应始终尊重衡平。

Judex ante oculos aequitatem semper habere debet. 〈拉〉法官心目中应常有衡平。

judex a quo 〈拉〉（大陆法）原审法官；下级法官 其判决被提出上诉的法官，与 judex ad quem 相对。

Judex bonus nihil ex arbitrio suo faciat, nec proposito (ne) domesticae voluntatis, sed juxta leges et jura pronunciet. 〈拉〉称职的法官应根据法律和正义审理案件，不应受个人的意愿或好恶的影响。

Judex damnatur cum nocens absolvitur. 〈拉〉有罪的人逍遥法外时，法官应受谴责。

judex datus 〈拉〉（罗马法）委任法官 指由罗马的长官或省长等委任而审理案件的人。

Judex debet judicare secundum allegata et probata. 〈拉〉法官应当根据当事人所作之事实陈述及证据作出裁判。

judex delegatus 〈拉〉专门法官；特别法官

Judex est jus dicere non dare. 〈拉〉法官的职责是（依法）宣告而非造法。

Judex est lex loquens. 〈拉〉法官是法的代言人。

judex fiscalis 〈拉〉国库法官；财政法官(⇨fiscus)

Judex habere debet duos sales, salem sapientiae ne sit insipidus, et salem conscientiae, ne sit diabolus. 〈拉〉法官应当有两种宝贵的素质，一是智慧，使他免受愚弄；二是良知，使他不至于邪恶。

Judex non potest esse testis in propria causa. 〈拉〉法官不得在自己的案件中充当证人。

Judex non potest injuriam sibi datam punire. 〈拉〉法官不得对侵害自己的非法行为予以处罚。

Judex non reddit plus quam quod petens ipse requirit. 〈拉〉法官的判决不应超出原告请求的范围。

judex ordinarius 〈拉〉（大陆法）普通法官 指能以自己名义进行听审和裁决案件的法官，而并非代理权而管辖案件。

judex pedaneus 〈拉〉（罗马法）❶助审官 审理较小案件的法官。❷下级法官 又称为 judex specialis。

judex quaestionis 〈拉〉（罗马法）❶刑事法官 指在裁判官未出庭时负责审理刑事案件法律问题的法官。❷（职位在裁判官之下的刑事法庭的）总监；负责人

judex selectus 〈拉〉（大陆法）选定的法官 在刑事诉讼中，由裁判官选定的负责审理事实问题的法官。与现代的陪审员颇为相似。

judge n.法官 根据法律在法院审理和裁决案件、行使司法权的司法官员。英格兰的法官体系等级森严，而且许多法官可以流动。按照等级由高到低，英格兰的法官可分为以下几类：①御前大臣（也称大法官[Lord Chancellor]），为英格兰首席法律官员，同时身兼内阁成员及上议院议长；②皇家首席大法官[Lord Chief Justice, 简称为LCJ]，为上诉法院刑事庭庭长，兼任高等法院王座庭的庭长；掌卷法官[Master of the Rolls]，简称"MR"，即上诉法院民事庭庭长；③上议院常任上诉法官[Lords of Appeal in Ordinary]，简称为 Lord；④上诉法院法官[Lord Justices of Appeal]，简称为 LJ；⑤高等法院法官[High Court Judge]，简称为 J，有时也被称为普通法官[Puisne Judge]；高等法院设三个分庭，其中王座庭由皇家首席大法官主持，衡平庭由副大法官[Vice-Chancellor, 简称 V-C]主持，家事庭由家事庭庭长[President of the Family Division]主持；⑥巡回法官[Circuit Judges]，可在刑事法院和郡法院审理案件；⑦记录法官[Recorders]，可在刑事法院和郡法院审理案件；⑧地区法官[District Judges]，旧称"District Registrars"，可在郡法院审理某些案件；⑨治安法官[Magistrates]，又分为两种，一种是领薪治安法官[Stipendiary Magistrates]，从有经验的出庭律师或事务律师中选任；另一种是非职业治安法官[Lay Magistrates]，也称"Justices of the Peace"，不领薪，从无法律专业知识的普通人中选任。英国的法官通常都从有一定执业经验的出庭律师中选任，如具有10年以上执业经验的出庭律师才有可能被任命为高等法院法官，但事务律师有可能被任命为记录法官，以后还可升任巡回法官。高等法院法官以及更高级别的法官只有经过议会两院的同意方可被免职。美国宪法中没有规定法官的资格，也没有规定法官必须从律师中产生，但事实上所有联邦法官及最高法院大法官大都是律师界人物；而且美国的法官都固定配属于某个法院，这一点与英国的法官可以在不同法院间流动不同。在法官的产生上，美国存在任命制和选举制两种形式，即联邦的法官是任

命的,各州法官通常是选举的,但也有某些州的法官由州立法机关或州议长任命。联邦法官一般均为终身职,除因"行为不端"等受国会弹劾外,不得免职。judge 与 justice 在少数情况下可作为同义词互换使用,如美国最高法院大法官[Justices of the Supreme Court of the United States]在宪法中即被称为最高法院法官[Judges of the Supreme Court]。但作为一般规则来说,这两个词是不完全相同的,对法官的通称是 judge,并且它包括了 justice,但在一般语境中,justice 不包括 judge。在美国,对某一司法区中最高审级的法官通常称为 justice,而对初审和中间上诉审的法官称为 judge(但也有少数州例外,如纽约州初审法院的法官称 justice,而上诉审法院称 judge;在得克萨斯州,中间上诉法院的法官称 justice,而在初审法院及最高审级的刑事法院,即刑事上诉法院中的法官称 judge)。不过这种区分也不是绝对的,在具体情况下究竟使用哪一个词并不存在统一的依据,多数是因袭长期的或地方上的习惯,或由于宪法或制定法的强化。

judge ad quem (= judex ad quem)

judge advocate ❶〈美〉军法顾问　军事首领参谋班子中的法律顾问;广义上也可指军法署署长工作班子[Judge Advocate General's Corps]或者美国陆军部、海军部、空军部中的任何官员。❷〈英〉军法顾问　出席军事法庭、监审庭审,并就有关法律和程序问题向法庭提供咨询的官员。

judge advocate corps　〈美〉军法署署长工作班子

Judge Advocate General　军法署署长　①在美国,为高级法律官员,陆、海、空三军的首席法律顾问;且当海岸警卫队[Coast Guards]不在海军中服役时,为交通部的总顾问;②在英国,为国防大臣的法律顾问,就有关军事法庭及其他有关军事法律的事项提供咨询;在海军中类似的职位称"Judge Advocate of the Fleet"。这两个职位都是 1951 年《军事法庭(上诉)法》[Courts-Martial (Appeals) Act]设立的。

judge a quo (= judex a quo)

judge de facto　事实上的法官　指表面上具有法官的头衔,以法律的名义履行法官的职责,但其法官权限的取得存在程序上的缺陷的人,如不是根据宪法任命的,或未作任职宣誓等。

judge in chambers　内庭法官　存卷法院中在法庭以外处理案件的法官。

judge in lunacy　〈英〉审理精神错乱案件的法官　根据 1890 年《精神错乱法》[Lunacy Act],他们由高等法院衡平分庭的法官构成。1959 年《精神健康法》[Mental Health Act]规定以任命的法官代之。

judge-made law　判例法;法官创制的法律　①指由法院判例所确立的法律,区别于以制定法或行政法规为渊源的法律。②指法官在判决中对制定法作了与立法意图相反的解释或从中推导出立法意图中本未包括的含义。在这层意义上,也称为"judicial legislation"或"bench legislation"。(⇨common law)

Judge Ordinary　〈英〉常任法官　1875 年《婚姻案件法》[Matrimonial Causes Act]规定设立离婚和婚姻案件法庭[Court for Divorce and Matrimonial Causes],并规定遗嘱检验法庭[Court for Probate]的法官以常任法官的名义同时为该法庭的法官,对该法庭所管辖的案件进行初审。1873-1875 年《司法组织法》[Judicature Acts]将其管辖权转归高等法院,常任法官成为遗嘱检验、离婚和海事分庭的庭长,现为家事分庭的庭长。

judge pro tem (= judge pro tempore)

judge pro tempore　临时法官　在常任法官[regular judge]缺席时任命的在整个开庭期或其部分期间内履行常任法官职责的法官。区别于被任命审理特殊案件的特别法官[special judge]。

judge's calendar　法官日程表　为法官之用而作的案件日程表,通常在各页内为各案件留有空白位置作为书写法官备忘录[judge's minutes]之用。

judge's certificate　〈英〉❶诉讼费用缴付证书　审理案件的法官签署的要求败诉方承担胜诉方的诉讼费用的文书。❷法院意见书　法院对御前大臣[Chancellor]提交法官裁决的法律问题出具的、由法官签字的意见书。

judge's minutes (= judge's notes)

judge's notes　法官备忘录　法官通常在庭审过程中对证人的证言或作为证据提出或已被采信的文件、提交的证据及其是否被接受或排除,以及类似事项所作的记录。在英美法国家,即使对证据有速记员作笔录,法官作此种备忘录供自己之用仍为惯常做法。在英国刑事案件的上诉中,法官所作的备忘录须提交给上诉法院[刑事分庭]。

judges of elections　〈美〉选举法官　主持选举和协检查选举结果的法官。

judges of gaol delivery　审决囚犯的法官　受特别委任审理和裁决被监禁人员的案件的法官。

judge's order　〈英〉法官命令　高等法院衡平分庭的内庭法官[judge in chambers]根据当事人的申请[summons]作出的命令。区别于主事法官的命令[master's order]。

Judge's Rules　〈英〉法官规则　指导警察讯问犯罪嫌疑人或受到犯罪指控者的规则,例如何时应对被讯问者给予警告[caution],他所说的话将被记录下来和用作证据,以及被告人作书面陈述应采用的形式等。法官规则可能源于 1906 年皇家首席大法官阿尔弗斯通[L. C. J. Alverstone]给伯明翰的警察局长[Chief Constable]的一封回信,对警察局长提出的就适当的警察侦查行为和讯问犯罪嫌疑人的方式方面给予建议的请求作了回答。1912 年由王座庭的法官制定并通过了 4 条规则,1918 年又增加了 5 条规则。1964 年王座庭全体法官会议通过了一套新的规则。这套规则并不具有制定法或其他性质的效力,但它从总体上规定警察警告和讯问犯罪嫌疑人所适用的原则。只要警察遵守了这些规则,其行为就不会受到批评,所获取的信息也不会不被采纳,相反,若规则未得到遵守,法庭可拒绝采纳被告人的陈述作为证据。现在这些规则已被 1984 年《警察和刑事证据法》[Police and Criminal Evidence Act]第五部分及国务大臣的《程序法典》[Codes of Practice]中有关拘留、待遇和讯问方面的规定所取代。

judge trial　法官审判　由法官主持的无陪审团参与的审判。法官既决定案件的事实问题,又解决法律适用问题。也称为"bench trial"。

judgment　n. ❶判决　法庭对案件各方当事人的权利和义务或是否承担责任问题作出的最后决定。在诉讼实践中,"judgment"包括"decree"(衡平法判决)与可以上诉的命令或裁定[order],且常与"decision"作为同义词互换使用;在刑事诉讼中,"sentence"与"judgment"同义。该词还可以指法庭作出判决的理由,但后者通常更多地称为"opinion"。❷〈英〉上议院常任上诉法官的司法意见书

judgment book　法院判决登录簿　由书记官保存,为法院档案的组成部分。在美国联邦及许多州法院中,通常分有"民事卷"[civil docket]、"刑事卷"[criminal docket]等。

judgment by cognovit actionem 根据被告的自认作出的判决 在向被告送达传票后,被告承认原告的诉讼理由为正当且合法的,法院据此作出的判决。

judgment by confession 根据被告的自认作出的判决

judgment by confession relicta verificatione 根据被告的自认作出的判决 在诉答程序结束后,开庭审理前,被告承认原告提出的诉讼理由,并撤回或放弃自己的答辩或其他主张,法院据此作出被告败诉的判决。

judgment by consent (= consent judgment)

judgment by default (= default judgment)

judgment by default and inquiry 缺席和调查判决 法院确认原告在起诉状中所主张的诉权的判决,肯定原告至少在名义上享有取得损害赔偿的权利,并排除被告有权提供任何证据以否认原告的诉权。但至于损害赔偿的性质、范围、数额则留待听审[hearing in damages]后由终局判决来确定。

judgment by default final 终局缺席判决 根据原告起诉状中的主张和请求以终局判决形式作出的缺席判决,具有不容否认和既判的效力。

judgment by nil dicit (= judgment nihil dicit)

judgment by non sum informatus 未被告知答辩的判决 在被告的律师未作答辩,而是表示其未被告知需对原告起诉作出任何答辩的情况下法院作出的判决。

judgment by one's peers (= judgment of his peers)

judgment creditor 胜诉债权人;判决确定的债权人 已获法院判决确定债务人欠其一定数额之债务,但尚未受清偿的债权人。他有权依判决申请法院对债务人强制执行。

judgment creditor's action 胜诉债权人申请强制执行之诉 胜诉债权人在通过普通法律程序不能实现其债权时,请求以债务人的财产或收益来清偿判决确定的债务的诉讼。按通常理解,此种诉讼为衡平法上或具有衡平法性质的诉讼。

judgment debitum sine brevi 未经诉讼即作出的判决中确认的债务证据[debt evidence]

judgment de bonis intestati 涉及未留遗嘱的遗产的判决 所有需以未立遗嘱死者的遗产清偿债务、以遗产管理人为被告的案件适用的一种判决。

judgment de bonis testatoris 涉及有遗嘱的遗产的判决 所有需以已立遗嘱死者的遗产清偿债务、以死者的遗嘱执行人为被告的案件适用的一种判决。

judgment debt 判定债务 由有效的法院判决确定的债务,或在对债务人提起的诉讼中债务人败诉而产生的债务。

judgment debtor 败诉债务人;判决确定的债务人 指已被法院判决认定负有金钱债务但尚未履行清偿义务的债务人。该词已被解释为包括有利害关系的债务人的继承人。

judgment debtor summons 〈英〉债务人传票 根据英国《破产法》[Bankruptcy Act]对债务人发出的传票。

judgment de melioribus damnis 最高损害赔偿额的判决 在对数人共同侵权提起的诉讼中,若陪审团错误地对各被告人分别裁决承担不同数额的损害赔偿时,原告可以选择其中的最高赔偿额请求法庭作出判决,并在卷中记明对其他被告人"撤诉"[nolle prosequi]。(⇨de melioribus damnis)

judgment de tarris 寡妇获得亡夫地产的判决

judgment docket 判决登记簿 由法院书记官或其他官员制作并保存的本法院已登记判决的一览表,记录事项包括判决登记日期、案件当事人、债务清偿、判决的执行及其结果、某一判决在法院相关卷宗中的页码等。此登记簿可供公众查阅。

judgment execution 判决执行令 要求有关官员扣押败诉债务人的物品和财产以清偿判决确定的债务的法院命令。

judgment file 判决文档 登录判决以作为法院的永久性档案保存的簿册。

judgment for want of prosecution 无控诉的判决(⇨judgment of nolle prosequi)

judgment fund statute 〈美〉判决基金法 规定对未投保的或不知名的交通肇事者造成的损失提供赔偿基金的一项制定法。

judgment index 〈美〉判决索引 某一法院已登记判决的索引,通常按照原告和被告姓名的英文字母顺序排列。

judgment in error 上诉审判决;复审判决 上级法院根据纠错令[writ of error]复审案件后作出的判决。

judgment in personam 对人判决 更确切地应称作"judgment inter partes",与对物判决[judgment in rem]相对,指确定被告人负有某种个人责任[personal liability]的判决。如支付金钱、履行合同或承诺、为某种行为或不得为非法行为等,并且在司法所及的范围内,可以被告人的财产来承担该责任;也指法院在对当事人具有对人管辖权[personal jurisdiction]的诉讼中作出的判决。对人判决只对判决指向的特定个人有约束力。

judgment in rem 对物判决 确定有关权利、物或财产的状况、人的身份问题的判决;也指法院在其具有对物管辖权[in rem jurisdiction]的诉讼中作出的判决。对物判决对与判决所指之物或标的有利害关系的所有人均有约束力。(⇨judgment in personam)

judgment in retraxit (= judgment of retraxit)

judgment inter partes (= judgment in personam)

judgment lien 判决留置权 对败诉债务人的不享有扣押豁免权的财产[nonexempt property]设定的留置权,胜诉债权人有权据此扣押债务人的财产以实现其判决确定的债权。也称 lien of judgment。

judgment nihil dicit 被告不答辩判决 被告出庭但未作答辩或已撤回或放弃其答辩时,法庭作出的原告胜诉的判决。根据现在的诉讼规则,此种判决与缺席判决实质上相同。

judgment nil capiat per billa 以起诉状提起的诉讼中原告无诉因判决(⇨take-nothing judgment)

judgment nil capiat per breve 以令状提起的诉讼中原告无诉因判决(⇨take-nothing judgment)

judgment nil dicit (= judgment nihil dicit)

judgment nisi (= nisi judgment)

judgment non obstante veredicto (= judgment notwithstanding the verdict)

judgment non sum informatus (= judgment by non sum informatus)

judgment note (= cognovit note)

judgment notwithstanding the verdict/JNOV 与陪审团裁断相反的判决 法庭在陪审团已作出一方当事人胜诉的裁断后作出的对方当事人胜诉的判决。(⇨non obstante veredicto)

judgment nunc pro tunc (= nunc pro tunc judgment)

judgment of affirmance 维持原判的判决(⇨affirmance)

judgment of assets in futuro 可就被告对不动产享有的将来利益强制执行的判决
judgment of cassetur billa （衡平法院）驳回起诉的判决
judgment of cassetur breve (= judgment of cassetur billa)
judgment of conviction 有罪判决 刑事判决的一种，内容包括被告人的答辩、陪审团裁断或事实认定、量刑等。
judgment of dismissal 驳回诉讼的判决 未对案件实体问题进行审理而终结诉讼的终局判决。
judgment of God (= judicium Dei)
judgment of his peers 由与被告人地位相同的人组成的陪审团进行审判 该词由《大宪章》[Magna Carta]中借用而来，意指陪审团审判。
judgment of interpleader (= decree of interpleader)
Judgment of nolle prosequi 无控诉的判决 原告出庭后，在法庭对案件实体问题作出判决前决定放弃其诉讼时，法庭作出的原告败诉的判决。
judgment of nol. pros. (= judgment of nolle prosequi)
judgment of non pros. (= judgment of non prosequitur)
judgment of non prosequitur 无控诉的判决 在诉讼进行中原告未能按时维持其起诉时，法庭作出的原告败诉的判决。已为现在的驳回起诉[involuntary nonsuit]取代。
judgment of nonsuit 驳回起诉的判决 (⇨non(-)suit)
judgment of ouster (= ouster judgment)
judgment of repleader 重新诉答判决 (⇨repleader)
judgment of respondeat ouster 要求重作答辩的判决 对已作延诉答辩[dilatory plea]的被告，要求其就案件实体问题再作更为实质性的答辩的一种中间判决。
judgment of restitution 恢复原状的判决 (⇨restitution)
judgment of retraxit 根据原告撤诉而作的判决 在原告自愿撤回其起诉后法庭作出的对原告不利的判决。此种判决和基于案件实体的判决[judgment on the merits]一样，具有阻止原告以后以相同诉讼理由再次起诉的效力。
judgment of the iron (= judicium ferri)
judgment of water (= judicium aquae)
judgment on demurrer 根据抗辩作出的判决 法院根据其对诉求不充分抗辩举行听审后作出的决定（支持[sustain]或驳回[overrule]）而作的判决。
judgment on the merits 实体判决 法庭对案件经过庭审调查和辩论，以事实和证据为根据作出的确定当事人的实体权利的判决。区别于仅就案件的程序或法院管辖权问题作出的判决，以及未经审理的缺席判决等。已有实体判决案件的当事人不得再次提起相同的诉讼。
judgment on the pleadings 根据诉状作出的判决 指仅仅根据当事人在诉答书状中所陈述的主张与事实，而未根据书状内容以外的任何信息作出的判决。在诉答程序结束后，且不会拖延审判的时间内，任何一方当事人都可申请法庭只根据诉状作出判决。
judgment on the verdict 根据陪审团裁断作出的判决 区别于无陪审团参加而由法官听审案件后迳行作出的判决。
judgment paper 〈英〉判决文本 普通法诉讼中，由主事法官签署的记载法庭对案件的终局判决的文件。
judgment par contumace 〈法〉死刑判决
judgment pro confesso (= judgment by confession)
judgment-proof a. 无力履行判决的 实际的或潜在的败诉债务人所作的说明自己因财产不能支付判决确定的损害赔偿金，或者在法院管辖区内没有足够的财产以履行判决，或者主张其财产享有制定法规定的免受扣押的豁免权[exempt]。也称作"execution-proof"。
judgment pro retorno habendo 要求返还财物的判决
judgment quando acciderint 对继承人或遗嘱执行人作出的只能对其后可能由其占有的财产强制执行的判决
judgment quasi in rem 准对物判决 法院基于其对被告对位于其辖区内的财产享有的权益具有管辖权作出的判决，而非基于其对被告或财产本身具有管辖权作出的判决。
judgment quod computet 报账判决 在报账诉讼[action of account-render]和死者的债权人对遗嘱执行人[executor]或遗产管理人[administrator]提起的诉讼中作出的一项初步或中间判决，命令被告将账目[account]提交给法院主事官[master]或主计官[auditor]。同时在后一类诉讼中，该衡平法判决要求主事官以适当与公开的方式通知死者的全部债权人在指定的时间与地点到庭证明其债权，并要求主事官将遗嘱执行人或遗产管理人手中掌握的死者的全部个人财产登账。
judgment quod eat inde quietus 宣告无罪的判决
judgment quod partes replacitent 〈拉〉要求（当事人）重新诉答的判决 旧时诉讼中，当争点是根据某一很不重要的法律要点[point]而确定的，以致法庭不知道该判决由哪一方胜诉的判决时，所作的要求当事人重新进行诉答的判决，这时当事人就必须重新阐释其起诉状和答辩状。
judgment quod partitio fiat 分割财产的判决
judgment quod recuperet 〈拉〉给予（原告）补偿的判决；原告胜诉的判决 旧时普通法诉讼中判决原告胜诉的通常方式。该判决可能是终局判决，也可能是中间判决，这要取决于在判决作出时是否已确定了损害赔偿额。
judgment record 判决记录 在英国诉讼程序中，指记录案件全过程的羊皮纸卷宗，在判决由法官签署后交法院库存；在美国，判决记录由书记官签署、归档和保存。(⇨judgment docket)
judgment recovered 已通过判决获得 被告提出的主张原告已经获得了他提起诉讼所要寻求的赔偿或救济的答辩。这是以前的一种虚假答辩[sham plea]，旨在拖延诉讼。根据现在的诉讼规则，被告可以提出存在先前判决[prior judgment]作为抗辩。
judgment rendered 已宣告的判决 (⇨rendition of judgment)
judgment rendered and satisfied 已宣告并已得到履行的判决 用于责任保险单[liability insurance policy]中有关时效的规定，表示终局判决得到履行的时间。
judgment roll 判决案卷 在美国某些州，在书记官登记判决时要求其作出判决卷宗，通常要包括传票、诉答书状、当事人的自认、判决和法庭命令等。在联邦和多数州，判决分别记录在"民事卷"[civil docket]或"刑事卷"[criminal docket]中。在以前英国的诉讼实践中，判决卷包括对诉讼全部程序的记录及判决登记，并提交法院存档。
judgment satisfied 判决已得到履行 指在案卷中记录判决确定的债务或责任已得到清偿或履行。这种登记不属于判决的一部分，而只是一种卷宗记录，以备将来对原告的权利发生疑问时可用作相关证据。
judgment setoff (= setoff of judgments)
Judgments Extension Acts 〈英〉《判决（效力）延伸法》 指1868年和1882年通过的两项制定法，规定在联合王国中的任一国法院获得对他人享有债权、损害赔偿或诉讼费用请求权的判决的当事人，可在另一国相应法院登记该判决，并可像该法院自己作出的判决一样予以强制执行。后来的制定法对特定英联邦国家或特定外国的高级法院的判决在联合王国执行作了类似的规定。

judgment summons 〈英〉拘捕判决确定的债务人的传票

judgment vacated, verdict set aside, and new trial granted 撤销判决,撤销陪审团裁断,准予重新审理

judgment void on its face 表面上无效的判决 通过查阅判决案卷[judgment roll]即可明显认定其无效。

Judicandum est legibus, non exemplis. 〈拉〉应依法裁判,而不应依例裁判。

judicare 〈拉〉(罗马法)(英格兰古法)判决;裁判;决定;宣判

judicata 既判的(⇨res judicata)

judicatio 〈拉〉(罗马法)裁判;宣判

judicatores terrarum 〈拉〉(英格兰古法)(切斯特巴拉丁领地上的)封臣裁判者 指在切斯特[Chester]巴拉丁领地上那种因其保有土地而履行司法职能的土地保有人。当他们作出错误判决时,受害方可依文秘署[Chancery]的纠错令[writ of error]要求这些封臣裁判者予以改判,期限为1个月。若后者拒绝改判,该案依纠错令将移至王座法庭,如果王座法庭认为该案判决有误,则上述封臣裁判者将被罚款100英镑。

judicatory a. 判决的;与判决相关的
n. ❶法院;裁判所 ❷司法;实施法律

judicato solvendo 〈拉〉支付已判债额(⇨de judicato solvendo)

judicatum solvi stipulatio 〈拉〉(罗马法)为确保判决执行而由原告在诉讼开始时获得担保的规定

judicature n. ❶法院;法庭;裁判所 ❷司法管辖权;裁判权 ❸[总称]法官 ❹法官的职位(职责或权限)

Judicature Acts 〈英〉《司法组织法》 1873–1875年间对高等法院的组织和审判程序进行改革的法律。该法撤销了当时存在的那些最高司法组织,组成了单一的最高法院[Supreme Court]体系,下设高等法院[High Court of Justice]和上诉法院[Court of Appeal]。高等法院又再分为五个分庭,即王座分庭[Queen's Bench Division]、民诉分庭[Common Pleas Division]、财税分庭[Exchequer Division]、衡平分庭[Chancery Division],以及遗嘱检验、离婚和海事分庭[Probate, Divorce and Admiralty Division],从而奠定了英国现代司法组织的基础。另外,该法还统一了民事诉讼程序,规定任何一个法庭都可以实施普通法和衡平法的原则,从而实现了普通法和衡平法的合并,但它同时又规定,当二者发生冲突时,衡平法原则优先。该法后又为1981年的《最高法院法》[Supreme Court Act]所取代,上诉法院和高等法院又分别于1966年和1970年重组,后者合并为王座分庭、衡平分庭和家事分庭。依1971年的《法院法》[Courts Act],刑事法院[Crown Court]取代了季审法庭[Quarter Sessions]和巡回法院[court of assize]成为了最高法院的一部分。

Judicature Commission 〈美〉司法委员会 在司法改革过程中成立的,为司法程序的改进以及法院日常事务的管理提供建议的机构。

judices 〈拉〉judex 的复数

judices delegati judex delegatus 的复数

Judices non tenentur exprimere causam sententiae suae. 〈拉〉法官无须说明他们判决的理由。

judices ordinarii judex ordinarius 的复数

judices pedanei judex pedaneus 的复数

judices selecti judex selectus 的复数

judicia 〈拉〉(罗马法)司法程序;案件审理 judicium 的复数形式。

Judicia in curia regis non adnihilentur, sed stent in robore suo quosque per errorem aut attinctum adnullentur. 〈拉〉王座法庭作出的判决除因错误或调查陪审团裁决的令状[attaint]而被宣布无效外,不得推翻。

Judicia in deliberationibus crebro maturescunt, in accelerato processu nunquam. 〈拉〉成熟的判决通常是经过深入的评议,绝非经过匆促的程序所能达成。

judicial a. ❶法院的;司法的;审判的 ❷法庭上的 ❸法律上的;合法的 ❹判决上的

judicial act 司法行为 指在法定权限范围内正常行使司法权的行为,如解释法律、确定当事人的权利、将法律适用于特定的事实等。判断某行为是否属于司法行为也是确定是否享有绝对司法豁免权[judicial immunity]的标准。

judicial action (法庭)审判行为;裁决(案件)行为 指法庭听审案件、确定当事人之间的权利义务关系,并根据当事人的请求作出裁判的行为。

judicial activism 〈美〉司法能动主义 一种司法理论,它鼓励法官摆脱对于司法判例的严格遵从,允许法官在制作判决时考虑其个人对于公共政策[public policy]的观点以及其他因素作为指导,通过判决来保护或扩展与先例或立法意图不符的个人权利。遵循该理论会造成某些判决侵犯立法权和行政权的结果。

judicial admission 法庭上的承认 指一方当事人或其律师在法庭上自愿承认对方当事人主张的某一事实为真实,从而免除了对方对该主张的证明责任。作出承认的一方以后不得就该事实再作争执。

Judicial Article 〈美〉司法条款 指《美国宪法》的第三条,该条创设了美国最高法院[U.S. Supreme Court],授权国会设立下级法院,规定联邦法院法官的终身任制,明确了联邦法院的权力及其管辖权范围。

judicial authority 司法权;管辖权;裁判权

judicial bonds 司法保证书 保证对方当事人不致因延误或因诉讼结果被剥夺财产而受损失的保证书,通常根据诉讼的性质予以分类,如上诉保证书、禁制令保证书、扣押保证书、诉讼费用保证书等。

judicial branch 司法部门 由法院组成的政府部门之一,其职能是解释、适用和执行法律。它与行政部门及立法部门共同形成三权分立的政府体制。(⇨Judicial Article; judicial power; judicial system; Judiciary Acts)

judicial business 司法事务 指涉及司法权的行使或运用法院裁判权处理争议事项,或进行司法程序等事务,区别于为推动诉讼进程而附带进行的行政行为或其他行为,如当事人、律师或其他法院官员不需向法庭或法官申请而进行的行为。

judicial circuit 司法巡回区(⇨circuit)

Judicial Code 〈美〉《司法法典》(⇨Federal Judicial Code)

judicial cognizance (= judicial notice)

judicial combat 司法决斗;决斗裁判(⇨trial by battle)

judicial comity 〈美〉司法礼让原则 指一州或司法区的法院出于尊重而非义务承认另一州或司法区的法律和法院判决的效力的原则。

Judicial Committee 〈英〉枢密院司法委员会(⇨Judicial Committee of the Privy Council)

Judicial Committee of the Privy Council 〈英〉枢密院司法委员会 是根据1833年的《司法委员会法》[Judicial Committee Act]成立的司法裁判机构,其成员包括枢密院

院长和各前任院长、御前大臣、上议院常任上诉法官[Lords of Appeal in Ordinary]，以及不超过六位现为或者曾经是英国自治领[Dominion]的高级法官且现任枢密院成员者。该委员会主要受理来自英国各自治领或附属领地的任何上诉案件，包括刑事的和民事的，但已成为独立国家且取消了向该委员会上诉的地区除外，有些案件的上诉需要取得枢密院的特别许可。司法委员会的管辖权还包括受理来自教会法院[Ecclesiastical Courts]和捕获法院[Prize Courts]的上诉案件，其对案件的审理是终局的。此外，司法委员会还有权听审对某些专业组织(如医疗总会[General Medical Council])所作的取消其注册成员资格的决定提出的上诉。司法委员会不正式发布判决，但其对案件的裁决结果会在公开法庭上宣读，并告知女王。为使该裁决结果生效，尚需签发枢密院令[order in Council]。在以前，与裁决结果不同的反对意见[dissenting opinion]不公布，但现在这一做法已有改变。

Judicial Conference of the United States 〈美〉美国司法会议 由联邦法院的法官代表组成的，根据制定法的规定举行的会议，基本宗旨在于研究促进联邦法院事务处理的措施，以及保持对目前和今后在这些法院适用的诉讼和程序规则进行连续性的学习研究。

judicial confession 在法庭上的供认；司法供认 在法庭或审理程序中所作的有罪供认或其他直接认罪的供述。(⇨extrajudicial confession; confession)

judicial control ❶司法官员控制 指法院对其官员(如争讼财产管理人[receiver]、审断人[referee]、主事官[master])履行职责情况的管理。❷司法控制 指法院行使其管辖权宣布立法或行政行为因为违宪而无效。❸(大陆法)司法控制 指如果承租人的违约不严重，或者违约并非是由承租人造成的，或者是由于对事实存在善意的误解，法庭可以拒绝撤销租赁合同的原则。

judicial convention 司法协议 ①诉讼双方当事人根据法庭命令达成的协议；②司法官员选举中，代表人会议就候选人的提名达成的协议。

judicial council 〈美〉司法委员会 司法改革的常设性机构，任务在于研究司法系统的组织及其运作，并就司法程序及事务管理提出改进的建议。

Judicial Council of the Circuit 〈美〉巡回区司法委员会 指由每一巡回上诉法院的首席法官召集的本巡回区全体法官参加的大会，每年两次，基本任务在于研究如何提高本巡回区法院工作的效率和有效性。

judicial cy pres 司法近似原则 当慈善捐赠人的最初意图不能实现时，法庭可作最接近于捐赠人最初意图的解释，将其适用于新的情况，从而使捐赠不致落空。(⇨cyprès)

judicial day 审判日；开庭日 指法院开庭、可进行诉讼的日子。在罗马法中，指裁判官审理案件的日子，每年中有28天。其之所以被称为审判日，是因为此时裁判官会以"do, dico, addico"的形式宣布他的审判权。亦称 juridical day，并与 nonjudicial day 及 nonjuridical day 相对。

judicial decision 法庭裁决 指具有管辖权的法院或裁判机构将法律适用于已经证据证明的事实或当事人承认了的事实，并宣告因此而产生的后果。(⇨decision; judgment)

judicial declaration 〈苏格兰〉法庭上的承认 相当于英格兰法中的"judicial admission"。

judicial definition 司法定义 法官对某一术语所作的定义。

judicial department 司法部门(⇨judicial branch)

judicial department of the United States 〈美〉美国司法机关 根据联邦宪法[Federal Constitution]第三条建立的机构，包括一个最高法院及由国会颁布命令[ordain]并设立的下级法院[inferior courts]。

judicial dicta judicial dictum 的复数

judicial dictum 法庭意见；法官意见 法庭或法官就案件直接涉及的、且经律师辩论过的，甚至法庭已对其评议、裁决的问题陈述的意见，但对案件判决来说并非必要。

judicial discretion 司法裁量权；法官的自由裁量权 法庭或者法官可以基于案件具体情况，根据公正、衡平的精神以及法律原则进行判断、作出判决的权力；也指法庭或法官在诉讼当事人无权请求其作出某种行为的情况下，自由决定做或不做的权力。

judicial district 〈美〉司法区；法院辖区 指对一个州的区域为司法目的所作的划分，通常每一个区内设一个初审法院，该区的地域范围也即该法院的管辖权限所及范围。有时一个区可能包括两个或两个以上的县[county]，并分别设有独立的县法院[county court]，但在这种情况下，这些县法院都是由同一名法官主持的。该词也用来指联邦的司法区划分，即每一联邦地区法院管辖的地域范围。

judicial divorce 判决离婚；司法离婚 法院经过调查确认当事人违反婚约之事实后，以判决[decree]形式宣布解除婚姻关系，区别于立法上的离婚[legislative divorce]。

judicial documents 司法文件；诉讼文书 指与某一诉讼相关的，存于法院案卷中的文书，通常包括判决书、陪审团裁断书、证人的书面证言、询问或讯问笔录、令状、逮捕证、当事人的诉答书状等。

judicial duty 司法职责；法官职责 指司法部门[judicial department]的官员所负有的法律上的职责。主要内容是对证据进行审查和裁量，并就事实问题和法律问题作出裁决。

judicial equity 司法衡平 指法院通过对案件的裁决所达成的衡平。

judicial errors 司法错误 指法院自身所犯的错误，通常为法院所作的判决在某一方面有错误，需要改正。

judicial estoppel 司法上的陈述不容否认原则 依该原则，一方当事人在司法程序中经过宣誓所作的陈述，禁止其在其后的涉及同一争点和相同当事人的诉讼或程序中予以推翻或否认。

judicial ethics 司法职业道德准则

judicial evidence 诉讼证据 指在法庭上出示的证据，包括提交法庭考虑的或者已被法庭采信的所有证据。

judicial factor 〈苏格兰〉指定财产代管人 指由最高民事法院[Courts of Session]或郡长法庭[Sheriff Court]指定以保管和经营处于争议之中或无适当法律控制之财产的人。常见的情况是对于心智不健全者之财产或信托财产的管理。一经指定，该代管人便成了法庭的职员，他必须妥善保管上述财产，并作出财务报表，列出清单向法庭相关官员报告。同时他享有受托人[trustee]和法庭赋予的权力，但也要对其疏于职守负责。

judicial foreclosure 以司法途径取消抵押物回赎权 指通过诉讼程序将抵押物变卖。这是一种耗时费钱的取消抵押物回赎权的方式，需要按照法律规定的程序进行。这种方式在美国所有司法区都有规定，在至少20个州中规定它是惟一的或最常用的取消抵押物回赎权的方式。

judicial function 司法职能 以一定的方式行使司法权的职能。(⇨judicial act; judicial business)

judicial immunity 〈美〉司法豁免 法官对其履行司法职能的行为免于承担民事责任。这项豁免权是绝对的，即使法官的行为是出于恶意亦适用。

judicial immunity of witness 证人的司法豁免 指法庭考虑到证人提供的证言可能会证明其自己有罪而承诺在证人作证后免于对其提起刑事指控。

judicial inquiry 司法调查 指调查现在的或过去发生的事实，宣告某人根据此种事实及现存的法律应承担的责任，并使该责任得到履行。

judicial intervention 司法干预 指法院对行政决定予以审查或者对行政行为加以约束。

judicial knowledge (= judicial notice)

judicial legislation 司法立法；司法造法 根据"因循先例"[stare decisis]原则，较高级的法院对于某一案件的判决可以成为普遍性的规则，对于后来所有的同类案件起到审判依据的作用，这种现象被称为"司法立法"。通过司法立法而确立的新的法律在效力上与议会制定的法律相同。

judicial lien 司法留置权 指通过判决、扣押[levy]、财产暂管[sequestration]，或者其他的普通法或衡平法上的程序所取得的留置权。如果债务人被判对债权人负有金钱债务，且判决尚未被履行，债权人可以请求法院对债务人所有的特定财产设定留置权，在法院确定了留置财产后，通常会签发令状指令当地的行政司法官扣押该财产并变卖，将变卖所得交给债权人。

judicial location 衡平法院对地役权位置的确定

judicial method 司法方式；审判方法 指法官审理和裁决争议事项及宣告其裁决所遵循的方式或技巧。不同法官、不同法院以及不同法域之间所遵循的审判方式有很大的不同，它取决于很多因素，比如法院的诉讼或程序规则、所适用的法律的渊源、法官个人的态度等。普通法国家的法官在判决中会对个人意见作长篇的论证，与大陆法国家法院只作简洁的判决形成鲜明的对照。对这些不同来说，更重要的要看法官是否、如何以及在多大程度上会将旧的规则适用到新的案件，或者在多大程度上法官仅是根据现实有效的法律规则进行推导。

judicial mortgage 〈大陆法〉(= judgment lien)

judicial notice 司法认知 指法院对众所周知的且无争议的事实予以承认和接受，从而免除当事人对该事实的举证责任。可被司法认知的事实范围广泛，如国家法律、国际法、历史事件、地理特征等。法庭可以主动对某一事实予以司法认知，也可以应当事人的申请进行。

judicial oath ❶司法宣誓 指在司法程序进行中，尤指在公开法庭上所作的宣誓。 ❷〈英〉法官就职宣誓 指1868年《允诺宣誓法》[Promissory Oaths Act]规定的一段誓词。所有法官和治安法官[Justice of the Peace]在接受任职后都必须作此宣誓。在法律允许的情况下，也可以确认[affirmation]代替该宣誓。

judicial office 司法职位；司法职务 与司法权的行使相关的职位。该词可作为所有存卷法院与非存卷法院的概称。

judicial officer 司法官员 指根据宪法、制定法或法院规则的规定行使司法权的人。司法官员的种类较多，其权限各不相同。最通常的司法官员即法官，其他的有治安法官[magistrate；justice of the peace]、主事法官[master]、受托裁判官[commissioner]、审断人[referee]、听审官[hearing officer]，或者对他们总称为"助理司法人员"[parajudicial personnel]或"助理法官"[parajudge]。他们的权限通常来自于法院的授权，也有的是根据制定法的规定。一部分助理司法人员在诉讼过程中履行一些基本的职能，如确定保释、听审某类案件等，其他的则专门负责某一方面或某种程序的工作，如遗嘱检验、青少年违法事件、交通事故、家庭关系等。此外还有些官员如假释委员会成员、缓刑官员等，虽隶属于行政机构，但也具有一些与其职权相关的有限的、特定的司法权限。该词也可以指法院的任何官员，如执达官[bailiff]、法庭记录员[court reporter]等。

judicial opinion 法官意见(➪opinion)

judicial order 法庭命令；法官命令 法庭或法官行使司法裁量权作出的、影响诉讼最终结果的命令。(➪order)

judicial partition 通过诉讼进行的财产分割 以诉讼的方式由法院对共有财产按各共有人所享有的权益强制进行分割。如果共有财产无法按共有人的人数公平分割，可将共有财产以最优价格变卖，然后分割所得价款。

judicial pensions 法官退休金

judicial power 司法权 ①指法院和法官依法享有的审理和裁决案件，并作出有拘束力的判决的权力。与立法权[legislative power]和行政权[executive power]相对；②指政府官员[public officer]所享有的在影响人身和财产权益的案件中裁决有关权利问题的权力，它涉及判断及裁量权的行使，与不涉及裁量权行使的行政性权力[ministerial power]相对。

judicial power of the United States 美国的司法权 根据美国宪法第三条，美国的司法权由美国最高法院及国会设立的下级法院行使。

judicial precedent 司法判例；先例(➪precedent)

judicial proceeding 司法程序；诉讼程序；法庭程序

judicial process ❶司法程序；诉讼程序 ❷司法令状；传票(➪process)

judicial proof 司法证明 指以司法的方式对原先存有疑点的事项所作的证明；在广义上，也可以指根据证据规则可被采信的证据。

judicial question 司法问题 指应当由法院裁决的问题，区别于假设的问题[moot question]以及应当由立法部门或行政部门解决的问题，对后者常称为"立法问题"[legislative question]或"政治问题"[political question]。

judicial ratification 〈苏格兰〉(已婚妇女在)司法上(对可继承财产转让)的认可 指已婚妇女在法庭上声明，她对自己可继承财产[heritable property]的处置乃出于自愿，并非被强迫。(➪acknowledgment)

judicial record 诉讼记录(➪docket)

judicial remedy 司法救济 法院或者根据宪法和法律的规定有权的司法官员所能给予的救济。

judicial reprieve 司法缓刑(➪reprieve)

judicial review ❶司法审查 指法院有权对政府其他部门的行为是否合法进行审查，尤指法院确认立法和行政机关的行为违宪而使其无效的权力。 ❷司法审查原则 ❸上诉审查 指上级法院对下级法院或行政机构所作的事实或法律裁决进行审查。

Judicial Review Act 〈美〉《司法审查法》 一项联邦制定法，规定了法院对联邦行政机构的裁决予以审查的范围。

judicial review of administrative action 〈英〉司法审查行政活动(原则) 高级法院据此有权就行政活动和决定的合法性和正确性进行审查，如果发现行使该行政权的个人或组织有越权或无权之嫌，法院可以宣告行政行为不正确；另外，如果行为人可以酌处决定是否行使该行政权力,则司法系统还可审查他在决定行使权力时,是否出于恶意或有其他不当的目的。

judicial robes 〈英〉**法袍** ①在联合王国,法袍随年代演进而发生变化,并出现于不同的场合。御前大臣(大法官)穿深黑色镶金缎服,戴垂肩假发。在庆典时,皇家首席大法官穿红色貂皮长袍,掌卷法官、上诉法院法官和家事分庭庭长穿与御前大臣相似的长袍,戴垂肩假发。在日常审理案件的场合,上议院常任法官不戴假发、不穿任何法袍,掌卷法官、高级法官以及衡平法庭和家事分庭的法官穿黑色马甲和晨礼服以及与皇家大律师在庆典时相同的穿戴,即黑色长袍戴齐耳假发。皇家首席大法官和高级法院法官在冬天审理民事案件时穿黑色貂皮长袍,审理刑事案件时穿红色貂皮长袍,在夏天审理民事案件时穿黑色绸袍,审理刑事案件时穿红色绸袍,均戴齐耳假发。在纪念日穿红色长袍。巡回法官在郡法院审理民事案件时,穿缀有紫色饰带的蓝色长袍,在刑事法庭审理案件时,穿缀有红色饰带的蓝色长袍。伦敦记录法官穿类似于高等法院法官的一种特殊的红色长袍。一般高级律师身着一种特殊的黑色礼袍。其它中央刑事法院和巡回刑事法庭的法官穿皇家大律师晨礼服与黑袍。地方首席法官穿出庭律师或事务律师长袍。②在苏格兰,最高民事法院法官穿深蓝色毛绒长袍,饰有褐紫红色镶边,镶边上有红十字。在作为高等司法法院常任法官时,他们穿饰有白色镶边,镶边上有红十字的红色长袍。法院院长穿貂皮长袍、法院副院长穿貂皮面的并饰有带孔的白缎镶边的长袍。在国家庆典场合,他们总是穿高等司法法院法官长袍、戴垂肩假发。首席行政司法官和司法行政官穿皇室法律顾问的晨礼服和黑袍。③在美国,法官一般穿黑色长袍,但不戴假发。

judicial salaries 〈英〉**法官的工资** 根据1973年《司法实施法》[Administration of Justice Act],上议院常任上诉法官和最高法院法官的工资由御前大臣经文官大臣[Minister for the Civil Service]同意后确定,但御前大臣本人及领薪治安法官除外;巡回法官的工资根据1971年《法院法》[Courts Act]确定。

judicial sale **司法拍卖** 根据法院判决或命令进行的拍卖,如执行拍卖[execution sale]。(⇨foreclosure sale)

judicial self-restraint **法官自我克制原则** 指法官在裁决案件时,避免放任其个人的与现存的判例或制定法不符的观点或意见,以免影响其判决。

judicial separation **司法别居** 双方并未离婚,只是分居,其中一方可据此取得夫妻共同财产及子女监护权。(⇨alimony; desertion; divorce a mensa et thoro; protection order; separation; separation order; settlement)

judicial statistics **司法统计**

judicial system **司法系统** 在某一管辖范围内所有法院按一定等级层次构成的综合体系。(⇨Judicial Article; judiciary)

judicial trustee 〈英〉**司法受托人** 法院根据1896年《司法受托人法》[Judicial Trustees Act]及相应的规定所指定的某项信托财产的受托人。根据信托设立人、受托人或受益人的申请,司法受托人可以被指定为单独或共同受托人。该受托人必须在法院的指导与监督下支配、使用信托财产,并可因其工作取得相应报酬,但其资格也可被法院中止或解除。由于上述法律很少应用,出于实际考虑,司法受托人已为公共受托人[Public Trustee]所取代。

judicial visit **司法调查** 在早期的案件中,慈善事业的创办者或者继承人有权要求对其声称的信托财产管理不善进行司法调查。(⇨visitation)

judicial writ 〈英〉**司法令状** 继起始令状[original writ]之后,由起始令状所指向的法院所发出的令状。它区别于起始令状的地方在于它不是由文秘署[Chancery]发出,不盖国玺而只盖法庭的印章,不是以国王而是以签发法院首席法官的名义签署,其目的不在于开始一起诉讼,而在于处理已开始之诉讼中的一些相关事务。

Judicia posteriora sunt in lege fortiora. 〈拉〉后判决的效力优于前判决。

judicia publica 〈拉〉(罗马法)刑事诉讼;公诉 原意为公共审判,指依公法进行的刑事诉讼程序。其得名于罗马法的一条规则,即每一公众皆可提起公诉。

judiciary n.❶司法部门;司法机关 ❷法院系统;法院体系 ❸[总称]法官
a.法院的;司法的;涉及司法机关的

Judiciary Acts 〈美〉《司法法》 指规定联邦法院体制的一系列国会立法。主要包括:①1789年《司法法》[Judiciary Act],第一届国会依据该法设立了除最高法院之外的下级联邦法院;②1875年立法,授予联邦法院对联邦问题[federal question]的管辖权;③1891年《埃瓦茨法》[Evarts Act],设立了巡回上诉法院,并确定了联邦上诉审的框架;④1911年立法制定了《联邦司法法典》[Federal Judicial Code];⑤1925年立法(即《法官法案》[Judges' Bill])和1988年立法,进一步缩小了联邦最高法院以调卷令方式进行复审时自由裁量权的范围。

judiciary court 〈苏格兰〉刑事法院

judiciary police **司法警察** 警察部门,尤其是治安法院的成员,其职能是通过惩罚罪犯以遏制犯罪。

Judicia sunt tanquam juris dicta, et pro veritate accipiuntur. 〈拉〉在某种意义上说,判决即法律所言,并作为真理而被接受。

Judicia suum effectum habere debent. 〈拉〉每个判决都应具有法律效力。

Judiciis posterioribus fides est adhibenda. 〈拉〉应当相信最后的判决。

Judici officium suum excedenti non paretur. 〈拉〉不应服从一个法官超越其职权所作出的判决。

judicio sisti 〈苏格兰〉保证遵守法院判决 根据此种保证的一般形式,保证人应担保对将在6个月内提起的任何诉讼出庭答辩。

judiciously ad.依据正确的判决

Judici satis poena est, quod Deum habet ultorem. 〈拉〉法官以上帝作为其报仇者是对自己的足够惩罚。

Judicis est in pronuntiando sequi regulam, exceptione non probata. 〈拉〉如果例外事由没有得到证实,法官的职责是依据法律作出判决。

Judicis est judicare secundum allegata et probata. 〈拉〉法官的职责是根据当事人的陈述和证据作出判决。

Judicis est jus dicere, non dare. 〈拉〉法官的职责在于执行法律,而非制定法律。

Judicis officium est opus diei in die suo perficere. 〈拉〉法官的职责是在当天内完成一日的工作。

Judicis officium est ut res, ita tempora rerum, quaerere. 〈拉〉法官的职责是对事情发生的时间和事情本身进行调查。

judicium 〈拉〉(罗马法)审判;法庭;法院;诉讼程序;听证程序;判决

Judicium a non suo judice datum nullius est momenti. 〈拉〉没有管辖权的法官作出的判决无效。

judicium aquae 水审 神明裁判的一种，做法是将被告裸露的手臂齐肘浸入沸水中，或将其投入水池，根据手臂受伤情况或沉浮情况来判断被告是否有罪。如果被告未被烫伤或沉入水中，则判其无罪，反之则为有罪。

judicium capitale 〈拉〉(英格兰古法)死刑判决

judicium Dei 〈拉〉上帝的裁判；神裁；神明裁判 在古代英国和欧洲，指上帝作出的裁决[judgement of God]，或称"圣决"[divinum judicium; divine judgment]。该词用于指通过火审[ordeals by fire or hot iron]、水审[ordeals by water]、十字架审[trials by the cross]、圣餐审[trials by Eucharist]、吞噬审[trials by corsned]和决斗审[trials by battle]得出裁决，其理论基础是上帝会站在无辜者一方并通过干预裁决过程表现出来。

Judicium Essoniorum 〈拉〉《缺席开庭事由论》 可能是由拉尔夫·德·亨汉姆[Ralph De Hengham]大约于1275年写的一本小册子。尽管书名范围较窄，但其内容除开庭缺席事由外，还涉及大巡回陪审诉讼[grand assize]中的宣誓形式、陪审员、例外及其它一些程序性问题等。这本小册子好像曾经流行过，它被收在伍德斌[Woodbine]的《十三世纪四论》[Four Thirteenth-Century Tracts]中。

Judicium est quasi juris dictum. 〈拉〉判决可谓是法律的昭示。

judicium ferri 〈拉〉烙铁审 神明裁判之一，由被控告犯有罪行的人手拿一块重1至3磅、烧得发红的铁块，或赤脚抬且跨越9张等距离并排放置、同样是烧得发红的铁犁，若他未受伤则无罪，否则将被判有罪，当然大多数情况下被告都难逃厄运。

judicium finium regurdorum 关于模糊不清或有争议地界的判决

judicium ignis 〈拉〉火审 (⇨judicium ferri)

Judicium non debet esse illusorium; suum effectum habere debet. 〈拉〉判决不应是虚幻的，而应是有其效力的。

judicium parium 〈拉〉(英格兰古法)由地位同等者作出的裁决；陪审裁决 这是《大宪章》[Magna Carta]中规定的英国臣民所应享有的权利。

judicium pillorie 〈拉〉(英格兰古法)枷刑判决 《历代法律汇编》[Statutes of Uncertain Date]——收于《王国法律集》[Statutes of the Realm]——和《法律大全》[Statutes at Large, 1266, 51 Hen. 3, st. 6]中的一些立法曾用此标题。

judicium pro rege 有利于国王的判决

Judicium redditur in invitum. 〈拉〉判决是违背一方的意愿的，无论他是否愿意。

Judicium redditur in invitum in praesumptione legis. 〈拉〉根据法律的假定，判决是违背一方的意愿而作出的。

Judicium (semper) pro veritate accipitur. 〈拉〉判决总被认为是正确的。

jug n. ❶罐；盂 ❷(俚)监狱

juge 〈法〉法官

juge de paix 〈法〉初级司法官员 负责对次要争议问题进行即时裁决。亦具有治安官员[police magistrate]的职能。

juge d'instruction 〈法〉刑事预审法官 在法国，17世纪时即已出现审判前的预备侦查程序，但刑事预审法官这一职位在19世纪中期始产生。当犯罪人在实施犯罪时或犯罪后立即被抓获，预审法官即可开始侦查程序。此外，也可以应检察官[procureur]的命令或公民[private citi-zen]的请求而开始侦查程序。在侦查中，预审法官享有广泛的权力，他可以决定对被告人的住处进行搜查和扣押证据，传证人或专家出庭作证。而被告人则有权保持沉默和获得律师的协助，且律师有权查阅所有的证据和文件。侦查中收集的证据汇集成卷[dossier]，预审法官据此决定是否将被告人交付审判。如果经审法官认为有罪的证据不充分时，即不将被告人提交审判。该职位与英国刑事诉讼中的预审法官[examining justice]略有类似之处，但后者的职权仅在于当其认为没有足够的证据导致对被告人定罪判决时将其释放。

jugerum 〈拉〉罗马丈量土地的单位，相当于现代英亩的二分之一多一点，即等于240英尺×120英尺；也可以指一英亩，在古时即等于一对公牛一天所能耕种土地的面积

juggs (= jougs)

jugulator n. 杀人犯；凶手

jugum terrae 〈拉〉(英格兰古法)一轭土地 指一对公牛一天所能耕的土地。

juicio 〈西〉案件；诉讼；审判

juicio de apeo 〈西〉(有管辖权的法院就)划分地界(作出的)决定

juicio de concurso de acreedores 〈西〉按序偿债判决 一种对债务人所作的判决。在债务人的财产不足以对全体债权人进行完全清偿时，即作出该项判决，由债务人根据债权人的位序依次偿付债务。

juke box (在其狭孔处投入硬币即可启动操作的)自动唱机；(在某些管辖区域内以制定法的形式明确宣布的)娱乐活动

Julian calendar 儒略历 由儒略·凯撒[Julius Caesar]于公元前46年创立，该历定一年为365¼天，分为12个月，每月或30天或31天；二月例外，常年29天，闰年30天；四年一闰。后为格列高利历取代。

Julian law 尤利亚法 (⇨lex Julia)

jument 耕牛

jumenta 〈拉〉(罗马法)能负重的牲畜；用于驮载或拉车的家畜 如牛、马、驴、骡。

jump(ing) bail 弃保潜逃；在交保期间不出庭 指在保释期间违反保释保证书而逃跑或隐匿。(⇨forfeiture of bond)

juncta juvant 〈拉〉联合起来事物就兴旺；各个分开是无效的事物，合在一起可能会有效

junior a. ❶较年幼的 ❷次要的 ❸资历较浅的；地位较低的 ❹小 置于姓名后表示同名父子中的子或同姓两人中的较年幼者。
n. 〈英〉初级出庭律师 (⇨junior counsel)

junior barrister 〈英〉❶初级出庭律师 英格兰出庭律师中低于皇家大律师[Queen's Counsel]的律师。❷(一方所聘两个律师中年龄或资历)较低的律师

junior bond 低位债券 在清偿顺序中处于较低地位，即在支付本金或利息时次序后于其他债券的债券。

junior college 〈美〉两年制专科学校；大专

junior counsel 〈英〉初级出庭律师 未被任命为皇家大律师[Queen's Counsel]或高级出庭律师[Senior Counsel]的出庭律师。它与出庭律师的年龄及其进入律师界时间的长短无关。

junior creditor 次位债权人 指其请求权效力次于其他债权人的请求权，因后者依法享有优先权。

junior encumbrance 次位的财产负担 就法律上的优先效力而言，该种抵押权或留置权低于另一抵押权或留置

权。

junior encumbrancer 次位的财产负担享有人 就法律上的优先效力而言,该人所享有的财产负担或留置权低于另一财产负担或留置权。(⇨junior encumbrance)

junior equities 次位不动产权 指存在于不动产上、优先权较次者的衡平法权利。

junior execution 对同一被告人在签发执行令后,根据另一判决再次签发的执行令

junior high 〈美〉初级中学(⇨high school)

junior incumbrance (= junior encumbrance)

junior interest 次位权益 适用于财产上,指一项从属于另一权利的权利。例如在同一物上的第二抵押权从属于第一抵押权,又如次位债权。

junior judgment (针对同一被告作出的)次位判决;从属判决

junior lien 次位留置权(⇨lien; junior encumbrance)

junior mortgage 次位抵押权(⇨mortgage)

junior operator's license 青少年汽车驾驶执照 法律对持此种执照者有对驾驶时间的限制性规定。此外,还得有一个持驾驶执照的成年人同车。

junior-right n.〈英〉幼子继承权 亦称为 borough English,指幼子优先于其他兄长继承其父遗产的权利。(⇨borough-English)

junior security 次级证券 指对证券发行公司的资产和收益的请求权次于优先证券[senior security]的证券。普通股票为所有证券中的最低一级,其他证券的优先权次序是相对而言的,如无担保债券相对于担保债券即为次级证券。

junior widow 晚辈寡妇 该寡妇对于其亡夫尊亲属的寡妇所享有遗孀地产权[dower]的土地,也主张遗孀地产权。

junior writ 后签令状 该令状的签发或被送至执行官员手中比针对同一被告的另一方发出的或依另一不同请求发出的类似令状要迟。

juniperus sabina 〈拉〉叉子柏;铅笔柏 一种植物,其果实用于堕胎,一般会危及孕妇的生命。

junk n. ❶绳屑;废弃绳索 该词起源于航海业,指碎成片的旧绳或解开后仍可在船上使用的绳索。❷(仍有某些使用用途的)废弃物;废旧杂物 ❸(口)破烂;垃圾 指不能回收利用的无价值之物。

junk bond 〈美〉❶低信用级别债券;风险债券 指具有高收益、高风险特征的两类债券:①在发行时属于投资级别[investment grade]债券,但之后却低于投资级别的债券;②由标准普尔公司和莫迪氏公司评定为 BB 或 BB 以下信用级别的投机性债券。此类债券通常是由长期没有销售和盈利记录,或者信用能力和地位有问题的公司发行的。❷低值债券;垃圾债券 指几乎没有价值的债券。

junk dealer 废品(买卖)商;废品旧货商

junking motor vehicles 废旧汽车买卖 指将旧汽车买来置放于旧汽车货栈,供人们购买其零部件或纯粹作为废品出售的交易。

junta (= junto)

junto n.秘密政治委员会;政治团体;小圈子

jura 〈拉〉权利;法律 jus 的复数形式。

jura ad personam 〈拉〉对人权

jura ad rem 〈拉〉对物权

jura coronae 〈拉〉君王的私权

Jura ecclesiastica limitata (sunt) infra limites separatos. 〈拉〉教会法只局限于各自的领域内。

Jura eodem modo destituuntur quo constituuntur. 〈拉〉法律应当按照与其制定的相同方式予以废止。

jura fiscalia 〈英〉〈古〉国库岁收权;王室的财权

jura in re 〈拉〉(罗马法)物权

jura in re aliena 〈拉〉(罗马法)他物权 对他人财产享有的权利,亦称限制物权。

jural 〈拉〉法律上的;有关法律或法律事务的;司法(上)的;审判(上)的;关于权利(自然权利或实在权利)的;有关权利义务学说的;法学的;法理学的

jural correlatives and opposites 法律相关和对立关系(⇨jural relations)

jural postulate 法律假设 指罗斯科·庞德[Roscoe Pound]在其法学理论中提出的一个法律秩序所必需的一系列基本假设。这些假设是人们为要求法律保护自己的需求或利益而在实际提出的主张中所预先设定的。庞德遵照柯勒[Kohler]的思想提出了一套他所认为的特定时空(即19世纪中叶的美国)文明的法律假设。这些假设是:人们能认定其他人不会对其施加故意的侵害;人们能控制其已发现、创设或获得的东西;其他人会履行其承诺;其他人不会将不合理的伤害风险施加于他们身上;以及其他人会将危险物控制在一定范围以内。总之,这些假设是:免于侵犯;私有财产,交易之可执行性;对过失或伤害赔偿的严格责任。这个列举是不完全的。没有提到继承自由。而且在结构不同的社会中,必须提出不同的法律假设。社会主义社会可能会拒绝第二个假设,并会增加其他几个假设,甚至资本主义社会不同的时空,也可能会修改上述假设。然而,法律假设的确定,是说明某个特定法律秩序的基本假设的有价值尝试,但这种确定没有普遍的适用性。

jural relations 法律关系 这是用最一般的方式表示两个法律人格者之间的法律关系的术语。从承认两个法律人格者之间具有一定的法律关系来说,一方享有的权利与另一方负担的义务是有相互关系的,如一方支付价金,他方就要承担送交所售商品的义务。著名的分析法学家奥斯汀[Austin]、温谢尔德[Windscheid]、托恩[Thon]、萨蒙德[Salmond]、比尔林[Bierling]、霍菲尔德[Hohfeld]等人还区别出了另外一些法律关系。主要法律关系有以下几种:权利与义务的关系;特权或特惠与无权利或无能力的关系;权力与责任的关系;豁免与无资格豁免的关系。它们的逻辑联系可以图示表明:

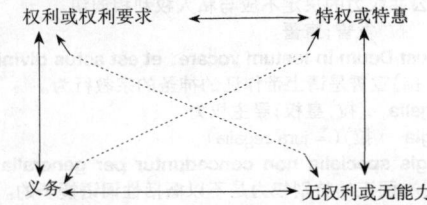

垂直箭头表示法律的关联性,一组中一个概念的存在,同时意味着相对应的另一个概念的存在,斜线箭头表示法律的矛盾性,一组中一个概念的存在,同时意味着相对应的另一个概念的不存在。

jura majestatis 〈拉〉(罗马法)〈古〉国家的主权;帝王的权利;统治权;国家的征用权

juramenta 〈拉〉juramentum 的复数形式

juramentum 〈拉〉(罗马法)宣誓;誓言(= oath)

juramentum calumniae (= antejuramentum)
juramentum corporalis 〈拉〉(以手触摸《圣经》进行的)庄严宣誓
juramentum episcoporum 〈拉〉主教的宣誓；主教的誓言
juramentum escaetorum 〈拉〉〈英〉财产查封官的誓言
Juramentum est affirmatio vel negatio de aliquo, attestatione sacrae rei firmata. 〈拉〉誓言是对事情的肯定或否定，其真伪由圣物来证实。
Juramentum est indivisibile; et non est admittendum in parte verum et in parte falsam. 〈拉〉誓言不可分割；部分为真部分为假的誓言是不应接受的。
juramentum fidelitatis 〈拉〉效忠誓 封臣在行效忠礼时作出的宣誓。
juramentum in litem 〈拉〉(罗马法)诉讼中的估价宣誓 指在诉讼中，原告发誓自己所遭受的损失以货币估计达到某一数额。在某些案件中，此类誓言可代替证据而据以定案。
juramentum judiciale 〈拉〉(罗马法)诉讼宣誓 即法官在诉讼进行中主动向当事人提出由一方或双方所作的宣誓，以资判决。
juramentum majorum et ballivorum 〈拉〉市长和区镇地方长官的誓言
juramentum necessarium 〈拉〉(罗马法)必要宣誓；强制性宣誓 诉讼当事人一方应另一方的要求，就某一事实真相所作的宣誓，另一方要受此誓言的约束。如拒绝宣誓，即等于承认对方主张的正确，因而败诉。
juramentum voluntarium 〈拉〉(罗马法)自愿宣誓 诉讼当事人一方自愿而不是必须做的宣誓。另一方则必须在该誓言的约束下作出答辩。
jura mixti dominii (英格兰古法)混合支配权 指国王的管辖权。
Jura naturae sunt immutabilia. 〈拉〉自然法不可变。
Jura novit curia. 〈拉〉法院熟知法律；法院承认权利。
jura personarum 〈拉〉(罗马法)人身权；身份权
jura praediorum 〈拉〉(罗马法)财产权；地产权
jura publica 〈拉〉公共权利 也被称作共同体的权利[jura communia]，包括航海权、捕鱼权等，其不同于国王的私人权利[jura coronae]。
Jura publica anteferenda privatis. 〈拉〉公共权力优先于私人权利。
Jura publica ex privato promiscue decidinon debent. 〈拉〉公共权力的决定不应与私人权利相混淆。
jurare 〈拉〉发誓；宣誓
Jurare est Deum in testum vocare, et est actus divini cultus. 〈拉〉宣誓是请上帝作证的神圣的宗教行为。
jura regalia 〈拉〉皇权；君主权力
jura regia 〈拉〉(= jura regalia)
Jura regis specialia non conceduntur per generalia verba. 〈拉〉国王的特别权力是不以概括性词语授予的。
jura rerum 〈拉〉物权
Jura sanguinis nullo jure civili dirimi possunt. 〈拉〉基于血缘的权利不能因民法规定而消灭。
jura summi imperii 〈拉〉最高权力；统治权；主权
jurat n. ❶宣誓证书 主持宣誓的官员所作的说明签署某书面文件的人已就该文件作过宣誓的证书。❷宣誓证明 在宣誓书[affidavit]的末尾注明宣誓的日期、地点、接受宣誓的官员及其他必要事项的条款。❸〈英〉(泽西岛和根西岛的司法组织中)民事总长[bailiff]的助手

jurata 〈拉〉❶(英格兰古法)普通法陪审团 由12人宣誓组成，不同于依据亨利二世的法令建立的咨审团[assiza]。是在亨利二世法令规定不由咨审团审理的诉讼形式中，由当事人请求组成的陪审团，但为了免于重召一个新的陪审团的不便，当事人一般请求由咨审团作为普通法陪审团[jurata]参审。❷陪审团 分为起诉陪审团[jurata dilatoria]和审判陪审团[jurata judicaria]。起诉陪审团负责调查、取证，向法官提交罪犯的姓名和犯罪事实，依据管辖权范围又可分为大起诉陪审团[major]和小起诉陪审团[minor]；审判陪审团负责事实审，又可分为民事的、刑事的两种。
juration n.宣誓行为；执行宣誓
Jurato creditur in judicio. 〈拉〉审判过程中对经宣誓所作的陈述应给予信赖。
jurator n. ❶陪审员 ❷(= compurgator)
Juratores debent esse vicini, sufficientes et minus suspecti. 〈拉〉陪审员应当是邻居，有足够的产业，并且没有任何嫌疑。
Juratores sunt judices facti. 〈拉〉陪审员是认定事实的法官。
juratory a.宣誓的；与宣誓有关的
juratory caution 〈苏格兰〉宣誓保证；宣誓担保 在无其他更好的担保方式时，可以以宣誓来对到期债务进行担保。
jurats n.〈英〉高级市政官就职宣誓证书 英国如肯特[Kent]和苏塞克斯[Sussex]等地区市政自治机关的官员，其任职需经宣誓，性质上等同于古郡长[alderman]。
juratus n.(市政官员的)宣誓证书
jure 〈拉〉权利上；法律上；按法律
jure alluvionis 〈拉〉冲积土地权 对依据水流的冲积作用而增加的土地的权利。
jure alterius 〈拉〉依据他人的权利
jure belli 〈拉〉依据战争法
jure civile 依据罗马市民的法律
jure civili 〈拉〉依据(罗马)市民法
jure coronae 〈拉〉根据王室权利；根据皇家的权利
jure divino 〈拉〉依据神权
jure ecclesiae 〈拉〉依据教会法；依据教会的权利
jure emphyteutico 〈拉〉(罗马法)根据永佃权；根据永佃权法（⇨emphyteusis）
jure gentium 〈拉〉依据万民法 指适用于罗马市民以外的外国人的法律。
jure mariti 〈拉〉依据夫权
jure naturae 〈拉〉依据自然法
Jure naturae aequum est neminem cum alterius detrimento et injuria fieri locupletiorem. 〈拉〉依据自然法，任何人通过使他人遭受损失或损害而致富都是不公正的。
jure propinquitatis 〈拉〉依据亲属关系的权利
jure proprio 〈拉〉依据自己的权利
jure representationis 〈拉〉依据代理权
jure uxoris 〈拉〉依据妻子的权利
jure uxoris estate 〈拉〉依据妻权的地产权 对于妻子在婚前与婚后取得的可继承或终生保有地产，丈夫在婚姻存续期间对该财产享有占有、使用、收益的权利。这是一种普通法上的自由保有地产权。
juridical a. ❶司法上的；法律上的；审判上的 ❷合法的；正规的
juridical day(s) (法院)开庭日

juridical proof 司法证明；司法论证 以司法手段对原存疑的问题给予清楚明白的宣布和证明。

juridicus 〈拉〉(= juridical)

jurimetrics n.法律统计学 指运用科学方法调查法律问题，包括运用计算机与其他机器为法律目的，如为立法、判决及书籍提供检索资料，从非法律知识中查阅资料，用于在统计或数理基础上对判决作出预测，以及解决词语与短语意义上的逻辑关联问题。

Juri non est consonum quod aliquis accessorius in curia regis convincatur antequam aliquis de facto fuerit attinctus. 〈拉〉任何从犯在主犯被确定有罪以前在王座法庭被判罪是不合法的。

juris 〈拉〉权利的；法律上的

Juris affectus in executione consistit. 〈法〉法律的效力存在于执行中。

jurisconsult n.法学家 尤指精于国际法或公法的法学家。

jurisconsulti 〈拉〉(= jurisprudentes)

jurisconsultus 〈拉〉（罗马法）❶法学家；法律工作者 早期罗马法学家的活动主要为：解答民众提出的法律问题、协助当事人进行诉讼以及代撰契约和遗嘱等，并不收取报酬。帝政以后，皇帝授予一些杰出的法学家以"公开解答权"，其解答对涉及的案件有拘束力。当时法学界形成两大派别，一派以拉贝奥[M.A.Labeo]为首，他在政治上倾向共和，在法学上富有革新精神；另一派以卡披托[C. A. Capito]为首，他拥护帝制，法学方面则比较保守。两人各设讲坛，招收门徒。继承拉贝奥的是他的学生内尔瓦[M.C.Nerva]。内尔瓦自杀后，由其同学普罗库路斯[S. Proculus]承继之。继承卡披托的是其学生萨比努斯[M. Sabinus]。双方展开争鸣，正式形成学派，其追随者即自称为普罗库路斯派或萨比努斯派。他们既彼此对峙，又相互促进，长达一个半世纪之久，以后逐渐溶合为一。其中一些著名法学家著书立说，大大促进了罗马法学的繁荣。❷精通法律的人

jurisdictio 〈拉〉(= jurisdiction)

Jurisdictio est potestas de publico introducta, cum necessitate juris dicendi. 〈拉〉司法管辖权是出于实现正义的需要，为维护公共利益而产生的。

jurisdiction n.❶司法管辖权；(法院)裁判权；审判权 ❷(行政机关的)管辖权 ❸管辖区域；管辖范围

jurisdictional amount 管辖金额 指在特定案件中，法院有权受理的争议涉及的金额。

jurisdictional defect 管辖权瑕疵 指在传票、诉状、当事人或程序等方面存在的、可致使法院丧失管辖权的瑕疵。但起诉地点错误或遗漏有未参加诉讼的当事人并不必定是管辖权瑕疵。

jurisdictional dispute 管辖争议 工会之间就其代表的工人或各自工人有权从事的特定工作所生争议。在美国，只有形成胁迫[coercive]才会由全国劳资关系委员会[National Labor Relations Board]举行听证会[hearing]以分派工作。

jurisdictional fact doctrine 管辖事实原则 指行政机关对与某一宪法性争议或管辖权争议有关的基本事实所作的行政裁决，即便有证据的支持，对法院来说并不是最后的裁决，法院有权力亦有责任独立作出其判断。

jurisdictional facts 确定管辖权的事实；可使(法院)取得管辖权的事实 指可据以确定法院对某特定案件有管辖权的事实，如被告人已被送达传票，案件争议金额超过一定限制，当事人为不同州的公民等。但该种事实必须在法院可对该案件行使管辖权之前即已存在。

jurisdictional limits 管辖权限制 指宪法或制定法中规定的管辖权所受诸如诉讼金额等的限制。

jurisdictional plea 管辖权答辩 就法院对被告人或诉讼标的是否有管辖权的问题所作的答辩。

jurisdictional statement (= jurisdiction clause)

jurisdiction clause 〈美〉管辖权条款 ①当事人请求救济的诉状中，不论是主请求[original claim]、反请求[counterclaim]、共同诉讼人间的交叉请求[crossclaim]，还是第三人的请求，都应包含一简短的、关于受理诉讼的法院行使管辖权的依据的说明，除非法院对本案已取得管辖权，或该项请求无需新的理由予以支持；②在衡平法上，指起诉状中说明向其提起诉讼的法院对原告的请求有管辖权的部分。

jurisdiction in equity (= equity jurisdiction)

jurisdiction in personam 对人管辖权 指某法院具有确定当事人之间权利和义务的权限，并且其本身具有约束当事人的权力。在美国，法院通常是以在州内送达传票或其他与当事人实质上的充分联系而取得这种管辖权的。(⇨in personam)

jurisdiction in rem 对物管辖权 指法院具有对某项财产作出有约束力的判决，且该判决对任何对该财产享有利益的人会产生影响的权力。

jurisdiction of federal courts 〈美〉联邦法院的管辖权

jurisdiction of the cause 对案件的管辖权

jurisdiction of the person (= jurisdiction in personam)

jurisdiction of the res 对物管辖权(⇨jurisdiction in rem)

jurisdiction of the subject matter (= subject matter jurisdiction)

jurisdiction over the person (= jurisdiction in personam)

jurisdiction quasi in rem (= quasi in rem jurisdiction)

Juris effectus in executione consistit. 〈拉〉法律的有效性在于其执行。

juris et de jure 〈拉〉法律的和依据法律或来自法律的

juris et seisinae conjunctio 〈拉〉权利和占有的结合 指占有权与财产权的结合，这就是完整的所有权。

juris gentium 〈拉〉万民法的

Juris ignorantia est, cum jus nostram ignoramus. 〈拉〉不知自己的权利即不知法律。

jurisinceptor 〈拉〉罗马法学生

jurisjurandi 〈拉〉业经宣誓(⇨exceptio jurisjurandi)

jurisperitus 〈拉〉有法学素养的；熟悉法律的

juris positivi 〈拉〉实在法 这有别于自然法或神法。

Juris praecepta sunt haec: honeste vivere; alterum non laedere; suum cuique tribuere. 〈拉〉（罗马法）法律的准则即：处世诚实；不害他人；各得其所。

juris privati 〈拉〉私权的；私有财产的；私法的

jurisprudence n.法学；法理学；法律哲学；法律体系 本词含义多有演变。《牛津英语辞典》[OED]指出该词有3个义项：①是"法律知识或技能"；②是"法理学、法哲学或概括意义上的法学"；③是指"一套法律或法律制度"。由第①义项引申出的第②、第③项强调的是执业律师所运用的一套知识。该词在英语中从实践含义[practical sense]向理论含义[theoretical sense]转变，并且理论上的含义更为常见，如"法律哲学"、"法的一般理论"等，其还有一个含义，即"法律"，用在使用 law 而显得不适当的场合，如用 Equity Jurisprudence 替代 Equity Law(在英文中

law 往往意指 common law)。在美语中,该词的含义由"法律"扩及至"判例法"与"法庭判决",法语 la jurisprudence 与德语 die Jurisprudenz 含义与此相同。

jurisprudence and ethics　**法学与伦理学**　伦理学,亦称道德哲学,主要关注道德上的善与恶、是与非的问题,很显然,这与法学研究领域中法律上的是与非相重叠。但法律与道德的差别是很明显的,前者涉及社会关系,主要考察由外在标准可以衡量的外在行为,而道德涉及个人行为,主要关注行为的意图与动机。社会中的法律一般倾向于制定基础性的标准,而不会强制执行最高的道德标准,有一些法律规则,比如交通规则,并不涉及道德内涵与指导。道德哲学往往为实在法提供了批评的标准。法理学与伦理学共同关心的主要问题是有关"正义"的问题,在这个问题上,道德哲学家比法学家研究与探讨得更多。

jurisprudence and history　**法学与历史学**　两者紧密地联结在一起,法学研究,无论是法学理论、特定的法律制度,还是特定的法律原则与准则都可以按照其演变路线作历史研究。这种研究往往对法律的理解裨益甚大。此外,一个社会中法律的演变从整体看也是一个国家或社会的整个历史的一个部分或一个方面。法律的演变还受到历史事件的强烈影响甚至由其决定,比如法国大革命以及英国产业革命对各自国家法律强烈的影响。因而研究法律离不开历史学。

jurisprudence and philosophy　**法学与哲学**　哲学是研究智识与知识、最抽象的概念(观念)等终极问题的学科,不过,哲学家们本身对他们所探讨的问题及所提出的回答分歧严重。一般认为,哲学分别关注以下几方面的问题:①形而上学,即有关实在[reality]的最终本质;②认识论,即有关知识的理论;③逻辑,即有关真理与推理的理论;④伦理学,即有关善与恶的理论;⑤美学。法学与哲学交叉之处在于人们对法律问题采取哲学分析的方法。人们运用不同的哲学理论与哲学方法分析法律问题,如现代语言分析哲学对法律研究产生了影响。大体而言,哲学研究对法学的影响或贡献主要是对社会、人类行为、知识论、推理等一般分析研究附带产生的。

jurisprudence and political science　**法学与政治学**　法学与政治学无论是在实践还是在理论上都有着共同的渊源及演变,在学科领域有着很大的重叠。法律与国家的观念及理论紧密地联系在一起。关于政府组织、教会、分权理论、民主与独裁等的分析与讨论,划分为法学的或政治学的只是方便分类而已。

jurisprudence and psychology　**法学与心理学**　心理学研究对人们了解人类行为的动机、情绪、智力、认知过程等有很大帮助。社会心理学把个人行为置于社会及文化背景来考察其信仰、态度及团体内的相互影响。心理学分析与解释对于矫治可能导致法律问题的异常行为、变态等违法行为有较大的助益。

jurisprudence and social sciences　**法学与社会科学**　社会科学与自然科学相对,是主要社会学科,如人类学、犯罪学、经济学、历史学、法学、政治学、地理学、心理学、统计学等的总称。法学是社会科学中历史最为悠久的学科分支之一。把法学看作是社会科学实际上强调规则或原因反映了国家与个人利益冲突的特征,反映了社会关系。

jurisprudence and sociology　**法学与社会学**　社会学研究社会及其进化与变迁、社会的结构、社会制度、组织及现象等。法学所研究的法律制度,如法院、律师、婚姻、契约、继承等,实质上也是社会制度。社会学所研究的许多课题与法学直接相关,比如离婚问题、犯罪问题、宗教问题、种族与性别歧视问题等。两者的紧密联系导致了一种称作法社会学或社会法学的产生,该学派把法律看作是一种社会控制的功能性工具,不赞成从法律规范本身进行检验与分析法律及法律制度。

jurisprudence and theology　**法学与神学**　神学是研究上帝或被视为控制宇宙的最高存在,以及神与人的关系的学科,它系统地阐释人们的信仰和教义内涵。同样,法学家们通过法学建立起关于法律制度的目的、原则及方法的理论体系。在原始社会和人类进入文明社会的初期,宗教信仰与法律规定几乎完全吻合,事实上法律常被解释为由上帝授予人类,如摩西立法。在基督教经院哲学家,尤其是阿奎那[Aquinas]看来,上帝是宗教信仰、道德和法律的渊源,法律规范是用以促使人们行为与上帝意志相一致的准则。这种观点影响到自然法研究和近代学者的理论,构成连结神学与法学的桥梁。虽然宗教改革后新教法律神学家致力于使法学摆脱神学的羁绊,但是到16世纪及17世纪初,西班牙法律神学家仍继续在神学框架中探索法律的根源。从17世纪开始,法学逐渐从神学中脱离出来。

jurisprudence constante　〈法〉法院惯例
jurisprudentes　〈拉〉罗马法学者
jurisprudentia　〈拉〉(罗马法)(普通法)法学;法理学;法律知识

Jurisprudentia est divinarum atque humanarum rerum notitia, justi atque injusti scientia.　〈拉〉(罗马法)法学是有关神事和人事的知识,正义与非正义之科学。

Jurisprudentia legis communis Angliae est scientia, socialis et copiosa.　〈拉〉英格兰普通法法学是一门全面的和有关社会的科学。

juris publici　〈拉〉公权的;公用的;公法的

jurist　*n*. 法学家　本词并无精准的含义。一般来说,那些非常精通法律的人可称为"法学家"。"法学家"可能是法官或执业律师,但更多是指著名的法学学者、法学著作家。在英国英语中,本词指对法律思想及法律著作或文献作出卓越贡献的人。在美国英语中,本词用法不那么严格,更多指各个层次的法官,甚至指那些从事非学术性活动、广受尊敬的执业律师,美国英语中一个常见的错误就是将"jurist"与"judge"混同。在古罗马,职业性质的法学家是渐次出现的。在共和时期及其后,法学家阶层享有很高的地位,大部分领有执法官及元老院成员级别的官职。法学从日常实际事务渐渐转向理论问题,法学研究获得相当程度的拓展。公元1-2世纪,法学家的教育职能更为明确和学理化,在图拉真[Trajan]与哈德良[Hadrian]时期,罗马的法学达到其发展的高峰。在优士丁尼时期,法学家属于职业团体,官僚法学家包括那些在帝国谘议会以及负责起草敕令与法令的法学家。其他的还包括专注学理的法学家及实务咨询的法学家。然而,独裁制限制了法律的发展。自罗马法研究复兴之后,"法学家"主要指那些通过其著述与研究或教学,将法律规则予以条理化并探求法律的历史与哲学,大大影响了法官及立法机构,对法学研究作出确实的贡献的人。在欧洲,普芬道夫、波特伊尔[Pothier]及萨维尼享有这一称誉。在英格兰,黑尔[Hale]及布莱克斯通是当之无愧的法学家。美国的肯特与斯托雷被公认为是负盛名的"法学家"。近现代,梅因、戴雪、安生[Anson]、波洛克、梅特兰、萨蒙德[Salmond]、霍兹沃斯[Holdsworth]可归为"法学家"。那些思想卓著的法官如阿特金[Atkin]、林德里[Lindley]、斯库尔顿[Scrutton]、霍姆斯[Holmes]也享有"法学家"之称誉。在现代,法学家的职能多样,主要包括对立法、法院的判决以及评论性出版物的批评、考察,在广泛领域内展开研究。

Juristenrecht 〈德〉**法律专家法** 某些学者用以表示英国和法国法律制度的术语。指在这些制度的发展中受到法官和律师等法律专家在实践中创造的原则的极大影响的法律制度。与之相对的是教授法[Professorenrecht],如主要由学术理论家搞出来的德国法,因而该法具有较强的教条性和理论性。

juristic *a*. **法律的;法学的;法学家的**

juristic act **法律行为** 亦写作 act in the law,指当事人为达到某一法律效果[legal effect]或某一在法律上可能的结果而进行的意思表示或意图宣告。通过法律行为,当事人可以设立、变更或终止权利和义务,影响与他人的法律关系。法律行为可分为单方法律行为[unilateral juristic act]和双方法律行为[bilateral juristic act],前者如遗嘱行为,后者如合同行为。法律行为还应与法律作用[acts of the law]相区别,后者并非指当事人的行为,而是在人的意志力外由法律本身而影响当事人的权利和义务。

juristic persons **法人** 由特定法律制度赋予法律人格,可以依法享有权利、承担义务的人或物的组织体。

juristic writing **法学著作**(⇨institutional writings; sources of law)

juris utrius doctor **世俗法和教会法博士**

juris utrum 〈英〉**堂区牧师权利令状** 该令状是为了使现任牧师收回被前任牧师转让给俗人的教会的土地和房产。但它引发了土地的归属权问题,在1833年被法律废弃。

juro 〈西〉(因提供公共服务而得到的由西班牙国王所赐予或设立的一种)年金或长期基金

juror *n*. **陪审员** 广义上指被列于陪审员名单上,可充任陪审员的任何人。狭义上一般指已经宣誓并开始审理案件的陪审团成员,包括特别陪审员[special juror]和候补陪审员[alternate juror]。

juror designate **已经抽签决定的陪审员**

juror's book **陪审员名册** 指记载有资格担任陪审员者的姓名的名册,法院需要时可按名册召集。(⇨jury list)

jury* *n*. **陪审团;陪审制** "Jury"一词在学理上使用时,往往指"jury system",但"system"常略去不写。本词条单独列出这一义项,以示区别。①陪审团的历史渊源。陪审团制是普通法系中一种独特的法律制度。它在现代社会中的具体含义是:在这一制度下由国家官员召集一定数量的法律外行人士[lay people]协助法庭在听审到的证据的基础上裁决案件中有争议的事实问题。这一制度经历了不同的历史变迁。有关其历史渊源,法律史学家意见不一,并无定说。据英国著名法律史学家普拉克内特[T.F.T. Plucknett]研究,在几种说法中,较为可信的是:现代陪审团来源于诺曼人讯问地方人士进行调查的做法;而这又来源于查理曼大帝之子虔诚者路易皇帝[Louis the Pious](778-840)时期的做法。组成这种早期陪审团,实际上是完成临时性的调查工作,即王室官员召集该地区居民宣誓回答某些问题。它不具司法性质,而是王室用以了解和收集地方的一些资料来推动行政管理。《土地清册》,即《末日审判书》[Domesday Book]就是利用这种讯问调查的方式收集资料编汇而成。亨利二世在位时期,这种早期讯问式的陪审团的运用范围扩大了。私人可以要求使用陪审团调查的程序来解决土地保有权的

性质的案件。在牵涉到权利令状的场合,陪审团调查还可作为决斗审判的替代方式。与此同时,亨利二世还引进了各种巡回陪审制[assizes]。陪审团还被引进到刑事案件中。陪审团负责向郡法院指控[present]当地的刑事案件及"臭名昭著的刑事犯",但他们并不作裁判,而用水审法[water ordeal]审判。这种提出指控的陪审团[jury of presentment]被认为是现代大陪审团[grand jury]的雏形。1215年,教皇英诺森三世[Pope Innocent Ⅲ]在第四次拉特兰公会[fourth Lateran Council]上禁止教士参与神裁法有关的仪式。这实际上是在基督教世界废止了神裁法。小陪审团[petty jury]的运用填补了神裁法废止后留下的空缺。早在1215年前,有时允许第二个陪审团(即小陪审团)酌情判断指控的陪审团(即大陪审团)的决定是否确当并宣布被告是否有罪。这种程序在亨利三世时期确立下来。现代的民事陪审团则从刑事陪审团继承下来,主要是通过早期为带有刑事性质的侵权之诉[action of trespass]中运用的刑事陪审团演变而来。②陪审团作用的变迁。陪审团在审判中的作用历经几百年的变迁,因而它现在和过去有很大的不同。早期的陪审团起到知情人与见证人的作用。它是从陪审员的亲身知识来进行判断。它判断的与其说是事实,不如说是被告的品行、名声等。而且陪审团的裁决代表的是该地区人士中占主导地位的信念与观念。迟至18世纪早期,陪审团成员仍可在证据之外依赖自己的个人知识来进行判断;但此后,陪审团只得运用听审到的证据来作裁决了。此外,法律与事实逐步地区分开来也令法官与陪审团的功能日益明确,即前者适用法律,后者裁决事实。③陪审团的独立性。早期,如果陪审团的裁决被认为是错误的,就可另外召集24人的陪审团来审查前一个陪审团的裁决。如果前后两个陪审团的裁决不一致,前一个陪审团即被判定作伪誓[perjury],陪审团成员被褫夺民事权[attaint],即对其没收财物和监禁。在都铎和斯图加特王朝时期,星室法院常以此来惩罚未能给被告定罪的陪审团。星室法院被撤销之后,王室利用法官来干涉陪审团裁决。在一些敏感的政治案件中,这种冲突尤其剧烈。在1670年的"布歇尔案"[Bushel case]中沃恩首席大法官[Vaughan, C.J]的判决终止了对陪审团的惩罚,实际上就此确立了陪审团的独立地位。陪审团的这种独立性,加上其古老的代表社区的性质,使它从早期行政管理的工具转变成宪政与政治自由的保障。美国从英国引进陪审团制度。美国联邦最高法院曾判决对刑期超过六个月的刑事犯,采用陪审团审理乃是宪法规定的权利。④英格兰陪审团制的域外影响。受英格兰影响,苏格兰于1815年曾制定法律适用陪审团制,但最终陪审团审理只在有限的领域里使用。法国大革命时期,陪审团制度作为平民政府的象征而被引进法国,以后又由拿破仑传播到欧洲大陆上的许多国家。但这些引进陪审团制度的国家最初只是在严重的刑事罪和政治上的叛国罪案件中适用陪审团审理。自19世纪中叶以后,输入这一制度的国家都先后放弃了陪审团制度。此外,随历史上大英帝国的扩张,陪审团制度也传播至亚洲、非洲及美洲大陆。在主要的普通法系国家,特别是美国,陪审团制度在相对于它在英格兰本土日趋衰微的情形下兴盛不衰。⑤陪审团具体制度。英格兰对陪审团成员的财产资格长期以来有着严格的限制。这种限制只是在20世纪70年代才解除。另外,警察、律师、医师、现役军人等均不得担任陪审员。有关陪审团的组成,现在基本上大都采纳从选民名单中随机挑选陪审团成员的做法。对具体的陪审团组成人员,被告还有一定

的否决权。英美陪审团传统上对案件要求一致性裁断,即对被告有罪要求全体陪审员意见完全一致。英格兰自1968年起采纳了多数裁断,即10:11、10:12或9:10的多数裁断。美国的一些州也允许多数裁断。一般说来,陪审团作出的裁断是概括性的裁断[general verdict],即有罪或无罪等。有时陪审团也会应法官指示作出特定裁断[special verdict]。陪审团在作出裁断时毋需说明理由。在刑事案件中,陪审团毋需考虑刑期,而在民事案件中,陪审团还需确定赔偿金额或双方当事人互有过错责任中的比例。总的说来,英美陪审团在概念、原则等方面是一致的;在具体的做法上则存有一定的差别。

陪审制的发展[Development of the Jury]

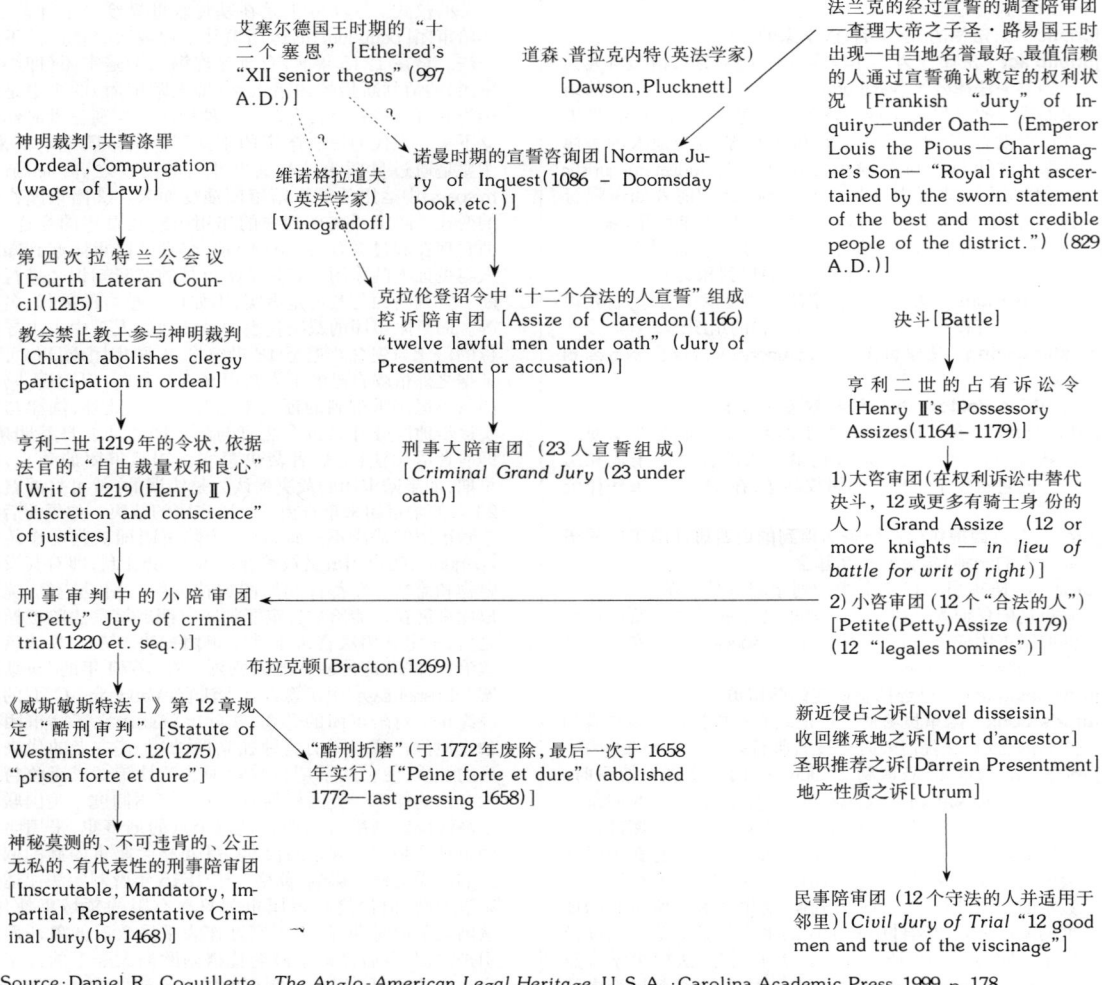

Source: Daniel R. Coquillette, *The Anglo-American Legal Heritage*, U.S.A.: Carolina Academic Press, 1999, p.178

jury box 陪审团席
jury challenge 请求陪审团回避(⇨challenge)
jury commissioner 陪审团专员　有关陪审团事宜的管理官员,负责编制陪审员名册,抽签决定陪审员,召集陪审员出庭履行职责等。
jury de medietate linguae 〈英〉双语陪审团　自1353年起存在于英格兰,后被维多利亚时期的制定法所废除。它是指当被告人为外国人时,审理此案的陪审团中的一半成员为使用英语者,另一半成员则为使用被告人所讲之语言者。
jury instructions (法官)对陪审团的指示　指法官就与案件有关的法律适用问题向陪审团所作的指示,对该指示,陪审团应当接受和适用。在美国的联邦法院和多数州的法院都有一种对陪审团指示的模式,要求担任审判的法官使用或遵循这种模式。
jury list 陪审员名单　指一定区域内,如县、市、区等,所有可被选任为陪审员的人员的名单。在不同司法区陪审员名单编制的方法各不相同,但多以选民名单或有执照的驾驶员名单为基础来制作。
juryman n.(古)(=juror)
jury nullification 〈美〉陪审团的拒绝　指陪审团故意拒绝接受证据或拒绝适用法律,因为陪审团欲对某些超出案件本身的社会问题传达某一信息,或者因为根据法律规定所得出的结果有违陪审团的正义感、道德感或公正感。

jury of annoyance 治安调查陪审团 负责调查有关的公妨害[public nuisance]事项并提交报告的一种特别陪审团。

jury of coroner 验尸官陪审员(⇨inquest jury)

jury of inquest (= inquest jury)

jury of jealous women "妒妇"陪审团 一种戏称,指该陪审团成员全部或大部分由妇女担任,而该案的一方当事人为一漂亮姑娘或年轻妇女,尤其是在其名誉即为本案争议事项的情况下。

jury of matrons 已婚妇女陪审团 在涉及继承问题时,或当一妇女被判处死刑而将要执行,该妇女以自己已怀孕,请求暂停执行时,根据衡平法院[chancery]签发的令状而召集的由已婚妇女组成的陪审团,来确认该妇女是否已怀孕。这种陪审团在英格兰一直存在至19世纪,但在美国极为少见。

jury of peers 由(与被告)同等地位的人组成的陪审团 在普通法上,对被指控犯罪的贵族被告人要由与其同等地位的人,即贵族组成的陪审团进行审判。

jury of physicians 医生陪审团 负责查明被判处死刑的妇女是否怀孕的陪审团。

jury of sheriff (= sheriff's jury)

jury of the country 由与被告人同等地位的人组成的陪审团

jury of the county 审判地陪审团 从审判地全区居民中选出的陪审团,区别于旧时从引起诉讼的事件或刑事犯罪发生地邻近地区的居民中选出的陪审团。

jury of view 〈美〉查验陪审团 在刑事诉讼的定罪程序中及在因构成妨害而废除某些道路的程序中使用的陪审团。(⇨view by jury)

jury of women 妇女陪审团(⇨jury of matrons)

jury panel 候选陪审员名单 指被传唤于指定日期到庭,并将从中选出大陪审团或小陪审团全体成员的所有候选陪审员的名单。

jury polling 征求陪审团的裁断意见(⇨polling jury)

jury process 陪审员召集令 由法院发出的要求陪审员出庭的命令。

jury questions 由陪审团裁断的问题 一般即指事实问题,是相对于由法官来裁决的法律问题来说的;也指法庭要求陪审团作出特别裁断的特别问题或书面问题[interrogatories]。

jury roll (= jury list)

jury room 陪审团评议室

Jury Selection and Service Act 〈美〉《陪审团选任及任职法》 1968年颁布的一项联邦法律,旨在保证在联邦陪审团的选任及其工作过程中无歧视。

jury tampering 影响陪审团审判的行为(⇨tampering with jury)

jury trial 陪审团审判 案件的事实问题由陪审团而非由法官来裁决的审判。(= trial by jury)

jury view 陪审团查验(⇨view by jury)

jury wheel 陪审团选任轮盘 一种装置,其中装有具备担任陪审员资格的人员的名单,通过转动,从中随机抽取一定数量的名单,以组成特定案件的陪审团。

jurywoman n. 女陪审员;已婚妇女陪审团成员

jus 〈拉〉法;权利;法律 该词又写作"ius",也可简作J.,能用于多种含义:①(抽象的、总称的)法律;法律体系;②权利;正义;(公法上的)权利;③权力;④诉讼;⑤法律职业;⑥法院;法庭。

jus abstinendi 〈拉〉(罗马法)不参与权 罗马大法官为了保护继承人的利益所授予的一种权利。据此继承人即可不参加处理被继承人的遗产,而由被继承人的债权人自行以被继承人的名义变卖遗产以清偿债务。这样,继承人不仅可以保留其特有产,而且对不足之数不负任何责任,如清偿有余,则仍由其继承。后世的"限制继承"即源于此。

jus abutendi 〈拉〉(罗马法)处分权 指处置所有权标的的权利。这是所有权最根本的权能,包括消费、抛弃、转让、加工等形式。处分可分为绝对处分和相对处分:前者如财物的毁灭,后者如财物的转让;也可分为全部处分和部分处分:前者如以甲牛易乙牛,后者如在土地上设定地役权。处分权一般由所有人行使,但也可由他人行使,如抵押权人依法拍卖抵押物。

jus accrescendi 〈拉〉(罗马法)(大陆法)增加权 继承人有数人,如其中有拒绝继承或无继承能力而又没有设补充继承人时,按罗马法继承原则:继承是继承被继承人的人格,他们都有继承死者全部遗产的权利,故承认继承的即当然各按其应继份而享有增加权。增加权是强制性的,所以凡承认继承的,就必须接受增加。后增加权亦适用于共同受遗赠人。

Jus accrescendi inter mercatores locum non habet, pro beneficio commercii. 〈拉〉商人之间不享有增加权,以利交易。 指为了商业利益,商人之间没有生存者权利[survivorship]。

Jus accrescendi praefertur oneribus. 〈拉〉增加权优先于抵押权和留置权。

Jus accrescendi praefertur ultimae voluntati. 〈拉〉增加权优先于最后的遗嘱。

jus actus 〈拉〉(罗马法)家畜通行权 是乡村地役权[rural servitude]的一种。指役权人的羊群和牛马等家畜通过他人土地的权利。通常也包括小车通行权。

jus administrationis 〈拉〉〈苏格兰〉(丈夫对妻子所继承遗产的)管理权

jus ad rem 〈拉〉❶(罗马法)对物权 根据契约或债务而产生的对特定财产的权利。通常权利人不占有该财产,其权利的实施依赖于特定人的义务的履行,区别于物权或对世权[jus in rem]。后者是可对抗一切人的对物的完全支配权。(= ius ad rem) ❷(教会法)限制物权 依任命或制度而取得的对物的权利。不同于完全的所有权即物权[jus in re],后者来源于对有形财产的占有。(⇨jus in re)

Jus Aelianum 〈拉〉(罗马法)《艾利亚努姆法》 相传系罗马法学家赛斯特·艾利[Sextus Aelius]的著作,约于公元前200年发表。该书由三部分组成:第一部分收录了《十二表法》;第二部分是对该法的解释和决议;第三部分是诉讼程序。(⇨Jus Flavianum)

jus aequum 〈拉〉(罗马法)公平法 指为适应个别案件的特殊情况,根据公平原则而作适当变通的法律。与严格法[jus strictum]相对。

jus aesneciae 〈拉〉长子继承权(⇨primogeniture)

jus albinatus 〈拉〉〈法〉法国国王依其法律取得外侨遗产的权利 除非该外侨有特别的豁免权。(= droit d'aubaine)

jus alluvionis 〈拉〉冲积土地权 指对由水流冲积形成的土地的权利。

jus angariae 〈拉〉采邑贵族强制其奴仆为其服务的权利（⇨angaria; angary; right of angary）

jus Anglorum 〈拉〉盎格鲁－撒克逊法 公元7至8世纪不列颠七国时期的西撒克逊人的法律和习俗，此法长期适用于当时的西撒克逊人并优先于其它法律。

jus aquaehaustus 〈拉〉(罗马法)汲水地役权 乡村地役权的一种。指从他人水井、池塘中汲水的权利。

jus aquam ducendi 〈拉〉(= jus aqueductus)

jus aqueductus 〈拉〉(罗马法)导水地役权 乡村地役权的一种。指用水管等从供役地或经过供役地引水至需役地的权利。

jus banci 〈拉〉(英格兰古法)法庭席位权 指拥有独立和高级审判席位的权利。古时只授予国王的法官，因此他们被称作是在行使高级审判权[summam administrant justitiam]。

jus belli 〈拉〉❶战争法 适用于战争状态的国际法，主要规定交战各方及中立国的权利义务。❷战争权

jus bellum dicendi 〈拉〉宣战权

jus canonicum 〈拉〉教会法 此词既适用于英格兰教会法，也适用于古时的罗马教会法。(⇨canon law)

jus civile 〈拉〉❶市民法 适用于特定民族或国家的法律制度，尤其指适用于罗马公民的法，区别于万民法[jus gentium]。❷民法(⇨civil law)

Jus civile est quod sibi populus constituit. 〈拉〉市民法是人民为自己制订的法律。

jus civitatis 〈拉〉(罗马法)❶市民权 包括公权和私权两部分。前者如担任官职、选举；后者如占有和处置财产、缔结婚姻、诉讼监护等。❷市民法；国内法 ❸罗马城市自治权

jus cloacae 〈拉〉(罗马法)阴沟地役权 城市地役权的一种。指在邻居的土地或房屋下设置阴沟以排放污水的权利。

jus commune 〈拉〉❶(罗马法)共有权 ❷一般法 与特别法[jus singulare]相对。❸〈英〉普通法 不同于分散的撒克逊民俗法[folcright]，是统一适用于英格兰的习惯法。❹普通法 适用于普通法系国家的法律。(⇨common law)

jus commune, et quasi gentium 〈拉〉普通法和准万民法

Jus constitui oportet in his quae ut plurimum accidunt, non quae ex inopinato. 〈拉〉制定法律应着眼于最常发生的事项，而非很少发生或偶然发生的事项。

jus coronae 〈拉〉〈英〉王权；王位继承权

jus crediti 〈拉〉债权

jus cudendae monetae 〈拉〉(英格兰古法)铸币权

jus curialitatis 〈拉〉〈英〉鳏夫继承权；鳏夫地产权(⇨curtesy)

jus curialitatis Angliae 〈拉〉〈英〉(= jus curialitatis)

jus dare 〈拉〉立法；制定法律；立法机关的职能和特权

jus deliberandi 〈拉〉(罗马法)考虑权 指继承人在享有继承权后，依法有考虑接受或者拒绝继承的权利。在优士丁尼以前，考虑的期间一般为100天，以便继承人了解遗产的情况并决定是否接受继承，逾期即以拒绝继承论。优士丁尼从实际出发，把考虑期改为九个月，如有正当理由，可还申请延期，使继承人有充分的时间查明死者的资产、负债，编制遗产清册等；期满而未表态的，则按接受继承处理。

Jus descendit, et non terra. 〈拉〉权利传下去，土地则否。

jus devolutum 〈拉〉〈苏格兰〉(教会法)圣职推荐权 长老推荐牧师到有空缺的教区任职，以防圣职推荐权人[patron]在法定的时间内疏于行使自己的权利。

jus dicere 〈拉〉宣示法律

Jus dicere, et non jus dare. 〈拉〉宣示法律，而不是制定法律。

jus disponendi 〈拉〉处分权 一般是指按照自己的意思处分财产的权利。但这一术语主要用于下面两种场合：当我们说剥夺已婚妇女对个人财产[separate estate]"处分权"时，它指财产所有权的让渡；而在保留所有权的买卖中，它指卖主保留的货物的终极所有权[ultimate ownership]，尽管货物已由买主占有。(⇨jus abutendi)

jus distrahendi 〈拉〉质物变卖权 质权人在债权未受清偿时出卖质物的权利。(⇨distress; pledge)

jus dividendi 〈拉〉分割权 指依遗嘱处分不动产的权利。

jus duplicatum 〈拉〉双重权利 指占有权与财产权或所有权的重合，另外可称为"droit-droit"。(⇨droit-droit)

jus edicendi 〈拉〉(= jus edicere)

jus edicere 〈拉〉(罗马法)发布告示权 所有罗马的高级官员都有发布告示[edict]的权利，但在罗马法历史中最主要的是裁判官告示[praetorian edict]。(= ius edicendi)

jus eminens 〈拉〉(罗马法)优越权 国家对一切财物有优越于人民的最高权力。这是国家征用权的基础。

Jus est ars boni et aequi. 〈拉〉法律是关于善良与公正的科学。

Jus est norma recti; et quicquid est contra normam recti est injuria. 〈拉〉法律是公正的规则；违反公正规则者为侵害。

Jus et fraus nunquam cohabitant. 〈拉〉公正与欺诈不能相容。

jus et seisinam 〈拉〉权利和占有

Jus ex injuria non oritur. 〈拉〉权利不能来自违法行为。

jus ex non scripto 〈拉〉不成文法 由习惯或由社会默许的习俗形成的法律。

jus falcandi 〈拉〉〈古〉割草权；伐木权

jus feciale 〈拉〉(罗马法)宣战与议和法 早期国际法的一种，以人们不同的种族与宗教为基础。

jus fiduciarium 〈拉〉(罗马法)信托权 受益人对信托遗产受益的权利。此项权利全凭受托人的良心行事，并无法律上的效力，故有别于法定权利[jus legitimum]。

Jus Flavianum 〈拉〉(罗马法)《福劳维法》 作成于约公元前304年，是一本关于诉讼程序的书籍。

jus fluminis 〈拉〉(罗马法)河流使用权 乡村地役权的一种。指利用河流的权利。

jus fodiendi 〈拉〉(罗马法)(英格兰古法)采掘地役权 乡村地役权的一种。指在他人土地上采掘陶土、石料和采伐木材等的权利。

jus fruendi 〈拉〉(罗马法)收益权 指收取物的天然、加工或法定孳息的权利，如自然生长的牧草、种植的稻谷、利息、租金等。是所有权权能的一种。但后世立法例也有把它并入"使用权"内的。

jus futurum 〈拉〉(罗马法)期待权 指尚未完全实现而将来有希望实现的权利。分自因期待权[jus delatum]和他因期待权[jus nondum delatum]。前者的实现有赖于该权利被授予人的主动，后者的实现则有赖于将来一定事实的发生或一定条件的成就。

jus gentium 〈拉〉(罗马法)万民法 基于平等、正义的自然理性的、适用于所有民族的法律，有时也指调整国与国

之间关系的法律。它调整的是异邦人相互之间以及罗马人与异邦人之间的关系，所以万民法适用范围比现在的国际法[international law]广得多。它渊源于古意大利部落习惯，特别是地中海沿岸文明民族的习惯和制度，是经过早期罗马法学家的活动和裁判官的司法实践而形成的一种法律。(=ius gentium)

jus gladii 〈拉〉(罗马法)**法律的执行权；控诉犯罪权**

jus habendi 〈拉〉**财产保有权；财产实际占有权**

jus habendi et retinendi 〈拉〉(堂区长或堂区牧师)**拥有并保留(在其教产中的什一税、捐税及收益)的权利**

jus haereditatis 〈拉〉**继承权**〈⇨inheritance〉

jus hauriendi 〈拉〉(罗马法)(英格兰古法)**引水地役权**

jus honorarium 〈拉〉(罗马法)**长官法** 罗马高级官吏是一种荣誉的职称，故又称荣誉法。指由罗马执政官[consules]、监察官[censores]、裁判官[praetor]、市政官[curules aediles]和外省总督等颁布的告示[edict]构成的法律。其中尤以裁判官的告示为罗马法的主要部分。

jus honorum 〈拉〉(罗马法)**荣誉权** 被选举为高级官吏和元老院议员的权利。罗马共和时期的元老院议员以及执政官、大法官、监察官和市政官等高级官吏都是荣誉性的，故称。(⇨jus suffragii)

jus imaginis 〈拉〉(罗马法)**祖先画像(或雕像)的使用(或展示)权** 某种程度上类似英国徽章法中佩带盾徽[coat of arms]的权利。

jus immunitatis 〈拉〉(罗马法)**公职负担豁免法；公职负担豁免权**

jus imperii 〈拉〉**属于主权的权利**

jus incognitum 〈拉〉**未知法** 平民用该术语来表示已废弃过时的法律。

jus individuum 〈拉〉**不可分割的权利**

jus in personam 〈拉〉(罗马法)**对人权** 指权利人得要求特定人给付或受领给付、为或不为某种行为的权利。

jus in re 〈拉〉(罗马法)**物权；对世权** 对某物的直接支配的、绝对的权利。是基于占有的完全的所有权，可对抗任何人。

jus in re aliena 〈拉〉**他物权** 对他人的财产享有的权利。分为用益物权和担保物权，前者如役权、地上权和永佃权；后者如质权和抵押权。

Jus in re inhaerit ossibus usufructuarii. 〈拉〉**物权依附于对该物有用益权之人。**

jus in re propria 〈拉〉**自物权** 产生于完全的所有权[complete and full ownership]，它不同于他物权[jus in re aliena]，后者仅指地上权、地役权等。该词有时也指所有权本身。

jus italicum 〈拉〉(罗马法)**意大利权** 罗马城以外意大利城市及其居民享有的权利和特权的总和。后被推广到某些殖民地和帝国行省。主要包括有独立的宪法、免纳土地税。其土地如耕地的地役权被视为重要的财产，其移转应履行法定的方式始能生效。

jus itineris 〈拉〉(罗马法)**通行地役权** 乡村地役权的一种。指步行、乘车、坐轿或骑马等通过邻地的权利。

Jus jurandi forma verbis differt, re convenit; hunc enim sensum habere debet: ut deus invocetur. 〈拉〉**尽管宣誓的措辞不同，但其意义是一致的，因为它们都有这样的含义：祈求上帝的帮助。**

jus jurandum 〈拉〉**誓言；宣誓**

Jus jurandum inter alios factum nec nocere neo prodesse debet. 〈拉〉**宣誓各方的誓言既不应伤害他人，也不可从中谋利。**

jus Latii 〈拉〉(罗马法) ❶ **拉丁权** 讲拉丁语的意大利居民的权利。主要包括适用自己的法律、不受裁判官告示的约束，有时也享有和罗马人结婚、买卖的自由以及参加罗马宗教仪式的权利。 ❷ **拉丁法**

Jus Latium 〈拉〉(罗马法)**拉丁语区条例** 适用于拉丁语区内高级长官的法律规定。分为大拉丁语区条例[majus Latium]和小拉丁语区条例[minus Latium]。前者规定长官及其妻子、子女均享有罗马公民的光荣；后者规定仅长官本人享有之。

jus legitimum 〈拉〉(罗马法)**合法权利** 通过一般法律程序就可得以实现的权利。

jus liberorum 〈拉〉(罗马法)**子女特权** ①指生来自由的妇女生有子女三人以上者，解放自由的妇女生有子女四人以上者，不论是婚生的或非婚生的，在她们丈夫死亡后即享有免除被监护的特权。这是奥古斯都为了奖励生育、增加兵源而设的规定。其后皇帝也常把这项特权授予不足此数的妇女。凡享有此项特权的妇女即可自立遗嘱，在接受遗产和遗赠时不受限制，可独自为其他重要的法律行为，不再需要监护人的同意。公元 410 年，此项特权即扩大适用于所有的适婚女子；②指在罗马有子女三人以上，在意大利有子女四人以上，在外省有子女五人以上的市民，可免除担任监护人、保佐人等的职务。

jus mariti 〈拉〉(=ius mariti)

jus merum 〈拉〉(英格兰古法)**有名无实的权利；名义上的权利** 指对土地拥有的有名无实的权利，既不实际占有土地，对土地也无占有权。

Jus monetae comprehenditur in regalibus quae nunquam a regio sceptro abdicantur. 〈拉〉**铸币权属于永不脱离王权的诸多王室权利之一。**

jus moribus constitutum 〈拉〉**不成文法；习惯法**(⇨jus ex non scripto)

jus naturae 〈拉〉**自然法**(⇨jus naturale)

jus naturale 〈拉〉**自然法；符合自然理性的法律** (=ius naturale)

Jus naturale est quod apud homines eandem habet potentiam. 〈拉〉**自然法对全人类具有同等效力。**

jus naturalis aut divini 〈拉〉**自然法或神法**

jus navigandi 〈拉〉**航行权；航海权；航海贸易权**

jus necis 〈拉〉(罗马法)**处死权** 古罗马家父处死家子的权利。

Jus non habenti tute non paretur. 〈拉〉**服从无任何权利的人是不安全的。**

Jus non patitur ut idem bis solvatur. 〈拉〉**法律不会容忍为一物两次付款。**

jus non sacrum 〈拉〉(罗马法)**人事法** 规定官员职责、公共秩序的维护以及公民与国家关系上权利义务的公法规范。

jus non scriptum 〈拉〉**不成文法；约定俗成的法律**

jus offerendi 〈拉〉(罗马法)**清偿提供权** 一种代位权。指抵押物上先后设有数个抵押权的，在执行时，顺序在后的抵押权人有权通过法院向顺序在前的抵押权人提供清偿其债权的全部金额而取得其地位。

jus oneris ferendi 〈拉〉(罗马法)**支撑役权** 城市地役权的一种。指役权人依靠邻居之墙支撑建筑物的权利。

jus pascendi 〈拉〉❶(罗马法)**放牧权** 乡村地役权的一种。指役权人在他人土地上放牧牲畜的权利。 ❷(英格兰古法)**放牧权**

jus patronatus 〈拉〉〈英〉(教会法)❶圣职推荐权 ❷圣职推荐权之争 通常指因不同的人声称拥有圣职推荐权而引起的诉讼,主教或主教授权的委员会将召集一个咨审团以审查和鉴定谁是合法的圣职推荐权人[patron]。(⇨quare impedit)

jus personarum 〈拉〉(罗马法)身份权 基于主体在不同关系中的不同身份所产生的权利。如亲属权、监护权、继承权等。(⇨jura personarum)

jus poenitendi 〈拉〉(罗马法)解约权 指契约订立后,一方当事人不履行时,他方当事人有解除待履行契约的权利。

jus portus 〈拉〉(海商法)港口权

jus possessionis 〈拉〉占有权 指非所有人占有物件的权利。但在罗马法上,则认为占有是事实而不是权利,它不受一般诉权的保护。

jus possidendi 〈拉〉所有者占有权 与占有权[jus possessionis]不同,后者可以无所有权而占有。

jus postliminii 〈拉〉(罗马法)❶复境权 指罗马市民被敌人俘虏后逃回罗马不再回去的,即被视同从未被俘,因而即可享有原有的家长权、财产权和继承权等一切权利。但此项规定只适用于权利,而不适用于占有和夫妻同居等事实。后又扩充适用于奴隶、军马、军舰和意大利土地等。 ❷战后财产复归权 即由原物主的国人或盟国人从敌人手中夺回被掠去的财产,并依一定的条件归还原主。

jus praesens 〈拉〉(罗马法)现实权;既得权 已经完全获得的权利。区别于期待权[jus futurum]。

jus praetorium 〈拉〉(罗马法)❶裁判官的自由裁量权 指裁判官在办案中根据公平原则适用法律的权力。 ❷裁判官法 在裁判官的审判实践中发展起来的、基于公益目的增补和修正市民法的法律。(⇨jus honorarium)

jus precarium 〈拉〉(罗马法)容假占有权 古罗马一种特殊制度。指受保护人经保护人——恩主——恩赐暂时占有某些财物用益的权利,但恩主可以随时收回之。

jus presentationis 〈拉〉(教会法)圣职推荐权人[patron]推荐圣职的权利;圣职推荐权

jus primae noctis 〈拉〉❶(领主的)初夜权 领主特权[seignorial right]的一种,指领主在佃农新婚之夜享有的同新娘同居的权利。历史学家对于这种权利在历史上是否真正存在过是有争议的,有的认为它只是一个传说。 ❷特许权 早期基督教会的一个教规要求新婚夫妇在结婚后的头三个晚上禁欲,后被此特许权予以免除。

jus privatum 〈拉〉❶私法 规范私人的权利、行为和事务的法律,与公法[jus publicum]相对。罗马法则把涉及个人利益的法规看作私法,由自然法、万民法和市民法的有关基本原则所构成。 ❷私权(利);私人所有(权)

jus projiciendi 〈拉〉(罗马法)建筑物伸出地役权 城市地役权的一种。指建筑物凸出部分如阳台、屋檐等伸入邻地上空的权利。(= jus protegendi)

jus proprietas 〈拉〉没有占有或者甚至没有占有权的财产权(= jus proprietatis)

jus proprietatis 〈拉〉非占有的财产权或所有权 在罗马法中,亦称为持有或握有,区别于占有权[jus possessionis; right of possession],因其不实际占有甚至没有占有权利,故也被称为有名无实的权利。(⇨jus merum)

Jus prosequendi in judicio, quod alicui debetur. 〈拉〉控诉的权利,人人皆有之。

jus protegendi (= jus projiciendi)

jus protimeseos 〈拉〉(罗马法)土地所有人的优先购买权 指永佃权人在处分其永佃权时,应预先通知所有人,所有人享有以同等价格受让永佃权的优先权。永佃权人怠于为该项通知的,其永佃权即行丧失。

jus publicum 〈拉〉❶公法 在罗马法上,公法是私法的对称。指有关国家公务的规范,如有关政府的组织、公共财产的管理、宗教的祭祀和官吏的选任等的法规。 ❷公权(利);公(共)有(权) ❸主权 ❹涨潮和落潮时共同享有的航行与捕鱼权等

Jus publicum et privatum quod ex naturalibus praeceptis aut gentium aut civilibus est collectum; et quod in jure scripto jus appellatur, id in lege Angliae rectum esse dicitur. 〈拉〉各国(地区)公法和私法形成于自然法则;大陆法系称之为"jus",英格兰法称之为"right"。

Jus publicum privatorum pactis mutari non potest. 〈拉〉(罗马法)公法的规范不得由私人之间的协议而变更。

jus quaesitum 〈拉〉❶请求权;(债权人的)追偿权 ❷特别法

jus quiritium 〈拉〉(罗马法)❶奎里蒂法 古老的罗马法律。最初仅适用于贵族,后根据《十二表法》而适用于全体罗马人。 ❷市民法所有权 其主体必须是市民,客体必须是罗马物,也就是要式移转物,即意大利土地、意大利耕地的地役权、奴隶和能驮物、拉车的家畜。其移转必须适用要式买卖和拟诉弃权的方式才能发生移转所有权的效力。

Jus quo universitates utuntur est idem quod habent privati. 〈拉〉规范社团的法与规范私人的法是相同的。

jus recuperandi 〈拉〉收回并正式占有(土地)权;恢复(土地)权

jus regium 〈拉〉王权;君权;主权

jus relictae 〈拉〉〈苏格兰〉寡妇继承权 指寡妇对亡夫非土地财产的继承权,有子女时继承三分之一,无子女时可继承二分之一。

jus relicti 〈拉〉〈苏格兰〉丈夫对亡妻财产的继承权 依照1881年的《已婚妇女财产法》[Married Women's Property Act],其于有子女时可以继承三分之一;无子女时可以继承二分之一。

jus representationis 〈拉〉❶代表权;代理权 ❷委托代理人的权利

jus rerum 〈拉〉❶物权法 调整物权关系即有关物的取得、使用与转让的法律。 ❷物权

Jus respicit aequitatem. 〈拉〉法律尊重公平。

jus sacrum 〈拉〉(罗马法)祭祀法 与公共礼拜[public worship]有关的、规定祭品管理和祭司任命等内容的法律,属公法范畴。(⇨jus non sacrum)

jus sanguinis 〈拉〉❶血统主义;血统原则 依父母的国籍来确定其所生子女的国籍,即以血缘关系或亲子关系来决定一个人的国籍,与出生地主义相对。 ❷父母国籍国法(⇨jus soli)

jus scriptum 〈拉〉❶〈英〉成文法 区别于习惯法或不成文法[lex non scripta]。包括国王颁布的法律、法规、谕令。(⇨written law) ❷(罗马法)成文法 指国家采用书面形式颁布的法规。如罗马各种议会通过的法律、元老院的决议、长官的谕令、皇帝的敕令以及享有公开解答权的法学家的解答等。以区别于不成文的习惯法。

jus singulare 〈拉〉(罗马法)特别法;特权法 适用于特别情况或特别原因的法律。以区别于一般法[jus commune]。

jus soli 〈拉〉❶出生地主义；出生地原则 依某人的出生地来确定其国籍，与血统主义相对。❷出生地法 某人出生时所在地的法律，与其父母国籍国法相对。

jus spatiandi 〈拉〉公益通行权 公众对该权利的享有，以娱乐和教育目的为限。

jus stapulae 〈拉〉(欧洲古法)❶贸易中心特权 古时欧洲某些贸易中心城镇享有的制止商品输入，强制输入之商品在它们自己市场上出售的特权[privilege]。❷贸易中心法

jus stillicidii vel fluminis recipiendi 〈拉〉(罗马法)承溜地役权 城市地役权的一种。指供役地承受需役地上邻屋檐水的地役。又分为雨水由屋檐顺流而下的地役和雨水经隔溜汇合而下的地役。原因在于需役地建筑房屋变更了天然雨水的流势。

jus strictum 〈拉〉严格法 解释时不允许进行任何修改，必须准确严格实施的法律。

jus suffragii 〈拉〉(罗马法)选举权；表决权；投票权 其与被选举权或荣誉权[jus honorum]皆为罗马公民的政治权。

Jus superveniens auctori accrescit successori. 〈拉〉占有者增加的权利也为其继承者所有。

just *a*.合法的；合理的；正当的；正确的；公正的；公平的

justa 烈酒的一种计量单位，其量恰够一次饮完

justa causa 〈拉〉(罗马法)正当理由；合法理由；某种合法交易

just and equitable 正当和公平的 一些制定法中的用语，用以表明法院在行使特定权力时应确保正当和公正的标准。

just and unextinguished title 正当而不可废除的土地所有权 指表面完好而非明显无效的土地所有权，尽管其在最终检验的意义上并不必然被确定为有效。

just cause (基于善意的)正当理由；合理理由；合法理由

just cause of provocation (美)关于挑拨的正当理由 它可使行为构成二级谋杀罪。区别于合法的挑拨[lawful provocation]，后者可使杀人行为减轻为非预谋杀人罪[manslaughter]。(⇨provocation)

just claim 正当的请求；正当的权利主张 可在法庭上提出并可由法院通过强制方法予以实现的请求。

just compensation (美)合理补偿 因国家征用私有财产而给予所有人的合理补偿。计算标准包括再生产该财产的成本、市场价值和对所有人剩余财产的损失。美国宪法第五条修正案规定，除非给予合理补偿，私有财产不应被征用，合理补偿即指被征用财产的等值金钱。

just consideration 法律上的充分对价

just debts 正当债务 该术语用于遗嘱或制定法中，指那些合法、有效和无可争议的债务，不包括因诉讼时效受到阻却的债务或因当事人的选择而可撤销的债务。

just debts of decedent 死者的正当债务 指那些本可以在死者生存期间通过诉讼予以强制执行的债务。不包括遗产税或由死者的遗产代理人所发生的债务。

jus tertii 〈拉〉第三人的权利 例如，某人依初步证据表明负债于甲[prima facie liable to A]，若其在被诉时提出抗辩主张被请求的财产不属于甲，而属于乙，则其被认为在主张 jus tertii。但作为一般规则，违法行为者[wrongdoer]不能主张第三人的权利。

Jus testamentorum pertinet ordinario. 〈拉〉遗嘱权属于一般人。 遗嘱权非特权。

just-fast men 知情人

justice *n*.❶正义；公平 一种被普遍认为适用法律原则于事实所应达到之目标的道德价值，是衡量和评价法律及某种行为正确性的标准。它的含义非常复杂，几千年来一直处于争论和变化之中，但它最基本的意思还是恰当地实施法律，给予某人以应得的东西，以及对纠纷一贯地、连续地作出类似的处理等。常见的分类有交换正义[commutative justice]、分配正义[distributive justice]和社会正义[social justice]等。(⇨commutative justice; distributive justice; social justice) ❷法官 ①在美国，该词指联邦和州最高法院的法官，也指上诉法院的法官。如美国联邦最高法院和大部分州最高法院都由一位首席法官[chief justice]和若干位法官[associate justice]组成。②在英格兰，1873年以前，该词指王座法庭和民诉法庭的法官，此后高等法院中的那些常任法官[puisne judges]也用该词来称呼。另外，一些最低级的司法官员也有用该词来表示的，如治安法官[justice of the peace]等。③在古代文献中，多用 justitia 一词表示普通法法庭的法官，而教会法院及其它法院的法官则用 judex 来表示，后来 justice 就成为了 judex 一词的翻译，表示普通法法庭的法官，但也有人认为 justice 一词来源于 justiciarius。(⇨associate justices) ❸(封建法)司法管辖权 指封建时代领主所主张的对民事和刑事案件的管辖权，有高级司法管辖权[high justice]和低级司法管辖权[low justice]之分。(⇨high justice; low justice)

justice ayres 〈苏格兰〉法官的巡回审判区

justice de facto 事实上正义；事实上公正(⇨de facto justice of the peace)

justice de jure 有获得治安官职位的合法权利的官员而不论其是否已任职。

Justice Department (美)司法部 负责实施联邦法律的联邦行政机构。司法部首长是总检察长[Attorney General]，司法部在最高法院涉及美国的诉讼中代表美国，同时向总统及其它行政部门首长提供法律意见。也负责监督和指导各司法区[judicial districts]中美国检察官和执法官[marshal]的工作。(⇨Attorney General)

justice in eyre of the forest (英格兰古法)(= justices of the forest)(⇨justice seat; justices in eyre)

justicements *n*.(古)❶司法 ❷与法或公正有关的事项

justice of the bench 〈英〉皇家民事法庭法官

justicer *n*.(古)司法者；法官

justice's clerk 治安法官的书记员

justice's court (英格兰古法)殊勋治安法官 旧时在授权主持季审法庭[quarter sessions]的开庭的委任状中授予治安法官的一种荣誉称号，要求主持庭审的法官中至少要有两名被授予此称号的治安法官。此种称号通常被授予英格兰某一郡的部分治安法官，但偶尔也会授予全体治安法官。

justice's docket 治安法官办案记录 要求由治安法官保存的文件，其中要记录其办理的案件或诉讼的每一步骤，包括从令状的签发到判决的作出和登记，执行令的签发，以及对刑事案件的预审或为正式起诉而对案件所作的处理等。

justice seat 皇家园林高级法院 古代英格兰的主要森林法院，在总巡回审首席法官[chief justice in eyre]或首席巡回法官[chief itinerant judge]或其副手面前听审并裁决森林中的侵权案件，以及发生在森林中的所有民事案件。(= Court of Justice Seat)

justiceship n. 法官的职位；法官职责

justices in eyre （英格兰古法）巡回法官　亨利一世时曾将御前会议中的一些法官派往各郡征收赋税和听审各种民刑案件，后来该制度被弃置不用，亨利二世时得以恢复。1176年，亨利二世将英格兰划分为六个巡回区，每区分派三名巡回法官执行财政和司法方面的事务。每巡回至一个郡时，巡回法官们便全席出庭，相应的郡法庭在此时不再开庭。巡回审判制在王室法庭和地方法庭之间建立起了联系，对于英格兰普通法的形成起到了重要作用。后来巡回制有了进一步的发展，分工也更加细致。根据1285年的《威斯敏斯特法Ⅱ》[Statute of Westminster Ⅱ]的规定，民事巡回审只对事实问题作出裁决，法律问题要递送威斯敏斯特的中央法庭去处理。（▷eyre）

justice's judgment　治安法官(作出)的判决

Justices of Appeal　〈英〉上诉法院法官　按照1873年《司法组织法》[Judicature Act]建立的英格兰上诉法院的成员，此后不久即改称为Lords Justices of Appeal。其缩写形式是L.J.，其复数的缩写形式是L.JJ.。（▷judge）

justices of assize　〈英〉巡回法官　指英国高级法院[superior courts]中的法官，负责巡回于英格兰和威尔士的各郡以处理那里的待审案件。有时也称为 justices of nisi prius。（▷assize）

justices of gaol delivery　（英格兰古法）提审狱犯巡回法官　持有国王委任状，有权听审并裁决羁押在狱罪犯案件的巡回法官。起初他们只有权处罚那些擅自将罪犯保释出狱的人，但后来他们有了与普通巡回法官一样的权力。

justices of laborers　（英格兰古法）劳工法官　①被指定专门对那些因懒惰或对薪金不满而难于管理的劳工者予以矫正的法官；②被指定听审并裁决雇员与雇主之间纠纷的法官。

justices of nisi prius　（英格兰古法）民事巡回初审法官　这是巡回审判法官的一种，该头衔常与巡回法官[justices of assize]连用，他们都是威斯敏斯特王室中央法庭的成员，被派往各郡主持审理那些已经诉至中央法庭的案件，他们主要是在地方陪审团的帮助下查清案件事实。（▷nisi prius）

justices of oyer and terminer　〈英〉刑事听审巡回法官　由英王任命的，一年两次在王国境内除伦敦和米德尔塞克斯[Middlesex]以外的每一个郡巡回听审刑事案件的法官。通常包括威斯敏斯特的两名法官，其职责是听审并裁决所有的叛国罪、重罪和轻罪案件。（▷oyer and terminer）

justices of the forest　（英格兰古法）森林法官　指对发生在森林中偷猎林木或偷猎野生动物等犯罪享有管辖权的司法官员。听审这类案件的法庭被称为"皇家园林高级法院"[justice seat of the forest]，这些森林法官有时也被称为"林区巡回法官"[justices in eyre of the forest]。（▷justice seat；forest courts）

justices of the hundred　（英格兰古法）百户区法官　指那些曾经对某百户区享有管辖权并有权主持百户区法庭的领主或贵族。

justices of the Jews　（英格兰古法）(财税法庭中的)犹太法官　理查一世时，财税法庭中被指定审理犹太人违反高利贷法律案件的犹太法官。（▷Exchequer of the Jews）

Justices of the Peace　治安法官；太平绅士　在英格兰，1327年的一项制定法最早设置了治安法官一职。1344年，立法规定在每一郡应以国王的委任状[King's Commission]指定几人负责维持治安。起初，其职能仅为提起公诉[take indictments]及看管由王室法院法官审理的被告人。但到14世纪时，他们即有权审理囚犯，随后又有制定法对治安法官的人数及其权限予以规定。18世纪，许多地方政府性质的职能也被授予治安法官，但到19世纪末叶，这些职能中的大部分又被转移给了选举产生的地方当局[elected local authorities]。现在，每一委任区[commission area]的治安法官由御前大臣[Lord Chancellor]来任命。除非制定法另有规定，必到至少有两名治安法官出庭方可组成一个治安法官法庭[magistrates' court]，但不应超过七人(而单独的一名领薪治安法官[stipendiary magistrate]即可组成一治安法官法庭)。治安法官的职责多种多样，通常包括四个方面：①对其认为有充分证据的刑事案件，决定将被告人提交陪审团和法官审判；②适用简易程序审理和裁决案件；③与刑事法院法官共同出庭审理不服治安法院判决的上诉案件、羁押待量刑案件[proceedings on committal for sentence]以及御前大臣所指令的其他案件；④发放和更新有关销售酒类饮料或从事歌舞娱乐行业的许可证。通常认为在公诉罪[indictable offences]案件中，治安法官的职责是行政性的，因为他们只签发逮捕证、收集证词和将被告人交付审理。而其适用简易程序审理和裁决案件(不论是民事的还是刑事的)则是行使司法权的行为。在美国，治安法官为一种基层的司法官员，其有限的管辖权由制定法规定，包括民事的(如主持宣誓和主持结婚仪式)和刑事的(如对轻微犯罪的审判、将严重犯罪提交上级法院审判)。但现在多数州倾向于废除治安法官这一职位和治安法院，而将其职权转移给其他法院，如市政法院或地方法院。

justices of the quorum　〈英〉治安法官（▷quorum）

justices of the sessions　〈英〉治安法庭法官　主持治安法庭的法官，人数一般为两个或两个以上，履行由委任状或议会法令授予的职权。

justices of trail-baston　（英格兰古法）专职调查官（▷commission of trailbaston）

justicia　法；法官；(司法)管辖权　此词11世纪广泛使用，其意义依上下文而定。

justiciable　a. 可受法院裁判的；可以司法方式处理的（▷justiciable controversy）

justiciable case　可由法院裁决的案件　指存在可由法院裁决的争议的案件。（▷justiciable controversy）

justiciable controversy　可由法院裁决的争议　指存在于双方当事人之间的，一方基于现实存在的事实向对方提出确定的权利主张，对方予以争辩而引起的可提请法院裁决的争议。它必须是真实的、实质性的争议，区别于假设的或纯理论性的争议，对后者法院不予裁决。

justiciar　〈拉〉❶（英格兰古法）(王室法院的)法官　又称 justicier。 ❷〈英〉首席政法官；摄政官　诺曼征服时代和金雀花王朝[Plantagenet]时期重要的行政和司法官员。最先由征服者威廉[William the Conqueror]设立。领导整个王室法院的事务，也主持御前会议[curia regis]和财政署[Exchequer]的事务。在国王居住于诺曼底而不在英格兰的时间，他是相当于摄政者的最高官员，有权以自己的名义签署、颁发令状。也称为 chief justiciar。1265年该职位即空缺，后由爱德华一世废除，其大部分权利和荣誉由御前大臣[Chancellor]所承袭。 ❸〈爱尔兰〉首席政法官　设立于1172年，是英王在爱尔兰的最高代表，而且还是英王与爱尔兰行政部门的联系通道。主要负责保证英格兰的法律、习惯在爱尔兰的实施，享有广泛的司法管辖权。14世纪以后不再是爱尔兰的最高统治者。1478年,首席政法官一词就不再用了。❹〈苏格兰〉**首席司法官** 负责王座法庭[king's court]的苏格兰高级司法官员,对各种案件都有最高的审判权,后来其权力不断遭到削弱。从15世纪起改称为最高刑事法官[Lord Justice-General]。(= justiciary)

justiciarii ad omnia placita 〈拉〉处理所有申诉的法官

justiciarii in itinere 〈拉〉巡回法官(⇨justices in eyre)

justiciarii itinerantes 〈拉〉(英格兰古法)巡回法官 其职责是巡回于各郡,行使审判权,这样称呼是为了区别于常驻威斯敏斯特的法官,即justiciarii residentes。(⇨justices in eyre)

justiciarii residentes 〈拉〉(英格兰古法)常驻威斯敏斯特的法官 区别于巡回法官[justiciarii itinerantes]。

justiciary n.法官 类似于拉丁文的juriciarius和法语的justicier,是justiciar的异体词。

justicias facere 〈拉〉处理申诉;执行司法职能

justiciatus 〈拉〉❶司法;特权 ❷保释保证人证明自己有履行保证能力的程序

justicies (英格兰古法)特别授权审判令 扩大郡长所主持的法庭之司法管辖权的令状。它赋予了郡长比通常情况下更大的权力,如他可以受理任何标的额的强力侵权案件[trespass vi et armis]和所有标的额在40先令以上的对人诉讼案件[personal actions]以及许多不动产权益诉讼[real action]的案件,而这些案件本都应在威斯敏斯特的中央法庭审理,据说这是为了迅速了结此事。但由于郡长无权拘押被告人身而只能扣押其财物,且这些案件被告可以申请移送上级法庭审理,因此这一令状后来已废弃不用。

justifiable a.正当的;受法律保护的;法律认可的(⇨homicide; justifiable homicide)

justifiable cause 正当理由;可成立的理由(⇨probable cause)

justifiable homicide 正当杀人;合法杀人 指面临死亡或重伤的危险时,实行正当防卫而杀死侵害者的行为;也指法律允许其杀死他人而行为人无罪的情形,如:对死刑犯执行死刑,有关官员在防止犯罪发生或罪犯逃脱的过程中所为的杀人行为。

justifiable trespass 正当入侵 指法律许可的故意入侵行为。

justification n.❶认为正当;正当的理由 在侵权法和刑法上,被告证明其受到控告或指控的行为是正当的且有合法的理由。如在诽谤案件中,证明其陈述内容为真实即是一个正当的理由;又如在受到企图伤害[assault]或非预谋杀人[manslaughter]犯罪的指控时,证明其行为是出于自卫[self-defense]即是正当的理由。在美国,在侵权案件中,该词的使用并不广泛,更为普遍的是使用防卫[defense]和特权[priviledge]。❷证明为合适 源于普通法上的一种程序,指保证人必须通过证明使法庭确信其有足够的能力履行保证义务。

justificators n.(古)宣誓证明被告人无罪的人

justifying bail 合法保释 就财产而言,证明有足够的保释金或担保物品。在保释作出以后,担保人经常宣誓使原告确信他们是担保财产的占有者,而且担保财产是诉讼标的额的两倍,因此当原告胜诉时,被告有能力履行判决。

jus tigni immittendi 〈拉〉(罗马法)架梁地役权 城市地役权的一种。指役权人建筑房屋时可架设房梁于供役地

邻居墙上的权利。

Justinian Code (= Corpus Juris Civilis)

justinianist n.罗马法学者;民法学者

Justinian's Institutes 《优士丁尼法学阶梯》(⇨institute)

justitia 〈拉〉法官;审判权;法官职位

Justitia debet esse libera, quia nihil iniquius venali justitia; plena, quia justitia non debet claudicare; et celeris, quia dilatio est quaedam negatio. 〈拉〉公正处理应该是免费的,因为没有什么东西比可以收买公正更加不公正了;公正处理应该是完全的,因为公正处理不应该踌躇不前;公正处理应该是迅速的,因为拖延就是拒绝公正处理。

Justitia est constans et perpetua voluntas jus suum cuique tribuendi. 〈拉〉公正处理是一种坚定地、不停止地向每个人提供他应得权益的处理。

Justitia est duplex, viz: severe puniens et vere praeveniens. 〈拉〉公正处理具有双重性:严厉的惩罚和正当的预防。

Justitia est virtus excellens et altissimo complacens. 〈拉〉公正是优秀的美德,会令最高尚的人高兴。

Justitia firmatur solium. 〈拉〉王权借正义而确立。

Justitia nemini neganda est. 〈拉〉公正不应拒绝给予任何人。

Justitia non est neganda non differenda 〈拉〉公正既不应拒绝给予,也不应拖延给予。

Justitia non novit patrem nec matrem; solam veritatem spectat justitia. 〈拉〉公正六亲不认;公正只看事实。

justitia piepoudrous 〈拉〉快速的公正处理

justitium 〈拉〉(罗马法)法庭执法的中止;休庭期

justiza 〈苏格兰〉最高司法官 古代的一种高级司法官员,又称最高法官,他是法律的最终解释者,另外他还有其它一些大权。

justly ad.公正地;公平地 对亲属"行为公正"、"公平对待"等词不能产生恳求的信托[precatory trust]。

justness n.合法;正义;公正;公平;合理;正当

just prior 刚好在前面 强调前后时间的紧紧相连。

jus tripertitum 〈拉〉(罗马法)三源遗嘱法 优士丁尼时代的遗嘱法。因是从市民法、裁判官法和皇帝的敕令三个方面派生出来的,故得名。

Jus triplex est, —**propietatis, possessionis, et possibilitatis.** 〈拉〉权利具有三重性——财产、占有和可能性。

jus trium liberorum (= jus liberorum)

justs n.比武 在军人和地位高贵者之间进行的操练,骑马以长矛相格斗,与几队人马间的纯粹军事操练[tour-naments]不同。

just title 正当所有权;可善意取得的所有权 在取得时效中,它是指财产占有人确信自己是从真正的财产所有人处,通过财产转让方式而取得的所有权。该种所有权亦称表见所有权[color of title],即所有权虽有瑕疵,但对于一般人而言,该瑕疵并不明显。(⇨marketable title)

Justum non est aliquem antenatum mortuum facere bastardum, qui pro tota vita sua pro legitimo habetur. 〈拉〉对生前一直被认定为婚生子的死者,死后又被确认为私生子是不公正的。

just war 正义战争 早在罗马时代就存在过关于正义战争的思想,至中世纪,经院式的正义战争论逐渐确立,托马斯·阿奎那[Thomas Aquinas]是代表性人物,他认为正义战争应符合三项条件:①君主的授权;②正当的理由;

③交战者的正当意图。这种思想不仅为近代的维多利亚、苏利亚兹等神学家继承,还为格老秀斯等法学家继承。然而,战争的正当理由和正当意图是由交战者自行判断的,并无统一标准,交战者均会认为自己是正当的。因此,后两项条件就失去了存在的意义。后来的法学家开始阐释和讨论该问题,正义战争论亦随之瓦解,取而代之的是无限制战争权论。作为战争法的中心问题,战争的正当理由让位于战争的正当方法。但是,第一次世界大战后,限制乃至禁止侵略战争的思想逐渐占取主导地位,并为许多国际条约和法律文件确认,侵略战争被认为违反国际法而属于非法战争,构成国际罪行。

jus utendi 〈拉〉(罗马法)**使用权** 指不变更物的性质,按其用途加以利用的权利。是所有权权能的一种。通常由所有人自己使用,但也可由非所有人使用,如租赁或借用等。所以后世民法亦有把"用益权"包括在"使用权"内的。

jus vagum et incertum 〈拉〉**模糊而不确定的法律**

jus venandi et piscandi 〈拉〉**渔猎权** 在他人土地上打猎和捕鱼的权利。

Jus vendit quod usus approbavit. 〈拉〉**法律施行已被人们赞成的习惯做法**。

jus vitae necisque 〈拉〉(罗马法)**生杀权** 指古代罗马家长对家属和奴隶的生杀取舍的权力。对家庭中新生婴儿的留养或抛弃、出养自己的子女、收养他人的子女、惩罚家属和奴隶,从体罚、逐出家门以至处死,更不论他们的男婚女嫁和休离,全由家长一人决定。其时,国家权力不涉及家庭内部,家长的行动仅受宗教和习俗的约束。随着社会的进步,家长的权力开始逐渐受到法律的限制。公元89年,国家首先取消了祖父对孙子女、丈夫对妻子以及家长对媳妇的生杀权;对子女的生杀权一直维持到公元2世纪初。至于奴隶,帝政后期由于受自然法学和基督教的影响,国家也逐渐通过了一些限制虐待他们的法律,其犯重罪的,应由官厅处罚;但这只是类似现代各国保护动物的措施,并非承认奴隶享有自由人的人格。

jus vocando 〈拉〉**传唤到庭**(⇨in jus vocando)

juvenile n. ❶(刑法)**未成年人;少年** ❷**无民事行为能力的未成年人** 在法律用语中,多用 minor 表示无民事行为能力的未成年人。

juvenile court **少年法庭** 在英格兰,少年法庭是治安法院的一个特别法庭,最早由1908年的《少年法》[Children Act]予以规定。该法庭由负责少年案件的治安法官组成,负责审理对少年提起的指控,或决定对无人照管、受遗弃或虐待的儿童或少年给予最好的照料。少年法庭必须和成年人法庭分开,或在不同日期开庭,一般公众不允许进入旁听。该法庭还有权命令少年当事人的父母或监护人进行适当的控制[control]或发布监管、护理、治疗或监护令。在美国,少年法庭对违法犯罪的、不能独立生活的和无人照管的未成年人有特别管辖权。依正当程序的要求,在少年法庭进行的程序中也应保证当事人有获知其所受指控的权利,取得律师帮助的权利,与证人对质和进行交叉询问的权利,以及反对自证其罪的特权。

juvenile delinquency **少年(或未成年人)违法行为**(⇨delinquent children)

juvenile delinquent **少年犯**(⇨delinquent children)

juvenile offenders **少年犯**(⇨delinquent children)

juverna n. (古)**爱尔兰**

juxta 〈拉〉**接近;下述的;依照**

juxta conventionem 〈拉〉**根据协议;依照契约**

juxta formam statuti 〈拉〉**根据制定法的形式**

juxtaposition n. ❶**并列;使并置;毗连** ❷(专利法)**组合**(⇨aggregation)

juxta ratam 〈拉〉**在该等级(或比率)或在该等级(或比率)以后**

juxta tenorem sequentem 〈拉〉**据其大意** 当涉及的词语本身已有阐明时,古书上就常用此语。

juzgado 〈西〉❶**法院系统** ❷[总称]**法官** ❸(同意判决结果的)**法官**

Kk

K. 合同[contract]的简称
k/a (= know as)
kahawai n.(夏威夷语)**滚动的溪流** 包括溪流的河床以及只有在高"水位"时或洪水发生时才能淹没的河床。
kaiage (船舶)**停泊费;码头(使用)费**(⇨wharfage)
kaiagium (= kaiage)
kain (苏格兰古法)作为保有土地之义务的一部分而向领主交纳的家禽或家畜;承租人向出租人交纳的禽蛋或禽肉
kalendae n.❶(罗马历法中的)**每月第一天**(= calends) ❷**乡村牧师会** 由教长代理[rural dean]主持,乡村神职人员出席,在每月的第一天举行。(= capitula ruralia)
kalendar (古)(= calendar)
kalendarium (罗马法)❶**历法;日历** ❷**债簿;放债记录** 指古罗马人放债时,会在古罗马历法中每月的第一天[calends]收取利息,故以日历来称账本。
kangaroo n.❶**袋鼠** ❷〈英〉**跳议法** 议会下议院的全院委员会通过法案时,为节省时间,委员会主席有权选出法案里的若干条款来讨论,其余的跳过不议以节省通过的时间。
——a.❶**袋鼠法庭的;非法的;非正规的** ❷**模拟的;虚假的** (⇨kangaroo court)
kangaroo court ❶**袋鼠法庭** 指私设的无视或滥用法律原则与公正进行审判的法庭,或模仿正规法庭审判的模拟法庭。有多种情形,如狱中犯人设立的用以解决囚犯之间的纠纷的法庭,棒球队员们设立的用以"惩罚"防守犯规队员的法庭等。❷**(无合法或正规的司法程序的)非法法庭** ❸**模拟法律程序**
kantress (= cantred)
karat (= carat)
katatonia n.**紧张症;紧张性精神分裂症**(⇨insanity)
Kaufman Commission 〈美〉**考夫曼委员会** 1977年由第二巡回区[Second Circuit]的首席法官任命的律师、法官和教授组成的一个特别委员会,旨在减少根据《联邦民事诉讼规则》[Federal Rules of Civil Procedure]在审前披露程序中所产生的高额费用。
kay (= key)
KB (= King's Bench)
keelage n.❶**(船舶)入港费;停泊费** ❷**征收停泊费的权利**
keelhaul n.**船拖刑** 海军曾经使用过的惩罚船员不良行为的一种刑罚,指用系在桁端的绳子将人缚住,穿过船底拖拽。
keep v.❶**保有;保存;保留;保持** ❷**履行;遵守** ❸**监禁;羁押;拘留;拘押** ❹**赡养;扶养;照管** ❺**防止;预防**
——n.**城堡主楼;要塞**
keeper n.❶**监护人;保护人** ❷**保管人** 在英国有守林人[keeper of a forest]、国玺执掌人[keeper of great seal]和王玺执掌人[keeper of privy seal]等。❸**看守人** 监狱的看守或看管动物的人。❹**经营者;管理人**
keeper of a bawdy house **经营妓院者**
keeper of a house of ill fame (= keeper of a bawdy house)
keeper of gambling house **经营赌场者** 赌场的管理者,而不涉及其所有权及获利的多少。
keeper of the forest (英格兰古法)**林区首席管理员;守林人** 主管与森林有关的各种事宜,掌握与森林有关的所有公职人员。亦称"chief warden of the forest"。
Keeper of the Great Seal of Scotland 〈苏格兰〉**苏格兰掌玺大臣** 早期苏格兰的国玺由苏格兰御前大臣[Chancellor of Scotland]掌握,1707年英格兰和苏格兰联合之后,整个大不列颠便只有一个国玺,但以前涉及私人权利且需适用原苏格兰国玺的那些事务仍需这样的一个玉玺。目前,苏格兰国务秘书[Secretary of State for Scotland]任苏格兰掌玺大臣。
keeper of the king's conscience 〈英〉**国王良心守护者** 以前给予御前大臣的称谓,关于其原因,一说是因为他在衡平法庭代表国王听审向国王申诉的案件时——在发展出确定的衡平法原则之前——主要是依据其良心的判断来作出裁决;一说是因为早期的御前大臣均为教士,主持着王室教堂,维护着国王的良心。
Keeper of the Privy Seal 〈英〉**王玺大臣;王玺执掌人**(⇨Lord Privy Seal)
keeper of the Privy Seal of Scotland 〈苏格兰〉**苏格兰王玺大臣** 该职位创于15世纪,主要是为了减轻御前大臣的负担。盖王玺成为盖国玺的前提,在某些情况下仅盖王玺就已足够。
Keeper of the Signet 〈苏格兰〉**国王印章掌管大臣** 至迟在1532年苏格兰最高民事法庭[Court of Session]成立之前,诉讼所需的各种传票、令状均须加盖国王印章[Signet],这些令状由国王国务大臣办公室[Office of the King's Secretary of State]的办事员起草并签名,后者渐渐形成了最高民事法庭律师协会[Society of Writers to the Signet],现在尽管它把持诉讼开始的状况已经消失,但传票仍需签盖国王印章。国王印章掌管大臣由国王任命,该职位现已与档案保管主事官[Lord Clerk Register]合并,后者是最高民事法庭律师协会名义上的头领,但他常任命一名副手从事协会的实际工作。(⇨signet; Lord Clerk Register)

keeper of the touch 〈英〉试金官 英国铸币厂负责测试金属含量的官员。

Keeper of the Wardrobe 〈英〉王室司库 13世纪王室司库是王庭内务的首席官员，影响力颇甚，在约克和都铎王朝时地位下降。司库掌管的档案是了解13到15世纪英国君主专制的重要材料。

keep-friend n.(俚)(用于束缚囚犯的、系牢于铁链之上的)铁环；铁圈

keeping a gambling bank 经营赌桌 占有或保管赌桌并有权使用其经营赌博的行为均构成犯罪。

keeping a gambling house 〈美〉经营赌场；开设赌场 明知他人赌博，而为其提供赌博场所，从中取得一定利益的行为是犯罪。任何帮助提供赌博场所的行为也是犯罪。

keeping a gambling place (= keeping a gambling bank)

keeping a gambling table (= keeping a gambling bank)

keeping a lookout 留神观察 指汽车司机对于本车、其他交通工具以及行人的行动保持高度警惕。(⇨lookout)

keeping books 记账；保管账簿(⇨bookkeeping)

keeping disorderly house 为非法行为或破坏社会公德的行为提供场所 普通法上为犯罪；制定法中，美国大多数州都认为是犯罪。

keeping explosives 非法持有爆炸物 普通法中，在村庄、公路干线等公共场所或其附近非法持有大量弹药和其他爆炸物的行为是犯罪。

keeping gambling device 经营赌博用具 制定法罪名，包括设置、经营或展示赌桌、赌机等赌博用具。

keeping gambling resort 经营赌场 一种普通法罪名，指经营合法的或非法的赌博，这种赌博易导致不良分子聚集而妨害治安。

keeping good a tender (= keeping tender good)

keeping house 〈英〉匿居避债；闭门避债 指债权人要求清偿债务时，债务人拒绝与债权人会见，或藏于家中隐蔽处，或不去其营业场所，或在白天闭门不出，从而躲避偿债。属于破产行为。

keeping intoxicating liquor 〈美〉持有酒精饮料 指以出售或交换为目的而贮藏酒精饮料，不包括在限制个人消费的立法中所禁止的为私人或家庭之用而持有酒精饮料。

keeping place for disorderly conduct (= keeping disorderly house)

keeping place for gambling (= keeping gambling resort)

keeping tender good 保持偿付能力

keeping terms 〈英〉遵守修业学期 指四大律师公会[Inns of Court]的学生每一学期在该公会的餐厅就餐达到规定次数的，该学期才算入其修业期限，期满方可被授予律师资格。

keep(ing) the peace 守法；维持治安(⇨bond to keep the peace; articles of the peace)

keep in repair 保持良好保养状态 指公路的自然状态能够保证通行的合理安全；在租约中，则指承租人有责任使承租的房屋在整个租赁期间处于良好保养状态，如果有所失修则构成违约。(⇨habitability)

keeplock sentencing 〈美〉禁闭刑 一种最轻的隔离惩罚方式，指将犯人每天23-24小时地关在牢房里，除了有限制的沐浴和活动时间外，禁止接触其他犯人并且不许工作和参加其他日常活动。区别于防备措施最为严格的各监区[maximum security cellblock]和单独禁闭[solitary confinement]。(= padlock sentencing)

Kefauver-Cellar Act 〈美〉《基福弗－采拉尔法》 1950年联邦颁布的反企业收购法，该法禁止影响竞争的同行业企业间的兼并。

Kefauver-Harris Amendment 〈美〉《基福弗－哈里斯修正案》 指1962年对《联邦药品法》[Federal Drug Law]的修正案，要求药品制造商在制造和销售一种新药前必须经过动物与人体试验证明药物安全、有效，以确保消费者使用安全。

keiki n.儿童；子孙；后裔 在夏威夷土语[Hawaiian]中，通常意指儿童，但具体的意义应依上下文联系而定，且有时可以指各代的后裔[descendant of any generation]。

kelp-shore n.海岸；海藻地带 指高水位与低水位之间的地带；涨潮线与落潮线之间的地带，因海藻多生长于该地带而得名。(= seashore)

Kennedy Round 肯尼迪回合 指关贸总协定[General Agreement on Tariffs and Trade/G.A.T.T.]范围内于1964年至1967年在日内瓦举行的第六次多边贸易谈判，因由美国总统肯尼迪发起而得名。该回合谈判的主要成果包括：自1968年起5年内工业品关税平均削减35%；还通过了关贸总协定第一个反倾销法典。

kenning to a terce 〈苏格兰〉夫产三分权的认定 根据夫产三分权[terce]确定应属于寡妇的土地的程序，现该程序已废弃不用。(⇨terce)

keno n.基诺 在该种机会赌博游戏中，设有一庄家[banker]，将90个标有序号的钢球放置在一个旋转的长椭圆形的轮盘里进行运作。

Kentucky Resolutions 〈美〉肯塔基决议 指1799年肯塔基立法机关通过的由杰斐逊[Jefferson]起草的一系列决议。这些决议反对有关外侨和煽动叛乱法[alien and sedition laws]，宣布它们是非法的；这些决议也阐发了主张对联邦政府权力进行严格解释的理论，并且宣称"废除"这些法律是"正当的救济方式"。

keogh plan (= self-employed retirement plan)

kept woman 〈古〉情人；情妇

ketubah 〈犹太〉婚姻合同；婚姻协议

key n.❶钥匙 移动锁簧的金属工具，可借指解决问题的方式方法。❷码头 相当于英文中的quay。❸岛屿

keyage n.码头装卸费

key-employee insurance 关键雇员保险 公司为其重要雇员投保的以公司为受益人的人寿保险。

key-executive insurance (= key-employee insurance)

key-man insurance (= key-employee insurance)

key man life insurance 〈美〉企业主管人员人寿保险 为商业组织中重要的或关键的职员或雇员购买的人寿保险。该组织为受益人，在被保险人死亡后该组织有权获得保险金。(⇨key-man insurance)

key man system 〈美〉要人制度 陪审团专员[jury commissioner]从社区中挑选候选陪审员所使用的一种方法，但近来该项制度受到了指责，理由是它会造成制度性的种族排斥。为此，联邦最高法院对其进行了仔细的审查。

key-person insurance (= key-employee insurance)

keyus ❶监护人；看守人；保管人 ❷监狱长；看守长(= guardian; keeper)

kickback n.回扣 将已收取的款项作部分返还，尤指采取秘密方式或受强迫而为之。其目的或为已达成的交易而给予相关当事人不适当的利益，或为了将来继续进行不正当交易。

Kickback Act 〈美〉《回扣法》 根据该法，无论何人若劝使

从事公共的或政府贷款的工程建设的受雇人放弃其依合同应得补偿的部分或全部,此人就将被处以罚款或拘禁。

kickback agreement 〈美〉工资减让协议;工资回扣协议 指雇主和雇员间达成的一种协议,雇员答应将自己按雇佣合同有权领取的工资予以部分减让,作为维持雇佣关系或雇佣职位的条件,现已为法律禁止。

kickout clause 合同解除条款;合同变更条款 指允许合同一方当事人在特定事件发生时解除或变更合同的一种合同条款。

kidder n. ❶ 垄断者;囤积者 ❷ 〈俚〉(利用别人的轻信进行)欺骗者

Kiddie Porn Bill 〈美〉《反儿童色情法案》 1977年通过的联邦法。该法禁止在色情、淫秽的影片或图片中出现未成年人,违犯者将被处以罚款或监禁。

kiddie tax 〈美〉儿童非劳动所得税 对14岁以下的儿童超过一定限额的非劳动所得征收的一种联邦税。如果父母纳税适用的税率较高时,则适用父母纳税的最高税率。《1986年税收改革法》[Tax Reform Act of 1986]规定了该税种,以阻止生产性资产在家庭内从父母向幼小子女转移而逃税。

kidnap for ransom 绑架勒索;绑架勒赎 以索取一定钱财为目的,绑架他人的行为,构成加重绑架罪。

kidnap(p)ing n. 绑架罪 早期普通法中,绑架罪是指违反他人意志或其合法监护人的意志而将其劫持或偷运至另一地、另一国或秘密隐藏的犯罪行为的统称,是轻罪。现代制定法中的绑架罪是重罪,通常被认为是加重情节的非法拘禁[false imprisonment],并取消了"国界"这一构成要件,转而认为暴力、威胁、欺诈、恐吓等手段、违背他人意志、非法带走等为绑架罪的重要构成条件。在美国,绑架罪是指具有下列目的之一的使他人离开或远离其居住所、营业所或将其秘密隐藏于某地的行为:①勒索赎金或报酬;以人质作为挡箭牌;②为方便犯重罪或犯罪后逃跑;③给受害者或他人造成身体伤害或恐吓受害者;④以此来干涉国家政治职能。在现代社会中,政治极端分子经常采用绑架手段以取得政府让步,例如释放政治犯等。

kidnapping for extortion 绑架勒赎;绑架勒索(⇨ kidnap for ransom)

Kidnapping Law 〈美〉《绑架法》 一项联邦法。通常被称为《林德伯格法》[Lindbergh Law],该法认为为取得赎金或报酬而将人质劫持到州外或国外的行为构成绑架罪。

kilketh n. 〈古〉由从事农耕的土地保有人支付的一种带有奴役性的费用

kill n. ❶〈美〉〈口〉水道;小河;溪;支流 该词源于荷兰,现在主要用于前荷兰移民区如特拉华和纽约州的一些地名中。❷〈爱尔兰〉教堂;墓地;地名前缀
v. ❶ 杀死;冻死;枯死 与homicide不同,homicide专指杀人。(⇨ homicide; manslaughter; murder) ❷ 扼杀;搁置(议案);使(议案)不得通过

killed instantly 瞬间死亡(⇨ instantaneous death)

killer bees 〈美〉〈俚〉杀人蜂 1979年5月,在州举行的总统预选[Presidential Primary]中为阻止一项有利于州保守的民主党的议案获得通过,增加共和党总统候选人约翰·B.康纳利[John B. Connally]的当选机会,得克萨斯州[Texas State]12名参议员逃离该州,使其立法机构达不到法定人数,因其离开时佩有蜂形胸针而得名。

killing by accident 意外杀人(⇨ accidental death)

killing by misadventure 意外杀人 行为人在为合法之事时,尽管具有足够注意以求避免危险的发生,但是还是不幸地造成了他人的死亡。

Kimbell-Diamond doctrine 金贝尔－戴蒙德原则 一种所得税法原则,又称不可分交易规则,指纳税人为获得一个公司的资产而先购买该公司的股票和随后对该公司进行清算,应视为同一个交易。

kin n. 家属;亲属 尤指血亲,包括半血亲[half-blood]。它可以分为直系亲属[lineal or direct line]和旁系亲属[collateral or indirect line]两类。以动产分配为目的的亲属代位继承权[right of representation]的权利人在直系亲属上可超过相同祖先的曾孙辈;在旁系亲属上则不超过兄弟姐妹的子女;但是依照英国1925年《遗产管理法》[Administration of Estate Act],在除父母及祖父母以外的无遗嘱死亡时的法定信托[statutory trust]中,这种代位继承权可授予任何有权继承者的后代。有时该词所指的亲属也包括姻亲在内。该词亦作"kindred"。

kinbote n. 〈撒克逊〉❶ 因杀人而支付给死者亲属的赔偿金 ❷ 弑君罚金中付给社区的部分

kind n. ❶ 种类 ❷ 性质;本质 ❸ 类;种;属(⇨ sample; like-kind exchange)
a. 友好的;仁慈的;体贴的

kindlie n. 承租人的续租权

kindly tenancy 〈苏格兰〉优惠土地保有 指以优惠条件将土地租与原有人的继承人或土地出租人乐于租与的他人,它保留古老习惯法上的土地权利或比照已登录的土地保有文书赋予权利,依法院令状成立,不依特许状进行而是通过将其记入王室总管[king's steward]的或土地出租人的土地出租簿来进行。优惠土地保有大多已被改为封地土地保有[feudal tenure],只在少数地区尤其是邓弗里斯郡[Dumfriesshire]的洛赫梅本[Lochmaben]继续存在。

kindred n. ❶ 亲属;家属(= kin) ❷ 亲属关系;家属关系(= kinship)

kindred rule 同类规则;相关规则 指与其他规则相关联的规则,例如判例法则[law of the case]是既判力原则[res judicata]的同类规则。

kindred tribes 有血缘关系的部族

kinebot (= cynebote)

king n. ❶ 王;国王;君王;君主 某一领土内男性君主的称谓,若存在皇帝这样更高一级的统治者,王并非至高无上,而是从属于皇帝。但王比公爵、伯爵或亲王职位更高、也更重要。王在不同的历史时期和不同地域,其地位与影响力并不一致。一般而言,君王有极权君王与限权君王之分,前者的权力是无限的,不受任何限制;后者则受到宪制的约束,可称为立宪君主。现在该职位多在西欧小部分存在,国王处于虚君地位,其权力是象征性、非政治性的。 ❷ [K-] 〈英〉国王陛下政府;王国政府;王室 在现代社会,把国王本人与其作为政治或法律上人格的政府机构象征的含义逐步区分开来,在指国王陛下政府时,更常用"the Crown"。在民事诉讼中,如果君主作为一方当事人,一般会使用"the King"或"the Queen",而简写形式"R."(代表Rex或Regina)也常用于案件,特别是刑事案件中,如R.v. Baker。 ❸ [K-] 〈英〉英王 英王或女王[Queen]是被授予王国最高行政权[supreme executive power]的个人。King用于男性,Queen用于女性。在国内事务中,君主[Sovereign]是最高立法权的组成部分,理论上他(她)可以否决任何新制订的法律,除非由法律特别规定,此项权力不受任何立法的限制;英王(女王)被视为王国三军的最高统帅,可以招募军队,筹建

舰队等；英王（女王）是正义的源泉，和平的守卫者，有权设立法院、起诉犯罪分子、赦免罪犯等；英王（女王）也是英格兰国教会[Church of England]的领袖，有权任命主教等教职，并有权对宗教事务的申诉进行审理。在现代，当论及作为政治机构行使公共职能的英王时，更常用王权[Crown]而不用英王[King]，这种用法的最大便利之处在于可以避免与独体法人[corporation sole]有关的一切语言在使用中所产生的困难，即难以完全将作为政治机构的英王与作为私人的英王区分开来。（⇨queen）

King can do no wrong 〈英〉国王不为非。或：国王无过。表达一项古老的法律原则的格言。此原则是主权豁免原则[rule of Sovereign Immunity]的基础，意指国王作为国家法律结构的最高层，不对其作为或不作为的任何事项承担法律责任，不能在国王即他自己的法院里被诉，不受自己雇员的裁判。自然，这并不意味着政府所作的一切都是正当合法的，只是指凡在公共事务中的不利事项皆不可归咎于国王。国王不为非的原则在英国1947年通过《王权诉讼法》[Crown Proceedings Act]后有很大改变。该法规定国王根据契约和由于其雇员或代理人所犯的特定侵权行为，应与公民个人一样承担责任。国王豁免[Crown Immunity]原则在较早的苏格兰法中是不被接受的，但随后也认可了这一英格兰原则。（⇨ sovereign immunity; sovereignty; Crown Proceedings）

king de facto 事实上的国王（⇨de facto king）
king de jure 合法英王；王位的合法继承
kingdom n. 王土；王国　国王或女皇的领土；君主是国王或女皇的国家。
King-geld n. 〈英〉❶王室援助金　❷兵役免除税（⇨escuage）
King James Bible 钦定英文《圣经》　1611年出版的英王詹姆斯一世钦定的《圣经》英译本。
King-of-Arms 〈英〉皇家纹章官（＝King（s）-at-Arms）（⇨herald）
King（s）-at-Arms 〈英〉皇家纹章官　原称"Kings-of-Arms"，亨利四世时改为"King-at-Arms"，是古英格兰最主要的纹章官。现包括三种：嘉德[Garter]、克拉伦苏克斯[Clarenceux]和诺雷[Norroy]。在苏格兰则为莱昂[Lyon]，北爱尔兰为乌尔斯特[Ulster]。（⇨herald）
King's Bench/KB 王座法庭（⇨Queen's Bench）
King's Bench Prison 〈英〉王座法庭监狱（⇨Queen's Bench Prison）
King's books 〈英〉教职价目册　册内记录有各种教职的价目，这是神职人员收取初年圣俸[first-fruits]和什一税，以及向其征税的重要依据，价目由一个委员会依法确定。
King's briefs 〈英〉教会募捐特许状　从宗教改革到1835年之间由国王发给堂区俗人执事[church-wardens]或教士，并在做礼拜时颂读的开封特许状，旨在缓减自然灾害或其它类似不幸造成的痛苦，唤起教徒的同情心以获得募捐。
King's chambers （⇨Queen's chambers）
King's Council 〈英〉御前会议　在国王宫廷里由各政务官员、法官、主教和贵族组成的咨询机构。当王座法庭[King's Bench]、民诉法庭[Common Pleas]和财政法庭[Exchequer]从御前会议分离出来成为常规性的法院后，国王在御前会议继续根据这些官员、法官、主教和贵族的咨询意见行使其个人的司法管辖权，使御前会议不仅作为上诉法庭，也作为初审法庭存在。其后，御前会议逐渐演变成现代的枢密院。从某种程度上讲，国会上议院也源自御前会议。

King's Counsel 〈英〉皇家大律师（⇨Queen's Counsel）
Kingsdown's（Lord）Act 〈英〉《金斯顿勋爵法》　指1861年《遗嘱法》[Wills Act]。
King's evidence 〈英〉王室的证据　刑事案件中，当若干人被指控犯有某一罪行时，其中一人为获得赦免而提供的对其同伙不利的证据。女王在位时称其为Queen's evidence。在美国则称为state's evidence。
King's Field 〈英〉公有地　位于英国德比郡内海皮克区[High Peak district]的一片土地。依习惯，任何人在其上从事采矿作业均属合法，但如在耕地或草地上进行开采而未根据采矿习惯进行作业的，则其所有人可以随时进行回填。（⇨barmote court; Barmote Courts of High Peak）
King's Inns 〈英〉国王律师公会　亨利八世[Henry Ⅷ]时作为使爱尔兰成为英国附属地的一个措施而在都柏林[Dublin]设立的一个律师公会，并成为爱尔兰法律职业的中心。通过它使英国法律在爱尔兰得到传播。尽管政府已多次更替，但它仍作为爱尔兰共和国的律师公会而存在。
king's justiciars 〈英〉（掌握法律知识的）宫廷高级官员的助手
King's keys 〈英〉国王的钥匙　指在执行国王令状时为强行打开门锁而使用的撬棍和锤子。
King's letters （＝King's briefs）
Kings-of-Arms （＝King-of-Arms）
King's peace 〈英〉国王和平；公共秩序　在中世纪早期的英国法中，特殊的个人或团体，如国王、教会都有自己的和平秩序，针对这种和平所发生的违法行为均被视为是破坏该种和平的行为，并因此要遭受处罚。11世纪时国王和平是地方性和个人性的，限于特定时间段和地域，并随国王的去世而灭失，故在老国王去世之后和新国王登基以前这一段时间内所发生的违法行为不被视为是破坏国王和平，也不受处罚，尽管他有可能是破坏了某一个贵族的和平。爱德华一世[Edward Ⅰ]继承王位后，他立即公布了他的和平秩序——这在日后成为了惯例。后来，国王和平不断扩展，直至覆盖了整个英格兰每时每刻，这样，任何违反国王和平者都难逃惩罚。国王力图扩大"破坏国王和平"这一概念的范围，意在增加自己的收入，因为被告人往往因其破坏国王和平的行为要遭受巨额罚金，这些行为后来被列入刑事诉讼[pleas of the Crown]范畴之内。
King's Printer 〈英〉特权印刷者；国王特许印刷者　自1530年起，国王通过特许状[letter patent]授权各种人成为其特许印刷者，享有印刷制定法的独占权[sole right]，后来这种独占权渐受限制。虽然有时牛津和剑桥被授予共同的印刷特权，但牛津从未加以行使，而剑桥却曾出版有《皮克林法规汇编》[Pickering's edition of the statutes]。国王特许的印刷者拥有垄断权[monopoly]，他对公法和私法加以区分，并以分节[section]、加注[marginal note]和加标点[punctuation]的方式进行编排。当前，皇家文书管理局主管官[Controller of H. M. Stationery Office]是国王或女王的议会立法[acts of parliament]印刷者并对所有政府出版物享有版权，而圣经和《公祷书》[Prayer Book]的皇家垄断权则由埃伊尔和斯波提斯伍德出版公司[Eyre & Spottiswoode]与牛津和剑桥大学出版社共享。（⇨Queen's Printer）
King's（Queen's）advocate 〈英〉王室法律顾问　在适用教会法[canon law]和罗马法的法院中，其作用相当于普通法院中的总检察长[attorney general],即在宗教、海事和遗嘱检验的案件中代表国王参加诉讼,就国际法的问题向国王提供咨询。但其地位上低于总检察长。

King's(Queen's)Bench/KB 〈英〉王座法庭;高等法院王座分庭 又称"Court of King's Bench",女王在位时称"Queen's Bench",或"Court of Queen's Bench"。(⇨Court of King's Bench; Queen's Bench; Court of Queen's Bench)

King's(Queen's)coroner and attorney 〈英〉关于私人事务的皇家控诉官 这是王座法庭的一种官员,又称"王座法庭主控官"[master of the crown office],其职责是依据法庭的指示对侵犯私人权益者提出控诉。该职位现已并入"王座法庭刑事部主事法官"[Master of the Crown Office]。(⇨Master of the Crown Office)

King's(Queen's)proctor 〈英〉王室代诉人 在婚姻、海事和遗嘱检验案件中代表王室的代诉人或事务律师。现该职位由财政部律师[Treasury Solicitor]拥有。在请求解除婚姻关系或宣布婚姻无效的案件中,王室代诉人根据总检察长的指示和法院许可可以介入诉讼,陈述某一临时判决[decree nisi]不应成为绝对判决[decree absolute]的理由,因为有重要事实尚未向法庭披露。此外,法庭也可以要求王室代诉人帮助调查案件有关情况,或者参与某一疑难法律问题的辩论。在海事案件中,王室代诉人在请求海军特权[droits of Admiralty]的程序中代表王室进行诉讼。

King's(Queen's)remembrancer 〈英〉皇家主债官;王室财务纪事官 以前财政署的一种官员,主要职责是维护国王的各种权利,如通过入侵令状[writ of intrusion]进行返还土地的诉讼,或是收取继承税等,不过后来的行政改革减轻了其负担,他成为负责税收诉讼及处理涉及郡长事务的部门首脑。现已成为最高法院的官员之一,由王座分庭高级主管[Senior Master of the King's Bench Division]掌管。(⇨Remembrancer)

King's Regulations 〈英〉(英国和英联邦的)武装部队军纪条例 女王在位时称 Queen's Regulations。(⇨Queen's Regulations)

King's silver (英格兰古法)协议诉讼金 意图以协议诉讼方式转让土地者在获得法庭批准后向国王交纳的费用。(⇨fine)

king's widow 〈英〉国王直属封臣之遗孀 依《君主特权法》[De Praerogativa Regis],国王直属封臣[tenant in capite]之遗孀必须获得国王的特许才准再婚,否则将被罚款。一般罚款数额相当于寡妇地产一年的收入额。当1540年,王室监护法院[Court of Wards and Liveries]设立时,监护法官[Master]被授权处理未获批准的再婚者。

kinless a.无亲属的

kinsfolk n.亲属;家属;家庭成员

kinship n.家族关系;血亲关系;亲属关系 指通过婚姻和出生而形成的一种社会关系。在原始部落和古代社会中,家族是社会经济生活的基本单位。现代工业社会中,家族关系也是重要的社会政治关系。西欧国家虽然认为家庭和婚姻形式受到基督教[Christianity]的强烈影响,但家族关系从法律角度看仍然是家族、婚姻、子女、财产、继承等多方面法律规定的基础。人类学的研究表明,世界各地存在着各种不同的家族关系,西方社会确认的一夫一妻制[monogamy]、嫡子继承标准[criteria of legitimacy]和家长权的继承[patriarchal succession]等都并非是普遍性和必然性的权利,而只为世界特定的地区所接受。在法律上,家族关系是根据同源祖先的子孙来确定的。亲等[degree of kinship]在许多情况下具有重要意义。在罗马法中,亲等计算是从自己向上数到同源祖先再由同源祖先向下数到与己身计算亲等者,合计出世代数定为亲等。教会法[canon law]则根据已身到同源祖先或同源祖先至被计算者的世代数来定亲等。故根据罗马法,堂表兄弟姐妹之间是四等亲而在教会法中则是二等亲。该词亦写作"kindred"。

kinsman n.男性亲属;同一家族或亲族的男子

kinswoman n.女性亲属;同一家族或亲族的女子

kirk n.〈苏格兰〉教会;教堂

Kirkby's quest 〈英〉柯克比调查 类似于内维尔调查[Testa de Nevill],于1275年遵照爱德华一世[Edward Ⅰ]的财务大臣[treasurer]约翰·柯克比[John Kirkby]之命进行,该次调查结果的原件已失传,不过16世纪的一个誊本仍存于公共档案馆[Public Record Office]。

kirk-mote (= kirk-note)

kirk-note n.堂区教民关于教务的会议

kirk-session n.〈苏格兰〉堂区教会法院 苏格兰长老会的堂区法院,由牧师和地方长老组成,行使某些行政职能和司法职能,现其司法职能实际上已被暂时废止。

kissing the book 〈英〉吻《圣经》宣誓 英格兰法院曾采用的证人作证过程中的一个程序,起初是要求证人在作证时将一只手放在《圣经·新约》上,后发展为让证人在作证后吻《圣经·新约》。自1909年起此程序被废止,在苏格兰则从未采用过该程序。

kist 〈印〉(租金的分期付款中)每一期所付的款项;规定的支付;定期的支付

kite n.空头支票;通融票据(⇨accommodation bill)
v.(用空头支票或通融票据)骗钱;开空头支票或通融票据;涂改支票面额以求多处取现金

kite financing (= check kiting)

kith n.〈古〉❶出生地 ❷家庭

kiting (= check kiting)(⇨kite)

kiting checks (= check kiting)

Klaxon doctrine 〈美〉克莱克森学说 一种冲突法学说,即在联邦法院行使州管辖权时,应适用法院所在地的冲突规则确定准据法。

kleptomania n.偷窃癖 一种精神病。患有偷窃癖的人经常不能自控地小偷小摸。偷窃行为不是为了占有,而是解除紧张感并因此而感到满足。行为人很清楚自己要做的事情及其法律性质和后果,但仍在强烈的欲望驱使下实施偷窃行为。偷窃行为本身是违法的,但从心理角度将其同以占有为目的的简单偷窃区别开。在美国的某些州,偷窃癖可作为偷盗罪的合法辩护理由。

knave n.❶〈古〉小厮;男仆 ❷流氓;恶棍;骗子;狡诈的人

knight n.骑士;爵士 起初在封建时期的欧洲,骑士是指那些披坚执锐跨马的武士,他以一年中自备战马和甲胄履行40天的军役为条件从国王或领主处领有封地。大约13世纪起,这种原来必须实际履行的军役已为交纳免服兵役税[scutage]所取代。国王授予骑士爵位时要举行特定仪式,被授予人身佩利剑,国王以一剑轻拍其肩而授予骑士爵位。后来国王在授予骑士爵位时不得不着重考虑那些有一定财产和社会地位的人,后者要支付特定的费用,再后来支付这些费用甚至成了强制性的义务。强制授予骑士爵位的做法于1640年结束。在现代英国,爵士只是因在某一领域有突出贡献而由国王授予的一种荣誉,高等法院法官在接受任命时常被授予这种荣誉。当然这只是一种个人荣誉,不可继承,拥有此荣誉者可在姓名前加"Sir",但不属任何骑士团体系列,仅是下级爵士[knight bachelor],并可因特殊事由而遭废黜。

knighthood n.〈英〉骑士爵位;骑士身份;骑士制;爵士身份 由国王在首相的提议下授予的一种人身荣誉,其唯一的特权是可以在其姓名前加"爵士"[Sir]的称谓,并比无头衔者有优先权。下级爵士[knights bachelors]只是普通的爵士,不属任何特定的骑士团[orders of knighthood]。骑士制的起源不详,部分是源自于封建主义,表示国王或贵族的那些以服兵役为条件的封臣;部分源于骑兵的战争,这二者都显示了这一阶层相对于普通人地位的优越性和职位等级差别的必要性。随后骑士制的概念与封建主义相脱离,形成了诸如圣殿骑士团[Knights Templars]、医院骑士团[Knights Hospitallers]、条顿[Teutonic Order]等不同的骑士团。流传至今的一些中世纪骑士协会的会员仅限于有骑士身份者,另外一些则意在鼓励善行。骑士制被废除后,这些团体又被称为爵士团,到了现代其成员的身份限制亦不再象以前那样严格,加入较低级的团体也不授予爵士身份。在英格兰,最早的此类团体是嘉德骑士团[Order of the Garter],成立于1348年,包括国王、25名骑士及另外一些皇家骑士,其成员享有崇高的荣誉,一般均为贵族或绝非寻常贵族。另外的主要骑士团还有巴思骑士团[Bath]、蓟花骑士团[Thistle]、圣帕特里克骑士团[St. Patrick],其它还包括圣米迦勒和圣乔治骑士团[St. Michael and St. George]、维多利亚皇家骑士团[Royal Victorian Order]和英帝国最佳骑士团[Most Excellent Order of the British Empire]。类似团体遍布欧洲,如勃艮第的金羊毛骑士团[Burgundian Order of Golden Fleece]、法国的圣米迦勒骑士团[French Order of St. Michael]等。

knight of the post 〈口〉〈古〉应被缚于柱上施以鞭刑的人 如受贿后作假证的人。

Knights bannerets 军旗骑士;军功骑士 布莱克斯通[Blackstone]在其《英格兰法释评》[Commentaries on the Laws of England]中用以称呼那些在战场上被君主亲自颁授的骑士爵位,保有该爵位的人在战争中有权拥有一面军旗。在级别上,一般在嘉德骑士[Knights of the Garter]之后。

knight service 〈英格兰古法〉骑士役保有 封建保有之一种。每一骑士保有一块骑士地,条件是必须在一年中有40天随国王从战。这种骑士役逐步转变成代偿金或协助金,最终在查理二世时期遭废止。

knight's fee 〈封建法〉骑士领;骑士封地(= knights fee)

knights fee (= knight's fee)(⇨knight;tenure)

knights of the shire 〈英〉郡骑士议员 早期英国议会中代表各郡的议员,区别于代表自治市的自治市议员。当时这些议员均由郡法庭推选,身份需为骑士人数为二至四人,后来身份限制被取消。

Knights Templars 圣殿骑士团(= Templars)

knock and announce rule 〈美〉敲门并告知规则 指在执行逮捕或搜查时,法律要求警察在进入公民住宅之前应当先敲门,并向其告知自己的合法身份及进入的目的。该规则起源于17世纪英格兰的一个判例。该判例确认郡长为执行国王的传票而要强行进入私宅之前,应当先说明其目的,并要求户主将门打开。现在美国大多数州的法律都规定,只有警察已首先宣布了自己的合法身份及目的,并被拒绝进入后,方可强行进入公民住宅。

knock down 落槌;击槌 指在拍卖中,通过击槌的方式把财产让与出价人[bidder]。拍卖商[auctioneer]落下他的槌子或者以其他可见可闻的方式表示出价人按其出价获得了财产权,该财产即称为"被击槌卖出"[knocked down],并等同于"struck off"。

knock for knock 互撞免赔(⇨knock-for-knock agreement)

knock-for-knock agreement 互撞免赔协议 为了节省实施代位求偿权而产生的管理和法律费用,在承保汽车车辆的保险公司之间所达成的一种协议。规定签约公司所承保的汽车发生碰撞时,各保险公司赔偿各自承保车辆的损失,而不引用代位求偿权向对方的保险公司追偿损失,即使对方应对损失承担赔偿责任亦不予追偿。后泛指保险公司之间达成的,由各保险公司对其被保险人进行赔偿,而不向对方当事人的保险公司进行追偿的一种免赔协议。

knocking up 〈英〉逐户拉票 在英国下议院议员[Members of Parliament]选举时,对选民挨家挨户拉选票的制度。

knock-out n. 勾结拍卖;操纵拍卖 公开拍卖时,数名竞买人互相约定不出高价竞买,待其中一人以较低价格购得后在内部转售。(⇨auction)

know as 所知;已知

know-how n. 专有技术;技术诀窍 指可以完成某一特定任务或运用某一产品或方法的信息,通常是指那些使其拥有者可以完成指定任务的特定种类的技术信息。它不是严格意义上的法律术语,但通常作为商业秘密[trade secret]的同义语出现。广而言之,它包括公有领域以外有价值的知识体系,故有的专有技术可以作为商业秘密进行保护,有的则不能。

knowingly ad.明知地 指对行为的性质及其可能的后果有认识。在下列情况中,"明知"成为犯罪的实质要素:①如果犯罪构成要素包括行为性质或附随的情势,行为人意识到了这种性质和情势;②如果犯罪构成要素包括行为结果,行为人意识到了这种行为必然产生的后果。如果在起诉书中使用这个词,是指被告人明知其要做什么而继续做。

knowingly and wil(l)fully 〈美〉明知且故意地 即在明知的情况下而有意违反法律。它是大陪审团起诉书中的重要用语,是对某一罪行的制定法上的定义的组成部分。

knowingly misrepresent 故意虚假陈述(⇨to knowingly misrepresent)

knowledge n. ❶〈古〉性交(= carnal knowledge) ❷知道;明知 即对某一事实或情况的认识。反义词为不知[ignorance]。知道包括实际知道[actual knowledge]与推定知道[constructive knowledge]两种。在法律上承担某种法律责任通常要求"明知"这一事实,如对于某一事物引起的损害承担赔偿责任要求对于该事物包括某些危险性因素的明知;在刑法中,对于某一行为是犯罪的明知,通常是定罪所必需的。这里还应注意区别几个相关的概念。如明知[knowledge]与故意[intent],两者有时并非一致,前者是基于认识,而后者是基于目的而言;知道[knowledge]与相信[belief],后者所涉及的范围较前者更为宽泛,包括从最轻微的怀疑[the slightest suspicion]到最完全的确信[the fullest assurance]。(⇨notice;actual knowledge;guilty knowledge;actual notice)

koop 〈荷〉购买;交易

koopbrief 〈荷〉买卖契据

Ku Klux Act 〈美〉《惩治三K党人法》 联邦制定法,规定共谋侵害民权的民事责任。(⇨Ku Klux Klan)

Ku Klux Klan 〈美〉三 K 党 美国历史最悠久、规模最大的秘密恐怖组织。ku klux 来自希腊文 ku kloo, 意为集会; klan 意为种族, 因三个字字头都是"K", 故称为三 K 党, 也称为"白色联盟"或"无形帝国"。该组织自成立以来经历了一个曲折的发展过程。老三 K 党建立于内战后的重建南部时期, 由 1865 年 12 月成立的六人军人俱乐部发展而来, 是南方白人反对获得自由的黑奴及其白人支持者的秘密恐怖组织, 其成员只限出生于美国的新教徒中的白种人。该组织散布种族主义思想, 主张剥夺黑人的基本权利, 并通过一些恐怖手段迫害黑人和进步人士。19 世纪 70 年代通过保护公民权利的联邦法令后, 三 K 党运动随之衰落, 1871 年基本消亡。新三 K 党于 1915 年成立于乔治亚州亚特兰大, 并在一战后得到迅速发展, 1925 年成员达 500 万人。它主要反对黑人、天主教徒、犹太人及其他外国人。1940 年三 K 党与"德美同盟会"合并。二战中, 三 K 党宣布解散, 1944 年 4 月三 K 党公开恢复组织。二战后, 三 K 党强调反对共产主义和共产党, 不再反对天主教, 该党在佐治亚洲、加利福尼亚州、佛罗里达州取得合法地位, 并在 18 个州大肆活动。该党曾有几个附属组织, 如佐治亚州的"哥伦比因会"等, 并与其他法西斯组织"美国至上党"、"国家主义党"有秘密联系。

kyth *n.* 〈撒克逊〉亲属; 亲属关系; 血缘关系

Ll

L ❶罗马数字中代表 50　❷英格兰货币中,小写 l 代表英镑[pounds]
la 〈法〉这;这个　用于某些法律术语或惯用语中,指称阴性的定冠词。
là 〈法〉那;那里
label n. ❶标签;签条;产品说明;使用说明　❷(附在契据或令状等书面文件上)带封印的丝带、纸条或羊皮纸　❸(较大的文件的)补遗;附录　❹〈英〉财税法院[Exchequer]的令状副本　❺〈苏格兰〉(刑事诉讼中)物证;实物证据　因在该实物上附有一标签,并由已就该物作证的证人在上面签名,以示验明,故用标签一词指代此实物。
v. ❶加标签(或签条)于;用标签标明　❷把…称为;把…列为;把…归类为
labeling of narcotic　麻醉品标签
labes realis　〈苏格兰〉实质瑕疵　指影响财产所有权的固有的瑕疵或污点,例如该财产是赃物。即使财产转移给第三人,该瑕疵的影响仍存。
labor n. ❶劳动　包括脑力劳动在内的任何类型的劳动。❷劳工;工人　❸〈西〉拉卜　一种土地面积计量单位,相当于 177⅓ 英亩。这一计量单位在墨西哥和得克萨斯州曾被使用过。
v. ❶(尤指努力地)劳动;工作　❷(古)(用不当手段)影响(陪审团)
labor agitator　劳工积极分子;(以合法和正当的途径)为劳工谋福利者
labor agreement　(= labor contract)
labor a jury　(用不正当手段)影响陪审团(的裁断)　这是一种犯罪行为。
labor and material payment bond　劳务和材料付款保证书　由独立承包人[contractor]出具的保证书,对所有与其缔约并供应劳务或材料的账单承诺付款,并且在其未予付款时由保证人代为付款。
laborariis　〈拉〉〈英〉强制劳动令状　根据《劳工法》[Statute of Labourers],有两种形式的强制劳动令状,一是针对没有生活来源,但拒绝服务或劳动的人;二是针对已在冬季提供了劳务,却拒绝在夏季继续提供劳务的人。无论在哪种情况下,他们都会被关押,直至认识到自己的错误为止。
labor combination　劳动组织;工会(⇨labor union)
labor contract　(集体)劳动合同　雇主与雇员(工会)之间签订的有关劳动条件、工资、福利待遇和劳动争议解决等制等内容的合同。(⇨collective bargaining agreement; master agreement; union contract)
Labor Day　❶(五一国际)劳动节　❷〈美〉劳工节　每年 9 月的第一个星期一。
labor department　❶劳动部;劳工部　❷[L-D-]〈美〉(联邦以及各州的)劳工部
labor dispute　劳动争议;劳资纠纷　它通常包括雇主与雇员之间就雇佣期限、工时、工资、福利待遇或劳动条件所发生的任何争议。
labor dispute insurance　劳动争议保险　对因劳动争议或由其引起的停工、罢工所造成的损失进行赔偿的保险。
laborer n. 〈美〉❶(体力)劳动者;劳工;工人;苦力　❷(熟练工人的)辅助工
laborer's lien　劳工留置权　非占有留置权[non-possessory lien]的一种,意在使劳工就其工作报酬享有比雇主的一般债权人优先的权利。在美国,该种留置权通常由州制定法规定。(⇨mechanic's lien)
labor exchange　〈英〉劳工介绍所　1909 年《劳工介绍所法》[Labour Exchanges Act]授权贸易部[Board of Trade]设立,作为收贮与提供关于雇主招工和工人谋职的信息的办公场所。1916 年后由劳动部大臣[Minister of Labour and National Service]管理,1948 年《雇佣与培训法》[Employment and Training Act]撤销并替代了 1909 年的法律。
Labor-Management Panel　〈美〉劳资工作小组　由劳资双方各出六名代表组成的联邦机构,基于申请就劳动争议的避免及其调解和自愿协商的方式提供建议。
labor-management relations　劳资关系　一个含义宽泛的术语,凡涉及雇员与雇主关系,无论其是否为工会形式,均属之。
Labor-Management Relations Act　〈美〉《劳资关系法》　1947 年通过的一部联邦制定法。它规定了若干工会的行为,允许就规定的行为对工会提起诉讼,禁止某些罢工与联合抵制,并确定了涉及国家紧急状态时处理罢工的步骤等。亦称《塔夫脱 — 哈特利法》[Taft-Hartley Act]。(⇨National Labor Relations Board)
Labor-Management Reporting Act　〈美〉《劳资关系报告法》　即《兰德勒姆 — 格里芬法》[Landrum-Griffin Act],1959 年通过的一部联邦制定法。它规定所有工会组织均须向劳工部[Labor Department]递交年度报告,并规定被判定犯有贪污、受贿、勒索或谋杀罪的人在被定罪或监禁期满后五年内不得担任工会管理职务。此外,该法还保证所有工会成员享有平等权利,可采取措施防止对工会成员的歧视待遇,并规定全国工会成员应在每五年内、地方工会成员应在每三年内,以秘密投票方式选举工会管理人员。
labor market　劳动力市场;劳工市场;劳务市场(⇨free labor market)

labor organization 劳工组织 由雇员组成的,目的在于与雇主打交道以处理工伤事故、劳动争议、工资、工作时间、工作条件等事务的任何组织。通常即指工会。(⇨ union)

labor picketing 工人纠察;劳工纠察 在雇主或顾客入口处巡逻的行为,通常携带附有工会主张的标语牌。某些形式的工人纠察为法律所禁止。

labor relations acts 〈美〉劳资关系法 联邦和州制定的规范劳资关系,旨在避免劳资争议的法律。主要有1935年《全国劳资关系法》[National Labor Relations Act]和1947年《劳资关系法》[Labor-Management Relations Act]。前者又称《瓦格纳法》[Wagner Act];后者又称《塔夫脱—哈特利法》[Taft-Hartley Act],系对前者的修正。此外,许多州还制定有各自的相关法律。

Labor Relations Board 〈美〉全国劳资关系局 (= National Labor Relations Board)

labor representative 劳工代表 指任何劳工组织的代表,不论是该组织的职员还是受雇代理人,也不论该代表经由选举还是委任产生。

Labor Standards 〈美〉(联邦政府劳工部[Department of Labor]下设的)劳工标准局(⇨Fair Labor Standards Act)

Labor Statistics 〈美〉(联邦政府劳工部下设的)劳工统计局

labor ticket ❶领薪证 发给雇员的一种凭证或备忘录,使其知道自己能按一定的工作量领取一定的报酬。 ❷在大选中受有组织的劳工所支持的候选人群体

labor union 工会 代表雇员就工资、工时及劳动条件等与雇主进行谈判以谋求有利条件的工人组织。一般代表本行业、本技能,例如管子工、卡车司机等。(⇨industrial union; labor organization; union)

labour (= labor)

labourer (= laborer)

labour law 劳动法 与雇佣劳动有关的法律原则和规则的总称,包括宪法性条文、制定法、条例和行政法规等,主要涉及报酬、休假、工作条件、劳动保护、工会组织、集体谈判、罢工争议等内容。现代意义的劳动法始于英国1802年的《学徒健康和道德法》[Health and Morals of Apprentices Act]。劳动法在学术研究上被作为一个独立的法律部门。

lace 〈英〉一种土地丈量单位,相当于一杆[pole] 主要用于康沃尔[Cornwall]。

lacerta 呎 主要用于测量水深之长度单位,相当于6英尺或1.829米。

Lacey Act 〈美〉《雷西法》 一项国会立法,最初制定于1900年。该法规定各州有权实施各自的狩猎法[game laws],以抵制从他州或其他国家进口动物、鸟类等。(⇨ game laws)

la chambre des esteilles 〈法〉〈古〉星座法院;星室法院 (⇨Star Chamber)

laches n.迟误 指当事人在主张或实现其权利方面的疏忽、懈怠或有不合理的拖延。迟误是衡平法上的一项制度,即如果原告疏于主张其权利或者有不合理的拖延,而其疏忽和拖延已经损害了对方当事人的利益,则衡平法院可以拒绝原告提出的救济请求。迟误制度的根据是"衡平法佐助警醒者,而不佐助怠惰者"[equity aids the vigilant and not the indolent]这一衡平法原则。所以,与普通法上的时效制度类似,如果一项衡平法上的权利像普通法上的权利那样,在通过起诉来实现该权利时受一定时效期间的限制,则衡平法院可以将普通法上关于时效的规定同样适用于该项衡平法上的权利。

lack a quorum 不足法定人数

lack-learning parliament 〈英〉无学议会 即parliament of dunces,1404年由亨利四世召集。

lack of 缺少;缺乏;需要

lack of jurisdiction 无管辖权;缺乏管辖权 指法院无权以特定的方式行事或无权给予某种形式的救济。包括法院完全无权行事、对诉讼当事人或诉讼标的无管辖权,或者法院行使管辖权的先决条件未满足等情况。

La conscience est la plus changeante des régles. 良知乃规则善变之处。

La court se voet aviser de cest issue. 法院对系争之点将予考虑。

lacta 〈拉〉〈古〉货币重量上的不足;缺斤少两 据说该词及其动词"lactare"曾被用于约翰王[King John]第六年时的一项法令中。

lacuna n.疏漏 指书面文件中的漏洞,尤指在制定法未作规定的场合所出现的漏洞。

lacus 〈拉〉❶(罗马法)湖;积水器 指从不干涸的巨大的贮水体。 ❷(英格兰古法)铸币所用的银与贱金属的合金

lada n.❶(英格兰古法)审判庭 古英语写作 lade 或 lath。 ❷河口;河床;水道;大路;一带水域;给沼泽地排水的沟或渠 古英语写作 lade、load 或 lode。 ❸〈撒克逊〉涤罪裁判 包括共誓涤罪裁判、神明裁判[ordeal]和吞噬裁决[corsned]三种方式。 ❹向封建领主提供驮畜的役务

laden in bulk (海商法)散装 指船舶所载货物不是装盛于桶、盒、包中或箱内,而是散装于舱内,仅用一些衬垫和席子来防湿防潮。谷物、盐及其他类似货物常以此方式运输。

lady n.❶女士;夫人;小姐 ❷贵妇人 ❸[L-]〈英〉小姐 对公爵、侯爵、伯爵的女儿的尊称。 ❹[L-]〈英〉夫人;女士 对男爵以上或享有贵族爵位称号者之妻的尊称;习惯上对从男爵或骑士的妻子也作如是之称呼。 ❺[L-]〈英〉女勋爵 对有侯、伯、子、男世袭爵位贵族女子在非正式场合的称呼。

Lady Bird's Bill 〈美〉《伯德夫人法案》 由总统林登·约翰逊[Lyndon Johnson]用其夫人名字命名的一部联邦立法,因该法是她所偏爱的项目之一。该法立法目的部分在于,取消由联邦资助修建的43 000英里的州际公路两边不美观的广告牌。该法禁止在距离公路660英尺的范围内设置户外商业广告,将其限制为商业而划定的地区。根据该法,296 000个广告牌中的88 000个被撤掉。但密苏里州[Missouri]和新泽西州[New Jersey]对该法置之不理,佐治亚州[Georgia]甚至设置更多的新广告牌,因而该法并不成功。

lady-court n.(英格兰古法)庄园领主夫人的法庭

Lady Day ❶圣母领报日;圣母领报节[Annunciation];报喜节 旧历4月6日,新历3月25日,圣母玛丽亚领天使向她传报上帝的旨意,告知她将由"圣灵"感孕而生耶稣。在中世纪,这一天也是法定年度的第一天。 ❷春季结账日 旧历4月6日,新历3月25日。在英格兰,这一天是支付租金等的季度结账日之一。 ❸〈爱尔兰〉(部分地区的)圣母升天日;圣母升天节 8月15日。(⇨ Feast of the Annunciation; Old Lady Day)

lady's friend 〈英〉〈古〉女士之友 英国下议院所设的一种官职,其职责在于保障其丈夫通过议会特别立法而离

婚的妻子正当的生活必需。1875年，法律废除了议会离婚制[parliamentary divorces]和女士之友的职位。(⇨next friend)

laen 〈盎格鲁－撒克逊〉一项债务 (⇨beneficium)

laenland 〈盎格鲁－撒克逊〉❶暂借土地保有；暂借保有地 指盎格鲁－撒克逊时期的一种土地保有形式，区别于特许保有地[bocland]和民间社区保有地[folkland]。这种土地通常由教会以临时借贷或赠与的方式转让或出租给他人保有，并可以延续三代。保有人有时要履行一定劳役或支付一定数额的租金。后为特许状土地保有所取代。 ❷从除国王之外的其他领主处保有的土地 或多或少类似于诺曼征服之后的非直属封臣[tenant-in-chief]保有地。

laesa majestas 〈拉〉冒犯国王罪 该短语起源于罗马法，古时意指任何侵犯国王人身或尊严的犯罪，是重大叛逆罪。

laesio 〈拉〉损害；伤害

laesio enormis 〈拉〉(大陆法)重大损失；一半以上的损失；价格不公毁约 ①指销售某物时，买主的付款低于标的实际价值的一半。这时，卖主可以撤销出售行为，但买主也可以通过支付标的的全价以保留该标的物；②指一项原则，即当买价不足销售标的真实价值之一半时，卖主可以解除合同。(⇨lesion)

laesio fidei 〈拉〉不守信用；背信弃义 直到15世纪中叶，教会法院一直主张，不守信用是其对不履行债务和违背契约案件行使管辖权的根据。随着御前大臣在衡平法上的管辖权的增加，以及大多数法官的一再抵制，教会法院的这一管辖权最终被取消，该种诉讼被1164年《克拉伦登宪章》[Constitution of Clarendon]禁止。

laesio ultra dimidium vel enormis 〈拉〉(罗马法)非常损失；一半以上的损失 有偿契约之当事人中具有优势地位的一方，如果获得了双倍于自己所提供之金钱或财产的利益，例如作为买方只支付了不足于货物价值一半的货款，或作为卖方收取了多于货物价值两倍的货款等，则对方当事人就遭受了一半以上的损失，即非常损失。基于人道主义，罗马法推定此时受损害者并非出于真心愿意，从而可以解除契约。这也是现代附合合同[adhesion contract]等相关原则的发端。

laesiweip (=laesiwerp)

laesiwerp n.移交物；交付物(=lansiwerp)

laet (英格兰古法)介于奴隶和自由民之间之阶层中的一员 亦作"litus"；"litas"；"letus"。

Laetare Jerusalem 大斋期或复活节的祭品 该词取自赞美诗，也被称作大斋节捐款[quadragesimalia]。(⇨quadragesimals)

laethe 〈英〉肯特郡特有的行政分区

lafordswic 〈撒克逊〉对自己领主或主人的背叛

laga 〈拉〉法律；一部法律 来自撒克逊语"lag"。(= lage)

lagan n.系标投弃物 指船只遇险时，为减轻船只负载而系在浮标上投入海中，以备事后打捞货物。(= ligan；⇨flotsam；jetsam；waveson)

lage 〈盎格鲁－撒克逊〉法；法律 该词常出现在复合形式中，如"Danelage"即为丹麦法。(= laga；lagh)

lage day 〈英格兰古法〉开庭日；(郡法庭、百户区法庭)开庭日

lage man ❶〈英格兰古法〉守法者；守法良民 ❷陪审员；有陪审资格者

lagemannus (= lahman)

lagh 〈撒克逊〉(= lage)

lagh day (= lage day)

laghslite 〈撒克逊〉❶违法；违法行为 ❷因违法而被科处的罚金 罚款额通常为12欧尔[ores]

lagu 〈英格兰古法〉❶法律 ❷施行特定法律的地区或区域 如"Mercna lagu"、"Dena lagu"。(⇨laga)

lahlslit (= laghslite)

lahman n.❶(古)律师 ❷法律职业者 ❸(= lage man)

lah-slit 对丹麦人违法所处的罚金

laic 世俗的人 有别于神职人员。

laicum 〈撒克逊〉俗界人士(⇨feudum laicum)

laicus 〈拉〉(= laic)

lairesite (= lotherwite)

lairwite (= lotherwite)

lais gents (复)〈法〉(古)❶陪审员 ❷世俗的人 ❸门外汉

laissez-faire 〈法〉自由放任；放任主义；不干涉主义 一种政治经济学理论。该词可能源于17世纪后期，法国财政部长科尔贝[Colbert]询问一位企业家：政府可以为企业做什么，企业家回答：Laissez nous faire(不要干涉我们；让我们自己处理)。这个词即转化成为政府在经济事务上不干预，在相关法律中不加以限制的代名词。经济思想家，如英国的李嘉图[Ricardo]、穆勒父子[Mills]，法国的萨伊[Say]、巴师夏[Bastiat]，政治思想家，如迫沁、德·托克维尔[de Tocqueville]、塔尔德[Tarde]和斯宾塞，都以不同的侧重接受和传播自由放任理论。这一理论的过分运用，导致了大规模无限制的竞争，19世纪中期，社会主义者开始反对这一理论，强调保护雇员和消费者的利益，强调国家控制和调节。作为法律用语，该词强调与法律限制相对的契约自由，使用和处分财产的自由。

laity n.❶俗人 有别于教士或修士的人。通常被分为三类：①公民，包括除牧师、陆军、海军以外的全体国民，可再分为贵族和平民；②陆军；③海军。在美国，把人分为俗人和神职人员并无法律依据，只是约定俗成。 ❷外行；门外汉；非专业人员 指非法律师、演员、医师等专业的人员，尤指教士之外的人。

laiz 〈法〉(尤指)罗马教皇的使节

lake peril 湖泊风险(⇨perils of river, lake, or canal)

lakes and land-locked seas in international law 国际法上的湖泊和内陆海 湖泊和内陆海在法律意义上无区别，其不同在于前者一般指淡水湖，后者一般指咸水湖，二者共同构成广义的湖泊。若湖泊或内陆海完全处于一国的领土内，则构成该国领土的一部分，该国对其享有领土主权；若湖泊或内陆海的沿岸属于两个或两个以上国家，除国际协议另有规定外，应分属各沿岸国所有和管辖。若湖泊或内陆海可通航至公海且分属两个或两个以上沿岸国，其法律地位应由沿岸国依国际协议或条约确定。国际湖泊一般对所有国家的商船开放。

La ley favour la vie d'un homme. 〈法〉法律有利于人们的生活。

La ley favour l'enheritance d'un homme. 〈法〉法律保护个人的继承权。

La ley voit plus tost suffer un mischiefe que un inconvenience. 〈法〉法律宁愿遭到损害，也不愿遭到不便。

Lambard's Archaion 威廉·兰巴德[William Lambarde] (1536 – 1601)有关英格兰高等法院的论文 1635年出版。

Lambard's Archaionomia 《兰巴德古代法释义》 威廉·

兰巴德[William Lambarde]于1568年出版的一部著作,主要是对盎格鲁－撒克逊,征服者威廉及亨利一世时期的法规的释义。

Lambard's Eirenarcha 《兰巴德论治安法官》 威廉·兰巴德[William Lambarde]的一本关于治安法官职务的著作,历经两版,初版于1579年,二版于1581年,均以拉丁文为之;1599年以英文再版,长期以来为关于该主题的权威著作。

Lambeth degree 〈英〉〈古〉兰贝斯学位 指坎特伯雷大主教根据1534年的制定法授予的学位,包括艺术、神学、法律和医学专业。被授予学位者不一定要经过考试,可穿着授予学位的大主教所属的大学(牛津或剑桥)的学位礼袍。被授予兰贝斯医学学位并不立即使该人有登记开业行医的资格,冒称已登记或已被承认为医生是犯罪行为。此种学位的授予有损于牛津大学和剑桥大学。

lame duck 〈美〉(任期将满但未能重新当选的)落选官员或议员 这些官员或议员在新的选举已经举行后,于新的官员或议员已经选举产生但仍未正式宣誓到职仍继续代表选民行事。

Lame Duck Amendment 〈美〉"跛鸭"修正案;落选官员修正案 (=Twentieth Amendment)

lame duck session 〈美〉"跛鸭"会议 在此会议中,部分议员因为未当选新一届国会议员或自动退职而进行最后一次投票。

Lammas 收获节;秋季结账日 指旧历8月12日,新历8月1日,是不列颠四大异教节之一,也是一年四季结账日之一,又称 the Gule of August 或 the first day of August。关于该节日的来源有不同的说法:一说是为了庆祝作物的收获,当基督教被引进时,这一天要向教会奉献一大块用新收获的作物做成的面包,这种役务及这一天逐渐就被称为 Hlaf-mass,后缩写为 Lammas。另一种说法认为该节日来源于约克大主教[Archbishop of York]的佃户要在8月1日这天带一只活的羊羔前来教堂的祭坛献祭的习俗。在苏格兰则要在这一天给羊羔断奶。该词有可能从 latter-math 变形而来,也有人认为它源于 loaf-mass(面包团)的撒克逊词语。

Lammas Day 收获节;秋季结账日 (⇨Lammas)

Lammas lands 〈英〉秋后共牧地 指庄稼收割完之后向其他共牧地的所有人及其他居民开放以使之能在此放牧牲畜的耕地或草地。这种土地因此也被定义为,保有人在半年的时间里对土地拥有绝对的所有权,而在另半年里则在其土地上附加了开放并允许他人在其上放牧牲畜的义务。该词来源于以前共牧期的计算是从收获节[Lammas Day]到春季结账日[Lady Day]为止这一事实。

lampern n. 河七鳃鳗;河八目鳗 一种类似鳗的鱼,它不适用禁猎期内禁止使用捕鳗篮捕鳗的禁令。

Lancaster 〈英〉兰开斯特巴拉丁领地 爱德华三世时,兰开斯特郡被封为巴拉丁[palatine]领地,并授予其子约翰终身保有。在领地内,他可享有与王权相类似的权力,如赦免叛逆,放逐罪犯,任命治安法官和陪审法官,一切诉讼文书均以他的名义签发,并有一个独立的衡平法庭。现在这些权力均已收归国王。(⇨Chancery Court of County Palatine of Lancaster; County Palatine; duchy court of Lancaster; duchy of Lancaster; herald)

Lanceti 〈英〉季节附庸;农奴;季节奴 依领主意志被选定自带工具,在某一特定季节每周为领主无偿劳动一天的土地保有人。

land n. ❶土地 在一般意义上,该词是指地球的表面,但在法律上,它包括地表上面与下面的任何东西——甚至包括空气、液体和建筑物。作为一个法律概念,土地是指由地表、地表上空以及地表下部所组成的一个立体的空间,以及在其中生长或永久附着的任何东西。它具有两重特征:一方面,它是不可移动的[immovable],从而与动产相区别;另一方面,它又是不可破坏的[indestructible],空间的内容可以在物理上被分割、破坏或消耗,但空间本身却是不可改变的,这也正是土地在法律上的意义。一般而言,土地的所有权包括地上的天空与地下直至地心处,正如法律格言所述,"土地所有权,上达天空,下至地心"[Cujus est solum ejus est usque ad caelum et ad inferos]。但是,地下的矿物层可以被出卖或出租,甚至可以为地表所有人以外的人所有,而且现代立法又多规定,飞行器飞经所有人的土地上空不构成非法侵入。 ❷地产权;不动产权益

landagende 〈撒克逊〉土地所有人

land agent 〈美〉地产商 历史上指销售美国西部各州或加拿大的大片未开发土地的代理商,在现代意义上指地产经纪人。

land bank 〈美〉❶联邦土地银行 根据《联邦农场贷款法》[Federal Farm Loan Act]设立的一所联邦银行,其以农场为抵押发放低息贷款。❷土壤保持计划 指土地休耕暂不用于农业生产,以保持地力或另用于植树计划。又称"soil bank"。(⇨Federal Home Loan Bank)

landboc 〈撒克逊〉土地所有权证;土地予特许状 按早期英国法律授予土地的文契或特许状。(⇨bookland)

land boundaries 地界 可以以线或点或其他标记描述表示。(⇨boundary; legal description)

land carrier 陆运承运人;陆路运输承运人

land ceap 〈英格兰古法〉土地交易费 古时习惯产生的一种费用,以货币或牲畜形式支付,适用于某些采邑内或自治市的土地让渡。

land certificate ❶土地所有权证 政府准予所有权人在遵照法定条件下保有一定数量土地的证书。该证书载明所有人姓名、地址以及登记机关登记的土地特征,是土地所有权的初步证据。❷土地转让证书 土地转让时交付受让人的证书,其性质和内容与土地所有权证类似。(⇨land warrant)

land charges 〈英〉土地负担 指英格兰法上影响到土地的某些权利或权利主张,它们通常都属于不能通过对财产的勘察或通过正常的所有权调查即能发现的那些类别的权利或权利主张,如租金、年金,或应由土地所有人支付,且是其土地的一项义务又是可向其土地索要的金钱。1925年的《土地负担法》[Land Charges Act]将自1776年以来的该项立法并合起来,创立了一套用登记来保障某些影响土地的权利或权利主张的制度。1925年的《土地负担法》又经数度修改后合并了一些其他制定法的有关规定,构成1972年的《土地负担法》。虽然制定法上并无明文强行登记,但登记却是有效手段:那些有权可享受该等土地负担所带来的利益的人可以藉此登记使他们的权利主张得以昭告天下;而且土地的购买人亦可藉此登记受到保护,使其免予承担原应承担但又未经登记的负担,因为除非已经登记,否则权益不能对付价的土地购买人强行行使。土地负担共分六级:A级——地租,或因有人按《土地负担法》在土地上开支了金钱,现根据制定法之条文提出申请要求索取该项金钱因而责令土地承担的钱款;B级——非根据任何人之申请而设定的此类之土地负担;C级——普通抵押、有限制的或法定的土地所有

人的负担、一般的衡平法上的负担以及地产合同；D 级——为遗产税、限制性合同和衡平法上有效的地役权而设定的负担；E 级——某些年金；F 级——作为婚姻住所的土地上的负担。地方登记员亦由所获土地上之负担能予登记的地方当局供养。一旦土地所有权已登记，此一制度从而也就被接替，但关于当地的土地负担除外。凡欲购买土地，购买者必须查阅伦敦的土地登记处及各地方的登记处的有关此等负担的资料。个人可付费进行查阅，通常都应得到一份官方查阅证明书，以保障购买者使不致遭受查阅证明书开出日之后所作的登记的影响，条件是要在证明书开出日后十五届满前完成该购买。

landcheap (= land ceap)

Land Commission 〈英〉土地委员会 根据 1967 年《土地委员会法》[Land Commission Act]设立，负责征收土地增值税；1971 年《土地委员会(解散)法》[Land Commission (Dissolution) Act]撤销之。

Land Commissioners 〈英〉土地专员 原公簿保有地圈地和什一税专员[Copyhold Inclosure and Tithe Commissioners]。根据 1882 年《土地限定继承法》[Settled Land Act]，土地专员所作的依该法进行的土地开发证明，可以授权受托人动用资本金[capital money]以支付土地开发费用。根据 1889 年的《农业委员会法》[Board of Agriculture Act]，该专员们的权责已移交给农业委员会。

land contract 土地买卖合同；土地分期付款买卖合同 当事人之间就土地买卖所缔结的合同。通常是指分期付款的买卖合同，买受人在付清最后一笔价款时，从出卖人处受领契据，而在此之前出卖人一直保有该土地的法定所有权，以作为价款清偿的担保。亦作"land sale contract"、"contract for deed"或"installment land contract"。

land cop 〈英格兰古法〉土地买卖 土地买卖进行时，卖方将作为占有土地的象征的木棍或茅草[rod or festuca]交给地方行政官[reeve]，后者再将其交给土地买方。这样的土地买卖仪式须在法庭上进行，其意大约是为了加强买卖的证明效力，并阻止卖方的继承人向买方主张权利。从法理上说，买方占有土地被认为是从地方行政官处获得，而不是从卖方处获得。

land court 〈美〉土地法院 对有关土地的事项有管辖权的法院，包括：①对土地权属登记的申请与相关事项、进占令[writs of entry]、明确不动产权属的申请、确定市政区划法规、条例的效力与适用范围的申请、因欠税而被拍卖的地产的赎回权及取消赎回权的程序具有专属初审管辖权；②对作出宣告性判决的案件与最高法院、高级法院和遗嘱检验法院共享初审管辖权；③对有关土地的事项与其他法院有共同的衡平法上的初审管辖权(强制履行土地合同[specific performance of land contracts]的案件除外)。现在只有马萨诸塞州和夏威夷州还存在土地法院。

land damages 〈美〉土地补偿；土地赔偿 指因国家征用的土地或与其毗邻的土地所受损害或贬值给予的补偿或赔偿。(⇨damages; just compensation)

land department 〈美〉土地部门 确定与公共土地[public land]的控制与转让相关事实问题的某一联邦或州政府部门。联邦土地部门包括由内务部长[Secretary of the Interior]为首的土地总局[General Land Office]在内。

land description (= legal description)

land development 土地开发 ①指对土地进行改良和分割，以备建造住宅或商业、工业用建筑物；②指农业土地的改良；③指在一个特定地区内修建房屋、改善道路及建造公用设施等的计划，并通常以契约条款限定商业或工业对该地段的使用。

land district 〈美〉土地分区 由联邦政府对州或地区[territory]所作的划分区，在该区中设置美国土地局[land office]，配有土地局登记处[register of the land office]和公共资金接收处[receiver of public money]，主管该区内公共土地的处置。

landed a. ❶存在于土地(或不动产)上的；在土地上拥有权益的；有地产权的 ❷上岸的；登陆的；运到陆地上的

landed estate ❶地产 不动产[real property]的俗称。❷田产 在局地方的用法中，指郊区或乡村土地，与城市土地相区别。❸土地权益 土地上的或与土地有关的权益。(⇨estate in lands; real estate; real property)

landed-estates court 〈英〉地产纠纷法庭 依据制定法所建立的法庭，用以更为便捷地处理涉及到设有某种负担之地产的纠纷。初建于 1848 – 1849 年间，设于爱尔兰，旨在帮助设有负担之地产的所有人或一定期限之承租人向法庭专员申请拍卖。该法庭起初作为存卷法庭存在，称为设负地产法庭[Incumbered Estates Court]，1858 – 1859 年间的一项法令以一个新的常设的地产纠纷法庭取代之。

landed interest 土地权益 因对土地的保有、所有或占有而产生的地产权或其他权益。(⇨estate in lands; landed estate)

landed man 〈苏格兰〉土地拥有者 从前苏格兰法律规定，如果刑事诉讼中的被告人为土地拥有者，他可以由过半数为土地拥有者所组成的陪审团审讯。同时，要求享受此种特权的被告人必须提供其土地受封证书以证明其权利。

landed property (= landed estate)

landed proprietor 地产所有人；不动产所有人(⇨landed estate)

landed securities 土地担保 指在土地上设置的抵押权或其他财产负担。

landefricus 领主；土地出租人

landegandman 〈英格兰古法〉一种依庄园习惯保有土地的人或庄园里地位较低的土地保有人

land entry 进入土地(⇨entry under homestead law)

land gabel 地租；地基费 根据《末日审判书》[Domesday Book]，地基费为每年每所房屋 1 便士；也指为使用房屋地基而交纳的免役租[quit-rent]，与现代的地基费相似。

land gable (= land gabel)

land grant 〈美〉土地授予 广义上该词语泛指土地所有权的转让，但该词一般是指为资助教育或铁路建设等将公共土地授予下级政府、组织或个人。

land-grant institutions 〈美〉获土地资助的教育机构 指获得美国国会为支持教育而授予其土地资助的教育机构。

land grant rates 〈美〉因授予土地而获得的优惠运费 因政府曾授予土地，资助铁路公司修建铁路，从而使政府在运输其财产或武装部队时享受优惠运费。

Landgrave 〈德〉❶地伯 从 12 世纪起，德国国王们为加强自己的力量而设立的爵位，规定公爵对地伯没有控制权。地伯的地位和权力与公爵相等，并在自己领地内享有司法权。❷对领有由皇帝授予地伯领地的王子的称谓

landhlaford (= landagende)

landimers ❶土地丈量员 ❷土地丈量；土地测量

land improvements 土地开发；土地改良 对土地作有价

值的添附或改善其状况，以使其在价值、美观及效用上有所提高，或使之适应新的或进一步的目标，主要方式是建造房舍、铺筑道路、敷设下水道及设置其他设施等。（= improvement of land）

landing n. ❶船载装卸地；乘客接送地 在河流或其他可通航水域用于装卸货物、接送乘客的场所。 ❷（铁路的）站台 用于火车装卸货物、上下旅客的平台。 ❸船舶靠岸；飞机降落着陆

landing card 登岸证 外国人藉以进入他国境内的证件，在入境码头或口岸应向入境检查员出示。

landing cargo 上岸货物；卸货

landing certificate 〈美〉卸货证 根据美国财政部的规定，卸载出口商品或剩余货物所要求的证明书。

landing in safety 安全登岸；安全着陆 此系承运人的责任，即保证乘客从承运人的交通工具下来后，能立即处于清醒状态。

landirecta 〈撒克逊〉❶土地赋税役 指基于任何保有之土地——无论其占有者为何人——所产生的劳役或税赋，包括三项基本劳役［trinoda necessitas］，即修桥、建城堡及抵御外敌之军役。 ❷征收土地赋役之权

land jobber 〈英〉土地交易商 为营利而以土地买卖为业者。

land leaseback 〈美〉土地租回交易 房地产开发商将未开发土地出售给投资人，后者又将土地长期出租给开发商，使开发商获得必要的融资。

land let to lease 仅供租借的土地 该土地仅得以设定终身保有地产权、定期地产权或任意地产权而转让。

landlocked a. 陆围的；被他人土地包围的 指周围土地全部属于他人，不通过他人土地就无法进入的土地。出入该土地一般须从周围土地的所有人处取得通行地役权。

landlord n. 土地所有人；土地出租人；业主；房东；领主；地主 在广泛的意义上，它指一切供出租之不动产或不动产性权益的所有人，在某些场合亦可称为出租人［lessor］，与之相对应的是承租人［tenant or lessee］。在封建体制下，它通常被称为领主，这是一个与封臣相对而言的概念，对于后者而言，领主对封地享有最终的权利，而封臣自己只有占有和使用封地的权利，"landlord"一词在一些论者的行文中还可作动词用，但不可广为传播。（⇨ landlord and tenant relationship）

landlord and tenant ❶不动产的出租人与承租人 ❷领主与封臣（⇨ landlord and tenant relationship；landlord；tenant）

landlord and tenant relationship 不动产租赁关系；地产的出租与承租关系 它指土地、房屋或地产性权益的所有人通过明示或默示的方式赋予他人在一段时间内以支付租金为条件对本属自己所有的房地产或地产性权益享有排他性的占有和使用的权利。在这种关系中，对土地、房屋或相关权益享有所有权的一方被称为出租人［landlord；lessor］，与之相对，仅在特定期限内对土地享有占有使用权并需支付租金的一方被称为承租人［tenant；lessee］。出租人享有回复地产权［reversion］，并附带享有在承租人未依约定交纳租金之时扣押后者财产的权利，但他必须将对物业的占有和控制移交给承租人。租赁关系可以通过书面的协议创设，谓之租约［lease］，租约的期限和条件均可由当事人双方协商确定，不同种类的租赁关系中出租人和承租人的权利与义务也不尽相同。在普通法上，一般的租约原则平等地适用于各种租赁关系，但立法已经使得某些特殊种类的租约带有了越来越多的特殊性。租赁关系可因被告人自愿提前交还［surrender］、放弃［disclaimer］、权利混同［merger］、约定终止之事项发生、没收［forfeiture］、怠于行使权利持续一定时间［lapse of time］及退租通知［notice to quit］等原因而终止。

landlord duty to prevent crime 〈美〉房主的预防犯罪义务 虽然房主并非房客安全的保证人，但不少法院通过判决确认房主负有采取合理的防范措施以预防犯罪发生的义务。例如在新泽西州［New Jersey］，一房客曾多次向房东反映其门锁不起作用，后因房客的珠宝被窃，以致房东被罚赔 6 100 美元。

landlord's attachment 土地出租人的扣押权 法律为土地出租人提供的一种救济，旨在行使或保护土地出租人的留置权。

landlord's lien ❶出租人留置权 在普通法上，它是指土地等不动产出租人有权扣押承租人的财产并将其公开拍卖，以偿付拖欠的租金。 ❷房东留置权；旅店主留置权 一种针对承租人或房客带入所居住房屋的动产所行使的法定留置权，使房东或旅店主取得对该财产优先受偿的地位。该种留置权通常在于担保支付拖欠的房租或对承租房屋的损坏赔偿。

landlord's security deposit laws 〈美〉房主修缮保证金法 该法要求房主也像房客一样，缴纳一份保证金，以确保房屋获得必要的修缮。该法已适用于新泽西州［New Jersey］的一些城市，马萨诸塞州［Massachusetts］也考虑在全州采用。

landlord's warrant 土地出租人的扣押状 由出租人签发给警官或执达官的扣押承租人动产［goods and chattels］的授权书证，目的在于将其公开出售，以强制收回租金或履行租约中的其他约定义务。

land lottery ❶一种抽彩分售土地的方式 将土地分成大小相同但价值不等的若干块，买者支付相同的价格，通过抽签的方式获取自己的那一块土地。 ❷以农田或建筑用地作为奖品的任何形式的抽奖

landman n. ❶土地承租人；土地保有人；土地占有人 ❷油田经理；油田代理 指代表油气公司与土地所有人协商订立合同在其土地上开采油气的经理人。有时亦用"exploration manager"，"land manager"或"land agent"替代。

land management 土地管理（⇨ Bureau of Land Management）

landmark n. ❶地标；陆标 可指人为设置物或自然景物，具有相当的永久性，足以标示土地的界限。 ❷（国界、庄园等的）界标；界石 ❸有历史意义的建筑物（或遗址）；纪念碑 ❹里程碑 指具有划时代意义或起转折作用的重大事件。 ❺传统观念；既成原则 ❻标志性判例 指创立法律主张的具有重要意义的判例。

landmark legislation 〈美〉有关界标的立法 这是美国各州对历史性界标进行管制的立法。不论界标是否为私人所拥有，均适用该项立法。1980 年最高法院支持了纽约市的界标立法，拒绝批准宾夕法尼亚州中央运输公司［Penn Central Transportation Company］在铁路中央终点站［Grand Central Terminal］上修建一座 53 层的办公楼的计划，因为这座大楼将极大程度地改变其历史性界标的地位。

land measure 土地测量 以公顷、平方杆、平方英尺等为测量单位。

land mile 英里 土地测量单位，相当于 5 280 英尺。（⇨

mile)

land office records 〈美〉土地总局档案　指经政府正式核准保存的土地总局档案[Records of the General Land Office]。

land offices 〈美〉土地局　受内政部国家土地管理局[Bureau of Land Management]领导并主要设立于西部各州的、负责管理地方公共土地的测量、地界确定、权益清理、优先购买及出售等事宜的政府机构。过去该机构的主要职能为对管理土地的授予。(⇨General Land Office)

landowner n.❶土地所有人　❷(租期较长的)土地承租人(⇨land owner)

land owner 土地所有人；地产所有权人　指拥有土地所有权的人,有时也包括定期地产权保有人[tenant for years]。在不同的场合,该词的外延有所不同。例如,在建造公路申请书中列明的土地所有人,是指在该公路所经土地上享有登录权益的人；用于有关技工置留权法时,该词是指土地权益的所有人、普通法或衡平法上的土地所有人、非限定继承地产权人或租借地产权人,包括终身地产权人、定期地产权人、共同保有利益人、承租人、受托人或在地产买卖合同中占有土地的买受人。

land patent 〈美〉❶公共土地特许状转让证书　❷政府给进占领地者的土地转让　政府基于为土地支付的费用及定居、在土地上居住和耕种土地的证明,将土地转让给进占领地者。

land-poor a.〈美〉因持有土地而造成的贫困　指拥有大量土地的人,因土地贫瘠或赋税过重而缺乏开发土地或者交纳赋税的资金的状况。

landrecht 〈英〉邦区法　在一般意义上,指某一邦国或地区的普通法。在中世纪,该词适用于各种成文的法律渊源、地区习惯法的汇编、君主授予臣民的自由或特权,以及地方或行省政权机构通过的、经过或未经君主批准的制定法或规则。大约从14世纪起,该词逐渐专指君主在其各等级会议的同意下颁布的地区性立法。从11世纪起,该词就在低地国家佛里斯兰[Friesland]使用；到15世纪时,它们已逐渐成为地方立法的主要部分。

land-reeve 〈英格兰古法〉田地监管人　其职责是看管某一或某些部分的田地,护理森林、树木、篱笆、建筑物、私家通道、水渠、水道,监视平民们的放牧及任何侵占行为,防止土地荒芜,并向土地管理人或总管汇报情况。

land registers 〈英〉土地登记册　英国土地登记制度始于1862年的《土地登记法》[Land Registry Act],1925年和1936年的《土地登记法》加强了过去的立法,以强制登记取代了以往的自愿登记,并逐渐扩大强制登记的范围。土地买受人在进行土地交易时只需查询土地登记册记载,就可知悉有关土地的权利归属和负担情况。

land regulations 土地法规　指规定转让地产所有权或其他权益之方式或条件的法律,或指与房地产使用相关的法律,诸如那些与限制性条款、公害防止或地区规划相关者。

land revenues 〈英〉王室土地总收入　指来自英国王室土地的收入,由于王室土地已被广泛地授予臣民,现在此种收入已局限于相当狭窄的范围。

landrica (= landagende)

Landrum-Griffin Act 〈美〉《兰德勒姆－格里芬法》(= Labor-Management Reporting Act)

land sale contract 土地买卖合同　通过此合同的执行,土地产权将发生转移。出卖人[vendor]往往等到买受人[vendee]分期付款的最后一期付款到来时才交出产权证书,亦即将产权契据[deed]作为获取合同价格的保证。(⇨contract for deed; instal(l)ment land contract; contract for sale of land)

lands available for mining 可采矿的土地(⇨valuable for mining)

landscape area 〈英〉自然风景区　1950年的《城市规划(风景区特殊发展)令》[Town and Country Planning(Landscape Areas Special Development)Order],指定了一些自然风景区,包括用于农业和林业的区域,其所有建筑物的设计和外貌,都在法律规制之下。

Lands Clauses Acts 〈英〉《土地征用条款合并法》　指1845年《土地征用条款合并法》及其后的各修订法。这些法律构成一个为公共或准公共目的需要而强制征用土地的制定法集合。这些法律须与为某一特定目的,如国防、市政等公共目的,而征用土地的特定法律并入一起援用。

land scrip 〈美〉土地券　指由政府土地机关登记的一种证书,通常颁予从事公共服务的个人或公司。属流通证券,持券人或其受让人有权在特定地域选择并占有一定数量的公地。

land settlement ❶土地授予；土地定居安置　指由宅地所有人在政府授予的土地上开垦定居,也指一项旨在安置退伍军人的公地安置计划。　❷土地交割清结　指采用支付对价、移转土地所有权给买受人等方式,使已订立的土地买卖合同终结。　❸土地争端的解决　指对与土地所有权或地界位置相关争议的处理。

land's lagh 瑞典普通法　指大约于1250年根据由各省执法官确认的各地习惯编纂而成的瑞典普通法的总称,类似于英格兰的普通法。

landslide n.(竞选中)压倒多数的选票

landsman n.陆地上生活的人　与"seaman"(海员)相对。

Landsteiner test 兰德施泰纳血型检测法　一种血型检测方法,用以帮助确定血统或亲子关系,其出发点是血型的可遗传性。卡尔·兰德施泰纳[Karl Landsteiner]系美籍奥地利病理学家和免疫学家,因发现人类A、B、O、AB四种血型而获诺贝尔奖。亦称伯恩斯坦血型检测法[Bernstein blood test]。

lands, tenements, and hereditaments 地产、保有产及可继承产　从最广泛意义上对不动产进行表述之术语,正如"goods and chattels"来表示动产一样。这个短语仅指自由保有地产,不包括地役权和其他无形的可继承财产。

land steward 农庄或田产的监管人员

Lands Tribunal 〈英〉土地裁判所　根据1949年的《土地裁判所法》[Lands Tribunal Act]设立,负责裁决有关对强制取得土地的补偿、限制性协议[restrictive covenants]的废除或修改以及其他特定事项方面的问题,并受理对地方评估法院[local valuation courts]裁决的上诉。对土地裁判所所作裁决的上诉可以案情陈述[case stated]的方式向上诉法院提出。

Lands Tribunal for Scotland 苏格兰土地裁判所　设立于1949年,但直到1970年才开始行使职权。负责裁决有关强制取得土地的补偿,对土地使用限制的修改或废除以及其他特定事项方面的问题。

land tax 土地税　向土地所有人或受益人征收的一种财产税,以土地价值或地租为基础,按比例征收。

land-tenant n.土地保有人；土地占有人；土地承租人(⇨terre-tenant)

land tenure 土地保有　❶英格兰和威尔士在诺曼征服后

发展出封建的土地保有方式。理论上所有土地均属国王。后来1290年的《封地买卖法》[Quia Emptores]终止了次级分封。封建土地保有可分为自由的和不自由的两种。前者如教役保有[frankalmoign]、骑士役保有[tenure by knight service]、侍君役保有[serjeanty]、农役保有[socage]等。后者指隶农保有[villeinage]。隶农保有后来又改称为公簿保有[copyhold]。另外还有一些特殊地区习惯上的保有方式，如根据土地均分继承制的土地保有[gavelkind]、根据幼子优先继承制的土地保有[borough English]、凭自己权利的保有[demesne]等。1660年骑士役保有被废除，侍君役保有除某些情况外，均转化为农役土地保有，教役保有也遭废弃，自此，实践中便只存在农役土地保有和公簿土地保有。中间领主因越来越无法证明自己的领主身份而事实上已使民众土地的保有直接来源于国王。1925年的财产法改革将公簿地产保有转化为农役保有，并废除了其他保有方式。此后保有虽在理论上还存在，但在实践中，非限嗣保有人[tenant in fee simple]已被视为土地的所有人。②苏格兰在11至12世纪间建立了封建土地保有制。所有土地最终均属于国王，并且由不同等级的臣民直接或间接从国王处保有。对于臣民的土地分封并无制定法上的限制。土地保有可分为教会永久保有[mortmain]和世俗地产保有，后者包括兵役土地保有[wardholding]、农役保有[socage]、每年缴纳定额租金——谷物或金钱——的永久土地保有[feu or feu-farm]、白租土地保有[blench]和钦定自治市土地保有[burgage]等。其中每年缴纳定额租金的永久土地保有最为重要。在实践中各种土地保有所附带的权利和义务均已被废除或转化，但每年缴纳定额租金的永久土地保有依然存在，尽管已有立法禁止再建立这种保有形式，且为赎回这种地产提供了依据，不过它并未被废止。③在美国第一批殖民地建立的时代，土地是共有的。其后，对土地的私有产权被人们接受。私有土地制度归因于17世纪弗吉尼亚州的成功。殖民时代，土地一般是完全所（保）有。在新英格兰地区，殖民政府将土地授予市镇，市镇又将土地授予殖民者。在纽约，大块土地授予业主，打击了拓殖，在新泽西州和宾夕法尼亚州，土地则分成小块授予殖民者。在南方，17世纪所采用的是"人头权"[headright]制，即每个人只要自费运送一名殖民者，即可每"人头"获50英亩土地。土地采取平等继承制，但长子可得双份，但这一做法在1800年前逐渐消失。在边疆西进中获得土地的方式有吞并、购买及公地转让等几种，1785年之后，大量土地是由公地转让的，西部边疆各州的土地未授予的部分由联邦政府保留。

Land Titles and Transfer Act 〈英〉《土地所有权和转让法》 亦即"Land Transfer Act"。

Land Transfer Act 〈英〉《土地转让法》 1875年制定的一部法律，由此建立了不动产所有权登记制度，并且规定土地的转让与转让登记。该套土地登记制度后为1925年《土地登记法》[Land Registration Act]所取代。在美国，与之相似的制度是"登记法"[recording laws]。

land trust 土地信托 土地所有权的一种安排。据此，受托人拥有该土地的普通法与衡平法上的所有权，同时，受益人保留指示受托人、管理财产、从信托中获取收益等各项权力。故在该种信托中，就公共记录而言，受托人的权力是完全的，但其实际上受到信托契据中记载的信托协议[trust agreement]的限制。该信托协议典型的做法是授予受益人充分的管理和控制信托财产的权力，但受益人也不能像不存在信托那样处理财产。该种信托通常都有确定的期限，而且与遗嘱信托[testamentary trust]或生前信托[inter vivos trust]有所不同，受托人可能承担个人责任。

land trust certificate 土地信托证书 一种法律文件，持有人可以据此分享土地所有权的收益，而该土地在普通法上的所有权由受托人保留。（⇨land trust）

land use planning 〈美〉土地使用规划 泛指土地区划、不动产开发与使用的管理、环境影响研究等活动。许多州都有其土地使用规划法并藉各地方的区划制和土地使用法规条例得以实施。亦称 urban planning。（⇨master plan; planned unit development; zoning）

land values duties 〈英〉土地价值税 1910年《财政法》[Finance Act]所设的税种，包括增值税[increment value duty]、土地权益收回税[reversion duty]、未开发土地税和采矿权税。除采矿权税外，其他税项的征收费用超过了税收收入，因而于1920年予以废除。

land waiter 〈英〉海关检查人员；验关员 监督卸货现场、检验、测量、过磅、品尝所卸货物并作记录的海关人员。在有退税的情况下，他们有时也监督装船的货物并在退税单上作证明。（⇨tidewaiter）

land warrant 〈美〉公共土地购买证书 地方土地行政机关向公共土地的购买人签发的证书。当证书所有人向位于华盛顿的土地总局提交该证书时，即可从联邦政府取得土地的转让。也指州政府获得合理对价后签发的证明材料，载明公共土地购买人的姓名、出卖土地的数量，其界址及图示将由公共土地购买人进入所限定范围的土地，通过测量土地加以确定。（⇨land certificate）

lane n. 街巷；小路；狭窄的通道 与公共道路[public road]或公路[highway]相对。

Langdale's (Lord) Act 〈英〉《兰代尔（勋爵）法》 即1837年《遗嘱法》[Wills Act]。

langeman n. 庄园领主 复数形式为"langemanni"。

langeolum 〈拉〉一种羊毛织成的衬衫 以前由修道士所穿，齐膝。

languidus 〈拉〉被告人病重 旧时普通法上，郡长对已被其拘禁的被告人因病情过于严重而无法移送的情况下作出的令状回呈。

Lanham Act 〈美〉《拉纳姆法》 即美国联邦商标法。该法于1946年7月5日被签署为法律，于1947年7月5日生效，并以众议院民主党议员弗里茨·加兰·拉纳姆[Fritz Garland Lanham]的名字而命名。它规定了一套全国性的商标注册制度，并对联邦注册商标的所有人给予保护，禁止他人使用相同的商标，以防止出现商品出处的混淆。该法除了调整商标、服务商标、集体商标、证明商标的注册与保护外，还包括禁止对未注册商标、商号与商品装潢的侵犯，禁止虚假广告以及商业诽谤。《拉纳姆法》的范围与各州的普通法相互独立和平行。亦作"Lanham Trademark Act"。

lanis descrescentia Walliae traducendis absque custuma 〈拉〉羊毛过关免税令 古时英国发给港口的海关官员的一种命令，要求其准许某人运送羊毛过关而不交关税，因该人此前已在威尔士交过这种关税。

lanns manus 〈法〉〈古〉庄园领主

lano niger 〈英〉爱德华一世统治期间流通的一种劣质硬币

lansiwerp (= laesiwerp)

lanzas 〈西〉军事岁贡 贵族或大员每年向政府缴纳的金钱，以代替战时提供兵员。

lapidation n.用石块砸死的方式执行死刑

lapis marmorious 御石 长12呎，宽3呎，置于威斯敏斯特大厅较高一端的一块大理石。其上方中间有大理石椅一把。加冕宴会时国王就坐在这把大理石椅上。其他时间则为御前大臣的座椅。

lappage n.权利的重叠；权利的竞合 该词与干扰、冲突、交叉、重叠等同义。尤其是指一方凭所有权文契，另一方凭转让证或通过取得时效同时对同一块土地主张权利，从而导致双方权利的范围和效力产生重叠。

lapse n. ❶权利（或特权）的终止（或失效） 指由于当事人在一定期限内疏于行使或由于某一不特定事件的发生或不发生，导致其权利或特权的终止。 ❷保险单的失效 投保人未按期缴纳保费，保险单依保险合同的有关约定而失效。在宽限期内（一般为30日或31日），保险单可因补交保险费而继续有效。在宽限期内未能补交保险费而失效的保险单，可在复效期内因补足所欠保费并满足其他相应条件而复效。 ❸遗赠的失效（= lapse of legacy or devise）

lapsed benefice 圣职推荐权的丧失 指因圣职推荐权人[patron]未能及时推荐圣职而丧失这一权力。

lapsed devise 失效的不动产遗赠（⇨lapse of legacy or devise）

lapsed land 丧失权利的土地 因先占而取得公共土地的人，有权获得土地特许证[patent]或其他由政府签署的所有权转让证书，但如该人未支付取得土地的价款或违反了其他义务，如支付租金、开垦土地的义务等，则丧失土地权利，该地被称为丧失权利的土地，原先发给的特许状也成为失效的特许状。

lapsed legacy 失效的动产遗赠（⇨lapse of legacy or devise）

lapsed patent 失效的特许权证（⇨lapsed land）

lapsed policy 失效的保险单（⇨lapse）

lapse of legacy or devise 遗赠失效 指在遗嘱中有效订立的遗赠，因在立遗嘱人死亡前发生某一事件而使之归于无效。其结果是导致动产遗赠[legacy]或不动产遗赠[devise]的标的物返回而落入立遗嘱人的遗产范围。在美国，失效遗赠的财产将落入剩余遗产[residual estate]之中，除非在该法域内存在"反遗赠失效法"[anti-lapse statute]。导致遗嘱失效的事件依当时情形而有所不同，其中最为常见的事实是受遗赠人[legatee; devisee]先于立遗嘱人死亡。（⇨anti-lapse statute）

lapse of term of court 开庭期终止 指因法官未在法定的开庭日出庭而导致的开庭期的终止。

lapse of trust 信托的失效 指信托未能生效，通常是因为信托受益人先于信托设立人死亡而发生。如果信托协议没有对此作出规定，则信托财产将因信托合同落空而转回至信托人的财产中。为了避免这一后果，信托设立人大多会在信托协议中加入一项条款，指定第二受益人[subsequent beneficiary]。

lapse patent 次位特许权证 指在前一项土地特许证[land patent]因先前的特许权人未主张权利而失效时，用以代替它的同一块土地的特许证。（⇨lapsed land）

lapse statute （= anti-lapse statute）（⇨lapse of legacy or devise）

lapsus 〈拉〉失误（⇨error lapsus）

lapsus calami 〈拉〉笔误

lapsus linguae 〈拉〉口误；失言 所说的与其想说的不一致。

larboard （船的）左舷 面向船前进的方向即面向船首时，左手侧为左舷，与之相应的术语是右舷[starboard]。目前该术语已不再被使用，而由"port"一词代替。这一变化源于英格兰海商法，因为它极易与对应术语右舷[starboard]混淆。

larboard watch 左舷船员值班

larcenous a. ❶偷窃的；构成偷窃罪的；犯盗窃罪的 ❷偷窃成性的

larcenous intent 偷盗意图 偷盗罪的构成要件之一，即永久剥夺他人对财产占有的意图。

larceny n.偷盗罪 以非法占有为目的，而取走他人财物的行为。普通法上将偷盗罪和侵占罪[embezzlement]、诈骗罪[false pretenses]区分开来，英国1968年的《盗窃罪法》[Theft Act]将这种区分废除，统一采用三罪合一的盗窃罪[theft]之称谓。美国的许多州采用了统一称偷盗罪[larceny]的做法。偷盗罪在英国曾以偷盗财产是否超过12便士分为重偷盗罪[grand larceny]和轻偷盗罪[petty larceny]，这种区分于1861年被废除；但在美国一些州仍按偷盗财产的价值区分轻重偷盗罪。（⇨burglary; robbery; shoplifting; stolen; theft; grand larceny; petit larceny）

larceny after a trust 动产信托的受托人侵吞盗用（信托财产）

larceny by bailee 托管偷盗罪 指受物主委托的人对该财产实行欺骗性转变[conversion]的行为。

larceny by extortion 敲诈勒索偷盗罪 指行为人故意以下列威胁方式取得他人财产的犯罪：①伤害他人身体或对他人实施其他犯罪；②控告他人犯罪；③揭露隐私，使他人被人憎恨或使他人蒙受耻辱或诋毁他人信誉；④以官员身份或促使官员进行或不进行某种行为；⑤罢工、抵制或进行其他非官方的集体行动，如果行为人自称这样做是为了集体的利益而事实上这种行动所要求或取得的财产都不是为了该集体的利益；⑥就他人的法律主张或答辩提供或拒绝提供证词或其他信息；⑦给他人造成其他伤害。（⇨larceny）

larceny by finder 遗失物偷盗罪 指拾得他人遗失物的人对该财产实行欺骗性转变的行为。

larceny by fraud or deception 欺骗偷盗罪 指行为人故意以欺诈的方式非法取得他人财物的犯罪行为。（⇨larceny）

larceny by general owner 所有人偷盗罪 指所有人以剥夺占有人对财产之权利为目的，故意非法侵占占有人依法占有的财产的犯罪行为。

larceny by trick 欺骗偷盗罪 指用伎俩、诡计非法占取他人财产的犯罪；犯此罪者必须具有永久剥夺被害人财产的意图，即使被害人同意犯罪者占取该财产，其同意仍无效。（⇨larceny by fraud or deception; larceny）

larceny from the person 从他人身上偷盗财物罪 指从所有人身上(如从其口袋中)盗窃财物归己所有或把所有人直接保管下的财物窃为己有的犯罪行为。这种犯罪不伴有暴力。它包括扒窃等犯罪行为。

larceny of auto 偷盗汽车罪（⇨auto theft）

larceny of mislaid goods 偷盗他人忘却财物罪 指以故意非法占有他人财物为目的，在未经他人同意的情况下将他人忘却所放地方的财物窃为己有的犯罪行为。

larceny of property lost, mislaid, or delivered by mistake 偷盗遗失、错置、误投的财物 行为人明知是他人遗失、错置、误投的财物，根据该物品的性质、数量及行为人的身份,如果行为人没有采取合理的方法寻找所有权人而故意非法占有该物品,可构成偷盗罪。

larcyn n.偷盗

lard n.(提炼过的、半固体状)猪油;健康的猪的脂肪　为销售猪油而订立一项规则,藉以使公众可以通过查看包装而得知猪油在制备时所使用的成分,这一行为并非对贸易的不当干涉,因而并不违反有关正当法律程序的宪法规定。

lardarius regis 〈英〉为国王管理食品的官员或御膳房的职员

larding money 〈英〉猪油金　在威尔特郡[Wiltshire]布雷弗德[Bradford]庄园每年由农户缴纳给庄园主的一小笔款项,作为庄园主允许他们用庄园主树林中的果实养猪的回报。这种回报也可能转化为其他形式,如将盐和肉放到领主的食物储藏室等。

larger parcel 〈美〉更大的地块　土地征用[eminent domain]中使用的一个术语,表明征用的土地不是一整块而是更大的地块中的一部分,因此土地所有权人对分割造成的损害及征用地块的价值享有求偿权利,即土地所有权人可以要求得到两项损害赔偿金,一项是被征用的那块地的补偿,一项是将该地块从更大一片土地中分割的补偿。在美国,要想同时获得这两项补偿,法院通常要求土地所有权人证明其土地所有权的整体性、土地使用的整体性和土地的相邻。但联邦法院和某些州法院在有力证据证明土地使用的整体性时,并不要求土地相邻为获得两项补偿的条件。

laron(s) n.(英格兰古法)贼;盗贼

larrons 〈拉〉一伙盗贼

lascivious carriage and behaviour (在异性面前)淫荡的仪态和行为　法律并不将这种行为归入有伤风化的犯罪行为之中。

lascivious cohabitation 非法同居　未结婚的男女双方以夫妻名义居住在一起,并实施性交行为。法律虽然将这种非法同居行为规定为犯罪,可是该种犯罪却很少被提起指控。

lascivious lewdness (公开的)淫亵行为　它和非法同居的主要区别是其公开性,法律对其以有伤风化的犯罪行为论处。对该罪的证明不能仅以一般名誉,还要具备一定的间接证据。以前因同一犯罪而被审判认定的类似行为均可以用作证据。

lasciviousness n.淫欲色情行为;淫荡行为;挑动情欲;淫乱;猥亵

lashbite 〈丹〉普通罚金　共12欧尔[ore]。1欧尔大约相当于16便士。

lashite (= lashbite)

lashlit (= laghslite)

lashlite (= lashbite)

las partidas 〈西〉《七章法典》　西班牙的一部法典,因主要有七个部分而得名。它由四位法律家[jurisconsults]在国王阿方索十世[Alfonso X]指示下,于1250年依据罗马法、习惯法和教会法合编而成,1263年发布,但直到1348年,才由阿方索十一世[Alfonso Ⅺ]首次将其作为法律予以公布。该法典已被译成英文,其适合可行的规定部分在佛罗里达州[Florida]、路易斯安那州[Louisiana]和得克萨斯州[Texas]具有法律效力。(= Codigo de las Siete Partidas)

last a.❶最后的;最终的　❷最近的;刚过的;上一个(次、期、回…)的　❸临终的　❹结论性的;权威性的　v.持续;维持;支持

n.❶船舶的装载量;吨位　❷(船舶等)运载能力的计量单位　依习惯有的地方等于6 000磅,有的地方少一些。❸(英格兰古法)权威法庭(⇨last court)　❹拉斯特　重量单位,约4 000磅;英国谷物容量单位,合10夸脱或80蒲式耳;鲱鱼计量单位,合12桶;羊毛的计量单位,合12包,即4 368磅。❺鞋楦

lastage n.❶(船舶的)压舱物　❷(在英国伦敦的谷物容量、重量)检定费　❸市场税　由入市交易的商人缴纳。❹货物税　以便允准购买人携带其所购之商品赴任何地方,尤指按"拉斯特"[last]出售之货,如鲱鱼、树脂等。亦拼作"lestage"。

last and usual place of abode 〈美〉最后经常居住地　在替代送达的情况下,可将传票副本送交当事人最后经常居住地的一位家庭成员签收。这里的最后经常居住地指被告人在州内最后居住的地方或住所。

last antecedent 最后先行词　为了达到法律解释规则的效果,限定性的单词、短语和从句通常都限于针对最后的先行词,亦即针对那能被用作先行词又不损伤全句意义的最后的词。

last antecedent clause 最后先行词条款　指相关的或限定性的单词、短语或从句须应用于直接在前的单词、短语或从句,而不扩展到其他较远处的单词、短语或从句的原则。

last antecedent rule 最后先行词原则　一项解释制定法的原则,要求相关的或限制性的单词或短语必须使用于直接在其前面的单词或短语上,它不能扩展及于或包容其他较远的单词、短语或从句,除非这种扩展或包容是由上下文的意图和意义所明确要求的,或由审阅整个法律而有所揭示。(⇨last antecedent clause)

lastatinus 暗杀者;谋杀犯;凶手

last-clear-chance doctrine 最后避损机会原则　侵权行为法中的一项原则,它是指,即使原告存在与有过失[contributory negligence],但是如果被告有防止损害结果发生的最后机会而未尽合理注意义务,致使损害发生的,则原告仍得请求赔偿损失(换言之,若被告的过失行为迟于原告的过失行为,原告仍得向被告索偿)。该原则的实际意义在于,如果被告意识到原告所处的险情,或虽未意识到但若施以合理的注意即可意识到的,则其在事实上就有最后的机会以避免损害事故的发生。例如:甲为一司机,乙为一行人,醉躺于道路中央。甲有充分的时间了望并实际看到了乙,但甲因疏于注意开车将乙压伤。在此例中,乙的行为构成与有过失,但对甲的责任而言并非必须关键,因为甲有最后的明确的机会,可以避免事故的发生。这一原则通常作为与有过失的抗辩,适用于那些认为与有过失构成原告请求损害赔偿之阻却事由的法域。亦作"discovered-peril doctrine; humanitarian doctrine; last-opportunity doctrine; subsequent-negligence doctrine; supervening-negligence doctrine"。

last commanded 既定法律

last court 〈英〉权威法庭　五港同盟[Cinque Ports]的一个行政机构,由副郡长[bailiffs]和市政官[jurats]组成,为保护肯特郡[Kent]的沼泽地,它有权作出征收赋税、给予处罚等命令。现已废除。(⇨Cinque Ports)

last day 最后日　不致因迟延而受罚的付款或履行义务的最后期日。(⇨default day)

last day of term 〈英〉开庭期的最后一天　在原来的开庭期[term]被废除以前,普通法法院的一项惯例就是在每个

开庭期的最后一天听取出庭律师的申请，先由初级出庭律师提出申请，按其资历由低到高依次进行；然后再由高级出庭律师提出申请，也是按其资历由低到高依次进行。

last event rule 〈美〉最后事件地规则 一项法律选择[choice of law]规则，规定在侵权之诉中，以原告受到人身伤害所在州作为侵权行为地。当被告的过错行为发生于某一州，而原告的伤害发生于另一州时，如果发生诉讼需要确定适用法[applicable law]，一般以侵权行为地法为适用法，故法院须适用本规则确定侵权行为地。该规则的理论依据在于，原告起诉被告非为其过错行为，而实为因此所受之损害。

last heir 〈英〉最后继承人 指在没有合法继承人的情况下，土地转归所及之人。有时土地转归给领主，有时则归国王，视情况而言。此时，国王或领主被称为"最后继承人"。

last illness 致死疾病 导致某人死亡的疾病，亦作"last sickness"。

last in, first out/LIFO 后进先出法 一种计算存货价值的会计方法，它假定从仓库中卖出的商品是最后购进的货物，因此应该以最早进入库存的那些货物的成本来计算现有存货的价值。(⇨first in, first out)

last known address 〈美〉最后已知地址 在传票不能直接送达而需要采用邮寄方式送达时，应将传票寄往被告的最后已知地址。在制定法规定对非本州居民的被告可以采取将传票和起诉状副本寄往其最后已知地址的方式送达，被告的最后已知地址并非指原告所知道的最后地址，但是原告有责任查明被告的最后已知地址这一事实。如果原告没有做到，即是违反了法定的要求，可导致送达无效。

last resort 终审 用来指最高审级的法院。(⇨court of last resort)

last sickness (= last illness)

last survivor insurance 最后幸存者保险 指两个或两个以上的人投保的人寿保险，在保险期内最后一个投保人死亡后才支付保险金。

last will 最后遗嘱 指死者生前最近所设立的遗嘱。该文件最终确定了对死者动产与不动产的处分。有时亦作"last will and testament"。

last will and testament (= last will)

lata culpa 〈拉〉(在寄托[bailment]法中)重大过失或疏忽 (⇨bailment)

Lata culpa dolo aequiparatur. 〈拉〉重大过失等于诈骗。据称在英格兰法中，这句谚语并不适用；无论过失有多少，它本身也不构成诈骗，但粗心大意漠视真假的供述与故意不真实的供述具有同样的后果。

late a.已故的；去世不久的；不再存在的；以前的；最近的；不久前的；迟延的；缓慢的；过时的；迟缓的

lately a.不久前 此词可以有很大的回顾追溯性，例如对已去世10年或20年的人也可说他不久前去世。

latens 〈拉〉(= latent)

latent a.隐蔽的；潜伏的；不易发现的

latent alteration 隐蔽的修改；不易发现的改动 指对书面文件所作的、表面无从发觉的改动。

latent ambiguity 潜在的多义性；潜在的意义不确定 指合同、遗嘱等文件表面并不能显现的多义性或意义不确定性，在这种情况下，同一文字往往是同等地指向两个不同的事物或主题，从而导致文字的意义含糊不清。例如遗嘱表明"遗产给我表弟约翰"，文字上并不模糊，但事实上，立遗嘱人有两个或两个以上叫约翰的表弟。在英国和美国采用外部证据[extrinsic evidence]来解释潜在的多义性问题，但是在何时、何种情况下采用外部证据以表明文件草拟人的真实意图仍难以准确界定。这里有两个可以参考的规则：①在由书面文件表达某种决定性意图的地方，外部证据被用以显示对文件中包含的对象的描述是具备法律上的确定性的；进而，潜在的多义性就此消失，相关背景的证据将被采纳以确定所描述的对象。并且，如果这种证据能够显示出对象之一具有充足的确定性，则关于真实意图的声明的直接证据将不予采纳；②假设文件表面所显示的意图是决定性的，如果用尽相关背景的证据以使文件草拟者的观念呈现于法庭，但仍无法解决对象的多义性——对于对象的描述在指出对象的法律确定性上是充足的，在这种情形下，存于对象之中的真实意图就可以由文件之外的直接证据来证明。

latent deed 隐藏契据 指保存在个人保险箱或其他秘密处所达20年以上，密不示人的契据。

latent defect 隐蔽瑕疵；不易发现的缺陷 指经由合理的或惯常的观察或检验仍不能发现的产品瑕疵。出卖人或出租人对于由此所造成的损害应当承担责任。买受人在此后发现隐蔽瑕疵的，可以撤销其在此前对产品的接受[acceptance]。就不动产所有权瑕疵而言，是指即使通过公共登记仍无法查知的瑕疵。在土地买卖中，一般不存在就质量或其他可能影响财产价值的事项所作的默示担保[implied warranty]。而在货物买卖中，如果买受人已明示其购买目的，并且依赖于出卖人的能力与判断，那么，应当认为存在一个关于产品质量与此目的合理相适应的默示条件[implied condition]，其中即包括隐蔽瑕疵的担保。它与明显瑕疵[patent defect]相对。亦作"hidden defect"。

latent fault (= latent defect)

latent injury 潜伏的伤害 当时不明显，但以后能够产生使被害人遭受痛楚的伤害。

latera 堂区副执事；受雇的伴从；助手

lateral support 侧面支撑权 指某一土地受到与之相邻土地支撑，从而使之保持自然状态的权利，属支撑地役权的一种，亦作"自然支撑地役权"[easement of natural support]。(⇨support)

Lateran Councils 拉特兰公会议 指罗马天主教会在拉特兰宫多次举行的会议。其中五个主要的公会议都在教会和国家立法方面起了重要作用。1123年的第一次会议解决了教皇与皇帝之间关于主教叙任权[investiture of bishops]的争端，制定了教会的基本法规；1139年的第二次会议肯定了自教皇格列高利七世[Gregory VII]以来的改革法规；1175年的第三次会议规定了教皇应由枢机主教团2/3的多数选举产生，在教法立法权的发展史上有重要意义；1215年的第四次会议规模空前，广泛制定了刑事和诉讼方面的法律，教皇的政治宗教权力达到顶峰；1512-1517年的第五次会议讨论了教会改革事项，制定了防止教会滥用权力的法律。

Lateran Pacts 拉特兰诸条约 指1929年罗马教廷和意大利签署的一系列条约和协议。据此，创立了梵蒂冈城作为罗马教廷治辖的独立国家。条约还规定了罗马教廷在意大利的地位。(⇨Lateran Treaty)

Lateran Treaty 《拉特兰条约》 1929年意大利与罗马教廷签订的一个条约，依该条约创立了梵蒂冈城[Vatican City]。除财政协定和关于教廷与意大利之间的关系的协约外，该条约规定了罗马教廷的司法地位，并赋予其完全的国际上的权能[international competence]。条约确认了梵蒂冈的永久中立地位和不可侵犯性。

laterare 〈拉〉〈古〉位于路侧 拉丁法律用语,早期用于描述土地状态,即指土地位于路侧,而不是位于道路末端。

latere 侧面;旁边(⇨ex latere)

lathe n. ❶车床;镟床 ❷〈英〉特区 亦写作 lath 或 lada。它是英国某些郡的一个介于郡与百户区之间的行政区域,包括三或四个百户区,如肯特郡特区,在苏塞克斯郡,这种区域被称为 rape。每一个特区都有自己的特区行政司法长官[lathe-reeve 或 rape-reeve],和郡的行政司法长官相对应。

lathreeve (撒克逊政府下治理特区的)特区行政司法长官(⇨lathe)

latifundium 〈拉〉〈罗马法〉大片的属地;一大片田地;公地 由小片土地[fundis]构成的大片地产,在罗马帝国后期开始变得盛行。

latifundus 〈拉〉〈罗马法〉(由小片土地拼合成的)大片土地的所有者

latimer n. 翻译人员 法语作 latinier 或 latiner。该词应拼作 latiner,因为人们认为,懂拉丁语的人可能擅长翻译。

Latin n. 拉丁语 指古代罗马人的语言。它属于印欧语系意大利语族,是现代罗曼诸语言的母语。起初操该语者为台伯河[Tiber]下游的几个小居民集团。随着罗马人版图的扩大,拉丁语先后传遍整个意大利、西欧、南欧大部及非洲地中海沿岸的中部和西部。后来拉丁语沿两条途径发展:一是以地方口语形式为基础而发展,形成现代罗曼诸语言和方言。在这方面拉丁语仍是现用语言;二是拉丁语在整个中世纪继续以标准形式出现,作为宗教和学术语言而存在。这种形式的拉丁对西欧各种语言有很大影响。拉丁语在英国法律发展过程中也扮演了重要角色。据说有三种法律拉丁:①精当拉丁语[good latin],为律师和语法学家所接受;②蹩脚拉丁语[false or incongruous latin],采用这种语言尽管不会使任何司法令状、公告或答辩无效,但会削弱初始令状[original writ]的效力;③艺术拉丁语,仅为精通法学的人所知——不包括语法学家——称为法律家的拉丁语。1362 年的一项法令规定申诉和答辩都必须用英语进行,但在登录成卷时要用拉丁语。1731 年所颁布的法律则规定,嗣后无论是诉讼还是卷宗的登录都只能采用英语。

latinarius 拉丁语翻译者;能翻译拉丁语者

latiner n. 译员;口译者

latini coloniarii 〈拉〉殖民地拉丁人 指按照拉丁法[jus latii]建立的殖民地上的自由民或已授予拉丁特权和居民权利[jus latii]的国家的自由民,根据安托尼亚那敕令[constitutio Autoniana],罗马皇帝卡拉卡拉[Caracalla]把完全的罗马公民市民权扩展到他们身上。

Latin information 〈英〉拉丁诉讼 由国王、兰开斯特[Lancaster]公爵或康沃尔[Cornwall]公爵提起的具有民事诉讼性质的诉讼,以求追偿债务或获得侵权赔偿等。该种诉讼已被 1947 年《王权诉讼法》[Crown Proceedings Act]废除。(⇨English information)

latin in law 法律拉丁语 尽管早在 1833 年,畅销书《随身律师》[Pocket Lawyer]曾试图简化法律语言,但许多法律职业人士考虑到拉丁语的一致性和确定性,仍支持继续使用法律拉丁语。某些拉丁短语已变成平常用语了,如"对、诉"[versus]、"初步的、表面的"[prima facie]、"别名叫做"[alias]和"善意"[bona fide];但另一些拉丁语在翻译中则可能有一些东西抓不住,如"人身保护令状"[Habeas Corpus]曾被查尔斯·狄更斯[Charles Dickens]译作"你拥有你的身体"。(⇨latin)

latini juniani 〈拉〉〈罗马法〉尤利亚拉丁人 指住在拉丁平原的被解放奴隶,他们虽获得了自由但却不享有完全的市民权,是介于罗马市民[cives romani]与归降人[dediticii]之间的讲拉丁语的自由民[libertini]阶层。根据约公元前 17 年的《尤利亚法》[Lex Junia],如果奴隶被非正式地解放,即享有自由和某些法律规定的权利。该阶层享有交易权[jus commercii],但不得订立遗嘱或接受遗产,死后其遗产转归对他们仍保留一定控制权的主人所有。他们的孩子是生来自由的拉丁人,使用拉丁语[latinitas]并可以取得罗马公民资格。如奴隶的解放不符合《艾里亚和森迪亚法》[Lex Aelia Sentia]规定的条件,被解放的奴隶则只能使用尤利亚拉丁语;除非再次解放,不能取得公民资格。这一分类被优士丁尼废除。(⇨liberti; libertini)

Latins n. 拉丁特区[Latium](罗马城所在地)的居民

latin side of chancery 〈英〉衡平法庭对普通法案件的管辖 指早期衡平法庭[Court of Chancery]中对普通法案件的管辖。这是由于普通法案件的诉讼用拉丁语登录在卷,相反,衡平法案件的诉讼则用英语登录在卷。衡平法庭对普通法案件的管辖比它对衡平法案件的管辖[English Side]还要早。(⇨Chancery)

Latin Union 拉丁联盟 1865 年法国、比利时、瑞士和意大利为建立一致的货币政策,以及保持以法国法郎为基准的统一而又可互换的金、银货币制度所设立的货币同盟。希腊和罗马尼亚于 1867 年 4 月加入该联盟。

latitat 〈拉〉〈英〉潜逃拘捕令状 15 世纪时,王座法庭[Court of King's Bench]创制了一种独特的程序,这种程序使它对某些案件与民诉法庭[Court of Common Pleas]享有共同管辖权。这种程序以被告真正或依法推定处于马夏尔西监狱[Marshalsea prison]典狱长[Marshal]的拘押状态下为前提事实,因为该监狱处于王座法庭所在地米德尔塞克斯郡[Middlesex],这样就能够使王座法庭拥有当然的管辖权。其操作是:首先由原告提出针对被告的米德尔塞克斯申诉[Bill of Middlesex],宣称被告以暴力手段对他实施了侵权行为,并拟称后者已提供担保,保证按时出庭。这样,在案件性质上就赋予了王座法庭以司法管辖权。如果届时米德尔塞克斯郡长找不到被告,则一道潜逃拘捕令状就会发给邻近郡之郡长,要求他拘捕被告。如果已知被告不在米德尔塞克斯郡,那么签发潜逃拘捕令状是诉讼的第一步。该令状中强调使用 latitat(潜逃)一词,故名。1832 年的《令状统一法》[Uniformity of Process Act]废除了这一令状。

latitat et discurrit 〈拉〉他已潜逃并在四处流窜 这是潜逃拘捕令中的正式用语。(⇨latitat)

latitatio 〈拉〉〈罗马法〉隐藏;潜伏 尤其为了避免审判的目的。

Latium 〈拉〉拉丁特区 意大利的一个区域,罗马城位于该区内。

lator 〈拉〉〈罗马法〉❶带信人;持信人;送信人 ❷立法提议人

latori praesentium 〈拉〉给持本件之来人;给本件之持有人;请付(持本证之)来人[to the bearer of these presents]

lato sensu 〈拉〉广义上;广义地说

latrine lawyer 〈美俚〉"茅厕律师" 指自称为军事法方面的权威者,亦指在枝节问题上好争辩或发牢骚的军人。lawyer 在美国俚语中有"牢骚大王"之意。

latro 〈拉〉(罗马法)(英格兰古法)❶强盗;盗贼 ❷对抢劫案具有排他性地区管辖权者

latrocination *n.* 〈古〉强盗行为;抢劫;劫掠

latrocinium *n.* ❶对盗窃犯判决和处死的特权 ❷(= latrocination) ❸被盗窃的财物 ❹对抢劫案具有排他性地区管辖权者

latrociny (= latrocination)

latter *a.* 后面的;后来的;后半的 该词可以指时间较晚的,但在适用于同一法典中两个相互矛盾的条款时,该词与在法典中的位置或安排有关。

laudamentum parium suorum 〈拉〉陪审团的裁断 直译为:与其地位同等者的裁决。旧时陪审团成员一般都是与被告地位同等的人。

laudare 〈拉〉(罗马法)❶命名 ❷引用;引证 ❸表明自己的权利或权力 ❹作有利于某人品格的证明 ❺提出建议;劝说 ❻仲裁 ❼(封建法)通过司法程序解决 ❽陪审团的裁定

laudatio 〈拉〉(罗马法)品行证据 在法庭上所作的证明被告善良行为和正直生活的证据。罗马人中的人格见证人至少要 10 名。

laudativum (= laudemium)

laudator 〈拉〉❶仲裁人 ❷人格见证人 ❸法律顾问

laudemeo 〈西〉土地转让税 以交纳免役租金[quit-rent]而保有土地者或永佃权人[emphyteuta]转让土地时向土地所有人交纳的一笔费用,数目相当于地价的 1/5。(⇨ quit rent)

laudemium 〈拉〉❶(罗马法)永佃契约认可金 以单个承继人[singular successor]身份获得对土地的永佃权[emphyteuta]时,因土地所有者接受永佃契约[emphyteusis]而由永佃权人[emphyteuta]交纳的相当于土地实际价值或买卖价金的 1/5 的费用。 ❷(英格兰古法)(在原来领主去世后佃户向新领主缴纳以取得新领主承认其租地权的)认可金[acknowledgment money] (⇨ emphyteusis; emphyteuta)

laudum 〈拉〉❶仲裁裁决 ❷〈苏格兰〉判决;科刑裁决

laughe (英格兰古法)十户连保 英格兰古制,每十户联成一组,组中每一成员为其他成员的良好行为作保。(= frank-pledge)

laughlesman *n.* ❶不法之徒 ❷法外之人 ❸被剥夺法律上权利的人[outlaw]

laund *n.* 没有树木的开阔地面

laundered money 洗过的钱;用瞒汇漏税等方法处理过的非法款项 指将非法收入存入外国银行账户以使其表面合法化,成为正当资金,并免受执法人员的追查。

laundering *n.* 洗钱罪 指犯罪人通过对银行外的非法得来的钱财加以转移、兑换、购买股票或直接进行投资,从而掩盖其非法来源和非法性质,使该资金合法化以致无法追踪其来源的行为。美国将此罪规定为联邦犯罪。

laundry list 法定义务清单 指任何多种依法有效的法律所要求的作为或不作为的组合。若只是禁止某些行为,亦可称为"禁令清单"[laundry list of prohibitions]。如,法官要求被判处缓刑的犯人在执行缓刑期间未经允许不得离开居住的城市、不得参加嗜酒者互诫协会[Alcoholics Anonymous]、不得午夜回家、不得驾驶汽车等等。

laundry-supply service (= linen-supply service)

laureat (= laureate)

laureate *n.* 桂冠诗人 这个词是从拉丁语 laurea(月桂)转化而来。它是英国王室官员之一,其职责以前主要是在国王寿辰之日、新年,有时也在庆祝战争重大胜利之时谱写颂诗以表庆贺。这种在国王寿辰谱写颂诗的做法至乔治三世[George Ⅲ]统治结束后便不再继续了。该头衔得名于古典时期或中世纪那些最优秀的诗人往往被授予桂枝[laurel]的做法。直至今日,某些学院在授予硕士学位时仍采用这种佩戴桂冠的做法。

laurels *n.* 〈英〉桂冠币 英国于 1619 年詹姆斯一世时期铸造的一种金币。上有国王头像,其头上围的是用月桂枝编成的花环而非皇冠,故名。

lavatorium *n.* ❶洗衣房;洗衣间 ❷主教座堂的走廊或入口处 神父和其他神职人员在举行圣礼前净手的地方。

lavina 〈英〉湿地

law *n.* ❶法;法律 大部分印欧语系中的语言对于"法律"的抽象和具体含义,一般都有两套不同的语汇。如拉丁语用"lex"表达具体含义,用"jus"表示抽象含义;意大利语则是"legge"和"diritto";法语是"loi"和"droit";西班牙语则是"ley"与"derecho";而德语中则是"Gesetz"和"Recht"。英语中没有这样的区分,一般用"a law"表达较为具体、特指的含义,用"the law"表达较为抽象、宽泛的含义。 ❷法规;实在法 立法、司法判决,以及广为接受的司法原则、司法与行政的权威性依据等可以强制执行的行为准则与规则。如"the law of the land"中的用法。 ❸普通法 common law 的缩写,与"衡平法"相对。 ❹诉讼;司法程序 ❺法律制度 ❻制定法 立法机构制定通过的法律、法规等。 ❼司法界;法律界;法律职业;律师职业;律师界 ❽规律;定理;定律;法则 如"万有引力定律"[law of gravitation]。
—*a.* 法的;法律的 用作形容词,有时其含义与"legal"同,但其英语中各有一些固定用法。如"law firm"而不是"legal firm",用"legal doctrine"而不是"law doctrine"。此外 legal 还有"合法的"、"法律准许的"、"不被法律禁止的"的含义。

law action (= action at law)

law agents 〈苏格兰〉法律事务代理人 该词原指在苏格兰没有获得出庭律师[advocate]资格的法律执业者,现在称为事务律师[solicitor]。17 世纪末期,在苏格兰最高民事法院[Court of Session]形成了三类法律事务代理人:出庭律师的一等书记员[advocates' first clerks]、令状盖印官[writers to the signet]和事务律师[solicitors]。第一类是为进入律师界正在学习的年轻人,他们作为法律事务代理人与当事人进行协商,但到 19 世纪中期时这一群体便消失了。第二类,即令状盖印官曾长期被禁止在最高民事法院执业,但在 1754 年取得了这一权利。第三类,即事务律师首次被提到是在 1600 年,后逐渐发展起来并确立其地位,其执业的权利也于 1754 年得到认可,并逐渐形成事务律师协会被并入苏格兰最高法院[Supreme Courts of Scotland]。1873 年的《法律事务代理人法》[Law Agents Act]确立了在整个苏格兰境内统一的法律事务代理人资格考试,并废除了专属执业的特权。想要成为法律事务代理人者必须跟随一位正在执业的法律事务代理人做 5 年学徒(大学毕业生为 3 年),并通过规定的考试。1883 年成立了法律事务代理人协会[Incorporated Society of Law Agents],旨在形成一个包括所有法律事务代理人的社团。1925 年更名为苏格兰法律事务代理人协会[Scottish Law Agents Society]。1933 年将所有这类法律执业者统一称为事务律师,但原名称仍被使用。1949 年苏格兰事务律师协会[Law Society of Scotland]成立。

law and custom 法律与习惯 习惯与法律有着非常紧密

的联系,习惯是法律的一个重要历史渊源。在英格兰,习惯先于王室法院而存在,并成为普通法的主要组成部分。因此从内容的角度而言,习惯是法律的基础。另外,习惯还曾经是法律的重要形式,甚至在今天的某些国家和地区仍是这样。这一点我们可以从中世纪西欧法律发展的历史中得到证实。事实上,即使是在以制定法为主的国家里,习惯也是法律规范的有效来源。但习惯与法律仍有不同,它不能像法律那样具有强制制裁力量,它可以被人藐视,也可以改变,甚至可能相当快地被改变,但也可能很长时期一成不变。

law and morals 法律与道德 人类社会发展的早期,人们的行为受到习惯、宗教信仰、禁忌、道德观及强制性的习俗的支配。这时法律与道德都被接受为人们的行为准则,在这个意义上我们说法律与道德有着共同的起源。随着社会的发展,习惯和信仰才逐渐分化并演变成人们认为什么是对什么是错的信念和不论是对还是错都必须服从的强制性准则。摩西律法和伊斯兰法,主要就是由把道德行为准则与法律二者无差别地混在一起的行为准则组成。法律与道德的区别其实很明显:法律由国家制定和实施;道德的贯彻则只能依赖良心、信念和社会的批评舆论。违反法律会受到国家确定的、强有力的制裁,违反道德规范则只能受到公众的舆论谴责以及在道义上被排除于特定社区之外。在现代社会,法律与道德之间也经常可以划出明显的分界。道德施用于个人的内心,而法律规则则由法律部门制定和发展,但二者之间仍有不少重叠之处。道德对于法律的运作起到限制的作用。即使实在法也不能忽视道德,因为与道德相悖的法律有被人漠视之虞。人们经常提到的要以自然法作为检验法律好坏的标准其实就是指道德信念而言。首先,道德信念和准则经常是立法的基础和法律推理的前提。其次,道德上的要求会影响法律的解释。最后,道德准则会影响到法官对法律标准的确定,制定法和普通法中也常用"公平与合理"以及其他有关道德准则的公式化的表述。另外,衡平法在很大程度上也是建立在道德准则基础之上的。而法官自由裁量权的行使也往往诉诸道德。在客体和运用方面,法律更多用于一般和绝对的情形,且多只关心具体的行为;而道德则多用于个人和特殊的情景考虑,且多涉及思想和感情。

law and motion day 〈美〉开庭日 在某些司法管辖区,法院对法律问题和申请举行听审的日期。

law and order 法律与秩序 本用语源自19世纪英语,用作形容词时加连字符,即"law-and-order"。

law and order associations 法律与秩序协会 旨在维护公共卫生和道德并对侵害者提起诉讼而成立的团体。如果团体成员知道或同意该团体之工作人员聘请律师对不法行为提出控告,且相信有关费用将从工作人员可支配的专项捐赠基金中支付,则团体成员不对此诉讼服务费用承担个人责任。

law and politics 法律与政治 法律规则是由政治家和政治组织为实现某种政治理论、政治信念和政治目的而制定或废除的。许多法律制度是实现政治方针的手段。反之,现实政治在某种程度上也受到在法律上可能的或许可的因素所影响和控制,并受到法律程序、法律机制和法律进展阶段的影响和控制。

law and religion 法律与宗教 宗教是指对控制自然和人类生活进程的超自然力的信仰,它包括信念、宗教信条、礼拜和宗教仪式等。自原始时期起,宗教信仰和行为就广布于人类活动中,并随着社会的发展而发展。许多古代的法律是完全世俗的,但也有诸多实例表明神职人员、立法者和法官的职能是相互重叠的。法律源于习惯,而很多习惯是依靠宗教来实现对社会关系的调整的。当成文的法律被认为体现了神意而传达给民众时,它实质上是宗教的一部分,而它的神圣性也达到了顶点。相应地,对社会的犯罪被解释为对神的冒犯,古代的神明裁判依据的就是这一理念。在某些情况下,神启[religious revelations]和宗教典籍[sacred writings]也包括了规范世俗行为的规则。如基督教的《摩西五经》[Pentateuch],伊斯兰教的《可兰经》[Koran]。犹太法则包括了礼拜和仪式规则以及有关私人和社会人际交往的规则。在中世纪的西欧基督教世界里,宗教与世俗权力经常发生冲突,最著名的就是授职权[investiture]之争。教会与国家之间的长期冲突实质上是国民生活中宗教领域和法律领域的权力冲突。此外,宗教的观念和信仰——尤其是基督教的上帝观——强烈地影响了中世纪的自然法观念,神法[God's law]、理性法[law revealed by reason]和自然法[law determined by nature]几近同一。随着宗教的不断发展和体制化,有时它们也发展出自己的、涉及到宗教以及世俗方面事务的法律体系,与世俗政权制定的法律共同分享对社会事务的控制权。如西欧的教会法[canon law],在中世纪,它是每一个基督教国家法律体系的重要组成部分。即使在宗教改革[Reformation]之后,教会法在婚姻、遗嘱等法律方面以及对法律的看法仍保持产生很大的影响。此外,在实施神权政治的国家,神职人员、宗教信条、教会的态度和教规通过法律的形式对社会起到主要的控制作用,如加尔文[Calvin]对日内瓦政权、清教主义[Puritanism]对英格兰、长老会[Presbyterian Church]对苏格兰的控制等。英格兰的宗教改革对法律产生了极大的影响,教皇的权威被议会至上的原则取代,亨利八世成为英格兰国教会[Church of England]的最高首脑。其结果是英格兰教会法即使在纯宗教事务上仍只是国家法的一部分,直至20世纪它对教会事务才有了事实上的独立立法权。在美国,政教分离直到《独立宣言》[Declaration of Independence]发表之后才得以实现。基督教与《圣经》对西方法律的影响表现在五个方面:①影响了自然法理论;②直接为制定法提供了一些宗教准则或者一些宗教准则被直接地作为法律准则而被遵循;③强化了伦理准则,为普通法和制定法的规则提供了正当的依据;④在人道主义的方向上影响了法律,加强调个人价值,保护受扶养人和儿童以及强调生命的神圣;⑤确认和强调了对于道德准则的维持,如诚实、信用、公正等。基督教对法律最普遍的影响是在各种场合中的宣誓。作为控制社会的基本手段,宗教在19世纪的英国达到了鼎盛时期。及至现代,宗教受到无神论、不可知论等的冲击而影响式微。然而在世界的大部分地区和对大多数人而言,宗教与法律一起仍是控制社会的重要手段。

law and the state 法律与国家 法律制度和法律体系是国家的构成要素之一。它规定各种法律机构的权利和职责,确认其存在,维持社会秩序,为调整公民间相互冲突的利益和要求提供一套整准则。提供法律制度和秩序是国家的基本职能之一。通行于一国境内的法律制度和法律体系通常主要由国家制定,同时立法机构不断对其进行修改和变更。有的学说认为政治结构影响着法制的形式与内容,但自然法学派认为,国家虽然可以制定实在法,但它必须受自然法的约束。

law arbitrary 专断法;任意法 与永恒法[law immutable]相反,指不是根据事物的本质,完全是依立法机关的意愿制定的法律。

law assistant 〈美〉专职司法助理　他们在高效率地实施司法方面可以行使很大的权力,如替所协助的法官建议当事人和解、裁决当事人的申请等。

lawbook n.**法律书籍;法学课本**　主要是指律师们使用的书籍,包括法律摘要[digest]、判例汇编[law report]、教科书,以及像《美国法全书》[American Jurisprudence]或《美国法大全》[Corpus Juris]等百科全书类的著作。

law borgh 〈苏格兰古法〉为保证当事人出庭而提供的担保

lawburrows 〈苏格兰〉**法律预保**　根据法律或十户联保制作出的一种保证或担保。它是苏格兰法中的一种古老的预防救济措施,现在有时仍被援用。如果一个人有理由或认为他有理由觉察别人将对其人身或财产施加危害,他可以据此要求法院对该人予以警告或令其作出保证,保证不予妨碍或扰乱。

law charges　法庭或法定的诉讼费用　由败诉方支付。

Law Christian　基督教教会法

law clerk 〈美〉❶**法官助理**　法官或最高法院大法官的助手,通常是法学院刚毕业不久的毕业生。法官助理职位通常在法学院毕业生中很受欢迎,而且法院的级别越高,法官助理的声望也越高。❷**律师助理**　律师事务所的雇员,协助从事法律检索、文书写作等工作。其目的在于获得一些法律上的训练与实践,以备将来进入律师界。

Law Commissions 〈英格兰〉〈苏格兰〉**法律委员会**　根据1965年《法律委员会法》[Law Commissions Act]分别设于英格兰和苏格兰的两个永久性机构。其职能为:负责审查其各自管辖范围内适用的所有法律,促进法律的系统化和改革,包括对法律的修改、废除、简化及现代化等。自成立以来,这两个法律委员会的建议分别成为对英格兰和苏格兰各自法律制度进行立法改革的依据。在组织上,每个法律委员会由一名主席和其他四名委员组成,均由御前大臣[Lord Chancellor]任命。

law conclusion　(= conclusion of law)

law court　**普通法法院**　区别于衡平法法院。现在美国大多数司法管辖区已不再作此区分。

law court of appeals 〈美〉**上诉法院**　原先在南卡罗莱纳州[South Carolina]存在的一所法院,审理对普通法法院的判决提出的上诉。

Law Courts 〈英〉**法院;法庭**　泛指"法院"或"法庭",也与Equity Court[衡平法法院或法庭]相对,指审理普通法案件的法院或法庭。在英国,Law Courts(法院)通常是皇家法院[Royal Courts of Justice]这一司法机构所处之建筑物的简称。它位于伦敦斯特兰德大街北侧[on the north side of the Strand, London],在圣克莱门特·戴恩教堂[St. Clement Dane's Church]和文秘署巷[Chancery Lane]之间。其中有英格兰和威尔士最高法院[Supreme Court of Judicature]的法庭和办公室。现在它又向后延伸到卡里街[Carey Street]。在1882年该建筑物交付使用之前,高等法院衡平分庭坐落在林肯律师公会[Lincoln's Inn]的楼宇中,王座分庭和离婚、遗嘱检验和海事分庭则坐落在威斯敏斯特宫附近的楼宇里。当然并不是所有的法院都位于这处建筑物。英国议会的上议院在威斯敏斯特的国会大厦[Westminster Hall],枢密院司法委员会在唐宁街[Downing Street],中央刑事法院在老贝莱[Old Bailey],而高等法院和刑事法院则可以在英格兰和威尔士的六个巡回区的不同城镇定期开庭。由巡回法官或刑事法院法官担任主审法官的郡法庭,也可在伦敦以及英格兰和威尔士开庭。苏格兰和北爱尔兰在各自的管辖区内都有自己的法院机构。

law day ❶合同约定的付款日　❷(古)担保债务清偿日　指定由债务人履行债务以解除抵押,或取消回赎权,从而将抵押物让与债权人的期日。❸〈英格兰古法〉初级法院和郡法院的开庭日　早期普通法法院一年一次或一年二次的开庭日。❹〈美〉**法治日**　每年5月1日,全美各地举行各种纪念活动,宣传法治[rule of law]对于保障自由与促进公正的重要性。纪念活动由美国律师协会[ABA]以及各州律师协会主持,美国的学校、法院、教会、俱乐部举行各种报告会、座谈会和文化娱乐活动,包括模拟审判、旅游、参观司法机构等。该纪念日始于1958年。

law department　**法律部**　法人、政府机构、大学中或其他类似的负责处理法律事务的部门。

law digest　法规汇编;法律汇编(⇨digests)

Law Enforcement Assistance Administration/L.E.A.A. 〈美〉**执法援助局**　这是美国司法部[Department of Justice]下设的部门之一,其职能在于协助州及地方政府强化和改进执法和打击犯罪。

Law Enforcement Intelligence Unit/L.E.I.U. 〈美〉**执法情报员同人会**　这是美国50年代成立于加利福尼亚州[California],以收集和交换情报为目的的组织。其成员是分别来自州及地方225个警察部门的情报人员。

law-enforcement officer　**执法官员**　负责执行法律和维护治安的官员,如警察、行政司法官[sheriff]及其副手[bailiff]等。

law factory (美俚)**法律工厂**　20世纪中期开始出现的一个用语,对其人员及工作量增长得非常快的主要的、大的律师事务所的谑称。

law firm administrator　**律师事务所管理人员**　指管理律师事务所事务的非法律工作者。拥有50名以上律师的大规模的律师事务所的出现以及法律工作者从事法律业务时间的价值的增高,促使管理人员的出现。这些管理人员通常拥有商业管理硕士学位[M.B.A. degrees in management]。

law firm roles 〈美〉**律师事务所中的分工**　一个律师事务所可分为几种工作:案源律师[finders],寻找案源;办案律师[minders],维持案源律师招揽的业务;文案律师[grinders],做实际的工作;公关律师[binders]则负责与社区的联系工作,加入各种俱乐部,讲课等,以提高事务所的形象。

Law French　**法律法语**　指自12世纪60年代到爱德华三世[Edward Ⅲ,1327-1377]统治时期用于法律文书和诉讼程序中的盎格鲁-诺曼语[Anglo-Norman]。这种法语直到18世纪早期还在法律文书中被经常使用。根据议会立法,于1733年最终废止。当最初引入英格兰时,这一类法语是在诺曼底[Normandy]使用的标准语言。到了14世纪,经过一种语言的隔离,它又变成了一种充斥着讹误的语言,当然这是以纯正的法语为比较对象而言的。在判例汇编中运用法律法语的现象一直持续到了17世纪末,晚至18世纪早期甚至还有人为法律法语而辩护。这些人认为:"实际上法律很难用英语来确切地表达。"尽管法律法语对讲英语的律师来说可能有一些艰深晦涩,但它确实在法律语言中留下了许多专业用语,如appeal, attainder, assault, arrest, counsel, defer, escheat, heir, indictment, joinder, laches, mortgage, nuisance, ouster, process, reverter, suit, tort, verdict 等。法律法语通常是一门高度专门性的术语,并保留了许多古老的盎格鲁-诺曼语的特点,但最终仍被英语的语言形式、曲折变化、词序、词的配列等替代。因此,尽管英语中保留了许多法律法语的词汇,今天的英美法律师已不再试图以法律法语来交流了。

lawful *a*.合法的;依法的;法定的 "lawful"与"legal"的主要区别在于:①前者侧重于法律的实质;后者侧重于法律的形式。如说某一行为是"lawful",意指该行为为法律所授权或批准,至少是不禁止;而说某一行为是"legal",则意味着该行为根据法律的形式和习惯,或者以技术性的方式作为。在这一意义上,"illegal"接近于"invalid"的含义;②前者较后者来说,更清楚地暗含道德伦理上的内容,即伦理上的容许性,后者仅指与技术性的或正式的规则相一致;③后者常用作"constructive"的同义词、"equitable"的反义词。(⇨legal)

lawful age 法定年龄;成年年龄 在美国通常是18岁,但为特定行为(如饮酒、开车等)的法定年龄在各州有所不同。(= age of majority;⇨capacity;legal age)

lawful arrest 合法逮捕;合法拘禁 指根据有效的逮捕证,或者有可成立理由[probable cause]相信某人实施了犯罪所执行的逮捕,或者根据有效的民事拘禁令状而将某人拘禁。

lawful authorities 合法当局 指有权行使政府权力,要求服从其合法命令,以政府名义指挥并采取行动的人。

lawful business 合法生意;合法事务

lawful cause 合法理由 指法律上的充分理由。某一行为具有合法理由通常指该行为建立在法律规定或有证据的基础上,而非一时兴起或出于偏见或法律所不认可的理由所致。通常,根据法院规则或命令,诉讼一方当事人有义务提供合法理由以表明某一要求应予准许或某一行为应予免责。该词常用于终止雇佣关系的案件中。亦称 good cause, sufficient cause。

lawful charge ❶合法税费;法定比例税费 ❷法定担保;合法的财产负担 包括留置、财产负担[incumbrance]或房地产买方对房地产的请求权,后者无论在普通法还是衡平法上,均有权占有该土地以作为担保。

lawful condition 合法条件 其实现不违反法律的条件。

lawful damages 法定(损害)赔偿金 该种赔偿金为法律所固定,并在普通法法院可确定的。

lawful day 法定交易日 指进行商业交易或缔结特定合同的法定的日子。(⇨legal holiday; nonjuridical day; Sunday; dies non)

lawful dependent 法定受抚养人 一指从公共机构,例如社会保障机构领取津贴或补助的人;亦指有资格从个人财产处获得补助的人。(⇨dependent; legal dependent)

lawful discharge 法定的债务免除 指在破产程序中的债务免除,亦即通过法定的破产程序免除债务人尚未履行的债务。

lawful entry 合法进入 ①指对不动产未予占有的人,根据其权利主张或表面的权利,而非以暴力或欺诈方式进入不动产;②凭搜查证进入他人房屋。(⇨ejection; eviction; search warrant)

lawful fence 合法围栏 指符合法规要求的良好与充足的围栏。其标准是一个好牧人通常都会管好的围栏。

lawful force 合法的武力;适当的武力 指在进行自卫时容许使用的暴力的程度。它应该为抵御袭击所必要的,或者行为人诚实合理地相信此种程度的暴力是必要的。也指治安官员在执行逮捕时被允许使用的合理限度内的暴力。

lawful goods ❶合法财物;合法流通物 指可以合法持有、买卖或出口的财产、货物。 ❷非战时禁制品

lawful heirs 法定继承人 指根据无遗嘱遗产继承法的规定,有权接受无遗嘱死亡者财产,尤其是死者不动产的人。因其非指遗嘱,而是依照法律规定享有遗产继承权,故得名。它相当于狭义的"heir"。(⇨heir(s); next of kin)

lawful holder 合法持票人;合法持有人 指有权持有票据的持票人;亦指有占有权的占有人。(⇨holder in due course)

lawful interest 合法利息 指在合同中约定的利息未超过制定法所规定的最高利率。

lawful issue 直系卑亲属;合法子嗣 广义上指某人所有的直系卑亲属,而不限于子女,与直系继承人[heir of the body]同义。在普通法上,仅指合法婚姻所生的子女,不包括非婚生子女。该词实际上就是"issue"。(⇨descendant; heir; issue)

lawfully begotten 合法子女;合法子嗣 在遗嘱中,该词用以创设限嗣继承地产[entail]。

lawfully possessed 合法占有的 在有关强制进入和扣押的制定法中,该词相当于"和平占有的"[peaceably possessed]。

lawful man (= legalis homo)

lawful merchandize (= legal merchandize)

lawful money 法定货币(⇨legal tender)

lawful order 合法命令;合法裁定 指法庭所作的正确的、不会因上诉而被撤销的命令或裁定。

lawful rate 法定运费 指承运人须收取而托运人须支付的运输费。

lawful representatives 法定的遗产代理人 ①涉及不动产遗产时,指不动产遗产的法定继承人[legal heirs];②涉及动产遗产时,指遗产管理人[administrator]或遗嘱执行人[executor];③也可以指任何其他的合法遗产代理人,例如继承人、受遗赠人、受让人、受托人等。(⇨legal representative; representative)

lawful structure 合法机构 指符合法律规定并经法律许可和授权的机构。

lawful trade 合法经营 在为"合法经营"造成的损失提供保险的保单中,它是指承保财产由所有人在合法经营过程中进行使用。

lawful war 合法战争 依据国际法被确认为合法的战争。战争必须经过宣战程序而开始,曾是传统战争法的一项规则,但依据现代国际法,宣战与否,并不决定战争的性质,战争是否合法取决于从事战争的目的。

lawful wedlock 合法婚姻

law ghost 〈美〉法律幽灵 口语中对为刑事案件的审判作准备但不出庭的律师的称呼。

lawgivers *n*.立法者;授法者;传法者 古代及远古的法律制度常将其法律的最初陈述或首次编纂归于某个特定的授法者。这些人被认为是接受了神的旨意而向人间宣布法律的,如汉谟拉比[Hammurabi]、乌鲁卡吉那[Urukagina]、摩西[Moses]和洛克里的扎鲁克斯[Zaleucus of Locri]。但在罗马,制定《十二铜表法》的十人委员会并不被认为接受了神的授意,后期的立法机构或法典编纂委员会更不如此。授法者所带来的法律各不相同,有的是宗教性的,如《摩西五经》、《古兰经》;有的在很大程度上是刑罚性的,如《德拉古法典》;有的甚至主要是道德方面的,如《摩奴法典》。授法者这个词即使也许可以适用于诸如优士丁尼、拿破仑、穆罕默德及其他发起过重要法规

lawing a mastiff 〈英〉切去猛犬前腿的脚爪和趾球 以防止其在王室森林中追逐麋鹿。

lawing of dogs (= lawing a mastiff)

Law Journal/L.J. 法律杂志

Law Judge/L.J. 法官

law Latin （英格兰古法）法律拉丁语 指过去用在法律文件著述和司法诉讼中的拉丁语，虽讹误很多，支离破碎，但它是中世纪英国最主要的法律书面语，被使用了4个世纪，直到克伦威尔［Cromwell］和乔治二世［George Ⅱ］先后下令禁止使用为止。

lawless a. ❶无法律的；法律行不通的 ❷违法的；不法的；非法的 ❸无法无天的；目无法纪的；不遵守法律的；不受法律约束的 ❹未受法律授权的

Lawless case 劳利斯案 1960年欧洲人权法院［European Court of Human Rights］裁决的第一个案件，它确认了国际法庭有审理个人对其政府侵犯人权的控告的权力。劳利斯据称是爱尔兰共和军成员，未经审判即被爱尔兰政府拘留。尽管最终劳利斯败诉，但此案的重要性在于一个公民对其政府提出的控告得以在法庭公开审理，而爱尔兰政府也承认国际法庭对该案有裁决权。

lawless court 〈英〉法外法庭 英国艾塞克斯［Essex］的一个古怪的古代法庭。每年在米迦勒节［Michaelmas Day］后的星期三黎明开庭。不点蜡烛，没有记录用的笔和墨水，只有一块煤［a coal］，所有的人都低声细语。对有出庭义务［owed suit or service］而未出庭者，将加倍罚没其租金［rent］。

lawless man (= outlaw)

law libraries 法律图书馆 它是各类有关法律的文献、著述等的集藏之处。由于法律研究的特性、法律制度的复杂性和法律渊源的多样性，图书收藏对于法律研究和法律工作显得非常重要。我们对古代世界的法律图书和图书馆知之不多，它们多集中于罗马、君士坦丁堡等大都市或亚里多德等名士之手；中世纪早期，教会控制了许多关于罗马法和教会法的资料，但12世纪以后各国的大学和律师公会纷纷兴起，多有收藏，16世纪起即有所知名；到了当代，除了大学的图书馆和律师界的资料中心外，各国政府本身也都不断扩充法律图书的收集，如美国的国会图书馆的法律书籍部、最高法院等各处的图书馆都在充实。英国的上下议院及各部的图书馆亦皆如此，无一例外；1960年还成立了国际法律图书馆协会，还有一些法学图书馆管理员协会。

lawlike a. 类似法律的；具有法律特征的 本词在《牛津英语辞典》［OED］与判例报道中极少出现，但却见之于司法评论中。

law list ❶法律指南 ①英国的《法律指南》是一个半官方性质的出版物，自1801年起每年出版一期，其中列有出庭律师、事务律师及其他法律执业者的姓名、地址、取得律师资格的时间。根据制定法，事务律师的名字被列于其中是证明该律师当年持有执业证书的表面证据。从1977年起，《法律指南》被《律师指南》［Bar List］取代；②美国的《法律指南》中不仅包括执业律师的姓名和地址，还包括与律师行业有关的其他信息，如法院和法院日程表、专业领域的律师（如海商法、专利法等）、速记员、笔迹鉴定专家、私人侦探、法律节录等。美国大多数州和许多大城市也出版自己的法律指南。 ❷〈美〉法律电话号码簿 例如马丁代尔 – 哈贝尔［Martindale-Hubbell］出版的"Law Directory"。

Law Lord 〈英〉上议院贵族法官 指御前大臣［Lord Chancellor］、上议院常任上诉贵族法官［Lords of Appeal in Ordinary］、前任御前大臣以及任何保有高级司法职位的贵族。上议院贵族法官们组成了联合王国的最高级别的法庭，其地位类似于美国最高法院。

lawman n. ❶颁布法律的官员 ❷法律人；律师 ❸执法官

law martial 军事管制法；戒严法（⇨martial law; military law）

law-men n.（古）法律通；法律元老；法吏 指中世纪斯堪的那维亚人中那些熟悉古代习俗、规则，并在纠纷中充当法官、私人法律顾问和法律教师的人。大约在公元930年左右，冰岛的法律哲人［law-saga man］们被授权掌管法律，他们有义务在民众大会［Althing or General Assembly］上陈述现存的法律，并在3年内完成全部法律的汇编工作。这样，法律哲人在一定程度上就取代了法律通的地位，但某些案件仍需向他们咨询。同样，挪威法律通在民众大会上宣布对案件所适用的法律和解释法律的做法一直持续到11世纪末。在瑞典，法律通很早就成为民选的官员，负责实施法律，主持民众大会，对法律是否适用于具体案件提出建议，他们不仅具有最高的司法权威，还有政治和行政方面的职能。至于丹麦是否有此机构目前尚不清楚。

law merchant 商人法；商法 欧洲中世纪发展而成的一套商业惯例法，对全球商业国家的商船和商人间的交易予以调整。商法以各国商人间的通用惯例为基础，其虽异于普通法的普通规则，但却已逐渐融入普通法并成为其中的组成部分。该词是从 lex mercatoria 直译而来的英文表达；其复数形式 laws merchant 在表示单数时，是一个后置形容词。（⇨commercial law）

lawnd 〈撒克逊〉❶林间平地 ❷海湾 ❸田间的直道

law of a general nature (= general law)

Law of Alaric 《阿拉利克法》 由阿拉利克二世［Alaric Ⅱ］于公元506年发布的法典，通常称之为西哥特罗马法［Lex Romana Visigothorum］。它借鉴了许多《狄奥多西法典》［Code of Theodosius］的内容，还借鉴了《格利高里法典》［Gregorian Code］及《赫尔默杰尼安法典》［Hermogenian Code］的某些内容。（⇨Breviarium Alaricianum）

law of arms ❶战争法（⇨laws of war） ❷军械持有管理法 ❸盾徽管理法

law of capture (= rule of capture)

law of citations （罗马法）引证法 广义上，指判例的效力；但一般指罗马皇帝狄奥多西二世［Theodosius Ⅱ］和瓦伦丁尼安［Valentinian Ⅲ］三世时颁布的法令，规定巴比尼安［Papinian］、保罗［Paul］、乌尔庇安［Ulpian］、莫德斯丁［Modestinus］、盖尤斯［Gaius］等五大法学家以及他们所引证的人的著作可以作为法律的权威予以引证，有法律的效力，对法官有拘束力；如意见有分歧，则采用多数人的意见；如分歧双方人数相等，则优先采用巴比尼安一方的观点；如巴比尼安未发表意见，则法官可自由裁量。虽然该法表明对法学家的注重达到了登峰造极的地步，但也表明了法学的衰落，以致对于法学家的观点不加评判地盲目采纳。

law of contract 合同法 合同是指两人或多人意图在相互之间创设法律义务，并使之具有强制执行力而订立的协议。相应地，合同法就是与此类协议相关的一系列原则。这些协议意图并且实际在当事人之间设定具有约束力和强制执行力的双边义务、赋予各方当事人以对人权[rights in personam]并使之成为合法合同。合同法调整范围包括各种商事或经济关系,例如买卖、租赁、雇佣、建筑承包及其他。合同法包括的原则分两类:①从各种特定判例中演绎派生的一般原则,它对所有或至少大部分合同均可适用,例如关于缔约行为能力、对价、欺诈或错误的法律效果等的原则;②专门用于特定种类的合同的原则,例如买卖或租赁合同中适用的原则。

law of damages 损害赔偿法 规定用以确定损害赔偿金额的一系列原则。

law of evidence 证据法 集中规定关于诉讼程序中的证明责任、证据的可采性、相关性、证据的效力及充分性等问题的规则和法律原则。

Law Officers of the Crown 〈英〉王国政府司法官员 指英国的检察总长及副检察总长,根据封建理论,国王不得在自己的法庭上为自己的案件辩护,因此,国王便利用律师或代理人代其出庭。在爱德华一世[Edward Ⅰ]时,其attorneys-general 即很知名;爱德华四世[Edward Ⅳ]时,又增设 solicitor-general 以辅助之。在近代的实践中,其职责是维护政府、大臣及各个部门的行为的合法性,以及协助指导法律技术性较强的法案在议会通过。司法官员是国王的法律顾问和法律代理人,在现代社会中,是政府的法律顾问和法律代理人,且经常被召集对国际事务、宪法和政府各部门提出的其他问题发表法律意见。他们不得私人开业。检察总长是律师界的首领,又领导着检察官公署,在具有宪法意义的案件中由他亲自提起公诉。他们是议会的议员,从下院执政党议员中指派产生。检察总长是枢密院官员,副检察总长则不一定是。

law office study 〈美〉律师事务所研习 美国某些州——如加利福尼亚州[California]、密西西比州[Mississippi]、佛蒙特州[Vermont]、华盛顿州[Washington]、弗吉尼亚州[Virginia]等——允许非法学院毕业的人在跟从一位律师在其律师事务所学习一定时间后,便可参加律师资格考试。而其它一些州——如缅因州[Maine]、纽约州[New York]、得克萨斯州[Texas]、怀俄明州[Wyoming]——则允许曾在法学院学习但未取得法学学位者在一家律师事务所学习一段必要的时间,以补足其在法学院未修毕的学习时间,此后方可参加律师资格考试。

law of Finland 芬兰法律 从13世纪至1809年间,芬兰处于宗主国瑞典统治下,此后为俄国大公爵领地,直至1917年独立。1919年制定宪法,成为共和国。芬兰的立法机构为四年一届的一院制议会。总统任期六年。总统和国务院行使行政权力。总统对议会负责。总统有权解散议会,有权制定法令,负责制定外交政策,并为武装部队统帅。芬兰全国分十二个省,各省设省长一人。省分为区,各区有选举产生的参议会和行政机构。司法独立于立法和行政。法院系统包括一个最高法院,四个上诉法院和地区法院、镇法院。芬兰的实体法与瑞典法律渊源相同,1809年脱离瑞典前并无独立发展。1734年采用瑞典民法典,1891年制定刑法典,1919年后民、刑法都有很大变化。

law of marque 捕拿抵偿法;报复法 在国际法上,当一国或国民及财产遭受他国或其国民的侵害,又不能通过正常司法程序得以解决时,赋予受侵害国捕拿处于其境内的侵害方的船舶或货物的权利,以此弥补侵害行为造成的损失。

law of nations (= international law)

law of obligations 债法 罗马法和以罗马法为基础的法律制度中,债法包括所有将双方当事人以法锁[legal bond]相互联结,并使其中一方向对方或为对方为某事的关系。普通法系从未将债法视为一个独立的法律部门,但承认债的各种发生原因。

law of payment 给付法 指与合同履行相关的法律。

Law of Property Act, 1925 〈英〉《财产法》 1926、1929、1932、1964 和 1969 年多次修订。该法统一并修订了英国的土地法律,目的是简化土地的转让手续。根据该法,除无条件继承不动产[fee simple in possession]、不动产定期租赁[term of years absolute]以及某些无形可继承不动产[incorporeal hereditament]继续作为法律上的不动产[legal estates]外,其余类型的法律上的不动产自1926年1月1日起转为衡平法上的权益[equitable interests]。转为衡平法权益的主要有:土地共有权[tenancies in common]或土地的不可分割的共有权[undivided shares in land]、限定继承的不动产[entailed estates]、终身保有不动产[estates for life]、确定或不确定的剩余不动产[estates in remainder, vested or contingent]、未成年人不能持有的法律上的不动产[legal estate not being capable of being held by an infant]等。变更的目的在于法律上的不动产的完整权益应掌握在成年所有人或共同所有人手中,使其能将全部不动产转让给支付对价的买方,而毋须衡平法权益持有人的同意,后者的利益则从"法律的帷幕后"[behind the legal curtain]得到保障,即此类权益以土地转化成土地买卖或地租,从中得到补偿。但1972年《土地负担法》[Land Charges Act]对已登记的衡平法上的权益和某些法律上的负担在某种程度上仍予以保护。此外,1925年12月31日以前存在的旧财产法,除新法已经明文变更的部分之外,仍可以适用于1926年前的不动产及其有关权益。

law of remedies (= remedial law)

law of retaliation 同态复仇法 按该原则,行为人给被害人带来什么伤害,使用这种伤害方式惩罚行为人。

law of ship's flag 船旗国法;船籍国法(⇨law of the flag)

law of the case 案件的法律准则 此原则要求,上诉法院的终审判决,除非依法撤销,将对随后的所有诉讼阶段中的各方当事人产生约束力。明确地说,一旦某一案件被发回重审,初审法院及随后的上诉法院应遵从原上诉法院对法律作出的解释。

law of the flag 国旗国法;国籍国法;船旗国法;船籍国法 指其国旗悬挂于所涉之船舶或航空器上的国家的法律。某些关涉船舶或航空器的争议须依据国旗国法进行解决。

law of the forum 法院地法;诉讼地法 指受理案件的法院所在司法管辖区的法律。

law of the jungle 丛林规则;弱肉强食法则 指文明的崩溃和合法程序的灭失,而"损人利己"[dog-eat-dog]或"人人为己"[every man for himself]的生活法则盛行。

law of the land ❶国内法 指在一国国内有效、适用于其全体成员的法律,包括制定法、行政法规及法院判例等。❷(= due process of law)

law of the place 事实发生地法 指作为诉讼基础之事实的发生地的法律。例如,根据美国《联邦侵权行为诉讼请求法》[Federal Tort Claims Act],损害发生地所在州的法律就是该案件的准据法。

law of the road 道路交通法;交通规则 指由有关惯例或习惯做法固定而成的调整公路交通的规则体系,主要涉

law of the sea (= sea law)
Law of the Sea Conference 联合国海洋法会议 这是由联合国发起的,自1973年开始,有162个国家参加的一系列国际会议。其目的是调整对地球上非国家领海水域的使用和开发的法律规则,并起草了《海洋法公约》[Law of the Sea Treaty]。该公约涉及海洋捕鱼、海洋自由通航、近海油田和海底矿藏的开发、海洋污染和有关海洋的科学研究等各方面。
Law of the Sea Treaty 《海洋法公约》(⇨Law of the Sea Conference)
Law of the Six Articles 〈英〉《六信纲法》(⇨Statute of the Six Articles)
law of the staple 〈英格兰古法〉商人法;在集市法庭上施行的法律(⇨staple)
law poll 法律民意测验 指由美国律师协会发起的对当前公众普遍关心的主要问题,尤其是法律界所关心的问题的调查。该调查的结果刊登在美国律师协会杂志[American Bar Association Journal]上。
Law Quarterly Review 〈英〉《法律评论季刊》 霍兰德[Holland]、安森[Anson]、布赖斯[Bryce]、戴西[Dicey]、马克比[Markby]和波洛克[Pollock]等人为了促进法律科学的发展而于1884年创办的一份刊物。初刊于1885年。自此,它在对当前判决的尖锐性评论、各领域的高质量论文和书评方面一直居于领先地位。
law question (= question of law)
law reform 〈英〉法律改革 指对法律在某些方面加以改变,以使之得以改进。19世纪中期以前,英格兰在法律改革方面的第一次具有实质意义的举措是1833年任命了一个皇家委员会,负责将刑事方面的普通法及制定法规则进行整理,并把它们汇编成一个成文法。1845年又任命了第二个委员会,在其报告的基础上,1861年通过了7个刑事方面的法律。同年《制定法修订法》[Statute Law Revision Acts]开始通过;1868年制定法委员会成立,其成效是促使了《修订制定法》[Statutes Revised]的连续出版。自1974年起,该委员会又出版了《现行制定法》[Statutes in Force]以取代《修正制定法》。1853年,御前大臣格兰沃思[Lord Chancellor Cranworth]准备编纂《维多利亚法典》[Code Victoria],并指定了一个制定法修改委员会。这个委员会后来被制定法委员会[Statute Law Commission]所取代。19世纪末通过了一些经编纂整理的制定法,如1882年的《票据法》[Bills of Exchange Act]、1890年的《合伙法》[Partnership Act]、1893年的《货物买卖法》[Sale of Goods Act]、1906年的《海上保险法》[Marine Insurance Act]。1934年成立了一个法律修订委员会[Law Revision Committees],以审查由御前大臣提交的各种意见。1945年后这个委员会被重组为法律改革委员会[Law Reform Committee]。1952和1959年又分别单独成立了国际私法委员会[Private International Law Committees]和刑法改革委员会[Criminal Law Revision Committee]。苏格兰的法律改革委员会[The Law Reform Committee for Scotland]成立于1954年。1965年依制定法又成立了法律委员会[Law Commission]和苏格兰法律委员会[Scottish Law Commission],各由一名法官任主席,另各有四名委员分别负责相关领域法律的体系化发展和改革。这二者均提出了许多改革建议和草案,其中一些也由议会通过成为法律。

law report 判例汇编;判例报道 报道人[reporter]对于级别较高的法庭审理中的司法程序、案件事实陈述、当事人辩论以及法庭判决及理由等予以记录之出版物。判例报道的做法源自英格兰,在普通法系国家(地区)或大多数英语国家(地区)广为接受。与法庭卷宗档案[court record]相比,判例报道除包含卷宗档案中涉及的基本记载事项外,还包含法庭判决推理(判决理由),从先例原则的角度看,后者具有更大的价值。先例原则与判例报道制度紧密相关,实际上,只是在19世纪判例报道发展更为充分广泛,遵循先例才真正成为有拘束力的原则。英格兰的判例报道历史大致分为三个历史时期:①年鉴[Year Books]时期。约自13世纪末到1535年。当时年鉴主要用于学习诉状和法庭的程序,而非先例,但在15世纪,在年鉴里记载的许多案例显示法官们依赖一些过去的权威案例判案,这是英格兰法中先例原则的起源;②私家报道[private reports]时期。自1535年至1865年,私家报道大为盛行,水准亦参差不一。其中较有名的是科克报道[Coke's Reports/Co. Rep.],以及普洛登[Plowden]和伯罗[Burrow]等人的报道。随着私家报道越来越全面,引用先例的做法也日益普遍;③当今判例报道体制。1865年,英格兰及威尔士判例报道理事会[Council of Law Reporting for England and Wales]成立,该理事会由司法界专业人士以及律师界代表组成,它所出版的"Law Reports"中的判决获法官们修正,视为半官方报道,取代了大部分的私家报道。判例并非因加以报道即可援用,须报道人,即出庭律师亲历法庭判决且得到证实方可援用。美国最早的判例报道是1789年在康涅狄格开始发行的《柯比报道》[Kirby's Reports]。1804年开始,官方的法庭报道开始出现。时至今日,在美国最高法院、联邦上诉法院及联邦地区法院和各州法院,官方报道与私家报道均存在。

law reporter (= reports)
Law Reports✲ 判例汇编;判例报道

英格兰判例汇编["English Reports"]

以下表格记载了迄今为止所出现过的主要判例汇编及其年限和常用缩略语。第一列是按字母顺序排列的汇编名称;第二列是汇编常用或可能用过的缩略语;第三列是汇编年限以及某些案件的发布日期;第四列为作出包含在若干系列汇编中的判决的相应法院或司法辖区。

Reports	Abbreviations	Date	Court
Acton(Prize Causes)	Acton	1809 – 1811	Privy Council.
Adam	Adam	1893 to the present time	Court of Justiciary, Scotland.
Addams	Add.	1822 – 1826	Ecclesiastical.
Adolphus & Ellis	Ad. & El. or A. & E.	1834 – 1842	King's (or Queen's) Bench.

Law Reports

Reports	Abbreviations	Date	Court
Adolphus & Ellis New Series	Ad. & El., N.S. or Q.B. (for Queen's Bench.)	1841 – 1852	Queen's Bench.
Alcock & Napier	Alc. & N.	1831 – 1833	Common Law, Ireland.
Alcock's Registry Cases	Alc.	1832 – 1841	Common Law, Ireland.
Aleyn	Aleyn	1646 – 1649	King's Bench.
All England	All E.R.	1936 to the present time	All superior Courts.
All England Reprint	All E.R. Rep.	1558 – 1935	All Courts.
Ambler	Amb. or Ambl.	1716 – 1783	Chancery.
Anderson, Sir E.	And.	16th century	Common Pleas.
Andrews, George	Andr.	1737 – 1740	King's Bench.
Annaly	Ann.		King's Bench.
Anstruther	Anst.	1792 – 1797	Exchequer.
Arkley	Arkl.	1846 – 1848	Court of Justiciary, Scotland.
Armstrong, Macartney & Ogle	Arm. Mac. & O.	1840 – 1842	Civil and Criminal Courts, Ireland.
Arnold	Arn.	1838 – 1839	Common Pleas.
Arnold & Hodges	Arn. & H.	1840 – 1841	Queen's Bench.
Aspinall's Maritime Law Cases	Asp. M.L.C.	1870 – 1943	Admiralty.
Atkyns	Atk.	1736 – 1754	Chancery.
Ball & Beatty	Ball & B. or B. & B.	1807 – 1814	Chancery, Ireland.
Bankruptcy and Companies Winding-up	B. & C.R.	1918 – 1941	Bankruptcy, etc.
Barnardiston (Ch.)	Barnard. (Ch.)	1740 – 1741	Chancery.
Barnardiston (K.B.)	Barnard. (K.B.)	1726 – 1734	King's Bench.
Barnes' Notes of Cases	Barnes	1732 – 1760	Common Pleas.
Barnewall & Adolphus	Barn. & Ad. or B. & A.	1830 – 1834	King's Bench.
Barnewall & Cresswell	Barn. & Cress. or B. & C.	1822 – 1830	King's Bench.
Barron & Arnold	Bar. & Arn.	1843 – 1846	Election Committees.
Barron & Austin	Bar. & Aust.	1842	Election Committees.
Batty	Batt.	1825 – 1826	King's Bench, Ireland.
Beatty	Beat.	1813 – 1830	Chancery, Ireland.
Beavan	Beav.	1838 – 1866	Rolls.
Bell (Crown Cases)	Bell, C.C.	1858 – 1860	Crown Cases Reserved.
Bell (Scotch Appeals)	Bell, Sc. App.	1842 – 1850	House of Lords.
Bell (Scotch Decisions)	Bell, Ct. of Sess.	1790 – 1792	Court of Sessions.
	Bell, Ct. of Sess. fol.	1794 – 1795	
Bellewe's Reports (published 1585)	Bellewe	1377 – 1400	Common Law.
Belt's Supplement to Vesey, sen.	Belt's Sup.	1746 – 1756	Chancery.
Benloe	Benl.	1440 – 1627	King's Bench.
Benlow	Ben.	1357 – 1579	Common Pleas.
Best & Smith	B. & S.	1861 – 1870	Queen's Bench.
Bingham	Bing.	1822 – 1834	Common Pleas.
Bingham's New Cases	Bing. N.C.	1834 – 1840	Common Pleas.
Blackham, Dundas & Osborne	B.D. & O.	1846 – 1848	Exchequer, Ireland.
Blackstone, Henry	H. Bl.	1788 – 1796	Common Pleas.
Blackstone, Sir W.	W. Bl.	1746 – 1779	Common Law.
Bligh	Bli.	1819 – 1821	House of Lords.
Bligh's New Series	Bli. N.S.	1827 – 1837	House of Lords.
Bluett's Notes of Cases	Blu.	1720 – 1847	Isle of Man Courts.
Bosanquet & Puller	Bos. & P. or B. & P.	1796 – 1804	Common Pleas.
Bosanquet & Puller's New Reports	Bos. & P.N.R.	1804 – 1807	Common Pleas.
Bridgman, Sir John	J. Bridg.	1613 – 1621	Common Pleas.
Bridgman, Sir Orlando	O. Bridg.	1660 – 1666	Common Pleas.
British & Colonial Prize Cases	Br. & Col. Pr. Cas.	1914 – 1919	Prize Courts.
Broderip & Bingham	Bro. & B. or B. & B.	1819 – 1822	Common Pleas.
Brooke's New Cases	Brooke, N.C. or B.N.C.	1515 – 1558	Common law.
Broun	Broun	1842 – 1845	Court of Justiciary, Scotland.

Law Reports

Reports	Abbreviations	Date	Court
Brown's Reports of Cases in Chancery	Bro. C. C.	1778 – 1794	Chancery.
Brown's Reports of Cases in Parliament	Bro. P. C.	1702 – 1800	House of Lords.
Browne & Macnamara Railway Cases	Bro. & Mac.	1881 – 1900	Railway and Canal Cases.
Browning & Lushington	B. & L.	1863 – 1866	Admiralty and Privy Council.
Brownlow & Goldesborough	B. & G.	1569 – 1624	Common Pleas.
Bruce's Reports	Bruce	1714 – 1715	Court of Session.
Buck's Cases in Bankruptcy	Buck	1816 – 1820	Bankruptcy, etc.
Bulstrode	Bulstr.	1610 – 1626	King's Bench.
Bunbury	Bunb.	1713 – 1741	Exchequer.
Burrow's Reports	Burr.	1756 – 1772	King's Bench.
Burrow's Settlement Cases	Burr. S. C.	1733 – 1776	King's Bench.
Butterworths Workmen's Compensation Cases	B.W.C.C.	1907 – 1949	King's Bench.
Cababe & Ellis	Cab. & El.	1882 – 1885	Queen's Bench.
Caldecott's Settlement Cases	Cald. S. C.	1776 – 1885	King's Bench.
Calthrop's Cases on the Customs of London	Calthrop	1609 – 1618	King's Bench.
Campbell	Camp.	1807 – 1816	Nisi Prius.
Carpmael's Patent Cases	Carp. P. C.	1602 – 1842	All the Courts.
Carrington & Kirwan	Carr. & K. or C. & K.	1843 – 1853	Nisi Prius and Criminal Courts.
Carrington & Marshman	Car. & M. or C. & M.	1841 – 1842	Nisi Prius and Criminal Courts.
Carrington & Payne	Car. & P. or C. & P.	1823 – 1841	Nisi Prius and Criminal Courts.
Carrow, Hamerton & Allen's New Sess. Cases	C. H. & A. or New Sess. Cas.	1844 – 1851	All the Courts.
Carter	Cart.	1664 – 1673	Common Pleas.
Carthew	Carth.	1687 – 1700	King's Bench.
Cary	Cary	1557 – 1602	Chancery.
Cases in Chancery	Ch. Ca.	1660 – 1697	Chancery.
Cases in Equity Abridged	Cas. Eq. Ab. or Eq. Cas. Abr.	1667 – 1744	Chancery.
Cases in the time of Finch	Cas. temp. Finch	1673 – 1680	Chancery.
Cases in the time of Lord Hardwicke	Cas. temp. Hardwicke	1733 – 1737	King's Bench.
Cases in the time of Lord Talbot	Cas. temp. Talbot	1730 – 1737	Chancery.
Cases of Practice, King's Bench	Cas. Pra. K. B.	1655 – 1775	King's Bench.
Chitty	Chit.	1770 – 1822	King's Bench.
Choice Cases in Chancery	Cho. Ca. Ch.	1558 – 1605	Chancery.
Clark & Finnelly	Cl. & Fin.	1831 – 1846	House of Lords.
Clayton	Clay.	1631 – 1650	York Assizes.
Cockburn & Rowe	C. & R.	1833	Election Committees.
Cohen	Cr. App. Rep.	1908 to the present time	Criminal Appeal.
Coke, Sir Edward	Co. Rep. or Rep.	1572 – 1616	Common Law.
Colles	Colles	1697 – 1713	House of Lords.
Collyer	Coll.	1844 – 1846	Chancery.
Coltman's Registration Cases	Colt.	1879 – 1885	Registration Cases.
Comberbach	Comb.	1685 – 1698	King's Bench.
Commercial Cases	Com. Cas.	1895 – 1941	The Commercial Court.
Common Bench Reports	C. B.	1845 – 1856	Common Pleas.
Common Bench Reports, New Series	C. B., N. S.	1856 – 1865	Common Pleas.
Common Law Reports	C. L. R.	1853 – 1855	Common Law Courts.
Common Market Law Reports	C. M. L. R.	1962 to the present time	European Court.
Comyns	Com. Dig.	1695 – 1740	Common Law Courts.
Connor & Lawson	Conn. & Law., or C. & L.	1841 – 1843	Chancery, Ireland.
Cooke	Cooke Pr. Cas.	1706 – 1747	Common Pleas.
Cooke & Alcock	C. & A.	1833 – 1834	King's Bench, Ireland.
Cooper, George	Coop. G.	1792 – 1815	Chancery.
Cooper's Cases in Chancery	Coop. temp. Brough.	1833 – 1834	Chancery (Lord Brougham).
" " "	" Pr. Cas.	1837 – 1838	Chancery.
" " "	" temp. Cott.	1846 – 1848	Chancery (Lord Cottenham).
Corbett & Daniell	Corb. & D.	1819	Election Committees.

Reports	Abbreviations	Date	Court
County Court Cases	C.C.Cas.	1847–1852	Common Law Courts.
Couper	Coup.	1868–1885	Court of Justiciary, Scotland.
Court of Session Cases	Court Sess. Ca.	1821 to the present time	Court of Session, Scotland.
Cowell's Indian Appeals(Law Rep. vol. ii)	L.R., 2 Ind. App.	Publication commenced March, 1875	Privy Council.
Cowper	Cowp.	1774–1778	King's Bench.
Cox & Atkinson's Registration Appeals	Cox & Atk.	1843–1846	Common Pleas.
Cox(Chancery)	Cox	1783–1797	Chancery.
Cox(Criminal Law)	Cox's C.C.	1843–1945	Criminal Courts.
Craig & Phillips.	Cr.& Ph.	1840–1841	Chancery.
Craigie Stewart & Paton's Scotch Appeals	Cr. St.& P.	1726–1822	House of Lords.
Crawford & Dix.	Cr.& D.	1838–1846	Irish Courts.
Cresswell's Insolvent Cases	Cress. Insolv. Cas.	1827–1829	Insolvency.
Cripps' Church Cases	Cripps' Church Cas.	1847–1850	Ecclesiastical.
Croke, time of Charles I	Cro. Car.	1625–1641	Common Law.
Croke, time of Elizabeth	Cro. Eliz.	1582–1603	Common Law.
Crock, time of James I	Cro. Jac.	1603–1625	Common Law.
Crompton & Jervis	Cr.& J. or C.& J.	1830–1832	Exchequer.
Crompton & Meeson	Cr.& M.	1832–1834	Exchequer.
Crompton, Meeson & Roscoe	Cr.M.& R.	1834–1835	Exchequer.
Cunningham	Cunn.	1734–1735	King's Bench.
Curteis	Curt.	1834–1844	Ecclesiastical.
Dalrymple, Sir Hew	Dalr.	1698–1720	Court of Session, Scotland.
Daniell	Dan.	1817–1823	Exchequer, Equity.
Danson & Lloyd	D.& L.	1828–1829	Common Law.
Davies' Patent Cases	D.P.C.	1785–1816	Common Law Courts.
Davis, Sir John	Davis	1604–1611	Common Law, Ireland.
Davison & Merivale	D.& M.	1843–1844	Queen's Bench.
Deacon	Deac.	1834–1840	Bankruptcy, etc.
Deacon & Chitty	Deac.& Chit.	1832–1835	Bankruptcy.
Deane's Reports completed by Swabey	Deane or Dea.& Sw.	1855–1857	Ecclesiastical.
Dearsly	Dears.C.C.	1852–1856	Criminal Courts.
Dearsly & Bell	Dearsl.& B. or D.& B.	1856–1858	Criminal Courts.
Deas & Anderson	Deas.& And.	1829–1832	Court of Session.
De Gex	De G.	1844–1848	Bankruptcy.
De Gex & Jones	De G.& Jo. or D.& J.	1857–1859	Chancery(Appeals).
De Gex & Smale	De G. & Sm.	1846–1852	Chancery.
De Gex, Fisher & Jones	De G.F.& Jo. or D.F. & J.	1859–1862	Chancery(Appeals).
De Gex, Jones & Smith	De G.J.& Sm. or D.J. & S.	1862–1865	Chancery(Appeals).
De Gex, Macnaghten & Gordon	De G.Mac.& G. or D.M.& G.	1851–1857	Chancery(Appeals).
Delane	Delane	1832–1835	Revising Barristers.
Denison	Den.C.C.	1844–1852	Criminal Courts.
Dickens	Dick.	1559–1798	Chancery.
Dodson	Dods.	1811–1822	Admiralty.
Douglas' Election Cases	Doug. El. Cas.	1774–1776	Election Committees.
Douglas' King's Bench	Dougl.K.B.	1778–1785	King's Bench.
Dow	Dow	1812–1818	House of Lords.
Dow & Clarke	Dow & Cl.	1827–1832	House of Lords.
Dowling's Practice Reports	Dowl. or D.P.C.	1830–1841	Bail Court.
Dowling's Practice Reports, New Series	Dowl., N.S.	1841–1843	Bail Court.
Dowling Lowndes	Dowl.& L. or D.& L.	1843–1849	Bail Court.
Dowling & Ryland, King's Bench	Dowl.& Ry. or D.& R.	1822–1827	King's Bench.
Dowling & Ryland.	D.& R., N.P.	1822–1823	Nisi Prius Cases.
Dowling & Rylands' Magistrates' Cases	D.& R.M.C.	1822–1827	King's Bench.
Drewry	Drew.	1852–1859	V.-C. Kindersley.

Law Reports

Reports	Abbreviations	Date	Court
Drewry & Smale	Dr. & Sm.	1859 – 1865	V.-C. Kindersley.
Drinkwater	Drink.	1840 – 1841	Common Pleas.
Drury	Dru.	1841 – 1844	Chancery, Ireland.
Drury & Walsh	Dru. & Wal.	1837 – 1841	Chancery, Ireland.
Drury & Warren	Dru. & War.	1841 – 1843	Chancery, Ireland.
Dunlop, Bell & Murray		1834 – 1840	Court of Session.
Durie	Durie	1621 – 1642	Court of Session.
Durnford & East's Term Reports	Durn. & E. or T. R.	1785 – 1800	King's Bench.
Dyer	Dy.	1513 – 1581	Common Law.
Eagle and Young's Collection of Tithe Cases	E. & Y.	1204 – 1825	All the Courts.
East	East	1800 – 1812	King's Bench.
Eden	Eden	1757 – 1766	Chancery.
Edgar	Edg.	1724 – 1725	Court of Session.
Edwards	Edw.	1808 – 1812	Admiralty.
Elchie	Elch.	1733 – 1754	Court of Session.
Ellis & Blackburn	Ell. & Bl. or E. & B.	1852 – 1858	Queen's Bench.
Ellis & Ellis	Ell. & E.	1858 – 1861	Queen's Bench.
Ellis, Blackburn & Ellis	Ell. Bl. & Ell. or E. B. & E.	1858 – 1860	Queen's Bench.
Equity Cases Abridged	Eq. Cas. Abr.	1667 – 1744	Chancery.
Equity Reports	Eq. R.	1853 – 1855	Chancery.
Espinasse	Esp.	1793 – 1810	Nisi Prius.
Exchequer Reports	Exch.	1847 – 1856	Exchequer.
Faculty Decisions	Fac. Dec.	1752 – 1841	Court of Session.
Falconer.	Falc.	1744 – 1751	Court of Session.
Falconer & Fitzherbert	Falc. & F.	1835 – 1838	Election Committees.
Ferguson.	Ferg.	1738 – 1752	Court of Session.
Ferguson's Consistorial Reports	Ferg.	1811 – 1817	Consistorial Court, Scotland (now abolished).
Finch	Finch	1673 – 1680	Chancery.
Finch's Precedents	Prec. Ch.	1689 – 1722	Chancery.
Finlason's Leading Cases	Finl. L. C.	Publd. 1847	Common Law.
Fitzgibbons	Fitz – G.	1727 – 1731	King's Bench.
Flannagan & Kelly	Fl. & K.	1840 – 1842	Rolls Court, Ireland.
Fonblanque	Fonb.	1849 – 1852	Bankruptcy.
Forbes	Forb.	1705 – 1713	Court of Session.
Forester's Cases t. Talbot	Cas. temp. Talbot.	1730 – 1737	Chancery.
Forrest	Forr.	1800 – 1801	Exchequer.
Fortescue	Fort.	1692 – 1736	All the Courts.
Foster (Crown Law)	Fost. C. L.	1708 – 1760	Criminal Courts.
Foster & Finlayson	F. & F.	1856 – 1867	Nisi Prius and Criminal Courts.
Fountainhall	Fount.	1678 – 1712	Court of Session.
Fox & Smith	Fox & S.	1822 – 1825	King's Bench, Ireland.
Fox & Smith, Registration Cases	Fox. & S., Reg.	1886 – 1895	Registration Cases.
Fraser	Fras.	1776 – 1777	Election Committees.
Freeman	Freem. (Ch.)	1660 – 1706	Chancery.
Freeman	Freem. (K. B.)	1670 – 1704	Common Law.
Gale	Gale	1835 – 1836	Exchequer.
Gale and Davidson	G. & D.	1841 – 1843	Queen's Bench.
Gibson	Gibs.	1621 – 1642	Court of Session.
Giffard	Giff. or Gif.	1857 – 1865	V.-C. Stuart.
Gilbert	Gilb. (Ch.)	1706 – 1726	Chancery, etc.
Gilmour & Falconer	Gil. & Fal.	1661 – 1686	Court of Session.
Glascock.	Glasc.	1831 – 1832	Irish Courts.
Glyn & Jameson	G. & J.	1819 – 1828	Bankruptcy, etc.
Godbolt	Godb.	1574 – 1637	Queen's or King's Bench.

Reports	Abbreviations	Date	Court
Gouldsborough.	Gouldsb.	1586 – 1601	Common Law.
Gow	Gow	1818 – 1820	Nisi Prius.
Gwillim	Gwill.	1224 – 1824	All the Courts.
Haggard(Adm.).	Hagg. Adm.	1822 – 1838	Admiralty.
Haggard's Consistorial Reports	Hagg. Cons.	1789 – 1821	Court of Session.
Haggard's Ecclesiastical Reports	Hagg. Eccl.	1827 – 1833	Ecclesiastical.
Hailes	Hail.	1766 – 1791	Court of Session.
Hall & Twells	Hall & Tw. or H.& Tw.	1848 – 1850	Chancery.
Hanmer's Lord Kenyon's Notes	Ld. Ken.	1753 – 1759	King's Bench.
Hansell	H.B.R.	1915 – 1917	Bankruptcy and Companies Winding-up.
Harcarse	Harc.	1681 – 1691	Court of Session.
Hardres	Hardr.	1655 – 1669	Exchequer.
Hare	Hare or Ha.	1841 – 1853	Vice-Chancellors' Courts.
Harrison & Rutherfurd	Har.& Ruth.	1865 – 1866	Common Pleas.
Harrison & Wollaston	Har.& W.	1835 – 1836	King's Bench.
Hayes	Hayes	1830 – 1832	Exchequer, Ireland.
Haynes & Jones	Haynes & Jo.	1832 – 1834	Exchequer, Ireland.
Hemming & Miller	Hem.& Mill. or H.& M.	1862 – 1865	V.-C. Wood.
Hetley	Het.	1627 – 1631	Common Pleas.
Hobart	Hob.	1613 – 1625	Common Law.
Hodges	Hodg.	1835 – 1837	Common Pleas.
Hogan	Hog.	1816 – 1834	Rolls Court, Ireland.
Holt(L.C.J.)	Holt(K.B.)	1688 – 1710	King's or Queen's Bench.
Holt's Nisi Prius	Holt	1815 – 1817	Nisi Prius.
Holt, Wm.	Holt, Eq	1845	Vice-Chancellors'Courts.
Home	Home Ct. of Sess.	1735 – 1744	Court of Session.
Hopwood & Coltman	Hop.& C.	1868 – 1878	Common Pleas.
Hopwood & Philbrick	Hop.& Ph.	1863 – 1867	Common Pleas.
Horn & Hurlstone	H.& H.	1838 – 1839	Exchequer.
House of Lords'Cases	H.L.Cas.	1847 – 1866	House of Lords.
Hovenden's Supplement to Vesey, Junr.	Hov. Suppl.	1753 – 1817	Chancery.
Howell's State Trials	How. St. Tr. or State Tr.	1163 – 1820	All the Courts.
Hudson & Brooke	H. & B.	1827 – 1831	Common Law, Ireland.
Hume	Hume	1781 – 1822	Court of Session.
Hunt's Annuity Cases	Hunt	1777 – 1794	All the Courts.
Hurlstone & Coltman	H.& C.	1862 – 1866	Exchequer.
Hurlstone & Gordon	Included in Exch. Reports	1854 – 1856	Exchequer.
Hurlstone & Norman	H.& N.	1856 – 1862	Exchequer.
Hurlstone & Walmsley	H.& W.	1840 – 1841	Exchequer.
Hutton	Hutt.	1617 – 1638	Common Pleas.
Irish Chancery	Ir. Ch.	1850 – 1867	Chancery.
Irish Circuit Cases	Ir. Cir. Ca.	1841 – 1843	Assize Courts, Ireland.
Irish Common Law Reports	Ir.C.L.R.	1849 – 1866	Common Law, Ireland.
Irish Equity Reports	Ir. Eq. R.	1838 – 1851	Chancery, Ireland.
Irish Jurist	Ir. Jur.	1849 – 1866	Irish Courts.
Irish Law Recorder	Ir. L. Rec.	1827 – 1831	Irish Courts.
Irish Law Reports	Ir. L. Rep.	1838 – 1851	Common Law Courts, Ireland.
Irish Reports, Common Law	I.C.L.R.	1849 – 1866	Common Law Courts, Ireland.
Irish Reports, Equity	I.Eq.R.	1838 – 1851	Chancery, Ireland.
Jacob	Jac.	1821 – 1823	Chancery.
Jacob & Walker	Jac.& W. or J.& W.	1819 – 1821	Chancery.
Jebb C.C.	Jebb	1822 – 1840	Criminal Courts, Ireland.
Jebb & Bourke	J.& B.	1841 – 1842	Queen's Bench, Ireland.
Jebb & Symes	J.& S.	1838 – 1841	Queen's Bench, Ireland.

Reports	Abbreviations	Date	Court
Jenkins' Centuries (i.e., Hundreds) of Reports	Jenk. Cent.	1220 – 1623	Exchequer Chamber.
Johnson	Johns. or Jo.	1858 – 1860	Chancery, V.-C. Wood.
Johnson & Hemming	John. & H. or J. & H.	1859 – 1862	Chancery, V.-C. Wood.
Jones	Jon. Ex. R.	1834 – 1838	Exchequer, Ireland.
Jones & Carey	Jones & C.	1838 – 1839	Exchequer, Ireland.
Jones & Latouche	Jo. & Lat.	1844 – 1846	Chancery, Ireland.
Jones, Sir T.	Jo. or T. Jo.	1667 – 1685	Common Law.
Jones, Sir W.	Jo. or W. Jo.	1620 – 1640	Common Law.
Jurist Reports	Jur.	1837 – 1854	All the Courts.
Jurist Reports, New Series	Jur., N.S.	1855 – 1867	All the Courts.
Jurist (Scottish)	Sc. Jur.	1829 – 1873	Scotch Courts.
Justice of the Peace	J.P.	1837 to the present time	All the Courts.
Kay	Kay	1853 – 1854	Chancery, V.-C. Wood.
Kay & Johnson	Kay & J.	1854 – 1858	Chancery, V.-C. Wood.
Keane & Grant	K. & G.	1854 – 1862	Registration Cases in the Common Pleas.
Keble	Keb.	1661 – 1677	King's Bench.
Keen	Keen or Kee	1836 – 1838	Rolls Court.
Keilwey	Keil.	1327 – 1578	Common Law.
Kelynge	Kel. W.	1730 – 1732	Chancery.
Kenyon's Notes of Cases	Ld. Ken. or Keny.	1753 – 1759	King's Bench.
Knapp	Knapp	1829 – 1836	Privy Council.
Knapp & Ombler	Knapp & O.	1834 – 1835	Election Committees.
Lane	Lane	1605 – 1611	Exchequer.
Latch	Lat.	1625 – 1628	King's Bench.
Law Journal	L.J.O.S.	1822 – 1831	All the Courts.
Law Journal, New Series	L.J., N.S., or L.J. Rep., N.S.	1832 – 1949	All the Courts.
Law Recorder (Ireland)	Ir. L. Rec.	1827 – 1831	Irish Courts.
Law Reports	Law Rep. or L.R.	1865 to the present time	All the Courts.
Law Times Reports	L.T.O.S.	1843 – 1860	All the Courts.
Law Times, New Series	L.T.	1859 – 1947	All the Courts.
Leach	Leach	1730 – 1814	Criminal Courts.
Lee	Lee	1752 – 1758	Ecclesiastical.
Lee's Cases, tempore Hardwicke	Lee temp. Hard	1733 – 1738	King's Bench.
Legal Observer	Leg. Ob.	1830 – 1856	All the Courts.
Leigh & Cave	L. & C.	1861 – 1865	Crown Cases Reserved.
Leonard	Leon.	1552 – 1615	Common Law.
Levinz	Lev.	1660 – 1696	Common Law.
Lewin's Crown Cases	Lew. C.C.	1822 – 1838	Criminal Courts (Northern Circuit).
Ley	Ley	1608 – 1629	Common Law.
Lilly's "Cases in Assize"	Lil.	Publd. 1719	Common Law.
Littleton	Litt.	1627 – 1631	Common Pleas and Exch.
Lloyd & Goold, tempore Plunkett	L. & G. temp. Plunk. or Ll. & G. t. Pl.	1834 – 1839	Chancery, Ireland.
Lloyd & Goold, tempore Sugden	L. & G. temp. Sug. or Ll. & G. t. Sugd.	1835	Chancery, Ireland.
Lloyd & Welsby	L. & Welsb.	1829 – 1930	Common Law.
Lloyd's	Lloyd's Rep.	1951 to the present time	Admiralty.
Lloyd's List Law Reports	Lloyd L. Rep.	1919 – 1950	Admiralty.
Lloyd's Prize Cases	Lloyd Pr. Cas.	1914 – 1924	Prize Court.
Lofft	Lofft	1772 – 1774	King's Bench.
Longfield & Townshend	L. & T.	1841 – 1842	Exchequer, Ireland.
Lowndes & Maxwell	L. & M.	1852	Bail Court.
Lowndes, Maxwell & Pollock	L.M. & P.	1850 – 1851	Bail Court, etc.

Law Reports

Reports	Abbreviations	Date	Court
Luders	Luders	1784–1787	Election Committees.
Lumley's Poor Law Cases	Lumley P.L.C.	1834–1842	All the Courts.
Lushington	Lush.	1859–1862	Admiralty.
Lutwyche	Lutw.	1682–1704	Common Pleas.
Lutwyche's Registration Cases	Lutw. Reg. Cas.	1843–1853	Common Pleas.
Macfarlane	Macf.	1838–1839	Jury Court, Scotland.
Maclaurin	Macl.	1670–1773	Scotch Criminal Courts.
Maclean & Robinson	Macl. & R.	1839	House of Lords (Sc. App.)
Macnaghten & Gordon	Macn. & Gor.	1849–1852	Chancery Appeals.
Macpherson's Court of Session Cases	Macph. (Ct. of Sess.)	1862–1873	Court of Session.
Macpherson's Indian Appeals (in connection with the Law Reports [vol. i.])	Macph. Ind. Ap. or L.R., 1 Ind. App.	1873–1874	Privy Council (see "Cowell's Indian Appeals").
Macqueen's	Macq. Sc. App.	1849–1865	House of Lords.
Macrea & Hertslet	Mac. & H.	1847–1852	Insolvent Debtor's Court.
Macrory's Patent Cases	Mac. P.C.	1847–1856	All the Courts.
Maddock	Madd.	1815–1821	Chancery.
Maddock & Geldart	Madd. & Gel. or 6 Mad.	1819–1822	Chancery.
Magistrate, The	Mag.	1848–1852	All the Courts.
Manning & Granger	Man. & Gr. or M. & G.	1840–1845	Common Pleas.
Manning & Ryland	M. & R. (K.B.)	1827–1830	King's Bench.
Manning & Ryland's Magistrates' Cases	M. & R. (M.C.)	1827–1830	King's Bench.
Manning, Granger & Scott (C.B., 1st nine volumes)	C.B. (for Common Bench)	1845–1856	Common Pleas (see "Common Bench Reports").
Manson's Reports	Mans.	1893–1914	Bankruptcy and Company Winding-up.
March's New Cases	Mar.	1639–1642	Common Law.
Marriot	Marr.	1776–1779	Admiralty.
Marshall	Marsh.	1813–1816	Common Pleas.
Maule & Selwyn	M. & S.	1813–1817	King's Bench.
Maclean & Robinson's Scotch Appeals	Mac. & Rob.	1839	House of Lords.
M'Cleland	M'Clel	1824	Exchequer, Equity.
M'Cleland & Younge	M'Clel. & Y.	1824–1825	Exchequer, Equity.
Meeson & Welsby	Mees. & Wels. or M. & W.	1836–1847	Exchequer.
Megone's Company Cases	Meg.	1889–1891	Company Cases.
Merivale	Mer.	1815–1817	Chancery.
Milward	Milw.	1819–1843	Ecclesiastical Courts, Ireland.
Modern Reports (Leach's)	Mod.	1669–1755	All the Courts.
Molloy	Moll.	1808–1831	Chancery, Ireland.
Montagu	Mont.	1829–1832	Bankruptcy.
Montagu & Ayrton	Mont. & Ayr. or M. & A.	1832–1838	Bankruptcy.
Montagu & Bligh	Mont. & B. or M. & B.	1832–1833	Bankruptcy.
Montagu & Chitty	Mont. & Chit. or M. & C.	1838–1840	Bankruptcy.
Montagu & M'Arthur	Mont. & M'A.	1826–1830	Bankruptcy.
Montagu, Deacon & De Gex	Mont. D. & De G.	1840–1844	Bankruptcy.
Moody	Mood. C.C.	1824–1844	Criminal Courts.
Moody & Malkin	Mood. & M. or M. & M.	1826–1830	Nisi Prius.
Moody & Robinson	Mood. & Rob. or M. & R.	1830–1844	Nisi Prius.
Moore (see also the following names)	Moore (K.B.)	1485–1620	Common Law.
Moore	Moore (C.P.)	1817–1827	Common Pleas.
Moore & Payne	Moore & P. or M. & P.	1827–1831	Common Pleas.
Moore & Scott	Moo. & S. or M. & Scott	1831–1834	Common Pleas.
Moore's Indian Appeals	Moo. Ind. App.	1836–1872	Privy Council.
Moore's Privy Council Cases	Moo. P.C.C.	1836–1863	Privy Council.
Moore's Privy Council Cases, New Series	Moo. P.C.C., N.S.	1862–1873	Privy Council.
Morrel, Bankruptcy Reports	Morr. B.R.	1884–1893	Bankruptcy.
Mosely	Mos.	1726–1730	Chancery.

Law Reports

Reports	Abbreviations	Date	Court
Murphy & Hurlstone	M.& H.	1837	Exchequer.
Murray's Reports	Murr.	1816 – 1830	Jury Court, Scotland.
Mylne & Craig	My.& Cr.	1835 – 1841	Chancery Appeals.
Mylne & Keen	My.& K.	1832 – 1835	Chancery Appeals.
Nelson	Nels.	1625 – 1693	Chancery.
Neville & Macnamara's Railway and Canal Cases	Nev.& M.	1855 – 1874	All the Courts.
Neville & Manning	Nev.& M.(K.B.)	1832 – 1836	King's Bench.
Neville & Manning(Mag. Cas.)	N.& M.(M.C.)	1832 – 1836	King's Bench.
Neville & Perry	Nev.& P.(K.B.) or N.& P.(K.B.)	1836 – 1838	King's Bench.
New County Court Cases	N.C.C. Cas.	1848 – 1851	Common Law Courts.
New Magistrates' Cases	N.M.C. or New Mag. Cas.	1844 – 1850	Common Law Courts.
New Practice Cases	N.P.C. or New Pract. Cas.	1844 – 1848	Common Law Courts.
New Reports	N.R. or New Rep.	1862 – 1865	All the Courts.
New Sessions Cases	New Sess. Cas.	1844 – 1851	Common Law Courts.
Nisbet	Nisb.	1665 – 1677	Court of Session.
Nolan(Magistrates'Cases)	Nolan	1791 – 1793	King's Bench.
Notes of Cases	Notes of Cases	1841 – 1850	Ecc.& Adm. Courts.
Noy	Noy	1558 – 1649	Common Law.
O'Malley & Hardcastle	O'Malley & H.	1869 – 1934	Election Cases.
Owen	Owen	1557 – 1614	Common Law.
Palmer	Palm.	1619 – 1629	King's Bench.
Parker	Park.	1743 – 1767	Exchequer.
	App.	1678 – 1717	
Paton's Scotch Appeals	Pat. App.	1726 – 1822	House of Lords.
Peake	Peake	1790 – 1794	Nisi Prius.
Peake's Additional Cases	Peake, Add. Cas.	1795 – 1812	Nisi Prius.
Peckwell.	Peckw.	1803 – 1806	Election Committees.
Peere Williams	P.Wms.	1695 – 1735	Chancery.
Perry & Davidson	Per.& Dav.	1838 – 1841	Queen's Bench.
Perry & Knapp	Per. & Kn.	1833	Election Committeess.
Philipps	Phil. El. Cas.	1780	Election Committees.
Phillimore	Phil. Eccl.	1809 – 1821	Ecclesiastical.
Phillips	Phill.	1841 – 1849	Chancery Appeals.
Pigot & Rodwell(Reg. Cas.)	Pig.& Rod.	1843 – 1845	Common Pleas.
Pitcairn's Criminal Trials	Pitc.	1488 – 1624	Court of Justiciary.
Plowden	Plowd.	1550 – 1580	Common Law.
Pollexfen	Pollexf.	1670 – 1682	King's Bench.
Popham	Poph.	1591 – 1627	Common Law.
Power, Rodwell & Dew	P.R.& D.	1848 – 1856	Election Committees.
Precedents in Chancery	Prec. Ch.	1689 – 1722	Chancery.
Price	Price	1814 – 1824	Exchequer.
Queen's Branch Reports	Q.B.	1841 – 1852	Queen's Bench.
Railway and Canal Cases	Rail. Cas. or Rail & Can. Cas.	1835 – 1854	All the Courts.
Railway and Canal Traffic Cases	Ry.& Can. Tr. Cas.	1855 – 1950	All the Courts.
Raymond, Lord	Ld. Raym.	1694 – 1732	Common Law.
Raymond, Sir T.	Raym. or T. Raym.	1660 – 1683	Common Law.
Rayner's Tithe Cases	Reyn.	1575 – 1782	All the Courts.
Real Property Cases	R.P. Cas.	1843 – 1847	All the Courts.
Reilly's Albert Arbitration		1871 – 1873	Lord Cairns.
Reilly's European Arbitration		1872	Lord Westbury.
Reports of Patent Cases	R.P.C.	1884 to the present time	All the Courts.
Reports in Chancery	Ch. Rep. or Rep. Ch.	1615 – 1710	Chancery.
Revised Reports.	R.R.	1785 – 1866	All the Courts.

Reports	Abbreviations	Date	Court
Ridgway, Lapp & Shoales	R. L. & S.	1793 – 1795	King's Court, Ireland.
Ridgway's Case in the time of Lord Hardwicke	Ridg. temp. Hard.	1733 – 1736 1744 – 1746	King's Bench. Chancery.
Ridgway's Parliamentary Reports	Ridg. P. C.	1784 – 1796	House of Lords, Ireland.
Robertson (Eccl. Reports)	Rob. Eccl.	1844 – 1853	Ecclesiastical.
Robertson (Scotch Appeals)	Rob. Sc. App.	1707 – 1727	House of Lords.
Robinson (Chr.)	Ch. Rob.	1798 – 1808	Admiralty.
Robinson, Geo. (Scotch Appeals)	G. Rob. or Robin. App.	1840 – 1841	House of Lords.
Robinson, W.	Wm. Rob.	1838 – 1850	Admiralty.
Rolle, Sir. H.	Roll. Rep., or Rolle	1614 – 1625	King's Bench.
Rose	Rose	1810 – 1816	Bankruptcy.
Ross' Leading Cases on Commercial Law	Ross, L. C.	Publd. 1853	All the Courts.
Ross' Leading Cases on the Law of Scotland		Publd. 1849	Scotch Courts.
Russell	Russ.	1824 – 1829	Chancery Appeals.
Russell & Mylne	Russ. & Myl. or R. & M.	1829 – 1833	Chancery Appeals.
Russell & Ryan	Russ. & Ry.	1800 – 1823	Criminal Courts.
Ryan & Moody	Ry. & M.	1823 – 1826	Nisi Prius.
Salkeld	Salk.	1689 – 1712	King's Bench (principally).
Saunders	Saund.	1666 – 1672	King's Bench.
Saunders & Cole (Bail Ct.)	B. C. R.	1846 – 1848	Bail Court.
Sausse & Scully	Sau. & Sc.	1837 – 1840	Rolls Court, Ireland.
Saville	Sav.	1580 – 1591	Common Law.
Sayer	Say.	1751 – 1756	King's Bench.
Shoales & Lefroy	Sch. & Lef. or S. & L.	1802 – 1806	Chancery, Ireland.
Scott	Scott	1834 – 1840	Common Pleas.
Scott's New Reports	Scott, N. R.	1840 – 1845	Common Pleas.
Searle & Smith	Se. & Sm.	1859 – 1860	Probate and Divorce.
Select Cases in Chancery	Sel. Ca. Ch.	1685 – 1698	Chancery.
Sessions Cases	Sess. Cas. (K. B.)	1710 – 1747	King's Bench.
Shaw	Shaw	1848 – 1852	Courts of Justiciary.
Shaw & Dunlop	S. & D. or Sh. Just.	1819 – 1831	Court of Justiciary.
Shaw, Dunlop, Napier & Bell	S., D., N. & B. or Sh. Teind Ct.	1821 – 1831	Court of Teinds.
Shaw & M'Clean's Scotch Appeals	Sh. & M'C.	1835 – 1838	House of Lords.
Shaw's Scotch Appeals	Sh. Sc. App.	1821 – 1824	House of Lords.
Shower	Show.	1678 – 1695	King's Bench.
Shower's Cases in Parl.	Show. P. C.	1694 – 1699	House of Lords.
Siderfin	Sid.	1657 – 1670	King's Bench.
Simons	Sim.	1826 – 1852	Chancery.
Simons & Stuart	Sim. & St. or S. & S.	1822 – 1826	Chancery.
Simons, New Series	Sim., N. S.	1850 – 1852	Chancery.
Skinner	Skin.	1681 – 1697	King's Bench.
Smale & Giffard.	Sm. & Giff.	1852 – 1857	Chancery, V.-C. Stuart.
Smith	Smith (K. B.)	1803 – 1806	King's Bench.
Smith & Batty	Sm. & Bat.	1824 – 1825	King's Bench, Ireland.
Smith's Leading Cases	Smith, L. C.		Common Law Courts.
Smith's (Lacey) Registration Cases	Smith, Reg. Cas.	1895 – 1914	Registration Cases.
Smythe	Smythe	1839 – 1840	Common Pleas, Ireland.
Solicitors' Journal and Reporter	S. J. or Sol. Jo.	Jan. 1857 to the present time	All the Courts.
Spinks	Spinks or Ecc. & Ad.	1853 – 1855	Ecclesiastical and Admiralty.
Spinks' Prize Cases	Spinks' Pr. Cas.	1854 – 1856	Admiralty.
Stair	Stair Rep.	1661 – 1681	Court of Session.
Starkie	Stark.	1814 – 1823	Nisi Prius.
State Trials (ed. Howell)	How. St. Tr. or State Tr.	1163 – 1820	All the Courts.
Strange	Stra.	1716 – 1747	King's Bench.

Law Reports

Reports	Abbreviations	Date	Court
Stuart, Milne & Peddie	Stu. M. & P.	1851 – 1853	Scotch Courts.
Style	Sty.	1646 – 1655	King's or Upper Bench.
Swabey	Swab.	1855 – 1859	Admiralty.
Swabey & Tristram	Sw. & Tr.	1858 – 1865	Probate and Divorce.
Swanston	Swanst.	1818 – 1821	Chancery.
Swinton	Swint.	1835 – 1841	Court of Justiciary.
Syme	Sym.	1826 – 1829	Court of Justiciary.
Tamlyn	Taml.	1829 – 1830	Rolls Court.
Taunton	Taunt.	1807 – 1819	Common Pleas.
Tax Cases	Tax Cas.	1875 to the present time	All the Courts.
Temple & Mew	T. & M.	1848 – 1851	Crown Cases Reserved.
Term Reports, by Durnford & East	Term Rep. or T. Rep.	1785 – 1800	King's Bench.
Thornton's Notes of Cases	Thorn. or Notes of Cases	1841 – 1850	Ecclesiastical and Admiralty.
Times Law Reports	T. L. R.	1884 – 1952	All the Courts.
Tothill	Toth.	1559 – 1646	Chancery.
Traffic Cases	Traff. Cas.	1951 to the present time	All the Courts.
Tudor's Leading Cases:—			
Mercantile and Maritime Law	Tudor L. C. Merc. Law		All the Courts.
Real Property and Converyancing	Tudor L. C. R. P.		All the Courts (see also "White & Tudor").
Turner & Russell	Turn. & Russ. or T. & R.	1822 – 1825	Chancery.
Tyrwhitt	Tyr.	1830 – 1835	Exchequer.
Tyrwhitt & Granger	Tyr. & Gr.	1835 – 1836	Exchequer.
Vaughan	Vaugh.	1666 – 1673	Common Pleas.
Ventris	Vent.	1668 – 1691	All the Courts.
Vernon	Vern.	1680 – 1719	Chancery.
Vernon & Scriven	V. & S. or Vern. & Scr.	1786 – 1788	Common Law, Ireland.
Vesey			(See next three names.)
Vesey & Beames	V. & B. or Ves. & B.	1812 – 1814	Chancery.
Vesey junior	Ves. jun. or, after the first two vols., Ves. simply.	1789 – 1817	Chancery.
Vesey senior	Ves. Sen.	1747 – 1756	Chancery.
Wallis	Wall.	1766 – 1791	Chancery, Ireland.
Webster's Patent Cases	Webst. Pat. Cas.	1602 – 1855	All the Courts.
Weekly Law Reports	W. L. R.	1953 to the present time	All the Courts.
Weekly Notes	W. N.	1866 – 1952	All the Courts.
Weekly Reporter	W. R.	1852 – 1906	All the Courts.
Welsby, Hurlstone & Gordon	Exch. (for Exchequer)	1847 – 1856	Exchequer.
Welsh	Welsh Reg. Cas.	1832 – 1840	Registry Cases, Ireland.
West (Chancery)	West (Ch.) or West temp. Hard.	1736 – 1740	Chancery.
West (House of Lords)	West (H.L.)	1839 – 1841	House of Lords.
White & Tudor's Leading Cases	Wh. & Tud. L. C. or L. C. Eq.		Chancery.
Wightwick	Wight	1810 – 1811	Exchequer.
Willes	Willes	1737 – 1758	Common Pleas.
Williams (Peere)	P. Wms.	1695 – 1735	Chancery.
Willmore, Wollaston & Davison	W. W. & D. or Will. Woll. & Dav.	1837	Queen's Bench and Bail Court.
Willmore, Wollaston & Hodges	W. W. & H. or Will. Woll. & H.	1838 – 1839	Queen's Bench.
Wilmot's Opinions	Wilm.	1757 – 1770	All the Courts.
Wilson, George	Wils. or G. Wils.	1742 – 1774	Common Law.
Wilson, John	Wils, Ch.	1818 – 1819	Chancery.
Wilson, John	Wils. Ex. Eq.	1817	Exchequer (Equity).

Reports	Abbreviations	Date	Court
Wilson & Shaw's Scotch Appeals	Wils.& S. or W.& S.	1825 – 1834	House of Lords.
Winch	Winch	1621 – 1625	Common Pleas.
Wolferstan & Bristow	Wolf.& B. or W.& B.	1859 – 1864	Election Committees.
Wolferstan & Dew	Wolf.& D. or W.& D.	1857 – 1858	Election Committees.
Wollaston's Practice Cases	W.P.C. or Woll.	1840 – 1841	Common Law Courts.
Wood's Tithe Cases	Wood	1650 – 1798	Exchequer.
Workmen's Compensation Cases (Minton-Senhouse)	W.C.C.	1898 – 1907	All the Courts.
Year Books	Y.B.	1273 – 1535	Common Law.
Yelverton	Yelv.	1602 – 1613	King's Bench.
Younge	Younge	1830 – 1832	Exchequer(Equity).
Younge & Collyer(Chancery)	You.& Coll.C.C. or Y.& C.C.C.	1841 – 1843	Chancery.
Younge & Collyer(Exchequer, Equity)	You.& Coll. Ex. Eq. or Y.& C. Ex.	1833 – 1841	Exchequer(Equity).
Younge & Jervis	Y.& J.	1826 – 1830	Exchequer.

Source: John B Saunders, *Mozley & Whiteley's Law Dictionary*, London: Butterworth & Co. (Publishers) Ltd, 1977, pp. 281 – 297

全美判例报道系统 [National Reporter System]

地区判例报道 [REGIONAL REPORTERS]	开端 [BEGINNING]	范围 [COVERAGE]
Atlantic Reporter	1885	Connecticut, Delaware, Maine, Maryland, New Hampshire, New Jersey, Pennsylvania, Rhode Island, Vermont, and District of Columbia Court of Appeals
California Reporter	1960	All reported California opinions
Illinois Decisions	1990	All reported Illinois opinions
New York Supplement	1888	All reported New York opinions
North Eastern Reporter	1885	Illinois, Indiana, Massachusetts, New York (Court of Appeals only), and Ohio
North Western Reporter	1879	Iowa, Michigan, Minnesota, Nebraska, North Dakota, South Dakota and Wisconsin
Pacific Reporter	1883	Alaska, Arizona, California (Supreme Court only), Colorado, Hawaii, Idaho, Kansas, Montana, Nevada, New Mexico, Oklahoma, Oregon, Utah, Washington and Wyoming
South Eastern Reporter	1887	Georgia, North Carolina, South Carolina, Virginia and West Virginia
South Western Reporter	1886	Arkansas, Kentucky, Missouri, Tennessee and Texas
Southern Reporter	1887	Alabama, Florida, Louisiana and Mississippi
联邦判例报道 [FEDERAL REPORTERS]		
Federal Reporter	1880	United States Circuit Court from 1880 to 1912; Commerce Court of the United States from 1911 to 1913; District Courts of the United States from 1880 to 1932; U.S. Court of Claims from 1929 to 1932 and 1960 to 1982; the U.S. Court of Appeals from its organization in 1891; the U.S. Court of Customs and Patent Appeals from 1929 to 1982; and the U.S. Emergency Court of Appeals from 1943 to 1961; Court of Appeals for the Federal Circuit from 1982; and Temporary Emergency Court of Appeals from 1972
Federal Supplement	1932	United States Court of Claims from 1932 to 1960; United States District Courts since 1932; United States Customs Court from 1956 to 1980; Court of International Trade from 1980; Judicial Panel on Multidistrict Litigation from 1968; and the Special Court, Regional Railroad Reorganization Act from 1973
Federal Rules Decisions	1939	United States District Courts involving the Federal Rules of Civil Procedure since 1939 and the Federal Rules of Criminal Procedure since 1946

Supreme Court Reporter	1882	U.S. Supreme Court beginning with the October term of 1882
Bankruptcy Reporter	1980	Bankruptcy decisions of U.S. Bankruptcy Courts, U.S. District Courts, U.S. Courts of Appeals and the U.S. Supreme Court
Military Justice Reporter	1978	United States Court of Military Appeals and Courts of Military Review for the Army, Navy, Air Force and Coast Guard
United States Federal Claims Reporter	1982	United States Court of Federal Claims decisions beginning October 1982

Source: Daniel Oran, *Oran's Dictionary of the Law*, U.S.A.: West Thomson Learning™, 2000, pp.559 - 560

law review 〈美〉**法律评论** 法律评论是刊载有关法律的最新进展、司法判决以及立法等方面学理评论与专题文章的期刊出版物，一般由法学院高年级优秀学生主编，作者大部分为法学教授、法官、律师以及法律学生。最早的法律评论出现在1875年，即 Albany Law School Journal。当时的目的是为了使学生增进对法律学术的知识。到1995年，全美已有超过450种学生主编的法律评论期刊。大部分法学院还不止出版一种学生主编的法律评论期刊，除了有一般性的、针对时下一切议题的法律评论期刊，许多法学院还出版针对某一具体领域法律的法律评论期刊。如哈佛法学院，至少有11种特别专题的法律评论出版。现今比较时兴的法律专题主要是国际法、比较法与环境法。法律评论在19世纪是主要的法律写作形式，它是论文形式的衍生，在那个时代常用于法律教育。法律学者用论文形式讨论司法原则，用案件来解释这些原则。在19世纪中期，律师们为确切地了解法官如何审判案件，关注某一地区司法问题的地方性期刊便由律师们编辑出版。1852年在费城[Philadelphia]开始发行的《美国法律要览》[American Law Register]是美国第一个学术性法律期刊，这一期刊与波士顿[Boston]的《美国法律评论》[American Law Review]对法律学生主编的法律评论期刊的出现是重要的启发与鼓舞。最负盛名的《哈佛法律评论》[Harvard Law Review]创办于1887年。当时学生在开创这一至今仍在延续的事业时，曾向哈佛法学院的教授们寻求援助。詹姆斯·巴尔·埃姆斯[James Barr Ames]教授成为他们的导师与顾问，其他教授则为期刊提供文章。学生们还向他们的著名校友路易斯·D.布兰代斯[Louis D. Brandeis]寻求经济上的资助，布兰代斯捐助了钱款并提供了其他愿意捐助者的名单。学生们在第一期《哈佛法律评论》出版时，仅在纽约地区就得到超过300份征订。到1906年，全美各著名法院均拥有了学生主编的法律评论期刊。当法官在他们的判决中开始援用法律评论期刊中的文章时，法律评论的重要性变得显著起来。法律评论中的文章都是对法律的学理讨论，经常包含法律能作如何改进的建议。美国现今的法律评论期刊不仅议题广泛，而且数量繁多，它们实际上已变成法律研究的重要渠道。值得指出的是，学生主编的法律评论期刊在决定法学院教师的学术升迁、地位与影响方面发挥关键性作用，这与其他学科采用同仁主编传统形成鲜明对比。

laws *n.* **法律** 指一切由政府颁布作为建立有序社会的手段的规则。严格地讲，应仅指立法机关制定的法律；但在通常意义上，也包括法院确立的判例以及行政的规章命令等。

law school **法律学校；法学院** 指系统学习法律知识并对法律进行研究的场所。这最早可以追溯到古希腊的哲学学园；公元前3世纪的罗马就已经出现了专门的法学家对青年人进行法律指导的情况；公元2世纪时公共法律教育在罗马已很影响，不过当时著名的普罗库拉学派[Proculian school]和萨宾学派[Sabinian school]并未形成有组织的教育机构，但许多法学家均有自己的学生。公元3世纪时法律大学开始出现。此后罗马[Rome]、迦太基[Carthage]、高卢[Gaul]、贝鲁特[Beyrout]等地纷纷建校。文艺复兴之前的罗马各大法律学校主要使用拉丁语，学习的内容主要是古典法学著述、帝国法令及后来的《国法大全》[Corpus Juris]。随着罗马法的复兴和教会法的体系化，法律学校得到迅速发展，如公元10世纪帕维亚[Pavia]的研究伦巴第法[Lombard law]的学院，后来的波伦亚[Bologna]大学等，这一时期罗马法和教会法成为法学院学习研究的重点。这股势头延续几个世纪并扩展到欧洲其它地区。在英国，12世纪时华卡雷斯[Vacarius]就曾在牛津讲授过罗马法。剑桥的三一学院[Trinity Hall]作为罗马法和教会法学院成立于1350年。亨利八世[Henry Ⅷ]又在这两所大学设立了罗马法讲座。但英格兰的法学院教育主要是研究性的和学术性的，法律实用技巧的教育集中于律师公会[Inns of Court]。布莱克斯通[Blackstone]之后法律教育才进入这两所大学。苏格兰各大学自成立初就设有法学院，但直到18世纪初之后才开始发展起来，尤其是到19世纪中期以后。美国的法学研究始于私立法学院的成立，这主要始于18世纪后半期。(= school of law)

Law School Admission Council/L.S.A.C. 〈美〉**法学院招生委员会** 也称 Law Services。1947年成立的一个非营利性法人，由经美国律师协会[American Bar Association]或者美国法学院协会[Association of American Law School]承认的法学院各出一名代表组成，其成员现包括美国和加拿大的194所法学院。委员会的宗旨在于协调和促进法学院的招生。它向法学院和考生提供以下服务：①法学院入学考试[LSAT]；②法学院资料汇集服务[LSDAS]；③考生推荐服务[CRS]；④提供与考试准备和法律教育有关的出版物及其他教育材料。LSAT、LSDAS和CRS旨在帮助法学院对考生进行评估，但委员会自身并不实际参与评价某一考生能否被哪一法学院录取。所有的录取均有各法学院自行决定。

Law School Admission Services 〈美〉**法学院招生服务处** 设于新泽西州[New Jersey]普林斯顿[Princeton]的一家非营利性法人，从属于法学院招生委员会[L.S.A.C.]，由教育考试服务中心[Educational Testing Service / E.T.S.]进行管理。它所提供的两项主要的服务是法学院入学考试[LSAT]和法学院资料汇集服务[LSDAS]。(⇨ Law School Admission Council; Law School Admission Test; Law School Data Assembly Service)

Law School Admission Test/L.S.A.T. 〈美〉**法学院入学考试** 由法学院招生委员会[L.S.A.C.]提供的一种为时半天的标准化考试。凡申请进入作为 LSAC 成员的194所法学院学习者都必须参加该考试。它由五部分组成：一、阅读理解，二、分析推理，三、四均为逻辑推理，第五部分则用于预先测试新的考试项目。每部分的考试时间均为35分钟。考生的 LSAT 分数由前四部分构成，最低分为120分，最高分为180分。除此之外，考试还包括一项为时30分钟的写作。虽然写作的分数不计入 LSAT

分数内,但考生的作文将被送给他所申请的所有法学院。该考试旨在考察考生是否具备那些被认为对胜任在法学院的学习来说很重要的能力,包括:阅读并准确、深入地理解复杂文章的能力,组织和整理材料并从中推出合理结论的能力,严谨推理的能力,对他人的推理和辩论进行分析和评价的能力,运用标准的书面英文清楚、准确地表达观点的能力等。考试内容涵盖多个科目,即使是具有专业特长的考生也不会比别人更有优势。该考试成绩将与考生的大学学习成绩及其他个人情况一起作为法学院录取考生时考虑的基础。

Law School Data Assembly Service/L.S.D.A.S. 〈美〉**法学院资料汇集服务** 法学院招生委员会[LSAC or Law Services]提供的主要服务项目之一,它为申请人制作 LSDAS 报告,并提供给其申请的每一所法学院。几乎所有经美国律师协会[ABA]批准的法学院都要求 LSDAS 报告(也有几个未经 ABA 批准的法学院也要求该报告),报告内容包括申请人的 LSAT 分数和作文、成绩单、学术工作概况及个人简历。申请人无需告诉招生委员会将报告送交何处,而只需按其所需报告的份数支付费用即可。在申请人向法学院提出申请后,该法学院即会要求招生委员会提供该考生的 LSDAS 报告。这样,申请人便不必向他所申请的每一所法学院分别送交成绩单,从而节省了时间和费用,同时也简化了法学院的招生程序。

law side **普通法开庭期** 指既具有普通法管辖权又具有衡平法管辖权的法院,在行使普通法管辖权时的开庭期。

Law Society 〈英〉**事务律师协会** 随着预备律师公会的衰落,1739年,一个叫做"普通法与衡平法法院执业绅士协会"[Society of Gentlemen Practisers in the Severel Courts of Law and Equity]成立,该协会至少到 1810 年仍富有活力、颇为兴盛。1819 年,另一个叫做"大都市事务律师协会"[Metropolitan Law Society]成立。1825 年,一个称为"事务律师协会"[Law Society]的组织成立,该协会在 1831 年获得组成法人社团的特许状。在 1845 年、1872 年、1903 年、1909 年以及 1954 年,该协会分别获得对 1831 年特许状作补充的几个特许状。该组织的现用名称是 1903 年特许状确立的,是该协会的正式名称。该协会的主要职能是设立事务律师的培训、执业和服务的标准,颁发开业许可,确保所有新的事务律师是恰当和适宜的人员,并已得到必要的培训,指导职业考试,维持赔偿基金。该协会设立事务律师监督办公室[Office for the Supervision of Solicitors],负责调查对事务律师的行为及服务的投诉。该协会还对议会的法案进行评论和介绍。它长期以来支持司法改革,并且协助其成员掌握有关法律及执业方面新的信息。事务律师协会由主席、副主席及理事会进行管理。

Law Society of Scotland **苏格兰事务律师协会** 1949 年依制定法成立的律师组织,其会员为苏格兰全体执业的事务律师。协会作为事务律师的注册机构[Registrar of Solicitors],掌管事务律师资格考试、授予事务律师资格、发放执业执照、实施法律援助项目。它制定有关事务律师账目的规则并予执行,而且还管理一笔保障基金,当事人因事务律师的不称职或不诚实而遭受的损失,可从该项基金获得赔偿。

Laws of Athelstan 〈英〉**《阿瑟尔斯坦法》** 约公元 10 世纪产生的六部现存的法典,第一部是有关什一税[tithes]和教会会费的缴纳;第二至第五部主要涉及司法,第六部主要有关伦敦行业公会[London gilds]。

laws of Burgos 〈西〉**美洲印第安人法** 1512 年西班牙颁行的 32 项法律,意在建立一套受到认可的关于美洲印第安人地位的法典。该法律之所以颁行,是回应托钵修会修士[friar]对于虐待印第安人的谴责。在西属美洲的皇家官员被指定充当印第安人的保护人,必须人道地善待其印第安仆人。但该法执行效果差,于是导致了 1542 年第二部法典的颁布。

Laws of Canute 〈英〉**《克努特法》** 指 1016－1035 年间,经贤人会议同意,由温切斯特[Winchester]的克努特[Canute; Cnut]国王颁布的一部法典。它由教务法、(不涉森林事务的)俗务法和森林法三部分组成。

Laws of Edward the Confessor 〈英〉**《忏悔者爱德华法律汇编》** 用拉丁文纂写的一部法律汇编,据说是在 1070 年由聪慧而熟练的官员根据法学家的口述而整理制订的;一说是在 1130－1135 年间整理汇编的,但无从考证。该书曾被普遍适用且被认为是权威性的,但现在已被认为完全不可信。

Laws of Edward the Elder 〈英〉**《长者爱德华法律集》** 长者爱德华国王公元 901－925 年间在位制定的两卷本的法律或条例汇编。

Laws of Ethelred 〈英〉**《埃塞尔德法律汇编》** 益格鲁－萨克逊法律汇编之一。(⇨Anglo-Saxon law)

laws of Ine **伊尼法** 威塞克斯王国[kingdom of Wessex]早期的法律,于公元 688 年到公元 694 年间颁布。

Laws of Oleron **《奥列隆法典》** 一部被欧洲各国作为本国海商法的依据和基础予以接受的海商法法典。该法典由吉耶纳的埃莱诺[Eleanor of Guienne]于 12 世纪在法国西海岸的奥列隆岛(当时为英王领地)颁布,并在理查一世、亨利三世和爱德华三世时期一直被英格兰采用。

laws of Rhodes (= Rhodian laws)

Laws of the Bretts and Scotts **凯尔特人法典** 指延续到 14 世纪初期,居住在苏格兰的凯尔特人部落的法律,及至 14 世纪初期,被英格兰的爱德华一世废止。

laws of the Burgundian **勃艮第法** 公元 501 年,勃艮第国王冈都巴德[Gundobad]根据他和前任国王们的敕令颁布了一部称为《冈都巴德法》[Lex Gondebada],或者叫《冈巴特法》[Lex Gombata]、《勃艮第法》[Lex Burgundionum]、《法规汇纂》[Liber Constitutionum]的成文法典。后根据罗马新律又做了增订。它适用于解决勃艮第人以及勃艮第人与罗马人之间的争议。就其性质而言,该法主要是带有强烈罗马法影响的条顿[Teutonic]法。而在罗马人之间,罗马法仍有效。公元 534 年,当勃艮第王国落入法兰克人之手时,这部成文法典遭到了法兰克教士的反对,但作为属人法,这部法典对勃艮第人长期保持有效。勃艮第法在迟至 11、12 世纪得到记述,但主要参考资料来自于习惯而不是法典中的条款。约在公元 510 年,冈都巴德亦为罗马人血统的勃艮第臣民颁布一部法律,被称为《法律解答书》[Liber Responsorum]或《巴比尼安解答书》[Responsum Papiani]、《巴比尼安书》[Papianus]。该法包含部分基于勃艮第人日耳曼法和部分基于罗马法的民法、刑法和程序法。该法还包含《狄奥多西法典》[Codex Theodosianus]、新律[Novels]、盖尤斯和保罗的著作[Codex Gregorianus],以及可能抄自《阿拉历克罗马法辑要》[Breviarium Alaricianum]的《赫尔莫杰尼安法典》[Codex Hermogenianus]。在法兰克人推翻勃艮第王国后,该法由《罗马法辑要》[Breviary]所取代。

laws of the country ❶〈美〉**国内法** 在美国,广义上是指美国国家的、各州的以及地方的法律。❷**当地法律**

条约用语,假设条约规定如果一国公民死于另一国境内,则该公民国籍国的领事有权按照当地法律处置死者的财产,就美国而言,该词指美国相应州的地方遗产管理法及诉讼程序法。

laws of the Hanse Towns 汉萨同盟诸城法律 指汉萨同盟诸城的海商法,1597年首次出版于德国吕贝克,1614年予以修正、扩充。

laws of the Lombarda 伦巴第法 伦巴第国王们在公元568年征服意大利后颁布了一系列敕令,这些敕令经收集汇编成《伦巴第敕令集》[Edictus Langobardorum]并由国王奥塔里[Rothari]于公元643年颁布。这部汇编条理清楚、体系完整,吸收了罗马法,但代表的是纯粹的日耳曼法,后来又不断补充了历代统治者的立法。这些伦巴第法极大地影响了意大利法,对这些敕令的研究也构成了当时法律文化的基础,并对11-12世纪的法律研究的复兴起了重要作用。伦巴第法不像其它日耳曼法那样一旦势力衰弱就从意大利消失,而是深深地渗透和延续下来并与罗马法融合在一起,由此产生了不同的法学流派,特别是那些在帕维亚[Pavia]的法学流派。在17世纪,它仍在意大利的一些地方存在着,直到19世纪早期引进了以法国法为基础的法典之后才完全消失。

laws of the several states 〈美〉几个州的法律 当该词用于法规中,要求联邦法院适用几个州的法律时,它不仅包括州的制定法,还包括各州对一般法律问题的裁决。

laws of the Visigoths 西哥特法 是蛮族法中最为古老的一支,西哥特部落的法律最早由尤利克国王[King Euric]在公元475年通过制定《尤利克法典》[Codex Eurici]确定下来,该法典的残存部分表明它受到了罗马法的强烈影响。它本身也被后来的日耳曼各族视作典范。公元500年,一部名为《西哥特罗马法典》[Lex Romana Visigothorum]——亦称《阿拉瑞克罗马法辑要》[Breviarium Alaricianum]或《安尼恩罗马法辑要》[Breviarium Aniani]——的法典由尤利克国王的继任者阿拉瑞克二世在经过民众大会批准后颁布,其目的是供王国境内的罗马人适用,它以《狄奥多西法典》[Theodosian Code]和其它罗马法材料为基础,意在对实践中那些最重要的规则进行概括总结,并消除由于引用不同的罗马法版本而造成的混乱。《尤利克法典》同时仍然保持效力,考虑到日耳曼人和罗马人的不断融合,为了将两种法律体系熔为一炉,该法典曾在莱奥维希尔德[Leovigild,公元568-580年]、番卡德[Recarred,公元586-601年]和雷克斯文斯[Recceswinth,公元649-672年]三位国王统治期间被修订。它同样适用于罗马人和西哥特人,内容为十二卷。其仿照《优士丁尼法典》[Justinian's Codex],并以《西哥特法典》[Lex Visigothorum]或《西哥特蛮族法》[Liber Judiciorum]著称于世,它对所有南部法兰西和西班牙臣服于西哥特国王的臣民都有效。这一法典形成于公元654年,从形式到内容都带有强烈的罗马色彩,并包括了《阿拉瑞克罗马法辑要》中的许多内容,而后者已为雷克斯文斯国王所废除。后来对西哥特法的增订工作要归于艾尔维格国王[King Ervig,公元680-687年],他编纂的法典名为《艾尔维格西哥特法典》[Lex Visigothorum Ervigiana]或《新西哥特法》[Lex Visigothorum renovata],尽管冗长乏味,它还是基本上模仿了罗马法和教会法,并被其它日耳曼民族作为楷模和法律渊源之一。西哥特王国灭亡之后,该法典在阿拉伯人势力所未渗透的地方得以保存,并在阿拉伯人被驱逐之后恢复使用,12世纪它的一个译本变成了《科多巴之法》[Fuero of Cordoba]。(⇨Liber Judiciorum)

Laws of Visby 《维斯比海法》 15世纪以波罗的海地区哥得兰[Gotland]岛的汉萨同盟城市维斯比命名的一部海法集。似乎主要依据《吕贝克法典》、《奥列隆法典》、Laws of Oleron]以及阿姆斯特丹海商条例[maritime ordinance of Amsterdam],并且还包含了接受了哥本哈根的海法及海商法和波罗的海广为适用的海法及海商法。英格兰法院直到1759年仍引用该法作为依据。(⇨Hanse; Hanseatic Laws of the Sea)

laws of war 战争法 指依据国际习惯和国际条约所形成的调整交战国之间,交战国与中立国及其它非交战国之间权利义务关系、规制交战行为的国际法原则、规则和章的总和。战争法旨在通过对战争行为及由此产生的各种相关关系和利益冲突进行法律调整和规制,保护交战国、中立国及其它非交战国的合法权益,保护平民并使战斗员和战争受难者免遭非法伤害,减少战争的残酷性和消极影响。

Laws of Wisbuy (= Laws of Wisby)
Laws of Wisby (= Laws of Visby)
law spiritual (基督教)教会法(⇨ecclesiastical law)
law store 〈美〉法律服务中心 加利福尼亚州[California]设立的为公众提供法律服务的中心,用户只需支付9.95美元可通过电话向该中心的律师咨询。若支付更多费用,该中心还可通过电话向客户提供建议,亦可为客户草拟有关遗嘱、收养、更名及离婚的文件。参与该法律服务中心的律师来自1973年成立的集体法律服务机构[Group Legal Services]。该组织每年提供电话咨询服务的费用从35到60美元不等。尽管有许多律师对此中心的创立提出异议,但大部分律师都视其为必然的发展。

law student 法律学生 为了获准进入律师界或从事与法律有关的工作而投身于法律学习的学生。通常在法学院学习,有时也作为法院的书记员进行学习。(⇨Inns of Chancery; law clerk)

law student internship program 法律学生实习课程 提供学科课程的奖学金给那些在法学教授指导下,在法院、法律援助机构和检察机构以及其他类似机构实习的法律学生。

lawsuit (= suit)
lawsuit stock 〈美〉诉讼股票 指有人提出的出售通过诉讼可能收回的股份为诉讼提供费用的方法。纽约州的卡尔·坡森[Carl Person]在一起10万美元的诉讼中把5美元股的股份出售并且在股票交易委员会作了登记。尽管一纽约法院裁定出售诉讼中的股权并不违法,但无人购买该股份。

law terms ❶法律术语 ❷法院开庭期(⇨term)
Law Twenty-Two 〈美〉《第二十二条法》 波多黎各[Puerto Rico]在1976年制定的一部法律,授权警方阻止人们从美国大陆来到该岛,并且可以在无搜查证的情况下搜查他们的财产。这就造成了一种事实上的国际边界。一些专家认为,该法是侵犯美国宪法第四条修正案的违宪行为,最高法院在1979年支持了此观点。

law worthy (古)值得法律保护的;有权受到法律保护的
lawyer* n.❶律师;法律工作者;法律家 对从事法律职业者或拥有法学知识者的总称。这一职业举称为Practice of Law,其含义并无一致界定,但通常包括代表他人出庭以及在法庭上或法庭外为他人提供法律指导。在英国则将律师分为出庭律师[barrister; advocate]和事务律师[solicitor],而在美国对律师则不作分类,但实际上仍广泛存在各种异于lawyer一词的称谓。

美国律师称谓[What are lawyers referred to in the United States]	
①常用同义词 [general synonyms]	attorney(attorney at law 的简称,最为常用,复数为attorneys); counsel(既可作单数用,也可作复数用,复数形式偶用counsels); counselor(counselor at law 的简称,应用于某些司法管辖区); member of the bar
②政府律师 [government lawyers]	Attorney General(总检察长,同为司法部长,复数为attorneys general); Solicitor General(副总检察长); district attorney(地区检察官,指县[county]或类似县的地方的检察官,也称作 county attorney; county prosecutor; prosecuting attorney; public prosecutor; state's attorney.在联邦司法区也称 United States attorney); county counsel(县律师,有时称 solicitor,是县或类似县的地方处理民事案件的律师); city attorney(市律师,是市处理民事和刑事案件的律师); legislative counsel(立法顾问); public defender(联邦、州及地方的公设辩护人); trial judge advocate(军事检察官,在军事法院[court martial]履行控诉职能的官员,通常但不必定是律师); United States attorney(美国检察官)
③私人律师 [private lawyers]	general counsel(首席法律顾问,指某一企业的首席律师或全体律师); house counsel(企业法律顾问,也称 in-house counsel,为企业的正式雇员,通常工作于企业营业所,区别于专为处理某一事务而外聘的法律顾问[outside counsel]); of counsel(特邀律师); public interest lawyer(公益律师,受雇于公益律师事务所[public interest law firm/PILF],减免收费为客户提供法律服务)
④专业律师 [expertise or specialization]	如 criminal lawyer; divorce lawyer; tax lawyer; admiralty lawyer(也称 proctor in admiralty); litigator(诉讼律师,律师事务所中诉讼部[litigation department]的律师和那些出席法庭的律师使用该称呼)
⑤当今分工 [role of the moment]	attorney of record(记录在案的律师); counsel of record(= attorney of record); trial lawyer(庭审律师,类别有 defense counsel; plaintiff's counsel; of counsel on the brief); retained counsel(受聘律师,区别于法官为当事人指定的律师[assigned or appointed counsel]); prosecutor(检察官,有时亦称独立检察官[independent counsel]); prosecuting attorney(= prosecutor); private attorney general(共同私人代理人)
⑥贬称 [uncomplimentary synonyms]	ambulance chaser(救护车追赶者,用于形容律师以有问题的手段招揽业务); shyster(经营业务手段有问题的律师); pettifogger(小律师); Philadelphia lawyer(费城律师,指收费昂贵,善于寻找法律漏洞的律师); legal eagle(法鹰或法犬,指收费高,善于寻找法律漏洞的律师); legal beagle(小喀佬,形容唯利是图的律师); hired gun(枪手,形容唯利是图的刑事律师,暗示与黑社会有染); mouthpiece(= lip); Wall Street Lawyer(华尔街律师,在华尔街专司大企业金融服务的律师)
⑦尊称[complimentary additions]	Esquire(···先生,简称 Esq.); distinguished member of the bar(格式引语,可用于指称任一律师); Successful attorney(用于对辞世的律师的颂称)

Source: Adapted from David Mellinkoff, *Mellinkoff's Dictionary of American Legal Usage*, U.S.A.: West Publication Co., 1992, pp.362–366

❷代表自己出庭者;亲自出庭者 不管其本人是否获得律师执业许可,如 acting as his own lawyer。 ❸未获执业律师资格而提供某些律师服务者;准律师 在行政程序中以及在美国税务法院[U.S. Tax Court],在不要求有执业律师的情况下,对代理人可称之为"以律师身份"[acting as a lawyer],或称之为业余律师[lay lawyer]。在美国专利局[U.S. Patent Office],专利代理人[patent agents]也是作为律师工作,而未被冠以律师的称呼。在这一意义上使用该词时也存在一些贬称,如监狱中使用的 jailhouse lawyer; writ writer,在军队中使用的 guardhouse lawyer。 (⇨attorney; counsel)

v.❶从事律师职业 ❷培养律师;提供律师

lawyer referral services 〈美〉律师中介机构 指把需要法律咨询的当事人介绍给愿意接受被介绍的当事人的律师的一种机构。这种机构对于那些既不具备接受法律援助条件、又负担不起长年聘请律师的费用,在需要得到法律咨询时又不知从何处可以得到帮助的人——这些人多属于中产阶级——确不失为解决问题的一种办法。目前全美大约有 270 多个这样的服务机构,单是纽约市至少就有 25 个。通过此服务机构,需要帮助的当事人可通过拨打免费电话与一位合格的地方律师预约大约半个小时的咨询,只需付象征性的少量固定费用。初次咨询过后,双方便不再继续保持联系。

Lawyer's Committee for Civil Rights under Law 〈美〉民权律师委员会 1963 年应肯尼迪[John F. Kennedy]总统的要求而设立,旨在使法律职业界在席卷南方的民权运动中处于领导地位。经过白宫举行的一次会议,一批著名的律师,包括过去美国律师协会的主席和司法部长,创立了这个机构,并在华盛顿特区、密西西比州[Mississippi]首府杰克逊[Jackson]设立了办事处,然后从法律界募集基金来为这些办事处配备专职的律师。虽如此,长期以来这一机构仍以律师自愿代理为主。目前这一机构在华盛顿特区的办事处是由专职律师组成,而在全国各主要城市,除专职律师外,自愿参加该组织活动的非专职律师的人数越来越多。该机构每年参与全国各地几百起民权案件。

Lawyers Committee for International Human Rights 〈美〉国际人权律师委员会 这是 1975 年成立于纽约,由 1 600 名青年律师组成,自愿为全世界范围的侵犯人权案提供服务的组织。

lawyer's dream 律师之梦 意思是说,律师只需要有足以堵塞漏洞的法律知识便够了。

Lawyers' Edition 〈美〉《美国最高法院判例汇编(律师版)》 指由纽约罗切斯特律师合作出版公司[Lawyers Co-operative Publishing Company of Rochester, New York]出版的美国联邦最高法院判例汇编。

lawyer's liability policy 律师责任保险单 (⇨lawyer's protective policy)

lawyer solicitation 律师招揽客户 尽管律师有权做广告,但传统上该职业却不允许律师像银行家或证券经纪人那样招揽客户。这一限制最早来自英国。当时英国的大律师不想像"普通商人"那样与同行招揽客户互相竞争。近来这种招揽客户的限制在美国受到攻击。它被认为有悖于宪法修正案第一条言论自由的规定。目前美国一些组织还设法改革这种限制律师招揽客户的做法。它们认为,应该将有益的与有害的两种律师招揽客户方式区别开来。当且仅当律师招揽客户是有害的时,它才应被禁止。1978 年最高法院的判决认为,招揽当事人的限制对从事公共利益业务的律师不适用。

lawyers' pecking order 〈美〉律师社会地位排序 1980 年前对 777 名芝加哥律师的调查揭示了一个明显的排序:大的商业律师威望最高,而处于社会威望地位最低层的是处理个人案件,如家庭、贫困、离婚、房屋租赁等案件的律师。刑事律师、劳动、环境、人权律师处于中间阶层;但处理人权案件的律师,尽管威望不是很高,却被认为为是律师界中品德最高的。

lawyer's protective policy 律师保护保险单 承保律师在从事律师业务时,因疏忽、错误或懈怠而引致的损害赔偿责任,但不负责因律师的欺诈或犯罪行为而引致的索赔请求。

lawyers' relief bill 〈美〉律师救济法 是挖苦《雇员退休收入保障法》[E.R.I.S.A.; Employee Retirement Income Security Act]的说法。它是国会通过的一部繁杂而又模棱两可的法律,它将使未来几代的律师无生计之虞。

Lawyers Reports Annotated/L.R.A. 〈美〉律师判例汇编注释 指在 1888–1918 年间出版的对法院的著名判例加注释后所作的系列汇编。随同出版的另有一份常用的摘要、全部索引与一个对最新判例加以援引的 L.R.A. 绿皮书。当时与 L.R.A. 竞争并存的还有三个加注释的判例汇编系列,在 1918 年它们合并成为今天的美国判例报道系列[American Law Reports/A.L.R.]。L.R.A.在许多方面都与今天的 A.L.R. 相似,但是 L.R.A. 不收入联邦判例,而且其注释也不够详细。L.R.A. 对于查找当年的著名判例仍然有用。

Lawyers' Reports Annotated(New Series) 〈美〉《律师判例汇编注释(新系列)》 接续取代 Lawyers' Reports Annotated,而后又被《美国判例汇编》[American Law Reports]所接续取代。

lawyer's syndrome 〈美〉律师(职业)综合症 这是心理医生对律师在解决其个人感情问题时所遇到的困难而杜撰的术语。这种困难是律师所受的教育和训练造成的。他们习惯于把任何事物简化为一套套简明的、有逻辑关联的东西,并为由此而得出的清晰的问题根据客观事实提供合乎逻辑的解决方法,如果不能做到这一点,尤其是在掺杂感情因素的婚姻关系中,就会伤害婚姻关系,以至破裂。

lay n. (捕鱼船或捕鲸船上代替工资的)捕获物分红 v. 陈述;提出(主张、要求等)
a. ❶凡俗的;世俗的 与教会的神职人员相对而言。
❷外行的;非职业的;非专业的 尤指法律或医学的外行。

lay a bet 打赌;下赌注

Lay Advocates at Work/L.A.W. Inc. 〈美〉协助投诉失职律师机构 一个缅因州[Maine]的寡妇在共支付了 5 000 美元的费用给四个不同的律师事务所却仍未解决其亡夫遗产问题后所创立的一家私人组织,旨在帮助那些对律师工作不满的人向州处理律师违纪问题的部门提出指控。

lay assessors 〈俄〉人民陪审员 两名非法律专业人员与法官一起开庭。他们所扮演的角色与美国的陪审员相似,但在案件的处理上有更大的权力,所以他们是真正的法官。

layaway n. 分期预付购货协议 零售商与顾客之间的协议,约定零售商持有商品,以待将来出售给该顾客,即卖主留出该商品,并在将来以约定价格出售给顾客。顾客则预付部分价款,并可以就分期付款[progress payment]等其他条件与卖主达成协议。一旦货款付清,则由顾客取得该商品。

lay corporation 世俗法人 在英格兰法律中,世俗法人与教会法人[ecclesiastical corporation]相区别。"世俗法人"指以从事世俗的事业或商业为目的、由非神职人员组成并由俗人担任法人代表的法人。在美国法律中宗教法人[religious corporation]与商业法人[business corporation]相区别,但二者同属世俗法人,尽管宗教法人以发展和传播宗教信仰为目的,并拥有和管理教会的动产和不动产,但它由俗人组成,其法人代表由俗人担任;因此美国的"宗教法人"从英格兰法的角度来看,属于"世俗法人"。(⇨ecclesiastical corporation)

lay damages 提出损害赔偿额 指在起诉状的结论部分陈述原告所要求的损害赔偿金额。

lay days 〈海商法〉装卸期限 允许租船人装卸货物而无须支付滞期费的期限。

laye 〈法〉法律

lay fee 普通封建保有的采邑;俗界封地 有别于教会性质的自由教役保有[frankalmoign]的采邑、封地。

lay gent ❶俗(家)人 指非宗教界人士。 ❷门外汉;外行 指非属于某一行业之人。(= layman)

lay impropriators 〈英〉(教会法)被转交圣俸或教会财产的俗人 在亨利八世时期修道院被解散后,一些牧师的圣俸转拨归属国王。在此之前一些外国小隐修院[alien priories]被解散时,其财产也归属国王。由此两种情况发展取得的圣俸或教会财产后来也常常被国王授予俗人。

laying basis (= laying foundation)

laying foundation 提供前提;提供基础 在证据法中,指引入某些必要的事实的证据,以使得随后提出的证据具有相关性、实质性和适格性。如在专家证人提供专家意见之前向其提出一个假设的问题。

laying off ❶对宅基地的选择和指定 ❷暂时解雇 ❸(俚)停止批评 ❹对特定事情不下赌注 赌博者的术语。(⇨laying out; layoff)

laying out 确定并建造新公路

laying the venue 提出审判地 原告在起诉状中主张案件的审理应由某一地区或县的法院进行。

lay investiture (教会法)国王为主教举行的俗权授职仪式 在主教向其举行称臣效忠礼上举行。(⇨investiture)

lay judge 非职业法官 指不具备法律资格或未经法律培训而行使司法职能,或与受过训练的法官一同行使司法职能的人员。非职业法官在不同的法律系统中行使司法职能的方式也不同,主要有两类:一是一名非职业法官独自或几名非职业法官共同行使司法职能;二是非职业法官作为法庭顾问[assessor]或陪审法官与一名或几名非职业法官共同行使司法职能。所以,在英国治安法院的非职业法官具有广泛的司法权,而且可以与职业法官一起在刑事法院审理对治安法院的判决提起上诉的案件。而在法国、德国和北欧的一些国家,职业法官与非职业法官组成混合法庭共同审理各种案件。此外还有一种非专业人员参与司法活动的典型形式,就是陪审团。但是陪审员在法庭上的任务只是查明案件事实,而不能称其为法官,其职责与正式的非职业法官不同。

layman n. ❶俗人 有别于神职人员、修士。 ❷门外汉;外行 尤指不谙法律、医学等专业的人。

lay observers 〈英〉非专业观察员 自 1974 年以来在英格兰和苏格兰任命的非律师人员,其职责是评议公众就事务律师协会[Law Society]对投诉律师或其雇员的案件所作处理提出的申诉。事务律师协会必须考虑非专业观察员向其提交的报告和建议,并将采取的任何措施通知他们。非专业观察员应就其法定职责之履行情况提交年度报告。

layoff n.&v. 解雇 雇主依其意愿终止雇佣关系,可以是永久解雇或暂时解雇。暂时解雇是指出现特殊紧急情况,如原材料短缺、产品过剩时,雇主暂时将大批雇员解雇。对于暂时解雇是否属于团体保险单[group insurance policy]中的雇佣终止[termination of employment],法官意见不一。

layoff status 暂时解雇状态 指雇员在工厂停工期间不领工资的状态。

layout n. ❶(待建建筑物的)草图 ❷(确定广告、书籍、报刊等版面风格和布局编排的)规划;方案

layover ticket (中途)可短暂停留的车票 允许乘客于一定期限内,可在旅途中的地点做短暂停留后,再继续旅行。

lay people 陪审员

lay rector (教会法)带圣俸的俗人堂区长(= impropriate rector)

lay system 渔船分红制度 适用于渔船的一种收益分配制度,即捕获的鱼拍卖后所得收益先支付渔船设施使用费和给养费,剩余收益再在船长和船员之间分配。

lay tenure 世俗土地保有 即因提供非宗教性的役务而保有土地。

lay witness 非专家证人 与专家证人[expert witness]相对,指对其所要证明的事项缺乏专业知识的证人。一般这类证人以意见或推论形式作出的证言限于以下两种情况:①合理地建立在证人感知的基础之上的;②有助于清楚地理解他的证言或有助于对争议的事实作出裁决。

lazar n. 麻疯病人;患恶疾者 尤指麻疯病患者。

lazaret n.〈英〉(尤指船上的)检疫处;检疫站;检疫所 对来自有传染病国家的人进行检疫的地方。患传染病者将被隔离,以防止疾病的传染。从检疫所逃逸者将被处以200镑的罚款。按照1825年《检疫法》[Quarantine Act]的规定,检疫官员在未得到枢密院命令的情况下允许任何人离开检疫所属于重罪行为。该法被1896年的《公众健康法》[Public Health Act]所取代,之后又被1936年《公众健康法》撤销并取代。

lazaretto (= lazaret)

lazzi 〈撒克逊〉处于奴隶状态的人

L.C. ❶(= Lord Chancellor) ❷(= leading case)

L.C.J. (= Lord Chief Justice)

L.D.C. (= less-developed country)

L.D.F. (= Legal Defense and Educational Fund)

le 〈法〉这;这个 用于阳性词。

lea n. 草地;牧场

L.E.A.A. (= Law Enforcement Assistance Administration)

Leach v. Money(1765) 〈英〉利奇诉莫尼案 国务大臣发出搜查令,命令搜寻《北不列颠人》[The North Briton]一书的作者、印刷商和出版商,因为该书被指称含有煽动性诽谤的内容。利奇同约翰·威尔克斯[John Wilkes]一起被国王的使者莫尼所逮捕。因其既非作者、印刷商,也非出版商,他在民诉法庭[Common Pleas]得到损害赔偿。该案被提交给曼斯菲尔德勋爵[Lord Mansfield]时,他谴责使用无具体指示的逮捕令[general warrant]。此后,这种令状不再继续使用。

Le action bien gist 该案成立;该案可予受理

lead v. ❶诱导性地询问(证人等);诱供 ❷(英格兰古法)指明(用益权)(⇨ deed to lead uses; declaring a use)

lead counsel ❶首席律师 ①在当事人聘有两名或两名以上律师时,其中资历较高的律师;②在集团诉讼或跨地区诉讼中,掌管案件办理的首席或主要律师。❷(= Queen's Counsel)

leader n.〈英〉(案件一方当事人的)资深出庭律师 区别于资历较浅的初级出庭律师[junior]。

leader of the opposition 〈英〉反对党领袖 指下议院中除执政党之外的拥有最多席位的政党的领导人。如有疑议,则由下议院议长指定反对党领袖。作为反对党领袖,他或她具有公认的地位,并且除了获得作为下议院议员应得的收入外,还可另获一笔相应的薪金。

leading astray 使堕落;使误入歧途 指对女性劝说及诱惑进行勾引诱奸。

leading a use 事前指明和解协议的受益人 在普通法早期的地产转让诉讼中,如果根据通过法庭达成的转让一方当事人将土地转让给另一方之前,已由双方订立转让财产的契约而且该契约已经生效,则称为事前指明和解协议的受益人,于达成和解协议之后才订立这样的契约,则称为事后宣布和解协议的受益人,或称为"公布用益权"。(⇨ declaring a use)

leading case ❶首创性判例;开创性判例 指首次明确地确立一项重要的法律规则或法律原则,并在以后经常且一贯得到遵守的司法判例。❷首要判例 指在解决某一特定法律问题方面最为重要的司法判例。❸指导性判例 指被援引作为解决某一争议问题的权威的判例,此义项为松散用法,也称"ruling case"。

leading counsel (= lead counsel)

leading devise 主导性不动产遗赠 其功能在于控制或改变遗嘱中的其他规定,这些规定本来能创设不同于主导性不动产遗赠所设定的产权和利益。

leading object rule (= main purpose doctrine)

leading question 诱导性问题 指向证人提出的、意在引导其作出提问方想要得到的回答的问题,尤其是只需证人回答"是"或"不是"的问题。有关诱导性问题的一般规则是,在进行主询问时,不允许对本方证人提诱导性问题,而在进行交叉询问时,则允许提诱导性问题。但是如果证人的回答显示出其对传唤该证人的本方当事人不利时,法庭可以允许本方当事人对该证人按交叉询问的方式进行询问。

lead poisoning 铅中毒 画家们的一种原发性而非外伤造成的职业性残疾。

lead works 制铅工厂;铅矿熔炼厂 英国1961年的工厂法禁止在涉及铅的生产或使用铅化合物的某些工序中雇用妇女及年轻人。

leaflet n. 传单;散页印刷品;小册子 经常用来作广告,尤其是在政治竞选运动中逐户散发。

league n. ❶同盟;联盟 ❷盟约 ❸里格 尤指约等于3英里长的英制单位。

League of Nations 国际联盟 简称"国联",是在第一次世界大战结束后,于1920年1月10日成立的一个政府间国际组织。该组织的宗旨是维持国际和平与安全、促进国际合作。该组织设于海牙,其主要机构包括大会、理事会、秘书处和国际常设法院。该组织的主要活动期间是在20世纪20-30年代,但由于美国未加入和苏联被排斥,使其始终缺乏普遍性,其组织结构、表决程序方面的缺陷更使其长期处于英法掌握之下,终因不能阻止第二次世界大战的爆发而瓦解。1946年4月该组织召开最后一届大会,正式宣告解散。国际联盟对现代国际组织的发展具有重要影响,其作为世界上第一个普遍的一般性政府间国际组织,更是具有重要的历史意义。

League of Women Voters 〈美〉妇女选民联盟 在全美妇女选举权协会[National American Women Suffrage Association]的基础上,于1920年成立的旨在教育美国妇女更明智地行使选举权的一个公共服务性组织。1974年该组织第一次通过决议接纳男性会员。该组织不支持也不反对某候选人或政党,但它重视对地方、州及全国的政治问题的研究,发布有关候选人、各党派所争论的问题以及竞选运动的信息以争取更多的人投票,开办有关政治问题的讲座,并在全体成员意见一致时表明立场。

leak v. 泄露(或透露)机密(消息或情报) (⇨ leakage)

leakage n. ❶漏损 指液体或气体从储存的容器中漏渗而导致的损耗。❷许可的漏损率(或漏损量) ❸(因未经授权的复制而导致某一知识产权)价值丧失 最容易导致知识产权价值丧失的类型是适于录制的媒介,如磁盘、磁带等。

leal 〈法国古法〉忠诚的;属于法律的(事情);合法的

lealte 〈法〉❶合法性;依法 ❷忠诚

lean v. 倾向于;偏向于 有时可以说法庭"lean against"某一律师的主张,意指法庭不赞成该律师的主张。

leap year 闰年 因地球公转的时间每年约多出4小时而在连续三个平年后出现的比平年多一天的年份,这一年的二月份为29天。根据1237年英格兰的一项法律,如某些诉讼案件中介入了闰年2月29日,则28日和29日算作一天。美国法律规定,当使用"year"或"years"时,一年均被视为由365天构成,如果闰年中多余的一天与2月28日一起出现在一个以365日计算的时间段内,则该两日应合计为一天,即以24小时计算该两日。实际上闰年中的28日和29日各有24小时,而在少于一年的一个时间段内,这两日当然被看作两天,而非一天。(⇨bissextus)

learned a. ❶有学问的;博学的 ❷精通法律的

learned in the law 精通法律的 更为确切的含义是指被准许作为律师执业的,或者被允许不经考试而执业。

learned of 已获得某方面实际知识的

learning n. 学说;法律学说;法律准则

leasae majestatis (= lèse majesté)

lease n. ❶(不动产)租赁;租契;租约;租赁合同 出租人将其土地、房屋以一定期限交付承租人占有和使用,承租人支付租金的协议。在这一关系中,出租财产的人被称为出租人[lessor; landlord],接受财产并占有和使用的一方为承租人[lessee; tenant]。这其中"landlord"和"tenant"一般适用于不动产的租赁关系中,而"lessor"和"lessee"则既可用于不动产也可用于动产的租赁关系中。另外,与"lease"意思相近的还有"demise"、"let"等,都有租赁的含意,而且在古代法律文献的行文中一般都是多个词连用,如"demise、lease、and to farm let"或"demise and lease"。租赁的特点是:①出租人对租赁物拥有的产权必须大于承租人取得的权益,如两者相等则属不动产转让而非租赁;②承租人取得租赁物的排它占有权[exclusive possession],否则不是租赁而只是使用许可[licence];③出租人在租赁期满后保留租赁物的复归权[reversionary interest]。租赁可分3类:定期租赁、双方可随时终止的不定期租赁和终身租赁。按照英国1677年《防止欺诈法》和1925年《财产法》,3年以上租期的租赁必须以书面盖印契据订立,不满3年的租赁则得以口头方式成立。美国各州对书面租契的要求自1年至3年以上不等。❷租赁权 按照普通法,不动产租赁权属动产权益[chattel interests]中的准不动产[chattels real],英国1925年《财产法》还将定期租赁定为法律上或普通法上的不动产权,而终身租赁则转成衡平法上的权益。该法还规定支付地租或租金的终身租赁应转成租期90年的租赁,并得按协议提前终止。❸租赁物;租借物 ❹(动产)租赁;租借 以一定对价将动产出租给他人使用。
v. ❶出租 ❷租得;租有(土地等)

lease and release 〈英〉出租与弃约 这是英国从1535年后流行的一种自由保有地产的转让方式,其效力在一定程度上来源于1535年的《用益法》[Statute of Uses]。这种地产转让方式由两部分组成,一是一个租期为一年的普通法上的租约或是一个依据《用益法》而成立的地产买卖协议[bargain and sale];二是一个普通法上的权利放弃。这一转让方式旨在规避1535年的《地产交易登记法》[Statute of Enrolments],而该法则意在禁止通过地产买卖协议秘密转让土地,它要求通过地产买卖协议转让继承地或自由保有地必须经过登记。因此很快在地产买卖的实践中就发展出这样一种做法:出卖人首先通过地产买卖协议的方式与买方签订为期一年的租赁契约,依据《用益法》,此时"买主"不经进占[entry]或登记就可以获得对土地的占有。继而,出卖人就以放弃权利之约的方式将自己的地产权"放弃"给买主,这样未经进占或转移占有[livery of seisin]就可以赋予买主实际占有的非限嗣继承地产权。租约与弃约同一天签署,后者从次日起算,并在租约之后执行。租约的对价只是名义上的5或10先令,但从不支付,真实的对价于弃约之中载明。出租与弃约的地产转让方式在1535年之前就已被运用,只是具体做法与后来略有不同,主要就是在上述两步骤之间加上了买受人对地产的实际进占,《用益法》则使对地产的实际进占变得没有必要,1925年的《财产法》最终取消了出租与弃约的地产转让方式。1677年的《防止欺诈法》[Statute of Frauds]之前,出租与弃约并不必然以书面证据为条件。出租与弃约比地产买卖协议及为某人用益而占有地产的协议[covenant to stand seised]更可取,因为它能依照普通法就成就普通法地产权的转让,基于该地产而设定的用益权比不仅限于支付过对价的人;同时它也比地产买卖协议和封赠更可取,因为其运作无需其他额外的仪式,而地产权利转移可随时随地成就。因为所转让的是剩余或回复地产权,这样它又比赠与契据可取,因为一旦受让人权利出现问题,他也无需像赠与契据那样证明有先行地产权[particular estate]的存在。

leaseback n. 回租 指出卖财产时预先达成协议或者给予明示的选择权[option],以此出卖人可从买受人处即时租回所出卖的财产。故亦称为"出卖与回租"[sale and leaseback]。英国对回租土地在申请税收优惠上有限制。

lease back 回租(⇨leaseback)

leased aircraft 租赁的飞机(航空器)

leased automobile 租赁的汽车(⇨renting automobiles)

lease for lives 终身租赁 指在他人———一人或多人———生存期间占有租赁地的土地保有形式,这是一种在英格兰和爱尔兰某些地方长期存在的制度,今天这种制度主要体现为以下三种形式:一是依1922年《财产法》[Law of Property Act]由公簿保有地[copyhold]转化而来的终身租赁,这种租赁在租约期满之后不能长期续约;二是指租约期限为90年的租赁,依照1925年《财产法》[Law of Property Act],当发生任何终止原始租约之条件的事项时,在提出退租通知后该租赁即可终止;三是指在其它情况下终身租赁都作为一种衡平权益而存在。(⇨estate pur autre vie)

lease for years 定期租赁;长期租赁 在一定年限内,出租人将土地或其他可出租之世袭产[hereditament]的占有权和使用权授予承租人,承租人通常同意在每一特定周期届满时,向出租人缴纳金钱或其他任何形式的租金。(⇨tenancy for years)

leasehold n. 租赁保有;租赁保有产;租赁保有权 指根据租赁合同,承租人对不动产享有的权益。租赁权益是财产所有人通过租约转让给承租人的不动产上的部分权益,该权益与财产所有人保留的权利完全分离、截然不同。租赁权益的类型主要有长期租赁[tenancy for years]、定期租赁[periodic tenancy]、任意期限租赁[tenancy at will]、容忍租赁[tenancy at sufferance]四种。动产的租赁不能产生租赁权益,租赁权益本身在英国法上被认为属于动产性权益,但在某些立法上,如1837年《遗嘱法》[Wills Act]、1925年《遗产管理法》[Administration of Estates Act],却将租赁保有权包括在不动产中。租赁权益

是承租人对租赁财产的使用权,小于自由保有地产权,甚至小于终身地产权益。(⇨lease)

leasehold estate (=leasehold)

leasehold improvement 租赁财产的改良 指承租人对租赁财产所作之改善,如建造停车场、车道等。在征用程序[condemnation proceedings]中,该词语用以确定对承租人的补偿。

leasehold interest ❶(出租人或承租人在租赁合同下的)租赁权益 ❷(承租人的)租赁权益 指承租人对租赁合同本身的价值所拥有的利益,用以确定对租赁财产进行征用时给予承租人的补偿。该补偿的数额是租约之下的所有剩余租金与承租人在同一时期租用类似财产所需支付租金二者之间的差额。 ❸(=leasehold)

leasehold mortgage 租赁权益抵押 以承租人在租赁财产上拥有的权益作担保而设定的抵押。

leasehold mortgage bond 租赁权益抵押债券 由承租人签发的以承租人的租赁权益为抵押担保的一种债券。该债券受制于债券签发人即土地承租人对租赁合同条款的遵守,如果土地承租人违反了租约条款,土地出租人较债券持有人有优先的权利。

leasehold value 租赁权益的价值 该词常用于一种长期租约,即租赁财产当前的市场价格高于合同中约定的租金。美国一些州允许承租人在征用程序中以租赁权益的价值对土地所有人提出权利主张,除非租约中明定禁止这样做;另一些州的法律则不允许提出这种主张。

lease in reversion 接续租赁 指仅在前一个租赁合同期满时才生效的租赁合同。这种租赁合同之生效可有两种表述方式,一是后一租赁之开始时间定为前一租赁合同届满之时;二是在后一合同中提及前一租赁合同,并写明该合同在前一个租赁合同期满时生效。

lease insurance 租赁保险 承保保险标的因火灾或其他保险事故的发生致使租赁权终止所受损失的保险。

lease renewable forever 可无限展期的租约 长期租赁合同的一种,租期通常为99年,并附有无限制的续展权。

lease with option to purchase 承租人有购买权的租约 指依照租约的规定,承租人有权购买租赁财产。租赁财产的购买价格和条件必须在租赁合同中载明,否则选择权无效。选择权可以存续于整个租赁期间。

leasing (=gleaning)

Leasing Act 〈美〉《租赁开采法》 1920年制定的联邦法律,后有修订,用以规范公有土地内天然气、石油的勘探和开发。

leasing-making (苏格兰古法)中伤君王罪 一种古老的犯罪行为,指出于恶意,制造侮辱君王的谣言,包括怀疑其王位资格、蔑视地谈论君王等,现已被废除。

least restrictive alternative 〈美〉限制最少的抉择 这是一项宪法原则,它要求对个人权利的依法剥夺[legal curtailment]须以给予与合法的国家目标[legitimate state objective]相一致的个人自由以最高尊重的方式执行。

least-restrictive-means test 〈美〉限制最少方式标准 这一规则要求,任一法律或政府规章,即使是基于合法的政府利益,也应以尽可能多保护公民个人自由[individual civil liberties]的方式精心制定,只有在为实现合法政府目的所必需时,才能对公民个人自由加以限制。(⇨least restrictive alternative)

leasum 合法的;法定的

leaute (法国古法)合法性;合法地位;合法身份

leave v.❶遗赠;遗留给 ❷丢弃;离弃 ❸离开;脱离

n.许可

leave and licence 同意和许可 指所控之侵权行为已经原告同意。这是旧时非法侵入土地之诉[action for trespass to land]中被告使用的一种抗辩。

leave no issue (死时)无后嗣 指死亡时没有子女,也没有子女的后代存活。已死子女的配偶通常不属于"后嗣"[issue]。

leave of absence 准假 经雇主或上级同意,暂离工作岗位。准假期间的报酬和升迁通常不受影响。

leave of court 法庭的许可;经法庭许可 对必须经法庭许可才可进行的某些行为,在实施前应先取得法庭的许可,如推迟对原告的起诉状提出答辩的期间。

leave standing (非法)停放 指车辆停放时未留出必需的空隙。

leave to defend 〈英〉准予答辩 1855年的《汇票法》[Bills of Exchange Act](通常称为《基廷法》[Keating's Act],已废除)规定,可以在票据到期后6个月内以该法规定的传票令提起关于该票据的诉讼,除非被告能够在12日内取得出庭和答辩的许可,否则原告可以依送达证明而请求法庭作出判决。该程序已于1880年被废除。根据1965年《最高法院规则》第14条,原告可以被告对其诉讼请求或其诉讼请求的某部分(损害赔偿数额除外)无答辩理由为由,申请法庭直接作出判决[summary judgment],但是在关于诽谤[libel; slander]、恶意控告[malicious prosecution]、非法拘禁[false imprisonment],或以欺诈为由提起的诉讼中不得提出该申请。但是被告如能表明其有充分的答辩理由,可请求法庭准许其答辩,准许可以是无条件的或者是有条件的。

leave to move 〈英〉准予申请 以前,在案件审理中,遇到某一法律要点[point of law]被提出来,而对该法律要点的裁决又会影响该案的结局,则法官可以准许提出撤销或修改某项判决的申请。对此种申请由高等法院分庭[Divisional Court]审理。1876年的《上诉管辖法》[Appellate Jurisdiction Act]废除了这一做法。

leaving process at place of abode 将传票留在(受送达人)的住所 替代送达的一种方式。

leaving scene of accident (司机)逃离事故现场 其目的在于使被辨认出来之前逃避民事或刑事责任。

Le batel est oblige a la marchandise et la marchandise au batel 〈法〉船只对货物负责,货物对船只负责。 根据海商法,货主对船只有留置权,以使船主安全保管、适当运送、正确交货,而船主使货主付清运费,对货物也有留置权。

lecator (=leccator)

leccator 〈拉〉〈古〉放荡的人;堕落者;好色之徒(=lecator)

lecherous a.好色的;淫荡的;纵欲的

lecherwite (=lairesite)

lechery n.好色;淫荡;纵欲

le contrat fait la loi 〈法〉契约即法律

lecto mortali 临终;弥留之际(⇨in lecto mortali)

lectrinum n.❶布道坛;讲坛 ❷布道讲词集

lecture n.演讲;讲话;布道

lecturer n.❶讲演者;讲课人;讲师 ❷布道员 指协助堂区长[rector]布道的神职人员,由堂区委员会[vestry]推选,堂区长任命。

L Ed (=Lawyers' Edition)

ledger n.❶分类账;分户账 该词在荷兰语中为"legger",意为置于一定处所的簿册。 ❷〈废〉常驻大使或代理人

ledger book　〈英〉(教会法)**大主教遗嘱检验法院**[prerogative court]**的案卷**　但不用作证据。
ledgrave　(= lathreeve)
ledgreeve　(= lathreeve)
ledgreve　(= lathreeve)
ledgrevius　(= lathreeve)
Leeman's Act　〈英〉《利曼法》　指1867年《银行公司(股份)法》[Banking Companies(Shares)Act]及1872年《自治市基金法》[Borough Funds Act]，因其提出人——约克郡下议员乔治·利曼[George Leeman]而得名。主要内容是：①买卖银行股份的合同须载明买卖股份的数量，否则合同无效；②特定条件下，市政法人或其他政府机构的基金可用于支持或反对议会的或其他活动事项，以有利于保护居民。
lees　n.制酒过程中所用的酒糟
leet　(英格兰古法)采邑刑事法庭(⇨court(-)leet)
leez　(= laiz)
left-handed marriage　(古)门第不当的婚姻；男尊女卑的婚姻　最初仅指贵族的、门第高的男子与非贵族的、门第低的女子结婚；因在婚礼上前者伸出其左手而非右手，凸显门第差异而得名。依照规定，这种婚姻中的女子及其子女不能分享其丈夫的称号和财产。后来，该词也延指门第高的女子与门第低的男子间缔结的婚姻。
leftovers　n.(复)剩余商品　兜售和陈列一定时期后仍未销出的商品。
left turn　(机动车辆在交叉路口)左转弯
leg　n.❶腿　❷(桌子等的)支撑物；家具腿　❸(任务之)部分完成
lega　硬币中的一种合金
legabilis　〈拉〉(英格兰古法)可遗嘱处分的财产；可以遗赠的动产；可遗赠的
legable　a.可被遗赠的
legacy　n.(动产的)遗赠；遗赠物　通过遗嘱赠给受遗赠人的遗产，尤指遗嘱人的动产和金钱。被授予财产者称受遗赠人[legatee]，授予的财产称遗赠物[bequest]。受遗赠人须经遗嘱执行人确认后始能取得遗赠财产。遗赠物主要有三类：①特定遗赠物[specific legacy]，如遗嘱人的结婚戒指、家具；②指定遗赠物[demonstrative legacy]，指从特定财产中给付一部分，如从遗嘱人名下的100英镑统一公债中给付50英镑；③一般遗赠物[general legacy]，指只能从遗嘱人的一般遗产中给付的遗赠。特定遗赠应优先给付，除非遗嘱人的其它遗产不足以清偿其生前债务，遗嘱执行人不得变卖特定物偿债。指定遗赠优先于一般遗赠，如因某种原因不能给付，仍可列入一般遗赠给付。一般遗赠则仅能从遗嘱人的一般遗产中给付。如在清偿债务和给付前两类遗赠后已无足够剩余遗产，则一般遗赠只能部分兑现或全部落空。在严格的意义上，"legacy"仅指动产遗赠，"devise"则指不动产遗赠，且常指遗赠金钱。但广义地，"legacy"包括动产和不动产遗赠。只要根据遗嘱的上下文可看出立遗嘱人的意图，devise和legacy这两个词有时可互相替换或无差别地用以指动产或不动产遗赠。
legacy duty　❶遗产税；继承税　适用于遗嘱继承和法定继承。❷动产遗产税　以遗嘱方式授予动产时应缴纳的税。英国1779年的法律第一次规定了动产遗产税，即价值20英镑以上的动产遗赠物应当纳税。1796年《动产遗产税法》[Legacy Duty Act]规定征收的遗产税与之相同，同时规定价值100英镑以上的剩余动产[residuary

personal estate]也应征税；税率视继承人与遗嘱人的关系亲疏而不同，对关系越疏远者，所征税率越高。以后几经改变，1949年的《财政法》[Finance Act]废除了动产遗产税。(⇨legacy)
legacy tax　遗产税　对通过遗嘱或继承取得财产的权益所征之税。(⇨legacy duty; succession tax)
legal　a.❶法律上的；属于法律范围的　❷合法的；法定的　❸从法律上解释的　❹(适用于)律师的；从事法律的　❺(教会法)(根据)摩西律法的
　　　n.❶法定权利；法律公告　❷(复)(储蓄银行、信托公司等依法发行的)合法证券　❸〈苏格兰〉法定回赎期限　如果世袭土地因为债务，根据判决被转给债权人以供清偿债务，那么在10年期限内，债务人有权清偿债务并收回土地，摆脱其约束。否则，债权人便可获得法定回赎期限届满的诉权，使法院判给他的抵押权转变为他的财产所有权。
legal accumulation　合法累积　受托人以使信托财产增值为目的，持有未成年人的收益而不将其交给未成年人。(⇨Thellusson Act)
legal action　法律诉讼
Legal Action Center　〈美〉法律诉讼中心　一个公益性的律师事务所，主要任务是为因曾经吸毒而受歧视的人提供就业机会。
legal-acumen doctrine　法律敏感性原则　指如果对有关土地的权利主张中的瑕疵或无效性需要具有法律专业知识才能发现，则可以援用衡平法原则来消除由于该瑕疵或无效性所造成的权利阴影。
Legal Advice Center　〈美〉法律咨询中心　由律师个人或若干律师合伙私下里为公众就他们是否存在法律问题、如果有问题谁能办理及收费多少等方面提供咨询服务。这种服务由有组织的律师协会律师中介机构[Bar Association Lawyer Referral Service]来办理会做得更好。
Legal Affairs Manual　〈美〉法律事务手册　从1976年秋季，由法学院招生委员会[Law School Admission Council]和美国法学院协会[Association of American Law Schools/A.A.L.S.]联合出版。手册内容包括联邦制定法和条例对法学院开办的影响、分析一些特别的联邦制定法和条例对法学院的影响，以及建议法学院可以如何应对的备忘录、相关的联邦制定法和条例、简述对法律教育有特殊意义的联邦和州判例的诉讼公报。该手册及其增补本对法学院招生委员会的会员，包括A.A.L.S.的全体会员免费发送。
legal age　法定年龄；成年年龄　指未成年人取得完全的行为能力以签订契约、从事经营、转移财产、同意结婚等的年龄，各国法律所定之成年年龄各有不同，在美国各州又有不同，对不同之行为又各有不同的法定年龄。
legal aid　法律援助　指对那些因经济上的困难无力聘请私人律师者提供免费的或收费较低的法律服务的制度。在美国，法律援助由地方上专门成立的有关组织来实施。在英国，目前有关法律援助的法律依据是1988年的《法律援助法》[Legal Aid Act]及依该法制定的有关条例。该法规定对其可支配收入和资金属于规定限额(不同时期规定的限额不同)以内的人提供法律程序中的咨询、帮助和/或代理服务。民事案件中的法律援助项目由法律援助委员会[Legal Aid Board]负责实施，申请民事法律援助者必须表明其有充分的诉求理由或答辩理由。在刑事案件中申请法律援助通常应向治安法官提出。
Legal Aid on Wheels　〈美〉流动的法律援助　即老年美国

人法律诉讼中心[Older American Legal Action Center],它是在得克萨斯州[Texas]的达拉斯城[Dallas]开展的一项改革计划。作为一个设在流动车[mobile van]上的律师事务所,它通过访问养老院的老年人,给卧病在床者提供法律咨询,尤其是有关遗产处理[estate planning]、家庭关系[domestic relations]和消费欺诈[consumer fraud]领域的法律咨询。

legal and equitable rights 普通法上的权利与衡平法上的权利 两类基本的权利——普通法上的权利[legal rights]和衡平法上的权利[equitable rights]的并存与区分,是英国财产法历史发展的一个基本脉络。1925年《财产法》[Law of Property Act]给这两种权利以明确定义:普通法上的权利,其中包括两种普通法上的地产权[legal estate]和五种普通法上的权益或担保物权[legal interests or charges]:①能够在普通法上存在,转让和设立的地产权只有:即时占有的绝对的非限嗣继承地产权[estate in fee simple absolute in possession];绝对的定期地产权[term of years absolute],即租约。②能够在普通法上存在,转让和设立的权益和担保物权只有:地役权[easement],为着某种利益的土地上的权利或优先权(这种利益相当于即时占有的绝对的非限嗣继承地产权与绝对的定期地产权);可通过扣押执行的收租权;通过法定抵押而设立的担保物权;其他同样的,没有经过契据设立的土地担保物权;出租人在承租人违约的情况下重新收回土地的管有权的权利。除了上述两项普通法上的地产权和五种普通法权益与担保物权外,所有其他的土地上的有效的地产权、权益和担保都属衡平法权益范畴(例如受托人权利[right of trustee],剩余权益[remainder]等等)。这两种权利的区分,是由于在历史上普通法法院只承认普通法权利,而衡平法权利只能在衡平法院得到保护。虽然这两大法院系统早在一百多年前就已合并,但由于历史的原因,这两类财产权利在效力上还有很大的不同。其一,普通法上的权利具有对世的约束力[bind the world]。由于所有的普通法上的权利都会记载在地产权的契据上,可供人查阅,所以对一切有利益冲突的第三人都会有约束力。例如甲将他所拥有的普通法上的地产权租给乙,乙拥有的就是一个普通法上的地产权,即绝对定期地产权。在这之后甲如果再把土地租给丙,丙就不能与乙争土地管有权,因为乙拥有的是对世的约束力。其二,衡平法权利受"通知原则"[doctrine of notice]支配。衡平法权利也是可以对抗所有第三人的,但有一种例外,即当这个第三人是一个善意的普通法地产权的购买人时,衡平法权利就失去了约束力。所谓"通知原则",就是看第三人对先前的有冲突的利益是否知情,即是否得到"通知"。如果他不知情,说明他是善意的真诚购买人,他的权利就会受到法律的保护。例如乙获得了一个在甲土地上的衡平法权益,甲随后又将同一块土地卖给丙,既没有通知乙,又没有告诉丙乙的权益。丙是善意的、真诚的购买人,并且事先对乙的衡平法权益毫不知情。在这种情况下,丙的权利就优先于乙的衡平法权利。但是假如丙在购买甲的土地时已经知道了乙的权利,乙的权利就优先于丙的权利。(⇨estate in fee simple absolute in possession; term of years absolute; rentcharge)

legal assets 普通法上的遗产 指死者的债权人或受遗赠人可直接依据法律对其提出权利主张的那部分遗产,亦作 probate asset。与衡平法上的遗产[equitable asset]相对。(⇨equitable assets)

legal assignment 普通法上的转让;法定转让 无需借助衡平法即可生效的转让。它将财产或其权益由一人转让给另一人,除非在某些方面作出限制,否则即是指所有权益的转让。

Legal Assistance Treaty 《法律协助条约》 瑞士与美国于1977年1月23日开始执行的一个协议。根据该条约,瑞士同意将其私人秘密银行账户上的所有记录和存款数额告诉美国,只要能证明这些账户是以从事卖淫、赌博、贩毒等犯罪行为所得之收入开立的。

legal authority 法定权限 指法律授予的从事一定行为的权力,如果阻碍这一权力的行使意味着将受到某种法律制裁。治安警察根据某些法律,可以进行无证逮捕,被逮捕的人不能抗拒逮捕,否则将被认定为抗拒警察。

legal bibliography 法律文献目录;法律文献索引 指为查阅法律文献的方便而建立的目录或索引。法律文献包括作为第一手资料的法典、制定法、规章、判例及作为第二手资料的论文、评论、教科书、百科全书、期刊及审查讨论、解释大小法律问题的书籍、论文等。关于法律文献所作的最广泛的目录是联合国教科文组织[U.N.E.S.C.O.]的《世界法律评注登录册》[Register of Legal Commentaries in the World (2nd edn. 1957)],它覆盖列举了世界各国的法律文献。

legal brief 案件摘要 简述案件事实、争议点及当事人辩论意见的法律文件,通常在上诉审中使用,但初审法官要求提供摘要时,也可以在初审中使用(称为 trial brief)。上诉审摘要的内容通常由法院规则规定。(⇨brief)

legal capacity 法定资格;法律上的能力 指签订合同、转让财产、设定抵押等的能力。有能力者从事的上述行为具有约束力。如因未成年[infancy]、精神不健全[mental incompetency]而无能力时,则所为之上述行为无效。

legal capacity to sue 起诉的法律资格 指到法院提起诉讼的权利。通常除了在需要证明法院管辖权的时候以外,当事人在起诉状和答辩中无须证明自己有起诉或者被诉的能力或资格;但若要提出不具备诉讼资格的问题时,当事人须通过提出具体的否定性主张方能为之。

legal capital 法定资本 指公司已发行股票的面值总和;在无面值的情况下,则指由董事会确定的金额。在美国,有少数州要求该金额应长期保持在公司中,以保护债权人的利益。

legal cause 法定原因;近因 指造成损害的实质性因素。它是使行为人承担责任的在法律上充分的理由,即除非存在法律责任的抗辩事由,否则依照法律规定,行为人应当就自己的侵权行为,而对他人因此所受的损害负责。(= proximate cause)

legal charge 〈英〉普通法上的地产担保 依英格兰法上的地产契据,地产权益享有人将其地产上的普通法权益让与他人,作为借贷的担保,同时将涉及被让与之权益的相关保护措施、救济、权限等一并让与,如同以3000年为限出租地产的方式设定抵押一样。它既可用于自由保有地产,亦可用于租赁地产权。这种担保与衡平法上的担保不同,后者可由任何非正式的书面协议创设,依此协议任何财产均可用作借贷担保。(⇨mortgage; charge)

legal clinics 法律诊所 指利用广告来吸引业务,并在常规的法律服务中采用标准格式来向中产阶级提供较低价位的法律服务的律师事务所。迈阿密[Miami]大学法学院进行的一项研究认为,该类事务所并不必定会因业务量大而牺牲服务质量。

legal common trust fund 〈美〉法定共同信托基金 在共同信托基金的信托协议未对受托人的投资权限加以明确

时,应依信托财产管理地所在州的制定法或其司法中规定的信托投资范围一览表进行投资。(⇨common trust fund)

legal compulsion 法律上的强迫　指法律上的推定的强迫,区别于实际的或事实上的强迫,如法律规定,妻子当着丈夫的面犯罪,则推定丈夫有强迫行为。

legal computer technology 法学计算机技术　指现代的电子数据程序处理设备在法学上的应用使法律实务更为有效,如争讼的证实、诉讼文件的准备、报表、法学调研、情报回收等。

legal concepts 法律概念　法学家通过对具体规则和案例的考察,归纳抽象出来的概括性的、抽象的观念。分析法学如同语言分析学派哲学一样,侧重于澄清所用术语的含义。法律概念被视为是法律思想大厦的砖瓦,是将具体法律问题加以重新组织并将其纳入不同范畴的基础。有一些法律概念源于对客观事实的体悟,有时还得益于制定法或判例中所下的定义;有一些则是经过了长期演变发展而来。法律概念越抽象越概括,它在法律思考和创制法律原则中便越有用。许多法律概念极难理解和给它们下定义。更有甚者,它们没有确定不变的含义,其意义常随着整个法律的发展而变化,法律概念还常会出现被草率和不确切地使用或被误用的情况。法律概念越专业化,离日常的语言就越远,它们可能就越有用,以之为基础的法律制度就可能越科学。但相当大一部分法律概念与日常使用的语言在形式方面相同,而含义却大相径庭。在英格兰法中,法律概念的形成时常受到阻碍,因为一个词的某一含义可能只适用于某一特殊的法律,而不能同时适用于其它法律。法律概念分析中的基本问题是:某一词语在特定法律制度中是如何运用的,其含义又是什么。

legal conclusion 法律上的结论　该结论只说明负有某一法律义务或者某种法律结果,但不陈述产生这一义务或支持这一结果的事实。

legal consideration 合法对价;有效对价　指在法律上足以支持合同的对价。该对价对义务承担者可以不具有金钱收入或利益的性质。

legal constraint 合法拘禁;合法扣押　依照合法程序对人身或财产进行的拘禁或扣押。

legal cruelty 法律上的残忍　指配偶一方对另一方实施的将会危及其生命、身体或身心健康,或者会使对方产生身体或精神严重受损害之合理恐惧的行为。此种行为可使受害方的离婚请求获得准许。

legal custody ❶合法拘禁　❷依法监护(⇨custody)

legal damages 法定损害　指法律承认的损害,即不法行为所造成的损害中为法律允许给予补偿者。(⇨legal injury)

legal day 法务日　处理法律或司法事务的日子,区别于法院休庭日[dies non],也有别于开庭日[judicial day]。

legal death ❶脑死亡(= brain death)　❷民事死亡(= civil death)

Legal Defense and Educational Fund 〈美〉法律辩护及教育基金管理机构　在1939年原是全国有色人种协进会[National Association for the Advancement of Colored Peoples/N.A.A.C.P.]的一个组成部分,但现已独立出来。以前受当时在任的最高法院大法官马歇尔[Thurgood Marshall]监督指导。该组织由一批在上百件涉及雇佣、教育、住房、监狱等的民权案件中成功地担任辩护人的律师组成。

legal definitions 法律定义　指一种法律制度用文字术语系统地表述其原则或规则时,对众多术语和概念的确定含义的规定。对于某个术语或概念,制定法规定的法律定义通常比其所具有的一般意义广泛或狭窄,并且有时不确切。在制定法没有规定的情况下,判例可以对此作出口头定义或者给予指导,但是这种定义常常因受到案件事实和情节的局限而缺乏普遍性。

legal dependent 法定受扶养人;法定受赡养人;法定受抚养人　依照法律应受他人扶养、赡养或抚养的人,其有权依法强制对方履行扶养、赡养或抚养义务。

legal description 土地说明;土地的法定说明　又作"land description",指对土地所作的正式说明,包括对土地中设有地役权或作有保留部分所作的说明。据此应足以确定某一特定地块及其位置。土地说明可以参考政府土地测量、地界[metes and bounds]或已登记地区图中的地号等进行制作。

legal detriment (受允诺人的)法定损害　指受允诺人因信赖允诺人的行为所致的损害。这种损害或不利益可以是受约人改变自己的法律地位或承担某种责任和义务,如放弃某项权利、为或不为某项行为等。

legal dictionaries 法律词典　定义或阐释专业性的法律用语或出现在法律文本中具有特定含义的词和词组的意义和用法的词典。当然,大多数英美普通词典对这些词语也作解释。思想和语言的精准是成功的法律词典的首要因素。法律词典的作用在于减少概念上的混乱、语言上的含混及遣词上的不准确。与法律词典功能类似的是那些论述词和词组在司法语境中特定含义的书籍。第一部主要的法律词典是1527年由约翰·拉斯特尔[John Rastell]编纂的《英格兰法定义解释》[Expositiones Terminorum Legum Anglorum]。现代英格兰法律词典主要有:约翰·J.S.沃顿[John J.S. Wharton]于1848年编纂的《法律词汇》[Law Lexicon];查尔斯·斯威特[Charles Sweet]于1882年编纂的《英格兰法律词典》[Dictionary of English Law];W.G.伯恩[W.G. Byrne]于1923年编纂的《英格兰法律词典》[Dictionary of English Law];厄尔·乔伊特[Earl Jowitt]以沃顿和伯恩的词典为基础于1959年编纂的《英格兰法律词典》[The Dictionary of English Law],该词典于1977年再版,名为《乔氏英格兰法律词典》[Jowitt's Dictionary of English Law],编者为约翰·伯克[John Burke];E.R.哈迪艾维米[E. R. Hardy Ivamy]于1988年编纂的第十版《莫兹利与怀特利法律词典》[Mozley and Whiteley's Law Dictionary];约翰·S.詹姆斯[John S. James]于1986年主编的第五版五卷本《斯特劳德氏词与词组司法词典》[Stroud's Judicial Dictionary of Words and Phrases];以及约翰·B.桑德斯[John B. Saunders]于1969年总编的 第二版五卷本《词与词组法律界定》[Words and Phrases];戴维·M.沃克[David M. Walker]于1980年编纂的《牛津法律总览》[The Oxford Companion to Law]。现代美国法律词典主要有:约翰·布维尔[John Bouvier]于1839年编纂的《参照大陆法系和其他外国法系适用于美国法律及一些州法的法律词典》[Law Dictionary Adapted to the Laws of the United States, and of the Several States of the American Union; with Reference to the Civil and other Systems of Foreign Law],该词典于1897年由弗朗西斯·罗尔[Francis Rawle]修订成全新的二卷本《布维尔法律词典》[Bouvier's Law Dictionary],1914年得到第三次修订,出到第八版为《布维尔法律词典及简明百科全书》[Bouvier's Law Dictionary and Concise Encyclopedia]。在差不多一百多年里，《布维尔法律词典》出了许多版，是当时美国律师中最受欢迎的法律词典。美国的另外一部比较大型的法律词典是由詹姆斯·A.伯伦坦[James A. Ballentine]编纂的《伯伦坦法律词典》[Ballentine's Law Dictionary]，由威廉·S.安德森[William S. Anderson]编纂的第三版于1969年出版。目前，美国最主要的法律词典是由亨利·坎贝尔·布莱克[Henry Campbell Black]编纂的《布莱克法律词典》[Black's Law Dictionary]，第一版于1891年出版，最新的版本是1999年由布赖恩·A.加纳[Bryan A. Garner]编纂的第七版，第七版在编排体例、释义及词条方面与前六版显著不同，还增添了四千五百余个新词条。此外，还有加纳[A. Garner]于1987年编撰的《现代法律用法词典》[A Dictionary of Modern Legal Usage]，该词典于1995年出第二版。用法词典还有戴维·梅林科夫[David Mellinkoff]编撰并于1992年出版的《梅林科夫美国法律用法词典》[Mellinkoff's Dictionary of American Legal Usage]。另外，还有一些特定主题的法律词典，如保险、税务、医学等，和法律缩略语词典。

legal disability 无行为能力 通常指无订约能力、未成年、精神失常等情况。此时行为人从事的行为对其无约束力，法律以之为无效或可撤销。无订约能力或无诉讼能力的原因主要有：缺乏足够的理解力，如白痴、精神错乱等；或者是缺乏意志自由，如已婚妇女、受胁迫者；还有među于被排除在法律保护之外的情况，如敌国国民、被剥夺公民权利的人、犯有王权侵害罪的人等。无行为能力是与当事人自身有关，而不与诉因[cause of action]有关的一种事实状态。无诉讼行为能力的存在，必须是该人有诉讼权利，但是该人又缺乏诉讼能力。

legal discretion (= judicial discretion)

legal distributees 法定的遗产继承人

legal doctrines, principles, and rules 法律原理、原则和规则 这三个术语并无确切的含义，用法也不固定，但都被用来指各种法律规范，只不过在含义的广泛性表达方面有些差异。"原理"[doctrine]含义最广，它一般用来指一个由相关规范构成的实质性体系，它们有着共同的主题，是某些特定情形或特定领域内原则、规则和准则的有机结合，由此组成一个在逻辑上相互联系的体系，基于这种体系和逻辑内涵便可展开推理。这方面的一个典型例子是英美合同法中的约因理论和公共政策原理。"原则"是指一种概括性的规范，用来论证、统一、解释各种更为具体的规则及其适用，并作为进一步推理的权威出发点。例如雇主必须对其雇员的安全尽合理注意的原则，违约方应对定约时应在其考虑范围之内的后果负责等。"规则"一般指更为具体的规范，它可以将法律后果直接加诸某些事实，如遗嘱必须有两个证人见证才能有效的规则等。

legal dress 法衣 在西欧各国，久为人知的法官和律师在法庭上穿的特殊服装，包括帽子或假发。

legal duty 法定义务 指根据当事人的合同约定或法律的规定产生的针对特定人或一般公众的义务，如父母对子女的抚养义务。违反法定义务的行为构成不法行为。

legal easement 法定地役权 土地所有人在他人土地上可以享有的自由、特惠或利益，但不得就此谋取利润。

legal education 法律教育 ①英格兰缺乏整体的、全面的法律教育体制，法律教育的目标随时间与地点的变化而不同。在宗教改革之前，大学只教授罗马法和教会法。而英格兰法的教育与训练则由各律师公会[Inns of Court]提供。两者分裂十分明显，大学的法律毕业生大多从事圣职工作，而普通法的律师同样排斥罗马法的任何知识。当时普通法的教育主要是学徒制，学生靠观摩庭审和自学来研读普通法。1753年，布莱克斯通[Blackstone]开始在牛津大学讲授普通法，他将英格兰法条理化，赢得很大成功。但大学里的英格兰法教育在很长一段时间仍然显得缺乏活力。到19世纪后期与20世纪，许多新设立的大学，乃至一些理工大学都开始进行大量的法律研究，学生用于学习法律的合适的教材也大量增加。但法律教育的方法仍是讲课、论文、模拟法庭辩论等形式。历史较悠久大学的法律教育一般不进行法律职业或实务方面的训练，而将其留给各律师公会或事务律师协会的学校。而较为新设的大学则对法律实务方面的教育关注更多。然而，在英格兰，大学与司法实务界对此仍存在很大的分歧与争论。②美国的法律教育历史尽管并不悠久，但也经历了较大的变迁。在独立革命前的殖民时代，没有完整的法律教育系统，学习法律有几种选择方式：自学；在法院书记官处充当助手来研习法律；去英格兰的出庭律师公会学习法律。那个时候获得法律教育最常见的方法基本上是法律学徒制。一个法律学徒在富有经验的执业律师指导下学习法律，训练获得法律知识与执业技能。这一教育制度的质量很大程度取决于指导律师本人（老师）的技能水平与关心程度。殖民时代的北美没有法学院，1779年，杰斐逊[Jefferson]帮助在威廉玛丽学院[William and Mary College]设置了第一个法律教授的席位。耶鲁大学、哥伦比亚大学、马里兰大学、哈佛大学也跟随这一举措，分别设立了自己的法律教授席位。但这个时期法律教授席位被视为一般大学课程设置的一部分，而且这些法律教授也主要由执业律师而不是学者担任。当时，大学里的法律教育并未得到很大的拓展，其主要原因在于大部分律师认为法律学徒制已经能提供足够的法律训练。1784年，营利性质的法律学校的出现促进了法律教育的转变。营利性质的法律学校实质上就是专业化和业务范围复杂的律师事务所。第一家也是最著名的法律学校是康涅狄格[Connecticut]的里奇菲尔德（法律）学校[Litchfield School]。该校人才济济，在其49年历史中，共毕业1 000名学生。其中包括两名后来的副总统，101位国会议员，28位参议员，14位州长，以及许多在州范围内著名的法律学者。尽管如此，直至19世纪初期，法律学徒制仍旧是最普遍的法律教育方式。在1828年安德鲁·杰克逊[Andrew Jackson]当选美国总统后，"杰克逊式民主"运动同样也影响了律师协会对法律教育的传统控制，律师资格考试形同虚设。到19世纪60年代，37个州中仅有9个州仍保留正式的法律学徒制。哈佛法学院在美国法律教育史上占据重要位置。1817年，哈佛法学院成立，其初衷也是出于设立营利性质的法律学校的需要。"杰克逊式民主"运动也影响了哈佛法学院，导致其入学标准下降。到1829年，那些被哈佛大学拒之门外的学生，可以直接入法学院就读。法学院同时还取消了考试。同年，美国最高法院大法官约瑟夫·斯托里[Joseph Story]成为哈佛法学院的法律教授，这预示哈佛法学院作为一所现代的法学院出现了。到1850年，美国大学里的法学院已有15所。到1870年，法学院数量又差不多增加了一倍。这一年，克里斯托弗·哥伦布·兰德尔[Christopher Columbus Langdell]成为哈佛法学院的院长。兰德尔带给美国传统法律教育革命性的变化。他认为法律应当作一门科学来教授。他一改过去学生被动地听课和朗诵论文的方法，采用一种叫做"苏格拉底式对话"[Socratic Dialogue]的教学方法，并用公开报道的判例进行分析讲解：教授向学生提出许多问题，迫使学生们分析每一个案例中的事实、推理和法律要点。此外，兰德尔还将相关主题的判例汇集在一起，不同的主题有不同的案例汇编课本。兰德尔的"案例学习法"[case-study method]和"苏格拉底式对话"教学方法在当时是伟大的创新，后来很快播及全美各法学院。直至今日，这两种教学方法仍在美国十分普通地使用，特别是对法学院一年级学生，仍遵循这些教学方法。兰德尔同时还采用了更为严格的入学标准，将学制从2年扩至3年，获准毕业的要求也加以提高，其他大学的法学院也很快予以效仿。与此同时，低入学标准、营利性质的法律学校仍继续存在，业余夜校也开始出现，向那些低收入和受较少教育的人们提供获得法学教育的途径。值得指出的是，在兰德尔开始担任哈佛法学院院长的时代，通过法学院获得法律教育仍为奢华之举。1878年成立的美国律师协会[ABA]，与1905年成立的美国法学院协会[AALS]一道致力于废止法律学徒制。在1917年，大部分州仍要求一定期限的法律学徒期，但其后，律师可选择法学院作为替代。美国律师协会与全美法学院协会一同致力于提高入学标准和执业律师的标准。在19世纪后半期，高中生可以直接入读大部分法学院，但这一做法已一去不复返了。美国法学院的法律教育偏向实践技能而不是学术，实践课程[clinical programs]日益增加，法学院二年级、三年级学生在指导律师或教授的指导下，从真实的案件中学习实体法，获得草拟各种诉状的经验、技能，会见客户，提供咨询意见，以及协商解决方案等。法律的发展贯穿律师的执业生涯。1975年，明尼苏达州[Minnesota]率先作出执业律师继续教育的规定，要求每三年接受45小时的学习，一些州跟随明尼苏达州的做法，有一些州有自己的规定，各州的情形不一。(⇨ Law School Admission Test；Law School Admission Council)

legal education and training（Canada）（加拿大）法律教育和培训 1797年规定在准许从事法律实务之前，须作过5年律师学徒[articles]或书记员。后来持有大学文凭的人被免去了这项要求。在每个省，是否允许从事法律实务，一直是由各省的律师公会[Law Society]掌握。从19世纪中期起，一些法学院相继成立。到20世纪后期，作过一段短期律师学徒以后进入大学法学院的模式已建立起来了。其法学院受美国最好的法学院的影响很大，并且与美国法学院，而非与英国法学院更为相似。

legal education and training（England）（英格兰）法律教育和培训 各大学在宗教改革[Reformation]之前仅研究罗马法和教会法，而对英格兰法实践的教育和培训，则在四大律师公会[Inns of Court]中进行，并由其主持。但是，到17世纪后期，实际上并不存在任何被承认的对英格兰律师的教育，直到1729年，律师学徒训练制[apprenticeship for solicitors]才出现。1720年伍德[Wood]所著的《英格兰法原理》[Institute of the Laws of England]是近代写作系统法律教科书的第一次尝试。1758年，布莱克斯通[Blackstone]被任命为瓦伊讲座教授[Vinerian Chair]，并于1765-1768年间出版了他的四卷本《英格兰法释评》[Commentaries]，这是以其教授内容为基础写成的。他的成就首先在于以一种系统的方法确立了普通法的主要规则，以使其具有合理的体系；其次，使用宜于阅读的英语文体写成；第三，使普通法成为受知识界尊重的研究课题，使之同罗马民法[civil law of Rome]一样适合于大学。1850年，牛津大学设立法律与近代历史学院[School of Law and Modern History]，1872年两学科各自分开。在剑桥大学，1800年设立唐宁讲座教授[Downing Chair]，并于1858年开始举行法律荣誉学位考试[Law Tripos]。1852年，四大律师公会联合建立了法律教育委员会[Council of Legal Education]，并开始设立课程，1872年规定了加入律师协会[Bar]必须参加的强制性考试。现在许多新的大学甚至一些理工大学都开设法学研修课，各学科也都有适合学生学习的教科书。

legal education and training（Scotland）（苏格兰）法律教育及培训 在古老的苏格兰大学成立以前，没有关于法律研究和法学教育的记载。许多法官和律师都是牧师[clerics]，他们大都是在修道院或总教堂获得教会法的知识或曾在欧洲大陆学习过法律。在宗教改革运动中，改革者在《宗规书》[Book of Discipline]中规定，在当时的三所综合性大学里学习法律，学生要在罗马法和国内法讲师[Readers]的指导下学习四年法律课程，但这一计划从未得到实施。在17世纪和18世纪早期，苏格兰律师要想从事法律学术研究，常到北欧的一些其他地方去学习罗马法[civil law]，所以，到18世纪末，还严重依赖像格老秀斯[Grotius]、富蒂[Voet]和文尼乌斯[Vinnius]这样的权威。到19世纪60年代，未来的高级律师必须通过范围广泛的法学科目的考试，但1874年起，一个法学学位可以免除所有或部分专业考试。1873年的《法律代理人法》[Law Agents Act]规定，要取得诉状律师资格必须有5年的见习期限，并通过一些法律方面的考试，参加大学课程的学习成为必要，但从1878年起，法学院的毕业生除诉讼程序法外可免除考试。苏格兰法律学习的一个持续的特征是把苏格兰法作为一个整体来讲授，而不是将它分成诸如合同法、财产法、信托法等课程讲授，反映苏格兰法是以大陆法为基础的，与大陆法系实践有着密切的关系，以及其独立的法院系统。

legal education and training（U.S.）（美国）法律教育及培训 在布莱克斯通[Blackstone]的《英格兰法释评》[Commentaries]出版以前，青年人通过给已开业的律师当学徒或书记员学习实际案例和经验来学习法律。有些人阅读更广泛些，他们读有关政治学和哲学的书籍，以及读老旧的论英格兰法律的书籍或读罗马法著作，极少数人到英国律师公会去学习，而自己的本地法律则无教本可读。美国的第一个法律专业于1779年在弗吉尼亚的威廉-玛丽学院[William and Mary College]设立，并设立了美国第一个法律教授职位。1784-1833年间，塔平·里夫[Tapping Reeve]创办的私立的利奇菲尔德法学院[Litchfield Law School]较为有名，1826-1830年间出版的詹姆斯·肯特[James Kent]的四卷本《美国法律评论》[Commentaries on American Law]几经重版。虽然在立国初期就有人建议在哈佛大学和耶鲁大学设法律学科，但直到过了大约四分之一世纪，这两所大学在法学上才崭露头角。1870年，克里斯托弗·哥伦布·兰德尔[Christopher Columbus Langdell]任哈佛法学院院长，他引进了"案例教学法"[case-method]，严格入学要求，每年岁末都必须考试。案例教学法的前提是：任何题目的法律都包含数量相对少的原则，而这些原则往往是包括在案例之中或可以从案例中发现的。该教学法遍及美国，至今仍在很大程度上控制着法律教学领域。但当代的案例教科书已包容了许多直截了当的讲解及参考材料，立法的增长也打乱了从案件中可以找出法律的那个前提，且考虑法律问题有必要去研究其社会、经济和政治的来龙去脉而并非仅运用逻辑即可成功。大约在同一时期，各个地方律师协会[local bar association]以及1878年美国律师协会[American Bar Association]的成立对提高法律教育水平起到了推动作用,1905年美国法学院协会[Association of American Law Schools]的成立更加强了这一趋势。20世纪,法律研究和教育也成为法律职业的一个独特分支,而以前的法律教师通常是法官或开业律师。1921年美国律师协会规定,律师的录取由各州决定;每一个申请律师资格的人都必须毕业于一个被批准的法学院。另一个重大发展是由学生们编辑并撰写其中部分文章的法律评论的产生。大学法学杂志成为一种全国范围内的学术媒介。随后的变化是一个大学学位乃是进入法学院的先决条件,科目增加了,课程延长到至少3年;普遍采用博士衔[title of doctor]作为法律专业的第一学位。法学学习的范围大大扩展,法学研究、著述及学术成就都处于学术性的学者手中,然而,有意义的是美国的大学法学院在很大程度上比英国的大学法学院更注重学生对法律的实践。

legal embezzlement 〈美〉合法侵占 工会高级职员所代表的各个不同工会分别对其支付全薪。这种曾导致其个人薪金高达350 000美元的做法在1976年并不为《联邦劳动法》[Federal Labor Law]所禁止。

legal encyclopaedias 法律百科全书 它是采用叙述的形式,在按字母顺序排列的标题之下,对具有独特的法律制度的特定国家和地区的全部法律的阐述。现代的法律百科全书主要有英格兰1897年首版的《英格兰法律百科全书》[Encyclopaedia of the Laws of England]和1907年首版的《霍尔斯伯里英格兰法律全集》[Halsbury's Laws of England]。美国的第一部法律百科全书是1883年桑顿[Thornton]的《世界法律百科全书》[Universal Cyclopedia of Law],其后还有1887-1896年的《英美法律百科全书》[American and English Encyclopaedia of Law]和1901年首版的《法律和程序百科全书》[Cyclopedia of Law and Procedure]。现有的两部一般的法律百科全书是1936-1952年的《美国法释义全书》[American Jurisprudence]和《美国法释义全书第二辑》[American Jurisprudence 2nd Series],及1914-1937年的《美国法大全》[Corpus Juris]。

legal entity 法律实体 指非自然人的法律主体,如团体和社会组织,可依法运作、起诉和被诉,并通过其机关作出决策。典型的法律实体是公司法人。

legal estate 普通法上的不动产权益;普通法地产权 与衡平法上的不动产权益相对,指可以根据普通法存在、创设或转让的不动产上的权利、权益或负担。1925年改革以前,英格兰地产权非常复杂,在这之后,依普通法能够成立的地产权及相关权益和负担已大大得到简化。普通法上不动产权益与衡平法上的不动产权益的区别是,前者的行使只能在普通法院进行,当事人不必具有受益权;后者只能在衡平法院行使,须具有受益人的权益而无须拥有普通法上的权益。为他人利益拥有普通法上的不动产权益的人是受托人,无普通法上不动产权益而仅有受益权的人是受益人[beneficiary],或者更专业一些称为信托受益人[cestui que trust]。受益人如要主张对信托财产的权利,只能在衡平法院进行,因他不能以自己的名义按普通法向任何人起诉。(⇨estate)

legal estoppel 普通法上的不容否认 与衡平法上的不容否认[equitable estoppel]及因既有事实而不容否认[estoppel in pais]相对。指根据契据或官方登记本身及其内容而不容否认。该原则支持某些基于公共秩序的严格的法律规则,排除对事实真相以及特定案件的衡平的考虑。

(⇨equitable estoppel)

legal ethics 律师职业道德 指律师的职业行为应符合最低限度的可接受的标准,即在对待当事人、同行和法院的行为方面应遵守相应的义务和惯例。如律师应尽量维护其当事人的利益;应当协助而不是误导法庭;不得同时代理两个利益冲突的当事人;对当事人告诉他的事项应严格保密;不得以广告招揽业务等。英格兰的律师总会[General Association of the Bar]和美国的美国律师协会[American Bar Association]在规范律师遵守职业道德方面起着重要作用。在美国,大多数州已采用了美国律师协会制定的《模范律师职业行为规则》[Model Rules of Professional Conduct]。

legal etiquette 法律界行为规范 指法律职业界的行为准则。

legal evidence 合法证据 指所有可以采信的证据,包括口头证据和书面证据,它能够合理且实质性地证明争议事实或论点,而非仅仅提出怀疑或猜测。

legal examiners 〈美〉法定主考人 州执行律师资格考试的委员会的成员。

legal excuse 合法理由;免责理由 ①可以证明某一行为或疏忽是正当的或者免除某一义务的理由;②在刑法上指被告人可免予承担刑事责任的理由,如果没有这种理由,被告人的行为将被认为是犯罪。通常这些理由包括:受胁迫[duress]、诱骗[entrapment]、年幼[infancy]、精神失常[insanity]、非自愿醉酒[involuntary intoxication]等。

legal executive 〈英〉事务律师助理 被事务律师雇用的尚未被授予事务律师资格的人,原来称为managing clerk。事务律师助理学院[Institute of Legal Executives]负责事务律师助理的资格考试、制定管理条例等,事务律师助理有权出席法官办公室[chambers]办案,也有权出席郡法院的公开法庭,但受有限制。

legal featherbedding 法律方面的冗杂羁縻 法律制度方面的过度行为或滥用,如虚报费用、稽延裁判、轻判轻罚[light sentencing]、不必要的繁琐手续[red tape]或官僚主义。该词语最初见于美国总统卡特[Carter]1978年5月4日在洛杉矶对法律界所发表的一项批评性演讲。

Legal Fee Arbitration Board 〈美〉律师费用仲裁委员会 通过仲裁方式解决当事人与其律师之间就律师费用发生的纠纷的机构。1974年首先在马萨诸塞州[Massachusetts]设立,此后为别州效仿设立。如果在案件开始时双方就律师费事先达成协议,则需要考虑某些因素来计算出合理的费用,这些因素包括:案件的难度、会面商谈的次数和时间长短、出庭次数、所需调查研究的工作量、胜诉风险酬金[money at stake]、律师的专业知识和经验等。

legal fiction 法律拟制 指法庭对事实作出的假设以作为裁决某一法律问题的基础,即假设某一事实是真实的,即使它可能并不真实。法律拟制主要是在司法推理过程中作出,以改变某一法律规则的适用。(⇨fiction of law)

legal fraud 法律上推定的欺诈 通常被认为是"推定欺诈"[constructive fraud]的同义语,准确言之,应当是法律承认其为诉因或抗辩根据的一种欺诈。法官通过此术语,将那些尚未达到实际欺诈的行为解释为"法律上推定的欺诈",从而支持欺诈之诉的诉因。(⇨constructive fraud; fraud in law)

legal gimmick 法律上的花招 指对当事人的问题提出任何迂回曲折、偏离正道但却合法的解决方法。

legal gold 〈美〉法律金地 指华盛顿特区的高营利的法律业务,它为联邦政府每年日益激增的繁杂的法律和法规提供服务。目前有越来越多来自全美国和某些外国的律师事务所来首都开设分所。

legal good housekeeping seal of approval 〈美〉法定的许可印章的好管家 对美国律师协会[A.B.A.]在对法学院的水准鉴定[accreditation]方面拥有很大权力的讽刺性指称。

legal guilt 合法认定的有罪 指建立在事实基础上的认定被告人犯有被指控的罪行,并且严格遵守了法律为被告人规定的程序上和实体上的保障。如果违反了其中任一方面,将会导致认定被告人在法律上是无罪的。

legal headhunter 〈美〉法律猎头 指类似于职业介绍所、将有经验和专业特长的律师推荐给欲聘用专业法律顾问的工厂或公司并收取费用的个人或公司。

legal heir 法定继承人 指依照有关无遗嘱死亡的法律的规定,有权取得无遗嘱死亡者之财产——尤其是不动产——的人。可写作"heir"。

legal holiday 〈美〉法定假日 制定法所宣告为假日的日期。该法的条款,如关于银行、股票交易所、政府机关等停业的规定决定了可以在该日合法办理的事务的性质。法律宣布某一天为法定假日,并不表明要将该日提高到星期日的地位。州与州之间关于法定假日的法律及实际效力不同。在某些州,在该日送达传票[service of process]无效;全部或只有部分商业停业;政府机关可能停止办公也可能不停业办公。法院并不认为法定假日即是非开庭日,除非法律有明文限制或法律之必然结果会如此。在具体案件中应查阅制定法和地方习惯以决定某一假日是否影响某些特定的预期行为。

legal impediment 法律上的障碍 指不具备法律规定的前提条件或该条件未达法定要求。如居住时间未达法定期限,或者低于法定最低年龄等情形,都可成为结婚的法律上的障碍。

legal impossibility 法律上的不可能 指被告人实施的或意图实施的行为,即使完全按其意愿实施完毕,也不是非法的或构成犯罪。可以作为对未遂犯罪[crime of attempt]指控的辩护理由。法律上的不可能是建立在法未禁止的行为不为犯罪这一原则的基础上的。(⇨factual impossibility)

legal incapacity 无法定资格;法律上无能力(⇨legal capacity;disability)

legal injury 对合法权利的侵害

legal insanity 法律上的精神失常 指任何情形的精神错乱达到足够严重的程度,使得患者不具有法律上的能力或资格[legal capacity],也不承担刑事责任或民事责任。法律上的精神失常可构成刑事案件中的辩护理由、将患者送往精神病院的理由,或为其指定监护人的理由。

legal institution 法律制度;法律组织 这是一个含义非常不确定的术语。它有时指某个法律体系中已确立的重要组成部分,如婚姻制度、财产制度、继承制度和法院组织制度等。作为一个宏观的概念,它不同于每个具体的制度,每一具体制度都附有大量特殊的原则和规则,说明具体行为或权利如何和何时产生、终止,其特征、作用、性质以及它在不同情况下产生的法律结果等。因此,财产制度中包括规定财产权利的种类、内容,如何创设、转让、提供担保和回赎[given in security and redeemed]等事项的原则和规则。法律制度同时又与社会制度、政治制度和其他制度相互交叉,相互渗透。该词还可用以指人的组织,这种组织不因其成员的变化而变化。许多这种组织具有重要的法律意义,如大学、法学院、议会、警察机关、工会等,当然这些组织可能只是具有法律方面职能、权力及重要性的社会机构。

legal intent 法律上推定的意图 例如,通过当事人的行为所达到的自然的且又是很可能的结果而推断出来的该当事人的意图。就遗嘱人的意图而言,本词的使用并不严谨,因为严格地来说,遗嘱人只有一种意图即实际的意图,所谓遗嘱人的"法律上推定的意图"是不合逻辑的。我们有时也说"遗嘱人的推定的意图将从遗嘱人住所地法院的裁决中去搜集",那只是说不论遗嘱人的实际意图是什么,如果遗嘱中的某一术语已由遗嘱人住所地法院给出了具体、确定的含义,那么无论该遗嘱由别的哪个州的法院解释,都应采用遗嘱人住所地法院的解释,这即是该术语"法律上推定的意图"之所指。事实上,我们只应提及遗嘱人的实际意图,该意图如果不违反法律,那么就成立;如果违反了法律,除非法律或法院的裁决赋予该遗嘱能使其成立的含义,否则该遗嘱就不成立。

legal interest ❶法定利息 指由制定法确定利率的利息,包括:法律所允许的最高利率、在合同当事人约定支付利息但未约定利率时所适用的利率。后者通常即为法律所允许的最高利率。 ❷普通法上的权益;法定权益 与衡平法上的权益[equitable interest]相对,指存在于法律确认的财产或请求上的权益。如信托关系中的受托人,拥有信托财产在普通法上的所有权[legal title],因而拥有法定权益;受益人仅拥有衡平法上的所有权[equitable title],故仅有衡平法上的权益。

legal investments (= legal list)

legalisation n.❶合法;合法化 ❷公证;认证;确认(⇨legalise)

legalise v.❶使合法;使符合法律;使成为法定;合法化 多指初时为不合法而成为合法的,例如某一侵权行为可能因时效而成为合法的。 ❷公证;认证;确认 由公证人、领事、行政长官对某一文件的真实性加以证明,该证明具有法律上的效力。这个含义是从法语中借用过来的。(⇨legalization)

legalis homo 〈拉〉守法人士 指未触犯法律、未被开除教籍亦没有不良名声,因而具有宣誓作证资格的人[rectus in curia],亦即具有全部公民权利的人。

legalis moneta Angliae 英格兰法定货币

legal issue ❶子女;后裔;后嗣(⇨descendant) ❷法律问题;法律争点 作为案件的基础并须由法庭作出决定的法律上的问题。

legality n.合法性;合法性问题

legalization n.合法化;使合法 指使表面上不合法的行为变得合法。如在自己财产上所为的许多行为,损及邻地,具有可诉性,但可以因时效而合法化。如果签署文件经过公证或领事、地方治安法官的见证,也被称为"合法化"。这一名词是从法语借用而来的。

legalize v.使合法 通过批准或追认等,使原先不合法者成为合法。(⇨legalization)

legalized nuisance 合法化妨害 指某一建筑物、构造物或其他物品本来在普通法上构成妨害,但由于其建筑或维持经由合法或行政机关的批准,故私人不能对之提出反对。例如市政公园、医院等。

legal jeopardy (= jeopardy)

legal language 〈英〉法律用语 诺曼征服之前,英语和拉丁语均在英格兰适用,王室的判决、法律、法庭的诉讼都用英语;特许状和土地清册通常用拉丁语,但有时也用英语。诺曼征服之后,正式的文件,如诉讼卷宗、特许状、法学著作——如格兰威尔和布拉克顿的著作——还继续用拉丁语，而在王室法庭则采用法语。随着王室法庭地位的提高和地方法庭地位的下降，到了13世纪法语已经取代了英语。法语作为法律方面的语言在14世纪具有明显的优势，但到16世纪它就丧失了优势。17世纪时，法语便废弃不用了。1731年议会将英语定为正式的法律用语。现代的法律用语中有很大一部分来源于拉丁语和法国法律用语，它包括以下几种词汇：①法律上有特殊含义而平时罕用的词语，如 bailment 等；②日常用语中有法律含义的词汇，如 negligence 等；③日常用语。词汇并不是具有确定含义的，产生歧义也是不可避免的，法律也许更需要一个大容量的词汇库，况且许多法律词汇是允许词义在一定范围内变化的。为了精确和方便，拉丁语的法律格言[legal maxim]今天仍被经常引用。许多法律原则也常体现为拉丁短语。在国际交往中将一种文本译为另一种文本通常也是非常困难的。在苏格兰，拉丁语用于特许状；但早期的法律、诉状等采用了苏格兰语。后者逐渐变得与标准英语更为接近。英格兰法律方面的许多词汇亦来源于拉丁语和法语，当然是法国的法语而非英格兰的法律法语。

legal liability 法律(上的)责任；判决确认的责任 由法院认可并在当事人间强制执行的责任。

legal life estate 普通法上的终身地产(权) 与衡平法上的终身地产权[equitable life estate]相对，指依普通法规定而获得的、持有人可以终身享有、但不得被他人继承的地产，如寡妇或鳏夫从亡夫或亡妻财产中获得的财产[dower or curtesy]，不同于因遗嘱或转让而产生的终身地产。

legal limit 法定限制 由法律确定的限制，如车速限制、市政法人最高负债额或合同中可收取的最高利率等。

legal list 〈美〉法定投资目录 许多州选定的投资目录，通常限于符合特定条件的、低风险的优质证券[high-grade securities]。在某些州，银行或保险公司等信托的受托人只能从法定投资目录中选择进行投资；在某些州，银行或保险公司在法定投资目录中投资可不因投资贬值而承担责任。

legal lottery 合法彩票；由法律授权发行的彩票

legally ad. 合法；依法 在美国，当该词用于指依法经营的银行业务时，意指符合该州立法，尤其是符合银行管理方面的立法。

legally adopted 依法收养的

legally committed 合法拘禁的 指有权进行预审的治安法官，在实际听取了证据后，裁决对刑事被告人予以拘禁存在可成立理由[probable cause]的情况下，对被告人的拘禁。

legally competent 符合法定资格的 在确定遗嘱执行人资格的法律中，该词指适合或有资格按对正当程序必不可少的司法标准行事。

legally constituted court 依法组成的法庭

legally dead 法律上推定死亡 推定死亡(⇨presumption of death)

legally determined 依法确认的；依法制定的

legally insufficient title 法律上不充分的所有权 指其合法性和有效性受有合理怀疑的所有权。这种所有权不能买卖。(⇨marketable title)

legally interested 法律上有利害关系的 指对财产、特定专款或诉讼标的拥有法定权益的。(⇨legal interest)

legally liable 依法负有义务的；依法负责任的

legally operating automobile (保险法)合法驾驶车辆 用于责任保险单中，指依据权利或合法授权而驾驶车辆。

legally proved 依法证明的；由合法证据证明的

legally reside 合法居住 指有符合法律要求的住所，亦即法律上确认的永久居住地。(⇨domicil(e); legal residence; residence)

legally sufficient consideration 法律上充分的对价 指法律承认其在法律上足以支持一份有效合同的对价。

legally sufficient evidence 合法的充分证据 具有合法来源的、适格的、相关的证据，并可据此作出唯一结论。

legally sufficient tender 法律上充分的交付(履行) 指卖方为履行义务而所为之交付。(⇨tender)

legally sufficient title 法律上充分的所有权(⇨marketable title)

legally sworn 依法宣誓的；受誓言约束的 只有当证人向有管辖权的法院就在审的未决事项宣誓诚实作证时，才可称该证人为"依法宣誓的"。

legally using automobile 合法使用车辆(⇨legally operating automobile)

legal malice (= malice in law)

legal malpractice 律师的渎职；律师的玩忽职守 指律师在为当事人提供法律服务时，未能像一位普通的且理性的律师在同样的情况下那样运用专业技能、尽到应尽的谨慎和勤勉。也称作"attorney malpractice"。

legal maxims 法律格言 被人们广泛认同的有关常识或公平正义原则的表达方式。其中许多直接或间接地源自罗马法，因此以拉丁文的形式延续下来。

legal medicine 法医学(⇨forensic medicine)

legal memory 〈英〉法律追溯日；法律追忆期 在英格兰法中指理查一世[Richard Ⅰ]登基之日，即1189年9月3日，一说为1189年7月6日，因为依据1275年的《威斯敏斯特法Ⅰ》[Statute of Westminster Ⅰ]，1189年为依权利令状主张地产权利的限期。在普通法上，时效取得是建立在一种推定的授权之上的，即法律假定事实上的和平占有持续一定时间即赋予当事人合法的权利，如同经过正式授权一般。依时效而成就的地役权须证明以某一时刻——通常是法律追溯日起，该地役权就为当事人所享有，而在从法律追溯日到现在这一段时间内无否定当事人享有该地役权的相反证据，则该地役权推定为由该当事人享有。但在实践中，如果有证人证明在其记忆中当事人已享有某种权利，同时亦无相反证据证明这种享有始自1189年乃不可能，则法庭是很乐意将这种权利的享有推定为始于1189年的。

legal merchandize (可装运)合法货物 指符合装运港、卸货港、中途靠港地的法律、船旗国法律或合同适用的其他法律要求的货物。根据租船合同中"合法货物"的规定，只要是合法货物，除非另有规定，租船人均可装运。但船东为保障船舶安全和自己的利益，通常在租船合同中以追加条款[rider clause]详细列明不准装运的除外货物[excluding cargo]，如危险品、废铁、盐、军用物资等。凡属于列明除外的货物，船方有权拒装。即使船长同意装运，由此所致损失，船东不负责任，而应由租船人承担，因为船长同意装载并不意味着船东放弃依租船合同享有的权利。只要是合法而又未在租船合同中列明除外的货物，租船人均有权装运，即使由此造成损失，租船人亦不负责任，而应由船东承担。但依航运惯例，如果租船人有权装运危险货物，亦应于装运前将拟装运货物的性质和运输中应注意的事项通知船方，否则租船人将对由此造成的损失承担责任。

legal methodology 法律方法论 是指在特定法律制度或法规下，用于发掘相关的原则及规则，以解决具体的难题或争议之方法的知识体系。运用法律方法论首先依赖于对于产生难题或争议的事实的确定，以及发现真正的争议之所在。事实材料需要通过法律概念、法律意识等予以分类、筛选、分析，以利于参照相关的法规、判例、学术评论或其他资料来源获得予以对于争议在法律上的解决之道。运用法律方法论是一种通过经验以及广泛了解、熟悉法律制度而得到拓展的技能，这对一个经验丰富的律师是至关重要的，舍此别无他径。

legal monopoly 合法垄断(权)；法定独占(权) 是由政府授予经营电力、电话等公用事业的专属权利；公用事业的服务内容和收费由政府规定。

legal mortgage ❶〈罗马法〉法定抵押 债权人针对债务人财产的抵押权是基于法律的规定而非约定产生。亦称"tacit mortgage"。❷〈英〉普通法上的抵押 在英国的不动产法中，抵押实际上是将自己的完全保有地产以绝对定期保有地产[term of years absolute]的形式出租给抵押权人，或通过契据在原地产上明确设定一种抵押的负担来实现。若标的为动产，则是一种将动产上的权益附条件地让与抵押权人的法律关系。

legal name 合法名称；合法姓名 根据普通法，由教名[given or Christian or baptismal name]和姓[family name or surname]组成，中间的名字或其开头字母是否插入、漏写或写错都无关紧要。

legal negligence 法律上的当然过失 指未履行普通谨慎人的注意义务。这种过失是一法律问题，通常是因违反法定义务而产生。(▷negligence per se)

legalness (= legality)

legal newspaper 法律报纸 在全国及主要城市发行的报纸，其内容包括：重要的法院判决摘要；最近制定或悬而未决的立法或法规修改；地方上有关破产、遗嘱检验、取消抵押品回赎权[foreclosure]、离婚等程序的公告以及法律界普遍感兴趣的新闻。

legal notice ❶ (= constructive notice) ❷ (= due notice)

legal obligation 法律义务 指法律所加诸的义务，即根据正式的、有约束力的协议或承认负有向特定的他人支付一定数额的金钱或从事一定行为的责任。(▷obligation)

legal officer ❶法律上的官员 凡实际获得某一职位，拥有该职位法定职衔标志[legal indicia of title]的个人，即为法律上的官员[de jure officer]，其职权直到被撤职时为止。不过，在某些情况下，该词也包括事实上的官员[de facto officer]在内。❷〈美〉军事司法官 在其辖区内[within a command]负责军事司法的官员。❸〈美〉军法顾问；军法助理 协助军官处理军法事务的官员。❹〈美〉海军委任官 受委任为某一命令履行法定职责的海军、海军陆战队[Marine Corps]或海岸自卫队[Coast Guard]的官员。

legal opinion 法律意见书 司法官员或律师就其对适用于特定事实的法律的理解所发表的书面意见，它能否为依此意见行事者提供保护，取决于该意见书的性质和调整这种意见书的相关法律规定。法律意见书可能涉及到不动产的权利状况，而这则是当事人进行交易的依据。

legal order 法律秩序 该术语用来指由从法律角度审视和从法律功能方面考虑的存在于某一特定社会中的人、机构、关系、原则、规则构成的复合体。法律秩序与社会、政治、经济、宗教等方面的秩序并存，只不过它是从法律组织方面来审视社会。相应地，法律秩序包括：人，如配偶、父母、纳税人、雇主、承租人、破产者、罪犯等；组织机构，如公司、非法人组织、信托机构等，它们享有权利并承担相应的义务；关系，如夫妻、亲子、雇主与雇员、罪犯与受害人等；作为行为规范的原则和规则。"legal order"被一些法律家在不同意义上使用，如与法律机构、法律制度甚至是与法律本身等同使用。

legal owner 普通法上的所有人；法定所有人 指法律上确定的财产所有权人，尤其指信托关系中，为他人利益而对财产享有普通法上所有权[legal title]的人，即受托人。该词与衡平法所有权人[equitable owner]相对称，而不与非法所有人[illegal owner]相对。(▷trustee)

Legal Periodical Digest 〈美〉《法律期刊文摘》 也称《法律评论文摘》[Law Review Digest]，由美国律师协会出版的一份双月刊，内容主要为各种法律出版物上有关法律的文章的详细摘要，它强调法律实践性的方面，也包括其他未摘录的文章的索引。

legal persona 律师的特性 persona是古希腊戏剧中演员所戴的一种面具，以标示其所扮演的角色的特征。legal persona是一种虚构的说法，即它认为律师都具有某种特别的特征，这些特征使得他们显得很突出，构成一个与众不同的群体。例如，美国法学院的教授们常爱说他们要训练学生"像律师一样地思考"或者"像律师一样地讲话"。

legal-personal representative 〈美〉法律上的人格代表 当立遗嘱人使用该词于动产时，指遗嘱执行人或遗产管理人[executor or administrator]；当立遗嘱人使用该词于不动产时，指在立遗嘱人死后立即将该不动产转移给他的人；当在海员死亡的情况下使用该词时，指官方的遗产管理人、遗嘱执行人，或者在该海员居住的州指定的遗产管理人。

legal philosophy 法律哲学；法哲学 在狭义上，常被用来指理学[jurisprudence]或在最狭义上指法理学的一个分支，即用哲学的观点来审视法律或将哲学方法适用于法律问题，如法律的定义和性质、法律与社会、国家、道德之间关系、法律的目的、守法、法律概念和术语分析及法律推理的性质和有效性等。法哲学必然与社会学、道德学、政治哲学的许多方面关系密切，且有所重迭。它必定反映特定学者的哲学观点，是一般哲学的一个组成部分。它有时会对特定时间和地点的法律做出合理的解释，或者理论化以满足法律发展特定时期的需要。法哲学起源于希腊，以柏拉图和亚里士多德为代表，后者区别了分配正义和矫正正义、法律正义与自然正义、自然法与实在法、法律与衡平等，后期的斯多葛学派更将自然的观念纳入了道德和法律范畴。古罗马的实践法学湮没了其法哲学，只有西塞罗在将希腊自然法思想传承到罗马的过程中起了中介作用。中世纪，基督教神学兴盛，经院哲学家多将法律归于上帝的意志，这其中也托马斯·阿奎那为代表。人文主义的复兴使国家主权观念出现，古典自然法思想又随文艺复兴而成为时代的主流。接下来的几个世纪里出现了格老秀斯、普芬道夫、斯宾诺莎、霍布斯、洛克、卢梭、孟德斯鸠等思想家，他们程度不同地都主张在现行国家法之外还存在一个更高的自然法，它源于人类进入文明社会之前的自然状态，人们摆脱自然状态建立国家是通过社会契约实现的。当然各自又分别有不同的侧重和强调，如卢梭的人民主权，孟德斯鸠的三权分立等。19世纪早期出现于德国的哲理法学派标志着法哲学发展的一个新高度，它以康德、黑格尔为代表。作为对法国大革命和激进的理性主义的反思，历史法学派的出现是对过去的一种浪漫主义回归，他们反对普遍的理性主义，强调各民族国家法律自身的发展和成长。孔德开创的实证主义使法学领域出现了法律实证主义，在英国以边沁、穆勒、奥斯汀为代表，融入了功利主义和实证分析的方法，这一传统由凯尔森的纯粹法学和哈特的新分析法学经19世纪传到了20世纪。20世纪虽有自然法学和分析法学不同程度的复兴，但唱主角的还是由庞德、狄骥、迪尔凯姆等开创的社会法学及源于霍姆斯、卡多佐，由弗兰克、卢埃林等加以发展的现实主义法学。法哲学历经许多世纪的发展，涉及众多问题，但其根源在一定程度上仍应归结于社会现实的需要，它至今仍没有而且也不会有定论。

legal pollution 〈美〉**法律污染** 指美国法律制度中黑暗的一面。如费用过高、不充分的代理制度[inadequate representation]、诉讼之旷日持久、法官不合格、陪审员腐败、裁判的迟延以及有权有势者以穷人和弱者为牺牲的任何其他陋习弊端。

legal positivism **法律实证主义** 是实证主义运用于法学研究的产物，以奥斯汀[Austin]为代表。强调法律就是国家权威机关制定的普遍性规则，是一套民众必须遵守，法院必须予以支持的实体规则，其实就是作或不作某种行为的命令，不遵守将会受到制裁。

legal possession (= possession in law)

legal possessor **合法占有人** 指有合法权利占有财产的人，如附条件买卖[conditional sale]合同的买方。与对财产享有法定所有权的法定所有人不同，合法占有人只有占有财产的合法权利而无该财产的所有权。(➪ legal owner)

legal prejudice **法律上的损害** 如果被告能表明其将受法律上的损害，将会使原告提出的可以再诉的终结诉讼的申请[motion to dismiss without prejudice]无效。被告可以表明如果依原告的申请终结诉讼，将会剥夺他的实体性财产权利，或者阻止被告提出答辩理由，而这些在以后再次提起的诉讼中被告将不能得到。

legal presumption (= presumption of law)

legal privity **法定相对关系** 例如代理人与本人之间的关系。(➪ privity)

legal proceeding **法律程序** 指法律许可的、在法院或裁判所提起的，旨在取得一项权利或实施某一救济的一切程序。

legal process （为合法目的经合法程序签发的）**法律传票；法律令状**

legal profession✲ **法律职业；律师职业** 在英格兰和威尔士，律师职业划分为出庭律师与事务律师。前者称为"the Bar"或"counsel"，或"barristers"，在苏格兰则被称为辩护律师[advocates]。后者称为"solicitors"。两者在其管理机构、资格授予、专业训练方面都存在差别。从历史传统上看，出庭律师享有更高的声望，而且以前也享有更高的社会地位，并一直独享在高等法院的出庭权，尽管这一专有权利现在已被取消。另外，部分出于法律上的规定，部分出于惯例，高等法院的法官也一般从出庭律师中挑选。出庭律师本身又分为初级出庭律师[junior counsel]及资深出庭律师[senior counsel; leading counsel]，后者往往享有"皇家大律师"或称为"御准大律师"的称号[Queen's Counsel; King's Counsel]。出庭律师的主要工作是提供法律建议、代表当事人出庭辩护。他们执业主要集中在伦敦和其他主要城市，不采用合伙制，而是与其他出庭律师分摊办公场地及共同雇佣的行政人员的费用。与事务律师相比，出庭律师倾向于对法律的某一特殊领域有更多的研究。并且通常不直接与当事人联系，而是由事务律师代表当事人向其介绍案情。事务律师曾被称为"attorneys"，"proctors"。在苏格兰又被称为"writers"或"law agents"。事务律师的主要工作是为当事人有关涉及法律的大小事务（如商业交易、财产交易、家庭事务）提供法律上的建议与服务。在级别较低的法院还可以代表当事人出庭。事务律师执业不拘于大城市，而是布满全国各地。他们一般采取合伙制，共享利润、共担损失。并且日趋倾向专长某一特殊领域，如土地法、信托法或商业诉讼等，但事务律师的工作可能涉及法律的任何领域。事务律师主要工作通常包括起草法律文件，进行诉讼初级阶段的准备工作，如提交相应的文件和会见证人。在美国，律师称为 attorney at law，简称为 attorney，亦称为 counsellor at law，简称 counsellor，或 attorney and counsellor at law，一般也称为 lawyer。各州自行管理与组织律师职业，各州有自己的一套执业资格批准规章。律师职业在美国没有明确的分类，但在一些大的城镇，律师的工作仍有所侧重。(➪ bar; barrister; solicitor; attorney; attorney at law; counsellor; counsel; lawyer)

legal provocation **合法刺激；法律上的刺激**(➪ considerable provocation; reasonable provocation)

legal quay 〈英〉**法定码头** 指装卸应课税货物的指定场所。在1558年通过的一项旨在防止走私的法令中规定，除了鱼以外的商品只能在白天装卸，并且只能在伦敦及其它特定港口的指定码头进行。伦敦的法定码头全部位于泰晤士河的北岸伦敦桥与伦敦塔之间。在南岸则有一些虽非法定，但未被禁止的码头，但它们仅仅是没有被禁止而且它们能存在多久很不确定，随时都可被禁止。

legal rate ❶**法定利率** ①在合同未约定利率时所采用的利率；②法律规定贷款可采用的最高利率值。(➪ interest rate) ❷**法定运费** 承运人必须收取，托运人必须支付的运费。(= lawful rate)

legal rate of interest **法定利率**(= legal interest; legal rate)(➪ usury)

legal realism **法律现实主义** 主张法律是基于法官对社会利益及公共政策的衡量所作出的司法判决，而非基于形式规范或原则的法学思潮或法学思想运动。法律现实主义在美国20世纪20、30年代方兴。一般认为，美国最高法院大法官 O.W.霍姆斯[Oliver Wendell Holmes]及哈佛大学教授 J.C.格雷[John Chipman Gray]是美国法律现实主义思潮的先驱，而代表人物则公推卢埃林[Karl Llewellyn]与弗兰克[Frank]。法律现实主义以实用主义、实证主义哲学作为理论基础，受到行为心理学、弗洛伊德的精神分析学、统计社会学等思想流派的影响。它反对盛行于美国的传统法学，即"概念论"、"法律形式主义"、"法条主义"等，强调从人的行为，特别是司法官员的行为中探寻现实的法律规则。它区分"书本上的法律"[law in books]与"行动中的法律"[law in action]，主张注重经验事实，甚至主张对法官进行心理分析。在北欧国家，也曾流行现实主义法学，一般通称为斯堪的纳维亚法律现实主义。它与美国法律现实主义有所差别。在西方法理学中，法律现实主义通常指美国的法律现实主义思潮。

英格兰律师职业的发展 [Development of the English Legal Profession]

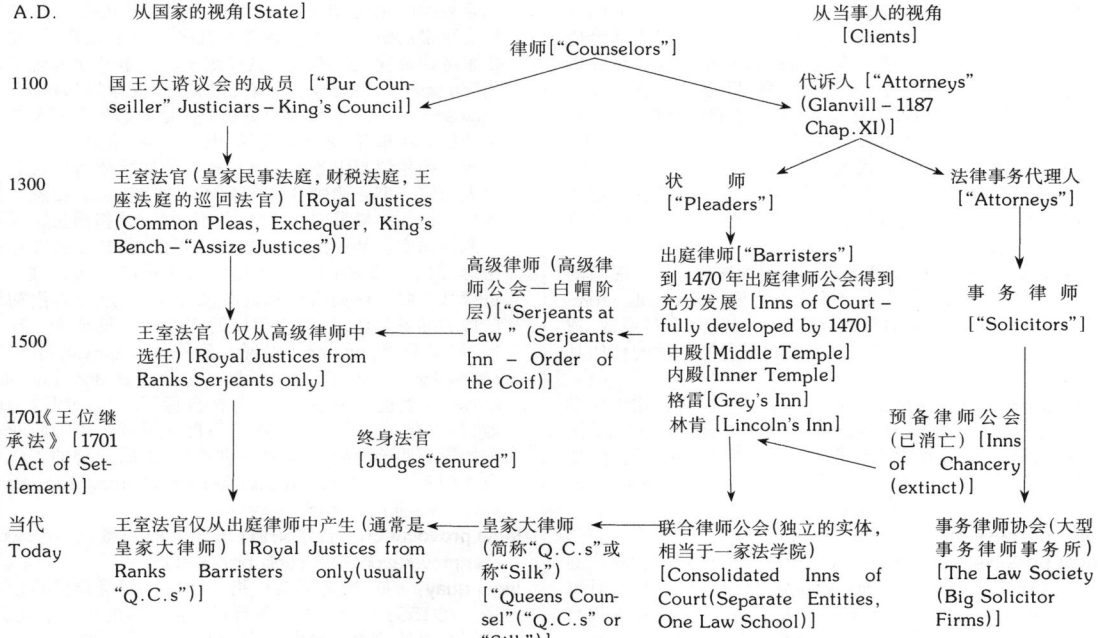

Source: Daniel R. Coquillette, *The Anglo-American Legal Heritage*, U.S.A.: Carolina Academic Press, 1999, p.288

legal reasoning 法律推理 指对法律命题的一般逻辑推理。

legal representative ❶遗嘱执行人；遗产管理人 ❷继受人 如继承人、受让人、受托人等。 ❸(在人寿保单中指被保险人的)遗嘱执行人或遗产管理人

legal rescission 普通法上的解除；合法解除 指由合同双方当事人的协议所作的解除。(⇨rescission)

legal research* ❶法律文献检索 指查找和收集有关某一法律问题的法律根据[authorities]。亦指为法律检索目的而有效地编辑和整理关于某一法律问题的法律根据方面的研究。 ❷法律研究 指对法律问题及与法律相关的问题作系统的探讨与考察。在各主要法学院及一些研究机构都有从事法律研究的项目或研究人员。有一些研究结果可能会用于支持或反对某项法律改革。在司法方面，也存在一些将深入探讨的法律研究用于准备某些评论要点，或供法官撰写判决参考之用。

legal reserve 法定准备金 指根据法律规定，银行按其存款的一定的百分率必须预留一定额度的现金或流动资金以满足储户的需要；亦指保险公司根据法律规定必须预留的流动资金以满足索赔时的需要。

legal residence 法定住所 法律上作为某人住所的地方，尽管不一定随时都能在该处找到其人。某人意图作为住所、在临时外出或暂回他处后打算返回的长期、固定的居住地。与domicile同义而与暂时居住地、居所有别。(⇨ domicil(e); residence)

legal residuum rule 法定剩余证据规则 该规则规定，一个行政机构的决定或命令如果是部分地建立于传闻证据之上，那么至少应有一小部分充分可靠的证据才可以使该决定或命令在司法审查中获得支持。目前美国的联邦和州法院已普遍拒绝使用该规则。(= residuum rule)

legal retributivism 合法的报应主义 一种关于刑罚的哲学思想。其中心含义是罪犯所受的惩罚应等同于而不能大于其犯罪的程度。刑罚的报应刑主义源出于圣经"以眼还眼，以牙还牙"的教义。汉谟拉比法典中也体现了报应主义的思想。康德是现代报应刑理论的典型代表，他认为只有故意违法的人才应受到惩罚，惩罚的程度应和所犯罪行相当。以恶报恶的方法[evil-for-evil scheme]如果不是法令所规定的话，至少在道义上是允许的，而且不需要更多的理由。该理论因允许"野蛮残酷"的惩罚而经常受到攻击。然而，从历史角度来看，较之无限制报复[unlimited retaliation]来说，应该说是人道得多。

legal reversion 法定回赎期 指为抵债而出售的财产能够回赎的期限。

legal right ❶法定权利；法律上的权利；普通法权利 指法律所创设或法律上可获承认和执行的主张或权利；该词在历史上指由法律法院承认的权利。(⇨ equitable right) ❷〈苏格兰〉法定遗产请求权 指无论死者是否留有遗嘱，死者的生存配偶及/或子女所享有的分配其遗产之权。1964年以前，鳏夫对于其妻所遗之可继承不动产享有亡妻遗产继承权[curtesy]，对于动产享有未亡人遗产份额权[jus relicti]；寡妇对于其夫所遗的可继承不动产享有亡夫遗产继承权[terce]，对于动产享有未亡人遗产份额权[jus relictae]。子女对于父母所遗之动产享有特留份继承权[legitim]，1968年后，亲属关系更远的其他后裔也享有这种特留份继承权。法定遗产请求权不因剥夺继承权或将所有财产留给他人而被排除，但能通过权利人的放弃或清偿[satisfaction]——即订立一项遗嘱条款代替法定遗产请求权——而被排除。忽略法定遗产请求权的遗嘱仍为有效，但在请求权范围内可对之提出异议。1964年前，法定遗产请求权还可针对离婚配偶的财产行使，如

同该配偶业已死亡。(⇨curtesy; terce; jus relicti; jus relictae; legitim)

美国一般(法律)文献检索大纲 [General Research Outline in the United States]

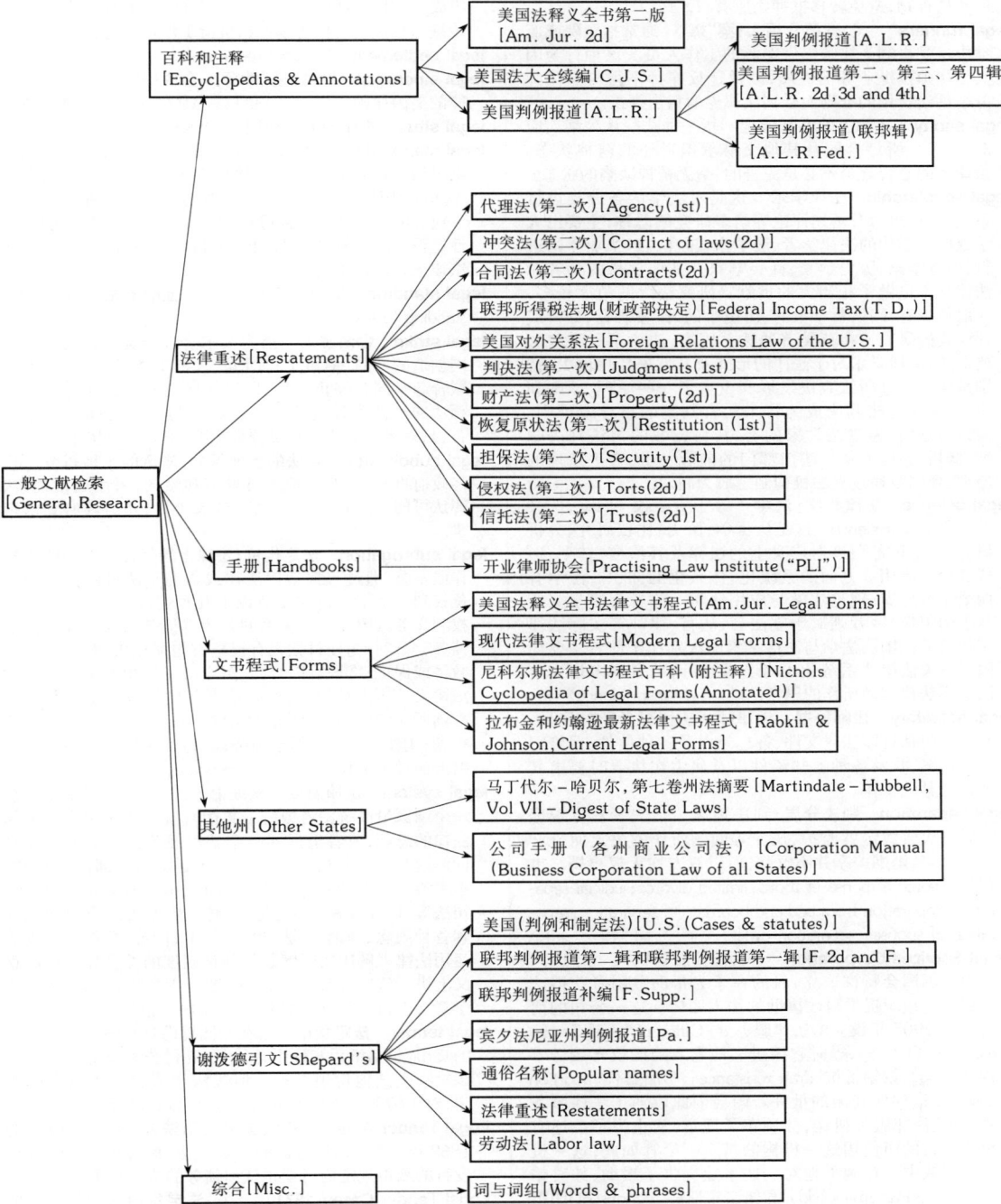

Source: Charles P. Nemeth, *Legal Research*, U.S.A.: Prentice-Hall, Inc., 1987, p.12

legal right of redemption 回赎抵押物的法定权利　在某些司法管辖区，抵押可以产生向抵押权人转移所有权的效力；而同时抵押人则有权通过偿付抵押债务而回赎抵押物，避免转移抵押物所有权。

legal runners 〈美〉案源介绍人；案"媒"　通常指医院或监狱中接受报酬为律师提供案源的工作人员。该种行为因其为律师拉拢业务的性质，以及违反律师不得与非律师分享诉讼费用的准则而受到法律界的猛烈抨击。

legal sanity 法律上的心智健全　指一种法院认为某人应对其行为、所订合同及其他交易承担责任的精神状态。法律上的心智健全不必是完善的、毫无精神缺陷的状态。

legal scholarship 法律学术　这是对法学的各分支进行系统探讨、思考及著述评论等诸多研究的总称，主要由大学或研究机构的法律学者、法学家或是法官、执业律师进行，但哲学家、历史学家、社会学家及其他学科的学者对法律学术也做了相当大的贡献。研究法律的角度较多，一般至少有 4 种：哲学上的、历史学的、比较研究、分析或评注式的研究。在英美普通法系国家，法律不是采取法典形式，法律学术对于法律的形式及其发展作用巨大，特别是法官通过司法判决发展和重申了一些原理、原则和规则，这些司法判决成为将来法官判案的指导或规则。而另一方面，通过法学家的努力，将无数的司法判决归纳、概括、整理为某一法律部门的前后一贯，合乎条理的原理、规则或通过立法机构制定成为制定法。

legal science 法律科学；法学　等于 science of law，广义上亦称 jurisprudence。这是从哲学、历史、比较研究、分析研究、评论等各角度对广义上的法律及其演变、转型、形成、阐释、应用等方面的系统化、体系化的知识。法学有两个主要分支：理论法学与应用法学。前者为法学家所从事的工作，后者则属于立法者、法官、律师等为实际法律工作者的范围。法学与法律学术的区别在于前者主要局限于有关法律的系统化思考与著述，而后者则多指为解决实际法律问题所作的思考活动。（⇨jurisprudence）

legal secretary 律师秘书　指律师或法律事务所的雇员，其职责包括打印法律文件、备忘录以及各种信件，保管记录和档案，收发各种通知函件以及雇主在执业时要求其所做之其他工作。

legal separation 判决分居；判决别居　指夫妻双方根据法院判决或裁定就监护、扶养等问题所作的决定而分开生活，但其婚姻关系并不解除，所以双方均无权再婚。也称作 divorce a mensa et thoro；limited divorce；judicial separation；separation from bed and board。（⇨separation；separation of spouses；separation order）

Legal Services Corporation 〈美〉法律服务机构　指 1974 年由美国国会特许成立，目的在于为帮助贫困者获得法律服务的组织提供财政援助的法人团体。这一公司的前身是在 1965 年设立的法律服务处[Office of Legal Services. 简称 O.L.S]，当时它因过多地卷入跨区校车接送事件[busing]、策划抵抗[draft resistance]、堕胎案件[abortion cases]而遭到保守派的批评。国会因此取消了法律服务处，创建法律服务机构，并颁布了规章，禁止为了上述有争议的目的而使用这一机构的基金。尽管如此，这一机构在实践中不存偏见地对一些事业提供了援助，如对帕萨玛科地[Passamaquoddy]和佩诺布斯科[Penobscot]印第安人要求收回缅因州[Maine]三分之二土地的诉讼提供援助。这一机构由总统指定的一个 11 人委员会进行管理。

Legal Services for Children 〈美〉儿童法律服务机构　1975 年于旧金山成立的一家法律机构，专为长期与家人失去联系的未成年犯提供免费的法律服务。它由当地的一个基金会提供资金，由三名律师和三名律师专职助手组成。它旨在从法律方面改革学校，以更有效率地完成传统法律援助机构所承担超负荷工作量的任务。

legal settlement　(= legal residence)

legal sinologist "中国通"律师　会说中文并精通中国法律的美国律师。在 1979 年只有 12 名这样的合格律师。

legal situs 法律上的所在地(⇨situs)

legal standards 法律标准　指在断定违反某些规则或原则时用以参照的标准。法律标准可以是固定的，如限制车速的规则，也可以是灵活的，如有理智的人在某种情况下应有的注意或受托人应有的审慎等。法律标准的灵活性使法院能够考虑新的情况和例外情况，而不至于使法律显得僵硬不变。

legal standing 法律上的能力；法律上的资格(⇨capacity；standing to sue)

legal strike 合法罢工　指为要求合理分配劳动与资本共同创造的产品、缩短工作时间、改善工作条件等，工人们联合起来同时停止工作，以迫使雇主满足其条件的一种合法的经济和社会斗争。就雇工与工会之间的关系而言，只有经工会或其官员授权，才可下令举行罢工。

legal subdivision 合法的土地再分；法定的土地再分　指经政府批准，为对土地进行勘测和绘图，采用通常的、法律认可的方法将大片土地划分成小块，并由政府登记结果。

legal subrogation 法定代位；法律上的代位　指为防止欺诈或不公，通过直接适用法律或依衡平法推断产生的代位权利。法定代位主要有以下几种情况：①与债务人有权利义务或财产委托关系的人代替债务人向债权人清偿债务，清偿行为使付款人有权享有与债权人同等的权利、救济或保证；②履行因合同、制定法或法律准则而产生的法律义务所为的偿付行为，或者其偿付行为是公共利益准则所认同的；③次债务人支付债务，代位行使债务人的权利；④作为保证人清偿债务；⑤为了保护自己的权利或财产而被迫清偿债务。(⇨subrogation)

legal system 法律制度　从理论上讲，所谓法律制度指一个国家最高统治者或统治集团直接或间接制定的全部法律的总和，或者根据同一个基本规范在一个国家或共同体内实施强制权而直接或间接制定的全部法律总和。本术语常用来指各种制度[institutions]，即由立法、行政、司法等，以及各种宪法、刑法、财产法等法律原则和规则和各种观念、理论、方法、程序、技术、传统、惯例等组成的运用法律来解决实际问题的种种制度的综合体。在该意义上讲，"法律制度"比"法律"的范围要广泛。也是在这个意义上每个国家都有自己的法律制度。

legal tender 法定货币　指在一国境内具有强制流通效力的货币，包括纸币和硬币，可用于支付公私债务、纳税、购买货物或其他价值交换。但按法律或合同条款中的规定，对于债务的支付也可采用法定货币以外的其他方式。

Legal Tender Acts 〈美〉《法定货币法》　特指美国国会 1862 年 2 月 25 日通过的一项立法，该法将美国财政部发行的纸币规定为可偿付任何债务的法定货币。

Legal Tender Cases(1871) 〈美〉法定货币案　指诺克斯诉李案[Knox v. Lee]和帕克诉戴维斯案[Parker v. Davis]。这实际上是两个案件，但美国最高法院一并加以判决，最高法院认为国会于 1862 年和 1863 年通过的关于确认政府发行的纸币[treasury notes]为法定货币的法律是符合宪法的，从而推翻了 1870 年赫伯恩诉格里斯沃尔德一案[Hepburn v. Griswold]的判决。后者的判决认为政府发行纸币为违宪。

legal-tender notes 〈美〉由国会立法宣布为法定货币的纸币

legal theory 法律理论　亦称"theory of law"或"theory of legal science"。与"法理学"[jurisprudence]的狭窄含义同，或指"法哲学"[legal philosophy]。但有时它与"法哲学"的含义存在细微的差别："法哲学"更关注法律上的哲学问题，而"法律理论"则关注不同社会中法律的结构、分类和体制等问题。

Legal Times of Washington 〈美〉《华盛顿法律时报》　1978 年于首都华盛顿创刊的全国性周报，登载律师感兴趣的最新法律消息，尤其是复杂的联邦法律。

legal title 法定产权；普通法上的产权　指根据普通法原则确认的产权，与根据衡平法原则为衡平法所承认的产权有别；也就是说，指在普通法法院可获承认或执行的产权，或者指这样的一种产权：即对财产的所有权和占有在表面上是完整、完好无缺的，但对财产并无受益权，而他人对该财产则享有衡平法上的权益。法律上的产权不以登记为必要。购买他人因欠税被拍卖的财产而取得的产权[tax title]，在形式上有效的情况下，也属于法定产权。（⇨ legal owner; equitable owner; equitable ownership; equitable interest; record title; legally sufficient title）

legal usufruct 法定用益权　指依法确立的用益权，如生存配偶对死者财产享有的用益权。

legal utilitarianism 法律功利主义　一种关于刑罚的哲学思想。它主张刑罚只有对人和社会起到威慑或改造作用时才是正当的。惩罚应起到威慑特定犯罪和改造实际犯罪人品质的目的。该理论坚持这样一个原则：法律应为绝大多数人谋求最大的利益。刑罚本身毕竟也是邪恶的，我们应只在抑制更大的邪恶时才对罪犯判处刑罚。如果刑罚没有理由、效果不好、代价太大或没有必要，那就不应施加刑罚。边沁[Jeremy Bentham]和约翰·奥斯汀[John Austin]是法律功利主义的最杰出的两位代表人物。

legal visitors 官方巡视员　（⇨ visitors）

legal voter 合法投票人；合法选举人　指依法享有选举权并按法律规定进行了选民登记的人。

legal waste 法律上的毁损　包括因故意行为造成的故意毁损[voluntary waste]和因疏于维护等造成的放任性毁损[permissive waste]。（⇨ waste）

legal willfulness 故意；法律上的故意　指明知为保护他人人身和财产安全有必要履行某义务，而故意漠视其履行；全然不关心他人人身、生命或财产。

Legantine Constitutions （= Legatine Constitutions）

legare 〈拉〉(罗马法)(英格兰古法)遗赠；立遗嘱给予；因预见自己死亡而赠与

legatarius 〈拉〉❶（罗马法）受遗赠者；遗产承受人　❷（欧洲古法）使者；使节；信使

legatarius partiarius 〈拉〉与继承人共同分割遗产的受遗赠人　指立遗嘱人指示其继承人将遗产的一部分分割给受遗赠人，即受遗赠人与遗产继承人一同分割遗产，这被称为与继承人共同分割遗产的遗赠[legatum partitionis]。

legatary n. ❶（古）(= legatee)　❷（罕）罗马教皇的使节；教廷使节

legatee n. 受遗赠人；遗嘱指定的遗产承受人　一般指动产受遗赠人，有时也泛指动产或不动产的受遗赠人。古时写作 legatary。（⇨ legacy）

legates n. ❶教廷使节　指由教皇派往天主教国家，代表教皇在该国行使教皇权力的使节。（= papal legates）　❷罗马副将　罗马共和国时期，由各省省督和将军从元老[senators]或有经验的官员中挑选出来作为省督帮办[staff officers]的人，后来又成为古罗马的特殊军团[legion]指挥官。帝国时期，每一个罗马军团通常由一个副将[legatus]指挥。奥古斯都[Augustus]执政时期，这一职务是指由罗马皇帝任命的、负有特殊使命或任务的高级官员。

Legatine Constitutions 〈英格兰〉《教廷使节法》　这是一部教会法典的名称，大约在 1220 年及 1268 年间分别由教皇格列高利九世[Gregory IX]及克莱蒙特四世[Clement IV]派遣的使节枢机主教奥索[Otho]及奥索蓬[Othobon]主持下的全国教会会议制定，是英格兰教会法的重要组成部分。

legation n. ❶使节的派遣；使节的使命；外交使团　❷公使馆全体人员　包括公使[minister]、秘书、外交使节随员[attaché]、翻译等。　❸公使馆　一个派驻另一国地位仅次于大使馆的、第二等级的外交机关的所在地，它是公使代表团居住和进行活动的场所。（⇨ embassy）

legator n. 遗赠人；立遗嘱人

legatory n.（英格兰古法）可由遗嘱处分的动产　指自由民动产的第三部分。依伦敦习惯法，只要自由民有妻子、子女，他就可以由遗嘱处分该部分财产。

Legatos violare contra jus gentium est.　〈拉〉伤害大使违反国际法。

legatum 〈拉〉(英格兰古法)❶给教会的遗赠财产或遗产布施　旧时英国从已故教民的遗产中提取一部分作为对教区牧师的遗赠。　❷（大陆法）由死者的继承人执行的遗赠（⇨ legacy; bequest）

legatum generis 〈拉〉(罗马法)种类物遗赠　例如：一名奴隶。

legatum liberations 〈拉〉免除债务之遗赠　受遗赠人原为遗嘱人之债务人，经遗嘱明示以债务之免除作为遗赠之对价。

Legatum morte testatoris tantum confirmatur, sicut donatio inter vivos traditione sola.　〈拉〉遗赠因立遗嘱人之死亡而确认，正如活着的人的赠与需以交付确认。

legatum nominis 〈拉〉(大陆法)债权遗赠　以立遗嘱人债权为标的。

legatum optionis 〈拉〉(罗马法)可选择之遗赠　立遗嘱人允许指定的受遗赠人从其数项财产中选择一项作为遗赠。最初，如果立遗嘱人死后，受遗赠人在作出选择之前死亡，则他的继承人不能代替进行选择，遗赠归于无效。优士丁尼后来修改了法律，使这种情形下受遗赠人的继承人作出的选择为有效。

legatum partitiones 〈拉〉与继承人共同分割遗产的遗赠　指遗产继承人根据遗嘱而与继承人共同分割遗产的一种遗赠。（⇨ legatarius partiarius）

legatum poenae nomine 〈拉〉带有惩罚性的遗赠　这是一种附有条件的遗赠，它以受遗赠人为或不为一定行为为取得遗赠的条件。如不满足该条件，就取消遗赠以作为惩罚。

Legatus regis vice fungitur a quo destinatur, et honorandus est sicut ille cujus vicem gerit.　〈拉〉大使代表着派遣他的国王，并应受到他所代表的人所享有的礼遇。

lege 〈拉〉lex 的离格[ablative]形式（⇨ ex lege）

legem 〈拉〉lex 的宾格[accusative]形式（⇨ extra legem）

legem amittere 〈拉〉丧失宣誓作证的权利　当某人被宣告为变节者，就丧失其守法之人的资格。他成为一个名誉不佳的人，永远不能成为陪审团的成员，不能在任何案件中以证人身份作证。(⇨legalis homo)

Legem enim contractus dat. 〈拉〉契约产生法律。　意即契约一经缔结即产生法律的效力，缔约人要受其约束。

legem facere 〈拉〉宣誓作证(以否认原告的指控)；宣誓作证(以提起诉讼)(⇨wager of law)

legem ferre 〈拉〉(罗马法)提出法案；向公众提出法案

legem habere 〈拉〉有宣誓作证或宣誓提起诉讼的能力　曾被判有罪的人没有这种能力。(⇨wager of law)

legem jubere 〈拉〉(罗马法)通过法律；通过提交的法案；制订法律

legem ponere 〈拉〉(古)❶提出法律议案　❷以现金支付

legem positus 〈拉〉处于合法地位(⇨extra legem positus)

legem rogare (= legem ferre)

legem sciscere 〈拉〉通过法案　用来指取得民众的同意。

Legem terrae amittentes, perpetuam infamiae notam inde merito incurrunt. 〈拉〉丧失宣誓作证的权利者永远背上可耻的恶名。(⇨infamy)

legem vadiare 〈拉〉(英格兰古法)宣誓作证　并由证实自己证言的人宣誓作证，以为自己辩护。(⇨wager of law)

legenita n.(古)对诱奸他人妻子的行为所处的罚金

leger (= ledger)

legergeld (= lairwite; lairesite)

legerwite (= lairwite; lairesite)

leges 〈拉〉lex 的复数形式

leges angliae 〈拉〉英格兰法　区别于大陆法和其他外国法。

Leges Angliae sunt tripartitae, jus commune, consuetudines, ac decreta comitiorum. 〈拉〉英格兰法由三部分组成：普通法、习惯和议会制定的法律。

leges barbarorum 蛮族法　中世纪日耳曼各族法典的统称。指从公元5世纪起入侵罗马帝国的日耳曼主要民族的法律。虽然被称为法典或法典汇编，实际上只是当时部落习惯法的汇编而并非制定法。这些法律大约在5世纪至9世纪之间完成，除盎格鲁-撒克逊法是用本族语言外，其他均以拉丁文编写。其内容既不完整也不系统，只是对各种事项的约定俗成的习惯的陈述。如：对杀人、殴击、盗窃牲畜等应予以赔偿。

Leges Edwardi Confessoris 〈英〉《忏悔者爱德华王之法》　指约1130-1135年间用拉丁文写成的法律文献汇编，记述截止到亨利一世在位末期前的英国法律，其目的在于维护教会利益，但其所述并不可靠。

Leges et constitutiones futuris certum est dare formam negotiis non ad facta praeterita revocare: nisi nominatim et de praeterito tempore et adhuc pendentibus negotiis cautum sit. 〈拉〉很明确的是，法律和法令只决定未来事务，而不溯及过去的事务，除非它明确规定适用于过去和到目前为止悬而未决的事务。　这一罗马法箴言也适用于普通法，只是在"明确规定"的后面插入"或默示"字样。

leges et consuetudini regni 〈拉〉王国的法律与习惯　这是至少在12世纪后半期就一直沿用的对普通法约定俗成的称谓。

Leges figendi et refigendi consuetudo est periculosissima. 〈拉〉经常变动法律是最危险的做法。

Leges Henrici (= Leges Henrici Primi)

Leges Henrici Primi 《亨利一世之法》　又称《亨利国王之法》[Leges Henrici]，指约于1100-1118年间编写的一本法律著作，旨在描述经过征服者威廉和亨利一世所修改的盎格鲁-撒克逊法。它的记述相当正确。

Leges humanae nascuntur, vivunt, et moriuntur. 〈拉〉人类的法律有一个产生、发展和消亡的过程。

Leges Langobardorum 《伦巴第法》　伦巴第人的法律，由《罗泰尔敕令》[Edict of Rothair]、瑞特普兰德[Luitprand, 712-744]的补充敕令，以及格伦瓦尔德[Grunwald]、雷切斯[Rachis]、艾斯图夫[Aistulf]颁布的补充法律组成。伦巴第法基本上属于日耳曼法，依赖偿命金及宣誓断讼制度，但在公法及财产领域，则受到罗马法影响。(⇨wergild; compurgation)

leges legum 〈拉〉众法之法　指自然法，意即一切法律均应以自然法为依据，不应与自然法相悖。

Leges Marchiarum 〈英〉《边界地区法》　据称是由12个英格兰骑士和12个苏格兰骑士制定的载明苏格兰与英格兰边界领地的法律及习惯的一部古代法典。它对英格兰人与苏格兰人关于边界地区的争讼起决定作用。该法由两国边界地区的居民定期在固定地点与时间举行的集会上实施。

Leges naturae perfectissimae sunt et immutabiles; humani vero juris conditio semper in infinitum decurrit, et nihil est in eo quod perpetuo stare possit. 〈拉〉自然法完美无缺并且永恒不变，而人类的法律则是不断变化的，其中不存在任何永久不变的内容。

leges non scriptae 〈拉〉〈英〉不成文法　即指习惯法，区别于成文法[leges scriptae]。

Leges non verbis, sed rebus, sunt impositae. 〈拉〉法律的对象不是它所使用的词语，而是事物。

Leges posteriores, priores contrarias abrogant. 〈拉〉后法废止与其相抵触的前法。

Leges quae retrospiciunt raro, et magna cum cautione sunt adhibendae neque enim Janus locatur in legibus. 〈拉〉有溯及力的法律极少被认可，认可亦相当审慎，因为守卫门户的两面神[Janus]在法律里无处容身。　这条法谚表达了一个公认的准则：有溯及力的法律是不受赞同的。尽管美国联邦宪法和许多州的宪法并未禁止它，但法庭总是尽可能避免作出有溯及力的解释。

Leges Quatuor Burgorum 〈苏格兰〉《四自治市法》　这是苏格兰有记载最早的法律汇编。它记录了自13世纪以来所保存的法律。它涉及爱丁堡[Edinburgh]、罗克斯堡[Roxburgh]、斯特灵[Stirling]及伯威克[Berwick]四个自治市，与英格兰的法典相似。其内容主要包括控制自治市生活的规则及一些一般性法律和惯例的准则。该法对人们了解早期苏格兰世袭权、动产权、继承法及商业习惯法有一定帮助。它看来已被法院承认为具有制定法的效力。

Leges Romanae Barbarorum 蛮族罗马法　指日耳曼诸国国王自5世纪中叶起为其罗马血统的臣民颁布的法典的总称。它由《勃艮第罗马法》[Lex Romana Burgundionum]、《库里恩罗马法》[Lex Romana Curiensis]、《西哥特罗马法》[Lex Romana Visigothorum]等组成。起初，这些法典适用于罗马臣民，与适用于日耳曼臣民的法典相区别。但是，后来两者趋于合并。这种罗马法与经典罗马法[classical Roman law]相比显得粗俗、简陋和原始。这些法律由懂得一些罗马法的教士及俗人起草，但受到皇家文秘署[royal chancery]的影响。

leges sacratae 〈拉〉神圣法律　❶平民[plebeians]与贵族

[patricians]之间缔结的所有正式契约；②罗马法中，指规定将违犯者交给恶魔惩罚的法律。

leges scriptae 〈拉〉〈英〉成文法　指制定法、书面形式的议会法案。

Leges sola memoria et usu retinebant. 〈拉〉他们只凭记忆和使用保存法律。

leges sub graviori lege 〈拉〉法律从属于比其更高级的法律

Leges suum ligent latorem. 〈拉〉法律对其制定者亦有约束力。

leges tabellariae 〈拉〉〈罗马法〉选举法　指罗马法关于规范投票选举方式的法律。

Leges vigilantibus, non dormientibus, subveniunt. 〈拉〉法律帮助的是警觉的人（指关心自己权利的人），而非怠于行使自己权利的人。

Leges Visigothorum 《西哥特法》　指第二部西哥特法典。第一部则称为《旧法典》[Antiqua]。随着西哥特诸王国内罗马人及日耳曼人的不断融合及教会权力的增强，需要有这样的一部法典。它是由《旧法典》与一些从已废除的《西哥特罗马法》[Lex Romana Visigothorum]中抽出的一些准则混合而成。该法典很大程度上受到包括优士丁尼法典在内的罗马法影响。该法典在公元654年颁布，对西班牙和法国南部的西哥特王国内的罗马臣民及西哥特臣民都有同样的拘束力。

legibus 〈拉〉lex 的离格形式〔⇨ex legibus〕

legibus patriae obtime instituti 〈拉〉受过国家最好的法律教育的人

legibus solutus 〈拉〉〈罗马法〉免受法律约束　用于皇帝或其他特定的人。

Legibus sumptis desinentibus, lege naturae utendum est. 〈拉〉人定法不及之处应遵循自然法。

legis 〈拉〉lex 的属格形式

legis actio 〈拉〉〈罗马法〉法定诉讼　指罗马司法官[magistratus]使用的两种诉讼程序制度中较古老的一种，不同于审讯诉讼程序[apud iudicem]。该诉讼程序严肃、刻板并且注重形式。在诉讼中，原告和被告按照法律或习惯确定的方式口述自己的主张。共有五种类型：①誓金之诉[legis actio per sacramentum]。适用于因债务引起的权利请求和所有权请求的诉讼；②请求之诉[per iudicis postulationem]。适用于基于要式口约[stipulatio]产生的请求权以及财产分配纠纷的诉讼；③违约之诉[per condictionem]。适用于依法取得某笔金钱或物的诉讼，金钱或财产的取得之诉均无需提供誓金；④拘禁之诉[per manus iniectionem]。是针对债务人本人的一种执行方法；⑤扣押之诉[per pignoris capionem]。是命令债务人偿还财产的一种执行方法。该诉讼制度被替代于公元前150年颁布的《爱布蒂亚法》[Lex Aebutia]所引进的程式诉讼制度取代，但后者只是从奥古斯都[Augustus]时期才开始强制执行。然而，法定诉讼程序在百人法院[centumviral court]的审判中仍继续使用。（⇨actiones legis; sacramentum; condictio; condictio certi）

Legis constructio non facit injuriam. 〈拉〉法律的解释不得造成消极后果。

Legis interpretatio legis vim obtinet. 〈拉〉法律解释具有法律效力。

legislate *v*.❶立法；制定或通过法律；履行立法职责　❷用立法规定、创设、实现或取消某事物；通过立法进行控制　该词在19世纪以前极少使用。在此前，制定法律一词使用的是 enact 或者 ordain。

legislation *n*.❶立法；立法活动；立法程序　指由专门设立行使此项职能的政府部门，按照某种正式程序，以成文形式创制或制定实在法[positive law]的活动。该词亦称"lawmaking"，"statute-making"。　❷制定法；法律　❸〔总称〕制定法

legislative *a*.❶有立法权的；履行立法职责的　❷（关于）立法机关的；由立法机关产生的；协助立法机关的；由立法机关成员组成的　❸根据立法的；由立法产生的

legislative act 法律的制定；立法机关制定的法律　立法机关制定的法律与法院判决[judicial act]不同。前者是立法机关针对以后的事情或行为所作的规定，后者则是法院对以前已发生的事情或行为所作的裁决。

legislative apportionment 〈美〉议席的分配　指立法机关的席位在有代表权的选区的分配，尤指根据美国宪法第十四条修正案的规定，按各州人口比例对国会众议院议席的分配。（⇨apportionment）

legislative assembly 〈美〉❶[L-A-]哥伦比亚特区立法会　这是美国国会为哥伦比亚特区[District of Columbia]设立的立法机构，1874年6月20日《临时组织法》[Temporary Organic Act]通过后停止存在。　❷（部分州立法机关的）下院

legislative committee 立法委员会　由受委任的议员所组成的团体，其职责是协助立法机关有效行使职能，尤其是通过委员会对某一特定领域新的立法议案进行严格审查，使得整个立法机关无需在毫无价值的议案上浪费时间和精力，能高效开展工作。

legislative control 立法机关控制　这是一个公司法术语，指立法机关对私人公司事务的控制。

legislative council 〈美〉立法委员会　美国一些州的议会在议会两次例会之间旨在研究立法问题，制订立法计划的机构。该机构的规模大小不等，小的只有五名成员，大的相当于整个立法机关。其成员通常选自州议会两院的议员，但在几个州也包括行政机关的代表。

legislative counsel 立法顾问　指专职负责辅助立法者完成立法使命的个人或机构。其职责是进行调查研究，起草有关法律的议案，举行立法听证会以及负责其他技术性的立法细节问题。

legislative courts 〈美〉立法机关建立的法院　指由立法机关根据联邦宪法第一条的规定行使其通常的立法权而设立的法院，与根据联邦宪法第三条的规定创设的法院相对，后者称为依据宪法规定建立的法院[Constitutional courts]。立法机关建立的法院只处理一些行政诉讼案件，而非司法案件。而且与依据宪法规定建立的法院的同行相比，立法机关建立的法院的法官并不享有终身职位和薪金保障的特权。最初，美国所有领地[territory]的法院、哥伦比亚特区法院以及其他一些法院，如索赔法院，都被认为只能属于立法机关建立的法院，但因为这些法院的法官也被授权处理一些涉及宪法的案件，所以这种认识难免会引起混乱。近年来的判例和法律扩充了依据宪法规定建立的法院的范围，目前立法机关建立的法院仅限于税务法院[Tax Court]和领地法院。

legislative day(s) 立法日　这是政治家们通常使用的时间计算方式。一个立法日可能包含好几个实际的日历天[calendar days]，它始自宣布立法会议开始，结束于正式开始休会。每个日历天后休会期间的时间可由立法者们自行安排支配。

legislative definition 立法释义 指成文法中对该法所用术语的解释。

legislative department 立法部门 政府三大部门之一,其职能为制定法律。从而有别于行政部门和司法部门。(⇨legislature)

legislative districting 为分配议员席位的选区划分 指把立法机构中的成员的席位分给若干区,由各区选举代表各该区的立法机构成员。(⇨apportionment; legislative apportionment; reapportionment)

legislative divorce 由立法机关通过颁布法令所确认的离婚 与司法机关判决的离婚不同。这种做法曾一度存在于新英格兰各州,英国议会也曾采用过,但早已被司法判决离婚所取代。(⇨parliamentary divorce)

legislative expulsion 〈美〉罢免议员 美国宪法第一条第五款规定,国会两院均有权以2/3的多数票罢免其议员。大多数州的宪法亦有类似规定。罢免的理由包括道德堕落、不忠、行为不当等。但在实际上这一权力很少使用。

legislative function 立法职能 指制定和颁布法律的职能之一。它是政府的主要职能,通常由立法机关行使,但有时亦可由立法机关授权行政机关、法院、地方政府或其他机构或法人团体行使。

legislative history 立法史;立法背景 指立法的背景及使法律得以通过的事件,包括委员会的报告、听证、议会辩论等。它对于法院解释某一制定法的立法目的尤为重要。

legislative immunity 〈美〉国会议员的豁免权 美国宪法赋予了国会议员两项豁免权,即:①除非犯有叛国罪[treason]、重罪[felony]以及扰乱治安罪[breach of the peace],在开会期间及往返途中不受逮捕;②不因其在各议院的言论或辩论而于议会之外的任何地方受到质问。上述两项豁免权中,第一项已失去实际意义;第二项则被理解为议员在各议院上发表的一切形式的言论以及投票、书面报告、提案等皆受豁免保护。但议员履行立法职责以外的言行等不受保护。

legislative intent 立法意图 指立法机关在制定某一法律时的意图或打算,其被认为是制定法的核心、灵魂和精髓,也是对制定法进行解释的指南。当制定法的文字模糊不清或内容不一致时,法院常努力根据立法意图来解释制定法。该词亦称"intention of the legislature";"intent of the legislature"。

legislative investigations 立法调查 立法机关根据其职权进行的调查,包括传唤证人、交叉询问等。

legislative jurisdiction 立法权限 指立法机关制定法律和为实施制定法律的职能而处理事务的权限。

legislative measure 制定法;议会的决议;市政委员会[municipal council]行使立法权制定的法规

legislative officer 立法官员 立法机关的成员,职责主要与法律制定有关,如国会议员、州议员。美国宪法和州宪法通常将这些官员的职责限定于法律制定,但他们偶尔也行使司法职能,如提出或审理其他政府官员的弹劾案。

legislative power 立法权 指制定、修改或废除法律的权力。

legislative reapportionment 〈美〉(经重划选区)重新分配议席(⇨reapportionment)

legislative record 议会议事记录

legislative regulation 〈美〉立法性法规 指行政机关为了实施立法机关制定的法律而由立法机关授权或根据法律制定的法规。这种法规具有法律的效力。该词亦称"legislative rule";"substantive rule"。(⇨legislative rule)

legislative rule 〈美〉立法性法规 指行政机关在其法定权限范围内制定的旨在补充制定法的法规。这些规则是由国会授权或根据法律制定,具有法律效力,对法院具有约束力。该词亦称 legislative regulation。(⇨legislative regulation)

legislative veto 〈美〉立法否决 指国会在授权总统或联邦行政部门或行政机构制定法规或采取行动的法律之中,采用以下条款或类似条款:总统或行政机关或行政机构根据授权所制定的法规或所采取的行动,必须得到国会的同意方可生效,国会可以在一定的期限内——通常为60或90个工作日——以两院共同决议或一院决议甚至国会的一个委员会的决议否决该项法规或行动。立法否决起源于20世纪30年代,后在相当长的一段时间内日渐频繁地得到运用,成为国会直接监督行政的一个重要方法。但在1983年的移民归化局诉查哈一案[Immigration and Naturalization Service v. Chadha]中,最高法院以立法否决违反三权分立原则而宣布其违宪。

legislator n. 立法者;立法机关的成员;议员

Legislatorum est viva vox, rebus et non verbis legem imponere. 〈拉〉立法者的意见是一种活的意见,所以实施法律应因事制宜,不可拘泥于字面意义。

legislature n. 立法机关 (⇨parliament; congress; chamber(s); legislative department; city council; board of aldermen; legislative districting)

Legis minister non tenetur in executione officii sui, fugere aut retrocedere. 〈拉〉司法人员在执行其职责时,不得逃避或退缩。

legisperitus 〈拉〉❶精通法律的人;律师 ❷精通法律的

legist n. ❶精通法律之人;律师;法律人 ❷法学家(=jurist)

legister legist 的旧式用语

legitim n. 〈苏格兰〉子女应继承动产份额;特留份 legitima portio 或 bairn's part 是指子女应继承动产的份额。自1968年起兼指代位继承人分享被继承人所遗留的动产的权利。如果被继承人尚有配偶,则该份额应为遗产的1/3;若被继承人无配偶则为遗产的1/2。这项权利仅依权利人的生存而存在,不得以遗嘱或其他方式剥夺,也不得在子女间进行不公平分配。但该权利可以因权利人完成继承而消灭,或通过被继承人以遗嘱对该子女另行补偿作替代。于后者,子女必须在该法定份额和遗嘱规定的补偿之间进行选择。

legitimacy n. (子女的)合法化;正当性;准正(⇨legitimation)

legitimacy test 亲子鉴定 指以确定父母与子女是否亲生的验血测试。

legitima potestas 〈拉〉❶合法权力 ❷(= liege poustie)

legitimate a. ❶合法的;法律认可的 ❷真实的;有效的 ❸合法婚姻所生的
v. ❶使合法;合法化 ❷准正;使非婚生子女取得婚生子女地位(⇨legitimation)

legitimate child 婚生子女 指合法婚姻所生子女或者通过准正而取得婚生子女地位的非婚生子女。根据普通法,婚生子女地位是根据合法婚姻取得的。如果在合法婚姻期间怀孕,那么即使孩子出生前婚姻已因离婚或一方死亡而解除,孩子的婚生子女地位也不受影响。

legitimated child 经准正的子女 指因其父母随后结婚或通过其他准正方法而取得婚生子女地位的非婚生子女。

legitimate inferences 合法推论；合法推断　指从某种证据必然得出的推论；从证据合理、合法地推出的结论。

legitimatio 〈拉〉准正；非婚生子女之立正　非婚生子女因父母在以后结婚而合法化。

legitimation *n*. ❶合法化；赋予合法性　该词在广义上，是指赋予不合法事物以合法性。❷准正；非婚生子女之立正　指给予非婚生子女以婚生子女的地位。准正在确定非婚生子女的继承权方面具有重要意义。一般可通过制定法、法定程序以及通过生父母缔结婚姻等方式获得准正。在英国，非婚生子女不能通过普通法而须依制定法才能合法化。1926 年《准正法》[Legitimacy Act]规定，非婚生子女可以在其父母结婚时成为婚生子女，但条件是其父母在该子女出生时有结婚的自由。1959年《准正法》废除了这一条件，但又要求，在结婚之日，非婚生子女的父亲在英格兰和威尔士应有住所。这一条件被 1976 年《准正法》废除。苏格兰继承了罗马法和教会法，在其普通法中确立了"生父母随后结婚"[per subsequens matrimonium]的准正制度，但要求在受孕时，非婚生子女的父亲和母亲都有与对方结婚的自由。这种限制于 1968 年被废除。在苏格兰，非婚生子女的准正还可通过皇室颁发的准正证书，并可能依制定法的方式来实现。美国路易斯安那州[Louisiana]的法律规定，非婚生子女，除通奸所生者外，均可通过其父母随后缔结婚姻准正。生父母既可以在婚姻缔结前认领其子女，亦可以通过结婚本身来使该子女的地位合法化。美国其他的某些州规定，生父母的婚姻即可使非婚生子女合法化，另外一些州则要求，除生父母结婚外，其生父必须承认非婚生子女是其子女，还有一些州要求父母双方都须承认之。在英国，对非婚生子女准正的准据法问题曾有争议。一个住所地在英国的人在法国与一位法国女子生一女，随后他移居法国并在法国结婚，然而该婚姻不能使他的非婚生子女取得合法地位，因为丈夫在孩子出生前所居住的英国在当时不实行"生父母随后结婚"的准正制度。现英国判例一般多兼采出生时子女的住所地法与父母结婚时父之住所地法，二者互为补充。

legitimatio per subsequens matrimonium 〈拉〉因后来的婚姻而准正　指非婚生子女因父母后来结婚而取得合法性。(⇨legitimatio)

legitime （大陆法）特留份　指无论父母在遗嘱中的规定如何，遗嘱人的子女均依法可继承的遗产份额。特留份有时也适用于立遗嘱人的其他继承人。没有法定理由，不得剥夺子女的特留份。在罗马法中，特留份在数量上相当于该继承人在无遗嘱时可继承的遗产份额的 1/4。在美国路易斯安那州[Louisiana]，指根据法律而在父亲遗产中为其生存的婚生子女所保留的部分，属强制继承权，不得剥夺。又作 legal portion；legitimate portion；forced portion，在苏格兰尤可作 legitim。(⇨forced heir)

Legitime imperanti parere necesse est. 〈拉〉合法的命令必须遵守。

legitimi haeredes 〈拉〉（罗马法）合法继承人　指被继承人的男性亲属，因为根据《十二铜表法》[Twelve Tables]，被继承人的男性亲属享有继承权。

legitimise *v*. ❶使合法化；宣布…为合法；给予…法律地位　❷证明…为正当合法　该词与 legitimatise, legitimatize 及 legitimate 的意义及用法均相同。(⇨legitimation)

legitimize (= legitimise)

legitimo modo acquietatus 〈拉〉依法宣判无罪

legitimus 〈拉〉合法的

Legitimus haeres et filius est quem nuptiae demonstrant. 〈拉〉婚生子或合法继承人是指合法的婚姻所生之子。

Legit ut clericus. 〈拉〉他像神职人员那样阅读《圣经》。

Legit vel non? 〈拉〉（英格兰古法）他阅读《圣经》与否？　当某犯人声称应享受神职人员特权[benefit of clergy]时，主教向教会常任法官[ordinary]询问该问题。如果法官认为该犯人可享受特权，法官的正式回答是：他像神职人员那样阅读《圣经》[legit ut clericus]。

lego 〈拉〉（罗马法）我赠与；我把…遗赠　遗嘱中的常用语，专指遗赠。

legruita (= legenita)

Le guidon de la mer 〈法〉《海事指导》　一本由一位不知名的作者所撰写的关于海上保险的法语著作，时间大概可追溯到 16 世纪。据说它是为鲁昂[Rouen]的商人所作。它是迄今为止有关该主题的最早的专著。

leguleius 〈拉〉精通法律之人；精通法律程式的人　in legibus versatus 则是指精通法律之人。

legum 〈拉〉法律的　表示具体法律的词 lex 的属格复数形式，意谓诸特定法律，区别于表示"法"的一般集合概念"jus"。

legum Anglicanarum conditor 〈英〉英格兰法之创始者　即阿尔弗烈德大王[Alfred the Great, 849 – 899]。阿尔弗烈德大王是英格兰西南部韦塞克斯[Wessex]王国的国王，在位时曾下令编纂法典。

Legum Baccalaureus (= LL.B.)
Legum Doctor (= LL.D.)
Legum Magister (= LL.M.)
Lehurecht 德国封建法

leidgrave 拉达[Lada]长　撒克逊政府中的官员，对拉达[lada; lath; lathe]享有管辖权。在一些郡，在郡与百户区[the hundred]之间还有一级行政区称为拉达。

leiger (= ledger)

leipa 〈拉〉（英格兰古法）逃犯；逃亡者；逃兵

L.E.I.U. (= Law Enforcement Intelligence Unit)

Le ley de Dieu et le ley de terre sont tout un, et l'un et l'autre preferre et favour le common et publique bien del terre. 〈拉〉神法和辖域内的国法实属一体，二者皆维护公共利益。

Le ley est le plus haut enheritance que le roy ad, car par le ley, il mesne et touts ses sujets sont rules, et si le ley ne fuit, nul roy ne nul enheritance serra. 〈拉〉法律是国王拥有的最重要的遗产，因为国王与其全体臣民均受制于法。如果没有法律，则既无国王也无其遗产可言。

lemon law 〈美〉次品汽车买主保护法；产品质量法　①一种旨在保护购有低于标准要求之汽车的消费者的制定法。通常规定消费者有权要求汽车制造商或销售商更换汽车或按全价退货。几乎所有的州都实施了这种法律；②扩展于指用以保护购有质量低劣之商品的消费者的各种法律，在这个意义上又可称为产品质量立法。

Le mort saisit le vif. 〈拉〉死亡把权利赋予生者。　该原则要求依法占有[seisin]不得中断。占有人死亡之时，其法定权利即时归属于死者的继承人。但该原则并不因此排除占有人死亡之日未知的继承人或不在场的继承人。

lend *v*. ❶出借；租借　指将某物有偿或无偿地交给他人暂时使用，到期返还原物或等同物。❷贷款　指暂时借钱给他人使用，到期返还，通常要加付利息。❸遗赠；给予　该词用于遗嘱中，可解释为赠与、转让或遗赠。

lender *n*. 出借人；贷方　将财物特别是货币借给他人者。

lending agency 贷款机构 例如贷款公司、银行或者房产与贷款协会。（= loan company; loan association）（⇨ savings and loan association; building and loan association）

lending credit 借贷信用 指为他人获得贷款或使他人获允延长偿债期限而提供担保。

lending or loaning money 贷款 这是建立借贷关系的习惯方式，即由贷方把款项出借给借方一定期限，借方承诺在将来到期时返本付息。

Lenity Rule 从宽原则 这一原则要求，当法律有关于多种惩罚的规定，而这些规定的用语有模棱两可之处时，在判刑时应从宽处理。

lenocinium 〈苏格兰〉纵容妻子通奸 指丈夫纵容妻子通奸并分享获利，或以任何手段直接或间接地帮助妻子通奸。因此，在丈夫以妻子有通奸行为为理由提起的离婚诉讼中，妻子可以此作为有效的抗辩理由。

Lent n.〈教会法〉❶大斋节 指从圣灰星期三节[Ash Wednesday]至复活节为期40天的斋戒及忏悔，以纪念耶稣在荒野禁食。❷封斋期 指自圣马丁节至圣诞期间，全称为 Martin's Lent。

leod 人民；国家；全体国民

leodes （欧洲古法）附庸；扈从；臣仆

leonina societas （= societas leonina）

Le roi 〈古〉〈法〉国王（= le roy）

Le roi veut en deliberer. 国王将考虑它。法国国王打算否决议会提案时所用的格式化语言。

le roy （法国古法）国王

Le Roy（La Reine）**le veult.** 国王（或女王）唯愿其如此。这是英王及从前的法国君主对已在议会中通过了其全部立法程序的法案表示御准[Royal Assent]的传统格式用语。

Le roy（La reine）**le veut.** 这是国王（或女王）的意愿。国王或女王批准议会法案所用的格式化语言。

Le Roy（La Reine）**n'est lié par aucun statut s'il ne fut expressement nommé.** 国王（或女王）不受任何法律的约束，除非明确指定。

Le Roy（La Reine）**remercie ses bons sujets, accepte leur bénévolence et ainsi le veut.** 〈古〉国王（或女王）感谢其臣民，接受他们的捐献。 这是对拨款的预算法案表示御准[Royal Assent]的格式用语。

Le roy（La reine）**remercie ses loyal sujets, accepte leur benevolence, et ainsi le veult.** 国王（或女王）感谢他（或她）的忠诚的臣民，接受他们的捐赠，并愿其如此。 国王或女王批准议会通过的预算法案时所用的格式化语言。

Le Roy（La Reine）**s'avisera.** 国王（或女王）将予以考虑。 这是对某一已经两院通过的法案拒绝御准[Royal Assent]的格式用语。

le roy veut en deliberer 〈法〉国王将予以考虑 这是法国国王否决立法会议的法案时所用的惯用语。

Le salut du peuple est la suprême loi. 〈法〉民众的安全就是最高的法律。

lesbian a.女性同性恋的
n.同性恋女子

lesbianism n.女性同性恋关系 指反常的女性之间的性行为。该词来源于古希腊莱斯博斯岛[Lesbos]女诗人萨福[Sappho]的同性恋的传说。传说萨福总是聚集一群女子在她的身边。在英国，除非可能有伤风化，否则女性同性恋行为不被视为犯罪。在《诽谤妇女法》[Slander of Women Act]中，对于诋毁她人为同性恋女子的行为，被视为诋毁她人贞操的一种行为，可以诽谤为由提起诉讼。如果丈夫的健康因妻子的同性恋行为而受到伤害，则可视为虐待丈夫的行为。

lèse majesté 〈法〉❶叛逆罪 原意是"国王被伤害"。这是中世纪和近代早期法国法律取自罗马法的一个罪名，包括一切直接反对国王、国王顾问、宪兵队或者损害政府利益、引起社会暴乱、煽动阴谋活动等恶意行为。后来，叛逆罪分为两个等级：直接伤害国王罪[lese majeste proper]，即企图杀害国王或其家庭成员的行为；重叛逆罪[high treason]，即对皇权或社会的犯罪。前者将被处以极端残酷的刑罚，如五马分尸等。❷对习俗或传统信仰的抨击（= laesa majestas; leze majesty; crimen laesae majestatis）

lese majesty （= lèse majesté）

Le serement du visconte 〈英〉《郡长之誓》 这是收录于《王国制定法汇编》[Statutes of the Realm]中的一个制定法。

Les Estatus de Excestre 〈英〉《有关爱克塞特的法律》 指登载于《王国制定法汇编》[Statutes of the Realm]以该名称为标题而公布日期不详的法律，以及登载于《制定法大全》[Statutes at Large]亦以该名称为标题的于1286年公布的一项法律。

Les Estatuz de la Jeuerie 〈英〉《有关犹太人的法律》 指登载于《王国制定法汇编》[Statutes of the Realm]和《制定法大全》[Statutes at Large]的以该名称为标题的法律。

Les Estatuz del Eschekere 〈英〉《财税法令》 指登载于《王国制定法汇编》[Statutes of the Realm]公布日期不详的有关财税的法律，以及登于《制定法大全》[Statutes at Large]的于1266年颁布的一项法律。

Les fictions naissent de la loi, et non la loi des fictions. 〈拉〉拟制，把虚构的事作为事实而作出的法律上的推定，源自法律，而非相反。

lesing （= gleaning）

lesion n.❶损伤；损害 尤指身体组织器官的伤害、损害或机能障碍。❷（大陆法）合同损失 在双务合同[commutative contract]中，因双方当事人的不平等所造成的损害，即一方当事人未能得到与其给付相对应的利益而蒙受的损失。即法语中的"lésion"。❸〈苏格兰〉损害程度 指未成年人或非完全行为能力人遭受损害时，据此确认其是否有权对致其受损的交易提出异议的一定损害程度。❹（= laesio enormis）

Les Leis Williame 〈英〉《征服者威廉的法令汇编》 亦作"Les Leis Willelme"或"Leges Willelmi Conquestoris"。这是约于1100－1120年之间在麦西亚[Mercia]由一位姓名不详的人编纂而成的法令汇编。它有拉丁文和法文两个版本，包含一些在诺曼国王统治下被认为是古英格兰法的法律准则，以及一些从优士丁尼法典中借鉴过来的规定和部分《克努特法典》[Cnut's Code]的翻译文本。

Les lois ne se chargent de punir que les actions exterieures. 〈拉〉法律只惩罚显而易见的外在行为（而不涉及思想）。

lespegend n.管理森林中草木和野生动物的低级官员

lessa （= legacy）

less developed country 不发达国家；第三世界国家

lessee n.承租人；租户 指从他人处租赁财产的人，亦即依据租约占有和使用财产（动产和不动产）的人，包括从承租人处取得租赁权的人或分租承租人。就不动产而

言,它通常与 tenant 同义。(⇨tenant)

lessee's interest 承租人的利益 指出于转让或出售的目的,从承租人的角度而对租赁标的物所作的估价。它通常等于租赁物的市场价值减去出租人的利益[lessor's interest]。

lesser included offense 被包含(在较重罪行中)的较轻罪行 作为某一较重罪行构成要素的某一较轻罪行。换言之,这一较轻罪行是实施较重罪行的必要条件。根据一事不再理原则,这一较轻罪行与较重罪行被视为同一犯罪,不得重复审判。(= necessarily included offense)

lesser offense 较轻罪行(⇨included offense; lesser included offense)

lessor n.出租人 指将财产出租给他人的人,亦即依据租约将财产的占有权和使用权转让给他人的人,包括将自己承租的财产转租或分租给他人的人。不动产的出租人又称 landlord。(⇨landlord)

lessor of the plaintiff 真正的原告 指在普通法收回不动产之诉[ejectment]中,实际诉并列判决结果有利害关系的人。之所以被称为"原告的原告",是因为该诉讼是以假设的原告某甲,即 John Doe 起诉的,而真正的原告则通过虚拟的租让使自己成为原告的出租人。(⇨ejectment; John Doe)

lessor's interest 出租人的利益 它等于依租约所定之将来收益的现值加上租约期满后该租赁财产的现值。

less than freehold 非完全保有地产权 指定期地产权[estate for years]、任意地产权[estate at will]及容许地产权[estate at sufferance]。(⇨estate; freehold)

lestage (= lastage)

lestagefry 免缴装货税

lestagium (= lastage)

let n.(古)妨碍;阻止;障碍
v.❶(招标后)发包订约 在承包合同招标后,招标人选定中标人并与之签订合同。❷出租 以他人给付某种报酬为条件,允许其占有或使用某物。❸允许;许可;同意

leta 〈英〉领地刑事法庭(⇨court(-)leet; leet)

let contract (= letting contract)

lethal weapon 致命武器;凶器 指可以杀人或致人重伤的器械。

letter n.❶字;字母 ❷信;函件 ❸字面意义;确切措辞 ❹(常用复数)证书;许可证 ❺答复;复件 罗马帝国时,皇帝对官员向其提出的有关法律的问题所作的答复。(⇨epistolae)

letter-claus (= letters close)

letter contract 〈美〉条款完备的书面合同 在美国联邦法律中,指包含完备的条款从而签约方得开始履行的书面合同。

letter missive ❶(英格兰古法)(教会法)确定主教人选的指示信 指随同国王或女王的主教推选许可令[congé d'élire]发送给主教参事会[dean and chapter],指示他们应选某人为主教的信件。❷(大陆法)上诉函件 下级法院向上级法院呈送的有关上诉案件的诉讼文件。❸(英格兰古法)请求出庭的公函 以前,当贵族或上议院议员在衡平法院[Court of Chancery]的诉讼中成为被告时,御前大臣寄给他一封要求其出庭的公函,并随函附寄诉状、请状书和法庭命令。如果他没有出庭,就寄给他一份起诉书副本和一张传票,要求其出庭答辩。如果他仍不出庭,法庭就对其土地和财产发布临时扣押令,扣押

令将会以一般形式加以执行。

letter of absolution 豁免状 古时由男修道院院长[abbot]向其教友发出的豁免证书,以使其教友能够进入其他修道会。

letter of advice 通知书(单) 就已经实施的行为所作的书面通知。在美国《统一商法典》[U.C.C.]3 – 701 条中,指用于国际即期汇票[international sight draft]的一种文据,用以降低伪造风险,其内容是由出票人通知收款人汇票已签发并即将到达。

letter of advocation 〈苏格兰〉调取案件自行审理令 指最高法院或最高民事法院[court of sessions]命令下级法院对某一案件停止审理并将该案移送该最高法院或最高民事法院亲自审理的令状,类似于上级法院向下级法院调取案卷的调卷令[certiorari]。

letter of attorney 授权书;委托书(⇨power of attorney)

letter of attornment 转让通知书;认可通知书 指由财产出让人[grantor]发给财产承租人[tenant]的通知,说明租赁财产已被出售,并指示承租人将租金付给受让人,即该财产的新所有人。

letter of comment(s) (= deficiency letter)

letter of credit 信用证;信用状 指银行或其他人应客户的请求或指示,向第三人签发的一种承诺性函件[letter]或文据[instruments],即,若该第三人能履行该函件或文据所规定的条件,则该第三人得按所载条件签发以该行或其指定的另一银行为付款人的汇票,并由其承担兑付责任。信用证的内容一般包括:申请人名称、受益人[beneficiary]、发信日期、交付货物名称、数量、价格、贸易条件、议付(台湾、香港称作"押汇")时应付的单据、装运日期、有限期限与开证银行及议付银行或其他关系人等条款。信用证一般多为"跟单信用证"[documentary credits],它主要是一种付款安排,广泛用于国际贸易,有时亦称为"商业信用证"[commercial credits],国际商会的统一惯例[Uniform Customs & Practice/UCP]更简称为"信用"[credits]。"备用信用证"[standby letters of credit]类同于美国以外地区的"履约担保"[performance bond],不存在任何货运单证,又被称为"无跟单信用证"。信用证依其使用目的或方式之不同,大致可分为:①可撤销信用证[revocable credits];不可撤销信用证[irrevocable credits];②保兑信用证[confirmed credits];无保兑信用证[unconfirmed credits];③可转让信用证[transferable credits];不可转让信用证[non-transferable credits];④即期信用证[sight payment credits];延期信用证[deferred payment credits];承兑方式信用证[by acceptance credits];议付方式信用证[by negotiation credits];⑤议付信用证[negotiation credits];直接信用证[straight credits];⑥循环信用证[revolving credits];非循环信用证[non-revolving credits]等。信用证方式的付款安排的优点在于:它以银行的信用取代了商人的信用,为国际贸易中经常身处异国的买卖双方提供了一定保障。普通法一直尽力尊重信用证,特别是英格兰的法院一般大力尊重和不予干预信用证的支付,除非出现欺诈的极少例外情形。英格兰的克尔[Kerr]法官认为信用证是国际贸易的"生命血液"[life-blood],一经干预会令血液无法畅顺流通而会对国际贸易带来无法估量的损失。

letter of exchange (= bill of exchange)

letter of intent 合同意向书 指当事人双方在正式签订合同或其他协议之前,就各自的初步意愿所形成的书面文件。合同意向书对双方当事人均无法律上的约束力,也

不妨碍其各自与第三方进行磋商;法院通常也不强制执行之,但法院有时会认为双方已作出一定的承诺。简作LOI,有时亦称为合同意向备忘录[memorandum of intent]。

letter of license 〈英〉延期偿债许可书 在债务人陷入财务危机时,由全体债权人签署的一种协议,同意债务人延期偿还债务,允许债务人为克服财务危机继续其经营活动,并保护债务人在该协议生效期间免于被逮捕、起诉或其他形式的干扰。由于拘禁债务人的做法已普遍被废止,而且现代的法律已对无力清偿的债务人的财产作了安排,因此,这种协议现已很少使用。(⇨ arrangement with creditors)

letter of relaxation 弃权书

letter of service 推荐信;品行证明书(⇨ clearance card)

letter of the law 法律的字面意义 指法律的严格的字面含义,非指法律文句背后的意图或暗含的政策。也称作litera legis。

letter requisitory (= letter rogatory)

letter rogatory 调查委托书 指一国法院就诉讼中的事项,请求另一国法院或法官给予司法协助,代为询问居住于该国的证人的书面委托文件。这种委托通知以国际条约或国家间的互惠关系为依据。调查委托书常附有列举要求向该证人所提问题的质询书。接受委托方提供协助的方式依本国法律规定的程序进行,一般应作成书面文件返还给委托方。这种方式也适用于一国内部各法域之间的委托事项。

letter ruling (税法)(税务部门的)书面答复 由美国财政部国内税务署[Internal Revenue Service/IRS]就纳税人的征询而作出的答复,其内容是对纳税人就某一特定交易的纳税义务进行解释。(= private letter ruling)

letters n.许可证;证书 指任何授予某种权力的证书。在遗嘱检验程序中,包括遗嘱执行人授权证书[letters testamentary]、监护证书[letters of guardianship]、遗产管理证书[letters of administration]和保管证书[letter of conservatorship]。

letters ad colligenda bona 〈英〉管理遗产委任状 在死者无亲属或无债权人的情况下,可由遗嘱检验法庭——在其并入高等法院家事庭后则由家事庭——授予的一种委任状,授权某人收集死者的财产,并可在此期间行使遗产管理人的全部职责。

letters ad colligendum bona defuncti 〈拉〉〈古〉收集遗产授权书 拉丁法律用语,指在无遗嘱执行人或遗产管理人,亦无法由死者的债权人来管理遗产时,由法院发给其认为适当的人,委以收集死者遗产的证书。受托收集遗产的人并不因此成为遗产执行人或遗产管理人,他的唯一任务就是收集和保管遗产。

letters avocatory 召回状 一国从交战国召回臣民或警告其不得从事不法行为的书状。

letters close 〈英〉密封函令 指国王签发给特定人的非公开的特许状或指令,不适合公开检查。该函令加盖国玺,密封,外打火漆印,且入密封函令案卷。(= close letters; close writs)(⇨ close rolls)

letters de cachet 〈法〉密令 由国王签发,国务大臣联署的批示将某人投入监狱,通常是巴士底监狱的命令,1789年大革命时被废止。

letter security (= letter stock)

letters of abolition 〈罗马法〉免除惩罚令 用以免除对犯罪的惩罚;除非该令书在判决之前颁布,否则当事人仍将

丧失公权[infamy]。

letters of administration 遗产管理证书 指法院在遗嘱检验中,对未立遗嘱或已立遗嘱但未指定遗嘱执行人的死者的个人财产指定遗产管理人时,发给该遗产管理人的证书,以赋予其与遗嘱执行人相似的权力和义务。如果死者未立遗嘱,则从死者最近的亲属(如夫、妻或子女)中指定遗产管理人;如果其最近亲属拒绝担任遗产管理人,则可从死者的债权人中指定一人或指定其他人为遗产管理人。如果死者已立有遗嘱,但没有指定遗嘱执行人或所指定的遗嘱执行人先于死者死亡,或所指定的遗嘱执行人无民事行为能力,或所指定的遗嘱执行人拒绝担任遗嘱执行人,则法院得指定遗产管理人并向其发给附有该遗嘱的遗产管理证书。

letters of administration C.T.A. 附遗嘱的遗产管理证书 C.T.A.是拉丁语 cum testamento annexo 之略,相当于英语的 with the will annexed,意思是"附以遗嘱"。该词指死者虽立有遗嘱,但在遗嘱中未指定遗嘱执行人,或所指定的遗嘱执行人无民事行为能力或拒绝担任遗嘱执行人,法院因此指定遗产管理人并向其发出的正式文件。

letters of administration D.B.N. 就未被管理的遗产指定遗产管理人之证书 D.B.N.是拉丁语 de bonis non 之略,相当于英语的 concerning goods—not already administered,意思是"就未被管理的财产"。该词指因遗嘱中所指定的遗嘱执行人未完成其在验证程序中所应进行的事项,而由遗嘱检验法庭发出的、任命遗产管理人对尚未被管理的遗产进行管理的正式文件。

letters of administration D.B.N. C.T.A. 就未被管理的遗产指定遗产管理人并附有遗嘱的证书 指遗嘱检验法庭发出的,指定遗产管理人以代替按死者意愿所指定的遗嘱执行人的文件。(⇨ letters of administration C.T.A.; letters of administration D.B.N.)

letters of business 〈英〉国王提议书 根据英王的亲笔签名发送坎特伯雷和约克两教省的教牧人员代表会议[convocation]的文书,表达国王的意愿:该会议应考虑提议书中提及的特定事项。

letters of collection 收集遗产授权书 指定某人收集并保管死者遗产的正式文件。与遗嘱执行授权证书[letters testamentary]和遗产管理证书[letters of administration]不同。

letter(s) of credence (外交官员向派往国政府呈递的)国书

letters of fire and sword 驱逐非法占地佃农令 指旧时发给治安官命其强行将非法占地的佃农逐出被占土地的指令。

letters of guardianship 监护证书 指法院指定监护人照管受法院监护的未成年人或无行为能力的成年人的财产、事务等的委托书。证书通常要明确界定监护人的权利和义务的范围。

letters of horning 〈苏格兰〉鸣号催债令 强制偿债令状的一种古老形式,虽已被取代,但仍具法律效力。以君主名义发布,经法院裁决,由执行官催告债务人在一定期间内偿还债务,否则以反叛罪论处并鸣号宣告。

Letters of Intercommuning 〈苏格兰〉禁止交往令 由苏格兰枢密院[Scots Privy Council]签发的禁止公众与犯罪之人保持交往的书面令状。

letters of marque 捕拿(敌船或货物)许可证(= letter of marque and reprisal)

letters of marque and reprisal ❶捕拿特许证 在交战期

间由交战国授予私掠船在公海上攻击敌国船舶并扣押其财产的特许证。❷报复特许证 根据国际法,如果一国的国民遭到另一国国民的侵害并且该侵害人所属国存在着拒绝公正处理的情况,则受侵害人所属国即可颁发报复特许证。据此,特许证的授受人不论何时发现侵害人所属国的国民或其财产,都可进行扣押,直至获得赔偿。报复行为只有在公正处理被明显且公然拒绝的情况下才能采取。由于国际条约及实践发展的结果,现代的报复行为局限于由军舰或经特别授权的私人船舶在公海上对商业财产的扣押。

letter(s) of recall ❶召回国书 指由一国政府向外国政府发出的召回其外交公使的国书。❷收回检修通知书 指产品制造商向购买者发出的信函,要求后者将产品送回经销商处修理或替换零部件。

letter(s) of recredentials 召回国书的正式复函 指外交使节驻在国通过该使节发给派遣国的一种文件,作为对后者召回使节的正式回复。该文件的效力在于表明驻在国同意该使节回国。

letters of request ❶〈英〉(教会法)管辖权放弃申请书 指原在教区法院[diocesan court]的案件的原告提出申请,将其案件的审理从教区法院移送省法院[provincial court]。申请书由教区法院法官签字申明放弃管辖权,并由省法院法官接受后生效。❷协助调查取证请求书 指请求外国或别的法域的法院进行司法协助,请其对在该外国或法域的证据或证人进行调查,然后将调查结果发回的请求书。(⇨rogatory letters)

letters of safe conduct 〈英〉安全特许证 在历史上,与英国交战国家的国民在前往英国或在公海旅行和运输货物时,只有取得英王颁发的书面许可证,才能不被拘捕。现代由驻在外国的大使签发的护照或许可证亦具有同样的效力。

letters of slains 〈古〉〈苏格兰〉同意赦免书 由被杀害者的亲属签署的声称他们已经收到了死亡赔偿金[assythment]并在向国王递交的申请中同意对犯罪人赦免的证书。

letters of slanes (= letters of slains)

letters of special administration 特别遗产管理证书 向符合特别遗产管理人资格者所颁发的证书。(⇨special administrator)

letters patent ❶〈古〉开封特许证;(由国家或国王授予个人或公司的)任命状 公开颁发的,包含国王所作的公示命令并加盖国玺的文书,主要是用来对个人或公司授予某种特权或从事某种特定活动的权利。有时还用来设立贵族爵位,或用于颁授出庭律师的位次。它不同于特许状[charters],因其抬头形式"致所有本特许证所及之人"["To all to whom these present come"],而且还通常可由国王亲自公开表明对其权威的确认。❷专利证 政府对专利权人颁发的权利证书,授予其利用发明或设计的专有权利。(⇨patent)

letter(s) rogatory 委托调查函 指一国(或一法域)的法院向另一国(或一法域)的法院发出的,委托后者协助对方管辖区域内的证人进行询问、调查证据,然后将证人的证词或调查结果的记录发回的司法文件。委托调查函通常还附有要对证人进行询问的问题。

letters testamentary 遗嘱执行令 在美国,指遗嘱检验法院对遗嘱中指定的遗嘱执行人予以同意,并授权该遗嘱执行人管理遗产的一种正式法律文件。在英国则通常以"遗嘱检验令"[probate]一语表示。(⇨letters of adminis-

tration)

letter stock 〈美〉非注册股票 指未按1933年证券法[Securities Act]在证券交易委员会[Securities and Exchange Commission/SEC]注册登记的股票。此种股票除非符合特定条件,不能公开销售。获得此种股票的买方用书面向卖方表明其持股的目的是为了投资,而非转售。(= restricted securities; restricted stock; letter security; unregistered security)

letting n. ❶出租;出租的房屋;招租的房屋 ❷〈美〉发包 把工程发交给中标的承包商。(⇨letting contract)

letting contract 发包合同 把工程发交给中标人承包,包括招标、接收投标、与中标人约订等全部步骤。

letting of ship "on a lay" 分成式船舶租赁 (⇨letting of ship on shares)

letting of ship on shares 分成式船舶租赁 船主将船只出租给船长,船长得完全占有和支配该船并有权按其认为适当的方式雇佣船员和航行,但必须负担为该船航行配备船员和备足食物所需的一切费用。船长自己收取运费,在扣除花费支出之后,按约定的比例与船主分享盈利。在船只体积较小的年代,这种做法很流行。

letting on shares 分成式租赁 该种租赁以农作物作为租金。(⇨crop rent; letting of ship on shares)

letting out ❶出租 ❷订立发包合同 把工程发交给中标人并与之订立承包合同。(⇨let; letting contract; letting out work)

letting out work 发包工程 (⇨letting contract)

letting premises 出租房屋

letting scheme 出租计划 这是与建筑规划[building scheme]相似的一种计划。这种计划必须证明共同出租人所加的各种限制都是为了所出租的全部财产的利益。(⇨building scheme)

lettre 〈法〉函令

lettre de change 〈法〉汇票

lettres de cachet 〈法〉监禁令 指由法兰西国王签署、并由国务大臣副署批准将某人监禁的指令。这种指令的签发不必说明理由,而且一经发出,便可立即执行。这种指令既可被用于维持治安的目的,又可被一些人为了无足轻重的事或为了泄私愤或为了复仇而请求国王把某人处以无期徒刑或长期徒刑或不定期的徒刑而加以利用。国王为了掩饰自己的亲信或其亲友所犯的罪行,亦可用这指令来处罚一些无辜的人。被用这种指令判刑的人无权上诉。被判刑的人是否可被释放往往要随国王的意见决定。由于这种指令的签发专断无理,并产生了恶劣影响,因此它在法国大革命后于1790年遭废止。(= lettres du petit signet; lettres du roi)

lettres d'État 〈法〉终止诉讼令 以法国签发的终止针对政府官员的法律诉讼的指令。

lettres du petit signet (= lettres de cachet)

lettres du roi (= lettres de cachet)

leuca ❶〈法国古法〉路格 土地测量单位,相当于1 500步。❷〈英格兰古法〉路格 指土地测量单位,相当于1 000步。❸英国古时修道院周围一里格[league]或一英里的空地

leucata 方圆一英里的教堂特许空地

levandae navis causa 〈拉〉船舶轻载 指有意将货物抛弃船外,这些货物成为共同海损。

Levant Company 黎凡特公司 在英国开始发展与苏丹的贸易后,伊丽莎白一世在1581年授予黎凡特公司贸

垄断特许状。詹姆斯一世在 1605 年授予该公司以法人地位，并以特许状确认其在黎凡特地区的贸易垄断地位，授予其在黎凡特地区所有地方挑选领事及副领事之权，并有权对公司的成员罚款及监禁。1643 年，长期国会[Long Parliament]更授予该公司以任命驻君士坦丁堡[Constantinople]大使的权利。这些特权在 1753 年一项法令中得到了确认。该公司实际上在 1803 年以前指派过大使并支付其薪金，在 1825 年以前指派过驻土耳其各地的领事，1825 年该公司将其特许状交还给英国政府。

levantes et cubantes (= levant et couchant)

levant et couchant 〈拉〉〈法〉起身和卧倒 该术语用来指非法闯入他人土地的牛，如果它在那儿卧倒休息，起身吃草，滞留了足够长的时间，那块土地的主人可以扣留该牛。上述时间段通常指一天一夜，至少一夜。

levari facias 〈英〉扣押执行令 命令郡长扣押债务人的土地或财物，通过变卖财物或收取土地的租金及利润，以使已被法院判决的债务得以偿清的令状。它也指向教区的主教签发的一种令状，命令某人进入已被法院判决败诉的债务人的土地，并将其占有，直至从该土地所收取的租金、什一税和收益已足以清偿债务为止。该令状在 1883 年前即实际上被可由原告选择执行方法的对土地的执行令状[writ of elegit]所取代，1883 年《破产法》[Bankruptcy Act]规定在任何民事程序中不得再签发该令状。(⇨elegit)

levari facias damna de disseisitoribus 〈英〉扣押侵占人财产令 过去签发给郡长要求其向强占他人不动产者强行索取扣押侵占人应向被侵占人支付的损害赔偿金的一种令状。

levari facias quando vicecomes returnavit quod non habuit emptores 〈英〉切实执行令 旧时的一种令状，命令郡长售出已取得的债务人的财物，退还不能售出的财物，其目的是尽量多地扣押债务人的财物以清偿其所欠的全部债务。

levari facias residuum debiti 〈英〉剩余债务执行令 命令郡长扣押债务人的土地、房产或动产以履行尚未清偿部分债务的令状。

levato velo 〈拉〉〈罗马法〉扯起帷幔 指应即时听审案件，是适用于海难或海上救助案件的原则，后来也适用于所有的海事案件。注释法学家对该用语的语源意见不一，但其较可能是指听审案件的场所。在该地点的门前挂有一张帆，当审案时，即升帆让原告进到法庭，立即审理。该用语在海事法庭上，指案件须迅速审理，迟延执行不公。

levee n. ❶〈美〉堤岸；码头 ❷(总统或其他高级官员举行的)招待会

levee commissioner 〈美〉筑堤官 负责建筑和维修堤岸的官员。

levee district 〈美〉堤坝区 指为修建并维护堤坝之目的而非政治目的而建立的地方性分区，其职责在于在该分区内负责修建、维护堤坝。

levée en masse 为反抗敌人而组织起来或自发的民众斗争

level crossing 〈英〉(铁路与公路、铁路与人行道等或两条铁路的)平面交叉点；平交道口 火车司机和司炉工可能认为靠近铁路道口的行人会注意到列车，但法律规定在上述人员驾驶列车通过铁路道口时，对在道口的行人负有注意的义务，不仅需正确操纵列车，且需使道口处于合理状态。

level premium 均衡保险费 一种人寿保险费计算方法。保费数额每年相同的人寿保险费。其计算基础是：以期初几年溢收保费弥补后几年不足部分保费。根据此法，被保险人每年交付一定数额的保费，在其有生之年便交足全部数额，而保单的面值则由利息增长来支付。无论是等级保险费率还是均衡保险费率，所支付的保费总额是相同的。

level premium insurance 均衡保险(人寿)保险 保费在缴费期间保持不变的保险。

level rate 均衡保险费率 (⇨level premium)

level rate, legal reserve policy 均衡保险费率；法定准备金保险单 这种保险建立一准备金，其数额在被保险人死亡时与保险单面值相等。

level road 统一标准的道路 指平坦的或坡度合乎标准的道路。在这种道路上法律要求机动车的车灯在正常天气情况下能照射到车辆前方足以辨认车辆、行人或实际物品的地方，不论车辆是在笔直的、平坦的道路上行驶，还是在上坡或下坡的道路上行驶。

Lever Act 〈美〉杠杆法 指美国 1917 年 8 月 10 日通过的联邦法律，于 1919 年 10 月 22 日修订。该法规定对在战时以过高价格出售生活必需品来榨取钱财的行为处以刑罚。

leverage n. ❶优势；影响；作用 ❷〈美〉举债经营 利用信贷或借款以增强其投机能力并提高投资的回报率，相当于英国的 gearing。❸(利用信贷或借款获取的)利益；好处 ❹资产负债比(= leverage ratio) ❺资产负债比对普通股的影响
v. ❶(使)举债经营 为借款人或投资者提供信贷或资金以改善其投机能力以期获得更大的利润。❷追加资本 ❸向(公司)投资 ❹〈反垄断法〉利用在一个市场中的经济优势来不公正地取得在另一个市场中的好处 ❺(保险法)操纵两个保险险别 如保险人拒绝对一种保险险别的赔偿要求，以此来影响对另一保险险别的赔偿要求。

leverage contract 〈美〉合约买卖合同 指就买入或卖出将来行使合约而达成的协议，该合约规定以某种标准单位或数量，并以某种特定价格而在将来交付某种特定的商品，通常是金、银或其他贵重金属。它的运行方式与期货合同[futures contract]非常相似，除了没有指定的合约交易市场。期货交易市场为期货合同制定统一的条款，而合约买卖合同条款则由交易商单独确定，且不保证存在回购市场，也不保证继续交易或充当买方经纪人。此外，合约买卖合同被禁止适用于农产品交易。(⇨futures contract)

leveraged buyout 借款购股；杠杆购股 这是由上市公司的管理层或场外投资者收购该公司发行在外的股票[outstanding stock]的交易。其收购资金主要是借自投资银行或经纪人，通常以该公司的资产为担保并以公司资产的未来收益和销售收入进行偿还。

leveraged lease 借贷租赁 附随于借贷的一种融资租赁，旨在减少纳税负担。指出租人以贷款的方式，从贷款人处筹措资金购买租赁物，随即交由承租人使用，由承租人支付租金。在该种租赁中，贷款人向出租人提供无追索权的融资，而出租人实质上对租赁财产进行负债经营，故除所融入的资金外，出租人在租赁中的净投资，在头几年会下降，而在后几年则会增长。由于用来偿付借款利息的资金是典型的应税收入的扣减项目，而承租人的租金又可以视为开支，故这种租赁方式可以起到减少纳税的作用。又作 third-party equity lease；tax lease。

leverage ratio (= leverage ❹)
leviable *a*. ❶可征收的;可征集的;(商品等)可征税的;应纳税的 ❷(财产)可扣押的
levier *n*. 征收(罚款、贡品等的)人;征税人
levir 〈拉〉〈罗马法〉丈夫之兄弟
levirate marriage (古希伯来法)转房婚 依古希伯来习俗,若一男子死后无子,其遗孀与亡兄弟缔结的婚姻称为转房婚。这一习俗仅存在于共同生活与劳作、拥有共同财产的兄弟们之间,其目的在于防止遗孀改嫁宗族之外的男子而损失家财。亡夫兄弟不结这种转房婚是不体面的事。有时,若亡夫没有兄弟,则亡夫的其他亲属有义务按亲缘关系的远近顺序与该遗孀结成转房婚,但该遗孀或该亲属有权拒绝。
levis 〈拉〉轻微的;小的
levis culpa 〈拉〉(罗马法)普通过失;轻微过失(⇨ordinary negligence)
levis nota 〈拉〉极不重要的标记
levissima culpa 〈拉〉(罗马法)最轻过失(⇨ slight negligence)
levissima diligentia 〈拉〉轻微注意
Levitical degrees 《利未记》规定的亲等 指载于《旧约全书》之《利未记》[Leviticus]第18章的亲等。《利未记》中载明在这些亲等之内的男女不得结婚。这种限制近代已放松,如英国自1907年起允许与已亡故的妻子的姐妹结婚,1921年起允许与已亡故的丈夫的兄弟结婚,1931年起允许与配偶的侄子、侄女或外甥、外甥女结婚。
levy *n*. ❶征收(罚款或税款);(征收的)罚款;税款 ❷(兵员的)征召;征募;所征兵员;所征军队 ❸扣押;拍卖或变卖扣押财产而得的金钱(= levy of execution)
v. ❶征收(罚款或税款);处以(罚款);征税 ❷征召;征募(兵员) ❸宣布或发动(战争) ❹扣押
levy at the risk of the plaintiff 由原告承担风险的扣押 这是判决执行官[execution officer]在执行令状上所作的背书。意指申请执行的债权人[execution creditor]同意在执行官错误地扣押被执行人[execution debtor]的财产时予以赔偿,而且同意该财产可由被执行人保留直至该财产由申请执行人以其自主承担风险的方式出售时为止。若在规定的出售日期该财产未被交出,执行官对申请执行人不承担任何责任。
levy court 〈美〉征税委员会 美国历史上曾存在于哥伦比亚特区[District of Columbia]的一个委员会,负责执行华盛顿县的行政和财政职能,比如建设和修护道路、桥梁、设立济贫院以及为应付支出的各种费用而征收税款,而在其他州,以上职能主要是由县委员会或镇长行使的。
levying fine (以诉讼和解方式达成的土地所有权转让中)让出土地所有权 这是普通法中使转让土地生效的一种虚拟程序。(⇨fine; cognizor; conusor)
levying war 〈美〉发动战争 该词源自英格兰法律。在美国,根据刑法,不仅指为了颠覆政府而发动的战争行为,还包括旨在以暴力抗拒美国公法的执行而进行的集结,但只有这种集结与暴力抗拒法律同时进行时,战争才实际地发动了。在上述集结中扮演任何一个角色的人,无论其角色是多么微不足道或者这个人多么远离事件现场,只要参加了这种谋反行为,均被认为是参与发动战争。
levy of attachment 扣押财产 行政司法官或其他经授权的官员根据扣押令[writ of attachment]而扣押财产并置于其监管之下。
levy of execution 执行判决扣押财产 指执行判决依法扣押债务人的财产并予以出售。也指出售被扣押财产所得的价款。
lewd *a*. 淫荡的;猥亵的;下流的(⇨lewdness)
lewd and lascivious association 淫荡下流的结合 指一种多次重复非法的性行为而构成的犯罪。一次或偶尔的性交,如不自称是同居,则不足以构成此罪。(⇨lewd and lascivious conduct)
lewd and lascivious behaviour 淫荡下流的行为(⇨lewd and lascivious conduct)
lewd and lascivious cohabitation 姘居(⇨illicit cohabitation)
lewd and lascivious conduct 淫荡下流的行为;淫乱行为 这是与通奸不同的犯罪。在某些场合下,它包括私通,但又不完全等同于私通。它是一种连续多次实施的有伤风化的行为。
lewd house 妓院(⇨house of ill fame)
lewdly *ad*. 淫荡地;好色地;下流地
lewdness *n*. 淫乱 普通法中的淫乱罪指公开的淫荡下流的行为。构成淫乱罪的条件是:①该淫乱行为妨害了社会治安;②在公共场所实施;③被合法停留在公共场所的人看见。如果一男子和一女子借助妓院达到性交的目的,女方的目的是卖淫,而男方的目的则是淫乱。美国某些州法律特别规定,淫乱行为为犯罪,有些州则把淫乱罪包括在其他犯罪中。(⇨indecent exposure; lascivious lewdness; obscene; obscenity)
lewd person 无法无天的人;恶劣的人;淫荡的人;下流的人
lex actus 〈拉〉(= lex loci actus)
Lex Aebutia (罗马法)《阿布兹法》 指公元前150年之后的一项罗马制定法。该法认可或者正式引进了替代更古老的口头诉讼[legis actio]程序的程式诉讼程序。因而,该法大大地加强了司法官[praetor]采纳新的诉讼程式的权力。(⇨legis actio)
Lex Aelia Sentia (罗马法)《艾里亚·森迪亚法》 公元4年罗马的一部有关管理解放奴隶事宜的综合性法律。该法补足了《福利恩卡尼尼阿斯法》[Lex Fufia Caninia]不够完整之处。它规定:被解放者须20岁,奴隶要超过30岁或未成为罗马公民[civis],欺诈债权人的解放无效。
Lex aequitate gaudet. 〈拉〉法律乐于做到公平。
Lex aequitate gaudet; appetit perfectum; est norma recti. 〈拉〉法律追求公平;它追求完美;它是正义的规则。
lex aeterna 〈拉〉永恒法 指道德法则;自然法;上帝为了保护和指引人类,在创造人性时熔入其心中的法律。
lex agraria 〈拉〉(罗马法)土地法 该法对罗马公民可以拥有土地的数量加以限制,并规定了公众对公共土地的享用和分配。
Lex Alamannorum 《阿勒曼尼法》 阿勒曼尼的法律的第二部分,第一部分叫做Pactus Alamannorum。阿勒曼尼是一个居住于德意志西南部的土瓦本[Swabian]部落。该法最早可追溯至公元725年,它由三部分组成,其中有23章涉及教会法,有21章涉及公法,有51章涉及私法。
lex alimentaria 〈拉〉(罗马法)给养法;救济法 这是规定在穷人中分发面包的法律。
Lex aliquando sequitur aequitatem. 〈拉〉普通法有时亦遵循衡平法。
lex amissa 〈拉〉被剥夺法律上的作证权的人;被剥夺公民权的人
Lex Anastasiana 〈拉〉(罗马法)《阿那斯塔修法》 ①该法

律承认,脱离家长控制而获得自主权利之兄弟姐妹的子女为父系亲属,解放的兄弟姐妹与未解放者享有平等的无遗嘱继承权;②该法规定,如果第三人低于其名义价值购得债权或请求权,就不得再向债务人要求获得高于法定利息的价格补偿。

lex Angliae 英格兰法;普通法

Lex Angliae est lex misericordiae. 〈拉〉英格兰法乃宽容之法。 这是英国法学家科克[Coke]就《格洛斯特法》[Statute of Gloucester, 1278, c.9]的通过所作的评语。该法免除了意外杀人者及因自卫而杀人者的法律责任。

Lex Angliae non patitur absurdum. 〈拉〉英格兰法不会产生荒谬之后果。

Lex Angliae nunquam matris sed semper patris conditionem imitari partum judicat. 〈拉〉英格兰法规定后代应承继父系的身份而非母系的身份。 因此,如果一个隶农与一个本为自由民的妇女结婚,他们所生的子女亦为隶农。

Lex Angliae nunquam sine parliamento mutari potest. 〈拉〉英格兰法非由议会不能更改。

Lex Angliae sine parliamento mutari non potest. 〈拉〉(= Lex Angliae nunquam sine parliamento mutari potest.)

Lex Anglorum et Werinorum 《盎格鲁和韦里诺法汇编》 指是以里普利安法[Ripuarian law]为基础的图林根法[Thuringian laws]汇编。它受到撒克逊法[Saxon law]的影响。

lex annale 〈拉〉(罗马法)年龄法 规定担任高级官员的最低年龄的法律。

lex apostata 〈拉〉违法事物

lex apparens (英格兰古法)〈诺曼〉明确的法律程序;众人明了的法律程序 该术语过去用于指以斗力裁判[trial by battle]或神明裁判[trial by ordeal]方式进行的审判。此处的"lex"有"法律程序"之义,"apparent"则指因原告有义务在获得法庭传唤被告的命令之前必须由证人作证,证明自己的权利明确。

Lex Apuleia (= lex Apuleja)

Lex Apuleja 〈拉〉(罗马法)《阿菩莱拉法》 规定共同保证人中的一人或数人偿还债务超过其应有份额时,有权诉请其他保证人偿还该超出的部分。

Lex Aquilia (罗马法)《阿奎利亚法》 这是古罗马的制定法,制定时期不详,可能为公元前3世纪,由保民官阿奎利乌斯[C. Aquilius Gallus]提出然后通过。该法替代了《十二铜表法》[Twelve Tables]中较早的一部分内容,规定诸如杀死或伤害他人的奴隶或牲畜或以其他方式非法损害他人其他财产者应负赔偿之责。

Lex Atilia (罗马法)《阿提利亚法》 这是由古罗马保民官阿提利乌斯[L. Atilius Regulus]提出后通过的一部法律。该法授予执政官[magistrate]以指定监护人的权利。该法仅适用于罗马城。

Lex Atinia (罗马法)《阿提里亚法》 该法规定对盗窃的赃物不能因时效而取得权利。

Lex Baioriorum (= Lex Baiuvariorum)

Lex Baiuvariorum 《巴伐利亚法》 原先由狄奥多一世[Theodoric I]把巴伐利亚各部族古老的法律准则与阿勒曼尼人[Alemanni]及法兰克人[Franks]的法律准则混在一起汇编而成的一部习惯法。其后,由法兰克王国国王达克贝特一世[Dagobert I]完成并颁布。(= Lex Baioriorum; Lex Boiorum)

Lex barbara 蛮族法 指不受罗马帝国统治的那些民族的法律。

Lex Barbara Visigothorum (= Fuero Juzgo)

Lex beneficialis rei consimili remedium praestat. 〈拉〉善法对类似案件亦予提供救济。

Lex Boiorum (= Lex Baiuvariorum)

Lex Brehonia 布雷恩法 指爱尔兰古代的法律制度,后被约翰王废除。

Lex Bretoise 古代布立吞人的法律 当时适用于威尔士与英格兰接界的地区。

Lex Burgundionum 《勃艮第人法》 指蛮族人勃艮第的法律,最早由其最后一位国王冈都德[Gundobada]约于公元500年编纂颁布。(⇨Lex Gundobada)

Lex Calpurnia de Repetundis (罗马法)《公职官员敲诈勒索审判法》 公元前149年颁行的一部罗马制定法。该法规定设立常设法院审理公职官员敲诈勒索案件,但基本允许民事索赔,因为审判主旨在于返还被敲诈勒索的财物。该法由后来制定的法律扩充。

Lex Canuleia (罗马法)《卡努勒亚法》 这是于公元前445年颁布,允许贵族与平民之间通婚的一部罗马法律。该法承认父亲为贵族而母亲为平民所生的子女的合法性,并允许这些子女被其父亲的家族接纳。

lex causae 〈拉〉(冲突法)准据法 应适用的法律。指在涉外民事法律关系中,为解决法律冲突问题,依据有关法律冲突的准则[conflict rules]援引所应适用的某国或某地的法律。

lex celebrationis 〈拉〉(冲突法)婚姻缔结地法 法院在判定婚姻关系是否成立时通常采用的准据法。(= lex loci celebrationis)

Lex Cincia (罗马法)《禁止赠礼法》 这是于公元前204年颁布的一部法律,该法禁止某类有碍公正的赠与并禁止赠与超越一定尺度的财产,除非赠与发生在近亲属之间。

Lex Cincia de donis et muneribus (= Lex Cincia)

Lex citius tolerare vult privatum damnum quam publicum malum. 〈拉〉法律容忍私人受损甚于公共危害。

Lex Claudia 《克劳迪法》 该法废止了成年妇女的男性父系亲属对其享有监护权的古老做法。

Lex comitatus 郡法 指一个郡的法律,或当着郡方伯爵或其代表的面在郡法院实施的法律。

lex commercii 〈拉〉商法;商事法 亦作 lex commissoria。

lex commissoria 〈拉〉(罗马法)承担义务法 根据此法,债权人与债务人可以约定,如果债务人不能在规定的日期偿还债务,则债务人的抵押物[pledge]就成为债权人拥有绝对所有权的财产。君士坦丁皇帝[Constantine]时代,该法因不公平和过于严厉而被废除。

lex communis 普通法(⇨jus commune)

lex contractus 〈拉〉(冲突法)契约地法 在解决合同争议时所经常采用的准据法,一般指契约缔结地法或契约履行地法。(= lex loci contractus)

Lex contra id quod praesumit, probationem non recipit. 〈拉〉法律不接受违背法律推定的证据。

Lex Cornelia (罗马法)《科尼利亚法》 这是由古罗马独裁官科尼利尼斯[L. Cornelius Sylla]通过的法律。它规定了对诸如殴打、强力闯入他人房宅等损害的救济。

Lex Cornelia de aedictis (罗马法)《科尼利亚禁止擅离职守法》 该法禁止执政官在其任期内擅离职守。

Lex Cornelia defalsis (= Lex Cornelia de falso)

Lex Cornelia de falso (罗马法)《科尼利亚禁止伪造法》

这是由古罗马独裁者科尼利厄斯[L. Cornelius Sylla]通过的一项关于伪造的法律。该法规定对被囚房者遗嘱的伪造所处的惩罚与对死于本国者遗嘱的伪造相同。

Lex Cornelia de injuriis （罗马法）《科尼利亚伤害处罚法》该法规定在某些身体伤害的案件中，被害人可通过民事诉讼追索罚金。

Lex Cornelia de sicariis et veneficis （罗马法）《科尼利亚禁止杀人及投毒法》 这是古罗马独裁者科尼利厄斯[L. Cornelius Sylla]通过的一项法律。该法除规定有关杀人及投毒外，还包含禁止其他暴力行为的规定。此外还规定对杀害他人奴隶者处以死刑或流放。该法后来由安东尼庇护皇帝[Emperor Antoninus Pius]扩展适用于主人杀害自己的奴隶的案件。

Lex Cornelia de sponsu （罗马法）《科尼利亚限制担保法》 该法禁止一个人在同一年内为同一债务人向同一债权人的担保超过一定数额。

Lex curiata de Imperio （罗马法）《治权授予法》 这是关于古罗马库里亚[curia]民众大会将治权[imperium]授予执政官仪式的法律，他当选后除非经这种仪式批准，才能正式就职。当行省总督治权[imperium proconsulare]及行省执政官治权[imperium propraetore]得到发展时，获得《治权授予法》成为一种形式上的手续；在共和后期，该法常被中止适用或被忽略，到帝国时期它终于被废弃。

Lex Danorum ❶丹麦法 指丹麦人入侵英格兰北部后在当地施行的法律。❷施行丹麦法的地区 指英格兰北部、中部和东部地区。(= Danelaw; Danelage)

Lex deficere non potest in justitia exhibenda. 〈拉〉法律伸张正义时不应有不足之处（或不得失败落空）。

Lex de futuro; judex de praeterito. 〈拉〉法律为未来作出规定而法官则对过去作出判决。

lex delicti 〈拉〉侵权行为地法；犯罪地法(= lex loci delictis)

lex delicti commissi （ = lex delicti）

lex deraisnia 违反常理法 这是古罗马人及诺曼人曾使用的一种质证规则，它的内容是：一方否认某事为其所为，另一方则断言为其所为，前者可证明后者的主张违反常理从而挫败后者的主张。

lex de responsis prudentum 〈拉〉来自法学家答复的法律 指根据援引法学家的答复而产生的法律。(⇨ law of citations; responsa prudentium)

Lex dilationes semper exhorret. 〈拉〉法律永远厌恶迟延。

lex domicilii 〈拉〉住所地法 指某人住所地国家或法域的法律，在冲突法中，根据住所地法可以确定某人的民事权利范围。

Lex Duodecim Tabularum 〈拉〉《十二铜表法》 公元前451–450年间由罗马共和国制定的一部现存最早的成文法典，因刻于十二块板子上而得名。第一表：传唤[De in jus vocando]；第二表：审理[De judiciis]；第三表：执行[De aere confesso rebusque judicatis]；第四表：家长权[De jure patrio]；第五表：继承和监护[De heareditatibus et tuelise]；第六表：所有权和占有[De dominio et possessione]；第七表：土地和房屋[De jure aedium et agrorum]；第八表：私犯[De delicto]；第九表：公法[De jure publico]；第十表：宗教法[De jure sacro]；第十一表：前五表的补充[supplementum 5 priorarum tabularum]；第十二表：后五表的补充[supplementum 5 posterioarum tabularum]。(⇨ Twelve Tables)

Lex est ab aeterno. 〈拉〉法律自开天辟地以来就存在。强调法律渊远流长。

Lex est dictamen rationis. 〈拉〉法律是按理性行事的。普通法是依自然法和公共利益作出判断的。

Lex est norma recti. 〈拉〉法律是正义的准则。

Lex est ratio summa quae jubet quae sunt utilia et necessaria, et contraria prohibet. 〈拉〉法乃理性之完善，它要求做有用和必需的事，禁止做与之相反之事。

Lex est sanctio sancta, jubens honesta, et prohibens contraria. 〈拉〉法律是神圣的命令，它要求做正当的事而禁止做相反的事。

Lex est summa ratio insita a natura quae jubet ea, quae facienda sunt prohibetque contraria. 〈拉〉法律是自然灌输给我们的最高理性，它要求该做的而禁止做相反的事。

Lex est tutissima cassis; sub clypeo legis nemo decipitur. 〈拉〉法律是最安全的头盔；在其保护之下无人会被欺骗。

lex et consuetudo parliamenti 〈拉〉议会的立法与习惯

lex et consuetudo regni 〈拉〉〈英〉王国的法律和习惯 即普通法。

lex et consuetudo regni nostri 〈拉〉〈英〉我们王国的法律和习惯 即普通法。

Lex Fabia de plagiariis 〈拉〉（古）禁止诱拐和藏匿奴隶的非比阿斯法

Lex favet doti. 〈拉〉法律保护寡妇自亡夫处得到的产业。

lex feudi 〈拉〉采邑法；封地法

Lex fingit ubi subsistit aequitas. 〈拉〉在衡平存在的地方法律可以进行拟制。

lex fori 〈拉〉法院地法；诉讼地法；审判地法 在冲突法中，对于诉讼程序、证据规则和所采用的法律救济作出规定的诉讼所在地的法律。(= law of the forum; lex ordinandi)

Lex Francorum 《法兰克人法》 这是由法兰克国王克洛维一世[Clovis I]之子狄奥多里克一世[Theodoric I]颁行的法律，该法与萨利克法[Salic law]是不同的汇编集。

Lex Francorum Chamavorum 《卡马维法兰克人法》 这是公元9世纪早期居住于下莱茵河流域[lower Rhine]的卡马维人[Chamavi]的法律汇编，共有48条。它只是查理曼大帝[Charlemagne]派遣的皇家巡回法官们所作的备忘录。

Lex Frisionum 《费里西亚人法》 这是多神教时期与基督教时期弗里西亚人所使用的法规的汇编。它颁布于公元8世纪中叶，共由三部分组成，在附篇中还添加了北方地区与南方地区的一些不同的规定。

lex Fufia Caninia de Manumissione 〈拉〉（罗马法）《福利恩卡尼尼阿斯解放奴隶法》 这是公元前2世纪的一部立法，规定了主人可以通过遗嘱解放奴隶的数目和比例，《艾里亚·森迪亚法》[Lex Aelia Sentia]对其作有补充，但优士丁尼[Justinian]废除了该法。(⇨ lex Furia Caninia)

lex Furia Caninia 〈拉〉（罗马法）《福利恩卡尼尼阿斯法》 这是罗马执政官 P. Furius Camillus 和 C. Caninius Gallus 在位时，于罗马城建立后752年颁布的法律。该法禁止奴隶主以遗嘱方式解放的奴隶超过一定数目。后该法被优士丁尼[Justinian]废除。又作 lex Fusia Caninia; Furian Caninian law; Fusian Caninian law.

lex Furia testamentaria 〈拉〉（罗马法）《福利恩遗赠法》 该法规定立遗嘱人的遗赠不得为重量超过1000磅的铜币或等值物。这是第一部对遗赠进行限制的法律。

lex Fusia Caninia (= lex Furia Caninia)

lex Gabinia 〈拉〉(罗马法)《加比尼阿斯法》 这是罗马的一部介绍以投票方式进行选举的法律,又作 lex Galinia tabellaria。

lex generalis 〈拉〉通用法 指普遍适用的法律,与只影响特定人或一小部分人的特别法相对应。

lex Genucia 〈拉〉(罗马法)《杰努基阿斯法》 这是一部规定对罗马市民之间的借贷禁止收取利息的法律。这部法律常被规避,因为它没有规定收取或支付利息的协议为无效。

Lex Gothica 〈拉〉《哥特法》 这是公元 466 年首次以文字形式颁布的哥特人的法律。

Lex Gundobada 〈拉〉《冈都巴德敕令集》 由勃艮第[Burgundian]国王冈都巴德[Gundobad]大约于公元 495 年颁布的一部王室敕令集,它适用于勃艮第人,也用来处理勃艮第人与罗马人之间的纠纷。随后冈都巴德又颁布了《勃艮第罗马法典》[Lex Romana Burgundionum],专门适用于在勃艮第的罗马人。冈都巴德及其继承者遵从罗马人的做法,又颁布了许多法令来补充《冈都巴德敕令集》,也称之为《新律》[Novellae]。即使在公元 534 年勃艮第王国为法兰克所灭亡后,《冈都巴德敕令集》仍作为属人法适用于勃艮第人。

Lex Horatia Valeria 〈拉〉(罗马法)《霍拉斯·瓦列里亚法》 这是一部确保部族民众大会享有独立存在之特权的法律。(➪Lex Horatii)

Lex Horatii 〈拉〉(罗马法)《霍拉斯法》 这是罗马法中一部重要的具有宪法性质的制定法。它得名于使之得以通过的执政官霍拉修斯[Horatius]。该法规定平民大会[meetings of plebeians]通过的决定应该成为对全民都有拘束力的法律,而不是像以前那样仅对平民产生效力。有可能它就是《霍腾西亚法》[Lex Hortensia]。(➪Lex Hortensia)

Lex Hortensia 〈拉〉(罗马法)《霍腾西亚法》 这是颁布于公元前 287 年的一部法律。它赋予了平民大会的决议[plebiscitum]以法律的效力,适用于全民而不像以前仅适用于平民不适用于贵族。同时赋予了平民参与公法[jus publicum]及祭祀法[jus sacrum]方面事务的权利。(➪plebiscitum)

lex Hostilia de furtis 〈拉〉(罗马法)《霍斯提利法》 这是罗马一部有关盗窃的法律。该法规定,如果失主正忙于公务,政府可以无需失主参与即对某人的盗窃行为提起控诉。

lexicographical definition 词典定义 指词典中对法律术语所下的定义。但对法律语言的正确解释并不总依赖于教条地遵守词典定义。

lex imperatoria 〈拉〉罗马帝国法律;罗马法

Lex intendit vicinum vicini facta scire 〈拉〉法律推定邻人了解其邻居的所作所为。

Lexis 莱克西斯 ①美国米德数据中心[Mead Data Central]开发的一套计算机辅助法律查询系统。它提供包括联邦与州的判例、制定法、行政法规及二次法律文献的在线查询服务。②由英国巴特沃斯(电子出版)公司[Butterworth (Telepublishing) Ltd]1980 年投放于联合王国的法律计算机信息服务系统,即数字化的法律图书馆。它包含大多数法律图书馆中有关联合王国、欧盟、英联邦以及其他外国的法律材料。莱克西斯还包含许多从未加以报道的案件,这是它超出一般法律图书馆之处。

Lex judicat de rebus necessario faciendis quasi de re ipsa factis. 〈拉〉法律判断必需作为之事项如同其已经作为。

lex judicialis 〈拉〉神明裁判

Lex Julia 〈拉〉(罗马法)朱利亚法 有很多法典都采用这一名称,但可以通过其后附加的用以描述该法主题的语词加以区别。"lex Julia de adulteriis"涉及婚姻、嫁资及其相关的问题;"lex Julia de ambitu"是用来惩治以非法手段谋取官职的行为的法律;"lex Julia de annona"旨在打击联合哄抬物价;"lex Julia de cessione bonorum"是破产方面的法律;"lex Julia de majestate"规定意在侵犯皇帝或国家者都将被判处死刑;"lex Julia de maritandis ordinibus"则禁止元老院成员及其子女与解放自由人[freedmen]或不名誉者[infames]结婚,同时也禁止解放自由人与不名誉者之间的婚姻;"lex Julia de residuis"则惩罚那些账目不全的公款管理人;"lex Julia de peculatu"惩罚那些窃取公共钱物或圣物者,对于协助其犯罪的官员将受到严惩,而其他罪犯将被流放。

Lex Julia majestatis 〈拉〉(罗马法)《尤利乌斯元首法》 这是由尤利乌斯·凯撒[Julius Caesar]颁布,后经奥古斯都[Augustus]补充后重新颁布,包括了以前颁布过的所有涉及惩罚侵犯国家罪的法律。

Lex Julia Norbana 〈拉〉(罗马法)《朱利亚·诺博纳法》 该法授予了被解放但其解放有某种缺陷的人以某种自由人的地位,但没有完全的公民权。(➪latini juniani)

lex Junia Velleja 〈拉〉(罗马法)《优尼亚·韦雷亚法》 这是公元 26 年通过的一项法律。它规定为尽可能保持遗嘱的效力,确定继承人资格,必须将几类特定的卑亲属视作后生子[postumus]。该法规定在遗嘱成立后,遗嘱人死亡前出生的当然继承人,包括遗嘱人的儿子或因遗嘱人之子已先死亡而成为当然继承人的遗嘱人的孙子女,都视同后生子,遗嘱人有权预立或预废其继承人资格,以免遗嘱无效。

Lex Kantiae 〈拉〉(英格兰古法)《肯特法》 指爱德华一世[Edward Ⅰ]时期盛行于肯特郡[Kent]的全部习惯法规则的总汇。这些习惯的书面文本为巡回审法官[Justice in eyre]所确认,其主要内容涉及对肯特郡地产保有制[gavelkind]的维持。

lex Laetoria (= lex Plaetoria)

lex lata 〈拉〉现行法

lex loci 〈拉〉…之地的法律;发生地法;当地的法律 指对诉讼有决定性影响的事件或行为发生地的法律,亦即案件所涉权利或义务发生地的法律。一般亦可直接用作契约地法[lex loci contractus]。

lex loci actus 〈拉〉行为地法

lex loci celebrati contractus 〈拉〉(= lex loci celebrationis)

lex loci celebrationis 〈拉〉婚姻缔结地法;缔约地法

lex loci commissi 〈拉〉行为地法

lex loci contractus 〈拉〉契约地法 有时指契约缔结地法,有时指契约履行地法。一般来说,契约的效力由缔约地法决定,如依缔约地法是有效的,则在其他任何地方都有效;如依缔约地法无效,则在其他任何地方都无效。这一规则来源于自然公正的理念,然而任何国家都不会承认或执行对它不利的契约。在契约没有特别规定的情况下,确定契约的准据法,应选择与契约有最密切和最真实联系的法律。常简写为"lex loci"或"lex contractus"。

lex loci delictis 〈拉〉犯罪地法;不法行为地法;侵权行为地法

lex loci delictus 〈拉〉犯罪地法;侵权行为地法 通常较详尽的表达语是 lex loci delicti commissi;较简洁的表达语

是 lex loci delicti 或 lex delicti。
lex loci domicilii 〈拉〉住所地法(= lex domicilii)
lex loci rei sitae 〈拉〉物之所在地法 这是动产和不动产所在地法的总称。对于不动产,与其权利的取得、转让和丧失有关的事项都仅应适用其所在地法。对于动产,一般亦适用物之所在地法,但亦有采用所有人之住所地法[lex domicilii]的。(= lex situs)
lex loci sitae rei 〈拉〉物之所在地法(= lex loci rei sitae)
lex loci solutionis 〈拉〉(契约)履行地法
lex longobardorum 〈拉〉《伦巴第法典》 这是伦巴第[Lombards]人于公元5世纪至8世纪间形成的一部法典。在伦巴第为查理曼大帝[Charlemagne]所吞并后,它在一段时间内仍保持效力,其遗迹在今天的意大利某些地方仍能发现。
Lex lunia de manumissione 〈拉〉(罗马法)《尤尼亚解放奴隶法》 这是罗马帝国于公元前17年颁布的一部关于解放奴隶的法律。(⇨latini juniani)
lex manifesta 〈拉〉❶明白无误的法律(程序) ❷决斗裁判或神明裁判(⇨lex apparens)
lex mercatoria (= law merchant)
lex naturale 〈拉〉❶自然法则;自然规律 指自然界的科学法则。❷自然法 "自然法"的概念源出于罗马帝国法学家的著作。它指人通过理性思维就能发现并得出自自然且与自然相一致的指导人类行为的普遍原则和规律。这种原则和规律不同于任何制定法及任何国家或民族的法律体系。因为自然法是合乎人性并体现了神的意志,因此它不是立法和司法活动的产物,而是由本质上永恒并且无处不在的自然赋予其合法性以决定是与非。自然法往往与实在法[positive law]相对应,但两者并非是相互排斥的,比如"汝不可杀人"[Thou shalt not kill],就是自然法和实在法二者都可以共同接受的规则。但20世纪的法学学者站在实证论的角度上大都拒绝承认自然法的概念,因为真的科学知识并不能证实价值判断,而自然法基本上是由价值判断组成的。(= jus naturale; natural law)
Lex necessitatis est lex temporis; i. e., instantis. 〈拉〉必需之法即适时之法。
Lex neminem cogit ad impossibilia. 〈拉〉法律不强迫人做不可能之事。
Lex neminem cogit ad vana seu inutilia peragenda. 〈拉〉法律不要求任何人做徒然或无用之事。
Lex neminem cogit ostendere quod nescire praesumitur. 〈拉〉法律不强迫任何人说出推定他不了解的情况。
Lex nemini facit injuriam. 〈拉〉法律不伤害任何人。
Lex nemini operatur iniquum. 〈拉〉法律对任何人都不会不公正。
Lex nemini operatur iniquum, nemini facit injuriam. 〈拉〉法律不会对任何人不公正,也不会伤害任何人。
Lex nil facit frustra. 〈拉〉法律不为徒劳之事。
Lex nil facit frustra, nil jubet frustra. 〈拉〉法律不为也不命令人做徒劳之事。
Lex nil frustra jubet. 〈拉〉法律不指示作徒劳之事。
Lex non a rege est violanda. 〈拉〉法律不得被国王违反。
Lex non cogit ad impossibilia. 〈拉〉法律不强迫不可能之事。
Lex non cogit seu ad vana aut impossibilia. 〈拉〉法律不强迫人做无用或不可能的事。
Lex non curat de minimis. 〈拉〉法律不理会鸡毛蒜皮之事。

Lex non deficit in justitia exhibenda. 〈拉〉法律不容丧失公正之面貌。
Lex non exacte definit, sed arbitrio boni viri permittit. 〈拉〉法律的规定并不精细入微,它信任公正的人所作的判断。
Lex non favet delicatorum. 〈拉〉(= Lex non favet delicatorum votis.)
Lex non favet delicatorum votis. 〈拉〉法律不满足过分挑剔者之愿望。
Lex non intendit aliquid impossibile. 〈拉〉法律不要求任何不可能的事。
Lex non patitur fractiones et divisiones statuum. 〈拉〉法律不允许肢解财产。
Lex non praecipit inutilia. 〈拉〉法律不需要无益或无用之事。
Lex non praecipit inutilia, quia inutilis labor stultus. 〈拉〉法律不要求无益之事,因为无益之劳动是愚蠢的。
Lex non requirit frustra. 〈拉〉法律不要求无效或无用之事。
Lex non requirit verificari quod apparet curiae. 〈拉〉对于法庭显而易见之事项,依法毋需证明。
lex non scripta 〈拉〉不成文法 指包括具有普遍性的习惯及不具有普遍性的特有习惯和地方法,以区别于制定法。
lex ordinandi 〈拉〉法庭所在地法(= lex fori)
Lex Papia Poppaea 〈拉〉(罗马法)《巴比亚波培亚法》 这是罗马执政官Papius与Poppaeus于公元9年提出的一部为鼓励结婚和生育而限制未婚或虽婚而未育者从遗嘱中受益的罗马法律,一般认为,它与"Lex Julia de maritandis ordinibus"一起组成一部法律。(⇨Lex Julia)
lex parliamenti 〈拉〉议会制定的法律
lex patriae 〈拉〉本国法
Lex Petronia 〈拉〉(罗马法)《佩特罗尼乌斯法》 颁布于公元19年的法律,规定奴隶主未得执法官允许,不得命其奴隶与野兽格斗。
lex Plaetoria 〈拉〉(罗马法)《普勒托里亚法》 公元前3世纪制定的一部保护未成年人免受欺诈的法律。它规定,凡从未满25岁的人那里获利者,都要受到惩罚,与该未满25岁的人之间的交易可以宣告无效。它还允许12岁至25岁的人在特定条件下申请指定监护人,并由此监护人批准被监护人与他人的交易。
Lex plus laudatur quando ratione probatur. 〈拉〉愈已为理性证明的法律愈受赞赏。
lex Poetelia 〈拉〉(罗马法)《浦埃梯利尔亚法》 公元前326年制定的一项法律,它取消了债权人殴打、羁押、出卖、杀害债务人的权利,解放了债务奴隶[nexi]。以此为发端,以财产承担责任的做法才逐渐取代了以债务人人身承担责任的做法。
Lex Pompeia de parricidiis 〈拉〉关于杀亲的庞培法 这是罗马执政官庞培[Ponpey]执政时颁布的一项关于惩罚杀害父母或子女的罪犯的法律。根据该法,犯人将被同一条狗、一只鸡、一条毒蛇及一只猿一起缝入一条麻袋,然后抛入大海或河流。这样,即使他活着,他也呼吸不到空气,死后也不能葬身土地。
Lex posterior derogat priori. 〈拉〉后法废止前法。
lex praetoria 〈拉〉(罗马法)裁判官法 依此,每一个解放自由人[freedman]在订立遗嘱时都必须在其遗产中给其庇主[patron],即对该获得自由的奴隶仍保留一定控制权的原主人留出一定份额。该词语一直适用于衡平法院的规则中。

Lex prospicit, non respicit. 〈拉〉法律不溯及既往。 指法律只适用于在其以后发生的事,而不适用于在其以前的事。

Lex Publilia 〈拉〉〈罗马法〉《普布里亚法》 该法规定,平民大会的决议[plebiscita]不必经元老院认可便对全体罗马人都有拘束力。"lex Publilia de sponsu"允许担保人[sponsores]在6个月内未被偿还时得通过特别诉讼[special actio]从被担保人处获得支付。

Lex punit mendacium. 〈拉〉法律惩罚虚假不诚实。

Lex pure poenalis obligat tantum ad poenam, non item ad culpam; lex poenalis mixta et ad culpam obligat et ad poenam. 〈拉〉纯粹的刑法注重刑罚而非犯罪;混合的刑法既注重犯罪也注重刑罚。

lex regia 〈拉〉〈罗马法〉关于皇帝的法律;君主法;皇帝法 授予皇帝以广泛立法权和行政权的法律,由罗马人民或声称由罗马人民制定。皇帝由此成为法律的创设者,他拥有完全的立法权,皇帝的意愿或意志具有完全的法律效力。

lex rei sitae 〈拉〉物之所在地法 据称这是一种不确切的表达方式,更恰当的表达方式是 lex situs 或 lex loci rei sitae。

Lex rejicit superflua, pugnantia, incongrua. 〈拉〉法律拒绝累赘、互相矛盾及不一致的事物。

Lex reprobat moram. 〈拉〉法律憎恶迟延。

Lex respicit aequitatem. 〈拉〉法律看重公平。

Lex Rhodia 〈拉〉《罗得岛法》 这是公元前2至3世纪在爱琴岛东南部的罗得岛[Rhode Island]发展起来的海事法,其残存部分见于《学说汇纂》[Digest]中,称为"Lex Rhodia de jactu"(关于在海难中投弃货物的罗得岛法律)。另一部被称为《罗得海法》[Rhodian Sea Law]的海事法大约于公元8世纪时通行于地中海。(⇨ Lex Rhodia de jactu; Rhodian laws)

lex Rhodia de jactu 〈拉〉〈罗马法〉罗得岛抛货法(⇨ Rhodian laws)

Lex Ripuaria 〈拉〉《里普利安法典》 这是里普利安法兰克人[Ripuarian Franks]的法典,编纂于公元6世纪左右。它包括两部分,第一部分由前31章和第65-79章组成,属里普利安人自身独创;第二部分则主要从《萨利克法典》[Salic Code]借鉴而来,包括第32-64章。7-9世纪时,在起初文本基础上又增加了一些皇室立法的内容。

lex Romana (= Roman law)

Lex Romana Burgundionum 〈拉〉《勃艮第罗马法典》 这是公元535年左右由勃艮第国王冈都巴德[King Gundobad]为其治下的罗马臣民颁布的一部法典。其内容并非来自于法律著作的摘录,而是取自《格列高利法典》[Codices Gregorianus]、《赫尔莫杰尼安法典》[Codices Hermogenianus]、《狄奥多西法典》[Codices Theodosianus]及狄奥多西之后的新律、保罗[Paul]的《论判决》[Sententiae]、盖尤斯[Gaius]的《法学阶梯》[Institutes]等。全部内容都是独立的对于法律规则的陈述,并被体系化地安排在47个标题之下。该法的颁布意在为法官提供一种手册,而非对罗马法的法典化,法典之外的罗马法仍然有效。在勃艮第为法兰克人征服之后,该法典为《阿拉历克罗马法辑要》[Breviarium Alaricianum]所增补。一个奇怪的误解曾使人将这部法律同帕比安[Papinian]联系了起来,因为在一些手抄本中该法是跟在《西哥特罗马法典》[Lex Romana Visigothorum]之后的,而后者以帕比尼安的一段解答结尾,可能某抄写者将此当成了《勃艮第罗马法典》的开端,而为它加上了"帕比安"——帕比尼安的简称——的名字。(⇨ Lex Burgundionum; Breviarium Alaricianum; Lex Romana Visigothorum)

Lex Romana canonice compta 〈拉〉《教会罗马法选编》 这是一部选自优士丁尼的《法学阶梯》[Institutes]、《优士丁尼法典》[Codex]和《朱利安新律摘要》[Juliani Epitome Novellarum]的法律选编。该选编大约编于9世纪的意大利,是为教会准备的,它提供了罗马法中对教会适用的规则,对后世保存优士丁尼的著作有所帮助。该选编是影响教会法发展的罗马法渊源之一,并为早期教会法编纂者所使用。

Lex Romana Curiensis 〈拉〉〈罗马法〉《库里恩斯罗马法典》 这是一部为东瑞士人、蒂尔罗[Tyrol]人和北意大利人约于公元900年编纂的对于法律习惯进行表述的法典。它以《西哥特罗马法典》[Lex Romana Visigothorum]的一本不完整的而且有误解的摘要为基础,抄袭了罗马法的一些观念,但却反映了一种衰落的法律状况。

Lex Romana Visigothorum 〈拉〉《西哥特罗马法典》 这是西哥特[Visigoths]国王阿拉历克二世[Alaric Ⅱ]为其治下的罗马臣民于公元506年颁布的一部法典,内容包括摘录自《狄奥多西法典》[Codex Theodosianus]、帝国宪章、盖尤斯[Gaius]的《法学阶梯》[Institutes]、《格列高利法典》[Codices Gregorianus]、《赫尔莫杰尼安法典》[Codices Hermogenianus]、保罗[Paul]的《论判决》[Sententiae]及帕比尼安[Papinian]的作品,其中也有对所摘录的选段所作的解释,以使之适应变化了的情况。它由法律专家编写并经立法机关通过。尽管它的质量远低于优士丁尼法典[Justinian's codification],但对于西欧的法学仍是一个重大贡献,它已经被证明是为在日耳曼人统治下的罗马人所编纂的最重要的法律。公元16世纪后,它被称为《阿拉历克罗马法辑要》[Breviarium Alaricianum]。(⇨ Breviarium Alaricianum)

lex sacramentalis 〈拉〉以证词宣誓方式证明被告无罪(⇨compurgation)

Lex Salica 〈拉〉《萨利克法典》 这是现存最古老的日耳曼法典,是关于萨利安法兰克人[Salian Franks]的法律和后经修订、增补,形成文字的古代习俗的汇编。它编纂于公元5世纪,在法兰克各民族中有极高的权威并产生了重大影响,成为了同时期其它法典的重要渊源。它深刻影响了法国和荷兰、比利时、卢森堡等低地国家法律的发展,并通过诺曼征服影响了英国普通法早期的发展。

Lex Saxonum 〈拉〉《撒克逊法》 古代撒克逊法律的汇编,共20章,于公元800年前后编辑而成,其内容是关于刑罚问题。汇编的续集因受到法兰克法的影响,通称为《法兰克法》[Lex Francorum]。

Lex Scribonia 〈拉〉〈罗马法〉《施克里波尼亚法》 该法取消了对地役权的时效取得[usucapio servitutis]。

lex scripta 〈拉〉成文法;制定法 leges scriptae 的单数形式。(= written law)(⇨lex non scripta)

Lex semper dabit remedium. 〈拉〉法律在于救济。 这是普通法的一条箴言。

Lex semper intendit quod convenit rationi. 〈拉〉法律总是指望合乎事理的事。

Lex Sempronia 〈拉〉〈罗马法〉《森布罗尼法》 该法禁止元老院成员担任法官,而允许骑士[knight]担任该职务。

Lex Silia 〈拉〉〈罗马法〉《西里亚法》 该法主要涉及对人

诉讼[personal actions]的问题。

lex situs 〈拉〉物之所在地法(⇨lex loci rei sitae)

lex solutionis 〈拉〉(契约)履行地法

Lex spectat naturae ordinem. 〈拉〉法律尊重自然秩序。

lex sub graviore lege 〈拉〉在较高等级的法律[higher law]之下的法律 多指因主权不独立而造成的法律受他国支配的情况。

Lex succurrit ignoranti. 〈拉〉法律帮助无知者。

Lex succurrit minoribus. 〈拉〉法律帮助未成年者。

lex talionis 〈拉〉同态报复法 即以眼还眼、以牙还牙的治罪方法,最早存在于《旧约全书》[Old Testament]问世时代。在古罗马,根据《十二铜表法》[Twelve Tables],对严重的身体伤害可以实行这种报复。任何文明国家似乎都未确立过这种法律原则。英国《1363 年法令》[Act of 1363]规定,任何向国王顾问会议请求报复的建议应提供担保,但这种惩罚方式 1 年后被废止。在现代国际法中,该术语体现了如下的原则:一国可以同样的方式报复带给本国公民伤害的外国公民。(⇨retaliation)

lex terrae 〈拉〉国内法 在英文文献背景中通常指普通法或普通法的正当程序或是国内的一般法。在最严格的意义上则是指通过宣誓进行的审判,也指进行宣誓的特权。(⇨law of the land)

lex terrena 〈拉〉本土起源之法;尘世的法律;世俗法 在英语文献中即指普通法,区别于教会法。

Lex Theodosii 〈拉〉《狄奥多西法典》 这是《西哥特罗马法典》[Lex Romana Visigothorum]的一个别称。

Lex Thuringorum 〈拉〉《图林根法律汇编》 公元 802 年前后完成的图林根的法律的汇编,包括 25 项有关刑事问题的法规,6 项有关土地、盗窃问题的法规以及有关其他各式各样事项的法规。

Lex uno ore omnes alloquitur. 〈拉〉法律以同一个声音对所有人讲话。 即法律面前人人平等。

lex validitatis 〈拉〉(冲突法)对婚姻、契约等作为准则以推定其是否有效所采用的法律

Lex vigilantibus favet. 〈拉〉法律偏爱自身警觉之人。

Lex vigilantibus, non dormientibus, subvenit. 〈拉〉法律佑助自身警觉之人,而非昏沉之人。

Lex Visigothorum Ervigiana 〈拉〉《欧维格西哥特法典》 这是西哥特王国[Visigothic kingdom]后期的一部法律汇编。它在体例安排和实质内容两方面都受到了优士丁尼法典化[Justinian's codification]和欧维格国王[King Erwig,公元 680－687]制定的教规的影响。它优于大多数日耳曼人的法典,并被奉为日耳曼王国法典中的典范。

Lex Visigothorum Reccesvindiana (＝ Fuero Juzgo)

Lex Voconia 〈拉〉(罗马法)《沃柯尼亚法》 这是制定于公元前 169 年的一部法律。该法禁止受遗赠人所得份额超过任何一个继承人所得的份额。

Lex Wallensica 〈拉〉《威士法》 这是威尔士[Wales]古代的法律。

ley ❶〈法〉法;法律 ❷〈法〉宣誓;在宣誓助讼人[compurgator]在场的情况下作出的宣誓 ❸〈西〉法;法律;抽象意义上的法 ❹〈西〉草坪;草地

ley civile 〈法〉(英格兰古法)罗马法 也称 "ley escripte",意为成文法[written law]。

leyerwit (＝ lotherwite)

Leyes de Toro 〈西〉《托罗条例》 1505 年首次由托罗议会[Cortes of Toro]颁布,意在消除因理解《皇家法典》[Fuero Real]、《七章法典》[Siete Partidas]和其它法律时出现

的疑问和分歧,通常优先采用罗马法或教会法的解决办法,但有时也采取西班牙本土的措施,不时也走一些折衷妥协的道路。它还引进了一些新的原则,最突出的就是关于地产的限嗣继承制度。

ley gager 〈英格兰古法〉宣誓断讼 指在债务诉讼或刑事诉讼中被告保证在某一指定的日期他将在公开法庭上宣誓作证,同时并由 11 名邻居[compurgators]宣誓作证证明他没有欠债或没有犯罪。(⇨wager of law; compurgator; compurgation)

leze majesty (＝ lèse majesté)

L.5. 〈英〉《爱德华四世五年判例长编》 Long Quinto 的缩写形式。(⇨Long Quinto)

L.H.W.C.A. (＝ Longshoremen's and Harbor Workers' Compensation Act)

liabilities adjustment 〈英〉债务和解;债务调整 指 1941 年及 1944 年《债务(战时调整)法》[Liabilities (War-time Adjustment) Acts]所规定的一种替代破产的程序。该程序适用于因战事而导致财务状况恶化的债务人。

liability n. ❶(民事或刑事)责任;法律责任;义务 含义广泛的法律词语,指根据法律或公正原则应履行的责任、义务,可因合同、侵权、纳税、触犯刑律等情况而产生,包括各种绝对的、偶然的或将来可能承担的并对之诉讼可以执行的责任、义务;也指实际或可能要承担责任的状态。它具有债务[debt]与责任[obligation]的所有特征,而含义较债务广泛。债务是已确定的,但 liability 或 obligation 的最终责任可能确定,也可能不确定,如某人为他人担保,应对其担保的债务承担保证责任,但其最终责任应视被担保人的履行情况而定。 ❷(应纳)税款或欠税罚款 ❸赔偿责任;未受清偿的债权或请求权 ❹(复)(财会中的)债务;负债 与资产[assets]相对。

liability bond 责任保单 一种旨在保护被保险人免于承担损害赔偿责任或保护为被保险人所伤害的第三人的保单,如果上述被保险人的责任已经法院确定。责任保单与损害赔偿保单[indemnity bond]的区别在于后者只是对被保险人因赔偿他人所遭受的实际损失予以补偿。(⇨bond)

liability created by statute 制定法规定的责任 该法未制定前,这一责任原先不存在。当事人合同中约定的责任,以及普通法长期以来认可的可以起诉的责任,不能视为制定法规定的责任。

liability for animals 〈英〉(普通法)对动物的责任

liability for damages 损害赔偿责任 赔偿额在具体案件中应由法庭通过对案情的审理而确定。

liability imposed by law 法律施加的责任 指依法律责成某人承担的全部责任。

liability in solido 连带责任 因侵权或合同产生的连带责任,系指债权人得要求任一共同债务人履行全部债务。

liability insurance 责任保险 一种保险,保险人同意承保因被保险人的作为或不作为而致第三人人身或财产损害所引起的责任;一俟被保险人的责任确定后,保险人即承担赔偿责任,无论被保险人是否因对第三人的自愿或强制赔付而实际受损。

liability limits 赔偿责任限额 通常指依法负有赔偿责任的责任方在履行赔偿义务时可予以援引的最高限额,以减轻其若承担全部赔偿或损失赔偿所带来的更大责任。这种赔偿责任制度主要适用于海上运输、航空运输、陆路运输的承运人和保险人等从事特殊服务行业的经营者,是在平衡这类经营者与其业务相对人之间的权利义

务的基础上逐渐形成和发展的。

liability reserve （保险法）（保险人的）责任准备金（⇨reserve）

liability without fault 无过错责任 在英美法中，对人身伤害和财产损害的赔偿一般地决定于原告能证明损害是出于行为人的过错，即因行为人的故意或过失的作为或不作为造成的。但在某些情况下，如对雇员的人身伤害，法律规定只要在从事职务过程中遭受伤害，无须证明过错的存在，雇主即应承担赔偿责任。嗣后，人们要求在道路交通事故中实行无过错责任制，受害者即使不能证明过错的存在，也应得到补偿。在刑事责任中，一般是以故意或过失犯罪为条件，但在某些情况下，即使没有过错这一主观因素，也可能要承担责任。（⇨absolute liability; strict liability）

liable a. ❶有（法律）责任的；应负责的 ❷有义务的；应负（税）的 ❸应承受不利后果的 ❹可能遭受的

liable to action 应服从判决

liable to penalty 应受处罚的

liard n. 利亚德 15−18世纪法国和西欧诸国的一种铸币，曾在一定范围内流通于英格兰，币值相当于四分之一便士。（⇨farthing）

libel n. ❶诽谤；书面诽谤；诽谤罪 恶意地以虚假的、内容不实的书面（文字、图画、符号等）形式公开诋毁和损害他人名声、人格、信誉的行为，其后果是使被害者遭受他人或公众愤恨、鄙视、嘲笑，并使其工作、社交和社会地位受损。符合上述任何情况的行为均属诽谤，一般可以侵权行为起诉，在普通法上，情节严重的可构成妨害社会治安的诽谤罪，以轻罪[misdemeanor]论处。但在现代美国，基于对言论自由的宪法性保护，诽谤已不再受到刑事追诉。一般地说，诽谤的构成条件有三：①公开散布内容虚伪不实的信息，意在诋毁他人名誉；②采用书面，包括文字、图画、摄影、电影、广播等持久性形式散布，从而扩大对受害者名誉的损害程度；③主观上具有恶意，即明知内容不实而故意散布，或明知有内容不实的可能而不予详察即公开散布；如果内容虚伪且具有诋毁性质，即应理解为恶意，至于行为人动机如何并不重要。需注意的是，在英美法中，凡采用口头形式诽谤他人的称slander，口头诽谤传播范围较小，只能以侵权行为起诉，尚不构成轻罪。❷〈美〉〈海事诉讼中〉原告的起诉状 相当于declaration, bill 或 complaint，1966年《联邦民事诉讼规则》和《海事诉讼补充规则》公布后，海事诉讼中的原告起诉状与一般民事案件相同，改称complaint，不再使用 libel。

libel in admiralty 海商案件中的起诉状（⇨libel of information）

libellant n. ❶诽谤者 以文字、图画等方式对他人实施诽谤行为的人。❷〈英〉海事案件或教会案件中的原告

libellee n. 海商案件中的被告

libelli famosi （= libellus famosus）

libellum agere 〈拉〉〈罗马法〉对皇帝处理诉状提供的协助或意见

libellum rescribere 〈拉〉〈罗马法〉诉状批复 尤指皇帝对诉状的批复。

libellus 〈拉〉❶〈罗马法〉小册子 ❷〈封建法〉（封地或郡分封地的所有权）转让书

libellus accusatorius 〈拉〉〈罗马法〉刑事控告书；犯罪告发书

libellus appellatorius 〈拉〉〈罗马法〉上诉

libellus consultoria 〈拉〉〈罗马法〉皇帝提交给元老院的咨文

libellus conventionis 〈拉〉〈罗马法〉起诉状 原告向司法官员提出的载明权利要求，并由书记官送达被告的诉状。

libellus divortii 〈拉〉〈罗马法〉离婚（申请）书

libellus famosus 〈拉〉〈罗马法〉❶诽谤 ❷诽谤性出版物 ❸诽谤性文书（或图像、符号等）

libellus rerum （= inventory）

libellus supplex 〈拉〉〈罗马法〉诉状 尤指送呈皇帝的诉状。所有呈给皇帝的诉状都必须采用书面形式。

libel of accusation 〈苏格兰〉（指控犯罪的）刑事起诉书 包括将由陪审团参与审判的起诉书[indictments]和没有陪审团参与审判的起诉书[criminal letters]两种。

libel of information ❶（原告请求对违法行为处以）罚款或者没收财物的诉状 ❷〈美〉（在海事案件中原告请求对违反税收、航运及其他有关法律者适用的）罚款或没收财物的诉状 ❸请求扣押或没收财物（如假冒伪劣药品等）的诉状

libel of information for a forfeiture 请求罚款或没收财物的诉状（⇨libel of information）

libel of review 〈美〉〈海事法〉复审程序 指对已逾上诉期的生效判决予以更正或改变的复审程序。

libelous per quod ❶间接或非当然诽谤 词句本身不具有诽谤性，表面上不能起诉，但经指控证明，结合书写的具体情况，可构成诽谤。 ❷隐晦性或双关性诽谤 词句可有两种合理解释，其一不具诽谤性，另一不是，但联系实际，具有影射性，已构成诽谤。

libelous per se 直接或当然诽谤 文字明显具有诽谤性，原告可以据此直接起诉而不必证明已遭受特定损害；发行物具有当然诽谤性质，其内容必须是法律可能推定原告在财产、人格、名誉、营业以及家庭和社会关系等方面遭受损失。

libel per se 自成诽谤 ①无需举证特定损害，本身即可诉的诽谤行为，与他成诽谤[libel per quod]相对。在美国的大多数司法管辖区，已不再区分自成诽谤和他成诽谤，而是笼统认定一般赔偿金[general damages]；②从表面即可认定成立的诽谤。

liber 〈拉〉❶（指法庭、地方）公开的；开放的；可接近的 ❷（指人）自由的；免于义务的；不受他人控制的 ❸书；卷；（文学或专业作品的）分册

libera 〈拉〉自由的；豁免的；免除（义务、税费）的 liber 的阴性词。
n. 习惯法佃户[customary tenant]在收割牧草、谷物后作为报酬和奖励得到的部分牧草、谷物

libera batella 〈拉〉❶（据旧记载的）自由船 ❷在某一水域驾船捕鱼的权利 ❸自由捕鱼权

libera chasea habenda 〈拉〉〈英格兰古法〉自由狩猎权持有令 该司法令状[judicial writ]用来将经陪审团查明附属于其庄园且属于某人的自由狩猎权授予该某人。

libera eleemosyna 〈拉〉〈英格兰古法〉自由教役保有（= free alms; frankalmoign）

libera falda 〈拉〉〈英格兰古法〉❶领主为肥田而要求庄园内的农户在其土地上牧羊肥田的权利 ❷肥田金 为免除对于领主的肥田役务而向后者缴纳的金钱。（= frankfold）

liberal a. ❶慷慨的；大方的 ❷宽大的；开明的 ❸不严格的；自由的；不拘泥于字面文义的

Liber Albus 《伦敦白皮书》（⇨White Book of London）

liberal construction 自由解释；广义解释 一种法律解释

方法,指对宪法及法律条款的解释应从有利于立法主旨出发。采用自由解释,是由于人们认识到了语言永远都是一种不完美的表达工具,既不可能预见到法律条文可能适用的所有情形,也不可能用语言将这些情形一一说明。一般说来,对授权性和保护性的法律应采自由解释。又可写作 broad construction,区别于严格解释或狭义解释[strict/narrow construction]。

libera lex 〈拉〉(英格兰古法)❶**自由人法** 该法适用于自由和合法的人,以区别于因犯罪而不受法律保护并丧失法律权益的人。为此,本词语表明自由人的地位,在法律面前是无罪的,并在享有完整的法律保护和权益的意义上是自由的。Amittere liberam legem; to lose one's free law 则指因犯罪或丧失名誉[infamy]而失去上述地位。❷作为自由人或公民所应享有的一般性权利

liberal interpretation **自由解释** 指对合同、遗嘱等私人法律文书的解释,应从其读者认为该文书拟订者可能合理抱有的目的出发,虽然文书拟订者在事实上可能因为疏忽而没有想到这一点。该词与 liberal construction 同义,只是适用的对象不同。

liberam legem amittere 〈拉〉〈废〉(英格兰古法)**自由人权利之丧失** 通过极网之判[villainous judgment]褫夺自由人之权利,包括丧失担任陪审员和证人的信誉和资格,没收其动产和终身地产,荒废其土地,拆除其房屋,伐除其林木,直至投入监狱。此类判决原适用于共谋犯,现已废除,改判罚金和监禁。(= libera lex)

libera numerata 〈拉〉通过点数(而不是称重量)确定的一英镑钱

libera piscaria 〈拉〉(英格兰古法)**自由捕鱼权**(⇨fishery)

liberare 〈拉〉❶(英格兰古法)**提交;移送;转让** 用于与令状及陪审团有关之事项。❷(罗马法)**释放;给予自由** ❸**解除债务**

Liber Assisarum 〈拉〉〈英〉《**巡回审判案例汇编**》 1679年标准版《年鉴》[Year Books]第五部分的名称,也指爱德华三世统治期间法律报告的第四卷,主要收集的是爱德华三世时郡巡回法庭审判的案件。(= Book of Assizes)

Liberata pecunia non liberat offerentem. 〈拉〉❶**拒绝受偿不能免除清偿义务。** 指债务人的债务不能因债权人拒绝受偿而免除,但他可以进行提存抗辩[plead tender]。❷**归还款项不能免除归还者的责任。** 指免除刑事指控。

liberate v.**释放;(从奴役、被监护等状态下)解放(出来)** n.(英格兰古法)❶**年金令状** 由文秘署发至财政署官员们的原始令状,要求支付年金或其他款项。❷**释囚令状** 指令监狱看守[gaoler]释放已提供保释金之罪犯。❸**交付令状** 指令郡长交付因某人未履行具结[recognizance]事项而被没收的个人财产;当估价性质的执行令针对市场中心债务证书[statute staple]签发后,债务人[debtor or conusor]的财产被郡长没收,名义上交至国王手中[into the king's hands],并由陪审团估价,债权人[creditor or conusee]只有再申请此交付令状[liberate]方能从郡长手中依此估价获得上述财产,当然他可以不接受该估价。(⇨statutes staple and statutes merchant)

liberatio 〈拉〉(英格兰古法)❶**俸禄** 每年领主发给其家臣的金钱、肉、服装等。❷**交付或使用某物而付的款项、费用**

liberation n.❶**解放(某人或某物)** ❷(大陆法)**履行** 指依合同履行义务,从而消灭债务。

Liber Augustalis 〈拉〉《**奥古斯都法典**》 以罗马法法学为基础的第一部中世纪法典,该法典由弗雷德里克二世[Frederick Ⅱ]在1231年为西西里王国颁布。

Liber Authenticorum 〈拉〉《**定本汇编**》 优士丁尼新律汇编经过确定后的版本,区别于《朱利安节本》[Epitome Juliani]。(⇨Epitome Juliani)

libera warrena 〈拉〉(英格兰古法)(**在小猎物猎苑)捕杀小猎物的特权或自由**

liber bancus (英格兰古法)**寡妇公簿地产** 寡妇所享有的一份亡夫遗产,条件是保持贞节,不再婚。(= free-bench)

Liber decretalium Gregorii Ⅸ 〈拉〉《**格列高利九世教令集**》(= Decretals of Gregory Ⅸ)(⇨decretals)

liber et legalis homo 〈拉〉(英格兰古法)**自由和守法的人** 适用于陪审员或者有资格成为陪审员的人;丧失名誉或受奴役者不得为陪审员。

Liber Feudorum 《**采邑法典**》 应德皇腓特烈一世[Frederick Ⅰ]之命于1170年在米兰公布的一种封建法律汇编,包括五册,其中头两册和后几册一些零散部分现尚存,附印在现代版的《民法大全》[Corpus Juris Civilis]之后。(= Feudorum liber)

liber homo 〈拉〉❶**自由人** 拥有完全保有地产,可以作陪审员的人。在伦敦,一个人可以通过以下方式成为自由人:①基于出生。其父母均为自由人;②基于提供役务。学徒身份结束后成为自由人;③基于赎买。由市长或伯爵同意。农奴与自由人之间不存在中间状态,但一个自由人能成为他人的附庸。❷**自主所有人** 区别于附庸或封臣,此义用于欧洲蛮族国家。(= homo liber)

liberi 〈拉〉(复)❶(撒克逊)**自由民;自主地占有者** ❷(罗马法)**子女;孙子女;后代;晚辈血亲**

liberi et legales homines 〈拉〉**自由和守法的人** 因持有完全保有地且意志自由,能在诉讼当事人之间保持公正而适于作陪审员的人。

liberi et legales homines de vicineto 〈拉〉**相邻的自由守法人** 相邻地方——通常被解释为事实发生地所在郡——的自由守法人。(⇨liberi et legales homines; liber et legalis homo)

liberis 〈拉〉**自由民;子女**(= liberi)

liberi sokemanni 〈拉〉**自由农役保有人** 通过提供确定且体面的农役而保有土地的封臣[tenant in free socage]。

Liber Judicialis 《**阿尔弗雷德大王法令集**》 据传包括普通法的主要准则,对轻微犯罪的处罚和司法程序的形式。曾沿用至爱德华四世,现已逸失。(⇨Dome-book; Dombec; Domboc)

Liber Judicialis of Alfred 《**阿尔弗雷德大王法令集**》(= Liber Judicialis)

Liber Judiciarum 〈拉〉《**判决录**》 据推测可能是古代撒克逊国王的敕令集;也指 Liber Judicialis。(⇨Liber Judicialis)

Liber Judiciorum 《**西哥特蛮族法**》(= Fuero Juzgo)

liber niger 〈拉〉❶**财政署黑皮书** ❷**修道院、大教堂的登记册** ❸**一些古代记录册的名称**(⇨Black Book of the Exchequer)

liber niger domus regis 〈拉〉〈英〉**国王家属黑皮书** 记录了爱德华四世的家庭及其私人乐队的一些情况。

liber niger parvus 〈拉〉**财政署黑皮书简本** 指1728年由托马斯·赫恩[Thomas Hearne]编辑整理的财政署黑皮书版本。(⇨Black Book of the Exchequer)

liber niger scaccarii 〈拉〉**财政署黑皮书**(⇨Black Book of

liber ruber scaccarii 〈拉〉财政署红皮书(= Red Book of the Exchequer)

libertas 〈拉〉(古)自由(权);许可;特权;豁免权;特许权

libertas directa 〈拉〉(罗马法)奴隶主解放自己的奴隶如指定该奴隶为监护人[tutor]。

libertas ecclesiastica 〈拉〉教会特权;教会豁免权

Libertas est naturalis facultas ejus quod cuique facere libet, nisi quod de jure aut vi prohibetur. 〈拉〉自由乃依自主意思行为之天赋权力,但法律所禁或力所不及者除外。

Libertas est res inestimabilis. 〈拉〉自由是无价之宝。或:自由无价。

libertas fideicommissaria 〈拉〉(罗马法)委托赋予公民权 指被指定监护他人奴隶的遗嘱人,委托其继承人赎出并赋予该奴隶公民权。

Libertas non recipit aestimationem. 〈拉〉自由无价。

Libertas omnibus rebus favorabilior est. 〈拉〉自由优于一切。

libertate probanda 〈拉〉证明自由的令状(= de libertate probanda)

Libertates regales ad coronam spectantes ex concessione regum à coronâ exierunt. 〈拉〉与国王有关的皇室特权来源于国王的授予。

libertatibus allocandis 〈拉〉承认特权令状(= de libertatibus allocandis)

libertatibus exigendis in itinerere 〈拉〉允许律师出庭令(= de libertatibus exigendis in itinerere)

liberti 〈拉〉(复)被解放的奴隶 表示此种人同以前的主人——过去称为庇护主[patrons]——的关系,其地位反映着其先前的从属关系,对自己的庇护主负有服从的义务。

liberticide n.扼杀自由(者)

liberties n.❶〈英〉在郡长管辖之外的自由区(⇨gaol liberties) ❷〈美〉自由(权) 在殖民时期,该词用于表示与自由有关的法律或者法律权利。早期殖民时期,马萨诸塞地区的法令称为法和自由权[laws and liberties],1641年的一部法典就是以《人身自由法》[Body of Liberties]来命名的。该词还常用于"权利、自由、特许权"[rights, liberties, and franchises]之中,与其他词表示同一层次上的含义。该词的前述用法据说是与在大宪章[Magna Carta]、英国《权利宣言》[Declaration of Rights]及法令、特许状中的用法严格一致的。❸美国联邦宪法和州宪法所保证的人民的基本权利和特权 ❹专指以前费城的一个政治附属区,又称北自由区

liberties of the jail 监狱的自由区 象征监狱围墙的延伸部分,指欠债人狱的囚犯在提交保证金或者其他担保后,被允许在监外指定的范围内居住。(⇨liberty of the rules)

liberties of the subject 〈英〉臣民的自由权 在联合王国,臣民或个人的自由权,法无明文保障,也无权威性的详尽阐述。一般原则是,个人只要不违反法律的禁止性规定或不损及他人的合法权利,即能言所欲言,为所欲为。这些自由权是长期以来通过一系列司法判决形成的。其中某些权利已纳入《大宪章》(1215)[Magna Carta]、《权利请愿书》(1628)[Petition of Right]、《权利法案》(1628)[Bill of Rights]等主要法律文件中,得到更充分的保障,并应被视为自由权而非一般权利。由于议会拥有最高权力,任何自由权均得通过制定法予以解释、修改、剥夺或废除,但此类变更必须有明确的意图和表述,而且只有在紧急情况下,议会才会认真考虑限制某些自由权。公认的主要自由权有:①人身自由权[right to personal liberty],以及不受拘留和迁移限制的自由(通过人身保护令状[writ of habeas corpus]和对非法拘禁的诉讼权得到保护);②行为自由权[right of freedom of conduct],法律明文禁止或妨碍社会秩序的除外;③言论、写作、出版和议论自由权[right to freedom of speech, writing, publication, and discussion],但诽谤性言论或煽动暴乱、泄露官方机密的言论可被诉讼或提起公诉;④宗教和政治信仰自由权[right of freedom of conscience and of belief];⑤集会自由权[right of public meeting],但不得有侵犯、妨碍社会安宁、制造动乱和非法集会等违法行为;⑥为合法目的结社,成立工会、合伙、公司等组织的自由权;⑦私有土地所有权、动产权、无形财产权,但应遵守税收、强制收购、征用等法律规定,并得为公共利益而受到限制;⑧选举权和被选举权;⑨起诉权和申诉权,并按公正司法程序和原则得到判决。某些要求,如工作权、罢工权不能称作权利。所谓工作权是指人们如果愿意,有工作的自由,但从一定能给予或得到工作的意义上说,这样的工作请求权是不存在的。所谓罢工权是指拒绝工作的自由权,常可构成违约,并不意味着能对他人提出要求。这两种所谓的权利都不对其他人设定义务。臣民的自由权可通过诉讼方式得到保障,其原则是法律的解释除有明确规定,应倾向于保护而不是干预个人自由,而且,即使是公共权力机构对自由的干预,也应符合法律和民意。《1948年联合国世界人权宣言》[U. N. Universal Declaration of Human Rights of 1948]和《1950年欧洲理事会人权公约》[Council of Europe's Convention on Human Rights of 1950]均更系统地规定了个人一般享有的自由权,但这两个法律文件均非联合王国法律的一部分。

libertine n.❶缺乏道德约束的人 ❷放荡的人

libertini 〈拉〉(= liberti)

Libertinum ingratum leges civiles in pristinam servitutem redigunt; sed leges Angliae semel manumissum semper liberum judicant. 〈拉〉罗马法把忘恩负义的获得自由者重新降为奴隶;但英格兰法确认任何人一旦被解放,就永远自由。

libertinus 〈拉〉(罗马法)被解放的奴隶;曾为奴隶而获得自由的人 libertinus与libertus两词略有差别。libertus作为自由民是相对于解放他的旧奴隶主[patron]而言的,当他获得自由进入社会后被称为libertinus。

libertus 〈拉〉(罗马法)被解放的奴隶;曾为奴隶而获得自由的人 libertus的单数形式。(⇨libertinus)

liberty n.❶自由 指除合乎正义的法定限制外,不受任何限制的状况。法定限制是为了确保其他人也能同样地享有自由,它不是任意的限制,必须是为了公共利益而作出的合理的限制。美国宪法条款所保障的自由不仅指不受未经批准的人身限制,还包括个人能运用各种合法方式发挥各自才能的自由,如获得有益知识、结婚、成家、生儿育女,基于个人理念信仰宗教,在其选择的地方生活、工作,从事各种合法职业,并为有效地实现上述目的而同他人签订各种合适和必要的合同;并一般地享有普通法历来认可的作为自由民合法追求幸福所必须的各项权利。美国宪法第十三条修正案所保障的"个人自由"[personal liberty]包括除非通过正当法律程序不受拘禁或限制的迁移、旅行权利,但下列情况采取的限制性措施除外:对威胁实施犯罪的预防;为惩罚犯罪;对藐视法庭或立法机构的惩罚;为实施管辖权以及政府为保护公众

受无自控能力的精神病患者侵扰而必须采取的强制履行公民义务的措施。❷特许权[franchise];个人特权[personal privilege] 作为最高权力的一部分,由统治者赐予或授予个人。❸本词与 rights, liberties 和 franchises 等词属于同一类型,并具有相同含义 本词作此含义使用时据认为同英国《大宪章》[Magna Carta]、《权利宣言》等法律文件中的含义完全相符。❹享有特许权、豁免权或管辖权的地方、地区或界限 本词作此含义时常用复数,如"城市特辖区"[liberties of the city]。

liberty interest 〈美〉自由权益 指美国宪法和州宪法的正当程序条款[due process clause]所确认和保障的权益(见美国宪法第五条和第十四条修正案),一般包括:(1)美国宪法修正案前八条所保障的自由权;(2)各州通过立法或行政途径对其裁量权进行限制,并要求决策应遵循特定标准而产生的自由权益。

liberty of a port (海商法)入港自由;港口准入 海上保险中的入港许可,指海上保险单中订立的许可条款,允许被保险船舶在主目的港以外的其他指定港口靠岸和贸易。

liberty of assembly 〈英〉集会自由 公民自由之一,指两人或多人在公共场所,或经主人同意在私人场所,进行——除破坏治安、从事其他犯罪或侵权行为以外的——任何目的的集会的自由。由政治演说家或工会领导人所召集的集会同居民为打牌和听音乐的聚会具有同样的表面合法性。在英格兰,1935 年的托马斯诉索金斯案[Thomas v. Sawkins]的判决认为:如果警察有充分的理由认为在私人住宅举行的集会将有煽动性的演讲,或将会发生破坏治安的行为,则可径行进入参与该集会。在公共场所举行集会或公共会议的自由不应妨碍他人使用街道、广场、公园和公共会议经常举行地的自由,也不应妨碍公共秩序。普通法不允许在特拉法尔加广场[Trafalgar Square]、海德公园[Hyde Park]、其它公地和海滩举行公共集会。与集会自由紧密相连的是在公共街道上组织游行的自由。(⇨unlawful assembly)

liberty of association 结社自由 指任何两个或两个以上的人为实现任何目标组成一个团体的自由。在联合王国,只要其目标不违反法律或其创设并不为了犯罪或非法,就承认这项自由。带有犯罪目的结社,如进行谋杀或盗窃,是非法的,法律上不存在组成这种团体的自由。在联合王国存在问题的情况是雇员的结社,通常称之为工会。根据普通法,如果工会的目标中存在其成员限制任何贸易或商业活动行为,这个工会就成为非法结社。1799 - 1800 年的《结社法》[Combination Acts]将工人联合起来调整其工作环境视为非法;这些法令在 1824 年被废除,但在 1825 年,废除上述法令的该法令又被废除,该普通法正式生效。除此之外,为规定的特定目的的联合并不违法。然而,1871 年《工会法》[Trade Union Act]规定不能仅因为其目的是限制贸易就认定工会的目的为非法,而将其视为某个应受同谋或其它方面的指控的成员;也不能仅因为其目的为限制贸易而构成非法,以致于任何协议或信托无效。1974 年《工会和劳资关系法》[Trade Union and Labour Relations Act]代替了 1871 年的工会法,随后重申了这个原则,以致总的来说,根据法律,工会都是合法的。在其它国家也产生了有关组织和归属某些政治党派权利的问题。

liberty of conscience 宗教信仰自由(⇨religious liberty)

liberty of contract 契约(合同)自由 指当事人有自愿订立或不订立具有法律约束力的合同的能力,包括是否接受对方的要约的权利;也指当事人有订立和终止合同的权利,对擅自终止合同的,仅承担民事责任;当事人得就自己事务自由订约,包括订立雇佣合同,并在交易中订立对自己最有利的条款。契约自由为美国宪法所保护,它保证当事人的订约权不受专断无理的限制。但契约自由不是绝对的,对违反社会公德、公共利益或恶意签订的合同,法律不予认可,并得作出禁止性规定。

liberty of speech 言论自由 公民的主要自由权之一。按照美国宪法第一条修正案或美国法律,公民得以口头语言自由阐述事实,发表意见,不受政府审查和限制。美国宪法中的"言论自由"[freedom of speech]系指宪法通过时普通法意义上所理解的言论自由,包括国会议员在集会讨论公共事务,起草报告或履行职责中的言论自由以及律师在诉讼程序中就诉讼事项享有的言论自由。但言论自由应受尊重他人和社会公共利益要求的限制,不能滥用。该词亦称"freedom of speech"。

liberty of the globe (海商法)全球靠港自由 指海上保险中,保险单规定的准许船舶在世界上任何一个港口而不仅是在特定目的港停靠的许可。

liberty of the person 个人自由;人身自由(权)(⇨personal liberty)

liberty of the press 出版自由;新闻自由 本着良好动机和正当目的,将事实、观点印制和发表的权利。出版自由为美国宪法第一条修正案所保障。印制自由无须事先审查许可,但法律后果自负。发表自由指发表者可按个人意愿任意发表;但出版物具有亵渎、淫秽、诽谤性内容的,可构成犯罪;出版物内容虚假不实,或具有恶意性质,可构成损害他人声誉或金钱利益的责任。

liberty of the rules 〈英〉监外指定地区居住自由 指被囚禁的债务人有时得被允许在监狱外,即监狱周围的指定地区居住的权利。这一监狱规则制定后,法院认为监外指定地区为监狱围墙的延伸部分,但享受这一权利的囚犯必须提供保证金或担保,保证不离开指定地区。上述制度适用于王座法庭之监狱、弗利特监狱和王室内务法庭监狱[King's Bench, Fleet, and Marshalsea Prisons]。1842 年《国家监狱法》[Queen's Prisons Act]制定后,上述三个监狱被撤销,代之以国家监狱,监外指定地区居住自由也同时废除。

Liberty to Apply 〈英〉自由回访令 由法官或法院主事官发出的,允许当事人可以不必待另领到传票而再到法庭的指令。

liberty to hold pleas (某些领主)拥有自己的法庭并在自己采邑内进行裁断的特殊权利

Liberum corpus nullam recipit aestimationem. 〈拉〉自由人的身体不允许估价。

Liberum est cuique apud se explorare an expediat sibi consilium. 〈拉〉人均有权自行判断他人的建议是否对己有利。

liberum maritagium 〈拉〉(英格兰古法)嫁资地产(权)(= frank-marriage)

liberum servitium 〈拉〉(英格兰古法)自由役 封臣提供的军事性质的役务,如随领主出征,交纳某些费用等,这与自由人或战士履行的义务相称。但自由役保有[tenure of free service]如果不以臣服礼[homage]和解放[manumission]为前提将不能使农奴成为自由人,正如以农奴方式保有不会使自由人变为农奴一样。

liberum socagium 〈拉〉(英格兰古法)自由农役保有(= free socage)

liberum tenementum 〈拉〉(英格兰古法)❶自由保有地产

❷(诉讼程序中)自由保有地产的答辩　被告在答辩中承认，在侵占土地诉讼中，原告原来实际占有争议土地，被告有侵占事实，但讼争地系被告所有的自由保有地，被告享有占有权，或讼争地为第三人所有，被告是奉命进入的。另外，在后来的司法实践中，这一答辩是唯一能够进行总体答辩的答辩形式，即被告只需指出其地产是自由保有之性质，而不论它是限嗣继承或非限嗣继承的，是终身保有的，还是即时地产［estate in possession］或一定时期以后的期待地产［estate in expectancy on determination of a term of years］，但不能是剩余地产或回复地产［freehold estate in remainder or reversion］，也不能是公簿地产［copyhold tenure］。

liblac　〈拉〉〈撒克逊〉炼丹术；魔法　特指那些配制或使用麻醉药或春药的方法。

liblacum　〈拉〉〈撒克逊〉炼丹术；魔法（= liblac）

L.I.B.O.R.　（= London Interbank Offered Rate）

libra　〈拉〉（英格兰古法）一磅；一英镑；价值为一英镑的钱

libra arsa　〈拉〉纯度待锻烧融化方能确定的一英镑钱　常出现于威廉一世时的《末日审判书》［Domesday］中，表示交租时所用的更纯的钱币。

librae, solidi, denarii　英镑、先令、便士

libra pensa　〈拉〉通过称重来确定的一英镑钱　古代英国各地都自己铸币，许多钱币质量不高，因此由 20 个先令组成的一磅钱由称重确定方较保险。在货币混乱时，有时会出现以一磅重纯银作为一英镑这一货币单位，这时就不再以 20 个先令或 240 个银便士作为一英镑。

library lending right　图书出租权　指读者每次从图书馆借出图书时，该图书作者向借阅者收取报酬的权利，与乐曲作者的已被确认的表演权权利类似。作家长期要求的此项权利已由联合王国于 1979 年以制定法确认。

Library of Congress　（= Congressional Library）

Libri Feudorum　《采邑法律》　亦译《封土之律》。一本由米兰和帕维亚法学家依据早期日耳曼诸帝王的采邑法汇编而编写的采邑法书籍，其最终形式可能由波伦亚的法学家确定。其最早译本称作《奥伯特修订本》［Obertian Recension］，后经杰拉德斯·尼戈［Gerardus Niger］注释。该书曾为全欧洲权威性采邑法文本，经后人注释后，其最终译本收录于《法律大全》［Corpus Juris］——指《民法大全》——中。大多数欧洲国家当时都在该书中增添了来源于本国的采邑法。

libripens　〈拉〉（罗马法）❶过磅员；司秤员　❷（不动产转让时的）握钎人；中证人　在转移不动产所有权时，中证人手持一支由买方用青铜铸成的象征性秤杆，以此标志不动产移交完毕，然后他将该秤杆交给卖方，表示买方已付款。

Libro de Montalvo　蒙塔尔沃法律汇编　一部中世纪卡斯提法［Castilian law］的汇编，由蒙塔尔沃［Montalvo］于 1485 年编纂而成，共 1163 部法律，其中约五分之一是在当时的斐迪南［Ferdinand］和伊莎贝拉［Isabella］统治时期颁布的。此后的三十多年内曾多次再版。

licence to arise (licentia surgendi)　（英格兰古法）❶起床应诉之批准　❷准许起床应诉之令状　不动产诉讼中，被告以生病不能在指定日起床应诉为由请求延期开庭后，必须有法庭的批准方可起床应诉。如果原告能证明在法庭作出批准前或派出监督人员进行监督前该被告私自离床外出的，则被告的延期应诉请求将构成欺诈行为，法庭将视其为无故缺席。

licenciado　〈西〉律师　根据 1843 年 11 月 6 日西班牙政府发布的一项命令，凡从西班牙的任一所文科大学里取得"法律执业证书"［licentiates in jurisprudence］者，无需事先取得法院同意，有权在西班牙的所有法院从事律师业务。

license　n. ❶许可；特许(权)　①指合格的授权人允许他人为某种行为的许可，如未经许可，该行为将属非法、侵权［tort］或侵犯［trespass］行为；②指许可人允许被许可人在其土地上从事某项行为或一系列行为，但被许可人对该土地不具有任何永久性权益。此项许可是基于个人信任，不能转让；③对原告提出侵犯行为之诉，被告辩称系经土地所有人许可而而从事被指控行为。　❷许可证；特许证；执照　①政府有关部门通常因一定对价颁发给个人、合伙或公司的准予经营某种业务的许可证或执照；②专利权所有人允许他人在规定地区或时间内制造、使用或销售其专利产品的许可并给予的书面许可证。专利使用许可的效力次于专利转让。

license bond　〈美〉许可保证；许可保证金；许可保证人　基于州法律、市政法规、条例的要求，作为取得从事某一特定商业的许可或取得某项特许权益的许可的前提条件而需提供的保证，包括保证金、保证人。此项保证旨在向因被许可人违反其依法所负的义务从事被许可事务而给其他人造成的损失或损害给予赔偿。

license cases　〈美〉许可证案例　指美国联邦最高法院 1847 年判决的一组许可证案的总称。这组案例认为：美国各州法律中关于酒类销售必须取得许可证或须缴纳税金的规定，与宪法授予国会管制州际贸易的权力并无抵触，即使酒类从外州原装进口，也不例外。这组判例后被雷西诉哈丁案［Leisy v. Hardin］推翻，而后者又被 1890 年 8 月 8 日国会通过的《威尔逊法》［Wilson Law］推翻。

licensed victualler　〈英〉特许酒类销售商　指任何持有治安官［justices of peace］颁发的酒类销售许可证的销售各种酒类的人。

licensee　n. ❶被许可人　❷许可证持有人；持照人

licensee by invitation　受邀被许可进入人　指应土地所有人或占有人的明示或默示邀请，进入该土地与其交易或者为自己或双方共同的利益实施某种行为的人。

licensee by permission　经过允许的被许可进入人　指在土地、房屋之所有人或占有人的允许或宽容下，为了自己方便、好奇或娱乐目的而进入他人土地、房屋的人。

license fee or tax　许可证费(税)；特许权费(税)　指①政府机构发放许可证或授予特许权时收取的税费；②主要为限制危险性职业，保护公共安全，或为规范人们相互权利义务关系所收取的税费；③为从事某些特种职业向政府机关缴付的税费。司法判例对"许可证费(税)"的解释一般认为，这一税费不仅指发证成本费，还包括国家税收和对持证者的监督、管理费用。

license in amortization　永久管业转让许可(证)　指根据有关教会、学校等社团永久管业的法律［statutes of mortmain］，转让此类不动产所有权必须取得许可证，否则转让无效。

license plate　汽车等的车牌　上有汽车登记牌号，必须清晰可见地挂在车身上。

license tax　许可证税（⇨ license fee or tax）

license to assign　〈英〉（土地）转租许可　土地出租人许可承租人转租或分租，不得以收取罚金或带有罚金性质的金额为条件(1925 年《财产法》)。根据 1927 年《出租人和承租人法》［Landlord and Tenant Act］，租约约定，土地承租人未经出租人同意或许可，不得转租或分租，其条

件为土地出租人不得不合理地限制转租或分租。除某些公益类建筑物外,如土地租期超过40年,且土地承租是以房屋建造、修缮或改建为目的,则在土地租期届满7年前的转租与分租无须出租人同意或可同意,但承租人应在转租、分租成交后6个月内书面告知土地出租人。因肤色、种族、民族或原国籍地等原因而限制转租、分租,属于不合理限制。

License to Convocation 〈英〉教牧人员代表会议的立法许可 按照1533年的英国法律,英格兰教牧人员代表会议[Convocation]未经英王同意和许可,不得制定教会法令。此种许可文件称之为对教牧人员代表会议的立法许可。

licensing n. ❶许可证交易;许可证贸易 指许可他人使用受知识产权——诸如版权、专利、商标权——保护的对象而进行具体交易。 ❷颁发执照(许可证) 行政部门办理颁发各许可证书之类的诸多手续。

Licensing Acts 〈英〉[总称]《许可经营法》 ①指以许可证管制印刷业的法律;②指管制酒类销售的法律。(⇨press;intoxicating liquor)

licensing authority 〈英〉许可证管理机关 指有权决定是否授予治安法官签发酒类零售许可证的行政管理机关。

licensing motor vehicle 颁发机动车辆牌照 此为法定要求,旨在加强对机动车辆及其行驶和控制等的监督管理,并使机动车辆具有各自特定的身份,以便于公众对机动车辆的识别及在发生交通事故或损害时确定肇事车辆。

licensing power 许可证授予权 指政府机构授予特种行业经营许可证的权力,如酒类销售许可证。

licensor n. ❶许可人 ❷许可证颁发人

licentia 〈拉〉许可(证);允许;批准

licentia concordandi 〈拉〉(英格兰古法)诉讼和解许可 指土地转让纠纷中,被告承认有错,愿意和解,法庭随即准许诉讼和解,当事人双方达成协议,确定土地归一方所有。诉讼和解许可须向国王缴付一笔款项。

licentia loquendi 〈拉〉准许延期答辩;庭外和解 早先,法庭准许诉讼当事人任何一方延期答辩,其目的是让双方有时间通过对话庭外和解,自行解决分歧;现指准许被告延期答辩。

licentia regis 国王的许可(⇨ex licentia regis)

licentiate n. 有专业开业执照者

licentia transfretandi 通航令状 一种向海港管理人发出指示的皇室令状,准许持证者离港出海。

licentiousness n. 放荡;放纵;无法无天;不道德

licere 〈拉〉(罗马法)❶守法;合法;为法律所允许 ❷出价;投标

liceri 〈拉〉(= licere)

licet 〈拉〉❶准许的;合法的;法律不禁止的 源自动词 licere。 ❷虽然;尽管

Licet cepit non asportavit. 〈拉〉虽然他拿了,但并没有带走。

Licet dispositio de interesse futuro sit inutilis, tamen potest fieri declaratio praecedens quae sortiatur effectum, interveniente novo actu. 〈拉〉授予他人未来利益不能即时生效,但可作为事先处分声明,在某些新行为介入时生效。 如针对事后所取得的财产。

licet saepius requisitus 虽然一再要求 起诉状中起诉声称的正式用语,指原告"虽然一再要求"被告履行合同,被告仍不履约,为此提起诉讼。

Licita bene miscentur, formula nisi juris obstet. 除法律有所禁止外,几个权利主体实施的法律行为可以合而为一。 如两人各享一半财产转让权,可联合转让全部财产。

licitare 〈拉〉(罗马法)(拍卖中买方)出价;连续出价;投标

licitation 〈罗马法〉❶(拍卖中卖方)同意将货物卖给最高出价人 ❷(不可分之物的财产共有人或共同继承人,为分割财产而)互相投标的行为 财产最终为最高报价者所有,但他必须以其他共有人各自的报价为准,对他们应得的部分予以补偿。

licitator 〈拉〉(罗马法)(拍卖中的)出价人;投标人

licking of thumbs 舔拇指 一种表示交易完成的古老仪式。

Lidford law 利德福德法;私刑之法 一种先罚后审的处以私刑的法律。利德福德(今名 Lydford)位于英国德文郡[Devonshire],曾获此恶名。(⇨lynch law;Jedwood justice)

lie n. ❶说谎;谎言 ❷(故意捏造的、造成误解的)假象;(虚假的)欺骗性言行

v. ❶撒谎 ❷存在;在于 ❸可维持;可行 "an action will not lie"指诉讼不被支持,即没有提起诉讼的合理依据。

lie detector 测谎器 据称在证人作证时,将其放在证人身上就可以显示出证人是否讲了实话的一种装置。其设计原理是,在证人有意识地去说谎时,其呼吸和血压会发生变化,所以通过记录证人在回答提问时的血压变化,可以判断其是否作了伪证。(⇨polygraph)

lie detector test 用测谎器进行的检测(⇨lie detector)

liege a. (封建法)❶为封建保有关系所束缚的 用于领主或政府与臣下之间,表示前者对后者有保护的义务和接受后者效忠的权利,后者则有相对应的权利和义务。 ❷完全的;绝对的;纯粹的
n. (复)臣民

liege homage 绝对臣服 向一位领主作出的臣服不存在保留或例外。如对国王的臣服,某封臣向国王臣服后就不能以已向其直接领主臣服为由来对抗向国王的臣服。这种臣服的内容包括效忠[fealty]及由此产生的役务。它不同于普通臣服[simple homage],后者只是对保有关系的认可。(⇨homage;simple homage)

liege lord 国王;接受封臣之绝对臣服的领主

liegeman n. 臣民;宣誓效忠者

liege people (= lieges)

liege poustie 法定健康状况 指以契据或遗嘱自由转让财产时所必需的健康状况,相对于临终时的财产转让。

lieger n. 常驻大使

lieges n. (= liege)

lie in franchise 可自主取得 用于描述一种财产的状态,指无需诉诸法院就有权取得的财产,如漂流物、无主失物、失主不明的牲畜。

lie in grant 依转让契据取得 一种财产的状态,指通过订立书面契据即可转让而无须立即交付的财产,如租金、公地使用权、地役回复权等无形可继承财产只能以订立契据转让,不能实际交付。

lie in livery 以实际交付取得 一种财产的状态,指必须通过实际交付才能转让的财产。自由保有地及土地、房屋等有形可继承财产的转让均需实际交付,仅订立转让契据是不够的。

lie in wait 埋伏(⇨lying in wait)

lien n. 留置权;优先权 债权人在债务人特定财产上设定的一种担保权益,一般至债务清偿时止,债务人如逾期未

清偿,债权人可通过变卖留置物等法定程序优先受偿。留置权与抵押权的区别在于抵押权对债的起因并不重要,抵押物可以为任何债务清偿提供担保,而留置权中的留置物只能是当事人双方交易的对象。如承揽人只能对定作加工物行使留置权。留置权可因当事人间协议或根据特定法律关系,由法律推断或规定产生,后者有普通法、衡平法和制定法上的留置权之分。在普通法上,留置权表现为债权人合法占有留置物,如承运人占有所承运的货物,在托运人未付清运费前可留置货物不给予提取,故也称"占有性留置权"[possessory lien]。占有性留置权因债权人放弃留置物的占有而丧失。衡平法和制定法上的留置权不限于留置物必须在债权人占有之下。优先权[charging lien]即属财物不在债权人占有下,债权人请求法院就该财物具有优先受偿权。海商法中的"船舶优先权"[maritime lien],其中有的具有占有性,有的则不在债权人占有下,如船舶碰撞中对有过错船舶要求财产赔偿优先受偿权。债权人通常仅能就留置物所涉及的特定债务行使留置权,即使特定留置权[particular lien],法律一般并不支持债权人对债务人先前所欠的其它类似债务也一并行使留置权,即行使概括留置权[general lien]。法律允许的概括留置权仅存在于习惯上有此先例的某些特定行业,如律师、银行、旅馆、码头和代理商。

lien account 留置权声明;留置权主张 向留置物所有人及公众清楚地告知作为留置权项下的请求性质及金额。

lien by judicial proceeding 经司法程序获得的留置权 指通过扣押[attachment]、判决[judgment]、征收[levy]或其他法律或衡平[equitable]程序获得的留置权。该术语尤其经常在破产法中使用。

lien by legal proceeding 经法律程序获得的留置权（⇨lien by judicial proceeding）

lien creditor 留置权债权人 其债权或请求权由特定财产作为留置担保,从而区别于无该种担保的"普通"债权人。根据美国《统一商法典》[U.C.C.]第9-301条第(3)项,"留置权债权人",是指通过对有关财产的扣押、征收或类似行为,而对该财产取得留置权的债权人,包括从财产转让之时起维持债权人利益的受让人,从提起诉讼之日起的破产财产受托人,或依据衡平法从指定之日起的财产接受人。

lienee n.被留置人 指其财产被设定留置权的人。

lienholder n.留置权人 留置权的持有人或所有人。

lien of a covenant 盖印合同的首部 它被用以表述盖印合同的当事人以及合同的性质。

lien of attachment 扣押留置权 一种通过诉讼保全程序扣押财产而设定的留置权,通常由郡长执行保全措施。这种留置权起初是不完整的,需待对申请保全的债权人作出有利判决而完全生效。就对抗第三人主张的优先权而言,因判决而完全生效的扣押留置权,其效力溯及最初设定之时。

lien of execution 执行中的留置权 债务人的不动产或动产在判决后实施执行程序中,依法对该财产设定的留置权。申请执行的债权人对该财产享有的优先权,可对抗该财产被留置后的财产受让人及留置前已转让但未登记的财产权益。

lien of factor at common law 普通法上的代理商留置权 它并非根据制定法而创设。

lien of garnishment 扣押留置权 经债权人申请,对第三债务人持有的债务人财产发出法院扣押令后产生的留置权,包括第三债务人欠债务人的款项,上述财产必须交付给申请扣押令的债权人。

lienor n.留置权人

lien theory 〈美〉抵押物优先权理论 这种观点认为,抵押权就相当于优先权,故而抵押权人仅获得对抵押物的优先权,抵押物的普通法与衡平法上的所有权均由抵押人保留,除非发生终止回赎权之情事。美国绝大部分州采此理论。(⇨title theory)

lien waiver 留置权放弃 指技工留置权[mechanic's lien]的放弃,它由分包商签字,以使该建筑物的所有人或总承包商能获建筑贷款提款权。

lie to 临近;毗连

lieu conus 〈法〉〈古〉知名的地方;为周围居民所熟知的地方 法律法语,用以指城堡、庄园等。

lieu lands 替代土地 指可用于补偿失地者的公用土地;对善意而又不完全具备条件的公地申请人另给其他公地准予定居。

lieu tax 替代税 非附加税,如对交通运输公司按营业总额征收的税收,以替代对此类企业财产所征收的全部其它税收,或替代对企业某类财产征收的税收,如对企业设立和经营所必须的财产的征税。

lieutenant n.❶代理官员;(行政和军队中的)副职官员;助理官员 ❷〈美〉(陆军、空军、海军陆战队中的)中尉;上尉 ❸〈英〉陆军中尉

lieutenant colonel 〈美〉(陆军、空军、海军陆战队)中校;〈英〉(陆军、海军陆战队)中校

lieutenant commander 海军少校

lieutenant general 〈美〉(陆军、空军、海军陆战队)中将;〈英〉(陆军、海军陆战队)中将

lieutenant governor ❶〈美〉副州长 ❷副总督;代理总督

lieutenant junior grade 〈美〉海军中尉

life n.生命;性命;生存;生活 指动物、人类、植物或有机体,其自然机能和运动在进行着或其器官能发挥作用;出生与死亡之间的间歇;抗拒死亡的力量之和。法律推定事物状态的延续性,直至能证明其已终止,或在事物的不可避免过程中必然已终止。为此,一旦已确定生命于某日开始,法律推定其继续存在,除非有相反证明,或有法律认可的事实得出相反证明。美国联邦宪法保护的"生命",包括对全部人身权利及其享受的保护,如获得有用知识,有权结婚成家,生育子女,以及信仰、合同、职业、言论、集会和出版自由。

life annuity 终身年金 对特定的人在其生存时每年支付的年金。(⇨annuity)

life assurance (= life insurance)

life beneficiary 终身受益人 终身从信托中获得支付款项或其它权利的人。

life boat 救生船 装载在大船上的小船,在大船被迫舍弃时使用;水上警察用于救援沉船旅客、船员或其他遭受海难的人员的船只。

life care contract 终身护养合同 指一方以给付另一方财产作为对价,由另一方维持和照顾其日常生活的一种合同。这种合同一般发生在老年人和疗养院之间。

life estate 终身地产(权) 在持有者或相关他人生存期间存在的地产,不具有继承性,他们死后该地产将归剩余产或回复地产权利人。(= estate for life)

life estate by operation of law 依法产生的终身地产 没有当事人的行为而直接依法律规定产生的终身地产,如法律规定,寡妇为抚育子女,可得到亡夫的部分土地、房屋,鳏夫可得到亡妻婚后持有的土地、房屋,条件是两人

有子女,后者可能有财产继承权。(⇨dower; curtesy)

life expectancy 预期寿命 指根据保险统计表计算得出的、不同性别的人预计可能生存到达的特定年龄。(⇨actuarial table; life tables; expectation of life)

lifeguard n.(海、河、湖滨、游泳池或者船上的)救生员

life imprisonment 终身监禁;无期徒刑

life in being 生存期 普通法与制定法中的用语,与"永久"[perpetuities]相对,指从契约或遗嘱生效时起某人的生命存续期间。(⇨rule against perpetuities)

life insurance 人寿保险;生命保险 指以人的生命为保险标的、以人的生存或死亡为保险事故的一种人身保险。基于保险人与被保险人之间的保险合同,保险人向被保险人收取一定数额的保险费,并在被保险人于保险期内发生生存或死亡的保险事故时,向被保险人或其代理人、指定受益人支付特定数额的保险金。人寿保险通常包括生存保险、死亡保险、生死合险三种类型。

life insurance company 人寿保险公司 从事人寿保险业务、与投保人或被保险人签订人身保险合同并向其签发人寿保险单的保险公司。

life insurance contract 人寿保险合同

life insurance policy 人寿保险单

life insurance proceeds 人寿保险金;人寿保险赔偿金 一般而言,被保险人死亡后由受益人支付的人寿保险赔偿金之超过美国联邦所得税,但在例外,人寿保险单如以相当对价转让给他人,后者取得保险单所有权,在此情况下,保险赔偿金就其超过购买保险单所付费用和受让后支付的保险费部分,将成为受让人的收入。死者如在去世前保留保险单所有权的任何附属权利,或保险赔偿金额计入遗产项下,则对人寿保险赔偿金得征收遗产税。

life insurance reserves 人寿保险责任准备金 由保险基金加上预期的保险费和利息组成,是人寿保险公司为履行将来可能发生的各项债务而预先提存的款项。

life insurance trust (信托法)人寿保险信托 受托人拥有人寿保险单的全部或者部分权益,并在被保险人死亡时支付的一种信托。

life interest 终身权益 对不动产或动产享有的权益或请求权,低于所有权,并以权益享有人或相关他人的生存期为限。

life-land or life-hold 以终身租约持有的土地

life, liberty, and property 生命、自由和财产(权) ①此词组包含政治团体中每个成员应享有的各项权利,如自卫权[rights of self-defense],言论自由,政治和宗教信仰自由,不受任意逮捕权,自由买卖权,劳动就业权,缔结和终止契约权,获取财产权,以及各种人身、民事和政治自由权,总之,所有能创造生命价值的权利;②宪法对生命、自由和财产的保障。其含义不仅指不受任意拘禁、奴役的自由,还包括可以各种合法方式发挥自己才能的自由,以及在任何地方以任何方式自行谋生的自由,但应受公共利益需要的限制。

life, liberty, and pursuit of happiness 生命、自由和追求幸福(权) 这些都是内在的、不可分割的基本权利,其含义同"生命、自由和财产(权)"[life, liberty, and property]基本相同,包括凭借个人禀赋和外界助力,通过人的体力、智力与道德习性能够获得的各种舒适愉快的生活享受。

life of a writ 令状的有效期 在此期限内,令状(执行令状等)保持有效,可以合法送达或执行。令状在法律或令状本身条款规定日期终止效力,并须交还给法院。

life or limb 〈美〉生命或身体 美国宪法规定任何人都不能因同一犯罪而两次被处以危及生命或身体[life or limb]的处罚,此处的"生命或身体"[life or limb]不作严格解释,但适用于所有的刑事处罚。

life peer (爵位不能世袭的)终身贵族(⇨life peerage)

life peerage 〈英〉❶终身贵族;非世袭贵族 ❷终身贵族爵位 19世纪以前,贵族大多是世袭的,非世袭的终身贵族为数不多,由国王以公开发表的特许状[letters patent]授予男爵[baron]爵位,以终身享有为限,并不得出席上议院,无投票权,甚至不发给议会召入令[writ of summons to Parliament]。1856年,为加强上议院的司法功能,财税法庭法官詹姆斯·帕克爵士[Sir James Parke]被封为终身贵族,但上议院特权委员会仍认为帕克不能担任议员和投票,其后他才被授予世袭爵位。1876年,《上诉管辖权法》[Appellate Jurisdiction Act]授权增封4名终身贵族作为常任上诉法官[Lords of Appeal in Ordinary],协助履行上议院的司法职能。1958年,《终身贵族法》[Life Peerages Act]为终身贵族的增封作出一般规定,授予男爵爵位,同时取消妇女不能担任上议院议员的限制。从此时起,事实上新增封的贵族都是终身贵族。终身贵族终身享有收受议会召入令的权利,退休后继续享有。

life policy (= life insurance policy)

life preserver ❶救生衣;救生圈 ❷护身武器

life-rent n.终身地产(= life estate)

liferent and fee 〈苏格兰〉终身用益权和绝对所有权 苏格兰法上的一种连续权利,前者赋予某人对某些标的物终身使用权和收益权,后者则是在终身用益权人[liferenter]去世后将标的物赋予另一绝对所有权人。在标的物为可继承财产时,终身用益权可以是严格意义上的用益权。终身用益权人实际占有标的物,可以收取租金或其他利益,但不得作永久性损害标的物价值之事。在其去世后,标的物传给绝对所有权人[fiar]。在标的物为动产和混合财产[mixed estate],且当前越来越倾向于包括不动产时,终身用益权仅是非严格意义上的用益权,此时标的物将交付信托管理,由受托人保证用益权人的使用权和收益权,和绝对所有权人的相应权利。受托人应尽量平衡两权利人间的利益,在收入和资金之间分摊责任和费用。

life-renter n.〈苏格兰〉终身用益权人;终身地产保有人 (⇨liferent and fee)

lifesaving station 救生站 指建筑在海边,配备有人员和船只的场所,在沉船或者其他海难发生时对遇难人员提供救助,包括救援溺水人员。

life sentence 无期徒刑;终身监禁(⇨sentence)

life sustaining procedures 生命维持措施 此类医疗措施可由法院命令或濒危病人书面要求而中止实施,如对昏迷和濒危病人以机械或其他人工方法勉强维持、恢复或替代其生命机能,其目的仅是或主要是延长死亡时间,以及根据临床、治疗医生的判断和病历显示,如不采取此类措施,死亡即将来临。

life tables 预期寿命(生命)表 保险统计表,显示人的不同预期寿命的大致比例,具有多种用途,如可用于计算年金、寡妇继承权等的现值,也可用于计算因人身事故丧失劳动力后的损害赔偿金,或死亡后对其生前扶养的人的损害赔偿金。

life tenancy 终身地产保有;终身不动产权 指承租人在自己或他人的有生之年所持有的自由保有不动产权益[freehold interest]。

life tenant 终身地产保有人 在自己或相关他人生存期

间保有地产并享有权益的人。
LIFO （= last in, first out）
lift v. ❶举起；提起 ❷清偿；赎取 例如 to "lift" a promissory note, 指本票的支付或以其它借据取代。❸解除；撤销 例如 to "lift the bar" of the statute of limitations, or of an estoppel, 即指以必要的行为或承诺消除诉讼时效或不容否认的障碍。
lifting corporate veil 揭开公司面纱 指在公司违反公共政策的情况下，不再将公司视为与公司股东相区别的法人实体。
lifting hand 举手 一种宣誓形式。
liga n.（欧洲古法）联盟；同盟
ligan （海难中所有权人为便于寻找而）系上浮标的投海货物 在风暴或者船舶遇难事件中，对被投下海并且一直留在海里而没有冲上岸的货物有不同的通俗称谓：沉入海底的货物 [jetsam]、漂流的货物 [flotsam]、系有浮标的货物 [ligan]。
ligare v. ❶结合；联合 ❷结盟；缔结条约
ligea n.（英格兰古法）女臣民
ligealty 忠诚；效忠 普通法关于英国国籍的基本原则是要求出生于英王领土之内，而国王效忠、臣服、守信；该原则适用于所有出生在英王领地内，且受英王庇护的人。
ligeance n. ❶（臣民对君主、公民对政府的）效忠；忠诚（= allegiance）❷国家的领土；领主的领地
ligeantia 〈拉〉忠诚；效忠；臣服（= ligeance；allegiance）
ligeantiae actoris 〈拉〉原告效忠国；原告效忠国的法院或管辖权（⇨forum ligeantiae actoris）
ligeantiae rei 〈拉〉被告效忠国；被告效忠国的法院或管辖权（⇨forum ligeantiae rei）
Ligeantia est quasi legis essentia; est vinculum fidei. 〈拉〉领土是法律之本，是效忠的适用范围。 科克曾引用此格言来说明在外国人作为原告的诉讼中，被告可提出原告不是本国人的抗辩。
Ligeantia naturalis nullis claustris coercetur, nullis metis refraenatur, nullis finibus premitur. 〈拉〉对祖国的忠诚是不能阻挡、没有界限、无法压制的。
ligeas n.（废）一个臣民
light n. ❶光；光线；光明 ❷窗；取光孔 ❸采光权 指光线不受相邻建筑物的阻碍、遮蔽权；普通法中没有采光权的规定，但 1832 年《时效法》[Prescription Act] 规定，不间断地享受采光 20 年的老窗户，可取得永久的不能取消的采光权，通称老采光权 [ancient lights] 即 20 年以上老窗户，除非此项权利是经书面协议或契据同意而取得的；此项采光权仅指通常所需的采光，不涉及特殊用途的采光。
light, air, and view 采光，通风和瞭望（⇨easements of light, air and view）
light and air 采光通风（⇨ancient lights）
light and air easement 采光通风地役权（⇨easements of light, air and view）
light company 照明服务公司
light dues 灯塔税 指为了维修和管理灯塔及其他航海标志而由船主缴纳的税。
light easement 采光地役权（⇨easements of light, air and view）
lighter n.（用于装卸货物的）驳船
 v.驳运（货物）
lighterage n. ❶驳运 用驳船装运货物到货船上或从货船上卸运货物，亦指在汽车和船边之间装运、运输货物。❷驳运费；驳船费
lighterman n. 驳船船长；驳船船主或所有人
light fixture （固定在墙上或者天花板上的）灯头；灯座 此类固定的灯座或煤气设备是否为动产，权威说法不一。有的认为从真实意义上说，应是固定附着物，但多数人士不赞这一主张。
Lighting and Watching Act 〈英〉《采光与瞭望法》 1883 年《采光与瞭望法》被英国各个堂区 [parish] 所采纳，后市区 [metropolis] 以 1866 年《卫生法》[Sanitary Act] 取代之，其他地区则以 1875 年《公共卫生法》[Public Health Act] 代替此法。1957 年《堂区俗务委员会法》[Parish Council Act] 废除该法。
lighting regulations 采光法规 指为健康目的而颁布的建筑法规。
lighting way 以灯光照明的公路或街道
light manufacturing district 轻工业区 按区域规划法 [zoning law] 分类的禁止设立诸如水泥厂、钢铁厂、造纸厂等重工业的区域。
light money 〈美〉入港税 凡非美国籍船舶在进入美国港口时，应缴纳的附加于吨税的一种税。
lightning n.（自然界的）闪电 一种自然现象，常伴以雷声，其起因中存在不可抗力，但其结果并不一定如此。
lightning clause 闪电条款 火灾保险单或其附件中的一项条款，涉及因闪电造成损失的风险。
lightning insurance 闪电险 指对闪电造成损失的保险，可以单独投保，也可作为普通火险保险单的一项条款。
light on vehicles 〈英〉车辆照明灯 1972 年《道路交通法》[Road Traffic Act] 对车辆照明灯的制造和使用要求作出规定。
light railway 轻轨铁路 指一对车轮对铁轨的压力不超过 8 英吨重，时速不超过 25 英里的铁路。英国轻便铁路大都根据 1947 年《运输法》[Transport Act] 由运输委员会批准建设。
ligius n. 臣民 因神圣的约束而受制于他人者，表示臣民和主权者之间的关系。（= liege）
Ligna et lapides sub "armorum" appellatione non continentur. 〈拉〉棍棒与石头不属"武器装备"之列。
lignagium 〈拉〉（古）伐薪权；伐薪费 拉丁法律用语。
lignum n. 木材；薪炭材 指已砍下的木材，与生长之树木相区别。
ligula n.（英格兰古法）法院案卷或契据的副本、抄本
like a. ❶（质量、数量或程度上）相同或正好一致的 ❷（外观、性质、特点）相同或几乎相同的 ❸相像；类似 相同 [like] 不一定是全部一样而是主要部分相同。
like benefits 同等利益 指特征相同。
like character 相似；相同
like effect （= like result）
like-kind exchange 同类（财产）交换 指以某一行业生产所用或投资所需财产去交换另一行业或投资所需的财产（存货、股票、债券除外）。除非收取现金，此类交换是不征税的。判断所交换的财产是否属于"同类"，从而其交换的收益不作为联邦所得税的征收对象，要看所交换的财产在性能和特征上是否相同，不能仅因品级或质量差异而否定其为同类交换。
like-kind property 同类财产（⇨like-kind exchange）
likelihood n. ❶可能(性) ❷可能的事；有希望的事
likelihood of confusion （商标的）混淆可能性 根据美国《拉纳姆商标法》[Lanham Trade-Mark Act]，商标侵权的判

断标准是"混淆可能性",即对不同商品的来源,相当多的一般谨慎[ordinarily prudent]的购物者是否可能误认或被误导。确定"混淆可能性"应考虑以下因素:商标之间在外形、发音、译名或联想上的相近似程度;受指控侵犯他人商标的在后使用者[second user]的主观意图;该商品的具体购物环境和状况的相似性,以及购物者一般可能的注意程度。

likely *a.* & *ad.* **很可能(的)** 这是一个含义一致的常用词,按照词义的性质和情况,用于表明事情发生或存在的可能性要大于不可能性。在涉及法律上的"近因"[proximate cause]时,当说到伤害"很可能"[likely]是不法行为的后果时,likely 在可能性的程度上大于 possible,小于 probable。

like result **相同结果;相似结果**(= like effect)

limb for a limb (英格兰古法)**同态复仇** 指以复仇为原则对重伤致残[mayhem]罪犯所判的一种刑罚,即罪犯使受害者身上哪一部位致残就以失去自己身体的哪一部位作为抵偿。这一古刑罚被废的原因部分是由于不适当,部分是由于对相同犯罪行为不能重复适用。

limenarcha 〈拉〉(罗马法)**港务长**

limine (⇨motion in limine)

limit *v.* ❶**限制** ❷**减少** ❸**限定;规定(范围)** 如"to limit an estate"指限定财产权的有效期限,契据中以此目的使用的词语称作"限定词"[words of limitation],例:在转让土地"给甲及其继承人"[to A and his heirs]的条款中,"及其继承人"是限定词,表明甲作为购买人的财产权益范围。

n. ❶**限界;界线;边线** ❷**限制;限度;极限** ❸**(权力、权利、权限的)范围**

limitation *n.* ❶**限制;限度;极限** ❷**界限;界线;范围;境界** ❸**局限** ❹**(诉讼或追诉)时效** ❺**有效期限** 契据、财产转让书或遗嘱中的一个条款,规定财产转让、遗赠的条件,特别是规定受让人的财产权益的最长享有期限,或至某一特定事件发生时终止,此后该财产权益即为后一受让人享有。有效期与条件或权利终止条件不同,后者可以在权益的最长享有期前终止。有效期可以是附条件的[conditional]或附加性的[collateral],前者规定在作出或发生某事时,财产权益即终止,而另一权益开始;后者规定权益的终止期,但可以在某一不特定事件发生时提前终止。如契约规定,甲将拥有某项地产直至乙去罗马。❻**相反占有权**[adverse possession]**转为所有权所必须经过的占有期限**

limitation in law **法律限制(或有限制条件)的地产** 指地产的持有以授予该地产时所附条件的持续存在为限,在条件终止时,该地产对原持有人即处于在期待中[in expectancy]。

limitation of action **诉讼时效** 指提起某些诉讼或行使权利的有效期限,在期限届满后,不论其诉讼请求权是否曾经存在,均不得再起诉。除民事诉讼有时效外,对犯罪的追诉也有时效规定。诉讼时效是英美法中的一项原则,均以制定法形式规定。最早的诉讼时效法是英国在1623年制定的《诉讼时效和防止法律诉讼法》[Act for Limitation of Actions and for Avoiding of Suits in Law],此后通称《诉讼时效法》[Statute of Limitations],并历经修订。美国的各州也分别制定有相应的法律规定。诉讼时效的效力可区分为两种:①时效终止后权利本身即不复存在,如所有人丧失土地占有权满12年,即使不知他人已占有该土地,其所有权即丧失;②在时效届满后无法取得法律救济,但其权利在其他方面仍可存在,如对简式合同债务,债务人6年未履行也未表示承认,债权人即丧失追索债权的诉讼权,但如债权人占有留置物,仍可行使留置权。诉讼时效一般自原告有权起诉或应知悉时起算,对合同之诉为一方违约之时,对侵权之诉为侵权行为发生之时,两者均不能自受损害之时起算。英国的诉讼时效期间,不动产和盖章的正式合同为12年(国家或慈善团体收回不动产为30年),简式合同或侵权行为为6年,但人身伤害或死亡为3年。信托受益人对受托人的信托欺诈或侵占而提起诉讼不受时效限制,但在其他情况下,信托财产的收回时效为6年。诉讼时效可因债务人的书面承认或部分支付而延长。制定法对此虽无明文规定,但法院判例认定时效应自债务人书面承认或部分支付后重新计算。债务人如多次承认债务,应自最后一次承认时起重新计算。债权人如无行为能力(未成年人或精神病人),可取得或恢复行为之能力时起算,但不得超过最长期限。刑事追诉时效根据犯罪的性质和严重程度有相应不同规定,对杀人犯的追诉时效自被害人死亡之时起,在犯罪人有生之年都能追诉。(⇨statute of limitations)

limitation of assize 〈英〉**声明土地占有权的期限** 旧时不动产诉讼程序,在确认和收回土地占有权的令状[writ of assize]中,根据法律规定,权利主张人应在一定期限内声明其本人或祖先已对讼争土地取得占有权。

limitation of liability **责任限制** 依法律规定、合同约定或商业惯例而限制对某些责任的承担。常见的有公司的有限责任,及对船主、保险人、邮政等公用事业单位、财产受寄托人等承担赔偿责任所设定的限制。(⇨limitation of liability acts)

limitation of liability acts **责任限制法** 在美国,以此指关于限制某些类型损害赔偿责任(如致人痛苦)、或限制某些人或团体的责任(如公司董事对公司行为的责任)、或规定诉讼时效的联邦或州的制定法。(⇨limited liability acts)

limitation of prosecutions **追诉时效**(⇨statute of limitations)

limitation over **期限届满后(的产权)** 财产转让中设定的包括在同一财产[property]中的任何产权[estate],在所授予的第一个产权终止后开始享有。如,财产赠与协议规定,赠与某甲终身持有,余产归其后嗣[in a gift to A for life, with remainder to the heirs of his body]。对其后嗣来说,余产即为期限届满后的产权[limitation over]。

limitation title **完全所有权**

limited *a.* ❶**受限制的** ❷**(责任、期限、程度、范围等)有限的** ❸**(投资者负)有限责任的** 用于法人企业名称之后,表明企业投资者仅以其出资额对企业债务负责的地位,一般使用缩写 Ltd.。

limited-access highway **分道公路;高级公路** 指为了避免公路交叉而建有支线或分道的高级公路,使驶入公路的车辆直接进入同方向行驶的车道,给交通带来最小影响。

limited administration **临时性财产管理** 准许为特定目的或在特定期间内进行的临时性财产管理,如遗产管理。

limited admissibility **(证据的)有限可采性** 在证据法中,证人的法庭证言或物件可以在限定的目的范围内被采纳为证据。法官对于证据的能否被采纳,应根据上述原则指示陪审团,如对前后矛盾的陈述只能作为对证人的可信性进行质疑的证据而不能作为证明其陈述真实性的证据。如果证据有多重目的,其中之一违反了对刑事被告人的宪法保护规定,则此证据不应被采纳。又如,证据常可对一方或某一目的适用而对另一方或另一目的不适用,此类证据通常可以被采纳,但法庭在被要求时,应指示陪审团,限制证据的适用范围。

limited adoption （普通法原则的）选择采用 指各州在采用普通法原则时可以根据各该州现实情况选择采用认为对本州有利的原则。

limited appeal 部分上诉 仅针对判决中不服部分的上诉。

limited company 有限公司;有限责任公司 依公司法设立,由不超过一定人数的出资人或股东出资而组成,所有出资人或股东均以其出资额为限对公司承担责任,公司以其全部资产对公司的债务承担责任的公司形式。相对于无限责任公司,有限责任公司的出资人或股东仅就出资额为限对公司负责,对公司债权人不负直接责任;相对于股份有限公司,有限责任公司不得公开募集股份,不能发行股票,且其出资人或股东的人数有限,股权的转让也有严格限制。

limited constitution 限权宪法 指对立法机关的权力作了某些明确限制性规定的宪法。如,立法机关不能通过褫夺公民权利和没收财产的法律,不能通过溯及既往的法律等。这些限制性规定在实践中只有通过法院来维护。

limited court 专门法院 制定法授予其专门管辖权的法院,如遗嘱检验法院[Probate Court]。

limited covenant of warranty 特别保证条款（⇨special warranty）

limited divorce ❶有限离婚（判决） 在美国,该种法院裁决在结果上各有不同,一般认为该裁决终止当事人之间同居的权利和义务,但未影响当事人作为已婚人士的身份,或未解除婚姻;也有认为该裁决可仅解除婚姻关系而不涉及有关扶养的内容。 ❷夫妻分居;别居（ = judicial separation; divorce a mensa et thoro）

limited emancipation （子女的）有限自立 指子女仅在一定的未成年期间内脱离父母的照顾、监护或管束,获得行为自主或部分自主权,或可免除父母的部分监管权。

limited endorsement 有条件背书 指票据的转让以符合规定条件为限,如无追索权背书。（ = limited indorsement）（⇨conditional indorsement; qualified indorsement）

limited estate 有限地产;非自由保有地产 指在土地保有程度上次于无条件继承地产的任何其他类型地产。

limited executor 限权遗嘱执行人 指仅在指定的时间、地点和遗产范围内执行死者遗嘱的人,区别于在执行遗嘱人财产和时间上无任何限制的全权遗嘱执行人。

limited fee 附条件的可继承地产（⇨determinable fee; qualified fee）

limited guaranty 限定担保 通常指仅限于为某一交易而设立的担保。

limited indorsement （ = limited endorsement）

limited interest 有限权益 附条件的权益,次于绝对权益[absolute interest]。（⇨limited estate）

limited jurisdiction 有限制的管辖权;专门管辖权 指法院的管辖权限于特定类型的诉讼案件,或限于制定法规定的范围或情况。法院的管辖权一般由制定法规定,其中有的管辖权是受限制的,如根据案件性质决定的遗嘱检验法院[probate court],根据诉讼金额决定的小额索赔法院[small claims court]等。（⇨limited court）

limited legal investment 〈美〉（信托法）限制性法定投资 美国《新泽西州审慎投资法》[New Jersey Prudent Man Investment Statute]中所使用的术语。它与其他信托投资法中所称的"法定投资"[legal investments]在法律效力上无高低之别,只是对受托人可用于投资的信托资金比例有所限制。

limited liability 有限责任 指企业的参与者的责任仅限于其所投入的资金额,在企业亏损时不涉及参与者的其他财产。这是大企业得以发展的重要因素,因为多数投资者不愿以其他条件承担投资风险。这一原则的实施能使企业从广大群众中吸收资金。第一种具有这一性质的企业形式是有限合伙,在有限合伙中,只要至少有一名合伙人对合伙债务承担全部责任,其余合伙人都可只以其投入资金承担有限责任。在英国,自1862年起,即可以成立全部股东以其各自认购的股份金额承担责任的股份有限公司,但无限公司仍然存在,如合伙和有限合伙。在英国,股份有限公司必须在其公司名称后加上"有限"[limited]字样。

limited liability acts 〈美〉有限责任法 规定有限赔偿责任的各种制定法,其责任低于普通法要求,如船舶所有人对船舶航运中发生的损失、损害或人身伤害承担有限赔偿责任。此项立法的宗旨在于鼓励对船舶建造与航运的投资,使美国船舶所有人能以同等责任同外国船舶所有人竞争。

limited liability partnership 〈美〉有限责任合伙 适用州制定法所建立的合伙组织,该合伙的债务和责任由作为主体的合伙组织承担,合伙人对合伙债务和责任并不承担个人义务。

limited monarchy 立宪君主制 君主的权力受到宪法约束或其他制约的君主制。

limited owner 有限制的所有人 该所有人的财产权益是不完全的,即不是可以全权处置的无条件继承地产,而是有所限制的,如土地终身保有人,限嗣继承土地保有人,亡妻财产享有人等。根据1925年《财产法》[Law of Property Act],有限制的所有人的法定地产权已降为衡平法上的权益。

limited partner 有限合伙人 与普通合伙人[general partner]相对,指根据合伙协议加入有限合伙组织的有限合伙人,其对第三人——合伙之债权人——的责任仅限于其在合伙中的投资额。（⇨limited partnership; general partner）

limited partnership 有限合伙 普通合伙的变通形式,在有限合伙中,至少应有一名普通合伙人对合伙债务负无限责任,其他有限合伙人则可以其各自出资额为限对合伙债务承担责任。有限合伙人有分享合伙盈利的权利,但无合伙经营管理权,如其参与管理则应视为普通合伙人。有限合伙必须符合法律规定条件,否则仍将按普通合伙承担责任。美国在1916年起草了《统一有限合伙法》[Uniform Limited Partnership],此后大多数州都依此颁布了州的有限合伙法。（⇨partnership association）

limited policy insurance 有限保险单保险 指仅对若干种风险或意外事故负责的保险。

limited power of appointment 限定委托权;特别委托权 指委托权力的行使只能有利于由创设该权力的文件所指定的人员。

limited publication 有限出版;有限发行 ①仅在有限范围内发行某一作品,不允许外人获得;②为特定目的、在特定范围之内传播作品内容的行为,未随之以传播权、复制权、发行权及销售权。又作非公开出版[private publication]。

limit order 有限制(的交易)指令 命令以特定价格买卖证券,无论市场价格如何。(⇨no limit order)

Lincoln's Inn 〈英〉林肯律师公会 伦敦四大律师公会之一。(⇨Inns of Court)

Lincoln's Inn Field 〈英〉林肯律师公会广场 广场内有一国立公园,因其一度垃圾遍地且治安极差,故于1735年通过一项法令,规定将其私有化。从该法令的序言来看,林肯律师公会对该广场无所有权。该广场现归坎登[Camden]和威斯敏斯特[Westminster]的伦敦镇[London Boroughs]管辖。

Lindbergh Act 〈美〉《林德伯格法》(⇨Kidnapping Law)
Lindbergh Law (= Lindbergh Act)
line n.❶〈亲属法〉血系;血亲 指源自同一祖先者依其出生组成的系列。血亲可区别为直系血亲与旁系血亲、长辈血亲与晚辈血亲、父系血亲与母系血亲。 ❷〈财产法〉地界;界线;边界 ❸线 包括诸如电线、电话线、电报线、输气管道、运输线路等。❹职业;行业;专长 ❺英分 长度计量单位,等于十二分之一英寸。

linea 〈拉〉❶(= line) ❷继承血亲(⇨descent)
lineage n.❶血系;家系;继承系;血亲 ❷(同一祖先的)子孙;后裔(⇨descent)
lineal a.❶直系的 指具有直接血缘关系,与旁系的[collateral]相对。❷世袭的;继承的;祖传的 ❸同一家系的;家系的 ❹线的;直线的(⇨descent)
lineal ascendants 直系尊亲属;直系长辈
lineal consanguinity 直系亲属;直系血亲(⇨consanguinity)
lineal descendant 直系卑亲属;直系晚辈
lineal descent 直系继承(⇨descent)
lineal heir 直系继承人 依直系继承而享有继承权的人。(⇨heir(s))
lineal inheritance tax 直系继承遗产税
lineals n.死者血亲
lineal warranty 〈英〉直系亲属担保 指被继承人在所有权[title]已经或可能已经移转至继承人的财产上设定的担保。它为1833年《拟诉弃权法》[Fines and Recoveries Act]所废止。
linea obliqua 〈拉〉〈罗马法〉旁系;旁系血亲(⇨linea transversalis)
linea recta 〈拉〉❶直系;直系血亲 ❷直线;垂线
Linea recta est index sui et obliqui; lex est linea recti. 〈拉〉直线既为检验直线之标准,亦为检验斜线之标准,法即为该直线。
Linea recta semper praefertur transversali. 〈拉〉直系常优于旁系。
linea transversalis 〈拉〉旁系;旁系血亲(⇨collateral kinsmen)
line by line budget 预算支出的详细记录
line haul 铁路正线运输 货物在同一铁路线的两站点之间的运输,即起运站和终点站均在同一条铁路线上。铁路侧线服务不属于正线运输,但可构成其附属部分。
line haul charge 铁路正线运费 承运人就其提供的铁路正线运输服务收取的运输费用。
linen-supply service 亚麻织品出租服务 指向饭店、餐厅或其他工商业客户定期出租桌布、床单、枕套、毛巾等,并收取租金。
line of causation 近因测试;直接原因测试

line of credit 授信额度;信贷限额;信用额度 一方向另一方承诺的最高信用限额,通常由银行、零售商、信用卡发放机构向客户提供,从而方便其业务往来,但客户不可突破这一限额。该信用限额一般用于一系列的交易,当额度即将用完时,客户需通过付款来减少负债,从而维持其信用额度。

line of descent 继承血亲(⇨collateral descent; lineal descent)
line of duty ❶(军人)执勤(期间);服役(期间) ❷公务;职责;受雇(期间)
line of ordinary high tide 正常高潮线 为特定实际目的,正常高潮在某区域内可被看作一个平台;正常高潮线即为这一平台与陆地表面相交而形成的边缘线。
lines and corners (土地的)界线与界角 指在契据上或实地勘测中标注的土地界线和界线相交而成的界角。
line tree 界树 用以标明地界或地角的树木。
lineup n.列队辨认 一种刑事辨认程序。指将犯罪嫌疑人与其他具有相似形体特征的人排成一队列于受害人或证人之前,由其从中指认出犯罪人。列队辨认需符合一定的标准,且不能给予辨认人不适当的提示,这样,所得的辨认结果方为有效。有效的辨认结果如被作为证据在庭审中使用,辨认人应出庭作证。
link n.❶环节;纽带;连接部分;联系;关系;权利转移关系链中的环节 ❷土地测量单位(⇨land measure)
v.连接;接合;联系
link-in-chain n.〈美〉(证据)链环节 根据联邦宪法第五条修正案,任何人不得被强迫自证其罪。据此,对任何证人不仅不得强迫其对可能直接证明自己有罪的问题作出回答,而且有权拒绝对在证据链中可能将其与犯罪活动联系起来的某一环节问题作出回答。
lion's share 最大份额
liquere 〈拉〉〈罗马法〉使清楚;使明白 当法官[judex]不能肯定对案件应如何裁决时,可将案件提交给裁判官[praetor],并宣誓称自己对该案不清楚[sibi non liquere],据此可解除其对该案的审判权。
liquet 〈拉〉❶清楚的;明白的;显而易见的 ❷明显;彰明;显著(⇨non liquet)
liquet satis 〈拉〉足够清楚的;足够明显的;显得很明白的
liquid asset (= current asset)
liquidate v.❶支付;清偿(债务) ❷(公司等)破产;停业清理;清算;清理(资产、账目、债务等) ❸(通过协商或诉讼)确定(债务等的)金额 ❹(将资产等)变换成现金;变卖 ❺(债务偿还后将剩余资产)分配给股东或所有人(⇨bankruptcy proceedings; settle; settlement)
liquidated a.❶已支付的;已付清的;(债务)已清偿的 ❷(公司、企业等)已清算的;已破产的 ❸(债务金额)确定的 ❹(将资产等)变现的
liquidated account 已清算账户 已由当事人通过协商或通过法律程序确定其金额的账户。
liquidated claim 额定索赔;数额确定的赔偿请求 债务或赔偿金等的数额已由当事人协商同意的,或已通过计算得出的,或由法律规则或程序确定的。
liquidated damages 约定违约金;预定违约赔偿金 当事人双方在订立合同时,可以预先估计一方当事人违约所可能造成的损失,在合同中规定违约方应支付的赔偿金的确定数额。一旦合同当事人就违约金的数额达成协议,则无论其是高于还是低于违约造成的实际损害,这一固定数额都是损害赔偿金的标准。(⇨liquidated damages

and penalty)

liquidated damages and penalty 约定违约金和罚款；预定违约赔偿金和罚款 是指合同中的违约条款，即对在合同一方违约时应向另一方支付一定数额的金钱所作的约定。如果该支付数额是对违约可能造成的损失的合理预先估计，则被视为预定违约赔偿金条款，其目的在于确定代替履行的金额；如果该支付数额是出于对履行合同的威胁，是对违约的惩罚，则被视为罚款条款。有违约赔偿金条款的，无需证明损失的大小，即可取得预先确定的赔偿金额；有罚款条款的，无过错一方还需证明损失的大小，才可取得相应的损失赔偿，并不根据罚款条款中确定的数额得到补偿。认定某一条款是违约赔偿金条款还是罚款条款，是一个法律问题，应由法院通过认定当事人真实意图来合理解释，不能根据字面含义来确定。传统上，法院会确认并支持合同中的违约赔偿金条款，除非协议的数额被基于下列理由之一而认定为是罚款：①该数额大大超过违约可能造成的损失；②同一数额被约定适用于或轻或重的任何不同种类的违约；③单纯的履行迟延也被列入违约的情形。合同中对罚款的约定则通常不能强制执行。合同当事人也可规定，合同一方当事人支付特定数额的金钱后，可以单方终止合同或实施其他影响合同履行的行为，在这种情况下，无论作为预定违约赔偿金还是罚款，这笔金额都可以有效支付。(⇨damages)

liquidated-damages clause 约定违约金条款；约定违约赔偿金条款 (⇨liquidated damages and penalty)

liquidated debt ❶已清偿债务 ❷额定债务；金额已定的债务 金额已由当事人协议确定或经法律程序确定的债务。

liquidated demand (= liquidated claim)(⇨liquidated debt)

liquidating distribution 清算分配 由正在进行清算的公司或合伙组织进行的分配。

liquidating dividend (= liquidation dividend)

liquidating partner 清算合伙人 指企业解散或破产后，被任命清算账目、清理财产、应诉及清偿债务的合伙人。

liquidating trust 清算信托 指以在条件允许的限度内尽快清算为目的的信托，虽然也可以从事商业经营，但这种经营必须是为保存资产所附带和必须的。

liquidation n. ❶(债务等的)确定；清偿 ❷(公司、企业)清算；停业清理 在终止公司业务的情况下，指变现资产、清抵债务、分配盈亏的程序，发生在公司将其净资产分配给股东、停止其法律存在之时。 ❸变卖；(将资产等)变现 通常是通过变现全部资产分配给债权人或继承人来进行。(⇨liquidate; winding up)

liquidation dividend 偿金；清算分配的股利 指公司或企业解散，与债务人及债权人进行清算，并将盈亏总额按比例分配或拨付给股东。(= dividend in liquidation)(⇨liquidating dividend)

liquidation of duties 关税的清缴 指对进口商品应缴纳的关税金额进行核定和缴纳。

liquidation price 清算价格 为了清偿债务而变卖财产时所获得的价格。由于该财产系被迫出售或强制拍卖，故其价格通常低于市场价。

liquidation sale 清算拍卖；停业清理拍卖；破产拍卖

liquidation value 清算价值 清算过程中资产或企业的出售价值。

liquidator n. 清算人；清算事务管理人 指被任命负责解散公司的清算事务的人，其职责为确定公司的债权债务、管理、变卖公司资产、清偿债务、分配剩余资产等。在强制性停业清理[compulsory winding up]或强制清算[compulsory liquidation]中，由法院指定清算人；而在自愿停业清理[voluntary winding up]或自愿清算[voluntary liquidation]中，由公司自己任命清算人。两者的主要区别是前者处理重要事务时，须征得法院的许可。在英国和加拿大，亦称作清算管理人[receiver]。(⇨receiver; winding up)

liquid capital 流动资本；周转资本

liquid debt 流动负债

liquidity n. ❶资产变现力；清偿力 ①资产在不发生价值损失条件下的变现能力；②个人或公司在不付出较大成本或遭受较大损失的条件下所具有的将资产转换成现金的能力和程度，这关系到个人或公司清偿债务的能力。 ❷流动性 在证券市场上，指某种证券或商品由于发行和交易的数量大而有足够的市场，可随时进行大宗交易而不会引起价格大幅度变化。

liquid measure 液量；液体度量制 指液体度量单位，如品脱、夸脱、加仑等。

liquor n. 酒；酒类；含酒精的饮料 用蒸馏法制成的酒，区别于用发酵法制成的酒[wine]。

Liquor Control Act 〈美〉《酒类管制法》 数个司法管辖区内用于称呼调整有关酒类饮料的交易的法律的名称。

liquor dispensary 酒类专卖

Liquor Enforcement Act 〈美〉《酒类实施法》 在1919年的全国性禁酒活动[National Prohibition]结束后颁布的一项联邦法律，对州际间的酒类贸易及相关的几种犯罪作出了规定。

liquor laws 〈美〉酒类法律 指规定对酒类的销售进行管理、禁止或征税的法律。(⇨delegation; local option)

liquor license 酒类营业执照 许可可从事酒类饮料的生产、销售、供应、贮存、运输等活动的执照。

liquor nuisance 〈美〉酒类公害 某销售酒类的营业地被法律或条例宣布构成公害，或者其销售行为给个人或公众造成了实质上的妨碍、不便、不安或伤害，例如一再或一贯违反法律在市镇[municipality]街道上销售酒类。

liquor offenses 〈美〉酒类犯罪 对不当使用、销售烈酒[intoxicating liquor]或无许可证而销售酒类等犯罪的总称。

liquor traffic 〈美〉酒类贸易；酒类销售 指烈性酒的贸易或销售。某一外国企业如成为酒类经营者[trafficker]，须在营业税法规定的范围内，在本国设有贮存处所，并在此进行酒类销售。

lis 〈拉〉诉讼；争执；争议

lis alibi pendens 〈拉〉异地未决的诉讼；案件在异地尚未审结的抗辩 原、被告之间关于某一事项的诉讼在一法院尚未审结时，原告不得对同一被告就同一诉因和标的在另一法院提起诉讼。否则，被告可以此为由提出抗辩。

lis mota 〈拉〉已开始且之后成为某一诉讼基础的争议；正在进行的诉讼；将会提起的诉讼 该词的使用主要和某种陈述相关，而该陈述可作为传闻规则的例外被作为证据采纳，如某一家庭成员制作的家族谱系[pedigree]在其死后可作为相关事实的证据使用，除非能证明该家族谱系是在争议或诉讼开始后制作的，才不可采纳。该词也用于与谈话守密特权[privileged communication]相关的问题。

lis pendens 〈拉〉未决诉讼 在普通法上，未决诉讼中争议的财产在诉讼期间若要转让给意欲购买者或抵押权人应作出声明[notice]，告知其就该财产取得的任何权益将受法院判决的影响。在英国，根据 1972 年《土地负担法》[Land Charges Act]可作未决诉讼的登记，该登记并不在财产上设定任何负担，而只是旨在给予意欲购买者或抵押权人以此种声明。该登记在 5 年内有效，期满可以续展，但法院在作出判决后，或经证实该诉讼是出于恶意提起的，可以裁定撤销该登记。美国的多数州也在法典中予以规定。

list n. ❶表；一览表；(财产的)清单；目录；名单 ❷备审案件目录表；议事日程 ❸(交易所)上市证券表 ❹选民登记 ❺官方目录表 如纳税目录表等。
v. ❶把(人、事等)编列成表；把…编入目录(或名单)；登录 ❷(将房地产)登记入册(出售) ❸把(股票、其它证券、商品)列入上市证券表(或期货交易表) ❹列举

listed a. ❶列入目录的；列表的；记录在表格上的 ❷(股票等已在证券交易所)上市交易的；上市的；挂牌的(▷listing)

listed company 上市公司；挂牌公司 指其所发行的证券已在证券交易所挂牌交易的公司。

listed price ❶上市价格；挂牌价格 证券在证券交易所内的交易价格。 ❷(＝list price)

listed security 上市证券；挂牌证券 指符合合法正式交易所规定的条件，在证券交易所注册登记，取得在证券交易所挂牌交易资格的股票或债券。

listed security exchanges 上市证券交易所 在指定交易场所进行上市证券交易的有组织的二级证券交易市场。

listed stock 上市股票；挂牌股票 指已在证券交易所挂牌交易的公司股票。

lister n. 制表人；估价员 为对财产进行估价或征税之目的而对相关人员和财产编制目录或清单，并对财产进行估价的人。

listing n. ❶(不动产)代理协议 指不动产所有人与不动产经纪人订立的出售或出租其不动产的协议。根据该协议，经纪人同意按确定的价格和条件寻找买主或承租人，并收取费用或佣金。(▷brokerage listing; multiple listing; open listing) ❷(证券)上市合同；挂牌合同 指上市公司与证券交易所签订的使其证券在交易所上市交易的合同。 ❸上市；挂牌 指证券发行人向证券交易所申请登记后，其发行的证券取得上市交易资格，能在证券交易所内挂牌交易。 ❹(为纳税之目的)编制财产目录或清单

listing agent (不动产)代理人；代理商 指不动产经纪人的代表，且与卖主订有代理协议，区别于同时可以代表另一不动产经纪人的销售代理商。(▷selling agent)

listing agreement ❶(不动产)代理协议 ❷上市合同；上市协议(▷listing)

listing contract (＝listing agreement)

list of creditors ❶债权人清单 指载有债权人姓名、住址及债权数额的清单，是破产程序中必需的文件之一。 ❷〈美〉(大宗交易法规必需的库存商品卖主的)债权人名单

list of property (破产程序中必需的)财产目录；财产清单(▷inventory)

list of proved claims 已证明债权清单 美国《一般破产规则》[General Order in Bankruptcy]要求权利人就其债权或利益提供证据。

list of referred cases 〈美〉已提交(但未审结)的破产案件表 破产案件审断人[referee in bankruptcy]对提交给他办理的案件若超过 18 个月还没有结案的，应作一列表，并说明未结案的原因。此列表及说明的副本经核实后提交给法院书记官处。

list price 价目表价格；目录价格 指在商品目录或商品价目表上所标明的价格或广告定价。此种价格经过协商可以有所变动，如买主立即付款或批量购买时，卖主会给予一定的折扣或部分退款，而使实际成交价低于该预先定价。

list system 名单制；目录制 一种选举的投票制度。在这种制度下，候选人的名字在选票上排列成一名单或排成一组，这样具有相似观点的候选人成为一组候选人。每个只有一票投票权的投票者可以投该名单上的候选人中的一位候选人的票。计算选票将决定该名单上的候选人有多少位可以当选，也决定该名单上的单个候选人能否当选。投给该名单上的单个候选人的选票的总和在所有选票中所占的比例将决定该名单上的候选人能当选的名额数目。一旦确定名额数目，则该名单上的候选人按其得票数从高往低排列，票数高者当选。

lit de justice 〈法〉国王行法 指古法兰西法中一种庄严的司法仪式。在这种仪式中，国王由王子、大法官、法兰西贵族及其他高级官员们陪同，坐在王位上，行使其作为法兰西最高裁判者的权力，并以敕令的形式制定法律。国王行使这种权力有时是为了迫使巴黎高等法院同意登记皇家敕令。18 世纪时，为了对付议会的反抗，这种权力的行使最为经常。法国大革命前夕，该做法被视为权力专断而遭批判，其合法性也受到质疑。(▷bed of justice)

litem 〈拉〉诉讼的；有关诉讼的(▷ad litem; in litem; litis)

litem denunciare 〈拉〉(罗马法)告知参加诉讼 罗马法中指将诉讼责任累及他人。尤指财产买卖中，买方在被第三人起诉时，通知卖方并要其在答辩中给予协助。(▷litis denunciatio)

litem motam 〈拉〉诉讼开始(▷ante litem motam)

litem suam facere 〈拉〉(罗马法)卷入争议 当一个法官出于偏心或恶意而明显地偏袒一方当事人时，人们常用该词来形容这种情况。

lite pendente 〈拉〉诉讼未决(▷pendente lite)

litera 〈拉〉❶字母；书信；(法律)文书 ❷法律的字面意义 以区别于法律的精神实质。 ❸literae 的单数形式

litera acquietantiae 〈拉〉债务免除证书；债务清偿证书

literacy qualification 〈美〉读写能力资格 指陪审员应具备的资格。有时直接用来指作为陪审员应具备的最低或适当的教育程度；有时间接地规定必须具有读写能力方可登记为选民，然后要求陪审员应从具备此种条件的选民名单中选出。

literacy test 〈美〉读写能力测试 某些州作为行使选举权的先决条件而要求进行的一项有关公民的读写能力及阅读和理解联邦和州宪法的能力的测试。如此种测试造成有害的歧视，则违宪。1965 年的《选举权法》[Voting Rights Act]规定，如果某州内只有不足一半的成年人被登记为选民或在前次选举中参加了投票，则该州应暂停进行此种测试。

literae 〈拉〉❶书面文件；(英格兰古法)书面令状 ❷言语；词句；文字 ❸litera 的复数形式

literae clausae 〈拉〉密封信；密件 指密封并盖有国玺、由国王签署，为特定目的直接送达特定人的信件或批文。对此类信件或批文不能例行公开审查。(▷close rolls)

literae de coketto 〈拉〉海关的羊皮纸文件

literae dimissoriae 〈拉〉❶(牧师转出教区的)许可状 ❷(教皇、主教等出具的)出任圣职特许状(▷dimissory letters)

literae humaniores 〈拉〉❶（希腊、拉丁的）一般哲学；逻辑；道德哲学；形而上学 ❷人文学科 牛津大学的主要课程之一。

literae mortuae 〈拉〉❶无用的词句 ❷法律中的多余规定

literae patentes 〈拉〉（古）特许状；公开信 授予权利或特权的法律文书，由政府密封发出，但须接受公共审查。亦作 letters patent。

Literae patentes regis non erunt vacuae. 〈拉〉国王授予的特许状不应无效。

literae procuratoriae 〈拉〉（罗马法）（英格兰古法）（对代理人的）授权书；委托书；代理证书；委任状

literae recognitionis 〈拉〉提单

Literae scriptae manent. 〈拉〉（古）书面文字是持久的。

literae sigillatae 〈拉〉（古）密封函 过去称郡长的回呈为密封函。

litera excambii 〈拉〉汇票

literal a.（严格）遵守文字的；按照字面的；按字面意义解释的；原文的；（条款）依字面履行的；文字上的
n.原义；字面释义；（条款的）字面履行

literal construction 字面解释；文字解释 仅按照文字意义对文件进行的解释，不考虑当事人使用该文字的真实意图和客观情况。

literal contract （罗马法）书面契约；文书契约 指由正式书面文件形式作成的契约，也可指依债权人在传统罗马账册中记入的拟制账目而形成的契约。它对缔约当事人均有约束力，即使其未收到对价亦无例外。

literal proof （罗马法）书面证据

literarum expensilatio (= literarum obligatio)

literarum obligatio 〈拉〉（罗马法）债权誊账 指债权人根据经债务人同意而记入在账册中的账目形成的，要求债务人偿还一定金额的债。（⇨literis obligatio）

literary a.❶有关文学的；文学上的 ❷精通文学的；从事写作职业的；文人学士的 ❸（词语等）书面的；书籍的

literary and scientific institutions 〈英〉文学与科学研究院 为促进文学、科学或艺术，或传播有用的知识，英国1854年的《文学与科学研究院法》[Literary and Scientific Institutions Act]为研究院的建立提供了设施、场所和房屋，且为提高这类研究院的法律地位而采取了措施。

literary composition 文学作品；文字作品 一种智识活动的创造性成果，它根据作者的创造性目的、通过一系列手写的或印刷的、排列有序的文字组合表达出来。（⇨literary work）

literary executor 遗著管理人；遗作管理人 作家、作曲家或艺术家指定的死后管理其作品的人。

literary property 文学作品财产权 指法律赋予作品的作者或作品的受让人对作品进行使用和收益的全部权利，该作品可通过复制多份的方式进行传播。无论该作品是否已经发表，或者已经取得版权，它都是一种排他性权利，即排除他人对作者思想表达的全部或部分的使用。因此，它就是智力创造成果的所有人对之进行占有、使用和处分的独占性权利。它与有体物财产权[corporeal property]的区别只在于其权利对象是以某种形式表现出来的智力创造成果。（⇨copyright；literary work）

literary proprietor 文学作品所有人 指文学作品财产权的所有人，包括作者及作品受让人。（⇨literary property）

literary work 文学作品；文字作品 根据版权法[Copyright Act]，文学作品是指除视听作品外，以文字、数字或其他文字、数字符号、标记表达出来的作品。

literate n.❶有读写能力的人 ❷（英格兰国教中）无大学或神学院学位而受任牧师圣职的人
a.有知识的；有见识的；知识渊博的；受过教育的；有教养的

literatura 〈拉〉初等教育

literature n.❶文学；文学作品 ❷（关于某一学科或专题的）文献；图书资料 ❸写作；著作 ❹（商品说明书之类的）印刷品；宣传品（⇨literary property）

literis obligatio 〈拉〉（罗马法）文字债；债权誊账 基于罗马家庭的家长在称为"收支簿"[codex accepti et expensi]的账册上的记载而形成的债。债权人记录的效力在于表明该款项已由其付给债务人，债务人作相应记录以表明债权人将该款项付之。但仅有债权人依债务人指示所作的记录已足，则此种情况下债务人之记录非为必须。债权誊账的效力在于构成使债务人据以负责的债的关系，至于该款项是否实际支付则在所不问，即，该记录本身足以构成债。

literis obligation (= literis obligatio)

lithograph n.❶平版印刷 ❷平版印刷品；石印品（⇨copyright）

litigant n.诉讼当事人 如原告和被告。一般指实际参加诉讼者，而非名义上的当事人[nominal parties]。

litigare 〈拉〉起诉；应诉；进行诉讼；（通过诉讼）主张权利或提出争议；（通过诉讼）检验或审查（主张的合法性）

litigate v.提起诉讼；参加诉讼；进行诉讼；争讼

litigated a.涉讼的 事实、物或争议问题当其成为诉讼标的时即为涉讼。在诉讼中，只有那些必然包含在当事人争议的问题范围内的事实，且不经过对这些事实的证明就不能作出有效判决的，才可被称为涉讼事实。

litigation n.民事诉讼 该词通常指进行民事诉讼[lawsuits]的程序，但有时也可作为 lawsuit 的同义语。

litigation expenses 诉讼费用 在任何必要的诉讼中发生的合理的律师费用，以及在为遗产的利益而提起的诉讼中代理死者或其他受托人[fiduciary]而发生的必要费用。（⇨attorney's fee）

litigator n.❶诉讼当事人 该词于19世纪末期开始使用，为 litigant 的一种非必要的变形，该意义至20世纪中期一直使用。 ❷庭审律师 等同于 trial lawyer，指专门从事民事诉讼业务的律师。但是在现代美国，庭审前的披露程序[discovery]越来越无尽无休，litigator 逐渐倾向于指从事民事诉讼业却却从不上法庭的律师。因此现在这两个词已被严格区分开来，trial lawyer 参与案件庭审，而 litigator 仅准备披露请求。

litigiosity n.❶诉讼未决 ❷〈苏格兰〉对可继承财产转让的禁止 指法律禁止债务人转让可继承财产，因为这样会使已开始的一项诉讼或索债程序[diligence]归于落空。土地可以通过债权人的个人禁令[inhibition]或有关土地诉讼中的各种传票的送达而被禁止转让。

litigious a.❶有争议的；争讼的 ❷好讼的 ❸（教会法）有争议的（神职或圣俸） 两位推荐人以几种不同的名义推荐同一神职或圣俸时，主教不知该认可哪一个圣职推荐，即便二者推荐的是同一位教士。
n.诉讼标的

litigious right （大陆法）有争议的权利 未经诉讼便不能确定和行使的权利。

litis 〈拉〉（罗马法）诉讼的；有关诉讼的

litis aestimatio 〈拉〉(罗马法)诉讼标的估价；损害赔偿的标准

litis contestatio 〈拉〉❶(罗马法)(教会法)争讼程序；案件的争论 指诉讼中各方当事人通过提出相反的主张进行争辩的程序。❷争议点；争议点的合并 ❸(教会法)(被告的)一般性答辩 以此否认原告在诉状[libel]中对他提出的指控。❹〈罗马法〉提交法官[judex]裁决

litis contestation 争讼程序 在罗马法中，指诉讼双方当事人都向裁判官[praetor]陈述完各自的主张后所进行的诉讼阶段。它被认为是一种契约，当事人双方都应遵守法官的裁决。在苏格兰法中，指诉讼进行到被告提出答辩时的阶段，构成争议。此后，法庭作出的任何判决都不属于缺席判决[decree in absence]。

litis denunciatio 〈拉〉(罗马法)诉讼通知；告知参加诉讼 指财产的买主因该项财产涉讼或第三人起诉要求返还占有时，依契约中的担保条款，要求卖主在答辩中给予协助。(▷litem denunciare)

litis dominium 〈拉〉(罗马法)争讼代表 一种法律拟制，即当事人有权在诉讼中指定自己的律师或代理人，该律师或代理人经当事人指定后，即可被认为是争讼代表。(▷dominus litis)

litis dominus 〈拉〉(罗马法)争讼主人；诉讼代表

litis magister 〈拉〉(= litis dominus)

litis motae 〈拉〉诉讼已提起(▷forum litis motae)

Litis nomen omnem actionem significat, sive in rem, sive in personam sit. 〈拉〉"lis"意为诉讼，无论是对物之诉，还是对人之诉。

litispendence n.诉讼期间；诉讼待决期间 该词已废。

litispendencia 〈西〉诉讼待决期间；案件在法院待决的状态 为使这种状态为合法，法官须对该案件有审判权，且被告已被正式传唤出庭，并在适当的时间以适当的方式完全向其告知了原告的诉讼请求，如果被告未出庭，也是由其自身的过错所致。诉讼待决产生两方面的效果：一是在诉讼期间不能转让争议财产；二是不论是否更换审判法官，案件所有程序均需累计。

litre 〈法〉升 米制容量单位。即 1 立方分米，等于 61.022 立方英寸，或 2.113 美制品脱，或 1.76 英制品脱。

litter n.〈英〉乱丢废弃物罪 依 1958 年《废弃物法》[Litter Act]和 1971 年《有害废弃物法》[Dangerous Litter Act]，指在公众可以免费进入的露天场所乱丢废弃物的犯罪。该种犯罪为非连续性的，因此必须证明行为人在事发前 6 个月内为之。

littering n.〈美〉乱丢废弃物或引起废弃物的乱丢 将可能造成污染、玷污或损害的废弃物或物品乱倒、乱扔、乱丢在公共街道、公路、小巷、通道或其它公共场所，或任何湖泊、溪流、水道或其它水域的行为，但由法律授权的公务人员指示或准许的上述行为除外；或未经财产所有人或占有人同意将可能造成污染、玷污或损害的废弃物或物品丢弃在任何私有财产上的行为。

little cape 旧式传令状 传唤承租人对其不履行给付租金义务作出答辩的令状。

Little Easter Sunday 复活节后的第一个礼拜日(= Low Sunday)

Little State Department 〈美〉小国务院 指美国国防部国际安全事务助理部长办公室中的一个外交专家组成的小组。人数不多，但权限很大。

Little Wanderer's Rule 〈美〉《小流浪汉规则》 首先由马萨诸塞州最高法院阐述的家庭法的一个原则。根据该原则，州政府甚至可以在没有找到父母不胜任的证据的情况下，基于孩子的最大利益进行干预，并使其脱离家庭的监护。该原则已被取消。

littoral a.沿(海或湖)岸的

littoral land 沿(海或湖)岸地

littoral owner (= littoral proprietor)

littoral proprietor 沿(海或湖)岸地所有人 海滨或湖滨房屋及地基的所有权人，但如果所有人的土地是与河流毗连，则被视为河岸土地所有人[riparian owner]。

littoral rights 沿(海或湖)岸地所有人权利 指与海洋或湖泊毗连财产的权利，这种权利常涉及到对海岸或湖岸的使用和收益。(▷water right)

littoral waters 近海(湖)水域

litura 〈拉〉(罗马法)(在遗嘱或其他法律文件上的)涂抹；修改；污渍

Liturgy 〈英〉《公祷书》 由 1662 年《信仰统一法》[Act of Uniformity]确立的英格兰国教会统一使用的祈祷书。(▷prayer book)

litus 〈拉〉❶(罗马法)河岸；海岸；海滨 ❷(欧洲古法)佣人；仆人；家奴；奴仆 指投于他人权力保护之下的人。

Litus est quousque maximus fluctus a mari pervenit. 〈拉〉海岸为海水高潮所达之处。

litus maris 〈拉〉❶(罗马法)海岸；海滩 ❷(普通法)涨潮线与落潮线之间的地带

live a.❶活的；有生命的 "活动物"[live animals]包括鸣禽[singing birds]，家畜[live stock]，不包括家禽[live fowls]。❷最新的；尚在争论中的；当前大家谈论或关心的
v.❶活；生存 ❷定居；居住 ❸逗留；旅居

Live and cohabit together as husband and wife. (普通法)以夫妻名义共同生活和居住。

live and reside 居住 例如，在赠与房屋时，一个条件是受赠人应居住在赠与房屋内。

live birth 活产；活胎产；活胎出生 指出生的胎儿在脱离母体后能够独立呼吸。

live issue 生存子女；活子女；活后嗣 指脱离母体而独立呼吸而生存的子女，普通法上曾以婚生子女的生存作为获得鳏夫产的一个条件。(▷curtesy)

livelode n.❶维持；支持 ❷赡养(费)；扶养(费)；抚养(费)；生活费

Liverpool Court of Passage 〈英〉利物浦航行法院 17 世纪根据特许成立的法院。该法院对被告居住于利物浦或在利物浦及其港口经商的对人之诉拥有管辖权。同时该法院还享有与利物浦郡法院相同的海事管辖权。该法院于 1791 年被撤销。

livery n.❶(英格兰古法)转让；让渡；(财产、土地等的)正式移交；交付；财产(尤指土地)占有权的让与 指国王向封臣授与土地的保有权或封臣从领主处取得土地保有权。❷封地移交令 指继承人在达到一定年龄后经向法院请求从其监护人手中索回土地保有权的令状。为此，该继承人须支付相当于土地半年收益的费用。❸(马、车、船等)出租行 ❹私人运输行；私人运输商 ❺(穿特殊制服的)公会会员；贵族绅士的仆从 ❻同业公会特权 ❼(马的)代养业 ❽(封建领主发给家臣、侍从穿的)制服

livery conveyance (一种无使用歧视或限制的)公共交通工具；用于出租的交通工具 如马车、机动车等。(▷

public conveyance)

livery in chivalry （封建法）骑士役封地之移交 指监护人将封地交给达到一定年龄、服骑士役的被监护人——男21岁，女16岁。

livery in deed 封地占有权的事实上的转让 指封地让与人邀请受让人进入所转让的土地，让与人用钥匙、树枝或草皮等作为全部权利的标志正式交给受让人，并口头宣布其将封地及保有权全部转让给受让人。（▷livery of seisin）

livery in law 封地占有权法律上的转让 封地让与人在看得见所转让封地或房屋的地方对受让人说："我把那块土地给你和你的继承人，你可以进去并占有它。"受让人毋需实际进占这块土地，他只要在让与人有生之年进占这块土地即可。（▷livery of seisin）

liveryman n.❶〈英〉城市同业公会会员 ❷马（车）出租店主 ❸（= livery servant）

livery office （英格兰古法）土地转让事务处 受托从事土地让渡的机构。

livery of seisin （普通法）转让封地占有权（的仪式） 指让与人将封地或保有物转让给受让人的仪式。在1535年的《用益法》[Statute of Uses]颁布之前，非限嗣继承土地保有人转让其地产只能通过分封[feoffment]的方式，而具体操作则要经过封地占有移交之仪式。它包括两种：封地占有权事实上的转让[livery in deed]和封地占有权法律上的转让[livery in law]。（▷livery in deed; livery in law）

livery servant （古）穿特殊制服的仆从；号衣男仆

livery stable lien 马厩留置权（▷agister's lien）

livery within the law （= livery in law）

lives n.❶活；生 指状态。❷life的复数形式

lives in being 存在的生命；现有的生命 当用于否决永久所有权时，意指在设立期待利益时任何存在的生命。

livestock n.〈总称〉家畜；牲畜 指所有家养动物，包括任何哺乳类或鸟类食用动物、笼养毛皮兽动物或农用动物，尤指马、牛、羊、猪等。

livestock insurance 牲畜保险 指保险人同意对被保险人由于特定风险造成的牲畜伤亡所遭受的损失进行赔偿的一种保险。

livestock producer 牲畜饲养人；畜牧者 指饲养、照料牛、羊、猪等牲畜的人。

livestock register 纯种牲畜登记

live storage ❶在用车库 每天使用的汽车存放处，区别于废车库[dead storage]。❷仓库

live together 共同生活（▷living together）

live trust 积极信托；生前信托（▷trust inter vivos）

living a.❶活的；活着的；有生命的 ❷尚在使用（或实施）中的；存在的；活动的 ❸居住的；适于居住的 ❹生活的；维持生活的
n.生计；生存；生活（方式）

living apart （夫妻）分居（▷living separate and apart）

living at the time of another's death 另一方死亡而一方尚存 例如，生存配偶[surviving spouse]。（▷survivor）

living child(ren) 生存子女 指狭义上的生存[issue living]。（▷living issue; live issue）

living in adultery 通奸同居 如已婚般公开同居且放纵于性行为中。

living in disorderly house 不良场所居留 指在妓院等不良场所居住或留宿。

living in fornication 私通同居 如合法夫妻般公开同居且放纵于性行为中。

living in open and notorious adultery 公开且众所周知地私通同居 指如存在夫妻关系般公开同居，且该事实众所周知。

living issue 生存子女；活子女；活后嗣

living memory 有生记忆；人类记忆（▷memory）

living pledge 活质 指借款人将其地产交由出借人占有，直至以土地租金或收益还清全部借款后，土地归还借款人的一种担保方式。

living proof 生存证人提供的证明

living separate and apart 分居 指夫妻分开生活，且没有重新恢复婚姻关系和共同生活的意愿。因经济或社会原因致夫妻暂时分居者不属此义。

living then 那时尚活着的

living together 共同生活 就法院在离婚案件中有权判令支付给妻子一笔费用而言，意指当事人双方在同一屋内居住，同一张桌子就餐，以夫妻名义出现于公众面前，互以夫妻相待。

living together as husband and wife 以夫妻关系共同生活 指无论是否有共同的居所，双方自愿承认以夫妻关系共同生活，并且没有为了解脱夫妻双方的权利和义务而打算分居或达成分居协议。

living trust 生前信托（= live trust）

living will 〈美〉安乐死志愿书 该词出现于20世纪70年代早期，但实际上是个误称，因为该书面文件根本与遗嘱[will]无关。它是由某人写给其家属、医生、律师和牧师的一份声明文件，表示如果本人将来由于患不治之症等原因而康复无望时，不要采用延续生命的医疗手段，而让其在较短时间内死亡。该份文件在其身体健康时即已生效，并须有两个以上成年人作证，故它与生前订立、死后生效的遗嘱是不同的。其目的是为了防止该人在重病时，不能就停止医疗作出决定。该文件须包含签署人对安乐死[euthanasia]的确信、对医生和亲属的法律责任免除和签署人对希望终止实施进一步医疗的情形的明确表示。文件生效后，须置于签署人及其亲属和医生易于接近之处，不得藏匿，以利于对生死态度的讨论。此种文件目前尚未经受实际案件考验，但法律专家认为，只要签署人意思明确，该文件条款应当具有约束力。安乐死志愿书已为美国许多州的制定法所承认。典型的安乐死志愿书通常如此表达：彼时，若本人对自己的将来无法参与决定，则此声明代表我的意愿：当本人在生理或精神上不能合理康复时，请允许我辞世，而不必以人为方式和非常措施救生。我确信，死亡与出生，成长与衰老皆人之注定。并且，我对死亡的恐惧并不甚于肌体恶变的屈辱和无尽的痛楚。若我必忍受死亡的煎熬，请仁慈地为我施以药物寻得安乐而终，从而使苦难不再延续。（= declaration of a desire for a natural death; directive to physicians）

living with husband 与丈夫同居；与丈夫共同生活 有时也指姘居。

living with me 与我同住 用于给仆人的遗赠。它并非指同住在立遗嘱人的房屋中，而是指他当仆人。

livre 〈法〉❶一本书 ❷一磅重

livre tournois （普通法）（法国革命前的）一种法国硬币

L.J. ❶法官（= Law Judge）❷法律杂志（= Law Journal）❸〈英〉任上议院议员的法官[Lord Justice]的头衔的缩写 当写于案件报告中时写于其姓氏之后，如Smith L.J.（Smith L J），但在口述中仍应说"Lord Justice Smith"。❹（= Lord Justice of Appeal）

LL. 法律 ①用于学位学衔中，如 LL.B.、LL.M.。它源于拉丁语"legum"（法律的）单词复数所有格的缩略形式，以双写其首字母 LL.表示，亦即 of laws；②用于引用古法典法规集时，如"LL.Hen.I"指亨利一世法典集。

LL.B. 法学学士（= Bachelor of Laws；Legum Baccalaureus）

LL.D. 法学博士（= Doctor of Laws；Legum Doctor）（⇨ J.D.）

LL.M. 法学硕士（= Master of Laws；Legum Magister）

Lloyd's/Llds. （= Lloyd's of London）

Lloyd's agent 劳埃德保险代理人；劳合社代理商 由劳埃德保险社委派的管理其成员业务的人，主要职责是及时向劳埃德保险社报告航运动态和海损事故、安排对海损事故的调查、处理海事保险的赔偿等。世界各主要港口均驻有劳埃德保险代理人。

Lloyd's association （= Lloyd's underwriters）

Lloyd's bond 〈英〉劳埃德债券；劳合社债券 英国使用的一类债务的名称；借方公司盖章承认其对工程承包商或他人所做的工作、提供的货物等构成的债务，保证在将来某一时间支付本利，区别于预先付款。因此，该债券的发行并不依赖公司的借债能力。

Lloyd's broker 劳埃德保险经纪人；劳合社经纪人 劳埃德保险社成员之一，作为投保人的代理人与劳埃德保险商订立保险合同，商定保险费率，并从投保人支付的保险费中提取佣金。（⇨ Lloyd's underwriters）

Lloyd's insurance 劳埃德个人保险；劳合社个人保险 该保险的保险人是个人，而不是具有法人资格的保险公司，对损失单独负责而非共同负责。（⇨ Lloyd's of London）

Lloyd's lists 劳埃德日报；劳氏船务与事故日报 由劳埃德保险社出版的日报，主要刊载船期公告（到港和离港）以及海事损失、意外事故的专业报纸。

Lloyd's of London 伦敦劳埃德保险社；伦敦劳合社 由商人、船东、保险商和经纪人自愿组成的社团，创办于1689年。当时，一些船东、船员和商人在伦敦爱德华·劳埃德先生的咖啡馆内聚会，安排保险事宜。1774年，承保人成立了一个社团。1871年，议会立法批准该社团发展至今日的劳埃德保险社。目前，劳埃德保险社是主要的国际保险市场。该协会不签发保险单，但是当某一保险经纪人公布风险的详细情况，且有保险商愿意签名和分担保险总额时，该协会就签发有关保险商姓名和实际处理保险事宜的代理人姓名的保险单。

Lloyd's Register/L.R. 〈英〉劳氏船级社；劳埃德船级社 一非法人团体，自1834年起即以现在的形式存在，是目前世界上历史最悠久、最主要的船级社。由对航运业或船舶感兴趣的人自愿组成并由船主、商人及保险商组成的委员会经营管理，并得到了官方承认，它不同于劳埃德保险社。该船级社根据船舶的材料、结构形式、修理状况等以字母顺序对船舶进行检验和分级。该船级社还制订和公布船舶的建造、维修事项的标准或规则，作为船舶分级的依据。

Lloyd's Register of British and Foreign Shipping 《劳埃德不列颠和外国船舶年鉴》 指每年由劳埃德船级社出版的年鉴。（⇨ Lloyd's Register）

Lloyd's underwriters 劳埃德保险商；劳埃德保险人；劳氏保险商 劳埃德保险社成员之一，为营利目的而通过劳埃德保险经纪人从事保险业务。其得名是因为其在同意承保某风险时，将462,其姓名签于保险单下方。劳埃德保险商用收取的保险费向经纪人支付佣金。

load n. ❶装载量 被装载的或可被装载的货物或乘客的数量或重量。❷附加费；手续费 指作为开放型投资公司的收费互助基金[load fund]发行股票价格的一部分，其中包括销售佣金和其他发售成本，由购买该基金股票的投资者支付。

load fund 收费基金 互助基金的一种类型，在出售股票时，向购买其股票的投资者收取销售费用，与不收费基金[no-load fund]相对。（⇨load; mutual fund）

loading n. ❶装载；载货 ❷（加在某物上的）重量；载荷；负荷 ❸附加保费；额外保费 保险公司在人寿保险费之外另行收取的用以弥补营销及管理开支的保费。 ❹附加费；手续费 ❺附加费用；间接费用 附加于主要成本或费用上的额外或间接的成本或费用。

loading and unloading ❶（从码头到船舶及从船舶到码头间的）货物装卸 ❷陆路运输 陆运承运人从事的货物、商品或其它物品的运输业务。（⇨complete operation rule; loading and unloading clause）

loading and unloading clause 装卸条款 承保货车和商用交通工具的责任保单中的常用条款，规定被保险车辆的使用如果是为了满足保单中列明的目的，则包括装卸过程，否则装卸时不属于承保风险之列。被保险人及其雇员在事故发生时的职责或业务行为是决定该事故是否属于装卸过程之中的决定性因素。

loading charge 装载费；装运费；装船费

load line （船舶的）载重线；载重吃水线；满载吃水线

loadman n. 领航员；引水员 指在大船前面以一只小船给大船引领航向以避开航行风险的人。

loadmanage n. 领航费；引水费（⇨loadman）

loan n. ❶借贷；信贷；贷款；放款；借款 指一方对某项财产（尤指金钱）给予另一方在一段时间内无偿或有偿使用，在规定的借用期限届满时，由借方归还借出物，并或者支付约定的利息或报酬。就出借方而言，为贷出或贷款；就借入方而言，为借入或借款；就整体而言，则包括贷出与借入、贷款与借款两方面。 ❷借贷物；出借物；借贷款项
v. ❶借贷；信贷；贷款；借款 ❷遗赠

loan association 贷款协会；信贷协会（⇨building and loan association; savings and loan association）

loan broker 贷款经纪人（⇨personal-property loan broker）

loan certificates ❶贷款证书 由票据交换所向其会员行签发的证明借款行存入票据交换所贷委员会的担保物的价值已达到规定比例的证书。 ❷贷款凭证 由借款人签署的证明其参与延期贷款的文书。现基本由附息票债券[coupon bonds]所代替。（⇨certificate of indebtedness）

loan commissioners 贷款委员会（⇨Public Works Loan Commissioners）

loan commitment 贷款承诺；承付贷款 指贷款机构向借款人作出的有效承诺。据此承诺，贷款机构将按一定的利率、期限和金额就特定的目的或用途向借款人提供贷款。（⇨mortgage commitment）

loan company 贷款公司 指从事贷款业务的公司，其所提供的贷款通常是担保贷款。

loaned employee （= loaned servant）

loaned servant 借出的雇员；租出的雇员 指被借调或受雇于其他雇主从事特定事务的雇员。由此，其处于该雇主的控制下，根据雇主责任原则[respondeat superior]，由该雇主对雇员的行为承担替代责任。该雇员应当看作为特定雇主服务的借出雇员还是仍视为为一般意义上的雇

主服务的雇员,取决于伤害发生时其为谁工作。

loaned servant doctrine 出借(或出租)雇员原则 指确定一雇员是否为借出或租出的雇员的原则。据此原则,如果雇主将其雇员借给他人从事特定事务,那么该雇员在从事该特定事务时即成为借用人的雇员。为使该雇员成为借出的雇员,关键是其一般雇主应放弃对其的完全控制权,或使其完全受借用人的支配。(⇨loaned servant)

loan for consumption 消费信贷 指出借人根据协议提供一定数量的某种物品供借用人消费,而借用人有义务返还相同质量和数量的同种物品。(⇨loan for use)

loan for exchange 交换借贷 指一方将其私人财产交付另一方使用,后者同意在将来某一时间还给前者相同的财产而且不必支付使用报酬。

loan for use 使用借贷;借用 指双方达成协议,由一方将某物(动产)提供给另一方,另一方按照该物的自然属性或按协议约定使用,借用方在用毕后将原物归还,不必支付使用费。使用借贷与消费借贷的区别在于:①使用借贷必须返还特定物,消费借贷返还种类物;②使用借贷中物的所有权仍属于出借人,而消费借贷中物的所有权转移给借用人。(⇨commodatum;mutuum)

loanland (= laenland)

loan of shares 股票信贷;股票借贷(⇨loan ticket)

loan on life insurance policy 人寿保险单抵借 该术语具有两种意义:①它并不是通常意义上的贷款,而是指保险人支付给被保险人的一定数额的预付款,而这笔款项是保险人最终须支付给被保险人的;②指银行或其它金融机构发放的一种贷款,在这种贷款中,保险单以担保的方式转让给银行或其它金融机构。(⇨loan value;surrender value)

loan participation 参与贷款 指由几个贷款人联合向单个借款人提供贷款从而降低各贷款人承担的风险。

loan ratio 借贷比率;贷款率 指担保贷款数额与担保物价值或售价之间的比例,一般以百分比表示。法律一般都规定了银行、储蓄贷款或政府担保贷款的最大借贷比例。

loansharking n. 放高利贷 指以过高的尤指高利贷利率,并采用威胁或勒索手段强制偿还贷款的借贷行为。这种行为在美国《联邦刑法典》[Federal Criminal Code]中又被称为"extortionate credit transactions"。

loan society ❶信用互助会;贷款互助协会 指由个人组成的、为其成员或他人提供贷款的协会。(⇨building and loan association) ❷〈英〉贷款协会;金融协会 一种为了给工业界筹集贷款资金而成立的俱乐部。

loan ticket 信贷凭证 在代客买卖证券业务中的股票信贷交易中,通常指证明股票交易的票据或文书。此种股票信贷交易通常与卖空者达成,即与卖方签订股票出售合同时,卖方实际并不拥有或控制这些股票以便在到期时支付。

loan-to-value ratio (= loan ratio)

loan value (保险单)押借限额;抵借价值 指在财产或人身保险中能够安全贷款的最高金额,以便在借款人违约时,得以保护贷款人的权利。该最高金额实际上等于退保金额。(⇨surrender value)

lobby n.〈英〉❶〈下议院〉民众接待厅 指英国国会下院议员可在此会见公众的几个大厅。❷〈下议院〉议员投票厅 指英国国会下议院议员退席投票时的两个大厅之一,也即 division lobby。❸〈美〉院外活动集团 该词的法律含义最初源自其建筑学意义。19世纪的美语将

lobby转喻为向国会议员进行游说(尤其是影响他们投票)而经常占据国会休息厅[lobby]的人员。
v.为影响议员的决定而经常到议会大厅;游说;施压(⇨lobbying)

lobbying n.院外游说;院外活动 该词源于美国政治,是指诱导国会议员以某种方式投票或使其提出议案而进行的各种活动,包括为影响议案的通过或废弃对关涉某人或某一客户利益的所有待决议案的详细审查。美国联邦和多数州法都要求院外活动集团成员[lobbyists]登记注册。在19世纪中叶,当该词用于指对议会施加的影响时,在英国也成为一个普通的用法。在现代,其义更广,泛指利益集团[interest groups]旨在不仅从议员、政党、政府官僚和其他行政机构,也通过新闻媒体从公众那里寻求支持的一系列行为,这反映了议会权力的削弱和行政机关权力相应扩张。(⇨lobbying acts)

Lobbying Act〈美〉《联邦院外活动法》 指规范与美国国会有关的院外活动的一项联邦法律,制定于1946年。该法要求院外活动集团成员进行登记,并把他们的活动在《国会公报》[Congressional Record]上报告。尽管该法具体规定了处罚措施,但由于没有专门的国会机构负责执行工作,触犯该法的行为较为普遍。

lobbying acts〈美〉[总称]院外活动法 规范院外活动集团成员行为的联邦与州的成文法的总称。如《院外活动联邦管理法》[Federal Regulation of Lobbying Act]要求院外活动集团成员向国会两院登记注册,并按季度报告其游说活动所获收入的数额及来源。

lobbying contract〈美〉❶院外活动合同;院外游说合同 指愿意通过施加个人影响和采取诱导的方法从而促成和影响立法行为的协议。❷其中一方当事人同意从事院外游说服务的合同(⇨lobbying)

lobbyist n.院外活动集团成员;院外游说者 指以公开或暗中的说服、强求或诱导等手段,使待决议案通过或废弃的人员。其变体有 lobbyer 和 lobbier 两种,但并不常用。(⇨lobbying;lobbying acts)

lobby member〈美〉院外活动(集团)成员 指为达到影响待决议案的目的而经常出入国会休息厅的人员。

lobby services〈美〉院外游说服务(⇨lobbying)

L'obligation sans cause, ou sur une fausse cause, ou sur cause illicite, ne peut avoir aucun effet.〈法〉无对价、基于错误对价或非法对价之债无效。

local a.❶地方(性)的;地区(性)的;当地的;本地的 ❷局部的;一部分的

local acceptance 本地承兑;当地承兑 付款人同意仅在某特定地点付款的一种汇票承兑。

local act ❶〈英〉地方法 指限制适用于某个地区的法律。它包括授予某些地方当局不能为所有地方当局享有的特殊权力或建立某些履行纯粹地方职能的机构的法律。它们通常产生于私法案或后来为法律所确认的临时性命令。在制定法一览表中,地方法是用小罗马数字按章数编号的。(⇨Act of Parliament) ❷〈美〉地方法;特别法(⇨local law)

local action 属地诉讼 指诉讼的根据只能在某一特定的地区发生,因而此种诉讼只能在标的物所在地或行为发生地提起。该地通常即为案件的审判地,与追身诉讼[transitory action]相对。

local affairs〈美〉地方(性)事务 指根据设立它的法律属地方自治市[city]管辖范围内的事务,依授权,地方自治市对这些事务享有调整、管理和控制的权力。

local agent 当地代理商;地方性代理商;地区性代理商 指在特定地区代表公司开展业务的人。在保险业中,该术语用来描述有关保险代理商代表公司经营业务的地区,而不是关于对某特定交易的授权。根据成文法和法院规则,对外国公司的传票可以送达给这些公司的当地代理人。

local allegiance 〈英〉当地效忠;居留地的效忠 指外国人在居留期间,受到君王的统治和保护,对君王及居留地政府负有效忠义务。

local and special legislation 地方立法;特别立法 指适用于特定地区或个人的立法。与适用于某类个人或主体的一般法[general statute]相对。

local assessment 地方派款 一种税收性质的款项,用以改进地方公共设施。(= special assessment)

local assessment lien (= special assessment lien)

local authority 〈英〉地方当局 指受委托在特定地区行使具体的法定职权的人员或机构。在过去,由于法律的目的不同其所指也不同。但自从为了多重目的以行使多种地方政府职能并经选举产生的机构发展以来,地方当局指行使地方政府职能、由地方政府辖区内的居民选出的议员组成的机构。经 1972 年《地方政府法》[Local Government Act]重组后,地方当局现在指郡议会、区议会、伦敦自治市议会、教区议会或社会议会(威尔士)。在苏格兰,地方当局是区域性、岛屿性或地区性的机构。

local benefit 〈美〉本地获益;当地获益;地方获益 指仅限于当地居民享有的因改进公共事业所带来的利益。

local board 〈美〉征兵委员会

local boards of health 〈英〉[总称]地方卫生委员会 指根据各类地方政府法[Local Government Acts]成立的、在各区执行此法有关规定的机构;它也指根据 1875 年《公共卫生法》[Public Health Act]由地方政府委员会[Local Government Board]指令所成立的负责卫生管理的机构。依 1894 年《地方政府法》[Local Government Act],这类委员会演化为城市区议会。

local bounty 〈美〉地方补助金 指由市政自治体[municipality]或其它下属政治实体所提供的补助金。

local cause of action 属地诉因;属地诉讼 此种诉讼通常只能在一个地方提起。(⇨ local action)

local chattel (不动产的)固定附着物 指不动产的附着物,从而暂时成为可终身保有的不动产的一部分。

local civil service 地方文职人员;地方公务员;市政管理人员

Local Commissioner 〈英〉地方行政监察专员(⇨ Commissions for Local Administration)

local concern 地方事务;市政事务 指由市政自治体在职权范围内所处理的事务。

local court ❶〈美〉地方法院 指管辖权限于某一特定区域的法院。该词通常用来指州法院以区别于联邦法院,或指都市法院[municipal courts]或县法院[county courts]以区别于在全州范围内有管辖权的法院。此外,市法院[city courts]、警察法院[police courts]、治安法院[courts of a justice of the peace]也都是地方法院。❷〈英〉地方法院 在英格兰,过去曾有大量地方法院,这些法院由王室特许状,或者由涉及地方性事务的法律、涉及贸易公司等的个别法律或命令等设立。这些法院大部分在 19 世纪初即废弃不用,1846 年设立的现代郡法院体制给这些古老的地方法院的衰落进程划上了句号。但直到 1886 年,仍有一些地方法院保留着,1972 年,当重组地方政府时,141 个市镇民事法庭被撤销。但是仍有几个地方法院得以保留。

local courts of admiralty 〈英〉地方海事法院 ①旧时英格兰许多港口自治城镇根据特许状设立有地方海事法院,除设于五港[Cinque Ports]的法院外,这些法院于 1835 年被撤销,但目前泽西岛[Jersey]、格恩西岛[Guernsey]与马恩岛[Isle of Man]法院仍享有海事管辖权;②旧时英格兰与威尔士海岸被分为 19 个地区,每个区内设一名海军中将[vice-admiral of the coast],代表海军事务大臣[Lord High Admiral]或海军部委员会委员[Lords Commissioners of the Admiralty]对附属海事法院行使领导权,该附属海事法院又被称为海军中将法院[Vice-Admiralty Court];③英国海外殖民地内,海军中将法院的职能由殖民地海事法院[Colonial Court of Admiralty]所取代,该法院的管辖权与本土的高等海事法院[High Court of Admiralty]的管辖权一致,上诉案件由地区上诉法院受理,最终可上诉到枢密院[Privy Council]。经加盖国玺的委任令授权,国务大臣可在任何不列颠属地设立海军中将法院,并将殖民地海事法院管辖权交给该法院。

local custom 地方习惯;当地惯例 指流行于某县、市、镇、教区、地区或地方的风俗习惯和惯例。作为事实问题,它的存在要由证据加以证实。

local disease 地方病 一种足以影响到大众健康的疾病。

locale n. 邻近地区;附近;场所;地点

local education authority 〈英〉地方教育机构 根据 1902 年《教育法》[Education Act]的规定,除人口为 10 000 的自治市议会或人口为 20 000 的城市区议会负责初等教育外,每个郡议会及郡级自治市议会均为当地的地方教育机构。1921 年的《教育法》虽取代了 1902 年的《教育法》,但对此并未更改。但根据 1944 年的《教育法》,除非设有联合委员会[joint board],地方教育机构为郡议会。

local election 地方选举 指选拔地方官员的选举。(⇨ municipal election)

local freight 〈美〉铁路货运慢车 指从铁路终点站到一小站、或从一小站到铁路终点站、或从一小站到另一小站的货物运输。

local government ❶〈英〉地方政府 指由地方居民选举产生、负责管理法律规定属于某一地方事务并具有独立法律地位的政府组织。英国为单一制国家,各地方政府并无固有管理权,而是由中央政府通过立法授予其权力。地方政府基于授权对当地的公共秩序、公共卫生、教育、道路、城乡规划[town planning]、住房等事务进行管理。在英国,英格兰或威尔士的地方政府制度最为接近。依 1972 年《地方政府法》[Local Government Act],在英格兰和威尔士,地方政府一般为郡、区两级,郡的管理机构为由选举产生的郡议会,郡下设区,由选举产生的区议会管理。但在一些地方区下还有教区(英格兰)或社区(威尔士)。1972 年的《地方政府法》在英格兰人口密集区则设立都市郡[metropolitan county],其下设都市区[metropolitan district],管理机构分别为民选的都市郡议会和都市区议会。但 1985 年的《地方政府法》已废除了都市郡议会,将其职能转移给都市区议会。在苏格兰,依 1973 年《(苏格兰)地方政府法》[Local Government (Scotland) Act],苏格兰分为 9 个行政区[administrative region]和 3 个岛区[island area],行政区下设区,区又分为社区。根据 1963 年《伦敦政府法》[London Government Act],大伦敦区[Greater London]由 32 个伦敦自治市[London borough]和 1 个伦敦城[City of London]组成。大伦敦区政府原采用由大伦敦区居民选举产生的大伦敦议会[Greater London Council]及各自治市居民选举产生的伦敦自治市议会[London borough councils]和伦敦城议会[Common Council of the City of London]二级制，但1985年的《地方政府法》废除了大伦敦议会，其诸多职权转移给伦敦自治市议会行使。在北爱尔兰，依1972年《（北爱尔兰）地方政府法》[Local Government (Northern Ireland) Act]，它由26个区组成，各区有区议会。（⇨borough; county boroughs; district; parish） ❷〈美〉**地方政府** 指州下属下县[county]、镇[town]、自治市[city]或其他地区的政府组织。美国各州的地方政府模式是在继承17世纪英国的地方政府制度上适应美国体制发展起来的。同英国地方政府一样，美国的地方政府也没有固有的权力，其权力只能来源于州宪法和法律的授予以及州宪法和法律规定的自治权。美国虽然在联邦一级实行联邦制，但在州一级实行单一制，州以下的地方政府由州创设，地方政府的权力自然来自州的授予。美国各州的地方政府组织差异很大，但县是现存最大的地方政府单位。除康涅狄格州和罗得岛州外，其他各州均设有县，县下设市、镇并受县管辖。不过县在各州地位并不相同。在南部地区县是主要的行政单位，而在北部新英格兰地区，县则不是重要的行政单位。美国县政府形式多样，但传统基本的组织形式是由县委员会领导，县委员会兼有立法和行政双重职能。但由于县行政权力分散，效率低下，近来的改革力图消除此弊病。镇在美国并不是普遍存在的地方政府单位，只有20个州设有。其中在北部新英格兰地区，它是最主要的行政单位，在那里镇民大会[town meeting]是镇的最高决策机关，实行直接民主；镇民大会选举产生镇管理委员会[Board of Selectmen]负责大会执行工作。自治市也是美国重要的地方组织，其基本实行市长议会制、委员会制和市经理制三种形式。此外美国各州的地方政府单位还包括特别行政区[special district]和校区[school district]。（⇨city）

Local Government Board 〈英〉**地方政府委员会** 根据1871年《地方政府委员会法》[Local Government Board Act]而设立的委员会。目的是由它作为一个统一的政府部门集中对公共卫生、赈济贫民以及地方政府事务进行法律监督。根据1919年《卫生部法》[Ministry of Health Act]，其权力和职责转归卫生部。现由环境国务大臣行使此项权力。

local history 〈美〉**地方历史** 指一个市、县、镇或其它地方行政组织或特定地区的历史。

local improvement **地方改良** 在一特定地区进行的公共设施改良，尤其使得毗连或邻近的不动产受益。

local improvement assessment ❶**地方土地改良费** 获益的土地为改良而支付的费用。 ❷**地方公共设施改良费用摊派或特别征税**

local improvement bond (= improvement bond)

local improvement lien **地方改良留置（权）** (⇨special assessment)

local improvement tax (= special assessment)

local influence 〈美〉**地方影响** 指可能作用于人们头脑中的、将会阻碍在他州法院被起诉的一州公民在该州内受到公正审判的一种影响力。它一度成为将案件从州法院移交给联邦法院审理的依据，但现已不存在。(⇨local prejudice)

local inquiry **地方调查** 指在地方上进行的、主要针对诸如对规划许可的授予或拒绝、对提议的发展规划所持的异议等问题所进行的调查。

locality n. ❶**地区；地方；地理位置** ❷**周围地区；邻近地区；近处；附近；邻近；社区** ❸**（与事件发生时周围环境有关的）地区；地点；场所；现场**(⇨situs) ❹〈苏格兰〉**未来寡妇地产** 指结婚契约中丈夫指定于其死后给予妻子的财产。通常指出租的房地产，而不是她合法的亡夫遗产继承权。(⇨jointure)

locality of a lawsuit **诉讼地；审判地** 指法院可以行使司法权的地方。

localization doctrine 〈美〉**当地化** 外国或外州公司在一州的经营业务总量与性质达到一定水平或程度时，即须受经营所在州法律的管辖。

local land charges 〈英〉**地方土地负担；地方土地费** 它包括如下情形：①由地方自治当局、水资源管理当局或城镇市政公司根据有关公共卫生法、公路法及类似法律而向土地受让人征收的费用；②地方自治当局在1926年1月1日以后，或土地转让合同或协议在1926年1月1日以后订立而对土地受让人施加的土地使用禁止与限制；③政府大臣[Minister of Crown]或政府部门在1975年《地方土地负担法》[Local Land Charges Act]生效后，对受该法调整的任何土地转让合同的受让人所施加的土地使用禁止或限制；④政府大臣、政府部门或地方自治当局对相同的土地转让合同或协议规定的积极义务；⑤由任何其他制定法明文规定的对地方土地征收的费用或施加的负担。

local law ❶〈美〉**地方法** 指非适用于全州只在其特定地区内有效的法律。 ❷〈美〉**特别法** 指仅适用于某一阶层(类别)中特定的人、物或非适用于所有阶层(类别)而只与一部分阶层(类别)相关的法律。 ❸〈英〉**地方法** 指可存在于特定地区、地域或地方行政区内，对一般法而言是例外的或不同的法律。它可以采用地方立法的形式，即由地方当局行使经特许或制定法所授予的权利而制定的法规，这样的地方立法只要不越权，是被合法制定的，并且是合理的，与法律的一般原则不相冲突，法院则予以承认并实施；它也可以采用地方习惯法的形式，即那些基于长期存在的和确定的并由于众所周知而被认为具有法律效力的习惯。随着适用于整个社会的普通法的发展，英格兰和苏格兰的许多地方习惯法已不存在，但有一些仍持续至今，如肯特郡无遗嘱死者土地均分制[gavelkind]，只有幼子才能继承土地的继承习惯。

local legislation **地方立法** 制定地方法。(⇨local law)

local loans 〈英〉**地方公债** 由地方当局根据1875年《地方公债法》[Local Loans Act]、1885年《地方偿债基金会法》[Local Loans Sinking Funds Act]和1972年《地方政府法》[Local Government Act]的规定，通过公债的形式进行的借款。

local mine **地方矿** 一个词源不明、且未被广泛接受的术语。为方便起见，由一个承运公司服务的矿叫作"地方矿"，由两个或两个以上承运公司服务的矿叫"合营矿"[joint mine]。

local mining rules (= miner's rules and customs)

local necessity **地方需要；地区必要性** 用以确定某一只适用于实行种族隔离政策地区的法律的合法性的地理因素或地方因素。

local officers 〈美〉**地方官员** 指不仅在自己职权范围内履行职责，有时也代表州政府行使职权的县、镇或市的公职人员。

local option 〈美〉**地方自决；地方选择权** 指县、镇或其他地方行政组织毋需征得州政府官员的明确许可而自主决定某一事务的权力,如该地区居民通过投票方式决定某一法律在本地区是否有效。地方自决常在地方选举中用以确定在本地区是否允许销售和饮用烈性酒[alcoholic beverages],多数州也用它批准地方以自治[home rule]选举方式确定当地政府的组织结构,如纽约州曾授予自愿联合的村镇[incorporated villages]有在其辖区内限制烈性酒销售的权力,波当克[Podunk]村通过了一项地方法令限制烈性酒的销售不能超过 3.2%比尔[beer],如此,波当克村就行使了地方自决权。(⇨delegation; home rule; liquor laws; legislative power)

local option election 〈美〉地方自决选举 指为行使县、镇或其他地方行政组织享有的地方自决权而进行的选举。(⇨local option)

local prejudice 〈美〉地方偏见 由于特定的地区环境,如社会经济条件、种族构成、宗教信仰等而形成的偏见。由这种偏见而引起的当地公众情绪往往使刑事被告人或民事诉讼的当事人无法在当地得到公正审判。因此,它一度成为将案件从州法院移送到联邦法院审判的根据,但现已不存在。(⇨local influence)

local rules 〈美〉❶地方规则 鉴于某州当地自然条件、人民的性格及其特有的风俗习惯和信仰而发布的规则。❷地方法院规则 各联邦地区法院采用的作为对《联邦民事诉讼规则》[Fed. R. Civil P.]的补充的法院规则。

local self-government 〈美〉(有关地方事务的)地方自治权 指地方自治市[city]、自治市镇[borough]或镇从当地居民中选举地方官员来管理纯地方事务的权力。(⇨home rule)

local statute 地方法(⇨local law; statute)

local sun time 地方日;当地日晷时 由当地日晷仪显示的时间。

local tax 〈美〉地方税 为市政当局、县、镇或区的利益而征收的税,区别于州税或全州适用的普通税。(⇨special assessment)

local taxation licences 〈英〉地方征税许可证 指根据1888年《地方政府法》[Local Government Act]和1908年《财政法》[Finance Act],由郡议会征收税款的许可证。

local train 〈美〉慢车 每站都停的货运列车,区别于只停固定几站的直通列车[through train]。旅客列车的分类与之相似。

local union 地方工会 指在某一特定地区劳工自愿组成的协会,隶属于全国工会,但又是一个独立的团体,其创立与存续取决于其成员的意愿。

local usage 地方习惯;地方惯例 指在某一特定区域内为人们所遵守的惯常做法和行为方式。因此,在某些情况下,法院在解释文件时要对之加以考虑。(⇨custom and usage; local custom)

local valuation courts 〈英〉地方估税法庭

local venue 限定审判地 指案件的诉因只能在某一郡或县[county]内发生,从而只能以该郡或县作为该案件的审判地。与可转换的审判地[transitory venue]相对。(⇨venue)

local words 方言、土语中具有特定语义的词汇

locare 〈拉〉〈罗马法〉❶出租 ❷有偿交付或委托 ❸婚赠

locarium 〈拉〉〈古〉(出)租价;租赁费;租金

Locarno Agreement Establishing an International Classification for Industrial Designs 《建立工业品外观设计国际分类洛迦诺协定》 简称《洛迦诺协定》[Locarno Agreement],于1968年10月8日在瑞士洛迦诺缔结,1971年生效。这是一个关于外观设计商品分类的协定,其目的是为了统一申请外观设计专利的分类标准。

locataire 〈法〉承租人;租用人;租户

locatarius 〈拉〉受托人;保管人

locate v.❶找到;查明;探明 ❷安置;设置;位于… ❸确定…的位置;明确…的地点 ❹勘定或标明(土地的)界线;限定…的范围;决定…的地点或方位 ❺定居

located a.坐落在某地的;存在于某地的

locatio 〈拉〉〈罗马法〉(大陆法)租赁

locatio conductio 〈拉〉❶租赁 指租赁合同下双方当事人的行为,即一方出租和另一方承租,包括物品租赁和劳务租赁。租赁合同和使用借贷合同[commodatum]、消费借贷合同[mutuum]一起构成了许可他人用益某物的三种合同形式。❷(物品的)有偿保管或租赁(⇨hire)

locatio conductio rei 〈拉〉物的租赁(⇨hire)

locatio custodiae 〈拉〉保管租赁

locatio et conductio 〈拉〉租赁 指将物品租给另一方使用或为其服务,这种租赁都是有偿的。(⇨locatio conductio)

locatio mercium vehendarum 〈拉〉〈罗马法〉货物运输租赁

location n.❶地点;场所;位置 ❷定位;地界确定;安置;寻找;查明;勘定 ❸(采矿法)采矿地区的勘定 指根据一定成规占有矿产土地的行为。通常在地面显著的位置设一告示,写明矿产土地勘界人的姓名、勘定的事实及矿地的范围和界限。❹(不动产中)特定土地分界线的勘定 可在土地登录簿上或实地为之。❺特定土地(或矿区)的查明(或勘察、标定);(铁路、运河或公路)路线的选定;(宅基地等)位置的确定(或指定) ❻〈苏格兰〉物的租赁契约;劳务雇佣契约

location of claim 采矿区的勘定(⇨location)

Location of Offices Bureau 〈英〉办公场所管理局 根据1963年《办公场所管理局条例》[Location of Offices Order]设立的一个机构,负责鼓励密集在伦敦市中心的办公机构疏散、转移到其它合适的中心区域。

location of railroad 铁路线路的指定和采用 须符合法律、规章的规定而且须经过一定的程序。

location of way 公路线路的确定

location restrictions 建筑用地的规定和限制 指关于在某一地块建造房屋及其他建筑物的规定和限制。

locatio operis 〈拉〉〈罗马法〉佣工契约;劳务合同 指一方同意于约定时间内以适当方式完成工作,另一方据以支付约定报酬之契约。

locatio operis faciendi 〈拉〉〈罗马法〉❶托管 将一物委托于他人,目的在于使其在该物上做一定之劳务或予以照管、操心,同时亦予以金钱报酬。❷加工承揽租赁 一种合同,即雇主雇用工人对雇主提供的材料进行加工或服务,由雇主向雇工支付特定价款。又可写作 locatio operarum。

locatio operis mercium vehendarum 〈拉〉〈罗马法〉货物运输中的劳务承揽;货物运输的委托合同

locatio rei 〈拉〉❶物的租赁 承租人据以得到暂时的使用权。❷物件保管 保管人可使用物件,但需付费。

locative calls 位置标记;地界标记 指能明确表明土地位置的界标、界石及其他实物,区别于用走向和距离标示地边界的位置描述即描述性标记[descriptive calls],也不

同于只是指出土地周围地区不同标记的位置指示[directory calls]。

locato 〈拉〉租赁;租约(⇨ex locato)

locator 〈拉〉❶(罗马法)(租赁或寄托租赁中的)寄托人;(物或劳务)出租人 ❷勘定(土地、矿区或宅基地等)边界的人;勘界人

locatum 〈拉〉(古)❶租赁 ❷(=locatio et conductio)

loci 〈拉〉locus 的复数

loci communes 《罗马法警句汇编》 罗马法中有关段节的集录,它们逐渐成为开业律师讨论有用问题时的出发点,后来指曾作为争论焦点的有用的普遍原则或准则,这种汇编始见于 14 世纪,1544 年尼古拉斯·埃韦拉多斯[Nicolaus Everardus]所编的《法谚录》[Topicorum seu Locorum Legalium Opus]最为有名,包括 100 个格言,后出版本扩展为 131 个。

lock n.❶锁 ❷(运河等的)(船)闸;水闸 ❸(交通)堵塞。 v.❶锁;锁上 ❷为(运河、水坝等)设闸;使(船)过闸 ❸关押;把…关入精神病院

lockdown n.临时监禁 指在发生犯人逃跑、骚乱或其它紧急情况后,将犯人临时监禁在囚房内,以作为一种安全措施,并允许采用必要的强制性手段。

locked in ❶资金搁死;套住;持有 投资者对其持有的证券享有利益,但因难以获得利润而不愿出售的困境。 ❷固定利率;固定投资回报率 指固定的投资回报率或储蓄、贷款利率,该利率在特定期间内被予以保证。

Locke King's Act 〈英〉《洛克·金法》 指 1854 年的《不动产负担法》[Real Estate Charges Act],因提议通过该项法案的议员名叫洛克·金而得名。1867 年和 1877 年对此法进行了两次修改。该法规定,当某人去世时享有被设置了抵押权或其它类似负担的某种地产权益,且本人也未作相反表示,则他的继承人或受遗赠人无权以他的动产性遗产来清偿负担——但过去的规则则允许这种做法——而必须以地产来作抵押或偿付。1925 年的《遗产管理法》[Administration of Estates Act]将此规则扩展到各种形式的动产和不动产。(⇨exoneration; marshalling assets)

locker plant 冷藏货栈;冷藏工厂 按月或按周向顾客出租独立的食品冷藏格[locker]的场所,有时也就食品冷藏前的准备工作提供服务。

locker system 独立酒柜制 一种社交俱乐部的制度,其会员可在该俱乐部内购酒并放入自己拥有钥匙的独立的酒柜内。

Locke's Act 〈英〉《洛克法》 指 1860 年的《事务律师法》[Solicitors Act],该法对有关事务律师资格的授予等方面的法律规定作了修改。

lockman n.〈英〉❶(执行总督命令的)马恩岛官员 相当于助理司法行政官。 ❷(苏格兰古法)执行绞刑的刽子手

lockout n.❶解雇 雇主因劳动争议或不喜欢雇员参加工会活动而将雇员解雇。 ❷闭厂;停工;停业 资方临时性关闭工厂,或拒绝给其雇员分派工作,以迫使他们接受某些有利于资方的条件。在劳资纠纷中,它被作为对付罢工和工会的一种手段而使用。

lockup n.❶(候审犯)看守所;(对被逮捕者的)临时羁押场所 ❷〈美〉(公司法)(俚)锁定;拨出 指为挫败收购企图或增加其困难而将公司证券专门以出售给善意持股人。当任何个人或集团拥有公司股份达到一定百分比时,锁定公司股份就是一种反收购措施,它允许一个善意持股人以设定的价格购买公司股份。为使之合法,这种协议必须采取招标程序,通过鼓励竞争以使股东的利益得到最大保护。(⇨jail)

lockup option (=lockup ❷)

locmen 〈法〉领港员;引航员;引水员 引导船只出入港口或穿越河流的当地水手。

lococession n.让位;转让

loco citato/loc. cit. 〈拉〉在(上述)引文中

Lo Codi 《优士丁尼法典概述》 这是一本大约于 12 世纪中叶在葡萄牙写成的法律书籍,对优士丁尼法典进行了概述,以供实践运用,书中显示了注释法学派影响的清楚痕迹。该书反映了那个时期法国南部研究罗马法的程度。

loco parentis 〈拉〉代行父母义务者 指在他人失去亲生父母的监护时,未经法律正式许可即对其进行照管和约束的人。这种情况往往是暂时的,且不能被作为永久收养看待。(⇨in loco parentis)

locum 〈拉〉地点(⇨locus)

locum tenens 〈拉〉(古)任职;代表;代理;代理官员;副职官员;助理官员(⇨lieutenant)

locuples 〈拉〉(罗马法)有能力应诉的;富的;有清偿能力的

locus 〈拉〉地点;场所;所在地;行为地(⇨eo loci)

locus contractus 〈拉〉契约缔结地;合同签订地;缔约地;签约地

Locus contractus regit actum. 〈拉〉缔约地支配行为。 判断某一行为是否具备形式要件的一项法律原则。(⇨locus regit actum)

locus criminis 〈拉〉犯罪地;犯罪行为实施地

locus delicti ❶〈拉〉不法行为实施地;侵权行为地;犯罪行为实施地 ❷〈美〉(使不法行为人承担责任的)最后行为发生地

locus in quo 〈拉〉现场;诉因发生地;(诉状中所主张的)事实发生地 该词最常见于非法进占土地[quare clausum fregit]的侵权诉讼中。

locus paenitentia 〈拉〉(=locus poenitentiae)

locus partitus 〈拉〉(英格兰古法)地区划分 在两镇或两郡之间所作的划分,以明确争议中的土地或地方位于何者境内。

locus poenitentiae 〈拉〉❶悔改地;忏悔地 ❷改变主意的机会;撤销所做之事的机会;(拍卖中)撤回出价的机会 ❸放弃犯罪的机会 指基于某种环境,在实施犯罪之前,放弃已经形成的准备实施犯罪的故意。 ❹(在明确的合同义务形成前)撤回(合约等)的机会;推翻前言 指在达成一致协议并具有约束力之前退出交易的机会,或从未完成的交易中撤回的权利。(⇨attempt; contract; refusal)

Locus pro solutione reditus aut pecuniae secundum conditionem dimissionis aut obligationis est stricte observandus. 〈拉〉租金或金钱的清偿地点应严格符合租约或契约的规定。

locus publicus 〈拉〉(罗马法)公共场所

locus regit actum 〈拉〉场所支配行为;行为依行为地法原则 国际私法的一项原则,当一项法律行为——如合同——符合行为地国家法律规定的形式要件,那么它在其他相关国家也是有效的,即便该国法律规定有其他形式要件。

locus rei sitae 〈拉〉物之所在地(⇨lex rei sitae)

locus sigilli/L.S. 〈拉〉盖印处 通常在文件上以字母"L.S."标出，以代替盖章。在美国，有的州认为它有印章的效力，但有的州则不然。在英国，有时可在要求加盖印章的文件末尾用圆圈"O"标出。(⇨seal)

locus standi 〈拉〉站立处；出庭权；陈述权 在英国议会活动中，指反对某项涉及个人事务的法案[Private Bill]、混合法案[Hybrid Bill]、临时命令[Provisional Order]和特别程序命令[Special Procedure Order]者能否出庭陈述其主张取决于其是否有此出庭权，而此项权利的取得取决于该项法案或命令的通过是否会对其财产或利益产生不利影响。关于申请人是否有出庭权的问题由下议院中的公断人委员会[Court of Referees]、上议院中处理该法案的委员会、审理对临时命令的异议的委员会、及处理有关特别程序命令问题的赋税委员会的主席和常务主席[Lord Chairman and Chairman of Ways and Means]来决定。

lode claim (经要求而取得的)矿脉权 包含在界线分明的岩石地层或裂缝内一个或多个连续的矿脉、矿脉床或含矿岩层的地带，通常深至地壳深处。

lode location 矿脉区勘定 采矿区勘定的两种方法之一，另一种为砂矿区勘定[placer location]。二者的区别在于前者必须在指定的地带发现含有有价值矿石的岩脉或矿脉；而后者必须是发现含有有价值矿物沉积，诸如发现金子等颗粒散布于松软的地面覆盖物中。

lodeman (=loadman)

lodemanage n.领航；领港；引水 雇用领航员驾小船在大船前带路，从一地带领至另一地。在英国，早先的五港同盟[Cinque Ports]领航员协会是由领航员法庭[Court of Lodemanage]管理，该法庭是五港同盟海事法院的一个分支。1953年，该协会的财产转交给航务管理所[Trinity House]。

Lodestar Rule 计费规则 一种律师收费规则，据以确定经合法授权的律师的费用额。其计算方法是以合理花费的小时数乘上社会上同类工作通行的计时报酬比率[hourly rate]，然后再根据其它因素，如案件的不确定性、提供代理服务的质量等加以适当调整。

lodge v.❶存放(文件等)；寄放；寄存 ❷提出(申诉、控告、抗议等)；告发；举报

lodger n.寄宿人 该人经许可占有房主某一房屋的一间或几间，但其只能使用，并无实际的或排他的占有，该房屋的一般占有[general possession]仍归属于房主，故其仅为被许可人[licensee]，而非承租人[tenant]。在英国，如因寄宿人的房主拖欠上位房主[superior landlord]而受到查封扣押时，寄宿人的财产可免于扣押。并且，如果寄宿人所占用房间的当年价值超过12英镑，则其有权登记为选举人参加议会选举，但这一寄宿人选举权[lodger-franchise]于1918年被废除。

lodging house 寄宿房屋 指内有家具，分间按周或按月供人居住的房屋。寄宿房屋仅提供住宿而不提供膳食或仅提供有限的膳食。

lodging house acts 〈美〉寄宿房屋管理法 指始于1851年的各种管理公共寄宿房屋的法律。有关公共寄宿处的管理和许可的法律由警察部门制定。

lodging house keeper 寄宿房屋所有人；寄宿房屋管理人

lodging house keeper's lien 寄宿房屋所有人留置权；寄宿房屋管理人留置权 指寄宿房屋所有人或管理人对寄宿人带入屋内的物品有法定留置权，以对抗后者不支付寄宿费及相关服务费用。有时，这种留置权延展至由寄宿人带入屋内而属于第三人的物品。

lodging place 暂住处 指住一宿或短暂时间的临时住所。

lodgings n.寄居住所；寄宿房屋

lods et ventes (法国古法)〈加〉❶土地转让的罚金 平民[roturier]每次转让土地所有权时缴付的罚金。❷转换或转让罚金

log n.❶原木；圆木；干材 ❷(由飞行员记载的)飞行日志；航海日志；车辆日记 如有艘船只均应持有的一种有关船内外发生事件的全部情况的记录。一般由船长、大副或其他高级船员记录并签名。它是一种诉讼中有关事实或事件的良好证据。

Logan Act 〈美〉《罗甘法》 该法是美国国会针对乔治·罗甘博士[Dr. George Logan]1799年出访巴黎，为提高美法两国关系而与法国政府官员举行会谈所作出的反应。它给予政府在国际谈判中的垄断权。根据此法，任何公民未经美国政府授权而与外国政府进行交往，旨在就与美国政府有关的争议而影响外国政府或挫败美国政府的措施均被视为犯罪。

logbook n.航海日志；飞行日志；车辆日记(=log)

log brand 原木标记(⇨log mark)

log-driving company 原木漂运公司 指为公众提供原木漂运设施及为他人从事大宗漂运和筏运原木业务的公司。

logger's lien 伐木工人留置权 指伐木工人因伐伐、拖运或漂筏运送原木以及将原木锯成可供销售的木材产品等作业而享有的留置权。

logging license 伐木许可证 指进入土地并砍伐和采运木材的许可证。

logging railroad 伐木公司专营铁路 指由伐木公司经营的铁路，用来运输其自己的产品或伐木作业所需的材料。

logical end of instrument 法律文件的合乎逻辑的文字结尾 法律文件起草人根据文件的顺序自然地终止写作的地方。这种止笔不偏离文件的顺序，使整个文件具有连续性。例如文件所示的对财产处置的终结，又如遗嘱人所立遗嘱中的顺序的终止。这种终结或终止可以从文字上明显地表现出来。

logical relationship standard 〈美〉逻辑关系标准 民事诉讼中据以确定被告的反请求[counterclaim]与主请求[main claim]之间是否充分相关以认定该所提反诉是否属强制反诉[compulsory counterclaim]的标准。如果两个请求所依据的有效事实[operative facts]相同，或者原告方的请求所依据的核心事实能够使被告方的其他合法权利发挥作用[activate](否则这些权利只能是潜在的[dormant])，这时便认为两者之间存在逻辑关系。这里需要考虑的最重要的因素之一是，将两个请求合并审理能否促进诉讼效率和诉讼经济。

logical relevancy 逻辑相关性 已经证据证明的事实与争议的事实之间，如果前者的存在能够决定后者存在之可能或不可能，则这二者之间存在逻辑上的相关性。

logic in legal contexts 法律中的逻辑 在实践中，法律研究和法律适用都要大量地依靠逻辑学。在法律研究的各个方面，逻辑被用来对法律制度、原理、法律体系及法律部门的原则进行分类和分析，也用来分析法律术语、概念及其内涵和结论，以及它们之间的逻辑关系。在实际适用法律中，逻辑学的演绎法和推论法被经常适用，但法律上的争议以及事实的判断往往是复杂的，并非仅凭逻辑推断即可解决问题，所以还要考虑到社会状况、政策、个人心态、公平正义等因素。

logium 〈拉〉〈古〉门房；简陋小屋；外屋

log mark 原木标记；木材标记 指在漂流运输的原木上所作的标记。

logographus 〈拉〉〈罗马法〉登记员；簿记员；记账人；账册保管人

logomachy n. 对言语（或文词）的争执；玩弄词藻的争论；舌战

logrolling n. 〈美〉相互捧场；互投赞成票以通过对彼此有利的法案 在立法机关中，一方对另一方提出的法案投赞成票以换取另一方对自己感兴趣的另一法案投票支持；或者在一项法案中包含多个事项，而这些事项或许没有一个事项能单独获得议会同意，采用这种相互有利的方式可以把各个少数派组合起来组成多数派，使法案所含的事项得以全部通过。在提出宪法修正案时，也会采取此种方法，在宪法修正案中提出几项主张，使投票者同意这一修正案。

loi (= ley)

lollardy n. 〈英〉罗拉德信徒罪 罗拉德派[Lollards]是14世纪英国威克里夫派[Wycliffe]中的激进派，主张过清贫生活，反对教会占有土地和财产，要求废除什一税。亨利五世时规定对罗拉德成员可以罗拉德信徒罪起诉。

Lombarda 《伦巴第法汇编》 大约于1100年编于波伦亚[Bologna]，是伦巴第立法的最后一次汇编。其中的材料是按照不同的主题汇集成册，它长期以来都是研究伦巴第法的依据。现有两个版本，一本为在蒙特卡西诺发现的《卡西诺伦巴第法》[Lombarda cassinense]，一本为波伦亚法学院使用的《伦巴第法普及本》[Lombarda vulgata]。

Lombardian law 伦巴第法 (= lex longobardorum) (⇨ laws of the Lombarda)

Lombards n. 意大利商人；从事金融业的伦巴第人；意大利银行业者 指12-13世纪立足于欧洲主要城市的意大利商人和银行业者。

Lome Convention 《洛美协定》 指欧洲经济共同体[E.E.C.]与46个非洲、加勒比海及太平洋地区国家[A.C.P.]于1975年2月签订的合作协议，即《非洲、加勒比和太平洋地区国家与欧洲经济共同体之间的洛美协定》的简称。该公约取代了《雅温德协定》[Yaounde Convention]，规定以互惠、非歧视和最惠国待遇条款为基础，并且为非洲、加勒比海及太平洋地区的发展及其与欧共体合作机构提供财政援助。1975年《洛美协定》有效期为5年。在该《协定》有效期届满后，又依次签订了有效期均为5年的第二、第三、第四个《洛美协定》。

lond (= land)

London and Middlesex sittings 〈英〉伦敦和米德尔塞克斯郡的庭审 指在威斯敏斯特或伦敦市政厅进行的初审庭审，审理的多是在伦敦或米德尔塞克斯郡发生的案件。

London commissioners to administer oaths in Chancery 〈英〉授权在衡平法院主持宣誓的伦敦事务律师 根据1853年的法令，御前大臣被授权可指定在距林肯律师公会大厅——老衡平法院所在地——10英里内办公的事务律师在衡平法院主持宣誓仪式。这项法令因1889年《授权宣誓法》[Commissioners for Oaths Act]而被废止。

London Court of Bankruptcy 〈英〉伦敦破产法院 根据1869年《破产法》[Bankruptcy Act]设立。对伦敦城及伦敦的郡法院辖区有管辖权。1873年《司法组织法》[Judicature Act]将其管辖权移交给了最高法院。

London custom (= custom of London)

London Gazette 〈英〉《伦敦政府公报》 政府的官方公纸，据说最早于1665年在牛津出版，当不列颠政府迁移至伦敦后，名称改为《伦敦政府公报》。公报每周出版四次，内容包括所有的法令、声明、政府官员任命，以及所有的枢密院敕令、规则、规章等，还包含合伙解散、破产程序通知等其他事项。

London Interbank Offered Rate/L.I.B.O.R. 伦敦银行同业拆放利率 指在伦敦同业拆借市场中，各银行相互提供贷款时所收取的利息率，它实际上已成为国际金融市场的"基准利率"。

London Lloyd's (= Lloyd's of London)

London Prize Ring Rules 伦敦职业拳击赛规则

London Sessions 〈英〉伦敦开庭期 中央刑事法院的开庭期有时被称作伦敦开庭期。(⇨Hicks Hall)

London sittings 〈英〉伦敦市庭审 在1883年前，伦敦市法庭在市政厅[Guildhall]开庭，又称为"市政厅庭审"[Guildhall Sittings]，1873-1875年《司法组织法》生效后，王座分庭成为其初审法院，1885年的枢密院敕令则规定此后的案件要在王室法院[Royal Courts of Justice]开庭。(⇨guildhall sittings)

London Transport Board 〈英〉伦敦交通委员会 (⇨British Transport Commission)

long a. （在期货、证券交易中）做多头的；买空的 指预期价格上升，先买进期货或证券以待价格上升后抛出获利的。
ad. （在期货、证券交易中）做多头；买空
n. （在期货、证券交易中）做多头的人；买空者

long account 名目繁多的账户 指衡平诉讼中一方或双方当事人的包含众多独立的项目或费用的账户，或者是关于各种各样复杂交易的报表，通常提交给主事官、公断人或调查员的账户。

Longa patientia trahitur ad consensum. 〈拉〉长久忍受被解释为同意。

Longa possessio est pacis jus. 〈拉〉长久占有乃和平法则。

Longa possessio jus parit. 〈拉〉长久占有发生权利。

Longa possessio parit jus possidendi, et tollit actionem vero domino. 〈拉〉长期占有发生占有权，并除去真正所有人的诉权。

long arm statutes 〈美〉长臂法 指各种州立法，它规定对非本州居民或法人的被告，如果和本州存在某种联系（如在本州拥有财产、从事商业活动、实施了侵权行为等），则可通过传票的替代送达[substituted service of process]对之行使对人管辖权[personal jurisdiction]。如纽约州规定，对非本州居民或法人亲自或通过代理人实施下列行为，由此而引起诉讼时，本州可适用长臂法对其行使管辖权：①在本州内从事任何商业活动；②在本州内实施除诽谤[defamation]以外的侵权行为；③在本州以外实施除诽谤以外的侵权行为，但给本州内的人身或财产造成了损害，且该非本州居民或法人一贯在本州内从事商业活动或从事任何其他持续性的活动，或从本州内的财产或服务取得实质性的收益；④在本州拥有、使用或占有不动产。

longest walk 〈美〉最长的步行 指1978年7月500名全美80个印第安人部落的代表为抗议法律限制他们的宪法权利而进行的从大西洋沿岸到太平洋沿岸。它象征着19世纪时美国印第安人被强迫迁入贫瘠的保留地，以志美国永恒的耻辱。

longevity pay 〈美〉长期供职津贴 指对在部队长期服役的某些军官，在正常薪金之外，按其年薪的一定比例以每

若干固定年数为期，另外增加的津贴和报酬。

long haul rate 长途货运费率 考虑到短途货运收费的比例，长途货运的收费比普通运费更有利于托运人。

Long Island Sound 〈美〉长岛海湾 指北面陆地与长岛[Long Island]之间的水域，不包括与之相连的独立海湾。

longissimi temporis praescriptio 〈拉〉特长取得时效；动产取得时效 由优士丁尼所设立的土地取得时效之外的另一种取得时效，应用于动产上，如果善意取得某物并占有达 30 年，则成为占有人的绝对财产。（⇨longi temporis praescriptio）

longi temporis praescriptio 〈拉〉长期取得时效；土地取得时效 此为具有诉讼时限性质的罗马法原则，最早见于公元 2 世纪晚期。在优士丁尼时代，它是取得时效的一种，应用于土地上，如果当事人在同一地区，期限为 10 年；不在同一地区的，期限为 20 年。（⇨longissimi temporis praescriptio）

Long Parliament 〈英〉长期议会 ❶指 1640 年 11 月由查理一世召集，至 1653 年 4 月被克伦威尔解散，而后又于 1659 年复会，并一直持续到 1660 年 3 月的一届议会，由于存续时间长而得名。此届议会召开后即通过了一系列限制国王权力的法案。弹劾了斯特拉福德伯爵[Strafford]、13 名主教和 6 位法官；通过了《三年选举法》[Triennial Act]以限制国王随意解散议会；废除了造舰税[ship-money]、星座法院[Star Chamber]和宗教事务法院[High Commission Courts]，并宣布强征兵役非法；1641 年 12 月向查理一世提出了著名的《大抗议书》[Grand Remonstrance]。1642 年 1 月因查理一世率军企图逮捕皮姆[John Pym]等 5 名反对派议员，与国王决裂。1653 年 4 月克伦威尔建立军事专政后将其解散。1659 年当护国公制[protectorate]失败时此议会又再行召开，直到 1660 年 3 月自行解散。❷指查理二世复辟时期 1661 年至 1678 年 12 月 30 日的一届议会，为与前者区别，称其为"查理二世的长期议会"；因此届议会参加者多是王党分子，故又称为"骑士议会"。（⇨Triennial Act）

long position ❶多头；超买 指证券持有者预期其所持证券的市场价格会上升而为了获得证券收益而持有证券，与其相对的是在市场上做短线伺差买卖的投机者。在股票市场上，经纪人或投机者被称为"做多头"是因其大量地拥有或控制某种股票或债券，或者其拥有数量超过约定的交割量，特别是为了投机远期市价的预期上涨而买入一定数量的该种股票或债券以用于远期交割。在投机市场上，投机商"做多头"是指其冒最大的价格风险买进期货，若市场价格上涨则赚，下下跌则赔。❷多头寸；长盘 银行资金头寸用语，指资金收入大于支付数目，从而使手上有多余资金可供贷放的情况。（⇨long）

Long Quinto 〈英〉《爱德华四世五年判例长编》 指爱德华四世在位第 5 年的另外一部《年鉴》[Year Book]，以其独立性和较长的篇幅区别于常规编年顺序当年的《年鉴》，之所以称之为"长编"，是因为其中所裁判例报告数量相当之巨，在引用时亦写作"L.5."。

long robe 长袍服 表明从事法律职业的一种比喻说法。

longshoreman n.〈美〉码头（或港口）工人；装卸工；从事船舶装卸的人（⇨stevedore's lien）

Longshoremen's and Harbor Workers' Compensation Act 〈美〉《海岸和港口劳工补偿法》 这是美国 1927 年制定的一部联邦法律，在 1972 年进行了实质性修改。它规定了对受雇从事装卸货物和修建船舶的工人的补偿方案，为此，海岸和港口工人必须是在美国海域从事海上工作。该法的制定源于美国最高法院的一份声明，这份声明认为此前各州对海上工作所适用的州劳工补偿法是对联邦海事管辖权的一种违宪性干涉。

long term capital gain 长期资本收益
long term capital loss 长期资本损失
long term debt 长期债务 期限为 1 年或 1 年以上的负债。通常在贷款期间内定期支付利息，本金则待票据或债券到期后才支付。亦指期限长达 10 年或更长时间的长期债券。

long term financing 长期融资 指为期 1 年或 1 年以上的抵押贷款或信托契据等方式的融资，区别于短期的建筑工程贷款、临时协议贷款或其它短期贷款。

long term lease 长期租赁合同 租期长，例如 99 年，一般可以续展。（⇨ground rent）

long terms 超长保有期（⇨enlargement of estate）

long ton 〈英吨〉长吨 一种重量单位，等于 2 240 磅，区别于〈美吨〉短吨[short ton]，后者相当于 2 000 磅。

Longum tempus, et longus usus, qui excedit memoria hominum, suffict pro jure. 〈拉〉长时间和长期使用，超出人们的记忆，即足以取得权利。

long vacation 〈英〉长休庭期 英国最高法院的四个休庭期之一，从每年的 8 月 1 日开始到 9 月 30 日为止。在此期间，除紧急案件或事项[urgent causes or matters]外，法院不开庭办理一般事务。（⇨vacation; term）

look and listen 看和听 指在穿越马路或铁路轨道时或在类似场合下，对通行者的要求或其应尽的义务，即其应以合理的准确度对车辆与自己的距离及行进速度进行观察和估计，从而估算出车辆行驶所需的时间及自己穿越路轨所需的时间，以确定此时此地穿越路轨是否安全。

looking and listening (= look and listen)

looking at law school 〈美〉法学院指南 美国法律教师协会[Society of American Law Teachers]提供的学生指南，意在给未来的法律专业学生揭示法学院的种种神秘。第一学年的每门传统科目都由法学教授进行详细叙述，并对易使一年级学生感到恐惧和担心的课程——法律写作和法律考试提供指点。

lookout n. ❶留心观察；警觉；警戒；监视 指机动车驾驶员为避免使自己或他人处于险境，对行人、其他车辆及自身车辆的运行应当行使的一般的、合理的、谨慎的、适当的注意。因未行使一般的注意而造成伤害或损失的，可构成过失。❷了望员；守望员 指除船长、引航员、舵手等其他高级船员外，其职责为注意观察并汇报船舶前方出现的声音、光亮、回音、航行的障碍物及其他船舶或危险的人。❸放风者 指实施犯罪活动的参与者，其在适当的距离观望以免犯罪的同伙在现场受突然袭击。

loophole n.（法律上的）漏洞；空子 尤指税则中的漏洞，纳税人可以据此合法地逃避或减少缴纳所得税。

loose-leaf account book 活页账簿 指账簿不是固定装订在一起的，而是可以随意插入或抽取的散页形式。

lopwood n.〈英〉伐薪权 封建采邑内教区的居民在一年的某段期间有权砍伐采邑内荒地上树木的树枝以作燃料。该权利只能由国王或国会立法[Act of Parliament]赋予。

loquela 〈拉〉谈话；交谈；对话；陈述；主张 在英格兰古法中，这一术语指诉讼双方当事人对争论点的口头争辩，现称为诉答程序[pleadings]。也指庭外和解。（⇨imparlance）

loquela sine die 〈拉〉无限期的延期

Loquendum ut vulgus; sentiendum ut docti. 〈拉〉如常人所言；如智者所思。 这一法律格言表明：若某一词语被使用而有专业含义，则应按专业角度进行理解；否则，应被理解为可被大众接受的通常含义。

lord n. ❶君主；君王；统治者；主人 该词来源于撒克逊语"hlaford"，"laford"，"hlaf"意为"一片面包"，"ford"是"给予"的意思，因这些大人物住在不同寻常的房子里，并向所有的穷人发放食物，因此被称为"食物施与者"[hlaford]。 ❷领主；庄园主；地主 在不动产法中，"lord"的含义是指其土地被另一个称做"佃户"[tenant]的人所占有的人，地主与佃户的关系叫做"保有"[tenure]。在封建法中，转让土地并保留最后财产处置权的人称为"领主"[lord]或"庄园主"，而受让人只享有使用权和占有权，称为"附庸"[vassal]。 ❸〈英〉法官大人 在高等法院和上诉法院法官上，对法官的称呼，称法官为"My Lord"，在法庭之外，出庭律师称法官为"Judge"，而其他人则称呼法官为"Sir"。在苏格兰最高民事法院，出于惯例和礼貌，所有的法官都称为"Lord"，即使他们常常并不是贵族。 ❹大人；阁下 对公爵的所有儿子、伯爵的长子及男爵的尊称，对一些高级官员或者主教、大主教等的尊称，如Lord Mayor of London, Lord Bishop of Durham。 ❺贵族；勋爵 对侯、伯、子、男爵世袭贵族的尊称，或一些上议院法律议员的尊称，他们一般是终身贵族。 ❻上议院议员 又称为贵族院议员。

Lord Aberdeen's Act 〈英〉《阿伯丁勋爵法》 1845年颁布的关于废除奴隶买卖的法律。

Lord Advocate 〈苏格兰〉总检察长 苏格兰的首席王室法律官员，相当于英格兰的总检察长[Attorney-General]。

lord and vassal 〈英〉领主与附庸 在封建制中，拥有领地与最终财产权的授予者称为"领主"，而只有占有和使用权的被授予者称为"附庸"。

Lord Brougham's Act 〈英〉《布鲁厄姆勋爵法》 该法撤销了有关当事人无证人资格的规定。

Lord Cairns' Act 〈英〉《凯恩斯勋爵法》 1875年颁布的《土地转让法》[Land Transfer Act]的俗称。该法授权衡平法院可以作出以损害赔偿金代替禁制令的判决。

Lord Campbell's Acts ①指英国1843年《诽谤法》[Libel Act]，该法允许刑事诽谤[criminal libel]案的被告主张所传播的事实为真实或系为公共利益所为来对抗指控，从而有关诽谤性言论方面的法律作了修改；②指英国1846年《死亡事故法》[Fatal Accidents Act]，该法允许因他人过失而致死者的遗嘱执行人或遗产管理人为死者的妻子、丈夫、父母或子女等亲属的利益而对过失行为者提起诉讼；③指英国1857年《淫秽出版物法》[Obscene Publications Act]，该法授权治安法官可以签发令状，扣押为出售、散布、出租目的或者为赢利而出版并存放于某处的淫秽书报、期刊、图画等。现已被1959年和1964年的《淫秽出版物法》废除和取代；④指美国一些州以英国1846年《死亡事故法》为蓝本制定的不当致人死亡法[wrongful-death statute]。

Lord Chamberlain 〈英〉（英国王室的）宫廷侍臣；内廷大臣 发端于诺曼王朝时代的一种宫廷内务官员，主要职责为参加王室的加冕典礼，负责威斯敏斯特宫廷的保管、威斯敏斯特厅和议会大厦房屋的管理与装修，以及出席贵族和主教的册封和宣誓效忠仪式，并审批公开的舞台演出。当今，这一职位由当权政府任命，名义上是宫廷内务的首领，但不随政府更迭而变动，并有防止皇家纹章滥用的权力。亦称Lord Chamberlain of the Household。

Lord Chancellor 〈英〉御前大臣 一译"大法官"。御前大臣这一官职相当古老且地位尊显，地位仅次于王室成员和坎特伯雷大主教[Archbishop of Canterbury]。它是从皇家文秘署署长[Royal secretariat]一职演变而来。"chancellor"来源于"屏风"[cancelli]一词。在中古世纪时，文秘署的官员，即皇家书记官们坐在屏风后作记录。御前大臣职位的重要性来自于掌管国玺[Keeper of the Great Seal]这一重要职责以及作为御前会议的重要成员的地位。事实上，在中世纪，御前大臣在英格兰政治生活中的地位类似于现代的首相，而并非司法性质的。但由于普通法上的诉讼开始令状[original writ]由御前大臣所主持的文秘署签发，通过这种方式，御前大臣与司法发生联系。随着文秘署分离一部分职能进行司法活动，而逐渐演变成一个衡平法院[court of chancery]，御前大臣对司法的影响日益增强。时至今日，其职位基本上是司法性质的。一般认为，御前大臣的职位是立法权、司法权和行政权统一的象征。他是内阁成员，类似于司法大臣，由首相提名，王室任命，随其所属党派下台而去职。同时也是上议院议长，枢密院[privy council]当然成员，最高法院[Supreme Court of Judicature]院长，高等法院衡平分庭[Chancery Division of the High Court]庭长，上诉法院[Court of Appeal]当然成员。此外国家档案局[Public Record Office]亦由御前大臣领导。（= Lord High Chancellor）

Lord Chancellor of Ireland 爱尔兰御前大臣 1232年此职位设立并授予英格兰御前大臣，由其副手履行具体职责。此后，这一职位一般由英格兰律师占据。

Lord Chancellor of Scotland 〈英〉苏格兰御前大臣 产生于12世纪早期，起初作为国王签发特许状的见证人，并可根据国王的命令，为被法院或当权者冤枉的人平反或给予相应赔偿。到16世纪，他成为国家的高级官员，总管法律事务，执掌最高民事法院，主管枢密院和立法委员会，掌管国玺，地位尊显。但与英格兰御前大臣不同的是，因苏格兰法律未发展出普通法的那种僵硬性，苏格兰御前大臣相应地也没有衡平管辖权，这种权力由法院在法律的框架和原则之内行使。1707年苏格兰与英格兰合并后，大不列颠（1922年起为联合王国）就只有一位御前大臣，该职位一般由英格兰法官或律师出任。

Lord Chesterfield's Act 〈英〉《切斯特菲尔德勋爵法》 指1751年通过的关于采用格列高利历——即阳历——的英国法。

Lord Chief Baron 〈英〉财税法院首席大法官（= Chief Baron）(⇨baron）

Lord Chief Justice 〈英〉（王座法庭和民诉法庭的）首席大法官（= Lord Chief Justice of England）

Lord Chief Justice of England 〈英〉英格兰皇家首席大法官 有时简称为"皇家首席大法官"[Lord Chief Justice]，王座法庭和民诉法庭很早就有各自的首席大法官[Chief Justice]，王座法庭的首席大法官有时享有"皇家首席大法官"的称号。该职位在1859年开始正式存在。现在皇家首席大法官掌管王座分庭，他不仅代表古老的王座法庭的首席大法官，而且还行使以前民诉法庭首席大法官和财税法庭首席大法官的职权，因为这三个法院的管辖权已合并到王座法庭，由其行使。另外，皇家首席大法官还是上诉法院的当然成员。在司法官阶方面，其地位仅次于御前大臣。他由国王（女王）根据首相的提名任命。在任命时如果还不是贵族，即被分封为贵族，并有权享有上议院议员席位，成为枢密院成员。实践中皇家首席大法官主要在上诉法院主持刑事分庭和主持王座法庭下设的分庭[Divisional Courts]。只有皇家首席大法官在正式国务场合佩带 SS 领。

Lord Chief Justice of the Common Pleas 〈英〉**民诉法庭首席大法官**

Lord Clerk Register 〈苏格兰〉**档案主事官** 苏格兰很早就开始存在的国家官员。拥有这一职位的官员起初还是苏格兰议会、重要的法院和枢密院的书记官，以及苏格兰最高民事法院的首席书记官与该院所有档案的管理官员，后来成为枢密院和议会的正式成员。大量档案以及登记册均由其照管。1707 年以后，该职位基本上成为荣誉性质。自 1879 年开始，该职位成为名义职位。其所保留的最后一项职能是指导苏格兰贵族代表的选举。

Lord Cranworth's Act 〈英〉**《克兰沃斯勋爵法》** 1860 年通过的一部英国法律，它给予受托人或抵押权人可根据合同或委托而通常获得的权力，以此来促进他们发挥作用。

Lord Denman's Act 〈英〉**《登曼勋爵法》** 该法撤销了因具有利害关系而不具备证人资格的有关规定。

Lord Great Chamberlain 〈英〉**皇家掌礼大臣** 世袭职位，自 1133 年经亨利一世赐给德维里家族[family of De Vere]时开始存在。该职位无薪俸。其职责主要为在国王加冕礼中掌管礼仪，照管国会，以及在贵族和主教们首次成为上议院议员就任其议席时向议会予以介绍。

Lord Hardwicke's Act 〈英〉**《哈德威克勋爵法》** 指 1753 年通过的一项制定法，规定凡合法有效的婚姻必须符合准予结婚的必要条件，必须公开宣布结婚预告且必须在教堂中举行仪式。其主要目的在于阻止"弗利特式婚姻" [fleet marriages]，即由监禁在伦敦弗利特监狱[Fleet Prison]的教士主持的非正式的欺诈性结婚。它只适用于英格兰，而在苏格兰、爱尔兰和美洲大陆仍沿用旧制，允许非正式的结婚形式。

Lord High Admiral ❶〈英〉**海军事务大臣** 旧时英国的海军最高统帅。按 Admiral 这一称号原意为战舰司令，公元 1295 年英王首次任命了一位官员担任此职。大约在 1360 年以前，担任此职的官员只充当舰队司令，并无司法权限。英王爱德华一世[Edward I]时，据信曾存在四位分别管辖四海[four seas]的舰队司令，直至 1360 年英王始任命了一位统辖全国舰队的司令，1412 年被称为"英格兰、爱尔兰及阿基坦海军司令"[Admiral of England, Ireland and Acquitaine]。1540 年开始出现了"海军大臣" [Lord Admiral]的称号。1619 年白金汉[Buckingham]被任命为海军大臣，负责当时海军委员会[Navy Board]的船舰的管理和维修任务。1638 年开始有了"海军事务大臣" [Lord High Admiral]的称号。但海军事务大臣的职权除 1827-1828 年外一直由海军委员会[Board of Admiralty]行使(海军事务大臣的头衔虽由女王伊丽莎白二世[Elizabeth II]恢复并自任该职，但只是一种荣誉称号)。19 世纪中，海军大臣[First Lord of the Admiralty]接替了海军委员会首长[the first commissioner of the Board of Admiralty]的职务。现"海军大臣"的官职已于 1964 年废止，由国防大臣[Secretary of State for Defence]取代。❷〈苏格兰〉**海军事务大臣** 旧时苏格兰的海军统帅及管理港口与海岸的高级官员，同时亦对海事案件拥有司法管辖权。现苏格兰已无此项官职。

Lord High Chancellor (= Lord Chancellor)

Lord High Commissioner 〈苏格兰〉**王室(宗教事务)高级专员** 指 1603-1707 年间驻苏格兰议会的王室代表。 1707 年他(她)参加每年 5 月在爱丁堡召开的为期 10 天的苏格兰长老会全会[General Assembly of the Church of Scotland]，拥有各种优先权，出席所有专属于国王或女王才可出席的典礼。1969 年女王亲自出席苏格兰长老会后就不再设这一官职。

Lord High Constable 〈英〉**皇家军事总长；皇家侍卫长** 早期一种重要的国家官员。在中世纪时，其职权与王室典礼官[Earl Marshal]相似，多与军队事务相关。约从 1348 年起，他们共同主持骑士法院[Court of Chivalry]，审理王国领土以外的犯罪和与军队有关的事务。16 世纪初期，自亨利七世[Henry VII]褫夺白金汉公爵斯坦福德的财产与公权[attainder of Stafford, Duke of Buckingham]之后，该职位即废弃不用，只是在特殊场合，通常是在举行加冕典礼时，才任命该职位。在苏格兰亦存在这一职位。(⇨ Constable of England)

Lord High Constable of England (= Constable of England)

Lord High Constable of Scotland (= Constable of Scotland)

Lord High Steward 〈英〉**贵族审判法庭庭长** 指 1948 年以前审理贵族犯叛逆罪和重罪时，主持审判的上议院议员。他是被临时任命的，通常由上议院议长担任。

Lord High Treasurer 〈英〉**首席财政大臣** 全称应为首席财政大臣和财政署司库[Lord High Treasurer and Treasurer of the Exchequer]。作为首席财政大臣，他在接受任命时要从国王手中接过一柄白色的官杖[white staff]；作为财政署司库，他通过特许状[letters of patent]而获委任。此官职发端于诺曼王朝早期王室的司宫[chamberlain]，亨利一世时它被确立为一个新的机构，并由此发展出财政署。财政大臣[Lord Treasurer]和首席财政大臣[Lord High Treasurer]的称谓始用于 16 世纪，1612 年起被正式使用。1612 年之前，这一职位由个人把持，1612-1714 年之间或由个人或由一个委员会充任，从 1714 年起一般都由一个委员会来充任此职，这个委员会的成员组成财政委员会[Treasury Board]，但该委员会自 19 世纪中叶起就没有召开过会议。财政委员会现由首席财政大臣——即首相，对财政署的工作进行一般性监督，财政署主管或执行大臣[Chancellor of the Exchequer]——负责财政大臣的实际事务，和五名辅助大臣组成，由一名首席秘书[Chief Secretary]，一名政务次官[Parliamentary Secretary]——通常是议院督导员[Chief Whip]，一名财务秘书[Financial Secretary]和一名国务大臣[Minister of State]来协助工作。早期苏格兰亦有司宫一职，后大约在 1424 年任命了王室审计官[comptroller]和司库[treasurer]取代司宫，从 1686 年到苏格兰和英格兰联合之前，上述官职一直由一个委员会担任，此后则在名义上归入大不列颠的首席财政大臣控制之下。

lord in gross 〈英〉**不附有领地的领主** 在封建法中，不是由于领有封地而是根据王权等而成为领主。

Lord Justice-Clerk 〈苏格兰〉**最高法院副院长** 该职位起源于摄政官法庭的书记官，后来变得地位显尊，到 16 世纪后期，他一向是枢密院成员。17 世纪，鉴于其熟悉法庭程序，被任命为最高刑事法院院长或副院长的助手，或称做最高刑事法院副院长。1672 年最高刑事法院改组时，其职位仅低于最高刑事法院院长。自 1808 年后，其在苏格兰的民事和刑事法院都是第二位的最高司法官员。

Lord Justice-General 〈苏格兰〉**最高刑事法院院长；最高法院院长** "Justice-General"从 15 世纪起在苏格兰开始

使用,指称最高刑事法官,替代更古老的"最高司法官"[Justiciar]一词。1672年,苏格兰设立最高刑事法院[High Court of Justiciary],并命令其掌管这一法院。1830年《最高民事法院法》[Court of Session Act]规定,在当时的那位最高刑事法院院长去世后,这一职位应同最高民事法院院长一职合二而一,由一人拥有,且可主持巡回法院,但当今的司法实践中,最高法院院长并不从事巡回审判。

Lord Justice of Appeal 〈英〉**上诉法院法官** 英格兰上诉法院任何一位法官的称号。在法律书籍中,单独指称一位法官时,一般用简写"L.J.",如"Smith,L.J.",指称多位法官[Lords Justices]时,则用"L. JJ.",如"Smith and Jones,L.JJ."。

Lord Keeper 〈英〉**掌玺大臣** 自11世纪起,由皇家文秘署签发的文契加盖英格兰国玺,国玺自然由御前大臣掌管,情况也一般如此。但后来,掌玺大臣与御前大臣变成了两个职位。1562年起,掌玺大臣与御前大臣享有同等的权力和管辖权,而且被宣布为同一个职位。此后至1760年,国玺有时由掌玺大臣掌管,而不是完全由御前大臣掌管,但自1760年之后,未再设置掌玺大臣。

Lord Keeper of Great Seal (= Lord Keeper)

Lord Lieutenant 〈英〉❶**郡最高军事长官;郡治安长官** 指各郡的最高军事长官,由女王任命,其职责是对内镇压叛乱,对外抵御入侵,因此他们有权召集和训练地方武装。该职位大约于亨利八世或爱德华六世时创设,意在各郡设立一个国王代表以掌管军务。依据1972年《地方政府法》[Local Government Act],国王为英格兰和威尔士的各郡及大伦敦[Greater London]指派郡最高军事长官。以前与此相关的特许状中有如下用语"女王陛下在某郡的最高军事长官"[Her Majesty's Lieutenant of and in the county of...],这种尊称便用来指"郡最高军事长官"[Lord Lieutenant],1972年《地方政府法》采取了后一习惯称谓。郡最高军事长官以前可以任命20个副手,但这种任命权现在已转归国王。❷(驻爱尔兰代表英王行使权力的)**总督**

Lord Lyndhurst's Act 〈英〉《**林德赫斯特勋爵法**》 指1835年发布的关于禁止近亲结婚的法律,及1844年发布的《非国教徒教堂法》[Nonconformist Chapels Act]及《执行法》[Execution Act]。

Lord Lyon King of Arms 〈苏格兰〉**皇家纹章大臣** 苏格兰管理纹章的首席官员。其职责既涉及行政,也涉及司法,包括管理所有的纹章、徽章和纹章标记,执行皇家敕令,安排国家和公共庆典等。皇家纹章大臣通过其法庭,既按普通法亦按制定法行使民事和刑事管辖权。

Lord Mansfield's Rule 〈美〉**曼斯菲尔德勋爵规则** 证据法及家事法上的一项规则。它规定,丈夫或妻子就妻子怀孕期间丈夫是否与其有过性行为的问题所提供的证言均不具有可采性。此项规则因1777年曼斯菲尔德勋爵提出"丈夫和妻子不应被允许声称他们在婚后没有发生过性行为从而主张所生孩子为私生子"而得名。现一些州已以当初确立该项规则的背景已不复存在为由而将其废除。

Lord Mayor 〈英〉**市长;大市长;市长大人** 这是对通过特许授权的伦敦及其他几座大城市主要司法行政官的称呼,同时也是其头衔。

Lord Mayor's Court in London 〈英〉**伦敦市长法庭** 以前由伦敦市长和高级市政官主持审理的低级法庭。1920年与伦敦市法院[City of London Court]合并为伦敦市长和伦敦市法院。

Lord of Appeal in Ordinary 〈英〉**上议院常任上诉法官** 由女王任命的为协助上议院处理上诉案件的听审和裁决而设,只有那些拥有高级司法职位2年,或至少执业辩护律师15年者方可任命为常任上诉法官。上议院常任上诉法官为终身贵族,有薪俸,并在上议院拥有席位,有投票权。同时亦为枢密院司法委员会委员,审理上诉到枢密院的案件。上议院常任上诉法官最初为2人,以后陆续增加达到11人。最初有1人,今有2人为苏格兰人,并且不时有一名爱尔兰人担任此职。

Lord of misrule 〈英〉**皇家圣诞欢宴主持人;司仪** 指被选出主持英国王室圣诞节饮宴和游戏的人。

Lord of the manor (封建法)**庄园领主** 对在国王之下保有领地者的称呼,同时其他自由人或农奴亦可在他之下保有土地。附属于土地保有的一种权利是领主可在其庄园内设立封建法庭[court baron],并由自由保有土地的封臣出任法官。1290年《封地买卖法》[Quia Emptores]之后,新庄园的创设已不再可能,除非是由明确的制定法授权或是由国王依《封地买卖法》之前的习惯创设,但领主基于庄园所享有的权利,如采矿权、理论上主持法庭的权利等,一直明确保留至1925年的财产法改革。庄园可能是教俗职位的一部分或附属于其上,其中领主与封臣的权利、权力、义务在相当程度上受到古代法律或特别习惯的规范。

Lord Ordinary 〈苏格兰〉**最高民事法院独任法官** 指出任民事初审独任法官的最高民事法院成员。该法院的14名初级法官均可任此职,但其他法官,如院长、副院长,也可以并且有时也的确出任该职。

Lord Paramount 〈英〉**最高领主;英王;君王** 依据英国的封建制度,所有领地都直接或间接地从英王处保有。

Lord President of the Council 〈英〉**枢密院院长** 国家高级官职之一。于16世纪初设置,1679年始为常设职位,负责枢密院事务,在枢密院正式开会时他将所讨论的事务提交给国王和枢密院各成员。这一职位的任命是政治性的,其责任亦不繁重,出任者也承担其他一些责任。

Lord President of the Court of Session 〈苏格兰〉**最高民事法院院长** 当苏格兰最高民事法院于1532年成立之时,它包括1名教士出身的院长和14名法官,教俗各半。如果御前大臣出席,则由其出任院长;1579年后院长由其同事推选;但在1633年则由国王提名任命;1641年到1652年期间,所选的院长仅任职一个开庭期;但从1661年起,该官职又复原为由国王任命。苏格兰最高民事法院院长不仅是司法首领,另外还具有许多类似于英格兰御前大臣所享有的行政职权。现在他不仅听审上诉案件或疑难案件,也可以出任初审法庭的独任法官。1836年之后,他还主持最高刑事法庭,并出任最高刑事法官。(⇨Court of Session; Lord Ordinary)

Lord Privy Seal 〈英〉**王玺掌管大臣** 中世纪时,当英王无法利用国玺或不便使用国玺时,便使用王玺亦即私玺,约自1300年起就有王玺掌管大臣。在宗教改革前,这一职位通常由教士担任,此后常由世俗贵族担任。直至近代,在文件上,特别是金融业务文据及专利许可证上,仍以加盖王玺作为加盖国玺[Great Seal]或由财政付款的保证。掌管王玺的职权于1884年被撤销。这一职位现一般授予并无具体部门职务而又欲让其入阁的政客[non-departmental minister]担任,经常担负着特殊的职责。(⇨Clerks of the Privy Seal; Keeper of the Privy Seal)

Lords' Act 〈英〉《**贵族法**》 指1758年《债务人监禁法》

[Debtors Imprisonment Act]，之所以称作贵族法，是因为该法案出自于贵族院。也叫作破产人救济法，因为这是关于禁止监禁无力偿付的债务人的法律。

Lords Appellant 〈英〉接任贵族；代位贵族 指在理查二世政府中接任理查二世的5个贵族，在短时期控制政府后，又被理查二世接任。

Lords Commissioners 〈英〉委员会委员 某些高级公职是由一个委员会而不是个人出任，这些委员会的成员即被称为"Lord Commissioners"。

Lords Commissioners of Justiciary 〈苏格兰〉高等法院法官 指高等刑事法院[High Court of Justiciary]，即最高刑事法院的法官和1887年以后最高民事法院[Court of Session]的法官。

Lords Commissioners of the Great Seal 〈英〉国玺专员 指旧时有时被授予御前大臣职权的人，通常是三人。他们与御前大臣或掌玺大臣有相同的权力。

Lord's Day 主日；安息日；礼拜日 一星期的首日。

Lord's Day Act 〈英〉《礼拜日法》 指1677年《主日教规法》[Sunday Observance Act]。

lordship n. ❶贵族身份；领主身份；贵族地位；勋爵爵位 ❷[L－]〈英〉大人；阁下；爵爷 对主教、法官或除公爵外有爵位的男子的尊称。❸（贵族的）统治；统治权；权力；拥有 ❹（贵族的）领地；庄园

Lordship of Ireland 〈英〉爱尔兰领主权 指内伊湖以东至利默里克的爱尔兰地区的主权。1177年由亨利二世创设，并授给其子约翰。1199年，约翰继承英格兰王位后，该领主权并入英国的王权之中，直至1540年为止。1540年都柏林议会取消了此领主权，确认亨利八世为爱尔兰国王，并确立爱尔兰为英帝国永久联合的、附属的和紧密相联的地位。

Lords Justices 〈英〉❶摄政官 在英格兰，通常指在君主未成年或王位空缺时被指任代为行使王权的某个贵族或王室成员的官衔，1688年后他们通常为枢密院成员。按近代王位摄政法，遇有此等情况则从王室成员中选取摄政官。在爱尔兰，指郡最高军事长官空缺时宣誓代为行使该职权的特派专员，通常是爱尔兰大法官和阿尔马大主教，他们不能是罗马天主教徒。❷衡平法院上诉庭法官 指首次于1851年指定组成的衡平法院上诉庭的两名法官，负责审理不服副大法官[vice-chancellor]而上诉的案件。1875年后他们成为统一的上诉法院的法官。（▷regency）

Lords Marchers 〈英〉边境藩王 1066－1284年间，英格兰不断侵扰威尔士，那些逐步从赫里福德[Hereford]到格罗斯特[Gloucester]征服威尔士的贵族获得了近乎王权或巴拉丁[palatine]的权力，称为边境藩王，他们处于半独立状态。爱德华一世征服威尔士之后，将威尔士西部和北部分成6个郡，并置于斯诺登[Snowdon]、切斯特[Chester]和南威尔士的司法管辖之下，实行英格兰法。剩下的地区由边境藩王统治，他们拥有广泛的司法管辖权，包括判处肢体刑、审判民事案件、签发自己的令状和指派法官等。在这些地方发展出一种被称为"边境习惯"[custom of the Marches]的法律，它是英格兰法和威尔士习惯的混合物。爱德华一世曾力图将这些边境藩王置于自己的控制之下，但长期以来他们仍在不断地反抗王室中央。1536年英格兰与威尔士联合之后，又新设了5个郡，相应的137个藩王也附属于新设的郡或邻近英格兰的郡，他们的特权只有一小部分，主要是设立法庭的权力在经历这次变革和1543年的法令后得以保留。

Lords of articles 〈苏格兰〉（贵族中的）法制权要；议会立法委员会 14世纪出现，起初是为了促进议会的工作，挑选一部分人对国王提交的条文作出决定，然后再供全体议会通过。1535年起，委员会被授命全权制订法规。宗教改革前，该委员会的人数变化很大，但平均大致为30人。1568－1639年，每届议会都指定一个立法委员会负责日常工作，其建议则交由议会全会于闭会前通过。1606年，詹姆斯六世（1603年起，成为英格兰国王詹姆斯一世）指定了一个立法委员会，自此，在人员挑选上国王的影响显著增强，因而这一机构的设置被认为与"议会自由"的原则相悖。1690年这一机构被废止。

Lords of Council and Session 〈苏格兰〉最高民事法院法官 最高民事法院法官头衔的全称，来源于16世纪双重法院制，他们部分来自枢密院的司法委员会，部分来自被任命担任司法职责的其它委员会。

Lords of Erection 〈苏格兰〉直立贵族；站起来的贵族 在苏格兰宗教改革后，国王将原由教会人员担任的圣职转化为世俗的贵族爵位，接受这些爵位的人被称为站起来的贵族。

Lords of Ordainers 〈英〉特命大臣；授命大臣 指为控制君主和宫廷人员、为政府改革而在1312年任命的大臣们。

Lords of Parliament 〈英〉贵族院议员；上议院议员

Lords of regality 〈苏格兰〉在其领地内拥有类似国王权力的领主 指在苏格兰，经英王授权而享有在其领地上行使如同王室一样广泛的民事和刑事管辖权的人。

Lords of Session 〈苏格兰〉最高民事法院法官（＝Lords of Council and Session）

Lords Spiritual 〈英〉上议院的神职议员 指在上议院中有席位的大主教、主教等。1847年的立法规定其名额不得超过26人。

Lords Temporal 〈英〉上议院的世俗议员 指在上议院中有席位的非主教或大主教的世袭贵族和终身贵族，被分为公、侯、伯、子、男等几种爵位。

Lord Steward of the Queen's Household 〈英〉王室总管 掌管王室内务的官员之一，区别于贵族法庭审判庭庭长[Lord High Steward]，但此二者都发端于13世纪的"管家"[steward or seneschal]。王室总管的职责范围起初限于王室内部事务，但后来其在政治上的重要性不断提高，并且成为内阁成员。1924年，该官职不再经政治上的任命而产生。从理论上来说，王室总管负责管理王室的日常内务，但现在他的职责部分已是礼仪性质的了，当然他还是王室内务的首席长官，并且通常也是贵族，还充当国王的私人顾问。以前他还曾主持财会署[Board of Green Cloth or counting house]，负责王室内部的开销。另外，他也曾有一定的司法权力，有权维持王廷12英里范围内的治安；12世纪起曾主持过贵族审判法庭，对国王仆从所犯之罪享有管辖权；与о宫廷法吏[Marshal of the Household]一起主持王室内务法庭[Marshalsea Court]，对在其辖区内发生的、其中当事人一方为王室内务成员的案件拥有管辖权；17世纪他还曾控制过王室总管和王室军务长官[Steward and Marshal]的法庭，后这两类法庭在19世纪被废除。（▷Marshal of the King's Household；Court of Marshalsea；Lord High Steward）

Lord Tenterden's Act 〈英〉《坦特顿勋爵法》 一项英国制定法，它规定新的允诺[promise]并不能使案件不受诉讼时效的限制，除非以书面为之，并由将受指控的当事人签名。它还使防止欺诈法[statute of frauds]扩大适用于为使

其他人获得信用、金钱或实物而对有关该他人的信用、行为、能力、交易或业务所作的陈述或保证。

Lord Treasurer 〈英〉财政大臣(= Lord High Treasurer)(⇨treasury)

Lord Warden（of Cinque Ports） 五港监管大臣(⇨Cinque Ports)

loriners n. 〈英〉马具同业公会 穿有特殊制服的伦敦同业公会之一，由制造马嚼子、踢马刺、马勒、马鞍金属零件等的制造匠组成。

lorry area(s) 〈英〉重载货车停车处 指公路当局可按1971年《公路法》[Highways Act]在公路外提供的重载车停车处。

lose v. ❶失去；丧失；损失；遗失 遗失并非指将某物自愿、小心地置于某处而后遗忘[forget]，而是指不自愿、随意地与某物的占有分离。遗失物的拾得人[finder]应证明发现该物的处所并非物之所有人用以放置该物的处所。例如，将笔记本放于桌上，而后忘记带走，则这一行为并非有关遗失财产[lost property]所指的遗失。❷失败；输掉；未赢得；未成平局 ❸亏损；使亏损；受损失；赔钱 ❹降低；减低；减少

loser n. ❶遗失者；丢失者；损失者 ❷（比赛等的）输者；失败者

loss n. ❶损失；损害 用于此含义时，该词意义不定，多与"damage"、"detriment"、"injury"、"deprivation"等词同义。既指经济上的损失，亦指因人身伤害而导致的损害。在保险法中，保单上使用该词是指一种被丢失、破坏或毁损灭失的事实状态。在劳工赔偿法、社会保障法或残疾保险合同有关残疾利益取得的规定中，它是指部分或永久地丧失眼睛、肢体等的器官功能。❷损失额 常用于保险条款中，尤指诸如部分损失[partial loss]、全部损失[total loss]、实际全损[actual total loss]或推定全损[constructive total loss]等。❸（财务）损失；亏损 因任何原因而造成的财务上的损害，例如：供货后无法取得债务人款项；货物的售价低于成本；管理费用高于销售利润总额等。❹剥夺；丧失

loss and loss expense reserve 损失及损失费用准备金 指对已申报但尚未偿付的损失的估计赔偿额，并且加上对已发生但未记录的损失所做的准备金，其中包括估计的理算费用。

loss and loss expenses incurred 损失及损失费用额 保险人常用术语，指保险人报告当年总的索赔和损失支付额，加上该年度末未支付损失和索赔的待结准备金，扣除上年度末未支付的损失和索赔的准备金；还包括当年所有损失和索赔的理算费用，加上本年度末损失和索赔费用的未支付的准备金，扣除上年度末损失和索赔费用准备金。

loss by breaking 非法侵入所致损失(⇨breaking)

loss by fire (= fire loss)

loss by theft 失窃损失 指纳税人因被窃而遭受的损失。此种损失使纳税人的经济状况恶化。在计算所得税时，失窃损失额可以予以扣除。(⇨theft insurance)

loss carry back (= carry-back)

loss carryforward (= carry over)

loss carry over (= carry over)

loss claims reserve 损失赔偿准备金(⇨loss and loss expense reserve)

loss from liability 责任损失 指由于一方承担责任而直接造成的损失，而不是由于为之支付或清偿而造成的损失。(⇨liability insurance)

loss leader 低价出售的商品；亏本出售的商品；招揽顾客的廉价品 指以极低的甚至低于成本的价格出售的商品，目的为吸引顾客光顾销售者的商店，以期在其它商品上获利。

loss leader sale 亏本式销售(⇨loss leader)

loss of arm 手臂的丧失(⇨loss of member)

loss of bargain 交易损失 交易损失规则可适用于普通法的合同诉讼中，该诉讼因具有违反保证性质的虚假陈述引起。根据交易损失规则，赔偿金额为所保证的货物价值与实际获得的货物价值之间的差价。

loss of capital (= capital loss)

loss of consortium 配偶权的丧失 指由于他人的侵权行为而致某人的相伴、相爱、互助、同居、性关系等配偶权利丧失。这是配偶一方因其配偶权之丧失而向侵权行为人提起的造成配偶另一方身体上的伤害或无能力的侵权行为之诉的诉因。(⇨consortium)

loss of domicile 住所的丧失 住所变更的事实。包括两种情况，一是不再有意回来将之作为住所而从而放弃住所，一是通过实际居住并有意使之成为永久居所从而取得新的住所。

loss of earning capacity 收入能力的丧失 指因人身伤害而致一方将来获得工资收入的能力丧失，它是侵权之诉中可获赔偿的损害之一。收入能力的丧失不同于实际收入的丧失，虽然实际收入的丧失是收入能力丧失的充分证据。例如，失业人员在伤害发生当时虽无工资收入，但有收入能力。

loss of earnings 收入损失 在侵权行为造成人身伤害而提出的损害赔偿之诉中，对收入损失的赔偿要求占重要的方面。在确定赔偿金时，法庭必须考虑到审判日为止的期间内所损失的收入，以及原告在今后正常工作年限可能的未来损失，若今后正常工作年限较少，则应考虑预期的终身收入。(⇨damages)

loss of employment 失业损失(⇨damages)

loss of expectation of life 预期寿命损失 若某人因他人的不法行为而致伤或致死，在计算损害赔偿金时应考虑因该行为而导致其正常预期的健康生命的实质性缩短所造成的损失。(⇨expectation of life)

loss of eye 眼睛丧失；视力损害 指眼睛实际的丧失，或指眼睛的实际功能丧失。

loss of foot 足部丧失 指足部的全部截断或其功能的完全丧失，例如瘫痪。

loss of jurisdiction 裁判权的丧失 指因法庭权限的终止或标的物被毁损或转移而导致对某一案件的标的物作出裁判的权力丧失。

loss of law 法律资格的丧失 如果某人在决斗裁判中[trial by battle]被击败，或沦为农奴，那么他就"丧失他的法律资格"，因而不能作为证人提供证言。

loss of leg 腿部丧失(⇨loss of member)

loss of limb 肢体丧失(⇨loss of member)

loss of member 肢体丧失 有时指事实上的断肢，有时指失去其实际功能。

loss of profits 利润损失(⇨damages; lost profits)

loss of publicity 名声损害 不法解雇的损害赔偿包括对名声损害的赔偿。

loss of services 劳务的丧失；服务的丧失 在古代的普通法诉讼中，因第三人的过失使雇员受到伤害，致雇主一度丧失了他的服务，从而给予雇主一种损失求偿权。该

原则引申为因女儿被诱拐致使父亲丧失了女儿的服侍,从而应给予父亲以救济。

loss of sight 视力丧失 指双眼功能的完全丧失。因事故导致双眼视力 90% 的丧失不是视力丧失,因为该丧失可以通过使用合适的眼镜降至 50%。(⇨ loss of eye; total loss of eyesight)

loss of time (工作)时间损失 因原告人身受到伤害而不能从事平常的事务,因此要对在审判前的那段时间的损失给予赔偿,而不管事故发生时其是否因此得到了补偿。

loss of use 使用权的丧失;使用权损害 原告对某些财产的使用权因受他人妨碍而造成损失,通常以租金价值或租用替代物的合理费用来计算损害赔偿额。

loss of wife's society 妻子同居的丧失 (⇨ loss of consortium)

loss payable clause 保险赔付条款 ①火灾保险单中的一项条款,它排列了被保险财产受损时的索赔优先顺序。通常情况下,抵押权人或信托契约受益人是规定在该条款中的一方当事人,他们在抵押或信托契约的数额范围内优先于所有权人得到赔偿;②财产保险合同中的一项条款,它准予对被保险人以外的人在其对该财产拥有可保利益的范围内支付赔偿。

loss payee 保险受益人 在保险单上指定的、当被保险财产发生损失或损坏时,接受保险赔偿的人。

loss ratio 损失率;赔付率 在保险业务中,指在一定期间内,保险人已支付的损失赔偿金额(包括理算费用)与实收保险费金额之间的比率。在金融业务上,指银行的贷款亏损额或一笔业务可接受的亏损额与该项贷款额或业务项下金额之间的比率。

loss reserve 保险赔偿准备金 保险公司预留的部分资产,用以支付将来可能发生或已发生但未支付的保险损失赔偿。

lost a. ❶遗失的;丢失的;丧失的;失去的 ❷(船舶在海上)遭难的;沉没的;毁掉的;消失的

lost bill of exchange, cheque, or promissory note 〈英〉遗失的汇票、支票或本票 根据 1882 年《汇票法》[Bills of Exchange Act]的规定,如果汇票、支票或本票在到期日前遗失,持票人可向出票人要求交付另一张同样期限的汇票、支票或本票,如经要求,应对出票人保证在所称遗失的汇票、支票或本票重新发现时向其作出赔偿。该法第 70 条规定,关于汇票、支票或本票的任何诉讼或程序中,只要向其他对该票据主张权利的人提供了使法庭满意的保证,法庭可以命令对该票据不予挂失。

lost corner 消失的土地界角 指除来自原始标记的遗迹或可接受的迹象等合理的假设外,位置难以确定的土地界角。其位置只有通过参照一个或多个独立的土地界角才能恢复。(⇨ corner)

lost deed 遗失契据 (⇨ lost instrument)

lost document 〈美〉丢失的文件 在诉讼中,对一份文件内容的证实,通常要求提交原件。但如能证明某一文件已被毁损或经恰当的寻找而无从找到,也可以次要证据[secondary evidence]对其加以证实。次要证据可以是文件的副本或关于其内容的言词证据。在苏格兰,如能通过诉讼证明文件的原意[tenor],副本亦可被视为与原件有同等效力。

lost grant 权利转让契据遗失 这是一种法律拟制。在英格兰早期,地役权人主张地役权[easement]时,必须证明该权利系由权利转让契据所创设,或者其自人类无可记忆[immemorial]的时代起即享有该权利。但是,1623 年

《诉讼时效法》[Limitation Act]规定以占有土地 20 年作为提起诉讼的时效期限,此后,法院采用 20 年期间作为地役权产生的充分的时效条件,其假设是:曾有一份地役权创设所需的权利转让契据,但已遗失。在 1832 年《时效法》[Prescription Act]以后,该种权利转让契据遗失的假设已不具有重要意义,但它仍是地役权取得方法之一。这种因连续 20 年享有地役权从而认为权利转让契据已经遗失的假设是可反驳的[rebuttable],即须以证据证明制作该权利转让契据为不可能。

lost instrument 遗失的文件 指书面文件如合同、证书、抵押契据等虽经仔细彻底寻找仍无法找到。有时包括文件被盗、烧毁或因其他情况而灭失。(⇨ lost papers)

Lost Judge 失踪的法官 指纽约最高法院法官约瑟夫·F. 克瑞特[Joseph F. Crater],其于 1930 年 8 月 6 日在纽约城一家餐馆用餐后上了一辆出租车,此后就再无踪迹。他遗留下他的妻子 25 000 美元的薪俸及可观的银行存款,此事成为传奇。

lost log 丢失的圆木 指圆木在用河流漂浮运送到锯木厂的过程中,被冲到岸上并搁浅。

lost monument 消失的标记 指已被毁或移位的作为界限标志而在不动产法中所提及的界石界牌等标志物。

lost or not lost 不论灭失与否条款;灭失不灭失条款 海上保险单中的一项条款,由此可使承保范围扩及保险单生效日期之前发生的损失。例如,商人购买海上运输中的货物投保时,该船舶业已发生事故,按该条款,该保险单可使该商人有权向保险公司要求赔偿航行中所受之损失,但以被保险人投保时不知情为条件。该条款同样适用于保险标的物为船舶的情形。

lost papers 遗失的文件 指因忘记将文件放在何处而丢失,虽经努力寻找但仍未果。(⇨ lost instrument)

lost profits 损失的利润 在合同诉讼中,是指无过错的受允诺人[promisee]预计可从违约的合同中获得的利润,或者如果按约履行,无过错一方可从附带交易中获得的利润。在侵权诉讼中,是指在没有侵权行为的情况下,受害人预计从正常交易中可得的预期收益。

lost property 遗失物 指由于物之所有人的疏忽或粗心而非自愿地使其物与所有人分离,并且不知物在何处。不包括所有人有意将物藏匿于一个秘密地方。它与遗忘物[mislaid property]或抛弃物[abandoned property]不同。遗忘物是指物的所有人故意将该物置于某处,事后遗忘其放于何处,但可通过仔细查寻发现该物;抛弃物则是所有人明知而故意放弃该物的利益。遗失物如被找到,真正占有人可继续对该物享有最充分的权利,并确立其占有权。遗失物的拾得人亦享有最充分的权利,并可对抗除真正占有人以外的一切人,但如其知道谁是真正占有人,则应将该拾得物返还,如其不知,则应将拾得物送交警察或失物招领处。(⇨ mislaid property)

lost record 〈美〉失踪的政府档案 指虽经仔细彻底地寻找但仍未找到的政府档案[public record]。

L.O.S. Tribunal 国际海洋法法庭 该法庭由代表世界上主要法系的国家派出的 21 名法官组成,解决因《海洋法公约》[Law of the Sea Treaties]而引起的争端。如果争端涉及海底矿藏开发,当事方应将争端提交该法庭的海底争端分庭[Sea-Bed Disputes Chamber/S.D.C.]。

lost time 损失的时间 (⇨ loss of time)

lost will 〈美〉丢失的遗嘱 指已经生效但在遗嘱人死亡时无法找到的遗嘱。在多数司法区,它的内容可用口头言词加以证明,但在有些州却有一个对之可予以反驳的

假设,它认为,如果在立遗嘱人死亡时无法找到遗嘱,就表明一度存在的遗嘱已被撤销。

lot n. ❶(抽)签;(抓)阄 ❷地块;地段 ❸(证券或商品市场上的)一宗;一批;一份;一类;一堆 ❹〈英〉税;捐献;施舍

lot and cope 〈英〉铅贡与税租 指德比郡海皮克[High Peak]的铅矿付给王国政府的税。lot 是指 1/13 量矿箱[dish](28×4×6 吋)的铅,cope 指每载[load]付 6 便士。

lot and scot 〈英〉选举税 在某些城市或自治市要求行使选举权的人须先支付一定税款才能获得投票权。

lot book 地(区)图册

lotherwite (英格兰古法)获偿特权 指领主因他人未经许可与其女奴发生性关系而获得赔偿的权利。

lot line (土地的)边界线 一片土地的边界线,用于描述该土地,且常用于描述毗连的土地。

lot meads 〈英〉份额草地 共有的草地每年分一次,按照份额在所有权人间分配。每一份被称作分得份[dole],每一分得份的所有权人可以享有土地完全保有权或只有土地收益权。份额草地似乎起源于封建采邑中定期将草地分配给庄园可耕地上的自由保有租户的制度。

lot number (土)地(区)段号 ①属于一个城镇原始地区中一块土地的涉及数码的名称;②通过测量而给予一个地段的号码,而且是提供一种描述宅基地的手段。

lot of ground 小块地;城镇用地 指城镇中通常用于建造房屋、庭院、花园或诸如此类的其他城市用途的一小块土地。地块分为内地块[in-lots],即在城市或镇界线内的土地;和外地块[out-lots],即在市镇界线外的、由该市镇某些居民使用的土地。

lots n. 分块拍卖的土地地块 指同一所有权人在一次出售中分块拍卖的土地地块。根据英国 1925 年《财产法》[Law of Property Act],如果一买主购买两块或多块在同一所有权下全部或部分持有的土地,那么他就无权得到多个共同产权说明书,除非其自担费用。这是一个默示的拍卖条件。原则上,当所有地块售出后,价格最大的地块的买主有权拥有产权证书。

lottery n. 抽彩给奖法;抽签法;彩票 一种有对价的、利用抽签、机遇、幸运或卖彩票而不用技能分发奖金的活动。一般包括抽彩、打彩、博彩、兑奖售物等以及各种形式的赌博。在英国,彩票的发行活动受法律的严格规定,一般为盈利而发行的彩票是非法的,但在一定限度允许以彩票作为一种为慈善目的筹措奖金的方法。在美国,许多州以制定法对州办的抽彩活动作了规定。通过邮件或州际间贸易的其他手段为彩票作广告发行,为联邦法律所禁止。但此等联邦法不适用于州所举办的抽彩活动。

lottery ticket 彩票(⇨lottery; having lottery tickets in possession)

lotto n. 抽数码赌戏 一种赌博方式。(⇨bingo)

louage 〈法〉雇佣合同;租赁合同 既可以是物的租赁,也可以是劳务的雇佣。其中物的租赁又可分为房屋租赁和土地租赁;劳务雇佣又可分为个人服务的雇佣和牲畜的租用。

loud and raucous 喧闹 指干扰他人安静的声响。

Loughborough's (Lord) Act 〈英〉《劳克布鲁勋爵法》 指 1800 年《积累法》[Accumulations Act]。(⇨accumulation)

Louisiana law 〈美〉路易斯安那州的法律 不同于美国其它州的法律。它是以民法法系——即大陆法系——而是以普通法法系为背景发展起来的。

Louisiana Purchase 路易斯安那购买地 1803 年美国政府从法国手中购买 828 000 平方英里的法属路易斯安那,使得当时美国的版图扩大了一倍,并且使美国完全控制了具有战略重要性的新奥尔良港[New Orleans]。这片领土分成了 13 个州。最早是法国在 17 世纪声称拥有对路易斯安那的主权。1763 年,法国将路易斯安那省割让给西班牙,西进运动使得密西比河和新奥尔良港对美国人的战略重要性大为加强。1795 年,美国与西班牙签订一项条约,允许美国船只享有在密西西比河上的航行权,并允许西部地区的商人在新奥尔良港存放货物,在出口之前无须缴纳赋税。国力日益衰弱的西班牙对控制路易斯安那感到力不从心,因此对此结果也很满意。但在 1800 年,在拿破仑[Napoléon]领导下的法国与西班牙签订密约,将路易斯安那割让回法国。杰斐逊[Jefferson]总统担心法国人控制具有战略重要性的新奥尔良港,考虑购买该港和西佛罗里达[West Florida]。1802 年,法国收回了美国商人在新奥尔良港存放货物的权利,杰斐逊命令西部人信任的詹姆斯·门罗[James Monroe]去巴黎协助罗伯特·R.利文斯顿[Robert R. Livingston]寻求购买新奥尔良港和西佛罗里达的方案。拿破仑起初拒绝美国人的购买要求,在考虑到英美结盟的可能性以及全力集中他在欧洲的帝国野心,他不仅放弃了新奥尔良港,而且决定转让整个路易斯安那。经过一番讨价还价后,美国人以 1 500 万美元的价格购得路易斯安那。美国政府从英格兰和荷兰银行借得购金,加上利息,最后实际花费 2 700 万美元。杰斐逊支持购买整个路易斯安那,但是担心缺乏宪法上的授权,他考虑是否采纳宪法修正案的形式,使这宗十分合算的交易合法化。后来决定以总统签订条约的权力作为解决之道,杰斐逊将条约提交参议院批准,参议院以 24 票对 7 票予以批准。

L'ou le ley done chose, la ceo done remedie a vener a ceo. 〈法〉有权利就有救济。或:只要法律赋予权利,就必给予补救办法。

lound (= lawnd)

love and affection 爱及感情 它是考虑给予赠与的充分对价,但不是请求给付赠与的有效对价;它是使票据成立所必须的有效对价[good consideration],但不是与受益价值相符的对价[valuable consideration];它是契约扩展到负有自然义务的人的有效对价。这类义务如血亲或姻亲关系的近亲属间的义务,又如基于由当初无法执行的先前的普通法债务或衡平法上的义务所产生的道德债务。(⇨nudum pactum)

love day (英格兰古法)爱心日 这一天邻里间任何纠纷都应和平地解决,或相互间无偿帮助。

lovely claim 〈美〉谦和的(高尚的)索赔 指根据合法测量的测定,美国政府将两块公共土地每块中的 1/4 赠与特定阶层的人,这些人是 1828 年 5 月 24 日国会法所涉及的人,而且是已遵守法案中所加条件的人,又是遵守 1828 年 5 月 28 日美国与印第安人的彻罗基族人订立的条约中各条款的人。

lovite n.(古)亲爱的子民 在某些正式文件中,称呼或提到国王的一位臣民时所用的一个正式爱称。

low bote (英格兰古法)对动乱或暴乱中被杀害者的赔偿

low-cost housing 低价住房 指为贫困者或依靠政府福利生活者提供的住房。

low diligence 轻微的谨慎;轻微注意

Lower Chamber ❶〈英〉下议院 ❷〈美〉众议院(= Lower

House)

lower court ❶原审法院 与上诉法院[appeal court]相对的、作出原审判决的法院。 ❷下级法院;初级法院[inferior court]

Lower House ❶〈英〉下议院 ❷〈美〉众议院(=Lower Chamber)

lower of cost or market/LCM 以成本或现时公平市价低者为准;成本与市价孰低法 存货盘点时的一种估价方法,或称 cost or market, whichever is lower。按此法估价时,须比较原始购置成本[acquisition cost]和现时重置成本[current replacement cost],亦即现时公平市价两者,以价值较低者为准确定存货价值。该估价方法有利于保护债权人的利益,但却容易导致存货价值被低估而企业收益被高估。

lower offense 吸收犯(⇨included offense)

lower owner 下游河岸土地所有人

lowers 〈法〉(海商法)海员工资 法语"louer"的派生词。

lowest balance doctrine 最低结余原则 监察存储在银行的信托基金的一项现代原则。按此原则,银行需维持最低库存现金[vault cash],使之不低于基金总额。

lowest reasonable rate 〈美〉最低合理税率 在宪法意义上不构成可没收的[confiscatory]最低税率。

lowest responsible bidder 负责的最低出价者 在某项政府合同招标中,报价较低的竞标者。该竞标者的报价符合标书规定,而且其以往业绩必须表明其有足够的财力和能力完成投标项目,尽管其报价金额并非一定是最低的,但经招标委员会根据综合因素裁量后可以确定其为中标者。

low flying 低空飞行 该行为是对地表所有人权利的一种不当侵害。

Low-Income Home Energy Assistance Act of 1981 〈美〉《1981年低收入家庭能源资助法》 又称《1981年综合预算协调法》[Omnibus Budget Reconciliation Act of 1981],它将资助拨给各州政府,以满足低收入家庭的能源消费。

low justice 低级司法管辖权 指对于轻微犯罪和小的民事案件的管辖权。(⇨high justice; justice)

low par 低面值 股票面额大大低于发行价格,二者差价记入资本盈余账户[capital surplus account];而按面值发行股票全部收益记入资本账户[capital account]。因此,低面值更便于公司的灵活经营管理。

Low Sunday (=Little Easter Sunday)

low tide 低潮(点) 海水退潮时所达的最低点。(⇨mean low tide)

low-water channel 低水位河床 指由于气候干旱,河水量处于最低标准时的河床。

low-water line 低水位线 在普通低水位季节中,水位下降时在河床上显示的水位线。

low-water mark 海岸低潮水位标 退潮时距离海岸最远的海水线,即沿海的最低落潮线。在英国,介乎此水位标与大小潮的高潮中位线[high tide medium between spring tide and neap tide]之间的海岸为涨滩[foreshore]。涨滩上的财产,非经国家允许或根据规定可以取得外,一律为整个社会的利益而归国家所有,以使其不能被用于从事干扰航海和渔业等公共权利的行使。(⇨water mark; ordinary low-water mark)

loyal a.❶合法的 ❷忠诚的;效忠的 指忠于本人的政治关系、支持本国主权或现政府,也指对事业、理想、职位或他人表示支持。

loyalty n.❶守法;合法 ❷忠诚;效忠

loyalty check 忠诚审查 就某人对政府的态度和涉嫌颠覆活动的可能性而进行的一种审查,包括调查其参加的会议的性质、交往的人员、过去的政治记录和可能有的犯罪记录等。

loyalty examination 忠诚审查(=loyalty check)

loyalty oath 〈美〉效忠宣誓 政府某些敏感部门工作的公务员就职前所作的宣誓,作为雇佣或继续雇佣的一个条件。其誓言内容不仅包括效忠美国宪法和有关州宪法,而且要声明自己既不是某些特定政治组织或任何信奉或倡导以暴力或任何非法手段推翻政府学说的组织之成员,也不信奉或倡导这些学说。在民事诉讼中,这种誓言一度被作为主张权利或进行抗辩的前提条件,后被认定为违宪。(⇨oath)

Loyola Bailout 〈美〉罗耀拉紧急援助条款 1969年联邦税法中的一项条款。它由路易斯安那州[Louisiana]参议员鲁塞尔·隆[Russell Long]和该州众议员黑尔·博格斯[Hale Boggs]提出,对罗耀拉大学[Loyola University]属下的新奥尔良[New Orleans]广播电视台的利润收入免征所得税,以此增加该台同其他传媒公司进行竞争的优势。

L.R. (=Lloyd's Register; Law Reports)

L.R.A. (=Lawyers Reports Annotated)

L.S. (=locus sigilli)

L.S.A.C. (=Law School Admission Council)

L.S.A.S. (=Law School Admission Services)

L.S.A.T. (=Law School Admission Test)

L.S.C. (=Legal Services Corporation)

l.s.d. (=librae, solidi, denarii)

L.S.D.A.S. (=Law School Data Assembly Service)

ltd. (=limited)

Lubbock's Act 〈英〉《卢伯克法》 即1871年《银行休假法》[Bank Holiday Act]。(⇨bank holiday)

Lubricum linguae non facile trahendum est in poenam. 〈拉〉口误不应受罚。或:不因失言而受罚。

lucerna juris 〈拉〉法律之星 中世纪时期的一种头衔,授予伊尔内留斯[Imerius]和鲍尔达斯·德·乌巴迪斯[Baldus de Ubaldis]。

lucerna juris pontificii 〈拉〉大祭司法律之星 中世纪时期的一种头衔,曾授予尼古劳斯·代·杜德奇斯[Nicolaus dei Tudeschis]。

lucid a.❶易懂的;明晰的 ❷理智的;清醒的

lucid interval (神志)清醒期 指精神病患者未受病害侵扰,神志回复清醒的短暂期间。在此期间,他能理解自己的行为,具有行为能力,可以为法律行为,其行为是合法、有效的,例如缔结合法婚姻、作出有效遗嘱或订立合同,以证人身份出庭作证等。(⇨insanity; court of protection)

lucra nuptialia 〈拉〉(罗马法)因婚姻而取得的利益 指夫妻双方在婚前、同意结婚时、婚姻关系存续期间或婚姻关系解除后,因一方赠与、婚约或法律规定,从对方取得的任何财物。

lucrativa causa 〈拉〉(罗马法)无偿原因 指无偿赠与或类似的无偿行为。与有偿原因[onerosa causa]相对。

lucrativa usucapio 〈拉〉(罗马法)获利性时效取得;谋利的强占;僭越继承 指非继承人剥夺继承人的权利,不支付任何对价或通过购买而强占继承人的财产,并通过一年的占有时效,最终取得财产所有权。该人被称为恶意[mala fides]占有人。在古罗马,这种行为虽被视为不诚实[improba]，却为法律容许，目的是促成继承，使死者的债务得以偿还，死后的宗教仪式得以完成。后被废止。(⇨usucapio)

lucrative a.生利的；赚钱的

lucrative bailee 有偿受托人；租借受托人(⇨lucrative bailment)

lucrative bailment 租借受托；有偿寄托(⇨bailment)

lucrative office 〈美〉薪金公职 在部分政府机关，该类公职的酬金是以补偿金形式发放，数额与公职表现挂钩。(⇨office of profit)

lucrative succession 〈苏格兰〉无偿取得的继承 一种消极权利。如果继承人无偿接受应由他继承的遗产，那么，即使份额很少，他也有义务偿付被继承人的所有债务。

lucrative title 无偿取得的所有权 该词源于西班牙法，指通过赠与、继承或不附加义务条件的不动产遗赠[devise]而取得的财产所有权。

lucre n.(贬)金钱或实物收益；利润

lucri causa 〈拉〉❶以获利为目的 ❷〈美〉(刑法)形容盗窃财物的意图 在现代判例中，以营利为目的不足以构成盗窃罪的事实要件[material ingredient]；只有能证明窃取他人财物是出于诈欺，并剥夺了物主的所有权，方能成立盗窃。

lucri gratia 〈拉〉以获利为目的(⇨lucri causa)

lucro captando 以获利为目的 诉讼中原告为获利而继续诉讼。(⇨de lucro captando)

lucrum 〈拉〉小块土地

lucrum cessans 〈拉〉〈罗马法〉利益止遏；可得利益损失 字面意义为停止获利，指预期利益[prospective profits]的减少或持续性利益[continuing profits]的终止。不同于实际利益损失即积极损害[damnum datum; damnum emergens]。

lucrum facere ex pupilli tutela tutor non debet. 〈拉〉监护人不应以其对被监护人的监护而获利。

luctuosa haereditas 〈拉〉〈罗马法〉不幸的继承 指违反正常死亡规律的直系亲属的继承。例如父母继承子女的遗产。(⇨haereditas luctuosa)

luctus 〈拉〉〈罗马法〉哀痛；哀悼(⇨annus luctus)

luctus tempus 〈拉〉哀悼期；服丧服(⇨intra luctus tempus)

lumen 〈罗马法〉❶自然光；室内光 ❷窗户 ❸采光权

lumen juris 〈拉〉法律之光 中世纪时期的一种头衔，有时作于教皇克莱门特四世[Pope Clement Ⅳ]。

lumen legum 〈拉〉法律之光 有时授予伊尔内留斯[Irnerius]的一个头衔。

lumina n.❶lumen 的复数 ❷(室内)采光(权)

luminare n.灯烛 教堂圣坛上燃点的灯或蜡烛，其所需开销为堂区教堂[parish church]的土地收益和租金支付。

Lumley v. Gye(1853) 〈英〉拉姆利诉格伊案 涉及侵害债权的不法行为的判例。案情是：原告聘用某一歌剧演员为其演出3个月，被告明知这一聘用合同仍诱使该演员毁约而为其演出。最后，法院判决被告应当承担赔偿责任。这一判例阐明了妨碍合同关系应承担责任的原则。

lump n.〈英〉(总称)分包商；转包工；个体包工 建筑行业中不受雇于他人的分包商，通常只提供劳务，对其免于从源征税。滥用这一制度则违反1975年《财政法》[Finance Act]。

lumping n.❶成批销售 合计后一次性销售，而不以单位价格计量。❷雇用无责任的承包商 雇用一个所谓的"承包人"[contractor]为合同挂名的另一方，该承包人仅提供劳务并进行监督，而由工程所有权人自行购买建筑材料，并承担由此产生的合同责任。

lumping sale 整批出售 用于司法拍卖[judicial sale]。将几处房地产或几件个人财产成批出售或按一个总价出售。(⇨bulk sale)

lump-sale 批发销售(⇨sale en masse)

lump sum 一次给付的总额

lump-sum alimony 一次给付的离婚扶养费；总计的离婚扶养费 离婚诉讼中，经过合计而已经确定具体数额的离婚扶养费；可以一次性付清，也可以分期支付。(⇨alimony in gross; alimony)

lump-sum distribution 一次性分红 全部到期款额的一次性支付，而非分期付款[installments]。这种付款方式经常发生于附条件的养老金或利润共享计划的受保障人退休或死亡之时。

lump-sum payment 一次性支付 指一次性付清，从而区别于分期付款[installments]，例如在人寿保险中一次性付清保险费[premium]；在离婚协议中一次性支付离婚扶养费；对工人的赔偿一次性支付以代替将来按月支付。(⇨alimony)

lump-sum price 整批售价(⇨lumping)

lump-sum settlement ❶一次性清偿 将欠款一次性付清，这种付款方式与分期缴付赔偿相比，可能在付款数额上有所折减。❷总额清算 对于一项保险索赔，按承保人提出的并为被保险人接受之总额予以偿付。

lump-sum verdict 一次性赔偿的裁决 在该裁决中不具体表明个别的损害赔偿额或利息。

lunacy n.❶(尤指间歇性的)精神错乱 ❷心智丧失 ❸荒谬；愚蠢；疯狂的行为；极端愚蠢的行为(⇨insanity; mania; mental illness; lunatic; unsound mind)

lunacy proceeding 精神错乱确认程序 用来确认某人是否具有精神障碍的程序。如果查明某人患有精神错乱而应对其人身加以限制时，即决定将其送入某拘束性机构，或者为精神病患者指定监护人。

lunar month 太阴月；朔望月 以28天为1个月。

lunatic n.精神病患者；心智丧失者(⇨insanity)
a.精神错乱的；疯狂的

lunatico inquirendo 调查是否心智丧失的令状(⇨de lunatico inquirendo)

lunation n.太阴月(= lunar month)

lundress n.〈英〉标准纯银便士 该币仅在伦敦铸造，故得名。

lupanatrix n.妓女；鸨母；鸨儿；老鸨

lupinum caput 〈拉〉逃犯；被悬赏通缉者(⇨wolf's head)

lupinum caput gerere 〈拉〉悬赏通缉 对于逃犯，谁取其头，等同猎得狼首，得赏之。

lurch n.突然的倾斜 指由于强大气流或其他自然原因使飞机发生的突然运动；或指车辆在急转弯或突然改变方向时发生的摇晃。

lure to improvidence 消费引诱 销售商给予顾客或购买特定商品者奖励的行为。

lurgulary n.向水中投毒；向水中投入污浊物

lushborow n.〈英格兰古法〉勒许伯罗 爱德华三世[Edward Ⅲ]时，由海外仿照英币铸制而带入英格兰的一种假币。携带这种假币进入英格兰者将按1351年《叛国法》[Treason Act]处以叛国罪[treason]。

lushburgers (= luxemburgers; lushborow)

lust　*n*. 强烈的性欲；淫欲

lustful　*a*. ❶好色的；淫荡的　❷贪欲的；渴望的

luxemburgers　（= lushborow）

luxury　*n*. 奢侈；浪费　在过去曾被作为违反公共节约制度的违法行为。（⇨sumptuary laws）

luxury tax　奢侈品税　对非生活必需品，如烟、酒、珠宝等课征之税。此税之征收目的在于控制消费、再分配社会财富和增加国库收入，在战时则旨在抑制与战事无关之产品的生产。

lych gate　停柩门　通往教堂墓地的门，有篷顶，遮挡抬去下葬的灵柩。

Lydford law　〈英〉私刑（= Lidford law）（⇨lynch law）

lyef geld　〈撒克逊〉准假金　习惯佃农［customary tenant］因回家耕种自己土地而向领主请假并获准时，应交的一小笔钱款。（⇨customary freeholds）

lying　*n*. ❶说谎；假装　每个欺诈行为［deceit］均含说谎。　❷平躺；卧（⇨lie；deceit；misrepresentation）
　　a. ❶假的；不真实的　❷好说谎的；不诚实的

lying about　到处乱卧；无所事事　如牛在公路上到处游荡，则其主人将因之受罚。但仅是沿路而行，稍作停留而继续前行者除外。

lying at anchor　（船舶）抛锚后漂浮在水面　有别于靠岸停泊的状态。

lying by　（行使权利的）延误；疏于行使权利；懈怠　某人对于有利害关系的交易，当场为沉默之意思表示，则视为默认。此后若其意图反悔，则他人可以其疏于行使权利而阻止其反悔。（⇨estoppel；laches）

lying-in expenses　分娩费　指为婴儿出生所花的医药、护理及住院的费用。

lying in franchise　自力取得财产　无需通过诉讼而取得遗弃物、沉船货物和走失的家畜等。（⇨lie in franchise）

lying in grant　依契据转移无形权利　指无形权利［incorporeal rights］之转让，不能通过实际交付的方式［manual tradition］，而只能依照法律的规定，按契据的交付而发生权利转移。（⇨livery of seisin；seisin；lie in grant）

lying in livery　依交付转移财产所有权（⇨lie in livery）

lying in port　（船舶）停泊在港口　被保险船舶的停泊状态。当被保险船长时间在港口停泊时，一旦开航准备工作开始，在原保单基础上就附加了一份"在和从港口"［at and from］的保单。但如该船在港口期间，其所有人发生变更，除非受让人另行投保成为被保险人，否则不能主张要求上述保单的附加。

lying in wait　（为谋杀他人而）事先埋伏　指为谋杀他人或故意伤害他人而事先埋伏在一个地点，当被害人经过时，进行突然袭击。lying in wait 可以用来证明杀人者具有杀人的预谋和故意。作为加重情节，它必须由三个因素构成，即等候［waiting］、观望［watching］和秘密进行［secrecy］。在美国那些将谋杀罪划分等级的州中，如果杀人者实施了事先埋伏的行为，则构成一级谋杀罪［murder in first degree］。

lying on　位于　该词用于描述边界或土地所在位置时，其事实上或法律上的意义涵盖所描述土地的边界。

lying up　（船舶）入坞停用　被保险船舶的非营运状态。

如果某船不论是在航行过程中还是在入坞期间所受风险均属被保险范围，那么它在被拖航进入港口时所遭受之风险亦在被保险范围之内。

lynching　*n*. 私刑（⇨lynch law）

lynch law　〈美〉私刑　指私人组织［unofficial persons］、团伙［organized bands］或者暴民［mobs］在既未经过合法审判又未得到法律授权的情况下，将被指控的犯罪人或者犯罪嫌疑人抓获，并施以肉体上的折磨或者处死。在英格兰称为"Lidford law"；在苏格兰称为"Cowper law"。lynch law 一词可能源自查尔斯·林奇［Charles Lynch］，在美国独立战争时期，林奇是弗吉尼亚州的治安法官［justice of the peace］，为了镇压不法之徒［outlaws］和亲英分子［loyalist］的破坏活动，他使用了私刑的方法。在美国那些司法机构还没有发展起来的边境地区，当地自发组织的治安维持会成员［vigilantes］也常常使用私刑。在美国南方各州，白人也常常对黑人使用私刑。但是，现在私刑几乎已经完全销声匿迹了。

Lyndhurst's（Lord）Act　〈英〉《林德赫斯特（勋爵）法》　即包括1835年《婚姻法》［Marriage Act］，1844年《非国教教徒教堂法》［Non-conformist Chapels Act］及1844年《执行法》［Execution Act］；其中《婚姻法》规定若干阶层［degree］人士之间的婚姻无效［null and void］，应予撤销。

Lyndwood's Provinciale　〈英〉《林登伍德教会法汇编》　指从史蒂芬·兰顿［Stephen Langton］到大主教奇切利［Chichele］时代的英格兰教会法汇编，书中还包括各个时期对教会法实践的例证。1679年的版本最佳。

lyon　*n*. 〈苏格兰〉纹章长官（⇨Lord Lyon King of Arms）

lyon court　〈苏格兰〉纹章院长法庭　大约从15世纪开始，由纹章院长所开设的法庭，就纹章的颁发、注册、核实和佩带以及纹章事务行使管辖权。该法庭也享有一部分民事审判权和刑事管辖权，可以处理申请授权佩带纹章的民事案件和审理再次注册的民事案件，还可以审理僭窃王室和私人有关纹章佩带权利的刑事案件。当事人对该法庭的判决不服，可以向最高民事法院［Court of Session］和上议院［House of Lords］提起上诉。

Lyons Law　〈美〉《莱昂斯法》　即《居住地法》［Residency Law］，它因其发起人为纽约市［New York City］布隆克斯行政区［Bronx Borough］主席詹姆斯·莱昂斯［James Lyons］而得名。该法于1937年在纽约市施行，此后相继在其他市、县实施。由于大萧条导致职位空缺减少，因此，该法要求"家乡的工作为家乡人"［Hometown jobs for hometown folks］，雇员如不在该市居住将被解雇。1976年费城的一起检验案件［test case］中，最高法院确认其符合宪法。

Lyons v. Grether（1977）　〈美〉莱昂斯诉格雷特尔案　弗吉尼亚州［Virginia］最高法院判决：盲人对于违反《盲人白色手杖法》［White Cane Act］者可以起诉要求补偿性和惩罚性损害赔偿。

lytae　〈拉〉〈罗马法〉学习罗马法的四年级学生　因其被认为能解决所有的法律问题而得名。该词源于希腊文。

Lytton's（Lord）Act　〈英〉《利顿（勋爵）法》　即1883年《戏剧版权法》［Dramatic Copyright Act］。

Mm

M ❶(罗马数字)一千;表示密尔[mill],相当于千分之一美元 ❷〈英格兰古法〉M印记 烙在犯有杀人罪但享有教士特权[benefit of clergy]者左手拇指上的标记。

mace n.❶〈古〉狼牙棒 ❷权杖 顶部偏大,装饰精美,用作国家权威的象征,在有御前大臣、大学校长、市长、下议院议长等出席的纪念性场合也用作权威的标志。当下议院议长主持下议院全体会议时,权杖置于议长前面的桌上;当以委员会形式出现时,权杖置于委员会主席面前桌下的吊钩上。

Macedonian decree 〈罗马法〉马其顿决议 即"Senatusconsultum Macedonianum",是罗马元老院针对高利贷者马其顿通过的法律。主要内容为保护未成年人及其家庭免受高利贷的盘剥,规定对高利贷给未成年人的钱款,不能提起偿还之诉。

mace-greff 〈英格兰古法〉(明知是赃物而有意)购赃物者 尤指赃物为食品的情况。

mace proof 免受逮捕

macers n.〈苏格兰〉执杖官 高等刑事法院[High Court of Justiciary]和最高民事法院[Court of Session]中在举行仪式的场合执权杖[mace]的官员。其在其他时间履行门吏[usher]的职责。

macgrief (= mace-greff)

machecollare v.在(城堡)上开堞眼(或枪眼)

machecoulare (= machecollare)

machination n.阴谋策划;阴谋诡计;密谋(⇨artifice; scheme)

machine for voting 选举投票表决装置(⇨voting machine)

Macnaughton Rules (= M'Naghten Rules)

mactator 〈拉〉〈欧洲古法〉谋杀者;故意杀人者

maculare v.〈欧洲古法〉伤害;使受疼;使受创

made a.❶(人工)生产(或制造)的 ❷迫使的;劝使的 ❸提出(申请)的;提起(诉讼)的 ❹已生效的;已执行的;完成的 ❺(流通票据)经签署和交付的

made and executed (契据)经签署、加盖印鉴并交付的

made known 告知;报知(对方);使知晓 如传票或其他法律文书送达后,送达回呈表明其内容已"告知"被告。

made known to me by introduction 经介绍为我所知 认可证书[certificate of acknowledgment]中的语句,表明办理认可证明的官员是通过认可文书者的自我介绍了解他的。

made land 围垦地;人造地

madman n.疯子;精神失常者 此词既非医学术语也非法律术语,在使用中缺乏精确性,故已不再使用。(⇨insanity)

Mad Parliament 〈英〉疯狂议会 1258年,亨利三世迫于贵族压力,同意将国家权力授予一个由国王和贵族共同提名组成的委员会行使,该委员会由24人组成,国王与贵族各任命12人。该委员会被授权可采取一切必要的改革措施,并因其激进性和措施强硬而被称作"疯狂议会"。1258年的《牛津条例》[Provisions of Oxford]便由该委员会起草。(⇨parliamentum insanum)

mad point 偏执点 偏执者思想上集中的观点或事物。

maec-burgh 〈撒克逊〉❶宗族;家族 ❷家庭 ❸[总称]亲属

maeg n.〈撒克逊〉男性亲属

maegbot n.〈撒克逊〉杀害男性亲属所须支付的赔偿金

maegbote n.(= maegbot)

maelstrom n.❶大漩涡 ❷破坏性影响;范围广泛的坏影响

maere 著名的;伟大的;显著的

magis 〈拉〉更;更多;更高程度

Magis de bono quam de malo lex intendit. 〈拉〉法律更倾向于善意而不是恶意解释。 如合同用语有两种解释可能,其一合法,其二不合法时,法律采纳前者。

Magis dignum trahit ad se minus dignum. 〈拉〉重要的吸收次要的。

Magis fit de gratia quam de jure. 〈拉〉行为主要出于善意而非权利。

magister 〈拉〉❶(罗马法)(罗马帝国的)长官 ❷〈英〉统治者;首领;管理者 ❸取得科学学位的人

magister ad facultates 〈拉〉〈英〉(教会法)特许官 在禁期内就结婚、吃肉等事宜颁发特许状的教会官员。

magister bonorum vendendorum 〈拉〉(罗马法)财产管理人 由司法当局指派编制财产清单、为债权人的利益而变卖失踪或潜逃债务人财产的人。通常为债权人之一,其地位相当于现代破产程序中债权人利益的接受人或受让人。

magister cancellariae 〈英格兰古法〉衡平法院法官助理 之所以被称为"magistri"是因为他们都出身教士。(⇨Master in Chancery)

magisterial a.治安法官的;有关治安法官的职位(权限、职责)的

magisterial precinct 〈美〉治安法官管辖区;基层司法管辖区 在一县内划分的某一治安法官[magistrate]、治安官[constable]、太平绅士[justice of the peace]的辖区范围。也称作"magisterial district"。

magister libellorum 〈拉〉(罗马法)(接受民间请求或控诉的)帝国官员

magister litis 〈拉〉(罗马法)(受理诉讼的)官员;(案件的)主办法官

magister navis 〈拉〉(罗马法)船长

magister palatii 〈拉〉(罗马法)(管理宫廷或办公室事务的)官员 类似今天英国内廷大臣[Lord Chamberlain]的一种古罗马帝国官员。

Magister rerum usus; magistra rerum experientia. 〈拉〉运用是指导,经验是老师。

magister societatis 〈拉〉(罗马法)团体经管人;合伙管理人

magistra n.女主管;女经理

magistracy n.❶[总称]公职文官 包括立法、行政、司法整个公职机构的人员。 ❷执法人员 ❸治安法官(基层司法官员)的职位(辖区、权限) ❹[总称]治安法官;基层司法官员

magistralia brevia (英格兰古法)衡平法院助理法官或主任书记官就具体案件发出的令状

magistrate n.❶最高统治者;首席官员 指某一政府机构中职位最高者,如皇帝、君主、总统、州长等。也称"chief magistrate"或"first magistrate"。 ❷公职文官 泛指由政府委派,包括行使立法、行政、司法职能的官员。 ❸治安官;基层司法官员 一般指具有限管辖权的、地方性的初级法官。在英国,通常称治安法官,为对刑事或准刑事案件具有简易裁判权[summary jurisdiction]的司法官员。有两类:一是荣誉治安法官[honorary magistrate],由太平绅士[justices of the peace]组成;一是领薪治安法官[stipendiary magistrate],通常被任命于人口较多的地区履行职责,其权限比普通的太平绅士要宽。在英国,magistrate 还常用于这些词组中,如 police magistrate, metropolitan magistrate, magistrates' courts, resident magistrate(用于爱尔兰)等。在美国,许多州的司法系统中均有此类基层司法官员,常被冠以"magistrate","justices of the peace","police justices"等称呼。其权限由制定法规定,管辖范围一般以其任所在县为限,其产生方式,有的州为选任,有的州为任命,具体职责因州而异,通常包括对机动车违章案件或破坏治安的案件举行听审,签发逮捕令、搜查令,决定是否准予保释,主持刑事案件的预审,处理小额民事案件等。联邦司法官[U.S. magistrates]为根据1968年的《美国司法官法》[United States Magistrates Act]规定设置的、由联邦地区法院法官任命的联邦基层司法官员,它取代了原来的美国司法专员[U.S. commissioners],可以行使联邦法官的某些但非全部职权。

magistrate's certificate (由司法官、公证官员或其他官员出具的)财产损毁证明 某些火灾保险单规定,被保险人遭受火灾损后须提供此项财产损毁证明,以证明被保险人确实遭受财产损毁,而非以欺诈方式骗取保险赔偿。

magistrate's court 治安法院 ①在美国,泛指由治安法官主持的对轻微刑事案件和民事案件有管辖权的法院,但对严重刑事案件的被告人也有权将其羁押以交付审判;②在英国,治安法院由两名或多名太平绅士[justices of the peace]或一名领薪治安法官[stipendiary magistrate]组成,根据制定法、普通法或其职责履行职务。它属于下级法院[inferior court],亦为存卷法院[court of record]。其初审刑事管辖权包括审理只能依简易程序审理的[triable summarily]案件,以及既可依简易程序审理也可按正式起诉程序审理[triable either way]但法院认为根据案件具体情况适于按简易程序审理的案件。治安法院还有权主持刑事案件的预审程序以决定是否应将被告人交付刑事法院按正式起诉程序审理。此外,治安法院还对有关青少年犯罪、婚姻家庭案件、许可证案件有管辖权。该词有时也拼作"magistrates' court"(尤其在英格兰)。在英国也称作"court of petty sessions"或"court of summary jurisdiction"。

magistratus 〈拉〉(罗马法)❶地方法官;治安法官 ❷罗马高级官员

magna assisa (英格兰古法)大巡回陪审制 由16名陪审员组成的审判,以取代使用决斗方式的审判。(⇨grand assize)

magna assisa eligenda 选择大陪审团的古代令状 先召集4名合法骑士[knights],再由他们挑选其余12名组成大陪审团,审理案件。(⇨grand assize)

Magna Carta✵ 〈拉〉《大宪章》 英格兰国王约翰[King John]在封建领主迫使下于1215年6月15日在伦尼梅特[Runnymede]签署的保证公民自由和政治权利的宪法性文件,被公认为英格兰宪法自由权的基础。大宪章共63条,后世国王曾经多次修订确认。其主要内容是针对当时一些不公正的社会现象从法律上规定了补救措施,如司法职权的公正实施,世俗和教会裁判权的界定,公民人身自由和财产权的保障,征税限制和教会权利不受侵犯等。大宪章对后世的巨大影响不在于其具体条款而是其语言的内在重要含义。如大宪章保障自由民除经合法审判外,不得被任意逮捕、监禁、没收财产或放逐出境。在司法公正方面规定,不得任意出卖权利和公正,也不得任意拒绝或拖延赋予任何人权利或公正。这些语句世代相传,并由英国殖民主义者带往北美。美国宪法和权利法案就直接脱胎于大宪章。亦称作 Magna Charta; Great Charter。

MAGNA CHARTA

John, by the grace of God, king of England, lord of Ireland, duke of Normandy and Aquitaine, count of Anjou, to all his archbishops, bishops, abbots, earls, barons, justiciars, foresters, sheriffs, stewards, servants, and all bailiffs and faithful men, health. Know that we by looking to God, and for the health of our soul, and of all our ancestors and heirs, to the honor of God, and the exaltation of his holy Church, and the rectifying of our realm by the counsel of our venerable fathers, Stephen, archbishop of Canterbury, primate of all England and cardinal of the holy Roman Church; Henry, archbishop of Dublin; William of London, Peter of Winchester, Joscelin of Bath and Glastonbury, Hugh of Lincoln, Walter of Worcester, William of Coventry and Benedict of Rochester, bishops; Master Pandulf, subdeacon of our lord pope and servant; brother Eymeric, master of the knights of the Temple in England; and of nobles, William Marshall, Earl of Pembroke; William, Earl of Salisbury; William, Earl Warrenne; William, Earl of Arundel; Alan of Galway, constable of Scotland; Warin, son of Gerold; Peter, son of Herbert; Hubert de Burg, seneschal of Poitou; Hugh de Neville; Matthew, son of Herbert; Thomas Basset; Alan Basset; Philip de Albini; Robert de Ropley; John Marshall; John, son of Hugh; and others our lieges.

Chapter 1

First, we grant to God, and by this our present charter we confirm, for us and our heirs forever, that the English church be free, and have its rights whole and its liberties unimpaired; *and so we will to be observed, which appears from the fact that we have of pure and free will, before difference arose between us and our barons, granted, and by our charter confirmed, freedom of elections, which is conceived greatest and most necessary for the English church, and have got it confirmed from our lord Pope Innocent III, which we will observe ourselves and will to be ob-*

served in good faith by our heirs forever.[1] We have granted to all free men of our realm, for ourself and our heirs forever, all these underwritten liberties to have and to hold, for themselves and their heirs, from us and our heirs.

1. The full text of the Charter of 1215 has been included here. Sections that were omitted in later versions of the charter are printed in italic type on this and subsequent pages. Unless otherwise indicated, the omissions were made in 1216. Important alterations and additions have been indicated in the notes.

Chapter 2

If any of our earls or barons, or other tenant of us in chief by military service, die, and when he dies, his heir be of full age, and owe a relief, he shall have his inheritance by the old relief, to wit, the heir, or heirs of an earl, for the whole barony of an earl by £100; the heir or heirs of a baron, the whole barony by £100; the heir or heirs of a knight for a whole military fee by 100s. at most, and he who owes less should pay less according to the ancient custom of fees.

Chapter 3

If the heir of any of these be below age, and be in wardship, when he comes to full age he shall have his inheritance without relief or fine.

Chapter 4

The guardians of the land of any heir, who is below age, shall not take from the land of the heir more than reasonable exits [revenues], and reasonable customs, and reasonable services, and this without destruction and waste of men or property; and if we commit the wardship of any such land to the sheriff or any one else, who is to answer to us for the exits, and he made destruction or waste of his wardship, we will take recompense of him, and the land shall be committed to two lawful and discreet men of that fee, who will answer to us of the exits, or to him to whom we have assigned them; and if we have given or sold to any one the wardship of any such land, and he does destruction or waste, he shall lose his wardship, and give it to two lawful and discreet men of that fee, who shall in like manner answer to us as is aforesaid.

Chapter 5

The guardian, as long as he have wardship of the land, shall keep up houses, parks, stews, pools, mills, and other things belonging to that land, from the exits of the same land, and restore to the heir, when he comes to full age, all that land stocked with teams, according to what the season of teams demands, and the exits of the land can reasonably sustain.[2]

2. A clause added in 1216 stipulated that the chapter also applied to ecclesiastical properties except that those wardships should not be sold.

Chapter 6

Heirs shall be married without disparagement, *so that before they contract matrimony it be communicated to the kinsmen in blood of the heir.*

Chapter 7

A widow after the death of her husband shall at once and without hindrance have her marriage and inheritance, nor give anything for her dower, or for her marriage, or for her inheritance, which inheritance she and her husband had on the day of her husband's death, and she shall remain in her husband's home for forty days after his death, within which her dower shall be assigned to her.[3]

3. In 1217 a clause was added that guaranteed a widow one-third of her husband's lands unless a smaller dower had been assigned at the time of the marriage. In 1225 chapters 7 and 8 were combined into one.

Chapter 8

No widow shall be forced to marry as long as she wills to live without a husband, so that she give security that she will not marry without our assent, if she hold from us, or without the assent of the lord from whom she holds, if she holds from another.

Chapter 9

Neither we nor our bailiffs will seize any land or rent for any debt, as long as the chattels of the debtor suffice for paying the debt, nor shall the sureties of the debtor be distrained, as long as that debtor in chief suffices for the payment of the debt, and if the debtor in chief fail in paying the debt, not having whence to pay, the sureties shall answer for the debt, and if they will, shall have the land and rents of the debtor till they are satisfied of the debt which they paid for him, unless the debtor in chief show that he is quit thence against these sureties.

Chapter 10

If anyone borrows anything from the Jews, more or less, and dies before the debt is paid, the debt shall not bear usury as long as the heir is under age, from whoever he holds it, and if that debt fall into our hands we will take only the chattel contained in the deed.

Chapter 11

And if anyone die and owes a debt to the Jews, his wife shall have her dower and pay nothing of that debt, and if the children of the dead man are under age, necessaries shall be provided for them according to the holding of the dead man, and the debt shall be paid from the residue, the service of the lords saved, and in the same way shall it be done with debts which are owed to other than Jews.

Chapter 12

No scutage or aid shall be laid on our realm except by the common counsel of our realm, unless for ransoming our person, and making our eldest son a knight, and marrying our eldest daughter once, and this must only be a reasonable aid, and so shall it be with the aids of the city of London.

Chapter 13

And the city of London shall have all its ancient liberties and its free customs, *both by land and by water.* Besides we will and grant that all other cities, and burghs [boroughs], and vills [towns], and ports shall have all their liberties and free customs.

Chapter 14

And to have a common counsel of our realm on assessing an aid other than in the three aforenamed cases, or assessing a scutage, we will cause to be summoned archbishops, bishops, abbots, earls, and greater barons, singly by our letters, and we will also cause to be summoned in general, by our sheriffs and bailiffs, all those who hold of us in chief, at a certain day, to wit, at least forty days after, and a certain place; and in all letters of summons we will express the cause of summons, and when summons is made the business assigned for the day shall proceed according to the council of those who are present, though not all who are summoned come.

Chapter 15

We will grant to no one in future that he take aid from his free men, except to ransom his person, to make his eldest son a knight, and to marry his eldest daughter once, and for this there shall only be a reasonable aid.

Chapter 16

No one shall be distrained to do a greater service for a knight's fee, or any other frank [free] tenement than is due from it.

Chapter 17

Common pleas shall not follow our court, but shall be held in some certain place.

Chapter 18

Recognizances of novel disseisin, mort d'ancestor, and darrein presentment shall not be taken except in their own counties and in this manner; we, or, if we be out of the realm, our chief justiciar, will send two justices to each county four times in the year, who, with four knights of each county, elected by the county, shall take in the county and day and place the aforenamed assises of the county.[4]

4. In 1217 the text was changed to say that justices (number unspecified) would be sent through each county once a year to hold assises with knights of the county (number unspecified). A separate chapter was created that stipulated that assises involving darrein presentment should always be held before the justices of the bench.

Chapter 19

And if the aforesaid assises of the county cannot be taken on that day, so many knights and free tenants shall remain of those who were at the county on that day, by whom judgments can be sufficiently effected, according as the business is great or small.

Chapter 20

A free man shall not be amerced for a small offense unless according to the measure of the offense, and for a great offense he shall be amerced according to the greatness of the offense, saving his tenement, and the merchant in the same manner, saving his merchandise, and the villein shall be amerced in the same manner, saving his tools of husbandry, if they fall into our mercy, and none of the aforenamed mercies shall be imposed except by the oath of reputable men of the vicinage.

Chapter 21

Earls and barons shall not be amerced but by their equals, and only according to the measure of the offense.

Chapter 22

No cleric shall be amerced *of his lay tenement*, except according to the measure of the other aforesaid, and not according to the size of his ecclesiastical benefice.[5]

5. In 1225 chapters 20, 21, and 22 were combined in a single chapter.

Chapter 23

No vill or man shall be distrained to make bridges at rivers, unless he who of old, or by right, is bound to do so.

Chapter 24

No sheriff, constable, coroners, or others of our bailiffs shall hold pleas of our crown.

Chapter 25

All counties, hundreds, wapentakes, and ridings shall be at the old farms [rents] without any increase, saving the manors of our demesne.

Chapter 26

If anyone holding a lay fee [fief] of us dies, and the sheriff or our bailiff shows our letters patent of the summonses of a debt which the dead man owed us, it shall be lawful for our sheriff or bailiff to attach and enroll the chattels of the dead man found in this fee to the value of the debt by the view of lawful men, so that nothing be moved thence till our debt which is clear be paid us, and the residue shall be left to the executors to fulfill the testament of the deceased, and if nothing be owed us by the deceased, all his chattels shall go to the deceased, save the reasonable shares to his wife and children.

Chapter 27

If any free man die intestate, his chattels shall be distributed by his nearest relations and friends, by the view of the church, save the debts due to each which the deceased owed.

Chapter 28

No constable, or other bailiff of ours, shall take the corn or chattels of anyone, unless he forthwith pays money for them, or can have any respite by the good will of the seller.[6]

6. In 1216 the chapter was modified to say that constables and their bailiffs should not take the goods of anyone who is not from the village where the castle is located unless they pay cash or make arrangements to pay later; persons from the village should be paid in three weeks. In 1217 the three weeks was changed to forty days.

Chapter 29

No constable shall distrain any knight to give money for the wardship of a castle [military service in the garrison of a castle], if he be willing to perform that wardship in his own person, or by some other reputable man, if he cannot do it himself for some reasonable cause, and if we have led or sent him to an army, he shall be quit of the wardship, according to the length of time that he is with us in the army.

Chapter 30

No sheriff or bailiff of ours, or any other, shall take horses and carts of any free man for carrying, except by the will of the free man.[7]

7. In 1216 the chapter was modified to say that the horses and carts should not be taken unless the owner received a specified amount of money. In 1217 a chapter was inserted that prohibited bailiffs from taking carts from the demesne of a cleric, a knight, or a lady. In 1225 chapters 30 and 31 from the Charter of 1215 and the new chapter were combined into a single chapter.

Chapter 31

Neither we nor our bailiffs will take any wood for our castles, or other our works, except by consent of the man whose wood it is.

Chapter 32

We will not hold the lands of those who are convict of felony, except for one year and one day, and then the lands shall be returned to the lords of the fees.

Chapter 33

All kidells [fish-weirs] shall for the future be wholly taken away from the Thames and the Medway, and through all England, except at the coast of the sea.

Chapter 34

The writ which is called *praecipe* for the future shall not issue to anyone about any tenement from which a free man may lose his court.

Chapter 35

There shall be one measure of wine throughout our whole realm, and one measure of beer, and one measure of corn, to wit, the London quarter, and one breadth of dyed cloth, and russet and haberget cloth, to wit, two ells within the lists, and of weights it shall be as of measures.

Chapter 36

Nothing shall be given or taken hereafter for the writ of inquisition on life or limb, but it shall be granted freely, and not denied.

Chapter 37

If anyone holds of us by fee-farm, either by socage or by burgage, or of any other land by military service, we shall not have the wardship of the heir or his land which belongs to another's fee, because of that fee-farm, or socage or burgage, nor shall we have wardship of that fee-farm, or socage or burgage, unless the fee-farm itself owes military service. We shall not either have wardship of heir or any land, which he holds of another by military service, by reason of some petty serjeanty which he holds of us, by the service of paying us knives, or arrows, or the like.

Chapter 38

No bailiff in future shall put anyone to law by his mere word, without trustworthy witnesses brought forward for it.

Chapter 39

No free man shall be seized, or imprisoned, or disseised, or outlawed, or exiled, or injured in any way, nor will we enter on him or send against him except by the lawful judgment of his peers, or by the law of the land.[8]

[8]. In 1217 the words "of his freehold liberties or free customs" were inserted after "disseised." In 1225 the words "in the future" were inserted after "No free man shall," and the chapter and the one following it were joined together.

Chapter 40

We will sell to no one, or deny to no one, or put off right or justice.

Chapter 41

All merchants shall have safe conduct and security to go out of England or come into England, and to stay in, and go through England, both by land and water, for buying or selling, without any evil tolls, by old and right customs, except in time of war; and if such shall be found in our land at war against us, and if such shall be found in our land, at the beginning of war, they shall be attached without loss of person or property, until it be known by us or our chief justiciar how the merchants of our land are treated who are found then in the land at war with us; and if ours be safe there, others shall be safe here.[9]

[9]. In 1216 the words "unless formerly they have been publicly prohibited" were inserted after "All merchants."

Chapter 42

It shall be lawful for anyone hereafter to go out of our realm, and return, safe and sound, by land or by water; saving fealty to us, except in time of war for some short time, for the common weal of the realm, except imprisoned men, and outlaws according to the law of the realm, and as natives of a land at war against us, and to the merchants of whom is done as is aforesaid.

Chapter 43

If any person holds of any escheat, as of the honor of Wallingford, Nottingham, Boulogne, Lancaster, or of other escheats which are in our hands, and they are baronies, and he dies, his heir shall not pay any other relief, or do us any other service but that which he would do for the baron, if the barony were in the hand of a baron, and we similarly will hold him in the same way that the baron held him.[10]

[10]. In 1217 a sentence added at the end of the chapter stipulated that the king would not have an escheat or wardship by reason of such an escheat or barony unless the person who held the property was a tenant-in-chief for other property.

Chapter 44

Men who dwell without the forest shall not come hereafter before our justices of the forest, by common summonses, unless they are in plea, or sureties of one or more, who are attached for the forest.[11]

[11]. Chapter 44 of the Charter of 1215 was retained in the Charter of 1216, but in 1217 it was transferred to the separate Charter of the Forest. In 1217 a new chapter was inserted at this point that stipulated that no free man should give or sell so much of his land that he would be prevented from doing the full service due from the fief.

Chapter 45

We will not make justices, constables, sheriffs, or bailiffs except from those who know the law of the realm, and are willing to keep it.

Chapter 46

All barons who have founded abbeys, whence they have charters of the kings of England, or ancient tenure, shall have their custody while vacant, as they ought to have it.

Chapter 47

All forests which have been afforested in our time shall be forthwith deforested, and so with the rivers which have been forbidden by us in our time.[12]

[12]. In 1217 the first clause was transferred to the Charter of the Forest; the second clause became a separate chapter.

Chapter 48

All ill customs of forests and warrens, and foresters and warreners, sheriffs and their servants, rivers and their keepers, shall be forthwith inquired into in each county by twelve sworn knights of the same county, who should be chosen by the reputable men of the same county; and, within forty days after the inquest is over, they shall be wholly done away by them, never to be recalled, so we know this first, or our justiciar, if we are not in England.

Chapter 49

We will forthwith return all hostages and charters which were delivered to us by the English as security of peace or faithful service.

Chapter 50

We will wholly remove from their bailiwicks the relations of Gerard de Athée so that hereafter they shall have no bailiwick in England, Engelard de Cigogné, Andrew, Peter, and Guy de Chanceux, Geoffrey de Martigny and his brothers, Philip Mark and his brothers, and Geoffrey his nephew, and all their following.

Chapter 51

And immediately after the restoration of peace, we will remove from the realm all foreign knights, bowmen, officers, and mercenaries who came with horses and arms to the harm of the realm.

Chapter 52

If anyone has been disseised or deprived by us without lawful judgment of his peers, from lands, castles, liberties, or his right, we will forthwith restore him; and if a dispute arise about this, judgment shall then be made by twenty-five barons, of whom mention is made below, for the security of peace, and of all those matters of which a man has been disseised or deprived without the lawful judgment of his peers, by King Henry our father, or by King Richard our brother, which lands we have in our hands, or which others have, which we ought to warrant, we will have respite up to the common term of the crusaders, those being excepted of which the plea was raised or inquisition was made by our order, before the taking of our cross, and when we return from our journey, or if we chance to remain from our journey, we will forthwith show full justice thence.

Chapter 53

We will have the same respite, and in the same way, about exhibiting justice of deforesting or maintaining the forests, which Henry our father, or Richard our brother afforested, and of the wardship of the lands which are of another's fee, of which thing we have hitherto had the wardship, by reason of the fee, because someone held of us by military service, and of the abbeys which were founded on the fee of another than our own, in which the lord of the fee says he has the right; and when we return, or if we stay from our journey, we will afford full justice to those who complain of these things.

Chapter 54

No one shall be seized or imprisoned for the appeal of a woman about the death of any other man but her husband.

Chapter 55

All fines which have been made unjustly and against the law of the land with us, and all amercements made unjustly and against the law of the land, shall be wholly excused, or it shall be done with them by the judgment of twenty-five barons, of whom mention will be made below on the security of the peace, or by the judgment of the greater part of them, along with the aforenamed Stephen, archbishop of Canterbury, if he can be present, and others whom he wills to summon to him, and if he be unable to be present, nevertheless the business shall go on without him, so that if one or more of the aforenamed twenty-five barons are in a like suit, they may be removed as far as this judgment is concerned, and others be appointed, elected, and sworn for this matter only, by the residue of the same twenty-five.

Chapter 56

If we have disseised or deprived the Welsh of their lands or liberties or other goods, without lawful judgment of their peers, in England or in Wales, let these things be forthwith restored, and if a dispute arise upon this, let it be thereafter settled in the march by the judgment of their peers; on tenements in England according to the law of England; on tenements in Wales according to the law of Wales; on tenements in the march according to the law of the march. The Welshmen shall do the same to us and ours.[13]

13. Chapter 56 was retained in the Charter of 1216 but was omitted thereafter.

Chapter 57

In all these matters in which anyone of the Welsh was disseised or deprived without lawful judgment of his peers, by King Henry our father, or King Richard our brother; which we have in our hands, or which others hold, and which we ought to warrant, we will have respite to the common term of the crusaders, those excepted in which our plea has been raised, or inquisition has been made by our order, before we took the cross; but, when we return, or if by chance we wait from our journey, we will show full justice to them thence, according to the laws of Wales, and the aforesaid parties.

Chapter 58

We will restore the son of Llewellyn forthwith, and all the hostages of Wales, and the charters which have been delivered to us for the security of peace.

Chapter 59

We will do to Alexander, king of Scots, about his sisters, and restoring his hostages, and his liberties, and his right, according to the form in which we have dealt with our other barons of England, unless they are bound to other matters by the charters which we have of William his father; once king of the Scots, and this shall be by judgment of their peers in our court.

Chapter 60

All these aforesaid customs and liberties which we have granted to be held in our realm, as far as belongs to us, towards our own, all in our realm, both clergy and lay, shall observe, as far as belongs to them, towards their own.

Chapter 61

But since, for the sake of God and for the bettering of our realm, and for better quieting the discord which has arisen between us and our barons, we have ganted all the aforesaid, wishing to enjoy them in pure and firm security forever, we make and grant them the underwritten security: viz. that the barons choose twenty-five barons from the realm, whom they will, who should with all their power keep, hold, and cause to be kept, the peace and liberties which we grant them, and by this our present charter confirm, so that, if we, or our justiciar, or our bailiffs, or any of our servants, do wrong in any case to anyone, or we transgress any of the articles of peace and security, and the offense is shown to four out of the aforenamed twenty-five barons, those four barons shall come to us, or our justiciar, if we are out of the realm, to show the wrong; they shall seek that we cause that wrong to be rectified without delay. And if we do not rectify the wrong, or if we are without the realm, our justiciar does not rectify it within forty days from the time in which it was shown to us or our justiciar, if we are without the realm, the aforesaid four barons shall bring the case before the rest of the twenty-five barons, and those twenty-five barons, with the commonalty of the whole realm, shall distrain and distress us, in every way they can, to wit, by the capture of castles, lands, possessions, and other ways in which they can, till right is done according to their will, saving our person and that of our queen and our children; and, when right is done, they shall obey us as before. And whoever of the land wishes, may swear that he will obey the orders of the aforesaid twenty-five barons, in carrying out all the aforesaid, and that he will distress us as far as he can, with them, and we give publicly and freely license to all to swear who wills, and we will forbid no one to swear. But all those in the land who will not, by themselves and of their own accord, swear to the twenty-five barons about distraining and distressing us with them, we will cause them to swear by our orders, as is aforesaid. And if any one of the twenty-five barons dies, or quits the country, or in any way is hindered from being able to carry out the aforesaid, the remainder of the aforesaid twenty-five barons may choose another into his place, at their discretion, who shall be sworn in like manner with the rest. In all those matters which are committed to the barons to carry out, if these twenty-five happen to be present and differ on any one point, or others summoned by them will not or cannot be present, that must be had settled and fixed which the majority of those who are present provides or decides, just as if all the twenty-five agreed on it, and the aforesaid twenty-five shall swear that they will faithfully keep all the aforesaid, and cause them to be kept with all their power. And we will ask nothing from anyone, by ourselves or any other, by which any one of these grants and liberties shall be revoked or lessened; and if we do obtain any such thing, it shall be vain and void, and we will never use it by ourselves or by another.

Chapter 62

And all ill will, wrath, and rancor, which has arisen between us and our men, clerics and laymen, from the time of the discord, we fully have remitted and condoned to all. Besides, all the offenses done by reason of the same discord, from Easter in the sixteenth year of our reign to the renewal of peace, we wholly remit to all, clerics and laymen, and as far as we are concerned fully have condoned. And, moreover, we have caused letters patent to be made to them, in witness of this, of lord Stephen, archbishop of Canterbury, of lord Henry, archbishop of Dublin, and of the aforesaid bishops, and of Master Pandulf, as the aforenamed security and grants.

Chapter 63

Wherefore we will and firmly order that the English church should be free, and that the men of our realm should have and hold all the aforenamed liberties, rights, and grants, well and in peace, freely and quietly, fully and completely, for them and their heirs, from us and our heirs, in all things and places, forever, as is aforesaid. It is sworn both by us, and on the part of the barons, that all these aforesaid shall be kept in good faith and without ill meaning. Witnesses, the abovenamed and many others. Given by our hand, in the meadow which is called Runnymede, between Windsor and Staines, on the fifteenth day of June, in the seventeenth year of our reign.[14]

14. Several chapters were added in 1217 that regulated the sheriff's tourn (tour through the hundreds, or subdivisions, of a county to hold court) and view of frankpledge; made it illegal for anyone to give land to a religious house and receive it back to hold as a tenant; established that scutage should be taken as it had been during the reign of King Henry II (1154 – 1189); and decreed that all adulterine castles (castles built without the king's permission) that had been erected since the beginning of the war between John and the barons should be destroyed. All but the last chapter were retained in 1225.

Source: William Stubbs, ed., *A Translation of Such Documents as Are Unpublished in Dr. Stubbs' Select Charters* (n.d.), pp. 187 – 197.

Magna Charta et Charta de Foresta sont appelés les "deux grandes charters". 〈拉〉英国 1215 年《大宪章》[Magna Charta]和《森林宪章》[Charter of the Foresta]被称为"两大宪章"。

magna componere parvis 〈拉〉以小对大

magna culpa 〈拉〉(罗马法)严重过错;重大过失 该词有时与"dolus"同义。

Magna culpa dolus est. 〈拉〉重大过失为故意。

magna curia (= curia magna)

magna negligentia 〈拉〉(大陆法)(罗马法)严重疏忽;重

大懈怠 相当于英语中的 gross negligence。
Magna negligentia culpa est; magna culpa dolus est. 〈拉〉重大懈怠为过失;重大过失为故意。
magna precaria 重大收割日;开镰日(⇨precariae)
magna serjeantia (英格兰古法)大侍君役保有(⇨grand serjeanty; serjeanty)
magnum cape (= cape magnum)
magnum concilium 〈英〉大谘议会 英格兰的议会。(⇨council; Great Council)
Magnuson-Moss Warranty Act 〈美〉《马格努森－莫斯质量保证法》 联邦制定法,要求对消费产品按法律规定标准以简明易懂的文字完整和显著地作出书面保证,载明保证条款和条件,包括全面保证或有限保证。
Magnus Portus 〈英〉(中世纪时英国的)普茨茅斯城;普茨茅斯港口
Magnus rotulus statutorum 〈英〉制定法总卷 英国第一部制定法汇编,始于《大宪章》[Magna Carta],止于爱德华三世。
mahl brief 造船合同
maiden n. ❶年青未婚女子 在被控通奸罪中,并非必须是处女。❷处女 ❸〈苏格兰〉(16世纪执行死刑的)断头机
maiden assize 〈英〉形式上的开庭 原指无人被判死刑的巡回法庭。后指无犯人受审的刑事法庭的开庭。
maidenhead (= hymen)
maiden name (女子在婚前使用的)姓氏;娘家姓
maiden rents (英格兰古法)婚嫁费 中世纪封臣在其结婚或女儿出嫁前交付给庄园领主的一笔费用,这起源于为免于领主行使初夜权而由封臣交纳的费用。
maihem (= mayhem)
maihematus 〈拉〉致人重伤的;致人伤残的
maihemium (英格兰古法)重伤罪 指以暴力毁伤他人肢体。
Maihemium est homicidium inchoatum. 〈拉〉致人重伤是刚开始或未完成的杀人行为。
Maihemium est inter crimina majora minimum, et inter minora maximum. 〈拉〉在严重的犯罪中,致人重伤为较轻的犯罪;在轻微的犯罪中,则为较重的犯罪。
Maihemium est membri mutilatio, et dici poterit, ubi aliquis in aliqua parte sui corporis effectus sit inutilis ad pugnandum. 〈拉〉致人重伤意指毁损他人肢体(器官),以致使其失去战斗力。
mail n. ❶邮件;邮包 ❷邮政;邮政制度 ❸(苏格兰法)租金
v. 邮寄;寄送
mailable matter ❶(符合邮政法规定的)可邮寄物品 ❷适合信差收取或投递的邮寄件
mailbox rule 邮筒规则 一指英美合同法中关于承诺生效时间的规则。除非当事人另有约定或法律另有规定,只要地址填写准确,则一旦将对要约的承诺投入邮筒,该承诺立即生效,故亦称发信主义,从而与以承诺到达要约人方始生效的"到达主义"相区别。亦指诉状或其他法律文件的提交或送达规则,即以邮寄之日为提交或送达之日。
mail carrier 〈美〉信差;(收取或投递信件的)邮递员
mail clerk 信件分拣员;邮件分发员
mail contract 邮政合同 邮局与邮递员之间订立的合同,约定邮递员在规定的路线和时间内投递邮寄品,并为此获取一定的报酬。
mail crane 邮包吊杆 装置于铁道旁,行进中的铁路邮车用以收取或投放邮包的机械装置。
maile (英格兰古法)❶租金;货币地租;小额租金 ❷古时钱币;银质半便士
mailed a.已投寄的;已交付邮寄的 在信件、包裹或其它可邮递物品上准确写明地址,贴足邮票,并交给合适的收受邮件的地方,即是"已投寄"。美国某些州的法院规定,当起诉状与相应的诉讼费以挂号信手续投寄后,应认定已起诉。
mail fraud 〈美〉邮件诈骗罪 指通过邮件骗取金钱、财产或其他经济利益的犯罪。本罪属联邦制定法罪,立法的目的在于维护邮政系统的信誉,保障邮政通信的畅通无阻和公正无欺。
mailing process 邮寄传票(⇨substituted service)
mail matter 邮递品;邮寄物 包括信件、明信片、包裹、书报等邮寄物品。
mail offense 〈美〉扰乱邮政通讯的犯罪;破坏邮政设施的犯罪;违反邮政法的犯罪
mail order divorce 信函离婚 也称墨西哥离婚[Mexican divorce],指原告从未是墨西哥居民,而委托该国律师准备必要文件,由原告签字寄回后,在双方均未出庭情况下即在墨西哥获准离婚。此项离婚因完全缺乏离婚管辖基础而一般不被认可。
mails and duties (苏格兰)(基于土地而产生的)租金、税金或劳务 起初任何所有人均可提起针对这类租金的诉讼,后限于债权人,并优先于出租人。
mail stage (早期)运送邮件的驿站马车
mail zones 邮政(投递)区域
maim n.(古)重伤害 犯有重伤罪所要求的伤害类型,特别是作战所必需的部分肢体的严重伤害。
v.重伤罪(⇨mayhem)
main a.主要的;基本的;首要的;重要的;总的
n. ❶干线 ❷(输送自来水或煤气等的)主管道 ❸主帆;主桅
main action (= principal action)
mainad (英格兰古法)伪誓;伪证 该词可能源于撒克逊法的"manath"或"mainath"。
main-a-main 〈法〉立即;马上
main channel 主航道;河流中水较深易于航行的航道
main employment (= principal employment or business)
maine-port (英格兰古法)小贡品;小礼品 通常为面包,它是某些地区堂区居民[parishioner]交给堂区长[rector]以代替什一税的物品。
mainoevre (= mainovre)
mainour n.(古)(从窃贼身上搜出的)被盗物品;赃物 在普通法上,对人赃俱获的窃贼可以不经起诉而直接传讯和审判。"found/taken with the mainour"意指人赃俱获,以后"taken with/in the mainour/manner"演变为"在实施非法行为时被当场发现"。
mainovre n.(古)❶手工;人力 ❷以手侵犯他人罪;直接侵权行为
mainpernable a.可保释的;保释的;获准保释的
mainpernor (英格兰古法)保释保证人 保证被羁押人随传随到从而使其被解除羁押并对其加以监管的具保人。mainpernor作为保证人与bail所指的保证人的区别在于bail可以在规定出庭日前拘留被保释人或将其送还司法机关,而mainpernor无此权力,只保证被保释人按时出

庭。另外，bail只保证被保释人对规定事项负责，而mainpernor则须使被保释人回答任何对他的指控。

mainprise 〈英格兰古法〉❶保释　将被告人交保证人监管。❷保释令状　指示行政司法官取得保证人［mainpernor］的保证，而释放被告人的令状。现已废弃。

main purpose doctrine 〈美〉主要目的规则　根据《防止欺诈法》［Statute of Frauds］规定，为他人的债务、违约或错误行为承担责任的合同应以书面形式订立才有强制执行力。但如承债义务主要出于自身利益，则此项承诺不限于书面形式。换言之，若承诺人的主要目的并非替他人承担责任而是为实现自己的目的，则尽管该承诺在形式上是替他人偿债或其履行可能会消灭他人义务，该项承诺也不属《防止欺诈法》的调整范围。

main-rent n.❶诸侯的身份；附庸地位　❷臣属；领地　❸封臣；附庸

main sea ❶开放海　未封闭的海，或指其海岸上没有山峡或要隘的海洋部分，相对于为狭窄的陆岬［headland］、海角［promontory］所包围或封闭的海洋部分。❷公海

mainstream n.主流；主要倾向
v.〈美〉主流教育

mainstreaming n.〈美〉主流教育论；取消特殊教育论　主张将弱智或其他残疾儿童与正常儿童同班接受教育。与特殊教育论［special-education］相对。

mainsworn a.〈英格兰古法〉伪誓的；宣伪誓的；伪誓罪的　指宣誓后作伪证，过去多用于英国北部。

maintain v.❶使继续；保持；维持　❷保持占有（某物）❸坚持意见；主张　❹维护；维修；养护　❺赡养；扶养　尤指以支付扶养费的方式在财力上供养他人。❻第三人帮助诉讼；帮讼（⇨maintenance；repair）

maintainable action 可维持的诉讼；能够继续进行的诉讼

maintain an action 维持诉讼　支持已开始的诉讼程序继续进行。

maintain and provide for 扶养与供给　指丈夫应根据具体情况，尤其是其经济状况，对妻子给予合理的供养。

maintained a.❶维持的；维护中的；使运转的；保持有效的　❷非法包揽诉讼的　非法帮讼罪中的专门用语。

maintainor 非法包揽诉讼罪者　以金钱或其他方式帮助他人进行与己无利害关系的诉讼的人，可被判处罚金或监禁。（⇨maintenance）

maintenance n.❶继续；保持；维持　❷（对物）保持占有　❸维护；保养　❹抚养；赡养　❺抚养费　依法庭命令，由配偶一方或父母向另一方或子女支付的生活费用。❻唆讼；非法挑拨诉讼；包揽诉讼　与诉讼无关的第三者以金钱或其他方式非法帮助一方起诉或辩护的行为。

maintenance and cure 供养和医疗福利待遇　海商法规定的船员在船上或雇佣期间因伤病所享有的待遇，以合同形式确定，不论雇主是否有过失或船舶是否适航，船员的此项待遇不变。其中"供养"是按日供应食宿的生活津贴，"医疗福利"指治疗和住院费用。雇主的此项义务应持续至船员得到"最好的治疗"。

maintenance assessment 维修费；维护费　指为使某物处于正常工作状态或使房屋处于可居住状态而支出的费用。

maintenance bond 维修保函　工程承包商向业主提交的、保证对在工程竣工之后的一段维修期内由于施工或材料的原因出现的工程质量问题负责解决的保函。

maintenance call （= margin call）

maintenance curialis 干扰法庭审判　指以金钱或其他方式非法干预与己无关案件的起诉或抗辩。

maintenance fee （= maintenance assessment）

maintenance ruralis 在乡村挑起、包揽与己无关的诉讼　如帮他人提出土地要求或挑起争吵、讼争。

main thoroughfare ❶通道；大路　尤指运输线路通过的地方。❷〈美〉（州际、地区之间或从农场至市场的）公路

mainzie （= mayhem）

maior 〈拉〉❶（罗马法）年长者；成年人　尤指年逾25岁从而完全成年者。❷（罗马法）前辈；长辈；先辈　❸（古）市长

maire 〈法〉市长

mais 〈法〉但是；然而

maisnader （= meigne）

maison de Dieu 〈法〉❶教堂；修道院　❷医院

maister n.（古）❶主人；首领　❷校长　❸硕士

maitre 〈法〉（海商法）船长，船东，船主

majestas 〈拉〉（罗马法）❶君主　❷主权；（国家或国君的）最高权力　❸危害国家主权的犯罪；叛国罪

majesty n.❶（帝王）威严；尊严　❷君主　❸陛下　为尊称。英国采此称呼始自亨利八世［Henry Ⅷ］统治时期。

major n.❶成年人（⇨adult；legal age；majority）　❷少校
a.主要的；较多的；较重要的；较大的

Majora et minora regalia. 〈拉〉皇权有大有小。

major and minor fault rule 主次过错规则　海商法的一项规则，在船舶碰撞而双方过错程度不等时，有一条对过错较小船舶有利但可反证的推定，即过错较大船舶是碰撞的唯一可归责原因；或如果有不可否认的证据证明某船过错本身足以构成碰撞事故，则该船不能再对另一船舶处置不当置疑。对后者即使有正当怀疑，仍应作出对其有利的处理。

major annus 闰年

majora regalia 尊显皇权　包括皇室地位、身份、国王的政治角色、国王身体状况的安好、国王地位的唯我独尊和人格的神圣性等方面，区别于征税权等普通皇权［minora regalia］。

Major continet in se minus. 〈拉〉大中有小。

major crimes 重大犯罪；严重罪行（⇨felony）

major dispute 〈美〉主要争议　根据《铁路劳工法》［Railway Labor Act］，指涉及劳工的基本劳动条件，并通常导致新的集体合同或原有合同变更的一种争议。按照该法，主要争议与次要争议［minor dispute］均得强制性仲裁。（⇨minor dispute）

Majore poena affectus quam legibus statuta est, non est infamis. 〈拉〉不符合法律规定，被量刑过重的，并不是羞辱。

majores 〈拉〉❶（英格兰古法）大人物；有身份、地位的人　❷（罗马法）（相隔六代以上的男性）先辈；有影响的人

major general 少将

Major haereditas venit unicuique nostrum a jure et legibus quam a parentibus. 〈拉〉财产继承对每个人来说不仅来自父母，更主要的来自于人的权利和法律。

Majori summae minor inest. 〈拉〉更大包括更小（大额包括小额）。

majority n.❶成年　指某人到达成年年龄，从而有权享有所有民事权利，按照其本人意志实施民事行为的状态，与未成年［minority］相对。英国普通法上的成年年龄为21

岁,但在 1970 年经由 1969 年《家庭法改革法》[Family Law Reform Act]降为 18 岁。美国原在普通法上亦循英例,以 21 岁为成年年龄,后由各州以成文法形式降低成年年龄,绝大多数州亦改为 18 岁。(⇨full age;minority) ❷过半数;多数　指逾总数之一半或超过 50%。(⇨plurality;minority)

majority award　多数裁决;非一致同意的裁决　指由多数仲裁员的意见决定的而非全体仲裁员一致同意的仲裁裁决。

majority decision　多数判决　审理案件的多数法官同意而非一致同意的判决。

majority interest　控制股权

majority leader　多数党领袖

majority of electors　多数选举人(⇨majority vote)

majority of members　多数成员;过半数成员(⇨majority vote)

majority of qualified electors　过半数的合格选举人(投票人)　指选举日实际投票者。(⇨majority rule;majority vote)

majority opinion　❶多数意见　指审理案件的半数以上的法官赞同的意见。❷占多数的法律观点　大多数法院赞同的对某法律原则的看法。

majority rule　❶多数决定原则　指某一团体的多数有权作出约束整个团体的决定的政治原则。它是由实际参与投票的多数决定的原则,不论其是否构成有资格投票的多数,此系共和制政体的基础。❷多数情形原则　在公司法上,作为一项普通法原则,系指公司董事或管理人员在股票交易方面对股东不负有财产受托人的义务。(⇨fiduciary duty;special-facts rule)

majority stockholder　拥有多数股权的股东;控股股东　拥有股权达到一定数额,能够在实际上拥有公司控制权的股东。一般指公司中拥有 50% 以上股权的股东,但在股权很分散的公司中,拥有少于 50% 股权的股东也会获得对公司的实际控制权;在封闭型控股公司中,控股股东相对于小股东而言拥有类似于合伙中的受托人义务。

majority verdict　多数裁断　获得陪审团多数成员同意的裁断。

majority vote　过半数票;多数票　指在选举中,赞同某一候选人或支持某一议案超过半数的选票。在仅有两名候选人的情况下,获得所投之票更多者即为多数票获得者,而在对同一职位存在两名以上的竞争者时,获得最多者即为获得相对多数票[plurality]者,只有他获得的选票超过投给所有其他竞争者选票总数时,他才获得多数票[majority]。

majority voting　多数表决制;多数股权投票制　公司法上一种董事选举制度或方法,即每一位股东对每一位董事只享有一个投票权,获得简单多数票者当选为董事。

major medical insurance　〈美〉重大医疗保险　承保大外科手术、住院及其他医疗费用的保险。

Major numerus in se continet minorem.　〈拉〉大额包括小额。

Majus dignum trahit ad se minus dignum.　〈拉〉重要的吸收次要的。　如企业兼并。

Majus est delictum seipsum occidere quam alium.　〈拉〉自杀比杀害他人罪行更重。　此种观点盛行于古代。

majus jus　〈英格兰古法〉❶更优先的权利　❷某些庄园法庭审理涉及土地权利之案件时适用的程序或令状

Majus jus nostrum quam jus alienum servemus.　〈拉〉我们主要服从本国的法律而不是他国的法律。

Majus Latium　〈罗马法〉拉丁区长官大法;大拉丁语区条例(⇨Jus Latium)

make　v.❶制作;制造;建造;创造　❷制订;订立(法律等)　❸获取　❹(通过执行、签署或交付等)(合法)履行(合同等)

make a contract　订立合同;缔约　指当事人达成合意,并使之生效而对当事人具有约束力。如在订立书面合同时,指将协议条款写成书面形式,并签名盖章使之生效。

make an assignment　进行转让;转让　指转让权利动产[chose in action],但在大多数情况下是指为债权人利益而转让财产。

make an award　(基于事实)作出并公布裁决

make an examination　检查;审查　指审查公共档案(记录),或审查公司记录。(⇨physical examination)

make default　未能履行法律义务;缺席　尤指在诉讼或其他司法程序中经正当传唤后缺席或不出庭。(⇨default)

make few laws　少制定法律　一则有争议的行为规则谚语——少制定法律,使人们易遵守,而难以违反,对违反者处以绞刑。

make his law　(= make one's law)

make law　❶立法　❷创制司法先例　❸通过宣誓进行抗辩(⇨make one's law)

make one's faith　(= make one's law)

make one's law　共誓涤罪　当某人成功地以共誓涤罪方式推翻了别人的指控时,我们称之为"make his law"。(⇨wager of law;compurgation)

maker　n.❶制定人　例如,法律制定人[lawmaker]。❷制造人;制造厂商　亦作"manufacturer"。❸缔约人;合同订立人　❹本票(或存款单)签发人　专指发行本票[promissory note]或存款单[certificate of deposit]的人,其本身就是付款人。不同于汇票[draft]或支票[check]的出票人[drawer],后者只是在票据上记载支付命令,而由第三人担任付款人。例如,美国《统一商法典》[U.C.C.]第 3-413 条即对"maker"与"drawer"予以区分。❺出票人　泛指所有票据的出票人,即"drawer"。

making an order　法院发布命令(⇨entry of court order)

making record　❶提供证据备案　通常是为了上诉。❷记录审判过程　为上诉做准备,应注意记录审理中的反对观点。

mal.　坏;恶;伪;不良;不当;非法　在法语中,"mal"相当于拉丁文的"male",意即"badly";在现代用法中,mal 是用于构成复合词的前置词,如 maladministration, malpractice, malversation 等。

maladministration　n.不良行政;弊政　指低效行政,但不一定到腐败程度,亦常作 misadministration。

mala fides　〈拉〉恶意　相当于英文"bad faith"。与善意[bona fides]相对,后者英文为"good faith"。(⇨bad faith)

Mala grammatica non vitiat chartam; sed in expositione instrumentorum mala grammatica quoad fieri possit evitanda est.　〈拉〉契据虽不因语法错误而无效;但契据的表述应尽量避免出现病句。

mala in se　〈拉〉本质上违法的行为;自然犯　"malum in se"的复数形式。指行为本身内在的违法和不合于道德,如杀人、强奸等。它是相对于仅仅因为法律的规定而成为不法的行为而言。(⇨mala prohibita)

Malam cerevisiam faciens, in cathedra ponebatur stercoris.　粪车示众。　英格兰国王忏悔者爱德华统治时期一

种将啤酒奸商置于粪车中的惩罚。
mala mens 〈拉〉恶意;恶念
malam partem 罪恶感(⇨in malam partem)
malandrinus (英格兰古法)盗贼;强盗;海盗
malapportionment n.不当分配 指对立法选区[legislative district]进行不恰当或违宪分配。(⇨gerrymander; legislative apportionment)
mala praxis 〈拉〉玩忽职守;渎职;(尤指医生的)治疗失当;治疗错误(= malpractice)
mala prohibita 〈拉〉法定犯;法定罪行;法律禁止的行为 "malum prohibitum"的复数形式。指行为本身并非必然是不道德的,只因法律明文禁止而成为犯罪。一般说来,这类罪行不需要犯罪故意和犯罪心态,仅仅作为或不作为就需负刑事责任。
Mala soi qui mala pens. 〈拉〉恶有恶报。
mala tolta 〈拉〉重税;重赋;苛捐杂税
malconduct n.错误行为;不诚实的行为;失职行为;渎职行为(⇨malfeasance; misfeasance)
mal de lit 被告人生病在床(⇨essoin de mal de lit)
mal de venue 被告人在前往法庭的途中遇到了事故(⇨essoin de mal de venue)
male n.男性;雄性
 a.雄性的;男性的;男子气概的
male citizen 男性公民
male creditus (英格兰古法)名声不佳的;臭名昭著的;信誉极差的
Maledicta est expositio quae corrumpit textum. 〈拉〉与法律明文相悖的解释,是恶解释。
malediction 〈拉〉(教会法)(教会的)诅咒;咒骂 古时在向教会或宗教场所捐献土地或财产时附带的对侵犯教会权利的人的诅咒。
male estate tail 限定男性继承人继承的地产(权)
malefaction 〈拉〉罪行;恶行
malefactor 〈拉〉罪犯;作恶者
malefactoribus in parcis 森林中的违法者(⇨De Malefactoribus in Parcis)
Maleficia non debent remanere impunita, et impunitas continuum affectum tribuit delinquenti. 〈拉〉罪恶行径不应不受惩罚,而不受惩罚将纵容继续犯罪。
Maleficia propositis distinguuntur. 〈拉〉罪恶行为与罪恶目的应有区别。
maleficio 违法;侵权(⇨ex maleficio)
maleficium 〈拉〉❶(罗马法)毁损;侵害 ❷恶行;罪行
male heir 男性继承人(⇨nearest male heir)
maleson (= malison)
mal(e) sworn a.伪誓的;发伪誓的;作伪证的(⇨forsworn)
malevolence n.恶意;恶毒
malfeasance n.(尤指公务人员的)违法乱纪(⇨misfeasance; nonfeasance)
malformation n.(肢体或器官的)畸形;变形
malgré 〈法〉❶违反意愿;非出于本意;未获同意 ❷尽管;不管
mal gree 〈法〉〈古〉违背意愿;未获同意
malice n.❶恶意;怨恨 ❷蓄意;恶意 ①明知自己的行为违法,或会对他人的利益造成损害,但由于对法律或公民合法权利的漠视,仍实施该行为的心理状态;②以损害他人的利益为目的,无合法或正当理由故意违法,或者法律在特定情况下推定具有恶意的心理状态。
malice aforethought (谋杀罪的)恶意预谋 构成普通法上的谋杀罪所要求的心理状态,它包括:①杀人故意;②致人重伤的故意;③对人的生命价值的极端蔑视;④实施重罪的故意。(= preconceived malice; malice prepense; malitia praecogitata)
malice in fact 事实上的恶意 指明示或实际的恶意,如实际预谋损害或诽谤他人。(⇨actual malice)
malice in law 法律上的恶意 指无正当理由故意违法,法律推定行为人有恶意。
malice prepense (= malice aforethought)
malicious a.❶恶意的;蓄意的 ❷无正当或合法理由的
malicious abandonment 恶意遗弃 夫妻间无正当理由遗弃对方。
malicious abuse of civil proceedings 恶意滥用民事诉讼程序 一般地说,任何人均可利用各种诉讼程序且在败诉时除承担诉讼费外,不负其他责任。但对于申请破产、歇业等诉讼,对财产权的无理主张,如无合法依据且具有恶意,则不仅会败诉还会对原告带来损失。
malicious abuse of legal process (= abuse of process ❷)
malicious accusation 蓄意指控;恶意控告;诬告 无正当理由、怀有不正当动机的控告或指控。
malicious act 恶意行为 无合法依据的故意不法行为。
malicious arrest 非法拘禁;非法逮捕 无合理根据且为不正当目的而进行的拘禁或逮捕,尤指某人通过滥用司法令状[abuse of process]在无合理根据的情况下使原告受到拘禁。它可成为滥用令状、非法拘禁[false imprisonment]或恶意告告[malicious prosecution]之诉的根据。在英国,此种非法拘禁主要发生在民事案件中,但现在极少发生。
malicious assault with deadly weapon 以致命武器蓄意企图伤害 以致命武器威胁他人生命或致以重伤的加重企图伤害,这一蓄意因素可自企图伤害的性质和武器的选用予以推断。
malicious attachment 恶意逮捕;恶意拘押(⇨malice; probable cause)
malicious burning 恶意纵火 普通法上纵火罪的基本要素,纵火者的心理状态表明其不顾社会责任,蓄意纵火,制造灾害,并证明其无正当理由,故意实施损害他人或公众的违法行为。
malicious damage 蓄意损毁(财产) 包括对公私财物的各种破坏行为。
malicious falsehood 恶意诽谤 对因口头或书面诽谤受到的损害,受害人得起诉。(⇨libel)
malicious injury 蓄意伤害;恶意伤害 ①出于恶意或憎恨或无正当理由而伤害他人;②明知其行为会伤害他人而不计后果仍然为之。
malicious interference with contract 恶意干涉(他人)合同(⇨interference)
malicious killing 蓄意杀人 无法律依据或正当理由的故意杀人行为。
maliciously ad.恶意地;蓄意地
malicious mischief 蓄意损毁(财产)罪 普通法上故意毁坏或损坏他人财产的轻罪。虽然现代制定法大多将其规定为轻罪,但仍有少数根据财产的性质或价值将其规定为重罪。
malicious misconduct 选举舞弊行为 负责选举的官员可能因此对选民或候选人承担责任的违法行为。(⇨ma-

licious mischief)

malicious motive 不良动机;恶意动机(⇨malicious prosecution)

malicious prosecution 恶意控告;诬告 指没有合理根据而恶意对某人提起刑事或民事诉讼。被诬告人对此可提起损害赔偿之诉,但需证明:①他曾被起诉;②起诉者为诬告人即现被告;③诬告以失败告终;④诬告之诉缺乏合理根据;⑤诬告人存在恶意;⑥原告因此受损。(⇨abuse of process)

malicious trespass (= malicious mischief)

malicious use of process 恶意使用令状 指利用法院签发的令状使对方受到威胁、惩处。通常是指原告无正当理由恶意提起诉讼以达到法律设立此令状的目的。在用于指民事程序时,该词实质上是恶意控告[malicious prosecution],它往往涉及令状的非法签发,而"滥用民事令状"[abuse of civil process]则是在令状签发后被滥用。

malign v.诽谤;破坏名誉;诬蔑;中伤
a.有害的;邪恶的;恶意的

malignancy n.恶毒;恶意

malignare 〈拉〉〈古〉❶诽谤;中伤;诬蔑 ❷使中伤

malinger v.诈病;装病 指为逃避义务,获得保险赔偿金或继续领取残废救济金而装病。

malison 〈拉〉〈古〉诅咒;咒骂 亦作 maleson。

malitia 〈拉〉罪恶的企图;明显的恶意;欺诈

Malitia est acida;**est mali animi affectus**. 〈拉〉恶意是刁钻的,它是罪恶的心理状态。

malitia implicita 〈拉〉内藏的恶意

malitia praecogitata 〈拉〉(= malice aforethought)

Malitia supplet aetatem. 恶意弥补年龄(之不足)。 处理7至14岁儿童犯罪时所使用的谚语。

Malitiis hominum est obviandum. 〈拉〉人有邪念必须改正。

malleable a.❶(对物而言)有延展性的;可锤成的 ❷(对人而言)可变的;可塑的;易受外界影响的

Mallory rule (= McNabb-Mallory rule)

mallum (欧洲古法)❶国民会议 ❷伯爵法院 由享有司法权的伯爵在其辖区内处理重要事务的一种高级法院。

malo animo 〈拉〉思想邪恶地;居心不良地;恶意地

malo grato 〈拉〉❶不情愿地 ❷怨恨地

malo lecti 因卧病在床(⇨essoin de malo lecti)

Maloney Act 〈美〉《迈罗尼法》 1938年通过的对《证券交易法》[Securities Exchange Act]的补充规定,要求从事场外证券交易的经纪人进行登记。

malo sensu 恶意地;用意恶毒地

malo veniendi 因(途中遭遇)意外事故(⇨essoin de malo veniendi)

malpractice n.专业人员失职行为;渎职行为;不端行为 通常指医生、律师、会计师等专业人员的失职或不端行为。专业人员未能按该行业一般成员在当时情况下通常应提供的技能、知识或应给予的诚信、合理的服务致使接受服务者或有理由依赖其服务的人遭受伤害、损失的均属失职行为。包括各种职业上的违法、不道德、不端行为,和对受托事项不合理地缺乏技能或诚信服务。原告对被告提起失职诉讼,必须证明存在近因和损害结果。

malpractice insurance 渎职责任保险;职业过失责任保险;失职责任保险 责任保险的一种,对专业技术人员(如医生、律师等)在执业过程中因其疏忽、过失而致当事人遭受损失所应承担的损害赔偿责任予以承保。

maltreatment n.治疗失当 尤指外科医生因疏忽、过失或故意而导致的施治不当。(⇨malpractice)

malt-tax n.〈英〉谷物酿酒税 每蒲式耳麦芽酒征6便士税,另外对其它一些种类的酒也征收一定比例的税,这一规定首次由议会于1697年通过,每年征收75万英镑。

malum 〈拉〉错误;恶;不善;恶劣;痛苦;灾难;应受谴责者

Malum hominum est obviandum. 人有邪恶应予改正。

malum in se 本质上违法的行为;自然犯(⇨mala in se)

malum in se and malum prohibitum 本质上的违法和法律禁止的违法行为 作为法律概念,15世纪时英国法律有此区分,在现代已无科学意义。

Malum non habet efficientem sed deficientem causam. 邪恶不可能有站得住的理由,而只能相反。

Malum non praesumitur. 恶意不推定。

malum prohibitum 法律禁止的行为;法定犯(⇨mala prohibita)

Malum quo communius eo pejus. 邪恶越普遍,就越坏。

malus animus 恶意;恶念

Malus usus abolendus est. 陋习应革除。

malveilles (英格兰古法)❶邪恶;恶意 ❷犯罪;不法行为;罪恶行径

malveis procurors 〈法〉不公正地选择陪审员的人 如以贿赂等不正当手段提名偏袒一方的陪审员。

malversation 〈法〉贪污;舞弊;盗用公款

man n.❶(广义)人;人类 包括成年男人、女人、儿童。❷(狭义)男人;成年男人 ❸(封建法)诸侯;封臣;租户;仆人 盎格鲁-撒克逊时期的领主与封臣完全是一种建立于双方协议基础上的人身关系,称"lord and man"。

manacle n.手铐;镣铐

manage v.❶管理;处理;经营 ❷控制;统治;指挥 ❸监管 本词一般适用于对较复杂事物的处理,涉及知识和判断能力。

management n.❶管理;指导;控制 ❷管理活动;经营活动;管理事务的行为 包括以指导、规章或行政等手段进行管理,如家务、服务、企业或重要事务的管理。

management contract 经纪人合同 就担当演员、音乐家、舞蹈家等演艺界人士的经理、代理等事务而与之签订的合同。

management functions clause 管理职能条款 集体劳动合同中的一项条款。据此,选择、雇用、晋升、解雇和培训雇员以及确定生产计划等的权利均为雇主单独享有的管理特权,雇主所作的任何与此相关的决定不属于劳动仲裁的范围。

Management Relations Acts 〈美〉《劳资关系法》(⇨labor relations acts)

manager n.❶经理;管理人;总管;公司(或企业)负责人 包括部门负责人。❷〈美〉代表众议院向参议院提出弹劾的人 ❸〈英〉协调英国上下议院分歧的议员代表 ❹(公司停业或破产后的)财务管理人

manager form of government 市政经理制

managers of a conference 〈英〉议会两院联席会议的代表 指在议会两院联席会议上代表各院的成员。根据传统规则,英议会下议院提名的代表数应是上议院提名的代表数的两倍。

managing agent 经营代理人 指可以在代理事务中行使自主判断和自由裁量等一般权力的人,区别于一般代理人,后者须在被代理人的指示与控制下实施行为。其可以是被公司授以一般经营权的代理人,也可以是合作公

寓协会的执行人等。

managing clerk 〈英〉事务律师助理 受雇于事务律师事务所[solicitor's office]的工作人员，在其雇主的监督指导下执行业务。他可能被授予事务律师资格，也可能不会。对未获事务律师资格者通常要在事务所中工作10年以上方可能成为"managing clerk"，现在通常称为 legal executive。

managing conservator 执行监护人 ①法院指定的代管无行为能力人的财产或事务的监护人；②在美国某些州的儿童监护法中，指对子女负主要监护责任的父亲或母亲，有权决定子女的主要住所。

managing employee 管理雇员 汽车责任保险中的一个条款，该条款将保险人的保险责任扩充到被保险人的雇员，对被保险人的雇员驾驶投保汽车执行职务时发生的事故，保险人负赔偿责任。

managium 〈拉〉〈古〉宅邸 又称 mensa，是源于法律法语的一个拉丁法律用语，指住宅或宅第。

man and wife 丈夫与妻子 20世纪60年代以后，本短语在美国司法判决中使用频率下降，而用另一短语"husband and wife"替代，原因是需符合男女平等原则。

manas mediae 下等人；地位低贱的人

manbote 〈撒克逊〉杀人补偿金 因杀人而支付的一种补偿金，尤指因杀害领主的附庸而支付给领主的补偿费用，数额由死者的身份[were]而定。(⇨were；wite)

manca 方形金币 在诺曼征服期间流通，价值30个银便士。

manceps 〈拉〉①〈罗马法〉购买人 ②〈罗马法〉税收承包人 ③保证人；担保人

manche-present 〈法〉贿赂 原意为亲手赠送的礼品。

mancipare 〈拉〉〈罗马法〉①出售；转让；放弃 ②要式买卖 ③转让手续 尤指要式买卖[mancipatio]中的程序要求。

mancipate v. 奴役；约束；束缚

mancipatio 〈拉〉〈罗马法〉要式买卖 市民法上最古老的一种所有权转让方式。要式买卖必须遵守一定的仪式和程序，如买卖双方当事人必须亲自到场，有五个证人和一名司称[libripens]参加，使用一套规定的术语和动作即"铜块和秤"的方式等。最初要式买卖中的仪式是实质性的，以铜块击称来检验其成色，但后来只是一种象征性仪式，要式买卖也随之从财物买卖扩大适用于遗嘱、收养子女、解放子女和奴隶等假设的买卖。要式买卖在优士丁尼[Justinian]时废除。

mancipation n.〈罗马法〉要式买卖(⇨mancipatio)

Mancipia quasi manu capti. 〈拉〉要式买卖如同以手抓取。

mancipi res 〈拉〉〈罗马法〉要式移转物 指法律规定其所有权移转时必须采用法定形式的物，最初是必须采用要式买卖[mancipatio]的方式，《十二表法》[Twelve Tables]时可采用拟诉弃权[cessio in jure]的方式。与要式移转物相对称的是略式移转物[res nec mancipi]，其所有权转移毋需履行特定形式。要式移转物与略式移转物的区别类似于英国早期法律中对动产和不动产的区分。这种区分后为优士丁尼[Justinian]明文废止。

mancipium 〈拉〉〈罗马法〉奴隶 ①尤指战争中被敌方俘虏而成为奴隶；②暂时的准奴隶，通常发生在儿子以要式买卖[mancipatio]方式从父权下解放时。

mancomunal 〈西〉使共同承担；使分担 指债务的共同承担，亦即由某人对他人的合同义务或其他债务承担履行之责。

mancus (= manca)
mancusa (= manca)

mandamiento 〈西〉❶委托 ❷委托书；授权书 ❸委托代理合同

mandamus 〈拉〉执行职务令 上级法院对私人、公司、市政当局或其官员、行政司法官员或下级法院发布的命令，要求履行属于其职责的特定行为，或要求恢复原告被非法剥夺的权利或特权。执行职务令只是在特殊情况下发布，以纠正下级法院滥用权力或拒绝履行职责，不同于在正常诉讼情况下对下级法院错判的改判。

mandans 〈拉〉〈罗马法〉❶(寄托合同的)寄托人；授权人；指示人 ❷委托的；授权的；信托的；指示的

mandant 〈法〉〈苏格兰〉(= mandans)

mandata 〈罗马法〉训示 在罗马帝国，指君主向行政官员，尤其是行省总督所发出的指示。

mandataire 〈法〉受托人；代理人；被授权人

Mandata licita recipiunt strictam interpretationem, sed illicita latam et extensam. 〈拉〉合法的指示，应从严解释；违法的指示，应从宽解释。

mandatarius (= mandatary)

Mandatarius terminos sibi positos transgredi non potest. 〈拉〉受托人不得超越自己被授权的范围。

mandatary n. 受托人；代理人 一指无偿寄托的受托人，亦指代理人，尤其是无偿为他人实施行为，而仅得就行为过程中所生之费用请求补偿者。在罗马法中写作"mandatarius"。(⇨mandate)

mandate n. ❶指示；要求 例如在票据法上，支票就是由出票人向银行发出的支付一定金额给持票人的一项指示。❷(大陆法)授权书 指被代理人向代理人所作的书面指示或命令，亦即"power of attorney"。❸(大陆法)〈苏格兰〉无偿寄托 指一方当事人无偿地为他人实施行为或管理事务而形成的合同。通常由寄托人[mandator]请求受托人[mandatary]无偿为其提供服务，若其同意则合同成立并生效。但除非受托人已经实施行为，否则不承担责任。受托人须根据指示行事，并以一个谨慎的人处理自己的事务那样尽到注意和预见的义务，而寄托人对于受托人在行为过程中所造成的损失应予补偿。它与"寄存"[deposit]不同，后者的主要目的是针对物，当事人的行为或劳务则是附属的；前者主要针对人的行为，物则是附属的。它源于罗马法的"mandatum"，并多用于大陆法与苏格兰法中。❹(国际法)委任统治 指在第一次世界大战后由国际联盟[League of Nations]授权某些国家对某些地区的行政及发展行使权力的一种制度，是为托管[trusteeship]制度的前身。❺命令；指示 上诉法院要求下级法院采取指定措施的命令。❻执行令 指示法院官员执行某一法院命令或裁定的司法命令。

mandated territories 委任统治地 第一次世界大战后，从德国和土耳其割出的殖民地和领土，由国际联盟交受委任国代管，称委任统治地。1932年起委任统治地开始独立。第二次大战后，改为联合国托管制度。

mandato 〈西〉寄托合同；委托合同

mandator n. ❶(无偿)寄托人(⇨mandate) ❷委托人；委任人；被代理人

mandatory a. 命令的；强制的；有义务的；绝对的

mandatory and directory provisions 命令性(强制性)和指导性规定(⇨directory)

mandatory clause 命令性条款 指选择性执行职务令

[mandamus]中有关命令的部分。

mandatory constitutional provision 强制性宪法条款 指立法机关必须遵守而不享有裁量权的宪法条款。

mandatory continuance 法定的延期审理 根据法律的规定而延期审理。如在开庭期结束时案件尚未到开庭日,则依法延期至下一开庭期。也指当事人有权要求的延期审理,如美国有些州规定,若当事人的律师因参加立法机关的会议而缺席,当事人有权要求延期审理。

mandatory counterclaim (= compulsory counterclaim)

mandatory franchise 必须履行的特许权 特许权持有人对特许行为有必须履行的义务。

mandatory injunction 命令性禁制令 强制进行一定行为以改变现状的禁制令。包括:①命令被告为一定行为或从事特定事项;②不准被告拒绝履行原告有权要求其履行的行为,或拒绝允许原告进行其有权进行的行为;③强使被告停止其先前的错误行为。

mandatory instruction (对陪审团的)命令性指示 指法官指示陪审团,如果他们根据证据优势[preponderance of evidence]裁断一系列的事实存在,则他们还必须裁断当事人哪一方胜诉,哪一方败诉。

mandatory order 强制性命令 要求积极作为的命令。

mandatory presumption (= conclusive presumption)

mandatory provision 强制性规定;命令性规定 (⇨mandatory clause; mandatory constitutional provision; mandatory statute)

Mandatory Securities Valuation Reserve 〈美〉强制性稳定证券储备金 美国某些州规定,保险公司为减轻证券价格波动的影响,必须设立储备基金。

mandatory sentence 确定刑判决;强制判决 指法律对某种犯罪规定了明确的刑罚,法官在量刑时没有自由裁量的余地。也称作 mandatory penalty; mandatory punishment。

mandatory statute 强制性制定法;强行法 指必须遵守,法院无自由裁量权,涉及实体问题或影响实体权利的制定法;这种法律规定应该作为而不仅是可以作为,其特征为法律用语常使用"应"[shall]而非"可"、"得"[may]。

mandatum 〈拉〉(罗马法)(无偿)委任;(无偿)寄托;委托书

Mandatum nisi gratuitum nullum est. 〈拉〉(无偿)委任若是有偿,则无效。

mandavi ballivo 〈英〉已交付执行 郡长的执行回呈,说明对于某一特权地区的副郡长[bailiff]有执行权的令状,已交给该副郡长执行。

manens 剩余的;余留的

manerium 〈拉〉(英格兰古法)庄园(= manor)

manerium a manendo 居留或居住的地方;庄园住宅

Manerium dicitur a manendo, secundum excellentiam, sedes magna, fixa et stabilis. 〈拉〉庄园宅第[manor]的名称来源于"manendo, par excellence",指规模宏大、坚固、华丽的住宅。

mangonare (英格兰古法)在市场采购

manhood n.❶男子气概;[总称]男子 ❷成年期;成年身份;法定年龄 ❸(封建法)效忠仪式 达到一定年龄的佃户须举行效忠仪式,届时他将对领主说:"从现在起我就是您的人了"[Devenio vester homo.]。

mania n.躁狂(症);疯狂;精神错乱(⇨insanity)

mania a potu (= delirium tremens)

maniac n.疯子;躁狂(症)者 a.躁狂的;疯狂的

mania transitoria 暂时性躁狂(症)(⇨mania)

manic (= maniac)

manifest a.明显的;明白的;有根据的;显而易见的 v.表明;证明 n.(船和飞机的)货物清单;旅客名单;船舶的海关验关单(含验关所需文件)

Manifesta non indigent probatione. 〈拉〉显而易见的事实无需举证。

Manifesta probatione non indigent. 〈拉〉显而易见的事实无需举证。

manifestation of intention 意思表示 用于信托或遗嘱中,指当事人内心意思的外部表示,区别于未经披露的内心意思[internal intention]。

manifest impediment (军事法院)管辖障碍 指对被控军事犯罪的士兵行使管辖权存在障碍,如该士兵一直被敌方囚禁,或已被地方法院判刑入狱等。

manifest incapacity 明显的无能力;无资格 指明显缺乏理解能力或作为能力,因此对其已证实的作为或不作为无须其他证明。

manifest injustice 明显不公正 指在初审法院发生的直接的、明显的错误,如被告作出的有罪答辩是出于非自愿的,或者是基于与控诉方的控辩交易作出的,而后来控方又撤回了其允诺。可作为撤保有罪答辩的根据。

manifest intent 表明的意图;明确的意思表示 合同当事人之间通过行为或签字等意思表示方式而达成的合意。

manifest law (= lex manifesta)

manifest necessity 明显的紧急情况 在刑事案件审理中发生法院和当事人所不能预见和控制的紧急情况,致使审理不能继续进行或得出公正结果时,法院可作出无效审理[mistrial]决定;此项决定能防止被告人以后提出不受重复审理的答辩。

manifesto n.宣言;声明 主权国家或其行政当局发布的正式书面文件,申明其宣战或采取其他重要国际行动的原因和动机;亦指有关政治或社会原则的宣言。

manifest theft (= open theft)

manifestus 当场抓获(⇨fur manifestus)

manifest weight of evidence 明显的证据力;明显的证据份量 在事实的认定上,一般的原则是上诉审法院不能以自己的意见取代原审法院意见,除非后者的认定存在明显的证据力不足。这里,"明显的"[manifest]系指证据力明确无误,一清二楚或无可争辩,以致必然导致与原审相反的结论。

manipulation n.操纵证券市场;操纵证券交易 指以制造交易活跃的假象,或以抬价、压价引诱他人购买或出售证券的非法经营手段。

manipulation of prices 操纵证券价格 指通过集合基金安排或其它联合投机行为人为地控制或稳定证券价格的行为。

Mann Act 〈美〉《曼恩法》 是最初制定于1948年的联邦法。该法禁止在州际或对外贸易中以卖淫或淫乱等非法或不道德目的贩运妇女或少女,并确定其为犯罪行为。(= White Slave Traffic Act)

manner n.❶方法;方式 ❷风俗;习惯(⇨custom and usage)

manner and form (= modo et forma)

manning n.❶一人一天的工作 ❷传唤到庭

mannire v.传唤另一方或他人出庭 mannire 和 bannire

mannopus (英格兰古法)人赃俱在 指被盗之物正好在被当场抓住的盗贼手中。(= mainour)

man-of-law n. 精通法律之人；律师；法律人 本词有很确切的隐含意义，但可能因女权主义缘故，现极少用。有时不加连字符。

man of straw 稻草人证人 (⇨men of straw; straw man)

man on the Clapham omnibus 〈英〉克拉珀姆公共马车上的人 鲍温勋爵[Lord Bowen]所使用并经常用来形象地指代"理性人"[reasonable man]的用语。"理性人"是一个假设的人，用来衡量疏忽行为中的被告是否达到法律所要求的谨慎标准。他不必具备阿喀琉斯[Achilles]的勇敢、尤利西斯[Ulysses]的智慧、赫拉克勒斯[Hercules]的力量，尽管布拉姆韦尔勋爵[Lord Bramwell]偶尔赋予其杂耍演员般的灵巧和希伯来先知的预见力。

manor n. ❶庄园；住宅；宅第 ❷〈英〉采邑；领地 封建制度下国王赐予贵族或其他显贵的世袭土地，也称"barony"或"lordship"，内设"领地法庭"[court-baron]。领地的土地一部分由领主授予其属下自由保有，称作"tenemental lands 或 bocland"，一部分由领主保留自用，称作"demesne lands"。领主自用地也可部分交由租户经法庭登记持有[tenants in copyhold]，另有领主和租户共用的放牧场和道路，称作庄园荒地[lord's waste]。本词意味着享有领地的特权，具有领地法庭管辖权以及要求公簿地产保有人交租和服役的权利。❸〈美〉领地 独立前按英国模式设立的具有永久所有权的领地，租户每年须向领主交租或服役。领地得设立法庭，受理刑民事案件。1775年后，领主成为单纯土地所有人。1846年领地制度彻底废除。

manorial court (英格兰古法)领地法庭 设在领地内的法庭，审理租户诉讼案件。(⇨ court baron; customary court)

manorial documents 庄园文件；领地文件 指有关庄园或领地的界限、特许权、荒地、领地法庭的图册、地籍册、文件和法庭案卷，不包括产权证，可由领主保管，也可交由文秘署卷宗长主事监管。

manorial extent (英格兰古法)庄园封地评估；庄园封地评估报告 由庄园内地产保有人组成的陪审团对庄园内每块保有地进行丈量与评估，确定保有地的性质，对领主应尽义务的类别和数量。此项评估是为领主的利益而进行的，但又意味着保有人只负担确定的义务，不多不少，即使是公簿地产保有人也如此。

manorial incident 庄园(领地)的附属权利(⇨manor)

manorial system 领地制度；庄园制度 一种中世纪的领地土地所有制，土地为领主所有，由农奴及若干自由民为之耕种，以换取领主的保护。(⇨manor; tenure)

manorial waste 庄园(领地)的荒地(⇨common)

manor lease 〈美〉领地租赁 一种地产权。在纽约州[New York]曾为合法，现已为宪法明令禁止。与地租[ground rent]相似。

manour (= mainour)

Manpower Services Commission 〈英〉人力服务委员会 成立于1973年，其职能为协助人们选择、获得保持适合于其年龄和能力的职业，并得到培训；协助招聘合适的雇员、合伙人等。为履行此类职能，委员会具有广泛权力，如指示就业服务局[Employment Service Agency]和培训服务局[Training Service Agency]执行该委员会的某些职能，建议成立员工培训机构并领导其工作。

manqueller 〈撒克逊〉杀人凶手；杀人犯

manred (= manrent)

manrent n. (领主与附庸之间的)合约 基于此，附庸向领主尽一定的义务，领主则要为附庸提供保护。

manse n. (英格兰古法)❶庭院或住宅；(一般附有土地的)住所 ❷牧师住宅

manser 〈拉〉(= bastard)

mansio n. 口粮地；养家糊口的土地 在盎格鲁－撒克逊时代供养一家人生息的一定量土地。有许多种叫法。

mansion (= mansion house)

mansion house 居所 由拉丁词"mansio"一词演化而来。原指领主庄园，不仅包括住屋[dwelling-house]，还包括诸如牛栏、谷仓、车库等附属建筑。现可用于夜盗罪法[law of burglary]中，指各种住屋[dwelling-house]。

manslaughter n. 非预谋杀人罪 指无预谋恶意也非法终止他人生命的行为。普通法把非预谋杀人罪分为非预谋故意杀人[voluntary manslaughter]和过失杀人[involuntary manslaughter]两类，对前者的处罚重于后者。现美国多数司法区仍采用此种分类法，但有些司法区采用了新的分类标准，如纽约州[New York]按刑罚轻重将非谋杀罪分为一级非谋杀罪和二级非谋杀罪；新泽西州[New Jersey]分为加重非谋杀罪和一般非谋杀罪。

manstealing n. 绑架；诱拐(⇨kidnapping)

mansuetae naturae 〈拉〉驯服的牲口；家畜

mansueta, quasi, manui assueta 〈拉〉被驯化如同习惯于听命于人

mansuetus 〈拉〉(罗马法)驯良的；驯服的

mansum capitale ❶庄园住宅；居所 ❷庄园法庭

mansum presbyterium 牧师的住所 有时称为"presbyterium"。

mansura 乡下人的住所；乡下人聚集处

mansus 农场

mantea 长袍；长斗篷

mantheoff 〈撒克逊〉盗马贼

manticulate v. 扒窃

mantle children (英格兰古法)幔下之子；准正后的非婚生子女(⇨pallio cooperire)

man(-)trap n. 危险的防卫装置 为保护财产，防止盗贼入侵而设置于住所的致命装置，如弹簧枪、弹簧夹子。在美国，该装置现只能在日落至日出前使用，否则违法。

manu ❶〈拉〉手；权力 ❷摩奴 印度神话中的人类祖先，古印度梵语法典《摩奴法典》[Manu-smrti]的制订者。

manual a. ❶手的；手工的；手工制造的 ❷体力的 n. 手册；操作指南

manual delivery 实际交付 指将出卖、捐赠、质押的动产或票据实际交付到受让人手中，即标的物占有权的实际转移。

manual gift 实际赠与 指有体动产的赠与以实际交付方式完成，无须正式手续。

manualis obedientia 宣誓效忠；发誓顺从

manual labor 体力劳动；手工劳动 不管是否以工具、机器或设备辅助，依靠双手或体力完成的劳动。其效率主要依赖肌肉力量的运用而不是技术、智力或灵敏程度。在美国移民法中，本词含义包括熟练和非熟练劳动，即使是在机械行业工作，但专业服务不包括在内。

manual laborer 体力劳动者；手工劳动者(⇨manual labor)

manual rates 手册费率；标准保险费率

manual rating insurance 标准保险费率保险 根据某一

特定行业而不考虑个案来确定风险的分类，以此确定保费。

manual seizure 已实际执行的扣押　尤指依据判决执行令状进行的扣押。

manual test 人工测试　如检测酒精中毒程度时要求被测试人沿着带标记的直线行走。

manu brevi 〈拉〉〈罗马法〉直接地；以最短过程　用来指向已实际占有财产的人转让所有权。

manucapere 做（保释令状中的）保证人（⇨mainprise）

manucaptio 〈拉〉〈英格兰古法〉❶保释保证人　❷保释令状　对因犯重罪而被逮捕但不能由郡长准予保释者准许其保释的令状。

manucaptors （= mainpernor）

manufacture n.产品　在专利法中，指经由人工或机器制造而成的物，区别于自然产生之物。产品是可被授予专利的发明对象之一，与其相区别的是方法[process]。亦作"article of manufacture"。
v.制造　该词由拉丁文"manus"与"factura"组合而成，字面意思为"用手组合在一起"。现指以手工劳动、机械或其他自动化装置大规模生产产品的过程。

manufactured article 产品；制成品　用手工或机器将某种物料加工成日常生活中可以使用的新产品。

manufacturer n.制造商；生产商　指从事产品生产或组装的任何人。在美国，联邦法律对该词的含义已有所扩张，为制造商实施行为或受其控制而实施行为的人，以及为销售产品而进口的人亦属制造商。

manufacturer's bounties 生产津贴；生产补贴　为刺激生产而用公共基金付给制造商的补助金。

manufacturer's liability （= product liability）

manufacturer's liability doctrine 生产商责任原则；制造商责任原则　该原则的责任基础是生产商应了解其生产或装配的产品在使用中存在的危险，生产商如因疏忽未能给予消费者适当警告，或因疏忽未发现和未意识到危险的存在，则对按该产品使用目的使用时可能发生的人身伤害负有责任。（⇨strict liability）

manufacturing corporation 制造公司；生产商　指通过一定的技术和劳动，利用手工或机器，将原材料或已经一定加工的物料生产出适于人们消费和使用的产品的企业。

manufacturing establishment 制造企业（⇨manufacturing corporation）

manufacturing explosives 制造易爆品罪　在临近公共场所，如大城市或公路附近，制造易爆品的普通法上的犯罪。

manu forti 〈拉〉强行地；以武力　用来指对不动产的入侵行为，因其武力性或暴力性而具有刑事犯罪的性质。

manu forti et cum multitudine gentium 〈拉〉聚众强行

manu longa 〈拉〉〈罗马法〉间接地；迂回地　用于描述通过指明所转让土地的边界来进行的所有权转让。（⇨manu brevi）

manumission n.解放；奴隶解放　源于拉丁文"manumissio"，意为"我释手"。在罗马法中，指给奴隶以自由，意即解放奴隶，或使人免于他人的权力统治。该词相当于"emancipation"。（⇨emancipation）

Manumittere idem est quod extra manum vel postestatem ponere. 〈拉〉"解放"就是置于权力控制之外。

manung n.〈英格兰古法〉以前地方司法长官[reeve]的辖区　得名于他的职权之一，即征收[amanian]罚金。

manu opera 〈拉〉农用家畜和器械；被盗物品

manupes 〈拉〉〈英格兰古法〉足尺　包含12英寸的法定度量单位。

manupretium 〈拉〉〈罗马法〉（劳工的）工钱；报酬

manurable a.〈英格兰古法〉❶可拥有的；可持有的；可占有的　❷可耕作的；可养殖的　❸可触及的；有形的

manure 〈拉〉〈英格兰古法〉❶占有；实际拥有；持有　❷使用；耕作；操作　❸在…上施以手工劳动
n.农家肥料；粪肥

manure clause 追肥条款　指租赁合同中关于租户增加地力的书面条款。

manus 〈拉〉❶〈罗马法〉手；权力　家长对所有家庭成员和奴隶享有的权利，尤指丈夫对妻子享有的权利，即夫权。　❷（古）宣誓人　该用法可能起因于宣誓者在宣誓过程中需将一只手搁于《圣经》上。

manuscript n.手稿　一指未经出版的书面形式；也可指作者用以交付出版的手写、打印等文字形式。

manus mortua 〈拉〉永久管业权（⇨mortmain）

Manus mortua, quia possessio est immortalis, manus pro possessione et mortua pro immortali. 〈拉〉永久管业权就是永远管理的权力，因为它是一种永远不变的占有；所谓"管业"就是占有，所谓"永久"即指永远不变。

manutendo 针对犯有包揽诉讼罪[maintenance]者发出的令状。（⇨maintenance）

manutenentia 支付抚养费的古代令状（⇨maintenance）

manworth n.〈英格兰古法〉人生命的价值；人头脑的价值

many a.许多；多数；很多　意指与整个人数或物数比，数量较多，在释义上也可认定与several, sundry, various 和 divers 同义。

Mapp v. Ohio 〈美〉马普诉俄亥俄州案　美国最高法院于1961年审理的具有里程碑意义的案件。在该案中最高法院确认，在州法院进行的审判中，只要提出了恰当的排除证据[suppress]的申请，则政府官员非法获取的证据将不为法庭所采纳。这一原则的根据是美国宪法第四条修正案关于保护公民免受不合理和非法搜查与扣押的规定依据第十四条修正案适用于联邦各州。

mar v.损坏；毁坏；损伤　尤指砍掉肢体的部分或者毁人容貌。

mara 〈拉〉湖泊；池塘；沼泽　用于古代记录中。

marajuana （= marihuana）

maraud v.战时侵入敌方掠夺、抢劫或搜寻战利品

marauder n.❶抢劫（或偷盗）的士兵（或逃兵）　❷（广义上）（尤指流动作案的）抢劫者；掠夺者

Marbury v. Madison 〈美〉马伯里诉麦迪逊案　美国最高法院1803年判例。1800年，联邦党人总统亚当斯竞选连任失败，在其离任前抢先任命一批联邦党人法官。由于时间紧迫，对其中所任命的马伯里等数名法官的任命状未能及时送出。新总统杰斐逊就任后，命令新国务卿麦迪逊停发尚未颁发的任命状。马伯里即向最高法院起诉杰斐逊，请求法院根据1789年《司法法》[Judiciary Act]第13条规定，颁发执行职务令[writ of mandamus]。最高法院在首席大法官马歇尔主持下，一致认定麦迪逊无权拒发委任状，但同时又认定1789年《司法组织法》第13条企图变更美国宪法第三条第二款关于最高法院裁判权的规定，因而是违宪和无效的，最高法院不能发布执行职务令。该案例因此开创了联邦最高法院有权审查国会立法是否违宪的先河，成为美国违宪审查制度的渊源。

marca （= march）

marcatus n.常年租金　古代租赁合同中保留下来的用

march *v.* 行军;行进;前进
n. 标记;界线;边界;边疆;边境
marchandises avariees (法国商法)毁损商品
marchers *n.* ❶(英格兰古法)边境领主 居于威尔士或苏格兰与英格兰接壤的边境地区的贵族,他们制定并执行自己的私家法律,俨然是土皇帝,此类统治特权于1535年亨利八世时被废除。又称"lords marchers"。❷行军者;行进者;请愿者;游行者
marches *n.* (英格兰古法)边界;边疆;边境地区;沿边地区 特指英格兰和苏格兰、英格兰和威尔士接壤的边境地区,或王室土地的边界,苏格兰房屋土地等不动产的边界。
marchet (= marcheta)
marcheta (= maiden rents)
marchioness *n.* 女侯爵;侯爵夫人
mare 〈拉〉海
n. 雌性的马科动物 如母马、母驴、母骡、母斑马等。
mare altum 公海
mare apertum 公海
Mare Clausum 闭海论 在16至17世纪争夺公海控制权时,对国家可以对公海主张主权的理论的命名。它也是英国的塞尔登于1635年出版的一本书的名字,该书宣称,海洋和国内土地一样,可以成为私人财产权的标的。
Mare Liberum 海洋自由论 在16至17世纪争夺公海控制权时提出的一种理论,该理论认为海洋不得为任何国家所占有,而是开放的,应为各国自由利用。它也是荷兰著名国际法学家格老秀斯[Grotius]于1609年发表的著作的名称。
marescallus 〈拉〉❶弼马温;御马监 ❷军事总长 负责监视敌情,选择扎营地点,整编队伍以准备战斗,因这最后一项职责如同御马监编排马匹一样而得此名。这一职位仅次于皇室治安总长[comes stabuli; constable]。❸财政署官员之一 ❹庄园内的房屋护理官
Marescallus aulae (英格兰古法)内廷侍卫;宫廷侍卫 负责国王个人的事务及保证宫廷安全。
mareschal 〈法〉元帅;管理皇家事务的高级官员
marettum 〈拉〉〈古〉(海水或河水漫流形成的)沼泽地
maretum (= marettum)
margin *n.* ❶边界;边缘;水域(与陆地相交)的边缘 河流或其它水道作为陆地边界线时,河流的"边缘"以河道中线为准。❷差价 在抵押贷款中,指贷款抵押物的市场价值与贷款数额的差额。❸利润;毛利 在商业贸易中指批零差价,或者指出厂价与成本的差额,又称毛利。(⇨profit; remargining) ❹保证金 在证券交易中指客户存于经纪人处的一笔钱或等价物,以保证经纪人不因股票价格波动而遭受损失。也指客户在使用经纪人的贷款进行证券交易时必须缴纳的押金。(⇨margin account; margin transaction) ❺最低限度利润;最低报酬
v. 以保证金买(债券);使用…作保证金;为…付保证金
margin account 保证金账户 证券业向客户提供信贷的一种方法,根据这种方法,客户从证券公司购买股票,只需预交部分价款,其余额由经纪公司给予贷款融资,经纪公司可将该股票留作抵押并收取贷款利息。
marginal notation (= marginal note)
marginal note ❶旁注;附注 标于文件主体部分之外的文字或数字。❷法典的旁注 法典条款旁说明立法情况的附注,介绍条款内容,以便于查找。但此类旁注未经议会讨论,不是法律组成部分,在法庭上不能援引作为对法律的解释。
marginal purchase 垫头购买;信用购买;边际购买 客户购买股票或商品时没有付给经纪人全部价款,他可在后来全部付款以获得最终所有权,也可用来投机,在市价上涨时卖出。
marginal sale 抵押卖空;信用卖空;边际出售 (⇨short sale)
marginal signature 页边签字 指立遗嘱人在遗嘱文件的边缘空白处的签字。
marginal street 边际街道 指同时用于商业和航行且促进两者发展的码头。
marginal tax rate 边际税率 当按累进税率征税时,对应税所得的最高金额数适用的税率。
margin call 催缴或追加保证金通知 经纪人要求客户购买股票时缴纳保证金或抵押品的通知,或股票已以保证金购进,但其后股价下跌或可能下跌时,要求追加保证金或抵押品,以维持最低保证金额。(⇨margin requirement)
margin list 上榜银行名单 由美国联邦储备委员会公布的银行名单。上榜银行只能以其所有股票市值的一定比例(如50%)从事抵押贷款,而对未上榜银行无此限制。
margin of credit 信用额度 商人向其客户以赊销形式提供的一定额度的信用,通过不定期地偿付,客户可以保持该额度以内的债务。
margin of safety 安全边际;安全幅度 如受托人从事信托资产投资时应关注的证券价值与其购入价之间的差额限度。
margin on sale 卖空保证金 经纪人为防止损失,要求客户在卖空时缴存的一定数额的资金或证券。
margin profit 最低限度利润;边际利润
margin requirement 保证金要求;额定保证金 客户在购买股票时,必须以存于经纪人处的保证金账户支付的全部购买价格的一定比例交付保证金。在美国,该比例由联邦储备委员会制定并调整。
margin trading 保证金交易 (⇨margin; margin account; margin transaction)
margin transaction 保证金交易 以保证金账户通过经纪人进行的证券或商品交易,即在购买股票或商品时,一部分用现金,即保证金支付,其余部分通常由经纪人提供贷款支付。(⇨margin account)
mariguana (= marihuana)
marihuana *n.* 大麻;大麻制品;大麻毒品
marijuana (= marihuana)
marinarius 〈拉〉〈古〉水手;海员
marine *a.* ❶海的;海洋的 ❷航海的;海洋运输的;海事的;海商的;海军的
n. ❶船舶;海运业;商船队 ❷海军;海军士兵
marine belt (= territorial waters)
marine carrier 海运器具 在美国一些州的制定法中,该词系指在海洋、海湾、大湖区及其他美国具有管辖权的可航行水域航行的运输器具。
marine contract 海事合同;海商合同 包括海事、海运、航行、海上保险、租船运输、海事借贷和其他与海事、海商有关的合同。
Marine Corps 〈美〉海军陆战队
marine court 海事法庭;海事法院
marine court in the city of New York 〈美〉纽约市海事法院 原为纽约市的一个地方法院,为解决海员纠纷而设

立,是纽约市法院的前身。

marine insurance 海上保险;水险 承保由于海上风险造成的船舶、货物、运费损失的保险。

marine interest 海事借贷利息 船舶或船货抵押借款的利息,因风险大,利率极高。

marine law (= maritime law)

marine league 海里格 海上距离单位,一海里格相当于三海里或纬度一度的1/20。

marine lien (= maritime lien)

marine protest 海上事故证明书;船长证明书 因发生海上事故或灾难导致船舶或货物灭失或受损后,船长经宣誓作出的书面证明,其目的是说明根据当时情况,灭失或损害是由于海难或其它非船长或船舶所有人的责任造成的,从而船舶所有人对此项灭失或损害不承担任何责任。

mariner n.船员;水手;海员

marine railway 船排;拖船滑道 建筑在水边,部分延伸至水下的装置,用此装置可将庞大的船体拖上岸来。

marine risk 海上风险(⇨peril of the sea)

mariner's lien 船员留置权 是最古老且最被认可的一种海上留置权,它作为一条规则在审判中有利于船员。船员留置权跟随船舶,不论船舶及其收入归入何人。(⇨ maritime lien)

mariner's will 船员遗嘱;水手遗嘱 指船员在海上实际服役期间所设立的口头或书面遗嘱。该种遗嘱不具备法定形式要件,亦被认为有效。

marine tort (= maritime tort)

Maris et foeminae conjunctio est de jure naturae. 〈拉〉男女结合是自然法则。

maritagio amisso per defaltam 在作为结婚嫁妆获得的土地被人侵占时,法院给予原土地持有人收回土地的令状

maritagium 〈拉〉(古) ❶嫁资;嫁妆;陪嫁土地 指结婚时由女方父母或其他亲属给予妻子或夫妻双方的赠与财产,亦可专指结婚赠与的土地。这是英格兰在中世纪早期广为承认的一种习惯。赠与人将土地连同女儿送与受赠人,并在第三个继承人(即受赠人的后代)出生后才开始承担封建役务,因为此时家庭已经建立并有能力履行封建役务。在第三个继承人出生前,作为嫁资的土地不得转让,如果没有后嗣的,则该土地复归赠与人及其继承人。后该种赠与采契据形式,并将后代限于某些特定顺位的继承人。它是限定继承地产[fee tail]或限继承地产[entail]的前身。(⇨dos) ❷婚姻监护权 指领主对未成年被监护人婚姻进行安排与处置的权力。

Maritagium est aut liberum aut servitio obligatum; liberum maritagium dicitur ubi donator vult quod terra sic data quieta sit et libera ab omni seculari servitio. 〈拉〉(岳父在嫁女儿时给女婿的)嫁妆(指限嗣继承土地)可以附有役务或不附役务,当赠与人表示受赠人不须提供非宗教役务,则是不附役务的嫁妆[frankmarriage]。

maritagium habere 〈拉〉(古)(女继承人)对婚姻的自由处理权

marital a.婚姻的;夫妻的;属于丈夫的

marital agreements 夫妻(财产)协议 指配偶之间就夫妻财产的所有权及其分割所达成的任何协议,尤指婚前合同[premarital contract]或分居协议[separation agreement],因其主要涉及一旦发生离婚时如何分割夫妻财产的问题。亦作"marriage settlement"或"property settlement"。(⇨prenuptial agreement; postnuptial agreement)

marital communications privilege 夫妻交谈守密特权 指配偶一方有权拒绝且有权阻止另一方就他们婚姻关系存续期间所作交谈的内容作证的特权。但有例外,如涉及到配偶一方对另一方或对子女犯罪的。

marital deduction 婚姻财产减税 指夫妻一方将财产转让给另一方时的减税,包括双方在世时的转让和一方去世时的转让。

marital deduction trust 婚姻财产减税信托 一种信托形式,旨在从婚姻财产减税[marital deduction]中最大限度地获取好处。一般是将一半财产设定婚姻财产减税信托,另一半则设定其他信托或作类似安排,以使健在配偶财产得以避税。由于美国法律对1981年后死亡者遗产转让给健在配偶的征税有所变更,不再规定减税最高限额,此项减税信托通常已不再使用。(⇨marital deduction)

marital discord 夫妻关系不和

marital duties 婚姻义务 指夫妻因婚姻关系而互负的义务,相对于配偶间的权利[rights of consortium]。(⇨consortium)

marital infidelity 夫妻间的不忠实;不贞行为(⇨infidelity)

marital portion 遗孀应继份 指遗孀对亡夫遗产应继承的份额。在美国,该词仅用于路易斯安那州[Louisiana]。

marital privilege 配偶特权;夫妻特权 指配偶一方有权就其与配偶另一方的秘密交流不予作证或阻止配偶另一方就此作证。在刑事案件中,指配偶一方有权拒绝担任配偶另一方的反方证人而提供证言。在诽谤案件中,指夫妻之间的陈述可免于构成诽谤诉讼。亦作"spousal privilege"或"husband-wife privilege"。(⇨privilege)

marital property 夫妻财产 指夫妻关系存续期间所取得的财产。(⇨community property)

marital relationship 婚姻关系;夫妻关系;配偶关系 指基于婚姻而产生的夫妻之间的自然和法律关系。配偶双方互相享有权利,也互负义务。

marital rights 婚姻权利 即配偶权。指夫妻因婚姻关系而互享的权利。(⇨consortium)

marital rights and duties 夫妻双方的权利和义务;配偶的权利和义务

marital rights, duties and obligations 婚姻权利、义务与责任 指自婚姻关系建立后,夫妻双方相互间和对社会享有的权利、负担的义务和责任。包括一方死亡后,另一方有权继承死者的一定份额的遗产。

marital settlement (= marriage settlement)

marital status 婚姻状况 指某人是否已婚的状况。

Maritima Angliae (英格兰古法)海岸;海业收入 在从爱德华二世到亨利八世时期所颁发的特许状中指海岸。现指古代由郡长征收后授予海军事务大臣的海洋收益。

maritima incrementa (英格兰古法)海水冲击增地 指由于海水冲击而形成的土地扩展。

maritime a.❶航海的;海事的 ❷近海的;沿海的

Maritime Administration 〈美〉海事管理局 原为美国商业部所属机构,1981年《海事法》[Maritime Act]将其转为交通部所属,该机构主要负责促进和规范美国商业航运活动,指导商业航运活动的操作,建立船舶制造和设计的技术指标,确定航线,管理与海事有关的其他商业事务。

maritime belt (= territorial waters)

maritime blockade 海上封锁

maritime cause of action 海事案件

Maritime Commission 〈美〉海事委员会 联邦行政管理机构,管理美国涉外及国内的离岸水运业,保证美国的国际贸易以公平合理的条件向所有国家开放,并防止在美

国水运业形成未经准许的垄断。

Maritime Commission Liens　海事委员会留置权　美国《破产法》[Bankruptcy Act]第14章的标题,内容涉及美国政府作为抵押权人或留置权人时,在船舶公司的破产管理或托管管理中的权利。

maritime contract　(= marine contract)

maritime court　海事法院;海事法庭

maritime employment　船务工作;海事工作　与航运和贸易有关的工作,包括船舶的操作、修理、装卸、服务及其他码头工作。

maritime hypothecation　海事抵押;船舶抵押;船货抵押　(⇨bottomry; respondentia)

maritime insurance　(= marine insurance)

maritime interest　(= marine interest)

maritime jurisdiction　海事管辖权　美国宪法规定海事案件的管辖权由联邦地区法院[district court]行使。

maritime law　海商法;海事法　调整船舶从事海上客货运输中产生的权利、义务关系的法律,其内容涉及港口、船舶、船员、运输合同、船舶租用合同、船舶碰撞、海难救助、共同海损、海事赔偿等。英格兰的海商法由海事判例、惯例、原则、学说及中世纪的奥列隆法、维斯比法等组成,无系统的海商法典;美国海商法以一般海商法为基础,但须转化为联邦制定法或法院判例才能适用。现代海商法包括众多国际海事公约。

maritime lien　船舶优先权　对船舶(外国或本国)的优先受偿权,可通过对物诉讼[suit in rem]而强制执行,以保护船员的劳动报酬及向船舶提供维修、供给、拖航、使用船坞、船排或其他必需设施的人的利益。优先权可以是基于合同或侵权而提起;与普通法上的船舶留置权的区别在于:前者不以占有为要件,后者是基于占有而行使。

Maritime Lien Act　〈美〉《船舶优先权法》　关于船舶优先权的联邦综合性法律。

maritime loan　海事借贷　海事借贷合同或协议的双方约定,如果用于借贷担保的物品因任何海上危险或不可抗力而灭失,则贷方不能收回本金,除非在危险发生后所剩物品的价值与所借金额相当。但如果物品安全抵达,或只是因其自身的缺陷或船主和船员的过失而受损,借方有义务返还贷方本金,以及为此借贷风险而支付的协议金额。(⇨bottomry; respondentia)

maritime prize　战时海上捕获物

maritime service　(= maritime employment)

maritime state　〈英〉英国海军　指英国海军军官和士兵的集合名称。

maritime supplies　海上给养;船舶给养

maritime tort　海上侵权行为　指在适航水域发生的侵权行为。(⇨Jones Act)

maritime transaction　海上交易(⇨maritime contract; maritime lien; maritime tort)

maritus　〈拉〉丈夫;已婚男子

Maritus potest perdere, dissipare, abuti.　〈拉〉丈夫可以挥霍、浪费。

mark　n. ❶(旧时欧洲大陆的)金银重量单位　❷马克　德国、芬兰等国的货币单位。❸(文盲在法律文件上代替签名的)画押　❹标签;商标(⇨trademark)　❺服务标志(⇨servicemark)　❻特征;标记　❼(古)马尔克公社;马尔克公社土地　在早期条顿法律和英国法律中的一种村落共同体,是当时最基层的政治组织;也指这种村落共同体所共同所有的土地;这些共同体相互联合可以组成更高一级的组织,即百户区。

markdown　n. 减价(⇨markon)

marked ballot　❶划叉的选票　指投票人在选票上打叉来选择候选人的投票方式。❷有明显记号的选票　以利于选票统计的识别。

marked line　标线;不动产地基线　指依据界标而划定的不动产界线。在说明不动产时,其优先于四至地标[calls for courses and distances]。

marked money　加注记号的货币　指在钱币上做有可识别的标记。在货币上加暗记常常是为了识别罪犯,例如把暗记钱给走私、贿赂、绑架或抢劫银行的犯罪分子等。

marked tree　标记树　指有刀痕标记的树,常用作地标。

marker　n. 墓碑(⇨monument)

market　n. ❶市场　①商业中心、集市,即进行商品或服务交易的场所,如农贸市场;②进行证券、期货交易的场所,如证券交易所、期货交易所;③对某种商品或服务有需求的地区或人群,如行销地区、国外销售市场等;④买卖或销售商品或服务的机会,如买方市场、卖方市场等;⑤总销售量;对某种商品或服务的需求数量或规模;⑥市面;市况;市场行情。❷交易;销售;出售　❸市场价值;市场价格;市价;行情
v. (尤指以有组织大规模的方式进行)交易;销售;出售
a. 市场的;与市场有关的

marketability　n. 可销售性;适销性;可流通性　在特定的时间以特定的价格和条件,出售财产、商品、证券及提供服务的可能性。

marketable　a. ❶可销售的;适销的;畅销的　❷可变现的

marketable securities　畅销证券;可出售证券;可流通证券　持有人可随时在证券交易所或场外交易市场上出售的股票和债券。公司持有的这种股票和债券被归入可变现的流动资产类。

marketable title　可转让的产权　指在法律上和事实上无任何负担和瑕疵的产权,可以即时出售或抵押给他人。在产权所有人介绍产权状况后,任何智力正常和具有一般谨慎的买主都不会对这种财产权转让的有效性持合理的怀疑,从而同意签约。

Marketable Title Acts　〈美〉《可转让产权法》　该法旨在简化地产交易程序,将产权核查限定在交易前的合理期限内,如40年,以避免每一新的交易都要审查此前很早以前的交易记录。美国许多州均已采纳该法。

market agency　市场代理人　收取佣金为他人买卖的人。

market corner　❶垄断市场联合　垄断组织间通过短期价格约定,对某种商品的购买超过其市场总供给,以达到囤积居奇的目的。❷垄断市场;囤积居奇　通过控制某种商品的全部或大部分,人为地提高价格,囤积居奇,或者人为地压低价格,使市场价格在一定期限内维持一个较低水平。

market equity　市场比率　公司的每种证券占该公司证券市场总价的百分比。

market geld　市场税;摊位费

marketing agreement　(= marketing contract)

marketing association　〈美〉销售协会　旨在促进农产品,有时是某些特定品的销售。

marketing contract　❶市场销售合同　企业与其市场代理人之间签订的合同,旨在促进该企业的产品或服务的销售。❷合作销售合同　合作组织与其成员签订的协议,成员同意通过该组织销售其产品,而合作性组织则同意为其产品争取最好的价格。

marketing quota 销售配额;销售限额
market license 市场摊位执照
market making 造市;做市 证券场外交易的术语,通过买方报价和卖方报价,共同为场外交易的证券制造一个市场价格。
market of competition 竞争市场
market overt 〈英〉公开市场 指依习惯或法律在规定地点和时间设立的公开市场,但在伦敦,每家商店除星期日和假日外,在日出日落之间营业的,均属公开市场。按照英格兰法,在公开市场中的买卖,不仅对买卖双方有效,还可对抗第三者,因而即使销售的是赃物(马匹除外),善意的购买者仍能取得货物所有权以对抗真正所有人。但如窃贼被定罪,则货物仍应归还失主。这一原则不适用于威尔士和苏格兰。
market power 市场支配力;市场实力 在一段持续性的时期内,通过减产将其商品销售价格抬高到市场竞争价格(特别是边际成本)之上,且仍能以此获取利润的能力。
market price 市价;市场价格 ①指买者愿购、卖者愿售的价格,也即在公开市场上的竞争性价格,区别于强制性售价;②在证券交易中指最新成交价;③市场供给和需求平衡时的价格,也即市场价值。(⇨fair market value)
market quotations 时价;现价;市场报价 在证券交易所或其他市场上买卖证券或商品的最新价格。
market report 市况报告;市场行情报告 某种商品或者证券在特定日期或者特定期限内的市场价格情况。
markets and fairs 〈英〉❶市场权与集市权 设立市场、集市,集中进行商品交易,应经王室特许,取得专营权,也可因长期形成取得时效而被认可。当代,也可由地方政府依法设立。获得市场、集市特许权后,经营者应提供足够的交易场地,有权收取摊位费等费用,并有权排除他人的非法干扰,如在过近距离内另设竞争性市场。市场特许权可因不营业、违反特许条件或滥收费用而被撤销。❷市场与集市 也指市场、集市的交易地点和时间。市场与集市在法律上无区别。集市规模较大,一般每年仅举办一、二次,市场则每周就交易一、二次。
market share 市场占有率;市场份额 某一公司产品所占有的市场销售比例,通常以该公司的产量除以市场总量得出。在反垄断法上,市场占有率可被用以衡量公司的市场能力,以确定是否形成垄断。(⇨market power)
market structure 市场结构 指广义上的市场组织结构特点,主要指销售的密集性,产品的差异性和市场进入壁垒等。
market value (= fair market value)
market wagon 市场送货车 以前在城市街道和农村地区经常使用的交通工具。店主用这种货车将杂货、蔬菜和其他商品送到各家各户。
marking ballot (选举人)划选票 选举过程的一部分。(⇨marked ballot)
marking document 标注文件 在介绍或提供证据时,通过原在文件上所作的标记来确定某一文件。
marking of patent (= patent marking)
marking up 〈美〉❶法案的审议过程 国会的法制委员会逐条审议法律草案并视需要就其文字、内容进行修改、补充的过程。有时,如对法案作大幅度修改可导致另提出另行编号的新法案。❷案件列入审理日程的程序
markon n. 加成 目录价格[list price]中高于成本价的部分,常以百分率表示。目录价格提高称加价[markup],下降称减价[markdown]。

marksman n. 画押人 指因不会书写自己的姓名而在文据上书写某些符号以使该文据生效的人。
mark system 记分制 1840年亚历山大·麦康诺奇[Alexander Maconochie]创建于澳大利亚诺福克岛[Norfolk Island]的一种制度。根据该制度,囚犯的刑期是不固定的,对囚犯的表现好坏进行评分,如行为良好、劳动努力、勤奋即可加分,游手好闲、行为不端则减分。囚犯只有获得由其罪行决定的相应的分数后,才可被释放。这一记分制是不定期刑、个别待遇以及因行为良好而被赦免等原则的发端。
markup n. 加价 (⇨markon)
Markush Doctrine (专利法)马库什原则 针对专利申请中不得使用选择性语言的一项例外,据此,在某些权利要求书中(例如涉及化学合成物的发明),申请人如果无法找到通常适用的系属性[generic]表达方式,就可以适用一选择性与亚属性[sub-generic]的语词。例如,作为一般原则,申请人不能使用选择性语言——诸如"玻璃或塑料",但可以适用种属性语词(例如"不可渗透的透明材料"),从而有效地覆盖其所设想的各种供选择的对象。而根据马库什原则,对于化学合成物可能没有适当的语词可以覆盖各种可选择的对象,在此情况下,专利申请人就可以适用一个新造的亚属性语词,诸如"由 X、Y 和 Z 合成而提取的物质"。
Marlborough 〈英〉马尔伯勒 位于威尔特郡[Wiltshire],距伦敦以西76英里。(⇨Statute of Marlborough)
marque n. 捕拿;报复 (⇨law of marque; letters of marque and reprisal)
marque and reprisal 捕拿和报复 这两个词经常作为同义词来使用,但在严格的词源学意义上,报复[reprisal]是作为对捕拿[marque]的回应而采取的行为。
marquess (= marquis)
marquis n. 侯爵 贵族级别中的第二位,仅次于公爵[duke]。在英国,第一位侯爵是1386年理查二世册封的都柏林侯爵[Marquis of Dublin]罗伯特·德·维尔[Robert de Vere],当时他是牛津伯爵[Earl of Oxford]。侯爵被国王在皇家授权状中称为"our right trusty and entirely beloved cousin",其称谓是"most honorable",侯爵的妻子的正式称谓是侯爵夫人[marchioness],非正式称谓则在姓氏前加"夫人"[lady],如"Lady Carabas"。侯爵的长子一般在礼仪上享有其家族的伯爵称号,其它儿子则在姓名前加"贵族"[lord],女儿则加称"小姐"[lady]。侯爵在世期间,其长孙则使用其父所用谓的下一级本族称谓。
marquisate 〈拉〉(古)侯爵地位;侯爵领地
Marquis of Queensbury Rules 昆斯伯里侯爵规则 现代拳击的基本规则。规定手套的使用、每场比赛中回合的划分等。
marriage n. 婚姻 男女成为夫妻关系的合法结合,也指结婚行为和形式,属民事合同性质[civil contract]的人身关系,必须出于双方自愿。婚姻是男女建立于一夫一妻制基础上的终身自愿结合(或直至离婚),以相互履行或向社会履行基于异性结合形成的各项义务。故有效婚姻的要件有三:①当事人依法具有缔结婚姻的能力;②双方合意;③符合法律规定的实际缔结婚姻的形式要件。婚姻是家庭和社会的基础。
marriageable age 结婚年龄 指具有结婚能力的年龄。
marriage articles 婚姻财产协议草案;婚前协议条款 指准备结婚的当事人双方对婚姻财产达成的初步协议,为结婚后签订正式婚姻财产协议作准备,并具有约束力。

(⇨marriage settlement)

marriage banns 结婚预告(⇨publication of marriage banns; banns of matrimony)

marriage benefit insurance 婚姻受益保险 此类保险合同规定,如受益人在规定时间内保持不结婚,则保险人应在其结婚时给予受益人或其妻子一定数额的补偿金,或根据受益人维持独身时间的长短按比例给付一定补偿金。此种保险由于具有打赌和引诱一方推迟结婚的性质,已被法院认定为无效。

marriage broker 婚姻中间人 收取一定报酬介绍男女双方成婚的中间人。此项活动因违反公共政策而被认定为无效和非法。

marriage brokerage ❶婚姻介绍业务 该业务在英美被认定违反公序良俗[public policy]而非法无效。❷婚姻介绍费 指从婚姻介绍业务中收取的报酬。

marriage ceremony 结婚仪式 指结婚时举行的宗教或世俗婚礼仪式,旨在使公众知晓。

marriage certificate 结婚证书 由主持婚礼者签发并交由公共机构登记备案,作为婚姻关系的证明的一种文件,婚姻双方毋须签字。

marriage counselling 〈英〉婚姻咨询服务 指第三人对婚姻关系不和谐的夫妇进行劝告和引导,以协助消除分歧,解决困难。

marriage in facie ecclesiae 在教堂举行婚礼;教堂牧师主持的婚礼

marriage license 〈美〉结婚许可证 由公共权力机关向预备结婚的人颁发的许可证,通常用以通知被授权主持婚礼的人;在大多数州的立法中,这是构成合法婚礼的重要先决条件。

marriage-notice book 〈英〉婚姻登记簿

marriage per verba de futuro cum copula 〈拉〉由婚约后的肉体接触构成的普通法上的婚姻 法律凭协议与肉体接触推定双方已同意立即成婚。

marriage per verba de praesenti 〈拉〉自双方同意之时起立即成为夫妻的婚姻 即普通法上的婚姻,只须双方同意,不必举行宗教婚礼仪式。

marriage portion 嫁妆;嫁资 结婚时女方带给其丈夫的各种财产。亦作"dowry"或"maritagium"。法文作"dos"。

marriage promise 婚约;订婚 指某人允诺其将在确定的或合理的期间内与被允诺人结婚。在英格兰,如果此后该人拒绝或未能与被允诺人结婚,曾被认为构成违约。直至1753年,教会法院还可以强制当事人实际履行其结婚允诺,后改为损害赔偿。至1970年,损害赔偿的做法亦被废止。

marriage records 婚姻记录;婚姻档案 该等文件由政府或教堂保存,作为婚姻的永久性记录。内容包括夫妻双方姓名、女方娘家的姓、家庭住址、结婚日期等,并据此制作结婚证书。

marriage register (= marriage records)

marriage settlement ❶〈英〉婚姻财产授予 指婚姻双方当事人之间约定的财产授予[settlement],通常在打算结婚的阶段订立协议,据此,为未来的丈夫、妻子及其子女的利益而对动产或不动产安排授予。此种财产授予协议在将授予财产交受托人[trustee],并附以创设信托的信托文书[trust instrument]时生效。在婚后的财产授予[post-nuptial settlement]中也可包含与上述相似的条款。在苏格兰法中,与此相对应的是婚姻合同,包括婚前的婚姻合同[ante-nuptial marriage contract]与婚后合同[post-nuptial marriage contract]。❷婚姻财产协议;夫妻财产协议(= marital agreements)

marriage speculation contract 婚姻投机合同 指未婚男子基于金钱的考虑而与他人约定,在合同签订之日起的一定时间内如不结婚,则在其将来结婚时,另一方将给他的妻子一笔约定的金钱。(⇨marriage benefit insurance)

marriage with deceased wife's sister or deceased brother's widow 与亡妻之姐(妹)或与亡兄(弟)之遗孀结婚

married woman 已婚妇女;妻子 指丈夫健在或未离婚的妇女。法律曾视夫妻为一人,妻之法律人格为夫之法律人格所吸收。但现在,法律发生变化,已婚妇女被视为法律上独立的人。

married woman's acknowledgment 已婚妇女(对文契)的认可 表明与其丈夫共同执行该文契,该认可一般在审核官员前单独进行,以往是必要程序,现美国仅少数州有此要求。

married woman's equity for a settlement (= equity for a settlement)

married woman's separate estate (= separate estate of wife)

Married Women's Acts 〈美〉[总称]《已婚妇女(权益保护)法》 指适用于美国大部分地区的、旨在废除普通法对已婚妇女权利的限制的一系列制定法或宪法规定。这些法律保障了已婚妇女享有不受其丈夫干预的订约权、诉权、财产权等权利,从而改变了过去已婚妇女在身份上依附于其丈夫的地位。

Married Women's Property Acts 〈美〉[总称]《已婚妇女财产保护法》 基本上等同于《已婚妇女(权益保护)法》[Married Women's Acts]。(⇨Married Women's Acts)

marshal n. ❶〈英格兰古法〉弼马温;御马监 王室看管马匹的官员。❷〈英〉巡回法官秘书;巡回法官助理 指高等法院派出的巡回法官所指任的官员,作为法官个人的秘书或助理,通常为刚被授予出庭律师资格的律师——他们常将出任巡回法官秘书作为其执业的开始。以前其职责主要是负责主持大陪审团的宣誓。他们的差旅费由法官自己支付,当然他们每次开庭也从国库中领取小额日薪。其全称为"marshal of the judge of assize"。❸〈美〉执法官 职责与行政司法官[sheriff]类似。❹〈美〉法警;法庭事务官 一种司法官员,负责法庭安全,执行法庭令状,履行其他法庭事务。❺〈美〉联邦法院事务官 全称为"United States Marshal",是政府行政序列的雇员,负责执行联邦法院的指令。
v. 排列;安排;引领;整理

marshal court (英格兰古法)骑士法庭(⇨court of chivalry)

marshalling assets 决定债务人财产的清偿次序 其原则是,当两个以上债权人要求就债务人财产进行清偿时,对债务人部分财产有抵押权的债权人应受到保护,但应尽可能照顾其他债权人的利益。如第一债权人可以就债务人的两笔财产取得清偿,而第二债权人只能就债务人的一笔财产取得清偿,则公平原则要求第一债权人首先就第二债权人所不能求偿的那笔债务人财产取得清偿,而不是取走第二债权人唯一能求偿的那笔财产,从而避免第二债权人的债权落空。例如,债务人甲有两项财产A、B,债权人乙先在A、B上设定抵押,债权人丙在B上设定抵押,则乙在实现债权时应当先执行A,而不能先执行B,以免丙的抵押权不能实现。也称"marshalling securities"、"marshalling liens"或"marshalling remedies"。(⇨rule of marshaling assets)

marshalling doctrine 确定债务人财产分配次序原则（⇨marshalling assets）

marshalling liens (= marshalling assets)

marshalling remedies (= marshalling assets)

marshalling securities (= marshalling assets)

marshal of the exchequer 〈英〉财政署警察 负责拘押国王的债务人。

Marshal of the King's Household 〈英格兰古法〉宫廷法吏 区别于皇家军务大臣[Earl Marshal]的一种古代宫廷官员，他在皇室内务管理方面负有职责，并与皇室内务总管[Steward of the King's Household]共同出席王室内务法庭[Court of the Marshalsea]，后他们都成为宫廷法院[Palace Court]的名义法官。该职位现已废。（⇨Court of Marshalsea; Earl Marshal of England）

Marshal of the Queen's Bench 〈英格兰古法〉王座法庭监狱典狱长 掌管王座法庭监狱的官员，1841年后改称"keeper of the queen's prison"。

marshalsea (= marshalsea prison)

marshalsea prison 〈英格兰古法〉王室内务法庭监狱 起初为王室内务法庭[Court of the Marshalsea]的监狱，关押债务人。始于1300年，一直沿用至1842年。1842年与王座法庭监狱[Queen's Bench Prison]和弗利特监狱[Fleet Prison]一道合为皇家监狱[Queen's or King's Prison]。（⇨Court of Marshalsea）

mart n.市场（⇨market）

marte suo decurrere 〈拉〉〈古〉自动 指不受阻碍，一直进行到最后的诉讼。

martial law ❶军事管制法；戒严令 无论在战时或平时适用于国内领土。❷军法 一种法律体系和制度，只适用于战争时期在敌占国领土上。（⇨military government; military law）

Martin v. Hunter's Lessee (1816) 〈美〉马丁诉亨特之承租人案 本案系美国最高法院判例。弗吉尼亚州上诉法院[Virginia Court of Appeals]以1789年《司法法》[Judiciary Act]第25条违反宪法为由，拒绝接受美国最高法院对其某一裁决的改判。第25条的规定是美国最高法院有权对州最高法院依据州法院驳回诉讼请求的终审判决进行复审。美国最高法院在此案例中坚持第25条的合宪性，并有权对此类案件进行复审，从而保证了美国最高法院对美国宪法和其他联邦制定法问题的最终解释权。

Martin v. Mott (1827) 〈美〉马丁诉莫特案 最高法院认为，在国会授权下，总统有权调动武装力量，包括各州的武装力量。各州不得以任何借口和理由抵制。

martyrs （基督教）早期殉教者记事录（= Acta Martyrum）

Mary Carter agreement 〈美〉玛丽·卡特协议 "玛丽·卡特协议"的术语源自于1967年的一个著名案例，即"布斯诉玛丽·卡特油漆公司案"[Booth v. Mary Carter Paint Co.]。现较广泛适用于原告和部分被告（不是所有被告）间达成的任何协议。据此协议可减轻达成协议的被告的经济责任，其减轻的数额是可变的，往往同原告从未达成协议的被告处获得的赔偿额成反比。在美国某些州中，此类协议被认定违反公共政策而无效，但在另一些州中只要已向陪审团披露即可被允许。

masochism n.性受虐狂；受虐色情狂 一种以受异性虐待为快的变态色情狂。

mason n.❶砖瓦匠；石匠 ❷[M-]共济会会员 指共济会[Masonry]这一秘密兄弟会组织中的成员。

Mason and Dixon Line 〈美〉梅森－迪克逊分界线 奴隶制度废除前在宾夕法尼亚州[Pennsylvania]南部和马里兰州[Maryland]北部所确定的一条用以区别蓄奴州和自由州的分界线。全长244英里，起于德拉维尔河[Delaware river]，止于印第安人区，由宾州和马里兰州争议双方的受托人查理·梅森[Charles Mason]和杰里米亚·迪克逊[Jeremiah Dixon]共同划定。后来又于1849年、1900年两次重新勘定。

masonic lodge 共济会会址 指以共济会原理组建和运行的一种慈善组织的会址。

masonry n.❶砖石建筑 ❷[M-]共济会 指一种兄弟会性质的秘密组织，通称"Freemansory"。共济会总会和地方分会遍布欧美各地。❸共济会纲领

mass n.❶大宗物品；大宗货物 ❷[M-]弥撒 罗马天主教对圣餐[Eucharist]圣事礼仪的称谓，英格兰国教会和一些安立甘宗教会也举行此仪式。它在宗教礼仪中普遍被采用，因此是一个公众慈善仪式[public charity]，以区别于为特定个人举行弥撒的私人慈善仪式[private charity]。

massa 〈拉〉（罗马法）❶弥撒（= Mass) ❷原材料；未加工的原料

massachism (= masochism)

Massachusetts ballot 马萨诸塞式选票 源于澳大利亚式选票。在每一职位下面将各候选人的名字按字母顺序排列，并附有提名的政党。

Massachusetts Colony Ordinance 〈美〉《马萨诸塞条例》 殖民地时期马萨诸塞州关于河道周围土地界限及乡镇在湖边种植的权利的重要制定法，这一条例经司法解释已适用于全州，并明显地成为缅因州普通法的一部分。

Massachusetts General Laws and Liberties 〈美〉《马萨诸塞一般法律和自由》 1648年通过的作为马萨诸塞海湾殖民地基本法的一部法律。它取代了1641年通过的《马萨诸塞自由法典》[Massachusetts Body of Liberties]。其主要内容为保障人如受到法律平等保护权、保释权、上诉权、不受双重追诉权[double jeopardy]、拒绝自证其罪权以及言论、迁徙、司法异议自由等基本人权和自由。该法的这些原则大多被后来的《权利法案》[Bill of Rights]及其他法律制度所吸收。

Massachusetts rule 马萨诸塞规则 通过银行托收支票的一项规则，根据该规则，每一收受支票的银行都是支票存款人的代理人；但在其他一些州经常适用"纽约规则"[New York rule]，即只有最先收受支票的银行才对支票存款人负责或是其代理人，而其他在托收过程中代收的银行只是该银行的代理人。

Massachusetts trust 马萨诸塞信托 一种代管财产如代证券持有人管理公司股票的商业组织；根据马萨诸塞法律不需注册设立，可投资于不动产，其方式类似于互助基金投资于公司证券。

mass convention 选民会议；选民大会 由选民参加的政治性大会，区别于由选民选举的代表组成的代表大会。前者每位投票人只代表其本人，而后者中，投票人作为代表而投票。

Masses 弥撒（⇨Mass）

mass picketing （劳工纠纷中的）群众纠察队（或工人纠察队）的使用

mass sale 大量销售；批发（⇨sale en masse）

mast n.桅杆；柱

master n.❶雇主（⇨master and servant） ❷硕士 尤指大学文学硕士[Master of Arts]。常冠有名望者的姓名

前以示尊敬。该词现已讹用为"先生[mister]"而加于头衔前,如议长先生、法官先生、总统先生等。❸**教师** ❹**船长** 现通用"captain"一词。❺**主事官** 指对人或事有权威或控制权的人。中世纪用语,现已不再使用。❻**学院院长** ❼**法官助理** 特别任命以协助法庭诉讼的辅助司法官员。法官助理负责调取证言、对证据披露争议以及其他审前事项作出裁定、计算利息、估价年金、调查土地所有权负担等类似事项,一般法官助理应作成书面报告提交法庭。

master agreement 主协议 指由工会与行业领导人或同业公会达成的综合劳动协议。它已成为工会与单个雇佣者间签订劳动协议的范本。

master and servant 雇主与雇员 指雇主以支付报酬方式雇佣他人在约定期限内为其服务、工作。雇主有权指定雇员从事何种工作和完成工作的方式。此词语现已为"employer and employee"所取代。这种关系与"本人－代理人"关系相似,区别在于代理人具有一定的自由裁量权,而雇员则完全处于雇主的控制之下;代理人通常是代理被代理人与第三人从事交易,雇员则否。雇员与独立承揽人[independent contractor]也不同,后者受雇而承担某一特定项目时,可以自主决定以何种方式完成工作,并不受雇主控制,因此,其在完成工作时给他人造成的损害由其自行承担责任。(⇨agency; independent contractor; vicarious liability)

master at common law 〈英〉普通法法院主事官 上级法院中主管司法行政事务,如记录法庭程序、监督令状签发、收取诉讼费用等的官员的称谓。相当于大法官法院中的助理法官。

master builder ❶包工头;建筑承揽人 ❷建筑师 指建筑、建筑设计或建筑监理方面的专业人员。

master chief petty officer 〈美〉(海军或海岸警卫队)一级军士长 未受军官衔的海军军官,相当于陆军高级军士长[sergeant major of the army]。

master deed or lease (公寓房产的)转让或租赁契约

Master in Chancery 〈英〉文秘署事务官;衡平法院事务官 亦称"Masters in Ordinary of the High Court of Chancery",是衡平法院的高级官员,协助御前大臣处理日常事务,包括处理民众申请、签发初始令状、讯问证人,并承担某些受托的司法事务,听审并向御前大臣汇报某些案件。其首领是掌卷法官[Master of the Rolls]。一段时间内,衡平法院事务官这一职位可以出卖,这造成了极坏影响,1852年该职位被取消,但1897年始从他们原来职位上选出的首席事务官被称为最高法院事务官[Masters of the Supreme Court]。(⇨Master of the Rolls; Masters of the Supreme Court)

Master in Lunacy 〈英格兰古法〉精神病鉴定司法官 由御前大臣任命的对声称精神错乱者的精神状态进行调查的司法官员,此项调查通常在陪审团参与下进行。

Master in Ordinary (= Master in Chancery)

master lease 主租赁 对后续转租或转租有控制作用者。

master of a ship (海商法)船长 通称"captain",全面负责船舶的管理和航行,包括对船员、船舶和货物的管理和监督。

Master of Laws (= LL.M.)

Master of Requests ❶〈英〉上请法官 原为上请法院[court of requests]助理,后为该法院法官,他们组成一个受理穷人或王室仆从所提起诉讼的常务委员会。(⇨court of requests) ❷〈苏格兰〉大法官事务秘书 存在于16世纪到1707年英格兰和苏格兰合并这一时期,职责是接受民众申诉,提醒大法官国务活动,搁置一些事务或申诉以便提交国王审定。

Master of the Bench 〈英〉律师公会主管 相对于bencher的正式称呼。

Master of the Court of Protection 〈英〉(最高法院)保护庭主事法官 由御前大臣[Lord Chancellor]任命,负责管理精神不健全者的财产。

Master of the Court of Wards and Liveries 〈英〉王室监护法院主事官 1600年随王室监护法院一道被取消。(⇨Court of Wards and Liveries)

Master of the Crown Office 〈英〉(王座法庭)刑事部主事法官 对皇家验尸官和律师[Queen's Coroner and Attorney]在王座法庭[Court of Queen's Bench]刑事部履行职责时的称呼,根据私人陈述或控告,以国王的名义对犯罪提起公诉。现为最高法院中央办公室[Central Office]的官员,由皇家首席大法官[Lord Chief Justice]任命,同时为上诉法院刑事分庭的记录官[Registrar]和高等法院王座庭的主事法官。

Master of the Faculties 〈英〉大主教特许法院主事官 大主教属下的高级官员,负责授予证书和特许令。1874年后与坎特伯雷和约克两教省法院法官并职。

Master of the Horse 〈英〉御马官 这一官职起初实际掌管皇室马厩,现在这一职务已赋予王室掌马官[Crown Equerry]。御马官地位很高,是王室内务三大主要官员之一——前两位是王室内务总管[Lord Steward]和内廷大臣[Lord Chamberlain]。御马官现在的职责主要是陪同国王参加国事仪式,同内廷大臣和王室其他主要官员一样,随内阁共进退。

Master of the Household 〈英〉王室内务主事 这是以前对王室内务总管[Lord Steward]的称谓,现用指王室内务总管一个部门的长期职位,该职位负有与王室内务有关的管理职能。

Master of the Rolls 〈英〉掌卷法官;上诉法院民事庭庭长 该职位原先起源于督导抄写员抄写御前大臣卷宗的文秘署职员,在中世纪,这一职位又称卷宗主事[Clerk or Curator of the Rolls],是文秘署事务官[Master in Chancery]的首领;并协助御前大臣工作。随着衡平法院司法管辖权的扩展,其事务官的司法职责增加,其中很大一部分就由卷宗主事担当,16世纪中期他有时也被称作副御前大臣[vice-chancellor],并经特别授权可享有某些司法管辖权;17世纪早期他在御前大臣缺席的情况下可以听审某些案件,并成为御前大臣的常任代理。1729年,有法令规定卷宗主事发布的命令应有效,但对此不服可向御前大臣上诉,此后他就正式成为了衡平法院的法官。1833年,其司法管辖权有所扩展,经法令规定,衡平法院法官长年开庭,不服其命令在1851年前可向御前大臣、1851年后向衡平法院上诉庭上诉;他也可以并经常出席衡平法院上诉庭。1875年始,他一直担任上诉法院院长[president of the Court of Appeal],1958年前他还全面负责保管公共档案,1958年后此职责转归御前大臣,但他仍在担负着英格兰衡平法庭的档案保管工作。他的另一项职责是接受某人为最高法院事务律师。

Master of the Rolls in Ireland 爱尔兰掌卷法官 源于爱尔兰大法官法院的案卷保管主事官,延续至1921年。

Master of the Temple 〈英〉圣殿教会主事官 由国王任命的圣殿教会[Temple Church]的牧师。

Master of the Wards 〈英〉王室监护法庭法官(⇨Court of

Wards and Liveries)
master of vessel 船长 (⇨master of a ship)
master plan (土地法)(城市开发、分区的)总体规划
master policy 总保险单 在团体健康或人寿保险中,通常只签发一个总保险单,参加者只持有保险凭证,以此证明其参加了该保险。
master pro hac vice 专案法官 仅为处理某一特别案件而任命的法官。
master-servant rule 雇佣规则 根据这一规则,雇主应对雇员在其雇佣或职权范围内的行为负责。(⇨respondeat superior)
Masters Extraordinary 衡平法院宣誓主事官 在衡平法院的诉讼活动中负责宣誓事宜,1853年被撤销。
master's mate (商船的)大副(⇨mate)
Masters of Bench (= Benchers)
Masters of the Supreme Court 〈英〉最高法院主事法官 包括:①高等法院衡平分庭主事法官。他们取代了原衡平法院的首席书记官[Chief Clerks]与卷宗和令状书记官[Clerks of Record and Writs]。他们具有事务律师资格,可以行使法官室法官[judge in chambers]具有的权限(部分专属于法官的权限除外);②高等法院王座庭主事法官,他们取代了原王座法庭、民诉法庭[Common Pleas]和财税法庭[Exchequer]的主事法官。他们具有出庭律师资格,在法官室中处理司法事务(对其裁决可上诉至法官),就有关程序事项给予指示。其中一人为资深主事法官[Senior Master],兼任王室财务纪事官[Queen's Remembrancer]和判决登录官[Registrar of Judgments],其余主事法官中有一人为王室验尸官[Queen's Coroner]和刑事部主事法官[Master of the Crown Office];③负责王座庭和大法官庭中的所有案件核定收取诉讼费用的主事法官。
master's report 〈美〉主事法官报告 主事法官听审完案件证据并作出裁决后向法庭提交的报告,其中应包括其对案件事实的认定,在必要时,也可以包括法律结论。
masthead n.报头;刊头;出版页 印刷出版用语,用以标明出版物名称、所有人、出版人、编辑、出版地、营业地、编辑部所在地等项内容。
mast-selling 〈英格兰古法〉在船桅杆处出售死亡海员遗物的习惯做法
masturbation n.手淫;自淫
matched orders 对应抵销指令;匹配指令;配合指令 一种非法控制价格的手段,即实际上在同一时间、以同一价格、同一数量大量抛出和买入同一证券的指令。
mate n. ❶配偶 ❷(商船)大副 ❸(海军)军士
matelotage ❶〈法〉船舶租用 ❷海员身份;海员工资
materfamilias 〈拉〉(罗马法)❶家母 指家父[paterfamilias]的妻子或家庭的女主人。❷贞妇 不论已婚或独身。
materia 〈拉〉❶(罗马法)材料 尤指建筑材料,区别于运用劳力或技能赋予事物的形式。❷物质;事项;主题 (⇨in pari materia)
material allegation 实质性主张 对当事人的诉求或答辩来说非常重要的、不可缺少的主张。
material alteration 实质性修改;重大修改 ①对法律文件所作的变更足以改变该文件的法律含义或法律效果;②未经授权更改书面文件的内容或者对不完整的书面文件的补充,导致一方当事人义务的变更。
material breach 重大违约;实质性违约 违约的一种,违约方当事人可免于继续履行合同,并有权诉请损害赔偿。

而非重大违约则只能请求损害赔偿,通常不能免于继续履行。(⇨breach of contract)
material change 〈美〉实质性变更 在因建房或建筑合同引起的诉讼中,在给予陪审团指示时试图对该合同所作的界定如果不是有助于陪审团审理案件,而是使其混淆不清,则被理解为作了实质性变更。(⇨material alteration)
material concealment 实质性隐瞒;重大隐瞒 可以断定具有欺诈性的隐瞒,即如果被隐瞒的事实为对方所知,其将不会与之签订合同或进行交易。
material error 重大错误;实质性错误 (⇨prejudicial error)
material evidence 实质性证据 指因其与重要事实或争议问题的逻辑联系而可能影响案件审理者对事实的认定的证据。对诉讼中未出示的证据,如果可以合理地认为,若该证据被提出,案件结果将可能不同,则可认为该证据为实质性证据。
material fact 重要事实;实质性事实 指能影响作出决定的事实,如案件结果所依赖的事实;在进行投资决策时在当时情况下可能对有理性的人产生影响的事实等。
material fraud 实质性欺诈 指以影响和诱使受害人进行交易的欺诈,若无此欺诈,则受害人不会为此交易。(⇨material concealment;material representation)
material injury 实质性伤害 导致实质性损失而非名义上损失的伤害。
materialman n.建材供应人 为建筑工程的建设、维修提供材料的人。
materialman's lien 建材供应人留置权 依美国多数州的制定法,房屋建设、修缮中的建材供应人基于其作为建材提供人而享有留置权,其债权可优先受偿。(⇨mechanic's lien)
materialman's maritime lien 〈美〉船舶给养供应人的船舶优先权 根据联邦或州法律,在港口,特别是在其国内港口,为船只补充必要的给养的人所享有的权利。
material misrepresentation 实质性虚假陈述 ①合同法中,指可能诱使一个有理性的人同意,或者陈述者明知可能诱使对方同意的虚伪陈述;②侵权法中,指一个有理性的人在决定在发生争议的事项中如何行为时所依赖的或者陈述者明知对方可能会如此依赖的虚伪陈述。(⇨misrepresentation)
material mistake 重大错误;实质性错误 指对当事人的权利、义务有重大影响的错误。该种错误将影响交易目的,因此,如果当事人知道该事实真相,则显然不会实施其行为。(⇨mistake)
material payment bond 建筑材料付款保证书(⇨labor and material payment bond)
material representation 重要陈述;实质性陈述 指与争议事项直接相关或实际引起某事项发生(如促使某人订立合同)的陈述。在欺诈之诉中,实质性陈述为必要元素。
material testimony 实质性证词(⇨material evidence)
material variance 重大分歧(或差异);实质性分歧(或差异)(⇨variance)
material witness 重要证人 能就与重要事实有某种逻辑联系的事项提供证言的证人,尤其是在几乎没有他人知道这些事项的情况下。
materia prima (= prima materia)
maternal a.母系的;母亲的;母体继承的;母性的
maternal fee 母系限嗣继承地产(= feudum maternum)

maternal line 母系;母系亲属(⇨line)
maternal property 母系财产 来自母亲或母系亲属的财产。
maternal welfare 母亲福利 指给予母亲的福利救济。(⇨mother's pension)
materna maternis 〈拉〉源于母系还于母系 继承人得自于母亲的遗产也应由母亲一方的亲属继承。
maternity n.母性;母亲身份
maternum 母系继承(⇨feudum maternum)
matertera 〈拉〉(罗马法)姨母
matertera magna 姨祖母 祖母、外祖母的姐妹。
matertera major 曾姨祖母 曾祖母、曾外祖母的姐妹。
matertera maxima 高姨祖母 高祖母、高外祖母的姐妹。
mathematical evidence 毋庸置疑的证据;经过计算和论证的证据
mathematical symbols 数学符号 指阿拉伯数字和罗马数字。
matima n.教母
mating n.❶择偶;结婚 ❷结伴 指两艘捕鲸船船长间缔结同伴船契约的行为。(⇨contract of mateship)
Matinmas 圣马丁节 每年11月11日,也是季度结账日之一和缴纳教会捐税日。
matricide n.弑母罪;弑母者
matricula 〈拉〉(团体、组织的成员)名册
matriculate v.注册入学 指登录姓名而成为某团体成员,尤指被学院或大学录取入学。
matriculation n.录取入学;注册入学
matriculation fee 注册费 指录取入学院或大学的学生应交纳的注册费。
Matrimonia debent esse libera. 〈拉〉(罗马法)婚姻当自由。
matrimonial a.婚姻的;夫妻的
matrimonial acquets (罗马法)婚姻关系期间取得产 指婚姻关系存续期间,夫或妻以非继承方式取得的财产。
matrimonial action 婚姻诉讼 与婚姻关系的状况有关的诉讼。如请求分居、宣告婚姻无效、离婚等的诉讼。
matrimonial causes 婚姻案件(⇨matrimonial action)
matrimonial cohabitation 夫妻同居 指男女以夫妻之名同居一处,是否有性行为在所不问,但由此同居得推定有性行为。合法夫妻的同居中,双方对该居所共享权利、共担义务。
matrimonial domicile 婚姻住所 指夫妻共同居住的地方,无论是实际住所或推定住所。
matrimonial offense 违反婚姻誓言的犯罪;婚姻背信
matrimonial res 婚姻状况
matrimonium 〈拉〉(罗马法)婚姻;结婚 指男女依市民法规定的正式结合,与"nuptiae"同义。
Matrimonium subsequens tollit peccatum praecedens. 〈拉〉随后的结婚消除先前的过错。
matrimony n.婚姻关系;结婚;婚姻;已婚状态
matrina 〈拉〉教母
matrix 〈拉〉❶(古)母亲 ❷(罗马法)(法律文件、文书的)原件;原本;原稿
matrix ecclesia 〈拉〉主教堂 主教堂是相对于附属教堂而言,如作为主教座堂的大教堂[cathedral]是同一主教管区[diocese]内堂区教堂[parochial church]的主教堂,而堂区教堂是依附于它的小教堂[chapel]的主教堂。
matron n.❶已婚妇女 ❷寡妇 ❸年长的妇女 ❹女主管 如学校女舍监、医院护士长、监狱女管理员等。❺一家之母
matter n.❶(请求或答辩所依据的)事实 ❷争议事实;待证事实;(考虑、争议的)问题 ❸事项;事情 ❹物质
Matter en ley ne serra mise en bouche del jurors. (= Matter in ley ne serra mise in boutche del jurors.)
matter in controversy ❶争议事项;诉讼标的 ❷(= amount in controversy)
matter in deed ❶有文据事项 可以盖印文书证明的事项。❷(= matter of fact)
matter in dispute (= matter in controversy)❶
matter in issue 争议事项;争执点 一般指原告以起诉而被告予以反驳的事项,为当事人诉讼的争执点,但作为证据所提供的事实不包括在内。法庭裁决即是针对最终确定的争议事项或事实情况而作出的。
Matter in ley ne serra mise in boutche del jurors. 法律问题不应交由陪审团去决定。
matter in pais 无文据事项 指无文字记载的事项,必须有口头证据证明。
matter of course 理所当然的事;当然可行之事 例行公事或按常规程序办的事,申请批准即属有效。
matter of fact 事实问题 指可通过感官或证人就其所见所闻的陈述加以确认的问题,区别于法律问题和意见。
matter of form 形式问题 与实体问题相对应。形式问题系指法律技术方面的问题,尤指诉讼形式、诉答方式和固定程序方面的问题。
matter of law 法律问题 有关法律适用方面的问题。区别于事实问题。
matter of probate (遗嘱检验法院管辖范围内的)遗嘱检验事项;遗产管理事项
matter of record 法庭记录事项;(按照法律要求登录的)备案事项;有记录的事项 指可以通过出示记录证明的事项,它不同于有文据事项[matter in deed],后者得以盖印的契约[specialty]证明。
matter of substance 实体问题 指起诉或答辩中所涉及的实体性问题,即合法权利问题,以区别于形式问题或程序问题。
mature a.❶长成的;成熟的 ❷到期的;应支付的 v.❶长成;成熟 ❷到期;应支付
matured claim 到期请求权 指到期无条件支付请求权。(⇨liquidated claim; ripeness doctrine)
Maturiora sunt vota mulierum quam virorum. 〈拉〉女子比男子早熟。 女子订婚年龄应比男子为早。
maturity n.❶长成;成熟 ❷到期;到期日
maturity date 到期日 指票据、汇票、债券和其他债务票据的本金到期并应交付的日期。
maturity value 到期值 债务到期日应偿还的数额。
maturity yield 到期收益率(⇨yield to maturity)
maugre (古)尽管;不顾
maxim n.❶法律格言;法律原则;法律准则 本身并非法律,只有在适用于裁决案件时,才是法律。(⇨legal maxims) ❷基本原理;行为准则
Maxime ita dicta quia maxima est ejus dignitas et certissima auctoritas, atque quod maxime omnibus probetur. 〈拉〉格言之所以成为格言,是因其最神圣庄严,最具权威并被所有人认可。
Maxime paci sunt contraria, vis et injuria. 〈拉〉武力和侵犯是和平的大敌。

maxims of equity 衡平法格言　指概括衡平法公正和人情的精神的各项基本原则，当然也并未概括衡平法的全部内容。有些格言本身还有多种表达形式，有些格言还互相重叠。

maximum n. 最高额；最大值；最大限度
　　a. 最大的；最高的；最多的

maximum amount 最高额；最高限额　泛指法院级别管辖中的诉讼标的最高限额；法定最高刑罚；工伤事故、飞机失事旅客死亡的最高赔偿额；侵犯版权的法定最高赔偿额等。

maximum height restriction 建筑高度限制　通过限制性合同规定在一定地区内，考虑到其他建筑物，建造建筑物的高度不得超过一定的测量度或楼层数。

maximum hours 最长工作时间　某些职业中对最长工作时间的限制。(⇨ hours of labor；Hours of Service Act)

maximum rate 法定最高利率；最高率

maximum sentence 最高刑罚；(对惯犯的)量刑上限 (⇨ indeterminate sentence)

Maximus erroris populus magister. 〈拉〉人类是一切过错的根源。

may aux. & v. 可；得；可以；可能；须；应　法律上常用助动词，通常表示可以作为，可以任选其一，而非强制性的必须作为；但有时也可作"须"[must]或"应"[shall]解，一般涉及公职人员责任时；可有此含义，但必须根据上下文全面理解。

may elect to declare due 可选择宣布提前到期(的条款)

Mayflower Compact✻ 〈美〉《五月花公约》　1620年，在"五月花号"行将登陆普利茅斯[Plymouth]之前，为成立一个依照多数原则进行管理的民众自治团体[civil body, politic]，由船上所有成年男子共同订立的一项公约。依该公约而在新英格兰[New England]建立了第一个以民众自治为基础的政府。直到1691年普利茅斯加入马萨诸塞州[Massachusetts]以前，该公约一直是普利茅斯殖民地政府的基本原则。同时，它还代表着美国政治理论的一个根本特征，即政府源自公民个体为共同利益而签订的社会契约。

　　　　　　　　MAYFLOWER COMPACT

　　In the name of God, amen. We, whose names are underwritten, the loyal subjects of our dread sovereign lord King James, by the grace of God, of Great Britain, France, and Ireland, king, defender of the faith, &c. Having undertaken for the glory of God, and advancement of the Christian faith, and the honor of our king and country, a voyage to plant the first colony in the northern parts of Virginia, do by these presents, solemnly and mutually, in the presence of God and one another, covenant and combine ourselves together into a civil body politic, for our better ordering and preservation and furtherance of the ends aforesaid; and by virtue hereof do enact, constitute, and frame such just and equal laws, ordinances, acts, constitutions, and officers, from time to time, as shall be thought most meet and convenient for the general good of the colony; unto which we promise all due submission and obedience. In witness whereof we have hereunto subscribed our names at Cape Cod the eleventh of November, in the reign of our sovereign lord King James, of England, France, and Ireland, the eighteenth, and of Scotland, the fifty-fourth, anno Domini, 1620[1].

　　1. English monarchs styled themselves king or queen of France between 1340 and 1801. The custom began when the English became embroiled in the Hundred Years War with France and King Edward III of England, whose mother was a French princess, claimed the French throne.

Mr. John Carver	Mr. Samuel Fuller	Edward Tilly
Mr. William Bradford	Mr. Christopher Martin	John Tilly
Mr. Edward Winslow	Mr. William Mullins	Francis Cooke
Mr. William Brewster	Mr. William White	Thomas Rogers
Isaac Allerton	Mr. Richard Warren	Thomas Tinker
Miles Standish	John Howland	John Ridgdale
John Alden	Mr. Steven Hopkins	Edward Fuller
John Turner	Digery Priest	Richard Clark
Francis Eaton	Thomas Williams	Richard Gardiner
James Chilton	Gilbert Winslow	Mr. John Allerton
John Craxton	Edmund Margesson	Thomas English
John Billington	Peter Brown	Edward Doten
Joses Fletcher	Richard Bitteridge	Edward Liester
John Goodman	George Soule	

Source: Ben Perley Poore, ed., *The Federal and State Constitutions, Colonial Charters, and Other Organic Laws of the United States*, vol. (1878), p. 931.

mayhem n. ❶蓄意的破坏(或暴力)行为　❷极端混乱状态　❸重伤罪　原义为"残害肢体"，是一种古老的普通法犯罪，指以暴力剥夺他人运用肢体在战斗中去攻击敌方或者保卫自身的能力的行为。如割掉一只手或一个指头，打断一条腿，打瞎一只眼睛或打落一颗门牙，而割掉鼻子或耳朵被认为仅是毁损容貌，并不使被害人丧失进攻能力，也不算重伤罪。但后来重伤罪的范围扩大及于此。规定该罪的基本目的是维护国王使令其臣民更好地服兵役的权力。有关该罪诉讼的特殊之处在于：法庭在考虑伤害的基础上，有权增加陪审团裁断的损害赔偿额。在现代制定法中，惩罚重伤罪已不再是出于军事意义上的需要，而在于维护人类体貌的自然完整性和人的正常活动能力。在美国许多州，立法上出现了取消这一罪名的趋势，仅把它作为"加重企图伤害"[aggravated assault]的一种情节。

mayhemavit 他已犯了重伤罪

mayn 〈法〉❶手　❷手迹；笔迹

may not 不得　指不允许某人为某事。例如，在美国某些州，若无特定学分，则不得参加律师资格考试。"不能"[cannot]则指能力。

maynover 〈法〉手工制品；手工产品

mayor n. 市长　通常为一个城市的最高行政官员，代表市政当局履行行政职能。不同城市的市长地位可有所差异，有的只充当礼仪性角色，有的则是实际行政长官。市长有由普选产生，也有从行政委员会[administrative council]内部产生，其职责一般由法律规定。

mayoralty n. 市长职位；市长任期

mayorazgo 〈西〉某些家庭财产共享权　附有限制条件，即此类财产只能整体地永远和依次传给长子。

mayor of the staple 〈英〉威斯敏斯特集市总长　作为首席法官的副职，在休庭期对在性质上类似于集市债务清偿保证书[statutes staple]的一些担保进行认证。

Mayor's and City of London Court 〈英〉伦敦市长和伦敦城法院　1921年由伦敦市长法院和伦敦城法院合并而成，1972年取消合并，但由作为郡法院的伦敦城法院继续使用伦敦市长和伦敦城法院这一名称。

mayor's court 市长法院　某些城市的名义上由市长主持的法院，主要审理市区内发生的违警或其它轻微违法案件(如违反交通法规、市政法规的案件)和轻微民事案件，也得行使其他法定权力。

mazuma n. (美俚)钱　尤指非法获取的钱财或出于别有用心的目的而使用的钱财。

MBIA (= Municipal Bond Insurance Association)

McCarran-Walter Act 《麦卡伦－沃尔特法》（⇨Immigration and Nationality Act）

McCulloch v. Maryland 〈美〉麦卡洛克诉马里兰州案 美国最高法院于1819年以7比0作出裁决的一起案件。此案是首席大法官约翰·马歇尔[John Marshall]所作出的最重要和最具雄辩力的判决之一，它确立了美国宪法必要和适当条款[Necessary and Proper Clause]的内涵，决定了联邦政府与州之间的权力分配。其涉及的具体问题是美国国会设立美国第二银行[Second Bank of the United States]的权力和州对联邦政府机关征税的权力。自亚历山大·汉密尔顿[Alexander Hamilton]1791年倡议创立美国第一银行[First Bank of the United States]始，国会特许设立公司权力的合宪性一直为争论的焦点。国会中的詹姆斯·麦迪逊[James Madison]和乔治·华盛顿[George Washington]内阁中的托马斯·杰弗逊[Thomas Jefferson]反对此项议案，认为其没有宪法授权。但国会和华盛顿倾向于汉密尔顿，汉氏通过对宪法的宽泛解释论证了其合理性，国会遂特许设立了为期20年的银行。1811年杰弗逊主导的国会主要以宪法为根据拒绝重新授予特许，第一银行寿终正寝。然而，接下来5年的通货和经济混乱，尽管国会处于杰弗逊控制之下，国会自己否决了自己，于1816年又特许建立了美国第二银行。虽然如此，众多杰弗逊主义者仍继续反对此银行，他们视此银行为违宪，否认其经济必要性。包括俄亥俄州[Ohio]、肯塔基州[Kentucky]、宾夕法尼亚州[Pennsylvania]、马里兰州[Maryland]、北卡罗来纳州[North Carolina]和佐治亚州[Georgia]几个州通过了对此银行分行征税的法律。1818年马里兰州的一项法律规定对在该州经营而"没有为立法机关特许"的所有银行征税。由出纳员[Cashier]詹姆斯·麦卡洛克[James McCulloch]领导的第二银行的巴尔的摩分行[Baltimore branch of the Bank]拒绝纳税。巴尔的摩县法院[Baltimore County Court]认定此州法合宪。此后，马里兰州上诉法院维持这一判决，此案以纠错令[writ of error]最终上诉至最高法院，最高法院宣布马里兰州规定征税的法律违宪，因而无效。在为全院撰写的判决意见中，马歇尔首先考察了"国会是否有设立银行的权力"问题。为了回答这一问题，他分析了联邦的本源和性质。与杰弗逊主义者倡导的联邦政府是州协定[compact of the states]的产物，因而只享有具体授予和有限权力的联邦本源理论相反，他认为美国宪法是交由人民并经选举的制宪会议批准，因此"联邦政府直接源于人民"、"以人民名义设立"。马歇尔以清晰而有力的语言阐明："联邦政府…明显且真正为人民之政府，无论其形式和实质都源于人民，其权力由人民授予，联邦政府为人民之利益可直接对人民行使此项权力。"马歇尔承认联邦政府是仅享有列举权力之政府，且只能行使授予它的权力，但他认为毫无疑问"联邦政府尽管权力有限，但在其活动范围之内权力最高"。他分析认为尽管特许设立公司的权力并非具体列举的权力，但宪法中也没有否定该权力的规定；他进一步分析说联邦政府并非由复杂的法典所创设，企图详尽规定以满足各种紧急需要完全是徒劳。相反，美国宪法只勾勒出联邦政府结构和权力的总体框架，其中只确立了它的最重要目标，而它的其余权力皆"从其目标本身的性质推演而出"。他得出的结论是："我们决不应忘记，这正是我们正在阐释的宪法。"以此为前提，马歇尔进一步论证了创立美国银行的正当性。美国宪法已授予了联邦政府诸如征税、借贷、管理商业、宣战等权力，美国国会应当享有行使这些被委任权力的方式，此正是国家最大的利益。美国银行是实施国家财政政策便利、有益和必需的工具，因为美国宪法已赋予国会"制定为执行上述各项权力所必要而适当的各项法律"的权力，美国银行合宪。马歇尔反对杰弗逊权派所倡导的对宪法作严格解释的观念，他认为这将使宪法不能发挥作用。马歇尔继而分析了马里兰州是否没有违宪而对美国银行分行征税问题，由于根据美国宪法第六条的最高条款[Supremacy Clause of Article VI]的规定：美国宪法和联邦法具有最高效力，优于州法律，因而尽管州征税权十分重要，但仍应受美国宪法的制约，一州无权对其统治权所不能及的事项征税。马歇尔指出"征税权涉及破坏性权力"。如果一州有权对银行征税，它也可以对其他联邦政府机关征税。美国最高法院的此一判决引发了许多争议，反对银行者仍继续论战；此一判决的反对者也指摘马歇尔对联邦政府权力的宽泛解释。麦卡洛克案中银行的胜利被证明是短命的，伴随1828年安德鲁·杰克逊[Andrew Jackson]当选为总统，作为一种政府运动的州权版得势时，杰克逊总统反对此案的约束力，1832年他以宪法为根据否决了再特许设立银行的议案。尽管如此，马歇尔对必需和适当条款的宽泛解释和他对联邦政府本源和性质的观点取得了很大胜利。美国内战使杰弗逊主义统治走向末路，使州权派名誉扫地。随之而来的宪法革命将美国带上国家主义的方向。在20世纪此案迅速成为联邦政府广泛介入经济毫无争议的宪法基础。

McGuire Act 〈美〉《麦克奎尔法》 一项联邦法律，允许各州对公平贸易协定的非签字者适用公平贸易法。

McNabb-Mallory rule 〈美〉麦克纳布－马洛里规则 因1943年的麦克纳布诉美国[McNabb v. United States]和1957年的马洛里诉美国[Mallory v. United States]案件而确立的一项刑事诉讼规则，指如果对犯罪嫌疑人在逮捕后至预审前的羁押超过合理期间，则在此期间获得的犯罪嫌疑人的有罪供述不可采信。由于米兰达规则[Miranda rule]可以提供广泛的保护，因此该规则在现在的案件中很少使用。常简称为"马洛里规则"[Mallory rule]。

McNaghten Rules (= M'Naghten Rules)

M.D. (= Doctor of Medicine; middle district)

mea culpa 〈拉〉我的过失；认罪服法

meal rent 代租餐 指封臣[tenant]以食物形式提供的实物地租。

mean *a.* ❶中间的；平均的 ❷卑鄙的 ❸不重要的；低劣的
n. 中间；平均

meander line 折测线 测量同河流相接壤的土地数量时的用语。它并不是土地的疆界而是确定河岸的曲折线，从而测定出售土地的数量。

mean high tide 平均高潮 某地在较长年份内——尽可能按18.6年测量的平均高潮线，作为潮间地和高地的分界线。

mean high water mark 平均高水位点 平均高潮达到岸上的某一点。

meaning *n.* 意思；意义 指任何事物的含义，尤指语词的意思，其表现方式可以是书面或口头陈述，亦可以为其他交往性行为。在法律上，按照不同的确定方式，意思分为三种：①客观意思[objective meaning]，指由无利害关系的有理性的第三人对文件所理解的意思；②普通意思[plain meaning]，指他人根据常识阅读某一文件所作出的通常意思，不考虑文件制作人的特定意图；③主观意思[subjective meaning]，指法律文件一方当事人赋予该文件的意

mean lower low tide （既定时间内）平均次低潮

mean low tide 平均低潮 既定期间内的平均低潮线和低潮线。

mean low water mark 平均低水位点 平均低潮达到岸上的某一点。

mean reserve 期中责任准备金 一保险年度的期初责任准备金与期末责任准备金的算术平均，为法定的责任准备金。

means n. ❶手段；方法；工具 ❷金钱；财富；财产；资力；收入

means of support 生活来源 广义上，指生活必需和改善的全部来源，如土地、商品、工资、报酬及其他收入来源。狭义上，指生活必需的任何来源。

mean solar time （天文）平太阳时 一种时间的计算方法，以"平太阳"这一假想的太阳按假设的绝对匀速度连续两次经过春分点计算出的时间，它的单位是平太阳秒。

mean sun 平太阳 （⇨mean solar time）

mean sun time （= mean solar time）

measure of care 注意程度的衡量（⇨standard of care）

measure of damages 损害赔偿标准 指制定法或判例所确立的确定损害赔偿数额规则或规则体系，适用于违约、侵权及其他违反法定义务的案件，如对违约的损害赔偿额应相当于如果未违约原告方应得到的利益。

measures n.〈英〉(教会法)法；法案 根据1919年《英格兰国教全国大会（权限）法》[Church of England Assembly (Powers) Act]，由教会的立法委员会协助草拟的每一条法案均提交宗教委员会[Ecclesiastical Committee]查，宗教委员会撰写法案的报告交与议会，但议会无权修订。议会两院就法案进行决议，之后提请国王御准，法案遂具有制定法效力。1963年《教会管辖法》[Ecclesiastical Jurisdiction Measure]改组了国教会的教会法院系统，更换了与教规相关的现行法律。

measure with gold scales 以最精确方法测量

measuring money （英格兰古法）织布税 依特许状对织布者所织布匹征收的除质量检查税之外的税赋。

Meat Inspection Act 〈美〉《肉品检疫法》 美国联邦法律，规定了系统完整的检疫制度，对屠宰前的动物、屠宰后的生肉和肉制品都有严格规定，防止不洁、不卫生和不合格肉品和肉制品进入州际和国际贸易领域。

mechanical device for aerial navigation 航空器 包括滑翔机和水上飞机。

mechanical equivalent （专利法）机械等同 如果某一机械装置与专利技术相比，能够以实质相同的方式，实现实质相同的功能，并产生实质相同的效果，则该机械装置就被认为与专利技术等同而构成侵权。

mechanical establishment 机械生产工厂 广义上讲，指任何使用机械进行生产或工作的工厂。在规范工作时间的制定法中使用该词，意指某一活动中机械因素占据主导地位。

mechanical failure 机械故障 因机器内在缺陷而非操作原因引起的事故。

mechanical labor 机械工作 指依靠机械或机械技艺完成的工作。广义而言，完成机械工作主要是遵循规则，而不是运用智力。

mechanical process 机械过程；机械程序

mechanical pursuit 机械工作（⇨mechanical labor）

mechanical skill 技工技能 在美国专利法中，技工技能一度被作为一项标准，用以认定某一项技术是否具有发明性特征从而是否属于发明。它只是所涉技术领域的技工所应具备的技能，亦即该技工通过其专业知识的运用和对平常所需的机械工具的操作而实施的一般推理功能。如某一项技术为技工技能，则不具有创造性，不能获得专利。美国自1952年《专利法典》[Patent Code]始，则以"显而易见性"[obviousness]取代之。

mechanic's lien 建筑物上优先权；技工留置权 指为使对建设、改造、维修建筑物提供劳动、服务和材料的费用优先受偿而由法律规定的一种物上优先权。（⇨lien）

mechanic's lienor 建筑物上优先权人；技工留置权人（⇨mechanic's lien）

mechanic's maritime lien 船舶修理留置权

meddler （= intermeddler）

medfee n.（英格兰古法）贿赂；赏酬；回扣（非等价交易的）补偿

media n. 媒体；传播媒介 泛指各种出版物、广播、影视等，目前还包括日益发展的国际互联网。它们对于信息交流、观点表达以及对他人思想、观点的影响都具有相当的力量，因此，各种形式的传播媒介都会受到有关诽谤、煽动性言论以及侵害版权责任的限制。（⇨freedom of speech, expression and the press）

media annata （拉）（罗马法）土地半年的收益；半年的利润

media concludendi medium concludendi 的复数形式

mediae et infirmae manus homines 〈拉〉中下层人士；普通人

mediaeval law 中世纪法 西方法律史上的中世纪是指从公元4世纪东罗马帝国的兴起和西罗马帝国的衰落及最终于公元476年的灭亡开始一直到15世纪晚期东罗马帝国的灭亡、文艺复兴的兴起、宗教改革的开展、罗马法的继受、民族国家的兴起及地理大发现的开始等标志近代开端的事件的发生这一段时期。这一段时期内，西方法律在制度与观念两方面的发展对近代法律产生了深远的影响。中世纪西欧法律的发展以罗马法、日耳曼法和教会法的发展为主线。随着西罗马帝国的灭亡和日耳曼蛮族国家的建立，罗马法逐渐成为日耳曼各国中罗马居民的属人法，许多蛮族国家的国王为本国的罗马臣民制定了罗马法法典，最典型的便是西哥特国王阿拉历克二世所颁布的《阿拉历克罗马法辑要》[Breviarium Alaricianum]，这一时期罗马法在地域上主要集中于西班牙、法国南部的高卢地区、意大利北部及地中海沿岸的一些城市里，另外教会也保存了大量的罗马法文献，许多教士也深谙罗马法，他们为保存罗马法做出了贡献。而同一时期在东方，罗马法则因为优士丁尼皇帝空前的编纂工作而达到了发展的顶峰，此后优士丁尼曾征服过西班牙、意大利，力图重现昔日罗马帝国的辉煌，结果却未能如愿。后来，斯拉夫人侵入东罗马帝国，后世国王便在优士丁尼法典和斯拉夫人习惯的基础上颁布了一些法典，如《法律汇编》[Ecloga]、《巴西尔法典》[Basilica]等。10世纪后，西欧经济复苏，产生了对交易规则的强烈需求，而当时的各种法律体系均未能满足这一点，罗马法就是在这一背景之下复兴的。罗马法的复兴首先发端于意大利的波伦亚大学，当时吸引了来自西欧各个地区的学生前来学习，后来其中心又先后移至巴黎和柏林，并最终导致罗马法成为西欧各日耳曼国家的"普通法"和罗马法在这些国家的继受。日耳曼人在入侵西罗马的过程中纷纷建立起自己的国家，其中汪达尔人在北非，西哥特人在西班牙和高卢，法兰克人在今天的法国北部，东哥特人在意大利等都纷纷建国，在建国的过程中他们在罗马法法典的影响下，在教士的协助下，经民众大会同意，由国王颁布了许多蛮族法典，最著名的有《萨利克法典》[Salic Law]、《尤利克法典》[Codex Eurici]等。蛮族法典的颁布，从5世纪一直持续到11、12世纪，它是日耳曼各部习惯的总结，虽然各部落习惯纷繁复杂，但仍有一些共同之处，如注重血亲复仇的团体本位主义，由自由民的集会来解决争议和作出决定，头领与随从的互利互助制度等。尤其是后一点，其中蕴含了封建主义的因素，并成为西欧封建主义的源泉。西欧日耳曼法的发展经历了一个从属人主义到属地主义的过程，这与分封所导致的割据有关。日耳曼法的这种相互独立、各自为政的局面一直维持到罗马法的复兴和继受以及民族国家的兴起为止，此后各民族国家纷纷依照罗马法法典，编纂统一本国的法律。值得一提的是，同为日耳曼人的盎格鲁－撒克逊部落在英格兰却走了一条独特的道路。其实在1066年诺曼征服之前，不列颠岛上的日耳曼人与大陆上的日耳曼人走了一条大致相近的道路，例如都经过蛮族法典的编纂过程，都已开始封建化的进程等。诺曼征服改变了英格兰原有日耳曼法的发展方向，它带来了一种集权化的体制，使得地方习惯法能够在一种中央权威控制下发展，最后演变为一种与大陆完全不同的法律制度。亨利二世的改革使原先从诺曼引进的一些制度得以确定下来，如陪审制等，再加上令状制的施行和王室法院体制的完善，使普通法得以逐步形成和完善。自14世纪始，由于普通法的刻板又发展出衡平法，终使英格兰走上了一条完全不同于大陆的法律之路。教会法是中世纪欧洲另一支重要的法律体系，它原先只是基督教内部的教规。随着它在罗马帝国的被承认和日耳曼各国的纷纷皈依，再加上"丕平献土"所导致的教皇国的成立，基督教在西欧社会生活中占越来越重要的地位，它也不断地在各个方面扩展自己的势力。在法律领域，教会法通过教皇敕令、宗教会议决议等形式在遗嘱、无遗嘱继承、合约等方面产生了巨大影响。但教皇敕令浓厚的行政意味将不可避免地会产生前后矛盾，这对教会法自身的发展极为不利，因此从很早时候就有人整理教令，协调其中的冲突。1140年左右，格拉提安编纂了《格拉提安教令集》[Gratian's Decretum]，对以前的教令进行整理、汇编，使教会法得以系统化。在西欧，教会法是第一个系统化的法律体系，在其影响之下，各国的王室法、城市法、庄园法等世俗法纷纷效仿，这对于促进法律的发展和民族国家的兴起起到了重要作用。同一时期，伊斯兰法经穆罕默德创建和阿拉伯帝国的扩张，已经成为阿拉伯地区的主要法律。而苏格兰、爱尔兰的法律基本上也是在各自原有法律基础之上，再加上罗马法和英国法的影响发展起来的。

mediam viam 路中央（⇨In mediam viam tutissimus ibis.）
media nox 〈英格兰古法〉午夜；深夜
mediante altero 调停；调解
mediante patre 长者调停；长辈出面调解
medianus homo 〈拉〉中等收入者
media of communication 传播媒介（⇨media）
medias res 问题实质；事物核心（⇨in medias res）
mediate datum 间接事实 根据该事实的存在可以合理地推断出最终事实的存在。
mediate descent 间接继承 指非直接继承。如，孙子代位继承祖父遗产，系因其父亲已死亡。
mediate powers 从属权力；受托权力 指从属于主要权力

[primary power]的权力，尤指代理人被授权行使的权力；亦指为完成主要任务而必须的权力。（⇨primary powers）
mediate testimony （＝secondary evidence）
mediation n.❶调解 由中立的第三方——调解人，以私人和非正式名义，协助争议双方达成和解的争议解决程序，无强制力。❷调停 为保持国际社会的和平与安宁而由中立的第三国运用其影响力善意地介入他国的争议并帮助调停纷争。
Mediation and Conciliation Service 〈美〉联邦调停和解委员会 负责调处劳资纠纷的联邦独立机构，其职责为：代表公众利益，促进劳资关系的健康和稳定发展；通过调解协助解决劳资争议，防止和减少罢工事件的发生；鼓励资方和劳方代表优先采用集体协商、调解或自愿仲裁方式解决彼此间的分歧；加强处理劳资关系的艺术、科学和实践研究；鼓励劳资双方的领导层加强建设性联系，以增进相互理解，解决共同关心的问题。（⇨American Arbitration Association；National Mediation Board）
mediation of labor disputes 劳资纠纷的调解
mediator n.调解人 通过调解程序帮助争议双方达成和解的中立的第三方。
mediators of questions 〈英格兰古法〉商业纠纷调解人 由爱德华三世在位第27年所颁布的一项法律授权组成的六人小组，他们可以就商人之间关于不适宜销售的羊毛或不良包装等纠纷，在市长或市场官员面前以发誓形式证明其质量，并作出裁决，此项决定对有关商人有约束力。
medicaid n.〈美〉医疗补助（制） 由联邦和州政府共同资助，以无力支付私人医疗服务费用者如穷人和伤残者等为对象的医疗援助方案。
Medical Act 〈英〉《医疗法》（⇨General Medical Council）
medical aid 〈美〉医疗援助；医疗补助（⇨medicaid）
medical attendance 〈美〉医疗护理 在刑法中，要求父母为其未成年子女提供衣、食、宿以及"医疗护理"时，这里的"医疗护理"意指由有正式执照的医生进行的定期护理。
medical benefits 医疗福利 指公司对因履行职务而受伤的雇员提供的医疗补助。在广义上，包括社会保障、劳工赔偿或任何保险合同支付的医疗费用。
medical boards 〈美〉医务委员会 大多数州由中立法机关授权设立的机构，其主要职责是监督本州的医疗业务，审查行医开业申请，颁发及吊销行医执照。
medical care 〈美〉医疗保健 《国内税收法典》[Internal Revenue Code]赋予该词广泛的含义，医疗保健费用包括下列费用：付给医生、护士和其他医护人员的费用；手术费；付给医院、医疗机构的费用；获取医疗保健所必需的交通费。医疗保健费用能否减免税的基本鉴别在于此项开支是否是为了防止或减轻、解除病痛。（⇨medical expense）
medical college 医学院 负责对以医学为其职业者进行教育及培训的学校。其教学内容包括讲授疾病的特性、根源及病因，各种药品的特性和效力，外科学以及其他必需的适当教育。
medical council 医学委员会（⇨General Medical Council）
medical deduction 医疗费用减免（⇨medical expense）
medical evidence 医学证据 医生、护士或其他医务人员以其职业或专家身份就疾病或死亡原因、创伤后果，以及神智是否健全等情况所提供的证据。权威性医学论著也可作为证据。

medical examination 体格检查 指为确定某人的健康状况或进行治疗提出医疗建议而由医生进行的身体检查，包括传染病检查、健康检查、对诉讼当事人身体和精神状况的检查。

medical examiner ❶（负责人寿保险或职工工伤赔偿等的）特约体检医生 ❷〈美〉法医 负责调查死亡、进行尸体解剖，并协助对刑事命案提起公诉的公共官员。在许多州已取代了验尸官[coroner]，有时也简写为"examiner"。

medical expense 医疗费用 医疗治理或保健护理所需的费用，可依纳税人的收入予以一定程度的减免税。一般作复数时，即指在民事诉讼中，原告因所诉称的被告的非法行为，所遭受的任何可能的医疗费用，包括交通费、医疗费用、医院账单、药物费用和恢复性治疗所需费用。

medical insanity 精神错乱；精神病；心神丧失 此种情形不一定必然成为免除刑事责任的理由。

medical inspection 〈英〉体格检查 根据1973年的《全国医疗服务重建法》[National Health Service Reorganization Act]，国务大臣有责任作出规定，对在地方教育部门所办学校就读的中小学生，应进行体格和牙科检查及提供医疗服务；在人身伤害赔偿案件中，如果原告无故拒绝接受体检，法庭有权中止诉讼程序。

medical insurance 医疗保险 对被保险人因患病或伤残需支付的医疗费用所提供的保险。（⇨Blue Shield）

medical jurisprudence 医学法理学；法医学 指运用医学原理及实践来阐明司法上的医学难题的科学。（⇨forensic medicine；legal medicine）

medical malpractice 医疗责任事故；医疗失职（⇨malpractice）

medical officer of health 〈英〉医务官员 根据1933年《地方政府法》[Local Government Act]，医务官可由城市或乡村当局及郡委员会任命；根据1972年的《地方政府法》，地方当局如认为必要可任命此类官员。

medical or surgical treatment 医学内科或外科检查；内科或外科治疗

medical practitioner 〈英〉医生；开业医生；行医者 指外科医生及内科医生，包括所有提供医疗服务和医疗咨询者在内。在英国，假冒具有内科或外科行医资格，属违法行为，但除非有意假冒，单纯的无行医资格而从事内外科医疗服务，尚不属违法；然而如若缺乏合适医术，则应承担民事或刑事诉讼风险。另外，如同虽有行医资格而未注册开业的医生，无行医资格者不能就其提供的医疗服务或药品向法院起诉求偿。

medical record （由医院或医师诊所保管的）病史档案；病历；诊断记录；医治记录

medical service corporation 医疗服务机构（⇨Blue Cross；Blue Shield）

medical testimony 医学证据（⇨medical evidence）

medical treatment 内科治疗（⇨medical or surgical treatment）

medicare n.〈美〉医疗保险制度 根据《社会保障法》[Social Security Act]为残疾人和老年人提供健康保险的联邦方案。

medicolegal a.法医学的（⇨forensic medicine）

medietas advocationis 〈拉〉授权有限的代言人；半权代言人 当两个人共同代表一个人时产生的代言权力。

medietas linguae 双语的；分语言的（⇨jury de medietate linguae）

medietate linguae 双语的（⇨de medietate linguae）

medio acquietando 〈拉〉扣押领主财物令 司法令状之一，在领主承认某地产不属于他而免除其下级该地产之地租时对其进行惩罚的令状。

medio tempore 〈拉〉同时；当其时

meditatio fugae 〈苏格兰〉逃跑之企图 苏格兰法中有一条已被废弃的原则，如果债权人能够宣誓证明其债务人有逃跑以躲避债务之企图，他就可以向行政司法官请求拘捕并审查该债务人，并在后者未提出担保时将其监禁。

Mediterranean passport 地中海通行证 18世纪时，经与巴巴里诸国，即埃及西的北非伊斯兰教地区各国协商并达成协议，英国对进入这一地区航行的英国制造的船只发放通行证以保证航行安全，这一通行证得到巴巴里海盗的尊重。美国也曾发放过类似通行证。

medium concludendi 〈拉〉❶达到目的的手段；得出结论的方法 ❷分析推理过程

medium deferens 〈拉〉代位继承的中介 例如，孙子因其父亲先于其祖父去世，从而可以代位继承其祖父的遗产，则该已经去世的父亲即为代位继承的中介。

medium filum 〈拉〉中心线；中间线

medium filum aquae 〈拉〉水域中心线；江河中心线

medium of exchange 流通手段；交换媒介 指任何一种能提供共同价值衡量基础以便利商品交换的手段，如货币、支票等。

medium of payment 支付手段 指货币或任何经债权人债务人双方认可用于偿债的有价物。

medium tempus （英格兰古法）❶同时；当其时 ❷期间利益；中间利润（= mesne profits）

medius ancestor 代位继承中介尊亲属（= medium deferens）

medletum n.〈英格兰古法〉❶混杂人群 ❷斗殴；争吵 ❸突发性冲突 ❹非暴力干预他人事务

medley n.斗殴；争吵 尤指在公共场所的群斗。

medsceat n.〈英格兰古法〉贿赂；堵嘴钱

medscheat (= medsceat)

medseat (= medsceat)

meeting n.会议 在法律上尤指为商议某些共同关心的事情而举行的集会，如公司法上的董事会议或股东大会。

meeting each other 相遇 不仅指方向相向的人互相经过，而且暗含着如不相应调整原来行走方向会相撞或有相撞之虞。

meeting of creditors (= creditors' meeting)

meeting of minds 合意（⇨meeting of the minds）

meeting of stockholders (= stockholders' meeting)

meeting of the minds 合意 指合同当事人对合同内容及条款的相互同意。合意为合同的基本要素，应由当事人作出意思表示。

meeting of vehicles 车辆交会 指所处的紧急状态，尤指路窄堵车，按交通法规处理。

meeting of vessels 船舶交会 指所处的紧急状态，按船舶航行法规处理。

megalomania n.疯狂；精神错乱（⇨insanity）

megbote (= maegbote)

meigne （英格兰古法）家庭；家族

meilicke system 梅里克制度 金融机构按每月30天计算利息，对任何一个月的第31天不计利息的制度。

meindre age 〈法〉未成年；未达法定年龄

meine (= meiny)

meinie (= meiny)
meinour (= mainour)
meiny 〈英格兰古法〉❶家庭；王室 ❷随员；随从
melancholia *n*. 忧郁症；抑郁症
meldfeoh 〈撒克逊〉(刑事)检举酬金；告发费
Melieur serra prize pour le roy. 最好的应进贡给国王。
melior 〈拉〉更好的；更有利的；更可取的
meliorating waste 改良性擅自变更土地性能的行为 土地保有人未经授权擅自变更土地性能，严格地说是毁损土地[waste]行为，但因其目的是改良土地，使之增值，对继承人有利，故一般不承担责任。
meliorations 〈苏格兰〉(土地或房屋的)改善；改良；修缮 具有永久性和增值性，不仅仅是修理。英美法中有时也使用本术语表明上述含义。按照衡平法原则，承租人对所租土地或房屋的改善应得的补偿，可在租金中抵销。
Meliorem conditionem ecclesiae suae facere potest praelatus, deteriorem nequaquam. 〈拉〉主教可以改善他的教堂处境，但决不能使之变糟。
Meliorem conditionem suam facere potest minor, deteriorem nequaquam. 〈拉〉未成年人可使自己的处境改善，但决不能使之变糟。 意在保护未成年人免于因自己的挥霍行为而受损。
Melior est causa possidentis. 〈拉〉占有人的理由更有力。
Melior est conditio defendentis. 〈拉〉各方权利相等时，以占有人的地位更有利；被告的地位更有利。
Melior est conditio possidentis et rei quam actoris. 〈拉〉实际占有人及被告的地位较有利。
Melior est conditio possidentis, et rei quam actoris, ubi neuter jus habet. 〈拉〉各方均无权利时，占有人与被告的地位较原告有利。
Melior est conditio possidentis, ubi neuter jus habet. 〈拉〉各方均无权利时，占有方的地位更有利。
Melior est justitia vere praeveniens quam severe puniens. 〈拉〉真正的预防胜于严厉的惩罚。
melioribus damnis 〈拉〉更高的损害赔偿额(⇨ de melioribus damnis)
Melius est in tempore occurrere, quam post causam vulneratum remedium quaerere. 〈拉〉及时避免胜于亡羊补牢。
Melius est jus deficiens quam jus incertum. 〈拉〉不完整的法律胜过不明了的法律。
Melius est omnia mala pati quam malo consentire. 〈拉〉宁遭千遍罪，不做亏心事。
Melius est petere fontes quam sectari rivulos. 〈拉〉追根寻源胜于随波逐流。
Melius est recurrere quam malo currere. 〈拉〉宁可不为，也不可乱为。
melius inquirendum 〈拉〉〈英格兰古法〉就某事展开进一步调查的令状
member *n*. ❶(团体、组织的)成员；会员 ❷身体器官 尤指四肢或其他分开的部分。
member bank 〈美〉会员银行；成员银行 成为联邦储备系统会员的商业银行。所有国民银行都自动成为该系统会员，州立银行的加入需经批准。会员银行必须按其客户存款的一定比例持有准备金，准备金可以是自有资金或是在联储的存款。
member firm 〈美〉会员行；会员商号 在证券法上，指在有组织的证券交易所至少拥有一个会员席位的证券经纪公司。
member of Congress 〈美〉国会议员 指美国的众议院议员，或参议院议员，但通常指前者。
member of crew 船员；海员；乘务员 美国《琼斯法》[Jones Act]中所称的船员必须是较长期地依附于某一船只或船队，其职责从最广义来说必须是自然地和主要地有益于航行；其所在船只必须是正从事于航运业。
member of family 家庭成员 狭义，指有血缘或婚姻关系的成员，有时限于近亲属成员，如寡妇、子女或父母；广义，指同住在一个家庭内的成员之一；在诉讼中向被告送达诉讼文书可由"其家庭成员"代收，此处系指任何与被告同住一处的成员。对于财产保险和汽车责任保险中被保险人"家庭"成员的范围，应根据保险单的约定条款和所发生的具体情况而定。
member of Paliament 〈英〉下议院议员
Member of the House of Commons of the U. K. Parliament 〈英〉议会下议院议员
member of the human body 人体器官(⇨ member)
membership *n*. 会员资格；成员资格
membership certificate 会员证；成员资格证书(⇨ certificate of membership)
membership corporation 会员制法人 指非以营利为目的，而常以慈善、互助、社交或宗教等宗旨所组成的法人。该法人的参与者获得会员资格而非股东身份。
membership in exchange (证券交易所)会员资格
membership list 〈美〉会员名录 指住房与贷款协会会员的名录，为该会档案之一。
membership organization 会员制组织 指以慈善为唯一目的的自愿性组织。此类组织的性质和活动范围决定其为会员制。
membrana 〈拉〉羊皮纸的一页 在古罗马法和英格兰法中，表明羊皮纸案卷的页码。
membrum 〈拉〉一小片土地；肢体的一部分
membrum pro membro 〈拉〉以肢体还肢体
mémoire 〈法〉上诉请求书 以该文件向最高法院[court of cassation]提出上诉。
memoranda memorandum 的复数形式
Memoranda Rolls 〈英〉财务备忘卷 由王室财务纪事官[King's Remembrancer]和财务大臣事务纪事官[Lord Treasurer's Remembrancer]编纂，记载了 1199–1848 年间财税法庭法官处理的事务。
memorandum 〈拉〉❶备忘录；节略；摘要；出庭备忘录；提示 ❷章程要点；契约摘要；交易备忘录；合同双方关于合同的说明；办公室非正式转单 ❸异议要点 败诉律师写给胜诉律师表示反对意见的材料。 ❹衡平法院书面意见；衡平法院判决草案
memorandum articles 附注条款所载货物(⇨ memorandum clause)
memorandum check 备忘支票 债务人向债权人开具的用以偿还债务的支票，该支票不能向银行要求兑付，而是由债务人在支票到期日向债权人偿还借款，在该支票的票面上记载"备忘"[Mem.]字样。
memorandum clause (海上保险中的)附注条款；备忘条款；限责条款 依据该条款，海上保险人对某些易腐败或易遭受损失的保险货物的损坏或保险货物的微小损害不负保险赔偿责任。
memorandum decision (上诉法院作出的)简式判决书

只简要说明上诉法院判决的结果,不叙述判决理由。
memorandum in error 错误陈述备忘录 述明存在事实错误的文书。通常附有有关这一事实的宣誓书[affidavit]。
memorandum of alteration 〈英〉专利权变更备忘录 英国专利法早先规定,同一专利授予两项发明,如其中一项不具有新颖性或实用性,则整个专利无效。同一规则也适用于单个发明的实质性部分具有上述瑕疵。为补救这一专利,专利法允许专利权人提出放弃部分专利或变更专利权利要求或说明书的声明。这一声明不属于延伸专利权性质,从而使声明成为专利证书或说明书的组成部分。
memorandum of association 〈英〉公司注册证书 英国公司法规定的设立公司的主要法律文件,与美国公司法中的"articles of incorporation"相当。根据英国1985年《公司法》[Companies Act],两人或两人以上通过在公司注册证书上签名并遵循公司登记的其他法定条件,可以成立一家有限责任公司或无限责任公司。其中,公司注册证书应当载明:①公司名称;②注册所在地;③公司目的。其他记载事项有:如公司股东系按股承担有限责任或担保责任的,亦须作相应记载;公开公司[public company]亦应在公司注册证书上记载其为公开公司。另据1992年《公司(一人非公开有限公司)法规》[Companies (Single Member Private Limited Companies) Regulations],一个股东亦可设立非公开的有限责任公司。
memorandum of costs 成本清单;费用支出项目表;成本支出副本
memorandum of levy 扣押财产的登记 执行官根据执行令或扣押令扣押财产后所作的登记。
memorandum sale 试销 一种有条件的销售,货留买主处,同意后成交;卖主保留产权直至买主接受货物。(= sale on approval)
memorial n.❶(向立法或行政机关提交的)请愿书或情况反映 ❷短注;摘要;备忘录;法院命令草案 ❸〈英〉契约等的登记本 其中包含了契据的细节。❹对人物或重要事件的追思纪念表示
memorial building 纪念馆
Memorial Day 〈美〉❶阵亡将士纪念日 全国性节日,在大多数州为法定假日,原定于5月30日,现为5月份最后一个星期一,以纪念在战争中阵亡的美军将士。❷南方邦联阵亡将士纪念日
memoriter 〈拉〉凭记忆地;根据记忆地
memory n.❶记忆;回忆 在布莱克斯通等古权威著作中,似与"mind"同义。❷记忆力
menace v.& n.胁迫;威胁;恐吓 可构成离婚或合同无效的理由。
menaces n.(英格兰古法)胁迫获取财产罪
menial servant 家仆 指无须作出决断,仅从事简单家务的仆人,一般身份单一,只在主人家中服务,故称"家仆"。
men of straw ❶职业证人 早期逡巡于法庭周围者,之所以称这些人为稻草人是因为他们在一只鞋上插上稻草,以显示其职业。如果律师需要一个合适的证人,借助于这些特征即可知道何处可以找到,双方对话很简单,律师问"你不记得了吗?",对方即回答"我当然记得。""那就到法庭上去作证吧。"然后该人即到法庭去作证。雅典盛行这种证人。❷傀儡;不负责任的保证人(⇨straw man)
mens 〈拉〉意图;意愿;意识;智力
mensa 〈拉〉(餐)桌;台;板;支撑物

mensa et thoro 〈拉〉床与餐桌(⇨divorce a mensa et thoro)
mensalia 〈拉〉(按教堂的时间表发放的)牧师薪俸
mensis 〈拉〉(罗马法)(英格兰古法)月;一个月
mensis fanationis (= fanatio)
mensis vetitus 〈拉〉禁猎期;禁捕期(= fence month)
mens legis 〈拉〉法律精神 指法律的目的、精神或意图;或通指法律。
mens legislatoris 〈拉〉立法意图;立法者的意图
mensor 〈拉〉(罗马法)土地测量员;勘测员
mens rea 犯罪心态;犯罪意图 在普通法上,"犯罪心态"与"犯罪行为"[actus reus]是犯罪主观方面的两个基本要素。犯罪心态指行为人在实施社会危害行为时应受社会谴责的心理状态,包括蓄意[intention]、明知[knowledge]、轻率[recklessness]和疏忽[negligence]。
Mens testatoris in testamentis spectanda est. 〈拉〉遗嘱中应注意遗嘱人的意图。
mensularius 〈拉〉(罗马法)钱庄主;银行家
mensura 〈拉〉(英格兰古法)计量标准
mensura domini regis 〈拉〉(古)王室计量标准 理查王1197年在威斯敏斯特召开的议会中制订的计量标准。
mental abstraction 精神恍惚;出神发呆
mental alienation 精神错乱 有时用来描写精神病的术语。
mental anguish 精神上的极度痛苦 区别于因人身伤害所致的肉体痛苦,但包括因人身伤害伴随产生的精神上的痛楚、悲伤和焦虑。作为损害赔偿因素,本词指极度精神痛苦和悲伤,并非仅仅是失望、忿怒、忧虑、窘迫。本词也指因绝望、愤慨、自尊心受伤害、被人公开羞辱等而形成的极度精神痛苦。(⇨mental cruelty)
mental capacity 意识能力 行为人对自身行为的性质及后果的认知程度,是衡量一个人智力、理解能力、记忆力和判断能力的标准,是行为人对自己行为的后果承担刑事和民事责任的条件。(⇨capacity;insanity)
mental competence (= mental capacity)
mental condition 精神状态 关于人的意识、感觉、知觉方面的精神状况。
mental cruelty 精神虐待 配偶一方危及另一方生命、精神及身体健康的行为。该行为使受虐待方无法履行婚姻义务,难以维持婚姻关系,可成为离婚依据。
mental defect 智力缺陷 在检验行为人刑事责任的德赫姆规则[Durham rule]中,智力缺陷是一种不能好转也不会恶化的精神状态,可以是先天性的或伤害的结果,也可以是疾病或精神病的后遗症。(⇨mental disability)
mental disability 智力障碍;智力残疾;精神异常 指不正常的精神状态,可实质上影响人的精神或情感过程以致损害其控制行为的能力。有智力缺陷的证人不具有接受、记录、回忆印象和理智地作证的能力。
mental disease 精神(疾)病 在检验行为人刑事责任的德赫姆规则[Durham rule]中,精神病是一种可能好转也可能恶化的精神状态。(⇨insanity)
mental disorder 精神失常;精神错乱 现代英国把精神失常分为三种:严重低于正常的,低于正常的,精神变态的错乱。
mental disqualification 智力障碍;智力残疾;精神异常(⇨mental disability)
mental examination 精神状况检查;精神病检查;心理检查 精神病医生对人的精神状况的检查,有时作为确定

某人患有精神病或为其指定监护人、财产监管人的程序的一部分；也指精神病医生为向法庭作证进行的检查，或对被告人能否承担刑事责任、接受审讯，或在死刑执行前的状况所进行的检查。

mental illness 精神病（⇨insanity）
mental imbecility 智力低下（⇨imbecility）
mental incapacity 智力不全；缺乏智力能力 指处于完全精神病或智力缺陷状态，使患者不能正常地理解日常生活事务的性质和后果，但老年人记忆力和理解力的衰退，就其本身而言，不是智力不全的表现。
mental incompetency (= mental incapacity)
mental incompetent 智力不全的；缺乏智力能力的（⇨mental incapacity）
mentally disordered persons 精神失常者；精神错乱者 在英格兰普通法上，精神失常者有先天性的痴呆和后天性的精神错乱，后者意识能力的丧失可能是暂时的或间歇性的。在所有法律部门中，每个人均被推定为正常人，并有处理自己事务的能力，除非有相反证明。但一旦被证明精神失常，则法律推定他持续失常，直至被证明已经康复或在某一特定期间其头脑是清醒的。在民事行为能力方面，鉴定标准因情况而异。订立合同应有理解、决断、选择、表示同意或拒绝同意的能力；订立遗嘱和处分财产应具有理解其处分后果的能力；对于侵权及婚姻关系，其责任能力的鉴定标准与刑事责任相似。在犯罪、接受审讯的行为能力和承担法律责任方面，问题在于能否推翻精神正常的推定，能否证明被告人已丧失知智，不了解其行为的性质，或不知其行为是违法的。对于精神失常者可以或必须予以监护以及不能自行合法处理事务的情况，制定法有明确规定。对于犯罪人处监禁而未被判刑的精神失常者，可以强制送医院观察治疗，予以监护，或自愿就医。
mental reservation 意思保留 与允诺或协议中的明示含义和一般理解相反而又未表达的意思，此意思仅仅存于当事人一方内心，应被视为规避或违反允诺的不正直的辩解。
mental state 精神状态；意识能力（⇨mental capacity）
mental suffering 精神痛苦（⇨mental anguish; mental cruelty）
mente captus 〈拉〉惯发性精神失常者
mentiri 〈拉〉撒谎；作假
Mentiri est contra mentem ire. 〈拉〉撒谎是违背理智的行为，是愚蠢的表现。
mentition 〈拉〉撒谎行为；欺诈行为；作假行为
mepris 忽略；轻视；蔑视
mer n. 沼泽地；池塘
mera gratia (= e mera gratia)
mera noctis 〈拉〉午夜（= midnight）
mercable a. 适销的；可销售的
mercantant n. 外国贸易商
mercantile a. ❶商业的；商贸的；交易业务的；商人的 ❷按商业规则行事的
mercantile agency 商业征信所；商业咨询事务所（公司）指以一定报酬向当事人提供个人、商行和公司信用和经营情况的咨询机构，有时也指收债公司 [collection agency]。(⇨credit bureau; collection agency; commercial agency)
mercantile agent 商务代理人 在商务代理活动中，其有权买进、卖出货物或寄售，并可凭货物担保而筹款。商务代理人包括"brokers"和"factors"。
mercantile business 商品交易；商品买卖业务
mercantile contract 购销合同；商业合同；商事合同
mercantile custom 商业惯例；商事惯例（⇨trade usage）
mercantile establishment 商业中心；商场；商店
mercantile law 商事法 指由商人普遍承认和采用的习惯、惯例等所组成的法律。它确立了交易中当事人的权利、义务、责任，可用以解决交易争端，其内容涉及销售、运输、票据、破产、海上保险等。该词与"commercial law"和"business law"基本同义，但更古老。(⇨commercial law)
Mercantile Law Amendment Acts 〈英〉《商法修正法》 指1856年的《商法修正法》[Mercantile Law Amendment Act]和1856年的《商法修正法（苏格兰）》[Mercantile Law Amendment Act(Scotland)]，主要是为了吸收英格兰、苏格兰和爱尔兰的商事法律而通过的立法。
Mercantile Marine Fund 〈英〉海商基金 1894年《商船法》[Merchant Shipping Act]设立的一项基金，其资金来源于灯塔费等与船舶航运有关的费用，1898年废除。
Mercantile National Bank Case 〈美〉国民商业银行案 美国最高法院在该案中就针对国民银行进行诉讼时的诉讼地点作出了判决。
mercantile paper 商业票据（⇨commercial paper）
mercantile partnership 贸易行；商行
mercantile restrictions 贸易（区域）限制
mercantile rule 商业计息规则；利息和本金分期支付规则 按该规则，利息按每期本金记入账户借方和贷方，并结算利息金额增加本金余额。换言之，此规则就是按本金到期日或约定还本时间计算出利息，再按实际付款计算出利息并将其从前面利息中扣除。
mercantile specialty 非凭指令付款或凭票付款但仍可以流通的票据 依照美国《统一商法典》[U.C.C.]第3-805条，这类票据也适用该法关于商业票据的规定。
mercantilism n. 重商主义 1600-1800年间流行于欧洲各国的经济理论及实践做法。它试图通过鼓励出口，限制进口，增加积累，使国家富裕起来。随着工业革命的兴起，重商主义逐渐衰退。
mercat n. 市场
mercative a. 〈苏格兰〉贸易的；关于贸易的
Mercatores de Venicia 威尼斯商人协会 亨利八世时期在英格兰经商的威尼斯商人所成立的非法人社团。
mercatum 〈拉〉❶市场 ❷交易 ❸销售合同；买卖合同
mercature 〈拉〉买卖
mercatus 〈拉〉市场；集市；商品集散地
mercedary 〈拉〉雇主；租借者
mercenarius 〈拉〉佣工；佣人；雇佣兵
mercenary troops 雇佣军 为了金钱而愿意为任何国家或组织效劳的职业军人。在古代以及13世纪以后的欧洲，由于封建常备军制度被废除，雇佣军曾非常普遍。
Mercen-Lage 麦西亚法 11世纪初盛行于英格兰中部地区的三大法律体系之一，为英格兰中部各郡和毗邻威尔士的地区所遵行，极有可能是不同习惯法的混合体。
mercennarius (= mercenarius)
merces 〈拉〉〈罗马法〉劳动报酬；酬金 既可以是合同中约定的劳动报酬，也可指为事先无约定的救助行为所付的酬劳。
merchandise n. [总称]商品；货物
v. 做买卖；推销；销售

merchandise broker 商品经纪人 指为他人撮合商品买卖而自己并不占有和控制该商品的人。

merchandise marks 商标(⇨Merchandise Marks Acts)

Merchandise Marks Act of 1862 〈英〉1862年《商标法》 该法旨在防止假冒商标及销售含有假冒商标的商品,以保护商标权不受侵犯。

Merchandise Marks Acts 〈英〉《商标法》 1887－1953年的这套法律,禁止使用假冒商标或将带有假冒商标的商品予以出售。这套法律已由1968年的《商品说明法》[Trade Descriptions Act]取代。

merchant n.商人 习惯上多指零售商,也可指批发商和进出口商。美国《统一商法典》[U.C.C.]第2－104(1)条对商人的定义是:"从事某类货物买卖的经营者,或从其职业表明对所从事的交易实践或货物买卖具有专门知识或技能;或其雇佣的代理人、经纪人或居间人的职业表明受雇者具有此项知识或技能,从而认定其本人也具备此项知识或技能。"旧时权威曾将商人分为四类:投机商[merchant adventurer]、隐名商[merchant dormant]、行商[merchant traveller]和坐商[merchant resident]。

merchantability n.适销性 即商品适合出售。指出售的商品应属于所述货物的通常品种,适合于该商品的一般用途。如果该商品通常仅适用于某一方面,除非有相反的证明,否则依此使用时其适用性应是默示担保的内容。(⇨implied warranty)

merchantable a.适销的 指商品达到可出售的质量。适销的商品必须适合于该商品的通常用途,且同商品包装物或标签上注明的承诺相一致。美国《统一商法典》[U.C.C.]第2－314条规定,适销商品至少必须具备下列条件:合同项下的商品在贸易中不会遭受异议;如果属于种类物,应具有所约定规格范围内的平均良好品质;适合于该商品的通常用途;除合同允许的变量外,所有商品的每一单位在品种、质量和数量方面都应当相同;如合同要求,货物应适当包装和加贴标签;货物须与包装物或标签上注明的承诺或确认相一致。(⇨merchantability)

merchantable quality 适销品质(⇨merchantable)

merchantable title 可转让产权 指良好的、可转让的和不限制继承的不动产产权。此类产权应无明显瑕疵和重大疑问,所有人能和平持有,不受诉讼追究;合理谨慎的买方在充分了解产权情况和适用的法律后会接受该产权。(⇨marketable title)

merchantable title, abstract and deed 可转让产权、摘要和契据 表明卖方责任的用语,意指卖方应提供一份产权情况摘要,以表明其为可转让产权,并签署一个表明该可转让产权情况的契据,交给买方。

Merchant Adventurers 商业冒险者协会 英国商人为对抗汉萨同盟[Hanse]而建立的一个协会。1505年,亨利七世赐以"商业冒险者联谊会"称号;1564年,伊丽莎白将其封为"英国商业冒险者的总管、帮手与联谊会",并给予德国北部经商的特权。其活动中心最初在加莱,后来在安特卫普,最后转至汉堡,该联谊会有时被称为汉堡公司[Hamburg Company],似乎在17世纪末叶终止活动。

merchant appraiser 商业评估人;商业鉴定人(⇨appraiser)

merchantman (=merchant vessel)

merchant marine [总称]国家的商船队及全体船员

merchants' accounts 商业往来账户

merchant seaman 商船海员 不同于海军或公务船只上的海员。

Merchant Seamen's Act 〈美〉《商船海员法》 联邦法律,规定已签约的海员,在出海前被解雇或在未挣足一个月工资之前被解雇,如非本人过错及未经本人同意,均有权在向法院提供足够证据后,从船长或船舶所有人处索回其应得的工资以及相当于本人一个月工资的补偿费。

merchant shipping 商船航运;商船运输

Merchant Shipping Acts 〈英〉《商船法》 为改善运输条件,将商船的总体管理工作授权于贸易委员会的一部制定法。

merchant vessel 商船;商用船;货船

merchet (封建法)婚嫁费 佃民为自由出嫁女儿向领主缴纳的费用。(=marcheta)

mercheta mulierum 〈拉〉(苏格兰古法)初夜权;女性贞操收益权 传说的或虚构的领主权利,允许对在其领域内的新婚妇女享有初夜权,后改由新郎缴纳一定费用,但尚无实施该权利的证据;也指农奴因其未婚女儿失去贞操或因领主允许其嫁于不受领主控制的人而交给领主的一笔费用。

merchetum (=marcheta)

merciament n.(古)处罚;罚金;罚款

Mercian Laws (=Mercen-Lage)

merciful a.宽大的;仁慈的;慈悲的(⇨humane)

Mercimoniatus Angliae 〈拉〉〈英〉(古)货物进口税

Mercis appellatio ad res mobiles tantum pertinet. 〈拉〉"商品"仅指动产。

Mercis appellatione homines non contineri. 〈拉〉人不属商品的范畴。

mercna lagu 麦西亚法律(⇨Mercen-Lage)

mercy n. ❶(英格兰古法)(国王或法官就法律没有公开谴责的犯罪作出的)惩罚裁决 ❷宽大处理;赦免;宽赦 尤指对犯有死罪者,改判死刑为无期徒刑。

mercy killing 安乐死;无痛苦死亡(=euthanasia)

mere 〈法〉母亲
a.仅仅的;只不过的
n. ❶海;池塘(=mer) ❷(古)边界

mere droit (=mere jus)

mere evidence rule 〈美〉纯证据规则 根据该规则,依合法搜查令进行搜查的官员有权扣押犯罪工具和犯罪所得,但无权扣押仅有证据作用的其他物品(如犯罪嫌疑人的衣物)。美国最高法院已废除了这一规则。现在签发的搜查证允许扣押所有的犯罪证据。

mere irregularity 单纯的违规行为(⇨irregularity)

mere jus 名义权利(⇨mere right)

mere licensee 自动被许可人 指进入他人土地或财产未受财产所有人或占有人的反对,或只是被容许、容忍或默认。

mere motion 自动和自愿的行为 未经他人建议或不受他人影响的行为,如:法庭在审理案件中发现诉讼程序中有违反诉讼规则情况而原被告均未提出异议,法庭可自动提出异议,予以纠正。(⇨ex mero motu)

mere right 名义权利 指对土地既未占有又无占有权,仅是名义上的财产权。

mere(-)stone (古)界石;界碑

meretricious a. ❶淫荡的;淫猥的;下流的 ❷性的不道德的;无效婚姻的 ❸华而不实的

meretricious relation 不道德的两性关系;不正当男女关

系

meretricious union 无效婚姻 指一方或双方欠缺行为能力的婚姻，如：另有仍健在的夫或妻、未达法定结婚年龄、未经父母或监护人同意、智力不健全等。

mere volunteer 纯粹的自愿者（⇨volunteer）

merge v. 使融合；使消失；被吸收；被合并 泛指某一权利、责任或事物融合、消失或被吸收于另一权利、责任、事物之中，通常是大的吸收小的，重要的吸收次要的，例如当事人双方先前达成的协议因最后签订正式合同而消失。

merger n. ❶ （权利、责任的）融合；混同；合并 ❷（公司的）吸收合并；兼并 指两个公司依法合并为一个公司，其中一公司继续存在，另一公司消灭。被兼并者丧失法律人格，作为商业实体不复存在；兼并者则保留其名称、人格并获得被兼并者的资产、义务、特许权及其他权利。公司兼并须履行法定程序并通常须经未清股份[outstanding shares]的多数同意。兼并区别于合并，在合并中，两个公司均不复存在，双方都成为新设立公司的成员。

merger clause 吸收条款 合同中的一项条款，规定书面条款不得被先前或口头的协议所变更，因为这些协议都已被吸收入书面合同。

merger in judgment 因判决导致诉讼请求的消失 指有效的判决使原告的诉讼请求消失或融合于判决之中，此后的上诉是对判决不服而非依原诉讼请求而提出。

merger of action in criminal prosecution 刑事附带民事诉讼 古时普通法上的一项原则，指在重罪案件中对受害人的民事赔偿应纳入刑事诉讼程序处理。

merger of corporations 公司兼并；公司的吸收合并 公司的一种合并形式，专指兼并者保留其公司原有名称，被兼并者不复存在；如二个以上公司合并设立一个新的公司则是新设合并[consolidation]。

merger of crimes （= merger of offenses）

merger of custom 习惯的融合 指习惯被有关制定法融合而消失。

merger of estate 地产权混同 指效力较高的地产权与效力较低的地产权归属于同一人而无中间效力地产权时，效力较低产权立即被吸收入或混同于效力较高的产权之中，如承租人买进所承租的土地时。也指同一人享有的普通法利益与衡平法利益的混同。（⇨merger）

merger of offenses 数罪合并；重罪吸收轻罪 普通法原则，如果轻罪是重罪的组成部分，则重罪吸收轻罪，只能就重罪起诉。

merger of personalities 人格合并 指夫妻结合成统一体。

merger of school districts 学区合并

merger of sentences 合并判刑 当一名被告人在两份起诉书中被指控犯有两种罪行时，他可能会被依较严重的罪行而判刑，而不是依两份起诉书判刑。

Merito beneficium legis amittit, qui legem ipsam subvertere intendit. 〈拉〉那些企图违法的人理应失去法律的保护。

merito justitiae 正义的价值；正义的利益（⇨ex merito justitiae）

meritorious a. ❶有法律价值的；有权利的 ❷值得称赞的

meritorious cause of action 权利性诉因 此表述有时适用于下列情况，即诉因始于某人或随其转移。如某女婚前具有诉因在其结婚后由丈夫和她共同起诉。该女被称为"权利性诉因"。

meritorious condition （= condition meritorious）

meritorious consideration 道义上的对价 充分对价[good consideration]之一种，指建立在道义上或人类天性及感情基础上的对价，通常不足以强制执行某合同。它是有价值的第二级的对价，具体如捐款、还债、扶养妻儿等，又写作"moral consideration"。

meritorious defense 实质性答辩 指就案情实质所作的答辩，区别于延诉答辩[dilatory defense]或技术性的抗辩。

merits n. ❶当事人的法定权利 ❷（诉求或答辩的）实质依据 ❸（案件的）是非曲直

merits of case 案件的实质问题；（诉讼中的）实体权利 指诉讼当事人绝对拥有的法律权利，区别于法院可以自行裁量的问题，包括程序问题。

merit system 〈美〉功绩制；考绩制 联邦和州政府以能力而非政治偏好为基础，任用和提升公务员的文官制度。(⇨civil service; Merit Systems Protection Board)

Merit Systems Protection Board 〈美〉功绩制保护委员会 根据1978年《文官制改革法》[Civil Service Reform Act]设立,与人事管理局[Office of Personnel Management]一起取代1883年设立的美国文官委员会[U.S. Civil Service Commission]。对联邦政府雇员因受解雇、停职或降级等行政处分而申诉的案件进行听证、裁决；处理涉及重新就业权、不执行定期加薪制、控告行政法官和指控违反功绩制等的申诉案件。功绩制保护委员会对其作出的裁决有权强制执行、下达纠正令和给予纪律处分。雇员或就业申请者的可上诉的案件如又涉及对歧视的指控，可以就功绩制保护委员会的裁决向平等就业机会委员会[Equal Employment Opportunity Commission]申请复议。对功绩制保护委员会的最终裁决和命令还可以向美国联邦巡回上诉法院[U.S. Court of Appeals for the Federal Circuit]提起上诉。

merit wage increase 根据个人能力及业绩增加工资

mero jure 〈拉〉名义权利（⇨in mero jure）

mero motu 〈拉〉自动和自愿的行为（⇨ex mero motu; mere motion）

Merryman, ex parte（1861）〈美〉梅里曼案件（单方诉讼）美国总统林肯批准将梅里曼监禁于麦克亨利堡。作为巡回法官审理该案的首席大法官托尼[Chief Justice Taney]认为这一监禁有误，给梅里曼签发了人身保护令，但有关负责官员拒不执行。托尼以藐视法庭传讯了该官员，并认定只有国会才能中止人身保护令的执行。林肯总统认为，在无立法情况下，他有此权力，故对托尼的判决置之不理，但后者也得到相当的支持。

merum a.（英格兰古法）❶仅仅 ❷单纯的；空的；光的 ❸抽象的

merx 〈拉〉商品；货物；贸易品

Merx est quicquid vendi potest. 〈拉〉商品是任何可买卖之物。

merx peculiaris 〈拉〉奴隶从事自身经营的财产

mesaventure （= misadventure）

mescreauntes （法国古法）背教者；脱党者；变节者；不信教者；异教徒

mescroyant n.（古）异教徒；不信教者；不可知论者

mese n. 房屋；房屋及附属物

mesmerism （= hypnotism）

mesnality （= mesnalty）

mesnalty n. 中层封建领主的庄园或地产

mesne 〈拉〉中间的(= mean)
  n.(封建法)中层领主；中间领主 处于大领主与封臣之间的领主；以他人为自己的领主，同时自己也是另外其他人的领主。

mesne assignment 中间让与 指原始出让人与最终受让人之间的让与。例如：甲将某地出租给乙，乙将该权益转让给丙，丙将该权益转让给丁，则乙、丙所为的转让均为甲、丁之间的中间让与。

mesne conveyance 中间转让 指同一财产权的若干次转让中，先于某转让又后于另一转让的转让。(⇨mesne assignment)

mesne damage 中间损失 指收回不动产诉讼[ejectment]中基于被告侵权期间所获收益而遭受的损失。

mesne encumbrance 中间负担 指先于某负担又后于另一负担的财产负担，即，两个既定期间的财产负担。

mesne incumbrance (= mesne encumbrance)

mesne lord (英格兰古法)中层领主；中间领主 介于国王与大领主和封臣之间的领主。(⇨mesne)

mesne process ❶中间令状 法庭在诉讼开始后至作出终局判决前的期间内发出的令状，尤其是为了给予临时性救济而签发的令状，如财产扣押令、民事拘禁令等。 ❷强制出庭程序

mesne profits 中间收益 指两个既定期间的收益，如，侵占他人土地期间的收益，一般可以租金和收益计算。

mesprision (= misprision)

mesque ad.除非；除⋯外

message from the crown (英格兰古法)国王圣谕 该词指国王与议会之间的交流方式，国王可将亲笔写成的书面意见交由自己的官员转给议会，也可由他们传递口谕。

messarius (英格兰古法)田庄总管；管家

messenger n.❶信使；信差；投递员 传递信息、指示或请示的人。 ❷(古)行政官员 负责一定的行政事务，如暂时保管破产财产等。

Messis sementem sequitur. 〈拉〉播种必有收获。

messuage n.宅院；住宅 包括附属建筑、花园和宅地。(⇨curtilage)

mestizo n.混血儿 尤指西班牙人和美洲印第安人的后代。

meta 〈拉〉❶(罗马法)界限 指竞赛场的边界，如跑道终点处或比赛马车打转处的标记，也可延指对时、空的限制。 ❷(古)界标；地标 指土地的边界线，或用作地界的物体。

metachronism n.时间计算错误

metallum n.(罗马法)❶金属；矿山 ❷(作为刑罚的)在矿山劳动

metaphysical meaning 虚拟的(高度抽象的、微妙的)含义

metatus (欧洲古法)❶宅院；住宅 ❷座位；位置 ❸生活或逗留的地方

metayer n.分成保有人(⇨metayer system)

metayer system 分成租佃制 指一种农作制度：将土地分割成小块交由单个家庭经营，出佃人一般提供当地农作制度下需要的农具等，承佃人按产量的一定比例，通常是1/2向出租人交纳实物地租。该制度盛行于法国和意大利的某些地区。

metecorn n.谷物报酬 指领主[lord]为其习惯法上的封臣[customary tenant]的劳动给予部分谷物作为报酬和奖励。

metegavel n.(古)食物租 以食物交付的贡品或租金。

metempsychosis n.轮回转世 一种认为人死亡后其灵魂会转入动物体内的观念。

meter n.❶计量表 尤指在公用事业中使用者，如水表、电表、煤气表等。 ❷米；公尺 长度计算单位，相当于39.37英寸。

meter rate (水、电、煤气等公用事业的)收费率 主要以用量为计算基础。

meter rental 计量表租用费 公用事业为使用或租用其计量表计收的费用。(⇨meter rate)

metes and bounds 地界 指以自然地理特征、人工建筑或界标为标志的地块边界。在普通法上，寡妇有权继承亡夫遗产，单独保有，即称依地界保有。在美国，地界说明常用于对不规则土地的丈量，以及政府测绘制度中。

metewand n.估量的标准；评价的尺度

meteyard (= metewand)

methel n.(撒克逊)演讲；谈话
  v.讲话；训话；发表激昂演说

methomania n.❶嗜酒狂；嗜酒如命的人 ❷烂醉状态 长期过量饮酒所致。

metric system 公制；米制 指国际公认的度、量、衡十进制系统。以米为长度单位，以公斤为重量单位，以升为容量单位等。

metropolis n.(一国或一地区的)主要城市；大都市 常指首都或首府。如在英国，该词指代包括整个大伦敦在内的伦敦。

metropolitan a.❶大城市的；都市的 ❷都主教教区的
  n.都主教 坎特伯雷大主教是全英格兰的最高宗教首领和都主教。

metropolitan council 〈美〉(大都市的)市政委员会 由都市内各区、镇选民委任或选举的代表组成的官方或半官方机构，其职责由法律规定，宗旨是统一管理市区的公共服务事业，如城市污水处理、公共交通、自来水供应等。

metropolitan district 〈美〉都市地区 由国家确定的包括都市区域内几个相邻市[city]和镇[town]的全部或部分地区组成的特设地区，以统一管理该地区内的一项或数项公用事业，如污水处理、自来水供应、公共交通等。

metropolitan police 〈英〉大都市警察 指大伦敦[Greater London]警察部队，但不包括伦敦城[the City]的警察。

mettenschep (= metteshep)

metteshep (英格兰古法)❶谷物酬金；谷物谢礼 以一定数量的谷物作为答谢礼物。 ❷谷物惩罚；罚交谷物 领主对佃农因未完成收割任务而强加的罚款或惩罚。

mettrè a large 〈拉〉释放；使自由

metus 〈拉〉恐惧 法律上，指对诸如死亡、残害肢体等巨大灾难的合理且有根据的惧怕，并非仅出于胆怯，胆大者亦可有。只有此类恐惧才构成"胁迫"[duress]，使合同无效。(⇨exceptio metus)

meubles 〈法〉动产 动产的成因：一是基于财产自然属性，如桌椅；二是基于法律规定，如债权。该词与"movables"同义。(⇨movable)

Meum est promittere, non dimittere. 〈拉〉订约在己，解约不在己。 指当事人可自由决定是否订立契约，但不能仅依自己意愿擅自解除契约。

meum et tuum 〈拉〉我的和你的；我的财产和你的财产

Mexican divorce 墨西哥离婚 指通过邮寄方式或由从未在墨西哥具有住所的夫妇一方的出庭在墨西哥获准离婚判决。上述两种离婚判决在美国均不被承认。(⇨mail order divorce)

Mexican grants 墨西哥授地 指原墨西哥政府授予的土地,其后该地块所属地区已割让给美国。

Mexico Convention 《墨西哥公约》 著作权公约,美国为其缔约国之一。

meynour (= mainour)

mich (= miche)

Michael Angelo Taylor's Act 〈英〉《迈克尔·安杰洛·泰勒法》 即 1817 年的《都市铺路法》[Metropolitan Paving Act],由迈克尔·安杰洛·泰勒先生提交下议院。

Michaelmas n. 米迦勒节 英国习惯上的四季结账日之一,高等法院的秋季开庭期和四大律师公会的秋季学期也以此命名。

Michaelmas sitting 〈英〉米迦勒节开庭期(⇨sittings)

Michaelmas term 〈英〉米迦勒节开庭期(⇨term)

miche (英格兰古法)偷窃;小偷小摸;以隐蔽方式实施犯罪

michel-gemot 米切尔－吉蒙特议会 英国古代撒克逊时期由国王和贵族组成的贤人会议[witenagemote]的别称,后演进为现代的议会。

michel-gemote (= michel-gemot)

michel-synod (= michel-gemot)

michel-synoth (= michel-gemot)

micher n. (英格兰古法)偷窃者(⇨miche)

michery (英格兰古法)偷盗;欺诈

mid-channel n. (国际法)中心航道 在国际法上,"河流中心线"[middle of the stream]和"中心航道"[mid-channel]同义且可互换。当代国际法学家认为中心航道是指可航行的中心航道。如果一条河流有一条以上的航道,在划分领土界线时应以其中最深的航道作为可航行的中心航道,而领土界线则是在水面上划出的、同河床最深处相一致的一条线。中心航道两侧的岛屿被认为是河岸的附属物,如果该岛屿为沿岸国所占有,则河流中心航道的改变并不剥夺这一占有权。

middle district 〈美〉(司法管辖划分中的)中部地区

middle line of main channel 主航道中心线 在河流主航道上同两岸等距离的点所组成的线。

middle lord 中层领主 介于国王或大领主与封臣之间的领主。(= mesne lord)

middleman n. ❶居间人 指为双方当事人提供缔约机会而不参与协商的人,如在卖方与买方、生产者与消费者、土地所有人与承租人间履行经纪义务的人。 ❷中间代理人 指作为本人的代理人并依本人明示或默示授权委托复代理人的人。 ❸转卖人 指某人买受某物并将该物出卖的人,如将商品自生产者买受后出卖给消费者的零售商。

middle name 中名 指姓名之中第一个名字与姓之间的名字,偶从某人使用或为人所称的名字。

middle of the river (= middle line of main channel)

middle of the stream (= middle line of main channel)

Middlesex 米德尔塞克斯 英格兰郡之一,威斯敏斯特即位于该郡。(⇨bill of Middlesex)

Middle Temple 〈英〉中殿律师公会 伦敦四大律师公会[Inns of Court]之一。

middle term 中词;中项 在三段论的大小前提里都出现的概念,作为中介,把两者联系起来,推出结论。

middle thread 中间线;中心线 指江河、溪流、公路、街道或马路等的中间线。(⇨middle of the stream)

midnight n.子夜;午夜 指夜间十二点钟,为历法所规定的一天的开始。

midnight deadline 午夜截止期 涉及银行时,指银行收到有关票据或通知的银行营业日的下一个银行营业日的午夜,或诉讼时效开始计算的午夜时间,以后发生者为准。

midshipman n.❶〈美〉海军学院学员 ❷〈英〉海军军官候补生;海军候补少尉

midsummer-day n.❶夏至 在 6 月 22 日左右。 ❷[M－D－]施洗约翰节 ❸〈英〉季度结账日之一

midway a. 中途的;半路的;位于中间的 n.❶主航道 最深或最宜航行的河道。 ❷(展览会中的)娱乐场;游艺场(⇨thalweg)

Migrans jura amittat ac privilegia et immunitates domicilii prioris. (拉)移居国外者将失去在原住所地所享有的公民权、特权和豁免权。

migrant laborer 流动劳力;季节工 尤指农业季节工。

migration n.❶迁移;移居 尤指移居国外。 ❷群体迁移

migratory divorce 〈美〉迁移离婚 指夫妻一方为达到离婚目的,通过离开原住所,到另一更易离婚的州或国家暂时居住,从而获得离婚的方式;这在国际私法上被认为是典型的法律规避。(⇨Mexican divorce)

migratory divorce seeker 〈美〉迁移离婚者 意图通过迁移获得离婚的人,但实际并不愿长期居住。

mile n.英里;哩 长度或距离计量单位。一般法定 1 英里相当于 8 弗隆[furlong],或 1 760 码,或 5 280 英尺或 1 609米。海上 1 英里或地理上 1 英里则相当于 6 080英尺。(⇨land measure)

mileage n.❶距离;里程;行驶里程 ❷差旅费津贴 指对公务人员因公出差按里程计算的差旅费津贴,尤指给予立法机关成员、证人、行政司法官[sheriff]及其副手[bailiffs]等的差旅费津贴。

mileage basis 〈美〉英里里程计税基础 在州与州间或不同征税地区间按里程基础计算交通运输公司财产的征税比例。

mileage tax 〈美〉按英里里程计算的养路税 对州内运输企业征收的税种。

miles 〈拉〉❶(罗马法)战士;斗士 ❷(英格兰古法)骑士;服兵役的佃农

milieu n.中间

militare 〈拉〉❶(罗马法)服兵役 该词后来延指在任何公共机构服役,无论是民事的还是军事的。 ❷(古)被封为骑士(武士)

military a. 战争的;军事的;军用的;军人的 n.(集合词)武装力量;军队;军人

military appeals 军事上诉(⇨Court of Military Appeals)

Military Asylum of Chelsea 〈英〉切西尔军队收容所 接收士兵子女的一个组织,现称为约克公爵皇家军事学校[Duke of York's Royal Military School]。

military blockade 军事封锁

military boards 〈美〉军事委员会 其成员由当局任命的调查或咨询机构,如查明人员伤亡、财产损失的原因,调查财产、资金受损或被挪用的情况。该机构也可作为行政裁判所,就军职人员的提升、退休等人事问题进行调查、听证和裁决。

military bounty 入伍津贴;入伍奖励 为鼓励入伍服役给予士兵的津贴、奖励。

military bounty land 为奖励在军队服役而授予的公有土

地(⇨bounty; donation lands)

military cause 军事案件；军法案件　由军事法院或军事审判庭管辖的案件。

military commissions 〈美〉军事审判委员会　其审判程序和组成均按军事法院的模式设立的一种军事法庭，审理和裁决违反军事法律的案件。审判人员由文职和军职人员共同组成。

military court of inquiry 〈美〉特别军事调查法庭　为调查专门事件而组建的只有有限管辖权的特别军事法庭，其传统的任务是调查和建议是否需要进行进一步的诉讼程序。

military courts 军事法院　①在美国，指根据《军事司法法典》[Code of Military Justice]设立的对现役军人有管辖权的法院，包括军事法院[Courts-martial]、军事复审法院[Court of Military Review]、特别军事调查法庭[Military Court of Inquiry]、军事上诉法院[Court of Military Appeals]；②在英国，包括军事法院[Courts-martial]和骑士法庭[Court of Chivalry]。

military draft 征兵　政府根据宪法所赋予的权力召集达到一定年龄和条件的所有公民到军队中服役。

military equipment 军事供给；军事装备；军需品

military establishment of the United States 〈美〉[总称]美国武装力量　包括陆军、海军、海军陆战队及其他国会认为需要设立的军种。

military feuds 骑士役封地；军役封地　以服军役为条件取得的采邑或封地。

military government 军政府　①由军事力量或由一定数量的拥有军事力量的个人控制、篡夺或实施一国内的全部或大部分公共职能的事实状态；②在对外战争或内战期间，基于行政当局或最高统治者的要求，由一位军事首领主持运作的政府。

military governor 〈美〉军政府首脑；军事管制首席长官　战时当美国各州的原行政当局无法履行职责时，由美国总统任命的州的首席军政府官员。

military jurisdiction 〈美〉军事管辖　在美国宪法中有三种军事管辖：第一种适用于平时与战时；第二种适用于发生在国外的对外战争或在为叛乱者所占领的地区内发生叛乱或内战时；第三种适用于外国入侵或在仍拥护联邦政府的州内发生叛乱时。第一种情况被称为依据军事法行使管辖权[jurisdiction under military law]，一般见于国会的有关战争的规定及允许武装力量执政的法律中；第二种情况被称为军事管制政府的管辖[jurisdiction under military governments]，由军队司令官根据总统指令和在国会明示或默示同意下行使职责；第三种情况被称为军事管制法下的管辖[jurisdiction under martial law]，由国会决定，但如果国会不能作出决定而且形势需要时，可由总统决定。

military justice 军事司法(⇨Code of Military Justice; court-martial; Court of Military Appeals)

Military Justice Code 〈美〉(= Code of Military Justice)

military lands 军事重地；军事用地；(作为奖励待分配给)退伍军人的专用地

military law 军法；军事法　规范武装力量管理制度的法律，其内容涉及军人的服役期、纪律、犯罪、惩处等方面。军事法与军事管制法[martial law]的主要区别在于前者仅适用于武装力量及其成员，而后者在适用时，同时适用于军人和平民，并取代平时法。当代的英国军事法有《陆军和空军法》[Army and Air Force Act]等，美国有《统一军事

司法法典》[Uniform Code of Military Justice]以及其它有关的制定法、不成文法和普通法。(⇨martial law; Code of Military Justice)

military manoeuvres 军事演习

military necessity 军事需要　军事需要原则允许不按战争惯例行事，但不得违反战争法律。

military objective 军事目标

military occupation 军事占领　对敌国领土的占领，取代原政权，由占领者行使全部或认为必要的政府权力和职能。

military offense 军事罪行　由军事法庭管辖。(⇨court-martial)

military office 军职(⇨office)

military officer 军官

military or naval forces 〈美〉武装力量；军事力量；武装部队

military outfit 军人装备；军事单位；外交官津贴(⇨outfit)

military pension 退伍费；军人抚恤金(⇨pension)

military personnel 武装力量成员；军事人员；军队成员；军人

Military Police 宪兵

military post ❶军事集结地；军需集散地；兵站　❷军事岗位；哨所；瞭望站；岗哨(⇨military station)

military quota 军事限额；军事配额；军事定额(⇨quota)

military rank 军衔(⇨rank)

military reservation 〈美〉军事储备用地　依照法律留作军事用途的联邦政府土地。

military search and seizure 军事搜查和拘捕　在战时或军事管制法[martial law]发布后，任何人如有反政府行为，军职官员在获得足够情报后即能依法拘捕。对隐匿的犯罪嫌疑人，军方可强行搜查隐匿场所，但所采取措施不应超过必要限度。

military service 〈美〉现役；兵役

military state 军国；军事化国家；极权主义国家　依赖军队维持政府，使人民处于被统治地位的国家。

military station 兵站；军品仓库；军需基地(⇨military post)

military tenures 兵役土地保有权　因服兵役而获得的土地所有权或占有权。

military testament 军人遗嘱　指现役军人所立遗嘱。军人遗嘱虽未满足常规条件或程序，如口述遗嘱，或立遗嘱时未满18岁，仍为有效。

military tribunal 军事法庭；军事审判庭(⇨military courts)

military wedding 〈俚〉逼婚　以揭发诱奸或私生子达到结婚的目的。

milites n. ❶〈罗马法〉士兵；兵士　❷〈古〉军役骑士；骑士　❸〈苏格兰〉自由地产保有人　指从贵族获得自由地产之保有人。

militia n. ❶全体民兵；民兵组织　接受军事训练但平时不是正规军队的群众性武装组织，仅在紧急情况下执行军事任务。　❷〈美〉国民警卫队　殖民地时期各社区男性青壮年建立起民兵组织。1791年美国宪法第二条修正案重申民兵组织对各州安全的必要性。1824年，纽约州民兵组织定名为国民警卫队。1903年的法令使国民警卫队成为国家的预备役部队，由联邦装备武器，各州分别管理。国民警卫队经常应各州和联邦当局要求在发生地区骚乱时维护秩序。　❸〈罗马法〉军役(⇨active militia; National Guard; state militia)

militiamen　*n.* 民兵　在战时或紧急状态下服役的民兵。
militibus　军事的(⇨De Militibus)
militus　骑士的
mill　*n.* ❶磨粉机;碾磨机;磨　法庭有时将司法程序比喻为"grinding process"。❷磨坊;碾磨厂;磨粉厂　❸〈美〉密尔;厘　相当于0.001美元。
Mill Act　〈美〉《米尔法》　关于利用水力资源有偿拨给用地的制定法。
Millbank Prison　〈英〉米尔本克监狱　位于英格兰威斯敏斯特[Westminster],专门关押已判刑后等待流放的囚犯。
milled money　铸币
Millenary Petition　〈英〉千人请愿书　1603年英国主张改革教规、礼仪和滥用职权的神职人员发起的向国王詹姆斯一世[James I]递交的请愿书。
Miller Act　〈美〉《米勒法》　1935年颁布的联邦制定法,前身为1894年《赫德法》[Heard Act]。依照该法,任何人在获得美国政府发包的金额超过2 000美元的公共建筑或公共工程建设、改造或修缮合同前,均应向政府提供履约保证和付款保证,以保护合同项下劳务和材料提供者的利益。
Miller Arnold's Case　米勒·阿诺德案　著名的普鲁士案件。因水源的分流导致水磨坊主生产无法正常进行。法院判决阿诺德败诉,国王代表皇权出面干涉司法审判,恢复了阿诺德的水磨坊并使之正常营业。
Miller-Tydings Act　〈美〉《米勒－泰丁法》　1937年联邦制定法,系《谢尔曼反托拉斯法》[Sherman Anti-Trust Act]的修正。它规定商品零售统一最低价格协议不应被视为非法,只要如此类协议是合法订立的。该法于1975年被《消费商品定价法》[Consumer Goods Pricing Act]取代。
Milligan Ex parte (1866)　〈美〉米利根案件(单方诉讼)　内战时期,平民米利根因同情南方在北方地区被军事机构以颠覆罪判处死刑,最高法院认为拘留和审判被告是不合法的,因为由军事机构在非军事地区审判平民只是根据行政决定,并非国会立法;并审慎地确定了军事和非军事权力机构在战时对平民的管辖界限。
millimeter　*n.* 毫米　公制长度计量单位,1米的1‰,相当于0.3937英寸。
milling in transit　运输中的碾磨　谷物,尤其是小麦的发货人享有优惠权利,可与承运人约定以确定的全程运价,在运输路线的某些指定地点卸货碾磨,再将磨成的面粉继续装运至目的地。
mill man's lien　木工留置权　指为他人加工原木成材而享有的一项普通法留置权。木工留置权人因劳动而使加工物增值,有权留置该物直至获得相应报酬。
mill power　水木力;水木度　水能源的计量单位,用以测量水动力的使用情况。在特定的落差下,一定数量的水可以产生一定量的水能。这是实践中为方便测定用水量所创造的术语。但水能实际产生的马力可因水轮和其它水能装置效率的不同而有所差异。
mill privilege　磨坊特权　指河岸所有者有权在其土地上设立磨坊并利用河流水力运转水磨,但应当尊重河流上、下游其他业主的权益。
mill rate　〈美〉密尔率　适用于不动产的税率,每密尔代表财产估值每1 000美元的税额为1美元。
mill site　〈美〉磨坊址　指河中或河边适宜建造磨坊以利用河水动力的地块。依照采矿法,尤指采矿权人可主张权利的公有地块,面积不超过5英亩,不包括采矿地,不邻近矿脉,使用目的为碾磨或其他直接与采矿有关的目的;也指设置磨坊和实际用于碾磨目的,但又非采矿权人拥有或与任何采矿权人有关的小块地。
millsite location　磨坊址(⇨mill site)
mina　*n.* 〈英格兰古法〉米纳　古时关于粮食或谷物重量的一种计量单位。
minage　*n.* 〈英〉使用米纳销售谷物时缴纳的税费
minare　*v.* 〈古〉采矿;开采;采掘
Minatur innocentibus qui parcit nocentibus. 〈拉〉放纵坏人等于惩罚好人。
mind　*n.* 意识;理智　在法律上仅指表达意思、指示、许可或同意的能力。
mind and memory　意识与记忆　在普通法中,"意识"与"记忆"两个概念可以互换,因为无"记忆"就没有"意识"可言。此词组用于遗嘱人时,指有立遗嘱的意识能力,即遗嘱人能理解其行为性质,能回忆其欲处分的财产,能确定受遗赠人及在受遗赠人间如何分配该财产。
mind reader　能看透他人心思的人
mine development costs　采矿费用　指在具备商业可采量的矿藏被探明后,为采矿所支出的费用或发生的负债,可从总收入中折减。
mine exploration costs　探矿费用　指在勘探石油、天然气之外的矿藏过程中支付或发生的费用。该项费用需从总收入中扣除。
mine patent　采矿许可
mineral deed　矿藏转让契据　指不动产所有人将其地下的矿藏权转让给他人的契据。该契据实质上是把地下矿藏所有权与地表所有权分离。
mineral district　〈美〉矿区　国会立法中有时使用的术语,泛指国内某些蕴含有价值矿藏的地区或开采地。
mineral lease　矿藏租约　许可他人利用土地探矿,且在探明矿藏后以支付采矿使用费或租金等方式许可他人采矿的协议。基于该租约而产生的探矿权和采矿权有不动产权利的性质。
mineral reservation　矿藏保留　指土地转让中对地下矿藏或某一特定矿藏的保留,实际上是土地的部分保留。
mineral right　矿藏权　指对地下矿藏的权利,可包括或不包括地表所有权,其内容涉及采矿权和收取矿藏使用费。
mineral royalty　矿藏使用费　指矿藏出租人依采矿量或采矿期向矿藏承租人收取的费用,性质为使用费而非租金。
mineral servitude　矿藏地役权　指矿藏开采权或开发权。
minerator　〈拉〉矿工　相当于英文里的 miner。
miner's inch　矿工英寸　指一种矿上排水计量单位。在美国西部多数州,为在特定压力下通过特定孔洞的水流量。
miner's rules and customs　矿工规则与习惯　指在美国西部矿工中发展起来的规则与习惯,由大量不成文法组成,其不与制定法冲突者有效。
minimal contacts　(= minimum contacts)
Minima poena corporalis est major qualibet pecuniaria. 〈拉〉最轻的肉刑也重于任何财产刑。
mini-maxi　极小化极大;极大(中的)极小　证券承销术语,指同证券经纪人订立的承销协议,要求经纪人按足额执行[all-or-none]方式销售最低数量的证券,余数则按尽力推销[best efforts]方式销售。
Minime mutanda sunt quae certam habuerunt interpretationem. 〈拉〉事物已有某种确定的解释,(如果已经公众一致认可)不宜再改变。

miniment *n.* (古)文书契据;证书 "muniment"一词的古形式。

minimis non curat lex 对屑事法律不以为意(⇨de minimis non curat lex)

minimization of damages 损失最小化 指原告应当采取适当措施防止因被告行为造成的损失扩大化,如受伤雇员应与雇主、医生、工业管理部门乃至法庭合作,以恢复劳动能力。

minimum area restrictions 最小面积限制 指城市规划法中对建筑物四周最小空地面积的规定,也指建筑物占所在土地面积的百分比,或在特定区域内住房用地的最小面积。

minimum charge 最低收费 指公用事业或公共承运人对消费者收取的最低费用,不问其服务量的多少。

minimum contacts 〈美〉最低限度联系 美国最高法院在国际鞋业公司诉华盛顿州[International Shoe Co. v. State of Washington]一案中确立的关于对非本州民事被告行使对人管辖权[personal jurisdiction]的最低法律要求的原则。依据该原则,如果被告与诉讼地州有足够的或实质性的联系,从而对该案的审理不违反传统的公平对待和实质公正的概念,则州法院对不在该州居住的民事被告有对人管辖权。在另一案例中,被告的有目的性的积极商业行为被认为是足够的联系。同样,州税务机关对与本州有某些最低限度联系的外国公司可以合法征收地方所得税。(⇨doing business; long arm statutes)

minimum contacts test 〈美〉最低限度联系的标准 (⇨minimum contacts)

minimum cost restriction 最低建房费用限制 指房产合同之限制性条款规定的最低建房费用,即禁止受让人或其后手以低于规定标准承建房屋。

minimum damage limitation 最低赔偿额限制 对侵犯著作权的赔偿额不得低于法定最低赔偿额的规定。

minimum en route instrument flight rule altitude 〈美〉联邦民航局制定的空中交通规则

Minimum est nihilo proximum. 〈拉〉极小等于没有。

minimum fee schedules 〈美〉律师最低收费标准 由州律师协会制定并公布的律师收费最低标准的一览表。因涉及违反反托拉斯法,现已被取消

minimum-height restriction 建筑高度的下限 为防止实际建房高度低于规定标准,有关契据中对房屋最低高度作出的限制性规定。

minimum jurisdictional amount 最低管辖标的额 宪法或法律对法院行使管辖权的限制性规定,对诉讼标的额低于规定标准的案件,法院不能受理。

minimum lot 最小宅地 指依地方规划法确定的最小宅地面积。

minimum number 法定最少动议人数 法律对提出某一动议人数的最低限额。

minimum premium 最低入会费 指建筑与贷款协会章程或董事会规定的最低入会费,使会员得以获取协会的贷款。

minimum price 最低(发行、出售)价格;(拍卖、变卖的)底价

minimum rent 最低矿山使用费

minimum residence 最短居住年限 领取贫困救济金或福利金的一项要求,也是取得选举权的条件之一。

minimum royalty clause 最低特许使用费条款 指特许使用协议中的发明无论己否使用,被许可人均应支付基本使用费的条款。

minimum sentence 最低刑罚 被告人在有权获得假释之前必须在狱中服役的最低刑期。

minimum share 最低免税额 遗产税的免税额;由法律规定,在限额或限额以下,可免缴遗产税。

minimum tax (= alternative minimum tax)

minimum wage 〈美〉最低工资标准 联邦法律对涉及州际商务活动的雇主所规定的劳动力最低小时工资标准,绝大多数州也有类似的法律规定。最低工资应能使普通劳动者维持生计和满足其一般生活需求。

minimum wage laws 最低工资标准法 指对某些行业职工规定最低工资标准的法律。

mining *n.* 采矿;采矿业

mining claim ❶采矿请求权 指土壤或岩石中含有贵金属的公有地块,经探矿者依法经过"定位"[location]程序取得的采矿权。这是一种具有矿藏特征的对公有土地的占有权益,可以买卖、转让和继承,但以在地块范围内已探明矿藏为前提,如无矿藏,不能取得此项权益。 ❷蕴藏贵金属的公有土地

mining district 矿区;开采区;采矿区 通常冠以名称,并有自然形成的边界,尤指金银矿区。(⇨mining location)

mining lease 采矿租赁 以矿山或矿井,或者开采权的全部或部分为标的的租赁。通常限定了承租人的工作量和开采方式,出租人按照固定的租金或开采的矿物吨数提成费收取租金。与一般租赁不同的是,采矿租赁不仅授予承租人一定的土地权益,即对土地进行暂时的占有和使用,而且授予了对土地本身,即存在于原处未予剥离且有待承租人开采的矿物。

mining license 采矿特许权 指许可在他人土地开采矿物的无形权利,与授权人的同种权利并存。受让人对土地不享有所有权或占有权。

mining lien 采矿留置权 指为保障提供劳力或物料之矿山开发者的利益而规定的留置权。

mining location ❶开采定位;采矿测量;划定矿区范围 申请公地开采权后测量占用土地的行为。常被用作开采权的同义语。❷采矿占用的土地(⇨mining claim)

mining partnership 采矿合伙 指矿藏的共同所有人为合作采矿而形成的合伙。也指非矿藏所有人,仅合伙从事矿藏开发经营,如承包油气田的开发,约定共享利润,分担费用和亏损;属于特种形式的合伙,在许多方面与普通或商事合伙不同,具有共同租赁的某些特征。

mining penalty 采矿处罚 指对矿山所有人越界开采或任何违反采矿法规的行为施加的惩罚。

mining rent 采矿租金 指采矿租约中给付的对价。此项租约可以是建立租赁关系、移转世袭地产、授予无形权利,或仅是采矿许可。

mining right 采矿权 指以采矿为目的而进入、占有某土地,从事地下或露天开采,取得矿物或矿石的权利。该权利的授予也默示采矿权人得享有任何附属于该权利的和必要的权益。

mining royalty 采矿许可费 根据采矿许可协议,在协议期限或规定期间内,采矿方按照采矿数量向矿主方交付的使用费。(⇨mineral royalty)

minis 〈拉〉反胁迫令(⇨de minis)

minister *n.* ❶部长;大臣 ❷公使;(泛指)外交使节(⇨public minister) ❸代理人 ❹(基督教新教的)牧师;神职人员 教会中传播福音、履行牧养信徒职责的人。在英格兰国教中,指实施宗教管辖权的任一牧师,现主要指

新教派别中的神职人员。

ministère public 〈法〉检察机关　具有对刑事案件提起公诉和在民事案件中代表公共利益的职能。

ministerial a.❶部长的;大臣的　❷公使的　❸行政性的　与司法性的[judicial]相对。❹辅助的;从属的

ministerial act ❶执行行为　指直接根据法律规定或上级指示、授权,在特定情况下按照特定方式执行的,并且在执行过程中无需裁量的行为。❷行政行为　与司法行为[judicial act]相对。(⇨discretionary act; mandamus)

ministerial duty 执行性义务;执行性职责　该职责简单明确,直接由法律规定,执行的官员无自由裁量权。(⇨ministerial act)

ministerial function ❶执行性职能　即行政官员的执行性职责。❷市政法人私法职能　指市政法人[municipal corporation]的私法职能[private function],区别于其公法职能或政府职能。

ministerial office 执行性职务　指只能按上级指示执行的职务,执行者没有或只有很少裁量权。(⇨office)

ministerial officer 执行官员　该官员的职责不同于行政、立法或司法官员,仅是执行上级指示,一旦合适条件满足即履行特定的法律义务,对履行此项义务并无自行判断或裁量权。

ministerial power 执行权　公职人员行使的无需自行判断或自由裁量的权力;也指受托人行使的执行性的权力。

ministerial responsibility 〈英〉大臣责任制　指负责某一部门的大臣应就其主管部门的每一项工作向议会和公众负责。

ministerial trust (＝dry trust)

minister of state 〈英〉国务大臣　联合王国政府中低于部门首脑但高于政务次官的大臣,一般不是内阁成员,通常在任务广泛、责任重大的政府部门设置此职,协助或代表内阁大臣并对该部的主要任务承担半独立责任。

Minister of the Crown 〈英〉王国政府大臣　在联合王国政府中担任主要政治职务的官员。一些大臣,包括首相、枢密大臣、掌玺大臣、财政部主计长等没有或只有形式上的部门职权。就首相来说,是全面监管政府事务,上述其他大臣则承担所赋予的特定任务,但主管具体部门的大臣仍占多数。大臣由首相提名,国王任命,可以是内阁成员,也可不是,但按惯例,均应是议会议员,主要来自下议院。其主要职责是根据政府总政策制定与执行本部门的政策,向议会说明政策的合法性,引导涉及本部门的议会立法,并回答议会质询。大臣应对本部门工作全面负责,承担失误责任,甚至引咎辞职。

minister of the gospel (传播)福音(的)牧师(⇨minister)

minister plenipotentiary 全权公使　拥有作为政府代表的全部权力的公使,与一般公使有显著区别。在官阶上虽无专门规定,但习惯上其地位仅次于大使,与特命全权公使同级。

minister plenipotentiary and envoy extraordinary 特命全权公使

Minister without Portfolio 〈英〉不管部大臣;无住所大臣　联合王国政府中没有专属部门但可担任特别或临时任务的大臣,其地位相当于内阁成员或国务大臣[Minister of State]。

ministrant n.(教会法)在教会法庭上反诘(质问)对方证人的一方

ministri regis 〈拉〉(英格兰古法)王室臣僚　用以指王国内的法官和在政府中拥有行政职位者。

ministry n.〈英〉❶部　政府的部门之一,部长向议会负责。现在认为英国的第一个部是于1696年普选后形成的。❷全体部长(或内阁成员)　在英国,该词含义比内阁[cabinet]广泛,包括随同首相进退的所有公职官员。在此,其区别于终身文职官员[Permanent Civil Service],后者任期不受政府变更的影响。❸神职行业;牧师工作

Ministry of Defence 〈英〉国防部　指由1964年《国防(职能转移)法》[Defence (Transfer of Functions) Act]创立的统一性国防部,该法将前国防部[Minister of Defence]等军事领导机构的职权交由国防大臣[Secretary of State for Defence]和国防委员会[Defence Council]行使。国防部内包括海军委员会[Admiralty Board]、陆军委员会[Army Board]和空军委员会[Air Board]。

Ministry of Housing and Local Government 〈英〉住宅与地方政府部　该部已被解散,其职能被转移到环境事务部[Department of the Secretary of State for the Environment]。环境事务部下设住房及建设部[Ministry of Housing and Construction]和建设规划与地方政府部[Ministry of Planning and Local Government]。

Ministry of Land and Natural Resources 〈英〉土地和自然资源部　现已解散,绝大部分职能转移给住房与地方政府部[Ministry of Housing and Local Government],后又转移给环境国务大臣[Secretary of State for the Environment]。

Ministry of Works 〈英〉工程部

minitrial n.诉讼外公断;非讼公断　一种民间的、自愿的、非正式的、类似法庭审判的争议解决方式。由争议双方的律师各自准备简略案件材料并提交给有权解决争议的中立的第三方和对方的代理人,由他们根据律师的陈述来寻求解决争议。第三方可就争议的结果作出参考性意见。

minor n.未成年人　指因未届成年年龄而欠缺法律行为能力或缔约能力的人。在普通法中,一般是不满21岁,但英国和美国大多数州现已通过立法降为不满18岁。对某些行为还可规定较高或较低法定年龄,如购买烈性酒者的法定年龄较大,取得驾驶执照的年龄较低。 a.较小的;较少的;次要的

minor aetas 〈拉〉(古)未成年;幼儿期

Minor ante tempus agere non potest in casu proprietatis nec etiam convenire; differetur usque aetatem; sed non cadit breve. 〈拉〉未成年人无处理财产的行为能力,甚至无权表示同意;此种行为应推迟到成年后为之;但其权利能力仍然存在。

minora regalia 〈英〉皇家或王室的次要权力　包括征税权在内。(⇨regalia)

minor deviation rule (保险法)轻微偏离规则　根据汽车责任保险中的"轻微偏离规则"和总括条款[omnibus clause],投保的汽车如不按保险单规定的目的使用,其因此造成的损失不在保险范围之内,但若其他驾驶人使用车辆时并未严重地、实质性地违反保险条款,则即使有所偏离,根据总括条款,其他驾驶人仍应得到保护。(⇨omnibus clause)

minor dispute 〈美〉次要争议　根据《铁路劳工法》[Railway Labor Act],指就集体合同的解释或适用而发生的争议,与主要争议[major dispute]相对。(⇨major dispute)

minor fact (证据法)次要事实

minor fault rule 次要过错规则(⇨major and minor fault

minori aetate 〈拉〉在未成年期内 旧式遗产管理委任书中用语。(⇨administration minori aetate; durante minore aetate)

minority n. ❶未成年 指未成年的期间、身份、法律地位等。❷少数;少数派;少数票;少数民族;非主流者

minority interest 小股东权益 指持股不足以选举公司董事或控制公司行为的公司股东的权益。

minority opinion 少数意见 案件判决中在论证、适用法律及判决结果上不同意多数法官意见的少数法官意见。(⇨dissenting opinion)

minority representation 少数代表制 一种选举制度,根据该制度,少数派选民,尽管不及过半数,仍可通过累计或限制性选举方式,选出赞同他们的政治主张的候选人为代表。

minority stockholders 小股东 指因持股少而不足以选举公司董事或控制公司行为的股东。

Minor jurare non potest. 〈拉〉未成年人不能宣誓。

Minor minorem custodire non debet, alios enim praesumitur male regere qui seipsum regere nescit. 〈拉〉未成年人不能担任其他未成年人的监护人,因不能管理自身者应推定为不适于管理他人的事务。

Minor non tenetur respondere durante minori aetate, nisi in causa dotis, propter favorem. 〈拉〉未成年人在未成年期间无答辩义务,但对其有利的寡母财产继承问题除外。

minor of tender years 年幼不成熟的未成年人 泛指任何未成年人,不限于幼儿。本词常用于诉讼程序中,如为未成年人指定监护人,此处的未成年人可以是20岁的未成年人或20个月的幼儿。

minor or major fault rule 次要或主要过错规则(⇨major and minor fault rule)

Minor qui infra aetatem 12 annorum fuerit uteagari non potest, nec extra legem poni, quia ante talem aetatem, non est sub lege aliqua, nec in decenna. 〈拉〉12岁以下的未成年人不能被剥夺法律的保护,也不能置于法律之外;因为这样年龄的未成年人既没有什么专门的法律保护,也不处于10岁以下的保护期。

Minor septemdecim annis non admittitur fore executorem. (教会法)17岁以下的未成年人不能担任执行人。

minors' estates 未成年人财产 未达到法定成年年龄人的财产。无论在未成年人生存时或死亡后,其财产均应由法庭指定的监护人代管。

mint-mark n.〈英〉(铸币的)印记 造币厂的厂主和工人在其所订合同中约定,在所铸金币和银币上,均应刻上铸造者的印记,以资识别。有大批铸币检验合法后,就取得"免责"[quietus]证明,不受任何诉讼追究。

minus 〈拉〉〈罗马法〉❶少于 ❷根本不;根本没有

Minus solvit, qui tardius solvit; nam et tempore minus solvitur. 〈拉〉过于迟延的清偿不等于清偿,因为不能用拖延时间来逃避责任。 逾期所作清偿并不发生清偿的效力,而需承担迟延清偿的责任。

minus sufficiens in literatura 〈拉〉在文字上不充分

minute n.(复)❶(事务或诉讼程序的)记录;备忘录 ❷〈苏格兰〉证据保全的书面形式
v.记事;记录

minute book ❶(法庭书记员所作的)庭审记录 ❷〈苏格兰〉登记簿 ①保存在土地转让登记总署[General Register of Sasines]办公室的登记册,登记项目摘自已登记的契据;②存放在最高民事法院内的存档册,用以记录已作出的判决的诉讼要点。 ❸公司股东大会或董事会议事的正式书面记录

minute tithes (= small tithes)

minutio 〈拉〉〈罗马法〉减少;缩减(⇨deminutio)

Miranda hearing 〈美〉米兰达听审 一项审前程序,用以确定米兰达规则[Miranda rule]是否得到遵守,并进而决定控诉方能否将被告人在被逮捕后向警察所作的陈述作为证据在庭审中提出。

Miranda rule 〈美〉米兰达规则 联邦最高法院在1966年米兰达诉亚利桑那州[Miranda v. Arizona]一案中确立的规则,要求警察对其拘留或逮捕的犯罪嫌疑人在讯问前必须告知其享有某些宪法性权利,包括:①有保持沉默权;②其所作的任何陈述可能成为对其不利的证据;③有权要求律师在场;④如无力聘请律师而又有此要求时,得于讯问前为其指定律师。如果犯罪嫌疑人未被告知上述权利或犯罪嫌疑人未有效地放弃上述权利,则此种情况下进行讯问所得的任何陈述不得在庭审时用作对嫌疑人不利的证据。

mirror n.写实文学;写真 流行于中世纪晚期和文艺复兴时期文学的总称。

Mirror of Justices (英格兰古法)《正义宝鉴》 1285-1290年间可能由一位名叫安德鲁·霍恩[Andrew Horn]的伦敦市首席财务官[chamberlain of the City of London]及鱼商[fishmonger]用法律法语写成。全书共五编,分别涉及针对教会和平[Holy Peace]的犯罪、诉讼、抗辩、判决及滥用职权,由传说、小品文、评论及法律教科书组成。然而科克却将之视为学术专论,并在其《法学总论》[Institutes]中加以引用。该书于1642年得以印刷出版,1893年由惠特克[Whittaker]和梅特兰[Maitland]为塞尔登协会编校出版。

Mirror of Parliament 〈英〉《国会写真》 由约翰·亨利·巴隆[John Henry Barrow]编制的1828-1841年间的议会记事实录。

misa (英格兰古法)❶权利令状内容要点或就此所作的说明或答辩;权利令状所指的基本问题 ❷协议 ❸一种和解的方式或形式

misadventure n.❶不幸事故;不幸遭遇;灾难 ❷意外事故(⇨accidental killing)

misae n.❶诉讼费用 ❷费用;花费

misallege v.虚假陈述;假证明

misapplication n.❶错用;滥用 ❷挪用;盗用(合法占有的资金或财产)

misapplication of funds 挪用资金;滥用资金;盗用资金;私自拆借资金 如金融机构工作人员非法挪用、侵占公共资金归自己或第三人使用的犯罪行为。

misapprehension n.误会;误解(⇨mistake)

misappropriation n.挪用;盗用;侵占 私自、非法将某种款项或财产移作他用或予以侵占。

misappropriation of funds 抽逃资金;挪用资金;侵占资金(⇨misapplication of funds)

misbehavior n.不当行为;不法行为

misbirth n.堕胎;流产

misbranded a.虚假标记 指在商品上使用虚假或误导性标记,尤指足以欺骗公众的情形。(⇨misbranding)

misbranding n.虚假标记 下列行为不论出于故意或过失,均属使用虚假标记行为:①假冒其他商品出售;②仿冒其他商品出售;③未表明该商品的生产者或销售者名

称和地址而出售；④未准确表明该商品的重量、规格或数据而出售。(⇨mislabeling)

miscarriage n.❶管理混乱；管理不当；失策 ❷流产；堕胎 ❸(债务等的)不履行

miscarriage of justice 审判不公；判决失当；误判 指案件判决存在重大不公正，忽视或否定了一方当事人的实质性权利。只有当法院对整个案情(包括证据)进行审查后，可以合理地认为如果不发生错误可能会得出对上诉方更为有利的结果时，方可宣布初审法院的判决失当，从而可撤销原判决。

miscasting n.审计错误 不含故意行为。

miscegenation n.种族混杂；异族通婚；混血 美国少数州曾制定法律，禁止白人与黑人通婚，认定通婚者有罪；此类法律因违反宪法中的平等保护条款，现已废除。

miscegenetic marriage 异族通婚 指违反禁止异族尤其是白人与黑人通婚的法律的婚姻。

mischarge n.错误指示 指法官对陪审团所作的指示存在错误，可作为撤销陪审团裁断的根据。

mischief n.❶损害行为；伤害行为 ❷损害；伤害 ❸(制定法中的)不明确；含糊不清(⇨mischief rule)

mischief rule 不确切文字释义规则 在制定法的解释中，对于制定法中的不明确之处，应从有利实现制定法的立法目的出发加以解释，以弥补制定法的不足。

miscognizant a.无知的；愚昧的；外行的

misconception n.误解；错误见解

misconduct n. & v.❶不当行为；不端行为；不合法行为；行为不当；行为不端；渎职 泛指违反确定的行为规则，不符合应有要求的行为，具有不合法、玩忽职守和故意性质，不同于一般的过失或疏忽大意，如雇员的渎职、律师在代理诉讼中使用不正当手段欺骗法庭等。❷(婚姻法)通奸；私通 委婉用语。

misconduct in office 渎职 指公职人员职务上的违法行为，主观上要求有故意心态，主要表现为超出职权、滥用职权、玩忽职守等。(⇨malfeasance;misfeasance)

misconduct of attorney 律师的不当行为 指律师职务上或职务外交易中的不当行为，表明已影响法律的公正实施，不适宜再从事律师工作，将被取消律师资格。(⇨misconduct of counsel;professional misconduct)

misconduct of counsel 律师的不当行为 指当事人一方的代理律师阻挠另一方获得公正审判的行为，包括不恰当的言辞、评论或辩论，故意提供不能采纳的证据，向证人提出不恰当的问题，或无端辱骂证人等。

misconduct of judge 法官的不当行为 指法官在案件审理过程中的不当或不公正行为，如以不恰当的意见诱使陪审团产生不利于一方的偏见，在开庭时缺席等。

misconduct of jury 陪审团的不当行为 指陪审团方面有损于公正审判的行为，如不是根据庭审中提出的证据而是依赖另行获得的信息作出判断，凭陪审团成员的个人认识作出判断，对一方当事人存有偏见或故意，未经同意擅自离开法庭等。

misconduct of physician 医生的不当行为 职业上的不当行为或职业外足以表明由于缺乏医德、个人品格不良及对病人的处置不当使其不适于行医的行为。

miscontinuance n.(法庭作出的)延期审理的不当决定；不当延期(⇨discontinuance)

misconveyance by carrier 承运人的错投(⇨misdelivery)

miscreant n.(英格兰古法)歹徒；恶棍；无信仰者；异教徒；违背基督教教义的人

misdate n.错写的日期；日期错误 指文书中签署的日期有错或不实。

misdelivery n.误送；误投；错误交付 指承运人、仓库保管人等将邮件、货物等物品误送、误投或错误交付给非收件人或无权收受者。

misdemeanant n.轻罪犯人

misdemeano(u)r 轻罪 在美国，联邦和州刑法将重罪以外的犯罪均归属于轻罪，一般处以罚金、没收财产或一年以下在地方看守所[jail]关押的监禁刑。某些州的轻罪还分为若干等级。在英国，传统上依刑罚轻重将犯罪分为叛逆罪、重罪和轻罪三类，从1967年起，改为以诉讼为着眼点的两分法：可逮捕罪与不逮捕罪，或者公诉罪和简易罪。

misdescription n.错误陈述 ①指在合同中，对合同标的或主要内容的错误或虚假表述，致使缔约一方被骗受损，或造成重大的误导；②财物受托人[bailee]在权利凭证[document of title]中对从寄托人处收到的财物所作的不正确的陈述；③在契据[deed]中对土地所作的不正确的法律表述。

misdirection (= mischarge)

mise n.❶(普通法)权利令状中的争论点 在普通法诉讼中，如果土地承租人[tenant]申辩他的权利优先于原告的权利，就可以说他参与了土地名义权利的争论。❷(盎格鲁－法兰克)金钱开支 特指交税。❸协议；和解；妥协 如亨利三世[Henry Ⅲ]与叛乱贵族于1264年达成的《刘易斯协议》[Mise of Lewes]。❹诉讼费用

mise en escript 以文字为据；书面记载

mise-money (英格兰古法)通过合同或协议购取自由时所支付的价金

miserabile depositum 〈拉〉(罗马法)灾害储备；意外事故储备 一种强制性专项储备，以应付洪水、火灾、船舶失事等无法避免的灾害损失。

Misera est servitus, ubi jus est vagum aut incertum. 〈拉〉法律不清楚或不确定时，如令遵守，实属苛酷。

miserere n.某首忏悔诗的第一个单词并为该圣诗的常用名称 罪犯的忏悔牧师通常要求享有神职人员豁免权的已判罪犯诵读该诗，因而也称"宽恕诗"[psalm of mercy]。

misericordia 〈拉〉❶怜悯；慈悲 ❷任意性的惩罚 ❸免于受罚

misericordia communis (英格兰古法)对全郡或全百户区开出的罚金

misfeasance n.不当行为；失职行为 指本可合法从事而不恰当地从事其或侵犯他人权利的行为，特指公司管理上的失职行为。相关词 nonfeasance 指应该作为而不作为，即懈怠，不履行义务；malfeasance 指从事法律禁止的违法行为。

misfeasance in office 滥用职权 公职官员职务上的不正当或违法行为，属普通法上的违法行为，通称为"渎职"[official misconduct]，由一系列违法行为构成。

misfeasant n.滥用权利者；滥用职权者；侵权者；违法行为者

misfeasor (= misfeasant)

misfeazance (= misfeasance)

misfortune n.灾难；不幸 指因意外事故或非受害人意愿或同意引起，且不能合理预见或预防的事件。在运用于有关杀人罪的法律中，本词始终具有下列含义：引起他人死亡者在当时并未从事任何非法行为。

mishering n.免除罚款；免除惩罚

mishersing (= mishering)

Mishna 《密西拿》犹太教经籍 继《圣经》之后历史最悠久的权威性犹太口传律法汇编，经两个多世纪的众多学者编辑，于公元3世纪定稿。书中对先知以斯拉[Ezra]时代(公元前450年)后的口传律法进行了多种诠释。《密西拿》主要包括六个部分，共63篇专论，分别论述了关于农业的宗教法、宗教仪式和宗教节日，关于结婚和离婚的宗教法，民事责任与刑事责任和刑罚，庙宇祭品以及宗教仪式的净化和斋戒等。

Mishna Torah 《密西拿律法》 12世纪一部由摩西·迈蒙尼德[Moses Maimonides]以阿拉伯语编纂的对犹太教法典《塔木德》[Talmud]的评注。

misjoinder n. 错误的共同诉讼；不同诉讼原因的错误合并；错误的诉讼合并 指数名当事人错误地参与同一诉讼，或将不同的诉因错误地合并审理，但诉讼并不因此终止，错误参与的当事人可因任何一方的请求或由法庭主动决定退出诉讼。刑事案件的错误合并是将完全不同且互不相关情况下发生的数个不同犯罪行为合并起诉。

misjoinder of causes of action 诉因的错误合并；诉讼的错误合并 指不恰当地将数个不同的诉因合并在一个诉状之中，因为这些诉因之间缺乏一致性，并不涉及所有列名的被告人，并不出于同一案由，或根据管辖法院的程序规则，存在排除案件合并的其它情况。

misjoinder of parties 诉讼当事人的错误合并 指列为共同当事人的既非必要当事人又非有利害关系的当事人。

miskenning 〈撒克逊〉〈英格兰古法〉❶不公正或不按常规进行的法院传讯 ❷前后矛盾的陈述 ❸答辩或陈述过程中含糊其辞 ❹错误引证

miskering (= mishering)

mislabeling a. 虚假标签的 在出售商品上就商品的重量、数量或尺码等方面粘贴虚假或误导性标签，以欺骗公众。(▷misbranding)

mislaid goods 错置的物品(▷mislaid property)

mislaid property 错置的财产 由财产所有人自行和有意放置而后却忘掉放置地点的财产；财产所有人将财产置放于某地以备将来取回但由于忘记放置地点而无法收回。它不包括有意藏匿的财产，也区别于随意和非自愿丢失的遗失物[lost property]。

mislay v. 把…放在记不起的地方；放错；(因记不起放在何处而)丢失

misleading a. (法官对陪审团的指示等)误导的；引人误解的；欺骗的

mismanagement n. 管理不当 指管理不适当或效率低下，尤指官员、代理人、受托人或其他有受托身份者所为的管理不当。也指有管理权的公司职员违反公司章程的行为或未尽勤勉义务的行为。

misnomer n. 名称错误 指指控、诉讼、令状、契据或其他文件中当事人的名称错误。在美国，名称错误在某些州可作为驳回诉讼的理由，但在大多数州以及联邦法院可以补充诉状予以纠正。契据中的名称错误也需另订纠正契据。

mispleading n. (诉状的)陈述不当；答辩不当；诉词瑕疵 指在起诉状或答辩状中存在实质性瑕疵或遗漏有关案件的实质性情事。如原告对权利的主张不仅方式上有误，而且权利本身存在实质性瑕疵；又如在债务案件中，被告不是答辩"根本不欠债"而是辩称"无罪"。美国联邦和许多州的民事诉讼规则允许当事人修改不正确或有缺陷的诉状。

misprision n. ❶(古)轻罪 泛指一切法律上未规定具体罪名的轻微罪行。❷藐视政府(或法庭等)；(反对政府或法庭的)煽动行为 ❸(公职人员的)玩忽职守；渎职 ❹(对犯罪行为)知情不阻止；知情不报；包庇隐匿 ❺错误；误解

misprision of felony 包庇隐匿重罪犯的罪行 指知悉他人犯有重罪而包庇隐匿不报，但事先事后均未参与协助，否则将为从犯。

misprision of treason 包庇叛国罪 只要知悉有叛国或预谋叛国的行为而未向有关官员举报即构成此罪；知情者如同意或参与叛国，作主犯论。

misreading n. 故意错读 指在向不识字的或盲人签约者读文件时，欺骗性地故意错读文件内容，使其产生错误认识。

misrecital n. 错误陈述 在合同、契据、诉状或其他文件中对事实问题所作的不正确的陈述。

misrepresentation n. 虚假陈述 指以语言或其他行为作出与事实的实际情况不符的意思表示，如被他人接受，会导致错误的理解。虚假陈述一般旨在欺骗或诱导他人，若符合下列要件，即构成法律上的欺诈：①就现在或过去的事实作出实质性陈述；②明知该陈述系虚假不实；③其意图是使他人信赖和受损。在合同法中，一方如就合同的重要实质内容故意作虚假陈述以损害对方利益，则对方可以撤销合同或使之无效，并要求损害赔偿。在保险法中，被保险人如就保险标的故意作虚假陈述或肯定地表示知悉而实际并不知悉，从而误导保险人，使其对所保风险或保险费的确定作出错误判断，均构成虚假陈述。但虚假陈述系就确定的事实而言，应区别于只是意见、允诺、信念、广告用语、合同附属条件等表述。仅仅是疏忽、沉默或不作为也不构成虚假陈述，除非此类不作为会扭曲对其他事实的一般推理，或不作为一方有披露有关事实的明确义务。

missi dominici 〈拉〉(古)巡回钦差 法兰克王国国王派往各地督查地方政务管理的官员。在墨洛温和加洛林王朝时期时而会派出巡回钦差出巡，查理曼帝国时期这一制度得到广泛运用。公元802年以降，查理曼帝国的大部分领土时常被划分成几个巡回区，由一僧一俗两名钦差负责巡视，一般为一名主教或修道院院长和一名伯爵。他们享有广泛的调查权，有权纠正行政和司法过程中出现的不公和错误。他们要向国王报告地方各个方面的状况，在地方颁布帝国的敕令，并在新国王登基时接受自由民对新国王的宣誓效忠。巡回钦差享有崇高的威望和尊严，其身价[wergeld]与王室成员等同。随着查理大帝的驾崩和帝国的分裂，该制度也逐渐被废弃不用。在某些方面巡回钦差与英国的大巡回审法官[justices in eyre]类似。

missilia 〈拉〉(罗马法)抛撒物 指执政官和富裕的个人按照习惯向公众抛撒的、作为礼物赠送的钱币等。

Missing Persons Act 〈美〉《失踪人法》 关于失踪人财产处理的制定法。按照该法，失踪达一定时间且根据其长期失踪情况，可合理推定其已死亡时，其财产可由遗嘱检验法院依法处理。

missing ship (海商法)失踪船只 指海上航运船只长期失踪且无任何消息，可被推定为失踪船只，其时间推算依据为自己知起航日起，超过该年同一季节类似船舶航程的平均航期，但仍应根据个案具体情况确定。

missio 〈拉〉(罗马法)释放；允许；恩赐；发送；派遣

missio in bona 〈拉〉(罗马法)通过执行使债权人占有债

务人的财产

missio judicum in consilium 〈拉〉〈罗马法〉派遣法官以作出判决

missionary *n*. ❶传教士 宗教社团派出的传播教义的人员，尤指派往外国或国内边远地区的神职人员。❷使者 广义上，指在社会、商务或政治领域肩负使命的人士。

missions *n*. 传教；布道 指通过建立教堂、学校、慈善机构传布基督教教义，关心和帮助受苦人。

Mississippi v. Johnson 〈美〉密西西比州诉约翰逊案 美国最高法院于1867年4月以9比0作出裁判的一起案件。1867年3月美国国会颁布了《重建法》[Reconstruction Act]，该法授予在南部邦联[confederacy]十个未重建州[unrestored states]由总统任命的武装司令官[military commanders]政治权力，要求这些州制定授予前奴隶投票权的新宪法。密西西比州向最高法院提出动议[motion]，以该法违宪为由要求最高法院阻止总统约翰逊[Andrew Johnson]实施该法。尽管约翰逊总统强烈反对《重建法》，但他认为密西西比州的行为是对总统权力的一种威胁，因而命令司法部长[Attorney General]反对此项动议。美国最高法院一致认为法院无权阻止总统执行某一被指控违宪的法律，它承认在1803年的马伯里诉麦迪逊一案中，最高法院虽已肯定其享有命令行政官员履行法定义务的权力，但担认为此项权力仅含无裁量权的执行义务[ministerial duties]，而不包含具有广泛裁量权和涉及行政政治判断[political judgment]的行政义务[executive duties]；总统的独特地位赋予其实施法律的宪法责任，法院无权限制他履行此项职责，尽管他一旦行事，他的行为必须接受法院审查。此案的判决并非司法胆怯的表现，相反，它建立在这一被广泛接受的共识之上：阻止某一法律的实施将危及权力分立[separation of powers]。

missive *n*. ❶〈苏格兰〉文契 指当事人间作为交易证据而相互交换的文书。❷公函；信件（⇨letter）

Missouri Compromise 〈美〉密苏里妥协案 1819年密苏里州请求加入联邦时，在把该州建为自由州还是蓄奴州这一问题上出现了分歧，即奴隶主主张建为蓄奴州，而资产阶级主张建为自由州。1820年国会终于通过一项决议：在北纬36度30分以南的州允许建为蓄奴州，以北的州则依移民数量成立自由州；今后要同时接纳一个自由州和一个蓄奴州加入联邦。据此，密苏里州作为蓄奴州加入联邦，同时从马萨诸塞州分出的缅因州作为自由州加入联邦。国会的这一决议即被称为密苏里妥协案，其实质在于缓和南北矛盾，达到暂时的平衡。此后30年间美国国会一直沿袭此种作法。但在1857年德雷德·斯科特诉桑福德[Dred Scott v. Sandford]一案中，美国最高法院宣布密苏里妥协违宪。此一判决直接导致了美国内战。

Missouri Plan 〈美〉密苏里方案 始于密苏里州，后逐渐为其他州采纳，主要内容为通过试用和实绩考核选拔司法官员，减少对其政治背景的考虑。

misstaicus 信使；通信员

missura （罗马天主教教会为垂死者举行的）安魂仪式

mistake *n. & v.* 错误；误解 在法律上指对涉及法律后果的事物存在错误的认识、意见或行为，即认识因不知情、受惊、健忘、被强制或错误信念而与实际不符。人在错误认识情况下的作为或不作为是非故意的、不正确的，如果了解其真实情况，即不会如此去作为或不作为，所以称作错误或误解。错误可分为事实上的错误和法律上的错误。通常，事实上的错误如果是实质性的，可以要求补救，而一般性法律上的错误则不能作为抗辩理由，如刑事被告人不能以不了解法律为自己辩解。美国《模范刑法典》[Model Penal Code]第2.04(1)条规定：事实上或法律上的不知情或错误在下列情况下可以作为抗辩依据：(a)如果构成犯罪要素的目的、认识、信念、粗心或疏忽因被告人不了解或误解而被否定；(b)如果法律规定因不知情或误解形成的精神状态可以作为抗辩依据。

mistake of fact 事实上的错误 包括将实际不存在的事物误认为存在，或将重要事实因无意识、不知情、健忘等原因而误认为不存在。事实错误如果涉及欺诈或合同的实质内容而非细节可作为修改或撤销合同的依据，不论该合同是否已履行。

mistake of law 法律上的错误 指了解全部事实而就其法律后果得出错误的结论，即对事实的不全面或不正确判断而形成的错误意见或推断。掌握全部事实并得出正确结论，这就是法律原则的正确适用，推定为人人皆知，称作"法律"。掌握事实而得出错误结论是法律原则的错误适用，称作"法律上的错误"。

mistery （古）贸易；行业；经营

mistress *n*. ❶主妇；女管家；女主管 如孤儿院的女负责人。❷情妇

Mistress of the Robes 〈英〉锦衣侍女 一种地位很高的女贵族，名义上为女王的首席贴身侍从，但实际上只在重要的国务场合露面。维多利亚女王统治之初，锦衣侍女原则上要经政治任命，并与内阁共进退。

mistrial *n*. 无效审理 指错误的、无效的、法律不认可的审理。造成无效审理的原因主要有法院无管辖权，陪审员选择错误，陪审团意见无法一致，不能作出裁断，陪审员或律师在审理中意外死亡，在审前或审理中无视必要的基本规定，在审理中出现法庭无法纠正的有损当事人利益的错误，审理在正常结束前已终止等。法官在发现无效审理情况，认为无法纠正且继续审理只是浪费时间和财力时，可即宣告审理无效，予以终止。无效审理等于没有审理，与已审结案件因有充分理由而"再审"不同。

misuse *n. & v.* 滥用；误用 如用作产品责任诉讼中的抗辩理由，是指非以生产者所意图或可合理预见的方式使用产品。

misuser *n*. 权利滥用；滥用权利者 政府公职人员滥用职权、企业滥用特许权，均足以引起权利的丧失。

MIT (= municipal investment trust)

mitigate *v*. 减轻（刑罚、责任等）
n. 损害赔偿或刑罚的减轻

mitigating circumstances （可使罪行）减轻的情节 指虽不足以使犯罪免责或理由正当，但出于公正和宽恕，可视为减轻道义上应受处罚程度的因素。如合法地被激怒，一时气愤杀人，可作为减轻情节，将杀人罪[homicide]降级为非预谋杀人罪[manslaughter]。又如在诽谤案诉讼中，法律允许的"减轻情节"是被告能证明自己在使用诽谤性言词时是出于真诚，并无恶意。

mitigation *n*. 减轻；缓和；减少赔偿；减轻刑罚

mitigation of damages 减轻损失；损害赔偿的减轻 "减轻损失"原则有时也称"可避免后果"原则，指因违约或侵权而遭受损失的一方应如同一般谨慎的人在相似情况下一样，采取谨慎合理的措施尽量减轻损失，或防止损失的扩大。原告如未采取上述适当措施，"减轻损失"原则即可成为被告的正面答辩理由。适用上述原则的三种典型情况是：①原告可合理防止因被告错误所致的部分或全

部损失;②原告因被告的过错而得益;③原告的损失虽是被告行为所致,但其请求与被告的过错不称。

mitigation of punishment 减轻刑罚 因具备一定的条件如被告人过去行为良好、被告人对受害人的赔偿等而减轻被告人应受惩罚的程度。(⇨mitigating circumstances)

mitiori sensu 〈拉〉按较宽和的含义;按损害程度较轻的词义 在诽谤案诉讼中,以前的规则是,如果被指控的言词有两种含义,应按诽谤性比较轻的含义解释。(⇨in mitiori sensu)

Mitius imperanti melius paretur. 〈拉〉以仁施政,其令易行。

mittendo tenorem recordi 关于送达记录的正确誊本的令状;关于记录的正确誊本已经公章证明的令状

mitter 〈法〉放置;发送;许可

mitter a large 予以释放;恢复自由

mitter avant 〈拉〉〈法〉向法庭提交;(在法庭上)提出

mittere v. ❶发送 ❷安置 ❸许可 ❹释放 ❺撤销;免除

mittere in confusum 将财产合并计算(⇨hotchpot)

mitter le droit 转让权利 如某人的不动产被他人强占,而将其产权转让给强占者,后者即取得新权利,改变了产权性质,使原先的非法侵占成为合法。

mitter l'estate 转让不动产 如共同继承人中的一方将其全部继承权转让给另一方,就是全部非限嗣继承地产权[fee simple]的转让。

mittimus 〈拉〉❶收监令 法院发给监狱的收监令,要求将令状中载明的被指控罪犯予以关押,直至依法移交时止。该令状交由行政司法官或其他官员押送执行。 ❷(由法院书记官依法证明的)定罪或量刑程序记录的副本 ❸移交案卷令 将法庭记录或其誊本由一法院转给另一法院的令状。 ❹〈英格兰古法〉特权郡陪审令 这是一个在特权郡开始陪审程序的令状。本拉丁词原义为"兹发送",指将附有法庭记录的令状发送给巴拉丁郡[county palatine],以便其郡长能够召集陪审团审理案件,并将法庭记录适时回呈。

mixed action 混合之诉 在某种程度上包括对物诉讼与对人诉讼性质的内容,不宜简单地归纳为某一种诉讼,如同时要求恢复所有权和损害赔偿。

mixed ambiguity 双重性意思含糊 指意思含糊,具有潜在和公开双重性质。

mixed blood 混血 如果某人的祖先们具有不同国籍或属于不同种族,则该人为混血儿。但在美国,该词尤指某人的父母之一或更远的祖先中有为黑人者。

mixed blood Indian 混血印第安人 含有白人血统的印第安人。

mixed condition (大陆法)混合条件 取决于一方意志和第三方意志的条件,或取决于一方意志和某一偶发事件的条件。

mixed contract 混合合同 合同双方当事人各自对价的价值不相等的合同。

mixed estate 混合地产权 指以租期为99年且可永久续租的租约为基础的地产权。

mixed gift 混合赠与 指包括不动产和动产的赠与。

mixed government 混合政府 指同时具有民主制、君主制和贵族制等因素的政府。

mixed insurance company 混合保险公司 既有互助公司,又有股份公司特性的保险公司。其利润的一部分以股利形式在股东之间分配,另一部分在被保险人中间分配。

mixed jury 混合陪审团 主要指几种情况,即由男性和女性共同组成的陪审团;由白人和其他有色人种共同组成的陪审团;英国的一种混合陪审团是当一方当事人为外国人时,陪审团一半由英国人、另一半则由与外国当事人相同国籍的人共同组成。

mixed larceny (= compound larceny)

mixed laws 混合法 有时指同时涉及人身及财产问题的法律。

mixed marine policy 混合海上保险单 指规定航次和期限的保险单,保险责任限于规定的航次和期限之内。

mixed marriage 异族通婚 不同种族或民族间的婚姻。(⇨miscegenation)

mixed nuisance 混合妨害行为 指既妨害公共利益又妨害私人利益的滋扰行为。

mixed penal law 综合刑法 同时规定犯罪和刑罚的刑法。

mixed powers 复合权力 指政府的行政、立法、司法部门之间权力的混合,而在正常情况下三者是分立的。如美国立法机构兼有审判弹劾案件的司法权力。

mixed presumption 混合推定 既包含事实推定,也包含法律推定的推定。

mixed property 混合财产 既非全是不动产也非全是动产,而是两者均有的混合财产,如附着在土地上的庄稼、附着物,随不动产继承的传家宝、墓碑、房屋、钥匙等。(⇨mixed subjects of property)

mixed question of law and fact 法律与事实相混的问题 一种不太严谨的用法,其解决涉及法律和事实两方面的问题。事实上此类问题可明确地分解成法律问题或事实问题,然后由法官或陪审团作出决定。

mixed subjects of property 混合财产 主要属于不动产之列,但伴随某些动产性质的财产,如土地上的庄稼、附着物等。除此之外,还有一些财产从界定上属于动产,而根据它们的一些法律性质上看又具有不动产的特点,例如野生动物、祖传物、密存于文件柜中的契据、法院案卷和其他土地证明等。(⇨mixed property)

mixed tithes 混合什一税 指不是直接从土地获得,而是从土地所滋养的各种牲畜及其副产品,如羊毛、牛奶、生猪中征收的什一税。征收方式是上缴这些产品总量的1/10,而人役什一税[personal tithes]则只须交纳净收入或净利润的1/10。

mixed war 混战 指一国与其公民个人之间的战争。

mixing n. 混合;调合(⇨commingling of funds; commingling of goods)

mixtion n.(古)❶混杂;混同 把不同所有者的物品混放在一起,以至无法再分开或区分。 ❷混合物

mixtum imperium 〈拉〉(英格兰古法)混合权力 一种民事权力。该词语被黑尔[Hale]用来指一种附属的民事司法行政官的权力,区别于其司法管辖权。

M'Naghten Rules 姆纳顿规则 鉴别精神病的规则,来自1843年英国上议院的一个判例。被告人姆纳顿在认为政府迫害他的精神错乱支配下,误将首相秘书当作首相而杀死。判决认定被告人患有精神病而无罪。判决书称:"如果行为人在实施行为时,由于精神上的疾病导致缺乏理智而不能了解其行为的性质,或不知其行为是错误的,则不负刑事责任。"该规则在英美得到普遍应用,但苏格兰除外。

M.O. (= modus operandi)

mobbing *n*.〈苏格兰〉参与聚众闹事罪　指参与一伙人一起行动以达到或意图达到共同的非法目的以及参与暴力、威胁、武力示威、扰乱治安、惊扰国民的罪行。

mobbing and rioting〈苏格兰〉[总称]暴乱、暴动与骚乱　常指为了暴力和非法的目的且伴有伤害他人人身或财产、滋扰邻人、制造恐怖等情事而进行的集会。暴动[mobbing]和骚乱[rioting]两个词常放在一起，但各有不同的含义，因此法律用语中有时也分开使用：暴乱专指一伙人的非法集会和暴力，而骚乱则指单个人的暴力。

mobilia〈拉〉动产　主要指无生命物，有时也指动物。相当于英文的 movables.（＝res mobiles）

Mobilia inhaerent ossibus domini.〈拉〉动产依附于其所有者。

Mobilia non habent situm.〈拉〉动产无所在地。

Mobilia personam sequuntur.〈拉〉(＝mobilia sequuntur personam)

mobilia sequuntur personam〈拉〉动产随人　国际私法上的一项原则，指动产的所有权、转让和继承等事项均以动产所有人的住所地法作为准据法，且随所有人住所地的变更而相应变更。

mobles *n*.可移动物；动产；家具　其拉丁文为 mobilia, 法文为 meubles。

mob violence　聚众暴乱　暴徒行为的特征。

mock auction〈英〉虚假拍卖　①在英国 1961 年《虚假拍卖法》[Mock Auctions Act]中，虚假拍卖是指虽以集中竞价方式销售商品，但将商品低于其最高报价出售给出价人或将部分价款予以退还或赠偿；或者将出价权限定于已经或同意购买商品的人；或者将商品抛弃或赠与；②在英国普通法中，虚假拍卖是指一些人串通起来假充善意出价人，实则只是虚假出价以诱使他人竞价。这种行为构成可被起诉的共谋欺诈罪[conspiracy to defraud]。

mock marriage　假婚；虚假结婚　指以玩笑的方式结婚而当事人并无缔结婚约或确立婚姻关系之意图，亦无意承受婚姻的权利义务。

modal legacy　附用途指示的遗赠　指遗赠时附有指示，规定了为继承人的利益而使用该遗产的方式或方法，如：为甲购房之用而给甲的遗赠。

mode *n*.方式；状态；模式

model *n*.模型；样品　在知识产权法中，往往对建筑作品、发明专利等有模型方面的要求。英国《版权法》[Copyright Act]规定的雕塑作品即包括铸模与模型。(⇨sample)

model act〈美〉示范法；模范法　由统一州法律委员全国会议 [National Conference of Commissioners of Uniform State Laws]提出以供各州立法机关采纳的法律，如《统一商法典》[Uniform Commercial Code]、《示范刑法典》[Model Penal Code]、《示范遗嘱检验法典》[Model Probate Code]。对示范法是否采纳及如何采纳，各州有自主权。通常各州为适应自身需要之作某种程度修订后予以接受或者可能只采纳其中一部分。

model clauses〈英〉示范条款　指适于纳入私法案的条款。1948 年英国任命了一个委员会，由上议院议长[Lord Chairman]的法律顾问组成，也包括政府部门和议会机构的代表。该委员会在下议院议长的法律顾问[Counsel to the Speaker]的主持下负责修订和重新起草示范条款工作。经每次会议加以修订的这些条款都已汇册发布。

model jury instructions　陪审团指示范本(⇨jury instructions)

Model Parliament〈英〉模范议会　指 1295 年爱德华一世[Edward Ⅰ]召集的议会。其所以被称为模范议会是因为这次议会是第一次具有广泛的代表性的会议，为以后的议会提供了样板。这次议会除了主教、修道院院长、伯爵和男爵之外，还包括各郡选出的两名骑士和各城市或各自治市选出的两名自由民。这不是平民第一次被召集出席议会，但只是从此次模范议会以后，平民才得以按正常程序被召集出席议会。

Model Rules of Professional Conduct〈美〉《模范律师职业行为规则》　美国律师协会[American Bar Association]于 1983 年制定的一部规则，1987 年又作了一些技术上的修正。它广泛地规定了律师在与法院、对方律师、己方当事人及其他人的交往中可以及不可以从事哪些行为的规则，从而取代了美国律师协会原制定的、且为多数州采用的《律师职业责任法典》[Code of Professional Responsibility]。

moderamen inculpatae tutelae〈拉〉(罗马法)正当防卫规则　通常用以表述一个人为保护其人身或财产进行正当防卫而合法使用武力的程度的术语。即使在该程度内的武力引起了侵害者的死亡，该行为也属合法。

moderata misericordia〈拉〉防止过量罚金令状　一种源于 1215 年《大宪章》[Magna Charta]的令状，适用于那些因犯罪而被法庭(不包括存卷法庭[court of record])科以超出其罪行的性质或程度的罚金的人。该令状发给法庭庭长[lord of the court]或其执行官[bailiff]，令其对当事人处以适度的罚金。

moderata misericordia capienda〈拉〉(⇨de moderata misericordia capienda)

moderate castigavit〈拉〉适度惩罚　旧时侵权诉讼[trespass]中的一种抗辩，即被告称其向原告实施的殴打行为是给予原告的适度的惩罚，而基于原、被告之间的关系，被告享有对原告施行此种惩罚的合法权利，因而其实施的被诉的殴打行为是正当的。

moderate speed　适中速度；合理速度　指机动性交通工具(如汽车、火车、船舶等)的行驶速度在当时情形下不构成超速或违反相关的法律、条例；适用于船舶的航行，则指根据某一特定情形判断某一特定速度是否合理，以避免船舶碰撞。

moderator *n*.❶大会(或集会)的主席　❷〈美〉(新英格兰)市政会议主持人　❸[M—]长老会议主席　在苏格兰长老会中被选出来作为长老会全会[General Assembly]和教会会议以及长老会教务评议会主席的人。

modern law　近代法　近代法律史的起点是文艺复兴和宗教改革。近代法随殖民活动、工业革命以及近代化的进行而展开。15 世纪末开始的殖民活动将欧洲民族国家的法律带到了北美、非洲和亚洲。殖民地沿用宗主国的法律，但也在发展法治的过程中，形成了自己的特点，可是又有共同的根源，如美国的法律，在许多方面与英国法律都已大相径庭，但仍存在着内在的联系。英联邦中的大多数国家都有类似情况。而在工业革命的影响下，大量农村人口涌入城市，带来了工业立法及社会保险立法，社会的结构发生了变化，法律也逐渐丰富起来。为了解决工业化、大规模的资本主义和民主运动，以及国际贸易而产生的社会问题，许多新的法律概念和规则不断出现。社会思潮的变迁是近代法的一个重要线索。发端于 14 世纪的文艺复兴运动影响了艺术、文学和学术研究，也对法律科学产生了重大影响。学者开始用人文主义的方法和标准研究法律，以批判的态度和从历史的视角研究罗马法，这种研究从意大利的波伦亚[Bologna]和帕维亚[Pavia]开始，迅速遍及欧洲。宗教改革对近代法律史产生了深远影响。由于宗教改革，教皇、教会法院和教会法在差不多半个欧洲的地区受到排斥，它们的司法权转移到其他部门，只是教会法的原则仍在许多案件中运用或仍有其影响。宗教改革对社会及政治思潮的发展都产生了推动作用。在英国，宗教改革推动了反对国王的运动，导致了1689年的光荣革命，最后，导致了拥有至高无上权力的议会的成立。18世纪的启蒙运动标志着理性时代的开始。由狄德罗[Diderot]和伏尔泰[Voltaire]等人领导的，以对宗教和其他传统挑战为特征的这场革命，导致了自然法理论的勃兴和全盛。早先的格老秀斯及英国的霍布斯、洛克以及其后法国的卢梭、孟德斯鸠等人的法律思想为政治家采用，并最终导致了《人权宣言》[Declaration of the Rights of Man]和《拿破仑民法典》的诞生。自然法的兴盛推动了哲理主义法律思想的产生，这方面以康德和黑格尔为代表。对自然法思潮的反思，出现了以萨维尼为首的历史法学派。在英国，边沁等人的功利主义法律思想导致了许多法律实践上的改革。法律制度的变迁是近代法的另一重要线索。从11世纪开始，欧洲出现罗马法复兴运动。神圣罗马帝国对罗马法的研究尤为重视。国王及其法律顾问在罗马法中寻找建立国家的合法依据。作为对罗马法继受的表现，著名的帝国大法院于1495年建立。帝国大法院的所有法官，必须以包括罗马法在内的帝国普通法为审判的依据。罗马法的复兴成为近代法律和近代文化的重要组成部分。18世纪以后，欧洲各大学纷纷开设讲授国内法律的课程，同时展开对国内法的研究。从1800年起，所有发达国家关于社会各方面的立法大量增加。在像英国这样的普通法国家，则用判例解决出现的新问题。但总的来看，成文法在各国法律中所占的篇幅越来越多。大量出现的法规之间的不协调也使得法律修订和法典编纂成为必要。在法国，大革命清除了一个旧法，创立了新的社会结构和新的法律制度。在英格兰和苏格兰，根据1875年《司法组织法》，重建了法院系统，并合并了普通法和衡平法。在法典编纂方面，著名的法典有拿破仑法典、《德国民法典》和美国的《纽约民事诉讼法典》等。国际交往的增加，国际私法也逐渐形成，民族独立国家的发展，国际公法变得重要起来，双边、多边条约在许多方面发挥作用，各种国际机构相继建立。在法学研究方面，近代法最初是由法学家花了大量精力研究罗马法，后来转为对国内法的研究。英格兰的布莱克斯通和美国的肯特[Kent]都着眼于本国法律的系统性研究。早期，对法律的思考是哲学家、伦理学家、政治思想家的事。从19世纪开始，法律研究则成为法律学家的事，边沁的功利法学由奥斯汀继续完成，而他们的分析与探讨，又由其后一大批法学家继续，历史法学派也曾经出现过一段繁荣时期，进入帝国主义时代，社会法学派又兴盛起来。

modiatio 〈拉〉〈英格兰古法〉酒税 每一弟尔斯[tierce]酒所应交的税。(⇨tierce)

Modica circumstantia facti jus mutat. 〈拉〉细微之事可以改变法律。

modicam castigationem adhibere 〈拉〉给予有节制的责罚；施以温和的惩戒

modification n. ❶(细节方面的)修改；更改 ❷〈苏格兰〉牧师薪俸转拨令 什一税法院发布的给予堂区牧师转拨的薪俸的指令。

modification of alimony (离婚或分居)扶养费判决的修改(或变更)(⇨alimony)

modification of award (行政、仲裁机构或法院所作出的关于工人补偿金)裁决的变更

modification of contract 合同的变更 指以新的或从属的协议对合同条款所作的变更。

modification of custody (对离婚诉讼中确定子女归谁监护的)监护判决的变更

modification of judgment 判决的修正 指根据充分的理由对判决书中的用语、措词加以修正，使之能说明所判决事项的真情。它区别于判决的撤销[reversal]。

modification of lease 租赁条件的变更 在租赁合同生效后以协议形式对租赁条件加以变更。

modification of statute 制定法的修改(修订)(⇨amendatory statute)

modification of support (对确定给予子女或配偶的)抚养费(或扶养费)判决的变更

modius 〈拉〉斗 一种测量单位，具体指古罗马时期的一种固体的测量单位，大约相当于550立方时。在中世纪英国法律中用它作为"蒲式耳"[bushel]的对译词。

modius terrae vel agri 〈拉〉〈英格兰古法〉长宽都为100英尺的一块场地的面积

modo ad hunc diem 〈拉〉现在；在今天(⇨et modo ad hunc diem)

modo decimandi 〈拉〉免除什一税的形式(⇨de modo decimandi)

modo et forma 〈拉〉在方法和形式上 古时诉状中的用语。意指一方当事人在反驳对方的主张时，否认对方在诉状中所主张的事实是以其宣称的方法和形式作出的，因此，要求对方就其所主张的事实的一般效力及提出该主张的方法和形式都须证明为真实、可靠。

modus 〈拉〉❶(罗马法)方式；方法；手段 ❷(刑事诉讼)起诉书的犯罪事实部分；犯罪方式方法的叙述 ❸(教会法)源自习俗的一种什一税的特殊征收方式(⇨modus decimandi) ❹(古老的转让中)方式；方法；转让合同条款的安排或表述；对价 ❺限定条件 涉及改变或背离一般规则、一般形式之意时，依特定事件之情况或依赠与人之意愿或依当事各方之特别约定等，对之作出限制或扩大。

modus calumpniandi essoniarum 〈拉〉对不出庭理由[essoins]提出异议的方式

Modus dat legem donationi. 〈拉〉格式合同规定了赠与的法律。

modus decimandi 〈英〉〈拉〉(教会法)什一税的特殊征收方式 源自古老的习俗，与通常征收收益的1/10不同，只征收部分什一税，或征收长期以来惯例所规定的且是合理的金钱。在理查一世时，如果以该种方式征收者超过了其价值之1/10，则作为过高征收[rank modus]而无效。

modus de non decimando 〈英〉〈拉〉(教会法)免纳全部什一税的惯例或规定 只对修道院的土地有效。

Modus de non decimando non valet. 〈拉〉免予缴纳什一税的惯例或规定无效。 此乃关于世俗佃农[lay tenants]的规则，但宗教人员或法人，例如修道院、主教等常能以种种方法享有土地而完全免除什一税者不在此限。

Modus et conventio vincunt legem. 〈拉〉惯例和协议优于法律。 合同法的首要原则，但违反公序良俗、道德等的情况除外。

modus faciendi homagium et fidelitatem 〈拉〉敬重与效

忠的方式

modus habilis 〈拉〉适当的方式；合法的方式

modus injuriae 〈拉〉致害手段

modus levandi fines 〈拉〉征收罚金的方式

modus operandi / M.O. 〈拉〉作案手段；作案特点 警察及刑事侦查用语，用以形容罪犯活动的独特方法，它指出犯罪行为的型式风格足以使各个不同的罪行或不当行为被认定是同属一人所为。

modus tenendi 〈拉〉保有（土地）的方式

Modus tenendi Parliamentum 〈拉〉〈英〉《论议会的组织和权力》 约于14世纪早期出版的一本小册子，内容包括有关议会的组织机构和权力，以及就议会议事程序著书立说的人们。它表明当时议会的组织机构和权力已趋于固定。

modus transferrendi 〈拉〉转让的方式

modus vacandi 〈拉〉放弃（土地）的方式 该词可用来说明封臣是如何且为何将地产放弃给其领主的。

moeble 〈法〉动产；可移动的

moerda n.〈条顿〉暗杀；秘密杀害；谋杀；凶杀

Mohammedanism n. 伊斯兰教 穆罕默德创立的宗教，其追随者穆斯林认为他是真正的先知，信仰唯一的真神——安拉，但承认耶稣基督是先知，只是较次于穆罕默德。

mohatra 〈法〉（规避反高利贷法的）欺诈性交易（或合同） 指以高价赊销商品，再用现金以极低的价格买回。

moidore n. 莫艾多 葡萄牙的一种金币。

moiety n. ❶一半 ❷部分 它与"entirety"相对，例如，共同共有［joint tenants］即可称为按各部分拥有。（ ⇨ community property; entirety）

Moiety Act 〈美〉《半奖法》 国会通过的法律，旨在没收走私物品且将其一半奖给检举人。

moiety acts ［总称］半奖法 有时规定将罚款的一半奖励给检举人的刑事法规。

molding n. 线脚；装饰线条 建筑物的楣或檐或表面之装饰。有关侵占相邻房屋而引发的诉讼往往与之相关。

mole drainage 暗沟犁排水法 一种通过在地下数英寸处挖掘隧道以排水的方法，属于土地改良，承租人可就此向土地出租人要求补偿。

molestation n. ❶妨碍；干扰；骚扰；性骚扰 可以是指对宗教或其他性质集会的干扰，也可以是指对人的骚扰，如进行跟踪、隐匿其财产、扰乱其工作场所或居所，尤指对儿童的骚扰或在夫妻分居后进行的骚扰。 ❷〈苏格兰〉妨碍土地占有；排除土地占有妨碍之诉 它既指对他人占有土地进行干扰的行为，亦指为排除这种土地占有妨碍而提起的诉讼。

molestation clause 互不骚扰条款 指在分居协议中，约定夫妻双方不得干涉、打扰或诋毁对方，非因公务互不接触。

molliter manus imposuit 〈拉〉将手轻轻地放在（某人）身上 古时殴击［battery］诉讼中被告提出的一种抗辩理由，即被告称其殴击行为是合法的，他只是轻轻地将手放在原告身上，所使用的力量并没有超过必要的限度。如堂区俗人执事［churchwarden］为了阻止扰乱集会而将扰乱者赶出教堂。

molman 仆人

Molmutian（Molmutin）laws 莫尔慕斯法律 约于公元前400年开始统治的布立吞［Britons］第16任国王邓瓦罗·莫尔慕第斯［Dunvallo Molmutius］制定的法律，这也是

在不列颠首次公布的法律。6世纪时英国的历史学家吉尔德斯［Gildas］将这些法律与莫西亚［Mercia］女王的法律一起翻译成拉丁文。

momentary delivery 暂时交付；虚假交付 指以带有欺骗性的交付将财产所有权给予买主。

momentary seisin 暂时占有 妻子可因暂时占有而取得其夫拥有所有权的产业。

monachus n. 修士

Monasteries Dissolution Acts 〈英〉《修道院解散法》 16世纪时，由亨利八世［Hen.Ⅷ］及其议会通过的关于解散修道院并没其财产的法令。1536年，议会将年收入在200镑以下的修道院的财产永远判归国王及其继承人与受让人，按其意愿动用。被没收财产的修道院多达376所。剩余的修道院财产在1539年被国王没收。

monasterium 〈拉〉修道院；教堂

monastery n. 修道院

Monasticon Anglicanum 〈拉〉《基督教圣公会修道院》 威廉·达格代尔［William Dugdale］爵士，嘉德勋章院第一主管［Garter Principal King-at-Arms］的不朽著作，对英格兰、威尔士、苏格兰、爱尔兰以及法兰西圣公会中的修道院、教会医院、主教座堂、大圣堂［collegiate church］及其附属地的历史进行了详细说明。最初于1655年至1673年以拉丁文出版，近代最好的版本出现于1817年至1830年。

moneta abatuda 〈拉〉贬值的货币

Moneta est justum medium et mensura rerum commutabilium, nam per medium monetae fit omnium rerum conveniens et justa aestimatio. 〈拉〉货币是进行物品交换的适当的媒介和尺度，因为以货币为媒介可为便利且公正之估价。

monetagium 〈拉〉〈古〉❶铸币；铸币权 ❷古时封臣每三年一次进献给领主的一种贡品（= monya）

Monetandi jus comprehenditur in regalibus quae nunquam a regio sceptro abdicantur. 〈拉〉铸币权包含于王权之内（或为王权的应有之义），这些权利与君王的统治权不可分离。

monetary loss 金钱损失；货币亏损 可用货币衡量的损失。

Monetary Union 货币联盟 1865年12月23日，法国、比利时、瑞士、意大利四国在巴黎组建的货币联盟，其目的是建立互惠、统一的货币政策体系，并维持建立在法国法郎基础之上的统一的、可兑换的金银币复本位制度。1867年4月，希腊和罗马尼亚亦加入此联盟。（ ⇨ Latin Union）

money n. 货币；钱 通常指作为交换的流通媒介的纸币和硬币，不包括票据、债券、债权文书或其他动产或不动产；由某一内国政府或外国政府许可或采纳的作为其货币体系一部分的交换媒介。（ ⇨ currency; current money; flat money; legal tender; near money; scrip; wampum）

moneyage (= monetagium)

money bill 财税法案 ①在英国，指按照下议院议长［Speaker］的意见只包含涉及税务、统一基金［Consolidated Fund］、公款、国家筹集或偿还借款，以及附随于这些项目事务的条款的公法案。财税法案只能由下议院提出，且凡由下议院议长批准成为财税法案的议案，只要在该议案经下议院通过的会期结束时递交英王同意后即可成为法令，而无需要求该议案在上议院获得通过。此外，在英国现每年的金融法案［Finance Bill］通常不是1911年《议

会法》[Parliament Act]所界定的财政法案，因为它包含有与税务有关事项之外的其他条款；②在美国，是指不管出于国家目的向全民收取还是出于某一地区利益向该区居民收取或是为了拨款而旨在征收税人的法案。所有联邦的财政法案必须由众议院提出，但参议院可以像对待其他法案一样提出或批准财政法案的修正案。（⇨Act of Parliament）

money broker ❶货币经纪人；借贷经纪人　在英国，指货币市场上的经纪人，代银行向贴现公司和政府债券交易商办理短期贷款。❷〈美〉外汇经纪人　❸证券经纪人　在英国的国际证券交易所（原伦敦证券交易所），某些把公司股票和政府金边债券借给证券交易商，帮助他们及时交割，也为这些交易商提供融资的成员。❹（＝money changer）

money changer　货币兑换人　以兑换不同种类和单位的货币为职业的货币兑换人。在早期，主要指从事国际汇兑业务的人，其业务包括银行家的业务和买卖远期资金以及将一种货币兑换为另一种货币。今天，此类业务由银行的国际部经营。

money claims　金钱请求权　指基于合同、侵权或制定法上的罚款规定而提出的要求给付一定金钱的请求权。根据英国1875年的《司法组织法》[Judicature Act]，是指对已售出货物的价款、已借出的金钱、所欠租金等的请求权，以及其他对依照合同明示或默示应直接支付的金钱的请求权。与因违约或其他过错行为而要求损害赔偿金的案件中的金钱请求权相对。

money count　金钱诉因　在关于违反口头合同、简单合同、明示或默示（合同）求偿的普通法诉讼中，"一般诉因"[common counts]之一种，因此项诉讼标的纯属金钱，通称"金钱诉因"，又称"一般金钱诉因"[common money count]，亦称"indebitatus assumpsit"。由于此种诉讼经常发生，英国昔年曾设定简易方式以利进行诉讼。此种诉讼的标的包括①借贷的款项；②原告依被告的请求所付的款项；③被告已取得和收到原应付给原告的款项；④在原告与被告之间在结算账目上应付原告的款项（又称in-simul computassent）。在英国制定《司法组织法》[Judicature Acts]（1873－1875）对司法组织和程序进行改革后，已废。

money demand　金钱请求权　指对确定的或事先约定数额或通过计算即可获知其数额的金钱的请求权。它与其数额须由陪审团确定的"损害赔偿"[damages]请求权相区别。（⇨money claims）

money deposit　货币存款　包括货币形式及汇票、支票等形式的存款。

moneyed capital　货币资本　在经营中以营利为目的而使用的货币形式的资产，与实物资本相对应。

moneyed corporation　营利性公司；金融公司　以营利为目的的公司，以区别于慈善性组织。一般指银行或金融公司。纽约州法律将之定义为任何有金融权或依抵押、保证金而贷款的权力或法律授权其经营保险业务的公司。

money had and received　（被告）取得和收到（原应付给原告）的款项　在关于违反口头合同或简单合同等违约求偿的一种金钱诉讼中，原告申述诉因的一种术语：被告"已取得和收到的若干款项…"。此种诉讼的要旨是被告已收到的款项，根据正义和衡平原则原应付给原告，在此种情况下被告应当将其归还原告。例如在代理关系中委托人要求代理人交付已代收的款项。

money in court　（依法庭命令）存于或交付于法庭的金钱（⇨deposit in court）

money in hand　现金（⇨ready money）

money judgment　金钱（给付）判决　要求当事人一方向另一方给付一定数额金钱的终局裁决，区别于提供其他救济形式（如发布禁制令、要求实际履行合同等）的判决。

money land　金钱信托购地　置于信托下的金钱用于购买土地。

money laundering　洗钱（⇨laundering）

money lender　贷款人；放款人　以出借金钱为业之人，尤指就动产担保和工资发放提供小额贷款之人。

moneylender's circulars　〈英〉放债人通告或通函　1927年《放债人法》[Moneylenders Act]对放债人所发的通告作出限制，若将通告发放给未成年人则构成违法。

moneylending　*n*.〈英〉金钱借贷　经营有息金钱借贷业务，在1900－1927年间，曾由《金钱借贷人法》[Moneylenders Acts]调整，现由1974年《消费者信贷法》[Consumer Credit Act]规范。该法规定经营此类业务须经公平贸易局局长[Director-General of Fair Trading]批准，对可能与交易有关的借贷期限和条件设有严格控制，并赋予法院广泛的权利，以重新审理敲诈性交易并判令归还超额利息。立法机关从16世纪起就试图控制超额利息，而教会在更早的时期就已经禁止了高利贷。许多手段被用为规避此类禁令。所有的控制措施为1854年《高利贷法废除法》[Usury Laws Repeal Act]所废除。

money lent　所借款项　在普通法的违反简式合同索赔之诉[action of assumpsit]中，"所借款项"是一个专门名称，用以指被告曾允诺将归还原告所借给款项的声明。原告若要收回此款，须证明被告收到过他的钱。

money made　❶已执行款项　指由行政司法官[sheriff]或其他公职人员根据执行令而收取的款项。❷所赚取的金钱　在广义上，泛指通过劳动或投资而挣得的收益。

money market　货币市场；(短期)金融市场　指各种短期债券[short-term debt instruments]进行交易的金融市场。这些短期债券包括商业票据、银行承兑票据、可转让存单、国库券等。在美国，货币市场通过交易商、货币中心银行[money center banks]和纽约联邦储备银行的公开市场交易柜台经营。货币市场与提供长期融资的资本市场[capital market]相对。

money of account　记账货币　指用以表示债务或计算损害赔偿责任的货币，亦称为合同货币[money of contract]或计量货币[money of measurement]，与清偿债务或履行责任时所用的支付货币[money of payment]相对。

money of adieu　〈法〉定金；保证金　法国奥尔良省[Orleans]用语，指在议价完成后双方分手时交付的金钱（adieu是法文，表示再见，所以有此名称）。法语中较常用"arrhes"表示定金。（⇨earnest money）

money of estate　财产货币　一种特定表述，其意义可以贸易习惯或惯例作证明予以解释。

money on hand　现金　有时包括银行存款。

money only　仅给付金钱；只作金钱赔偿　表示普通法上的而非衡平法上的救济的习语。

money order　汇款单；汇票　一种由银行、邮局、电报公司或捷运公司签发的流通票据，购买方常用其代替支票。要求向记名的收款人付款的一种信用票据，包括汇款人、收款人和出票人三方当事人。汇款单包括可转让的和不可转让的两种，有权签发汇款单的政府机构、银行、私人或团体均可签发汇款单。其首要特征是为偿债之目的或从签发人的账户上转移资金;由某一银行的经办人向另一银行签发的票据,证明背书记载的并向银行提示票据的收款人可以请求支付并收受票面记载金额的事实,付款责任仅存于签发行。从广义上讲,指任何支付金钱的汇款单,包括支票或银行汇票。用电报拍发的汇款单是远程汇款的一种方便手段。

money-order office 汇兑局 被授权签发汇票、或为汇票付款的邮局。

money paid 已付款项 普通法上简约之诉[assumpsit]中原告起诉的一个专业用语,指原告要求被告偿付其为被告之受益[for the use of the defendant]而已付出的款项。当某人为了他人的利益并经其同意或应他人的明示请求而支付一定金钱后,债权人可以通过简约之诉来收回此款。但若某人自愿为他人偿债,则不能成为此类债权人。此种诉因的一般表述为"原告为了被告之受益并应其请求而已付出的款项"。

money paper 有价证券 包括货币证券、商业票据、投资证券、货物或商品证券等。

money-purchase plan 货币购买退休金计划 退休金计划的一种。雇主每年向每个雇员的退休基金提交定额资金,并委托信托公司经营。雇员最终所获利益虽不明确取决于但仍要依靠该笔资金的投资回报率。

money rent 货币租金 以货币形式支付的租金。

money scrivener ❶短期信贷经纪人 ❷(英格兰古法)投资信托人 一般由律师担任,其业务是为其代理人寻求投资方向,并确保资产完好,而且经常被委托保管该资产并收取利息。

money supply 货币供应;货币供应量 经济中任一时间点的货币量。它包括流通中的货币和支票账户存款。根据其流动性的不同,可以将货币供应量分成四组:第一组(M-1)包括流通中的货币、支票账户和汇票;第二组(M-2)包括M-1、互助基金、隔夜回购协议和储蓄账户;第三组(M-3)包括M-2、长期回购协议和超过100 000美元的定期存款;第四组(L)包括M-3、银行承兑汇票、国库券和其他类似的长期投资。

monism n. 一元论 国际法上关于国际法与国内法之间关系的一种理论。该理论认为在国际法与国内法之间不存在谁优于谁的问题,二者均为同一法律秩序的构成部分。但有的法学家则将一元论理解为国际法具有最高地位,而国内法则处于从属地位。(⇨dualism)

monitory letters (教会法)诫谕信 主教或教会的法官等在获悉其管辖范围内的丑行与辱骂时发出的警告和劝诫当事者的信件。

monocracy n. 独裁政治;独裁政府

monocrat n. 独裁者;专制君主;独裁政治(尤指君主政体)的拥护者

monogamy n. 一夫一妻制 与重婚[bigamy]和多配偶制[polygamy]相对。

monogram n. 花押字;交织字母;字母图案 指将一个或多个字母交织在一起作为姓名的缩写,它作为签名时也具有法律效力。

monomachy n. 决斗;一对一的厮斗 古时法律允许用它来考验或证明犯罪,甚至在金钱案件中也准予采用。但现在已被禁止使用。

monomania n. 单狂;偏执狂;偏癖 指在其他方面均为正常,而就一特别事项精神失常。

monomaniac n. 单狂病患者;偏执狂者;偏癖者

Monopolia dicitur, cum unus solus aliquod genus merca-turae universum emit, pretium ad suum libitum statuens. (拉)当某人全部买下某种商品,且价格由其任意决定时,就是垄断。

Monopolies and Mergers Commission (英)垄断与兼并委员会 根据1973年《公平贸易法》[Fair Trading Act]设立的一个机构,其职能是调查和报告有关商品和服务的供应、出口,新闻机构及其资金的转让和其它符合调查条件的兼并情形是否存在或可能存在垄断。

monopolies and restrictive trade practices 垄断和限制性贸易惯例 (⇨restraint of trade)

monopoly n. ❶垄断 反垄断法或反托拉斯法用语,指通过统一利益、管理或通过协议和联合行动来限制竞争的做法,结果导致只有一家或少数几家企业控制某种商品或服务的生产、供应或销售。通常认为,是否构成垄断需依具体法律的规定来判断,但相关法律的规定不尽一致。在英国,根据1948年和1965年《垄断与兼并法》[Monopolies and Mergers Act],当上述控制达到当地或国内市场份额的1/3时即构成垄断;而这一比例在1973年《公平贸易法》[Fair Trading Act]中被降低,即公司被禁止控制一种商品或服务供应的1/4以上的市场份额。在美国,根据《谢尔曼反托拉斯法》[Sherman Antitrust Act],垄断是一种可能导致刑罚和剥夺财产权的违法行为。该违法行为包含两项要素:①在相关市场内拥有垄断力量或势力[monopoly power],即固定价格和排除竞争者的能力;②故意获取或维持此种垄断力量或势力,且不是由于高级商品、商业精明或历史性意外事件的结果发展演变而成的。通过联合和共谋来获取或维持将竞争者从贸易或商业的任何部分排除出去的行为即构成违反《谢尔曼反托拉斯法》的垄断[monopolization],只要行为人拥有排除实际或潜在竞争者的能力和行使此项能力的意图和目的。❷垄断权;垄断性经营权;专卖权 反垄断法或反托拉斯法用语,指由政府授予的,可由一人或数人、一家公司或数家公司享有的特权或特别优惠,包括经营某一特定商业或贸易、特定物资生产的独占性权利,以及控制某一特定商品的批发、销售。❸(专利法)垄断权 专利权人对其专利发明所享有的垄断性权利,即专利权。现代的趋势是,通常称"独占性权利"或"专属性权利",即指专利发明人所享有的独占性的制造、使用和出售的权利,而不称作垄断权。

monopoly of any part (美)任何部分的垄断 《联邦反托拉斯法》[Federal Antitrust Act]用语,指州际或对外贸易或商业活动的任何部分的垄断。

monopoly of trade 贸易垄断权;垄断贸易 指贸易的垄断性或独占性经营权,或对贸易的排他性控制权。

monopoly power 垄断能力;垄断势力(⇨monopoly)

Monroe Doctrine 门罗主义 美国的一项政策,即美国有权抵制任何欧洲国家干涉美洲大陆的事务。该政策源于1823年美国总统门罗致国会的一项咨文,在该咨文中,门罗总统重申了美国不干涉欧洲事务的政策,同时阐明了美国支持美洲大陆不受外来势力干涉的原则。1864-1867年间,"门罗主义"被援用来反对法国在墨西哥的马克沁米林[Maximilian]政权,1899年被援用来劝使英国接受对委内瑞拉边境争端的仲裁。这一政策的最初目的在于排挤欧洲在西半球的势力,后来却被解释为不仅把欧洲势力、还要把美国势力排除出拉丁美洲。

monster n. ❶畸形动物(或植物) ❷畸胎;怪胎 生来有人形而局部呈畸形者,仍享有继承权;无人形者,即使于合法婚姻关系中,仍无继承权,但不得被任意处死。

monstrans de droit 〈英〉权利表示；权利声明 在普通法上，当属于臣民的财产为王室占有，且档案[record]中所载事实表明王室对该财产享有权利时，臣民为取得该财产而享有的一种救济方法。在这种情况下，主张权利的臣民可在衡平法院(作为普通法事务)或财税法院提出其权利声明，根据档案中所载事实或陈述新的事实来表明其对该财产的权利。后该方法为权利申诉[petition of right]所取代，1947年的《王权诉讼法》[Crown Prceedings Act]将之废除，而代之以向政府部门提起普通诉讼。

monstrans de faits ou records (英格兰旧时诉讼中)出示契据或文据

monstraverunt (= writ of monstraverunt)

montes pietatis 官方典当业；官办当铺 在一些欧洲国家，由政府组建的、办理以动产为质押物的小额借贷业务的机构。法国称之为"monts de piété"。

monthly reporting policy 按月报告的保险单 指要求被保险人逐月向保险人报告保险单下承保财产的价值、准确位置及其它生效的承保该财产的特定保险的一种保险单。

month to month lease 按月租赁；不定期租赁 无书面租赁合同，按月支付租金的租赁。如欲终止租赁关系，法律通常要求出租人或承租人提前一个月发出通知。

month to month tenancy (= tenancy from month to month)

monument n. ❶墓地；墓碑 ❷纪念碑 ❸地界标志；界标 如树、石头、篱笆。

Monumenta quae nos recorda vocamus sunt veritatis et vetustatis vestigia. 〈拉〉我们所记载的书面文件是真理与古老历史的痕迹。《科克评利特尔顿》第118页[Co. Litt. 118]所讲，他这里评价的是存卷法院[courts of record]的尊严。

monung (英格兰古法)征税区 地方治安官[reeve]在这一区域内享有征税、收缴罚款的权力。(= manung)

monya (英格兰古法)❶铸币赋 由封臣缴纳给领主的一种贡赋，每三年缴纳一次，领主不得更换其所铸造的钱币，因为原来领主在其领地内有权铸造金、银的钱币。 ❷铸币权(= monetagium)

mooktar 〈印〉代理人；律师

moor n.〈英〉摩尔 负责召集马恩岛[Isle of Man]几个行政区[sheading]法官的官员。其类同于百户区的区长[bailiff]。

moorage n. ❶系泊；泊船 ❷泊位 ❸系泊费；泊船费

mooring n.〈海商法〉❶停泊；系泊；泊船 ❷系泊区；停泊区；泊地 ❸系泊设备、锚定设备

moot a. ❶非实际的；假设的 ❷可争论的；未决的
v. ❶争论；辩论 ❷使失去实际意义；使成为纯理论性的 ❸提供争论
n.〈英〉❶(古)民会 旧时英格兰市、镇或郡的自由民为处理司法或行政问题而举行的集会。 ❷(= moot case) ❸模拟案件辩论会 旧时四大律师公会[Inns of Court]的学生对模拟案件进行诉讼辩论的练习活动。在预备律师公会[Inns of Chancery]作为教育机构存在期间也曾举办过此种活动。 ❹供争辩的主题

moot case ❶示范案件；模拟案件；假设案件 指案件中的争议事项是抽象的、假设的，而非现实存在的，或指争议已经司法程序解决了的案件。 ❷争论未决的案件 指未决的、有争议的、足以供作辩论主题的案件。

moot court 模拟法庭；示范法庭 通常指在北美的法学院中供学生辩论模拟案件的法庭。

moot-hall n.〈英〉❶(解决司法、行政等问题的)自由民集会场所；市政大厅 ❷举办模拟案件辩论会[moot]的地方

moot-hills n. 集会山丘 古代不列颠人举行审判的地点。

moot-house (= moot-hall)

moot man (英格兰古法)在出庭律师公会中参加模拟辩论的人

moot point 〈英〉未解决的争执点(⇨moot case)

moot question ❶抽象的问题；纯理论的问题；假设的问题 指不是依据现实存在的事实或权利或争议而提出的问题，或指由于当事人之间情势的变化已经失去意义的问题。 ❷从未曾裁决过的争议问题

mop n.〈英〉雇工市场；雇工集市 雇主在秋季雇用农业工人或什役的场所。

mora 〈拉〉❶迟延 在无明示或默示的及时要求时，单单迟延并无法律后果，但是，若迟延自身扩大，对其负责的一方的举证之责亦随之扩大。 ❷沼泽地；荒地；湿地；贫瘠之地；不毛之地

mora debitoris 〈拉〉因债务人的迟延(= ex mora debitoris)

Mora debitoris non debet esse creditori damnosa. 承担义务一方的迟延不应损害另一方。 本条是法谚"所有者承担损失"[Damnum sentit dominus]中所包含原则的条件。因而，若对已出售货物交货或提货迟延，则自迟延开始，因迟延所造成的灭失、损害的风险在过错方。

moral n.(复)道德
a. ❶道德的；良知的；是非观的 ❷道义的；道德上的 非实体法意义上可强制执行，靠道义、道德的约束。 ❸盖然的 非依据严格或逻辑证明，仅依赖头脑中的信念或观念，依赖于或来自于盖然性。 ❹道德感的

moral and social duty 社会道德责任(⇨moral obligation)

moral certainty 相当确信；相当确定 指以下情况：①一个头脑正常的人毫无疑问地得出某些结论的确信度；②对某一事实真相的印象，尽管并非绝对确实，但即使在死罪案件中仍足够使其认可有罪的程度；③非常可能，即很大的可能性；④头脑中超出合理的疑虑而形成的结论。

moral coercion 道德胁迫；道德强制 指一方不正当地利用自己在商业或财政上的优势或对方的财政困难，迫切需要或其他弱势而施以强求、压制或不当影响。(⇨coercion; duress)

moral compulsion (= moral coercion)

moral consideration 道德对价 指仅在个人良知上属于有效的对价。纯粹的道德对价不能支持一项口头允诺，即一方当事人所作的关于完成某一道德义务[moral obligation]的允诺，不能通过法院而强制执行。

moral duress (= moral coercion)

moral duty (= moral obligation)

moral eviction 伤风逐客 指房屋所有人并不实际收回出租房屋，而是以介绍不名誉之女子入住相邻房屋的方式，致使出租房屋不适于承租人居住，从而收回该出租房屋。

moral evidence 盖然性证据 与毋庸置疑的证据[mathematical evidence]或展示证据[demonstrative evidence]相对，指不能说明绝对的、必然的确定性，而只能表明具有高度可能性，并具有说服力[persuasive force]的证据。

moral fraud 道德上欺诈 指那些涉及实际的罪过、错误目的或与道德违背的欺诈。它不经常使用，用于指"实际欺诈"、"积极欺诈"或"事实上的欺诈"，从而与"推定欺诈"或"法律上的欺诈"相区别。

moral hazard 道德风险 保险业务用语，指由于被保险人为获得保险赔偿而毁坏其财产，或放任其被毁坏，使保险人承受可能的风险。

moral law 道德法 指规定人们在相互交往中应遵守的行为标准及与行为的对或错相关的道德原则和规则的总和。(⇨natural law)

moral obligation 道德义务 指不能通过确定的制裁手段而只能以人的良知和习惯得以实行的义务，故其不具有法律强制力。它可以源于曾经存在的法律责任，或与之相关。自然债务[natural obligations]属于道德义务。(⇨ natural obligations)

moral restraint 道德制约 仅通过要求遵从他人的愿望或要求，而非通过行使强力或给予命令、指示的方式对人的行为施以的制约。

moral turpitude ❶违反公德的行为 与他人和社会应负的个人责任与社会责任、以及与人们之间应遵循的约定俗成的权利义务规则相背的卑劣、可耻、腐败堕落的行为。❷有伤风化的犯罪 严重违反道德情操或为人所接受的道德标准的行为。这一应受道义谴责性是区分制定法上禁止行为和普通法上犯罪的标准。涉及严重违反社会道德情操的罪行的性质，有别于制定法上规定的禁止行为。

morandae solutionis causa 〈拉〉为延迟支付的缘故

Mora reprobatur in lege. 法律上不允许迟延。

moratorium n. 延期履行(权)；迟延偿还期 指债务人依法有权迟延清偿债务的期限。立法作此延期特别是针对战争期间在部队服役的债务人，有时在其财政困难时亦准予迟延。(⇨injunction; restraining order)

moratory interest 迟延利息；因延期而偿付的利息 在违约诉讼或非法扣留应付款项的侵权诉讼中判决义务人给付的利息。

moratory statute 授予迟延清偿(权)的制定法

moratory table (= mortality table)

Moratur in lege. 〈拉〉他拖延或中止法律事务。意即异议或反对。

morbosus 多病的；有病的；疲惫不堪的

morbus sonticus 〈拉〉(罗马法)使人不适于处理其事务的疾病

more colonico 以善于管理农业的方式

more definite and certain (诉讼请求)明确与肯认(动议) 对方当事人针对有缺陷的诉状而寻求的一种救济措施。若原告诉状中的请求不够完整、明确或肯定，以致对方当事人不能进行答辩或出庭准备，则对方当事人可提出这种动议。

more favorable terms clause 更优惠条件条款 劳资合同中的一个条款，按该条款，工会同意不与其他有竞争的雇主订立更优惠的协议。

more necessary public use 更必要之公用 当原已因公征用的土地被没收以供更必要的公用时，有的案例认为该新的使用应是绝对的公共需要；另有一些案例则认为如果只是为了较大的公共利益，则这是一个新的取得。

more specific statement 更明确的陈述 应对方当事人就诉答书状所作的申请而对诉理由或答理由所作的更为明确的陈述。(⇨motion for more definite statement)

more than ordinarily legitimate 比通常婚生子女更有权选择父亲 指男子死后遗孀迅速再婚，然后在所生的孩子可能是前夫的也可能是后夫的时期内生下了孩子，在此情况下，该孩子可在到达责任年龄时，从该两个丈夫中选择其一作为自己的父亲。

morganatic marriage 贵贱婚 指与地位较低贱异性缔结的婚姻，多数是女方地位较低。位卑的一方不能分享位高者的地位，也不能享有作为配偶的全部合法权利，其子女也不能继承世袭位高者的地位和财产。在英国法上无此种婚姻，但在有些国家不乏其例。

morgangani (= morgangiva)

morgangina (= morgangiva)

morgangiva 婚礼后那天早晨送给新娘的礼物；新郎于婚礼后那天赠给新娘的礼物(⇨dowry)

morgengeba (= morgangiva)

morgue n. 陈尸处 指不明身份者的尸体在限定时间内停放的地方，以便查明其身份或由其亲友辨认、认领。也指当对某人的死因存在谋杀嫌疑时，在调查期间停放该尸体的地方。

Mormon n. 摩门教徒；摩门教 于1830年由约瑟夫·史密斯[Joseph Smith]在纽约州的塞尼卡[Seneca]组建。现在其总部在美国犹他州的盐湖城，也称耶稣基督后期圣徒教会[Church of Jesus Christ of Latter-Day Saints]。

Mormon divorce 摩门教之离婚 指婚姻当事人经教堂同意，为解除婚姻关系而订的协议，但此种离婚无法律效力。

Mormonism n. 〈美〉摩门主义 盛行于美国犹他州的社会风俗，承认多妻。英国不承认此种婚姻，按照美国法律，此种婚姻也不合法。

Mormon marriage 摩门教之婚姻 由有资格订立婚约的摩门教徒在一个专门的官员面前举行摩门教的正式仪式而缔结的婚姻。

morning loan 午前贷款；临时贷款 由银行贷出的使借方经营其当日业务的无担保贷款，通常借方为证券经纪人。

Mors dicitur ultimum supplicium. 〈拉〉死亡被称为"最后的惩罚"或"惩罚之极至"。

morsellum 〈拉〉(英格兰古法)一小块土地

morsellus terrae (= morsellum)

Mors omnia solvit. 〈拉〉一死百了。 适用于诉讼一方当事人的死亡。

mort n. 死亡

mortal a. ❶死的；临死的 ❷致死的；致命的

mortality n. ❶死亡率；死亡数 ❷致命性

mortality table 死亡表 寿险公司使用的图表，其上清楚地统计不同年龄、性别的每千人中的年死亡率。死亡表是寿险公司计算危险因素并决定毛费率的基础。

mortal sin 大罪 除非被赦免否则最终将面临死亡的罪恶。

mortal wound 致命伤

mort civile 〈法〉法律死亡 在法国法中，指被判定犯有重罪的人，在法律上即视为死亡。这种制度名义上已于1854年废除，但至少在效果上与其相似的东西依然保留着。即，当某人被判定犯有重罪时，其所占有的财产就按无遗嘱继承归属于其继承人；之后取得的财产则因国家的特权而归国家享有，只是国家可作为宽仁的恩德而将其全部或部分转交给其遗孀或子女。(= civil death)

Morte donantis donatio confirmatur. 〈拉〉赠与人死亡，使赠与确定有效。

mortgage n. ❶抵押；抵押权 债权人在债务人为担保债的履行而提供但不转移占有的财产(尤指不动产)上设定的优先受偿权。在抵押关系中，债务人称抵押人[mortgagor]，债权人称抵押权人[mortgagee]。关于抵押权的性质,早期的普通法认定,抵押物所有权应先转让给债权人。债务人如依约履行债务,抵押关系消灭,抵押物所有权转让失效。债务人如不能依约履行,抵押物即全归债权人所有。由于抵押物的价值一般大于债务,衡平法认为此说对债务人有欠公平,故认定抵押关系设定的并非产权转让而仅是对抵押物的优先受偿权[lien]。债务人如到期未履行债务,并未丧失抵押物所有权,还可申请延期履行,保留回赎权[equity of redemption],而债权人为实现抵押权,也可向法院申请取消回赎权[foreclosure],并依据抵押合同,变卖抵押物偿债。美国各州现大多采用优先受偿说,少数州虽仍沿袭所有权转让说,但其后通过的制定法均有所修正,两者已十分接近。英美法还规定,同一项财产可设定几个抵押权。抵押人在抵押期内可不经抵押权人同意转让抵押物,但抵押权人仍可追及抵押物而行使其权利。为此,抵押权人在设定抵押权后应立即办理抵押物登记,以对抗第三人。❷抵押契据;抵押合同 ❸(非严格含义)抵押贷款 ❹(非严格含义)(任何)不动产担保　包括信托契据[deed of trust]。
v.抵押;把…作抵押

mortgageable property 可抵押财产　可以作为抵押物的财产,通常用于动产抵押。

mortgage-backed certificate 抵押担保债券　由美洲银行[Bank of America]等几家银行发行的、适于专门抵押保险公司承保的常规抵押债券组合。此类债券以大面额发行,故其市场主要限于机构投资者。

mortgage-backed securities 抵押担保证券　债券型投资证券,代表着对抵押债券组合或信托契约所享有的权益。由该抵押担保证券所生收益用于偿付其投资者。(⇨mortgage bond)

mortgage banker 抵押银行;抵押银行业者　指专门从事抵押业务的人或金融公司。抵押业务包括发放抵押贷款、出售抵押贷款担保债券、提供抵押代理支付服务、代为保管抵押文件、作为代理人替客户保管抵押款项、缴纳税款和代理保险等。抵押银行的收入来源于发放贷款利息收入、服务费收入、再出售抵押贷款契约获得的利润收入及抵押契约未出售前抵押收益等与借款利息之间的差额。

mortgage bond 抵押债券;抵押担保债券　指以债券发行人的动产、不动产作为抵押担保而发行的债券,该种债券以信托契约转让方式将财产抵押权转移给债券持有人。抵押债券依抵押权的优先顺序可分为第一级抵押债券、第二级抵押债券、第三级抵押债券,依次类推。大多数抵押债券是由特定不动产作为抵押财产的第一级抵押债券,也有对发起人的总资产设立抵押担保的抵押债券。在后一种情形下,相对于未设立抵押担保的债券而言,抵押债券享有优先受偿权。

mortgage broker 抵押经纪人　在担保贷款的借款人和贷款人之间充当中介或与投资者共同发放贷款的个人或商行。

mortgage certificate 抵押权证书　证明该证书的持有人对抵押物享有部分权益的文件,亦称作抵押参加证书[mortgage participation certificate]。抵押权证书有多种类型:有的抵押权证书证明证书持有人对抵押融资公司作为抵押权人的某种债券或抵押权益享有的份额,在此类证书中详细载明抵押物的情况;有的抵押权证书由与该证书所证明的权益等值的抵押物作担保,该抵押物不在证书中特别列明,而是由托管人保管。

mortgage clause (= mortgagee clause)

mortgage commitment 抵押贷款承诺书　由贷款人发出的正式的书面信函,表示同意向某一特定财产提供抵押贷款,并具体载明贷款金额、期限和其他条件。由于利率的波动,这样的承诺通常都有时间限制。(⇨loan commitment)

mortgage company 抵押融资公司　以抵押借贷方式从事融资业务的公司。抵押融资公司既作为抵押权人,亦作为其他抵押权人的代理人。作为代理人,抵押金融公司须为被代理的抵押权人收款,并将此款项交与后者,保存完整的抵押记录,并藉此收取代理费或服务费。

mortgage contingency clause 抵押条件条款　不动产买卖协议中的一项条款,即买方以从第三人处取得抵押作为其履行义务的条件。

mortgage coupon bond 抵押附息票债券　设有抵押以作为担保而发行的附息票债券。(⇨coupon bond)

mortgage debenture 抵押债券;抵押担保债券　以特定资金或财产作为抵押担保的债券。但是,如果把debenture理解为担保债券[bond secured],则是不适宜的。因为通常认为debenture是一种无担保的债券。(⇨mortgage bond;bond;debenture)

mortgage deed 抵押契据

mortgage discount 抵押折扣　抵押担保金额与抵押物实际售价之差,又称点数[points]、贷款经纪费[loan brokerage fee]或新贷款费[new loan fee]。

mortgagee n.抵押权人;受押人　根据抵押契约,对抵押物享有抵押权的人,与抵押人相对。

mortgagee clause 抵押权人条款　在火灾财产保险单中规定有该条款,指当被保险人的抵押财产遭受承保范围内的损失时,应将因保险赔偿所生利益归于抵押权人,但以抵押金额为限。

mortgagee in possession 实际占有的不动产抵押权人　按照协议,或经抵押人的明示或默示同意而实际占有不动产的抵押权人,并以清偿相应债务作为解除占有的先决条件。

mortgage foreclosure 抵押物回赎权丧失(⇨foreclosure)

mortgage guarantee insurance 抵押担保保险　向抵押权人保证,如果因抵押人不偿付抵押贷款而使其遭受损失时,给予其一定比例损失赔偿的保险。

mortgage insurance 抵押保险　①保险单持有人将保险收益用于清偿被保险人死亡时因抵押所生到期债务,或在被保险人死亡或丧失行为能力的情形下,用于支付以实现到期抵押的一种保险;②针对抵押权人因抵押人履行迟延或抵押财产不足以支付所欠债务和取消抵押财产回赎权的费用而可能遭受损失的风险而设立的保险。

mortgage lien 抵押优先权　为担保债务履行而加于抵押人的财产上的优先权。在美国的某些州,抵押人在取消抵押财产回赎权之前一直享有合法所有权,抵押权人对该抵押财产享有优先受偿权。

mortgage loan 抵押贷款　以不动产为抵押担保的贷款。借款人为抵押人,贷款人为抵押权人。

mortgage market 抵押市场　通常是由融资机构购入抵押债券之类的证券,并将之纳入其抵押投资组合[investment portfolio]的需求所形成的市场。

mortgage note 设有不动产抵押的本票　指借款人签发的并以不动产作为还款抵押物的票据。

mortgage of goods (= chattel mortgage)

mortgage of patent 〈美〉专利权抵押　根据联邦法律,在专利局进行的专利权抵押登记,等同于占有的转移。

mortgage point 抵押点 作为融资成本而由抵押权人预先抽取的抵押贷款的一定比例,通常为1%。

mortgage pool ❶抵押债券组合 具有相同特征的一组抵押债券。这些债券以同种不动产作为抵押担保,并且债券利率和期限相同。投资人购买债券后,从相应的抵押贷款偿付中获得投资收入。 ❷抵押信托 数个或众多抵押权人将抵押文书交于受托人而设立的信托,由受托人为抵押权人的利益持有该文书。

mortgage portfolio 抵押投资组合 由银行作为其资产持有的全部抵押贷款或抵押债券。

mortgage REIT 不动产抵押信托投资 把以股份方式募集的资金或从银行的借款以更高的利率向不动产开发商和购买人发放贷款的不动产信托投资业务。

mortgage servicing 担保服务;抵押服务 指与抵押贷款相联的一些事务,如收回分期付款、放弃优先权、债务迟延履行时着手办理取消抵押物回赎权的手续等。贷款人可以雇用服务公司代为处理。

mortgage tax 抵押税 对抵押权登记所收之税。

mortgage warehousing 抵押暂存 抵押融资公司持有通常应予出售的抵押贷款,以便随后以较低的折扣出售的机制。这些抵押贷款被用作为向他人贷款而向银行借入的新款项提供担保。

mortgaging out 全额抵押 抵押人就其所购之物提供100%的抵押担保贷款,即其购物款全部使用抵押担保贷款,而根本不用自有资金。

mortgagor n.抵押人 对特定财产享有全部或部分权益,为特定目的(如为债务提供担保)而将该财产权益作为抵押物的人。

morth 〈撒克逊〉谋杀

morthlaga 〈撒克逊〉谋杀者

morthlage 〈撒克逊〉谋杀

mortification n.❶极度屈辱 因非法拘禁而要求赔偿之精神损害的构成要件之一。 ❷〈苏格兰〉笃信保有 与mortmain近义,早期苏格兰法规定土地可以作为对祈祷人或做弥撒人的报答而归其永久持有,此项制度在宗教改革时被废除。有时该词也适用于慈善基金。(⇨mortmain; mortmain act)

Mortis momentum est ultimum vitae momentum. 〈拉〉死亡的时刻是生命的最后时刻。

mortmain n.〈英格兰古法〉永久管业;土地死手保有 土地死手保有是指土地占有的一种状态,这种状态使土地不能被转让(故称为"死手"中),此种情况发生在土地转移到社团手中时,不论是独体法人还是团体法人,也不论是宗教的还是世俗的。根据英格兰的封建土地制度,骑士役封臣一旦死亡,领主对封臣子女可主张行使监护权,并享有收取采邑继承税和对封臣子女婚姻的控制权等,如封臣将土地转让给教会等社团,则领主将失去此类利益。因社团不会因婚姻、死亡等致使土地再转移给别人,土地成为死手永久管业后,领主便不能行使有关的权利。为保护领主利益,法律严格限制土地死手保有制,不允许将土地转让给社团。(⇨mortmain act)

mortmain act 〈英格兰古法〉永久管业法;土地死手保有法 在英国,此等法律的目的在于防止土地沦入"死手",如教会、慈善团体等。禁止土地转让成为"死手财产"(转让给社团)的做法始见于1215年的《大宪章》[Magna Carta],以后有多次立法予以补充、更替(1279年、1285年、1391年、1735年、1888年)。1960年完全废止。(⇨mortmain)

mortmain statute (= mortmain act)

mortua manu 处于死手(保有)中(⇨in mortua manu)

mortuary n.❶(在埋葬或火化之前)尸体存放处;殡仪馆;停尸间 ❷(教会法)堂区遗产贡品 指堂区[parish]居民死亡时,按照牧师的要求缴纳的传统赠品,以补偿死者在生前所欠的什一税或教会捐税。因为该贡品通常和死者的遗体一同送往教堂,俗称遗体贡品[corpse-present]。在克努特[Canute]的法律中被称作灵税[soul-scot; symbolum animae]。它被1963年《教会管辖条例》[Ecclesiastical Jurisdiction Measure]废弃。❸租借地税 该词有时在普通民事和基督教的意义上指付给土地主人的费用。

mortuary tables (= mortality table)(⇨actuarial table)

mortuo vadio 死质(⇨estate in mortuo vadio)

mortuum vadium 〈拉〉❶死质 用英文表述即为"dead pledge",指质物的孳息(租金、利润等)并不用于清偿债务的一种质押。它相当于"抵押"[mortgage]的古义。(⇨mortgage) ❷一种封赠人通过在特定时间支付给受封人一定数额费用即可重新进入的封地

mortuus 〈拉〉死了;死的;无生命的

mortuus civiliter 〈拉〉民事死亡

Mortuus est. 〈拉〉他死了。

Mortuus exitus non est exitus. 〈拉〉子嗣死亡,即为无子嗣。或:子女出生时为死体的,不得视为子嗣。

mortuus sine prole 〈拉〉死时无后嗣;无子女而死

Mosaic Code 〈美〉《摩西法典》 新英格兰地区最早的立法汇编,由约翰·科顿[John Cotton]1636年应马萨诸塞州议会[Massachusetts General Court]之约而编纂。约翰·温思罗普[John Winthrop]称之为"士师摩西"[Moses His Judicials],因它建立的政府框架与《摩西五经》[Pentateuch]相一致。事实上马萨诸塞州从未采用此法典,但它其中的一些条款为1639年《纽黑文殖民地基本规章》[Fundamental Orders of New Haven Colony]所吸收,而后者的规定较马萨诸塞州的组织形式更为严格神权化。

Mosaic Law 摩西律法 圣经旧约的摩西五经[Torah]中,上帝耶和华通过摩西与以色列人订立的律法。

Mos Gallicus 〈拉〉高卢(法律研究)风格 16世纪时对依人文主义法学家的方法研究罗马法的一种新颖风格的称呼,与较古老的意大利风格[Mos Italicus]形成对照。(⇨Mos Italicus)

Mos Italicus 〈拉〉意大利风格 罗马法复兴过程中评论法学派[school of commentators]研究罗马法所采用的方法,他们对罗马法在文本上作了系统的评论。

Moslem n.穆斯林(⇨Mohammedanism)

Moslem Law 穆斯林法 英国在印度建立的两大习惯法律制度之一,它调整所有穆斯林的生活和相互关系,其中某些部分,特别是它对刑罚的规定,对穆斯林和印度教徒都适用。

mos pro lege 〈拉〉习惯代替法律;习惯就是法律

Mos retinendus est fidelissimae vetustatis. 〈拉〉真正古老的风俗习惯应该被保持。

most favored nation clause 最惠国条款 条约上的一项条款,其含义是该条约的任一当事方应将其曾给予或将给予任何第三方的利益给予其他当事方。

mostrencos 〈西〉(窃贼逃跑时)抛弃的赃物;无人认领的走失家畜;漂流物;无主财产(⇨estray; waif)

most significant contact theory 最密切联系说 国际私法上一种法律选择与法律适用的新理论,即在决定合同的成立、解释、效力和履行等问题时,法庭应该适用与争

议问题有最密切联系的法律作为准据法。

most suitable use valuation　最适当使用方式下的估价；按最适用方式估价　为赠与和不动产税之目的,对依通常方式转让的财产应按照其最适用、最充分利用时进行估价。因此,如果某一农场作为一个潜在的购物中心来利用更有价值,则应按这个价值进行征税,即使受让人(如受赠人、继承人)继续将其作为农场使用。该规则对于因死亡而转让的几种不动产的估价不适用。

mote　〈撒克逊〉集会;会议　该词多用于构成复合词,如folkmote, burgmote等。

moteer　出席庄园或领地集会的费用　由有义务参加集会者在缺席的情况下向领主交纳的费用,但特许状及某些特权可使这种义务被免除。

mother-church　n.母教堂;大教堂;主要教堂　相对于同一主教辖区内的诸堂区教堂,主教座堂[cathedral]是其母教堂;相对于附属于某堂区教堂的小教堂,该堂区教堂是其母教堂。

mothering　n.在封斋节中间的那个星期日探访父母的风俗

mother-in-law　n.岳母;婆婆

mother's natural guardianship　母亲的天然监护权　指在丈夫死亡或遗弃家庭,或者由法院剥夺丈夫的监护权之后,妻子继受的对子女的监护权。

mother's pension　母亲补助金;母亲年金;母亲津贴　无力抚养子女的母亲可以凭母亲补助金维持家用,而毋需不体面地依赖按济贫法[poor law]所提供的资助。母亲补助金是由一些公共机构或法院为母亲和每一个子女安排的定额金钱,可由母亲自由支配。

mother state　〈美〉母州　自某一州中形成另一州,则前者为后者的母州。

motion　n.❶提议;动议　议会中由议员提出建议或解决方法以供议会考虑及采取措施所用的一种正式方式。❷申请;请求;动议　向法庭或法官提出的、请求作出对申请人有利的裁决、命令或指示的行为。此种申请通常是在诉讼过程中提出的,且一般要在通知对方当事人后方可提出,但在某些案件中,也可以不经通知对方直接提出申请,称为单方面申请[ex parte motion]。申请提出的形式可以是书面的,也可以是口头的。申请提出的时间在法院开庭审理前(如申请驳回起诉)、开庭审理过程中(如申请指示陪审团作出裁断)、开庭审理后(如申请重审)均可。有时法庭也可以依自己的申请或动议作出裁定、命令或指示,如法庭有权依自己的动议而召开审前会议。

motion costs　申请费　指因提出申请及对该申请进行听审而产生的费用。

motion day　(法院指定的)申请审理日

motion for judgment notwithstanding verdict　要求(法庭)作出与陪审团裁断相反的判决的申请　指请求法庭应依照申请人先前提出的指示陪审团直接作出裁断的申请[motion for directed verdict]作出判决,而不管陪审团事实上已作出了相反的裁断。

motion for judgment on pleadings　〈美〉根据诉答书状作出判决的申请　指依《联邦民事诉讼规则》[Fed. R. Civil P.]第12条,任何一方当事人在诉答程序终结之后即可申请法庭依诉答书状作出判决。它适用于案件的主要事实不存在争议而仅存在法律问题需要解决的情形。

motion for more definite statement　要求作更明确的陈述的申请　指诉讼中如果一方当事人的书状中的陈述非常含糊,以致不能合理地要求对方当事人提供应答书状时,该方当事人可申请要求前者提供更为明确的陈述。

motion for new trial　重审申请　基于新发现的证据或其他原因而认为原审中存在偏见性的错误或不公正,从而要求法官撤销原判决或陪审团的裁断,并下令对案件重新审理的申请。

motion in arrest of judgment　中止判决的申请(⇨arrest of judgment)

motion in bar　终止诉讼申请　此种申请如被允许,则可绝对终止诉讼,如以双重追诉[double jeopardy]为由提出抗辩。

motion in limine　防止偏见申请　要求法庭禁止对方律师引用或提供对申请方存有严重偏见以致即使法官对陪审团作出起纠正作用的指示亦不能防止这种偏见对陪审团产生先入影响的证据,其目的是避免在审理中注入一些与案件无关的、不能接纳的、有偏见的事项。同意申请不是对证据的裁定。(⇨motion to suppress; suppression hearing)

motion man　特许经营人　根据财产所有人的特别授权而作为被许可人经营其财产的人,特别是经营露天矿场的人。

motion of course　(对方若无正式书面陈述予以支持就不能对抗的)当然申请或请求

motion of court　法庭的申请(⇨own motion)

motion to dismiss　驳回(原告)起诉的申请　指被告以原告没有陈述一项法律可对之提供救济的请求,或该请求在其他方面存在法律上的欠缺为由,申请法院驳回原告的起诉。在开庭审理前,被告往往基于诉状、传票送达、审判地、共同诉讼人等方面存在不足或缺陷为由而提出此种申请。

motion to strike　删除申请　指任何一方当事人可请求法院裁定删除诉讼文书中任何不充分的答辩或任何多余的、无关紧要的、不相关的或诽谤性的内容。

motion to suppress　〈美〉排除非法证据的申请　在刑事诉讼中,对非法取得的证据,即违反联邦宪法第四条修正案关于禁止非法搜查与扣押的规定,或第五条修正案关于反对自我归罪特权的规定,或第六条修正案关于获得律师帮助权、与对方证人对质权等的规定而取得的证据,当事人可申请法庭将其排除。根据《联邦刑事诉讼规则》[Fed.R.Crim.P.],当事人应在庭审前向初审法院提出此项申请。

motivation test　动机因素检验法　指以提供交通运输工具的激发因素或唯一激发因素是否在于获取报酬来决定是否适用有关乘客法[guest statute]。

Motorboat Act　〈美〉《摩托艇法》　一部规范摩托艇的联邦法律,它为促进娱乐性摩托艇使用时的安全,鼓励各州之间及其与联邦之间相关法律的统一。

motor carrier　公路承运人;机动车辆承运人　指以机动车辆在公路上从事客运、货运、客货混运业务的承运人,包括公共承运人[common carrier]和合同承运人[contract carrier]。

Motor Carrier Act　〈美〉《公路承运人法》　美国一部规范州际贸易中公路承运人的路线、价格等的联邦制定法。在取消对公路承运人的管制后,该法于1983年被废止。

motor carrier transportation agent　公路运输代理人;汽运代理人　其在安排运输事务中充当公众和公路承运人的中介。

Motor Insurers' Bureau　〈英〉机动车保险局　由经营机动

车保险业务的全体保险公司设立的一个机构。依据其与交通部之间的协议，如果一项责任依法应通过保险的方式予以承保而事实上并未承保，则该局有义务履行针对该责任所作的任何未履行的判决。

motu proprio 〈拉〉教皇解答敕令[rescript]的起始语

moulding (= molding)

movable a. ❶(财产)可移动的；活动的 ❷(时间)可变动的
n.(常用复)动产 狭义上指可随身携带的衣物等，广义上与动产[personal property]同义，并与不动产[immovable]相对。

movable estate 动产 与"personal estate"或"personal property"同义。

movable freehold 可变的自由保有地产 指因海水的退落、侵蚀或河流改道等自然原因而发生损益变化的地产。

movable property 动产

movable right 动产权利

movables and immovables 动产与不动产 对物所作的种类划分，基本上与日常观念相吻合，动物和车辆归为动产，土地和建筑物归为不动产，但有时为了便利或因历史的原因，可能会对某些物作特殊的归类。

movant n.申请人；请求人 申请法庭作出裁决者。

move v. ❶(向法庭)申请(作出裁决、命令，或采取措施) (⇨motion) ❷(在商议审议性团体[deliberate body]内)建议(作出某种决定或采取某种措施) ❸转移；让渡 指将合同的对价[consideration]从一方当事人转移给其他人。❹引起；促使 ❺移动；改变位置；搬迁

movent (= movant)

move out 搬出；腾空；放弃占有

moving building 建筑物迁移 指将建筑物从一处移至另一处，通常并不一定保证其完好无损，如果用原建筑物的建筑材料于另一处重建建筑物，也可称为"建筑物迁移"。

moving company 搬运公司；搬家公司；储运公司 从事货物搬运，特别是家用物品和家具搬运的公司，不论其搬运距离长短。该类公司还可从事仓储业务。当该类公司所从事的业务对所有选择其业务服务的人开放提供时，则具有公共承运人的地位。

moving papers 支持(某项)申请的文书 此种文书构成该申请的基础，如以支持性的宣誓书[affidavit]申请法院作出简易判决。

moving picture license 电影放映许可证 地方政府要求电影放映业主必备的许可证。

moving picture rights 摄制电影权 指将文学作品中的主要情节改编摄制成有声或无声电影的权利。

moyen (= mesne)

M.P. (= Military Police; Member of the House of Commons of the U.K. Parliament)

mufti n. 伊斯兰教法律顾问或法学家 根据《可兰经》[Koran]、传统、以前的惯例和判决，就法官或私人的咨询提出见解的伊斯兰教法学家。在采纳了现代民法典的伊斯兰国家，其特殊知识的运用范围仅限于个人身份、婚姻、离婚和继承等方面。

mug book 〈美〉(犯罪嫌疑人的)面部照片集 警察局和联邦调查局[FBI]保存的犯罪嫌疑人的面部照片集，用于向被害人或证人展示，以帮助其辨认犯罪人。

mugging n. ❶(警方为存档)拍摄(犯罪嫌疑人或罪犯等的脸部照片) ❷(从背后袭击、掐住被害人脖子的)抢劫

mugshot n.〈美〉(犯罪嫌疑人的)面部照片 警察局对登记予以拘押的嫌疑人所拍摄的照片，通常被警方作为其正式照片使用。

mulatto n.黑白混血儿；穆拉托人 精确地说，是仅指黑人与白人的第一代混血儿，但通常也可泛指任何有黑白两种血统之人。

mulct n. ❶罚金；罚款 通常对犯有罪行或有侵权行为或行为不检的人处以罚金或责令赔偿损失。此含义如今很少使用。 ❷(废)(为供养领事[consul]等而由贸易公司对船舶或货物)强行征收的费用
v. ❶处以罚金 ❷诈取；骗取

Mulcta damnum famae non irrogat. 〈拉〉罚金不导致人格、名誉的损失。 罚金无损于人品(或身份、名声、品格等)。

mulct tax 惩罚税 ①为抑制某些行业或某些商品的交易而施予的罚款或惩处，以作为对从事此类交易的惩罚，如对香烟征税以限制其交易；②对违法销售酒类的人和场所所征之税。

mulier 〈拉〉❶妇女；妻子；孀妇；处女；未婚女子 ❷婚生子女 与非婚生子女[bastard]相对。

mulieratus n.婚生儿子

Mulieres ad probationem status hominis admitti non debent. 〈拉〉不应认可妇女所作关于一男子是否为农奴的身份证明。

mulier puisne 〈拉〉婚生次子 男女二人在已有一私生子以后结婚，婚后又生一子，则长子为"非婚生长子"[bastard eigné]，次子为"婚生次子"[mulier puisne]。

mulierty n.(英格兰古法)婚生 与非婚生[bastardy]相对。

mulkt taks (= mulct tax)

Muller Rule 穆勒规则 该规则是指：若某人明知狗或其他动物的凶猛习性而肆意挑逗或自愿地、不必要地置身于动物可攻击处，则其不得因受该动物攻击致伤而要求动物管理人给予赔偿。

Muller v. Oregon(1908) 〈美〉穆勒诉俄勒冈州案 在该案中，美国最高法院支持俄勒冈州一项限制雇佣妇女工作时间的法律，并确认法院可以认定合理行使治安权的特殊情况。穆勒案已成为努力使法院意识到构成立法改革的社会-经济条件的范例；此案也因法院在证据方面接受了作为俄勒冈州律师的布兰代斯[Brandeis]提交的布兰代斯案情摘要[Brandeis Brief]而闻名。该摘要以与本案争议和长时间工作的影响有关的哲学、社会学、统计学和经济学数据的形式出现，因而其现在也成为那些要求立法变革和抗议特定社会条件者的样本。

Multa conceduntur per obliquum quae non conceduntur de directo. 〈拉〉许多未被直接允许之事却得到间接许可。

Multa fidem promissa levant. 〈拉〉允诺愈多，信用愈薄。

Multa ignoramus quae nobis non laterent si veterum lectio nobis fuit familiaris. 〈拉〉我们对许多事情的无知是因为不熟悉史料。

Multa in jure communi contra rationem disputandi, pro communi utilitate introducta sunt. 〈拉〉为了公共福祉，许多不合事理的事项被引入了普通法。

Multa multo exercitatione facilius quam regulis percipies. 〈拉〉对于许多事物，与其依原则而洞悉，不如依经验而易悟。

Multa non vetat lex, quae tamen tacite damnavit. 〈拉〉

有许多事物,法律虽不明禁,却受其无声的谴责。
Multa transeunt cum universitate quae non per se transeunt. 〈拉〉许多事情可以整体通过但却不能分开通过。
multicraft union 多行业工会 不同行业的工艺人均可加入的一种劳动者联合组织。
multidistrict litigation 〈美〉多地区诉讼 指涉及一个或多个共同的事实问题的若干民事案件同时在几个不同的联邦地区法院待决时,可将这些案件移送至其中一个地区法院以便统一管理,并由一名法官来进行审理。可能发生多地区诉讼的案件类型包括反垄断案件、共同灾难(如空难)案件、专利和商标案件、产品责任案件、违反证券法的案件等。此等案件的分派与移送由"多地区诉讼专门司法小组"[Judicial Panel on Multidistrict Litigation]按"复杂诉讼指南"[Manual for Complex Litigation]及"多地区诉讼专门司法小组办案程序规则"[Rules of Procedure of the Judicial Panel on Multidistrict Litigation]来办理。
Multiethnic Placement Act of 1994 〈美〉《1994年多种族的安置法》 一部示范性制定法,意在①缩短儿童等待收养时间,②确定和征募能够满足收养子女条件的父母,以及③消除以儿童或养父母的种族、肤色或国籍为根据而产生的收养歧视。
multifactual statement 多项事实的陈述 对两项或两项以上不同事实的陈述,有时是将事实、争论、结论交织在一起的陈述。
multifarious issue 不当合并的争点 指在此种争点中需查明几个不同的事实问题,而其中的每一事实问题本是应在另外的争点中予以查明的情况。
multifariousness n.❶诉因(或请求)不当合并;多重诉因 在衡平法诉讼中,指在一份起诉状中将几个不同的、相互独立的诉因或请求事项不适当地合并在一起。如将对同一被告提出的几个不同的、互不关联的事项合并在一份起诉状中(通常也称为请求的不当合并[misjoinder of claims]),或者在一份起诉状中对几个被告提出几个性质不同的请求事项。但现在在美国联邦及多数州的法院中不会发生此问题,因为《联邦民事诉讼规则》[Fed. R. Civil P.]允许当事人在诉状中将不同的诉讼请求或答辩理由合并起来。❷立法主题的合并 指将不同的、相互抵触的几个主题合并在一份立法文件中,如果不了解立法的本意,会使人认为这些主题与本法的主题之间存在法律上的联系。
multilateral agreement 多边协议;多边协定
multimember district 〈美〉大选区 有权选出两位以上立法机关成员的选区。
Multi multa, nemo omnia novit. 〈拉〉多人知多事,但无人能知一切事。
multinational company (= multinational corporation)
multinational corporation 跨国公司;多国公司 在两个或两个以上国家从事生产经营业务的公司,其根据价格和需求而在各国间流通资金与商品。设立跨国公司的原因多种多样,诸如保证原材料的供应,利用当地廉价的劳动力资源、开拓当地市场或避免贸易保护主义的壁垒等。但它也受到汇率波动与政治不稳定的影响。
multinational enterprise (= multinational corporation)
multipartite a.被分成许多部分的;多方参加的
multiperil policy 复合险种保单 该保单的承保范围及于多种损失,如房主保单[homeowner's policy]即承保火灾、失窃和人身伤害的损失。又作 named-peril's policy。
multiple access 多重机会;多种可能 在生父确认之诉[paternity suit]中以孩子的母亲在受孕期间有包括被告在内的多个情人为由所作的抗辩。
multiple agency 多重代理(⇨dual agency)
multiple banking 多功能银行业务;全能银行业务 指银行为客户提供多种类型的业务服务,而不仅仅是储蓄和贷款等几项专门服务。
multiple bill of exceptions 含有多项例外规定的法案
multiple counts 多重诉因;多重罪项 指在一份民事起诉状中包含了若干个独立的诉因或一份刑事起诉书中包含了若干个独立的罪项。
multiple damages 加倍损害赔偿(⇨double damages; treble damages)
multiple deeds 多方契据 指在土地合同中,为履行出卖方义务而需要的两人或多人的契据。
multiple evidence ❶在多个方面具有证明价值的证据 ❷限于特定目的而采用的证据 不能采纳来证明别的事实。
multiple hearsay (= double hearsay)
multiple interest 双倍利息(惩罚) 在美国,若某一国民银行收取贷款利息率或票据贴现率超过《国民银行法》[National Bank Act]规定的利率,则其须承担双倍于所得利息惩罚的责任,并由出具非法利息的支付人以债务之诉[action of debt]请求返还。
multiple issues 多个争点 一个案件中有两个或两个以上的争点。
multiple liability restriction 多重责任限制条款 指合同中关于债务延期的一项条款,它限定了保证人的责任范围。
multiple licensing 〈美〉多重许可;双重许可 指就同一行业要求获得市政当局和州当局的经营许可。
multiple listing ❶多重上市;多重挂牌 同一证券在两家以上的证券交易所挂牌上市。❷复合代理协议;多方参与房地产中介协议 指房地产所有人与某一经纪人签订的协议,经纪人在协议中允许其他经纪人参与出售该不动产,并作以佣金分成或给予其他优惠。一般在房地产协会[real estate association]成员之间为互享不动产买卖信息而进行,并通常由订约经纪人与最终发现卖主的经纪人分享销售佣金。(⇨listing)
multiple occupation 多人共占;多人共住
multiple offenses 数罪 某一行为可能是触犯了两个或两个以上的法律的罪,而这些法律规定的内容并不完全重合,此时这一行为即构成数罪,对各罪均应追究。
multiple parties (同一方的)多个当事人
multiple-party account 多方账户 多方账户有三种形式:①联合账户[joint account];②活期账户[P.O.D. account];③信托账户[trust account]。不包括合伙企业、合资企业或其他商业机构为其资金存款而开立的账户,也不包括由一个或多个经由公司、非法人组织、慈善机构或公益组织正式授权的代理人或受托人控制的账户或非由存款协议建立关系的普通信托账户。
multiplepoinding n.〈苏格兰〉确定优先权利诉讼 当几个人对由他人占有的某物或基金均主张权利时,确定谁的权利请求优先的诉讼。它相似于英格兰的确定竞合权利诉讼[interpleader],但适用范围较之为宽。
multiple proceedings 重复诉讼(⇨multiplicity of actions or suits)
multiple publication rule 〈美〉多次散布规则 依此规则,名誉遭受损害者在诽谤言论被散布的每一个州均可提起诉讼。

multiple sentence 累进加重科刑 对惯犯所判处的刑罚可以达到对其首次犯罪所判刑罚的两倍或三倍。

multiple sentences 数罪并罚 如果一被告人犯有不止一个罪,则此被告人被判处的刑罚为其多个罪分别所判刑期之相加刑期[consecutive sentences]。

multiple signers 多个(出票)签名人 指两个或两个以上在本票上作为出票人签名的人。

multiple-stage taxes 多环节征税;多阶段征税 在商品从生产或制造直到最终消费的过程中,针对各种交易环节征收销售税,例如在批发商的销售或对批发商的销售环节征收销售税。

multiple taxation 多重征税;多重税制(⇨double taxation)

Multiplex et indistinctum parit confusionem; et quaestiones, quo simpliciores, eo lucidiores. (= Multiplex et indistinctum parit confusionem; et questiones quo simpliciores, et lucidiores.)

Multiplex et indistinctum parit confusionem; et questiones quo simpliciores, et lucidiores. 〈拉〉多样性和模糊性导致困惑;问题越简单则越清楚。

multiplicates n.(复)文件的数件副本

multiplication n. ❶复制 在版权法中,指对文学、艺术或其他智力作品制作多份的行为,与"reproduction"同。❷〈英〉仿制金银(罪) 指以其他金属仿造金或银的行为,在亨利四世时代构成重罪。

Multiplicita transgressione crescat poenae inflictio. 〈拉〉多次违法,加重惩罚。 后指对惯犯[habitual offenders]应予以重罚。

multiplicity n. ❶多样性;重复性 在衡平法上,若一诉状将单一诉因进行不当分割从而形成诉讼标的重复,则可对之提出异议。因为衡平法反对不合理的诉讼,故其不允许将作为整体的诉讼标的分成若干部分提起诉讼。英国1873年《司法组织法》[Judicature Act]第24(7)条和1925年《司法组织法》第43条均有规定。 ❷增加;增长

multiplicity of actions or suits 重复诉讼 就同一权利或同一争点针对同一被告提起多个不同且是不必要的诉讼。依民事诉讼规则,这些诉讼请求应予适当地合并或作为单一种类的诉讼来处理。在刑事上,指在几个罪项[count]中指控同一罪行。因对单一罪行只能起诉一次,所以这种做法是受到法律禁止的。

multiseller n.一种赌具

multistate corporation 〈美〉州际公司;跨州公司 在两个或数个州经营业务,并分别依据各个州的法律进行组建的公司。

multital rights 针对不特定多数人的权利;对世权 这是霍菲尔德[Hohfeld]在其论著中用以表示对物权[right in rem]的术语,指基本相似而又彼此独立的一组权利中的一种,它可以是实际的权利,也可以是可能的权利;由某个人或某一组人享有,并用以对抗不特定的绝大多数人。

multitude n.众多;众多的人;人群 对于构成"众多"的数目,有的人认为至少应为10人,有的认为法无定数,但两个人则无法称之为众多。

multitude of suits 多个诉讼 不同于重复诉讼[multiplicity of suits]。

Multitudinem decem faciunt. 〈拉〉十人为众。

Multitudo errantium non parit errori patrocinium. 〈拉〉众人所犯的错误仍不容宽恕。或:众人所犯的错误仍是错误。

Multitudo imperitorum perdit curiam. 〈拉〉法院毁于众多的拙劣法官。

multi will 联合遗嘱(⇨joint will)

multo fortiori 〈拉〉基于充分的理由(= a fortiori)

Multo utilius est pauca idonea effundere quam multis inutilibus homines gravari. 〈拉〉压以众多无用之物,毋宁导以少许有用之物。

multures n. ❶碾磨 ❷磨碎的谷物 ❸碾磨费;碾磨金;碾磨税 因使用磨坊而交给主人的费用。在古苏格兰,那些被限定只能使用特定磨坊者所交费用称之为限定碾磨税[insucken multures],自愿使用碾磨者所交之费用谓之自由碾磨税[outsucken multures]。

mumming n.狂欢 古代在圣诞节期间的狂欢娱乐,安妮女王时代予以压制取缔。

mund ❶〈撒克逊〉和平;保障 而mundbryc意为破坏和平。❷〈日耳曼法〉(对家庭、亲属和财产的)保护权和监护权

mundbriech n.筑堤权 指为保障公共利益使不致洪水泛滥,因而可在任何人的土地上修筑堤防的特权。

mundbryce n. ❶冒犯领主 ❷因破坏治安而支付的赔偿金

mundbrye 〈撒克逊〉违反和平秩序;破坏治安

mundbyrd n.接受恩惠与保护

mundeburde (= mundbyrd)

mundium (法国古法)教会或修道院所进的贡品 由教会或修道院交给其所属领地的辩护官[avoués]和主教代理官[vidames],作为保护它们的代价。

munera n.早期封建制度下可依领主意志任意收回之封地

municeps 〈拉〉(罗马法)自治市市民;自治市委员会委员

municipal a. ❶市的;地方的 有市或城镇或地方政府的,这是municipal通常的、严格的用法。该词源于拉丁词"municipium",其意即为城市[city]。不过,在现代,该词的意义已被扩展。 ❷属于州或国家的公共事务或政府事务的 区别于私人事务。 ❸与一州或一个国家有关的 区别于州际的或国际的。

municipal action 〈美〉市政行为 市政委员会或其他市政机构或市政官员行使政府权力的行为。

municipal affairs 〈美〉市政事务 市镇的内部管理事务。在宪法和制定法中常用于指涉及市镇所关切的事务的立法权限问题。该词已涵盖对供水、修建水库、电力分配、运输服务等过去曾被视为完全的私人事务的公共服务活动。

municipal aid 〈美〉市政援助 指市政法人对虽由私人团体所承办但可能有益于市政自治体的某种事业的实施和发展所给予的资助,如城市再发展项目。

municipal aid bonds 〈美〉市政援助债券(⇨aid bonds)

municipal authorities 〈美〉市政当局 当该词用于要求市政当局批准的制定法中时,指由自治市[city]的立法机构[legislative authorities]根据条例[ordinance]所作的批准。

municipal bond 〈美〉市政债券 由地方自治体发行的一种公债券。作为由地方自治市、镇或其他地方自治体同次发行的一系列证券之一的债务凭证,可以流通并于指定的将来时间偿付,目的在于在市场上销售以筹集直接合理的税源所不能担负的市政府改良开支资金。必要的或合理的市政债券将在数年的期间内得到偿还。(⇨municipal securities)

municipal bond fund 〈美〉市政债券基金 一种开放型投

资基金，专门投资于不需要交纳联邦税或州税的市政债券。

municipal bond insurance 市政债券保险单 由民间保险公司签发的，担保在违约时承担市政债券偿还责任的保险单。此种保险单的投保人既可以是发行债券的市政机构，也可以是投资者。当发生不能偿付的情形时，保险公司将按面值购买投资者持有的市政债券。在美国，虽然许多大保险公司均发行此种保险单，但大部分仍是由美国市政债券保险公司和市政债券保险协会发行。前者为民间保险公司，后者为各种民间保险机构的行业组织。经过保险的市政债券享有较高的信用级别。对于投资者而言，由于发行人将保险成本转嫁给了投资者，通常相同信用的市政债券，经过保险的债券收益比未经保险的债券收益要低。

Municipal Bond Insurance Association/MBIA 市政债券保险协会（⇨municipal bond insurance）

municipal bylaw 市政规章 该词等同于更为常用的"municipal ordinance"一词，主要用于英国。

municipal charter 〈美〉市镇特许状 将州的权力授予地方机构的立法条例。

municipal commissioners 〈美〉市政委员会委员（⇨commissioners of municipality）

municipal contract 市政合同 由市镇签订，以市镇为一方当事人的公法合同。

municipal corporation 市政法人 ❶在美国是指为了地方政府的管理，由州通常以特许状形式，将某一地区的居民联合起来而建立的既具有公司实体所具有的一般特性但又被赋予一定公权力的法律实体。联合而成的市、镇即属典型的市政法人，不过，依法律，其他的政府实体，如有权征税的灌溉区[water district]也可成为市政法人。州在创立市政法人时毋需经当地居民的同意，市政法人享有地方事务的立法权和管理权，经授权也可享有在该地区对州事务的管理权；❷在英国则指通常由国王颁发特许状将英格兰或威尔士自治市[borough]的居民联合起来而构成的法人团体，它由市长、高级市政官和市民或公民组成。英国颁布了1972年《地方政府法》[Local Government Act]后，市政法人已不再行使地方政府的职权，而且除伦敦外，高级市政官被废除，市民变成了现在的纳税人。

municipal corporation by prescription 〈美〉时效性市政法人 指尽管没有特许状，但由于长期行使权力没有遭到州政府的反对而存在的市政法人。可以推定该市政法人成立之时是合法的，只是特许状已丢失而已。

municipal corporation de facto 〈美〉事实上的市政法人 一市、镇或村的人们已试图依照州允许联合成立法人的制定法，自己组织起来，并因此而实际运用和行使了市政法人的特许权，即已存在的一种市政法人。不过，由于建立此类市政法人的有关程序欠规范，其合法性在州因此而提出的诉讼中会受到有效的攻击。

municipal corporation proper 〈美〉常规市政法人 区别于准市政法人和事实上的市政法人。

Municipal Corporations Act 〈英〉《市政法人法》 该法（1835年）解散了178个建立方式不同的市政法人，并同时统一建立经选举的新市镇以取代它们。这样极大地消除了现存当局的许多缺陷，如偏狭和腐败、机构臃肿。新市政当局由经民主选举产生任期为3年的议员组成，而这些议员选举任期为6年的市政官，并选出市长。每届市政议会都拥有维护治安、街道照明、掌管地方收入、制定地方规章等职能。但这些制度已经被1972年《地方政府法》[Local Government Act]大幅度地修改。

municipal corporations acts 〈美〉市政法人法 规范市、镇的建立和管理的法律规范的总体。

municipal courts ❶〈英〉都市法庭；市镇法庭 在都市中因拥有特许令而听审案件的法庭，最著名的例子是伦敦市市长法庭。❷〈美〉市法庭；都市法庭；市镇法庭 在几个州里主要限制在城市或城区设置的法庭。此类法庭常拥有刑事管辖权，类同于违警法庭；有时还对小额民事案件享有管辖权。在一些城市，小额索赔或是交通事故都是由都市法庭管辖的。

municipal debt limit 市政法人负债限额

municipal debt readjustment 〈美〉市政法人债务重整程序 指依照破产法的规定，作为破产债务人的公共实体可以保留其资产并达成债务和解协议。

municipal domicile 〈美〉县（市、镇）住所 也称家庭住所[domestic domicile]，区别于在一国领土之内的国内住所[national domicile]和州内住所[quasi national domicile]。

municipal election 〈美〉市政选举 选拔市政官员的选举。

municipal franchise 市政当局授予的特权；市政当局特许

municipal function 〈美〉市镇功能 此等功能在于促进该市镇居民生活的便利、安全、舒适和幸福，而非一般公众的福利。如维护街道，管理公园及其他公共场所，建设并维护公共事业以及全面的改进措施等。

municipal government 〈美〉市镇政府 指州为地方政府所设置的机构。在某些州宪法中，该词不仅包括县政府事务，也包括各种形式的镇、市、村等这些典型的市政府。

municipal hospital 市立医院 由市镇承担开支的医院。

municipal improvement certificate 市政改造融资券 为特定市政改造项目筹集资金而以非债券方式发行的融资券。该融资券以向市政改造受益人征收的特别税款来偿还。其利息收入在美国免征联邦、州和地方所得税。

municipal investment trust/MIT 〈美〉市政债券投资信托公司 专门购买市政债券并将免税投资收益支付给股东的单位投资信托公司[unit investment trust]。与开放型市政债券投资基金不同，此类单位投资信托公司的有价证券投资组合中，债券部分通常持有至债券到期日，而不是经常交易。市政债券投资信托公司的基金股份通过经纪商出售，投资者一般按大约等于所购股份额的3%支付手续费。该种信托投资公司负责提供多样性和专业性的有价证券组合投资管理，并每月支付投资基金的股息红利。而单纯购买市政债券则每半年支付一次利息。许多市政债券投资信托公司只对单个州的市政债券进行投资。

municipality n.地方自治体 ❶在美国，指在特定区域内人口特别集中的地方以建立市政法人来行使地方政府的职能的城市地方单位，是州所属的政区。其可指市、自治市[borough]、村或镇，但新英格兰各州、纽约州[New York]和威斯康星州[Wisconsin]却不同，镇[town]这一名称是指县以下的地区；❷在英联邦，其通常适用于大自治市或市。

municipal law ❶国内法 指仅与一国公民和居民有关的法律，区别于国际法。❷〈美〉市政法人法 指仅与镇、市和村以及它们的地方政府有关的法律。❸〈美〉市镇特殊习惯 ❹〈美〉民事行为规则 由州最高权力机关作出规定，使正确行为得以畅行而错误行为为受到禁止。

municipal lien 市政法人优先权 指市政法人针对财产所有人就公共改良[public improvement]按相应份额享有的

优先权。

municipal lighting plant 〈美〉**市镇电力公司** 由市、村或镇拥有或经营的负责发电供电的公用事业公司。

municipal note 〈美〉**市政票据；市政借据** 市政法人借款的凭据，通常向个别投资人签发并支付，且在某一债券发行日之前到期。

municipal officer 〈美〉**市政官员** 指其职责只与市政法人的地方事务有关，也只有市镇当局才关心他们的行为和职务执行的官员。在非严格意义上也指被选举或任命为市政官员但同时负有许多执行州法义务的官员。

municipal order 〈美〉(= municipal warrant)

municipal ordinance **市镇法令** 指市政法人为其本身事务的正常运作或市镇居民的管理而制定或批准的法律、法规和命令，如城市区划或交通法令、建筑标准等。在美国尤指州授权之下制定的法规。

municipal power 〈美〉**市镇权力** 这是一个立法机关授予权力的问题。指由州立法机关制定的法律授予市镇的权力。对市镇事务普遍承认地方固有自治权原则的地区不属于此，也不包括宪法中地方自治条款所授予的一定程度的地方主权。

municipal purposes **市镇目的** 与市镇内居民的福利、健康、安全、道德等各项活动有关的公共的或政府的目的，区别于个人目的。

municipal records 〈美〉**市镇记录** 市、镇议会及其他本质上具有行政、立法职能的市镇机构的记录册。

municipal revenue bond **市政收入债券** 为公共设施项目筹集资金而发行的债券，如桥梁债券、下水道系统债券等。此类债券以项目收入直接偿还。

municipal securities 〈美〉**市政证券** 由地方自治市、镇、县、区、学区或其他州的地方分区发行，它可以分为两大类：①市政支付令[municipal warrant, order or certificate]；②市政债券[municipal bond]。

municipal warrant 〈美〉**市政公债证书；市政支付令** 由地方自治体的官员向该地方自治体的司库[treasurer]签发的，指示其向记名人或依其指示或向持票人支付特定金额的文据。(⇨municipal securities)

municipal waterworks 〈美〉**市镇自来水公司** 由市政法人拥有并经营的自来水公司。

muniment-house n.**档案室** 在主教座堂、大圣堂[collegiate church]、城堡、大学、公共建筑等处用以保存证件、契据、文件的加固房屋或房间。

muniment of title doctrine **产权证书原理** 如果个人之间曾就财产所有权产生争讼，而所有权已经由法院判定给其中一方，则败诉方不能对信赖该胜诉方所有权的人就此重新提起诉讼。

muniment-room (= muniment-house)

muniments of title **产权证明** 指证明产权的书面文件，既可以是产权契据[title deed]，也可以是其他原始文件，它与其他文件一起表明产权链。(⇨title deeds)

munus 〈拉〉(罗马法)**义务；负担** 起初该词指罗马公民对于国家所承担的义务。在共和国时期主要的义务是军役，但后来则仅指个人对于市政组织所负的缴纳税金及维修道路和建筑物等类似负担，对于市镇长官[municipal magistrate]来说，他们的义务是保证每一个人依其地位和财富履行其相应的职责。至帝国时代，公共义务[munus publicum]逐渐被用来指市政成员对于帝国所承担的赋税义务，这使得市政职务成了可畏的负担。

munus publicum 〈拉〉❶〈苏格兰〉**公职人员** 指某特定官员，他们对于公众负有责任，终身任职或在失职后其职务[ad vitam aut culpam]终止。❷(罗马法)**公共义务** (⇨munus)

murage n.(英格兰古法)**城墙维护费** 1275年的一项法令曾提及该费用，指由国王授予某些市镇或自治市的居民向过往该城镇的行人征收的用于建造或维修城墙的费用。

muratio 〈拉〉**由城墙围起来的城镇或自治市**

murder v.& n.**谋杀；谋杀罪** 在普通法上，谋杀罪的定义是：有预谋恶意地非法终止他人生命的行为。在英国的制定法上，谋杀罪是指心理健全的人在联合王国领土内事先有预谋地将他人杀害，而被害人在其实施杀人行为后一年之内死亡的行为。对谋杀罪只能通过正式起诉程序审判，对谋杀罪唯一的刑罚是终身监禁[life imprisonment]。但是，安乐死案件则罕有以谋杀罪判处的，而是被判以具有减轻情节的非预谋杀人罪[manslaughter by diminished responsibility]。在美国，大多数州在制定法上规定了谋杀罪的定义，其中，有些州的制定法仍沿用普通法关于谋杀罪的定义。美国《模范刑法典》[Model Penal Code]规定：有目的地或地实施刑事杀人[criminal homicide]行为，或者在对人的生命价值持极度轻率[recklessly]、冷漠[indifference]之态度下实施的刑事杀人行为，构成谋杀罪。如果行为人单独或者与他人共同实施或着手实施抢劫[robbery]、放火[arson]、夜盗[burglary]、绑架[kidnapping]、重罪脱逃[felonious escape]、强奸或者以暴力或以暴力相威胁之变态性交行为[deviate sexual intercourse]过程中致被害人死亡的，则推定行为人具有上述之极度轻率与冷漠。在英美法上，早先，谋杀罪必须由预谋恶意[malice aforethought]构成。其中，恶意[malice]是指杀人意图，有时还指憎恨、怀恨等心理因素；预谋[aforethought]是指杀人意图在杀人行为之前产生。后来，法官在司法实践中又创制出一些新类型的谋杀罪，即早先意义上的预谋含义渐趋消失。例如：①被告人受到被害人行为激怒而故意地杀死被害人，并且这种激情是不正常的。行为人虽处因情绪激动与可能有预先策划，但仍应定为谋杀罪；②行为人在犯一个重罪过程中非故意地使他人丧生。譬如，甲放火烧乙的房子，结果烧死了乙家一人，行为人虽无杀人意图，法官仍定为谋杀罪；③行为人在极其轻率的行为中非故意地使他人丧生。譬如，建筑工人甲事先看都不看一眼就从房顶上往下扔砖头，而下面正是人来人往的大马路，致砖头砸死行人乙。行为人虽无杀人意图，法官仍定为谋杀罪；④法官还打破"预先存在杀人意图"是谋杀罪唯一类型的观念，认为事先存在重伤意图的行为致人死亡亦是谋杀罪。在制定法上，谋杀罪的现代类型有：存在杀人意图的谋杀、意图实施重伤害的谋杀、重罪谋杀、极端轻率谋杀、抗拒合法逮捕谋杀等。

murder in the first degree **一级谋杀(罪)** 美国大多数州把谋杀罪分为两级。对谋杀罪分级的目的在于，对一级谋杀罪判处的刑罚比二级谋杀罪更为严厉，对一级谋杀罪判处的刑罚，通常包括死刑(在保留死刑的州)，对二级谋杀罪判处的刑罚，通常包括终身监禁，但不处死刑。在对谋杀罪划分等级的州，一级谋杀罪包括两类谋杀：①预先恶意预谋的谋杀[murder with malice aforethought]；②在实行特定种类的重罪过程中发生的重罪－谋杀[felony-murder]，此特定种类的重罪仅限于放火、强奸、抢劫、破门入户或绑架等五六种暴力犯罪。有一些州把具有某些特定情节的杀人列为一级谋杀罪：用特定的杀人手段，如投毒杀人、伏击杀人、折磨杀人；或在特定的地点，如在监狱或看守所里杀人；或对特定的对象，如杀死正在执行职务的警察。(= first degree murder; murder of the first degree)

murder in the second degree 二级谋杀(罪) 在美国，凡把谋杀罪划分为两个等级的州，二级谋杀罪的范围即为一级谋杀罪以外的其他谋杀罪，具体包括：①预先无恶意预谋的谋杀；②所有故意重伤谋杀[intent-to-do-serious-bodily-injury murder]的情况；③所有极端轻率谋杀[depraved-heart murder]的情况；④一级谋杀罪列举的特定种类重罪以外的重罪 – 谋杀[felony-murder]，如盗窃中发生的杀人，严重恶作剧引起的死亡等。

murder of the first degree (= murder in the first degree)
murdrare 谋杀(罪)
murdre (= murder)
murdritor 谋杀犯
murdrum n.〈英格兰古法〉❶暗杀 指对某人进行的秘密杀害。❷因过失或正当防卫[per infortunium or se defendendo]而杀人所支付的罚金 ❸(无头案)连带罚金 威廉一世时期的立法规定，若某百户区[hundred]内发现了尸体，且死者身份不能证明是英格兰人，罪犯亦未被抓获，则该百户区的全体居民将被处以连带罚金。1340年，连带罚金被取消，该词被用来指最严重的犯罪，即谋杀罪。

murmuring a judge (苏格兰古法)诽谤或毁坏法官名誉
murorum operatio 〈拉〉维修城墙役 指由市镇居民或邻近之土地保有人承担的建造和维护城墙的劳役，这种人身性质的役务可转化为以金钱支付的城墙维护费[murage]。(⇨murage)
murthrum n.(苏格兰古法)凶杀；谋杀
music n.音乐作品 音乐作品受版权法保护。(⇨musical composition)
musical composition 音乐作品 指以音符、音高、节拍等表现的、可供演奏或演唱的节奏或旋律。音乐作品是版权的保护对象之一，它的创造性最早出现在作曲者的构思之中，使其可以在乐器上进行首次演奏。但除非它可被他人感知或阅读的方式表现出来，否则是不可复制的，故版权法保护的是已产生的东西，而非智力构思或观念。

must aux.必须 该词通常为一命令性词汇，表示具有强制性的效力。在这个意义上，它与"may"所表达的效果相对。但这并非其唯一含义，有时用在法律条文或法律文书中仅表示具有指示性[directory]的效力，如在表示许可性[permissive]的意义上使用，也包括有时虽表示命令性[mandatory]的意义上使用，但也仅表示具有指示性的效力。在英国、加拿大和澳大利亚，一般认为在表示要求[requirements]时使用该词比用"shall"更好，现在美国也正趋于接受这一观点。

muster v.❶集合；召集(军队、全体船员等) ❷对(全体船员等)进行点名
n.❶(军队等的)集合；召集 ❷(军队、船员等的)花名册 ❸集合的人员；人员总数 ❹样品
muster-roll n.❶军队的花名册；注册服役军人名单 ❷(海商法)(全体)船员名单 由船东或其他船舶管理人保存，对船舶中全部船员的姓名、年龄、民族等事项作出详细记载。
muta canum 〈拉〉〈英格兰古法〉猎犬之舍 国王对主教所享有的权利之一，是国王可将主教的猎犬之舍作为后

者死亡时的奉献[mortuaries]。(⇨mortuary)
mutation (法)遗产税 "droits de mutation par décès"，即指对由于死亡而发生的财产转移应缴纳的税。
mutation of libel (海商法)原告诉状变更
mutatio nominis 〈拉〉(罗马法)变更姓名 只要不会招致他人权利受侵害，可以变更姓名。与之相关的"mutato nomine"即是变更后的姓名。
mutatis mutandis 〈拉〉在细节上作必要的变更 意指总的事实或情况是相同的，但在必要时，可对诸如名称、职务等细节作相应的变更。
Mutato nomine de te fabula narratur. 〈拉〉这是用化名讲述的关于你的故事。
mute a.❶哑的；不会说话的 ❷沉默的；对(刑事指控)不作答辩的(⇨standing mute)
muthlach 谋杀(罪)；杀人罪
mutilation n.❶(通过删除或修改)使(文件等)失效 ❷使…丧失肢体(或器官)；使伤残(⇨mayhem)
mutilation of corpse 肢解尸体(罪) 指故意地、轻率地、恣意地、非法地或疏忽地以砍、割、抠、挖、刮或粗暴对待方式肢解或毁损尸体的不当行为。对此，行为人应承担民事责任。未获授权或许可而解剖或肢解尸体的行为构成犯罪。
mutilation of instrument 法律文书的变造 指以切、撕、烧、涂等方式使书面法律文件残缺不全或有瑕疵，但又未使之完全毁灭。(⇨mutilation)
mutinous a.❶(有助于引起或鼓动)叛乱的 ❷叛乱的 ❸难控制的；无政府无秩序状态的
mutiny n.叛乱；叛变 以暴力、欺骗或恐吓的方式篡夺船舶之指挥权的非法行为。违抗船舶上的官员，进行静坐、罢工并且取得船舶的所有权，即为构成该罪初步证据的行为。此罪也指在军队中抗拒长官的权力，扣留军官或服从其他人的命令等。军法条例对叛变一向视为严重罪行而且处以重刑。
Mutiny Act 〈英〉《军纪法》 在1689年到1879年期间每年通过一项法律以惩治兵变和开小差等行为，同时也为军队自身及其营房建设争取开支提供了依据。1688年《权利法案》[Bill of Rights]规定，和平时期在王国境内维持常备军是违法的，但在取得议会首肯的情况下属于例外。因此为了维持军备，从那时起议会历年都要通过法律形式授权组建和维持军队。这些法律尽规定了征兵、军费、士兵食宿、对违反军纪的惩罚、军队建制等问题，其实体内容均体现在1879年《军纪军规法》[Army Discipline and Regulation Act]之中，该法后为1881年《陆军法》[Army Act]所取代，然后又是1955年《陆军法》[Army Act]、1955年的《空军法》[Air Force Act]及1971年《武装部队法》[Armed Forces Act]。上述法律均按年修订。
mutual account 互存往来账户 指双方都能进行借、贷的账户。更具体地说，这种账户是在双方之间存在着贸易往来关系时使用的，可以在最后结算时调整余额；这种账户可用于核算不同的贸易项目，双方的账户在进行一定的抵销结算之后，其中有一方的账户会留有余额，而且是借方余额。双方必须在对这个账户进行结算之前预留出一段时间以解决双方存有争议的事项，从而保证双方各自需要提出诉讼的话不会超过法定的诉讼时效期间。此外，设立这种账户通常都要有明确订立的或是有充分暗示的双边协定。设立账户的贸易项目是双方各自为对方确定的。
mutual advantage rule 相互受益规则 这一规则用于确

认特定情形下当事人的身份,即在使用他人之物时,如果所有权人从该使用中受益,则使用人为受邀使用人[invitee];如果所有权人未从中受益,则使用人为被许可使用人[licensee]。

mutual agreement 协商一致;合意 指对特定事项达成一致意见,当事人都明确表示其同意为或不为一定的行为。(⇨agreement;contract;treaty)

mutual assent 双方意思表示一致;合意

mutual association 互助协会;互助团体(⇨savings and loan association)

mutual benefit association 互助协会 由会员根据互惠契约作为合作机构组织起来的社团,每一会员均作为所有者拥有分享利益的权利,并以分摊损失的方式在各会员间分担损失和风险。(⇨savings and loan association; mutual benefit insurance)

mutual benefit bailment 双方受益寄托 指双方当事人商定以一定价格或补偿金作为寄托本身所生收益的回报。

mutual benefit certificate 互助证书;互济证书(⇨certificate of membership)

mutual benefit insurance 互助保险;互利保险 由互助协会、相互保险公司等向其成员提供的一种保险。其特点在于,对任何成员、股东支付的保险赔偿额,需由所有成员、股东分摊。

mutual benefit society (= fraternal benefit society)

mutual combat 互斗 当事人具有相互战斗的意图,自愿进行的战斗、斗争或决斗。

mutual company 互助公司;相互公司 公司全部股份由其成员拥有,其利润按成员的经营成果的比例分配,如美国的州特许互助储蓄银行和联邦储蓄与贷款协会。互助保险公司亦属于互助公司的形式之一。(⇨mutual insurance company)

mutual conditions 相互条件;并存条件 指合同一方当事人履行义务是另一方当事人履行义务的先决条件。

mutual consent 合意;意思表示一致 这是每个合同的核心要素,要求当事人在允诺和对价等方面完全达成一致,否则不能成立合同。(⇨mutual assent)

mutual contract 双务合同 指对双方当事人都有约束的合同,双方都应履行一定行为,在不履行合同时应给予赔偿。实际上,任何有效合同都是双务的,它对双方都有拘束力。

mutual covenants 双务盖印合同 指在本质上属于相互条件的盖印合同,亦即一方当事人的履行行为是另一方当事人履行合同义务的先决条件。(⇨mutual conditions)

mutual credits 相互债权 在英国 1914 年《破产法》[Bankruptcy Act]中,该词是指两人之间产生的,按其本质必须终止各自债务的交易。该法第 31 条规定,如果破产人与其债权人之间有相互债权[mutual credits]、相互债务[mutual debts]或其他相互交易[mutual dealings]的,那么在会计账目上,应当抵销相互之间的债权债务,不得单独请求偿付债务或进行债务支付。根据相互债权产生的是一种特殊的抵销[set-off],它与有清偿能力人之间的抵销不同,后者的抵销是为了防止交叉诉讼[cross actions],而前者的抵销是为了避免不公。反之,如果不能进行抵销,则债权人被迫向破产受托人支付其所欠破产人的全部债务,而债权人只能根据破产债务清偿比例从破产人处获得小部分的债务清偿,这对债权人是极不公平的。另外,英国《破产法》第 31 条规定的抵销不能以协议方式排除适用。

mutual dealings 相互交易(⇨mutual credits)
mutual debts 相互债务(⇨mutual credits)
mutual demands 相互请求权 指相同当事人之间在同一时间所发生的请求权。(⇨mutual credits)
mutual easements 相互地役权 因受让人接受含有对让与人和受让人双方都有法律拘束力的条款的文据而产生的地役权。
mutual error (= mutual mistake)
mutual fund 共同基金;互助基金 由投资公司或投资银行经营管理的基金。投资公司或投资银行一方面以发行股票的形式从基金股东处筹集投资资金,然后投资于各种股票、债券、期权契约、商品和货币管理市场。共同基金可以为投资者提供多样化和专业化投资管理的优势,每年按一定比例向股东收取基金管理费。共同基金的收益取决于其投资组合的盈利状况。严格意义上的共同基金是一种股份不定额的投资信托公司,即开放型投资信托公司;但在美国,则通常泛指任何投资公司。(⇨investment company; investment banker; open-end investment company)

mutual fund corporation 互助基金公司 为互助基金所拥有的证券提供安全保管服务的信托公司或商业银行,可以作为转账代理人向股东支付款项或从股东处收取投资资金。

mutual fund custodian 互助基金管理人 对互助基金的证券提供安全保管服务的商业银行或投资公司。

mutual gable 共墙 指两座建筑物之间对各个建筑物都起着山墙作用的那一座墙。

mutual insurance (= mutual benefit insurance)

mutual insurance company 互助保险公司;相互保险公司 保险公司的组织形式之一,没有股份资本,且其保险单持有人即为公司所有人或公司成员。换言之,公司成员既是保险人又是被保险人,其业务经营不以营利为目的,而是为了保护保险单持有人(即公司成员)的利益。公司为赔偿保险单持有人的损失而支付保险赔偿金所需的资金,是由公司成员以保险费形式和依分摊形式向公司缴纳的。因此,该类保险公司实质上是公司成员之间相互保险的一种合作企业形式。(⇨stock insurance company)

mutuality of assent 合意(⇨mutual assent)
mutuality of consent 合意(⇨mutual consent)
mutuality of contract 合同的合意 各方当事人意思表示一致,亦即各方同意。(⇨mutual assent; mutuality of obligation)

mutuality of demands 请求权的相互性(⇨mutual credits; mutual demands; mutuality of parties and demands)

mutuality of estoppel 不容否认的相互性 这是相互关系的一个特性,即任何一方都不受约束,除非对方受到约束。如果该人既非交易当事人,也非代理人,则由此交易而产生的衡平法上的不容否认,对其没有约束力。

mutuality of obligation 债的相互性;合同义务的相互性 合同中债权债务应具有相互性,即双方当事人都受合同的约束,否则双方都不受约束。如果一方当事人不受自己所作适当对价之允诺的约束,即缺少义务之相互性,则合同无效,不予执行,对方也不受约束。

mutuality of parties and demands 当事人和请求权的相互性 指具有同样行为能力的相同当事人之间,在相同时间内互相享有对对方的请求权。它是抵销[set off]或提起反诉[counterclaim]的基础。当事人双方互负债务

[mutually indebted]，是指每人均向对方承担债务，无论该债务系由简单合同、盖印合同还是法院判决所产生，但其请求权须属同种之债，故在此情况下，侵权损害赔偿请求权不属债务[debt]请求权。

mutuality of remedy （合同）救济的相互性 在衡平法上，如果合同一方当事人与对方当事人未在相同范围内受到约束，或其救济并非同样广泛，则其可能无法享有衡平法上的救济权。这里的衡平法救济，即指强制实际履行[specific performance]。通常，如果没有"救济的相互性"，则不能采用强制实际履行，亦即履行权必须是相互的。在双务合同[bilateral contract]中，每一方当事人均有权强制对方履行在合同中的允诺。

mutual life insurance company 互助人寿保险公司；相互人寿保险公司 业务经营范围为人寿保险的互助保险公司。(⇨mutual insurance company)

mutually indebted 互负债务的

mutual mistake 相互错误；双方错误 指各方当事人对主要事实、合同用语或文书内容等有相同的误解。合同中的相互错误，是指当事人间已形成合意，合同也已达成，但合同的书面表达却并未真正体现当事人的意图。依据相互错误，可以要求对书面法律文件作适当修改。相互错误强调的是各方错误的关联性，与共同错误[common mistake]强调各方都犯错误不同。

mutual negligence 相互过失；与有过失(⇨contributory negligence)

mutual promises 相互允诺 指双方当事人同时向对方作出允诺，每一允诺都是对方允诺的对价。如果一个允诺可撤销，它仍是一个对价；如果该允诺无效，则它不是一个对价，合同也因此不能成立。

mutual relief association (＝mutual benefit association)

mutual rescission （合同的）双方撤销；协议撤销 当事人间达成协议，撤销原有合同，免除当事人后续的合同义务，恢复至合同订立前的原状。(⇨rescission of contract)

mutual reserve company 互助储备公司 指这样一类公司：它发行的"保险储蓄凭证"[benefit thrift certificate]具有储蓄和可展期定期保险的双重特征，具有现金和贷款价值。保险人一次性支付保费以取得该凭证，公司开支只限于管理和监督的费用。

mutual savings bank 〈美〉互助储蓄银行 由储户作为成员组建的无股本的合作性银行机构，其所有者即为该银行的储户。存款凭证上记明利息，目的在于为其成员提供安全的储蓄机制。该银行的经营原则为不能以自己的资金进行高利润投资的小额存款人提供社会服务，其经营采用合作社方式。一般情况下，互助储蓄银行的所得收入在扣除各项支出和准备金之后，分配给各存款人。许多互助储蓄银行已开始发行股票和提供各种顾客服务业务，如信用卡和支票账户服务；也办理一些商业银行业务，如公司支票账户服务和商业不动产贷款。(⇨savings and loan association; savings bank)

mutual settlement 相互财产处分；相互转让 一种财产处分方式，指两人中各方均将全部财产或财产中的实质部分在死亡时给予对方。(⇨mutual wills)

mutual subscriptions 共同认缴 为实现一个只有通过集体努力才能实现的共同目标而由每人允诺认缴一笔资金，每人的义务构成他人义务的充分对价。

mutual tax exemption 〈美〉相互免税 两个州通过签定协议，相互对他州在本州的财产免税。

mutual testaments 相互遗嘱 两人相互约定各自财产由其中的生存者继承。

mutual trust 互益信托(⇨reciprocal trusts)

mutual utility 互助公用事业公司

mutual wills 相互遗嘱 也称"孪生遗嘱"[twin wills]，指两人或数人以互惠为目的订立遗嘱，分别载明自己死后的遗嘱归对方继承。它们可以只作成一份法律文书，也可以分别作成数份文书。在两人都活着的时候，任何一方的遗嘱均可被撤销，但若另一个遗嘱的利益已被取得时，则不能撤销。(⇨reciprocal wills)

mutuant n.出借人；贷方 消费借贷[mutuum]中出借动产（以供消费或使用）的人。

mutuari 〈拉〉借；借入

mutuary n.借方 在消费借贷中，指借用他人的动产并进行消费的一方，他应返还同等数量的同类物；在金钱借贷中，则指借钱一方。

mutuation n.借（入）

mutuatus 〈拉〉金钱借贷 若某人欠另一人一笔钱且为之出具一张未盖印的字据，则债务之诉即可因金钱借贷而予以受理；但在此一诉讼中可能会依据默示的付款允诺而行宣誓断讼[wager of law]，这种方法在例案诉讼[action on the case]中是不可用的。

mutus et surdus 〈拉〉（罗马法）〈英格兰古法〉聋，哑

mutuum 〈拉〉消费借贷（合同） ①在罗马法上，是指一种借贷，其借方有权消费借得的物品，然后按同等数量返还贷方。消费借贷合同和使用借贷合同[commodatum]、租赁合同[locatio conductio]一起，构成了许可他人用益某物的三种合同形式；②指一种交易形式——有时称之为寄托，其中所交付的物并不返还原物，而是以返还同种类的其他物来代替。正因为不返还特定的原物本身，所以在普通法上不认为其是寄托，而以之为买卖或交换。

my creditors 我的债权人 包括单个的和合伙的债权人。

Myers v. United States (1926) 〈美〉迈尔斯诉美国案 该案涉及的问题是总统能否不受参议院干涉随意解除经过参议院建议和同意而被任命于总统手下的工作人员。1920年伍德罗·威尔逊[Woodrow Wilson]总统，未按照法律规定的要求经参议院同意就解除了迈尔斯——一个一流的邮政局长的职务。最高法院在审理该案时认为尽管国会明显有设立邮局、规定邮政人员的任命和薪水的权力，但此项法律侵犯了行政权，因为总统享有毫不受限制地解除他所任命的政府官员的固有权力，国会对此不能限制。迈尔斯一案的判决受到过于宽泛的使用，在一个行政机关不断扩大的国度里，总统这项不受限制的解职权已危及了国会制定政策的职能。因而在1935年汉弗莱的遗嘱执行人诉美国案[Humphrey's Executor v. U.S.]中，最高法院一致同意删除迈尔斯案中宽泛的用词，裁定对于行使准立法和（或）准司法职能的政府官员，国会有权保护他们不受总统任意的解职；然而，对于行使纯行政职权的政府官员，迈尔斯案的判决仍然是正确的决定。

my estate 我的财产 在遗嘱中用以指经过检验的遗嘱中的遗嘱人财产。

my hand 亲手(⇨witness my hand)

my hand and seal 亲手签名盖章(⇨witness my hand and seal)

my just debts 我的正当之债(⇨just debts of decedent)

mynster-ham n.❶修道院的住所 ❷修道院中分离隔开的一部分 用以接待来客或作为罪犯的庇护所。

my personal estate 我的个人财产 指个人自己拥有的财产，不论其为动产或是不动产。

myself note 指己本票 以出票人本人为受款人的本票。

mysterious disappearance 神秘消失 盗窃险保险单条款的用语，指在不被知晓或令人不解的情形下，或难以理解、解释的情形下发生的任何承保财产的灭失。

mystic testament 〈西〉〈美〉秘密遗嘱；密封遗嘱 根据西班牙法而作成的一种遗嘱形式，在美国盛行于路易斯安那州和加利福尼亚州。立遗嘱人在立遗嘱后或在其指定的代人代书遗嘱并经其亲笔签字后，将遗嘱装入信封，密封，当着公证员和七个证人的面宣布内装的是他的遗嘱，再由公证人证明该行为并记于信封之上，从而构成一个秘密遗嘱。

Nn

n.a. (= National Association; national bank; non allocatur; not allowed; not available; not applicable)

naam n.〈撒克逊〉扣押 即 nam 在盎格鲁－撒克逊语中的形式。其中，对于牲畜[chattle]的扣押，根据牲畜之是否活体分为两种：活牲扣押[naam vif]、死牲扣押[naam mort]。

N.A.B.E. (= National Association of Bar Executives)

N.A.C.C. (= National Association of Counsel for Children)

N.A.C.C.A. (= National Association of Claimants' Compensation Attorneys)

Nader's Raiders 〈美〉纳德袭击队 由拉尔夫·纳德[Ralph Nader]领导的消费者咨询团，主要由大学生和年轻律师组成，旨在促进以增进产品的安全性、广告、商标及信用为目的的消费者立法。为确保这些规章制度的实施，该组织亦常诉诸法庭。

nadgairs 某时；近来 用于安德逊汇编[Anderson's Reports]扉页的单词。

NAEOA (= Native American Equal Opportunity Act)

naif 〈法〉❶农奴 ❷生来即为奴隶的人 ❸女奴

nail n.〈英〉纳尔 一种古老的度量单位，用作重量单位时相当于 8 磅；用作长度单位时则相当于 2¼ 英寸。

naked a.不确定的；未经证实的；无效的；缺乏必要条件的；单纯的 此为该词之比喻意义，在法律意义上多采此义。意指某一事物未予确定或不具备有效性。例如，无权的侵入者[naked trespasser]，并非指赤身露体侵入他人土地的人，而是指侵入其不存在任何请求权的土地者。

naked confession 未经证实的供认 无任何犯罪证据的供述，通常极可疑。

naked debenture (= debenture ❷)

naked possession 单纯占有；无权占有 指没有任何表见权利而实际占有某物，尤指不动产。

naked power 单纯权力 行使该权力的人并不获得任何相应的利益。与兼有产权的代理权[power coupled with an interest]相对。

naked trust 名义信托(= dry trust; bare trust; passive trust)

nam n.〈英格兰古法〉扣押牲畜或动产(⇨distress; self-help)
〈拉〉因为；由于；原因是… 拉丁连词，在古代作品中常用来引述拉丁谚语。

namare 〈拉〉〈英格兰古法〉❶取得；占有 ❷扣押(⇨nam; naam)

namatio 〈拉〉〈英格兰古法〉扣押(⇨nam; naam)

namation (= nam; namare)

name n.姓名；名字；(企业)名称 源于拉丁文 nomen，法文为 nom，撒克逊语为 nama，荷兰文为 naem。意指某人或某物与他人或他物相区别，从而标明其独特身份的词或词的组合。一个自然人的"姓名"由一个或多个的姓[surname]、家族名[family name]和名[given name]、教名[Christian name]组成。在英国，经由主教同意，某人可以更改其教名。妇女通过结婚获得夫姓，该姓在离婚后仍可使用。任何人可以随意为自己取得一个或多个不拘内容的名，但不能有两个洗礼名[name of baptism]，且未成年人只有在父母双方协商一致，或在双方未达成协议时由法院作出判决的情况下才可以改变其姓。姓名后加上"& Co."则是对姓名的变更，从而成为商号[business name]。企业名称包括公司名称、合伙字号等。

name and arms clause 〈英〉姓名和纹章条款 有时在遗嘱或财产赠与文件里设定的条款。据此，指定接受遗产或赠与的人必须使用立遗嘱人或赠与人的姓名和爵位、衔级等纹章。如果该人未采用或未继续采用，则遗产将移归下一位享有继承权的人。

named insured 记名被保险人 在保单中载明受保单保障的人。在寿险和健康保险合同中，以保单中特别写明的人、组织、企业的名字作为被保险人。在财产险或责任险保单中特指的人、组织、企业作为被保险人。有的保单也规定，经被保险人应允使用被保险财产的人也受到保险保障。如得到投保个人汽车险的车主允许驾驶汽车的人。例外情况是，如两人拥有的房子，在住户综合保险单上只记名一人，另一人的利益则得不到保障。

named-peril insurance (= multiperil policy)

name index 姓名索引 在产权登记册中依照转让人和受让人、抵押人和抵押权人等的名字所编辑的索引。

Name Law 〈美〉《姓名法》《1972年教育修正法案》[Educational Amendments of 1972]的第四部分。规定任何得到联邦拨款的学校不得询问申请入学学生或申请就业雇员的婚姻状况，包括女子婚前的姓名以及曾用名，但申请者可被要求说明他在学历及工作履历中所使用过的名字。

name of corporation (= corporate name)

name of partnership 合伙企业名称；合伙字号 除法律另有要求外，由合伙人选定。

names and change of name 姓名及其变更 依照英国的习惯，婚生子以其父姓为姓；非婚生子则以其母姓为姓，然后加上一个或多个名或教名组成姓名。在英国，妇女在婚后常以其夫姓为己姓，而在美国则可继续使用其婚前姓。一个人可以使用他所喜欢的任何名。如果不是有意冒用他人的名字，任何人可以不受限制地改名，但在职业登记簿上登记的人变更名字时，须履行变更登记手续。

Nam ex antecedentibus et consequentibus fit optima interpretatio. 〈拉〉最佳解释得由参考其上下文作出。

Nam feudum sine investitura nullo modo constitui potuit. 〈拉〉未经授权不得以任何方式设置封地。

naming a member 〈英〉点名(批评) 下议院的一种程序。依该程序，如某一议员拒绝收回其冒犯性的言论，议长有权令其离开会场，不准其继续参加当天的会议。如该议员拒绝或无视议长的决定而坚持己见，议长可以点名批评该议员藐视议长，并提出暂停其议员资格的动议，该动议立即交付表决。如获通过，议长有权令其退出，必要时可动用警卫强行令其退出。

namium 〈拉〉(英格兰古法)❶取得；占有 ❷扣押 ❸扣押物(⇨nam)

namium vetitum 〈拉〉(英格兰古法)非法自主扣押 伪称他人牲畜侵害自己权利而扣留之，并将其转移至行政司法官管辖范围外的地方以作隐匿。这种看似自助扣押[nam]的行为为法律所禁止，牲畜的所有人有权请求扣押人赔偿损失。(⇨eloignment; nam; replevin)

Nam leges vigilantibus, non dormientibus, subveniunt. 〈拉〉法律援助警觉者，而非麻痹大意者。

Nam nemo est haeres viventis. 〈拉〉任何人不得为生存者之继承人。

Nam neque quies gentium sine armis, neque arma sine stipendis, neque stipendia sine tributis, haberi quent. 〈拉〉没有税收就没有军饷，没有军饷就没有军队，没有军队就没有和平。

Nam omne testamentum morte consummatum est, et voluntas testatoris est ambulatoria usque ad mortem. 〈拉〉遗嘱仅因遗嘱人死亡而完成，而在遗嘱人死亡前均可变化。

Nam qui facit per alium, facit per se. 〈拉〉通过他人实施行为者相当于亲自实施。

Nam qui haeret in litera, haeret in cortice. 〈拉〉拘泥于文字的人做的是表面文章。

Nam quilibet potest renunciare juri pro se introducto. 〈拉〉任何人均可放弃为其自己利益所设之权利。

Nam qui non prohibet, cum prohibere possit, jubet. 〈拉〉能够禁止而不禁止者是为准许。

Nam quod remedio destituitur, ipsa re valet, si culpa absit. 〈拉〉见难不帮就等于使人丧失救济手段。

Nam quod semel meum est, amplius meum esse non potest. 〈拉〉不可能发生比拥有更进一步之拥有。

Nam quo major vis est animi quam corporis, hoc sunt graviora ea, quae concipiuntur animo quam illa quae corporae. 〈拉〉意志力比体力更强大，相应地精神痛苦比肉体伤痛更为严重。

Nam silent leges inter arma. 〈拉〉刀剑砰梆作响的地方，法律保持沉默。

Nam verba debent intelligi cum effectu ut res magis valeat quam pereat. 〈拉〉对文字应按照使事情有效而不是无效之含义来理解。

nantissement 〈法〉抵押；抵押合同 动产抵押称为 gage，不动产抵押则称为 antichrèse。

Napoleonic Code (常用复)《拿破仑法典》 一个非正式用语，指在法国拿破仑时代由拿破仑提议通过的诸法典的总称。法语即为 Code Napoléon。它包括 1804 年的《民法典》[Code Civil]、1806 年的《民事诉讼法典》[Code de Procédure civile]、1807 年的《商法典》[Code de Commerce]、1810 年的《刑法典》[Code Pénal]和 1811 年的《刑事诉讼法典》[Code d'instruction criminelle]。尽管当时法国的法律体系中尚有其他一些不甚重要的法典，但不包括在拿破仑法典体系之中。有时，亦把其中的《民法典》单称为《拿破仑法典》[Napoleonic Code]。

NAR (= National Association of Realtors)

N.A.R.A.L. 〈美〉(= National Abortion Rights Action League)

narcoanalysis n. 麻醉精神分析；麻醉心理分析 通过注射一种名为"吐真药"[truth-serum]的化学药品，使人在梦幻状态中接受讯问，然后对他进行精神或心理分析。该方法已被用来增强证人的记忆力。

Narcotic Act 〈美〉《毒品法》 由最初的《哈里森毒品法》[Harrison Narcotic Act]修改而来，是一项关于禁毒的联邦法律，该法宣布下列行为为非法：①任何人购买、销售、散发、转运毒品的行为，但毒品系放在或来自原装的邮件中者除外；或②未经书面核准而销售、易货、散发或运输毒品的行为；或③未经登记的人占有、持有、发运、携带、转移毒品进出各州或哥伦比亚特区。

Narcotic Drug Act 〈美〉《麻醉药品法》 国会通过的一项法律，要求对任何生产、进口、销售鸦片、可可叶或它们的合成物或衍生物的行为征收特别税。

Narcotic Drugs Import and Export Act 〈美〉《麻醉药品进出口法》 该法宣布下列行为为非法并规定了刑罚：除非用于医疗和合法目的，任何将麻醉药品运进美国本土或由美国控制或由其行使司法管辖权的地区的行为；除非用于医疗和科学研究的目的，任何将麻醉药品从上款所列区域运出的行为。

narcotics n. 麻醉剂；毒品 能直接引起睡眠，使人感官迟钝的一种物质，大量吸食后可进入催眠状态或完全丧失知觉，长时间吸食则可上瘾。任何制造、销售、运输、持有毒品的行为都是法律所严格禁止的。

Nardone v. United States 〈美〉纳多恩诉美国 1939 年美国最高法院判决的一宗案件。通过该案确立了"毒树之果"原则[fruit of poisonous tree doctrine]。

narr. (= narratio)

narratio 〖WTB6X〗〈拉〉起诉状 普通法上原告的起诉状[declaration]或诉讼理由[count]的名称之一，原告以叙述的方式口头陈述其起诉所依据的事实及卿法律根据，也曾写为 conte 或 tale。

narrative n. ❶〈苏格兰〉叙述条款 指财产转让契据中说明转让人、受让人姓名或名称以及转让事由的条款。❷叙述

narrative abstract of record 〈美〉上诉笔录的叙述形式的摘要

narrative bill of exceptions 叙述形式的异议书 有别于对证据的逐字逐句的抄录。

narrative evidence 叙述性证据 指证人被获准不经惯常的询问就其所知事实而作的连续性陈述。

narrative form in taking testimony 采纳证人证言时使用的叙述性形式 获取证人证言时使用的一种方式，证人被要求陈述事实，然后准许他作比较全面的长篇陈述。

narrative transcript 叙述形式的抄录 有别于逐字逐句的抄录。

narrator 〈拉〉〈英〉辩护律师；判例报道者 在早期普通法上，指从事法庭辩论的人，有时也指判例报道者[reporter]，在 13 世纪时成为专门职业者。但他们有别于关注应用诉讼程序细节的律师。在古代，高级律师[serjeant-at-law]称为 serviens narrator。

narrow construction 狭义解释；严格按字面的解释（⇨ literal construction）

narrow seas 窄海 两岸之间相距不远的狭长海域，如英吉利海峡。

NASA (= National Aeronautics and Space Administration)

N.A.S.A. (= National Aeronautics and Space Administration)

N.A.S.A.B.C.A. (= National Aeronautics and Space Administration Board of Contract Appeals)

nasci 〈拉〉即将出生的

nasciturus 〈拉〉（罗马法）胎儿 与已出生的婴儿[natus]相对。

NASD (= National Association of Securities Dealers)

NASDAQ (= National Association of Securities Dealers Automated Quotation System)

N.A.S.H. (= National Association for Smoking and Health)

nastre 〈拉〉即将出生的

natale 〈拉〉〈古〉生而有之的 指因出生取得的地位或身份。例如，父母中一方或双方是农奴[serf]时，子女一般就生而为农奴，但生来自由者则很少会成为农奴。（⇨ nativus）

nati et nascituri 〈拉〉〈古〉〈复〉❶所有已出生和即将出生的人 ❷全体继承人

natio 〈拉〉〈古〉❶出生地 ❷国家 ❸种族

nation n.❶民族 指具有共同的种族、起源、语言和传统，并且通常组成一个政治实体的人民集合体。如一个民族[a nation]与一个国家[a state]同一时，常称为"民族－国家"[nation-state]，亦称nationality。❷国民 居住在一特定的领土内，受一独立的政府领导之下的人民的共同体。在美国宪法中，"state"意指美国各州，"nation"则指在联邦政府管辖下的国民全体。❸主权政治实体（⇨ state）

National Abortion Rights Action League/N.A.R.A.L. 〈美〉全国堕胎权行动联盟（⇨ Right-To-Life Amendments）

National Academy of Sciences 〈美〉国家科学院 由国会于1863年成立的无官职的[private]机构。负责开展政府在科学和艺术领域的研究。1916年，该机构设立了"国家研究委员会"[National Research Council]作为其分支机构，该委员会原来组织的目的是为了促进与战争有关的研究，现已全面领导纯科学和应用科学这两方面的研究工作。该委员会于1950年与国家科学院合并为"国家科学院－国家研究委员会"[National Academy of Sciences-National Research Council]。国家工程院[National Academy of Engineering]和医药研究所[Institute of Medicine]也已在国家科学院的领导下成立。

National Academy Peace Commission 〈美〉国家和平学院委员会 1978年由国会设立的以密苏里大学[University of Missouri]詹姆斯·莱恩[James Lane]教授为主席的组织。该组织的使命是建立一个类似于西点[West Point]军校和安那波利斯[Annapolis]军事学院的联邦政府和平学院[Federal Government Peace Academy]。美国总统乔治·华盛顿早在1783年就首次倡导设立类似机构。

National Aeronautics and Space Act 〈美〉《国家航空航天法》（⇨ National Aeronautics and Space Administration）

National Aeronautics and Space Administration 〈美〉国家航空航天局 依1958年《国家航空航天法》[National Aeronautics and Space Act]设立的联邦政府机关，其职能包括进行空间活动研究，改善航空旅行[space travel]，建造载人和非载人航空器，开发可实施运营的空间项目，以及从事为全人类利益、和平目的的其他空间活动。

National Aeronautics and Space Administration Board of Contract Appeals 〈美〉国家航空航天局合同申诉委员会（⇨ Boards of Contract Appeals）

national agencies and instrumentalities 〈美〉国家政府机关及机构（⇨ federal agencies and instrumentalities）

National Air Quality Commission 〈美〉国家空气质量委员会 1977年由国会成立的组织，其13名成员分别是议员、政府官员和环境、劳工、商业及其它团体的代表。该组织的职责是向国会提出对《清洁空气法》[Clean Air Act]的修改建议。

National Assembly of the Church of England 〈英〉英格兰国教全国会议 根据1919年《英格兰国教会议（权力）法》[Church of England Assembly (Powers) Act]创立，以保证英格兰国教会的立法在议会上通过。该会议由坎特伯雷和约克两个教省的教牧人员代表会议[Convocations of Canterbury and of York]组成，每年召集3次，商议行政管理而非信仰和教义。它讨论提出的立法称为议案[Measures]，经国王批准的议案具有与议会法案同等的效力。教会事务立法权的下放成功地使教会拥有了提案权，英格兰国教全国会议则进行具体的立法，同时议会保留最后的控制权。1970年重新组建，更名为英格兰国教全体大会[General Synod of the Church of England]。(= Church Assembly)（⇨ convocation）

National Assistance 〈英〉国家补助（⇨ supplementary benefits）

National Association 国家协会

National Association for Law Placement 〈美〉全国法律院校毕业生安置协会 1971年成立的为解决法律院校毕业生的分配和雇用单位在接收上存在的问题而设立的机构，目的是为协调持续增长的法律院校毕业生人数与相对平稳的法律人才需求市场之间存在的不平衡。

National Association for Smoking and Health/N.A.S.H. 〈美〉全国吸烟与健康协会 为保护吸烟者的法律权利而成立的组织。1978年，该组织以侵犯商标专用权、不正当竞争和欺诈为由，控告旨在保护不吸烟者法律权利的吸烟与健康行动组织[Action on Smoking and Health/A.S.H.]，但后败诉。

National Association of Bar Executives/N.A.B.E. 〈美〉全国律师组织负责人协会 1953年成立，其前身为全国律师组织秘书会议与全国律师组织负责人会议，宗旨在于促进律师组织的活动。大约有会员16 500人，每半年与美国律师协会[A.B.A.]举行一次联席会议。任何律师协会或其宗旨与法官或律师有关的律师组织的行政负责人均可参加。出版半年期刊物"Nabe News"。

National Association of Claimants' Compensation Attorneys/N.A.C.C.A. 〈美〉全国索赔代理律师协会（⇨ Association of Trial Lawyers of America）

National Association of Counsel for Children/N.A.C.C. 〈美〉全国儿童法律顾问协会 该组织的宗旨是为律师、诉讼中的监护人[guardian ad litem]和其他代理儿童诉讼的辩护人提供自我教育和培训的机会，并支持对在司法程序中代理儿童的法律工作者进行管理，以保证这种代理是充分的。

National Association of Realtors/NAR 〈美〉全国房地产

经纪人协会
National Association of Securities Dealers/NASD 〈美〉全国证券商协会 由经证券交易委员会授权许可的证券经纪人和经销商组成的管理场外证券交易市场的组织。
National Association of Securities Dealers Automated Quotation System/NASDAQ 〈美〉全国证券商协会自动报价系统；纳斯达克 由全国证券商协会拥有和管理的计算机化的证券报价系统，主要是进行交易记录，并向证券经纪人和经销商提供场外证券交易市场上直接交易的各种证券的报价。
national bank 国民银行 亦称"联邦特许银行"。根据联邦法律和货币审计长的特许成立并受其管理之公司制银行。所有的国民银行都必须是联邦储备银行[Federal Reserve System]之成员银行。此类银行被准许以 n.a.（即 national association 的缩略形式）作为其名称的组成部分。
National Bank Act 〈美〉《国民银行法》 旨在对国民银行进行授权和规范的联邦法律。
national bank notes 国民银行券（⇨bank note）
National Bar Association/N.B.A. 〈美〉全国律师协会 约有 4 000 多名成员，多数为黑人法官和律师。其宗旨主要在于促进司法改革，增进成员之间的关系，激发学习法律的兴趣。
national cemetery 〈美〉国家公墓 由国会批准建立，内政部园林局[National Park Service, Department of the Interior]管理的，为军队成员、退伍军人及其配偶提供的公共墓地。
National Center for State Courts 〈美〉全国州法院中心 1971 年由联邦最高法院首席大法官沃伦·伯格[Warren Burger]支持建立的一个旨在促进并帮助州法院工作现代化的机构。
National Center on Child Abuse and Neglect 〈美〉全国防止虐待与遗弃儿童中心 一个由联邦出资建立的对作为精神上、肉体上以及性虐待受害者的儿童进行伤害程度鉴定、治疗并对施害者进行识别、预防和处理的组织。
national citizenship 〈美〉美国公民权 区别于各州的公民权。美国宪法修正案第十四条填补了该宪法第四条的空白，从而保护美国公民不受他们本州立法规定的其在他州行使美国公民权时不得享受同等待遇的约束。
National College of the State Judiciary 〈美〉全国州法官培训学院 1963 年设立，现位于内华达州的里诺，是由美国律师协会[A.B.A.]主办的提供司法教育的机构。该学院是庭审法官的主要培训基地。
National Commitments Resolution 〈美〉国家调拨决议案 1969 年由美国参议院公布的一项决议。它要求总统在未得到国会的明确批准前，不得向其它国家调拨军队或款项。
National Conference of Bar Presidents 〈美〉全国律师协会会长联谊会 由各律师协会会长及其他官员组成的一个自愿性组织，完全独立于美国律师协会[A.B.A.]，其宗旨在于为各律师协会相互交换意见提供一个论坛，从整体上促进律师协会的工作，为了公共及行业利益，培养全国及若干州的律师协会之间的真诚关系、团结精神及达成共识。
National Conference of Commissioners on Uniform State Laws 〈美〉统一州法律委员全国会议 旨在促进各州法律统一的组织，它起草各种法律供各州采纳。该组织成立于 1892 年，由来自 50 个州的代表组成。目前它已起草了 200 多个统一性法律，包括《统一商法典》[Uniform Commercial Code]在内。（⇨uniform act; model act）
national corporations 〈美〉国家公司 依照国会通过的法律而授权组建的公司。
National Court of State Appeals 〈美〉全国上诉法院 由亚利桑那州[Arizona]最高法院的首席法官詹姆斯·杜克·卡梅伦[James Duke Cameron]提议，设立一个介于联邦上诉法院和美国最高法院之间的全国上诉法院，这一新法院将由总统根据美国宪法第三条任命的 9 名法官组成，对涉及联邦问题的所有州法院的民刑事判决享有排他的初次上诉管辖权。它不仅有权受理对州最高法院的判决不服直接提出的上诉，而且对所有对州法院的判决的附带攻击[collateral attack]有排他的初审管辖权。对于这一新法院的判决，将根据调卷令[certiorari]申请移送美国最高法院复审。对这一建议并没有采取实质性的行动。
National Covenant 〈苏格兰〉民族圣约 1637 年，查理一世企图把英格兰国教会的圣礼和教规强加于苏格兰人（他们是长老会的信徒），从而激起了他们的反抗。苏格兰人提出了民族圣约，即反对国王的宗教政策的宣言，并在格拉斯哥[Glasgow]召集苏格兰长老会全会[General Assembly of the Church of Scotland]，宣布废除主教团制度。
National Crime Information Center 〈美〉国家犯罪情报中心 联邦调查局[F.B.I.]设在首都华盛顿的计算机中心，1965 年成立。通过该中心可使各州的司法官员迅速获得重罪嫌疑犯的刑事档案材料。
National Crime Panel Survey Reports 〈美〉全国犯罪对象调查报告 由美国人口调查统计局[United States Bureau of the Census]向法律实施协助管理局[Law Enforcement Assistance Administration/L.E.A.A.]提供的有关犯罪受害者的调查报告，报告对 12 周岁以上的人的个人情况、家庭情况、经济情况、受某种犯罪侵害的程度进行评价，并对犯罪及受害者的情况进行说明。
National Criminal Justice Reference Service/NCJRS 〈美〉全国刑事审判参考服务处 司法部国家法律实施和刑事审判研究所，1972 年成立。
national currency 法定货币 经一国政府批准作为交换媒介投入流通的货币。（⇨legal tender）
national debt 国债 国家负有清偿义务的债务，包括诸如国库券、国库票据、国库债券等形式的债务及外债。
National Debt Commissioners 〈英〉国家债务委员会 全称为联合王国减少国家债务委员会[Commission for the Reduction of the National Debt of the United Kingdom]，由下列人员组成：下议院议长[Speaker of the House of Commons]，财政大臣[Chancellor of the Exchequer]，掌卷法官[Master of the Rolls]，首席大法官[Lord Chief Justice]，最高法院会计官[Accountant-General of the Supreme Court]，英格兰银行总裁和副总裁[Governor and Deputy-Governor of the Bank of England]。该委员会的职责由国家债务局审计长[Comptroller-General of the National Debt Office]负责执行。
national defence contribution 〈英〉国防税 根据 1937 年《财政法》[Finance Act]对商业或贸易利润征收的税，1946 年《财政法》将之改称利润税。（⇨profits tax）
national defense 国防 指军队建设以及与战备有关的活动，包括所有同保卫国家、抵御敌人有直接及合理关系的事务。
National Discipline Data Bank 〈美〉全国律师惩戒资料库 1968 年由美国律师协会职业惩戒中心建立，将全国 50

个州的律师惩戒工作用计算机联网，从而防止在某一州受到惩戒的律师通过隐瞒自己过去的违法行为而到他州申请从业。

National Divorce Center 〈美〉全国离婚问题研究中心 一个计划成立的机构，旨在研究婚姻破裂的原因。该中心对数字与信息进行汇编及分析，以促进制订针对日益增长的离婚率的公共政策。

national domain 〈美〉❶国有产业 ❷国有土地（⇨public domain）

national domicile 国家住所 指某人在某一国家的住所，即强调指明该住所是位于哪一国家，而非具体强调其位于一国的哪一区域或特定地点。

national emergency 国家紧急状态（或事件） 指任何威胁国家和人民安全从而需要国家立即采取特别行动的全国性危机或状态。

National Energy Conservation Policy Act of 1978 〈美〉《1978年国家节约能源政策法》 该项联邦法律为卡特总统的《国家能源计划》[National Energy Plan]的一部分，旨在更大提高家庭和商业使用能源的效率。它订有特别条款，要求政府建筑物储存和使用太阳能，同时为家用电器的生产商确定了强制性的能源使用效率标准。

National Enterprise Board 〈英〉国家企业局 根据1975年《工业法》[Industry Act]建立，对英国工业有很大的干预权力。

National Environmental Policy Act/N.E.P.A. 〈美〉《国家环境政策法》 美国于1969年颁布的确立美国环境政策的一项联邦法律。该法的主要条款要求每一联邦机关必须为将影响环境的计划或法律递交附有建议的环境影响报告[environmental-impact statement]。(⇨environmental impact statements)

National Film Finance Corporation 〈英〉全国电影金融公司 该机构有权力为拍摄电影提供贷款。

national government 中央政府 代表整个国家的政府，以区别于州、省、地区或区域性政府。在美国，通常即指联邦政府。

National Guard/N.G. 〈美〉国民警卫队 根据联邦和州的宪法以及制定法而设立的武装民兵组织，是美国陆军和空军的一支主要后备队，其任务包括救灾和紧急援助、控制民间骚乱、根除与查禁毒品以及在战争时期或者紧急备战下应征等。

national income/NI 国民收入 一国国民经济各个生产部门在一定时期内新创造的价值总和减去生产资料价值的消耗等之后的净额，可表示为 NI＝国民生产总值－资本折旧提存－企业间接税，或国民生产净值－企业间接税。国民收入亦表示为各种生产要素在一定期内参加生产所获得的报酬或所得的总和。

National Industrial Relations Court 〈英〉全国劳资关系法院 英国的高级法院之一。1971年设立，于1974年废除。其法官由御前大臣从高等法院和上诉法院的法官中提名，至少要有一名法官来自苏格兰最高民事法院，具有专门劳资关系知识的非法律专业人员则由女王任命。它可在英国任何地方开庭，对因劳资纠纷而引起的许多问题都有裁判权，对来自劳资关系裁判所[industrial tribunals]的一些上诉案件也有裁判权。后被就业上诉裁判所[Employment Appeal Tribunal]取代。

National Institute for Trial Advocacy 〈美〉全国初审辩护学会 1971年由美国律师协会[ABA]、美国初审律师协会[Association of Trial Lawyers of America]和美国初审律师学院[American College of Trial Lawyers]成立，旨在提高初审辩护方面的教学技巧。

National Institute of Justice 〈美〉国家司法机关 这是1977年11月由司法部长格里芬·贝尔[Griffin Bell]向卡特[Carter]总统建议成立的联邦机关，以取代原有的执法协助管理局[Law Enforcement Assistance Administration]，其局长由总统任命，薪金相当于美国联邦调查局[F.B.I]局长。

National Insurance 〈英〉国民保险 指对失业和疾病的强制保险。在1948年国民保险制度中，除已婚妇女、大学生和有小额收入的人以外，成年人被划分为在业人员、自雇人员和无职业人员三类，这些人都必须根据特定的比率每周向国民保险基金交纳一定数额的金钱。此外，财政部向该保险基金拨一定数额的款项；雇主也每周为其雇员向该保险基金缴款。国民保险基金用于失业救济金、疾病救济金等。这一国民保险制度于1973年被社会保障津贴取代。

National Insurance（Industrial Injuries）〈英〉国民工业伤害保险 1948年工业伤害保险制度规定对在工作过程中因意外事故造成的人身伤害以及由于工作性质引起的疾病和伤害进行强制保险。该保险制度适用于依雇佣合同而受雇的所有人员，由国家保险基金支付赔偿金。国家保险基金由财政部、雇主和雇员共同缴资形成。赔偿金分为伤害赔偿金、伤残赔偿金、死亡赔偿金等。这一工业伤害保险制度于1975年被依据1975年《社会保障法》[Social Security Act]设立的相关制度取代。

nationality n.❶国籍 个人作为某一特定国家的成员而与该国之间发生和存续的一种特别而稳定的法律联系，实质上是个人隶属于某一特定国家从而取得和享有的一种公民资格或国民资格，旨在表明一种法律资格或身份。❷船籍 船舶与其船旗国之间的特殊法律联系。 ❸民族

Nationality Act 〈美〉《国籍法》 《移民及国籍法》[Immigration and Nationality Act]的简称，是一部有关外国人入境、移民及入籍的联邦法律。(⇨Immigration and Nationality Act)

nationality of married women 已婚妇女的国籍 涉及的是双重国籍问题，由于传统法律原则规定：与非本国人结婚的妇女在婚后取得丈夫的国籍，而同时又可保留其自身的国籍，从而产生双重国籍的问题。为解决此问题，许多国际条约都相继规定：婚姻对妇女的国籍并不自动产生影响；妇女应与男子一样，在取得、变更和保留国籍问题上有选择权。

nationality of ship 船籍（⇨nationality）

nationalization n.国有化 政府对私有企业的接管或没收。

nationalization loss 国有化损失 指由于一国政府对位于本国境内的私人财产，尤指外国人财产进行国有化导致的损失。

national judges 本国法官 在国际常设法院和国际法院参与审理以其本国为当事一方的案件的法官。具体而言，在审理具体诉讼案件时或在有关两个或两个以上国家之间发生的法律争端的咨询案中，属于争端当事国国籍的法官有权参与该案件。如果作为当事一方或各方的国家在法院中没有其本国法官，它可选派一名专案法官参加对该案的审理。

National Judicial College 〈美〉全国州法官培训学院（⇨National College of the State Judiciary）

National Labor Relations Act/N.L.R.A. 〈美〉《全国劳资关系法》(⇨National Labor Relations Board)

National Labor Relations Board/N.L.R.B. 〈美〉全国劳资关系委员会 根据1935年《全国劳资关系法》[National Labor Relations Act](亦称《瓦格纳法》[Wagner Act])在美国设立的一个独立的联邦机构，后被1947年《塔夫脱－哈特莱法》[Taft-Hartley Act]和1959年《兰德勒姆－格里芬法》[Landrum-Griffin Act]所修改。本机构有两项基本职能：①防止和纠正由雇主和劳工组织造成的不公平劳动惯例；②指导在雇员中进行秘密投票以选举可代表其进行集体劳动磋商的代表组织。(⇨Wagner Act)

national law ❶国内法 与国际法相对。 ❷本国法 与外国法相对。

National Law Journal 〈美〉《美国法律杂志》 1978年在纽约创刊的全国性的周刊，主要向法律专业人员提供有关重要法律的文章和信息。

National Law Schools (= Blue Ribbon Law Schools)

National Lawyers Guild/N.L.G. 〈美〉全国律师公会 1937年成立，拥有6 000名开明的律师，与保守的美国律师协会相对立，该组织自称为美国左翼力量"不可或缺"的"法律臂膀"，致力于社会政治经济结构的根本改变。

National Mediation Board/NMB 〈美〉国家调解委员会 是一个联邦机构，依据《铁路劳工法》[Railway Labor Act]设立，其职责主要是调解铁路承运人或空运承运人与其雇员之间因工资或工作条件发生的纠纷。

National Music Publishers Association/N.M.P.A. 〈美〉全国音乐发行人协会 于1917年成立，在1966年以前称为音乐发行人保护协会[Music Publishers Protective Association]。该协会的目的在于促进、保护和鼓励音乐艺术和歌曲的创作。该协会的独特之处在于它是唯一一个版权业协会。

National Order of the Patrons of Husbandry 〈美〉全国保护农业社 亦称"格兰其"[Grange]，是一个早先成立的农民秘密组织，建于1867年，旨在保护农村生活及影响有利于农民及农场主的立法。

National Organization for the Reform of Marijuana Laws/N.O.R.M.L. 〈美〉全国修改"大麻管制法"组织 一个力图使大麻烟在联邦和州两级都不受刑事制裁并使其合法化的私人组织，已在11个州获得了成功，包括阿拉斯加和俄勒冈州的部分农村。

national origin ❶家世；血统 ❷〈美〉出生国；祖籍国 在美国《民权法》[Civil Rights Act]平等就业机会条款中，该词字面上指出生国，广义上也指祖籍国，但它并不包括美国公民的要求。该词在包括《民权法》在内的多部反歧视法中被使用。

National Parks Access Act of 1978 〈美〉《1978年国家公园开放法》 一项联邦法律，它规定在以后的3年内，向一些国家公园包括"国立城市娱乐区"[urban national recreation areas]资助1 000万美元修建低成本的公共交通设施。这是国会首次大规模地向国家公园提供资金，以使没有私人汽车的人可以去国家公园游览。

National Parks Commission 〈英〉国家公园委员会 1949年建立的机构，旨在保护和美化英格兰和威尔士的自然风光，特别是在被指定为天然公园或自然景色异常美丽的地区，也为了鼓励向这类国家公园提供或改善供游客欣赏的设施。

National Prohibition 〈美〉《禁酒法》 1919年国会批准的一项旨在实施联邦宪法第十八条修正案的立法，又称为沃尔斯特德法[Volstead Act]，该项立法禁止生产、销售、运输或出口酒精含量超过0.5%的饮料，1933年废止。

National Railroad Adjustment Board 〈美〉全国铁路调解委员会(⇨National Mediation Board)

National Railroad Passenger Corporation 全国铁路客运公司

National Reporter System 〈美〉全国判例汇编系统 1887年由韦氏出版公司(一译西方出版公司)[West Publishing Company]创立，出版联邦和州的初审法院和上诉法院的判例。由17个单元组成；7个联邦单元：最高法院判例汇编[Supreme Court Reporter]、联邦判例汇编[Federal Reporter]、联邦判例补编[Federal Supplement]、联邦规则判例汇编[Federal Rules Decisions]、破产判例汇编[Bankruptcy Reporter]、军事司法判例汇编[Military Justice Reporter]、美国索赔法院判例汇编[United States Federal Claims Reporter]；3个州单元：加利福尼亚州判例汇编[California Reporter]、伊利诺伊州判例汇编[Illinois Decisions]、纽约州判例补编[New York Supplement]；7个州区单元：大西洋区、太平洋区、东北区、东南区、西北区、西南区和南区。整个系统以钥匙号索引体系[key number indexing scheme]联结起来，其中每个案件均有一个摘要和钥匙号，可与美国判例摘要系统[American Digest System]相参照。全国判例汇编系统极大地简化了美国判例的检索工作。

National Right to Work Legal Defense Fund 〈美〉全国劳动权司法保护基金 由两名有影响的电视评论家威廉·F.巴克利[William F. Buckley]和斯坦顿·埃文斯[M. Stanton Evans]创立，旨在向反对加入一些全国性工会组织的人员提供帮助。

National Savings Bank 〈英〉国民储蓄银行 前身为1861年成立的邮政储蓄银行[Post Office Savings Bank]。它是国立储蓄银行，并通过邮局运作，主要为小储户服务。利息以固定利率支付，达到一定数额时可以免税。普通账户的利率较低但其每年的利息可以免税。投资账户之利率较高但不可免税。(⇨Trustee Savings Banks)

National Security Agency 〈美〉国家安全局 从事通讯、信息情报活动的高度机密组织。1949年5月成立，负责搜集外国军事装备、政治发展和经济状况的情报以及防止外国势力的破坏活动。

National Security Council 〈美〉国家安全委员会 总统对外交问题进行决策时的主要咨询机构，有权查阅中央情报局[C.I.A.]送交总统的绝密情报[topsecret]。

national service 〈英〉国家兵役制 英国于1939－1945年第二次世界大战期间根据1939年的《国家兵役(武装部队)法》[National Service (Armed Forces) Act]规定的义务兵役制。其后于1948－1955年实施的《国家兵役法》[National Service Act]已中止施行。

National-Service Life Insurance 〈美〉军人人寿保险 根据1940年《军人人寿保险法》设立的特种人寿保险，其承保对象是自1940年10月8起在军队中服役的现役军人。

National Socialist Party of America/N.S.P.A. 〈美〉美国国家社会党 由1 000名狂热信奉纳粹主义的美国人组成的小型团体。其中部分成员曾试图向芝加哥郊区的斯科基[Skoki]进发，该地居住着40 000名犹太人，其中4 000名是二战中纳粹集中营的幸存者。1978年一上诉法院以"如果言论、表达和集会自由这些公民权利[civil rights]对所有人仍是至关重要的，那么就必须保护那些持有被社会正当唾弃和鄙夷的观念的人"为由，支持这些人游行的宪法权利。具有讽刺意味的是，作为芝加哥纳粹分子律师的美国公民自由联合会[American Civil Liberties Union]虽赢得了此案，却丢掉了15%的成员，因辩护这个不得人心的案件，每年丧失了500 000美元的会费。因而此案引起了自由主义各阶层的严重分裂。

National Street Law Institute 〈美〉全国"街道法律"协会 1975年由执法协助管理局[Law Enforcement Assistance Administration/L.E.A.A.]批准设立，主要活动是组织法律专业的学生向中学生、囚犯以及其它类似的社会团体讲解如汽车保险、租赁合同等与公民日常生活密切相关的"街道法律"问题。

national supremacy 〈美〉联邦至上 美国宪法的一项基本原则，它认为联邦政府的活动高于州的活动。该原则源于美国宪法第六条。(⇨supremacy clause)

National Taxpayers Union 〈美〉全国纳税人联盟 一个游说召开制宪会议提出宪法修正案以平衡联邦预算的民间组织。提出修正案的法定的州数目是34个，现在已有该数目三分之二的州敦促国会召开制宪会议。

National Transportation Safety Board/NTSB 〈美〉全国运输安全委员会 一个独立的政府机构，负责调查交通事故、进行交通安全研究，处理执照上诉案件，以及制定安全指南和提高运输业的安全标准。

National Trust/N.T. 〈英〉全国慈善信托总会 全称为全国历史古迹或自然名胜保护慈善信托总会[National Trust for Places of Historic Interest or Natural Beauty]。最初成立于1895年，为一非政府的社团，宗旨是保护英格兰、威尔士和北爱尔兰的历史建筑、纪念碑和风景名胜的自然风貌、动植物。1907年《全国慈善信托总会法》[National Trust Act]将其设定为法人，但其属私营性质的慈善机构。在1984年时即已拥有100万以上会员以及许多历史建筑和景区。1931年成立的全国保护苏格兰文物信托总会[National Trust for Scotland/N.T.S.]为其姊妹组织，负责保护苏格兰的历史文物和风景名胜，拥有10余万会员。

National Trust for Scotland 〈英〉全国保护苏格兰文物信托总会(⇨National Trust)

national union 〈美〉全国工会联合会 由地方工会组成的全国性的工会组织。

National Urban League 〈美〉全国城市联盟 旨在保障黑人在教育、就业、住房、健康和福利等方面机会平等的法律权利的组织。该组织由乔治·埃德蒙·海恩斯[George Edmund Haynes]和鲁思·斯坦迪什·鲍德温[Ruth Standish Baldwin]1910年成立于纽约城，其前身包括保护有色妇女全国联盟[National League for the Protection of Colored Women]和改善纽约黑人工业条件委员会[Committee for Improving the Industrial Conditions for Negroes in New York]。

National Water Council 〈英〉国家水政委员会

Nation Mediation Board/NMB 〈美〉国家调解委员会 根据1926年《铁路劳工法》[Railway Labor Act]的修正案于1934年成立的独立的联邦机构，其主要任务在于调解铁路和航空运输部门与其雇员之间因工资和劳动条件而发生的纠纷，从而避免和最大程度地减少因此类劳资纠纷对重要的州际商业活动造成的影响。

nativa 〈拉〉女奴

Native American Equal Opportunity Act 〈美〉《印第安人机会均等法》 旨在废除政府与印第安人签订的一切协定的一项联邦立法议案。此项议案争议甚多。

Native Claims Act of 1971 〈美〉《1971年土著人权利法》(⇨Alaska Native Claims Settlement Act)

nativi 〈拉〉农奴；家臣；封臣

nativi de conventione 〈拉〉〈古〉根据契约而成为奴隶之人

nativi de stipite 〈拉〉〈古〉天生奴隶 拉丁法律用语，指生来即为奴隶之人。

nativitas 〈拉〉(= villeinage)

nativity n. ❶出生；诞生 ❷出生的情况；出生地 ❸[the N-]耶稣基督的诞生；耶稣诞生图

nativus 〈拉〉(英格兰古法)生为农奴 指出生即为农奴[villein；serf]之人。(⇨neife)

NATO (= North Atlantic Treaty Organization)

Natura appetit perfectum, ita et lex. 〈拉〉自然追求完美，法律亦然。

Natura bis maxima. 〈拉〉自然之力量最大。

Natura Brevium (英格兰古法)《令状选编》 于爱德华三世时编制的一本令状及评论选集。其中收集的令状也载于《令状录》[Registrum Brevium]中。据说它对理解普通法及令状登记册颇有助益。1534年菲茨赫伯特[Fitzherbert]出版《新令状选编》[New Natura Brevium]后，它即被称为《旧令状选编》[Old Natura Brevium]。

Naturae vis maxima. 〈拉〉自然之力量最大。

Natura fide jussionis sit strictissimi juris et non durat vel extendatur de re ad rem, de persona ad personam, de tempore ad tempus. 〈拉〉保证契约之性质，在法律上至为严格，不能作由物至物，由人至人，或由时间至时间之扩展。

natural a. ❶自然的；非人为的 ❷正常的；合乎常情的 ❸自然状态的 ❹固有的；天赋的；生就的 ❺当地的；本地的；本土的 ❻有血统关系的；生身的 ❼野生的；蒙昧的；原始状态的
n. ❶本地人；土生土长者；本国人 ❷生就具有特定才能的人；天生的料子

natural affection 亲情；血缘感情 指在近亲属[close relatives]间自然存在的相互喜爱的感情，如父子间等。它可以成为合同的情感对价[good consideration]。尤其对已履行完毕的合同而言，亲情可充当有效的对价，但它并不足以支撑一个尚待履行的合同。(⇨executory contract)

natural allegiance 自然效忠 指本国出生的国民或公民对本国或政府的永久效忠义务，与此相对的是外国人因暂居本国、受本国政府管辖及保护而产生的暂时效忠。(⇨actual allegiance)

natural and probable consequences 自然而可能的结果 指根据一个谨慎之人的预见力所能够预见的、实施某一行为可能造成的结果。因该行为经常导致该结果，从而使人们依其经验可对结果作出预测。它是近因[proximate cause]的测试标准。(⇨natural consequences；probable consequence)

natural born citizen 本国出生的公民 指一国管辖范围内出生的公民。

natural-born subjects 〈英〉本国出生的臣民 在一君主统治范围内出生的人，尤指英国臣民。

natural boundary 自然分界线；天然边界 构成一国家、政治区域或地产等的边界的天然物，如河流或海洋。

natural causes 自然原因；非人为的原因

natural child ❶私生子；非婚生子女(⇨illegitimate child)

❷**亲生子女** 与养子女相对。又写作 biological child。

natural consequences 自然结果(⇨natural and probable consequences)

natural day 白昼 指日出至日落之间的时间。

Natural Death Law 〈美〉《安乐死法》(⇨right to die laws)

natural easement 自然地役权(= easement ex jure naturale)

Naturale est quidlibet dissolvi eo modo quo ligatur. 〈拉〉如何系铃就如何解铃,此乃理所当然。

Natural Environment Research Council 〈英〉自然环境研究委员会 根据1965年的《科学技术法》[Science and Technology Act]创立,负责接管自然保护及国家海洋地理委员会[Nature Conservancy and the National Oceanographic Council]的工作。它至今仍在继续后者的工作,而其他方面的工作则已为自然保护委员会[Nature Conservancy Council]所取代。

natural equity (= natural justice)

naturales 〈拉〉(罗马法)非婚生子女;亲生子女(⇨illegitimate child; fructus naturales)

natural father 生父 与养父[foster father]相别。

natural flow of surface water 地表水的自然水道 指地表水未经任何人为干预而从地势较高土地流向较低土地所流经的水道。

natural fool 先天性白痴

natural fruit (大陆法)天然孳息 指土地或牲畜的生产物,可以食用或作其他用途,如谷物和鸡蛋。(⇨fructus naturales)

Natural Gas Policy Act of 1978 〈美〉《1978年天然气政策法》 卡特总统"国家能源计划"中最有争议的部分,它改变了新发现的天然气在州内和州际市场上定价的方法,从而可能导致许多不同的定价类型。

natural grade 自然坡度 指与其所通过的地面的地形走向一致的公路或街道的坡度。

natural guardian 自然监护人;法定监护人(= guardian by nature; guardian for nurture)

natural heirs 自然继承人 指因血缘关系而存在的继承人,即直系卑亲属继承人,区别于旁系继承人[collateral heir]、因收养而形成的继承人及配偶等法定继承人[statutory heir]。

naturali laxitate 自然状态(⇨in naturali laxitate)

natural impotency 非病理性阳萎 指无法治愈的、非先天性的性行为能力缺乏。

natural increase of shares 股票的自然升值 指由于公司收益及利润的增加以及相应股份股利的增加而引起的股票的升值。

natural infancy 幼年期;儿童期 在普通法上指不满7岁的儿童所处的时期。该期间的儿童被认为无犯罪行为能力。

natural instincts rule 〈美〉自然本能规则 根据纽约法院的一项判决,狗的主人不对其宠物的发情冲动行为承担责任,但应对其因侵入他人土地而造成的财产损害负责。根据自然本能规则,前者属动物之自然本能,其主人可因此而免责。

natural interruption (罗马法)时效的自然中断 指由于不动产被侵占或动产被侵夺而导致的时效中断。

naturalization n. ❶取得国籍 一个人在出生后取得本国国籍并被赋予公民权的程序。 ❷入籍;归化 赋予外国人本国国籍和公民权的程序。入籍后该人同本国出生公民享有相同的权利并负有相同的义务。在美国,集体入籍可因条约或议会通过的法律而发生;而个人入籍则必须遵循一定程序:①由达到合法年龄并在美国合法居住满5年的个人提出入籍申请;②由移民局进行调查以确定申请人是否有读写英语的能力、对美国政府和美国历史是否有基本的了解、是否拥护宪法的基本原则以及是否具有良好的道德品质;③在联邦地区法院或州的记录法院举行听证;④至少在30日后第二次出庭并作效忠宣誓。

naturalization by marriage 婚姻入籍 指外国妇女通过与本国公民结婚而取得该国国籍。

naturalization clause 〈美〉归化条款 指宪法第十四条修正案第一款。它规定所有在美国出生或已归化美国,并受其管辖的人,均为美国公民及其所在州的公民。(⇨jus soli)

naturalization courts 〈美〉归化法院 联邦和各州的一种存卷法院,对归化事务[naturalization matters]具有管辖权。

naturalization proceeding 入籍程序;归化手续

naturalized citizen 入籍公民;归化公民 指出生于外国,因归化而取得本国国籍,成为本国公民的人。与本国出生公民相对。

natural justice 〈英〉自然公正;自然正义 "自然公正"的观念源自自然法的概念。在18世纪之前,"自然公正"与"自然法"、"衡平"、"最高的律法"[summum jus]及其他类似的术语交替使用。在现代,本术语常用于指裁决争端的基本原则及最低的公正标准。它包含两个具体的要求:①回避原则。即"任何人不得在涉及自己的案件中担当法官"[no man be judge in his own cause,拉丁文为 nemo judex in parte sua]。这一原则要求法官在判决结果与其有法律上或经济上的利害关系,或因其与涉案当事人一方或其成员等存在某种关系而可能存有或看起来存有偏见时,不得审理该案;②必须听取两方的陈情,任何人不得在未被听取其陈情的情况下被判罪或处罚[each side be heard and no man be condemned unheard,拉丁文为 audi alteram partem]。这一原则要求法官给予各方当事人同等的机会听取其陈情,而且需对各方的陈情给予同等的注意,不得偏听一方陈情而断案。在今天,若未能遵照执行这两个要求中的任何一个或全部,即可援用"自然公正"原则主张判决无效。这一原则还适用于各种仲裁庭的裁决,内部裁判所的裁定,各俱乐部、协会等委员会的决定以及法定的纪律裁判所的决定等。但是,在各部或部长决定某一政策事务时,若为行政行为,各当事人无权要求举行听证会。但是如果必要而要听取反对意见或复议具有准司法的性质,则应适用"自然公正"的原则。在英国,外国法庭的判决申请执行也可能引起援用"自然公正"原则的问题。若外国法庭的判决是在违反"自然公正"的情况下作出的,该判决不能得到强制执行。

natural law 自然法 自然法的思想渊源流长,在西方哲理、法理思想传统中,最早可追溯至古希腊时代。从总体上讲,自然法思想理论指的是宇宙中最高主宰制定的律法,适用于所有的人,区别于由特定的国家或组织制定的实在法[positive law]。"理性"或"人的本性"是所有自然法思想理论探讨的起点,但对于"自然法"的含义以及其与"实在法"的区别方面,各派理论分歧重重。按照时代划分,可以把自然法思想理论的演变大致分为四个时期:①古希腊、罗马时期的自然法思想。古希腊思想家奠定了自然法理论的基础。智者学派开始区分永恒的、理性的法律与流变、多样的特定的法律。永恒的自然概念被引入,自然法被看作是公正的、永恒的法律,而与不公正、流变的人类法律相对照。亚里士多德基本上坚持了智者学派的观点。后来斯多噶学派引入一种较新的自然法理论,他们提出了一种普遍理性的理论,认为人的理性也是自然的一部分,并且提出了一种人人皆平等理论,认为存在绝对自然法与相对自然法,人类世界中不完善的相对自然法在理性的指导下尽量臻于完善的绝对自然法。鼎盛的罗马时代尽管取代了希腊的地位,但对于自然法理论并未做出新的贡献。但罗马人有一个重要的发展,当斯多噶学派的思想在帝国时代被接受下来时,自然法通过万民法[jus gentium]发挥作用并被认可;②中世纪时期的自然法思想。中世纪教会法之父格拉提安[Gratian]将古代自然法与神法[law of God]统一起来,他认为自然法是神法的一部分,是永恒不变的,超越于习惯法或实在法,教会是自然法的解释者。另一位神学思想家托马斯·阿奎那则认为,世界由神意或神的理性统驭。自然法是理性动物,即人对永恒法的参与,永恒法是最高的律法,通过自然法理性显露出来,人类作为理性存在物适用这一部分永恒法于人类事务;③近代的自然法思想。近代的自然法思想理论又被现代学者称为"古典自然法"思想。民族国家的兴起,即君主主权对罗马教会权力的挑战与削弱,新教以及人文主义、近代自然科学等的兴起对自然法思想的发展产生了重要影响。这个时期的代表人物是格老秀斯[Grotius]、洛克[Locke]、霍布斯[Hobbes]及孟德斯鸠[Montesquieu]等。这一时期的自然法思想的显著特征是把自然法从中世纪的神法体系中剥离出来,强调自然法来自人的理性,他们分析或讨论了自然状态、自然权利并进而讨论了社会契约理论,使政治学与法学理论都达到了一个新的高度;④现代自然法思想的复兴。19世纪中期到20世纪初,自然法理论及社会契约论遭到诘难而处于低潮。法律实证主义、功利主义法学等法学理论取代了其地位。二战之后,出于对法西斯罪恶的反省,自然法理论得到复兴。人们对于"恶法亦法"的法律实证主义理论进行了批判。其中的突出代表是美国的朗·富勒[Lon Fuller],他指出了法律的道德基础,为非神学的自然法思想确立了理论基础。古典的自然法思想即近代的自然法理论对近现代以来的政治、国家等理论及历史造成了深刻的影响,尤其是自然权利理论所推演出的天赋人权说、有限政府论等对追求平等、自由、财产与幸福的权利提供了斗争利器或依据,并对法国大革命、美国宪法的制订造成了很大的影响。现代国际法也大多在自然法理论的基础上制订。总之,自然法思想尽管因其含有先验的信念的性质遭到诘难,但是,参照一个更为理想即而被认为具有更高效力的自然法准对实在法的批判似乎不会消失。

natural liberty 天赋自由 指人享有的除受自然法则[laws of nature]限制外可按自己意愿行动的自由。

natural life 生命;自然生命 指人的肉体在自然死亡前持续存在的时期。它与作为权利载体或法律人格载体的法律上的生命相区别,后者可因进入修道院或因犯有叛逆等重罪被剥夺公民权等而致法律上的死亡。

natural monument 天然划界物 在陆地上具有永久存续性质,可用于划分和表示陆地边界的天然物,如河流、湖泊、石头、树木等。

natural object ❶自然受赠人 指依双方的自然关系而可能得到他人财产的人。亦作"natural object of (testator's) bounty"。 ❷(= natural monument) ❸(= natural boundary)

natural object of (testator's) bounty 自然受遗赠人 ①指根据遗嘱法,在没有遗嘱的情况下,任何依法有权取得遗赠的人;②在一般案件中指死者的近亲属。

natural obligations 自然义务;自然债务 指道德上的义务,其履行完全有赖于当事人的良知而不能在法律上得到强制执行,又称 obligatio naturalis。(⇨moral obligation)

natural parent 生父母 以区别于养父母[foster parent 或 adoptive parent]。

natural persons 自然人 指有自然生命的人,区别于法人等法律拟制的人。在有些法律制度中,有生命的人并不都是法律上的自然人,如在奴隶社会中,奴隶就被认为不是法律意义上的人或只是限制行为能力人。

natural possession (罗马法)自然占有 指不受市民法保护的事实占有,即对某物实施物理上的控制或支配,如以进住房屋或耕种农田的方式进行占有。自然占有可以是无权占有,可以产生非法占有的请求权,也可以因取得时效[acquisitive prescription]而产生所有权请求权。类似于后来的实际占有[corporeal possession],与民法占有[possessio civilis]相对。(= possessio naturalis)

natural premium 自然保费 指仅以人的每一年龄及一年期间的死亡率为基础确定保险成本,并依此计算得出的保险费。自然保费低于净保费。(⇨net premium)

natural premium plan 自然保费法 一种保险形式,据此,保险公司将其应收保费或额外保险损失分摊费用[assessment]限制在足以弥补一个续保期间内实际保险成本或保险赔偿额的范围之内。(⇨assessment insurance)

natural presumption 自然推定 指从某一被证实的事实中作出的一种推定;根据此事实,可凭经验直接推断出另一事实的存在。

Natural Resources Defense Council 〈美〉自然资源保护委员会 1969年成立的在美国历史最长和最具影响的环境公益法律机构[law firms],其法律和科技工作人员极少,但工作质量非常高。该委员会的主要目的在于通过尽可能的协商及必要的诉讼来确保对生态利益的保护。

natural result 自然结果(⇨natural consequences)

natural rights ❶天赋权利 由人的本性和自然法则产生的权利,与由国家实在法[positive law of the state]产生的权利有别,主要包括生命、自由、私有财产、追求幸福等。 ❷辅助权利 指通过使别人负担义务而辅助基本权利[direct rights]实现的权利。如土地所有人享有的阻止邻地所有人污染空气、阻截水流以保证其土地正常使用的权利,它与地役权等得来权利[acquired right]相区别。

natural state of stream 水流的自然状态 指在一般自然规律作用下的水流状态。

natural support 自然支撑(⇨easement of natural support)

natural use 自然使用 ①指为家庭生活和牲畜饮用而对河水的利用;②在某人土地上的危险物品逃逸致害的严格责任规则中,指普通的、正常的和自然的而不改变事物自然状态的利用。该严格责任规则不适用于对土地自然利用过程中置于其上的物品。

natural watercourse 天然水道;天然河道 ①指在大雨时由地表水流淌的任何有明确界限的河道或沟渠,不论该土地在旱季时是否用于耕种抑或低洼地的水是否溢出而不在特定水道内流淌;②指与人工运河相区别的天然河流;③指通常沿特定方向在特定水道内流入其他河流或水体的水流,不包括从高地向低地引水的水道。

natural wear and tear 自然损耗;自然耗损;使用折旧 指

因对某物正常和合理使用而造成该物价值的减损。(⇨depreciation)

natural year　回归年；天文年　指地球环绕太阳一周的时间,即365¼天。

Natura non facit saltum; ita nec lex.　〈拉〉自然界不能跳跃发展,法律亦然。　应用于古代诉讼程序中,指在回复土地占有令[writ of entry]中应遵循正当程序。

Natura non facit vacuum; nec lex supervacuum.　〈拉〉自然界无废物;法律亦无冗言。

natura rei　〈拉〉根据事物的本质(=ex natura rei)

Nature Conservancy　〈英〉自然保护协会　成立于1949年,旨在就大不列颠的自然动植物种群的保护与控制提供建议,同时也负责管理自然保护区,并组织有关的科学研究及科技服务。在适宜的情况下,它可与土地所有人签订协议以确保其土地作为一个自然保护区来经营管理。

nauclerus　〈拉〉〈罗马法〉(商船的)船主；船长

naufrage　〈法〉(=naufragium)

naufragium　〈拉〉海难；船舶失事

naulage　〈法〉轮船旅客(或货物)的运费(=naulum)

naulum　〈拉〉〈罗马法〉船舶运费

nauseam　〈拉〉令人作呕地

nauta　〈拉〉〈罗马法〉❶水手；船员(⇨sailor) ❷租船人

nautae, caupones, stabularii　〈拉〉〈罗马法〉船主,旅店主,车行主　罗马裁判官发布的告示中的标题,见于《学说汇纂》第四卷第九章第一节[Dig.Ⅳ,9,Ⅰ]。它规定船主、旅店主及车行主对置于他们屋中并委托他们保管的财产的安全负有严格的责任。

Nautical Assessor　〈英〉海事顾问　指在处理海事案件过程中,有时被召集到法院协助处理有关海上碰撞、海上救助、拖船费用或其它海事问题的有专门经验的人。其职责是当法庭交给他们某些书面问题时,对一些有关航海技术和惯例的问题提供意见。

nautico foenere　〈拉〉(=nauticum foenus)

nauticum foenus　〈拉〉〈罗马法〉海事利息　指船舶抵押贷款,由于该贷款只有在船舶平安抵达目的地时才能受偿,故其利息极高。实际上它既是一种贷款又是一种海事保险。(⇨bottomry)

navagium　n.〈英格兰古法〉船运货物劳役　指某些佃户所负的以船舶运送主货物的劳役。

Naval Academy　〈美〉海军军官学校　设在马里兰州[Maryland]首府安纳波利斯[Annapolis]的美国军事学院,承担教育、培训海军军官候补生的任务。

naval bounty　〈美〉海军补饷　为促使应征加入海军而发的补助,也指对击毁敌军战舰的海军军官和士兵所给予的奖赏。

naval court　〈英〉海军海事法庭　在国外停泊的英国皇家军舰舰长或领事官员所召集组成的法庭。法官3-5名,由海军军官、领事官员、商船船长充任。所管辖的案件范围是船长、大副或任何船员提出的控诉,或为了船舶所有人或货物所有人的利益进行调查,或调查某一英国船只是否已遭难或遭抛弃或沉没。该法庭有权吊销或暂时吊销有关官员的证书,对海员予以解雇、监禁或罚款,或命令对某一船只进行调查。法庭就所审理的案件必须向商务部报告。它与海军军事法庭[naval court-martial]完全不同。

naval court martial　海军军事法庭(⇨court-martial)

naval discipline　〈英〉海军守则　以前以规则[rules]、章程[articles]和命令[orders]等加以规范,王政复辟[Restoration]不久以后首次由议会制定了有关法律,现由1957年的《海军守则法》[Naval Discipline Act]加以规定。

naval lands　〈美〉海军用地　指用于海军目的的国有土地[public domain]。

naval reserves　〈英〉海军后备队　根据1903年《海军法》[Naval Forces Act]规定包括海军海岸志愿军[naval coast volunteers]、皇家海军后备队[royal naval reserve]、皇家海军志愿军后备队[royal naval volunteer reserve]。后皇家海军志愿军后备队为1966年的《后备军队法》[Reserve Forces Act]所废除,皇家海军后备队和皇家海军特种后备队仍予以保留。

navarchus　〈拉〉〈罗马法〉船长；舰长

navicert　n.运输执照；航运执照　由交战国设在中立国的代表颁发的使船只或货物免受禁运管制的证明文书。
v.向…颁发运输执照

navicularius　〈拉〉〈古〉船长；舰长

navigability in fact　实际适航性　指河流等在通常条件下可以作为商业及旅游航道的自然意义而非法律意义上的适航状态。

navigable airspace　适航空间　指依法确定的最低飞行海拔高度之上的空气空间,包括确保航空器安全起降的空间。

navigable river　适航河流；可通航河流(⇨navigable waters)

navigable sea　适航海域　由三部分构成,即一个国家的内水、领海、公海。

navigable stream　(=navigable river)

navigable waters　适航水域；可通航水域　①在早期普通法中,系指受潮汐作用所致的涨潮和落潮影响的任何水域。此项定义标准首先为英国采用,因为英国的绝大多数天然适航水域受潮汐影响,而不像美国所具有的可用于商业目的的大型内陆河流,如密西西比河等不受潮汐影响;②指可开辟作贸易和航运等商用航道的河流及其他水域。

navigable waters of the United States　〈美〉美国的适航水域；美国的可通航水域　指单独或与其他水域联合构成与其他州或外国之间的连续性商用航道的水域。

Navigation Acts　〈英〉《航海法》　①指英国于1381年、1485年、1489年和1532年实施的一系列旨在保护英国海运、促进贸易以及巩固海防的法律;②指17世纪英国议会为使英国及其殖民地能自给自足以促进重商主义而通过的一系列法令。例如1650年的《航海法》禁止外国船只未经特许而同英国殖民地进行贸易。全部航海法均于1849年被废除。

navigation rules　航海规则(⇨rules of navigation)

Navigation Safety Regulations　〈美〉《航海安全规则》　1977年由美国海岸警卫队制订的规则,要求所有进入美国水域的超过1 600吨的船只必须携带雷达、陀螺罗盘、回音测深仪和近期海图,以防止原油溢出。船舶每一次进入美国时这些装备均需经过检查。

navis　〈拉〉船；舰

navis bona　〈拉〉状态良好的船只；具有适航性的船只

navy　n.❶海军 ❷舰队

navy agency　〈英〉海军代理机构(=ship's agent)

navy bills　〈英〉海军汇票　指某些海军军官被授权用以支付工资,或各海军部门被授权以购买军需品而开出的汇票,这种汇票现已被取消。

navy cross 〈美〉海军十字勋章 为表彰不具备授予荣誉勋章[Medal of Honor]条件的海军陆战队成员的突出表现和英勇行为而授予的荣誉勋章。获得该项荣誉勋章的条件是要求在面临极大的人身危险性的情形下所为的行为表现了其突出的英勇。

Navy Department 〈美〉海军部 美国国防部[Department of Defense]分支机构之一,负责对包括海军陆战队部队[Marine Corps Component]和作为海军部队时的美国海岸警卫队[U.S. Coast Guard]在内的海军的作战和效率进行监督和管理;设立于1798年,首长为海军部长[Secretary of the Navy],由总统任命并向国防部长[Secretary of Defense]报告工作。

navy personnel 〈美〉海军人员

Navy Personnel Act 〈美〉《海军人事法》 1899年制定的一项联邦法,主要规定海军军官和医务部队[medical and pay corps]军官,除粮草外,应享受与陆军中相应军衔军官相同的薪金和津贴。

naye n. 立法机关中的反对票;否决票

nazeranna 〈拉〉〈英格兰古法〉致谢金 指作为对政府授予土地或公职的回报而自愿向政府缴纳的金钱。

NB (= nota bene; nulla bona)

N.B.A. (= National Bar Association)

NCD (= nemine contradicente)

NCJRS (= National Criminal Justice Reference Service)

ND (= Northern District)

ne 〈拉〉〈法〉不;非;否定;唯恐;免得

ne admittas 〈拉〉(教会法)不授予令状 指在妨碍授予圣职诉讼中,应原告或被告的请求而颁发给主教的一种令状,它禁止主教在诉讼期间授予当事人任何一方圣职。

near a. ❶(空间上)近的;邻近的;(时间上)近期的 ❷关系密切的;亲密的 ❸(血亲)关系接近的 ❹(程度上)差不多的;几乎是的

nearest blood 最近的血亲(= next of kin)

nearest blood kin 最近的血亲(= next of kin)

nearest blood relatives 最近的血亲

nearest heirs 继承人;与立遗嘱人血缘最近的继承人 有些判例认为本术语包括所有法定继承人,而另一些判例则认为仅包括与立遗嘱人血缘最近的继承人。

nearest kin 最近亲(= next of kin)

nearest male heir (血缘)最近的男继承人

nearest of blood 最近血亲(= next of kin)

nearest of kin 最近亲(= next of kin)

nearest relatives 最近的亲属(= next of kin)

near money 准货币 易于变现的流动资产,如政府有价证券、汇票等。

Near v. Minnesota(1931) 〈美〉尼尔诉明尼苏达州案 最高法院在审理该案时裁定,明尼苏达州的一项关于禁止发表恶意的、中伤他人的以及诽谤性的文章的法律是违宪的,并且宣布,批评政府官员的权利是民主政体的一项基本原则,宪法第一条修正案对个人自由的保护不仅适用于联邦法律,而且也适用于各州法律。

neat a. ❶整洁的;干净的 ❷纯的;未被混合的 尤指酒精饮料。 ❸(古)扣除后的

neat cattle 牛类牲畜 指具有分趾蹄并有反刍习性的牛类动物。

neat-land n.〈英〉出租的耕地 指出租给自由民[yeomanry]的土地。

neat profits (古)纯利润(⇨net profit)

ne baila pas 〈拉〉他未交付 在"请求返还非法扣留物之诉[detinue]"中,被告提出的否认争议物已交付给他的答辩词。

Nebbia v. New York (1934) 〈美〉内比亚诉纽约州案 纽约州的一个法律规定了牛奶的零售价格。有人认为该项法律违反了宪法第十四条修正案的正当程序条款,提起诉讼。最高法院在审理该案时否认存在任何影响公共利益的封闭性商业范围,并扩大了各州的治安权。

necation 〈拉〉(古)杀死;致死

Nec curia deficeret in justitia exhibenda. 〈拉〉法庭在伸张正义时不能有疏漏。

necessaries n. 必需品 指为维持某人习惯的生活方式所必不可少的物品。该词包括为维持生计、健康和舒适及接受教育等所合理需用的任何物质,并与当事人的年龄、地位和身体状况有关。该词因情形不同而使用含义和范围各异。①在有关父母的责任中,指提供给未成年人个人的必需品,如适宜的住处、食物、衣服、医疗照顾、教育等;②在丈夫对妻子的义务中,根据普通法,该词是指丈夫须提供的必要的饮食、服装、医疗、合适住所等。应用于现代案件中,则须根据夫妻双方的能力、社会地位、周围情形等加以个案认定;③在合同法中,尽管未成年人或心智不健全者没有缔约能力,但如果其缔约目的是为了获得必需品,则该合同具有法律约束力。这里的必需品并不仅指为维护未成年人或心智不健全者生存所需的东西,而应依其经济能力、身份、地位、职业、其社交圈中的习惯、其本人或其父母的财富等各种情况为标准进行判断,与上述情况相适应的合理所需亦属必需品;④在海商法上,指对船舶进行的必要维修和补充。它非指绝对的必需,而是指一个通情达理的谨慎的船舶所有人根据当时情形必然会进行授权的开支。船长可以为必需品的支出设定抵押,必需品的提供者亦可主张船舶优先权[maritime lien]。但下列各项不属于生活必需品:①纯粹为观赏之物;②纯粹为享乐之物;③已有之物;④非个人需要而系与其财产或事业相关之物;⑤借来的资本。(⇨necessary)

necessarily included offense (= lesser included offense)

Necessarium est quod non potest aliter se habere. 〈拉〉别无选择即为必要。

necessarius 〈拉〉必要的;不可避免的

necessary a. ❶必需的;必要的;必不可少的;不可避免的 ❷(废)合适的;方便的;有用的
n. (常用复)生活必需品;基本生活必需

necessary accommodations of carrier 承运人必要的食宿安排 指承运人为公共旅客提供的合理而有用的食宿安排。

necessary and indispensable party 必要的、不可缺少的当事人(⇨indispensable parties)

Necessary and Proper Clause 〈美〉必需与适当条款 指美国宪法第一条第八款第十八项。该条款授权国会可制定为行使宪法授予国会的各项列举的权力以及美国政府或政府中任何部门或官员的一切其他权力所必需的、适当的一切法律。

necessary and proper laws 〈美〉必要和正当的法律 就宪法授予国会制定法律的权力而言,它不仅包括国会制定的绝对不可缺少的法律,否则该权力将无法得以执行,也包括国会所制定的有助于实现既定目的以及国会判断将最有利于实施的所有正当措施。

necessary business expense 必需的业务费用 适当的、

有益的费用。(⇨ordinary and necessary expense)

necessary deposit 必要寄存 因某种不可避免的原因或事件,如不可抗力或救火等,而把某物寄存于某人土地上或房屋内。

necessary diligence 必要的注意 指从事或熟悉某项业务的普通人在把该项业务作为自己的事务处理时所应有的注意程度。

necessary domicil 法定住所 依照法律规定确认的住所,如妻子以丈夫的住所为住所。

necessary easement 必要地役权 为使用需役地[dominant tenement]所必需的地役权。

necessary expense of business (= necessary business expense)

necessary expense of public body 〈美〉地方政府的必需费用 市政法人[municipality]为开展工作和履行职责所必需的合理费用;如缺此费用,社会的和平安定、道德利益及财产保护将遭受损失。该词的含义在规定地方政府只有公众投票授权才能举债条款的例外范围内使用。

necessary for public use 公共使用所必需 指在特定情况下,在合理的时期内,合理而必要地使用某物。(⇨public necessity and convenience)

necessary household furniture 必要的家什 为方便、舒适的生活而必不可少的用品。

necessary implication 必然的含义 指作者或说话者的用语中所包含的具有实际必然性,或者明显不可能合理地推断出其有着相反意图的意旨。

necessary litigation 必要的诉讼 指为保护人身或财产利益而不可避免要进行的诉讼。

necessary municipal buildings 必需的城市建筑 指城市当局处理事务时所必需的建筑。

necessary party 必要当事人 指与诉讼有密切联系,应当参加到诉讼中来的当事人,但是如果其缺席,也不需要将诉讼驳回。(⇨indispensable parties)

necessary repairs 必需的维修 指由承租人为约定用途对出租房屋进行的必要维修。

necessary representation 必要代表 指国家和其他法人实体必须以个人为代表作为其行为的中介。

necessary rule 必要性规则 指在根据某一地图或地区图将某一街道或小巷的通行权转让于某人时有关该受让人享有权利的司法规则。该受让人对街道和小巷的连续使用权限于毗邻的街道、小巷及其他通向公共道路所必需的通道。

necessary tool 必要的用具 指债务人在合理地处理其商务、贸易及职业事务时所需要的工具。

necessary wearing apparel 必要的衣着 指在特定场合所需便利而舒适的、但不奢侈豪华的衣着。

necessary work animal 必要的役畜 为所有者所不可缺少的或只是合理必要的、便利而合适的役畜。

necessitas 〈拉〉❶必要;必然;必要性 ❷贫困;需要 ❸(迫使某人违背自己的意愿而行事的)压力;强迫

necessitas culpabilis 〈拉〉应受惩罚的紧急避险

Necessitas est lex temporis et loci. 〈拉〉"必要"乃必要发生时发生地之法律。 指因时因地之所必要,其"必要"即是法律,但黑尔[Hale]法官对此持异议。他认为一个需要衣食的人偷了别人的东西,即构成重罪;饥饿的海员杀死并吃掉了他们的同伴,也构成谋杀罪。一个行动自由的人虽然可用"必要"为自己的民事违法行为辩护,但"必要"不能成为其犯罪的借口。

Necessitas excusat aut extenuat delictum in capitalibus, quod non operatur idem in civilibus. 〈拉〉"必要"可免除或者减轻行为人在死刑案件中的罪责,但民事案件并非如此。

Necessitas facit licitum quod alias non est licitum. 〈拉〉"必要"使原本非法者变为合法。

Necessitas inducit privilegium. 〈拉〉必要产生特权。

Necessitas inducit privilegium quoad jura privata. 〈拉〉仅以私权为限,有必需就有特权。

Necessitas non habet legem. 〈拉〉必要无法律。 指因情况紧急而违反法律者无需负责。

Necessitas publica major est quam privata. 〈拉〉公共需要较个人需要更为重要。

Necessitas quod cogit, defendit. 〈拉〉"必要"可作为辩护。 指不得不从事的行为是正当的行为。常用于行政司法官员执行公务的行为。

Necessitas sub lege non continetur, quia quod alias non est licitum necessitas facit licitum. 〈拉〉因紧急避险使非法亦为合法,故其不受法律限制。

Necessitas vincit legem. 〈拉〉紧急避险超越法律。

Necessitas vincit legem; legum vincula irridet. 〈拉〉"必需"优于法律;"必需"不受法律束缚。

necessitate (= necessity)(⇨ex necessitate)

necessitate legis 法律上的必要性(⇨ex necessitate legis)

necessitate rei 事情本身的必要性(⇨ex necessitate rei)

necessity n.紧急避险 在美国,指行为人在非由自身行为引起的紧急情况下,为了避免造成更大的损害,在别无其他选择的情况下所实施的侵害行为。在英国,有关紧急避险是否构成刑事抗辩理由这一点并不完全明确。在某些情况下,紧急避险可作为侵权行为诉讼的抗辩理由,但这可能仅限于在保护生命或财产的紧急情况下所作的行为。在这种紧急情况下所采取的措施必须是合理的。

necessity doctrine 必要性原则 一个人有关他当前身体上的痛苦的陈述可作为证明要求损害赔偿的人身伤害的可采性证据,而不论这种陈述是向谁作出的。

neck verse 保命诗 指《圣经·诗篇》[Psalm]第51章第1节,旧时当囚徒声称拥有神职人员特权[benefit of clergy]时,用于测验其阅读能力,以证明其是否享受该特权。保命诗经常被用以逃避绞刑。

Nec regibus infinita aut libera potestas. 〈拉〉国王之权力既非无限也非无约束。

necrophilism n.恋尸狂;恋尸癖;奸尸(⇨insanity)

Nec tempus nec locus occurrit regi. 〈拉〉国王不为时空所限。

Nec veniam, effuso sanguine, casus habet. 〈拉〉对导致流血的事件不可饶恕。 这句话仅用来说明向拥挤的街道投掷石块等而致人死亡时,即使没有杀人的意图,也构成谋杀。

Nec veniam, laeso numine, casus habet. 〈拉〉叛逆之罪不可恕。

Nec vi, nec clam, nec precario. 〈拉〉(罗马法)非暴力,非欺瞒,非勉强。

ne deficiat justitia 〈拉〉惟恐有失公正

Ne disseise pas. 〈法〉(英格兰古法)他的不动产未被侵占。

Ne disturba pas. 〈法〉(英格兰古法)他并未妨碍。 在妨碍圣职推荐权之诉[quare impedit]中被告的概括答辩。

Ne dona pas. 〈法〉(英格兰古法)他未曾给予。 限定继承地产回复令状[formedon]中的概括事由陈述。

nee *a.*娘家姓…的 常用在已婚妇女姓后,以示其婚前的姓。

need *n.*必需品;需要但短缺的东西 何为必需应根据当事人的具体情况而定。
— *v.*必需;急需

nee vife 〈拉〉出生时为活体

ne exeat 〈拉〉禁止离境令 禁止某人离开法院管辖区域或本州或本国的令状,其目的在于通过确保被告仍留在本法院辖区内以防止原告衡平诉讼请求的落空。有时该令状仅限制某人离境,有时也用于禁止某人将财产转移或试图转移至法院管辖区外。

ne exeat regno 〈拉〉〈英〉禁止离境令 禁止某人离开英国的令状。以前主要用于政治目的,现在仅用于在衡平法上当被告打算离开英国的情形,但只有在能够表明被告有离开英国的意图时才可签发此令状。

ne exeat republica 〈拉〉〈美〉禁止离境令 在民事诉讼中当被告将要离开本州时,原告可请求法院签发的禁止其离开本州的令状,与英国的禁止离境令[ne exeat regno]相似。

nefas 〈拉〉❶(罗马法)逆天背理 ❷(罗马法)违反法律或习俗的行为 ❸〈古〉邪恶

Negatio conclusionis est error in lege. 〈拉〉否定一个结论从法律上讲是错误的。 应该反驳的是结论据以成立的前提。

Negatio destruit negationem, et ambo faciunt affirmativum. 〈拉〉"否定"得否定"否定",故"否定之否定"为"肯定"。

Negatio duplex est affirmatio. 〈拉〉两否成一可。 双重否定即为肯定。

negative *a.*❶消极的;负面的 ❷否定的;否认的
— *n.*❶否定词;否定语 ❷(照相的)底片;负像 ❸〈古〉否决权 ❹否定(或反对)性意见 ❺否认 一般而言,否认无法证明,但诉讼当事人需就其所提出的否定性事实主张[negative averment]承担举证责任。
— *v.*否定;否认;使…无效

negative averment 否定性(事实)主张 以否定的形式对某一事实所作的陈述。例如说"他当时不在某地",形式上是否定、实际上却是肯定这一事实,必须由主张者举证。

negative condition 否定条件;消极条件 该条件的内容是禁止一方当事人从事特定行为,或是当事人允诺自己不做某事,通常该条件构成合同内容的一部分。又称为"限制性条件"[restrictive condition]。(⇨negative easement)

negative covenant 禁止合同;禁止条款 ❶指该合同或条款要求一方当事人不得从事某些行为。尤指不动产筹资中,借方向贷方允诺,在贷款未还清前,不对不动产设置负担或进行转让;②指雇佣或商业买卖合同中,禁止雇员或出卖人在同一地区或市场进行竞争的条款,这种禁止在期限和范围方面都必须是合理的。

negative easement 消极地役权 指禁止供役地所有权人从事某种行为的地役权,与积极地役权[affirmative easement]相对。

negative evidence 否定证据 指能够证明某一事实不存在或没有发生的证据,如证人所作的关于自己没有看到某事发生或没有看到某种情况的证言。通常否定证据比肯定证据[positive evidence]的证明效力要弱,但有时证人所作的否定性陈述也可以具有与肯定证据同样的证明效力,这要根据证人能够看到事件发生的机会的大小来确定,如证人观看了整场比赛且没有看到看台上发生骚乱的证言就比仅说明没有看到骚乱的证言更有证明效力。

negative finding 消极裁决;否定性裁决 明确认定或足以推定某一事实不存在的裁决。

negative income tax 〈美〉负所得税 政府对所有收入低于一定生活水平的人给予补贴。因这些人不但免纳所得税,还可得到政府的补贴,故而得名。(⇨earned income credit)

negative knowledge 未知情 证人没有看到或听到如果发生他应当看到或听到的情况。

negative order doctrine 〈美〉否定性决定规则 依该规则,联邦法院对行政机构所作的仅拒绝给予救济的决定无权审查。该规则已被美国最高法院推翻。

negative plea 否定答辩 衡平法上的术语,指被告在答辩中并未提出新的事实,而是通过否定原告起诉状中某一关键事实来否定原告的起诉的效力。

negative pregnant 蕴含肯定之否定 在普通法诉讼中,指一方对对方主张所作的回答仅从表面上否定对方的主张,但对其实质却未作回答,或其回答中暗含了对对方主张的部分承认。如一方主张对方收到了一定数额的金钱,而对方的回答则否定该数额,此回答即为一蕴含肯定之否定,因为主张的实质是对方收到了钱,而不是该数额。

negative prescription 〈罗马法〉消灭时效 因权利人在法律规定的期限内息于主张和行使权利而导致权利丧失。又称 extinctive prescription。

negative servitude 〈罗马法〉消极地役权 该权利人有权禁止供役地的权利人行使某项权利,如禁止妨碍采光[ne luminibus officiatur]。

negative statute 禁止性(或限制性)制定法

negative testimony (= negative evidence)

negative use 消极使用 指注册某商标的目的是为防止别人使用该商标。

negativing defenses 〈美〉预先否定对方的辩护 对对方的辩护作不必要的预测,表明在为某一案中作辩护时缺乏技巧。这在拟订公诉书时是不必要和不可取的。

negativing exceptions 〈美〉预先否定例外 在大陪审团起诉书[indictment]中,对辩护事由不须预先予以否定或反驳。在制定法规定某一犯罪具有例外的情况下,通常起诉书中也不须预先说明被告不符合该例外情形或否定该例外。(⇨negativing defenses)

negatoire 〈法〉否定地役权存在的

negatum 〈拉〉被否认的

neggildare *v.*声称具有血缘关系

negilldare (= neggildare)

Ne gist en le bouche. 〈法〉它不宜说出。

neglect *n.*懈怠;不作为;遗弃 指在客观上没有实施其应当实施的行为,该种行为义务通常是由其业务或职业产生的,也可以是法律规定的义务。当事人在主观上可以是故意,也可以是过失。因此,该词与 negligence 不同。前者是一种纯粹的客观事实,而未表示该种不作为的原因;后者则是指人的主观状态,即表示某人不实施某一行为的特定原因。某人对其义务"不作为"[neglect],可以是故意[intentionally],也可以是过失[negligently]。用于指对子女照管方面的不作为,即为遗弃。

v.懈怠;不作为;遗弃

neglected child 被遗弃子女;被遗弃儿童 指该子女未得到根据正当需求而应得到的父母或监护人的照管。这种不作为可以是故意的,也可以是非故意的。其正当需求不仅限于物质需求,还包括感情、教导以及其他为子女身心健康发展所需要的东西。未成年子女未得到必要的医护或治疗亦属于"遗弃",其父母可能受到刑事处罚。

neglect of child (父母对)孩子的疏于照管 指父母对孩子缺少应有的照顾和关怀。

neglect of duty 对义务的违反;失职 既指一般人对一般义务的违反,也指公职人员对法定职责的违反或怠于履行。

neglect to prosecute 怠于追诉($\Rightarrow$want of prosecution)

negligence n.❶过失;过失行为 该词的一般含义是指缺乏注意[careless]。其在法律上的含义,则指未达到一个通情达理的人在当时的情况下根据法律所应达到的注意标准。如其没有注意的法律义务,则其缺乏注意并不构成过失,不产生法律责任。在英格兰法中,该词在侵权法上亦指一种独立的侵权行为,即指一个通情达理的人在特定情形下应当注意而没有注意从而对他人的人身或财产造成损害的一种侵权行为。这是因为英格兰法在对侵权行为分类时,并不依照逻辑分为故意的侵权行为与过失的侵权行为,而是根据诉讼形式[forms of action]进行分类,故分为侵入土地[trespass]、侵占财物[conversion]、诽谤[slander]等,过失行为亦为其中之一。但苏格兰法并不承认其为诉讼形式。❷(刑法)疏忽 即行为人在实施行为时由于欠缺应有的谨慎和注意而没有认识到行为的后果,但是按一般人的通常标准看,他是应该认识到这种危险的。它与蓄意[purpose 或 intention]、明知[knowledge]、轻率[recklessness]一起构成犯罪心态的四种情形。($\Rightarrow$criminal negligence)

negligence as a matter of law 作为法律问题的疏忽;法定的疏忽 指其构成及适用条件都无争议,无须陪审团审理,而由法庭直接认定的疏忽。

negligence of bailee 受托人的疏忽 指受托人未能认真保管依其职责应当保管好的受托物。

negligence per se 法律上的当然过失 其字面含义为"行为本身的过失",意指由于法律,尤其是制定法或条例,明确规定了被告对原告应承担的义务,被告违反义务而对原告造成损害,则属于无可争议的过失。因对法定义务的违反均属法律上的当然过失,故该词亦作 legal negligence。

negligent a.过失的;疏忽的($\Rightarrow$negligence)

negligent escape 乘隙脱逃罪 由于看守人员的疏忽造成在押犯脱逃。

negligent homicide 过失杀人 当疏忽是造成他人死亡的直接近因时的刑事犯罪行为是过失杀人,行为人没有明显的杀人意图。例如违章驾驶致人死亡。($\Rightarrow$manslaughter)

negligentia 〈拉〉(罗马法)疏忽;粗心大意;适当谨慎和预见力的欠缺 但并不等于通常所说的"疏忽"[negligence],而相当于可起诉或可惩罚的过失[culpa]。

Negligentia semper habet infortuniam comitem. 〈拉〉懈怠常与不幸为伴。

negligent misinformation 过失提供错误信息 指由于疏忽而错误地提供信息从而导致他人在身体上、精神上或经济上受到损害的民事侵权行为。例如,纽约一家医院曾因疏忽而将两位同名病人之一的死亡消息错误地告知

另一人的家人。这个错误直到葬礼已被准备好而且尸体在殡仪馆里供人瞻仰时才被发现。受害人可向法院提出由于医院的疏忽而产生的葬礼费用以及精神伤害的赔偿请求。

negligent waste (= permissive waste)

negoce 〈法〉❶事务 ❷交易;买卖;批发交易;大宗买卖

negotiability n.可转让性;流通性 源于商业和银行票据转让和流通的术语,可流通票据的受让人取得优于其前手的权利。

negotiable a.可转让的;可流通的 多用于票据。

negotiable bill of lading 可流通提单;可转让提单 不记名提单和指示提单均属于可流通提单,要求向提单持有人或按其人的指示交付提单项下的货物。

negotiable bonds 可转让债券;流通债券 指可由其最初持有人向他人转让的债券。

negotiable coupons 可转让息票;流通息票 附随债券发行的利息票券,到期持有人可仅凭该息票兑取利息。

negotiable instrument 流通票据;可转让票据;流通证券;可转让证券 指具有以下特征的书面单证:①由出票人签章;②载有无条件支付特定金额的承诺或指示;③见票即付或在特定时间付款;④向持票人或依指示付款。具体主要包括汇票、本票、银行本票、支票、存单及其他流通证券。

Negotiable Instruments Act/NIA 〈美〉《流通票据法》 旨在规范流通票据的一部统一法,1896年由全国统一州法委员会公布,并陆续为各州采纳。目前,在有些州,该法被《统一商法典》[U.C.C.]取代。

negotiable note 可转让本票;流通本票($\Rightarrow$negotiable instrument)

negotiable order of withdrawal account 能开可转让支付令的活期存款账户

negotiable paper (= negotiable instrument)

negotiant n.❶谈判人;洽谈人 ❷(票据或证券等的)转让人;议付人

negotiate v.❶谈判;洽谈;协商;议订 ❷通过谈判(或协商)达成 ❸转让;兑现;议付

negotiation n.❶谈判 解决国际争端的一种方式,通常是争端解决的第一步。《联合国宪章》将谈判作为解决国际争端的首要方式。也指为缔结合同或达成协议而进行的商谈、讨论及会谈。❷转让 由一人向另一人转移汇票或其他流通证券,从而使受让人成为票据持有人。

negotiation of contract 合同的磋商 指为订立合同而以信件及电报、通信联系或进行会谈。

negotiation of instrument 证券流通;票据流通 指流通证券或票据在不同持有人之间通过交付或背书并交付的方式进行转让。

negotiorum gestio 〈拉〉(罗马法)无因管理 罗马法准契约之债的一种。根据这种债,某人在他人不在场或处于无行为能力的状态中或在其他紧急情况下,既未经请求又未经授权而自愿地管理他人事务,此时,该人便有权合理解释其所承担的责任,并有权就为他人利益所合理支付的费用获得补偿。

negotiorum gestor 〈拉〉(罗马法)(大陆法)无因管理人 未经授权而为他人管理事务者。($\Rightarrow$negotiorum gestio)

NEI (= Non est inventus.)

neife n.(英格兰古法)生来女农奴;生来女奴(= naif)($\Rightarrow$nativus)

neighborhood benefit 社区利益 指特定社区因其位置而从公共设施的改善中得到的利益。

neighborhood road 社区道路 印第安纳州术语,指由地方当局管理、维修的公路,在修建此种道路时,当局可以根据土地征用权征用土地。

neighborhood school policy 社区学校政策 教育当局制定的所有应接受公立学校教育的儿童都应在其所在社区的公立学校就读的政策。

Neighbourhood Court 〈美〉邻里(调解)法庭 也称邻里司法(调解)中心[Neighbourhood Justice Center],是非正式的、非官方的调解邻里、父母与子女、同住室友、夫妻、朋友以及房东与承租人等之间的纠纷的机构。它不同于小额索赔法院[small claims court],它是由未受过法律培训的自愿调解人在无律师参与的情况下以一种友好的方式来处理纠纷,只收取很少的费用。对其裁决则由当事人事先达成协议共同遵守。这种争议解决方式可帮助当事人节约时间、费用,缓和情绪压力。1978年分别在亚特兰大[Atlanta]、堪萨斯城[Kansas City]和洛杉矶[Los Angeles]三处成立了此种试验性机构。

neighbouring property 相邻财产;毗连财产 尤指毗邻的不动产。

ne injuste vexes 〈拉〉禁止非法勒索令 这是基于《大宪章》[Magna Carta]而产生的一个令状,禁止领主向封臣的非法勒索,即所征收的租金或要求封臣承担的义务不得超过封臣祖上承担之义务的限度。

Ne judex ultra petita partium. 〈拉〉法官的裁决不应超出当事人请求的范围。

ne luminibus officiatur 〈拉〉(罗马法)禁止妨碍采光 一种地役[servitude],指房屋所有人不得建造有碍相邻房屋采光的建筑物。

nembda 〈条顿〉陪审团

nem.con. (= nemine contradicente)

nemine contradicente 〈拉〉一致通过;一致同意 指没有反对者或不同意见,即表示法院、立法机构或其他组织的成员在判决、决议、表决时无不同意见。该词用于英国下议院中。也可写作 nemine dissentiente。

Neminem laedit qui jure suo utitur. 〈拉〉坚持自己之合法权利不会损及他人。

Neminem oportet esse sapientiorem legibus. 〈拉〉任何人无须贤明于法律。

nemo 〈拉〉无人;没有人

Nemo admittendus est inhabilitare seipsum. 〈拉〉任何人不得使自己无行为能力。 指不得声称自己精神错乱,不负法律责任。

Nemo agit in seipsum. 〈拉〉任何人不得起诉自己。

Nemo alienae rei, sine satisdatione, defensor idoneus intelligitur. 〈拉〉(罗马法)任何人未提供担保则不得被视为他人财产之保护者。

Nemo alieno nomine lege agere potest. 〈拉〉任何人不得以他人名义起诉。

Nemo aliquam partem recte intelligere potest, antequam totum iterum atque iterum perlegerit. 〈拉〉任何人未再三熟读全文,则不能恰当理解其部分。

Nemo allegans suam turpitudinem audiendus est. 〈拉〉任何声称自己卑鄙者不得作为证人。 这不是证据规则,但适用于当事人请求强制执行建立于非法对价之上的权利时。

Nemo allegans turpitudinem suam, est audiendus. 〈拉〉(罗马法)任何供认自己卑鄙行为之人都不能作为证人。

Nemo beneficium suum perdat, nisi secundum consuetudinem antecessorum nostrorum et per judicium parium suorum. 〈拉〉除非根据祖先之惯例并经由与其平等者审判,任何人不应丧失自己所受之照顾。

Nemo bis punitur pro eodem delicto. 〈拉〉任何人不得因同一罪行受到两次惩罚。

Nemo bis vexari pro eadem cause. 〈拉〉任何人不得因同一案由而受两次审判。

Nemo bis vexari pro una et eadem cause. 〈拉〉任何人不得因同一案由而受两次审判。

Nemo cogitationis poenam patitur. 〈拉〉任何人不得因思想而受罚。

Nemo cogitur rem suam vendere, etiam justo pretio. 〈拉〉不得强迫任何人出卖财产,即使价格公平。

Nemo contra factum suam proprium venire potest. 〈拉〉任何人不得违反自己盖印合同之主张。 即因立有契据而不容否认[estoppel by deed]原则。

Nemo damnum facit, nisi qui id fecit quod facere jus non habet. 〈拉〉任何人只要不为无权去做之事,即不生损害。

Nemo dare potest quod non habet. 〈拉〉任何人不能给予其所未有者。

Nemo dat qui non habet. 〈拉〉自己无有者,不得与人。 指自己无处分权者,不得处分。

Nemo dat quod non habet. 〈拉〉任何人不能给予其所未有者。

Nemo debet aliena jactura locupletari. 〈拉〉任何人都不得因他人之损害而致富。

Nemo debet bis puniri pro uno delicto. 〈拉〉任何人不得因同一罪行而受两次惩罚。

Nemo debet bis vexari pro eadem causa. 〈拉〉任何人不得因同一案由而受到两次审判。

Nemo debet bis vexari pro una et eadem causa. 〈拉〉任何人不得因相同原因而受两次起诉。

Nemo debet esse judex in propria causa. 〈拉〉任何人不得为自己案件之法官。

Nemo debet ex alieno damno lucrari. 〈拉〉任何人不得因他人受损而获益。

Nemo debet immiscere se rei alienae ad se nihil pertinenti. 〈拉〉任何人不得将与己无关之事混为己事。 指不得干涉他人事务。

Nemo debet in communione invitus teneri. 〈拉〉任何人不得被强留于合伙中。 指应尊重个人于团体是退是留的意愿。

Nemo debet locupletari aliena jactura. 〈拉〉任何人不得因他人之损失而致富。

Nemo debet locupletari ex alterius incommodo. 〈拉〉任何人不得因他人之损失而致富。

Nemo debet rem suam sine facto aut defectu suo amittere. 〈拉〉任何人非因自己之行为或懈怠,即不丧失其财产。

Nemo de domo sua extrahi debet. 〈拉〉任何人不应由其家中被强拉出去。

Nemo de domo sua extrahi potest. 〈拉〉(罗马法)任何人不得从其家中被强拉出去。 指个人居家安宁应受法律保护。

Nemo duobus utatur officiis. 〈拉〉任何人不得同时身兼二职。

**Nemo ejusdem tenementi simul potest esse haeres et do-

minus. 〈拉〉任何人不得同时为一项地产之所有人兼其继承人。
Nemo enim aliquam partem recte intelligere possit antequam totum iterum atque iterum perlegerit. 〈拉〉任何人未再三熟读全文，则不能正确理解其部分。
Nemo est haeres viventis. 〈拉〉任何人不得为生者之继承人。
Nemo est supra leges. 〈拉〉任何人不得在法律之上。
Nemo ex alterius facto praegravari debet. 〈拉〉任何人不对他人之行为负责。
Nemo ex alterius incommodo debet locupletari. 〈拉〉任何人不得因他人之损害而致富。
Nemo ex consilio obligatur. 〈拉〉任何人不因建议而负责。
Nemo ex dolo suo proprio relevetur, aut auxilium capiat. 〈拉〉（罗马法）任何人都不得因自己之诈欺而免除义务或取得利益。
Nemo ex proprio dolo consequitur actionem. 〈拉〉任何人不得因自己之诈欺而取得诉权。
Nemo ex suo delicto meliorem suam conditionem facere potest. 〈拉〉任何人不得以自己之不法行为改善其地位。
Nemo in alium potest transferre plus juris quam ipse habet. 〈拉〉任何人所转让之权利不得超越其所拥有者。
Nemo inauditus condemnari debet, si non sit contumax. 〈拉〉除藐视法庭的情形之外，任何人不经审判不得被判罪。
Nemo in propria causa judex esse debet. 〈拉〉任何人不得在自己之案件中担任法官。
Nemo in propria causa testis esse debet. 〈拉〉任何人不得为自己诉讼之证人。
Nemo invitus compellitur ad communionem. 〈拉〉任何人不得违反自己意愿被迫形成共同占有。
Nemo jus sibi dicere potest. 〈拉〉任何人不得自己对自己执法。
Nemo miles adimatur de possessione sui beneficii, nisi convicta culpa, quae sit laudanda per judicium parium suorum. 〈拉〉除非经与其平等者审判并被认定犯有过错，任何军人所获得的照顾不被剥夺。
Nemo militans Deo implicetur secularibus negotiis. 〈拉〉任何为上帝而战者不应受世俗事务干扰。 指教会中的人没有义务为国王服兵役打仗。
Nemo nascitur artifex. 〈拉〉无人天生精通技艺。
Nemo patriam in qua natus est exuere, nec ligeantiae debitum ejurare possit. 〈拉〉任何人既不能抛弃祖国，也不能拒绝应尽之义务。
Nemo plus commodi heredi suo relinquit quam ipse habuit. 〈拉〉（罗马法）任何人不得以大于其自己所有之利益，使其继承人继承。 指遗产的范围以自己的财产为限。
Nemo plus juris ad alium transferre potest quam ipse habet. 〈拉〉任何人不得向他人转让超过本人所有之权利。
Nemo potest contra recordum verificare per patriam. 〈拉〉（英格兰古法）陪审团裁断不涉及档案有记载的问题。
Nemo potest esse dominus et haeres. 〈拉〉任何人不得既是财产所有者又是该财产之继承人。
Nemo potest esse et dominus et tenens. 〈拉〉任何人不得既是佃户又是地主。

Nemo potest esse simul actor et judex. 〈拉〉任何人不得同时为原告兼法官。
Nemo potest esse tenens et dominus. 〈拉〉任何人均不得同时为领主和封臣。 在英格兰古法中，与此相联系的一条规则是，若长兄将地产封授给其弟，其弟死亡时，地产传给其更年幼的弟〔next youngest brother〕而不能传给长兄。
Nemo potest exuere patriam. 〈拉〉任何人都不能抛弃祖国。
Nemo potest facere per alium quod per se non potest. 〈拉〉任何人不得通过他人为自己不得为之事。 指自己不得直接作为之事，也不得间接为之。
Nemo potest facere per obliquum quod non potest facere per directum. 〈拉〉任何人不得直接作为之事，也不得间接为之。
Nemo potest mutare consilium suum in alterius injuriam. 〈拉〉任何人不得以损害他人之方式改变自己之意图。
Nemo potest nisi quod de jure potest. 〈拉〉任何人只得为自己合法能为之事。
Nemo potest sibi debere. 〈拉〉任何人不得对自己负债。
Nemo praesens nisi intelligat. 〈拉〉不能理解者不在场。
Nemo praesumitur alienam posteritatem suae praetulisse. 〈拉〉任何人不被推定为更喜欢他人之后代而不是自己之后代。
Nemo praesumitur donare. 〈拉〉不得推定任何人为赠与。
Nemo praesumitur esse immemor suae aeternae salutis, et maxime in articulo mortis. 〈拉〉不得推定任何人忘掉自己永久之幸福，特别是在死亡之际。
Nemo praesumitur ludere in extremis. 〈拉〉任何人临死之言都不得推定为戏言。
Nemo praesumitur malus. 〈拉〉任何人不得被推定为恶人。
Nemo prohibetur plures negotiationes sive artes exercere. 〈拉〉不得禁止任何人经营数种商业或技艺。
Nemo prohibetur pluribus defensionibus uti. 〈拉〉任何人均可行使多个抗辩权。
Nemo prudens punit ut praeterita revocentur, sed ut futura praeveniantur. 〈拉〉聪明人使用惩罚不是为了消除过去之错误，而是为了避免重蹈覆辙。
Nemo punitur pro alieno delicto. 〈拉〉任何人不得因他人之侵权行为而受制裁。
Nemo punitur sine injuria, facto, seu defalta. 〈拉〉非因侵权、作为或过失，任何人均不受罚。
Nemo qui condemnare potest, absolvere non potest. 〈拉〉有权定罪之人也可以宣判无罪。
Nemo sibi esse judex vel suis jus dicere debet. 〈拉〉任何人不得为自己案件或涉及其亲属之案件的法官。
Nemo sine actione experitur, et hoc non sine breve sive libello conventionali. 〈拉〉只能通过诉讼申张权利，并且为此必须提交诉状。
Nemo suo statuto ligatur necessitative. 〈拉〉任何人必须受自己所规定者之束缚。
Nemo tenebatur prodere seipsum. 〈拉〉任何人没有义务出庭反对自己。
Nemo tenetur ad impossibile. 〈拉〉不得要求任何人为不可能之事。
Nemo tenetur armare adversarium contra se. 〈拉〉任何

人无违反自己利益而支持对手之义务。
Nemo tenetur divinare. 〈拉〉任何人无预测之责。 指对意外事件无预测、预告的责任。
Nemo tenetur edere instrumenta contra se. 〈拉〉(罗马法)不能要求任何人出具于己不利之书证。 古罗马刑事诉讼中的一条规则,不适用于民事问题。
Nemo tenetur informare qui nescit, sed quisquis scire quod informat. 〈拉〉就自己不知之事,任何人无提供情况之义务,但一旦提供情况,则必须为自己所知悉之事。
Nemo tenetur jurare in suam turpitudinem. 〈拉〉任何人无宣誓证明自己罪行之义务。
Nemo tenetur prodere seipsum. 〈拉〉任何人无坦白自己有罪之义务。(= Nemo tenetur seipsum prodere.)
Nemo tenetur seipsum accusare. 〈拉〉任何人无起诉自己之义务。
Nemo tenetur seipsum infortuniis et periculis exponere. 〈拉〉任何人无置己身于不幸及危险境地之义务。
Nemo tenetur seipsum prodere. 〈拉〉任何人无坦白自己有罪之义务。
Nemo testis esse debet in propria causa. 〈拉〉任何人不得在自己案件中充当证人。
Nemo unquam judicet in se. 〈拉〉任何人从不应自己审判自己。
Nemo unquam vir magnus fuit sine aliquo divino afflatu. 〈拉〉没有神的灵感,任何人不可能成为伟人。
Nemo videtur fraudare eos qui sciunt et consentiunt. 〈拉〉任何人对于已知且同意之人,不视为诈欺。
N.E.P.A. (= National Environmental Policy Act)
nephew n. ❶侄子;外甥 ❷侄孙;甥孙 此义仅在特殊案件和遗嘱中使用。 ❸〈美〉第三亲等的亲属
nephews and nieces 侄子女;外甥与外甥女 不包括侄孙与甥孙。
ne plus ultra 〈拉〉不可逾越的;最高的;最大的
nepos 〈拉〉孙子;外孙
nepotism n.裙带关系;任人唯亲
neptis 〈拉〉(古)❶孙女;外孙女 ❷女性后裔
Neque leges neque senatus consulta ita scribi possunt ut omnis casus qui quandoque in sediriunt comprehendatur; sed sufficit ea quae plaerumque accidunt contineri. 〈拉〉法律与元老院决议均不能涵盖所有现实或可能之情况;如其能使经常发生者有法可依,则足矣。
Neque verbis praescriptis solemnibus vestitum est, neque facto aut datione rei transit in contractum innominatum. 〈拉〉契约中既无合乎规定之郑重言词,又不辅之以行为或给付者,为无名契约。
Ne quid respublica detrimenti capiat. 〈拉〉国家不受侵害。
Ne quis plus donasse praesumatur quam in donatione expresserit. 〈拉〉不得推定任何人已赠与超过他所表示赠与者。
ne recipiatur 〈拉〉不应受理 当事人一方向司法官员[law officer]提出的不应受理对方当事人未在合理期限内提起的诉讼的告诫语。
Ne Rector Prosternet Arbores. 〈拉〉堂区长不得砍树。 爱德华一世时颁布的一项英国法律,旨在限制牧师在教堂墓地内伐树的行为。
ne relesse pas 〈法〉没有弃权;未曾免除 原告对被告声称其已放弃债权的答辩所作的回复。

nervous shock 神经系统震扰 因神经系统震扰而造成的健康损害是可以通过诉讼要求赔偿的人身伤害形式之一,但须结果与原因之间关系较近。
net acre 净英亩数 指设置了街道、人行道之后可用于建筑的实际土地面积。
net annual value 净年值 (⇨annual value)
net assets 净资产;资产净值 资产总额扣除负债总额后的剩余金额。
net balance (= net proceeds)
net book agreement 〈英〉净书价协议 零售贸易中需登记的少数明显限制性贸易惯例之一。它指出版商与书店之间达成的规定书店不能以低于出版商所定价格出售书籍的协议,但教科书、书商长期积压的书、出版商提供的减价出售的残余书籍除外。
net capital stock 股本净额 指公司的总资产与总负债的差额,它由三部分组成:①以资金、财产、服务等形式捐助的资本额;②过去未分配利润所形成的公积金;③当年的未分配收益。
net cash 净现金;现金价格 ①指不给予折扣的现金;②不允许赊购;③扣除折扣后的现金净价。
net cash flow 〈美〉现金净流量;净现金流量 现金流入量减去现金流出量后的净额。通常的计算方法是税后收益加与特定投资项目有关的非现金支出(如折旧费、摊提费等)。
net cash ten days 十天之内付现金 在交付货物后10天内买方必须付清货款。
net earnings (= net income)
net estate 净遗产 指扣除债务、丧葬费及管理费后的死者财产。(⇨taxable estate)
nether house 〈英〉下院 16及17世纪时对英国众议院的称呼。(= nether house of parliament)
nether house of parliament 〈英〉议会下院 英国16、17世纪对下议院[House of Commons]的称呼。
net income 净收益;纯收入 ①指某一时期的总收入扣除总费用和损失后的余额;②在计算所得税时,指总收入减去所有允许抵减和免税的项目后所得的收入。
net interest 纯利息 指仅在理论上存在的不包括资本成本风险的纯利息。
net issues (= net income)
net lease 净租赁;净利租赁 承租人不仅须支付租金,而且还须支付租赁财产的各项费用,如税收、保险费、维修费等。(⇨gross lease)
net listing ❶净代理协议 根据此类协议,卖方确定其能接受的不动产最低售价,代理商佣金即为实际售价与最低售价之间的净额。 ❷上市净价(⇨listing)
net national product 国民生产净值 指一国在一定时期(通常为一年)内的国民生产总值减去资本消耗折旧后的余额。
net-net-net lease 纯粹净利租赁 承租人须支付包括抵押利息和分期摊付款在内的所有开支,而出租人仅收取无任何债务负担的款项,又称三重净利租赁[triple net lease]。
net operating income 纯经营收入 从经营收入中扣除经营费用后的收入,这里的经营费用不包括利息、折旧费及所得税。
net operating loss 经营净损失 指经营费用超过收益的余额,如果其他扣减项目的总金额未超过总收入,则该余额可从总收入中扣减。

net operating loss carry over 经营净损失结转;经营净损失移后扣减 税法专用语,指本年经营净损失可以从下一税收年度的应税收入中扣减。

net premium 净保费 ①指扣除代理人佣金后的保费数额。②补偿预计索赔款的保费部分。③根据保单提供收益的款额。

net price 实价;净价 指扣除佣金、折扣及其他费用后的价格。

net proceeds 净收益;纯收入 交易金额扣除费用和佣金等交易成本之后的剩余金额。

net proceeds of sale 销售纯收入 销售收入减去保管、代理等费用后的净额。

net profit 净利润 指扣除所有费用之后的净利润,可分为税前净利润和税后净利润。销售收入减去生产成本后为毛利,从毛利扣除所有经营费用后为营业利润,营业利润扣除所得税后为净利润。

net profit margin 纯利润率 纯利润与销售总额之比率。

net rent 净租金 租赁价金扣除维修费、装置费和税款等费用后的净额。

net rental (= net rent)

net return 净收益;净利润 一项投资项目所得收益扣除所有投资费用后的净额。(⇨net profit; net income)

net revenue (= net profit)

net sale 销售净额 销售总额扣除退货款、折扣、回扣及其他费用后的净额。

net succession 净遗产 某些继承税法中所用之术语,指遗产在偿还债务及支付遗产税等继承费用后剩余的价值。

net value 净值 就人寿保险单而言,其净值是指在保险的最初几年由净保费所累积起来的基金。保单的净值与保险偿付准备金相等,保险公司必须把被保险人每年缴纳的保费的一部分另外存起来,以履行其对被保险人所负的责任。

net weight 净重 去除货物包装的货物净重量。

net worth (= net assets)

net-worth method 净值法 一种对记录不够充分的纳税人的应税收入进行核算的方法。在一个纳税年度内,资产净值是以纳税人的总收入为基础,并考虑其非应税收入和不属于可减免税的费用开支后计算得出。

ne unques 〈拉〉从未;从不

ne unques accouple 〈法〉从未结婚的;没有合法婚姻关系的 该词组的完整表达应是 ne unques accouple en loiall matrimonie。在寡妇地产[dower]之诉中,承租人以之作为抗辩,称被授予寡妇地权的妇女从未与被继承人有过合法婚姻关系。

ne unques administrator 〈法〉并非遗产管理人(⇨ne unques executor)

ne unques executor 〈法〉并非遗嘱执行人 一种古老的答辩,它宣称对方当事人或自己并非原诉讼请求中所称之遗嘱管理人,从而令遗嘱执行人的身份问题陷入争端。

ne unques indebitatus 〈拉〉不负债(= nunquam indebitatus)(⇨nil debet)

ne unques receivour 〈法〉不存在这类破产财产管理人

Ne unques seisie que dower. 〈法〉(英格兰古法)(寡妇的)亡夫从未占有从而(寡妇)无权取得其遗产。

ne unques son receiver 〈法〉从未为其财产管理人 在古代报账诉讼[action of account-render]中被告提出的否认自己曾是原告财产管理人的答辩。

neutrality n.中立 指不是交战国一方的国家的地位。中立的实质是:中立国不参与冲突并不偏不倚地对待战争双方。除非受条约的约束,任何国家没有在战争中必须保持中立的义务,但一个国家可被假定处于中立地位,除非它已经用言辞或行动表示加入交战一方或另一方。国家可以发表中立声明。

neutrality law 中立法 禁止一国向与其处于和平关系而与他国处于战争状态的国家提供军事援助的法律。在美国,作为联邦法律的《中立法》禁止向与美国处于和平关系而与他国处于战争状态的交战双方的任一方提供诸如装备舰船或正规军队之类的军事援助。

neutrality proclamation 〈美〉中立声明 美国总统在两个与美国均处于和平状态的国家之间发生战争时发布的声明,宣布美国在战争中处于中立地位,并要求其全体公民不得违反中立法。

neutralization of risk 中和风险;抵消风险 如采取将年金合同与人寿保险合同相结合的保险方式。

neutral port 中立港 战时中立国的港口。

Neuva Recopilacion 〈西〉《新法典》 由阿列塔的巴托洛梅[Bartolome de Arrieta]依据菲利浦二世的指令将卡斯蒂利亚议会[Cortes of Castile]制定的法规、皇室敕令及其他材料编纂而成的一部九卷本法律汇编,于1564年颁布。此汇编虽不完整,但后又多次重新颁布,并补充了最新的法规和材料,1805年以《西班牙最新法典》[Novisima Recopilacion de las Leys de Españs]颁布时已扩至12卷。

ne varietur 〈拉〉不得更改 指由公证员在票据上注明的作为认证标志的用语,它不影响票据的流通。

never indebted (= plea of never indebted)

never-never plan 〈英俚〉分期付款

new a.❶新的 指最近出现的人、动物或其他物体。该词在专利法中用以表示发明成果的新颖性。在美国,新颖性是指该发明成果是会产生一种当时不为人知的独特的、经过改进的或先进的效果,或是必须能以独特的以及实质上更有效或更经济的方式产生一种原有的效果。❷新近发现的 ❸更新的;变样的 ❹生疏的;不熟悉的 ❺重新开始的

new acquisition 新获得财产;非祖传财产 指非由父、母或父母方亲属处继承、遗赠或赠与,而是自其他来源获得的财产。

new action (就同样内容进行的)新的诉讼 在前次的诉讼被驳回或撤诉后,又由相同各方就同样内容进行的新的诉讼。

new and further disability 新的更进一步的残疾 指在原来残疾的基础上又产生的残疾。例如在一段时间的暂时性残疾后形成的永久性残疾即可构成这种"新的更进一步的残疾",在特定时期内可就此提出诉讼。

new and useful 新颖和实用 这是美国专利法中对发明可申请专利的两项要求,意为该发明应当新颖而且可实际应用。

new assignment 新的陈述 在普通法诉讼中,如果原告的起诉模糊不清,而且被告答辩的事实并没有回答原起诉的真实请求,则原告必须提出一个新的陈述,其中应当用新的细节重新陈述诉讼原因,说明他的诉讼并不是出于被告所认为的那种原因。

new building 〈英〉新建筑 ①指新建的建筑物;②对现存建筑物进行部分增建并从总体上改变了其结构、大小及外形,按一般标准其变成了一座新的建筑物。

new cause of action 新的诉因 涉及对诉状的修正的用

语，指基于不同于原诉状中所述事实的新的事实的诉因，或指原诉状中未提及的而基于同样的事实应享有权利的当事人，或指这两种情形都包括的诉因。

new consideration 新对价 指因合同延期、补充或修改而在原对价之外添加的对价。

new contract 新合同 该合同对先前的合同进行修改或加以取代。

new domicil 新住所 指在放弃原住所后建立的新住所。

new edition 新版本 指增补了新的及独创的材料并获得版权的版本。

New England Company 〈英〉新英格兰公司 1620年建立的殖民公司。

New England Confederation(1643) 〈美〉新英格兰邦联 由马萨诸塞湾、普利茅斯、康涅狄格及新港于1643年组成的北美第一个联盟,旨在抵御荷兰、法国及印第安人的攻击。在殖民地立法机关每年选出的8人组成的委员会有权宣布防御性和进攻性的战争,并对殖民地间的争议及印第安人问题具有司法管辖权。1684年因《马萨诸塞湾条例》[Charter of Massachusetts Bay]之废除而解散。

New England town 〈美〉新英格兰市镇 指在新英格兰地区相邻而居并且享有管理自己重要事务权利的居民所形成的市镇。

new enterprise 新企业 指新创设的企业,不包括将企业转让于新的所有人而产生的企业。

new evidence 新证据（⇨newly discovered evidence）

New Federalism 〈美〉新联邦主义 试图综合中央集权化和权力下放[decentralize]政府职能优点的一种政治理论。理查德·尼克松[Richard Nixon]总统在1969年的一次全国讲话中向公众推广了此用语。由中央决定和地方管理的岁入分享[revenue sharing]即是新联邦主义所拥护的一种典型方案。

New Forest 〈英〉新森林地带 英格兰南部汉普郡的灌木与森林地带。威廉一世时期作为皇室狩猎场,自1079年保留为皇家财产后一直延续至今,共占地92 000英亩。该地以新福里斯特小马[New Forest Pony]而著称。

new for old ❶以新换旧;以新换旧费用差额扣减 在进行海上保险单下船舶部分损失的理算时所适用的规则,即在保险人应支付的修理费用中扣除旧材料的价值。因此,总修理费用即用以替换旧材料的新材料的价值的1/3被扣除,这1/3的以新换旧费用差额由被保险人即船东负担。❷新换旧规则 依此规则,其财产遭受损失的当事人有权享有的赔偿金额,仅以恢复至该财产未受侵害前的价值所必需为限,而不能获得替代已经陈旧或贬值的被损害财产的全部或部分的新物的全部价值。

Newgate 〈英〉纽盖特监狱 原为伦敦城新门,始建于亨利一世统治时期,1188年后用作监狱,1420年重建为监狱。1780年被暴动者焚毁后1783年再次重建。该监狱既关押民事案件的债务人也关押罪犯。自1815年起专门关押刑事案犯,1902年拆除。

newgate calender 纽盖特监狱纪事 1760年由R.桑德斯[R.Sanders]出版,共五卷。该书记叙了1700年至1760年的著名的犯罪事件,后多次再版,1820年开始称为纽盖特监狱纪事,1863年至1865年以周刊的形式出现。1776年另有由R.M.维莱特[R.M.Villette]等人出版的《纽盖特监狱年录》[Annals of Newgate]。

New Inn 新律师公会 预备律师公会之一。（⇨Inns of Chancery）

new lease 新租约 租赁法中的重要术语。指原承租人退出租约,由第三人与出租人达成的、以原租期剩余期限为期限、并按与原租约完全相同的条款订立的新的租约文件。

newly acquired vehicle 新获得的车辆 在汽车保单中经常使用的术语,在一定的时效期限内,承保范围不仅包括保单上特别指明的车辆,而且扩及保单签订以后新获得的车辆。

newly discovered assets 新发现的资产 在破产程序终结后又发现的破产人的资产,或破产人未列出的本应以之偿付债权人的资产。

newly discovered evidence 新发现的证据 指在审判时即已存在,但在判决作出之后当事人才发现的证据,而不是指审判结束后才发生的证据。此类证据在庭审前未被当事人发现并非出于当事人的疏忽,或虽然有疏忽但存在可免责的理由,据此,当事人可以请求对案件重新审理,但须在规定期限内提出。

new matter 新事项 ①在诉讼中,指任何一方当事人在先前的诉状中均未提出之事项,通常涉及新的争议点,需以新的事实证明之;②在专利法中,指最初公开[original disclosure]中所未包括的事项,对该事项不能以修正或后续申请的方式加入到原先的专利申请中去。

new parishes 〈英〉新堂区 1843-1844年通过《新堂区法》[New Parishes Act],旨在提高人口稠密的堂区的灵性生活,该法令为1943年《新堂区条令》[New Parishes Measure]所代替。

new promise 再允诺;重新允诺 ①债务人对已过诉讼时效的债务作出书面承认并使之有效的允诺（该允诺亦可在未过时效时作出）;②在原合同允诺的基础上增加的或用以替代原合同允诺的允诺。（⇨promise）

New Reports 新判例汇编（⇨report）

new series 新系列 一种出版物的连续性出版,不仅其期数会重新编排,而且通常版式也会有些变化。

new servitude 新地役权 (= additional servitude)

newsman's privilege 〈美〉新闻工作者特权 指由宪法确认的新闻工作者可以拒绝透露其消息来源的权利。（⇨journalists' privilege）

newspaper policies 新闻保单 只限于对意外事故的保障,通常是在订阅报纸的同时投保该险。

Newspaper Publicity Law 〈美〉《报刊公开法》 国会通过的一项法律,它要求报纸、杂志、期刊等的业主必须每半年向邮政部门提交有关经营管理、业主身份、编辑部、订户数目等情况声明,并予以发表,否则将以不能通过邮政系统发行作为惩罚。

new style 〈英〉新历法 指根据1750年《新历法法》[Calendar (New Style) Act]于1752年引入英格兰以取代儒略历法[Julian Calendar]的格列高利历法[Gregorian Calendar],以便和那些已使用格列高利历法的国家保持一致。为此,这一年的9月3日被改为9月14日。格列高利历法沿用至今。

New Talys (= Novae Narrationes)

new trial 重新审判 指在判决作出后对判决中所裁决的部分或全部争议重新进行审理。初审法院可依当事人的申请命令对案件重审,也可以主动决定重审。上诉审法院在推翻初审法院判决的情况下也可以将案件发回初审法院,要求对其中的部分或全部争议重新进行审理。

new trial on appeal 上诉重新审判 指有限度的重新审判。上诉法院依上诉或纠错程序对案件进行复审时,通常只限于考虑下级法院的案卷记录,而不准提出新的证据或争论点。此做法倾向于对具有终审权的上级法院在考虑事实问题上予以限制。最接近于完全的上诉重新审判是对衡平判决依上诉或纠错程序进行的重新审判。在该审判中,上诉法院可独立认定事实、依证据得出自己的结论,但即使在这种情况下,复审审查通常也只限于考虑下级法院的案卷记录。

New York interest 纽约利息 按每月确切的天数,而不是按统一的30天计算利息的制度。(⇨Boston interest)

New York Law Journal 〈美〉《纽约法律报》 创刊于1888年,美国最古老的法律报刊。内容有司法评论、法律通告、法学论文以及其它与法律界有关的信息。

New York Stock Exchange/NYSE 〈美〉纽约证券交易所;纽约股票交易所 1792年设立于华尔街,是美国历史最长、规模最大的证券交易所。该交易所是一个非法人的协会,由从事代为客户买卖证券和自营证券买卖的会员公司组成,其会员的已发行股份至少为100万。

New York Times v. Sullivan 〈美〉《纽约时报》诉苏利文案 美国最高法院于1964年判决的一起标志性的案件。在该案中法院首次考察了美国宪法保护言论自由的程度和在由公职人员起诉抗议批评其职权行为的诽谤案件中给予赔偿金的范围。该案是由亚拉巴马[Alabama]蒙哥马利[Montgomery]市的民选委员苏利文提起的一起民事诽谤案,指控4位黑人教士[clergyman]和《纽约时报》在《纽约时报》发布的整版广告中的言论构成诽谤。毫无疑问,广告中的某些言论并不准确,因而第一审中陪审员在法官指示言论构成诽谤、有恶意存在的情况下,判决每位被告付给苏利文500 000美元赔偿金。但最高法院推翻了此判决,认为亚拉巴马法院所适用的法律原则违反了美国宪法第一条修正案。在该案中法院解释说在自由辩论中错误的言论是不可避免的,因而,如果允许言论自由的生存空间存在,甚至错误的言论也应予以保护。基于此,最高法院判定公职人员不能因与其职权行为有关的言论中有虚假而获得赔偿,除非他们能证明有实际的恶意[actual malice],即言论者"知其虚假或因疏忽大意而忽视了其真假与否"。该案为美国诽谤方面法律的革命,而且它同样标志着美国宪法第一条修正案一般法理的转变。它摒弃仅把诽谤集中在其是否应"受保护"或"不受保护"的传统方法,而涵盖了更多的对言论保护的分析,把焦点集中在第一条修正案所关注的对诽谤的抗议可能造成抑制言论自由的危险之上。美国最高法院在向更敏感而少俗套的分析模式上迈出了重要一步,这一分析模式是当代第一条修正案法理的里程碑。

New Zealand law 新西兰法 在成为独立的殖民地之前,新西兰适用英格兰法,在此之后,则仿照在澳大利亚殖民地所适用的法律制定自己的法律。新西兰的公法和私法均深受英格兰法律的影响。

nexi 〈拉〉(罗马法)债务奴隶 被债权人奴役以作为债的担保的债务人。

next blood relations 子女

next devisee 剩余遗产受赠人;次顺位受遗赠人 指根据遗嘱而被授予剩余遗产的人。

next election 补选 (⇨election to fill vacancy in office)

next eventual estate 居后的最终财产权 该财产权于下列两种情况下生效:①当未处分的租金、利息等资本增益发生终止积累的事件时;②当现有财产权终止时。

next friend 诉讼代理人 指代理未成年人或因患精神病而无行为能力人提起诉讼的成年人,但他不是该诉讼的当事人,也未被指定为原告的监护人[guardian]。一般为原告的亲属,应对原告的诉讼行为和费用负责。

next heirs 血缘最近的继承人

next in, first out (= NIFO)

next legal heirs 最近的法定继承人

next of kin 最近的亲属 在遗产继承法中,指按亲族关系法与血缘关系为死者最近的亲属,也指依法可以取得死者遗产的人。本术语不一定指血亲,也可指姻亲。

nexum 〈拉〉(罗马法)债务口约;要式契约 拉丁文nexum是拘束、债的意思。在早期罗马法中,该词仅指"要式现金借贷",这种契约和要式买卖都采用铜块和衡器的形式,且当事人需采用法定语言,其效力在于对未按期还债的债务人可施以苦役、出卖或杀戮等残酷处罚。后来随着现金借贷逐渐适用于所有可计量物的借贷,nexum也成为普通的消费借贷契约。广义上,它指契约当事人之间的债务关系,有时可以与obligatio互换。公元前326年《柏德尔法》[Lex Poetilia]废除之。

nexus n. 联系;连结;关系 复数形式为nexuses或nexus。

nexus theory (= minimum contacts test)

n/f (= no funds)

N.F. (= Norman French)

N.G. (= National Guard)

NGRI (= not guilty by reason of insanity)

NI (= national income)

NIA (= Negotiable Instruments Act)

Nicene 尼西亚信经 指公元325年在小亚细亚的尼西亚举行的基督教第一次公会议上颁行的信纲。

nichil 〈拉〉无;没有

nichills n. (英格兰古法)呆账;滞债;空账 应向财政署上缴而郡长却无法征收的债务,基于此,郡长要向财政署作"无"[nil]的回呈报告。这些债额每年都要由呆账记录官[clerk of the nichills]抄写一份送往财政大臣录事官办公室[treasurer's remembrancer's office],后者将下令启动收回呆账程序。上述职位均于1833年被取消。

nichils (= nichills)

Nicole n. 林肯律师公会[Lincoln's Inn]的古称

niece n. 侄女;外甥女

nief (= neife)

niefe n. (英格兰古法)女农奴;女奴 (⇨naif; neife; nief)

nient 〈法〉没有;无;不

nient comprise 〈法〉不包括 这是一项针对原告申请的异议,其内容为被告声明原告所提出权利要求的财物不包括在作为申请根据的契据或诉讼程序的范围之内。

nient culpable 〈法〉不违法;无罪 18世纪以后适用于侵权或刑事诉讼中的一项完全否认的答辩,在法庭记录中通常将其缩写为"nient cul."。

nient dedire (法国古法)不否认;不反对;一言不发;获得不利于己的判决 在古老的普通法诉讼程序中,一方当事人将一项指称登录在诉讼记录上,另一方当事人对此作了不予否认的登录,即意味着他对指称事实的承认,被称为"nient dedire"。

nient le fait (法国古法)不是他的契据;他未签署契据 这是被告用来否认原告所提的契据已经正式签署并交付或否认该契据是他所签署的有效契据的答辩。(= non est factum)

nient seisi (法国古法)未占有 旧时年金之诉[action of annuity]中被告完全否认的答辩用语。

NIFO 次进先出 这是会计学上的一种方法,意思是其次买进的货物先卖出。(= next in, first out)

niger liber 〈英〉(财政署[Exchequer]的)黑皮账簿;(修道院、教堂等的)财产登记簿

night auction 夜间拍卖 在夜间进行的拍卖,有时为法律所禁止。

night deposit 夜间存款 指在银行营业日结束后,把存款或存款条放在一个包或袋内,然后将其放入银行专门提供的滑道中的一种银行存款方式。

night-house n.〈英〉夜餐馆 1872年《营业执照法》[Licensing Act]之前对酒吧的一种称谓。

night owl 〈英格兰古法〉夜间走私(⇨owling)

night season (= nighttime)

nighttime n. 黑夜;夜间 普通法上认为"黑夜"或"夜间"指日落后至日出前没有足够的日光以辨认人的面容的一段时间。这一普通法上的定义现在仍为美国的有些州所遵循。但在其他州则为制定法所重新界定。如美国现代刑法典规定,"黑夜"或"夜间"是指日落后30分钟至日出前30分钟的一段时间;有的判例则认为日落后1小时至日出前1小时的一段时间为"黑夜"或"夜间"。

nightwalker n. ❶〈英格兰古法〉(尤指抱有犯罪动机的)夜间在外游荡者 在普通法上,"夜间在外游荡"是典型的"普通"犯罪,在指控中,只需证明该人夜间在外游逛,可能会扰乱社会治安即可,而无需证明存在其他的特定事实。对于这一犯罪,警察有权将犯罪人逮捕,并羁押至第二天早晨。1967年英国刑法取消了这一犯罪。❷梦游者;梦行症患者 ❸夜间上街拉客的妓女

nightwalking n. ❶夜行卖淫罪 妇女在夜间上街游荡,以择取男子与之进行非法性交,而无论其是否有谋利的目的。❷夜间为非作歹罪 指以实施犯罪或扰乱社会治安、实施不法行为为目的,经常在夜间游荡的犯罪。

night work 夜间从事的工作 对于妇女和儿童从事这类工作,以及在某种特定行业中由男子从事这类工作,制定法都可能加以限制。

Nigrum nunquam excedere debet rubrum. 黑体内容永远不能超越红字的内容。 指法规中用黑色字体书写的内容不应包括用红色字体书写的标题未指出的内容。换言之,法规本文的内容不得理解为比其标题的内容更广泛。

nihil 〈拉〉❶没有;无;不 ❷无任何财产 行政司法官或警官在无法执行令状、将令状交回法院时的回呈用语,声明被告没有任何财产或没有任何有价值的财产可供扣押,使令状无法得以执行。其全称依具体情况分别为 nihil est 或 nihil habet。前者强调被告在送达官员辖区内无任何财产,无任何住所或居所,也未在该辖区出现,使得令状无法送达;后者专适用于申明理由令状[scire facias]的无法送达。

Nihil aliud potest rex in terris, cum sit Dei minister et vicarius, quam quod de jure potest. 〈拉〉国王是上帝意志的执行者和上帝的代表,因此他除了有权被许可去做的事外,不能在世上做任何其他的事。

Nihil aliud potest rex quam quod de jure potest. 〈拉〉除法律允许者外,国王不得做任何事情。 意即:国王不可有任何超越法律的行为。国王不可在法律允许的范围之外做任何事情。

Nihil capiat per billam. 〈拉〉他不能根据起诉状取得任何东西。 衡平法判决书[decree]中有关原告败诉的固定用语。

Nihil capiat per breve. 〈拉〉他不能根据起诉状取得任何东西。 普通法判决书[judgement]中有关原告败诉的固定用语。

Nihil consensui tam contrarium est quam vis atque metus. 〈拉〉(罗马法)强迫和恐吓与合意最为相悖。 不能以强迫和恐吓的方式使人同意。

Nihil dat qui non habet. 〈拉〉不拥有者不得给予。 指非所有人所作转让或赠与无效。

nihil debet (= nil debet)

nihil debit 〈拉〉一无所欠(= nil debet)

Nihil de re accrescit ei qui nihil in re quando jus accresceret habet. 〈拉〉在权利产生时与之无关者一无所得。

nihil dicit 〈拉〉未作答辩 指被告对原告的起诉未在规定的期间内作答辩,应受对己不利的判决。(⇨nil dicit judgment)

Nihil dictum quod non dictum prius. 以前未说过的现在仍未说。 意即:现在所说的只是重复以前所说过的,没有新的内容;老调重弹。

Nihil enim aliud potest rex, nisi id solum quod de jure potest. 〈拉〉国王只能做法律所允许的事情。

nihil est 〈拉〉什么都没有 这是行政司法官[sheriff]在无法执行令状时将令状交回法院时的回呈用语。意即:"无法执行"。亦作 nihil est inventus(什么也没有找到),但后者不及前者全面。(⇨nihil)

Nihil est enim liberale quod non idem justum. 〈拉〉没有不公正而宽厚的。 或:凡是宽厚之举必须是公正的。

Nihil est magis rationi consentaneum quam eodem modo quodque dissolvere quo conflatum est. 〈拉〉以与事物产生相同的方式终止其存在是最符合理性的。

Nihil facit error nominis cum de corpore constat. 〈拉〉只要能确定为何人,姓名错误无关紧要。

nihil habet 〈拉〉他什么都没有 这是行政司法官[sheriff]在无法将申明理由令状[scire facias]送达给被告时将其交回法院时的回呈用语。(⇨nihil)

Nihil habet forum ex scena. 〈拉〉法院不过问未诉诸法庭之事项。 或:不告不理。

Nihil habuit in tenementis. 〈拉〉他对该土地没有权益。 这是在出租人对没有契据或未占用土地的定期地产[estate for years]或任意地产[estate at will]的承租人提起的债务之诉中,承租人所作的否认出租人对土地拥有产权的答辩。

Nihil infra regnum subditos magis conservat in tranquilitate et concordia quam debita legum administratio. 〈拉〉正当地执行法律是使国民保持安定与和睦的最佳方法。

Nihil iniquius quam aequitatem nimis intendere. 〈拉〉没有比过分强调衡平更不公允的。 或:滥用衡平即导致最大不公。

Nihil in lege intolerabilius est (quam) eandem rem diverso jure censeri. 〈拉〉用不同的法律观点来处理同一问题是法律上最不可容忍的事情。 或:对同一问题法院不应根据不同的法律观点作出不同的决定。

Nihil magis justum est quam quod necessarium est. 〈拉〉没有比必要的更为正当的了。(⇨necessary)

Nihil nequam est praesumendum. 〈拉〉任何事情都不应被假定为坏的。

Nihil perfectum est dum aliquid restat agendum. 〈拉〉任何事情在未完成时都不是完美的。

Nihil peti potest ante id tempus, quo per rerum naturam persolvi possit. 〈拉〉任何事务,依其性质在可以支付的

时间届至之前不得要求任何给付。

Nihil possumus contra veritatem. 〈拉〉我们不可以做任何违背真理的事情。

Nihil praescribitur nisi quod possideatur. 〈拉〉没有对产的占有即无所谓时效。或：无占有即无时效。(⇨prescription)

Nihil quod est contra rationem est licitum. 〈拉〉不合乎理性的就是不合法的。或：不合理即不合法。

Nihil quod est inconveniens est licitum. 〈拉〉不合时宜（或不方便）者亦不合法。 科克[Coke]大法官经常引用此格言。据称其本意仅在于不方便在法律上是一个有力的论据，而并不排除对某个人不方便但对多数人方便的行为的合法性。因此该格言在现代法律中的适用是受到某些限制的。

nihils (= nichills)

Nihil simul inventum est et perfectum. 〈拉〉新生事物不可能完美。或：任何事物不可能在创造出来的同时就是完美的。

Nihil tam conveniens est naturali aequitati quam unumquodque dissolvi eo ligamine quo ligatum est. 〈拉〉以原来约束事物的手段解除之，这最符合自然公正。或：如何系铃就如何解铃，此乃理所当然。

Nihil tam conveniens est naturali aequitati quam voluntatem domini volentis rem suam in alium transferre ratam habere. 〈拉〉赋予所有权人将其财产让予他人的意思以法律效力是最符合自然公正的。

Nihil tam naturale est, quam eo genere quidque dissolvere, quo colligatum est; ideo verborum obligatio verbis tollitur; nudi consensus obligatio contrario consensu dissolvitur. 〈拉〉如何系铃就如何解铃，此乃理所当然；因此口头约定的债务通过口头解除，单凭同意产生的债务亦凭相反的同意而解除。

Nihil tam proprium (est) imperio quam legibus vivere. 〈拉〉依法而治乃政府最适宜之举。

Nihil temere novandum. 〈拉〉任何事情都不应被轻率地改变。(⇨Nil temere novandum.)

N.I.J. (= National Institute of Justice)

nil 〈拉〉(= nihil)

Nil agit exemplum, litem quod lite resolvit. 〈拉〉以一项争议解决另一项争议的先例毫无价值。

Nil capiat per billam. (= Nihil capiat per billam.)

Nil capiat per breve. (= Nihil capiat per breve.)

Nil consensui tam contrarium est quam vis atque metus. 〈拉〉(= Nihil consensui tam contrarium est quam vis atque metus.)

nil debt 〈拉〉一无所欠 非基于盖印合同[specialty]的债务诉讼[action of debt]中的一种概括否认答辩[general issue]。根据英国1852年《普通法诉讼程序法》[Common Law Procedure Act]，这一答辩方式被"从未欠债答辩"[nunquam indebtitatus]取代。而《最高法院规则》[Rules of the Supreme Court]最终取消了被告概括否认的答辩方式，规定被告必须针对原告的每项事实陈述——有关损害赔偿金的除外——表明否认态度，"从未欠债的答辩"随后也被废除。

nil debit (= nil debet)

nil dicit (= nihil dicit)

nil dicit judgment 被告无答辩判决 当被告已出席法庭，但对原告的起诉未在规定期限提出答辩时法庭作出的不利于被告的判决，其效果相当于被告承认原告的诉因成立，并且放弃对原告诉状中的错误提出异议的权利。(⇨nihil dicit)

Nil facit error nominis cum de corpore vel persona constat. 〈拉〉如其人的身份已明确，则其姓名即使有错误亦无大碍。

Nil facit error nominis si de corpore constat. (= Nihil facit error nominis cum de corpore constat.)

Nil frustra agit lex. 〈拉〉法律从不做徒劳之事。

Nil habuit in tenementis. 〈拉〉对不动产没有权益。 这是在不动产出租人控告承租人的债务诉讼[action of debt]中由后者提出的一项答辩，表示原告对不动产没有权益。

nil ligatum 〈拉〉不受任何约束；未承担任何义务或债务

Nil sine prudenti fecit ratione vetustas. 〈拉〉古人做事都有明智和审慎的理由。

Nil temere novandum. 〈拉〉任何事情都不应被轻率地改变。(⇨Nihil temere novandum.)

nimble dividends 灵活股息 不管资金盈余账户是否出现累积或亏损，仍依法从当年或上一财政年度的净利润中支付的股息。在美国，有些州是不允许灵活股息的。

Nimia certitudo certitudinem ipsam destruit. 〈拉〉过分确实反有损于其确实性。

Nimia subtilitas in jure reprobatur, et talis certitudo certitudinem confundit. 〈拉〉法律不宜过于细致，过于细致则会使已确定的事物之间发生混淆。

Nimium altercando veritas amittitur. 〈拉〉过多的争论或诘问会埋没真相。或：争论太多只能使真相不明。

nimmer 窃贼；盗窃犯

nine hundred ninety-nine year lease 租期为九百九十九年的租约 该租约的租期在制定法无明文规定时有效。

1983 suits 〈美〉1983诉讼 指根据1871年《民权法》[Civil Rights Act]第1983条提起的诉讼。该条规定，任何人，对于以"任何州或地区"的法律为藉口剥夺其宪法权利或法定权利的行为，都可以提起诉讼。此类案件大多都是针对指控其侵犯原告宪法权利的州政府官员，尤其是警务人员本人提起的。在联邦法院诉州政府官员的1983诉讼首次为最高法院在著名的莫雷诉佩奇[Monroe v. Page] (1961)一案中得以认可，在该案中，13名芝加哥警察被诉侵入并搜查了原告的住所，非法逮捕并羁押了原告。依据该案的判决，此类案件责任只能由州政府官员个人承担，而并非州政府、市或镇政府承担。但在以后的判例中，最高法院陆续授予检察官、法官、大陪审团成员和某些警务人员附条件的或绝对豁免权，其大大缩小了1983诉讼责任的范围。

Nineteen Propositions 〈英〉十九条建议 1642年6月1日英国议会致查理一世[Charles I]的一项文件。对此查理一世予以拒绝，这标志着议会与英王之间的谈判最终破裂，英国内战几乎不可避免。这些建议要求严格执行反天主教[anti-Catholic]的政策，更多按新教徒路线改革教会，由议会控制军队，部长的任命经议会批准。

Nineteenth Amendment 〈美〉美国宪法第十九条修正案 该修正案是为争取妇女选举权长期努力的产物。直到1838年，美国尚无一个州在任何一个选举中允许妇女有投票权，也正在同一年，肯塔基州[Kentucky]准许女性在学校选举中享有选举权。之后，这项的权利扩展到了其他某些州，但女性普遍的选举权并没有随之诞生。争取女性选举权的运动可追溯至19世纪中后期，但得到实质性的支持却是在 20 世纪初期。1868 年一项妇女选举权修正案首次在美国国会提出。10 年后，妇女选举权支持者又提出了以苏珊·B. 安东尼[Susan B. Anthony]命名的所谓的安东尼修正案[Anthony Amendment]，这一修正案以美国宪法第十五条修正案[Fifteenth Amendment]为模本，其后它也成为本条修正案第 1 款的语言，但它能真正成为美国宪法的一部分却又历经了 42 个春秋。在 20 世纪里，因女性在社会工作等方面作用的推动及第一次世界大战后强大的政治运动的影响，美国国会最终于 1919 年 6 月 4 日提出了妇女选举权修正案，即第十九条修正案，该修正案于 1920 年 8 月 18 日获批准。它规定合众国公民的选举权不得因性别而被合众国或任何一个州加以剥夺或限制。

ninety-day letter 〈美〉九十天纳税通知 国内税务署依法向纳税人发出的欠缴税款缴纳通知。在该通知发出 90 天之内，纳税人应当缴纳税款，如有异议，则可以：①缴足税款并要求退还多缴的税款；或者②不缴纳税款并就国内税务署所称的欠缴数额向税务法院提出异议请求。

ninety-nine year lease 租期为九十九年的租约 该租约的租期在制定法无明文规定时有效。

Ninth Amendment 〈美〉美国宪法第九条修正案 该修正案具有某种神秘色彩。它规定美国宪法已列举的某些权利不得否认或轻视未被列举的权利。然而，无论是该修正案的语言还是其历史皆没有为其所要保护的权利性质提供任何暗示。尽管美国最高法院不曾单独以该修正案作为裁判的依据，但它在确立隐私权为一宪法权利上作用非凡。每年，都有人请求联邦法院认可新的"为人民所保留"的未被列举的权利，通常联邦司法机关皆拒绝视第九条修正案为宪法权利的独立源泉。不过联邦法院一直继续引用该修正案作为基本权利的次级源泉。1791 年批准的第九条修正案是联邦主义者[Federalists]与反联邦主义者[Anti-Federalists]双方就美国宪法是否应纳入一个《权利法案》[Bill of Rights]争议的产物。1787 年美国缔造者[Framers]在最初所草拟的宪法中并未包括《权利法案》。反联邦主义者认为宪法授予联邦政府太多的权力，因而反对批准宪法，主张藉《权利法案》作为反专制主义的另一制约机制；相反，该宪法却得到了联邦主义者的拥戴，因为他们认为对基本权利的任何列举既赘余且危险。首先，新联邦政府为有限政府，仅享有列举的权力[enumerated powers]，并无制定侵犯人们权利的法律的权力；其次，无法穷尽所有权利。《权利法案》中对某种权利的不列举有可能被解释为授予国会可以制定侵犯人们权利法律的权力。联邦主义者亚历山大·汉密尔顿[Alexander Hamilton]和詹姆斯·麦迪逊[James Madison]皆持此种观点。赞同《权利法案》的反联邦主义者及其他人试图从三个方面消除联邦主义者的忧虑：①他们指出，即使没有《权利法案》，也存在美国宪法保障某些自由的事实，如宪法第一条禁止国会中止人身保护令[writ of habeas corpus]、通过公民《权利剥夺法案》[Bills of Attainder]和追溯既往的法律[ex post facto laws]。如果能在不危及其他未列举之自由的前提下列举这些自由，反联邦主义者推理其他自由可以为《权利法案》所保障。②尽管《权利法案》的支持者承认不可能列举每一项可想象的权利，但坚持这一障碍并不应阻止缔造者确立对某些必需之自由的宪法保护制度。③反联邦主义者主张若确实存在列举某些自由将危及其他自由的风险，那么应起草增加一项保护所有未被《权利法案》列举自由的宪法修正案。正是这一思想促成了第九条修正案。与《权利法案》的其他条款不同，第九条修正案不是缘起于英格兰法[English law]，它纯粹是美国宪法订立者的天才创造。具有讽刺意味的是，曾在 1787 年反对《权利法案》的麦迪逊，反在 1789 年第一届国会[First Congress]期间成为第九条修正案的主要缔造者。在重新考虑了反《权利法案》的主张后，麦氏说他现在已相信此种忧虑可以被消除，他认为列举特定权利在一定意义上可能并不会造成对其他未被列举权利的歧视，仍具一定的道理。然而，他告诫国会他一直努力通过起草他递交国会的第九条修正案来防止此种危险。现在的第九条修正案即是麦氏草案经国会审议和修改后的产物。然而，自该修正案批准以来的 175 年间，其一直处于休眠状态，除最高法院的少数大法官略及该修正案外，甚至没有人哪怕间接地暗示出它作为支持未被列举权利请求的根据。1958 年最高法院大法官罗伯特·H. 杰克逊[Robert H. Jackson]写道：为第九条修正案所保障的权利"依然是个谜"。不过，休眠的第九条修正案终于在 1965 年的格里斯沃尔德诉康涅狄格[Griswold v. Connecticut]一案中复苏。在该案中最高法院被请求审查康涅狄格[Connecticut]州一项禁止成年居民实行计划生育[birth control]以及阻止一个人支助他人违反该法的法律的合宪性。最高法院判决此法违宪，宣告了一项未为宪法明确列举的婚姻隐私权的存在。大法官威廉·O. 道格拉斯[William O. Douglas]撰写多数意见时拒绝接受司法机关只有义务实施为宪法明确列举的权利的思想。而第九条修正案则成为大法官阿瑟·戈德堡[Arthur Goldberg]附和意见[concurring opinion]中最引人注目之处，他认为该修正案的语言和历史表明制宪者希望法院以必须保障《权利法案》明确列举的那些自由的同等热情来保护那些未被列举的自由。但持反对意见的大法官们批评最高法院在该案中援引第九条修正案作为判决的基础，他们认为该修正案并未说明何种未被列举的权利为人民所保留，或者这些权利应如何被认定；同时该修正案也并未授权最高法院去实施这些权利。据他们暗示出非民选的最高法院大法官在该案中已用他们自己主观的公正、自由和合理性代替了康涅狄格州立法机关中民选代表的智慧和经验。格里斯沃尔德案的判决是重开在宪法法理中第九条修正案正当作用的新起点，引发了各种争论。诸多联邦法院已裁决第九条修正案是司法解释的一个规则或者解释的指导，但却不是宪法权利的独立源泉。格里斯沃尔德案后，以未列举权为基础的新型请求潮水般涌向联邦法院，然而几乎无例外，这些新型第九条修正案请求皆遭拒绝。这又导致某些学者得出该修正案可能又复归宪法休眠状态的结论。然而第九条修正案仍保持某种程度的生机。如在罗诉韦德[Roe v. Wade]一案中得克萨斯州北区联邦地区法院[District Court for the Northern District of Texas]判决，规定禁止除挽救母亲生命之外其他所有堕胎的一项州法律违反了第九条修正案所保障的隐私权。最高法院维持了该判决。(⇨Roe v. Wade)

nisei 〈日〉第二代 特别指父母为日本人而出生在美国的人。

nisi 〈拉〉除非 该词常作为省略用语附加于 rule, order, decree, judgment 或 confirmation 等词之前或之后表示所作裁决是有效的，除非受该裁决影响的一方出庭并提出异议或采取某种步骤使其无效或使其被撤销。因此 decree nisi 或 nisi decree 就是明确地确定被告权利的判决，除非被告在规定期限内提出理由以推翻该判决或有效地提出上诉或以其他方式使该判决失效。在这个意义上，nisi 是 absolute(绝对的，不附任何条件的)的反义词。当一个 rule nisi(有条件的裁定)因被告未能按规定提出异议而被最后确认时,它就成为"绝对的"或"终局的"[absolute]裁定。

nisi convenissent in manum viri 〈拉〉除非她们处于丈夫的监护之下　在古希腊和古罗马,妇女不论年龄多大都要受到父兄的监护,除非她们结婚,结婚后则受丈夫监护。

nisi decree　(= decree nisi)

nisi feceris　除非尔为之　以前国王发给地方领主令状中的用语。令状宣称,如果该领主拒绝主持公道,王室法庭或郡长将会出面匡扶正义。凭借此语,王室法庭僭取了领主法庭的司法管辖权。

nisi judgment　附条件的判决;暂时判决　指法院作出的除非受该判决影响的当事人在规定的时间内提出反驳理由,否则将正式生效的判决,类似 nisi decree。(⇨nisi)

nisi order　附条件的裁定;暂时裁定　指如果受其影响的当事人未在规定的时间内提出反驳的理由、或法庭规定的其他条件未得到履行或遵守,就将作为无条件的终局裁定而正式生效的法院裁定。(⇨nisi)

Nisi per legale judicium parium suorum vel per legem terrae.　〈拉〉除非经过地位同等者的判决或依国内法作出的判决。　这是《大宪章》[Magna Carta]中的名言,依此自由民及其财产遭到控诉时有权请求陪审团裁决。陪审团因此也成为了英国人自由的最大保护神。

nisi prius　〈拉〉除非以前　trial at nisi prius 是指由一个法官主持并有陪审团参与的审判,不论这种审判是在伦敦或在巡回法庭中进行。从前英格兰一切普通法诉讼[common law actions]皆由伦敦威斯敏斯特[Westminster](英格兰从前高等法院所在地)高级法院[superior courts]的合议庭审理。因此,发生在外地的案件需由郡长传唤诉讼发生地所在的郡的陪审员到伦敦威斯敏斯特参与审判。1215 年的《大宪章》规定一些诸如驱逐原占有人而自行占有其土地等诉讼嗣后不再在威斯敏斯特高级法院的合议庭审判,而改由每年派至该郡的一个法官会同陪审团进行审判。1285 年的《威斯敏斯特法》[Statute of Westminster, 13 Edw. I, c. 30]扩大了这种由一个巡回法官会同陪审团审判的案件的范围。以后的法律更把它扩大到包括一切民事诉讼和一些刑事诉讼。由于这种案件不得由威斯敏斯特高级法院的合议庭审理,除非以前未曾有一个巡回法官会同陪审团审理,因此这种由一个法官会同陪审团进行的审判就叫做 trial at nisi prius。这种审理实际上即后来意义上的"初审",这一制度已于 1971 年因刑事法院[Crown Court]的建立而废止。在美国,除纽约州和俄克拉何马州[Oklahoma]外,该词亦已被废除。(⇨nisi prius court)

nisi prius court　〈拉〉初审法院　由一名法官会同陪审团对案件事实进行审理的初级法院,区别于上诉法院[appellate court]。(⇨nisi prius)

nisi prius roll　〈拉〉初审卷宗;初审记录　包括双方的答辩、争执点、陪审程序等事项,供初审法庭之用。(⇨nisi prius court)

nisi prius writ　〈拉〉陪审团召集令　指令案件发生地郡长将当地陪审员带到威斯敏斯特中央法庭参与审判,除非是巡回法官刚被派到该郡。(⇨nisi prius)

nisi rule　(= nisi order)

nisi ubi leges cum justicia retrospicere possint　〈拉〉除非法律可以溯及既往而不失公正

N.J.P.　(= non-judicial punishment)

NKA.　(= now known as)

N.L.　(= non liquet)

N.L.G.　(= National Lawyers Guild)

N.L.R.A.　(= National Labor Relations Act)

N.L.R.B.　(= National Labor Relations Board)

NMB　(= National Mediation Board)

N.M.P.A.　(= National Music Publishers Association)

no-action clause　无诉条款　一项保险单条款,规定对于被保险人由于伤害第三人财产或人身而支付的损害赔偿金或费用,只有在这些损失已实际发生并且被保险人已被起诉并已按照法院的终局判决或按照协议向该第三人支付时,被保险人才可根据保险单对保险人提出诉讼要求保险人予以赔偿。

no-action letter　〈美〉不起诉意见信　指政府机构的工作人员对该机构所提交的信函,说明如果当事人为请求该机构就某事项作出裁决而向其提供的事实与实际情况相符,则建议该政府机构不应对该当事人起诉。

Noahide laws　诺亚律法　犹太教《塔木德经》[Talmud]中的七条《圣经》律法,在西奈山上上帝启示传给亚当和诺亚[Noah],因而被视为对人具有普遍约束力。其内容包括禁止偶像崇拜,禁止亵渎上帝,禁止杀人,禁止通奸,禁止盗窃,建立公义的法庭。其它条款是后来增补的。诺亚律法被后世学者视为人的行为的普遍准则、人权的保障和国际法的基本概念。

no arrival, no sale　不到达,则无交易　货物买卖合同中的一项交货条款,指卖方负有义务将货物运至指定地点向买方交付,并承担货物在运输中的风险和损失。如果货物是在被损坏的情况下到达或迟延到达,买方有权解除合同或以减价方式接受货物。

no award　尚未作出(仲裁)裁决　在根据履行仲裁裁决保证书提起的要求被告履行仲裁裁决的诉讼中,被告所作的答辩,声称原告所指的仲裁裁决尚未作出。

Nobiles magis plectuntur pecunia.　〈拉〉出身高贵者更易被处罚金

Nobiles magis plectuntur pecunia, plebes vero in corpore.　〈拉〉出身贵族的人,常被处以罚金刑,而出身平民的人,则常被处以肉体刑。

Nobiles sunt qui arma gentilitia antecessorum suorum proferre possunt.　〈拉〉贵族就是那些能够出示祖传家徽的人。

Nobiliores et benigniores presumptiones in dubiis sunt praeferendae.　〈拉〉在有疑问时,应采取更为宽容与便利的推定。

Nobilitas est duplex, superior et inferior.　〈拉〉高贵有两类:高层次的与低层次的。

nobility　n.〈英〉贵族　出身于贵族世家或由国王授予贵族或荣誉称号的人。授予贵族可通过颁发令状的方式实现,即通过王室传唤令[royal summons]通知其前来参加贵族院,或通过开封特许状[letters patent]由国王授予荣誉或贵族等级。贵族源于封建制度,作为回报,受封者要为国王履行特定的义务,同时他除贵族头衔之外,还会得到大片地产及其上的司法管辖权、征税权等特权。贵族分公[duke]、侯[marquess]、伯[earl]、子[viscount]、男[baron]五等,当然在过去国王还可以随其意愿创设其他爵位。这些爵位现在或曾经也在欧洲古代国家中存在过。联合王国于 1963 年之后已不再授予任何可继承的贵族爵位。

no bill　不予起诉　这是大陪审团[grand jury]认为证据不

足时,在检察官的起诉书背面批写的字句,以前常写 ignoramus 一词,现在则通常写 no bill, not a true bill, no true bill 或 not found。意思是"查无实据,不予起诉"。相反,如果大陪审团认为"查明属实,应予起诉",则在检察官的起诉书背面批写"true bill"。(⇨ignoramus)

noble experiment 〈美〉"崇高的尝试" 指 1919 年生效的美国宪法第十八条修正案。它是在基督教妇女禁酒联合会[Women's Christian Temperance Union]及类似的游说团体的推动下通过的。该条禁止在合众国管辖的领地境内制造、销售或者运输酒类饮料;禁止酒类饮料从合众国及其领地进口或出口。许多美国人或公开或私下地违反法律,以致该修正案实际无法实施。最后该修正案被 1933 年的第二十一条宪法修正案所废除。

noblesse oblige 〈法〉对上等人严加要求 该格言字面含义为上等人应被强迫奉行高尚的行为标准,其理论出发点为处于优越状况并拥有财富的人应当成为守法的典范。

no-bonus clause 〈美〉额外利益不予补偿条款;无额外补偿金条款 不动产租赁合同中的一项条款,并于政府征用[condemnation]租赁物时生效。其内容是:当征用发生时,承租人只能索回其对租赁财产所作的实际改进[improvement]部分的价值,而无权就其租地权益[leasehold interest]的损失要求补偿,即不得要求补偿租赁合同规定的租金与市场租金的差额。

no case 〈英〉起诉不成立;诉由不充分 这是民事诉讼中的被告在原告举证之后,或刑事诉讼中的被告人在公诉人举证之后提出的一项答辩,主张原告或公诉人的诉求或指控在法律上是不充分的,因此,即使其所举证据被采纳,作出支持原告主张或公诉人指控的裁决也是不适当和不合法的。在被告作出该答辩之后,承审法官将决定是否将案件提交陪审团。在治安法院中,被告也可作此种答辩。

no case to answer 〈英〉无须答辩 指刑事诉讼中,在控诉方举证之后,被告方以指控不成立为由,请求法庭宣告其无罪。在下列两种情形下,被告方的这一请求成立:①所指控罪行的关键构成要件无证据予以证明;②控方提供的证据经交叉询问后证明是虚假的,或该证据明显不可信,以致任何理智的法庭都不会据此作出有罪的认定。除此之外,在控辩双方拟向法庭提供的证据均已全部出示之前,法庭不应作出定罪或宣告无罪的裁决。

nocent a.〈古〉❶有害的;致伤的 ❷有罪的(⇨innocent)
n.罪犯

nocere 伤害;损害;侵害

no-comment rules 禁止发表意见的裁定 指法院认为律师在法庭所发表的意见可能影响审判的公正性时所作的、限制律师就所审理的刑事案件发表意见的裁定。

no consideration 无对价 这是在合同之诉中被告提出的一项答辩,主张原告诉求所依据的合同没有对价支持,属无效合同。法院通常认为,只要证实合同中存在任一对价,被告的该答辩即不成立,对价的数量则无关紧要。(⇨consideration)

no-contest clause ❶不争条款 遗嘱中一项关于不得提出异议的条款。它规定某一项赠与或遗赠以受益人对该遗嘱不提出异议为条件。❷(=noncontestable clause)

noctanter a. 夜间的;在夜间;趁黑夜 以前对夜盗罪[burglary]的起诉书中若未写明被控行为是在夜间发生的,则该指控会被认为是有缺陷的。
n. 围篱践踏令 由文秘署签发,向王座法庭回呈的一种令状。1285 年的《威斯敏斯特法 I》[Statute of Westminster I]第 46 章规定,当围篱或沟渠被损坏时,相邻村庄[vill]应负赔偿责任,如果他们无法指出任何嫌疑人,这一令状便会发给郡长作为赔偿损害程序的第一步。上述条款已为 1826 年的一项法令所取消。

noctes(noctem) de firma 〈拉〉〈英格兰古法〉连续几夜的酒宴(⇨firma)

nocumento amovendo 〈拉〉拆除路障令状 在被告因堵塞公共道路或其他妨害行为而被定罪的诉讼中发布的命令其消除妨害的令状。

nocumentum 〈拉〉〈英格兰古法〉骚扰;妨害 nocumentum 分 nocumentum damnosum 与 nocumentum injuriosum 两种。前者为造成财产上的损失或损害的妨害,后者为造成人身伤害的妨害。对后者,被害人只能请求法律救济。

no damage clause (迟延)无损害条款 指在合同中规定不得因迟延履行而请求损害赔偿的一项条款。

Noerr-Pennington doctrine 〈美〉努艾尔-本宁顿规则 是指来自最高法院的东部铁路主管联席会诉努艾尔汽运公司[Eastern R. R. President Conference v. Noerr Motor Freight, Inc.]和联合采矿工人诉本宁顿[United Mine Workers v. Pennington]两个判例中确立的规则。该规则认为鼓动立法或实施法律的联合行动不构成违反反托拉斯法。前一个案件涉及铁路系统游说州的立法机关和行政机关采取抑制其竞争者——从事长途货运业务的汽车运输公司的运动,法院认为尽管铁路系统要求政府采取行动的动机是为了减少来自汽车运输业的竞争的事实存在,但其游说并没有违背《谢尔曼法》[Sherman Act],因为游说向政府提供了制定合理政策的必要信息;同时,对游说进行限制可能会侵犯宪法第一条修正案所保护的言论自由权。在第二个案件中,法院认为,影响行政机关的相似努力也不构成违反《谢尔曼法》,即使其中包括了欺骗或虚伪供述这样不道德的行为。近来在加州汽车运输公司诉卡车无限公司一案中[California Motor Transport Company v. Trucking Unlimited],法院发展了该原则,认为影响管理机构如州际商业委员会[Interstate Commerce Commission]的行为也是合法的。

no evidence 缺乏证据 在陪审团已依法就事实作出裁断后,法院得以"证据不足"为理由作出与该裁断相反的判决。此项判决叫做 judgment non obstante veredicto(意即"尽管陪审团已有裁断而作出的与其相反的判决")。所谓"缺乏证据"或"证据不足"包括以下四种情况:①对至关重要的事实完全没有证据;②根据法律规定或证据规则,法院对所提出的有关至关重要的事实的唯一证据应不予考虑;③所提出的证明至关重要的事实的证据是微不足道的;④所提出的证据有说服力地证明了与至关重要的事实相反的情况。"缺乏证据"常被用来作为上诉理由,请求上诉法院作出与原审法院判决相反的判决。(⇨non obstante veredicto)

no eyewitness rule 〈美〉无目击证人规则 一项已基本失效的法律规则,指如果没有直接的证据证明死者曾采取了何种措施以避免事故的发生,则陪审团可以推断他是为自身安全并尽到了通常的注意而行事的。在仍然适用该规则的司法区,在遗留的诉讼或不当致死诉讼[survival action or wrongful-death action]中的原告可主张该原则以反驳被告提出的死者有与有过失[contributory negligence]的答辩。

no fault 无过错 ①指在美国许多州实行的一种汽车保

险。根据这种保险，不论受害人是否有过错，其保险公司均应向该受损害的被保险人支付某种限度以下的赔偿金；②指在美国绝大多数州实行的一种离婚方式。这种离婚只需当事人提出婚姻已经破裂并已无法挽回，或夫妻双方意见分歧已无法和解便可成立。根据这些州的法律，以"无过错"为理由提出的离婚申请，不必证明夫妻任何一方有过错便可判决离婚。有些州需当事人一方申请离婚，而双方在一定时期——如一年——内没有同居，法院便可认为婚姻已经破裂并已无法挽回而判决离婚。有些州则要求夫妻双方均表示同意离婚，法院才可判决"无过错"的离婚。(⇨ no-fault auto insurance; irretrievable breakdown of marriage)

no-fault auto insurance 无过失汽车保险 一类汽车事故保险，规定被保险人不论有否过错都可直接向其保险人而不是向有过错的一方的保险人要求对其受到的人身损害或财产损失进行赔偿。根据美国一些州关于这类保险的法律，被保险人只有在受到严重的人身伤害或高额医疗费用等损失时才可以对致使其受损害的人或其保险人提起诉讼。

no-fault divorce 无过错离婚 在该种离婚方式中，当事人除表明婚姻已经无可挽回地破裂或他们之间存在无可调和的裂痕以外，无须证明其有无过错或理由。无过错离婚在20世纪60、70年代采用并风行美国全境。(⇨ divorce)

no-fault liability 无过错责任 指受害人在请求损害赔偿时无须证明加害人对其损害负有过错责任的原则，普遍适用于联合王国的工伤赔偿与产品责任案件，以及美国各州及加拿大某些省份的汽车保险制度中。负责赔偿受害人的可能是加害人，也可能是保险人或政府设立的基金，或者先由保险人承担一定限额的责任，超出的数额由加害人负责。

no funds 无存款 这是凭支票向银行取款时，银行以该账户无足够的存款以支付支票所开金额为理由而在支票背面所书写的字句，即表明该支票系空头支票，因而退票。

no goods 无可以执行的财产 这是由负有执行法院判决职责的行政司法官或治安法官在交回执行令状时的回呈。又称 return of nulla bona，意思是虽已竭尽全力，但仍无法找到属于债务人的可供扣押的财产，因此无法执行。

No-Hard-Feelings Divorce Law (= Do-It-Yourself Divorce Law)

no immunity doctrine 不豁免原则 指不能仅因为其慈善性质就免除非政府机构对侵权行为的民事损害赔偿责任。

noisance (= annoisance)

NOLCO (= net operating loss carry over) (⇨ net operating loss; carry-over)

nolens volens 〈拉〉不论是否愿意

no liability clause 无责任条款 责任保险单的一项条款，指如果风险处于其他有效的或可支付的保险的承保范围之内，则本保险单的保险人对该风险造成的损失不予赔偿。

no limit order 无限制指令 客户向股票经纪人发出的不论股票价格高低，都要买进或卖出一定数量的股票或其他证券的指令。(⇨ limit order)

nolissement 〈法〉租船运货(= affreightment)

nolle 〈拉〉不愿意

nolle prosequi 〈拉〉撤诉；撤销诉因 民事诉讼中的原告或刑事诉讼中的控诉方正式记录在案表示"不愿继续进行诉讼"，即可对该案的全体被告或对其中的某些被告撤诉。

no-load fund 无负担基金 指在出售其股份时不收取或只收很少的佣金或管理费的互助基金。(⇨ mutual fund)

nolo contendere 〈拉〉〈美〉不辩护也不认罪的答辩 该词的本意为"我不争辩"。它是刑事诉讼中被告人针对起诉书的指控可作的三种答辩之一，即对起诉书指控的罪行既不承认，也不否认。被告人只有经过法庭的同意才能作出此种答辩。在法律后果上，它等同于作有罪答辩[plea of guilty]，区别仅在于这种答辩在以后基于同一行为而对该被告人提起的民事诉讼中不能作为对其不利的证据使用。

nol. pros. (= nolle prosequi)

Nolumus leges Angliae mutari. 〈拉〉我们拒绝改变英格兰人的法律。(⇨ Statute of Merton)

nolumus mutare 〈拉〉不愿意改变

nom de plume 笔名 在英国，根据1951年福布斯诉凯姆斯利报[Forbes v. Kemsley Newspapers]一案的判决，除非有相反约定，以笔名而获得某种名声的雇员在雇佣停止后可以继续使用该笔名。笔名不受版权的保护，但可以通过提起假冒之诉[passing-off action]获得保护。

nomen 〈拉〉名字；名称 准确地说，古罗马表示人名的nomen是指该人所在民族的名称，在整个人名中它是第二个名称，它位于该人自己个人的名字[proenomen]之后，而位于家庭的名称——即姓[cognomen]之前。如Gaius Julius Caesar中，Gaius是个人自己的名称，Julius是nomen，Caesar是家族的名称。尚有附加于其后描述性的附加名，叫做 agnomen。

nomen collectivum 〈拉〉集合名称 表示同一类别的人或事物或特定类别的一个抽象个体的概念，例如"子女"或"最年长的男嗣"。(⇨ persona designata)

Nomen dicitur a noscendo, quia notitiam facit. 〈拉〉"名称"来源于"被知晓"一词，因为它使事物为人所认知。

Nomen est quasi rei notamen. 〈拉〉名称在一定意义上是一事物区别于他事物的标志。

nomen generale 〈拉〉(同一种类事物的)泛称；总称；统称

nomen generalissimum 〈拉〉(关于某一类事物的)最笼统的名称；最广泛的名称 例如，"土地"一词可用来指一切陆地，又如"马"则是包括"牝马"、"牡马"、"马驹"、"骟马"在内的一切马的泛称。

nomen juris 〈拉〉法律名称；法律名词；法律术语

Nomen non sufficit si res non sit de jure aut de facto. 〈拉〉如果一事物在法律上和事实上都不存在，那么仅有名称是不够的。

nomen transcriptitium 〈拉〉nomina transcriptitia 的单数

nomina 〈拉〉nomen 的复数

nominal a. ❶名义上的；有名无实的 ❷(金额等)微不足道的；象征性的 尤其是与期望值相比。❸记名的；载名的；列名的

nominal account 名义账户；虚账户 指仅反映各项资产和负债账户的增减原因或变化过程，而不反映其本身金额的账户，收入账户和费用账户属于名义账户，它必须在年底结清，盈余转入留存收益表。

nominal capital (= authorized capital)

nominal consideration 名义对价；象征性对价 指与合同标的物的实际价值无关的对价，如在土地买卖契据中载

明一块土地以一美元价格出售,或者并无实际的对价转移,或者真正的对价已被隐藏起来。有时也表示为交易目的而故意抬高或夸大的财产价值。这类对价可以有效,因为除事关欺诈或胁迫外,法院通常并不审查对价的充分性。又称"胡椒子"对价[peppercorn]。

nominal cost 名义成本

nominal damages 名义上的损害赔偿金;象征性损害赔偿金 在民事诉讼中法院判给原告的一笔数额很小的损害赔偿金——例如一美元或一便士,前提是法院认定原告权利受到侵害或被告未履行对原告的义务,在法理上应获赔偿,但原告并未遭受任何实质性损失,或未能证明损失的数额。

nominal defendant 名义被告(➪nominal party)

nominal expenditure 名义支出

nominal holder 名义(上的)持票人 指持有流通票据但非票据的受益人,也不享有对票据的受益权利的人。

nominal partner 名义合伙人;挂名合伙人 其在合伙中不享有任何实际权益,只在表面上是合伙人,或向合伙的客户或公众表明其为合伙人,或允许其名字出现在合伙名称中或由合伙在经营中使用。

nominal party 名义当事人 为他人利益起诉或应诉的人,包括名义原告[nominal plaintiff]与名义被告[nominal defendant]。其自身与诉讼结果并无真正利害关系,之所以参加诉讼是由于其与诉讼标的具有某种关联,出于诉讼程序的形式需要而成为原告或被告。

nominal payee 名义上的收款人;名义受款人 流通票据所载明的收款人,但既非票据的受益人[beneficial owner],也不对票据享有受益权利[beneficial interest]。

nominal payee rule 〈美〉名义受款人规则 指按照《统一商法典》[U.C.C.]第3-405(1)(b)条的规定,如果票据的出票人在票据上注明受款人,却具有使其对票据不拥有任何权利的意图时,那么任何人在该票据上所作的背书都是有效的。

nominal plaintiff 名义原告(➪nominal party)

nominal rate 名义利率;票面利率 指在贷款协议中或证券票面上载明的利率,该利率不随通货膨胀而变动。

nominal right 名义上的权利;非实质性的权利

nominal trust 名义信托 即被动信托[passive trust]或干信托[dry trust]。指受托人虽在法律上保留对信托财产的权利,但并不实际履行受托人的职责,信托财产完全由受益人管理和控制。

nominal value 票面价值;面值(➪par value stock)

nominal wage 名义工资

nominal yield 名义收益率 固定收益的有价证券的年益与票面价值的比率。

nomina ministorum 〈拉〉〈英格兰古法〉郡法官名单 治安法庭书记官[clerk of the peace]向郡长提交的本郡全部治安法官的名单。该名单连同通知各治安法官召集巡回法庭[assize]的训令回呈[return of the precept]一起由副郡长交给巡回法庭书记官,后者在开庭时交给郡长,郡长又交给法官,法官又原封不动交回给书记官,再由书记官送还副郡长,副郡长最终再交还治安法庭书记官入档。

nominare 〈拉〉❶命名;称呼 ❷提名;指定;任命 ❸指名控告;指控

Nomina si nescis perit cognitio rerum; et nomina si perdas, certe distinctio rerum perditur. 〈拉〉如果不知道事物的名称,那就失去了对它们的认识;而如果不知道事物的名称,也就无法加以区别。

Nomina sunt mutabilia, res autem immobiles. 〈拉〉事物的名称会改变,而事物本身不会变。

Nomina sunt notae rerum. 〈拉〉名称是事物之间相区别的标志。

Nomina sunt symbola rerum. 〈拉〉名称是代表事物的符号。

nominate and innominate 有名的和无名的 多用以指有名合同[nominate contract]、有名合同的权利和义务[nominate right or obligation],即具有法定名称的、限定内容范围以及结果的合同或权利义务。在罗马法上,曾经存在12种有名合同,并且各自具有对应的诉讼程序。在现代法律上,有名合同则指公认的交易,例如买卖、租赁等。相应地,无名合同就是指那些不属于公认交易种类从而不具有确定结果的交易。

nominate contract (大陆法)有名契约;有名合同 指法律上有特定的名称和形式的合同,如抵押合同、买卖合同、雇佣合同、保险合同、租赁合同等。一旦采用了这样的合同名称,则无需专门约定,某些关于合同及当事人合同权利的规则即随之相应地得以适用。有名合同从总体上可分为四类:①要物[real]合同,指因已为某事而成的合同;②口头[oral]合同,指因已说某事而成的合同;③书面[literal]合同,指因已写某事而成的合同;④诺成[consensual]合同,指因同意某事而成的合同。与有名合同相对的,是无名合同[innominate contract]。

nominate obligation 有名合同所规定的义务(➪nominate contract)

nominate right 有名合同所规定的权利(➪nominate contract)

nominatim 〈拉〉指名地;以点名或唱名的方式;具体个别地;逐个轮流地

nominating and reducing 指定与删减 旧时在英格兰挑选特别陪审团[special jury]的一种方式,现已废除。按照这一方式,首先由行政司法官挑选陪审员候选人,制成陪审员候选人名单,每个候选人编一个号码,然后从一个匣子中抽出陪审员的号码,直到满48名未被要求回避的[unchallenged]陪审员,然后由双方当事人各划去12人,由剩下的人组成陪审团。

nominatio auctoris 〈拉〉(罗马法)以授权者的名义 在原告要求归还不动产的诉讼中被告提出的一项答辩,表示尽管自己表面上占有土地,但实际上是以他人的名义或为他人的利益而占有。被告在此答辩中须透露该"他人"之姓名,以便原告对之起诉。

nomination n. ❶任命 使某人担任某职务或履行某职责的行为。 ❷提名 使某人成为某职位候选人的提议或建议行为。

nomination of guardian (十四岁以上的未成年人对)监护人的指定

nomination paper 〈美〉提名书 非政党的独立政治团体提名候选人使用的文件。

nomination to a living 提名(某人)担任有薪俸的神职 根据英国教会法,提名某人担任神职和推荐某人担任神职是两种不同的权利。推荐某人担任神职是指向主教推荐某教区执士担任神职。提名某人担任神职是指向有权推荐的人提出某教区执士可担任某项神职(如教士)。(➪advowson)

nominativus pendens 〈拉〉独立主格 句子中与其他部分在语法上不相连接的主格。例如双边契据[deed inter partes]的标准格式的起首语——从"This deed"等直到

"whereas",与谓语部分"witnessth"或"now this deed witnessth"不相连——即属此类。

nominator n. 提名人;任命者

nomina transcriptitia 〈拉〉〈罗马法〉账簿债务 指由账簿[literae]所生之债。这种债务是因为将其从债权人登记日常收支的流水账[adversaria]中转而登录至债权人专记债权债务的收支账[codex]中才成其为债务,故由此得名。

nomina villarum 〈拉〉〈英〉村邑名录;乡村名录 指为行政管理目的而编制的记载村镇名字的各种名单。尤指1316年根据国王爱德华二世的命令由各郡郡长分别提供的各郡村邑及其所有人的名录,其中南部九郡的原始名录在财政署保存至今。亨利七世时曾对此名录作过一个抄本,其复本至今依然保存完好。制作该名录的目的在于便于爱德华二世从各村中提拔一些个人。此外,该词也用来指《内维尔咨审录》[Testa de Nevill]中的一些村落名录和查理二世时期各城镇特区[liberty]特别执行官[bailiff]所作的关于当地领主诉讼请求的报告等。

nomine 〈拉〉名叫;被称为;以…的名义

nomine damni 〈拉〉以"损害赔偿金"的名义

nominee n. ❶被提名者 指被提名担任公职的候选人。❷被任命者;被指定人 即被指定为他人行事的人,其身份可以为他人的代表、代理人[agent]、受托人[trustee]或被授权人[grantee]。

nominee trust 指定信托;匿名信托 信托文件中并未指明受益人,而是授权一名或数名受托人来指定受益人。这种安排使受托人能够为不披露姓名的当事人的利益而取得和拥有某项财产。

nomine poenae 〈拉〉以处罚的名义;为了惩罚 在大陆法中,所谓"为了惩罚"而遗留下来的遗产是指为了迫使继承人为或不为某事而将财产遗留给继承人。在英格兰法中则指契约中的某些惩罚性约定。例如在租赁契约中约定,如果承租人为或不为一定行为——如未按时缴纳租金,应向出租人支付一笔额外的款项作为违约金。

nominis umbra 名称的影子 有时喻指一人公司[one-man company]。

nomocanon n. ❶〈中世纪基督教东部希腊教会〉教规汇纂 教规[Canons]和与教规有关或符合教规的帝国法律[Imperil Laws]的汇编。第一部东部教会教规汇编据说是约翰内斯·斯科拉丝蒂古斯 Johannes Scholasticus 于公元554年编纂的《五十题教规汇编》[Nomocanon L titulorum],12世纪以前一直被教会采用。公元883年君士坦丁堡牧首弗丢斯[Photius]编纂了最著名的教规汇编。❷古代使徒、宗教公会议和教父们制定的教义汇编 与帝国法律无关,如科泰尔拉[Cotelier]所编纂的教义汇编。

nomographer n. ❶法律制定论者;起草或制定法律的专家 ❷列线图学专家

nomography n. ❶法律制定学 ❷起草法律的技巧

nomotheta 〈希〉立法者;法律或法典的制定者;法律专员

nomothete (= nomotheta)

nomothetical a. 立法的;制定法律的

non 〈拉〉不是;不;决不;没有;未;无;非

nonabatable nuisance 无法消除的妨害 即永久性妨害。(⇨permanent nuisance)

nonabatable structure 无法消除的建筑 指虽然构成永久性妨害[permanent nuisance],但由享有国家征用权[power of eminent domain]的机关修建、可以通过依法征用受损害的财产或受侵犯的权利而使之合法化的建筑。

nonability n. ❶无行为能力;无法律资格(⇨disability;legal incapacity) ❷(被告提出的)无行为能力抗辩;无诉讼能力

non-acceptance n. ❶不接受;拒绝接受 ❷(票据付款人)拒绝承兑 ❸(买方以卖方未履行合同为由)拒绝接受货物;拒收货物

Non acceptavit 〈拉〉他未承兑。 普通法诉讼程序中的一项答辩。即被指称已接受汇票的付款人在针对其提出的简约之诉[assumpsit]中否认其曾承兑汇票。

non-access n. ❶未同房;无性生活 在婚姻与子女认领案件中通常由丈夫提出的一项抗辩,用以反驳婚姻期间夫妻曾经同房、妻子所生子女乃丈夫亲生子女的法律推定。其内容为丈夫声称在婚姻期间或在妻子可能怀孕的期间二人并未发生房事或无发生房事之可能,因此妻子所怀子女乃私生子。❷未接触 在有关抄袭行为[plagiarism]的诉讼中被告提出的一项抗辩,表示其没有非法复制的机会。

Non accipi debent verba in demonstrationem falsam, quae competunt in limitationem veram. 〈拉〉其真实意义可以被理解的词语不得被曲解。 例如赫斯特[Hurst]教区位于威尔特郡[Wiltshire]和伯克郡[Berkshire]中。甲在伯克郡拥有名叫Callis的土地。他在遗嘱中写明把"位于威尔特郡内的赫斯特教区里的Callis土地"遗赠给某人。这里的Wiltshire很明显是误写,其真实意义只可能是伯克郡,因为甲只在伯克郡中的赫斯特教区内才拥有名叫Callis的土地。

Non accrevit infra sex annos. 六年内不产生诉讼权。 这是英国1623年《诉讼时效法》[Statute of Limitation]所规定的一种答辩。(⇨Non assumpsit infra sex annos.)

nonacquiescence n. 〈美〉不承认 指行政机关在下级法院的司法判决与其对政府组织法的解释相抵触时拒绝受该判决的约束,直到美国最高法院对此问题作出裁决的行政政策。运用该原则的极端情况是:行政机关不承认与其政策相背的本地区联邦法院的判决;而较为克制的立场是:行政机关拒绝承认某上诉法院的裁决在全国范围均有效。该词有时缩写为non-acqu.或NA。

non-act n. 不行为;不作为

nonaction by Congress 国会(对…问题、议案等)不议不决;(= inaction by Congress)

non(-)admission n. ❶不予承认 ❷拒绝采纳 如诉讼中的证据。

nonae (= nones)

nonae et decimae 〈欧洲古法〉承租教会的农场、饲养场等的佃户向教会支付的钱款或实物 nonae指租金,decimae则是向教会缴纳的什一税。

nonage n. ❶未成年(⇨minority) ❷未达法定年龄 ❸九一产(= nonagium)

nonagium 〈拉〉〈欧洲古法〉九一产 为宗教目的支付给堂区神职人员的死者遗产中动产的1/9。(= nonage)

Non alio modo puniatur aliquis, quam secundum quod se habet condemnatio. 〈拉〉不应以不同于判决责令的方式处罚一个人。 或:必须以判决所责令的方式处罚一个人。

Non aliter a significatione verborum recedi oportet quam cum manifestum est, aliud sensisse testatorem. 〈拉〉除非立遗嘱人有明确相反的意图,否则应按通常含义去解释遗嘱中的词句。

non allocatur 〈拉〉而且是不被允许的

non-ancestral estate 非继承地产 与继承地产[ancestral estate;estate by descent]相对而言,指不是通过继承——

包括亲属之间的赠与——取得的地产。亦作 estate by purchase，或在美国某些州称为 new acquisition。

nonancestral property 非通过继承取得的财产

nonapparent easement 不明显的地役权 即非持续性地役权。（⇨noncontinuous easement）

nonappearance n. ❶被告不应诉 ❷当事人或证人不到庭（⇨default）

nonapportionable annuity 不可分摊的年金 指普通年金，亦即不按时间分配的年金。如果年金享受者在年金支付日到来之前死亡，其遗产代理人无权要求按已经过的时间比例领取部分年金。

nonassertive conduct （证据法）非语言又非示意行为 如警方在讯问嫌疑犯时，被讯问者昏厥的情况。此类行为不属传闻规则［hearsay rule］中的陈述，可以被法庭采纳。

non-assessable a. 不增缴的 该词写在股票上，指股东在最初取得股票时缴足股款之后即不承担再向公司或公司的债权人增缴资本的责任。（⇨nonassessable stock）

nonassessable capital stock 不加缴股份

nonassessable insurance 不需估价的保险 保险费率是确定的，无须对保单持有人额外确定保费的保险。

nonassessable stock 非增缴股票 一旦公司无支付能力时，不能要求股东增缴股款的股票。

non assumpsit 未允诺；未保证 在因违约而生损害赔偿之诉［assumpsit］中被告提出的概括否认答辩［general issue］，表示其并未如原告指称的那样作出了某种允诺或保证，或对在法律上可以推定此允诺或保证存在的事实加以否认。

Non assumpsit infra sex annos. 〈拉〉在六年内未作出允诺或保证。 在违约而生的损害赔偿之诉［assumpsit］中被告依据《诉讼时效法》［Statute of Limitation］提出的答辩。

Non auditur perire volens. 〈拉〉别把求死的人的话当真。或：不可听信求死之人的话。 这是证据法的一条格言，意思是"已有死亡打算的人供认自己曾犯罪，他的供词不可信"。

non-bailable a. 不得被保释的

non-bearer bond 记名债券

non bis in idem 〈拉〉一罪不再罚；一事不再理 指任何人不得因其同一犯罪行为而两次受审。这是大陆法上的一条格言，英美法中与之相同的原则是禁止双重追诉［double jeopardy］。

nonborrowing member （住房贷款协会的）非借款成员（⇨borrowing member）

nonbusiness bad debt 〈美〉非商业性坏账 所得税法用语，只适用于非法人的纳税人。指在非商业活动（例如家庭成员之间的借款）中发生的坏账。

non-business days 非营业日（⇨business day）

noncallable bond 不可赎回债券 在到期日前发行人既不能提前赎回亦不能以新换旧的债券。（⇨callable bonds; refunding bond）

noncancelable policy 不可解除保单 指包含限制保险人解除保单权利的规定的保险单。尤其在健康及意外伤害保险单中，当被保险人发生意外事故或患病时，限制保险人解除保单的权利。

non-cancellable a. 不可取消；不可解除的 保险单中规定，只要保险费已支付，在事故或疾病发生之后，保险公司就不得取消保险单。

noncancellable lease 不可废除的租赁；不可撤销的租约

non cepit 未曾取得；未曾扣押 这是 non cepit modo et forma（未曾以所称的方式或形式取得）的省略。它是动产占有回复之诉［replevin］中被告所用的一种答辩。它否认曾经取走原告所称的财物或在原告所称的地方取走或扣押原告所指的财物。

non cepit modo et forma 〈拉〉未曾以所称的方式或形式取得 non cepit 的正式表达形式。

nonclaim n. 未（在法定期限内）主张权利（⇨statute of limitations）

nonclaim covenant (= covenant of non-claim)

nonclaim statute ❶诉讼时效法（= statute of limitations）❷遗产诉讼时效法 一项有关针对死者遗产的诉讼时效的特别制定法，规定在一项债务请求被遗嘱执行人或遗产管理人拒绝后一段法定期限内，请求人必须提起诉讼，否则即失去诉权。

noncombatant n. ❶（战争时期的）平民 尤指战区的平民。 ❷非战斗人员 与武装部队有关但不参加战斗的人员，如军医或随军牧师等。

noncommercial partnership (= nontrading partnership)

non-commissioned a. 非委任的 指军官的军阶非由国家行政机关委任、而是由上级军官任命。（⇨noncommissioned officer）

noncommissioned officer 军士 指武装部队中有一定军阶但没有国家行政部门所发的军官委任状的官员，即非由国家行政部门委任而系由上级军官任命的人。（⇨warrant officer）

noncommittal answer 不明确表态的回答；不承担义务的回答 指证人规避作明确的答复而作的回答。

noncommunity property 非夫妻共有财产；（夫妻一方的）个人财产（⇨community property）

non compos 〈拉〉(= non compos mentis)

non compos mentis 〈拉〉精神不健全（之人）；精神失常（之人） 泛指任何智能不全或有缺陷的精神状态。据认为可分为四类：①先天性与永久性的痴呆［ideota］；②因疾病、悲伤等意外事件而全部丧失记忆力与理解力；③间歇性的精神错乱［lunatic］，即时而具有理解力时而丧失理解力的精神错乱者在发病时的状态；④因不良行为——如酗酒——而暂时丧失记忆力与理解力。该类精神不健全不得作为免责理由。（⇨non sanae memoriae; insanity; idiocy; drunkenness; mental incapacity; mental incompetency）

non compotes mentis 〈拉〉non compos mentis 的复数形式

Non concedantur citationes priusquam exprimatur super qua re fieri debet citatio. 〈拉〉在签发传票［citation］的原因事项未陈述清楚之前，不得签发传票。 (= Citationes non concedantur priusquam exprimatur super qua re fieri debet citatio.)（⇨citation）

non concessit 〈拉〉〈古〉未授予 ①契据关系当事人以外的第三人提出的一种答辩，否认契据中授予人的权利以及契据的效力；②被告提出的一种答辩，否认国王颁发了授予原告权利的特许状。例如，当原告起诉被告侵害其特许权时，被告可以国家实际上未授予原告所主张的权利为由进行抗辩。

nonconforming lot 〈美〉不规范地块 指某块土地或某座建筑物的面积、大小或位置本属合法，但因有关城市规划法规的制定、修订或修改而不符合新的规定。

nonconforming use 〈美〉不规范用途　指某块土地或某座建筑物的使用不符合所在地区的城市规划。这种不规范多指由于城市规划法规的制定或修改，导致已有建筑不符合新规定。

nonconformist n.不从国教(教会或教义、教规或体制)的新教徒

Non consentit qui errat. 〈拉〉陷于错误者，不为同意。指因对合同标的有误解而订立合同的当事人不能被视为已同意订立合同。

non constat 〈拉〉尚不明确；难以断言　该语一般用来表示某种表面上似乎顺理成章但并非必然如此的结论。

non-contentious business ❶ 非讼业务　指与争讼无关的律师业务，尤指遗嘱检验[probate]程序中与取得遗嘱检验证书和遗产管理证书有关的事务。与诉讼业务[contentious business]相对。❷〈英〉非讼事务　指高等法院衡平分庭处理的一些不涉及事实争议、法庭仅被请求对法律问题作出决定或解释及对信托受托人或遗嘱执行人履行职责作出指示的事务。

noncontestable clause 不可争议条款　这是人寿保险单中的一项条款，规定在保险单生效满一定期限——一般为两年——之后，保险人不得以投保人在投保时的重要误述、隐瞒、欺骗或其他抗辩事由主张保险合同无效。(= incontestability provision)

noncontinuous easement 非持续性地役权　相对于持续性地役权[continuous easement]而言，当事人必须实施具体行为才能享有的地役权，例如通行权或汲水权。这类地役权的行使在时间上是间断的，但间隔期内在有关土地上并无表示这一权利存在的可见标志，从而无法确知其存在和界定其范围，因此又称"不明显的地役权"[nonapparent easement]。

noncontribution clause 不分摊条款　这是火灾保险单中的一项条款，规定只有被保险建筑物的所有人及第一抵押权人[first mortgagee]对本保险单享有权益。

noncourt receiver 非法院指定的管理人　指合同规定在发生某一情况时当事人一方有权指定的财产管理人；或指由行政机关的政府官员指定的管理人。(⇨receiver)

non cul (= non culpabilis)

non culpabilis/non cul 〈拉〉没有罪；无罪　刑事诉讼中被告人为自己作无罪辩护时的用语。在法庭记录中通常简写为"non cul."。

noncumulative dividends 非累积股息　若优先股的股息在某一年度或期间不支付，在欠付后不累积，即不再从以后年度的盈利中予以补发，则为非累积股息。(⇨cumulative dividend)

noncumulative option 非累积选择权　本票出票人根据本票所享有的一项选择权，即在本票到期之前，出票人可以在利息支付日连同本金一起支付，从而解除票据债务。

non(-)cumulative preferred stock 非累积优先股　当公司本年度盈利不足以支付规定的优先股股息时，在以后年度不予弥补的优先股，亦称"noncumulative stock"。

non-cumulative sinking fund 非累积偿债基金

noncumulative voting 非累积投票制　又称直接投票制[straight voting]，指一个股东只能以其持有的股份数对一个候选人投票。在这种制度下，拥有半数以上股权的股东就可以选举整个董事会。

non damnificatus 〈拉〉无损害　在基于补偿保证书[indemnity bond]提起的债务诉讼[debt]中被告提出的一项答辩，宣称原告已按约定获得赔偿，并未遭受任何损害。它在性质上属于被告主张自己已履行义务的答辩。(⇨plea of non damnificatus)

Non dat qui non habet. 〈拉〉非拥有者不能给予。

Non debeo melioris conditionis esse, quam auctor meus a quo jus in me transit. 〈拉〉我不应当比让与我权利者处于更优越的状况。

Non deberet alii nocere quod inter alios actum esset. 〈拉〉任何人不应因他人间之行为而受损害。　指当事人的行为不得损害第三人的利益。

Non debet actori licere, quod reo non permittitur. 〈拉〉(罗马法)禁止被告所做的事，也不应当允许原告去做。

Non debet adduci exceptio ejus rei cujus petitur dissolutio. 〈拉〉不能把争讼的同一事项作为答辩的理由。

Non debet alii nocere, quod inter alios actum est. (= Non deberet alii, etc.)

Non debet alteri per alterum iniqua conditio inferri. 〈拉〉任何人不得被他人施加不公正的条件。

Non debet cui plus licet, quod minus est non licere. 〈拉〉(罗马法)得为其大者亦可得其小。　指被允许做更多的事的人，又可以做较少的事。亦即：有权取得较大利益或做出重要行为的人也应被允许取得较小的利益或做出次要的行为。相当于英格兰法中的 Cui licet quod majus, non debet quod minus est non licere.

Non debet dici tendere in praejudicium ecclesiasticae liberatatis quod pro rege et republica necessarium videtur. 〈拉〉不应将国王和国家福祉之所需说成是对教会自由的损害。

Non debet fieri, sed factum valet. 〈拉〉不应当去做的事，如果做了就有法律效力。或：不应去做，做则有效。

Non decet homines dedere causa non cognita. 〈拉〉在没有说明原因之前就将人交出是不合适的。

non decimando (= de non decimando)

Non decipitur qui scit se decipi. 〈拉〉知道自己被欺骗的人没有被欺骗。或：明知受骗者不属受骗。

Non dedit 〈拉〉他未授予　在旧时收回限嗣地产之诉[formedon]中被告所作的概括否认答辩[general issue]，表示原告未被授予所争议的地产。

Non definitur in jure quid sit conatus. 〈拉〉法律未对什么是未遂作出规定。(⇨attempt)

nondelegable duty ❶ 不能委托履行的(合同)义务　在合同法中，指合同约定的义务不能由缔约人转给第三人履行，否则合同的对方当事人有权拒绝接受。❷ 不能转移的(侵权)责任　在侵权行为法中，指本人虽可将自己的义务通过订立合同委托给独立的缔约人来履行，但在义务未得到适当履行时，仍须由本人来首先承担责任。如房屋出租人虽可将维护共用空间的义务委托他人履行，但在因维护不当致人损害时，仍应由出租人对该损害承担责任。

nondelegation doctrine (= delegation doctrine)

non(-)delivery n.(货物、邮件等的)未递交；无法投递　财物受托人没有或不能将财物移交给依产权证书享有权利者。

non demisit 〈拉〉他没有出租　这是英国1873–1875年《司法组织法》[Judicature Acts]颁布前，在追讨租金的债务诉讼中，被告否认曾有财产出租的事实所用的一种答辩。

non-detachable facilities 不可拆卸的设施　指一旦拆卸便不能作为商品买卖的设施。

non detinet 〈拉〉他未扣押；他未扣留 旧时返还被非法扣留的动产之诉[detinue]中被告所作的一种答辩，否认被告曾扣留原告所称之物。但如果被告使用了该答辩，他就不得再否认该物是属于原告的。此种答辩亦用于动产占有回复之诉[replevin]中，但仅限于非法扣押财产的情况。

Non differunt quae concordant re, tametsi non in verbis iisdem. 〈拉〉实质相同的事物，虽然表述它们的用语不同，相互之间亦无差别。

non dimisit (= non demisit)

non-direction n. 未作指示 指法官没有就某一必要的法律问题作出适当的指示。(⇨direction)

non-dischargeable debt 不可免除的债务 指不可通过破产程序免除的债务。这种债务包括未纳税款之债、因以欺诈方式取得财产而生之债、因故意伤害而生的侵权之债、因赡养或扶养义务而生之债以及应于破产程序中申报而未列入破产人债务表中的债务。

nondisclosure n. 未披露(事实)；未公开(⇨disclosure; misrepresentation)

non-discrimination clause 不歧视条款 这是由政府部门或公共机关所订行政合同中的条款。它规定订约人不得因种族、信仰、肤色或出身而对任何雇员或申请工作者歧视，并应采取积极行动以保证申请工作者不问其种族、信仰、肤色或出身皆能获得工作，而受雇者在雇佣期间亦应不问其种族、信仰、肤色或出身受到同等的待遇。

non distringendo 〈拉〉阻止扣留[distrain]财物的令状；禁止扣押令状

Non dormientibus sed vigilantibus, leges subveniunt. 〈拉〉法律帮助警觉者而非麻痹者。

Non dubitatur, etsi specialiter venditor evictionem non promiserit, re evicta, ex empto competere actionem. 〈拉〉尽管卖主并未(向买主)作出特别保证，但如果买主被从所买不动产中逐出，买主仍有权根据买卖合同对卖主提起诉讼。

none effect 无任何效力(⇨void)

Non efficit affectus nisi sequatur effectus. 〈拉〉除非有结果发生，否则意图[intention]本身毫无意义。或：单有意图而无结果是没有效力的。

non ejusdem generis 〈拉〉不属同一种类

non-entry 〈苏格兰〉因疏于举行进占仪式而向领主交纳的额外费用 封臣的继承人继承封地时要重新举行进占仪式，疏于举行者将不得不向领主交纳一笔额外的费用，基于这种费用，领主有权收取租赁保有地产[feu]的租金。(⇨feu; investiture)

Non erit alia lex Romae, alia Athenis; alia nunc, alia posthac; sed et omnes gentes, et omni tempore, una lex, et sempiterna, et immortalis continebit. 〈拉〉不会产生这种情况：在罗马有一部法律，在雅典有另一部法律；现在有一部法律，今后又有另一部法律。只能有一部永世长存的法律，它在任何时间、对任何人都有约束力。

nones 〈拉〉第九 ①(罗马法)罗马历中指在 ides 之前的第9日，即3月、5月、7月、10月的第7日及其他月份的第5日；②(教会法)指罗马天主教教堂[Roman Catholic church]等宗教场所每天的七段祈祷时间中的一段，时间大约在下午3点，称为"申初经"；③(古)指日出后的第9小时，通常是下午3点左右。

non est 〈拉〉不在；不是

Non est arctius vinculum inter homines quam jusjurandum. 〈拉〉在人们之间没有比誓言更具有约束力的了。

Non est certandum de regulis juris. 〈拉〉对于法律规章不存在争议。或：法律规章不容争辩。

Non est consonum rationi, quod cognitio accessorii in curia christianitatis impediatur, ubi cognitio causae principalis ad forum ecclesiasticum noscitur pertinere. 〈拉〉如果主要争端被认为应由教会法庭审理，那么就没有理由阻止与其有关的次要争端也由教会法庭审理。

Non est disputandum contra principia negantem. 〈拉〉与一个否认基本原则的人不存在争议。或：同否认基本原则的人无法争辩。

non est factum 〈拉〉这不是他的契据 在基于保证书[bond]或其他盖印书面合同[specialty]的债务诉讼或在违约赔偿之诉[covenant]中被告所作的一种答辩，否认原告诉状中所称的契据确是被告的契据。它使被告得以否认他曾订立该契据，也可使被告在答辩时得以陈述他不仅仅是对契据的条款或效力有所误解，而是误解了该契据的性质。

Non est in facultate mandatarii addere vel demere ordini sibi dato. 〈拉〉受托人无权增加或减少授权的内容。

Non est inventus. 〈拉〉他没有被找到；他未被查获 行政司法官在交回拘捕令[capias]时的回呈用语，表示未能在其辖区内找到要逮捕的对象，相当于英语中的 not found。

Non est inventus in balliva mea. 〈拉〉他没有在我的辖区[bailiwick]内被找到。(⇨Non est inventus.)

Non est justum aliquem antenatum post mortem facere bastardum, qui toto tempore vitae suae pro legitimo habebatur. 〈拉〉若某人在生前始终被认为是合法婚姻所生的[legitimate]，而在死后却被认为是非婚生的[bastard]，则不公正。

Non est novum ut priores leges ad posteriores trahantur. 〈拉〉旧法被新法所取代并不是什么新奇的事。

Non est recedendum a communi observanti. 〈拉〉不应背离普通遵循的习惯。(⇨A communi observantia non est recedendum.)

Non est regula quin fallet(fallat). 〈拉〉法律难免有缺点。

Non est reus nisi mens sit rea. 〈拉〉没有犯罪意图就没有犯罪。(⇨Actus non facit reum, nisi mens sit rea.)

Non est singulis concedendum, quod per magistratum publice possit fieri, ne occasio sit majoris tumultus faciendi. 〈拉〉可以由治安法官公开做的事情，就不允许私人去做，以免造成更大的混乱。

nonexclusive listing 非独占性代理协议；非独家代理协议 在这种情况下，作为协议一方的不动产经纪人相对于其他代理商而言具有独家代理权，但业主也可以不通过经纪人或代理商而自行出售其不动产，且无须支付佣金。(⇨listing)

nonexclusive power of appointment 非排他性财产指定权 与排他性财产指定权[exclusive power of appointment]相对而言。指被授予该财产指定权的人，不得拒绝向授权人(如赠与人、转让人或立遗嘱人)指定的受益人群体中的任何一位分配财产。(⇨power of appointment)

Non exemplis sed legibus judicandum est. 〈拉〉(罗马法)判决应依法律而非依实例作出。

nonexistent person 不存在的人 常用来指票据的出票人心目中不愿其为受款人之人。

nonexisting payee 不存在的受款人；虚拟受款人 受款

人并不存在的票据，如果出票人知道该受款人事实上并不存在，该票据就成为不记名票据。

Non ex opinionibus singulorum, sed ex communi usu, nomina exaudiri debent. 〈拉〉对事物的名称的理解不应根据个别意见，而应根据普遍习惯。

nonexpert evidence 非专家证据 指在要求有特殊资格的人所作的证词才可被采纳为证据时，不具有这种资格的人所作的证词。

Non facias malum, ut inde veniat bonum. 〈拉〉不应当为追求好的结果而做恶事。或：做恶事不要期望有好的结果。

nonfeasance n. 未履行责任；失职 指一个人无正当理由而根本没有履行法律规定的职责或合同规定的义务，不论其是否出于故意、疏忽、无知或其他主观状态。常用于指政府官员怠于履行职责，或代理人或雇员疏于履行其根据代理或雇佣合同对被代理人或雇主承担的义务。该词与"misfeasance"及"malfeasance"两词的区别在于：misfeasance 指以不适当的方式履行职责或义务，而 malfeasance 指一个人做出其根本不应做的行为，即不法行为。(⇨misfeasance; malfeasance)

non fecit 〈拉〉他未签发；没有出票 在简约之诉［assumpsit］中被告用来否认他是原告所提票据的出票人的答辩。

Non fecit vastum contra prohibitionem. 〈拉〉他未违反禁令而荒芜土地。 在以滥用土地令［writ of estrepement］开始的诉讼中作为被告的土地承租人提出的一项否认原告指控的答辩。

non-forfeitable a. 不可没收的；不可剥夺的 (⇨nonleviable)

nonforfeiture option 非作废选择权；不丧失选择权 在保费付款期终止时，保单持有人有多种选择权：延续保单，其限期短于原保险期限；兑换保单，获取现金；延续保单，其保险金额降低；或采取其他作废保单以外的行为。

nonforfeiture provision 不丧失条款；不作废条款 人寿保险单或有关人寿保险单的制定法中所含的一项条款，规定当保险单因被保险人停缴保险费而失效时，对保险单项下已经积存的责任准备金，被保险人有权选择下列一种处理方式：①作为退保金［cash surrender value］以现金形式领取；②作为一次性缴清的保费，将原保单改为展期保单，即原保单继续生效至该笔保费所能购买的保险期间届满；③作为一次性保费，将原保单改为已缴清保单［paid-up policy］，有效期按该笔保费所能购买的保险期间确定。该词有时也指制定法上的一项规定，即保险人不得签发包含如下内容的保险单：如果被保险人未偿还保单项下的贷款或其利息，保单将作废，被保险人将丧失一切权利，即使其在保单项下包括本金与利息的总债务额仍低于保单的贷款价值［loan value］。(⇨nonforfeiture option)

non-freehold estate 非完全保有地产权 指不伴有对不动产的占有［seisin］的地产权，一般除自由继承地产权［fee simple］、限嗣继承地产权［fee tail］及终身保有地产权［life estate］以外的地产权均属此类。(⇨estate)

non-functional a. ❶不起作用的 ❷非功能性的；非机能性的 商品所具有的一种不会影响到其用途、性能或者加工、处理或使用的便利性的特性，实质上即指经营形式或方法，即使予以忽略，亦不影响该商品的实际价值。

nongeneral power of appointment (= special power of appointment)

Non haec in foedera veni. 〈拉〉我未同意这些条件。或：我没有订立这一协议。

nonimmigrant n. 〈美〉非移民外国人 出于暂时目的而进入并居留在美国境内、并未意图成为美国公民的外国人。例如外国留学生、外国政府代表、外籍船员等。

Non impedit clausula derogatoria, quo minus ab eadem potestate res dissolvantur a quibus constituuntur. 〈拉〉自我限制条款［clausula derogatoria］并不阻止根据创立事物的同一权力终止该事物的存在。 例如，若一项议会立法规定以后七年内该法不得为议会所废除，则此规定无效。因为一届议会不能约束其之后的各届议会，任何一届议会都有权修改或废除以前历届议会制定的法律。(⇨derogatory clause)

non impedivit 〈拉〉他没有阻止（或妨碍）过 在干预圣职授予权之诉［quare impedit］中被告用来否认他曾对行使圣职授予权进行干预的答辩。

non implacitando aliquem de libero tenemento sine brevi 〈拉〉禁止司法官员在未持有国王令状的情况下妨碍他人行使其可终身保有的不动产的权利的令状

Non infregit conventionem. 〈拉〉他没有违约。 在合同之诉中被告提出的一项实质性的问题，即原告认为被告未按合同进行修补，而被告则认为是否曾进行修补是个有待解决的问题。

Non in legendo sed in intelligendo leges consistunt. 〈拉〉法律不在于阅读，而在于理解。 仅仅阅读法律是不够的，而应该理解它们。

Non in regno Angliae providetur, vel est aliqua securitas major vel solennior, per quam aliquis statum certiorem habere possit, neque ad statum suum verificandum aliquid solennius testimonium producere, quam finem in curia domini regis levatum; quidem finis sic vocatur, ed quod finis et consummatio omnium placitorum esse debet, et hac de causa providebatur. 〈拉〉在英格兰王国，在王室法庭进行和解诉讼［fine］是一个人获得确定地产权最大的、最正式的保障，也是证明其权利的最合法的证据。之所以称之为"fine"，皆因地产转让费［fine］的交纳意味着一切诉讼的结束，它也是专门为此而设定的。(⇨fine)

noninsurable risk 不可保风险 指十分不确定的、无法精确计算的风险，保险人对此不予承保。

non-intercourse n. 中止关系 ①一国与另一国中止商业往来；断绝贸易关系；②夫妻之间缺乏接触和沟通或未发生性关系。(⇨non-access)

nonintercourse laws 禁止与他国通商的法律 通常规定不许某一敌对国家的船舶进入本国港口，并禁止船舶从本国港口驶往该敌对国港口。(⇨non-intercourse)

Non interfui. 〈拉〉我未出席。或：我未在场。

nonintervention will 不干预遗嘱 指规定遗嘱执行人在处分遗产时不受法院干预和监督的遗嘱。据此，遗嘱执行人不需要向法院提交保证书［executor's bond］，也无需向法院报告其遗产管理行为。

non intromittendo, quando breve praecipe in capite subdole impetratur 〈拉〉〈英格兰古法〉终止直属封臣令状之令 这是一种颁发给王座法庭法官或巡回法院法官的令状，要求他们终止某人享受直属封臣令状［praecipe in capite］的利益，因为该当事人是以使国王取得对土地的权利从而使自己成为国王直属封臣的方式、欺诈性地取得直属封臣令状的。这项新的令状要求法官终止原令状的执行，转而责令该当事人寻求权利令状［writ of right］的救济。

non intromittent clause 〈英〉非干预条款　指允许成立自治市镇[municipal borough]的特许状中的一项条款，根据这一条款，该自治市镇不受郡治安法官[justice of peace]的管辖。

nonissuable plea　不涉本题的答辩；与争议问题无实质性关系的答辩　指未就案件事实提出实质性问题的答辩，法庭就该种答辩不会对案件的实体问题作出裁决，如妨诉答辩[plea in abatement]。

nonjoinder n.未使应参加诉讼的当事人参加诉讼　如某人应为诉讼中的共同被告而未令其参加诉讼。（⇨joinder; necessary party）

nonjudicial authorities　非司法机关；非司法官员　一般用以指不具有司法权[judicial power]的行政机关和行政官员。

nonjudicial foreclosure　非司法性的止赎；非司法性取消回赎权　指由于动产抵押契据规定抵押权人在债务到期未偿时有权出售抵押物，因而取消了抵押人对抵押物的回赎权。与司法性取消回赎权[judicial foreclosure]相对。（⇨foreclosure）

non-judicial punishment 〈美〉非司法性惩罚　由《统一军事审判法典》[Uniform Code of Military Justice/U.C.M.J.]特别授权军队指挥官有权对其下属的轻微违法行为直接处以惩罚，而无需由军事法庭予以审判。这一做法起源于古雅典，当时是作为对违反纪律人员的一种简易性的惩罚措施，军队指挥官有权对其下属处以包括死刑在内的一切严厉的惩罚，被告人并无权利要求听审，更不用说辩护了。但这一做法在长期的发展演变过程中，发生了某些实质性的变化，如被告人有权获得基本的程序上和实体上的保障，并且有权要求小军事法庭审判。这一非司法性惩罚在海军中被称为海军上校的惩罚[captain's mast]，在海军陆战队中被称为海军陆战队上尉的惩罚[office hours]，在陆军和空军中被称为"第十五条惩罚"[Article 15 Punishment]。

nonjurable a.（证人等）无宣誓资格的

nonjuridical day　非司法活动日；无司法活动日　即法院不进行审判或其他司法活动的日子，也即星期日。法院一般不把法定节日视为非司法活动日，除非制定法明确规定或有此效力禁止法院在法定节日从事司法活动。

non juridicus 〈拉〉非司法的；非法律的

non-jurors 〈英〉拒绝向政府宣誓效忠者　原指因忠于斯图亚特王朝而拒绝向1688年"光荣革命"后建立起来的政府宣誓效忠的人，尤指那些拒绝依照1714年的一项法令进行宣誓的人，该法令为那些被疑为不忠者的人提供了一个宣誓样本。这些拒绝宣誓者将被判为不服国教的天主教徒[popish recusant]而处以重刑。在苏格兰，整个主教阶层[episcopate]和大部分圣公会神职人员[episcopal clergy]都拒绝宣誓效忠，基于此长老会[Presbyterian Church]最终于1690年成为了苏格兰国教。

Non jus ex regula, sed regula ex jure. 〈拉〉不是法律源于法律准则，而是法律准则源于法律。

Non jus, sed seisina, facit stipitem. 〈拉〉不是（占有的）权利、而是占有的事实构成继承的根基。　指一个人仅仅拥有占有土地的权利是不够的，他必须实际占有土地，使自己享有完整的所有权，才可将该土地遗传给后代。

non-justiciable dispute　不应由司法机构受理的争议　指被认为不应提交国际司法机构裁决的争议，包括有关某些宪法条款的争议。

nonlegal investment　非法投资　美国各州常立法规定受托人只可以将托管财产投资于其所规定的某些优质证券，否则为非法投资。（⇨legal investments; legal list）

nonleviable a.不可强制执行的　指一项财产不得被扣押、剥夺、通过破产程序强制变卖或采取其他强制执行措施。（⇨exemption; homestead）

Non licet quod dispendio licet. 〈拉〉法律不容许只能导致损害的事。

non licet verdict　(= verdict of non licet)

nonlienable a.不可留置的　指某物不得作为技工留置权[mechanic's lien]的客体。

non liquet 〈拉〉不清楚；不明确　该语源自罗马法。指法官在听审案件之后，认为事实不够清楚且不宜作出裁决，则在表决记录上以缩写形式"N.L."注明该短语，将案件留待日后裁决。国际法上，该短句用于指因为解决争端的法律规则不明确而导致未作出裁决。在现代，通常不允许法院作出此类关于"不明确"的声明。

nonliquidating distribution　非清算性收入分配　指在合伙企业或公司等经济实体合法存续期间，向其所有人——如合伙人或公司股东——分配的收入。与清算性收入分配相对。（⇨distribution in liquidation）

nonlitigating party　未应诉当事人　虽被列为当事人，但既未出庭也未实际参与诉讼的人。

nonmailable a.不予邮寄的　指信件、包裹由于大小、重量、内装物的性质等原因而依法不能由邮政部门运送。

nonmailable matter　不可邮寄物　(= nonmailable)

nonmaritime contract　非海商合同　与船舶航运有一定关联但并不属于海商合同的合同。（⇨maritime contract）

nonmaritime tort　非海事侵权　非海事侵权行为的案件不受海事法院管辖。（⇨maritime tort）

nonmarketable security　❶不可转售证券　不能在市场上出售，只能由持有人赎回出资的证券，如某些政府债券和票据。❷非畅销证券　投资前景不好的有价证券。

non-medical policy　无体检保单　指对投保人不做体格检查而签发的保险单。

Non memini. 〈拉〉我不记得。

non merchandizanda victualia 〈拉〉禁止官员从商令　这是古代发给巡回法官的一种令状，要求该法官调查当地市镇的官员在任职期间是否有以批发或零售方式违反法律、出售食品的行为；如有该项行为则要予以处罚。

nonmerchantable title　(= unmarketable title)

non molestando 〈拉〉禁止骚扰令状　在某人已获保护令状[writ of protection]的保护后仍受骚扰时所签发的一项令状，以使其免受违反保护令状的行为的骚扰。

non-name bond　无记名债券 (= bearer bond)

Non nasci, et natum mori, paria sunt. 〈拉〉出生时为死体与没有出生是一回事。

non-navigable a.❶不可航行的　不受潮汐影响的河流或水域为不可航行的。❷不可通航的（⇨nonnavigable waters）

nonnavigable waters　❶(= private waters)　❷不可通航水域　指不可作为运输及通商之用的水域。

nonnegotiability n.不可流通性；不可转让性（⇨non(-)negotiable）

non(-)negotiable a.❶不可流通的；不可转让的　指票据等权利文书不能通过背书或交付而转让。❷不可谈判的；无商量余地的

nonnegotiable bill of lading　不可转让提单　指货物应运

交提单中所指定的人的提单，即记名提单。（⇨straight bill of lading）

nonnegotiable chose in action 不可转让的权利动产 指由不可转让票据所代表的权利。

nonnegotiable instrument 不可流通票据；不可转让票据（⇨non(-)negotiable）

nonnegotiable paper (= nonnegotiable instrument）

Non obligat lex nisi promulgata. 〈拉〉法律非经颁布不具有约束力。

Non observata forma, infertur adnullatio actus. 〈拉〉行为不合乎正式手续即为无效。

non obstante 〈拉〉尽管 旧时文件用语，表示预先排除任何同已宣称的目的或意图相反的解释。在英格兰古法中则常见于国王颁布的法令及签发的特许状［letters patent］中，表示准许某人做某事，尽管议会法律有相反规定。这一做法始于约1250年，其后经常用来准许教会法人在违背《永久管业法》［Statute of Mortmain］的情况下保有土地，直到国王詹姆士二世最后一次采用这一做法来违背1672年《宣誓法》［Test Act］——该事件成为导致1688年革命的因素之一。此后经《权利法案》［Bill of Rights］废除了这一做法。

non obstante aliquo statuto in contrarium 〈拉〉尽管有相反的制定法规定；尽管与制定法相抵触

non obstante veredicto 〈拉〉尽管陪审团作出了裁断；不顾陪审团的裁断 指在陪审团作出有利于一方当事人的裁断之后，法庭仍作出有利于另一方当事人的判决。或指上诉法院根据一方当事人提出的重审［new trial］请求，认为陪审团的裁断站不住脚，并且所有必需的证据都已呈上法庭，也可以决定推翻下级法院的判决，作出一项与陪审团裁断相反的判决［judgment non obstante veredictio; judgment notwithstanding the verdict］。普通法这一做法最初只是为了救济原告。即如果被告在答辩中承认原告的诉讼理由，但提出否定原告请求的事由，然而这些事由虽为陪审团所确认，但不足以驳斥原告的诉求或不足以阻却原告诉讼，则法院可以在陪审团作出有利于被告的裁断之后仍作出有利于原告的判决。而现在，由于普通法这一规则适用范围的放宽，或由于制定法的规定，法庭也可作出有利于被告的判决。

non-occupational *a*. 非职业的；非职业性的；与职业无关的

Non officit affectus nisi sequatur effectus. 〈拉〉有意图而无结果不会造成危害。(= Non officit conatus nisi sequatur effectus.)

Non officit conatus nisi sequatur effectus. 〈拉〉有意图而无结果不会造成损害。(⇨Affectus punitur licet non sequatur effectus.)

non omittas (= non omittas propter libertatem)

non omittas propter libertatem 〈拉〉不得因为有特权而将其遗漏 英国旧时执行令状［writ of execution］中常包括的一项条款，它指示负责执行的郡长不得因任何人或任何地区有任何特权而不执行令状。这是因为在许多有特权的地区，郡长未经特别授权是不能执行令状的。

Non omne damnum inducit injuriam. 〈拉〉并不是每一项损失［loss］都造成损害［injury］。

Non omne quod licet honestum est. 〈拉〉合法的不都是体面的。

Non omnium quae a majoribus nostris constituta sunt ratio reddi potest. 〈拉〉我们祖先所定下的事情不都是有理由的。

Non omnium, quae a majoribus nostris constituta sunt, ratio reddi potest; et ideo rationes eorum quae constituuntur inquiri non oportet; alioquin multa ex his quae certa sunt subvertuntur. 〈拉〉我们祖先定下的事情不都是有理由的，所以没有必要探寻其理由，否则很多已是成规的东西都要被推翻。

nonowned automobile clause 非自有车辆条款 汽车保险单上的一项条款，其效力是将承保范围扩展到被保险人偶尔使用的非保险单所载明的车辆。

nonpar stock (= non-par value stock)

nonpartisan ballot 无党派标记的选票 一种选票，常用于法官选举中，其特征是在候选人名字上不注明党派标记。

non-par value stock 无面值股票 根据法律许可发行的，在股票或公司章程上没有注明票面价值的公司股票，所得股款通常作为公司实收资本的一部分。美国许多州的法律允许发行这种股票，其它国家一般予以禁止。

nonpayment *n*. 未支付；拒绝支付 指债务人在债务到期后没有履行付款义务，或没有按条件付款；在票据中则指付款人拒付。

nonpecuniary damages 非金钱损害赔偿金 针对精神痛苦、名誉损失等不能以金钱标准计算的损害而向受害人支付的损害赔偿金，其数额由法官或陪审团依公正原则确定。

nonpecuniary injury 非金钱损害(⇨nonpecuniary damages)

nonperformance *n*. 未履行；未履约 指当事人未能履行义务，尤指当事人未按约定的条件履行合同义务。

nonperforming loan 未偿付贷款 利息和本金都尚未偿还的贷款。

Non pertinet ad judicem secularem cognoscere de iis quae sunt mere spiritualia annexa. 〈拉〉纯粹宗教上的事情不属世俗法院法官管辖。

non placet 〈拉〉不赞成；不同意

non plevin 〈拉〉(英格兰古法）未收回 指地产保有人在其地产被国王占取后，没有在适当期限内（15天内）诉请返还。在1335年之前，这将导致地产保有人丧失其对土地的占有［seisin］。

non ponendis in assisis et juratis 〈拉〉不参加陪审团令状 旧时免除某人参加陪审团［jury］或巡回审判团［assize］的义务的令状。

Non possessori incumbit necessitas probandi possessiones ad se pertinere. 〈拉〉占有人没有义务去证明占有物属于他。或：占有人毋须证明其拥有占有物。 但占有人不能以此对抗真正的所有人。

non possumus 〈拉〉我们不能

Non potest adduci exceptio ejusdem rei cujus petitur dissolutio. 〈拉〉(= Non debet adduci, etc.)

Non potest probari quod probatum non relevat. 〈拉〉证明了也无关紧要的事是不可以证明的。

Non potest quis sine brevi agere. 〈拉〉没有令状，不得起诉。 这是旧时的一项基本原则。

Non potest rex gratiam facere cum injuria et damno aliorum. 〈拉〉国王对人施恩惠不能损害其他人。 据此，国王不能赦免侵害他人或公众利益的不法行为人使之免受上诉，因为上诉为被害人而非国王提出的。

Non potest rex subditum renitentem onerare impositioni-

bus．〈拉〉国王不能不顾臣民的反对而向其征税。或：国王未经臣民同意不得征税。

Non potest videri deisse habere, qui nunquam habuit. 〈拉〉（大陆法）从来不曾拥有的人不能被认为已停止拥有。

Non praestat impedimentum quod de jure non sortitur effectum. 〈拉〉无法律效力之事不构成障碍。

nonprobate assets 遗嘱检验除外财产 指不属遗产代理人［personal representative］管理的死者遗产。

non procedendo ad assisam rege inconsulto 〈拉〉在征得国王的意见前停止进行 这是命令涉及有关为王室服务者的案件停止审判的令状。

non procedendo ad captionem assisae rege inconsulto 〈拉〉在征得国王的意见前停止在巡回法庭所进行的诉讼 这是命令停止巡回法庭审判的令状。

nonproduction of evidence 未提供证据 指当事人未作证、未就对案件有重大关系的争议召唤可传唤到的证人出庭作证、或未提供其所掌握的书面证据等。

nonprofit association 非营利性团体 指这些团体的组建和运作不是以获取收益或利润为目的，如慈善机构、宗教团体等。

nonprofit corporation 非营利法人 不以营利为目的而成立的法人，包括宗教、慈善事业、科学文化、动物保护和体育等方面的机构或组织。通常没有股东，也不向其成员、董事或职员分配收益，但职员所得薪金及成员所享受的福利除外。这类法人可以在其章程规定的范围内从事一切合法活动，并通常享受特别税收待遇。亦作 not-for-profit corporation，与商业法人［business corporation］相对。

non-profit foundation 非营利基金会 指将私人捐献的财产用于公益事业的机构，其活动主要为资助教育、健康、福利等方面的项目。

nonprofit institution 非营利机构（⇨charitable institution）

nonprofit organization 非营利组织（⇨nonprofit association; nonprofit corporation）

non pros 〈拉〉（= non prosequitur）

non pros'd 〈拉〉因原先未采取进一步的行动而被判败诉 相当于现代的 non suited（因原告于讯问时不到庭或无充分之起诉理由而被驳回诉讼）。

non prosequitur 〈拉〉他疏于应对诉讼程序 在法庭诉讼过程中，若原告在规定时间内疏于履行诉讼义务，被告就可以提出不利于原告的判决的建议，依此法庭将以疏于履行诉讼义务为由作出不利于原告的判决的建议。依据现在的诉讼规则，原告的这种行为将会导致撤诉或法庭将作出有利于被告的缺席判决。

non-provided school 〈英〉非政府资助学校；非公立学校（= voluntary schools）

Non quieta movere. 〈拉〉既定之事不可违。 与遵循先例［stare decisis］原则同义。

Non quod dictum, sed quod factum est, (in jure) inspicitur. 〈拉〉（在法律上）应当考虑所做的而不是所说的。或：（在法律上）应观其行而非闻其言。

Non quod voluit testator, sed quod dixit in testamento inspicitur. 〈拉〉在解释遗嘱时，应考虑的不是立遗嘱人的意愿，而是他所说的话。 意即立遗嘱人的意愿可能是他曾经想那么做过，但解释遗嘱时所应考虑的只是遗嘱中所用字句的意思。

nonquota immigrant 〈美〉非限额移民 根据《美国法典》第8卷110节［8 USC§110（a）（27）］的规定，包括下列移民：①美国公民的子女或配偶；②短期在海外访问归来的在美国有永久居住权的合法移民；③出生于加拿大、墨西哥、古巴、海地、多米尼加、巴拿马运河区以及中美和南美的独立国家的移民及其配偶和子女；④前美国公民现申请恢复国籍者；⑤以前出生即拥有美国国籍或以前曾归化为美国公民，但由于取得外国国籍而丧失美国国籍者；⑥宗教派别的牧师，并且其服务确为其所在美国的组织所需要，以及其配偶和子女；⑦在海外为美国政府服务达15年的政府在职或退休的雇员，及与其共同居住的配偶和子女。

nonrecording insurance 未登记文契保险 一种以未向政府机构登记有关债务担保的法律文契——例如买卖契据或动产抵押契据——为承保风险的保险，保险人负责赔偿由此给作为债权人的贷款人造成的经济损失。

nonrecourse a. 无追索权的 指在票据转让之后，如果该票据遭到拒付，票据持有人无权要求其前手或者出票人代为偿付。

nonrecourse debt 无追索权债务；有限责任债务 债务人为购买某一财产，并以该财产作为还债担保而承担的金钱债务。当债务人无力偿债时，其对此并不承担个人责任，而债权人的救济也仅限于重新占有该相关财产。这种债务通常对买主并不增加风险。

nonrecourse loan 无追索权贷款 抵押贷款的一种，在此种贷款下，如果借款人不能按期偿还贷款，贷款人只能处分抵押物，而不能处分借款人的其他财产。如果指定的贷款抵押物的抵押价值下降，低于所要求的贷款偿还数额时，贷款人也不能对借款人的其他财产主张权利。这种贷款多用于美国政府对农场主的剩余农产品贷款，政府机构通过贷款来换取某种特定的农产品，如小麦、玉米等。之所以称为无追索权，是因为政府永远不能要求农场主偿还贷款。

nonrecourse provision 无追索权规定 ①在提单中指一项托运人给承运人的指示，要求后者在收货人向其付清有关运输费用之前不予交货，其效力在于解除了托运人对这些费用的责任；②指票据上的无追索权背书及其他债权转让协议中转让人对债务人是否清偿债务不负保证责任的约定。(⇨without recourse）

Non refert an quis assensum suum praefert verbis, an rebus ipsis et factis. 〈拉〉一个人是以言词还是以行为表示同意是无关紧要的。

Non refert quid ex aequipollentibus fiat. 〈拉〉同样的几件事，做了哪件都一样。

Non refert quid notum sit judici, si notum non sit in forma judicii. 〈拉〉如果法官不是在司法上知道某事，那么他知道什么都无关紧要。

Non refert verbis an factis fit revocatio. 〈拉〉无论通过言词还是行为来撤销都是一样的。

nonrefund annuity 无退款年金；不退还年金（⇨nonrefunding annuity contract）

nonrefunding annuity contract 无退款年金合同 即普通年金［straight annuity］保险合同，在年金享受者死亡后保险人即终止支付年金，而不向第三人退还任何本金与利息。(= straight annuity)(⇨variable annuity)

nonregistered stockholder 未登记股东 指事实上是股东，但由于公司职员、过户代理人的原因而未将其在公司股东登记簿上登记。旧时也指股东为逃避股东责任而以虚假的名字或无经济能力者的名字登记。

Non remota causa sed proxima spectatur. 〈拉〉应当考

虑的不是远因[remote cause]而是近因[proximate cause]。

non-residence n. ❶ 无居所 指在特定的法院管辖区内没有居所。❷（教会法）（圣职人员）不在其教区居住

nonresident n. 非（当地）居民 指在某地既无住所[domicil]又无居所[residence]者；并不居住于争议司法管辖区的人。简作 n.r.。

nonresident alien 〈美〉非居民外国人 指既非美国公民又非美国居民的人。

non-resident decedent 非于当地定居的死者 指死亡时在当地法院管辖区内无住所的死者。

non-residential fixed investment 〈美〉非住宅固定投资 指工商业部门和非营利机构的资本支出，包括用于新建和更新工厂、商店、仓库等建筑物及生产性耐用设备——如机器、设备、机动车辆等——的支出。

nonresidentio pro clerico regis 〈拉〉教士因为国王服役而不居住在该地 这是一项发给主教的令状，责令其在某教士由于为国王服役而不在其所任职的地区居住时不得以此为由妨碍该教士。

non-resident motorist statutes 〈美〉有关非居住在本州的汽车驾驶人的制定法 指各州关于实际不居住在该州而使用该州公路的汽车驾驶人于发生车祸时的责任和义务的制定法。

nonresident pupil 非居民中学生 指不是居住在所就读学校的学区内的学生。

Non respondebit minor, nisi in causa dotis, et hoc pro favore doti. 〈拉〉未成年人不应当应诉，除非在分配亡夫遗产的情况下，因为这将有利于该遗产的分配。

nonresponsible party 无责任能力当事人 指当事人无财产可供法院予以执行，或因属未成年人或精神不健全者而对其所签订的合同不承担责任。

nonresponsive answer 答非所问的回答 指证人在法庭作证或庭外取证时所作的回答与向其询问的问题没有关系。

Non reus nisi mens sit rea. 〈拉〉无犯意则不构成犯罪。

non sanae memoriae 〈拉〉(= nonsane memory)

non sanae mentis 〈拉〉精神不健全

non-sane a. 心智不健全的；精神不正常的 指一个人的心智生来或由于事故而处于不健全状态，对外界事物不能作出人类通常的理性的反应。(⇨insanity)

nonsane memory 记忆力不健全 这是旧时诉讼中表示当事人在行为时记忆力不健全的一种抗辩。

nonsense n. (文件中)无意义的话；冗词赘语

non seq. 〈拉〉(= non sequitur)

non sequitur 〈拉〉不应因此而认为… 指不根据前提的推论、不合逻辑的推论。

Non sequitur clamorem suum. 〈拉〉他未坚持其请求。

Non solent quae abundant vitiare scripturas. 〈拉〉冗词赘语不会破坏文件的效力。

Non solum quid licet, sed quid est conveniens considerandum, quia nihil quod inconveniens est licitum. 〈拉〉不但要考虑合法性，还要考虑正当性或合宜性，因为凡是不正当或不合宜的都是不合法的。

non solvendo pecuniam ad quam clericus mulctatur pro non-residentia 〈拉〉禁止教会法官借口外出为国王服役之神职人员不在任职区居住而向其征收罚金的令状

non solverunt 〈拉〉他们没有付款 原告针对被告所作的已经付款的答辩进行答复[replication]的用语。

nonstock corporation 非股份法人；非股份公司 一种不向其成员发行股票的法人，例如互助保险公司、宗教与慈善机构等。其成员的所有权不是根据其所持股份来识别，而是根据会员章程或协议来确定。

non submissit 〈拉〉他未提交仲裁 在基于履行仲裁裁决的保证书[bond to perform an arbitration award]而提起的债务诉讼中，被告所作的称自己未提交仲裁的答辩。

non sui juris 〈拉〉他不能独立自主地行事；无自主权的 指无行为能力，如未成年人或身心不健全的人。与 sui juris 相对。(⇨alieni juris; sui juris)

non(-)suit n. 终结诉讼；驳回诉讼 指法庭由于原告未能提出合法的诉讼理由，或未能提出足以支持其诉讼主张的证据而在不裁决案件实体问题的情况下宣布诉讼终止。在英格兰，1875年之前这一做法只适用于普通法法院，其优点在于原告能通过支付全部诉讼费用而取得终结诉讼的判决之后，可凭同一诉讼理由对被告再次提起诉讼。严格而言，现在这一做法在高等法院已不存在，nonsuit 一词现在仅在口头上泛指法官从陪审团处撤回案件并指示陪审团作出有利于被告的裁定。在美国的民事诉讼程序中，该词与"驳回诉讼"[dismissal]一词同义。驳回诉讼的判决[judgment of nonsuit]分"原告自愿的"[voluntary]和"非原告自愿的"[involuntary]二种。前者指原告自行撤诉并同意法院作出对其不利的判决和负担诉讼费用。后者表示由于原告经传唤而拒不出庭、或怠于进行诉讼程序、或无充分的诉讼理由、或不能举出陪审团作出裁断所需的证据等原因而由法庭主动或应被告请求驳回其诉讼，从而终止诉讼程序。

nonsuited a. (原告的)诉讼被驳回的(⇨nonsuit)

non sum informatus 〈拉〉(古)我未被告知；我未接到指示 指被告的律师声称他未接到被告要他应诉或对原告的起诉作答辩的指示。法院可据此作出被告败诉的缺席判决[judgment by default]。

non-summons n. (英格兰古法)传票未送达 根据1588年的一项法律，在有关土地的不动产之诉[real action]中，应当在传票到期返回法庭之前至少14天在当地教堂门上公告该传票；否则被告可以要求宣誓断讼[wager of law]。

Non sunt longa ubi nihil est quod demere possis. 〈拉〉在什么都不能遗漏的地方任何东西都不是重复和多余的。

nonsupport n. 不供养 指无正当合法的理由而没有供养或拒绝供养自己有义务供养的人，如子女、配偶或其他无独立生活能力的人。在美国，多数州规定其属于犯罪即不供养罪[criminal nonsupport]。同时它也是导致离婚的一项法定理由。(⇨ Reciprocal Enforcement of Support Act; support)

Non suspicio cujuslibet vani et meticulosi hominis, sed talis qui possit cadere in virum constantem; talis enim esse metus, qui in se contineat vitae periculum, aut corporis cruciatum. 〈拉〉它必定不是愚蠢和胆怯者的疑惧，而应当是连勇敢者也受到震惊的恐惧，是对性命危险或肉体痛苦的畏惧。

Non temere credere, est nervus sapientiae. 〈拉〉不轻信为智慧之枢。

non tenent insimul 〈拉〉非共同保有人 旧时在分割地产的诉讼中被告提出的一项答辩，否认他和原告是争议地产的共同保有人[joint tenant]。(⇨joint tenancy; joint tenants)

Non tenuit. 〈拉〉他非(如此)持有。 在返还扣留财物之

诉[action of replevin]中原告针对被告有关其拖欠租金的反诉[avowry]提出的一项答辩,表示其并未以被告宣称的方式持有财产。

nontenure *n.* 未保有 在普通法的不动产权益诉讼[real action]中被告提出的一项答辩,声称并未保有[hold]原告在起诉状中所称的全部或部分土地。

nonterm *n.* 非开庭期;休庭期 指两个开庭期[term]之间一段不开庭的期间。在16世纪之前的英国,休庭期也被称为"国王安宁期"[time or days of the king's peace]。

nonterminus 〈拉〉非开庭期;休庭期 指法庭两个开庭期之间的一段不开庭期间。(⇨nonterm)

nontestamentary assets 非遗嘱财产 该财产属于留有遗嘱的死者的遗产,但不按遗嘱进行分配。

nontestamentary paper 无效遗嘱文件 指由于未按照法定方式作成或签署,因而不能通过遗嘱检验程序[probate]被认定为死者的有效遗嘱的文件。

nontrading firm 非贸易商号(⇨nontrading partnership)

nontrading partnership 非贸易合伙 不从事经常性买卖业务的合伙。

nonunion goods 非工会企业生产的商品(⇨nonunion shop)

nonunion shop 〈美〉非工会企业 指雇主不承认任何工会,并且不雇佣任何与工会有联系的人的企业;或指工会禁止其成员受雇于其中的企业。

nonunion workers 非工会工人;不属于工会的工人

nonuser 不行使(权利或职权);不使用 指一个人不行使其所享有的役权或特许权等类似权利,或指政府官员不履行法定职责。前者达一定期限可能导致权利丧失;后者可被处以罚款。

non usurpavit 〈拉〉没有篡夺 在控告某人篡夺[usurpation]职权或特许权的诉讼中被告提出的否认有夺取之事实的答辩。

Non valebit felonis generatio, nec ad haereditatem paternam vel maternam; si autem ante feloniam generationem fecerit, talis generatio succedit in haereditate patris vel matris a quo non fuerit felonia perpetrata. 〈拉〉重罪犯[felon]的子女既不能继承父系遗产也不能继承母系遗产;但如果重罪犯在犯罪之前已有子女,则子女可以继承未犯重罪的父亲或母亲的遗产。

non valentia agere 〈拉〉无诉讼能力;无起诉能力

Non valet confirmatio, nisi ille, qui confirmat, sit in possessione rei vel juris unde fieri debet confirmatio; et eodem modo, nisi ille cui confirmatio fit sit in possessione. 〈拉〉除非确认转让者占有被转让的东西或权利,并且受让者也已取得占有,否则确认转让不生效力。(⇨confirmation)

Non valet donatio nisi subsequatur traditio. 〈拉〉不伴随占有的赠与没有效力。或:赠与在占有时生效。

Non valet exceptio ejusdem rei cujus petitur dissolutio. 〈拉〉以对方反对的同一事项作为答辩的理由是无效的。

Non valet impedimentum quod de jure non sortitur effectum. 〈拉〉无法律效力的阻却事由毫无作用。

Non verbis sed ipsis rebus, leges imponimus. 〈拉〉我们不是针对言词,而是针对事情本身实施法律。

Non videntur qui errant consentire. 〈拉〉误解者不应视为同意。 当一个人由于对重要事实的误解而订立一项协议时,他可以请求衡平法上的救济。(⇨mistake)

Non videntur rem amittere quibus propria non fuit. 〈拉〉不拥有某物的人不得被认为是失去它。或:只有拥有者才可能失去。

Non videtur consensum retinuisse si quis ex praescripto minantis aliquid immutavit. 〈拉〉在他人威胁之下变动某事者不应被视为出于同意这样做。

Non videtur perfecte cujusque id esse, quod ex casu auferri potest. 〈拉〉某物若有时会被拿走,则不能被认为完全属于某人所有。

Non videtur quisquam id capere, quod ei necesse est alii restituere. 〈拉〉(罗马法)任何必须将某物交给他人者都不应被认为有权取回该物。

Non videtur vim facere, qui jure suo utitur et ordinaria actione experitur. 〈拉〉(大陆法)行使自己的权利并进行正常的诉讼活动者不属于使用强迫手段。

non-voting securities 无投票权证券(⇨non-voting stock)

non-voting stock 无投票权股 持有该股票的股东对公司董事的选举或其他事项无投票表决权,其权利仅限于领取股息。

non vult (= non vult contendere)

non vult contendere 〈拉〉他不争辩 刑事诉讼中被告人所作的一种答辩,类似于"nolo contendere",或认为是其变化的一种形式。指被告人在发现由于证人死亡、缺席或其他原因而不能证明自己无罪时,而放弃作无谓的争辩。其在法律后果上等同于有罪答辩[plea of guilty]。

Non vult contendere cum domina regina et posuit se in gratiam curiae. 〈拉〉被告不想同女王争辩,而请求法庭的宽恕。

non vult prosequi 〈拉〉他不想进行诉讼[prosecute]

nonwaiver agreement 不弃权协议 保险人与被保险人之间的一项协议,规定保险人对保险索赔的调查和理算,以及对第三者向被保险人提出的索赔所作的抗辩,并不减损保险人对被保险人的索赔进行抗辩的权利。

non-waiver clause 不弃权条款 这是保险单中的一项条款。它限制代理保险商放弃保险单的条件的权力或限制他可以放弃这种条件的方式。(⇨nonwaiver agreement)

nook of land 〈英〉英国旧时的度量单位,相当于12.5英亩土地 但据1651年诺伊[Noy]所著《律师大全》[Complete Lawyer]一书记载,nook相当于1/4 yardland,或等于fardel。(⇨yardland; fardel of land)

no par (= no par stock)

no-par shares (= non-par value stock)

no par stock 无面值股票 一种没有面值的股票。根据持有的股票数量,反映对公司所有权的一定份额,亦简称"no par"。

no par value 无面值(⇨non-par value stock)

no-par-value stock (= non-par value stock)

No Popery Riots 〈英〉反天主教大暴动 1780年6月发生于伦敦的一次规模宏大、史无前例的大暴动,起因是乔治·高登勋爵[Lord George Gordon]请求议会废止《乔治·萨维尔爵士法》[Sir George Saville's Act]以减轻对天主教的压制。这次暴动使得政府瘫痪,整个伦敦陷入了无政府状态,并向英格兰其它地区蔓延。在这次暴动中,许多建筑物被毁,民宅被烧,450多人被杀。该暴动后为军队所镇压。

no property found 无可供执行财产 这是交回执行令状时的回呈用语,指找不到被告可供扣押的财产,因而无法执行。

no-raiding agreement "互不挖墙角协议" 互为竞争对

手的工会之间达成的一项协议,各方保证不以改变其工会会籍为目的拉拢他方成员。

Nordic Council 北欧理事会 1952年由挪威、瑞典、芬兰、丹麦、冰岛五国为了就有关共同利益的法律、经济、社会等方面的问题进行协商与合作而成立的组织,其执行机构为每年一次的理事会议,代表来自各国立法机关。

no recourse 无追索权 ①指缺乏对个人及法律实体进行追索[reimbursement]的方法,或不能获得追索的判决。例如,债权人对于公司所负的债务,不能向公司的董事进行追索。②指一种记载,表示缺乏追索权。例如,在汇票背书时记载"无追索权"字样。

norm n. 准则;标准;规范 指为团体成员所普遍接受的行为规则。规范较之价值或理想来说更为具体,但较之法律规则来说则更为抽象化。规范本质上具有社会性,在社会中产生,并表明社会对某种行为的认可或谴责。规范可由个人自愿接受,或由外在强制力保障实施。

normal law 有关正常人的法律 这是近代法学家所用的术语,指有关处于正常状态即身体健康的人的法律。

normal mind 精神正常;心智健全 指精神状态与思维能力达到社会绝大多数人的平均水平,并被公认为能够在生活中履行义务和承担责任。

Norman Conquest 〈英〉诺曼征服 指1066年及后来诺曼人在威廉公爵率领下征服英格兰的历史事件。这一征服为英格兰法律的发展带来了重要而深远的影响。其最重要的结果是盎格鲁-撒克逊的国王和贵族为诺曼-法国世系的国王和贵族所取代,后者以服骑士役为条件保有大片土地;诺曼法语被强制接受为王廷的官方用语;盎格鲁-撒克逊时期的贤人会议[witanagemot]转变成了国王的御前会议[Curia Regis],后来从中分出了财税法庭[Exchequer]、王座法庭[King's Bench]和民诉法庭[Common Pleas];对教会进行了重组,并加强控制,限制了其政治权力,区分了教会法庭和世俗法庭;建立了新的社会组织结构,重新分配管辖权;树立了国王的最高权威。一句话,这种后果是一种制度性的变革,建立了强有力、高效运作的政府,严格确认和执行国王的权利。这为后来亨利一世、亨利二世发展普通法奠定了坚实的基础。如果没有诺曼征服,英格兰将可能不是和法国及南欧的而是和斯堪的那维亚及北欧发生政治、经济、文化方面的联系。

Norman French/N.F. 诺曼法语 诺曼征服[Norman Conquest]后由诺曼人带入英格兰的法国北部方言。这种法语既与当时法国其它省份的法语不同,也与现代法语有别,它保存了自身从古代以来的独特之处,它的独特的发音现仍在特定场合作为正式官方语言使用。诺曼法语自诺曼征服后一直在法院诉讼中使用,成为英格兰正式法律语言,同时在议会案卷[Parliament Roll]和制定法卷宗[Statute Roll]及法律书籍中使用。1362年起诉讼语言改为英语,但诺曼法语作为"法律法语"[law French]在法律文书方面和律师中间继续长期使用。直到1731年诺曼法语才最终废除,并完全由英语代之。但许多诺曼法语(法律法语)中的术语现在仍在英格兰使用。

N.O.R.M.L. (= National Organization for the Reform of Marijuana Laws)

Norris-La Guardia Act 〈美〉《诺里斯-拉瓜地亚法》 又称《劳动争议法》[Labor Disputes Act],是1932年颁布的一项联邦制定法。它禁止联邦法院就劳工政策作出裁判,并严格限制联邦法院在劳动争议案件中发布禁制令的权力。该法旨在限制联邦法院滥用禁制令程序,表明政府对劳工政策的中立立场,减少雇主过多利用禁制令阻挠工会活动,促进以集体谈判方式解决劳资争端。

Norroy n. 〈英〉(纹章院的)第三纹章官 地位在Clarencieux(纹章次官)之下。

Northampton table 死亡表;寿命表 指不同层次年龄的人的预期死亡、寿命等的统计表。(⇨mortality table)

North Atlantic Treaty Organization/NATO 北大西洋公约组织 美国、加拿大与西欧国家根据1949年缔结的《北大西洋公约》组成的政治军事同盟,目的在于通过共同战略和共同防务遏制苏联阵营。其核心机构为北约理事会[North Atlantic Council],此外还设有一名秘书长和一个军事委员会。该组织总部原在巴黎,1967年之后迁至布鲁塞尔。

North Britain 北不列颠 即苏格兰。

Northeastern Interstate Nuclear Compact 〈美〉东北部跨州核能协议 一项旨在促进美国东北部各州在核能利用上的合作的协议,与南部跨州核能协议[Southern Interstate Nuclear Compact]类似。

northeast quarter 〈美〉东北部四分之一 政府土地勘测用语,可以用符号表示为"NE4"。(⇨fraction of section)

Northern District/ND 〈美〉北区法院 例如,纽约北区联邦地方法院[U.S. District Court for Northern District of N.Y.]。

north one-half 〈美〉北半部分 政府土地勘测用语,可以用符号表示为"N2"。(⇨fraction of section)

North Sea Fisheries Convention 《北海渔业公约》 英国、比利时、德国、法国、丹麦与荷兰于1882年5月6日达成的关于管理北海海域各国领海之外的捕鱼活动的公约。

Northwest Ordinance of 1787 〈美〉《1787年西北地区法令》 这是邦联国会[Confederation Congress]于美国宪法批准前为治理西北地区[Northwest Territory]而制定的一项法令。该法令确立的一项基本先例就是美国大陆地区最终可以州[states]被承认加入联盟[Union],它也包括一项计划,即如果这些地区到达一定人口且通过了采纳政府共和体制[Republic form of Government]的宪法,就可申请成为州。同时,该法令也是包含具体权利以限制政府权力的第一项国家法律,它包括有《权利法案》[Bill of Rights]中诸多相似规定,如由陪审团审判,禁止酷刑和非常刑[unusual punishment]等;它也有包括合同条款[Contract Clause]的前身以及禁止该地区及其由此形成的州蓄奴[slavery]和非自愿奴役存在的规定。

northwest quarter 〈美〉西北部四分之一 政府土地勘测用语,可以用符号表示为"NW4"。(⇨fraction of section)

Northwest Territory 〈美〉〈加〉西北地区;西北部领土 ①在美国,指18世纪后期由大陆会议[Continental Congress]所确定的美国第一块领土,即五大湖[Great Lakes]以南,俄亥俄[Ohio River]以北及密西西比河[Mississippi River]以东的地区。其包括现在的州有:俄亥俄[Ohio]、印第安纳[Indiana]、伊利诺伊[Illinois]、密歇根[Michigan]、威斯康星[Wisconsin]及明尼苏达[Minnesota]州东部。②在加拿大,指从大不列颠哥伦比亚省[British Columbia]、阿尔伯达省[Alberta]、萨斯喀彻温省[Saskatchewan]及马尼托巴省[Manitoba]北部边界直向北极延伸的地区。

noscitur a sociis 〈拉〉应从它们的同伴来理解;同类规则 这句格言的意思是当字句有疑义时,应从其上下文来确定其意义。如在"牛、马或其他动物"中的"动物"应仅指"兽"。(⇨ejusdem generis)

Noscitur ex socio, qui non cognoscitur ex se. 〈拉〉观其本人不可知时,可从其友以观之。

no search rule 〈美〉免受搜查规则 指1978年卡特政府提出而由国会通过的一项法律规则,即除有对生命或身体构成"即刻的危险"[imminent danger]或为收集犯罪的证据外,不得搜查或扣押记者、作家或其他人所准备出版的作品或其所收集的书面资料。该规则还规定不论政府哪一级别的调查犯罪的人员如需查看记者、自由作家、学者或出版商等为准备出版而收集的资料时,都必须使用命证人提交书面文件的传票[subpoena duces tecum]而不是使用搜查令。前者与后者的重大差别在于,该种传票需列明所需的文件是什么,并要求这些文件在法庭上呈示,还给予时间允许当事人在法庭上对该种要求予以争辩。而搜查令则授权执法官员无须给予任何警告,可任意搜查。

nosocomi 〈拉〉(大陆法)贫民医院的经管人

no-solicitation rule 〈美〉不怂恿原则 指在某些特殊地方禁止有组织的劳工活动。一些法院判决应在非营利医院适用该原则,有些法院则认定该原则违反《塔福特-哈特雷法》[Taft-Hartley Act]。

no-strike clause 不罢工条款 劳动合同中的一项条款,规定雇员不得以任何理由罢工,而应建立仲裁制度,将劳动纠纷交由仲裁解决。常见于政府公务部门雇佣协议。

Nostrum est judicare secundum allegata et probata. 〈拉〉我们的责任是根据申诉和已证实的证据来作出判决。

nota 〈拉〉(古)记号 可用于指:①本票[promissory note];②依法在人身上所作印记或烙印。

nota bene 〈拉〉(古)注意 在法律文书中用以引起对重要事项的注意。

not administered 非被管理的 指死者的全部或部分遗产不在遗嘱认证法院[probate court]的遗产管理范围之内。

notae 〈拉〉简体;速写体 在罗马法与欧洲古法中,指皇帝的书记人员记录皇帝口授的内容时使用的简化文字或符号。(⇨notarius)

not allowed 未被允许的

not applicable 不适用的

notare infamia 〈拉〉用记号或烙印表明某人因犯罪而丧失全部或部分公权

notarial *a*.公证人的;由公证人经办或处理的

notarial act(s) ❶公证;公证行为;经公证的行为 ❷经公证的文书;已公证文书(⇨notary public)

notarial instrument 〈苏格兰〉公证书;公证契据 这种契据出自公证人之手,记载由其主持或在其面前进行的交易程序,曾多用于财产转让活动。

notarial seal 公证人印章 在合法加盖公证人的官方印章时,至少可以证明公证人的官方身份,并且可以推断出其所作公证的真实性。这一印章的形式有时为法律所规定,但这一规定仅仅具有指导性。在法律没有规定的情况下,印章无需刻在蜡或其他粘性物质上,只要盖在纸上的印章容易为人所鉴别即可。

notarial will 公证遗嘱 指立遗嘱人当着公证人及二位证人之面所立之遗嘱。

notarius 〈拉〉❶(英格兰古法)公证人或抄写员 ❷(罗马法)快记员;速记员;抄写员;文件起草人

notary *n*.公证人 (= notary public)

notary public ❶公证人 负责执行下列公务的政府官员:①对某些文件的真实性进行见证,使之具有为其他国家所接受的可信性;②主持地产契据的确认并予以证明;③制作票据的拒绝证书;④对外国汇票或海事声明进行签注;⑤依法主持各种宣誓等。 ❷公共记录员 负责记录各种可能涉及社会公众的事务的官员。 ❸〈英〉(教会法庭的)书记员

notary's certificate 公证人的证明书 指公证人所作的证明书,特别指投保火险的财产在发生火灾后公证人就火灾情况和被保险人因火灾而实际遭受的损失数额所作的证明。

notary's record book 公证人的记录本;公证人的档案簿 指有些地方要求公证人置备的记录其所公证的事项的记录本。该记录本在该公证人死亡、辞职或被免职后必须存放于一定的政府机关。记录本的抄本经证明与原件一致无误后可作为有效的证据。

notary's seal (= notarial seal)

notation *n*.批注;注释 在书面文件的正文以外出现的文字。在英国,还可特指在遗嘱检验证书[probate]或遗产管理委任书[letters of administration]上就某些事实情况所作的备忘说明。

notation credit 〈美〉标注信用证 根据《统一商法典》[U.C.C.]第5-108(1)条,该信用证规定任何购买或兑付信用证项下之汇票或支付命令的人必须在信用证或信用证通知书上注明汇票或支付命令的金额。

not available 不能被得到的

not due (票据、债务等)尚未到期 (= not payable presently)

note *n*.❶本票(⇨ promissory note) ❷钞票(⇨ bank note) ❸批注;注解;注释;摘要 ❹(商业)文件 ❺备忘录(⇨minute; memorandum) ❻评论 一种在篇幅上小于文章[article]、在范围上限于述评某些案例或法律部门的法学文体,通常由法学院学生撰写,发表在法律评论上。
v.❶简要记录;批注 ❷〈英〉签注(汇票)(⇨note a bill)

note a bill 签注汇票 指公证人在汇票背面注明该汇票经提示后遭付款人的拒绝承兑或拒绝付款,内容包括公证人的草签[initials]、日期、汇票被提示但遭拒付的事实以及付款人可能说明的拒绝付款的原因。在法律上,公证人制作汇票拒绝证书[protest]应遵循下列步骤:①在汇票持有人提示承兑或付款但遭拒绝后——通常是在当日,公证人须再次提示;②若仍遭拒绝,则公证人应在不迟于拒绝之后的次一营业日签注汇票;③根据这项签注制作正式的拒绝证书,并于当日向出票人和背书人发出通知,同时附上一份汇票副本。因此,签注汇票是制作拒绝证书的预备性步骤,也是汇票已被正当提示的证明。在英国,制作对外国汇票[foreign bill]的拒绝证书前必须经过签注;但对本国汇票[inland bill],既不需要签注,也不需要制作拒绝证书,只须向出票人和背书人发出有关拒付的通知即可。

note an exception 签注异议 对庭审法官提出的请求,经签注后可作为对该法官的裁决所作异议的记录,以备在上诉中使用。

note broker 票据贴现或买卖人

note in payment 付款本票 指出票人签发的用以偿还其债务的本票。

note of a fine 协议诉讼节录 土地所有权转让协议的摘要,载有当事人姓名、所转让的土地、协议内容等。(⇨ fine)

note of allowance 〈英〉批准通知 根据1852年《普通法

诉讼程序法》[Common Law Procedure Act]，任何一方诉讼当事人均可向一名主事官[master]提交一份备忘录，声明在程序与法庭记录方面存在法律错误。主事官则据此开出一张收据，该收据的副本称为批准通知。上述当事人可将之与有关法律错误的声明一同送达对方当事人，作为取得纠错令[writ of error]以提起复审程序的根据。

note of hand 亲笔凭据 俗语中指本票[promissory note]或其他为债权人持有的、由债务人亲笔签字的债务凭证。其复数形式为 notes of hand。

note of protest 拒付签注；拒兑签注 在票据被拒绝付款或拒绝承兑时，公证人就此事实情况在票据上所作的批注。(▷protest)

note or memorandum 协议记录；协议备忘录 根据欺诈法[statute of frauds]，这是在当事人达成协议的现场所作的非正式记录。它必须登载合同的全部要件和合同的实质部分。(▷memorandum)

notes of stenographer 速记笔录

notes payable 应付票据 (▷account payable)

notes receivable 应收票据 (▷notes payable; account receivable)

notes renewals 转期票据

note to be renewed until paid in full 本票可一直延期至全部兑付 本票上规定出票人可不定期延展付款时间的一项条款，但并不能解释为出票人可以无限制地任意延长付款时间。根据判例，出票人仅有权将付款时间按原票据规定的付款期延长一次，以后不得再延期。

not exempt by law 依法不得免除

not-for-profit corporation (= nonprofit corporation)

not found ❶不予起诉 这是大陪审团认为证据不足时在检察官的起诉书背面批写的字句，意思是"查无实据，不予起诉"；与 no bill, not a true bill, no true bill, ignoramus 同义。(▷no bill) ❷无法送达 这是官员在无法将传票等文件送达给被告或其他可以被送达之人而将文件交回时的回呈用语。根据一些法律，"无法送达"是公告送达[service by publication]的前提条件。(▷no property found)

not guilty 无罪 ①刑事被告人认为自己无罪时所作的答辩。被告如不作答辩，法院亦认为其作了无罪的答辩。②陪审团认为证据不足以确定被告人有罪时所作"无罪裁断"[verdict of not guilty]的用语。(▷plea of not guilty; verdict of not guilty)

not guilty by reason of insanity/NGRI 因患精神病而无罪 (▷insanity; M'Naghten Rules)

not guilty by statute 〈英〉依制定法无罪 旧时在民事诉讼中被告提出的一种概括否认答辩，意思是根据某项议会立法，他有权在庭审中就某一特别事项举证，证明该案件的事实并说明其行为符合议会所制定的法律，从而在效力上相当于对原告所主张的案件事实和诉由均特别提出了答辩。但如果被告提出这种答辩，他必须说明所依据制定法的颁布年代与章节以及是公事法[public act]还是私益法[private act]，并且未经法庭同意不得再提出其他答辩。1842年《诉讼时效与费用法》[Limitation of Actions and Costs Act]（亦称《波洛克法》[Pollock's Act]）废除了依据私益法或特别地区立法[local act]提出的这类答辩，而1893年《政府机构保护法》[Public Authorities Protection Act]废除了依据公事法提出的这类答辩。

not guilty verdict (= verdict of not guilty)

not hereinbefore disposed of 此前尚未处理的 这是遗嘱中关于剩余财产的条款中常见的用语。

nothus 〈拉〉(罗马法)私生子；非婚生子女 源自希腊文 nothos，原意为虚假的、虚伪的。

notice n. ❶通知；告知 将某一事实通知某人即使该人知情，故依据当时情势，无论其实际知道还是应当知道此事实，均得谓该人已得到通知。通知可以是实际通知[actual notice]、替代通知[imputed notice]或推定通知[constructive notice]。实际通知或称明示通知[express notice]，是由某人以口头或书面方式向他人所作的传达；替代通知是由某人向他人的代理人进行通知，并假定该代理人将向被代理人告知，但该种假定可以被反驳；推定通知是指，如果某人在当时的合理情势下经由一般性查询即可知悉某一事实，则推定其已经知情。推定通知通常采用公共登记或其他公开方式，如政府公报。在英国财产法上曾存在一项衡平法上的通知原则[equitable doctrine of notice]，指当某人在被通知某一地产上存在一项在先的衡平法权利后，仍然购买该地产，则尽管其支付相应对价，亦构成恶意买主[mala fide purchaser]，无权通过买受普通法上地产权的方式对抗该衡平法权利。但1972年《土地负担法》[Land Charges Act]中的土地负担（例如抵押）登记制度与1925年《土地登记法》[Land Registration Act]中的土地所有权登记制度，已对上述原则有重大修改。在美国，各州的制定法上，计有善意登记权利优先法[notice-race statute]、善意买主权利优先法[notice statute]、登记在先权利优先法[race statute]等三种。❷知悉；知情 指人已获得通知的状况，无论其实际是否知道。就此而言，它与"明知"[knowledge]有所区别，明知即为某人实际意识到某一事实状况，而知悉仅指某人有理由意识到某一事实状况。❸认知(▷judicial notice) ❹通知书；通知单 通知的书面形式。❺告示；公告；公示
v. 通知；注意

notice as soon as practicable 一旦实际可能时便立刻通知 这是要求被保险人或受忠诚保险契约[fidelity bond]所保护的人在发现损失后的合乎情理的时间内所作的通知。

notice in pais 非按司法程序所作的通知 指没有记录在案或非书面形式的通知。

notice in person 直接通知 指实际的、明示的、以书面或口头方式直接给被通知人本人的通知。(▷personal notice)

notice in writing 书面通知

notice of abandonment 委付通知；委弃通知 指海商法上被保险人向保险人所作之委付通知或船舶所有人向债权人所作之委弃通知。(▷abandonment)

notice of accident 事故通知 意外事故的当事人向主管机关发出的、或责任保险的被保险人向保险人发出的关于事故情况，或对事故所蒙损害要求赔偿的通知。

notice of action (or proceeding) 诉讼通知 法院依法向被告发出的说明起诉事项的正式通知，例如传票。它是法院确立案件管辖权的必要步骤。亦指就正在进行的诉讼所涉及的财产发出的公告或通知。(▷lis pendens)

notice of alibi statute 关于犯罪时不在场的通知的法律 美国许多州的法律要求刑事被告人通知公诉人，他打算在开庭时作犯罪时不在场的答辩。通知中应说明被告人于犯罪行为发生时在何处以及他准备要哪些证人为他作证。通知的目的是使公诉人得于开庭前有时间准备反驳。公诉人如准备于反驳时传唤另外的证人，亦应于开

庭前通知被告方。

notice of appeal 上诉通知 当事人向上诉法院提出并送达给对方当事人声明其意图上诉的文件,上诉程序即以此通知正式开始。上诉通知内容包括上诉法院名称、要求上诉法院审查的原审判决或裁定、要求上诉法院给予的补救、上诉人姓名地址、对方当事人的姓名地址等。

notice of appearance 出庭通知 指被告向原告发出的表明被告本人或其律师将出庭应诉的书面通知或口头声明。(⇨general appearance; special appearance)

notice of arrival 到货通知 承运人向收货人发出的告知后者货物已运抵目的地的通知。

notice of assignment 转让通知 在权利动产[chose in action]的转让中,受让人向转让人发出的一项通知,旨在表明转让已经完成,受让人已取得该项动产的所有权,转让人对该财产不得再行处分。

notice of attorney's lien 〈美〉律师留置权通知 诉讼当事人一方的律师在依据其以客户名义所获判决行使收费留置权[charging lien]时出具的通知,法律也可规定必须向对方当事人出具该通知。

notice of breaches 关于侵犯特许权的说明(⇨particulars of breaches and objections)

notice of claim ❶请求损害赔偿的通知 在对市政法人或其他公共机构提起违约及侵权赔偿诉讼之前,法律要求事先向这些机构发出的要求赔偿的通知。 ❷(=notice of location)

notice of copyright 版权声明 指在某一有版权作品公开发行的版本上所作的正式版权标记。在美国,版权声明的法律效力于1989年3月1日的前后存在重大差异。在此之前,版权声明是该作品受版权保护的必要条件;在此之后,亦即1988年《实施〈伯尔尼公约〉法》[Berne Convention Implementation Act]生效后,在书籍或录音制品上附加版权标记则不再作为保持有效版权的条件,但它仍受到当局的推荐和人们的重视,用以诉讼时排除被告以不知作品享有版权为由主张减少损害赔偿金的抗辩。版权声明一般包括三个部分:①版权标记"ⓒ"与文字"Copr."或"Copyright";②版权所有人的姓名或名称;③首次出版的年份。而在录音制品上的版权声明一般包括:①版权标记"ⓟ";②录音制品版权所有人的名称;③首次出版的年份。

notice of defects 缺陷通知 就产品、道路等存在的不符合合同约定或法律规定的缺陷,向销售者或政府主管机构等发出的通知,通常为提起索赔程序的前提。

notice of deficiency (=ninety-day letter)

notice of directors' meeting 董事会会议通知 有关召开董事会特别会议的通知,按照法律要求应当尽可能地直接送达每一位有权出席会议的董事会成员。

notice of discovery (=notice of location)

notice of dishonour 拒付通知 在汇票、支票等票据遭到拒绝付款或拒绝承兑时向对票据负责的任何人——包括出票人及所有的前手背书人等——发出的通知,有权发出该通知的人为持票人。此外,持有被拒或拒付票据的代理人或银行亦有权向其委托人、客户或其从之收到票据的另一代理人或银行发出该通知。该通知行为是通知人由于票据被拒或拒付而对出票人或背书人享有诉权的必要条件。

notice of dismissal 撤诉通知 指依照法律规定,由原告向被告发出或由法院送达给被告,告知原告已经撤诉的通知。

notice of election 选举公告 指向公众公布选举的时间、地点和选举目的等的公告。

notice of excavation 挖掘通知 指土地所有人向邻地所有人发出的通知,告知其将挖掘土地,以便邻人得有所准备并避免因此受损。(⇨notice to shore up)

notice of exemption 豁免通知 指因被扣押的财产属于豁免范围而要求解除扣押之通知。

notice of forfeiture 没收通知 指在对物诉讼中向财产所有人或其他对该财产享有权益的人所发的通知,要求其在一定日期前到庭说明该财产不应被没收的理由。

notice of infringement 侵犯专利权通知(⇨notice of patent right)

notice of intention to move for a new trial 〈美〉意图申请重审的通知 根据某些州法的规定,申请重审的当事人应当给予对方当事人的通知,以说明申请重审的法律根据及提出申请的方式,后者可以为宣誓书[affidavit]、法庭备忘录[minutes]、异议书[bill of exceptions]或案情陈述[statement of case]。

notice of intent to sue 意图起诉的通知 在某些民事案件中法律要求在审判前当事人必须向对方发出意图提起诉讼的通知。例如美国《雇佣中的年龄歧视法》[Age Discrimination in Employment Act]要求被歧视的人必须在歧视行为发生后180天内向其雇主发出意图起诉的通知,否则便不得起诉。美国许多州的法律还规定,因市政当局履行了非政府职权内之事而提起诉讼的公民,必须在提起诉讼前先向该市政当局发出意图起诉的通知。

notice of issue 有关诉讼所争议的问题的通知(⇨notice of trial)

notice of lien 留置通知;扣押通知(⇨notice of attorney's lien; notice of mechanic's lien)

notice of lis pendens 案件待决通知 指登录在案的关于案件正在进行的通知,其目的是晓谕公众该案件所涉财产将受到法院判决之影响;如果有人在诉讼未决前购买或受让该财产,将受到有关该财产的判决的拘束。(⇨notice of pendency; lis pendens)

notice of location 〈美〉矿藏勘定通知 根据大多数州的采矿法[mining law],采矿者应在其打算框定的开采地上张贴一项通知,说明采矿者的姓名、开采地的名称以及框定日期。(⇨location; mining claim)

notice of loss 损失通知 根据法律规定或保险合同约定,在保险标的发生损失后一段期限内被保险人应当给予保险人的通知。

notice of mechanic's lien 技工留置权通知 建筑工程合同的分包人或技工就劳务费或建筑材料费而对建筑物主张技工留置权[mechanic's lien]时,依法必须向建筑物所有人发出的通知。

notice of motion 向法院提出申请的通知 指诉讼的一方当事人向其他当事人发出的通知,以告知其他当事人他将于通知中所载的日期及地点向法院提出某项申请。

notice of objections 关于反对特许权的说明(⇨particulars of breaches and objections)

notice of orders or judgments 〈美〉裁定或判决通知 由法院书记官或任一方当事人所作的说明判决或裁定已经作出并已登录在案的书面通知。有关判决的通知通常由作出判决的法院的书记官提供。若法院不予通知的,通常会要求一方当事人提供。现《联邦民事诉讼规则》[Federal Rules of Civil Procedure]和《联邦刑事诉讼规则》[Federal Rules of Criminal Procedure]都规定法院书记官应向案件未缺席的任一方当事人即时发出判决或裁定通知。

notice of patent right ❶专利权声明　指专利权人或专利权受让人在制造或出售专利产品时，在产品上以"专利产品"[patented]等字样作为专利标志，向社会公众作出权利声明。❷侵犯专利权通知　专利权人或其受让人向专利侵权人发出的通知，声明自己的权利并指出后者的侵权行为。

notice of pendency 案件待决通知　指向公众公告正在审理的案件所涉及的财产的产权有瑕疵的通知。通知中应载明是何种诉讼、案件编号、诉讼标的、法院名称、财产的情况、诉讼当事人及关系人，并应由作出该通知的当事人或其诉讼代理人签字。(⇨notice of lis pendens)

notice of protest ❶拒付通知;拒兑通知(⇨noting protest) ❷索赔抗辩　在海商法中，指船东或其船员以宣誓方式所作的声明，即船舶或货物的损失是由海难造成的，故船东对此损失不承担赔偿责任。

notice of stockholders' meeting 股东大会通知　公司在召开股东大会或会议之前依法向全体股东发出的通知，内容包括召开会议的时间、地点，在法律要求时还应说明召开会议的目的。

notice of suit (= notice of action or proceeding)

notice of taking 庭外取证通知　指向对方当事人发出并向其告知将在法庭外录取证人书面证词[deposition]的通知，以便对方当事人得于作证时到场或于作证时提出反询问[cross-interrogatories]。这种通知是否需要一般由法律规定。

notice of tax deficiency 应缴税款短缺的通知(= notice of deficiency)

notice of termination 届期通知;合同终止通知

notice of trial 开庭通知　在诉讼中，双方当事人之间的争点[issue]确定之后，一方给予另一方的通知，表明他意图在法院下一次开庭时将案件提交法庭审判。在英国高等法院的民事诉讼中，原告应当依照法院的命令，在指定期间内申请登记开庭的日期，否则被告可自行申请登记或申请法院将诉讼驳回。以前曾一度要求一方当事人在登记了开庭日期后应于24小时内将所登记的开庭日期通知参加诉讼的其他各方，现在此通知已非属必要。

notice of withdrawal 撤回通知　如撤回上诉的通知。

notice pleading 告知诉答　只需作简洁、清楚的陈述，足以使对方当事人知晓自己的诉讼请求或答辩理由，而非对与诉讼请求或答辩理由相关的任何事实都作专门性描述[technical account]的诉答。美国《联邦民事诉讼规则》[Federal Rules of Civil Procedure]及在绝大多数州的民事诉讼中都采用此种诉答程序，但在一些复杂案件中也经常会要求当事人在诉答中对某些实质性的细节加以陈述。

notice-race statute 〈美〉善意登记权利优先法　在某些州，首先在不动产产权证书上进行登记的受让人或抵押权人，只要其对此前已经存在的尚未登记的转让契据或抵押合同不知情，则其权利优先。亦作 race-notice statute。(⇨notice recording statute; recording act)

notice recording statute (= notice statute)

notice statute 〈美〉善意买主权利优先法　登记法[recording act]的一种。它规定，成立在先的财产转让文书，如其未经登记，则不能对抗此后的善意买主[bona fide purchaser]，只要该人已支付对价并且对于在先发生的财产转让不知情。在该等制定法中，善意买主也可以指意的债权人或抵押权人，并且无论在后的善意买主登记

与否，其权利都优先于在先发生的权益。美国半数以上的州均有此法。(⇨race statute; race-notice statute)

notice to admit 〈英〉要求承认的通知　指按照《最高法院诉讼规则》[R.S.C.]，民事诉讼当事人一方向另一方发出的要求承认某项文件或其所提出的某项事实的书面通知。如果被要求方不承认或拒绝承认，则其应负担证明此项文件或事实的费用，除非法官确认其拒绝承认的行为是合理的。(⇨admission)

notice to appear 〈美〉出庭通知　要求被告出庭并说明不应作出对其不利的判决的理由的传票或通知令。为非正式表达法。

notice to creditors 给债权人的通知　指在破产程序中向债权人发出的正式通知或通告，说明将要召开债权人会议，或必须在某一日期或某一日之前提交债权证明[proof of claim]，或某项法律救济已被核准。

notice to perform 要求履行通知;要求履约通知　指在合同当事人一方违约时，他方向其发出的通知，要求违约方在指定的合理期限内履行合同。

notice to plead 要求答辩的通知　指原告向被告发出的要求被告必须在指定期限内作出答辩的书面通知。美国《联邦民事诉讼规则》[Federal Rules of Civil Procedure]要求在传票中应告知被告如果未能在指定期限内出庭并作出答辩将导致法院作出缺席判决。

notice to proceed 〈英〉进行诉讼通知　根据《最高法院规则》[R.S.C.]，如果在一项诉讼中已有一年未进行任何诉讼程序，一方当事人希望进行诉讼时应提前一个月将其意图通知对方当事人。

notice to produce 提供文件、证据的通知　在案件开庭审理之前一方当事人向另一方发出的通知，要求后者提供所列举的文件或其他证据，供通知方查阅，以便为庭审作准备或在庭审中使用。而这些文件、证据须是在被通知方占有之下，并与案件争议事实有实质性关联。如果被通知方无正当理由而不提供，通知方可以向法院申请签发提交书面文件的传票[subpoena duces tectum]或查阅令[order for inspection]。(⇨inspection of documents)

notice to quit 迁出通知;退租通知　土地、房屋等不动产的出租人[landlord]向承租人[tenant]发出的通知，要求后者于指定时间搬出所租用的不动产。它通常是终止租赁关系的法定先决条件。如果承租人以任意租赁[tenancy by will]或容许租赁[tenancy by sufferance]的方式占有不动产，该通知将要求其搬出。如果承租人系根据与出租人的租赁合同占有不动产，该通知将要求其在一段期限届满之前搬出。通知期限或由双方特别约定，或依当地习惯确定，或由法律规定。例如，根据英国法律，如果没有特别约定或风俗习惯，定期循环租赁[periodic tenancy]的出租人必须给予承租人相当于一个循环期的退租通知，但在年循环租赁[yearly tenancy]的情况下，通知期限为6个月，而在住房租赁的情况下则应给予至少四个星期的退租通知。有时该词也指承租人给予出租人的、表示其打算在某一日期交还所租不动产的书面通知。

notice to shore up 支撑建筑物的通知　指要在其土地上进行挖掘工程的土地所有人向其邻地所有人发出的通知，告知即将进行的挖掘工程以便该邻地所有人可及时支撑其建筑物或采取其他保护建筑物所必要的措施。美国有些州的法律要求进行挖掘工程的土地所有人必须向邻地所有人发出这样的通知。

notice to third party 给予第三人的通知　在民事诉讼中向传唤令[writ of summons]所记载的当事人以外的人发

出的通知。

notice to treat 〈英〉(土地征购)协商通知 有权强制征购土地的公共机构向土地的利益关系人发出的通知,表示希望就征购事宜进行协商,并要求提供有关土地和利益关系人的详细情况。如果双方不能就土地补偿费达成一致,则由土地裁判所[Lands Tribunal]进行裁决。

notification n.通知;通报;通告;通知书(⇨notice)

notification of birth 〈英〉出生通知 对婴儿的出生除要进行出生登记外,在婴儿出生时实际居住在婴儿出生的房屋内的婴儿的父亲,或在婴儿出生当时或之后的6小时内照料婴儿母亲的任何人,都有义务在婴儿出生后的36小时内将出生的事实书面通知出生地的福利机构。如未能遵守法律的这一规定,将被处以1英镑以下的罚金。

notified blockade 已通知各国政府的封锁 指已通知各国政府在敌国港所设置的封锁。

not impeachable for waste 不得因毁损(土地或房屋等)而控告或索赔的

not in consonance (with) (与…)不一致;(与…)不符合;不同意

not in esse 〈拉〉不存在

noting n.签注汇票(⇨note a bill)

noting a bill 记录拒兑汇票或拒付票据(⇨note of protest; noting protest)

noting protest 拒绝承兑证书;拒绝付款证书(⇨protest)

notio 〈拉〉❶〈罗马法〉案件的调查 ❷〈古〉法官的审判权;承审员的权力 不同是否在其管辖范围但拥有的审理案件并宣布判决的权力。(⇨judex)

notitia 〈拉〉❶〈罗马法〉信息;知识 ❷〈罗马法〉名册;名单 ❸〈古〉知悉;知情;知道 ❹主教名册;主教名单

Notitia dicitur a noscendo, et notitia non debet claudicare. 〈拉〉知悉[notice]来源于 noscendo 一词,意思是察知某一情况;知悉不应是有缺陷的。

not later than 不迟于;在…之前

not less than 在最小(或最少)的程度上;最低估计;最少 不同于"no less than",后者意指"多达;与…同等地位"。

not negotiable 不可转让 出票人或持票人在划线支票上的批注用语,其效力在于任何取得该支票者都不拥有也不能给予他人比其前手更优越的权利,从而表明该支票不能自由流通转让和取现,而只能在银行转账。但它并不绝对禁止支票从一个人移转至另一个人。

notoriety n.众所周知;声名狼籍;臭名昭著

notorious a.众所周知的;声名狼籍的;臭名昭著的 指为社会公众共同所知、所承认或被广泛谈论、毋需提供据来证实的情况。该词经常被用作贬义,尤其是在描述犯罪行为时,例如公开同居[notorious cohabitation]。❷公开占有财产的 财产的实际所有者应对此占有负有注意义务。(= open and notorious)

notorious adultery 众所周知的通奸(⇨open and notorious adultery)

notorious claim 众所周知的权利主张 指一项广为社会公众所知,以致可推定任何人均已知晓——包括对权利主张范围的知晓——的权利主张。

notorious cohabitation 公开同居 指两人并未结婚但公开地共同生活。美国某些司法管辖区的法律认定这是犯罪行为,但此类法律很少实施。(⇨cohabitation)

notorious custom 众所周知的惯例 指一项贸易惯例被广泛了解,以致合同当事人亦应了解并应推定其在交易时参考了这一惯例。

notorious insolvency 众所周知的无力偿债 在苏格兰法中,指某人无力偿还债务已是众所周知的事实,或已为其商业伙伴普遍了解。此时,通常会随之以财产暂管[sequestration],为其债权人指定财产受托人。

notorious possession 公开占有 指非所有人以相当明显的方式公然占有不动产,并为社会公众或邻近的人们所广泛知晓和谈论,故可推定财产的真正所有人了解这一占有及其范围。它是构成对立占有[adverse possession]的一项条件。(= open and notorious possession)

notorious recognition 公开承认

notorious resistance to lawful authority 公然对抗合法的权力机构 指其所作所为已至公开对抗政府权力机构的程度,政府权力机构已无法使用正常手段使其服从。

not otherwise provided for 无相反之规定 这是制定法及法律文件中常用的词语。

not payable presently (= not due)

not possessed 未占有 这是在非法占用或使用他人动产而引起的损害赔偿诉讼[trover]中被告的答辩用语,表示被告未曾占有原告的财产并挪为己用。

not proven 〈苏格兰〉(罪行)未经证实;罪证不足 在苏格兰的刑事诉讼中,陪审团或者法官可以对被告人作出有罪、罪行未经证实和无罪三种裁决。其中,罪行未经证实的裁决在法律后果上等同于无罪裁决,应将被告人释放,且不能再对其审讯。但是,受此种裁决的被告人未被定罪,仅是由于案件尚有少许疑点或证据在技术上不充分,如缺少佐证等,对被告人来说这还存在着相当的有罪嫌疑。因此,宣告他无罪是不公正的。"未经证实"的裁决对防止作出不正当的无罪裁决是有积极意义的。

not reported 未收入判例汇编的;未公开报道的

not satisfied 无财产可供执行 执行官未能找到被告的财产以供执行而将执行令状交还时的回呈用语。该用语不很合常规,常用语为 no goods 或 nulla bona。

not served for want of property 因无财产可供执行而未送达 执行官未能找到被告的财产以供执行而将执行令状交还时的用语。该用语不很合常规,常用语为 no goods 或 nulla bona。

not sufficient funds 存款不足 指支票出票人账户中的资金不足以支付该支票,从而银行可拒付。

not to be performed within a year 不在一年内履行(⇨agreement not to be performed within a year)

not to interrupt 不得中断;不得阻碍 这是单边契据[deed poll]中常见的用语。单边契据中如写明 "the grantees are not to interrupt the grantor during the latter's lifetime on the said premises" (被授予人不得在授予人生存期间阻碍授予人对该财产的占有),那就意味着授予人在其期间仍享有该财产的占有权。(⇨covenant to stand seised)

N.O.V. (= non obstante veredicto)

nova 〈拉〉〈罗马法〉❶新事物 ❷政治变化 ❸革命;进化

nova causa interveniens 〈拉〉新介入的原因 在因果关系被新介入的原因中断之后产生的结果,不再是直接结果。(⇨intervening cause; novus actus interveniens)

Nova constitutio futuris formam imponere debet, non praeteritis. 〈拉〉新法应当适用于将来,而非溯及既往。

nova customa 〈拉〉新增关税(⇨ antiqua custuma)

Novae Narrationes 《诉状新编》 这是一本爱德华三世时期关于普通法诉讼中诉辩资料的著作,大约于1515年出版发行,16世纪曾几度重印。这本书亦称"The New

Talys"。该书主要收录的是关于原告陈述的资料,同时也收录了一些被告答辩状及原被告双方的其他控辩状。书中首先介绍了各种诉讼及各个法院,然后依次为各种令状及相关的起诉状,并伴有用法说明及示范案例。该书通常还附有一篇有关答辩方法的短文,名为《诉状新编附文》[Articuli ad Novas Narrationes]。

Nova Statuta 〈拉〉〈英〉《新法》 这是用以称呼英国国王爱德华三世在位时,即从1327年至1483年所颁布的法律的名称。它于1485年首次出版。(⇨Antiqua Statuta; Vetera Statuta)

novatio 〈拉〉(罗马法)债务更新;债的变更(⇨novation)

novation n.债的更新;债的变更 一个源自罗马法并引入普通法的概念,指用一项新的债取代一项已存在的债,使后者的效力得以消灭。其更新方式有三种:①用新的债务人取代原来的债务人;②用新的债权人取代原来的债权人;③以新的债务内容——例如一项新的合同——取代原来的债务内容,而原债的当事人保持不变。

Novatio non praesumitur. 〈拉〉债的变更不得基于推定。

novel assignment (= new assignment)

novel case 无先例可循的案件

novel design 新设计(⇨novelty)

novel disseisin 〈拉〉新近发生的强占土地行为(⇨assize of novel disseisin)

novel impression (= first impression case)

Novellae (= Novels)

Novellae Constitutiones 〈拉〉(= Novels)

Novellae Leonis 〈拉〉《利奥新律》 东罗马皇帝利奥于公元887年至公元893年颁布的法令的汇编,包括113项新法令,对优士丁尼时期的法律作了许多修改。起初用希腊文写成,1560年被译成拉丁文。

Novels 〈拉〉❶(罗马法)《新律》;《新敕令》 由优士丁尼及其继承者颁布的168条敕令汇编。新律是《国法大全》[Corpus Juris Civilis]的四个组成部分之一。(⇨Novellae; Novellae Constitutiones) ❷(民法中法令的)附加条文

novelty n.(专利法)新颖性 某一发明可以获得专利的条件之一。如果申请专利的发明,其每一要素均未被现有技术[prior art]公开,则该发明具有新颖性。新颖性与现有技术在先公开[anticipation]相对,若某一发明已因使用或出版而被公开,则该发明即缺乏新颖性。某一发明具有新颖性并非一定可获专利,还须符合实用性[utility]与非显而易见性[nonobviousness]的要求。(⇨anticipation)

noverca 〈拉〉(罗马法)继母

Noverint universi per praesentes. 〈拉〉让每人均从本契据知悉。 旧时债务免除契据[deed of release]的起首语,相当于英语的 know all men by these presents.

novigild n.(撒克逊)(在某些情况下对财产损害支付的)价值为被损之物九倍的损害赔偿金

Novis injuriis emersis nova constituere remedia. 〈拉〉有了新的损害,就必须给予新的补救。

Novitas non tam utilitate prodest quam novitate perturbat. 〈拉〉新东西的实用性所带来的好处尚不及其新奇性所带来的麻烦多。(⇨Omnis innovatio plus novitate perturbat quam ultilitate prodest.)

noviter (ad notitiam) perventa 〈拉〉(教会法)新获悉的事项 在诉讼程序中,即使控辩已结束或在上诉阶段,法庭在适当情况下一般也准许当事人以此为理由提出新的答辩。

novodamus 〈拉〉我们同意延续 这是延续特许状[charter]或特许权[franchise]的准许条款的用语。

Novum judicium non dat jus novum, sed declarat antiquum; quia judicium est juris dictum et per judicium jus est noviter revelatum quod diu fuit velatum. 〈拉〉判决并不创造新法,而是揭示旧法;因为判决是对法律的阐释,通过判决,以往潜隐的法律被重新揭示。 这一格言乃基于下述原理:普通法是一块界线不明确的法律整体,适用于一切可想象得到的案件,它既无疏漏亦无缺陷。而法官的使命在于通过判决使其明确化,恰如童话中的王子惊醒沉睡的美人。

Novum judicium non dat novum jus, sed declarat antiquum. 〈拉〉一个新的判决并不颁布新的法律,而只是宣告旧法律。

novum opus 〈拉〉(大陆法)新工事

novus actus interveniens 〈拉〉新介入的行为 在确定某人对其损害行为所负的责任时,如果其行为与损害结果之间的因果关系链因第三人行为、客观事件或受害人自己的行为的介入而中断,则该人对该损害不负责,除非该损害是其行为的可预见后果。

novus homo 〈拉〉新人 指被赦免的罪犯或被解除破产债务责任的破产人。

N.O.W. account (= negotiable order of withdrawal account)

now for then (= nunc pro tunc)

now known as 现在称为

no-work, no-pay statute 〈美〉不劳无获法 这是1856年国会通过的一项鲜为人知的联邦法,几乎未被执行。该法规定如果参议院议员和众议院议员缺席一日将被扣除一天报酬,除非有令人满意的理由。如果按法定要求削减议员的薪金,纳税人的税金每年将节省逾一百万美元。

now standing 现时状态 买卖生长着的树木的合同中的用语,指所买卖的树木应处于合同签订时的大小和状态,而非砍伐或搬动时的大小或状态。

noxa 〈拉〉〈古〉伤害;损害 ①在罗马法中,该词可用于指对他人财产或人身的损害,尤指奴隶或家子造成的损害,也指对家子、奴隶或牲畜所造成的损害承担赔偿责任的义务;②泛指各种违法犯罪行为及其惩罚;③对人身有害之物。

noxal action (= noxalis actio)

noxalis actio 〈拉〉伤害之诉 因奴隶或动物对他人人身或财产造成损害而对其主人提出的诉讼。

noxal liability (罗马法)损害责任 对本人的子女、奴隶、动物所造成损害的责任。如果本人的子女或奴隶或本人的动物给他人造成了损害,则作为父亲或主人的本人应负责赔偿或将其子女、奴隶或动物交由受害人处置。

Noxa sequitur caput. 〈拉〉由奴隶或动物造成的损害,由奴隶或动物的主人负赔偿之责。

noxia (= noxa)

noxious business (= offensive business)

noxious substance 有害物质;可致命的物质 不一定是有毒的物质,如玻璃粉末,若服用一定数量亦可致命。

noysance (= nuisance)

N.P. (= notary public)

N.R. (= New Reports; not reported; nonresident)

N.R.C. (= Nuclear Regulatory Commission)

N.S. (= new series; new style)

NSF (= not sufficient funds)

NSF check 存款不足支票　NSF 是 not sufficient funds（存款不足）之略。这是银行用语。"存款不足支票"就是指因出票人账户中存款不足而被拒付的支票。

N.S.P.A. （= National Socialist Party of America）

N.T. （= National Trust）

NTSB （= National Transportation Safety Board）

nubilis 〈拉〉〈罗马法〉已达结婚年龄的；可以结婚的　尤用于指女性达到了结婚年龄。

Nuclear Regulatory Commission 〈美〉核管理委员会　这是由总统任命的五人委员会，其职能是负责颁发建立核能工厂的许可证并监督该工厂的安全运行。

nuda 〈拉〉❶裸体的；裸露的　❷无保护的　❸无对价的；无偿的　❹无佐证的

Nuda pactio obligationem non parit. 〈拉〉单纯的——即无对价的允诺［naked promise］不产生债务。

nuda patientia 〈拉〉单纯的容忍或宽容

nuda possessio 〈拉〉单纯占有（= naked possession）

nuda propiedad 〈西〉名义所有权；虚有权　指没有用益权的所有权。（⇨propiedad）

Nuda ratio et nuda pactio non ligant aliquem debitorem. 〈拉〉单纯的意向与允诺不约束任何债务人。

nude a.❶裸体的；裸露的　❷无约因的；缺乏基本要件的　❸仅仅的；没有说明的

nude contract 无对价合同（⇨nudum pactum）

nude matter 未经证实的事项　指仅仅提出而无证据支持的事项。

nude pact 无对价契约（= nudum pactum；nude contract）

Nudi consensus obligatio contrario consensu dissolvitur. 〈拉〉无对价契约之约束力得因效果相反之协议而终止。

nudum pactum 〈拉〉❶〈罗马法〉裸体简约　指不受法律保护、当事人没有诉权的简约［pactum］，但可以产生自然债务，也可作为抗辩的理由。　❷无对价契约　普通法术语，指建立在单纯允诺的基础上无对价［consideration］支持的协议。除非以盖印的方式作成，否则当事人没有诉权。亦作"naked contract"、"nude contract"。

Nudum pactum est ubi nulla subest causa praeter conventionem；sed ubi subest causa, fit obligatio, et parit actionem. 〈拉〉仅有合意而无对价之契约乃裸体简约；但契约有对价时，则有拘束力，并产生诉权。

Nudum pactum ex quo non oritur actio. 〈拉〉裸体简约不产生诉权。

nugatory a.无效的；无用的

nuictander （= nutander）

nuire 〈法〉损害；伤害

nuisance n.妨害　一个广泛采用但含义并不十分确定的概念，一般指一个人在使用其财产——通常与对土地的占有有关——时的不合理、不正当或不合法的行为，或法律规定的其他不法行为，损害或妨碍社会公众共同享有的人身或财产权利，或者妨碍他人使用土地或享受与土地有关的权利。例如，在自己的土地上排放毒物、烟、难闻的气味或发出噪声等，损害他人身体健康；或阻塞公共道路，或任凭自己位于公共道路旁边的房屋有坍塌之危险，从而妨碍公众通行。这些均非对他人权利的直接干预，而是给他人行使权利造成重大不便、障碍或困难，以致可依法推定造成了损害。妨害的构成依具体案情取决于众多因素，例如相邻关系的类型、财产或不法行为的性质、损害行为的经常性与持续时间以及损害的性质与程度等。根据受害者的范围，妨害可分为：①公共妨害［public or common nuisance］，即对不特定多数人或某一地区全体居民或所有进入妨害行为影响范围的人的妨害。这既是一项普通法上的犯罪，可提起公诉，也是一项民事侵权行为，可以由检察官、地方政府或受害者本人提起民事诉讼；②私人妨害［private nuisance］，即对某一特定个人或特定数人的土地使用权或相关权利的妨害。受害人可通过民事诉讼请求排除妨害［abatement of nuisance］、颁发禁令［injunction or mandanus］、给付损害赔偿金等救济；③混合妨害［mixed nuisance］，指既构成对社会公众的妨害又给某一个或某一些个人造成了特殊损害。

nuisance at law 法律上的妨害　即在法律上本身即构成妨害的行为。（= nuisance per se）

nuisance in fact 事实上的妨害　指某一行为、建筑物或对不动产的使用本身并不是妨害，只是由于其发生或所处的位置、周围环境或行为方式才构成了妨害。（⇨nuisance at law）

nuisance per accidens 偶然构成的妨害（= nuisance in fact）

nuisance per se 本身妨害；自动妨害　指某一行为、建筑物或对不动产的使用本身即构成妨害，无论其发生或处于任何地方或任何情况下，都为法律所禁止。例如败坏公共道德、危及他人生命或损害公共利益的事物。它与偶然构成的妨害［nuisance per accidens］的区别在于前者肯定造成某种损害，而后者要待实际发生后才能确知是否造成了损害。

Nuke-in 〈美〉反核武器集会　指 1979 年在华盛顿哥伦比亚特区举行的反核能集会。75 000 名示威者在同年发生于宾西法尼亚州三里岛［Three Mile Island］的核事故后表达了全美国人民对核安全的关注。

nul 〈法〉没有；没有人；没有一个；没有一点；毫无

nul agard 〈法〉没有仲裁裁决（= no award）

nul assets ultra 〈拉〉没有其他财产

Nul charter, nul vente, ne nul done vault perpetualment, si le donor n'est seise al temps de contracts de deux droits, sc. del droit de possession et del droit de properite. 〈拉〉对于任何转让、出售、赠与土地者，在合同成立时让与方必须拥有两项权利，即占有权［right of possession］与财产权［right of property］，否则行为无效。

nul disseisin 〈英格兰古法〉没有侵占　在早期的不动产权益诉讼中，被告针对原告的控诉所作出的概括否定的答辩。

Nul fait agard. 〈法〉未作出裁决。（⇨nul agard）

null 〈拉〉不存在的；无效的；无法律约束力的

nulla bona 〈拉〉❶（= no goods）　❷不欠财产　案外债务人［garnishee］否认其持有被告财产或对被告负有债务的答辩。

Nulla curia quae recordum non habet potest imponere finem, neque aliquem mandare carceri, quia ista spectant tantummodo ad curias de recordo. 〈拉〉非存卷法院不能科处罚金，也不能将某人判刑入狱，因为这些权力专属于存卷法院［court of record］。（⇨court of record）

Nulla emptio sine pretio esse potest. 〈拉〉无价金即无买卖。或：买卖不可以没有价金。

Nulla impossibilia aut inhonesta sunt praesumenda；vera autem et honesta et possibilia. 〈拉〉被推定的不应是不可能或不光彩之事，而应是真实、体面与可能之事。

null and void ❶无效的；无法律约束力的　❷可撤销的（= voidable）

Nulla pactione effici potest ne dolus praestetur. 〈拉〉任何协议都不得免除对欺诈的责任。或：任何合同都不得规定可对欺诈不负责任。

Nulla poena sine lege. 〈拉〉无法律就不可以有惩罚。或：不按照法律，就不能加以惩罚。

Nulla virtus, nulla scientia, locum suum et dignitatem couservare potest sine modestia. 〈拉〉如果没有谦逊，那么美德和学识都不能保持它们的位置和尊严。

Nulle règle sans faute. 〈法〉任何规则皆有缺陷。

Nulle terre sans seigneur. 〈法〉凡土地皆有领主。 这是封建社会的一条法律格言。

Nulli enim res sua servit jure servitutis. 〈拉〉役权不存于自己之物上。

nullification n. ❶废除；取消 使某事无效的行为。 ❷〈美〉州废除联邦法令的行为 在美国，该词尤指州以州主权[state sovereignty]为理由废除联邦法令的行为。 ❸无效(⇨jury nullification)

nullification doctrine 〈美〉州有权废除联邦法的理论 指倡导州可以宣布美国国会制定的法律违宪并使其无效的理论。"nullification"一词由托马斯·杰弗逊首次提出，他秘密地起草了一份《肯塔基决议案》[Kentucky Resolution]，谴责联邦党人[Federalists]于1789年制定的《外侨和暴乱法》[Alien and Sedition Acts]，声称州有权采取行动推翻违宪国会立法。卡尔霍恩[Calhoun]在《解释与异议》[Exposition and Protest] (1829) 一书中使之形成理论，他认为州是一个拥有主权的实体。此种理论在美国内战前得到南方州的支持，并有州实施这一理论。

nullity n. ❶无；不存在 ❷无效；无法律约束力 ❸无效的行为；无效的东西

nullity of marriage ❶婚姻无效 指婚姻由于存在瑕疵而被认定为无效[null and void]。有瑕疵的婚姻可以分为两种：无效的[void]与可撤销的[voidable]。婚姻无效可以是因当事人不足结婚年龄、心智不健全、已与他人结婚且婚姻关系尚存、属于禁止结婚的亲等范围、结婚的意思表示不真实等；婚姻可撤销的原因则包括当事人性交不能、拒绝同房或存在欺诈、胁迫等。两者的区别还在于：可撤销婚姻必须由一方当事人向法院提出请求，并由法院作出相应判决，否则即为有效。 ❷婚姻无效之诉 指当事人提出的请求宣告婚姻无效的诉讼。

nullity suit 婚姻无效之诉(⇨nullity of marriage)

nullius filius 〈拉〉非婚生子；私生子(⇨illegitimate child)

Nullius hominis auctoritas apud nos valere debet, ut meliora non sequeremur si quis attulerit. 〈拉〉如果有人提出更好的意见，任何人都无权阻止我们采纳。

nullius in bonis 〈拉〉不属任何人的财产；无主财产

nullius juris 〈拉〉无法律效力的

Nulli vendemus, nulli negabimus, aut differemus, rectum vel justitiam. 〈拉〉我们既不向任何人出卖、也不拒绝或迟延给予任何人公平或正义。

nullo est erratum 〈拉〉不存在错误 这是在本法院纠错程序[coram nobis proceeding]中针对错误陈述[assignment of error]所作的答辩。它承认所述错误确实存在，但坚持认为在法律上它不构成错误。(⇨coram nobis; error coram nobis)

nullo est erratum (plea) 无错答辩 在原审法院纠错程序[coram nobis proceeding]中被告针对原告提出的错误陈述书[assignment of error]而作出的答辩，相当于一项法律抗辩[demurrer]，表示原告所述错误不存在，或尽管原告所列错误属实，但不构成法律上的错误。

nullum arbitrium 〈拉〉(= no award; nul tiel agard)

Nullum crimen majus est inobedientia. 〈拉〉没有任何犯罪比不服从更严重。 适用于执行官员拒绝交回令状并向法院汇报执行情况的情况。

Nullum crimen, nulla poena, sine lege. 〈拉〉法无明文者，不构成犯罪，亦不得处罚。或：罪刑法定。

Nullum crimen sine lege. 〈拉〉法无明文定为犯罪者，不构成犯罪。

Nullum crimen sine poena. 〈拉〉没有犯罪可以不受处罚的。或：任何犯罪都要受到处罚。

Nullum exemplum est idem omnibus. 〈拉〉任何范例都不能适用于一切情况。 指范例并非一成不变地适用于所有情况。该格言用于地产转让中，指在某一特定情况下有必要对转让的形式作出变动。

nullum fecerunt arbitrium 〈拉〉他们未提交仲裁 在为要求被告履行仲裁裁决而提起的诉讼中，被告提出的表示其未将争议提交仲裁的答辩。

Nullum iniquum est praesumendum in jure. 〈拉〉在法律上不得推定任何有违公正之事。

Nullum matrimonium, ibi nulla dos. 〈拉〉没有婚姻就没有亡夫遗产[dower]。 指婚姻关系解除后亡夫遗产即不再存在。也就是说，如果婚姻解除后丈夫死亡，妻子就不能继承亡夫遗产。

Nullum simile est idem. 〈拉〉相似的事物不是完全相同的。

Nullum simile est idem nisi quatuor pedibus currit. 〈拉〉相似的事物不是完全相同的，除非在各方面都完全相同。

Nullum simile quatuor pedibus currit. 〈拉〉相似的事物不会在各方面都完全一致。

Nullum Tempus Act 〈英〉《国王诉讼时效法》 1763年乔治三世在位时颁布的一项法令，规定国王有权提起诉讼的期限为60年，从而背离了"国王的权利不受时间流逝的影响"[Nullum tempus occurrit regi.]的古老格言。

Nullum tempus aut locus occurrit regi. 〈拉〉时间（或地点）从不针对国王。 指国王的权利既不受时效规则的影响，也不因懈怠[laches]而失去的普通法原则。但近代以来，制定法已对此作了修改，尽管这一修改本身附加了一些例外与限制条件。换言之，在大多数案件中，国王也受一般制定法规定的时效规则的约束。

Nullum tempus occurrit ecclesiae. 〈拉〉时间从不阻碍教会。或：教会的权利不受时间影响。

Nullum tempus occurrit reipublicae. 〈拉〉时间从不阻碍国家。或：国家的权利不受时间影响。

Nullus alius quam rex possit episcopo demandare inquisitionem faciendam. 〈拉〉除国王之外任何人都无权命令主教进行审讯。

Nullus clericus nisi causidicus. 〈拉〉除非是辩护律师否则不能是教士[clergyman]。或：只有律师才能成为教士。

Nullus commodum capere potest de injuria sua propria. 〈拉〉任何人都不得从自己的不法行为中得益。

Nullus debet agere de dolo, ubi alia actio subest. 〈拉〉只要存在其他诉讼形式，就不应提起诈欺之诉[actio de dolo]。

Nullus dicitur accessorius post feloniam sed ille qui novit principalem feloniam fecisse, et illum receptavit et comfortavit. 〈拉〉在犯罪事实发生之后，只有知道主犯已犯重

罪而仍接纳和安顿他者才能称之为从犯。
Nullus dicitur felo principalis nisi actor, aut qui praesens est, abettans aut auxiliars actorem ad feloniam faciendam. 〈拉〉重罪主犯[principal felon]是指犯罪的实施者，或在现场唆使或帮助实施者实施犯罪的人。
Nullus idoneus testis in re sua intelligitur. 〈拉〉任何人都不能成为自己利益的合格证人。
Nullus jus alienum forisfacere potest. 〈拉〉任何人都不能剥夺他人的权利。
Nullus liber homo aliquo modo destruatur nisi per legale judicium parium suorum, aut per legem terrae. 〈拉〉非经同等地位者[peers]的判决或根据国家的法律，任何自由人都不得以任何方式被施以肉体伤害。
Nullus liber homo capiatur vel imprisonetur. 〈拉〉任何自由人都不得被逮捕或监禁。
Nullus liber homo imprisonetur. 〈拉〉任何自由人都不得被监禁。
Nullus recedat e curia cancellaria sine remedio. 〈拉〉任何人离开衡平法院时都应得到救济。或：任何向衡平法院申诉的人都应获得救济。
Nullus simile est idem, nisi quatuor pedibus currit. 〈拉〉任何相似的事物都不是相同的，除非他们在各方面都完全一样。
Nullus videtur dolo facere, qui suo jure utitur. 〈拉〉任何行使自己的权利的人都不应被认为是实施欺诈。 意即：行使其权利者不应被视为恶意行为人。
Nul ne doit s'enrichir aux depens des autres. 〈法〉任何人都不得通过损害他人而得益。 不得损人利己。
Nul prendra avantage de son tort. 〈法〉任何人都不得从其违法行为中受益。
Nul sans damage avera error ou attaint. 〈法〉只有遭受了损害的人才可申请颁发复审令状[writ of error]和撤销陪审团裁决令状[writ of attaint]。
nul tiel agard 〈法〉没有这一裁决 这是否认曾有过裁决的答辩。(⇨no award)
nul tiel corporation 〈法〉没有这一法人 这是旨在否定存在某一法人的答辩。
nul tiel record 〈法〉无此记录 在诉讼双方当事人就某项记录（例如一份判决）发生争执时，其中一方提出的否认该记录存在的答辩。
nul tort 〈法〉无违法行为 在不动产权益诉讼[real action]中被告提出的一项概括否认答辩[general issue]，表示其没有做出任何违法行为。
nul waste 〈法〉〈古〉没有毁地 这是在毁地之诉[action of waste]中被告提出的一项概括否认答辩。
nul waste fait 〈法〉没有实施毁地行为(⇨nul waste)
numbers game 〈美〉数字彩票赌博；数字抽奖
numerata pecunia 〈拉〉计数钱 通过计数而非称重计算或支付的货币。
numerical lottery 数字抽彩(= Genoese lottery)
Numerus certus pro incerto ponitur. 〈拉〉以确定的数字代替不确定的数字。 以确定的数字来表示不确定的数字。
nummata 〈拉〉货币价格 即以货币计数的价格，如denariata是以便士计数的价格，librata为以镑计数的价格。
nummata terrae 〈拉〉〈古〉一英亩土地
nunciatio 〈拉〉(罗马法) ❶正式公告 通常用以禁止某事。亦拼作 nuntiatio。 ❷抗议；异议

nuncio 〈拉〉罗马教皇的使节；教廷使节；教廷大使
nuncius 〈拉〉❶宣告者 ❷信使 ❸使者；使节 ❹教廷使节(= nuncio)
nunc pro tunc 〈拉〉现在替代过去；事后补正；溯及既往 指一项本该早些作出的行为被允许现在作出，同时具有溯及既往的法律效力，如同该行为在正常时间作出一样。例如法庭修正判决书或其他法庭记录中的笔误。
nunc pro tunc amendment （根据法院命令而作出的）追溯性的修正(⇨nunc pro tunc)
nunc pro tunc decree 追溯性的（衡平法）判决 与追溯性的普通法判决[nunc pro tunc judgment]相对应。
nunc pro tunc entry 追溯性的登录；(对以往发生事项的)追溯性记录(⇨nunc pro tunc)
nunc pro tunc filing 追溯性的提出（申请、诉讼等） 如破产程序中在法律规定的申报债权时限到期之后申报债权而仍然有效；又如在规定日期后提交诉状而仍具有在规定日期内提交的效力。
nunc pro tunc intervention 〈拉〉追溯性的介入 指第三人根据法庭许可介入诉讼，效力相当于在较早的诉讼阶段介入。
nunc pro tunc judgment 追溯性判决 指修正以前判决记录中存在的错误的判决，其效力追溯至被修正的判决作出之时。(⇨nunc pro tunc)
nunc pro tunc order 追溯性命令 指修正法庭记录中的错误的法庭命令；亦指其效力追溯至作出该命令之前的命令。(⇨nunc pro tunc)
nuncupare 〈拉〉〈古〉指定；口头宣布
nuncupare heredem 〈拉〉（罗马法）(在见证人面前)公开指定继承人
nuncupate v. 指定；(公开与正式地)口授；口头宣布 源自拉丁文 nuncupare。
nuncupative will 口述遗嘱 指立遗嘱人于临终时在一定数量的证人面前口头宣布或口授，并在日后作成书面形式或由证人证实的遗嘱。对这类遗嘱的效力，美国某些州的法律完全予以否认，其他一些州的法律和英格兰法只在某些特定情况下——例如立遗嘱人为在航海中的海员或实际执行任务的现役军人——承认，而苏格兰法只承认涉及遗产价值在100苏格兰镑——即8.33英镑——以下的口头遗嘱。
nundinae 〈拉〉市场；集市
nundination n. 集市交易；买卖
nunquam 〈拉〉任何地方都不；永不；决不
Nunquam crescit ex post facto praeteriti delicti aestimatio. 〈拉〉已经发生之犯罪的轻重程度不会因后来发生之事件而加重。
Nunquam decurritur ad extraordinarium sed ubi deficit ordinarium. 〈拉〉只有在正常者不能奏效时才能求助非正常者。
Nunquam fictio sine lege. 〈拉〉无法律则无法律上的假定。
nunquam indebitatus 〈拉〉从未欠债 在违约债务之诉[indebitatus assumpsit]中被告否认曾欠原告债务的答辩。(⇨indebitatus assumpsit)
Nunquam nimis dicitur quod nunquam satis dicitur. 〈拉〉从未充分说明者不可能是过多说明者。
Nunquam praescribitur in falso. 〈拉〉如有篡改或伪造的情况，就无时效可言。或：如有篡改或伪造的情况，就不可能因法定期限完结而取得权利。

Nunquam res humanae prospere succedunt ubi negliguntur divinae. 〈拉〉在神圣的东西被忽略的地方，人类的事情就不会繁荣兴旺。

nuntio 〈拉〉教廷使节(= nuncio)

nuntius 〈拉〉❶(英格兰古法)(到法院为被传唤诉讼当事人不能出庭提出借口或进行解释的)信使；(法院的)传票送达官 ❷(= nuncius)

nuper de facto, et non de jure, reges Angliae 〈拉〉近来事实上的而非法定的英格兰国王们

nuper obiitt 〈拉〉分地令状 在旧时英格兰法中，当父亲、兄弟或某一共同祖先[common ancestor]死亡时所遗留的非限嗣继承地[fee simple]为共同享有继承权的姐妹中的一人独占时，其他继承人申请颁发的要求均等分配该地产的令状。

nuptiae 〈拉〉婚姻；婚礼

nuptiae justiae 〈拉〉合法婚姻；法律认可的婚姻 按大陆法规定，nuptiae justiae 赋予婚姻关系的男方对其子女的父权[patria potestas]。合法婚姻必须具备以下要件：①结婚双方明白表示同意结婚；②双方均已达适婚年龄；③正式结婚[connubium]而不是姘居；④结婚双方都有缔结婚姻的法律上的能力。(⇨connubium)

nuptiae secundae 〈拉〉第二次婚姻；再婚

nuptial *a*.婚姻的；结婚的；婚礼的
  n.(常用复)婚礼；结婚仪式

Nuptias non concubitus, sed consensus facit. 〈拉〉婚姻来自合意而非同居。或：构成婚姻的不是同居，而是合意。

Nuremburg trials 纽伦堡审判 指1945 – 1946年在德国纽伦堡进行的对纳粹德国战犯的一系列审判。负责审判的国际军事法庭由美国、苏联、英国、法国的各两名法官组成。

nurture period (= period of nurture)

nurus 〈拉〉儿媳

nusance nuisance 的旧体。

nutander 〈法〉在夜间

nutauntre (= nutander)

nute 夜

nutricius 私生的；非婚生的(⇨frater nutricius)

nuyt 夜

nycthemeron 〈希〉一昼夜 共24小时。

nymphomania *n*.慕男狂；色情狂

NYSE (= New York Stock Exchange)

Oo

O.A.P.E.C. (= Organization of Arab Petroleum Exporting Countries)
O.A.R. (= Offender Aid and Restoration)
O.A.S. (= Organization of American States)
OASDI (= Old Age, Survivors, and Disability Insurance)
OASI (= Old-Age and Survivors' Insurance)
oath *n*. ❶宣誓 指向神、上帝或令人尊敬的人或物庄严表示某人的陈述是真实的,或者某人将遵守诺言。如果陈述是不真实的或者违背了诺言,宣誓人必须受到惩罚。所以,宣誓的法律效果就是如果陈述人的陈述是虚假的,将因其伪证行为而受到惩罚。如在英国治安法院进行的刑事诉讼中,证人在作证前要对《圣经·新约》起誓,誓词如下:"我以万能的上帝的名义宣誓,我将提供的证据属实,并且完全真实,唯有真实"[I swear by Almighty God that the evidence I shall give shall be the truth, the whole truth, and nothing but the truth.]。 ❷誓言;宣誓陈述 ❸(不需向上帝或令人尊敬的人或物起誓而作的)庄严的正式声明(⇨affirmation)
oath against bribery 拒贿宣誓 英国选举议会议员时要求选民所作的一种保证拒绝接受贿赂的誓言。1854年被取消。
oath decisory 决案宣誓 民事诉讼当事人为决案而要求另一方进行的宣誓。任何一方认为己方主张之事实证据不足时,都可要求对方作此种宣誓。对方或者宣誓,或者将要求返回,否则败诉。
oath ex officio ❶(英格兰古法)无罪宣誓 由被指控犯罪的神职人员所作的宣称自己无罪的誓言,也指由其助誓人[compurgators]所作的相信该该神职人员无罪的誓言。❷坦白宣誓 依此宣誓者将会被要求就他所知晓的犯罪作出指控,或者供认自己所犯的罪行。这一作法来源于教会法庭的诉讼。
oath-helpers *n*. 助誓人 在宣誓断讼[wager of law]或助誓涤罪[compurgation]过程中宣誓相信当事人之誓言为真之人。(⇨wager of law; compurgation)
oath in litem (大陆法)起诉宣誓 当没有证据证明争议物的价值或者被告已欺骗地隐匿了此种证据时,原告为证明该争议物的价值而作的宣誓。
oath of administration 遗产管理宣誓 申请对遗产进行管理之人表明其拥有授权及进行适当管理权利的宣誓。
oath of allegiance 效忠宣誓 主要由一定的公务人员和官员、军职人员、有资格的律师以及申请入籍的外国人所作的效忠某国君主或政府,遵照其宪法,保证其宪法和法律不受国内外敌人侵犯,依法承担军事义务,在国家需要时接受和完成重要职责,或者声明完全放弃对入籍前所效忠的任何外国君王、国家或领袖的效忠义务的宣誓。
oath of calumny (罗马法)无诽谤宣誓 要求原告在开始诉讼行为时所作的宣誓,宣称自己不怀任何恶意和欺诈而诚意进行诉讼。它被看成是原告行使诉权的前提。也指在苏格兰宗教法庭中要求原告保证自己陈述真实性的宣誓。
oath of grand juror 大陪审团成员的宣誓 在正式入选后由大陪审团成员所作的宣誓,宣称他们将仔细调查和核实提交给他们的犯罪指控事实,为国家的、其他陪审员的以及自己的意见保密,不因嫉妒、憎恨和欺诈而指控任何人,也不因喜爱、害怕、善意而放纵任何人,尽他们最大的理解力和全部知识来诚实地履行职责。
oath of juror 陪审员的宣誓 陪审员所作的宣誓,表示其将履行陪审员的义务,诚实而恰当地审理案件并依照法律和证据做出真实的裁断。如在英国刑事诉讼中,陪审员宣誓的誓词为:"我以万能的上帝的名义宣誓,我将诚实地审理被告人并根据证据作出真实的裁断"[I swear by Almighty God that I will faithfully try the defendant(s) and give a true verdict(s) according to the evidence.]。宣读誓词时陪审员右手持书,基督徒持《新约》,犹太教徒持《旧约》,伊斯兰教徒则持《古兰经》。
oath of loyalty (= oath of allegiance)
oath of office 就职宣誓 作为某种职务的附属义务,公务人员在就任某一职务时依法定形式进行的任职宣誓。
oath of party 〈苏格兰〉当事人宣誓 指诉讼一方当事人可以要求对方当事人就其所主张事实的真实性作出宣誓回答。对该回答不能表示异议或进行反驳。这是一种求助于对方良心的证明形式,现已不多见。
oath of supremacy 〈英〉最高权威宣誓 由1688年的《权利法案》[Bill of Rights]规定,与效忠宣誓[oath of allegiance]一并使用近200年的法定宣誓,要求国家高级官员、神职人员以及臣民宣誓拒绝任何外国人或罗马教皇在教会和宗教上的权威和管辖权。所有神职人员在授阶仪式中必须发此誓。该宣誓被1868年和1871年的《宣誓法》[Promissory Oaths Act]废止。
oath purgatory 涤罪之誓 被告为推翻对其的指控而作出的宣誓。其中也包括宣誓断讼[wager of law]过程中被告作出的宣誓。(⇨wager of law; purgation)
oath suppletory (罗马法)(教会法)补充宣誓 当单个的事实要求两个证据时,法庭允许只提出了一个证据的证人作补充誓词,以提供另一半证据。
oathworthy *a*. 〈古〉可信的;可靠的
O.A.U. (= Organization of African Unity)
ob 〈拉〉因为;由于;考虑到

obaeratus 〈拉〉(罗马法)债务仆人　为其债权人服役至债务清偿之时的债务人。

Ob alterius culpam tenetur, sive servi, sive liberi. 〈拉〉一个人应对其奴隶或子女的过错负责。

ob causam aliquem a re maritima ortam 〈拉〉由于海商事件引起的原因

ob continentiam delicti 〈拉〉因与私犯行为相关

ob contingentiam 〈拉〉因为有联系；由于相似

obedience n.服从（命令）；遵守（法律）；顺从

obedient a.❶服从的；顺从的；忠顺的　❷对…负有义务（或责任）的

obedientia 〈拉〉❶公务部门或其管理机构　❷租金　❸遵守；服从

Obedientia est legis essentia. 〈拉〉服从乃法之本质。

obediential obligation 必负义务　指当事人基于所处于的状况或关系而承担的义务。

obedientiarius 〈拉〉修道院官员

obedientiary (= obedientiarius)

ob favorem mercatorum 〈拉〉有利于商人；因为照顾商人

Ob infamiam non solet juxta legem terrae aliquis per legem apparentem se purgare, nisi prius convictus fuerit vel confessus in curia. 〈拉〉依当地法，通常不因某人名声不好而要求其以法律明确规定的方式自证清白，除非他先前曾被定罪或当庭认罪。

obit n.❶(死者安葬前天主教会为其举行的)安葬仪式　❷(死者逝世周年教会为其举行的)纪念仪式

obiter 〈拉〉顺便；附带地；偶然地；附属地；伴随地

obiter dictum (法官的)附带意见　法官在作出判决的过程中就某一与案件并不直接相关的法律问题所作的评论，它并非为本案判决所必要，因此不具有判例的拘束力。

obit sine prole 〈拉〉死后无嗣

obituary n.讣告；死者生平

object v.反对；提出异议(⇨objection)
n.❶对象；物体　❷目标；目的

objection n.❶异议；反对　对诉讼或其他法律程序中已经发生或将要发生的某一行为或情况等正式表示反对意见并要求法官即时作出裁决的行为。在庭审中提出异议通常是为了反对采纳不合格的证据，这种异议应当及时提出，可以阻止陪审团审查该证据或对该证据的听审。由于对方律师采用不适当的方式(如诱导证人)或其他技术上的原因亦可以提出异议。异议的当事人通常须陈述其异议的根据或理由，如法庭作出驳回异议的裁定，当事人有权上诉。❷异议的根据；反对的理由

objectionable business 侵犯性活动(⇨offensive business)

objectionable use (对房屋)受到异议的使用

objection to grand jury 对大陪审团提出的异议　指对大陪审团的组成提出的异议，包括对因种族、肤色、性别、宗教信仰、政治观点而排除某人提出的异议，还包括在制定法未作限制的情况下提出的技术性[technical]异议。

objective examination 客观检查　医生用其通常的感觉或鉴别力对他人进行的身体检查。

objective meaning of contract 契约之客观涵义　并非允诺人心目中的契约涵义，而是通情达理的受允诺人于其处境中所理解的涵义。

objective standard of satisfaction 客观满意标准　仅包含最佳操作性能、质量或机械性能等事项的标准。

objective symptoms 客观症状　指医生通过感官从医疗检查中所发现的病人具有的症状。病人向医生自述的症状则称为"主观症状"[subjective symptoms]。

objective test 客观的检验　对建筑合同履行情况的适当性所作的检验。

object of an action 诉讼请求；诉讼目的　指通过诉讼所要获得的救济、补偿。区别于诉因[cause of action]和诉讼标的[subject of action]。

object of (a) statute 立法目的　制定法制定的目标或意图，有时实际上是制定法制定的原因。

object offense 既定目标犯罪　即被告人的犯罪意图所指向的犯罪。如在对谋杀罪未遂的指控中，谋杀即为被告人的目标犯罪。

objects of a legal right 法定权利的客体

objects of a power 指定权的受益人(⇨power of appointment)

objects of bounty 受赠与人(⇨natural object of bounty)

objurgatrices n.(英格兰古法)泼妇(= objurgatrix)

objurgatrix n.(英格兰古法)泼妇　指不安分或爱骂街而以浸水刑凳[cucking-stool]加以惩罚的女人。

oblata n.❶(臣民给国王的)贡物　❷积债；累债；陈债　在财政署[Exchequer]指前些年积累的债务，现一由当今郡长收取。另外未交奉之财物在财政署亦在"oblata"名下进行记载。

oblata terrae ❶半英亩土地　❷半平方杆[perch]土地

oblate (= oblati)

Oblate Rolls 〈英〉《贡金录》　文秘署[Chancery]的一种记录。记录了1199-1641年向国王支付的各种费用，其中包括作为对国王授予特权的回报的贡金[oblate or fine]，因怠于履行义务而被处以的罚款等。(⇨fine rolls)

oblati n.(欧洲古法)自愿献身教堂或修道院为奴隶之人

oblati actio 〈拉〉(罗马法)转移被窃物之诉　某人针对向其转移被窃物的人提起的诉讼。

oblatio 〈拉〉(罗马法)❶还债；交付　❷(出于宗教目的)捐献

oblation n.〈英〉(教会法)捐献物　指缴纳给教会牧师的物品或习惯性费用，包括婚礼、安产感恩礼、葬礼、感恩节等所缴纳的费用。(⇨obvention)

Oblationes dicuntur quaecunque a piis fidelibusque christianis offeruntur deo et ecclesiae, sive res solidae sive mobiles. 〈拉〉凡虔信的基督徒向上帝或教会捐献之物，无论动产或不动产，皆谓之"捐献物"。

obligacion n.债；债务；义务(⇨obligation)

Obligacion est un lien de droit. 〈法〉法律的约束力之一在于义务。

obligate v.❶使受约束；以(道德或法律的)责任约束　❷指定(款项、财产等)用于偿债；指定(款项、财产等)用作债的担保

obligatio 〈拉〉(罗马法)债　该词与英语中的"契约"[contract]含义相近。在罗马法中，它指依法需履行某行为之法锁[legal bond]，为特定当事人之间的法律关系，即债权人[creditor]有权要求债务人[debtor]为含金钱价值的特定履行行为。它既可指债权人的权利，又可指债务人的义务。确立债权债务的事实及证明债权债务的法律文书也可以称为"债"。

obligatio civilis 〈拉〉市民法之债　指可依诉讼强制执行之债，既可能源于市民法[jus civile]，如要式契约[formal contract]之债；又可能源于万民法[jus gentium]，如非要式契约[formless contract]之债。

obligatio ex contractu 〈拉〉(罗马法)契约之债;侵犯先存的对人权之债 指因契约或先前既存的对人权[jus in personam]而产生的债。此债中包含两个阶段:首先要有先于不法行为[wrong]的原始的或已被认可的[sanctioned]对人权,然后才有不法行为引起的次生的或制裁性[sanctioning]权利。

obligatio ex delicto 〈拉〉(罗马法)侵权行为之债;私犯之债 指因侵权行为或侵犯对物权[jus in rem]等而产生的债。此债中包含两个阶段:首先要有先于不法行为[wrong]的原始的或已被认可的[sanctioned]对物权[real right],然后才有不法行为引起的次生的或制裁性[sanctioning]权利。

obligatio ex maleficio (= obligatio ex delicto)

obligatio literarum (= literarum obligatio)

obligation n. ❶债;债权债务关系 该词源于拉丁文"obligatio"(即罗马法上的"债"),指连接两个法律主体,并规定双方在法律上可强制执行的权利义务内容的纽带。例如,当一方将某物售与对方时,他们之间就创设了一种债,从而产生接受交付或付款的权利以及相应的交付或付款的义务。又如,当某人侵害他人致损时,该侵害行为亦创设一种债,据此产生请求损害赔偿的权利和赔偿损失的义务。根据债的发生根据,可以分为自愿行为所生之债,和非因当事人意志、仅以当事人的作为或不作为并根据法律规定所生之债。前者如合同之债,后者如回复原状[restitution]之债(即罗马法上的准契约之债[obligation quasi ex contractu])、损害赔偿之债(即罗马法上的私犯和准私犯之债[obligation ex delicto and quasi ex delicto])等。因债而产生的权利只是对人权[in personam],亦即仅对特定的人具有强制执行力。有关债法的规定存于以罗马法为基础建立起来的法律体系中。❷债务;义务;责任 该词有时专指债务、法律义务或责任。也可用以指道德义务。❸债务文书;盖印合同 指用以证明债务存在的证据。

obligatio naturalis 〈拉〉(罗马法)自然之债 指不可依诉讼强制执行之债,包括效力源于自然法之债和依万民法[jus gentium]设定而未被市民法[civil law]所完全承认之债。

obligation bond 信用保函 当债券发行超过最初抵押物价值时,抵押人需向贷款人——即抵押权人,出具信用保函,以保证贷款人不因超过抵押品价值的债券发行而蒙受任何损失。

obligationes ex variis causarum figuris 〈拉〉(罗马法)产生于其他各种原因的债 指不能归入契约之债、准契约之债、私犯之债、准私犯之债的其他所有的债。

obligationes quasi ex contractu 〈拉〉(罗马法)准契约之债 在特定事实状态下,无契约关系而被罗马法视为有契约关系所生之债,如无因管理之债等。

obligationes quasi ex delicto 〈拉〉(罗马法)准侵权行为之债;准私犯之债 包括所有未归入私犯[delicto]的侵权行为[tort]所生之债,其性质差异极大,法律并未为其设定特殊的诉讼形式。

obligationes quasi ex maleficio (= obligationes quasi ex delicto)

obligation of (a) contract 契约之债;合同之债(⇨obligation)

obligation of surety on bail bond 保释保证人的义务 保证人依保释保证书所承担的保证被告人出庭就指控进行答辩、服从法庭判决和命令、未经法庭许可不可离开的义务。

obligation solidaire 〈法〉连带之债(= joint and several liability)

obligations or liabilities outstanding in the state 〈美〉在本国(或本州)有尚未履行的债务(或责任) 根据这一限定条件,在向外国(或外州)公司送达传票时,可以通过其指定的代理人或其法律上的代理人而为之。

obligation under seal 盖印合同之债(⇨specialty)

obligatio praetoriae 〈拉〉(罗马法)裁判官法之债 罗马人认为债之效力只能源于实在法[positive law],他们最初所承认之债仅指与市民法[jus civile]所严格限定的形式一致之债。后来,裁判官司法管辖权[praetorian jurisdiction]的行使改变了这种情况,引入了新类型之债并提供执行方法。此后,优士丁尼采取了市民法之债[obligationes civiles]与裁判官法之债[obligationes praetoriae]的二分法。

obligatio verborum (= verborum obligatio)

obligatory bill (= bill obligatory)

obligatory pact (罗马法)债务简约 一种关于债的非正式合约。

obligatory rights (大陆法)债权

oblige 〈法〉(以道义、法律等)强使;迫使;责成(⇨noblesse oblige)

obligee n.权利人;债权人;受允诺人

obligor n.义务人;债务人;允诺人

obliqua oratio 〈拉〉间接引语 与直接引语[oratio directa]相对。

obliquus 〈拉〉❶(古)(继承法)倾斜的;斜僻的;曲折的;旁系的 ❷(证据法)间接的

obliterated corner 被遗忘的角落 指在最初房产检视员[original surveyor]检查过程中因缺乏有形证据[visible evidence]而被遗忘的角落。(⇨corner)

obliterated monument 被毁损的标界物 指因气候、农作、伐木、采矿等原因而受到毁坏的标明地块边角界限的标志物。

obliteration n. 擦掉;灭迹;涂抹;删除;消灭

oblivion n. ❶遗忘;健忘;被遗忘之事实;被遗忘之状态 ❷(对刑事犯罪的)赦免(⇨amnesty;pardon)

obloquy n. ❶指责;辱骂;诽谤 ❷被指责的原因或对象 ❸丑名;耻辱

ob non solutum canonem 〈苏格兰〉因未服军役而终止封建契约关系 用于当事人因未服封建租役而被要求终止封建契约关系的诉讼过程中。

obnoxious a. ❶令人非常不快的;可憎的;引起反感的 ❷违背的;应受惩罚(谴责)的;应负责任的

ob olim ordinatum 〈拉〉以前所规定的

obreptio 〈拉〉因意外或欺诈而获某物

obreption n. ❶因虚伪或欺诈性陈述而获得赠与(或者无人继承而转归国家的财产) ❷(教会法)因虚伪陈述而获特许(⇨subreption)

obrogare 〈拉〉(罗马法)修正法律 制定新法以废止旧法的全部或一部。

obrogation n.(罗马法)修正法律(⇨abrogation)

obscene a. ❶淫秽;下流的;猥亵的 ❷讨厌的;可憎的(⇨obscenity)

obscene libel 出版淫秽作品诽谤(罪) 一种通过出版淫秽作品而使人被体面的社会阶层所嘲讽或蔑视的诽谤行为。在英国,原为普通法上的一种出版淫秽作品旨在使人腐化堕落的犯罪,现已主要为 1959 年《淫秽出版物法》[Obscene Publications Act]所取代。

obscenity n. ❶淫秽;下流;可憎 指具有破坏善良风俗,旨在使那些易受不道德性关系影响的人,以及能够得到具有上述内容出版物的人淫荡、堕落的一种性质。因此任何物品的淫秽性不在于它本身的确定的特性,而在于它对读者或者观众思想的影响。判断某一物品是否淫秽的标准是不确定的,要从整体上考虑它的主要目的是否在于淫欲的兴趣,并且实质上是否超出了通常所需要的表述限度。判断的标准应以理智的成年人为参照,但如果综合该物品本身的特性、传播的范围来看适用于儿童或其他特殊敏质人的除外。 ❷淫秽的语言(或行为、动作);可憎的事(⇨ censor; censorship; lewd; obscene; profanity)

obscure a.(言辞、陈述、意思表示等)晦涩的;令人费解的;含糊的;不清楚的

Obscuritas pacti nocet ei qui apertius loqui potuit. 〈拉〉契约中含糊的言辞,不利于本可将其表述得更清楚的当事人。

observe v.遵守;奉行(法律、规章、习俗等)

observer n.(出席会议的)观察员 一国或者一国际组织派往参加本国非其会员的国际团体会议的代表。该代表没有表决权和签署文件的权利,但有时可被允许参加讨论。

obses 〈拉〉战时人质 复数形式为 obsides。

obsession n.强迫症 沉迷于某一观念或欲望而不能平静地、谨慎理智地进行思考的一种症状。该症并不必然免除婚姻不当行为的责任。

obsignare 〈拉〉(罗马法)(对遗嘱、契约或其他文件)签署;盖章

obsignatory a.批准的;确认的

obsolescence n.废弃;淘汰;过时;贬值 常用于税法的一个术语。指资产、财物等因技术、新发明、新替代品的廉价和广泛应用和公众好恶等原因而降低价值。这是一种功能上的、经济上的和法律上的变化,同该财产物质上的变化没有关系。(⇨ economic obsolescence; functional obsolescence)

obsolescent a.日渐废弃的;逐步被淘汰的 (⇨obsolescence)

obsolete a.废弃的;淘汰的;过时的
v.废弃;淘汰;使⋯过时(⇨obsolescence)

obsolete law 废法 指虽未被废止但已不再执行的法律。

obstante n.妨碍;阻挠;反对;抵抗

obsta principiis 〈拉〉自始即阻碍其发生 指法院对公民的宪法权利负有保护的义务,应防范和阻碍任何秘密侵犯公民宪法权利的行为发生。

obstetricante manu 〈拉〉由接生婆之手 用以描述由接生婆接生之儿童的证据。

obstinate desertion 决意遗弃 遗弃为离婚之理由。违背配偶意愿,顽固坚决而持续的遗弃构成决意遗弃。

obstriction n.❶义务;债 ❷契约;合同

obstruct v.❶阻碍;妨碍;阻挠;阻塞;遮挡;侵扰 ❷设置障碍

obstructing easement 妨碍地役权 供役房地产所有人对地役权的不合理妨碍和侵扰。

obstructing enlistments 妨碍征兵 设置障碍阻止军队征召新兵或给征募带来困难。

obstructing justice 阻碍审判罪 是普通法规定的犯罪,指阻挠和妨碍司法人员在法庭上履行职务,或者妨害出庭人员以影响审判的行为。阻碍审判的行为主要表现为:①干扰司法人员履行职务。例如,威吓、妨害、阻挠检察官或其他司法官员出席法庭;阻碍司法人员调查案件或进行其他法律程序;故意向司法部门报告虚假案件;②影响证人或陪审员。例如,阻止证人出庭;袭扰法庭令状送达人;贿赂陪审员;③毁灭或隐瞒证据。

obstructing mails 〈美〉妨碍邮政罪 是美国联邦制定法规定的犯罪,指故意妨碍或延误邮递邮件的行为,或者干扰邮递员工作的行为。

obstructing navigation 妨碍航运 普通法中阻塞正在使用的航道的行为。作为一种对公共利益的危害,它并不要求对航运事实上造成了侵犯和损害,只要求影响了航运的方便性、安全性和迅速性。

obstructing officer 妨碍官员执行公务 直接或间接地妨碍官员执行公务的行为。它并非意味着反对[oppose]或妨害[impede]官员持有的令状或破坏[defeat]该令状的执行,而是指官员自身受到妨碍。

obstructing proceedings of legislature 妨碍立法程序 既包括不服从整个立法机关的行为,又包括不服从某一个委员会的行为。

obstructing process 妨碍诉讼程序(罪) 明知而故意使用或威胁使用暴力,妨碍或意图妨碍执行合法诉讼程序的行为。如妨碍执行公务或妨害法院传票或裁定的送达。(⇨obstructing justice)

obstructing railways 妨碍铁路运输(罪) 在铁路上造成障碍,妨碍铁路运输的行为。只要具备行为故意即可构成本罪,而不一定产生犯罪结果。美国许多州及英格兰均规定了该种犯罪。另外,不管恶意与否,如果允许车辆在铁路两侧征地区域内长时间停留,则构成妨害[nuisance]。

obstruction n.❶阻碍;妨碍;阻挠 ❷阻塞;堵塞;障碍 ❸阻塞物;障碍物

obstruction of justice (= obstructing justice)

obstruction to navigation (= obstructing navigation)

obstructive building 妨碍性建筑 因与其他建筑相接触或毗相邻而对身体健康具有危险性或危害性的建筑。

obstruxit 被阻挠者

obstupare 堵塞;阻塞

Obstupavit et obstruxit. 〈拉〉他受到阻挠。

obtain v.❶(通过努力)获得;取得 ❷占有;持有;拥有

obtaining money or property by false pretenses 通过诈欺获取财物(⇨false pretenses)

Obtemperandum est consuetudini rationabili tanquam legi. 〈拉〉合理之习惯,应与法律一样得到遵守。 用以指庄园习惯。

obtest v.❶传唤证人;请⋯作证 ❷祈求;恳求;哀求 ❸反对;抗议

obtulit se 〈拉〉(英格兰古法)(他)亲自出庭 一方当事人亲自出庭而另一方当事人未出庭时,一般在法庭记录中对前者作出此种强调。

ob turpem causam 〈拉〉因卑劣原因;因不道德对价(⇨ immoral consideration)

obventio 〈拉〉❶(罗马法)(常用复)租金;利润;收入;(投资等的)产出 ❷(英格兰古法)(给教会的)捐献物;神职人员的收入 其复数形式采用 offerings。

obvention(s) n.捐献物(⇨oblation; obventio; offerings)

obvious danger (= obvious risk)

obvious defects 明显缺陷;明显瑕疵;表面瑕疵(⇨patent defect)

obviousness n.(专利法)显而易见性 某一项发明不具有专利性的条件之一。如果该项发明可以由该技术领域的一般技术人员易从公知信息(即现有技术[prior art])中推演而得,则该发明即具有显而易见性,从而不能获得有效的专利权。与此相对的则是"非显而易见性"[non-obviousness]。

obvious peril (= obvious danger)

obvious risk 明显的风险 意外事故保险中,指合理谨慎之人尽其合理注意即可预见的显而易见的风险。

ob vitae solatium 〈拉〉为生活安逸

occasio 〈拉〉❶(封建法)情急捐 在《弗莱塔》[Fleta]描写的时期,指领主为应付战争等紧急情事而向其封臣征收的一种捐税。 ❷阻碍;障碍;困难 ❸讼累

occasion n.❶偶然事件;附带事件;紧急情况 ❷时机;机会 ❸起因;近因 ❹理由 ❺必要(性);需要 ❻时候;时刻;场合
v.❶引起;使(偶然)发生 ❷提供机会;创造条件

occasional a.❶偶然的;非常规的 ❷原因的;由某种原因引起的;因果关系的

occasional contraband 临时性战时禁运品;临时性战时禁运物资 实际上并非战时禁运品却被交战国当作战时禁运品对待的货物。

occasionari 〈拉〉使负有支付义务;(有时)被处以罚金

occasiones 〈拉〉锄草;已锄草的地(⇨assart)

occision n.谋杀;杀害

occult a.❶隐蔽的;隐藏的 ❷秘密的 ❸难以被人理解的 ❹神学的;神秘的

occultatio 〈拉〉隐蔽;隐藏

Occultatio thesauri inventi fraudulosa. 〈拉〉隐匿发现的财宝是欺诈行为。 这是一种轻罪[misdemeanour]。(⇨thesaurus; treasure-trove)

occult crimes 秘密犯罪

occupacion 〈西〉临时占用 财产被有资格的裁判机构或权威机构临时无偿占用的。

occupancy n.❶占用 占有并使用。依普通法,占有人可通过时效占有[adverse possession]获得物权[title],需真实、公开、和平占有,但不必以作为居所。无主物也可以以占有方式获得所有权,但在英国,皇室鱼[royal fish]及鱼塘中的鱼、森林及受保护的公园中的动物通常除外。 ❷占用期 ❸(国际法)(军事)占领 ❹(国际法)先占 ❺〈美〉联邦管辖范围 宪法概念。联邦对不属州法诉讼[state action]的特定范围,如煽动叛乱等,主张管辖权时,采用"occupancy of the field"。(⇨occupation)

occupancy agreement 占用协议 该协议规定一方有权占用合作公寓中的某一特定房间。

occupant n.❶实际占有人;占用人 ❷占用权人 ❸(无主物的)先占人;先占取得者 通过先占获得所有权的人。

Occupantis fiunt derelicta. 〈拉〉遗弃物归先占人所有。

occupare 〈拉〉(罗马法)占有;取得无主物的所有权;先占

occupatile n.(古)合法所有人抛弃而为他人占有之物

occupatio 〈拉〉(罗马法)❶占有;先占 ❷职业;行业

occupatio bellica 〈拉〉战争中占领敌方领土

occupation n.❶占用 ❷战时强占他人自由保有地产(权) ❸(国际法)(军事)占领 战时占领和控制敌方领土。 ❹(国际法)先占 传统国际法上承认的取得领土的合法根据或方式之一,源自罗马法上无主物先占原则。如果一个国家的统治达到不属于任何国家领有的地区,则该地区即可成为该国的领土,但须符合以下有效要件:①该国必须作出将该地区作为其领土的意思表示;②该国必须对该地区实行实际有效的管理和控制。 ❻行业;职业;工作

occupational disability clause 职业能力丧失条款 健康保险、意外事故保险、人寿保险的一项条款,被保险人完全丧失职业能力时,保险人定期向被保险人支付保险赔偿金。

occupational disease 职业病(⇨occupational hazard)

occupational hazard 职业危险 某种职业、行业所存在的能引起事故或疾病的特定危险,属于劳工赔偿保险及人寿保险或健康保险的保险范围。

occupational prejudice 职业歧视;职业偏见

occupational restriction 占用限制 协议[covenant]中对利用财产进行各种或特定的占用行为进行限制的规定。

Occupational Safety and Health Act of 1970/OSHA 〈美〉《1970年职业安全和健康法》 1970年由国会制定旨在减少因雇佣而导致工作中的雇员人身伤亡和疾病事故发生的联邦法律。它规定雇主必须:①保证工作间不存在导致或可能造成雇员死亡或严重身体伤害的既定危险;②遵守由劳工部长[Secretary of Labor]发布的安全标准。

Occupational Safety and Health Administration 〈美〉职业安全和健康管理局 根据《1970年职业安全和健康法》[Occupational Safety and Health Act of 1970]创立,设在劳工部[Labor Department]之内的联邦机关,其职能主要在于制订和颁布职业安全和健康标准及有关规章,调查对标准和规章的遵守情况以及对不遵守者进行惩治等。

Occupational Safety and Health Review Commission 〈美〉职业安全和健康审查委员会 根据《职业安全和健康法》[Occupational Safety and Health Act]设立的独立联邦裁判机构,其职能主要在于裁决因实施《职业安全和健康法》的行为而与雇主、雇员或其代表人发生的争议。

occupational tax (= occupation tax)

occupation bridge (土地占有人的)私设桥梁

occupation franchise 〈英〉承租人选举权

occupation lease 占用租赁 为方便个人占用而进行的租赁。

occupation tax 执业税;从业税;开业税 因取得从事某一商业、贸易或职业的特许应缴纳的税。

occupatio pacifica 〈拉〉和平占领 指和平时期经他国同意而占有其领土。

occupative a.占有的;占有权的

occupavit 〈拉〉(英格兰古法)重占令 发给战争期间自由保有地产被他人侵占者,用以恢复其占有,在和平期间则发给"新侵占令"[writ of novel disseisin]。

occupied a.❶(时间、空间)被充满的;被占的;(头脑等)全神贯注的;注意力集中的 ❷(房屋等)被居住的;被占用的

occupier n.占用人 指实际占有使用房屋、土地等物的人。

occupiers' liability 〈英〉占用人责任 1957年《占用人责任法》[Occupiers' Liability Act]规定,建筑物的占用人对于其来客——即被许可进入者和受邀来访者,但不包括侵入者——负有"一般的注意义务"[common duty of care],除非该占用人被免责或者扩大、限定、修改或排除这种责

任。所谓"一般的注意义务"是指在所有上述情形中应该合理地预见到来客在为被许可或受邀进入该建筑物的目的而使该建筑物时处于合理的安全状态。该法还规定,在占用人根据合同而许可第三人进入其建筑物时,不得限定或排除上述义务。因此,如果某建筑物例如办公楼的出租人控制着相关的通道、楼梯和电梯,他将对其承租人的共同居住者以及来访者负有"一般的注意义务"。根据该法,"一般的注意义务"被用以代替普通法上占用人对于其来客的义务。在该法中,"占用"一词等同于"控制",而占用人则是对建筑物进行直接控制和管理并有权许可或禁止他人进入的人。根据1972年《瑕疵建筑物法》[Defective Premises Act],出租人对于其出租建筑物中的瑕疵——其对于该瑕疵有补救的义务或权利——负有注意的义务。该义务指向的是所有可能受上述瑕疵影响的人。

occupy v. ❶占有;占用;占据(时间、空间等) ❷使(头脑等)全神贯注;使注意力集中;使从事

occupying claimant 土地改良利益返还请求人 该人在实际占有该土地时,相信自己享有合法所有权,并对土地进行改良。其在被土地的真正所有人剥夺占有后,有权依据相关制定法的规定,要求返还土地改良利益。

occupying claimant's acts 〈美〉土地改良利益返还请求法 该法规定,土地的善意占有人可就其对土地进行改良的增值利益,向土地的真正所有人请求返还,并通常因此而对其享有留置权。(⇨occupying claimant; betterment acts)

occurrence n. 事件 在保险法上,指普通智力和合理谨慎的人能充分相信可依保险单提出索赔请求的、造成财产损失或人身伤害的意外事件。

occurrence policy 基于出险的保单 按照这种保单,无论索赔是何时提出的,只要引起该索赔的事件是发生在保险期间,则保险人都应赔偿被保险人的损失。(⇨claims made policy)

occurrence witness 目击证人 指事件发生时在场的证人,尤指人身伤害意外事件的目击者。

ocean bill(of lading) 海运提单 海上货物运输中使用的提单。

ochlocracy n. 暴民政治 直接由推翻既存秩序的民众行使全部统治权力的政治形式。其与mobocracy同义,不过它是"暴民统治"[mob rule]正式用语且已有400年历史;而mobocracy则是morphological deformity的正式用语,只有200年历史,同时仍保留有滑稽色彩。

octave n. 节日后第八日 含上下限,通常为令状回呈的第一日。

octoroon n. 奥特儒恩 指有1/8黑人血统的黑白混血儿,即白人与有1/4黑人血统的人(即夸德隆[quadroon])所生的子女。

octo tales 〈拉〉补足陪审员令 令状名,字面意思是"八个同样的人"。指在普通法上开庭审案时,因出庭之陪审员人数不够而被迫推迟审判,这时就签发该令状,由郡长[sheriff]召集足够人数以补足陪审团所需。(⇨decem tales; tales)

octroi 〈法〉入市税 经领主[seigneur]许可,城市对带入其辖区[precincts]以供居民消费的酒类或其它一些货物可以征收入市税,后该税款为国王所侵吞。

od (= overdraft)

odal n. 完全财产权 区别于封建保有,与自主财产权[allodial]类似。

a. 拥有完全财产权利的

odal right 绝对所有权;完全所有权

odd lot ❶零股;零星股 低于通常交易单位[unit of trading]的股票数量:热门股以100股为交易单位,故1至99股为零股;冷门股以10股为交易单位,故1至9股为零股。 ❷零星交易量 低于通常交易单位的交易量。 ❸零股交易

odd lot doctrine "零股规则" 用以确定完全丧失工作能力[total disability]的规则:主张权利者并未完全丧失从事任何工作的能力,在没有超人的努力、朋友或雇主的同情,商业景气[business boom]、运气条件下其残疾程度使其不能承担竞争性的劳务市场中任何众所周知的行业的普通工作。依该规则,主张权利者可能无力在竞争性劳务市场中找到工作时,即可被视为完全丧失工作能力。

odd lot order 零股委托;零股指令

Oderunt peccare boni, virtutis amore; oderunt peccare mali, formidine poenae. 〈拉〉好人因爱美德而憎恶犯罪,坏人因怕惩罚而憎恶犯罪。

odhal n. 完全所有之土地;绝对所有之土地
a. 完全所有权的;绝对所有权的;自主的(⇨allodial)

odhall (= odhal)

odhal right 完全所有权;绝对所有权;自主权

odio et atia 〈拉〉(英格兰古法)出于憎恨和恶意的(⇨de odio et atia)

Odiosa et inhonesta non sunt in lege praesumenda; et in facto quod in se habet et bonum et malum, magis de bono quam de malo praesumendum est. 〈拉〉可憎不实之行为非法律所推定;善恶兼具之行为,则应推定为善而不是恶。

Odiosa non praesumuntur. 〈拉〉恶事不推定。

odious plea (被告主张)原告为敌国国民的答辩

odium n. 憎恨;厌恶 指对诉讼当事人一方的敌意,它可能使案件在充满敌意或腐败的偏见的气氛中,由不公正的审理者来审理。

odium spoliatoris 对掠夺者的憎恨(⇨in odium spoliatoris)

OECD (= Organization for Economic Co-Operation and Development)

oeconomicus 〈拉〉(英格兰古法)❶遗嘱执行人 ❷答辩

oeconomus 〈拉〉(罗马法)管理人;执行人

oecumenical 〈拉〉(= ecumenical)

oeps n. ❶使用;利用;用途 ❷使用权(⇨use)

oes (= oeps)

of conj. …的;与…相关联的 用以表示占有关系、所有关系、因果关系等,有时其含义与下列词相同:after; at; belonging to; in possession of; manufactured by; residing at; from; in.

of age 成年的 指某人已成年的状态。(⇨legal age; age of majority)

of counsel 〈美〉❶助理律师 指案件当事人雇用的律师,尤指帮助当事人准备和处理诉讼或者提出上诉的律师,但不是当事人的首席记录在卷的律师[principal attorney of record]。 ❷特邀律师 指属为某一律师事务所但非该所的成员、合伙人或受雇律师[associate]的律师。通常为律师事务所的已退休律师或律师事务所以外的律师,仅偶尔为事务所处理法律事务或只处理特别法律事务。

of course ❶理所当然的;遵循法定程序的 常用于指在

诉讼中仅依当事人的申请法庭即应许可的,或当事人无需请求法庭同意即可有效实施的行为或步骤。只要当事人遵守了法定的程序,法庭就没有拒绝的权利。如美国《联邦民事诉讼规则》[Fed. R. Civil P.]允许原告在被告的答辩状送达之前的任何时间理所当然地有权修改其起诉状。也可指法庭的行为,如令状依照法定程序签发;法庭依一方当事人的申请即作出理所当然应作出的裁定[order of course]等。❷明显地;显然地

offa execrata 〈拉〉难咽的面团 撒克逊古代法律中,被指控犯罪者有时被要求吞食一小块面包或面团之类的东西,如该面团被卡在其喉咙中,则他会被认为有罪。

off-board *a*. 场外交易的 指非上市证券[unlisted securities]的场外[over-the-counter]交易或上市证券[listed securities]在国家证券交易所[national securities exchange]外进行的交易。

off-broadway booking agreement 〈美〉外百老汇戏剧演出预约 类似于包场演出预约[Four Walls Booking Agreement],但剧场主人不必安排剧场照明、采暖和空调。依该预约,演出制作人不得雇用任何非演出和创作人员入剧场,除非有剧场主人的明示同意。

offence *n*.〈英〉违法行为;罪行 该词并无确定或严格的意义,指所有具有社会危害性的行为,尤指触犯制定法而非普通法的行为,不仅包括犯罪[crime]和可诉罪[indictable offence],也包括简易定罪[summary conviction]所惩罚的行为。"offence"与"crime"的区别只是词语的习惯用法不同,而并非法律定义不同。

offender *n*. 违法者;罪犯 通常指触犯刑律的人,含轻刑犯和违反交通法规者。尤用于常用短语中,如初犯[first offender]、逃犯[fugitive offender]、少年犯[juvenile offender]等。

Offender Aid and Restoration/O.A.R. 〈美〉"罪犯救助与自新"组织 由杰伊·沃拉[Jay Worall]在弗吉尼亚州夏洛茨维尔成立,最初为志愿者组织,在8个州有20多个分会。其主要计划包括:①囚犯与志愿者一对一计划,旨在帮助囚犯重返社会;②保释计划,旨在使被告人早日离开监牢[jail],重返家庭与工作;③雇佣计划,旨在使囚犯解除工作压力,使曾犯罪者者[exoffender]找到工作。

offense *n*.〈美〉违法;犯罪(多指罪行)(⇨crime) ❷(民法)违法行为 即普通法中的故意侵权。(=offence)

offense against the United States 〈美〉针对合众国的违法行为;针对合众国的犯罪(⇨federal offenses)

offense malum in se 本质上的违法行为;自然犯罪(⇨malum in se)

offense malum prohibitum 法定犯罪(⇨mala prohibita)

offensive *a*. ❶冒犯的;无礼的 ❷令人不快的;使人厌恶的 ❸进攻性的;攻击性的

offensive and defensive league (国际法)进攻和防卫盟 缔约任何一方受第三方侵略时,他方应予援助,且缔约任何一方应对与缔约他方进行战争的第三方采取积极的攻防措施的同盟。

offensive business 侵犯性活动 使邻居感到不快或给其造成危险的活动,如令人讨厌、不卫生、不雅观、过分吵闹或本身造成了妨害的活动。它是限制性协议[restrictive covenant]用语,其具体意义根据契约的不同实际情况而定。

offensive language 冒犯性的语言;令人不快的语言(⇨defamation; libel; slander)

offensive weapon 进攻性武器 刑法中,有时指有进攻和造成伤害的武器;实际包括任何"致命的"[deadly]或"危险性的"[dangerous]武器。在公共场合,未经合法授权或无正当理由携带进攻性武器,属违法行为。

offer *n*. ❶要约;发盘;报价 要约是指一个或一组在将来实施或抑制实施某一特定行为的允诺;它是一方当事人以特定条款缔结合同的意思表示,并且使一个通情达理的人相信只要对其作出承诺[acceptance],即产生一个具有约束力的合同。要约亦称为发盘或报价,其中,要约中含有在特定期间内不可撤销的允诺的,则称为实盘[firm offer]。要约与"要约邀请"[invitation to treat 或 invitation to make an offer]不同,后者只是邀请对方向自己作出要约,其本身并不构成要约。 ❷提供;给予;企图 *v*.❶发出要约;发盘;报价 ❷提供;给予;企图 ❸出示(证据等)

offer and acceptance 要约与承诺 合同成立的本质要件,据此而使当事人的意思表示一致。

offered evidence 提出的证据 由当事人在庭审中提出来的但尚未被法庭确定是否采纳或接受的证据。(⇨introduced evidence)

offeree *n*. 受要约人;被要约人;要约相对人

offer for the record 将提出的证据记录在案 当事人在初审法庭裁决其提出的证人证言或其他证据不具有可采性后,提请将该证据记录在卷,以便就法官的该裁决提出上诉之用。(⇨offer of proof)

offering *n*. 发行证券 指为向公众或私人团体出售而进行的有价证券的发行,包括初级[primary]发行即新股发行与二级[secondary]发行两类。(⇨issue; secondary distribution; secondary offering; underwrite)

offering bribe 行贿(⇨bribery)

offering circular 发行证券通告 在美国,发行证券通告应在证券交易委员会[S.E.C.]登记,并随其证券发行而分发。其内容应与招股说明书[prospectus]内容类似,提供私募证券发行[private securities offering]的相关信息,并受证券交易委员会规则调整。(⇨prospectus)

offering price 发行价格 股票新股发行或二级发行时每股的价格。(⇨asking price)

offerings *n*.〈英〉捐献物(钱) 按惯例个人捐献给堂区牧师的钱物。可以是不定期的,如在圣餐、婚礼、妇女安产感恩礼、葬礼中等;也可以是定期的,如在复活节、圣诞节时。(⇨oblation; obventio)

offering statement (= offering circular)

offer of compromise 〈美〉和解提议 一方当事人提出以友好的方式解决争议(通常是以支付一定金钱的方式),以避免或终结诉讼的提议。在庭审中,和解提议通常不能作为提议方应承担责任的证据而予以采纳。也称offer in compromise; offer of settlement。

offer of judgment 〈美〉判决提议 在联邦及多数州的民事诉讼中,在案件开庭审理前,反驳对方请求的一方当事人可向对方当事人送达其解决案件的提议,允许依照其提议中指定的金钱、财产或后果作出对其不利的判决。若提议送达后,对方当事人书面通知其接受提议的,则任一方当事人可将提议和接受提议的通知以及送达证明提交法庭,据此,书记官将判决登记在案。若对方当事人拒绝接受提议,且该方当事人最终获得的判决并不比提议更为有利时,该方当事人应负担提议作出之后所产生的费用。

offer of proof 〈美〉提出证据;提供证明 在庭审中,当对某一证据可采性的异议得到法官的支持后,被异议方可

提请将该证据记录在卷(但应当在陪审团不在场时提出),以便对法官的裁决提出上诉。该词也可用来指说服法庭采纳某一证据,它包括三个部分:①证据本身;②说明提出该证据的目的,即证据与案件事实具有相关性;③主张该证据具有可采性的理由。此种证据可以是实物证据,也可以是言词证据。

offer of tender 给付金钱

offeror n. 要约人

offer to dedicate 捐献表示 不动产所有人自己以明示方式或以行为、契据[deed]或地籍图[plat]的形式表示将其财产捐给公众使用。

offer to guarantee 担保要约 担保合同须有当事人的合意,为此,须有一方当事人发出的担保要约和另一方当事人对该要约的承诺,因而,担保要约只是缔结担保合同的一个步骤,第三人作出债务担保的要约并不就构成一项担保。

offer to restore 提出给付;提出偿还(⇨tender)

offertorium n.〈英〉(教会法)❶(= offertory) ❷捐献物(⇨offerings) ❸募捐场所或储存捐献物的场所

offertory n.〈英〉(教会法)圣餐捐赠仪式 圣餐仪式上,圣餐颂词部分宣读后,堂区俗人执事[churchwardens]或其他教会人士向全体会众募捐。宗教改革前,受捐所得归牧师使用;宗教改革后,受捐所得用于牧师或堂区俗人执事认为合适的宗教或慈善事业。

off-going crop 逾期作物(⇨away-going crops)

office n.❶职位 执行某项事务的权力、职责。它既包括公职,又包括准公职和私职;既包括有偿者,又包括无偿者。不过,其尤指为公共目的由政府授权的职位。 ❷(指特定事务经常性发生的场所的)办公室;办事处;局;厅;处;所 在大写的情况下,在美国常指地位仅次于部的政府机关,如专利商标局[Patent and Trademark Office]。 ❸职位调查 古书中该词常作为"职位调查"[inquest of office]的缩写形式。 ❹宗教仪式

office audit〈美〉机关审计 由国内税务署对纳税人的纳税申报表在税务机关内进行的审计。区别于通信审计[correspondence audit]和现场审计[field audit]。

office-block ballot〈美〉顺序选票 指将候选人名字按顺序排列在所竞选官职栏内的一种选票。也称"马萨诸塞选票"[Massachusetts ballot]。(⇨Australian ballot; Massachusetts ballot)

office-book n.〈美〉公务文书 不属法院所有,由州法所认可保存在公务机关[public office]的文书。这种文书的真实抄本[exemplification]如果根据1804年3月27日国会法令得到认证,则可在全美国的法院和政府机关内享有同在其正式文本所在州的法院和政府机关里依照法律和习惯能够享有的真实[faith]和诚信[credit]同样大的可信赖度。

office copy 官方副本;正式副本 指由对契据、记录或其他文件负有保管之责的官员制作的或经其认可制作的,并由其盖印或认证的副本。

office found〈英〉职位调查结果 指职位调查[inquest of office]所作出的决定[decision],英王[Crown]因之而获得对争议不动产、动产的权利。在普通法,得出职位调查结果之前,即使君主[sovereign]未赋予其独占权,侨民也可保有不动产而对抗第三人,任何人无权在附带程序[collateral proceeding]中提出异议[complain]。

office grant 官方财产转让 当所有人不愿或不能执行转让财产的契约时,由特定的官员指定进行转让,如土地转让、执行税契等。(⇨grant)

office hours 办公时间;工作时间;营业时间

Office of Alien Property〈美〉外国人财产管理局 司法部的一个下属机构。

office of corporation 公司职务(⇨corporate officers; principal place of business)

office of credit (= office of honor)

office of honor 非营利性机构

office of judge (英格兰法)(教会法)法官之职 中世纪英国,不针对补偿个人损害的刑事诉讼被认为是从法官之职发源出来的一种程序,可依法官个人意志而开始。一般来说这与教会法庭的管辖有密切关系,教会法认为当刑事诉讼提起时,法官之职就被激活了[promoted],这是因为教界刑事管辖权在主教或教会常任法官[ordinary]手里,其职能在刑事诉讼提起时被启动。但实践中这种诉讼常由私人提起,得到法官或其副手的同意,该私人控诉者即被认为是激活了法官之职[promote the office of the judge]。当诉讼依法官意志开始时,该控诉者称为必要激活者[promotor necessarius],其它情况称为普通激活者[promotor ordinarius]。

Office of Personnel Management〈美〉人事管理局 根据《1978年文官制度改革法》[Civil Service Reform Act of 1978]设立的、以执行被解散的文官委员会[Civil Service Commission]的部分职能的独立机构。它负责文官政策的制定和执行,在全国各地对准备承当联邦公务员的申请进行招考;同时它也负责监督资格审查委员会[Qualifications Review Board]将高级行政人员[Senior Executive Service]任命为行政法官的审查程序。

office of profit 受薪职位 任职人可获得薪俸、报酬的职位。英国1701年《王位继承法》[Act of Settlement]禁止担任国王之下的受薪职位者为下议院议员。1707年《王位继承法》[Succession to Crown Act]基本维持该规定,但稍有松动。如果这些规定得以贯彻,它将使几乎所有带薪的政治职位成员资格不合格。因而自此之后通过的许多法律在设立新的职位时宣布任职者有资格参选。目前,受1975年《下议院无资格法》[House of Commons Disqualification Act]的调整,少于95个部级政治职位的担任者可以作下议院议员,其目的在于保证部长对议会负责原则的实施。

office of profit under Crown〈英〉国王之下的受薪职位(⇨office of profit)

Office of Thrift Supervision〈美〉储蓄监管局 财政部的机构,负责储蓄协会的审查、安全合法运作及管理。

officer n. 职位担当人 指依委托、命令、授权而在公司、政府、军队或其他组织、团体保有职位、履行职责者,包括公职位担当人和非公职位担当人。依其语境可有不同含义,如官员、公务员、军官、警官、干事、高级职员等。在美国,它用于公共事务时尤指在联邦、州或地方政府担任公职、依该政府授权行使特定职能的官员。在公司法中,它尤指由董事会选举或任命负责管理公司日常事务的职员,如总经理[president]、总会计师[treasurer]等。

officer de facto 事实上的职位担当人 指事实上占有某职位并履行其职责的人,他在表面上可能具有权力,如经授权或选举,但事实上其权力无效或有瑕疵,如不具备法律所要求的履行其职责的条件、能力等。(⇨de facto corporate officer; de facto public officer)

officer de jure 法律上的职位担当人 指对某职位的占据和职权的行使等各个方面均符合法律要求的人。其担当

某职位的合法性表现为：具有任职资格；依法经过选举或任命程序；依照法律规定的方式履行职责。(⇨de jure officer)

officer of justice 司法官员 与政府司法部门行政管理相关的所有人员的总称，但通常仅指在法院司法程序中履行职责的官员，如郡行政司法长官[sheriff]、警察[constable]、执行官[bailiff]、狱吏[marshal]、扣押令执行官[sequestrator]等。

officer pro tempore 临时官员(= pro tem. officer)

officers of corporation 公司主管人员；公司管理人员 指公司章程或其细则所设定的公司管理职位的担任人，如公司总裁、副总裁、公司秘书、公司出纳、财务主管等。(= corporate officers)

Officers of State 〈苏格兰〉国务官 与御前官[Officers of the Crown]含义相近。高级御前官[Great officers of the Crown]出现于亚历山大一世[Alexander I]时，首先是御前大臣[Chancellor]、警长[Constable]和首席政法官[Justiciar]。大卫一世[David I]时，出现了皇室总管[Great Steward]、高级警长[High Constable]、首席财务官[Great Chamberlain]。15世纪时，出现了国务大臣[Secretary]、王玺大臣[Keeper of the Privy Seal]、登录与卷宗官[Clerk of the Rolls and Register]。15世纪及此后几世纪还设立其他一些国务官。对国务官位次排列顺序，经常出现斗争。1617年，詹姆斯六世[James VI]在枢密院[Privy Council]宣布只有8位国务官可出席议会：财务主管[Treasurer]、王玺大臣[Keeper of the Privy Seal]、国务大臣[Secretary]、登录官[Register]、检察长[Advocate]、司法书记官[Justice-Clerk]、财务主管助理[Treasurer-Depute]、权利请求法院法官[Master of Requests]，而御前大臣[Chancellor]、税收官[Collector]、王室审计长[Comptroller]作为国务官列席议会。依1685年《国务官法》[Officers of State Act]，御前官[Officers of the Crown]包括财务主管[Treasurer]、国务大臣[Secretary]、税收官[Collector]、大法官[Justice-General]、司法书记官[Justice-Clerk]、检察长[Advocate]、权利请求法院法官[Master of Requests]和登录书记官[Clerk of Register]。完整的国务官名单包括：海军大臣[Admiral]、检察长[Advocate]、施赈官[Almoner]、御前大臣[Chancellor]、财政官[Chamberlain]、登录书记官[Clerk of Register]、总税收官[Collector-General]、王室审计长[Comptroller]、高级警长[High-Constable]、司法书记官[Justice-Clerk]、首席政法官[Justiciar]、王室主管[Master of the King's Household]、锦衣库总管[Master of King's Wardrobe]、权利请求法院法官[Master of Requests]、元帅[Marischall]、王玺大臣[Keeper of the Privy Seal]、国务大臣[Secretary]、财务主管[Treasurer]。1707年以后，其中大多数职位都由英格兰一些同等职位取代而消失，但仍保留了纹章院院长[Lord Lyon King of Arms]、最高刑事法官[Lord Justice-General]、高等司法院副院长[Lord Justice-Clerk]、总检察长[Lord Advocate]、副检察长[Solicitor-General]、掌玺大臣[Keeper of the Great Seal]、王玺大臣[Keeper of the Privy Seal]、登录主事官[Lord Clerk Register]和高级警官[Lord High Constable]。

office work 办公室工作

Officia judicialia non concedantur antequam vacent. 〈拉〉司法职务在空缺以前不能被授予或任命。

official n. ❶职位担当人 尤指公职担当人，如政府官员。(⇨officer) ❷〈罗马法〉法官助理；法官的执行官 ❸（教会法）主教授以宗教管辖权之人 ❹〈英〉（教会法）副主教[archdeacon]任命的代理人 ❺〈苏格兰〉牧师 通常指中世纪在主教或副主教辖区行使司法管辖权的基督教法学家。
a. ❶公务的；公职的；官职的；官员的 ❷经官方批准的；法定的；正式的 ❸表面的

official act 公务行为；职务行为 公务人员在其职权范围内依其职位所为的行为，不一定都是合法行为。

official assignees 〈英〉官方受托人 指根据1849年和1861年《破产法》[Bankruptcy Acts]，由大法官[Lord Chancellor]从商人或会计师中指定的作为破产人财产的受托人的人，与破产人的债权人选出来的受托人共同工作。1869年后消失，但1883年法律所确立的官方接管人[official receivers]与之相似。(⇨assignee)

official ballot 正式选票 指在选举委员会监督下印制、密封并经选举委员会宣布为正式选票的一种选票。在形式上，它几乎总是采用澳大利亚投票制[Australian ballot system]。

official bond 任职保证书 政府官员按规定提交的一种罚款保证书[penal bond]，以向政府保证恪尽职守，否则由保证人对其失职行为承担赔偿责任。该词有时也可指遗嘱执行人、监护人或受托人[trustee]等在担负职责时提交的保证书。

Official Custodian for Charities 〈英〉慈善事业的官方管理人 依1960年《慈善事业法》[Charities Act]设立的、由慈善事务署[Charity Commissioners]任命并受其领导拥有官印的单独法人[corporation sole]。他取代了慈善土地官方受托人[Official Trustee of Charity Lands]和慈善基金官方受托人[Official Trustee of Charitable Funds]。

official forms 官方表格；正式表格 由官方正式制订供使用或作为示范的表格，例如由美国最高法院制订的用于破产程序的表格。

Official Gazette 〈美〉《专利商标公报》 专利商标局[Patent and Trademark Office]出版的官方周报，刊载专利和商标的申请、公告以及商标登记等内容。

official immunity doctrine 官员豁免原则 指如果政府官员的行为在其职权范围内且需要行使自由裁量权，则政府官员享有绝对特权，不承担赔偿责任。这一豁免原则并不限于政府高级官员。(⇨sovereign immunity)

official intermeddling 官方的介入(⇨maintenance)

officialité 〈法〉教会法院 存在于中世纪至大革命时期[Revolution]，由法官或其他官员主持，审理违反教规的案件以及与婚姻、非婚生子女准正[legitimation]、异端等相关的民事诉讼[civil actions]案件。自14世纪起，巴黎高等法院[Parlement of Paris]开始在诸如异端、渎神的诉讼案件上削弱其权力。

Official Journal 《官方文报》 指欧洲共同体理事会和委员会[Council and Commission of the European Communities]出版的正式刊物。1952年至1958年出版过《欧洲煤钢共同体官方文报》[Official Journal of the E.C.S.C.]，以后又出版欧洲共同体官方文报。该文报几乎每天以共同体各种正式语言出版一期。自1968年以来已有两大集：一是辅助立法系列，命名为"L"；一是信息情报系列，命名为"C"。"L"系列公布的事项包括自规定之日或自公布之日起第20日生效的由理事会或委员会制定的条例、指示和决议，以及欧洲煤钢共同体的决议和建议。"C"系列包括欧共体委员会的建议和意见，欧洲议会各届会议的报告，欧洲法院诉讼通告及其他各种通告。

official liquidators 〈英〉官方清算人 依1862年《公司法》[Companies Act]第92条,发布清算令[winding-up order]后即任命官方清算人,负责依法庭命令执行清算事务,现已废止。

official log-book 〈英〉正式航海日志;官方航海日志 一种特定形式的航海日志,需记录1894年《商船法》[Merchant Shipping Act]第239条和第240条规定的某些特定事项。所有英国商船均须备之,但仅从事沿岸贸易者除外。此种航海日志的记载作为证据具有可采性。

official managers 〈英〉官方管理人 先前依法任命,在衡平法庭[Court of Chancery]领导下监督无力偿债公司清算事务的人员。现所依据的法律已废止。

official map 官方地图 被授权用以确定城镇土地的合理利用,标明区域、面积及用途的地图。

official misconduct 公务不当行为 指公务人员运用其职权行使的有悖于诚信、公正等道德原则或法律要求的任何行为。(⇨misconduct)

official newspaper 〈美〉官方报纸 由市、县出版的公布其法令、决定、公告或告示的报纸。

official notice 行政认知 司法认知[judicial notice]的另一表达形式,指由行政机关所进行的等同于司法认知的认知。(⇨opinion)

official oath 〈英〉就职宣誓 1868年《承诺宣誓法》[Promissory Oaths Act]确立的一种宣誓。依自1868年后通过的各种相应的法律规定,所有大臣[Minister],包括1868年后所设立的大臣,以及高级国务官员[high officer of the State],都应进行此种宣誓。

official oppression 官员的压制 官员为自己私益或报复他人而采取的一种违法行使职权的行为。

Official Petitioner 〈英〉官方申请人 在作出刑事破产令[criminal bankruptcy order]的案件中,公诉局长[Director of Public Prosecutions]为官方申请人。

official principal 〈英〉教务总长 由主教或大主教任命并作为其代表[delegate]听取当事人陈述之人,一般同时担任大法官[Chancellor]和主教总代理[Vicar-General]之职。约克教省主教法院法官[Auditor of the Chancery Court of York]为约克大主教[Archbishop of York]的教务总长。主教管区的大法官[Chancellor of a diocese]为该管区主教的教务总长。坎特伯雷教省的教务总长又称"拱顶法院"[Dean of Arches]法官。

official receivers 〈英〉官方接管人 在任命破产财产管理人[trustee in bankruptcy]之前,由贸易和工业国务大臣[Secretary of State for Trade and Industry]指定的破产人财产的临时接管者。清算命令作出后,官方接管人即成为临时清算人[provisional liquidator]。

official record 〈美〉官方档案;行政记录 联邦政府行政部门在履行职务过程中所制作和保存的记录。它在审判中的证明力由《联邦民事诉讼规则》[Federal Rules of Civil Procedure]和《联邦证据规则》[Federal Rules of Evidence]所调整,而在行政程序中的可采性则由《官方档案法》[Official Records Act]规范。

Official Records Act 〈美〉《官方档案法》 适用于那些不适用《联邦证据规则》[Federal Rules of Evidence]的案件(即行政程序)的一部联邦法律。依照该法,任何政府部门或机构的记录、档案和会议记录可以以其制作或保存的备忘录为证据来证明其行为。经过恰当鉴定的副本与正本具有同等的可采性。

Official Records Statute (= Official Records Act)

official referee 〈英〉官方调查人 高等法院[High Court]的官员,法院可委托其对任何民事案件中的任何问题进行调查或提出报告。为调查之目的,官方调查人享有与法官相同的权力。官方调查人向法庭提出报告后,法院可采纳或修改该报告,也可重新委托或就委托的问题作出决定。该职位为1971年《法院法》[Courts Act]所废止,其职能由大法官[Lord Chancellor]任命的巡回法官[circuit judges]行使。

Official Register 〈美〉官员登录 美国文官事务委员会[Civil Service Commission]编辑的出版物,其收录的范围是在美国联邦政府立法、行政和司法三大部门以及在哥伦比亚特区担任行政和监督职能的官员的名单。

official reporters (= official reports)

official reports 官方判例汇编 指政府批准或认可的某一司法区内法院判例的汇编。如《美国最高法院判例汇编》[United States Supreme Court Reports]。

official rules 公务规则 调整行政机关公务活动及其程序的规则。

official seal 公章;政府印章 指官员加盖于文件上的印章,也指作为某公职必要工具本身的印章本身。公章必须足以显示该官员的身份性质,并且须在用印的纸上留下清晰统一的印记,或在诸如蜡之类的黏着物质上产生印记。以潦草字体制作的印章不符合公章所要求的形式。(⇨great seal;seal of court)

official secrets 〈英〉公务秘密 1911年至1989年的《公务秘密法》[Official Secrets Act]规定刺探、非法获得或公开公务秘密是犯罪。1972年《欧洲共同体法》[European Communities Act]已将其扩展及原子能秘密的传播。

Official Solicitor 〈英〉官方律师 原为衡平法院的官员,负责保护当事人基金[Suitors Fund],并在衡平法院的处分权限内行使支配权。依1873年《司法组织法》[Judicature Act]转属高等法院,现通常称为最高法院的官方律师[Official Solicitor of the Supreme Court],根据法院的指令,代表无行为能力人参加诉讼,探访在押的藐视法庭的人,在大法官分庭需要时为其提供事务律师服务。

Official Trustee of Charitable Funds 〈英〉慈善基金官方受托人 即慈善事务委员会[Charity Commission]的官员,掌管受捐赠的基金,负责将收入交慈善团体的执行受托人,并在适当时间依法院或慈善事务委员会[Charity Commissioners]的指示让与资金。(⇨Official Custodian of Charities)

Official Trustee of Charity Land 〈英〉慈善土地官方受托人 即慈善事务委员会[Charity Commissioners]秘书,掌管土地或可继承地产,在慈善信托财产授予执行受托人以外的人、或无受托人、或受托人不愿或不能进行管理的特定情况下,依慈善事务委员会法庭[Court of the Charity Commissioners]命令,掌管慈善信托财产。由其掌管的土地可由慈善事务委员会或法庭转让给其他慈善受托人。(⇨Official Custodian of Charities)

Official Trustees of Charities 〈英〉慈善事业官方受托人 (⇨Charity Commissioners)

official use 〈英〉法定用益;官方用益 一种积极用益,即地产的普通法所有权人或用益受封人[feoffee to uses]负有积极用益土地的义务。

official visitors 官方检察员;官方巡视者(⇨visitor)

Officia magistratus non debent esse vennalia. 〈拉〉基层执法官之职不得出卖。

officiariis non faciendis vel amovendis 〈拉〉阻止任命或

解职令状　签发给市政法人[municipal corporations]的一种令状,要求其不得任命某人担任公职或解除某人公职。该令状后为追究某人凭借何种权力行使职权(特权)的权利开示令状[writ of quo warranto]所取代。

Officina Justitiae　〈拉〉"正义之所"　对衡平法庭的称呼。衡平法庭向当事人和普通法法庭签发盖有国玺[Great Seal]的令状,尽管该令状要返回到普通法法庭。因而称衡平法庭为"正义之所",更准确地说是衡平法庭中主管普通法的那一部分机构。(⇨Chancery)

officio　〈拉〉(= office)(⇨ex officio;functus officio)

officious will　(罗马法)履行扶养义务的遗嘱　立遗嘱人为供养家庭而将遗产留给家庭成员的遗嘱。

Officit conatus si effectus sequatur.　〈拉〉如伴生相应后果,则行为之尝试即属有害。

officium　〈拉〉(= office)

Officium nemini debet esse damnosum.　〈拉〉职位不应有损于任何人。

of force　有效的;生效的;有约束力的;现行的;未被废止的;尚存的

offset　n. & v. 冲销;抵销;抵偿;补偿　①使同一账户的对应方,或另一账户分类账的对应方相冲或平衡;②银行依法没收存款,冲抵违约贷款;③结清期权交易,即以相同性质的期权冲销已有的期权;④套期,如为保障资本收益而卖空[short sale]股票,或为定住商品价格而购买期货,或套做期权[straddle],即购买一组相应证券的逆买入期权和卖出期权。

offset account　冲销账户;抵销账户　记账中与对应账户余额相抵销的分类账户。

offset well　偏井　专门为防止油渗透到相邻财产上而开发的油井。

offshore transaction　离岸交易;境外交易

offspring　n. ❶子孙;后裔　在财产转让[grant]或遗赠[devise]中具有特定含义。❷结果;产物(⇨issue)

offstreet parking　(为减轻交通拥挤而设的)离开街道的停车场

of grace　承蒙恩准　该词源自国王通过御前大臣[chancellors]施行"皇恩"[royal favour]的事实。指在司法程序中,适用于某些不能作为当然事项或者权利事项来主张的请求因法庭的恩赐或宽容而被允许的情况。

of record　有记录的;登录在案的;登记在册的

of right　合法的;有权的;当然的(⇨of course;right)

of the blood　同一祖先的;同一族系的;同一血源的(⇨descent;next of kin)

Of two possible constructions, adopt the one which will save and not destroy.　如有两种解释,应选择(使被解释者)有效的解释而非(使被解释者)无效的解释。

oikeimania　n. 奥依克玛症　人在家庭情感方面的一种病态,如无缘由地厌恶妻子、孩子,由爱而恨等。

oil and gas law　油气法　该词指关于陆地表面之下及领海或大陆架之下所储藏的原油、天然气的勘探、开发、归属、运输和处分的一系列法律。

oil and gas lease　油气租约　许可他人在约定土地上、在约定期限内排他性开采石油、天然气的租约。

oil and gas license　油气许可证　因为石油、天然气及油气产品自身存在的危险性,而要求其销售者、存储者持有的许可证。

oil filings　〈美〉采油区　依国会法,经善意申请人申请,在美国政府公地上划定并在政府土地主管机关登记的采油

区。

oil lease　石油租约(⇨oil and gas lease)

oil license　石油许可证(⇨oil and gas license)

oil royalty　采油提成费;油区使用费

oil royalty pool　采油提成费集合(⇨royalty pool)

oir　(= oyer)

O.K.　a. 同意的;接受的;可以的;很好的;不错的　该词常用于商业惯例[commercial practice]中,有时也用于法律文件中的签名。

okay　a.〈口〉同意的;接受的;可以的;不错的;很好的(⇨O.K.)

OK bill of lading　清洁提单;良好提单　盖有或写有"OK"字样的提单,以表明承运人接受货物时货物处于良好状态。(⇨clean bill of lading)

old age　老年;年老;衰老　并非指精神上无行为能力。

Old-Age and Survivors' Insurance/OASI　〈美〉老年及遗属保险　由雇员和雇主以纳税方式为工人及其妻子在达到法定年龄或残疾时支付保险金的一种保险,通常被视为社会保险。

Old-Age and Survivors' Insurance Act　〈美〉《老年及遗属保险法》　一部联邦法律,构成《联邦社会保障法》[Federal Social Security Act]的一个组成部分,对向雇员提供老年及遗属保险这一社会保障制度作了规定。

old-age assistance　〈美〉老年援助　依《联邦社会保障法》[Federal Social Security Act]设定并与该法同时施行的一项制度,为达到一定年龄而处于贫困或贫穷状态或无生活来源的人提供经济救济。广义上讲,泛指一切由公众或私人对老人提供的扶养、医疗服务等各项援助。

old-age exemption　老年豁免　依法为老年人,包括不是家长[head of a family]的老年人,所提供的一种家宅豁免[homestead exemption]。

old age pensions　〈英〉养老金　依 1908 年《养老金法》[Old Age Pensions Act]发放给年龄达 70 岁者的补助金;年收入不超过 21 英镑的,每周 5 先令;年收入 21 英镑至 31 英镑 10 先令的,每周少 1 先令;年收入超过 31 英镑 10 先令的,无补助金。该法被 1911 年《养老金法》及其他相关法律所修订,养老金也被称为退休金[retirement pensions]。(⇨social security)

Old Age, Survivors, and Disability Insurance/OASDI　〈美〉老年、遗属及残疾保险　依《联邦社会保障法》[Federal Social Security Act]设定的一种联邦社会保险,系为退休者、残疾者、鳏寡者和受抚养者提供的保险,其保险金由雇主、雇员和自由职业者分担。

Old and New Extent　〈苏格兰〉新旧土地估价　亚历山大三世时期(约 1280 年)及依 1474 年的法律实行的对土地的两种评估。

Old Bailey　〈英〉老贝利;奥贝利　即中央刑事法院。(⇨Central Criminal Court)

Old Booke of Entries　〈英〉《旧登录册》　有时指威廉·拉斯泰尔[William Rastell]的《登录汇编》[Collection of Entries],有时又称为《新登录册》[New Book of Entries]。

Old Christmas Day　旧圣诞节　1 月 6 日,相当于历法改革[reform of the calendar]之后的 12 月 25 日。

Olde Terms de la Ley　〈英〉《古代法律词汇》　拉斯泰尔[Rastell]编写的一部法律词典,1624 年初版,后多次再版。

Old Lady Day　旧报喜节　4 月 6 日,相当于历法改革[reform of the calendar]之后的 3 月 25 日。

Old Lammas Day 旧收获节 8月12日,相当于历法改革[reform of the calendar]之后的8月1日。(⇨Lammas)

old line company 传统的人寿保险公司;固定保费人寿保险公司 一种以固定保费为基础运营的人寿保险公司,区别于互助保险协会和以分摊保险金为基础签发保险单的公司。该公司的保险单在第一年后即有退保金。

old line policy 固定保费保险单 一种人寿保险保单,被保险人支付的保费固定且不可改变,保险公司的责任也是固定、明确、不可改变的。

Old Martinmas 旧圣马丁节 11月24日,相当于历法改革[reform of the calendar]之后的11月11日。

Old Michaelmas Day 旧米迦勒节 10月11日,相当于历法改革[reform of the calendar]之后的9月29日。

Old Midsummer Day 旧施洗约翰节 7月6日,相当于历法改革[reform of the calendar]之后的6月24日。

Old Natura Brevium/O. N. B. 〈英〉《旧令状汇编》 爱德华三世时编纂,在菲茨赫伯特[Fitzherbert]于1534年出版《(新)令状选编》[(New) Natura Brevium],后改名为《旧令状选编》。其内容包括当时常用的文书、令状,并附有对其性质、使用的简短评论以及对其特点、效果等的描述。

old rent 旧租金;原租金(⇨customary rent)

old school 老派的;旧式的;保守的

old school physician 旧式医生 依一流医学院认可、教授的体系从事医疗职业的取得执业许可的医生。

old style/O. S. 旧历 1752年以前英国和美国使用的历法。依该历法,一年自3月25日始,四年一闰。1752年后,英国和美国采用自1582年以来即在欧洲大陆国家使用的新历[new style]或格列高利历[Gregorian calendar]。

old style calendar 旧历(= old style)

Old Tenures 〈英〉《论土地保有(旧)》 是14世纪末以法律法语写成的记载爱德华三世[Edward Ⅲ]时土地保有情况的一篇专论。为区别于此后利特尔顿[Littleton]的《论土地保有》而称之为《论土地保有(旧)》。该书由拉斯泰尔[Rastell]译为英文,它为利特尔顿的写作提供了一些材料。

oligarchy n. 寡头制;寡头统治;寡头统治者 指由少数人行使控制权的政府形式或政府。寡头制既不同于君主制[monarchy]和独裁制[autocracy],也不同于多人或全体人民统治的民主制[democracy]。

olograph (= holograph)

olographic will (= holographic will)

om (= omme)

ombudsman n. 行政监察专员 指由议会任命负责接收公民对行政机关不良行政[maladministration]的申诉并进行调查和报告的官员。这项制度在1809年最初出现于瑞典,后影响到其他斯堪的纳维亚国家。20世纪60年代以后广泛传播到世界各地,特别是英语国家,如英国、澳大利亚、加拿大某些省、美国的某些州。行政监察专员具有以下几个特点:①他是立法机关中负责监督行政的独立的、无党派官员;②具体处理公众对行政不公和不良行政的申诉;③有权调查、批评和公开行政行为,但无权撤销它。(⇨Commissions for Local Administration; Parliamentary Commissioner for Administration)

ome bueno 〈西〉好人;正直的人;负责可靠的人

omissa vel male appretiate 〈拉〉理解中的疏忽或错误

omissio 〈拉〉(= omission)

Omissio eorum quae tacite insunt nihil operatur. 〈拉〉对默示之事的遗漏无关紧要。

omission n. ❶省略的东西;遗漏的东西 ❷疏忽;懈怠 指忽视或未为一定行为,尤指未为法律、职责或特定环境要求从事的行为,一定条件下行为人须对此承担刑事责任。(⇨neglect)

omissis omnibus aliis negotiis 〈拉〉将其他所有事搁置在一边

omissus 〈拉〉省略的;遗漏的(⇨casus omissus)

omits to provide 疏于抚养 保护被忽视子女之权利的法律中常用该词。法律的目的在于防止子女被忽视,如果立遗嘱人在遗嘱中"疏于抚养"子女,仅表明其遗嘱中未为子女提供抚养,不涉及抚养所需的金钱数额。

omittance (= forbearance)

omitted property 漏税财产;(计税时)遗漏的财产

omme 〈拉〉人;每个人

Omne actum ab intentione agentis est judicandum. 〈拉〉任何行为均应依行为人的意图进行判断。

Omne crimen ebrietas et incendit et detegit. 〈拉〉酗酒既激发犯罪又暴露犯罪。

Omne jus aut consensus fecit, aut necessitas constituit, aut firmavit consuetudo. 〈拉〉(罗马法)一切法律或由合意而创制,或因必要而设立,或依习惯而确认。

Omne magis dignum trahit ad se minus dignum, quamvis minus dignum sit antiquius. 〈拉〉价值较高的东西吸收价值较低的东西,尽管后者较早。

Omne magis dignum trahit ad se minus dignum sit antiquius. 〈拉〉价值较高的东西吸收价值较低的东西,尽管后者较早。

Omne magnum exemplum habet aliquid ex iniquo, quod publica utilitate compensatur. 〈拉〉每一个伟大的榜样都有消极面,但因其公益性而得以弥补。

Omne majus continet in se minus. 〈拉〉大者包括小者。

Omne majus dignum continet in se minus dignum. 〈拉〉价值大者包括价值小者。

Omne majus minus in se complectitur. 〈拉〉大者包容小者。

Omne principale trahit ad se accessorium. 〈拉〉主物吸收从物。

Omne quod solo inaedificatur solo cedit. 〈拉〉建筑于土地上的一切均属于该土地。

Omne sacramentum debet esse de certa scientia. 〈拉〉一切宣誓,非基于确知不可为。

Omnes actiones in mundo infra certa tempora habent limitationem. 〈拉〉世上所有诉讼均有时间限制。

Omnes homines aut liberi sunt aut servi. 〈拉〉所有人,或为自由人,或为奴隶。

Omnes licentiam habere his quae pro se indulta sunt, renunciare. 〈拉〉一切人均享有抛弃为其自身利益所给予之物之自由。

Omnes prudentes illa admittere solent quae probantur iis qui arte sua bene versati sunt. 〈拉〉谨慎之人通常接受精于专业者所证实之事物。

Omnes res suas liberas et quietas haberet. 〈拉〉他自由而不受侵犯地保有其财产。

Omnes sorores sunt quasi unus haeres de una haereditate. 〈拉〉所有姊妹均被视为遗产的同一继承人。

Omnes subditi sunt regis servi. 〈拉〉所有臣民均为国王的仆人。

Omne testamentum morte consummatum est. 〈拉〉一切

遗嘱皆因遗嘱人之死亡而完成。
Omnia delicta in aperto leviora sunt. 〈拉〉(较之秘密犯罪,)公开犯罪的严重性较轻。
Omnia peccata sunt paria. 〈拉〉所有犯罪均相类似。
omnia performavit 〈拉〉已为一切 违约之诉中被告的抗辩。
Omnia praesumuntur contra spoliatorem. 〈拉〉一切均作不利于掠夺者之推定。
Omnia praesumuntur legitime facta donec probetur in contrarium. 〈拉〉若无反证，一切均推定为合法。
Omnia praesumuntur rite esse acta. 〈拉〉在未有相反证据时，初步推定官员行为正当。
Omnia praesumuntur rite et solemniter esse acta donec probetur in contrarium. 〈拉〉若无反证，一切行为均作以正常且郑重之方式完成之推定。
Omnia praesumuntur rite, legitime, solemniter esse acta, donec probetur in contrarium. 〈拉〉若无反证，一切行为均作以正常、合法且以郑重之方式完成之推定。
Omnia praesumuntur solemniter esse acta. 〈拉〉一切行为均作以正当方式完成之推定。
Omnia quae jure contrahuntur, contrario jure pereunt. 〈拉〉法律所造之物，均被相反的法律所破坏。
Omnia quae sunt uxoris sunt ipsius viri; no habet uxor potestatem sui, sed vir. 〈拉〉妻之物均为夫之物；由夫而非妻控制妻之财产。
Omnia rite acta praesumuntur. 〈拉〉一切行为均作以正常方式完成之推定。
Omnia rite esse acta praesumuntur. 〈拉〉一切行为均作以正当方式完成之推定。
omnibus n. ❶公共汽车；公共马车 ❷所有；一切；全部 a. 所有的；综合的；复合的 通常用于指包含两项或两项以上独立的内容、主题等的议会法案。
Omnibus ad quos praesentes literae pervenerint, salutem. 〈拉〉敬启者；谨致所有收该件者。 特许状与契据[charters and deeds]古时的起首语。
omnibus bill ❶综合议案 ①指一件议案中包含各种不同的事项，通常以这种方式起草议案要么是为了迫使行政部门[executive]接受所有不相关的次要条款，要么是为了否决重要条款；②指包含与某一特定主题相关的所有建议的议案。 ❷综合起诉状 衡平法诉讼中，指一份起诉状将所有具有相反或冲突请求的有利害关系的当事人都包含进来从而涵盖一个复杂标的的全部，以避免迂回诉讼或重复诉讼。
omnibus clause 综合条款；总括条款 ①汽车责任保险单的一项条款，规定被保险人不仅包括保险单所载被保险人，还包括经其明示或默示许可而驾驶保险汽车之人，以及对保险车辆的使用负有法定责任的人或组织；②遗嘱或遗产分配令中，转移全部财产而非仅限于特定财产或当时已知的财产的条款。
omnibus count 综合诉因 指一个诉因里面包含了所有的金钱请求、对已售出并交付的货物的请求、因提供工作和劳动而产生的请求[claims for work and labor]、对确认账额的请求[claims for account stated]。
omnibus hearing 综合听审 包括许多互不相关的需要讨论和考虑的事项的听审。
omnibus legislation 综合立法（⇨omnibus bill）
omnibus motion 综合申请 提出若干请求或请求给予多种救济的一份申请。

Omnibus poenalibus judiciis et aetati est imprudentiae succurritur. 〈拉〉在所有刑事审判中，应照顾年龄和轻率之因素。 意指被告人年龄尚小或无犯罪必需之故意时，法律不应过于僵化。
Omnibus qui reipublicae praesunt etiam mando, ut omnibus aequos se prebeant judices, perinde ac in judiciali libro scriptum habetur; nec quiquam formident quin jus commune audacter liberequae dicant. 〈拉〉对所有治国者，我要求他们表现得像《司法志》[Dome Book]中所记载的那样公正，无所畏惧，自由勇敢地执掌普通法。
omni exceptione majus 不顾一切批评；毫无例外
Omnis actio est loquela. 〈拉〉凡诉讼皆为不平之鸣。
Omnis conclusio boni et veri judicii sequitur ex bonis et veris praemissis et dictis juratorum. 〈拉〉凡善且真的判决，皆源于善且真的前提和陪审员的判断。
Omnis consensus tollit errorem. 〈拉〉同意则消除错误。
Omnis definitio in jure civili periculosa est, parum est enim ut non subverti possit. 〈拉〉(罗马法)市民法中的任何定义都是危险的，因其中鲜有不可推翻者。
Omnis definitio in jure periculosa. 〈拉〉法律中的任何定义都是危险的。
Omnis definitio in lege periculosa. 〈拉〉法律中的任何定义都是危险的。
Omnis indemnatus pro innoxis legibus habetur. 〈拉〉任何人未经判决前依法视为无罪。
Omnis innovatio plus novitate perturbat quam ultilitate prodest. 〈拉〉凡更新，其新奇带来之害甚于其功能带来之益。
Omnis interpretatio si fieri potest ita fienda est in instrumentis, ut omnes contrarietates amoveantur. 〈拉〉如有可能，对文书应作消除其一切矛盾之解释。
Omnis interpretatio vel declarat, vel extendit, vel restringit. 〈拉〉法律解释，或为说明性，或为扩张性，或为限制性。
Omnis nova constitutio futuris formam imponere debet, non praeteritis. 〈拉〉凡新法，须规范将来而非过去。
Omnis persona est homo, sed non vicissim. 〈拉〉凡法律上之人皆为自然人，但自然人不一定为法律上之人。意指并非每一个有生命的自然人都具有法律上的人格。
Omnis privatio praesupponit habitum. 〈拉〉乐极生悲。所有穷困皆因从前的享乐所致。
Omnis querela et omnis actio injuriarum limita est infra certa tempora. 〈拉〉凡因侵辱而提起之告诉及诉讼均限于特定时间。
Omnis ratihabitio retrotrahitur et mandato priori aequiparatur. 〈拉〉凡事后追认的效力均溯及既往，且等同于事先委托。
Omnis regula suas patitur exceptiones. 〈拉〉凡规则均有例外。
omnium 〈拉〉债务总额；基金总额；担保证券的总值
omnium bonorum 〈拉〉所有货物作为一体而言
Omnium contributione sarciatur quod pro omnibus datum est. 〈拉〉为大家共同利益所受的损失，应由大家分担补偿。 共同海损原则。
Omnium rerum quarum usus est, potest esse abusus, virtute solo excepta. 〈拉〉凡可用之物均可被滥用，但美德除外。
on acceptance 承兑 作为汇票流通的条件。

on account 赊账;部分付款

on account of 记入…账户 付款时用的一个普通命令,表明以哪个账户付款,而并不表明付款的具体金额。

on account of whom it may concern 考虑所有相关利益者 保险术语,指保险单有效期内所有对保险财产有保险利益之人。

on a lay 以分红的方式;以分享利润的方式 通常指捕鲸船或渔船等以捕获物分红的方式全部或部分地代替工资的支付,如以该方式将船舶租给船长经营。

on all fours 完全一致 可指一个判决与另一个判决在事实、结果及其他各方面完全一致,亦指一个案例与另一个案例在案件事实、法律问题及其他各方面完全一致。

onanism n. 手淫;自淫

on a passage 在运输途中;在航程中 海上保险单中确定和表示保险期间的用语。船舶为清理船舶、供水、配备船员之目的而停泊于港口的期间,不属于定期保险单所指的"在航程中",在该期间结束后保险单继续有效。

on arrival 以货物到达为条件(的买卖)

O.N.B. (= Old Natura Brevium)

on board 已装船

onboard bill(**of lading**) 已装船提单 表明运输货物已经由承运人装上船舶的提单,由承运人在货物装船后向托运人签发,载有具体的装船日期和船名。备运提单加注装船日期和船名后即转换为已装船提单。

on call (= on demand)

on call note 即期票据;见票即付票据

Once a highway, always a highway. 一旦为路,永远为路。

Once a mortgage, always a mortgage. 一旦为抵押,永远为抵押。 该法谚意指若一票据[instrument]最初目的在设定抵押而非契据[deed],则不可因后来之条款或协议将其变为抵押之外之物。

Once an Englishman always an Englishman. 一旦为英国人,永远为英国人。 它用以表示对出生国永恒不变的忠诚这一早期普通法原则。

once a week for four successive weeks 连续四周每周一次 对公告出版物[publication of notice]的一个常用的要求,它涉及到每两期之间出版时间不超过7天的出版物。

once in jeopardy 先前危险;先前追诉 指受到刑事指控的被告人以前曾因同一罪行受到过追诉,即已对其提起过诉讼并使其面临被定罪或处刑的危险。(⇨prior jeopardy; double jeopardy)

on commission 以抽取佣金方式;以委托代销方式 如销售代理商可依其销售所得的固定比例抽取佣金。

on condition 如果;依…条件;符合…情况

oncunne 〈法〉刑事被告人(⇨accused)

on default 疏于行使职责;怠于履行义务

on demand 即期;见票即付 指任何即期应付票据的付款人在合法受款人要求兑付时应予以立即兑付。即期付款票据包括见票即付或提示即付的票据,以及未载明付款时间的票据。(⇨payable on demand)

on demand after date 出票后见票即付 本票中表明见票即付的用语。

on duty ❶在值班(的);在上班(的) ❷在服役(的) 不包括休假者。

one bite rule 一口规则 古老的学说认为每条狗都有权咬一口,它后来被阐述为一项法律规则的基础。依该规则,恶狗之所有人对该狗所造成的伤害不承担责任,除非他在狗对人有至少一次的攻击性行为之前,知道或应该知道该狗具有危险性。

one dollar 一美元 对承诺的对价[consideration]的一种象征性,但又是充分性的表达方式,尽管有更具价值的对价时,这一美元并不真正支付。

one dollar and other consideration 一美元和其他对价 对契据中对价[consideration]的通用表达方式。

one dwelling 一所住宅 在限制性协议[restrictive covenant]中,相对于多所住宅[plurality of occupancy; plurality of houses]而言。

one-family house 单户住宅 不包括复式住宅[multiple dwellings]的用语。

one free bite 免责的一口(= one bite rule)

one hundred thousand pound clause 〈英〉十万英镑条款 在限嗣继承的阻却诉讼[common recovery]中,曾经要求终身地产保有人[tenant for life]将其地产转让给传唤令状针对的被告[tenant to the praecipe],期限是终身保有人的一生,并有条款规定,只有在诉讼结束后后者支付了十万英镑时,他们之间的用益权转让关系才真正生效。因为该数目一般远远超过地产的实际价值,故其实际上并不是真正要使后者的地产权生效,而只是为拟制诉讼提供必要的当事人,即传唤令状针对的被告,另外他的地产权的无效并不妨碍土地返回的效果。(⇨common recovery; tenant to the praecipe)

one man company 〈英〉一人公司(⇨one man corporation)

one man corporation 〈美〉一人公司;个人公司 其全部股份由一人所有或者由一个人至少紧密控制的公司。根据英美判例法,一个人凑足法定人数成立公司的主要目的,在于实现有限责任,避免个人责任,并不构成欺诈,不影响该公司的合法性。在美国大多数州,法院亦承认为避免负无限责任的目的而成立公司,其理论是:有限责任是公司的主要目的之一。

one man-one vote rule 〈美〉一人一票制 基于代议制政府平等代表原则产生的立法机关席位分配规则。该规则要求在选举立法机关时,议员席位应按人口比例分配,任何人都不能行使比其他人更大的投票权,或者说,每个投票人的一票都应当等值。由于人口不断变化,美国宪法规定每十年进行一次人口普查,如果有必要得根据新的普查结果重新分配议席。该规则是美国最高法院1963年确立的,以后成为审查立法机关名额重新分配的方案的合宪性的准则。法院严格控制联邦立法机关选举区之间人口代表比例的差异,原则上要求同等数量的人口选出同等数目的议员。由于难以实现绝对的等量,法院容许最大选区与理想的标准选区之间存在极小的差别。该规则适用于联邦众议院议席的分配,不适用于联邦参议院。参议院由每州选派两名代表,而不是根据各州人口分配。在州立法机关的选区划分上,法院对这一规则的适用相对宽松一点,容许选区与现存政治区划(比如县的划分)相一致。

one-month liquidation 〈美〉一月期清算 指由公司某些股东享有的一种特别决定权,有该决定权的股东决定为联邦所得税的目的应如何对待在清算中取得的财产。基于该决定权,公司应在一个日月内完成完全清算。

oneness of husband and wife 夫妻一体主义 曾经盛行于普通法,指妻在法律上的人格全部为夫在法律上的人格所吸收。在英格兰和苏格兰,妻曾经不能撤开其夫独立取得、拥有或转让任何财产,妻的此种地位已由衡平法加以改善。自1857年后英国的一系列制定法对此加以全部改变,有夫之妇现已具有完全独立的法律人格,享有订约权及财产权。但现代仍存在夫妻一体主义之遗迹,如妻的住所由其夫决定。

one person, one vote 〈美〉一人一票(⇨one man-one vote rule)

one-price policy 一个价政策 反对在商品价格和服务收费上对不同顾客实行差别待遇的原则。

onera episcopalia (= episcopalia)

onerando pro rata portione (= de onerando pro rata portione)

onerando pro rata portionis 〈拉〉〈英格兰古法〉按比率部分负担 对混合共同地产租赁人[tenant in common; cotenant]或共同地产租赁人[joint tenant]被索取超过其实际持有份额应付的地租并被扣押财物时予以救济的令状。

onerari non 〈拉〉〈古〉不应负担 债务诉讼中被告答辩状开头的用语,表示自己不应承担责任。(⇨actio non)

onerari non debt 不应负担债务(⇨onerari non)

oneratio 〈拉〉〈古〉船货;货物

oneris ferendi 〈拉〉〈罗马法〉支撑地役权 亦即"servitude of support"。根据该种地役权,役权人有权要求以毗邻房屋的墙壁支撑自己房屋的墙壁或房梁。

onerous *a*. ❶过度繁重的;引起困难的 ❷负有的责任或义务超过所得利益的 ❸(大陆法)具有相当对价的;有偿的

onerous cause (大陆法)有相当价值的约因

onerous contract (大陆法)有偿合同;有对价的合同 该合同的双方都负有履行各自承诺的义务。(⇨gratuitous contract)

onerous deed 〈苏格兰〉有偿契据;有对价的契据 其价的大小不问相当与否。

onerous gift 附义务的赠与 对受赠人设定某种负担或条件的赠与。

onerous title ❶(大陆法)有偿取得的产权 指以给付金钱或提供劳务等有价值的对价,履行该财产负有的负担或条件而取得的产权。❷婚后劳动所得的产权 指在婚姻存续期间,由配偶一方通过自己的技能或劳动而取得的财产权利,与受赠或继承所得的财产相对。它一般被视为夫妻共同财产。(⇨lucrative title)

one sided 不均衡的;单方面的(⇨unconscionability)

one third new for old 以新换旧减三分之一 海上保险常用规则,指船舶遭受部分损失时,从保险人应赔偿的维修费用中扣除用以替换旧材料的新材料价的1/3。其理论根据是,新材料使得船舶比受损前增值。

one year 一整年期间 即一个日历年。如从今年2月10日至明年2月10日,不考虑是否为闰年。

on file 归档的;存档的;记录在档的

on information and belief 〈美〉根据信息和确信 一个标准的法律用语,用于指某一主张或陈述不是根据陈述人掌握的第一手的知识或情报作出的,而是来源于第二手的信息,但陈述人相信它是真实的。根据信息和确信可以签发搜查令。

on-licence *n*. 〈英〉出售室内饮用烈酒的司法许可证

onomastic *a*. 与姓名或签名有关的 指文件主体的笔迹与签名笔迹不同。

on option 对出售财产许可选择权的;取舍自由的 在商务文件上商人常用以表示买方在许予选择的限制期限内,有权随时退还所购买的全部或部分商品给经纪人,并从经纪人处取回相应货款。

on or about 大约;在某一特定的时间前后 通常在对有关某一关键性事件的确切日期不确定时,当事人会在诉状中使用该词,以避免出现诉状中的陈述与证据不一致的情况。

on or before 在特定的时间或这之前 协议中用该短语则表示义务人可在特定时间之前的任一时刻履行义务,一待履行则义务人即可获得其相应的权利。

onset date 伤残起始日 美国社会保险署[Social Security Administration]使用的术语,表明给付伤残保险金的开始。

on sight (= at sight)

on the account (= on account)

on the body 针对身体的(⇨in and on the body)

on the merits 基于法定权利;基于案情实质;依(案件的)是非曲直 指当事人基于案件实质内容具有有力的诉因或辩护理由,而非仅是技术性抗辩,如无管辖权。但"案情实质"也包括依法答辩在内,如诉讼时效已过,而非仅限于符合道义的答辩。

on trial ❶(案件)正在审理中 ❷备审 指案件已被列入法院待审案件目录或日程表[docket or calendar]中。

onus *n*. ❶负担;任务 ❷责任;义务 ❸(= onus probandi)

onus episcopale 教士捐献 神职人员依古老惯例,向本教区主教缴纳的款项或祭品,如复活节捐税[synodal](已于1963年废除)、圣灵降临节献祭[pentecostal]。(⇨episcopalia)

onus of proof (= burden of proof)

onus probandi 〈拉〉证明责任;举证责任 常简写作onus。(⇨burden of proof)

oops (= oeps)

oos (= oeps)

OPEC (= Organization of Petroleum Exporting Countries)

ope consilii 通过或依靠顾问的帮助

ope consilio 〈拉〉〈罗马法〉教唆;帮凶 与普通法中的"帮助和教唆"[aiding and abetting]同义。常写作"ope et consilio"。

ope et consilio (= ope consilio)

open a case 作开场陈述 指在庭审开始时,向法官或陪审团等简要陈述案件性质、争议问题及将要提出的证据等。开场陈述应简明扼要,其目的在于使法官和陪审团能明白案情实质及争执点。(⇨opening statement)

open account ❶未结账目;未清账户 账目未结清,留待双方进一步交易记账之后,在某一方认为方便时结清的账目。❷赊账 ❸条款未定之交易 如价格或付款时间未议定之交易。

open a commission 开始执行委任职务;开始履行委托义务 例如英格兰巡回法庭根据委任开庭之日称为"the commission day of assizes"。

open a court 开庭;开始审理 通常由法庭传令官[crier]或法警[bailiff]正式宣布法庭现在开庭,将开始办理提请法庭审理的一切事务。

open and notorious 公开的和众所周知的 ①指在他人土地上实施的行为是非秘密的,而足以使该土地的所有人明知其在土地上的使用行为;②在有关禁止通奸的制定法中,指通奸行为是永久的、明显的且为公众一般了解和承认。

open and notorious adultery 公开的和众所周知的通奸

为公共周知的并非夫妻的两个人像夫妻一样公开一起居住。

open and notorious possession (= notorious possession)

open and visible easement 公开可见的地役(权)(⇨easement)

open bid 敞口式投标 出价人在出价后为了夺标可以改口的一种投标。

open cheque 非划线支票 可向持票人或凭指示付款的支票。

open contract 未订明全部条件的合同 此词特别用于土地买卖合同,只载明双方姓名、出售的地产和价格,如双方已经商谈完毕,并且对于双方认为必须协议的一切事项已经协议,该合同即可以成为有效合同,其他必要条件视为默示。在英国即适用1925年《财产法》[Law of Property Act]及《土地登记法》[Land Registration Act]等法律规定。

open corporation 〈美〉公开公司;股份公开公司 与非公开公司或封闭公司[close corporation]相对。其股东所有权不限于一人、一个家庭或密切联结的人们而是广泛的社会公众。所有股东都享有选举公司管理人员的权利。

open court 公开法庭;公众有权旁听的法庭;开庭 指由法官主持,在当事人和律师的参加下,处理司法事务的法庭。法庭所进行的一切活动都要被正式记录在案,公众有权进入法庭旁听。它区别于法官在办公室[chamber]听取证据的开庭。美国许多州宪法也有在公开法庭审理案件的规定,以保障公众监督审判的权利。

open cover 预约保险 保险公司与被保险人之间的货运保险合约的一种,其主要内容是:在双方约定的期限内,被保险人一切装运出口货物按约定的费率自动地得到保险。货物装运后,被保险人应立即通知保险人,由保险人签发保险单。被保险人先预缴一定金额的保险费,在货物价值确定以后再做调整。

open credit 开放式信贷 商人、银行、供应商允许客户借贷或赊购达到一定量而无需提供担保或重定信贷额度的信贷。(⇨open account; open-end credit plan)

open danger 显而易见的危险

open doors 破门令 授权执行官员在送达传票或令状时如有必要可破门而入的令状。

open-end *a*. ❶开口的;敞口的 允许将来改变或追加的。❷开放的 经要求,按照公司资产净值继续发行或回购股份的,如开放型投资公司[open-end investment company]。亦作"open-ended"。

open-end contract 敞口式合同;开口合同 约定买方在一定时期内随时购买,而卖方价格或其他条件均不变的合同。

open-end credit plan 开放式信贷方案 根据规定和预计的方案为持续或反复的交易提供信贷。根据美国《借贷诚信法》[Truth in Lending Act],按照开放式信贷方案,在开立账户时确定信贷条件,但当时未规定负债定额,其债务随着日后买卖而增加到账上未清的贷款项下,每一笔交易即构成一项额外提供的信贷。例如信用卡[credit cards]及循环赊账[revolving charge]。

open-end investment company 开放型投资公司(⇨open-end)

open-end investment trust 开放型投资信托 在信托存续期间,可以通过持续地发行新份额或回购原份额而改变资本结构的投资信托,其信托财产份额不固定。

open-end lease 开口租赁 设备租赁的一种方式,其最后一次租金未定,具体金额决定于租赁期满后出售这项设备所获价款大小。也可终止日期未固定的租赁。

open-end mortgage 开口抵押 未明确规定抵押金额限额,只要保持抵押资产负债比率,可以继续借款的抵押。

open-end settlement 未定期限的赔偿协议 对受伤害雇工给付赔偿的协议,但未确定应继此项给付的期限。依照美国希利案[Healey's Case]判例,正确的解释是在伤残持续的期间内,均应承担所确定的赔偿责任。

open-end transaction 开放式交易;敞口交易 当事人可能对原交易或协议进行增加或修改的一种松散的交易形式的通称。开放式抵押和开放式信贷协议均属此类。

open entry 公开进入 指公开进入占有不动产,或在两个证人在场下非秘密地进入。

open fee ❶继承人空缺的可继承地产(权) 普通法上的一种可继承地产,由于没有继承人,该地产自最后占有该土地的人死后归复领主。❷〈英格兰古法〉绝嗣费 某人在其死亡时,因无继承人,将其世袭占有的不动产归复领主时应付的习惯法上的费用。

open fields doctrine 〈美〉敞地搜查原则 该原则允许警察在未获搜查证的情况下可以进入财产所有人住宅以外的敞地进行搜查。这里的敞地指露天的、在财产所有人的庭院[curtilage]以外的地方。也称 open field doctrine; open fields rule。

open hearing 公开听证 由行政机关举行的向公众开放的听证或调查。这是行使准司法权或裁决权的行政机关进行听证具备公正性的一个基本要求。

opening *n*. ❶开始;初步 ❷(律师的)开庭陈述(⇨opening the pleadings)

opening a credit 建立信用 ①与银行签定一个贷款协议或付款记账协议;②受让或支付往来银行出具的汇票,而该汇票的付款人不具有支付汇票款项的能力。

opening statement 开场陈述 指律师在庭审开始时,出示证据之前向陪审团就案件性质及预计提供的证据所作的简要陈述,其目的在于使陪审团对案件事实及所涉争议具有总括性的了解,从而便于其理解随后将要提出的证据。亦称 opening argument, 但后一说法不正确。

opening the case 〈英〉开始陈述案情 指在法官面前开始陈述案件事实并进行讨论。一般由主张享有请求权的一方先开始陈述。

opening the pleadings 〈英〉开庭陈述 通常指在庭审开始时,由原告的初级出庭律师[junior counsel]向陪审团扼要介绍原告诉状的实质内容。在高等法院衡平分庭,庭审即是以原告的高级出庭律师[senior counsel]作开庭陈述开始的。也称 opening。

open law 通过决斗、神明裁判或宣誓进行裁决的诉讼

open letter of credit 光票信用证;无限定条件信用证;开口信用证 信用证的一种,不需要随附权利凭证[documentary title],只需凭汇票即可付款的信用证。

open listing 开放式或普通代理协议 指出售不动产的权利授予不止一个代理商。这种代理保留了不动产所有人出售自己的不动产的权利。

open marriage 开放式婚姻 夫妻间达成协议,允许任何一方婚外性关系的婚姻。

open policy 预约保险单 指根据预约保险协议签发的保险单。(⇨open cover)

open possession 公开占有(⇨notorious possession; open and notorious)

open price 〈美〉待定价格;(合同成立时)未确定价格 特

别适用于货物买卖中,指货物买卖合同成立时尚未确定价格。根据美国《统一商法典》[U.C.C.]第 2-305 条关于待定价格条款的规定,只要当事人确有订立买卖合同的意图,即使售价未确定,合同仍可以成立;在此情况下,合同价格应为交货时的合理价格。与此相对的是约定价格[agreed price]。

open primary 开放性初选 在该初选中,一政党成员可以投其他政党候选人的票。

open sea 公海(⇨high seas)

open season 渔猎开放季节 法律规定的允许捕鱼、狩猎的期间。

open shop 自由雇佣的商店 此种商店雇用人员不以是否属于某一工会会员为限。与依雇主和工会约定不得雇用非工会会员的商店[closed shop]相对。

open skies 开放领空 美国在 1944 年芝加哥国际民用航空组织成立大会上,提出开放领空的建议,但因各国基于主权及各自的政治、社会、特别是经济规模资源方面的考虑,该提议遭到了强烈的反对。

open theft 公然偷窃;现行盗窃;窃贼当场被捕的偷窃罪[larceny] 在英国此罪名已由 1969 年的《盗窃法》[Theft Act]废除。

open trial 公开审判(⇨public trial)

open verdict 死因(或凶手)不明的裁断 验尸官陪审团[coroner's jury]所作的一种裁断,该种裁断只是确认某人死亡但不知其死于何种原因或被何人致死,亦即陪审团不能确认发生了何种犯罪行为或不知罪犯是谁。

open will 口头遗嘱(⇨nuncupative will)

operarii operarius 的复数形式

operarius n.(中世纪的)佃农 通过为庄园领主提供劳役而保有土地。

operating expense 经营费用 从事经营店铺或制造产品的开支费用,亦称"经常开支费"[current expense]。

operating lease 经营性租赁 一种财产租赁,尤其是设备租赁,其租期短于该财产的有效期间(使用寿命)。根据此种租赁合同,出租人负责交纳财产税和关于该财产的其他支出费用。

operating loss (净)营业损失(⇨net operating loss)

operating margin ❶(净)营业收入(毛利) 一个时期买卖计算的净营业收入。 ❷成本与售出差价 商贸上总本价与售价之间的差额。

operating profit 营业收益;营业净利润 营业毛利[gross profit]减去一切营业支出费用[all operating expense]所剩的净利润部分。对任何非营业性收入与支出费用,如利息的支付,不在结算之列。

operation of law 法律运作;法律的效力;法律的运用;依据法律 指依法律所产生的结果,与依据当事人的行为所产生的结果相对,例如代理可因当事人委托而产生,但也可因法律规定而产生。

operation of motor vehicle while intoxicated 醉酒驾车

operative part 产生法律效果部分;主体部分 指在关于财产转让、租借、抵押或其他正式法律文书中,使该文书的主要目标得以实现的部分。它区别于导言、引述或形式结语等部分。有时指在引言之后的各部分。

operative property 运作必需的财产;营运资产 在从事某种营业中使用的而且有理由认为是必需使用的财产。

operative words 产生法律效果的词语;关键性词语 该词的原始意义是指在地产转让中,对创设或转移一项地产起作用的词语。例如,将土地赠与甲和乙以及甲的直系继承人的,则"继承人"即属于这种词语,因其在甲之上创设了一种可继承地产权;"直系"亦属这种词语,因其法律效果被指定在限嗣继承地产权。但是,这种词语更经常被称为"限制性词语"[words of limitation],而有关土地等财产转让特征的用语,诸如 enfeoff、grant、bargain and sell、demise、alien、release、mortgage 等才是产生法律效果的词语。

operator's license 〈美〉❶操作员执照 由原子能委员会[Atomic Energy Commission]颁发给合格的个人,该人据此可控制使用原子能的产量与设施。 ❷驾驶(员)执照 在公路上驾驶汽车的一项前提条件。

operis novi nuntiatio 〈拉〉(罗马法)新工程告令 不得实施某一新工程的命令。

opetide n.(古)结婚时节 从主显节[Epiphany]到复活节前的第七个星期三[Ash Wednesday]。

OPIC (= Overseas Private Investment Corporation)

Opinio est duplex, scilicet, opinio vulgaris, orta inter graves et discretos, et quae vultum veritatis habet; et opinio tantum orta inter leves et vulgares homines, absque specie veritatis. 〈拉〉意见有两类:一类是由严肃审慎的人提出的具有真理性的意见;另一类是由轻率愚蠢的人提出的不具真理性的意见。

opinion n.❶法院(或法官)判决意见书 由作出判决的法庭或法官就其审理的案件所作的阐释其如何达成该判决的书面意见,内容通常包括案件事实、本案所适用的法律及判决基于的理由、附带意见[dicta]等。也称 judicial opinion。 ❷律师意见书 指律师应客户的要求对客户所提交的事项就其适用法律问题出具的书面意见。也称 opinion of counsel。有时律师意见是以信函形式给出的,也称 opinion letter。 ❸意见;证人意见 指证人对其所观察到的事件或依其专业知识或经验对争议事实所持的观点、意见、结论或推断,区别于证人对其亲历或亲闻亲见事实的客观描述。(⇨opinion evidence; expert witness) ❹〈英〉上议院常任上诉法官所作的判决 ❺审计意见书;审计报告 在会计中,由公共注册会计师根据其对某一经济实体的财务状况的审计而提出的意见书。

opinion evidence 意见证据 指证人就争议问题陈述的自己的观点、看法或推论,区别于证人就自己所了解的案件事实而作的客观性陈述。证据规则通常不允许普通证人以其对案件事实的意见或推论作证,但是有例外,如因具有相应的科学技术或其他专业知识而具备专家资格的专家证人[expert witness]的意见可以作为证据采信;普通证人的意见证词一般只有在符合法律规定的少数例外情况下才可予采信,如美国《联邦证据规则》[Federal Rules of Evidence]规定,对普通证人以意见或推论形式作出的证词只有在符合:①合理建立在证人的感觉之上,和②对清楚理解该证人的证词或确定争议中的事实有益时,才可被采纳。

opinion of judges 法官意见书 以前英国法官曾有就有关法律问题向国王提交意见书的做法,最后一次是在 1760 年。现只有在上议院中仍保留此种做法。美国的某些州如科罗拉多州[Colorado]、佛罗里达州[Florida]、缅因州[Maine]等州的宪法都规定州最高法院应本州州长或立法机关(或二者同时提出)的要求应提出法律意见书,但联邦法官不提供此种意见书。

opinion of the attorney general 〈美〉总检察长的意见 指总检察长向州政府各部门首长就与其职责相关的法律问题提供的咨询意见。美国总检察长应总统或联邦政府各部门首长的要求也可以就法律问题提供意见。

opinion testimony 意见证词（⇨opinion evidence）

Opinio quae favet testamento est tenenda. 〈拉〉有利遗嘱之意见应予采纳。

OPM (= Office of Personnel Management)

Oportet quod certae personae, terrae, et certi status comprehendantur in declaratione usuum. 〈拉〉使用收益权声明中必须包含一定人员、土地和地产权。

Oportet quod certa res deducatur in donationem. 〈拉〉作为赠与之物必须是确定之物。

Oportet quod certa res deducatur in judicium. 〈拉〉确定之物必须提交裁判。

Oportet quod certa sit res quae venditur. 〈拉〉出售之物必须是确定的。

oppignerare 〈拉〉(罗马法)质押；典当

opponent n. 对手；(诉讼)对方当事人

opposite party (诉讼中的)对方当事人

opposition n. (破产法)拒绝免除 指债权人拒绝免除债务人的债务。

oppression n. ❶(非法行使权力而进行的)压迫；压制 ❷(刑法)滥用职权 公职人员出于不正当目的滥用职权，造成他人伤害的行为。本罪并不包括勒索罪[extortion]，后者是一种更为严重的犯罪行为。 ❸(合同法)强迫签订非法合同 依据这种非法合同而支付的金钱或转让的财产，可以通过法律救济而回复。(⇨duress; unconscionability) ❹(公司法)压迫 公司的董事会或控股人对少数持股人的不公正对待，尤其是在封闭式公司[close corporation]中。(= shareholder oppression)

oppressor n. 压迫者；压制者 指在权力表征[color of authority]下非法或错误地行使权力，造成他人伤害的公职人员。

opprobrium (罗马法)耻辱；丑行

optimacy n. ❶高贵；尊贵 ❷贵族；高贵的人；优等的人

Optima est legis interpres consuetudo. 〈拉〉习惯是对法律的最好解释。

Optima est lex quae minimum relinquit arbitrio judicis;

optimus judex qui minimum sibi. 〈拉〉给法官留有最小自由裁量权的法律是最好的法律；最少依自己私见的法官是最好的法官。 此法律谚语并不意味着法官应该软弱，而是意味着在有法可依的情况下法官不应依赖自己的观点。

Optima legum interpres est consuetudo. 〈拉〉习惯是对法律的最好解释。

optimal-use value (= most suitable use valuation)

Optimam esse legem, quae minimum relinquit arbitrio judicis; id quod certitudo ejus praestat. 〈拉〉给法官留有最小自由裁量权的法律是最好的法律；因为它具有明显的确定性。

Optima statuti interpretatrix est (omnibus particulis ejusdem inspectis) ipsum statutum. 〈拉〉对一项立法（考虑到它的各个组成部分）的最好解释就是立法本身。

Optimus interpres rerum usus. 〈拉〉习惯是对事物的最佳解释。

Optimus interpretandi modus est sic leges interpretari ut leges legibus concordant. 〈拉〉法律解释的最佳方法在于使法律与法律协调。

option n. ❶选择权 ❷选择权合同 订立使某一要约在某一特定期间有效，且要约人不得撤销的合同。亦称作"option contract"。 ❸期权；买卖选择权 指在某一特定期间内能以固定的价格买受或出售确定数量的证券、商品或其他财产的权利。 ❹(教会法)大主教选择特权 大主教有一项传统的特权，即有权任命其教区内主教的助理，此特权在1840年废止。

option agreement (公司)股份转让限制协议 关于公司股份转让的一项协议，限制股东在特定事件发生时可以固定价格出售其股份，但公司或其他股东并无购买的义务。(⇨buy-sell agreement)

optional bond 选择权债券；可提前回赎债券 发行机构在到期前可随时买回的债券。

optional statutes 选择性法律 可以由雇主或雇员选择适用的有关劳工补偿的制定法。

optional writ 选择令状 英国旧时诉讼中初始令状[original writ]的一种，也称praecipe。其内容是选择性的，即令状要求被告人去做所要求的事项，或者说明他没有做、而且不应被强迫去做该事项的原因。

optionee n. 期权获得者；选择权获得者；优先购买权人

option of forfeiture 收回租赁权的选择权 指出租人根据租约而享有的权利，即在承租人违约时收回租赁物从而使其丧失租赁权。

option premium 期权费 购买股票期权支付的金额。亦称作"premium"。

option spread 期权价差 股票期权合约中约定的股票价格与在行使期权时该股票的公开市价之间的差额。

option to purchase 购买选择权 ①在双务合同中，一方当事人因给付卖方对价而有权在一定期限内按确定的价格购买财产；②由合同规定的，在有限的或合理的时间内接受或拒绝要约的权利；③在租赁合同中规定的，当该房产转让时承租人享有优先购买的权利，只要承租人给付预定租金，出租人在特定的租赁延续期间内，即不能撤回其承诺。(⇨option)

option to purchase real property 〈美〉不动产购买选择权 依合同协议，不动产所有人同意他方当事人在特定时间或将来合理时间内享有以特定的价格购买该不动产的权利，但并不使后者负有必须购买的义务。

option to rebuild, repair or replace 重建、修理或更换的选择权 财产保险人根据其所签发的保险单，在被保险财产遭到全部或部分毁损时，有权选择重建、修理或更换该财产的方式，以代替赔款支付。

option to renew 续租选择权 根据租约条款而授予承租人的一项权利。

option to terminate 合同终止选择权 尤指在租赁合同中给予双方或一方当事人的权利，包括任意终止租约或因发生某种不特定情况，如房屋毁灭损失、出租人决定出售或改建房屋等而终止。

opus 〈拉〉❶工作；劳作；劳动 ❷工作成果；劳动产品；作品 尤指文学、美术或音乐作品。其复数形式为"opuses"或"opera"。

opus locatum 〈拉〉雇佣劳动

opus magnificium (= opus manificum)

opus manificum 〈拉〉(英格兰古法)手工劳动；胼手胝足的劳动 如筑篱笆，垒隔墙，挖沟等。

opus novum 〈拉〉(罗马法)新建；新工程 指在土地上进行新的建造或改变原有建筑或工程。

oraculum 〈拉〉(罗马法)(罗马皇帝作出的)答复；决定；判决

oral argument 口头辩论 ①指双方当事人及其律师向法

庭口头陈述其支持或反对法庭应作出某种判决或应给予某种救济的理由和根据；②指法庭听取双方当事人就某一申请或上诉作口头辩论的程序。

oral chattel mortgage 口头动产抵押 指虽为口头形式，但包含书面抵押之所有实质性要素的一种交易方式。

oral confession 口头供述 指刑事被告人口头承认自己实施了某种犯罪的陈述。其作为证据是否具有可采性，要取决于供述是否出于自愿，被告人供述时的状态，被告人被带至治安法官面前之前被警察拘留的时间的长短及其他有关因素。

oral contract 口头合同 指未以书面形式或只是部分以书面形式作成或修改的合同。包括：部分以书面形式而部分以口头形式作成的合同或全部以口头形式作成的合同；内容不完整而以口头形式补充完全的合同；原为书面形式而后以口头形式进行修改的合同。其与 verbal contract 含义相同，但前者更为常用。parol contract 亦可指口头合同，但其在普通法上的含义还包括以书面形式作成但未封印的合同。(⇨contract; parol contract; verbal contract)

oral defamation 言词诽谤；口头诽谤(⇨slander)

oral demurrer (= demurrer ore tenus)

oral evidence 言词证据；(证人的)口头证言(⇨parol evidence)

oral license 口头许可 非以书面形式而就不动产权利授予许可。

oral pleading 口头诉答 指在法官面前口头陈述起诉或答辩内容。它是在英格兰最初实行的一种诉答方式，在爱德华三世[Edward Ⅲ]时期，除刑事案件外，均以书面诉状取代了口头诉答。

oral trust 口头信托 指财产信托的设定人以口头声明方式就动产设立的信托，与以书面合约方式设立的信托相对，亦称 parol trust。依防止欺诈法，不动产信托通常必须依书面形式而不能以口头形式设立。(⇨statute of frauds)

oral will 口头遗嘱 由立遗嘱人口头宣告作成的遗嘱，并且通常依靠口头证言证明属实。尤指军人或海员的非正式遗嘱。(⇨nuncupative will)

orando pro rege et regno 〈英〉为国王和王国祈祷(令状) 在宗教改革前，英国议会开会时，设有固定的短祈祷文[collect]。依照惯例，新议会禀请国王要求神职人员保佑王国和国王与议会之间良好谅解，并为此给神职人员签发《为国王和王国祈祷》令状，爱德华三世[Edward Ⅲ]即位后此令状较少使用。

oratio 〈拉〉(罗马法)皇帝训令 皇帝要求元老院把有关问题包含在元老院决议[senatus consultum]中的指令或演说。

oratio consultoria (= libellus consultoria)

orator n.❶(旧时衡平法诉讼中的)原告 ❷(罗马法)辩护人；答辩人

oratress (= oratrix)

oratrix n. 女原告 旧时衡平法起诉状[bill in chancery]中的用语。现已废弃不用。

orbation (古)丧亲 指某人丧失父母或子女。

orcinus 〈拉〉死亡的；地狱的；冥府的

orcinus libertus 〈拉〉(罗马法)死亡自由人；遗嘱自由人 指根据其已死亡的主人的遗嘱而取得自由的解放自由人，是死者的[orcinus]而不是承嗣人的[haeres]被解放的奴隶。

ordain v.❶制定；决定 指制定法律和法令。在美国宪法序言中，该词曾与 establish 成对使用，用以表明该宪法的制定。但在现代的多数语境中，仅用 establish 一词即足可；此词已陈旧，通常只具有宗教含义。❷委任…为牧师；授予…圣职

ordeal n. 神明裁判 裁决被告人是否有罪过的原始裁判方式，通行于欧洲至 13 世纪。在撒克逊和英格兰古法中称为"神判"[judicium Dei; judgment of God]。它有四种方式：①火审[fire ordeal]，②冷水审[cold water ordeal]，③热水审[hot water ordeal]，④决斗[campfight]。在英国迟至 1883 年废除。亨利三世[Henry Ⅲ] 在位时废止，以誓决[compurgation]取代之。这种裁判设想：如果其人是无辜的，当他经历此种审理时，上帝会庇护他幸免于受伤、死亡，或速愈。

ordeffe (= ordelfe)

ordel (= ordeal)

ordelfe n. (古)矿石所有权 指对发现在自己土地上和土地下所埋藏的矿石享有的所有权。

ordels (英格兰古法)(在管辖区或特许区)主持神明裁判权

ordenamiento 〈西〉法令；命令 由君主所制定，其表现形式和颁布方式与证明[cedula]不同。(⇨cedula)

Ordenanzas Reales de Castilla (= Libro de Montalvo)

order v.❶命令；指令 ❷定购 ❸安排；整理 n.❶命令；指示；指令 ❷法庭命令；法官命令(= judicial order) ❸付款指令；指示付款(⇨order paper) ❹(证券)交易指令 客户向经纪人发出的，关于何种方式及何时买进或卖出证券的命令。

order absolute (= rule absolute)

order bill of lading 指示提单 指示将货物交付给提单上载明的人或依其背书指示的其他人的可转让提单。

Order in Council 〈英〉枢密院君令；国王会同枢密院令 国王由枢密院建议并据此建议发布的命令。国王在普通法上有权通过枢密院君令立法，这是君主特权时代的遗留，文官很大程度上是根据特权制定的枢密院君令来管理的。在现代，这种立法方式受到限制，主要针对新受让的或征服的领地，当然有时也用于其他目的，如在 1870 年，维多利亚女王[Queen Victoria]在格拉斯通[Gladstone]的建议下废除军衔的买卖，这项改革当时通过立法是无法完成的。枢密院君令也被作为一种授权立法的方式应用，它实施议会制定法的授权。制定法有时明确授权发布枢密院君令，但议会有权使之无效。

order nisi (= rule nisi)

Order of British Empire 大英帝国最高荣誉勋位 颁授勋位源自中世纪的封建军事传统，起初仅限于骑士爵位。但到近现代之后，不再限于骑士爵位，勋位作为对国家服务的杰出人士的奖赏颁授。大英帝国最高荣誉勋位创立于 1917 年 6 月 21 日，分为军事与文职两部分，包括男性与女性。男性勋位有：最高十字骑士勋位[Knights Grand Cross(G.B.E.)]、高级骑士勋位[Knights Commanders (K.B.E.)]、一级骑士勋位[Commanders(C.B.E.)]、骑士勋位[Officers(O.B.E)]和普通骑士勋位[Members (M.B.E.)]。女性勋位有：最高十字骑士勋位[Dames Grand Cross(G.B.E.)]、高级女骑士勋位[Dames Commanders(D.B.E.)]、一级骑士勋位[Commanders(C.B.E.)]及女骑士勋位[Officers(O.B.E.)]、普通骑士勋位[Members (M.B.E.)]。

order of continuance 续审令 法庭对某一案件继续审理的命令。

Order of Council 〈英〉枢密院院令 枢密院制的无须君主同意的命令。1883年的《市政法人法》[Municipal Corporations Act]第6条规定可以发布枢密院院令,但该条款没有得到遵照实施。关于牙医、医务人员、药剂师及兽医的法律也规定为某些目的的可以发布枢密院院令。

order of discharge 〈英〉破产债务免除令 根据1914年《破产法》[Bankruptcy Act],由破产法院所作的指令,其效果在于使破产人免除一切债务、请求权等,但皇室债务、因欺诈而生的债务和某些判决除外。

order of dismissal 驳回诉讼的裁定 在法庭驳回原告的起诉时应作出的裁定。有时在当事人自愿撤诉的情况下也要求法庭作出此裁定。

order of filiation 非婚生子女生父确认令 法院作出的,确定某一男子为非婚生子女的生父并由其承担抚养费的命令。

Order of Garter 嘉德勋位;嘉德勋章 英王爱德华三世约在1344年创设的爵位。

Order of Indian Empire 印度帝国的勋位 "印度帝国最杰出的勋位"[Most Eminent Order of the Indian Empire]于1878年设立,与维多利亚女王就任印度女王[Empress of India]相关,它包括大骑士长[Knights Grand Commanders, G.C.I.E.]、骑士长[Knights Commanders, K.C.I.E.]及低级骑士[Companions]。

Order of Merit 勋位;勋章 获勋者无爵位,但可在其姓名后附加O.M.缩略词,并佩带勋章。军职和文职勋章在图案上有所不同。

order of prohibition 〈英〉禁审令 以前是一种特权令,现在是一种可由高等法院向某一下级法院签发的,禁止它在缺乏或超越管辖权、或在违反法律的情况下,开始或继续诉讼的命令。禁审令可下至所有享有限制性管辖权的下级法院,包括世俗的、教会的、民事的、刑事的、军事的、海事的,或其它享有特定管辖权的法院,但不能向立法机构颁布。禁审令可以单独使用,或和调卷令[certiorari]合并使用。禁审令的主要用途在于对有权裁决争议和有义务从事司法活动的下级法院和个人加以控制,它基本上只涉及司法活动,而一般不涉及法律上和事实上的错误,除非有缺乏或超越管辖权、或违反法律的情况。在现代禁审令已被扩大适用于所有的行政和司法行为。禁审令在任何时候,甚至在判决之后,只要提出管辖权异议,都可发布。(⇨prohibition)

order of revivor 〈英〉恢复审判令 法庭对已中止审理的案件继续审理的命令,它取代了恢复诉讼诉状[bill of revivor]。

Order of the Bath 〈英〉"薰浴勋位";"薰浴勋章" 授予此种爵位创始于15世纪初英国亨利四世时期,是较高级的一种爵位,在18世纪初由乔治一世恢复使用。1971年妇女开始有资格获得。由于昔时在授予此项爵位前须举行薰浴礼,故称薰浴勋位。现分为军职和文职两类,共三级即大十字爵士(或最高十字骑士勋位)[Knight Grand Cross]、司令爵士(或高级骑士勋位)[Knight Commander]和最下级爵位。获得任何级爵位的人都享有比普通人优越的社会地位。

order of the coif 〈英〉高级律师阶层 对英国旧时高级律师[serjeants-at-law]阶层的称呼,是历史上英国律师界的最高阶层,又被称为"白帽阶层"。在19世纪中期,他们对在民诉法庭[Court of Common Pleas]执业具有垄断地位。1846年以后,法院根据制定法的要求向所有律师开放后,该阶层便逐渐消失了。最后一位高级律师纳撒尼尔·林德利[Nathaniel Lindley]是于1875年被任命的。现在的美国律师界对这一阶层的缘来知之甚少。但是法学院中出类拔萃的学生可以选一个也称为"白帽阶层"的组织,它是一个由少数获得最高学分的学生组成的荣誉性法律团体。(⇨coif)

Order of the Companions of Honor 〈英〉荣誉爵士勋位 1917年设立的勋位,仅包括荣誉爵士[companions(C.H.)]。

order paper 记名单证;指示性单证 指示向指定人或受款人指定的人支付的单证。亦称"order document";"order instrument"。

orders of the day 〈英〉当天的议会规程 下议院预先批准某天的会议事项,称之为当天的议会规程,与最初动议[original motions]相对应。

order to show cause 要求说明理由的命令 指法庭单方面作出的命令或裁定,要求受其不利影响的当事人到庭陈述理由,说明为何不应采取某一措施或为一定行为。

ordinance n. ❶条例 指由市政法人[municipal corporation]的立法机关通过的法规。不过,该词主要用于美国英语中,等同于municipal law;而英国英语中与其对应的词为by-law。但在美国英语中,bylaw一般指"公司章程[articles of incorporation]之外的内部规则"。(⇨bylaws) ❷〈英〉法令 与议会立法不同,特指未经上下两院和国王一致同意,仅由其中一方或两方同意而制定的法令。在英国1642-1660年内战期间通过的法令就是这种形式。 ❸条令 根据旧时的解释,指国王应下议院的质询,就具体案件中法律的适用以公告的形式作出回答,并由此产生新的法律。在现在,指君主颁布的骑士身份令,殖民地议会、自治领[Dominions]和自治殖民地[self-governing colonies]制定的法律文件。

Ordinance of Alcala 〈西〉《城堡法令》 1348年由阿方索十一世[Alfonso Ⅺ]制定,它赋予了《七章法典》[Sieté Partidas]法律效力,形成了卡斯蒂里亚法律渊源[Sources of Castilian law]的等级,即议会[Cortes]制定法,王室法[Fuero Real],市政法[municipal fueros]和《七章法典》。该法令同时确认了城邦特权[fueros]和贵族的特权[privileges of nobility]。(⇨Codigo de las Siete Partidas; Fuero Real)

Ordinance of Blois 〈法〉《布卢瓦法令》 法兰西国王1579年颁布的几项重要的改革法令之一,内容包括在王国内重建司法制度,国王领地内施行的规则,法兰西各大学的改革,父母对子女的权利,及一项由吉伦特议会[Council of Trent]作出的重要的惩戒性决定的声明。

Ordinance of Moulins(1566) 〈法〉《穆兰敕令》 1566年由法皇查理九世向在穆兰[Moulins]召开的知名人士会议提交的一份关于法律改革的书面材料,它对大革命前法国的法律产生了影响。

Ordinance of 1787 〈美〉《1787年条例》 关于西北地区[Northwest Territory]政府的法律。其中规定了宗教与法律自由、鼓励教育、公正对待印第安人、未来州的划分以及废除奴隶制等内容。

Ordinance of 1681 〈法〉《1681年条例》 法国制定的一项海事法令。

Ordinance of 1648 〈英〉《1648年条例》 英格兰一部与海事管辖权有关的法律。该法在1660年被废止。

Ordinance of 1647 〈美〉《1647年条例》 马萨诸塞殖民地[colony of Massachusetts]通过的,经过修订至今有效的一个法律。根据该法,州拥有其疆域内的大池塘,这些池塘被托管供公众使用。

Ordinances of Amsterdam 《阿姆斯特丹法令》(⇨Laws of Wisby)

Ordinances of the Holy Apostles through Clement 至克莱门特时代止的圣徒法令(= Apostolic Constitutions)

ordinandi lex 〈拉〉程序法

Ordinarius ita dicitur quia habet ordinariam jurisdictionem, in jure proprio, et non propter deputationem. 〈拉〉常任法官之所以为常任，乃因为他是依职权享有常任审判权，而非依委派或授权。

ordinary ❶(罗马法)常任法官 指无需委任，可依自己职权审理案件的法官。❷〈美〉负责遗嘱执行、信托、监护等与遗嘱有关事项的法官 ❸(教会法)教会常任法官 指所有行使固有管辖权[ordinary jurisdiction]的神职人员，即他从所任职务中自动获得管辖权，不同于授权管辖权[delegated jurisdiction]。该管辖权归属教皇、大主教、主教和某些低级神职人员，大主教是整个教省的常任法官，他巡查并受理下级辖区的上诉。在英格兰教会法中，当主教或代理主教担任常任法官[judex ordinarius]或具备司法权力时行使固有权力。该头衔亦指美国南卡罗来纳州某些特定选区的法官。❹公寓;旅馆 指为游人及其马匹提供食宿的地方。

ordinary action 按普通程序进行的民事诉讼

ordinary and necessary expense 正常及必要的开支 指在企业运营中发生的正常、适宜的费用，在征税年度产生并支付，这部分费用可以扣税。

ordinary bailee 普通受托人(⇨ordinary bailment)

ordinary bailment 普通寄托 为寄托人单方的利益或为受托人单方的利益或为双方当事人相互的利益设定的寄托。

ordinary care 普通注意;一般注意 在法律上，它与应有注意[due care]、合理注意[reasonable care]、足够注意[adequate care]和适当注意[proper care]同义。此种注意的程度是指一个通常谨慎和有能力的人，在从事同样的事务或者努力时，在相同或类似的情况下注意的程度。这是判断是否犯有过失的一种标准。在履行其普通法的责任上，必须尽到注意义务，以防止对他人的人身或财产造成损害。它是一种相对的标准，一般注意应根据个案情况确定。(⇨care)

ordinary conveyance 通常的财产转让 指通过合同而自愿进行的转让，区别于通过法院判决而剥夺财产所有权或依法院命令而进行的转让。

ordinary dangers incident to employment 雇佣附随的通常危险 指一个通常谨慎的人所能预见到的在雇佣中附随的危险，但不包括因过失行为所造成的危险，除非该危险是经常性的并且为雇员所知晓。

ordinary diligence 普通注意;普通谨慎 一个通常谨慎的人，在类似的争议事件中处理其自己的财产时会给予的注意。(⇨diligence)

ordinary dividend 普通股利 公司发放的定期股利，区别于额外股利[extra dividend]或以股票形式发放的股票股利[stock dividend]。

ordinary income ❶经营收入 指在商业的正常营运活动中得到的收入，亦称作"operating income"。❷一般收入 在个人所得税方面，指来自工资、佣金、利息等的收入，与资本收益所得相对。

ordinary life insurance 普通人寿保险;普通终身保险 承保被保险人终身的人寿险，在保险期间，被保险人支付固定额保费。保费的投资部分累积储蓄。被保险人死亡时，收到一笔得到保证的赔偿款。亦称作"whole life insurance";"straight life insurance"。

ordinary low-water mark 通常低潮线

ordinary negligence 普通过失;一般过失 指缺乏普通注意[ordinary care]，亦即缺乏一般人或合理谨慎的人在相同情况下所采取的注意，从而构成的过失。有过失的人应对此承担法律责任，该词最常用以区分过失与重大过失[gross negligence]，后者是指明显缺乏注意。(⇨negligence; ordinary care)

ordinary partnership 普通合伙 指除商业合伙[commercial partnership]和有限合伙[limited partnership]之外的所有合伙形式。

ordinary persons 一般人;普通人 就特定事物具有普通注意和谨慎的人。

ordinary proceeding 普通诉讼程序 指旧时普通法上的、在普通法法院适用的，也是现在的民事诉讼规则和法典规定的一种诉讼程序，它以签发传票开始，于作出可依执行令[execution]强制执行的判决结束。

ordinary prudent man 普通谨慎的人(⇨the ordinary prudent man)

ordinary, reasonable and prudent/ORP 通常的、合理的与谨慎的 有关过失案件中衡量注意的标准。(⇨care)

ordinary repairs 普通修理;通常修缮 指为了使财产处于良好状态，对其通常损坏或者自然的、不可避免的损耗所进行的修理，如油漆、贴壁纸、修理管道装置等。

ordinary risks 通常风险 因业务本身固有特性导致的风险，而不是由雇主过失所引起的危险。相对于"特别风险"[extraordinary risks]，后者指由雇主过失所引起的危险。

ordinary risks of employment 雇佣工作中的通常风险 指在发生争议的雇佣工作中，通常并在正常情况下易于发生的或作为雇佣工作的一部分的，并且已为雇员所知悉或推定其已经知悉的危险。亦指雇主为履行保障雇员人身安全之义务而采取一切必要措施后，仍然存在的危险。

ordinary seaman 普通海员 仅能完成日常航行的一般职责，而不能像一等海员[able seaman]那样具备全面的航海知识和经验的海员。

ordinary shareholder 普通股股东

ordinary shares 普通股 股东有权对公司事务投票，在公司支付了其他索赔和红利，特别是优先股的红利之后得到红利，且在公司清算时可分享资产。亦称作"common stock"。

ordinary skill 普通技能 人们从事某一特定工作通常运用的技能，不包括具有非凡天资和能力的少数人的技能。

ordinary skill in an art 专业普通技能(⇨ordinary skill)

ordinary wear and tear 通常的损坏(⇨wear and tear)

ordinary witness 普通证人 了解有关案件事实，且可被强制作证的人，区别于专家证人，后者在不愿作证时不得强制其作证。

ordination n. 圣职授阶仪式;授圣职礼 申请圣职时候选人必须先取得一项资格，即获得一位堂区长[rector]或堂区代理[vicar]的保证。如主教认为此人适宜被授予圣职，该堂区长或代理将接受此人担任其牧师助理[curate]并付给一定薪金，然后由主教或其教士审查候选人的信仰与学识。候选人还必须提供各种证书，特别是他在一定时期居住地的堂区[parish]神职人员签署的证明文件，并应符合有关神职人员的各项法令规定。神职人员必须年满23岁才能被授任为教会的执事或助祭[deacon],24岁才能被授任为牧师[priest]。

Ordine placitandi servato, servatur et jus. 〈拉〉当诉讼程序规则被遵守时,法律也就被遵守了。

ordines n. ❶宗教团体或某一修道会成员举行的全体会议或其他正式会议 ❷[O-]《礼书》 Ordo 的复数。(⇨Ordo)

ordines majores et minores 〈拉〉正级神品和次级神品;大品和小品 正级神品指司祭[priest]、助祭[deacon]和副助祭[sub-deacon],有资格推荐和施行圣职初圣仪式;次级神品指唱弥撒的神父[chanter]、唱经员[psalmist]、司门员[ostiary]、诵经员[reader]、驱魔员[exorcist]和襄礼员[acolyte]。

ordinis beneficium 〈拉〉(罗马法)顺序上的特权 保证人享有的权利。指保证人在债权人向其追偿所担保债务时,有权要求债权人先行穷竭向被保证人的财产求偿。(⇨beneficium ordinis)

ordinum fugitivi 〈英〉背叛的修道会人员 蔑视其宗教誓言与义务,出走并背弃其原来归属的特定宗教团体的人。

Ordo 《礼书》;《修道士礼拜守则》 规定修士在礼拜仪式中必须遵循的规则的书。

ordo albus 白衣修士或奥古斯丁派修道团修士 着白衣者还有西多会修士[Cistercians]。

ordo judiciorum 〈拉〉(教会法)判决顺序;审理案件的正当程序规则

ordo niger 黑衣修士 着黑衣者还有克吕尼克会修士[cluniacs]。

oredelf (=ordelfe)

Oregon boot 俄勒冈长靴 为了防止犯人逃跑而束在其脚踝上的重物。

ore-leave n. 矿石开采权

ore tenus 〈拉〉口头的;口述的

orfgild 〈撒克逊〉移交或返还牲畜;(因联保组织内成员的违法行为而由)百户区或郡作出的补偿;对带走他人牲畜者的惩罚;牲畜的价值

Organic Act 〈美〉《组织法》 国会规定设立政府组织,授予权力的法律,如规定哥伦比亚特区[District of Columbia]政府永久体制的 1878 年法律。市政法人赖以组织和创设的制定法是其组织法及其权力的限度,任何超越组织法所授予的权力范围的权力都是无效的。

organic law 组织法 一个州或一个国家的成文或不成文的根本法律或宪法。界定和设立政府组织的法律、法律制度或法律原则。也可以指一个社团——如一个互助社团——的基本法。

organization n. ❶组织;机构 泛指个人或依法联合形成的团体。在美国商法上,该术语包括公司、政府下属部门或机构,商务信托,不动产信托,合伙或联合,有联合或共同利益的两个或两个以上的人,或任何其他法律或商业实体。 ❷组织活动 规划、安排和开发行为,如组建一个公司或工会的行为。 ❸〈美〉领导层;管理层;政党全体管理人员 政党在镇、市、县或州的领导班子和政党的委员及其他支持领导班子的人。

Organization for Economic Co-Operation and Development/OECD 经济合作与发展组织 国际性的政府间组织,总部设于巴黎。其前身为1948年成立的欧洲经济合作组织[Organization for European Economic Co-Operation/O.E.E.C.]。1960 年 12 月 14 日,18 个欧洲国家及加拿大、美国签订了《经济合作与发展组织公约》[Convention of the O.E.C.D.],该公约于 1961 年 9 月 30 日生效,同时日本、芬兰、澳大利亚和新西兰也成为组织的正式成员,此后,匈牙利、波兰、捷克、俄国、韩国先后加入,使该组织成员国已扩大到目前的 29 个。该组织的宗旨是推动经济的发展、促进国际贸易、以及提高成员国和非成员国的生活水平。

Organization of African Unity/O.A.U. 非洲统一组织 1963 年 5 月 25 日成立于埃塞俄比亚首都亚的斯亚贝巴。该组织的目的在于加强非洲国家在政治、社会、军事、经济、科学文化事务上的合作,但由于其组织机构缺乏强有力的超国家权力从而难以实现上述任何目标。该组织的主要机构有:各国首脑会议(每年召开一次)、部长理事会、总秘书和各专门委员会。该组织主要致力于针对各种形式的殖民主义采取政治行动。其宪章强调"所有尚未独立的非洲领土的解放"。该组织也力图和平解决非洲大陆的边界争端,并建立了一个"斡旋、调解和仲裁委员会",以避免将此类争端提交联合国安理会。

Organization of American States/O.A.S. 美洲国家组织 1948年创设的区域性国际组织。该组织取代了泛美联盟[Pan American Union]并将《里约热内卢条约》[Rio Treaty]纳入其宪章。其宗旨是合作、集体安全、和平解决争端、协调成员国间的经济、社会和文化关系。该组织对所有的美洲国家开放。其主要机构有美洲国家会议[Inter-American Conference]、外交部长协商会议[Meeting of Consultation of Foreign Ministers]及各种专门会议和专门组织。1961 年依据《埃斯特角宪章》[Charter of Punta del Este]创设了争取进步联盟[Alliance for Progress]。

Organization of Arab Petroleum Exporting Countries/O.A.P.E.C. 阿拉伯石油输出国组织(⇨Organization of Petroleum Exporting Countries)

organization of board 董事会(委员会的)组织工作 董事会(委员会)等为选举官员而召集和举行的会议。

Organization of Petroleum Exporting Countries/OPEC 石油输出国组织 由世界上 13 个主要的石油生产国组成的卡特尔[cartel],其成员大部分为阿拉伯国家。该组织对成员国的石油产量进行控制并确定统一的销售价格。

organized county 〈美〉有组织的县 拥有合法官员、法律机制和用以行使与它作为准市政法人有关的权力并履行相关义务的手段的县。

organized crime ❶有组织犯罪 由一个核心组织所协调和控制的较普遍的犯罪活动。(⇨racketeering) ❷有组织犯罪成员;有组织犯罪组织(⇨syndicate)

orgild 〈撒克逊〉没有赔偿;未获赔偿 如被杀者未能得到赔偿,则判定其为合法所杀。

orgylde (=aegylde)

origin n. ❶原产地 商品制造或出产地证书一般称作"certificate of origin"。 ❷出生(地)

original a. ❶最初的;第一的;原始的 ❷独创的;原作品的
n. ❶原物;原作;原文 ❷有独创性的人 ❸脾气古怪的人

original acquisition 原始取得 指取得此前不属于其他任何人的财产。原始取得的手段有先占[occupancy]、添附[accession]以及智力劳动,例如通过发明创造而获得专利或因创作作品而获得版权。(⇨derivative acquisition)

original and derivative estates 原始产权(不动产权)和派生产权(不动产权) 在具有一项先行的产权(不动产权)

和一项财产复归权[reversions]这种相互关系的数种产权中,第一位产权称为原始产权,与此相对应的称为派生产权,后者是从一项较大的产权分割出来的部分的权益。前者如包含占有、使用、收益、处分及非限嗣继承的地产权[fee simple];后者如设定房地产租赁权[leasehold],在租赁期届满时,所有人享有财产复归权。

original asking price 原始要价 土地所有人向不动产经纪人提出其待售财产的开价。

original bill 初始诉状;诉讼开始诉状 旧时衡平法上的一种起诉状,就具有相同利害关系的同一当事人之间先前从未争讼过的事项向法院提起诉讼。

original contractor 原始承包人;第一承包人 该人与所有人订立承包合同,以完成某一完整的工程项目,包括购买所有的材料、雇佣分包商并向其付款、统筹全部工作。亦作"general contractor"或"prime contractor"。(⇨contractor)

original conveyances （普通法上的）原始转让 亦称最初转让[primary conveyances],指创设或首次产生产权或利益的转让。它包括:不动产让与[feoffments]、赠与[gifts]、授与[grants]、租赁[leases]、互易[exchanges]和析产[partitions]。

original cost 原始成本 取得一项资产时的实际成本,不包括任何调整、改良和增建的成本,区别于资产的现值及重置成本。亦称作"acquisition cost";"historical cost"。

original damages 最初损害赔偿金;基本损害赔偿金 指因损害不动产而引起的,根据法律规定所应支付的一项赔偿金。不得以此为据而不时增加的损害要求赔偿。

original document rule 原本规则 依该规则,证明某一文件内容的最佳证据是该文件的原本。因此通常要求对该内容承担证明责任的当事人首先应提供文件的原本,但在无法获得原本时也可提交副本。

original entries 原始记录;原始分录(⇨book of original entry)

original estate 原始产权;原始不动产权(⇨estate;original and derivative estates)

original evidence 原始证据 指作为证据提出的文书或物品的原本或原件,区别于以其副本或复制件形式存在的次要证据[secondary evidence]。照片的"原件"包括负片或从该负片洗印出来的任何正片。如果原件是储存在计算机或其他类似的机械中时,任何准确地反映原件的可阅读的打印件均为"原件"。

originalia 〈拉〉(英格兰古法)由衡平法院编制并移送皇家税债征收官办公室的文书或其他文件 与财税法庭[exchequer]的司法档案[recorda]相区别。

originalia rolls 原始档案 登载英国大法官法庭送往财税法庭[exchequer]的特别是关于罚锾摘录的案卷,自1236年至1837年。(⇨originalia)

original inventor 原始发明人(创造人);基础发明人(创造人) 在专利法中,指某一技术领域的首创者,即发展某一原始设想并产生成功的、有用的、有形的结果的人。与改进人[improver]相区别。

original issue 原始发行 特定种类或系列的股票或债券的第一次发行。

originality n.独创性 在版权法中,指作品获得版权保护的条件,亦即该作品是由作者独立创作完成的,并且至少具有最低程度的创造性[creativity]。美国最高法院在1991年的法伊斯特案[Feist]案中认为,"独创性"的宪法性要件中还应包括"创造性"这一独立要件,但这种"创造

性的程度是非常低的,甚至只要有一丁点就足矣…"。作为作品保护要件的独创性,不同于专利法中的新颖性[novelty]标准。如果两个以上的作品在实体内容上同一,但它们是由各自作者独立创作的,那么就没有理由认为不能存在两个有效的版权。(⇨novelty;copyright)

original jurisdiction 初审管辖权

original package 原装 根据惯例,货物的原装由出卖人交与承运人运输并作为一个单位交付收货人。在美国税法判例中,有一种原装规则,即指如果从外国进口的货物仍作为进口商的财产存放于其仓库中,并保持了其进口时的最初形态或包装,则不能对其征收州或地方税。但在州税法中,对于从另一州运进的货物,已经明确拒绝了适用这种规则。

Original Package Act 〈美〉《原包装法》(⇨Wilson Act)

original package doctrine 〈美〉原装规则 布朗诉马里兰州[Brown v. Maryland]一案中确立的原则,该案在阐释美国宪法的商业条款上具有里程碑意义。最高法院在判决中认为,一个州只有在进口货物的原装被打开后才能予以征税或征收许可费,因为此时货物已不处于州际商业流通之中,从而不再适用联邦规章。

original patent 基础专利(⇨basic patent)

original process 初始传票;初始令状 在诉讼程序开始时签发的传票或令状,即强制被告人出庭应诉的传票[summons],不同于在诉讼过程中签发的中间令状[mesne process]及在执行程序中签发的终局令状[final process]。

original promise 原始允诺 指为他人的债务提供保证而作的允诺,其主要目的是为了允诺人的利益,此项允诺是在该项债务成立之时或之前作出的,故受诺人是以此项允诺作为对价提供信贷的。依美国判例,此种承诺无需作成书面形式也可以强制其履行。

original work 独创作品 指作者以自己的技巧、劳动和判断而创作的作品。

original writ 起始令状;开始令状;初始令状 该令状的含义是指普通法上不动产诉讼的开始或根据。它主要不是主张管辖权,而是以国王命令的形式授予法官审理令状中所包含的事由的权力。这种令状一般采用文秘署[Chancery]命令函的形式签发给郡长,而且以君主的名义,加盖国玺。1873年以后,该令状不再使用。所有的诉讼都由传唤令[writ of summons]开始。

origination clause 〈美〉始创条款 美国宪法第一条第七款规定,"一切征税议案应首先由众议院提出。"该条款被称为始创条款,这是不出代表不纳税原则的宪法化。虽然征税法案的始创权专属于众议院,但参议院对此具有与其他法案一样的赞同、修改或否决的权力。

origination fee 始创费用 借款人支付给贷款人用于准备和办理贷款的费用,包括为对借款人的资信调查、财产权核定及财产估价等所支出的费用。

Origine propria nominem posse voluntate sua eximi manifestum est. 〈拉〉任何人不得任意脱离自己的国籍,此乃自明之理。

Origo rei inspici debet. 〈拉〉应虑及事物的起源。

ornaments rubric 〈英〉教堂礼拜用品规则 《公祷书》[Prayer Book]中用红色字[rubric]印行的教堂礼拜规程,它规定在早祷[Morning Prayer]开始前应按1548年《信仰统一法》[Act of Uniformity]认定的方式保持和使用诸如牧师法衣、十字架等礼拜用品。

ornest (英格兰古法)决斗审判 起源于英格兰北部的王国,但在诺曼人征服英格兰之前并不常见。(⇨trial by combat)

ORP (= ordinary, reasonable and prudent)

orphan n. 孤儿 通指父母双亡或一方已故的儿童或未成年人，后者正确的称呼为半孤儿[half orphan]或无父的儿童。在英国，御前大臣[Lord Chancellor]是所有孤儿和未成年人的总监护人。在伦敦，市长和高级市政官[Lord Mayor and Aldermen]通过孤儿法庭[Court of Orphan]对已故自由民的孤儿进行监护，并保管其土地和财物；其遗嘱执行人相应地将死者的遗产目录呈交市财务官[Chamberlain]，并保证该孤儿的份额。监护人的津贴根据 1975 年《社会保障法》[Social Security Act]支付。

orphanage n.〈英〉孤儿份额 根据伦敦习惯[custom of London]保留给孤儿的财产份额。(⇨ legitime; dead's part)

orphanage part 孤儿份额 根据伦敦习惯，未立遗嘱而死亡者的子女所享有的遗产份额。依惯例，在孤儿年满 21 岁以前，该遗产份额并不完全授予孤儿，他们不能以遗嘱处分该财产。若孤儿在 21 岁之前死亡，无论是否已婚或独身，其份额由其他子女继承；但在 21 岁之后，则不再受孤儿习惯的约束，如其未立遗嘱死亡，按遗产分配法[statute of distributions]执行。

orphan dues 〈英〉救济孤儿税 根据 1693 年的法律，对进入伦敦港的各种酒类按每桶 4 先令所征收的、用以救济伦敦市内孤儿等人的税收。威廉四世和维多利亚[William Ⅳ and Victoria]时代的法律也规定，对输入伦敦周围 20 英里内的煤炭、无烟煤和煤渣征收同样的税收。后于 1861 年被免除，1872 年被终止。

orphanotrophi 〈拉〉(罗马法)孤儿院、育婴堂负责管理事务的人员

orphan's court (= Court of Orphans)

orphan's deduction 孤儿继承遗产减税额 如死者配偶已先行死亡，遗有未成年子女，且在该死者死亡时其未成年子女并无已知的父母，则应减征遗产税，其减税额在美国由《美国法典》第 26 篇《国内税收法典》第 2057 条规定[U.S. Code, Title 26, IRC. Section 2057]。

O.S. (= old style)

Os demonstrat quod cor ruminat. 〈拉〉言为心声。

OSHA (= Occupational Safety and Health Act of 1970)

osken (= oxgang)

ostendit vobis 〈拉〉"理由如下" 旧时诉状中的正式用语，原告据此开始阐明其起诉理由。

ostensible a. 表面的；外观上的；名义的 指无论真实情况如何，从当时情形表现或披露出来的。例如，表见代理[ostensible agency]即指根据当时情形而推定的可以代理人身份实施行为的权利，尽管该人可能实际上并无此权。

ostensible agency 表见代理 一种默示的或推定的代理。它是指因一方故意或缺乏普通注意而导致他人相信某一第三人为其代理人从而形成的代理，尽管其实际上从未委托该第三人为代理人。此种代理并非严格意义上的代理，它事实上是完全建立在"不容否认"原则之上的。例如，妻子以丈夫的名义赊购货物的这种代理行为，由于丈夫在许多场合对妻子的行为表示默认，故其在此次行为中亦受代理行为的约束。(⇨agency by estoppel)

ostensible agent (= apparent agent)

ostensible authority 表见的权限；表见的授权 指由于本人的故意或缺乏普通注意而导致他人相信代理人所拥有的权限，虽然该代理人实际并未获得授权。(⇨ostensible agency; apparent authority)

ostensible ownership 表面所有权 以行为或言词表现的名义上的所有权。按照"表面所有权"理论，财产所有人如果使他人获得表面上的所有权，则其后不得主张自己拥有所有权而对抗已经被引诱同表面所有权人交易的第三人。

ostensible partner 名义合伙人 实际上不是却使人认为是某一合伙组织成员的人。虽然并未依合同或协议成为某一商号的合伙人之一员，但如果此人自己曾经坚持或者被允许坚持作为该商号的合伙人，则此人应承担合伙人责任。(⇨nominal partner)

ostensible partnership 名义合伙(⇨ostensible partner)

ostensio (古)展销税 古时商人获准在市场上展销商品所要交纳的一种税。

OTC (= over-the-counter)

OTC market (= over-the-counter market)

other consideration 其他对价 合同中一般未注明的其他有价值的对价，原因是数量较多不便一一列举，或为避免公众了解全部对价——也称"其他良好有价对价"[other good and valuable consideration]。

other insurance 另保 就同一风险为同一人的利益所另投的保险。(⇨ contribution between insurers; double insurance; excess insurance)

other insurance clause 另保条款 保险单中的一项条件条款，不允许被保险人未经保险人同意就同一承保风险另行投保。此条款通常见于火灾保险单中。如果被保险人就其财产另有保险，他应将此事实向保险人披露，并在保单上背书注明，否则该保险被视作无效。

othesworthe 〈撒克逊〉(= oathworthy)

oulter le mer 〈法〉在国外；在海外 这是被传唤人未出庭的原因之一。

oultre le mere 〈法〉(= oulter le mer)

ourlop (英格兰古法)风化罚金 低等封臣在其女儿被诱奸时交纳给领主的罚金。

ouster ❶非法剥夺占有 对可继承财产[hereditament]强行占有的行为。❷免职；罢黜

ouster judgment ❶驱逐判决 在收回土地之诉[ejectment]中作出的被告败诉的判决。❷回复判决 在强行进入和扣押之诉[forcible entry and detainer]中作出的要求被告将土地返还给原告的判决。❸剥夺职位判决 在选举异议[election contest]程序中作出的已就任职位的被异议者[contestee]败诉的判决。

ouster le mer 〈法〉(= oulter le mer)

ouster of jurisdiction 丧失管辖权 指法院对某一案件取得管辖权后又丧失该管辖权的情形。

out n.(口)(= avoidance ❸)

out and out conversion 完全的财产种类转换；彻底的财产种类转换 这种转换的规则是：基于各种目的，合伙人所提供的作为合伙财产组成部分的不动产或者他们认为属于合伙财产的不动产，在衡平法上被视为已经转换为动产。以此调整合伙人之间的合伙债权债务，或者确定某一死亡合伙人的遗产管理人与法定继承人之间的继承关系。

outbreak of war 战争爆发 两国间敌对状态的开始，不论是否宣战。

outbuilding n. 附属建筑物 指同主体建筑相关联的建筑物。(⇨outhouse)

outcome-determinative test (= outcome test)

outcome test 〈美〉诉讼结果标准 依该规则，由联邦法院

管辖的不同州籍公民之间的诉讼[diversity of citizenship action]所获结果应与该诉讼如果在州法院进行所获结果相同。

outer bar 〈英〉外席律师 即初级出庭律师[junior barrister]，因其只能在法庭围栏[bar]以外进行诉讼活动而得名，区别于皇家大律师[Queen's Counsel]，后者则可在法庭的围栏以内进行诉讼活动。

outer continental shelf 〈美〉外部大陆架 在广义的"大陆架"概念范畴下，处于可通行水域覆盖下的海底区域以外向海延伸的淹没地。该部分淹没地的底土和海床的自然资源属于美国，并受其管辖和控制。

outfangthef n. (= outfangthief; outfangtheft)

outfangtheft (= utfangtheft)

outfangthief n. 外盗管辖权 封建领主的一项特权，即领主对自己手下的、已因盗窃而被另一领主处罚过的人仍有权将其吊死，或对在别处实施了盗窃后进入自己管辖地区内的窃贼有权予以审判，或对自己手下的、在其管辖地区以外实施了盗窃的人有权将其带回并予以审判。

outfit ❶装备 如木工、野营者的装备。❷军人装备 如兵士的武器、军服。❸军事单位 特指陆军一个师。❹外交官津贴

outgoings n. 支出；开销 所有者获得净收益前的总支出。

outhouse n. 附属房屋 从属于主要寓所或房屋，但又与其分开的、在庭园或宅地之内或之外的建筑物。同住所相连的较小的或附属的建筑物，通常和住宅分离并有一些距离，非用作居住，仅供放置必需品或生活便利之用，例如仓库、工具间等。

outland n. 外封地 在撒克逊时代，领主分封出去而由保有人领有的部分庄园土地，区别于领主留归自用的自留地[inland]。

outland bill 涉外汇票 与对外贸易有关的汇票。

outlaw n. ❶被逐出法外者；被剥夺法律权益者 依判决被剥夺法益或被置于法律保护之外的人。❷罪犯；歹徒；亡命之徒（⇨outlawry）

outlawry n. (英格兰古法)逐出法外；剥夺法权 源于撒克逊时代的"utlagatus"，即剥夺法律资格与地位，不受法律的保护。最初是针对那些杀害了他人，而不赔付偿命金给受害人亲属的人的处罚。在普通法中，对于那些蔑视王室法院，拒不到庭或者逃避司法的人被处以"逐出法外"。早期"逐出法外"是相当严厉的处罚，"被逐出法外者"[outlaw]法语称为"狼头"，即任何人可以像杀死狼那样杀死他人。在阿尔弗雷德[Alfred]国王在位一直持续到诺曼人征服英格兰之后的一段时期内除了重罪，任何人不得被逐于法外。到了14世纪中叶爱德华三世时期，合法拘捕并处死被逐出法外者的权力仅授予郡长，这意味着被逐出法外者不再是"狼头"。被逐出法外者还被剥夺民事资格，所拥有的全部财产充公没收，不得拥有财产，也不得接受转让财产，不享有诉权，但可代表享有民事资格的人提起诉讼。"逐出法外"的处罚因其严厉，在民事程序中早已废弃不用，但在1879年才被正式废止。在刑事程序中，它实际上也没有被使用，但是1870年《没收法》[Forfeiture Act]又正式使这一处罚发生作用，1938年被废止。在美国，"逐出法外"的处罚至少在民事案件中并不存在。

outlot n. 边地 在早期的美国土地法中，尤其是在密苏里州[Missouri]，是指在村、镇范围外但受市辖属的一小片土地。此词现通指在某一地块中非用于建筑目的的一片土地。

地。

out of benefit 中止受益；中止保险 保险术语，指保险单持有人因未支付保险费而被暂停保险。

out of court 法庭外的

out-of-court settlement 庭外和解 指诉讼双方当事人在无法庭参与的情况下达成和解，从而终结诉讼。

out-of-pocket expense 自付费用 以自己的资金或现款支付的费用。

out-of-pocket loss 买价与市价的差额损失 买方所支付的货物价款与其真实的市价之差额。在违约案件中，买价与市价的差额是用以衡量损害赔偿的尺度。

out-of-pocket rule 买价与市价差额损失赔偿原则 该原则是指，受欺诈的买方可以买价与市价之间的差额要求赔偿。（⇨out-of-pocket loss）

out of term 休庭期

out of the state 在州外；在域外（⇨beyond the seas）

outparter n. 盗牛贼（⇨outputter）

output contract 产品包销合同 买方承诺购买卖方在一定期间以约定价格能够提供的全部货物或劳务，其数量额度按卖方产品量计算。亦称全部产品量合同[entire output contract]，与按照买方需要定购销量合同有别。（⇨requirements contract）

outputter n. 〈英〉❶为抢劫庄园主宅邸[manor-house]者望风的人 特指在里兹代尔[Redesdale]统治时期，为在诺森伯兰郡[Northumberland]、坎伯兰郡[Cumberland]和威斯特摩兰郡[Westmorland]的邻郡进行抢劫的人放风和提供犯罪工具的人。❷盗牛贼（= outparter）

outrage n. 严重侵害；暴行；强暴；凌辱 侵权行为之严重侵害的构成要件是：被告故意或不计后果地损害被害人的人身或财产，实施强暴、激烈的行为，给被害人带来严重的精神痛苦。

outrage and indignity 严重侵害和侮辱 不仅能造成身体伤害并且会造成精神痛苦的不法行为。

outrageous battery 残忍的殴击 类似于重罪[mayhem]的一种恶意行为。

outrageous conduct 粗暴蛮横行为 超越文明礼貌范围的行为。（⇨emotional distress）

outriders n. (英格兰古法)外勤法警 郡长或其副手雇佣派遣到郡或百户邑[hundred]的边远地区传唤当事人出席郡邑法院的差人。

outright gift 完全赠与 赠与人在生时以不再撤回之意思将财产交付受赠人的赠与。又称生时赠与或无保留赠与[gift inter vivos; life gift; absolute gift]。

outrooper (= outroper)

outroper n. 拍卖人；特许拍卖人 指依法领有执照从事拍卖业务者。

outside director 外聘董事 公司董事会成员，但并非公司雇员或管理人员，也不参与公司日常管理事务。包括投资银行家、律师或其他对现行管理提供建议和服务，与之有较小的或者没有直接的利害关系的人。亦称"加盟董事"[affiliated director]。

outside salesmen 外部推销员 指在雇主营业地之外专职从事推销业务的人。如果雇员具有外部推销员资格，则所有与其雇佣相关的开支均可作纳税扣减。

outstanding a. ❶已发行在外的 如股票、公债等。（⇨outstanding stock）❷未解决的；未完成的；未付款的；未偿付的；未兑现的 ❸〈英〉存在的；残存的 如土地被授予受托人或抵押权人，则信托受益人或抵押人只能处分

该土地上的受益人的或衡平法上的权益,土地上的普通法权益则仍存在于[outstanding in]受托人或抵押权人处。如果信托或抵押已经完成,而未将普通法权益转授予信托受益人或抵押人,后信托受益人或抵押人与他人缔约出售土地的,则买主可以要求其取回普通法权益,亦即从受托人或抵押权人处受让该土地的普通法权益。

outstanding accounts 未清账目 尚未收或尚未付的欠账,不论好账或坏账,有时按照商业惯例解释,也指在坏账已经归入损益账后仍然挂着的账目。

outstanding and open account 未清待解决账目 在法律和商业协议上,由于工作或劳动、货物售出和交付以及其他未落实协议,没有写成文字,有待将来解决和清理的债务,而且此种未解决的债务,通常是根据提出主张的权利人的账册揭示的,它不包括明示合同或者已见诸文书的债务,如汇票等。

outstanding note 未结票据;未兑票据;未付票据

outstanding security 未收回证券;发行在外的证券 由投资者持有,发行公司尚未回赎或购回的证券。

outstanding stock 在外股票;流通股票 已发行尚未偿付的股票;由投资者拥有、发行公司未回购的股票。亦称作"outstanding capital stock";"shares outstanding"。

outstanding term (= term in gross)

ouverture des successions 〈法〉继承开始 一方由于他方自然死亡或宣告民事死亡而开始继承。

ovelty (英格兰古法)平等

over a. ❶上方的;上面的;多余的;剩余的;超过的 ❷继续的;接续的 有时写于一页纸上,表示续见另一页纸。❸附条件的 在财产转让中,该词常用于表示优先财产权失效时生效的一种不确定的附随条件,如关于授予财产的在遗嘱或处分协议中通常称为"姓氏和纹章条款"[name and arms clause]的内容,即设定一个先决条件,如果受遗赠人不使用遗赠人的姓氏和纹章,则财产归于他人,此谓限制或附条件的赠与[limitation or gift over]。

overbreadth doctrine 〈美〉过宽限制原则 源于美国宪法第一条修正案。该原则用于宣告那些过于宽泛的立法无效。此种立法既包含可以容许的禁制,但同时也限制所保障的言论、出版与集会自由的权利。该原则要求,如果一项制定法果真可以被适用来对人民受宪法保障的言论或行为加以惩罚,应宣告该制定法无效。但是限制过宽的法律也不是必然要整体撤销。指控一个法律限制过宽而明确地使之无效必须符合下面两个条件:①宪法保障的行为是该法律的控制目标的重要组成部分;②没有令人满意的办法可以把该法律的合宪的与违宪的运用区分开来以便简单地使该法律不再包含违宪的运用。

overcertification n.透支证明 由银行职员或代理商证明支票中所支取的款项超出了相应存款余额的行为。

overcharge v.过高要价 要价超出了法律所允许的限度。

overcome v.压倒;推翻 在法律上用来指某一推定可由其他证据加以推翻。该词不仅意味着这些证据具有优势,而且要求这些证据能完全否定该推定。

overcyted n.被证明有罪或被裁判有罪 由陪审团裁断认定犯罪的人或者出庭认罪的人。亦作 overcyhsed。

overdraft/od n.透支 ①支票、汇票或其他付款要求超过可从中提款的贷方账户中的余额;②贷方凭单或订购单中所列余额超过预算或所拨资金额。(⇨ kiting; NSF check)

overdraw v.透支 要求某人或银行支付超过可从中提款

的贷方金额或应收账款金额。

overhead(s) n.经常开支费用;一般管理费 不能归入为生产特定产品、提供服务或劳务支出的事业管理支出费用,如房租、水电、煤气等公用事业费,辅助行政人员薪金等,固定的或通常的经营管理费用。亦称行政管理费[administrative expense]、办公费[office expense]。

overhernissa 〈撒克逊〉藐视法庭罪

overinsurance n.超额保险 在不告知保险人或未经保险人同意的情况下,被保险人就同一风险再次投保。(⇨ excess insurance;double insurance)

overissue n.超额发行;过度发行;滥发 如证券发行超出了授权的资本额或增资额。

overlying right 引水权 基于土地所有权的一种从属权利。土地所有人有权在该流域或分水线之内的土地上从地下取水使用。

overreaching n.❶过分;过头 指从他人处获取不公平的商业利益的行为或情况,尤指以欺诈手段为之者。❷超越;越出 指一方由于行为过甚而致自己的目的落空。

overreaching clause 超越条款 ①继承财产再设定证书[resettlement]中的一项条款。它保留了由原继承财产设定证书[settlement]所创设的附属于终身权益的出卖与出租财产权,以避免继承财产再设定证书意图授予地产保有人以相同的地产与权力。因该条款假定继承财产再设定证书应被原行使之权力所超越,故此得名。若继承财产再设定证书中无此条款,则由原继承财产设定证书所创设的与终身地产权相附随的权力因此而消灭。②多方契据[indenture]中的一项条款,创设于某一外部文件的权力,注明该等权力超越于由多方契据所创立的权力。

override n.❶佣金;酬金 ❷特许使用费;油、气开采权使用费
v.❶优先于;取得优势 ❷撤销;使无效;废除;驳回

overriding royalty 开采权使用费 根据油气开采租约,以总收益或总产出的指定部分或比例支付的开采权使用费。如发生转租,该使用费则保留给原承租人。

overrule v.❶推翻先例 指在同一法律问题上,同一法院或上级法院作出的后一判决与前一判决相反时,就表示前一判决不再具有作为判例的效力,但该词不适用于同级法院或各独立法庭就相同问题作出相互冲突的判决的情况。在美国,同一法院系统内的上级法院有权推翻下级法院先前作出的判决,各法院也可以推翻自己先前的判决;而在英国,只有上级法院才有权推翻下级法院先前的判决,除上议院自1966年以后有权推翻自己先前的判决外,其他法院不能推翻自己先前的判决。❷否决;推翻 指法院在作出判决时,多数法官的意见否决少数法官的意见。❸驳回;拒绝 指在审判过程中,法官驳回律师提出的反对意见。❹替代;废除;取消;使无效

overruling precedent 推翻先例(⇨ overrule)

oversamessa (英格兰古法)对蔑视或疏于追捕罪犯者所科处的罚金

overseas bill (of lading) 海外运输提单;海外提单 以海运或空运方式向国外运输货物时使用的提单。

Overseas Private Investment Corporation/OPIC 〈美〉海外私人投资公司

overseer n.❶主管者;监督者;监工 负责日常事务的全面监督的公共官员。❷大学董事会成员 ❸济贫官

overseers of highways 〈美〉公路监管委员会 对一些州负责市、县区[township]或县的道路或高速公路的建设与

养护的官员组成的委员会的称谓。

overseers of the poor 〈英〉济贫官 被委派办理济贫工作的地方官员;该职位 1925 年被废止。

oversell v. 出售超过其能交付的量;出售过多而无法交货 对商品(或事物)作过分的宣传,如"别(对商品)过分吹嘘"[Don't try to oversell.]。

oversman n. 〈苏格兰〉独立仲裁人 在仲裁程序中,当两名仲裁员对案件的裁决意见不一致时,依当事人的仲裁协议任命另一仲裁人,由其独立对案件作出裁决。

oversubscription n. 债券认购超额 对一种新发行的公债,其认购者超过可能购得债券的数量。

overt a. 公开的;明显的;表现为行动的 区别于仅仅停留在意图或策划的程度。

overt act (刑法)外在的行为 ①表明具有杀意或严重伤害他人的故意并且因此使他人有正当理由进行自卫的一种行为;②一项帮助合谋叛国或者其他犯罪企图的外在行为,不论它本身是如何无辜。外在的行为通常是这些犯罪的必要条件。亦称 positive act。

overtaking and passing 追越与超车

overtax v. 过重征税

over-the-counter/OTC a. ❶柜台交易的 指未在有组织的证券交易所挂牌或交易的,或指由买、卖双方直接磋商交易的。例如柜台交易的股票[over-the-counter stock]。❷(药品)无医生处方出售的;柜台销售的 指没有医生的处方而可以合法销售的药品。

over-the-counter market 柜台交易市场;交易所外市场 不在有组织的交易所买卖的证券市场。通常由买方和卖方直接通过电话或电脑撮合交易。在美国,许多较活跃的该种股票在"全国证券商协会自动报价系统"——简称'纳斯达克'"[National Association of Securities Dealers Automated Quotation System/NASDAQ]上市交易。简作"OTC market"。

overtime n. ❶工作超时 雇员超出标准工作日或周作的时间。根据美国《公平劳动标准法》[Fair Labor Standards Act],雇主必须为此付雇员(通常为非按年月领薪人员)附加工资,通常为正规每小时工资的1½。❷加班费;(超出工作时付给的)附加工资

overtime premium 加班津贴

overtime wage 超时工资;加班工资(⇨overtime)

overture n. 开始;建议;序曲;开场白;开幕

overt word 公开的言词;明白的言辞 公开、平实的言词,以避免误解。

ovis 〈拉〉羊

owe v. 欠;应给予;应付 主要指应偿还债务,也指政治上的、道义上的或社会性义务。

owel a. 平等的;相等的;同等的

owele (= owel)

owel main(man) (= en owel main)

owelty n. 平等;找平;持平金;等值 在价值不均等的两片土地交换时,由土地价值较小的所有人一方给予他方所有人以一笔款项或其他补偿,此项补偿旨在使价值持平,称为交易的"持平金"或"找平"[owelty or equality of exchange]。

owing a. 未付的(⇨owe)

owling (古)走私羊毛、绵毛出口罪 特指从英格兰偷运羊毛或绵毛出口。此罪以猫头鹰[owl]题名是因为此种犯罪常在夜晚猫头鹰出没时实施。

own v. 拥有合法的所有权;所有;拥有

owner n. 所有权人;所有人;物主;业主 对物[thing]或财产[property]享有所有权[ownership]的人。对物或财产享有占有、使用、收益、转让或处分等权利的人。此词系一多义词,依特定情况或法律规定而涵义有别。在英美法,所有人包括法律(普通法)上的所有人[legal owner]和衡平法上的所有人[equitable or beneficial owner]。在英国,根据 1963 年《公共卫生法》[Public Health Act]和 1961 年《工厂法》[Factories Act],该法所称其房屋所有人是指当时收取该房产年租不少于该《公共卫生法》第 343 条规定的一定房租额度的人,无论是为自身的利益还是作为代理人或受托人。又依照 1925 年英国《财产法》[Law of Property Act]界定,房地产所有人[estate owner]是法律上的(普通法上的)房地产所有人,但未成年人(依 1969 年《家庭法改革法》[Family Law Reform Act]规定未满 18 岁为未成年人)不能享有普通法的地产所有权[legal estate]。地产所有人有权为了出售、抵押、租赁或其他目的而对整个地产权给予普通法的所有权。

ownership n. 所有权 一个人享有的对某物[thing]独占性的支配权,是对物的占有、使用和以出租、出借、设定担保、转让、赠与、交换等方式予以处分等权利的集合,也是法律承认权利人对作为权利客体的物——包括有形财产与无形财产所享有的最充分、最完整、最广泛的权利。但是所有权人可以将组成所有权的权利中的一项或多项暂时处分给他人而不影响其所有权人地位,除非其永久性地放弃对物的控制权。所有权可以分为完全所有权[absolute ownership]与受限制的所有权[qualified (restricted) ownership]。完全所有权为正常意义、权能完整的所有权概念,所有权人在理论上对物拥有无限的支配权,只受适用于全部物的所有权人的一般法律限制——例如相邻权或不得妨害他人——的约束。然而完全所有权的概念不适用于土地及固定在土地上的房屋等附属物,因为根据英格兰普通法,除国王之外的任何人都不享有对土地的完全所有权,而只能基于封建土地分封关系享有某项地产权[estate],其中权能最充分、实质上与完全所有权概念一致的是自由继承地产权[fee simple]。因此,人们可以用 ownership of an estate in land 表达一项地产权的归属,而不能用 absolute ownership of land 表达对土地的完全所有权。这一观念同样为美国及其他普通法国家所继受。受限制的所有权存在于下述所有权人的权利受到某种制约的情况下:①多人共同享有同一物的所有权,即共有[co-ownership]及信托关系中受托人与受益人对信托财产分别享有名义所有权[nominal ownership]或普通法所有权[legal ownership]及受益所有权[beneficial ownership]或衡平法所有权[equitable ownership]的情况;②享有所有权的时间受限制——例如终身地产权[estate for life]或承租人的权利——或被推延——例如剩余地产权[remainder]或归复地产权[reversion];③所有权人对物的使用或处分受到某种限制——例如一定期限内不得转让。

owner's risk 货主托运风险 在提单和装运收据上的运输业者用语,表明承运人不承担保证货物安全的责任。

own motion 自己申请;自己动议 指在诉讼进行过程中,法庭在无任一方当事人提出申请的情况下主动对案件作出的处置。

oxfild (英格兰古法)(由郡、百户区支付的)恢复原状的补偿 指在同一郡或百户区内的人对其他人所造成的损害由郡或百户区负责恢复原状或赔偿。

oxford group 牛津运动 指一个宗教复兴运动,与牛津或牛津大学无关,主张对慈善机构免征收入税,后失败。

oxgang 十二至十五英亩土地 约相当于一头牛一年内能耕的土地。

oxgate (= oxgang)

oyer *n*. ❶根据刑事听审委任状[commission of oyer and terminer]进行的刑事审判 ❷宣读文件 在公开法庭上，一方当事人应另一方当事人的要求宣读契据等文件。❸(普通法诉讼)请求宣读证据 指一方当事人向法庭请求，要求提供证据的对方在法庭上大声宣读其所依据的书面文件。

oyer and terminer 听审并裁决 来源于法语，因刑事听审委任状[commission of oyer and terminer]而得名。在英国，此种委任状最初是向某些王室法官签发的，授权这些法官到某些郡去调查并审理、裁决在那里发生的犯罪行为。委任状包括①特别委任状，它只要求法官去处理某一特定案件，或某一特定地区的犯罪，或指定的某些犯罪；和②一般委任状，它授权法官处理被派往地区范围内发生的全部犯罪。在 1971 年以前，此种委任状只对巡回法官签发。从 1971 年起，重罪巡回法院[court of oyer and terminer]的管辖权转归刑事法院[Crown Court]。在美国，该词被用来指某些州具有刑事管辖权的高级法院。

oyer de record 审查记录 在法庭上提出的一种申请，即为了更好地证明事实，法官应听取或查看某些记录。

oyez "聆听!";"肃静!" 诺曼法语。在法庭即将开庭或即将作出宣告之际，由传呼员为引起法庭上人们注意而使用的呼唤之词，读作 oh, yes; oh-yez, 或 oh-yay。

Pp

p.a. (= per annum; particular average)
P.A. (= professional association; particular average; participating associate)
paage 〈英格兰古法〉通行费 旅行者过森林或保护区所需交纳的税或费用。(= pedage)
PAC (= Political Action Committee)
pacare 〈拉〉支付；缴纳
pacatio 支付的款项；付款
pace n.步 用作长度单位，通常为2.5英尺或3英尺，几何步度[geometrical pace]则为5英尺。
〈拉〉蒙…准许；请允许我（发言等） 表示不同意见时的礼貌用语。
paceatur 〈拉〉把他释放吧；让他自由吧
pace et roberia 因破坏治安及抢劫而颁发的令状 (⇨ de pace et roberia)
pace infracta 因破坏治安而颁发的令状 (= de pace infracta)
pacification n.和解；媾和 指敌对国家或交战双方实现和平，重新建立社会安宁的行动。
pacific blockade 平时封锁 相对于军事封锁[military blockade]而言。指在和平时期为迫使一国纠正或补偿某些错误行为而采取的切断该国进出港口之通道的海上军事行动。这是仅次于战争的一种报复形式。在国际法上平时封锁一般不针对被封锁国从事商业活动的中立国船只。
Pacific Legal Foundation 〈美〉太平洋法律基金会 总部设在加利福尼亚州的专门办理财产权保护和反对弊政案件的自称公益性的、非营利性的律师事务所。
Pacific Railroad Act 〈美〉《太平洋铁路法》 1862年通过的有关在指定地段建筑铁路与铺设电报线路的联邦法律。
pacifist n. ❶和平主义者 寻求维护和平、废除战争的人。 ❷非战主义者 指出于良心上的考虑而拒绝或不愿为任何目的参战，并倾向于鼓励他人也照此行事的人。 ❸和平解决国际争端主义者
Paci sunt maxime contraria vis et injuria. 〈拉〉暴力与伤害是和平的最大敌人。
pack v.不正当地组织、召集（陪审团等） 指为使陪审团作出对一方有利的裁断，以非法的、不正当的或欺骗性手段（例如收买或笼络）使得陪审团由倾向于该方或易受不当影响的人组成。
package n. ❶包装；包裹 指适于运输或商业处理的包装形式。某一物品经采用包装形式后就成为一件商品，或可用于传送。在商业领域，该词的通常含义是指用于运输的包装[shipping package]，其方式可以为缠裹、盒装、箱装等，但单纯的掩盖不属于包装。该词与"parcel"同指适于运输、传递或销售的包裹，但后者往往是指小的包裹。它分成两部分：用于包装的容器和包装于其中的物品，但在某些特定情形下又可能具有特定的含义。例如，用于假冒劣质食品时，该词是指供公共消费使用的食品的直接外包装。 ❷〈英〉(1833年之前在伦敦港对外国人的进出口货征收的)打包税
package sale 〈美〉包装销售 指在商店里以瓶装或其他包装形式销售酒类，而不供堂饮。
packed parcels 小件货物打包 发货人将不同货主、不同收货地点的小包货物打成一个大包交付运输，以赚取单件运输与集合运输的运费差价。
packing jury 不当召集陪审团 (⇨ pack)
packing list 装箱单 记载所装运货物的种类、重量及其他资料的单据，与货物附在一起备查。
packing price 哄抬价格 为谋取暴利大幅度抬高价格。
pact n. ❶公约；盟约 两个或两个以上的国家间缔结的协定，其内容一般不如条约[treaty]精细与繁密，但二者也可几乎等同。 ❷契约；合同；协定
Pacta conventa quae neque contra leges neque dolo malo inita sunt omni modo observanda sunt. 〈拉〉既不违法亦非基于欺诈之契约，概应遵守。
Pacta dant legem contractui. 〈拉〉合意成契约为法律。
Pacta privata juri publico derogare non possunt. 〈拉〉私约不损公法。
Pacta privata non derogant juri communi. 〈拉〉私人协议不得损害公权。
Pacta quae contra leges constitutionesque, vel contra bonos mores fiunt, nullam vim habere, indubitati juris est. 〈拉〉违反法令或善良风俗之合意无效，此乃自明之理。
Pacta quae turpem causam continent non sunt observanda. 〈拉〉基于不道德因素之协议不应履行。
Pacta sunt servanda. 〈拉〉协议必须遵守。
Pacta tertiis nec nocent nec prosunt. 〈拉〉契约（或条约）既不损于也不有利于第三方（或第三国）。
pactio 〈拉〉(= pactum)
paction n. 短期协定 国际法上指关于单项行为的国际协定，一经执行，协定即告终止。
pactional a. ❶合同的；契约的；协议的；协定的； ❷通过契约（或协议）的；以契约（或协议）方式的
pactional damages 约定的损害赔偿金；预先确定数额的损害赔偿金 (= liquidated damages)
Pactis privatorum juri publico non derogatur. 〈拉〉私人

契约不得违背公法。

pactitious *a.* 约定的;契约(或协议)确定的;条约(或协定)确定的

Pacto aliquid licitum est, quod sine pacto non admittitur. 〈拉〉非有特约即不许可之事,却得以特约为之。

pactum 〈拉〉〈罗马法〉简约 该词原指放弃诉讼的和解协议,后指所有不属于有名契约的协议。简约在最初只可作为抗辩被援用,可以产生自然债务,但不产生诉权。但后来,在某些案件中简约可以产生诉权,在法律上发生效力。

pactum commissorium 〈拉〉违约金协议

pactum constitutae pecuniae 〈拉〉〈罗马法〉履行债务简约 指当事人一方允诺在指定的时间内向债权人清偿债务的协议,可以是履行自己或他人的债务。

pactum de contrahendo 〈拉〉缔约承诺

pactum de non alienando 〈拉〉❶禁止转让契约;不转让协议 即限制财产所有人转让其财产、以保护他人利益的协议。特别是规定不动产抵押人在清偿抵押债务前不得向第三人转让产权的协议。❷〈美〉〈路易斯安那州[Louisiana]抵押契据上的〉禁止转让条款 此类条款使抵押权人得通过执行程序,取消回赎权,变卖抵押财产,而不受在设定抵押后任何权利转让的影响。

pactum de non petendo 〈拉〉〈罗马法〉不索债简约 一种债权人承诺不请求债务人清偿到期债务,从而免除后者债务的协议。

pactum de quota litis 〈拉〉〈罗马法〉讨债分成简约 由债权人和讨债人订立。后者负责讨回债款并从中分得约定的份额作为回报。

pactum de retrovendendo 〈拉〉〈罗马法〉典卖简约 约定卖方有权买回所售出财产的协议。

pactum legis commissoriae 〈拉〉〈罗马法〉逾期无效简约 约定如果未在一定日期之前支付价款,买卖即告无效。

pactum vestitum 〈拉〉〈罗马法〉穿衣简约 与裸体简约[nudum pactum]相对而言,即发生法律效力、当事人的诉权受法律保护的简约[pactum]。

pactus 〈拉〉君民协定 日耳曼法中,国王与臣民之间的协议。

pad *v.*(俚)(律师或其专职助手等)虚报(付酬工作时间等)
n. ❶(俚)住处;房间;公寓 ❷(美俚)吸毒窝;娼妓窝

padder *n.* 剪径强盗;抢劫犯(⇨pad)

paddy *n.*(俚)❶[P-]爱尔兰人 ❷警察

paddy wagon 〈美俚〉警用囚车;警车

padlock laws 〈美〉[总称]关闭法 规定法院有权命令构成酒类妨害[liquor nuisance]的建筑物在一段时间内不得被占用或用于任何目的的制定法。(⇨liquor nuisance)

padlock sentencing (= keeplock sentencing)

paga 〈西〉支付;支付的款项

pagarchus *n.* 〈美〉(县或小行政区域的职位较低的)小治安法官

page cost 按国家规定价格对印制上诉记录的补贴

pages/pp. (复)页

pagus 县;郡

paid *a.* ❶已付的;已兑现的 ❷领薪的;受雇的

paid and satisfied 实际支付(⇨satisfaction of judgment)

paid-in-capital *n.* 实收资本;已缴股本 交于公司以换取其资本股票的金钱或财产,有别于公司的盈余或收到的捐赠中获取的资本。

paid-in-surplus *n.* 资本盈余 出售股票时所支付的超过股票票面价值的部分,即股票的溢价部分。

paid reading matter 付费登载内容 指报纸内容中通过付费而有权发表的部分。

paid-up addition 缴足的附加保费额 为缴足的人寿保险保费附加在保单规定的数额之上的保费额,通过分红形式,被保险人有权将此附加保费额与原保费额作为单一保费取得赔偿。

paid-up insurance 已缴清保费保险 保险费已全部付清的保险,保险单在被保险人的终生有效,无须进一步付保险费。

paid-up policy 缴清保单 人寿保险中,指保险费已全部支付的保险单。

paid-up stock (= full(y)-paid stock)

pain *n.* 痛苦 可指身体或精神上的痛苦。

pain and suffering 痛苦与创伤 指不但有身体上的痛苦,而且有精神上的创伤;对侵权行为造成的痛苦与创伤可要求赔偿损失。(⇨cap)

paine forte et dure 〈法〉(英格兰古法)酷刑(⇨peine forte et dure)

pains and penalties (除了死刑以外的)刑罚(⇨bill of pains and penalties)

pairing *n.* 〈英〉相约放弃投票权 分属对立政党的两名下议院议员相约在一定期间或对某一议案不参加投票,以保持政府在议会中的多数地位。据称源自克伦威尔[Cromwell]时期的英国下议院。

pais 〈法〉国家;陪审团;法庭之外;邻近地区(⇨in pais)

paix 和平;治安;安宁

palace *n.* 皇宫;王宫;宫殿

palace court 〈英〉宫廷法院 根据詹姆斯一世[James I]颁发的特许状建立的法院,管辖王宫周围12英里以内的对人诉讼案件,但由宫廷侍臣法院[Court of the Marshalsea]、威斯敏斯特法院[courts at Westminster]管辖的案件以及在伦敦城[City of London]发生的案件除外。为1849年《郡法院法》[County Courts Act]所撤销。

Palace of Peace 和平宫 位于荷兰海牙的国际法院所在地,1903年由美国工业家安德鲁·卡内基[Andrew Carnegie]捐资建成。

Palace of Westminster 〈英〉威斯敏斯特宫(= Houses of Parliament)

palagium (领主对在其领地上的港口进出口船运酒所征收的)酒进出口税

palam 〈拉〉〈罗马法〉公开地;当众

palatine *a.* ❶宫廷的;隶属王室的 ❷(在领地内)享有王权的;巴拉丁(领地)的
n. ❶巴拉丁 该词最初指保卫罗马皇宫的侍从与卫队,后指皇帝的贴身卫队,再后指中世纪欧洲许多国家的各类官员,包括加罗林王朝时代的巴拉丁伯爵[count palatine]。❷巴拉丁伯爵 在领地内享有王权的封建贵族。❸巴拉丁(伯爵的)领地 ❹宫廷官吏;帝国的高级官员

Palatine Courts 巴拉丁法庭;特权法庭 指兰开斯特民诉法庭[Common Pleas]、衡平法庭[Chancery Court]、达勒姆衡平法庭、民诉法庭以及切斯特巴拉丁郡法庭(这一法庭在1830年被撤销)。

palatium 王宫;宫殿

palimony *n.* 〈美〉同居生活费;同居津贴 与扶养费[alimony]意义相近,但适用于未缔结婚姻关系的当事人,指

由法院判令非婚同居的当事人一方在分居后给予另一方的扶养费或生活费。(⇨alimony)

pallio cooperire 〈英格兰古法〉盖身礼 一种古代风俗,当婚前生有子女的配偶双方举行结婚礼时,配偶双方与孩子共同站在一块布下,表示该非婚生子被合法化。不过这种使非婚生子女合法化的程序仅为大陆法,而不为普通法所认可。诺曼底、苏格兰、法国和德国均有此习俗,而在后两个国家中这类孩子又被称为"披风下的孩子"[mantle children]。

palmarium 〈拉〉〈罗马法〉附加服务费;额外酬金 在法定费用之外,向提供专业服务者有条件支付的额外款项。

Palmer's Act 〈英〉《帕尔默法》 即已废止的 1856 年的《中央刑事法院法》[Central Criminal Court Act]。该法特为保证一犯人威廉·帕尔默[William Palmer]获得公正审判而制定。当地镇上对他有强烈的憎恨感,在缺少特定立法的情况下,他必定将在当地受到不公正的审判。

palming off goods 混售货物 未经购买人同意,以其他品牌的货物代替购买人要买的货物。

palmistry n.手相术;手上的花招

palm off 假冒经营(⇨passing off)

palm print 手掌印;掌纹 人的手掌在光滑的平面上留下的印痕,刑事案件中可用以作身份认定。

Palm Sunday 棕榈主日 指复活节前的星期日,纪念耶稣受难前进入耶路撒冷[Jerusalem]时,人们用棕榈树枝欢迎他。

palm tree justice "棕榈树"司法;个案裁判 穆斯林国家的民事法官[cadi]坐在棕榈树下,不以先例与典籍为依据的司法,指不考虑法律原则和法律规定而作出裁判。这种做法对具体案件可能达到公正的结果,但如对每一案件都单独决定,则类似的案件将难以保持统一。

palpable a.清楚的;明显的;易察觉的

Palsgraf Rule 〈美〉帕斯格拉夫规则 1928 年帕斯格拉夫诉长岛铁路公司[Palsgraf v. Long Island Railroad Co.]一案所确立的原则,即因过失造成损害或伤害时,行为人的责任范围以按常规能够预见的为限。

pamphlet laws 活页法;小册子法

Panama Canal Act 〈美〉《巴拿马运河法》 一项授予州际商业委员会[Interstate Commerce Commission]对铁路和水路联运——不论是否通过巴拿马运河——行使管理权的联邦法律。

Panama Canal Zone 巴拿马运河区(⇨Canal Zone)

pandectists 学说汇纂派 以萨维尼[Savigny]等为代表的一批致力于研究《学说汇纂》[Digest]的德国著名法学家。重要作品有萨维尼的《财产权》[Possession]和《现代罗马法体系》[System of Modern Roman Law]。这一学派对 1900 年德国民法典的制订产生过重大影响。

Pandects 《学说汇纂》 一部罗马法汇编,又称"Digest"。公元 530 年东罗马帝国皇帝优士丁尼[Justinian]下令编纂,是《国法大全》[Corpus Juris Civilis]的四个组成部分之一。《学说汇纂》摘录 39 名权威法学家的著作,共 50 卷,于公元 533 年首次发布,优士丁尼赋予其法律效力。

pander n.为妓女拉客的人;妓院老板
v.为妓女拉客;诱逼卖淫 以允诺、恐吓、欺骗或施诡计等手段诱逼妇女卖淫。

panderer n.为妓女拉客的人

pandering of obscenity 色情勾引 指以文字、图片、绘画等各种形式作明确的或隐晦的色情宣传,公开迎合顾客的下流兴趣。此种行为不受美国宪法关于言论自由的保护。

panel n.❶候选陪审员名单 ❷(选定的)陪审团;全体陪审员 ❸〈美〉合议庭 被挑选出来裁决某一案件的一组法官,尤指在上诉法院开庭的由三名法官组成的合议庭。❹〈英〉国民健康保险医生名单 同意根据《国民健康保险法》[National Health Insurance Act]实施保险医疗的开业医生的名单。有权享受由这些医生给予治疗的病人常称为"panel patients"。 ❺〈英〉愿意提供法律援助的执业律师名单 ❻〈英〉组成青少年法庭的治安法官[J.P.s]名单 ❼〈苏格兰〉受审被告人 对刑事被告人从其第一次出庭时起的称谓。

pannage n.❶林地中的猪饲料 ❷林地牧猪权 在特定季节在享有共同权的林地用橡树果实喂猪的权利,该权利不影响林木所有人依通常的管理作业对林木进行维护与砍伐。与此相关的另一种权利被称为林地牧猪权之后的共牧权[a common of after-pannage],它是指林地牧猪权行使之后放牧猪群的权利。 ❸因开放其林地成为公共牧地供他人放牧猪群或牲畜而获得的报酬 ❹因被允许在皇家林地牧猪而向林地守护人交纳的费用 ❺"pav-agium"一词的讹传

pannellation n.挑选陪审员

papal arbitration 教皇仲裁 指由教皇充当国际争端的仲裁者。

papal brief 教皇通谕 指教皇的信函,级别低于教皇诏书[papal bull]。

papal bull 教皇诏书 指教皇颁布的,加盖教皇御玺[bull]的文书,是教皇使用的文书中最庄重的一种形式,如定义有关天主教信仰的教义。

papal conclave 选举教皇的秘密会议 指由枢机主教团[College of Cardinals]选举罗马天主教的新教皇的秘密会议。

papal court (天主教)最高法院(⇨Rota Court)

papal documents 教皇文件 泛指教皇给其授权代表、罗马天主教徒、团体或个人的正式书信,包括教皇诏书、教谕、教令等。

papal enclave (天主教的枢机主教团以最古老的方式)选举新教皇的秘密仪式

Papal Encyclical 教皇通谕 教皇就道德、教义或教规等事项发给下属各教会的函件。通常是向主教发布,用拉丁文写成,取正文前几个词作标题。一般认为,第一份被称为通谕的是在 1740 年发布。19 世纪中叶,发布通谕很经常化。它们并不一定被认为是一贯正确的。

papal legates 教廷使节 由罗马教皇或罗马教廷派往天主教国家,代表教皇行使教皇权力,处理教会事务的神职人员的统称。他们可能有,也可能没有宗教管辖权和外交身份。从 11 世纪始,教廷外交使节[legati missi]比较普遍,分为三级:教皇钦使[legati a latere],罗马教皇派出的全权代表,通常由罗马教廷枢机主教或受教皇宠信的人担任;教廷特使[legati dati or legates de latere],由教皇派出,负责解决特定事件的使节;教务使节[legati nati],根据其教职,在重要教区行使管辖权的使节,如早期的坎特伯雷大主教[Archbishop of Canterbury]。

papal line of demarcation 教皇分界线 1493 年罗马教皇亚历山大六世[Alexander Ⅵ]确定,并为 1494 年马赛条约[Treaty of Marseilles]修订的划分西班牙与葡萄牙殖民势力范围的分界线,即以佛得角群岛[Cape Verde Islands]以西 370 里格[league](每里格约 3 海里)子午线为界,以西所发现之非基督教土地归西班牙,以东归葡萄

papal supremacy 教皇的至高无上地位；教皇的最高统治权　该理论认为教皇对所有基督教国家都具有最高统治权。但英国在16世纪通过立法推翻了教皇的至高无上地位，以国王代替了教皇的最高地位。

paper n. ❶文件；书证　指各种书写的或印刷的信件、备忘录、法律文件、商业文件、账册等。❷（复）诉讼文书　当事人向法院提出的各种文书，全称为"court papers"，又写作"suit papers"。❸流通票据；有价证券　债务的书面凭证，尤指本票和汇票。

paper blockade　（国际法）纸上封锁　只发表封锁宣告，而未采取具有实际意义的封锁行动。亦称"虚拟封锁"[fictitious blockade]。

paper-book　n. 卷宗副本　初审法院制作的案件卷宗的副本，通常是为上诉法院使用的便利而作。

paper credit　票据信贷；有价证券信贷　根据具有财产价值的票据或债权文书的担保而给予的信贷。

paper days　法庭辩论日　在法院开庭期内听审双方当事人辩论的日子。

paper levy　纸上扣押　不转移扣押财产的占有，仅在扣押令上加以签注的扣押。（⇨symbolic levy）

paper loss　账面损失；未实现损失　已发生而尚未实现的损失，如持有的证券价格下跌，则会有账面损失，但只有在抛售证券之后，才会变为实际损失。

paper mill　（= Paper Office）

paper money　纸币　政府以自己信用发行的强制流通的货币，以代替金属货币。

Paper Office　〈英〉❶皇家商业与枢密院档案局　1578年创建，保存国家商业和枢密院档案，该机构存续至1854年，其后合并进国家档案局[Public Record Office]。❷王座法庭档案处

paper patent　纸上专利　对从未在商业上付诸实施或获得同业认可的发明所授予的专利的谑称，其持有人亦从未获得过使用费。与对工业上实际运用的产品所授予的专利相比，纸上专利受到的法律保护较少。

paper profit　纸上利润；未实现收益　可期待而未实现的利润，如拥有的证券，由于市场上升而含有的未实现的利润，只有在证券最终以高于原购入价的价格出售后才能变成实际利润。（⇨paper loss）

papers of ship　船舶证件（⇨ship's papers）

paper standard　纸币本位制　以不可兑换为黄金或其他有固有价值的金属的纯纸币为基础的货币体制。

paper title　纸上所有权　由一系列来自政府或土地授予人的土地转让契约[conveyances]所证实的土地所有权或保有权，系表面有效但不完善的权利，可以作为收回不动产之诉[ejectment]中原告的请求依据。

paper war　文件战　指在诉讼中一方使用申请、书面询问[interrogatories]、书面证词[deposition]、答辩、交叉请求、反诉等手段，力图使对方纠缠于程序事项中，以拖延或避免对案件实体问题的审理。这种现象在复杂的反垄断案件中表现得最为显著。

papian poppaean law　（= Lex Papia Poppaea）

Papinianistae　〈拉〉帕皮尼安门生　优士丁尼[Justinian]时期对进入第三学年的法律学士的称呼，因其在三年级主要学习法学家帕皮安[Papinian]的著作而得名。

Papist　n. 教皇至上论者；天主教徒　对天主教徒的贬称，指信奉罗马天主教会教义和教皇至高无上权力的基督教徒。

par　a. ❶正常的；通常状况的；平均的　❷相等的；平等的；同等的
n. ❶相等；同等；同等价值　❷平价　指票据、股票、债券等的实际售价与其票面的价值或名义价值相等。❸行为标准；行为规范

parachronism　n. 年代错误

paracium　（英格兰古法）共同继承人之间的保有　在共同继承人[parcener]按不同份额保有领主的土地时，在他们之间存在的土地保有关系。即年龄较幼的共同继承人有权从年龄较长的继承人处保有土地，但不以臣服[homage]或服役[service]为条件。

parade　v. 游行；阅兵

parage　n. （英格兰古法）平等　指血统、地位或身份的平等，尤指共同继承人对土地的平等继承权。

paragium　〈拉〉（= parage）

paragraph　n. ❶（文书、论文等的）段落；节　❷（制定法、诉状、宣誓书、遗嘱等中包含一项完整意义的）节；条；款

paragraph caption　段落标题

paralegal　n. 律师助理　具有法律业务技能、协助律师从事执业活动但其本人不具有执业律师资格的人。现在美国许多学校提供律师助理的专业课程并授予学位。也称legal assistant或legal analyst。

parallel　a. ❶平行的；并行的　❷类似的；相似的
n. ❶平行线；平行面　❷纬线　❸相似的事物；相似之处　❹〈美〉（政府土地测勘中的）基线

parallel citation　并行援引　指对记载于两份或两份以上不同的判例汇编中的同一判例的援引。

parallel parking　（机动车紧靠公路或街道边缘并与之）平行停放

parallel railroad　平行铁道　在同一地区大致同一方向但不一定同等距离的铁道线路，因而很可能互相竞争。

paramount　a. 最高的；至高无上的；首要的；最重要的
n. 最高统治者；元首

paramountcy　n. 优位主权　在英国被用来指印度皇帝的主权[Emperor of India]与各邦统治者之间的关系。为1947年《印度独立法》[Indian Independence Act]所终止。

paramount equity　优先的衡平法权利　指与其他的衡平法权利相比较，应优先适用者。

paramount force　最高权力（⇨government of paramount force）

paramount right　优先权利；首要权利　效力高于或优先于其他权利的权利。（⇨eviction by title paramount）

paramount title　优先权利；最高权利　①与同一财产上的其他权利相比，处于最高的优先地位的权利；②（古）构成其他权利之基础或来源的权利。

paramour　n. 情夫；情妇　一般指情人，但通常用以指与已婚者发生不正当关系的人。

paranoia　n. 妄想症；偏执狂　一种使患者产生荣耀、迫害等错觉的精神病。（⇨insanity; insane delusion）

paranoid schizophrenia　偏执型精神分裂症；妄想型精神分裂症　一种患者处于夸大的妄想或过分狂热状态的精神错乱，是刑法中的合法辩护理由之一。

paraph　n. ❶花押　签名末尾的花饰，在中世纪用以防止伪造签名。❷签名；签署　在美国路易斯安那州[Louisiana]即指签名，例如公证人的签署。

parapherna　〈拉〉（罗马法）嫁奁外的财产；妻子的特有产　缔结婚姻时妻子在嫁奁[dos]以外单独保留的财产。由妻子自行管理或委托丈夫管理，属妻子的个人财产。

paraphernalia n. ❶妻子的个人财产 旧时丈夫在结婚前或婚姻期间给予妻子的衣服、首饰等财物，丈夫在生存期间对之有处分权，但不得以遗嘱处分。该财产在丈夫死后由妻子拥有。❷(＝parapherna)

paraphernal property (＝paraphernalia)

paraprofessional n.(律师等)专业人员的助理 协助专业人员，但其本人并不具有专业资格的人。

Parasceve 〈拉〉(基督教)受难节 指大斋节[Lent]最后一星期的第六天，乃休庭日[dies non juridicus]。(＝Good Friday)

parasynexis 〈拉〉(罗马法)集会；非法集会

paratitla 〈拉〉(罗马法)(大陆法)摘要 指加在法律标题之前的摘要，对法律的内容进行概括。

paratum habeo 〈拉〉我已令他作好准备 民事诉讼中行政司法官向法庭递交的逮捕令[capias ad respondendum]执行回呈中的用语，表示其已令被告作好出庭准备。

Paratus est verificare 〈拉〉他已准备举证。 起诉状或答辩状结尾的举证声明。

paravail a.❶下级的；从属的；附属的 ❷(英格兰古法)最低一级的封臣；最下层的佃户(⇨tenant paravail)

parcel n.❶小包；包裹(⇨package) ❷一块土地 有时与"lot"同义。通常用以指同一土地所有人占有或登记的相连接的一块土地。❸土地复归管理官账簿(⇨parcel makers)

parcella terrae 一块土地

parcel makers (英格兰古法)记账人 指旧时复归财产管理官[escheator]的两个记账人。

parcel post 邮政包裹 在美国，此为第四类邮件。为了解决包裹只能由速递公司按高额费率投送的状况，邮政设立了包裹业务，只收取适当费用。

parcel-post zone (＝postal zone)

parcenary n.(土地的)共同继承 指共同继承的土地在分割之前由各共同继承人共同拥有的状态。(⇨coparcenary)

parcener n.(土地的)共同继承人(⇨coparceners)

parchment n.羊皮纸

parco fracto ❶破坏畜栏(⇨pound-breach) ❷(英格兰古法)破坏畜栏的损害赔偿令状

parcus 公园；猎园；牲畜栏

par delictum 同等过错；同样有罪

pardon n.特赦；赦免 指宽恕罪犯的罪责、免除其全部刑罚、恢复其因犯罪被剥夺的权利和特权。在英国，由英王(或英女王)发布特赦令。在美国，对触犯联邦法律的罪犯，由总统决定特赦；触犯并非联邦法律的罪犯，由州长决定特赦。特赦与大赦[amnesty]均为免除罪犯的刑罚，但二者的性质和实施的目的有所不同。特赦宽容罪犯的罪责；大赦免除其处罚。特赦通常是对反对国家统治权的政治犯，给予赦免更有利于公共利益；大赦则为宽恕破坏社会秩序的一般犯罪。大赦通常遍及某类乃至各类犯罪；特赦则是赦免个别人所犯的特定罪行。(⇨amnesty; board of pardons; clemency; commutation; condonation; parole; reprieve)

pardon attorney 〈美〉特赦检察官 属于联邦司法部官员，负责审查联邦特赦申请，并将其认为有可能获得特赦的申请者提交总统审核。

pardoner n.(英格兰古法)携带并出售教皇的免罪符的人

pardoning power 赦免权

parens 〈拉〉(罗马法)父母；直系尊亲属；祖先

"Parens" est nomen generale ad omne genus cognationis. 〈拉〉"Parens"是泛指各种亲属关系。

parens patriae 〈拉〉国父；国家监护人 源于英格兰普通法，君主作为"国父"对无行为能力需要保护的未成年人与精神病人行使监护人的职能。现代法律中指国家的此项职能。在美国，"国父"职能由各州行使。

parens patriae doctrine 国家监护原则 指由国家对所有孤儿及无能力者进行特别保护和管理的原则。

parens patriae suit 〈美〉"国父诉讼" 一个州代表其全体公民在联邦法院提起的诉讼。

parent n.父(母)亲 指合法的父亲或母亲。在通常的用法中，"父(母)亲"一词不仅指生育子女的人，而且包括与子女相互间存有感情和爱心、抚育、教养和指导子女的人。在美国的制定法中，"父(母)亲"指：①婚姻关系存续期间生育子女，且未经法律剥夺监护权的生父或生母；②未被剥夺监护权的养父或养母；③未被剥夺监护权的非婚生子女的生母；④公开承认父亲身份并实际帮助抚养子女被公认的生父；⑤法院指定的监护人。此外，美国《统一遗嘱检验法典》[Uniform Probate Code]对子女死亡时有权继承遗产的父母也作有规定。(⇨adoption; loco parentis; parens patriae; surrogate parent)

parent abuse 虐待父母 指子女经常性给父母——通常是年迈的父母——造成身体或精神伤害。

parentage n.❶出身；家系 ❷父母身份

parental consent 父母的同意 未成年人结婚或承担其他法律义务，须征得父母同意。

parental consortium 父母对子女的关爱和情谊

Parental Kidnapping Prevention Act 〈美〉《防止父母"劫持"子女法》 1980年通过的一项联邦法律，要求各州都承认并执行他州法院所作之符合该法规定的关于子女监护的判决，其目的在于防止无法定监护权的父母一方将子女"劫持"出作出监护判决的法院所在州，通过利用各州法院在管辖权上的重叠和实体问题上的分歧，从他州法院获得对己有利的新判决或对原判决作出更改。

parental liability 父母的赔偿责任 指未成年子女实施侵权行为，尤其是实施故意侵权行为的，其父母应支付损害赔偿金。美国各州皆有法律规定父母的赔偿责任，但大多将每次的最高赔偿数额限制在3 000美元左右。

parental-liability law 父母赔偿责任法(⇨parental liability)

parental malpractice 〈美〉父母的不当行为；父母的失职 指父母在抚养和监护子女上的失职行为。美国的第一起父母失职案是1978年4月25岁的汤姆·汉森[Tom Hansen]对其父母提起的诉讼。

parental rights 亲权 指父母对子女享有的权利，包括教育和惩罚子女的权利和控制子女的收入及财产的权利。

parent by adoption 养父母

parent-child immunity 〈美〉"父母－子女"免责

parent company 母公司(＝parent corporation)

parent corporation 母公司 尤指拥有另一公司50%以上有投票权股份或通过其他方式，从而对另一公司实施控制的公司。

parentela ❶同宗的全部亲属；同族 ❷(英格兰古法)放弃亲属继承权 按照古时的习惯，放弃亲属身份及对其他亲属的继承权应在法庭上公开声明，并由12个宣誓认为这一行为系出于正当理由的证人在场作证。

parentelic system 亲属系统 继承法中指被继承人的亲属构成的亲属群体。被继承人及其后裔为第一亲群，被继承人的父亲及其后裔为第二亲群，被继承人的祖父及其后裔为第三亲群,等等。顺序在前的亲群中无继承人时,从顺序在后的亲群中确定继承人。

parenthetical statement 插入语;附带说明

parenticide n.❶杀亲罪;杀父(或母)罪 ❷杀亲犯;杀父(或母)犯

parent of the country 国父(⇨parens patriae)

parent state 本国(州) 指公司登记地所在的国家(州)。此公司在其他国家(或州)即为外国(外州)公司。(⇨mother state)

Parentum est liberos alere etiam nothos. 〈拉〉父母有责任抚养子女,即使是私生子女。

pares 〈拉〉(英格兰古法)同等地位(或身份)的人;封臣(=peer)

pares curiae 〈拉〉(英格兰古法)出席领主法庭的封臣(⇨peer)

pares curtis 〈拉〉出席法庭的封臣(⇨pares;peer)

Pares debent interesse investiturae feudi, et non alii. 〈拉〉封臣应出席领主的授地仪式[investiture],且不得有他人在场。

paresis n.❶全身麻痹症;麻痹性痴呆 ❷轻瘫;不全麻痹(⇨insanity)

pares regni 〈拉〉王国的贵族

Paria copulantur paribus. 〈拉〉物以类聚。

Paribus sententiis reus absolvitur. 〈拉〉法庭两种意见人数相等时,即宣告被告人无罪。

pari causa 〈拉〉具有同等权利;处于同等地位

pari delicto 〈拉〉同等过错 根据"同等过错"原则,法院不承认无效合同,当事人不能依据无效合同提出诉讼请求。依据此项原则,违犯法律的人不能因其不法行为而受益,如遭受的损失是由于自己的违法行为所造成,则所受损失不能得到补偿。

parientes 〈西〉亲属

paries 〈拉〉(罗马法)墙壁

paries communis 〈拉〉界墙;共有墙(⇨party wall)

pari materia 〈拉〉关于同一事项;关于同一问题(⇨in pari materia)

pari-mutuel n.❶同注分彩赌博(⇨pari-mutuel betting) ❷同注分彩计算器(⇨pari-mutuel machine)

pari-mutuel betting 同注分彩赌博 通常在赛马或赛狗中采用的一种赌博方式,对特定场次的全部赌金,在扣除一定比例的管理费和捐税后由获胜的下赌者按所下赌注的比例分享。

pari-mutuel machine 同注分彩计算器 在同注分彩赌博[pari-mutuel betting]中记录下赌者对某匹马或狗所下注和确定投注赔率的机器。

Par in parem imperium non habet. 〈拉〉地位平等者之间相互无管辖权。

pari passu 〈拉〉同等地;同步地 尤指债权人应平等受偿,相互间不存有优先权。

pari ratione 〈拉〉基于相同原因;由于同样理由

Pari ratione eadem est lex. 〈拉〉事理相同,法律亦同。

parish n.❶(教会法)堂区 主教管区[diocese]的分支,由教会分区[district]组成,是堂区牧师和堂区长代理[vicar]的巡查管辖区域。从17世纪中叶开始,该词既指教会的堂区也指行政的堂区,但二者范围不同。堂区分为城市堂区[urban parish]和乡村堂区[rural parish]。从1933年开始城市堂区不再是行政区单位,而乡村堂区却一直被作为行政区单位。每个堂区设有堂区俗务委员会[parish council]和堂区会议[parish meetings]负责堂区事务。❷堂区的全体教民 ❸〈美〉(路易斯安那州[Louisiana]的)行政堂区 乃该州的行政区,相当于其它州的县[county]。

parish apprentice (英格兰古法)堂区学徒 指按照1601年《济贫法》[Poor Relief Act],堂区俗人执事[churchwarden]或济贫执事[overseers of the poor]可经两名法官同意,将父母无力抚养的孩子送交合适的人收为学徒。

parish boundaries 〈英〉堂区边界 由堂区居民巡行[perambulation]划定的堂区边界线,自19世纪始大部分堂区的边界由法律规定。(⇨perambulation)

parish child 堂区孤儿 依靠堂区抚养的孤儿。

parish church ❶堂区教会 由堂区的基督教徒组成的当地的宗教团体。❷堂区教堂 堂区居民举行礼拜活动的地方,尤其指举行葬礼和领圣餐的神圣之所。

parish clerk 堂区执事 协助堂区牧师处理堂区事务的一俗人职位,其职责有主持堂区学校,协助牧师进行洗礼、婚礼和葬礼等仪式并收取费用。该职位由受俸牧师和堂区管理委员会[parochial church council]共同任命。通常意义的执事[clerk]与堂区执事地位不同。

parish constable 堂区治安官 由小治安法庭[petty sessions]法官任命,其主要职责是保障堂区和市镇的安全,其管辖权仅限于堂区。(⇨constable)

parish council 〈英〉堂区俗务委员会 根据1894年《地方政府法》[Local Government Act]等,在每个堂区由分区委员会[district council]建立的管理俗务的委员会,由委员会主席和不少于5人的委员组成。该委员会有权拥有土地和使用公共建筑,并向堂区居民提供部分公共设施。该委员会在公共区域[open spaces]使用方面是一个地方管理机构。

parish court ❶〈英〉堂区法院 管辖区域限于所在堂区的初级法院。❷〈美〉(路易斯安那州[Louisiana]的)行政堂区法院 相当于其他州的县法院或民诉法院[common pleas court],对遗嘱检验事务[probate]及某些民事案件拥有管辖权。(⇨parish)

parish district 〈英〉堂区分区 教会中堂区下设的分支。

parishioner n.教民 指居住在堂区[parish]中的居民,在许多方面他们形成一个政治团体[body politic]。宗教改革之前教民仅指一种宗教身份,宗教改革后则具有了民事含义。在普通法中教民支付教役税[scot and lot],组建堂区委员会[vestry]。

parish meeting 〈英〉堂区会议 根据1894年《地方政府法》[Local Government Act]等在每个堂区,特别是乡村堂区,设立的管理机构,由当地政府的选举人组成。堂区会议可向分区委员会[district council]申请解散小堂区的堂区俗务委员会[parish council],和申请将堂区集群[grouping]或分散。在无独立的堂区俗务委员会的堂区,由堂区会议执行其职责。(⇨district council)

parish officers ❶行政堂区官员 ❷教会堂区官员 英国的教会堂区官员分为堂区治安官[constables],堂区俗人执事[churchwardens]和济贫助理[overseers]等。

parish priest 堂区牧师 亦称堂区主持牧师[parson],即以主持堂区教会为圣职的牧师。如果其圣俸中的农业什一税[predial tithes]来源是非圣俸拨转[unappropriated],该主持牧师为堂长[rector];如是圣俸拨转[appropriated],该主持牧师为堂长代理[vicar]。(⇨parson)

parish register 〈英〉堂区登记簿 英格兰教会要求每个堂区的教会及附属小教堂对教民的婚丧、洗礼等登记造册。

parish trustees 〈英〉堂区托管会 在没有设立独立的堂区俗务委员会[parish council]的堂区，由堂区会议[parish meeting]的主席和分区委员会[district council]的官员组成该托管会。获得堂区会议的同意后，该托管会可任意处置堂区土地。

paris-mutuel (= pari-mutuel)

par item 按面值票款 付款银行可免费将票面金额汇往他行的票款。

parity n. ❶相等；对等；平等 ❷等价；等值 ❸平价 在金融法上，指一种货币按其含量与另一种货币的比值。在美国农产品平价制度中，指农产品价格与选定基期的价格或一般生活费用的相等关系，是政府通过价格补贴与生产限额等手段实施农产品价格调节计划的基础。

parity ratio 〈美〉平价比；平价率 农产品价格指数和农产品成本指数之比例关系。

Parium eadem est ratio, idem jus. 〈拉〉相等之事，理由相同，(适用)法律亦相同。

parium judicium 〈拉〉地位相等者的判决；由地位相等者组成的陪审团的裁断

park v. 停车 规范停车行为的法律规范中所指的"停车"，不包括片刻的短暂停留，而是指停放相当长一段时刻。

n. ❶公园 公共娱乐场所之一种。 ❷〈英〉(根据国王特许状所拥有的)私人猎场。

park board (= park commission)

park commission 〈美〉公园管理委员会 行使有关公园的开放和维护等权力的地方、州或者州际的行政机构。

park commissioner 公园管理委员会委员(⇨park commission)

parking meter 〈美〉停车记时器 安置在路边或停车场的投币式自动计算汽车停放时间的计量器。

parking station (根据停车时间而计费的)收费停车场

park strip (街道中央或两侧的)绿化带

parlement 〈法〉高等法院；巴列门 法国大革命前在特定地区行使管辖权的上诉法院，享有政治上和行政上的特权，大革命时期被废除。

Parlement de Paris 〈法〉巴黎高等法院 由中世纪的法国"御前会议"[Curia Regis]发展而来。主要受理来自王室法院与领主法庭的上诉案件，以及涉及上层贵族与特权人物的初审案件。此外，它还拥有大量立法权与行政权，并负责登记国王诏书和敕令，对诏书和敕令有时拖延甚至拒绝予以登记，曾对君主专制产生过一定制约作用。

parler le ment 说真心话；说出想法

parliament n. ❶议会；国会 ❷[P-]英国议会 大不列颠和北爱尔兰[Great Britain and Northern Ireland]的最高立法机关，由国王[King or Queen]、上议院[House of Lords]和下议院[House of Commons]组成。现今，英国议会的完整形态是经历盎格鲁-撒克逊时代的贤人会议，11世纪的御前会议，13世纪的国会以及14世纪的上议院和下议院之发展变化，才具备今日的规模。英国议会之完整组织，为世界各国议会的楷模。最初，英国要求所有的立法都必须经议会两院[Houses of Parliament]的同意。除财税法案[money (or finance) Bill]之外的法案可由其中一院提出，而财税法案则由下议院提出，上议院可否决但无权对它进行修改。不过，1911年《议会法》[Parliament Act]特别准许立法可单独经由国王和下议院[Parliament]而生效。因而，对于已由下议院通过、会期届满前经由议长[Speaker]批准作为财税法案移交的法案，如果上议院在一个月内不通过，则毋需上议院的同意而将其提交国王批准。对于非财税法案，该法规定了上议院搁置否决[suspensory veto]生效规则，1949年《议会法》对1911年《议会法》进行了修订，把"搁置期"[suspensory period]从连续三个会期减少到两个会期。1949年《议会法》自身就是依1911年《议会法》的规定没有经上议院同意而通过的。议会任期5年，但根据议会法它有权延长其任期。(⇨House of Lords; House of Commons)

Parliament Act of 1949 〈英〉《1949年议会法》 该法在1911年《议会法》的基础上，进一步限制上议院搁置公法案[public bills]的权力，规定除若干例外，一项法案在下议院的连续两次会期获得通过，只要从第一个会期的二读到第二个会期通过已满1年，即可呈请国王批准。

parliamentary a. ❶议会的；英国议会的 ❷与议会有关的；与英国议会有关的 ❸有关立法的 该词除专指某一特定议会的活动外，无需大写首字母。与不应大写首字母的congressional不同，parliamentary作为大写的形容词时具有其他含义，最常用的是指规范议程的程序规则。因而，大写Parliamentary比大写Congressional可能有更多的存在理由。

parliamentary agents 〈英〉议会代理人 经私人或公司委托，代为在议院的接待厅向议员们进行合法游说的人；经过登记，在议会上代理私法法案[private bills]的倡议者或者反对私法法案的请愿者以及从事其他金钱援助[pecuniary reward]事务的活动的人，通常为事务律师[solicitor]。议员或议会官员不能作为议会代理人。(⇨private bill)

parliamentary bar 〈英〉议会律师界 专门为当事人促使通过或反对私法案[private bills]的出庭律师[barrister]群体，其工作在19世纪及20世纪初甚为重要，1945年后，该等业务陷入衰落。

parliamentary bill 议案 法律草案或大纲。

Parliamentary Commissioner for Administration 〈英〉议会行政监察专员 该职位依英国1967年《议会监察员法》[Parliamentary Commissioner Act]产生，很大程度上参照斯堪的那维亚国家的监察专员[Ombudsman]模式及新西兰1962年委任的类似官员。议会行政监察专员由王室委任状[Letters Patent]任命，任职期间必须保持良好品行，但女王可以依据这两院的弹劾免除其职务。其调查权的范围只限于根据公民由于政府行政部门的不良行政而使其利益受到侵害时的申诉，包括对部长的控诉在内。如无申诉不能自己主动进行调查。其管辖范围亦非包括一切行政部门在内，也不能调查立法职务、司法职务、公共事务行政机构[public corporation]及地方行政单位。现在有独立的北爱尔兰专员及英格兰、威尔士(1973)和苏格兰(1975)的地方行政专员，还有英格兰和威尔士(1973)及苏格兰(1972)的国家卫生部门的议会行政监察专员。

parliamentary committees 议会委员会 议会两院各有许多种委员会，委员会均另选主席而非由议长主持。有全院议员参加的全院委员会；常设的或有会期的委员会；小型的特别或专业委员会；两院联合委员会和临时特别任命的委员会等。

Parliamentary Counsel to the Treasury 〈英〉财政部法案顾问 约1790年财政部任命一名专门撰状师[special pleader]为其起草各项法案。1837年内政部由一名常设部长助理负责准备法案。此后各部门分别聘请律师为其起草法案。1869年成立议会顾问室,负责为政府各部门起草向议会提交的法案,主要由出庭律师担任,也包括部分事务律师。

Parliamentary Debates 〈英〉《议会辩论集》 记载联合王国议会辩论情况的报告,共五辑,前四辑记载1803-1908年的议会辩论。1909年在下议院、1920年在上议院开始分别出版《官方报告》[Official Reports]连载议会的辩论。议会辩论记录不能作为法院解释法律的依据。

parliamentary divorce 议会批准的离婚 由议会通过立法批准或由议会批准的离婚,它与由法院判决的离婚相对。该词亦称 legislative divorce。

parliamentary draftsman 〈英〉议会起草人 由英国政府财政议会顾问[Parliamentary Counsel to H.M. Treasury]处的出庭律师[barristers]和事务律师[solicitors]担任,负责供议会审查的法案的起草。一项法案在任何一院讨论时,起草人都必须出席。他们还参加被接受的修正案及其后随着情况变动而需要的修正案的起草工作。(⇨Parliamentary Counsel to the Treasury)

parliamentary government 议会制政体;议会制政府 以议会为中心的政治体制,其主要特征是议会由民选代表组成,行政首脑从议会中产生,单独或集体地向议会负责,并通过议会向全社会负责。议会政体不同于总统制政体[presidential government],总统制政体中行政首脑为非议会成员,不对议会负责。英国和历史较久的英联邦国家是议会制政府的主要范例。

Parliamentary History 〈英〉《议会历史》 由威廉·科贝特[William Cobbett]编纂,并由J.怀特[J. Wright]完稿的36卷著作,论述了英格兰、大不列颠和联合王国从1066年诺曼征服[Norman Conquest]至1803年间的立法历史。

parliamentary law ❶议会法 规范议会活动及会议程序的法律和习惯的总称,由议会自己制订和修改;不同于宪法中对议会的权责的规定。❷会议法 泛指一切议事机构,例如:公司的股东会或董事会,俱乐部的会员大会,乡镇或社区的各种会议等,所遵循的开会及议事规则。

parliamentary papers 议会文件;议会公文 包括议案[bills]、议会委员会[Parliamentary Committees]、皇家委员会[Royal Commissions]和部门委员会[Departmental Committees]的报告,有关报道和文件。下议院自1801年、上议院自1804年起,凡提交议会的所有文件均按每届议会装订成册,并加分类,配以索引。

Parliamentary Private Secretary 〈英〉议会私人秘书 由大臣委任,通常为年轻有为的议员协助大臣保持与后座议员[back-benchers]的联系,并向其反映议会和党派对其所负责事务的一般看法。

parliamentary privilege 〈英〉议会特权 习惯及法律为保障议会及议员有效履行其职能而赋予议会及议员的不受国王、法院、议会以外其他机构以及公众干涉的特权。主要包括:①免受民事拘禁权;②言论自由;③觐见君主权:该项权利对于下议院而言是项集体的权利[collective right],通过下议院议长[Speaker]行使;而对于上议院则是项个人的权利[personal right];④内部程序性权利,例如决定议事程序、开除议员等权利;⑤对侵犯或藐视议会特权者的惩治权。

parliamentary procedure 议会程序;议事程序

parliamentary rules 议事规则 泛指各种组织规范其会议活动的规则,如适用于宗教组织的年会、退伍军人协会会议、或文学社团会议的规则等。(⇨parliamentary law)

Parliamentary Secretary 〈英〉政务次官 由首相任命的、位于大臣[Minister]和国务大臣[Secretary of State]以下的为其助理或副职的大臣。

parliamentary taxes 〈英〉议会税 根据议会直接制定的法律征收的税。

Parliamentary Under-Secretary 〈英〉副国务大臣;政务次官 这一称谓用于行政首长为国务大臣[Secretary of State]的场合。(⇨Parliamentary Secretary)

parliamentary will 法定"遗嘱" 这种所谓的遗嘱实际上并未作出,只是依法律规定而存在。根据有关无遗嘱死亡的法律的规定,没有留下遗嘱的死者的财产应转交给立法者认为最有权拥有该财产的人。

Parliament House 〈苏格兰〉议会大厦 位于爱丁堡[Edinburgh]。1707年之前苏格兰议会所在地,现为苏格兰最高民事法院[Court of Session]、高等刑事法院[High Court of Justiciary]、律师协会等机构所在地。

Parliament of Australia 澳大利亚联议会 由参议院[Senate]和众议院[House of Representatives]组成。1901年首次在墨尔本[Melbourne]召开,1927年起改在堪培拉[Canberros]召开。

Parliament of Canada 加拿大议会 1867年建立。由总督[Governor-General]、参议院[Senate]和平民院[House of Commons]组成。总督代表英女王,参议院议员由总督听取内阁意见后任命,平民院议员由选民直接选举产生。

parliament of dunces 〈英〉笨人议会 指1404年亨利四世[Henry Ⅳ]统治时期的议会,因排除所有律师和通晓法律的人士参加而得名。

Parliament of England 英格兰议会 英格兰议会是近现代议会政治含义上最古老的议会,也是近现代议会政治的先驱和各国议会之母。从历史渊源看,威廉一世[William Ⅰ]1066年征服英格兰之前,国王、国王的塞恩[king's thegns]、方伯[earldormen]、主教、修道院院长等社会贤流定期聚会,组成"贤人会议"[witenagemot],讨论王国政务,并且有时候亦作为处理刑事、民事纠纷的最高法庭。威廉征服之后,贤人会议被"御前会议"[Curia Regis]所取代。御前会议一般由贵族[earls]、主教、修道院院长,理论上还应包括所有国王的直属封臣[tenants-in-chief],但国王一般只是挑选一部分直属封臣参加御前会议。御前会议兼具谘议、行政与司法职能,司法那部分机构逐渐分立出来,成为单独的普通法法庭——财税法庭[Court of Exchequer]、皇家民事法庭[Court of Common Pleas]和王座法庭[Court of King's Bench]。这样,御前会议逐渐演变成只有教俗贵族等显要人物参加的会议。御前会议从一开始就分为大谘议会[Magnum Concilium]和小谘议会的形式,前者更正式、更重大,仪式亦更隆重,召开的时间与地点相对固定。而小谘议会则由重要的王室官员和少数贵族组成,根据国王临时决定和现实需要召开。无论在何种意义上讲,在早期,大谘议会主要是封建性质的,直到亨利二世[Henry Ⅱ]的改革,因其倚重、借助大谘议会作为改革计划的政治工具,大谘议会的政治功能才得到强化,为13世纪政治性能的议会的演变提供了条件。1215年,大贵族联合反对王权(约翰王)的结果——《大宪章》[Magna Carta]——尽管从各方面来说仍是封建性文件,但其中规定的国王未经全国人民的普遍同意——具体地说,即未经大谘议会的同意,无权擅自征税的原则随着封建性质的大谘议会向议会政治性质的议会的演变,而成为议会征税权的法律依据。《大宪章》中所规定的有关征税、立法,国王须与全国人民普遍协商的条款实际上日后演变成了议会的召集办法。真正使大谘议会成为近现代议会政治含义中的"议会"的历史时期是约翰王[King John]之后的亨利三世[Henry Ⅲ]在位时期。当时大贵族对国王近臣和王廷委任为法国贵族把持十分不满,1234年爆发的贵族叛乱尽管被镇压,但其后召开的大谘议会使亨利三世在贵族压力下撤换了法国贵族。同时,亨利三世对法战争所引起的财政困难,大大增强了大谘议会的权力。13世纪中叶以后,乡村骑士(越来越蜕变为乡绅)和自治市自由民进入议会,议会从封建谘议机构向代议性质的议会政治机构又迈出重要一步。13世纪晚期,议会的召开已经大大制度化、经常化了。14世纪是英格兰议会史上第一个重大发展历史时期,这一时期,议会成员组成、议会的会议程序、议事规则等大致形成,议会的政治职能和权力范围也基本确定。15世纪早期,议会得到进一步发展。1406年第一个选举法颁布解决了议会下院代表选举的混乱状况,同时,议员辩论自由和议会开会期间免予逮捕的特权确立下来。对法百年战争和玫瑰战争中,各方都利用议会作为工具,随着贵族数目因战争而锐减,议会只能特别是下院只能独力对抗都铎王朝的王权。这一历史时期,议会仍获得重要的发展,国王的权力尽管十分强大,但仍然受到议会的限制。17世纪初开始的斯图亚特王朝所建立的绝对专制使得议会与王权之间产生公开而尖锐的冲突,最后不可避免地导致了议会与国王的内战。议会获得决定性的胜利,但其后的克伦威尔专制实际上架空了议会的权力,蒙克[Monk]将军领导的复辟与1689年的"光荣革命"标志着议会君主制或立宪君主制的确立,至此,英格兰议会的权力与地位完全稳固下来。1707年,英格兰议会与苏格兰议会各自通过《联盟条约》[Treaty of Union],两个议会合并成"大不列颠议会"[Parliament of Great Britain]。

Parliament of Great Britain 大不列颠议会 1707年根据《联盟条约》,英格兰议会与苏格兰议会被新设的大不列颠议会取代。大不列颠议会继承了前英格兰议会的所有权力、特权和议事程序。苏格兰与英格兰两国均保留各自的选举制度,苏格兰在上议院和下议院的代表比例与其人口不相对称地少,这种情况直至1882年才改变。在一段时期里,联盟在苏格兰很不得人心。18-19世纪初期是政治和选举腐败、衰败、选区和工业选区无代表权的尖锐矛盾时期。选举改革和议会民主化进程在艰难的步履中前进。1801年,大不列颠议会与爱尔兰议会合并为联合王国议会[Parliament of the United Kingdom]。

Parliament of Ireland 爱尔兰议会 中世纪至1801年爱尔兰王国的代议机构。

Parliament of New Zealand 新西兰议会 1854年首次召开。由总督和众议院组成,总督代表英女王,众议院议员由选举产生。上议院已在1950年废除。

Parliament of Northern Ireland 北爱尔兰议会 1921年至1973年北爱尔兰地区的立法机构,但在诸如王室政府、防卫、外交、海关等事务方面无立法权,而由联合王国议会立法。

Parliament of Scotland 苏格兰议会 中世纪至1707年苏格兰王国的代议机构,1707年与英格兰议会合并为大不列颠议会[Parliament of Great Britain]。

Parliament of the United Kingdom 联合王国议会 1801年由大不列颠议会[Parliament of Great Britain]与爱尔兰议会合并而成,为目前英国的立法机关。

Parliament Rolls 〈英〉议会案卷 14世纪初英国的议会的活动记录,包括议会会议、私人请愿书和立法倡议书。爱德华一世和二世[Edward Ⅰ and Ⅱ]期间,案卷汇编为《古法典》[Vetus Codex]或《议会诉讼》[Placita Parliamentaria];17世纪出版了其他节本;1765年出版了官方版;1827年至1834年新版了两卷本。议会案卷止于1503年;取而代之的是《上议院院志》[Journal of the House of Lords]和《下议院院志》[Journal of the House of Commons]。

parliamentum 〈拉〉立法机构;英国议会

parliamentum indoctum 〈拉〉笨人议会(= parliament of dunces)

parliamentum insanum 〈拉〉疯人议会(= Mad Parliament)

parliamentum religiosorum 〈拉〉❶(修女院教友们的)教务会议 ❷〈英〉(各律师公会主管委员或董事讨论公共事务的)正式会议

paroche (= parochia)

parochia 〈拉〉堂区(⇨parish)

Parochia est locus quo degit populus alicujus ecclesiae. 〈拉〉堂区是某一教堂的人们居住的地方。

parochial a.❶堂区的 ❷观念偏狭的

parochial chapels 堂区小教堂 在堂区举行圣礼和葬礼等的小教堂。

parochial charities 堂区慈善团体

parochial church (= parish church)

parochial church council 〈英〉堂区管理委员会 根据1921年《堂区管理委员会(权限)法》[Parochial Church Councils (Powers) Measure]等在每个堂区建立的委员会,该委员会是法人团体,其主要职责是与堂区带俸牧师合作,在堂区内外开展教会工作。堂区委员会[vestry]和堂区俗人执事[churchwardens]的一些特定权力和职责移交给了该委员会。与堂区俗务委员会[parish council]不同,该委员会不管理世俗事务。

parochial school 教会学校 由教会或宗教团体开办的学校,除进行宗教教育外也安排一般公立学校的课程。

parochian n.教民(⇨parishioner)

par of exchange 汇率平价 一国定额货币与他国定额货币的确定交换价,即一国货币对该国货币的平价。

parol n.❶言词;言语 ❷口头陈述;口头答辩
a.口头的;言语的 也包括未盖章的书面物。

parol agreement 口头协议;口头合同 可以指非书面或只有部分书面的合同,即:①指口头而非书面的协议。②就要式合同而言,可指未盖印的书面合同,即简单合同[simple contract],与盖印的完成要式[specialty]的书面合同相对。(⇨parol contract)

parol arrest 〈英〉口头逮捕 任何治安法官对于在其面前发生的破坏治安的罪行,可在不签发逮捕令或履行其他书面程序的情况下,直接发出口头逮捕命令,授权任何人将罪犯当场逮捕。

parol assignment 口头转让 非以书面形式而转让债权、权利或权利动产[chose in action]。

parol authority 口头授权 非以书面形式而授予代理人权力。

parol contract ❶口头合同 指以口头形式或者部分以口头形式达成的合同。亦作"oral contract"、"parol agreement"。与之同义的 verbal contract 则仅在非严格意义上使用。 ❷简单合同;简单契约 在普通法中,指虽以书面形式作成但未封印的合同。亦称为"非要式合同"[informal contract]或写作"simple contract"。(⇨parol evidence rule)

parol demurrer 口头法律抗辩;当事人欠缺行为能力的抗

辩　旧时普通法上,在未成年继承人[infant heirs]长辈的债权人对该未成年继承人提起的债务诉讼中,任一方当事人都有权请求中止诉讼,留待该继承人成年之后再作处理。这里 demurrer 的意思是停止或暂停,而 parol 则指诉状或答辩[pleadings],因其最初是以口头形式进行的,所以以此称之。

parole n. ❶**假释**　罪犯在其所判刑期届满以前有条件地被释放出狱并在狱外服完余刑的一种行刑制度。假释犯出狱之后被置于有权机构的监督之下,如果违反监督条件,则撤销假释,重回监狱继续服刑。现代意义上的假释制度最先实行于美国,1876 年纽约州[New York]制定的《爱尔密拉教养院法令》[N.Y. Elmira Reformatory Act]是第一个假释制度的立法。假释的条件各国不同,但一般说来都要考虑犯罪的性质、羁押的时间、罪犯在狱中接受改造的态度、释放后的社会危险性等。美国联邦和各州的假释委员会有权作出假释决定、撤销假释决定、进行假释监督。在英格兰和苏格兰,假释的准许或撤销由内政部或移交给由法律、行政、社会工作人员组成的假释委员会审查决定。❷(国际法)**誓言;起誓**　战俘作出的承诺,即若被释放则将在指定时间内返回本国,或根据战俘所作的若将其释放则在战争期间不再从事战争行为的承诺而将之释放的行为。如果获释战俘的政府不对这些保证作出承诺,则将战犯重新羁押。

parole authority　〈美〉**紧急决定权**　指某些政府官员在紧急情况下,毋需等待完成正常立法程序即可采取措施的权力。

parole board　**假释委员会**　①美国假释委员会[parole commission]的前身,由公民个人组成的负责审查是否准予或撤销假释的委员会。委员会成员由各州州长任命,无需特别考虑是否具备改造经验。该委员会有权从监狱记录、警察官员或监狱官员处获得有关犯人的资料,在决定是否准予或撤销假释时享有广泛的自由裁量权。审查是否准予假释的听审简易而相对不公开。预期假释犯享有很少的权利,在某些州没有聘请律师权甚至是出庭权。但在撤销假释前的听审中,假释犯享有获得事先通知和召集己方证人的权利;②英格兰及苏格兰的假释委员会,由法律界、宗教界及社会工作者组成。

parole commission　**假释委员会**　负责受理假释申请,审查决定是否准予假释或向主管机关建议假释的政府机构。在美国,假释委员会有联邦和州两套。联邦假释委员会九名成员由总统任命并经参议院批准。对于全美犯人,联邦假释委员会有权签发、修改、撤销假释决定并对假释犯监督。该委员会还有权决定犯人出狱后是否有权担任某些职务或享受某些福利。州假释委员会成员由州长任命并经州议会批准。某些州的假释委员会称为"教养委员会"[Correctional Boards]。1987 年开始依联邦《量刑指南》[Sentencing Guidelines]的规定,联邦假释事项逐步改由原审法官处理,不必再经由假释委员会决定。(⇨parole board)

parolee　n. **假释犯;被假释者**

parole officer　〈美〉**假释官**　负责假释事务并监督假释犯的官员,假释犯须定期向其报告活动情况。

parole revocation procedure　**撤销假释程序**　包括非正式的对有合理根据[probable cause]的预审和撤销假释的审讯。假释犯有权获得指控的书面通知,有权提供证据,并有权在确保指控人安全的前提下与指控人对质。

parole system　**假释制度**(⇨indeterminate sentence)

parol evidence　❶**口头证据**　指证人在法庭上口头作出的证言。❷**外在证据**(⇨extrinsic evidence)

parol evidence rule　**口头证据规则**　根据此项规则,当事人签订书面合同以之为正式协议时,合同条款不得因此前的书面或口头协议而变更或推翻,但不排除与书面合同并无抵触的口头证据。此规则也适用于遗嘱及信托。

parol gift　**口头赠与**　没有书面文件的财产赠与,通过财产的实际交付占有而实现。

parol lease　**口头租赁;口头租约**　无书面证据,仅基于口头协定发生的租赁。

parol license　**口头许可;口头允许**

parol partition　**口头分割**　指共同继承人或共有人不经书面而一致同意分割土地。

parol promise　**口头允诺;简单合同**

parol representation　**口头陈述;口头说明**　尤指虚假或欺骗性的语言或行为。

parols de ley　〈法〉**法律用语;专业用语**

Parols font plea　〈拉〉**言语表达声辩**

parol will　(= nuncupative will)

par oneri　**相当于负担;等于负担**

parricide　n. ❶**弑亲;弑父母**　❷**弑亲者;弑父母者**

parricidium　〈拉〉(罗马法)**弑亲罪**　杀害父亲或母亲等的行为。

pars　〈拉〉❶**一部分**　❷(契约、诉讼的)**一方当事人**　❸**职责;义务**

pars ejusdem negotii　〈拉〉**同一交易的一部分**

pars enitia　〈拉〉(英格兰古法)(以抽签方式分配土地时)**长子的那一份**

pars fundi　〈拉〉**土地的一部分**

pars gravata　〈拉〉**受害的一方;受害人**

Pars illa communis accrescit superstitibus, de persona in personam, usque ad ultimam superstitem.　〈拉〉**共有部分积累起来逐个留给生存者**[survivors],**直到最后一位**。

pars judicis　〈拉〉**法官的职责**

parson　n. **堂区主持牧师**　对堂区的教会拥有全面管辖权的牧师,是独立法人,对本堂区教会的财产可自由处置。成为堂区主持牧师的四个必要条件是:神品、推荐、授予和就职。当该牧师死亡或另任其他圣职时终止原职。在英国法中,通过圣俸转交俗人[impropriation]就任的堂区主持牧师为堂区长[rector],通过圣俸转拨[appropriation]就任的牧师为堂区长代理[vicar],他代替堂区长行使宗教管辖权[cure of souls]。

parsonage　n. **堂区牧师寓所;堂区牧师圣俸**　宗教改革前,指堂区主持牧师为行使宗教管辖权在堂区享有的住所、什一税和捐款等,现通常仅指牧师的住所。

parsonage tithes　**堂区长什一税**

parson immortal　(英格兰古法)**永久主持牧师**　宗教改革前,指教会向其永久性转拨了圣俸[appropriate]的约定的团体组织,而与作为个人的牧师无关。(⇨parson mortal)

parson imparsonee　**在位堂区主持牧师**　指具有一般圣职推荐权[presentative advowson]或圣俸转交俗人推荐权[impropriate advowson]、正式就任的堂区长[rector],对堂区教会拥有全面管辖权。只拥有一般圣职推荐权的堂区长只有正式就职后才能成为在位的主持牧师,但具有圣俸转交俗人推荐权的堂区长是终身主持牧师。

parson mortal　(英格兰古法)**终身主持牧师**　宗教改革前,指被任命的堂区长[rector],其教职与圣俸的终身委任仅限于他一个人,与他所在的教会无关。

pars pro toto　〈拉〉**整体的一部分**

pars rationabilis 〈拉〉合理的份额　用以指遗孀与子女依法取得的那部分亡夫财产。

pars rea 〈拉〉被告人

pars viscerum matris 〈拉〉母亲体内的一部分　即指胎儿。

part n. ❶部分；局部　数个部分组成整体。❷契约或产权转让文书的两份文本之一　另一份称为"counterpart"。❸地区；区域（⇨riding）
a. 部分的；局部的　如部分偿还、部分履行等。

partage n. ❶部分；份额　❷〈法〉（共有财产的）分割

part and pertinent 附属的；从属于

parte 〈拉〉一方当事人；一造

parte inaudita 〈拉〉未被听审的一方当事人；未到庭陈词的一方当事人　用来指诉讼在只有一方当事人参加的情况下进行。

Partem aliquam recte intelligere nemo potest, antequam totum, iterum atque iterum, perlegerit. 〈拉〉在反复阅读全文之前不可能正确理解其中的任一部分。

parte non comparente 〈拉〉未出庭的当事人；缺席的当事人

Parte quacumque integrante sublata, tollitur totum. 〈拉〉去掉不可或缺之部分，整体即不复存在。

partes 〈拉〉各方当事人

Partes finis nihil habuerunt. 〈拉〉和解诉讼的当事人无任何财产权。　在旧时的和解诉讼[fine]中，这是针对关于已被第三人转让之土地的和解诉讼提出的一项抗辩。

partial a. 部分的；偏向的

partial acceptance ❶部分承兑　指汇票的付款人只承兑汇票金额的一部分。（⇨qualified acceptance）❷部分接受　对捐献的财产只接受其中某一部分而拒绝接受其余部分。

partial account 部分账目　遗嘱执行人、遗产管理人或监护人等所管理的遗产或基金在某一时段的、或关于部分遗产的账目。

partial ademption （= pro tanto ademption）

partial appointment 部分指定　被授权人没有一次性行使其对全部财产或基金的指定权，而是仅就其中一部分行使权利。（⇨power of appointment）

partial assignment 部分转让　指债务人将其财产的一部分转让给债权人，或为偿还部分债务所作的转让。

partial average （= particular average）

partial breach 部分违约　指合同当事人未全部履行或未作实质性的履行。其程度轻于根本违约[material breach]，对方当事人可以请求赔偿，但不能免于履行合同。

partial condemnation 部分征用　即征用一块土地的一部分。

partial custody 部分监护　根据离婚判决对子女的非全日监护。

partial delivery 部分交付；部分交货　指卖方只交付或提供作为买卖标的的货物或商品的一部分。

partial dependency 部分依靠　指某人的生活部分地依靠他人的帮助和支援。它是确定劳工补偿的一种标准检测方式。

partial disability 局部伤残；部分丧失工作能力

partial disclosure 部分披露　指有意隐瞒重要事实或关键性事实的欺诈行为。

partial dismissal of appeal 部分驳回上诉　指驳回部分上诉请求或部分上诉人的上诉。

partial distribution 部分分配　遗嘱执行人或遗产管理人所作的临时性分配，即在全部遗产可供分配前，先对可分配的部分遗产进行处理。

partial emancipation 部分摆脱管束；部分解放　指父母允许未成年子女自行订立劳务合同，赚取和花费工资，但仍对子女进行监护和管束。也指父母部分放松或在一段时间内放松对未成年子女的照顾、监护和管束。

partial embargo 部分禁运（⇨embargo）

partial eviction 部分驱逐；剥夺部分占有　指出租人部分剥夺承租人对土地或房屋的权利，可导致"推定驱逐" [constructive eviction]。

partial evidence 局部证据　能证明一系列事实当中之一者的证据。

partial illegality 部分违法；部分非法（⇨partial invalidity）

partial incapacity 部分丧失能力　指受伤害的人虽未完全丧失工作能力，但已失去原来正常工作的能力，只能从事较低收入的工作。

partial insanity 部分精神失常　指行为人存在一定的意识障碍，但尚未完全丧失记忆力、理解力与判断力的精神状态。在英国，1957年的《杀人罪法》[Homicide Act]规定部分精神失常可作为减轻刑罚的情节。在美国，传统上的观念认为，精神病的有无同责任能力的有无是直接对应的，但医学的发展使人们认识到，精神病有各种轻重程度的差别，因此医学和法律之间缺乏科学合理的对应线。美国有些学者建议借鉴英国的作法，采取"限制责任能力"制度。1975年密执安州[Michigan]修改刑事诉讼法典，被告人答辩新增加了一种"有罪但是精神病"的形式，其后，印第安纳州[Indiana]和伊利诺伊州[Illinois]也采用了这一模式。

partial integration rule 部分采证规则　即协议未全部采用书面形式时，对未采用书面形式的部分可以口头证据证明，而对已经书面载明的部分则不得再提出口头证据。

partial intestacy 部分无遗嘱　指立遗嘱人在遗嘱中对部分遗产未加以处分的法律状态。

partial invalidity 部分无效　在美国，指①市政条例[municipal ordinance]的某部分无效；但该部分对其他部分如产生根本的影响则亦足可使整个法规失效；②指某制定法部分合宪、部分违宪的情形，法律违宪部分对其他合宪部分的影响取决于违宪部分就合宪部分而言是否是可独立或可分开的；③指合同中具有不合法条款的特征。（⇨divisible contract；severability of statute）

partiality n. 偏见；偏袒；不公正

partial law 歧视性法律　仅对一国或一州内处于同样情况下的部分人适用的法律。

partial limitation 部分责任限额　某些保险单中的条款，规定只有当实际损失超过规定数额时，保险人才按全损赔偿。

partial liquidation 部分清算　指公司将部分资产（通常是按比例）分配给股东，而公司以资产规模缩减的形式继续经营。部分清算属于对超过公司盈利以外的现金或财产的分配。

partial loss 部分损失　指标的物未完全受到损坏或未完全丧失价值。在保险法中，与全损[total loss]相对，指保险标的受到不足以构成全损的损失，保险人对此损失应按保险金额与保险价值的比例进行赔付。

partially disclosed principal 部分显名的本人　与代理人打交道的人并不知道对方所代理的本人的身分，但知道或有理由知道对方是代理或可能代理他人行事。
partial manufacture 半制成品 在关税法中,指原料加工成最终产品前的阶段。
partial negotiation 部分转让 指将票据金额的一部分背书转让,或将票据分别转让给两个或两个以上被背书人。
partial pardon 部分赦免 指仅免除罪犯的部分刑罚或部分法律后果。
partial payment (= part payment)
partial performance (= part performance)
partial probate 部分遗嘱检验 对包含无效条款的遗嘱,仅对其有效部分进行验证。
partial release 部分解除(抵押) 部分免除债权人在特定财产上的请求权,尤指总括抵押协议[blanket mortgage]的一项条款,规定在一定数额的债务受到清偿后,抵押权人应解除在某些财产上设定的担保。
partial restraint of trade 部分商业限制 指仅部分地及合理地限制商业活动,未完全取消市场竞争的合同、商业组织或联合,一般认为是有效的。(⇨restraint of trade)
partial restraint on alienation 部分转让限制 并非对财产转让的无条件或绝对限制。例如仅对向特定人或在一定期间内的财产转让进行限制。
partial reversal 部分撤销 指上诉法院撤销原审法院对部分当事人或部分争议问题的判决。
partial taking 部分征用(⇨eminent domain)
partial unconstitutionality 部分违宪(⇨partial invalidity)
partial verdict 部分裁断 指陪审团认定被告人受指控的部分罪行成立,其余部分不成立的裁断。
partial waiver 部分放弃 指对土地授予条件的放弃,表面上似乎为部分放弃,但根据邓普尔案[Dumpor's Case]中的规则,相当于完全取消条件的效果。(⇨ Dumpor's Case)
partial zoning 部分分区法规 即分区法规[zoning ordinance],指仅适用于市政法人范围内某领域的分区法规。
partiarius 〈拉〉(罗马法)分享者 ❶有权与指定的继承人一起分享遗产份额的受遗赠人;❷须将部分作物作为租金交付的承租人。
partibility n.〈英〉可分割性;可分性 常用以指财产的可分性,例如:子孙对无遗嘱死者财产的平均继承,肯特郡地产保有中地产均分于各子嗣等。(⇨gavelkind)
partible a.可分割的;可分的
partible lands 可分割的土地;可分割继承的土地(⇨gavelkind)
particeps 〈拉〉❶参与人;分享者 ❷(古)共有人;共同继承人
particeps criminis 〈拉〉❶同谋犯;从犯(⇨accessory) ❷同谋犯互不赔偿原则 在针对某一同谋犯提起的民事诉讼中,其他同谋犯不能获得赔偿。该原则只适用于民事责任,不涉及刑事责任。
particeps doli 〈拉〉参与欺诈的一方当事人
participate v.❶参与;参加 ❷分享;分担;共同拥有 ❸含有;带有
participating associate 参与合伙人 律师事务所中参与利润分配但不享有股权和表决权的律师,亦称"特别合伙人"[special partner]或"非股权合伙人"[nonequity partner]。
participating insurance 参加分红保险;参加保险 相互保险公司设立的一种保险,保单持有人可参加红利分配。
participating policy 分红保单 其持有人有权以红利的方式分享保险人的利润的保单。
participating share 共同份额 指一种证券或多种证券的共同份额构成几个信托的单一投资基金。
participation n.❶参与;参加 如参加合伙。❷分担;分享 如雇员分享企业的部分利润。❸参加承保条款;风险分担条款 一项保险单条款,规定被保险人以一定比例分担保单承保的损失,有时本词亦在不严格的意义上指共同保险。
participation agreement 〈美〉参与协议;分享协议 以托拉斯[trust]形式合作开发石油时,订立的一项允许股东参与分享一定份额石油的协议。
participation loan 〈美〉共同贷款;参加贷款 为防范和分解贷款风险,也因银行对单个借款人的放贷规模受到法定限制,故由两个或两个以上银行共同提供的贷款,每一银行分别承担一定比例的贷款数额。共同贷款通常由一家牵头银行[leading bank]出面安排。
participation mortgage 参与性抵押;参加抵押 ①贷款人[lender]除获取正常利息收入之外,还参与分享借款人经营利润的一种贷款抵押;②多个贷款人共同持有的抵押。
participation preferred stock 分红优先股;参加优先股 一类优先股,其股东不仅有权分得规定的优先股股利,在普通股股利率超过优先股的股利率时,该优先股股东还可参加普通股股东的股利分配。
participation stock 分红股 通常指允许股东参与分配公司利润和盈余的股票。
Participes plures sunt quasi unum corpus in eo quod unum jus habent, et oportet quod corpus sit integrum, et quod in nulla parte sit defectus. 〈拉〉众多共同继承人因拥有同一项权利而为一整体,此整体须完整,各方面均无缺陷。
particula 一小块土地
particular a.特定的;专项的;特别的;部分的;某一的 与"总体的"[general]相对。
particular agent 专项代理人 受本人委托办理一项或几项特定事务的代理人。(⇨special agent)
particular average/P.A. 单独海损 指由于自然灾害、意外事故造成的船舶、货物的损失,仅涉及受损方的单独利益,由受损方单独承担,属于部分海损[partial loss];区别于共同海损[general average]。
particular averment 特别陈述 对特定事项的主张或申辩。
particular custom 特殊习惯 局限于某一郡、市、乡镇、堂区或其他地域的习惯,认定其存在与否取决于有无证据。
particular estate 先行地产权 指在两个或多个具有承续性的地产权中最先的那一项地产权。如甲将自己某一土地上的终身地产权授予乙,再将乙去世之后的剩余地产权[remainder]授予丙,则相对于丙的剩余地产权而言,乙所享有的就是先行地产权。先行地产权实质上是可供分别享有的具有连续性的地产权中在先的那项地产权,它是一种普通法上的权利,同时也是一种即时占有地产权[estate in possession],区别于剩余地产权、回复地产权[reversion]等期待地产权[estate in future]。先行地产权可以是定期地产权[estate for years]、终身地产权[estate for life]或限嗣继承地产权[estate tail]等,但最终地产权或后续地产权[ultimate estate]一般均为自由继承地产权[estate in fee simple]。
particularity n.(诉讼文书中的)详情叙述;细节说明

particular lien 专项留置(权) 一种占有性的留置权,指在因特定财物所生之债务得到清偿之前,财产占有人有权留置该物。与总括留置权[general lien]相对。(⇨lien)

particular malice 特定的恶意 即针对某一特定个人的恶意,亦称 special malice。(⇨malice)

particular partnership 特定合伙;项目合伙 为分享某一特定交易或经营项目的利润而建立的合伙。

particular power 特别授权;特别权利(⇨particular agent; special power of appointment)

particular preceding estate 先行地产权(⇨particular estate)

particular services 特别服务 以自己特有的专业知识、技能、手艺提供的服务。

particulars of breaches and objections 〈英〉对侵权和异议的详细说明 指1852年《专利法修正法》[Patent Law Amendment Act]中的两项规定,即:专利侵权诉讼中,①原告必须对侵权事实逐项予以详细说明;②被诉侵权的被告在抗辩中,检察官在以告知令状[scire facias]通知专利权人撤销其专利权的程序中,必须逐项详细说明对该项专利权的异议理由。这两项规定后已被1883年《专利、外观设计和商标法》[Patents, Designs and Trade Marks Act]撤销,现已毋须遵循。

particulars of criminal charges 刑事指控详情说明 如果检察官提出的指控很概括,通常会被要求向被告人提供关于指控的犯罪行为的详细叙述。

particulars of sale 拍卖说明书 拍卖土地、房产、股份等财产时向应拍人分发的材料,用以说明被拍卖财产的情况。说明书应清楚、准确地说明财产的详细情况。

particular strike 个别罢工 针对某一雇主的罢工,而非针对行业或地区的所有雇主的罢工。

particular tenant 定期地产权人;先行地产权人(⇨particular estate)

parties and privies (合同的)当事人与相对人 合同或契据的当事人是指实际订立合同或契据的人。合同的相对人则通常是指该合同对其具有约束力的双方,尽管其并未在该合同中被列为当事人。例如,在一租赁合同中,出租人与承租人均为合同当事人与相对人;但如果承租人将其权益转让给第三人,则该受让人与原出租人之间产生相对关系,从而成为相对人,尽管该受让人并非原租赁合同之当事人。此外,亦可因一方当事人发生继承、合并、分立、出售等情事而产生合同当事人与相对人不一致之情形。

parties in interest 利害关系人;利益关系人(⇨real party in interest)

parties to a judgment 判决的当事人 严格地说,仅指诉状所列当事人。但为适用既判力[res judicata]原则之目的,凡对诉讼标的有直接利害关系、有权参加诉讼、有权答辩、询问证人、对允许上诉的案件可以上诉的人,均为判决的当事人。

parties to contract 合同当事人

parties to crime 犯罪参与人(⇨accessory; accomplice; principal)

partisan n. 党徒;信徒 指与整体的公共利益相对立的某一党派或某一事业的拥护者。

partitio 〈拉〉(罗马法)分割(财产);分配(⇨partition)

partitio legata 〈拉〉(罗马法)遗赠划分 指继承人遵照遗嘱分割遗产并将规定份额交与指定的受遗赠人。

partition n. 分割 指财产的分割,最狭义上是指将以共同保有人[joint tenant]、共同继承人[coparcener]或混合共有人[tenant in common]等形式共有的土地在权利人之间进行分割;较广义上可以指在共有人[co-owner]间对动产或不动产进行的分割。财产的分割可以是自愿的,依当事人的协议进行;也可以是强制的,依法院的命令进行。通常情况下,法院并不命令对财产进行实物分割,而是命令将财产出售,对售得的价款[proceeds]进行分割。

partition commissioner 财产分割专人 在财产分割程序中受法庭指派,负责调查被分割的财产、进行初步分割或提出关于分割方案的建议,并向法庭提出报告的人。

partition deed 分割契据(⇨deed of partition)

partition fence 界篱;界栅 在相邻土地的边界线上竖立的篱笆或栅栏。

partition of a succession 分割继承遗产;遗产分割 遗产的分割是指在所有共同继承人[co-heirs]间依其各自应有的权利对构成遗产的各部分财产进行分割。遗产分割可以是自愿的[voluntary]或是司法强制的[judicial],前者是指按照现存的有行为能力的继承人所形成的合意而进行的分割;后者则由法院依职权按法定程序进行分割。遗产分割又可分为确定性的[definitive]与临时性的[provisional]两种,前者是指以永久性的、不可撤销的方式进行的分割;后者则是暂时进行的遗产分割,它或是在其余的遗产还不能分割时先行对特定部分遗产进行的分割,或是虽然各项遗产均可分割但当事人并不以不可撤销分割之状态所进行的遗产分割。

partition sale 分割拍卖 由法院指令,将难以公平地进行实物分割的不动产、船舶等公开拍卖,再将拍卖所得进行分割。

partition wall 隔墙

partner n. 合伙人 合伙企业的成员。合伙人为共同利益,各自用实物或货币出资成立合伙企业,并按一定比例共享收益。(⇨general partner; partnership)

partner in commendam 〈美〉康孟达合伙人 路易斯安那州[Louisiana]的法律中,指有限责任合伙人。(⇨limited partnership)

partner's equity (= equity of partners)

partnership n. ❶合伙 指由两个或更多的人共同拥有的非法人经济组织,其成员作为共有人[co-owners]为营利目的而从事商务、职业或专业[trade, occupation or profession]活动。在美国,普通合伙[ordinary partnership]是指两个或多个当事人作为共有人为营利所进行的资金或劳务联合;而其计征所得税[income tax]时所称的合伙,除普通合伙外,还包括于辛迪加型企业联合[syndicate]、企业集团[group]、联营[pool]和合资企业[joint venture]等不具有法人资格的营业团体,与托拉斯[trust]等作为纳税主体的法人型联营不同。合伙在税收上被当作一种税收来源的导管[conduit],合伙组织体本身并不是纳税主体;合伙组织的盈亏都具体划分到合伙成员,并由其按各自所得分别纳税。在英国,俱乐部、各种互助会[benefit societies]及为宗教、慈善、文化、科技等目的而组建的组织不属于合伙。 ❷合伙合同 指两个或更多具有行为能力的人签订的,约定各自将资金、财产、劳务、技术等共同投入合法商业贸易,并约定按比例分配利益和分担损失的合同。 ❸合伙关系;合作关系;同伙关系 ❹合伙人身份;全体合伙人

partnership agreement 合伙协议 指约定合伙人相互之间权利义务的协议,无涉于合伙组织同第三人的关系。亦作 articles of partnership。

partnership articles 合伙章程；合伙协议（= partnership agreement；articles of partnership）

partnership assets 合伙财产；合伙资产　指属于合伙所有并可用以偿还合伙债务的全部财产。它不包括合伙成员的个人财产。在初审[first instance]时，合伙商号[firm]的债权人可对合伙财产行使追索权[recourse]。

partnership association 合伙组合　一种类似合伙与合股公司[joint stock company]的商业组织。其特点是合伙人以其出资额为限承担责任。现已很少采用。

partnership at will 任意(解散的)合伙；不定期合伙　指由当事人任意决定而并不事先确定存续期限的合伙。任一合伙人均得随时解散合伙而不因此承担责任。与定期合伙[partnership for a term]相对。

partnership by estoppel 不容否认的合伙　若一人或多人向第三人以合伙人自称，使第三人对之产生信赖，则虽然其实际上并非合伙人也不得再予以否认，从而在法律上推定存在合伙。（= implied partnership）

partnership certificate 合伙证书　用以证明合伙人参加合伙的书面文件，通常在合伙组织借款时提交给金融机构。

partnership debt 合伙债务　由合伙组织或商号所欠而非直接由合伙成员所欠之债务。

partnership for a term 定期合伙　指存续特定期限或直至特定事件发生才解散的合伙。该种合伙亦可由任一合伙人在期满之前解散，但该合伙人需承担违反合伙协议之责任。（⇨partnership at will）

partnership goodwill 合伙商誉　指合伙企业超出其财产与资本总值的、因其信誉及与客户的良好关系所产生的效益。

partnership in commendam (大陆法)康孟达合伙　相当于英美法之有限合伙。（⇨limited partnership）

partnership insurance 合伙保险　①以指定合伙人的生命为保险标的的人寿保险，以便生存的合伙人能买下死亡的合伙人拥有的利益；②以合伙人为被保险人，以合伙为受益人的健康保险，通常是为了保证在如有合伙人丧失行为能力或死亡时，合伙业务的继续经营不受影响。

partnership inter sese 真正的合伙　即盈利共享亏损共负的合伙。

partnership name 合伙名称

partnership property 合伙财产　合伙人的出资加合伙经营的收入减去亏损即形成合伙财产，归全体合伙人共同所有。

partner's lien ❶合伙人优先权　合伙人因合伙利润的分配及为合伙支付的预付款而对合伙财产享有的优先权。❷合伙人权益(⇨equity of partners)

partner's share 合伙人的份额　即合伙人在合伙财产分配时的应得份额及对合伙债务的负担额。(⇨equity of partners)

part owner 共有人　作为共有人[co-owner]拥有财产的一个或几个人；在法律上通常用于指非合伙人[partner]的这一类人。(⇨tenancy in common)

part payment 部分支付；部分偿付　指受人将金钱或其他有价值之物交付出卖人并为其接受，而买受人的交付并不足以清偿其所欠的全部款额。债务的部分偿付可使已因超过诉讼时效而不得请求偿付的债务(实指未偿付之债务)恢复效力[revive a debt]。英国1939年《诉讼时效法》[Limitation Act]即作如是规定。另据该法，连带债务人[joint debtor]之一方在诉讼时效届满后对债务所作的部分偿付，并不使其他连带债务人的债务恢复效力。根据英国1893年《货物买卖法》[Sale of Goods Act]，对超过10英镑的货物买卖提起可强制执行的合同之诉时，须以书面证据或者部分支付为必要条件，但1954年《法律改革(合同强制执行)法》[Law Reform(Enforcement of Contracts) Act]之后，对该种合同之诉不再规定特别条件。部分支付的金额首先用于清偿到期利息。如支付的金额超过利息额，超过部分则用于清偿本金，剩余本金继续计付利息；如支付的金额少于到期利息，少付部分不得计入本金。

part performance 部分履行　①指完成合同义务之部分而非全部；②指一方当事人依据对方当事人的口头允诺而作的履行，它是口头合同的充分条件，法院可以据此而排除防止欺诈法[statute of frauds]之适用；③即指"部分履行规则"[part-performance doctrine]。它是一项衡平法原则，如果根据法律规定，某一合同——例如土地买卖合同——须以书面形式作为证据，但其未作成书面形式的，只要合同已得到部分履行，例如买受人已经占有买卖标的物(例如土地)或者已经支付相当部分的价款，则法院可以作出判决，要求实际履行合同[specific performance]。英国1925年《财产法》[Law of Property Act]即承认该项原则，多用于土地及土地权益的买卖或其他处分中。在美国，该项衡平法原则主要指在口头允诺的情况下，通过一方当事人的履行而避免防止欺诈法的适用。

part-performance doctrine 部分履行规则(⇨part performance)

part-time worker 临时工；短工(⇨casual employee)

partus 〈拉〉子女；后代；即将出生的胎儿；刚出生的婴儿；幼子

Partus ex legitimo thoro non certius noscit matrem quam genitorem suum. 〈拉〉合法婚姻所生子女，身世明确。

Partus sequitur ventrem. 〈拉〉子女随母；奴隶的子女属于其母亲的主人；幼畜属母兽的主人。　一项罗马法准则。英国法以之适用于兽类而不涉及人类。

party n. 当事人　指进行一定事务或诉讼的人。订立合同的人为合同当事人。诉讼当事人指提起和被提起诉讼的人，即原告和被告，包括普通法诉讼和衡平法诉讼的原告和被告。当事人的一方可以是一人也可以是多人，可以是自然人也可以是法人。当事人有诉讼主动权，并有权辩论、有权提出和询问证人、有权对判决提起上诉等。对案件处理结果只有间接关系的人为利害关系人而非当事人。刑事诉讼的当事人为公诉人和被告人。(⇨nominal party; prevailing party)

party affiliation 党派

party aggrieved 不利当事人；受害当事人　指因他人的诉讼或法院的裁判，在人身或财产权利上受有不利影响的当事人。依制定法的规定，其权利因法院判决直接受损的当事人有权提起上诉。(⇨aggrieved party)

party candidate 政党候选人　选举中由某政党任命并代表该政党参加竞选的候选人。

party convention 〈美〉政党代表大会(⇨convention)

party defendant 被告；被告人

party in default 缺席的当事人

party in interest 利害关系当事人　①与诉讼有实际利害关系的当事人，而非名义上的当事人[nominal party]。也称 real party in interest；②破产案件中指其经济利益直接受破产程序影响的人。

party injured (= injured party)

party interested 利害关系人(⇨party in interest)
party jury (= jury de medietate linguae)
party litigant 诉讼当事人
party of record 正式指明的诉讼当事人
party plaintiff 原告
party rate 团体票价　承运人对达到一定人数的旅客团体给予的优惠票价。
party square 〈美〉政党方格　选票上的一个方格，允许支持某一政党候选人的选民在此格内仅打上一个标记。
party to be charged 受指控人　有关欺诈的法律用语，指被要求履行合同的当事人。也指被提起诉讼的人，即被告。
party wall 界墙；隔墙　分隔不同所有人毗连土地或建筑物的墙，可能全部位于一方的土地上，也可能部分位于一方的土地、部分位于另一方的土地。无论何种情况，双方均有权使用。又作 common wall。
parum 〈拉〉小的；少的
Parum cavet natura. 〈拉〉大自然很少防备。
Parum cavisse videtur. 〈拉〉(罗马法)看来他过于轻率。看来他太不谨慎。法官或治安法官对罪犯宣判死刑时的用语。
Parum differunt quae re concordant. 〈拉〉本质上相同的事物区别甚微。
Parum est latam esse sententiam nisi mandetur executioni. 〈拉〉作出的判决如未交付执行，其意义是不充分的。
Parum proficit scire quid fieri debet, si non cognoscas quomodo sit facturum. 〈拉〉仅仅知道应当做什么，而不知道如何去做，是毫无用处的。
par value 面值；票面价值　①股票、债券等票面上载明的价额，与其实际价值[actual value]不同且往往差异较大；②在抵押或信托契据中，指抵押的价值以所欠余额为基础，未予折扣。(⇨non-par value stock)
par value stock 面值股票；面额股票　指含有固定面值的股票，该面值通过股本总值除以将发行的股份总数而得。由于公司有盈亏，股票面值并不一定反映股票的实际价值。
parva proditio 轻叛逆罪　指奴仆杀害主人、妻子杀害丈夫、教士杀害主教的罪行。(= petit treason)
parva serjeantia 小侍君役(= petit sergeanty; petty serjeanty)
parvum cape 收回租地的令状(= petit cape)
pas 〈法〉优先；优先权
pasahh 〈希伯来〉逾越节
Pasch n.❶(犹太人的)逾越节　❷(基督教的)复活节
Pascha (= Pasch)
Pascha clausum 复活节后的第一个星期日　亦称 Low Sunday。
Pascha floridum 复活节前的星期日(= Palm Sunday)
paschal rents (= paschals)
paschals n.❶复活节岁贡　指在主教或执事长[archdeacon]的复活节巡查中，由下级神职人员向他们交纳的贡品。❷大斋节祭品(⇨quadragesimals)
pascha rents (= paschals)
pascua silva 〈拉〉(罗马法)长满树木的牧场
pass v.❶宣布(判决)　❷通过(议案)(⇨passage)　❸批准(账目)　❹转让(财产)　❺(货币等)流通　n.❶通行证　❷(免费)乘车票
passage n.❶经过；通过　也可以指法案的通过或批准。

❷通道；航道　❸旅行；旅运报酬(⇨passage money)　❹通行权；通过权；航行权(⇨easement)
passage for logs 原木通道　在堤坝上或堤坝周围可运送原木的通道。
passage money 通行费；航道费；车船费
passage of act 法律的通过
passage of statute 法律的通过　指议案获得立法两院通过的日期；议案获得行政首脑批准的日期，如被行政首脑否决，则指再度投票最后通过的日期；有时也被解释为议案的开始生效日期。(= passage of act)
passagio (古)通行令状　古时一种命令港口管理人允许经国王许可的人出海通行的令状。
passagium 航行；航程
passator (英格兰古法)通行管理人　在渡口、桥梁或浅滩等处管理对河流的通行或征收通行费的人。
passbook n.银行存折；(住房贷款协会成员的)存款账簿；顾客赊欠账簿
passed dividend 逾期红利　在公司以往习惯的红利公布时间未公布的红利，特别是应定期向优先股支付的红利。
passenger n.乘客；旅客　该词泛指为旅程向他人支付报酬者。于不同情形、不同上下文中有不同的意思，有时指严格法律意义上的乘客，即雇佣他人运送自己的人；有时则较广泛地指除营运者之外在交通工具上的任何人。乘客与搭车人[guest]的根本区别，在于前者须付报酬，后者则主要是营运者因为好客或友谊而乘送的人。
passenger agent 旅客事务代理人　全面负责或在特定地区或城市负责旅客事务的铁路公司代理人。
pass for cause 通过有因回避　指对陪审员未提出有因回避请求[challenge for cause]，但仍有提出无因回避请求[peremptory challenge]的机会。
passim 〈拉〉到处；普遍；广泛
passing indictment to files 中止起诉；推迟审判
passing of act (= passage of act)
passing off 假冒经营　一种非法行为，即销售商品或经商时所使用的名称、符号、说明等足以使公众误认为是另一人的商品或商业运作。被假冒的人有权起诉请求赔偿损失并禁止被告继续假冒行为。
passing of property 财产的移转(⇨transfer; succession)
passing of title 产权转移；所有权转移　可以指当事人自愿的或非自愿的产权移转。
passing vessel 追越船(⇨overtaking and passing)
passion n.激情；情绪激动　非预谋杀人的行为，并非出于预先谋划而是由于突然的"激情"或"情绪激动"，即由于愤怒、狂怒、仇恨、强烈的忿恨、恐惧等使头脑失去冷静思考的感情状态。(⇨heat of passion; sudden passion)
passive a.消极的；被动的；有负担的(⇨permissive)
passive activity 〈美〉消极活动　由《1986年税收改革法》[Tax Reform Act of 1986]创造的术语，一般指纳税人未真正参与的经营活动，从而对其该项纳税收入未有直接控制。
passive bond 消极债券　一种无息债券，其持有人于其可有未来的某些利益或利润。(⇨passive debt)
passive concealment 消极隐瞒　在有义务说明情况时保持沉默。
passive connivance 消极纵容(配偶的不贞行为)　指配偶一方的行为为另一方与他人通奸创造了条件，而后以对方不贞为由提出离婚。
passive debt ❶无息债务；免息债务　指经由债权人与债

务人约定不承担利息的债务。与有息债务[active debt]相对。❷消极债务　在另一层含义上,某一债务分为"积极"[active]与"消极"[passive]是因其针对债权人或债务人而定的。积极债务指"欠人",消极债务则为"人欠"。据此,任何一笔债务均既是积极的,又是消极的;针对债权人而言是积极的,针对债务人而言则是消极的。法语中所用的"actif"(资产[assets])与"passif"(负债[liabilities])即与之相当。

passive income　〈美〉非劳动所得;非劳动收入;消极收入;消极所得　在个人未实质参与的活动中发生的或所得人对其未有直接控制的收入,如来自有限合伙股权的收入。相比之下,工资和薪水、贸易或营业所得收入则为积极收入[active income]。租金收入一般被视为消极收入而无论其是否实质参与。(⇨passive activity;passive loss)

passive indulgence　消极宽限;延误追索　指债权人在其债权可以从担保物中得到清偿时未及时起诉债务人。

passive investment income　〈美〉消极投资所得;被动投资所得　不涉及或不需要积极行为而获的投资所得,如利息、股息、年金、有价证券转让收入、使用费及某些租金等。

passive loss　〈美〉消极损失　在税法中,下列三方面的任何损失均为消极损失:①来自于纳税人未实质参与的活动中的损失;②来自于租赁活动的损失,但个人积极参与者除外;③来自避税活动的损失。消极损失的扣减建立在其活动的时间和类型的基础上并受到限制。在进行投资活动的年度中,任何为实际发生的年度所限制的消极损失可全额扣减。消极损失限制从 1987 年起始逐步采用。(⇨passive income;portfolio income)

passive negligence　消极过失;疏忽　指依法有义务为某行为却出于过失没有为之,即因不作为而形成的过失。(⇨active negligence)

passive participation　消极参与　对他人的犯罪共谋予以默许,但未实际参与实施。

passive receivership　消极破产财产管理　指破产财产管理人[receiver]仅仅保存财物、收集资产并向法院提出报告,而不负责经营;与破产管理中的积极管理[active receivership]有别。

passive trust　(= dry trust;simple trust)

passive use　消极用益(⇨permissive use)

passive waste　自然损耗;消极损耗(= permissive waste)

passport　n.❶护照　确认公民身份,承认持有人有权获得本国的外交及领事机关的保护和帮助权利的证书,实际上是要求外国允许护照持有人自由安全地进入和通过。护照是一主权国家允许其公民到他国旅行并返回本国及要求外国允许公民自由安全通过的证明。❷(= sea letter)

past consideration　过去的对价;以往的对价　合同订立前已完成的行为一般不能作为允诺的对价,因为这不是对新允诺的交换,过去的对价对要约人无益,对受约人也无损,但也有例外,如对已逾时效的旧债或已经破产程序解除的债务作出同意还债的新允诺。(⇨preexisting duty;future consideration)

past due　过期的;逾期的

pastor　n.牧师;**本堂牧师**　基督教中对神职人员的通称,亦指在某特定教堂中教牧其教民的牧师。

past recollection recorded　过去回忆的备忘录　在证人对某一事件仍记忆犹新时所作的正确反映此事件的记录,以免其将来不能完全回忆起来从而不能充分准确地

作证。这种证据不受传闻证据规则的限制,即使陈述者现在可以作证,亦可被采信。备忘录被采纳为证时,应作为证言朗读,而不能作为书证存档,除非对方当事人作此请求。

pasture bred　生父不明的

pastus　(封建法)地租;贡赋

Pateat universis per praesentes　〈拉〉敬启者,兹有…　旧时委托书的起首语。

patent　n.❶专利(权)　指就一项发明创造而由国家授予的一定期限的垄断权。基于国家授予的专利证书[letters patent],专利权人在专利保护期内享有对该发明的专有权利,并得排除他人对该发明进行制造、使用或销售等。在理论上,一般认为专利制度是发明人与政府之间的一种交易[bargain],即由发明人将其发明创造向社会公开披露而换取政府授予其特定期限内排除他人制造、使用、销售其发明的专有权利。一方面,它可以"促进实用技术的进步"(美国宪法第一条第八款第(八)项,即"专利与版权条款"[Patent and Copyright Clause]语);另一方面,它是一种有限的垄断,专利保护期满后,任何人均得无偿使用该发明。现代专利制度起源于英国伊丽莎白与詹姆斯一世时代[Elizabeth and James I],1623 年英国的《垄断法》[Statute of Monopolies]宣布,所有授予的垄断权均属无效,但对发明例外,第一个发明人可被授予最长达 14 年的独家制造新工业品的特权。美国的专利法最初曾由各州规定,后根据前述美国宪法之授权,国会于 1790 年制定第一部美国专利法。英、美诸国专利法在长期发展中均历经多次修正,日趋完善。在英、美国家,一项发明被授予专利须符合专利法规定的条件。美国专利法规定的条件是,该发明必须具备新颖性[novelty]、非显而易见性[nonobviousness]与实用性[utility];英国专利法与此基本相同,要求该发明必须是新颖的[new]、涉及发明性步骤[involves an inventive step]与适于工业应用[industrial application]。同时,发明人还须依照法定程序向专利机关(英国为专利局[Patent Office]、美国则于 1975 年更名为专利商标局[Patent and Trademark Office])提出专利申请[patent application],提交相关的法律文件,尤其必须包括说明书[specification]与权利要求书[claims]。专利申请如经审查批准,则其专利权获得法律保护,发明专利的有效期为 20 年(在英国,专利保护期自申请人提交完整说明书[complete specification]之日起算。在美国,1995 年 6 月 8 日之前,一项发明专利的有效期为 17 年,自专利授予之日起算,在此后,亦采用 20 年有效期的做法,从提交专利申请之日起算)。专利作为一项权利动产[chose in action],其权利人可以之进行转让、设定担保,也可以对他人许可使用[license]。在特定情形中,还可能产生对专利的强制许可[compulsory license]。他人未经许可而对有专利的发明进行制造、使用和销售的(美国于 1996 年 1 月 1 日之后还规定了许诺销售[offering to sell]与进口两种行为),则构成侵害专利权[patent infringement]。专利权人针对侵权行为可以采取的补救措施主要有禁制令与损害赔偿(此外,在英国还规定可以追缴利润[an account of profits])。除发明专利以外,专利在美国还包括外观设计专利[Design Patent]与植物新品种专利[Plant Patent],而在英国,对外观设计与植物新品种亦予以立法保护。❷特许;许可　指政府授予某项特权、权力或财产的行为。❸(公开)特许状;许可证(= letters patent)

*a.*公开的;明显的

*v.*获得专利

patentability conditions 授予专利（权）的条件　指授予专利权的实质性条件，如新颖性、实用性、非显而易见性等，只有全部具备这些条件方能获得专利权。在美国，授予专利权的条件还包括发明人身份［inventorship］，即专利申请人必须是发明人或在其死亡或无能力时的合法代表人。（⇨novelty；utility；patent）

patentable *a.* 可取得专利的；可授予专利的　指某一发明符合授予专利所要求的实用性、新颖性和创造性条件。

patentable invention 可授予专利的发明

patentable novelty 可授予专利的新产品

patentable process 可授予专利的新方法（⇨ process patent）

patent agent 专利代理人　在英国，任何人非依《专利法》［Patent Act］办理登记者不得为专利代理人。亦作"patent attorney"。

patent ambiguity 显然的含糊　指由于使用相互矛盾或含义不清的文字，造成文件字面所表达的意思不明确或模棱两可。（⇨ambiguity；latent ambiguity）

patent and copyright clause 〈美〉专利与版权条款　即美国宪法第一条第八款第（八）项，它规定："国会有权…为促进科学和实用技术的进步，保障作者和发明人在一定期限内对其著作和发明享有专有权"。

Patent and Trademark Office 〈美〉专利商标局　商务部属下的一个联邦机构，由国会依照美国宪法的规定设立。其职能主要是审查专利和商标申请，授予专利，登记注册商标，并为公众提供多种有关专利和商标的信息及服务。简作 PTO。

patent appeal 〈美〉专利上诉　专利审查员拒绝对某一新发明的专利申请授予专利，从而作出专利和商标局［Patent and Trademark Office］决定时，专利申请人可以向专利上诉与抵触审查委员会［Board of Patent Appeals and Interferences］提出上诉。

patent application 专利申请

patent commissioner 〈美〉（国家）专利局长

Patent Compensation Board 〈美〉专利费用局　根据 1954 年《原子能法》［Atomic Energy Act］成立的机构，负责就如何确定有关原子能专利的许可使用费、补偿费、奖金等向原子能委员会［Atomic Energy Commission］提供咨询。

patent danger 明显的危险

patent defect 明显的缺陷　指买卖标的物的清晰可见或以通常的注意和谨慎即可发现的缺陷。在土地标示［legal description］中，标明四至或地号的不动产平面图的明显缺陷，不能仅作修改，必须重新制作。

patented claim 特许专用权　指已发给特许专用证、得在政府的土地上定居垦荒的权利［homestead］，或得在公地上采矿的权利［mineral right］。

patentee *n.* 专利权人　指被授予专利的发明人以及在此后通过受让而获得专利的所有人。任何在此后取得专利所有权的人继受取得"专利权人"之称号。也许有人认为，既然接受专利的人为"patentee"，那么授予专利权的政府或其专利机关应为"patentor"，但实际上后一用语在英文中从未使用过。

patent history 专利史

patent infringement 侵犯专利权　指未经许可而制造、销售或使用他人享有专利权之发明，或故意引诱实施前述行为。在美国，联邦法院对侵犯专利权的案件享有专有管辖权，可作出禁制令，禁止实施未经授权行为，并可判决向原告赔偿损失。而被告则多以对原告专利的有效性提出异议或以自己的行为并不构成侵权为由进行抗辩。（⇨infringement）

patent insurance 专利权保险　承保他人侵犯被保险人专利权的损失以及被保险人侵犯他人的专利权而引起的诉讼的保险。

patent marking 专利标记　在专利产品上标注的专利字样（如"patent"或"pat."）以及相应的专利号。未在产品上标明专利标记的，在侵犯专利权的诉讼中一般不能获得损害赔偿，除非侵权人明知该专利；未取得专利权而于产品上作专利标记的，应受法律处罚。

patent medicine ❶成药；专卖药　不用医生处方就可买到的现成药，通常凭借商标得到保护。❷专利药品　对药品制造享有专利权的公司所出售的药品。

Patent Office 专利局　美国"专利局"于 1975 年更名为"专利商标局"［Patent and Trademark Office］，因该机构增设了商标登记功能。

Patent of precedence （英格兰古法）优先权特许状　作为一项荣誉授予某些出庭律师［barristers］——一般为高级律师［serjeants］，使之享受皇家律师［Queen's Counsel］的地位与特权，现已废除。

patent pending 〈美〉专利未决　指在提交专利申请后至授予专利之前，接受专利和商标局审查的法律状态。专利申请人可以在产品上作相应标记（通常简作"Pat. Pend."，也可用"已申请专利"［patent applied for］等语），意在对那些潜在的仿冒者给予警告。但在此阶段并不存在针对侵权行为的保护，除非其最终被授予专利。严格而言，这一用语并不准确，因为既已获得专利，也就不存在未决状态，其真正含义是指专利申请处于未决状态。

patent pooling 专利共享；专利联营　指专利持有人之间的交叉许可［cross-licensing］，从而可以相互使用彼此的专利。除非其目的在于遏制竞争或形成行业垄断，否则专利联营并不违反反托拉斯法。

patent practitioners 〈美〉专利执业者　办理专利事务的专业人员，包括专利代理人［patent agent］与专利律师［patent attorney］两类。专利执业者必须在专利局登记，并对自然科学和专利法律有足够的了解。

patent privilege 专利权；专利特权　法律赋予专利权人在专利保护期限内享有的特权，由其独占专利的实施，他人不得制造、销售或使用其专利发明。

patent right 专利权　由专利权人［patentee］或专利受让人［assignee］享有的受专利保护的权利。通常是指由政府授予发明人在一定期限内制造、使用和销售其发明或专利产品的专有权利。

patent-right dealer 专利权经销商　从事专利权销售或代理销售业务的人。

Patent Rolls 〈英〉特许状案卷　记载 1202 年以来关于国王、岁入、司法、官职的授予和确认以及其他事项的文件的文秘署卷宗［Chancery rolls］。

Patents Appeal Tribunal 〈英〉专利上诉法庭　受理对专利、外观设计和商标局长［Comptroller of Patents, Designs and Trade Marks］的决定提出上诉的案件。它不隶属于高等法院，但由御前大臣选任的高等法院的法官组成，该庭不受自己先前判决的拘束。在苏格兰，与之相对应的是苏格兰上诉法庭［Scottish Appeal Tribunal］，由苏格兰最高民事法院［Court of Session］院长［Lord President］选任的本法院的一名法官组成。对其判决不服的还可再上诉至上诉法院或苏格兰最高民事法院。1977 年该法庭的职能转归专利法庭[Patents Court]。

Patents Court 〈英〉**专利法庭** 根据1977年《专利法》[Patents Act]设立，隶属于高等法院衡平分庭，受理有关专利事项的上诉案件。在某些案件中，对该法庭的判决还可上诉至上诉法院。

patent suit **专利诉讼** 其诉讼的争点与专利的效力、实施和侵权相关。

patent thicket **专利覆盖** 专利权人为使发明保持或取得非法垄断而有选择地实施部分专利而非其余部分，或拒绝许可他人实施专利。

patent writ 未盖章或未密封的令状

pater 〈拉〉父亲 罗马法上有时包括祖父。

Pater est quem nuptiae demonstrant. 〈拉〉婚姻示你。法律推定母亲的丈夫即为其子女的父亲，生母对此免负举证责任。

paterfamilias 〈拉〉（罗马法）家父；家长 广义上与自权人[sui juris]同义，狭义及通常意义上指家庭中任何其他人享有"家长权"[patria potestas]的人，包括父亲、祖父或曾祖父等。

pater juris 〈拉〉法律之父 有时用作对罗马教皇英诺森三世[Innocent Ⅲ]的尊称。

paternal a.父亲的；父系的；来自父亲的

paternal fee 父系世袭地产（⇨feudum paternum）

paternal inheritance 父系继承 自父亲处或经由父系血亲而获得之继承。

paternal line 父系（⇨line）

paternal power ❶父权 ❷（父母对子女的）亲权 ❸（罗马法）家长权（= patria potestas）

paternal property 父系财产 由其父或其父系血亲遗传下来的财产。

paterna paternis 〈拉〉由父系后嗣继承的父系财产

paternity n.❶父亲身份；父职 ❷生父关系 ❸来源；渊源；出处

paternity action (= paternity suit)

paternity proceeding (= paternity suit)

paternity suit 确认生父之诉 指确认非婚生子女的父亲及其抚养责任的诉讼。

paternity test 亲子鉴定 指为确定某人是否系他人的生身父亲而进行的试验和鉴定，通常包括DNA鉴定[DNA identification]和组织分型[tissue-typing]。

Pater Noster 〈拉〉主祷文；天主经 基督教最常用的一篇祈祷文。

pater patriae (= parens patriae)

pathological condition 患病状态；病况

pathological fracture 病理性骨折 主要由病理状态引起的骨折。

pathology n.病理学 医学的一个分支，研究疾病的性质、原因和症状。

patibulated a.吊在示众架上的；绞死的

patibulum 〈拉〉绞架；刑架；十字架

patiens 〈拉〉忍受者；接受者；承受者

patient n.病人；患者
a.容忍的

patient dumping 〈美〉弃置病人 有些州仅为节省开支而采用的一种愚蠢的、不光彩的做法，即将老年精神病人从费用高昂的精神病院转到费用低廉、医疗条件较差的联邦福利机构。

patient forbearance rule （有关）受害者容忍的规则 容忍不等于宽恕[condonation]。当作为婚内犯罪[marital offense]——如暴力、侮辱等——之受害者的配偶一方希望以容忍而使对方改邪归正，从而拯救婚姻时，其与对方的同居行为不构成宽恕。

patient-physician privilege 病人-医生谈话守密特权 指病人有权拒绝泄露或禁止其医生泄漏他们之间交流与谈话的内容。美国大多数州以制定法规定了这项特权。该项特权的享有者是病人，而不是医生。病人也可放弃其特权。

patient's bill of rights 〈美〉患者权利法案 由美国医院协会[American Hospital Association]草拟并经纽约市卫生部门[New York City Department of Health]采用。它对病人有权获得周到的治疗、有权知悉病情和诊断、有权接受或不接受治疗方案、有权保护其隐私、有权检查其费用单等各项权利作了全面规定。

pat. pend (= patent pending)

patria 〈拉〉国家；邻近地区；邻居；陪审团(= pais)

patrial n.〈英〉（根据1971年《移民法》[Immigration Act]）在英国有居住权的人

Patria laboribus et expensis non debet fatigari. 〈拉〉陪审员不应受体力与费用之累。

patria potestas 〈拉〉（罗马法）家长权 指家长对家属所享有的支配权。家长权因婚生子女的出生、对非婚生子女的认领、对他人子女的收养而取得，因家父死亡、家父或家子丧失自由或公民权、家属荣显、奴隶解放而消灭。最initial初，家父作为家庭的男性尊长，其家长权范围极为广泛，甚至包括对家属的生杀权。随着时间的推移，家长权于后世逐渐在性质上倾向成为对家庭成员的扶养责任。

Patria potestas in pietate debet, non in atrocitate, consistere. 〈拉〉父权乃慈爱而非暴行。

patriarch n.❶家长；族长 ❷（东正教的）牧首或宗主教；（罗马天主教的）高级主教；古代基督教教会的主教 ❸（社团组织的）创始人；元老

patrician n.（罗马法）特权贵族 在罗马早期约公元前400年独占执法官和祭司职位的特权阶层，其特权被平民逐渐削减。共和末期，与平民的区别在政治上无关紧要。罗马帝政时期仅皇后创设贵族，但其特权不多。君士坦丁帝[Constantine]之后(4世纪之后)，这一称号成为非世袭的荣誉称号。

patricide n.❶杀父；弑父 ❷杀父者

patricius 〈拉〉（罗马法）贵族

patrimonial a.❶父亲的；父母亲的 ❷祖传的；世袭的 尤指从男性尊亲属处继承的。❸祖传财产的；世袭财产的

patrimonial rights 世袭财产权 指有关祖传财产的权利，与从属于其个人的人身权有别。

patrimonium 〈拉〉（罗马法）可继承财产 又称财产物[res in nostro patrimonio]，指完全属个人所有并由个人支配、可通过父亲或从父亲处继承的财产。财产物可作为个人财产的构成部分。与之相对，不能构成个人财产、不能为个人所有的物称为非财产物[res extra nostrum patrimonium]，例如共用物[res communes]、公有物[res publicae]、公法人物[res universitatis]、无主物[res nullius]等。

patrimony n.祖传财产 从父亲或父系祖先处继承的财产，广义也包括从母亲或其他祖先处继承的财产。

patrinus 〈拉〉教父

patrocinium 〈拉〉（罗马法）庇护；保护；辩护

patrolman n.〈美〉巡警 在一定区域或沿一定路线巡逻

的警察。亦指低级警衔。(⇨police officer)

patron n.❶保护者;庇护者 ❷(慈善机构、社团、事业等的)赞助人;资助者 ❸老顾客;老主顾 ❹(有俸圣职的)推荐权人(⇨advowson) ❺(罗马法)保护人;庇主;恩主 对作为被保护人[client]的依附平民享有保护权的贵族,或因解放奴隶而对解放自由人拥有恩主权[patronatus]的主人。有权代替被保护人进行诉讼、取得被保护人的经济资助等。(⇨client)

patronage n.❶保护;庇护 ❷(职务的)任命权;圣职推荐权(⇨advowson) ❸顾客的惠顾

patronage dividend 顾客红利 合作社从其利润中向与其保持业务关系的顾客派送的红利,其数额依顾客与合作社的交易往来决定。

patronage refund 顾客酬金(= patronage dividend)

patronatus 〈拉〉(= patronage)

patronize v.❶庇护;保护 ❷赞助;资助 ❸光顾;惠顾

Patronum faciunt dos, aedificatio, fundus. 〈拉〉为宗教或慈善目的而捐赠和修建的人理应成为一教堂或教会建筑的创始者。 但这仅是约安·德·加兰迪亚[Joan de Garlandia]所言,没有参考英国法律。

patruelis 〈拉〉(罗马法)堂兄(弟);堂姐(妹)

patruus 〈拉〉伯父;叔父

patruus magnus 〈拉〉(罗马法)叔祖父;伯祖父 祖父、外祖父的兄弟

patruus major 〈拉〉(罗马法)叔曾祖父;伯曾祖父 曾祖父、外曾祖父的兄弟

patruus maximus 〈拉〉叔高祖父;伯高祖父(⇨abpatruus)

pattern n.❶方式;形式 ❷模式 在美国,可用于指违法行为模式或犯罪行为模式,即定期或反复发生的违反特定法律的故意行为。

pattern bargaining 模范合同谈判 工会以一个模范合同为基础,就众多劳动合同进行的谈判。

pattern test (作品)模式检测法 一种判断作品是否实质相似,从而确定作品是否侵犯他人版权的检验方法。主要是分析作品的各个组成部分,再比照判断其作者是否确实抄袭了他人受版权保护作品中的表达。其中的模式是指作品的人物、情节、对话等。只有与他人的作品十分相似时,才能认定为侵权。对于食谱等非艺术类作品,除非作品之间具体的事实说明相同,否则不能据此方法而得出侵权的结论。

Paulette 〈法〉鲍莱敕令 1604年的王室敕令。规定每年向王室交纳官职价值的1/6,即可将官职出售或遗赠,如任职者去世前40天未按上述方式转让,则官职归还王室。这一做法造成官职的世袭和永久性司法官阶层的出现,也削弱了王室任命官员的权力。

pauper n.❶(依靠公共救济生活的)贫民;接受救济者 ❷(可免交诉讼费用的)贫民当事人 ❸(刑事诉讼中有权获得指定辩护律师的)贫民被告人

pauperies 〈拉〉(罗马法)由动物引起损害 非因动物所有人的过失所致,但其应负责赔偿。

pauper settlement 贫民的安顿(= settlement of pauper)

pauper's oath 贫困者誓证 请求给予公共帮助、指定义务律师、免缴诉讼费用或其他免费服务时提供的宣誓书、声明或誓言,说明自己确因贫困无力缴纳此项费用。(⇨poverty affidavit)

paviage n.铺路捐;公路税 为抵偿铺筑街道或公共道路的费用而征收的捐税。

pawn v.当;出质 指债务人将一定的担保物交与债权人保管,作为偿还债务或履行其他义务的担保,在债务人未履约时,债权人有权变卖担保物以折价补偿。该词在本质上与 pledge 同义,区别仅在于该词通常适用于担保物为物品或有形动产[chattels]的情况,而 pledge 则适用于一切动产,包括金钱、流通证券与权利动产[chose in action]。
n.❶当押;质押 ❷当物;质物

pawnage (= pannage)

pawnbroker n.当铺经营人;当铺老板 经营当铺的人,向他人提供小额贷款(通常收取高利率)并收受借款人的物品、货物等作为担保。

pawnbroker's license 当铺执照;当铺经营许可证

pawnee n.收当人;质权人

pawner n.交当人;出质人

pawnor (= pawner)

pawnshop n.当铺

pax 〈拉〉安宁;治安(= peace)

pax ecclesiae 〈拉〉教堂的安宁;教堂的治安

pax regis 〈拉〉❶国王的安宁 指安宁、良好秩序、生命与财产的安全等政府所应达到的目标,即国王作为国家权力的体现向受法律保护的公民提供的保证。(= King's peace) ❷宫廷界限 古时享有特权的宫廷范围,即自王宫大门起一定范围内的地区。

pax Roma 〈拉〉罗马的安宁;罗马的治安

pax vobiscum 〈拉〉安宁与你同在;和平与你同在

pay v.❶支付;付款;偿还(到期债务) ❷给付报酬
n.❶付款 ❷工资;薪金;报酬;费用;佣金

payable a.❶应当支付的;到期的 指某人有义务即行支付。只有加上相应的限定词,才指可在将来进行支付。与"未付的"[owing]相对。 ❷可产生收益的;可获利的;有利可图的

payable after sight 见票后付款 票据在承兑或拒绝承兑证书作出后方可付款。

payable as convenient 在方便时支付 一种宽限债务的方式。

payable in advance 提前支付

payable in kind 以实物支付;以种类物支付(⇨in kind)

payable on death/P.O.D. 〈美〉亡时付款 在《统一遗嘱检验法典》[Uniform Probate Code]中,指某人将款项存入银行等金融机构,设立一项"亡时付款账户"[P.O.D. account]。在该人生存期间,他即为该账户的原始受款人[original payee];在其死后,由账户中指定的人[P.O.D. payee]作为该账户的受款人,经其提出正当要求,金融机构应对之付款。

payable on demand 见票即付 票据用语,包括载明见票即付和未记载付款日期的票据。

payables n.应付款项;应付项目(⇨account payable)

payable to bearer (票据法)见票即付持票人;凭票付款(⇨negotiation)

payable to holder 付与持票人;付请持票人;凭票付款

payable to order (票据法)付款给指定人;凭指示付款 指付款人应凭票据所记载或确定的人的指示来付款;只能向票据上指定的人付款。(⇨negotiation)

pay and divide rule (= divide and pay over rule)

pay any bank 付给银行;由银行收款 在票据上背书诸如"请付银行"之类字样后,只有银行才能获得持票人的权利。但在票据回到最初收款人或由银行向非银行之人为特别背书时除外。

pay check 〈美〉工资支票 用以付工资的支票。
pay down ❶当场支付 指支付定金,或分期付款购物时的首期付款。 ❷部分付款;部分还贷;部分还债 偿还部分贷款本金。
paydown n.支付的部分贷款;偿还的部分贷款或债务(⇨part payment)
payee n.受款人;收款人 受款人应当具有合理的确定性。依照英国1882年《汇票法》[Bills of Exchange Act]的规定,汇票、本票或支票可以指定一人为受款人,也可以指定若干人为共同受款人,或者指定若干人中的一人或几人均得为受款人,或指定现任某一职务者为受款人;但当受款人为虚构的[fictitious]或不存在的[nonexisting]之人时,可凭票付款[payable to bearer]。美国《统一商法典》[Uniform Commercial Code]规定,票据的受款人足可视为票据的正当持票人[a payee may be a holder in due course];换言之,如无相反证明,应视受款人为正当持票人。(⇨fictitious payee)
payer (= payor)
pay in full 全部偿付;清偿
paying quantities 〈美〉营利产量 油气开发协议中,指在支付打井钻探、设备和经营成本之外产生利润的油气产量。(⇨in paying quantities)
paying teller 银行付款员
Paymaster-General 〈英〉财政部主计长
payment n.❶支付;付款;给付 指金钱或其等同物由一方(付款人[payor])向另一方(受款人[payee])的移转。如果此种给付是针对合同债务或其他义务的,有时又被称为清偿给付[payment in satisfaction]。给付的金钱等物为对方接受的,则相应的债务消灭。给付可分为"实际给付"[payment in fact]与"法律上的给付"[payment in law]两种,前者是指一种真实发生的金钱支付;后者则是指等同于实际给付的一种交易,例如债务人向共同债权人之一的实际给付,在法律上就是对全体债权人进行给付。此外,抵销[set-off]、接受实际给付担保等亦被视为给付,因这些方式也能导致债的消灭。 ❷(合同债务或其他义务的)履行 它较前一含义更为宽泛,指对合同中的对价条款的履行[performance]或者对法律所规定责任的清偿[satisfaction]。 ❸支付的款项;给付的钱物
payment bond 付款担保书;付款保函 由保证人出具的,担保在总承包商违约时向分包商或材料供应商支付相应款项的一种书面承诺。其目的有二:一是可以保证建设工程的所有人免除建筑物上的优先权;二是可以促使材料供应商或分包商以较低的价格接受工作或项目。(⇨performance bond)
payment by mistake 错误支付;误付(⇨payment under mistake of fact; payment under mistake of law)
payment for honor 参加付款 当汇票或本票遭付款人拒付而拒绝证书[protest]尚未向出票人提示时,由第三人代为付款,以保护出票人的信用。故亦称为"拒绝证书提示前付款"[payment supra protest]。参加付款人付款后获得对被参加付款人及其前手的追索权,被参加付款人后手则被免除责任。该种商业惯例已大多被废弃。
payment for transportation (旅客支付的)交通费用 例如车票费、船票费、飞机票费及出租车车费等。
payment guaranteed 保证支付 在签名之后附加"保证支付"或同义文句,意指签字人保证如票据到期未获支付,则由其按票据规定期限偿付票据金额,持票人无须先向任何其他当事人追索。

payment in due course 正当付款 指票据付款人在票据到期时或到期后善意地向持票人履行付款义务,而不知其权利存在瑕疵。票据主债务人的责任可因正当付款而依法解除。亦称善意付款[payment in good faith]。(⇨holder in due course)
payment in good faith (= payment in due course)
payment into court 向法院提存款项 指被告在诉讼期间将其承认的债务或赔偿金额提交法院官员或存入法院的银行账户。如原告表示接受,诉讼即告终结。如原告不接受,则当诉讼结果为原告所获赔偿不超过该款项的金额时,被告不负责支付原告的诉讼费用,原告还应赔偿被告自提存款项之日起的费用损失。
payment supra protest (= payment for honor)
payment under mistake of fact 因对事实的认识错误而作的支付 一人基于存在某一特定事实的假设,认为他人有权获得支付从而向他人所作的支付,但如果其知道事实真相就将不会进行支付。
payment under mistake of law 因对法律的认识错误而作的支付 一人在获知全部事实后,基于对其法律后果的错误判断而向他人所作的支付。
payment under protest 保留异议的付款;在抗议(或异议)下付款(⇨protest)
pay off ❶清偿债务 ❷分赃 对实施诈骗或犯罪时提供帮助或保持沉默的同伙给予报酬。
payoff n.❶结算时间 ❷回扣(= kickback) ❸决定性事件
payor n.付款人 尤指对流通票据负有付款义务的人,与收款人[payee]相对应。
payor bank 付款银行 票据记载的或因承兑而负有支付票据金额义务的银行,包括在信汇或电汇场合,根据汇款银行所发支付指令[payment order],通知收款人前来取款的银行。
pay over 清偿;付与(⇨divide and pay over rule)
payroll n.❶工资表;领薪雇员名单 有权因其工作期间领取工资或薪水的雇员名单,有时包括公司经理或其他高级职员。 ❷工资总额 指根据工资表而需要的资金总额。
payroll check 工资支票 用以向工资表上的雇员支付工资的支票。
payroll tax 〈美〉❶工资税 ❷(雇主替雇员)代扣代缴税 如所得税或社会保险税。
pays (= pais)
PBGC (= Pension Benefit Guaranty Corporation)
PC (= price current)
P.C. (= pleas of the Crown; Privy Council; penal code; Political Code; professional corporation; petty cash)
P/C (= price current)
P.C.O. (= procurement contracting officer)
pd (= paid)
peace n.和平;宁静 指公民在秩序良好的社会中所享受到的安宁和平静。对内,政府应为公民提供宁静的生活环境;对外,则与其他各国保持相互理解。国际法上,和平是国际社会的正常状态,即国与国之间不发生公然的敌对行动;而战争状态则是非正常的,或多或少中断这种正常状态。
peaceable a.❶和平的;非暴力的 ❷平静的;和平的
peaceable entry 和平进入 以非暴力方式进入并占有土地。

peaceable picketing 和平设置纠察 设置纠察的行动没有吵闹、喧哗、争论等惊扰公众安宁的行为。在雇主的住处或办公室附近平静地向公众说明与雇主的纠纷。

peaceable possession 和平占有 指对不动产的占有经所有其他人(包括对方请求人)默认,未受到强力驱赶,也无人提出恢复占有的诉讼。(⇨adverse possession)

peace and quietude 社会治安与公共秩序;社会安定与秩序

peace bill (= bill of peace)

peace bond 〈美〉治安保证金 责令具有破坏治安危险的人保证不违反社会治安而交纳的保证金。基本上是一种附条件的罚金,条件成就时付款人可以取回保证金。在处理家庭暴力行为时甚为有效。治安保证金程序是否违宪有严重争议,因而很少有地区实施。

peaceful assembly 和平集会(⇨right of assembly; freedom of assembly)

peaceful persuasion 和平劝说;和平规劝

peaceful picketing 和平纠察 既未使用暴力也未采取任何非法手段的纠察行动。(⇨picketing)

peace justice (= Justices of the Peace)

peace officer 〈美〉治安官 指被任命负责维持公共安定和公共秩序的文职官员[civil officer],如行政司法官[sheriff]、警官[police officer]等。该词有时可能包括审理刑事案件的法官或为特定目的被立法任命为治安官的其他公职人员,如市长[mayor]。该词亦称 officer of the peace; conservator of the peace.

Peace of God 上帝和平 从10世纪末至12世纪遍及欧洲的以和平训诫与和平公约来阻止无政府状态的基督教运动。与上帝和平运动相似但有区别的是上帝休战[Truce of God],在休战期间中止敌对行为。

peace of God and the Church 〈英格兰古法〉上帝与教会的安宁 指臣民在休庭期、礼拜日与假日免受司法与诉讼烦扰。

peace of the king 国王的安宁;治安(⇨King's peace)

peace zone 〈国际法〉和平区 指在一定区域内采取广泛的措施,如禁止扩散核武器、禁止军备竞赛等,以在该地区保证和平与安全,发展和平合作。

Peccata contra naturam sunt gravissima. 〈拉〉违反人性的犯罪十恶不赦。

peccatum 〈拉〉恶行;罪过;罪行;过错

Peccatum peccato addit qui culpae quam facit patrocinia defensionis adjungit. 〈拉〉为自己的错误辩解乃错上加错。

pecora 〈拉〉pecus 的复数

pecudes 〈拉〉pecus 的复数

peculation n.挪用公款;挪用公共财产 政府官员违反职责,将其保管的公共资金或财产非法挪作己用或他用。

peculator n.挪用公款者;盗用公款者

peculatus 〈拉〉〈罗马法〉盗窃公款(罪);侵吞公款(罪);挪用公款(罪)(= peculation)

peculiar n.❶〈英〉(教会法)特殊堂区;特殊教堂 指拥有自我管辖权,而不受其所在教区的主教或常任法官[ordinary]管辖的特殊堂区或教堂,包括王室特殊教堂,如威斯敏斯特教堂,和大主教、主教、执事长等的特殊堂区。这种堂区或教堂以前数量很多,在1836年《宗教事务委员会法》[Ecclesiastical Commissioners Act]颁布以后大大减少。❷特有财产;特权

peculiar benefits 特有利益 在国家征用法中指被征用人财产因改良而产生的收益。

peculiar court 特殊堂区法院(= Court of Peculiars)

peculium 〈拉〉(罗马法)特有产 交由奴隶、妻子或家子等法律上不享有完全财产权的人管理、使用并可在一定范围内处分的私人财产。

peculium castrense 〈拉〉(罗马法)军役特有产 家子通过服兵役所取得的特有产。

peculium quasi-castrense 〈拉〉(罗马法)准军役特有产 君士坦丁大帝迁都拜占廷时,为鼓励朝臣随迁,规定凡东迁的高级官员因公所得财产一律按军役特有产对待,故有此称。

pecunia 〈拉〉❶〈英格兰古法〉财产;牲畜;有形财产;物品;货物 ❷金钱;款项

pecunia constituta 〈拉〉(罗马法)定日欠款 指根据默示的允诺,应当在规定的日期支付的款项。该款项可通过"定日欠款之诉"[de pecunia constituta]追索。

Pecunia dicitur a pecus, omnes enim veterum divitiae in animalibus consistebant. 〈拉〉金钱[pecunia]一词起源于家畜[pecus],因为我们祖先的全部财富就是家畜。

pecuniae repecandee (= repetundae)

pecuniae repetundae (= repetundae)

pecunial a.有关金钱的;金钱上的

pecunia non numerata 〈拉〉(罗马法)未付的款项 某些案件的抗辩理由。

pecunia numerata 〈拉〉付出的金钱 即为清偿债务而支付的金钱。

pecuniary a.金钱(上)的;与金钱有关的;可以金钱衡量的

pecuniary ability 偿债能力;偿还能力

pecuniary benefit 金钱利益;经济利益 指可用金钱衡量的利益。但在父母因成年子女的死亡而可得的金钱利益中,则包括金钱、劳务及情感等可用金钱进行合理衡量的利益。

pecuniary bequest 金钱遗赠

pecuniary causes 〈英〉(教会法)金钱赔偿案 主要指拒付什一税[subtraction]或其它各种教会捐税引起的案件,但在什一税转化为什一税租费[tithe rentcharge]后被废止。也指可用金钱补偿的对私人造成伤害的案件。(⇨subtraction)

pecuniary condition 经济状况;财产状况;经济条件 指财产和收入状况,不仅是现有的金钱,也包括财产和其他构成信用能力基础的所有资产价值。

pecuniary consideration 以金钱给付的对价 因债权人同意延展债务偿还期而以金钱给付的对价,包括立即或将来给付的金钱以及全部偿还债务的允诺,否则该债务将按破产程序被全部或部分免除。

pecuniary damages 金钱损害赔偿 指一切可用金钱衡量和补偿的资金、财产、权利、利益等的损失赔偿。虽然该词在早先的判例中较常见,但由于损害赔偿总是以金钱支付的,故现在多以其为赘词。(⇨damages; pecuniary loss)

pecuniary formulas 〈美〉遗赠格式 联邦遗产税中,向生存配偶所作的遗赠,其总额等于遗产的最高婚姻扣除额减去生存配偶另外取得的包括在婚姻扣除额中的价值。(⇨marital deduction)

pecuniary injury 金钱损失(⇨pecuniary damages; pecuniary loss)

pecuniary interest 金钱利益;金钱利害关系 指与案件

存在直接的金钱利益关系。如果法官具有此种情形,将失去审理该案的资格。

pecuniary interest of judge 法官在钱财上的利害关系 指法官在钱财上的得失与案件的结局或诉讼标的直接有关。

pecuniary legacy 金钱遗赠 指以一笔金钱或一项年金作为遗赠。遗赠资金的来源如遗嘱中未经指定,则可从总遗产或遗产变卖所得的资金中提取。如果只是明确遗赠物是钱包或箱柜等,而该指定容器中藏有金钱的,则仍然属于金钱遗赠。在英国,金钱遗赠自遗嘱人死后12个月期满时开始产生利息,遗嘱执行人[executor]可以但不必须支付在此期满之前的利息。

pecuniary loss 金钱损失;财产利益损失 指金钱或其他有价值财产的损失,也指可期待的金钱或其他有价值财产的损失。但若用于有关不法致死损害赔偿的制定法中,则该术语并非指直接的金钱或财产损失,而是指由于该人提早死亡所导致的具有金钱利益性质的将来利益的中断。例如在美国《不法致死法》[Wrongful Death Act]中,该词是指死者生命对于生存者而言的价值,包括服务、照顾、爱抚以及情感的损失。(⇨loss;pecuniary injury)

pecuniary profit 金钱收益

pecuniary resources 经济状况 包括其资产与收入。(⇨pecuniary condition)

pecunia sepulchralis 〈拉〉开墓金 古时在开立(开始使用)墓穴时付给神父的金钱,以慰死者亡灵。(⇨mortuary)

pecunia trajectitia 〈拉〉〈罗马法〉渡海钱 以金钱或货物的形式向乘船渡海者提供的贷款。债权人承担自船舶出发至抵达目的港之日发生损失的风险,但有权从中取得较通常情况为高的利息,这种利息即被称作"海事利息"[nauticum foenus]。

pecus 〈拉〉牛;牲畜;家畜;牛群;畜群

pecus vagans, quod nullus petit, sequitur, vel advocat 〈拉〉四处游荡的牲畜,无人寻找、追赶或呼唤

pedage n.〈英格兰古法〉通行费 步行或骑马穿越城镇、森林等受保护地区时支付的费用。

pedagium 〈拉〉(=pedage)

pedal possession 脚踏占有 在主张时效取得不动产的所有权时,指对土地的实际占有,即实际占用土地、在其上生活或对地产进行改建。

pedaulus 〈拉〉〈罗马法〉末席法官 居于法庭末席,根据裁判官[praetor]的指示审理无足轻重案件的法官。

peddler n.沿街兜售的小贩;流动小贩(⇨hawker)

peddler's license 〈美〉小贩营业执照 沿街兜售的小贩须领取的执照,以加强管理并防止小贩以不正当手段哄骗公众。

peddler's note 小贩本票 指载明其对价的本票。

pedem ponere 〈拉〉踏脚于;进入并占有(土地)

pede pulverosus 〈拉〉小商贩

pederasty n.(男子与男童间的)鸡奸 美国各州都规定其为违法。

pedestrian use ❶行人(对公共道路的)使用 ❷例行使用 缺乏重要性和想象力的使用。

pedigree n.❶家谱;族谱 ❷家系;世系;血统;出身

pedigree evidence 家世证据 有关先辈、血统、出生、年龄、种族、亲属关系等的证据,以众所周知的情况或者口头或书面的陈述等形式存在,可作为"传闻规则"[hearsay rule]的例外予以采纳。

pedigree exception 家世证据例外(⇨pedigree evidence)

pedis abscissio 〈拉〉砍足;斩肢 古时用以代替死刑的一种刑罚。

pedis positio 〈拉〉〈罗马法〉〈英格兰古法〉脚踏在上面 用以指对土地的实际进入和占有。

pedis possessio 〈拉〉实际占有;脚踏占有;足迹所至 对不动产的实际占有,主要用以指保护勘探者在发现矿藏前继续勘探有价值的矿藏,免遭其他勘探者的干扰,但限于勘探者实际留在矿地并积极搜寻矿藏。

Peeping Tom 窥视者汤姆 英国传说中人物,据传因偷看戈黛娃夫人[Lady Godiva]裸背骑马过市,被打瞎双眼。现通常指为追求性满足爬上窗台向内窥视他人裸体或性行为,侵犯居民隐私权的人。

peer n.❶地位平等者;同等地位的人;侪辈;同侪 ❷同一领主的封臣[vassal] ❸〈英〉贵族;上议院(或称贵族院)议员

peerage n.❶贵族头衔;贵族爵位 包括公爵、侯爵、伯爵、子爵与男爵。❷[总称]贵族

Peerage Bill 〈英〉贵族议案 1719年关于限制上议院现有贵族人数的议案,以造成一个不受国王或下议院影响的上议院。议案被下议院否决。

peeress n.女贵族;贵族夫人

peer review 〈美〉同业审查 一项建议:由律师相互进行定期审查,以确定其是否有不当执业行为或应给予停业或撤销执业资格处分的违纪行为。

peers of fees 同一领主的封臣 该词字面意义为封地上的封臣。之所以如此称呼,是因为其保有领主的封地,或在领主的法庭上裁判有关封地的纠纷。若同一领主有许多封臣,则通常选择12人出席法庭,据认为这是陪审团制度的由来。

peg v.❶固定;限定 固定价格,如政府以固定价格收购黄金。❷钉住 指政府确定本国货币与某一外币的固定兑换率,并在外汇市场上通过买卖该外币以支持这一汇率和保持其稳定性。❸控制 股票投机者通过以固定价格频繁买卖证券以控制证券价格,现在此类操纵为非法。

peine 〈法〉惩罚;刑罚

peine forte et dure 〈法〉〈英格兰古法〉酷刑折磨 一种对拒绝回答问题、拒绝接受陪审团审判的重罪犯施加的酷刑。将犯人单独隔离、使之挨饿并将其裸体压在一块大铁板下。这种酷刑俗称"折磨至死"。1772年废止。

pejorem partem 〈拉〉最坏的部分;最坏的方面

peles n.物的收益;孳息

pelf n.赃物;重罪犯的个人财物

pelfe (=pelf)

pelfre (=pelf)

pellage n.皮革关税;毛皮税 就皮革、毛皮所征收之关税或税收。

pellex 〈拉〉〈罗马法〉妾;情妇;姘妇

pells of issue and receipt 〈英格兰古法〉日常收支簿 财政署对每天收支状况的记录,它们取代了先前的收据簿[receipt rolls],现有国家档案局[Record Office]的支出簿[Pells of issue]涵盖年限为1221-1470年和1566-1797年,收入簿[Pells of receipt]则涵盖年限为1213-1782年。(⇨Clerk of the Pells;receipt rolls)

pen n.(美俚)州监狱;感化院;教养所;关押;监禁

penal a.刑罚的;应受刑罚的;应作刑罚的;作为刑罚的

penal action ❶惩罚性诉讼 指请求支付惩罚性赔偿的

各种民事诉讼。例如诽谤诉讼或依法律规定支付特别赔偿或双倍乃至三倍赔偿的诉讼，包括返还高利贷、违反反托拉斯法等案件。❷刑事诉讼（⇨damages）❸罚金诉讼 为取得法律规定对不法行为人可判处的罚金而提起的诉讼。如果制定法规定罚金归于任何提起诉讼的个人，这种诉讼又称作大众诉讼[popular action]；如果制定法规定罚金部分归国家，部分归提起诉讼的人，这种诉讼又称作分享的诉讼[qui tam action]。

penal bill 罚款文据 从前采用的一种文书，规定一方当事人应支付一定数额的金钱或为一定的行为，如果违反该义务，则应支付规定数额的罚款。它等同于"罚款保证书"[penal bond]并已被后者所取代。

penal bond 罚款保证书；罚款保函 规定如果义务人未履行自己承担的义务，则需支付特定数额的罚款。

penal clause ❶刑事条款 ❷（=penalty clause）

penal code ❶〈美〉刑法典 对联邦政府或州政府刑事实体法的汇编，并予以法典化。有若干州依照美国法律学会[A.L.I.]的《模范刑法典》[Model Penal Code]制定了本州的刑法典。（⇨criminal codes）❷惩戒法典 1695－1727年爱尔兰新教议会制定的歧视、压制天主教徒的法律统称。

penal farm 劳改农场 对不送往监狱关押的轻罪罪犯进行劳动改造的场所，犯人在此从事农业或工业劳动，接受改造。

penal institutions 惩罚机构 指监狱、感化院、改造所等关押罪犯的处所。

penal law 刑法（⇨penal code；penal statute）

penal laws [总称]刑事立法；刑事法规；刑事制定法 规定刑事犯罪以及相应的刑罚的法律。

penal sanction （=criminal sanction）

penal servitude 〈英〉劳役刑 1853年取代14年以下流刑的一种将罪犯监管起来并强迫其劳动的刑罚。它可以由有权机关决定在任何地点执行，其刑期与流刑刑期有关，但短于流刑的刑期，最低刑期为3年，并且不得赦免。1857年的一项法令恢复了同流刑相应的刑期，并且可以根据提前释放、破格释放而得到赦免。该制度包括三个阶段：即在本顿维尔监狱[Pentonville]或其他地方监狱内的隔离囚禁；监狱工场的集体劳动；凭特许证予以释放。1926年的一项法令赋予了法院在某些案件中对罪犯施以劳役刑以替代监禁刑的权力。劳役刑与苦役监禁刑[imprisonment with hard labour]的区别在于：后者只能在监狱的围墙内执行，并且不能超过2年，至多3年。1948年劳役刑和苦役监禁刑都被取消。

penal statute 刑法（⇨penal code；penal laws；punitive statute）

penal sum （罚款保函[penal bond]中的）约定保证金 如不能履约，则约定保证金充作罚款。（⇨penal bond；penalty）

penalty n.处罚；惩罚 广义指人身的或金钱的、民事的或刑事的各种形式和性质的处罚。狭义指金钱的处罚，即因未实施应实施的或作出禁止的行为而被责令其支付一定数额的金钱作为惩罚。保证书规定保证人未履行保证义务时，应交纳一定数额的罚款；合同中可以约定一方违约时向对方支付一定数额的违约金作为处罚。（⇨fine；forfeiture；statutory penalty）

penalty adjudged to be paid 判决应缴纳之罚款

penalty clause 处罚条款 合同、贷款协议、储蓄单等文据中的条款，规定违约、迟延或未按时付款、提前支取者等应支付罚款。此项条款一般不能强制执行。

penance n.宗教惩罚 因宗教方面的犯罪而由教会法院实施的惩罚，一般需要被惩罚者公开忏悔。该惩罚现已不被强制执行。

pen and ink levy （=paper levy）

pendency n.悬而未定；待决状态 诉讼、仲裁或其他程序的待决，是指程序已经开始，但判决或裁决尚未作出。

pendency of action 诉讼未决 指诉讼开始之后到作出终局裁决之前的状态。

pendency of criminal prosecution 未决刑事诉讼；刑事诉讼进行期间 指刑事诉讼已经开始至作出终局判决前的未决状态。发生以下情况之一，视为刑事诉讼已经开始：①提出正式的宣誓控告书[complaint of affidavit]；②提出大陪审团起诉书[indictment]或检察官起诉书[information]；③已签发令状[warrant]交有关官员执行；④已将被告人逮捕和拘禁。

pendens 〈拉〉未决的（=pending）

pendente 〈拉〉悬而未决的；暂时中止的

pendente absentia 〈拉〉在失踪期间（⇨administrator of absentee）

pendente lite 〈拉〉诉讼期间；诉讼进行期间

pendente lite administrator 临时遗产管理人 因任何原因，较多见的是对因遗嘱存在争议，致遗产管理人未得及时指定之时，由法院指定的临时或特别的遗产管理人，以保护遗产。

pendente lite alimony （=temporary alimony）

pendente lite allowance 临时津贴 根据法庭命令向妻子支付的临时扶养费、诉讼费与律师费等，以维持其在诉讼期间的生活，并使其有能力支付在离婚、要求扶养费等诉讼中的有关费用。

pendente lite injunction 诉讼待决期间的禁制令（⇨preliminary injunction）

pendente lite nihil innovetur 〈拉〉诉讼进行期间不得提出新内容 指申请妨碍圣职推荐令[quare impedit]期间的一项普通法原则，当作为被告的主教在诉讼期间任命其教堂执事以神职时，原告有权获得一项令状，要求撤销该执事的神职。（⇨quare impedit）

pendente lite purchaser 诉讼待决期间的买主 在有关财产所有权或留置权的诉讼进行期间购买该涉讼财产的人。

pendente lite receivership 诉讼待决期间的财产管理；临时代管 指在有关某一财产的诉讼进行期间，由法院指定的财产代管人[receiver]对该财产进行的管理。

pendente placito 〈拉〉诉讼待决期间；法院休庭期间

pendentes 〈拉〉（罗马法）悬挂物；未采摘的果实

pendent jurisdiction 〈美〉未决事项管辖权 指法院对某一诉讼请求本无管辖权，但因与该诉讼请求源于同一事件或事由的另一诉讼请求正在法院审理期间，因而法院可取得对前一诉讼请求的管辖权。例如，原告向联邦法院起诉称被告在一交易行为中既违反了联邦法律也违反了州法律，则联邦法院对依联邦法律提出的请求有管辖权，同时也可取得对依州法提出的请求的管辖权。现在法律中未决事项管辖权被作为补充管辖权[supplemental jurisdiction]予以规定。

pendent jurisdiction doctrine 〈美〉未决事项管辖权原则 根据该原则，允许向联邦法院提起一项基于州法的诉讼请求，如该诉讼请求与另一项联邦法院享有初审管辖权的诉讼请求有密切关联。这两项诉讼请求，是否由于其间存在的联系而应当合并审理,由联邦法院裁决。该原则存在的意义在于它既可以获得司法的经济性[judicial economy],也可以解除当事人两次"分离诉讼"之累。不过,该原则不是绝对的,美国最高法院认为根据《联邦仲裁法》[Federal Arbitration Act]的规定,某些请求只能仲裁,法院无权予以审理。

pendent parties 〈美〉未决事项管辖权诉讼的当事人(⇨pendent jurisdiction doctrine)

pending a.未定的;待决的

pending action 未决诉讼 指已经开始,但尚未作出终局判决或裁定的诉讼。

pending litigation (= pending action)

pending prosecution 未决刑事诉讼(⇨pendency of criminal prosecution)

Pendleton Act 〈美〉《彭德尔顿法》 禁止将政府财产用作竞选基金的联邦法律。

penes me 〈拉〉在我的占有下

penetration per anum 通过肛门插入

penetration per os 通过口腔插入 指口淫,现常被认为属一种猥亵行为,但昔时在英格兰并不认为如此。

penitence n.悔罪;悔过;忏悔(⇨guilt;contrition;disgrace)

penitentials n.赎罪书 列举教规的忏悔者手册,起源于凯尔特教会[Celtic Church],对侵权法的发展产生过一定影响。

penitentiary n.监狱;教养所;感化院 古代英格兰和现代美国对监狱的称呼。美国的一些司法管辖区中专指县或其他地方监狱,关押民事违法者或短期监禁犯,犯人通常被强迫劳动,以使其改过自新。

Pennoyer Rule 〈美〉彭诺耶规则 对被告无对人管辖权的法院不得对其作出对人判决[in personam judgment]的法律规则。源自彭诺耶诉内夫[Pennoyer v. Neff]一案。

Penn's Charter of Liberties 〈美〉宾夕法尼亚自由宪章 1701 年成为费城的宪法,对殖民地的立法、行政与司法制度作出全面规定。

Pennsylvania Rule 〈美〉宾夕法尼亚规则 根据此项规则,违反交通法规者被指控造成碰撞事故时,违规者必须证明其违规行为并非事故发生的原因,才能免予承担责任。

Pennsylvania System 〈美〉宾夕法尼亚制 亦称费城制,由费城学会[Philadelphia Society]倡导的对犯人实行单独囚禁的监狱制度,以促使罪犯悔罪改过。1829 年在费城的切里·希尔[Cherry Hill]东部州立监狱[Eastern State Penitentiary]首次试行。后其被奥本制[Auburn System]取代。

Pennsylvania System of Prison Discipline (= Pennsylvania System)

penny stock 〈美〉便士股票 指每股售价不到 1 美元的低价股票,其发行通常有很高的投机性。

penology n.刑罚学;监狱(管理)学;典狱学;罪犯改造学 研究刑罚机构、犯罪预防、对罪犯的惩罚和改造,包括如何使罪犯获得公正待遇等的一门学科。(⇨criminology)

pen register 〈美〉电话记录器 警方在监视行动中使用的一种装置,记录某一电话机拨出的电话号码,但不监听通话内容。

pensa 〈拉〉重量;重物

pensata 〈拉〉经称量的;经权衡的;经斟酌的

pensio 〈拉〉(罗马法)(大陆法)物品使用费;房屋租金

pension n.❶神职津贴 指发放给神职人员以代替什一税的固定津贴。根据 1961 年至 1972 年《神职人员津贴法》[Clergy Pensions Measures],神职人员理应得到神职津贴。❷养老金;退休金 为某个个人所曾提供的服务而在其退休后支付的养老金,通常按月等有规律发放,并按其服务年限和原工资额来确定退休金数额。❸退伍费;退役金 政府对曾服军役的人的表彰[recognition]。❹〈美〉抚恤金 向已逝军人的遗孀、子女或被抚养人支付的费用。❺补贴;津贴 作为政府慈善[benevolence]象征而给予的补助[bounty or gratuity]。

Pension Benefit Guaranty Corporation/PBGC 〈美〉退休金担保公司 根据《1974 年退休雇员收入保障法》[Employee Retirement Income Security Act of 1974]设立的联邦机构,在雇主无力支付退休金而终止雇员退休金计划时,保证退休金的发放。

Pension Bureau 〈美〉福利局 前联邦机构,其职责现属退伍军人管理局[Veteran's Administration]。

pensioner n.❶领养老金者 ❷受扶养者 ❸〈英〉(剑桥大学)自费生 ❹〈英〉(国王的)卫士

pension fund 养老基金;退休基金(⇨pension plan)

pension money 退休金款项;养老金款项 指那些已经到期或即将到期而应予支付的退休金或养老金。

pension plan 〈美〉退休金计划;养老金计划 雇主拟订和实施的向退休雇员或其受益人支付长期退休津贴的计划。《退休雇员收入保障法》[Employee Retirement Income Security Act/ERISA]调整各种退休金计划的管理。

pensions appeal tribunal 〈英〉抚恤金申诉法庭 根据 1943 年和 1949 年《抚恤金申诉法庭法》[Pensions Appeal Tribunals Acts]设立的、受理战争抚恤金申诉案件的法庭。

pension trust 养老金信托;退休金信托 一种雇主出资的养老金计划,尤指雇主将足以支付雇员养老金的资金交由信托机构管理,雇员在退休后获益。

Pentecost n.圣灵降临节 基督教宗教节日,在复活节后的第 7 个星期日。

pentecostals n.圣灵降临节献祭 在圣灵降临节[Pentecost]或圣灵降临周[Whitsuntide],由教民缴纳给堂区牧师,或由下级教会缴纳给上级教会的贡品或祭品,后以钱替代了实物。1963 年《教会管辖法》[Ecclesiastical Jurisdiction Measure]废弃之。

Pentonville 〈英〉本顿维尔监狱 位于伦敦克来肯威尔区,建于 1842 年,用于关押待流放的罪犯,并作为分离制[Separate System]监禁制度的示范监狱;劳役监禁[penal servitude]取代流放之后,用以关押判处劳役监禁刑的犯人。曾一度关闭。20 世纪 40 年代重新启用,是伦敦主要监狱之一。

pent road 封闭路 两端封闭、在某些地点设有出入口与障碍栏的非公用大道,即非可任意开放的道路[not an open road]。

pentway n.便道 通向无公共道路可抵达的土地的小道,任何人均可使用。

penumbra doctrine 〈美〉延伸原则 指联邦政府基于美国宪法的"必需与适当条款"[Necessary and Poper Clause]所具有的未明文规定的权力。

peon n.〈美〉抵债苦工;劳役抵债者 指被迫服劳役以抵偿债务的债务人。(⇨peonage)

peonage n.〈美〉❶劳役抵债 指债务人被迫为债权人服劳役以抵偿其债务,已由宪法第十三条修正案禁止。❷劳役抵债罪

peonia 〈西〉分给士兵的战利品 指掠夺所得的土地或财

物。

people n.国民;民众 指构成国家的个体[individual]的总和,在宪法中,通常将该词限定为较严格意义,指享有政治权利的一国或一民族公民[citizens]的整体。(⇨citizen;person)

People's Agency 〈美〉人民代理处 联邦和州的文官委员会[Civil Service Commission]的别称。(⇨Civil Service Commission)

People's Law School/PLS 〈美〉大众法律学校 加利福尼亚州[California]为人们提供免费法律教育的私人团体,也为个人提供法律咨询。

peppercorn n.胡椒子;微小事物;微不足道者 旧时用于表示纯粹名义上的合同对价。(⇨nominal consideration)

peppercorn rent 胡椒子租金;象征性租金 指极低的、纯属名义上的租金。

per 〈拉〉❶〈英格兰古法〉权利继受地位 指作为受让人或继承人从最后一个土地保有人那里取得土地、并在其下主张权利的法律地位。处于权利继受地位[in the per]者的权利来源于向其转让或遗留财产者。该词与post相对。后者指主张最高与优先权利[paramount and prior title]的法律地位,如恢复占有土地者[recoverer]、复归土地的领主[lord by escheat]等即处于权利居先地位[in the post];或者说是一种权利的最终归属,如理论上一切地产均源自英王,则国王、领主对某些土地主张权利时依据的便是这种最终的权利或最后的权利。❷通过;经;由 该词可用来表示代理关系,如签名中"甲 per 乙",则甲承担责任,乙为代理。在进占令状[writ of entry]程序中,用"per"表示其占有并非自身不法侵占行为,而是经由前手转让或遗赠承继而来。

per accidens nuisance 偶然妨害 指其本身并不构成妨害,但可能由于具体情况、位置或环境等而形成妨害的行为、用途、建筑物等。

per accident clause 单位事故责任条款 在责任保险单中规定保险人对每一事故或事件的赔偿限额的条款。

per aes et libram 〈拉〉〈罗马法〉"铜块和秤式" 罗马市民法中要式买卖的一种方式。

per alluvionem 〈拉〉〈罗马法〉由冲积(⇨alluvion)

Per alluvionem id videtur adjici, quod ita paulatim adjicitur, ut intelligere non possumus quantum quoque memento temporis adjiciatur. 〈拉〉那种由一点一点累积起来,我们无从觉察在某一具体时刻究竟添附了多少的物质被认为是由冲积添附而成的。

per ambages 〈拉〉用遁词;找借口 指采用规避或迂回的手段。

perambulation n.❶巡视勘界 指在土地边界上巡行以确定边界线及其标志。❷巡行(堂区边界) 指堂区的教民于每年祈祷日周[Rogation Week]在堂区的边界巡行的风俗,教民有权进入堂区内任何人的领地并以他们的方式消除公害。该风俗现已被废弃。

per and cui 〈拉〉〈英格兰古法〉权利的继受与再继受地位 作为受让人或继承人从处于权利继受者[per]那里取得并在其下主张土地权利的法律地位,系土地发生二次转让或继承时二次受让人或继承人所处的地位。

per and post 〈拉〉〈英格兰古法〉依据受让与依据权利的最终归属(⇨per)

per annulum et baculum 〈拉〉通过戒指与权杖 在11世纪教皇格列高利七世[Gregory Ⅶ]以前,国王任命主教的授职仪式[investiture]通常为前者交给后者一枚戒指与主教权杖,故名。

per annum 〈拉〉每年;按年

per anus 〈拉〉通过肛门 指一种体检或治疗的过程。(⇨penetration per anum)

P/E ratio (= price-earnings ratio)

per autre vie 〈法〉在另一人生存期间;另一人在世时

per aversionem 〈拉〉〈罗马法〉整批买卖 此词的字面意思为"转过脸去",用以指将货物以一定价格整批出售而不计重量或容积,或按估计的大约面积出售土地。因买受人对标的物不加检查或识别即"转过脸去",故名。(⇨sale per aversionem)

per bouche 〈法〉口头的;以口头方式

per breve de privato sigillo 〈拉〉通过加盖王玺的令状 指特许状等文件在加盖国玺[great seal]之前首先加盖王玺[privy seal]。

perca n.一杆土地(⇨perch)

per capita 〈拉〉按人头;按人数 指在同一类的各个个体之间平均分配。通常用于遗产分配,即在被继承人未立遗嘱时,按照处在同等地位的继承人的人数平均分配遗产,而不涉及代位继承。例如,被继承人有子女甲、乙两人,甲有子女两人,乙有子女三人,若甲、乙均先于被继承人死亡,则甲、乙的子女每人各得遗产的1/5。此语有时用来表明股东大会上,每名股东不问持股多少均享有一个表决权。(⇨per stirpes)

percennarius 〈拉〉共同继承人(= parcener)

per cent (= per centum)

percentage commission 比例佣金 按照经纪人为客户磋成交易价额的一定百分比计算的佣金。

percentage compensation 比例报酬 指在商业信托中按照商业利润的百分比向受托人支付的报酬。

percentage depletion 百分率耗减法 一种确定自然资源的耗减扣除费用[depletion allowance]的方法。即在税法中规定不同种类的矿产或其他自然资源的耗减费用扣除比率,将该比率乘以纳税期间从该资源的开采中取得的预计毛收入。亦称法定耗减法[statutory depletion],与成本耗减法[cost depletion]相对。

percentage lease 比例租赁 常用于零售业的财产租赁,其租金根据毛销售额或净销售额的一定比例确定,一般约定有保底租金或最低租金。

percentage of alcohol 含酒精百分比;酒精含量 确定某一饮料是否酒类的指标。

percentage of completion method 完工百分率法 在长期合同中采用的一种会计方法,即在合同履行期间根据工程进度逐期核算成本与收益。与全部完工法[completed contract method]相对。

percentage of safety 安全比率 受托人在进行信托投资时必须遵守的证券投资与投资金额的差额幅度。

percentage of vote 选举得票率 指在某选举中,某政党候选人或某候选人所得票数与投票总数的比率。

percentage order 百分比委托;百分比指令 证券交易中客户向经纪人发出的一种委托指示,要求后者在某一股票的市场成交量超过一定数额后购买或卖出一定数量的该种股票。它可以是市价委托[market order],亦可是限价委托[limited order]。

percentage payments 比例付款(⇨progress payments)

per centum 〈拉〉百分之一;百分率;百分比

perception n.❶感知能力;认识能力 ❷获取;占有 如收获农作物、征收地租等。

perceptional insanity 感觉错乱 一种精神错乱,其症状为患者具有错觉或幻觉。

perception-reaction distance 感官反应距离 指汽车以一定速度行驶时能够制动的距离。

perch n.杆 一种长度单位,等于 5½ 码或 16½ 英尺。(＝rod)

per clerum et populum 〈拉〉由牧师与民众

percolating waters 地下渗流水 在地表之下不沿一定渠道流过而在土壤中不规则渗流的水,或除非通过挖掘探查不能发现其水道的地下水流。地下渗流水在地下的空洞集中即形成泉水或井水。

percolation test 渗透测试 用以判定土壤的吸水与排水性能。

per consequens 〈拉〉因此;结果;所以

per considerationem curiae 〈拉〉根据法庭的考虑;根据法庭的意见

per contra 〈拉〉反之;相反的

per corpus 〈拉〉以身体 指通过决斗或神裁[ordeal]决断。

per cur. (＝per curiam)

per curiam 〈拉〉由法庭全体(同意)

per curiam opinion 法庭的意见 全体法官一致的意见,对有关问题不必再作讨论。

per day 按日;每日

per defaltam 〈拉〉由于缺席;由于违约

per descent 〈拉〉通过遗传;根据继承

perdida (＝damages)

per diem 每日;按日 用于计算津贴、报酬等。

per diem fee or compensation 按日计付的费用或报酬

perdonatio utlagariae 〈拉〉对法律不予保护者的赦免 适用于因抗拒法庭的传唤而被宣布法律不予保护,之后又主动到庭的人。

perduellio 〈拉〉(罗马法)叛国罪 叛国的行为,如参加敌军或放弃阵地等。该词后被包括进叛逆罪[crimen laesae majestatis]中,后者是反对国家或政府的更广泛的犯罪类型。(⇨treason)

perdurable a.永久的;永存的 用于形容一项绝对的、无条件继承的地产权[fee-simple absolute]。

peregrine n.侨民;外国人

peregrini (罗马法)异邦人 指外国人、外国公民。

perempt v.(教会法)放弃上诉权 在古教会法诉讼程序中,指上诉人放弃上诉权,即部分地服从或默认法院的判决。

peremption ❶(＝non(-)suit) ❷(大陆法)除斥期间 指法律权利存续的期间。若在此期间内权利人未行使权利,则该权利消灭。(⇨prescription)

peremptorius 〈拉〉(罗马法)永久剥夺(或毁损)的

peremptory a.❶最终的;终局的 ❷强制的;绝对的 与"非强制性的"[permissive]相对。

peremptory challenge 无因回避 指民事诉讼或者刑事诉讼中的当事人可以不说明理由,拒绝或者阻止某人充任本案陪审员,法院即应更换该陪审员并召集另一陪审员。在美国大多数司法区,无因回避权的行使随案件类型而异,并有次数的限制,当事人在其无因回避权用尽之后,再提出回避请求的,必须说明理由。在英国,原先只有刑事诉讼中的被告人或其辩护律师有权提出无因回避,而且在同一案件中可以要求七名陪审员回避,1977年减少为三名,1988 年的《刑事司法法》[Criminal Justice Act]最终废除了无因回避。

peremptory day 绝对确定的审理日 指指定的举行开庭审理或听审,且不可再推迟的日期。

peremptory defense 绝对答辩 指否认原告有诉权的答辩。

peremptory exception 绝对异议;绝对抗辩 指从法律角度完全否认原告起诉的依据,从而要求驳回原告起诉的异议,如认为对原告主张所受的损害不存在法律上的救济;原告所提争议为既判事项[res judicata]或者已过诉讼时效,从而阻止原告的起诉;或者有必不可少的当事人未参加到诉讼中来等。

peremptory instruction 绝对指示;最终指示 指法官对陪审团作出的、陪审团必须绝对遵守的内容明确的指示。例如法官要求陪审团作出对原告有利或对被告有利的裁断的指示。(⇨directed verdict)

peremptory mandamus 强制性执行职务令 指绝对的、无条件的要求被告履行特定行为的命令。它通常是在被告未能履行选择性执行职务令[alternative mandamus]或未能提供充分理由的情况下签发的。

peremptory mandate (＝peremptory writ of mandamus)

peremptory nonsuit 绝对的驳回起诉 在原告完全不能证明其诉讼请求时法庭作出的驳回其诉的裁决。

peremptory plea 绝对性答辩 指被告驳斥原告无权提起诉讼的答辩。

peremptory rule (＝rule absolute)

peremptory undertaking 〈英〉起诉许诺 原告所作的在下次开庭期或巡回审判时提起诉讼的许诺。

peremptory writ 强制性令状 普通法上的一种诉讼开始令状[original writ],在原告只为寻求一般损害赔偿而起诉(如在侵权之诉[action for trespass]中)时签发,指示行政司法官令被告出庭应诉。该令状只有在原告提供诉讼费用担保后才签发。

peremptory writ of mandamus 强制性执行职务令 要求当事人无条件地作出一定行为的执行职务令,区别于选择性的执行职务令[alternative writ of mandamus]。

per equipollens 〈拉〉以等价物;以相等物

peresewar (＝pursuer)

per eundem 〈拉〉由同一个 通常指由同一个法官。

per expressum 〈拉〉通过陈述;明确地

per extensum 〈拉〉详尽地;完全地;全面地

Per extraneam personam nihil nobis acquiri potest. 〈拉〉我们不能通过陌生人取得权利。 该拉丁法谚属罗马法原则,尽管英美法中未明确承认,但仍构成契约、地产及第三方交易等领域英美法规则的基础。

per fas et nefas 〈拉〉按照正确或错误;根据是或非

perfect a.❶完善的;完美的;完满的 ❷已执行的;已生效的 ❸可强制执行的 ❹法律上有效的;合法的 ❺无瑕疵的;完好的 ❻可出售的;适销的
v.❶使…完善;改善;提高 ❷使…合法有效 ❸使…具有适销性 ❹使…完全;完成

perfect attestation clause 完备的见证条款 证明使遗嘱处分有效的一切行为均已履行完毕的条款。

perfecting bail 有效保释 即保释保证人证明自己具备法庭所要求的条件,由法庭裁定准予保释。(⇨justifying bail)

perfecting lien 设定留置权 指通过登记、通知等行为完成留置权的创设,从而可以在债务人破产时对抗其他债权人。

perfecting transfer 完成转让 破产法中的常用语,指完成财产转让,从而可以在转让人破产时对抗其债权人。

perfect instrument 合法有效的法律文件;完善的法律文件 指经登记或登记备案的法律文书,可对抗任何人。

perfection of appeal 完成(法律规定的)上诉程序

perfection of entry 履行进占手续 指公地进占者[entryman]履行法律规定的条件,从而获得公地授予的特许证[patent]。

perfection of reason 理性的完美;完善的理性 一句对普通法的颂词。

perfection of security interest 〈美〉担保权益的确立 有关担保事项的法律通常要求被担保人向政府部门登记,公开宣示其担保权益,以对抗其他债权人对担保物的请求。《统一商法典》[U.C.C.]对担保权益的确立作有具体规定。依照商法典的规定,被担保人可以进行登记、占有担保物或通知担保物的保管人以确立其担保权益。在少数特殊情况下,商法典规定被担保人不采取任何措施即可确立其担保权益,称为"自动确立"[automatic perfection]或"财产扣押确立"[perfection by attachment]。

perfect obligation 合法有效的债务;有效债务 指债务人必须履行的债务。该债务的履行不取决于债务人的意志,而是属于债权人的合法权利。

perfect ownership 完全所有权 指所有物上不存在任何他物权负担的所有权。

perfect right 合法有效的权利 指法律上的权利,并非依靠对方的良知才能实现,即法律承认并完全可强制执行的权利。

perfect tender rule 〈美〉完全履行规则 依《统一商法典》[U.C.C.]的规定,出卖人应完全履行合同,否则买受人有权拒绝接受,即买受人可以拒绝受领全部或部分货物,也可以先接受有瑕疵的货物,然后再诉请赔偿。

perfect title 合法有效的所有权;完全所有权 在法律与事实上均无瑕疵,其效力明确且无可置疑的所有权。完全所有权兼有占有权和所有权,集普通法上的权利和衡平法上的权利为一体,并能从官方的登记中合理推定。(⇨marketable title)

perfect trust (= executed trust)

Perfectum est cui nihil deest secundum suae perfectionis vel naturae modum. 〈拉〉按其完美程度或本性,它完美得无可挑剔。

perfect war 正式战争 正式宣战的战争,在此情况下,一国与另一国处于全面交战状态。

perfidy n.不忠实(行为);背信弃义(行为)

perform v.❶完成;履行 可泛指所有履行职责和义务的行为,不限于金钱偿债。❷表演 在版权法中,对作品的表演主要是指直接或借助技术设备,以声音或可视的形象再现作品。

per formam doni 〈拉〉以赠与的形式;由赠与人指定 拉丁法律用语,在英格兰法中,指并非通过实施法律。

performance n.❶履行 成功地执行合同义务,即完全履行,通常可因此解除履行人在过去或未来的义务。依照衡平法原则,只要其行为与履行义务的目的相一致,即使当事人没有声明,也应将该行为解释为履行义务的行为。(⇨perform;part performance) ❷业绩 公司的盈利,公司保持或增加盈利的能力。

performance bond 履约保证书 对当事人履行合同提供保证的文件,在当事人违约时,由保证人履行合同或按照保证书的约定赔偿损失。(⇨bond; bid bond; Miller Act)

performance for profit 营利性表演 音乐作品的版权人及其受让人享有将其作品进行营利性表演的专有权。即使未出售门票或未实际获利,仍得成立营利性表演。故未经版权人许可而在餐馆、旅店等处表演、演奏他人有版权之音乐作品,尽管未对进入其中之听众收费,亦属对版权人营利性公开表演作品权的侵犯。

performance test 履约检测;合同履行检验 指以合同规定的方式检测合同标的物,以确定一方当事人是否已履行合同,从而有权取得合同规定的价款或其他对价。

performer n.❶表演者 ❷[P-s]〈英〉表演者法 指1958年《戏剧和音乐表演者保护法》[Dramatic and Musical Performers' Protection Act]及1963年和1972年的《表演者保护法》[Performers' Protection Acts]。上述各表演者法均规定,凡未经表演者同意,擅自对其表演制作唱片、影片或进行广播者,应予处罚。

performing rights society 〈美〉表演权协会 为维护个人作曲家和发行人的表演权而逐渐形成的社团。经过作为音乐作品版权人的协会会员的授权,协会可以作为其成员的代理人许可对作品的小规模表演,但大规模的音乐作品表演仍须经协会会员本人许可。协会收取的表演权许可使用费交由发行人和作者分配。

per fraudem 〈拉〉由于欺诈;以欺诈手段

periculi imminentis evitandi causa 〈拉〉为了避免迫在眉睫的危险;为了避免紧急危险

periculo petentis 〈拉〉由申请人(或请求人)承担风险

Periculosum est res novas et inusitatas inducere. 〈拉〉采用新的、未经检验的东西是危险的。

Periculosum existimo quod bonorum virorum non comprobatur exemplo. 〈拉〉我认为不为正直者的楷模所赞同之事是危险的。

periculosus 〈拉〉危险的;冒险的

periculum 〈拉〉〈罗马法〉危险;冒险;风险

Periculum rei venditae, nondum traditae, est emptoris. 〈拉〉虽未交付,但已出卖,则物的风险由买主承担。

peril n.危险;风险

peril of the sea (海商法)(保险法)海上风险;海难 指在海上发生的特有自然灾害与意外事故,并无人力的介入,亦非人力所能阻止。海难来自于:①暴风和巨浪;②岩石、暗礁和湍滩;③其他障碍物(不排除其原始成因与人有关);④气候的变化;⑤在海上必然受到的局限;⑥海洋特有动物;⑦其他海上所特有的危险。

perils of inland waters 内河风险(⇨perils of river, lake, or canal)

perils of river, lake, or canal 河流、湖泊或运河风险 产生于河流、湖泊或运河上,非人为因素造成且人力无法避免的特有风险,它与海上风险[perils of the sea]相类似。

perils of the lakes 〈美〉湖上风险 在五大湖区航行的风险,其含义同海上风险。(⇨perils of the sea)

per incuriam 〈拉〉由于缺乏谨慎;由于粗心大意

perinde valere 〈拉〉同样有效(特许状) 指由教皇向不够资格出任圣职的人员颁发的任职特许状。英国在16世纪中叶以后,该特许状的颁发权由教皇转交坎特伯雷大主教。

per industriam 〈拉〉通过劳作 指通过劳作而获得对野生动物的合格所有权[qualified property],即付出劳动,通过各种教育或控制方法使动物驯化或不能逃逸者,可取得对该动物的所有权。

per industriam hominis 〈拉〉凭人的勤劳 在英格兰古法中,指通过技巧、勤奋与训练使野兽得到驯化。

per infortunium 〈拉〉因横祸;因意外事故(⇨homicide per infortunium)

per interim charge d'affairs 临时代办 在大使或公使不在时代行其职能的外交代表。(⇨chargé d'affaires)

period n.期间;时期;时代

periodic a.周期的;定期的 指每隔一段固定的时间即发生或进行。

periodical appropriation 定期拨款 每年拨付的政府资金。

periodic alimony 定期扶养费 通常按星期或按月在一定期限内或不定期限,由配偶一方向另一方支付一定数额的扶养费。扶养费数额可根据双方经济状况等的变化而调整。(⇨alimony; permanent alimony)

periodical rests 定期结算(⇨rests)

periodic apportionment 〈美〉定期分配 指按照宪法或法律规定,根据联邦人口普查[federal census],为了适应人口变化而经常进行的在选区内分配众议院议席的行为。

periodic employee 定期雇工;短工;临时工(⇨casual employee)

periodic insanity 间歇性精神病 病情周期性发作、病人清醒状态与精神失常状态相交替的精神病。

periodic payments 定期付款;分期付款(⇨instalment payments)

periodic tenancy 周期性租赁 对按周、按月或按年租赁的通称。这类租赁的效力在每次租赁期满时自动顺延至下一期,但事先通知终止租赁的除外。

period of gestation 妊娠期(间);怀孕期(间) 指从受孕到出生之间的一段时间,通常为九个月。

period of nurture 教养期间;成长期间;培育期间

period of prescription (= prescriptive period)

peripheral right 边缘权利;外围权利 由其他权利派生或附属于其他权利的权利。

per ipsum regem et totum consilium in parliamento 〈拉〉经国王本人及议会全体会议

perish v.❶结束;终止 ❷消亡;毁损 ❸腐烂;腐败 ❹死亡

perishable a.❶易腐烂的;易腐败的 ❷易损耗的;易贬值的

Perishable Agricultural Commodities Act 〈美〉《易腐农产品法》 根据美国宪法贸易条款[Commerce Clause of the United States Constitution]通过的联邦法,其目的在于通过向经销商[dealers]、代理商[commission merchants]、中间商[brokers]颁发许可证和禁止不正当商业行为等措施促进易腐农产品在商业领域的流通。

perishable cargo 易腐货物(⇨perishable goods)

perishable commodity 易腐商品

perishable goods 易腐货物;易损耗物品 指如不在短时间内付诸使用就将发生腐烂或丧失其价值的财物。

perishable property 易损耗财产;易贬值财产(⇨perishable goods)

Perjurii poena divina, exitium; humana dedecus. 〈拉〉对于作伪证,教会的惩罚是处死,世俗的惩罚是使之声名狼藉。

Perjuri sunt qui servatis verbis juramenti decipiunt aures eorum qui accipiunt. 〈拉〉那些作出宣誓又欺骗听者的人是在作伪证。

perjury n.伪证罪 指在司法程序中作出宣誓之后故意提供虚假的或误导性的陈述的行为。在普通法上,通常认为构成伪证罪应具备以下要素:①在司法程序中,在作出宣誓或相当于宣誓的确认[affirmation]之后仍作虚假陈述;②该陈述的内容必须与该司法程序相关或对之有重要意义;③该证人必须具有欺骗的意图。

perks n.对于业务主管的特殊待遇(⇨perquisite)

per laudamentum parium suorum 〈拉〉依与其地位同等者的宣判(⇨peer)

per laudamentum sive judicium parium 〈拉〉依与其地位同等者的裁判或判决(⇨peer)

per legale judicium parium 〈拉〉依与其地位同等者的合法裁决或判决

per legem Angliae 〈拉〉根据英格兰的法律

per legem terrae 〈拉〉根据国家的法律;根据正当法律程序

per legem terrae et per communem legem terrae 〈拉〉根据国内的法律及本国的普通法

per le gree ou sans le gree 〈拉〉经同意或未经同意

permanent a.固定的;长期不变的 指不定期地持续不变,在法律中常与"暂时的"[temporary]相对,但不必然表示"永久的"[perpetual]或"终身的"含义。

permanent abode 永久住所;固定住所 指一个人打算长期居住,即使目前离开亦无放弃之意的住所。(⇨domicile)

permanent alimony 终生扶养费;长期扶养费 法院在判决离婚或分居时命令婚姻当事人一方向既无生活来源也无谋生能力的他方支付的费用,作为他方的必需生活费。该笔扶养费可按月或按周支付,其时间可长可短并不确定的,包括他方终生;也可以根据法院的命令确定,后者相当于定期扶养费[periodic alimony]。该种扶养费可因双方当事人情势之变化而予变更。(⇨alimony; periodic alimony)

Permanent Court of Arbitration 常设仲裁法院 1899年及1907年海牙和平会议设置的国际仲裁机构,位于海牙,由缔约国各任命精通国际法的四名仲裁员组成。发生争议时,由当事国从仲裁员名单中挑选仲裁员,组成仲裁庭进行裁决。

Permanent Court of International Justice 常设国际法院 根据1921年《常设国际法院规约》成立的解决国际争端的常设司法机构,位于海牙,1922年开始运作。常设国际法院审理由于条约的解释、有关国际法的问题、违反国际义务等事项产生的争端。第二次世界大战期间停止活动,战后为国际法院[International Court of Justice]所取代。

permanent damages (对人身或财产的)永久性损害

permanent disability 终身残废;终身丧失谋生能力 在伤残保险与赔偿中,指被保险人非暂时性的,至少可推定为永久性的损害或丧失谋生能力。(⇨disability)

permanent employment ❶无期限雇佣 合同中未约定雇佣期限,但各方可随时以正当理由提出终止。 ❷固定工作;固定雇佣 不同于临时工作或临时雇佣。

permanent financing 长期融资 指为偿还过渡性贷款而形成的长期贷款,如用于偿还建筑贷款的抵押贷款。

permanent franchise (= perpetual franchise)

permanent government (取代此前存在的临时政府的)永久性政府

permanent improvement 永久性改良 指在土地上所作的不可消除的改良;或由于实际上与土地无法再行分开,

或由于在法律上规定应附属于土地,从而被认为已属于土地产权的一部分[part of the freehold]。

permanent injunction (= perpetual injunction)

permanent injury 永久性伤害 指不法行为造成的后果无限期地不可补救,如终身残疾或终身智力受损,或工作能力受到永久性损害。

permanent insurance 永久保单 ①保险人承诺永远向被保险人或其继承人或受让人承担保险责任的保险单;②根据保险申请书签发的保险单,以区别于暂保单或临时保险单。

permanent insurance fund 〈美〉永久保险基金 根据联邦立法,为了对联邦存款保险公司所承保的银行存款提供保险而设立的基金。

permanent law 永久性法律 不规定施行期限的法律。

permanent leasehold 永租权(⇨perpetual lease)

permanent location 固定地点 为了就实体动产估征应税款,税法要求在适当期间将其存在比较固定的地点。因此,它不同于过境或暂存地点[transient or temporary location],也不同于不动产的不可更动的地点。

permanent monument 永久性界标 具有一定程度的长期性,至少不易磨损的界桩、界碑等。

permanent neutrality (国际法)永久中立 一国根据国际条约而取得的国际法律地位。据此,该中立国保证自己不发动战争,也不参加任何其他国家间的战争,而其他缔约国则尊重该国的独立和领土完整,如果该国受到其他国家的危害时,其他缔约国有义务给予援助,必要时甚至可使用武力给予保障。

permanent nuisance 长期妨害;永久性妨害 指妨害事实在一定情势下将无限期地持续存在,并造成各种可能的后果。与暂时妨害[temporary nuisance]不同,永久性妨害无法以合理代价轻易加以去除。(⇨nuisance)

permanent receivership 永久性财产管理 由法院判决确定的财产管理,区别于作为临时救济措施的诉讼待决期间的财产管理。(⇨pendente lite receivership)

permanent residence 永久性居所(⇨domicile)

permanent statute 永久性法律(= perpetual statute)

permanent support order 永久抚养令 要求丈夫永远抚养其妻子或子女的法庭命令。

permanent trespass 永久性侵犯 即不断造成新损害的侵犯,例如经常性地在他人土地上放牧家畜、破坏和消耗牧草。

per medietatem linguae 〈拉〉分用两种语言 指在使用两种语言的人组成的陪审团中,使用不同语言的人各占一半。(⇨jury de medietate linguae)

per mensem 〈拉〉每月;按月

per metas et bundas 〈拉〉(英格兰古法)根据土地边界;按照土地的分界线

per minas 〈拉〉通过威胁;以胁迫手段(⇨duress)

per minas duress (= duress per minas)

per mis 〈拉〉分成两半;对半

per misadventure (英格兰古法)由于不幸;由于灾难;由于意外事故(= per infortunium)

per mis et per tout (= per my et per tout)

permissible levy (法律)允许的最大征税额

permission n.授权,许可;批准

permission of court (= leave of court)

permissions n.法律上的放弃 源于法律上的默示或明文规定。

permission-to-marry statute 〈美〉结婚许可法 该制定法要求虽非监护人但有扶养义务的父母表明在再婚时其子女不会成为公众负担。1978年美国最高法院宣布此类法律违宪。

permissive a.被许可的

permissive constitutional provision 任意性宪法条款

permissive counterclaim 〈美〉任意性反诉 联邦民事诉讼规则规定被告有权无条件提出任意性反诉,即反诉的诉讼请求与原告的诉讼请求并非出于同一件业务或同一事由。对任意性反诉法院不得驳回。

permissive franchise 任意性特许权 被授予人可任意决定是否行使的特许权。

permissive party (= proper party)

permissive possession 经(土地所有人或占有权人)允许的占有

permissive presumption 随意性推定 审理案件事实的法官或陪审团可以从主要证据作出有关基本事实的推定。对此项推定被告人不必加以反驳。

permissive use ❶〈古〉〈英〉消极用益 指在1535年《用益法》[Statute of Uses]通过之前,人们为避免土地没收等高压封建法律的适用而形成的一种用益设计,即指定一人作为财产在普通法上的所有权人,而允许另一人占有财产并从中受益。❷许可使用 经所有权人明示或默示允许,或凭许可证而使用某项财产。

permissive use of highway 经由许可的公路使用 指经允许将街道或公路用于通行与运输以外的用途。

permissive waste 放任性损坏 因承租人未以谨慎小心的人的通常注意管理和维护租赁财产所造成的损坏。例如未合理维修保养造成房屋失修。(⇨negligent waste; passive waste)

permit v.许可;允许 指明确同意或不加阻止。
n.❶许可证;执照 ❷完税证明 海关或税务机关出具的证件,证明税款已经缴纳,货物可以由一地运至另一地点。

permit bond (= license bond)

permit card 准雇证 工会发给非工会会员的证件,允许雇主雇佣其从事工会不能提供足够雇员的工作。

permit system 〈美〉许可证制度 一种为推行"自由雇佣"[open shop]政策而采取的制度或惯例。其目的在于仅向支持该政策的建筑商供应某些特定的原材料。为达到这种限制效果,相关人员应从建筑商交易所[builders' exchange]获得一份许可证,其中列明即将供应的原材料种类与数量,以及因此所需的特定工作。(⇨open shop)

permittere 〈拉〉允许;许可

per mitter le droit 通过权利转让 一种普通法上的权利弃让[release]方式,即被侵占土地者将其对土地的权利弃让给侵占者[disseisor]或其继承人或实际占有人[feofee]。在此情况下,弃让者的权利被添加在被弃让者的占有权之上,从而构成了完整的地产权。

per mitter l'estate 〈法〉通过土地转让 普通法上的一种权利弃让[release]方式,即在占有同一土地的共同保有人或共同继承人之间,某人向他人弃让权利。

permutatio 〈拉〉(罗马法)交易;交换;物物交换

permutation n.物物交换;以货易货

per my et per tout 〈法〉按部分和按全部 用以描述共同保有人[joint tenant]对共有地产的保有方式。即就保有权及生存者财产权[right of survivorship]而言,每一共同保有人均为全部地产的保有人;就转让权而言,每一共同保

有人仅为自己那一份地产的保有人。(⇨joint tenancy)
pernancy n.取得;收取;得到;获取
pernor (=pernour)
pernor of profits (古)财产权益受益人;(信托)受益人 指领受财产收益的人。
pernour 〈法〉取得人;收取人
per omnes 〈拉〉由所有的人;由一总的人
perpars 〈拉〉遗产的一部分
per patriam 〈拉〉由邻人陪审团
perpetrate v.犯(罪);实施(犯罪或侵权行为) 指某人亲手或运用一定的手段或工具或通过无辜的代理人实施一项犯罪或侵权行为。
perpetration n.犯罪;实施犯罪
perpetration of felony 犯重罪
perpetrator n.实施犯罪的人;一级主犯 实际实施犯罪的人,不同于从犯或教唆犯。
perpetual a.永久的;永续的 其具体意义依语境不同而有所差异。
perpetual annuity 永久年金 作为一项可继承财产[in fee]的年金,其有效期不以第一个受益人的生命为限,而是不间断地无限期延续。区别于终身年金[annuity for life]与定期年金[annuity for years]。
perpetual bond 无限期债券 没有规定到期日的债券。
perpetual care 永久保管 指公墓所有人根据法律或与穴地购买者的合同所负有的养护穴地的义务。
perpetual commissioner 〈英〉确认公证官 根据1833年《拟诉弃权法》[Fines and Recoveries Act]及1857年《已婚妇女归复权益法》[Married Women's Reversionary Interests Act],由皇家首席大法官[Lord Chief Justice]指定的对已婚妇女契据承认[acknowledgment]进行公证的官员。
perpetual contract 永久契约;无限期合同 没有限定有效期限的合同。
perpetual curacy 终身牧师助理职位(⇨perpetual curate)
perpetual curate 终身牧师(助理) 指对没有设堂区长代理[vicar]的堂区教会行使永久的宗教管辖权的牧师,职能相当于堂区长代理,其全部薪俸来自于圣俸转拨[appropriation]。(⇨curate)
perpetual easement 永久役权 永远有效并可行使的役权。(⇨easement)
perpetual edict (罗马法)常续谕令;永久谕令 初指裁判官[praetor]发布的一般谕令(其效力一般只有1年),以区别于其发布的特别谕令或命令。后在哈德良[Hadrian]皇帝时,法学家优利安[Julianus]对谕令进行改革,使之作为永久性立法而发布,故称永久谕令。意思是该谕令将永远生效,除非被后来的法律或有权当局废除。
Perpetua lex est nullam legem humanam ac positivam perpetuam esse, et clausula quae abrogationem excludit ab initio non valet. 〈拉〉任何人定法和实在法皆非永恒,法律规定不得撤销之条款自始无效,此乃永恒法则。
perpetual franchise 永久特(许)权 指只要政府不予撤销,即继续有效的特许权。(⇨franchise)
perpetual injunction 长期禁制令;永久禁制令 指法院对案件经过最终的实体审理之后发布的没有期限限制的禁制令,区别于中间禁制令[interim injunction]和临时禁制令[temporary injunction]。此种禁制令虽名为永久性的,但事实上并不必定会永远存在下去。(⇨injunction)
perpetual lease ❶永久租赁(权);无期限的租赁(权) 只要承租人遵守租约,支付租金,即可一直租赁下去。❷

可继承地的附条件转让 长期出租或永久出租实质上等同于授予承租人一种可继承的租地使用权,也可以说是将租地转让给了承租人,只不过承租人要交纳租金,而出租人所保留的这种收租权也是可以继承的,如永久租佃地产权[fee farm]。(⇨fee farm)
perpetual rate 永久费率 经规定的实行时间没有限制的公用事业收费标准,用以替代市政部门规定合理收费标准的权能。
perpetual restriction (合同条款规定的)永久限制
perpetual statute 永久性法律;长期有效的法律 指有效期不受特别限制、除非被相关机关正式废除或被撤销将会持续有效的法律。
perpetual succession 永久存续 指法人作为法律上的独立人格,持续而不间断地存在,不受其成员变动的影响。
perpetuam rei memoriam 〈拉〉保存关于某一事件的记忆(⇨in perpetuam rei memoriam)
perpetuating testimony 保存证言 由于证人年老体衰、重病缠身、准备出国等原因可能以后无法取得其证言时,可以按照法定程序先行保存其证言,以备审理案件时提供。
perpetuation of testimony 证言的永久保存 将证人证言用证据保全的方法事先录取下来以供将来诉讼时使用,以防因证人可能死亡或丧失行为能力而导致证言丢失。
perpetuity n.❶永续;永存 ❷(古)永业;永久拥有(的权益);不得转让的权益 ❸(财产的)永久处分;财产永久权 永久或长期限制不动产权益转让的财产处分,属违法行为。(⇨rule against perpetuities)
perpetuity of the king 〈英〉国王永存;国王不朽 英国法律对国王政治地位的永久性确认:担任国王的人会死去,但国王是不会消失的,因为在实际的统治者死后,其地位立即由继任者补充。
perpetuum rei testimonium 〈拉〉保存关于某一事件的证言;永久存证(⇨in perpetuum rei testimonium)
per power of attorney 根据授权委托书
per pro. 根据代理权委托书(=per procuration)
per proc. 经…授权;代表;代理(=per pro.)
per procuration 〈拉〉经授权;按照代理权限 代理人在签署合同或文件时用以表明其代理人身份的文字。又作per procurationem,常缩写为per proc.或p.p.。
per quae servitia 〈拉〉(英格兰古法)要求效忠令状 在以和解诉讼[fine]形式转让土地时,受让人[cognizee]要求转让人[cognizor]的承租人或封臣向其效忠认可[attorn]的令状。(⇨attorn; fine)
perquirere 取得;购买
perquisite n.额外收入;额外福利 指职员、雇员在正常工资外的津贴、优惠、假日工资、临时补贴等。其缩略形式perk也可用于指企业主管人员的特殊待遇,如保险、免费用车、俱乐部会员资格等。
perquisitio 〈拉〉(英格兰古法)非继承取得(=purchase)
perquisition n.非继承取得 以继承以外的方式取得财产。(=perquisitio)
perquisitor n.(英格兰古法)非继承取得者(=purchaser)
perquisitum 购得物;获得物
per quod 〈拉〉由此;凭那个 在提起侵权之诉的起诉状中,原告在说明具体事实后,以per quod为开端提出由于被告的不法行为所遭受的损害。有时per quod一词即指起诉状的这一部分。(⇨actionable per quod)
per quod actio accrevit 〈拉〉诉讼因而产生或进展的原因

per quod consortium amisit 〈拉〉他由此失去（妻子的）陪伴　古时丈夫对殴打或虐待其妻子的人提起诉讼时的用语，以此表明其所遭受的特殊损害。

per quod defamatory　因之而损害名誉的（⇨ libelous per quod; slanderous per quod）

per quod matrimonium amisit　〈拉〉因此他失去了婚姻

per quod servitium amisit　〈拉〉他由此失去（仆人的）服役　古时主人对殴打或虐待其家仆的人，或父亲对诱奸其女儿的人，提起诉讼时的用语，以此表明其所遭受的特殊损害。关于主人和家仆的关系无需特别证明，但要求说明失去的服役或遭受的损失。

Per rationes pervenitur ad legitimam rationem.　〈拉〉通过推理可以找到真正的理由。

Per rerum naturam factum negantis nulla probatio est.　〈拉〉否认某事实者，不负举证责任，乃事之当然。

persage　(= pesage)

per saltum　〈拉〉以跳跃方式；快速地；迅速地；以简略方式

per sample　按照样品；根据样品

per sceptrum　〈拉〉以（帝王）权杖；以王剑

per se　〈拉〉本身；自身；本质上；固有（地）；单独（地）；独自（地）；孤立（地）

persecutio　〈拉〉〈罗马法〉❶诉讼　广义上可指诉讼及诉讼外的任何司法程序。❷非常诉讼　罗马帝国时期实行的诉讼制度。其特点是由裁判官[praetor]全权负责整个审判过程，不再区分法律审理与事实审理两个阶段，不再由民选承审员[do judicem]审理案件。在诉讼程序中，法官作为行政与司法长官，以国家权力为基础主持审判，可强制当事人出庭和执行判决。审判一般秘密进行。

per se defamatory　本身损害名誉的（⇨ libelous per se; slanderous per se）

per se doctrine　〈美〉自身原则　在本原则下，如果某行为目的明显和后果有害，法庭无须探究其合理性即可认定其自身已违反了反托拉斯法，即"自身违法"[pe se violation]。

per se negligence　(= negligence per se)

per se nuisance　(= nuisance per se)

persequi　〈拉〉〈罗马法〉❶追逐；追求　❷起诉

per se rule　〈美〉本身违法规则；单独认定规则　在反托拉斯法中，只要某一商业作法是限制贸易的，无须考虑它实际上是否造成了对他人的损害，即可认定其违反《谢尔曼法》[Sherman Act]的司法原则。

per se slander　(= slander per se)

per se violations　〈美〉自身违法；行为本身违法　反托拉斯法中，指固定价格协议、搭售协议等某些商业协议本身即属于反竞争而有损公众利益，毋需另行举证证明其是否确实损害了市场竞争。（⇨ per se doctrine; rule of reason）

persistent offender　惯常犯　屡次触犯刑法的人，往往比初犯或偶犯处刑重。英国 1973 年《刑事法院权力法》[Powers of Criminal Courts Act]规定，曾因犯可诉罪而被判刑三次以上，已满 21 岁的人，若现在所犯之罪，可判 2 年以上监禁者，允许法庭在法定最高刑期以上判刑，但必为使公众免受其侵害所需。

persistent violator　❶惯犯（ = habitual criminal）　❷〈美〉再次犯罪者；重犯者　在某些司法管辖区，该术语指代以往曾犯同类罪行的刑事被告，属于加重犯。

person　n. 人　法律上指权利和义务的主体，即可以享受权利承担义务的主体，包括自然人和法人。各项法典、法律、法规中所指称的"人"，其具体范围往往有所不同。该词的使用显示了对一普通词语赋予非自然含义的倾向：在法律理论上，人是指法律认为能够享有权利和承担义务的存在，无论其是否为生理意义上的人；反之，即使是一个生理意义上的人，只要其不能享有权利和承担义务，也不为法律意义上的人。有人对该词是否适当仍持有怀疑。

persona　〈拉〉〈罗马法〉❶人　广义上指任何自然状态的人，包括自由人和奴隶；狭义上仅指自由人，即罗马法上的权利主体。❷（人的）身份　权利主体所具有的与一定权利义务相联系的地位或资格。一个人可同时具有父亲、儿子、主人、奴仆等多种身份。

personable　a. 具有权利能力和行为能力的　指具有法律人格，能够订立合同，可在法院进行诉讼，具有答辩的权利或资格。也指具有接受给付或赠与的能力。

Persona conjuncta aequiparatur interesse proprio.　〈拉〉有亲属关系的人看作与本人处于同一位置。　例如，以伤害其妻子、父母或子女为威胁迫使其签署的文书，无效。

persona designata　〈拉〉指定的人　经指定或描述的个人，而非集体或具特定身份者中的一员。依英国 1837 年《遗嘱法》[Wills Act]的规定，若遗嘱人将财产笼统地遗留给全体子女，则只有在其死亡时具有继承人身份的人，即在世的子女才能参加分配；若遗嘱人将财产遗留给分别指定的子女，则先于遗嘱人死亡的被指定人的子女可以取得其父母的份额。

persona ecclesiae　〈拉〉堂区主持牧师；教会的化身

personae ecclesiae　〈拉〉(= persona ecclesiae)

Persona est homo cum statu quodam consideratus.　〈拉〉人是与一定身份相关联的人。

Personae vice fungitur municipium et decuria.　〈拉〉一个镇或自治市的行为被视为一个独立主体的行为。

person aggrieved　受害当事人（⇨ aggrieved party; party aggrieved）

persona immortalis　〈拉〉(= parson immortal)

persona impersonata　〈拉〉在任的堂区主持牧师（ = parson imparsonee）

personal　a. ❶个人的；私人的　❷对人的；动产的　❸属人的　指法律的适用范围依人而定。

personal act　〈英〉私益法　仅涉及特定个人的身份、权利、财产或其他权利的议会法令。

personal action　❶对人之诉　早期普通法中的民事诉讼可分为对人之诉[personal action]、不动产权益之诉[real action]和混合之诉[mixed action]，其中对人之诉是基于合同或侵权而针对特定个人提起的诉讼，其目的在于要求被告履行合同债务或是针对所造成的损害进行赔偿。合同性质对人之诉包括报账之诉[action of account]、简式契约之诉[assumpsit]、允诺契据之诉[covenant]、定额债之诉[debt]等；侵权性质对人之诉包括动产占有回复之诉[replevin]、侵害之诉[trespass]、非法挪用之诉[trover]、陪审团裁定之诉[attaint]、类案之诉[case]、诈欺之诉[deceit]、包讼之诉[champerty]、共谋之诉[conspiracy]、扣留财物之诉[detinue]等。这些诉讼连同与其相应的诉讼开始令状[original writ]及诉讼程式均于 19 世纪一并被废除。这个词现在常用来指对人诉讼[action in personam]，即法庭判决是要求特定个人作出一定行为，通常是支付金钱，以区别于对物诉讼[action in rem]。在对物诉讼中，原告是针对特定的物提出物权主张或债权主张，即主张自己对某物享有权利,或要求别人针对该物所作的损害进行赔偿。最后该词也指只能由当事人本人提起的诉讼。在大陆法中,对人之诉要求被告履行基于合同或侵权所产生的债务,即要求被告转移对某物的控制,履行某种义务或是赔偿一定的损失。❷对人诉讼(= action in personam) ❸(罗马法)对人诉讼(= actio personalis; personalis actio)(⇨real action; action; mixed action)

personal asset 动产资产 遗产或破产财产中的动产部分,可表现为金钱及其他动产。

personal attack rule 〈美〉个人攻击规则 《联邦通讯委员会规则》[Federal Communications Commission Rule]规定在广播中就一项有争论的公共话题发表意见,含有攻击个人的品格、道德、诚信等言论,电台应告知被攻击者并为其提供作出反应的机会。

personal bar 〈苏格兰〉本人禁止 指对自己先前已明示或以行为确认之事不得否认。该项一般原则相当于英格兰法的"不容否认"[estoppel]。

personal belongings 动产 在遗嘱检验法中,该用语含义广泛,如无特别限制,可包括立遗嘱人所有动产之全部或大部。(⇨personal property; personal effects)

personal benefit 个人利益

personal bias 个人偏见 法官对诉讼当事人一方之个人偏见,导致了对事实的偏见,可作为申请其回避的理由。

personal bond 个人保证书 保证人据以承诺其将支付一定金钱或履行一定行为的文件。(⇨bond)

personal chattel 动产;有形动产 (⇨personal effects; personal things)

personal contract ❶个人财产合同 指与个人财产[personal property]相关的合同。❷个人合同;人身专属合同 指涉及个人知识、技能以及基于人身信任而必须由合同缔约人亲自履行的合同。该合同在缔约人死亡后,对其遗嘱执行人[executor]没有拘束力。(⇨personal service contract)

personal covenant 对人契约 仅对缔约人本人有约束力的契约。该契约及其履约责任等并不随作为标的物的土地转让,对方也不能向缔约人的继承人、财产代管人、受让人等索还标的物或要求履行。区别于对物契约[real covenant]。(⇨covenant running with the land)

personal defense 属人抗辩 合同之诉中的一种普通抗辩,诸如未给付对价或未履行合同规定的条件。但在票据关系中,票据的出票人不得对正当持票人提出该种抗辩。此外,对于正当拥有财产的受让人亦不得适用属人抗辩。故亦称有限抗辩[limited defense]。

personal disability 本人无行为能力 仅适用于特定个人——如婴儿、破产人等——的无行为能力,不适用于其后代或继承人。与永久不能或绝对不能[perpetual or absolute disability]相对。

personal earnings 个人劳动收入 指个人体力或智力劳动所得,不包括由资本产生的收益。

personal easement (= easement in gross)

personal effects 个人财物 与所有人有或多或少密切关系的动产物品,包括衣服、首饰、收藏品、书籍、家具等随身携带或穿戴及日常使用的物品。遗嘱中提到的"个人财物",依上下文可能范围更广。

personal estate 动产 尤指遗产中的动产,不仅包括实物,也包括权益。(⇨personal property)

personal execution (= execution against the person)

personal exemption 个人免税额 在计算个人所得税时从个人净收入中扣除的数额。

personal franchise 个人特权;私人特权(⇨franchise)

personal freedom 人身自由 公民的主要自由权之一。意即个人有来去自由、参与或不参与的自由,以及一般地说,只要不违反制定法的某些规则,可以做其愿意做的一切事情的自由。人身自由的一个重要方面是隐私权[right of privacy],即不受干扰的权利。另一个十分重要的方面是,除了基于明确的有罪的理由外,不受逮捕或监禁的权利。人身自由的某些限制是必要的,而且随着社会发展和对保护他人的更多关注,这些限制也会增加,如一个酗酒或吸毒可能危及他人的人,是不能有驾车的自由的。

personal holding company 〈美〉私人控股公司 被列入私人控股公司的企业,其未分配的所得或盈余,应缴纳一种特别税,即"私人控股公司税"[Personal Holding Company Tax]。课以此种特别税的目的在于防止高税级上的人们利用企业组织逃税。凡企业的收入有达80%来自非劳动收入[passive income],其股本有达50%为不足五人的股东所有,则该企业可被列为私人控股公司。

personal holding company income 〈美〉私人控股公司所得;私人控股公司收入 由《国内税收法典》[Internal Revenue Code]规定,包括利息、股息红利、某些租金和许可费、股东利用公司财产之收入、及个人服务合同之收入、来自不动产和信托财产的分红。此类收入与确定一个公司是否为私人控股公司并应缴纳加于其上的惩罚税有关。

personal-holding-company tax (= holding company tax)

Personalia personam sequuntur. 〈拉〉动产随人。

personal immunity 个人豁免权(⇨immunity)

personal income 个人收入;个人所得 一个人通过各种途径获得的全部收入。

personal indignity 人身侮辱 如果表现出憎恨、疏远等使配偶感到生活沉重或精神上难以忍受的侮辱行为,可成为离婚的理由。

personal injury ❶对人伤害 狭义上指对个人人身造成的伤害,区别于对其财产和名誉造成的损害。广义上也包括以诽谤、中伤、非法拘禁等方式对个人人身权[personal right]进行侵犯所造成的名誉上、精神上、生活上或人际关系上的损害。美国《劳工赔偿法》[Worker's Compensation Act]中的人身伤害是指对雇员健康造成的各种伤害。❷人身伤害;身体伤害 即指上述之狭义。(⇨bodily injury)

personalis actio 〈拉〉❶(罗马法)对人诉讼 基于"对人权"[jus in personam]而对特定人提起的、要求被告给付某种财产或履行一定行为的诉讼。❷(英格兰古法)对人诉讼(= personal action)

personaliter (英格兰古法)亲自;亲身;作为个人

personality n. ❶个性 ❷人法 指与人的身份、人身相关的法律。

personality conflicts 性格冲突(⇨incompatibility)

personality disorders 人格异常;人格障碍 个人适应生活的方式和对所遇到的各种情况作出反应时的持续性失调,涉及一连串个人与社会、工作及其本人关系的行为方式。其主要类型有:反应迟钝、精神分裂、循环性精神病和偏执狂。了解人格障碍有重要的法律意义,从中可以说明有些行为,例如性犯罪产生的原因。

personality of laws 法律的属人性;属人法原则;属人法主义 指当事人的权利、义务、身份、地位、行为能力等适用当事人所属民族、部落、国家或地区的法律,不论该当事人位于何处。

personal judgment 对人判决 判令被告个人负责,即以其个人财产支付的判决,不同于从某项基金或某项财产的收益中支付的判决。亦指法院对当事人有对人管辖权[personal jurisdiction]时作出的判决。

personal jurisdiction (= jurisdiction in personam)

personal knowledge 亲自知悉 指依靠自身的感官、经历而不是从传闻获知情况。

personal law 属人法 与法律关系主体的当事人有联系的国家的法律。

personal liability 个人责任 ①责任人以其个人财产承担的责任,如保证人的保证责任;又如依制定法的规定,股东对投资不足的公司的债务应承担个人责任;②附属于人身的个人责任,并非通过执行财产即可免除。例如代理人和受信托人有责任履行其职责。

personal liberty 人身自由 英格兰法律所保护的主要对象,仅次于人身安全。

personal liberty laws 〈美〉〔总称〕人身自由法 内战前北方一些州通过的保护黑人和从南方逃出的黑奴的法律。

personal loan 个人贷款 为支付个人开支之目的而非商业目的的贷款。一般为短期贷款,可担保也可无担保。(⇨consumer loan)

personally known to me 经亲自确认无误 公证书用语:表示请求公证的当事人即为在文书上签字的人,经公证人亲自确认无误。

personal notice 直接通知 直接通知本人,而不是由他人转达。

personal property ❶动产 除不动产外的一切财产。包括有形动产和无形动产。前者如牲畜、家具、货物,后者如养老金、股份、专利权、版权。 ❷个人财产 指不用于经营活动孳生收益的财产。包括不动产和动产。前者如个人住房,后者如衣服、家具。

personal-property loan broker 动产抵押贷款经纪人 从事以动产抵押为担保而提供小额贷款业务的经纪人。(⇨chattel mortgage)

personal property tax 〈美〉动产税 地方或州政府对家具、首饰等动产征收的税。

personal recognizance 个人具结 刑事被告人向法庭承诺将为预先排定的事项或在被要求出庭时到庭,从而法庭将其释放。在这种情况下无需被告人交付保证金或由保证人签署保证书。(⇨release on own recognizance)

personal release 个人免除 指经共同债务人[co-obligor]同意而免除其共同债务人的偿债义务。

personal replevin 人身释放之诉 普通法上一种要求从监狱或私人拘禁处所释放某人的诉讼。作为审查拘禁是否合法的手段,现已基本上为人身保护令状[writ of habeas corpus]所取代。

personal representative 遗产代理人 一般指遗嘱执行人和遗产管理人。有时也指继承人、最近亲属、破产管理人、受托人等。

personal right ❶对人权 源自拉丁文"jus in personam",指针对特定他人的一种请求权[claim],并仅通过对他人提起诉讼而可被强制执行。它区别于物权[real right],后者是针对一切人的权利,并可通过对物的占有而强制执行。 ❷人身权 指关于人身安全(诸如生命、肢体、健康、名誉)以及人身自由的权利。(⇨real right; personal injury)

personal security ❶个人担保;人的担保 即债务人或保证人所作的偿还债务的允诺或保证,不同于以抵押物、质物等提供的物的担保。 ❷人身安全

personal service ❶(= actual service) ❷个人专属服务 由本人亲自完成一定的行为,其中包含有个人智力或体力上的努力与付出。与此相对的是运用该人技艺生产的适于销售的产品。

personal service contract 个人服务合同;人身专属合同 必须由缔约人本人提供服务,不能由他人代为履行的合同。例如指导学徒的合同、创作作品的合同、医师或律师提供职业服务的合同等。

personal service corporation 个人服务公司;私人服务公司 该公司的收入基本上来源于主要股东提供的服务或劳务。

personal servitude 属人地役 专属于役权人并在其死亡时即告终止的地役。区别于属地地役[real servitude]。(⇨servitude in gross; slavery)

personal statute ❶人身法;人法 有关人的身份、地位、资格与行为能力等的法律、法规、法令等,不涉及或仅附带涉及财产。 ❷私益法 仅适用于某人或某些人的法律。(⇨private law; special law)

personal tax 直接税;人头税 广义指政府为提供保护和各项服务向公民征收的税款,狭义指人头税。(⇨poll(-)tax)

personal things 动产;个人物品(= personal effects)

personal tithes 人役什一税 从人的劳动或各种产业活动收益中缴纳的什一税,如手工、捕渔、出售商品等,以劳动成果的形式支付。区别于农业什一税[praedial tithes]与混合什一税[mixed tithes]。(⇨tithe)

personal tort 人身性侵权行为 指对他人人身权的侵害。包括侵犯他人身体,也包括以诽谤、诬告等方式而伤害他人感情和名誉。区别于财产性侵权行为[property tort]。(⇨personal injury)

personal trademarks and tradenames 个人化的商标和商号 该种商标或商号向社会公众表明:在与该商标或商号相连的商品的生产或拣选过程中,加入了某一特定个人的注意、关照与技能。

personalty (= personal property)

personal use trust 私益信托 为特定的个人利益而设立的信托,受益人的权益既不得转让,也不得以之抵偿债务。

persona mortalis 〈拉〉(= parson mortal)

persona non grata 〈拉〉不受欢迎的人

persona praedilecta 〈拉〉被高度偏爱的人

persona standi in judicio 〈拉〉诉讼当事人资格

personate v.冒充;冒名(⇨personation)

personation n.冒充 把自己假冒为他人,无论被冒充者活着或已死亡,真有其人或出于捏造。以欺诈为目的的冒充行为在普通法上为轻罪。

persone 〈拉〉堂区主持牧师;堂区长

personero 〈西〉代理人

person in authority ❶掌权者;掌权人士 ❷执法人员 指警察、检察官、监狱看守等。

person indemnified 已受赔偿者;已受补偿者(⇨indemnity)

person in loco parentis 代替父母地位者 指代替他人父母,在未办理法律手续的情况下,暂时承担父母的权利和义务者,与永久性的收养[adoption]不同。(⇨in loco

parentis）
personne 〈法〉人
person non compos 精神疾病患者
person non compos mentis （= person non compos）
person of color （= colored person）
person primarily liable 第一责任人；主责任人 流通票据上载明的出票人或应负票据责任的人。
persons in need of supervision/P.I.N.S. 〈美〉需要监管的人 指有逃学或不服从父母等行为而受政府监管的未成年人。
Perspicua vera non sunt probanda. 〈拉〉明显的事实毋须证明。
per stirpem （= per stirpes）
per stirpes 〈拉〉按家系 用于遗产分配，即在被继承人未立有遗嘱时，已死亡继承人的应继份额由其子女代位继承。例如，被继承人有子女甲、乙两人，甲有子女两人，乙有子女三人，若甲、乙均先于被继承人死亡，则甲的子女每人继承甲应得遗产的 1/2，即遗产总额的 1/4；乙的子女每人继承乙应得遗产的 1/3，即遗产总额的 1/6。（⇨per capita）
persuade v.说服；使相信
persuasive authority 有说服力的法律根据 指法庭没有拘束力，但按照法庭在具体情况下对其价值的评价，对判决的作出具有参考、借鉴意义及某种说服力的判例或其他法律根据。例如，下级法院或外国法院的判决、法律教科书上的论述等。区别于"有约束力的法律根据"[binding authority]。
per subsequens matrimonium 〈拉〉由于后来的婚姻
pertain v.归属；涉及；有关
pertenencia 〈西〉❶所有权；财产权 ❷领地 指一个人管辖的或拥有的土地。 ❸从物；附属物 ❹公顷 丈量土地的单位，合 200 瓦拉[vara]，约等于 550 平方呎。
per testes 〈拉〉以证人；通过证人
perticata terrae 〈拉〉四分之一英亩
pertinens 〈拉〉附属的；从属的
pertinent a.适当的；有关的 与争议有关，可以证明举证者主张的证据，是有关的证据，反之为无关的证据。能够合理影响争议点的假设，为有关的假设。
pertinentiae 〈拉〉附属物；从属物
per totam curiam 〈拉〉经全体法官；经整个法庭
per tot. cur. （= per totam curiam）
per totum tempus praedictum 〈拉〉在上述整个期间
per tout 〈拉〉经全体；由全部
per tout et non per my 〈法〉按整体而不是按一半 法律法语，指给予丈夫和妻子的非限定继承地产[estate in fee]等由二人对整个地产共同占有，而非每人占有一半。
perturbation n.扰乱治安；滋扰 英国旧时教会法庭的"滋扰座位诉讼"[suit for perturbation of seats]指扰乱或侵犯他人在教堂中的座位或座椅引发的诉讼。
perturbator n.违反治安者；扰乱治安者
perturbatrix 扰乱秩序的女人
per universitatem 〈拉〉（罗马法）整体上；作为整体 用于表示取得整个财产，尤其是在概括继承[universal succession]中用于描述整体的遗产。
per usucaptionem 〈拉〉由于连续使用
per vadium 〈拉〉通过质押（方式）；通过担保
per vadium et salvos plegios 〈拉〉通过质押及出庭担保[safe-pledge]（保证出庭）（⇨safe-pledge）

Per varios actus legem experientia facit. 〈拉〉通过各种行为，经验造就了法律。
per verba de futuro 〈拉〉用将来时态的词 婚约用语。
per verba de futuro cum copula 〈拉〉在达成将来结婚之协议后通过发生性关系所形成的为普通法所认可的一种婚姻形式（⇨marriage per verba de futuro cum copula）
per verba de praesenti 〈拉〉用现在时态的词 婚约用语。（⇨marriage per verba de praesenti）
per verba de praesenti tempore 〈拉〉根据语词的现在时态；根据现在时的语言；根据即时同意结婚的言词（⇨marriage per verba de praesenti）
perverse verdict 〈英〉不合法裁断；不当裁断 陪审团拒绝遵守法官就法律问题所作的指示而作出的裁断。治安法官[justices of the peace]如果拒绝采纳某一明显的结论或者将任何本案忽略的事项考虑在内，也可能作出不合法的裁决[perverse decision]。
perversion of legal remedy 滥用法律救济；滥用法律程序
perverting the course of justice 破坏司法罪 泛指制造伪证、干扰证人作证、笼络陪审员、包揽诉讼、挑起争讼、劫狱、脱逃、越狱以及毁坏公共财物等妨害或阻碍司法公务的犯罪行为。
Per vinum delapsis capitalis poena remittitur. 〈拉〉（罗马法）对醉酒时所犯死罪的处罚应赦免。 普通法对此原则从未采用。
per visum ecclesiae 〈拉〉在教会的监督下
per visum juratorum 〈拉〉根据陪审团的观察；依陪审团所见
per vivam vocem 〈拉〉（英格兰古法）口头上；口述的
Pervolvat quo planeta suum circulum annus mora motus est. 〈拉〉一年即行星沿其轨道运转一周的时间。
per year 每年
pesa n.比塞 重量单位，等于 256 磅。
pesage n.称重税；称重费 对商品或货物称重时缴纳的税费。
Peskind's Law 〈美〉佩斯金德法则 一项法律原则，鼓励设定担保的债权人在对其权利的实现产生疑问时，采取一切可能的措施，如投保、确证所有文件的正确与完整，以保护其利益。
pessimi exempli 〈拉〉最坏的例子；最坏的榜样
pest house 传染病院；疫病收容院
petens 〈拉〉（英格兰古法）不动产权益诉讼中的原告
petere 〈拉〉（罗马法）请求；要求；提起诉讼
Peter pence 〈英〉圣彼得节奉金 古时在每年 8 月 1 日的圣彼得节每户需向教皇缴纳一便士的奉金，1533 年被废弃，但 1558 年又被恢复。
Peterpence （= Peter pence）
petit 〈法〉小的；轻微的；次要的；无足轻重的
petit auxilium 〈拉〉请求帮助；请求援助
petit cape （英格兰古法）小扣传令 古代收回土地之诉中签发的一种令状。当土地保有人被传到案后不再参加诉讼时，该令状要求郡长占有土地，以传唤被告到庭。与大扣传令[grand cape; cape magnum]相区别。（= parvum cape）
petite assize 小巡回咨审团 与大咨审团[grand assize]相对而言，小咨审团负责裁决有关地产占有[possession]的事实问题，大咨审团负责解决有关地产权[property]的归属问题。
petitio 〈拉〉❶（罗马法）（对物诉讼中原告陈述诉因的）请

求状 ❷(英格兰古法)请求;诉求;申请;(不动产权益诉讼中陈述诉因的)请求状

petition n. ❶申诉;申请 向法院或其他官方机构提交的正式书面文件,请求其行使职权以纠正不法行为或授予某种特权或许可或就特定事项采取司法措施等。如美国宪法第一条修正案和英国的《权利法案》[Bill of Rights]都确认公民有申诉的权利;债权人或债务人向破产法院提出的破产申请等。在英国,离婚或宣告婚姻无效的程序、破产程序、在上议院和枢密院进行的程序都是以申请开始的。此外,诉讼开始申请[originating petition]也是在高等法院衡平分庭提起诉讼的方式之一。❷〈美〉起诉状 在部分州使用,相当于 complaint。

petition de droit 〈法〉(英格兰古法)权利请求状 一种请求从国王处取得财产,或请求国王返还财产的文书,上面载明请求人对财产的权利,并请求国王通过正当合法的审理程序为其主持公道。据认为这一做法源于爱德华一世[Edward I]时期。

petitioner n. 请愿者;请求人;申请人 向国王、立法机关、政府官员或法院递交请愿书、请求状或申请书的人。

petition for certiorari 申请调卷令 当事人向法院申请颁发调卷令[certiorari]的文书,其目的在于推动诉讼程序的进行。

petition for highway 开路申请 地产所有人提出的开辟公路的申请。

petition for improvement 改良申请 地产所有人请求建成地方改良区[local improvement district]的申请,目的在于通过特别税收[special assessment]筹集资金来进行有关公共改良的建设。

petition for redress of grievances 表达不满的申请(⇨redress of grievances)

petition for referendum (= referendum petition)

petition for rehearing 复审申请(⇨rehearing)

petition in bankruptcy 破产申请书 债务人为寻求破产保护而向破产法院或其书记员提交的文书,这是破产案件开始的方式。

petitioning creditor 提出申请的债权人 即向法院申请宣告债务人破产的债权人。

petition in insolvency 破产申请书 本人或其债权人请求宣告其破产,从而引起破产程序发生的申请书。

petition in intervention 参加诉讼的申请(⇨intervention)

petition of right 〈英〉❶权利请愿书 1947年《王权诉讼法》[Crown Proceeding Act]颁布以前,臣民对英王或英王侍从侵占其土地或其他财产权的行为,不能直接向法院起诉,而只能向英王提出权利请愿书,要求恢复财产权。如英王在请愿书上批准"依据事实公平审理"[fiat justitia],然后可由有关法院按照一般的法律原则审理这个案件。《王权诉讼法》颁布实施后,臣民完全可以通过对政府有关部门的诉讼起诉王室,权利请愿书这种机制也就被废止了。❷[P- of R-]《权利请愿书》 1628年议会通过的限制王权的法律文件,它规定了国王未经议会立法不得任意征税,未经一定程序不得任意囚禁自由臣民,不得强迫接待士兵或海员入屋居住等。该文件是议会和查理一世进行斗争的结果,最终为查理一世所接受。

Petition of Thirty-One Articles 〈英〉《三十一条请愿书》 1406年下议院呈递国王亨利四世[Henry IV]的请愿书,详细列举了良好政府的31条准则,国王全部接受。

petitio principii 〈拉〉对未经证实的问题视同真实来进行辩论

petit judicium 〈拉〉(他)请求判决
petit juror 小陪审团成员(⇨juror)
petit jury 小陪审团;审判陪审团 审理民事或刑事案件的普通陪审团,与大陪审团[grand jury]不同。(⇨jury)
petit larceny (= petty larceny)
petitor n. 请求人;申请人;原告
petitory action 确认所有权之诉 原告请求法院确认和实现其财产所有权的诉讼。与回复占有之诉[possessory action]不同。
petitory suit (海事诉讼中的)确认所有权之诉(⇨petitory action)
petit sergeanty 小侍君役保有 每年向国王进献刀、枪、弓、箭之类武器,从而保有土地。(⇨sergeanty)
petit treason 〈英〉(= petty treason)
peto 〈拉〉我请求;我要求;我主张
Peto's Act 〈英〉《皮托法》 即《受托人指定法》[Trustee Appointment Act],由萨缪尔·皮托[Samuel Peto]爵士建议通过,故而得名。根据该法,为宗教或教育目的而转让的财产可随时托付给受托人,无需再行另立转让证书。
petronian law 禁止斗兽法(⇨Lex Petronia)
pettifogger n. 浅薄律师;讼棍 ①未受过良好教育、缺乏能力、正确的判断力和常识的律师;②用一些无关紧要的枝节来扰乱对争议问题的查明的律师。
pettifogging shyster (俚)亵渎律师声誉的讼棍
petty a. 小的;轻微的;无足轻重的
petty assise (英格兰古法)小咨审团;不动产权益占有之诉;地产占有诉讼令 陪审团的真正渊源一般被认为是威廉一世从大陆引进的法兰克人式的调查方法[Frankish Inquest],在末日审判[Domesday]大清查时运用了这一方法。亨利二世将其引进到王室政府的所有行政部门中。关于地产权益诉讼的最早形式是权利诉讼,它在领主法庭举行,实行神明裁判或决斗。为了加强中央集权,扩大王室法庭的管辖权,亨利二世时为当事人提供了保护"占有"而非"所有"的更为便捷的救济方式,共四种,即新侵占之诉、收回继承地之诉、地产性质之诉和圣职推荐之诉,称为不动产权益占有之诉。之所以将它们归为一类,是因为相应法令规定此类诉讼程序使用同一类咨审团进行审理,即国王文秘署[Chancery]签发给争议土地所在郡郡长一项令状,令其召集当地12名守法男子组成咨审团,回答令状中所包含的问题,这类问题一般涉及争议中的土地是否被侵占。咨审团的答复构成咨审团裁决[verdict],这一裁决呈递给巡回到该郡的巡回法官[Justices of Assize]。——注意到前面提及的那一系列法令的名称同时也是启动诉讼的令状名称及该诉讼程序的名称——咨审团成员是依自己的智识而不是靠询问证人来形成判断,这一点与现代陪审制度不同。(= petite assize; possessory assizes) (⇨ assize of novel disseisin; assize of mort d'ancestor; assize of darrein presentment; assize of utrum; assize; grand assize)
petty assize (= petty assise)
petty average (港务)杂费 船长在船舶装载或卸载地点或航行途中,根据当地习惯或具体情况,为船舶和货物的利益而支付的必要费用或款项,如引航员雇佣费、拖带费、灯塔费、锚泊费、检疫费等。
Petty Bag Office 〈英〉小袋子办公处 1888年以前衡平法院负责普通法事务的主要部门,其具体职责包括签发所有的诉讼开始令状[original writ]和各种纠错令与调卷令[writs of error and of certiorari]、慈善用益委任状[commissions of charitable uses]、收回复归地产或被没收地产之委任状[commissions to seize escheated and forfeited lands]、召集新议会令[writs calling a new parliament]和其它诸种令状,因其将有关国王的文件保存于小袋子中而得名。现其职权由高等法院中央办公室刑事部行使。

petty cash/**P.C.** 小额现金;零用金 为便于以手头现金支付而保有的货币,企业用于小额开支,如差旅费、文具费等。有时亦称为预借备用款[imprest fund],用于内部开支;需款人凭证明单据或记账凭证,经负责人签章同意,即可凭以领取款项。

petty constable (镇或教区的)低级警官(⇨constable)

petty jury (= petit jury)

petty larceny 轻偷盗罪 普通法中,以被盗物品价值是否超过1先令为标准把偷盗罪分为重偷盗罪[grand larceny]和轻偷盗罪两类。对重偷盗罪可适用死刑,轻偷盗罪只适用笞刑或其他肉刑。英国于1826年废除了重偷盗罪与轻偷盗罪的区别。但在美国大多数司法区仍沿袭这一分类法。轻重的区别标准包括价值和非价值两种。

petty offense 〈美〉轻微犯罪 指可判处的最高刑罚通常为罚金或短期监禁或劳教的轻微犯罪行为。依照宪法,六个月的监禁是划分严重犯罪[serious offense]与轻微犯罪的界限。对严重犯罪须由陪审团审判,而对轻微犯罪通常由治安法官单独审理,不需陪审团参加。在某些州,轻微犯罪是除轻罪[misdemeanor]和重罪[felony]之外的又一分类。

petty officer 海军军士

petty sergeanty (= petit sergeanty)

petty serjeanty (英格兰古法)小侍君役 相对大侍君役[grand serjeanty]而言,指土地保有人通过每年向国王缴纳刀、剑等武器获得土地保有权。

petty sessional court 〈英〉简易裁判法院 由两名或两名以上的治安法官组成,包括伦敦市长或高级市政官或领薪的治安法官的享有简易裁判权的法院。现称为治安法院[magistrates' court]。(⇨petty sessions)

petty sessions 〈英〉小治安法庭 由两名或两名以上但不超过七名治安法官组成的治安法庭,可以定期在小治安法庭内外地开庭。区别于一般治安法庭[general sessions]或季审法庭[quarter sessions]。原来由几名治安法官[justices of the peace]或一名领薪治安法官[stipendiary magistrate]举行的每次开庭即被认为是一次小治安法庭的开庭,现在则指治安法院[magistrates' court]的开庭。

petty treason 〈英〉轻叛逆罪 相对于重叛逆罪[high treason]而言,包括仆人杀害主人、部下杀害长官、俗人杀害高级教士、妻子杀害丈夫等。轻叛逆罪的实质在于违反了对个人和家庭所负有的忠诚义务。1828年后对轻叛逆罪改按谋杀罪处理。

pew n.❶教堂座位;教堂包厢 一般的教堂座位归堂区和堂区俗人执事[churchwardens]管理。❷教堂座位使用权(⇨pew right)

pew holder 教堂特殊座位的拥有者

pew right 教堂(特殊)座位使用权 该使用权可基于时效[prescription],归属继承祖传遗产[heirloom]的教堂座位的继承人,不必经过教会的同意;该使用权也可由教会常任[ordinary]法官授予。在英国,根据《教堂建筑法》[Church Building Act]建造的教堂,其座位的分配权归属英格兰国教委员会[Church Commissioners]。

PHA (= Public Housing Administration)

phantom stock plan 〈美〉影子股票计划;虚拟股票计划 一种把公司管理层雇员的福利与公司普通股的运营挂钩的雇员福利计划。参加这一计划的雇员并不实际得到股票,而是将公司股票在终止雇佣时的市价同雇员参加计划时的市价相比,按其增值幅度领取现金作为福利报酬。

Pharmaceutical Society 〈英〉药剂师协会 确定药剂师的执业资格和执行纪律的团体。协会通过其章程委员会行使惩戒权,并有权将被判有罪或有失职行为不适宜继续从业的人员除名。

phenomenological jurisprudence 现象法理学 20世纪60年代兴起的,建立在现象主义哲学基础上的法学理论,该学派反对康德哲学和新康德哲学中形式和内容的截然分开,认为一切法律现象都具有不受时空影响的本质特征,各种法律原则都是建立在法律概念和制度的本质或性质的基础上。主要代表人物为德国学者埃德蒙·胡塞尔[Edmund Husserl]、马克斯·舍勒[Max Scheler]等。

Philadelphia Convention 〈美〉费城会议 1787年经邦联国会批准在费城召开的旨在修订邦联条例[Articles of Confederation]的各州代表会议。会议开始不久,经多数决议抛开了修订邦联条例的讨论,而转为起草一部新的宪法,于1789年经各州批准生效。该会议由于最终通过了宪法草案而成为美国历史上著名的制宪会议[Constitutional Convention]。

Philadelphia lawyer 〈美〉费城律师 用来指精明能干的律师。源于1735年约翰·彼得·曾格[John Peter Zenger]因发表批评纽约英国殖民总督的文章而被指控煽动性诽谤一案,曾担任过曾格辩护人的几位律师先后都因对本案的主审法官———一位由总督任命的法官———的权利提出质疑而被取消了辩护人资格。来自费城的律师安德鲁·汉密尔顿[Andrew Hamilton]艰难地赢得了这场官司,他承认他的当事人发表过批评文章,但他成功的辩护使陪审团认定文章中的批评言论无效,从而在新闻自由领域树立起一座里程碑。

philanthropic a.仁慈的;慈善的;慈善事业的

philanthropic purpose 慈善目的

philanthropy n.慈善事业;慈善性捐助 并不必定等同于"charity"。

philosophical jurisprudence 哲理法学;哲学法理学;法哲学 主要由哲学家提出的关于法的理论和法的一般名称,其研究对象是抽象的、一般化的法律要素和对法律的评判标准,这一学派的理论流派很多,如自然法学、先验主义法学、功利主义法学、实证主义法学等。

philosophy of law 法哲学;法理学 研究法律的基本原则和基本法学理论问题——例如,法律的本质与目的,法律与宗教、道德、政治之间的关系,法律的价值,法律、权利、义务、责任等基本概念的含义,等等——的学科,是狭义上的法学[jurisprudence],亦作法律哲学[legal philosophy]。

photographic copy 照相复制品;影印件 通过对书面文件的原件进行摄影而形成的复制件,其大小可与原件不一。

PHS (= Public Health Service)

P.H.V. (= pro hac vice)

phylasist n.监狱看守

physical abuse 肉体虐待(⇨abuse)

physical coercion 肉体强迫;人身强迫 指使用肉体力量迫使他人作出违背自己意愿的行为,或对他人人身进行

强迫以达到上述目的。(⇨coercion)
physical condition 身体状况;身体条件(⇨physical defect)
physical cruelty 人身虐待;肉体摧残 有关离婚的法律中指人身暴力行为,或危及生命、肢体及健康的行为,造成无法共同生活。
physical defect 身体缺陷;生理缺陷(⇨physical infirmity)
physical delivery 实际交付 指手到手的交付。(⇨manual delivery)
physical disability 身体残疾;生理缺陷(⇨physical defect; total physical disability; disability)
physical examination 健康检查;体格检查 指内科医生为确定某人的身体健康状况而进行的检查,不仅包括对身体的观察,而且也包括就疾病的原因和症状进行的问答。(⇨medical examination)
physical fact 客观事实 证据法中,指客观存在的事实,而不仅是心中的想法;是可以听到、看到或触摸到的事实,如枪声、脚印等。(⇨demonstrative evidence)
physical fact rule 客观事实规则 一项证据法规则,指如果口头证言与客观有形的证据[physical evidence]不一致或相抵触,则该证言将不被接受。也称作 doctrine of incontrovertible physical facts 或 incontrovertible-physical-facts doctrine。
physical harm ❶人身伤害;身体伤害 ❷(对动产或不动产)有形损害;实际损害
physical-impact rule (= impact rule)
physical impossibility 客观不能;实际不可能 因不法行为客观上不能完成之事实导致不可能,如试图从空钱包里偷钱。客观不能不构成对犯罪企图的抗辩。又称事实不能[factual impossibility]。
physical impossibility doctrine 客观不可能原则 指证人证言的内容如属于客观不可能的,虽无其他反证,法官亦不应采信。(⇨physical fact rule)
physical impotency 生理性的性交不能(⇨impotency)
physical incapacity 性交不能 有关婚姻与离婚的法律中指由于生理上的缺陷或畸形而无性行为能力。
physical infirmity 生理病症;生理疾病 因疾病或意外事故引起的生理功能的损害,尤其是行动不便、抵抗力下降导致死亡危险加大。
physical injury ❶人身伤害;肉体伤害(= bodily injury) ❷实际损害;物质损害 对财产而言,是指对财产所有人的支配权、使用权、收益权和处分权的干预,例如侵入土地;或指对有体财产的直接破坏,例如破坏某一建筑物。
physical interference 有形妨碍;实际妨碍 指对土地所有人行使权利造成的有形阻碍,例如阻碍土地所有人进入其土地。区别于噪声、烟雾等干扰土地所有人安宁的精神性滋扰。
physically incapacitated for marriage 生理性无结婚能力 指因身体缺陷或畸形而不能进行性交,从而不能实现婚姻目的。
physical necessity 实际需要;客观必需 指不可抗拒的力量迫使某人以特定方式为一定行为。区别于"道义需要"[moral necessity],即某人因作为有理性者而负有的义务要求其必须为一定的行为。
physical occupancy 事实占用;亲自占用 实际占用房屋或土地。(⇨occupancy)
physical ouster 人身驱逐;强行剥夺实际占有 将业主自其土地上驱出,而强占其土地。(⇨ouster)
physical possession 实际占有 指在事实上占有财产并对之行使支配权。(⇨occupancy)
physical shock 人身体所受到的惊吓或冲击
physical suffering 肉体痛苦;肉体折磨 尤指长期的疼痛,表明生理机能处于紊乱状态。
physical violence 人身暴力 作为离婚的理由之一,"人身暴力"可能包括数个行为,就每个行为本身来看,并不能认为是对人身施以暴力,但从整体来看,可以判断受害者的生命受到了威胁。(⇨violence)
physical welfare 生理健康
physician n. (经许可或授权合法执业的)内科医生
physician-patient privilege (= patient-physician privilege)
physician's certificate 医生出具的死亡证明
physician's liability insurance 医生责任保险 以医生在执业过程中由于疏忽或错误引起的赔偿责任为保险标的的责任保险。
physician's license 行医执照;医生执业许可证
piacle n. (古)严重犯罪;重大犯罪
pia fraus 〈拉〉虔诚的欺诈 指由于其行为所追求的目的而在道义上正当的法律规避,尤指为宗教或宗教机构的利益规避或忽视法律,例如规避有关永久管业[mortmain]的法律。
picaroon n. 抢劫者;强盗
piccage n. 摊位费 为获取在定期集市上摆摊的许可而缴纳的费用。
pickage (= piccage)
pickery n. 小偷小摸;轻微盗窃
picket n. (工会派出的)纠察队员
v. 派…担任纠察;设置纠察队(⇨picketing)
picketing n. (罢工)纠察 发起罢工或联合抵制[boycott]的一种方法。即由一名或多名雇员或其他人在雇主的企业门口向进出者及公众宣传劳资纠纷或通知罢工,以促使雇员罢工,促使顾客拒绝与雇主交易,或表达工会代表雇员的愿望。通常伴有手持标语牌的巡逻行动。(⇨labor picketing; secondary picketing)
pick-lock n. 撬锁工具
pick of land 楔形地 一端呈角状的狭长形土地。
pick-pocket n. 扒手
pick-purse n. 扒手
pick-up service 上门取货服务;接货运送服务 指承运人负责到甲板、站台或公路交通工具可以到达的托运人的仓库、工厂、商店或类似营业场所的门口接取货物,并运到承运人的货运站。
piece basis 计件工作制(⇨piecework)
piecemeal appeals 零碎上诉 指对同一判决的几次连续上诉。
piecemeal construction 零碎建筑 指一次只建造一座市政建筑物或改进设施的一部分,尤指为规避宪法或法律规定的举债限制[limitation of indebtedness]而进行的此类建筑。
piecemeal zoning (= partial zoning)
piecework n. 计件工作 按所生产的产品件数计算报酬的工作,有时可在家中完成。
piepoudre court (= pie-powder court)
pie-powder court 〈英〉泥足法庭;小贩法庭 古代在集市上设立的简易速审法庭,由集市管理人主持,负责当场审理集市上发生的商业纠纷及轻微犯罪案件。其名称来由大概有三:①诉讼当事人的"泥足"[dusty feet];②如科克[Coke]爵士所认为的,审判像尘土从脚上落下一样迅速

③法语"小贩"[pied puldreaux]一词。该类法庭久已不采用,并已为1971年《法院法》[Courts Act]正式废除。(= court of piepoudre)

pierage n.码头费;停泊费

piercing the corporate veil 揭穿公司面纱 一项司法原则,即对公司的违法行为,例如为实施诈骗而成立公司,法院可以不考虑通常的免除公司管理人员等人的个人责任。根据此项原则,以公司名义实施欺诈或其他不法行为时,可以不顾公司的法人结构和股东的有限责任,责令股东、管理人员、董事等人承担个人责任。但法院只有对欺诈行为或违法行为或为避免侵害他人权利时,才能不考虑其公司的组织形式。(⇨instrumentality rule)

pightel n.一小块圈围起来的土地

pignoratio 〈拉〉(罗马法)❶质押契约;质押之债 其中须将担保物移交债权人占有。(⇨pledge) ❷扣押;留置 (牲口) 将损害自己财产之他人的牲口关起来,直到其主人偿付看管的费用和损失为止。

pignoratitia actio 〈拉〉(罗马法)质押之诉 债务人或债权人因质押提起的诉讼。(⇨cautio pignoratitia)

pignorative contract 担保合同 包括质押合同、抵押合同等。

pignori acceptum 〈拉〉作为质押而接受;拿来作抵押

pignoris capio 〈拉〉(罗马法)财产扣押;取得担保物之诉 一种法定诉讼[legis actiones],限于某些特定的钱财案件,指债权人不经初步诉讼或法官的参与,在证人面前为一定言词的声明,即朗诵一段规定的语句,便可取走债务人的一项财物作为质物或担保物,以迫令债务人清偿。类似于普通法上的distress。

pignus 〈拉〉(罗马法)❶出质;质押 指债务人或第三人将质物交与债权人占有,作为履行债务的担保。 ❷出质契约 ❸质物(⇨hypothecation; pledge)

pigtle (= pightel)

piissima regina conjunx divi imperatoris 〈拉〉神圣君主最虔诚的皇后

pilfer v.偷窃(⇨larceny; theft)

pilferage n.❶小偷小摸 ❷赃物;窃得物

pilferer n.小偷 轻微盗窃犯;盗窃小额财物的人。

pilgrimage of grace (英)求恩朝圣 亨利八世执政时期由于查封了一些小修道院,在北部地区发生的骚乱,使修道院教产归还教会。

pillage n.❶(尤指战争中的)抢劫;掠夺 ❷掠夺物;战利品
v.抢劫;掠夺;夺取

pillory n.&v.颈手枷 古代将罪犯的颈与手枷仕示众的刑罚,可任由众人嘲笑甚至投掷臭蛋、砖片。1837年最终废止。

pilot n.❶(船舶的)领航员;引航员;引水员 ❷各种飞行器的驾驶员;正驾驶;机长

pilotage n.❶领航;引航;引水 ❷领航费;引航费;引水费 领航员因其向船舶提供的进出港服务而获取的酬金、补偿费或费用。

pilotage lien 领航费优先权(⇨pilot's lien)

pilot laws 领航法规 规范与调整船舶引领及领航员的资格、职责、行为、报酬与雇佣等的成文法规。

pilots' association 领航员协会 一种地区性的协会,通常领航员为其共同利益而组成的非法人组织。领航员缴纳会费为共同的基金管理机构,在扣除费用后,该基金将在若干成员之间依据其各自的现役时间进行分配。

pilot's license (飞机)驾驶执照;(船舶)领航执照

pilot's lien 领航员优先权 领航员为收取其服务费用——即领航费——而对船舶享有的优先请求权[maritime lien]。

pimp n.为妓女拉嫖客的人(⇨pander)

pimp tenure 采办保有 古代一种以保有人作为采办者[procurer]提供役务为条件而保有土地的方式。

pinfold n.畜栏 庄园中收留走失的家畜以待认领的家畜栏。

Pinkerton rule (美)平克顿规则 即共谋人应当对为实施犯罪共谋而进行的所有犯罪行为承担责任的原则。因1946年平克顿一案而得名。案件的被告人被判犯有偷税罪,但偷税行为是其兄弟实施的,且当被告人正在狱中服役,美国最高法院认定被告人参与持续偷税的共谋,因此应对实施这一共谋的具体罪行负责。尽管最高法院的判决指的是犯罪行为必须是共谋的可见结果,但很多法院并未遵守这一限制。近年来,这项规则日益遭到反对,大多数州要求共谋在定罪时有更明显的共谋关系。

pin-money n.零用钱;私房钱 指丈夫给妻子以购买衣物和其他个人消费[personal expense]的零用钱。给予私房零用钱或出于自愿或由双方以协议予以确保。(⇨pin-money doctrine)

pin-money doctrine 私房钱原则 属英国衡平法的一项原则,即妻子经丈夫准许后可外出为自己从事工作或经营自由贸易,因此取得的收入及储蓄均属私房钱,丈夫及其债权人均不得对之主张权利。(⇨pin-money)

P.I.N.S. (美)(= persons in need of supervision)

pioneer patent 首创性专利;开创性专利 指对一项在某一领域具有开创性贡献、标志科学技术重大进步的技术发明所授予的专利。例如具有一项新功能的专利或是全新的发明设计,而不只是对原有发明专利的改进和完善。(= basic patent)

pious uses 宗教用途;用于宗教目的(⇨charitable use)

Pipe Rolls 〈英〉财税卷宗;财政部档案 共676卷[roll]。1131年和1156年至1833年间——1216年和1403年除外——英格兰财政部的账目记录,又称Great Rolls of the Exchequer。这主要是郡长和各类财务官员上交财政署的账目的记录,显示了王室收入和开支状况,反映了中世纪英格兰各大家族以及一些城镇的历史变迁,是关于法律和行政方面的重要历史资料。

pipowder court (= pie-powder court)

piracy n.❶(国际法)海盗行为 指在公海上为私人目的——私人船只对另一船只,或叛乱船员或乘客对所在船只的人员或财产,所进行的掠夺、扣押或施以暴力的任何非法行为。国际法认为公海上的海盗行为是一种国际罪行[ex jure gentium],海盗被视为各国的敌人,并可受到任何国家的逮捕、审讯和惩处,而不论其相关船只属何国籍。 ❷侵犯版权、著作权、专利权或商标权的行为

pirate n.海盗(⇨piracy)

pirate radio station 非法广播电台 未经批准,使用未许可的波段,通常在某一国家领海外缘广播的电台。

piscaria 捕鱼权

piscary 捕鱼权 用于共同捕鱼权[common of piscary]这一短语中,指在他人水域捕鱼的权利。

pit n.❶地穴;地洞 ❷坑道;矿井 ❸水穴 古代在地上掘成并灌水的洞,取代绞刑,用以处死女盗窃犯。

pit and gallows 水牢与绞架条款 以前授予领主之特许状中的条款,依此领主有权设置水牢和绞架。(= furca et

PITI　(= principal, interest, taxes and insurance)
pix　(= pyx)
pix-jury　(= pyx-jury)
P.J.　(= presiding judge)
PKPA　(= Parental Kidnapping Prevention Act)
P&L　(= profit and loss)
P.L.　(= pamphlet laws; public law(s))
place　n.❶地点;地方;地区;所在地;(有特定用途的)场所　❷广场;街　❸职位;职务;公职　❹住所;寓所　v.❶安排;发出(订单);销售;投资　❷给予…职位;任命　❸(在赛马等比赛中)获得优胜　在英国指进入前三名,在美国指获得前两名,尤指第二名。
place bills　〈英〉席位法案　旨在排除或限制王室官员在下议院席位的法案的统称,这些法案的目的是使下议院获得独立地位,免受国王支配。有关法律包括1701年《王位继承法》[Act of Settlement]、1975年《下议院(无资格)法》[House of Commons (Disqualification) Act]等。
place for repentence　悔改的机会　指行为人实行犯罪的过程中,因在犯罪完成之前停止犯罪而不承担刑事责任的机会。
place land　〈美〉划定用地　在道路两侧一定范围内划定的土地,于确定道路路线时即划定其范围。划定用地与"补偿用地"[indemnity land]明显不同。(⇨ indemnity lands)
placeman　n.❶〈英〉禄虫　政治史上指在政府中任职的某些下议院议员,其职位的获得缘于对内阁大臣的支持,而与其能力无关。这类人通常挂名担任法庭或王室官员,而且终身任职。18世纪中叶,约有160人,1830年减少至约20人。❷〈美〉临时任职人员　并非政府公职人员,而是暂时履行某种公民义务的人,如陪审员、选举监督员[election inspector]等。(⇨ place of trust or profit)
placement　n.❶发行(新的证券);商定(贷款或抵押)　❷安置;安排工作　尤指职业介绍所为他人介绍工作。
place name　(商标或商号中使用的)地名
place of abode　住所　指一个人打算长期居住之处。(⇨ residence; domicile)
place of business　营业地　指连续或定期从事经营活动或工作的地点。(⇨ domicile)
place of contracting　合同缔结地;合同订立地;缔约地　与合同的订立、有效性以及合同解释相关的问题均由合同缔结地的法律决定。
place of delivery　交货地;交付地　合同中约定的卖方将货物送交给买方的地点;无约定时则以售出货物所在地为交货地。
place of destination　目的地
place of doing business　营业点;营业所　经办具体业务的场所。(⇨ principal place of business)
place of election　选举举行地;投票地
place of employment　(雇员)工作地点
place of holding court　(法庭)开庭地点;审判地(⇨ venue)
place of most significant contacts　最密切联系地(⇨ place of most significant relationship rule)
place of most significant relationship rule　最密切联系地原则　亦称作"重力中心规则"[Center of Gravity Rule]。即适用诉讼中与全部交易或部分交易有最密切联系地的法律。

place of payment　付款地;支付地　指在合同中约定的或由当事人在后续协议中确定的付款地点。如果当事人未在合同或协议中指定相反的付款地,则以债务人住所地为付款地。对本票而言,可以在本票中指定任一家出票人可以履行付款义务的银行作为付款地,若没有指定,则以出票人住所地为付款地。
place of performance　履行地;清偿地　合同中约定的履行地;无约定时,可依合同内容合理推定的履行地;既无约定又无法推定时,以缔约地为履行地。
place of resort　❶娱乐地点;消遣地点　❷从事赌博及其他非法活动的地点
place of trial　审判地(⇨ venue)
place of trust or profit　负管理或经营责任的职位　该词在广义上包括政府官员[public officer]、受托人[fiduciary]甚至公司主管人员[corporate officer],尤指政府官员或具有同等地位与重要性的职位。(⇨ placeman)
place of worship　礼拜场所　教堂或其他举行礼拜之处,但不包括使用《圣经》的学校。
place of wrong rule　损害发生地规则　美国各州法院处理侵权案件时适用法律的规则,即以损害发生地的法律作为侵权案件的准据法。
placer claim　〈美〉砂矿开采权　在公有土地开采砂矿的采矿权。砂矿中的有价值矿藏并不固定在岩石中,而是包含在一定范围土地的泥土、沙粒或砂砾中。
placer claim patent　〈美〉砂矿开采许可证　由联邦政府签发的划定地表或地下砂矿开采范围的许可证。开采范围包括许可证划定范围内的已知矿脉和所有由被许可人随后发现的未知矿脉。
placer location　〈美〉砂矿开采地界　砂矿开采权的边界标记。
place to work　工作地点
placit　n.判决;裁决
placita　〈拉〉placitum 的复数
placitabile　a.〈英格兰古法〉可诉的[pleadable]
placita communia　〈拉〉民事诉讼　等同于 common pleas。
placita coronae　〈拉〉刑事诉讼　等同于 pleas of the Crown。
Placita de transgressione contra pacem regis, in regno Angliae vi et armis facta, secundum legem et consuetudinem Angliae sine brevi regis placitari non debent.　〈拉〉运用强力和暴力违反国王和平秩序的侵权之诉,依据英格兰的法律和习惯,毋需国王令状进行诉讼。
placita juris　〈拉〉法律诉讼;法律规则;法律原则
placitamentum　〈拉〉诉状;辩护(⇨ pleading)
Placita negativa duo exitum non faciunt.　〈拉〉两个否定的诉讼请求构不成一个(法律上的)争议。
placitare　〈拉〉答辩;抗辩;辩护
placitator　(= pleader)
placitory　a.答辩的;有关答辩的
placitum　〈拉〉❶(罗马法)(当事人根据其意愿达成的)协议;约定的条件　❷强制性法令;国王的意愿　❸法庭裁决;判决　❹〈英格兰古法〉国民大会　由国王主持,各阶层人士参加,以商讨王国重大事务。　❺法院;法庭;领主法庭　古代初审法庭[nisi prius court]记录起首时对法庭的称呼。　❻诉讼　分为刑事诉讼[placita coronae; pleas of the Crown]和民事诉讼[placita communia; common pleas]两种。　❼罚金;赔偿金;金钱惩罚　❽诉状

(=pleading; plea) ❾判决要点 古代诉讼记录中扼要列出判决的各项要点的段落名称或标题,通常缩写为 pl.。

Placitum aliud personale, aliud reale, aliud mixtum 诉讼分为对人诉讼、对物诉讼与混合诉讼。

placitum fractum 被告失去的(或错过的)一日

placitum nominatum 〈拉〉指定的罪犯到庭并申辩的日期

plaga 〈拉〉创伤;击伤

plagiarii 〈拉〉plagiarius 的复数

plagiarism n. 抄袭;剽窃 复制或窃取他人的文字或思想以为己作。关于它与版权之间的关系,美国专家保罗·戈德斯坦[Paul Goldstein]曾认为:"该词通常被大多数人认为与版权相关,但实际上它并非一项法律规则。真正的抄袭是一种道德之错而非法律之错,它仅得由学术权威机构对之进行处理,而非法院。当然,如果被抄袭的作品是受到版权保护的,则未经授权的复制亦构成对版权的侵害[copyright infringement]。"(⇨infringement)

plagiarist n. 剽窃(抄袭)他人作品者(⇨plagiarism)

plagiarius 〈拉〉(罗马法)拐骗者;诱拐者(⇨plagium)

plagiary n. 拐骗(绑架)人口者(=plagiarist)

plagium 〈拉〉(罗马法)拐骗;诱拐 以诱骗手段将成人、儿童或奴隶拐走,或说服奴隶逃离主人,或将奴隶藏匿不使主人知晓的犯罪行为。

plaideur 〈法〉(废)代理律师;辩护人

plain bond (=debenture ❷)

plain error rule 明显错误规则 一项适用于具体案件的规则,即对影响当事人实质性权利,造成显然不公或误判的明显错误,在受理重审申请或上诉时应予考虑。对这种明显的、极为有害的错误,如不予纠正,必然造成不公平的结果,并影响司法的公正与信誉。

plain homage 封建臣服保有;简易臣服 仅以向领主行臣服礼[homage]就保有土地,封臣向领主仅仅表示效忠而保有地产。(⇨homage)

plain language law 〈美〉简明(法律)语言法 规定住房租赁合同及其他 50 000 美元以下的消费合同必须使用非法律专业性的词语。商行应尽量使用普通语言,以清晰的文字书写合同,否则要偿付 10 000 美元以下的赔款。1977 年纽约州首先通过这项改革性的法律,并于 1978 年实施。

plain language movement 〈美〉简明(法律)语言运动 法律界发起的、提倡在法律文件中尽量使用易于理解的语言、避免不必要的冗词赘语的运动。

plain sight rule (=plain view doctrine)

plaint n. 〈英〉❶请求状 受害人向法官当庭提交的、陈述诉讼请求的书面文件,由记录官记录在案,诉讼程序由此开始。适用于郡法院等下级法院及返还原物之诉[replevin]。❷(原告的)诉讼请求

plaintiff n. 原告 在法院提起民事诉讼的当事人。

plaintiff in error (古)向上级法院提出纠错令状的当事人;上诉人(⇨writ of error)

plain view doctrine 一眼看清原则 按照此项原则,警方在有合法根据进入的场所,无意中发现有关犯罪的物件,并一眼认出与犯罪有关,可即时予以扣押,并可将此物件作为证据提出,但警方不得以此原则为借口扩大搜查范围,以图获取犯罪证据。

plank in a shipwreck 沉船的木壳板 喻通过取得普通法上的产权[legal title]而保留一项次位的衡平法权利[junior equity]。

planned development 规划开发(⇨land development)

planned unit development/PUD 有规划的地段建设 把划成小块住房用地的地段作为一个完整的住宅区来规划,其中包括住宅、道路、学校、商业及工业区,以及供全体居民使用的空地和娱乐设施。居住单元归私人所有,公共设施则由房主协会[homeowner's association]负责。居民依法交纳管理维修费。

planning board ❶计划委员会 ❷〈美〉规划委员会 在其管辖权内建议批准或驳回提交的建筑方案、不动产开发及类似事项的地方政府机构。通常由上级部门如市政委员会根据其建议作出最终决定。

planning commission (=planning board)

plantation n. ❶〈英〉殖民地;(在新国家的)原始拓居地 ❷种植园;大农场

plantation crossing (=farm crossing)

plant breeder's rights 植物培植人的权利 指新植物品种的培植人与发现人,在一定期限内享有该品种植物再生原料的专有销售权及其他权利。

plant patent 植物专利 指对发明或发现并无性繁殖出具有显著特征的植物新品种所授予的专利。

plat n. 地区图 标明城镇、市区或地段等特定地区内各地块的位置与界限,以及街道、小巷、附属建筑物等的地图。

plate glass insurance 平板玻璃险 对建筑物的玻璃灭失或破碎予以承保的保险。

platform n. 政纲;政党的纲领 指由某一政党所采取的、作为其获取公众支持基础的原则和政策声明。

plat map 地区图(=plat)

play around 对配偶不忠;乱搞不正当男女关系

play-debt n. 赌债 赌博产生的债务。

playright n. 表演权 对文学或艺术作品进行表演的权利。(⇨playwright)

playwright n. 剧作家;剧本作者

plea n. ❶答辩 ①刑事诉讼中被告对所受犯罪指控所作的正式回答,通常被告人可以作"认罪"、"不认罪"或"不愿争辩"的答辩;②在民事诉讼中,指在采用现代的诉讼规则之前,当事人在诉讼过程中可以使用或提出的各种具体的答辩或申请。早期普通法上民事诉讼中的答辩主要有两类:一类是延诉答辩[dilatory plea],包括就法院的管辖权提出的答辩[pleas to the jurisdiction],中止诉讼的答辩[pleas in suspension](例如主张当事人未成年[infancy])和起诉不当答辩[plea in abatement];一类是绝对性答辩[peremptory plea],包括各种表明被告对原告的起诉有实质性抗辩理由的终止诉讼答辩[pleas in bar],例如被告可以作否认答辩[traverse],或承认但无效的答辩[plea in confession and avoidance]。该词已很少用于指现代民事案件中当事人的答辩。在英国,pleas 已经被 statement of defence 替代。 ❷(诉讼中提出的)事实主张;诉状 ❸(古)诉讼

plea agreement 〈美〉控辩协议(⇨plea bargaining)

plea bargaining 〈美〉控辩交易 指在刑事诉讼中,检察官与被告人进行谈判,说服被告人作有罪答辩,以换取检察官的指控或法院判决上的让步。通常做法是如果被告人承认犯有某一较轻的罪行,或者承认控方多项指控[multiple charges]中的一项罪行,检察官可以对被告人降格指控,或者撤回对其他事项的指控,或者建议法庭对被告人减轻处罚。检察官与被告人达成的协议经法院批准后即可执行。控辩交易的做法在出现之初引起了人们的争议。20 世纪 60 年代美国最高法院宣布其为合法,从而

得到广泛采用。

plead v. ❶应答;答辩 一般指诉讼中一方当事人对对方当事人此前提出的请求或答辩所作的回答,否认对方所提出的事实,或另外提出新的事实。在刑事诉讼中指被告人自认有罪或作无罪答辩。❷(在法庭上就案件进行)辩论

pleader n. ❶状师 代人撰写诉状的人。旧时,由于普通法上的诉讼是高难度的、高技术性的事务,社会上就出现非律师的状师职业[special pleader not at the bar]。此项职业现已消失。❷提交起诉状或答辩状的当事人

pleading n. ❶诉讼文件;诉状 诉讼当事人交替向法庭及对方提交的书面文件,以提出诉讼请求、陈述诉讼理由或进行答辩。旧时普通法诉讼中的诉状包括原告的起诉状[declaration]、被告的答辩状[plea]、原告的答辩状[replication]、被告的次轮答辩状[rejoinder]、原告的次轮答辩状[surrejoinder]、被告的三轮答辩状[rebutter]、原告的三轮答辩状[surrebutter]。衡平法诉讼中的诉状包括原告的起诉状[bill of complaint]、被告的各种答辩状[demurrer, plea, answer or disclaimer]或其混合形式、原告的答辩状[replication]等。目前在英国高等法院的诉讼程序中,起诉状、被告答辩状及原告答辩状分别称为 statement of claim, statement of defence 和 reply,其后的诉状仍旧沿用普通法诉讼中的名称。在美国,普通法上严格的诉状体系已大大得到简化,其作用也已大大降低,对事实及争议点的限定通过披露程序[discovery]及审前会议[pretrial conference]完成。根据《联邦民事诉讼程序规则》[Federal Rules of Civil Procedure],诉状包括起诉状[complaint]、答辩状[answer]、反诉答辩状[reply to a counterclaim]、交叉诉讼答辩状[answer to a cross-claim]、第三方起诉状[third party complaint]及第三方答辩状[third party answer]。在诉讼过程中提交或使用的申请书[motions]、律师辩论意见书[briefs]、宣誓书[affidavits]等属于广泛意义上的法庭文件[court papers],而不属于诉状。❷诉答;诉答程序 确定和缩小诉讼争点[issues]范围的程序,当事人在此阶段通过提交正式书状来阐明其各自的主张。❸诉答规则 规范和调整原告起诉和被告答辩的法律规则。❹撰写诉状的技巧;辩护术

pleading a counterclaim 提出反诉(⇨counterclaim)

pleading a setoff 提出抵销请求(⇨setoff)

pleading a statute 基于制定法提出答辩 即列出所依据的制定法条款。陈述使案件适用于某制定法的事实,即使未正式关注或提及该制定法本身,也是基于该制定法的答辩。

pleading in haec verba 依书面文件中的原文进行答辩

pleading over 再次提出答辩 指在对方当事人对其答辩提出反驳后提出修改的答辩;或在法律抗辩[demurrer]被否定后针对事实提出答辩;或者在刑事诉讼中在非针对案件实体问题的答辩(如妨诉答辩[plea in abatement])被否定后对实体问题提出答辩。

pleadings n. 诉状(⇨pleading)

pleading the baby act 〈美俚〉未成年人抗辩 指诉讼中以合同为未成年人所订立为理由的抗辩。

pleading to the merits 就案件实体问题提出答辩

plead over ❶未能注意到对方当事人诉答中有缺陷的陈述 ❷再答辩 在被告人提出的延诉答辩[dilatory plea]被法庭驳回后作出的概括否认答辩[general issue]。

plea in abatement 妨诉答辩;起诉不当答辩 普通法上的一种答辩,不涉及原告的诉讼请求,而是对提起诉讼的地点、方式或时间提出异议。原告可在另一地点、另一时间或以另一种诉讼格式重新起诉。起诉不当答辩仅推迟或拖延诉讼的进程。(⇨abatement of action)

plea in bar 终止诉讼的答辩 提出原告无权起诉的答辩。一旦答辩成立,即彻底终结诉讼,如提出原告起诉时已超过诉讼时效期间。

plea in bar of trial 中止审理的答辩 刑事诉讼中的一种预备性答辩,如提出被告人在审判时患有精神病,如经确认,即中止案件的审理。

plea in confession and avoidance 承认但无效答辩 普通法上的一种答辩。被告承认原告所提出的事实和理由,但同时提出另一项事实以否定原告的诉讼请求。(⇨affirmative defense)

plea in discharge 已偿付答辩 普通法上的一种答辩,被告承认原告所提出的事实和理由,但辩称债务已经清偿或双方已达成和解。(⇨affirmative defense)

plea in law 〈苏格兰〉法律提述 民事诉讼中,当事人附于起诉状、答辩状或其他诉讼文书上的简要说明,指出其诉讼请求或答辩所依据的法律要点。当事人在此后进行的辩论和举证都限于这些法律要点的范围。

plea in reconvention 抵充答辩 罗马法上,指被告在答辩中提出新的事实,作为反请求、抵销或反诉的依据,而不是用作抗辩。

plea of another action pending 另诉待决答辩 以此前已发生的在同一当事人之间基于同一诉因的诉讼正在进行为由提出的应撤销或中止诉讼的答辩。

plea of former jeopardy (= plea of prior jeopardy)

plea of guilty 认罪;有罪答辩 指在刑事诉讼中,被告人在公开法庭所作的自愿承认起诉方指控的罪行的答辩。这一答辩的后果等同于陪审团作出的有罪裁断,适用于除死刑案件之外的其他案件。

plea of liberum tenementum 完全保有地产权答辩 在侵权[trespass]诉讼中被告提出的主张对其行为地[locus in quo]具有完全保有地产权[freehold]的答辩。

plea of limitations 诉讼时效答辩 要求享受诉讼时效保护的答辩。

plea of ne unques administrator 从无此遗产管理人答辩 旧时诉讼中的一种被告否认其为遗产管理人的答辩。(⇨ne unques administrator)

plea of never indebted 债务无根据的答辩 普通法上因简单合同[simple contract]而引起的债务诉讼中被告提出的否认合同存在或者否认依法可据以推断此种合同存在之事实的一种概括否认答辩。

plea of nil debet 不欠债答辩 在简单合同[simple contract]之债或其他非基于盖印合同[contract under seal]或终结性记载的债务诉讼中,被告提出的一种概括否认答辩[general plea]。(⇨nil debet)

plea of nolo contendere 〈美〉不争辩答辩(⇨nolo contendere)

plea of non assumpsit 未承诺答辩;否认有任何契约义务的答辩(⇨non assumpsit)

plea of non cepit 未侵占答辩 在动产占有回复之诉[replevin]中被告提出的一种概括否认答辩,即声明其未侵占原告的财物。(⇨non cepit)

plea of non damnificatus 未受损害答辩 在基于补偿保证书[indemnity bond]或类似以保证原告不受损害并可得到损害赔偿为条件的保证合同的诉讼中,被告提出的原告未受损害或已得到损害赔偿,即按照合同条件,被告业

已尽责的答辩。(⇨non damnificatus)

plea of non detinet 未扣留答辩;未留置答辩;未侵占答辩 在请求返还动产之诉[action of detinue]及动产占有回复之诉[action of replevin]中,被告所作的一种概括否认答辩[general plea]。(⇨non detinet)

plea of non possumus 无行为能力答辩 即被告宣称自己无行为能力的答辩。(⇨non possumus)

plea of non vult contendere 不争辩答辩 一种类似于不愿辩护亦不承认有罪的答辩[nolo contendere]的答辩。指刑事被告人因发现证人死亡、失踪、或其他原因而无法证明自己无罪时,放弃作徒劳的争辩。

plea of not guilty ❶无罪答辩 指在刑事诉讼中,被告人所作的否认犯有起诉方指控的罪行的答辩。 ❷无过错答辩 侵权诉讼中的被告所作的概括否认答辩。

plea of pregnancy 被执行的妇女怀孕的答辩 刑事诉讼中提出的一种答辩,要求对被判死刑的妇女因其怀孕而暂缓执行。

plea of prior jeopardy 不再诉答辩;已经受过追诉答辩 (⇨prior jeopardy)

plea of privilege 〈美〉特许抗辩 在得克萨斯州[Texas],被告提出的诉讼应在其住所地进行的抗辩。除非法律另有规定,对被告及时提出的特许抗辩不得驳回。

plea of reconvention 反诉答辩 被告提出反诉[counter claim]的答辩。

plea of release 请求权放弃答辩 普通法上的一种答辩,被告承认原告的诉讼事由,同时提出原告的请求权事后已合法放弃而不复存在。(⇨affirmative defense)

plea of sanctuary 庇护权答辩 古代在刑事案件中被提出的受教堂庇护的答辩。(⇨sanctuary)

plea puis darrein continuance 首次答辩之后的答辩 在普通法诉讼中,指被告基于在首次答辩之后新出现的抗辩事由——如原告放弃权利或被告清偿债务——提出的答辩。其中 puis darrein continuance 的原意是"自上次延期审理后"。(⇨continuance)

plea side 〈英〉民事诉讼部 王座法庭和财税法庭各自的两个组成部分之一,管辖普通民事案件,以区别于王座法庭管辖刑事案件的刑事诉讼部[crown side]及财税法庭管辖财税案件的财税诉讼部[revenue side]。

pleas of the Crown 〈英〉❶国王之诉 古时指国王对之拥有金钱利益的诉讼,如在刑事诉讼中课以罚金等,刑事诉讼是国王之诉的重要组成部分,因为除极少数特别严重的犯罪要处以身体刑外,绝大部分犯罪都可处以罚金。诺曼时代对国王之诉作出了明确的界定,它不仅指国王对之享有金钱利益的诉讼,也指针对国王的犯罪行为,格兰威尔[Glanvill]还列出了这些犯罪的种类:叛逆、违反和平,杀人,放火,抢劫,强奸,伪造王玺或货币。盗窃罪在某些郡属于国王之诉。国王之诉均由王座法庭[King's 或 Queen's Bench]管辖,并区别于郡法庭[county court]管辖的郡长之诉[pleas of the sheriff]以及普通的民事诉讼[common pleas]。而国王之诉和民事诉讼[common pleas]的区别与刑事案件[criminal cases]和民事案件[civil cases]的区别相似,但不完全等同。❷公诉;刑事诉讼 之所以如此称谓,是因为君主在法律上被认为是犯罪行为侵犯的社会利益的代表者,因此他也是所有犯罪的当然公诉人。

pleas of the sword 〈英〉王剑之诉 指高级领主对其领地内发生之不法行为所享有的类似于国王对国王之诉所享有的权利。征服者威廉[William the Conqueror]在将切斯特[Chester]授予修·卢普斯[Hugh Lupus]的特许状中规定,后者在其领地内可设立与王室法庭相应的领地法庭,而在领地内发生的任何犯罪均被视为是破坏了该领主的和平[contra pacem domini comitis gladium et dignitatem; against the peace of our lord the earl, his sword and dignity],对这些犯罪的管辖即类似于国王对王国境内犯罪的管辖,后者是国王之诉[pleas of the crown],前者则被称为王剑之诉。后来亨利三世[Henry Ⅲ]重新分封切斯特时,在特许状中就没有规定王剑之诉的问题。(⇨pleas of the Crown)

pleasure use 娱乐性用途 汽车保险用语。

plea to further maintenance of the action 要求(原告不应)继续维持其诉讼的答辩 被告根据诉讼开始后出现的事实而提出的说明原告不应继续维持诉讼程序的答辩。美国联邦和州的民事诉讼规则已废除了此种答辩。

plea to the jurisdiction 对管辖权的答辩 被告所作的否认法院有管辖权的答辩。

plea to the merits 对(案件)实体问题的答辩

plebeian n.(古罗马的)平民;市民 不属于享有特权的贵族阶层。

plebeity (= plebity)

plebeyos 〈西〉平民;普通商人;普通农民

plebiana 〈拉〉主教堂;大教堂 (= mother-church)

plebiscita 〈拉〉plebiscitum 的复数形式

plebiscite n.公民投票;全民公决 对某项法案或重大问题交由国内或地区的全体居民投票决定。(⇨referendum)

plebiscitum 〈拉〉(罗马法)平民议会决议;平民立法 经护民官[tribunus plebis]或其他平民地方官要求或建议,由平民议会[concilium plebis]通过的决议。最初只对平民有效,后来则对全体罗马市民发生效力,成为法[lex]的一种,并成为共和国后期的常规立法方式。

plebity n.(古罗马的)平民;平民阶层

plebs 〈拉〉(罗马法)平民

pledge n.❶质押 债务人将其动产或无形财产证书交给债权人占有,作为履行债务的担保,债务人不履行债务时,债权人可变卖质物受偿,但在变卖前债务人还可通过履行债务赎回质物。在美国,有关质押的法律大多已被《统一商法典》[U.C.C.]第九章有关担保交易[secured transactions]的规定所替代。 ❷(广义)保证;担保 提供某些担保物作为履行债务的保证。 ❸质物;典当物;担保物 ❹(古)(复)诉讼保证人 在普通法诉讼中,作为原告的保证人,其名字须附于起诉状[declaration]之末。后来由于不再对提出虚假请求的原告处以罚款,即纯粹成为一种形式,一般以虚构的人名 John Doe 和 Richard Roe 代替,或完全省略。
v.质押;出质;典当

pledgee n.质权人;收当人(⇨pledge;pawnee)

pledgee's lien 质权人的留置权 即质权人在债务获得清偿之前有权留置其所占有的质物,作为偿债担保。

pledgeholder n.质物保管人 指受托保管出质财产的第三人,而该质物不再由质权人保管。

pledge of affiliation 宣誓支持 为保证支持某一政党及其所提名候选人而宣誓保证,有时被规定为党内初选[primary election]时的投票条件。

pledgery n.(古)担保;保证 指答应为他人的债务承担责任。(= suretyship)

pledges to restore 财产回复保证人 ①在动产占有回复

pledgor n. 出质人；出当人 亦写作"pledger"。（⇨ pledge; pawner）

plee 〈拉〉答辩；诉讼

plegiabilis 〈拉〉可质物 可以合法质押的动产。

plegii de prosequendo 〈拉〉起诉担保 在古代要求返还被扣留的牲畜或财物的诉讼中，要求原告提交保证提起诉讼的质押担保，因为争议标的有可能是被告合法扣留的，且原告有可能败诉。

plegii de prosequendum （= plegii de prosequendo）

plegii de retorno habendo 〈拉〉返还扣留物的担保 普通法返还原物之诉[replevin]中，为防原告败诉，在其先行取回扣留物时提供的担保物。

plegiis acquietandis 〈拉〉履行保证令状 古时在保证人到期未履行担保债务时要求其承担担保责任的令状。

plein age 成年；足龄

pleine jurisdiction 完全管辖权 指欧共体法院与法国行政法院所具有的管辖权限，即对某些案件可进行实质性审理，并作出判决取代欧共体机构的决定。主要包括：成员国违反条约的案件、欧共体与其雇员有关佣合同的争议、对罚款的不服等。

plein vie 〈拉〉完全的生命（⇨en plein vie; in full life）

pleito 〈西〉诉讼文书；诉状

plena aetas 〈拉〉(英格兰古法)成年

Plena et celeris justitia fiat partibus. 〈拉〉让当事人迅速得到完全公正的裁断。

plena fides 〈拉〉充分的信任

plena forisfactura 〈拉〉全部没收 没收某人的全部财产。

plena probatio 〈拉〉(罗马法)充分证明；充分证据 指由两个证人或由官方文件所作的证明。也可写作 probatio plena。

plena propiedad 〈西〉完全所有权；充分所有权 即伴有用益权[usufruct]的财产所有权，与空虚所有权或虚有权[nuda propiedad]相对。（⇨propiedad）

plenarie 〈拉〉完全地；充分地

plenarty n.(英格兰古法) ❶圣职已被授予 指有俸圣职[benefice]处于已被授予[instituted]状态，不管其任职仪式[induction]是否合法。与其相反的是圣职出缺[vacation or vacancy]。 ❷教堂圣职已满 在"妨碍圣职推荐"[quare impedit]诉讼中，被告申辩教堂圣职已满，即已有一执事被推荐[presented]和被授予圣职[instituted]。但1285年以后法律规定不得以此作为申辩理由。

plenary a.全部的；完全的；充分的 指正规的、经由各个阶段和步骤的诉讼程序，与简易程序不同。

plenary action 完整诉讼 指完整地、正式地对案件的实体问题进行听审或开庭审理的程序，区别于不太严格和正式的简易审判程序。

plenary causes 正式程序诉讼 教会法院所管辖的、审理时必须严格遵守法定规程与神圣仪式的诉讼，包括教会房产的失修[dilapidations]诉讼、教堂席位诉讼及什一税诉讼。没有该程序要求的诉讼称为简易程序诉讼[summary causes]。

plenary confession 完全供认；完全认罪 指全面地、彻底地供认自己的犯罪行为。

plenary jurisdiction 完整管辖权 指法院对案件与当事人有完全的充分的管辖权。

plenary powers 全权；充分权力 享有为处理事务而合理需要的所有权力。

plenary proceedings （= plenary action）

plenary session 全体会议 审议机构全体成员参加的会议。

plenary suit （= plenary action）

plena vita （= plein vie）

plene 〈拉〉完全地；彻底地；充分地

plene administravit 〈拉〉已全部处理 遗嘱执行人或遗产管理人对要求清偿死者债务提出的答辩，说明其经手的遗产已全部处理完毕，无剩余财产可供满足原告的请求。

plene administravit praeter 〈拉〉已接近全部处理 遗嘱执行人或遗产管理人对要求清偿死者债务提出的答辩，说明其经手的遗产已几乎全部处理完毕，剩余财产已不足满足原告的请求。

plene computavit 〈拉〉充分报账答辩 在报账诉讼[account action of account render]中被告提出的、声明其已全部或充分报账的答辩。

plenipotentiary n.全权代表 通常用于外交代表。

pleno comitatu 〈拉〉全体法官出席的郡法庭（⇨in pleno comitatu）

pleno jure 〈拉〉有充分的权利；有全部权利

pleno lumine 〈拉〉(在)光天化日(下)；当众；公开；众所周知地

plenum dominium 〈拉〉(罗马法)完整所有权 指实际占有和使用财物的所有权。

plenum rectum 〈拉〉充分的权利；完全的权利；绝对的权利

plevin (古)保证；担保

plevina 〈拉〉担保责任；担保物

P.L.I. （= Practicing Law Institute）

plight n.(英格兰古法)土地；地产权 包括可通过扣押财产执行的收租权[rent charge]和不确定的寡妇地产权[possibility of dower]。

pl'it'm （= placitum）

plot n. ❶情节 ❷小块土地（⇨plat） ❸图表

plottage n.土地面积 此词语用于对土地的估价，尤指征用土地时相互毗连的若干块土地可作为一整块土地开发而增加的价值。若干块闲置而未开发的相互毗连的土地合成一大块时，其价值可能超过各小块土地价值的总和。在确定公平市场价值时，应考虑土地的面积价值。

plough-alms n.耕地捐 就每一块犁耕地[plough-land]向教会支付的一便士捐税。

plough-bote n.木材取用权 土地保有人为制作和维修农具而取用木材的普通法上的权利。（⇨estovers）

ploughing grants 〈英〉耕地补助 政府根据1952年《农业法》[Agriculture Act](1959年及1970年曾经补充与修改)提供的补助，以补偿耕种土地的费用。

plough-land n. ❶年耕地 旧时英格兰的土地面积单位，约相当于120英亩，但无固定数目，而是以一张犁按照农作惯例一年所能耕种的土地计算。在盎格鲁－撒克逊时代的英格兰北部及东部各郡，一年耕地为八头牛一年的耕作面积，与其他各郡的一"海得"[hide]或一"卡鲁开"

[carucate]土地相对应。❷耕地;可耕地(⇨carucate; oxgang;yardland)

Plough-Monday *n.*〈英〉首耕周一 指显现节[Epiphany or Twelfth-Day]后的星期一,作为首耕日被庆祝。

plough silver 代耕金 土地保有人向领主缴纳的、以代替提供耕地役务的钱。

plow alms (= plough-alms)

plow back 再投资 将利润向企业继续投资,而不是进行分红或由合伙人、业主提取。

plowbote (= plough-bote)

plow horse 役马;耕马

plow-land (= plough-land)

plowman's fee 〈英格兰古法〉农民保有地;小农保有地;耕夫遗产 由小农特别保有的土地,其处分方式类似于肯特郡地产保有[gavelkind],保有人死后平均分给其子,但长子或幼子可获更大份额。(⇨gavelkind)

plow silver (= plough silver)

PLS (= People's Law School)

plumbum 〈拉〉铅

plunder *v.* ❶抢劫;掠夺;劫掠 ❷非法取得(财产);侵占;骗取;窃取
n. ❶抢劫;掠夺 ❷侵占;骗取;窃取 ❸抢劫物;侵占物;赃物 ❹俘获物;战利品

plunderage *n.* 盗用船货;盗窃船货

plural *a.* 多数的;复数的 与单个的[singular]相对。

pluralism *n.* ❶多元论 与传统的国家主权论不同,强调各种较小的、限于一定范围的社团和团体,例如教会与工会,同样具有重要性的各种学说。极端的多元论者甚至否认国家的最高权力,认为国家只有剩余的功能。但多元论者仍未能令人信服地将国家从其学说中排除出去。❷二元论 认为国际法与国内法分属不同法律体系、相互无从属关系的理论。(= dualism)

Pluralis numerus est duobus contentus. 〈拉〉多数以两个为满足。或:两个即可构成多数。

pluralist *n.* (具有宗教管辖权[cure of souls]的有俸圣职的)兼任者

pluraliter 〈拉〉多数地;众多地

plurality *n.* ❶多数;众多;大量 ❷〈美〉相对多数 指候选人得票超过所有其他候选人,但不足半数;得票超半数则为多数[majority]。也指上诉审法院持某种意见的法官多于持其他意见的法官但不到法官总数的一半。❸同时兼任两个或两个以上有俸圣职

plurality estate (= estate in plurality)

plurality of trust 多重信托 指根据同一法律文件设定的由同一受托人管理的数项独立信托。

plurality vote 相对多数票 在某一选举中,竞选某一职位的候选人所获得的最多选票,除宪法或法律规定须获得多数票[majority vote]外,这也是赢得选举所需选票。(⇨plurality;majority vote)

plural marriage 重婚 已有一个或多个生存配偶而再次结婚,包括一夫多妻或一妻多夫的。(⇨marriage)

plural patents 双重专利;多重专利 指组合产品或方法本身为专利,同时,其组成部分亦为专利。

Plures cohaeredes sunt quasi unum corpus, propter unitatem juris quod habent. 〈拉〉几个共同继承人可以说是一个整体,因为他们享有的是一项共同的权利。

Plures participes sunt quasi unum corpus, in eo quod unum jus habent. 〈拉〉几个分享者可以说是一个整体,因为他们拥有的只是同一项权利。

pluries 〈拉〉第三次执行令状(= pluries fi. fa.)

pluries fi. fa. 〈拉〉第三执行令 指当法庭前两次签发的执行令未达效果时第三次签发的令状,或在同一案件中或根据同一判决多次或连续签发的执行令。

pluries summons 第三传票 在第一、二次传票未送达时再次发出的传票。

pluries writ of execution 第三次执行令;多次执行令 行政司法官未能按照前两次签发的令状强制执行法院判决时第三次或连续多次签发的执行令状。

pluries writs ❶多次令状 在同一诉讼中或者就同一判决多次签发的或连续签发的扣押令或执行令。❷第三令状 在第一、二次发出的令状未效果时再次签发的令状。

plu(ri)s petitio 〈拉〉〈罗马法〉过分请求 指当事人的诉讼请求超过其应得数额。在优士丁尼[Justinian]以前,这种行为通常会导致诉讼失败。而在芝诺[Zeno]和优士丁尼时代,行为人将因过分请求而遭受损失者作三倍损害赔偿,将其诉讼推迟两倍时间,并支付原诉讼费用。

plus 〈拉〉多;更加

Plus exempla quam peccata nocent. 〈拉〉(犯罪的)示范作用的危害性胜过罪行本身。

Plus peccat auctor quam actor. (= Plus peccat author quam actor.)

Plus peccat author quam actor. 〈拉〉犯罪的策划者、教唆者较实行者罪责更重。 此理论同样适用于唆使伪证罪[subornation of perjury]。

Plus valet consuetudo quam concessio. 惯例比允准更有力。

Plus valet unus oculatus testis, quam auriti decem. 〈拉〉一项目击证据比十项耳闻证据更有分量;一个目击证人比十个道听途说的证人更重要。

Plus vident oculi quam oculus. 〈拉〉众人所见胜过一人所见。

ply *v.* 不断重复同一行为;不断地做 凡在同一地点,不断地从事同一营业[plying a business],则该地通常可被视为其营业地。

p.m. (= post meridiem)

P.O. (= public officer)

poaching *n.* 偷猎

poblador 〈西〉召集人;居民点召建者 在西班牙美洲殖民地的土地授予状中指定负责集合一定数目的家庭或定居者并建立市镇的人。

pocket borough (= rotten borough)

pocket judgment 〈古〉袖珍判决书 对商人债务清偿保证书[statute merchant]的俗称。依 1233 年《商人法》[Statute De Mercatoribus],在地方长官面前订立商人债务清偿保证书后,只要债务人在规定时间内未偿还债务,债权人就可以像已获得还债判决一样直接申请执行,包括扣押债务人或其财产,因其置于债权人口袋中,所以被喻为是袖珍判决书。(⇨statute merchant)

pocket picking 扒窃 从他人口袋或钱包中窃取钱物。如对被害人有推搡等举动,则构成抢劫。

pocket sheriff 〈英〉(未依惯例先经法官提名,而由国王直接任命的)小郡长

pocket veto 〈美〉搁置否决 依据美国宪法第一条第七款的规定,国会休会前 10 天内送交总统的议案,总统不予签署,即不能成为法律。

P.O.D. (= payable on death)
P.O.D. account 亡时付款账户(⇨payable on death)
P.O.D. payee 亡时付款账户的受款人(⇨payable on death)
poena 〈拉〉惩罚;刑罚
Poena ad paucos, metus ad omnes perveniat. 〈拉〉施刑罚于少数人,就会震慑所有的人。
poena corporalis 〈拉〉肉体惩罚;肉刑
Poenae potius molliendae quam exasparandae sunt. 〈拉〉刑罚宁轻勿重。
Poenae sint restringendae. 〈拉〉刑罚应受到控制。
Poena ex delicto defuncti haeres teneri non debet. 〈拉〉被继承人犯罪之罚金,继承人无缴纳义务。
poenalis 〈拉〉(罗马法)刑罚的;刑事的;处以刑罚;执行刑罚
poenam 〈拉〉惩罚
Poena non potest, culpa perennis erit. 〈拉〉刑罚不是永恒的,罪行却是。
poena pilloralis 〈拉〉(英格兰古法)颈手枷刑罚(⇨pillory)
Poena suos tenere debet actores et non alios. 〈拉〉只能对犯罪人不能对其他人处以刑罚。
Poena tolli potest, culpa perennis erit. 〈拉〉刑罚可以取消,而罪行永远存在。
poenitentia 〈拉〉(罗马法)反悔;重新考虑;改变主意;解除(或撤销)协议
poetic justice 诗意的公正 善有善报,恶有恶报。用以嘲讽试图以理想主义规范人们行为的词语。
poinding 〈苏格兰〉查封;扣押财产 一种法院判决后债权人强制债务人清偿债务的程序。先由法院告知债务人付款,如债务人拒不履行债务,则由执法官员进入债务人家中或其营业场所,编制财产目录并分别估算其价值,然后向法院报告。法院可批准将财产公开拍卖或直接判归债权人。
poinding of the ground 〈苏格兰〉❶查封、扣押地上财产 一种诉讼程式。债权设定土地担保的债权人可请求查封、扣押担保土地上的所有财产以强制债务人清偿债务。❷查封、扣押和出售债务人地上财产的命令
point n. ❶要点;论点;争议点(⇨issue) ❷(用作计量单位的)点
point of impact 损害发生地 在冲突法中,指侵权行为对受害人的权利发生侵害作用的地点。
point of law 法律要点;法律主张 案件中各方当事人提出的、存在争议的独立的法律论点或主张,也是法庭作出判决的依据。
point of order 程序问题 指议员在其他议员发言时所提出的关于议会议事程序的异议。
point of production 产地 出现在对仅用于运送乳制品或其他农产品的汽车免税的法律中。意指饲养家畜、生产牛奶和农产品的农场,或生产乳制品的农场。
point reserved 保留点 案件审理过程中出现法庭无法确定的重要而困难的法律问题时,法庭可以对这一点予以保留,即按照当事人的请求暂时作出决定,但保留在以后审理时对之作进一步的全面考虑。若原先的决定有误,则撤销原决定。
points of defence 辩护要点;答辩要点(⇨statement of defence)
point system 〈美〉记分制 有些地方实行的一种交通管理制度,机动车驾驶员每次违反交通法规时,自动记录其处罚分,凡1年内的处罚分累计达到一定数额的,即吊销或暂停其驾驶执照。
poison n. 毒物;毒药;有毒物质
poisoning n. 投毒(罪) 美国一些司法管辖区的制定法将其规定为特别重罪[specific felony]。
poisonous tree doctrine 〈美〉毒树原则 亦称"毒树之果"原则["fruit of poisonous tree" doctrine],指在非法搜查或非法逮捕过程中取得的材料由于其来源的非法性,不得作为证据被采纳。
poison pill "毒丸" 作为收购对象或兼并目标的公司,为阻止收购或兼并的发生而采取的使其股票或财务状况对收购者或兼并者失去吸引力的策略。例如,发行一系列新的优先股,赋予其股东在公司被接管后以升水价格[premium price]赎回的权利,从而增加收购成本。
polar star rule 北极星规则 指书面文件本身所体现的文件制作者的意思应得到贯彻,但这种意思与法律或公序良俗抵触的除外。
pole n. (= perch)
pole-raising n. 揭杆 早期一种表达对政府不满的行为,因其有挑起暴力的倾向而构成一项可诉罪[indictable offense]。
pole tax 电线杆费 根据在市区内竖立的电线杆数目而对电话或电报公司收取的营业执照费。
police n. ❶警察机构;警察部门 政府的一个职能部门,主要负责维持公共秩序,促进公共安全,预防和侦查犯罪。❷警察 警察机构中的官员。该词虽然是一个集合名词,但是在英国和美国的英语中都用作复数。
Police Complaints Board 〈英〉警务申诉委员会 1976年成立,处理公众对警监[superintendent]以下警员的申诉,但不受理警员违纪或刑事犯罪事项。
police court ❶〈英〉治安法院 由治安法官或出庭律师主审,现更名为magistrates' court。在苏格兰,即现在的地区法院[district court]。❷〈美〉违警法院 某些州的低级法院,管辖轻微刑事案件和违反城市治安管理的案件,对较重大的刑事案件有权初审;在有些州,可以有限制地审理一些民事案件。
police custody (= emergency custody)
police department 〈美〉警察局 市镇政府的一个职能部门,由警察局长[chief of police]、警察局巡官队长[captains]、副队长[lieutenants]、巡警官[inspectors]、巡佐[sergeants]、侦探[detectives]、巡警[patrolmen]、交警[traffic officers]以及其他属于广义上警察范围的官员组成,其职责在于维护社会治安,制止犯罪以及进行逮捕。
police judge 治安法官;违警法院[police court]法官
police jury 〈美〉堂区管理委员会 路易斯安那州[Louisiana]的堂区的,类似其他州的县[counties]的管理机构,是隶属于州的政府机构。
police justice (= police magistrate)
police lawyer 〈美〉警方律师 与警察部门一同工作,协助警察纠正各种法律问题(如不当搜查、不合要求的令状、一般性程序问题等)的律师。
police magistrate 〈美〉违警治安法官 对审理轻微犯罪行为、违反治安条例的行为以及类似的违法行为有管辖权的一种级别较低的司法官员。区别于具有民事案件管辖权的治安法官。
policemen's bill of rights 〈美〉警察权利法案 规定警察就其工资、津贴、任职条件、额外福利等进行申诉的程序及解决办法的法律的统称。

police officer 〈美〉警官 负责维护公共秩序，保障公共安全，预防和侦查犯罪的治安官[peace officer]。亦称警察[policeman; policewoman]、巡警[patrolman; patrolwoman]。(⇨peace officer)

police power 治安权 ①指一个主权国家所享有的，为维持公共安全、公共秩序、公共卫生、公德和社会正义而制定所有必需和正当法律的内在和绝对权力。它是政府所必需的一项基本权力，不能为立法机关所放弃或从政府中转移。②指根据美国宪法第十条修正案授予州的权力，依此权，州有权制定和实施保障公共卫生、公共安全和社会福利的法律，或将此权委托给地方政府。不过州行使此项权力应受正当程序和其他规定的限制。③泛指政府对私有财产使用的干预，如将该财产予以征用[eminent domain]。(⇨eminent domain)

police precinct 〈美〉警察署分管区

police problem ❶治安问题 ❷一贯违法者

police record ❶定罪记录；前科记录 ❷警方记录 警察部门保存的关于曾被他们逮捕的人及对其提出的指控的情况的档案。

police regulations 治安法律；治安条例；治安规章 有关公众人身、财产安全及公共道德的法规或条例。

police state 警察国家；极权国家 指采用拷打、监禁及非暴力压制手段使公民无法充分享有在法律上明文规定的公民权和人权的国家。

policy n.❶政策；法的目的 源自拉丁文"politia"，其原意为国家、政府。指用以指导政府处理公共事务或者立法机关制定法律的一般原则。若其适用于某一制定法、法规、法律规则、诉因等，则是指与该国的社会或政治福利相联系而可能产生的结果、趋势或目标。因此，某些行为，除因违法[illegality]或不符合道德[immorality]外，还可以因为其具有危害性趋势并可导致国家、社会利益受损，故法律拒绝承认其效力或强制执行。这些行为就被认为是"违反公共政策"[against public policy]。此外，在立法中，某一制定法的目的[policy of a statute]是指该法之所以通过或由议会制订的意图。(⇨public policy) ❷保险单；保单(⇨insurance policy) ❸〈美〉波利希彩票 一种抽彩赌博。

policy game 〈美〉彩票赌博；抽彩中奖(= numbers game)

policyholder n.保单持有人 拥有保险单之人，无论其是否为被保险人。

policy loan 保单质押贷款 指在人寿保险业务中，保险人以保单的现金价值作为担保向保单持有人提前支付的保险赔款，保单持有人无须归还该款项，故非一般意义上的贷款。该词亦可指借款人将保险单作为担保转让给银行或其他金融机构而取得的贷款。(= loan on life insurance policy)

policy of insurance (= insurance policy)

policy of the law 法律的原则；法律的理性；法律的精神

policy proof of interest/P.P.I. 〈英〉凭保单证明保险利益的保险单 尽管被保险人无可保利益而依保单规定仍为有效的海运保险单。1845年《赌博法》[Gaming Act]、1906年《海上保险法》[Marine Insurance Act]和1909年《海上保险(赌博保险单)法》[Marine Insurance (Gambling Policies) Act]均宣告此类无可保利益的保险单无效。

policy racket 〈美〉(= numbers game)

policy reserve 保险责任准备金 保险公司为保证履行所承担的保险责任提留的基金，这种准备金特别由人寿保险公司提留。

policy value 退保金；退保现金价值 投保人退保或解除保险合同时从保险人处取回的金额。

policy year 保险单年度；保单年度 在保险中，从保险单的生效日起算的年度。

Politiae legibus non leges politiis adaptandae. 政治应适应法律，而非法律适应政治。

political a.政治的；政府的；政党的

Political Action Committee 〈美〉政治行动委员会 由特殊利益团体所组成，旨在为其相信将增进自身利益的政党候选人的竞选运动募集和捐赠资金的组织。该委员会的组织形式、登记、报道[reporting]和其他活动受联邦和州法的调整。

political activity 政治活动 在某一政党委员会[political committee]中尽职，在某一政党组织中担任职位，为支持本党候选人而发表本党讲话或进行竞选活动。

political asylum 政治避难 担心因自己的政治信仰或政治活动遭受本国政府的迫害或处罚，而进入外国使领馆或外国船舶避难，要求外国政府给予庇护的行为。

political authority 政治权威 政治权威涉及一国权力以及有关权力组织的道德基础、法律基础和实际基础。一国要求其国民忠诚守法的道德基础包括权力、公共秩序之需要、神意、被统治者的同意、益处等；法律上，政治权威的问题是国家及其制度的名义与认可问题，通过国家及其制度，政府施政作为并受到限制和控制；在政治上，政治权威涉及实际制订政策的力量。本术语还用于指那些在公众服务中领导人的权力和影响。

political body 国家机关；政府机构

political code 政治守则；政治准则

political committee 〈美〉政治(行动)委员会(= Political Action Committee)

political compact 政治契约 即两个或两个以上国家间的条约，或指建立政府的契约。

political convention 政党代表大会(⇨convention)

political corporation 公法人(= public corporation)

political crime 政治犯罪 叛国、煽动叛乱等直接针对政府、破坏国家政治秩序的一切犯罪活动。不与任何一特定罪行相关。(⇨political offense)

political division 政治分区(⇨political subdivision)

political equity 〈美〉政治衡平法 适用于国家或州之间争议的原则，区别于由衡平法院[Court of Equity]执行的衡平法。

political law 政治法学 研究政治科学或政府机构的组织与管理的法学部门，通常称"政治学"[political science]。

political liberty 政治自由 公民参与国家管理、特别是参与制定法律、实施法律的自由。

political newspaper 政治性报纸 由某一政党发行的报纸或者专门支持某一政党的报纸。

politial offence (= political offense)

political offender 政治犯(⇨political crime)

political offense 政治犯罪 指威胁到国家的生存安全或政治制度的犯罪，诸如叛国罪[treason]、煽动叛乱罪[sedition]、间谍罪[espionage]等。依国际法原则，政治犯不引渡。

political office 政务官 指不受文官法[civil service law]调整，而通常选举补缺的公职[public office]。(⇨public office)

political power ❶政治权力；国家权力 ❷政治影响力 某一政党、团体或甚至个人对选举的影响。

political prisoner 政治罪犯 因政治上的或反政府的信念而受到刑事指控、定罪和监禁的人。(⇨political crime; political offense)
political propaganda 政治宣传(⇨propaganda)
political purpose 政治目的;政治意图
political question doctrine 〈美〉政治问题排除原则 指政治性问题不受司法审查的原则。法院一般认为该类问题应由行政机关或立法机关解决,而不适合由其管辖。
political questions 政治问题 指纯政治性的问题,或应由行政部门或立法部门决定的问题。按照"政治问题排除原则"[political question doctrine],某些争议应由政府其他部门决定的,或由于这样那样的理由法院无法作出裁决的,即不应由法院审理。
political revolt ❶政治反叛 即反对政党现行领导人的行为。(⇨Young Turks) ❷政治叛乱 指实质意义上而非法律意义上的战争。
political right 〈美〉政治权利;参政权 指公民根据宪法直接或间接参与政府的组成与管理的权利,如选举权、被举权等,该词亦称 political liberty。
political subdivision 〈美〉从属政治单位;一定程度上享有地方政府权力的选区;县、镇、自治团体
political trial 〈美〉政治性审判 ①控方或被告(或者双方)运用诉讼作平台支持某一特定政治信仰的审判(尤指刑事审判);②某人因政治犯罪而受到的审判。(⇨show trial)
politics n.政治学;政治活动
polity n.❶政体 指一国以其目标和政策为基础的全部政府组织形式。❷有政治组织体制的群体
polity approach "组织体制"方法 指民事法院在解决教会财产纠纷时,先确定该教会组织是"自主制的"[congregational]还是等级制的[hierarchical],然后根据相应的教会管理机构的决定解决纠纷。
poll n.❶头;人头 ❷一人;一组人中的一个 ❸计(人)数;点数 ❹投票;记票;点票 ❺投票结果;投票数 ❻(复)投票地点;选举地点;政治选举;大选 ❼民意测验 ❽名单;选民名单;陪审员名单 ❾人头税(= poll(-)tax)
v.❶剪断;截去 ❷投票;接受(或统计)投票;记票;点票;得票 ❸进行民意测验 ❹登记选民;登记纳税人 ❺征询陪审团 ❻征询委员会 要求委员会成员逐个明确表态。
pollicitation n.(罗马法)允诺;许诺 因单方意思表示而负义务的行为,尤指在接受荣誉时向市政当局作出的具有约束力的赠与许诺。通常不得撤销。
polling jury 个别征询陪审团的意见 指逐一征询各陪审员对案件所得出的结论,使法庭确信陪审团已经达成一致裁断,没有陪审员因受强迫或引诱而同意此裁断。这样做的目的旨在使陪审员个人对裁断负责。
polling place 投票地点;选举地点(⇨poll)
polltax n.人头税 依收税管辖权向一定阶层的每一个人征收特定数额税款的税种,与纳税人的财产、职业、收入、支付能力无关,是对生存特权[privilege of being]征收的税种。人头税是以每个成人为课税单位,而由地方政府征收的定额税。最早可溯源至14世纪末期,英王查理二世向农民课征人头税,不料却引发农民革命,此后即未再实施。由于纳税人无论收入高低均需缴纳相同税额,故有违租税公平原则,甚至会造成所得逆分配。美国宪法第二十四条修正案禁止以交纳人头税为得在联邦选举中投票的先决条件。

poll(-)tax (= polltax)
polluter pays principle 污染者付费原则 指污染环境的产业应当为此支付费用的原则。此项费用可以税收、许可费等形式收取。
poll watcher 选举观察员 受政党委派在投票点监督选举活动是否合法的人员。
po.lo.suo. (= ponit loco suo)
polyandry n.一妻多夫;一妻多夫制
polyarchy n.多元政府 由数人分享统治权的政府。亦称 polygarchy。
Polygamia est plurium simul virorum uxorumve connubium. 〈拉〉多配偶指同时与几个丈夫或妻子保持婚姻关系。
polygamy n.多配偶 一夫多妻或一妻多夫,指同时与数人存有婚姻关系。"重婚"[bigamy]指两次结婚;而多配偶则是多次结婚,即超过两次。多配偶在欧洲和美国均构成犯罪,但在有些国家则为合法。
polygraph n.❶测谎仪 一种通过记录接受检查者的生理变化确定其是否诚实地回答问题的电子仪器。 ❷复写器
polygraph testimony 测谎仪证明 对测谎仪检查取得的结果可否作为证据,一直是争论的焦点。持肯定意见的认为其准确率高达90%,持反对意见的则怀疑检查人员的专业水平,也有的不同意由仪器进行审理。目前大多数法院在双方当事人事先同意或用以推翻或肯定证人的证言时,才将使用测谎仪取得的结果作为证据。
polymania n.精神异常
polyopsony n.买方多头垄断 指市场上只有少数买主,从而对产品的市场价格产生很大影响;但又没有少到使每个买主有把握确信其行为会对市场上其他买主的行为发生影响。
polypoly n.卖方多头垄断 指市场上只有少数卖主,从而对产品的市场价格产生很大影响;但又没有少到使每个卖者有把握确信其行为会对市场上其他卖主发生影响。
Pomerene Bills of Lading Act 〈美〉《波默林提单法》 即《联邦提单法》[Federal Bills of Lading Act],亦称波默林法。是一项关于州际贸易中的提单的联邦法律,1916年通过,1917年1月1日生效。
pomoeria 〈拉〉❶(城市的)边界;界限 ❷(罗马法)毗连城墙之地
Ponderantur testes, non numerantur. 〈拉〉对证人应作衡量而非计数。 证人的作用在于其所提供证言的分量,而非证人的数量。
pondus (英格兰古法)磅税(= poundage)
pondus regis 法定标准重量;国王的重量标准;国王指定的标准重量
pone (英格兰古法)移审令状 将案件从领主法院或郡法庭移送上级法院审理或从郡长处移送法院审理的起始令状,现为调卷令[certiorari]所取代。
ponendis in assisis (英格兰古法)挑选巡回陪审团令状 根据1285年《威斯敏斯特法Ⅱ》[Statute of Westminster Ⅱ],指示郡长挑选巡回陪审团[assize]的令状。
ponendum in ballium 保释令状 旧时准许犯人保释的令状。
ponendum sigillum ad exceptionem (英格兰古法)为异议状加盖印章令状 根据1285年《威斯敏斯特法Ⅱ》[Statute of Westminster Ⅱ],指要求法官在被告提出的针对原告的证据、陪审团的裁定或其他诉讼程序的异议状

[exception]上加盖法官印章的令状。

pone per vadium 〈英〉担保传唤令状 旧时一种指示郡长拘传被告到庭的令状。即由郡长取得被告的一定财物，或责令被告提供出庭保证人[safe pledge]。如被告不出庭，即没收担保物或裁定由保证人支付罚金。因该令状含有下述词句:pone per vadium et salvos plegios（直译为：提供担保物或出庭保证人），故名。

ponere 〈拉〉放置；安排；建立；创设

ponit loco suo 〈拉〉使⋯⋯处于他的位置 旧时诉讼代理人授权委托书中的用语。

Ponit se super patriam. 〈拉〉他听由陪审团裁定。 在古代英格兰诉讼程序中，这一用语被作为被告的无罪答辩[plea of not guilty]而记录下来，简写形式为"po.se."。

pontage n.桥梁养护税；过桥费

pontibus reparandis 〈拉〉命令修复桥梁的令状；修复桥梁令状

pontium reparatio 〈拉〉修复桥梁；桥梁维修役 在英格兰古法中为所有自由民或所有自由地保有人承担的三项基本义务之一。(⇨trinoda necessitas)

Pont Neuf 〈法〉新桥小册子 一种攻击法国政府的非法小册子，因在巴黎塞纳河上的新桥[Pont Neuf]散发而得名。

Ponzi Scheme 〈美〉庞济伎俩 指一种以查尔斯·庞济[Charles Ponzi]为名的诈骗手段。此人于1920年以50%的高息诱使轻信的投资者上当，在45日内骗得数百万美元。实际上是用后来者的本金支付在先者的利息，但在再无新的上当者前来时，整个支付系统即告崩溃，诈骗行径也就大白于世。

pool n.❶联合；联营；联营体 由若干自然人或法人组成的、从事特定业务或商业投机的组织，其目的在于消除联营体成员之间的竞争，借助联营体的经济力量建立垄断、控制价格或费率或操纵证券价格，或成功进行单个成员难以完成的交易等。若联合导致在某一行业领域消除竞争，则违反反托拉斯法。❷普尔 一种赌博方法，指不同的下赌者将赌金集合起来对赛马、球赛等下赌，赢者按比例分摊。亦指不同下赌者将赌金集合起来后，每人均对未来某一事件或危险作出预测，获胜者得到全部赌金。 v.组成联营体；联合经营；联合投资

pooling agreement ❶联营协议；联营合同(⇨pool) ❷联合投票协议 股东之间达成的关于行使投票权的契约。只要此协议限于以股东身份投票，就可以强制执行。

pooling commissions 联合佣金 由在同一项交易中代表各方当事人的经纪人之间平分其所得的佣金。此种惯例为法律所反对。

pooling contract ❶联营合同 即组建联营体的合同。若联营为非法，该合同也为非法。(⇨pool) ❷（股东）联合投票合同 公司股东以此同意将他们的股份联合成为一个整体的投票。(⇨voting agreement;voting trust)

pooling of interests 股权集合；权益集合 公司兼并时采用的一种会计方法，被收购方的资产按照其最初的购入成本记入收购方的账簿，不建立"商誉"[goodwill]账目。

pooling royalties 联合特许使用费 合并整个区域内所有油井的产油而支付的、由该区域内不同地块的所有人按比例分配的特许使用费。

pool selling 普尔售奖 赌博的一种形式，其因同一事件，例如是赛马而获得的总收入，除去奖券销售商收取的分成费用外，由所有获胜者进行分配。(⇨pool)

pool ticket 普尔奖券(⇨pool)

pooper-scooper law 〈美〉粪铲法 亦称狗粪法[canine waste law]。1978年首先在纽约市通过，继而为其他州效仿。规定狗和猫的粪便由其主人负责清除，以免污染公共街道，违者处以高额罚款。

poor debtor's acts 贫困债务人法 相关制定法的总称，据此，被依人身执行令[body execution]逮捕的债务人可以通过证明自己没有能力履行判决而获释。

poor debtors' oath 贫困债务人的誓言(⇨pauper's oath；poverty affidavit)

poor farm ❶〈美〉济贫农场 与贫民院或救济院相关的、雇佣和抚养需要社会救济者的农场。❷贫瘠的农场

poor law 〈英〉济贫法 指一系列公共的或强制的，旨在限制乞讨的济贫法律。1601年《济贫法》[Poor Relief Act]规定每年在各个堂区任命济贫助理[overseers]，负责在堂区内向所有居民、牧师和土地持有者征收济贫税[poor rate]，安顿堂区孤儿。为了管理堂区的济贫工作，各堂区相互合并组成联合济贫会[poor law union]，由济贫会[board of guardians]控制。1782年堂区被授权可任命济贫会委员[guardian]代替济贫助理。1834年《济贫法修正法》[Poor Law Amendment Act]规定由济贫法委员会[Poor Law Commissioners]监督管理济贫事务，但其职能于1914年转交卫生部[Ministry of Health]。1925年《计征不动产税与估价法》[Rating and Valuation Act]规定济贫税为每个地区必须征收的一般税，废除济贫助理和济贫会，其权力、职责和财产转交当地政府机构。1948年《国家补助法》[National Assistance Act]废除了济贫法。

poor law union 〈英〉联合济贫会 指有独立的济贫会[board of guardians]的堂区或联合堂区。(⇨poor law)

poor man's oath 贫困者的宣誓 指依照人身执行令被拘禁的人所作的声明自己没有能力履行判决的宣誓，或贫穷的原告所作的因其穷困而不能支付诉讼费用的宣誓。(⇨poverty affidavit)

poor man's will 穷人遗嘱 对银行联合账户[joint bank account]的谑称。(⇨joint bank account)

poor officer 济贫官 指教会执事济贫助理[overseers of the poor]或主管公共救济事务的政府官员。

poor person 贫困者 包括任何缺衣、乏食、无居处、少医疗之人。

poor rate 济贫税；贫民救济税 为筹集用于照顾和救济居于本区的贫民而征收的税种。

poor relief 对贫困者的公共救济；社会福利

poor risk 不保风险 保险人不愿意承保的风险。

popular action 〈英〉大众诉讼 即任何人均可作为起诉人[informer]而依法提起的旨在由其获得罚金的诉讼，区别于罚金部分归公部分归私的分享诉讼[qui tam action]。一般起诉人[common informer]提起的诉讼已被1951年的《一般起诉人法》[Common Informers Act]所取消。(⇨penal action)

popular courts 平民法庭；民众法庭 指旧时英格兰的百户区法庭[hundred courts]和自治市法庭[borough courts]。

popular government 平民政体；民主政体；民选政府

popularity contest ❶声望辩论 在民众聚集地进行的并以投票决定最受拥戴者的辩论。❷对候选人不讨论原则问题的竞选运动的谐称

popular sense 通行的含义；正确的含义 在解释法规时，指精通法规所涉题材的人所理解的含义。

popular use 公开使用；公众使用

populated area 人口稠密地区 如路边或弄口等繁杂地区,行车必须减速。

population n. ❶全体人;全部居民 ❷人口

populiscitum 〈拉〉(罗马法)民众决议;民众立法 在森都里亚大会[comitia centuriata]上由民众根据元老[senator]的建议制定的法律。与平民立法[plebiscitum]的区别在于后者总是经护民官等建议制定。

populus 〈拉〉(罗马法)民众;罗马全体公民 包括贵族与平民。

porción 〈西〉一份;一块;划拨的一块土地

porcupine provision 箭猪条款 指公司章程或章程附则中的保护性条款,用以防止未经公司管理层的同意将公司接管或兼并。(⇨lockup; poison pill; white knight)

pork-barrel legislation 〈美〉政治分肥法 指立法机关通过的对公路、水利、公共建筑等地方设施的建设项目拨款的法案。"pork-barrel"一词,直译为"藏猪肉的木桶",源于昔日南方种植园主给奴隶暗中准备一份猪肉的习惯。由于政治分肥法并非出于对国家整体利益的考虑,而只对揭出该议员的选区有特殊好处,故得名。一般而言,常出现这种情况,即议员们是通过互投赞成票使对彼此有利的议案得以通过,俗称"滚木桩"[log-rolling],即:"你推我送,相互支助",从而实现政治分肥的目的。

pork bench 〈美〉恩赐法官 指参议员将联邦法官的任命作为一种笼络人心的政治恩赐。

pornographic a. 淫秽作品的;色情的 在美国,根据有关地方标准的普遍观念和一般知识,一部作品如果符合以下条件,则被认为是淫秽的:①该作品就整体来讲,会引起人们淫乱的性欲;②该作品以明显的、侮辱性的手法描写性行为;③该作品就整体来讲,缺乏文学、艺术、政治和科学上的价值。(⇨dominant theme; obscene; pandering of obscenity; prurient interest)

pornography n. 色情描写;色情镜头;色情作品;淫秽作品 在美国,根据美国宪法第一条修正案,色情作品同样受言论自由的保护,除非其被依法认定为淫秽作品。(⇨pornographic)

porrect v. 提出;提交;出示 教会法庭的用语。

port n. ❶港口;口岸 特征上类似于都市,临近可航水域,拥有供船只装载、卸载、上浮、装配和给养的设施的地方;货物进出口之任何地方。港口包括天然港口和人工码头。 ❷(货物)进口港;报关港 ❸(人员)入境港;入境口岸 ❹(飞机或船舶的)左舷;左侧 a. 左舷的;左侧的;左边的

Portal-to-Portal Act 《"门到门"法》(⇨Portal-to-Portal Pay Act)

portal-to-portal pay 〈美〉门到门补贴 指雇主就雇员从工作场所的大门到实际工作地点来回所花的非生产性时间向雇员支付的补贴。

Portal-to-Portal Pay Act 〈美〉《门到门补贴法》 有关门到门补贴的一项联邦法律。(⇨portal-to-portal pay)

portatica 〈拉〉港(口)税;入港费

port authority 港务局;港务机关;机场管理局 有权建立、维护港口、机场的国家或地方行政机关,其职能为计划港口的交通、鼓励和保证企业设立在港区的土地或区域内,有时还有责任建立、维护港口所在城区的机场、桥梁、收费公路和水面运输。

port charges 港口费用;港口使用费 就在港口提供的服务而对船舶收取的费用,如按照检疫规定而对船舶进行熏蒸消毒的费用。

port district ❶港区 邻近港口之区域。 ❷港务局(⇨port authority)

port dues 港务费;港口费 向利用港口的商业便利或特权的船只征收的费用,如消毒费、卸货费等。(= port charges; port tolls)

Porteus's Act 〈英〉《波蒂厄斯法》 即1780年《主日规范法》[Sunday Observance Act],规定在礼拜日举办公共娱乐或公开辩论并向进入者收费的房屋或其他场所应被视为妨害治安的场所。

portfolio n. ❶公文包;公文夹 ❷(内阁)部长;大臣 ❸(一投资者所持有的)投资组合;(投资单位持有的)有价证券财产目录

portfolio income 有价证券收入 指股息、利息、租金、特许权使用费、资本收益等投资收益。有价证券收入不被视为消极收入,所以净消极损失不能用于抵销净有价证券收入。

portgrave (= portgreve)

portgreve n.〈英〉市长;市政官;港长 在征服者威廉[Conqueror William]征服英格兰时期为各地城镇的最高行政长官,后为 mayor 一词取代,但在许多小镇一直保留到近代。在征服时期以后,该词有时指市长职位之下的一位或几位官员,或副行政司法官[bailiff]。此外,该词还被后来的编纂者误用来指港口市镇的行政首长。

portio legitima 〈拉〉(罗马法)特留份;法定继承份额 指特定继承人有权继承的一种遗产份额。非依特殊事由,被继承人不得剥夺继承人的特留份。

portion n. 一份 尤指一份遗产。

portion disponible 〈法〉可自由处分的遗产份额 指可以遗赠给血缘继承人之外的人的遗产份额。有一个合法子女的,可自由处分遗产的1/2;有两个合法子女的,可自由处分遗产的1/3;有三个或三个以上合法子女的,可自由处分遗产的1/4。

portioner n. ❶共同领受圣俸的牧师 与他人共同领受一份圣俸的牧师。 ❷堂区长代理津贴

portjoye n.〈英〉司马官 早期文秘署的一种官员,职责主要是在该机构到外地出巡时照管驮运文件篮[hanapers]的马。

portman n.〈英〉❶东南部五大港[cinque ports]的港口居民;市镇居民 在古英语中其泛指市镇居民,后专指此意。 ❷管理人 拥有市政管理权的市民。(⇨Cinque Ports)

portman-mote n. 市政管理人会议;市民大会(⇨portman)

portmote n.(英格兰古法)市镇法院;港口法院 在港口、港口市镇以及有时在内地郡的市镇设立的法院。

port of arrival (= port of entry)

port of call 停泊港;停靠港 船只在既定航程或航线上经预定要停靠的海港。

port of departure 启运港;始发港 船只结关后离开的航程起始港。

port of discharge 卸货港 船只通常卸货或被指定卸货的任何地方。

port of dispatch 发货港;启运港

port of entry ❶(货物)进口港;报关港 ❷(人员)入境港;入境口岸

port of unlivery (船舶的)卸货港

portoria 〈拉〉portorium 的复数

Porto Rico (= Puerto Rico)

portorium 〈拉〉❶(罗马法)港口货物税 ❷城门税 ❸过

桥费 ❹关税

portrait painting 肖像绘制

portreeve (= portgreve)

port-reeve n.❶(英国诺曼人征服时期的)市镇长官 ❷港务长 负责监督港口地方规章的实施。

port risk 港内安全险;港内停泊险 海上保险中,指船舶停泊在港口内开始另一航次前可能遭遇的风险。(➪port risk insurance)

port risk insurance 港口风险保险(➪port risk)

Port Safety and Tanker Safety Act 〈美〉《港口与油轮安全法》 1978年制定的一项联邦法律,规定一系列新的有关油轮建造和严格检验的标准及船员培训计划。例如新建油轮必须为双层壳底等。

portsale n.〈英格兰古法〉拍卖;公开出售 尤指在港口或岸上公开出售刚捕捞上岸的鱼。

port tolls 港口费 对在港口装卸货物所收取的费用。

port to port 港到港 指货物运抵进口港后立即被运往另一进口港,或指从一港到另一港的海上航次保险的保险期间。

Portus est locus in quo exportantur ewrimportantur merces. 〈拉〉港口是货物进出口之处。

port-warden n.港务长

position n.头寸 ①指投资者在特定证券或市场上的投资股本;②财务状况;③银行业务中指资金余额;外汇市场上指外币净余额。

position in life 社会地位;生活水准

positive a.❶制订的;规定的 ❷明确的;清楚的;直接的 ❸同意的;肯定的 ❹绝对的;无条件的 ❺积极的

positive community 积极利益共同体 指数人共有一物且每人拥有一特定而明确的份额时所形成的利益共同体。与消极利益共同体[negative community]相对。

positive condition 积极条件;肯定条件 指引起权利的产生或废除的必要条件。

positive evidence (= direct evidence)

positive fraud 积极欺诈 即实际欺诈,指有意识的、故意的欺诈行为,而非推定欺诈[constructive fraud]。

positive law 实在法 自然法[Natural Law]的对称,指享有立法权的君主个人或代议制立法机构,或直接民主制中的民众大会所制定的法律规范。

positive misprision 藐视罪;滥用职权罪 在misprision一词所包括的犯罪行为里,该词指那些具有积极作为性质的犯罪行为,如藐视君主、政府、法庭、煽动叛乱或其他不忠和大逆不道的行为,以及滥用公职人员的权利、渎职、挪用公款等。区别于纵容或包庇犯罪等属消极行为性质的犯罪,即negative misprision。(➪misprision)

positive morality 实在道德 英国分析法学家奥斯汀[Austin]提出的概念,包括非由国家统治者制定的约束规则或仅仅通过舆论或情感来形成并保证实施的、规范人们行为的规则。它与神法[divine law]和实在法[positive law]有严格的区别。

positive prescription 积极时效 即罗马法的取得时效[usucapio],指持续占有使用他人之物,经过法定期间而取得对该财产的所有权。罗马法上对取得时效适用的条件、对象和期限等,在各个发展阶段有着不同规定。

positive proof 直接证明 指直接地、肯定性地证明争议事实,区别于通过否定其对立面来证明争议事实的间接证明[negative proof]。

positive representation (无明示或默示限定条件的)绝对表述;无条件表述

positive right 绝对权利;完全权利 指无条件限制的权利,其不依赖于且在事实上亦不得行使自由裁量权[discretion]。

positive servitude 积极地役 即供役地所有人有义务容许他人在其土地上为一定行为的地役,区别于消极地役[negative servitude]。

positive testimony 肯定性证言(➪positive evidence)

positive wrong 确实的不法行为 指故意的不法行为。

positivi juris 〈拉〉实在法的(➪positive law)

Posito uno oppositorum, negatur alterum. 正反两种情况,肯定其一,即否定另一。

positus 〈拉〉❶置于…位置(地位或名次) ❷被放置(安排)或在…

posse 〈拉〉❶可能 ❷协助行政司法官追捕罪犯的人(= posse comitatus)

posse comitatus 〈拉〉地方武装 由行政司法官[sheriff]召集的,协助其维持治安、追捕罪犯或参与军事防卫的,15岁以上体格健全的男子所组成的群体。该词常缩略为posse。

possess v.❶占有 ❷拥有;持有 ❸具有 ❹支配;控制

possessed a.❶占有的;拥有的;具有的 ❷疯狂的;着魔的;发疯的 ❸镇定的;沉着的

possessio 〈拉〉❶(罗马法)占有 ❷(英格兰古法)占有

possessio bona fide 〈拉〉善意占有 指占有人不知其权利存在瑕疵而实施的占有。

possessio bonae fidei 〈拉〉善意占有(➪possessio bona fide)

possessio bonorum 〈拉〉(罗马法)财产占有(➪bonorum possessio)

possessio civilis 〈拉〉(罗马法)民事占有;民法占有 一种合法占有,即作为所有人或有意成为所有人的占有;这一点与自然占有[possessio naturalis],或称单纯占有[nuda detentio]不同。民事占有是时效取得[usucapio]的基础。(➪usucapio)

Possessio est quasi pedis positio. 〈拉〉占有即脚步之所及。

possessio fratris 〈拉〉〈英〉兄弟占有 旧时继承法的一个概念,指父母死后兄弟占有土地由其亲生姐妹继承,而排除同父异母兄弟[half-blood]的继承权。这一规则已被1833年继承法废除。

Possessio fratris de feodo simplici facit sororem esse haeredem. 〈拉〉兄弟取得非限定继承土地使姐妹成为其继承人。(➪possessio fratris)

Possessio fratris facit sororem esse haeredem. 〈拉〉兄弟的拥有使姐妹成为继承人。(➪possessio fratris)

possessio malae fidei 〈拉〉恶意占有(➪possessio mala fide)

possessio mala fide 〈拉〉恶意占有 指明知无权占有而实施的占有。

possession n.❶占有;占有权 对物的持有和控制的事实、状态或权利,能对抗任何第三人;对物的有意图的控制、保管并以所有人或权利人身份享有。占有应具备三要素:对物的实际或潜在控制;含有占有的意图;有占有的外表显示。"占有"是法学中一个重要词语,释义众多,但无定论,其取得或丧失常会导致重要法律后果。如物的占有者一般被推定为所有者,他人对该物提出主张,必须提出更加有力的证据才能胜诉。由于物的性质或行使的权利不同,占有可含有不同的控制权,不动产的所有人一般就是实际占有人,但如出租,承租人就取得承租不动产的占有和使用收益权,甚至可以对抗所有人的非法侵入,而出租人除收取租金外,仅保留间接占有权和租赁期满后的复归权[reversion]。在不动产方面,没有占有权的所有权是不能提起非法侵占的诉讼。占有权并非一定伴有使用收益权,仓库经营者仅占有委托保管的财产,并无使用权。❷(复)所有物;财产 ❸(国家的)领土;领地

possessio naturalis 〈拉〉〈罗马法〉自然占有 单纯持有某物而没有将占有物归为己有的意思,不能因时效而取得该物的所有权。与民法占有[possessio civilis]相对。

possession by inclosure 围篱占有 用篱笆等圈围房地产并以其他行动表明其所有权,是形成取得时效的占有。

possession in deed (= possession in fact)

possession in fact 实际占有;事实占有 指实际地管领某物,但法律上可能不将其认定为占有。如雇员对雇主财物的占有,法律在某些情况下即不以之为 possession 而以 detention 或 custody 来表示。亦称自然占有[possessio naturalis]。

possession in law 法律推定的占有;法律上的占有 即推定占有[constructive possession],与事实占有[possession in fact]相对。

Possession is nine-tenths of the law. 现实占有,九胜一败。 指占有人在诉讼中处于有利地位。此谚语指明一条法律上的真理,即请求人必须依靠自己的权利,不能依赖于对方的弱点。

possession longi temporis 〈拉〉长期占有(⇨usucapio)

possession money 〈英〉保管费 指郡长或其副手因根据法院执行令保管财产而有权收取的费用。

possession of burglars' tools 持有盗窃工具 为入户盗窃而持有作案工具,属犯罪行为。

possession of game 据有猎物 在禁猎期内据有捕获的猎物,属犯罪行为。

possession of liquor 〈美〉拥有酒类 个人享有对酒类的所有权、经营权、控制权。

possession of liquor-making materials 〈美〉持有造酒原料 违反法律规定,持有并支配造酒原料,属犯罪行为。

Possession vaut titre. 〈法〉占有近乎所有。 在英国法中,指根据占有的事实可以初步认定或推定占有人对财物享有所有权。

Possessio pacifica per annos 60 facit jus. 〈拉〉和平占有 60 年即取得权利。

possessio pedis (= pedis possessio)

possessor n. 占有人(⇨occupant)

possessor bona fide 善意占有人 不知道权利瑕疵,通过正当财产转让的方式而以所有人身份占有财产的人。其善意至知道瑕疵或所有权人为收回财产提起诉讼时为止。(= bona fide possessor)

possessor in bad faith 恶意占有人(⇨possessio mala fide)

possessor malae fidei 恶意占有人(⇨possessio mala fide)

possessor mala fide 恶意占有人(⇨possessio mala fide)

possessory a. 占有的;有关占有(权)的;有占有权的

possessory action 回复占有之诉 请求取得或恢复占有财产的实际的占有的诉讼,例如承租人不支付租金时,出租人可以解除合同,要求返还租赁物。回复占有之诉有别于确认所有权之诉[petitory action]。

possessory assizes 〈英格兰古法〉不动产权益占有之诉 指 assizes of novel disseisin, mort d'ancestor, 和 darrein presentment。(⇨petty assise)

possessory claim 占有请求权 公有土地的先买权人在提出申请之后到付款之前所享有的请求权。

possessory conservator 拥有性监护人 在美国某些州的儿童监护法中,指对子女拥有探视权但无主要监护权的父亲或母亲。

possessory interest 占有权益 ①排他性控制财物的现实权益,但占有人并不一定是所有人,如承租人在租赁期限内占有租赁物的权益;②排他性使用和占有财物的权益,可以是现实的也可以是未来的。

possessory judgment ❶确定占有权的判决;占有权判决 ❷〈苏格兰〉临时占有判决 将占有权暂时赋予一方当事人直到该占有权争议按正当法律程序得以解决的判决。

possessory lien 占有性留置权;留置权 债权人在债务人清偿债务或履行义务前,有权占有特定财产的一种留置权,如动产质权、旅店主留置权、修车人留置权和出卖人留置权。(⇨pledge; lien)

possessory proceeding 财产占有诉讼(⇨possessory action)

possessory title 〈英〉占有取得的产权 根据 1939 年《时效法》[Limitation Act],擅自占地者不交租金且不承认真正所有人的产权而占地满 12 年的,可以取得土地产权,但占有王室土地或宗教、慈善机构的土地则须满 30 年。(⇨squatter; squatter's right)

possessory warrant 恢复占有令 类似于搜查令[search warrant]的一种程序,民事原告即权利人以此搜查并取回被不法取走的财物。

possibilitas 〈拉〉(= possibility)

Possibilitas post dissolutionem executionis nunquam reviviscatur. 〈拉〉不确定权益行使之后不会再产生。(⇨possibility)

possibility n. 可能性;可能发生的情况;不确定的权益 指不确定的、可能发生也可能不发生的情况。不确定财产权益可以发生于动产或不动产上。在不动产法[law of real property]上,它是指未来享有的,以某一特定事件的发生为条件的对土地的财产权益,既可以是单纯的事件,如父亲的死亡为其子继承其土地创造了条件,也可以是伴随有他种土地权益的事件,如伴随剩余遗产继承权所要求实现的事件,需待事件实现,方可继承。该可能性可以分为较近的或普通的可能性[near or ordinary possibility]和较远的或特殊的可能性[remote or extraordinary possibility]。

possibility coupled with an interest 有收益的不确定权益 指法律认可的预期财产权或权益,如待生效的遗赠、未来使用权等。这种不确定权益可以出售或转让。

possibility of issue 有子嗣的可能性(⇨possibility of issue extinct)

possibility of issue extinct 有子嗣可能性的消失 对尚存活的人,不能认定其有子嗣的可能性已经消失。拥有终身保有地产[estate for life]的妇女即使年迈无子,在其死亡前,其子女的剩余地产权[remainder]并不消失。

possibility of reverter 归复的不确定权益 在转让可终止的非限嗣继承地[fee simple determinable]后,由授权人保留的一种将来权益,故当特定事件发生时,受让人的地产权即自动终止,地产权归复于授权人。该词通常简作 reverter。

possibility on a possibility 极小的可能性 其所附条件取决于两项或更多不确定的事实或事件的发生。如将剩余地产权授予甲的儿子约翰,则甲必须生育一子且取名为约翰,这种可能性极小。亦称 remote possibility。

possible a. ❶ 可能的;可能发生的;可能实现的 ❷ 可行的;具有可行性的;合理的

post n. ❶（部队的）驻地;营地;要塞 ❷（军警等的）岗位;哨所;巡逻地区 ❸〈英〉邮政;邮递;邮寄
v. ❶ 张贴（通知、公告等） ❷（张榜）公布;宣布 ❸ 邮寄;投寄 ❹ 交付（保释金）;押（赌金） ❺ 过账 会计用语,指将账目从原始记录记入总分类账。

post-act n. 事后的行为

postal certificate 〈美〉邮政储蓄凭单 签发给邮政储蓄存款人的凭单,可转为美国国债券。

postal currency 〈美〉邮资货币 南北战争开始后不久的短时期内,由于硬币匮乏,曾以邮票代替。后来将首次发行的低于 1 美元的纸币称为"邮资货币"。

postal inspector 〈美〉邮政检查员 美国邮政局内对邮政服务的各方面执行检查与调查任务的职员。

postal money order 邮政汇款单;邮政汇票（ ⇨ post-office money order）

postal note 邮政汇款单;邮政汇票 在美国指金额为 10 美元以下的邮政汇票,在英国指若干固定金额的邮政汇票,在澳大利亚与新西兰则可指任何金额的邮政汇票。（ ⇨ post-office money order）

postal officer 〈美〉邮政官员 其职责与邮务及邮政局相关的联邦官员。

postal order 邮政汇款单;邮政汇票（ = postal money order）

postal savings 〈美〉邮政储蓄 由美国邮政部门规定的人们可在邮局开立存款账户的制度,1966 年被依法取消。

postal service ❶ 邮政业务 ❷[P-S-]〈美〉邮政总局 成立于 1971 年,取代了原邮政部[Post Office Department]。其由美国总统任命的成员所组成的委员会管理,负责人为邮政总局局长[Postmaster General]。

postal zone 包裹邮递区（ = parcel-post zone）

post conquestum 〈拉〉（诺曼）征服后 即 1066 年后。（ ⇨ Norman Conquest）

post-conviction remedies 〈美〉定罪后的补救 由联邦法院判处的罪犯,可以判刑违宪为由向原审法院请求人身保护令[habeas corpus]前提出。各州几乎都规定一项或多项定罪后的程序,允许罪犯对违宪案件提出申诉。许多州采用类似联邦法律的规定。其它州规定对违反宪法的案件可依人身保护令予以审理。有的州允许对某些类型的违宪案件适用本法院纠错令状[writ of coram nobis]。此外,有几个州已采用《统一定罪后程序法》[Uniform Post Conviction Procedure Act]。（ ⇨ habeas corpus）

post-date v. 迟签日期 指在票据上填写的出票日期晚于实际出票的日期。预填日期不影响票据的流通。

post-dated check 迟签日期支票 支票实际出票日期在支票上规定的日期之前,付款则在支票规定的日期或之后。

postdated instrument 注迟日期的票据;日期填迟的票据 票据上记载的日期晚于实际的出票及交付日期。

post diem 〈拉〉日后

post disseisin 〈英格兰法〉再次剥夺占有令状 在被剥夺占有人根据新侵占之诉[novel disseisin]收回土地及地产权益后又被剥夺占有人[disseisor]再次剥夺占有时签发的令状。根据该令状,被剥夺占有人可获得双倍损害赔偿金,而剥夺占有人则将被监禁。（ ⇨ disseisin）

post disseisinam 〈拉〉（ = post disseisin）

postea n.〈英格兰古法〉诉讼程序说明 在初审法庭记录[nisi prius record]上所作的关于案件审理程序的正式说明。在 15-18 世纪时,陪审团作出裁断后,由巡回法官主持的初审程序[proceedings at nisi prius]即告终结,案件将被送回伦敦威斯敏斯特的法院以作出判决,在送回之前,要在诉讼记录上加上关于案件审理程序和陪审团所作裁断的说明。这段说明因其以拉丁语 postea（意为 afterwards）一词开始,此后便被称为 postea,而且是由陪审团的裁断对其有利的一方当事人来撰写的。

posted waters 张贴告示的水域 对流经或位于私人土地或耕地的水域,土地所有人或占有人为供自己单独使用,依照法律的规定张贴告示,禁止他人入内射猎、诱捕或垂钓,违者处以罚款。

post entry ❶ 追加记账;追加记载 ❷ 后补进口手续书 例如,船舶续交海关的载货单。

Posteriora derogant prioribus. 〈拉〉后来者贬损先前者。

posteriores 〈拉〉（罗马法）六亲等以外的直系后代

posteriority n.（时间、位置、次序等的）在后;后面 与 priority 相对。

posterity n. 子孙;后代;后世;后裔

Post executionem status lex non patitur possibilitatem. 〈拉〉遗产执行后,法律不容许再存在一项不确定权益。

post facto 〈拉〉事后（ ⇨ ex post facto）

post-factum 〈拉〉事后行为

post fine 〈英格兰法〉令后金 指在以和解诉讼[fine]方式转让土地时向国王支付的一笔款项,用以换取国王对当事人行为的认可。其数额为被转让土地预计年收益的 3/20,或每 5 马克[mark]土地 10 先令。

postglossators 后注释法学派 13 世纪中叶至 15 世纪,继注释法学派[glossators]之后兴起的又一支研究罗马法的法学流派。与注释法学派不同的是,这一学派试图把罗马法的原则与当时的封建法、日耳曼习惯法、教会法、城市制定的法规等其他法规联系起来,赋予罗马法以新的、更适应司法实践的内容,为罗马法在欧洲的继续奠定了基础。其代表人物有皮斯托亚的奇诺[Cino of Pistoia]、萨索费拉托的巴尔托鲁[Bartolus of Sassoferrato]。

postgraduate institution 研究生院;研究生教育机构

post hoc 〈拉〉此后;今后

posthumous a. 死后 尤指子女在父亲死后出生、作品在作者死后发表。

posthumous child 遗腹子 父亲去世后出生的子女。

posthumous work 遗作 在作者死后发表的作品。

Posthumus pro nato habetur. 〈拉〉遗腹子视同在生父死亡前出生。 父死后出生之子女,视为其所生之子女。

post-indictment lineup 提起公诉后的列队辨认 一项审前程序,由证人从一组人员中辨认犯罪嫌疑人。被辨认人员的排列不能带有诱导性,如不能将黑人嫌疑犯只和白人排列在一起。不恰当的诱导可能对以后的审判中的辨认造成先入为主。被指控的犯罪嫌疑人有权聘请律师到场观察,但在提起公诉前的列队辨认中则无权聘请律师。

post letter 邮政信件 投入邮递之信件。英国有判例认为,即使寄向虚构地址之信件亦可为邮政信件,而其是否能被投递则在所不问。
postliminary *a.* 后来的；随后的；接续的　与 preliminary 相对。
postliminary activities 结尾工作　在门到门法[Portal-to-Portal Act]中，指雇员在轮值工作时间完毕时必须做的事情。
postliming (= postliminium)
postliminium 〈拉〉（罗马法）复境权；恢复公民权　罗马法的一项原则，当恢复公民的权利或身份时，效力溯及其被剥夺或丧失之时，尤指被敌国俘虏后逃回罗马的公民，视同未曾被俘往国外，并恢复其全部权利。❷（国际法）战后财产复归权；战后权利恢复　一项国际法原则，指战时处于敌国控制下的人员、财产及领土被敌国放弃或由第三国收复时，应归还原主权国或返回原权利人。(⇨jus postliminii)
Postliminium fingit eum qui captos est in civitate semper fuisse.　〈拉〉复境权即假设被俘者从未离开过国境。
postliminy 复境权　指战争中被敌占的财产，胜利后应收回交归原主，被俘的士兵则应恢复其一切权利等。(= postliminium)
post litem motam 〈拉〉在诉讼开始后　旧时有时用来称在诉讼开始后作成的证人的书面证词[deposition]。
postman *n.* ❶邮递员　❷〈英〉"杆边律师"　从前财税法庭[court of exchequer]具有优先申请权的初级出庭律师，坐在外席[Outer Bar]前排左端，即"杆"[post]——在税收案件中用作长度测具者——的旁边，除国王事务外，对于普通法问题拥有优先发言权。另一与之对称的是"桶边律师"[tubman]，坐在外席前排右端，即"桶"——在税收案件中用作容积测具者——的旁边，对衡平法问题拥有优先发言权。(⇨tub-man)
postmark *n.* 邮戳
postmaster *n.* 邮政局长
Postmaster General 〈美〉邮政总局局长(⇨postal service)
postmeridian 〈拉〉下午；午后
post meridiem 〈拉〉下午；午后
post-mortem *a.* ❶死后的　❷（死后）验尸的；尸检的　❸事后的
　　n. ❶验尸；尸检　❷事后分析；事后检讨
post mortem inquisitio 〈拉〉死后调查　任何拥有财产的人死后，在郡陪审团面前进行的有关死者财产的价值、地产的保有年限及有无继承人及其年龄等情况的调查，以确定因继承而应向国王奉献的财物[relief]或缴纳的土地初继承捐[primer seisin]及国王的监护权及继承人应交的封地移交费[livery]等。(⇨inquisitio post mortem)
postnati 〈拉〉post-natus 的复数
post-natus 〈拉〉❶事后出生者　国际私法中曾用以指在某项重大历史事件——如美国独立战争、英格兰与苏格兰合并等——后出生的人，其身份与权利受其出生时的法律规范。❷次子　❸〈英〉詹姆斯一世[James I]登基后出生于苏格兰的人　在英格兰已不是外国人。
post-note *n.* 〈美〉远期银行券　由银行发行之一种票据，于某一未来日期获得支付，故与作为货币流通的银行本票[bank note]不同。
postnuptial *a.* 婚后的
postnuptial agreement 婚后协议　指夫妻双方在婚后达成的有关在离婚、分居或死亡时各方对他方财产所享权利的协议，与婚前授产协议[antenuptial agreement; marriage settlement]相对。

postnuptial settlement (= postnuptial agreement)
post-obit 〈拉〉❶死后的；死后生效（或发生）的　❷(= post-obit bond)
post-obit bond 死后还款借据　一种借据或借款协议，约定在第三人死亡时或死亡后，借款人以所取得的遗产返还借款并支付高于法定利率的利息，在英国甚为通行。
post obit note 死后到期本票　规定在出票人死亡后的某一时间付款的本票。
Post Office Department 〈美〉邮政部　前联邦邮政管理机构，1971年被美国邮政总局[United States Postal Service]取代。
post office inspector (= postal inspector)
post-office money order 〈美〉邮政汇款单；邮政汇票　根据为汇款之安全与便利而建立的美国邮政局汇款单制度，由邮政局长签发的汇款单。由邮局依法律、规章签发的向票载收款人支付金钱的汇票。
postponement *n.* ❶推迟；延期　❷延期审理　经常与continuance 作同义语使用。但更确切地来说，该词仅指将案件的庭审推迟至同一开庭期内的另一日或者推迟至同一日的另一时间。(⇨continuance)
postponement of enjoyment 迟延用益(权)(⇨rule against postponement of enjoyment)
postponement of lien 优先权次序的后延　指在同一财产上设定的多项抵押权、质权等优先权中，将其中一项优先权的受偿次序置于其他优先权之后。
postponement of limitations 诉讼时效的延期　指诉讼时效因中止或中断而得以顺延。
post prolem suscitatam 〈拉〉子嗣出生后
post rem 〈拉〉事后；交易完成后；行为发生后
postremo-geniture *n.* 幼子继承制(= borough-English)
post rem statement 事后陈述；事后声明　在行为发生或交易完成后的陈述或说明。
post routes 〈美〉邮路；邮政路线　所有公路及高速公路；运送邮件所经之美国所有水域，现在和今后可营运的全部或部分铁路和全部空中航线；运送邮件所经之全部运河和木板路；为法院运送邮件之路线；根据邮政局长为拓展邮路以不按既定路线向邮局供应邮件而缔结之契约运送邮件所经之路线；为收集、投递邮件而在任何市镇建立的全部邮递路线。
postscript/p.s. *n.* 附笔；附言　信件末尾署名之后的附言，或文章、书籍结尾的作者附言或补充说明。
post-terminal sittings 庭期之后的开庭(⇨sittings)
post terminum 庭期之后
post-trial discovery 〈美〉审后披露　根据《联邦民事诉讼规则》[Federal Rules of Civil Procedure]，在上诉期间，当事人可以获取证人的书面证词以保全证据，为案件的进一步审理作准备。
post-trial motions 〈美〉审后申请　泛指案件审理结束后法庭批准的申请，如重新审理的申请、减免判决的申请。
post-trial remedies 审后补救(⇨post-conviction remedies; post-trial motions)
postulatio 〈拉〉❶（罗马法）申请；请求　指刑事追诉的第一个步骤，即指控人向裁判官[praetor]陈说并请求对其所指明的人提起刑事诉讼。❷（英格兰古法）（教会法）（撤换主教的）请求
postulatio actionis 〈拉〉（罗马法）起诉请求　代诉人[actor]或原告请求裁判官[praetor]等准许其提起诉讼。
post-verdict proceedings 裁断后的诉讼程序　一般可指

案件在陪审团作出裁断后所发生的任何程序。但尤指衡平法诉讼中陪审团作出裁断以后的诉讼程序。

pot-de-vin 〈法〉签约费；合同成交酬金 订立合同时常支付的、合同价款以外的金额。与定金[arrha]不同，其既不能充抵价款，也没有双倍返还的规则。

potentate *n.* 君主；当权者；统治者

potentia 〈拉〉❶权力；能力；权威 ❷不确定权益(= possibility)

Potentia debet sequi justitiam, non antecedere. 〈拉〉权力应服从而非超越正义。

Potentia est duplex, remota et propinqua; et potentia remotissima et vana est quae nunquam venit in actum. 〈拉〉不确定权益有两类：遥远的和接近的；那些永远无法实现的则是最遥远的、空虚的权益。

Potentia inutilis frustra est. 〈拉〉无用之权力毫无意义。

potential existence 潜在的存在 指虽然尚未实现，但作为现实存在的事物的自然结果将要实现的存在。

potential possession 潜在占有 一种对将来财产的所有权状态。据此，土地所有人可以出卖其土地上将来出产的农产品，牲畜所有人亦得处分将要出生的幼畜，油气开采者对将来生产的石油天然气产量的一定比例也可以有效地转让。

Potentia non est nisi ad bonum. 〈拉〉权力只为公众利益授予。

potentia propinqua 〈拉〉普通的不确定权益（⇨possibility）

potentia remotissima 〈拉〉极小的可能性（⇨remote possibility）

potestas 〈拉〉（罗马法）权力；权限；管辖权；支配权；统治权

Potestas delegata non potest delegari. 〈拉〉已授予之权力不得再行授予。

Potestas regis est facere justitiam. 〈拉〉国王的权力在于伸张正义。

Potestas regis juris sit, non injuriae. 〈拉〉国王的权力在于维持公正，而非带来伤害。

Potestas stricte interpretatur. 〈拉〉对权力应作严格解释。

Potestas suprema seipsum dissolvere potest, ligare non potest. 〈拉〉最高权力可以终止，但不自我约束。

potestate parentis 〈拉〉父母的管束；父母的控制

potestative condition （大陆法）义务方愿意实现的条件 只有义务方愿意才能实现的条件，路易斯安那州[Louisiana]已不再使用此词语，因为此类条件实际上无法使义务方履行。（⇨suspensive condition; resolutory condition）

Potest quis renunciare pro se et suis juri quod pro se introductum est. 〈拉〉一个人可以代表其本人及继承人放弃授予他的权利。

pot hunting 任意捕杀（鸟兽）；为出售目的而捕猎

Potior (est) conditio defendentis. 〈拉〉被告的地位更有利。 如案情中存在可耻或邪恶行为[turpitude]，法律对双方均将不予保护。在此情况下即可体现这一原则。

Potior est conditio possidentis. 〈拉〉占有人处境较为优越。

Potomac mortgages 〈美〉波托马克抵押 即信托契据[deeds of trust]，马里兰州[Maryland]的与哥伦比亚特区[District of Columbia]相毗邻的诸县将其与抵押一词互换使用。

potwaller (= potwalloper)

potwalloper *n.* 〈英〉独立举炊者 指独立烹煮食物的人，包括户主和房客。有些市镇的独立举炊者有权选举议会议员。

potwalloper borough 〈英〉独立举炊者市镇选区 议会改革前独立举炊者享有选举权的市镇选区。

pound *n.* ❶牲畜栏 官方设立的牲畜栏，用以收留走失的牲畜以待认领。 ❷待赎所 保管扣押物品以待回赎的地方。 ❸英镑 英国的基本货币单位，又作"pound sterling"。 ❹磅 重量单位。

poundage *n.* ❶认领费；赎金 指所有人从牲畜栏认领走失牲畜或从待赎所赎回扣押物品时支付的费用。 ❷执行费 行政司法官或法院执行官员为执行司法扣押或拍卖而收取的费用，根据每磅执行金额计算。 ❸（英格兰古法）磅税 每个商人对其每一英磅进出口商品应当向国王缴纳的 12 便士王室特别津贴税。

poundage fees (= poundage)

pound-breach *n.* 突入待赎所 在未履行扣押者的求偿要求之前，强行将待赎所内的被扣押物品取走。扣押者可对其提起三倍损害赔偿之诉或要求给予刑事处罚。在普通法上，夺回被扣押的牲畜或不履行损害赔偿义务的，属犯罪行为。（⇨pound）

pound breach (= pound-breach)

poundmaster *n.* 畜栏官 管理收留迷失牲畜并将之圈入畜栏[pound]以待认领的市政官员。

pound net 张网 一种定置渔具，固定在有水流的地方，构成一个陷阱，在鱼虾被水流冲入时不致逃脱。

pour acquit 〈法〉作为收据；兹收到 债权人收据上的格式用语，置于签名之前。

pour appuyer 为支持；支援

pour appuyer nouvelle demande 为支持他新提出的诉讼请求

pour autrui 为他人；为其他的事物

pour autrui stipulation (= stipulation pour autrui)

pour compte de qui il appartient 〈法〉为了有关的人的缘故

pour faire proclaimer 〈法〉（英格兰古法）宣告令状 指示市长[mayor]或地方长官[bailiff]对妨害[nuisance]等作出宣告的令状。

pour fair proclaimer que null inject fimes ou ordures en fosses ou rivers pres cities （英格兰古法）宣布任何人不得往城市附近的沟渠或河流中倾倒污物或排泄物 一项依 1388 年法律由市长或执行官[bailiff]发的令状。

pour-over *n.* ❶"倾倒"条款 ❷财产"倾倒"（⇨pour-over clause）

　a. 有关财产"倾倒"的

pour-over clause "倾倒"条款 遗嘱或信托中的一项条款，规定在某些事由发生时将全部或部分财产并入另外一项信托或遗嘱中。如规定在信托财产价值超过某一数额时，将该信托项下的财产转入另一信托项下。

pour-over trust 财产"倾倒"信托 一种生前信托[inter vivos trust]，其在遗嘱人死亡时依遗嘱接受遗产，通常是剩余遗产[residual estate]。（⇨pour-over clause）

pour-over will 财产"倾倒"遗嘱 该遗嘱规定将全部或部分遗产并入一生前信托[inter vivos trust]项下。（⇨pour-over trust）

pourparler 〈法〉磋商；协商 指当事人为订立合同进行的初步协商。此词语也用于国际法和外交事务。

pourparty 〈法〉土地分割 指分割归属共同继承人的土

pourpresture 〈法〉(= purpresture)
pourprise (= purpresture)
pour seisir terres 〈法〉(英格兰古法)没收土地令状 国王以占有未经其同意而再婚的直属封臣[tenant in capite]的遗孀所保有土地的令状。
pour seisir terres la femme qui tient in dower (国王)占有遗孀保有的土地的令状(⇨pour seisir terres)
poursuivant (= pursuivant)
pourveyance n.(英格兰古法)征购特权 为了巡游各地的国王与王室的生活供应而低价征购食品、燃料及其他日用品的特权。
pourveyor n.皇家征购官 为王室征发生活用品的官员。
poustie 〈拉〉权力(= power)
poverty affidavit 贫穷宣誓证明书 指经济贫困者为寻求获得公共援助[public assistance]、指定律师、免除法庭费用，或其他免费的公共服务而作的宣誓书。可以作为法庭准予以贫民身份进行诉讼[proceed in forma pauperis]的根据。(⇨pauper's oath)
poverty law 济贫法 对难以维持最低生活需要的人进行救济的社会保障法律。
powder mark 火药痕迹 近距离向人或物体开枪时留在人的皮肤或物体外表上的痕迹。
power n.❶权力；授权 在法律上具有的通过做出或不做出一定行为而改变一定法律关系的能力或资格，由国家机关——如政府或立法机关——或他人授予。在狭义上该词特指授予某人的或某人保留的为其本人或他人利益而处分一定财产或已被赋予[vest]别人的权益的自由或权力，享有按该权力的授权人[donor]的要求或意图处分财产或权益；有时被授权人所享有的指定权[power of appointment]也缩称为 power。❷授权书；授权条款 ❸(行政)职权范围；权限 ❹权利 ❺政治影响力；势力；统治地位；支配地位 ❻力量；能力
power appendant 附属权力 指授予对所处分土地享有地产权的被授权人[donee]的权力，该权力的效力全部或部分来自被授权人所享有的地产权。例如终身土地保有人[life tenant]的出租权，或抵押人的出卖权[power of sale]。
power appurtenant (= power appendant)
power collateral 附随权力 即单纯权力[naked power]，指被授权人对所处分土地既不享有地产权也不能为自己的利益而行使授权，例如遗嘱执行人享有的单纯的出卖权[power of sale]。(= collateral power)
power coupled with an interest 兼有产权的代理权 指被授权人[agent & donee]不仅被授予可以为一定行为的代理权，而且被授予对授权标的本身的某项权益或产权。这既不同于单纯代理权[naked power]，即仅有代理权限者；亦不同于代理人可得权益仅限于分享收益或成果者。
power district 供电区 为建立与管理发配电工程而设立的公共服务区，或为建设由市县管理的发电厂筹集资金而确定、征收专项税款的特别税收区[special assessment district]。其有时被认为是一个政府部门。
power in gross 总括权利 授予对土地享有地产权者在其地产权以外或在其地产权终止后创设地产权的权利。
power in trust 信托权力 被授权人有义务或必须为他人利益行使的指定权[power of appointment]或财产处分权。形式上属于权力[power]，实质上是一项信托[trust]。

(⇨trust power)
power of acceptance 承诺权 指受要约人接受要约，订立有效合同的权力。
power of agent 代理权；代理人的权力(或权限)
power of alienation 转让权 将财产出售、转让或作其他处分的权力。
power of appointment (财产)指定权 指在遗嘱或其他有效文书中授予某人指定权，由其决定于各种权益终止之后，财产及收益的取得人。
power of attorney ❶授权书；委托书 一种书面文件，本人[principal]以此指定他人为代理人，授权其为本人利益从事某类行为或某一特定行为。它可以是单方面出具的法律文件[deed poll]，也可以是其他法律文件(如契约或协议)的组成部分。其授权可以是总括性的[general or full]，也可以是特定的[special or limited]。授权委托书产生代理关系，而所涉财产的所有权仍由授权人享有。代理人如为"非法律代理人"[attorney in fact]，则本人死亡时，代理权即依法终止。亦作"letter of attorney"或"warrant of attorney"。❷代理权 指依据上述文件所授予的权力。
power of attorney to confess judgment 承认判决的授权委托书 被告债务人授权代理人作出承认败诉的文件。(⇨confession of judgment)
power of consumption 消费权(力) 将本金用于生活支出或享受的权力。
power of disposal (= power of disposition)
power of disposition 处分权 指权利人终身享有的、可为自己利益而处分全部财产的绝对权力。(⇨power of appointment)
power of eminent domain 国家征用权(⇨eminent domain)
power of revocation 撤销权 取消或剥夺现存财产权的权力。
power of sale 出卖权；变卖权 指所授予的将相关财产进行出卖的权力。包括如下几种情形：①一种通常存在于抵押合同或信托契据[deed of trust]中的条款。据此，抵押权人(或受托人)有权在被担保的债务未履行时，即可将抵押物进行公开拍卖，而无需诉诸法院。拍卖所得用以向债权人进行清偿，而买受人亦据此受让抵押物，抵押人则完全丧失对抵押物之财产权及抵押物回赎权[redemption]；②终身地产保有人[life tenant]为获得生活费、教育费等费用而有权将其地产权进行处分；③代理人经由授权而出卖被代理人的财产。
power(-)of(-)sale clause 出卖权条款 ①抵押合同或信托契据中的一项条款，允许抵押权人或受托人在未受偿付时自行出卖抵押物，而无需诉诸法院；②授权受托人依信托设立人意愿出售信托财产，将所得收益再投资或作其他处分的信托条款。(⇨power of sale)
power-of-sale foreclosure 〈美〉基于出卖权而取消抵押物回赎权 一种取消抵押物回赎权的程序。根据抵押文件与州制定法，抵押权人或受托人可以自行委托拍卖机构按非司法程序拍卖抵押物，从而取消抵押物回赎权。在美国，已有半数以上的州采用该种程序。亦作"nonjudicial foreclosure"或"statutory foreclosure"。
power of termination 终止权 附条件转让财产的让与人、遗赠人或其继承人在条件被违反时，通过诉讼收回财产的权力。
power of the county (= posse comitatus)

powers of corporation (= corporate powers)

powers of sale and exchange 出卖与交换权(力) 该词在字面上指任何授予他人的出卖或交换财产的权力,但在英国法上它有一特定含义,即要把出卖或交换所得收益再投资于另一同类地产,且用于同样的用途。在实践中,这类权力的行使通常有助于对地产作出最终处分和执行当事人意图。

powers that be 合法当局(= constituted authorities)

power to defeat the corpus 消费本金的权力(⇨power of consumption)

power to sell 出卖权(力) 一般而言,受托人[fiduciary]的"出卖权"即指根据制定法、信托设立文件或其履行职责的权能范围而拥有的出卖财产的权力。它区别于其享有的"出卖权(利)"[right to sell],后者是指出于履行其职责而正确行使者。(⇨powers of sale and exchange)

poynding (= poinding)

Poyning's Act (= Poyning's Law)

Poyning's Law 〈英〉《波伊宁斯法》 1495年爱尔兰议会通过的限制爱尔兰议会的权力,恢复英王对爱尔兰的统治权的法律。这次议会由亨利王子[Prince Henry]的助手爱德华·波伊宁斯[Sir Edward Poynings]召集并操纵,故名。

P.P. (= propria persona; per procuration)

pp. (= pages)

p.p.a. (= per power of attorney)

P.P.I. (= policy proof of interest)

practical a.实践的;实用的 指与实践或行动有关的事物,与抽象理论相区别。

practical construction ❶实践解释 指一项法律文件的利害关系当事人在利害关系期间对该文件所作的解释,或指行政机关对调整某一政府部门的立法的解释。 ❷符合实际的解释 指基于如下推定而对不明确的合同的解释:当事人订立合同是为了公平、合理与符合实际的结果。

practical location 实际位置

practice n.❶惯常作法;惯例;习俗 ❷实施;实践;实行;(理论知识的)应用 ❸(反复)练习 ❹图谋;策划 ❺(律师或医生的)业务;医业;律师业 ❻诉讼程序(⇨procedure)

practice acts 诉讼程序法 规定法院进行诉讼程序的法律,常由法院规则补充。

practice brokers 律师业务经纪人 作为中间人把即将退休或歇业的律师的业务出售给其他律师或律师事务所的人。这种做法从道德上说可能是不合适的,因为这样做会暴露委托人的诉讼案卷,而且对于后任律师的推荐可能基于前任律师的经济利益,而非委托人的最佳利益。

practice court ❶〈美〉(= moot court) ❷[P– C–]〈英〉(= Bail Court)

practice directions 〈英〉诉讼程序指南 高等法院或者其分庭的法官所作的有关各类诉讼程序的指导性说明,通常刊登在判例汇编和律师杂志上,目的在于指导法庭和律师处理有关诉讼程序方面的事务。

practice master 〈英〉诉讼程序主事法官 高等法院王座庭中主事法官的一种,按轮值表轮流在中央办公室[Central Office]值班,监督指导该处的工作并解答有关诉讼程序的问题。他们所作的诉讼程序指南[Practice Directions]刊登在《最高法院诉讼程序》[Supreme Court Practice]上,虽然不具有法律效力,但地区登记处[district registry]必须遵守。一年中的每一工作日都应有一名诉讼程序主事法官值班,但银行假日[bank holidays]及法院休庭期除外。

practice masters' rules 〈英〉诉讼程序主事官规则 指高等法院中对涉及最高法院中央办公室事务的管理规定的指导准则。它们刊登在《程序年鉴》[Annual Practice]中。

practice of law 执行律师业务;律师执业 经当事人委托由律师提供法律服务,包括提供法律咨询、起草诉状和法律文件、代理诉讼、撰写各种法律文据等。

practice of medicine 行医;治疗疾病

practicing dentistry 牙科治疗

practicing law 法律实践;法律实务(= practice of law)

Practicing Law Institute/P.L.I. 〈美〉执业律师学会 1933年成立,为增强美国的法律制度主办过数以百计的关于法律最新发展的讨论会与刊物。

practicing lawyer 执业律师 在公众场合经常性以律师身份出现并提供有偿法律服务的人员。已退休的律师,如为亲朋邻里偶尔处理案件,但不收费,不得视同执业律师。

practicing medicine (= practice of medicine)

Practicks 〈苏格兰〉最高民事法院判决录;司法文件汇编 起初是指由最高民事法院[Court of Session]的法官所保存的、对本法院判决的简短记录。早期这些记录是按年代顺序编排的,并以编辑者的名字命名,后来这些汇集中又包括了关于制定法的摘要及其它一些资料。这前后两种司法资料的汇编有时又分别被称为司法判决录和法规摘要录,后来它们并行存在,但在17世纪中期,前者为判例报道汇编,后者则为系统的论文以及后来的案例摘要所代替。这些汇编的许多卷仍存世,其中的一些还被出版。所有这些资料作为中世纪苏格兰的习惯法和早期判决的权威记录具有极高的价值,已出版的卷册也被作为权威而经常引用。

practising certificate 〈英〉(事务律师的)执业证书 事务律师须每年从事务律师协会[Law Society]取得执业证书,持有执业证书方能作为事务律师从事执业活动。

practitioner n.❶(律师、医生等专门职业的)开业者;从业者;执业者;执业律师(或医生、会计师等) ❷从事实践者;实际工作者 ❸基督教科学派信仰疗法术士[Christian Science healer]

prados 〈西〉田地;牧场

prae 〈拉〉在…之前;在…以前

praebenda 〈拉〉仅次于主教之教会职务;受俸牧师(= prebend)

praeceptor 〈拉〉(英格兰古法)主事官 王座法庭的首席书记官,主管各种法律救济令状的颁发。

praeceptories n.(采邑法)(主事官授予显赫的)圣殿骑士[templars]的圣职

praecipe n.❶(英格兰古法)指令令状 早期普通法中的一种起始令状[original writ],指令被告为某种行为或对不为某种行为作出解释。此时它又被称作"writ of praecipe"。例如指令交付令状[praecipe quod reddat]就是指令被告将土地返还给原告,当然此令状还可用来指令被告偿债,返还其他动产或不动产;而在阻却限嗣继承的两重拟制诉讼[common recovery]中,这类令状就要发给接受保有人转让的限嗣继承地而以完全保有方式持有地产者,为此他被称为指令令状针对的被告或保有人[tenant to the praecipe]。在早期普通法的发展中,指令令状曾因事实上剥夺了领主法庭对不动产权益诉讼的管辖权而遭到贵族的抵制。　❷申请便函　一种书面的申请,包括当事人所请求事项的要点,它登记在即将依此申请而签发相应令状的机构,而这种相应的令状便是为了使上述申请得以实现。　❸(书面)指令;指示　发给法庭事务官,指令他签发相应的令状以完成某种事务。

praecipe in capite　直属封臣权利令状　在直属封臣[tenant in capite]的土地被侵占[deforce]时颁发的权利令状。

praecipe quia dominus remisit curiam　因领主放弃司法权令状　直译为"因领主放弃其领地法庭的司法管辖权而获之令状"。一种权利令状,与后来使用的直属封臣权利令状[praecipe in capite]的目的类似,都在于通过申请该令状在王室法庭进行诉讼而不是在领主的领地法庭由普通权利令状提起诉讼,通过这种方式事实上取消了领主的司法管辖权。

praecipe quod reddat　〈拉〉(英格兰古法)指令交付令状　在阻却限嗣继承的拟制诉讼[common recovery]开始时颁发的、指示被告恢复对土地的占有的令状。(➪praecipe)

praecipe quod teneat conventionem　违约赔偿之诉开始令　开始违约赔偿之诉[action of covenant infines],为1833–1834年间的一项法令所取消。

praecipitium　古时一种将罪犯头朝下从高处扔下的刑罚

praeco　〈拉〉(罗马法)(法庭)传令官;庭吏　相当于crier等。

praecogitata malicia　〈拉〉预谋的恶意(➪ex praecogitata malicia)

praecognita　〈拉〉预知事项　此为了解后来之事的前提。

praecognitum　〈拉〉帮助理解的背景材料　praecognita的单数。

praed.　(=praedictus)

praedia　〈拉〉praedium的复数

praedia bella　(=praedia bellica)

praedia bellica　〈拉〉战利品;战时俘获物

praedial　*a*. 土地的;不动产的;由土地产生的

praedial servitude　地役权　为使用自己土地的便利而利用他人特定土地的权利,例如在他人土地上通行、导水等的权利。(➪servitude)

praedial tithes　农业什一税;农产品什一税　直接来自土地的什一税,如各种谷物、草料、木材、果实、药草等。

praedia rustica　〈拉〉乡村房地产　praedium rusticum的复数。

praedia stipendiaria　〈拉〉(罗马法)贡赋地　词义为"民众的行省土地",在君主制时期,指属于罗马民众的元老院行省的土地。这些土地的税收以"贡赋"[stipendium]的形式缴纳给罗马共同体,即保留了共和时期的行省土地制度。

praedia tributaria　〈拉〉(罗马法)纳税地　词义为"皇帝的行省土地",指属于罗马皇帝的皇帝行省的土地,由皇帝的代理人向行省居民直接征收各种税赋。

praedia volantia　〈拉〉可动的不动产　指床、桌子及重家具等在某种程度上固定在房屋中并因此被视为房屋一部分的可移动的财产。

praedicta　(=praedictus)

praedictum　(=praedictus)

praedictus　〈拉〉(古)前述的;上述的　诉状中,该词用于指被告、承租人、地点、市镇或土地;idem则用以指原告;praefatus则用以指非当事人者。

praedium　〈拉〉(罗马法)土地;地产

praedium dominans　〈拉〉(罗马法)需役地(➪praedial servitude)

Praedium domini regis est directum dominium, cujus nullus est author nisi Deus.　〈拉〉国王的地产权乃上帝一手缔造的直接所有权。

praedium rusticum　〈拉〉(罗马法)乡间田产;乡间不动产　主要指乡村土地。但在泛指非住宅用地,如田地、草地、果园、花园、树林等时,也可以是位于城市内的这种用地。

praedium serviens　〈拉〉(罗马法)供役地(➪praedial servitude)

Praedium servit praedio.　〈拉〉土地服从土地。或:地役权跟随土地。　即地役权并非个人权利,而是附属于需役地[dominant tenement]的权利。

praedium urbanum　〈拉〉(罗马法)非农用土地　用于居住或商业的土地,也可指建造在城市或乡村,供人们居住和使用的大小建筑物。

praedo　〈拉〉(罗马法)抢劫者;强盗;盗贼

praef　(=praefatus)

praefatus　〈拉〉前述的;上述的　有时缩写为"praefat"、"p.fat."。(➪praedictus)

praefectura　〈拉〉(罗马法)征服的城镇　由民众选定或裁判官指定的地方长官[prefect]管理。

praefectus　〈拉〉(=prefect)

praefectus praetorio　〈拉〉(罗马占领英格兰时的)高级司法官[pretorian prefect]

praefectus urbi　〈拉〉古罗马城司法官;古罗马城裁判官　从奥古斯都[Augustus]时起负责城市和城市治安的官员,其管辖权限于罗马城周围100英里,并有权对民事和刑事案件作出裁决。作为皇帝的代表,逐步取得原属罗马裁判官[praetor urbanus]的权力。

praefectus vigilium　〈拉〉(罗马法)值夜官　守夜人员的主管官员。其职权为制止破坏治安的违法行为,包括盗窃行为,但只有权处以轻微的惩罚。

praefectus villae　〈拉〉城市的市长

praefine　(=primer fine)

praejudicialis　〈拉〉(罗马法)先决的(➪actio praejudicialis)

praejudicium　〈拉〉❶预先判决;事前定判　❷(=prejudice)

praejuramentum　(=antejuramentum)

praelatus　〈拉〉高级教士　指大主教或主教。(=prelate)

praelegatum　〈拉〉(罗马法)先取继承　向某一继承人先行支付其有权继承之遗产份额的全部或一部分。类似于advancement。

praemissae　〈拉〉(=premises)

praemissorum ignarus　〈拉〉不是不知道其前提

praemium　〈拉〉报酬;补偿;价款

praemium concubinati　〈拉〉非法同居的代价;失去贞操的代价

praemium emancipationis　〈拉〉(罗马法)解放补偿　君士坦丁[Constantine]允许父亲在解放子女时获得的补偿或报酬,为子女所继承母系财产的1/3。到优士丁尼[Justinian]时,代之以对子女单独财产的一半的用益权。(➪emancipation)

praemium pudicitiae　〈拉〉(=premium pudicitiae)

praemium pudoris　〈拉〉羞耻的代价;耻辱的代价

praemunire　〈英〉❶保护王权令　为保护王室管辖权而签发的令状,要求郡长传讯被告出庭解释其蔑视王权的行为,并对其施以刑罚处罚。　❷侵犯王权罪　指所有侵犯王权的行为,特别指因尊崇教皇而侵犯国王管辖权的行为，如侵犯国王任命神职人员的世俗权利、教会法官妨害王室法院的活动、拒绝正式确认和祝圣国王提名的主教等。这方面的基本法是 1352 年《空缺圣职继任者法》[Statute of Provisors]，抵制教皇对空缺圣职的预先委任[provision]。该法与 1392 年《侵犯王权罪法》[Statute of Praemunire]规定被告不受国王保护，土地和财产被终身剥夺。这方面的法令已被废除。

praenomen 〈拉〉(罗马法)名；教名　放在姓或家姓之前，为姓名的首字。

praepositura 订约权；购物权　妻子或管家购买符合其生活方式的家庭生活必需品的一种默示授权，而由丈夫负责付款。

praepositus (英格兰古法)❶百户区贤前官　级别仅次于百户区[hundred]长官的官员。❷土地管理人；地产管理人　❸祖先；始祖

praepositus ecclesiae 〈拉〉教会堂区俗人执事(= churchwardens)

praepositus villae 市镇的警长；低级警官

Praepropera consilia raro sunt prospera. 〈拉〉草率计划，成者甚微。

praerogativa regis 〈拉〉帝王的特权

praescriptio 〈拉〉(罗马法)❶前书　程式诉状[formula]的前段部分。为原告利益的前书是用以声明请求的范围，为被告利益的前书则用以声明免于或对抗诉讼的内容。后者在后来被改为抗辩。(⇨praescriptiones)❷时效　在收回土地之诉中被告的一项辩护理由。被告作为所有人持续占用财物达到规定期限时，即可主张取得财物的所有权。又可称为长期时效[praescriptio longi temporis]。

Praescriptio est titulus ex usu et tempore substantiam capiens ab auctoritate legis. 〈拉〉时效为法律授予之权利，其效力乃因使用及时间而取得。

Praescriptio et executio non pertinent ad valorem contractus, set ad tempus et modum actionis instituendae. 〈拉〉时效及履行并不影响合同效力，而是影响提起诉讼之时间及方式。

praescriptio fori 〈拉〉对法院管辖权的异议

praescriptiones 〈拉〉(复)(罗马法)前书；诉讼请求引导语　程式诉状中用以说明诉讼请求的格式用语，置于诉状的起首部分，例如在追索年金的诉讼中，其诉状的起首部分写作"为使付到期年金事"，或类似语句。

praesens in curia 〈拉〉出席法庭；出庭；到庭

Praesentare nihil aliud est quam praesto dare seu offere. 〈拉〉给付之提出，即当场给付或为给付之要约。

praesentes 〈拉〉出席者；在场者

Praesentia corporis tollit errorem nominis; et veritas nominis tollit errorem demonstrationis. 〈拉〉实体的存在弥补名称的谬误；名称的真实弥补描述的错误。

praeses 〈拉〉(罗马法)行省总督；行省执政官

praestare 〈拉〉(罗马法)❶给付；偿付　❷履行；执行　❸保证；负责

Praestat cautela quam medela. 〈拉〉预防胜于救济。

praestatio 〈拉〉(= prestation)

praestation (= prestation)

praestimonia 〈拉〉(= prestimony)

Praesumatur pro justitia sententiae. 〈拉〉法院之宣告，推定其合于正义。

Praesumitur pro legitimatione. 〈拉〉推定应有利于婚生子女。

Praesumitur pro negante. 〈拉〉推定否决原则。　根据英国上议院的议事规则，当对一项动议的支持与反对意见相等时，则推定该动议被否决。

praesumitur pro reo 〈拉〉存在有利于被告的推定

praesumptio 〈拉〉❶推定；推断　❷侵入；非法取得

Praesumptio ex eo quod plerumque fit. 〈拉〉推定源于通常情况。

praesumptio fortior 〈拉〉强有力的推定

praesumptio hominis 〈拉〉自然推定；人为推定

praesumptio juris 〈拉〉合理的推定；初步推定；可反驳的推定

praesumptio juris et de jure 〈拉〉依照法律的合理推定；终结性或不可反驳的推定(= conclusive presumption; irrebuttable presumption)

praesumptio Muciana 〈拉〉(罗马法)穆奇亚纳推定　即法律上推定妻子的财产来自丈夫的赠与，而非从其他来源取得。但有相反证据时，可排除该推定。

Praesumptiones sunt conjecturae ex signo verisimili ad probandum assumptae. 〈拉〉推定指为举证之目的而从大有可能的证据中所作的推测。

Praesumptio violenta plena probatio. 〈拉〉有力的推定在法律上有分量。

Praesumptio violenta valet in lege. 〈拉〉有力的推定在法律上有证据力。

praeteritio 〈拉〉忽略；遗漏　罗马法中用以指遗嘱人未提及某一法定继承人，从而将其排除在遗产继承之外。

praeteritorum memoria eventorum 〈拉〉对过去事件的记忆

Praetextu liciti non debet admitti illicitum. 〈拉〉非法事物不能因伪装成合法而被获准。

praetextus 〈拉〉借口；托词

praetor 〈拉〉(罗马法)裁判官；大法官　约于公元前 366 前设立的罗马共和国最高司法长官，到帝国时期其重要性逐渐降低，最终成为一项荣誉职位。

praetor fidei-commissarius 〈拉〉(罗马法)遗产信托大法官　负责审理遗产信托案件的特别大法官。

praetorian law (= lex praetoria)

praetor peregrinus 〈拉〉(罗马法)外事裁判官(⇨praetor urbanus)

praetor urbanus 〈拉〉(罗马法)内事裁判官　罗马国家于公元前 366 年左右设立的行使司法与立法创制权的官职。最初只设一人，专门受理罗马公民之间的诉讼。从公元前 242 年左右起又增设一人，专门受理罗马公民与外国人之间及外国人相互之间的诉讼，称"外事裁判官"，而将原有的称为"内事裁判官"。

praevaricator 〈拉〉(罗马法)违反信托者；不尽职守者

pragmatica 〈西班牙殖民地法〉国王敕令

pragmatic sanction 国事诏书　古罗马后期调整教会和国家重要事务的基本法律。公元 554 年优士丁尼[Justinian]大帝发布的一系列法令称"国事诏书"。其后，在受罗马法影响的各国，此名称用以指君主规定王位继承的旨意。

pratique n.(意大利各港发给已通过检疫或持有免疫证明书的船舶的)免疫通行证

prava consuetudo 〈拉〉邪恶的风俗或习惯

praxis 〈拉〉运用；实践

Praxis judicum est interpres legum. 〈拉〉法官之审判实践即为法律之解释。

prayer n. ❶(衡平法起诉状中原告的)诉讼请求 ❷请求部分 衡平法起诉状中记载原告诉讼请求的部分。
Prayer Book 〈英〉《公祷书》 宗教改革时期在英格兰广泛使用的有关祈祷和礼仪方面的英格兰国教祈祷书。1548年《公祷书法》[Book of Common Prayer Act]规定只能使用在该书中提及的礼拜仪式。1662年《信仰统一法》[Act of Uniformity]将该书修订为现代形式,并规定所有教会必须使用。
prayer for alternative relief (= prayer in the alternative)
prayer for process (= prayer of process)
prayer for relief 法律救济请求 指在民事起诉状的末尾原告向法院提出请求给予法律救济的部分。
prayer healing 祷告医治法 指期望凭祷告治愈疾病。(⇨healer)
prayer in the alternative 选择性救济请求 当原告不能确信其有权得到的具体救济方式时,在起诉状中所列的两种可选择的救济请求[prayer],以便当一种请求被拒绝时另一种请求得到准许,但两种请求均应与起诉状所陈述的理由相符。
prayer of process 传票送达请求 衡平法起诉状的最后一部分,指明被告,请求传唤被告到庭应诉。
prayers for the dead 〈英〉为死者祈祷 为给死者作弥撒而留下遗赠物是合法的,不算迷信。英格兰国教会并不明确禁止这种行为,但它不得涉及有关炼狱[purgatory]的天主教教义。
pray in aid 请求帮助 在英格兰古时的不动产诉讼[real action]中,指土地保有人因其权利的薄弱或不足而请求他人协同其进行诉讼。在现代英国诉讼中则指有多个当事人参加的诉讼,代理律师为其当事人的利益提出其他当事人的律师所提出的论据也适用于其当事人。
preamble n. 序言;导言 宪法或法律、法规的起初部分,说明立法的缘由和所要达到的目的。序言有助于解释法规的含糊之处。
preappointed evidence 预定证据 指法律预先规定其种类和证明力等级的有关某些事实或某些文据的证据。与偶然证据[casual evidence]不同,后者指因各种情况自然产生的证据。
preaudience n.〈英〉优先发言权 对于未事先规定发言次序的事项,某些律师享有较其他律师优先的发言权。法庭上的发言顺序一般为总检察长[Attorney-General]、副总检察长[Solicitor-General]、皇家大律师[Queen's Counsel]、按资历深浅排列的普通律师。
prebend n.〈英〉(教会法)❶圣俸财产 由主教座堂[cathedral]或大圣堂[collegiate church]保有以供支付神职人员薪俸的土地或钱财。 ❷圣俸 法政牧师[canon],即受俸牧师[prebendary]每年从圣俸财产中获取的薪俸,它与法政牧师职位[canonicate]的区别在于,前者是根据神职人员在教会的任职给予的薪俸,后者指薪俸之外的头衔或称号。 ❸受俸牧师(= prebendary)
prebendary n.〈英〉(主教座堂的)受俸牧师 指供职于主教座堂[cathedral],隶属于主教的牧师,享用主教座堂拨给的固定薪俸,分为普通受俸牧师[simple prebendary]和高级受俸牧师[dignitary prebendary],前者除圣俸[prebend]之外没有其它收入,后者除圣俸之外还行使宗教管辖权[cures of souls]。由法政牧师[canons]或受俸牧师组成主教参事会[dean and chapter]协助主教,参事会成员由国王或主教任命,有时也由牧师选举产生。
precariae 〈英格兰古法〉日工 某些领地上的佃户在

季节向领主提供的劳役。
precarious a. ❶易受人摆布的;(意志)不坚定的;取决于他人意志的 ❷不稳的;不可靠的;不确定的;值得怀疑的 ❸根据不足的;理由不充分的
precarious circumstances 危急状态 一种危急的财务状况,指财务状况濒临无偿债能力或破产;或指在谨慎节俭的人看来,遗嘱执行人的行为与性格表明其在管理受托财产或个人财产上过于轻率或挥霍,以致危及财产安全的状况。
precarious loan ❶不定期贷款 无固定贷款期限、贷款人可随时要求返还的贷款,如活期贷款。 ❷不良贷款 处在不能偿还危险中的贷款。
precarious possession 假占有;不稳定占有 经他人允许但可随意被他人取消的占有。
precarious right 不确定的权利 授权人可依其意愿随时予以撤销的权利。如出借人可随时撤销借用人使用出借物的权利。
precarious trade 凭借他人进行的贸易 国际法上指交战国之间通过中立国进行的、为敌对双方默许的贸易。
precarium 〈拉〉❶(罗马法)不稳定借用;容假占有 一项习惯做法,指当事人一方无偿容许他方暂时占有其财物或行使其权利,借用人可以取得对财物的合法占有,但出借人可以随时收回财物。 ❷(英格兰古法)军役制保有地产 中世纪早期为获取军役而将土地终身授予他人,这是建立封建采邑的基础。 ❸〈苏格兰〉(可随时要求归还的)财物无偿借用
precatory trust 恳求性信托 设置信托时使用请求性的而非指令性或确定性的语句。法院认为可以成立信托的恳求性语句有:"希望并请求"、"充分信托"、"衷心恳求"等。
precatory words 恳求性文字;恳求性嘱托词 具有恳求、请求、愿望、希望、建议等性质的文字,区别于具有命令、指示性质的用语。出现在遗嘱或信托委托书中的单纯的恳求性文字,除非另可证明其实际上具有命令性或指示性,否则在法律上均不具有财产处分的效力。
precaution n. 预防;预防措施
precedence n. ❶(顺序、时间、地位等方面的)优先;居前 ❷优先权 ❸地位或身份的高低次序;位次
precedency (= precedence)
precedent n. 先例;判例 法院的判决是同级法院或下级法院以后处理有相同或类似法律问题案件的范例。以前的司法判决是以后处理类似案件的法律依据。(⇨stare decisis)
precedents sub silentio 默认的先例 未经法院判决确认,但在实践中一直遵循的惯例。
preceding estate 在先地产权 在将来权益[future interest]产生之前存在于同一块土地上的地产权,它对将来权益起着限制作用。
prece partium 〈拉〉基于当事人的请求 经双方当事人同意继续进行诉讼。
precept n. ❶命令;训令;指令;指示 ❷法院命令;令状 ❸规诫;戒律;行为准则 ❹格言;箴言 ❺〈法国古法〉(破坏法律的)国王命令 即要求法官做出或容忍违法之事。 ❻〈英格兰古法〉唆使犯罪;犯罪教唆
precept of attachment 扣押令 通常在诉讼开始后,未签发扣押令状[writ of attachment]的情况下,由法院签发的扣押被告财产的命令。
precept of clare constat 确认产权文契 在封臣[vassal]

死后领主确认其继承人的地产权的文契。

precept of sasine 〈苏格兰〉土地占有授予令 旧时贵族领主向其司法官[bailie]发出的将土地之占有授予其封臣[vassal]的命令。初为一项单独的契据,后成为土地授予状中的一项条款。(⇨sasine)

preces 〈拉〉❶(= precariae) ❷(罗马法)恳求 向皇帝呈递的一种请愿书。

preces primae 首次推荐权(= preces primariae)

preces primariae 〈拉〉首次推荐权 依据英格兰教会法,国王登基后对各教堂首次出现空缺的受俸牧师[prebend]职位有权推荐,源自神圣罗马帝国皇帝的类似权力。爱德华一世[Edward I]统治时期曾行使该权力。

precinct n.❶〈英〉周围区域 指与皇宫、法院、教堂等紧邻的四周的土地。❷分区;管辖区 如警区、选区、管辖区等。

precipe (= praecipe)

precipitation n.突发事件

preciput 〈法〉先取份 指共同继承人之一在遗产分割前先行取得的、高于平均分配的遗产份额。

precium (= pretium)

preclude v.禁止;阻止 如通过颁发禁制令[injunction]禁止。

precludi non 〈拉〉不排除 普通法诉讼用语,为原告针对被告提出的终结诉讼答辩[plea in bar]的驳斥状[replication]中的起首语:"答辩中所提出的各项理由,都不能排除原告对被告的上述诉讼……"。

precludi non debet (= precludi non)

preclusion order 〈美〉阻却令;阻止令 根据《联邦民事诉讼规则》[Federal Rules of Civil Procedure],阻止不遵从法院披露令[order for discovery]的当事人提出或反对某些诉讼请求或答辩的命令。

precognition n.〈苏格兰〉对证人的预先审查 指证人对所调查事项所作的未经宣誓的书面陈述。刑事案件中,对证人的预先审查通常由地方检察官[procurator-fiscal]或其助手进行。

precognosce v.〈苏格兰〉预先询问证人(⇨precognition)

preconceived malice (= malice aforethought)

precondition n.先决条件;前提

preconization n.公开发布;宣布;公告召集

preconstruction costs 前期费用 设计、监理费用;承包人的利润;工厂建设期间费用之利息;建设期间的保险与纳税支出;公司的创办费;与公司组织相关之法律费用。

precontract n.预约;婚约 在订立契约前订立的契约。教会法规定订有婚约的双方均不得与他人结婚。旧时教会法庭可强令订有婚约的双方结婚;若一方已另行结婚,则该婚姻自始无效。

precurations n.〈英〉巡游费 由堂区牧师每年向主教或执事长提供的费用,以保证他们巡视堂区教会之用,也称作 proxies。后被1963年《教会管辖法》[Ecclesiastical Jurisdiction Measure]废弃。

predated instrument 倒填日期的票据;倒签票据 指票据上载明的出票日期早于其实际签发及交付的日期,也作"antedated instrument"。

predatory animal 捕食家畜的动物

predatory intent 掠夺性目的 以将竞争者排挤出市场为目的而牺牲眼前收益,然后抬高价格弥补损失。

predatory pricing 〈美〉掠夺性定价 为短期内挤垮竞争对手并在长期内为减少竞争以低于成本的价格定价的行为。掠夺性定价为违反反托拉斯法的行为,可推断为具有反对竞争的目的。(⇨predatory intent)

predecease v.在另一人之前死亡

predecessor n.❶祖先;先辈;死去的被继承人 ❷前任 ❸前身;(被取代的)原有事物

pre-delinquency program 〈美〉预防少年犯罪计划 用来识别可能犯罪的儿童,已在一些州实行。但这项计划的实施经常与学校档案的保密性发生抵触。

predial (= praedial)

predial servitude (= praedial servitude)

predial tithes (= praedial tithes)

prediction studies 预测研究 犯罪学的一个分支,通过对罪犯个人情况、经历、职业等的综合调查,探求与对其改造的成败相联系的因素,预测其服刑后的行为表现。犯罪预测研究能为法院量刑和监管机构管理罪犯提供参考。

predisposition n.犯罪倾向 可以指被告人实施受指控罪行的心理倾向,即已准备并决心实施犯罪。(⇨premeditation)

pre-disposition report 〈美〉处理前报告 根据少年法庭的要求,由缓刑机构或其他指定机构提出的调查报告。报告内容包括犯罪少年、流浪儿童或无独立生活能力儿童以往的行为、家庭背景和性格,以协助法庭作出恰当的处理。

predominant a.占支配地位的;占优势的

preemption n.❶〈美〉优先购买权;先买权;(通过抢先占用等取得的)公共土地优先购买权 ❷(国际法)强制收购权 一国在其领土内扣押运经该国领土的他国国民财产以便本国国民购买的权利,现该权利仅限于战时且必须是在如允许该财产运至终点将会损害收购国利益的情况下才能行使。 ❸〈英格兰古法〉王室征购官(为王室供应需要可以估定价格[appraised price]购买物品)的优先购买权 ❹〈美〉(在某些全国性问题上)联邦法优先(于州法的)原则;(在某一特定领域)州法优先(于地方法的)原则

preemption claimant (土地的)先买权请求人 指已先占有适用先买条件的土地,已满足或正在满足法律规定的条件以取得该土地所有权的人。

preemption doctrine 〈美〉优先适用原则(⇨preemption)

preemption entry 〈美〉宅地先占 为建造住房进占未划拨的公地。(⇨entry)

preemption laws 〈美〉先占先买法 指自1841年《先买权法》[Pre-emption Act]以来颁布的一系列有关公共土地的出售与分配的联邦法律。这些法律规定已勘测并允许私人进占的公共土地上的已有的定居者在办理一定手续后能够优先取得该土地的所有权。

preemption of field 〈美〉立法领域的先占 指联邦国会在某一领域通过一项法律,而该领域在此之前则是向州立法开放。

preemption of way 占道 指驾车人未能给其他车辆让路。

preemption right 〈美〉公地先买权 政府给予某块公有土地的实际移居者或开垦者的特权,即其有权以规定价格优先购买这块土地。

preemptive power 优先权(⇨preemption; supremacy clause)

preemptive right 优先认购权;优先购股权 股东为保持其股权比例而对公司新发行股份享有的一种优先权。

(⇨stock)

preemptive right doctrine 优先认购权原则(⇨preemptive right)

preexisting condition (保险法)原先存在的状况 指医疗保险生效前已明显存在的身体或精神状况，在投保后，对这方面症状的治疗应排除在医疗保险范围内。

preexisting debt 前债；既存债务(⇨antecedent debt)

preexisting duty 既存义务 指当事人在作出允诺[promise]前已经承担的法律义务。按照普通法，任何人不得以既存义务为合同的有效对价。但美国《统一商法典》[U.C.C.]已在买卖合同中取消了这一规则。(⇨preexisting-duty rule)

preexisting-duty rule 既存义务规则 合同法上的一项规则，指如果一方当事人履行或允诺履行其本应履行的义务，该当事人并未因此而遭受损害。其中本应履行的义务，既可以是作为的义务，也可以是不作为的义务。既有义务规则的运用，意味着履行既有义务的允诺并不构成合同的有效对价。

preexisting obligation 前债(⇨antecedent debt)

prefabricated house 预制房屋 利用预先切割与拼装的建筑材料建造的房屋。

prefect ❶高级官员 ❷〈新墨西哥州〉遗嘱检验法官

prefer v. ❶举报；提出控告 对犯罪嫌疑人进行指控或检举揭发。 ❷提出 以供考虑。 ❸赋予优先权 例如，使某一债权人优先于其他债权人受偿。

preference n. 优先权 ①诸如：优先受偿权，破产时部分债权人享有的全部或部分债权优先受偿的权利；优先认购权，公司股东依其原持股比例优先认购公司新发行股份的权利[preemptive right]等。②此词常与另一词"priority"混用；法律可以认定preference为可撤销，而priority则总是合法的。

preference share 优先股 其持有人享有一定优先权，或者先于普通股股东按固定利率分红，或者在公司清算时优先分配财产，也可兼有这两方面的优先权。(= preferred stock)

preference stock 优先股(= preference share)

preferential assignment 〈美〉优先转让 破产债务人在破产宣告前为个别债权人的利益而转让财产或将财产转让给个别债权人，并在转让中给予该债权人相对于其他债权人的优惠，即该债权人以转让的财产或转让所得价款首先全部受偿，从而使该债权人获得比通过破产财产分配更多的受偿份额。大多数州的制定法规定此类转让为欺诈性转让而加以禁止。该词也称preferential transfer; voidable preference; voidable transfer; preference。

preferential claim 优先请求权(⇨preferential debt)

preferential debt 优先受偿之债 破产法上，指应优先于其他债务而受清偿的债，如雇员工资、破产管理费用。

preferential dividend 优先股股利(⇨preferred stock)

preferential hiring hall 优先雇佣所 工会会员被优先向雇主推荐的雇佣所。(⇨hiring hall)

preferential primary 〈美〉意向初选 在某些州实行的总统候选人初选制度，对候选人的提名不具有决定作用，但它给予在初选中有投票权的政党成员以表达意见的机会，并给予候选人以检验其对选民的吸引力的机会。

preferential shop 优先雇用的劳动场所 根据工会与雇主的协议应优先雇用工会会员的劳动场所。但缺乏符合条件的工会会员时也可雇用非工会会员。

preferential tariff 优惠关税；特惠关税 即对来自特定国家或地区的商品按较低的税率征收的关税。

preferential transfer (= preferential assignment)

preferential voting 选择投票制 亦作preferential system或alternative vote。允许或要求选民对同一职位表示两种以上选择权的投票制度。具体指选民在选票上表明对各个候选人的选择顺序，以便没有候选人所得第一顺序的票超过半数时，计算第一和第二顺序的票。如果必要，也计算第三顺序及以后顺序的票，直到有一名候选人获得绝对多数票为止。

preferred a. 有优先权的(⇨preference)

preferred beneficiary 优先受益人 在有关非法侵害致死的制定法中，指由于其系死者扶养的亲属而享受优先权利的受益人。

preferred creditor 优先债权人 其债权可优先于其他债权人的债权得到清偿，如设定有担保的债权人。

preferred dividend (= preferential dividend)

preferred dockets 优先审理案件目录 由法院书记官安排的、需要先行审理的案件目录。例如，由于刑事案件的被告人享有迅速得到审判的宪法权利，刑事案件的审理通常优先于民事案件。

preferred legacy 优先遗赠 根据遗嘱条款，该遗赠先于其他遗赠得到给付。

preferred maritime lien 船舶优先权 先于船舶抵押权之登记、背书而成立之海事请求权；或就侵权损害赔偿、由船东、租船人、船长、船舶管理人或代理人雇佣的搬运工人的工资、船员工资、共同海损、海难救助包括契约救助所发生之海事请求权。

preferred position 优先地位

preferred share 优先股(= preference share)

preferred ship mortgage 〈美〉船舶抵押权 由《船舶抵押法》[Ship Mortgage Act]规定可优先受偿的船舶抵押权，应符合法定的船舶大小，并履行登记及其他要求。

preferred stock 优先股(= preference share)

preferred stock bailout 〈美〉以优先股为股利 股东为获取长期资本收益且不丧失对公司的投票权控制而使用的优先股的发行、销售以及随后的股利偿付程序。股东实际上能抽取公司利润而不按股利收入处理。《国内税收法典》[I.R.C.]将股票销售之优先长期资本收益作为普通收入。在此情况下，普通收入额仅限于当优先股作为股利发行时公司收入或利润分给股东的部分。《1986年税收改革法》[Tax Reform Act of 1986]取消了先前对长期资本收益的有利税收处理，从而在实质上改变了《国内税收法》的效果。

preferred stockholder 优先股股东

preferred stockholders' contract 优先股约定；优先股条款 指公司章程、章程附则或董事会决议中有关优先股股东权利的规定。

prefiled n. 先期议案 在立法机关会期开始之前提出的议案。

pregnancy n. 怀孕 怀孕始于受孕，止于胎儿出生。怀孕不属于不健康或疾病。子宫外孕通常需要采取外科手术以避免伤亡的后果。

Pregnancy Discrimination Act 〈美〉《禁止歧视怀孕法》 1978年通过的联邦立法，规定怀孕的女雇员应与其他病假雇员同样享受福利待遇。

pregnant a. 怀孕的

pregnant negative (= negative pregnant)

pre-hire agreement 〈美〉雇前协议 雇主与工会事先签订

的协议。这类协议仅在建筑业中采用,以便雇主在投标前核算劳动力成本并保证有足够的熟练工人。

pre-incorporating services 筹备工作;创办工作 指发起与组织成立公司的工作。

prejudgment interest 迟延利息;损害利息 以损害赔偿金的方式判决支付的迟延利息,例如因迟延支付在违约或侵权之诉中已判决应向原告支付的金钱而产生的利息赔偿。

prejudice n. ❶损害;侵害 包括对权利及物质利益的侵害。❷偏见;成见 指未了解事实或不顾事实真相而形成的观点或判断。

prejudice of judge 法官的偏见 指法官对诉讼一方当事人存在的心理上的倾向性,从而使得法官不能公正地履行职责和作出判决。它不是指法官对争讼事项持有的任何观点或看法。

prejudice of juror 陪审员的偏见

prejudicial a. 不利的;有损害的 指对一方当事人有偏见。这种情况自然地、有可能而且实际上也导致产生错误的结论。

prejudicial alteration 损害性更改 指损害一方当事人权利的对法律文书的更改。

prejudicial error 造成损害的错误 法庭在诉讼中所犯的给一方当事人造成损害的法律错误,可作为上诉法院撤销原判的理由。(⇨error; plain error rule)

prejudicial evidence 偏见性证据 指目的仅在于使陪审团产生偏见因而不可采信的证据;或指具有引起陪审团的同情或情感倾向的对案件争议问题有实质性作用的证据,如被错误采纳即构成上诉法院撤销原判的理由。

prejudicial publicity 有害的公开 诉讼的正当程序要求无论民事案件或刑事案件都能得到陪审团或法庭的公正审判,不受外界的干扰。报纸、广播和电视对刑事案件审理的广泛报道可能造成被告人难以得到公正的审判。(⇨gag order; trial by news media)

prelate n. 高级教士 拥有独立的而非代理他人的管辖权,并具有较高地位与权威的宗教首领,如主教、大主教、都主教[metropolitan]与牧首[patriarch]等。

pre-law handbook 〈美〉法学预备手册 美国法学院联合会[Association of American Law School]与法学院招生委员会[Law School Admission Council]发行的出版物,向有意学习法律和从事法律工作的人介绍各法学院校及法律职业的情况。

preliminary act 审前陈述 因船舶碰撞而引起的损害赔偿案件中,各方当事人在递交诉状前密封呈交的情况说明,说明其对当时各种情况的看法,诸如速度、光线、方位、风力、潮汐、气候,等等。情况说明呈交后不得更改,法院据此即可开始审理案件。

preliminary activity 前期准备工作;正式工作开始前的准备工作 (⇨Portal-to-Portal Pay Act)

preliminary alimony (= temporary alimony)

preliminary arrest ❶预先逮捕 指对某人提出指控之前所进行的逮捕。❷无证逮捕

preliminary complaint 〈美〉初步控告书 法院为取得对犯罪嫌疑人的管辖权而签发的犯罪控告书,并依此进行有关合理根据[probable cause]或是否应对嫌疑人羁押以交付审判[bond over]的听审。

preliminary criminal proceedings 刑事预备程序 开庭审理前的各项程序,包括传唤或逮捕被指控人到法庭,由法官进行预审,决定是否将被告人交付审判。有时还包括准予保释和提供法律援助。

preliminary estimate 初步估价;初步估算 就提出国家征用权申请所制作的估价表。

preliminary evidence 初步证据;预备性证据 指为开始听审或庭审所必要的证据。如可期待尚有其他证据可将其与案件争议点联系起来,初步证据也可以被有条件地接受。

preliminary examination ❶〈英〉财产预查 在发出财产接管令[receiving order]后,由涉讼财产管理人[receiver]对债务人资产与负债进行的不公开清查。❷预审(⇨preliminary hearing)

preliminary expenses 筹办费用 为创办、设立、登记公司而支出的各项费用。

preliminary hearing 〈美〉预审 刑事诉讼中由法官来审查对被告人的指控是否有充分的证据,从而决定是否应将被告人交付审判的程序。预审应由法官来主持,在联邦是由联邦司法官[federal magistrate]来主持。在预审程序中要查明三点:①是否有犯罪发生;②犯罪是否发生在法院的地域管辖区内;③是否有可成立的理由[probable cause]使人相信是被告人实施了该犯罪。预审的主要目的在于防止将起诉依据不充分的案件交付审判。在美国,重罪案件[felony case]的被告人有权要求进行预审。在对重罪案件是以检察官起诉书[information]提出指控的州,预审通常是一个关键的程序,预审的结果将决定诉讼是否继续进行。当通过预审发现存在可成立的理由,预审法官将决定对被告人是否保释,并裁决将被告人交付初审法院审判。在对重罪案件是以大陪审团起诉书[indictment]提起公诉的州,预审法官经过预审,如果认为指控存在可成立的理由,即将案件送交大陪审团审查决定是否正式签发起诉书。在美国,预审并非刑事诉讼中的必经程序,如《联邦刑事诉讼规则》[Federal Rules of Criminal Procedure]规定,若在联邦司法官确定的预审日期之前已对被告人以检察官起诉书或大陪审团起诉书在联邦地区法院提起公诉的,即不应再进行预审。此外,被告人也可以放弃预审而直接进入审判程序。轻罪案件[misdemeanor case]的被告人是否有权请求预审,各司法区的规定不一。如在联邦,轻罪案件的被告人即无此项权利。该词也称 preliminary examination; probable cause hearing; examining trial; felony preliminary; bindover hearing。在英国,刑事诉讼中的预审程序称 committal proceedings。

preliminary injunction 〈美〉预防性禁制令;临时禁制令 起诉后作出判决前法院签发的禁制令,禁止被告实施或继续某项行为。签发预防性禁制令,必须:①申请人胜诉的可能性较大,且如不签发禁制令,申请人将受到难以弥补的损害;或②申请人胜诉的可能性虽然不大,但已提出应当进一步调查的有实质意义的、艰难的争议点,如不签发禁制令,其所受损害将超过其他人。(⇨injunction)

preliminary inquiry 预审;预先审查 (⇨preliminary hearing)

preliminary mandatory injunction 临时强制禁制令 要求有关当事人作出一定行为的禁制令。其颁发的条件是受保护的当事人必须证明非如此将造成不可弥补的损害。(⇨preliminary injunction; mandatory injunction)

preliminary offense 〈美〉预备性犯罪 即不完整罪[inchoate crime],指犯罪要件不充分、犯罪行为未达到法律要求的完整程度的初步形态的犯罪。根据《模范刑法典》[Model Penal Code],犯罪未遂[attempt]、犯罪教唆[solicitation]与犯罪共谋[consipiracy]均属此类犯罪。(⇨inchoate crimes)

preliminary proof 初步证明 被保险人在发生保险事故后首次向保险人提供的证明材料,通常与索赔请求一并送交保险人。

preliminary prospectus 预备募股说明书 俗称"红鲱鱼募股说明书"[red herring prospectus],指在募股说明书上盖有红色印章,表示股票尚未被批准上市。

preliminary rulings 先行裁决 欧共体成员国法院在审理案件时遇到涉及欧共体及有关条约、欧共体机构的行为和欧共体理事会制定的法规的解释问题时,可以提请欧洲法院[European Court]作出先行裁决。欧洲法院的先行裁决并不决定案件,但成员国法院可以此为判定案件的根据。

preliminary statement ❶〈美〉预先陈述 用于支持一项申请的摘要[brief]或备忘录[memorandum]中的引言部分。律师在该部分概述其下文的主要内容。在至少两个州(新泽西州[New Jersey]和纽约州[New York])预先陈述是提交法庭的文件的固定部分。在其他许多州,律师通常不在其文件中包括该部分,但是,虽然预先陈述不是必需的,但通常也是允许的,甚至是受欢迎的。 ❷(= opening statement)

preliminary term insurance 初期保险 定期人寿保险开始后最初的一段规定保险公司应如何负责的时间。在此期间内无积存保险责任准备金或净值[net value],此期间结束后即开始按正常人寿保险处理。

preliminary warrant 预审令 指令被告人出庭接受预审[preliminary hearing]的法庭命令。

premarital agreement (= antenuptial agreement)

premature action 过早诉讼;提前诉讼 在诉因[cause of action]产生之前即开始的诉讼,例如在离婚的理由存在之前提起的离婚诉讼。

premature birth 早产 怀孕生理期限届满之前的出生。(⇨miscarriage)

premature delivery 提前交货 指卖方在买卖合同规定的交货时间到来之前交付货物。

premature execution 提前签发的执行令 在法律规定的签发时间到来之前就签发的执行令状。

premature judgment 提前判决 在传票规定的被告出庭日期[return day]到来之前作出的缺席判决。

premature labour 过早的阵痛 例如,早产时产生的疼痛。指来之过早,出人意外。

premature return 提前回呈 在法律规定的时间到来之前作出的执行令状的回呈。

premature sale 提前拍卖 在法定时间或拍卖通告宣布的时间届满之前的执行拍卖[execution sale]。

premature tender 提前给付 在债务到期之前所为的给付。(⇨tender)

premeditate v.预先策划;预谋 指事前进行思考或为行动预先制定计划,如预谋犯罪等。(⇨deliberate)

premeditated design 预谋 杀人案件中指剥夺他人生命的故意或意图。蓄意谋杀属一级谋杀。

premeditated murder 预谋杀人 (⇨murder; malice aforethought)

premeditation n.事先策划;预谋 事先的考虑、策划或谋。从事先的决定到具体实施相隔的时间可长可短。预谋是构成一级谋杀罪的要件之一,即被告人在实施犯罪前蓄意或明知其行为将造成他人的死亡。(⇨deliberate; deliberation; malice aforethought; wilful)

premier n.总理;首相 "premier minister"的缩略形式,已使用 200 多年。(= Prime Minister)

premier serjeant 〈英〉首席高级律师 即地位最高的王室高级律师[king's serjeants],由国王以特许状任命,在法庭上享有优先发言权[pre-audience]。

premise n.前提 从中推出结论的先前的陈述或论点。在英国英语中也拼作 premiss。
v.提出前提

premises n.❶前述各点;上述各点 指同一文书的前面部分已提到的各个事实或观点。 ❷(财产转让契据的)开端部分 在权利范围条款[habendum]之前,说明交易当事人、时间、交易原因、对价及转让财产等的文字。 ❸(衡平法起诉状的)起首部分 叙述案件事实、侵害行为、侵权人等。 ❹房屋;土地;房地产;房屋连地基

premises liability 建筑物责任 指建筑物的所有人、承租人、占用人与承包人等对他人于建筑物所遭受的人身伤害承担的赔偿责任。

premises liability insurance 建筑物责任保险 保护不动产所有人、占有人免负因其建筑物缺陷而致人损害之责任的保险。(⇨public liability insurance)

premium n.❶保险费 投保人支付给保险人的金钱,以换取按保险单条款获得保险赔偿或津贴的权利;为使保险单持续有效而定期支付的费用,又作 insurance premium。 ❷额外补贴;奖金 指在通常价款、工资等的基础上,额外支付的金钱。 ❸溢价 证券的市场价高出其票面价的部分,又作 bond premium。 ❹期权费 为购买证券期权[option]而支付的费用,又作 option premium。 ❺(借款人在利息之外向贷款人额外支付的)佣金 ❻(给予商品买主的)优惠;附赠品

premium bond 溢价债券 出售价格高于票面价值或回赎价值的债券。(⇨bond premium)

premium earned 〈美〉❶已赚保费 保险会计术语。意指在有效会计期间内,用于已经过之保险期间的相应比例的保险费。总保费与既定会计期间的已赚保费的比例和总保险期与该会计期间的比例相等。因为保费预先支付,所以可以说保险公司仅是赚取了与从保险单入账时起已经过之期间直接成比例的保险费。 ❷已赚额外费用 即房屋贷款协会[building and loan association]成员所支付的溢价[premium]中与提前终止法律关系之前经过的期间成比例的部分。

premium loan 保费贷款 保险人向被保险人提供的贷款以使其支付下一部分的保费,保单的退保现金价值作为担保。

premium loan provision 保费贷款条款 通常见于人寿保险合同的一项条款,规定在被保险人未在规定时间内支付保费时,保险人将代其支付并把代支的保费记为以保单担保的贷款,但以保单的退保现金价值为限。

premium note 保费本票 被保险人为支付全部或部分保险费而签发的本票。

premium pudicitiae 贞洁补偿费 对被诱奸妇女失去贞洁的赔偿金。

premium pudoris (= praemium pudoris)

premium rate ❶保险费 ❷保险费率 ❸(外汇或期权)升水率;溢价率

premium receipt 保险费收据 由保险公司就收到的某项保险单的保险费而开具的收据。

premium reserve 保险费储备 (⇨unearned premium reserve)

premium stock ❶溢价股票;升水股票 其股东在将股票出借给卖空者进行卖空交割时,出借价格要高于市场价格,差额作为收取的费用。❷热门股票 在股票市场上较受投资者欢迎从而市盈率较高的股票。

premiums written 已收保费 保险会计用语,指在特定会计期间所承保险的保费金额,但应扣除在此期间退还保单持有人的保费数额及分保保费。

premium tax 〈美〉保险费税 保险人就其在州内的保险费总收入所缴纳的税款。

premunire (= praemunire)

prenatal injury 产前伤害 指胎儿出生前在母体内所遭受的伤害。根据美国某些州的法律,无论婴儿在出生时为活体或婴儿出生后因此死亡,都有权对此提起法律诉讼。

prenda 〈西〉质押(⇨pledge)

prender 〈法〉拿取;不待交付即可取走的权利(⇨a prendre)

prender de baron 〈法〉〈英格兰古法〉结婚;出嫁 一项针对再婚妇女对杀害其前夫者提出的重罪私诉[appeal of felony]的抗辩,理由是她已再婚。

prendre (= prender)

prenuptial agreement 婚前协议 男女双方在结婚前订立的协议,通常用于解决当婚姻由于离婚或配偶一方死亡而终止时的扶养和财产分配问题。又作 antenuptial agreement, marriage settlement 等,有时也简作 prenup。(⇨antenuptial settlement; postnuptial agreement)

prenuptial settlement (= prenuptial agreement)

preoccupation n. ❶全神贯注;专注;入神以致对周围情事不知不觉 ❷先占;先取

prep. 〈拉〉在后;见下面(⇨ante)

prepaid expenses 预付费用 在到期前支付的费用。在会计上指为尚未享有的利益而支付的费用,如提前支付的保险费。

prepaid income 预收收益 在会计上指已实际收到但尚未赚取[earn]的收益,亦指延期收益[deferred revenue],如预收的保险费、租金等。

prepaid interest 预付利息

prepaid legal services 预付律师费 一种预付费用以备以后获得法律服务的方式。可以是限定的,即由指定的律师为其服务;也可以是不固定的,即可以自行选择律师为其服务。

prepaid stock 预缴股份(⇨paid-up stock)

preparation n. 预备;准备 就刑事犯罪而言,指准备和安排犯罪工具或策划和制造犯罪条件。

prepayment n. 预付 指为以后的利益而预先支付。租金和保险费为通常的预付项目。

prepayment clause 提前还款条款 借贷、抵押或信托契据的条款,约定借款人有权在到期前返还借款,通常不需为此支付罚款。(⇨prepayment penalty)

prepayment penalty 提前还款罚款 选择在债务未到期时提前还款的债务人为此所支付的罚款,以补偿贷款人的利息损失。

prepay station 预付运费货站 承运人不通过当地代理人而向收货人直接交付所运货物的货站;但承运人接运这些货物以发货人预付运输费用为条件。

prepense a. 预先策划的;蓄意的;预谋的

preponderance of evidence 证据优势 作为民事案件的证明标准,指较相反的证据更有分量、更具说服力的证据,即证据所试图证明的事实,其存在的可能性大于不存在的可能性。证据的优势不一定取决于证人人数的多寡,而是指证据的分量、可靠程度和价值。

preprimary convention 〈美〉初选提名大会 在初选[primary election]之前召开的提名本党候选人的政党大会,所提名的候选人将作为政党大会候选人[convention candidate]列在初选选票上,以供进一步遴选。

prerogativa regis 〈拉〉国王的特权

prerogative n. ❶特权;特免权 ❷国王特权;君主特权

prerogative court 〈英〉❶特权法院 中世纪行使国王特权的各类法院,包括星室法院[Star Chamber]、高等宗教事务法院[High Commission]、小额债权法院[Court of Requests]与衡平法院[Court of Chancery]。这些法院区别于行使普通法司法管辖权的法院,它们在17世纪时与普通法法院发生了激烈冲突,并在执行未经议会同意之国王政策时尤其受到批判。1660年之前除衡平法院外,其它特权法院均被废除。❷(大主教)遗嘱检验法院 旧时管辖遗嘱检验、遗产管理、继承等事务的教会法院。当死者的财产在一个以上教区[diocese]时,由大主教指定一名法官行使对该事务的管辖权。该法院的管辖权已被废止,遗嘱管辖转交高等法院大法官分庭[Chancery Division of the High Court]。

Prerogative Court of Canterbury 〈英〉坎特伯雷省遗嘱检验法院 该法院行使大法官的遗嘱检验管辖权,并处理大多数移交该法院的遗嘱事务,特别是当一个人的财产在一个以上的教区而请求排除主教管辖权的事务。该法院有时由大教区[Archdiocese]的教务总长[Official Principal]主持,有时由特别代理主教[commissary]主持。

Prerogative Court of York 〈英〉约克省遗嘱检验法院 在约克教省设立的与坎特伯雷省遗嘱检验法院[Prerogative Court of Canterbury]类似的法院。

prerogative cy-près (国王对规定慈善性质遗赠的遗嘱)作尽可能实现的解释特权 例如:遗嘱规定遗赠给某慈善团体,而该团体已不存在时,即可解释为可给其他同类团体。(⇨cy-près)

prerogative law 〈英〉王权法 指规定国王特权的英国普通法。

prerogative of mercy 〈英〉赦免权 早期国王行使特权赦免罪犯的情况相当普通,此后,赦免权被用以改变执行方式,如将绞刑改为斩首。再后来,这一特权被用于根据国务大臣或苏格兰事务大臣的建议将死刑改为终身监禁,但自废除死刑后,赦免权也不再如此行使。(⇨pardon)

prerogative of purveyance and pre-emption (国王的)采办及强购特权(⇨purveyance)

prerogative remedial legislation 〈美〉特权救济立法 指立法机关在其被公认的、应关心人民、作为民之父母[as parens patrine]的特有的立法权限内通过的有关婴幼儿、精神病患者及其他无行为能力人的财产的监督、管理与处分的立法。

prerogative writs 〈英〉王权令状 法院于特殊情形下签发的各种令状。包括人身保护令[writ of habeas corpus]、执行职务令[mandamus]、禁审令[prohibition]、调卷令[certiorari]等。这些令状涉及政府对公民人身自由与财产权利的干预,因此需要以国王特权的名义签发。

prerogative writs and orders 〈英〉王权令状与命令(⇨prerogative writs)

pres 〈法〉近;接近;靠近(⇨cy-près)

presale n. 预售 公寓单元等房产开始建造前的预先销

售。

presbyter 〈拉〉长老;司祭

presbyterian n. 长老;司祭席(⇨presbytery)

Presbyterian Church ❶长老会 基督教新教主要宗派之一,16世纪始创,由教徒推选长老与牧师共同管理,故称。❷〈美〉联合长老会[United Presbyterian Church]

Presbyterian Church of England 〈英〉英格兰长老会 由产生于16世纪下半叶的长老派发展而来,主张设立长老管理教会,后从英格兰国教会中分离出来。

Presbyterian Church of Scotland 苏格兰长老会(=Church of Scotland)

presbyterianism ❶长老派;长老宗 16世纪产生于苏格兰的基督教宗派,属新教的加尔文宗。该派的教会组织由教徒选举的、从事世俗职业的教徒领袖(即"长老")与受长老委托的专职牧师共同管理,故名。❷长老制

Presbyterians n. 长老宗 即加尔文宗,基督教新教主要宗派之一,主要分布在苏格兰和北爱尔兰,主张由教徒推选长老和牧师共同治理教会,不承认主教的权威。

presbyterium 司祭席(=presbyterian)

presbytery n. ❶〈苏格兰〉教务评议会 在苏格兰长老会[Church of Scotland]和其它长老会,由每个分区教会的牧师和一个长老组成的高于堂区教会法院[kirk session]的评议会或教会法院,具有监督功能,有权判决其辖区内来自教会的控诉案和上诉案,由推选的会议主席[moderator]主持。❷〈美〉(联合长老会[United Presbyterian Church])分区教会管理机构;联合长老会分区

prescribable a. 可因时效取得的

prescribe v. ❶(预先)制定;规定 ❷命令;指示 ❸因时效经过而取得权利;时效取得 指通过在法定期间内对物的和平占有,如无人提出相反的权利主张,即可取得对物的所有权。❹因时效经过而消灭权利 ❺限定;限制 ❻(医生)开药;开处方

prescription n. ❶时效 指因时间的推移而导致某项权利的取得或丧失。其取得权利的称"取得时效"[positive prescription; acquisitive prescription],丧失权利的称"消灭时效"[negative prescription; extinctive prescription]。取得时效主要适用于取得无形财产的权利,如相邻土地所有人一方在他方土地上通过连续、公开和平地通行、引水或采光达到一定年限而取得对该土地的上述地役权,或因共享某些自然资源取得用益权。取得时效在英国早期普通法上的时间概念是指从无法追忆的时间起。其后,"无法追忆"被认定为从英王理查一世元年(1189年)算起。尔后这一时间也嫌太久。英国1832年《时效法》[Prescription Act]缩短了取得时效的年限,具体规定:除双方另有书面协议外,对土地用益权,连续不间断地享用满30年初步认定为不能推翻地取得此项权利,满60年则绝对不能推翻;对通行、引水的地役权,满20年初步认定为不能推翻,满40年则绝对不能推翻;对采光权,满20年即绝对不能推翻。消灭时效指物权或债权的所有人因怠于主张或行使其权利超过法定时间而丧失通过诉讼得到保护的权利,故也称"诉讼时效"[limitation of actions],主要适用于不动产、有形产权和债权。如土地被他人长期公开占有[adverse possession],所有人在法定时间内未提出返还要求而丧失追诉权,该土地即被占有者合法取得。又如债权人未在诉讼时效期间内追索债权,该债权就不受保护。消灭时效在英国由1939年《时效法》[Limitation Act]加以规定,在美国则适用联邦和各州分别制定的诉讼时效法[statute of limitations]。❷(国际法)长期统治导致领土的取得 指国家连续无争议地统治某一领土,根据历史发展被普遍认定为现状符合国际秩序而取得该领土的主权。❸命令;指示;规定;法规 ❹药方;处方;处方的药

prescription acts 有关取得时效的制定法;时效立法

prescription in a que estate 固有财产的时效取得 主张权利的人提出,自古以来其本人及其祖先就已行使所主张的权利。

prescriptive easement 时效地役权 在法定期间公开、持续地利用他人土地而取得的地役权,但对土地的利用必须为所有人所知悉或应当知悉。

prescriptive license 时效许可 通过时效取得的土地使用许可[licence in real property]。这是一个不规范的、容易令人混淆的概念,因经时效取得,时效适用于未经许可的占有,而一经给予许可的使用却不会导致时效取得。

prescriptive period 时效取得期间 根据取得时效,取得地役权等所必须经过的时间。(⇨prescription)

prescriptive title 根据时效取得的所有权(⇨title by prescription)

prescriptive way 根据时效确立的公共通道;时效通道

presence n. 在场 指行为或事件发生在所处的地点或在视听范围之内。论及某人在特定时间出现于特定地点,往往有关当时当地发生的一定行为或事件。除实际在场的人以外,法律还承认拟制的在场,即虽不在现场,但由于距离很近,法律上认为其在场的人,也指与实际在场者积极协作的人。

presence of an officer 警察面前 警察对发生在其面前的犯罪活动,无需逮捕证即可拘捕罪犯。包括:目睹犯罪的发生、根据观察相信已有犯罪发生、听到因犯罪引起的骚动并立即赶往出事地点、犯罪活动还在继续等。

presence of defendant 〈美〉被告人到场 对所有重罪案件,在刑事诉讼的每一阶段被告人都有权到场,但被告人拒绝到场,或无正当理由缺席,或扰乱法庭秩序使案件的审理无法进行的除外。在有些州,此项规则不适用于轻罪案件。

presence of the court (在)法庭上;当庭 指法官或其他法庭官员在一起或者与他们非常靠近的情况。在藐视法庭罪的认定中,如果某一行为是在法官或法庭上其他人员的视线以内实施的,且意图在于使法庭活动中断,该行为即是当庭实施的行为。有的法院裁决认为对该词应作宽泛的解释,"the court"应当包括法官、法庭[courtroom]、陪审团、陪审团室,以及由它们构成的整体。

presence of the testator 遗嘱人面前(⇨presence-of-the-testator rule)

presence-of-the-testator rule 遗嘱人面前规则 该规则要求见证人必须在遗嘱人通过视觉或其他感官能够感知的情况下签名证实遗嘱。美国的许多司法管辖区对该规则的解释并不拘泥于字面意义,《统一遗嘱检验法典》[Uniform Probate Code]则已摒弃之。

present n. 赠与物;礼物
a. 现在的;目前的;正在提及的;当前所述的

presentation n. 〈英〉(教会法)圣职推荐 指圣职推荐权人[patron]向主教推荐圣职候选人。

presentation of bill 提交法案 将立法机关通过的法案提交行政首长,由后者签署或否决。

presentation of claim 提出还债请求;提出索赔 指债权人向债务人提出的债权主张,有时附有项目清单,目的在于促使债务人还债或者支付赔偿等。

Presentation Office 〈英〉(协助御前大臣)处理圣职推荐的助理或秘书 亦称 Secretary of Presentations,处理与御前大臣任命的 12 个法政牧师[canonries]和 650 个圣职有关的信件,起草并签发任职令[fiats of appointment]。该职位被 1832 年《御前大臣津贴法》[Lord Chancellor's Pension Act]取消,其职责现由名为"教会圣职推荐事务秘书"[Secretary for Ecclesiastical Patronage]的御前大臣助理履行。

presentation of motion (当事人在法庭上或向法官)提出申请(⇨motion)

presentative advowson 一般圣职推荐权(= advowson presentative)

present conveyance 即时转让 指立即生效而非留待今后生效的财产转让。

present danger test 〈美〉现实危险标准(⇨clear and present danger doctrine)

presentee n.被授予圣职者;受赠(送)人

presentence hearing 判决前听审 刑事诉讼中,在科刑判决作出前,由法官或陪审团接受并审查有关已被定罪的被告人和相关犯罪的全部材料的程序。也称作 sentencing hearing。

presentence investigation 判决前调查 在判决作出前,通常由法院的缓刑官对已被定罪的被告人的有关背景情况所作的调查,目的在于为量刑法官的量刑提供指导。

presentence report 判决前调查报告 缓刑官应法庭要求对已被定罪的被告人进行判决前调查[presentence investigation]后提交的详细说明其调查结果的文件,内容包括有关被告人的教育背景、职业背景、社会经历、过去居住地情况、病史、有关被告人未来处境的信息、有关任何可获得的有助于被告人的资源的信息、缓刑官对被告人的犯罪动机和目的的看法、被告人过去的犯罪记录以及处理建议等。

present enjoyment 现实用益权 对土地或财产已实际享有或可立即实现的占有与使用权,与迟至将来实现的用益权相区别。

presenter n.❶圣职推荐人 ❷票据提示人 向付款人提示票据,要求付款或承兑的人。

present estate 现实地产;现实地产权 可立即占有的土地,或已实际存在或可立即享有的地产权,区别于未来地产权[future estate]。

present fact 现实;现存事实

present heir ❶现实继承人 指在被继承人死亡时所确定的继承人。❷(= heir apparent)

presenting bank 提示银行 向票据付款人或出票人提示票据要求付款或承兑的银行,但付款行不在此列。

present interest 现实权利;现实权益 财产所有人对财产可立即实施占有的权利,或权利拥有人可立即行使的占有、使用、收益等权利,区别于将来权益[future interest]。在美国联邦关于赠与税[gift tax]的法律中,将即时发生的赠与作为现实权益的赠与,而把未来发生的赠与作为将来权益的赠与。

presentment n.❶起诉报告 大陪审团在未有申请公诉书[bill of indictment]的情况下根据自己对案件的调查和了解主动提出的书面报告,相当于申请公诉书。❷票据提示 指票据的持票人向出票人或承兑人、或其他票据债务人出示票据要求承兑或付款。

presentment for acceptance 承兑提示 指汇票持有人将汇票提交付款人请求承兑。(⇨acceptance)

presentment for payment 付款提示 指票据持有人将票据提交付款人请求付款。

presentment of bill of exchange 汇票的提示(⇨presentment; presentment for acceptance; presentment for payment)

presentment of Englishry 证明为英格兰人 提供证据证明被害人是英格兰人而不是丹麦人或诺曼人。依据诺曼征服前后的法律,当一个被杀害者被证明为英格兰人时,案件发生地的百户区或市镇的全体居民就可以免于被征收当被害者为丹麦人或诺曼人而凶手又无法查明时所必须缴纳的罚金。

presentment warranty 提示(中的)保证 根据法律规定,由向付款人或承兑人提示票据的人所承担的保证,包括其对票据拥有完好所有权、票据签名真实、票据未经重大涂改等。(⇨warranty)

present prices 时价;市价 买卖合同中的术语,指合同订立时商品的市场价。

present recollection recorded 记录事项的目前回忆 证人可翻阅任何有助于回忆起过去事件的文件。证人的证言是证据,这种文件并非证据;但对方可对文件加以查阅并对其可靠性提出质疑。(⇨past recollection recorded)

present recollection revived 目前回忆的恢复 指证人用某些书面材料或其它物品帮助恢复对过去事件的记忆。(⇨present recollection recorded)

presents n.本文件 法律文件用语。(⇨these presents)

present sale 现时销售 合同成立即完成的买卖。

present time 现在;目前;当前期间

present use ❶〈英〉现实用益权;即时用益权 即期实现的用益权,受 1535 年《用益法》[Statute of Uses]调整。(⇨present enjoyment) ❷新用途 指对原有工具的新用法。

present value 现值 通过扣除利息,将未来某时的款项换算成当前价值,亦指区别于原始成本的当前价值。

present worth (= present value)

preservation of self (= self-preservation)

preserve n.保护区 为保护野生动物、树木等自然资源而划定的区域,特别是指为管理狩猎或捕鱼活动而设立的保护区。

preserving tender 保持偿付能力(⇨keeping tender good)

preside v.主持;指导;控制议程;拥有、行使(职权);主审(主持法庭)

president n.首席官员;主管人;领导者 该词所指广泛,可用于指:①公司总裁或总经理、大学校长、银行行长等主要负责人或首席管理人员;②会议等的主持人或主席;③中央或地方政府的行政首长,如总统、主席、州长、总督;④议会的议长,法庭的庭长,等等。

presidential election 总统选举

presidential electors 〈美〉总统选举人 每届总统大选时由各州选民投票选出,其人数与该州在国会参众两院的议员名额相同,组成选举人团[electoral college],其唯一职责是投票选举总统与副总统。(⇨electoral college)

presidential pardon power 〈美〉总统赦免权 指美国宪法第二条第二款规定的总统所享有的赦免罪犯的权力。但赦免权仅以因触犯联邦法律所构成的犯罪为限,对触犯各州法律的罪犯,总统无赦免权。另外,对于弹劾案件,总统不享有赦免权。赦免权在设置之初的目的是作为权力制衡制度[system of checks and balances]中的一种制约机制。不过,尽管制宪者已预见到此项权力有可能被滥用,并将弹劾案件作为例外排除在该项权力之外,但他们并没有预见到总统可以通过辞职而规避这一例外。在美国历史上,福特总统[President Ford]曾行使该项权力赦免了前总统尼克松[President Nixon]。巧妙之处在于尼克松以辞职避免了被弹劾,从而使福特总统行使赦免权成为可能。

presidential powers 〈美〉总统权力(⇨executive power)

presidential trade agreement 〈美〉总统贸易协定 由总统与外国政府代表缔结的贸易协定,通常包含相互给予关税优惠的条款。

presidential treaty termination 〈美〉总统废约权 根据宪法,总统有权不经国会批准单方面废止美国与外国缔结的条约。

president judge 〈美〉首席法官 在某些州,对有两个或两个以上法官的法院中地位最高的法官的称谓。

president of corporation 〈美〉公司的总裁(或总经理) 指公司的首席管理人员,负责管理公司事务并在经营活动中代表公司。其具体权力因法律、公司执照和章程的规定而有所不同。

President of the Council 〈英〉枢密大臣 重要国家官员,可能源自 16 世纪初,1679 年后开始常设,掌管枢密院[Privy Council]。职务的任命是政治性的,是上议院或下议院议员,一般口头上被称作 "Lord President of the Council",在地位上次于首相。(= Lord President of the Council)

president pro tempore 临时主席(会长、社长等) 指任何组织的临时负责官员。例如美国参议院在副总统临时缺席时选出的议长。

presiding judge 〈美〉❶法院院长;(法庭)审判长 指主管某一法院或某一司法地区的法官,尤指在由三名法官组成的审理案件的合议庭中资深的、起主要作用的法官。❷首席法官 简写为 P.J.。

press n.❶[总称]新闻媒介;新闻业;出版;出版物;印刷品(⇨liberty of the press) ❷(英格兰古法)(作为诉讼案卷的)一片羊皮纸

press and printing 出版印刷

press association 新闻协会 收集国内外事件、新闻并分送各报纸报道的组织。

Press Council 〈英〉新闻工作者理事会 1953 年英国新闻界建立的一个独立组织,其职能包括维护新闻自由、维持新闻业高度的专业标准和商业标准、受理有关申诉以及报告新闻业的集中或垄断的发展状况等。其亦称 General Council of the Press。

press freedom 新闻自由;出版自由(⇨freedom of speech, expression and the press)

press gang 〈英〉抓壮丁队;征兵队 自中世纪至 19 世纪初以强力逼迫男子在海军服役的海军特遣队。1815 年后不再实行抓丁入伍。

pressing seaman 〈英〉强征海员 指为国防需要,国王有权强征在商船上服务的海员加入皇家海军。(⇨impressment)

pressure group 压力团体 一种团体或组织,不断向政府施加影响和压力,要求重视其观点并制定符合其利益和观点的法律或采取相应的行政措施,如工会大会[Trades Union Congress]及所属工会、英国工业联合会[Confederation of British Industry]、英国医学会[British Medical Association]、皇家防止虐待动物协会[Royal Society for the Prevention of Cruelty to Animals]等。

prest n.(英格兰古法)❶税款 郡长[sheriff]根据其在财政署的账目所缴纳的税款。❷(国王对任何支付的款项征扣的)税款;国王进行的强制借贷 ❸征募费;应募金(= prest money) ❹存留在郡长手中的款项

prestable a.〈苏格兰〉应支付的;应清偿的;可强制执行的

prestation 〈法〉❶给付;付款;(封臣向领主)缴纳贡赋;提供劳役 ❷应给付的钱或物;应履行的义务

prestation money 贡金 由执事长[archdeacon]付给主教的款项,使主教同意他行使原属于主教的管辖权。该词以前也用作征发[purveyance]。

prestimony n.司祭生活费 捐助人转拨的用以支付司祭[priest]生活费的基金或收益,但不能擢升为任何头衔、圣俸或圣俸财产[prebend]。它不归属教会常任法官[ordinary],而归属圣职推荐权人[patron]。现已被废止。

prest money (英格兰古法)征募费;应募金 向应募士兵支付的预付款项,接受该款项者有义务在指定时间作好服役准备。

presumably ad.据推测;据认为;据信

presumed bias 推定偏见 根据陪审员与当事人或案件的关系而推定其存有偏见,这一推定属于决定性推定[conclusive presumption]。

presumed compulsion (= legal compulsion)

Presumed Decedent's Act 〈美〉《推定死亡者财产法》 一项规定如何处理因不明原因失踪达一定年限而被推定死亡之人的财产的制定法。

presumed dereliction 推定抛弃 指根据某些行为或情况推定某物被抛弃[abandon]的法律原则,例如将东西丢弃于不能再行取回的公共场所,或听任他人占有而不加反对,或长期不行使自己的占有权。

presumed grant 推定授予 它是依据对立占有[adverse possession]取得所有权或因对立占有、使用而根据取得时效取得权利的理论基础。

presumed intent 推定的意图 以个人的自觉行为可以推定其期望达到某种必然的或很可能的结果。对犯罪行为,毋需证明被告人希望达到一定结果的意图,从其犯罪行为即可推断其犯罪意图。

presumed malice (法律)推定(的)恶意 即法律上的恶意[malice in law]。

presumitur pro reo (= praesumitur pro reo)

presumptio 〈拉〉推定(= presumption)

Presumptio, ex eo quod plerumque fit. 〈拉〉推定源于事情的多次发生。

presumptio juris et de jure 〈拉〉(= presumption juris et de jure)

presumption n.推定 在证据法上,推定是指从其他经司法认知或经证明或承认为真实的事实(一般称为基础事实[basic facts])中推断出某一事实成立或为真实。在英美证据法中,推定一般可以分为三种:①决定性的或不可反驳的法律推定[conclusive or irrebuttable presumption of law]。它是由法律确立的绝对性的推论,不允许以证据加以反驳。如英国 1933 年的《儿童和青少年法》[Children and Young Persons Act]规定 "10 岁以下的儿童不能犯任何罪",即是一条决定性的推定,且即使有最清楚的证据可以证明行为人有犯罪意图,也不能用来推翻该推定。对不可反驳的法律推定更恰当地应该称为法律规则或法律拟制[fiction of law]。②非决定性的或可反驳的法律推定[inconclusive or rebuttable presumption of law]。它是指按法律要求从已知事实中得出的推论,允许以相反的证

据加以反驳,在被反证推翻之前,该推论成立,如无罪推定。③事实推定[presumption of fact]。它是指法官或者陪审团可以(而不是必须)从其他已经证实的事实中得出的推论。事实推定亦非决定性的,允许以反证加以反驳。某一事实推定效力的强弱要取决于具体情况以及有无不同解释。如根据在一段时间内持续占有的事实可以推定占有人对其占有的财产享有所有权,即是一项效力强的推定[strong presumption];而根据某人与被谋杀的死者有金钱上的利益关系推定该人犯有谋杀罪,即是一项效力弱的推定[slight presumption]。

presumption juris et de jure 法律推定 属于决定性推定[conclusive presumption]。

presumption of access 性生活的推定 指除非有相反证据,否则推定已婚夫妻之间已开始了性生活。

presumption of coition (= presumption of access)

presumption of death 死亡推定 指当一个人失踪或离开其惯常住所,在持续的法定期间(在美国一般为7年)内杳无音信,或由于其他情事的发生,使得其生存的可能有违常理时,依法推定该人死亡。

presumption of fact 事实推定 指从其他已知的确定的事实推定某一事实成立。例如占有最近被盗财物者被推定为盗窃人。但事实推定并非必然成立,允许通过反证予以推翻。

presumption of guilt 有罪推定 (⇨ presumption of innocence)

presumption of innocence 无罪推定 刑法中的一项基本原则,它的基本含义是受到犯罪指控的被告人应当被假定为是无罪的,除非他自己承认有罪或者有合法的证据能够排除合理怀疑地证明他是有罪的。依据该原则,如果没有证据证明被告人有罪,应将被告人释放;控诉方承担证明被告人有罪的责任,且证明应该达到排除合理怀疑的程度;被告人不承担证明自己无罪的责任,但是如果被告人提出不在犯罪现场[alibi]、行为时精神失常、正当防卫等辩护理由的,应当提供证据证明其辩护理由成立。但是,制定法也会规定在某些特定的情况下推定某种行为(例如,持有毒品)构成犯罪,并要求被告人承担证明自己无罪的责任。

presumption of law 法律推定 指当特定的事实已经证实,且无相反的证据提出时,要求法庭作出的法律上的假定,即裁决推定的事实成立。法律推定允许反驳。例如无罪推定即是一项法律推定,除非排除合理怀疑地证明被告人有罪才可予以推翻。也称作 legal presumption;artificial presumption;praesumptio juris。

presumption of law and fact 法律与事实的综合推定(⇨ mixed presumption)

presumption of legitimacy 婚生子女的合法性推定 指除非有相反证据,否则应推定妻子在合法婚姻期间所生子女的父亲是其丈夫。

presumption of life or death 生存或死亡推定 如确知某人在特定时间在世,则法律上一般推定其仍然生存;从日常生活处所失踪且杳无音信满一定期限(一般为7年)的,则推定其已死亡。但死亡的准确日期必须有证据确证,不能由推定得出。

presumption of marriage 婚姻的合法性推定 指除非有相反证据,否则应推定已发生和公示的婚姻是合法有效的。

presumption of paternity 生父推定 指除非证明丈夫没有与妻子发生性交,否则推定婚内所生子女是丈夫的子女。

presumption of payment 偿付推定;偿还推定 指在某些情况下推定债务已被偿付或偿还。例如,债务人非因赠与而向债权人转移财产或款项,证明债务已偿付的文据已由债务人持有,或者偿还债务的法律时效已过等。

presumption of regularity 合法推定 指除非有相反证据,否则推定政府官员以合法的方式履行职责,或行政机关的规定、决定、命令等符合其法定权限,因而是合法有效的。此推定属于可反驳的推定[rebuttable presumption]。

presumption of sanity 理智推定;心智健全的推定 指除非有相反证据,否则即推定一个人是理智的,能够处理自己的事务、订立合同及判断自己行为的性质与后果等。

presumption of survivorship 生存推定 推定一人在另一人死亡时存活。在涉及继承及类似问题时,若两人在同一事故中丧生,且无法确定其死亡的先后,则可根据二人在年龄、性别、体力或身体状况等方面的差异,推定其中一人后于另一人死亡。

presumption of validity 〈美〉有效性推定 专利法规定专利权人的权利推定有效。

presumptive damages 推定的损害赔偿金 即惩罚性损害赔偿金[punitive or exemplary damages]。

presumptive evidence ❶推定证据 指初步证据[prima facie evidence]或非确定性的证据,对方当事人可以提出反证予以反驳。❷(= circumstantial evidence)

presumptive heir 推定继承人 若被继承人即刻死亡,其将成为继承人;一旦在被继承人死亡前有血缘关系更近的继承人出生,则其将不再具有继承人资格。

presumptive sentence 推定刑 为法官提供控制监禁刑期幅度的准绳的刑罚。对每一种犯罪都有一个推定的平均刑,可依据案件中的减轻或加重情节予以提高或降低。

presumptive sentencing 〈美〉推定判刑 指对定罪的刑事被告人法律规定了一个正常刑期,但法官可以依据一些已确立的指导原则,考虑被告人的个人背景而因人而异来确定刑期。

presumptive title 推定产权 仅因占有或占用财产而产生的产权。可能因霸占他人财产而产生,也可能因被继承人死亡时外人先于继承人进入而产生。在无相反证据时,推定产权可以作为向侵入者提起诉讼的依据,且经过相当时间可能成为完整的产权。

presumptive trust 〈普通法〉推定信托 根据事务的性质所体现的当事人意志并适用法律而产生的信托,不同于〈衡平法〉推定信托[constructive trust]。(= resulting trust)

prêt 〈法〉借贷;实物借贷 指一方将物品借与另一方使用,借用人在使用后应将原物或相同种类相同质量的物品归还出借人。

prêt à intérêt 〈法〉有偿借贷 指一方将金钱、商品或其他可代替物借与另一方使用,并为此收取一定报偿。

prêt à usage 〈法〉使用借贷 借用人在使用借用物后将原物归还出借人的实物借贷。

pretax earnings 税前收入;税前所得 缴纳所得税前的净收入。

prêt de consommation 〈法〉消费借贷 一方向另一方提供一定数量的物品供其消费使用,借用人应向出借人归还相同数量、相同质量的同类物品。

pretenced (= pretended)

pretenced right or title 虚幻权利或地产权 指某人对他人占有的土地主张或提出了诉讼请求,这时我们说前者享有一种虚幻的权利。虚幻权利的买卖在普通法上是无效的,并为1540年《虚幻权利法》[Pretended Title Statute]所禁止。(⇨Pretended Title Statute)

pretend v.假装;伪称;假冒;冒充

pretended a.虚假的;假冒的;假装的

Pretended Title Statute 〈英〉《虚幻权利法》 即1540年《非法转让权益法》[Bill of Bracery and Buying of Titles]。该法禁止任何人买卖地产权,除非卖主此前已收取一年的土地收益,或已实际占有土地,或实际拥有剩余地产权[remainder]或归复地产权[reversion]。若违反该法,买卖双方均应向国王及控告者支付罚金。该法为1897年的《土地转让法》[Land Transfer Act]所废除。

prête-nom 〈法〉(合同等的)出面人;顶替人 出借其姓名或名称的人。

pretense n.假装;伪称(⇨false pretense(s);pretext)

pretensed (=pretended)

preterition n.(罗马法)遗嘱有继承权的人 遗嘱中完全未提及有法定继承权的子女,遗嘱无效。

preterlegal a.不合法的;超出法律范围的;无法律根据的

pretermission n.❶遗漏;忽略 ❷遗漏(继承人) 指立遗嘱人在遗嘱中遗漏子女等有法定继承权的继承人。

pretermission statute 〈美〉继承人遗漏法 指各州关于被遗嘱遗漏的继承人的立法。通常规定这类继承人有权继承无遗嘱时应继承的遗产份额,但遗嘱人有意取消其继承权的除外。又称pretermitted-heir statute。(⇨pretermitted heir)

pretermit v.忽略;遗漏 尤指在遗嘱中漏写子女。(⇨pretermission)

pretermitted child 遗漏的子女 指享有法定继承权的子女,但在遗嘱中未被提及或未被分给遗产者。(⇨pretermitted heir)

pretermitted heir 被遗漏的继承人 指被继承人立遗嘱时,无意间遗漏的依法定继承权有权继承的子女或其他后嗣。美国大多数州的法律规定,在此情况下子女或其他后嗣可以取得遗产中的法定继承份额,但遗嘱人有意消其继承权的除外。(⇨pretermission statute)

pretext n.托辞;借口;伪装(⇨pretense)

pretium 〈拉〉价格;价值;酬金

pretium affectionis 〈拉〉感情的价值 指基于物主对物的个人喜爱而产生的主观价值,是计算因失去该物给物主造成的损害时应考虑的一项因素。

pretium feudi 〈拉〉世袭地产权或封地[feud or fee]的价值

pretium periculi 〈拉〉风险收益 指保险费或船货抵押贷款[bottomry or respondentia]的利息。

pretium sepulchri 〈拉〉殡葬贡品;堂区遗产品

pretor (=praetor)

pretorial court 〈美〉长官法庭 殖民地时期马里兰[Maryland]殖民地审判死罪案件的特别法庭,由殖民地业主[proprietor]或副总督[lieutenant-general]与顾问委员会组成。

pretorian prefect (=praefectus praetorio)

pretorium 〈拉〉(罗马法)❶裁判官[praetor]官邸 ❷审判庭

pretrial conference 〈美〉审前会议 民事案件中,法院在开庭审理前召集双方代理律师就案件争议点的确定、双方准备提出的事由和证据以及其他有利于案件审理的事项进行商机。双方同意的事项和条件载入会议决议,对此后的案件审理有约束力。刑事案件中,在大陪审团或检察官起诉后,法院可召开一次或多次审前会议,为公正、高效的审判作准备。会议结束时,法院将会议内容记入备忘录。除经被告人和辩护律师签名认可的以外,被告人或其辩护律师在会议上所作的认罪不得作为不利于被告人的证据。(⇨pretrial order)

pretrial conference calendar 〈美〉审前会议日程表 列明法院召集审前会议的案件和时间的日程表。

pretrial deposition 〈美〉审前笔录证言(⇨deposition)

pretrial detention 审前羁押 指刑事被告人在开庭审理前因不能缴纳已确定的保释金或已被拒绝准予保释而被暂时拘禁。

pretrial discovery 〈美〉审前披露 案件审理前,当事人依法了解对方所掌握的证据及其他材料以便为审判作准备的程序。包括书面证词[depositions]、书面询问[interrogatories]、要求承认事实[requests for admission of fact]等。

pretrial diversion 〈美〉审前改造 一种新近采用的方法。即在刑事案件审理前中止对某些被告人的追诉,将被告人交由社区团体安排。被告人将接受职业培训、劝导和教育。如被告人在一定期间(例如90日左右)表现良好,则可撤销对他的刑事指控。

pretrial hearing (=pretrial conference)

pretrial intervention 〈美〉审前介入 一项改造方案,即有选择地对某些刑事被告人不进行通常的追诉程序,使其成为无犯罪记录的有用公民。(⇨pretrial diversion)

pretrial order 审前决议 包含审前会议[pretrial conference]上各方同意的条款和项目。审前决议引导审判的进行,双方当事人均应遵守,在有正当理由时才能由主审法官修改。

pretrial procedure 审前程序 指根据制定法或法院规则的规定,法院在正式开庭审理案件之前,与当事人的律师召开审前会议[pretrial conference]以解决相关问题,包括简化争议问题、修改诉状、取得承认[admission]以避免不必要的证明、限定专家证人的数量等,从而为案件的正式审理作准备的诉讼程序;也指行政机关处理提交其解决的有关事实、争议,建议当事人和解或调解的一种非正式程序。

pretrial services agency 〈美〉审前管理处 州最高法院系统的附属机构,负责决定对尚未定罪的刑事被告人具结或交纳保证金后予以释放。对被告人根据其罪行的严重程度、是否初犯、社会关系、家庭情况、职业等作出评估。对危险性不大的被告人可具结释放;对有中等危险的被告人在交纳10%的保证金后予以释放;对危险性很大的被告人可实行"工作-释放"方案,即白天外出工作,晚上回到狱房。

prevail v.❶奏效;生效;成功 ❷盛行;通行;被普遍接受;被广泛采用 ❸获胜;处于优势;占上风

prevailing party 胜诉当事人 指在诉讼中全部或部分获胜的当事人。当事人胜诉,并非指其在诉讼各个阶段取得成功的程度,而是指在诉讼或其他程序终结时,其向对方提出的请求或答辩得到法庭的支持。依美国《联邦民事诉讼规则》[Federal Rules of Civil Procedure]的规定,胜诉当事人因诉讼支出的费用可获得补偿。(⇨Equal Access to Justice Act)

prevailing party on appeal 上诉审中的胜诉当事人 指通过上诉使原判决被撤销或获得对其实质上有利的改判的当事人。

prevailing rate of wages 通行工资;现行工资 指同一行业的一般或平均工资水平。

prevailing wages (= prevailing rate of wages)
prevarication n. ❶不忠实行为；非诚信行为；不尽职行为；欺骗行为 ❷恶意隐瞒；欺诈性误述；虚假说明 ❸〈英〉检举人与被告串通制造虚假告发 ❹秘密滥用职权；滥用委托人的授权
prevent v. ❶阻止；制止；妨碍 ❷预防；防止
prevention n. ❶防止；阻止；排除；预防；妨碍 ❷（大陆法）优先行使管辖权 在几名法官对某一案件有并行管辖权时，由其中最先听审该案件的法官行使管辖权。❸（教会法）排他优先权 由教会高级官员对某一事务所拥有的权利。
prevention of crimes 犯罪预防 英国的1879－1908年《犯罪预防法》[Prevention of Crimes Acts]规定了对罪犯的登记管理等事项，后为1967年的《刑事司法法》[Criminal Justice Act]所取代。根据1967年法，公民个人可根据具体情况合理地使用武力制止犯罪、协助依法逮捕罪犯、犯罪嫌疑人或在逃犯。1967年法后又为《刑事法院权力法》[Powers of Criminal Courts Act]所取代。
prevention of frauds 防止诈欺
preventive detention 预防性监禁 指审判前为防止刑事被告人逃跑或有其它违法行为而加以羁押；也指为防止精神病人伤害自己或他人而加以禁闭看管。在英国，法院有权加长惯犯的刑期，以保护公众免受罪犯侵害。(⇨ commitment; preventive justice)
preventive injunction 防止性禁制令 为防止将来可能发生的损害或损失而签发的禁制令，常为禁止某人为一定行为或停止为一定行为。区别于要求为一定行为的命令性禁制令[mandatory injunction]。
preventive justice 预防性措施 政府为直接防止犯罪采取的措施。通常责令今后可能有不法行为的人提供保证或交纳保证金，保证不会有违法行为，如交纳治安保证金[peace bond]。
preventive remedy 预防性救济 (⇨ injunction; restraining order)
previous a. 先前的；在先的；在前的
previous chaste character 以前的贞洁状态 描绘被诱奸女子的用语。此处的"贞洁"不意味着该女子心灵的纯洁，而仅指该女子于被诱奸前未与任何男子发生不正当关系的身体上的纯洁。
previous conviction 以前的定罪；前科 一般情况下，在刑事诉讼中对被告人的前科不能作为证据提出，但是如果被告人宣称自己具有良好品格[good character]，或者宣称检察官或某一控方证人品格不良，或者提供对共同被告人不利的证据时除外。在量刑中，被告人没有前科可以作为减轻处罚的情节考虑。但是，被告人有前科也并非要加重处罚，除非其先前的犯罪具有使现在的犯罪更为严重的作用。
previous experience 以往的经验或经历
previous indorsements guaranteed (= prior indorsements guaranteed)
previous insurance ❶前已存在的保险 指存在向某一保险人投保之前就同一保险标的向其他保险人投保的同类保险。(⇨ other insurance; double insurance; excess insurance) ❷以往的保险 指保险人在向某保险人之前所曾经investments保的保险。(⇨ prior application, rejection, or cancellation)
previously taxed income/PTI 先前完税收入 即以股东而非公司本身为征税对象的、公司[S corporation]持有的股东已缴税的应税收入，直到公司税收年度的最后一天才分摊给股东。现这一做法已由累进调节账目所取代。
prevôt 〈法〉王室地方法官 指法国大革命前级别较低的王室法官。该官职源于11世纪，那时他们兼为普通的行政官员、军事统领和低级法院的法官，并有征收罚金和税款的权力。此职位可以世袭保有，并因而逐渐取得了相当的独立性，但到13世纪时，他们受到邑长[bailli]的控制。到17世纪，他们仅为司法官员。
Priata est hostis humani generis. 〈拉〉海盗乃人类之公敌。
price n. 价格 指所售货物或所提供服务的对价物，是其市场价值的体现。价格一词有时与cost, value及consideration等同义，但并不必定如此。
price control 物价管理 指政府对商品销售价格的控制和管理。为避免农民遭受经济损失，可采用政府收购、政府贷款等手段维持农产品的价格，也可有计划地缩减某种农产品的种植面积。战时可采用有效手段限制商品的价格，以免物价不断上涨。
price current/PC/P/C 时价表；行市表 列举不同商品的市场价格及其进出口关税、出口退税等情况的详表。
price discrimination 价格歧视；价格差别 即不同顾客对同一产品或服务支付不同的价格。由于其可能减弱或破坏竞争，故法律对此予以禁止；但销售易腐坏物品或处理品、产品的成本价较低或为应付竞争对手的同等低价，则不在此限。(⇨ predatory intent; Robinson-Patman Act)
price-earnings ratio/P/E ratio 价格－收益比率；市盈率 指公司普通股的每股市价与公司上一个会计年度的每股税后净收益的比率。有些投资者不买市盈率高的股票，因为这类股票可能定价过高。
price-fixing n.〈美〉价格固定 为某一商品涨价、降价、定价、限价或稳定价格之目的且具有该效果而组成的联合。由竞争的厂商合作固定价格并规定范围，自然的市场力量则不会如此。此类协议违反了《谢尔曼反托拉斯法》[Sherman Antitrust Act]。该法规定的价格固定有两种：水平价格固定和垂直价格固定。前者指竞争者之间的协议，如竞争之零售商之间的协议；后者旨在控制零售价格，如制造商与零售商之间的协议。州律师协会提出并执行的最低收费表亦属于《谢尔曼反托拉斯法》禁止的价格固定行为。(⇨ horizontal price-fixing; resale price maintenance; vertical price-fixing contract)
price index 价格指数；物价指数 一定时期的商品平均价格与另一时期——即基期——的平均价格的比率，用以反映该时期物价水平的变动。
price leadership 价格领头；领头定价 指在某一行业中由某一特定大公司确定商品价格，其他经营者跟从采纳的市场状态。它表明了一种由被其他经营者承认为领头者的经营者确定价格的行业惯例。价格领头并非一定为该行业最大的公司。如果不能证明有共谋行为或垄断意图存在，则这种做法不属违反反托拉斯法的行为。
price maintenance agreement 价格维持协议 指制造商与零售商订立的协议，约定零售商不得以低于制造商规定的价格销售产品。
price quotations 市场行情(= market quotations)
price supports 价格支持(措施) 指政府为保持某些商品的价格不低于预定水平而采取的信贷、补贴或政府采购等措施。
pricking for sheriffs 〈英〉郡长阁定仪式 指每年举行的，

由国王选定郡长的仪式。在仪式上,国王取一根银针,让针尖向下落向三个被提名者的名字,被扎中者为下一年度的郡长。尽管该仪式表面上体现公正,但事实上银针落向何人是事先决定的。该仪式不适用于康沃尔[Cornwall]与兰开斯特[Lancaster]两郡。

pride *n*. 七鳃鳗[lamprey]

pride-gavel *n*. 〈英〉七鳃鳗金 旧时格洛斯特郡罗德利领地[manor of Rodeley]的地产保有人为在塞汶河[Severn]上捕捞七鳃鳗所缴纳的费用。

Pride's Purge 〈英〉普莱德清洗 指1648年12月6日普莱德上校在军方领袖及部分议员的支持下率军清洗国会,将100多名长老派议员逐出国会,其目的在于确保审判查理一世的政策得以通过。由于一大批议员被逐出国会,经常出席者只剩下50人左右,故史称此国会为"残阙国会"[the Rump]。1649年1月,国会通过决议,宣布国会(下院)享有最高主权。随后,国会成立特别最高法庭,对查理一世进行了审判,最终查理一世被判处死刑。

prier *n*. 请求(= prayer)前[= age prier]

priest *n*. ❶牧师;神父 主要指罗马天主教会,或希腊教会的神职人员。❷〈英〉(英格兰国教中位于主教之下、执事之上的有权执行圣礼的)司祭;神父;牧师

Priestly Code 《祭司法典》 古希伯来法律汇编,载于圣经中的《出埃及记》[Exodus]、《利未记》[Leviticus]及《民数记》[Numbers]中,内容主要涉及宗教律法与礼仪。

priest-penitent privilege 〈美〉神父-忏悔者守密特权 指不得要求神父将忏悔者的忏悔内容作为证言提供。几乎所有各州的法律都有这项规定。

primae impressionis 初见的;无先例的 初见的案件[case primae impressionis]指一种新型的案件,无法直接适用现有的法律原则也无先例可援,必须完全依理性作出裁决。

primae preces 〈拉〉〈古〉首次推荐权 在神圣罗马帝国皇帝登基后有权推荐帝国境内各教堂首次出缺的受俸牧师。据称,爱德华一世[Edward I]在英格兰也曾行使过类似权利。又作 preces primae。(⇨preces primariae)

prima facie 〈拉〉初步的;表面的

prima facie case 初步证明的案件 有两种含义:①原告提出的证据足以支持其诉讼请求,从而可以将案件交付陪审团裁断;②原告已提出足以支持其诉讼请求的证据,如被告不能提出足以反驳的反证,法庭必然判决原告胜诉。

prima facie evidence 表面证据;初步证据 指表面上充分有效的证据,在法律上足以证明当事人的请求或答辩所依据的事实。但对方当事人可以提出反证加以反驳,在此情况下,审判人员应对各种证据进行综合比较与权衡。

prima facie presumption 初步推定 在被当事人提出的相反证据推翻以前有效的推定,即可反驳的推定[rebuttable presumption]。与不可反驳的推定[conclusive presumption]相对。

prima facie tort 表面侵权行为 指采用原为合法的手段,在无正当理由的情况下有意造成他人损害的行为。美国一些司法管辖区已确认了此类侵权行为,对依传统侵权行为法不可起诉的恶意行为提供救济。这种行为尤多见于商业及贸易环境中。

primage *n*. 小额酬金;运费补贴 在早期的商事法律中,指货主或收货人向船长及船员为其照料和装卸货物而支付的小费,只要与船东的协议中没有相反约定,船长等人即可收受。但这笔费用后来不再是小费的性质,而只是变相提高运费率。小额酬金的数额,随交易种类和交易地点的习惯而有所不同,且大多在提单[bill of lading]中加以约定。它又可写作"hat money"。

prima materia 基本事实 指一切自然知识的基础。

Prima pars aequitatis aequalitas 〈拉〉衡平法的精髓是公平。

primaria ecclesia 〈拉〉主教堂;大教堂 相对于附属教堂而言。(= mother-church;matrix ecclesia)

primariae preces (= preces primariae)

primarily engaged 主要从事于…

primarily liable 负首要责任;首先负责(⇨primary liability)

primary *a*. ❶最初的;原始的;首先的 ❷首要的;主要的;基本的
n. 初选(= primary election)

primary activity 直接行动 指工会对与之有争议的雇主所采取的罢工、设置纠察等一致行动。区别于间接行动[secondary activity]。(⇨secondary picketing;secondary strike)

primary administrative jurisdiction 行政首先管辖权;行政部门先决权 指法院在某一案件中就争议问题与行政机关同时享有管辖权的情况下,应先待行政部门作出决定,然后方可裁决。诸如:①涉及需根据行政部门的专业知识、业务经验、工作情况方可决定的特殊或复杂的问题;②依适用的管理法规必须统一处理的问题。

primary allegation (教会法院开庭后的)首次答辩 亦作 primary plea。

primary beneficiary 第一受益人 指人寿保险单载明的在被保险人死亡时第一顺序领取保险金的人。若第一受益人已死亡,则由保险单载明的第二受益人领取。

primary boycott 直接联合抵制 工会对与之有纠葛的雇主进行的抵制,劝阻他人使用、经营、运送或购买该雇主的货物。

primary cause 近因;直接原因(⇨proximate cause)

primary contract ❶原始合同;基本合同 相对于从属合同[secondary contract]而言,指该后未被订立的合同所取代或修改的合同。❷主承包合同 相对于分包合同[subcontract]而言,指总承包商与业主订立的整个工程项目的建筑合同。

primary conveyance (地产权的)原始转让 与地产权的从属性转让[secondary conveyance]相对,指地产权的创设或最初产生,包括分封[feoffment]、授予[grant]、赠与[gift]、租赁[lease]、互易[exchange]和分割[partition]等方式。(= original conveyances)

primary easement 主地役权 相对于从属地役权[secondary easement]而言,指从属地役权所附属或依赖的地役权。例如,在他人土地上开挖沟渠的权利为基本地役权,为修葺或清理沟渠而通过他人土地的权利则为其从属地役权。

primary election 〈美〉初选;预选 指政党推选公职候选人[candidates for office]或党代表大会代表[delegates to a party convention]的初步选举,依据是否有区分党派的必要,可将初选分为开门初选[open primary]和闭门初选[closed primary]两类。(⇨closed primary;election)

primary evidence 最佳证据(= best evidence)

primary franchise 基本的法人团体特许权 指国王通过颁发特许状[charter]而授予公司或法人的成立者们组成公司或法人的特权,使他们可以为了规定目的在法律上

作为一个人而行事,并免除他们的个人责任——除非另有特别规定。所有在此之外的特许权则称为从属法人团体特许权[secondary franchise]。

primary insurance coverage 优先承保险别;基础保险险别 根据保险单条款,发生保险事故后首先产生保险责任的保险险别。

primary jurisdiction doctrine 〈美〉在先管辖权原则;首先管辖权原则 指如果法律赋予行政机关裁决或处理某种争议的权力,则在行政机关就该争议履行其法定职责、作出裁决之前,法院不应受理就该争议提起的诉讼。(⇨ primary administrative jurisdiction; exhaustion of administrative remedies)

primary legal right 原权;基本的法定权利 即法律赋予人的基础权利。在该权利被侵犯时,受害人有权得到法律救济。

primary liability 首要责任;第一位责任 某人应直接承担的责任,商法中指基于特定法律关系所承担的,不以其他责任人拒绝履行为条件的债务履行责任。例如,票据出票人或承兑人的付款责任。区别于次要责任或第二位责任[secondary liability]。

primary market 初级市场;一级市场 买卖新货物或新服务的市场,尤指发行新上市证券的市场。又作 original market,与"二级市场"[secondary market]相对。(⇨ secondary market)

primary meeting ❶党代会 党员代表大会。 ❷初选大会 在大选前举行的提名本党候选人的政党代表大会。(⇨ political convention)

primary negligence 原始过失 与后续过失[subsequent negligence]相对而言,指在损害事件之前起作用并与损害事件有一定联系的过失。

primary obligation 主要义务;基本义务 合同法中合同当事人的主要义务。例如,买卖合同出卖人的主要义务是交付标的物,买受人的主要义务是支付价款。

primary patent 基础专利 即开创性专利[pioneer patent]。(⇨ basic patent)

primary powers 主权力;主要权限 指本人[principal]直接授予代理人完成代理事项的主要权限,区别于从属权力或间接权限[mediate powers]。

primary purpose 基本目的;主要目的

primary receivership 主破产管理 附有另一从属性破产管理之破产管理。该从属性破产管理通常发生在另一管辖区内。

prima seisina (= primer seisin)

primate n.首主教;大主教 对所辖的教省或大主教区行使管辖权,如坎特伯雷大主教[Archbishop of Canterbury]被称作"全英首主教"[Primate of All England],约克大主教[Archbishop of York]被称作"英格兰首主教"[Primate of England]。

prima tonsura 〈拉〉首割权 指取得第一季牧草的权利。

prime v.重要性超过;得到优先(权)
a.第一流的;最好的(⇨ prime rate)
〈法〉奖金

prime contractor 主承包人;总承包人 建设工程合同的一方,负责全部工程建设,也可将电力、管道等项目分包给第三人。(= general contractor)

prime cost ❶直接成本;主要成本 产品成本中原材料价值加劳动价值。 ❷实际价格 善意买受人购买时的实际价格。

prime interest rate ❶优惠利率;最低利率 商业银行给予其资信最佳客户的短期贷款利率,通常为商业贷款的最低利率。 ❷基准利率;基础利率 制定其他贷款利率的参照基础。

prime lending rate (= prime interest rate)

prime maker 原始出票人 签发票据的出票人,承担第一付款责任。

prime minister ❶首相;(内阁)总理 常用大写。指议会制政府[parliamentary government]的行政首脑,内阁的负责人。 ❷[P- M-]〈英〉首相 在英国,此一用法大约可追溯至十八世纪晚期,尽管用于特定目的的如薪水和年金的制定法已认可了它的存在,但在法律上首相这个职位并不存在。理论上,应由君主钦定担任首相者,但就实际而言,是君主邀请下议院多数党领袖组成政府,作为内阁的负责人。首相是政府的行政首脑,英国首相同时也是首席财政大臣[First Lord of the Treasury]和文官事务大臣[Minister for Civil Service]。

primer 优胜;领先;占先;优先;居首位 为中世纪法律法语。

prime rate (= prime interest rate)

primer election 首选 即首先进行选择。例如,共同继承人中的年龄最长者有权首先挑取应得的一份遗产。

primer fine (英格兰古法)令状基本费 在申请签发令状或其它命令时,基于国王特权而收取的费用,一般为标的物年收益的1/10。

primer seisin (英格兰古法)初始占有金 在直属封臣[tenant in chief]死后,其成年继承人应当向国王缴纳一笔钱才能取得对原来封地的占有。若土地可为继承人立即占有,则该笔费用为土地一年的收益;若土地属可归复财产[reversion],该笔费用为土地半年的收益。继承人只有在行臣服礼[homage]和缴纳土地继承捐后才可取得土地的占有。初始占有金于1660年被废除。

prime tenant 首要承租人;最佳承租人 指承租商务大楼、贸易中心等场所的主要部分或最佳部分、具有公认的良好信誉的商业的或职业的租户。这类租户对保证不动产建设中的资金来源以及吸引其他承租人都非常重要。

primicerius (英格兰古法)(任何阶层的人中的)地位最高者

primitae (= primitiae)

primitiae 〈拉〉(英格兰古法)❶头茬果实收获 一个季节中最早收获并用以祭神的农产品。 ❷取得圣职后的第一年俸禄;初年圣俸(⇨ first fruits)

primitive law 原始法律 不等同于古代法律。是指原始社会人类文明初现时的制度、习俗和行为规则。原始法律无民法和刑法的区别,无权利、权益、责任等概念。有强制力的惯例由长者或部落集体执行。但仅有原始法律的社会并非混乱无序。由于文学的创造,出现一些不成熟的法规,如西欧的原始法律和英国最早期的法律。此后比较成熟的法规有《赫梯法典》[Hittite Code]、《十二铜表法》[Twelve Tables]等。然后有更成熟的《汉姆拉比法典》[Hammurabi]等出现。

primo beneficio 〈拉〉〈英〉首次出缺圣职任命状 古代国王指示大法官或掌玺大臣将首次空缺的圣职作为皇家赐赠授予某人的令状。(= beneficio prima)

Primo executienda est verbi vis, ne sermonis vitio obstruatur oratio, sive lex sine argumentis. 〈拉〉一开始就应当弄清词的全部含义,以免因用词不当造成语义模糊不清,或使法律不合情理。

primogeniture n. ❶长嗣身份 指家庭中最先出生的子女。❷长子继承权 指长子单独继承土地和不动产的权利。罗马法不采用长子继承制，而是由全体子女平均分配父母的遗产。英国则长期以长子继承制为社会结构的基石，直至1925年才予以取消，但荣誉称号和封号仍由长子继承。

primogenitus 〈拉〉(英格兰古法)长子

primo loco 〈拉〉首位的；第一位的；首先的

primo venienti 〈拉〉给先来者 指古时遗嘱执行人对债务清偿之请求一经提出即予偿付，而不问遗产是否足以清偿全部债务。

Primum coram comitibus et viatoribus obviis, deinde in proxima villa vel pago, postremo coram ecclesia vel judicio. 〈拉〉首先在居民及偶然经过者面前，然后在最近的城镇与村庄，最后在教堂或法院面前。 这是权利人主张对野生动物享有权利时须经过的三道程序。

primum decretum 〈拉〉❶(教会法)初步判决 因被告未出庭应诉而作出的确认原告胜诉的初步判决。 ❷(海事法)临时判决

primus inter pares 〈拉〉在同等地位者中居首

prince n. ❶〈英〉王子；王孙；王室子女；(皇室)亲王 ❷(小国或公国的)统治者；诸侯 ❸(英国以外其他君主国的)贵族 ❹(民主国家中)地位显赫的人；要人；达官贵人

prince consort 〈英〉亲王 对在位女王的丈夫的封号。1857年维多利亚女王[Queen Victoria]首次将此封号授予其夫阿尔伯特亲王[Prince Albert]。

Prince of Wales 〈英〉威尔士亲王 英国王储的专用称号，英国王位的第一继承人。英王爱德华一世[Edward Ⅰ]征服威尔士以后，在1283年处死威尔士的最后一个亲王大卫三世。1301年，他把这一称号赐给了自己的儿子，即未来的爱德华二世。此后，英王的长子绝大多数都被赐予该称号。在威尔士亲王成为国王之后，直到他把这一称号赐给自己的儿子之前，不使用这一称号。

princeps 〈拉〉(罗马法)领袖；皇帝；统治者

Princeps et respublica ex justa causa possunt rem meam auferre. 〈拉〉君王和国家可以基于正当理由剥夺一人之财产。

Princeps legibus solutus est. 〈拉〉君主不受法律约束。

Princeps mavult domesticos milites quam stipendiarios bellicis opponere casibus. 〈拉〉发生战争时，君主最好使用本国军队而非雇佣军。

princess royal 〈英〉大公主 ①指君主的长女。②国王给其长女的终身封号。

principal a. ❶首要的；主要的；最重要的；(地位、级别等)最高的 ❷资本的；本金的；可生息的财产的
n. ❶首长；负责人；首领；长官；主管人 ❷(中小学)校长；〈英〉大学校长 ❸本金；资本；可生息的资本(或财产)；(股票、债券等的)票面价值 ❹(代理关系中的)本人；委托人；被代理人 ❺主债务人 (= principal debtor) ❻主犯 指实施犯罪行为或在现场帮助或唆使他人实施犯罪行为的罪犯，与从犯[accessory]相对。 ❼(在具结保释中的)被保释人

principal action 主要诉讼；主诉 与补助诉讼[auxiliary action]及附属诉讼[ancillary action]相对而言，指产生补助诉讼或附属诉讼或临时救济程序的诉讼。

principal administration 主要遗产管理 与从属遗产管理[ancillary administration]相对而言，指在死者住所地所在司法管辖区进行的遗产管理。

principal cause 绝对回避原因(⇨challenge for principal cause)

principal challenge 〈英〉(= challenge for principal cause)

principal contract ❶主合同 与从合同[accessory contract]相对而言，指双方当事人为自己的利益所订立的、不以其他合同的存在为条件而独立存在的合同。是引生从合同的合同。 ❷本人签订的合同 指本人[principal]亲自缔结的合同，区别于由代理人代本人所签订的合同。

principal contractor 主承包商；总承包商；总包人 直接与业主订立承揽整个工程项目的承包合同，然后向他人分包或转包的承包商。

principal debt 本债；主债务 ①指最初的债务，不包括由此孳生的利息；②指债务人的义务，而非担保人或保证人所承担的责任；③指债务本身，而非偿付债务的允诺。

principal debtor 主债务人 指对其债务的履行设有担保的债务人。

principal defendant 主要被告 在通知案外债务人扣押被告财产[garnishment]的程序中，指与原告有债务关系的被告方当事人，区别于被送交扣押通知的案外债务人[garnishee]。

principal employment or business 主要职业或营业 指债务人将之作为主要生活来源并经年累月占用其主要时间与精力的职业或所从事的商业经营。

principal establishment 主要营业地；主要居住地 在有关住所的法律中指主要的居住处所。(⇨domicile; residence)

principal fact ❶主要事实 指原告主张权利所直接依赖的案件事实，区别于据以推断主要事实存在的"证据性事实"[evidentiary fact]。(⇨ultimate facts) ❷(= fact in issue)

principal, interest, taxes and insurance/PITI 〈美〉本金、利息、税收与保险费

principal in the first degree 〈美〉一级主犯 即亲自实施犯罪的人；或亲手或使用工具或利用不知情的第三人实施犯罪的共同犯罪人。

principal in the second degree 〈美〉二级主犯 指在犯罪现场并协助、建议、指挥或鼓励一级主犯实施犯罪的共同犯罪人。实际上不在现场，但在犯罪当时在其他地点帮助、唆使一级主犯的，也认为来到犯罪现场。

principalis 〈拉〉本人；主犯；主债务人

Principalis debet semper excuti antequam perveniatur ad fideijussores. 〈拉〉主债务人不能履行债务时，始可要求保证人承担责任。

Principality of Scotland 苏格兰亲王领地 授予苏格兰国王的长子，即苏格兰亲王[Prince of Scotland]的封地，包括艾尔[Ayr]、伦弗鲁[Rnefrew]及罗斯和克罗马太[Ross and Cromarty]等地，该分封源于14世纪。

Principality of Wales 威尔士亲王领地 授予英格兰国王或不列颠国王的长子即威尔士亲王[Prince of Wales]的封地包括整个威尔士，源于1301年爱德华一世[Edward Ⅰ]征服威尔士之后的分封。该头衔不是自动继承而必须经过正式授予。若无威尔士亲王，则领地由国王拥有。

principally engaged 主要从事于(⇨principal employment or business)

principal obligation ❶主债务(⇨principal debt) ❷主义务 即主要合同义务，指基于当事人的主要缔约目的

而产生的义务。例如,在买卖合同中卖方的主要义务是向买方转移标的物的所有权。

principal office 主要营业地;主要办公地 同 principal place of business,指公司总部所在地或公司主要事务与业务的办理地,通常是公司账簿所在地、股东大会召开地及公司高级管理人员商讨处理公司重要事务的地点,但并不以这些地点中的任何一项为绝对衡量标准。根据美国《商业公司示范法(修订本)》[Revised Model Business Corporation Act],公司主要办公地点是指公司年度报告中载明的公司主要行政机构所在地,而不论该地点是在公司登记州之内或之外。

principal officer or agent ❶(公司)主要管理人员;主管人员 ❷公司的法定代理人或外国公司的委托代理人

principal place of business 主要营业地 作为判断公司住所的标准,指公司从事经营活动的主要地点,通常由公司依法指定,但并非一定为公司的主要办公机构所在地。

Principal Register 〈美〉主登记簿 指根据联邦商标法即1946年《拉纳姆法》[Lanham Act]设立的联邦商标登记簿,它既是对合乎规定条件的商标提供全国范围法律保护的依据,也构成商标权人就其商标专有权对所有后来使用者的推定告知[constructive notice]。

principal residence 主要居所 指纳税人大部分时间居住的处所。

principal trust beneficiary 主信托受益人;原信托受益人 在信托安排中首先作为受益人的人,死后其信托收益由终极信托受益人[ultimate trust beneficiary]继受。例如,在一项为甲设立、甲死后由乙继受的信托中,甲为主受益人,乙为终极受益人。

principate n.❶最高权力;最高统治权 ❷元首制时期 指罗马帝国从公元前27年奥古斯都[Augustus]即位至公元284年戴克里先[Diocletian]即位的一段历史时期。在此期间罗马皇帝继续借助共和政体及"元老院首领"或"元首"[princeps senatus]的名义掩饰其专制权力,其后这种专制统治就公开化了。

Principia data sequuntur concomitantia. 〈拉〉既有的原则在伴生的原则之前。

Principia probant, non probantur. 〈拉〉基本原则毋须证明。

Principiis obsta. 一开始就顶住;把麻烦制止在开始阶段。

Principiorum non est ratio. 〈拉〉基本原则毋需论证;基本规则毋需论辩。

principium 〈拉〉开始;开端

Principium est potissima pars cujusque rei. 〈拉〉本源乃任何事物最重要之部分。

principium et fons 〈拉〉起源与渊源

principle n.❶原则;(基本)原理 ❷起源;本原 ❸本能;本质 ❹(行为)准则;程序规则 ❺要素;成分

principles of law 法律的(基本)原则 指不能为个别或具体的法律规则所涵盖,而在司法判决中作为司法推理的权威性起点的一般性原则。法律的基本原则,按照传统的法理解释,往往是法官在个案规则的基础上或法律学者著作基础上运用归纳法总结而成。但是当代的知识论已经批驳了这种机械经验主义的谬见。与具体的法律规则相比,法律原则更为抽象、粗泛,因而适用起来更为灵活,原则与原则之间也会出现冲突,这时候需诉诸更为抽象和广泛的原则。法律原则[a principle of law]与法律信条[doctrine of law](亦可译作"法律原则")的区别更多体现在语义、语汇的不同选择上,而并不存在逻辑或法律基础的差异,因而往往也互为易用。

print n.❶印刷字体;印刷 ❷〈美〉指纹;印痕(⇨fingerprints)

printed form (合同或诉讼文书等的)已印制的表格(⇨form)

printed scroll 印章

Printer's Ink Statute 〈美〉《印刷品法》 1911年草拟的一部示范法,许多州已在修改后实施,规定凡刊载虚假的、欺骗性的或误导性的内容即构成轻罪。

prior a.❶在前的;在先的;居先的 ❷优先的;有优先权的
　n.小隐修院院长;隐修院副住持 仅次于abbot。

prior action pending 在先进行的未决诉讼(⇨pendency of action; plea of another action pending)

prior adjudication 先前的裁决 指以前已作出的判决,其中对相同当事人之间的同一争议事项已曾提出争点和加以裁决。(⇨res judicata)

prior application, rejection, or cancellation 先前之申请、被拒或撤销 保险公司要求保险申请人提供的其以前获得或被拒绝保险的有关信息。

prior appropriation 〈美〉优先占用 美国西部某些州法律中的一项原则,即首先将公共河流改道并用于灌溉等目的的人享有在所占范围内继续使用河流的优先权。

prior art 现有技术;在先技术 现存的技术信息,可据以否定类似发明的新颖性和非显而易见性。现有技术包括对本专业普通技术人员来说,在特定时间可知的、或从可知技术可显而易见得知的信息;尤指在授予或拒绝授予一类似发明之前,专利局或法院所分析的早先受专利法保护的发明创造的内容。

prior conviction 前科;以前的定罪(⇨previous conviction)

prior creditor 优先债权人 一般指有权从债务人财产中优先受偿的债权人。(⇨preferred creditor; preferential debt)

prior decision 判例;以前的判决(⇨precedent)

prior equity 优先适用衡平法的原则 指采用衡平法救济所要求具备的条件。

prior estate (= preceding estate)

prior inconsistent statements 先前的不一致陈述 指证人以前所作的与在法庭作证时所作的不一致的陈述。先前的不一致陈述不能作为认定事实的证据,只能用以质疑证人证言的可信性。

prior indorsements guaranteed 受保证之前手背书 仅指对背书真实性的保证。

Prior in tempore, potior in jure. (= Prior tempore potior jure.)

priori petenti 〈拉〉给首先申请者 指继承程序中的一项规则,即若数人同样有权管理遗产,法院则批准由第一个申请者管理。

priority n.❶在先;居前 指在时间上较早或在顺序、等级等方面更重要。 ❷优先权 指针对同一对象可优先于其他权利加以行使的权利。尤指优先受偿权,即某一债权人可优先于债务人的其他债权人获得清偿的权利。❸优先行使管辖权原则 在两个法院对某一案件都有管辖权时,由最先受理案件的法院行使管辖权。

priority lien (= prior lien)

priority of attachment 扣押的优先性 指依照扣押的次序或签发扣押令状的次序而确定一项扣押有优先于同一财产上其他扣押的效力。

priority of exercise　优先行使管辖权　指在数个法院享有并存管辖权[concurrent jurisdiction]的情况下,首先行使管辖权的法院取得继续审理案件的独占管辖权。

priority of liens　留置权的次序　留置权以其设定的先后排列,先设定的留置权为优先留置权。

prior jeopardy　(= former jeopardy)

prior lien　优先留置权　一般指有权优先受偿的留置权,不一定在时间上先发生。

prior losses　先前损失　保险人要求投保人披露的有关所承保财产以往发生损失的情况。

prior mortgage　优先顺位抵押权　其所担保的债权较同一抵押财产上的其他抵押权所担保的债权优先,从而可优先从该财产受偿。

prior negligence　先前过失　距损害发生的时间已远并因而不构成损害近因[proximate cause]的过失。

prior petens　〈拉〉❶首先申请者(⇨priori petenti)　❷首先起诉者

Prior possessio cum titulo posteriore melior est priore titulo sine possessione.　〈拉〉先占有而后取得权利优于先取得权利但未实际占有。

prior recovery　先前的追诉(⇨prior adjudication)

prior restraint　〈美〉先行制止　指在言论实际发表前政府官员即对其言论或公开于一切限制的制度。美国宪法第一条修正案规定不得剥夺公民的言论自由。先行制止的办法冒极大的违宪风险,政府必须负责证明其必要性。先行制止只有三种情况才被认可,即:对国家构成"明显的、现实的危险",侵犯个人隐私或淫秽出版物。(⇨censor; censorship)

Prior tempore potior jure.　〈拉〉时间领先者,权利优先。

prior tenant　(= casual ejector)(⇨ejectment)

prior testimony　〈美〉先前的证言　即在以往审判中提供的证言。如果当初提供证言的证人在当前案件的开庭审理时已死亡或失去作证能力或不能出庭作证,可以作为传闻规则[hearsay rule]的例外,采纳其先前的证词作为证据;但应满足某些条件,如属同一当事人与争议事项,对方曾有机会在以往的审判中对证人进行交叉询问[cross examination],提供的先前的证言的副本经过认证是真实的等。

prior title　优先所有权　该所有权在普通法或衡平法上具有对抗他人主张之所有权、优先权或其他权益的优先效力。

prior use doctrine　先使用原则　已使用于某一公共用途的财产,在无明确的法律规定时不得使用于另一公共用途。

prior use principle　(= prior use doctrine)

priory　n. 小隐修院

prisage　n.〈英〉❶酒输入税　古代国王的一种世袭收入[hereditary revenue],即从船运到英格兰的酒类货物中征收一定数量税金。爱德华一世[Edward I]时改为对外国商人输入到英格兰的每桶酒征收2先令,称为"总管税"[butlerage]。1809年该税被废除。　❷(国王或海军大臣对捕获物[prize]的)分享

prise　〈法〉捕获物;战利品(⇨prize)

prisel en auter lieu　〈法〉在另一地点取得;返还原物之诉[action of replevin]中的妨诉答辩[plea in abatement]

priso　监狱;囚犯;战俘

prison　n. 监狱　现代监狱的前身是16世纪开始在英国建立的收容教养院[house of refuge or workhouse]。其最初的职能是把失业者、流浪者和违法犯罪少年监管起来,组织他们从事生产,学习劳动技能。后经不断发展演变,逐渐形成了现行的监狱制度。英国的监狱隶属于内务大臣,在内务大臣之下设立监狱委员会主管全国狱政。所有监狱官员及视察委员会[board of visitors]成员均由内务大臣任命。英国的监狱兼具羁押候审被告人和执行自由刑的双重职能。根据英国监狱法的规定,英国监狱分为地方监狱、已决犯监狱、预防性关押监狱、青少年教养感化院、国立醉徒教养所。美国的监狱分联邦和州两个系统,分别隶属于司法部和各州的司法行政机构。州监狱系统由两部分构成。一类是州监狱[state prison],关押被判1年以上监禁刑的重罪犯;另一类是地方看守所[local jail],关押被判1年以下监禁刑的轻罪犯和等待审判的未决犯。两个世纪以来,美国监狱制度的发展与改革,可以分为三个时期,即隔离悔罪型,如费城制和奥本制;教育改造型,如爱尔密拉制;社区参与型,如监放中心和中间监所两种形式。

prison breach　突破监所罪　指在押犯未经许可并且使用暴力离开合法关押的场所。在传统上本罪和脱逃罪[escape]的主要区别在于是否使用暴力,但在现代某些司法管辖区,这一区别已不复存在。

prison breaking　越狱罪;突破监所罪　普通法上的犯罪,指在押犯未经许可并且使用暴力离开合法关押的场所的行为。它区别于劫狱罪[rescue],劫狱罪是由第三人由狱外实施的;也区别于脱逃罪[escape],脱逃罪是指在押犯未经许可也没有使用暴力离开合法关押场所的行为。现代制定法渐趋抛弃普通法的上述区别,越狱罪通常指以任何手段逃离合法关押场所的行为。

Prison Commission　〈英〉监狱管理委员会　根据1877年《监狱法》[Prison Act]成立的主管所有地方监狱的机构,受内务大臣[Home Secretary]领导。1963年被解散,其职能转归内务部监狱司[Prison Department of the Home Office]。

prisoner　n. ❶犯人;囚犯　指在监狱服刑的人。　❷刑事被告人;被羁押人　指被警察等执法官吏逮捕并被羁押的人,无论其是否已被送入监狱。

prisoner at the bar　在审被告人　指正在接受审判的刑事被告人。

prisoner of war　战俘

prisoner's domicil　(= domicil(e) of prisoner)

Prisoners Legal Service　〈美〉狱犯法律服务处　在不少州由执法援助局[Law Enforcement Assistance Administration]出资设置的无偿为监狱犯人提供法律援助的非营利机构。

prison reform　监狱改革　监狱改革是刑罚改革的一个方面。英国自18世纪后期起就开始尝试。最初的改革是改善监狱的物质条件,不久发展为合理对待囚犯,合理实施纪律。1823年的《皮尔监狱法》[Peel's Prison Act]依囚犯的类别规定了空间标准、规程和纪律。其后实行的单独囚禁成为19世纪欧洲监狱发展的重大特色。20世纪的监狱改革包括对青少年犯的管教,并引入矫正性训练、预防性拘留以及无监管待遇、缓刑、管教中心、社团服务制度等。由于受经济条件的限制,英国监狱的现状仍不理想。美国1870年成立的监狱协会[American Prison Association]提出改造囚犯的观点,其后实行青少年犯和成年犯分别关押、假释、缓刑、暂缓科刑及释放后监督等制度。

prison rule　监狱规则;囚犯管理规则(⇨liberty of the rules)

prison visitors 〈英〉监狱探访者　即受邀请到监狱探访囚犯的志愿者。监狱探访者的作用并非听取囚犯的诉苦，也非向囚犯作道德说教，而是使囚犯能与外界保持接触，有机会与不同的人交往和谈话。

prison warden 典狱长；监狱长（⇨warden）

prist 〈法〉准备好　旧式的口头诉答[oral pleading]中用以表达将争议提交裁决[tender of issue]或明确争点[joinder of issue]。

Prius vitiis laboravimus, nunc legibus. 〈拉〉我们首先弄清了罪行，现在来看法律。

privacy n. ❶（个人）隐私；个人私生活；个人阴私　❷隐私权（= right of privacy）

privacy laws 隐私权法　指保护个人私生活权利[person's right to be left alone]或者限制公众获悉报税单[tax returns]和医疗档案等个人信息的联邦法或（和）州法。美国联邦的《隐私权法》[Privacy Act]对行政机关搜集利用和传播个人信息作出了明确规定，该词亦称 privacy act(s)。

private a. ❶私人的；个人的　指与个人有关或从属于个人，与公开的、公共的相对。❷非公开的；封闭的　封闭性公司是指该公司的股份不能在公开市场上自由买卖和获取。❸秘密的；私下的
  n. 列兵；二等兵　指部队中等级最低或近于最低者。

private acts 〈英〉[总称]非公知法　它与个人事务有关。非公知法指法院不能直接进行司法认知，而必须由试图援引该法的当事人在诉讼中予以证明的议会立法。它可分为两类：出版销售的非公知法和未出版销售的非公知法。出版销售的非公知法可以通过出示皇家印刷人[Queen's Printer]文本或者以英王名义或皇家文书出版署[Her Majesty's Stationery Office]名义出版的文本加以证明；而未出版销售的非公知法可通过其正式抄本[exemplication]、官方记录[transcript]，或者来自档案局[Record Office]或上议院书记官[Clerk of the Parliaments]原本的副本加以证明。该词不同于 private bill, 后者指影响某一地方或个人利益的法案。（⇨public acts; private bill）

private agent 私人代理人　代理个人处理私人事务的代理人。

private alley 私人小径　依法限由特定土地的所有人而非公众使用的窄径。

private attorney (= attorney in fact)

private attorneys general 〈美〉共同私人代理人　提起集团诉讼，特别是有关生态环境，为保护公众权利，为自己并代表他人提起诉讼的公民。联邦最高法院并不鼓励这种诉讼。

private bank 〈美〉私人银行　指个人或合伙拥有的不具有法人资格的金融机构。

private banker 〈美〉个体银行业者　非公司银行之业主。未经国家特别授权或许可而从事吸储、贴现商业票据、出售汇票并从事银行业务之个人或其商号；经国家授权并符合监管的一般要求的从事银行业务的个人或其商号。依多数学者的意见，立法机关可以禁止所有的个体银行并限定只有公司才能有开展银行业务的权利。在某些立法中，"银行"一词不包括个体银行业者。

private bill 〈英〉私法案　指由议会之外的个人或者组织（如一地方当局）提出的涉及特定个人、某一地方或团体利益的议案。

private bill office 〈英〉私法法案办公室　负责起草私法律[private act]的议会办公机构。

private boarding house 私人寄膳宿舍（⇨boardinghouse）

private bonded warehouse （仅供所有人使用的）私人保税仓库（⇨bonded warehouse）

private boundary 人为分界线

private capacity 私法主体；私法上的身份　指市政法人[municipal corporation]作为私法主体，如其在从事供水、供电、维持公共交通等活动时的身份；在此情况下其行使的不是政府权力，因而与其作为政府机构的身份相对应。

private car ❶私人车厢　属某一或某些私人所有或包租的铁路旅客车厢。❷私人用车　归某些私人，例如公司管理人员使用的客车。

private carrier 特约承运人　不以运输为业，不公开招揽业务，只在其认为合适时有偿或无偿地将旅客或货物从一地运送到另一地的承运人。

private cemetery 私人墓地　专供某一家庭或部分社会成员使用的墓地。

private chapels ❶私人小教堂　指贵族等私人拥有的，在其住宅内或邻近地方的小教堂，为主人及其家庭举行圣礼之用。❷附属教堂　指附属于大学、学校、医院等地方的礼拜堂或非礼拜堂。根据1871年《附属教堂法》[Private Chapels Act]，主教准许一神职人员主持该教堂，但不得在此举行婚礼。该法1967年被废除。

private college or university 私立学院或大学　由私人出资建立或捐助的学院或大学。

private communication 私人间的秘密谈话；私密交流（⇨privileged communications）

private company 〈英〉私人公司；封闭型公司　指股东人数在50人以下，限制股份转让，不得公开发行股票的有限责任公司。（⇨private corporation）

private corporation ❶私法人；私营公司　由私人设立的非公众机构或组织，既可以营利为目标，也可以非营利为目标。与之相对的是国家为社会公众的利益或国家行政管理的目的而设立的公法人或公营公司[public corporation]。❷封闭型公司　股份仅限于少数人持有和在少数人之间转让的公司，相对于公众持股公司[publicly held corporation]。

private court 私人法庭　非真正意义上的法庭，而是私人组织为其内部目的设立的机构。

private credit to seal 私章（= seal of private credit）

private crossing 私人天桥；私人道口　私人为其个人通行目的而在公共道路上架设的过街天桥；或者土地所有人或承租人在穿越其土地的铁道上修建的供其个人使用的道口。

private duty ❶个人责任　个人根据特定情况而担负的责任。❷私法责任　市政法人作为私法主体[private capacity]活动时所担负的责任。

private dwelling 私人住所

private easement 私人地役权　供特定个人用益的地役权。（⇨private way）

private eleemosynary corporation 私人慈善团体　为管理慈善事业而组成的团体，其捐赠来自个人。

private enterprise 私人事业　指私人或私人组织，或通常由私人或私人组织所从事的农业生产、商品制造、商业经营等活动，不属政府机关的公务活动范围。

privateer n. 私掠船　战时经交战国特许在海上攻击、捕押敌方商船的武装民船，1856年巴黎宣言在欧洲各国间废除私掠。美国直至19世纪末才予以废除。

privateering n. 私掠；私掠巡航（⇨privateer）

private eye 〈美〉私人侦探　即 private detective。该词起因于平克顿侦探社[Pinkerton Detective Service]的商标——一只睁开的眼睛。

private ferry 私人渡船　私人所有的渡船,主要供个人使用。渡船所有人可收取摆渡费为他人服务,但并不以此为业。

private foundation 私人基金会　私人设立与管理的发展慈善事业或教育事业的基金会。(⇨charitable organization; foundation)

private function 私法职能　泛指与公共职能相对应的任何从事私法上活动的职能;有时特指市政法人[municipal corporation]作为私法主体[private capacity]所履行的职能,尤其是与其财产或合同行为有关的职能。(⇨private capacity; private enterprise)

private gain 个人收益;个人利益;私人利益

private garage 私人车库　附属私人住宅或公寓、供所有人、房客或其他人停放机动车辆之用的建筑物。

private injury 个人损害;个人伤害　即由于个人不法行为[private wrong]而对个人权益造成的损害。

private international law　(= international private law)

private land grant 私人土地授予　政府将国家所有的土地权利授予私人(自然人)。

private law ❶私益法;特别法　指仅与特定案件、特定人或物、特定地点、特定事情等相关并发生作用的法律,与针对普通大众的法律相对。在这种意义上,它可称为"special law",与"general law"相对。❷私法　一般指规范和调整个人之间以及作为平等主体的政府或政府部门与个人之间权利义务关系的法律。很多情况下公法和私法不能截然分开,例如一定的非法行为可能是犯罪行为(公法调整),同时也是侵权行为(私法调整)。私法包括婚姻家庭法、合同法、侵权行为法、财产法、信托法、继承法、商事法、劳工法、海商法等。

private letter ruling 〈美〉个别回复　指国内税务署[Internal Revenue Service]应纳税人请求就该纳税人打算进行的特定交易中所涉及的税法解释及具体适用问题所作的书面解答。该词亦称 letter ruling。

privately stealing 从身上偷盗　指直接从他人身上偷盗的行为,如扒窃等。

private market 私人市场　由某人为其私人用途或利益而开设、不向他人出租摊位的市场。

Private Members' Bills 〈英〉普通议员法案　由后座议员或普通议员而非内阁成员提出的实施政府政策的公法案[public bill],每届议会开始时抽签决定提案人和提案审议顺序。

private mortgage insurance 自行抵押保险　作为贷款人的抵押权人,就抵押人违反还贷义务所造成的损失而投保的险种。

private motor carrier 私人汽车承运人　(⇨private carrier)

private necessity 私人(利益)必需;为私人利益而紧急避险　仅涉及被告个人利益的紧急避险,被告不能完全豁免,对于因此而给原告造成的损失仍须承担责任。(⇨public necessity)

private nuisance 私妨害;私人妨扰　指妨害私人利益或权利的行为,或可能对他人产生损害的行为,可以是出于故意或过失。例如:经常擅自使用他人的土地,或干扰他人使用其自己的土地。属一种民事侵权行为。

private offering 私募;不公开发行;不公开发售　发行的股票或债券直接向一小群个人、投资机构等发售而非公开发售。又作 private placement。(⇨direct placement; offering; public offering)

private passenger automobile 私人客车　供车主或其家庭私人使用,而非用以出租载客的四轮机动车。

private pass way 私人通道;专属通道(⇨private way)

private person ❶平民　指未担任公职也不在军队服役的人。❷(大陆法)私法主体　指由私法予以规范的公司、合伙等实体。

private placement ❶私人收养　指不通过收养机构,直接由养父母,或通过医生、律师私人中介进行的收养,亦作直接收养[direct placement]。❷(= private offering)

private pond 私人池塘　全部在私人所有的土地上,并受私人控制。若池塘的一部分在毗连的他人的土地上,则不属私人池塘。

private powers 私法权力　市政法人作为私法主体[private capacity]而活动时所行使的权力,与其作为政府机构活动时行使的管理权力相对应。

private preserve 私人保护区　私人为渔猎目的而在其土地上划定的保护区。(⇨preserve)

private property 个人财产;私人财产　包括用于公共目的而为私人所有的财产。区别于政府或政府机构的财产。

private prosecutor 自诉人;私人控诉人　指对其怀疑或者相信有犯罪行为的人提起刑事控诉,且不属于政府官员的个人。(⇨public prosecutor)

private publication 非公开发行(= limited publication)

private purpose 私目的;私益目的

private railroad 专用铁路　专供某一或某些人或企业运输货物之用,不用于一般交通目的或向公众开放使用的铁路。

private residence 私人居所　独户的居所。

private right of way 私人通行权;专属通行权　指某一人或某类人在他人土地的特定路线内通行的权利。(⇨private way)

private rights 私权;个人权利　指有关特定个人的人身和财产的权利。

private road 私人道路　在个人的私有土地上的道路,供个人或其承租人、客人、受邀请者等使用。不向社会公众开放,或声称向公众开放,但实际上只有少数人受益。

private ruling (= letter ruling; private letter ruling)

private sale 私下买卖;私售　指买方和卖方通过私下磋商而达成的买卖,而未以广告、公告、拍卖方式或通过经纪人、代理人进行。并可参见美国《统一商法典》第 2-706 条。(⇨sale; public sale)

private school 私立学校(⇨public school)

private seal 私人印章　私人或私法人的印章,区别于政府或政府机构的印章[public seal]。

private secretary 私人秘书　被雇专门向某一人或某几人提供秘书服务的人,区别于企业内根据要求向任何主管、经理、管理人员或雇员提供秘书服务的人。

private session (法院的)不公开审理;(行政机关的)不公开听证

private statute (= private acts)

private stream 私人河流(⇨private waters)

private track 专用轨道;专用线路　即专用铁路轨道或线路[private railroad];或铁路部门专用的通往机车库的叉线铁路。

private trust 私益信托　为特定个人利益而不是公益或慈

善目的设立的信托,与慈善信托[charitable trust]、公益信托[public trust]相对。
private use (将公共资金、财产或政府权力等)用作(公共利益以外的)私人目的;私益使用
private warehouseman 私人仓库业者 为自己使用的目的而管理仓库或其管理活动不具有公益性质的人。
private waters 私人水域 在私人所有的土地上并受私人控制的水域。
private way ❶私人道路 指主要为特定个人的便利而修建的道路,通常由这些个人提供全部或部分资金,但公众亦有权通行。❷私人通行权 在他人土地上按指定路线通行的权利。
private way appurtenant 属地性通行权 附属于土地的、可以在另一土地上通行的权利。系一项从属地役权[easement appurtenant]。
private way in gross 属人性通行权 专属特定个人享有的在他人土地上通行的权利。该权利不得转让,并于权利人死亡时终止。系一项人役权[easement in gross]。
private wharf 私人码头 专供私人使用,不向公众开放的码头。
private wrong 侵犯个人的不法行为;侵权行为 侵犯公共或私人权利时涉及个人受损害的违法行为,应承担民事责任。
Privatio praesupponit habitum. 〈拉〉剥夺某人权利意味着假定其拥有该权利。
Privatis pactionibus non dubium est non laedi jus caeterorum. 〈拉〉毫无疑问,私人协议不得损害他人之权利。
Privatorum conventio juri publico non derogat. 〈拉〉私人的契约,不损公权。
Privatorum pacta non derogant juri communi. 〈拉〉私人协议不得损害公共权利。
privatum 〈拉〉(= private)
Privatum commodum publico cedit. 〈拉〉私人的便利应服从公共利益。 一项衡平法原则。
Privatum incommodum publico bono pensatur. 〈拉〉公共利益可弥补私人不利;公共利益优于私人利益。
privatum jus 〈拉〉(= private law)
privement enceinte 〈法〉刚怀孕的;非明显怀孕的 指处于怀孕的初期,不易察觉。
privigna 〈拉〉(罗马法)继女
privignus 〈拉〉(罗马法)继子
privilege n.特权;特惠;特免 含义不确定的法律用语,最常用于指当事人依法享有为或不为特定行为的自由,常被误拼作 priviledge。其主要含义为:①泛指法律赋予某人或某类人的特别权利或豁免,有的特权在任何情况下都不能剥夺,此为绝对特权[absolute privilege],有的特权只在特定情形下享有或在特定情形下可剥夺,此为限制性特权[qualified privilege]或附条件特权[conditional privilege];②一种肯定性答辩[affirmative defense],指被告至少部分肯定了所指控的行为,但主张自己的行为为法律所授权或许可。尤指在侵权行为法中,特定的情势为故意的侵权行为提供了正当的理由,如在正当防卫中运用合理暴力而不构成殴击罪[battery]的权利、议员在议会讨论中及涉案人员在法院中的言论自由而免予被诉诽谤[defamation]的权利;③一项证据规则,赋予证人不泄露所问事实的自由,或防止在法院泄露特定信息的权利。此类特权的赋予通常意在保护信任关系,如律师与委托人之间或夫妻之间的关系,或是保护重要的公共职能。在美国,一些证据方面的特权是以宪法的规定为基础,但这类特权所涉及的数量、范围乃至名目在各州则互不相同;④(大陆法)由债务性质所生的债权人特权,其可优先于同一债务人的其他债权人受偿;⑤(= hat money)。

privilege against self-incrimination 〈美〉不自证其罪特权 指根据美国宪法第五条修正案及州宪法的类似条款,在任何刑事案件中应根据证据论罪而被告享有不得被强迫自证其罪的特权。该特权仅限于被告可以不提供作为证据的口供,而不适用于诸如笔迹、指纹等物证。任何证人,在被迫召来提供证词时,亦可引用这一特权;但在其自愿作证时,则认为已放弃此特权。尽管此项特权大多在刑事审判中提出,不过任何人亦可在民事、行政、大陪审团及立法程序以"美国第五条修正案作为辩护的理由"[plead the Fifth]。此项特权是对抗刑事审判制度[accusatorial system]的核心,与无罪推定[presumption of innocence]一起共同要求由国家负担控诉之责[burden of prosecution]。该词亦称 right against self-incrimination; right to remain silent。(⇨self-incrimination; immunity; link-in-chain)

privileged a.有特权的 指可不受一般的规则或义务束缚,尤指享有豁免权及其他优先权者。

privileged communications ❶特许不泄露的信息 证人在法庭作证时,不得强令其揭露因夫妻关系、律师与当事人关系、医生与病人关系、牧师与忏悔者关系而获知的信息或内情。❷免责言论 在某种场合或情况下发表的有损他人名誉的言论,不构成刑事诽谤或民事侵权。(⇨ attorney-client privilege; conditionally privileged communication; journalists' privilege; privilege)

privileged copyholds 〈英〉特许公簿地产 根据领地的习惯而非领主的意愿而保有的公簿地产[copyhold estate],包括自由公簿地产[customary freehold]与古老的自留地产[demesne],通常通过缴回领主和重新授予新的保有人的方式转让。(⇨customary freeholds)

privileged debt 优先债务;优先清偿的债务;担保之债(⇨ preferential debt)

privileged evidence 特许不提供的证据 指诉讼中有权拒绝提供的证据,包括特许不泄露的信息[privileged communication]、政府机密、政府档案、告发人身份、大陪审团审理记录、某些事故报告、律师的工作成果[work product]等。

privileged occasion 受特权保护的场合 在此场合下发表或公开的任何言论均不构成口头或书面的诽谤。(⇨ privileged communications)

privileged places 〈英〉避难所 据信1697年之前在伦敦城内及其附近存在过避难所[right of sanctuary]的地方。

privileged relation 受特权保护的关系 指某些特定主体之间建立在信任基础上的关系,受到法律的特别保护。如夫妻、医生与病人、牧师与信徒、律师与当事人,对其相互间的通信、谈话等,应予以保密。法律上对此赋予特权:只要有一方反对,他方即应在法院拒绝作证,法院亦不应要求其就此作证。(⇨privileged communications)

privileged vessel 优先通过船(= favored vessel)

privileged villeinage (英格兰古法)特许农役保有 即贱微农役保有[villein socage],区别于纯粹农役保有[pure villeinage],因前者的保有人所要提供的劳役是确定的,而后者的保有人要提供领主要求的任何劳役。(⇨villein socage)

privileged will 〈英〉特别遗嘱 指军人、船员、飞行员的口

述遗嘱[nuncupative will],虽然不符合 1837 年《遗嘱法》[Wills Act]的规定,但在法律上仍然有效。

privilege fee 〈美〉特许费 即开业税[occupation tax]。密歇根州[Michigan]的销售税即为向零售商征收的特许费。它并不对消费者征收。税负是由零售商还是消费者承担,由零售商选择。

privilege from arrest 不受拘捕的特权;拘捕豁免权 通常根据国际法规则、公共政策或国家司法及行政必要性确定一定阶层的人员或当时正在履行某项特定职责的人享有此特权。或者长期享有,如外交部长及其随从人员;或者临时享有,如立法机关人员、政党人士或者特定案件中的证人。在民事诉讼中,享有此特权的人员范围较为宽泛;在刑事诉讼中,享有此特权的人员范围则较窄。(⇨immunity from arrest)

privilege in defamation 诽谤豁免权(⇨privileged communications)

privilege of five years 五年展期特权 指根据租约条款而将租期延长 5 年的特权或优惠。

privilege of renewing one year more 一年展期特权 指根据租约条款而将租期延长 1 年的特权或优惠。

privilege of return 送回特权 在牝马的配种不成功时送回牝马进行繁殖的特权。

privilege of sanctuary (受教堂或圣所)庇护权(⇨sanctuary)

privileges and immunities 〈美〉公民的特权和豁免权(⇨privileges and immunities clause)

privileges and immunities clause 〈美〉特权与豁免条款 指美国宪法第四条第二款和第十四修正案第一款,其内容是规定每一州公民享受各州公民的一切特权与豁免,并且无论何州均不得制定或实施剥夺合众国公民的特权与豁免的法律。(⇨privileges and immunities)

privilege tax 特许权税 就经营某项事业或业务的许可证或特许权而征收的税。

privilegia 〈拉〉❶(罗马法)私法(⇨private law) ❷事后追溯法 在某一行为实施完毕之后制定、宣布该行为为犯罪并对已实施者予以惩罚的法律。

privilegia favorabilia 〈拉〉私益立法 专为某人或某一团体的利益制定的法律。

Privilegia quae re vera sunt in praejudicium reipublicae, magis tamen habent speciosa frontispicia, et boni publici praetaxtum, quam bonae et legales concessiones; sed praetextu liciti non debet admitti illicitum. 〈拉〉实际有损公益之特权表面上似乎比合法有效之授权更符合公益,但对合法外衣下非法事项不应认可。

privilegium 〈拉〉❶(罗马法)特别敕令 罗马皇帝向某个人授予特别权利、施加特别义务或处以特别惩罚的敕令。❷特权;(法律规定的)特惠 指由法律授予但与一般规则相悖的权利或优惠,在罗马法中尤指给予债权人的优先权。❸(不以占有财产为条件的)特别留置权;特别请求权

privilegium clericale 〈拉〉神职人员(不受普通法院管辖或免于被处死刑)的特权(或豁免权) 已为 1826 年的《刑法》[Criminal Law Act]所废除。(⇨benefit of clergy)

Privilegium contra rempublicam non valet. 〈拉〉特权不得用来反对国家。或:损害国家利益之特权无效。

Privilegium est beneficium personale, et extinguitur cum persona. 〈拉〉特权是个人的权益,随权利人死亡而消灭。

Privilegium est quasi privata lex. 〈拉〉在某种程度上,特权是一项私法。

Privilegium non valet contra rempublicam. 〈拉〉损害国家之特权无效。

privity n.❶相互关系;共同关系;连续关系 即法律关系,指在契约当事人、遗嘱执行人与立遗嘱人、财产转让人与受让人、继承人与被继承人、主债务人与担保人等法律关系当事人之间存在的对同一财产权利的相互关系、共同关系或连续关系。 ❷私下知悉;知情;暗中参与

privity in deed 由于作为而产生的相互关系 指依当事人的行为或同意的意思表示而产生的相互关系。与依法律规定而产生的"法律上的相互关系"[privity in law]相对。(⇨privity)

privity in law 法律上的相互关系 指因法律规定而在当事人间产生的相互关系。如对同一财产享有前后相继的同一权利的当事人之间,依法在其权利范围上存在相互关系。(⇨privity in deed)

privity in tenure 租地的相互关系 出租人与承租人之间因土地租赁而产生的相互关系。(⇨privity)

privity of blood 血缘利害关系 指继承人与被继承人之间及共同继承人之间的利害关系。

privity of contract 合同的利害关系;合同的相对性 指合同当事人之间存在的联系或关系。按照惯例,提起有关合同的诉讼,原告和被告必须就系争事项存在利害关系。但由于产品质量保证法规的制定和严格责任原则的采用,第三人因产品质量受到伤害或损害,也有权请求制造商或销售商赔偿。

privity of estate 地产利害关系 指在土地出租人与承租人、终身地产保有人[tenant for life]与剩余地产权人[remainderman]或归复地产权人[reversioner]之间和其各自的受让人之间,以及在共同承租人或共同继承人之间存在的土地租赁、让与、保有、共有等关系。

privity of possession 占有的利害关系 因不动产的相继占有而存在于各方当事人之间的利害关系。

privy n.❶利害关系人 相互之间有利害关系的人;在诉讼事件或财产中存在法定利害关系的人。尤指对诉讼标的提出权利主张并同诉讼当事人一样受判决约束者。习惯上利害关系人主要可以分为六种:①血缘上的利害关系人,如继承人与其祖先;②代理中的利害关系人,如遗嘱执行人与遗嘱人、遗产管理人与无遗嘱死亡者;③财产中的利害关系人,如出让人与受让人、出租人与承租人;④合同中的利害关系人,即合同当事人;⑤合同及财产中的利害关系人,如承租人转让其利益而出租人并不接受和承认该受让人,原租赁合同继续存在时,该承租人与出租人间的关系;⑥法定的利害关系人,如夫妻。(⇨privity) ❷(室外的)厕所

privy council ❶(统治者或高级官员的)私人顾问团;私人智囊团 ❷[P- C-]〈英〉枢密院 由诺曼王朝时代的御前会议[curia regis]发展而来,始设于 15 世纪亨利六世[Henry Ⅵ]时代,原为英王之下的最高行政机关,18 世纪 20 年代其地位由责任内阁取代后,成为国王的咨询机关。枢密院成员人数不定,但参加的法定人数是 3 人,通常是 4 人应召参加。其职能主要为主持皇室典礼、就某些事务向国王提供建议、发布公告等。枢密院内许多专门委员会,而最重要的枢密院司法委员会[Judicial Committee of the Privy Council]是管辖英联邦殖民地案件的最高上诉法院。(⇨King's Council;Star Chamber)

privy councillor 〈英〉枢密院成员 由国王任命的枢密院[Privy Council]组成人员,均为在政府、司法与宗教方面担

任高级职务的人员,如内阁大臣、大主教、高等法院首席大法官、上诉法院法官、掌卷法官[Master of the Rolls]、总检察长等。目前共有约300名。

privy examination 单独询问 在妻子与丈夫共同签署的契据或其他文件的认证中,在丈夫不在场的情况下询问妻子,以取得其对该文件签署有效性的承认。(⇨acknowledgment of deeds by married women)

privy in estate 地产关系当事人 例如:出租人与承租人;地产权继承关系人。(⇨privity of estate)

privy in representation 遗产代理人 指遗嘱执行人[executor]或无遗嘱死亡情况下的遗产管理人[administrator]。

privy purse 〈英〉国王私用金 拨出供国王个人支配的款项。

privy seal 〈英〉王玺 居于国玺[great seal]与御玺[privy signet]之间的国王印章,用于在加盖国玺之前加盖于国王特许状与授权状之上,或加盖于不需加盖国玺的文件上,也可用作要求御前大臣在盖有王玺之上的文件上加盖国玺的权威标志。

privy signet 〈英〉御玺 用于加盖在国王私人书信及国王亲笔签署的特许状与授权状之上的国王印章,由国王秘书掌管。

privy tithes 小什一税(= small tithes)

privy to an action 诉讼的利害关系(⇨privity)

privy token 假象 用以欺骗一个或几个特定个人的虚假标记或记号、伪造的物品、假冒的信件等。制造假象的目的在于诈骗财物。

privy verdict 隐蔽裁断 法官宣布休庭后陪审团在庭外交与法官的裁断。隐蔽裁断须在重新开庭时当庭公开确认才能生效。现一般由密封裁断[sealed verdict]取代。

prize n. ❶奖赏;奖品;奖金;悬赏 ❷捕获 指海上交战国的军舰或私掠船[privateer]在海上虏获敌国船舶与货物等并予以没收或征用的行为。❸捕获品;捕获场 属交战一方所有而为另一方的军舰或私掠船在海上、根据国际法捕获并没收的船舶或货物。

prize candy 〈美〉有奖糖果 一种凭所出售的盒装糖果决定是否中奖的抽奖方式,每一代表中奖的糖果盒里装有奖金或珠宝等,由购买者在不知情的情况下选购。

Prize Cases 〈美〉捕获案件 1861年4月总统在国会正式宣布战争前即宣布封锁,偷越封锁线而被扣船舶的船主对扣押的合法性提出异议,联邦最高法院裁决封锁合法,封锁自宣布之日起生效。

prize contest ❶有奖竞赛;有奖竞猜 ❷投票竞选 ❸有奖销售 通过销售奖券而抽奖。

prize court 捕获法院 依据国际法审理战时发生的海上捕获案件并宣告没收捕获物的国内法院。

prize fight ❶职业拳击赛 职业拳击手参加的带有固定出场费或一定比例的收入提成的比赛。❷(为拳击手设立比赛奖金而公开举办的)拳击大奖赛;带奖金的拳击赛

prize goods 捕获物;战利品 战时在公海上自敌人手中夺取的财物。

prize law 捕获法 有关海上捕获、捕获物的没收、捕获者的权利、捕获收益的分配等的法律和规章。

prize money ❶捕获金 从出售俘获的船、货取得的收入中分给捕获者或上缴国库的款项。❷奖金 发给竞赛的优胜者或彩票的中奖者的奖金;职业拳击赛的奖金。

prize of war 战利品 战时捕获品(⇨prize)

prize package 有奖包装物 一种凭出售的糖果、茶叶等带有包装的商品决定是否中奖的抽奖方式。购买这些包装商品者可以从众多包装样式中选择一种。其中一些包装在商品之外装有中奖奖券,其他的则只装有商品。

prize proceeding 战利品(或捕获物)处理程序 在捕获法院进行的处理战利品或捕获物的程序。(⇨prize; prize court)

pro 〈拉〉❶为了;由于 ❷关于;至于 ❸代表;为…的利益 ❹按照;基于;作为

P.R.O. (= Problem Resolution Officer; Public Record Office)

proamita 〈拉〉(罗马法)姑祖母;姨曾祖母 曾祖父、外曾祖父的姐妹。

proamita magna 〈拉〉(罗马法)姑高祖母;姨高祖母;舅高祖母

pro and con 正面与反面;赞成与反对 用于描述争议事项双方的论据或提出的证据。

proavia 〈拉〉(罗马法)曾祖母;外曾祖母

proavunculus 〈拉〉(罗马法)叔曾祖父;伯曾祖父;舅曾祖父 曾祖母、外曾祖母的兄弟。

proavus 〈拉〉(罗马法)曾祖父;外曾祖父

probability n. 较大可能性;概然性;概率;几率 指事情可能发生,但其中搀杂有一些不确定的因素。较大可能性表示根据情理或经验,或根据有说服力的证据或论证,一项陈述或假设可能符合事实的程度。如果法官指示陪审团可以按照较大可能性行动,这只是表示他们可以在证据说服力稍差的情况下、或可在没有法律要求的相当确定[moral certainty]下行事。(⇨in all probability)

probable cause 合理根据;可成立的理由 指极有可能是确实的根据,其可信程度大于怀疑但小于确切无误。从合理调查所获知的明白无误的事实,足以使明智而谨慎的人相信刑事案件的被控人犯有被指控的罪名,或民事案件中存有诉讼根据。(⇨information and belief; reasonable and probable cause; reasonable belief; reasonable grounds)

probable cause for a prosecution 起诉的可成立理由 指根据已了解到的事实和情况,足以使一个正常而谨慎的、没有偏见的人相信被指控人确实犯有被指控的罪行。

probable cause for arrest 逮捕的可成立理由 指根据所了解的事实和情况,足以使一个谨慎的人相信存在犯罪。

probable cause for attachment 扣押的可成立理由 指存在一些必要的事实,足以使人合理地相信扣押应予支持。

probable cause for capture 扣押船舶的可成立理由 指根据存在的事实和情况,使人合理地怀疑某一船舶正从事非法运输活动。

probable cause for issuance of a search warrant 签发搜查证的可成立理由 指根据所了解的事实和情况,足以使一个谨慎的人相信被告人犯有被指控的罪行。

probable cause for statement otherwise tortious as defamatory 适合对侵权的言论提起诽谤之诉的理由 根据存在的事实和情况有充分理由可以推想,一个正当而谨慎的人完全确信,因之而提起诽谤之诉的那些诽谤言论是具有真实性的。

probable-cause hearing (= preliminary hearing)

probable cause to hold accused for trial 将被告人交付审判的可成立理由 指使人相信有犯罪行为发生,并且相信该犯罪行为是被告人所为的合理根据和正当理由。

probable consequence 可能的结果 指设想的原因产生的结果,其发生的可能性大于不发生的可能性。

probable consequence doctrine 可能的结果原则 作为近因[proximate cause]的判定标准,指损害结果的发生是否为具有正常智力与通常谨慎的人所能合理预见。

probable evidence (= presumptive evidence)

probable expectancy ❶可能的期待物;合理预期 指在文明社会中一个人有权期待的事物。❷(根据寿命表[mortality table]上列举的统计数字计算出来的)预期寿命 (⇨expectation of life)

Probandi necessitas incumbit illi qui agit. 〈拉〉证明责任在起诉方。

probate *n*.遗嘱检验 验证遗嘱有效或无效的司法程序;其含义现扩大至遗产管理的法律程序。遗嘱检验程序包括搜集遗产、清偿债务、缴纳税款、向继承人分配遗产。这些工作通常在遗嘱检验法院或其它有管辖权法院的监督下由遗嘱执行人或遗产管理人进行。
v.❶检验遗嘱;提出遗嘱检验 ❷处(罪犯)以缓刑(⇨probation)

probate bond 遗嘱检验保证书 遗嘱检验程序中遗嘱执行人、遗产管理人和监护人依法向遗嘱检验法院提交的保证书。

probate code 遗嘱检验法典 有关遗嘱检验法庭管辖范围内各项事务的系统性立法,如美国的《统一遗嘱检验法典》[Uniform Probate Code]。

probate court 遗嘱检验法院 管辖遗嘱检验和遗产管理事项的法院。在美国有些州该法院也有权指定监护人或批准收养未成年人。

Probate, Divorce and Admiralty Division 〈英〉遗嘱检验、离婚与海事分庭 1875年由遗嘱检验法院[Court of Probate]、婚姻案件法院[Court for Matrimonial Causes]及高等海事法院[High Court of Admiralty]合并而成,为高等法院[High Court of Justice]的组成部分。1971年改名为家事分庭[Family Division],其海事管辖权转归王座分庭[Queen's Bench Division],遗嘱检验管辖权转归衡平分庭[Chancery Division]。

probate duty 遗嘱检验税 用作死者遗产管理费用的税种。它是英国遗产税的最初形式。该税创立于1694年,仅对遗嘱人动产的总价值计征。1894年《财政法》[Finance Act]用遗产税[estate duty]取代该税,从而凡属死者的遗产,无论动产、不动产,均应纳税。

probate estate 遗嘱检验财产 由遗嘱执行人或遗产管理人管理的死者的遗产。

probate fee (= probate duty)

probate homestead 宅地遗产;遗产中的家宅 遗产中留给死者的生存配偶和未成年子女的家宅,不用以抵偿死者的债务。(⇨homestead)

probate in common form 〈古〉普通遗嘱检验证书 适用于普通案件。在遗嘱执行人递交宣誓书,保证宣誓书所附遗嘱是真实的,并保证忠诚地管理遗产后,法院即予颁发。

probate in solemn form 〈古〉严格遗嘱检验证书 对遗嘱的有效性发生或可能发生争议时适用。认为遗嘱有效的一方向持有异议的另一方提起诉讼,法院审理后认定遗嘱有效时向遗嘱执行人颁发严格遗嘱检验证书。严格遗嘱检验证书对有关各方及知情者均为终局的。

probate judge 遗嘱检验法官

probate jurisdiction 遗嘱检验管辖权 对有关遗嘱、死者遗产的分配方面的事务拥有的管辖权。在美国某些州还包括对监护和收养未成年人事务的管辖权。(⇨probate court)

probate law 遗嘱检验法

probate matters (在遗嘱检验法院管辖范围内的)遗嘱检验事项

probate of will 遗嘱检验;遗嘱认证(⇨probate)

probate proceeding 遗嘱检验程序;遗嘱检验诉讼(⇨probate)

probate research 遗嘱检验调查 指遗嘱检验程序中寻找继承人或查明证据确定其为继承人的工作。(⇨heir hunter)

probate sale 遗嘱检验售卖 指遗嘱检验程序中遗嘱执行人或遗产管理人根据法院命令出售遗产。

probate tax 遗嘱检验税(⇨probate duty; estate tax)

probatio 〈拉〉(罗马法)(大陆法)❶证明;证据 特指直接证据[direct evidence]。❷审讯;审查

probatio mortua 〈拉〉无生命证据 指书证和物证。

probation *n*.❶鉴定;检验;验证 ❷试用(期) ❸缓刑 现代英美的缓刑制度分为两种,一种是英美的缓期宣告制,指法院经审判确定被告人的行为构成犯罪后,暂不作有罪宣告,而在一定期限内交有关机关对被告人进行监督考验,视被告人是否遵守所规定的条件决定是否作有罪宣告。这一制度最初为英国法官所倡导,但作为替代监禁的行刑制度,最早采用于美国的波士顿,1878年马萨诸塞州[Massachusetts]议会正式将这一做法制定为法律。后又为欧洲各国纷纷仿效,但又稍有不同。在欧洲大陆实行另外一种缓刑制度——缓期执行制,即法院经审判确定行为构成犯罪后,作有罪宣告,且宣告刑罚,但有条件地不执行刑罚。

probationary custody 暂时性监护 法院在判准父母离婚时对子女的监护问题作出临时性的决定,以待日后最终解决。

probationary discharge 缓刑释放(⇨probation)

probationary status ❶缓刑犯身份 ❷(公务员)试用阶段(⇨probation)

probationer *n*.缓刑犯(⇨probation)

Probationes debent esse evidentes, id est, perspicuae et faciles intelligi. 〈拉〉证据应当清楚明白,即表达清楚并容易理解。

probation officer 缓刑监督官 负责监督被法院判处缓刑或暂缓监禁的罪犯,以及管理少年犯的司法官员。缓刑监督官应定期向法院汇报罪犯的情况,若罪犯违反了适用缓刑的条件,则将其提交法院处理。

probation of offenders 〈英〉对罪犯的缓刑 1907年创立以替代监禁刑的一种行刑制度。法院对认定有罪的被告人暂不判处监禁,在征得被告人的同意后作出缓刑令,将被告人置于缓刑官的监督之下,考验期为1-3年。在考验期内如果被告人违反缓刑规定或再犯新罪,则将被再次提交法院重新判刑,对违反缓刑规定的可以处以罚金、从事社区服务、强制送入管教中心。缓刑令并不是有罪判决,因此对此不能提起上诉。

probatio plena 〈拉〉(罗马法)充分证据 即由两个证人或以官方文件提供的证据。

probatio semi-plena 〈拉〉(罗马法)部分证明 只有一个证人或以私人文书提供的证明。

probatio viva 〈拉〉活的证据 即活着的证人提供的证据。

Probatis extremis, praesumuntur media. 〈拉〉两端证明,

中间推定。 时效取得中,如果证明前后两时皆占有某物,则推定两时之间也继续占有。

probative *a.* ❶有证明力的;可据以证明的;用以证明的 ❷〈苏格兰〉有自证力的 指经正式见证的[attested]的契据[deed]所具有的不需以签字或证据即可证其真实性的效力,其研究效力仅能由契据的司法变更所推翻。

probative evidence 有证明价值的证据;有证明力的证据 (⇨relevant evidence)

probative fact 证据事实 用来证明某一基本事实是否成立的、起证据作用的事实。

probative value 证明价值 能证明某一争点的证据是有"证明价值"的证据。(⇨weight of the evidence)

probator *n.* ❶(英格兰古法)揭发同伙犯(=prover) ❷询问人(=examiner)

probatum est 〈拉〉已经审理或证明

probi et legales homines 〈拉〉常人;通常理性人 能出任陪审员、证人或提起诉讼。该词为 probus et legalis homo 一词的复数形式。

Problem Resolution Officer 〈美〉纳税解难员 国内税务署[Internal Revenue Service]的职员,职责是帮助纳税人解决纳税过程中遇到的困难。

pro bono 〈拉〉为做善事 用于描述免费提供帮助或服务。

pro bono et malo 〈拉〉因善与恶;因利与弊

pro bono legal assistance 公益性法律援助 执业律师出于公益目的提供的无偿法律服务。

pro bono publico 〈拉〉为公益;为公众福利

probus et legalis homo 〈拉〉正直守法的人 有资格担任陪审员,见布莱克斯通[Blackstone]爵士的《英格兰法释评》[Commentaries on the Laws of England]。

procedendo 〈拉〉❶指令判决 下级法院对案件迟迟不判时,上级法院指令其作出判决的命令或令状,但并不指示如何判决。 ❷发还审理令状 因人身保护令[habeas corpus]、调卷令[certiorari]等将案件从下级法院移送上级法院后,上级法院发现提取案件的理由不充分,又将案件发还下级法院审理的命令或令状。

procedendo ad judicium 〈拉〉(英格兰古法)指令作出判决令状 旧时衡平法院中的普通法分部签发的一种令状,当下级法院的法官错误地拖延诉讼而不作判决时,即可签发该令状,命令下级法院作出判决,但令状并不指示应如何判决。如果下级法院的法官拒绝作出判决,则可以藐视法庭罪予以处罚。这是最早的对法院拒绝履行司法职责或有司法疏忽行为的救济方式。

procedendo de loquela 〈拉〉续审令状 指令法院继续审理案件并作出判决的国王令状。当某人在普通民事诉讼[common plea]中请求国王援助且被准许时,他应向大法官法院起诉,而原诉讼在法院收到续审令状之前应暂停进行。

procedendo on aid prayer 对请求援助者的续审令状(⇨procedendo de loquela)

procedural consolidation (=joint administration)

procedural due process 〈美〉程序上的正当法律程序 指依美国宪法第五条和第十四条修正案关于正当程序条款的规定,保证程序上的公正无偏。凡涉及剥夺人的生命、自由或财产的案件,必须符合最低公正要求,即事先通知有关当事人并经听证和审理。(⇨due process of law)

procedural law 程序法 规定通过司法途径使权利或义务得到实现应遵循的步骤和手段的法律,区别于规定具体的权利或义务本身的实体法[substantive law]。也称作 adjective law。

procedural presumption 程序性推定 为可反驳的推定,有关当事人可以提出可信的证据加以反驳。

procedural right 程序性权利 源于法律程序或行政程序的权利,或为帮助当事人保护或实现其实体权利[substantive right]而享有的权利。

procedure *n.* 诉讼程序 进行民事或刑事诉讼应遵守的司法规则、模式、步骤。(⇨civil procedure; criminal procedure)

procedure extra ordinem 〈拉〉(罗马法)非常诉讼;非常程序 指法官直接解决纠纷,无须采用更多的程序即可直接执行判决。在罗马帝国帝政后期,因其较程式诉讼[formula]更为优越,故成为当时唯一通行的诉讼程序。

proceeding *n.* ❶程序;诉讼程序 可指完整的正规的诉讼程序,包括从诉讼开始到作出判决其间所进行的全部行为和步骤;也可指在一个大的诉讼过程中的某一程序阶段或步骤,或指向法庭或其他机构寻求救济的程序手段。 ❷听审;听证 指法院或其他官方机构所处理的事务。 ❸(破产法)在诉讼进行期间产生的特定争议或事项 区别于作为整体的案件本身。

proceeding in bankruptcy 破产程序 广义上包括任何由破产法院审理破产案件的诉讼程序,狭义上指在破产法院进行的简易程序。

proceeding in error 复审程序 依纠错令[writ of error]将案件移送上级法院复审的程序。

proceeding in insolvency 破产清算程序 宣告债务人破产并对其财产进行清算与分配的诉讼程序。(⇨bankruptcy; insolvency)

proceeding in personam 对人诉讼(⇨in personam action)

proceeding in rem 对物诉讼(⇨in rem action)

proceeding quasi in rem (=quasi in rem action)

proceeding supplementary to execution 执行程序的补充程序(⇨supplementary proceedings)

proceeds *n.* 收入;收益 指因出售财产或从事其他商业活动所得的收益,如变卖财产所得的价款。收益有别于其他类型的附带[collateral]担保物,即收益构成的附带担保物之存在形式已发生变更,如,当一农民借贷并以收获的小麦作为债权人的担保利益时,小麦即为附带担保物;当农民再以小麦换取拖拉机时,该拖拉机则是小麦的收益。

proceeds and avails of insurance 保险收益 指保险受益人根据保险合同从保险人处取得的保险金等款项。

proceeds of sale 出售(财产所得)收益(⇨proceeds)

proceeds receivable by the executor 由遗嘱执行人收取的收益 遗嘱执行人被指名为其掌管的基金或财产的受益人,从而由其收取的收益,俾用以偿还死者债务或为遗产的利益而加以使用。

proceres *n.* 贵族;首席市政长官

process *n.* ❶过程;程序;诉讼程序 ❷传票;令状 也称作 judicial process; legal process。 ❸(专利法)方法;工艺;手段 指为达成某一目的或结果而使用的方法、手段或一系列步骤。

process agent 传票代收人 经授权代他人接受传票送达的人。

process in rem 对物诉讼程序(⇨in rem)

procession *n.* 列队行进 指有组织的一群人在交通要道或其他道路集体行进。列队行进受地方法规的管制。如造成交通阻塞或过分喧闹，则构成妨害公共秩序罪；如怀有暴力犯罪或其他目的危及当地的治安，则参与者构成普通法上的非法集会罪。

processioner n. ❶〈美〉勘界人　根据边界不明土地的所有人申请而指定的勘查与确定土地边界的人。主要用于中部地区。❷列队行进者　❸（宗教仪式队列中使用的）祷告书

processioning n. ❶（经过特殊处理而）使…具有适销性；把…转换成适于市场销售的形式；使…具有适用性　❷〈美〉（旧时在某些殖民地由地方当局所作的）边界勘查　在一定程度上类似于英国的巡视勘界[perambulation]，后为精确的测勘记录方法所取代。

processioning proceeding　〈美〉勘界程序　土地所有人依法申请由勘界人勘定其土地边界的特殊法律程序，具有预防性救济[preventive relief]的性质。(⇨processioner)

process of augmentation　增薪诉讼程序　现已废弃的由苏格兰什一税法院[Court of Teinds]适用过的诉讼程序。该程序由堂区牧师针对堂区内的教产中不动产的所有人提出，以获取本人薪俸的增加额。

process of manufacturing　制造方法；制作过程；加工工序　泛指由原料制造某物，即以手工或机械制造适于使用之产品的方法或过程。

processor n. 加工者　对原材料进行加工，使之适于消费或使用的人，尤指对谷物、水果及其他农产品进行加工的人。

process patent　方法专利　对能生产预期产品的新颖、实用之方法或对产品所作新颖、实用之改进所授予的专利。如对处理特定物质以产生预期产品的方法所授专利，或对独立于机械制造装置的物质产品的生产方法所授专利。能受专利保护的方法可表现为各种形式，如利用化学反应、利用自然力作用、调配各种物质、加热物质至一定温度等。

process regular on its face　表面上有效的传票　由法院或有权发出传票的机关签发、形式合法而不存在任何表面瑕疵的传票。(⇨regular on its face)

process roll　传票登记簿　对传票的记录，作为中断法定诉讼时效的凭证。

process server　传票送达人　依法向被告送达传票的人，如行政司法官[sheriff]。

process tax　加工税　对产品尤其是农产品的加工过程征收的一种消费税。

processum continuando　〈拉〉〈英格兰古法〉诉讼程序继续令　在刑事听审委任状[commission of oyer and terminer]委任的首席法官或其他法官死亡后诉讼程序继续进行的令状。

procès-verbal　〈法〉❶口述记录　指治安法官、警官或有类似职权的人在履行职务时所作的详细记录，由其签字确认。❷有关刑事指控的事实陈述　❸会议记录　对某一程序，尤指国际会议的详尽的、经过认证的书面记录。根据各国偏好使用的形式不同，记录或纪要可采用不同的形式。

prochain　〈法〉(= prochein)

prochain avoidance　(= prochein avoidance)

prochein　(= procheyn)

prochein ami　〈法〉(= prochein amy; next friend)

prochein amy　(= next friend)

prochein avoidance　圣职任命权　当一圣职将要出缺时任命一牧师出任该圣职的权力。

Procheiron　〈拉〉《法律精选》　根据东罗马皇帝巴塞尔一世[Basil I]的命令于公元870年编纂的两部法律手册之一——另一为《法律入门》[Epanagoge]，意在取代利奥三世[Leo III]的《法律选编》[The Ecloga]，但其中仍保留了后者中革新的部分。(⇨Epanogoge; Ecloga)

procheyn　最近的；其次的

procheyn heir　(= next heirs)

prochronism n. 日期错误；早记日期的错误　指将事情发生的日期误记为实际发生之前的日期。

procinctus　〈拉〉〈罗马法〉准备战斗

proclaim v. 声明；宣告　指正式宣布。

proclaimed rate　〈美〉公布税率　即总统宣布的关税税率。

proclamare　〈拉〉❶宣布；声明　❷叫喊　❸警告

proclamation n. ❶宣布；宣告；公告；声明　❷公告书；声明书；宣言　❸出庭宣告　在衡平法诉讼中行政司法官根据法院的扣押令状[writ of attachment]发出的传唤缺席被告出庭答辩的宣告。

proclamation by lord of manor　〈英格兰古法〉领主公告　规定死亡的公簿土地保有人[copyholder]的继承人或受遗赠人出面支付土地继承金，并领取土地的公告。一般重复三次，若无人应答，则土地由领主临时收回。

proclamation of election　选举公告；选举通知；宣布开票　为选举官员或将议案提交选民决定而举行投票的通知，常用的正式宣布开票的用语是："Hear ye, hear ye, the polls are now open."。

proclamation of exigents　〈英格兰古法〉褫夺公权公告　指颁发褫夺公权令状[exigent]的法院同时颁发一项公告令状[writ of proclamation]，指令被告居住郡之郡长于褫夺公权一个月之前在众所周知并最可能为被告知悉的地点公告三次。(⇨exigent)

proclamation of fine　〈英格兰古法〉宣读和解协议　指通过协议诉讼转让土地时，在和解协议写就后要在法庭上公开宣读16次，后减为4次，意在达到公示的效果以避免诈欺。(⇨fine)

proclamation of rebellion　〈英格兰古法〉违抗法庭公告　郡长发出的、命令违抗衡平法院的传唤或扣押令的当事人出庭的公告。如该当事人在公告之后拒不出庭，则法院将签发违抗法庭逮捕状。(⇨commission of rebellion)

proclamation of recusants　拒绝出席法庭罪公告　旧时对不出席巡回审判[assize]者所作的定罪公告。

proclamation of the President　〈美〉总统公告　总统就涉及国家重大利益的事项而发布的政府公告。(⇨proclamation)

proclamator n. 〈英〉（皇家民事法庭[court of common pleas]的）公告官

pro confesso　〈拉〉如同承认　旧时衡平法院的惯例，即被告如逃避诉状的送达或在送达后逃匿且不提出答辩，法院可以依诉状作出适当的判决，如同被告已承认诉状属实。(⇨confession of judgment; decree pro confesso)

pro consilio　〈拉〉建议性的；作为建议（或劝告）的；基于建议

proconsul　〈拉〉❶〈罗马法〉（在任期期满后延长留任的）留任执政官；代理执政官；行省总督　❷〈英〉殖民地总督

pro corpore regni　〈拉〉为了整个国家的利益；代表整个国家

pro correctio et salute animae　〈拉〉为了灵魂的得救与幸福

procreation n. 生育子女

proctor n. ❶代办人 ❷代诉人 旧时在教会法院与海事法院执业的诉讼代理人,相当于其他法院的律师。英国 1873–1875 年《司法组织法》[Judicature Acts]颁发后归入事务律师[solicitor]。 ❸〈英〉(坎特伯雷或约克教省教牧人员代表大会[convocation]中,主教参事会[chapters]和各教区的神职人员的)代表 ❹(牛津大学和剑桥大学的)学监 ❺(旧时什一税的)征税官

procul dubio 〈拉〉毫不怀疑

Proculians and Sabinians 普罗库卢斯派与萨宾派 罗马帝国时期两个主要法学派别,分别以普罗库卢斯[Proculus]和萨宾[Sabinus]为领袖。两派之分歧点尚不太清楚,但好像并不在严格法与衡平法、市民法与万民法方面,也不在哲学观点与阐释方法方面,可能是前者注重诡辩术和革新,而后者则热衷于系统化和追求传统。(⇨Sabinians)

procuracy n. 授权书;委托书

procurador del comun 〈西〉调查官 负责进行调查及执行行政命令的政府官员。

procurare 〈拉〉为他人照管;代他人照管;管理;照管或监督

procuratio 〈拉〉代理 按照他人指示代其管理事务。

Procuratio est exhibitio sumptuum necessariorum facta praelatis, qui dioeceses peragrando, ecclesias subjectas visitant. 〈拉〉巡游费[procuration]是指主教在其辖区巡视教堂时由堂区牧师提供的必要费用。

procuration n. ❶代理;代管;代办 ❷委托;授权;代理权;委任 ❸佣金;介绍费 ❹淫媒;拉皮条 ❺取得;获得

Procurationem adversus nulla est praescriptio. 〈拉〉委托代理不受时效限制。

procurationes n. 〈英〉巡游费(= procuration)

procuration fee 〈英〉贷款佣金 向贷款中间人或经纪人支付的酬金。

procuration money (= procuration fee)

procuration of women 介绍妇女卖淫

procurator n. ❶代理人;代办人;代管人 ❷代诉人(= proctor) ❸(英格兰古法)贵族的代表;管家;(议会中的)贵族代表;主教(作为教会的代表出现) ❹(罗马)诉讼代理人(⇨cognitor) ❺(罗马法)代理人 一种政府官员,有的是代表皇帝进行活动;通常的代理人是行省总督的助手。 ❻(教会法)(圣职收益)代收者;(教会)诉讼代表;(堂区教会)代诉人

procuratores ecclesiae parochialis 〈拉〉堂区俗人执事[churchwarden]的旧称

procurator-fiscal 〈苏格兰〉财务检察官;地方检察官 原是古代苏格兰的官员,是财务或财政方面的诉讼代理人[procurator],在 17 世纪时被承认为郡法院的检察官[prosecutor]。直到 1907 年他们还是由郡长任命,但在 18 和 19 世纪中已逐渐上升为总检察长[Lord Advocate]的官员。现在的地方检察官由总检察长任命,应具有出庭律师或事务律师资格,除在部分偏远地区外,他们属于文职官员,且禁止其从事私人执业律师活动。现在苏格兰的每一郡法院所属地区设一名地方检察官,并配有助理和副手,他们的主要职责是侦查刑事犯罪、预先询问证人,就起诉方式取得总检察长和王室法律顾问[Crown Counsel]的指示,在郡法院和地区法院提起公诉,调查突发性且可疑的死亡事件(在苏格兰没有验尸官[coroner])等。此外,他们还替财政部门收取在他们起诉的案件中对当事人判处的罚金。作为公诉人,他们享有许多特权以及在恶意控告[malicious prosecution]之诉中的豁免权。

Procurator-General and Treasury Solicitor (= Treasury Solicitor)

procurator in rem suam 〈拉〉❶(罗马法)诉讼代理人 ❷(苏格兰)自己事务的代理人 指代理行为涉及的财物已成为代理人自己的财产。

procuratorium 〈拉〉(英格兰古法)(对诉讼代理人的)授权书

procurator litis 〈拉〉(罗马法)诉讼代理人 受诉讼当事人委托,为当事人提起诉讼和进行诉讼的人,相当于现代律师。(⇨defensor)

procurator negotiorum 〈拉〉事务管理人;业务代管人;受委托人(⇨attorney in fact)

procurator provinciae 〈拉〉(罗马法)行省税务官 监管税务的行省官员,其对涉税事项也享有某些司法权力。

procuratory n. 〈苏格兰〉委任;授权

procuratory of resignation 〈苏格兰〉土地弃让授权书 旧时封臣[vassal]授权将其可继承地产弃让给领主,以使后者得以享有剩余地权或将地产予以重新分封的文契。(⇨resignation)

procuratrix n. (英格兰古法)女代理人;女管理人;女管家

procure v. ❶取得;获得;实现 ❷引起;导致 ❸劝说(或诱使、引诱)某人做某事;做淫媒;拉皮条 ❹介绍客户;中介;居间 ❺(设法)提起诉讼

procurement n. ❶取得;获得 又写作"procuration"。 ❷勾引 指劝诱他人——尤其是妇女或儿童——进行不法性行为。(⇨procure)

Procurement Appeals Board 〈美〉政府采购上诉委员会 负责审理政府采购合同[procurement contract]纠纷的行政机关。

procurement contract 〈美〉采购合同 指政府与供应商、制造商、机构或服务单位签订的向政府提供产品或服务的合同。此项合同由政府规章、示范文本等规范,亦称作"government contract"。(⇨Federal Acquisition Regulations)

procurement contracting officer 〈美〉采购订约官 指联邦政府采购部门负责签订和管理政府采购合同的官员。

procurement officer 〈美〉采购官 经政府部门授权按照规定的程序签订、管理政府采购合同并作出有关决定的人,地位与联邦政府的采购订约官[procurement contracting officer]相似。

procurer n. ❶劝说者;劝诱者;引诱者 ❷取得者;获得者;促成者 ❸做淫媒者;拉皮条者

procureur 〈法〉代理人(⇨attorney)

procureur ad lites 〈法〉诉讼代理人;律师 相当于 attorney at law。

procureur ad negotia 〈法〉一般事务代理人;委托代理人 相当于 attorney in fact。

procureur de la république 〈法〉检察官 负责起诉各种刑事案件。

procuring agent 购货代理人;代购人

procuring cause (= producing cause)

pro defectu 〈拉〉由于缺乏;因不存在

pro defectu emptorum 〈拉〉因缺乏买主;因无人购买

pro defectu exitus 〈拉〉由于无子嗣;如果无子嗣

pro defectu haeredis 〈拉〉由于无继承人

pro defectu justitiae 〈拉〉因缺乏公正;因有失公正

pro defendente 〈拉〉为被告人；有利于被告人　通常缩略为"pro. def."。

pro derelicto 〈拉〉作为遗弃物或无主物　大陆法上一种可适用时效取得的财产。(⇨usucapio)

prodigal n.浪费者；挥霍成性者　罗马法和大陆法中规定，挥霍成性者即使已届成年，也不得处理自己的事务，并应为其指定监护人。(⇨curator)

pro dignitate regali 〈拉〉考虑到王室的尊严；由于王室的尊严

prodigus 〈拉〉(罗马法)浪费人　滥用、挥霍财产，无力管理自己事务的人。浪费人不能管理自己的财产，而应为其设定保佐人。(⇨curator)

prodition n.叛逆；叛国；谋反

proditor n.叛徒；卖国贼

proditorie 〈拉〉叛逆地；谋反地　以前用拉丁文书写的对叛国罪的起诉书中的用语。

pro diviso 〈拉〉已分割的；单独所有(⇨severalty)

pro domino 〈拉〉作为主人；以主人的身份

pro donato 〈拉〉作为赠与物；通过赠与；以赠与的方式

pro dote 〈拉〉作为嫁妆；以嫁妆的方式

produce n. ❶产品；物产；农产品　❷劳动成果　❸资本利息
v. ❶生产；制造；制作；创作　❷引起；产生；导致　❸提出；提交；提供；出示；展示　❹上演；演出；上映；播映

produce broker 农产品经纪人　为他人农产品的销售或交易而洽谈的经纪人。

producent n.〈英〉(旧时教会法庭上)召唤证人出庭的诉讼当事人

producer n.生产者；制造者；制造商

producer price index 〈美〉生产商价格指数　由美国劳动统计局[U.S. Bureau of Labor Statistics]每日发布的批发价格变化指数。以前亦称作"批发价指数"[wholesale price index]。(⇨Consumer Price Index)

producers' bounties 生产者津贴　为刺激生产而给予生产者的津贴。

producing cause 产生原因；发生原因；近因　指通过正常与不间断的因果关系链而导致结果发生的原因。与efficient cause, proximate cause, direct cause 含义实质相同。

product n. ❶收入；收益　❷产品；制成品　❸劳动成果；智力成果　❹结果；产物

product and profit of labor 劳动成果与收益　该术语用于禁止利用犯人的"劳动成果与收益"的立法中。所谓"劳动成果"，不同于制成的产品，通常在法律或政治经济学中，也从不用以指产品——产品是原材料与劳动的结合，或资本与劳动的结合；而"劳动成果"则专指劳动的净值。

production n. ❶生产；制造；创造　❷产品；产物；产量　❸文艺作品；智力成果　❹〈苏格兰〉(在法庭上出示的)证物　❺〈英〉提交；出示

production and subsistence loan 〈美〉生产及生活贷款　为农业目的，在农民因生产或经济灾难而需要信贷但又无法从其他来源获得时向其提供的贷款。

production certificate 〈美〉生产许可证　指由联邦民航总局[Federal Aviation Agency]核发的飞机或飞机零部件生产许可证。

production for commerce 为商业目的的生产(或制造)；商用生产　在美国，指雇主意为为州际贸易而开展的商品生产。这是判断该雇主是否应受制于《公平劳动标准法》[Fair Labor Standards Act]的一个标准。

production of documents 提供文件；出示文件　指法院通知一方当事人，要其向他方当事人出示有关文件以便准备庭审的一种手续。它是当事人在披露程序中可以使用的一种救济手段。

production of goods for commerce 商品生产　制造、开采、处理或以其他方式加工货物。

production of suit 举出助讼人　古时普通法诉讼中，原告必须提出助讼人，证明其诉讼请求的真实性，才能构成诉讼，要求被告应诉。自14世纪爱德华三世[Edward Ⅲ]时起已经废止。

production payment 产品费　从出产的矿产品或销售收入中提取约定比例的矿产品或金钱的权利，至到达一定的数量为限。如果该权利持续至采矿租约的全部期间，则为开采费[royalty]，而非产品费。

production tax 特产税　就土地上生产或分离的自然资源——如木材、油、气等——征收的税。

productio sectae 〈拉〉(英格兰古法)(= production of suit)

productivity of land 土地生产力　产量价值；以特定数额计算的生产能力，如每英亩土地上所收获的谷物的固定数量。

product liability 产品责任　指产品制造商和销售商对购买者、使用者乃至第三者因所售商品的瑕疵造成的损失或伤害承担的侵权责任。产品责任的承担，可以过失、严格责任或担保责任的违反为理论基础。因产品瑕疵造成伤害或损失的赔偿责任，通常由制造商承担，零售商、批发商、中间商等也应负责。原告可直接要求制造商赔偿；也可由零售商、批发商或其他人作出赔偿后再要求制造商补偿。

product liability insurance 产品责任保险　以产品生产者、制造者与销售者的产品责任[product liability]为保险标的的责任保险，即保险人负责补偿被保险人因产品责任而向受害人支付的损害赔偿费。

product market 〈美〉产品市场　在反托拉斯法中，指接受反托拉斯调查的产品以及其他可被消费者用以合理替代被调查产品的产品的市场。

product test 〈美〉结果标准(⇨Durham Test)

pro emptore 〈拉〉作为买受人；基于买受人的权利

pro eo quod 〈拉〉因为此；因为彼

pro facto 〈拉〉作为事实；就事实而言

pro falso clamore 〈拉〉由于无根据的请求

pro falso clamore suo 〈拉〉虚假之诉罚金　原告因其虚假诉讼被处以的象征性罚金，一般在法庭所作有利于被告的判决中予以插入裁定。

profane v. ❶亵渎；玷污　❷滥用；错用
a. ❶亵渎的；渎神的；污秽的　❷世俗的；非宗教的

profane language 亵渎性语言；咒语

profanity n.渎神　对神或神圣事物不恭，但不同于渎神罪[blasphemy]。古时渎神行为既受宗教法院惩罚，亦被认为是世俗的犯罪。在苏格兰，安息日的渎神行为被视为妨碍圣礼的犯罪。在美国，通过收音机传播淫秽、渎神的语言被视为违反联邦法律的犯罪[federal offense]。

profectitium peculium 〈拉〉子女取自父亲的财产

profectitius 〈拉〉(罗马法)可继承财产

profer (= profert)

profert n.〈英格兰古法〉❶(诉讼文件、契据等的)提供；提出；出示　❷(郡长向财政署)呈报账目

profert ad curiam (= profert in curia)

profert and oyer 提供与宣读文件 在旧时的普通法诉讼中,如果一方当事人在其诉状中援引某一签字蜡封的文件——如契据——作为依据,他即有义务将此文件提交法庭。另一方当事人有权要求听到[oyer]该文件——即要求向他宣读该文件,因为在早期一般认为被告自己没有阅读能力。提供与宣读文件制度为 1852 年《普通法诉讼程序法》[Common Law Procedure Act]废除。(⇨oyer)

profert in curia 〈英格兰古法〉❶在法庭上出示 旧时诉讼用语,指当事人声明准备或已经在法庭上出示与其诉求有关的契据或其他书面材料,与此相应法庭要审查这种证据,而对方当事人则有权听取[oyer]其内容。(⇨oyer) ❷(推定为已)在法庭上出示 在以前的诉讼中,一方宣称他已向法庭出示了某一契据[deed],实际上该契据还处在他自己控制之下,但依其宣称的效力就可推定已为法庭据有。出示任何记录性文书相当于添加一份副本,但其它文书则不产生此后果。

profert in curiam (= profert in curia)

profess v. 宣布;公开表示;承认

professed a. 宣誓入教修道的 即入教修道时要发誓遵守修行生活的规则,并发三大愿:绝意、绝财、绝婚。修女也同样可以发愿。发愿修道[profession]具有民事死亡[civil death]的效力,但宗教改革后不为法律所承认。(⇨civil death)

professio juris 〈拉〉法律选择权 指合同当事人自行约定合同所适用的法律的权利。

profession n. ❶(尤指需要专门知识或技能或需经特殊培训的)职业;专业 ❷全体从业者;同业 ❸(信念、意见、感情等的)公开表示;公开宣称;公开声明

professional n. 专业人士;职业人士 指需要专门知识或经特殊训练的职业人员。

professional association 职业社团;专业社团;职业协会 指专业人员为了职业利益和公众利益组成的地方性的或全国性的从业组织,不一定采用法人或合伙形式。也指专业人员为提高业务水平、进行社会活动、加强交流等组成的社团,如律师协会和医学协会。(⇨corporation; professional corporation)

professional bailee 职业受托人 根据其职业而作为财产受托人,并在统一标准的基础上与公众进行交易者,如公共承运人[public carrier]、停车场经营人、仓库管理人等。

professional capacity 专业(或职业)人员身份 (⇨profession)

professional conduct 职业行为;从业行为

professional corporation 〈美〉职业法人 指从事律师、医师、会计师、建筑师等专门职业,向公众提供服务的法人组织,由持有执业执照或经依法许可执业的个人组成。简作 P.C.。

professional employee 〈美〉专业雇员 广义而言,指所有依工作性质需要专业技能的雇员。根据《公平劳工标准法》[Fair Labor Standards Act],指所从事的工作需要先进的知识或技能,或需要发挥独创性,并需要时刻行使自主权的雇员。

professional ethics 职业道德 为某一职业的全体从业人员应普遍遵循、并被有关职业组织采纳为执业规范的行为准则,违反者将受到执业纪律的惩戒。(⇨legal ethics)

professional expert (熟悉某一专业[profession]的)专家

professional gambler 职业赌博者 以非法赌博为生或从中获取大部分生活来源的人,或作为所有人或受雇人而经营赌博场所者。

professional judgment 专业判断 专业人员对其专业范围内的问题所作的善意和真诚的[bona fide]判断。

professional liability insurance 职业责任保险 保护特定职业的被保险人免受因其执业过程中的行为或疏忽而产生之责任的保险。

professional malpractice 专业人员之失职 律师、医生、建筑师、工程师等专业人员在执业过程中因疏忽给他人造成损害的、应负民事或刑事责任的行为。

professional misconduct 失职行为 指律师、医生等专业人士在执业过程中的不正当行为。(⇨misconduct of attorney; misconduct of physician)

professional partnership 专业合伙;职业合伙 为从事某一专门职业[profession]而组成的非贸易合伙[nontrading partnership],如律师之间的合伙。

professional privilege 职业特权 指律师对执业范围内委托人向其透露的秘密有权不予披露。(⇨confidential communication; privilege)

professional responsibility 职业责任;职业义务 指律师等专业人员在从业过程中所应遵循的公认的行为准则。

professional society 职业社团 (⇨professional association)

proffer v. 提供;提出;出示(证据等)

proffered evidence 提供的证据;出示的证据 ①为取得法庭对其可采性的裁决而提供的证据;②其可采性取决于某一先决事实存在与否的证据。

proficua 〈拉〉〈英格兰古法〉收益 尤指土地收益。

profit n. ❶利润;盈利;红利 ❷收益;利益
v. 获利;营利;得益

profit and loss 损益 因买卖货物或进行其他交易而发生的收入与支出,在登录账目时收益记于贷方,损失记于借方。

profit and loss account 损益账 将所有收益类和开支类账户余额转入,结清盈亏,再转至公司的留存盈余或合伙的资本账户中的转移账户。

profit and loss statement 损益表;损益计算书 显示一定时期内某项营业的收入、成本和费用的报表;其差额显示该时期的盈余或亏损。(⇨income statement)

profit apprendre (= profit à prendre)

profit à prendre 〈法〉共同用益权;在他人土地上的用益权 法律法语,常用复数,指某人使用他人土地并参与分享土地收益或土地出产物的权利,例如在他人土地上伐木、采矿、放牧、养鱼等。其与地役权[easement]的区别在于可从他人土地获得收益。又作"right of common"。

profit à rendre 〈法〉他人给予的收益 土地所有人给予对其土地享有用益权的人的收益,包括租金[rent]和役务[service]。(⇨profit à prendre)

profit corporation 营利性法人 为赚取并向其成员分配利润而组成的从事商业活动的法人。

profiteering n. 牟取暴利 例如在战时或发生紧急情况时以高价销售紧缺物资或重要物资。(⇨insider trading)

profit margin 利润率;销售利润率 以销售收入减去所有费用为一单独的量,此收益与销售收入之比率。常指销售收入减去所有营业费用后除以销售收入之比率。高利润率意味着公司就其销售产品的成本有较好的收益。

profit sharing agreement 利润分享协议

profit sharing plan 〈美〉利润分成计划 由雇主制订并实施的向雇员或其受益人分配公司利润的计划。为取得税收的减免,利润分成计划必须预先确定参与人分配利润的方案,预先确定按计划积累的资金在雇员工作满一定

年限、达到一定年龄、暂时解雇、患病、伤残、退休、死亡或解雇时的分配方案。此类计划由联邦的《雇员退休收入保障法》[ERISA]规范。(⇨employee stock ownership plan/ESOP)

profit sharing trust 利润分享信托 公司雇员可以按照各自的职位分享公司利润的一种信托协议。

profits insurance 利润保险 承保被保险人利润损失的保险。

profits tax 〈英〉利润税;国防税

pro forma 〈拉〉形式上的;估计的 用于描述会计、财务等方面的报表或结算单是出于估计或预期。对可以上诉的裁判,此词语通常指作出的裁判并不一定正确无误,而只是便于对案件作进一步的审理。

progener 〈拉〉孙女婿;外孙女婿

progeny n.❶子女;后代 ❷一组后继者 除非伴有其他词语,否则该词通常具有复数含义,随后的动词也要用作复数形式。

prognosis n.预后 指对目前医疗状况可能产生的结果进行预测的方法,尤指根据症状对病情发展、伤势持续时间及伤愈可能性等疾病结果的预测。

Program 245 (＝Section 245)

progress certificate 进度证明书 在工程建设过程中,由建筑师或工程师签发的证明工程已完成进度的文件,目的在于使业主了解承包商的工作情况,特别是为建设过程中的各次付款提供依据。

progressive capacity 成长能力 婴儿从婴幼时期成长到成年年龄的能力。

progressive stage system 〈英〉渐进阶段制 一种监狱管理制度,鼓励囚犯以良好的表现争取提前获释。在19世纪后期,开始为惩罚性劳动阶段,其后为有效劳动阶段,然后为物质上优待阶段。领取劳动报酬也属阶段性优待。现代的阶段性管理依囚犯的不同类型和刑期长短而划分阶段。

progressive tax 累进税 一种税率随纳税人应税所得的增加而提高的分级税,与累退税[regressive tax]相对。

progressive taxation 累进税制

progress payments 分期付款;分段付款 依工程承包合同,在工程进行中向承包人分期支付价款,通常按工程的进度分期支付。

pro hac vice 〈拉〉仅这一次;限于这一特定目的或场合 该词通常用于指某一律师未被准予在某一司法区作为律师执业,但被准予临时在该司法区内处理某一特定案件。

Prohibetur ne quis faciat in suo quod nocere possit alieno. 〈拉〉禁止在自有土地上为可能损害他人之行为。

prohibit v.❶(以法律)禁止 ❷妨碍;阻止

prohibited articles warranty 违禁品保证 火灾保险单上关于不得在保险标的(如房屋)内放置易燃物等禁放物品,否则保险人对由此造成的损失不负赔偿责任的保证条款。

prohibited degree 禁婚亲等 法律禁止结婚的亲属关系。

prohibited goods 〈美〉禁止进口的货物

prohibitio de vasto, directa parti 〈拉〉禁止当事人破坏土地令状 旧时禁止土地保有人在诉讼期间破坏有争议的土地的司法令状;也可针对破坏教区土地上之房屋者发出。(⇨waste)

prohibition n.❶禁审令;禁止令 指上级法院禁止下级法院审理其无司法管辖或超越其管辖权的事项的令状。在英国禁审令原由高等法院对下级法院签发,它包括三种:①绝对禁审令[absolute prohibition],它完全禁止下级法院行使管辖权;②临时禁审令[temporary prohibition],它在其要求的某一特定行为完成之前有效,该行为一旦完成,禁审令即自动解除;③有限禁审令[limited prohibition],也称局部禁审令[partial prohibition],它只禁止下级法院继续进行超越其管辖权限的程序,对其余程序仍允许继续进行。现在,禁审令[writ of prohibition]已被禁审令[order of prohibition]取代,不仅可用于禁止下级法院或裁判庭审理超越其管辖权的事项或实施有违自然正义规则的行为,也可用于对部长[minister]或行政机关[public authority]在行使司法或准司法职能时的控制。在美国,禁止令也可以用于禁止非司法官员或机构、组织行使权力。❷〈美〉禁酒 根据1919年美国宪法第十八条修正案,1920年至1933年间,在全国范围内禁止酿造、运输、出售酒类饮料,但用于医疗目的的除外。1933年美国宪法第二十一条修正案废除了此项禁令。

prohibition agent 〈美〉禁酒官员 负责执行昔时禁酒法律的联邦政府官员。

prohibition commissioner 〈美〉禁酒专员 国内税收专员[Commissioner of Internal Revenue]作为执行禁酒法律的官员时的称谓。

Prohibition del Roy(1607) 〈英〉禁止国王听审案 1607年首席大法官科克[Coke, C.J.]经全体法官同意在这起案件中指出,国王不能亲审理案件,所有涉及其利益的案件应由法官裁决。该原则记录在科克判例集[12 Co. Rep.63]中。

prohibition director (＝prohibition agent)(⇨prohibition)

Prohibition of Books 禁书 指天主教会宣称不利于信仰和道德而禁止阅读的书。以前用书刊检查制度控制,并将一些书籍列入《禁书目录》,现在只将那些未经教会许可不得阅读的书按类别列出,《教会法典》[Code of Canon Law]列举了12大类。天主教徒若有正当理由可经主教批准阅读禁书。

prohibitive a.禁止性的

prohibitive impediments 阻止性妨碍 这种对婚姻的阻碍或限制情事虽不能导致婚姻无效,但将使婚姻当事人因此受到惩罚。

prohibitive license 阻止性许可证 指许可费用很高、以致在事实上阻止人们从业的营业许可证。

prohibitory injunction 〈英〉禁止性禁制令 禁止被告人做某行为并维持当事人的现状直至对案件进行审理以裁决争议事项为止的一种禁制令,有时也称作restraining order。(⇨injunction)

prohibitory writ 禁止性令状(⇨injunction; writ of prohibition)

pro ignorantia literarum 〈拉〉因为不识字;因为不会写字

pro illa vice 〈拉〉在那一次;在那一场合

proinde 〈拉〉因此;所以

pro indefenso 〈拉〉无辩护;未作出辩护

pro indiviso 〈拉〉未分割的;处于共有状态 土地的共同继承人在土地分割前对全部土地共同享有权益,但各人均不对土地的某一部分享有单独的所有权。(⇨coparcenary)

pro interesse suo 〈拉〉根据他的利益;他的利益所及

project n.(提议缔结的条约、公约的)草案

projectio 〈拉〉(英格兰古法)滩涂 岸边土地因河水或海水冲积泥沙而形成的土地自然增长。(⇨alluvion)

projection of the shore 凸出的岸 陆地以码头等形式向

水中的延伸。
projet 〈法〉(= project)
projet de loi 〈法〉法律草案；法案
pro laesione fidei 〈拉〉因违反诚信；因不守信用
prolapsus uteri 〈拉〉子宫滑落
prolatum 非正式法庭意见 指在法庭上或法庭外发表的额外的意见，它不被作为法庭判决意见[opinion]的组成部分。
pro legato 〈拉〉作为遗赠物；根据对遗赠物的权利
Prolem ante matrimonium natam, ita ut post legitimam, lex civilis succedere facit in haereditate parentum; sed prolem, quam matrimonium non parit, succedere non sinit lex anglorum. 〈拉〉罗马法允许婚前所生子女在合法化后成为父母的继承人，但英格兰法不承认非婚生子女之继承权。
proles 〈拉〉子孙；后裔；子嗣；子女
Proles sequitur sortem parternam. 〈拉〉子女继承父亲的社会地位。
proletariat n. ❶无产阶级 由不拥有财产或资本、从事较低级工作的非熟练劳动者组成的社会阶层。❷(罗马法)贫民阶层(⇨proletarius) ❸社会最下层；社会底层
proletariate (= proletariat)
proletarius 〈拉〉(罗马法)平民；贫民 ①生活贫困，无力向国家纳税，只能以生育子女来代替的市民；②只有极少或没有财产的、社会较低阶层的成员。
prolicide n.(父母)杀害婴儿或胎儿 包括非法堕胎[feticide]和杀害新生儿[infanticide]。(⇨abortion)
prolixity n. ❶冗长；冗赘 ❷冗词；赘述
prolocutor n. 〈英〉❶（上议院）议长 旧时指上议院[House of Lords]的掌玺大臣，由御前大臣[Lord Chancellor]担任。❷(教牧人员代表会议下议院)发言人 由该会下议院[Lower House of Convocation]的成员选举，向上议院提交其决议和意见的发言人，他有权任命一个代理。该发言人的任命需征得大主教的确认。❸（教牧人员代表会议上议院)主席 主持该会议上议院[Upper House of Convocation]的会议主席。
prolongation n. 延长的期间 合同履行期限的延长。
pro lucrari 〈拉〉为了获利；以赢利为目的
pro majori cautela 〈拉〉为了更小心；为了更安全
promatertera 〈拉〉(罗马法)曾姑祖母；曾姨祖母 曾祖母或外曾祖母的姐妹。
promatertera magna 〈拉〉(罗马法)高姑祖母；高姨祖母 高祖母或外高祖母的姐妹。
promise n. & v. 允诺；保证；许诺 ①以特定方式向他人表明自己将要为或不为某事的打算，且该表达的方式使对方可合理地理解为其作出了许诺：保证将为或不为某事。允诺可以书面或口头的方式为之，作出允诺的人是允诺人[promisor]，其相对方是受允诺人[promisee]。合同实质上即为有约束力的允诺；②允诺付款，指本票[promissory note]上表明出票人打算偿还某一债务的字句。如果仅书面承认债务到期，并不足以构成允诺付款。(⇨contract)
promisee n. 受允诺人
promise implied in fact 事实上的默示允诺 从客观环境或当事人的行为推断存在的允诺，如允诺人以表情、手势等作出的，而不是以言词表达的允诺。(⇨implied promise)
promise implied in law 法律上的默示允诺 虽无明示或默示的允诺，但当事人与已作出允诺一样负有在法律上必须履行的义务。
promise of marriage 结婚许诺 许诺与对方结婚。制定法规定的以许诺结婚实施诱奸，指许诺含有答应结婚的意思并为对方所理解，不要求此项许诺具备一定的形式或使用一定的言词。(⇨breach of promise)
promise to answer for the debt, default, or miscarriage of another 承诺对他人的债务或不履行债务及第三人侵害债务的行为负责
promise to immunity 豁免承诺 执法人员在取得被告人对罪行的承认[confession]时所作的全部或部分免除对被告人的指控或刑罚的承诺。
promise to pay 承诺付款 承担付款义务
promisio 〈拉〉保证；允诺(⇨stipulatio)
pro misis et custagiis 〈拉〉为了他的成本和费用
promisor n. 允诺人
promissor 〈拉〉(罗马法)允诺人 订立要式口头契约[stipulatio]时，对约定人[stipulator]的发问回答同意的一方。
promissory a. 允诺的；构成允诺的；(预先)约定的
promissory condition 允诺性条件 指既是条件也是允诺。
promissory estoppel 允诺性不容否定 允诺人相信对方将由于信赖其允诺而作某项实质性的作为或不作为，受允诺人确实因此作出某项作为或不作为，且作出的允诺不得否定或取消，以免给对方造成损害。(⇨equitable estoppel)
promissory fraud 允诺的欺诈 允诺人作出允诺时并不准备履行其允诺。是允诺人心态的歪曲，可成为欺诈诉讼[action for deceit]的依据。有时称作普通法上的欺诈[common-law fraud]。
promissory note 本票 由出票人签发的，承诺在指定的付款日期或见票时无条件向收款人或持票人支付确定金额的票据。
promissory oath 承诺宣誓 正式请求上帝或其他最高权威对一项承诺或保证的神圣性作证的宣誓。
promissory representation 允诺性陈述；承诺性说明 就未来将要发生或打算做的事情所作的陈述或说明。在保险法中则指对保险存续期间将发生之事的声明。
promissory statement (= promissory representation)
promissory warranty 允诺性保证 保险法上指在保险单或其他文件上载明被保险人绝对保证有关保险风险的某些事实或状态将继续存在、完成或消除。
promote v. ❶推动；促进；提倡 ❷发起；创办；创立；筹办 ❸提升；晋升
promoter n. ❶促进者；推动者；提倡者；助长者；煽动者 ❷(公司等的)发起人；创办人 ❸推销商 ❹(议案的)提出者；提案人 ❺〈古〉(刑事诉讼的)告发人 ❻〈英〉(对于教会案件向枢密院上诉的)上诉人
promotional examination (文官)晋升考核；晋级考试 为确定公务员晋升的根据而进行的考核
promotion expenses ❶开办费；筹备费 在公司成立之前发起人为组织成立公司而支付的必要费用。❷(产品)推销费用；促销费用 宣传新产品或推销老产品所花费的广告费和样品费等。
prompt v. ❶促使；推动 ❷引起；激起 ❸提示
a. ❶立即的；迅速的；及时的 ❷(付款)即时的；即期的；即付的；(货物)当场交付的

prompt delivery 当场交付;即时交付

prompt-note *n.* 付款通知单　在商品赊购中,向买方发出的、说明付款日期的通知单。

prompt notice 及时通知;迅速通知　在合理时间内,以合理方式给予通知。例如保单中要求对发生的事故及时给予通知。

prompt shipment 及时装运　在合理时间内装运。

promulgare 〈拉〉(罗马法)公开;使公众知晓;公布;颁布法律

promulgate *v.* 颁布;公布　指公开宣布,尤指向公众颁布制定的法律或法院规则,从而使之生效。

promulgation *n.* 颁布;公布(⇨promulgate)

promutuum 〈拉〉(罗马法)返还约定　一种准契约。收到他人出于错误交付的金钱或可替代物的人,约定向交付人如数返还。

pronepos 〈拉〉(罗马法)曾孙;曾外孙

proneptis 〈拉〉(罗马法)曾孙女;曾外孙女

pro non scripto 〈拉〉非书面的;似乎未写下的;从未写下的

pronotary *n.* 首席书记官(⇨prothonotary)

pronounce *v.* ❶宣布;宣告;宣称;断言;公布;声明　❷宣判;(在法庭上)发表意见　❸清晰地发(音);清晰地吐(字)

pronouncement of judgment 宣告判决;宣判(⇨rendition of judgment)

pronouncement of sentence 刑事判决的宣告(⇨sentence)

pronunciation 〈法〉判决

pronurus 〈拉〉(罗马法)(外)孙媳;曾(外)孙媳

proof *n.* ❶证明　指运用证据来确认某一事实是否成立的活动,它是证据在事实认定者的头脑中产生的具有说服力的后果[persuasive effect]。在这一意义上,证明与证据[evidence]是不同的。❷(作为法院判决的依据的)证据　❸(构成合法证据的)经过见证的书面文件　❹〈苏格兰〉法官单独听取证据的听审　区别于法官会同陪审团进行的听审。❺〈英〉酒精浓度标准

proof beyond a reasonable doubt 排除合理怀疑的证明　对刑事被告人定罪的证明标准。指所有材料都证明被告人有罪,排除一切合理的怀疑或假设。(⇨reasonable doubt)

proof evident 〈美〉明显证明　宪法条文用语,即被告人除犯有死罪,而且能明显证明外,均可获得保释。明显证明指证据清楚有力,足以作出谨慎、公正的判决,认定被告人犯罪,并应判处死刑。

proof of birth 〈英〉出生证明　出生登记的副本只是法律要求登记的事项的一个表面证据[prima facie evidence],法庭可以要求当事人提供补强证据[corroboration]。对于在离婚诉讼中作为被告的妻子来说,孩子的出生证明是提供经过证明的登记副本,并提供证据证明原始登记中的签名是被告的笔迹。

proof of claim 债权申报　破产程序或遗嘱检验程序中,债权人经宣誓向法院申报其债权数额及相关情况。

proof of death 死亡证明(⇨death certificate)

proof of debt 债权证明　债权人以某种规定的方式(如宣誓书[affidavit])来证明其债权的成立,作为其要求以一定的遗产或财产获得清偿的前提。(⇨proof of claim)

proof of loss 损失证明　投保人向保险人正式提出的关于所受损失的声明,以使保险人确定其按照保险单或保险合同应负的赔偿责任。

proof of publication 刊载证明　报刊出版者或其授权的代理人就报刊上登载的通知、传票、命令等所作成的宣誓书[affidavit]或其他证明文件。

proof of service 送达证明　送达员提供的表明其已将传票或令状送达给被告的证明,也称送达回呈[return of service]。

proof of will (= probate)

proof per testes 见证人的证明　由遗嘱签署时的见证人对有争议的遗嘱所作的证明。

proof to a moral certainty 达到相当确信的证明　相当于排除合理怀疑的证明[proof beyond a reasonable doubt],表示该证明足以使有理性的陪审员凭其良心与判断确信被告人犯有所指控的罪行。(⇨moral certainty)

pro omni servitio 〈拉〉以替代全部役务

pro opere et labore 〈拉〉为工作与劳动

propaganda 宣传　①系统性地散布原则、谣言或精心选择的信息,用来促进或损害某一原则、观点或事业。②指代通过这种方式传播的观念或信息。

pro partibus liberandis 〈拉〉(古)在共同继承人间分割土地的令状

pro patria 〈拉〉为了国家;为了祖国

propatruus 〈拉〉(罗马法)叔曾祖父;伯曾祖父　曾祖父、外曾祖父的兄弟。

propatruus magnus 〈拉〉(罗马法)曾伯(叔、舅)祖父

proper *a.* ❶适当的;合适的;恰当的　❷准确的;正确的　❸固有的;本身的;真正的;严格意义上的　❹特有的;专门的　❺体面的;正派的

proper action 〈美〉以县的名义提起的诉讼　该词的使用范围非常有限。

proper burial 恰当的葬礼(⇨decent burial)

proper care 适当的注意　指通常谨慎的人在相同情况下应当达到的注意程度。(⇨standard of care)

proper district 适当的管辖区　应将一项诉讼由州法院移送给联邦管辖地区。

proper election 适当选举(⇨election to fill vacancy in office)

proper evidence (= admissible evidence)

proper feud(s) 真正的封地;真正的领地;原生封地　指最初严格意义上纯粹通过兵役而保有的封地。(⇨feud)

proper independent advice 适当的独立建议　指由合适的无利害关系人提供的建议。(⇨independent advice)

proper indorsement 适当背书;合法背书　背书人在票据上签名并交付票据以转让票据权利,而不附加任何记载,是合法的背书。背书人也可写明转让票据权利的意思。

proper lookout 〈美〉适当观望;适当瞭望;适当留神　法律要求机动车驾驶人以正常谨慎的人在相同或相似情况下所具有的小心、谨慎、警惕与注意,对通常可以看见的物体仔细观察看,避免与行人或其他车辆等互撞。

properly payable 应支付的　用以指支票的付款银行应当支付,并可据以从出票人的账户中扣除金额。

proper name 教名;名　即"first name"或"Christian name",区别于"姓"[surname]。

proper parental care 父母对子女的适当照顾　通常谨慎的父母在相同或类似情况下为了子女的幸福而对其所作的照顾。

proper party 〈美〉合适的当事人　对诉讼标的有利害关

系，出于司法经济[judicial economy]的考虑，可以让其参加诉讼的人。其参加有助于解决所有与争议事项有关的问题，但其不参加并不影响案件的审理。

proper title 适当的所有权　指足以与买卖合同中卖方的义务相一致的所有权，或时效占有中占有人对占有物拥有表面上无瑕疵但不一定完善的权利。

property n. ❶所有权　一个人对某项财产享有的独占性支配权，由对财产的占有、使用和以出租、出借、设定担保、转让、赠与、交换等方式予以处分等"一束权利"[a bundle of rights]构成，是法律承认一个人对财产享有的最充分、最完整、地位最高的权利。在此意义上，property 和 ownership 含义相同。但在用法上，ownership 不能被用来直接表达对土地本身的所有权，只能被用来表示一项地产权[estate]的归属，而 property in land 或 complete/consummate property in land 可以表示一个人对土地拥有的最高权益。❷财产　即所有权的客体，包括一切有金钱价值的物[things]与权利。大体上可分为有形财产[tangible property]与无形财产[intangible property]两类。前者指一切以物理形态存在的物体，如土地、房屋、家具、粮食等有形物；后者为各项财产性权利——如继承权、知识产权、损害求偿权等——及其他不以物理形态存在的事物——例如商誉[goodwill]。此外，财产还可总分为动产[personal property]与不动产[real property]，后者指土地及与土地相连的建筑物、树木等附属物，前者指除此之外的一切财产。❸不动产（= real property）❹（拥有的一块）土地；地产　❺房屋；建筑物

property covered ❶承保的财产；被保险财产　❷（法律文书特别是财产扣押文书所）适用的财产；涉及的财产

property damage 财产损害；财产毁损

property dividend 财产股利；实物股利　①指公司以非现金的其他资产支付的股利。包括：本公司发行的公司债券或优先股；非属本公司的有价证券等。②以动产、不动产支付的公司股利。

property held for sale 待售财产；为出售而持有的财产（⇨in the ordinary course of business）

property in custodia legis 合法扣押和占有的财产（⇨custody of the law）

property insurance 财产保险　以财产及其相关利益的损失为保险标的的保险，保险人以收受保险费为约因，应按保险合同约定的范围补偿被保险人的全部或部分实际损失，但不超过保险财产的价值。

property per industriam 凭勤劳取得的财产权　描述对野生动物之权利时的术语，指通过捕捉、圈养与驯化野兽而取得的一种有限财产权[qualified property]，即以保持对野兽的占有为存续条件的财产权。（⇨per industriam hominis）

property propter impotentiam 因（动物等）无力逃走而取得的财产权　对无力逃走的幼兽——例如洞穴中的幼兔或巢中的幼鸟——享有的一种有限财产权[qualified property]。

property propter privilegium 基于优先权而获得的财产权　某人基于其捕杀野兽的独占权利或优先权而获得的对野兽享有的一种有限财产权[qualified property]。

property ratione impotentiae　(= property propter impotentiam)

property ratione soli 基于拥有土地而获得的财产权　基于对土地的所有权而取得的财产权，例如土地所有人对其私人水域中的鱼的权利。

property right 财产权　对特定财产（包括动产和不动产、有形财产和无形财产）所享有的权利的总称。

property settlement 财产分割　适用于离婚案件，包括两种情况：①依据双方的协议并经法院批准；②依据法院的判决。财产分割协议包括：①分割配偶双方在婚姻存续期间所拥有或取得的财产；②配偶一方向另一方定期支付或一次性支付的生活费或一次性财产转让。（⇨equitable distribution; community property; marital property; separate property; postnuptial agreement）

property tax ❶财产税　对纳税人在某一日期拥有的动产或不动产从价征收[ad valorem]的税种，通常由地方政府征收。（⇨ad valorem）❷〈英〉土地收入税　根据1952年《所得税法》[Income Tax Act]对土地收入征收的所得税。1969年《财政法》[Finance Act]对之重新作出规定。

property tort 财产性侵权行为　对他人的动产或不动产造成损害的侵权行为，区别于伤害他人的人身、名誉或感情的人身性侵权行为[personal tort]。

propiedad 〈西〉财产；对财产的支配权

propinqui et consanguinei 〈拉〉死者的最近亲属

Propinquior excludit propinquum; propinquus remotum; et remotus remotiorem. 〈拉〉更近者排斥近者，近者排斥远者，远者排斥更远者。意即亲等优先原则。

propinquity n. ❶接近；邻近　该词除表示时间上的接近、地点上的邻近之外，尤其可以指血缘上的近亲关系。❷相似；类似

propinquus 〈拉〉❶近亲属　❷最近亲（⇨next of kin）❸（男）亲属

propior sobrino 〈拉〉(罗马法)伯祖、叔祖、舅公、姑公、姨公或伯祖母、叔祖母、舅婆、姑婆、姨婆的儿子

propios 〈西〉公共用地　在美洲殖民地建立城市时划出供建设公共设施的土地或由市政当局支配的土地。

propone v. 提出；提供；出示

proponent n. 提议者；提出者　①教会法庭中提出动议者；②提出遗嘱检验之请求者；③其他提出某项建议者。

proportional rate 比例运费率；比例运价　在两个或两个以上承运人的联合运输中，指作为联运运价或总运价[thorough rate]一部分的某一承运人的运价。在未抵目的地货物的运输中，则指计算比例运费[pro rata freight charge]的费率。

proportional representation 比例代表制　在议会或国会中按各党派所得票数在总票数中的比例分配议员席位的一种选举制度。

proportional system ❶比例税制（⇨proportional tax）❷比例代表制（⇨proportional representation）

proportional tax 比例税　无论所得额大小均按一个固定税率征收的税。（⇨regressive tax）

proportional taxation 比例税制

proportionate a. 成比例的；相称的　v. 使…成比例；使…相称

proportionate negligence　(= comparative negligence)

proportionate recovery clause　(= pro rata clause)

proportum 〈拉〉含义；意义；要旨

proposal n. ❶提出；提议；建议；动议　❷方案；提案；计划　❸要约；报盘；发价（⇨offer）❹求婚

Proposed Regulation 〈美〉条例(或规章)草案　指先以建议形式公布的行政条例或规章，待征求各有关方面意见后再最后确定。

Propositio indefinita aequipollet universali. 〈拉〉一项不

限定范围的提议即粗泛的提议。

proposition n. ❶提议 ❷议题；论点；主张；(交付公民表决的)问题 ❸要约(⇨offer)

proposition of law 法律要点；法律主张 在原审错误陈述书[assignment of error]或上诉摘要[brief on appeal]中列举的法律要点。

proposition thirteen 〈美〉第十三项提案 1978年6月6日在加利福尼亚州投票表决的一项法律，该法律要每年的地方不动产税限制在最高不超过1976年估算的公平市场价值的1%。这是自波士顿倾茶事件[Boston Tea Party]以来首次成功的纳税人反抗行动，在商人霍华德·贾维斯[Howard Jarvis]与保罗·甘恩[Paul Gann]的倡导下，又进一步将所有的财产税减少了60%。这场风暴旋即在全美产生了巨大反响。

Propositum indefinitum aequipollet universali. (= Propositio indefinita aequipollet universali.)

propositus 〈拉〉祖先；被推荐者

Pro possessione praesumitur de jure. 〈拉〉占有产生权利之推定。

pro possessore 〈拉〉作为占有人；根据占有人的权利

Pro possessore habetur qui dolo injuriave desiit possidere. 〈拉〉因受欺诈或侵害而丧失占有者，仍视为占有人。

pro posse suo 〈拉〉按照他的能力

propound v. ❶提出 指提出某个问题或计划等以供考虑或讨论。❷建议 ❸提请检验遗嘱 指遗嘱执行人等为取得严格遗嘱检验证书而提起诉讼。

propounder n. 提出遗嘱检验请求者(⇨propound)

Prop. Reg. (= Proposed Regulation)

propria manu 〈拉〉用自己的手；亲手

Propria manu pro ignorantia literarum signum sanctae crucis expressi et subscripsi. 〈拉〉因为不识字，我亲手按下神圣的十字标记。

propria persona 〈拉〉亲自；本人(⇨in propria persona)

proprietary n. ❶所有人；所有权人；业主 ❷所有权；财产 ❸殖民地业主 指被英王特许独占某些北美殖民地(如宾夕法尼亚州[Pennsylvania]与马里兰州[Maryland])的个人。
a. ❶所有人的 ❷所有权的；财产的

proprietary article 〈美〉专利产品；专卖产品 国内税收法律用语，指有权独占其制造和销售的产品。

proprietary capacity 经济功能 指市、镇当局从事商业性活动的功能，与政府职能有别。(⇨proprietary functions)

proprietary capital 业主资本 会计账目中指独资企业的原始投资与累积利润之和。

proprietary chapels 私有小教堂 为了赢利或其它目的，由私人购买或建立的非礼拜堂。该教堂既无归属堂区的权力——除非与专职推荐权人[patron]、堂区受俸牧师和教会常任法官[ordinary]达成协议，也不能举行圣礼——除非获得堂区受俸牧师的同意和主教的特许。但主教对这类教堂无管辖权。

proprietary drug 非凭医生处方出售的药品 与凭医生处方出售的药品[ethical drug]相对，是指可以由社会公众直接使用的药品，该药品可以直接进行柜台销售。(⇨drug)

proprietary duties 经济职责 市政当局行使经济职能所担负的职责。(⇨governmental duties)

proprietary functions 〈美〉经济职能 市、镇当局为市民的利益而行使的职能。与政府职能不同，行使"经济职能"的目的，是为提高市民的生活水平，改善市民的生活质量。(⇨governmental duties; governmental functions)

proprietary governments 领有人的治权 即国王授予领地所有人的统治权，类似于以前英国巴拉丁郡[Palatine County]的统治权。

proprietary information 专有信息 商业秘密法中，指业主于其中有受保护权益的信息。(⇨trade secret)

proprietary interest 所有人权益 包括财产所有人的所有权及各项从属权利，例如股东按股份的表决权及对公司事务的参与管理权。

proprietary lease 〈美〉业主租约 合作公寓[cooperative apartment]的业主公司与承租人订立的租赁协议。

proprietary medicine 独家生产的药品；专利药品 在英国，根据1812年《药品标记法》[Medicine Stamp Act](该法后为1941年《药房和药品法》[Pharmacy and Medicines Act]取代)的定义，该词系指下列情形中的人用药品：销售商声称以独家秘方生产的药品、根据制造专有权而生产的药品或者受专利保护的药品。

proprietary powers 经济权力 市政当局行使经济职能的权力。(⇨proprietary functions)

proprietary right ❶所有权权利；专有性权利 指财产所有人基于所有关系而享有的权利。它就某一财产标的而针对不特定的一般人享有权利，与仅仅针对特定他人的对人权不同。该词用作与事后取得的权利[acquired right]——诸如地役权、特许权等——相对的含义时，有时亦被称为自然权利[natural rights]。❷财产权利 指针对某人的地产、资产或其他财产而产生的权利，与根据某人的法律身份而产生的权利相对。

proprietas 〈拉〉(英格兰古法)财产；所有物；所有权

proprietas nuda 〈拉〉(古)空洞所有权 对财产无用益权的所有权。

proprietas plena 〈拉〉完整财产 产权人享有所有权并有权独占使用的财产。

Proprietas totius navis carinae causam sequitur. 〈拉〉整条船的所有权取决于龙骨。 使用他人的材料建造龙骨，则船舶属于材料的所有人。

Proprietas verborum est salus proprietatum. 〈拉〉措词得当有助于保护所有权。

Proprietates verborum servandae sunt. 〈拉〉语词得当意味着财产有保障。

propriété 〈法〉财产；财产所有权

proprietor n. 所有人；所有权人；业主 尤指经营某个企业者。

proprietor of subject of copyright 版权人 指作品的版权所有人，可以是作品的作者以及由作者授予版权的人。

proprietorship 〈美〉独资企业；业主制企业(⇨sole proprietorship)

propriety n. ❶(古)财产 ❷(行为等的)适当；得体 ❸适当(或得体)的行为；礼貌；(复)礼节

propriis manibus 〈拉〉用自己的手；亲手

proprio jure 〈拉〉凭自己的权利；以自己的身份

proprio motu 〈拉〉自己的意愿；自愿(⇨ex proprio motu)

proprio nomine 〈拉〉以自己的名义

proprior sobrina 〈拉〉(罗马法)伯祖、叔祖、舅公、姑公、姨公或伯祖母、叔祖母、舅婆、姑婆、姨婆的女儿

proprios (= propios)

proprio vigore 〈拉〉以其自身的力量；自动地；根据其内在的含义

propter 〈拉〉由于；因为

propter adulterium 〈拉〉由于通奸
propter affectum 〈拉〉由于感情倾向；由于好恶（⇨challenge propter affectum）
propter commodum curiae 〈拉〉为了法庭的便利
propter consuetudinem 〈拉〉由于习惯 指某人对经常光顾其土地的野兽拥有财产权。
propter curam et culturam 〈拉〉由于照管与耕种
propter defectum 〈拉〉由于缺乏；由于某项缺点（⇨challenge）
propter defectum sanguinis 〈拉〉由于无后嗣；由于无子女
propter delictum 〈拉〉由于犯罪；由于过错
propter delictum tenentis 〈拉〉由于封臣的罪过 旧指因犯罪而被宣告民事死亡的封臣的土地收归领主。（⇨attainder）
propter hoc 〈拉〉由于这个；因此原因；基于此
propter honoris respectum 〈拉〉出于对名誉（或地位）的尊重（⇨challenge）
propter impotentiam 〈拉〉由于无助；由于无力（⇨property propter impotentiam）
propter majorem securetatem 〈拉〉为了更大的安全
propter nuptias 〈拉〉因婚姻；由于婚姻（⇨donatio propter nuptias）
propter odium delicti 〈拉〉由于罪行的恶劣
propter privilegium 〈拉〉由于特权（⇨property propter privilegium）
propter rem ipsam non habitum 〈拉〉因为他无法收回原物
propter saevitiam 〈拉〉由于残暴；由于虐待
pro querente 〈拉〉为原告 通常缩写为 pro quer。
pro rata 〈拉〉按比例；按份额（⇨per capita; prorate）
pro rata clause 按比例条款 一项保险单条款，规定在被保险人重复保险时，保险人的赔偿责任按照其保险金额与保险金额总和的比例确定。
pro rata contribution （共同债务人之间）按比例分担（债务）
pro rata distribution 按比例分配（⇨prorating claims）
pro rata distribution clause 按比例分摊条款 火灾保险单的一项条款，规定每项保险财产所分摊的保险金额按其价值与保险单所列全部财产总价值的比例确定。
pro rata freight charge 比例运费 在海上货物运输因恶劣天气等原因而中断或耽搁，导致未抵达目的地的情况下，如果发货人或收货人自愿放弃全程运输而在中途接受货物，承运人将按照已完成航程占全程的比例收取该"比例运费"。
pro rata itineris (= pro rata freight charge)
pro rata itineris peracti 〈拉〉与已完成的航程成比例（⇨pro rata freight charge）
prorate v. 按比例分配（或分割、分摊）
prorating attachments 按比例扣押 在有多个处于同等优先地位的债权人扣押债务人的财产时，每个债权人按照各自债权数额与全体债权人的债权总额之间的比例分享被扣押财产。
prorating claims 按比例还债 在破产法中，当债务人的财产不足清偿全部债务时，处于同一清偿顺序的债权人按照债务数额与破产财产的比例受偿。
prorating taxes 比例税负 指由不动产的买主与卖主各自承担一部分不动产的税负。

proration n. 按比例分配（⇨apportionment; pro rata）
proration allowance 比例生产配额 为限制石油产量以防止资源浪费，根据规定总产量确定的分配给石油开采者在其矿区内可以生产的份额。
proration of production 产量比例分配 一种旨在防止市场过于饱和的关于石油生产的经济措施。有关该措施的立法通常规定由一个管理机构负责不定期地确定石油与天然气的合理市场需求量，将总产量限制在该数量内，并在多家生产者中规定比例生产配额。
proration statute ❶比例税负法 规定在遗产分配之前，应就遗产支付遗产税及除非遗嘱有相反规定，应由遗产的各方受益人公平分担遗产税的制定法。❷产量比例分配法（⇨proration of production）
pro rege 〈拉〉为国王；对于国王
pro rege et republica necessarium 〈拉〉为国王与国家所必需的；对国王和国家来说是必要的
pro re nata 〈拉〉在当前情况下；视具体情况；适用于特殊场合
pro retorno habendo 〈拉〉他被返还；他恢复占有（财物）（⇨judgment pro retorno habendo）
pro rigore justitiae 〈拉〉为了更严格的公正；加强公正力度
prorogation n. ❶（议会、国会等的）休会；闭会 ❷服从管辖 指当事人通过其同意接受法院管辖的意思表示或行为——例如出庭并提出答辩——而赋予法院对案件的管辖权。❸延长；延展；延期；展期
prorogue v. 休会 指议会、国会等立法机关休会。
pro salute animae 〈拉〉为了灵魂造福；为了灵魂得救 在教会法院中所有的指控都是为了灵魂得救，因此在这种指控中所说的话不能构成世俗意义上的诽谤罪。
pro salute animae ejus, ecclesiae consilio 〈拉〉为了灵魂得救，听从教会指引
pro salute animarum 为了拯救众生［souls］
proscribed n.（罗马法）被公布为死囚者；被褫夺公权者
pro se 〈拉〉为其本人；亲自；亲自出庭
prosecute v. ❶实行；进行；执行 ❷提起公诉；进行刑事诉讼
prosecuted with effect 有效进行的 上诉保证书［appeal bond］中的用语。有的判例认为这一用语的意思仅仅在于上诉人应以应有的谨慎［due diligence］进行上诉，直到作出最终裁决，而不论该裁决对上诉人有利还是不利；但大部分判例认为该词含义不仅包括提起上诉直到作出最终裁决，还要求最终裁决对上诉人有利。
prosecuting attorney 〈美〉控方律师；检察官 经选举或任命在各司法管辖区、巡回审判区或县执行刑事追诉的政府官员，又称州检察官［state's attorney］或地区检察官［district attorney］。（⇨prosecutor; state's attorney; United States Attorney）
prosecuting officer 检察官；公诉人
prosecuting witness 〈美〉控方证人 指由于其举报而开始刑事追诉，并且在法庭审判时提供主要证据的证人。尤指提出控告、提供证据的犯罪主要受害人。
Prosecutio legis est gravis vexatio, executio legis coronat opus. 〈拉〉诉讼令人烦恼，而执行则圆满结束诉讼。
prosecution n. ❶实施；执行；从事 ❷刑事诉讼 也称 criminal prosecution。❸控诉方；公诉方 指代表政府提起刑事诉讼追究被告人刑事责任的律师。
prosecution history estoppel 〈美〉申请经过的不容否认

一项禁止专利申请人在申请专利过程中提出其先前未提出或已放弃的权利的原则。其依据是，专利申请与授予是一项单方程序，权利要求书、说明书和补正书等专利申请文件都是由申请人自己拟就，故申请人应受其已作决定的拘束，在以后修改权利要求等活动中，不得推翻其已向专利局作出的陈述，即使其修改权利要求系由于审查员的错误驳回亦然。这一原则的效力在于将专利权利的范围限于申请人已提出或修改的权利要求以内。由于专利申请记录[file wrapper]记载了专利申请与授予的全部过程，包括申请人的权利要求书、修改书、各种陈述与回答等，故该规则又称"专利申请记录不容否认"[file wrapper estoppel]。

prosecution of a common purpose 实施共同目标 合营企业[joint enterprise]的特有要素。

prosecutor n. ❶检察官；公诉人 在刑事诉讼中代表政府的法律官员。❷(= private prosecutor)

prosecutorial discretion 〈美〉控方的自由裁量 指在刑事案件中检察官有权决定是否对犯罪嫌疑人提起公诉、进行控辩交易、就对被告人的量刑向法庭提出建议等。

prosecutor of the pleas 〈美〉(新泽西州[New Jersey]的)县检察官 负责提起刑事诉讼的县官员。相当于其他州的地区检察官[district attorney]或县检察官[county attorney]。

prosecutrix n. 女检察官

pro. seq. (= proximus sequente)

prosequi 〈拉〉追踪；追捕；起诉；控告(➪nolle prosequi)

prosequitur 〈拉〉他追捕；他控告(➪non pros.)

prosocer 〈拉〉(罗马法)岳祖父；配偶的(外)祖父

prosocerus 〈拉〉(罗马法)岳祖母；配偶的(外)祖母

pro socio 〈拉〉为了合伙人；为合伙人的利益

pro solido 〈拉〉为了整体；作为整体；共同

prospective a. ❶即将生效的 ❷预期的；将要发生的

prospective damages (= future damages)

prospective heir 当然继承人；预期继承人；将要继承遗产之人(➪heir apparent; heir presumptive)

prospective law 无追溯力的法律 不溯及既往的法律，只适用于在其制定并实施后发生的案件。

prospective price redetermination 〈美〉未来价格重定 政府采购合同中的一种付款条件，即在合同履行的最初阶段按固定价格付款，在以后履行期的约定时间，根据成本因素的变化对价格作相应的上下调整。

prospective statement 预期说明 对将要发生之事的陈述。(➪promissory representation)

prospective statute 无追溯力的制定法(➪prospective law)

prospectus n. 募股说明书；招股说明书；招股章程；证券销售书 由公司或其代理人、受托人发表的说明公司发行股份、债券或其他证券的性质和目标的文书，用以揭示证券的投资或风险特征，以邀请公众认购。是在投资者购买之前须向其提供的法律要求的登记表上的主要文件。该文件应包括关于公司及其经营状况的全部重要事实，以便未来的投资者就投资的价值作出抉择。美国联邦证券法要求发出公众股票要约之公司须向证券交易委员会提交招股说明书并提供给所有未来的购买者。招股说明书的内容由联邦证券法律及规则规定。招股说明书意指任何要约出售证券或确认出售证券的说明书、通知、通告、广告、信件，可以是通讯、书面或广播、电视的方式。

prostitute n. ❶娼妓 ❷出卖节操者 如滥用才能、滥作报导的文人等。

prostitution n. 卖淫罪 不限定对象，为金钱而与他人进行或同意进行性行为，包括猥亵行为。卖淫不限于妓女，也包括男妓。根据美国《模范刑法典》[Model Penal Code]，凡居住在妓院或其他以提供性服务为业的场所的人，以及在公共场所游荡准备提供性服务的人，均构成卖淫罪。现在的英国已经废除了卖淫罪，但介绍娼妓、唆使卖淫、提供卖淫场所、将妇女滞留在妓院、依靠卖淫收入为生或在街头游荡拉客，均属犯罪行为。(➪Mann Act; pander)

pro suo 〈拉〉作为自己的

pro tanto 〈拉〉就那么多；尽可能多；力所能及

pro tanto acquittance 部分债务的收据

pro tanto ademption 部分遗赠终止 指用于遗赠的财产部分遭毁灭或被转让，其余部分仍转移给受遗赠人。

pro tanto validation 部分确认 一部分债权人对为债权人利益而作的财产转让表示同意或认可。

protect v. ❶保护 使保护对象免受伤害、危险、攻击等，或向之提供帮助或救援；或通过禁止捕猎、采集等活动使动植物得以保存；或通过征收关税使国内产业免受外国生产者的竞争；或作为官方或法定保护人或监护人而履行职责等。❷准备支付金；备付 提供或准备款项以供支付商业票据。❸为…保险；使…享受保险保障

protected class 〈美〉受保护阶层 根据1964年《民权法》[Civil Rights Act]，指基于种族、性别、出生地、宗教等受到法律特别保护的群体。

protected state 被保护国(➪protectorate)

protected tenancy 〈英〉受保护租赁 承租人享受支付公平租金[fair rent]和绝对租用期[term of years absolute]的住房租赁。承租人的权利在合同之外受到法律的特别保护。出租人要终止该租赁，必须先以通常方式终止租赁合同。尔后即产生法定租赁[legal lease]，出租人只有基于法定理由在取得法院命令后才能占有出租的房屋。

protecting commercial paper 确保商业票据的兑现；确保商业票据得以支付

protection n. ❶保护；保障；庇护 ❷(英格兰古法)庇护令状 由御前大臣办公署依据国王特权签发的一项令状，在1年内免除针对正在国外为国王服务的被告所开始的一切对人诉讼和许多不动产诉讼。(➪writ of protection) ❸〈英〉(从前发给船员以证明其可免于被强征入海军的)豁免证书 ❹〈美〉(公证人发给船员或其他出国者以证明其为美国公民的)国籍证书 ❺贸易保护主义；贸易保护制度 一国政府为刺激和发展国内生产而对原产于外国或在外国制造的相同进口产品提高关税及限制进口。其主要表现是限制外国产品的进口或将外国商品的价格提高到一定程度使其丧失与国内产品竞争的能力。 ❻(保险合同规定的)承保风险范围 ❼〈美〉(某些犯罪群体，如赌博场所的所有人，通过向政府官员或政治大亨行贿而取得的)免于被指控；控罪豁免 ❽〈美〉(向发出暴力威胁的敲诈者支付的)保护费

Protection from Abuse Act 〈美〉《防止虐待法》 一项保护受虐待配偶的制定法。法院有权根据配偶一方的请求签发制止令[restraining order]，制止另一方配偶的虐待行为。在有些州，法院甚至有权将施虐的一方从家中逐出。有些州的法律将法院的此项权限扩展到以夫妻身份同居而未合法结婚的双方。在法院发出制止令后的一定时间内(通常为10日)，另一方配偶有权要求对案件进行实质性审理，此时请求签发制止令的一方应就其指控进行举

证。

protection order 保护令 ①在家庭暴力或虐待案件中法院颁发的保护配偶一方免受另一方人身伤害或子女免受父母虐待的紧急命令。此项紧急命令由一方当事人申请颁发，并于诉讼进行期间有效；②妻子遭遗弃时，法院颁发的保护妻子财产的命令。

protection personnel 保安人员；警卫人员

protection writ (= writ of protection)

Protectio trahit subjectionem, et subjectio protectionem. 〈拉〉保护导致臣服，臣服带来保护。 政府对个人之保护以后者对法律的服从为条件；反之，对法律的服从赋予个人受政府保护之权利。

protective agency ❶(为工商企业或公共机关提供保安人员的)保安机构；保安部门 ❷侦探机构；调查机构

protective committee 权益保护委员会 在公司清算或重组时由指定的优先股股东或债券持有人组成，以保护其群体利益。

protective custody 保护性监管 对人身安全受到威胁的关键证人、在公共场合醉酒者、可能伤害自己或他人的精神病患者等采取的保护性隔离或监control措施。

protective devices 保护性装置 即安全装置[safety appliances]。

protective jurisdiction 〈美〉保护性管辖权 根据联邦法院管辖权理论，国会可以在宪法赋予的立法权限内制定一项管辖权法，规定联邦法院可以适用州实体法审判，从而使得联邦法院的管辖范围扩展至只涉及州权的案件。这一理论尚未与最高法院直接交锋，但它显然违反了美国宪法第三条有关联邦法院管辖权限制的规定。

protective order 保护性命令 法院颁发的命令，以保护某人免受进一步骚扰或滥诉之苦。(➭ protection order; gag order)

protective principle 保护性原则 指国家对在外国实施危害国家安全或妨害政府职能行为的外国人可进行刑事处罚的原则。例如伪造货币和恐怖行为。

protective tariff 保护性关税 指为了保护本国产品、鼓励增产而对从外国进口的同类产品征收高税率的关税。

protective trust 保护信托 挥霍者信托[spendthrift trust]的一种，是保护信托财产以确保能持续扶养受益人的信托。保护信托中设有"没收条款"[provision for forfeiture]，即在受益人企图转让信托利益或债权人企图追及信托利益时，受益人的信托利益即告终止，该信托自动转化为"自由裁量信托"[discretionary trust]。保护信托旨在保护信托财产不受受益人的债务或其自愿转让行为的影响。(➭discretionary trust)

protector n.保护者

protectorate n.❶(一国对另一国或地区的)保护关系；保护权 在此种关系下，一国对另一国行使实质性的控制权。❷被保护国；被保护地 ❸摄政政体；摄政职位；摄政时期 ❹〈英〉护国主时期 指1653–1659年克伦威尔[Cromwell]父子当政时期。

protector of the settlement 〈英〉财产授予管理人 根据法律，限定继承土地的剩余地产权人[remainderman]在取消限嗣继承[bar the entail]时必须征得财产授予管理人的同意，否则剩余地产权人只能取消对自己子嗣的限制，从而设立一项不自由地产权[base fee]。

protectory n.收容所；少年感化院 照管与教育无家可归的或贫困的，尤其是有犯罪之虞的青少年的机构。

pro tem (= pro tempore)

pro tem. clerk 临时书记官 在正式的法院书记官因不能或不愿履行职务而缺席或在其不具备履行职责的资格[disqualification]期间任命并在职的法院书记官。

pro tem. officer 临时官员 在正式官员离任或缺席时代行其职责的人。

pro tempore 〈拉〉暂时；临时

pro tempore judge 临时法官 在正式法官缺席、因故不能履行其职务或不具备履行职责的资格[disqualification]时或在法律规定的其他情况下依法律或宪法临时选任的法官。

pro termino vitarum suarum 〈拉〉在他们自己生存期间；为他们的一生

protest n.❶(正式)抗议；异议；反对 ❷抗议书；异议声明书 ❸〈英〉发表反对意见 在上议院中少数派议员或持反对意见的议员宣布不同意议会通过的法律或决议并说明理由的行动。 ❹(票据的)拒绝承兑或拒绝付款；(票据持有人请求作出的)拒绝证书；拒付证书 ❺海事声明 船长就航行途中因风暴等海难事件造成船货损失的情况提出的报告，通常由司法官员、公证人或领事等予以见证。❻(正式)声明；申明；声称；公开表示；宣布

protestando 〈拉〉异议 旧时异议声明[protestation]的强调用词。

protestant n.抗议者；持异议者；新教徒 对不属于罗马天主教和东正教的基督教徒的统称。该词最早源于宗教改革时期路德派教徒在1529年施佩耶尔国会议[Diet of Spires]上抗议[protest]神圣罗马帝国皇帝查理五世[Charles V]的一项法令的事件，现包括安立甘宗教徒[Anglicans]、循道宗教徒[Methodists]、长老会成员[Presbyterians]和其它新教各派教徒。

protestation n.异议声明 旧时诉状中对既不宜正面确认或否定、也不能忽视的事项作含糊的确认或否定，以避免某项事实的是否存在成为最终结论，又可避免因不提出异议而被认为已经默示否认或承认。

protest fee 拒付手续费 银行或其他金融机构对提示付款的票据不能付款时收取的手续费。

protest for non-acceptance 拒绝承兑证书 证明远期汇票的持票人于提示汇票时被拒绝承兑的文书。

protest for non-payment 拒付证书；拒绝付款证书 证明即期票据或已到期之承兑票据持票人于要求付款时被拒付的文书。

prothonotary (= protonotary)

Pro timore mortis, et recesserunt quam cito potuerunt. 〈拉〉由于害怕死亡，他们拼命逃跑。

protocol n.❶(条约、契约等文件的)草案；草约 ❷(对条约予以修订或补充的)议定书；协议书 ❸会议纪要；会谈备忘录 ❹礼节；外交礼仪 ❺(宪章、教皇诏书等的)首尾格式；程式 ❻〈美〉条约处(司) 国务院负责起草条约与协定的部门。

protocol book 〈苏格兰〉公证记录簿 公证人记录其签署的所有公证文件的簿册。

protocollum 〈拉〉〈罗马法〉和解记录 公证人对正式和解所作的记录。

protocolo 〈西〉❶(条约等的)草案；草约 ❷(由公证人保存的)文书原稿；原件 ❸外交议定书；会谈纪要 ❹礼仪；礼节

protonotary n.❶首席书记官 起初为拜占廷法院官员，后在中世纪的英格兰亦曾出现过，其职责为整理案卷归档。当时皇家民事法庭有三个这样的官员，王座法庭和

衡平法庭各一。王座法庭的首席书记官记录所有的民事案件，而刑事案件的记录则归刑事办公室的公诉书记官[Clerk of the Crown Office]负责。皇家民事法庭的首席书记官和令状归档官[filacers]一道，履行和今天高等法院主事法官[Master]类似的职责，并于1837年被皇家民事法庭主事法官所取代；衡平法庭的最后一位首席书记官于1792年被委任，并一直任职至1874年，而这82年中其薪水都是作为一个闲职支付的。现今，澳大利亚和美国的一些州的法庭仍然有此职务。❷(教会法)主任书记；书记教士 基督教会中其职能在于记录教皇言行及祝福、教规等的教士阶层。

protutor (罗马法)准监护人 并非未成年人的监护人而以监护人的身份管理其财产或事务的人。同作为监护人的妇女再婚的人即成为准监护人。准监护人负有与监护人相同的责任。

prout 〈拉〉按照；根据；如同

prout eis visum fuerit, ad honorem coronae et utilitatem regni 〈拉〉按照在他们看来符合国王的荣誉与王国的利益的

prout moris est 〈拉〉如同现在的习惯或惯例

prout patet per recordum 〈拉〉如案卷所记载

provable a. 可证明的；可证实的

provable claim 可证明的债权 破产程序开始时可被证明存在的破产债权。(⇨provable debt)

provable debt 可证明的债务 在提出破产申请时或在法院签发破产令时可证明存在的破产人所欠的债务，债权人应在法院审查破产债权的法定期限内提供证明。

prove v. ❶证明；证实 ❷认证(遗嘱) ❸检验；验定；查验 ❹表现；显示

prove a will 证明遗嘱；取得遗嘱检验证书(⇨probate)

prover n. (英格兰古法)揭发同案犯 被指控犯有叛逆罪或重罪，但在提出答辩前供认罪行并揭发和控告同伙以求获得赦免的人。(=approver)

pro veritate 〈拉〉真实的；作为事实

provide v. ❶提供；供应；给予 ❷(法律、法令、合同等)规定 ❸授予…有俸圣职；(教皇)任命…为有俸圣职的继任者 ❹抚养；赡养；供养 ❺作准备；预防

provided conj. 如果；假如；以…为条件；除非

provided by law 法律规定的 指由制定法加以规定的。

providentia 〈拉〉先见；预见；预知

province n. ❶省；行省；大行政区 ❷教省；大主教辖区 大主教行使管辖权的区域，每个教省由众多的教区[diocese]组成，每个教区由多个堂区[parish]组成。英国全境有两个教省：坎特伯雷和约克，分别指以亨伯河[Humber]为界的南北两区域。 ❸职责；职能 ❹(思想、研究、职业等)领域；范围

province of court and jury 法官与陪审团的职责范围 指普通法上法官与陪审团担负的不同职责：法官负责裁决在审判中提出的法律问题，并向陪审团阐明法律；陪审团负责根据所提供的证据和法官的指示对案件事实作出裁断。

provincial constitutions 〈英〉教省宪纲 从亨利三世[Henry Ⅲ]到亨利五世[Henry Ⅴ]时期，在坎特伯雷大主教主持下的各届教省公会议通过的各项条令，后在约克教省亦被通过。

provincial courts 〈英〉教省法院 设于坎特伯雷[Canterbury]与约克[York]两教省的教会法院，亦称首主教法院[courts of primates]，包括坎特伯雷教省的拱顶法院[Court of Arches]、主教总代理法院[Court of the Vicar-General]、大主教特许主官法院[Court of the Master of the Faculties]、大主教代理法院[Court of the Commissary of the Archbishop]、大主教亲审法院[Court of Audience]和特殊堂区法院[Court of Peculiars]，以及约克教省的约克最高法院或约克教省法院[Supreme Court or Chancery Court of York]、主教法院[Consistory Court]及大主教亲审法院。

provincial estates 外省三级会议 法国旧王朝时期外省地区的各阶级代表会议。

provincialis 〈拉〉(英)外省人；外省居民

provinciam forisjurare 发誓抛弃国家

proving of the tenor 〈苏格兰〉证明誊本属实 在契据的正本丢失或毁损时，以草本、副本或其它证据证明契据条款的诉讼。

provision n. ❶条文 法律、合同或其他文书的条款。 ❷〈英〉(教皇对未出缺圣职的)预先委任；预先任命 也泛指教皇所声称或实施的圣职推荐特权，此类圣职的继任者称作provisors。(⇨provisor) ❸备付金；备付财物 商法中，指为了保证汇票的支付，由出票人存于付款人处的资金或财产。

provisional a. ❶临时的；暂时的 ❷有条件的；附(先决)条件的
n. 暂付；暂支 在票据收款过程中，指付款人、贷款人或其他结付者根据法律或协议保留在票据最终遭拒付时索回已付款项的权利。

provisional appointment 〈美〉临时任命；临时委派 在出现某文官职位无合适的适格人选名单[eligible list]的紧急情况下作出的任命，此任命之前将进行一次考核，以确定在紧急时期和直到发布适格人选名单时受任命者的任职要求。

provisional assignee 临时破产管理人 主要出现于英国以前的破产法制度中，指在债权人选定破产管理人[creditor's assignee]之前，根据法院的破产令被指派临时接管破产人财产的人。(⇨receiver)

provisional committee 临时委员会

provisional court 〈美〉临时法庭 指军事当局或临时政府根据联邦政府的授权在所占领地区建立的临时法庭，例如南北战争期间联邦军队根据总统命令在占领的南部各州设立的法庭。

provisional government 临时政府 指临时组建的政府，其预计存续至另一较常规、较固定的政府组建并接替它之时。

provisional injunction (=preliminary injunction)

provisional order ❶(法庭在诉讼过程中作出的)中间裁定 ❷(行政机关的)暂时性决定；临时命令(⇨interim order; interlocutory order)

provisional policy 临时保险单 即暂保单[cover note]或每月报告保单[monthly reporting policy]。

provisional receivership 临时财产管理(=pendente lite receivership)

provisional remedy 临时救济 民事诉讼的一项附带程序，在诉讼进行期间，因临时出现的或紧急的情况而采取的临时性措施；尤指为避免判决的难以执行，使原告免受不可弥补的损害而采取的措施，如禁制令[injunction]、指定财产管理人[receiver]、扣押财产或拘留等。

provisional revocation (遗嘱)暂时撤销 即遗嘱的附条件的相对撤销[dependent relative revocation]。

provisional seizure 〈美〉临时扣押　路易斯安那州[Louisiana]法律中的一项措施，相当于其他各州的财产扣押[attachment of property]。

provisional specification 〈英〉临时说明书　当某人向专利局申请专利时，必须提交说明书[Specification]，用以描述其发明创造的实质。说明书分为完整说明书[complete specification]与临时说明书[provisional specification]两种。如果说明书是临时的，则必须在提出专利申请之日起12个月内提交完整的说明书，或者经专利局长决定可在此后不超过三个月的期间内提交。临时说明书是为了保证当事人从专利申请日起即获得优先权，因为一旦被批准授予专利，其专利有效期即从专利申请日起算。(⇨specification; patent)

provisione hominis 〈拉〉人的行为(⇨ex provisione hominis)

provisione legis 〈拉〉根据法律规定

provisione mariti 〈拉〉丈夫的供应(⇨ex provisione mariti)

provisione viri 〈拉〉丈夫的供应(⇨ex provisione viri)

Provisions of Oxford 〈英〉《牛津条例》　1258年议会通过的旨在防止国王亨利三世[Henry the Third]破坏《大宪章》[Magna Carta]实施的法律文件。该条例规定，成立由大贵族占主导地位的15人委员会，参与国家管理；国王必须根据委员会的建议统治国家；御前大臣、司库等国家高级官员及地方官员任期为1年，届满前应向15人委员会述职；议会定期召开，每年三次，有权决定国家所有重大事宜；对王室的拨款亦由议会负责。该条例是大贵族反王权斗争的胜利成果，亨利三世被迫实施，1262年被取消。

proviso n.❶但书；附文　法规中的附加条款或条款的一部分，用以排除、限制或明确法规所规定内容的适用范围。　❷附带条件　转让契据、租赁、抵押、合同等法律文书所约定的附带条件。文书是否生效，通常取决于条件是否成就。

Proviso est providere praesentia et futura, non praeterita. 〈拉〉但书是为现在和将来所作规定，非为过去。

proviso for cesser 终止条款　长期性财产授予中的一个条款，在把债务的担保或长期租借权设定为信托时，如果实现信托的特定事项发生后，这种租借权即应终止，而不论期限是否届满。此条款通常包括三种特定事项：①信托没有发生；②信托的不必要和无效；③信托的履行。

provisor 〈英〉❶(教皇预先委任的空缺圣职的)继任者　指向罗马教皇要求某特定圣职空缺后预先委任[provision]给继任者，并由其即付金钱作为回报。在不同时期通过的《空缺圣职继任者法》[Statutes of Provisors]抵制教皇的圣职预先委任。　❷(王室)征发官

provocation n.激怒　用挑衅性的或侮辱性的行为或语言，使正常人因暴怒突然丧失自控能力，一时无法控制自己的行动。"适当的"激怒可作为减轻罪行的情节，将指控的谋杀罪降格为非预谋杀人罪。但必须有证据证明被告人确实被激怒，而且通常有理智的人在同样情况下也会做出同样的行为。

provocative language 挑衅性语言(⇨offensive language)

provoke v.挑衅；激起；激怒；刺激；煽动；挑拨；导致

provoked error (= invited error)

provost n.❶〈英〉(大学)校长；(学院)院长　❷〈苏格兰〉市长

provost court 宪兵法庭　在占领区设立的军事法庭，通常用以审判轻罪和在占领区行使有限管辖权。

Provost-Marshal n.宪兵司令　驻地、兵营、城市或其他地点的宪兵首长，负责维持军纪，制止犯罪并执行军事法庭的判决。

prox 〈拉〉(= proximus)

proxeneta 〈拉〉(罗马法)(大陆法)经纪人；中间人；媒人　又作 proxenta。

proxies n.〈英〉(每年向主教缴付的)巡游费(⇨procuration)

proximate a.❶最接近的；紧接的；直接的　❷(在因果关系上)最紧密的；最密切的　❸大致准确的；近似的

proximate cause 近因　指实质性原因。某项作为或不作为是造成伤害或损害的近因，指伤害或损害是作为或不作为的直接结果或合理结果，即如果没有该原因，则结果不会产生。近因不一定与结果在时间上或空间上最为接近，而是与造成结果最为接近。(⇨concurrent causes; efficient cause; immediate cause; legal cause)

proximate consequence 直接结果　因作为或不作为直接造成的结果；正常人能够合理预见的结果。(⇨proximate cause)

proximate damages 直接损害　指由被诉行为直接造成的损害，是行为的自然结果，是通常可预见的损害。(⇨remote damage)

proximate legal cause (法律上的)近因(⇨proximate cause)

proximate result 直接结果(⇨proximate consequence)

proximation doctrine 最接近原则(⇨cy-près; equitable approximation doctrine)

proximity n.❶接近；邻近；紧接　❷血缘关系；亲属关系

proximo gradu 〈拉〉最接近的等级(或地位、身份、程度等)

proximus 〈拉〉最近的；紧接的；下一个的

proximus amicus 〈拉〉(= prochein amy)

Proximus est cui nemo antecedit, supremus est quem nemo sequitur. 〈拉〉他前无古人，后无来者。

proximus haeres 〈拉〉最近的继承人；关系最密切的继承人

proximus sequente 〈拉〉下一个；紧接着的

prox. seq. 〈拉〉(= proximus sequente)

proxy n.❶代理人；代表　尤用于公司法中，指由公司股东授予权利，代表其参加公司会议并投票的人。　❷授权　❸授权委托书；代理委托书

proxy holder 被授权人；代理人

proxy marriage 代理婚姻；代办婚姻　婚姻当事人一方或双方通过代理人缔结的婚姻或举行的婚姻仪式。

proxy signature 被授权人签字；代表签字

proxy statement 〈美〉委托投票说明书　根据联邦证券交易委员会的要求，上市公司在为股东大会征集[solicit]委托投票书[proxy]时，按规定应向股东披露与股东大会所表决事项有关的信息的文件。例如，若为选举董事的股东年会征集委托投票书，则应提供附具年度报告的说明书。

prudence n.谨慎；审慎，小心；注意

prudent a.❶谨慎的；慎重的；小心的　❷精明的；明智的；敏锐的　❸节俭的；善于经营的

Prudenter agit qui praecepto legis obtemperat. 〈拉〉谨慎从事者遵从法律。

prudent investment theory 谨慎投资理论　在早期的公用事业收费管理法规中，指允许公用事业公司获取的回

报必须以其实际损失,即其谨慎地投入企业的资本为基础。在关于死者未来期待收益的现值核算中,指以一个通常谨慎之人所进行的安全投资所带来的收益率为基础。(⇨safe investment rule)

prudent man 谨慎的人(⇨the ordinary prudent man)

prudent man rule 〈美〉谨慎人规则 一种投资准则,即投资者必须考虑所投入资金的安全和合理收益。有些州的法律规定受信托人,例如养老基金的受托人,只能将基金中的资金投资于国家指定的若干种证券。另一些州则规定凡谨慎而明智的人为保存资本和谋求合理收益愿意购买的证券,基金受托人也可购买。

prudent operator rule 谨慎经营者规则 在以提成为基础的石油与天然气租赁协议中,如果规定由承租人决定开发,则其含义并非将开发置于承租人不受控制的意愿之下,而是要求承租人以一个谨慎经营者根据具体情况认为适当的方式进行开发。

prurient interest 迷恋淫欲 对色欲和淫秽事物有病态的、下流的兴趣。(⇨obscene; obscenity)

Prussian Civil Code 《普鲁士民法典》 1794年颁布的普鲁士民法法典,以民法为主,也包括宪法、行政法和刑法的内容。19世纪被其他日耳曼国家采用,最终为1900年德国民法典取代。

p.s. (= public statute; postscript)

Psalter n.《诗篇》选本 1871年《公祷书法》[The Prayer Book Act]修正了关于《公祷书》以及在该书中包含的《诗篇》的法令。

pseudo a.假的;假装的;假冒的;冒充的

pseudograph n.伪造的文件;伪作(⇨forgery)

pseudohermaphroditism n.假两性状态 指人的外生殖器兼有两性特征,难以确定其性别,但只有单个染色体和生殖腺。

pseudonym n.笔名;假名;化名 采用这种名义的作品也应受版权法的保护。

psychiatric defense 〈美〉精神病辩护 承认刑事指控所述的行为,但提出行为人精神失常不负刑事责任的辩护。有时辩护理由成立时,被告人可即时获释。但在大多数州,被告人因精神失常被宣布无罪释放的同时,立即被送入州医院进行强制医疗。医院的管制情况与监狱相差无几,有时甚至更为严格。为此,只有最重大的案件,通常为可能判处死刑或终身监禁的案件,才以精神失常为由提出辩护。

psychiatric examination 精神病检查(⇨mental examination)

psychiatry n.精神病治疗;精神病学

psychoneurosis n.精神神经症;神经官能症;神经病(⇨insanity)

psychopath n.❶精神变态者;变态人格者 ❷精神病患者(⇨psychopathic; sexual psychopath)

psychopathic a.精神变态的;患精神病的 行为冲动、缺乏正常良好的判断力或不能理解他人的行为结果。(⇨sexual psychopath)

psychopathic personality 精神变态(者);变态人格(者)(⇨psychopathic; sexual psychopath)

psychopathy n.精神变态;心理病态 一种心理疾病,表现为各种反常的、反社会的行为,如爱寻衅闹事、性紊乱等。法律曾界定其为持续性的心理失调和心理残缺,容易引发反常的攻击性行为或严重不负责任的行为,应给予治疗。对这类人的犯罪行为,如何区别应当处刑或不

应当处刑,属一大难题。英格兰法院曾多次认定其为可减轻罪责的情节,苏格兰法院则认为不属减轻罪责的范畴。

psychosis n.严重精神失常(⇨insanity)

psychotherapy n.精神疗法;心理疗法 通过暗示、劝说、鼓励、建立其自信心等类似方式治疗某些类型的疾病,特别是精神疾病的方法。

psychotic disorder 精神错乱 作为非故意犯罪的辩护理由之基础。

PTI (= previously taxed income)

pubertas 〈拉〉〈罗马法〉适婚年龄;成年年龄 优士丁尼一世[Justinian Ⅰ]时正式规定为男子须达14岁以上,女子须达12岁以上。(⇨puberty)

puberty n.❶青春期;生育年龄 ❷(法定)婚龄 指依法可以结婚的最低年龄。

public a.❶社会公众的;全体公民的;公共的 ❷国家的;政府的 ❸国际的 ❹公开的;公然的;当众的 ❺知名的;众所周知的 ❻公用的;为公众服务的 ❼为大众的;公众事务的;从事公众事务的
n.❶社会公众;民众 ❷公共场所

public accommodation 公众膳宿供应 向公众提供膳宿的场所,如旅馆、饭店。

public accountant 公共会计师 向社会公众提供会计或审计服务的会计师,通常按工作日数收取报酬。(⇨Certified Public Accountant)

public accounts 〈英〉国家开支账目

public acknowledgment of paternity 公开承认父亲身份 向亲属、朋友、熟人和全社会承认自己是孩子的父亲。

public acts 〈英〉[总称]公知法 指法院可以直接进行司法认知,当事人无需对其效力进行辩护或加以证明的议会制定法。在英国,议会所制定的法律或为公知法或为非公知法,自1850年起,凡由议会通过的法律,除非该法有明确的相反规定,皆视为公知法。公知法可分为三类:①一般法[general acts],其影响整个国家或全国相当地区;②与特定地区相关的地方法[local acts];③个人法[personal acts],它与商业组织的成立有关。该词不同于public bill,后者指涉及国家政策、社会公共利益,普遍适用的法案。(⇨private acts; public bill)

public adjuster 公共算人;公共理算师 受公众——包括保险人与被保险人——委托对保险索赔进行估算的专业人员。

public administration ❶公共行政;政府管理 指政府部门对政府政策的贯彻与执行。 ❷〈美〉公职遗产管理 由公职遗产管理人[public administrator]对死者遗产实施的管理。

public administrator 〈美〉公职遗产管理人 在无合适人选作遗产管理人时管理死者遗产的公职人员。

public advocate (在公用事业收费、环境保护等有关公众的事务方面代表社会公众的)公众代言人(⇨ombudsman)

public affair ❶政府事务;公共事务 ❷公众集会 ❸众人议论的事情;尽人皆知的丑闻

public agency 政府机构;行政机关(= governmental agency; administrative agency)

public agent 公众代理人 受命在与政府管理[governmental administration]或公共事务[public business]有关事项中代表公众的人。

public aid 政府支援(⇨farm aid; railroad aid; welfare)

public aircraft 国家航空器 指专供政府或政府部门执行

公务的航空器,不包括政府所有但从事商业经营的航空器。

public alley (将城市街区一分为二的)公共道路;公共通道

publican *n.* 〈古〉领有执照的酒店店主;酒吧老板

public and domestic tranquillity 公众安宁(= public peace)

publicanus 〈拉〉收税人;包税人

public appointments 公职任命 指并非由选举产生而是依法任命的公职或职位。

publication *n.* ❶发表;公布 指向公众宣告。 ❷出版;印行;出版物 在版权法中,出版指向公众发行作品的复制件。同时,由于专利保护的发明创造须具有新颖性,所以已在出版物上公开的技术方案,一般不能再获得专利保护。在美国的普通法中,作品是否出版决定其版权是受州还是联邦的保护,但1976年《版权法》[Copyright Act]已取代了绝大部分普通法版权,所以出版在这方面的意义也被降低。 ❸散布;传播 向受害者以外的第三人散布诽谤性言论。

publication date 作品首次出版日;作品首次发表日

publication of forgery 公布伪造的文件 指明示或默示地宣称一份伪造的文件为真实的文件。

publication of marriage bans (在教堂作出的)自愿结婚声明(⇨banns of marriage)

publication of process 传票(或令状)的公告(⇨service by publication)

publication of summons 传票的公告(⇨service by publication)

publication of will 遗嘱宣示 遗嘱人在签署遗嘱时以言辞、符号、举止或行为向见证人正式宣示签署的是其最后的愿望和遗言,是有效的遗嘱。

public attorney (= attorney at law)

public auction 公开拍卖(⇨auction;public sale)

public authority 公共机构 政府设立的机构。并非政府部门,但由政府管理,如港口、电力部门等。

public benefit 公共利益;公益(⇨public use)

public bill 〈英〉公法案 指由政府或者未进入政府的议员提出的,涉及国家政策、社会利益的议案。它可以分为由政府提出的政府公法案和议员个人议案[private member's bill]两大类。

public blockade 公开封锁 对港口实施军事封锁并通知其他国家政府。

public body 政府机构;公共机构(= public corporation)

public bond 政府债券;公债券

public bonded warehouse 公共关栈;公共保税仓库 由海关设置供公众存放未完税进口货物的关栈,或称保税仓库。(⇨bonded warehouse)

public boundary 自然分界线

public bridge 公共桥梁 构成公共道路[public highway]的一部分,为公众所使用。

public building 公共建筑物;政府建筑物 政府机构拥有或占用的、用于公共目的的建筑物。

public business ❶公众事务;公共事务 ❷政府事务;行政事务

public calamity 公共灾难;社会灾难 包括自然灾害及大量失业等影响一个国家或其一部分的灾难性事件。

public carrier 公共承运人 向公众提供运输服务的承运人。(⇨common carrier)

public cemetery 公共墓地;公墓

public chapel 〈英〉公共小教堂 建立教堂[church]后为方便居住地较远的堂区居民另行建立的小教堂,亦称方便小教堂。(⇨chapel of ease)

public character 公共人物(= public personage;public figure)

public charge 接受社会救济者 指缺乏生活来源,只能依靠公共团体或公共福利机构救济的人。

public charity 公共福利;社会福利 指为不特定多数人的利益的福利。

public college or university 公立学院或大学 由政府建立或资助的学院或大学。在美国,由州创立的学院或大学接受私人的捐助或受私人资助的事实,并不能更改其性质。

public company 公众公司;公开公司;(股份)上市公司 与私人公司[private company]相对的一种公司类型。在英国,1907年以前,公众公司是指由公众认购其股份的公司,不由公众认购股份的则为私人公司。依1948年《公司法》[Companies Act],现在所称的公众公司就是股份公司,无论其是否邀请公众认购它的股份。但不由公众认购其股份的公众公司与其他公众公司相比,还必须遵守一些特别规定,尤其是股份发行和发起书方面的特别要求。公众公司在总体上与私人公司有着更为重要的差别,比如私人公司即意味着:①限制转让股份的权利;②限制公司成员的人数;③禁止公众认购公司的股份或债券等。

public contract 公共合同 即政府合同,指政府为公众利益而订立并以公款付款的合同,如建造消防站、邮政所的合同。公共合同可以由私人履行并受益。

public controversy 〈美〉公共争论;公共争议 指涉及公开讨论事宜、并对未参与讨论者产生实质性影响的争论。在因公共争论引发的诽谤案中,该争论的参加者可被作为公众人物[public figure],其必须证明被告有实际的恶意[actual malice]。一个人卷入某一公共争论的性质和程度取决于三个因素:①参与此争论的自愿程度;②为抵制虚假陈述,对有效的交流渠道的利用程度;③在此争论中发挥作用的显著性。(⇨public figure;New York Times v. Sullivan)

public convenience 公共便利 指满足公众需求的便利。(⇨public convenience and necessity)

public convenience and necessity 〈美〉公众的便利与需要 为主管部门审批公用事业项目申请的审批标准。依照法律规定,开辟公共运输线路应取得公用事业委员会[Public Utilities Commission]出具的便利公共并为公众需要的证明。"便利"指适宜和恰当,"便利公众"指对公众适宜或符合公众的需要。(⇨public utility)

public conveyance 公共运输 向社会公众提供的运输服务或提供运输服务的工具。

public corporation ❶公法人;公营公司 为社会公众的利益或国家行政管理的目的由国家各级政府设立的机构或组织。该机构或组织既可以营利为目标,如国家控股的公用事业公司、社会保险基金等,也可以非营利为目标,如各国家机关慈善团体、国立学校等。与之相对的是由私人设立的机构或组织,即私法人或私营公司[private corporation]。 ❷公众持股公司 股份按一定程序在证券交易所发行交易的股份有限公司。与之相对的是封闭型公司[close corporation;closely held corporation;private corporation],后者的股份仅限于少数人持有和在少数人之间转让，不得对外公开发行，也不在证券交易所中交易。

public credit ❶政府信用　政府或政府机构发行的债券、票据等。❷政府信贷　由政府或政府机构提供的信贷。❸公众信誉　某一事物或作为在公众心目中的价值。

public dance 公共舞会　直接或间接以营利为目的而举行的、向社会公众开放的舞会。

public danger （= public peril）

public debt 公共债务；公债；国债　指国家、州、县、市镇等所欠的债务。

public debtor 公共债务人　指负有未清偿债务的国家、州、县、市镇或其他公共团体。

public defender 〈美〉公设辩护人　经法院指定或政府机构聘用的律师，其主要工作是为刑事案件中的贫穷被告人进行辩护。联邦和绝大多数州都设有公设辩护人。（▷right to counsel; legal aid）

public depositary 政府存款机构　有权收受公款或政府存款的银行或其他机构。

public disorder 社会骚乱；社会动乱　破坏社会秩序、危及公众安全或公共道德的行为所造成的情况。（▷disorderly conduct; insurrection; riot）

public dispensary 〈美〉公营酒店　州政府或市政当局经营的向公众出售酒类的商店。（▷dispensaries; dispensary act）

public document ❶官方文件；政府文件　❷（供公众查阅或使用的）公共文件　如登记簿、法院记录等。❸〈美〉（根据国会命令刊印的）国会出版物

public domain ❶公有领域　版权法和专利法中，指处于公有状态的作品和技术发明等，任何人均可自由利用处于公有领域的作品和技术发明而不构成侵权。❷〈美〉（属联邦或州所有的）公有土地；公有水域（▷public land）

public duty （公职人员所担负的）公共职责

public easement 公共通行权　指社会公众合理使用公共道路运送旅客或货物的权利。

public emergency 公共紧急状态　直接危及社会公众的安全、健康等的紧急状态，需要对造成危害的事物采取紧急防止措施。

public employee （政府）公职人员；政府雇员

public enemy 公敌　指与本国处于战争状态的敌国或敌国国民。也指公海上的海盗。

public entity 〈美〉公共实体　包括国家、州、县、市区公共机构及公法人等。

public escheator 充公产业管理人　负责就产业充公或充公产业的变卖或转让提起诉讼的政府官员或机构。

public exchange offer 公开交换（证券）报价　公司收购中的一种报价，报价公司以自己的证券与目标公司的一定数量的有投票权的股票交换的价格。

public exigency ❶公共紧急事件　造成公共紧急状态[public emergency]的突发事件。❷公共紧急状态（▷public emergency）

public figure 公众人物；知名人物（▷public personage）

public flag 国家旗帜

public footway 公共小径；公用小道

public funds ❶公款　属于政府或政府部门的款项或资金，由公职人员掌管。❷公债；国债　政府或政府部门发行的有价证券。

public garage 公共汽车修理厂；公共汽车库　向公众提供汽车修理、停放、出租、出售等服务的地方，其业务内容因具体情况而异。

Public General Statutes 〈英〉[总称]《公知的一般法》　对公知即无需对其条款提供证明法院便可加以司法认知，而又普遍适用的制定法的总称。自1798年以来，它每年与地方法和个人法[Local and Personal Acts]分别出版。

public grant 〈美〉公共授予　州或政府对一人或多人授予权力、特许、优惠或财产。此种授予通过登记、转让、特许、许可等方式进行。

public ground 公共土地或场地　为一般社会公众共同使用的土地，如街道、公共牧场等。

public health 公共卫生　英国于1848年首次制定《公共卫生法》[Public Health Act]，开现代公共卫生立法的先河，1936年的《公共卫生法》对公共卫生的要求作出详细规定，1961年予以部分修改。在美国，许多城市设有负责保持公共卫生的"公共卫生部门"[public health department]或类似机构；在联邦，由卫生及公众服务部[Department of Health and Human Services]负责执行公共卫生方面的联邦法律。

Public Health Service 〈美〉公共卫生局　原卫生、教育与福利部[Department of Health, Education and Welfare]下属的联邦机构，负责提高与保障个人和家庭的卫生状况，并与其他国家的卫生项目进行合作。

public hearing 公开听证；公开调查；公开审理　指在合理的范围内对所有愿意参加的人都公开的一种听证。此种听证常以享有在中立的裁判机构面前出庭和提供证据的权利为特征。

public highway 公共道路；公路（▷highway）

public hospital 公立医院　不以营利为目的，为公众提供医疗服务的医院。

public house 〈英〉公共场所　向社会公众或任何合法的付费者开放的娱乐或消遣场所，尤指可合法地出售酒类的公共场所，如旅店、酒吧、赌场。在广义上亦可指任何因在其中从事的职业而向公众开放的建筑物。

public housing 公共住房供应　用政府资金为贫民提供廉价住房或为棚户动迁改造提供住房。

Public Housing Administration 〈美〉公共住房管理署　主管公共住房供应[public housing]事务的联邦政府机构，负责协助地方住房管理部门为低收入家庭建造低租金公共住房及为这类住房的建造提供资金、贷款等。

public ignomity 公开的耻辱；众所周知的丑行

publici juris 〈拉〉属公众权益

public improvement 公共设施；公用事业

public indebtedness 公债；公共债务（▷public debt）

public injuries 公共侵害　违反义务或侵害权利，从而影响整个社区利益。

public institution 依法成立或由政府设立的（救济院、慈善机构、医院、学校等）公共机构

public interest 公共权益　①应予认可和保护的公众普遍利益；②与作为整体的公众休戚相关的事项，尤其是证明政府管制正当性的利益。

public interest law 公共利益法律　对民权法、济贫法、环保法、医疗保障法等涉及社会公众利益的法律的统称。

public international law 国际法；国际公法（▷international law）

public invitee 公众受邀请人　指作为公众的一员被邀请进入或停留在向公众开放的地方的人，物业所有人应尽一般注意义务保证受邀请人的安全。（▷business invitee;

invitee)

publicist n. ❶国际法学家 精通国际法,就国际法问题著书立说之人。❷公法学家

publicity n. ❶(众所周知的)名声;声誉 ❷宣传;宣传品 ❸公开场合

public land 〈美〉公地;公有土地 联邦或州所有的土地;未划拨的、可依法出售或作其他处置而非留作公共用途的土地。

public-land-grant rates 公地授予费率(⇨land grant rates)

public land survey 公地勘测(⇨governmental survey)

public law(s) 公法 各种法律体系都把法律划分为公法和私法。一般认为公法是规范国家、政治团体、政府、政府部门和政府机构的组织、活动、权利、豁免、责任和义务,以及调整国家和个人关系的法律。通常包括宪法、行政法、刑法、诉讼法、社会保险法、税法、教会法、军事法和国际公法,又称为"public statute"、"general statute",简写为"Pub.L."或"P.L."。

public liability insurance 公众责任保险 责任保险的一种,以被保险人所负的"公众责任"[public liability]为保险标的。所谓公众责任,即第三者责任[third party liability],即被保险人对由于其行为、财产或其代理人给作为公众成员的第三者造成的人身伤亡或财产损失应负的赔偿责任。故该险种亦称"第三者责任保险"。

publicly held 公众持股的 公司股份由公众持有。公众持股公司的股票通常在证券交易所或场外交易市场进行交易。

public market (经市政当局指定的出售日用品与家畜的)公开市场

public mill 公共磨坊

public minister ❶(大使、特使、公使等)驻外国的高级外交使节 ❷〈英〉内阁大臣

public mischief 公然捣乱 含义较模糊,一般指使用欺骗性的、侵权的或犯罪的手段造成国家利益受损的行为,属犯罪行为。例如向警察报假案,造成警方虚耗时间和精力。某些公然捣乱行为,例如拨打恶作剧电话,为制定法上的犯罪行为。

public money 公款(⇨public funds)

public morals 公共道德 其内涵甚不确定。在英国,促成败坏公共道德属犯罪行为,如刊印妓女姓名地址录、刊登广告为同性恋提供方便等。由于概念的模糊对于这种行为是否构成犯罪已引起争议。

public necessity 公共(利益)必需;为公共利益而紧急避险 在侵权法中,涉及公共(利益)必需的紧急避险行为可得到完全豁免。例如为阻止大火蔓延威胁城市而毁坏某一房屋。

public necessity and convenience 〈美〉公众必需及便利

public note 公债票据;政府票据 政府机构作为借款人向个人投资者签发的还款票据,通常早于债券到期。

public nuisance 妨害公众;公妨害 又作 common nuisance,指某项作为或不作为损害公众的健康、安全、安宁、方便或道德观念,或非法阻碍公众行使公共权利,诸如阻断公共道路、污染环境、销售变质食品等。妨害公众的行为在普通法上可能构成犯罪。(⇨private nuisance)

public offense 违法行为;犯罪行为 法律禁止且予以处罚的作为或不作为。此词语用以描述犯罪行为而非侵犯个人权利的行为。

public offering 公募;公开发行;公开发售 指向社会公众公开发售股票等证券。(⇨private offering)

public office 公职 "公职"的主要特点包括:①其权限由法律授予;②有一定任期;③有权行使部分政府管理职能。

public officer 公职人员 经选举产生或上级任命,有一定任期,具有法律规定的一定权力并承担一定责任的官员。

public official 政府官员;行政官员 ①经选举或任命在各级政府中担任公职的个人;②在各级政府中担负一定职责或享有一定权力的政府雇员。

public park 公园(⇨park)

public parking 公共停车场地

public passage ❶公众通行权 指社会公众通过水域的权利。❷公共水道;公共道路

public peace 社会安宁 指每个人皆可感受到,为其个人幸福和国家稳定所必需的无形的安全感。

public peace and quiet 社会安宁;社会安定 指免受不安或滋扰的和平、安宁、秩序和自由,它是为文明社会和法律所保障的安全、良好秩序和社会规范。

public performance (音乐、戏剧作品等的)公开表演;公开演出(⇨performance;performance for profit)

public peril 公共危险 该词与劳工赔偿问题有关,但它不指对受雇人特有的危险,而指社会公众所遭受的危险。

public personage 公众人物;知名人士 因其职业、成就、声誉、生活方式等成为社会公众关注的对象,其个人隐私权难以全部保持。

public policy 公共政策;公共利益准则 该词的含义并不十分明确,在英国"理查森诉梅利什"案[Richardson v. Mellish(1824)2 Bing.252]中曾被比喻为"一匹十分难以驾驭的烈马"[a very unruly horse]。一般而言,它是指被立法机关或法院视为与整个国家和社会根本相关的原则和标准,该原则要求将一般公共利益[general public interest]与社会福祉[good of community]纳入考虑的范围,从而可以使法院有理由拒绝承认当事人某些交易或其他行为的法律效力。在英美法中,法院有时将其作为判决的正当理由,例如以合同"违反公共政策"[contrary to public policy]为由宣告该合同无效。因为"违反公共政策"的认定标准——是否符合一般公共利益——并不依赖于证据而是依据司法印象,故而有法官抨击其所提供的是一种不确定的、危险的标准;若无先例之情形、也往往不愿加以引用。公共政策原则可以对当事人的契约自由或私人交易进行限制。例如,法院可以"违反公共政策"为由认为对贸易进行不正当限制的协议或者在战时与敌国进行的贸易行为无效或不可执行,尽管这些交易并不与现行法的规则相违背。除在合同法中的作用外,公共政策还被用来支持婚姻的神圣、宗教宽容的正当、保持政治廉正等。在狭义上,这一原则是指不允许实施任何可能给一般公共利益造成损害的行为。该词亦作"policy of the law",而在大陆法系,与之相对应的则为公共秩序[ordre publique]或称公序良俗。另外,该词在用作名词时,其前无需加冠词。(⇨policy)

public policy doctrine 公共政策原则(⇨public policy)

public policy limitation 〈美〉公共政策限制;公序良俗限制 即征收所得税时,从应税所得中扣除的项目不得与违反公众利益的活动有关,如非法行贿、佣金、罚款、罚金。(⇨public policy)

public port 公共港口

public proceeding 行政程序 行政机关的调查或听证程序。

public property (属于政府或政府机构的)财产;(属于国

家或州、县、市、镇等的)财产

public prosecutor 公诉人

public purpose 公共目的 指为社区整体的利益,如为促进全体居民的健康、安全、品行、治安、昌盛和满意。税收、警务规则、公用征收等事项的目的,是为全社会的而不是为特定个人或部分人的便利、安全和利益。

public record 官方记录;国家档案 指有关官员依法作出并有关国家机构保存的书面记录或档案,如土地交易记录、法庭记录等。此项记录原则上对公众公开,并可作为所记载内容的证据。

Public Record Office/P.R.O. 〈英〉国家档案局 根据1838年的法律设立的保管法院卷宗及国家档案的机构,位于伦敦文秘署巷[Chancery lane]。最初其主管官员为掌卷法官[Master of the Rolls],1958年后该职权转归御前大臣[Lord Chancellor],但实际主管官员是代理档案保管官[Deputy Keeper of the Records]。

public relief 公共救济;政府救济(⇨relief;welfare)

public report 公开报告

public revenue 国家财政收入

public right 公共权利 属于公众全体,任何人均可行使的权利,如在公共道路通行的权利。与属于个人的私人权利不同。

public river 公共河流 指可通航的河流。

public road 公共道路 所有人皆可通行,等同于highway。

public room 公用房间 旅馆或客栈中所有旅客均可进入的房间,如休息厅。

public safety 公共安全;公众安全

Public Safety Officer's Benefits Act 〈美〉《执法人员抚恤金法》 1976年制定的联邦法律。规定对执行职务时牺牲的执法人员的家庭支付高额抚恤金,由执法援助处[Law Enforcement Assistance Administration]负责实施。

public sale 公开买卖;公卖;拍卖 与私下买卖[private sale]相对,指以拍卖方式所进行的买卖。其先须发布公告,并在公众可进入的场所集合竞价,以使公众均有出价竞购的机会,并与出价最高者成交。美国《统一商法典》第2-706条对此有相关规定。(⇨judicial sale;sheriff's sale;tax sale)

public school ❶〈美〉公立学校 根据州法设立、并由当地的州政府机关管理的小学、初级中学和高级中学,此类学校由公共税收[public tax]资助,凡在设立该学校的特定区域中的所有儿童皆可免费入学。该词亦称common school。❷〈英〉公学 向社会开放,凡符合条件即可入学的学校。狭义指1868年《公学法》[Public Schools Act]所提到的七所公学,即伊顿[Eton]、温切斯特[Winchester]、威斯敏斯特[Westminster]、查特霍斯[Charterhouse]、哈罗[Harrow]、拉格比[Rugby]和什鲁斯伯里[Shrewsbury]。

Public seal 政府公章(⇨official seal)

public securities 〈美〉公债券 指由公共机构发行的债券,广义上包括联邦的债券,但通常指州和地方的债券。

public service ❶公用事业 政府为一般公众的便利和利益而提供或促成的服务或设施。❷(国家或政府)公职

public service commission 〈美〉公用事业委员会 管理公用事业或公用事业公司的州行政机构,由州立法机关设立。

public service company 公用事业公司(⇨public service corporation;public utility)

public service corporation 〈美〉公用事业公司 私人所有而由政府管理的公司。向用户供应水、电、煤气等,其价格由政府核定,也包括广播公司。(⇨public convenience and necessity;public utility)

public sewer 公共下水道

public ships 国家船舶 指国家所有的船舶。包括军舰、供政府部门使用的非武装船舶及国有商船。前两类船舶原则上不受港口所在地法院的管辖,国有商船则无此豁免权。

public square 公共广场 通常指法院办公楼或其他公共建筑物占用的场地,一般在两条街道的交汇处,也用作公园的同义词。

public statute/p.s. (= public law(s))

public stocks 政府债券;公债券 政府或市政机构发行的债券。

public store 政府仓库 政府拥有或租用的场所,用以存放海关扣押的货物或军需品。

public stream 公共河流;通航河道(⇨public river;navigable waters)

public swearing 公开宣誓 在有他人在场的公开场合作出世俗的或妄称上帝之名的宣誓或诅咒。

public tax 一般税收;公共税收 与特别税捐[special assessment]相对而言,指为一般性公共目的或国家收入而向全体国民或居民征收的税,与特定人或财产的利益无关。

public things 公共财产;公物

public transportation 公共运输 按同等条件向社会公众提供的旅客或货物运输服务。

public trial 公开审判 审判向公众公开,即无所偏颇地准许公众旁听;但有时为了避免人员过分拥挤或秩序混乱,或不致于给证人造成思想压力而不敢当庭作证,可以限制到庭人数。

public, true, and notorious 公然、确定与众所周知 旧时向教会法院提出的诉状中每一次事实说明结束时的格式用语。

public trust 公益信托 为慈善事业或公共目的设立的信托。(⇨charitable trust)

public trust doctrine 〈美〉公益信托原则 由于水域是供公众用于航行、捕鱼和娱乐,因此作为社会公众受托人的政府有责任确保公众有权为这些目的使用水域。

public trustee 公共受托人 可被指定担任公民个人或私人团体财产受托人的政府官员。根据英国1906年《公共受托人法》[Public Trustee Act],公共受托人可作为普通受托人[ordinary trustee]、监управ受托人[custodian trustee]及司法受托人[judicial trustee]而行事,并负责管理价值1000英镑以下的小额遗产。在美国,该词指管理信托契据[deed of trust]的县级政府官员。

publicum jus 〈拉〉(罗马法)公法(⇨public law(s))

public use ❶〈美〉公用;公众受益 公用征收中,指为全体社会公众的利益征用个人财产,而不是为特定个人利益;但不一定每一社会成员同等受益,也不一定个人直接受益。只要符合大部分公众的需要,即达到公众受益的目的。受益者可能局限于某一较小地区的居民,但必须是当地居民共同享有利益。(⇨condemnation;eminent domain) ❷〈美〉公开使用 指以非秘密的方式使用一项完整的发明,或许可他人进行此种使用。专利法规定,在专利申请日前,经发明人允许,其发明已公开使用超过一年的,不授予专利权。

public utilities commission (= public service commission)
public utility 公用事业;公用事业公司
public utility franchise 公用事业特许权或专营权(⇨franchise)
Public Utility Holding Company Act of 1935 〈美〉《1935年公用事业控股公司法》 为证券交易委员会规范电力、煤气公用事业控股公司的证券、资产买卖、内部交易、服务和管理安排提供指导的联邦法律。除限制公司为单一协调的公司事业体系外,它还要求简化公司、资产的复杂结构和消除系统股票的持股人之间的投票权的不公平分配。控股公司及其子公司发行和销售证券,除经豁免,必须符合法定标准,即:新证券须合理地适应证券结构并获得发行人权力;拟议之筹资须为必需且适于公司业务的经济、有效运作;收到的对价、所付的费用、佣金和其他补偿须为公平;销售条款和条件须无害于投资者、消费者或公众。公用事业财产和其他资产的买卖不能违反证券交易委员会的规则、规章和命令,如收到的对价、竞争条件的坚持、费用和佣金、账户、利益披露等。在通过重组、兼并、合并计划时,该计划必须符合本法的目标且其条款对证券持有人公平、公正。
public verdict 公开裁断 指陪审团在法庭公开递交的裁断。
public vessel 国家船舶;政府船舶 由国家或政府拥有,用以执行公务的船舶,它可以是海军船舶,也可是用于缉私或其他公务用途的船舶。
Public Vessels Act 〈美〉《政府船舶法》 1925年制定的一项联邦法律,规定因政府船舶造成的损害,可以对美国政府提起海事诉讼请求赔偿。
public war 公战 经各自的政府决定,在两国间进行公开的武力冲突。
public warehouseman 公共仓库所有人 在收费基础上一视同仁地向社会公众提供服务的仓库所有人。
public waters 通航水域 (= navigable waters)
public way 公共道路;公路(⇨highway)
public weigher 公共司磅 在公共仓库等处负责对谷物或其他货物进行过磅称重的政府官员。
public welfare 公共福利 指全社会普遍的繁荣、幸福和舒适,包括安全、秩序、道德、经济利益以及无形的和政治上的权益。
public wharf 公共码头 向公众开放使用、停靠船舶与装卸货物的码头。
Public Works Loan Commissioners 〈英〉公共工程贷款专署 1875年根据《公共工程贷款法》[Public Works Loans Act]设立的机构,负责向地方政府及其他机构提供用于建设公共工程的贷款。此项贷款主要用于建造住房和公共建设,建设医疗卫生工程。
public worship 公开的礼拜 一种公之于众的宗教仪式。由宗教团体按照本身的教派和礼仪,向符合要求的公众开放的礼拜活动。
public writings 公文书 包括公文、公事书册及档案。
public wrong 公共违法行为 指针对整个国家或团体的违法行为,在处理此违法行为的程序中,国家本身为一方当事人,但并非所有公共违法行为皆构成犯罪,如与政府签订合同的个人违约构成公共违法行为,但该违法为民事违法,而非刑事犯罪。
publish v.❶出版;发行 ❷公开;散布 含传播谎言,如直接或间接地以言辞或行动宣称伪造的文件为真实的。
publisher n.❶出版者;出版商;发行人 ❷发表者;公布

者(⇨publish)
P.U.C. (= public utilities commission)
PUD (= planned unit development)
pudicity n.贞节;贞洁;纯洁;谦逊
pudzeld n.〈英格兰古法〉无偿砍伐林木或取得林木砍伐权(⇨woodgeld)
pueblo ❶〈西〉人民;居民 ❷城镇;市镇;村镇 ❸(美国西南部印第安部落的)村社;村social居民 ❹普韦布洛人 定居于美国西南部及墨西哥北部的印第安人。
pueblo right 市镇取水权 按照墨西哥法律,市镇为市政需要和供应居民生活对流经其处的河流的河水有权尽量取用,优先于河岸土地所有人。
puer 〈拉〉(罗马法)❶七至十四岁的儿童 ❷男童 ❸未婚者 ❹男奴;奴仆
puerility n.(罗马法)儿童期 介于幼年期与适婚期之间的年龄段。男童为7-14岁;女童为7-12岁。
Pueri sunt de sanguine parentum, sed pater et mater non sunt de sanguine puerorum. 〈拉〉子女之血统随父母而非相反。
pueritia 〈拉〉(罗马法)童期
puerperal insanity 产后精神失常 一种精神失常,是由产后身体的特定过渡状况引起的。
Puerto Rico 〈美〉波多黎各 位于北大西洋和加勒比海[Caribbean Sea]之间,大安的列斯岛东端。依1952年美国国会立法成为与美国相连的一个自由联邦。
pues (= puis)
puffer n.❶(尤指商品质量的)自我吹嘘者;作夸大说明者 ❷抬价者 拍卖时与卖主串通通过虚假叫价以抬高卖价的竞买者。
puffing n.❶(对商品质量的)自我吹嘘;夸大说明;华而不实的广告 ❷抬价(⇨puffer)
puis 〈法〉自从…之后
puis darrein continuance 自上次延期审理后 普通法诉讼中,被告已提出答辩,由于发生新的抗辩事由,允许被告再次提出答辩。例如,债务已经清偿、原告放弃诉讼请求、依破产法的规定解除被告的债务,等等。
puisne n.(= puisné)
a.年轻的;辈份低的;资历浅的;(地位、级别等)较低的;初级的(⇨mulier puisne)
puisné 〈法〉合法次子;婚生次子 婚前生下第一个孩子后的男女双方婚后生下的第一个孩子。(= mulier puisne)(⇨bastard eigné)
puisne judge 〈英〉普通法官 高等法院及旧时财税法庭中除首席法官以外的法官。
puis que 〈法〉之后;然后;从…以后
puissance n.权力;权限
Pullman abstention 〈美〉普尔曼避开原则 根据此原则,联邦法院可以中断诉讼,以便州法院有机会解决潜在的而尚未解决的州法问题,以此避免联邦法院不必要地就联邦宪法问题作出决定。
pulsare 〈拉〉(罗马法)❶殴打;冲击 ❷控告;指控;起诉
pulsator n.(大陆法)原告;请求人
punctum temporis 〈拉〉时刻;片刻;瞬间
pundbrech n.(英格兰古法)盗畜(罪);非法取畜行为 (= pound breach)
punish v.处罚;惩罚;惩处;惩办(⇨punishment)
punishable a.(人或罪行等)应受处罚的;应处以刑罚的
punishment n.刑罚 指国家惩罚犯罪的一种强制方法

它使犯罪人遭受一定的痛苦和剥夺,并对犯罪人及其犯罪行为予以否定性评价。现代刑罚学理论认为,刑罚应与犯罪相均衡,一是法定刑与犯罪定型要均衡;二是宣告刑与具体的犯罪要均衡。刑罚的目的在于一般预防和特殊预防。现代刑罚的种类一般包括自由刑、财产刑、剥夺资格刑以及其他各种刑罚。

punitive damages 惩罚性损害赔偿(金) 损害赔偿金的一种,与补偿性损害赔偿金[compensatory damages]相对,是指当被告以恶意、故意、欺诈或放任之方式实施行为而致原告受损时,原告可以获得的除实际损害赔偿金[actual damages]外的损害赔偿金。因其目的在于对被告施以惩罚,以阻止其重复实施恶意行为,并给他人提供警诫和保护公共和平,故惩罚性损害赔偿通常不适用于违约行为,而多适用于侵权行为。而且,单纯的过失[negligence]亦不能导致惩罚性损害赔偿。美国最高法院在"宝马北美公司诉戈尔"案[BMW of North America, Inc. v. Gore (1996)]中提出了三项指导规则,用以确定惩罚性损害赔偿的判决是否违反宪法的正当程序:①被惩罚行为的应受指责性;②损害与惩罚性损害赔偿判决之间的关系是否合理;以及③惩罚性损害赔偿判决与相关案件中所作出的民事惩罚[civil penalty]之间的区别。在美国,对于初审法院作出的惩罚性损害赔偿判决,即使提出上诉,其赔偿数额也一般不作减少,除非上诉法院认定初审法院滥用自由裁量权。美国等发达国家对于因产品质量事故而造成人身伤害的惩罚性损害赔偿数额已越来越高。该词亦作"exemplary damages"、"vindictive damages"或"smart money"等。(⇨damages)

punitive statute 惩罚性制定法 规定罚款或没收等惩罚的制定法。

punitory damages (= punitive damages)

pupil n. ❶未成年人;被监护人 ❷中(小)学生

pupil assignment laws 〈美〉[总称]学生择校法 规范向公立学校安排学生入学的法律,特别是与消除种族歧视有关的此类法律。

pupillaris substitutio 〈拉〉(罗马法)未适婚人的补充指定;指定未适婚人的补充继承人 指家长在遗嘱中指定未适婚人[pupillus]即未达适婚年龄的家属为继承人,然后又在遗嘱中为其指定补充继承人,如果幼儿或未适婚人于继承遗产后、达到适婚年龄——男子14岁,女子12岁——之前死亡,由此补充继承人继承遗产。(⇨substitutio haeredis)

pupillarity n. 童年期 自出生至青春期的未成年时期。

pupillus 〈拉〉(罗马法)未适婚人;未成年人 指未达到适婚年龄的受监护人。

Pupillus pati posse non intelligitur. 〈拉〉儿童或幼儿被假定不会做出损害自己的行为。

pur 〈法〉为…;以…;由于;在…期间

pur autre vie 〈法〉在他人生存期间(⇨estate pur autre vie)

pur cause de vicinage 〈法〉由于相邻关系

pur ceo que 〈拉〉由于;鉴于;因为

purchase n. ❶买;购买;购置 ❷(通过转让、赠与、抵押、留置等非继承方式对土地等不动产的)取得;获得 ❸购置物;取得物;掠得物;战利品;奖赏;奖金 ❹(土地的)年租;年收益
v. ❶买;购买 ❷(通过非继承方式)取得;获得

purchase agreement 销售协议;买卖合同 买卖双方就价格及其他条款达成的协议。(⇨buy and sell agreement)

purchase method of accounting 购置法记账;盘购法记账 公司合并时所采取的一种会计处理方法,在收购公司的账面上记录购买或交换被购公司资产的总价值,所买资产的公平市价与买入价之间的差额被录作商誉[good will],与股权集合法[pooling of interest method]相等。

purchase money ❶买卖价款;购货款 ❷首付款 在购买财物时首次支付的部分价款,余额可在提供担保的情况下分期支付。 ❸(购买土地的)对价 包括金钱、实物或劳务。(⇨earnest money)

purchase money judgment 价款判决 出卖人转移买卖标的物的所有权后,判令买受人支付价款的判决。

purchase money mortgage 价款抵押 买受人在取得所购财物时,为担保全部或部分价款的支付而向出卖人设定的抵押或担保。(⇨mortgage; purchase money security interest)

purchase-money paper 价款票据 买受人为支付价款向出卖人签发的支票或汇票。

purchase money resulting trust 价款归复信托 通常指出卖人依照付款人的指示,将标的物交付给第三人,则第三人被认为是付款人的受托人。

purchase money security interest 〈美〉买卖价金担保权益 买受人以贷款人所借与之款项购买商品并即时以商品向贷款人提供担保,从而创设的一种担保权益。《统一商法典》[U.C.C.]第9－107条对此有规定。它包括两种情形:①出卖人为保证其全部或部分价款得到偿付从而在出卖的商品上取得或保留担保权益;②某人通过预先支付或承担给与价金义务的方式,使得债务人可以此获得某商品,如果债务人已将所获支付或价金实际用于购买支出,则该人在该商品上享有担保权益。例如,甲为购买游船而向银行贷款,银行借与相当于船价的贷款,则银行在该游船上设定的用以担保其贷款获得清偿的担保权益,即为买卖价金担保权益。简作PMSI,亦作"purchase-money interest"。(⇨purchase money mortage)

purchase on margin (= marginal purchase)

purchase option rider 购买选择权附加条款 在签发人寿保险单时附加的一项条款,规定被保险人在将来可以追加投保一定保险金额,而毋需进行体检[medical examination]。其目的在于保证被保险人在将来的可保性。(= guaranteed insurability rider)

purchase order 订(货)单;定购单 授权卖方在此后交付货物以获取价款的书面文件,即要求供货商或卖方发货的书面授权。它在法律上构成一项要约,而供货商或卖方按照订单规定的质量和数量要求交付货物的行为则构成承诺。

purchase price 购买价格 指买卖双方同意的价格。

purchaser n. ❶买主;购买人;买受人 ❷(通过非继承方式取得不动产的)取得人

purchaser for value 支付价款的买受人

purchaser in bad faith 恶意买受人;恶意买主 指买受人明知出卖人的权利存在瑕疵或第三人对标的物享有权利。

purchaser in good faith 善意买受人;善意买主(⇨bona fide purchaser)

purchaser of a note or bill 〈美〉本票或汇票的买受人 通过他人的背书、转让等行为获得汇票或本票的人。

purchaser pendente lite (= pendente lite purchaser)

purchaser's risk (= buyer's risk)

purchaser without notice 不知情的买受人(⇨bona fide

purchaser)

purchase tax 〈英〉购买税 根据1940年第2号财政法[Finance (No.2) Act]和1963年《购买税法》[Purchase Tax Act]而对转让或用于其他应税目的的货物的批发价值征收的税,1972年为增值税所取代。

pure a. ❶纯粹的;单纯的;纯正的 ❷完全的;十足的;绝对的;无条件的 ❸正确的;无瑕的;完美的 ❹纯洁的;贞洁的;无过失的 ❺纯理论的;抽象的

pure accident 纯粹意外事件 指无法预测和不可避免的意外事件,不能归责于任何一方。(⇨unavoidable accident)

pure bill of discovery 单纯要求披露的起诉状 原告未提出任何实体诉讼请求(例如要求支付损害赔偿金或履行一定行为等)而仅仅要求被告披露有关案件事实的起诉状。

pure bill of review 纯粹复审诉状 衡平法诉讼中,对已作出判决的案件,认为有明显错误而请求重新审查并撤销判决的诉状。(⇨bill of review)

pure chance doctrine 纯偶然性原则 尤为英国、加拿大等国所遵循的原则,即抽彩给奖完全由偶然性决定,不得注入任何技能因素。

pure charity 纯粹慈善事业;纯粹慈善目的(⇨charity)

pure democracy 直接民主 由民众大会而非民选代表使立法权的政权组织形式。

pure endowment insurance 纯储蓄寿险 从前的一种养老保险或储蓄寿险[endowment insurance],兼有通蒂保险[tontine policy]的特征。按照这类保险,如果某一被保险人在规定期限届至之前死亡,保险人对其不承担保险赔偿责任;超出期限死亡,才负赔偿责任。(⇨endowment insurance)

pure food laws 〈美〉食品卫生法 主要目的在于保护公众免受食品销售中欺诈行为的侵害及保障大众健康的法律。

purely public charity (= pure charity)

pure obligation 单纯债务;无条件债务 指不附有任何条件,或虽附有条件但条件已成就的债务。在苏格兰法中,指已经到期并可立即强制执行的债务。(⇨simple obligation; conditional obligation)

pure plea (= affirmative plea❶)

pure race statute 〈美〉纯粹登记优先权利优先法 一种登记法。有些州规定最先登记的不动产买受人可优先主张权利,由此导致人们争相到契据登记处[registry of deeds]或其他机构抢先登记不动产转让文件。(⇨recording act)

pure tax 纯税 为维持政府或其他公共目的[public purpose]而对某项财产或某类人征收的税,为其义务而非债务。

pure theory of law 纯粹法学 奥地利法学家汉斯·凯尔森[Hans Kelsen, 1881-1973]提出的一种法学理论,认为法学是研究实在法的结构、规范体系与基本属性的纯粹科学,不受历史学、伦理学、政治学、社会学等外界因素的影响,反对将自然、理性和正义等引入法学概念。

pure villeinage (封建法)〈英格兰古法〉纯粹农奴保有 农奴土地保有方式之一,条件是履行任何被要求去做的役务,即这些役务不仅是低贱的,而且是不确定的,换言之,保有人头天晚上不知道第二天要干什么事情,因为领主可以随时要求他做任何事。(⇨villein socage)

pur faire proclamer 〈法〉公害宣告令 古代一种要求城市的市长或郡长对公害等进行公告[proclamation]的令状

purgation n. 洗雪;涤罪(⇨purge)

purgation by oath 凭宣誓涤罪 旧时被告人可以依宣誓否认被指控的罪行,从而证明自己是无罪的;或者同时按规定邀请一定数量的宣誓助诉者[compurgators]来共同宣誓以证明他是无罪的。

purge v. ❶清除;免除;摆脱;肃清;洗雪 ❷〈英格兰古法〉涤罪;洗罪 指反驳犯罪指控或嫌疑,证明自己无罪。其方式有两种,一是教会法庭上的涤罪方式[canonical purgation],即犯罪嫌疑人宣誓其无罪,并让其12名邻居宣誓证明其所述属实。后为凭犯罪嫌疑人单独宣誓的涤罪方式——即"服从职权的宣誓"[ex officio oath]——取代。二是世俗的涤罪方式[vulgar purgation],即通过决斗[combat]或神裁[ordeal]来确定有罪与否。(⇨compurgation) ❸赎罪;弥补罪过 ❹〈苏格兰〉要求证人在作证之前宣誓其没有恶意和利害关系

purge an irritancy 〈苏格兰〉涤除权利废置;免除权利废置 有关责任人在法院作出权利废置判决之前通过支付拖欠的债款而免于受此判决。(⇨irritancy)

purge by the hot iron 凭烙铁神裁法涤罪(⇨iron ordeal; purge)

purge by water 凭水浸神裁法涤罪(⇨cold water ordeal; hot-water ordeal)

purge des hypothèques 〈法〉消除抵押 指按照法定程序解除对财产设定的抵押或其他财产负担。

purge of wrong 洗雪过错 指①为自己洗雪过错,即当事人完全和成功地否认其先前犯有侵权等不法行为。②为他人洗雪过错,即为他人实施的侵权行为承担责任。

purging contempt 洗雪藐视法庭罪 被告人可通过宣誓自己未犯有藐视法庭罪获得释放,但如果以后证明宣誓为假,则被告人将被以伪证罪论处。(⇨purgation by oath)

purging tort 洗雪侵权行为之责 证明自己没有为侵权行为。(⇨purge of wrong)

purging usury 解销高利贷 除去高利贷之劣行。如废弃高利贷协议,而代之以依实际债务额加法定利息来执行追债。

purity n. 纯净;清洁

purlieu n. ❶〈英〉(位于皇室森林边缘且原属该森林一部分的)空地 ❷(英格兰古法)(根据1217年《森林宪章》[Carta de Foresta],为划定森林边界而将原为林地的部分土地恢复为普通土地且围圈起来的)森林边缘地

purloin v. 偷窃;盗窃

pur moyen 〈法〉用…方法(或手段、工具)

purpart n. 分割的份额 分割共有财产时,分给共有人之一的一份;分割遗产时,分配给共同继承人的份额。

purparty (= purpart)

purport n. ❶(表面)意义;(文件等的)含义;要旨;主旨 ❷法律含义;法律意义 ❸意图;目的
v. ❶表达;表示;表明;说明 ❷意图做;打算做 ❸声称;宣称;自称

purport clause 〈美〉主旨条款 在大陪审团起诉书[indictment]中概要说明某一书面文件的中心内容的条款。

purpose n. 目的;目标;意图;宗旨

purposely ad. 蓄意地;有意地;故意地 美国《模范刑法典》[Model Penal Code]规定,若行为人具备如下两个条件之一为与一犯罪实质因素相关的行为,则行为人就是故意行为:①明知行为性质或行为结果而为之;②明知或相

信、希望行为伴随而生的情况而为之。
purpose of statute 立法目的;立法意图;立法宗旨
purposes of corporation (= corporate purposes)
purposive construction 目的性解释 针对法律所要纠正的"弊病",即立法目的,所作的解释。
purpresture n. ❶侵占公产 主要指侵占公有土地或水域,如未经许可而阻塞公路或航道等。亦拼作 pourpresture。 ❷〈英〉侵犯王土 中世纪对国王相关地产权益的侵犯,包括侵入国王自领地[Royal demesne]、阻塞公路和妨碍河道畅通等。后扩展到对普通封建领主相关权利的侵犯,并被视为是可以被处以没收封地的一种犯罪。与公妨害[public nuisance]的区别在于,后者需要给公众带来的不便达到相当程度,而前者则未必会给公众带来不便。(⇨public nuisance)
purprise 〈法〉❶四周有篱笆或围栏的土地;围场;⇨close; enclosure ❷(封建领主的)庄园;采邑(⇨manor)
purprision (= purpresture)
purprisum 〈拉〉(= purprise)
purpure n. 紫色 纹章学用语,以右上方至左下方的对角线刻纹表示。
purq. (= purquoi)
purquoi 〈法〉❶为什么;为何 ❷为此;因此
purse n. ❶钱包;女用小包 ❷奖金;奖品;奖赏 ❸赌注;赌物
purser n. 管事;事务长 管理船舶钱款账目及旅客事务的船员。
purse snatching 抢夺钱包 系一种盗窃罪行。
pursuant a. ❶追赶的;追求的;追随的 ❷遵循的;遵照的;服从的;依从的 ❸执行的;实行的 ❹在…之后的;以…为条件的
 ad. 一致地;相符地
pursue v. ❶追赶;追逐;追击;追捕;追缴 ❷跟随;追随;追求;寻求 ❸控告;起诉 ❹从事;进行;实行
pursuer n. ❶原告;控告人 苏格兰法及教会法用语。 ❷追逐者;追捕者 ❸从事者;研究者
pursuit n. ❶职业;业务;事务;从事 ❷娱乐;爱好 ❸追赶;追捕;追逐;追击 ❹追求;寻求
pursuit of happiness 〈美〉对幸福的追求 用于符合宪法的法律中,指人身自由、订约自由、择业自由、不受压迫和歧视、享受亲属关系和家庭特权等一系列的自由和权利,尤指与个人对职业相关的愿望的追求。该权利虽在美国宪法中未经提及但在《独立宣言》[Declaration of Independence]中得到正式确认,为不可剥夺的权利[inalienable rights],无正当理由政府不得干预。(⇨life, liberty, and pursuit of happiness)
pursuit of principal debtor 对主债务人的追索 指在要求保证人偿还所担保债务之前,应先采取措施,要求主债务人偿还债务。
pursuivant n. 〈英〉❶(纹章院的)纹章官助理 共有四种,即佩圣乔治十字章[Rouge Croix]、佩蓝披风[Bluemantle]、佩亨利七世赤龙章[Rouge Dragon]和负责城门吊闸[Portcullis]的纹章官助理,偶尔也任命仅负责礼仪事宜的特别纹章官助理。在苏格兰,类似官职有三种,也有特别任命的纹章官助理。(⇨College of Arms) ❷(国王的)信使或使者;国家使者 ❸(在战斗中)国王的侍从
pur tant que 因为;由于;鉴于;实际上
purum villenagium (= pure villeinage)
purus 〈拉〉❶纯粹的;纯正的;单纯的 ❷绝对的;无条件的 ❸无辜的;无罪的
purus idiota 〈拉〉先天性白痴
purveyance n. 〈英〉征购特权 自中世纪至17世纪国王拥有的一项以较低的估定价格强制征购生活必需品或征用车马或劳役,以供国王巡视时王室需要的特权,1660年废止。(= pourveyance)
purveyance and pre-emption 征发与先购特权(⇨purveyance)
purveyor n. ❶〈英〉王室征购官 昔时,以低价为国王购置物品的王室官员。(= pourveyor) ❷供应者;提供者
purview n. ❶(除序言、保留条款等以外的)法规本文;主体条款 ❷范围;权限;领域 ❸视野;知识面;见识
pusher n. 贩卖毒品者
put n. 卖出期权;看跌期权 允许其持有人在规定期限内以固定价格出售规定数量的股票或商品的期权。此权利以向同意购买股票或商品的人支付一笔费用而买得。卖出期权的购买者期望股票或商品的价格下降以便其可以交割股票、商品而盈利。如价格上升,则无需履行卖出期权。与买入期权[call]相对。
Putagium haereditatem non adimit. 〈拉〉缺乏自制力不被剥夺继承权。
putative a. 被(普遍)认指的;公认的;(被)假定的;推定的;一般认定的
putative father 推定的父亲 被推定或一般认定的非婚生子女的父亲。
putative marriage 一般认定的婚姻 善意缔结的婚姻,当事人一方或双方对造成婚姻无效的事由并不知情。
putative spouse 自认的配偶 无效婚姻中,善意相信自己为有效婚姻之一方的人。
put bond 可回购债券 债券持有人有权在债券到期前要求发行人按票面金额回购的债券。
put in ❶向法庭正式提出 ❷记入法庭记录
put in issue 提出争点;提出异议 诉讼当事人一方在答辩中否认对方所宣称的事实或问题。
put in suit 就…提起诉讼
put off 推迟;拖延 在货物销售中,可以指推迟履行,也可指将同一批货物向第三人重复出售。
put option (= put)
put out of court 诉讼终结 对案件已作出终局判决,留待当事人上诉的状况。
put to answer 使…面对犯罪指控;使…接受刑事审判
put to a right 拥有一项权利 指拥有对财产的单纯权利[mere right],而不实际占有财产或甚至不享有占有权。
put upon 使…接受审判;将…交付审判
puture n. 〈英〉生活供应捐 古代治安官[serjeants of the peace]、护林官[keepers in forests]和百户区长官[bailiffs of hundreds]向辖区的居民和土地保有人征收的捐税,满足其本人及其马、狗等的生活供应。1351年被废止。
puys (= puis)
puz (= puis)
puzzle contest 有奖竞猜 有关猜谜或智力测验等的竞赛,优胜者将获得奖金。这类活动是否构成赌博[lottery],主要取决于奖金的获得是凭运气还是凭技能。
pykerie (= pickery)
pyramiding n. ❶金字塔式交易法;连续投机;追加落单 一种股票交易投机方法,利用所持有股票的利润追回购进同一股票。 ❷金字塔式控股 指一个控股公司以少

pyramid sales scheme 金字塔式销售法；传销 货物购买者每介绍一个新的购买者就可取得报偿的销售方式。在美国许多州属非法。
pyramid selling (= pyramid sales scheme)

pyromania n. 放火狂；放火癖
pyx n. 硬币样品盒 铸币厂存放待检验硬币样品的容器。
pyx-jury n. 〈英〉硬币检测团 由六名金匠组成，对铸成的硬币样品进行检测，以确定其重量与成色是否符合法定标准。

Qq

qadi n.穆斯林法官;卡迪 穆斯林国家的法官,根据伊斯兰教法,审理有关继承、教会遗产、结婚和离婚等宗教案件,最初其兼有司法权和仲裁权,后来承担管理教会基金、财产监护以及监管无监护人妇女的婚姻等职责。

Q.B. (= Queen's Bench)
Q.B.D. (= Queen's Bench Division)
Q.C. (= Queen's Counsel)
qcalcea (= calcey)
q.c.f. (= quare clausum fregit)
Q.D. (= quasi dicat)
q'd. (= quod)
Q.E.D. (= quod erat demonstrandum)
Q.E.N. (= quare executionem non)
Q.S. (= quarter sessions)
Q.T. (= qui tam)
Q.T.I.P. (= qualified-terminable-interest property)
QTIP trust (= qualified-terminable-interest property trust)
qua 〈拉〉作为;以…的资格(或身份)
quack n.不具备医术或行医资格而行医的骗子;冒牌医生;江湖郎中
quack medicine 假药 未经有行医资格的医生许可而出售的药品,其成分不为公众所知。
quacunque via data 〈拉〉无论采用何种方式
quadragesima 〈拉〉❶第四十 ❷大斋节的四十日 为纪念耶稣而进行的斋戒及忏悔,至复活节前为期40天。❸大斋节首主日 约在复活节前的第四十天。
quadragesimals n.大斋节(的第四个主日给教堂的)捐献;大斋节祭品
quadragesima Sunday 大斋节首主日
Quadragesimo Anno 〈拉〉《四十年》通谕 罗马教皇庇护十一世[Pius XI]在教皇利奥十四世[Leo XIV]的《新事物》[Rerum Novarum]通谕发表40年后,于1931年发布的关于社会秩序变化的通谕。它强烈促进了天主教参与社会的运动。
Quadragesms 〈英〉爱德华三世在位第40-50年间(1367-1377年)的年鉴名称 作为1678-1680年版《年鉴》的第三卷出版。
quadrans 〈拉〉〈罗马法〉四分之一 如遗产的1/4。
quadrant n.❶九十度弧 ❷天文、海洋的象限仪 ❸十字路的一角
quadrantata terrae 古代丈量土地的单位 相当于1/4英亩,现称"路得"[rood]。
quadriennium 〈拉〉〈罗马法〉四年 罗马法中,用于指法律专业学生在研修法典或帝国敕令汇编前,必须修完四年的课程。
quadriennium utile 〈拉〉〈苏格兰〉四年异议期 苏格兰法允许未成年人在成年后的四年期间——21岁至25岁——对其在未成年时所作的已不利的交易提出异议。
quadripartite a.(古)分为四部分的 例如合同等分为四部分订立或履行的。
quadripartitus n.四论说 由一名受雇于王座法庭或财税法庭的温切斯特[Winchester]无名文牍员,于1113-1118年间汇编的一部小型文集,共有四个部分,现仅存两部分,即盎格鲁-撒克逊[Anglo-Saxon]法律的拉丁译文和作者所处时代的国家重要文件,后两部分分别论述法律程序和盗窃,现已遗失。
quadroon n.混血儿 指由一个白种人和一个欧洲血统、非洲血统各半的人所生的子女。
quadruplator 〈拉〉〈罗马法〉有偿告发人 告发人在被告人被判有罪后,可取得罚没财产的1/4作为补偿。
quadruplicatio 〈拉〉〈罗马法〉被告的第三次答辩 相当于普通法的rebutter;在苏格兰古法中,与之相当的词是quadruply。
quadruplication n.❶(废)(海事诉讼中)被告的第三次答辩 ❷原告的第三次答辩 旧时作为"surrebutter"的替代词而使用。(= quadruplicatio)
Quae ab hostibus capiuntur, statim capientium fiunt. 〈拉〉一切从公敌所获物品,立即成为捕获者之财产。
Quae ab initio inutilis fuit institutio, ex post facto convalescere non potest. 〈拉〉自始无效者,不得因随后之行为取得效力。
Quae ab initio non valent, ex post facto convalescere non possunt. 〈拉〉自始无效者,不得因其后之行为而有效。
Quae accessionum locum obtinent, extinguuntur cum principales res peremptae fuerint. 〈拉〉从物随主物之消灭而消灭。
Quae ad unum finem locuuta sunt, non debent ad alium detorqueri. (= Quae ad unum finem loquuta sunt, non debent ad alium detorqueri.)
Quae ad unum finem loquuta sunt, non debent ad alium detorqueri. 〈拉〉为某一目的所设之用语,不可附会用于另一目的。
Quae cohaerent personae a persona separari nequeunt. 〈拉〉专属于某人者,不可与该人分离。
Quae communi lege derogant stricte interpretantur. 〈拉〉对限制普通法之成文法,须从严解释。
Quae contra rationem juris introducta sunt, non debent trahi in consequentiam. 〈拉〉违反法之原理所提出者,不

应被奉为先例。

Quaecunque intra rationem legis inveniuntur intra legem ipsam esse judicantur. 〈拉〉凡符合法之原理者,应被视为存在于法律之中。

quaedam nova consuetudo 〈拉〉某一新惯例;某一新习俗

quae de minimis non curat 〈拉〉(法律)不管其细节

Quae dubitationis causa tollendae inseruntur communem legem non laedunt. 〈拉〉为消除疑点而插入者,并不违反普通法。

Quae dubitationis tollendae causa contractibus inseruntur, jus commune non laedunt. 〈拉〉为消除疑点而添入合约者,不违于普通法。

quae est eadem 〈拉〉(古)相同内容 指答辩中所提到的事实同原告所申诉的相同。该词在非法侵入[trespass]诉讼中使用较多,用以证明被告的行为是经过原告允许的,因而不构成侵权。过去也称为 que est le mesme。

Quae fieri non debent, facta valent. 〈拉〉本不应为者,于其完成后有效。

Quae incontinenti fiunt inesse videntur. 〈拉〉当即与理应完成之事,即视为同一交易或事项之组成部分。

Quae incontinenti vel certo fiunt inesse videntur. 〈拉〉(= Quae incontinenti fiunt inesse videntur.)

Quae in curia acta sunt rite agi praesumuntur. 〈拉〉法庭上所为者,推定为正当之行为。

Quae in curia regis acta sunt rite agi praesumuntur. 〈拉〉在王座法庭所为之事,被认为是正当之行为。

Quae in partes dividi nequeunt solida a singulis praestantur. 〈拉〉不能分割为各部门之行为,每人必须履行全部。

Quae inter alios acta sunt nemini nocere debent, sed prodesse possunt. 〈拉〉当事人之交易,可以有利于却不能损害第三人之利益。

Quae in testamento ita sunt scripta ut intelligi non possint, perinde sunt ac si scripta non essent. 〈拉〉遗嘱所写之事物,如不可能理解时,视为自始未写。

quae ipso usu consumuntur 〈拉〉为已所用而消耗之物

Quae legi communi derogant non sunt trahenda in exemplum. 〈拉〉违背普通法者,不得奉为先例。

Quae legi communi derogant stricte interpretantur. 〈拉〉对限制普通法者,须从严解释。

Quaelibet concessio domini regis capi debet stricte contra dominum regem, quando potest intelligi duabus viis. 〈拉〉对国王之特许令,应按不利于国王之原则进行解释。

Quaelibet concessio fortissime contra donatorem interpretanda est. 〈拉〉所有赠与,应对赠与者作不利之解释。

Quaelibet jurisdictio cancellos suos habet. 〈拉〉司法管辖权皆自有其限度。

Quaelibet pardonatio debet capi secundum intentionem regis, et non ad deceptionem regis. 〈拉〉每项赦免应依国王之意愿掌握,而不得欺骗国王。

Quaelibet poena corporalis, quamvis minima, major est qualibet poena pecuniaria. 〈拉〉任何一项身体刑,即使其最轻者,也较任何财产刑为重。

Quae mala sunt inchoata in principio vix bono peraguntur exitu. 〈拉〉坏的开始,鲜有好的结局。

Quae nihil frustra. 〈拉〉(法律)不规定任何无用者。

Quae non fieri debent, facta, valent. 〈拉〉本不得为者,于其完成后则可能有效。

Quae non valeant singula, juncta juvant. 〈拉〉❶事物分开时无效,结合后则可能有效。 ❷单个词句无效,将其与相邻词句联系起来解释时,往往会有效。

quae plura 〈拉〉查明死者拥有更多土地的令状 英国古时的一种令状。命令denon的复归财产管理官[escheator]在已经调查过死者依法占有的土地及保有物后,查明死者临终时拥有多少尚未查出的土地和保有物。

Quae praeter consuetudinem et morem majorum fiunt neque placent neque recta videntur. 〈拉〉悖逆祖先风俗习惯之事,既遭反对,又是错误的。

Quae propter necessitatem recepta sunt, non debent in argumentum trahi. 〈拉〉基于必要性而采纳之事项,不容争议。

Quaeras de dubiis legem bene discere si vis. 〈拉〉若要深刻地理解法律,就应探究有关疑点。

quaere 〈拉〉质疑;查明疑问 出现在判例报告或其他文件中的用语,用以说明下文提出的问题,或认为对某个规则、决议或报告作公开质疑。

Quaere de dubiis, quia per rationes pervenitur ad legitimam rationem. 〈拉〉应对疑点进行探究,通过推理求得法律原理。

quae relicta sunt et tradita 〈拉〉被留下及传续者

quaerens 〈拉〉原告;提出请求者

Quaerens nihil capiat per billam. 〈拉〉原告于其诉状一无所获。 被告胜诉的一种判决形式。

quaerens non invenit plegium 〈拉〉原告未提供担保 旧时行政司法官对要求原告对其起诉提供担保的令状的执行情况所作的回呈。

Quaerere dat sapere quae sunt legitima vere. 〈拉〉通过调查使人了解何为真正合法。

Quae rerum natura prohibentur nulla lege confirmata sunt. 〈拉〉事物于其本质应被禁止者,任何法律亦不得承认。

quaeritur 〈拉〉令人怀疑的事

Quae singula non prosunt, juncta juvant. 〈拉〉一些事物单看并无意义,合起来却产生效果。

quaesta 〈拉〉由教皇批准的免罪

quaestio 〈拉〉❶(中世纪法)讯问;询问;严刑拷问 ❷(罗马法)刑事审问处 由民众大会[comitia]授权的一种委员会。其目的在于调查犯罪及违法行为并作出报告。以后它演变为全面实施刑事管辖权,以至宣告判决。其间被不定期的任命组成过,最终成为永久性的委员会或正规的刑事法庭,那时称为"quaestio perpetua"。

quaestio facti 〈拉〉事实问题

quaestio juris 〈拉〉法律问题

quaestionarii 〈拉〉执行教皇免罪决定的人(⇨quaesta)

quaestiones 〈拉〉❶刑事审判法庭体制 早期罗马法规定,被指控犯有反对国家罪者,应在民众大会[Assembly]上受审,但如果属于特别严重的或需要详细调查的罪行,通常由元老院[Senate]或民众或该二者指定的司法官[Magistrate]所主持的特别委员会或称刑事审问处[quaestio]受理。公元前149年,元老院设立常设刑事法庭[quaestio perpetua],审理敲诈和滥用权力案件,最初,它只受理民事案件,但后来转变为刑事法庭。该体制得以保存至帝国初期。随着帝国对重大案件管辖权的发展,刑事审判法庭体制变得不再重要。 ❷法律问答 罗马法或教会法的学者所使用的一种写作方式,即以辩论的方法讨论所研究的法律课题。许多伟大的古典法学家都采用过此种方式写作法学论著。

quaestiones perpetuae 〈拉〉常设刑事法庭 罗马法中调查所指控罪行的委员会或法庭。(⇨quaestiones)

quaestio vexata 〈拉〉长期争论的问题；未决事项

quaestor 〈拉〉(古罗马)基层执法官；税务官；司法裁判官；司法行政官

quaestores classici 〈拉〉(罗马法)掌管公款的官员 其职责主要是办理国库的收入和必要的支出。

quaestores parricidii 〈拉〉(罗马法)杀人罪审判官 一般是每年指派两名官员负责调查和审理弑亲罪和其他死罪。(⇨questores parricidii)

quaestor sacri palatii 〈拉〉(罗马法)圣殿执法官；司法大臣 君士坦丁堡帝国的司法官员，其权力与职责类似于司法部长。

quaestus 〈拉〉❶(罗马法)从交易中得到的资产 ❷取得；购买

Quae sunt minoris culpae sunt majoris infamiae. 〈拉〉罪行程度虽然较低，其不名誉程度却较高。

Quae temporalia sunt ad agendum perpetua sunt ad excipiendum. 〈拉〉临时提起诉讼的根据，可在任何时候受到抗辩。

Quaker n.贵格会 公谊会[Society of Friends]的别称，17世纪中叶由乔治·福克斯[George Fox]所创。他们不信奉任何正式的经典，也不遵守其他基督教团体坚持的洗礼、圣餐等仪式。

quaker marriage 贵格会教徒的婚礼 婚礼虽不是由任职牧师或司法官主持，但符合贵格会的教规，因而是有效的。

quale jus 〈拉〉(英格兰古法)权利调查令 1285年《威斯敏斯特法Ⅱ》[Statute of Westminster Ⅱ]颁布后形成的一种司法令状，意在落实上述法律，防止死手财产[estate in mortmain]的形成。当修道院院长或其他教界人士通过缺席判决收回土地后，他应该在判决生效前申请该司法令状，由复归财产管理官[escheator]对上述修道院院长或他人所获得的权利的性质进行调查，确认判决是否系由原被告双方合谋所致等，调查完毕之后判决方能执行。

qualification n.❶资格；法定资格 指某人做某种事情或担任某一职位所必须具备的条件。❷限制条件；限定 ❸(国际私法)识别(⇨characterization)

qualification of candidate 候选人资格 指竞选某一职位所需具备的条件。在美国初选[primary election]中，候选人资格由法律或政党的规章规定。

qualification of elector 选举人资格 由宪法性文件规定的有关公民身份、住所和年龄等特定条件。(⇨registration of voters)

qualification of grand juror 大陪审团成员资格 指作为大陪审团的成员应具备的公民身份、住所、无偏见、与案件无利害关系等要件。

qualification of juror 陪审员资格 指宪法或制定法规定的作为陪审员的条件，如年龄、精神状态、文化程度、公民身份、住所、品格等，偶而还规定财产和纳税条件。

qualification of voter 投票人资格(⇨qualification of elector)

qualified a.❶有资格的；合格的；能胜任的 ❷有限制的；有条件的 ❸具有合法权力和行为能力的 指为准备任职而进行宣誓、提交保证书等，从而具有特定的身份。

qualified acceptance 附条件承诺；有保留的承诺；附条件承兑 指对原有要约条款作有改动的附条件承诺[conditional acceptance]或部分承诺[partial acceptance]，其效力相当于反要约[counter offer]。尤指附条件承兑，即流通票据的承兑人对票据条款作有变动。

qualified dedication 有条件的捐献；附保留的提供 指所有人将自己的土地捐作公共使用，如用于修建街道或公路，但同时附有限制性条件或保留。

qualified denial 有限的否认 指因缺乏确定性而不足以作为答辩的否认。

qualified elector 合格选举人 指依法律有资格在选举中投票的人，他可以行使也可以不行使该项权利或特权。即符合投票的年龄、住所和登记条件，在某一选举中享有选举权的人。(⇨qualification of elector; qualified voter)

qualified estate 限定地产权(⇨qualified fee; qualified interest)

qualified fee 附条件的可继承地产(权) 一种授予某人及其后嗣的地产，同时附带一定的条件，并在该条件成就时该地产权即宣告终止。因为该地产权可以持续存在，故称之为可继承地产[fee]；又因为它可以依特定事由的发生而终止，故又被称为附条件的或可终止的可继承地产[qualified or determinable fee]。

qualified immunity 有限制的豁免权 指如果公职人员的行为并不明显地触犯既定的宪法或其他法定的权利，其进行的自由裁量职责将得以保护并免除其民事赔偿责任，亦称 prima facie privilege。(⇨immunity)

qualified indorsement 无担保背书；限制性背书 又称无追索权背书[indorsement without recourse]，指通过背书转让对票据的权利，但限制被背书人及全体后手在日后票据被拒绝承兑时向背书人进行追索的权利，即背书人将自己的担保责任通过记载无担保文句而全部予以排除。典型的无担保背书是在票据背书时记明"无追索权"[without recourse; sans recourse]。(⇨conditional indorsement)

qualified interest 限定财产权 指对财产权益的支配并非绝对完整。限定财产权人在事实上和法律上都不能排除他人对同一财产享有权利。(=qualified property)

qualified majority decision 有限制的多数裁决 指根据制定法规定必须由超过简单多数的一定数目的法官赞同意见才具有约束力的裁决。

qualified nuisance 限定性妨害 指由于疏忽大意地实施合法行为而产生某种潜在的不合理危险，从而在一定条件下可能对他人造成损害。

qualified opinion 有保留的意见书 审计师对财务报表提出的附有保留意见的一种审计意见书。保留意见的形式包括对财务报表中一个或多个特定项目的异议、拒绝发表意见或表示反对意见等。在作出保留意见时，审计师可说明其理由。如果没有说明保留意见的理由，简式审计报告中对意见的表述可以用"限于…"或"除了…"开头。(⇨unqualified opinion)

qualified owner 限定财产权人(⇨qualified interest)

qualified pension plan (美)合格的养老金计划 指符合《雇员退休收入保障法》[Employee Retirement Income Security Act]等联邦法律规定条件的养老金计划。雇主按这种计划为雇员分担的养老金可免税，并在当年作为可扣除额处理。(⇨qualified trust)

qualified privilege 授予性特权 指行为人在履行其法律或道德义务时正确地行使其特权的情况下，可免得被提起诉讼。尤指在诽谤诉讼中被告以此为由所作的答辩，即如果被告能证明其所作言论并非出于恶意[malice]，即可免予被诉。该词也称作 conditional privilege，与绝对特权[absolute privilege]相对。

qualified property 限定财产权 指有期限的、非绝对的财产权，在发生权利人无法控制的事由后，限定财产权终止。限定财产权包括两种情况：①限制物权，指所有权以外的其他财产权，如寄托[bailment]等情况中对财产的占有权；②限定的所有权，即标的物本身的自然属性使权利人无法享有绝对支配权，如野生动物，当某人捕获并占有野生动物时，就享有对该物的所有权，一旦动物逃逸，则权利终止。(⇨bailment; possession)

qualified refusal 合理拒绝 指合理地拒绝向财产的合法权利人交付财产。合理拒绝附有合理的限制条件和要求，不构成对财产的侵占[conversion]。如留置权人坚持要在对方支付费用后才交付动产。

qualified right ❶附条件的权利 只有基于正当理由[justification]才能行使的权利，与不论动机或损害与否皆可行使的绝对权利[absolute right]相对。(⇨common right) ❷限定财产权(⇨qualified interest)

qualified salvage 保留性海难救助金 指获救船只的船员所得的海难救助性质的酬金。

qualified stock option 〈美〉有条件的股份认购权 公司授予雇员的一项认购权，可以购买该公司的母公司或子公司的股票。该认购权所需条件规定在《国内税收法典》[Internal Revenue Code]中，并给以特别的税收待遇。

qualified survivor 合格的生存方（配偶） 在某些辖区内夫妻共有财产法[community-property law]的一个术语。指配偶中生存的一方依照法律程序取得法定身份，以取得对共有财产中自己不享有所有权的那部分进行处分的权利。

qualified-terminable-interest property/Q.T.I.P. 〈美〉限制性寿终财产权益 指通过限制性附期限权益财产信托[QTIP trust]而从死亡配偶一方移转于生存配偶并符合婚姻财产减税[marital deduction]条件的财产。(⇨ QTIP trust)

qualified-terminable-interest property trust 〈美〉限制性寿终财产权益信托 一种遗嘱信托，借以在配偶一方死亡时将财产转让给生存的另一方。这种信托财产称为限制性寿终财产权益[qualified-terminable-interest property]，被认为是存活一方配偶财产的组成部分，无须交纳遗产税。生存的配偶一方有权收取该财产的收益。

qualified title 〈英〉有限地产权；限制地产权 依照1925年《土地登记法》[Land Registration Act]的规定，有限地产权是指所登记的权利从属于其他的地产权利或权益，在特定期限内或依特定法律文书、或经土地登记册[register]特别指定而有效。与绝对财产权[absolute title]相区别。

qualified trust 〈美〉合格信托 指符合1954年《国内收入署法》[I.R.S.Code]规定的信托计划，设立该项信托的雇主可由此享受税收上的优惠。合格信托必须实质上是为雇员或其指定受益人的专属利益而设立，雇主才能享受该项优惠。(⇨qualified pension plan)

qualified voter 合法投票人 通常指有投票资格，具备住所、年龄和登记等必备条件的实际投票人；也指具有宪法规定的特殊权利资格，依法按时登记，并在选举中投票的合适选举人。

qualify v. ❶使合格；使具有资格 使自身适合于行使某一权利或担任某一职务，也指为准备任职所采取的必要步骤，如宣誓、提交保证书等。 ❷限制；约束(⇨qualification; qualified)

qualifying clauses 限制条款 合同或财产转让证书中包含有附加条件的条款。

qualifying share 资格股 指为成为公司董事而须购买的普通股，即此类公司的董事必须是公司股东。

Qualitas quae inesse debet, facile praesumitur. 〈拉〉事物本应具有之质量，易于推断。

qualitative rule of evidence 证据的质的规则 指规定证据可采性的规则。

quality n. ❶质量；品级 指物品的一种状态，描述物品质料及有机成分，确定物品的优劣等级。 ❷品质 指对人取得某一成就至关重要的品德。 ❸特性；性质 尤指某人某物与他人他物相比较时具有的特点。 ❹身份；地位

quality of estate 地产权的性质；不动产权的性质 指行使地产权利的期间和方式。享有权利的期间是指该权利系现在的权利抑或将来的权利，行使权利的方式可以是单独的、共同合有的[jointly]、普通共有的[in common]或由共同继承[in coparcenary]而行使的。

quality or fitness 质量适宜 是一种对所售货物质量或适用性的默示承诺。

quamdiu 〈拉〉长达…之久；直到…；到…为止

quamdiu bene se gesserint 〈拉〉行为正当期间；只要品行保持端正

quamdiu se bene gesserit 〈拉〉行为端正期间；行为良好期间 此条款常用于特许状或职位授予中，以保证官吏只要在任期内不滥用职权，就不会被免职。此条款特别用于英国高级法院的法官任职期，以防止他们因触怒国王或议会而被免职。与此相对的是"授予者满意期间"[durante bene placito]。(⇨ad vitam aut culpam; office)

Quam legem exteri nobis posuere, eandem illis ponemus. 〈拉〉外国人对我们适用何种法律，我们就对他们适用相同的法律。

Quam longum debet esse rationabile tempus, non definitur in lege, sed pendet ex discretione justiciariorum. 〈拉〉合理期间之长度，非由法律规定，乃归法官裁量。当一案件是由法官和陪审团审理时，合理期间的问题通常由陪审团决定。

Quam rationabilis debet esse finis, non definitur, sed omnibus circumstantiis inspectis pendet ex justiciariorum discretione. 〈拉〉罚金的合理限度并非预定，乃由法官综合考虑后裁量。

Quamvis aliquid per se non sit malum, tamen, si sit mali exempli, non est faciendum. 〈拉〉虽其自身并不为恶，但若可能成为恶之例子，即不应为之。

Quamvis lex generaliter loquitur, restringenda tamen est, ut, cessante ratione, ipsa cessat. 〈拉〉虽然法律具有普遍性，但也应对其加以限制，因为随着合理性的消失，该法律也将无效。

Quando abest provisio partis, adest provisio legis. 〈拉〉当事人于契约中未明订之处，依法之所定。 也就是说，当合同未明确规定包含某一要点时，就依法律的一般规则来决定。

quando acciderint 当将来发生时

Quando aliquid conceditur, conceditur id sine quo illud fieri non possit. 〈拉〉一旦某一事项被许可，则其生效所必须的事项即被许可。

Quando aliquid mandatur, mandatur et omne per quod pervenitur ad illud. 〈拉〉一旦某事务被托付,则一切有助于成就该事务者也被托付。

Quando aliquid prohibetur ex directo, prohibetur et per obliquum. 〈拉〉凡被直接禁止者,亦被间接禁止。

Quando aliquid prohibetur fieri, prohibetur ex directo et per obliquum. 〈拉〉禁止某种行为时,系直接并间接禁止之。

Quando aliquid prohibetur, prohibetur et omne per quod devenitur ad illud. 〈拉〉禁止某一行为时,亦禁止与之同一归属的行为。

Quando aliquis aliquid concedit, concedere videtur et id sine quo res uti non potest. 〈拉〉❶一旦让与某物,即被认为同时让与为使用该物不可或缺之物。 ❷如果授予了对某物的使用权,则被授予人为行使该使用权所需一切事项,亦被授予。

Quando charta continet generalem clausulam, posteaque descendit ad verba specialia quae clausulae generali sunt consentanea, interpretanda est charta secundum verba specialia. 〈拉〉当契据含有一般性条款,且随后转化为与此一致的特定用语时,该契据得按该特定用语解释。

quandocumque 〈拉〉无论何时;每当

Quando de una et eadem re, duo onerabiles existunt, unus, pro insufficientia alterius, de integro onerabitur. 〈拉〉两人对同一事项负责时,如其中一人不能履行责任,则另一人应对整个事项负责。 意指连带责任。

Quando dispositio referri potest ad duas res, ita quod secundum relationem unam vitiatur et secundum alteram utilis sit, tum facienda est relatio ad illam ut valeat dispositio. 〈拉〉当一项规定可适用于两种情况时,如果在一种情况中存在缺陷,在另一种情况中却有效,则应以后者为准,以使该规定发挥作用。

Quando diversi desiderantur actus ad aliquem statum perficiendum, plus respicit lex actum originalem. 〈拉〉当实现某一地产权需要不同行为时,法律最为重视最初的行为。

Quando duo jura concurrunt in una persona, aequum est ac si essent in diversis. 〈拉〉当两项权利在一人身上竞合时,应犹如两项权利分别由两人拥有一样。

Quando hasta vel aliud corporeum quidlibet porrigitur a domino se investituram facere dicente; quae saltem coram duobus vasallis solemniter fieri debet. 〈拉〉当主人伸出一根棍棒或其他有形物,并声称他作出授权时,该行为应在有两个以上家臣在场的情况下庄严完成。

Quando jus domini regis et subditi concurrunt, jus regis praeferri debet. 〈拉〉国王之权利和臣民之权利竞合时,国王优先。 指国王不能与任何他人在一个完整的动产中享有共同物权,在国王所有权与臣民所有权同时发生时,国王取得整个物权。又,在请求法院执行的诉讼中,国王的债权优先于其他债权人,债权人在国王开始诉讼前得不到判决。

Quando jus domini regis et subditi insimul concurrunt, regis praeferri debet. 〈拉〉国王之权利与臣民之权利竞合时,国王优先。

Quando lex aliquid alicui concedit, concedere videtur et id sine quo res ipsae esse non potest. 〈拉〉法律向某人让与某物时,与该存在不可分离者亦被视为让与。 在公共集市上有权陈列出售货物的人,就有占有一块容纳货物所必需之适当土地的权利。

Quando lex aliquid alicui concedit, omnia incidentia tacite conceduntur. 〈拉〉当法律赋予某人某项财产时,该项财产所附带的所有权利也被默示赋予。

Quando lex aliquid concedit, concedere videtur id sine quo res ipsa esse non potest. 〈拉〉当法律准许给予某物时,与该物之存在不可分离之物亦被视为准许给予。

Quando lex est specialis, ratio autem generalis, generaliter lex est intelligenda. 〈拉〉法律虽属特别,但其理由普通时,仍应依普通法理解之。 指如一部法律是特别性的,但只要其宗旨具有一般性,就应将其理解为一般性法律。

Quando licet id quod majus, videtur et licere id quod minus. 〈拉〉若重要者被许可,则次要者也视为被许可。

Quando mulier nobilis nupserit ignobili, desinit esse nobilis nisi nobilitas nativa fuerit. 〈拉〉贵族女子嫁与非贵族男子,其贵族身份即告终止,除非该贵族身份与生俱来。

Quando plus fit quam fieri debet, videtur etiam illud fieri quod faciendum est. 〈拉〉当行为超越其应为之范围时,视为已为该范围内之行为。 如某人有权订立10年的租约,却订了20年,则仅多余部分无效。

Quando quod ago non valet ut ago, valeat quantum valere potest. (= Quando res non valet, etc.)

Quando res non valet ut ago, valeat quantum valere potest. 〈拉〉在我所为之事不具有我期望的效力时,它应尽可能地有效。 例如,在合同不具有当事人企图赋予它的效力时,根据这项法律原则,应按照尽量使当事人意图有效的方式来解释合同。

Quando verba et mens congruunt, non est interpretationi locus. 〈拉〉词已达意,即无解释的余地。

Quando verba statuti sunt specialia, ratio autem generalis, generaliter statutum est intelligendum. 〈拉〉制定法的措辞虽属特别,但其立法宗旨为一般性时,该法就应从一般意义上去理解。

quango (= quasi-autonomous non-governmental organization)

Quant beastes savages le roye aler hors del forrest, le property est hors del roy. 野生动物走出王室林区,国王就失去了对它的所有权。

quantes fois 多少次

quanti minoris 〈拉〉减价诉讼 罗马法中的一种诉讼称谓,也见于美国路易斯安那州[Louisiana]。指由于物品的瑕疵而使该物品贬值,该物品的买受人可提起此种诉讼要求对所达成的价格进行折减。

quantitative rule of evidence 证据的量的规则 指用以衡量证据的证明力的规则。

quantity of estate 地产权限期;地产权的有效期 指地产权或相关权益所能持续的有效期限,如有的可以永远继承下去,有的只能终身保有,有的只能定期保有等。(⇨ quality of estate)

quantity surveyor 测量估算师 其职责在于从建筑师准备的计划书中抽取有关测量及工时、造价的全部细节,以便使建筑者可以估算出执行该计划的工程量。

quantum 〈拉〉量;额;多少

quantum counts 〈拉〉数额诉因 在普通简约之诉[general assumpsit]中原告提出的应得赔偿额[quantum meruit]和货物所值额[quantum valebant]的诉讼请求。

quantum damnificatus 〈拉〉损害额 指由衡平法院提请陪审团裁断的原告应获得的损害赔偿额这一争点。

quantum indemnificatus 〈拉〉损害赔偿额

quantum lucratus 〈拉〉按获利益 在不当得利的案件中，一种可能的合理估算赔偿额的标准。

quantum meruit 〈拉〉应得额；合理金额 ①服务的合理价格，以及在准合同（如不当得利）中计算赔偿额的合理数额；②合理服务费请求权；③在普通法上，计算违约赔偿数额的一个标准。该词作为衡平救济的一种方式，现仍用于返还不当得利之诉中。

quantum of damages 损害赔偿金额 对已证明的特定损失予以合理赔偿所确定的金额。

quantum sufficit 足够的数额

Quantum tenens domino ex homagio, tantum dominus tenenti ex dominio debet praeter solam reverentiam; mutua debet esse dominii et homagii fidelitatis connexio. 〈拉〉封臣基于对其领主的效忠负有义务；领主也同样基于其领主身份对封臣负相应责任，仅出于尊重的情况除外；统治与效忠的关系是相互的。

quantum valebant 〈拉〉依其所值 ①货物或原材料的合理价格；②依普通法，简约之诉[assumpsit]中的法官可判令违约方按货物价值进行赔偿。与 quantum meruit 相比，本词的使用不那么广泛，但现在仍可作为一种衡平救济的方式，用于不当得利的返还中。

quantus（= quantum）

quarantine n. ❶检疫；船舶检疫期 被怀疑载有已感染危险性传染病的人或动物的船舶，在港口、其目的地港口或附近地点经被扣留或隔离，船员及旅客等未经许可，不得登陆或放行，以防止传染病的传播，这一时期通常为40天。❷隔离 指对传染病患者的隔离，或禁止受感染人员进入指定国家或地区，或禁止受感染货物运入规定管辖区域以及禁止家畜或植物从有病害地区移入等。❸寡妇滞留权 指寡妇在丈夫新亡后的一定期间内——一般为40天——有权继续使用前夫房屋等，直至遗产被分割。鳏夫对其前妻不动产的相应权利与此类似。

quarantine law 〈美〉❶寡妇滞留法 普通法中，在等待领受寡妇产[dower]期间，寡妇可以滞留在亡夫故居，为期40天。❷检疫法 宪法中，国家采用警察权力，制止可能有害的物品进口。同样，检疫适用于患传染病的人。❸检疫法 海事法中，指船只在旅客上岸或卸货之前被扣押，以确定是否有传染疾病的危险。

quarantine station 检疫站；隔离场所；船舶检疫地 (⇨pest house; quarantine)

quare 〈拉〉为什么；因何；因为 用于若干普通法令状中，尤用于非法侵入之诉[trespass]的令状中。

quare actions 〈拉〉〈英〉缘何事由令 中世纪一类令状的名称，要求被告到法庭陈述对原告造成损害的理由。非法侵入[trespass]是其中最重要的一种，典型的如缘何侵入私地令[quare clausum fregit]、缘何于租期内逐出承租人之令[quare ejecit infra terminum]等。

quare clausum fregit 〈拉〉〈英〉缘何侵入私地令 侵权令的一种。侵权行为分为三种，一是对人身的侵害，二是对动产的侵害，三是对地产的侵害。基于第三种侵权引起的诉讼称侵入私地之诉[trespass quare clasurum fregit]，这源于上述令状中指令被告说明他为何侵入私地的理由之语句[quare clausum fregit]，该语句之后紧跟的便是"ac etiam"语句。该短语通常简称为"qu. cl. fr."或"q. c. f."。(⇨ac etiam; quare actions)

quare ejecit infra terminum 〈拉〉〈英〉缘何于租期内逐出承租人 侵权令的一种。这是一种针对侵权人并非地产的所有人而是其封臣或其权利依附于他的人发生侵权行为而发出的令状。与此相关的另一令状是驱逐租地人之令[ejectione firmae]，它开始的是驱逐之诉[ejectment]，后者是包括出租人在内的任何人。这两种诉讼都是混合诉讼[mixed action]，都是既返还则产，又可以请求赔偿。前者在拟制的侵入土地之诉引进之后便被弃置不用，并于1833年被正式取消，因为该拟制诉讼不再考虑侵权人是如何获取对土地的权利的。(⇨quare actions; ejection)

quare executionem non 〈拉〉为何不执行

quare impedit 〈拉〉〈英〉妨碍圣职推荐令；妨碍圣职推荐之诉 一种属于不动产占有之诉性质的诉讼及其令状。它是指在圣职推荐权[advowson]发生纠纷时，一方起诉所用的令状及由此开始的诉讼，源于令状中要求被告说明他为什么妨碍原告推荐圣职的语句。1860年之前，这种令状需由文秘署签发，此后它就与其它诉讼适用同一程序了，由争议双方中的一方起诉，另一方和主教是被告。胜诉方收回推荐权，并有相关令状责成主教接受胜诉方推荐的人选。该诉讼也可因主教认为被推荐人选不合格而拒绝接受推荐而针对主教提起，但1898年之后，这种情况则需向大主教申请。

quare incumbravit 〈拉〉〈英格兰古法〉因受妨碍 一种令状名称，分以下两种情况：其一是针对主教在一圣职空缺6个月内，当另外两人就圣职推荐权进行诉讼时，将圣职授予一执事，令状要求主教说明其原因。其二是针对主教在妨碍圣职推荐之诉[quare impedit]和最终推荐之诉[darrein presentment]结束之后，不遵守禁止授予圣职[ne admittas]令状而将圣职又授予某执事而发出的令状。该令状于1833年被取消。

quare intrusit 〈拉〉〈英〉违反指定婚姻令 为了便于控制土地，领主为其被监护人[ward]安排了一桩"合适"的婚事，却遭到后者的拒绝，而且后者与他人结了婚并进占了土地，该令状就是为这种情况下婚姻指定权遭到侵犯的领主签发的，它于1660年被取消王室监护法院[Court of Wards and Liveries]的法令所默示取消。(⇨Court of Wards and Liveries)

quare non admisit 〈拉〉〈英〉圣职拒授令 一种令状名称，针对主教不按授予圣职令状[ad admittendum clericum]给一执事授予圣职，圣职推荐权人依此令可要求该主教作出赔偿。(⇨quare impedit)

quare non permittit 〈拉〉〈英〉圣职拒荐令 古代令状名称，当圣职推荐权人拒绝向教会推荐已提名的神职人员时，其他有权推荐者可申请此令进行推荐。

quarentina habenda 寡妇滞留权保护 (⇨de quarentina habenda)

quare obstruxit 〈拉〉妨碍通行令 针对在其邻人土地上享有通行权却遭拒绝者发出的令状，依此权利人可以请求其邻人排除障碍。

quarrel n. ❶争吵；争执；互相谴责 ❷（古）控告；法律诉讼 该词作诉讼讲时，不仅指不动产诉讼和动产诉讼，也指诉因，且与"controversy"和"debate"为同义词。

quarry v. 采石 与采矿不同，采石是从石矿的顶部或表层开采。
n. 猎物；石矿；采石场 (⇨waste)

quarta divi pii 〈拉〉〈罗马法〉比乌法四分之一；养子女的继承份额；财产的四分之一 古罗马皇帝安东尼·比乌

[Antoninus Pius]时期制定的法律。它要求立遗嘱人依法将其财产的1/4份额,遗留给他所收养并已脱离其父权或者被不公正地取消继承权的子女。

quarta falcidia 〈拉〉(罗马法)法尔其法四分之一;后嗣继承额 根据法尔其法[Falcidian law]的规定,立遗嘱人要将其财产中的一份遗留给后嗣,总计至少达1/4。

quarter n.❶四分之一 ❷季度 ❸4吋的长度 ❹〈美〉25分的硬币 ❺(对降敌的)宽恕 ❻(常用复)营房;军队驻地

quarter cousin (= quater cousin)

quarter day(s) 季度结账日 在英国,指每个季度开始的4天,分别是圣母领报节[Lady Day],3月25日;施洗约翰节[Midsummer Day],6月24日;米迦勒节[Michaelmas Day],9月29日;和圣诞节[Christmas Day],12月25日。按法律和习惯,这4天是一年中应按季度支付租金的结账日。

quartering n.❶(英格兰古法)肢解刑;裂肢刑 古代英国对重叛逆罪[high treason]制定的一种酷刑。对罪犯施行此项惩罚的全过程如下:将定罪的犯人拖至行刑处,用绳子勒套颈部吊起但不使其死;在罪犯仍活着时剖腹掏肠或取出内脏,将内脏在其眼前焚烧。然后将罪犯头砍下,躯体分为4块。该刑于1870年废止。❷供应膳宿;驻营 美国宪法第三条修正案保证公民享有不得被强迫为士兵驻扎提供民房的权利。❸(纹章学)盾的四等分;(盾上的)多种纹章

quartering (**of**) **soldiers** (英格兰古法)给扎营士兵供应膳宿

quartering traitors 肢解叛逆者(⇨quartering)

quarterization n.对罪犯的肢解

quarterly a.一年四次的;每季的

quarterly report 季度报告 公司年报的简略方式,每三个月发布一次,包括未审计的资产负债表、损益计算表、财务变化情况报告,以及本季度的企业运作情况记载。

quarterone n.混血儿 西印度群岛对白种人和黑种人所生子女的称呼,尤指一白种人和一黑白混血人所生子女。

quarteroon (= quarterone)

quarter-sales n.〈美〉地产易主费;四分之一价金 在纽约,通常以一定比例的地产价金作为条件,在地产转让时予以偿付。这种地产转让的费用被表述为1/10价金[tenth-sales]或1/4价金[quarter-sales]。

quarter seal 〈苏格兰〉四分印 由苏格兰大法官掌管的印章,因它是国玺大小的1/4而得名。

quarter section 〈美〉❶一块方形土地 政府测量土地过程中,将土地分成相等的四块中的一块,等于160英亩。❷一片一百六十英亩的土地 ❸早期赐予定居移民[homesteader]的土地总额

quarter session court ❶〈美〉季审法院 以前在某些州设置的一种法院,每年开庭4次,对轻罪案件具有刑事管辖权,有时也管理某些行政事务,如公共道路和桥梁的维护。❷〈英〉(= quarter sessions)

quarter sessions 〈英〉季审法庭 指郡的全体治安法官聚集一起处理事务而组成的法庭。一年四次,按季举行,必要时可以增加开庭次数。在各郡,季审法庭由本郡的治安法官组成,由一名主席主持,通常会有一名或多名副主席,有资格担任主席的包括高等法院法官、郡法院法官、特定自治市[borough]的记录法官等。当主席具备法律上的资格时,季审法庭的管辖权会更大。在具有单独的季审法庭的自治市,季审法庭由记录法官[Recorder]主持,他是一名出庭律师,定期到该自治市主持开庭,但仍可继续作为律师执业。季审法庭对所有的公诉罪[indictable offences]具有初审刑事管辖权(制定法另有规定的除外),并有权对治安法院定罪后送交其量刑的犯罪人予以量刑,有权受理对治安法院的判决不服提出的上诉。在民事管辖权方面,季审法庭只对制定法规定的少数事项有初审管辖权,对有关亲子确认令[bastardy order]及制定法规定的其他事项有广泛的上诉审管辖权。根据1971年的《法院法》[Courts Act],季审法庭从1972年1月1日起被废除,其法律事务管辖权转由刑事法院[crown court]行使,其行政职能转归地方当局。在苏格兰,季审法庭由被任命的治安法官按季举行开庭,以审查特别治安法庭或小治安法庭[special or petty sessions]作出的刑事判决。但它在实践中被长期弃用,现已被废除。

quarter sessions of the peace (= Court of Quarter Sessions of the Peace)

quarters of coverage 季度保险缴款额 一个人每季度向社会保险基金缴纳的金额,以此作为其在基金中所享有利益的计算基础。

quarter to quarter 按季(⇨tenancy from quarter to quarter)

quarter year 四分之一年 91天,多余的6小时不算在内。

quarto die post (英格兰古法)此后的第四天 在早期英国的司法实践中,被告被允许在令状回呈之后[return of the writ]有3天宽限期[three days of grace],也就是说他只需要在令状回呈后的第4天出现就可以了。

Quarto Edition (英格兰古法)《再版年鉴》 16世纪末、17世纪初付印的早前已出版的判例集,共十卷。

quartz n.石英;水晶物 有时含金。

quartz mill 石英厂 从石英矿中提取有价值矿物的工厂。

quash v.❶撤销;推翻;使无效;终止 如撤销公诉[quash an indictment],撤销某一行政行为[quash an administrative act],终结诉讼程序[quash proceedings]等。❷镇压;压制;扑灭

quashal n.撤销;废止(⇨quash)

quash an indictment 撤销刑事起诉;撤销公诉(⇨quash)

quashing array 废除全体陪审员名单;撤销陪审团 在挑选和召集陪审团时,由于存在偏见或违反程序致使对整个陪审团的公正性产生怀疑时,对当事人提出反对陪审团的申请而采取的一种补救措施。

quashing criminal prosecution 撤销刑事指控 对大陪审团起诉书[indictment]、检察官起诉书[information]或其他指控书状[accusatory pleading]存在缺陷时采取的一种补救方法。在大陪审团的召集和挑选程序上有缺陷或者个别大陪审团成员的资格有瑕疵时,也可采用此救济方法。

quashing habeas corpus 撤销人身保护令 对以不正当方式或以欺诈手段取得人身保护令的一种补救方法。

quashing panel (= quashing array)

quashing prosecution (= quashing criminal prosecution)

quashing venire (= quashing array)

quasi 〈拉〉仿佛;类似;准;半 此词用作法律术语,表明一物虽然在某些特征方面类似另一物,但它们之间有内在和实质的不同。该词常置于英文词的前面,表示加此缀的概念与原概念在形式上极为类似。

quasi admission 准承认;半招认 指前后陈述不一致的承认。

quasi affinity 准姻亲关系 订婚者中一方与对方亲戚间

的关系。

Quasi agnum lupo committere ad devorandum. 〈拉〉如同把羊送给狼吞食。

quasi arbitrator 准仲裁员 指未被指定或选任为仲裁员，但被召请来解决争议的会计师、建筑师、工程师等专业人员。

quasi-autonomous non-governmental organization 半自治非政府组织；公法人 多见于英国，为半官方的管理机构，其部分成员由政府任命，并由政府提供经费，但不对政府负责，如旅游局、大学的奖学金委员会、物价与工资委员会、监狱及假释委员会，以及医疗卫生咨询小组等。该词更常写作由小写字母组成的其首字母拼写词 quango。

quasi bailment 准寄托 指推定的、非自愿的寄托。(⇨ bailment)

quasi commons 准公共土地 指某些司法管辖区内未圈占的土地。这些地区规定，对于没有圈占或没有按法律规定围住的土地，人们可以让牲口在上面随意走动而不承担任何责任。

quasi-community property 〈美〉准共有财产 指如果取得争议财产时，夫妻是居住在该财产所在地的司法管辖区内，则该财产为夫妻共有财产；如果夫妻取得该财产时，是居住在财产所在地的司法管辖区外，则该财产是准共有财产。

quasi contract 准契约；准合同 即拉丁文"quasi ex contractus"。指在无协议的情况下，基于公平和正义所产生的法律义务。通常是为了防止发生不当得利而由法律设定的合同义务。有时指法律上默许的契约，成为法律上的拟制。法律拟制即在无真正契约存在的情况下，采用契约诉讼的手段，以取得公平和法律义务的履行。

quasi contractus 〈拉〉准契约；准合同 此义务类似契约上规定的义务，但它并非基于双方当事人的合意产生，而是基于当事人之间的某种关系，或从一方的自发行为来产生。或者说是双方在无协议时，由自发和合法的行为所发生的义务。

quasi corporation 〈美〉准法人；准社团；准市政法人 指一个团体行使法人、社团、公司的某些职能，但尚未按立法机关的一般法或特别法的规定获得法人地位的实体。此名称尤指未被视为真正的市政法人[municipal corporation]的县[county]、城镇[township]、校区[school district]或其他政治实体。该词有时亦称 quasi-municipal corporation。(⇨ municipal corporation)

quasi crime 准犯罪；准公犯 ①指一行为在性质上不具备刑事指控客体的特征，但可处以没收财产或罚款。如非婚生子女诉讼[bastardy proceeding]或强制收回官职诉讼[quo warranto]即属此类。②指犯罪者以外的人承担刑事责任的犯罪行为，因为实际犯罪者被推定为依该人的命令而实施犯罪。

quasi-delict n. 准不法行为；准私犯 ①罗马法中，无恶意的民事侵权，如无恶意的侵犯。②无恶意的行为，由于错误、疏忽或法律上不可原谅的粗心大意，造成对他人的损害。准不法行为可以发生于公、私法两方面，疏于履行照管社团事务的职责，可能构成犯罪；在同样情况下，疏于照管私人事务，则可能成为民事诉讼的基础。③指由实际侵权人以外的人承担责任的过错，例如主人为其奴仆之过错承担责任的情形。

quasi-deposit n. 准委托保管；准寄托 由失物招领而形成的委托关系。

quasi derelict 准遗弃 ①指船舶所处的一种特殊状态。该船虽未被遗弃，但船上人员已无法保障自身安全。②一艘船只，虽然技术上尚未被遗弃，但在发生危险的情况下，所做的救援工作价值巨大。对此，根据海上救助的有关原则，仍须给以相应的补偿。

quasi dicat 〈拉〉似乎他应该说

quasi easement 准地役权 ①地役权只能存在于占有人不同的两块土地上。但所有人也可以在其拥有的部分土地上行使类似地役权的权利，这些权利可以转让给该部分土地的购买者。这种权利有时即称准地役权；②指与土地相关的义务或许可，例如土地所有人负有的维护其所有的地块与他人地块之间围栏的义务。

quasi(-)entail 准限嗣继承地产(权) 指授予某人及其继承人或其直系子嗣[heirs of his body]的、在他人生存期间保有的地产权[estate pur autre vie]。这种权益准确地说并非限嗣继承地产权[estate-tail]——因为它并不是以可继承的方式授予的，但它与非限嗣继承地产权非常相似——因为在授予人生存期间，当受让人死亡时它将转归受让人的继承人享有，如同可继承地产权的传承一样。在授予人生存期间，这种权益还可以剩余地产权[remainder]转让，而这种转让将阻却受让人的继承人和原来的剩余地产权享有人。1926年之前，这种转让可通过遗嘱之外的任何方式实现，1926年之后，这种权益变成了一种衡平权益，可以通过遗嘱遗赠或阻却。(⇨entail; pur autre vie)

quasi estate tail 准限定继承地产 当终身土地保有人将其保有的土地授予某人和他的继承人时，尽管符合设立限定继承地产的形式，但由于该让与人只是终身土地保有人(如终身承租人)，不能进行永久性的授让，因此只能说他进行的这种授让只是设定一种准限定继承地产。

quasi estoppel 准不容否认 衡平法中的一项原则，指如果当事人对自己原先的言行予以否认，将导致对该言行产生合理信赖者的利益遭受损害，则禁止当事人否认。(⇨equitable estoppel; estoppel in pais)

quasi ex contractu 准合同 (⇨quasi contract; quasi contractus)

quasi-fee n. 〈古〉准世袭地产 指无法律根据而取得的地产

quasi feme sole 准单身妇女 指已婚妇女中可以将衡平法上的个人财产用于商业经营并承担由此而生的债务者。在美国，该词于《已婚妇女法》[Married Women's Acts]制定之后已弃置不用。

quasi guardian 准监护人 指没有有效权限即承担起监护职责的人。又作"guardian by estoppel"或"guardian de son tort"。

quasi individual 准自然人 即法人实体。

quasi in rem 准对物的 指非严格意义上的对物，而是涉及或需要裁决对位于法院管辖区内的财产有利益关系的当事人的权利的情形。(⇨in rem)

quasi in rem action 准对物诉讼 指虽然有确定的当事人，但其直接目的是为获得或处理某一财产或对财产的某种权益的诉讼，其判决解决的是某一特定财产的法律地位、所有权、法律责任等方面的问题，且只在诉讼双方当事人之间有效。在准对物诉讼中，原告利用法院对被告财产具有管辖权提起诉讼，以期实现其对被告提出的请求。所以，准对物诉讼通常是在法院不能对被告行使管辖权(比如，由于被告不在法院辖区内居住)但可以对被告的财产行使管辖权的情况下提起的。

quasi in rem judgment (= judgment quasi in rem)
quasi in rem jurisdiction 准对物管辖权　指法院对被告对位于法院地域辖区内的财产（动产或不动产）享有的权益具有的管辖权。虽然诉讼是对被告提起的，但实际上构成法院管辖权的基础是被告对法院辖区内的财产的权益。法院的判决也仅对被告的权益具有约束力，而不像在法院具有对物管辖权的情况下，其判决具有对世的效力。而且初始诉因[original cause of action]不被包括在判决中，这一点也与在具有对人管辖权的情况下作出的判决不同。
quasi in rem proceeding (= quasi in rem action)
quasi judicial 准司法的　指在实体上或程序上具有与司法相类似的性质。用于指由国家行政官员或行政机关进行的诸如调查事实真相、确定事实是否存在、举行听审、衡量证据、并从中作出结论等行为。这些人员和机关在审理、裁决中享有与法官和法院相类似的职权和自由裁量权。出自非司法机关的裁决，叫做准司法裁决。准司法行为和准司法裁决可受司法审查。
quasi-judicial act 准司法行为　①指由非属法官的官员进行的司法行为；②法官在不是完全行使司法职能的情况下进行的行为。
quasi-judicial confession 准司法供认　指在治安法官主持的预审中，或在回答验尸官的询问时，或是对大陪审团所作的认罪陈述。
quasi-judicial function 准司法职能　类似法官的职权，如仲裁员或行政裁判所行使的职能。(⇨quasi judicial)
quasi-judicial office 准司法职位　指任职者具有准司法职能[quasi-judicial function]的职位。在美国，律师被称为法院的官员，其职位即具有这一特征。
quasi-judicial power 准司法权　指可据以行使准司法职能的权力。
quasi-judicial tribunal 准司法裁判所　指行政裁判所，其职责是审查证据，对已查明的事实适用法律，作出裁决。
quasi-legislative a.准立法　指某一行为、职能等性质并非是纯粹立法的。如行政机关制定的规则[rulemaking]，部分具有裁决性[adjudicative]，并非属完全的立法，因而它即为准立法。
quasi legislative international institutions 准立法性国际机构
quasi-legislative power 准立法权　指行政机关制定规则[rule-making]的权力。
quasi-lien 准留置权　该留置权非因合同约定或由法律直接规定而产生，只是作为诉讼中的临时救济[provisional relief]而存在。如扣押中的留置权[attachment lien]。
quasi municipal corporations 〈美〉准市政法人　有别于市、镇[towns]这类常规市政法人，其只享有其中一部分权力以完成一项或几项市政职能。通常具有市政法人地位和权力的公法人，如县、乡[townships]、学区、排水区、灌溉区[irrigation districts]等。
quasi-negotiable instrument 准流通票据　指具有部分流通作用的票据。
quasi offence (= quasi-delict)
quasi office 准公职；准职位　指已被提名担任某一职位的候选人，但尚未被正式选入的那个职位。
quasi partners 准合伙人　①指一人加入到他人的事业中，该事业看上去是合伙但实则不然。如合营者[joint adventurer]即是准合伙人；②共有财产权人。(= tenant in common)

quasi personalty 准动产　指虽然实际或假定地附着在不动产上，但法律视其为可移动之物。其中，实际附着在不动产上者，如庄稼[emblement]、附属装置[fixture]等；假定附着在不动产上者，如不动产的收益[chattel-real]、定期不动产权[lease for years]等。
quasi possession 准占有（权）　指针对非物质实体者的占有权利，如对相邻土地享有的地役权、采光权等。该词仅可用于指有限制的使用某物的权利，如地役权和用益权，而不适用于所有权人对物的占有权。又作"无形占有权"[incorporeal possession]。
quasi posthumous child 准遗腹子　其在祖父或其他男性尊亲属生存期间出生，在该祖父等尊亲属立遗嘱时不属于继承人范围，而在其父死亡时即成为祖父等尊亲属的终身继承人。
quasi-public corporation 准公法人；准公共事务机构　指被赋予处理公共事务权力的从事公用、公益事业的私法人。如享有国家征用权的公司，电报电话、煤气、水、电力和水利等公司。(⇨corporation)
quasi-public use 准公用设施　指用于公用事业的建筑物。
quasi purchase（罗马法）准买卖　指不是出于双方当事人实际协议的财物买卖，而是按照财物所有人的举止，推定其同意出售。
quasi realty 准不动产　指法律上认为附着于不动产，但本身是可移动的物品，如地契、祖传宝物[heirloom]。
quasi seisin 准占有　公簿地产权人[copyholder]对其土地的占有。"seisin"一般仅指自由人对完全保有地产的占有，而公簿地产本归庄园领主占有，因此公簿地产权人不能对公簿地产进行通常意义上的占有[seisin]，但他享有习惯上的占有或准占有，类似于完全保有者对土地的占有。(⇨copyhold)
quasi-Serviana (= actio hypothecaria)
quasi tenant 准承租人　指土地或房屋的转租承租人，经业主许诺，在原承租人和租赁期满后可以继续租赁。
quasi tenant at sufferance 经默许的准承租人　指原租约及转租租约均期满后，在业主并未表示同意也未提出异议的情况下，继续占用租赁物的转租承租人。
quasi-tort n.准侵权行为　并非法律用语。有时指并无侵权行为而应负侵权的法律责任。如主人对仆人在受雇期间的非法行为应承担责任。(⇨quasi contract)
quasi trademark 准商标　指制造商为标明产品的等级所使用的标记。
quasi-traditio〈拉〉（罗马法）准交付；准产权转移　指通过使用他人财产而获得地役权[servitude]。由于这种使用经过了所有人明示或默示的许可，所以称之为"准产权转移"。
quasi trustee 准受托人　指因违反信托而得利的人，由此应负受托人的责任。
qua supra 如上所示
quatenus〈拉〉❶多远；多长；至何程度；在…范围内　❷自从
quater cousin 远亲　原指四亲等的堂（表）兄弟姐妹，现用以指关系疏远的亲戚。常误作"cater" cousin。
quatuor maria 四海 (⇨ four seas; extra quatuor maria; intra quatuor maria)
quatuor maria rule 四海规则　英格兰早期普通法的一项规则,指妻子生育子女时,如丈夫在四海以内,即在英王国领域内,则无可争议地认定子女为合法,但能证明丈夫无生育能力的除外。

quatuor parietes 在房屋内(⇨inter quatuor parietes)

quatuor pedibus currit 与…相吻合;与…相近似

quatuorviri 〈拉〉四人组 罗马法中,监督检查道路的行政官。

quayage n.码头使用费(⇨wharfage)

quean n.轻佻女人;妓女 后义已罕用。

queen ❶女王 保有王位的女性统谓。❷王后 国王之妻,有王室特权,但在某些方面的法律权利与国王之臣民无异。也被称作"Queen Consort"。❸母后 君王为未成年人时其母亲摄政,又称作"摄政母后"[Queen regent]。

Queen Anne's Bounty 〈英〉安妮女王基金会 安妮女王以其皇家特许状,将起初交给教皇后交给国王的初年圣俸[first fruits]和什一税[tenths]交由她指定的保管委员会管理,拨作增加贫困教士俸禄专款的永久基金。1947年该委员会并入英格兰宗教委员会[Ecclesiastical Commissioners for England],并更名为教会委员会[Church Commissioners]。(=Bounty of Queen Anne)(⇨first fruits)

Queen Caroline's Rule 卡罗琳女王规则 一项有关用先前的相矛盾的陈述来质询证人的证据规则。如果先前的陈述为书面文件,则应在就该陈述进行交叉询问前向证人出示。美国《联邦证据规则》[Federal Rules of Evidence]已废除了这一程序。

queen consort 王后 英格兰在位国王的妻室。

queen dowager 已故国王的遗孀(⇨dowager-queen)

queen-gold n.〈英〉王后的收入 在王后与国王婚姻存续期间向王后支付的王室收入。查理二世[Charles Ⅱ]复辟后停发。(⇨aurum reginae)

queen mother 王太后 已故国王的遗孀,同时是现任国王的母亲。

queen regent 摄政女王

queen regnant 〈英〉执政女王

Queen's Advocate (= Advocate-General)

Queen's and Lord Treasurer's Remembrancer 〈苏格兰〉王室及财务大臣的财务纪事官 苏格兰担任这两个职务之官员的称谓,于1707年在苏格兰财理法院的基础上设立,并于1836年合并。王室财务纪事官是在理财法院法官领导下的该院的首席执行官。财务大臣的财务纪事官主要职责是为苏格兰检查和审核犯罪账目。现代这一官职是苏格兰各部委的财政代表,并任苏格兰财政部主计长[Paymaster-general],并掌管其它财政、经济管理方面的事务。

Queen's Bench 〈英〉王座法庭 1875年司法改革之前英格兰的三个普通法中央法庭之一,另两个是民诉法庭[Court of Common Pleas; Common Bench]和财税法庭[Court of Exchequer],它们都是依据不同分工从早期的御前会议[Curia Regis]中分离出来的。之所以称之为王座法庭,一方面是因为它是以国王的名义来记录和保存档案的,另一方面因为以前国王时常亲自在此坐堂问案。作为以前国王御前会议的一部分,依据其性质和组成,它不可能固定于一地,而是随国王四处巡游,待到几个世纪之后,皇家法院正式建成,它才固定在威斯敏斯特,但仍可依国王意志移动。与另两个普通法中央法庭相比,无论在权力还是地位方面,王座法庭都更高一筹,其首席法官被称为英格兰皇家首席大法官[Lord Chief Justice of England],位居其他普通法法官之先;以前它还可以受理来自民诉法庭和财税法庭的上诉案件;另外它还能通过具有特权性质的职务执行令[writ of mandamus]——该权力另两个普通法中央法庭也享有,禁令[prohibition]和调卷令[certiorari]对下级法庭、治安法官[magistrate]及公共法人[civil corporation]以及对权利开示令[quo warranto]和人身保护令[habeas corpus]的申请等程序享有特别管辖权。王座法庭的职能分民事[plea side]和王事[Crown side]两方面,其民事司法管辖权起初只限于当事人为国王的直属封臣[tenant in chief]或王室人员的案件,后来通过米德尔塞克斯令[Bill of Middlesex]获得了除不动产权益诉讼[real actions]和涉及财税的案件之外的一切对人之诉[personal action]的管辖权,1832年的一项法令则正式授予了它对这些案件的管辖权,对这些案件的上诉管辖归财政署内室法庭[Court of Exchequer Chamber]。王事方面的管辖权包括上面谈到的上诉和特别管辖权,还包括刑事管辖权。在普通法方面,王座法庭是主要的刑事法庭,对刑事案件可以有初审管辖权,下级法庭的刑事案件在一定条件下可通过调卷令移至王座法庭。1873-1875年的司法改革将王座法庭的司法管辖权移给了高等法院[High Court],它原来的英格兰皇家首席大法官和其他五位常任法官组成了高等法院王座分庭,受理原属它管辖的案件。1881年,高等法院的民诉分庭、财税分庭并入王座分庭,组成了新的王座分庭。(⇨Court of Common Pleas; Court of Exchequer; Lord Chief Justice of England)

Queen's Bench Division 〈英〉(高等法院)王座分庭 依1873-1875年《司法组织法》[Judicature Act]建立的高等法院的五个分庭之一,行使此前王座法庭原有的司法管辖权,1881年,民诉分庭与财税分庭并入王座分庭,1901-1952年称"King's Bench Division",1971年它又行使遗嘱检验、离婚和海事分庭[Probate, Divorce, and Admiralty Division]的海事管辖权。(⇨Queen's Bench)

Queen's Bench Prison 〈英〉王座法庭监狱 位于索斯沃克[Southwark]关押债务人的监狱,1842年为皇家监狱[Queen's Prison]取代。(⇨Queen's Prison)

Queen's chambers 〈英〉王国的海域 指毗连大不列颠海岸的海域,即以设想的直线将两处岬角的顶端连结所围成的海域,为王国领海的一部分。

Queen's consent 〈英〉女王同意 凡有关王室特权、王室财产和利益或世袭收入的法案,必须取得女王同意,由枢密顾问官[Privy Councillor]代为表达,并经三读通过。

Queen's Coroner and Attorney 〈英〉皇家验尸官及律师 区别于王室内务验尸官[Coroner of the Queen's Household; Coroner of the Verge],他原来为王座法庭王事管辖方面的官员,现为最高法院主事法官[Master of the Supreme Court]之一,由大法官[Lord Chancellor]任命,该职务与最高法院刑事部主事法官[Master of the Crown Office]相联合,他所举行的调查只涉及发生在王座法庭监狱的死亡事件和此处的规则,另外他还有征收归于王室的罚金和罚款之责。(⇨Masters of the Supreme Court; Master of the Crown Office)

Queen's Counsel 〈英〉皇家大律师;王室法律顾问;御用大律师 英联邦各国出庭律师的高级职称,始于16世纪的英格兰,原为王室聘请的一批法律顾问,地位次于高级律师[serjeant],为总检察长的助理。现为才能突出、经验丰富的出庭律师的一项荣誉称号,经御前大臣推荐,由女王授予,其地位高于无此称号的出庭律师。他们穿丝制法袍[silk gowns],在最高法院出庭时坐在围栏以里[within the bar]。作为王室的助手,皇家大律师以前非经特许,不得与王室对抗(例如为刑事被告人辩护)。此项限制已在1920年取消。

Queen's enemies 公敌 海上货物运输合同承运人免责条款中的传统用语,即承运人免除因敌国所造成货物损失的责任。不包括武装匪徒的劫掠,也不包括因违反税法而被外国税务人员扣留货物。

Queen's evidence (= King's evidence)

Queen's peace 王国的治安(⇨King's peace)

Queen's Printer 〈英〉皇家印刷人 经授权行使王室印刷权的人,负责刊印王室公告[Royal proclamations]、议会立法[Acts of Parliament]和其它政府文件。这些文件现由文书局[Stationery Office]印制,但钦定圣经[Authorised Version of the Bible]及《公祷书》[Prayer Book]仍由皇家印刷人印刷。

Queen's Prison 〈英〉皇家监狱 1842年建于索思沃克[Southwark],由王座法庭监狱[Queen's Bench Division]、弗里特监狱[Fleet Prison]和王室内务法庭监狱[Marshalsea Prison]合并而成。用于关押在诉讼中被拘押的,或是依破产敏斯特上级法庭或海事法庭之令被拘押的债务人或者罪犯,也关押依破产法被拘禁的当事人。该监狱于1862年被撤销,囚犯转押怀特克劳斯监狱[Whitecross Street Prison],1870年又转至霍洛威城市监狱[City Prison at Holloway]。

Queen's proctor 〈英〉(= King's (Queen's) proctor)

Queen's Recommendation 〈英〉女王的建议 由于君王具有执行权力,并负责所有税收和各项支出,因此,没有女王的建议,就不能在议会提出有关税收和支出的法案。此项建议权实际上由政府部门行使。

Queen's Regulations 〈英〉武装部队军纪条例 为健全皇家陆军、海军和空军的行政管理而分别制定的,并由国防部[Ministry of Defence]有关部门发布的命令或指示[Instructions]加以补充的一般条例。(⇨Articles of War)

Queen's Remembrancer 〈英〉王室财务纪事官 过去财税法庭税收事务部的官员,该职位现由高等法院王座分庭资深主事法官[Senior Master of the Queen's Bench Division]担任。(⇨Remembrancer)

Queen's serjeant 〈英〉王室高级律师 如高级律师受聘为皇家大律师[Q.C.],称王室高级律师。更高的职位则为王室首席高级律师[Queen's Premier Serjeant]及王室元老高级律师[Queen's Ancient Serjeant]。

Queen's shilling 〈英〉王室入伍金 早先发给强征入皇家海军服役的水兵的军饷,以及自愿入伍的士兵和水兵的服役定金。

Queen's ship 〈英〉皇家船舰 严格地说,"皇家船舰"[Her Majesty's Ship]指编入海军现役悬挂白色军旗的船舰,"皇家船只"[Her Majesty's Vessel]指为海军服务的船舰,包括勤务舰队、医务船、军需船等。

Queen's silver (= king's silver)

Queen's speech 〈英〉女王致辞 指每届议会开幕式上,女王宣读内阁所准备的讲话辞,向本届议会阐述其施政与立法纲要。议会闭会时,也有类似的讲话,内容为内阁庆贺自己在本届议会期间的政绩。

Queen's warehouses 〈英〉王室仓库 由王室提供,并经关税和国内货物税专员[Commissioners of Customs and Excise]批准存放货物的场所,以保障货物的安全并对其征税。存放物包括货主不明或被扣押的货物,如走私货。

que estate 〈法〉那个人的财产;那些人的财产 旧时诉状中的用语,尤以主张时效取得时,提出对原告或原先所有人那些人的财产,从极早的年代起就已行使所主张的权利。称为"对那个(些)人财产的时效取得"[prescribing in a que estate]。

que est le mesme 〈法〉(= quae est eadem)

Quemadmodum ad quaestionem facti non respondent judices, ita ad quaestionem juris non respondent juratores. 〈拉〉正像法官不解决事实问题一样,陪审员也不解决法律问题。

quem redditum reddit 〈拉〉(英格兰古法)强制接受新主之诉 不动产权益诉讼的一种。当非劳役地租[rent service]的征收权被转让,承租人拒绝认可新的收租权人时,则后者可申请此令状开始这一诉讼,以迫使承租人接受并支付劳役租。该诉讼于1833年被废止。(⇨attorn)

quer. (= querens)

querela 〈拉〉〈古〉❶起诉状;诉讼理由 ❷诉因 ❸(在任何法院进行的)民事诉讼 ❹(罗马法)诉讼

querela coram rege a concilio discutienda et terminanda 〈拉〉传令某人可向国王亲自提出的非法侵入[trespass]的控告在国王和御前会议[council]面前进行答辩、说明正当理由的令状

querela coram rege et concilio (= querela coram rege a concilio discutienda et terminanda)

querela frescae fortiae 〈拉〉针对最近的暴力的令状

querela inofficiosi testamenti 〈拉〉(罗马法)撤销不负责任的遗嘱之诉 被不当剥夺继承权的子女,可以以推定遗嘱人在立遗嘱时处于非正常心智状态下为由,提起诉讼请求撤销该遗嘱。

querele 〈拉〉(向法院提出的)控告;起诉状

querens 〈拉〉原告;申诉人

querent 〈拉〉原告;申诉人

Queretaro Treaty (= Treaty of Guadalupe Hidalgo)

querulous a. 吹毛求疵的;爱抱怨的;好唠叨的;常发牢骚的

Quesnelliana 《凯内尔汇编》 一部教会法资料汇编,由帕基耶·凯内尔[Pasquier Quesnel]汇集罗马教皇利奥一世[Leo I]的著作而成。据信于公元494 – 523年间在高卢或罗马编纂,内容包括东方和非洲教会会议的摘录、历代教皇的著作和敕令以及教皇利奥一世的大量信件。该书对研究教会法的历史渊源有重要作用。

quest n. 调查;询问;查讯 现在在英国,该词仅有时在地方性的口语"验尸官的调查"[crowner's quest]中使用,相当于[coroner's inquest]。(⇨inquest; inquiry)

questa 〈拉〉(= quest)

question n. ❶(询问证人的)问题 简写为Q.。 ❷(争议的、有待裁决的)问题;事项

question in chief 在直接询问[examination in chief]中向证人提出的问题

questionnaire n. 人口调查问题表;人口调查问卷

question of fact 事实问题 指有争议的事实,通常由陪审团来认定。在无陪审团参加审判[bench trial]时,由法官认定。在上诉审中,一般不再审查事实问题。

question of law 法律问题 指有关法律适用或法律解释的问题,由法官来决定。

questions in Parliament 〈英〉议会质询 议员有权向大臣或委员会主席就其所负责部门的事项进行质询。在下议院和上议院都有这种惯例。

questio vexata 〈拉〉棘手的问题 常用于指使法庭困惑的、费解的法律问题。

questman (英格兰古法)❶提起诉讼的人；告发人 ❷被挑选出调查不正之风(尤指滥用度量衡)的人 ❸堂区副执事

questmonger (= questman)

questores classici 〈拉〉(罗马法)掌管国家财政的官员

questores parricidii 〈拉〉杀人罪审判官　罗马法中，由民众大会[comitia]授权的两位官员，作为一种调查委员会，调查并审问所有谋杀尊长及其他谋杀的案件。据估计，此官员一年任命一次。

questum 〈拉〉(英格兰古法)保有地中来自于个人受赠的地产　格兰威尔[Glanvil]时代，从领主处保有的土地被分为继承地[hereditas]和受赠地[questum]，其中前者得自于继承，后者则来源于个人的赠与。保有人只能转让继承地中的合理部分，且这种转让只能是为了正当目的而在生前赠与[by gift inter vivos]。至于受赠地的生前转让则好像不受限制。

questus (= quaestus)

questus est nobis 〈拉〉〈英〉排除妨碍令状　依1285年的制定法，对因继承或转让取得的房屋、围墙等，在继承或转让之前即已构成对他人的妨碍，在继承或转让之后妨碍继续存在的，责令产权人排除妨碍的令状。在该制定法颁行前，只能责令最初造成或引起妨碍的人排除妨碍。

qui 〈拉〉谁；哪个；什么

quia 〈拉〉因为；然而

Qui abjurat regnum amittit regnum, sed non regem; patriam, sed non patrem patriae. 〈拉〉弃绝王国者，离开了王国，但并未离开国王；弃绝国家者，离开了国家，但未离开国父。

Qui accusat integrae famae sit, et non criminosus. 〈拉〉控告人应具诚实之名声，而不应是个罪犯。

Qui acquirit sibi acquirit haeredibus. 〈拉〉为自己取得，即为继承人取得。

Quia datum est nobis intelligi. 〈拉〉因为是它让我们明白。　古令状的正式用词。

Qui adimit medium dirimit finem. 〈拉〉丧失了方法，也就使目的丧失。或：丧失路径者，无由到达目标。　指一人成就某一事物的方法途径被剥夺后，必将破坏事物的最终实现。

quia dominus remisit curiam (= praecipe quia dominus remisit curiam)

Quia dominus rerum non apparet ideo cujus sunt incertum est. 〈拉〉所有人不明的货物，不能确定其归属。

Quia Emptores 〈拉〉(英格兰古法)《封地买卖法》；《禁止分封法》　爱德华一世于1289年通过的一项法令，收于《威斯敏斯特法Ⅲ》[Statute of Westminster Ⅲ]，在议会卷宗中称"statum regis de terris vendendis et emendis"。该法突破原来的限制，允许非直属封臣自由转让自己保有的土地，但同时限定，买受人或受让人取得土地后不是向出让人效忠服役，而是向出让人的领主效忠，即受让人还是从出让人的领主处而非出让人本人那里保有地产。这在事实上取消了次级分封[subinfeudation]，从此再不能创设新的封地，从而保证了领主对封地的控制及其所享有的附属权益，巩固了以国王为首的封建分封体系。也有人称该法令是以同级转让[substitution]的地产转让方式取代了次级分封。(⇨subinfeudation)

quia erronice emanavit 〈拉〉因签发错误　古代英国诉讼中的用语。

Quia eventus est qui ex causa sequitur, et dicuntur eventus quia ex causis eveniunt. 〈拉〉事件由于某些原因而发生，因为事出有因，故称为事件。

Quia forma non observata, infertur adnullatio actus. 〈拉〉因为未遵守规定的程序，而使行为无效。　指在宗教法庭的诉讼程序中，不符合司法程序的情况。

Quia impotentia excusat legem. 〈拉〉因履行不能，可免除义务。

quia improvide 〈拉〉〈英〉❶诉讼中止令　在衡平法院的书记官被他人违反该法院享有的特权而在民诉法庭[Common Pleas]起诉时，签发的中止诉讼程序的令状。❷中止执行令　对错误签发的或因不谨慎签发的令状而发出的中止执行的令状。

Quia interest reipublicae ut sit finis litium. 〈拉〉正是因为国家利益而应结束争端。

Quia juris civilis studiosos decet haud imperitos esse juris municipalis, et differentias exteri patriique juris notas habere. 〈拉〉学习市民法的人不应对自治市法生疏，并且应当了解外国法与本地法之间的显著区别。

Qui alienum fundum ingreditur, venandi aut aucupandi gratia, potest a domino prohiberi ne in grediatur. 〈拉〉(罗马法)为打猎或捕鸟而擅入他人领地，可以被所有者禁止。

Qui aliquid statuerit parte inaudita altera, aequum licet dixerit, haud aequum fecerit. 〈拉〉未听取另一方当事人的意见而作出裁决者，尽管可以作出正确裁决，但其做法不正当。

Qui alterius jure utitur, eodem jure uti debet. 〈拉〉行使他人之权利的人，应原样行使。

Quia non refert aut quis intentionem suam declaret, verbis, aut rebus ipsis vel factis. 〈拉〉意图究竟是从言辞还是从行为表现出来，都无关紧要。

Quia non sua culpa, sed parentum, id commisisse cognoscitur. 〈拉〉因为被视为犯了罪，这并非由于本人的过错，而是出于其父母的过失。

Qui approbat non reprobat. 〈拉〉承认者即非排斥者。　指人的态度不能自相矛盾，对同一件事，既已承认，就不可再否认。

quia profecturus 〈英〉保护令状

Quia quando aliquid prohibetur, prohibetur et id per quod pervenitur ad illud. 〈拉〉当一事物被禁止时，则成就这一事物之方法也被禁止。

qui arma gerit 〈拉〉携带武器者

quia timet 〈拉〉由于怕　衡平法上，当事人惧怕或担心其某一权利或利益将可能遭受损害，而现有的普通法上的诉讼又不能预防该损害的发生时，允许当事人向衡平法院提起诉讼，寻求衡平法上的救济。法院可根据具体情况作出不同处理，如向被告签发禁制令[injunction]等。

quibble n.吹毛求疵的反对；不必要和不恰当的责难

Qui bene distinguit bene docet. 〈拉〉善辨别者，也善言。

Qui bene interrogat bene docet. 〈拉〉善提问者，也善言。

quibusdam de certis causis 〈拉〉传唤被告来到国王谘议会的令状

Qui cadit a syllaba cadit a tota causa. 〈拉〉一音节失误，全曲调不谐。即"棋着一步错，满盘都是输"之意，指只言片语的失误造成整个案件的失败。

Qui cito dat bis dat. 〈拉〉迅速给付，就是双倍给付。

quick asset ❶流动资产；速动资产　通常指现金、可转售

证券和应收账款等易变现资产。❷(= current asset)

quick asset ratio 速动资产比率 现金、应收账款和可转售证券等流动资产总额与流动负债的比值,也称做"酸性测试"[acid test]。

quick comdemnation 即时征用 指政府即时征用私有财产归公用,其估计补偿金先交第三者保管,直至实际补偿金被确定。

quick dollar 速得利润 在快速达成的交易中取得的利润。

quickie strike 〈美〉未经工会同意的罢工 未事先通知的短暂停工,通常因雇员或地方工会不满雇主的做法而引发。一般未经全国或国际工会批准,系少数人对雇主施加压力。这种罢工不受《全国劳资关系法》[National Labor Relations Act]保护,雇主可以用开除或其他惩戒办法进行抑制。

quick sale statute 〈美〉快速销售法 该制定法准许以便于快速售出的条件而将易腐财产进行司法拍卖[judicial sale]。

Qui concedit aliquid, concedere videtur et id sine quo concessio est irrita, sine quo res ipsa esse non potuit. 〈拉〉凡某人转让一物,就被认为也转让了缺之则转让行为无效或缺之则被转让物毫无价值之物。

Qui concedit aliquid concedit omne id sine quo concessio est irrita. 〈拉〉转让某物的人,也转让了缺之则转让无意义的一切物。

Qui confirmat nihil dat. 〈拉〉确认不等于给付。

Qui contemnit praeceptum contemnit praecipientem. 〈拉〉蔑视规范,就是蔑视发布规范的人。

Quicquid acquiritur servo acquiritur domino. 〈拉〉受雇者之取得,均属为主人而取得。 如代理人所获之权利,即直接归属于某人。

Quicquid demonstratae rei additur satis demonstratae frustra est. 〈拉〉对已充分证明的事物再加以证明,是多余的。

Quicquid est contra normam recti est injuria. 〈拉〉违反正义法则之行为,皆为违法行为。

Quicquid in excessu actum est, lege prohibetur. 〈拉〉过当之行为皆为法律所禁止。

Quicquid judicis auctoritati subjicitur novitati non subjicitur. 〈拉〉任何属于法官权限内的事情,均不属于创新。

Quicquid plantatur solo, solo cedit. 〈拉〉附着于土地上之物,皆属于土地。

Quicquid recipitur, recipitur secundum modum recipientis. 〈拉〉清偿之受领,应依受领人之方法受领之。

Quicquid solvitur, solvitur secundum modum solventis. quicquid recipitur, recipitur secundum modum recipientis. 〈拉〉清偿须依清偿人所定之方法而清偿;清偿之受领,应依受领人之方法受领之。

Qui cum alio contrahit, vel est, vel esse debet non ignarus conditionis ejus. 〈拉〉订立契约者,对于相对人之情形应明知或可得而知。

Qui cum aliter tueri se non possunt, damni culpam dederint, innoxii sunt. 〈拉〉凡因不能以其他方式自卫而造成损害者,则被认定为无罪。

Quicunque habet jurisdictionem ordinariam est illius loci ordinarius. 〈拉〉凡具有直接管辖权者,即是当地的常任法官。

Quicunque jussu judicis aliquid fecerit non videtur dolo malo fecisse, quia parere necesse est. 〈拉〉遵照法官命令行事者,不被认为动机不良,因其必须服从。

quid 〈拉〉什么

quidam 〈拉〉某人 此词用于法国法律,指某个不知姓名的人。

Qui dat finem, dat media ad finem necessaria. 〈拉〉提供目的者,也就提供了达到目的所必需的方法。

Qui destruit medium destruit finem. 〈拉〉破坏方法者,也就破坏了目的。

quid juris clamat 〈拉〉〈英格兰古法〉权利主张令 发给回复地产权或剩余地产权的受让人,用于强制对其不予认可的先行地产权保有人[particular tenant]认可其地位和权利。(⇨reversion; particular estate)

Qui doit inheriter al pere doit inheriter al fitz. 〈拉〉父亲的继承人,也将是儿子的继承人。

quid pro quo 〈拉〉一物对一物;一事对一事 用于合同中,指对价。

Quidquid enim sive dolo et culpa venditoris accidit in eo venditor securus est. 〈拉〉如果卖主在取得某物时无欺诈和过错,则卖主对该物不承担风险。

Quid sit jus, et in quo consistit injuria, legis est definire. 〈拉〉法之任务在于宣示何者构成权利,何者构成对权利之侵害。

Quid turpi ex causa promissum est non valet. 〈拉〉出于不道德的原因所作之承诺为无效。

quiet v. 使平静;使安全;使不受打扰
a. 平稳无事的;宁静的;无滋扰的

quieta clamantia 〈拉〉放弃权利;放弃请求(⇨quitclaim)

Quieta non movere. 〈拉〉不要妨害已确定的事物。

quietantia 〈拉〉履行;清偿债务

quietare 〈拉〉偿还;清偿;免除债务 古时赠与或其他转让契据中的正式用语。

quiete clamantia 〈拉〉〈英格兰古法〉放弃权利;放弃请求(⇨quitclaim)

quiete clamare 〈拉〉放弃所有权利请求

quiet enjoyment 安静享用 房屋租赁合同的一项条款,指保证承租人安静地使用租赁的房屋,不受他人干扰。

quieting title 确权诉讼 同于旧时的"bill qui timet"。初为衡平法中的一项救济,后通过成文法的规定扩大适用于其他司法领域。通过确权诉讼,可宣告与原告财产权利相对立的权利主张或请求无效,使原告及其权利不再受异议的侵扰。(⇨quiet title action)

quieti redditus quietus redditus 的复数

quiet meal rule 便餐规则 一项税则,准许纳税人在报税时扣除招待业务伙伴早、中、晚餐的费用。这种用餐也包括仅为一般的友好往来,而无实际业务商讨的情形。但用于招待的食物和饮料必须以有利于促成业务商讨为限。在大型娱乐场所进行的招待,不适用便餐规则,如夜总会、体育活动、大型鸡尾酒会或社交集会等,但无大型娱乐场所的乡村俱乐部饭厅,也可作为便餐的场所。

quiet title action 确定产权诉讼 一种确认不动产权的诉讼。原告要求对其产权持有异议的人或者向法院提出权利请求,或者今后不得再持异议。(⇨action to quiet title; cloud on title)

quietum clamare 〈拉〉放弃所有权利请求

quietus 〈拉〉❶〈英格兰古法〉免除债务;债务免除令 国王或其官员免除某人对国王的债务,如会计员,特别是郡长。它是一种对估价执行令[writ of extent]的抗辩,并可记录在解除已签发执行命令的判决登记册中。它原先是给财税法庭法官的令状,指出应免除债务人的债务,以后成为财政署卷筒卷宗保管员[Clerk of the Pipe]在郡长付清欠款时发给证书中所用的词。 ❷〈美〉罗德岛州[Rhode Island]遗嘱检验法院全面解除遗产管理人职务的程序

quietus redditus （英格兰古法）免税租（⇨quit rent）
Qui evertit causam, evertit causatum futurum. 〈拉〉推翻诉因,就是推翻其未来的结果。
Qui ex damnato coitu nascuntur, inter liberos non computentur. 〈拉〉因非法结合所生之子女,不计入子女之列。
Qui facit id quod plus est, facit id quod minus est, sed non convertitur. 〈拉〉做较多事者,可以做得少,反之则不然。
Qui facit per alium facit per se. 〈拉〉通过他人做事的人,是在为自己做事。 代理人的行为,就是被代理人自己的行为。这是一条关于代理关系的基本格言,在讨论雇主对雇员行为所负责任时也常适用。
Qui fraudem agit, frustra agit. 〈拉〉以欺诈方式实施的行为无效。
Qui habet jurisdictionem absolvendi, habet jurisdictionem ligandi. 〈拉〉有权作出解除决定的人,也有权作出约束决定。
Qui haeret in litera haeret in cortice. 〈拉〉拘泥文字,转失真意。 指过于强调文字的解释,就无法领会内容的中心或实质。
Qui ignorat quantum solvere debeat, non potest improbus videre. 〈拉〉对应付款额不知的人,不能视为不诚实（如果他拒付的话）。
Qui illi temporalibus, episcopo de spiritualibus, debeat respondere. 〈拉〉世俗事务对自己负责,神事则对主教负责。
qui improvide (= quia improvide)
Qui in jus dominiumve alterius succedit jure ejus uti debet. 〈拉〉继受他人权利或财产者,应照原样行使该权利。即指该人享有与让与人同样的权利。
Qui in utero est pro jam nato habetur, quoties de ejus commodo quaeritur. 〈拉〉在事关其利益之时,胎儿得视为已出生。
Qui jure suo utitur neminem laedit. 〈拉〉行使自己之权利者,对于任何人皆不属侵害。
Qui jure suo utitur, nemini facit injuriam. 〈拉〉行使自己的权利,不会侵害任何人。
Qui jure suo utitur nullum damnum facit. 〈拉〉行使自身权利者,不会造成侵害。
Qui jussu judicis aliquod fecerit non videtur dolo malo fecisse, quia parere necesse est. 〈拉〉依法官之命而为某行为者,当系奉命行事,不得视为恶意而为。
Quilibet potest renunciare juri pro se introducto. 〈拉〉人人均得放弃自己所获之权利。
Quilibet renunciare potest beneficium juris pro se introductum. 〈拉〉人人都可放弃为自己利益所设的权利。
Quilibet renunciare potest juri pro se introducto. 〈拉〉任何人都可放弃为自己所设的权利。
quillet （古）吹毛求疵；细微区别
Qui male agit odit lucem. 〈拉〉恶人忌光明。
Qui mandat ipse fecissi videtur. 〈拉〉命令他人为某种行为之人,应视为自己为该行为。

Qui melius probat melius habet. 〈拉〉多举证者,多获得。
Qui molitur insidias in patriam id facit quod insanus nauta perforans navem in qua vehitur. 〈拉〉坑害祖国者,即如在自己所乘航船上凿洞之疯水手。
Qui nascitur sine legitimo matrimonio, matrem sequitur. 〈拉〉无合法婚姻而生之子女应从其母。
Qui non cadunt in constantem virum vani timores sunt aestimandi. 〈拉〉对于冷静之人,施以不足威胁之恐吓,不算恐吓。
Qui non habet, ille non dat. 〈拉〉非自己所有者,不能给予他人。 指不能让与不属于本人的权利。
Qui non habet in aere, luat in corpore, ne quis peccetur impune. 〈拉〉无钱还债者以肉体赎过,不能让其逍遥法外。
Qui non habet in crumena luat in corpore. 〈拉〉对囊中无钱者施以肉体惩罚。
Qui non habet potestatem alienandi habet necessitatem retinendi. 〈拉〉无转让权者,必须保持。
Qui non improbat, approbat. 〈拉〉不反对者便为赞同。
Qui non libere veritatem pronunciat proditor est veritatis. 〈拉〉不坦率地说出真相者,就是背叛真相者。
Qui non negat fatetur. 〈拉〉不否认者即为承认。 诉讼程序中一个周知的规则。
Qui non obstat quod obstare potest, facere videtur. 〈拉〉能防止而不防止者,视为已为其事。
Qui non prohibet cum prohibere possit, jubet. 〈拉〉能制止而未制止者,视为同意。
Qui non prohibet id quod prohibere potest assentire videtur. 〈拉〉能制止而未制止者,视为同意。
Qui non propulsat injuriam quando potest, infert. 〈拉〉能排除侵害而不排除者,是为诱发侵害。
Quinquaginta Decisiones (= Fifty Decisions)
Quinque Compilationes Antiquae 《古代五部教令汇集》 12世纪末至13世纪初编纂的五部教令汇集,包括帕维亚的伯纳德[Bernard of Pavia]所编《第一教令汇编》[compilatio prima]或《教会法简编》[Breviarium Extravagantium],威尔士的约翰[John of Wales]所编《第二教令汇编》[compilatio secunda],贝内文托的彼得[Peter of Benevento]所编《第三教令汇编》[compilatio tertia],乔安妮斯·托伊托尼克斯[Joannes Teutonicus]或艾伦[Alan]所编《第四教令汇编》[compilatio quarta],坦克雷德[Tancred]所编《第五教令汇编》[compilatio quinta]。这五部教令汇编声誉卓著,是研究教规的基础和了解教令学家的主要依据,也是重要注释的探讨课题,对《格列高利九世教令集》[Decretals of Gregory IX]产生了巨大影响。
quinquennial census 〈美〉每五年一次调查 指联邦对制造业、矿山及其它行业的调查。
quinquepartite a. 包括五部分的；五方参与的
quinque portus 〈拉〉五个港口
quinsime ❶ 十五分之一的税收 ❷ 宗教节日后的第十五天（⇨fifteenths）
quinsteme (= quinsime)
quinterone 第五代黑白混血儿 在西印度群岛,指黑白混血儿,特指白人和第四代黑白混血儿[quarterone]所生的子女。（⇨quarterone）
Quinto exactus 〈拉〉（英格兰古法）第五次传唤 在被告连续经五个郡法院的公告或传唤仍不到庭时,郡长向法院所作的汇报,郡验尸官据此即可宣告其不再受法律保

护。

quinzime (= quinsime)

Qui obstruit aditum, destruit commodum. 〈拉〉妨碍通道,就是破坏便利。

Qui omne dicit nihil excludit. 〈拉〉使用"一切"字样者,并不排除任何事物。

Qui parcit nocentibus innocentes punit. 〈拉〉宽恕犯罪就是惩罚无辜。

Qui peccat ebrius, luat sobrius. 〈拉〉醉酒时犯罪者,清醒后应赎罪。

Qui per alium facit per seipsum facere videtur. 〈拉〉通过他人为某行为者,视为其本人所为。

Qui per fraudem agit, frustra agit. 〈拉〉欺诈行为无效。

Qui potest et debet vetare, jubet. 〈拉〉能够且应当禁止而不予禁止,等于同意。

Qui potest et debet vetare, tacens, jubet. 〈拉〉能够并且应当禁止而保持沉默,视为同意。

Qui primum peccat ille facit rixam. 〈拉〉首先发难者即制造事端者。

Qui prior est in tempore, potior est in jure. 〈拉〉时间在先者,其权利亦优先。

Qui prior est in tempore, prior est in jure. 〈拉〉时间在先者,其权利亦优先。

Qui prior est tempore potior est jure. 〈拉〉时间在先者,其权利亦优先。

Qui prior in tempore, potior in jure. 〈拉〉时间在先者,其权利亦优先。

Qui pro me aliquid facit, mihi fecisse videtur. 〈拉〉以我之名义行事者,被认为是在帮助我。

Qui providet sibi providet haeredibus. 〈拉〉为本人作准备,就是为其继承人作准备。

Qui rationem in omnibus quaerunt, rationem subvertunt. 〈拉〉凡事一味穷究条理者,转失条理。

quiritarian ownership 市民法所有权 罗马法中由市民法所承认的所有权。

Qui sciens solvit indebitum donandi consilio id videtur fecisse. 〈拉〉明知无义务而支付,视为以赠与之意思而支付。

Quis custodiet custodes? 〈拉〉谁该守卫?

Qui semel actionem renunciaverit amplius repetere non potest. 〈拉〉一度放弃之诉讼,不得再提起。 这条规则说明了撤诉或放弃诉讼的效果。

Qui semel est malus, semper praesumitur esse malus in eodem genere. 〈拉〉一度怀有恶意,总被推测会在同样情况下产生恶意。

Qui sentit commodum sentire debet et onus. 〈拉〉获利者,亦应承受负担。

Qui sentit commodum sentire debet et onus; ete contra. 〈拉〉获利者,亦应承受负担,反之亦然。

Qui sentit onus, sentire debet et commodum. 〈拉〉承担义务者,也应获得利益。

Qui serius solvit, minus solvit. 〈拉〉迟延清偿为过少的清偿。

Quisquis erit qui vult juris-consultus haberi continuet studium, velit a quocunque doceri. 〈拉〉凡欲成为法学家者,应勤勉治学,且不耻下问。

Quisquis est qui velit jurisconsultus haberi, continuet studium, velit a quocunque doceri. 〈拉〉凡欲成为法学家者,应勤勉治学,且不耻下问。

Quisquis praesumitur bonus; et semper in dubiis pro reo respondendum. 〈拉〉凡人均被推定为善人;有疑问时,常作有利于被告之推定。

quit v. ❶停止;中断;放弃 ❷离职;迁出 ❸开除 ❹免罪;释放

Qui tacet, consentire videtur. 〈拉〉沉默者视为同意。 指一方当事人的沉默,即表示他的同意。

Qui tacet consentire videtur, ubi tractatur de ejus commodo. 〈拉〉当关涉自己之利益而沉默者,视为同意。

Qui tacet non utique fatetur, sed tamen verum est eum non negare. 〈拉〉保持沉默者,当然没有承认,但无疑也并未否认。

qui tam 〈拉〉分享者

qui tam action 〈拉〉分享的诉讼 制定法规定对某种作为或不作为应处以罚款,并规定此项罚款可以经由民事诉讼追索,罚款的一部分将归任何提起诉讼的个人,其余部分归国家或某一公共机构。告发人据此提起的追索罚款的诉讼,即称为"分享的诉讼",因为原告起诉既是为国家利益,也是为个人利益。(⇨ False Claims Act; Whistle-blower Acts; penal action)

Qui tam pro domino rege, etc., quam pro se ipso in hac parte sequitur. 〈拉〉为国王提起诉讼,也是为自己提起诉讼。

Qui tardius solvit, minus solvit. 〈拉〉迟延清偿为过少的清偿。

quitclaim n.&v. 放弃权利;放弃请求 ①放弃诉讼请求,包括已提起的诉讼和可能提起的诉讼;②免责转让契据用语,指让与人放弃对转让财产的权益;③签署免责转让契据。

quitclaim deed 免责转让契据;权利转让契据;放弃权利契据 让与人转让其对不动产所享有的各项权利和权益的契据,但并不承诺其合法产权,也不保证未设定财产负担。免责转让契据并不排除让与人享有完整、合法的产权。

Qui timent, cavent vitant. 〈拉〉胆小者,小心处之并避开。

Qui totum dicit nihil excipit. 〈拉〉言及"全部"者未作任何保留。

quit rent (英格兰古法)免役租 庄园内自由地产保有人[freeholder]或公簿地产保有人[copyholder]为免除其他义务而向领主交纳的租金。

quittance n. 免除;解除;赦免

Qui vi rapuit, fur improbior esse videtur. 〈拉〉以暴力夺取者,为更恶之贼。

Quivis praesumitur bonus donec probetur contrarium. 〈拉〉凡人均被推定为善人,除非有相反事实为证。

Qui vult decipi, decipiatur. 〈拉〉对希望受骗者,就任其受骗。 签订协议时明知对方的陈述是虚假的并据此成立协议,则以后不得以虚假陈述为由否定协议。

quoad 〈拉〉关于;只要;直到

quoad hoc 〈拉〉关于这一点;就此而论;到目前为止 例如当在教会法院起诉属于世俗法院审判权限的事项时,签发一项禁止令[prohibition quoad hoc],以禁止其就此事项在教会法院起诉。

quoad omnia 〈拉〉关于所有的事情;有关一切事项

quoad sacra 〈拉〉关于神圣的事情;为宗教目的

quoad ultra 〈拉〉关于其余部分

quo animo 〈拉〉出于何种动机或意图 有时与"意图"[intent]一词同义。

quocumque modo velit；quocumque modo possit 〈拉〉以其希望的任何方式；以其能够采用的任何方法

quod 〈拉〉关于；因为

quod ab aedibus non facile revellitur 〈拉〉不易与建筑物分割之物

Quod ab initio non valet in tractu temporis non convalescet. 〈拉〉自始无效者,不因时间之经过而有效。

Quod ad jus naturale attinet omnes homines aequales sunt. 〈拉〉就自然法而言,人人平等。

Quod aedificatur in area legata cedit legato. 在被遗赠之土地上所建之物,添附于被遗赠之土地。 按一般规定,继承人对于附着在所继承土地上的一切物享有权利。

Quod alias bonum et justum est, si per vim vel fraudem petatur, malum et injustum efficitur. 〈拉〉纵日后属于善良而正当之事,若以胁迫或诈欺之方法求之,亦属不善良而不正当。

Quod alias non fuit licitum, necessitas licitum facit. 〈拉〉本不合法者,于必要时亦合法。

quodam modo 〈拉〉在某种意义上；用某种方式

Quod approbo non reprobo. 〈拉〉我所承认者,我不拒绝。 指不能同时既赞同又拒绝。如对于附条件的遗赠,通常受遗赠人不能既接受遗赠,又拒绝其附加的条件。

Quod a quoque pœnae nomine exactum est id eidem restituere nemo cogitur. 〈拉〉任何人皆无义务返还作为罚金所收取之物。

Quod attinet ad jus civile, servi pro nullis habentur, non tamen et jure naturali, quia, quod ad jus naturale attinet, omnes homines aequales sunt. 〈拉〉就市民法而言,奴隶毫无地位,但依自然法则不然；就自然法而言,人人平等。

quod billa cassetur 〈拉〉撤销诉状 普通法上的一种判决,在以诉状[bill]而非原始令状[original writ]开始的诉讼中作出的确认被告所作的妨诉答辩[plea in abatement]成立的判决。(⇨cassetur billa)

quod cepit et asportavit 〈拉〉因为他拿取并带走 盗窃罪起诉书中的正式用语。

quod clerici beneficiati de cancellaria 〈拉〉免除大法官法院书记官向议会中神职人员的代理人捐献的令状

quod clerici non eligantur in officio ballivi, etc. 〈拉〉免除书记官供职的令状 该令状发给因拥有一些土地而被委任或将被委任为副郡长等官职的书记官,以免除其担任该等职务的义务。

quod computet (= judgment quod computet)

quod concessum fuit 〈拉〉许可之事

Quod constat clare non debet verificari. 〈拉〉显而易见者,毋须证明。

Quod constat curiae opere testium non indiget. 〈拉〉法庭已明了者,无须证人证明。

Quod contra juris rationem receptum est, non est producendum ad consequentias. 〈拉〉与法理相悖者,不应引作判例。

Quod contra legem fit pro infecto habetur. 〈拉〉违法之行为,视为未为。

Quod contra rationem juris receptum est, non est producendum ad consequentias. 〈拉〉已被接受而有悖法理者,不得引作判例。

quod cum 〈拉〉考虑到；鉴于 用于普通法诉讼的诉状中,指解释诉讼请求的陈述说明的引导词。

quod cum ad specialem instantiam 〈拉〉应特殊请求

Quodcunque aliquis ob tutelam corporis sui fecerit, jure id fecisse videtur. 〈拉〉为保护身体而为者,得视为合法行为。 如监狱失火,犯人为保存其生命而逃出监狱。

quod curia concessit 〈拉〉经法庭批准的

Quod datum est ecclesiae, datum est Deo. 〈拉〉捐献给教堂,就是奉献给上帝

Quod demonstrandi causa additur rei satis, demonstratae, frustra fit. 〈拉〉对已详尽描述者再行描述,为多余。

Quod dubitas, ne feceris. 〈拉〉不应做有疑问之事。 指在时间短暂的情况下,特别是在涉及生命时,应当做疑问最少或危险最小的事,才最安全。

quod eat inde quietus 〈拉〉无罪释放 对刑事指控作出无罪判决的正式用语。

quod ei deforceat 〈拉〉(英格兰古法)恢复因未出庭而失去占有之地产的令状 由《威斯敏斯特法Ⅱ》所规定,向因未出庭或其它过错而其占有权受到阻却的先行地产保有人[owners of a particular estate]所颁发,这些人包括终身地产保有人、寡妇地产保有人、鳏夫地产保有人及限嗣继承地产保有人等。依此,他们可以重新恢复其占有权。

Quod enim ante nullius est, id naturali ratione occupanti conceditur. 〈拉〉先前无主之物,依照自然原理,成为占有者之财产。

Quod enim semel aut bis existit, praetereunt legislatores. 〈拉〉立法者忽视只发生过一、二次之事。

quod erat demonstrandum 〈拉〉证明完毕 数学运算中用于证明的末尾。

Quod est ex necessitate nunquam introducitur, nisi quando necessarium. 〈拉〉必然之事不用提出,除非必要时。

Quod est inconveniens aut contra rationem non permissum est in lege. 〈拉〉违背理性或引起不便者,皆不容于法。

Quod est necessarium est licitum. 〈拉〉必要者合法。

Quod factum est, cum in obscuro sit, ex affectione cujusque capit interpretationem. 〈拉〉对某行为有疑问时,可从行为人之性情或品格中寻求解释。

Quod fieri debet facile praesumitur. 〈拉〉应为之事易于推定。

Quod fieri non debet, factum valet. 〈拉〉本不应为之事,于其完成后或可有效。

quod fieri potest 〈拉〉能做的事；尽可能多

quod fuit concessum 〈拉〉经批准的；经认可的 该词用于古代的判例汇编中,表示律师所述之辩论意见或法律主张得到了法庭的批准或认可。

Quod habeant et teneant se semper bene in armis et equis ut decet et oportet; et quod sint semper prompti et bene parati ad servitium suum integrum nobis explendum et peragendum, cum semper opus adfuerit, secundum quod nobis debent de foedis et tenementis suis de jure facere. 〈拉〉他们因拥有封地和保有物并根据法律规定,应向我们提供服役。据此,他们将备好武器和马匹,随时应召提供一切力所能及的服役。

Quod id certum est quod certum reddi potest. 〈拉〉可赋予确定性者即为确定者。

Quod inconsulto fecimus, consultius revocemus. 〈拉〉未经适当考虑所为之事,于详加考虑后得撤回之。

Quod initio non valet, tractu temporis non valet. 〈拉〉自始无效者，不因时间之经过而有效。

Quod initio vitiosum est non potest tractu temporis convalescere. 〈拉〉自始无效者，不因时间之经过而有效。

Quod in jure scripto "jus" appellatur, id in lege Angliae "rectum" esse dicitur. 〈拉〉罗马法所称之法[jus]，在英格兰法上应称之为权利[rectum]。

Quod in minori valet valebit in majori; et quod in majori non valet, nec valebit in minori. 〈拉〉较小范围内有效者，于较大范围内亦有效；较大范围内无效者，则于较小范围不会有效。

Quod in uno similium valet valebit in altero. 〈拉〉二事相同，其一有效，另一亦应有效。

Quod ipsis, qui contraxerunt, obstat, et successoribus eorum obstabit. 〈拉〉影响订约人者，亦同样影响其继承人。

quod jussu 〈拉〉（罗马法）令父亲（主人）守约之诉　指与奉父亲或主人命令的家子或奴隶订约的人提起的、以使父亲或主人遵守该协议的诉讼。

Quod jussu alterius solvitur pro eo est quasi ipsi solutum esset. 〈拉〉照他人之指令支付，如同向指令者本人支付。

quod libera sit cujuscunque ultima voluntas 〈拉〉临终时的意愿是自由的

Quod meum est sine facto meo vel defectu meo amitti vel in alium transferri non potest. 〈拉〉自己之物，如非因自己之行为或过失，则不丧失其物，或移转于他人。

Quod meum est, sine facto sive defectu meo amitti seu in alium transferri non potest. 〈拉〉自己之物，如非因自己之行为或过失，则不丧失其物，或移转于他人。

Quod meum est sine me auferri non potest. 〈拉〉非经本人同意，不得剥夺其财产。

Quod minus est in obligationem videtur deductum. 〈拉〉合同采纳较低之数额。　如甲表示以 600 元租乙的房子，同时乙表示以 500 元出租，合同就写为 500 元。

Quod naturalis ratio inter omnes homines constituit, vocatur jus gentium. 〈拉〉根据自然原理适用于一切人之规则，为"万民法"。

Quod necessarie intelligitur non deest. 〈拉〉必然之事无须提供。

Quod necessitas cogit, defendit. 〈拉〉必要性乃被迫所为者之辩护。

Quod non apparet non est. 〈拉〉未出现者，不存在。即，法院只认定案件中所证实的事实。

Quod non apparet non est; et non apparet judicialiter ante judicium. 〈拉〉未出现者，不存在；司法所认定的事实在判决前并未出现。

Quod non capit Christus, capit fiscus. 〈拉〉教会不取之物，归国库所有。　指自杀者[felo de se]的物品归国王。此为英格兰古法的准则。

quod non fuit negatum 〈拉〉未遭否定的事项　旧时判例汇编中的用语，表示争议或陈述未被法庭否定或反驳。

Quod non habet principium non habet finem. 〈拉〉无始者无终。

Quod non legitur, non creditur. 〈拉〉不读，不信。　指未经宣读的证据不予采信。

Quod non valet in principali, in accessorio seu consequenti non valebit; et quod non valet in magis propinquo non valebit in magis remoto. 〈拉〉主情形中无效者，于随附或相应情形中也无效；对直接事物无效者，则对间接事物也无效。

Quod nostrum est, sine facto sive defectu nostro, amitti seu in alium transferri non potest. 〈拉〉自己之物，非因自己之行为或过失，则不得灭失或转让他人。

quod nota 〈拉〉注意点　文件报告人的标注，表明应对某一点或某一规则加以注意。

Quod nullius esse potest id ut alicujus fieret nulla obligatio valet efficere. 〈拉〉凡将不能为个人所有之物归属于某人之协议，均无效。

Quod nullius est, est domini regis. 〈拉〉无主财产归属于国王。　在没有人提出绝对权益时，死亡时未留遗嘱的人的剩余遗产归属国家。

Quod nullius est, id ratione naturali occupanti conceditur. 〈拉〉依自然原理，无主物所有权应属于先占者。（⇨ finder of lost property）

Quod nullum est, nullum producit effectum. 〈拉〉无效者不生任何效果。

Quod omnes tangit ab omnibus debet supportari. 〈拉〉众人之事，应由众人支持。

quod partes replacitent (= judgment quod partes replacitent)

quod partitio fiat 〈拉〉进行分割　指分割财产案件的判决，判令将财产分割。

Quod pendet non est pro eo quasi sit. 〈拉〉悬而未决者应视为尚不存在。

Quod per me non possum, nec per alium. 〈拉〉自己不得为之事，亦不得依他人为之。

quod permittat 〈拉〉（英格兰古法）允准令状　在以下两种情况下签发：修建房屋、围墙构成对他人的妨害时，发给修建者；发给共牧权[common of pasture]被侵夺者之继承人，针对的是侵夺者的继承人。

quod permittat prosternere 〈拉〉〈英〉排除妨碍令状　古时一种权利令状，指令被告停止妨碍。

Quod per recordum probatum, non debet esse negatum. 〈拉〉记录所证实之事实，不得否认。

quod persona nec prebendarii, etc. 〈拉〉有关神职人员扣押财产的令状　为神职人员所发的令状，因其宗教财产被扣押以支付1/15税，而给予其收回财产的救济。

Quod populus postremum jussit, id jus ratum esto. 〈拉〉民众最后决定之事项被确立为法。　十二铜表法的一项原则，至今仍被认可。

Quod primum est intentione ultimum est in operatione. 〈拉〉首先存在于意图中之事，最后要体现于行动。

Quod principi placuit, legis habet vigorem. 〈拉〉君主意旨，即具法律效力。　普通法被证明是一个充满活力和健康原则的体系，明显有助于公民自由的成长，它并不因这种由《民法大全》引入的奴隶性政治准则而失色。

Quod principi placuit legis habet vigorem, cum populus ei et in eum omne suum imperium et potestatem conferat. 〈拉〉君主意旨即具法律效力，因民众已赋予其一切权力。

Quod principi placuit, legis habet vigorem; ut pote cum lege regia, quae de imperio ejus lata est, populus ei et in eum omne suum imperium et potestatem conferat. 〈拉〉君主意旨具有法律效力，因为民众已依法律授予其主权及一切权力。

Quod prius est verius est; et quod prius est tempore poti-

us est jure. 〈拉〉在先者较为真实；故时间在前者，于法律上为优先。

Quod pro minore licitum est, et pro majore licitum est. 〈拉〉在小合法者，在大也合法。

quod prostravit 〈拉〉排除妨碍　指排除妨碍之诉的判决，判令被告排除妨碍。

Quod pure debetur praesenti die debetur. 〈拉〉绝对正当之事，眼下也正当。

Quodque dissolvitur eodem modo quo ligatur. 〈拉〉以一方式生效，亦可以此解除效力。

Quod quilibet ignem suum salve. 〈拉〉人皆应对自己所酿火灾进行补救。

Quod quis ex culpa sua damnum sentit non intelligitur damnum sentire. 〈拉〉因自己之过失而使自己受害者，不视为受害。

Quod quisque populus ipse sibi jus constituit, id ipsius proprium civitatis est, vocaturque jus civile, quasi jus proprium ipsius civitatis. 〈拉〉自由民为自身所定之法，是城邦特有之法，被称作市民法，即城邦自己之法。

Quod quisquis norit in hoc se exerceat. 〈拉〉自由人皆致力于其所知者。

Quod quis sciens indebitum dedit hac mente, ut postea repeteret, repetere non potest. 〈拉〉明知无债务而以收回之意思为清偿时，亦不得收回。

quod recuperet　〈拉〉(= judgment quod recuperet)

Quod remedio destituitur ipsa re valet si culpa absit. 〈拉〉无过错者即有效，虽则其无救济之手段。

Quod rex non debet esse sub homine, sed sub Deo et lege. 〈拉〉国王不应服从臣民，但应服从于上帝和法律。

quod salvum fore receperint　〈拉〉为保管而接受

Quod semel aut bis existit praetereunt legislatores. 〈拉〉立法者不重视偶尔发生之事。

Quod semel meum est amplius meum esse non potest. 〈拉〉已属于自己所有之物，不可能再有超越该物以上之权利。

Quod semel placuit in electione, amplius displicere non potest. 〈拉〉一旦选择，不得否认。　例如享有合同解除权者，可以选择确认合同有效，也可选择解除合同，其一旦作出选择，则不得反悔而否认之。

quod si contingat　〈拉〉如果事情发生　旧时在契据中设定条件时的用语。

Quod solo inaedificatur solo cedit. 〈拉〉建于土地上之物，添附于土地。

quod stet prohibitio　〈拉〉禁令继续有效

Quod sub certa forma concessum vel reservatum est, non trahitur ad valorem vel compensationem. 〈拉〉以一定方式让与或保留之物，不得用以估价或赔偿。

Quod subintelligitur non deest. 〈拉〉被理解之事物不可丧失。

Quod tacite intelligitur deesse non videtur. 〈拉〉被默默理解之事物不大会丧失。

Quod talem eligi faciat, qui melius et sciat et velit et possit, officio illi intendere. 〈拉〉选择知识渊博，既愿意又有能力者担任公职。

quod tota curia concessit　〈拉〉法庭一致同意或许可的事

Quod vanum et inutile est, lex non requirit. 〈拉〉空洞无用之事，法不要求。

Quod vero contra rationem juris receptum est, non est producendum ad consequentias. 〈拉〉所接受而违于法律精神者，不得奉为判例。

quod vide　〈拉〉参见　通常缩写为 q.v.，指引读者参阅有关材料。

Quod voluit non dixit. 〈拉〉意图并未说出或表明。　答辩用语，用在否定立法者或立遗嘱人表示了某种内容的争辩中。

quo jure　〈拉〉依据何项权利　英国旧时一种令状，指令对他人土地主张共有权利的人出示权利根据。

Quo ligatur, eo dissolvitur. 〈拉〉以一种方式受到约束，亦可以此得以解除(约束)。

Quo magis nesciunt eo magis admirantur. 〈拉〉人们最推崇自己所知最少之事物。

quo minus　〈拉〉(英格兰古法)❶合理损害令　发给依法或依授权为维修房屋而有权在他人林区内伐木或割取干草者的令状，这是一种针对授权人的合理损害，这样林地受让人就不能像原来那样享有完全的权益了。　❷财税法庭通过拟制获取普通民事诉讼管辖权的令状　早期普通法的实践中，普通民事诉讼管辖权归皇家民事法庭[Court of Common Pleas]，财税法庭[Court of Exchequer]只管辖与国王财政税收有关的案件，但为了诉讼的便捷，人们设计了如下的拟制：原告向财税法庭法官宣称，他是国王的债务人，但被告给他造成的侵害使他无法偿还国王债务或支付租金，这样就在案件事实与财税法庭的管辖权之间建立了联系——被告影响了原告对国王债务的偿还，基于此财税法庭从14世纪开始获取了对普通民事诉讼中对人诉讼的管辖权。该令状发给财政署的官员，针对任何有诉权者。王座法庭获取对普通民事诉讼中对人诉讼管辖权的令状是米德尔塞克斯令[bill of Middlesex]。(⇨bill of Middlesex)

Quo modo quid constituitur, dissolvitur. 〈拉〉事物以一种方式创设，亦得以此解除。

Quo modo quid constituitur eodem modo dissolvitur. 〈拉〉事物以一种方式创设，亦得以此解除。

Quomodo quo quid constituitur, dissolvitur. 〈拉〉(= Quo modo quid constituitur eodem modo dissolvitur.)

quondam　〈拉〉以前的任职者；前任

Quoniam Attachiamenta　《法律原理》　一部苏格兰法律专著，得名于全书的起首语。著于14世纪，全部用苏格兰语写成，是有关封建法院诉讼程序的指南。作者不详。1609年首次印刷出版。

quorum　n. 法定人数　指立法机构、委员会、董事会、股东大会、债权人会议等商议事务或投票时出席的成员所必须达到的最低数目。法定人数由宪法、法规、公司章程、俱乐部章程等规定，通常为超过半数。不足法定人数时作出的决定无效。其复数形式为 quorums。

Quorum aliquem vestrum A. B. C. D., etc., unum esse volumus. 〈拉〉我们希望成为你们中之某人，或甲、或乙、或丙、或丁等。

quorum nomina　〈拉〉(英格兰古法)减费令状　亨利六世时的一种令状，目的在于使王室会计员以比从前更低的必要费用获取债务免除令[quietus]。(⇨quietus)

Quorum praetextu nec auget nec minuit sententiam, sed tantum confirmat praemissa. 〈拉〉既不加刑，也不减刑，只是对以前所确定的刑罚加以确认。

quot　动产份额　苏格兰古法中应归教区主教的死者动产的份额，为抵销债务前全部动产的1/20。1669年，改为从净财产中扣除，1701年完全废止。

quota n. 配额；定额；限额 指一定的数量。如销售额；限制的数额或百分比；又如从某一国家移民的限额。(⇨export quota)

quota immigrant 限额内的移民(⇨nonquota immigrant)

Quota Law 〈美〉《限额法》 指规定向美国移民的限额制度的法规，限制一年内从特定国家向美国移民的人数。

quota litis 〈拉〉成功酬金协议(⇨de quota litis)

quota system 限额制度(⇨Quota Law)

quotation n. ❶行情；时价(⇨market quotations) ❷引用语；引文 引用书面作品原文的片段至另一本书或文件中。 ❸引证 指向法庭或法官提出成文法、法庭意见、判例或其它权威言论的准确语句，以支持所提出的论点或主张。

Quotiens dubia interpretatio libertatis est, secundum libertatem respondendum erit. 〈拉〉自由与奴役之间存在疑问时，最终的判决须站在自由一边。

Quotiens idem sermo duas sententias exprimit, ea potissimum accipiatur, qui rei gerendae aptior est. 〈拉〉一词两义时，取其中更体现事物性质者。

quotient award 平均数裁决 以各仲裁员计算的不同数额之和除以仲裁员的人数得出的数额，作为裁决的数额。

quotient verdict 平均数裁断 经商定由各陪审员分别写下其认为恰当的赔偿额，再把各数额的总和除以陪审员的人数，依此作出的裁断即为平均数裁断。如最后确定的数额再经陪审团仔细考虑并一致认为公平合理，则不得对之提出异议。

Quoties in stipulationibus ambigua oratio est, commodissimum est id accipi quo res de quo agitur in tuto sit. 〈拉〉(罗马法)如契约条款语义模糊，最宜按保护交易事项之意予以解释。

Quoties in verbis nulla est ambiguitas, ibi nulla expositio contra verba expressa fienda est. 〈拉〉词句无模棱两可之意时，不应作出相反解释。

Quoties in verbis nulla est ambiguitas, ibi nulla expositio contra verba fienda est. 〈拉〉词句无模棱两可之意时，不应作出相反解释。

quousque 〈拉〉〈古〉多长；多远；直至 旧时在财产让与中用作限制的词语。(⇨prohibition; seizure)

quovis modo 〈拉〉无论以何种方式

quo warranto 〈拉〉❶(英格兰古法)权利开示令状 一种为国王利益而颁发的带有权利令状[writ of right]性质的特权令状[prerogative writ]，主要针对那些主张或盗用公职、特权及司法管辖权者，要求他们说明其权利依据，他们凭什么行使上述特权。1274年，爱德华一世派出专员到地方巡查王权被盗用的情况，依据所获得的信息，他又派出特派员到各地调查询问某些领主行使王权的权力依据。起初，如果被质询者无法出示特许状，特派员将为国王主张这些权利。这一做法招致一片怨声，因此，1290年颁布了两项格罗塞斯特法令，允许自1189年以来不间断占有者享有充分的权利，而失去这些权利的人将会得到救济。16世纪该令状为总检察长所提出的带有权利开示令状性质的权利开示控诉令[information in the nature of a Quo Warranto]所取代，后者常被用于审查某人是否具有被选为市政官员的权利，它于1938年被取消。权利开示令还可以针对怠于行使特权者及误用、滥用特权者发出，目的是为国王收回该特权。 ❷权利开始令；权利开示程序 用于审查权利的行使是否有合法依据，防止无合法依据之权力被继续行使。其意在防止无合法依据之权力的行使，而非规范这种权力的行使方式。 ❸〈美〉早期美国各州为保护公共利益或特殊情况下的私人利益而通过的由宪法或法律规定的代表机构行使的一种特权 ❹资格审查令 公司法中用于审查某公司是否经合法成立或是否有权经营某些业务的令状。

quum 〈拉〉无论何时；每当；当…时

Quum de lucro duorum quaeratur, melior est causa possidentis. 〈拉〉双方就物之取得存有争议时，占有人一方优先。

Quum de lucro duorum quaeratur, melior est conditio possidentis. 〈拉〉双方就物之取得存有争议时，占有人一方优先。

Quum duo inter se repugnantia reperiuntur in testamento, ultimum ratum est. 〈拉〉对遗嘱中前后矛盾之事项，后者应被确认为有效。

Quum in testamento ambigue aut etiam perperam scriptum est, benigne interpretari et secundum id quod credibile et cogitatum, credendum est. 〈拉〉对遗嘱中模棱两可甚至错误之处，应依可信及深思熟虑之意加以解释。

Quum principalis causa non consistit ne ea quidem quae sequuntur locum habent. 〈拉〉主要理由站不住脚时，从属理由也无立足之地。

Quum quod ago non valet ut ago, valeat quantum valere potest. 〈拉〉如一行为并非完全有效，则其于可能之范围内有效。

q.v. (= quod vide)

Rr

R (= rex; regina; range)
R.A. (= rear admiral; Regular Army)
rabbinical courts 拉比法院 即犹太教法院。现在以色列设置的法院,对犹太籍公民或居民的婚姻和离婚事项享有管辖权,对其他事项与一般民事法院同样享有管辖权。
rabbinical divorce 拉比式离婚 由犹太教拉比[rabbi]批准的离婚。
race n. ❶人种;种族;民族 ❷(速度的)比赛;竞赛
race discrimination 种族歧视(⇨discrimination)
race-notice recording statute (= race-notice statute)
race-notice statute 〈美〉善意登记权利优先法 登记法[recording law]的一种,规定登记在先者如果对于发生在先但未经登记的请求权未知情的,则其权利优先。亦作"race-notice act"、"race-notice recording statute"或"notice-race statute"。(⇨race statute; notice statute)
race recording statute (= race statute)
race relations 种族关系 人类通常可分为三大或五大种族,即高加索族、蒙古族、尼格罗族,也可加上印第安族和马来亚族。区别种族的主要特征是肤色、文化因素和语言。种族主义起源于 16 世纪以来欧洲各国向海外的扩张,它们把所占领各地的有色人种看作劣等种族,并否认其基本人权。教皇和神学家曾与之进行过斗争,西班牙曾通过许多开明法律,以保护拉丁美洲的土著居民。美国早期从非洲输入黑奴,奴隶主坚信黑人只能是奴隶。南北战争、解放奴隶以及长达一世纪的激烈争辩,终于使大部分人认识到把有色人种看作低人一等是无根据的,也是对社会有害的。种族歧视的另一种现象是反犹太人主义,在不同时期不同国家都曾出现,但最为极端的则是纳粹德国。纳粹德国把灭绝犹太人作为其政策的主要目标。在南非,种族歧视的表现形式是对黑人及其他有色人种实行种族隔离制度。英国由于在 20 世纪 60 年代和 70 年代大批有色人种从英联邦各地涌入,遂于 1965 年及 1968 年分别通过《种族关系法》[Race Relations Acts],规定在住房、就业和其它方面的歧视为非法。1976 年又通过另一部法律,进一步规定任何以不同种族为由的歧视均属非法,并力促不同种族的群体之间建立良好关系,而煽动种族仇恨则属该法定的犯罪行为。
race statute 〈美〉登记在先权利优先法 登记法的一种,规定登记在先者,无论其对他人发生在先的权利是否知情,其权利皆优先。此种登记法在美国仅为路易斯安那州与北卡罗来那州所用。(⇨ notice statute; race-notice statute)
rachat 〈法〉❶回购;回赎 ❷赎金

rachater 〈法〉买回;回赎
rachetum 〈苏格兰〉赎金;回赎;回购
racial quotas 种族配额(⇨affirmative action)
racial restriction 种族限制条款 在契据或不动产合同中,规定不得将财产出售或转让给属于某一种族或信仰某种宗教的人或将财产交由其占有的条款。(⇨discrimination)
racing tips 〈英〉赛马预测 1902 年赫可诉麦肯兹[Hawke v. M'kenzie]一案的裁决认为,提供或发布告示预测赛马的胜负不属违法。
rack n.(古)肢刑架 古代欧洲使用的一种刑具,用以拷问被告人,使其招认罪行和交待同案犯。该刑具是方形框架构造,刑架四角有滚轮,四肢用绳固定其上,身躯倒置于刑架之中,拉动四角抽杆,可以拷拉犯人四肢。对于死刑犯,可以使之四肢脱臼或分离。英国于 1640 年禁用该刑具。
racket n. ❶非法交易 ❷有组织犯罪 尤指通过暴力或威胁手段勒索钱财。
racketeer n.敲诈勒索者
Racketeer Influenced and Corrupt Organizations Act 〈美〉《反勒索及受贿组织法》(⇨RICO laws)
racketeering n. ❶有组织敲诈勒索罪 指以恐吓、暴力或其他非法手段向合法企业强索钱财。 ❷〈美〉犯罪组织非法活动 指由从事非法活动的企业如犯罪辛迪加[crime syndicate]从事的一系列非法活动,如贿赂、勒索、诈骗以及谋杀。这一用法来源于联邦 RICO 制定法,其非法活动已拓展,包括邮件诈骗、证券诈骗以及非法收取赌债。(⇨extortion; Hobbs Act; RICO laws)
rack-rent n. 高额地租;勒索性高额租金;全额地租;市面最高租金 指其租金等于或相近于租赁物的年产值。
radiation council 〈美〉辐射委员会 一个联邦机构,就有关辐射事项向专家咨询并向总统提出建议,包括与各州的合作计划。
Radio Act of 1927 〈美〉《1927 年无线电法》 管理无线电通讯的联邦法律,其取代了 1912 年的相关联邦法律,1934 年被废除。
radiograph n. X 光片
raed (= red)
raffle 〈法〉抽彩售货 一种摸彩方式。售货人出售小金额的彩票,中彩票的持有者可获得供出售的物品。抽彩售货一般是非法的,但为资助慈善事业、文化事业或为其他类似目的则可被允许。(⇨lottery)
rageman 规则;形式;先例
ragged school 〈英〉贫民免费学校 根据 1869 年《主日

学校及贫民免费学校(税收豁免)法》[Sunday and Ragged Schools (Exemption from Rating) Act]的规定,指向最贫困阶层的青少年提供免费教育的学校。对主日学校及贫民免费学校均免税收。随着国家义务教育制度的建立,贫民免费学校已不再存在。

Ragimund's-roll (= Ragman roll)

ragler 〈英〉威尔士五十村[commote]的郡长、警官或其他行政长官

raglor (= ragler)

Ragman roll 〈英〉❶莱格曼名单 指1296年签名效忠于爱德华一世的苏格兰贵族和其他首要人物的名单。❷莱格曼清册 指由驻苏格兰教廷使节[legate]莱格曼[Ragimund]编写的一本清册,他曾召集苏格兰各地教士就其俸禄的真实价值进行宣誓调查,登记成册,这成为罗马教廷征税的依据。

Ragman's roll (= Ragman roll)

raider n.〈美〉突击收购者 指个人或公司为取得目标公司的控制权而收购该公司达到控制权的股票,并建立新的管理体制。根据《威廉姆斯法》[Williams Act]的规定,凡累计持有目标公司公开发行股票的5%或5%以上的收购者必须公开报告其购买行为。(⇨corporate raider)

raiding n.〈美〉卧底 赞同一个政党的投票者自称其为另一政党的投票者以影响或决定另一政党的预选结果的作法。

railroad v.❶(涉及到立法程序时)速决通过;使草率通过 ❷草率定罪 尤指以捏造罪名或不充分的证据方式。
n.铁路。

railroad aid 〈美〉铁路援助 利用公共资金、贷款或税金以资助铁路的建设、维修和经营。

railroad aid bonds 〈美〉铁路援助债券 政府机构为援助铁路建设而以政府信用为担保发行的债券。

railroad bond 〈美〉(由铁路公司发行的)铁路债券

railroad commission 〈美〉铁路委员会 管理铁路运营及其他有关设施的机构。(⇨public service commission)

railroad commissioners 〈美〉铁路专员 由各州任命负责监督铁路建设和运营的官员。

railroad company 铁路公司(= railway corporation)

railroad grant 〈美〉划拨铁路用地 将公共土地划拨给铁路公司作为铁路用地以支援铁路建设。通过提供铁路运输鼓励居民在新拓展的公共土地上定居。

railroad receiver 〈美〉铁路受托管理人 法院根据衡平法或制定法授权该人对铁道的线路和财产予以接管和经营。

railroad relief fund(s) 〈美〉铁路救济基金 铁路公司中通常由雇主和雇员双方提供的基金。此项基金在雇主协助下由救济协会管理,在雇员生病、伤残或死亡时提供帮助。(⇨relief association; relief fund)

railroad reorganization 〈美〉铁路重组 在铁路公司的财务状况恶化丧失支付能力时,由联邦法院对其现存资产利益进行调整的措施。

railroad right of way 〈美〉铁路用地权;铁路通行权 铁路用地指因养护和运营铁道线路而占用的狭长地带。铁路通行权指穿越他人土地的权利,也包含使用该土地的权利,而不仅是通行的权利。

railroad stock 铁路股票 由铁路公司公开发行的股票。

railroad system 〈美〉铁路系统 指铁路的实际联结或者铁路路线的联合经营管理。

railroad unemployment insurance account 〈美〉铁路失业保险账户 依照《社会保障法》[Social Security Act]设立的失业信托基金中的账户,由财政部长管理经营。

Railroad Unemployment Insurance Act 〈美〉《铁路失业保险法》 一项联邦立法,全面规定向法定范围内的铁路雇员支付失业保险金的方案。

Railway and Canal Commission 〈英〉铁路和运河委员会 根据1888年《铁路和运河运输法》[Railway and Canal Traffic Act]设立的审判机关。1949年被撤销,其主要职能移交高等法院和苏格兰最高民事法院[Court of Session],其他职能仅交铁路运价法庭[Railway Rates Tribunal]。

Railway and Canal Traffic Act 〈美〉《铁路和运河运输法》 1854年国会通过的联邦法律,规定不得对承运人的责任加以限制,但双方当事人同意并在合同中特别约定的除外。

Railway Commission 〈英〉铁路委员会 根据1873年《铁路规章法》[Regulation of Railways Act],由3名委员组成,后为铁路和运河委员会[Railway and Canal Commission]取代。

railway corporation (= railroad company)

Railway Labor Act 〈美〉《铁路劳工法》 1926年国会通过的联邦法律,赋予了运输员工不受资方干涉的组织权,并确立了解决运输业中的劳资纠纷的指导原则。1934年修改该法,使其适用范围扩及航空业,并设立了国家调解委员会[National Mediation Board]。

Railway Rates Tribunal 〈英〉铁路运价法庭 1921年设立,由一名高等法院的法官或苏格兰最高民事法院的法官和两名具有专业经验的成员组成,对确定铁路运送旅客和货物的费用、货物的分类、确定并审查费用标准和其他诸如此类的事项有完全的管辖权。1947年它被运输法庭[Transport Tribunal]取代。

railway rolling stock 〈英〉所有铁路车辆 1872年《铁路车辆保护法》[Railway Rolling Stock Protection Act]规定,业主的铁路车辆不得作为承租人的财产而受到扣押。1867年《铁路公司法》[Railway Companies Act]和1867年《(苏格兰)铁路公司法》[Railway Compaines (Scotland) Act]规定,所有铁路车辆免于被强制执行。

rain maker 〈美〉求雨者 指大型律师事务所的合伙人,其主要作用是为事务所吸引新的当事人。

rain water 雨水 指由云层降落而尚未进入土壤或江河湖海的水。除非经过允许或约定俗成,任何人不得因建造房屋而造成雨水排入邻人的土地。

rainy days 雨天 合同中约定可以延迟卸货时间的一种情事,指根据港口的设施条件不能使货物安全上岸的雨天。

raise v.❶提高(价值);增加(数量) ❷筹集;募集 ❸提出(以供讨论或考虑) ❹表明;显示 ❺变造票据面额 指以欺诈手段改变流通票据的面额,使之价值增大。

raise an issue 提出争点;确定争点 指当事人在诉状中提出争点,或在诉讼过程中从双方当事人的争辩中确定争点。

raise a presumption 作出推定 指给出推定的根据;或者按照事情的性质或当时的情况,可以作出法律上的推定或推断。例如,保持沉默在某些情况下可以推定为同意。(⇨presumption)

raise a rate 提高税率;征税

raised check 变造面额的支票 指对其面额进行变更而使之增大的支票。它一般未经出票人同意,故构成欺诈

行为。
raised instrument 变造面额的票据(⇨raised check)
raise revenue 征税
raising amount of instrument 变造票据面额 伪造、变造支票或其他票据的真实面额以获取更多金额。
raising an instrument 变造票据面额(⇨raising amount of instrument)
raising a promise 推断允诺 根据法律，依据某一特定事务的既存事实和各种情形，可以推断出其中包含未予明示的允诺，当事人由此承担相应的法律责任。
raising a use 创设用益权；设立用益权 如果某人无任何对价将其土地让与他人，则衡平法推定让与人是以自己用益为目的，以默示方式为自己利益创设用益权。
raising portions 〈英格兰古法〉抚养款 当地产确定传给长子时，长子通常需向其弟、妹支付一笔特殊款项。为达到此效果而发出的指令被称为"幼子女抚养款"指令。为此通常要出租或让与相应一部分地产权。
raison d'être 存在的理由或原因
rake-off n. 非法索取或支付交易利润；分赃、贿赂或掠取利润；赌博活动中庄家抽取头钱
R.A.M. (= reverse annuity mortgage)
ramistic method 拉米斯方法 指一种法律注释及教学的方法，起源于与拉米斯[Petrus Ramus]各种学术活动有关而产生的一场运动。他反对亚里士多德－经院哲学的辩证法并发展了一种独特的方法，这种方法被应用于法学研究。在17世纪，它带上了浓厚的学究色彩。
Rampton n. 〈英〉兰普顿医院 位于莱特堡[Retford]附近的一所特殊医院，收治精神不健全、被判有罪、具有危险性或犯罪倾向的病人。此外，医院也收治智力低下或大脑损伤的病人。
rams 〈英〉公羊 1946年《丘陵农场法》[Hill Farming Act]和1951年《牲畜饲养法》[Livestock Rearing Act]对公羊的管理作出了规定。
ran 〈撒克逊〉〈英格兰古法〉公开的偷窃；抢劫；强盗罪；公开、明显的强奸
rancho 〈西〉❶村落；营寨 ❷(在墨西哥及以前通行西班牙法律的加利福尼亚州的)大牧场或适于放牧牛马的大片土地 不同于业经垦殖的种植园或庄园[hacienda]。
random audit 〈美〉随机查核 定期而不事先通知地查核律师的财务状况，以确定当事人的钱款是否稳妥地分别立账保管。但只有衣阿华、新泽西和华盛顿等少数州建立这种保护当事人账款的制度。(= spot audit)
random or spot check 〈美〉任意检查 除非驾驶员违反法律规定，警察不得以改善高速公路的安全为由任意拦截机动车驾驶员检查其驾驶执照和登记证。但警方进行有组织的关卡检查[roadblock check]时不在此限。
range n. 〈美〉(公地测量中两条相距六英里子午线间的)一排城镇；方六英里城镇区域
range levy 放牧税 对牧场或放牧区的牲畜征收的一种税。征税官员并不将牲畜集中点数，而是通过辨认标记或烙印确定牲畜的数量，并通知牲畜的所有人。
ranger n. ❶〈英格兰古法〉王室护林官 一种经宣誓就任的王室森林官员，其主要职责在于：①在其辖区[bailiwick]范围内巡视，了解有关侵入森林的事项；②将发情或遭追捕的动物从非林区驱入林区；③在下一次森林法庭开庭时对森林入侵者提出控诉。 ❷护林员 ❸〈美〉(得克萨斯州的)巡警
rank n. 社会地位；等级；官阶；军阶

ranking n. 〈苏格兰〉破产人清偿债务的顺序
ranking and sale 〈苏格兰〉顺序清偿变卖财产 一种诉讼程序，指将无力偿债者有权继承的财产依司法程序变卖，变卖所得根据债权人的权利和优先权按顺序分配。现已废除。
ranking of creditors 债权人的顺位(⇨preference; priority)
ransom n. ❶赎金 ①绑架他人而勒索的财物，或为赎救被绑架的人而交付的财物。收受、占有或处分此项赎金为犯罪行为；②(国际法)为赎回被敌方俘获的财产而支付或同意支付的金额，尤指在赎金在海上被俘获的船只；③(英格兰古法)为免除重大犯罪的肉体刑罚而交付的金钱，也指为从监狱中获释而交付的金钱。 ❷赎回；赎出
v. ❶赎出；赎回 ❷得赎金后释放(或发还) ❸向…索取赎金(⇨kidnapping)
ransom bill 赎回单据 海战中被俘获的船舶为获得释放并在一定时间和航线安全航行而同意向对方支付一定数额赎金的协议。
ransom bond (= ransom bill)
ransom payment 支付赎金 为赎回被拘押人员或被扣押财物而支付赎金。
rap n. (俚)❶刑事责任 ❷刑事指控 ❸刑事定罪 尤指监禁刑。
Rap Brown Law 〈美〉《瑞普·布朗法》 1968年被称为《民权法》[Civil Rights Act]的联邦修正案，得名于20世纪60年代民权运动领袖瑞普·布朗。该法规定对企图跨越州界制造骚乱者可处以最高达5年的监禁或10 000美元的罚金。
rape n. ❶普通法强奸罪 指男子违背非其妻之女子的意志，强行与之实行性交的犯罪。构成这一普通法上的犯罪要求阴茎至少轻微插入阴道，而且丈夫不能被指控成为强奸其妻的犯罪主体。 ❷制定法强奸罪 通常指违背妇女意志，以暴力方式在违其意志的情况下实行性交的犯罪。现代制定法对该罪的犯罪构成予以扩展，婚姻身份以及被害人的性别现已与犯罪构成无关。 ❸(古)劫掠；强夺 ❹蹂躏；破坏 ❺〈英格兰古法〉雷普 苏塞克斯郡[Sussex]的(六个)旧行政区之一。 这是一种比郡[shire]小，比百户区[hundred]大的行政单位。
Rape Assault Center 〈美〉强奸案被害人保护中心 由经过专门训练的专业人员组成，通常设在医院，向强奸案件的被害人提供法律咨询、情感慰藉及其他指导。它可以向即将到来的审判提供临床证据并协助被害人参与法律程序。
rape of the forest 〈英格兰古法〉武力侵入森林罪 唯有国王对此项犯罪有管辖权。
rape-reeve 〈英格兰古法〉雷普长 雷普为郡之下、百户区之上的行政单位，这种划分在苏塞克斯[Sussex]尤为明显。雷普长即为这种行政区域之长官，位居郡长之下。(⇨rape)
rape shield laws 〈美〉保护强奸案被害人的法律 大多数州通过的法律，禁止或限制使用有关强奸案或其他性犯罪案件被害人贞操或声誉的证据。(⇨shield law)
rape victim privacy protection laws 〈美〉保护强奸案被害人隐私的法律 联邦及大多数州制定的一系列法律，规定在审理强奸和强奸未遂案件时，证人不得提出有损被害人社会名誉或涉及其过去性生活的证据。
rapid charge processing system 〈美〉快速处理程序制度 均等就业机会委员会[Equal Employment Opportunity

Commission]采用的一种程序,其目的在于避免长时间的调查,并清理超过 100 000 件因种族、肤色、宗教、性别、国籍、年龄或生理缺陷而在就业上遭受歧视的积压案件。

rapina 〈拉〉(罗马法)抢劫;掠夺 以据为己用为目的,暴力夺取他人动产的行为。

rapine n. ❶抢劫;抢夺 ❷〈古〉强奸

rapist n. 强奸者

rapport à succession 合并继承 法国法及美国路易斯安那州法律中的一种类似财产合算[hotchpot]的程序,即将所有继承财产合并在一起,由共同继承人平均分配。

rapporteur 〈法〉预审法官 审查调查人员所搜集的证据并向法庭报告其结论和参考意见的法官。设置预审法官是由于需要有专人分析调查人员从证人处和文件中所取得的材料。预审法官的职务由各法官轮流担任。起初其并不作为法庭的成员,自1336年起可作为法庭的一员参与作出裁判。法国大革命后,预审法官必须在公开法庭提出其分析报告,并作为案件报告的一部分公开发表。

Rap Sheet 〈美俚〉罪犯档案 定罪的记录,有时包括联邦、州或地方机构执行逮捕的记录,用于对刑事罪犯的调查、追诉和判刑。

raptor n. 〈英格兰古法〉强奸者(= rapist)

raptu haeredis 〈英格兰古法〉恢复监护权之令 一种发给骑士役或农役保有地监护人的令状,依此可以恢复他对被别人带走的保有地继承人的监护权。涉及两种情况:一种是继承人已婚,另一种是继承人未婚。后为劫持被监护人令[ravishment de gard]所取代。(⇨ravishment de gard)

raptus 强奸

rapuit 〈拉〉〈英格兰古法〉强奸 古时刑事起诉书中的专门用语。

RAR (= revenue agent's report)

rascal n. 流氓;无赖;恶棍

rasura (= rasure)

rasure n. 削除;刮削式变造 指通过刮削书面文件表面的手段以消除该文件上所记载的某些字母或文字。它与"涂抹"[obliteration]有所不同,后者通常是指以墨水涂划的方式而对某些字母或文字进行变造。但两者在实践中通常互用。(⇨obliteration; raise; raised check)

ratable a. ❶可估价的 ❷按比例的 ❸应纳税的(⇨pro rata)

ratable distribution 按比例分配 在破产程序中,将破产人的财产按比例分配给经证明或经法院判决享有同等优先权的债权人。

ratable estate 应纳税的财产

ratable poll 纳税人

ratable property 可估价的财产 按其质量和性质可估价的财产。

ratable value 估定价值;征税估价

ratam rem habere 〈拉〉认为事情已获认可或确认

rat breaker 破坏罢工者;工贼(⇨strikebreaker)

ratchet jawing 〈美俚〉呱呱嘴;刺刺不休 指在公民的频道发音机内使用污秽的语言,这是一种联邦刑事犯罪。

rate n. ❶比率;费率 如保险费率、运费率等。 ❷价格;费用 ❸利息率 ❹〈英〉(常用复)(地方政府征收的)不动产税;地方税
v.〈英〉❶向…征收地方税;为了征收地方税而估计(财产)的价值 ❷确定货物的运费;估定…的保险费

rate base 费率基数;收益率基数 某些管理机构为公用事业公司等订立的,在计算投资收益率时使用的一种经济参数,只有该公司的总收入超过所订基数时才能获得特定的投资收益率。该种基数体现了该公司为提供规范服务所必须投入的且已投入的正在使用的财产或投资的公平市场价值。

rate cap 利率上限 贷款协议中关于限制提高利率的条款。

rate fixing (= rate making)

rate for freight (= freight rate)

rate making 确定税率;核定税率 确定应缴纳的税率的程序,尤其是需要政府予以控制的税率,其性质属纯立法职能,应由立法机关直接进行或依其授权而交由其下属机构或行政机关来进行。

rate of assessment 分摊比率

rate of duty 关税税率

rate of exchange 汇率;货币兑换率

rate of fare (车、船等的)票价(⇨fare)

rate of interest (= interest rate)(⇨legal interest)

rate of premium (= premium rate)

rate of return 投资收益率;投资回报率 指投资中所获得的年收益,通常用百分比表示;在普通股投资中,指年股利收入与购买价格的百分比。

rate of tax (= tax rate)

rate of wages 工资级别 由合同或集体谈判确定的工资等级。(⇨prevailing rate of wages)

rate tariff 运费价目表 承运人向可能的托运人说明在一定条件下提供一定服务的运费价格。

rate tithe(s) 按比例征收的什一税 教堂区内的财产所有人按其财产比例交纳的什一税。

rate war 运费战 指相互竞争的铁路公司之间为争取旅客或货物而突然大幅度波动运费的行动。

ratification n. 批准;追认;认可 国际法上所称批准,指缔约方同意受条约的约束时对条约或协定的确认。双边条约互换批准书,多边条约则将批准书交联合国秘书长或某一指定政府的档案馆保存。除另有约定外,多边条约自全体或一定数量的签署国递交批准书之日起生效。国内法上,指对以前自己或他人作出的行为的追认。这种追认与事先授权相同,其效力追溯到作出行为的时候,但涉及第三人权益的除外。对未经授权的代理人以本人名义作出的行为或订立的合同,本人在知晓全部主要事实后可予以追认。(⇨estoppel; acknowledgment; approval; confirmation)

ratification of forgery 对伪造签名的认可 对未经授权或伪造的签名予以认可,从而使文件发生效力。

ratification of marriage 婚姻的确认 在对造成婚姻障碍的事实完全明知的情况下,仍以夫妻名义共同生活,从而使得可撤销婚姻合法化。

ratification of treaty 条约的批准(⇨ratification)

ratified a. 经批准的;经追认的;经认可的(⇨ratification)

ratify v. 批准;追认;认可(⇨ratification)

ratihabitio 〈拉〉对合同的确认、同意和认可 尤指委托人对代理人所执行事务的认可。

Ratihabitio mandato aequiparatur. 〈拉〉认可等同于指令。

ratihabition (= ratification)

Ratihabitio priori mandato aequiparatur. 〈拉〉认可等同于事先的指令。

rating n. ❶信誉评价;信用等级(⇨credit rating) ❷(公

职候选人的)评定得分;(书面)测试结果 ❸(船只的)状况评定(以确定可保险性) ❹等级;品级;军阶

rating and valuation 〈英〉计征不动产税和估价 在英国,向土地和建筑物的占有人或所有人征收的不动产税是地方政府收入的主要来源。为确定征税额度,由税务局长[Commissioners of Inland Revenue]委派的估价官员估定土地或建筑物的价值,依不动产可合理取得的租金每五年评估一次。在苏格兰,由郡估价员[county assessors]作出估价。

rating bureau 费率厘定机构 ①指保险联合会或保险代理人组织。该组织的目的是促进保险业的发展、提高福利及为各参加方提供便利,它还寻求保险经营的统一性,尤其在费率制定方面;②专门从事检查投保财产以确定保险费率的机构。

ratio n. ❶比;比率;比例 ❷判决理由

ratio decidendi 〈拉〉判决依据 指法庭判决案件的法律依据,可简写为 ratio。

Ratio est formalis causa consuetudinis. 〈拉〉法理是习惯之形式的原因。

Ratio est legis anima; mutata legis ratione mutatur et lex. 〈拉〉理性是法律的灵魂;理性改变,法亦随之改变。

Ratio est radius divini luminis. 〈拉〉理性是神灯发出的一束光芒。

Ratio et auctoritas, duo clarissima mundi lumina. 〈拉〉理性和权威是世上最明亮的灯。

ratio impertinens 不恰当的理由;与主题无关的争辩

Ratio in jure aequitas integra. 〈拉〉法律的理性在于公正无偏。

ratio law 〈美〉比例法 规定在特定地区颁发的酒类买卖许可证不得超过居民人数一定比例的制定法。

ratio legis 〈拉〉法的理性;法内在的理性

Ratio legis est anima legis. 〈拉〉法理是法的灵魂。

rationabile estoverium 〈拉〉赡养费;生活费(= alimony)

rationabilibus divisis (= rationalibus divisis)

rationabili parte 〈英〉合理分割令 该令状要求平均继承制下的兄弟姐妹及其他共同保有人将土地分成单独保有[hold in severalty]。该令状已于 1833 年被取消。(⇨severalty; partition; tenancy in common)

rationabili parte bonorum 合理份额之令 该令状系为向死者的妻子及其子女发出,依此他们有权向其亡夫或亡父的遗嘱执行人要求获得他们应当得到的动产的各 1/3。

rationabilis 合理的;理智的

rationabilis dos 寡妇应得之地产 通常为其亡夫死时所占有土地的 1/3。(⇨dower)

rational a. 理性的;理智的;合理的

rational basis (法律上)合理的依据 法院审查行政性命令时的标准,指以正当、合理的方式适用法律。

rational basis test 〈美〉合理依据标准 如果一特定制定法的制定有合理依据,并且该法与达到合法的政府目的有合理的联系,则上诉法院将不就该法是否明智或合理对立法机关进行事后批评。同样的标准也可适用于法院对某一行政机关的决定的审查。

rational doubt 合理的怀疑(⇨reasonable doubt)

rationale n. ❶原理的阐述;理由的说明;解释 ❷基本原因;全部理由;基本原理;理论基础

rationalibus divisis 分界令 当领主发现其公共牧地被邻近庄园"蚕食"时,申请此令状要求郡长划清相邻土地之边界。

rational intent 合理愿望;合理目的 与不合理的目的[irrational purpose]相对。

rational interpretation 合理解释 有时在解释书面文件时采用的一项原则,即法庭认为文件中缺少的词句可予以补充,认为文件中不必要的词句可以忽视,以符合当事人的真实意思。此项原则有时也用来解释制定法。因其有司法性立法的倾向,因而是一项具有危险性的原则。

rationalism n. 理性主义 指以理智的理性权威取代神授法和教会法的精神权威的文艺复兴、宗教改革以及民族国家的兴起而导致的思想运动。

rational purpose test (= rational basis test)

rational volition 合理判断;理性选择 指通过理性思考,分析各种主客观情况而对某项行动作出判断。

ratione contractus 由于合同

ratione impotentiae 〈拉〉由于软弱无力

ratione loci 〈拉〉由于所在的地点

ratione materiae 〈拉〉由于有关的事物

ratione personae 〈拉〉由于有关的人;由于有关的人的特点

ratione prescriptionis 〈拉〉由于因时效而产生的权利或义务

ratione privilegii 〈拉〉由于特权

rationes n. (古)诉讼中的文书 指诉状、答辩状等诉讼文书。

rationes exercere 申辩

ratione soli 〈拉〉由于土地;由于土地的所有权(⇨property ratione soli)

ratione tenurae 〈拉〉由于占有权(使用权)

ratione tenurae or prescriptionis 〈拉〉由于因占有或时效而产生的权利或义务

ratione tenurae suae 〈拉〉由于其自己的占有

rationing n. 定量配给 战时因供应短缺而对食品、衣着等生活必需品实行的定期定量配给。

Ratio non clauditur loco. 理性不受地域的限制。

ratio of safety 安全比率 指信托投资基金的受托人所遵行的、用以确定其投资安全程度的比例,即证券价值与信托投资总额之间的比例。

ratio pertinens 相关的原因;与问题有关的理由

Ratio potest allegari deficiente lege; sed vera et legalis et non apparens. 〈拉〉法律有缺陷时,可以诉诸理性;但必须具备实质合理性,而不仅是表面上如此。

rattening n. (古)非法藏匿破坏财物 指工会工作人员为迫使工人加入工会或停工或迫使公司遵守工会规则而取走或藏匿工具或毁坏机器等。在英国为可判处罚金或监禁的犯罪行为。

ratum 被认为有效的;被看作或承认有效的

ravine n. 沟壑;深谷 在对强奸案的起诉书中指出罪行发生在深谷中,含有受害人并不同意的意思,起诉书不必特别指出强奸行为违反受害妇女的意志。但对这一点亦有不同意见。

ravish v. ❶强奸(⇨rape) ❷(古)强夺;抢走 ❸使狂喜

ravished a. 被强奸的

ravisher n. 强奸者

ravishment n. (古)❶强奸 用于该义时,与现代含义不符,因其隐含高兴狂喜之意味。 ❷从丈夫处夺走妻子或者从监护人处夺走被监护人(⇨rape; ravish; abduction)

ravishment de gard 〈拉〉〈法〉劫持被监护人令 该令状为享有基于农役或骑士役产生的监护权之领主针对从其

监护下劫持走被监护人的人发出。1660年废止。
ravishment of ward 处于监护之下的未成年人未经监护人同意的婚姻
razón 〈西〉理由;根据
razor n.〈美〉剃刀 剃刀是家庭日常用品,随身携带剃刀的人一般不能认定为犯有携带危险致命凶器罪[offense of carrying a dangerous and deadly weapon],但是,因为剃刀具有锐利的刀锋,足以危及生命,故若根据当时的情状,表明携带人意欲以剃刀作为犯罪工具的,则有可能构成此罪。
R.C.C.L.S. (= Resource Center for Consumers of Legal Services)
R.C.L. (= Ruling Case Law)
RCRA (= Resource Conservation and Recovery Act)
re 〈拉〉在…案件中;就…来说 意指"in the matter of",常用于只有一方当事人的诉讼程序。(⇨in re)
reaching full age 成年(⇨majority)
reacquired stock (⇨treasury stock)
reaction time 反应时间 尤指在紧急情况下对突发事件应当作出反应的时间要求。
reader n.〈英〉律师公会讲师 指15到17世纪在春秋两个假期[in Lent and August vacations]为律师公会[Inns of Court]作系列讲座或报告的高级出庭律师[senior barrister]。春假讲演一般留给那些几年前演讲过,或是公会主管委员[bencher]的高级讲师[double reader]。以前,讲师是成为公会主管委员会的前提,17世纪公会主管委员开始由选举产生,并未要求曾做过讲师。15世纪时演讲包括一系列标准的讲座,涉及过去一些最重要的制定法[statute],16世纪时讲座多为阐明某制定法或部门法[branch of law],主要是土地法。许多这类演讲都成为权威著作。17世纪该制度衰微。该头衔也用来指圣殿大教堂[Temple Church]中于周日下午上日课[read the lessons]和布道[preach]的教会法官[official],他常在律师公会或大学里任教师,职称仅次于教授。
readily accessible (在紧急情况下)可立即使用的 例如拖网渔船必须在每个船员的铺位上放置救生衣或救生圈,即是制定法所规定的提供"可立即使用的"救生用具。
reading n.(宣)读议案;(议案的)宣读;解释;校阅
reading ability 阅读能力(= literacy test)
reading bill 审读议案 对立法机关审议议案的一项要求,它要求议案最终通过之前,应当在每一议院详细地、逐条地诵读数遍。
reading in 〈英〉朗读 指任何被授予圣职的英格兰国教会神职人员,在任职的教堂行使职务的第一个星期日,必须当众朗读《三十九信条》[Thirty-nine Articles],并声明其同意该信条及保证遵循《公祷书》[Book of Common Prayer]规定的圣礼。如果不履行这一程序,授予的神职无效。
reading indictment or information 〈美〉宣读起诉书 对刑事被告人提出指控时的必要步骤。
reading of the law 〈美〉攻读法律 指学生在法院认可的执业律师指导下攻读法律,以替代进入法学院学习。现今在大多数州必须从认可的法学院毕业才能取得律师资格,但过去并不如此要求。
reading ordinance 〈美〉宣读条令 制定市政法规的必要程序。指根据法律的规定,将条令在地方议会宣读一遍或数遍。
readings n.关于英格兰古代制定法[ancient English statutes]的讲稿
readings of bills 〈英〉审读法案 指法案在议会的上议院和下议院都必须经过的主要程序。共三读。一读为形式上的,宣读后将法案交付印刷;二读是对法案的原则进行辩论的主要阶段,如获得通过,即由委员会进行详细审核并向议院提出报告;三读为最后批准。
reading the Riot Act 〈英〉宣读《暴乱法》 要求暴乱者解散的官方命令。源自英王派出行政官员对暴乱者宣读公告,以暴乱法为警示。这种警告遂称作"宣读暴乱法"。
readjustment n.重新调整;重整 指股东于陷于财政困境的公司自愿进行的改组,不受财产管理人或法院指定的受信托人的干预。
readjustment of debts 债务重整 依破产法的规定而采取的各种救济方法,属于一种折衷解决债务的策略。
readmission n.重新准入;重新许可 在外国或外州公司从本州撤销之后,准许其再次在本国或本州注册并从事业务。
ready a.准备好的;(有关合同履行时)能够并愿意开始(履行)
ready, able, and willing buyer 愿意购买并付现金的购买者 无需依赖第三人的资金,也无需财产融资,就能以现金支付的购买者。
ready and willing 能够并且愿意 暗含具有行动或处置的能力。
ready money 现金;通用货币
ready, willing, and able customer (经纪人为客户找到的)准备并愿意签订和有能力履行合同的顾客
reaffirmation n.再确认 申请破产后,协议清偿申请破产前发生的债务。协议必须经法庭批准。
reaffirmation agreement 再确认协议 破产案件中达成的不经破产程序直接清偿某些债务的协议。此项协议必须符合某些条件并受到某些限制。
reafforest v.〈英〉(在采伐后的林区)重新植林;再造林 1968年的《皇家森林法》[Dean Forest Act]规定重新造植皇家森林。
real a.❶不动产的 是指与不可移动之物,诸如土地以及地上建筑物相关的。例如不动产[real property]。在普通法上,可用于泛指与土地有关的各种事物,包括地产、保有物和可继承不动产[hereditament]。 ❷物的;对物的 此义多用于大陆法中,指与各种物(包括动产与不动产)而不是与人相关的。例如物权[real right]。 ❸事实的;真实的 ❹实际的 主要用于金融财务中,例如实际工资[real wages],即以实际购买力[purchasing power]而不是以名义上的价值所衡量的工资收入,亦即对通货膨胀因素进行调整的。 ❺皇家的;王室的
real action ❶(罗马法)物权诉讼 为返回被别人占有但却属于自己所有的财产而进行的诉讼,包括动产,亦包括不动产。该诉讼因其救济能返还诉请之物而得名。 ❷(英格兰古法)返还土地之诉;不动产权益诉讼 普通法中自由土地保有人[freeholder]为回复其土地或某种土地权益而进行的诉讼。它包括:①由权利令状[writ of right]开始的决定土地产权[title to land]的土地权利诉讼;②由大陪审团解决侵占[disseisin]问题而进行的土地占有诉讼;③由进占令[writ of entry]开始的土地占有诉讼。后来这些诉讼为驱逐之诉[ejectment]所取代,1875年之后,这些诉讼格式均被取消,统一为一般的诉讼。(⇨action; personal action)

real advancement 不动产的生前赠与 指通过不动产的转让而完成的生前赠与。(⇨advancement)

real assets ❶不动产(= real property) ❷不动产遗产 被继承人所遗留的用以清偿其债务的不动产。

real authority 实际代理权 指由本人[principal]有意授予代理人[agent]的权限,既包括明示代理权[express authority]——以书面或口头协议方式授予的代理权,也指默示代理权[implied authority]——通过代理人与本人的交往而使代理人合理相信其已获得代理权。亦作"actual authority"。

real burden 〈苏格兰〉不动产负担 指以给付义务的形式在土地或建筑物上设定的抵押或其他财产负担。在债务人不履行义务时,权利人可针对该土地或建筑物寻求救济。

real chattel (= chattels real)

real chymin 御道

real claim 真实请求权 合法的或善意的请求权,而非编造的或出于想象的。

real composition 不动产和解协议(= composition of tithes)

real contract 要物契约 普通法中的要物契约一词源自罗马法。在罗马法中,指债的成立不仅需要当事人的合意,而且还需要有物的交付,主要如消费借贷、使用借贷、寄托、典质等。在古代普通法中,将金钱或其他财产从一方当事人转至另一方当事人的契约,其所涉及的标的可以是动产,也可以是不动产。(⇨consensual contract)

real covenant 不动产合同;对物契约 有关不动产的合同,其效力不仅及于立约人的继承人和遗产代理人,而且及于立约人的受让人。

real defences (被告)基于物权的抗辩

real earnings 实际收入 指扣除通货膨胀因素后的工资、薪金或其他收入,以确定某一特定时期购买力的实际变化。

real effects 不动产(= real property)(⇨effects)

real estate 土地;地产;地产权益 1926年以前,指定期地产权[term of years]之外的以各种方式保有的土地、地产及各类地产权,其中包括土地上的房屋及其它附属物。1925年之后,它包括定期租约地及其权益[chattels real]和土地上的一切权益,但不包括土地信托买卖中产生的收益及在抵押担保过程中产生的收益。(⇨term of years; chattels real)

real(-)estate agent 不动产代理人;房地产代理人 指在房地产销售或租赁中代表卖方(或出租人)或买方(或承租人)从事业务的人,在以适当方式披露身份的情况下,也可以同时代表双方当事人。其可以是经纪人[broker]——以房地产买卖合同或租赁合同的任一方当事人为被代理人,也可以是推销员[sales person]——以房地产经纪人为被代理人。

real estate and rental guide 〈美〉房地产和租赁指南 主要刊登有关不动产交易的出版物,系业主与房地产经纪人的广告媒介。

real(-)estate broker 不动产经纪人;房地产经纪人 指为收取佣金[commission]或中介费[brokerage fee]而代表一方当事人与他方当事人就房地产买卖、租赁、抵押等进行谈判磋商的人,属于代理人的一种。在美国,其须在从业地所在州领取执照。

real estate broker's lien 不动产经纪人留置权 不动产经纪人以扣除价款的方式保证自己取得佣金的一种留置权。

real estate contract 不动产合同(⇨land contract; real contract)

real estate corporation 房地产公司 经批准以不动产买卖为主要经营业务的公司。

Real Estate Investment Act 《不动产投资法》(⇨ real(-)estate investment trust)

real(-)estate investment trust/REIT 〈美〉不动产投资信托 一种封闭式的公共基金,专门从事不动产投资,并将投资所得的绝大部分向股东分配。如果其将收入的95%用于股东分配,则可享受特殊的所得税待遇。不动产信托受1960年《不动产投资法》[Real Estate Investment Act]调整。(⇨investment company; real-estate mortgage trust)

real estate listing 不动产登记入册 不动产所有人与不动产代理商签订的协议,代理商同意为特定不动产按一定价格和条件寻找买主或承租人,代理商收取手续费或佣金。(⇨listing)

real-estate-mortgage investment conduit/REMIC 〈美〉不动产抵押投资联合体 一种投资实体,其拥有固定的不动产抵押或抵押担保的证券,将由此产生的收益向投资人分配,并以此方式而获得税收优惠。这种投资实体是根据1986年《税收改革法》[Tax Reform Act]而创设的,可以采用公司、合伙或者信托的形式。其须具备如下两个条件,方可享有免税待遇:①该实体的资产须由不动产抵押所组成(尽管允许其保留部分流动资金资产);②实体的全部收益应分为固定收益与剩余收益。

real-estate mortgage trust/REMT 〈美〉不动产抵押信托 不动产投资信托的一种,但其从事买卖业务的不是实际的不动产,而是在不动产上设定的抵押[mortgage]。简作"REMT"。(⇨real(-)estate investment trust)

real-estate partnership 不动产合伙;房地产合伙 进行一般性不动产买卖或一次性投机买卖的合伙,或以营利为目的,从事不动产的买卖、改建、租赁的合伙。

real-estate pool (= real estate syndicate)

Real Estate Settlement Procedures Act of 1974/RESPA 〈美〉《1974年不动产购置程序法》 一部关于信息披露的联邦制定法,意在保护大众住房购买者,使其免于被征意料之外的超额交易费用[closing costs]。它规定不动产购房贷款的贷方应当向住房购置者提供所有其已知的或估计的贷款置房费用。

real estate syndicate 不动产辛迪加;不动产联合组织 一种松散的经营不动产的联合体,集中各小投资者的资金以购买原来各自无力购买的不动产项目,其组织形式通常为有限合伙或不动产投资信托。

real estate tax 不动产税 一种最常见的直接财产税,根据不动产的评估价值征收税款。

real evidence 物证 由事物本身提供的证据,可由陪审团直接观察而不必经由证人口头描述。例如,某人的外貌、疤痕、伤口、指纹等,又如犯罪所用的武器、工具或其它有关物品、发生事故地点的外形等。(⇨demonstrative evidence)

real fixture 土地附着物 基于附着的意思而加在自由土地之上并已成为土地之一部分的附属物。

re aliena 他人的财产;他人的事务(⇨in re aliena)

realignment n.〈美〉重新调整 指为了确定对不同州籍公民之间诉讼的管辖权,法院根据当事人的最终利益而重新确定原告和被告的程序。

real income 实际收入 名义收入的实际购买力的衡量标

准,即名义收入经过物价水平的变动,或通货膨胀或通货紧缩后的实际水平。(⇨real earnings)

real injury 实际损害 因不法行为损害他人的名誉或尊严,不同于言词造成的损害[verbal injury]。(⇨injury)

reality of laws 财产法;物法;不动产法(⇨personality of laws)

realization account 变现账户 在合伙关系解除或公司解散之后,记录财产的账面值和变卖值的账户,通常也用于记录结业、清算后的净值。

realize v. ❶认识到;了解 ❷实现 ❸(把证券、产业等)变现 ❹(因出售、投资等而)获得(利润等);赚取

realized a. 已实现的 在税法上,指根据允许纳税人使用的会计方法,已收到的收入、已支付的款项、已形成或已发生的债务。

realized gain 实际盈余;实际收益 指因某一事项,如出售或交换已增值的财产所获得的收益。(⇨gain)

realized loss 实际亏损;已发生的损失(⇨loss)

realizing on security 担保权的实现 通过取消回赎权[foreclosure]诉讼或依法变卖担保物以实现所担保的债权。

real law ❶(普通法)不动产法 ❷(罗马法)物法

realm n. ❶王国;国家;领土 ❷领域;范围

real money ❶硬币 本身具有实际价值的金属货币,有别于纸币、支票和汇票。❷流通资金

real party in interest 有利益关系的真实当事人 指对诉讼标的具有实际的、实质性利益的当事人。可以提起民事诉讼的有利益关系的真实当事人,是指依据现行的实体法有权提起诉讼的人,但不一定是最终获得利益的人。监护人、遗嘱执行人、受托人等都可用自己名义提起诉讼。

real property 不动产 从历史角度看,在英格兰法上,"real property"是指可用物权诉讼[real action]予以实际返还和救济的物及在物上的权利。后因实际返还仅限于请求人持有自由保有利益的情况,如保有的是终身地产权,"real property"越来越用来指土地及土地附属物和在它们之上的权利。同时"real property"也指其它一些可以自由保有的东西,如官职、年金等,因为它们以前与土地所有权有关。另外"real property"的范围可以由制定法来规定,亦可由当事人约定。最后,还有观点认为"real property"包括土地[land]、保有产[tenement]和可继承财产[hereditament],或认为"real property"是指在被继承人无遗嘱死亡时可通过不动产代管人[real representative]传承给其继承人的财产。(⇨real action; property; real representative)

real property arrangement 〈美〉不动产安排 根据《破产法》[Bankruptcy Act]的规定,在债务人保留其不动产的情况下,可适当延长债务的清偿期限。也指在破产法适用的一项程序,即对于由不动产留置担保的私人债务,可申请法庭予以调整或变更。

real release 免除债务 债权人宣称债务已经免除,其效力与清偿相同。(⇨release)

real representative 〈英〉不动产代管人 1897年《土地转移法》[Land Transfer Act]所创设的一位个人代表,死者的不动产可以通过他而转移给死者的继承人。后来不动产代管人一般由遗嘱执行人[executor]担任,他是以继承人为受益人的信托关系中的受托人。

real right (大陆法)物权;对物权 其拉丁文为"jus in re",指可直接行使于物上的财产权,从而与对人权[personal

right/jus ad rem]相对,后者只能要求债务人履行一定义务(债务),或在不履行一定义务(债务)时要求赔偿。(⇨jus in re; right in rem)

real security 物的担保;不动产担保 指债务人将其某项财产上的权利转让给债权人作为偿还债务的担保,包括出质[pawn; pledge]、抵押[mortgage]、卖据[bill of sale]担保等。有时则仅指债务人通过在土地上设定抵押权或其他负担而提供的担保。(⇨collateral)

real service (= service real)

real servitude 不动产地役权(⇨service real)

real statute ❶物权法 主要用以规范财产关系的法律或法规,除与财产有关的以外,不涉及人的因素。❷属物法 在一国国内的物则受该国法律调整,该调整物权关系的法律,即为属物法(亦作"real law")。它与属人法[personal statute]相对,后者无论该人处于何处,均可追及适用。

real things 不动产 指永久性的、固定的、不可移动的财物,如土地、房屋,包括附属于不动产的有关权利及滋生的收益。亦作"things real"。

realtor n. 〈美〉房地产经纪人 专指在联邦注册的全国房地产经纪人协会[National Association of Realtors]的会员。亦可泛指任何房地产经纪人或代理人。

realty n. 不动产 "real property"或"real estate"的简化用语,也指所有具有不动产性质的财物。

real union 政合国 由二个或二个以上国家组成,各组成国仍为单独的国家,但置有若干共同的组织机构,例如历史上的奥匈帝国。

real value 真实价值 在正常市场条件下由公平竞争形成的市场价值。

real wages 实际工资 根据物价指数调整的工资水平,表明工人的货币工资所能购买的商品或服务的数量,即工资代表的实际购买力。

real wrong 对不动产的损害

Ream linguam non facit nisi mens rea. 除非有犯罪意图,否则言辞无罪。

reappointment n. 重新任命;重新委任;重新约定;重新指定;复职;再任;再聘

reapportionment n. 〈美〉议席的重新分配 由于人口的变动,众议院或州立法机关的选区应定期重新划定,以符合选举权平等(即一人一票)的宪法原则。

reappraisement n. 重新估价 指对有异议的关税进行重新计算。

reappraiser n. 二次评估员;重新估价员 在某些情况下受委派对海关的进口货物进行二次或重新估价的人员。

reapsilver 收割供奉 由土地保有人每年向领主支付,以免除其收割税。

reaptowel (= riptowell)

rear admiral 海军少将

rear-end collision 追尾碰撞 一种常见的交通事故,即前车突然停下,后车冲撞前车车尾。

reargument n. 再次辩论 向法庭论证某些对案件有决定意义的判例或法律原则曾被忽视,或对案件事实曾有误解。(⇨rehearing)

rear light (汽车等交通工具)尾灯

rear-line restriction 〈美〉后位线限制 通过书面合同而设定的一种限制,约定在某一地块后位线的特定距离内不得建造房屋。

rear lines (= back lines)

rearraignment n. 再次传讯;重新传讯 修正起诉书后或重新制作丢失的起诉书后对被告人进行的传讯。

rearrest v. 再次逮捕;重新逮捕 再次抓获脱逃的罪犯。

reason n. ❶理性 指能够辨别、判断与评价，能够了解真相以及能够为特定目的而调整自己行为的智识能力。它区别于想象、记忆、直觉、情感、感觉和意志，也与信仰[faith]、感觉–知觉[sense-perception]不同。在一般哲学层面上，培根、笛卡尔、康德、黑格尔已多有论及。就人的本质而言，理性也是自然法思维的起点，因为使人与世上其他事物相区别的根本特质即在于理性，运用理性就可以揭示什么是与人的理想本质相一致或相冲突的。因为自然法思维长期占据统治地位，故理性成为法律思想史上的一个重要组成部分。科克[Coke]尝谓:理性乃法律之命脉，法之理性一旦丧失，则法亦亡矣，理性乃众法之本也。❷理由;原因
v. ❶推断;分析;推理 ❷辨别;说明

reasonable a. ❶有理智的;明智的 ❷合理的 "reasonable"与"rational"在用于修饰事物时都意指"合理的"，但前者多用于日常性事物，如提议、请求等;而后者用于抽象性的事物，如动机、理由、问题等。❸正当的;适当的;适度的;❹(古)有人性的;显示人的本性的

reasonable aid 合理协助金 领主向保有骑士役封地的封臣所要求提供的封建役务，后主要体现为金钱义务，如为其出嫁女儿提供费用。

reasonable and probable cause 合理的、可成立的根据 指按照当时的各种情况，足以使任一理智的人确信某人有罪，并应将其拘禁的根据。有"合理的、可成立的根据"可免除诬告责任。是否有合理的、可成立的根据，属法律问题。(⇨probable cause)

reasonable basis in law 法律上的合理依据(⇨rational basis)

reasonable belief 〈美〉合乎情理的相信 未取得逮捕证而执行逮捕时，必须根据合理可靠的情报所提供的事实和情况，足以使通常谨慎的人相信犯罪已经发生或正在发生。(⇨probable cause;reasonable and probable cause)

reasonable care 相当注意;合理注意 指理性人的注意。具有合理注意者，无过失;欠缺合理注意者，有过失。无论处理何种事务，都应具有合理注意，否则即为过失。但事实发生的情形各有不同，注意的程度也因此有差异。如从事需专门知识或技能的行业者，其注意程度应较高于普通人而以其职业为标准。其他如体质机能的状况和年龄等因素，也对注意标准有影响。(= due care;ordinary care;proper care)(⇨reasonable person;care)

reasonable cause 合理理由;合理根据(⇨reasonable and probable cause)

reasonable charge 合理费用(⇨reasonable rate)

reasonable compensation 合理补偿;合理赔偿 包括:①对受害人过去、现在和将来为治疗伤痛而支出的必要费用进行补偿;②对受害人因不能从事正常工作而遭受的或将要遭受的经济损失进行补偿。(= just compensation)(⇨reasonable rate)

reasonable diligence 适当勤勉 指一般谨慎的人在案件的特定情势下所应具有的相当程度的勤勉，亦作"due diligence"。(⇨reasonable time)

reasonable doubt 合理怀疑 按照案件审理中提出的证据或因缺乏足够的证据，使正常的、谨慎的人对被告人是否有罪产生合乎情理的怀疑。认定刑事被告人有罪，必须达到"排除合理怀疑"的证明程度。(⇨beyond a reasonable doubt)

reasonable excuse 合理辩解 无确切含义。指在特定情况下属于合理的辩解。(⇨reasonable cause)

reasonable expectation 〈英〉合理期待 在1883年破产法中，一个没有资金而是以其全部财产作抵押开业的人，在负债之后，被认为没有合理的理由期待其能够支付之。

reasonable expectation doctrine 〈美〉合理期待原则 指保险单条款含混不清时，应根据被保险人的合理期待决定。

reasonable facilities 合理设施 指要求承运人具备与当时运输条件及与其他客观环境合理相关的各种设施。

reasonable force 适当的强力 指为保护自己的人身或财产的适当的、并不过度的强力。使用适当的强力不负刑事责任和民事侵权责任。

reasonable ground for prosecution 提起公诉的合理根据;起诉的合理根据(⇨reasonable and probable cause)

reasonable grounds 合理根据 美国的制定法授权未取得逮捕证的警官，在有合理根据确信所准备逮捕的人为刑事罪犯时，可进行逮捕。"合理根据"指极可能是确实的事由。(⇨ probable cause; reasonable and probable cause)

reasonable hour 合理时间(⇨reasonable time)

reasonable inference rule 合理推断规则 一项证据规则，指审判人员不但应当考虑庭审时出示的各项实物证据及证词，而且应当把合理作出的各种推断作为证据综合考虑。

reasonable man 理性人;正常人 为免性别歧视之嫌，现代已多写作"reasonable person"。

reasonable man doctrine 正常人的原则或标准(= reasonable man)

reasonable man rule 理性人规则 法院在审查行政决定时，并非以判决或裁定替代行政机关的决定，而是审查作出此项决定是否有充分的依据，即任何理智的人是否都会作出同样的决定。

reasonable man standard (= reasonable man doctrine)

reasonable means of conveyance 合理的运输工具 指任何可在公路上行驶、有合理的安全防护设施并且便利公众的运输工具。

reasonable notice 适当的通知 无确切含义。一般指明确地告知与通知内容有关的人员的通知。(⇨notice)

reasonable part(s) 〈英格兰古法〉动产特留份 依普通法，丈夫去世时应将其不动产的2/3留给其遗孀和子女，《大宪章》[Magna Carta]强调了这一点，但后随时间推移而未得到有效执行。在苏格兰和其它欧洲国家也都有该制度。

reasonable person 理性人 法律所拟制的、具有正常精神状态、普通知识与经验及审慎处事能力的想象中的人。理性人，并非实有其人，法律只是把它作为抽象的、客观的标准，以确定注意的程度。该词常用于侵权行为法和刑法中。

reasonable police regulation (= reasonable regulation)

reasonable price 合理价格 合同双方就合同所定价款存有异议时，可以由法院根据当事人在商订合同时的意图确定合理的价格。例如，已经有过交易的双方当事人对目前的合同价格发生争议时，法院可以将此前的交易作为证据，以确定合理的价格。

reasonable probability 合理的可能性 民事案件中要求证据达到的证明程度，即证据能够直接、间接或依法律允

reasonable provocation 合理刺激 指任何倾向于使正常人内心产生强烈情感的事实,常指陪审团在审理案件时可能受到的影响。

reasonable prudence 合理谨慎(= ordinary care)

reasonable prudent person 合理谨慎的人(⇨prudent; the ordinary prudent man)

reasonable rate ❶合理运费 承运人对提供的服务收取的合理费用。❷合理收费 公用事业公司向客户收取的合理费用。❸(公司从其投资中取得的)合理收益 (⇨fair return)

reasonable regulation 合理规制 指正当行使立法权以保护公众的规制,它应为公众利益提供保护措施,考察寻求救济条件的性质、规制的目的、所采取的规制方式以及目的与方式之间的关系。

reasonable restraint rule 合理限制规则 让与或遗赠财产时,可以规定受让人或受遗赠人在一个合理期限内不得再转让,但此限制期限最长不能超过受让人或受遗赠人的有生之年。

reasonable return (= fair return)

reasonable skill 合理技能 指具备一般能力的人在从事同样工作时具有并运用的技能。

reasonable suspicion 合理怀疑 基于具体的、清楚的事实,足以使任一谨慎而细心的人断定犯罪活动即将发生。警务人员基于这一合理怀疑有权在公共场所拦截[stop]嫌疑人。(⇨probable cause)

reasonable time 合理期间 在合同法中,如果某一合同对于合同履行期间未作约定,则推定该合同应在合理期间内履行,并应根据合同标的、当事人状况及其意图确定该合理期间。对支票提示付款的合理期间应当根据该票据的本质、商业惯例以及特定案件的具体事实加以认定。根据美国《统一商法典》[U.C.C.],合理期间应当根据每一案件的本质、目的以及当时情形予以确定。例如第2-206(2)条、第2-207条规定,如果要约人未规定承诺期间的,则承诺须在合理期间内作出。其他条文中亦有类似规定,例如第2-513(1)条(买方货物检验权)、第2-610条(合同的先期拒绝)等。在英国《货物买卖法》[Sale of Goods Act]中,确定与货物买卖相关的合理期间是一个事实问题[a question of fact]。而在英国《汇票法》[Bills of Exchange Act]中,确定作出汇票拒绝兑付通知的合理期间则是一个法律问题[a question of law],决定于《汇票法》的规定。

reasonable time for delivery 合理交货时间 ①买受人是商人时,出卖人应在通常营业时间交货;②可在确定交货日的任何时段交货,但交货时应光线充足并留有足够的时间使买受人能正常检验货物;③承运人应在通常营业时间、收货人可以安全储存货物的情况下交货。

reasonable time for transportation 合理的运输期间 对乘客,按发布的时刻表运输的期间;对货物,根据运输方式、距离、货物性质、季节、天气特点、承运人所掌握的运输工具而定的运输期间。

reasonable use 合理使用 指财产共有人按理性人在类似情况下对类似物获取收益的方式而对共有财产进行使用,而不是以任意、不负责任或恶意的方式为之。亦指某人以适当目的而使用其财产,而非意在不合理地干涉他人对财产的使用。(⇨reasonable use doctrine)

reasonable use doctrine 合理使用原则 这是普通法的一条法谚,指所有权人应当合理行使权利,不得损害他人的合法权利。在土地所有权人利用渗漏水[percolating water]中,合理使用原则要求权利人在行使自己的权利、合理利用自己的财产时,必须尊重他人的同类权利。当河岸土地所有权人[riparian proprietor]出于利用与河岸相毗连财产的必要而合理利用或阻却水流时,不得侵犯其他同岸土地所有权人的权利,也不得侵犯他人及公共利益。亦作"reasonable use theory"。

reasonable user 合理使用人(⇨reasonable use)

reasonable use theory (= reasonable use doctrine)

reasonable woman 〈美〉理性妇女 事实调查者[fact finder]判定是否存在性骚扰时运用的一种标准。在进行此类判断时,一些司法管辖区采用理性妇女标准,另一些司法管辖区则采用理性人标准。之所以采用理性妇女标准,是因为男性与女性对与性有关的言语和行动在感知上存在差异,且女性较之男性更易受到性侵犯。(⇨reasonable person)

reasonably cautious 合理注意的(⇨reasonable care)

reasonably satisfy the jury 合理地使陪审团满意;正当地说服陪审团 使陪审团确信其值得信任。

reasoning creature 理性的动物;人

reasons for decisions 裁决的理由 司法和准司法人员及机构对作出的裁决提供法律上的理由极为重要。对表明理由的裁判,当事人比较容易接受。在英国,对高级法院一般并不要求其提供理由,但实际上除最简单的或最格式化的案件外,法官在作出裁判时总是提出理由,说明其观点。对初级法院,有时要求其说明理由。对陪审团则从不要求其陈说裁断的理由。

reassessment n. 再估价 为征税而重新评估某一特定财产或特定地区所有财产的价值。

reassignment n. ❶再转让 指财产受让人所进行的转让,也可以指财产受让人将财产又转让给出让人。 ❷再安排 指在意外和解[unexpected settlement]、延期审理[continuance]、自动撤诉[voluntary dismissal]及某些庭审意外拖延等紧急情况下,制作的新的审案日程表[calendar]。

reassignment of homestead 〈美〉宅地再转让 美国许多州的制定法中确定了可以免予扣押或强制拍卖的不动产的最高价值,因此,当某一宅地在第一次转让后发生增值且其价值超过制定法所规定的价值额度的,则受让人往往将其再行转让,以使自己仍享有宅地豁免[homestead exemption]的权利。

reassurance (= reinsurance)

reattachment n. 再次拘传 因法官未到庭或其它事由不定期休庭而将被拘传的人释放后,在同一案件中再次将其拘传。

reattestation n. 再次见证 指原已见证的文件因内容改动而再次见证。

rebate n. ❶(作为减免或折扣的)部分退款 ❷折扣;回扣
v. ❶退还(部分付款);从(税款等)总额中退还(或扣除)部分;对(商品)作部分退还货款的优惠 ❷(打)折扣;回扣

rebating (= rebate)

rebellion n. ❶叛乱 指故意以暴力或武力方式,有组织地公开反对现政权和法律的行为。在美国,教唆、帮助、从事叛乱活动的行为,是联邦犯罪。 ❷反抗;反对;(对权威的)公开蔑视 ❸〈英格兰古法〉蔑视法庭 不遵守法庭程序的行为,特别是对衡平法庭而言。如果被告拒绝出庭，将会对其签发藐视法庭的命令。 ❹(苏格兰古法)违背命令 债务人不服从警告信的指示偿付债务或履行义务，则构成对当局命令的违背，被认为是叛乱者。在过去，以警告信宣告某人为叛乱者后会对其处以实际叛乱者所可能招致的刑罚，这称之为民事叛乱。

rebellious assembly (英格兰古法)叛逆集会 12 人或 12 人以上的非法集会，企图或事实上自行改变现行法规；或破坏猎园、圈地的围栏、鱼塘、池塘的堤岸等；或毁损猎园中的鹿群、池塘中的鱼类、养兔场的兔子等；或烧毁谷物；或减少租金、降低食品价格等。(⇨unlawful assembly)

rebel(s) n.造反者；反叛者；对抗者 指非法以武力反对现政权和政府者。美国南北战争时用该词称南军士兵。

rebouter ❶反驳；辩驳 ❷拒绝；抵制 ❸阻止

rebuilding covenant (= covenant to rebuild)

rebus (拉)事务；事物；情况(⇨de rebus; in rebus)

rebus sic stantibus (拉)情势变更 关于国际条约的一项原则，即在情势发生重大变化时，可以修改或终止条约。此项原则并非指缔约方可以自动免除条约义务，而是指可向另一方提出废除条约。所谓"情势重大变化"，多认为应结合缔约国的利益进行解释。国际法庭承认此项原则，但很少付诸实施。

rebut v.否定；反驳；推翻(⇨rebuttable presumption; rebuttal evidence)

rebuttable presumption 可反驳的推定；可否定的推定 证据法上指可以被证据否定的推定。也称"可争议的"[disputable]推定。这是一种法律上的推定，在无相反的证据时，被认为有效。对事实的推定表明案件已获初步证明，举证责任即转移至诉讼的另一方，另一方可提出证据以否定或推翻对事实的推定。(⇨presumption)

rebuttal n.❶否认；反驳 指在法庭上对对方当事人所举证据的反驳。❷给予当事人提出反证的时间

rebuttal evidence 反证；相反证据 诉讼中一方提出的证据，用以说明、反驳、抵销、推翻另一方所提出的证据。也指用以否定对事实的推定的证据。(⇨rebuttable presumption)

rebuttal of presumption 否定推定(⇨rebuttable presumption)

rebutter n.(普通法诉讼中)被告的第三次答辩

rebutting evidence (= rebuttal evidence)

recall n.❶(由公民投票对官员的)罢免；罢免权 ❷召回 ❸撤销判决 以事实或法律理由撤销判决。❹收回通告 指制造商对于有瑕疵的商品主动要求收回以维修或更换的通告。
v.❶收回；取消；撤销 ❷召回 ❸叫回 ❹回忆起；恢复记忆 ❺罢免

recall a judgment 撤销判决 因认定事实有误而撤销、撤销、取消判决。

recalling witness 再次传唤证人 诉讼一方经法院许可再次传唤曾在本案作证的同一证人作进一步的询问或交叉询问。也指为解决陪审员在评议中产生的分歧而传唤证人返回法庭重述其证言。

recall of judicial decision 撤销司法裁决

recall of mandate, writ or order 指示、令状或命令的撤销 指上诉法院撤销其签发的指示、令状或命令。

recall of pardon 取消赦免；撤回赦免 由批准赦免的官员或机构在赦免令送达或被接受前予以取消或撤回。

recall of public officer ❶行政官员之罢免 指选民直接采取行动，即通过善选民的投票而罢免行政官员。❷市政官员之罢免 指在由特定多数公民发起为某一目的而举行的选举中，通过人民投票而罢免某一民选市政官员。

recall of witness 再次传唤证人(⇨recalling witness)

recall technique 〈美〉"回忆"技巧 指证人因不愿回答问题，但又想根据宪法第五条修正案拒绝回答问题而使用的方法。证人可以声称他对某事已经回忆不起来了，如果对方可以证明他实际上能够回忆起来，他就犯有伪证罪。但因为人的记忆容易出错，所以企图证明其犯有伪证罪几乎是不可能的。

recant v.(正式并公开地)撤回(声明或证言等)

recantation n.撤回证词 指证人承认其在前次庭审时所作的证言是错误的或虚假的。

recanvass n.复查 指选举委员会或其他选举官员对选举结果报告的审查。

recapitalization n.资本结构调整 通过改变公司股票、债券及其他有价证券的比例或者调整各种有价证券的种类、金额、收益、优先顺序，以调整公司的资本结构。资本结构调整也可以通过与母公司或子公司的合并完成。(⇨reorganization)

recaption n.❶自行取回；自行回复占有 当动产被他人非法占有，或妻子、子女、仆人被他人非法扣留时，财产所有人或丈夫、父亲、主人可以不经求助于法院而自行以合法方式将其取回，但不得构成对社会治安和平的破坏。❷再扣押 指对他人财产进行的第二次扣押，以保证义务的履行。❸(= writ of recaption)

recapture n.❶夺回；收复；收复物；再获得之物 指收复被劫船只、财物。❷〈美〉(对利润或收益超额部分的)依法征收 ❸重新占领；再获得 ❹(国际法上对捕获品或财物的)合法收回 包括领土、财产等。(⇨recapture of depreciation)

recapture clause ❶追回条款 一种合同条款，它规定对货物价格进行限定，否则，当市场条件与合同的预先约定存在重大变化时，出卖人有权重新取得所交付的货物。❷收回条款 一种商业性不动产租赁合同条款，它规定出租人在固定租金额的基础上有权获得一定比例的承租人收益，并且当其收益过低时，有权收回出租物。

recapture of depreciation 折旧回收 在销售或处置可折旧财产时，将设备变价收入重新作为应税收益处理，而将多计的折旧额收归国有。但当财产出售有亏损时，过去计提的加速折旧不收回。

Receditur a placitis juris potius quam injuriae et delicta maneant impunita. 〈拉〉即使实体法律规则弃之不用，也不能使罪过逃避制裁。

receipt n.❶收到；接到 ❷收条；收据；发票 ❸收到物；(复)收入；进款 ❹(古)税务机关
v.❶〈美〉出具收据；承认收到 ❷在…上注明收讫[Received]字样

receipt in full 全额付款收据

receipting for property 出具财产收据 一种习惯做法，即在对财产实施扣押或执行而毋需执行人员实际控制时，可交由第三人保管，由第三人出具收据并在诉讼期间负责保管。

receipt of the exchequer 财政署税务司 以前财政署[Exchequer]中主管皇家税收及这一方面司法事务的分支部门。

receptor n.财产保管人 司法行政官[sheriff]按照扣押程序扣押财产后，交财产保管人保管；财产保管人保证在

要求其返还或发出执行令时,及时返还。

receipt rolls 收据簿 用于亨利二世到亨利三世时期,记载财政署[Exchequer]的收入情况。(⇨pells of issue and receipt)

receit (= resceit)

receivable *n.* (= accounts receivable)
a. ❶可接受的;认可的 ❷应收的 会计用语。

receivable accounts (= account receivable)

receivable bills (= bill receivable)

receive *v.* 接到;收到;收受 虽然 receive 与 accept 在一般情况下同义,但当二者在反欺诈法中使用时,含义则不完全相同。"receive"意味着卖方的占有;而"accept"则意味着买方的推定占有。在计算收入所得税时,一般认为,股息在某一年宣告发放但直至第二年才支付给股东,因此应该是第二年才"收到"股息并应纳税,但实际的"收受"并非必要,股息可能在宣告发放的当年就被征税。

received *a.* 收到的(⇨receive;value received)

receiver *n.* ❶涉讼财产管理人 法院在审理以债务人为被告的案件时,为防止债务人财产的毁损、灭失或转移,指定在案件审理期间负责保管债务人财产的管理人。涉讼财产管理人必须与案件无利害关系。管理人可以收取租金、收益和利润,并根据法院的指示予以处理。 ❷破产财产管理人 在破产程序中,经授权管理破产人或破产企业的资产,并将资产变卖分配给各债权人的财产管理人。在美国,破产财产管理人一般称"bankruptcy trustee"。 ❸〈英〉接受赃物者 明知是盗窃所得财物而予以接收者。 ❹〈英〉精神错乱者的看管人(⇨receivership;trustee)

receiver and manager 经营管理人 经指定除收取租金、利润或回收欠账外,经营或监管贸易、商行或企业的管理人。经营管理人有权处理财产并以适当方式调拨收入。

receiver-general *n.* 国库收入官;国库出纳员

receiver-general of Inland Revenue 〈英〉国内税务署的国库收入官 该职位被1891年《公共会计及费用法》[Public Accounts and Charges Act]取消,过去由其收取的收入现直接交予英格兰银行。

receiver general of the duchy of Lancaster 〈英〉兰开斯特公爵领地岁入官 公爵领地宫庭的官员,收取领地内的所有收入、罚款、罚没金及遗产税等。

receiver general of the public revenue 〈英〉(郡的)收税官 英格兰每一郡指定征税议会批准的税收并将之汇至财政署的官员。

receiver in bankruptcy 破产财产管理人(⇨receiver)

receiver of stolen goods 盗窃赃物收受人 指明知是盗窃所得的赃物而予以收受或窝藏的人。

receiver of stolen property (= receiver of stolen goods)

receiver of the fines (根据初始令状)收取罚款的官员

receiver of the first fruits 〈英〉收取土地初年继承税的官员 在1789年是财税法院的官员。

Receiver of the Metropolitan Police 〈英〉伦敦警方财产保管官员

receiver of wreck 〈英〉遇难船舶管理员 由贸易部[Department of Trade]任命的官员,负责保护搁浅或遇难船舶、接收和保管漂流到岸边的物品、制止劫掠、调查搁浅情况,并在必要时变卖遇难船舶、船舶残骸或船上所载货物。

receiver pendente lite 诉讼未决时的财产管理人(⇨receiver)

receiver's certificate 财产管理人证书 经衡平法院批准发出的不可流通的债务证明或单据,对财产管理人所掌管的债务人财产享有第一留置权。

receivership *n.* ❶破产财产接管 ①指任命破产财产管理人的法律程序;②指破产人的财产处于管理人接管之下的状况。 ❷破产财产管理人职位(或职责)

receivership in aid of execution 设定财产管理人协助执行 执行程序中的一项补充手段。执行过程中发生生效判决的债务人拒不以其财产清偿债务、需要收取债务人的未来收入等情况时,设定财产管理人以掌管债务人的财产。

receivership in foreclosure 取消回赎权时设定财产管理人 在取消抵押物回赎权之诉中,指定财产管理人掌管抵押物,由管理人收取租金和收益,支付管理费用、保险费和税款,并向法院汇报和移交余额,以清偿抵押物担保的债务,在不需要以此偿还债务时,则退还抵押人。

receiving a bribe 收受贿赂(⇨bribery)

receiving deposits while insolvent 资不抵债仍接受存款 指银行的董事或职员明知银行已资不抵债仍接受存款,通常构成刑事犯罪。

receiving insecutio (英格兰古法)即时追索 若财物被盗或被抢之人尽力马上跟随并将盗贼抓获,或随后将盗贼定罪,或获取了能够将其定罪的证据,他就可以收回其财物。(= recens secta;recens insecutio)

receiving order 〈英〉财产接管令 法院在收到破产申请后,为保护债务人的财产而签发的命令,指定官方财产管理人接管债务人的财产。此后,除非债权人接受债务人的还款计划或双方达成和解协议,债务人可被宣告破产。

receiving stolen goods 收受赃物 指收受、保留或窝藏明知是盗窃、诈骗、盗用、贪污等犯罪所得赃物的犯罪行为。在英国,自1968年起,该罪由处理赃物罪[handling stolen goods]所取代,包括明知或确信是赃物而予以收受、实施或协助藏匿、转移、处分或变卖等行为。在美国,有些司法管辖区要求构成该罪需有非法故意。有些司法管辖区规定其为重罪;有些则依据财产的价值规定其为重罪或轻罪。

receiving stolen property (= receiving stolen goods)

recens insecutio (英格兰古法)即时追索(= receiving insecutio)

recens secta (= recens insecutio)

recent *a.* 最近的;新近的 在关于偷盗的法律中,根据占有被盗财产必须是在盗窃后最近的时间,以便为占有人有罪的推理提供基础的规则,对该词往往难作精确定义。何为最近占有,一般可由陪审团根据案件的具体情况来判断。

recent possession 最近占有(⇨possession)

recent possession of stolen property (盗窃案发生后不久)占有被盗物品 在盗窃案发生后不久,若发现某人占有被盗物品,就可以初步推定该人为盗窃犯,如果该人不能对占有被盗物品作出合理的解释,例如,不能提供直接证据证明其合法来源的,陪审团即认定该人犯有盗窃罪。这一推定必须基于两个前提:①占有被盗物品必须发生在盗窃案发生后不久。何谓"不久",并无确切的标准,往往依据时间间隔的长短、物品的特性、案件的具体情况等而定。②被盗物品只能由该人占有,排斥其他人的占有。例如,在被告人的房间中发现被盗物品,如果被告人与其他人合住,那么,被告人犯有盗窃罪的推定就不一定正确。

reception n. ❶(对罗马法等的)继受 该词一般是指西欧日耳曼各国法律体系对罗马法及在较弱层次上对教会法和封建法的摄取,尤指发生于1400–1700年间的这一过程。自西罗马帝国灭亡以来,日尔曼法的发展经历了一个从属人主义到属地主义的过程,至15世纪时,各地的习惯法形成了纷繁芜杂的态势。随着基督教的发展,教会法也渗透到了西欧各国,并在某些领域内颇具权威。自13世纪以降,罗马法的复兴使得罗马法知识向适用日耳曼法的各国传播,并引起人们对关于罗马法法律文献和实践的浓厚兴趣,大学里也纷纷研究罗马法和教会法。这种对罗马法的继受的理论基础是人们钟情于日耳曼罗马帝国是古代罗马帝国的承继者这一观念,所以古代的罗马法对嗣后日耳曼各国仍旧有效。罗马法继受的最明显的表现就是受过罗马法教育的法律家们越来越多地被雇佣到司法领域就职。而罗马法继受在德国发生的关键原因还在于德国缺乏类似于意大利、法国、英格兰那样强有力的最高司法机关、立法机构和对于法律的科学探究。1495年德国建立了帝国法院[Reichskammergericht; Imperial Chamber of Justice],其半数成员都须经过罗马法的训练,在其推广下,罗马法成为德国的"普通法"[common law]。15世纪末,罗马法在德国的大学中已占有重要地位。罗马法继受在德国法律史上意义重大,并改变了德国私法的根基,对《1900年德国民法典》[German Civil Code of 1900]的编纂产生了决定性的影响。❷继受 该词有时还普遍用于指那种大量接受西方法律制度中的原则、观念、规则及技巧等做法,特别是指非洲、印度、东南亚等殖民地国家对于其宗主国,如英国、法国、荷兰等国法律的接受。

reception of verdict 裁断的接受 在公开法庭上由陪审团团长宣布陪审团作出的裁断,陪审团的所有其他成员须当场接受询问。

receptus 〈拉〉〈大陆法〉仲裁员

recess n. ❶休庭 指法庭在庭审过程中的暂时停止或两次庭审的间隔。❷休会 指立法机关会议的暂时停止或两次会议的间隔。

recession n. ❶(经济的)衰退;衰退期 ❷(向原所有人的)归还;交还

recessus 〈拉〉退出;离去;外出

recessus maris 〈拉〉返回;海水后退(⇨reliction)

recetour n. 包庇、窝藏重罪犯的人

recettement n. 包庇、窝藏重罪犯

recettour (= recetour)

rechate n. 赎金

rechater v. 回赎;赎买

Recht 〈德〉❶法 ❷法制;法律 ❸权利;主张

recidive 〈法〉累犯

recidivism n. 累犯 被判有罪的人释放后重新犯罪的情况。(⇨habitual criminal)

recidivist n. 累犯 再次犯罪的罪犯。(⇨habitual criminal)

recidivist statutes 累犯法律

reciprocal a. ❶相互的;交互的;有来有往的 ❷互惠的;对等的;相互补偿的 ❸相同的;相等的 ❹回报的;答谢的;报答的 ❺相应的;相互补充的

reciprocal accounts (= mutual account)

reciprocal admission 〈美〉相互认可 州与州之间订立协议,对在一州通过律师资格考试获准执业的律师通常在执业若干年后,可根据适时申请,允许其在另一州执业。这种相互认可只有少数州实行。

reciprocal contract (= bilateral contract; mutual contract)

reciprocal covenant (= mutual covenants)

reciprocal dealing 〈美〉互购交易安排 为《谢尔曼法》[Sherman Act]和《克莱顿法》[Clayton Act]禁止的一种交易安排,即双方都既是买方又是卖方,其中一方经济上具优势地位,该方同意购买另一方的货物,但以另一方必须向其购买其它货物为条件。

reciprocal dealing arrangment (= reciprocal dealing)

reciprocal demands 相互请求(⇨mutuality of parties and demands)

reciprocal distress 再次扣留 第一次扣留因财产不在管辖区内而未能完成时进行的第二次扣留。

reciprocal easements (= mutual easements)

Reciprocal Enforcement of Support Act 〈美〉《扶养费相互执行法》 几乎各州都采用的一部统一法。根据该法,对妻子或母亲有管辖权的法院,可以审理有关对居住在其他州的丈夫或父亲要求扶养费的案件,该丈夫或父亲居住地的法院签发要求出庭的传票,并作出支付扶养费的裁决。

reciprocal exchange (= reciprocal insurance association)

reciprocal exemption 〈美〉相互免税 基于互惠原则,一州对其他州的居民所遗留的无形资产免征继承税或遗产税;基于互惠原则,对外国慈善机构免征继承税或遗产税。

reciprocal insurance 相互保险 参加相互保险协会的个人、合伙或公司,为互相承担某种或某几种风险,互相交换保险合同。

reciprocal insurance association 相互保险协会 为成员提供相互保险。(⇨reciprocal insurance)

reciprocal insurance exchange (= reciprocal exchange)

reciprocal interinsurance exchange (= reciprocal exchange)

reciprocal laws 〈美〉互惠法律 在互惠条件下,保护另一州公民权利和利益的法律,如《扶养费互相执行法》[Reciprocal Enforcement of Support Act]。(⇨comity)

reciprocal libel or slander 互相诽谤 指在同一事由中,原告和被告互相诋毁、互相诽谤。

reciprocal mistake (= mutual mistake)

reciprocal negative easement 互惠消极地役权 当某一土地所有人向他人出卖其部分土地时,对买受人所购土地的用途进行限制,如果转而同时对于土地所有人未出售的其余土地的用途亦作相同限制,则构成互惠消极地役权。这种地役权通常发生于土地所有人已对由各个小地块组成的整个地块进行整体规划的情况下。

reciprocal promise (= mutual promises)

reciprocal remainders (= cross remainder(s))

reciprocal statute 〈美〉相互法 州的限制性制定法,规定在另一州提起的诉讼因受限制而未被受理时,也不得在本州提起诉讼。(⇨reciprocal exemption; retaliatory statute)

reciprocal tariff, commerce, or navigation 关税、商业或航海互惠 条约或贸易协定中的一项规定,规定两国互相承认对方在关税、商业或航海方面享有与其他国家相同的利益或优惠。

reciprocal trade agreements 互惠贸易协定 两国互相提供比给予其他各国更优惠的关税等条件以交换货物的协定。

reciprocal trusts 互益信托；互惠信托 双方互相设立以对方为受益人的信托，通常存在于夫妻或同一家庭成员之间。(= mutual trust)

reciprocal wills 互惠遗嘱 指二人或二人以上在共同的或各自的遗嘱中指定对方为受遗赠人。互惠遗嘱可以是绝对的，即遗嘱人把全部遗产遗赠对方；也可以是非绝对的，即另有其他受遗赠人。(= mutual wills)

reciprocity n. ❶相互关系；交互作用；相互性 ❷互益；互惠；相互的权利与义务；互给；互换

reciprocity between states or nations 州际（或国际）互惠 ①在美国，指州与州的协议，允许一州的律师不经考试在另一州执业；②一州或一国承认依据另一州或另一国法律的权利，另一州或另一国也承认依据该州或该国法律的类似权利；③两国法院相互承认对方法院的判决。

reciprocity statute 相互法（⇨reciprocal statute）

recision of contract (= rescission of contract)

recital(s) n. ❶（合同、契据的）事实陈述部分；说明部分 在书面合同或契据中用以引出实施条款[operative clauses]的一种陈述，通常以"鉴于…"[whereas...]起首，故也称"鉴于条款"。它分为两种：描述性事实陈述部分[narrative recital]与引导性事实陈述部分[introductory recital]。前者的作用在于表述合同或契据赖以发生的事实，后者用以解释实施条款订立的动机。例如，在一份转让租地保有权[leasehold property]的契据中，首先陈述某人与某人于某日订立租赁合同，从而该项地产在某一时期内由承租人保有，此即为描述性事实陈述部分；其次，在契据中说明受让人为买受该项地产上剩余期间的租地保有权，从而与让与人达成协议，此为引导性事实陈述部分；紧接其后的则是契据的实施条款，具体规定双方当事人的权利和义务。在书面合同或契据中，实施条款的法律效力优先于事实陈述部分，除非前者模棱两可，在此情况下，事实陈述部分用以解释实施条款。❷（判决书的）管辖权说明部分 判决书中的一个部分，用以说明法院享有管辖权的有关事实。❸（诉答书状中的）引述部分 指对某一事项的陈述以引出当事人某一肯定性主张[positive allegation]。通常以"为此鉴于…"[for that whereas]作为陈述的开始。

recite v. 书面陈述；叙述；详述；列举

reciting a statute 引用制定法；详述制定法的内容

reckless a. 不注意的；粗心大意的；鲁莽的；轻率的；不顾后果的；不顾一切的 指已经认识到并且自觉漠视可能发生的实质性危险。轻率行为不仅仅是纯粹的疏忽，它严重偏离了理性人的行为标准。(⇨recklessly；recklessness；wanton)

reckless disregard 极其漠视（⇨reckless disregard of rights of others）

reckless disregard of rights of others 极其漠视他人的权利 ①适用于机动车搭客法[automobile guest law]时，指驾驶人自觉采取不恰当的或错误的措施或在了解当时条件的情况下，有意不采取恰当的或谨慎的措施；②在诽谤法中，指出版人对事实真相的"极其漠视"，即有足够证据证明出版人其实十分怀疑出版物所载内容的真实性，或有足够理由怀疑提供报告人的诚实程度或其报告的真实性，从而构成真实恶意。

reckless driving 〈美〉轻率驾驶 一种制定法上的犯罪，指驾驶机动车时，明显不顾及可能产生的后果，无视他人的安全和权利。肇事者对造成的人身伤害或财产损失应负责赔偿。

reckless endangerment 〈美〉危害他人安全罪 一种制定法规定的犯罪。指有实际危险可能造成他人死亡或重大伤害的行为。

reckless homicide 轻率过失杀人 指行为人认识到其行为具有引起他人死亡的危险，仍冒险实现这种行为，导致他人死亡。美国有些州刑法典上规定了这一罪名，但有些州将之归于非预谋杀人罪[manslaughter]。

recklessly ad. 粗心大意地；轻率地

reckless misconduct 不顾后果的胡作非为 指行为人在知道或者应当知道可能对他人造成重大危险的情况下，有意作为或不作为。

recklessness n. ❶放任行为；轻率行为 该行为的行为人不希望危害后果的发生，但终未预见结果发生的可能性。该种行为的过错程度轻于故意行为而重于过失行为。❷放任；轻率 指人们实施某行为时的一种心理状态，它与行为人承担这些行为的后果及其所产生的法律责任有关。(⇨reckless；reckless driving)

reckless statement 轻率的陈述 不问事实真相随意作出的陈述，可构成欺诈和欺骗。

reclaim v. ❶使改过；使改正；改造；感化；教化 ❷重申对…的权利要求；要求（或主张）收回（或恢复）

reclaimed animals 驯兽 指经过训练变得驯良的野生动物。驯兽可成为限定财产[qualified property]。

reclaimed land 围垦地 (= made land) (⇨reclamation)

reclaiming n. ❶再诉 在苏格兰最高民事法院程序中，指从外庭[Outer House]诉向内庭[Inner House]。❷〈古〉召回 指领主重新召回未经其允许而到别处生活的仆人。

reclamation n. ❶开垦 指以沼泽排水、沙漠灌溉、森林再植等方法，将无经济价值的土地改造成有较高经济价值的土地。❷收回；取回 指要求并取回被他人占有的财产，或取回曾放弃、丢失或遗忘的财产；也指在破产程序中，真正的所有权人从破产财产管理人处取回其财产。❸更正；回复 银行业用语，指因票据在清算所[clearing house]发生记录错误时，将该票据予以更正或回复。❹先占 例如对野生动物通过占有而取得。

Reclamation Act 〈美〉《灌溉法》 为在西部各州开垦旱地和半干旱土地，1902年《灌溉法》授权内政部长进行确定位置、构筑、运作和维护水的贮藏、分流和开发的各项工作。

Reclamation Bureau 〈美〉灌溉局 根据1902年《灌溉法》[Reclamation Act]设立的机构，隶属内政部。原名为灌溉署[Reclamation Service]，设置在地质勘探局[Geological Survey]之内；1907年3月从地质勘探局独立出来。1923年6月改为现名。其基本职能是支持州、地方政府和其他联邦机关稳定和激励地方和区域经济发展，保护和改善环境，通过开发西部毗邻17州和夏威夷的水及相关土地资源提高生活质量。(⇨Reclamation Act)

reclamation district 〈美〉垦荒地区 指各州由立法机关划定的分区，以在州界内开垦沼泽地带和沙漠地带，使适于居住或耕作，其资金通常由地方税收或发行债券提供，有时还有权制订工程规则。

reclamation petition 取回申请 向破产法院提出的申请，要求返还破产财产中属于申请人的财产。

reclusion 〈法〉（对罪犯的）监禁 用于美国路易斯安那州，尤指关押在重罪犯监狱[penitentiary]并强制劳动。

recognition n. ❶确认；认可；承认 一般指确认他人以本人名义作出的行为已得到本人的授权。国际法上的承认是指一国明示或默示地对另一国的行为所作的具有法律意义的反应。承认是具有法律后果的政治和行政行为，主要有对新国家、政府、领土变更、交战状态以及暴动状态的承认。❷〈苏格兰〉**收回土地** 在苏格兰古法中，它类似于意外费用[casualty]。当附庸[vassal]无领主之同意而出让土地时，该土地要被领回，作为对其蔑视权威的惩罚。(⇨casualty)

recognitional picketing 认可的纠察 目的是向不愿参加工会的雇员，或拒绝承认并与工会讨价还价的雇员施加经济压力而设的纠察。

recognition of bastard 认领私生子(⇨recognition of paternity)

recognition of belligerency 交战状态的承认；交战地位的承认；交战团体的承认 指一国对他国间存在战争状态的承认；或一国政府对其国内的武装叛乱者地位的承认，这种承认使叛乱的性质转化为内战。亦指一国政府承认他国内战中的某一团体具有交战团体的地位，此种承认可使该团体依战争法享受权利、承担义务。

recognition of gain or loss 损益确认(⇨recognized gain or loss)

recognition of government 政府承认 即对政府的承认，指对一国因革命或政变后产生的新政府已经形成和存在的事实及其具有代表该国的正式资格的确认和接受。根据现代国际法的理论和相关国际实践，政府承认应满足两项条件：一是新政府的产生和存在必须符合国际法；二是新政府已在该国领土上建立起独立而实际的有效统治，且已得到该国全体或绝大多数居民的惯常服从。

recognition of paternity 承认父亲身份 以文字、语言或行动表明非婚生子女是自己的子女。

recognition of superior title 对优先顺位所有权的承认 指以言语或行为表明某人的占有处于较低的顺位，或者承认存在优先顺位的所有权，从而可以有效地否认该人的占有具有对立占有[adverse possession]的特征。

recognitors n.〈英〉列入巡回法庭陪审团名单的陪审员 ❷(＝recognizor)

recognizance n.具结；保证 ❶普通法上的具结，是在存卷法院或在经授权的治安法官[magistrate]前作出的保证，此项保证随即载入存卷法院的档案。具结保证实施某项行为，如按时到庭、遵纪守法、清偿债款、支付费用等。❷刑事案件的被告人保证在指定日期按时到庭或遵守法纪。(⇨release on own recognizance)

recognizance to keep the peace 保证遵守法纪(⇨peace bond)

recognize v.使具结；使立保证书

recognized a.公认的

recognized gain or loss 已经确认的损益 应征收所得税的实际发生的损益。

recognized market 公认的市场 该市场具有以下特征：在该市场中出售的商品不存在实质性区别，而且讨价还价和竞争性出价不是首要因素，实际的交易价格可以根据行情表立即得到。例如纽约股票交易所、债券市场等都是公认的市场。美国《统一商法典》[U.C.C.]规定，被担保方在抵押物为公认市场惯常的交易物时，不经通知即可处置抵押物。

recognizee n.被保证人

recognizor n.具结人；保证人

récolement 〈法〉再检查；再审阅 将证人的庭外证言记录交证人阅读和检查，证人阅读后对证言可以确认，也可以改动。不经过再检查的庭外证言记录无效。

recollection n.❶回忆；记忆 ❷回忆起的事物；往事；回忆录

recommend v.❶推荐 ❷建议(⇨counsel) ❸托付

recommendation n.❶(封建法)委身；委身制 将自主地[allodial land]转化为封建地产的一种方法。自主地所有人将地产奉献给国王或贵族，向其臣服，并将地产作为封地再从国王或贵族处领回，由自己及其继承人保有，这样他便能够取得国王或贵族的保护。❷推荐 ❸劝告；建议

recommendation for credit 信用推荐 指对他人的信用加以荐举。这种推荐在双方之间并不产生合同关系。除非推荐人为诱使他人给予信用而以欺诈方式为之，否则推荐人并不因此而对受推荐人的过错或违约承担责任。

recommendation of mercy 建议宽大处理 陪审团在作出被告人有罪裁断的同时，建议法庭从宽判刑。

recommendation to mercy 〈英〉赦免建议 在死刑判决生效后，陪审团可提出基于某些法定理由的赦免建议。这一建议没有法律效力。在苏格兰，该建议供苏格兰内务大臣或国务大臣在决定是否建议给予罪犯缓期执行或减刑时考虑。

recommendatory a.恳求的；劝告的；指导的；建议的

recommendatory words 建议性言词(⇨precatory words)

recommit v.再犯罪；重新入狱(⇨recommitment)

recommitment n.❶再犯罪；重新入狱 因罪犯违反假释或赦免条件再次将其投入监狱。❷再提交案件 在主事法官[master]或审断人[referee]的报告或裁决被撤销的情况下，将案件再提交给其处理。

recommittal n.再犯罪；重新入狱(⇨recommitment)

recompensation 〈苏格兰〉再次要求补偿 原告针对被告要求抵销的答辩，再次提出要求补偿。

recompense n.❶劳务报酬；酬金 ❷赔偿；补偿(＝compensation) ❸〈苏格兰〉不当利益返还 一种准合同之债。因他人的行为而获益，且行为人并无赠与的意思时，受益人应在所得利益范围内返还行为人。如行为人是为自己的目的或利益进行消费或支出，只附带使他人受益，则不产生不当利益返还关系。

recompense or (of) recovery in value 价值的恢复补偿；等价赔偿和恢复 地产保有人[tenant]要求回复因担保人[vouchee]的过错而失去的土地或与之等价的赔偿，因为他对土地的权利已得到保证。(⇨common recovery)

reconcile v.❶使和解；使和好 ❷调停；调解 ❸调节；核对；查核(⇨reconciliation)

reconciliation n.❶(家事法)和解；修好；和好 ❷调停；调解 ❸对账 会计用语。

Reconciliation Parliament 〈英〉和解议会 都铎王朝玛丽当政时期的议会，于1554年开会，使英格兰复归天主教教会。它取消了亨利八世执政时的所有教会立法，两院都向教皇请求原谅其过去的背叛行为，并得到了枢机主教的赦免。

reconciliation statement 对账表 反映两个或两个以上账户余额差异并对之进行调整的明细表。

reconditioned automobile 重新修整的汽车 指经过修理、更换零部件，已尽可能恢复原状的汽车。由于二手汽车商对汽车全面检修后将出售给公众，所以与汽车制造商一样，其对汽车的装备和状态负有合理注意的责任，应保证汽车情况正常，不致危及他人的生命和身体。

reconduction n.❶(大陆法)续租 对原来租约的重订或

续订。亦作"relocation"。 ❷（国际法）驱逐出境（= renvoi）

reconsideration n. 重新考虑；重新审议

reconsideration of bill ❶对起诉的重新审议 大陪审团在起诉被投票否决，或被撤销、搁置或经批准重新审理后，对起诉的重新审议。❷对议案的重新审议 对已通过议案的重新审议。在无特殊的相反规则的情况下，只要议案仍由立法机关掌握，立法机关保留对议案重新审议的权力。

reconsignment n. ❶重新发送；运输变更 在货物运输过程中对交货地点、运输路线、收货人等交付条件作出变更。❷再委托；再寄售；再交付

reconstruct v. 重建；再建；修复；重现（⇨recollection）

reconstruction n. 重建；重组；重制 指原先作为整体的事物已不存在时进行的重新建造。在美国也用来指内战结束后（从1865年至1877年），原来宣布脱离国家的各州改组其州政府，重新与国家政府建立宪法关系，恢复在国会的代表权并在政府内部进行必要更动的过程。美国宪法第十三、十四和十五条修正案即是重建的永久遗产。

Reconstruction Acts〈美〉《重建法》 南北战争结束后不久，国会在1867年通过的两项法律，规定对原来脱离联邦的各州政府的改组方案。

Reconstruction Amendments〈美〉重建修正案 指美国宪法第十三、十四、十五条修正案。

Reconstruction Finance Corporation〈美〉复兴金融公司 一家联邦公司，依法为项目建设提供贷款和融资服务。

recontinuance n. 无体的可继承地产权的回复 指恢复曾被错误剥夺的无体的可继承地产权[incorporeal hereditament]。（⇨incorporeal hereditament）

reconvene v. （大陆法）提出反诉

reconvenire〈拉〉（教会法）（罗马法）提出反诉

reconventio〈拉〉（罗马法）反诉；反请求

reconvention n. （大陆法）反诉（⇨counterclaim）

reconventional demand 反诉请求

reconversion n. ❶恢复原状；恢复信仰；重新皈依 ❷再转变；再转化 ❸（工业从战时状态到和平时期状态的）恢复（期） ❹财产回复 一项先前依法拟制的侵占[constructive conversion]被撤销后，有关财产又恢复到其最初状态。（⇨double conversion）

reconveyance n. 回复转让 指前一转让合同中的受让人将地产的财产所有权再转让与原来的所有人或持有人。亦指抵押之债受到清偿之后，抵押物仍旧让与抵押人，而抵押人无须再承担抵押债务。

recoop (= recoupe)

Recopilacion〈西〉《法律汇编》 腓力四世在1661年下令为西印度政府收集的西班牙法律的汇编。在1860年以前这一法津汇编是唯一有效的适用于通行西班牙语的拉丁美洲国家的法令和法规汇编。

Recopilacion de las leyes de los reinos de Indias《西印度群岛各地区法律汇编》 西班牙自1624年开始编纂并于1681年颁布的为其美洲殖民地制定的法律全书，共9编218章，包括6377项法规；至18世纪因新的立法的颁行而失效。

record v. ❶记录；记下 ❷登记；记录 ❸复制；复录（音像、数据等）
n. ❶记录；档案 记述过去发生的事件的文件，通常是为了保存对这些事件的记录而作。也指记录在各种有形的载体上并通过一定的方式再现出来的信息。 ❷（法院）案卷；卷宗；诉讼记录 对法院处理案件过程的正式记录，通常包括提交的各种文书、庭审过程笔录及证据等。

record and writ clerk 案卷与令状书记官（ = Clerks of Records and Writs）

recordare 治安法官判决调出令

recordari n. 上诉状代替本 针对某非存卷法庭的判决而提出的上诉因诈欺或事故而丢失诉状时的代替本。

recordari facias loquelam〈拉〉返还被扣动产之诉的移卷令 依此令状这种诉讼能从郡法庭移到威斯敏斯特。该令状得名于其中的强调性语句："将诉讼请求记录下来"[cause the plaint to be recorded]，郡长还被要求将所作记录送于上级法院并通知当事人出庭日期。

Recorda sunt vestigia vetustatis et veritatis.〈拉〉档案是过去和事实的遗迹。

recordation n. ❶登记 指将某一书面文件，例如契据或抵押文书，在公共登记机构进行登记的一种行为或过程。通常，登记的效果是使该人在登记财产上的权益优先于此后的买主或抵押权人，当然登记的效果因各种登记法律而异。亦作"recordal"。 ❷记录 以速记、录音等方式记录法庭审理程序的一种制度。

recordation of verdict 对裁断的记录 由书记官将陪审团的裁断记载在法庭记录中。

recordatur〈拉〉记录登记 古时英国的习惯做法，将记录登记以防止改动。

Record Commission〈英〉法律文献委员会 指1800年根据下议院特别委员会建议成立的一个机构。

record court 存卷法院（⇨court of record）

record date 登记日期 公司股东必须在规定的日期登记于股东名册才能参加分配股利或在股东大会行使表决权。

recorded past recollection 过去回忆的记录 在证据法中，指证人在对事件记忆犹新时所作的书面记录。在法官认定其为证人所记录且为记录原本时，可作为传闻规则的例外，允许作为证据提出。

recorder v. 〈诺曼〉追忆；凭记忆验证（以前在法庭上发生的事情） 这是法官或其它法庭主持者的责任。
n. ❶〈美〉文档员 负责制作、保存公共文书档案的公职人员。 ❷〈美〉法律文书登记官 被任命记录或登记契据和其它法律文书的官员。 ❸〈美〉地方司法官 某些州司法体系中的一种司法行政官，有类似于治安法官[police judge]的刑事管辖权和有限的民事管辖权，有时其权力也由制定法授予。 ❹〈英〉记录法官；季审法院法官；刑事法院法官 1971年以前，英格兰和威尔士的"recorder"一般都是执业5年以上的出庭律师，由御前大臣委派到各自治市[borough]去独任主持季审法庭[court of quarter sessions]。他们一般都是兼职的，每年巡游四次。在利物浦和曼彻斯特，"Recorders"则是指皇家刑事法庭[Crown Court]的专职法官。1971年《法院法》[Courts Act]之后，"recorder"用来指被任命为一段时间皇家刑事法庭兼职法官并已执业至少10年以上的出庭律师或事务律师。当他或她以这种法官身份出席法庭时一般均在其姓名前冠以"Sir"或"Madam"的称呼，基于这一职位，他可以在任何郡法庭出庭担任法官，并可应邀担任高等法院法官。在北爱尔兰，郡自治市的"recorder"既可以在无陪审团参与的情况下审理一般民事案件，也可以在陪审团参与的情况下审理除特别重要的刑事案件外的其它刑事案件。在苏格兰则没有"recorder"一职。

Recorder of London 伦敦司法官;伦敦巡回法官 由市高级市政官法庭[Court of Alderman of the City]选举产生,终身任职,是市共同体的首席顾问和首席辩护人,非经国王任命,不得实施任何司法审判权能。其职责是维持和平,执行法律,宣布判决,证实并记录市习惯,并应邀参与政务。1972年1月1日后成为巡回法官,可在中央刑事法庭[Central Criminal Court]及其它法庭任法官,1975年后不再有下议院议员资格。

Recorder's Act 〈英〉《司法官法》 即1868年的《偷盗法》[Larceny Act],此法因应伦敦司法官拉塞尔·格尼[Russell Gurney]之建议通过而得名。

recorder's court 地方司法官法庭 指根据市镇立法权建立的具有有限司法管辖权的初级法院,其管辖权在民事方面与法官(主持)之法院[justices' courts]类似,在刑事方面与治安法庭[police courts]相近。

recording act (不动产)登记法 一种规定契据或其他财产权益登记条件以及在不同当事人对同一财产(通常为不动产)主张权益时确定何者优先的法律。亦作"recording statute"。(⇨notice statute;race statute;race-notice statute)

recording law (= recording act)

recording officer 登记官;记录员(= recorder)

recording patent 专利登记 指某一专利在专利局登记以及通过法定的专利公告而进行公示。

recording statute (= recording act)

recording tax 不动产登记税 因不动产抵押、合同或其他有关不动产契据的登记所征的税收。

record notice 登记公告;登记公示 某一转让文书或抵押文书在相应的公共机构进行登记,即被认为其内容已经向世人进行推定的公示[constructive notice]。

recordo et processu mittendis 一种纠错令状,将诉讼的记录和过程提交上级法院的令状(⇨de recordo et processu mittendis)

record of conviction 定罪记录 法院查明犯罪和作出判决的司法记录,包括陪审团的裁断和法庭的判决或科刑。

record of corporation 公司登记(⇨corporate records)

record of court (= court record)

record of nisi prius 〈英〉诉状文本 旧时诉状的正式文本,誊录于牛皮纸并密封传交法官,是法官审理案件的依据,且只能据此了解案件的性质和双方的系争事实。

record on appeal 上诉记录 指初审法院报送上诉法院的关于具体案件的各种文件,即初审时各诉讼程序的记录,包括诉状、书证、物证、询问证人记录、法庭裁定等。

record on removal 〈美〉移送案卷 案件由州法院移送联邦法院时移交全部案卷的副本,包括传票、诉状、证人证言、书面证词和各项有关的诉讼记录的副本,以及移送申请书。

record owner ❶登记所有人 指以其名义在公共机关登记财产所有权的人。❷登记股东 指其姓名记载于公司股东名册上的人。其被视为该公司股份所有人,不论其是否是该股份的受益所有人。

record proper 正规的记录 指证件、文件、卷宗、备忘录以及其它法律规定的案件记录。

records n. 案卷 指存卷法院的法院卷宗。

record title 登记所有权 某一契据经适当登记后,在公共登记文件中所记载的所有权。亦作"title of record"或"paper title"。

recordum n. 司法记录;记录(⇨record)

record warranty 记录保证 在为一批货物或商品投保的保险中,被保险人保证将货物清单或账本存于防火的铁制保险箱内或其他安全地方,并在保险人检查时提供这些记录。

recoup v. 扣除;扣减;减少(⇨recoupment)

recoupe (= recoup)

recoupment n. ❶扣除;扣减;减少 在诉讼中,被告提出由于原告未履行合同中的交叉义务或违反同一合同中的其它条款而扣减原告请求的损失赔偿额。它与反诉[counterclaim]不同,扣减只能减少原告所请求的金额,不能要求原告作出赔偿。它与"抵销"[set-off]也不同,抵销是由于其它事由而产生的被告对原告的请求。❷(被告的)扣除权;扣减权 被告以原告在同一交易中亦存在违约行为为由而有权扣减原告所提出的损失赔偿额。❸扣除权抗辩;扣减权抗辩 被告以原告在同一交易中也存在违约行为而提出的一种肯定性答辩[affirmative defense]。❹恢复;取回;补偿 ❺〈古〉(基于同一交易的)反诉 指从本诉所依据的同一交易中所产生的一种反诉[counterclaim],但现在已被强制反诉[compulsory counterclaim]所取代。

recoupment theory 扣减理论 该理论有时用于确定根据政府征用权[power of eminent domain]而被没收的财产价值。意指如允许公共机构对超过公共设施改进所需之物进行征收,则其可以优惠价格处理该超出所需之物,以此减少公共设施改进所费之成本。

recourse n. 追索权 债权人在主债务人不履行债务时,要求保证人履行债务的权利;票据持有人在票据被拒绝承兑或拒付时对开票人或背书人的求偿权。

recourse loan 有追索权的贷款 在借款人违约时,除以抵押财产清偿贷款外,贷款人还有权要求以借款人或担保人的个人财产清偿的贷款。

recourse to law 诉诸法律 提起诉讼请求法院行使裁判权。

recousse (= recaption)

recover v. ❶获得;取得 指实际得到或以判决等诉讼程序而得到某物或其等价物。❷胜诉 指获得对己方有利的判决。❸获得损害赔偿;得到补救 指在诉讼或其他法律程序中获得损害赔偿或其他方式的补救。❹恢复;康复(⇨recovery)

recoveree n. 限嗣继承的阻却诉讼中的被告 即意欲改变地产性质者。(⇨common recovery)

recoverer n. 限嗣继承的阻却诉讼中的原告(⇨recoveree)

recovery n. ❶(权利的)恢复;收回 指通过诉讼恢复或收回被侵占的权利或财产。❷收回土地的诉讼 替代旧时的"收回土地诉讼"[action of ejectment]。❸(通过诉讼判决获得的)赔偿额;赔偿金 ❹收回 旧时一种称作限嗣继承的阻却诉讼[common recovery]的拟制诉讼,目的在于将限嗣继承土地[entail]转变成非限嗣继承土地[fee simple]。这一扩大土地产权的方式已被1833年《拟诉弃权法》[Fines and Recoveries Act]废除。取消限嗣继承可由土地所有人及其最近的限嗣继承人共同签署契据来实现。(⇨common recovery)

recovery by double voucher 二次担保的限嗣继承阻却诉讼(⇨common recovery;double voucher)

recovery of judgment 有利判决;判决赔偿额 作出有利于原告或被告一方的判决。也指因判决获得支付的款项或赔偿。

recreant n. 懦夫;胆小鬼 在古代的决斗断讼[wager of

battel]中,一方自认战败,即被认为是懦夫。

recreational area or center 娱乐场地或中心 可以在此纵情玩耍、打猎、垂钓、摄影或享受自然景色的地方。一个城市为维持室内公共娱乐中心花费巨大开支而仅收取象征性的费用,是政府的职责。

recreation grounds 〈英〉游乐场地 村庄中的绿地是早期的游乐场地,村民享有有限的游乐权利。1845年《圈地法》[Inclosure Acts]规定,拨出公地或部分公地作为周围地区居民的游乐场地。1863年《城镇公园保护法》[Town Gardens Protection Act]也有将城市或自治镇中弃置的广场改作公园的规定。

recrimination n.反控 被控人对控诉人的控诉。尤指离婚案件中,被告被控通奸或虐待时,对原告作同样的指控,以阻止离婚。在美国已制定"无过错"离婚法的许多州,反控已被废除。

recrimination in divorce 〈美〉离婚中的反控(⇨recrimination)

recross-examination n.再次交叉询问;再次反询问 在一方对本证人进行再次直接询问[redirect examination]后,由对方再次对证人进行的交叉询问。再次交叉询问的内容限于再次直接询问中涉及的事项。常缩写为"re cross"。

recruiting n.招募新成员 尤指征募新兵。

recruiting against the United States 〈美〉(为武装叛乱而)征兵罪 指为了以武力对抗美国政府,进行武装叛乱,而在美国本土征召士兵组成陆军或海军的行为,是联邦法律规定的一种罪名,属于叛国罪[treason]。

recruiting and enlistment service 征募新兵工作 征召新兵编入部队的工作,包括为此采用的办法、手段和使用的工具。

recta prisa regis 〈英〉国王合法的抽税权 国王有权在每艘装满葡萄酒的船的桅杆前后拿走一桶酒作为关税。

rectatus n.犯罪嫌疑人;被告人(=arrectatus)

rectification n.改正;修正 ①指法庭更正表述错误的合同条款的衡平法上的权力。如果书面合同的最初表述不能反映当事人的真实意图,法庭可予修正以使之符合。如租约中对租金的记载有误时,或契据中对土地范围的表述不正确时,法庭可予修正。英国法院依制定法的规定,还有权根据当事人的申请,修正各种登记簿中有错误的记录。②法庭对制定法的用语作轻微改动,以解释法庭的理解是符合立法意图的。

rectification of boundaries (英格兰古法)定界之诉 为确定或修正相邻土地之边界而进行的诉讼。

rectification of register 登记的修正 在英格兰古法中,当某人的名字误登或未登记时要求登记员去掉或填上名字的程序。

rectifier n.调酒师 以各种方法提纯烈酒或调合各种酒类,并以各种名目销售的人。

rectify v.改正;纠正;矫正 对错误的或含糊的事物给以纠正或矫正。合同文件所载明的条款或事项,由于双方当事人的疏忽大意,未能表达当事人的真实意思时,可以通过诉讼予以纠正。(⇨rectification)

rectitudines singularum personarum 〈英〉《个人权利》 一篇出现于公元960年到1060年间的文件,它说明了各个阶层的人在庄园中为领主提供的义务。

rectitudo 〈拉〉❶公正;正义 ❷法定费用;贡金或付款

recto 〈拉〉权利令状 发布该令状以恢复某人对财产的完全权利。(⇨de recto)

recto de advocatione 圣职推荐权令状 因圣职推荐权发生纠纷而签发的令状。

recto de advocatione ecclesiae 圣职推荐权令状(=recto de advocatione;writ of right of advowson)

recto de custodia terrae et haeredis 关于土地和继承人的监护权的令状 已废除。

recto de dote 剩余遗孀地产请求令 已取得部分遗孀地产之妇女向其亡夫的继承人或领主请求剩余部分地产权利时所用。(⇨de recto de dote;dower)

recto de dote unde nihil habet 全部遗孀地产请求令 未得到任何遗孀地产的妇女请求其合法的遗孀地产权时所用的令状。(⇨dower)

recto deficere 显失公正(⇨de recto deficere)

recto de rationabili parte 合理分割封地令状 血亲利害关系人之间就继承封地而进行分割时适用的令状。

recto patens 公开权利令状(=de recto patens)

recto quando(or quia) dominus remisit curiam 基于无领主法庭而颁发的权利令状 因领主未组织庄园法庭,而庄园内又发生了土地权利争议时发布的权利令状。

rector n.〈英〉(教会法)堂区长 教会神职官员,对其堂区居民负责宗教管辖[cure of souls],主持教会的宗教仪式,专权处理教会土地和房产的收入。该职位由堂区居民选举,并经过授阶仪式[ordination]、圣职推荐[presentation]、授予神职[institution]和就任神职[induction]四个过程才可获得。堂区长分为由俗人担任的带圣俸的世俗堂区长[impropriate rector]和由教士担任的堂区长[spiritual rector],前者通过圣俸转交俗人[impropriation]部分地享有圣俸,任命堂区长代理[vicar]行使宗教管辖权;而后者享有完整的圣俸并行使宗教管辖权。

rectorial tithes 大什一税;农业什一税 指付给堂区长[rector]的农业什一税,缴纳谷物、牲畜饲料和木材。(⇨tithe)

rector provinciae 〈拉〉(罗马法)省长

rector sinecure 〈英〉挂名堂区长 指没有宗教管辖权的堂区长。1840年被《宗教事务委员会法》[Ecclesiastical Commissioners Act]废弃。

rectory n.堂区长圣俸或寓所 一般指宗教管辖权的堂区长在所属堂区依法拥有的圣俸或寓所,有时亦指该堂区的土地、什一税和捐款。

recto sur disclaimer 否认保有关系的权利令状 当封臣否认他和领主之间的保有关系时为领主签发的令状。

rectum 〈拉〉公正;审判;指控

rectum esse 在法院要保持公正

rectum rogare 要求公正;向法官要求公正

rectus 〈拉〉(古)(继承法)合法的;直系的

rectus in curia 〈拉〉在法院上有权利 指在法庭上免予被指控或侵犯。

Recueil de la Jurisprudence de la Cour (法文版)《欧洲法院判例汇编》 包括总检察长的意见、法院的判决及理由。1973年起出版英文版。

recuperatio 〈拉〉(英格兰古法)(财产)返还 经法庭判决而使财产返还。

Recuperatio est alicujus rei in causam, alterius adductae per judicem acquisitio. 〈拉〉返还是经法院判决取得在他人处的财物。

Recuperatio, i.e., ad rem per injuriam extortam sive detentam, per sententiam judicis restitutio. 〈拉〉返还,即由法院判决归还被非法勒索或扣押的财物。

recuperatores 〈拉〉(罗马法)涉外法官 一种法官。其原来的职能是裁决罗马市民与外省人之间需要快速决定的财产权争议,后逐渐扩展至审理可由普通法官审理的案件。

Recurrendum est ad extraordinarium quando non valet ordinarium. 〈拉〉普通办法无效时应采用特别办法。

recurrent insanity 周期性精神错乱;间歇性精神病 具有循环性周期发作,间歇期精神恢复正常的特点。

recurrent nuisance 经常性妨害

recurring employment 反复雇佣

recusable *a*.可以拒绝的(⇨irrecusable)

recusal *n*.回避 因法官与案件有利害关系或对案件持有偏见、成见,当事人申请其(或法官主动)不参与案件审理的程序。(⇨recusation)

recusant(s) *n*.〈英〉不服英格兰国教者 对那些在英格兰宗教改革后否认英王对基督教会的最高权力并拒不参加英格兰国教礼拜仪式者的通称。1558年的《信仰统一法》[Act of Uniformity]规定了对他们的刑罚。以后的法规对罗马天主教徒[Roman Catholics]、不信奉国教的新教徒[nonconformists]和不从国教者[dissenters]作了区分,该词一般指天主教徒。

recusatio judicis 〈拉〉(大陆法)因怀疑法官偏袒一方而提出的异议

recusation *n*. ❶(大陆法)申请回避 以法官与案件有利害关系或持有偏见为由申请其不参与案件的审理。 ❷申请陪审员回避 ❸继承人口头或书面放弃继承(⇨recusal)

recusatio testis 〈拉〉(大陆法)以证人无作证能力为由反对其作证

red 〈撒克逊〉劝告;建议

redaction *n*.编辑;修订 广义指各种编写或校订。其法律上的意义指共同被告人改变原已供认的涉及其他共同被告人的供认。

red berets 〈美〉红色贝雷组织;社区治安联防会 社区居民自发组织的治安联防组织,经常巡逻于纽约市[New York City]地铁、布鲁克林区[Brooklyn]等犯罪高发地段,协助警察维护治安秩序,防范犯罪的发生。

red book directory 〈美〉红皮人名地址录 美国律师协会[American Bar Association]每年出版的出版物,记载其20多万会员及协会所有职员的姓名和地址。

Red Book of the Exchequer 〈英〉《财政署红皮书》 古英格兰的一种财产记录,它记录了亨利二世时期依男爵[baron]身份保有土地者的姓名。据信,此书是财政署官员亚历山大·德·斯威福德[Alexander de Swereford]于1234年之前所成,作者于1234年到1246年去世之前一直是财税法庭法官[baron of the Exchequer],他编此书的目的在于为王室封臣的义务和责任留下永久的记录,但它实际上还包括了有关国王财产的文件、令状格式、程序规则指示、国家官员宣誓等。此书虽然有一些不实之处,但它仍是仅次于《末日审判书》[Domesday]的权威资料。后世对此书又有许多增修,1896年由胡伯特·豪[Hubert Haul]重新编辑。

Red Books of Bristol 〈英〉《布里斯托尔红皮书》 一部涉及商法的专著,其中还包含一份《奥列隆法》[laws of Oleron],作者不详。原件由手写而成,出现于14世纪。1900年由F.B.毕克利[F.B.Bickley]编辑出版。

reddendo 贡赋条款;租金条款 在苏格兰,指土地转让特许状中规定的,因被授予土地而由封臣向其上级贵族交纳封建贡赋或提供其他劳务的条款。在英格兰则指租约中表明租金数目及其应交纳的时间的条款。

Reddendo singula singulis. 〈拉〉各对各。 一种文字结构规则,即所用的词组或措词,是对适当的客体。例如,在"若有人拔出或发射刺刀或子弹"这一短语中,"拔出"指"刺刀","发射"指"子弹"。

Reddens causam scientiae. 〈拉〉给予其认识以理由。

reddere *v*.归还;给予;取得收益或租金

Reddere, nil aliud est quam acceptum restituere; seu, reddere est quasi retro dare, et redditur dicitur a redeundo, quia retro it. 〈拉〉归还是将已收到的交回,或归还是交回,称其为"归还"[rendering]而非"送回"[returning]是因为是再次返回。

reddidit se 〈拉〉他已自己投案 旧时英国司法实践用语。根据当时的保释法,若未决民事诉讼中的被告找不到保释保证人,他将被拘押。该词指被告在找到保证人后又主动投案,从而解除保证人的责任。有关官员证实被告人已在押时,将在保释单上作此签注。

redditarium 租金;租费

redditarius 承租人

reddition *n*.(古法)放弃权利 指在法庭上承认自己不是被请求的某项财产的所有人,事实上该财产属于请求人。

redditus 〈拉〉租金 更正确的表达应为"reditus",但在古籍中多用此词。(⇨reditus)

redditus alibi (= white rent)

redditus assisus 〈拉〉固定租金

redditus capitales 〈拉〉为免除其他义务而由自由地产保有人向领主缴纳的地租(= chief-rent)

redditus mobilis 〈拉〉可变租;活租

redditus nigri 〈拉〉(= black rents)

redditus quieti 〈拉〉免役地租;免役税(⇨quit rent)

redditus siccus 〈拉〉无扣押条款的租金(⇨rent seck)

rede (= red)

redeem *v*.买回;回赎 通过清偿到期债务,赎回作为担保的抵押物或质物。(⇨redemption)

redeemable bond 可回购债券;可提前清偿的债券 发行人可在到期前兑付的债券。

redeemable dead rent 可抵销的固定租金 根据采矿租赁合同而支付的一种租金,其条件是:如果最低租金超过采矿特许使用费[royalty],则超额部分可以在此后当特许权使用费超过最低租金时进行抵销。

redeemable preference shares 可回购的优先股

redeemable rights 可回赎的权利 指权利转让人可以通过支付转让权利时所收取的款项重新取回的权利。

redeemable security 可回赎证券;早赎证券;可提前回赎证券;可换现证券 指除了短期证券之外的任何证券,当该证券向发行人提示时,证券持有人有权取得与证券价值等值的发行人的资产或现金。(= callable security)

redeemable stock 可回购股份 通常为优先股。

redeeming social value test 〈美〉维护社会价值标准 美国最高法院于1966年在《荡妇回忆录》诉麻省[Memoirs v. Massachusetts]一案中确立的认定淫秽物品的标准。最高法院认为,对于违反当前社会有关的标准的淫秽物品,如果不能维护社会价值,政府可以控制此类物品的发行。但这一标准逐渐被证实很难适用。1973年最高法院在米勒诉加利福尼亚州[Miller v. California]一案中修正了有关淫秽的标准,从而明显废止了在《荡妇回忆录》一案中确立的社会价值标准。

re(-)delivery n. 重新交付；交还；返还 ①在第一次交付无效契据的情况下，随无效原因消除而进行的第二次交付行为；②将曾脱离某人占有的财产予以返还，使其重新占有；③在扣押物回复之诉[replevin]中，指在被告提供解除财产保全保证书[redelivery bond]之后归还其被扣押的财产。

redelivery bond 解除（财产保全）保证书 财物被查封或扣押时，向行政司法官或其他官员递交的保证书，以求解除查封或扣押，取回财物；并承诺若经法院裁决此项查封和扣押为必要时，将财物再度交出或交付其等值金额。

redemise n. 回租 承租人将租赁的土地转租给出租人。（⇨demise and redemise）

redemption n. 回赎；买回 包括以下各种情况：①设定抵押或质押的财产，在债务人履行债务后解除担保，返还担保物；②在破产法中，债务人的财产经扣押并拍卖时，债务人（有时为债务人的其他债权人）有权从买受人处购回此项财产，但一般限于对不动产的拍卖；③债券的发行人依发行时载明的条件收回债券；公司依收购时股票的实际价格收购本公司的股票；④出卖人以原价或高于原价的价格向买受人购回已售出的财产；附解除条件的买卖合同在条件成就时撤销或解除原来的买卖。（⇨certificate of redemption; equitable redemption; equity of redemption; right of redemption; tax redemption）

redemptioner n. 回赎权人；赎买人

redemptiones 〈英格兰古法〉❶巨额罚金 有别于任意罚金[misericordia]。❷赎金 ❸贿金

redemption from execution sale 从执行拍卖中回赎（⇨redemption）

redemption from foreclosure sale 从抵押物变卖中回赎 根据制定法规定，抵押人、次顺位优先权人或者其他与抵押财产有利害关系的人有权在抵押期满的拍卖、变卖程序中，通过向买受人支付其已经支付的价金、利息与其他手续费用，并实施法律规定的其他条件，重新获得该已经被拍卖、变卖的抵押物。（⇨redemption）

redemption from tax sale 税产拍卖的回赎 税产前所有人、其利益继受人或对税产享有实际利益的人所享有的一种权利和程序。据此程序，他们只要付还拍卖的买方所付的价款、利息和费用，就可以使一税产拍卖无效，从而享有征税前对该财产的完全的所有权，尽管该税产拍卖是有效的并在各个方面符合规则。

redemption of bond 债券回购（⇨redeemable bond; retirement of securities）

redemption of money 货币兑换 ①用本国货币换外国货币；②用流通货币换处于流通之外的纸币或硬币。

redemption of pledge 质押财产的回赎；质押的解除（⇨redemption）

redemption of securities 证券回购；证券偿付 包括回赎债券、回赎公司股票并注销，在住房与贷款协会中也通过向股东作清偿而减少股份。（⇨retirement of securities）

redemption of stock 股票回购 公司买回自己的股票并予以注销。

redemption on foreclosure (= redemption from foreclosure sale)（⇨redemption）

redemption period 回赎期 制定法规定的一个期间，未完全履约的抵押人可以在此期间通过支付其尚欠之债务或费税，重新获得其被抵押财产或征税拍卖之财产。

redemption premium 回赎溢价 指回赎担保物时支付的额外价格。

redemption price 回购价格 公司在发行的债券到期前回购债券的价格，亦指公司回购优先股的价格。

redemptio operis 〈拉〉（罗马法）劳务合同；劳务承揽合同 指一方当事人向对方支付约定价款，由对方为其提供劳务服务的合同。（⇨locatio operis）

Red Ensign 英国商船旗

redeundo 〈拉〉归途

redevance 〈加〉（法国古法）佃户付给其领主的应付款

red flag ❶（象征革命的）红旗 ❷（用作危险信号或停止信号的）示警红旗

red-flag legislation 〈美〉红旗立法 一项法规，禁止在一切公共场所或群众集会或房屋、建筑物或窗户展示红旗、旗帜或任何颜色式样的图案以此作为反对现政府的记号、符号或标志，或无政府状态的号召，或煽动性宣传的帮助。

red(-)handed 正在实施犯罪的；现行犯 指犯罪嫌疑人身上的种种形迹表明其正在实施犯罪或刚实施完犯罪。

red herring 与本题不相干的法律问题或事实问题 如法律学生应避免讨论在考试中教授提出的与本题不相干的法律问题或事实问题。

red-herring prospectus 非正式招股说明书；初步招股说明书 指尚未经美国证券交易委员会或州证券交易委员会批准而公开登载的招股说明书，带有红色边框以提醒相关投资者，常被用作发售股票前的宣传。(= preliminary prospectus)

redhibere 〈拉〉（罗马法）交还；交回；取回；收回 指买主将有瑕疵的货物还给卖主，或由卖主收回有瑕疵的货物。

redhibition n. 退货 由于所售货物的缺陷或瑕疵，致使其完全不能使用或使用极不方便而提出的退货。可以假定若购买人事先知道这种缺陷就不会购买。

redhibitory action （大陆法）退货之诉 由于所售货物存在缺陷或瑕疵，致使其完全无法使用或使用极为不便而要求退货之诉。可以假定若购买人知道这种缺陷就不会购买。购买人在诉讼中提出出卖人已违反其明示或默示的保证，并要求全部或部分退货，索还全部或部分货款。

redimere 〈拉〉（罗马法）买回；购回；回赎

redirect examination 再次直接询问 在对方对本方证人进行交叉询问后本方再次对证人进行的询问。询问范围一般限于交叉询问中涉及的事项。常缩写为"redirect"。在英国一般用"reexamination"。

rediscount n. ❶（票据的）再折扣；再贴现；转贴现 ❷（常用复）再贴现（或转贴现）的票据
v. 将⋯⋯再折扣；将（票据等）再贴现；转贴现

rediscounting paper 再贴现票据 银行，在美国尤指联邦储备银行，接受其他银行的贴现票据予以再贴现的一种功能，通常涉及背书和贴现两方面的行为。

rediscount rate 〈美〉再贴现率 联邦储备银行在对其成员商业银行发放以已贴现商业票据为抵押的贷款时制定的固定利率。

redisseisin n. (英格兰古法)重新侵占 自由保有地被侵占且经合法程序返还后，又一次被同一侵占者侵占。依1235年《默顿法》[Statute of Merton]，该重新侵占者当处监禁。

redisseisina 重新侵占令 针对重新侵占提起诉讼时为被侵占者所签发。（⇨de redisseisina）

redisseisor n. 重新侵占者(⇨disseisin; rediseisin)

redistribution n. 再分配；赌博活动中向持有中奖彩票的人支付彩金

redistribution of seats 〈英〉议席分配(⇨House of Commons)

redistricting n.〈美〉重新分区(⇨reapportionment)

reditus 〈拉〉收入；租金(=redditus)

reditus albi 〈拉〉用银币支付的租金；白银地租(=white rent)

reditus assisus (=redditus assisus)

reditus capitales 〈拉〉主要租金；自由保有地产者为免除其他义务所付的租金(=redditus capitales)

reditus nigri 〈拉〉以谷物或人工劳役支付地租(=black rents)(⇨white rent)

reditus quieti (封建社会的)免役税；免役地租(=quit rent)

reditus siccus 〈拉〉无扣押条款的租金(或地租)(=redditus siccus; rent seck; dry rent)

red-light abatement acts 取缔妓院法

red-light district 红灯区 指城市中妓院集中的地区。

red-lining n.〈美〉划红线拒贷 该术语是指金融机构实行拒贷经济歧视，如银行、保险公司等对经济风险大的地区或衰退地区拒贷或以高利率发放抵押借款，拒绝或以高保险费承保。据说该术语是源自用红笔在地图上标出歧视地区的作法。这种作法通常是违反法律的，构成非法歧视。

red man 红种人 指北美印第安人。

redmans n.(封建法)因保有地产或依庄园习惯需为了领主的事务随领主跨马外出或单独外出的仆从

red mass 枢机主教弥撒 罗马天主教的一个传统宗教仪式，罗马教廷枢机主教团最高法庭开庭年举行的、全体枢机主教参加的大弥撒，其目的是请求上帝保佑并监督法律实施的公正。

redmen (=redmans)

redobatores 〈拉〉(英格兰古法)改赃衣者 将偷来的衣服染成他色或改变式样以免被认出的人。(=redubbers)

redocketing n.对一度中断的案件重新起诉；将案件重新列入备审案件目录

redraft v.重新起草；重新签发汇票
n.新汇票；重新托收汇票 指在第一次汇票被兑或拒付后由出票人重新签发的汇票。

redraw v.重新签发汇票(⇨redraft)

redress n.❶补偿；补救 ❷寻求补偿或补救的手段(或方法)(⇨recovery; restitution)

redress of grievances 〈美〉表达不满 宪法规定的集会和请愿权利。集会群众要求立法机关修改法律、制定新法律或提出与政府的权力和职责有关的其他问题。

red square 红场(⇨White House)

red tape ❶(古时律师和政府官员用以捆扎公文的)红带 ❷繁文缛节；官样文章；繁琐拖拉的办事手续 尤指严格遵循费时的规则和规章制度。

redubbers (=redobatores)

reduce a decree 〈苏格兰〉撤销判决

reduced fare 减低的运费；降低的票价；优惠票价 承运人向乘客收取的车(船)票款低于价目表的规定，如旅游特惠票或家庭优惠票。

reduced rate 降低的运费；优惠运费 承运人收取的货物运输费用低于价目表的规定。(⇨reduced fare)

reduced to practice (专利法)付诸实际；实现(⇨reduction to practice)

reductio ad absurdum 〈拉〉反证法 亦称归谬法，指借说明某一命题的反面为不可能或荒谬，以证明该命题为正确，或借说明某一命题的逻辑上的结论为荒谬或不可能，以证明该命题为错误的方法。

reduction n.〈苏格兰〉回复之诉 一种诉讼形式，意在以诸如欺诈等理由撤销某一契据或书面文件，或使之无效，或者以其本身存在的无效性而撤销某一法院判决。

reduction into possession 转化为占有；债权实现 指行使权利动产[chose in action]所产生的权利，而将之转化为一项占有动产[chose in possession]，例如通过获得偿付而将一债务转化为可占有的金钱。该词在英国曾主要用于指丈夫对属于妻子的权利动产行使其权利。根据普通法规则，妻子的权利动产并不如其他动产那样授予丈夫，除非丈夫将其转化为占有。故而妻子对他人享有的债权，丈夫只有通过转化为占有，从债务人处实际获得该债务的偿付，才能将该债务归为己有，否则仍属于妻子。其他权利动产尚有租金、遗赠、剩余地产权、股份等。但随着法律修改，此义已不复存在，现仅指债权等权利动产的实现。

reduction of capital (=reduction of capitalization)

reduction of capitalization 减少资本 公司缩减其名义资本，包括注销部分核定股份，降低公开发行股票的名义价值或票面价值，或由股东退回股份。

reduction of par value 降低票面价值(⇨reduction of capitalization)

reduction of sentence 减刑 甚至可宣告缓刑。(⇨good behavior)

reduction of stock 减少股份(⇨reduction of capitalization)

reduction to practice 〈美〉(专利法)付诸实际；实现 指将发明人所构思的方法付诸有形的行为从而达到预设的结果。发明过程[inventive process]始于构思[conception]而终于付诸实际，故所谓付诸实际，亦即将发明人的构思通过实际构造而成为其实际功能形式[working form]。因此，就专利法而言，除非已经付诸实际，否则即不存在一项发明。美国专利法采用"先发明"[first to invent]原则，此有别于其他大多数国家所采用的"先申请"[first to file]原则，故确认某一发明是否或何时实现，在抵触审查程序[interference proceeding]中具有关键意义，当同一项发明有两个以上发明人申请专利时，可以此确认何者享有优先权[priority]。它分为两种：真实付诸实际[actual reduction to practice]与推定付诸实际[constructive reduction to practice]。前者指通过检测的方式将发明思想[idea]进行应用，以确认该发明思想可以达到预设目标；后者是指将发明或外观设计向专利商标局[Patent and Trademark Office/PTO]提出专利申请。

reduction to present worth 转换成现实价值(⇨present worth)

redundancy n.多余部分 指法律文书中的多余部分，尤指起诉状或答辩状中与案件无关的部分。

redundant matter 多余事项(⇨redundancy; surplusage)

Redwood Employment Protection Program 〈美〉红树林雇员保护计划 一项美国历史上最浪费的混乱的财政计划。由于红树林国家公园增加了48 000英亩土地并停止一切商业活动，卡特总统在1978年3月27日签署法令，在1 500名伐木工和工厂工人寻找其他工作期间，向他们发放年平均工资达5年之久。

Reed-Bullwinkle Acts of 1948 〈美〉《1948年瑞德－布尔温克法》 一项联邦立法，赋予卡车运输行业反托拉斯的豁免权，运输业者由此能共同确定运输费用。

re-enact v. 重新制定；恢复效力

re-enactment rule 重新制定规则 法律解释中的一项原则，指如立法机关重新制定一部法律时，默示采纳行政机关或法院对该法的既定解释。

re-enter v. 回复占有；重新占有（⇨re-entry）

re-entry n. 重新进入；恢复占有；回复占有 ①外国居民在自动离开一段时间后重新回来；②出租人在解除租约后重新占有出租的房地产，尤指租约中约定的在承租人不在一定期限内支付租金的情况下；③行使原先保留的恢复占有的权利。

re-entry for condition broken 因解除条件成就而回复占有 当遗产上所附的解除条件 [condition subsequent] 实现时，财产授予人或者其法定继承人，或者某一遗嘱继承人的法定继承人所享有的回复占有该遗产的利益。它实际上是一种终止权。

reer-county （=rier-county）

re-establish v. 重建

reeve n. 〈撒克逊〉❶司法官；司法行政官；管家；执达官 古代英格兰的一种由国王任命的司法官员，地位低于方伯 [alderman]。实际上他是一种被任命来执行诉讼程序，维持治安，执行法律的行政性官员，他可以见证一切合同和交易，将违法者绳之于法，保释那些保证届时出庭的嫌疑人，并主持地方法庭。后来该词也被用来指那些级别更低的官员，如堂区俗人执事 [church reeve] 等。该官职因与不同级别的行政组织区划相联系而产生了许多种类，如郡长 [shire-reeve; shire-gerefa; sheriff]、十户长 [tithing-reeve] 和自治市执达官 [borough-reeve] 等。❷〈英格兰古法〉百户长；百户区执达官 郡长的副手，与有义务出庭的自由民共同主持百户区法庭。 ❸〈英〉地方治安官 ❹〈加〉(乡镇议会的)议长（⇨borough reeve; church reeve; land-reeve; shire-reeve; tithing-reeve; trithing-reeve）

reexamination n. ❶（=redirect examination） ❷（专利法）复审；重新审查 当事人可以某一专利在被授予时存在未经专利局审查的现有技术 [prior art] 为由，请求专利局对该专利重新审查。被指控侵权的一方当事人通常寻求该程序以缩小专利的范围，从而免予承担侵权责任。

re-exchange n. ❶再兑换；重新互换 ❷再汇兑；补偿费；退汇费 当汇票在应予付款的外国被拒付的情况下，该汇票的持票人所应得到的损害赔偿费。❸支付再汇兑补偿费；退汇补偿

re-execution n. ❶重新作出遗嘱 指针对此前曾被更改或撤销的遗嘱而重新作出一份遗嘱。❷重新出票；重新制作契据 一种衡平法补救方式，当契据或其他书面文件、票据被遗失、破坏，申请人能够以适当方式证明其在该等契据、票据上的权利，则可以对其重新作出一份新的契据或票据。

re-execution of lost instrument （=restoration of lost instrument）

re-export n. ❶再出口 将进口货物不加变动地再次出口。❷再出口的货物

re-extent n. 再次评估 古时英格兰的习惯做法。在上次评估债务只得到部分偿还时再对债务人的土地等不动产进行评估。（⇨extent）

refalo 返还被扣动产之诉的移卷令（=re. fa. lo.）

re. fa. lo. 〈拉〉返还被扣动产之诉的移卷令（=recordari facias loquelam）

refare 〈拉〉使失去；拿走；劫掠

refection （罗马法）(建筑物的)修复；(建筑物的)重建

refer v. 提交；提到；涉及；参阅 案件中有关会计账目或其它错综复杂的细节需要细致审查因而不适宜交由陪审团决定时，通常将整个案件或其中的一部分提交审计员、法官助理 [master] 或审断人 [referee] 决定。提交审断是一种决定问题的方式，与"仲裁"不同。后者指将争议交仲裁员裁决，不经过诉讼程序；而"审断"则是对诉讼进行中出现的争端或问题作出决定，而非对争议作出决定。

refer by rule of court 法庭裁定提交审断

referee n. ❶公断人；审断人；调查人 指法庭或其他准司法机构（如劳工赔偿委员会）任命的行使司法权的官员，有权调查案件、收取证言、听取当事人的意见、作出决定并报告给法庭或委员会。其是法庭处理特定事项的左右手。在英国高等法院，如果为案件性质所需要，衡平分庭或王座分庭可以将案件的事实争议或整个案件交给官方公断人 [Official Referee] 审查和决定，上诉法院也可以将事实争议交其审查、决定。 ❷〈英〉仲裁员

referee in bankruptcy 〈美〉破产审断人 根据1898年《破产法》[Bankruptcy Act]由破产法院任命的官员，相当于此前法律中的"registers in bankruptcy"。其职责是根据联邦破产法的规定主持破产程序，1973年后改称"破产法官"。1978年《破产法典》[Bankruptcy Code]将之予以取消，其职能由破产法院的法官行使。

referee's report （=report of referee）

reference n. ❶提交审断 将案件提交审断人 [referee]、审计员或法官助理 [master] 以查明事实并向法庭提出报告。 ❷协议仲裁 双方当事人同意以仲裁方式解决纠纷。 ❸推荐；介绍 一方向另一方说明第三人的品德、信誉、偿付能力、社会地位等各种情况的行为。

reference in case of need 需要时的保证人 签发或背书转让汇票时，有时加上另一个人的姓名，在需要的时候 [in case of need]，即承兑人或原付款人拒付时，可向此人出示汇票。

reference on consent 同意审断 双方当事人同意由法庭指定的审断人听取和决定诉讼中的争端并由审断人将其作出的决定向法庭报告。

reference statute 参引性制定法 即通过参引其他法律的条文予以合并或吸收的法律。

reference to arbitration 提交仲裁（⇨submission to arbitration）

reference to the European Court 诉诸欧洲法院（⇨preliminary rulings）

reference to the record 案卷编号 诉讼开始时，按照年份、原告姓氏的第一个字母、地区用数字编入记录簿，以后有关此案件的各种文件都用此编号。

referendarius n. 向皇帝陈述请求原因的官员；宫廷大臣

referendary n. 宫廷大臣（复）仲裁者；裁判者

referendo singula singulis 〈拉〉不同的词指不同的事物；文件中的用词要分别作出解释 一种句法结构规则。

referendum n. ❶（国际法）(外交代表向本国政府提交的)请示书 外交代表就自己无法或不愿作出决定的事项向本国政府提出给予指示的要求。 ❷公民复决；公民复决权；公民复决投票 将宪法、法律或重要的公共问题交由公民投票 [popular vote] 批准的制度。其复数形式为 referenda; referendums，但后者使用频率渐升。（⇨initiative）

referendum measure （立法机关采取的为公民接受的)公民投票措施

referendum petition 要求全民公决 经一定数量的选民提出要求将在议的法律草案或已制定的法律提交全民公决,决定其是否为人们所接受或反对。

referent n.法庭顾问 指神圣罗马帝国常设高等法院(帝国枢密法院)[Reichskammergericht]的一种官员,其职责是分析案件的证据,提出其中的问题,提供处理意见。但直到17世纪案例报告中才将他们的意见和法官的意见并列出来。(⇨Reichskammergericht)

refiling n.重新提出(已撤回的)诉状

refinance v.再提供资金;再融资 ①以举借新债偿还旧债;②延长债务期限或增加债务的额度;③安排一个新的偿债计划。

refinement n.详尽的阐述 刑事起诉书中的常用措词,指出何者并非构成犯罪的必要条件,审判中不必加以证明。

reform n. ❶(社会、政治的)改革;改造;改良 ❷(弊病、陋习等的)革除;废除 ❸改造;改过自新 ❹〈美〉(法律等的)修订

Reform Act 〈英〉《改革法》 1832年《人民代表法》[Representation of the People Act]的通称,该法废除"腐败选区"[rotten boroughs],增加郡的代表名额,并对许多原来无代表的城镇给予代表名额。"改革法"一语有时也指后来把选举权扩展到城镇劳动者的1867年《人民代表法》、把选举权扩展到农业劳动者的1884年《人民代表法》以及将选举权扩展到妇女的1918年《人民代表法》。(⇨Representation of the People Acts)

reformation n. ❶[R-]宗教改革运动 从16世纪20年代起席卷欧洲的宗教运动,对罗马天主教的权威和教义提出挑战,导致许多国家否认教皇权威和天主教教义而采纳路德宗、加尔文宗或其他的新教教义。在英格兰,英格兰国教会与罗马教会分裂,国王成为英格兰国教的最高首脑,其法律意义在于坚持国家权力高于教会权力,并对土地法和财产分配作了较大改动。苏格兰的宗教改革具有意义深远的法律后果,结束了教皇的至上权力和罗马教会的宗教裁判权,改动了法院及其权力,改变了许多实体法。 ❷〈英〉刑罚手段改革 1895年以来英国采取一系列措施以促使罪犯改过自新。包括:将罪犯单独隔离,促使其反省和忏悔;进行道德教育和宗教教诲;实施艰苦的非生产性劳役,后改为耕作等生产性劳役;在青少年教养院和拘押中心进行剧烈的体力活动、紧张的比赛和体力训练;改变牢狱的生存环境,如重新安排住房、就业;提供心理咨询和集体辅导。改革的动机是值得赞扬的,但这些措施的成效却并不明显。 ❸改正;变更 出于双方的误解或一方因对方有意无意的欺诈造成误解而订立的书面合同,可予以改正,也可由法院对书面合同裁决变更,以符合当事人的真实意思。(⇨reform)

reformation of instrument 修正文件 当事人或其利害关系人基于书面文件承担一定法律责任,如由于偶发事件、错误、欺诈等原因致使文件不能表达当事人的真实意思时,可对文件修改或纠正。

reformation of policy 保险单的修正 指修改保险合同或保险单的条款使其符合合同双方真实的协议或意图。

Reformation (or Black) Parliament 〈英〉改革(或黑色)议会 指亨利八世时的1529–1536年第五届议会。这届议会通过的法令使亨利八世所倡导的宗教改革得以实施。在此期间,下议院取得了主动权,成为占支配地位的议院,上议院无法对抗国王与下议院联合的优势。

reformatory n.〈美〉管教所;教养院 1870年辛辛那提州召开的首届全国监狱大会[First National Prison Congress]讨论设置的刑罚执行机构。1877年于纽约州[New York]建立第一所管教所——纽约州立管教所[N.Y. State Reformatory],管教所是一种特殊的监狱形式,监禁16–30岁且犯罪性质不严重的年轻人,通过适当的教育、矫正、道德感化等手段改造罪犯。19世纪末以来,管教所在美国迅速推广,并成为对监狱制度改革的一项贡献。(⇨house of correction; reform school)

reformatory school 〈英〉管教所;教养院 1854年起建立的监禁犯有可判处监禁的罪行的青少年犯的场所。青少年犯在第二次判刑后,通常被送到管教所,使其脱离犯罪环境,避免成为惯犯。管教所的建立使青少年犯罪大为减少。

reform school 〈美〉少年教养院;感化院 即人们熟知的工读学校。用于教育、改造性格不稳定、难以纠正或堕落的青少年。有些地区也接收父母无法或无力教育的青少年。受教养的青少年在教养院中接受道德教育,勤勉守法,远离社会上的不良影响。

refraction n.(罗马法)(建筑物的)整修

refresh v. ❶使恢复活力;使振作精神;补充;补足 ❷提神;恢复精神

refresher n.〈英〉额外律师费 除向律师支付注明在诉讼摘要[brief]中的费用外,为治安法官首次审理后的每一次审理、在其他法院进行的第二次审理及以后进行的每次审理所付给律师的费用。额外律师费应与律师费同时商定并注明在诉讼摘要中,但通常仅限于律师费的2/3。严格来说,额外律师费仅在案件进行提供口头证据的公开审理时支付。通常,在没有口头证据时的连续审理中也要付费,但这已不是严格意义上的额外律师费。

refreshing recollection 唤起记忆(⇨refreshing the memory)

refreshing the memory 恢复记忆 在某些案件中证人在接受询问时,允许参考其原先所作的有关作证事实的备忘录或其他文件,以使其回忆起暂时忘记或混淆了的事实。对于该备忘录本身,以前不能作为证据使用,但现在有可能为法庭所采纳。

refreshment houses 〈英〉休闲场所 自晚间10时至凌晨5时经营公众休闲或娱乐场所者必须领有许可证。该许可证由地区议会颁发。对于在晚间11时之后开放的,可以附加一定的条件。如果某人因这一附加条件而受到损害,他有权向治安法院[Magistrates' Court]提起申诉,并有权向刑事法院[Crown Court]提起上诉。

refuge n.收容所;避难所;庇护国

refugee n.难民 因种族、国籍、政治信仰或其他原因惧怕受到迫害,或为避免生命和财产遭受战争或自然灾害的摧残而无法或不愿居留本国,到其他国家寻求避难的人。

Refugee Organization (= International Refugee Organization)

Refugee Relief Act 〈美〉《难民救济法》 1953年通过的联邦立法,授权向意图移民美国的某些外国人群体发给一定数额的特殊移民签证。

refund n. ❶退款;退还多付款项 常用于所得税中,政府给纳税人的退税。 ❷所退款项
v. ❶归还;偿还 ❷退款;退税 ❸再提供资金 ❹用新债偿还旧债或到期债务;用新发行的债券替代已发行的债券

refund annuity 偿还年金 根据合同的规定,如领取年金者在领取全部分期支付的年金前死亡,年金余额应归入

其遗产或支付给指定的受益人。

refund claim 〈美〉退款请求 纳税人向国内税务署[Internal Revenue Service]请求退还多缴的税款。

refunding bond 调换债券 为代替原来发行的债券,或用以支付原债券而发行的债券。

refunds n.退款 指政府或其代理机构所收取的、应退还给付款人的款项,如多收的关税或税款,意外毁损货物的已付关税等。

refusal n. ❶拒绝 对法律上有权获取的某项利益不予接受,也指不接受某项要求或不履行法律规定的某项义务。指后者时常与"疏忽"[neglect]一词连用。但"疏忽"仅指未履行责任,可能出于不注意、懈怠、误解或无力履行,而"拒绝"则为对请求或命令的正面否定,至少在心中决定不予遵守。(⇨rejection;renunciation;repudiation;rescind) ❷优先权;优先取舍(⇨right of first refusal)

refusal of performance 拒绝接受履行 按照合同的规定,合同债权人拒绝接受对方所作的履行。作为房屋建筑合同一方当事人的业主,是否有权拒绝接受承包商所完成的工程,应根据客观标准认定,至少其提出质量不合格的要求应出于善意。

refusal of premises 续租选择权 租约中约定承租人有权决定是否续租。

refusal to cohabit 拒绝同居

refusal to plead 拒不答辩;保持沉默

refuse v.拒绝接受;拒绝给予 "fail"与"refuse"的区别在于:"fail"意指不可避免的必然性,"refuse"强调主观意志行为。(⇨refusal)
n.废料;废物;垃圾 在禁止将废物排入可通航水域的制定法中,"废物"意指所有外来的污染性物质,而不包括污水。

refuse disposal 〈英〉垃圾处理 根据规定,地方当局必须向居民提供免费处理垃圾的场所,根据1974年《污染控制法》[Control of Pollution Act],妨害垃圾处理场是犯罪行为。

refuse matter 废弃物

refutantia 〈英格兰古法〉承认放弃将来所有的请求权

reg. (= regina;regulation)

regale episcoporum 主教的世俗权力和特权

regalem potestatem in omnibus 王权至上

regalia n.〈古〉❶王权 国王依封建法所享有的权力,包括:司法权力、生与死的权力、战争与和平的权力、无主财物的权力、评价的权力、铸造货币的权力。该词是 jura regalia 的缩写。 ❷王室特权 通常与王室相关,但为贵族所享有的封建权力。 ❸加冕典礼上所用的王冠、权杖和饰物 ❹华丽服饰或专门服装

regalia facere 主教向君王效忠 当他同时被王权授职时。

regalia majora 〈拉〉主要的王权 指国王的尊严、权力和君主特权,它与国王征税权[Crown's rights to revenues]不同。

regalia minora 〈拉〉次要的王权 指国王更小的特权,如王室收入和财政方面的特权,区别于君主特权[royal prerogative]。

regalities n.王权 有些现代作家用作regalia的同义词,但此词似乎属于苏格兰法而非英格兰法。

regality n.〈苏格兰〉自由王地;自由王地管辖权 中世纪苏格兰只能由国王通过将土地以"自由王地"[in liberam regalitatem]的方式创设的一种封地及其上的管辖权。依此领主在其封地内享有等同于郡长的民事管辖权和除叛逆罪[treason]之外的其他刑事管辖权。这种管辖权高于一般的贵族封地[barony]管辖权,实际上它是一种属于国王且由王室法官行使的管辖权,由王地法庭[regality court]行使。14世纪,这些领地的领主不断侵犯王室权威,建立了半独立的领地,但15世纪又为王室所控制,终于1747年被取消。(⇨barony)

regality court 〈苏格兰〉王地法庭 中世纪苏格兰在高于一般贵族封地[barony]的自由王地[regality]内设立的法庭。它有着广泛的民事管辖权和除叛逆罪[treason]之外的其他刑事管辖权,对领地内封臣的各种纠纷和不法行为均有权管辖。它一般由庄园执行官[bailie]或其代表主持,有出庭义务[suit]的封臣均应参加,但作为刑事庭或王室巡回庭时也由王室法官主持。15世纪这类法庭衰落,1747年被取消。(⇨regality)

regard n.〈英格兰古法〉❶督查;巡视 ❷贺金 当某人升任高级律师时奉送给他的一笔钱。 ❸监护(⇨Court of Regard)

regardant n.〈封建法〉属地农奴 附属于庄园,负责园内全部的贱活[base service],保证庄园领主不受琐事恼心。区别于属人农奴[villein in gross;villein en gros]。(⇨villein in gross)

regardant to the manor (= regardant)

regarder n.森林巡视员 其职责是巡察森林并对森林法的实施进行三年一次的巡视。

regarder of a forest 〈英格兰古法〉森林巡视员

regard of the forest ❶〈森林巡视员[regarder]对林区的〉巡察 ❷〈森林巡视员的〉职位和辖区

rege inconsulto 〈拉〉〈英格兰古法〉国王中止审理令 在涉及国王且可能影响国王利益的案件审理过程中,国王可向法官发出该令状,要求中止诉讼,直到国王得到建议。

regency n.〈英〉❶摄政 指在国王年幼、无能力或出国离境时将其权力委托给一个人或一个团体代为履行的制度。受委托者被称为摄政者或摄政政府[regent]。这种摄政的情况从最早的时候就开始出现,直至今天,但其具体措施却经历了很大变化。诺曼王朝和安茹王朝的国王多数皆因长期停留于诺曼底而不得不任命摄政官[justiciar],此时的摄政者大多有深刻的司法背景。亨利八世于1536年颁布的一项法令规定,未成年而登基的国王由其生母或先王通过遗嘱指定的顾问摄政。从1689年到1760年,一批摄政官[Lords Justices]得以在国王外出时经常被指派摄政。从1751年到1937年《摄政法》[Regency Act]通过之前,曾有过数次通过制定法任命摄政者的情况出现,多因威尔士王后夭亡或国王无后嗣所致,摄政者一般均为威尔士王后或其他王室近亲,同时还有相关的摄政委员会被任命。1937年的《摄政法》规定,国王未成年而登基或完全无能力时,应由下一序列的王位继承人摄政;在国王生病或外出离境时则通过开封特许状授权临时摄政者[Counsellors of State]履行特定职能。临时摄政者将可能是国王的配偶及四名后序列的王位继承者。该法于1943年和1953年两次被修改。国王临时外出所造成的空缺偶尔也通过授权王后或威尔士亲王的方式来填补解决。另外,罗马天主教徒不得摄政。 ❷摄政职位;摄政权 ❸摄政者统治的领土 ❹摄政期

Regency Bill(1788) 《摄政法案》 由小皮特[Pitt]提议授权威尔士亲王以摄政王地位,但不享有全部王权。1765年,议会曾应国王乔治三世的建议,立法确立摄政,但国

王在 1788 年生病,该法案无从得到国王御准。小皮特建议用委任方式御准该法案。福克斯[Fox]与伯克[Burke]认为王位继承人应立即自动获得任摄政王的全部王权,皮特与他们之间的争吵指控由此产生。1789 年国王乔治三世恢复健康后,该法案被撤销。但国王 1810 年再次生病时,国会提出类似的法案并在 1811 年获通过,通过委任方式御准了该法案。

regent n. ❶摄政者 国王因未成年或其它原因不能行使王权时,以国王名义代为管理王国政府的统治者。(⇨regency) ❷〈美〉(州立大学或学院的)校务委员 ❸(教会法)学院的院长或教授 ❹统治者

Reges ex nobilitate, duces ex virtute sumunt. 因其尊贵而择为国王,因其勇敢而选为领袖。

regest 登记;登记簿

reg. gen. (= regula generalis)

Regia dignitas est indivisibilis, et quaelibet alia derivativa dignitas est similiter indivisibilis. 王权不可分,所有由此派生的权力也同样不可分。

Regiam Majestatem 〈拉〉〈苏格兰〉《国王之尊》 苏格兰早期的一部法律汇编,据说是由戴维一世[David Ⅰ,1124－1153 年在位]下令编纂而成,但关于其起源及成书年代仍无定论。

regia via 御道

regicide n. ❶弑君;弑君罪 ❷弑君者 ❸[the -s or the Regicides]弑君党人 在英国指 1649 年参与审判和处决查理一世者,在法国指 1793 年参与审判和处决路易十六者。

regime n. ❶政体 ❷规章;章程;条例

régime 〈法〉(= regime)

régime dotal (古)(大陆法)嫁妆制度 嫁妆是妻子带往夫家的财产。对嫁妆的处理应遵循一定规则。在婚姻存续期间,丈夫对之有完全的管理权限。若嫁妆中包括不动产,则无论丈夫或妻子任何一方或双方,均不得将其出售或设定抵押。因死亡或其它原因致婚姻关系消灭时,嫁妆可以返还。(⇨dotal property)

régime en communauté (古)夫妻共同财产制 指夫妻双方因婚姻的缔结而自动形成共同财产,除非婚约明确将其排除。

regimental debts 〈英〉军营债务 1893 年《军营债务法》[Regimental Debts Act]规定,在军人死亡、逃跑或精神错乱时,由专门的调整委员会[Committee of Adjustment]收取其在营地或营房的财产,确定并支付针对该财产的应优先支付的费用。如果死亡发生在营地外,其财产所在地范围可依法适当扩大。

regina n. ❶女王 首字母常大写。 ❷(用作英国女王当政时的公告签署或王室对某一讼案的)女王称号

regio assensu 关于君主同意主教选举的令状

regional banks 〈美〉区域性银行;地区银行 ①指在美国的 12 家联邦储备地区银行;②指由农业贷款管理委员会主席授权并组织的一类银行,也称为合作银行[banks for co-operatives],其贷款能力由法律规定,主要是向合作组织提供贷款。

regional organizations 区域性组织 因共同利益或政策而联系在一起的国家集团,如美洲国家组织、阿拉伯国家联盟等。

regis 国王(⇨forum regis)

register n. ❶登记官;注册官 负责保管官方记录的政府官员。(⇨registrar) ❷家事法官[probate judge] ❸诉讼登记册[register of actions] ❹正式记录;正式名单 v. ❶(在公共注册处)登记 ❷(正式)登记为选民 ❸作记录 ❹(律师、当事人或证人在诉讼开始前向法庭书记官)登记 ❺〈美〉(向证券交易委员会或类似的国家机关)申请(发行新证券)(⇨record; Federal Register)

registered a. 已注册的;已登记的;挂号(邮寄)的

registered bond 登记债券;记名公债券 该债券购买者必须在发行公司或过户代理人处登记,并且债券上记有他的姓名,发行公司只对该人支付本息。

registered check 记名支票 银行对在特定账户中存有资金的客户售出的支票,允许该客户凭此进行资金转移或其他支付,但银行对其提供的这种服务收取手续费。

registered designs 注册外观设计(⇨design)

registered land ✽ 已登记土地(⇨registration of title to land)

registered office 〈英〉(公司的)注册住所 即公司的正式地址。根据 1948 年和 1967 年《公司法》[Companies Act],公司在向公司注册官[Registrar of Companies]办理公司注册手续时,须将其注册住所随同章程一并登记,并以该住所作为通信与送达之地址。在向公司送达令状或其他法律文件时,将其留置或邮寄至该公司注册住所的,即发生送达之效果。

registered representative 〈美〉注册代理人 指符合法律或法令规定的条件向公众出售证券的人。

registered securities 记名证券 记载持有人姓名或名称的股票或债券;记名证券的转让必须重新登记。

registered ship 登记的船舶(⇨registration of vessel)

registered stock 〈美〉登记的股票 在证券交易委员会[Securities and Exchange Commission]登记后发行的股票。(⇨registration of securities; registration statement)

registered trademark 〈美〉注册商标 在美国指经专利商标局[United States Patent and Trademark Office]注册的商标。(⇨trademark)

registered voters 已登记选民 享有选举权并经合法登记的选民。(⇨registration of voters; qualified voter)

register in bankruptcy 破产审断人(⇨referee in bankruptcy)

register of charges 〈英〉设定财产负担记录册 根据英国 1948 年《公司法》[Companies Act],公司应保存所有可能影响其允诺或财产的各项抵押或其他财产负担的记录册。

register of debates 〈美〉国会讲演录 1825 年至 1837 年在国会讲演的非官方记录。

register of deeds 〈美〉契据登记官 某些州所使用的名称。其职责是将契据、抵押文书和其他有关不动产的法律文件在官方登记簿登记并予以保存。

register of directors and secretaries 〈英〉董事及秘书记录册;董事和秘书名册 根据英国 1948 年和 1967 年《公司法》[Companies Act]的规定,公司应保存有关董事及秘书名单和董事持股情况的记录册。

register of land office 〈美〉土地局登记官 在历史上曾经存在的一种职位,即由联邦向各联邦土地区划指派的官员,负责当地的土地登记并主管该区划内公地的出售、优先购买或其他处分等事务。

register of members 〈英〉股东登记;股东名册 根据英国 1948 和 1967 年公司法[Companies Act]的规定,公司须在其注册住所置备股东名册,记载股东姓名、住址以及持股情况等内容,以供股东查阅。

register of M.P.s' interests 〈英〉议员利益登记 根据下议院的一项古老规则,与议题有直接利益关系的议员不得就该议题参加投票。1975年,下议院决定对议员的可能影响其在议会的行为的利益关系实行强制登记。登记由一名高级议会职员在专门委员会[Select Committee]监督下保管。不披露利益关系行为的唯一后果是议会有权将其视为藐视议会的行为加以处罚。对于辩论中的利益也须作出声明,即使对它进行了登记。但登记本身构成投票所需的充分披露。

register of original writs 〈英〉关于签发之原始令状的记录

register of sasines 土地象征性转让登记 指于1617年在苏格兰设立的普通和特殊的土地象征性转让登记制度,据此,必须登记所有设定、转让和废除土地权益的契约。

register of ships 船舶记录 由海关收税员保管的记载商船的名称、船东和其他有关事项的记录。由收税员交给船东或船长的载有此项记录的证明书,也称船舶记录。

Register of the Treasury 〈美〉财政部登记官 美国财政部官员,其职责是保存公款收支的账目,登录公债,保留带有凭单和证明经调整的账目,记录由财政部提供的担保,签署并发行政府债券,以及监督依据联邦法进行的船舶登记。

register of wills 〈美〉遗嘱登记员 有些州设置的遗嘱检验法院的书记员。

Register of Writs (英格兰古法)《令状录》 记录起始令状形式之著述,开始为手写本,1531年开始付诸印刷。随时代发展该书不断得以增加,最早的令状始于亨利二世时代。

register of writs and order 令状及命令登记 负责登记有关土地的令状和命令,如果不登记,这些令状和命令没有对抗第三人买卖的效力。

register's court 〈美〉遗嘱检验法院 以前宾夕法尼亚州对遗嘱检验事务有管辖权的法院。(⇨orphan's court)

Registers of Brieves 《诉讼大全》 苏格兰中世纪时极可能是为国王的书记官和执业律师们所汇编的有关程序格式、财产转移证书和行政命令方面的规定。15世纪开始减少,16世纪消失。

Registra Brevium 令状登记处 与文秘署相连的一个机构,保存先前之令状。

registrant n.注册人;登记人 申请注册或登记的人。尤指为取得法律规定的权利或特权而申请注册或登记的人,如商标注册人。

registrar n.❶〈英〉登记官 负责有关登记事项并掌管登记簿册的官员,如高等法院衡平分庭的登记官,负责起草法庭的命令。❷证券登记代理人 通常为公司指定的银行或信托公司,负责保存债券存根簿及股东名册,登记有关证券转让事项及分配盈利。❸教务主任;注册主任 学校中负责学生招生、注册、掌管成绩档案等事务的人员。❹(医院)挂号员;入院登记员

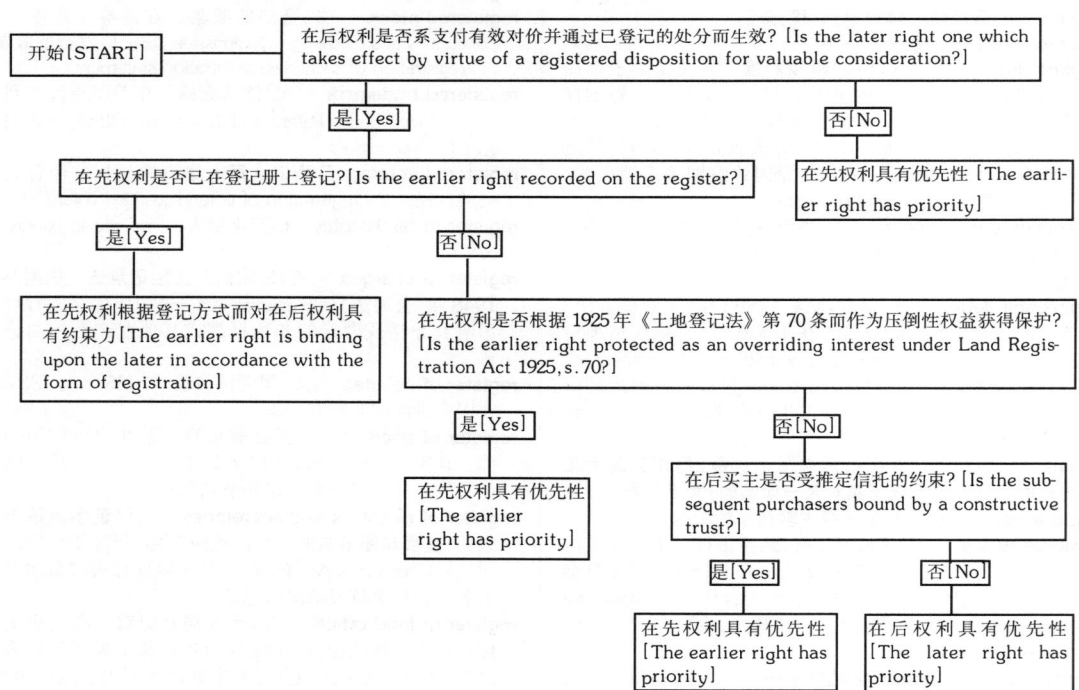

已登记土地上权利的优先性[Priorities in Registered Land]

Source: John Stevens & Robert A. Pearce, *Land Law*, London: Sweet & Maxwell, 1998, p.550

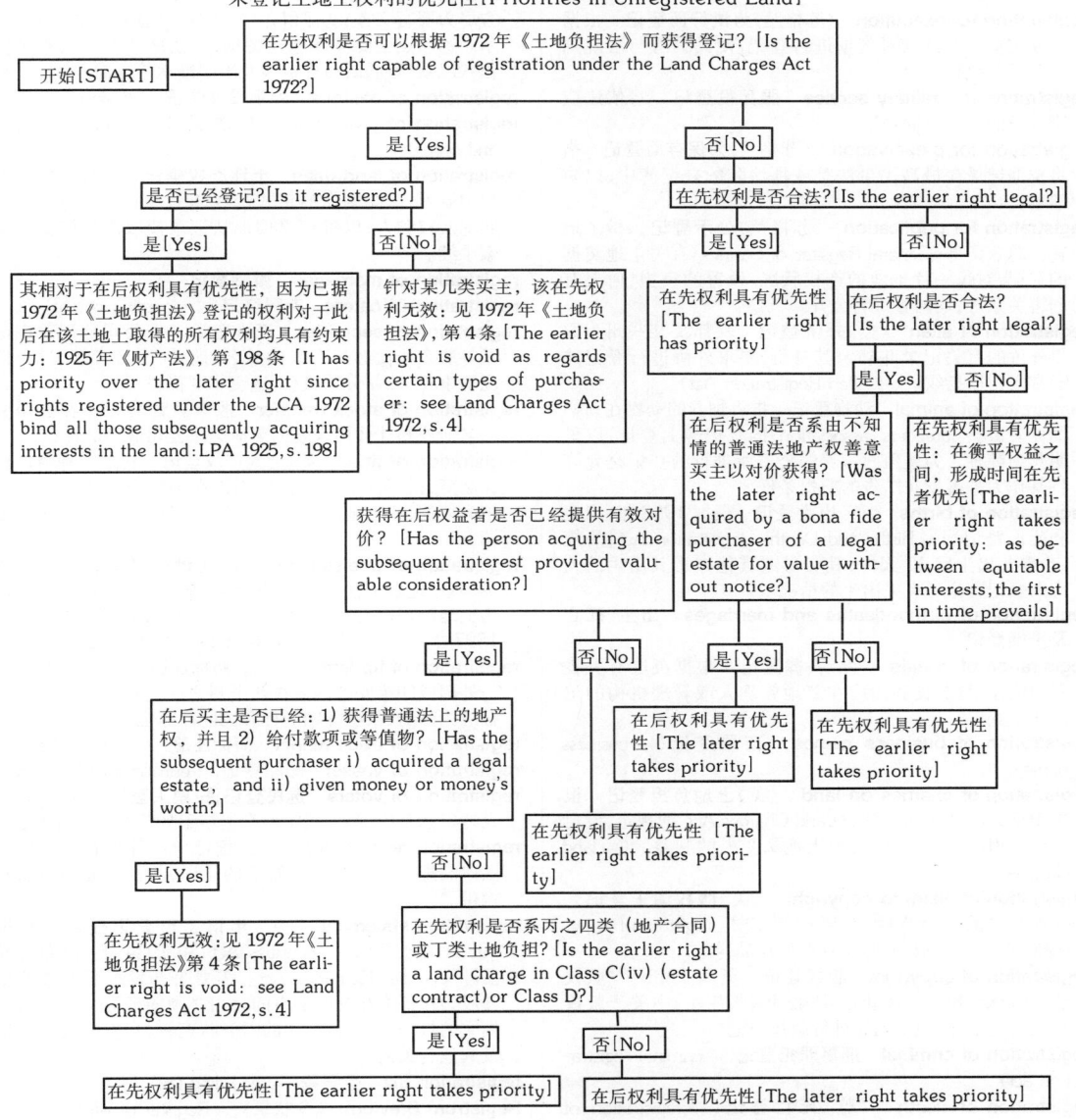

Source: John Stevens & Robert A. Pearce, *Land Law*, London: Sweet & Maxwell, 1998, p.576.

registrar and merchants 〈英〉登记官和商人 在海事诉讼中,有关计算或评估损害赔偿的事项通常交由登记官处理,通常由两名商人协助其进行调查。在登记官和商人听证后,作出登记官报告。

Registrar-General n.〈英〉登记总长 负责出生、死亡及婚姻登记的总负责人,其职位根据1836年《出生和死亡登记法》[Births and Deaths Registration Act]设立。

Registrar-General of Shipping and Seamen 〈英〉船舶及海员总登记官

registrar in bankruptcy 〈英〉破产登记官 属于高等法院,由御前大臣[Lord Chancellor]任命,行使法官授予的司法权力,履行与破产事务相关的职责。(⇨bankruptcy courts)

registrarius n.(英格兰古法)公证员;登记官

registrar of affidavits 宣誓书登记处 原在衡平法庭设有宣誓书登记处,负责登记宣誓书并进行正式抄录,后取消。

registrar of copyrights 版权登记员 在美国,指依版权法设置的官员,其职责为保管版权局的文件、版权登记文件和收取版权费。

registrar of deeds (= register of deeds)

registration n. ❶登记;注册 ❷〈美〉(新证券的)发行申

请(⇨register)

registration for execution 〈苏格兰〉为执行而登记 根据债务契据中的条款对契据进行登记,使其具有与法院判决一样的执行效力。

registration for military service 服兵役登记 对依法应服兵役的人进行的登记。

registration for preservation 〈苏格兰〉为保存而登记 指将契据记录在最高民事法院或郡法院的登记簿中,以防遗失。

registration for publication 〈苏格兰〉公示登记 指土地转让总登记部[General Regsiter of Sasines]有关土地契据的登记,对每一片土地的产权状况、设置的负担、何人有利害关系等,均向查询者公开。

registration of alien 〈美〉外侨登记 联邦及某些州为取得外侨的有关记录并确定其身份,要求外侨进行登记并通常需留取指纹。(⇨Alien Registration Act)

registration of animal 动物登记 将饲养的动物在动物饲养者协会[breeders' association]的登记簿上登记,以证明其为纯种。为繁殖而饲养的公畜所进行的登记是允许将其作为种畜发布广告的前提条件。

registration of births 〈英〉出生登记 根据1953年《出生和死亡登记法》[Births and Deaths Registration Act]的规定,婴儿出生后42天内,其父母或其他知悉其出生的人应向登记官报送有关出生的情况。

registration of births, deaths and marriages 出生、死亡及婚姻登记

registration of burials 〈英〉丧葬登记 根据英国有关丧葬的法律,每次丧葬均应在墓地管理人或管理机构的记录簿上登记。

registration of business names 商号登记(⇨business name)

registration of charges on land 〈英〉土地负担登记 根据1972年《土地负担法》[Land Charges Act]的规定,设定土地负担应当登记,以保护土地买受人的利益。(⇨land charges)

registration of claim to copyright 〈美〉版权请求登记 完善版权的一个步骤,在版权登记员[registrar of copyrights]办公室完成,同时交存两份作品样本。

registration of copyright 版权登记 英国1911年《版权法》[Copyright Act]废止了1842年《版权法》中关于版权登记的规定,故现已无需进行版权登记了。

registration of criminal 刑事罪犯登记(⇨criminal registration act)

registration of death 〈英〉死亡登记(⇨registration of deaths)

registration of deaths 〈英〉死亡登记 根据1953年《出生和死亡登记法》[Births and Deaths Registration Act],死亡发生后5日内,死者的近亲属或其他有关的人应向地方登记官报告有关的各种情况。

registration of deeds 契据登记 在英格兰约克郡和以前的米德尔塞克斯郡,为了保护买受人和抵押权人的利益,某些契据需要进行登记;同时为了保护地产相关权利人的权益,地产上的各种负担均需依法登记,以达到公示的效果,当然这种登记在考察地产权利状况时不一定会被必然注意。买卖的单据必须登记。在英格兰的上述地区,地产权利必须在地产登记处[Land Registry]登记,在处分地产时,这种登记是引起权利转移的必备条件。在苏格兰,契据登记有以下目的:①执行或履行。将契据在

有管辖权的法院登记可以使契据中的权利人有权要求对方尽力履行义务;②保留存档。以防被损坏或丢失;③公示。这一点主要涉及地产契据,以使地产上的权利及负担状况众所周知,另外也涉及限嗣继承等方面。

registration of designs 外观设计注册(⇨design)

registration of judgments 判决登记(⇨register of writs and order)

registration of land titles 土地产权登记 一种土地产权登记制度,依此制作的正式产权证书可显示土地的产权状况及权利人,以省却繁琐地从记录摘取产权摘要及检索手续。

registration of marriages 婚姻登记

registration of patent 专利登记(⇨recording patent)

registration of securities 证券登记 在公司登记簿中记录各股东或债券持有人的姓名、地址、发行日期、过户情况等事项,以便分派股息,送交年度报告。

registration of stock transfer 股票转让登记 在公司股东名册或转让代理人处的名册记录公司股票的转让。

registration of title 〈英〉土地产权登记 它是一种财产转让制度,指享有土地产权应当以在国家登记机关作有登记为依据,故土地买主只需了解登记事项而无需作更多调查。

registration of title to land 〈英〉土地产权登记 1925年英国《土地登记法》[Land Registration Act]规定以登记作为土地产权存在和转移的标志,从而取代了1875年和1897年《土地转让法》[Land Transfer Act]的规定。

registration of trademark 〈美〉商标注册 联邦法律规定,与外国或印第安部落或在几个州之间进行贸易所用的商标应当注册;某些外国商标和国际商标也要注册。

registration of trade marks 商标注册(⇨trade marks)

registration of vessel 船舶登记(⇨enrollment of vessels)

registration of voters 选民登记;投票人登记 在美国,指在特定选举中,事先确定谁有资格参加投票的一种方法。

registration receipt card 〈美〉登记卡 外侨在美国依照法律的规定进行登记后发给的凭证,此种凭证必须随身携带。

registration statement 〈美〉申请上市登记报告 根据1933年《证券法》[Securities Act]和1934年《证券交易法》[Securities Exchange Act],需要公开发行股票或希望其股票在证券交易所上市的公司必须向证券交易委员会提交的报告,包括该公司的财务状况资料、发行股票用途及其他有关内容。

registration tax 登记税(= recording tax)

Registrum Brevium 《令状录》(= Register of Writs)

Registrum Judiciale 《司法令状录》

Registrum Liber 〈英〉衡平法庭登记簿

registrum omnium brevium 所有令状的登记

Registrum Originale 《初始令状录》[register of original writs]

registry n. ❶注册;登记 ❷登记处;注册处 ❸登记簿;记录簿 ❹船舶登记;船籍登记(⇨register; registration)

registry of deeds 契据登记(⇨register of deeds; registrar of deeds)

registry of ship 船舶登记;船籍登记(⇨registration of vessel)

Regius Chairs of Law 〈英〉钦定法律教席 因其历史悠久、声誉卓著而由国王及女王在几所较古老的不列颠大学设立的法律教授职位。

regius professor 〈英〉钦定教授 指牛津、剑桥大学中由国王设立的神学、希腊文、希伯来文、法学、医学五种教授或讲师的教席。(⇨Regius Chairs of Law)

Reg. Jud. (= Registrum Judiciale)

Reg. Lib. (= Registrum Liber)

regnal years 在位年 指一个特定的君主继承王位后相继的周年纪念日表示的年份,与日历年不同。1963年以前英国议会通过的法令均以国王在位年来标识。

regnal years of British sovereign 英王在位年限(⇨rulers of England)

regnant n. ❶统治 ❷摄政 ❸统治者

regnum ecclesiasticum 基督教王国

Regnum non est divisible. 〈拉〉王国是不可分割的。

Reg. Orig. (= Registrum Originale)

Reg. Pl. (= Regula Placitandi)

regrant n. & v. 〈英〉再让与 不动产法中,让与的财产回归让与人(例如因受让人无继承人、没收)后,让与人再次将其让与,称为再让与。

regrating n. 〈英〉囤积居奇 旧时一种犯罪行为,即在市场购入粮食、谷物或其它滞销食品,然后在同一市场或与之相距四英里以内的其它市场抬高价格出售。罪犯称"囤积居奇者"[regrator]。

regressive tax 递减税 随着纳税基数的增加,税率降低的税种。(⇨progressive tax; flat tax)

regressive taxation 递减税制

Regs (= U.S. Treasury Department Regulations)

regula 〈拉〉规则

regula Catoniana 〈拉〉〈罗马法〉卡托尼亚那原则;卡托原则 指自始无效的遗赠,不能因时间的流逝而变得有效,即自始无效的遗赠始终无效,即使日后无效的原因消灭,遗赠也不能恢复其效力。该原则由罗马法学家卡托[Cato]即卡托尼亚奴斯[Catonianus]所主张,故而得名。依卡托原则,对遗嘱人无权作出的遗赠内容应不予考虑。

regulae juris 〈拉〉法律规则

Regula est, juris quidem ignorantiam cuique nocere, facti vero ignorantiam non nocere. 〈拉〉作为规律,对法律无知会产生不利后果,但对事实无知不产生不利后果。

regula generalis 〈拉〉〈英国法院的〉一般诉讼规则 复数形式为 regulae generales。

Regula Placitandi 〈拉〉诉答规则

Regula pro lege, si deficit lex. 〈拉〉法律无规定时,适用基本法理。

regular a. ❶通常的;正常的 ❷依法的;循规的;有次序的 ❸正式的;正规的;习惯性的;常备的;有规律的 ❹〈美〉由政党领导选定的;忠于政党领导(或政纲)的(⇨irregular)

regular and established place of business 〈美〉经常性固定营业地 根据联邦《司法法典》[Judicial Code]的规定,侵犯专利权的诉讼可向被告居住地的法院提起,也可向侵权行为地且为被告经常性固定营业地的法院提起。"经常性"营业地指经常进行经营活动的地点,而非临时性的或进行某项特殊工作、特定交易的地点。"固定的"营业地指永久性的营业地点。"经常性固定营业地"指在此开展的业务,与总公司或主营业地所经营的业务,即使程度上有所不同,在性质上则是一样的。外国公司即使只办理接受定单转交总公司的业务,其营业场所也属"经常性固定营业地"。(⇨minimum contacts)

Regular Army 〈美〉(武装部队的)正规陆军 战时及和平时期都存在的永久性军事组织。

regular clergy 修道士 指受所属修道院或宗教团体的教规约束的神职人员,以区别于不受教规约束的非修道院神职人员[secular clergy]。(⇨clergy)

regular dealer in securities 正规证券经纪人 指经批准经营证券买卖的自然人或公司。

regular deposit 普通寄存 保管协议中约定返还原保管物的寄存。

regular dividend 普通股息;正常股息 区别于额外股息或股票股息等。

regular election 例行选举 指依据法律对应由选举产生的官员进行的选举。

regular employment 固定雇用;持续雇用 指有确定期限并可或多或少延长期限的雇用;也指虽无确定期限但呈持续状态的雇用。(⇨regularly employed)

regular entries 日常账目;常规账目 在日常经营活动中所作的账目登录。

regular indorsement 正常背书 为转让票据权利而作出的背书。

regulariter 正常地;有规律地;依照某项规定或规则

Regulariter non valet pactum de re mea non alienanda. 〈拉〉作为规律,约定不转让本人财产的协议无效。

regularity of official acts 官方行为的正当性 指行政机关行为的有效性、合理性和正确性。(⇨presumption of regularity)

regularly employed 固定雇用;正常雇用 指长期雇用而非临时雇用或特别雇用。(⇨regular employment)

regularly organized bank 依法设立的银行 在美国,指根据州立法或国会法令设立的银行,不包括私营银行。

regular meeting (= annual meeting)

regular on its face 表面上正规 ❶本身无瑕疵的票据;❷传票、传唤通知的"表面上正规",指系由法院、公职人员或依法有权发出此项通知的机构签发,格式合法,不包含任何非法内容。

regular process 合法传票 有管辖权的法院或治安法官依法签发的传票。

regular rate 常规工资 对正常的非超时工作所实际支付的小时工资。

regulars n. ❶正规军人 ❷修道士 指发三绝誓愿,即绝财、绝色、绝意以遵守修道院院规的人。

regular session 定期会议 指依照法律的规定召开和休会的立法机构或其他机构的会议。

regular term 常规开庭期;通例开庭期 指依法律指定的时间开始的、其持续期间则由法院在不违反法律规定的情况下自由决定的开庭期。

regular use 正常使用 通常用于机动车责任保险单的除外责任条款中,指连续地、不间断地正常使用及习惯性使用。

regulation n. ❶管理办法;规则;规章;条例 广义上指任何规范行为的法律规定,狭义上通常指政府各部门根据法定权限所发布的各种从属性法律。❷管理;管制;规制;监管控制(⇨subordinate legislation; delegated legislation) ❸内部章程;内部规章 公司或社团等用以进行内部管理的规则或管理规定。(⇨bylaws)

Regulation A 〈美〉规则A 证券交易委员会制定的规则,规定发行金额低于500万美元的小额证券发行的登记手续。

regulation charge 管理费 对依据治安权[police power]

要求而给予许可所征收的费用,区别于许可征税[license tax]。

Regulation D 〈美〉规则 D 证券交易委员会制订的规则,规定免除某些证券发行(如以私募发行方式发行证券)依 1933 年《证券法》[Securities Act]所需的登记手续。

Regulation J 〈美〉规则 J 联邦储备委员会制订的规则,规范其成员银行间托收支票及转移资金的行为。

Regulation M 〈美〉规则 M 联邦储备委员会制订的规则,规定美国银行向国内发放外汇贷款时,必须提取 4% 的准备金,以此控制国内的货币供应。

regulation of an executive department 〈美〉行政部门的规则 由部门负责人根据国会立法的授权制订的与该部门职能有关的一般性规则,具有法律效力。

regulation of commerce 〈美〉商业规则 国会依据宪法制定的关于保护、控制、约束州际贸易和对外贸易的规则。

Regulation Q 〈美〉规则 Q 联邦储备委员会依 1933 年《银行法》[Banking Act]制订的适用于所有商业银行的规则,对储蓄存款的利息率作了最高限制。

regulations of the Navy 〈美〉海军规则 由海军部长根据国会授权,经总统批准制订的管理海军官兵的规则。

Regulation T 〈美〉规则 T 联邦储备委员会制定的规则,控制证券经纪人向客户提供信贷的规模。

Regulation U 〈美〉规则 U 联邦储备委员会制订的规则,对银行向客户提供用于购买或持有保证金证券的贷款金额作了限制。

Regulation X 〈美〉规则 X 住房与城市发展部[HUD]为实施《不动产购置程序法》[Real Estate Settlement Procedures Act]的条款而制订的规则。

Regulation Z 〈美〉规则 Z 联邦储备委员会制订的实施 1968 年《消费信贷保护法》[Consumer Credit Protection Act]的有关条款的规则。

regulatory agency 〈美〉制订规章的管理机构 准司法性的政府委员会,为监督某一经济领域而建立,有权制定规章并加以执行,有权裁决被指控违反规章的案件。首先成立的是州际商业委员会(1887),随后是 1914 年的联邦贸易委员会,1930 年的联邦动力委员会,1934 年的联邦通讯委员会,1934 年的证券交易委员会和 1940 年民用航空委员会。(⇨administrative agency;agency)

regulatory license 规制性许可证 要求领取许可证的目的在于提高公众健康、安全或福利,而不是为增加财政收益。

rehabere facias seisinam 返还多余地占有令 依恢复占有令[habere facias seisinam],郡长从被告那里获取了多于应当返还的土地,本令状要求郡长将占有的多余土地返还被告。

rehabilitation n.❶(罪犯的)改造;再教育 ❷(证据法)(对证人的信誉提出异议后)证人名誉的恢复 ❸(破产法)恢复权利 指对债务人的财产状况进行整顿,以使得债务人可以继续作为一个经济实体而存在,债权人也可以从债务人的将来收益中使其债务得到清偿。 ❹(以恢复伤残者、吸毒成瘾者等重新独立生活并得以从事职业为目的的)康复

Rehabilitation Act of 1973 〈美〉《1973 年残疾人正常活动法》 一项联邦立法。规定在各项由联邦提供财政支援的活动和计划中,对身心不健全者,不得仅仅因其残疾而拒绝其参加、不给予其应享有的利益或存有任何歧视。

rehabilitation of offenders 消除罪犯前科 曾经被判罪的人如在一定年限内不再犯有重大罪行,应视同未曾被判罪科刑。英国在 1974 年制定《罪犯前科消除法》[Rehabilitation of Offenders Act],规定消除前科后不得再提及其原先的判罪,除非被告知加以说明。消除前科的期间因原判刑罚的不同而不同,原处罚金的为 5 年,原处 6—30 个月监禁的为 10 年,少年犯为 3—7 年,轻微处罚通常为 1 年。

rehearing n.❶〈美〉重新审理 由原审法院对已经审理并作出终局裁决或驳回的案件的再次审理,目的在于纠正前一次审理中存在的错误或疏漏。重审时可以提出新的证据。 ❷〈英〉上诉审;重审 对已裁决案件的再次审理。根据 1965 年《最高法院规则》[RSC],所有向上诉法院提出的上诉都以重审的方式进行,并以申请通知书[notice of motion]提起。重审根据书面材料进行,包括法官的笔记[note]及任何证据副本。重审中可以提出新的证据。 ❸重新听证 行政机关对已作出决定的事项再次举行听证。

rehearing on appeal 根据上诉重新审理(⇨rehearing;trial de novo)

rehypothecation n.再质押 指将已设定质权的票据、货物或其他附属担保物再出质或转让给他人,如经纪人[broker]将顾客出质给他的有价证券出质以获取银行贷款。

rei reus 的复数

rei adjudicatae 既决事项;既判力(⇨exceptio rei adjudicatae)

Reichskammergericht 〈德〉帝国枢密法院 由马克西米利安一世[Maximilian I]于 1495 年创设的神圣罗马帝国的高级法院,它从 1495 年一直延续到 1806 年。其院长由皇帝提名,其他成员还包括由国会批准的八名贵族和八名民法博士,其薪金从国家的税收中支出,从而改变了以前因由皇室支付而受制于皇帝的状况。最初它位于法兰克福,后迁至施佩耶尔[Speyer]等地。它从一开始就采用罗马法的规则,因此极大地影响了罗马法在德国的继受。16 世纪中期,费迪南德一世对帝国枢密法院进行了改组,其成员增至 24 人,而且 1588 年以前,其审判每年都要受国会的一个上诉委员会的审查。16 世纪后半期,其讼案急增,而其程序则拖沓冗长,因此后来许多讼案都移至最高行政和司法委员会。

Rei depositae proprietas apud deponentem manet, sed et possessio. 〈拉〉寄存物的财产权和所有权仍归寄存人。

reif n.抢劫

reification n.使具体化;体现 指在证券中包含付款的权利,以使该证券转让时该权利也转让。在广义上也指在任何文件中包含任何其它权利。

rei gestae 行为实施地(⇨forum rei gestae)

rei interventus 〈拉〉(苏格兰)介入行为 合同一方当事人经另一方同意而作出的一定行为,并据此构成部分履行,即使合同原来并不完善,另一方也不得拒绝履行义务,否则构成违约。例如,若卖方允许买方占有出卖物,则其不能在事后否认该合同。它相当于英国法上的一项衡平法原则——合同部分履行原则。

reimburse v.❶偿还;付还(款项) ❷补偿(⇨contribution;restitution)

reimbursement n.补偿;偿还;追偿 指保证人有权向主债务人追偿其代为履行的债务。也指信用证的开证人在付款后有权从其客户处扣款。

reincorporation n.重新组合;重新组成

reindictment *n.* 重新起诉 在前次起诉被法院撤销、驳回或批准重新审判时的再次起诉。

reine *n.* 女王；王后

reinlistment *n.* 再入伍；再从军（⇨enlistment）

re-inscription *n.* 再登记 指抵押权自第一次登记、或自所担保的债务到期之日起，在法律规定的年限内再次进行登记。

reinstate a case 恢复诉讼

reinstatement *n.* 恢复原状 ①雇主重新雇用解雇的雇工；公职人员的复职；恢复团体（如工会）的会员资格；②保险合同期满或解除后，恢复被保险人依原保险单享有的权利；③撤销或驳回诉讼后，恢复诉讼，使案件回复至原先的阶段，继续进行诉讼，而非另行开始新的诉讼。

reinstatement of action 恢复诉讼（⇨reinstatement）

reinstatement of appeal 恢复上诉 上诉被驳回后又重新将其列入上诉法院审判日程。

reinstatement of bankruptcy proceeding 破产程序的恢复 因在初次的破产程序中未进行重整程序而对普通破产程序的恢复。

reinstatement of employee 雇员复职（⇨reinstatement）

reinstatement of indictment 恢复起诉 起诉被驳回，而驳回的裁定仍在法院未及发出时的恢复起诉程序，对原先已归档的起诉书取出进行审判。

reinstatement of member 恢复成员资格（⇨reinstatement）

reinstatement of policy 保险单复效 保险单期满或失效，尤其在未按时支付保险费造成保险单失效时，根据保险单中的再生效条款或双方协议恢复保险单的效力。

reinsurance *n.* 再保险 指保险人将其所承保业务的一部分或全部分给其他保险人承保。保险人进行再保险的目的，在于减轻其本身负担的赔偿责任或给付责任。在发生再保险合同规定的事故损失时，保险人可以从再保险人处摊回赔款。在再保险中，原保险中的被保险人与再保险人没有直接的联系，再保险人不对原被保险人负责。

reinsurance reserve 分保责任准备金 为保护保单持有者的利益，根据保险公司章程成立的基金，以承担公司破产时的未清偿责任。

reinsurance treaty 再保险合同 再保险分出人与再保险人之间订立的双边合同，规定再保险分出人将其承保业务的部分或全部转移给再保险人，以及再保险的类型、方式和条件。

reinsured *n.* 再保险分出人；分出公司 将其承保的保险全部或部分地转由再保险人承保，同时向后者转让相应比例保险费的原保险人。

reinsurer *n.* 再保险人；分入公司 承保原由其他保险人承保的全部或部分保险，同时获得相应比例保险费的保险人。

Reipublicae interest voluntates defunctorum effectum sortiri 满足死者的愿望对国家有益。

rei sitae 诉讼标的物所在地（⇨forum rei sitae）

reissuable note 可重新流通的银行本票 指在被偿付之后可继续流通的银行本票。

reissuance of instrument 票据的再发出 指票据的出票人或承兑人因受让取得票据后，再度将其转让。

reissuance of patent 换发专利证书 指在收受原专利证后发给的专利证。例如因专利证存有瑕疵，为了明确该专利的权利内容而重新换发专利证。换发的专利证与原专利证在法律上具有同等效力。

reissued abstract 重发的产权说明书摘要 指为某人准备但又签发并交付给另一人的产权说明书。

reissued patent 换发的专利证书（⇨patent; reissuance of patent）

REIT (= real-estate investment trust)

Rei turpis nullum mandatum est. 违法事务之委托，无效。 委托他人实施非法行为或不道德行为的合同在法律上无效。

rei venditae et traditae 物已售出并交付（⇨exceptio rei venditae et traditae）

rejection *n.* ❶拒绝接受要约 ❷拒绝接受（作为合同履行）交付的货物 根据美国《统一商法典》[U.C.C.]，买方对未履行的[non-performing]货物的拒绝接受必须在交付后的合理时间内作出，并且必须将拒绝接受的通知送达卖方。

rejection of call 拒绝传唤

rejection of claim 拒绝请求

rejection of offer 拒绝要约 指受要约人拒绝接受要约或者以某种合理方式使要约人推定受要约人不会接受要约或再作考虑。

rejoin *v.* （普通法诉讼中）被告对原告的辩驳[replication]作出答辩

rejoinder *n.* （普通法诉讼中）被告对原告的辩驳[replication]所作的答辩

rejoining allegation 原告的辩驳 教会法上遗嘱案件中当事人的辩驳，相当于普通法诉讼中的"replication"。

rejoining gratis （普通法诉讼中）被告未经原告通知或要求自愿作出的第二次答辩

rel. (= relatione)(⇨ex relatione)

related *a.* ❶有关的；相关的 ❷有亲属关系的 无论其为血亲关系还是姻亲关系。（⇨relation; relative）

related claim 相关请求 基于实质上同一的事实而产生的请求。

related goods 相关商品 如果某一商品因使用某一商标或名称而使消费者误认为与其使用另一商标的商品具有相同来源，则前一商品即为相关商品，即使其未与使用后一商标的商品直接竞争，仍构成对后一商标权利的侵犯。

related party transactions 关联交易 税法对有关联的双方损益确认的限制措施，如限制抵减关联双方买卖或交换财产的损失。

related proceedings 相关的诉讼 用于破产意义上，在美国，指如不向破产法院提出申请，也可向联邦法院或州法院提起的民事诉讼。

related taxpayers 相关纳税人 指因血缘、业务、合伙、信托或其他法定相关关系的纳税人。一个以权责发生制记账的纳税人，对一个实行收付实现制记账并且与其有相关税的人所欠费用，不能作为其收入的抵减项目。

Relatio est fictio juris et intenta ad unum. 关系是法律的拟制并为了一个特定的目的而创设。

relation *n.* ❶亲属；亲戚 在一般意义上，"relatives"与"relations"包括所有的有血缘或婚姻联系的人。但用于遗嘱中，在确定法律继承时，"relations"只包括那些有权根据遗产分配法获得遗产的最近的亲属。 ❷（家庭）关系 指根据法律、约定或亲属关系在家庭生活中所形成的社会地位。如监护人与被监护人、丈夫与妻子、父母与子女之间的关系等。 ❸告发 ❹叙述；叙述的事实 ❺（事物间）关系；关联（⇨relation back）

relation back 回溯 指当前的行为视同以前的行为。交由第三人掌管，条件完成时转交受让人的文件或契据，视同交付给第三人时即已交付受让人。补充起诉状(或答辩状)中所提出的主张或答辩,系出于原起诉状(原答辩状)中已提出的行为、事务或事件所引发,则补充的主张或答辩回溯至原起诉状(或原答辩状)。(⇨ex post facto)

relatione/rel. (导致起诉的)告发

relation of debtor and creditor 债权债务关系(⇨debtor and creditor relation)

relation of physician and patient 医生与病人的关系;医患关系(⇨patient-physician privilege)

relations n.❶关系 指一人与他人在特定范围内的交往。法律就是调整这些关系的,如夫妻关系、买卖双方的关系、雇主与雇员的关系等。❷亲属关系(⇨degrees of kinship;industrial relations;relative)

relations by affinity 姻亲(⇨affinity)

relations by blood 血亲(⇨collateral kinsmen;consanguinity;kin;nearest blood kin;nearest blood relatives)

relationship n.亲属关系;(国际、人际等的)关系(⇨affinity;cognate;cognation;consanguinity;relation;relative)

relations of the half blood 半血亲(⇨half blood)

Relatio semper fiat ut valeat dispositio. 遗嘱作出的处分总是有效的。

relative n.亲戚;亲属
a.相对(性)的;相关的

relative confession 相关供认 被告人供认自己的罪行并揭发他人,同时成为揭发检举人。(⇨confession)

relative convenience doctrine 相对便利原则 如果对诉讼一方十分不便而对另一方不存在不便或有较小不便,衡平法会拒绝发布禁制令或提供其他救济。

relative fact 有关事实;次要事实;客观环境 证据法中指与另一事实有关的事实。

relative impediment 因亲属关系产生的婚姻障碍

relative injuries 关联侵害 指对某人拥有的、关联到第三人的权利形成侵害,从而直接影响到该第三人的利益。

relatively least developed countries 相对最不发达国家 1971年联合国大会对这类国家确定三项标准:1968年人均收入等于或低于100美元;1968年制造业在国民生产总值中所占份额等于或低于10%;有读写能力的人所占比例等于或低于20%。当时大约有30个相对最不发达国家。

relative powers 相关权力 指与土地直接有关的权力,不同于土地的附属性权力。

relative responsibility statutes 亲属(供养)责任法 根据普通法中丈夫扶养妻子、父母抚养子女的义务制定的关于亲属间供养责任的法律。源于英国1601年的《济贫法》[Poor Law]。目前这种规定供养责任的法律有两大类。一类是对列举的亲属中的贫困者有一般的供养义务;一类是对公共机构照料的贫困者应支付其生活费用。这类法规的最大特点是供养责任已超出核心家庭成员的范围。

relative revocation (= dependent relative revocation)

relative rights 相关的权利 作为社会成员而产生的、因各种相互关系而存在的权利。也即在私人生活中,因民事关系和家庭关系而产生的权利。

relatives by affinity 姻亲(⇨affinity)

relatives by blood 血亲(⇨relations by blood)

relatives of the half blood 半血亲(⇨half blood)

relativism n.相对主义 对绝对标准、原则或价值的摒弃,它宣称标准、原则和价值因时间和地点而异。

Relativorum, cognito uno, cogniscitur et alterum. 相关的两件事情知道其一时,也就知道了另一件。

relator n.告发人(⇨ex relatione;parens patriae)

relatrix n.女告发人

relaxare 豁免;解除;使…自由

relaxatio 〈拉〉〈古〉弃权文书;免除文书(⇨release)

relaxavi 我已放弃

release n. & v.❶解脱 从义务、责任或他人的请求权中解放出来。❷免除;放弃;豁免证书;放弃文书 指放弃对他人享有的权利或可主张的请求及为此制作的文书,又称为"discharge"、"surrender"。❸转让;转让文书 使财产转让生效的文书。❹释放;释放证 指从受管制状态下释放,恢复自由及正式的释放文书。❺发行许可;发布许可 指书面授权,准允发行。如许可报纸将自己照片印于头版。

release bond 解除扣押保证书 为要求解除对财产的扣押而提出的保证书。

release by estoppel 不容否认的免除 当事人不得主张因自己的疏忽而作出的免除责任的决定为非法或无效。例如在签署免除他人债务的文件时,有足够的机会仔细阅读而未阅读,即不得主张该免除文书无效。

release by way of enlarging an estate 以扩大地产权方式让与土地 剩余地产权人[remainder]将其所有权利让与先行地产权人[particular tenant]而使后者得到非限嗣继承地产权[fee simple]。(⇨particular tenant;release deed)

release by way of entry and feoffment 以进入及分封的方式让与土地 侵夺者[disseisee]将土地占有转让给共同侵入人之一,则该受让者即可单独获得占有,其效果等同于被侵夺者首先恢复占有,然后再分封给一个侵入者。

release by way of extinguishment 以灭失方式让与地产(权) 某甲的终身地产保有人[tenant for life]将封地出租于乙,并在后者死后将剩余地产权[remainder]让与丙及其继承人,而某甲又将地产权让与了乙,这实际上就使该甲的回复地产权[reversion]灭失了,但将使丙及乙的地产权获得成就。

release by way of passing an estate 以转移方式让与地产(权) 当一个或两个共同继承人将其所有权利让与其他继承人,这实际上就是转移了整个非限嗣继承地产权[fee-simple]。(⇨release deed)

release by way of passing a right 以放弃权利的方式让与 如果某人被他人侵占了土地,并将其所有权利让与侵占人,侵占人因此即取得了新的权利,并改变了地产权原来非法的性质。

release deed 弃权证书;产权转让证书 早先仅用于受让人已占有被转让土地上部分财产的情况,现已取消此限制而等同于"quitclaim deed"。(⇨quitclaim)

releasee n.❶被释放人;被免除债务的人 ❷(权利、财产等的)受让人

release of claim 放弃诉讼请求权(⇨release)

release of curtesy 鳏夫产的放弃 通过执行正式的放弃手续,或通过由夫妻共同公开转让的方式,丈夫放弃了他未来可能得到的鳏夫产。(⇨curtesy)

release of debt 免除债务(⇨release)

release of dower 寡妇产的放弃 通过正式的放弃仪式或通过由夫妻双方共同公开转让的方式,从而使妻子放弃了自己尚未成就的寡妇产。(⇨dower;release of curtesy)

release of expectancy 预期遗产的让与 指当然继承人[heir apparent]将自己可望继承的财产让与被继承人[ancestor]、潜在继承人[potential heir]或无遗嘱时的遗产继承人[distributee]。

release of mortgage 解除抵押(书) 抵押权人在债权受偿后向抵押人或抵押物保管人出具的书面文件,并在登记机关登记。

release on own recognizance 具结释放 保释的一种,在审判前被告人自己保证在开庭审理时按时到庭。法官认为不需要被告人提出保证人或提供其它担保时可以采用。

releaser n.解除者 指放弃对他人的请求权或向他人让与财产的人。

release rate 免责运费 承运人收取的低于通常运费标准的运输费用,同时免除或减少对其承运货物的毁损灭失所负的责任。

release to uses 为他人用益而转让(⇨lease and release)

release under seal 盖印的免责证书(⇨technical release)

releasor (= releaser)

relegatio 〈拉〉驱逐 罗马法上的一种流放。与放逐[deportatio]不同。驱逐不剥夺市民权,放逐则剥夺;前者为逐出一定地区,后者则为禁锢在一定地区。驱逐可分为两种,一种是对奴隶的[in agros],另一种是对自由民的[in provincias]。驱逐既可以是短暂的,也可以是永久的。

relegation n.❶(罗马法)驱逐(⇨relegatio) ❷(英格兰古法)(根据议会特别法适用的)流放;司法放逐 不同于宣誓流亡[abjuration]之处在于:前者只是限定期限的,而后者则是永远离开原国家。

reletting n.再出租 指出租人在原租约被撤销或者承租人未入住时,将同一房屋再行出租。

relevamen (= relief)

relevancy n.有关;相关性;关联

relevant a.有关的;相关的;关联的

relevant evidence 相关的证据;有关联性的证据 可以证明或否定所提出的事实的证据;对案件的有关事实可以或多或少加以证明或否定的证据。"相关的"证据不但能证明(或否定)案件的争议事实,而且包括从所证明(或否定)的事实可以推断出争议的事实是否存在。(⇨material evidence)

relevant market 〈美〉有关联的市场;相关市场 依据《谢尔曼法》[Sherman Act]起诉被告有垄断的行为或意图时,原告必须指明被告在"有关联的市场"拥有垄断权力,"有关联的市场"指由具有可互换性的产品构成的地区性市场。(⇨market)

relevium n.继承金(⇨relief)

reliance n.❶信赖;信任;信心;依靠 在承诺或代理中尤为重要,也是对欺诈或欺骗提起诉讼的条件之一。❷受信赖的人(或物);可依靠的人(或物)

reliance interest 信赖利益 违约时要求损害赔偿的专门用语。指无过错的一方出于对双方履行合同的信赖而支出的资金费用和转移或消耗的财产。

reliance on promise 信赖允诺;对允诺的信赖 按照"允诺不容否认"[promissory estoppel]原则而要求赔偿时,原告须证明自己确因信赖被告的允诺而受到损害。(⇨promissory estoppel)

relict n.丧偶者 配偶中生存的一方,尤指寡妇。

relicta n.被告对答辩的放弃

relicta verificatione 〈拉〉放弃答辩 在作出答辩后被告承认原告的诉讼请求,撤回答辩。

reliction n.新增陆地 指江水、河水或海水永久性后退或消退后露出的土地。

relief n.❶(税收)减免 在税法中,用来指在计算应纳税额时所作出的某些减免。❷救援;救助 特别指由国家向贫困者提供的财政帮助。❸救济;司法救济;法律救济 指法律尤其是法院所能给予的补偿、帮助、利益或保护等。尤其指当事人向法院要求给予的具有衡平法性质的补救措施,如签发禁制令[injunction],要求特定履行[specific performance]或[remedy]。❹继承金 封臣的继承人在继承遗产时向领主上缴的款项,在采邑法上,这是保有土地的一种附属义务,即保有人的继承人必须向领主缴纳一笔款项,以使其能继承其长辈的财产,并以此表示对领主权的承认。作为对此的回报,继承人对土地的世袭继承权便得到了领主的认可。(⇨poor person; welfare)

relief acts 救济法(⇨farm relief; welfare)

relief association 救济协会 指大公司,尤指铁路公司的雇员组成的协会,在雇员生病、受伤或死亡时提供救济。

relief benefits 救济补助 公司对生病或受伤的雇员提供的附加补贴。(⇨relief fund)

relief from prejudicial joinder 防止不利的诉讼合并的救济 如果将一名被告人的多项罪行或将多名被告人合并在一份刑事起诉书[indictment or information]中起诉,或者根据此合并所进行的审判,将会对被告人或者公诉方造成损害,法庭可以裁定合并各罪行或被告人分开审理,或采取其他的补救措施。在被告人申请分开审理时,法庭在作出裁定前,可以要求检察官将其准备在法庭上作为证据使用的被告人的陈述或供述提交给法庭,以供法官在内室审查[inspection in camera]时考虑。

relief fund 救济基金 由救济协会职员在雇主协助下管理的基金。通常由雇主和雇员共同提供资金。在雇员生病、受伤或死亡时向雇员或其代表人提供资助。

relief worker 救济工(⇨work relief)

relieve v.❶安慰;使宽慰 ❷援助;救济 ❸缓解;减轻;解除 ❹接替;替下;(以人接替而)解除…职务 ❺支持;帮助;依靠 在这个意义上,我们可以说封臣依附于领主[a tenant was said to relieve of the lord],意指封臣从领主处保有地产。

religio sequitur patrem 〈拉〉跟随父亲的宗教信仰;儿童首先接受的是父亲的宗教信仰

religious assembly 宗教集会

religious belief 宗教信仰

religious books 宗教书籍 讲授或反复灌输宗教观念的书籍

religious charities 为促进宗教事业而进行的捐助或慈善事业(⇨charity)

religious corporation 宗教法人 为举行宗教仪式和传播宗教信仰而组成的法人。在英格兰,教会法人[ecclesiastical corporation]或宗教法人与世俗法人[lay corporation]不同,完全由神职人员(如主教、牧师、教长等)组成。在美国,宗教法人与商业法人[business corporation]都是"世俗"法人,宗教法人的管理人员或其他代表人均由俗人担任。(⇨ecclesiastical corporation)

religious delusion 宗教幻觉 指将宗教信仰应用于日常生活而产生的为正常人难以理解的错误观念。在刑事案件中,只有因心理疾病造成的精神失常而不是宗教信仰才能成为免除刑事责任的理由。

religious denomination (= religious sect)

religious education 宗教教育 指儿童在小学和中学阶

段所受的宗教信仰方面的教育，与其父母的宗教信仰有关。

religious freedom 宗教自由　美国宪法第一条修正案保障公民的宗教自由。宗教自由指有依自己的良知信仰上帝的自由和受良知的驱动作出或不作出一定行为的自由，但此项作为或不作为不得有害于社会安定、公共秩序和善良风俗。(⇨establishment clause)

religious impostors 宗教骗子　指假称负有特殊的天国使命行骗的人。

religious journal 宗教报刊　指由宗教团体出版的报纸或杂志。

religious law 宗教法　不是基于国籍、住所地或所在的地点，而是基于个人的宗教信仰而与之相关联的法律体系。主要有佛教法、印度教法、伊斯兰教或穆斯林法、犹太法等。

religious liberty 宗教自由　(⇨liberty)

religious meeting 宗教集会　指宣扬或传播宗教信仰的集会，或举行宗教仪式的集会。法律禁止对合法的、正当的宗教集会进行干扰。

religious men 修士　指进入修道院的修士或修女，其被认为已民事死亡。(⇨civil death)

religious principles 宗教准则　指关于上帝和人的关系的观点，这种观点可能影响人们的行为。其中最具影响力的可能是上帝惩罚邪恶的观点，相信、不相信或怀疑这一点是其宗教准则的一部分。

religious purpose 宗教目的　指促进宗教发展，传播宗教信仰和操持宗教礼拜。

religious sect 宗教派别　指在同一宗教系统内与其它派别有不同的信条和特色的宗教团体，其成员坚守相同的宗教信条和信念。

religious seminary 神学院

religious society 宗教团体　指经常在固定地点召集信徒举行宗教仪式和进行宗教教诲的团体。在英国宗教团体属于教会法人[ecclesiastical corporation]，但在美国宗教团体通常是私人性质的民事法人，受世俗法律制约，也称之为宗教法人[religious corporation]。(⇨religious corporation)

religious teacher 宗教师　指传播福音的牧师。广义指任何传授宗教信仰或宗教教义的人，无论其是否被授予神职。

religious test 宗教宣誓　美国宪法规定，宗教宣誓不得要求作为公职人员或公共信托人任职的条件。取消宗教宣誓是为消除许多人对宗教宣誓的抵触情绪，也为永远结束在政府中将教会和国家结合的企图。

religious training 宗教训练　指就宗教信仰或宗教教义的训练。

religious tribunal 宗教法院(⇨church judicatory)

religious use 慈善收益(⇨charitable use)

religious worship 宗教崇拜；宗教礼拜仪式(⇨worship)

relinquish v. 放弃；抛弃；弃权(⇨abandonment; release)

relinquishment n. 放弃；抛弃；弃权(⇨abandonment; release)

reliqua 〈拉〉(账目平衡或清算后)剩余的债务；未付款项

reliquary 〈拉〉剩余债务的债务人；分期付款人(⇨reliqua)

reliques n. 遗物；遗骸　作为纪念圣物而保存的圣徒遗物，如其遗骨等。英国在1606年禁止使用和带入这种遗物。

reliquidation n. (因提出异议而对关税)再核算；再估价

relocatio 〈拉〉(罗马法)续租　指租约到期后，经明示或默示同意，依原有租赁条件的租约续展。(⇨reconduction)

relocation n. ❶迁移至新地点；重新安置　❷(矿产法)重新确定矿址；对废弃矿址的占用　❸(大陆法)续租

relocation center 〈美〉安置集中地　指战争期间羁留敌国公民或者出生在敌国或与敌国有联络的美国公民的地方。

relocation of claim (矿产法)请求权的重新确定　原先的采矿请求权无效或者因放弃、不履行评审工作以及其他原因从而导致请求权的丧失。

rem 〈拉〉物(⇨in rem; post rem; res)

remainder n. 剩余地产；剩余地产权；剩余继承权；余产；余产权　指在设定有期限的先行地产权时，同时产生的由第三人将来享有的剩余部分地产权，在前一地产权终止时生效。例如，某无条件继承土地[in fee]所有人将其土地转让给甲终身保有[for life]，然后乙及其继承人无条件拥有[in fee]，此处，甲取得先行的终身保有权，在其去世后余产归乙无条件继承。余产通常以财产转让契据或遗嘱方式设定，可以是确定的[vested]或不确定的[contingent]，上述乙即为余产的确定受让人。若转让契据或遗嘱写明，如乙先于甲去世，则余产归丙，丙即为不确定的余产受让人。余产权与归复权[reversion]的区别在于，余产的受让人必须是第三人，而归复权是指在有期限的先行地产权终止时，该地产应归还给出让人或其继承人。所以，余产只能出自当事人的法律行为，而归复权可直接依据法律行使。如在租赁关系中，出租不动产在租期届满时即依法归还给出租人。(⇨alternative remainder; contingent remainder; reversion; particular estate)

remainder after remainder 剩余地产权后的剩余地产权　指在剩余地产权处于可选择状态下，若其中一个无效则另一个有效的将得以成就。这是一种在地产权设定过程中被允许的限制。

remainder interest 剩余权益　指先行的收益权期满后应转交给受益人的财产。

remainder limited by way of use 产生剩余地产权效力的用益

remainder(-)man 剩余地产权人(⇨remainder)

remainder on a double contingency (= remainders on a contingency with a double aspect)

remainder person 剩余地产权人

remainders on a contingency with a double aspect 带有双重或然性的剩余地产权　指其中一个作为另一个的替代而生效的可选择的剩余地产权。如将某一地产终生授予甲，在甲死后如果其有子女，即将剩余地产的继承权给予其子女，如果其没有子女，则授予乙。(⇨contingency with a double aspect)

remainders on a single contingency with a double aspect (= remainders on a contingency with a double aspect)

remainder vested subject to being divested 以在某种意外事件发生时将转给另一人为附带条件而赋予的剩余地产权

remainder vested subject to total defeasance 在规定的条件成就时转给另一人的剩余地产权

remand n. ❶(将案件)发回　指上诉法院将案件发还给初审法院，要求初审法院按其指示对案件进行有限制的重审或完全重新审理，或采取其他进一步的措施。也指法院将案件发还给行政机构的情形。❷还押候审　在诉讼未决期间依法庭令将刑事被告人送还羁押场所关

押。如英国治安法院延期审理案件时,除非被告人获准保释,在候审期间应将被告人关押。❸发还案件令;还押候审令
v. 发回(案件);还押候审

remand centres 〈英〉羁押候审中心 关押未经审理或未作出判决的14岁至21岁的青少年,或关押来自羁押候审收容所[remand homes]的堕落青少年的场所。

remand for further proceedings 羁押候审

remand homes 〈英〉羁押候审收容所 地方政府设置的关押17岁以下青少年犯和拘留等待审判、等待移送、等待审查和最终处理的青少年的场所。1967年改称社区收容所[community homes]。

remanding a cause 将案件发回(原审法院)重审

remanentia (= remainder)

remanent pro defectu emptorum 〈拉〉因无买者而返回 因无买者,执行令状的司法行政官[sheriff]未卖出扣押物而返回。这是司法行政官向法官所作的回呈。

remanere 〈拉〉保持;继续;提出异议

remanet n.❶残存;残留物;剩余物 ❷延期审理的案件 ❸(刑法)剩余刑期;未服完刑期

remanet in custodia 仍在羁押中

remargining n. 追加保证金 以预付保证金购买的证券,在证券价格跌至低于购入时价格的一定比例时提供的额外保证金;旨在使在经纪公司的保证金账户上的资产净值不低于最低金额要求。

remarriage n. 再婚;复婚;再嫁 指婚姻一方于配偶死亡或离婚后再次结婚,亦指离婚之原夫妻双方重新结婚。

remarriage table 再婚表格 该表格根据某些已知的事实,例如年龄,确定丧偶之一方配偶再婚的可能性,尤其是用于计算可因再婚而终止的终身地产权[life estate]的价值。

remediable a. 可补救的;可补偿的;可矫正的

remediable right 可获补偿的权利;可救济的权利 指可诉诸法律并要求相应补偿的权利。

remedial a. 补救的;补偿的;矫正的(⇨remedy)

remedial act (= remedial statute)

remedial action ❶补偿性诉讼 以补偿受害人所遭受的损害为目的,由受害人提起的民事诉讼。如果诉讼由一般起诉人[common informer]所提起,则属于惩罚性[penal]诉讼,其目的在于惩罚被告人。(⇨penal action) ❷〈美〉(环境法)(旨在使环境质量得到永久性恢复的)补救措施 尤指根据《1980年环境综合性反应、赔偿和责任法》[Comprehensive Environmental Response, Compensation, and Liability Act of 1980/CERCLA]的规定,在某种危险性物质已经或可能被排放进入环境中时所采取的、旨在使污染得到永久性治理的措施,以阻止其继续排放,使其对公众健康或环境的危害减少至最低限度。

remedial cases 补救性案件 通过某些特定的令状,如禁审令[prohibition]、执行职务令[mandamus]、调卷令[certiorari]、权利开示令状[quo warranto]等提供补救手段的案件。

remedial law ❶救济法 与影响或改变实体权利或义务的法律相异,只影响救济或与此相关的法律,这些法律为实现权利或获得赔偿提供了途径。 ❷修正法 为纠正或者修订某一既存法律的缺陷而通过的法律,尤指若既存的救济不完善时赋予当事人新的或者其他救济的法律。

remedial legislation (⇨remedial law)

remedial statute 救济法 指提供救济途径的法律。

remedy n.❶救济 救济是纠正、矫正或改正已发生的不当行为或业已造成损害或损失的行为。救济可采取多种方式,主要有宽恕行为、政治救济方法以及法律救济方法。法律救济方法包括行政救济和民事救济,行政救济可通过向更高级的行政官员或大臣申诉取得,或通过向特殊的行政机构或法庭、仲裁庭提出申诉取得;民事救济可通过在民事法庭进行诉讼取得,也可以在可能的情况下通过当事人之间的磋商取得,或通过对他方威胁要提起诉讼的方式取得。在法律救济制度中,向更高级的法院上诉本身也可称作是一种法律救济方法。 ❷治疗 治疗疾病,包括药物治疗和康复治疗。(⇨adequate remedy at law; administrative remedy; alternative relief; cause of action; extraordinary remedies; inadequate remedy at law; mutuality of remedy; provisional remedy)

remedy by due course of law 经法律正当程序的赔偿 有管辖权的法院按照正当程序进行公正审理后判决对损害作出赔偿。(⇨due process of law)

remedy over 追偿 指责任人作出赔偿后,可向对其负责的第三人追索所支付的赔偿。(⇨third party action; subrogation)

Remembrancer n.〈英〉财政纪事官;事务员 财政署曾经有三种财政纪事官:王室财政纪事官[Queen's Remembrancer],财务大臣事务纪事官[Lord Treasurer's Remembrancer]和首年捐赠金事务官[Remembrancer of the First Fruits]。最后一种职位于1838年被取消;财务大臣事务纪事官主要负责王室继承所得方面收入的征收,但它也于1833年被取消财务总卷保管[Clerk of Pipe]之职位的法律所取消,后者主要保存涉及上述收入之账目;王室财务纪事官主要负责征收应向王室缴纳的罚金、欠款等,保存涉及王室地产交易的文书,并在签署衡平法令状[bill inequity]方面也有一些职能。1859年的《王室财务纪事官法》[Queen's Remembrancer Act]规定该职位不再作为独立的职位而存在,而转为财税法庭事务官[Master of the Court of Exchequer],依1873年《司法组织法》[Judicature Act],该职位附属于最高法院;依1879年的《司法(职位)法》[Judicature (Officers) Act],它又转归最高法院中央办公室[Central Office],成为最高法院事务官[Master of the Supreme Court]。王座分庭的事务主管[Senior Master of the Queen's Bench]同时担任王室事务官[Queen's Remembrancer]一职,但现在这一职位的责任主要在于选举郡长等其它事务。伦敦市事务官[Remembrancer of the City of London]的职责则主要是代表伦敦市参加一些礼仪活动。(⇨first fruits; bill in equity)

REMIC (= real-estate-mortgage investment conduit)

Rem in bonis nostris habere intelligimur, quotiens ad recuperandum eam actionem habeamus. 〈拉〉当进行恢复财产权的诉讼时,我们应该认为对财产拥有所有权。

remise de la dette 〈法〉债务的免除

remise, release and quitclaim 放弃 弃权契据[quitclaim deed]中的关键词。

remissio injuriae (苏格兰古法)宽恕过错 在以通奸为由提出离婚的案件中,以原告已宽恕其过错为理由的答辩。

remission n.❶宽恕;赦免;免罪 在普通法中,免除没收财产刑的执行。❷(债务、捐税等的全部或部分)免除;豁免 ❸(国际私法)反致 在国际私法中"反致"一词最常见的术语是"renvoi"。(⇨renvoi) ❹(疾病症状的)减轻;缓和 ❺〈英〉(案件)发还 指上级法院改变了下级

法院的判决,并将案件发回下级法院,使其能采取措施执行这一新的判决。

remission for jurisdiction (= remittitur for jurisdiction)

remission of assets 财产移交 指附属遗产代理人[ancillary representative]向位于死者住所地的遗产代理人转交遗产。

remission of damages 赔偿额的减免(⇨remittitur)

remission of fine, forfeiture, or penalty 免除(罚金、没收财产等)财产刑的处罚(⇨remission)

remission of punishment 免除刑罚处罚(⇨remission; pardon; commutation of sentence)

Remissius imperanti melius paretur. 〈拉〉以较温和的方式指挥更易得到服从。

remissness n. 粗心大意;疏忽;懈怠

Remissum magis specie, quam vi; quia, cum venditor pendere juberetur, in partem pretii emptoribus accrescebat. 〈拉〉减免只是表面上的而非实际的;因为卖主相应提高了对买主的售价从而冲抵自己交纳的税金。

remit v. ❶宽恕;赦免;免除;豁免 ❷缓解;减弱;减轻;使松懈 ❸将…提交;将(案件)发回下级法院重审(⇨remand) ❹使恢复原状 ❺汇(款);汇寄

remitment n. 还押;废除;取消

remittance n. ❶汇款;汇款额 指一人为支付货款或服务费而汇寄给他人的款项。❷汇款(行为) ❸汇款凭证;汇款凭据

remittance man 靠汇款生活的人 常用来指被送至远地的家庭成员中的放荡者,其生活靠汇款维持,以免其再玷污家庭名声。(⇨stipendiary)

remitted actions 〈英〉移交的案件 根据英国1959年《郡法院法》[County Courts Act]的规定,向高等法院提起的标的额较小或情节较简单的案件,可由高等法院移交郡法院审理。

remittee n. (汇款的)收款人

remitter n. ❶汇款人 也写作"remittor"。❷赦免者;宽恕者 ❸以两份所有权证书中更有效的一份代替另一份 ❹(将案件)移送下级法院审理 ❺权利恢复;恢复原状

remittere v. 免除;放弃

remitting bank 托收银行;汇款银行

remittit damna 〈拉〉放弃损害赔偿 原告提出放弃或部分放弃陪审团所确定的损害赔偿。

remittitur ❶案件发回原审法院重审 ❷减免赔偿额 陪审团所确定的赔偿额明显过高时,法官可指令原告予以部分免除。法官也可决定案件全部重新审理或对损害赔偿部分重新审理。(⇨additur)

remittitur for jurisdiction 因管辖权而减少 指原告自愿减少其请求金额以符合法院管辖权限的最高限额。

remittitur of record 发回法院案卷 在上诉审法院指令原审法院重审案件,或要求其根据上诉审法院的决定作出新裁决,或指令其签署执行令等时将法院案卷发回原审法院。(⇨remand)

remittor n. 汇款人(= remitter)

remnant rule 剩余物规则 根据该规则,在平分一条线或一块地方时,测量者宣布最后一部分以外的每一部分的长度或面积,并假定剩余的不论多少都放进最后这不规则及未测量的部分。

remnant theory 剩余原则 用于确定依法征用财产的数额的理论,即如果征用了财产中为增值而不可或缺的那部分因此使其剩余部分变得毫无价值,则国家应对所有财产给予补偿,尽管只征用了其中的一部分。

remonetization n. 把贵重金属(如金、银)重新作为法定货币

remonstrance n. ❶抗议;反对 指陈明异议或者冤屈原因。remonstrance 与上诉[appeal]区别较为明显。抗议是针对某一行为或做法在其做出前提出的;而上诉则是在某一行为做出后提出,通常出于违反法律的理由。❷抗议书 指陈明异议或冤屈理由的正式文本。❸抗议政府 对政府的政策、行为或政府官员提出的正式抗议。在英国,尤指向议会提出拟议中的事项不应付诸执行的请求。

remote a. ❶(在时间、空间或关系上)远的 ❷轻微的 ❸(财产法)迟于死后的二十一年(⇨rule against perpetuities)

remote cause 远因 与"直接原因"(近因)[proximate cause]相对,指并不必然或直接造成事故或伤害的原因,如:按一般人的经验并非造成伤害或意外事故的原因;后果不确定或不一定产生后果的原因;通过其他原因才产生后果的原因;不大可能的原因。

remote checking 〈美〉开具远程支票 指股票经纪人或其他商号用在西海岸银行支取的支票支付其居住在密西西比河以东的顾客,或者用在东海岸银行支取的支票支付其居住在密西西比河以西的顾客的不适当行为,其目的是延长占用客户资金的时间。

remote damage 间接损害 指异常的、偶然性的损害,而不是由过错行为直接造成或由过错行为产生的损害。

remote indorsee 前手的被背书人 指持有汇票、本票等票据的被背书人,就其获得该票据之前所背书人中的背书人而言的地位。亦即被背书人相对于背书人的前手的关系。例如,甲将某一汇票转让给乙,乙将其背书转让给丙,则丙相对于甲而言,即为前手的被背书人。

remote materialman 间接的材料供应商 该材料供应商与建筑工程总承包商的关系仅在于其将建筑材料供应给分包商。

remoteness of evidence 证据的疏远性 作为证据提出的事实,与需要证明的事项并无明显的、清楚的或必要的联系。这种材料由于其"疏远性"而不得作为证据提出。

remote parties (汇票的)间接关系人

remote possibility ❶微乎其微的可能性 ❷双重不确定权益 在地产法上,指某人获得某一地产的条件取决于两个或两个以上的不确定事件,故亦称为"不确定权益之上的不确定权益"[possibility on a possibility]。例如,对某一男子获得地产的限制条件规定为其应与某一女子结婚,并在该女子死后应与另一女子结婚。

Remoto impedimento, emergit actio. 障碍消除时诉讼即恢复。

removable cloud on title 可消除的权利瑕疵 指在财产所有权上存在的一种表面有效、实质无效的权利瑕疵。(⇨cloud on title)

removal n. ❶移动;搬迁;调动 ❷〈美〉(从州法院向联邦法院的)案件移送 诉讼参与人必须及时申请移送卷宗,并证明存在应由联邦法院管辖的有效理由。 ❸〈英〉案件移送 指案件从高等法院移至郡法院审理,或根据上级法院调卷令,下级法院将案件移至高等法院审理。

removal bond ❶(货物)搬移保证书 海关法中,指当事人将仓库中存放的进口货物搬走以供出口时出具的、以保证缴纳应付关税的文书。 ❷案件移送保证书 美国

有些州规定,未决诉讼[pending action]的当事人申请将案件移送另一法院审理时应提交的保证书。

removal for cause 基于法定原因而解除公职

removal from office 解除职务;撤职 上级官员在职权范围内免除下级官员的公职。"停职"为临时性的停止其行使职权,"撤职"为撤销其职权。(⇨recall; impeachment)

removal of actions 案件移送(= removal of causes)

removal of causes 〈美〉案件移送;移送管辖 通常指经被告申请,案件由州法院移送联邦法院审理。广义指案件由一个法院移送另一法院审理。(⇨change of venue)

removal of goods to prevent distress 〈英〉转移财物以防扣押 根据1737年《扣押付租法》[Distress for Rent Act],如果承租人欺骗地或暗中转移其财物以防止因未付租金而被扣押,则无论置于何处,出租人均可追踪并将该财物扣押30天。

removal of officer 解除职务;撤职(⇨removal from office)

removal of property from jurisdiction 向司法管辖区外转移财产 为逃避或拖延履行债务而将财产转移至司法管辖区外,包括实际转移和推定转移(将财产转让给非当地居民),二者都是扣押财产的依据;美国有些州的立法则规定不问其目的何在,均可视为转移。

removal of surface soil 〈英〉移走表层土壤 根据1953年《农业用地(移走表层土壤)法》[Agricultural Land (Removal of Surface Soil) Act]的规定,不适当地从农业用地移走表层土壤出售属犯罪行为。

removal rider 搬移批单;移动附加条款 保险人允许被保险人将被保险的物品移至新的处所的书面凭据或协议条款。

removal to avoid tax 为逃税而转移 指将产品从固定的制造地、生产地、原产地等搬移至其他地点,造成征税困难。

remover n.法院将未决案件移送另一法院审理

removing 〈苏格兰〉迁移 指出租人要求承租人从租赁的房屋迁移出去的诉讼。

removing cloud from title 消除权利瑕疵 为使财产所有权得以在市场流通而需采取的行为或程序。(⇨action to quiet title)

rem suam 关于他自己的事务(⇨in rem suam)

REMT (= real-estate mortgage trust)

remuneration n.❶报酬;酬劳;偿还;赔偿 ❷酬金;赔偿金

rem versum 为自身利益用益(⇨in rem versum)

renant 〈英格兰古法〉拒绝;否认

rencounter n.遭遇;冲突;论战

render v.❶作出(判决、裁决);判处 ❷表示;汇报;开出(账单等);呈报;提供;提出(理由);呈递 ❸履行;实行;实施;执行 ❹放弃;让与;给;给付;纳贡
n.(租金的)强制缴纳 在继承、租金等应当由封臣主动交纳且在未交纳之时可由领主以扣押财产方式予以执行的租金缴纳方式。(⇨prender)

rendered account (= account rendered)

rendered and satisfied 作出和履行(⇨judgment rendered and satisfied)

rendering decision 作出裁决 包括查明事实和适用法律的裁决。

render judgment 作出判决;宣判 正式宣布判决,在公开法庭口头宣告或由书记官存档。

renders (= services)

render verdict 作出裁断 陪审团决定裁断并向法庭报告。将书面裁断递交主审法官,由其在法庭公开宣布。

rendezvous 〈法〉指定集合地 尤指军队集合、舰队集中或船舶会聚开始航程的指定地点。

rendition n.❶施行 ❷让与;给予;放弃;引渡 ❸译述;翻译

rendition of judgment 作出判决;宣判(⇨entering judgments)

rendition of verdict 作出裁断

rendition of warrant 引渡令(⇨extradition warrant)

renegade n.变节者;叛徒;改变信仰者;叛教者;脱党分子 尤指改信伊斯兰教的基督教徒。

renegotiation n.❶重议 例如重新协商合同或租约的条款。对政府采购合同,也指在合同履行后进行审查以确定是否存有超额利润。政府有权收回超额利润。 ❷再转让;再流通 票据经转让回到原持票人处后,再将其转让出去。

Renegotiation Act 〈美〉《重议法》 一项联邦法律,它规定对政府合同的重新审查以确定是否有应归还政府的超额利润。(⇨Renegotiation Board)

Renegotiation Board 〈美〉重议委员会 根据1951年《重议法》[Renegotiation Act]设立的独立机构,其职责是消除国防和航天合同及有关分合同中的超额利润。1979年被撤销。

renegotiation of war contract 战时合同的重新协商 指对国家处于紧急状态时或战争期间所签订的军需品供应合同,在敌对状态结束后进行的修订。

renew v.更新;续展;展期(⇨renewal)

renewable insurance 可续保的保险;可展期的保险(⇨renewable term insurance)

renewable term insurance 可续保的定期保险;可展期的定期保险 在保险期间届满时,被保险人可以选择继续投保的定期保险,被保险人通常无须提供新的体检证明,但须交付较高的保险费。

renewal n.❶重建;恢复 ❷更新 指不仅仅是原有法律关系或有合同的延期,而是重新建立法律关系或者以新的合同代替旧的合同。(⇨extension; revival)

renewal commission 续保佣金 保险代理人应被保险人的请求接受其对续期保险的申请后有权获得的以续保保险费为基础计算的佣金。

renewal note 转期票据;展期票据 为取代已到期的前票据义务而出的新票据。

renewal of chattel mortgage 动产抵押的展期 依制定法规定,动产抵押在一定条件下可延长有效对抗第三人的期间。(⇨refiling)

renewal of contract 合同展期 指合同在其原定期限届满后继续有效。

renewal of copyright 〈美〉版权保护期限的延长 1978年1月1日之前首次出版的作品,其首次版权保护期限为28年,但可续期一次,续展保护期限亦为28年,后由美国国会规定在此基础上再扩张保护19年,使得续展保护期限长达47年,而作品总的保护期限为75年(28 + 28 + 19)。1978年1月1日之后制作的作品,其版权保护期则为作者有生之年加50年,但不能延长保护期限。

renewal of indebtedness ❶债务展期 延长付款期限。❷更新债务 以新的债务代替旧的债务。

renewal of insurance (= renewal of policy)

renewal of lease 重订租约 租赁合同期满时,再次订立

租约延长租期。是订立新的租约而非原租约的展期。(⇨extension of lease)

renewal of motion (在前一次申请被驳回后)再次申请

renewal of patent 专利权保护期限的延长

renewal of policy 保单展期 指在支付了一笔新的保险费后,保险单继续有效。一般在缴付了新的保险费后会签发一份续保凭据,若续保不是根据保单中的续保条款而为,则该续保凭据是一与旧保单条款相同的新保险合同;若是依据保单中的续保条款而为,则它不是一个新的保险合同,而是旧保险合同的延续。(⇨renewable insurance)

renewal of writs 〈英〉传讯令更新 传讯令的有效期为12个月,但在期满前可申请更新,每次更新的有效期均为12个月。

renewal until paid 展期直至支付 对文书中附带的票据展期的条款,法院几乎毫无例外地认为,票据中的"展期条款"或其他类似条款并不能无限制地展期而只能展期一次。

reniant (= renant)

renounce v. ❶抛弃;放弃 正式地放弃自己的权利。如在美国的许多州,允许寡妇放弃亡夫遗嘱中授予她的权利而主张其法定的权利。❷拒绝 拒绝遵守或拒绝承认。(⇨renunciation; repudiation)

renounce probate 拒绝担任遗嘱执行人 指遗嘱指定的遗嘱执行人不愿意承担此项任务。并经常以拒绝将遗嘱交付检验之方式为之。(⇨retractation)

renouncing probate 放弃遗嘱验证(认证)

renovant n. 更新(⇨renew)

renovare 〈拉〉(英格兰古法)续展;展期;更新

rent n. ❶地租;租金 为占有或使用财产,尤其是不动产,而支付的对价,通常是按期支付。在古代,佃户等使用土地、房屋和其他不动产也要付租金,一般按年支付,可以采用金钱、财物、役务的形式。❷(罗马法)永租权合同 指通过订立合同,一方当事人将土地等不动产转让给另一方,由后者作为财产永久的权利人,但以每年支付一定数额的金钱或一定量的农作物为代价。❸经济收益 指成本与收益的差额。
v. 租赁;租用 指依租约等占有财产。

rentage (= rent; rental)

rental n. ❶租费;租金收入 本意指作为租金支付的费用或租金形式的收入,但有时也用于指租金本身。通常在以"rent"表达本已充分时,不必用"rental"。只表示承租人须付租金,而不强调须按期支付特定数额的租金时,也更宜于采用"rent"。❷租册(⇨rent roll)

rental agent 房屋租赁代理人 出租房屋并收取租金的代理人。

rental guide n. 租赁指南(⇨real estate and rental guide)

rent allowances 房租津贴

rental-rights n. 终身低租 因本人的特殊身份,如其祖上曾占有某土地,从而以较低的租金将土地终身租给他的出租方式,该承租人称为"rentaler"或"kindly tenant"。

rental value 租价;租赁价值 指房屋等出租的金额,依当时公开市场的价格或依据其他各种因素确定的公平价格。在房地产被非法占用的情况下,它是确定损害赔偿金额的依据。长有谷物或其它农作物的土地的价值,不能依土地的通常用途确定,而应依种植和收获农作物的使用价值确定,损害发生时农作物的价值是决定使用价值的基本因素。

rent book 〈英〉租册 根据1962年《出租人与承租人法》[Landlord and Tenant Act]的规定,住房的租金按周支付时,出租人应向承租人提供租册,但租金包括膳食费的除外。如出租人是公司,则承租人可要求提供其董事和秘书的姓名和地址。(⇨rent roll)

rentcharge n. (永久性)地租 指从出让的土地上按年或定期收取的永久性地租,通常以契据或遗嘱方式设定,出让人及其继承人除收租权外,对该土地无复归权,但附有欠租可扣押欠租人的动产或收回土地的条款。此类地租为无形财产权的一种,与地役权不同,只能以地租收取者身分而非土地所有人身分享有。根据英国1977年《地租法》[Rentcharge Act],永久性地租自1977年8月22日起被废除,原先存在的此类地租应自该法通过之日起或第一次支付地租时起满60年后终止,以两者中后一个到期日为准。(⇨fee-farm rent)

rent collectors 〈美〉在非法毒品交易中谋杀残害他人的暴徒

rent control 〈美〉租金控制 指有些城市规定的租金最高限额。

rent days 交租日 指通常固定的支付租金的日期;古时依宗教节日或假日确定交租日。

rente 〈法〉❶年收入;年金 对资本或让渡的不动产的年收入。合同中约定一方向另一方贷与一笔不收回的资金,另一方支付年度利息。与"年金"[annuity]含义相同。❷政府公债年息 通常为复数形式。

rente foncière 土地年金 指土地租金,本质上是永久性的,但也可以取消。如是有期限的则属于租约[lease]。

rente viagère 〈法〉终身年金 即"life annuity",它是年收入的一种。年金合同是指一方向对方支付一定数额的金钱并不再收回,但对方须按约定支付年金的一种合同。由于终身年金的持续期间是由合同所指明的一人或数人的死亡时间决定的,而死亡发生的时间并不确定,故终身年金合同是射幸合同[aleatory contract]的一种。

rentier 〈法〉定期利息、地租;股票持有人;年金收益人;食利者

renting automobiles 汽车租赁 指在机场、车站、宾馆等处向顾客出租机动车的一种业务。根据双方租约,出租人收取固定的租金,而由承租人自行驾驶该汽车。(⇨hired automobile clause)

rent in kind 作物地租;实物地租

rent insurance 租金保险;房租保险 ①对被保险人(即房东或房屋的出租人)因某些特定的情况(如火灾或其它灾害)导致房屋无法出租而造成的房租损失进行赔偿的一种保险;②对房客在租用的房屋因遭受火灾或保单中载明的其它灾害事故而无法出租期间仍需缴纳的房租进行赔偿的一种保险。

rent laws 租金法;承租人保护法 指由于战争状态等造成住房紧张时通过的保护承租人的制定法。这些法律规定不得收取过高的租金,在承租人支付约定的或合理的租金时,出租人不得剥夺其居住权。

rent loss insurance 租金损失保险(⇨rent insurance)

rent, mortgage, and repair 租赁、抵押和维修 对不动产委托授权时所用的词语,不适用于动产。

rent rebates 租金扣减;租金折扣

rent roll 租册 记载某人的承租以及各该租约所规定租金的簿册。

rent seck (英格兰古法)光租;干租;空的收租权 当某种收租权转让给受让人而出让人却保留了强制执行的权力

或在转让契约中没有赋予强制执行的相应条款，那么受让人的权利就只是一种空的收租权。在封建保有关系中，上述出让人如若保留了佃户向自己效忠的权力，那么受让人同样只享有空的收租权。1730年的《出租人与承租人法》[Landlord and Tenant Act]取消了空的收租权[rent seck]和可通过扣押财产实现的收租权[rentcharge]之间的区别，故此后所有通过转让获取的收租权均可通过扣押强制执行。（⇨rentcharge）

rent service 租役 基于保有土地而应向领主或出租人交纳的地租，包括货币、实物、役务等。这是最初为普通法所唯一认可的地租，它附属于土地保有，可通过财产扣押予以执行。对租役享有权利的人享有对土地的未来权益，如回复地产权[reversion]等。（⇨rentcharge）

rents, issues, and profits 租金、收益和利润 指土地或地产的收益或净收益。

rents of assize 定租；死租 自由地产保有人及古代庄园中的公簿地产保有人所交纳的固定地租，这种租金是经确定认可的因而不能变更。（⇨redditus mobilis）

rents resolute 不变的租金 指古代向王室支付的修道院土地及宗教用房土地的租金；嗣后即使土地转归他人所有，租金仍继续保留并向王室支付。

rent strike 〈美〉集体拒付房租 承租人的有组织行动，在承租人与出租人的矛盾得到解决前拒付房租。

renunciation n. ❶放弃 指明确或默示地放弃或抛弃某一权利且未将之转让他人。包括：放弃继承，其效力回溯至被继承人死亡时；不接受赠与；票据的持票人明确表示放弃票据权利；拒绝担任受托人；拒绝担任遗嘱执行人或遗产管理人；代理人终止代理关系等。亦指继承人放弃根据遗嘱所取得的权利，转而主张其法定继承份额。❷〔刑法〕犯罪中止（⇨disclaimer; repudiation; withdrawal from criminal activity）

Renunciation Act 〈爱尔兰〉《权利放弃法》 指1783英国议会接受爱尔兰人民关于只受其自己法律和法院约束的请求的法律，它完善了1782年的爱尔兰宪法，但仍未达到不受威斯敏斯特支配的目的。

renunciation by surviving spouse 生存配偶的放弃行为 指生存的配偶拒绝法定的继承份额以便按遗嘱取得遗产；或拒绝按遗嘱分割遗产以便取得法定的继承份额。

renunciation of citizenship 放弃国籍；脱籍

renunciation of executorship 拒绝担任遗嘱执行人（⇨renunciation）

renunciation of legacy or devise 放弃遗赠 受遗赠人通过其积极行为或声明表示拒绝接受遗赠。

renunciation of property 放弃财产 对于放弃财产，必须有权利人自愿放弃的意思和对外表示的行为，或者有证据足以推定这种意思。

renunciation of will 遗嘱的放弃（⇨renunciation by surviving spouse; renunciation of legacy or devise）

renvoi 〈法〉遣返；驱逐出境 尤指对外交官。❷反致 国际私法的一原则。法院审理涉外案件应适用外国法律时，是指该国的全部法律，包括其法律冲突法，而依该国的法律冲突法规范，案件应适用法院地法，即为反致。

renvoi doctrine 反致原则（⇨renvoi）

reo absente 〈拉〉被告缺席

reopening a case 案件再审理 指当事人可以提出新的证据，实际上指重新审理案件。

reopening clause 重新协商条款 规定在集体谈判协议到期之前可以就工资或其他争端重新提出要求的时间或条件。

reopening estate 重列财产 ①破产法庭将破产人未列明的财产重新列入破产财产；②批准遗嘱执行人或遗产管理人的分配方案并解除其职务后，因发现另外的遗产而恢复遗产管理。

reorganization n. 改组；重组 公司的结构调整，包括公司的合并或收购、公司的分立、公司资本结构的重大调整等。

reorganization bond 重组债券 亦称调整债券[adjustment bond]。指公司为避免破产或克服财务困难，进行资本结构调整而发行的债券，以替换以前发行的未偿付债券，减轻公司利息负担，挽救公司。这种债券利率较低，并且只有在公司获取足够利润时才支付利息。其发行须得到债券持有人的同意。

reorganization of bank (= bank reorganization)

reorganization of corporation (= corporate reorganization)

repair v. & n. 修理；修复；修补；整修 对原件的改良或进行与原件做工特性完全不同的做工，都不属于"repair"的应有之义。（⇨covenant to repair; extraordinary repairs; warranty of habitability; good condition and repair; good repair; habitable repair; necessary repairs）

repair and replace 修理并更换（⇨repair）

reparable injury 可赔偿性侵害 此种侵害仅造成金钱上的损失，因此可用金钱给予充分、确实的补偿，与irreparable injury相对。

reparanda 修缮令状 强迫修理房屋以免倒塌损害其邻人财产的令状。（⇨domo reparanda）

reparation n. ❶（损害的）补偿；赔偿 ❷（不合理费用的）返还 ❸（依据和平条约战败国偿付的）战争赔款

reparatione 修缮费分摊令状（⇨de reparatione）

reparationem et sustentationem 修理和维护（⇨ad reparationem et sustentationem）

reparatio pontium 修理桥梁

repartiamento 〈西〉分割共同财产 指在西属北美地区分割共同财产的程序。

repatriation n. ❶恢复国籍 指恢复原先放弃的国籍；回国。❷把在国外投资取得的利润调回本国（⇨deportation; expatriation）

repay v. ❶偿还；付还（钱） ❷报答；回报；报复；回敬 ❸酬报 ❹值偿；应得

repeal v. & n. 撤销；废除；废止 通常指制定新的法规时，明确宣布废止原有的现行法规，即"明示"废止[express repeal]；或新的法规与原有法规在内容上互相抵触或互相矛盾，不可能同时并存，即"默示"废止[implied repeal]。"repeal"与"amendment"的区别在于："repeal"意指通过制定新法规，从而彻底废除原法规；而"amendment"意指对现行法规的修改，原法规中的部分内容仍然有效。（⇨abrogation）

repeal by implication 默示废止（⇨implied repeal）

repeal of constitution 废止宪法（条款） 因宪法修正案的制定而明示、默示或推定废止宪法原有的某项条款。

repeal of franchise 撤销特许；废除特许 指通过行使被保留的撤销或废除权而终止某一特许的行为。"特许"[franchise]一般用来指由法律所授予的权利[right]或特权[privilege]。作为一般规则，一旦某项权利或特权授予某一主体，在没有授权法[grant law]或一般法[general law]的规定时，授权者不能凭自己的意愿撤销此一特许。当然这一规则存有例外。然而,撤销或废除的权力可以被保留,如果授权的条件之一就是立法机关可以撤销或废除它,那么无论立法机关的动机如何或此种立法在特定情况下如何对当事人不利,撤销特权或废除授权的法律皆不能视为违法。

repeal of statute 制定法的废止 现行制定法因新制定的制定法或宪法条款明确予以废止而失效,或因与新的制定法或宪法条款互相抵触、互相矛盾而失效。(⇨implied repeal)

repeated a.反复的;再三的;屡次的;重复的 "repeated"与"continued"的区别在于:就违反法规来说,"repeated"可以指在诉讼开始之前的相当一段时间内已不再违反;而"continued"则意味着直至提起诉讼时的具有延续性的不间断违反。

repeated transactions 反复交易;多次交易 接连开始和履行的多项交易。

repeated trespasses 反复非法侵入 指接连发生的同样性质的非法侵入,且每一次都足以构成侵权。(⇨continuing trespass)

repeater n.惯犯 曾因犯罪而被判刑,又因再次犯罪再被判刑的人。(⇨recidivist;habitual criminal)

Repellitur a sacramento infamis. 〈拉〉恶名昭著者无权起誓。

repentance n.悔悟;悔改 昔日监狱管理的改革者认为给予罪犯改悔的机会是十分重要的,因此监狱曾被称为感化院。基于这种观点,强制性隔离制度一直延续到20世纪。有证据表明罪犯有真正悔改的行为时也可以从轻判决。

repertory 〈法〉分类清单 记载在公证员处订立的所有合同的清单。

repetition n.❶〈罗马法〉返还 指要求返还错误支付的金钱或错误交付的货物,及为此进行的诉讼。 ❷〈苏格兰〉重述 向证人宣读其书面证词,证人可予以确认或更正。(⇨indebiti solutio)

repetitio namio 第二扣押;相互扣押 (=repetitum namium)

repetitum namium 〈拉〉〈古〉第二扣押;相互扣押 拉丁法律用语,指当扣押财产被转移或隐藏时,以第二次扣押来取代第一次扣押。

repetundae 〈罗马法〉❶(因裁判官或其他公职人员在履行公职时不当收取而为各行省或公民个人所要求收回的)不法所得 ❷(因致人损害而可以请求赔偿的)违法行为

repetundarum crimen 〈拉〉〈罗马法〉受贿罪 治安官或公职人员收受贿赂或勒索财物的犯罪。

replace v.❶取代;代替 ❷恢复原状(⇨repair;reproduction)

replacement cost 重置成本 指用于购买一项具有相同未来收益或服务能力的资产的公平市价。对于厂房和建筑物来说,则指其再生产成本。

replacement insurance 重置保险 火险保单的赔偿金额通常以财产损失的重置价值减去折旧额后的余额为限,即保险人只负责赔偿损失财产的实际现金价值。

replead v.重新诉辩;重递诉状(⇨pleading over)

repleader n.重新诉答 普通法诉讼中,案件的争议已经查明并作出裁断,经审查发现由于当事人的疏漏或错误,所提出的争议点是无关紧要的,并不能解决双方的问题;此时法院经申请可以指令重作诉答,以便提出恰当的争议点。现代的诉讼规则允许更正诉状中的缺点或疏漏。

repledging n.转审权 指在古代法律中,要求把罪犯转交另一法庭审判的私人司法管辖权,其依据是犯罪行为是在请求转审者的辖区范围内实施的。

replegiare 〈拉〉取回被扣押的财物;提供担保,赎回被扣押或取走的财物

replegiare de averiis 收回被扣押的牲畜之令状

Replegiare est,rem apud alium detentam cautione legitima interposita,redimere. 〈拉〉提起返还原物之诉,是通过提供合法担保,赎回被他人扣押的财物。

replegiari(e) facias 返还扣押物之令 开始返还被扣动产之诉[action of replevin]的起始令状。

repleviable a.可诉请返还的

replevin n.返还原物之诉;动产占有回复之诉 指要求返还被非法扣押或取走的财物的诉讼。也指一种临时性措施,即在诉讼进行阶段,原告可在判决前自被告处取走并保留争议的财物。(⇨replevy;self-help)

replevin action (=replevin)

replevin bond 取回原物担保 返还原物之诉中,在判决作出前的诉讼进行阶段,原告为取回争议财物而提供的担保,用以保护被告的利益。

replevin in cepit 返还被非法取走并被非法扣押的财物之诉

replevin in detinet 返还被合法取得但被非法扣押的财物之诉

replevisable (=repleviable)

replevish n.〈英格兰古法〉❶保释 ❷提供担保后将被扣押财产返还原主 (=replevy)

replevisor n.返还原物之诉的原告

replevy v.❶取回被扣押的财物 返还原物之诉中,原告提供担保,取回被扣押的财物。 ❷保释 提出保证人或交纳保证金后予以释放。
n.(=replevin)

replevy bond 取回被扣押财物保证 保证原告将财物保持原状,静候法院判决。(⇨delivery bond;replevin bond)

repliant 作出答复或答辩的原告

replicant (=repliant)

replicare 〈拉〉〈罗马法〉〈英格兰古法〉原告对被告答辩的答复

replicatio 〈拉〉〈罗马法〉〈英格兰古法〉原告对被告答辩的回复;原告的答辩

replication n.回答;答复 普通法诉讼中,指原告对被告的答辩[plea]所作的答复;衡平法诉讼中,指原告对被告的答辩[answer]所作的答复。这是原告在诉讼中提交的第二份诉答文书,对此被告可以作出他的第二次答辩[rejoinder]。

reply n.❶反诉答辩 指原告对被告的反诉作出的答辩。在英国,若原告不同意被告的反诉请求,则必须作出反诉答辩,否则将可能受到缺席判决[judgment in default]。 ❷原告对被告或第三人的答辩的答复 在美国联邦民事诉讼中,此答复应依法庭命令进行。 ❸(=replication)

reply brief 答复摘要 指上诉人对被上诉人所提各点所作的书面答复,但不得在其中提出新的观点或说明。

reply letter doctrine 〈美〉回答的书面记录原则 指当答辩人出示对传达给作者的信息的书面记录时,允许对该记录予以证实的一项证据规则。如对电话谈话内容的证实。如果答辩人表示他拨了某人的电话,并能辨认接电话人的声音,或者接电话的人确认自己就是存在争议的人,则该谈话内容可作为证据采信。

repone v.〈苏格兰〉**恢复辩护权** 指恢复被告人的权利并允许其为自己辩护,尽管其曾经同意在他缺席的情况下作出对他不利的判决。

report n. ❶**报告;汇报** 对事实的口头或书面陈述。❷**判例报道** 对法院诉讼程序和法官所作判决的书面记述。❸(复)判例汇编(⇨law report) ❹(复)行政裁决汇编

reportare 报告;汇报

report by grand jury **大陪审团报告** 大陪审团作出的关于公职人员或公民行为性质的报告,不包括对公职人员或公民的起诉书或起诉报告[presentment]。

reported cases 已经报道的案件

reporter n. ❶**记录员** 用速记方法记录讲话或程序的人员,尤指法庭记录员[court reporter]。❷**报道员** 负责制作和公布报告的人员,尤指起草法规规则或法律重述[Restatements]的律师。❸(= reporter of decisions) ❹(= report ❸)

reporter of decisions **判例报道员** 负责公布法院判决的人员,其职责包括核实法律或判例援引,纠正拼写错误,提出细微的编辑方面的建议等。常简称为"reporter"。

reporter's transcript **诉讼记录;庭审记录** 法庭记录员对法庭审判过程所作的记录。(⇨transcript)

reporting policy **申报式保险单**(⇨monthly reporting policy)

report of accident **事故报告**(⇨accident report)

report of committee (= report of legislative committee)

report of decision 判例报道

report office 〈英〉**报告处** 原英格兰衡平法院的一个部门,负责保存某些调查的结果。

report of legislative committee 〈美〉**立法委员会报告** 委员会主席在调查结束时向众议院作的情况通报。

report of market **市场报告**(⇨market quotations)

report of referee **审断人报告** 由法庭指定的审断人向法庭提交的有关事实调查和法律结论的报告。

reports **判例汇编**(⇨report)

reports of cases 判例报道

repose statutes **时效法**(⇨statute of repose)

reposition of the forest **森林复原** 在曾是森林一部分的林边土地上造林。

repossession n. **取回;收回** 在赊销或分期付款购物中,如买方未按约定付款,卖方或贷款银行可以取回标的物。自行取回标的物必须符合法律规定的取回方式并应事先通知等。

R. E. P. P. (= Redwood Employment Protection Program)

reprendre 〈法〉**取回;收回**(⇨reprieve)

represent v. ❶陈述;讲述 ❷代表;代理

representation n. ❶**事实陈述;陈述** 指以言词或行为所作的事实表述,以使他人与之订立合同或实施其他行为。例如,某人向潜在的买受人展示其汽车,该汽车的里程计数器显示为 10 公里,则构成一项事实陈述,表明该汽车仅行驶 10 公里。但如果出卖人仅仅以此表明其新售货物价值昂贵,而实际上并非如此,则根据买主自慎原则[caveat emptor],买受人不能据此而请求撤销合同或提出损害赔偿之诉。在普通法上,如某一项陈述并未在事后订入合同,则陈述不实(有欺诈等情事除外)不产生实质性法律后果;但如果该陈述被订入合同且成为合同的根本(亦即合同的"条件"[condition]),则受到损害的一方当事人可以主张撤销合同;如果该陈述被订入合同,但只构成一项附属性允诺(亦即合同的"担保"[warranty]),则当事人不能据此而要求撤销合同,仅可提出损害赔偿之诉。在衡平法上,即使某一项陈述不构成欺诈或一项担保,但不实陈述仍可以成为拒绝实际履行合同或要求撤销合同的理由。❷**代位继承** 在无遗嘱继承法上,代位继承的规则是指:假如某一死者在被继承人死亡时尚在人世则可以根据无遗嘱继承而获得遗产,那么该死者的子女或其他卑亲属可以替代其位置而成为继承人,从而取得死者本可获得的遗产份额。(⇨per capita; next of kin)

representation by counsel 〈美〉**由律师代表** 指获得法律上的帮助,尤指在进行民事或刑事诉讼时。被控犯罪时可以获得律师的帮助进行辩护是美国宪法规定的权利。

representation of persons **人的代表** 一种法律上的拟制,其作用是使代表人处于被代表人的位置、身份或具有其权利,例如继承人代表被继承人、遗嘱执行人代表立遗嘱人等。

representation of the people 〈英〉**人民代表**(⇨elector; Representation of the People Acts)

Representation of the People Acts 〈英〉[总称]《**人民代表法**》 指一系列扩大议会选举权,促使议会更具代表性的法律。过去,在英国,无论是郡[county]还是自治市[borough],对选民的资格有较严格的限制。1832 年《改革法》[Reform Act]新赋予郡公簿地产保有人[copyholders]、租地保有人[leaseholder]及每年交付 50 英镑的不定期地产保有人[tenants-at-will]和自治市拥有价值 10 英镑的房产持有人[householder]以选举权。1867 年《人民代表法》[Representation of the Peopel Act]扩大自治市的选举权,并且提出拥有 10 英镑的特许房客[lodger franchise]也有选举权,给予郡拥有 12 英镑的房产占有者[occupiers],5 英镑的房产所有人[owners]和长期租地保有人[long leaseholders]以选举权。该项法律普遍地赋予了城市劳动者以选举权。1884 年《人民代表法》并未涉及郡选举人的财产资格,但将郡劳动者选举权[occupation franchise]减少到与自治市等同,同时也将选举权扩展到于 1867 年之后已在自治市存在的房产持有人和特许房客[lodger franchises]。1918 年《人民代表法》赋予妇女选举权,确立了除例外情况下成年男性和 30 岁以上女性几乎享有普遍选举权的制度;而 1928 年《人民代表(同等选举权)法》[Representation of the People (Equal Franchise) Act]给予成年男性与女性同等选举权。

representation work 〈采矿法〉**陈述工作** 也即所谓的年度评审工作。制定法规定,在未获得采矿特许之前,采矿请求权人每年都应花费一定资金用于增加劳力或改善设施,否则请求权将被重新确定。

representative n. 代表;(代位)继承人;诉讼代理人;[R–]〈美〉众议院议员;立法机构成员;遗嘱的管理人 a. ❶表现的;表示的 ❷代表的;代理的;代议制的;代表性的;典型的(⇨labor representative; legal representative; personal representative; real representative)

representative action ❶(= class action) ❷(= derivative action)

representative capacity **代理人身份** 指代表或替代他人实施行为的一种状况,尤指在委托授权的情况下。代理人为本人签署各项文件时,除写明本人的姓名外,必须注明自己的代理人身份,以免除个人负责。

representative democracy **代议制民主**(⇨pure democracy）

representative form of government 代议制政府 指由人民通过选举产生的代表所组成的政府。

representative in interest 遗产利益代理人（⇨representative）

representative of a deceased person 死者的代理人 包括死者的遗嘱执行人、遗产管理人或由于购置、血缘或依照法律规定继承死者权利的人。（⇨personal representative）

representative of nonresident motorist 送达诉讼文书的国家官员

representative peers 〈英〉（身为上议院议员的）苏格兰和北爱尔兰贵族

representative suit （＝class suit）

repressive license 抑制性许可 从事某项业务须以取得某一许可为条件，但许可费过高，实际上等于禁止。

reprieve v.＆n.暂缓执行刑罚 对判处的刑罚尤其是死刑暂予缓期执行。例如对判处死刑的妇女在怀孕期间暂缓执行。暂缓执行与减刑［commutation］及赦免［pardon］不同。（⇨clemency）

reprieve ex arbitrio judicis 由有权执行刑罚的法庭批准的暂缓执行

reprieve ex mandatio regis 由君王随意决定的暂缓执行

reprieve ex necessitate legis 法定的暂缓执行情节 例如被判死刑的妇女在怀孕期间，或罪犯在判决后发生精神错乱。

reprimand v.＆n.谴责 对不当行为予以正式、公开的严厉斥责。在职业责任中，指法庭对律师的不当行为在经审判或正式指控后的斥责，但并不限制律师执业。也包括法官对罪犯、上级对下级、下议院议长对实施不当行为的议员的斥责。

reprisals n.报复；报复行为 ①受损害的主权国家对加害国实施的除战争以外的报复行动，如没收其财产；②泛指对造成损害的人采取的报复行为。（⇨letters of marque and reprisal）

reprise(s) n.❶〈英〉（复）（从庄园或地产收入中正常支出的）扣除额 ❷〈古〉夺回；赔偿

Reprobata pecunia liberat solventem. 〈拉〉付款遭拒绝时免除付款人的责任。

reprobation n.（教会法）异议 对事实、人或物提出异议；例如指出文件并未生效，或对证人、物证提出异议。

reprobatur （＝action of reprobator）

reproduction n.复制；重制 一指对作品制作复件或进行照相式复印，另指制造受专利保护的产品

reproduction cost 再生产成本 决定公用事业厂房现时价值的一个因素，是指建设一个具有相同生产能力、效率、耐用性的厂房所需成本。（⇨replacement cost）

reproduction right 复制权 版权所有人所享有的对其受保护作品制作复件或进行照相式复印的专有权。

re propria 关于其自身事务（⇨in re propria）

rep-silver 收割金 封臣或农奴为免除本应履行的收割谷物的役务而向领主交纳的金钱

republic n.共和国；共和政体 人民享有统治权［sovereign power］，并选举代表行使此项权力的一种政府体制。此种政体一方面不同于纯粹民主制，后者是由人民或社团作为一个有组织的整体掌握政府的统治权；另一方面它也区别于一人统治［rule of one person］（如国王、君主等）。该词可缩略为rep．。（⇨democracy）

republican form of government 共和制政府 建立在最高权力属于人民这一原则之上的政府。政府的全部权力直接或间接源于人民，公职人员在一定期限内或品行良好时任职。

republican government 共和政府（⇨republican form of government）

republication n.重新宣布 再次宣布遗嘱。指立遗嘱人对已撤销的遗嘱重新签署，表明其恢复遗嘱的意愿。正式签署遗嘱附录即为再次宣布遗嘱。（⇨express republication）

republication by codicil 通过遗嘱附录重新宣布遗嘱 遗嘱附录生效之日起遗嘱重新生效。

republication of will 重新宣布遗嘱（⇨republication）

repudiate v.抛弃；拒绝接受（权益）；拒绝履行（义务）（⇨repudiation）

repudiation n.❶拒绝履行合同 指合同一方当事人在履行期限到来之前以言语或行为明示或默示地表示将拒绝履行合同约定的义务。如果对方当事人以此作为违约并提起损害赔偿之诉，则该履行拒绝即构成预期违约［anticipatory breach］。 ❷（大陆法）抛弃 多指离弃已订婚的女子，也指遗弃妻子。 ❸（教会法）拒绝接受薪俸（⇨anticipatory repudiation；renunciation）

repudiation of contract 拒绝履行合同（⇨repudiation）

repudiation of gift 否定赠与；拒绝赠与 指某人在成年后否定其在未成年时所作出的赠与。

repudium 〈拉〉（罗马法）解除婚约 不同于离婚［divorce］。

repugnance （＝repugnancy）

repugnancy n.不一致；矛盾 某一法律文件（如合同、制定法）中的两个或多个部分之间在内容上不一致或相互矛盾。

repugnancy doctrine 遗嘱矛盾解释规则 一项遗嘱解释规则，用于在遗嘱条款之间出现相互抵触时进行解释，其具体内容有：①法律采用有利于第一继受者［first taker］的解释，即推定第一继受者在立遗嘱人心中处优先地位；②遗嘱中的无条件赠与［absolute gift］也不因其后意义不清或模棱两可的用语而减弱效力，除非减弱赠与效力的意图以清楚明确的方式表示出来；③推定第一继受者取得的是非限嗣继承地产权［fee］，而不受其他与之不一致用语的影响；④推定成立无条件遗赠，其后试图附加的任何限制条件无效。

repugnant a.不一致的；不相符的；矛盾的 在书面文件中，一般认为，如果一个条款同另一个条款不一致，则前面的条款被认为有效。但是遗嘱例外，作为立遗嘱人的最后留言，即后一个条款有效。

repugnant allegations 不一致的主张（⇨repugnancy；repugnant）

repugnant condition 不相容的条件；相互冲突的条件 指与合同的宗旨不相容的条件。

repugnant provisions 相互抵触的条款 指契据或遗嘱中互相抵触的条款。契据中的条款之间发生抵触的，以先订立者为准；遗嘱中的条款相互抵触的，以最后订入者为准。（⇨repugnancy doctrine）

repugnant remedies （＝inconsistent remedies）

repugnant verdict 〈美〉相矛盾的裁断 指被告人因不同罪名分别被定罪和无罪释放，而该不同罪名具有相同的构成要件，从而产生矛盾的裁断。有时这种矛盾发生在一个裁断之中，称"repugnant verdict"，有时发生在两个不

同的裁断之间，称"repugnant verdicts"。但这两个词主要在纽约州使用。

repurchase *n*. 回购；买回 尤指公司根据市场价格收购其所发行的股票。(⇨redemption)

reputable *a*. 声誉好的；享有声望的；应受尊敬的

reputable citizen 声誉良好的公民 得到邻居的赞誉因而可认定其品格端正。

reputable physician 〈美〉声誉良好的医生 指医务界基于其工作性质和职业道德而享有声望的医务人员，它不限于从享有声望的医学院毕业或者属于某些医师协会成员的内科医师和外科医师。

Reputatio est vulgaris opinio ubi non est veritas. Et vulgaris opinio est duplex, scil.: opinio vulgaris orta inter graves et discretos homines, et quae vultum veritatis habet; et opinio tantum orta inter leves et vulgares homines, absque specie veritatis. 〈拉〉声誉是在无事实时的公众评价。公众评价有两种，即：来自严谨明智的人群的公众声誉，能显示真实情况；来自愚昧无知的人群的意见，毫不显示真实情况。

reputation *n*. ❶名声；声望；声誉 指对于人的道德品质、能力和其他品质的一般评价。非法损害他人声誉可以构成诽谤，受害人可以提出控告。在证据法上，声誉在某些情况下可以作为传闻规则的例外被采纳。如在允许提供品格证据的情况下可以使用声誉来证明人的品格。❷公知；公认 指通常情况或者许多人所认为的情况或事实，对诸如教区分界、公路、公用地的使用权等涉及公共利益的事项可援引公认事实来证明。

repute *n*. ❶名气；名声 ❷美名；声望；声誉；名誉（⇨good repute）

reputed *a*. ❶有好名声的；驰名的；出名的 ❷一般公认的；被一般认定的；公众舆论承认的；共知的；普遍认为的

reputed owner 一般认为的所有人；众所公认的所有人 指从各种表面迹象看即可推测某人为争议财产的所有人，亦即根据一般公众认为某人系财产所有人。

reputed ownership 〈英〉表见所有权；推定所有权 英国最早将表见所有权规则引入破产法是在 1623 年的制定法中。该规则是指，如果某商人[trader]占有某项财产，而客观情形使得与该商人交易的人可以合理地推断其是该财产的所有人，则该商人是该财产的表见所有权人[apparent owner]。虽然他并不是真正的所有权人，但在其破产时，只要真正的所有权人不反对，该财产仍可在其债权人之间进行分配。这一规则的适用有两项例外：①不适用于登记的买卖契约中包括的财产；②不适用于根据贸易习惯不能推定所有权的领域。表见所有权规则适用范围时有变动，1883 年《破产法》[Bankruptcy Act]曾将之扩大适用于非商人，1914 年《破产法》则仍限制适用于商人。在苏格兰古法中，该原则是动产所有权可由对动产的占有而予推定。

request *v*. & *n*. 请求；要求 尤指请求债务的偿付或合同的履行。有时与"command"同义，如具有权威的人提出"要求"，只是一种婉转说法，实质上是以一种平和的方式下达的"命令"。

request for instruction 请求指示 当事人请求法官就案件的争议点或某一方面向陪审团作出有关法律方面的指示。

request-notes *n*. 〈英〉请求准许转移应纳税物品的申请书

require *v*. 需要；要求；命令 该词源于拉丁文"requiro"，意指求取。该词虽然无疑有"需要"的含义，但这并非是它的主要或一般性含义。一般认为，该词最重要的义项应为"依权利要求"、"依授权命令"。

requirements contract 按需供货合同；全量购入合同 合同一方承诺在一定期内，按协议价格提供对方所需要的全部特定产品或服务，而另一方明示或默示地承诺只接受合同对方的产品或服务。

requirements of the business 商业需要量 指买方在经营中对产品的实际需求量，区别于买方的订购量或者意愿购买量。

requisition *n*. ❶书面请求；正式请求 ❷征用 ❸（一国向他国提出的）引渡请求（⇨extradition）

requisitions on title 财产所有权质询书；清除权利瑕疵请求书 指某一财产的买受人或抵押权人针对该财产所有权提出的一系列的质询与请求，出卖人或抵押人被要求对此予以回答或遵从。例如，在不动产买卖合同订立之后，出卖人将所有权说明摘要[abstract of title]交付买受人，如果后者审阅后发现出卖人的所有权存在瑕疵或其他疑问的，则其可将反对意见作成书面形式交付出卖人，要求出卖人消除其所指出的权利瑕疵或疑问。要式买卖合同通常规定此等文书应在所有权说明摘要交付后若干时日内做出，且其只能针对特定文件作出，而不及于更早的所有权等等。

requisitory letter （= letter rogatory）

re-recording *n*. 重新登记（⇨re-inscription）

rere-county 附设郡法庭 郡长为征收各种费用而在常规郡法庭[full county]闭庭之后开设的辅助性法庭。(= rier-county)

rere fiefs 〈苏格兰〉中间领主；中间领主之封地（⇨mesne）

reregistration *n*. 定期重新登记 某州要求在同一选区首次选举登记后进行定期登记。

rerum natura 事物的本质；现实；存在（⇨in rerum natura）

Rerum Novarum 《新事物》通谕 教皇利奥十三世[Leo XIII]在 1891 年颁发的通谕，它审查了由社会主义引起的问题并取得了重要的支持。该通谕发展了建立私人财产自然权利的观念，概括了教会在社会事务中的作用，详述了教会和国家的社会作用，包括对自由放任主义的反对，强调了志愿组织的有益作用。它是第一部重要的社会通谕，并对整个欧洲的社会思想产生了巨大影响。(⇨Quadragesimo Anno)

Rerum ordo confunditur, si unicuique jurisdictio non servetur. 如果各人不注意自己的权限，秩序就会混乱。

Rerum progressu ostendunt multa, quae in initio praecaveri seu praevideri non possunt. 事物进程中发生的许多不幸在一开始是不能防范或预见的。 科克引此言说明普通法创新的危险性。

Rerum suarum quilibet est moderator et arbiter. 〈拉〉人人都是自己事务的决定者。

res 〈拉〉物；诉讼标的物；权利的客体

Res accendent lumina rebus. 〈拉〉一事物说明另一事物。

res accessoria 〈拉〉（罗马法）从物

Res accessoria non ducit, sed sequitur suum principale. 〈拉〉从物不能居于首位，应附属主物。

Res accessoria sequitur rem principalem. 〈拉〉从物随主物。

Res accrescit domino. 〈拉〉使主物增加的物。 即，任何附着于主物的物成为主物的一部分。

res adiratae 丢失的物品 旧时追索丢失物品之诉的依据

是原告丢失的物品在被告手中且经请求仍拒绝返还。

res adjudicata 〈拉〉(= res judicata)

resale n. ❶再出售；再卖 指出卖人将货物或其它物品出售给买受人后又将其出售给他人。出卖人有时约定在买受人不按时支付价款时保留再出售的权利；有时（例如易变质物品）无此项保留也有权将物品再出售。 ❷零售 零售商自厂家或批发商处购入货物，然后分散出售。(⇨retail; retailer)

resale at purchaser's risk 买受人承担风险的再出售 衡平法上的一种程序，即依法院执行令出售的财物，买受人确定购买后又拒绝或无力购入，此时法庭可命令将财物重行出售，原买受人应对财物的瑕疵承担责任。

resale price maintenance 维持零售价格 固定价格的一种形式，制制造商与零售商之间约定零售价格不得低于最低规定价格，以此阻止或妨碍价格竞争。

res aliena 〈拉〉他人之物

res caduca 〈拉〉(罗马法)无主物；无人继承的遗产(⇨escheat)

resceit n. (英格兰古法)(对第三人参与诉讼的)允许和接受

resceit of homage (英格兰古法)(领主)接受(封臣的)臣服 [homage]

rescind v. 撤销；解除；废除(⇨rescission)

rescissio 〈拉〉(大陆法)废除；取消；撤消

rescission n. 撤销；解除；协议解除 在英美合同法中，该词并不区分合同的撤销与解除，举凡使现有合同终止或消灭者，不论其原因为何，均可以该词表述。例如在英国法中，无论是通过当事人的行为还是法院裁判，无论是因为违约、错误还是虚假陈述，该词均表示合同的终止。但在衡平法上，它意味着使当事人恢复到合同订立之前的状态，故须在可能恢复原状[restitution]的情况下方可为之；在普通法上，其效力仅在于使合同当事人无须承担继续履行合同的义务，故而在不能恢复原状的情况下亦可为之。在美国，该词在多重意义上为人所用。例如，它可以指依照当事人的协议而选择终止合同，因一方违约而解除合同，或者因一方当事人为未成年人、欺诈等原因而撤销合同。美国《统一商法典》[U.C.C.]试图根据不同情况而对相关的语词进行区分。例如，本词是指通过双方协议的方式解除合同；"终止"[termination]是指根据前述协议所授予的合同解除权而解除合同义务；"取消"[cancellation]则是指由于合同对方的违约而终止合同。但在实际用法上又未必完全据此实行，例如该法典第2－720条即是。此外，该词还可以表示双方当事人就解除合同中尚未履行的义务并终止合同而达成的协议，故亦可写作"agreement of rescission"、"mutual rescission"或"abandonment"。该词也可拼作"recision"或"recission"。

rescission of contract (= rescission)

rescissory action(s) 撤销合同(或撤销其它书面文件)之诉

rescissory damages 解除合同的损害赔偿；撤销合同的损害赔偿 使受害方恢复到交易前状态的一种损害赔偿方式；可以采用返还原物的形式，若返还原物已不可能，也可以等价金额进行赔偿。(⇨damages)

res communes 〈拉〉(罗马法)共用物 指人类共同享用之物，如空气、阳光等。

res controversa 〈拉〉(罗马法)争议物；争议事项

res coronae (英格兰古法)王室之物；王室财产

res corporales 〈拉〉(罗马法)有体物 可触摸或可感觉之物。

rescous v. 强行夺回(被合法扣押的财物)；劫狱(⇨rescue)

rescript n. ❶(罗马法)(罗马皇帝对法律问题的)解答敕令 ❷(教会法)(教皇签署的)敕令或书面解答 ❸副本；抄件 ❹〈美〉(法庭发给书记官的关于案件处理的)法庭命令；(上诉法院发交初审法院的关于其对案件的)书面判决 通常未签交

rescription 〈法〉付款通知 要求某人支付一定金额的通知。

rescriptum 〈拉〉(罗马法)敕答 罗马皇帝或教皇对法律问题等的解答敕令，构成法律渊源的一种。

Rescriptum principis contra jus non valet. 君主的敕令不得有违法定权利。

rescue v. & n. ❶营救；援救；救助 为了保护生命或财产免遭损害而进行的自愿干预的行为。一般的人没有救助的法律义务。如果救助行为导致救助者受到伤害，若危险制造者对救助者有一种注意义务或者可以预见救助者行为的伤害后果，而且这种伤害后果和制造危险的行为有很大联系，那么受到伤害的救助者可以从危险制造者处得到补偿。在某些情况下，负有特定救助义务的人员，应依法对处于危险中的生命或财产全力救助。 ❷劫狱 以非法暴力手段使被逮捕者或被监禁者摆脱合法监管的行为。(= rescous) ❸强行夺回(被扣留的物品)(= rescous) ❹(国际法)救助；营救 指使捕获财产从其捕获者手中解救出来，从而使该财产的所有权合法地归属于其所有人。

rescue clause (= sue and labour clause)

rescue doctrine 救助原则 按照此项原则，如果侵权人因过错造成他人生命或身体陷于危险地境，则其对于第三人因为以合理意图救助受害人而遭受的损害也应承担责任。因此，第三人冒着丧生或遭受重大伤害的危险而救助他人的行为，只要不是出于鲁莽轻率，都不构成与有过失[contributory negligence]。而且，因为对处于危险中的他人进行合理救助是可预见的，故侵权人对于被救助人存在过错，则其对救助人亦有过错。(⇨humanitarian doctrine; emergency doctrine; Good Samaritan doctrine)

rescuer n. ❶营救者；援救者 ❷暴力劫夺犯 指暴力劫夺被合法扣押的财物或被逮捕的嫌疑犯。

rescussit 被救者

rescussor n. 暴力劫夺犯(⇨rescuer)

rescussu 营救(令状)(⇨de rescussu)

rescussus 〈拉〉❶营救；援救 ❷(对被扣留的人或物的)强行夺回

rescutere 〈拉〉❶营救；援救 ❷强行夺回(被扣留的人或物)

rescyt 〈拉〉〈法〉窝藏包庇重罪犯者

Res denominatur a principaliori parte. 〈拉〉事物以其主要部分命名。

res derelicta 〈拉〉遗弃物；无主物 归首先取得或占有的人。

resealing n. 对令状作出更正或赋予更新的效力

resealing writ 令状的重新盖印 目的在于延续原令状的效力或修正其中不当之处。

research organization (= heir hunter)

reseiser 因滥用身处海外的缺席理由或诉讼程序而由国王重新占有土地(⇨essoign)

resentence v. 重新量刑 在判决登录期间，修正、改变或撤销原判决后重新宣布刑罚。因原审法院量刑不当,由上诉法院改判刑罚或发回重审时由原审法院重新宣布刑罚。

reservation n. 保留 ①转让契据或文书中让与人对转让的财产新设置并为自己保留的某些权利或利益,例如租金、用益权等。权益保留可以是暂时性的,也可以是永久性的;②法庭审理案件时,将某一法律问题暂时搁置,案件的审理继续进行,这一法律问题由法官集体讨论决定;③不得出售或拓居的土地,一般面积较大,如公园、美国的印第安人保留地等;④国际法上指签署或批准条约时声明不同意其中的一项或数项条款。(⇨exception)

reservation Indians 〈美〉保留地印第安人 生活于保留地的印第安人。由联邦政府管辖,而不受保留地所在州的法律制约,但经国会特别授权或明显不违背联邦关于印第安人保留地政策的法律除外。

reservation of claim 请求权保留 对于依据信用证规定提示的跟单汇票或支付命令,如果对单据明示保留请求权,则该汇票或支付命令与信用证不符。

reservation of easement 地役权保留 土地转让时,让与人在该转让土地上创设的一种新权利,以作为附属于让与人其余未转让土地的地役权。

reservation of the Sacrament 部分圣餐(面包)的保留 指为施给病人而在圣餐仪式中保留部分祝圣的圣餐面包。1909年牛津主教亨利案[Oxford(Bishop)v. Henly]判定此乃违法行为,违者罢免圣职[deprivation]。

Reservatio non debet esse de proficuis ipsis, quia ea conceduntur, sed de redditu novo extra proficua. 权益保留是来自收益以外的新租金,而非收益本身,因为收益是被授予的。

reserve v. ❶保留;留存;储备 ❷推迟(判决);延迟 ❸预约;预订
n. ❶储备(物);留存(物) ❷储备金;公积金;准备金(⇨reservation; net value)

Reserve Act 〈美〉《储备法》 指1913年的联邦立法,依据该法建立联邦储备系统。(⇨reserve banks; reserve system)

reserve an exception 保留异议 案件审理或其它程序中一方当事人提出的异议并载入法庭记录。(⇨reserving question in lower court)

reserve an objection 保留异议 经法庭允许,保留在以后的审理过程中提出异议的权利。

reserve banks 〈美〉储备银行 联邦储备系统的成员银行,在联邦储备委员会监督下,接受政府存款,代理财政,在联邦储备系统中维持法定准备金,对产生于实际交易的票据进行贴现,对其成员行进行短期资金融通,以及从事公开市场业务等。(⇨member bank)

Reserve Board 〈美〉联邦储备委员会 由七名委员组成,负责监管联邦储备系统中的各家银行。(⇨Federal Reserve Board of Governors)

reserve clause 保留条款 职业运动员与球队所签订的合同中的一项条款,据此,即使是在合同期满之后运动员转队的权利仍受限制。但在现代职业运动中,它已少有使用。

reserved a. 用作储备的;保留的;预订的(⇨case reserved; crown cases reserved; reservation)

reserved fund ❶准备金 ①为某些未来支出项目,或为偿还债务而提存的准备金;②保险公司为履行其保险义务而以负债形式提留的准备金。❷公积金 即企业未

分配的净收益。

reserved judgment 延期的判决 指审理结束后未即时作出判决,而是对证据及论据充分考虑后再作出的判决。

reserved land 保留地 指不得出售或处分的公共土地。

reserved option 被保留的选择权 指合同规定的当事人的各种选择权;通常指合同中约定的当事人可以解除或撤销合同的选择权。

reserved point 保留点 ①法院在审理过程中对某一法律问题有条件地作出决定,允许再行争辩;②上诉法院在处理案件时对某一法律点不作决定,在裁判中未表态。

reserved power 〈美〉保留的权力 因宪法和法律未提及,亦未能从宪法和法律所授予的其他权力中合理推出,从而为民众所特别保留的权力。

reserved powers of the state 〈美〉州所保留的权力 并非美国宪法赋予联邦政府的权力,也非美国宪法禁止各州享有的权力;不是来自全体美国人民,而是来自各州的人民在接受联邦宪法前后(除宪法取消的以外)都同样享有的权力。(⇨power; constitutional powers)

reserved price (= minimum price)

reserved question 保留的问题 (⇨certification of question; reserved point)

reserved shares 未认购的股份 指公司尚未发行的核定股份,以备将来发行。

reserved way 保留的通道 土地让与人作为权益保留的新开辟的通道,有时是让与人为自己余留的土地所设置的必要通道。(⇨way of necessity)

reserve liability 准备性负债;负债准备 指不应从资产中减去或不应列入净值项下的准备,一般只在清算时才能使用。

reserve method 〈美〉准备法 联邦个人所得税法的记账方法,纳税人或有准备基金,或没有准备基金,都对呆账作出准备,以足够与呆账平衡冲销。

reserve ratio 储备金率;准备金率 在美国,指联邦储备委员会对其成员银行的准备金要求,如①联邦储备加上现金与活期存款的比率;②银行的政府证券与活期存款的比率;③联邦储备加上现金与定期存款的比率。

reserve system 〈美〉联邦储备系统

reserving points of law 法律问题的保留 普通法中以前常见的一种作法,指巡回审判开庭时法官只查明事实,取得陪审团的裁断,而对于法律问题则要留给威斯敏斯特的全体法官解决。这种做法在1876年《上诉管辖法》[Appellate Jurisdiction Act]之后终止。(⇨Court for Consideration of Crown Cases Reserved)

reserving question in lower court 在下级法院保留问题 指提出反对并保留对法庭裁决的异议。它是有权请求复审的一个基本条件。(⇨reserved point)

Res est misera ubi jus est vagum et incertum. 法律含糊不清和变化无常是令人遗憾的。

reset v. 〈苏格兰〉持有赃物罪 故意持有赃物,目的在于使其脱离其真正的主人。被控犯有盗窃罪[theft]的人也可能被认定犯有该罪。
n. (英格兰古法)接受或藏匿被逐于法外者[outlawed person]

reset of theft 〈苏格兰〉收受或窝藏赃物 指明知是盗窃所得的赃物而予以接受或窝藏。

resetter n. 〈苏格兰〉收受或窝藏赃物者 指明知是盗窃所得赃物而予以接受或窝藏的人。

resettlement n. ❶重新规定 对命令或法令作出更正或

补充，以便列入应列入的事项或规定,这些事项或规定原先由于疏漏而未包括进去。❷重新安居

res fungibles 〈拉〉(罗马法)种类物；可替代物
res furtivae 〈拉〉被盗窃物
Res generalem habet significationem quia tam corporea quam incorporea cujuscunque sunt generis, naturae, sive speciei, comprehendit. "物"一词具有普遍意义,因为它包括各种性质、种类或形式的有形物和无形物。
res gestae 〈拉〉发生的事情 "发生的事情"规则,是指与争吵、碰撞或类似事件同时且自发作出的反应,由于具有一定程度的内在可信性,允许作为证据提出。作为传闻规则的例外,说出的话语、表达的思想和作出的手势必须在时间上和本质上与发生的事情紧密联系,构成事情的一部分。此项规则不但指诉讼当事人的反应,而且在一定情况下包括旁观者和陌生人的陈述。(⇨excited utterance)
res gestae witness 目击证人；现场证人 目睹犯罪过程中某些事件的证人,其证言有助于充分查明有关所指控罪行的事实。
res habiles (罗马法)可因时效而取得之物
resiance (= residence)
resiant n.〈英格兰古法〉(连续不间断地)居住；居民
resiant rolls 居民名册 包括居住在十户区等的居民。
reside v.❶居住；定居 ❷(权力、权利等)归属于；归属
residence n.居所；居住地 指实际居住的处所。有时与住所[domicile]混用,但二者并不相同。居所指实际居住的一定处所,而住所则指实际居住的处所且意愿以之为固定的、永久的居住地。一人可以同时有两个或多个居所,但只能有一个住所。(⇨abode; domicil(e); legal residence; principal residence)
residence of bankrupt 破产人住所地(⇨domicil(e))
residence of corporation 公司住所地
residence of debtor 债务人居住地(⇨domicil(e); residence of bankrupt)
residence of decedent 死者居住地(⇨domicil(e))
residence of foreign corporation 外国公司住所地(⇨residence of corporation)
residence of infant 未成年人住所地(⇨domicile by operation of law)
residence of voter 选民住所 指选民久居之地,即其外出后欲返回之地。
residence of ward 被监护人住所地(⇨domicil(e))
residence of wife 妻子居住地(⇨domicile by operation of law)
residency law (= Lyons Law)
residency requirements 居住要求 指美国各州对享受福利、取得律师资格、离婚等规定的最低居住期限。
residens 家臣 受束缚而居住在领主土地上的封臣[homme levant et couchant; resseant du fief]。
resident n.❶居民；定居者 ❷〈美〉(一般住院实习期满后的)高级专科住院实习医师 ❸驻办公使 派驻于其他国家特别是小国或非君主制国家的政府代表或官员。其级别低于大使或公使。
resident agent 常驻代理人
resident alien 〈美〉外籍居民 从外国移居美国意欲放弃其原公民权而定居美国,且在美国有合法住所但尚未成为美国公民的人。
resident freeholder 居住在某特定地区并在该地拥有完全保有地产权的人
residential cluster 居住区 按土地使用规划发展成包含多幢住房的地区,并有共享的公用空地。
residential density 居住密度 在住宅区每英亩土地上包括街道、附属建筑物和公用空地在内的住房数量。
residential district ordinance 居住区规章 指有关独立的街区或区域的地区性规章,而非有关全市的全面规划。
residential restriction 住房限制；住宅限制 在特定地区限制建造住房或住房类型的地区性规章。
resident minister 驻办公使 外交使节的一个等级。(⇨minister)
resident sales agent 本地销售代理人 指外国或外州公司在本地的代理人。
residual a.剩余的；剩余物的 n.❶剩余物；残留部分；遗留部分 ❷(常用复)后遗症 指疾病或手术后的伤残遗留。❸(常用复)复播复映追加酬金 指因为再次播映电影、节目而向作者、表演者等支付的费用。
residual value 余值 指财产的原值扣除折旧后的余值。(⇨salvage)
residuary a.❶残余的；剩余的；剩余物的 ❷接收剩余遗产的；享有剩余遗产权的(⇨residuary estate; residue)
residuary account 剩余遗产账目 在英国,遗嘱执行人和遗产管理人在清偿被继承人的债务和交付特定遗赠物后,必须将剩余遗产账目交国内税收委员会[Board of Inland Revenue]批准,才能分配剩余的遗产。
residuary bequest 剩余动产遗赠 指遗嘱对未处分的全部动产作出的遗赠。
residuary clause 剩余遗产条款 遗嘱在对动产和不动产作出遗赠后对剩余的遗产作出处分的条款,即对遗嘱中其它条款未明确处分的遗产进行处分。
residuary devise 剩余不动产遗赠(⇨residuary clause; residuary gift)
residuary devisee 剩余不动产受遗赠人 遗嘱中指定的接受剩余不动产遗赠的人。
residuary estate 剩余遗产 指支付各种费用、债务并交付动产和不动产遗赠后剩余的全部遗产,但经剩余遗产条款[residuary clause]处分的除外。
residuary gift 剩余遗产的赠与 指按照遗嘱中的剩余遗产条款,就全部或部分剩余遗产作出的赠与。
residuary legacy 剩余遗产的遗赠 指清偿所有债务、支付各项费用并完成特定财产遗赠[specific legacy]、不特定财产遗赠[general legacy]及指示遗赠[demonstrative legacy]等各项遗赠后,对剩余遗产所为的遗赠。在合理情境下,剩余遗产的遗赠也可以包括对不动产的遗赠。
residuary legatee 剩余动产受遗赠人
residuary trust 剩余遗产信托 指在支付遗产管理费用并依照遗嘱分配遗产之后对剩余的遗产部分成立的信托。
residue n.剩余遗产 指支付所有债务、税款、遗产管理费和交付特定遗赠物后剩余的遗产。(⇨residuary estate)
residue of estate (= residuary estate)
residuum 〈拉〉❶剩余物；剩余；结余 指完成各种扣除程序之后的剩余。❷剩余遗产(= residuary estate)
residuum of the residuum 剩余遗产的剩余遗产 指剩余遗产[residuary estate]再扣除特定遗赠部分[specifically devised portion]之后的剩余。
residuum rule 〈美〉存留规则 根据此规则,行政机关在

作出决定时虽不受法院证据规则限制,可以接受包括传闻证据[hearsay evidence]在内的任何证据;但如果行政决定部分以传闻证据为根据,那么此决定必须同时至少包含某些合格证据[competent evidence]才能在司法审查中得以维持。联邦和州法院通常拒绝适用此规则。

resign (⇨resignation)

Resignatio est juris proprii spontanea refutatio. 放弃是对自己权利的主动放弃。

resignation n. ❶辞职;放弃(权利、主张等) ❷辞职书;辞呈 ❸(苏格兰古法)转让 封臣把土地交还给上级领主的方式。这种转让可以是永久的,或者是使他人受益之转让,在后一种情况下,允许上级领主将土地重新授予新封臣。

resignation bond 〈英〉(教会法)辞职担保书 由带俸牧师[incumbent]提供的、在一定条件下辞职的保证书,其辞职条件应理由充分并符合普通法,比如该牧师就任第二圣职或圣职推荐权人要求其辞职。衡平法一般不要求该保证书。

resignation of public office 辞去公职

resilire 〈拉〉(英格兰古法)拒绝签订合同;(在合同生效前)撤销合同

res immobiles 〈拉〉(罗马法)不动产 包括土地及其天然或人工的定着物,如树木、建筑物。

res incorporales 〈拉〉(罗马法)无体物 (⇨ incorporeal things)

res in re 插入

res integra 〈拉〉完整的事物;全新的、未触动过的事情 用以指无先例可援引的法律问题。

res inter alios 他人的事情;局外人或第三人的行为

res inter alios acta 〈拉〉他人的行为;他人之间的事情 按其性质无法推断出争议的主要事实,因此与当事人无关的行为、事务或事件不能作为证据提出。在证据法上,与案件事实发生在不同时间的事情或事件,一般不能用来证明案件事实发生时的情况。一切与诉讼当事人无关的事情,由于与案件并无关联,一般也不能作为证据提出。

Res inter alios acta alteri nocere non debet. 〈拉〉他人之间的事情不应损及与之无关的人。

Res inter alios judicatae nullum aliis praejudicium (faciunt). 〈拉〉判决的事项不能损及第三人的利益。

res ipsa loquitur 〈拉〉事情本身说明 一项证据规则,即在过失造成伤害的案件中,推定被告有过失。适用此项规则,必须:①造成伤害的工具(器械)由被告控制或管理;②按照当时的环境,根据一般的经验和常识,如果不是被告的疏忽大意,事故不会发生;③原告所受伤害是事故造成的。被告如要推翻此项推定,必须提出相反的证据。(⇨exclusive control)

resist v. 抵抗;抗拒;反抗;对抗 以直接的行动和有力的手段加以反对。

resisting (an) officer 抗拒公务执行 一种犯罪行为,即阻挠、反抗(使用或未使用暴力)并企图阻止治安官员依法执行公务的行为。(⇨resisting arrest)

resisting arrest 抗拒逮捕 阻挠或反抗警察执行逮捕的犯罪行为。

resititution edict 返还敕令 1629年神圣罗马帝国皇帝斐迪南二世颁发的、要求新教徒将占用的全部教会财产交还罗马天主教会的敕令。

resitition of stolen goods 〈英〉被盗窃物的返还 在普通法上刑事起诉书不涉及返还被盗窃财物的问题,当事人为追回财物必须另行提出请求。1529年法律授权签发返还令状。此后,法院在对罪犯定罪时不经签发令状即将赃物发还,这已成为惯例。法院有权命令将赃物返还所有人或以金钱偿付。被责令将财物退交所有人的善意买受人,也可获得金钱补偿。

res judicata 〈拉〉既决事项;既判力;一事不再理 有合法管辖权的法院就案件作出终局判决后,在原当事人间不得就同一事项、同一诉讼标的、同一请求再次提起诉讼。法院作出的发生法律效力的判决是最终的决定。(⇨collateral estoppel; final decision rule; issue preclusion)

Res judicata facit ex albo nigrum; ex nigro, album; ex curvo, rectum; ex recto, curvum. 〈拉〉已判决的事情使白的成为黑的,黑的成为白的,弯的成为直的,直的成为弯的。

Res judicata pro veritate accipitur. 〈拉〉既判事项视为真实。

Res judicata pro veritate habetur. 〈拉〉既判事项视为正确。

res litigiosae 〈拉〉(罗马法)诉讼中的物 指作为未决诉讼标的的财产或权利。

res mancipi 〈拉〉(罗马法)要式移转物 非经要式买卖[mancipatio]不得转让的物,如土地、房屋、奴隶、牲畜。与其相对的是略式移转物[res nec mancipi],指除要式移转物外的全部物。(= mancipi res)

res mobiles 〈拉〉(罗马法)动产

res nova 〈拉〉新事;新的案件;无先例的问题

res nullius 〈拉〉无主物 其英文含义为:"thing of no one",指不属于任何人的财产。可以是被原所有人抛弃,或从未被人占用,或依罗马法不能为私人拥有之物。(⇨res derelicta)

Res nullius naturaliter fit primi occupantis. 〈拉〉无主物归先占者。

resolution n. ❶决定;决议;议案 ❷果断;坚决;决心;决意 ❸消除;解决;解释 ❹已决定之事;决意做的事 ❺(法院的)判决;裁决

Resolution Trust Corporation/RTC 〈美〉清算信托公司 因取代联邦储蓄和贷款保险公司而于1989年设立的一个联邦机构,作为在由联邦储蓄和贷款保险公司承保期间破产的储蓄协会的监管机构或接收人。该机构的一个重要职能便是处置这些破产储蓄协会的资产。在联邦储蓄和贷款保险公司于1989年被撤销之后,这些储蓄协会都由联邦存款保险公司予以承保。(⇨Federal Deposit Insurance Corporation)

resolutive condition (= resolutory condition)

Resoluto jure concedentis, resolvitur jus concessum. 〈拉〉授予人的权利消失时,授予的权利也随之消失。

resolutory condition (大陆法)解除条件 合同中约定的一种条件,当该条件成就时合同即失效,当事人并可要求回复订立合同前的状态。亦作"resolutive condition",与停止条件[suspensive condition]相对。

reson n. 权利;公平;合理

resort v. 求助;凭借;诉诸;采取(某种手段等) n. ❶求助(或凭借)的方法(或手段) ❷常去的地方;聚集地

resorter v. 归还;返回

resort to courts 诉诸法庭

Resource Center for Consumers of Legal Services 〈美〉法律服务支援中心 1975年成立,由律师界与其客户联

合组成，谋求提高法律服务水平并减少费用。
Resource Conservation and Recovery Act 〈美〉《资源保护与再生法》 对危险废弃物的产生、运输、处理、监测等加以控制的联邦法律。
RESPA (= Real Estate Settlement Procedures Act of 1974)
respect n.尊重；注重；重视 尊重是人民对价值、美德和智慧的自愿性歌颂；而这些则是司法维持民众信任的重要因素。
respective a.各自的；个别的；分别的；与特定的人或物有关 用于遗嘱中的有关受遗赠者时，意指家系分配。
respectu computi vicecomitis hahendo 发给财政大臣的暂时冻结郡长账户的令状
respectus v.暂缓；延迟
Res periit domino suo. 〈拉〉物的损毁归于其所有人。物主承担损失。
Res perit domino. 〈拉〉损失属于所有人。
Res perit suo domino. 〈拉〉财产的损坏是其所有人的损失。
Res per pecuniam aestimatur, et non pecunia per rem (s). 〈拉〉物的价值可用金钱计算，而金钱的价值不能用物计算。
res petita 〈拉〉请求的物
Respiciendum est judicanti, nequid aut durius aut remissius constituatur quam causa deposcit; nec enim aut severitatis aut clementiae gloria affectanda est. 〈拉〉法官必须看到，作出的命令、判决或量刑不能比案件所应当作出的更严厉或更宽松；法官不能希望因严厉或仁慈而扬名。
respite n.❶暂缓；延期 ❷(死刑的)暂停执行 ❸延期审理 指陪审团或法庭就案件裁决的作出或对上诉的审理给予时间上的延长，以作进一步的评议或考虑。 ❹(大陆法)延期偿债协议 指债务人与几名债权人之间就延期偿还债务达成的协议。如果所有的债权人都同意债务人提出的延期建议，称为"自愿的延期"[voluntary respite]；若部分债权人同意给予债务人延期，而由法庭强制其他债权人也给予债务人同样延期，称为"强制的延期"[forced respite]。
respite of appeal 上诉的延期审理
respite of homage 中止臣服 封臣停止对领主的臣服。
respond v.回答；答复；反应；承担责任
respondeat ouster 结束答辩 对于冗长、拖沓的答辩，法院作出被告的答辩已经结束的判决，称为"结束答辩"判决。此项判决并非终局判决。一俟程序恢复，诉讼继续进行。
Respondeat raptor, qui ignorare non potuit quod pupillum alienum abduxit. 让强夺者负责，他不可能不知道他夺走了别人的被监护人。
respondeat superior 雇主负责 此项原则指雇主对雇员在职务范围内和执行职务过程中的行为应承担责任。本人对代理人行为的侵权责任，也是以雇佣关系而不是以代理关系为基础，也适用"雇主负责"原则。
responde book 〈苏格兰〉大法官法院记录簿 其中录有申请令状之封臣应交纳的未进占过错金[non-entry]和继承金[relief]等情况。(⇨relief)
respondent n.❶被上诉人 ❷(衡平法诉讼中的)被告 ❸被申请人；应答人 指提出申请一方的对方当事人，或对之发出传票的当事人。❹(大陆法)替代答辩人；保证人 指为他人作答辩或作为他人的保证人行事的人。

respondentia n.船货抵押贷款 以船上货物作为抵押的贷款，是一种早期的借贷与海上风险相结合的形式，贷款能否偿还取决于海上风险，如果船载货物灭失，则贷款不再偿还。"船货抵押贷款"[bottomry]原来仅限于以船舶作为抵押，但现在"respondentia"一词很少使用，所以"bottomry"一词被广泛使用，既可指船舶又可指以船货或指兼有两者作抵押。
respondentia bond 船货抵押契据
Respondera son soveraigne. 他的上级或主人应负责。
respondere non debet 〈拉〉不需要回答 普通法诉讼中，被告提出其享有拒绝回答对方请求的特权，如国会议员或外国大使。
respondes oustre (= respondeat ouster)
responsa (= responsa prudentium)
responsalis n.❶(英格兰古法)出庭代言人 代替一方当事人出庭陈述其缺席理由并阐明其它相关事项者。他不同于律师[attorney]，因为早期聘请律师要经国王特批，此原则松动后，出庭代言人制衰落。(⇨attorney) ❷(教会法)(教会法庭的)代诉人
responsalis ad lucrandum vel petendum 诉讼代理人；代表
responsa prudentium 〈拉〉(罗马法)法学家的解答 一些博学的罗马法学家对向他们提出的法律问题所作的解答。这些解答是早期罗马法的一项重要内容，并在罗马法的发展中起了重大作用。
responsibility n.❶责任 ❷责任感 ❸法律责任能力 (⇨competency) ❹(刑法)刑事责任(= criminal responsibility)
responsibility for crime 刑事责任(⇨criminal capacity)
responsibility of eviction 驱逐之责 通过法律程序将非法占有之承租人驱逐出去的责任。
responsible a.应负责任的；能履行义务的；有履行能力的
responsible bidder 有履约能力的投标人 指具备完成工程所需的经济实力和各项能力的投标人。
responsible cause 可归责事由 指造成伤害的事由是他人应承担责任的行为，从而免除被告的责任。
responsible contractor 有履约能力的承包商(⇨responsible bidder)
responsible government 责任政府 一种政府制度，即政府部门应对所采取的行政措施负责；立法机关认为政府所采取的方针不当而通过不信任案时，或政府部门提出的重大措施被否决时，政府必须辞职。
responsio 回答；证人对问题的答复
responsions 骑士根据军事命令每年需付的款项
Responsio unius non omnino auditur. 对一个证人的回答不能全听。 罗马法中关于证据的格言。
responsive a.回应的；应答的；构成完整回答的
responsive allegation (= defensive allegation)
responsive contractor (= responsible contractor)
responsive pleading 应答答辩 对对方当事人的前次答辩作出回答的答辩。
res privatae 〈拉〉(罗马法)(大陆法)私有物 指可由私人所有的物。
Res propria est quae communis non est. 〈拉〉不为共同财产即为个人所有。 用于罗马法中对夫妻共同财产的描述。
res publica 〈拉〉共和国；政府；国家
res publicae 〈拉〉(大陆法)(罗马法)公有物 指罗马全

体市民公共享有的物，如海洋、河流、公路等。其所有权一般属于国家。

Res quae intra praesidia perductae nondum sunt, quanquam ab hostibus occupatae, ideo postliminii non egent, quia dominum nondum mutarunt ex gentium jure. 对被敌人占有但未带到敌人营地的物品，不需要行使战后财产恢复权，因为根据国际法，物品的所有权并未改变。

res quotidianae 〈拉〉日常事务

res religiosae 〈拉〉（罗马法）安魂物；宗教物　指墓地等为安葬亡魂所用的物，即用于供神安息的物。安魂物是神圣的，不可用于买卖和流转。

res sacrae 〈拉〉（罗马法）神用物；圣物　指经法定程序供奉给神灵所用的物。

Res sacra non recipit aestimationem. 〈拉〉（罗马法）对圣物不得估价。 即圣物不可买卖。

res sanctae 〈拉〉（罗马法）不可亵渎的圣物

resseiser (= reseiser)

Res sua nemini servit. 无人能在自己的土地上享有地役权。

rest v. 停止举证；举证完毕　在案件庭审过程中，诉讼一方告知法庭其在此阶段希望提供的证据已出示完毕，从而将案件完全提交法庭，或者保留随后提出反证的权利，这时应该方停止举证[rest or rest his case]。
n. ❶盈余；结算　暂停记账，查对收支情况。 ❷银行准备金　多用于英格兰银行。

Restatement of the Law 法律重述　亦称作"Restatement"。美国法学会[American Law Institute]在20世纪20、30年代开始，为解决美国司法中判例法的日益不确定性和过分复杂性所进行的努力成果，其目标是将已存在的大量判例法予以系统化、条理化、简单化，予以重新整编，即重述。重述法律的工作自1923年开始，延至1944年第一次法律重述的最后一卷方完成出版。第一次重述包括代理法、(州际)冲突法、合同法、判决法[Law of Judgments]、财产法、归复[restitution]、担保法、侵权法和信托法。自1952年开始，第二次重述包括代理法、合同法、(州际)冲突法、对外关系法[foreign relations law]、判决法、财产法、土地租佃法、侵权法、信托法。1986年，第三次法律重述，题为《美国对外关系法重述》，总结了美国在国际关系领域的法律与实践。1988年，关于律师法与不公平竞争法的重述的草案出版，这些均属于新的法律领域的重述。一般认为，法律重述对司法并没有法定的拘束力，但具有很强的权威性和说服力。事实上，律师及各个法庭经常援用法律重述，截止1989年4月1日的统计，法律重述已被法庭援用106 904次。法律重述的准备程序为：先由一位在某一法律专业领域的知名学者，称为"报告人"[Reporter]，准备一份重述草案。草案由一个该领域的知名专家组成的顾问委员会[committee of Advisors]审查，审查后的文件再交由美国法学会的理事会予以审读。审读后出未定稿[Tentative Draft]，派发给美国法学会的每一位成员，供其考虑、讨论，在美国法学会的年会上予以修订。修订的文件可能会交回"报告人"修改或重新起草，最后的版本就是采纳的版本。在法律重述第一次和第二次乃至第三次之间，美国法学会的态度有所变化，对于第一次，美国法学会希望各个法庭能接受和尊重法律重述；从第二次开始，美国法学会放弃了将法律重述用作替代普通法编纂的政策，而代之以指出普通法的新的发展方向，试图预测新的规则为何或应为何。

restaur 追补权；追索（权）；追偿　指保险人（尤其是海上保险人）之间的追索或求偿权；或指海上保险人基于船长的过失所造成的损失而向其提出的追偿；也指当自己受有损失时向为担保自己免于承担任何损失的保证人提出索赔。亦作 restor.

resting a case 停止举证(⇨rest)

restitutio in integrum 〈拉〉恢复原状　①在罗马法中，由罗马执政官经受害一方的请求，依公平原则，批准撤销依法有效的合同或交易，或批准恢复当事人原有的地位或法律关系。也指经败诉一方的申请，将案件恢复至原来状态，以便重新审理。该词有时仍在美国法律、尤其是路易斯安那州的法律中使用，法院以此依据公平原则，撤销合同，恢复原状；②船舶碰撞的最高赔偿额，即碰撞前和碰撞后船舶价值的差额，等于必要的修理费用加减少的收入。

restitution n. 返还原物；恢复原状；取回　原是一种衡平救济，指恢复在损害伤害发生之前的状态或者使之恢复无违约时的应有状态，可以是取回被非法剥夺占有的原物，也可以是支付相应的等价物。它多用于在侵权行为法及商法等中。该词也可以指不当得利的返还。(⇨restoration rule; writ of restitution)

restitutione extracti ab ecclesia 回归教堂令状(= de restitutione extracti ab ecclesia)

restitutione temporalium 回复教会财产令状(= de restitutione temporalium)

restitution interest 恢复原状的利益　一种违约救济，指无过错一方按照合同在违约情况出现前向过错方作有给付，从而应享有的由对方向其返还给付的利益。

restitution of conjugal rights （教会法）恢复婚姻权利　一种婚姻诉讼，指教会法庭强令抛弃配偶的丈夫或妻子回来与配偶共同生活。(⇨restitution of consortium)

restitution of consortium 恢复夫妻关系　指丈夫履行与妻子共同生活的义务，并将妻子作为配偶对待。

restitution order 〈英〉归还令　刑事法院在对盗窃财物的罪犯定罪时下达的命令，指令占有或支配所盗窃财物的人，包括窃贼以外的人，把财物归还原所有人

restitutor n. 修订者；补正者　布莱克斯通《英国法释评》[Bl Comm]中将阿尔弗雷德大帝视为英格兰法的奠基者，而忏悔者爱德华则被视为前者法律的修订者。

restor (= restaur)

restoration n. ❶复辟　指英国历史上查理二世在克伦威尔之后的复辟。 ❷修复；康复；复原(⇨restitution)

restoration in kind 以同类物返还(⇨repay)

restoration of lost instrument 对遗失票据重新出票　当票据遗失时，由出票人或债务人自愿或经由诉讼而被迫重新作出票据。

restoration of record 案卷的恢复　指按照法定程序重建或修复遗失的或毁损的政府卷宗。也指更换遗失的、被盗窃的或毁损的法庭记录，包括更换经不恰当改动的法庭记录。

restoration of status quo 恢复原状　指诉讼中原告提出撤销文据，使被告回复至文据订立前的状况。也指将合同的另一方置于合同订立前的原状，这是撤销合同的重要内容。

restoration rule 恢复原状规则　指不动产受到损害的原告有权就修复不动产使之恢复受损前的原状而支出的费用要求补偿。

restoration to competency 恢复行为能力　指无行为能力人恢复其独立处理事务的能力。无行为能力人或精神

病人经判决恢复行为能力的,应解除监护或监管。
restorative remedies 恢复原状的救济　是衡平法上的救济,原告借此恢复其曾被不法行为人侵犯的权利及财产用益。
restore v.❶归还;带回　❷恢复;修复(⇨restoration)
restrain v.抑制;限制;控制;监禁(⇨restraint)
restraining order ❶〈美〉禁止令　法院在经过由各方当事人参加的听审后发布的在一定期间内有效的命令,旨在保护某人免受他人的骚扰、虐待、暴力或追踪等,尤其是禁止或限制接近受保护者,有时甚至包括禁止与受保护者订立合同。此种禁止令常在存在家庭暴力[domestic violence]的情况下使用。　❷(= temporary restraining order)　❸〈英〉禁止令　该词在一般意义上指高等法院签发的禁止某人为某种行为的命令。现在此类命令更多称为禁制令[injunction]。
restraining statute(s) 限制性法律;对习惯法予以限制的法律;限制法人权能的制定法;禁止特定法人转移财产的法律;通过限制权利而对普通法有缺陷的地方提供救济的法律
restraint n.❶限制;控制;约束　❷禁止;抑制;克制;遏制　❸(= restraint of trade)　❹管束;监禁;拘押
restraint of marriage 禁止结婚　赠与或遗赠时以禁止受赠人或受遗赠人结婚为条件的规定,无效;但限定受赠人或受遗赠人必须与信奉某一宗教或某一国籍的人结婚,则是允许的。
restraint of princes 〈古〉封港;封港令;禁运　现在仍常见于提单、海上保险单和类似契据上。(⇨embargo)
restraint of trade 贸易限制　指以排除或抑制竞争为目的而签订合同或组成联合体,造成垄断,人为地维持商品的价格或阻碍贸易和商业的正常发展;亦指合约中一方当事人对另一方当事人从事一定贸易、业务或职业的限制。贸易限制通常被认为是违反法律的,但如果其实施符合双方当事人和公众的利益,也可被认为是合理的。(⇨rule of reason; Sherman Antitrust Act)
restraint on alienation 禁止转让　财产转让文书中规定受让人不得将标的物出售或再次转让的条款。这种限制大都由于违反公认的原则和法律关于土地可以自由转让的政策而不能生效。(⇨restrictive covenant)
restraint on anticipation 〈英〉预支限制　对因受赠或财产限定而获得独立财产的妇女所作的限制,以防止其在婚姻存续期间转让或预支财产的收益。1949年后这种限制无效。
restraint on use 使用限制　指遗嘱人或赠与人强加的关于使用的限制。这种限制与遗赠或财产前后矛盾。
restraints of kings 国王的限制;最高海上保险承保单　海上保险单中条款,将承保范围扩展至最高统治者任命的官员或代理人所为的对船货的捕获、没收和扣押。
Res transit cum suo onere.〈拉〉物的负担随物而转移。
rest, residue, and remainder 剩余物(⇨residuary clause)
restrict v.限制;限定;约束(⇨restraint)
restricted allotment 〈美〉分配限制　为保护和保存印第安人的产业,限制将部落土地分配给个人,尤指对接受分配者转让土地的限制。
restricted data 〈美〉保密资料　包括:①所有设计、制造、使用核武器的资料;②生产核物质的资料;③使用特殊核物质生产能源的资料。但根据《原子能法》[Atomic Energy Act],不在保密范围的除外。

restricted land 限制性土地　指划给印第安人的土地,其转让受国会关于保护印第安人的法规的限制。(⇨reserved land)
restricted publication (= limited publication)
restricted securities 限制性证券　指直接或间接从发行人或其分支机构处购得的证券。限制性证券不能公开发行,不能上市。在美国,限制性证券是指未在证券交易委员会注册登记,因而除非符合特定条件,不能在公开市场上出售的证券。
restricted stock (= letter stock)
restricted surplus 限制用途的公积金　尤指不能作为股息分配的留存收益部分。这种限制一般取决于所欠的优先股股利、贷款合同的条款或者公司董事会的决定。
restriction n.❶限制　❷(尤指在契约中)对财产使用(或享有)施加的限制性条件(⇨restrictive covenant)　❸(军事法)道德自由和法定自由的剥夺　并非是对人身自由的限制。它可以由指挥官以非司法性惩罚的形式作出,或者由简易的、特殊的或普通军法庭作出。这种惩罚具有较轻的约束力,因其许可受惩罚者仍履行全部军事义务。
restriction of liability (= limitation of liability)
restrictive condition 限制性条件(⇨negative condition)
restrictive covenant 限制性协议　①契据中关于限制使用财产的规定。一般指在让与人和受让人签订的合同中限制受让人对土地的使用和占用,这是保护生态环境和控制周边土地的使用,使土地保值或增值;②合伙合同或雇用合同中的条款,约定在合同期满后的一定期间和一定地域范围内,合同当事人一方不得从事同类的工作。凡属合理的限制,在法律上有效。
restrictive indorsement 限制性背书　停止票据之可流通性或含有限制被背书人继续转让票据的明确指示的背书。限制性背书包括:①附条件背书;②禁止转让票据的背书;③含有"代收"、"托收"、"必须经由银行托收"[pay any bank]或表明代收、托收目的的近似文句的背书;④写明为背书人或其他人的利益或用途之背书。
restrictive interpretation 限制性解释　对法律条文作严格的解释,尤指为使法律合宪而作的限制性解释。
restrictive practices 限制性(商业)惯例
Restrictive Practices Court 〈英〉限制贸易惯例法院　1956年成立的高级法院,由御前大臣任命的高等法院的三名法官、苏格兰最高民事法院院长任命的本法院的一名法官和北爱尔兰首席法官任命的北爱尔兰最高法院的一名法官,以及不超过10名具有工业、商业和公共事务方面的知识和经验的人员组成,任期至少3年。它可以在联合王国的任何部分开庭,但其分庭要由至少一名法官和至少两名被任命的专业人员组成,有关法律问题的事项依法官意见作出裁决,其他事项依多数意见作出裁决。在制定法上存在推定某种限制违反公共利益的情况下,法院有权裁决该限制是否违反公共利益。
restrictive prescription 消灭时效
restrictive trade practices 限制性贸易惯例
restrictive voting ❶限制性投票　指局限于少于当选职位候选人的选举。如拟选举产生五名市政法院法官,设置限制条件以保证有少数派代表[minority representation]。　❷(= single shot)
rests n.❶结算期　指对账户的余额进行结算以使利息归入本金,并开始计算利息的时期。　❷举证完毕(⇨rest)
resubmission n.再次提交　同一案件中在前一次提交的

鉴定人报告被全部或部分驳回后发出的提交令。

resubmission of bill 再次提交起诉申请 再次向大陪审团提交曾被否决的指控犯罪的起诉申请。(⇨reconsideration of bill)

result n. ❶结果;后果;效果 ❷〈美〉(议院等的)决议;决定
v.〈英〉归复 当某物经由部分或无效处分后,将其归还给物主,称为归复。

resulting powers 〈美〉派生权力 联邦政府经综合各种宪法赋予的权力而产生的权力或权限,如发行国库券的权力。

resulting trust 归复信托 指当财产转让的情形表明让与人并没有使受让人从财产受益的意图时,法律就将其规定为信托。它是一种默示信托[implied trust]。(⇨constructive trust; presumptive trust)

resulting use 归复用益 一种衡平法用益,为自愿移转用益而不宣布用益的封地人的收益而设定。归复用益产生于普通法实际占有转移之时,它不需明示宣布,也不需相应对价或证据。因为不能推定有丧失该地产权的目的,故该用益仍由原授予人保留,制定法直接将普通法地产权转化为归复用益。

resummons n. 再次传唤 因法官去世等原因致第一次传唤失效后,再次传唤诉讼当事人。

resumption n. ❶〈英格兰古法〉收回封地 因大臣进谏错误或其它失误而由国王收回已转让或分封给别人的土地。该词用于亨利六世1452年颁布的一项法令中。❷收回租赁地 依据租约中保留的权利,出租人在一定条件下可以收回部分或全部租赁地产。农业租地契约中通常都会为出租人因建筑或其它目的而保留全部或部分租赁地的收回权,条件是减免租金或作出补偿。退租通知[notice to quit]仅在普通法上有效,而租赁地的收回权则必须由制定法特别规定,但1948年的《农业保有地法》[Agricultural Holdings Act]则为此提供了便利,为了某些特殊目的,退租通知可以用来收回租赁地。而修订后的1908年的一项制定法则赋予了因工业目的而被地方政府强制征用地产之所有人收回占有的权利。

res universitatis 〈拉〉〈罗马法〉公法人之物 指市府等社区的财产,社区内人人都可享用,如公共建筑物、街道等。其性质与公有物[res publicae]一样,但范围较小。

resurrender n.〈英〉再次弃权让与 当公簿地产以弃权让与的方式抵押时,抵押权人同意在债务清偿后可以弃权[surrender]的方式将抵押地让与庄园领主,由后者为抵押人的利益保有上述地产,从而实现将抵押地转让回抵押人的目的,称之为再次弃权让与。(⇨copyhold; surrender)

resurvey v. & n. 再勘测 根据前一次的勘测对同一块土地进行重新勘测。勘测人的责任是基于能获得的最佳证据,重新勘定同一块土地的界线。

retail n. 零售 向最终消费者直接出售货物或商品。
v. 零售
a. 零售的(⇨wholesale)

retail dealer (= retailer)(⇨wholesale dealer)

retailer n. 零售商

retailer method of pricing inventory 零售商存货定价法 采用任何标准或方法确定存货价值。

retail excise tax (= sales tax)(⇨excise)

retail installment account 零售分期付款账户 根据买方和零售商之间的协议设立的分期付款账户。

retail installment contract 零售分期付款合同 买方和零售商之间的合同,买方分期偿付货款,卖方对所售货物保留所有权或担保权益。(⇨chattel mortgage)

retail installment contract and security agreement (= retail installment contract)

retail price control 零售价格控制;零售限价(⇨price control)

retail sale 零售(⇨retail)

retail sales tax (= sales tax)

retain v. 保持;保留;聘用(顾问、律师)

retained earnings 留存收益;留存盈余 指公司支付红利后留作公司积累的净利润。

retained life interest 保留终身权益 财产授予人在已转让之财产上保留的终身权益。

retained percentage 报酬比例 指根据建筑合同而受雇于业主的承包人可获得的收入比例。

retainer n. ❶聘用律师;委托律师 ❷律师聘用费;律师费(⇨special retainer; general retainer)

retainer of debts 〈英〉债务保留权 如果死者的遗嘱执行人或遗产管理人对死者也享有债权,则他有权从死者的遗产中保留足以清偿其债权的份额,优先于其他处于平等地位的债权人得到清偿。该权利被1971年《遗产管理法》[Administration of Estates Act]废除。

retainer pay 雇佣补偿 付给被雇佣的但没有实际提供服务的人的补偿费。

retaining a cause 〈英〉保留案件 根据1873-1875年的《司法组织法》[Judicature Acts],对被错误地提交给了高等法院某一分庭的案件,该法庭或法官可依其自由裁量权保留该案件。

retaining fee 律师聘用费;律师费(⇨retainer)

retaining lien 律师留置权 律师有权留置在其受聘过程中由其占有的当事人的文件、财产、证券、现金等,直至其取得律师费。

retaking n. 取回 指所有人将其财产从无权占有的他人处取回。

retaliation n. 报复;同态复仇

retaliatory argument 报复性辩论 诉讼中一方律师的辩论虽有种族、宗教或社会偏见,但若出于对对方律师的不当言论的答复,可以为法庭接受。

retaliatory eviction 〈美〉报复性驱逐 指房东对提出投诉或参与其不赞成的活动的房客予以报复而进行的驱逐。此类行为为大多数州法所禁止。

retaliatory law 报复性法律 一国或一州在另一国或另一州限制本国或本州商业的情况下对该外国或该另一州的商业采取同样限制措施的法律。

retaliatory statute 〈美〉报复性法律 如果他州立法对本州公民或公司的经营活动实施限制,如课税、收取费用、处罚等,本州为回应他州立法而对他州实行对等限制的立法。

retaliatory tariff 报复性关税 一国为迫使他国削减其关税或作出贸易许可而征收的关税。

retallia n.〈英格兰古法〉零售;分割货物

retare 指控;控告(犯罪);怀疑

retaxation of costs 对诉讼费用的重新核定 即对前一次核定的诉讼费用予以确认、修改或纠正。

retenementum n.〈英格兰古法〉限制;扣留;扣押 在土地转让中常用"没有任何限制"[sine ullo retenemento]表明转让者转让其土地上全部财产。

retention n. ❶〈苏格兰〉留置权 指一方当事人有权扣留他人动产并予以占有,直至他人向其清偿债务。它与英格兰法中的留置权[lien]相对应。分为一般留置权[general retention]与特别留置权[special retention]。❷保留权;扣留权 在合同关系中,指一方当事人在对方当事人履行合同义务或因未履行合同义务而进行赔偿之前,有权保留债务。例如在对方交付货物或因未交付而承担违约赔偿金之前,一方当事人可以保留其应付的价款。亦指对本应交付对方的财产进行保留,例如对已出售的土地保留其占有,直至对方付清价款。

retention of title as security 所有权保留担保 出卖人根据土地买卖合同而享有的权利,即出卖人为买受人设立信托,由出卖人保留买卖标的的普通法所有权,直至买受人依约付清价款。

retinentia n.〈君主或贵族的〉随从;仆从

retire v. ❶退休;退役;退出 ❷收回;清偿;回赎(⇨retirement)

retirement n. ❶退休;退役;退出 ❷清偿;收回;回赎 通常指以清偿方式将债券或其他证券从流通领域中收回而予以注销,亦指将正在使用中的固定资产进行回收。

retirement annuity 退休年金 只有在年金受益人退休之后才开始支付的年金。如果年金受益人在退休前死亡,则通常将一约定金额归入其遗产。

retirement benefit 退休金 ①雇员退休时,通过正式或非正式的福利制度可得到的任何福利;②根据退休金制度,在退休人死亡后,可以支付给指定受益人的抚恤金。

retirement from the Armed Forces 退役 由于身体上的残疾或服役期满从武装部队退役。

retirement fund 退休基金(⇨pension fund)

retirement income insurance 退休收入保险 保险人保证若被保险人在一定年龄前死亡须支付保险金,若被保险人在约定期限届满后仍生存,则保险人支付年金。

retirement of bond 债券注销(⇨retirement of securities)

retirement of jury 陪审团退席评议 陪审团在听取证据、律师辩论和法官的指示后,退入陪审团评议室进行评议。

retirement of partner (合伙人的)退伙 指其中一个合伙人从合伙企业中退出,从而引起合伙的解散。

retirement of securities 证券注销 注销已经回购或回赎的股票或债券。

retirement of stock 股票注销(⇨retirement of securities)

retirement pay 退休金

retirement plan 退休金制度(⇨employee benefit plan)

retorna brevium 〈英格兰古法〉令状回呈 庄园和自治市[borough]的权利,郡长和执达官按照法院发出的令状的指示执行后,将所行之事记载于令状背面,并在规定的期间回呈给法院。

retorno habendo 返还被扣押财产的令状 向财产被扣押者签发的要求其将被扣押的财产依法返还给扣押人,并支付损害赔偿金和诉讼费用的令状。在提起动产占有回复诉讼[replevin]的情况下,扣押人须证明其扣押是合法的,方可签发此令状。

retorsion n.〈国际法〉反报 指一国对另一国不礼貌、不友好、不正当或不公平而尚未违反国际法的行为,以相同或类似的行为予以合法报复。例如,一国在其公民受到外国政府的严格管制或苛刻待遇时,对其境内的该外国公民采取同样苛刻严厉的措施。(⇨reprisals)

retortion (= retorsion)

retour n.〈苏格兰古法〉令状回呈摘要;令状回呈副本 指法庭对文秘署令状的简要回复,其中说明了陪审团对令状中所列问题的答复。

retour sans frais 〈法〉免费退回 出票人在汇票被付款人拒付时的指示。

retour sans protet 〈法〉无拒绝证明而退回 出票人在汇票上的指示,即付款人拒绝承兑或付款时,无须拒绝证明即可退票。

retract v. ❶撤回提议或要约 在提议或要约被对方接受之前撤回,方为有效。❷撤回有罪答辩 被告人作出有罪答辩后,在特定情况下,如作出此答辩是出于误解或由于错误而致等,允许其撤回答辩。

retractation n.(对弃权声明的)撤回 在遗嘱检验实践中,指遗嘱执行人撤回其弃权声明[renunciation]。

retraction n. ❶撤回;收回 指撤回要约,或在拍卖中撤回出价,或由遗嘱执行人撤回其弃权声明。❷收回;公开赔礼道歉 在诽谤法中,指公开承认错误以弥补诽谤言论对他人声誉造成的损害。

retractus aquae 退潮;落潮

retrahere v. 收回;撤回

retraite 〈法〉(= re-exchange)

retrait lignager and retrait féodal 亲属收回和业主收回 根据普通法,市镇的土地可以通过租地保有权方式占有。保有人转让其保有权时,其亲属享有第一选择权,而业主享有第二选择权,前者称为"亲属收回",后者称为"业主收回"。

retransfer n. 再转让(⇨reassignment; renegotiation)

retraxit 〈拉〉撤诉 指原告在公开法庭上自愿撤回起诉。其效果相当于法庭就案件实体问题作出判决,从而禁止原告就同一案中对同一被告再次起诉。相当于现代诉讼中的自愿撤诉[voluntary dismissal]或禁止再诉的驳回[dismissal with prejudice]。

retreat n. ❶〈宗教〉静修;静思 ❷退却;撤退 ❸隐退处;静居处
v. 退隐;退避;躲避(⇨retreat to the wall)

retreat to the ditch (= retreat to the wall)

retreat to the wall 退避原则 在普通法中,除在自己的居所受攻击外,要求被攻击者只要有合理手段躲避攻击时,就不可诉诸极端手段剥夺攻击者生命。目前在美国大多数司法管辖区已取消了此项要求,认为一个人如果在某一他有权所在之地受到攻击时,该人在诉诸极端手段进行自卫之前并无躲避的义务。

retrial n. 重新审理;再次审理(⇨rehearing; new trial; trial de novo)

retribution n. ❶(对违法或犯罪的)惩罚;报应 ❷善报;报酬;报答

retro 〈拉〉后的;向后的;后面的

retroactive a. 溯及既往的;有溯及力的

retroactive amnesia 倒摄性记忆缺失(⇨amnesia)

retroactive decision 有追溯力的判决 指确立并适用一项新的法律规则,并对已生效合同的当事人规定了另一项其不可预见的责任的法庭判决。

retroactive inference 反向推断 由事实的审理者根据目前状况对以前的事实做出的推断。

retroactive law 有追溯力的法律 效力及于其生效以前所发生的事件和行为的法律。在美国这一法律并非违宪,除非:①具有对当事人不利的追溯既往效力[ex post facto]或者剥夺公民权法案[bill of attainder]的性质;②损害合同义务;③剥夺已赋予的权利;④为宪法所禁止。

retroactive legislation 有追溯力的法律(⇨retroactive law)

retrocession n. ❶交还；归还 ①将领土或司法管辖权等予以交还；②将财产所有权或其他权益交还给原先的或合法的权利人。 ❷转再保险；转分保 指将分保的风险全部或部分地转移给另一分保公司，即分保的分保。后面的转分保可称为第一转分保、第二转分保等。 ❸转分保风险 指在转分保中转让的风险份额。(⇨reinsurance)

retropannagium n.(英格兰古法)❶回复林地放猪权 ❷林地放猪费 由代人放猪者收取的、许可在皇家林地中放猪的费用。(⇨pannage)

retrospective a.(法律、裁判等)溯及既往的；有追溯效力的

retrospective effect 溯及既往的效力(⇨retrospective operation; relation back)

retrospective law 有追溯力的法律(⇨retroactive law)

retrospective legislation 有追溯力的法律(⇨retroactive law)

retrospective operation 溯及既往的效力 指一部制定法的效力及于其制定或者生效之前。(⇨retroactive decision; retrospective legislation)

retrospective statute 有追溯力的制定法(⇨retrospective legislation)

rettare (= retare)

rette (刑事)指控；控告

rettum (= rette)

return n. ❶(令状等的)回呈；执行报告 法院官员向签发令状的法院呈交的关于其对该令状执行情况的说明。 ❷送达回证 行政司法官向法院呈交的说明其已将令状送达当事人的报告。 ❸报告 对采取的措施、义务履行情况、或事实和统计情况等所作的正式的汇报、说明，如人口调查报告。 ❹选举结果报告 ❺纳税申报 也称 tax return。 ❻盈利；收益 ❼(被非法占有的动产的)返还；回复

returnable a.(令状)可回呈的；应回呈的

returnable process 应回呈的传票(令状)

returnable writ (= returnable process)

returna brevium (= returnus brevium)

return day ❶被告出庭日 如被告为接受传讯[arraignment]而到庭的日期。 ❷被告答辩日 ❸令状回呈日 ❹送达回证呈交日 ❺清点选票日 法律规定的在选举中检查和计数选票的日期。

return day of an election 选举结果揭晓日 选举后由合法授权之委员会或其他机构计点选举结果之日，由法律具体规定。

returning board 〈美〉检票委员会 某些州选票统计机构的官方称谓。

returning officers 〈英〉选举官；选举管理官 负责议会和地方政府选举事务的官员。根据 1972 年《地方政府法》[Local Government Act]的规定，郡[county]选区的选举官为郡长[sheriff]，自治市[borough]的选举官是区委员会主席[district council]，伦敦自治市[London borough]选举官为该市市长，伦敦城和教堂[City of London and Temples]为市长[Lord Mayor]。在地方政府选举中的选举官由郡和区委员会任命。

return not found 令状无法送达的回呈(⇨not found)

return nulla bona 无供扣押之财产的执行回呈 执行官员所作的说明其为扣押被执行财产进行搜查，但未发现该财产的回呈。

return of attachment 扣押令的执行回呈 执行扣押令的行政司法官或其他官员向签发该令状的法院书记官呈交的说明其对令状执行情况的回呈，通常要在令状背面说明其对财产执行了扣押、被扣押财产的状况及扣押时间等。

return of execution 执行令回呈 执行官员说明其依据执行令所采取的执行措施情况的回呈。

return office 〈英〉令状回呈办公室 民诉法庭[Court of Common Pleas]登记书记官[Clerk of Enrolments]办公室的一个部门。

return of indictment 呈交公诉书 指将公诉书呈交给正由法官主持进行的公开法庭。

return of inquisition 精神状态调查报告 说明受调查者精神状态是否适格的报告。

return of premium 退还保险费 因保险合同变更、保险金额减少或保险费降低等原因，保险人退还其不应得的、被保险人已缴付的部分或全部保险费。

return of process 传票(令状)的回呈(⇨return)

return of warrant 逮捕令回呈

return of writ 令状执行回呈(⇨return of attachment; return of execution; return of process)

return on assets 资产收益率 即企业一定时期的净收益与资产总额的比率。(⇨return on equity)

return on equity 股权收益率 支付成本后年收益与普通股股东投资总值之比率。该比率是在优先股股东支付红利后、普通股股东支付红利前计算出的净收益比率，显示的是普通股股东的投资回报率。

return on investment 投资回报率；投资收益率 年收益与投资额之比，常表示为百分比。

returns of election (= election returns)

return to state 〈美〉(离开后)返回本州 某一债权的诉讼时效，应从债务人公开、众所周知地返回，且债权人只需合理注意就可找到该债务人并向其送达传票时，开始计算。

return to writ 回复令状；对令状的答复 指被送交令状的机构或官员对令状所作的答复，如负责监管犯人的行政司法官或其他官员在对人身保护令[writ of habeas corpus]作回复时，要依制定法规定的格式说明与羁押犯人有关的重要事实。

returnum averiorum 返还被扣押财产令 类似于 retorno habendo 的一种司法令状。

returnum irreplegiabile 返还被扣押牲畜令 要求行政司法官将被不当占有或扣押的牲畜最终返还给所有人的司法令状。

returnus brevium 令状回呈 庄园和某些重要自治市的一种权利。这些地方的司法行政官接到国王法院令其传唤该辖区内居民出庭的令状后，须将此令状交由特许区内执达官执行。(= retorna brevium)

reus 〈拉〉❶(罗马法)(教会法)被告 ❷刑事被告人 ❸诉讼当事人 可指原告与被告。此为该词古义。 ❹缔约方；契约当事人

Reus excipiendo fit actor. 〈拉〉被告通过反诉可以成为原告。

Reus laesae majestatis punitur, ut pereat unus ne pereant omnes. 〈拉〉犯下叛国罪的被告人受到惩罚，这样一人之死可免众人之灾。

reus promittendi (订立契约时的)承诺人

reus stipulandi （订立契约时的）要约人
revaluation n. ❶重定币值 尤指货币升值。❷重定汇率 政府改变其货币与他国货币的兑换比率，尤指为本国货币升值之目的而重定汇率。❸重新估价
rev'd （= reversed）
reve n.（英格兰古法）❶庄园或特权市的执行官 ❷在林区内的教区里，负责标识可供公共猎取之猎物的官员（= greve）（⇨reeve）
reveach n. 叛乱 《末日审判书》[Domesday]中的用语。
revealed law 神启法（⇨divine law）
revel v. 作乐；狂欢；欢宴；痛饮
reveland n. 郡守地 在征服者威廉的《末日审判书》[Domesday]中被称为乡绅保有地[thane-land]，由该乡绅终身保有，死后返回给国王，但国王并不分封给其他人，而是将其置于该领地所在地地方长官掌管之下。
reve mote （撒克逊）地方官法院 由地方长官主持之法院。
revendication n. ❶取回；收回 指通过正式提出权利主张而取回或收回某物。❷（罗马法）请求返还之诉 指要求对他人非法持有的财产恢复自身权利和占有的一种诉讼，与普通法的返还原物之诉[replevin]相类似。
revendication action （罗马法）请求返还之诉（⇨revendication）
revenue n. ❶（尤指大宗的）收入；（从地产、投资等所得的）收益；[-S]总收入；各项收入 ❷（国家的）岁入；税收 ❸收入来源 ❹税务局；税务署 ❺印花税票
revenue act 岁入法令（⇨revenue law）
revenue agent's report 〈美〉税收代理人报告 指代理人对纳税人的账目审核后作出校正的报告。此项报告连同纳税人有权在30天内提出异议的通知同时寄发给纳税人。
revenue bill 〈美〉岁入法案 为维持政府和支付政府活动所需费用而提出的征税法案。联邦岁入法案必须由众议院提出。该词亦称作 money bill。（⇨revenue law or measure）
revenue bond 〈美〉收益债券；收入债券 由州、市政府以收益作担保发行的债券，属于市政债券的一种。此种债券是以其筹建的项目的收益为保障，筹建项目通常是公共项目，且必须是能够创收的项目（如高速公路、收费桥梁等）。
revenue expenditure 收益支出；营业支出 在较短时期内将会产生收益的支出，是一项营业费用。
revenue law 〈美〉岁入法 指美国国会依据美国宪法第一条第八款授权而"征收直接税[taxes]、间接税[duties]、进口税[imposts]和国产税[excises]"而制定的法律。若该词用以确定美国美国法院的管辖权时，它指征收进口税[duties on imports]或吨税[duties on tonnage]的法律或者规定有关岁入条款的法律，即可以直接诉诸美国宪法第一条第八款规定的征税权的立法。需注意的是，只有以授权采用某种形式征税为目的的立法，才能称之为岁入法，若为其他目的而立法，尽管可能附带创造了岁入，但此项立法也不能归之为岁入法。
revenue law or measure 岁入法或岁入法案 指规范评估和征收税款以支付政府支出的任一法律。此种立法通称为"revenue measures"或"revenue bills"。
revenue neutral 岁入恒定 税法变化并不致岁入总量的变化，即总量不增不减。如税法规定多收公司税，但多收税额被少收个人税所抵销。

revenue officer 税收官；缉私官员
revenue paper 〈英〉税收上诉案件一览表 保存在最高法院中央办公室王室财务纪事官部[Queen's Remembrancer's Department of the Central Office of the Supreme Court]，对所得税税收专员署[Commissioners of Income Tax]的决定和其他有关税收的决定提出上诉的案件的目录，列入其中的案件由大法官法庭[Chancery Division]的法官审理。
Revenue Procedure/Rev. Proc. 〈美〉《税收程序》 由国内税务署制作的官方报告，内容涉及税法中的行政管理及程序。
Revenue Ruling/Rev. Rul. 〈美〉《税收裁定》 由国内税务署就税法对特定交易的正确适用所作的官方解释。
revenue side of the exchequer 财税法庭对税收案件的管辖权 财税法院或高等法院财税分庭的一种管辖权，据以确定并执行国王专有的权力以对抗王国之臣民。税收案件的诉讼程序不受1875年《司法组织法》[Judicature Act]规定的规则的影响。
revenue stamp 印花税票 粘贴于征税对象之上，是支付税款的证据。
revenue tariff 财政（关）税 指主要为增加国家岁入以及维持海关服务需要而非为鼓励进口商品的生产而征收的关税。
Re, verbis, scripto, consensu, traditione, junctura vestes sumere pacta solent. 〈拉〉契约通常以标的物、言词、书面形式、合意和交付或者它们的结合为其外在形式。
Reverend n. 牧师大人 对牧师的尊称，由英格兰教会[Church of England]神职人员采用，并非法律的规定。该称谓不是荣誉称号，但名字前加此称者并不因此有权要求成为圣职人员。大主教称作 Most Reverend，主教称作 Right Reverend，教长称作 Very Reverend，一般神职人员仅称作 Reverend。
reversal n. ❶撤销；推翻 指上诉审法院撤销下级法院所作的判决或宣布其无效。它与推翻先前判决或先例[overruling]不同。❷逆行 用以表述证券市场或期货市场上行情变动方向的术语。例如，道琼斯工业平均指数在持续地由1 100上升到1 200后，又跌回至1 100。
reverse v. 撤销；推翻；使无效（⇨reversal）
reverse annuity mortgage/R.A.M. 反向年金抵押 一种使老年人得以用其增值的房产作担保的借贷方案。有些到房主死亡时才要求偿还；其余的则规定在一定期限内每月可取得的贷款金额，并在期限届满时要求其清偿或重新借贷。
reversed a.（判决）被撤销的
reversed and remanded 撤销原判并发回重审 指上诉审法院撤销初审法院所作的判决，并将该案发回初审法院重新审理。
reverse direction rule 相反方向规则 一条确定性规则，即如果在土地测量中从一个方向标界出现困难，而在相反方向上标界则可以满足所有已知的要求，则后者即为适当的步骤。
reverse discrimination 反向歧视 通常通过确定性的行动项目对于少数者群体给予优惠性的待遇，从而使多数者群体的成员的利益受到消极影响。
reverser 〈苏格兰〉归复权人（= reversioner）
reverse stock split 并股 在保持股本金不变的前提下，收回所有发行在外股份并代之以小数量的股份，以达到降低发行在外股份数，提高每股价值的目的。并股是拆股的反向操作。（⇨stock split）

reversible error 可撤销判决的错误　指影响当事人的实体权利或者案件的处理结果,可使上诉审法院据以撤销下级法院对该案的判决的错误。

reversing n. (上级法院)撤销(下级法院的)判决

reversio 〈拉〉(英格兰古法)土地回复　指将土地归还给原赠与人。

reversion n. ❶归复(权);土地归复(权);财产归复(权)　指根据法律规定而产生的一种将来权益。例如,当地产所有人将其中的先行地产权——例如终身地产权或定期地产权——而非其所享有的全部权益授予他人时,则地产所有人在该先行地产权存续期间享有地产归复权[estate in reversion],期限届满后,该地产权复归其所有。它与剩余地产权[remainder]有所不同,前者是根据法律规定而产生的,而后者则是由当事人的行为所产生;而且,前者针对的是授予人所遗留的那部分地产权,而后者针对的是已处分的全部地产权中被在先地产权人所放弃的那部分。❷〈苏格兰〉回赎权　该种回赎权可以根据法律规定产生,也可以根据担保契据[security deed]约定产生。

reversionary a. 归复的;归还的;未来可享有的

reversionary bonus　(分红人寿保险单的)期待附红利　保险公司在支付了已到期保单或被保险人人死亡保险金后,经过对有效保单价值的精确计算,在保单持有者中间分配保险公司的利润。与可立即支付的现金红利[cash bonus]相对。

reversionary interest　归复权益;将来权益;归复财产　指某人因土地或其他财产的归复而享有的权益。亦指对于目前尚为他人占有的财产所享有的将来用益的权利。有时也用以指已授予的财产在收益权期满后收归予人所有。在美国法中,一般仅指归复权益,并与剩余地产权益[remainder interest]相区别,前者须在期满后将财产归复原所有人,而后者则转让于原所有人以外的人。例如,甲以乙享有10年收益为目的而在其不动产上设定信托,10年期满后,该不动产回复于甲,在此情况下,甲在该财产上即享有归复权益。而在英格兰法中,该词含义广泛,并不仅限于严格意义的归复权或剩余地产权,而是指与此相类同的所有将来权益。例如,甲将其动产授予乙的终身,并在乙死亡后授予丙,那么,丙所享有的就是一种将来权益。又如,甲授予乙终身的动产受益权,则甲保留了可以归复的将来权益。在英国法中,将来权益原只在衡平法院得到承认,故其为衡平法上的权益,并通常以信托方式创设。(▷Clifford trust; remainder; reversion; reverter;settlement)

reversionary lease　将来租赁　在前一份租赁期限届满后开始生效的第二份租赁。

reversioner n. 归复地产权人;将来地产权人;将来财产权人　指享有归复权的人,其引申意可指任何享有将来财产权的人。(▷reversion)

Reversio terrae est tanquam terra revertens in possessione donatori, sive haeredibus suis post donum finitum.
〈拉〉土地复归,是指在地产授予期限届满后将土地交还授予人或其继承人。

reversor　〈苏格兰〉财产归复权人　可指被授予归复权的人,也可指设定抵押的债务人。

revert v. ❶归还;交还 ❷复归;回还(授予人或出租人)

Revertendi animum videntur desinere habere tunc, cum revertendi consuetudinem deseruerint.　(罗马法)当它们(指驯养或未驯化的牲畜、动物)失去了定时返回的习性时,便不再被认为还有返回的意图。　这在罗马法中用来描述主人对动物的权利状况。

reverter n. 归复(▷reversion)

reverter doctrine　返回原则　某人从其选择住所[domicil of choice]返回原始住所[domicil of origin]的,当其开始返回时,即重新取得原始住所。

revest v. ❶重新授权 ❷重新占有　指重新取得曾被剥夺占有的财产,它与剥夺财产[divest]相对。

revestire v. (欧洲古法)❶归还;辞去(已接受的授职、依法占有的封地、财产) ❷再赋予;重授

rev'g　(= reversing)

review n. ❶审查;复审;复议　指为了纠正错误而再次进行的审查,尤指上诉法院或上级行政机关对下级法院的判决或下级行政机关的决定是否正确、合法而进行的复审或复议。 ❷〈美〉司法审查　由司法机关对下级法院的诉讼程序、立法的通过或政府行为等的合法性或合宪性进行的审查。(▷judicial review)

reviewability n. 可复审性

review on appeal　上诉复审(▷review; scope of review)

reviling church ordinances　〈英〉谩骂教规　违反宗教的犯罪,可被处以罚金并监禁。

revise v. ❶修订;修改(制定法等) ❷修改;修正(判决等)

revised laws　修订法

Revised Reports　〈英〉《判例报道集修订本》　对1785 – 1865年间英国普通法和衡平法法院判例报道集的重新修订印行本,由波洛克1891 – 1920年编辑出版了152卷。

revised statutes/R.S.　制定法修订本　指为了适应时代的发展,由立法机关对原有制定法进行重新修订、汇编并再次颁行。

Revised Uniform Reciprocal Enforcement of Support Act　〈美〉《修订的统一扶养费相互执行法》　美国各州均有对被遗弃的配偶——通常为母亲——进行保护的法律,受害人可以无偿要求地方检察官起诉遗弃者。只要能够证明未进行扶养,则居于他州的遗弃配偶的一方就应向其居住地法院的书记官支付扶养费,并由后者通过另一法院的书记官转交给被遗弃的一方。此种案件的难点在于如何找到遗弃者。

revising assessors　〈英〉(议员名册)修订助理　指选出协助市长修订教区议员名册的两位官员,后因其职责为修订选举人名册的律师[revising barristers]所取代而被废止。(▷revising barristers)

revising barristers　修订(选举人名册的)律师　出庭律师的一种,自1843年起负责秋季修订有权进行国会和地方政府选举的投票者名册。1888年接管了(议员名册)修订助理[revising assessors]之职。1918年,其职责转归镇书记官[town clerks]和郡书记官[county clerks]。

revision n. ❶修订;修改;修正 ❷(军事法)复查;复审　指重新召集一般或特殊军事法庭对不适当诉讼进行重新审查或者纠正裁判或判决记录。这一复查只有在不会对被告人造成实质性损害的情况下才可进行。

revision of statutes　制定法的修订(▷revised statutes)

revisor of statutes　制定法的修订者

revival n. (判决、合同、遗嘱等的法律效力或有效性的)恢复;再生效　①对在法定期限内未予执行从而不能再据其签发执行令的判决可通过法定程序恢复其执行效力;②对已过诉讼时效期间的合同或债务,由于当事人作出

新的承诺或承认等而恢复其有效性；③立遗嘱人废除其撤销前一遗嘱的后一遗嘱或其他文件从而使前一遗嘱重新有效。在美国，许多州要求以重新公布前一遗嘱作为恢复其效力的前提条件。

revival of action 恢复诉讼 ①因诉讼时效已过而被阻却的诉讼在一定条件下可予恢复；②死亡一方当事人的继承人或遗嘱执行人接替其参加诉讼，可使诉讼恢复进行，继承人或遗嘱执行人以自己的名义进行诉讼。

revival of cause 恢复诉讼 可指两种情形：①因诉讼时效已过而被阻却的诉讼依法定方式恢复，如债务人签署新的书面承诺；②在诉讼时效期间届满之前，诉讼依法定方式恢复。

revival of corporation 恢复法人资格；公司恢复 根据法律授权，在公司章程期满后恢复其法人资格；亦指根据法律许可，恢复已被解散的公司。

revival of easement 地役权之恢复 通过重新建造从而恢复因需役建筑物［servient structure］的毁损而灭失之地役权。

revival of judgment 判决效力的恢复（⇨revival）

revival of offense 违法行为的复效 作为离婚原因的故意不法行为虽经宽恕，但又因违法人的后续行为而恢复其成为离婚原因。

revival of policy 保险单复效 指保险单失效后恢复其效力，尤其是因没有如期支付保险费而致保单失效后，根据保险单中效力恢复条款的规定或根据当事人双方的特别协议而使保险单恢复效力。

revival of will 已撤销遗嘱的效力恢复 指遗嘱人宣布使其遗嘱无效的法律文件为无效，从而恢复该遗嘱的效力。美国的许多州都以原遗嘱的重新公布为其效力恢复的前提条件。（⇨revival）

revival statutes 〈美〉恢复效力法 一种联邦或州的制定法，其内容为恢复诉讼、遗嘱或其他文件的法律效力。

revive v.更新；恢复；使再生效（⇨revival）

revived cause 恢复的诉讼（⇨revival of cause）

revivor n.恢复因一方当事人死亡而终止的诉讼程序

revivor and supplement 恢复诉讼与申明新事项（⇨bill of revivor and supplement）

revocable a.可撤销的；可撤回的；可取消的

revocable letter of credit 可撤销信用证 开证行有权在第三方（如议付行）支付或承兑之前，仅以适当通知而无须征得受益人同意即将之撤回或取消的信用证。

revocable transfer 可撤销的转让 转让人在转让财产时保留收回财产的权利。例如可撤销的信托［revocable trust］。

revocable trust 可撤销的信托 信托设定人保留撤销权的信托。

revocation n.撤销；撤回；取消；无效 权力、授权或授予之物的撤销或撤回；废弃遗嘱、契据或要约，或使之无效。撤销既可以是总括性的，即撤销以前全部的行为和事物；也可以是个别的，即撤销某一特定事物。撤销可分为三种：根据当事人行为的撤销；根据法律规定的撤销；根据法院命令的撤销，即司法撤销［judicial revocation］。以当事人行为所为之撤销必须出自当事人有意为之且自愿，主要指撤销对律师的授权和遗嘱的效力。撤销代理既可明示，亦可默示。但在下列情况中，本人［principal］不能撤销其对代理人的授权：当本人已保证授权不可撤销且代理人在执行职务中也具有利益时；当授权或权力与利益紧密相连，或具有效的对价［valuable consideration］，或是保证的一部分；当代理人依据授权而进行的行为已具有强制性时。在合同法上，除非要约是不可撤销的，否则，要约人在承诺前任何时候撤销要约，均无须承担责任。在刑法上，违反规定或新的违法行为均可导致缓刑［probation］或假释［parole］命令的撤销而使违法者重新服刑。推定撤销［constructive revocation］是依据法律的规定进行的，无须顾及当事人意图。（⇨abrogation；cancel；cancellation；rescind）

revocation and new appointment 撤销指定与重新指定 指定人可在指定财产处分权人时保留撤销指定和重新指定的权力。撤销指定可恢复其原来的权力。在遗嘱中，由于遗嘱总是可撤销的，故无须明确保留撤销权。

revocation clause 撤销（先前遗嘱）条款 遗嘱中规定的撤销先前一个或数个遗嘱的条款。

revocatione parliamenti （古）解散议会的令状

revocation of agency 撤销代理；代理关系终止 包括本人撤销代理，或代理人辞去代理。

revocation of franchise 撤销特许（权） 因行使所保留的终止权而撤销特许。

revocation of gift 撤销赠与 因转让行为未完成、转让条件未成就或其他特定情形而由赠与人撤销赠与。

revocation of guaranty 撤销担保 保证人撤销现存担保或对将来发生债务所提供的担保。

revocation of letters 撤销遗嘱执行人证书 遗嘱执行人或遗产管理人证书因指定的无效或因被法院撤销而失去其效力。

revocation of license 撤销许可证 撤销不动产许可证，或国家机关授予的从事特定行业或职业的许可证，或酒类经营许可证。

revocation of offer 撤销要约（⇨revocation）

revocation of probate 撤销遗嘱检验 遗嘱检验法院根据后来的遗嘱或其他充足理由，取消已经授予的遗嘱检验。

revocation of will 撤销遗嘱 立遗嘱人通过订立与原遗嘱相矛盾的遗嘱、毁弃原遗嘱、处分原遗嘱项下的财产等行为，使原来订立的遗嘱归于无效。

revocatur 〈拉〉撤销；驳回 在英国，该术语用于表示因事实上的错误而使判决无效或被撤销。如果是因法律上的错误而使判决无效或被撤销，则被称为"reversed"。

revoke v.撤销；撤回；取消；使无效

revolt n.❶反叛；颠覆 其目的不仅在于对政府作某些强制性变革，而根本意图是推翻政府，因而其程度比insurrection（造反）要强，insurrection指公开对抗政府，它虽已超越煽动罪［sedition］，但目的仍仅在现存政府下寻求变革；大规模的反叛［revolt］称之为rebellion（暴乱），如获成功即为revolution（革命）。（⇨insurrection；rebellion） ❷船员反叛 任何船员采取暴力、欺骗或恫吓手段推翻船上合法权力机构，非法取得船舶控制权的行为和企图。这种行为或企图具体包括：非法剥夺船长或高级船员的指挥权；拒绝服从船长或高级船员的指挥或阻止其行使指挥权；将船舶控制权转归未经合法授权的其他人。

revolving capital fund 循环资本基金 由合作社营运利润的全部或一部分作为资本而积累起来的基金。每个成员的相应份额计入账簿，且通常以单证来表明其账面金额。

revolving charge account 循环信用账户（⇨revolving credit）

revolving credit 循环信用；循环信贷 允许买方或借方在

其账户未付差额不超过特定限额之内可连续购货或借款的一种消费信用安排。(⇨revolving loan)

revolving door criminal prosecutions 走马灯刑事追诉 对实施无被害人的犯罪(如卖淫、赌博等)的行为人进行周而复始的处罚——这星期才缴付罚金,下星期又得上法庭。

revolving fund 循环基金 以贷款或付款方式提取款项而以附利息或不附利息的还款方式来保持基金额的一种基金。其数额由此不间断地被支用,然后又得到补充。如小额现金基金[petty-cash fund]。

revolving letter of credit/RL/C. 循环信用证 指在信用证受益人每次支取一定金额后,信用证的额度自行恢复,开出申请人定期注入资金,直至达到规定的使用次数或总金额限度为止的信用证。循环信用证通常适用于定期分批均衡供应、分批付款的长期销售合同。

revolving loan 循环信贷 贷款到期时信贷额度恢复的信贷方式。

Rev. Proc. (= Revenue Procedure)

Rev. Rul. (= Revenue Ruling)

Rev. St. (= revised statutes)

Rev. Stat. (= revised statutes)

reward n. ❶赏金;赏格 指因完成某一行为或取得某一成就而得到的回报,该种回报可以是有价值的任何财物,但多指金钱,故称之为赏金。而且,获得赏金的情形多指发现失物或提供线索抓捕逃犯等行为。它与奖金[bounty]基本同义,区别在于前者仅适用于一次性行为的场合,即只能由完成该一次性行为(如发现失物)的人获得赏金;后者则可以由符合条件的任何人所获,其针对的行为往往由不同的人均可以完成。 ❷悬赏;悬赏合同 为某一信息或行为而提供赏金,则构成一个悬赏合同。第一个提供信息或完成行为的人即可获得该赏金,而不论该人的动机。(⇨award; prize)

rewriting contract 修改合同

rex 〈拉〉国王 在刑事诉讼中国王被认为是控诉方。

Rex debet esse sub lege, quia lex facit regem. 〈拉〉国王理应受法律制约,因为正是法律造就了国王。 王者应从属于法律,盖王者由法而立也。

Rex est caput et salus reipublicae, et a capite bona valetudo transit in omnes. 〈拉〉国王为国家之领导者与护卫者,而优秀的领导者则能带给万民繁荣。

Rex est legalis et politicus. 〈拉〉国王兼具法律和政治上的人格。

Rex est lex vivens. 〈拉〉国王是活的法律。

Rex est major singulis, minor universis. 〈拉〉国王重于任何子民个体,却轻于子民全体。

Rex est vicarius et minister Dei in terra: omnia quidem sub eo est, et ipse sub nullo, nisi tantum sub Deo. 〈拉〉国王是上帝在人间的代表,他虽处于万人之上,却在上帝之下。

Rex hoc solum non potest facere quod non potest injuste agere. 〈拉〉国王无所不能,唯不可为不公。

Rex n'est lie per ascun statute si il ne soit expressement nosme. 〈拉〉国王不受任何制定法的约束,除非法律有明确规定。

Rex non debet esse sub homine, sed sub Deo et lege. 〈拉〉王者不应从属于任何人,但应服从上帝和法律。

Rex non debet esse sub homine, sed sub Deo et lege, quia lex facit regem. 〈拉〉王者不应从属于任何人,而应服从上帝和法律,因为王者由法而立。

Rex non potest fallere nec falli. 〈拉〉国王不欺人,也不为人所欺。

Rex non potest peccare. 〈拉〉国王不会犯错误。

Rex nunquam moritur. 〈拉〉国王万岁。

Rex quod injustum est facere non potest. 〈拉〉国王不能为不公。

R.F.D. (= rural free delivery)

rhandir n. 四户组 在征服者威廉征服英国以前,威尔士的一种行政划分单位。四户或四个住宅组成一个rhandir,四个 rhandir 组成一个"盖维尔"[gavel],四个 gavel 组成一个市镇[township]。(⇨township)

rhind-mart (古)死畜体 在英国北方契约中指任何一种带角的牛。

Rhode Island 罗得岛州 美国最早的十三州之一,其全称为"State of Rhode Island and Providence Plantations"。

Rhodian laws 罗得海法 最早的海事法法典或汇编。它是由通过海上贸易取得海上治权的罗得岛[Rhodes](位于爱琴海,现属于希腊)人编纂而成。关于其编纂日期有多种说法,一般认为是公元前 9 世纪。只有"海上抛货"[jettison]一章保留在罗马法《学说汇纂》中,称为"Lex Rhodia de Jactu",它规定,如货主为船舶或船上其他货主的安全需要而抛货的,则其有权要求分摊损失。该规定后被现代民法法系国家和其他法典所吸收,演化为现代海商法上的"共同海损"。但罗得海法的其余篇章均已佚失,现代所能看到的同名法典被认为是伪作。尽管罗得海法的历史存在很多不确定之处,但仍经常被引为海商法和海事法的渊源。

rial n. 〈英〉里亚尔 货币单位。亨利六世统治时期,一块金币价值 10 先令,有半里亚尔和 1/4 里亚尔之分。在伊丽莎白女王统治之初,1 金里亚尔价值 15 先令;在詹姆斯一世时期,金玫瑰里亚尔价值 30 先令,马刺里亚尔[spur-rial]价值 15 先令。

ribbonmen n. 〈英〉绿带会 19 世纪形成于爱尔兰的农民秘密会社,目的是以暗杀与纵火方式剥夺地主财产。

ricambio (= re-exchange)

ricambrium (= ricambio)

Richard Roe 理查德·罗伊 亦可译作"某乙"。(⇨ejectment; John Doe)

Richmond n. 里士满 英国纹章官之一。(⇨herald)

Richmond Forest 〈英〉里士满森林 查理一世[Charles Ⅰ]所建立之皇家森林。

RICO laws 〈美〉反勒索与受贿组织法 即 Racketeer Influenced and Corrupt Organizations laws,规定调查、控制、起诉有组织的犯罪行为的州法和联邦法。联邦反勒索与受贿组织法禁止个人从事下列影响州际或涉外商业的活动:使用勒索所得收入在一企业取得产权;通过勒索而在一企业取得或继续维持产权;通过勒索形式从事或参与一企业事务;合谋从事以上任一行为。

Riddleberger Act 〈美〉《里德伯格法》 因西弗吉尼亚[West Virginia]被分割出去,而西弗吉尼亚又以其人们认为所有的款项均由他州花费为由,断然拒绝承担任何债务,弗吉尼亚州[Virginia]遂于 1882 年通过该法,目的在于削减由此给本州造成的债券债务[bonded indebtedness]。

rider n. ❶(文件的)附件;但书 ❷(保险单的)批单;附加条款 附加在保险单之后的条款,通过扩大或限制相关权益以及排除一些特定的承保责任来改变保险单的承保条件。❸法律的附加条款　在英国古代，附加卷[rider-roll]指刊载在加诸含有议会立法[Act of Parliament]的羊皮纸卷[parchment roll]外分离的羊皮纸上的附加条款。在英美国家，现指通常为获得某一有别于立法机关议案之目的而附加于议案的条款或规定。❹(陪审团对其裁断的)附加意见　例如在刑事案件中，陪审团在作出裁断后提出的予以宽恕的建议。

rider-roll *n*.(案卷、记录或议会法案之)附表;附件

riding *n*.❶乘骑　❷〈英〉区　郡的分支，尤指约克郡的三分区之一，为"trithing"的变形。

riding armed　(违法)武装骑行　在普通法上，携带危险武器骑马或行走因危及公共安全而被认为是一种轻罪。

riding clerk　乘骑书记官　国玺官署有6名书记官，轮流掌管记录盖有国玺之特许状的管制记录册[Contromlent Book]，在其掌管该册的一年，即被称为乘骑书记官，有权保有一马。后六主事官为案卷和令状书记官[Clerks of Records and Writs]所取代。

riding establishments　〈英〉骑术企业　创办骑术企业需经当地政府的许可，并受其审查和管理。骑术学校并非从事农业活动，其马厩租地不受1948年《农地法》[Agricultural Holdings Act]的保护，但供该校牧马之草场则属于农地法保护范围。

riding furiously　狂奔　骑马或驾车狂奔是一种违反英国1835年《公路法》[Highway Act]的行为。除行为人应承担在民事诉讼中的责任外，另可对之处以最高为20英镑的罚款。

riding officers　〈英〉乘骑军官　(⇨coast blockade)

riding skimmington　〈英〉示众游行　对诱奸者进行的嘲弄性游行，在英格兰一些地方曾盛行。通常是将诱奸者的模拟像固定在柱子上并置于车上或驴上，在众人的讥笑中在大街上通过。

riding with or accompanied by a licensed driver　由已取得驾照之司机陪同驾驶(机动车辆)　此状况下，可以在必要时及时取得帮助，接受监督，以保证安全。

rien　*n*.赃物;掠夺物(= reif)

rien culp　(古)无罪　辩护用语。

rien culpable　无责;无罪　(⇨de rien culpable)

rien en arrere　无拖欠　就拖欠债务之诉而提出的答辩。

rien luy doit　不欠他;无欠账　旧时的一种答辩状。(⇨nil debet)

rien passa par le fait　(= riens passa per le fait)

rien(s)　〈法〉无;不

riens arrear　(= rien en arrere)

riens en arriere　(= rien en arrere)

riens in arrere　(= rien en arrere)

riens lour deust　不欠其债

riens passa per le fait　未通过契据转让任何物品　一方当事人为免于执行其已在法庭上承认或登记的契据而提出的答辩。

riens per descent　没有继承任何东西　继承人在被诉偿付被继承人债务时，主张自己没有继承任何土地或财产的一种答辩。

riens per devise　未依遗赠取得财产　被作为受遗赠人起诉的被告所作的答辩，称自己并非遗嘱中被赠与土地或遗产的受遗赠人。

rier county　(= rere-county)

rier-county　〈英格兰古法〉附设郡法庭　与open county相反。

rifflare　*v*.强夺;抢劫

rigging the market　操纵(证券)市场　通过一系列竞价人为地提高某种股票的价格，造成该种股票需求量增大的假象，从而诱骗投资者购买该种股票。

right　*n*.❶权利　权利被认为是与法律相一致的为某一行为或占有某物的自由，或者更严格地说，如果侵犯这种为某一行为或占有某物的自由，则将受法律制裁。在最一般的意义上，权利既包括以某种方式作为或不作为的自由(为法律所保护者)，也包括迫使特定的人为或不为某一特定行为的权力(为法律所强制者)。法定权利[legal right]是指"经国家同意并受国家支持的而属于某人的对他人行为进行控制的能力"。任何权利都涉及以下要素：被授予权利的人(权利主体)、负担相应义务或责任的人(义务主体)、作为或不作为(权利客体)、在某些情况下包括标的(即权利所指向的人或物，如在所有权中)。它可分为抽象含义和具体含义。在抽象含义上，指正义或道德正当性，即与法律规则或道德原则相符者，其含义与拉丁文中的"jus"相合；在具体含义上，则指前述之定义，再细述之，则如：①由宪法、制定法或判例法所保障的或由于习惯而被主张的一种权力、特权或豁免权；②对财产标的的所有权或利益，包括占有、使用、收益或处分(如转让或赠与)；③要求他人作为或不作为某一特定行为的合法的、强制性的请求权；④在自己被剥夺或失去有时，有从他人处得以恢复之权，此时，该权利带有"请求权"之力。依据不同的标准可对权利作如下分类：①根据其最终目的，可把权利分为主要的(实体的、原始的)权利或附从的(从属的、制裁的)权利。主权利[primary rights]是指不依靠现存权利而产生的权利，例如甲与我签订合同，甲应支付给我50英镑，我获取该项支付的权利即为主权利。主权利又分为两种：作为社会成员都可得到的权利和非因社会成员身份而是基于特定关系所生之权利。前者包括人身(绝对)权——如生命权、健康权、自由权——和公共权——即由社会成员对国家财产或受制于公共使用的私人财产所享有的权利，如对海洋、适航流域、公路、公园的权利；后者则包括基于所有权关系、合同关系、婚姻关系或其他类似关系而产生的权利。从权利[secondary rights]则是为保护或强制实施主权利而产生的权利，也可分为两种：禁止性(或保护性)的从权利[preventive or protective secondary rights]和救济性(或补偿性)的从权利[remedial or reparative secondary rights]。前者的目的是为了防止对主权利的侵害或致主权利受损，它既可以请求法院帮助而由强制执行得以实现，也可由当事人自己实施从而以非司法方式得以实现；后者也可采司法方式和非司法方式，并可细分为恢复原状权[rights of restitution or restoration]、强制执行权[rights of enforcement]、清偿权或赔偿权[rights of satisfaction or compensation]。②根据因其负担的义务的本质，权利可分为对物的权利[right in rem]和对人的权利[right in personam]，前者又被称为对物权[real rights]、一般权[general rights]或对世权[rights against the whole world]，相当于拉丁文"jura in rem"，是指对一般人附设义务的权利，其义务主体既可以是世上的任何人，也可以是世上除特定某些人以外的任何人，对物权总是一种消极性[negative]权利。后者又被称为对人权[personal rights]、相对权[relative rights]、针对特定人的权利[rights against determinate persons]，相当于拉丁文"jura in personam"，是指对限定的人附设义务的权利。例如，甲同意支付给我50英镑，我获取该项支付的权利是对人权，并属于主权利；而我的行为自由权，只要未侵犯他人

权利,则是对物权,如果乙以拘禁或殴打方式侵犯我的自由权,则我对其享有赔偿请求权,该项赔偿请求权利属对人权,并属于从权利。对人的主权利根据其被要求的是作为还是不作为可以是肯定的(或积极性的)或消极性的,故若甲与乙缔结合同,同意不在某地从事业务,则乙对甲享有消极性权利。对人的主权利可分为:绝对的和相对的、普通法的和衡平法的、人身性的和可转让的、完全的和不完全的。③根据对财产标的所有关系,可将权利分为绝对权和限定物权[absolute and qualified]。前者在任何时候和任何目的均赋予主体对物的绝对支配;后者则指为特定目的或在特定情况下由物的占有人享有权利,例如受托人[bailee]在受托物被他人非法取占的情况下享有回复受托物的权利。④权利还可分为普通法权利和衡平法权利[legal or equitable]。前者发生在某人享有普通法上的所有权和救济权[legal title and remedy at law]的情况下,后者则指只在衡平法上才可被执行的权利。但在程序上,根据美国《联邦民事诉讼规则》[Rules of Civil Procedure],无论普通法权利还是衡平法权利,均依单一诉因而在同一法院被执行。❷正义、正当(性);合法 该词的抽象性含义,它指与法律规则或道德原则相一致的,相当于拉丁文"jus",表示抽象法,而该抽象法被认为是所有权利的基础或对所有实证法赋予正义特征的道德原则基础。(⇨power)
a. 正确的;正当的;合法的

right ad rem 对物权 与对人权[right in personam]相区别。

right against self-incrimination 反对自证其罪的权利 刑事被告人或证人享有的一项宪法性权利(如美国宪法第五条修正案即有规定),指如果某人的证言有可能导致其受到刑事追诉,则他享有不被政府强迫提供此种证言的权利。在某些情况下,当事人可以放弃此项权利。除刑事诉讼外,在民事诉讼、立法程序、行政程序或大陪审团程序中,当事人也可以主张这项权利。也称作 privilege against self-incrimination;right to remain silent。

right against treatment (= right to refuse treatment)

right and wrong test 是非辨认能力测试 一种刑事责任能力测试。如行为人在实施行为时,因精神病而缺乏理智,以致不知道他所从事行为的性质和意义,或者即使知道但不了解他正在进行的行为是错误的,则行为人不应因其行为而被判决承担刑事责任。(⇨insanity;M'Naghten Rules)

right arm of the law 法之右臂 对禁制令[injunction]的形象表述。

right by prescription 通过时效取得的权利(⇨prescription)

right close 权利回复(⇨writ of right close)

rightful *a*. ❶合法的;依法享有权利的 ❷恰当的;合适的 ❸正当的

rightful subjects of legislation 合法的立法事项

right-hand side ❶右行规则 ❷道路规则示意图

right heirs (普通法上的)法定继承人 在土地限定继承权[estates tail]取消以前,该词用于将限定继承某项财产的指定继承人[preferred heir]与总体上的继承人相区别。现在该词同于继承人[heirs]。

right in action (= chose in action)

right in court (= rectus in curia)

right in personam 对人权(⇨right ad rem)

right in rem 对物权 可基于对财产整体或仅对某项利益而享有的所有权。

right of access ❶进入权;通行地役权 ❷(丈夫拥有的)房事权(⇨access;access to courts)

right of action ❶起诉权 为实现自己的权利或寻求法律救济而在法院就特定案件提起诉讼的权利。❷可通过诉讼实现的权利(⇨chose in action)

right of administration 〈苏格兰〉(丈夫对妻子的)财产管理权 苏格兰法律过去规定的一种权利。指根据婚姻关系,丈夫有权管理其妻全部可作为遗产的财产。在婚姻关系持续期间,妻子的一切有关财产处分的行为均应获得丈夫的同意。这一权利现已废除。

right of alienation 财产让渡权;财产转让权 在不妨碍他人权利的条件下,所有人有权以任何合法方式让渡和处分财产,而只受法律规定的限制。

right of angary (= angary)

right of appeal 上诉权

right of approach 接近权 指军舰在公海上为确定另一船舶的国籍而接近该船舶的权利。在现代国际法中,接近权不能脱离登临权[right of visit]而单独行使。

right of assembly 集会权 指人们为公开表达他们的宗教、政治观点或冤屈而进行和平集会的权利。在美国,它是受美国宪法第一条修正案所保护的一项宪法性权利。该词亦称 freedom of assembly、right to assembly。(⇨assembly;freedom of assembly)

right of audience 〈英〉出庭陈述权 指案件当事人以外的人出席法庭和进行陈述的权利。英格兰和爱尔兰的出庭律师,苏格兰的律师[advocate],除制定法另有规定外,有权在各种法庭、委员会、调查程序或其他程序中陈述其意见。在较低级别的法院中,事务律师通常也具有此种权利。而在某些法庭[tribunals]上,不具有法律资格的人也有此种权利。

right of being a corporation 特许设立公司权(⇨franchise)

right of bench 升堂权 法官坐在法庭高座之上的权利。

right of burial 埋葬权 ①生存配偶或子女为埋葬目的而保管死者遗体的权利;②对墓地的下葬地块享有所有权者的特权或特许。只要该地是墓地,埋葬权就可行使,但受制于市政管理和控制,并可因公共事务所需而被撤销。

right of common 共有权;共用权(⇨common)

right of conquest 征服权;取得权 以法律许可的、继承和转让以外的其他方式取得财产。(⇨conquest)

right of conscience 信仰权 某些宪法条款中有此表述,相当于信仰自由。

right of contribution 分摊权 ①数人负有共同债务[common debt]时,如果其中某一债务人代其他人清偿所有债务,则其有权分摊债务,按比例向其他人追偿;②对第三人的损害负有连带责任[joint responsibility]的数人,也应对赔偿额进行分摊。(⇨contribution)

right of curtesy 鳏夫财产权 鳏夫取得亡妻财产,尤其是地产的权利。(⇨curtesy)

right of discussion 讨论权(⇨freedom of speech, expression and the press)

right of division 〈苏格兰〉按份权 保证人拒绝承担超出其份额的债务的权利。

right of dower 寡妇财产权 寡妇取得亡夫财产的权利。(⇨dower)

right of drainage 排水权 土地所有权人享有的、经由他人土地排水的地役权。

right of drip 檐滴权(⇨easement of drip; eaves-drip)

right of election ❶选举权(⇨election) ❷选择权 又称寡妇选择权[widow's election],指当配偶一方死亡时,配偶另一方可以依死者遗嘱可继承份额和依遗嘱检验法其可继承份额二者间进行选择。

right of eminent domain 国家征用权(⇨eminent domain)

right of entry 进入权 以和平进入的方式取得或恢复对土地的占有权。

right of establishment 设立权 根据欧洲经济共同体法律的规定,凡具有其某一成员国国籍的个人或机构,法人或非法人团体,都有权在其他成员国设立工商企业、代理机构、分支机构或子公司。这样,一成员国的国民设立企业的自由权利在另一成员国受到的限制已逐渐被取消;因此,一个英格兰或苏格兰律师根据已经获取的资格和已具备的能力,就可以在法国执业,一个法国律师反过来也可以在英格兰或苏格兰执业。这样,在律师业,能否在另一成员国开业的最大障碍已不是国籍,而转为是否具有足够的语言能力和是否已获得律师资格。根据欧洲经济共同体的条约,各成员国要相互承认其他成员国授予的资格。当然,这一规定也存在例外,尤其是涉及官方权力的行使的领域,允许根据公共政策对外国人区别对待。

right of first publication 初版权

right of first refusal 优先权 指已提出但尚未完成的合同的条款优先进行取舍的权利。权利人如果愿意购买某项不动产,则较善意第三人在同等条件下有优先购买的权利。(⇨option)

right of fishery 捕鱼权 公民在江河湖海等公共水域捕鱼的权利。在美国,该权利的行使受到联邦和州立法关于禁渔期、许可证和捕渔工具等方面的限制。

right of habitation 免费居住权 免费在他人房屋内居住的权利。

right of homestead 宅地权;宅地豁免权 指住宅及其土地不得因一般债务而被强制执行的权利。(⇨homestead; homestead exemption)

right of hot pursuit 紧追权(⇨hot pursuit)

right of indefinite user 不特定使用者之权利 绝对财产权[absolute property]的基本性质或属性。

right of inspection 检验权;查阅权(⇨inspection; inspection of records)

right of interrogatory 质询权;询问权(⇨interrogatories)

right of lien 留置权(⇨lien)

right of local self-government 地方自治权 对于纯地方性事务,当地人民享有通过其选举的官员自行进行治理的权力。(⇨home rule)

right of man 人的权利;人权 美国托马斯·潘恩[Thomas Paine]首次使用该词为他的著作命名。1789年的法国国民会议[National Assembly]通过的《人的权利和公民权利宣言》[Declaration of the Rights of Man and of the Citizen]也使用了该词。该宣言宣称:人生而自由、权利平等,这些权利具体为自由权、私有财产权、安全和反抗压迫的权利;公民在法律面前一律平等;有直接或间接地参与立法的权利;非经法院同意,任何人不受逮捕等。在更广泛和更普遍的意义上,人的权利与自然权利、基本权利和人权[human right]诸词有联系,并基本上同义。

right of persons 〈美〉个人权利 通常与个人权利[personal rights]含义相同。更确切地说,是指有关身体的权利[physical rights],如旅行、观光等权利。(⇨personal right)

right of possession 占有权 对由他人实际占有的物所享有的权利,如被侵占不动产者重新进住并赶走实际占有人的权利。表面占有权[apparent right of possession]可为更强之权利击破,实际占有权[actual right of possession]则可以对抗所有的异议人。(⇨repossession)

right of pre-emption 优先权(⇨preemption)

right of privacy 隐私权(⇨privacy)

right of private property 私有财产权 个人可自由使用和处分其所有财产的权利,仅受土地法的有关限制。(⇨property)

right of probable expectancy 期待权(⇨probable expectancy)

right of property 财产权 对土地享有的纯粹财产权;所有权人在失去占有权之后享有的抽象权利,依权利令状可以恢复占有。这种财产权同实际占有和占有权一起构成完整所有权。(⇨property)

right of protest 抗议权(⇨protest)

right of publicity 公开权 指个人,尤其是公众人物或知名人士,对自己的姓名、肖像及其他类似物的商业性利用行为实施控制或制止他人不公平盗用的权利。

right of redemption 回赎权 指免除财产的负担的权利,或使财产免于被请求偿债或被留置的权利,尤指由制定法授予的买回处于回赎权消灭[foreclosure]或其他司法拍卖[judicial sale]状态中财产的权利,通过支付相应的成本和利息等回赎此前转让的财产所有权。它与衡平法的抵押物回赎权[equity of redemption]不可混淆,后者独立于制定法而必须在抵押财产被出售或拍卖前赎回。(⇨redemption; equity of redemption)

right of re-entry 重新进入权(⇨re-entry for condition broken)

right of representation 代位继承权(⇨representation; per stirpes)

right of representation and performance 演出和表演权(⇨copyright)

right of retainer 聘用律师权(⇨retainer)

right of sale 销售权 当取得商品的一方被合同赋予"销售权",则他成为商品的销售代理人;给予商品的一方则并不受它约束,不是必须承担商品供应的义务。

right of search (= right of visit)

right of self-defense 自卫权(⇨self-defense)

right of sepulture 埋葬权(⇨right of burial)

right of setoff 抵销权(⇨retainer; setoff)

right of subrogation 代位权 指一人替代另一人的地位并拥有与原当事人同样的权利

right of suffrage 选举权;投票权(⇨suffrage)

right of suit (= right of action)

right of support ❶(建筑物)支撑权;支撑地役权 ❷赡养权;扶养权;抚养权(⇨lateral support; support; support of building)

right of survivorship 生存者财产权 共有财产中生存者对死者财产享有的权利。在共同共有中,若一财产共有人死亡,则他作为共有人的权益不归于死者合法指定的受益人或继承人,而由其他共同共有人享有。(⇨joint tenancy; tenancy by the entirety)

right of termination 〈英〉终止合同的权利 亦作"right to terminate",是合同的一种救济。指如果一方当事人违反了约定的合同义务,则法律赋予无过错一方终止合同的权利,并可以追究对方的违约责任。与之相对的是撤销合同的权利[right to rescind],后者产生于一方当事人违反独立于合同的某些义务之时,但对于可能造成的损害,无过错一方不能主张违约损害赔偿,只能以欺诈等理由寻求救济。(⇨right to rescind)

right of user 使用权 财产权的重要内容之一。(⇨user)

right of vending 出售权;销售权

right of visit (国际法)登临权;临检权 军舰在公海上要求悬挂他国旗帜航行的船舶停船并派官员登上该船以确定该船的国籍同其所悬挂的船旗是否一致的权利。登临权只有在被登临的船舶存在可疑情形时,如被怀疑为海盗船,才能行使。在欧洲大陆国家,该词等同于临检权[right of search]。在英国曾对上述两种权利加以区分,后此种区分被取消。(⇨visit and search)

right of visit and search (= right of visit)

right of visitation ❶(= visitation rights) ❷(= right of visit)

right of visitation and search (= right of visit)

right of way ❶通行权 当事人享有的通过他人土地的地役权。❷铁路用地权 针对铁道建设用地。❸优先通行权 当两辆车或车辆与行人同时经过同一个地点时,由其中一方享有优先通行的权利,但权利人仍然对自己及对方的安全负有注意义务。先行权规则[right-of-way rule]是规定同时接近公路十字路口的两个路面使用者中,由谁首先通过的规则。(⇨easement)

right of way by custom 习惯通行权 指依惯例,尤其是特定地区居民中的习惯而取得的通行权。英国普通法对此加以认可,而美国普通法常不予承认。

right of way by grant 协定通行权 契约条款中授予的通行权。

right of way by necessity 必要通行权 为实现转让人的授权或保留而默示产生的通行权,即该通行权为使用所转让或所保留的房屋所必需。

right of way by reservation 保留通行权 进行房屋转让时通过契约保留的通行权。

right of way ex vi termini 特定地段通行权 指对他人土地享有通行地役权,但限于特定界线内通行。

right of way in gross 通行人役权 为特定个人的利益而通行于他人土地的权利,与通行地役权相对,后者是为需役地[dominant estate]的利益而设定。(⇨easement in gross)

right of wharfing out (古)码头使用权 通过在延伸于水下的陆地上建造永久性的建筑或码头以停泊远洋船舶,从而对该地段享有专用权。

right patent (英格兰古法)(地产)权利令 签发给非限嗣继承地产保有人,用以回复自己所保有的地产。该令状仅限于回复非限嗣继承地产,不适用于圣职推荐权或权利小于非限嗣继承地产权的地产,如限嗣继承地产权、终身地产权等。

rights n.认股权 ①公司股东对新发行股票的优先购买权;②对目前不是股东的人而言,指以与其他现有股东相等的条件认购新发行股票的权利,即,按照其现拥有的股份与现有已发行股份的总额间的相应比例进行认购。

rights and remedies 权利和救济 常用的法律对应语。但要求对方履约和要求自己免遭人身伤害、在对方违约或实施侵害行为时要求得到赔偿救济,实际上都是法律承认的权利,所以这个对应语是否存在及其含义所指都并不明晰。唯一可做的有效区分是原始权和继起权的区分,前者如合同的履行、免受侵权损害等,后者如损害赔

偿、解除婚姻等。

rights arbitration (= grievance arbitration)

rights-consciousness n.正义意识;权利意识(⇨claims-consciousness)

rights in action 权利动产;通过诉讼得以实现的权利 亦作 chose in action。

rights in personam and rights in rem 对人权和对物权 是罗马法和源自罗马法的现代法律中对权利所作的划分,即用于对抗特定人的权利为对人权,而对物拥有的、对抗一般人的权利为对物权。

rights of accused 刑事被告人的权利 指宪法、制定法和普通法上为保证刑事被告人获得公正的审判而规定其享有的权利。主要有:被告知指控内容的权利、获得律师协助的权利、享有公平地进行交叉询问的机会的权利、提出证据的权利、享受平等法律保护的权利、获得快速审判的权利、获得公开审判的权利、上诉权等。

rights off 除权(⇨ex rights)

rights offering 配送优惠认股权 按公司现有股东各自的持股比例向股东配送认股权,使之可以通常低于市场价格的固定价格购买新发行的普通股。(⇨preemptive right)

rights of things 物权 对外部的或与人身无关的物所享有的权利。

rights on 附带权利;附带认股权(⇨cum rights)

right, title, and interest 权利、所有权和权益 在针对不动产执行保护债权人利益的令状时所用的术语,这些权益可能涉及非限嗣继承、终身或定期、可回赎等性质的地产。该术语运用来描述在产权转让契据[quitclaim deed]履行过程中所转让的权益。

right to alluvion 淤积地取得权 所有权取得的一种方式,属于不动产与不动产添附[accessio]的一种,即河流上游的水土流失,淤积到下游形成了新的土地,其所有权无偿地属于沿岸土地所有人。(⇨alluvion)

right to appeal 上诉权

right to bear arms 〈美〉保有及携带武器的权利 受美国宪法第二条修正案所保护的一项权利,但携带枪支需在不违反州或联邦枪支法的条件下方可。(⇨right to bear arms)

right to assemble 集会权(⇨right of assembly)

right to attorney (= right to counsel)

right to bear arms 〈美〉携带武器的权利 美国宪法第二条修正案所赋予的权利,当因战争参加纪律严明的民团时,有携带武器的权利。公民个人携带武器的权利并非宪法权利。

right to begin 〈英〉先陈权;先辩权 诉讼中负主要举证责任的一方当事人首先陈述其案情和举证的权利。享有先陈权的当事人亦有权对对方当事人的陈述和举证作出答复。

right to choose 选择权(⇨freedom of choice)

right to coal 采煤权

right to confrontation 对质权 指刑事诉讼中被告人享有与对其不利的证人对质的权利。

right-to-convey covenant 财产转让权契约(⇨covenant of seisin)

right to counsel 〈美〉获得律师辩护权 美国宪法第六条修正案和第十四条修正案规定,对于重罪、可判处监禁刑的轻罪以及青少年犯罪的刑事被告人,如果因经济上的困难无力聘请私人律师,则法院应为其指定律师,使其享有获得律师辩护的权利,享有这一权利的时间从对被告

人的司法程序开始时起,直至判刑、上诉期间,但在定罪后的诉讼程序中,这一权利便不是绝对的权利。

right to day in court 受法庭审判的权利(⇨day in court)

right to die laws 死亡权法 在某些案件和法律中,赋予垂死的人或其监护人拒绝用以延长其生命的特别治疗的权利。这类案件需要有对求死愿望的确信。

right to fair trial 受公正审判的权利

right to fish 捕鱼权

right to follow a trade, business, or occupation 〈美〉从事商业、贸易或就业权 为美国宪法第十四条修正案所保障,指从事一定行业得以谋生的权利。这是一项未经正当法律程序不得剥夺的财产权。

right to full hearing 获得充分听证的权利(⇨full hearing)

right to go extra viam 道路外通行权(⇨extra viam rights)

right to jury trial 受陪审团审判的权利

Right-to-Kill 〈美〉杀人的权利(或理由) 在一起刑事审判中,法庭对一位受虐待妻子(或女友)所进行的成功辩护的称法。这位妇女在遭受了数年肉体与情感的虐待之后,出于自卫和处于暂时的精神失常状态而杀死了她的丈夫(或男友)。

right to know acts 知情权法 法律要求化学品制造商等工商企业向公众及其工人公开危险物质的有关信息,使其对生活、工作的危险度有所了解。这类法律在美国的联邦法和州法中都有体现。

right to lateral support 侧面支撑权(⇨lateral support)

right to liberty 自由权(⇨liberty)

Right-To-Life Amendments 〈美〉生命权利修正案 旨在否决 1973 年最高法院对罗诉韦德案[Roe v. Wade]所作判决的建议宪法修正案。该判决认为一名妇女在其怀孕的最初 3 个月内享有不受限制的堕胎权这一宪法权利。而未被国会很好采纳的建议修正案则以下观点:"根据宪法所保障的生命权,任何一个美国及各州管辖的人,从其受胎时起,都将被视为人并享有生命权。"与生命权倡导者相对的是从事堕胎运动的全国堕胎权利行动联盟[National Abortion Rights Action League],它代表了另一种观点,即妇女享有选择是否生育一个孩子的权利,但也强调堕胎只能是最后采取的节育措施。(⇨Roe v. Wade)

right to light 采光权(⇨easements of light, air and view)

right to marry 婚姻权 一项天赋人权[natural right],但立法机关为了道德和社会秩序可以制定法以限制。

right to office 担任公职权利(⇨title to office)

right to operate automobile 驾驶汽车的权利 就驾驶汽车需要有驾驶执照而言,它是一种特许权;但就利用公路旅行或运输财物而言,驾驶汽车是一种普通的权利。

right to payment of patient-worker 〈美〉患病工人获得工资的权利 根据 1973 年桑德诉布里南案[Souder v. Brennan]所阐释的《公平劳动标准法》[Fair Labor Standard Act]1966 年修正案,凡从工作中获得任何经济收益的机构,都应向其患病工人支付最低工资或与健康工人相当的工资。根据工作活动中心证明[Work Activities Center Certificate],如果该中心提供的工作只适于身体严重损害致生产能力极低的病人,则机构可支付的金额为最低工资的 25%。虽然该权利的合法化已为某些患病者带来了经济上的收益,但在其他机构,资金的缺乏导致这种病人的职位减少,从而使其丧失了以此打发时日和挣钱的机会。

right to privacy 隐私权(⇨privacy)

right to redeem (= right of redemption)

right to refuse treatment 拒绝治疗的权利 指非自愿入院的精神病人有权拒绝特定形式的治疗。一般而言,医院和医生负有对病人采取他们认为适当的治疗方式的法定权利和职责。然而,如果特定的治疗可能对病人造成伤害,其职责就要受到限制,比如病人对药物有过敏反应、特定的治疗可能会产生不可逆转的副作用,或者病人对某种治疗方式存在着宗教或道德上的顾忌。

right to rely 信赖的权利 在可提起诉讼的欺诈行为中的一个要素,它要求必须存在一个出于蓄意欺骗目的而对控诉人作出的直接或间接的陈述,从而诱导控告人在完全信赖这种陈述的基础上作出了与其真实意愿相反的意思表示或行为。

right to remain silent 沉默权(⇨right against self-incrimination)

right to rescind 〈英〉撤销合同的权利 亦作"right of rescission",是合同的一种救济。指如果一方当事人违反了独立于合同的某些义务,如合同成立前有欺诈、胁迫、虚假陈述等行为,则法律赋予无过错一方以撤销合同的权利。合同的撤销具有溯及既往的效力。与撤销合同的权利相对的是终止合同的权利[right of termination],后者产生于一方当事人违反合同本身的义务时,其效力仅指向将来。(⇨right of termination)

right to speedy trial 受快速审判的权利

right to strike 〈英〉罢工权 即拒绝劳动的自由,通常是集体性的。只要不触犯法律,行使此项权利即是合法的和被许可的。但除非有意图终止雇佣合同的通知,罢工则等于每一雇员违约。根据《欧洲社会宪章》[European Social Charter]规定,欧洲议会[Council of Europe]成员国承认工人享有包括罢工权在内的采取集体行动的权利,这似乎把罢工从一项自由或一种权利提高到基本人权的高度。不管合同如何规定,行使罢工权不违反合同,也不构成解雇的合法理由。但英国法律可能并不如此。依据法律,工会不因谋划或加剧劳资纠纷而承担民事侵权责任,但支持政治性罢工不受保护。

right to terminate 终止合同的权利(⇨right of termination)

right to travel 〈美〉迁徙权 长期以来一直受宪法保护的一项权利,其典型例证是在某州没有居住满一定年限者,有权申请该州的福利支助,在美国认为剥夺公民的此项权利,就是剥夺其迁徙权,因而也剥夺了其法律平等保护权[equal protection of the law]。虽然,美国宪法并没有具体规定该项权利,但早在 19 世纪 60 年代,美国最高法院宣布宪法第四条中的特权和豁免权条款[Privileges and Immunities Clause]保证每个人都有跨州来往的权利。在新近的几个案例中,最高法院也再次遵循了州际迁徙原则,坚持州无为迁徙设置障碍的原则。

right to trial by jury 受陪审团审判的权利

right to vote 投票权;选举权(⇨suffrage)

right to work 〈英〉工作权;劳动权 该词至少有两个经常混淆的含义。一是指免受限制性规则的阻挠,获得工作的自由。只能雇佣工会成员就是一项限制性规则。这项权利是法定权利,但常为工会所否认。二是指要求获得工作的权利。尽管经常有人主张后者是一项权利,但它不是一项法定权利,因为工作能否获得总是取决于经济因素,而非由法律决定。然而,前者是个人的一项重要自由。它合理地确保只有得到足够培训,具有相当技能的人才能够从事那些有一定技能要求的工作,如合格的医生。但由于性别、种族、肤色等不相关的因素,通常是由于某人不是某一指定的工会的成员(该处规定只能雇佣某一工会的成员)而被剥夺工作的机会,则是对个人自由的非法侵害。

right to work laws 〈美〉工作权法律 指《全国劳资关系法》[National Labor Relations Act]中所许可的一些州法,其作为一般原则规定,不得以参加工会作为雇员得到或保留工作的条件。美国大约有 20 个州已有这种制定法,其用词各不相同,有的是笼统地禁止雇佣中以区别待遇来激励工会成员,有的则更含糊地禁止雇佣中的工会垄断[monopoly],但绝大多数是明确规定禁止以工会成员资格(或向工会付费)作为雇佣的条件。

right-wrong test 刑事责任能力标准 (⇨McNaghten Rules)

rigid constitution 刚性宪法 由特定程序制订并明文规定的宪法,其内容不能以一般立法程序变更。美国宪法属刚性宪法,非经 3/4 以上的州立法机构或制宪会议代表同意,不得修改。(⇨flexible constitution)

rigor juris 〈法〉法律的严格性;严格的法律 区别于"法庭的恩典"[favor of the court]。

rigor mortis 〈拉〉尸僵 尸体的肌肉组织和关节变得僵硬。尸僵在人死后间隔或长或短的时间,通常情况下在几个小时内发生。尸僵是判断死亡的可识性标准之一。

ring n.团伙;集团;帮派 为给自己谋取利益或达成其他非法目的,如控制选举或政治事务、垄断市场或股票交易、从事犯罪活动等而结合在一起的一群人。

ring-dropping n.〈英〉丢指环骗术 欺诈偷盗罪的一种形式。行为人将一枚指环或其他貌似贵重而实则不值钱的东西丢放在人行道上,而后在他人注意时将其拾起并以低价向该人出卖。英国 1968 年《盗窃法》[Theft Act]中所称"盗窃"[theft]是一个涵盖原先普通法上的偷盗、侵占和诈骗三罪的大概念。

ringing the changes 套换骗术 欺诈偷盗罪的一种形式。在买卖过程中,卖方以耍花招手法将买方给付的真币偷换成伪币而要求更换,从而非法多占买方的钱财。也包括买方用较大金额的钞票购买小商品,在等待卖方找零时,佯作突然改变主意,如要求再买其他小商品或者换取更小面额的零钱,以扰乱卖方心智,从而最终得到的找零大大多于应得额。

ringing up 差额交易 是经纪人中的一种惯例,他们通过对手间的购买、销售合同进行计算得出差额,以交付差额的方式来终结这些合同。

ring of the fisherman 图章戒 罗马教皇的图章戒指,上面刻着教皇的名字和圣徒彼得坐在船上钓鱼的图像,用以证明政府文件的真实有效。为了防止假冒,这种图章戒在每位教皇死后随即就被销毁。

rings-giving n.赠与金环 由新设的高级律师赠送给法庭上的各级官员的金环,上至王室亲属,中经议会的贵族、法庭的法官,下至最低级的书记官,各依其级别而赠,这笔费用不少于 40 英镑。

riot n.暴乱 是指一种公共骚乱,有如下含义:①3 个或 3 个以上的人聚集在一起实施暴力行为。这行为构成明显的实在的危险并对他人的财产或人身造成损坏或伤害;或②以可能引起公众惊恐的方式,实行合法或非法共同计划的过程之中扰乱公共治安。在普通法上,暴乱通常为轻罪。任何公民均可制止暴乱,必要时可使用武器。美国有些州的制定法中,暴乱为重罪,而且 2 个人就可以构成本罪。美国《模范刑法典》[Model Penal Code] §250.1 规定:如果行为人伙同 2 人以上实施扰乱公共秩序的行为,具有以下 3 种情况之一的,则构成暴乱罪:①以实施或利于实施重罪或轻罪为目的;或②以阻碍或强迫实施公务行为为目的;或③当行为人或知悉其他参与者使用或计划使用火器或其他致命性武器时。

Riot Act (英格兰古法)《暴乱治罪法》 1714 年通过的规定暴乱犯罪并恢复詹姆斯叛乱[Jacobite rebellion]时期的法律秩序的制定法。起初,破坏财产的暴乱行为可视为对王室的反叛。该法对此加以明确规定:对于任何 12 人以上非法骚乱地聚集在一起扰乱公共治安的行为,治安官或有类似职权的人可以国王的名义并以本法规定的形式宣布驱散命令。自该命令宣布起 1 小时内,非法集会人员应予解散,否则以重罪论处。治安官对拒不撤散的人可予以逮捕,对任何暴乱者的死亡或受伤不负法律责任。由此而产生"宣读暴乱治罪法"[reading the Riot Act]一词。该法于 1967 年被废止。

rioter n.暴乱者 包括教唆暴乱者、发动暴乱者和参与暴乱者。

riotose ad.暴乱地;骚乱地;以暴乱方式

riotous a.暴乱的;骚乱的;具有暴乱性质的

riotous assembly (英格兰古法)暴乱集会 指 12 个或更多的人非法集会扰乱社会治安。

riparia 〈拉〉(两侧都有堤岸的)水流;堤岸 中世纪用语。

riparian a.河的;水的

riparian land 河岸地 指临近水体的地带,或者是该地带中有水流的一部分,或者是该地带以水流为界。由于河岸地的特殊地理位置,河岸地所有人有权享用因利用水流带来的利益。(= riparian right)

riparian lease 河岸使用契约 一种书面法律文书,它规定对河岸上水位线和下水位线之间的地段进行使用的条件和期限。

riparian nations 沿岸国家 指隔岸相望或沿岸相邻的国家。

riparian owner 河岸土地所有权人 指河左右两岸上的、或与河流相连接的土地的所有权人。

riparian proprietor 河岸权人 指其土地以水流为边界的土地所有权人,他依法对溪河的水流享有有限制的物权。

riparian right (常用复)河岸权 指水流沿岸土地所有权人享有的权利,即按惯例,该土地所有权人有权合理使用水流,如用之于打猎、灌溉、航行等。也称为用水权[water right]。

riparian-rights doctrine 河岸土地所有权规则 根据该规则,河流两岸土地所有权人对穿过或沿着其土地流动的水体享有平等的使用权。

Riparum usus publicus est jure gentium, sicut ipsius fluminis. 〈拉〉(罗马法)根据国际法,河岸与河流本身都属公用。

ripe for judgment 可作判决的 指法庭应当进行的诉讼程序和行为都已完成,只待制作判决。

ripe for review 〈美〉司法审查成熟原则 (⇨ripeness doctrine)

ripeness doctrine 〈美〉成熟原则 该原则要求呈交联邦法院的案件必须是现存的实际争议,法院不受理仅是假设性或推测性的问题。因而,每一个案件中其法定权益相冲突的当事人之间是否存在实质争议[substantial controversy],具有充分的紧迫性[immediacy]和现实性以促进法院作出确认判决[declaratory judgment],是很重要的问题。在司法审查中,成熟原则排除非争议的行政行为已发展成熟到适合作出司法裁决的阶段,法院不愿给予确认判决和禁制令的救济手段[injunctive remedy],这一原则存在的基本理由在于避免法院过早进行裁判,陷入抽象的行政政策争论,同时也保护行政机关在最后决定作出之前及行政行为对当事人发生具体影响之前,免受法院干涉。法院判定行政争议已成熟到可以进行司法审查的标准有二:一是问题适于法院裁判,二是推迟审查将对当事人造成困难。(⇨case; final decision rule; justiciable controversy; standing)

riptowell *n.* 收割费 在土地保有人[tenant]收割完领主[lord]的庄稼或完成其他封建劳役后获得的报酬。

rising of court ❶休庭 指法庭无限期的休庭[final adjournment],但有时也指在某一天或临时性的休庭。该词已废弃不用。 ❷法院开庭期的最后一天

risk *n.* ❶伤害、损害或损失发生的不确定性;危险;风险 (⇨assumption of risk) ❷伤害、损害或损失发生后的相应责任 ❸保险单项下的保险标的发生承保风险的可能性 ❹保险金额 在发生承保损失时,保险人承担保险责任的最高限额。 ❺保险人视之为风险的人或物 ❻被保险人;保险对象 ❼承保风险的类型 如火灾、水灾等。

risk arbitrage 风险套利 指涉及风险的套利活动,尤其公司收购或接管中的套利。投机者买进目标公司的股票,同时卖出作为收购者或接管者的公司的股票,期待在前者的价格预期上涨和后者的价格预期下跌中获利。

risk assumed 承保风险 保险人在保险单中承诺予以承保的风险。(⇨assumption of risk; risks and causes of loss)

risk-benefit test (= risk-utility test)

risk capital 风险资本 投资于商业企业(尤指投资者对投资的企业没有经营管理控制权的企业)中的金钱或财产。(= venture capital)

risk capital test 风险资本标准 一项交易是否构成证券买卖从而受证券法的规范,其确定标准是证券出售者是否以此募集风险资本以用于发展商业企业。

risk factor 风险因素 在确定人寿保险的保险费率时,是以死亡表为基础,对当前与将来的保险金请求进行成本估算而得出的,风险因素也计算在内。

risk incident to employment 〈美〉职业风险 根据劳工赔偿法,工人在履行其劳务契约时所产生的风险,或是与职业直接相关的普通风险,或是与职业不直接相关的特别风险。(⇨ordinary risks of employment)

risk incurred (= risk assumed)

risk management 风险管理 减少(尤指商业中的)意外损失的程序和系统。

risk of buyer (= buyer's risk)

risk of employment (= risk incident to employment)

risk of seller (= seller's risk)

risk of war 冲突危险 冲突是引起损害的近因,此时称该种危险为冲突危险。

risk premium 风险补贴;风险酬金 对从事超出正常危险程度工作的职工的额外补贴,对高风险贷款的债权人支付的额外利息等。

risks and causes of loss 致损风险和原因 保险单的承保范围;被保险人受保障的危险或意外事故,如火灾、水灾、疾病等。(⇨attachment of risk)

risks of navigation 航行风险 包括船舶航行中的所有风险,比"海上危险"[perils of the sea]的范围要广。

risk-utility test 危险效用测试 这是产品责任案件中运用的一种测试方法,以此判断某一制造商是否会因为产品设计所产生的危险大于其带来的效用而对消费者所受损害承担责任。

rivage *n.* (英格兰古法)过河费 通过某些特定河流而向国王交纳的费用。

rivagium (= rivage)

rival unions 竞争的工会 在吸收会员和代表特定行业或工厂的雇员参加集体谈判权方面进行竞争的工会组织。

riveare 有捕鱼权;有捕猎野禽权 古希伯莱用语,指有权在河上自由捕鱼和捕猎野禽。

river authorities 〈英〉河流管理局 根据 1963 年《水资源法》[Water Resources Act]而设置的机构,用以取代根据 1948 年《河流委员会法》[River Boards Act]设置的河流委员会。但河流管理局亦被 1973 年《水法》[Water Act]所取消,取而代之的是水管理局。

river boundary 河界

rivers in international law 国际法上的河流 河流如果完全在一国领土之内,属国内河流;如果标示领土边界,为边界河流;如果为一个以上的国家所有,则为多国河流。对多国河流,沿岸国可以在各自的所属河段内管理航行,并可拒绝非沿岸国船舶航行。流经数国领土并通往海洋,根据国际条约向所有国家的商船开放的河流,则为国际河流。国际河流制度于 19 世纪开始出现于欧洲。1815 年维也纳公会承认了在欧洲的国际河流上的航行自由原则,如斯凯尔特河、默兹河、莱茵河及其可航支流。1856 年《巴黎和约》[Peace of Paris]规定了多瑙河上的航行自由。一战后的许多和约也宣布了其它一些国际河流。1921 年国际联盟举行的巴塞罗那会议通过了《国际性可航水道制度公约及其规约》[Convention and Statute on the Regime of Navigable Waterways of International Concern]。

rivers in municipal law 〈英〉国内法中的河流 河流是通过自然的和至少是合理限定的水道流向海洋的较大的水流。因法律上的目的,须对以下三种河流作出区分:既无潮汐又不可航行的河流;无潮汐而可航行的河流;既可航又有潮汐的河流。同一条河流在不同河段可能分属以上三种类型。在第一种类型中,河床和河岸属于河岸土地所有权人[riparian proprietor];在可航行的河流上,所有公众都有航行自由权和相应的河岸使用权,如停泊或运卸货物,但河床和河岸属于河岸土地所有权人;而就一条潮汐河流来说,河床属于君王。

rixa 〈拉〉(罗马法)争端;纠纷;异议

rixatrix (尤指女性的)责骂;斥责

R. L. (= revised laws; Roman law)

RL/C (= revolving letter of credit)

road *n.* 道路;公路 常用作公路[highway]的同义语。

road brand 〈美〉道路烙印 法律规定,牲畜在被集中起来并赶到州界以外的市场之前,应在出发前集结的县被打上烙印并记录在案。

road camp 〈美〉路边营地 指被分派在公路上劳动的犯人在休工期间的关押处所。

road districts 〈美〉公路管局 美国多数州依法律授权设立的市政公法人或准市政法人,其职能是负责其辖区内公共道路的修筑、养护和监管,有时赋予其征收地方税款的权力,它一般由称之为道路监督员或委员的民选官员组成。

road fund 〈英〉道路基金 根据 1920 年《道路法》[Road Act]而建立的基金,用于该法令下道路建设所需资金的收付。

roadless area review and evaluation 〈美〉公路不通行地区审核与评估报告 美国农业部长于 1978 年 1 月向总

统提交的一份报告,确定了分布在除夏威夷外的50个州的国家森林中共计6 200万英亩的未开垦地,并建议将这些地区保留为永久性荒地,作为固定的国家森林资源用以伐木、开发石油、放牧牲畜、采矿和休闲等,并应作进一步的研究。

rob *v.* ❶抢劫 违背他人的意志,以暴力或恐吓的手段,从被害人身上或者当着被害人的面把财产拿走。 ❷偷窃;欺骗 不严格的习惯用语。

robaria 抢劫 据说该词最初是指从他人的罩衣或长袍中强行拿走东西。

robator *n.* 抢劫者

robbator *n.* 抢劫者

robber *n.* 抢劫者 犯有抢劫罪行的人。在不严格的习惯用语中,也可以指偷窃者或欺骗者。

robbery *n.* 抢劫 违背他人的意志,以暴力或恐吓的手段,从被害人身上或者当着被害人的面强行拿走金钱或有价财物的行为。在偷盗过程中若具有以下因素之一则可构成抢劫罪:①犯罪行为给他人身体造成严重伤害;②以给他人当即造成严重身体伤害来恐吓他人;③实施或恐吓立即实施一级或二级重罪。在美国,多数司法管辖区把抢劫罪分为单纯抢劫罪[simple robbery]和加重抢劫罪[aggravated robbery]。在英国,按1968年《盗窃法》[Theft Act],抢劫罪是一种使用暴力或以暴力相威胁的盗窃行为。它和具有抢劫意图的企图伤害罪都可由大陪审团起诉,最高判处终身监禁。

robbery insurance 抢劫保险 承保由于以暴力、威胁、恶意抢夺等非法手段抢劫被保险财产所造成的损失。

robbour *n.* 抢劫者

robe *n.* 律师界;法官界

roberdsman *n.* 大胆强悍的抢劫者;夜间偷盗者 该词来自罗宾汉·胡德[Robbin Hood]的故事。

roberia (= robaria)

robertsman (= roberdsman)

Robinson-Patman Act 〈美〉《鲁宾逊－帕特曼法》 1936年通过的一项联邦法律,是对《克莱顿法》[Clayton Act]进行的修改,旨在禁止阻碍竞争或形成垄断的价格歧视行为,因此又被称为反价格歧视法。但由于该法鼓励价格统一,消除价格竞争,被普遍批评为违背了市场竞争的基本宗旨。

robour *n.* 抢劫者

Rockefeller Drug Law 〈美〉《洛克菲勒禁毒法》 纽约州1973年通过的一项严厉的禁毒法,规定对违反该法的一级重犯处以终身监禁。最高法院认定该法合宪。

rocket docket ❶争议速决程序 ❷以处理案件迅速而闻名的法院或司法区 ❸必须在规定时间内解决争议的行政程序

rod *n.* 罗德 一种长度单位,相当于5.5码或16.5英尺,又称"perch"。

rodknights *n.* (英格兰古法)随行骑士役 跟随领主从一个庄园骑马到另一个庄园的义务。

Roe v. Wade 〈美〉罗诉韦德案 1973年美国最高法院对该案作出了一项标志性的判决,宣布禁止堕胎的州刑法为违宪。最高法院认为,规定只有为了挽救母亲生命而进行的堕胎才能免除刑事责任的法律违反了宪法第十四条修正案的正当程序条款,并且是对妇女的宪法性权利——隐私权(包括妇女终止妊娠的决定权)的无端侵犯。但最高法院同时指出,妇女选择在任何时间、以任何方式、任何理由决定堕胎的权利并不是绝对的,各州在保护怀孕妇女的健康与潜在的人类生命方面具有法律上的利益。因此,在存在令人信服的利害关系的情况下,各州有权作出规定。对此,最高法院进一步指出,有关母亲的健康的令人信服的利害关系点是怀孕的头三个月半,在此之前,州不应干涉妇女和其医生决定终止妊娠;在此之后,州可以规定与怀孕妇女的健康相关的堕胎程序,例如实施堕胎手术医师的资格及相关设备等。州在有关潜在人类生命方面存在令人信服的利害关系点是胎儿的独立存活性,即胎儿能够脱离母体独立存活之时,这时大约是怀孕六个月的时间,州可以禁止除为保护母亲的生命或健康所必要之外的堕胎。罗诉韦德一案对美国的堕胎发生率产生了深远的影响,并推动了"生命权利"[Right-To-Life]和反堕胎运动[Anti-Abortion Movements]的发展。

rogare (罗马法)请求;提议;诉请;提名

rogatio 〈拉〉(罗马法)请求;提议;提案;诉状

rogation (罗马法)执政官或护民官所提出的法案

rogation days 祈祷日 耶稣升天节[Ascension Day]前的周一、周二、周三三个斋戒日,因在此期间要为地产丰饶作特别祈祷而得名。

Rogationes, quaestiones, et positiones debent esse simplices. 〈拉〉请求、询问和主张应当简明扼要。

rogation Sunday 祈祷日前主日 复活节[Easter]后的第5个星期日;耶稣升天节前的星期日。

rogation week 祈祷日周 圣灵降临节[Whit Sunday]前的第2周,包括3个斋戒日,这一周也是英国每年测量查勘堂区和庄园边界线的时间。

rogatio testium 请求见证 在作出口头遗嘱时,立遗嘱人正式召集众人到场以证明他宣布遗嘱。

rogator 〈拉〉(罗马法)提出新法案者

rogatory letters 委托调查函 指一国法官委托另一国法官代为询问某一证人的函件。

rogo 〈拉〉(罗马法)我请求;我祈求 遗嘱中常用的恳求性表达。

rogue *n.* ❶流氓;无赖;流浪汉;游手好闲之人 ❷调皮;淘气 尤指老人或小孩。 ❸离群象;离群兽

rogues' gallery 罪犯照片集 为了将来识别该罪犯,保存或陈列于警察局或监狱的已定罪者的照片集。

roiaume 王国;国家

roll *n.* ❶名单;花名册;登记表 ❷案卷;卷宗 记录法院诉讼程序或议会议事程序、政府机构工作程序等的文件。在英国普通法上,每一诉讼的全过程在不同的阶段被记录在不同的案卷中,形成答辩卷、争议卷[issue roll]、判决卷等。对议会议事程序的记录,包括议会议决对法官提请议决的法律问题所作的决议,向议会提出的请愿及制定法等通常都记录在议会卷[parliament roll]中。此外还有其他多种卷宗,如特许令卷[charter rolls]、密封卷[close rolls]、财税卷[exchequer rolls]等。这些卷宗均属公共档案,存放于伦敦公共档案局。

v. (俚)抢劫 警察和罪犯用语,指趁他人醉酒、熟睡或昏迷时从其口袋中抢走钱财的行为。

rolled-up plea 真实与公正的答辩 在诽谤案件中,被告同时以真实性和公正评论作为理由的答辩。即被告主张所公开宣布的事项是真实的,且由于这些事实有关公众利益,因此对其的评论也是正当的。

rolling credit 续展信贷;展期信贷 持续的、可以续展至一个特定限额的信贷。

roll of attorneys 〈美〉律师名册 通常由各州最高级别法院的书记官保存,上面载有允许在该州内执业的律师的

姓名。

roll of court （英格兰古法）庄园法庭档案卷宗　记载有法庭的业务、庄园接纳新成员、土地交还、保有人名册、地租、保有人的义务等。所谓公簿地产[copyhold lands]即是依庄园法庭卷宗副本保有的地产。

rollover n. ❶展期　延长短期贷款的期限。常用于推迟偿付分期贷款中最后一笔大额款项。❷转投资　指投资者将其资金从一种投资转向同类型另一种投资,尤指为推迟纳税之目的进行转投资。

roll-over paper 展期票据　在到期后可以展期或转为分期付款的短期票据。

Rolls Court （英）1873年司法改革之前掌卷法官[Master of the Rolls]开庭的处所

Rolls Office of the Chancery 〈英〉衡平法庭卷宗档案馆　存放衡平法庭卷宗档案所在地,位于伦敦文秘巷。该处所古称"Domus Conversorum",本为亨利三世指定给皈依之犹太人专用,后因他们的不忠而被爱德华二世驱逐,此处遂成存放衡平法庭卷宗的处所。

Rolls of Parliament 〈英〉议会议事录　指关于早期议会所议事项的手写记录,这其中包括了对许多疑难法律问题的决定,因为议会是当时的最高法庭。此外,所有的诉状[bill]均以申诉状[petition]的形式起草,登入议事录,并附有国王的意旨,但它并不套用固定格式而是依案件情形定夺。在每一届议会结束时,法官均将这些诉状编成成文法形式,然后录入制定法总卷。

rolls of the Court of Session 〈苏格兰〉最高民事法院案卷　在法院开庭期间每天公布的多种案卷,在不同案卷名称下依次列出待审的案件。此外,案卷中也列出不同法庭或法官以后将要审理的案件。

Rolls of the Exchequer 〈英〉财政署税收档案卷宗

rolls of the Temple 两殿餐费名册　在中殿及内殿律师公会里有一个叫做"牛头名册"[Calves-head Roll]的餐费名册,在其中载有每一名资深公会成员、出庭律师及学员所需向会馆里的厨师及其他职员支付的年餐费。

Roman Catholic ❶罗马天主教徒　承认罗马教皇权威的基督徒,归属罗马天主教。❷罗马天主教　也称罗马公教。1054年基督教东西两派正式分裂,东派教会以君士坦丁堡为中心,称为东正教;西派教会以罗马为中心,即天主教。中世纪时天主教在西欧各国社会中占统治地位,享有法定特权。宗教改革后从中分裂出诸多新教宗派,在英格兰和苏格兰两地,信奉天主教的信徒占少数,被称为教皇至上论者[papist]、不从国教者而遭到迫害。禁止天主教的制定法有数量极多的刑法法规,甚至包括死刑,此外天主教徒还遭受了无民事行为能力[civil disabilities]的待遇。从17世纪开始天主教徒逐渐获得一些宗教信仰权利,18世纪英格兰和苏格兰分别颁布解除法[Relief Act],免除以前的法规所规定的刑罚,并允许天主教徒行使某些自由活动权。1829年英格兰的《天主教解禁法》[Catholic Emancipation Act]赋予天主教徒投票权和参加议会的权利,并允许其担任公职和军事职务。1926年的解禁法则进一步清除了几乎所有残留的针对罗马天主教徒的刑法法规和剥夺民事行为能力的法令。现代立法和判决像对待其他宗教一样平等无差别地对待并承认罗马天主教。

Roman Catholic Charities Act 《罗马天主教慈善信托法》　此法为罗马天主教徒提供了一种享用托管地产的方式,但由于某些信托财产是迷信收益或不合法而被视为无效。

Roman Catholic Church 罗马天主教(⇨Roman Catholic)

Roman Catholics ❶罗马天主教徒　❷〈英〉禁止罗马天主教法

Roman-Dutch Law 罗马–荷兰法　15世纪中期至19世纪早期的荷兰法律体系,它融合了中世纪法律教科书中所阐述的日耳曼习惯法和罗马法的内容,并构成为现代南非、南部非洲其他数国和斯里兰卡等国法律的基础。

Roman law 罗马法　广义上,指在罗马人中普遍适用的所有法律,而不论其形成的时期,包括优士丁尼大全[collections of Justinian]。较狭义的罗马法,如德国的用法,仅指优士丁尼的法律。在英国与美国,习惯使用"罗马法"一词,区别于"大陆法"[civil law],以表示包括优士丁尼大全在内的罗马法体系。"罗马法"与"大陆法"的区别在于,"大陆法"是指以优士丁尼大全的基本概念和原则为基础发展起来的欧洲大陆国家的法律,而罗马法是指从罗马国家建立到帝国衰亡整个时期发展而成的罗马法体系。(⇨civil law; civil law systems)

Roman law of the Visigoths 〈西〉西哥特罗马法(⇨laws of the Visigoths; Breviarium Alaricianum)

Romano-Germanic family 罗马–日尔曼法系　世界主要法系的一支,也称大陆法系或民法法系,包括依日尔曼部落习惯和在西欧,即现在的法国、比利时、德国、奥地利、西班牙和葡萄牙得到发展的罗马法建立起来的法律制度。以某些欧洲国家法律为基础的制度通过殖民化得到了广泛传播,并已被许多国家采用,尤其是在拉丁美洲、非洲、近东、日本、印度尼西亚,所有这些国家在法律结构、概念和语言上都明显地与该法系相近似;该法系中法律的标准渊源是法典,司法判例尽管也很重要,但不像在普通法系中那样成为创制法律的主要方式,这也是两大法系一个重要的分界点。但随着国际交流与合作的发展,两大法系出现了相互借鉴、融合的趋势。(⇨civil law systems)

Roma-peditae 徒步前往罗马朝圣的信徒

Rome Convention of 1952 《1952年罗马公约》　处理外国飞机对个人造成的伤害的一项公约,该公约于1976年由27个国家正式批准生效。它对运营飞机的一方当事人采取绝对责任原则,规定对外国法院的判决进行强制承认和执行,并对可能给予受害方的赔偿进行限制。

Romefee (=Romescot)

Romefeoh (=alms fee)

Romepenny (=Romescot)

Rome-pennying (=alms fee)

Romescot 圣彼得节奉金(=alms fee)(⇨Peter pence)

Romilly's Act 《罗米利法》　指1812年《慈善募捐程序法》[Charity Procedure Act]。

Romney Marsh 〈英〉罗姆尼湿地　位于肯特郡,适用关于排水方面的一些早期的法律和衡平法,以前由副郡长组成的机构来管理,现已不再作为单独组成单位而存在。

rood n. ❶十字架　尤指基督受难的十字像,置于教堂圣坛屏之上。❷〈英〉路得　面积单位,相当于40平方杆,1 210平方码,1/4英亩。

Rood day 路得节　指9月14日的圣十字架荣归日[Exaltation of the Cross],亦指5月3日的圣十字架发现日[Invention or Finding of the Cross]。

roodloft n. 教堂内设置基督受难像的十字架坛

rood of land 路得　面积单位,相当于1/4英亩或1 210平方码。

rooks n. 秃鼻乌鸦　因其属大自然中的动物,在其集结处鸣枪使其惊走不构成诉因。

roomer n. 寄宿人　租有一间或数间房屋者。(⇨lodger)

root and branch petition 〈英〉废除主教制请愿　指1640年伦敦的许多人向下议院请愿，猛烈抨击并要求彻底废除英格兰国教会的主教管理制。这次请愿导致了旨在将主教管辖权转由议会委员会行使的《废除主教制议案》[Root and Branch Bill]的产生，该议案在下议院已到了委员会审议程序。在1642年，历经了几个议案的流产后，终于通过了一项将主教从上议院清除出去的法令。1643年，又颁布了两项议会命令，其一是宣布取消主教、主教参事会；其二是宣布将他们的土地收归国有。

root of descent　祖先　亦称"stock of descent"。

root of title　生权文书　指使所有权正式产生的法律文书，尤指土地产权证书。

ROR　(= release on own recognizance)

Rorschach test　罗夏(墨迹)测验(法)　在测试神经质[neurotic]与精神错乱[psychotic]特性中使用的一种投射方法，通过观察病人对一组10张带有标准墨迹的卡片的反应，确定其人格结构。该方法因瑞士精神病学家赫曼·罗夏[Hermann Rorschach]而得名。

ros　n. 某些土地保有人被迫向领主交纳的一种灯芯草

Roscoe Pound American Trial Lawyers Foundation　〈美〉罗斯科·庞德美国庭审律师基金会　成立于1956年，为纪念已故著名的哈佛法学院院长而命名。该基金会开展研究工作，并为寻求改善对抗制诉讼的律师成员提供支持。

rota　n. ❶法院；法庭　❷天主教最高法院(= Rota Court)　❸轮换；连续

Rota Court　天主教最高法院　天主教皇根据教会法行使最高权力的最古老的教会法院。该法院是国际性法院，其章程和权力由《教会法法典》[Code of Canon Law]和罗马教会规定，其管辖权无地域限制，可审理各种法令案件。它主要是下级法院判决的上诉法院，但也可以是某些教皇保留案的初审法院。天主教最高法院法官[auditors]是由教皇任命的精通教会法和罗马法的牧师，来自各个国家，首席法官是天主教最高法院院长[Dean of the Rota or Rotal Dean]。该法院的权力在15世纪达到了顶峰，1908年被重新组建。

rotation of names　〈美〉排名轮换　在准备选票时所采用的一种候选人排名制度。依此制度，候选人的名单从一个区到另一个区，甚至从一个县到另一个县都依不同的顺序排列，以避免任一候选人因每次都排在首位而带来好处。

rotten borough　〈英〉腐败选区　指某些议会选区。这些选区由于人口迁移或其他原因，到18世纪后期，投票人已经极少并且全部被富有的地主或庇护人所控制。被选举人是庇护人的提名人，不得不顺从庇护人的意愿，有些席位甚至公开出卖。许多类似的市镇被1832年《改革法》[Reform Act]剥夺了选派议员的权利。

rotten clause　(船舶)锈损条款　海上保险单中的条款，规定当船舶因锈损而不适航时，保险人免责。

rotuli parliamentorum　〈英〉议会档案　现存放于国家档案馆[Public Record Office]的档案，包括了1290-1503年间每期议会的记载事项，特别是诉冤人或下议院的请求及相应的答复，偶尔也有其他类似请求所产生的材料。议会档案包括未收入议会制定法卷丛[statute rolls]的制定法并有证据表明这些卷丛曾用于修定议会制定法卷丛。它们还包括了有历史意义的事实材料。印刷出版为《议会档案》(6卷，1765年版；索引，1832年版)依据这些档案和一本书编辑而成，该书由14世纪的档案摘要组成，但存在诸多缺陷，其名称也有多种：《议会记录册》[Liber Irrotulamentorum de Parliamentis]、《伦敦塔黑皮书》[Black Book of the Tower]、《旧法典》[Vetus Codex]。新版的议会档案《议会令状和军事传讯令》[Parliamentary writs and writs of military summons]仅仅出了两卷(1827-1834年)就停止了。

Rotulus Wintoniae　(英格兰古法)《温顿调查卷》　据说这是关于阿尔弗雷德大王对全国一次调查的记录，存于温顿或温切斯特，已于因古尔夫[Ingulf, ?-1109年]之前失传。因古尔夫是克罗伊兰修道院院长[Abbot of Croyland]，但据称由他编纂的那部作品现在一般被认为是始于15世纪早期的伪书，因此亦无确实理由认为《温顿调查卷》的确存在过。

roturier　(法国古法)平民　没有贵族称号的自由农，不以效忠宣誓持有其土地，但负有一定的劳役。

rough minutes　非正式备忘录　指法院书记官为方便自己对法院宣布的各种命令的登录工作而对这些命令所作的一种非正式的备忘录，尽管它们有时也可用作证据，但不属于法院档案的组成部分。

round lot　整批；整数批量　纽约股市的交易单位，对于股票来说，100股为整批；对债券来说，则以面值1 000美元或5 000美元为整批。(⇨odd lot)

roundup　n. 〈美〉聚拢牲口；赶牛大会　根据牛仔的惯例，将某一区域放养的牛全部赶至一处，以便对牛犊进行烙印和在不同的所有人之间进行分配。

roup　n. 〈苏格兰〉拍卖(⇨auction)

rout　n. ❶骚动　三人或三人以上已经非法集会之后以图实施非法计划扰乱社会治安。该行为是介于非法集会[unlawful assembly]和暴乱[riot]之间的状态，而实践中多以非法集会来起诉。构成此罪，不要求共同意图已实行，也不要求在去实行共同计划的过程中有破坏社会治安的具体行为。该罪在英国普通法中是轻罪，美国现代制定法已废除了该罪。　❷骚乱的人群　尤指惊恐逃散的混乱人群。

routing by carrier　承运人路线　指由承运人选择的货物航运路线，这时承运人负有为托运人权益考虑而选择路线的义务。

routously　ad. 骚乱地；具有骚乱性质地

roving commission rule　流动工作规则　该规则是指，如果一个雇员的职责要求其在一个总的区域内不固定时间或地点地流动工作，或者是要求其不断地往返于家庭和不同的户外工作场所之间，并且雇主为该雇员配有工作之用的机动车，则雇员在实际到家之前都视为是在持续地为雇主工作，这期间因其过失所致的损害则应由雇主承担责任。

roy　国王

royal arms　〈英〉皇家纹章　专用于君主的纹章标识。在英格兰，皇家纹章是一枚盾形徽，第一个和第四个角是英格兰纹章，第二个角是苏格兰纹章，第三个角是爱尔兰纹章。根据1938年《商标法》[Trade Marks Act]的规定："任何人未经陛下的允许，在商业、贸易、职业中使用了皇家纹章(或与之近似的意在进行欺骗的纹章)并导致他人相信其经过了授权，或者任何人未经陛下或王室成员允许，在商业、贸易、职业中使用了任何设计、标记或称号并导致他人相信其被陛下或王室成员雇用或向他们提供货物，则任何被授权使用这些纹章、设计、标记或称号的人，或者经内廷大臣[Lord Chamberlain]授权的人可对其提起诉讼,如果该节的规定未被解释为将影响包含上述纹章、设计、标记或称号的商标所有权人继续使用该商标的权利,则前述未经允许的使用人将被禁止继续使用。"1949年《专利法》[Patent Act]规定:"根据本法的专利授权不能被认为授权专利权人使用皇家纹章或将之置于任何专利物品上。任何人未经陛下的允许,在商业、贸易、职业中使用皇家纹章(或与之近似的意在进行欺骗的纹章)并导致他人相信其经过了授权,因此,在并无针对他的诉讼程序的偏见的情况下,如果该节的规定未被解释为将影响包含上述纹章的商标所有权人继续使用该商标的权利,则前述未经允许的使用人将根据1938年《商标法》的规定被即时裁定处以不超过20英镑的罚款。"

royal assent 〈英〉御准 拉丁语为 regius assensus。指君主对议会两院通过的法案予以认可,从而使该法案成为议会法律[Act of Parliament]。根据1978年《解释法》[Interpretation Act]规定,除非另有规定,议会法律自御准之日起生效。先前,或由君主亲自御准,或经君主签署后由国玺[Great Seal]大臣特许的委员会御准,并将两院议员召集到上议院宣读,但1967年《御准法》[Royal Assent Act]已将此程序加以修改,改御准由下、上议院议长分别在下、上议院宣布。理论上,君主对法案批准与否有裁量权,但自1707年以来,从未发生过拒绝御准的情况。

royal burghs 〈苏格兰〉御准自治市 1707年以前存在的由王室特许建立的自治市。

royal commission 〈英〉皇家委员会 由在政府的授意下通过皇家委任状[royal warrant]任命的一些委员组成,其目的是调查事实或提出法律改革建议。1830年以前,英国很少成立皇家委员会。该项职能主要由下议院的特别委员会[Select Committees]承担。但1830年后任命了许多皇家委员会,到1849年已逾百个。19世纪后期,皇家委员会调查、分析情况并提出行动建议,在政府活动中起到重要作用。委员会的报告以蓝皮书[Bluebook]形式发表。

Royal Courts of Justice 〈英〉皇家法院(⇨Law Courts)

royal draught 〈英〉皇家捕鱼权 由王室官员或其代理人在整个河流限量捕鱼的权利,在某些特定时期和特定河流,他们有权超量捕鱼。

royal family 皇室成员;皇亲 广义上指任何有可能继承王位的人,狭义上仅指限于一定范围内的国王近亲,超出此范围之外者则被列为普通民众,很少进一步受到关注,除非是出现王位无人继承的情况而被召去继承王位。

royal fishery 特许捕鱼权

royal fishes 〈英〉皇鱼 指海洋中诸如鲸和鲟等大鱼,依王室特权[royal prerogative],这些鱼类归英王所有,任何公民非经英王特许不得捕杀。

royal forests 〈英〉皇家狩猎场

royal franchise 〈英〉王室授予的特权 一种由国王授予的特权,如在航道中捕鱼的权利。

royal grant 〈英〉王室特许 指由国王所给予的许可。这些特许过去一直是国家档案所载事项,包括土地、荣誉、自由、选举权或其他问题,采用特许状[charter]或开封特许证[letters patent]形式,由国王授予其全体臣民。

royal household 〈英〉王室诸官职 由中世纪那些被选作条顿首领的私人侍从发展而来,这些侍从相继作了国家官和王国的主要行政官员。在封建时代这些官职是世袭的,被视为国王的侍从官。以后他们逐渐与其实际职能分离,而由其他官员行使其职能。现代的王室官员的责任和职能大部分由为此目的而被任命的人来执行,部分由执政党成员中选出的人来履行。到20世纪初,王室的主要官员随政府的变更而更换成为一项宪法惯例。但是1924年又作了规定,只有作为政府组织秘书的王室财务主管、主管会计和副宫务大臣随政府的更替而更换,其余官员属女王的宫廷侍从,任命权在女王。

Royal Marriage Act 〈英〉《王室成员婚姻法》 乔治三世时于1772年制定,规定王室家族成员未经国王(或女王)同意不得结婚,除非答应承担某些规定的条件。

royal mines 〈英〉皇家矿藏 指在普通法上国王依其特权所拥有的金、银矿。在普通法上,金、银矿是国王的财产,尽管它可能是在私人土地上所发现。应认为这一特权是源自国王铸币权的必然产物,以满足国王的物质需要。不过,非金、银矿属仍归土地所有者所有。

royal pardon 〈英〉皇家赦免 指免除罪犯罪行和刑罚的皇家特权,《1701年王位继承法》[Act of Settlement of 1701]颁布之前,该权力的行使不受任何限制。此后,受下议院弹劾的人不能被赦免。但对其他罪犯的赦免权仍被保留并由内政大臣[Home Secretary]或苏格兰事务大臣[Secretary of State for Scotland]行使。

royal prerogative 〈英〉王权;君主特权 指君主因其地位和王室身份所享有的而他人不能拥有的权力和权能,尤指毋需议会立法[Act of Parliament]授权国王或其大臣即可行使的王室权力[royal powers]的剩余部分。君主特权原先十分广泛且不受限制,经过许多世纪的演化,在许多方面已为成文法所剥夺,但仍保留很多;其他方面也为宪法惯例所限制。君主的个人特权[personal prerogatives]有:免于刑事、民事追诉,国王不为非[king can do no wrong],除有明确规定不受成文法约束等;政治特权主要有:召集、休闭和解散议会,任命和解除大臣,新封贵族和授予勋章;准许赦免或减缓刑罚;宣布战争和和平,缔结条约,派驻和接受大使、外交代表等。君主特权的行使方式多种多样,法院可对君主特权的行使是否有效作出裁判。

royal proclamation 〈英〉诏书;王室公告 尽管先前是一种立法的手段,但从17世纪开始,王室公告没有立法的效力。它通常用于召集或解散议会,宣布和平与战争,建立新的殖民地,宣布戒严法[martial law],指定感恩节的日期。

royal river 〈英〉航道;水道;河道 指英格兰境内所有适合航行的河流,它们被视作海的支系,而海又处于国王治下,故在"河道"前加"royal"一词。黑尔[Hale]曾将它与"公路"[king's highway]类比,强调它的公共使用性质。

royal standard 〈英〉王旗 只有国王在场并经其允许方可升起的国王的私人旗帜。

royal stream (= royal river)

royal style and titles 〈英〉国王的称号和头衔 在位的国王或女王即位时依据法律授权发布公告宣布其称号和头衔。现在英国女王的称号和头衔是:伊丽莎白二世,蒙上帝恩典,为大不列颠及北爱尔兰联合王国与她的其余国土及领土上的女王,英联邦国家的首脑,护教者。

Royal title 〈英〉女王尊称 根据1953年5月28日公告的《君主尊称法》[Royal Titles Act],女王的尊称是:伊丽莎白二世,蒙上帝之恩典,为大不列颠及北爱尔兰联合王国与她的其余国土及领土上的女王,英联邦国家的首脑,护教者。此前,按照1901年《君主尊称法》增加了"大不列颠海外自治领"[British dominions beyond the seas]一词,按照1876年《君主尊称法》增加了印度女皇这一尊称,更早的君主尊称则分别源自 1706 年《与苏格兰合并法》[Union with Scotland Act]和 1800 年《与爱尔兰合并法》[Union with Ireland Act]。同期的其他英联邦成员国采纳了"女王尊称"的形式,如澳大利亚、加拿大、锡兰、新西兰等。此时的印度并未向君主宣誓效忠,但仍作为英联邦的一个成员并承认女王为联邦的首脑。

royalty n.使用费 ①指在每次复制或利用受著作权或专利权保护的作品或专利发明时,应当向作者或发明人支付的报酬;②指在矿藏租约[mineral lease]中,承租人为获取在土地上开采或钻探的权利而同意由授权人享有的土地出产或利润的一定份额。(⇨overriding royalty; shut-in royalty)

royalty bonus 超额使用费 指油、气租约中约定以比通常情况更高的使用费作为对价。

royalty interest 使用费;使用费权益 开采自然资源或用专利技术而应向所有人或权利人交纳的费用或相关的提成。(⇨royalty)

royalty pool 使用费集合基金 由不同的土地所有人根据协议而组成的一种共同基金,集中收取因在该土地发现和开采石油而产生的使用费,扣除管理费用后在成员之间按比例分配。

royalty tax 使用费税;租金税 指就所得的租金或使用费而设定征收的税种。

royal veto 〈英〉君主否决权 国王拒绝批准上、下议院通过的法案的一项特权。安妮女王[Queen Anne]于 1708 年对《苏格兰民兵法案》[Scotch Militia Bill]的否决是否决权的最后一次行使。现在,不得使用否决权已成为一项宪法惯例,否决权的行使将引起宪法危机。

Roy est l'original de touts franchises. 〈法〉国王是一切特许权之源。

Roy n'est lie per ascun statute, si il ne solt expressment nosme. 〈法〉除非法律明确规定,国王不受任何制定法约束。

Roy poet dispenser ove malum prohibitum, mais non malum per se. 〈拉〉国王可以宽恕法律禁止的行为,但不能宽宥本质违法的行为。

R.S. (= revised statutes)

R.S.C. (= Rules of the Supreme Court of England and Wales)

RTC (= Resolution Trust Corporation)

rubber check (= bad check)

rubber-stamp signature 橡皮图章签字 指以橡皮图章的方式在汇票、本票或遗嘱上的签字。

rubric n.指示;规则 印在法典或祈祷书上的指示或礼拜规则,最早以红色印刷以示醒目。

Rubricas 〈英格兰〉英格兰国教会教规 按照 1551 年的制定法、1558 年的《礼拜仪式统一法》[Act of Uniformity]以及 1662 年的法律建立的教会规则。

Rudmas-day (= Rood day)

rule v.①(依法院规则)命令;要求 ②(法官)解决;裁决(庭审中出现的法律问题)
　　n.①规则;细则;准则 由有权机关制定的,可导致确定的法律后果的行为规则或指导性准则,通常适用于较具体的事项。②(法庭的)裁决;裁定;命令

rule absolute 绝对裁定;必须立即执行的裁定 对要求说明理由的暂时裁定[rule nisi],若规定的期限已过,当事人未能提供充分的理由,该裁定即成为具有强制性和终局的绝对裁定。

rule absolute for a new trial 重新审判的命令 以前法院此种命令的表述为"撤销判决、撤销陪审团裁断、准予重新审判"[judgment vacated, verdict set aside and new trial granted],现简称为"重新审判的命令"。

rule against accumulations 限制积累规则 根据该规则,超出财产永久权期间[period of perpetuities]而产生的收益属于无效。(⇨perpetuity; rule against perpetuities)

rule against perpetuities 禁止永久权规则 一项普通法规则,指为使一项未来权益合法有效,则在设立该未来权益或立遗嘱人死亡后,必须于(一位或多位)受益人终身(如果受益人为胎儿,则还需另含其妊娠期)加上 21 年之内,使该未来权益生效。该规则被移入信托法,指非慈善信托如果存续期限超过生存受益人终身加上 21 年及妊娠期的总和,则为无效。(⇨perpetuity)

rule against possibility on a possibility 禁止不确定权上的不确定权规则 是普通法的一个规则,它要求在财产让与和遗赠中不能设定不确定权之上的不确定权,用来防止对现在尚未出生的人的未出生的孩子授予购买权或限制继承权。

rule against postponement of enjoyment 反迟延用益规则 一项涉及公共政策的规则,它禁止就财产的使用收益设定不合理的限制。如果有关财产使用收益的限制与在该财产上已经被授予或遗赠的权益或地产权相互冲突,则该种限制不可强制执行。

rule against restraint on alienation 禁止限制财产转让规则 由于财产的伴随权利之一就是其转让权,所以法律不允许财产转让人和遗赠人通过限制受让人和受遗赠人的财产转让权来限制其所有权,并从而保持自己对财产转让和使用的控制。

rule against suspension of power of alienation 关于不得中止转让权规则 是一条法定规则,与禁止永久权规则不同。它禁止对财产因超过法定期限即不可转让附加条件。(⇨rule against perpetuities)

rule day ❶被告出庭日 ❷要求说明理由命令[rule to show cause]的回呈日

Rule in Dearle v. Hall 〈英〉迪尔诉霍尔案规则 根据 1823 年的判例而确立的规则,该规则是指,对动产[personalty]享有衡平法上利益的抵押权人[mortgagee]或受让人[assignee]如果将交易通知了该财产在普通法上的所有人,则其 因此享有优先权,优先于不知情的、发生在先的、未通知财产之普通法上所有人的抵押权人或受让人。在 1925 年《财产法》[Law of Property Act]之后,该规则扩展适用于土地、资本金与证券上的衡平法利益。

Rule in Dumpor's Case 邓普尔案规则(⇨Dumpor's Case)

Rule in Ex P. James 〈英〉詹姆斯规则 在 1874 年 Ex P. James 案中确立的规则。据此规则,破产财产受托人在破产程序中非诚信而获得的款项,例如适用法律错误而获得的款项,法院可令其退还。

Rule in Ex P. Waring 〈英〉韦林规则 在 1815 年韦林案[Ex P. Waring]中确立的一项原则。如果票据的承兑人和出票人都失去清偿能力,那么即使持票人不知晓该有价证券已被拨付,他也可以取得承兑人因承兑而取得的有价证券。只有出现承兑人和出票人都失去清偿能力,并且存在对该有价证券的特定拨付的情况,本规则才适用。

Rule in Foss v. Harbottle 〈英〉福斯诉哈伯特尔案规则 该案发生于 1843 年,某公司的一股东对公司的股东们提起诉讼,旨在迫使他们赔偿因其欺诈行为而使该公司所

遭受的损失。法院判决原告败诉,因为公司才是正当原告。因该案而产生的规则就是:在关于对公司实施不法行为而提起的诉讼中,公司才是正当原告;在所指控的不法行为可能由绝大多数股东所实施并对公司产生约束力的情况下,任何个人不能作为原告提起诉讼。

Rule in Howe v. Lord Dartmouth 〈英〉豪诉达特茅思勋爵案中的规则(⇨Howe v. Lord Dartmouth)

Rule in Lassence v. Tierney 〈英〉拉森斯诉特尔尼案件规则 该规则是:在把绝对赠与[absolute gift]赋予某一受益人的情况下,附加了有利于其他受益人的信托而该信托不合格,则只要该信托未排除剩余财产继承人和最近亲属,那么绝对赠与生效。

Rule in Royal British Bank v. Turquand(1856) 〈英〉不列颠皇家银行诉特克恩德案规则 在该案中,虽然未经公司股东会议的决议授权,但盖有公司印章并有公司两位经理签字的债券仍被法庭裁定为有效,因为贷款人有权认为所需的决议是存在的,一切事情都应推定为已正确地完成[omnia praesumuntur rite esse acta]。

Rule in Shelley's Case 谢利案规则 关于地产权的一项规则。指如果在一次地产权授予中,某人被授予完全保有地产权[freehold estate]并由其继承人享有剩余地产权[remainder],则剩余地产权应属于由该人所指定的人享有,而不是其继承人,以此而使该人拥有绝对的非限嗣继承地产权[fee simple]。这一规则因英国1581年沃尔夫诉谢利案[Wolfe v. Shelley]而得名,但在该案发生之前已进行了充分讨论。在英国,该规则因1925年《财产法》[Law of Property Act]而于1926年被废止。在美国,绝大部分州亦已取消这一规则。

Rule in Wild's Case 怀尔德案规则 1599年怀尔德案中的规则。依该规则,在一份文件表明将地产权授予"甲和甲的子女"的情况下,如果在该文件生效时甲尚无子女,则该项地产权授予应理解为限嗣继承[fee tail];如果在文件生效时,甲已有子女,则该项地产权授予应理解为共同保有[joint tenancy]。现在美国多数州,该规则已随着限嗣继承地产权的废除而被废除。

rulemaking power 〈美〉规则制定权 指国会授予最高法院制定基层法院和上诉法院审理案件应当遵循的程序规则的权力。当前施行中的有适用于联邦地区法院、破产法院、上诉法院以及联邦司法官审理案件的民事诉讼规则、刑事诉讼规则及证据规则。有些联邦法院则有权制定适用于本法院的规则,如税务法院。

rule nisi (=nisi rule)

rule of capture 获得(财产等的)规则;控制(财产等)规则 ①具有总括权限的财产受益人如果明确表示其为所有目的控制受益财产,而非为将之指定由他人受益的目的,则该项财产构成该受益人的财产。财产受益人表明其所有目的控制受益财产的最通常方式是在其遗嘱中将受益财产与自己的财产混合;②野生动物属于将之捕获的人,而不考虑该野生动物最初是否是在他人的土地上;③土地所有人有权通过钻井或泵吸等方式提取和处分位于其土地之下的全部地下水,即使如此行事会吸干其他土地所有人享有利益的泉水或井水;④对某一区域享有采矿权的人有权对该区域内的流动物质通过钻井或泵吸等方式提取和处分,但不得损害对同一地下矿层其他地方享有采矿权的其他人在此之前或与之同时对同种矿物的占有和获取。

rule of completeness (=rule of optional completeness)

rule of conjectural choice 推测选择规则 指当所有因果关系仅仅建立在推测的基础之上时,就不需将问题提交陪审团,也不存在胜诉的基础。

rule of course 当然命令 不需向法官提出正式申请,法院授权其官员即可作出的命令。

rule of court ❶法院规则(⇨rules of court) ❷法院命令 美国某些司法管辖区使用。

rule of decision 判决依据 法律规则、制定法、法律汇编、先例判决等均为裁决案件的根据。

rule of descent 〈英〉继承法规则 封建时期适用。(=canons of descent)

rule of destructability of contingent remainders 不确定之剩余地产权的可消灭性规则 指在其前一项财产权终止之前或终止之时,如果不确定之剩余地产权并没有进行授权,则该剩余地产权即消灭。(⇨contingent remainder)

rule of ejusdem generis 同类规则(⇨ejusdem generis)

rule of four 〈美〉四人规则 指美国最高法院在确定对某一案件是否应予复审时,必须至少有四名大法官同意方可安排复审的规则。

Rule of Hadley v. Baxendale 哈德利诉巴克森德案规则 根据该项规则,只有当当事人在缔约时已经预料到"特别损失"或"间接损失"[special or consequential damages]是违约的可能结果时,才应予以赔偿。(⇨Hadley v. Baxendale; consequential damages)

rule of inconvenience 不便规则 一项法律解释规则,即法院对制定法的解释,不应危及公共利益或使任何个人陷于严重的困境,除非这种解释是不可避免的。

rule of inference on inference 推论之推论规则 指一个假定或推论不能以另一个假定或推论为基础。因此,以另一推论为基础而得出之推论不能用来认定某一基本事实[ultimate fact]。

rule of intendment 原意规则 当起诉书的指控未包括犯罪的全部要件时,如果陪审团作出了有罪裁断,那么该裁断即是支持了对案件有缺陷的陈述,被告人可申请撤销本案判决。

rule of justice 正义原则 决定在寻求个体福祉时个体自由范围的一项法律原则,它使这种自由限制在与人类的整体福祉相一致的范围内。(⇨justice)

rule of law ❶法律原则 经有权机关批准认可,通常以基本原理[maxim]或者逻辑命题[logic proposition]的形式表达的、具有普适性的法律原则。之所以称为"原则",是因为其在有疑问的案件中作出判决时所起到的指导或规范作用。因对法律原则的具体适用过程中不允许有自由裁量权,因此该项原则有时又被称为"法律至上"[supremacy of law]。❷法治 与人治相对,与"以法而治"[rule by law]相区别,与前者的区别在于法治是以法律而非个人的意志决策的依据;与后者的区别在于在法治中法律已被视作一种价值取向而不仅仅是一种治理的工具。"法治"是一个极端重要的概念,其历史与西方文明差不多同样悠久。但其具体含义依语境的变化而有所不同。最常见的含义是指与恣意的人治相对,根据现存既定规则(法律)进行的治理。第二个含义是指"法律之下的治理"[rule under law],即无任何人或政府机构凌驾法律之上或者超越于法律许可之外。第三个含义是指治理应符合更高的法律[rule according to a higher law],即,任何成文法律如果不符合某些非成文的、然而普遍存在的公正、道德性和正义等原则,则政府不得强制执行。这些含义意味着法律作为规则尽管具有某些功能性作用,但并不表明它是作为一种纯粹的工具而存在的。它实际上暗含了对于公民个体的至上价值和尊严的尊重。

rule of lenity 从宽规则 依该规则,当对刑事法律的理解存在疑问时,应当作有利于被告人的解释,除非有证据证明立法意图与此相反。

rule of marshaling assets 〈美〉债权清偿顺序规则 一项衡平规则,要求在享有优先受偿权的债权人有两项或两项以上资金可用于清偿其债务时,应首先以后顺位债权人无权受偿的那项资金获得清偿。该规则旨在防止享有优先受偿权的债权人选择以后顺位债权人唯一可从中受偿的资金来获得清偿,从而造成后顺位债权人得不到任何清偿的不公平结果。

rule of marshaling liens (= inverse order of alienation doctrine)

rule of marshaling remedies (= rule of marshaling assets)

rule of merger 吸收规则 防止犯罪人因同一罪行受到双重追诉的一项刑法规则。依该规则,一项较轻的罪行被一项较严重的罪行吸收。这样,既不可以两项罪行对被告人定罪,且如果其就一项罪行被宣告开释,也不可依另一项罪行对其再行审判。

rule of necessity 〈美〉必要性规则 当法官与将由其裁决的事项有直接利害关系时,应当自行回避。但若该法官为唯一有权审理和裁决该事项的法官时,依必要性规则,允许该法官听审之。

rule of optional completeness 〈美〉选择完整性规则 一项证据规则,指一方当事人在庭审中提供了书面文件或陈述的一部分时,对方当事人可以要求其宣读剩余部分以提供全文内容。该规则有两个限制:①不具有相关性的陈述不被接受;②陈述的剩余部分必须能解释第一部分。在许多州,该规则适用于谈话、对方的自认、认罪陈述以及所有其他类型的书面文件,甚至账簿。但《联邦证据规则》[Federal Rules of Evidence]限制该规则仅适用于书面文件和已被记录的陈述。

rule of presumption 推定规则 依该规则,一项事实可从其他已知的特定事实中推出,且在有相反的证据推翻以前,该推定的事实成立。该规则可使证明责任发生转移。(⇨presumption)

rule of property 财产规则 所有权确定性的法律规则。

rule of rank 等级规则 一种法律解释原则,认为规范低一等级的人与事的法律不能借其中的任何概括性词语扩大适用于高一等级的人与事。英国法学家布莱克斯通[Blackstone]曾例举道,规范教堂执事长[dean]、受俸牧师[prebendary]、堂区主持牧师[parson]、堂区长代理[vicar]等的法律将不能适用于主教[bishop],尽管主教也属教职人员,但教堂执事长是该法所涉的最高等级的人,主教则是更高等级的职务。

rule of reason 〈美〉(反托拉斯法)合理原则 判断一种行为是否违反《谢尔曼法》[Sherman Act]的司法原则,最初由最高法院1911年在美孚石油公司案中提出。根据该原则,只有一项贸易做法构成对贸易的不合理限制,才被认为违反了《谢尔曼法》。因此法院必须综合衡量案件中的各种因素,如限制行为的过程,被证实的罪行,采取特别救济的理由和寻求达到的结果等。但该原则不适用于"本身违法"的情形。(⇨Sherman Act)

rule of reasonable certainty 合理确定规则 一指在人身伤害案件中,对于因所受伤害而可合理确定的将来痛苦,可以获得损害赔偿;一指以"合理确定"方式确定因违约而致的利润损失赔偿额。该种损失不被认定为确切的金钱数额,而是通过证据使事实认定者[fact finder]对损失数额作出公平、合理的估计。

rule of reasonable restraint (= reasonable restraint rule)

rule of recognition 承认规则 英国法学家H.L.A.哈特[H.L.A.Hart]法学理论中的一种法律制度的基本规则,据此所有其他规则都将被识别和理解。在哈特1961年的名著《法律的概念》[The Concept of Law]中,他认为一个社会的法律制度集中体现为规则。义务的第一性规则规定了一个人在社会中应如何去做,而第二性规则则是第一性规则被创制、识别、改变和理解的依据。"承认规则"指的就是第二性规则,当一项宣判或社会原则构成了一种义务规则时,承认规则就起了认可作用。

rule of right 权利规则 权利的来源,也即创设权利的规则。

rule of 78 78规则 分期偿付贷款利息计算方法,金融机构计算月份贷款利息所使用的公式。借款人在年度中每月偿付相等金额的情况下,金融机构使用月份数额总额法。由于从1月到12月的12个数字相加的总数为78,故称为78规则。依该规则,将其全年利息收入的12/78,分配至1月份,11/78分配至2月份,余类推。若要计算一项12个月期的贷款在6个月后所余利息额,则以6+5+4+3+2+1所得总数21除以78,用此比例乘以年利息总额即可。

rule of 72 72规则 投资本利和金额计算方法,用于计算一笔按复利计息的投资,其本利达到原投资额两倍所需年限。以72除以所投资的利率,即可计算出所需要的年限。例如,若以复利率6%计算,投资本金需要12年(72除以6)即可翻倍。

rule of shifting descents 继承人变动规则(⇨shifting descents)

rule of stare decisis 遵循先例规则(⇨stare decisis)

rule of the last antecedent 最接近的前项规则 一种诠释原则,法庭据此认定修饰性词汇或短语修饰的只是紧接在前面而非过于远离的那些词汇或短语,除非这种扩张性修饰对于上下文或整个文件的精神来说是必需的。例如在"Texas courts, New Mexico courts, and New York courts in the federal system"这样一个短语中,"in the federal system"应该只是修饰"New York courts",而非同时修饰"Texas courts"或"Mexico courts"。

rule of triennial cohabitation 三年同居规则(⇨triennial test)

ruler n.统治者;管理者

rulers of England❋ 历代英王

英王在位年限[British Regnal Years]

盎格鲁-撒克逊王朝[Saxon Line]
埃伯格[Egbert]802 – 839;
埃塞尔夫[Ethelwulf]839 – 857;
埃塞巴德[Ethelbald]857 – 860;
埃塞伯特[Ethelbert]860 – 866;
埃塞尔雷德一世[Ethelred I]866 – 871;
阿尔弗列德大帝[Alfred the Great]871 – 899;
长者爱德华[Adward I the Elder]899 – 924;
埃塞斯坦[Ethelstan]924 – 940;
埃德蒙一世[Edmund I]940 – 946;
埃德列德[Edred]946 – 955;
埃德威[Edwy]955 – 959;
埃德加[Edgar]959 – 975;
殉教者爱德华[Edward II the Martyr]975 – 978;
无策者埃塞尔雷德二世[Ethelred II the Unready]978 – 1016;

刚勇者埃德蒙[Edmund Ⅱ Ironside]1016。

丹麦王朝[Danish Line]
克努特[Canute/Cnut]1016－1035;
哈罗德一世[Harold]1035－1040;
哈特克内特[Hardicanute/Harthacnut]1040－1042。

撒克逊王朝[Saxon Line]
忏悔者(笃信者)爱德华[Edward the Confessor]1042－1066;
哈罗德二世[Harold Ⅱ]1066。

诺曼底王朝[House of Normandy]
征服者威廉一世[William Ⅰ the Conqueror]1066.10.14－1087.9.9;
威廉二世[William Ⅱ]1087.9.26－1100.8.2;
亨利一世[Henry Ⅰ]1100.8.5－1135.12.1;
斯蒂芬[Stephen]1135.12.26－1154.10.25。

金雀花(安茹)王朝[House of Plantagenet]
亨利二世[Henry Ⅱ]1154.12.19－1189.7.6;
狮心王理查一世[Richard Ⅰ]1189.9.23－1199.4.6;
无地者约翰[John Lackland]1199.5.27－1216.10.19;
亨利三世[Henry Ⅲ]1216.10.28－1272.11.16;
爱德华一世[Edward Ⅰ]1272.11.20－1307.7.7;
爱德华二世[Edward Ⅱ]1307.7.8－1327.1.25;
爱德华三世[Edward Ⅲ]1327.1.25－1377.6.21;
理查二世[Richard Ⅱ]1377.6.22－1399.9.30。

兰开斯特王室[House of Lancaster]
亨利四世[Henry Ⅳ]1399.9.30－1413.3.20;
亨利五世[Henry Ⅴ]1413.3.21－1422.8.31;
亨利六世[Henry Ⅵ]1422.9.1－1461.3.4。

约克王室[House of York]
爱德华四世[Edward Ⅳ]1461.3.4－1483.4.9;
爱德华五世[Edward Ⅴ]1483.4.9－1483.6.26;
理查三世[Richard Ⅲ]1483.6.26－1485.8.22。

都铎王朝[House of Tudor]
亨利七世[Henry Ⅶ]1485.8.22－1509.4.21;
亨利八世[Henry Ⅷ]1509.4.22－1547.1.28;
爱德华六世[Edward Ⅵ]1547.1.28－1553.7.6;
玛丽一世[Mary Ⅰ]1553.7.6－1558.11.17;
伊丽莎白一世[Elizabeth Ⅰ]1558.11.17－1603.3.24。

斯图亚特王朝[House of Stuart]
詹姆士一世[James Ⅰ of England and (詹姆士六世)James Ⅵ of Scotland]1603.3.24－1625.3.27;
查理一世[Charles Ⅰ]1625.3.27－1649.1.3。

共和政体[Commonwealth]1649－1660
护国主奥利弗·克伦威尔[Oliver Cromwell, Lord Protector]1653－1658;
理查·克伦威尔[Richard Cromwell]1658－1659。

斯图亚特王朝[House of Stuart]
查理二世[Charles Ⅱ]1660.5.29－1685.2.6;
詹姆士二世[James Ⅱ]1685.2.6－1688;
威廉三世[William Ⅲ]1689－1702;
玛丽二世[Mary Ⅱ]1689－1694;
安妮[Anne]1702.3.8－1714.8.1。

汉诺威王朝[House of Hanover]
乔治一世[George Ⅰ]1714.8.1－1727.6.11;
乔治二世[George Ⅱ]1727.6.11－1760.10.25;
乔治三世[George Ⅲ]1760.10.25－1820.1.29;
乔治四世[George Ⅳ]1820.1.29－1830.6.26;
威廉四世[William Ⅳ]1830.6.26－1837.6.20;
维多利亚[Victoria]1837.6.20－1901.1.22。

萨克斯－科堡－哥德王室[House of Saxe－Cobury－Gotha]
爱德华七世[Edward Ⅶ]1901.1.22－1910.5.7。

温莎王朝[House of Windsor]
乔治五世[George Ⅴ]1910.5.7－1936.1.20;
爱德华八世[Edward Ⅷ]1936.1.20－1936.12.11;
乔治六世[George Ⅵ]1936.12.11－1952.2.6;
伊丽莎白二世[Elizabeth Ⅱ]1952.2.6－

rules n.法院审理申请[motion]的时间 可以是在法院开庭期内,也可以是在休庭期内。(⇨rule; rule day)

rules committee 〈美〉规则委员会 众议院下设的一个常设委员会,它有权就某个议案制定特殊规则。规则委员会相对于其他委员会的议案而言是一个渠道性工具,因而其成员在决定将哪个议案提交众议院讨论上享有极大的裁量权。

Rules Enabling Act of 1934 〈美〉《1934年规则制定授权法》 授予联邦最高法院广泛的诉讼规则制定权的一项联邦法律,现略有修改。

rules of appellate procedure 〈美〉上诉程序规则(⇨Federal Rules of Appellate Procedure)

rules of civil procedure 〈美〉民事诉讼规则(⇨Federal Rules of Civil Procedure)

rules of construction or interpretation 〈英〉解释规则 这些规则不同于法律规则,它们富有弹性,对于法规、契约和其他文件里的短语和词汇的含义不具有约束力,而仅是一种指导。如果这些规则的适用与有关短语和词汇的最合理含义不相符的话,就不能适用。根据这一首要原则,主要的解释规则或准则有:①按普通的、日常的意思解释短语和术语,除非它们是技术性法律用语,有其技术含义;②应结合英语语法规则理解词汇和短语;③它们在其上下文中必须有一致的解释,法规或契约要作为一个整体来看待,并应与相同主题的其他法规和契约相一致;④在法规的解释中,可以考虑其序言、长标题、各节的题目以及目录,但是不考虑旁注、标点及法令之下的短标题或图解或顺序。也可以考虑先前的法律陈述、解释条款的案例、惯例、标准教科书,但是不得考虑国际法、王室特别委员会报告或其他报告、白皮书或议会议事录。

rules of court 法院规则 规定各种法院的诉讼程序的规则,如民事诉讼规则、刑事诉讼规则、证据规则等。在美国大多数司法管辖区,这些规则由本法院或该司法管辖区最高级的法院制定,在其他司法管辖区,则由立法机关制定。在英格兰,1876年的《上诉管辖权法》[Appellate Jurisdiction Act]授予一个由法官、出庭律师和事务律师组成的委员会以规则制定权,该委员会制定了《最高法院规则》[R.S.C.];在苏格兰,诉讼规则理事会[Rules Council]依法律授权制定出了《苏格兰最高民事法院规则》[Rules of the Court of Session],这些规则都不断得到了修正。

rules of criminal procedure 〈美〉刑事诉讼规则(⇨Federal Rules of Criminal Procedure)

Rules of Decision Act 〈美〉《裁判规则法》 指1789年《司法法》[Judiciary Act]第34条。该条规定,除美国宪法、条约或制定法另有要求或规定外,联邦法院在审理和裁决州际公民间纠纷案件时,应当适用法院所在州的实体法。(⇨diversity jurisdiction)

rules of descent (＝canons of descent)

rules of evidence 证据规则 规定有关在庭审中证据的可采性问题的规则,如美国《联邦证据规则》[Federal Rules of Evidence]。

rules of good seamanship 良好船艺规则 基于习惯和经验形成的、在对船舶进行操作的全部过程中和所有状况下都应遵守的做法。什么是良好船艺是一个事实问题,应根据相关情况个案决定。如果与防止海上碰撞国际公约相抵触,则应遵守公约。

rules of navigation 航行规则 规范船舶的驾驶和航行以避免船舶碰撞的原则和规则。

Rules of Oleron (= laws of Oleron)

rules of practice 诉讼规则;程序规则 一般指法院公布的诉讼规则,但广义上也指普通法、制定法规定的诉讼规则。

rules of procedure 诉讼规则(⇨rules of practice)

rules of professional conduct 律师职业行为规则(⇨Model Rules of Professional Conduct)

Rules of the Air and Air Traffic Control 〈英〉《航空和航空交通管制规则》 依据法律而制订的一套规则,用来管理飞机的起飞、飞行和着陆,以保证安全并减少飞机碰撞或其他事故。该规则中包括关于飞机起飞、飞行和着陆的道路通行权规则,其基本原则是飞机应靠右侧飞行,并给位于其右侧的飞机让路。

rule(s) of the prison 监狱规则(⇨prison rule; liberty of the rules)

rules of the road ❶道路(通行)规则 法律或长期沿袭习惯所确立的道路规则,调整公路上车辆与行人的权利义务关系,其目的在于防止或减少碰撞等事故的发生。 ❷小型船舶的航行规则(⇨traffic regulation)

Rules of the Supreme Court 〈英〉《最高法院规则》 规定英格兰和威尔士最高法院的诉讼程序的规则,由以御前大臣[Lord Chancellor]、法官、出庭律师和事务律师组成的规则委员会制定。规则必须提交议会通过,议会可宣布其无效。刑事法院、上诉法院刑事庭和家事案件的审理,都各有不同的规则。这些规则由"程序指南"[practice directions]和"程序注释"[practice notes]予以补充,在王座庭,则由主事官的程序指南予以补充。这些规则都被刊印在诉讼年鉴[Annual Practice]上,并附有注解。

Rules of the Supreme Court of England and Wales 《英格兰及威尔士最高法院规则》

rule 10b-5 〈美〉10b-5 规则 证券交易委员会的规则,为保证有关证券买卖的陈述在当时的情况下不是误导,该规则认定任何对实质性事项的不真实陈述或隐瞒都是非法的。

rule to compute 〈英〉估算裁定 在有关汇票、本票和银行支票的诉讼中,法院在作出有利于原告的中间判决[interlocutory judgment]而损害赔偿额的确定只是一个计算问题,无需由原告举证来确定赔偿额时,法庭将不再要求原告执行损害评估令[writ of inquiry],而是决定由法院主事官来计算本金和利息等损害赔偿额。

rule to plead 要求答辩的命令 指法庭要求一方当事人在指定时间内作出答辩的命令。

rule to show cause (= rule nisi)

ruling n.❶细则 指对制定法、命令、规章、条例等的规定所作的司法或行政解释。 ❷决定;裁决 指法官在庭审过程中对证据的可采性、对申请是否准许等问题所作的决定。

Ruling Case Law/R.C.L. 《重要判例法》

ruling cases (= leading case)

rumor n.谣传;传闻 传闻通常不可作为证据采纳。

rump acts 〈英〉残余立法 指英国 1642 年 8 月 26 日至 1660 年王政复辟时期[Restoration]由议会通过的法令、法律,这些立法并未经过国王的同意。

rump parliament 〈英〉残阙国会 由长期国会[Long Parliament]所残留的议员所召开的国会,指从 1648 年的普莱德清洗[Pride's Purge]至 1653 年,或 1659 年至 1660 年的国会。

run v.❶具有法律效力 ❷与土地的转让不可分割;并存 ❸适用于 ❹(向银行)挤兑(款项);挤提 ❺(债利等的)积欠
n.❶小水流 有可能与小河[creek]互换使用。 ❷周期 该词在商业中用于指连续的生产周期。 ❸挤兑 在银行业中,指因银行倒闭的恐慌引起存款大量流出银行。

run at large (= running at large)

runaway shop 逃亡工厂;外逃工厂 指为了逃避工会规定的条件或各种要求不时停业或者迁移到其他地区的工厂。(⇨union shop)

runcaria n.长满蔷薇和黑莓的土地

runcilus n.驾车之马;负重之马

runcinus (= runcilus)

rundlet n.酒、油等的衡量单位,大约 18.5 加仑

run into money 足额 达到一定数额的钱,指票据到期时有能力按出票人的选择以金钱或特定实物进行支付的状态。

runlet (= rundlet)

runner n.❶文件传送员 法律部门的雇员,在部门之间传递文件和向法庭递交文件。 ❷为律师介绍人身伤害案件的人

running account ❶未结账户 指未结清的、未清算的账户。 ❷赊账账户;循环信用账户 指顾客购买商品时不付现款,采用记账方式定期结算的账户。 ❸流水账 指不受清算或调整分录的影响,连续记录经济往来的账户。 ❹往来账户 指有对等需求的往来双方建立的共同账户,通常是未结清的。(⇨charge account; revolving credit)

running at large ❶失主不明的家畜 指没有主人、在不特定地区游荡的家畜。 ❷自由奔驰 指牲畜不受篱笆或其他圈围物的限制而自由奔跑或游走的状态。 ❸〈美〉(代表全州或全市的)候选人 指不是代表仅一个选区而是从整个州或整个市推举出的公共职位的候选人。

running covenant 随地移转的盖印合同(⇨covenant running with (the) land)

running down case 过失驾车索赔案件 对由于过失驾车造成的损害要求赔偿的案件。除非常特别之情形外,一般不需要由陪审团审判。

running lands 〈苏格兰〉邻接地 指界坎分别属于不同人所有的土地。(⇨runrig lands)

running of the statute of limitations 时效已过 指法律规定的诉讼时效期间已过,并因而阻碍诉讼的提起。

running policy (= floating policy)

running privilege (铁路公司)使用轨道的特权 指铁路公司有权使用另一铁路公司的轨道。

running with the land 随土地移转 土地移转时,如果盖印合同的履约责任或权益也被转移给土地受让人,则称此盖印合同为"随土地移转"。(⇨covenant running with (the) land)

running with the reversion 随归复权移转 当盖印合同的履约责任或权益也转让给归复受让人时,称该盖印合同为"随归复权移转"。

Runnymede 〈英〉兰尼米德 位于泰晤士河南岸,伦敦以西 20 英里的一个地方,1215 年,英王约翰在此签署了大宪章。这一地区现为"全国历史名胜与自然风景信托公司"[National Trust]所有,这里有美国律师协会为纪念大

宪章而修建的大宪章纪念碑，还有在第二次世界大战中阵亡的英联邦空军将士纪念碑和 J.F.肯尼迪总统纪念碑。

runrig lands 〈苏格兰〉**邻接地** 指连续的地段或土地界埂分别归属于不同的所有人。(⇨running lands)

ruptari 士兵

ruptum （罗马法）破碎的 在《阿奎利亚法》[Lex Aquilia]中是"被损坏"之意。

ruptura n.耕地；开裂的土地

rural credit acts 〈美〉**农地贷款法** 法律赋予政府贷款或征税权，以农业用地作为担保而贷款资助农地所有权人。

rural dean 〈英〉**教长代理** 也称 decani rurales，自盎格鲁－撒克逊时期始就已存在，约在13世纪其职能大多被执事长[archdeacon]接管。如今教长代理是每一个主教辖区机制的构成部分，在理论上他们被要求执行主教发出的令状，向主教汇报各个教长代理辖区内诸多堂区的神职人员的生活情况。每一个执事长辖区[archdeaconry]均汇集了若干个教长代理辖区。(⇨kalendae)

rural deanery 教长代理辖区 执事长[archdeacon]与教长代理的巡回管辖区，下分若干堂区[parishes]。

Rural Electrification Administration 〈美〉**农村电气化管理局** 美国农业部下属机构，行使有关将电气服务扩展至农场、农户的职责，尤其是通过合作社组织。

rural free delivery 农村免费邮送

rural servitude 乡村地役(权)；田野地役(权) 其目的是取得田地耕作的便利。包括通行地役、取水地役、畜牧地役和采掘地役等。(⇨servitude)

R.U.R.E.S.A. (= Revised Uniform Reciprocal Enforcement of Support Act)

rustici n.农役保有人 通过为领主耕地或服其它农业劳役而保有土地的人，这类保有地在撒克逊时期被称为"gafalland"，后来就变成了农役保有[socage]。

rusticum judicium (= rusticum jus)

rusticum jus 简单公正 例如，在发生海上碰撞时公平分担损失就是简单公正。也就是说，简单公正指植根于我们天性中的公平公正的感觉。

rustler n.盗牛贼

rustling n.偷牛

ruta （罗马法）挖掘物 诸如石块、煤块等。

ruttarii (= ruptari)

Rylands v. Fletcher 〈英〉**赖兰兹诉弗莱彻案** 英国1868年的一个案例。以此命名的原则是指，如果某人为了自己的目的而制造、积聚并保存一旦泄漏将致损的某物，就必须自担风险，将该物置于自己屋内，并且对因其泄漏而合理所致的损害承担初步的[prima facie]责任。

rynmart (= rhind-mart)

Ss

S. ❶以 S 开头的单词的缩写 ❷〈英〉颜面 S 形烙痕 指依据 1547 年《流浪汉法》[Vagrancy Act]烙在被判处两年奴役后逃跑又被抓回者前额或面颊上的痕迹。被印烙者还要被判处终身监禁。这部制定法已有几个世纪弃之不用,直至 1863 年被撤销。 ❸〈英〉(议会制定法中)"节"[section]的缩写 ❹(= scilicet/ss/sc.)

S.² 〈美〉南半部分 "south one half"的缩写,通常用于政府对土地的勘测说明中,指某一地块或地块的一部分。

S.A. 公司 在法语和西班牙语中,加在企业名称之后表示该企业的公司性质和地位。

Sabbath *n.* 安息日 在基督教国家,作为公众信仰和休息而与一周中的其它日子相区别的一天。严格地讲,安息日不同于星期天[Sunday]。前者根据"摩西十诫"[Ten Commandments]指一周的第七天,即星期六,犹太人和部分基督教教派遵奉此日;后者指一周的第一天,即星期天,一般称为"主日"[Lord's Day],大部分基督教会遵奉此日。但一般二者并无区别,基督教的安息日即星期天。

Sabbath-breaking 不守安息日 在安息日工作、做生意或从事其它安息日诫规不允许的活动,例如违反主日歇业法规定的活动。

sabbatical leave 〈美〉公休假 指允许大学教师带薪或部分带薪的 1 年以上的进修、写作或旅游假。

Sabbatum *n.* 安息日;主日;星期日

sabbulonarium *n.* ❶碎石坑 ❷采掘碎石的自由权 ❸为获得这种权利而支付的金钱

Sabinians 萨宾派 罗马帝国时期的一个法学流派,其创始人为阿特尤斯·卡皮托[Atteius Capito],但其名称源于其弟子马叙留斯·萨宾[Massurius Sabinus]。

sable *n.* 黑色 纹章学术语。喜欢比照行星来解释纹章者又称之为"土星"[Saturn],而惯用宝石名称者则名之曰"钻石"[Diamond]。篆刻师们通用纵横交错的线条来表示它。

sabotage *n.* 阴谋破坏;蓄意破坏 指蓄意毁坏、损伤或故意生产有瑕疵的战略或国防物资,或破坏军事房屋及军事设施;亦指在劳动争议期间蓄意损坏雇主的财产或干扰其正常营业。

sac *n.* 〈英格兰古法〉领主审判权 指英国封建时期领主所享有的一种特权。根据此项特权,领主可以在自己的庄园上设立法庭,审理租户们之间因非法侵入[trespass]等而发生的争议,并处以罚款等处罚。(⇨court baron)

saca *n.* 动因;目的

sacabere *n.* 〈英格兰古法〉被抢劫或被偷盗而损失钱、物并保证对罪犯提出控诉者

sacaburth (= sacabere)

saccabor *n.* 〈英格兰古法〉钱财被盗后立即追索者

saccularii 〈罗马法〉扒手 在古罗马和雅典,对扒手的惩罚重于一般盗窃犯。

Sachsenspiegel 《萨克森明镜》 中世纪日耳曼法律文本,得名于书序称:此书阐明萨克森法宛如镜中妇容。由撒克逊骑士和法官艾克·冯·莱普考[Eike von Repkow]于大约 1230 年写成。最先是用拉丁文,随后又有德文本。其内容包括邦法[Landrecht]一卷和采邑法[Lehnrecht]一卷。此书获得了巨大的声誉,在萨克森法院中被赋予成文法的权威。先有约翰·冯·布赫[Johann von Buch]对之作了翻译并加上了注释,后来,尼古劳斯·沃姆[Nikolaus Wurm]对之作了扩充,最后又加上了评论。其修订和改动版本成为其它后来的法律书的基础,其中包括《格尔利茨法律书》[Gorlitz Lawbook]、《布莱斯劳邦法》[Breslau Territorial Law]、《荷兰萨克森明镜》[Dutch Sachsenspiegel]和《勃兰登堡法中的柏林纪事》[Berlin Townbook of Brandenburg Law]。它受到神学家的攻击,其部分条款于 1372 年被宣告作废,但此后很长时间,它仍然是许多法律文献的基础,而且是民法的主要渊源,直至 19 世纪末《德国民法典》[German Civil Code]通过。

sack *n.* ❶用于行贿之物 ❷洗劫;劫掠

sacquier 装船监督 在古海商法中,负责指导和监督货物(主要是盐、谷物和鱼)之适当装卸,以防水手们诈取货主财物的官员。

sacra 〈罗马法〉圣礼权 指古罗马人参加宗教庆典的权利。

sacramentales 〈拉〉❶被告无罪证实人 在中世纪欧洲封建法中,指在法庭上宣誓说自己相信被告无辜,以证实其无罪的人。 ❷(誓决审判中的)宣誓人;共誓涤罪中的宣誓者

sacramentum 〈拉〉❶(普通法)誓言 ❷(罗马法)盟誓 用在庄重和神圣场合,尤指士兵们效忠首领和国家的誓言。 ❸(罗马法)誓金 誓金制度是古罗马早期诉讼制度中开始诉讼的方式之一,诉讼双方向法院交存一定金钱作赌注,表明遵守诉讼结果的决心。胜诉方可以取回誓金,败诉方的誓金收交国库,用于宗教事业。

sacramentum decisionis 〈罗马法〉决定性誓言 诉讼中,诉讼一方在无法证明其主张时,提出誓言,愿接受依对方当事人的誓言所作的判决,此时,诉讼另一方也需提出相同誓言,否则视为承认对方主张。

sacramentum fidelitatis 〈英格兰古法〉效忠宣誓

Sacramentum habet in se tres comites, veritatem, justitiam et judicium; veritus habenda est in jurato, justitia et judicium in judice. 〈拉〉一项誓言中有三种成分:真相、公

正与判断；真相应察之于立誓的一方当事人，而公正及判断见于法官。

Sacramentum si fatuum fuerit, licet falsum, tamen non committit perjurium. 〈拉〉一项愚蠢的誓言，虽然是错的，但不算伪誓。

Sacred College of Cardinals （教会法）枢机主教团　由教皇任命的 100 或更多位枢机主教[Cardinals]组成的罗马教廷的咨询机构，由其推举和选出教皇。

Sacred Roman Rota （= Sacred Rota）

Sacred Rota （教会法）（天主教）最高法院　天主教教会的终审法院，设在罗马，有权解除罗马天主教婚姻。（⇨Rota Court）

sacrifice n.牺牲；舍弃　为某种利益而放弃或损害另一种利益，如为使某项财产免受即至的损害危险而损害另一项财产。

sacrilege n.❶（英格兰古法）盗窃圣物罪　从教堂、礼拜堂或其他宗教场所盗取敬神的物品。❷渎神罪　在基督教中，该词还指异端邪说、分裂宗教、叛弃信仰、信奉别教、反对豁免教会或神职人员的行为等。在现代教会法中，它是指违反宗教道德，凌辱或侵害献身于上帝的人、圣地或圣物的罪行。

Sacrilegii instar est rescripto principis obviari. 〈拉〉反对统治者的政令是一种亵渎行为。

sacrilegium 〈拉〉（罗马法）盗窃圣物（罪）　指窃取圣物或其他敬神用品，或从教堂盗取敬神的行为。（⇨sacrilege）

sacrilegus 〈拉〉（罗马法）（普通法）盗窃圣物者

Sacrilegus omnium praedonum cupiditatem et scelera superat. 〈拉〉盗窃圣物者的罪孽超过了其他所有劫贼的贪婪和邪恶。

sacristan n.教堂司事　在教堂中看管敬神物品的人，古时称作 sagerson 或 sagiston。

sacristanus 〈拉〉教堂司事（= sexton）

sadism n.施虐狂　一种精神疾病，其症状是靠虐待他人来获取满足，特别是性的满足。其反义词为"受虐狂"[masochism]。

saeculare n.世俗法院　区别于教会法院。

saemend n.（英格兰古法）裁决者；仲裁人

Saepe constitutum est, res inter alios judicatas aliis non praejudicare. 〈拉〉他人之间经裁定的事项不得损害非当事方，这是一种通常的做法。

Saepenumero ubi proprietas verborum attenditur, sensus veritatis amittitur. 〈拉〉注意言辞的妥贴，常使真意丧失。

Saepe viatorem nova non vetus orbita fallit. 〈拉〉不是陈旧的，而是新的或刚产生的轮胎痕迹或道路常使旅行者上当。

saepius requisitus 〈拉〉经常要求的或需要的

saevitia n.虐待　用于离婚法中，指任何导致身体伤害并使共同生活变得不安全的事态。

safe n.❶保险箱；保险柜　❷安全通行证　在战时，船舶携带的一种文件，它可以保障中立商人的安全。其性质相当于一种授权船舶按指定路线航行的证书，内容通常包括船主名称、船舶名称和特征、船舶国籍、预定航线以及其它事项。有时，它明显区别于：①通行证[passport]，即授权穿行于交战国或其占领区的一般许可；②战时通行证[safe-conduct]，即授权敌方人员到指定地点完成特定事项的许可。
　a.安全的；保险的；平安的；可靠的

safe bill 可靠汇票　可由受票人通过适当方法获得承兑和支付的汇票。

safe-conduct n.❶（英格兰古法）安全通行证；护航通行（敌国时）的护卫　颁发安全通行证是王室的特权。在古代令状的汇编中有一些由国王签发给希望进入王国的异邦人的安全通行证的既定格式。这些安全通行证令王室官员为持有这件证件的人提供安全保护。该安全通行证在文秘署登录在案，视要求出示。❷战时通行证　一种由交战国政府或其海军或陆军司令官签发给敌方人员的书面许可，以使持证人能够安全到达特定地点完成特定任务。

safe deposit box 安全存放箱　银行所提供的可以存放文件、证券及其他重要物品的金属箱，通常用两把钥匙，一把由顾客保存，一把由银行保管。

safe deposit business 保管业　银行或者保管公司将其拥有的具有防火、防盗功能的保管库提供给顾客存放保险箱的业务。该业务根据所订的租约收取租金，通常是年租金。

safe deposit company 保管公司　备有保存重要物品的地下保险库，并将其中的隔间或箱、柜出租给顾客的公司。在公司的监管及相应规定和章程的约束下，顾客对其租用的空间有排他的进入权。

Safe Drinking Water Act/SDWA 〈美〉《安全饮用水法》

safeguard n.❶保护措施；保证条款　❷安全装置；防护设施　❸保护者；警卫员　❹（尤指战时的）安全通行证　❺保护；保卫　❻安全保证　交战或武装冲突一方给予另一方的某些人或财产以安全保证的形式，一种是发给敌国人民或贴在敌国财产上的书面命令或通行证，指示本国武装部队的司令官要负责保护该个人或财产。另一种是专派士兵去伴随某敌国人民或守卫某敌国财产，以资保护。安全保证须经过交战或武装冲突双方商定或按照有关公约办理。

safe harbor 安全港　法律解释和适用的一项规则。当成文法规定的措辞过于宽泛时，当事人只需采用某种适当的方式遵守法律就应被视为已经履行了法律义务。例如，在税法中，只要当事人尽了自己的努力以遵守法律，而这种努力以可识别的形式表现出来，就不会被认为是违法。（⇨safe harbor rule）

safe harbor rule 安全避风港规则　税法中的条款规定，只要纳税人努力依法纳税就可以得到保护。如纳税人以分期付款方式偿付前一年的全额税款，就可以免于缴税不足的罚款。

safe investment rule 〈美〉可靠投资规则　用于估算死者可望获得的未来收益之现值的规则。根据这种规则，陪审团在确定死者预期收益的现值时，应当采用其经过审慎考虑后认为在具体情境中是合理、公平和正当的利率。在确定此利率时，需要考虑的因素有：呈堂出示的证据、陪审团所知的在该地区法律规定的限度内的通行利率，以及一个保持通常的审慎、但并不具备特定财经经验或技巧的人在可靠投资中所能期待的利率。（⇨prudent investment theory）

safekeeping n.保管　为人存放金钱或私人财物的行为，保管人有责任保管好金钱、物品并在要求提取时完整无损地归还。

safe landing 安全停靠　指乘客上下车、船、飞机时，承运人所负有的责任。

safe limit of speed 安全车速限制　汽车在火车道口的车速限制，以便其在火车快来时，能停在危险区域之前。

safe loading place 安全装载地　船只在采用合理预防措

施的情况下能够安全装载货物的地点。
safe-place statutes or ordinances 〈美〉建筑物安全法或条例　指为保证用于公共娱乐目的之建筑物或为经营场所的安全而颁布的制定法或市政条例。这些制定法或条例给建筑物的所有人施加了严格的维修房屋的责任。
safe place to work （劳工法）安全的工作场所　在雇主与雇员法中，指雇主排除所有危险，以使雇员在合理注意的情况下有安全保障的工作场所。
safe-pledge v.担保出庭
safe port of discharge 安全卸货港　指一艘装满货物的船只能够安全进入的港口，或者具有使船舶能够安全停靠和船上卸货的停泊地的港口，通常在租船合约[charter party]中载有类似条件。
safe return 安全返回（⇨stipulation for safe return）
Safety Appliance Acts 〈美〉[总称]安全设备法　要求火车、汽车等公共运输工具在用于州际贸易时，需配备各种安全装置以保护铁路或公路雇员人身安全的联邦制定法。这些法律要求那些违反规定造成伤亡者必须承担责任。
safety of way 道路安全　指街道和公路的使用状况，不存在因道路的缺陷、障碍物、垃圾及其他危险因素而影响人身和财产安全的情况。
safety statutes 安全法　指要求雇主遵守工作地点和工作设备安全防范措施以保证雇员人身安全的制定法的统称。这些制定法旨在保护所有雇员，而不限于在危险环境下工作的雇员。（⇨Safety Appliance Acts）
safety zone （交通）安全区域　在街道和公路上专辟的一部分，仅供行人使用，禁止机动车辆通过。最常见者为供行人等候公共汽车或作其他公共便利之用而设立的区域。
safe working place 安全的工作场所　法律上所要求的雇主对于工作场所条件所承担的责任。指基于通常经验、谨慎和预见性采取安全防护措施，以防止尽有合理注意义务的雇工在工作中受到伤害。
sages de la ley 〈拉〉精通法律的人
sagibaro n.〈欧洲古法〉法官
said a.上述的　该词曾普通常用于合同、诉状或其他法律文件中，与"aforesaid"具有同等效力。但该词在法律文件中已属过时，现仅在专利权利要求书中继续使用。在各种法律文件中，"the"这一普通用语也可以准确表达相同的含义。（⇨aforesaid）
sail v.航行；启航；开船
sailing instructions 航行指示　指在一个船队中每一个船长所携有的书面航行指示，以便向所有船员传达诸如航行路线、信号的含义以及在遇到风暴、危难时所选用的港口等信息。
sailing rules 航行规则　通常指小船的航行规则。（⇨rules of navigation）
sailor n.水手；海员；船员　在西方国家，船员[crew]和水手往往混为一谈，这是从帆船时代留下的习惯；但现在船员是一个广义的概念，水手仅是其中的一部分，即在甲板部工作的一部分船员。
sailor-mongers n.水手贩子　他们通常雇佣或控制一批歹徒，由后者趁船舶进港时登船，以麻醉剂或其他暴力手段将船员掳掠上岸，然后以高价卖与出外航行的其他船舶。
Sailor's Relief Act 〈美〉《海员免责法》
sailors' will 海员遗嘱　海员在航行中作出的口头遗嘱，可以用来处理动产，但不能处理不动产。

sairement n.誓言
saisie 〈法〉查封；扣押　在法国法中，指一种对财产的司法扣押或财产暂管[sequestration]，有多种形式。
saisie-arrêt 〈法〉扣押由第三人占有的债务人的财产
saisie-exécution 〈法〉动产扣押令　据此，债权人可以将债务人的应予扣押的动产置于监管之下，以其变卖所得来清偿债务。类似于普通法中的债权人财产扣押令[fieri facias]。
saisie-foraine 〈法〉越区扣押　一种由有权的司法官员给予的许可，它授权债权人扣押位于其居住区内的债务人的财产。其效力相当于为清偿到期债务而进行的财产扣押[attachment]。
saisie-gagerie 〈法〉担保物扣押；物品扣押　一种执行措施，据此，房屋或农场的所有人或主要出租人对其享有留置权的、租出的房屋或农场中的家具可以扣押。类似于普通法中土地出租人对承租人动产的扣押[distress]。
saisie-immobiliere 〈法〉不动产扣押令　指授权债权人扣押债务人的不动产，以其变卖所得受偿债务的令状。
saisina (=seizin)
sak (=sac)
sakabere (=sacabere)
sake n.〈英格兰古法〉❶领主在其法庭中对其佃户罚款的权利　❷在郡法庭或百户区法庭出庭义务的豁免
salable (=merchantable)
salable value 市场价值（⇨market value）
Saladine tax (=Saladine tenth)
Saladine tenth 〈英〉萨拉丁什一税　1188年首次由亨利二世为支持十字军东征进攻当时的穆斯林苏丹萨拉丁[Saracen emperor, Saladin]而征收，数目为每人拥有动产的1/10。（⇨tenths）
Saladine tithe (=Saladine tenth)
salarium 〈拉〉〈罗马法〉薪俸；补贴；年度津贴
salary n.薪金；工资　对已经提供的服务支付的报偿或酬劳。更狭义地讲，是指按年、月、周或其它固定期间支付的固定报酬，有别于按小时或零星给付的酬劳。（⇨fixed salary; wages）
salary-loan broker 薪水－贷款经纪人　从事以薪金转让为担保的小额借贷业务的人。
sale n.❶销售　转让动产所有权以换取价金的行为，它可能表现为双方当事人通过讨价还价来确定价格并完成产权移转；也可能表现为在市场上按事先确定的价格来出售商品；还可能表现为公开的拍卖，由出价最高者购得商品。❷买卖合同　买方和卖方之间的契约，在此契约关系中，卖方给出一件物品并同意转让其所有权，而买方则接受此物并承诺给付相应的对价（通常是金钱），有别于以物易物[barter]、交换[exchange]和赠与[gift]。
sale against the box 实仓卖空　卖空一种已实际拥有的股票以消除股市风险的交易。如果股价下跌，则卖空获利；如果股价上升，则原有的股票将获利。（⇨short sale）
sale and exchange 出卖与交换（⇨powers of sale and exchange）
sale and leaseback 出售并租回　一个公司将其资产出售给另一家公司并立即租回自己使用；或卖方售出货物后立即从买方租回自己使用。这种作法的主要目的可能为融资或避税。
sale as is (=sale with all faults)
sale at auction 拍卖（⇨auction）
sale at retail 零售　向仅以自己或其家庭成员消费而非转

手赢利为购买目的的顾客销售的行为。在适用销售税法规中的"零售"一词时,需满足众多普通法规定的专门性前提要件,因而不同于其他法规中对该用语的应用。

sale at wholesale 批发（⇨wholesale）

sale by agent 代理销售 代理人以委托人的名义为委托人的利益而为的买卖。

sale by executor or administrator 遗嘱执行人或遗产管理人的销售 指由财产代管人 [personal representative] 出售死者的遗产。

sale by inch of candle 限时竞买（⇨sale by the candle）

sale by sample 凭样品买卖 指交易各方以展示的货物作为货物品质标准的交易。任何样品构成交易基础的一部分,即创设了一项所有交易货物应符合样品的明示保证。

sale by the acre 按实际面积进行的土地买卖 指就特定地块而进行的土地买卖,双方当事人均无须承担土地面积增减的风险。

sale by the candle 限时竞买 一种拍卖形式,被拍品可供竞买的时间仅为一英寸蜡烛持续燃烧的时间。

sale en masse 〈拉〉成批销售 对于拍卖的几件东西不予区分的总体要价。

sale f.o.b. 根据装运地交货条件进行的买卖（⇨free on board）

sale f.o.b. cars 根据装运地火车上交货条件进行的买卖（⇨free on board cars）

sale for cash 现金交易（⇨cash sale）

sale in parcels 分件销售;分块出售土地 对于动产,指每件物品的单独出售;对于由独立的地块组成的或可分成独立地块的不动产,指每块土地的单独销售。

sale in partition (= partition sale）

sale note ❶买卖确认书;成交确认书 指经纪人或代理商向委托其出售该财产的出卖人以及与其进行交易的买受人所出具的一种备忘录,包括买卖的标的及主要条款等内容。亦作"bought and sold note"。❷拍卖通知书 拍卖交易中的买者提交的列明其购买价格的通知书。

sale of bond at par 按面值销售债券（⇨par）

sale of goods to arrive 到货销售（⇨sale on arrival）

sale of land 土地买卖 主要由普通法规范。指以对价物获得土地所有权的转移。英格兰和苏格兰的土地法不同导致了两个地区土地买卖的程序相差甚远。在英格兰,土地买卖的主要过程是:就土地买卖达成初步协议;签订正式合同并交付定金 [deposit];卖方将产权说明书 [abstract of title] 交给买方;买方就特定事项进行进一步的查询;由买方拟定好土地转让证书 [conveyance],并交由卖方签名生效;转交全部有关的产权契据,并由买方支付价金。在土地转让时,卖方经常要签订所有权专约 [covenants for title],承担向买方转让无瑕疵和无负担 [clear of defects and encumbrances] 的土地产权的义务。有关的制定法还规定了合同的必备条款。经注册登记的土地必须在履行了使转让契约生效的手续,并由买方作为土地所有人进行了登记之后,才发生转移的效力。在苏格兰,土地买卖的主要阶段是:通常是通过交换被称为"不动产转让函" [missives] 的信件进行合同的签订;将土地产权证书交给买方的律师并由其予以检验;由买方拟定与证书并交由卖方签名生效;向买方移交让与证书和产权证书;由买方支付购买土地的价金。土地转让证书必须在土地登记总簿中进行登记。

sale of real estate 不动产销售（⇨sale of land）

sale of security 证券销售 指根据协议转让证券或者证券中所含的利益。根据美国《证券法》[Securities Acts],广义的证券销售包括证券交易、公司股票认购、延长出资证明书到期的期限以及公司出售其增加的股份的协议等。

sale on approval 试销 指卖方同意在规定期间内可以退货的条件下将货物提供给买方。超过规定期间没有退货或已将货物使用、处理等,均视为同意接受货物,买卖即成立。试销可以使买方从容考虑是否希望保留该货物,也使买方在可能的情况下能够转售。在试销期间,货物的所有权及相关风险损失均归于卖方。

sale on arrival (= sale to arrive）

sale on condition 附条件买卖合同 一种未生效的买卖合同,对双方有拘束力。合同的履行有赖于特定的条件,并在该条件成就时履行义务开始变得有拘束力。

sale on contingency (= sale on condition）

sale on credit 赊销 即时移转财产占有、但迟延付款的交易行为。

sale on execution 执行销售;执行拍卖（⇨execution sale）

sale on option 有选择权的销售（⇨option; sale on approval）

sale on trial 试销（⇨sale on approval）

sale or exchange 〈美〉买卖或交易 征税用语,指可征收联邦税的盈利或亏损的交易。

sale or exchange of capital asset 资本性资产的买卖或交易 征税用语,指可征税的、带来盈利或亏损的完全的、正当的、永远的资本性资产交易。

sale or return 〈美〉销售或退货 一种附条件买卖合同形式。卖方（通常是制造商或批发商）将货物交给买方,如果买方愿意留下或使用或转售该批货物中的任何部分,他将视该部分为已售给他并支付价款,余者他将退还给卖方,或作为保管人而代为保管。根据这种合同,货物所有权在交货时即转移给买方,买方享有撤销销售的特权,并在其行使该特权前保有货物所有权。

sale per aversionem 〈拉〉〈美〉通过划定界限的方式所进行的土地买卖 这是路易斯安那州民法典所确立的一种买卖土地的方式。指作为标的物的土地由邻近土地所围定,其范围由一条固定边界到另一条固定边界。这种买卖土地的方式区别于通过测量所进行的土地买卖 [sale by measurement],因为后者要求必须有特别指定的土地作为标的,并且加以适当限制,如一块圈起的土地,一个孤岛。这两种方式的区别来源于如下事实:在前者,当事人的注意力集中在土地的边界而非数量的计算上。

Sales Act 〈美〉《买卖法》 美国的统一法之一,已为《统一商法典》[U.C.C.] 所代替。

sales agent ❶销售代理人 ❷招揽保险业务的外务员

sales agreement 销售合同 一般指货物销售合同,依此合同,货物的所有权从卖方移转到买方,而买方则向卖方支付或承诺支付一定的价款。销售合同不仅指现货销售合同,还包括在将来某时销售货物的合同。

salesbook n.❶拍卖的交易记录 ❷零售业中的每日簿记 现已很少使用。

sales finance company 销售融资公司 从事折价买入应收账款,然后自行收取这笔账款的业务的公司。

sales invoice 销售发票;买卖发票（⇨invoice）

salesman n.经销人;(旅行)推销员;交易人（⇨commercial traveler; dealer; drummer; hawker）

Sales of Reversions Act 〈英〉《复归买卖法》 1867年通过的一部制定法。规定只要是出于善意,并且没有欺诈或不公平的交易,任何有关动产或不动产上期待权的买卖不能仅仅因为估价不足而被宣告无效。

sales tax 营业税;销售税 根据商品价值及其销售量而征收的税。这种税可以是购买者支付的直接税,或是由卖方依据销售总额支付的流转税。

sale to arrive 到货销售(= sale on arrival)

sale under power 授权销售 无需诉诸法院或司法程序,自行收回不动产之上的抵押回赎权或使动产抵押强制执行。

sale with all faults 不承担瑕疵担保的买卖 指不提供明示或默示的瑕疵担保[warranty]的买卖。如采此种买卖方式,除非出卖人欺诈性地向买受方告知所售商品毫无瑕疵,或隐藏瑕疵,否则买受方必须接受该商品,而不管该商品是好是坏。在这种情况下,也就表明买受人确信自己对商品的检验。

sale with option 有选择权的销售(⇨ option; sale on approval)

sale with right of redemption 附赎回权的销售 卖方保留退回货款并收回货物所有权的权利。(⇨ sale on approval; sale or return)

sale with strings 附条件的买卖 附有回购权或租约收回权的买卖。

Salic Law 《萨利克法》 最早的蛮族法典,形成于公元6-9世纪,是法兰克人的基本法典。其突出特点在于它的继承制度,即否认妇女对土地的继承权。

Salique Law (= Salic Law)

saliva test 唾液检测 ①一种酒精检测方法,有时用于检查汽车驾驶员的醉酒程度,其方法是通过化学分析确定血液中的酒精含量;②特指对参赛的马匹所做的唾液药物检查。

salt silver 〈英格兰古法〉盐银税 古时佃农交给领主的一种税,在圣马丁节这一天,由佃农交付1便士,以替代将食盐从市场上运至领主储藏所的役务。

salus 〈拉〉健康;安全;福利

Salus populi est suprema lex. 〈拉〉人民之安宁乃最高之法律。

Salus populi suprema lex est. 〈拉〉人民之安宁为最高之法律。

Salus reipublicae suprema lex. 〈拉〉国家之安全乃最高之法律。

Salus ubi multa consilia. 〈拉〉多听忠告,必获平安。
Salus ubi multa consiliarii. 〈拉〉多交诤友,必获平安。

salute v. 向…致敬;向…致意;向…打招呼
n. ❶敬礼;行礼;致敬表示 ❷〈英格兰古法〉金币 由亨利五世和亨利六世所铸造,价值20先令,只在英国所占领的法国部分地区流通,并不属于英国货币制度的一部分。此金币的1/4盾面上印有英国和法国的纹章。

salutem 〈拉〉向…打招呼;向…致意;迎接
salute to flag 向国旗致敬(⇨ flag salute)
salutis gratia 〈拉〉为安全起见 劳埃德[Lloyd's]保险单用语。

salvage n. ❶抢救出的财物;挽回的损失;仍具有残值的废弃财产 火灾、沉船或其他事故后挽回的或残余的财产价值。 ❷残值 报废的固定资产或通过正常渠道不能出售的产品或商品作为次货或作为旧货或残料出售时的实际或预期价格,减去任何实际或预计的处理成本。 ❸(保险法)剩余财产 保险公司在偿付了损失赔偿金后占有所保出险后的剩余部分。保险公司也可以从请求赔偿金中扣除剩余财产的价值,而将该财产留给投保人。 ❹(海商法)海上救助 在海上或与海相通的可航水域(在美国,还包括可用于从事州际贸易或对外贸易的一切河流、湖泊),对遇到危险的他人船舶、船具、货物及运费等海上财产或船上人员施以救助或协助救助而获得报酬的行为。海上救助制度是海商法中特有的制度,其目的是为了鼓励人们冒风险救助海上财产或人命以维护海上航行的安全。公元前的罗得海法[lex Rhodia]和中世纪的奥列隆海法[lex Oleron]及维斯比海法[laws of Wisby]对此制度均有规定。有效的海上救助必须具备三个要素:①必须存在实际海上风险(如倾覆、火灾、触礁、搁浅或遭到海盗袭击等),仅仅主观臆想推测出来的未来可能存在的风险不能成为请求救助报酬的理由;②救助行为系出于自愿,而不是基于任何现存的职责或特殊的合同义务(如遇难船船员的救助义务和拖航合同中拖船的救助义务);③救助行为获得全部或部分成功,或至少对最后的安全做出了实质性贡献,此即"无效果-无报酬"原则。 ❺(海商法)海上救助报酬 海上救助提供者得在海上救助有效完成后,请求获救财产的所有权人或其他有关利益方支付救助报酬。由于救助海上人命是法定义务,因此单纯救助人命而未救助财产的救助人无权请求救助报酬,但该救助人有权从同一救助事件中其他救助财产的人所获得的救助报酬中取得合理的份额。救助人既救助人命又救助财产时,得请求通过增加财产救助的救助报酬来弥补人命救助的耗费。为鼓励救助人防止或减少海上风险所导致的环境污染,法律规定"无效果-无报酬"原则不适用于环境保护救助行为。对构成环境污染损害危险的船舶或船上货物进行的救助,即使救助无效果或效果不明显,且未能减轻或防止环境污染时,救助人仍有权从船舶所有人处获得相当于救助费用的特别补偿。如果取得防止或减少环境污染损害效果的,船舶所有人向救助方支付的特别补偿可以另行增加。从同一海上救助行为获益的船舶所有人或其他财产利益方应按其获救财产的残余价值的比例分担救助报酬。如果救助人与被救助人未在救助行为结束前达成救助协议,或救助协议条款显失公平,救助报酬与实际提供之救助服务差距过大,对于其争议作出裁决的机构在确定公平合理的救助报酬金额时,应综合考虑下列因素:获救财产的价值、救助获得成果的程度、救助人的熟练技能和努力、救助人自身承担的风险(包括海上风险和责任风险)、救助人支出的人力和设备费用、救助人在防止或减少环境污染方面的技能和努力。救助人在受付救助报酬前得留置获救财产并在一段法定的时期内对获救船舶享有船舶优先权[maritime lien],优先于在其救助行为之前发生的其他请求(包括因前一救助行为而产生的请求)而受偿。(⇨ maritime lien) ❻后序优先受偿救助 又称"衡平法上的救助"[equitable salvage],模仿海上救助建立起的鼓励救助他人财产的制度,与海上风险无任何关系。在此制度中,当某财产(如矿山、保险标的物)遭受风险时,最后的施救者有权优先于其他施救者或权利请求者请求赔偿,这是因为该施救者的行为使得其他权利请求者的请求标的得到了保护。(⇨ equitable salvage)

salvage charges 救助费用 救助正面临危险的财产时所支出的所有费用,最终由保险人负担。

salvage lien 海上救助优先权 设置在被救助船舶或货物之上的优先权,以确保偿付给救助人的救助费用。(⇨ maritime lien)

salvage loss 救助损失 海上保险术语,指由于救助人的救助行为而避免的被保财产的损失总额,亦即被保财产因救助而仍得以保存之部分的财产价值。被保财产的保险价值减去救助报酬和费用即为救助损失。

salvage measured by wages 救助酬金 对被救船只上的所有船员的救助行为给予的酬金。由于船员对自己所服务于其上的船舶有当然的救助义务,因此,此类酬金的性质不同于因无义务人提供之救助服务而支付的救助报酬[salvage]。

salvage service 救助服务 为救助进行的工作。对遇到海上危险的船只和货物给予各种有效的帮助。

salva guardia 保护令状(⇨de salva guardia)

Salvation Army 救世军 国际基督教组织,作为维护社会公正的中心,主要从事对赤贫的无家可归者提供住所,庇护未婚母亲,帮助酗酒者戒酒等。

Salvation Army meeting 救世军会议 目的在于宗教敬拜的宗教会议。

salvian interdict (罗马法)取消承租人对其作为抵押物的货物的回赎权

salvo 〈拉〉保留的;例外的;不使(合法权利等)受损害

salvo conducto 〈拉〉安全通行证

salvo jure cujuslibet 〈拉〉保留每个人的权利而不带偏见

salvo me et haeredibus meis 〈拉〉我和我的继承人除外

salvo pudore 〈拉〉遵守礼仪

salvor n. (海难)救助人;打捞船

salvor's lien (= salvage lien)

salvus plegius 〈拉〉安全保证;保证出庭

same a. 相同的 这一语词并不总是表示"同一的"[identical],它通常指同种类物而不是指同一特定物。
　　pron. 前述者 与定冠词连用时,表示前面提到的人或物等。

same case 类似的案件;同一案件(= S.C.)

same contract or transaction 同一合同或交易(事项) 在民事诉讼中,诉因的合并要求合同或交易之间具有实质上的一致性;而提出反诉则要求其诉因与本诉须基于同一合同或交易。这里的"交易"并不仅仅限于诉状中提出的事实,它还包括构成交易基础的当事人在交易或程序中所为的一系列行为和共同行为。在偷盗罪法中,如果犯罪人在同一地点和同一时间,偷窃了分属于不同所有人的多件物品,只构成一个偷盗罪。起诉机关可以在起诉书中针对所有这些进行指控,但是,如果起诉机关在起诉书中仅针对其中一个人的物品被盗提出指控,那么随后再针对其他人的物品被盗提出第二次起诉,则构成对同一罪行的双重追诉[double jeopardy],因为犯罪人的所有这些行为属于同一事项[same transaction]。

same evidence test 证据之同一性标准 判断是否成立双重追诉[double jeopardy]时所采用的标准。具体指第二次起诉的事实(如果有证据加以证明的话)是否与第一次起诉中支持定罪的事实相同,或者是否同一证据在前后两次起诉中都支持定罪,如果是,则为重复追诉。(⇨double jeopardy;same offense)

same invention 同一发明;相同发明 重复授予专利发明,该发明为原专利证书所描述的发明所覆盖。判定是否为同一发明不是根据原专利的权利请求,而是根据说明书和专利审查员认为相关的其他证据。

same offense ❶同一犯罪;同一罪行 美国宪法第五条修正案规定,任何人不得因同一犯罪行为而两次遭受生命或身体的伤害,此即禁止双重追诉原则,它的实质在于,一个人不能因同一犯罪而第二次受到起诉。这里所谓"同一犯罪"不是仅仅指同一罪名而言,而是指同一犯罪行为,包括作为、不作为和行为过程[transaction]。在制定法中,若先后实施的多起犯罪行为,均具有相同的性质和特征,则为同一罪行,只成立一个犯罪,但应从重处罚[enhancement of punishment]。例如,多次盗窃,只成立一个盗窃罪,但在处罚上要比盗窃一次重一些。如果针对同一犯罪行为,前后要证明的要件事实发生了变化,则不属于禁止双重追诉原则所指的同一罪行。例如殴击罪,对此起诉并判了罪,就不得再行以殴击罪审判。但是,若被打的人后来死了,第二次起诉书指控的是谋杀罪,就不能因为第一次已起诉了殴击罪而停止对谋杀罪的审判。(⇨double jeopardy) ❷类似犯罪;类似罪行 可作为判刑和从重处罚时考虑的情节。

same parties 同一当事人(⇨mutuality of parties and demands)

same quality, height and fitness 同样质量、高度和合格 在建筑合同中使用的比较术语,适用于所有的建筑标准。

same transaction 同一交易;同一事项(⇨same contract or transaction)

sample n. 样品 作为整体质量的代表或证明、供验收或检查之用的某种物品中的一小部分。(⇨sale by sample)
　　v. 抽样检查 通过随机抽查某种物品的一部分,以对整体作出判断。

sanae mentis 〈拉〉〈英格兰古法〉心智健全

sanatorium 〈拉〉疗养所;病休区 供病人、尤其是结核病患者、还包括精神障碍者休养并接受医疗护理的场所或机构,环境幽雅、舒适。

sanctio 〈拉〉(罗马法)制裁条款;惩罚条款;罚则(= sanction)

sanction v. 批准;认可;赞许;支持;对…实施制裁
　　n. 认可;批准;准许;(为使法律得以遵守而采取的)惩罚;制裁

sanction of oath 对违反誓言的惩罚 相信上帝将会惩罚说谎,说谎者或者在今世受到良心的谴责,或者在来世遭到报应。

sanctuary n. (旧时向罪犯提供庇护的)圣所;避难所

sand n. 沙;沙土 在普通法中,任何人无权公开从水边土地中挖走沙土、石头等。允许公众中的一些成员运走少量的海草和沙土的事实并不影响对水边土地主张所有权人的所有权,除非这类活动长时期持续、不受干扰而且已扩展至相当大的面积。

Sandwich Islands 桑威奇群岛 美国夏威夷群岛[Hawaiian Islands]的旧称。

sandwich lease 三明治式租赁;原租赁 指出租人与承租人之间的第一层租赁关系,而后者又将该财产转租[sublease]他人。因其发生多层次租赁而得名。

sane a. 心智健全的;神志正常的 即能够辨别是非并理解其行为后果。(⇨sanity)

sane memory 健全的头脑;透彻的理解力;很好的记忆力(⇨sound mind and memory)

sane or insane clause 不论神智是否正常条款 人寿保险单中除外责任条款,根据该条款规定,当被保险人自杀时,无论其在自杀当时神智是否正常,保险人均不对保险人的自杀行为承担责任。

sang 〈法〉血统;血缘;血亲;同宗

sangue n. 血;血缘;血亲(⇨demi-sangue)

sanguinem emere 赎身 佃农成为自由人的赎买方式。

Sanguinis conjunctio benevolentia devincit homines et caritate. 〈拉〉亲属关系的纽带以仁慈和爱征服人类。

sanguis 〈拉〉❶(罗马法)(英格兰古法)血统;血缘;同宗 ❷庄园的最高领主对流血案件[cases where blood was shed]的审判权

sanis (将罪犯)绑于树木上 一种一度流行于希腊人中的惩罚犯罪的方式

sanitarium (= sanatorium)

sanitary a. 卫生的;有益于健康的

sanitary regulations ❶建筑健康规章(条例) 为了健康而制定的建筑法规。❷传染病防治条例 为防止传染性疾病的传播而制定的规则。

sanitation n. 公共卫生;卫生保健

sanity n. 精神正常;心智健全

sanity hearing 〈美〉精神健全之听审 ①刑事诉讼中为确定被告人的精神状态能否承受审判而举行的一种预备性调查程序。它可在诉讼的任一阶段进行;②为确定是否应对某人采取民事拘禁而举行的程序。

sanity trial 〈美〉精神健全之审理 在某些州,对被告人精神是否正常及是否有罪的问题可以分别审理。(⇨ bifurcated trial)

sans prep. 除外

sans ceo que 〈拉〉〈法〉非此;若非如此

sans ce que 〈法〉没有这个(⇨ absque hoc)

sans frais 〈法〉不花钱;没有损失

sans impeachment de wast 〈法〉未对毁损行为控告(⇨ absque impetitione vasti)

sans jour 〈法〉无限期地

sans nombre 〈法〉无数地;数不清地

sans recours 〈法〉无追索权

sanus a. (身心)健全的;正常的;健康的

sap n. 〈美〉[总称]武器;兵器 包括包革金属棍棒[blackjack]、硬头软鞭[slung shot]、警棍[billy]、沙袋[sandbag]、指节铜套[brass knuckles]。

sapiens 〈拉〉明智的;明断的

Sapiens incipit a fine, et quod primum est intentione, ultimum est in executione. 〈拉〉明智的人始终如一,最后所实施的仍是起初所打算的。

Sapiens omnia agit cum consilio. 〈拉〉明智的人行事审慎。

sapientes, fideles, et animosi 〈拉〉明智的,忠诚的和勇敢的

sapientia 〈拉〉审慎;精明;明智

Sapientia legis nummario pretio non est aestimanda. 〈拉〉法律的精妙不能以金钱来衡量。

Sapientis judicis est cogitare tantum sibi esse permissum, quantum commissum et creditum. 〈拉〉明智的法官只在其管辖权许可的范围内行事。

sart 转为可耕地的林地

sasine (= seizin)

satisdare 〈拉〉(罗马法)保证;担保(⇨ satisdatio)

satisdatio (罗马法)诉讼担保 指诉讼一方对诉讼给予的担保。如被告提供的履行判决的担保。

satisfaction n. ❶(义务的)履行;(债务的)清偿 ❷(需求的)满足 ❸(协议条款的)履行 ❹法定赔偿 ❺〈美〉清偿登记 由一项判决中接受给付的一方在诉讼记录中所作的登记,用以表明他已经获得了清偿和给付。在美国的许多州,都有专门的制定法条款,要求抵押权人在抵押消除时须在诉讼记录边上[margin]作清偿登记,或另外用纸载明,并记录于案卷页边。❻〈英〉债务消灭原则[doctrine of satisfaction] 衡平法中的一项原则,适用于遗嘱人或赠与人的行为或语言或语词暗示了抵销的情形。这样,如果父母用信托馈赠[portion]的方式将一份遗产馈赠给子女,稍后(比如,该子女结婚时),又以信托馈赠的方式赠与他(她)一笔钱,则后面一笔钱被视为完全或部分地抵销了前者,也就是说,当父母去世时,该子女不能再要求继承遗产。同样,如果一个遗嘱人将一份遗产给予其债务人,在这份遗产的数额等于或多于其债务而且没有其它意思表示时,该遗产被认为对债务的抵销。遗产、信托馈赠和债的抵销原则意味着:一项有明示或暗示意思表示的馈赠,将被视为全部或部分地消除了某项先前的债权或要求。当然,赠与人也可以明确宣布其后来的赠与是对先前要求的抵销,以防止受赠人对两者都提出权利主张。

satisfaction by legacy 用遗产清偿 债务人在遗嘱中许诺将其遗产遗赠给债权人以履行其生前债务。

satisfaction contract (= contract to satisfaction)

satisfaction in fact 事实上的清偿;实际清偿(⇨ technical release)

satisfaction of debt 债务清偿(⇨ satisfaction)

satisfaction of judgment ❶判决的履行 指当事人已按判决的要求履行义务,如清偿债务等。❷判决履行证书 被登记在案,表明判决已得到履行的文件。

satisfaction of lien (因清偿而)解除留置 留置权人签署的书面文件,据此而将留置财产返还。

satisfaction of mortgage 因清偿而解除抵押 由抵押权人或抵押物持有人签署抵押解除书,表明设定抵押的财产已被解除抵押,或者抵押所担保的债务已得到履行并且设定抵押的全部条件已得到满足。

satisfaction of the court 使法官确信;使法官无合理的怀疑

satisfaction of the jury 使陪审团确信;使陪审团无合理的怀疑 对某一事实的证明要达到使陪审团确信的程度,意指必须使陪审团确信该事实的存在,使其相信根据人类的一般观念,对该事实的证明已无可疑之处。要使陪审团确信争议事实的真实性通常较证据优势[preponderance of evidence]的要求为高,必须为此提供清楚的、令人信服的证据[clear and convincing evidence]。

satisfaction piece 判决履行备忘录 在诉讼中由原、被告双方就判决履行达成的书面备忘录,该备忘录经双方确认并提交判决登录部门后,即意味着判决已经履行,被告的义务得以解除。

satisfaction with performance 履行令人满意;对履行的认可 指根据客观标准而对履行表示确认,即以一个通情达理者对工作表示满意为标准。但这种确认也可能完全是主观的,所有权人或合同当事人有权对对方当事人的履行表示认可并确定其是否已经令人满意。其只需以善意为之,而无须披露其作出认可或不认可的理由。因此,该术语包括两层含义,如果合同规定所制作或供应的物品涉及个人品味或感觉,例如一套礼服或一幅肖像,则以该人表示满意为唯一判断标准,其必须符合该人的独特品味或感觉;如果该物品与个人品味或感觉无涉,例如一桶钉子或一件机械,则其只需达到"合理"的满意程度即可。

satisfactory a. 令人满意的;(合同)令人当事人满意的 当合同中规定合同将以一种"令一方当事人满意"的方式得

到履行,意味着该履行应当使作为通情达理者的该方当事人满意。

satisfactory deal 令人满意的交易 指由经纪人实施的,而本人作为通情达理的人所接受的交易。据此,本人不得为排除其向经纪人支付佣金的目的而拒绝该交易。

satisfactory evidence 充分的证据;可信的证据 有时也称 sufficient evidence,意指其数量和证明力足以使法官或陪审团相信其所证明的事实或主张成立的证据。

satisfactory indorser 令人满意的背书人 指为收款人所满意的融通票据背书人,收款人对其不得任意拒绝。

satisfactory note 令人满意的本票 该本票的出票人具有无可置疑的清偿能力,或者该票据的保证人或背书人具有无可置疑的清偿能力。

satisfactory performance 令人满意的(合同)履行;令人满意的(债务)清偿(⇨satisfaction with performance)

satisfactory proof ❶令人确信的证据;足够的证据 能够使无偏见的人确信事实的真实性的证据,即对所证明的事实无合理疑点。❷令人信服的证明 在有关城市宪章[city charter]授权道路改良合同应给予那些"能够令人信服地证明其具有适当的履约能力"的最低报价者的情况下,被认为指公共事业委员会在授予此合同方面不能任意行使裁量权,而应将其裁决建立在能够合理地倾向于支持其决定的事实之上。

satisfactory proof of loss 对损失的可信证明 指向保险人提供的有关保险事项所受损失的证明,它应足以证实对一方有利的表面事实[prima facie case]成立并且能够使保险人对其权利和责任作出合理的估计。

satisfactory title 令人满意的不动产产权 指令合同对方当事人满意的不动产产权,但该当事人在确定产权状况时须以善意方式为之。对此应采取客观标准,即该产权良好,具有可销售性,且不存在合理的异议。

satisfied a.已清偿的;已支付的(⇨satisfaction; satisfactory proof)

satisfied encumbrance (债务)已清偿的土地负担 指其设定担保的债务已经清偿,但仍在登记簿上记载的抵押或留置。

satisfied term 履行期;土地年限 实现某一特定目的所需的期限。亦指土地年限,即在该期限届满前使其创设目的得以实现或履行。

satisfy v.❶清偿(债务等);履行(义务等) ❷使确信 ❸符合;达到(要求等)

Satius est petere fontes quam sectari rivulos. 〈拉〉寻支流不如探源头。 此谚语表达了科克[Coke]的观点,即判决时应参阅法律的古代渊源。

Saturday n.星期六 一周的第七天,也即最后一天。

saunkefin 〈法〉血缘尽头;非直系

sauvagine 〈法〉野生动物

sauvement 安全地

save v.保留;免除(⇨saving clause)

save harmless clause 赔偿责任免除条款 在合同中一方当事人同意在有可能对另一方当事人提起的诉讼中承担赔偿责任。在美国有些州,此类条款被认为违反公序良俗因而无效。(⇨hold harmless agreement)

saver default 〈法〉〈拉〉(英格兰古法)对缺席出庭的宽恕

save the statute 阻断时效进行 指在时效法规定的诉讼时效期间届满以前,原告通过起诉可使诉讼时效中断。

saving n.❶搭救;拯救 ❷节约;节俭 ❸储蓄;存款 常用复数。

saving bond 储蓄债券 ①在英国,由政府担保的一种储蓄债券;②在美国,储蓄债券分8年和10年到期,不可以转让,每位投资者可限购一定金额。EE 储蓄债券是一种无息票债券(不付利息),发行面额为50美元和100美元,但其发行价格的折扣为面额的50%。HH 储蓄债券发行面额为500美元至10 000美元,10年到期,每年付两次利息。EE 和 HH 储蓄债券的利息收入免交州税和地方税,但 HH 债券的利息收入应交联邦税。

saving clause ❶分辨条款 在制定法或合同中,宣布该法或该合同一部分的失效并不妨碍其余部分之有效性的条款。❷保留条款 在制定法中,宣布保留某些本会因该法的通过而消失的权利、义务或责任的条款。

saving life doctrine 援救生命原则(⇨rescue doctrine)

saving property doctrine 救助财产原则 如果某人为了保护自己拥有或照管的财产免遭毁损而采取了在当时的情形下所必需的而且是合理谨慎的措施,由此造成的人身伤害由因过失损害该财产的人负责。

savings account 储蓄账户 指储蓄银行的储户在该银行所开立的账户,它不同于在普通商业银行所开立的存款账户,其特点主要表现在以下两方面:①储蓄存款按存款时期计息;②储蓄存款需提前一段时间通知银行方能取款。

savings account trust 储蓄账户信托 以一人名义开立而以另一人为信托受益人的储蓄账户。(⇨totten trust)

savings and loan association 〈美〉储蓄与贷款协会 由联邦或州政府特许成立的、具有互助合作性质的半官方金融机构。协会以记名股票的方式吸收会员存款,形成为全体会员所共有的互助合作基金,用于向会员和公众发放分期摊还的抵押贷款。每一会员被赋以同等的权利和义务,定期认缴存款或投金,并在需要时申请抵押贷款。早先成立的储蓄与贷款协会的业务集中于为会员建造住房和购买住房融通资金,后来其业务又扩展到商业性借贷和其他无抵押担保的贷款。常简写为"S & L",亦称作"loan association";"thrift institution";"thrift"。

Savings and Loan Insurance Corporation 〈美〉储蓄与贷款保险公司 指由美国国会设立的,对金融组织的账户提供保险服务的公司。这些被保的金融组织包括各种联邦储蓄与贷款协会[savings and loan association]以及经州法或地区法特许下,依法组织和经营的住房与贷款协会[building and loan association]、储蓄与贷款协会、宅基协会[homestead association]以及合作银行等。

savings bank 储蓄银行 为鼓励公众储蓄和组织小额储蓄库而成立的一种专门银行。其主要业务是吸收小额长期储蓄存款并进行贷款。其主要资金来源是储蓄存款,但也购买政府、公司或企业的债券进行投资或转存于商业银行以获取利息差额。在英国有信托储蓄银行和国民储蓄银行,在美国有互助储蓄银行和股份储蓄银行。(⇨Trustee Savings Bank/T. S. B.; National Savings Bank; mutual savings bank)

savings bank check 储蓄银行核销凭证 一个非常用词,仅表示从储蓄账户中提取资金余额的一个取款凭条。

savings bank trust 储蓄银行信托(⇨totten trust)

savings certificate ❶〈美〉存单;储蓄单 指一种由政府担保的储蓄贷款社或银行所开具的定期存款存单,存期通常超过12个月。❷〈英〉储蓄单 由政府经办的国民储蓄银行开具的存单。

savings deposit 储蓄存款 指在储蓄银行或住房和贷款协会中的存款。

savings notes 储蓄券 由银行发行的短期附息票据。有时也指美国政府发行的90天期或其他期限的储蓄券。

saving to suitors clause 〈美〉(联邦地区法院)海事管辖权例外条款 一项联邦制定法条款,见于《美国法典注释》[U.S.C.A.]中的第28标题下的1333节。该条授予联邦地区法院对海事案件具有初审管辖权。原告可以选择在州法院或联邦法院起诉,但要求不论州法院还是联邦法院都必须适用联邦实体法。

savour v. 意味;带有…性质;类似;相近

say, about "或多或少";"…左右";"大约…" 此术语多用于买卖合同或财产转让中,它表明:标的物的数量尚未确定,只是估计的,卖方以此来防止被认为已作出了准确的数量承诺。

S.B. (= Senate Bill)

S.B.A. (= Small Bussiness Administration)

SBIC (= Small Business Investment Company)

sc. (= scilicet)

S.C. 〈美〉(= supreme court; same case)

scab n. 〈美〉工贼 在劳资纠纷中,站在雇主而不是代表雇员的工会一方的雇员,或是不参加工会组织的罢工而继续为雇主工作的雇员。

scabini (欧洲古法) ❶法官;陪审员 法庭中由伯爵保有的职位。❷伯爵助手 ❸法官 法兰克人中经遴选出的终身保有职位的官职。❹法官 日耳曼一些部落对德高望重的法官的称谓。

scab shop 非工会企业 指只为非工会成员提供工作的企业。

scaccario 财政的(⇨De Scaccario)

scaccarium 〈英〉财税法庭

scaffold n. ❶脚手架;建筑架 ❷断头台;绞刑台

scaffolding (= scaffold)

scalebook n. 镑册

scale-down agreement 债务缩减协议 同一债务人的多个债权人之间达成的缩减债务人债务的协议。

scale order 规模指令 规定买卖证券的总量并规定在各种特定价格区间内买卖数量的指令。

scale ticket 镑票

scale tolerance 〈美〉正常称量差额 指因用不同的秤而造成的对同一货物的通常的称量差额。根据州际贸易委员会[Interstate Commerce Commission]的规定,如一节车箱的煤超过100磅的称量差额是不能容许的。

scaling laws 〈美〉币值差额调整法律 美国独立后,邦联政府通过一系列成文法有步骤地调整硬币与贬值纸币之间的价值差额,作为用邦联货币清偿政府债务的必要准备。现在这些法律已被废止。

scalp n. ❶〈美〉〈口〉抢帽子 指在短期内转手倒卖股票以获取小利润。❷战利品 印第安人曾从已被杀死敌人的头上剥取带发头皮作为战利品。

scalper n. 〈口〉劫掠者;小投机商 其特点是从事准合法或非法交易迅速获利,或赚取不公道利润。尤指转手倒卖股票者或转手倒卖戏票者。

scalping v. ❶剥去头皮 ❷利用投资市场的变化获取短期利润 ❸以高价盘剥利润

scandal n. ❶〈令公众震惊或愤慨的〉丑行;丑事 ❷流言;谣传;诽谤 依英美诉讼规则,法院对诉状等文书中出现的诽谤性事项可依当事人的申请予以排除。(⇨scandalous matter)

scandalmonger n. 恶意中伤者;传播丑闻者

scandalous magnatum 诋毁权贵

scandalous matter 诽谤性的事项 通常指对诉讼一方当事人的名声、道德品质造成贬低的事项或对该事项的叙述使用了令人反感的语言。依美国的《联邦民事诉讼规则》[Fed.R.Civil P.],对诉状中的诽谤性事项,法院可依当事人的申请予以排除。英国的《最高法院规则》[R.S.C.]也规定法院对诉状或宣誓书[affidavit]中的诽谤性事项可裁定予以排除。对诽谤性的质询书[interrogatory]可提出异议。

scandalum magnatum 〈英〉诋毁权贵 1275年的一项英格兰制定法规定,任何旨在使国王与民众或权贵产生不和而传播谣言的人应当被监禁,直至他在法庭上供认出谣言的捏造者。这里所说的权贵包括贵族、高级教士、大法官以及各种高级官员。该法分别于1378年、1554年和1559年被重新制定。在16世纪后期,根据受害人可对损害提起民事诉讼的原则,普通法法庭产生了诋毁权贵的诉讼。星室法庭同时吸收了罗马法中的名誉诽谤[libellus famosus]概念,从而扩展了该法的适用范围,使得该种犯罪从最初意义上的政治犯罪演变为现代意义的刑事诽谤罪。该法遂于1887年被废除。

scapegoat n. 替罪羊;代人受过的人

scattering votes 候选人票数分散的选票

scavage n. 市镇官员对在镇上出售货物的外国人所征收的费用

scene of accident 事故现场

scenes a faire 〈法〉戏剧的精彩部分;程式 指剧中可以独立的事件、角色或场景,它们至少是处理某一主题的标准模式。在法国著作权法中,该部分即使在享有著作权的作品中也是不受著作权保护的,因为它们是作品在处理相同主题或在相同情形下自然出现的。

schedule n. ❶附件;清单 指附于法律、法规、契约、税单等文件之后的一个附页,用于详细补充主要文件的内容。❷时间表;进度表;计划表

scheduled injuries 〈美〉额定伤害赔偿 指由州的劳工赔偿法所专门指定的几类涉及劳动能力部分丧失的伤害赔偿。其数额预先确定,并用于雇员疗伤费用,而不考虑雇员丧失劳动能力从而丧失劳动收入的事实。

scheduled property 列明财产 在保险中,名称及价值被列明在清单中的被保财产。

schedule in bankruptcy 破产清单 由破产人提出的书面清单,内容包括其所有财产的种类、数量、存放地点及其价值的详细情况,全部债权人名单及其住所或营业所,对各债权人所负债务额或债权人请求的数额,有无担保等相关情况。清单应一式三份,分别交法院书记官、公断人[referee]和破产管理人。

schedule of exempt property 豁免财产清单 由债务人列出的请求免于被执行的财产的清单。它可以是破产人提出的破产清单的一部分。

scheme n. ❶计划;规划;方案 ❷阴谋;诡计 ❸系统;体制

scheme of arrangement 〈英〉债务整理方案 在公司法中,指由公司与其债权人之全部或一部分以及股东之全部或一部分,根据法定程序并经法院批准而达成的一种协议,意在通过折衷债权、变更股东权或其他方式,以解决公司债务困难。

scheme to defraud 策划诈骗;密谋诈骗

schireman n. 伯爵

schism n. 分裂;教会分裂;教会宗派

schismaticus inveteratus 反对正统信仰
schizophrenia n.精神分裂
scholarship record 学历证明
scholastic rating 学历证明
school attendance committee 〈英〉学生就学委员会 依1876年《初等教育法》[Elementary Education Act]为负责强制在校委员会[school board]管辖区以外地区的在校学生出勤而成立的机构。1902年《教育法》[Education Act]颁布后,其职权、职责转归地方教育当局[local education authority]。目前,学生就学根据1944年《教育法》[Education Act]实施。
school board 〈美〉学校委员会 通常指在市[city]、镇或者区的范围内管理公立学校的行政机构,由董事、委员或受托人[trustees]组成。有时在宪法性条款中特指禁止立法机关将征税权委托给其他委员会的一个特殊委员会。
school bond 学校债券 城市当局或教育主管机构为筹资修建学校或为学校购置设备而发行的债券。
school census 学校调查 在特定的日期内对不同年级的学生的年龄和成绩所进行的调查。
school directors 校董事 (⇨school board)
school district 〈美〉学区 由州立法机关创设、组织的准市政法人[quasi-municipal corporation],负责该州公立学校的管理。准市政法人指其成立的唯一目的是履行某一公共职能的政治体[political body]。美国州将学校体制划分成区的原因在于,与州一级的官僚化体制相比,地方的管理和政策制定更具效率,也更能对社区需要作出反应。一个学区包括有明确边界的特定地域。在多数地方,学区主席[head of the school districts]称为督导[superintendent],每个学区至少有一所学校。通常,一个学区包括小学[primary schools](亦称grade schools)、初中[middle or junior high schools]和高中[high schools]。学区的边界可能与市[city]的边界相同,而多重学区[multiple school districts]可设立在更大的市,也可能存在于乡村,一个学区可能包括多个市镇[towns]。美国各州制定有与公立学校和校区相关的众多法律,但仍不可能涵盖每一教育事项,因而州立法机关常将诸多公共教育事项委任给学区。学区有权设置课程,制定适用于学校、学校雇员及学生的规章与规则;有权安排学区的教育设施建设和维修;因除通过州和联邦岁入支付的教育开支外,其余支出均由地方政府负责,多数州立法机关授予学区为教育目的而征收地方税[local taxes]的权力。多数州立法机关规定,学区应由学校委员会[school board]、教育委员会[board of education]或类似机构进行管理。通常其由居住在学区内的选民选出的七名成员组成,但某些州却是由州、地方管理机关或特定官员任命的成员组成。学校委员会负责任命督导,审查学区行政人员[district's administrators]作出的重要决定,制定该区的教育政策;它也应定期公开举行对公众的会议,并事先通过信件或报纸向公众公布会议的时间和地点。不过,学校委员会仅对学区内的公立学校有管理权,无权涉足私立学校[private schools],私立学校必须遵守联邦、州和地方具有普遍适用力的法律,但由于其属私营,并无义务遵从所在学区通过的规章与规则。美国及各州宪法主要目的在于保护个人免受政府行为的侵害,公立学校受政府资助,故必须受宪法的控制;而私立学校并不接纳公共资金的资助,其行为本质上不具政府性。
school fund 〈美〉学校基金 指由各州法律、法规规定的,旨在促进和维护公立学校体制而创立的基金。

school lands 〈美〉学校用地 州所保留的其出售所得收益用于公共学校的设立和维持基金的公共土地。
school nurse 校医 由学校雇用的,为公共学校提供专职服务的护理人员。
school of law (= law school)
school placement laws 〈美〉学校设置法 规定如何将学生分配到各个公立学校的法律,其宗旨在于根除种族隔离。
school preference law 〈美〉学校选择法 一项授权各教育委员会可以根据学生父母的自愿选择对白人和黑人儿童分设学校、实行分开教育的法规。
school taxes 〈美〉学校税 指为创办、建造、维修学校目的而征收的税。
school township 〈美〉分学区 为了对一个镇组成的学区内的几所学校进行有效管理而将这个镇分成几个分区。
school trustees 学校受托人 (⇨school board)
sciagraph (= skiagraph)
Sciant praesentes et futuri 〈拉〉认识所有现在和将来的人。
Science and Art Department 〈英〉科学艺术部 1837年成立,贸易委员会[Board of Trade]的一个部门。1856年当教育部[Education Department]成立时,它成为教育部的分支机构。依1899年《教育委员会法》[Board of Education Act],它为教育委员会[Board of Education]取代。
science of law 法科学 有时与法学[jurisprudence]同义,有时又与法律科学[legal science]同义。
sciendum est 〈拉〉应当知道;应予注意 在罗马法著作中,该短语用于一章或一段之首,以此开始对某特定规则进行解释或引起注意。
sciens et prudens 〈拉〉故意地;蓄意地
scienter n.故意;明知 该词用于诉状中,表示被告的主观过错状态,即被告事先知道其行为将导致损害发生,或者其事先知道其有义务防止某种事实状态的发生,但因其疏忽而导致损害结果。在普通法上,欲使家畜所有人对家畜所造成的损害承担责任,必须证明被告知道其家畜有实施该种损害之恶习。关于这方面的证据被称为"举证明知"[proving scienter]。在英国,这种责任规定于1971年《动物法》[Animals Act]中。在有关虚假陈述[misrepresentation]中,实施虚假陈述一方当事人的明知是指其以欺诈意图而错误告知或疏漏重大事实。因干预他人履行合同而承担责任的[liability for interference with the performance of a contract],其责任构成要件之一即为该当事人知道合同的存在。根据美国1934年《证券交易法》[Securities Exchange Act]和《10b-5规则》[Rule 10b-5]而对某一行为提起民事损害赔偿之诉的,该行为必须属于"明知",这里的"明知"是指包含欺诈或操纵市场等意图的主观状态。
ad.故意地;明知地 该词原为拉丁文,其意同于knowingly。
scienti 认知
Scientia sciolorum est mixta ignorantia 〈拉〉肤浅的知识会被淡化为无知。
Scientia utrinque par pares contrahentes facit 〈拉〉同样知情乃契约双方当事人平等的基础。
Scienti et volenti non fit injuria 〈拉〉伤害永远不是对明知且愿意其发生者所为。
Scienti non fit injuria 〈拉〉不法行为是不针对知情并同意者的。

sci. fa. 〈拉〉告知令状 scire facias 的简写。

scil 〈拉〉(= scilicet)

scilicet/ss/sc. 〈拉〉即；也就是（说） 常用于宣誓书、诉状、案卷等法律文件中标题[caption]之后的地点陈述[statement of venue]部分，尤其是在州名与县名之间，如 { State of New York County of Monroe } ss：。

scintilla 〈拉〉❶火花；火星；闪耀点 ❷微量；极小量

scintilla iuris (= scintilla juris)

scintilla juris 〈拉〉瞬息占有；权利的"火花" 一种用以解释授予附条件用益权[contingent uses]时用益受封人[feoffee to uses]权利地位的理论。例如为了乙及其继承人的用益而将地产权转让于甲及其继承人，即用益受封人，并且当特定事件发生时，用益权再转归丙及其继承人，这时，根据《用益权法》[Statute of Uses]，对土地的占有[seisin]——这是一种普通法上的权利——和用益全都应转归乙及其继承人，甲事实上已不享有这种权利。但现在的问题是当该特定事件发生、丙及其继承人取得用益权时，是谁为了丙的用益权而占有土地呢？这种理论认为该特定事件发生时，对土地的原始占有[original seisin]复归于乙，这样就使其以后对丙仍然享有占有土地。此时乙即享有瞬息占有或权利的"火花"[scintilla juris]。这实际上是指一种将来的附条件的用益权[contingent uses]在受到一种可执行的用益权[executory uses]限制时，尽管用益受封人的权利已因前一用益权的执行而几近消灭，但对他来说仍存在一种占有的可能性或是所谓的权利的"火花"，以使将来的附条件用益权或其它可执行用益权在条件成就时能够发生。此理论曾在英格兰为判例所反对，后又被1860年《财产法修正案》[Law of Property Amendment Act]废除。(= scintilla iuris)

scintilla of evidence rule 微弱证据规则 普通法上的一项规则。指案件中只要有任何的证据，即使很微弱，也可产生一定的法律后果：①如果这些微弱的证据倾向于支持案件中的某一实质性争议，只要这些证据不是模糊的、不确定的、与案件不相关的事实，那么案件必须交由陪审团审理并作出裁决；②如果案件中的证据很微弱，但能够支持一方当事人的主张，则法庭不得对该案件作出简易判决。至于什么样的证据才算微弱证据，各法院的认定并不一致，且目前美国多数司法区的法院已摒弃了这一规则。

Scire debes cum quo contrahis. 〈拉〉你应当知道你在与谁订立契约。

Scire et scire debere aequiparantur in jure. 〈拉〉知道和应当知道，被视为知道，在法律上是相同的。

scire facias 〈拉〉告知令状；说明理由令状 基于判决、特许状[letters patent]等法律文件签发的一种司法令状，它要求令状所针对的人向法庭说明为什么该法律文件的持有人不应从该文件中获益，或该文件不应被撤销或宣布无效的理由。该名称同时也用来指依该令状而开始的程序。该令状主要用于判决的恢复执行程序，如以该令状要求债务人到庭并说明已中止执行的对其不利的判决为什么不应被恢复执行。如其理由不成立，则恢复对判决的执行。在这种情况下，该令状仅是对初始诉讼的延续。有时，该令状也可以开始一项初始诉讼程序，如用于请求撤销特许状，反对具结保释等，但情况极少。英国1947年的《王权诉讼法》[Crown Proceedings Act]废除了该令状在民事诉讼中的使用；在美国，大多数州亦已不再使用该令状。

scire facias ad audiendum errores 〈拉〉被上诉人替代令状 上诉人[plaintiff in error]陈述完请求复审的理由后，可请求法庭发出此令状，令已死亡的被上诉人的遗嘱执行人或遗产管理人[executor or administrator]替代被上诉人参加诉讼。

scire facias ad disprobandum debitum 〈拉〉债务抗辩令 异地扣押[foreign attachment]中的被告为使其能在偿还原告债务后的一年零一天内，否认该项债务而取得的令状。

scire facias ad rehabendam terram 〈拉〉土地收回令 指债务人向债权人清偿了判决确定的债务后，有权收回依占地执行令[elegit]而被占有的土地。

scire facias quare executionem non 〈拉〉复审理由陈述令 如果上诉人[plaintiff in error]没有陈述其请求复审的理由，已死亡的被上诉人的遗嘱执行人或遗产管理人可取得此令状，要求上诉人陈述其请求复审的理由。

scire facias quare restitutionem habere non debet 〈拉〉说明不应恢复原状的理由的令状 指在已得到履行的判决在上诉审中被撤销，而案卷中又未能载明上诉人已支付的款项或受到的损失时，在签发归还令状[writ of restitution]之前，作为一项预备性程序而签发的要求被上诉人说明理由的令状。

scire facias quare restitutionem non 〈拉〉在归还令状发出前的说明理由令状 指对判决的执行已经开始，但还未向原告支付款项时，判决在随后的复审或上诉审中被撤销，在这种情况下，在归还令状[writ of restitution]签发之前，有必要先发出说明理由的令状。

scire facias sur mortgage 〈拉〉抵押回赎权不应被取消之理由陈述令状 在抵押人违约偿付债务或未遵守约定条件时签发的令状，要求其说明其抵押回赎权不应被取消，抵押财产不应被变卖以履行债务的理由。

scire feci 〈拉〉我已通知 行政司法官执行告知令状的回呈中的用语。

scire fieri inquiry （英格兰古法）遗产回复令 用以恢复被遗嘱执行人所侵占的财产的令状。恢复的数额由判决决定。

sciregemot 〈撒克逊〉郡法院

Scire leges non hoc est verba earum tenere, sed vim et potestatem. 〈拉〉知法者，不仅须理解法律之文句，更须理解其效力。

sciremot (= Scyregemote)

Scire proprie est rem ratione et per causam cognoscere. 〈拉〉完美认知乃是知其原委的认知。

scirewyte （英格兰古法）主持法庭金；郡司法税 因其主持巡回法庭或郡法庭而向郡长交纳的税赋。

scite ❶ n. 位置；地方；场所；地基 ❷〈拉〉获悉的；知晓的

scold n. 〈英〉嗜骂街的人；骂街的泼妇 在普通法中，指常与人争吵，引起邻里不和，破坏社区公共安宁的人，从而成为公害。该人（尤指泼妇）可在郡长巡回法庭[sheriff's tourn]受到起诉，并可处以马桶椅刑[cucking-stool]。这种犯罪后被1967年《刑法》[Criminal Law Act]取消。

scope of a patent 专利权的范围 指一项发明创造受专利保护的界限。它无法用实际的测量工具厘定，也无法用对有体物那样明确的意思加以定义，而必须根据专利法原则所确定的方法予以判定。

scope of authority ❶代理权范围；授权范围 在代理法中，它不仅指本人给予代理人的实际授权[actual authorization]，而且包括那些表见地或默示地[apparently or impliedly]授予代理人的权限范围。根据雇主负责[respondeat superior]原则，代理人在其实际授权或表见授权范围内所缔结的合同，由本人对此承担责任。❷（政府官员的）权限范围 包括政府官员根据其合法权限所能实施的行为。

scope of employment 受雇范围 指雇员为雇主的利益，在其所担负的职责范围内从事的，且能为雇主合理地预见并直接或间接控制的行为。只要是与雇员职责有关的，并且是为了雇主利益的行为都可视为"受雇范围"内。根据雇主负责原则[doctrine of respondeat superior]，雇主应为雇员在受雇范围内对第三人的侵权行为承担法律责任。（⇨in the course of employment; respondeat superior; vicarious liability）

scope of review ❶上诉审的范围；复审的范围 指上诉审法院对下级法院的判决进行审查的适当范围。在具体案件中，复审的范围要依宪法和制定法的规定而定。❷司法审查的范围 指法院对依法提交其审查的行政机关所作的决定进行审查的适当范围。

scorn v.轻蔑；鄙视；拒绝；摈弃

S Corporation 〈美〉S 公司 对该公司的收入，并非向公司本身而是向其股东个人征取。根据《国内税收法典》[Internal Revenue Code]第 S 分章[Subchapter S]，只有其股东以个人身份参加的美国公民，且股东符合限定人数的公司才可以被选定享有 S 公司税收待遇，故得名。亦作"Subchapter S Corporation"，"tax-option Corporation"。与其相对的为 C 公司[C Corporation]。

scot n.❶（英格兰古法）贡赋；税赋 ❷〈英〉教役税 从撒克逊时代流传下来的缴纳给教会的捐税，如堂区税[church scot]、灵税[soul scot]等。

scotal （英格兰古法）强卖酒类的敲诈做法 拥有酿酒屋的王室林地官员强迫人们在他们酒屋饮酒的敲诈做法。为《森林宪章》[Charter of the Forest]所禁止。

scot and lot 〈英〉❶按能力负担的教役税 是古英格兰法中的一种税收，针对所有臣民，数额不定，按能力缴付。❷（自治市镇的居民有义务缴纳的）维持税

Scotch peers 苏格兰上院议员

Scots law 〈英〉苏格兰法 尽管苏格兰是联合王国的一个组成部分，但由于历史原因，在苏格兰存在着远远不同于英格兰和威尔士的法律结构和法律体系。1707 年，苏格兰议会与英格兰议会合并为不列颠议会，苏格兰法律制度的存在与延续得到了合并条约的保证。苏格兰法区别于英格兰法和威尔士法的主要特点表现在：完全不同的历史和发展过程；单独的法院和法官体制；具有独特的职业培训和资格授予制度；单独的律师职业；不同的司法程序和法律术语以及在许多方面区别于英格兰的独特的实体法。而且，苏格兰从未有过普通法与衡平法上不同的管辖权制度以及与之相应的一系列原则。直到 19 世纪为止，罗马法一直是最强有力和唯一的外在影响因素，这使得苏格兰法很久以来一直是高度系统化的原则体系。苏格兰法院和法官的趋向是探求适当的普遍性原则，并从中进行推论以作出判决，而不是寻求适当的先例。在许多方面，苏格兰法介于大陆法系和普通法系之间的位置上。在 18 世纪末期，罗马法的影响开始减弱，而在商事法领域，英格兰的影响与日俱增。至近现代，苏格兰法的主要特征是成文制定法及授权立法的重要性增加，且两者错综混杂，对先例的依赖程度减少，与英格兰法的同化压力也在增加，并常导致一些不幸的混合后果。苏格兰法将来面临着许多问题。在英格兰法为主导的司法及立法体制内运作，苏格兰的独特性较难维系。与英格兰法大量向外移植相比，苏格兰法的影响较微小，仅限于苏格兰。

scottare v.纳税；支付税费

Scottish Rite （共济会的）苏格兰仪式

Scott v. Sanford 斯科特诉桑福德案（⇨Dred Scott Case）

scoundrel n.恶棍；流氓；无赖 带有侮辱性的称谓，表示无赖、堕落、缺乏教养和诚信。这种言论并不必然属于可起诉的诽谤言论。

scrambling possession 争夺土地占有 指对于土地本身的占有进行争夺，并非指在法庭上双方的抗辩之争，或者通过侵入行为例如构筑篱笆而占有土地。

scramming contract 采矿合同 授权在已经开采过的矿藏中采集遗留下来的矿物的合同。该类合同的标的物仅限于已经开采过的矿藏，并不包括打通该矿藏井壁而新发现的矿脉。

scrap value 残值（⇨salvage）

scratching the ticket 〈美〉从（政党）候选人名单划去（某候选人的）名字 一方党派选举人支持并把若干票投给对方党派候选人的行为。

scrawl n.潦草的字迹；涂鸦

screen credit 片头（片尾）字幕；摄制人员名单 剧本作者、制片人、导演、演员等享有据此而在电影或电视节目中公开表示其姓名或名称的权利。

scriba 〈拉〉抄写员；秘书

Scribere est agere 〈拉〉书写即作为。 书面写下来的叛国言论视为公开的叛国行为。

Scribes Society 〈美〉文牍协会 一个旨在改进法律写作的律师组织，成立于 1953 年。其创意由已故的新泽西州首席大法官亚瑟·范德比尔特（Arthur Vanderbilt，曾任纽约大学法学院院长和美国律师协会主席）提出。这一非正式组织的第一次会议于 1953 年 8 月 23 日在波士顿的哈佛俱乐部召开。如今，其成员包括全美国的一些名律师。

scrinio judicis 在法官的记录中（⇨in scrinio judicis）

scrip n.❶临时凭条 允许持有人按所列权限兑换现金或获取某些利益的凭证。 ❷临时股票凭证；股票认购临时收据 凭以换取正式股票或证券的临时单据；在公司股票红利发放中用于取代零星股，股东可以在积累一定的凭证之后换取正式股票。 ❸临时通货 尤指美国在内战时期发行的小额通货。 ❹临时代金券

scrip dividend 凭证股利 公司向股东发放股利的一种方式，通常采用本票的形式，股东可以凭此票据在未来的某一时间兑换股票或现金。凭证股利与股票股利具有相同的权益，区别在于凭证股利使公司可以用未来收益延期支付红利，并且凭证股利不能带给股东投票权。

script n.❶手迹；笔迹；手稿 ❷原件；正本

Scriptae obligationes scriptis tolluntur, et nudi consensus obligatio contrario consensu dissolvitur. 〈拉〉书面成立之债务协议，须依书面解除；非依书面成立之债务协议，得以口头合意解除之。

scriptis olim visis 从以前见过的文件中（⇨ex scriptis olim visis）

scriptum 〈拉〉文书；手迹；手稿（⇨script）

scriptum indentatum 〈拉〉双联文书；契据

scriptum obligatorium 〈拉〉❶书面债务 在旧时的诉讼中，是指代债券的专业用词。 ❷加盖了印章的文书

scrivarius ❶(罗马法)公证员 ❷抄写员;文书
scrivener n.❶作家 ❷抄写员;文牍;文书 ❸文件起草人;代书人 ❹放债人;掮客 受害人委托将其财产出借并向委托人支付出借产生之收益,自己从中获取佣金的代理人。
scroll n.(签名后的)花押;名册
scruet-roll 人身保护令保释金档案
scruple n.❶顾虑;顾忌 ❷斯克鲁普尔 为旧时重量单位打兰[drachm]的1/3,现已不再是一个重量单位。
scrutator n.(英格兰古法)检查者;守护员 英格兰国王任命的负责维护英王属地河流上相关权利的官员,负责检查河岸,发现船只残骸以保护国王捕获权。源于拉丁词根 scrutari(巡查)。
scutage n.免服兵役税 指中世纪采邑法中,由直属封臣支付一定的费用以替代对国王服兵役的义务,他的人身性出征役务不能因交纳免服兵役税而免除,只能通过交付罚金免除。缴纳免服兵役税在法国和德国也出现过,但在英格兰却得到高度发展,并成为一种针对骑士役地产的一般性赋税,到13世纪时还统一了税率。约翰王曾经常征沉重的免服兵役税,因此《大宪章》[Magna Carta]禁止未经议会批准就征收免服兵役税。该税由国王和亲自服兵役的直属封臣分享,即后者亦可向其下级征收此税。到14世纪时,免服兵役税被废止。
scutage rolls 免服兵役税账簿 记有从1215年至1347年免服兵役税的账目。
scutagio habendo (古)服兵役令状 要求服骑士役的土地保有人前往服兵役,或者派送充足的人,或者交付一定数量的金钱。
scutagium n.(= scutage)
scutifer n.骑士随从
scuttling n.凿沉 为获得保险金而故意破坏船舶的行为。
scutum n.❶(古罗马骑兵的)长盾 四角形的用兽皮包住的木质盾牌。❷(英)免服兵役税
Scylla and Charybdis 处于锡拉岩礁和卡律布狄斯大旋涡之间;进退维谷;腹背受敌(⇨between Scylla and Charybdis)
scyra ❶〈撒克逊〉对疏于履行出庭义务者所判处的罚金 对未参加撒克逊人郡法院的人处以的罚金。按规定,所有的佃户均需参加。❷(英格兰古法)郡;县;县里的居民(⇨suit)
scyre-gemot (= scyregemote)
scyregemote (英)议事会;郡法庭 指撒克逊法中郡的会议或法庭。这是撒克逊政治组织中最为重要的议事和管理机构,有审理教会和世俗两方面案件的权力。每年召开两次会议。其拉丁文名称为 curia comitatis.
scyre-man (= shire-man)
S.D. (= Southern District)
s.d. (= sight draft)
S/D/B/L (= sight draft-bill of lading attached)
SDR (= special drawing rights)
SDWA (= Safe Drinking Water Act)
se 〈法〉自己(⇨inter se)
S.E. ❶〈美〉东南判例汇编[South Eastern Reporter] ❷东南[southeast]
sea n.海;海洋 在海上保险中,海不仅包括公海,还包括海湾、水湾以及随潮汐涨落的河流。可通航水域分为内水、领海、公海三部分。

Sea, Air and Land Platoon/S.E.A.L. 〈美〉"海豹"(海空陆)小队 海军特种作战大队的主要作战分队,专门训练用来对付在海外攻击美国人的恐怖主义分子的队员。
sea bed 海床;洋底
Sea Bed Disputes Chamber 海底争端分庭(⇨L.O.S. Tribunal)
sea brief (= sea letter)
sea damaged 发生海损的;因海上风险损失的
sea fisheries 海洋渔业;海洋渔业权;海洋渔场(⇨fishery)
seal n.❶印章;印记 在普通法上,加盖印章是使书面文件得以生效的必要认证方式。但现在不像以前那样强调印章的广泛用途。在英国,根据1989年财产法的规定,对个人来说,书面文件的生效不再要求加盖印章。根据1985年公司法的规定,未注册的公司仍然需要加盖印章并交付,才能使文件生效。但对于已注册的公司,只要文件明确地表明契约意图并予以交付,或者加盖印章,或者由一名董事和秘书或二名董事签字就可使文件生效。在美国,通常是以"L.S."或"seal"的标记来取代实际的印章。一些成文法虽然规定了加盖印章的必要性,但印章的使用已逐渐为亲笔签名所代替。❷封蜡;封条;封缄;封印
v.❶盖章于;以盖章确认 ❷封;密封
S.E.A.L. (= Sea, Air and Land Platoon)
sea law 海法 有时用来指根据古代惯例,为海事法院、捕获法院的判决所认可并且在近代构成航海主要规则的航行规则。(= law of the sea)
sea-law of Rhodes (= Rhodian laws)
sea lawyer ❶好争辩的水手 ❷闲散好讼的码头工人 ❸业余律师
seal day 〈英〉盖印日 即衡平法庭的申请听审日[motion day]。在这一天,国玺[Great Seal]被带到衡平法庭,在申请文件上加盖印章。与此相关,"国玺已收起"[the Seal is closed]一语意谓这一天的申请工作已经结束。
sealed a.❶盖章批准(或证实)了的 ❷经检验盖印的 ❸封闭的;密封的
sealed and delivered 已签章并交付的 通常写在证人签名之前的格式用语,其目的在于证明产权转让证书的真实性。
sealed bid 密封投标 一种投标方式,通常由参加投标的每一方当事人将其各自的标书装入信封密封后交与招标人,招标人在将所有收到的标书开封之前不得披露标书内容,招标人在对所有标书同时进行评标后,确定其中的中标者。
sealed contract 〈美〉签章合同(⇨contract under seal; specialty)
sealed grain 〈美〉存粮;储备粮 尤指为了偿付政府根据价格援助计划发放的贷款而储备的粮食。(⇨field warehousing; sealing up)
sealed instrument 盖印文件 在普通法与某些制定法中,盖有当事人印章的书面文件通常被认为一种无可争议的证据,可以证明该文件所规定义务的有效性,普通法曾对盖印文件与非盖印文件在法律上的效力作出区分,但这种区分在美国大部分州已被取消,而且《统一商法典》[U.C.C.]规定,可适用于盖印文件的法律并不适用于有关货物买卖合同或流通票据。(⇨contract under seal; specialty)
sealed verdict 〈美〉密封的裁断 如果在陪审团作出裁断时法庭休庭,则陪审团可将书面的裁断装入信封并密封

好。交出该密封的裁断后,陪审团即可解散。在法庭再次开庭时,将该密封的裁断正式呈交法庭,与陪审团在解散前在公开法庭上呈交裁断具有同等效力。这一做法可以使陪审团不必滞留至法庭的下一开庭时间。

sealer n.〈英〉盖印官 衡平法庭职员,专司盖印,须长期坚守职位,没有休假。1852年的《衡平法庭法》[Court of Chancery Act]将其与代理盖印官一并废除。

sea letter 航海证书;海上通行证;中立国船舶证明书 通常在战时中立国船舶必需携带的国籍证明,是由中立国的政府发给所属船舶的证明书,一般载明船名、船长名、船类型、所载货物、始发港、目的港,以免被交战国捕获。在美国,此证明书经总统及国务卿签署由海关发出。最后一个证书系1806年英法战争中纽约港发出,并于1815年由麦迪逊总统宣告停止使用。

sea level 海平面 介于高潮与低潮的中间点,系据以指示陆地高度的起点。

sealing n.❶盖印(⇨seal) ❷遗产封存 在遗产继承中,为了保护遗产或第三人的利益,根据有管辖权的法院的命令,由相关官员对继承财产进行封印保存。

sealing ceremony 〈美〉成婚仪式 摩门教的一种正式婚礼仪式。如果双方当事人符合法律所规定的条件,并与该宗教仪式相合,亦足以构成一个有效婚姻。

sealing records 〈美〉密封卷宗;密封犯罪档案 指将某一犯罪人(尤其是青少年犯罪人)的档案密封起来,除非获得法院命令或者由指定官员进行,不得查阅。一部分州的制定法有此规定。

sealing up ❶〈英〉密封;覆盖 当诉讼中的一方当事人被责令提交某一文件,而文件中的一部分内容与争议事项无关或者享有免被出示的特权时,如果当事人以宣誓书保证该部分内容确属无关或受特权保护,经法庭许可,他可将该部分内容以胶水等粘纸密封。如果该文件需经常使用,为方便起见,允许当事人仅在调查过程中将该部分内容覆盖。❷〈美〉盖印 在建筑物的门上或容器的盖上加盖印章,通常为金属印,若要把门或盖打开,就必须损坏印章。对保险箱如此加盖印章即可完成对其中之物的查封。

seal of cause 〈苏格兰〉公会特许状 这是苏格兰某些皇家自治市镇及男爵领地自治市镇及后者的长官行使所受特权的一种方式,依此附属性的公会或行会[subordinate corporation or crafts]得以组建,其权限亦依此限定。这通常用于商业公会的建立。

seal of corporation (= corporate seal)

seal of court 法院印章 法院在传票、令状或案卷档案上加盖的使之具有法律效力的图章。

seal of private credit 私人印章;私章 自然人或私法人使用的印章,区别于国家、政府及其部门和机构的公章[seal of public credit]。

seal of public credit 公章 由公共机构使用的印章。在美国主要包括联邦政府印[Great Seal of the United States]、州政府印[Great Seal of a state]、法院印[seals of courts of record]和其他司法文件使用的印章。在英国主要有英王印及其法院印[seal of public courts of justice]、国玺[great seal of the United Kingdom]、英格兰、苏格兰和爱尔兰印[great seals of England, Scotland and Ireland]等。(⇨public seal)

seal of the United States 〈美〉国玺 由国务卿掌管的联邦政府印,在由总统完成的文书上,总统签名是加盖国玺的保证。(⇨great seal)

Seal of the United States Supreme Court 〈美〉美国最高法院印章 刻在有一美元硬币大小的钢质材料上的美国徽章,边上刻有"The Seal of the Supreme Court of the United States"的字样。

seal paper 〈英〉法庭日程表 在1873-1875年的《司法组织法》[Judicature Acts]颁布以前,指在每次开庭前御前大臣[Lord Chancellor]及其他法庭的长官发布的一种文件,详细列明衡平法庭各官员——如御前大臣[Lord Chancellor]、掌卷法官[Master of the Rolls]、上诉法院法官[Lords Justices]和副御前大臣[Vice-Chancellor]每日应完成的审理事项。

seaman n.❶〈英〉公海上的船舶上的人员 根据1894年的海运法,不包括船主、飞行员和正式签约注册的学徒。❷〈美〉船员;海员;水手 对航海船舶的航行和驾驶起协助作用的人,其人身损害赔偿受《琼斯法》[Jones Act]调整。 ❸〈美〉服役海军的军人 军衔在海军三等兵[seaman apprentice]和海军军士[petty office]之间。

seaman apprentice (美国海军或海岸警卫队中的)三等兵 军衔在水兵或警卫队队员[seaman]之下,在新水兵[seaman recruit]之上。

seaman recruit (美国海军或海岸警卫队中的)新水兵 海军中军衔最低者。

seamanship n.船艺;航海技能;航海术 驾驶和操作船舶的技术。良好船艺的规则适用于从船舶起航到回到泊地的全过程。什么是良好船艺是一个事实问题,要考虑案件的具体情况以及许多惯例。

seaman's lien 〈美〉船员优先权 因船长不发给船员其应得工资或报酬时,船员对船舶享有的优先权,可通过海事法院或普通法院予以救济实现。

seaman's will 船员遗嘱 船员的非正式遗嘱,不论书面或口头,都具有法律效力。它是遗嘱必须符合法定形式的例外。因为船员在海上航行时,疾病、灾难随时可能会降临到他们头上,使他们不可能有时间和办法做出深思熟虑的遗嘱。

sea peril 海上风险

sea postage 海上邮资 从全部邮资中减去内陆邮资的差额。

search n.❶搜查 指执法官员或其他被授权人员对有关场所、物品、车辆、人身等进行检查,以寻找有关人员或者与犯罪活动有关的物品。由于搜查会涉及到个人自由和隐私权的问题,所以现代各国一般都规定只有取得合法的许可或授权后才能合法地进行搜查及对查获的物品进行扣押。如美国宪法第四条修正案即禁止非法的搜查和扣押。对此,一般规则是,在未取得搜查证[search warrant]的情况下进行的任何搜查即为非法搜查,但是有例外情形,即虽未事先取得搜查证亦可进行搜查,如逮捕时的附带搜查[search incident to arrest]、取得同意后的搜查[consent search]、对适用一眼看清原则[plain view doctrine]的证据的检查、根据卡罗林原则[Carroll doctrine]对机动车辆实施的紧急搜查、对敞地[open fields]的搜查、对抛弃的物品的检查等。在英国,制定法规定,警察为执行逮捕,有权进入和搜查被逮捕者所在的或者可以合理怀疑其所在的地方。许多制定法都规定,法官或治安法官可以签发搜查证进行搜查,而且不限于在执行逮捕时附带进行的搜查。❷登临;临检(⇨right of search) ❸产权调查 指对财产的权利状态进行调查,以判定财产上是否存在权利瑕疵或设有其他负担。在英国,尤多指土地负担调查,这种调查需要对地方土地负担登记簿、农业负担登记簿、公司法人登记员保管的登记簿、地方当局保管的申请批准土地规划的登记簿及其他有关的登记内容进行查询,以助于决定是否或如何签订土地买卖合同。当事人日后不得因自己未调查和发现登录的产权事项、不知情为由而拒绝履行合同。(⇨title search) ❹〈苏〉调查证明 官方或专职调查人员就自己在登记簿中所发现的、影响有关财产的记载事项所做成的记录。

searchers n.❶〈英〉(海关、码头等的)检查员 防止金银出口和贱金属进口的官员,也指检查船舶的应税货物和走私货物的官员。 ❷〈英〉土地负担调查官

search incident to arrest 〈美〉逮捕时的附带搜查 拥有逮捕权的官员,无论有无搜查证,均可对被逮捕者的人身及其直接控制范围内的地区进行搜查,以检查是否藏有武器等,也称作保护性搜查[protective search]。

search warrant 搜查证;搜查令 由法官或治安法官签发的,授权执法官员[law enforcement officer]对指定的某人身体或某一处所进行搜查并扣押有关证据的命令。通常依搜查令可以扣押的物品包括武器、违禁品、犯罪所得、犯罪工具以及其他犯罪证据。所以该词也称搜查与扣押令[search-and-seizure warrant]。美国宪法第四条修正案规定,除非依宣誓或确认[oath or affirmation]存在可成立的理由[probable cause],并对将要搜查的场所和要扣押的人或物有详细的描述,不得签发搜查令。

search without warrant 〈美〉无证搜查 指在执行逮捕时,虽未取得搜查证,但可附带进行的搜查。搜查的范围应仅限于被告人的人身及被告人为获取武器或其他证物而可能到达的区域。

sea-reeve n.(古)沿海城镇(或地方)官员 负责维护庄园领主的海上权利,监视海岸,为领主收集失事船只残骸、漂流物等。

seargeanty (= serjeanty)

searjeanty (= serjeanty)

sea-rover n.❶海盗 ❷海盗船

seashore n.海岸 指邻接海洋的陆地,随通常的潮起潮落而交替着没入或露出水面,即高水位与低水位之间的陆地地带。

season n.❶季;季节;时节 ❷(文娱、社交、商业等的)活动季节;(体育运动的)赛季(⇨closed seasons)

seasonable a.在约定的时间内;在合理的时间内

seasonable appearance 适时出庭 指诉讼中,传票送达被告后,被告在法定期间内出庭应诉。

seasonable motion 适时申请 一方当事人根据诉讼对方当事人的情况适时地向法院提出的申请。除非制定法有明文规定,申请的时间视个案具体情况而定。

seasonably turn 〈美〉适时转向 美国的一种交通规则。指相向行驶的汽车在高速公路上相遇时,应及时地靠右行驶,以避免撞车或使任何一方减速行驶。

seasonal conditions 季节性状态 指一年中的某个特定季节所特有的气候状况,包括气温状况、人或动物的健康状况或植物的生长状况等。

seasonal employment 季节性工作 只在一年中的特定季节或特定期间才可能有的工作机会,如担任夏令营辅导员、扮作商场的圣诞老人等。这种季节性对于劳工赔偿请求权的行使具有重要意义。

seasonal stream 季节性河流

seasonal use 季节性使用 为捕鱼、伐木、收割庄稼、破冰等目的对不动产的季节性使用。

seat v.❶使就座;使坐下 ❷使当选就职;使就位 ❸(罕)定居
n.❶(尤指商品或股票交易中的)席位;会员资格 ❷(活动、组织等的)中心;首府

seat belt defense 〈美〉安全带抗辩 在因车祸造成人身伤害而提起的诉讼中,被告可以原告未以应有的注意[due care]系好安全带为理由,进行抗辩。这一抗辩理由最早用于纽约州法院1975年判决的一个案件中,此案中,受害者从车中被抛出之后摔断了腿,而如果她系上了安全带就不会受到伤害。

seated land 〈美〉已用地 指已被占有、开垦、改良耕作或用作宅地的土地。

seat of government 〈美〉政府所在地 指国家、州及地方政府主要公务所在地的首府、州府、县府[county seat]或其他地方。

seawan n.贝壳币 阿冈奎人[Algonquin]使用的流通货币。阿冈奎人是居住在加拿大渥太华河谷地区,属北美印第安部落最大语系阿冈奎语系的印第安人。

seaweed n.海藻;海草;海菜 指生长于海水中但因水的作用置于海滩上的一种蔬菜。在英国,采集海水低潮线以下的海草不是专属于采邑领主的权利,除非他得到王室的授权或者依时效取得。在普通法中,公众一般无权进入海滨采掘即使是低潮线与高潮线之间的海草。

seaworthiness n.适航性 指船舶抵御航行中正常海上风险的能力。船舶适航意味着船舶检修完好、人员齐全、设备完善、供应充足、适应规定的航程并能安全地将货物运送到目的港。在普通法中,船东签订货运合同,即意味着他默示地保证其船舶适航。但根据有关制定法,他的义务仅是尽职责[in due diligence]以使船舶适航。船舶适航也是所有海上保险合同的默示条件。

sebastomania n.宗教狂热;宗教狂热症

se bene gerendo (= de se bene gerendo)

sec. 担保 security的缩写形式。在期票中签字人的名字后注上"sec",在一定程度上表明于签字人之间存在着本人与担保人的关系。

S.E.C. (= Securities and Exchange Commission)

secession n.❶(从宗教、政党、联盟等组织的)退出;脱离;分离 ❷[常作 S –]〈美〉脱离联邦(⇨Secession of the South)

Secession of the South 〈美〉脱离联邦 1860年美国南方11州脱离联邦,组成美国邦联[confederate states of America],引发了1861 – 1865年的内战,并产生了许多影响州与联邦政府关系及战前、战中公民经合同约定的权利的决定,而最重要的是有关脱离权[power or right]的决定。脱离权是指组成联邦的州从联邦中退出的权利。但是联邦是永久的且不可分解的,州不享有退出的权利,州不能脱离联邦而破坏其作为州的地位、也不能使其不受联邦宪法的约束。

seck n.(罕)空;干;不能以扣押作为救济 现在,seck很少使用,只用"rent seck"。

2d 第二 在司法援引中,2d的用法比2nd更优先采纳。

second a.❶(有关地位、优先权、顺序或特权方面)在后的;随后的;次位的;次等的 ❷第二的;第二次的

Second Amendment 〈美〉美国宪法第二条修正案 该修正案在1791年作为《权利法案》[Bill of Rights]一部分获批准。尽管该修正案使用了宽泛的用语表明保护"人民有持有和携带武器的权利",但是美国最高法院在其对该条修正案极少见的解释中却对此项权利进行了严格限制,旨在使美国国会享有对枪支的占有和买卖进行限制

secondary *a.* 次要的;从属的;辅助的 与"primary"相对。*n.* ❶副手;次要人物 早期王室各部门首席官员的副手。❷〈英〉(废)王座法庭和高等民事法庭的副书记官

secondary beneficiary (= contingent beneficiary)

secondary boycott 间接的联合抵制 以经济损失或者身体伤害为威胁,迫使某人的顾客或供应商解除或减少与该人的商业关系,从而对该人进行抵制。美国联邦劳工法原则上禁止使用间接的联合抵制,但《国家铁路劳工法》[National Railway Labor Act] 允许运输工人工会以拒绝为与所抵制雇主有商业关系的雇主工作等方式进行间接联合抵制。

secondary contract ❶后续合同;后订合同 修改或取代原始合同[primary contract]的合同。❷分包合同(= subcontract)

secondary conveyances (地产权的)从属性转让 以先前发生的地产权转让——即原始转让[primary or original conveyance]——为前提条件,旨在确认、变更、保持、恢复、增扩或再转让先前所转让的权利的地产权转让方式,包括对可撤销地产权的确认[confirmation]、向已经占有土地者的产权让与[release]、低位地产权向高位地产权的回缴[surrender]、地产权利的再转让[assignment]以及转让地产权的解约条件书[defeasance]。亦称派生转让[derivative conveyance]。

secondary distribution ❶二次发售 上市公司向大公司和大投资者发行股票后,由后者向公众进行的发售。❷二次销售;间接报售 在股票交易所交易时间过后进行的大宗股票交易。

secondary distribution value 二次发售价值 使用最佳方案,选择时机分批出售而获得的大宗公司股票的价值,而不是将该股票一次性地抛向市场所获得的价值。

secondary easement 从地役权;辅助地役权 为实现主地役权[primary easement]所需而设定的权利,从属于主地役权或实际地役权[actual easement]。其内容是指当事人有权从事为充分实现主地役权所必需的行为。

secondary evidence 次要证据;辅助证据 最佳证据[primary or best evidence]以外的且次于最佳证据的证据,如已丢失的文件的副本,证人对丢失的文件内容的陈述等。在最佳证据灭失或者无法获得时,次要证据可以被采信。也称作 substitutionary evidence。

secondary franchise 二级特许权 政府授予公司的特许权中,允许成立公司的特许权是一级特许权[primary franchise],授予公司的其他特许权都是二级特许权。二级特许权须在公司章程中载明或者由制定法加以规定。

secondary lender 二级贷款人 向银行和储蓄贷款协会购买首次抵押,从而使这些金融机构可以重新补充货币供给以便增加贷款额的巨额抵押购买商。

secondary liability 第二位责任 指在主责任人未能履行义务时才发生法律效力的责任,如担保人、背书人的责任。

secondary market 二级市场 对已经售出的商品或服务进行交易的市场,尤指在初级市场[primary market]上已发行的证券在投资者之间进行买卖的交易所和场外市场。

secondary meaning 〈美〉第二含义 在商标法中,指某些本身非显著的[noninherently distinctive]文字或图案所附属的新的含义,消费者据此而将该文字或图案作为商品商标或服务商标,用以确定和区别该商品或服务的商业来源。对于本身非显著的商业标记,例如描述性商标[descriptive mark]、地理性商标[geographic mark]或人名商标[personal name mark],其获得保护的前提是必须取得显著性[distinctiveness]。而这种取得的显著性即为"第二含义",因为其含义是继该文字的第一含义[primary meaning]之后所取得的。例如,以"bud"(嫩芽)作啤酒的商标即使之具有第二含义,当人们想要一个"bud"时,即指安霍伊泽 – 比施公司[Anheuser-Busch, Inc.]新制造的啤酒。同样地,用"coke"(焦)作为软饮料的标记也取得了第二含义,当人们要一个"coke"时,他们就是指可口可乐公司生产的那种软饮料。而且,在美国商标法——《拉纳姆法》[Lanham Act]对"商标"的定义中规定,"某一语词只要能够起到标示产品出处的功能,它就是一个有效的商标,即使消费者并不明知该产品的制造商或生产商。"某一文字或图案是否具有第二含义是一个事实问题[question of fact]。同时,《拉纳姆法》亦规定,如果某一商标在申请人的商品上或与之相联系而进行使用,且以排他性和持续性方式进行使用达5年以上的,则可以承认其为证明该商标具有显著性的初步证据,亦即承认该商标已取得第二含义。

secondary mortgage market 二级抵押市场 买卖抵押贷款或抵押担保证券的市场。

secondary obligation (= secondary liability)

secondary offering 二次发售(⇨secondary distribution)

secondary parties 〈美〉次位当事人;第二位当事人 按照《统一商法典》[U.C.C.]第 3 – 102 条的规定,指票据的出票人与背书人。他们在票据的付款人拒绝承兑或付款时对持票人负有付款责任。(⇨secondary liability)

secondary picketing 二级纠察 指向没有劳工纠纷的企业施加压力,以促使这些企业再向劳工纠纷严重的企业施加压力的一种纠察形式。

secondary strike 〈美〉间接罢工 因雇主的业务伙伴与工会有直接冲突而对雇主发动的罢工。(⇨secondary boycott; secondary picketing)

secondary use 后位用益权 该用益权在前位用益权因特定事件的发生而终止时才生效。例如规定:"为乙的用益将财产让与甲,但当丁向戊支付 1 000 美元时,则将财产让与丙",则丙所享有的即为典型的后位用益权。(= shifting use)

second chair 次席律师;助理律师 在美语中,自 20 世纪后期开始,second-chair 也用作动词。指帮助首席律师[lead counsel]询问证人、向法庭辩论某些法律点,以及处理对候选陪审员的预先审查[voir dire]、作开庭陈述、法庭辩论总结等的律师。

second class mail 第二类邮件 在美国指出版单位定期邮寄的不封口的报纸、期刊;在英国指投递较第一类邮件慢的邮件。

second cousin 堂(表)兄弟姐妹的子女 按照普遍采用的罗马法计算亲等的方法,属于五等亲。堂(表)兄弟姐妹[First Cousin]的子女通常被称作"Second Cousin",但其正确的用法应为"first cousin once removed"。

second cousin once removed 堂(表)兄弟姐妹的(外)孙子女 按照普遍采用的罗马法计算亲等的方法,属六等亲。通常亦称作"third cousin"。

second degree burglary 〈美〉二级夜盗罪 在白天,怀着犯重罪的意图,打开并且进入他人的无人居住或当时无人居住的住宅的行为。现代多数制定法已不再将"在夜

里"作为夜盗罪的犯罪要件。

second degree crime 〈美〉二级犯罪 根据罪行的严重程度及相应之刑罚,把犯罪分为不同的等级。二级犯罪是指犯罪情节较一级犯罪[first degree crime]为轻的犯罪。许多州将犯罪分为一级犯罪、二级犯罪、三级犯罪,并分别设置了对应的刑罚。

second degree manslaughter 二级非预谋杀人罪(⇨manslaughter)

second-degree murder 〈美〉二级谋杀罪 大多数州把谋杀罪分为两级,个别州不分等级或分为三级。凡对谋杀罪划分为两个等级的刑法,二级谋杀罪的范围就是"除一级谋杀罪以外的其他谋杀罪"。具体包括:①无预谋的目的谋杀;②全部故意重伤谋杀,不论故意重伤是否有预谋;③全部极端轻率谋杀;④一级谋杀罪列举的重罪以外的重罪-谋杀。对二级谋杀罪通常处以终身监禁。(= murder in the second degree)

second degree principal (= principal in the second degree)

second degree relationship 二等亲 亲属等级的一种,按照普遍采用的罗马法计算方法,二等亲包括兄弟姐妹、祖父母、外祖父母、孙子女、外孙子女。

second deliverance 〈英〉二次交付令 司法令状的一种。在返还原物之诉[replevin]中,原告在起诉被驳回[nonsuit]之后,可以再次提起从而使被告陷入被纠缠的境地,针对这一情况,《威斯敏斯特法Ⅱ》[Statute of Westminster Ⅱ]创设了二次交付令。该法限制了原告的权利,却赋予原告这一令状,依此令,郡长可从被告处返还被扣之动产,但条件是原告要保证在被告的扣押行为被证明合法后,再次将相关动产返还给被告。

second delivery 保管物返还 保管人根据合同将保管物交还寄托人或其受让人。(⇨re(-)delivery)

second distress 第二次扣押 在英国,为同一次的地租,出租人可以第二次扣押承租人的财产,但第一次有足够财产可供扣押时则不允许有第二次扣押;在美国,当第一次扣押的财物不足以清偿债务时,应原告的请求,法院可以对债务人的财物进行第二次扣押。

secondhand dealer's license 旧货商营业执照 作为一种监管措施而要求旧货商申领的一种许可证。

secondhand evidence (= hearsay evidence)

second indictment 再次起诉;重复控告(⇨reindictment)

second jeopardy (= double jeopardy)

second lien 第二顺位优先权 在同一财产上形成的仅次于第一顺位优先权[first lien]的优先权。变卖该财产的收益在满足第一顺位优先权后,即应满足第二顺位优先权。(⇨second mortgage)

second mortgage 第二顺位抵押权;次顺位抵押权 在同一不动产上可以设定数个普通法或衡平法上的抵押权,第二顺位抵押权是其中仅次于第一顺位抵押权者。第二顺位抵押权人的地位次于第一顺位抵押权人,但优于其后顺位的抵押权人。第一顺位抵押权人有权不经第二顺位抵押权人同意即可将抵押物出卖,抵押物一经出卖所有的抵押权即告消灭。出卖抵押物所得收益须先清偿第一顺位抵押权人的债权,如有剩余再清偿第二顺位抵押权人的债权。(⇨first mortgage)

second of exchange 第二份汇票 以一式两份或三份发出的成套汇票[set of bills of exchange]中的第二份。该套汇票中任何一份经兑付后,其余的即失去效力。

second of exchange, first unpaid 第二份汇票,第一份尚未兑付 这句话标在汇票的票面上,以表明该汇票是一套汇票中的第二份,并且只有在第一份汇票尚未被兑付时,才可兑付第二份。

second resolution in Wild's case (= Rule in Wild's Case)

second surcharge 〈英〉再次超量放牧 指共牧地分配已经结束,原来的被告又一次不合法的超量放牧。(⇨writ of second surcharge)

secrecy n. 保密;秘密 尤指对那些会受这一隐瞒影响的人保密。

secret a. 秘密的;机密的;保密的
n. ❶秘密;机密;内情(⇨trade secret) ❷(职业)秘密 尤指律师-当事人之间所进行的交谈和通信应予保密,或者是当事人要求保密,或者是律师认为披露可能会对当事人造成损害。根据美国律师协会法典中职业责任的有关规定,除非当事人同意,律师不能披露当事人的秘密。

secretary n. (公司或某一组织的)秘书;行政机关的高级官员

secretary at war 〈英〉战事大臣 从查理二世开始设立的官职,一直是议会议员。对军队的财政享有某些控制权。1854年殖民地办公室[Colonial Office]成立时,战事大臣的职责被战事国务大臣[Secretary of State for War]取代。战事大臣这一职务在1863年被废除。

Secretary General 联合国秘书长 联合国的主要行政长官,由安理会提名并经大会选举产生。

Secretary of Bankrupts 〈英〉破产事务秘书 御前大臣[Lord Chancellor]下属的一名官员。1852年废除了这一职位。

secretary of corporation 公司秘书 作为一名公司主管人员,其职责有时仅限于保存股东会、董事会或各种委员会的会议记录,对股票所有权及其转让进行登记。但通常这一职位本身也意味着其有权实施某些为公司业务经营所必需的行为。

Secretary of Decrees and Injunctions 〈英〉判决和禁制令事务秘书 衡平法院中的一种官员。1852年的《衡平法院法》[Court of Chancery Act]废除了这一职位。

Secretary of Embassy 大使(或全权公使)的秘书

Secretary of Legation 使馆秘书

Secretary of Presentations 〈英〉处理圣职推荐的秘书(= Presentation Office)

secretary of state ❶〈美〉(常为大写)国务卿 领导国务院的内阁成员,负责处理外交事务。❷〈美〉州务卿 州政府中负责州各种日常事务的官员,如在州长签发的法令、文件上加盖州政府印章、批准州政府措施、依法提交法律议案、提交提名证明、保存公共档案、负责公司注册等。州务卿在一些州由选举产生,而在另外一些州则是委任的。❸〈英〉(政府)大臣

Secretary of State for Employment 〈英〉劳工部长 劳工部负责劳资关系的改善、工资、失业、裁员、地区就业、培训和再培训及工作的卫生和安全条件等方面的问题。该部门还负责统计有关零售价格、收入、就业与失业、劳资纠纷等方面的数据。

Secretary of State of Commonwealth Affairs 〈英〉英联邦事务部大臣 管理英联邦事务。1968年改设外交及英联邦事务大臣[Secretary of State for Foreign and Commonwealth Affairs]。

Secretary of the Briefs 〈英〉传票签发官 原衡平法院的官员,其职责是应申请人的请求签发传票,要求郡长传唤

被告出庭或将被告拘捕。

Secretary of the Interior 内务大臣；内政部长 在美国是总统内阁阁员，主管自然资源的保护、开发和使用。在其他国家，则指主管警察和国家安全部门的官员。

secret assault 秘密的企图伤害 以秘密的方式企图伤害他人，以致被害人不能看见加害者，且无法还击。

secret ballot 无记名投票 指无法辨认出投票人的投票方式。当此种投票方式用于保护选举其代表的选民时，它是民主政体的一种标志，为保障选举公正所必需；但当它用于隐瞒公职人员的投票时，它即违反了民选或受委任官员最终对选民负责的基本原则。

secrete v.隐匿；隐藏 尤指将实际财产隐藏起来，或将财产秘密转移或用其他方法，使债权人或有关官员不能找到该财产。

secret hearing (= closed trial or hearing)

secret lien 秘密优先权 动产的出卖人在交付财产后，对该财产享有的一项优先权，目的在于担保买受人支付价款。因为这一优先权无任何书面记录，也不以任何方式为第三人所知悉，故称秘密优先权。

secret partnership 隐名合伙 合伙的一种特殊形式，它由显名合伙人和一个或几个不公开身份的隐名合伙人组成。隐名合伙人对合伙债务承担有限清偿责任。

secret process 秘密(的生产)方法 一种不为公众所知的手工或工业生产方法，能够改进产品质量或提高单位时间产品的产量。秘密方法和专利的区别也在于：专利权是一种垄断权，对任何人均可主张其专属权利，而秘密方法属于商业秘密[trade secret]，只能对与之存在明示或默示的保守秘密合同的人或者通过不正当手段获得秘密的人主张权利。

secret profit 秘密收益；暗利 指公司发起人、董事长或高级职员利用自己的工作职位，瞒着股东进行交易所取得的利益或好处。

secret seven 〈美〉七个秘密机关 1978年《公共事业法》[Common Cause]确定的47个联邦机构中最严重违反《联邦阳光法》[Federal Sunshine Law]的七个机构。《联邦阳光法》规定所有联邦机构的会议必须向公众公开。这些机构是：①进出口银行[Export-Import Bank]；②国家劳资关系委员会[National Labor Relations Board]；③职业安全与健康复审委员会[Occupational Safety and Health Review Commission]；④美国假释委员会[United States Parole Commission]；⑤联邦储备委员会[Federal Reserve Board]；⑥商品期货交易委员会[Commodity Futures Trading Commission]和⑦联邦住宅贷款银行委员会[Federal Home Loan Bank Board]。

secret society 秘密社团 这种社团的会议大多仅限于成员知道而不对外公开，社团成员的资格受到严格限制，采用秘密的信号和仪式，通过每个成员发誓承担保密义务而避免被公知。(⇨lodge)

secrets of state 国家机密(⇨state secrets)

secrets of trade (= trade secret)

secret testament (= mystic testament)

secret trust 秘密信托 一种遗嘱信托，指立遗嘱人基于受遗赠人如下明示或默示的允诺而将财产遗赠给后者：受遗赠人将为某一第三人的利益而保管财产或将财产全部或一部分用于某项慈善事业。

secret vote 无记名投票(= secret ballot)

sect n.教派；异端派 持有特定信仰或观念的宗教团体，多指不信奉通常信仰的异端派别。

secta 〈拉〉❶设施专用义务 根据习惯或时效，某领主或其他人有要求某一特定地区的居民必须使用他的或当地的磨坊、烤面包炉、烘窑或其他设施的权利。这对这些居民来说即为义务，如果他们未尽此种义务而使用其他人的这类设施，原设施的主人就可因此向他们提起诉讼。原告提起诉讼的理论根据是，这些设施是他的祖先为当地人的方便建造的，而建造的前提条件是当地居民必须使用这些设施、不得使用任何其他这类设施，这也是这些设施之主人获取收益的途径之一。❷原告的随行证明人 在古代普通法中，指原告带到法庭以支持其诉讼的证人或支持者。爱德华三世时，这一做法被废除。但是这种诉讼中的用语"为此他向法院提供了证明人"[et inde producit sectam，后来使用 and thereupon he brings suit]这一用语一直沿用，直到废除使用拉丁语格式起诉为止。❸法律诉讼 ❹出席法庭(⇨suit)

secta ad curiae 履行出庭义务令(= de secta ad curiae)

secta ad furnum 〈英〉专用公用面包炉或烘烤房的义务(⇨secta)

secta ad justiciam faciendam 〈英〉因受封土地而须尽的义务

secta ad molendinum 〈英〉强制被告在原告的磨坊碾磨谷物的令状 已被1833年的《不动产时效法》[Real Property Limitation Act]废除。(⇨secta)

secta ad torrale 〈英〉专用烘窑[kiln]或麦芽作坊[malthouse]的义务(⇨secta)

secta curiae 〈拉〉出席法庭的义务 封臣出席其领主法庭的义务，或出于组成陪审团的需要，或为出庭答辩之目的，或作为封臣裁判官。(⇨suit; doomsmen)

Secta est pugna civilis; sicut actores armantur actionibus, et quasi accinguntur gladiis, ita rei muniuntur exceptionibus, et defenduntur quasi clypeis. 〈拉〉一场诉讼是一场民事上的战争，因为，原告以起诉为武器，如同佩带了刀剑；被告以答辩为防卫之器，如同持有盾牌。

secta facienda per illam qui habet enitiam partem 长者履行义务令(= de secta facienda per illam qui habet enitiam partem)

secta non faciendis 〈英〉出庭义务免除令状 依此令状，寡妇不必履行因其有寡妇地产而产生的出席法庭的义务。

Secta quae scripto nititur a scripto variari non debet. 〈英〉以书面文件为基础的相关义务不应以该书面文件有所出入。

sectare n.〈罗马法〉拍卖中的竞价者

secta regalis 〈英〉出席郡长治安巡视法庭的义务 所有人均有义务一年两次出席郡长治安巡视法庭[sheriff's tourn]以便被告知一些有关治安的消息。之所以这样说，是因为郡长治安巡视法庭是国王的封地刑事法庭[court leet]，其设立是为了国王接受民众的宣誓效忠。(⇨sheriff's tourn; court(-)leet)

sectatores n.〈撒克逊〉民众裁判官 在民事诉讼中，就事实和法律问题作出裁决。(⇨doomsmen)

secta unica tantum facienda pro pluribus haereditatibus 〈英〉单一义务令状 据此令状，如某人作为数人的继承人向一个领主领有土地，只履行相关的一份义务。

section n.❶(文章的)段落；(法律的)款；项 缩写为"§; sec.; s."。❷〈美〉一平方英里面积；六百四十英亩土地 ❸部门；处；科；股；组 ❹阶层；界

Section 1985 Law 〈美〉《第1985项法》(= Ku Klux Act)

section number （美国公地测量中的）地块序号

section of land （美国公地测量中的）一片六百四十英亩的地块；一平方英里的地块

Section 245 〈美〉第245贷款计划 该计划1975年通过，使渐次偿还抵押贷款可高至60 000美元，以便年轻人能够早些购置住房。

sectores 〈拉〉（罗马法）中标者；竞价成功者

secular *a.* 非精神的；世俗的；现世的；尘世的；非基督教会的 与"神圣的"[holy]或"宗教的；精神的"[spiritual]相对。

secular business 世俗事务 使用于主日停业法[Sunday closing laws]的术语，指各种形式的商业活动，有关贸易或雇佣关系的诉讼，以及进行签发期票、借贷款项等商业交易。

secular clergy （教会法）在俗牧师；堂区牧师 在世俗社会从事宗教事务，区别于修道院神职人员[monastic or "regular" clergy]。

secular day （教会法）世俗日 主日以外的任何一日，可从事商业交易。(⇨secular business)

secular service 世俗役务 与宗教役务、教会役务相区别。

secundum 〈拉〉❶居于…之后；随后；次于 ❷（罗马法）根据 ❸（罗马法）有利于

secundum aequum et bonum 〈拉〉根据公平和正义

secundum allegata 〈拉〉根据（诉状中的）主张；根据（诉状中的）事实陈述

secundum allegata et probata 〈拉〉根据诉状和证据；根据主张的事实和证明的事实

secundum artem 根据艺术、科学、贸易或商业

secundum bonos mores 按照惯例；根据习俗；通常

secundum consuetudinem manerii 根据采邑、庄园或领地[manor]的习惯

secundum formam chartae 根据契约形式

secundum formam doni 按照赠与方式(⇨formedon)

secundum formam statuti 按照法定方式

secundum legem communem 根据普通法

secundum legem communem Angliae 根据英国普通法

secundum naturam 本质上讲；按事物的本质

Secundum naturam est commoda cujusque rei eum sequi, quem sequuntur incommoda. 〈拉〉承担风险的人自然应当享受利益。

secundum normam legis 根据法律规则或法律的原意

secundum probata 〈拉〉根据（庭审中提出的）证据

secundum regulam 根据规定

secundum statutum (= appearance sec. stat.)

secundum subjectam materiam 根据标的、争议事项、对象等

secundum usum mercatorum 根据商事惯例

secure *v.* ❶保卫 ❷获得 ❸担保 指以实物或货币等形式强化允诺效力的行为，一旦允诺落空，则担保物可以作为金钱的来源以弥补权利人的损失。

secured *a.* 有担保的；有保证的(⇨security)

secured bond 担保债券 以抵押、附属担保[collateral]或其他方式担保的债券。(⇨debenture)

secured creditor 有担保债权人 与无担保债权人[unsecured creditor]相对，指对债务人或第三人的特定财产享有抵押权或其他担保权利的债权人。有担保债权人在债务人不履行债务时，有权从担保财产中优先获得清偿，即使债务人或第三人发生破产，其亦享有优先受偿权。亦作"secured party"。

secured debts 有担保的债务(⇨secured creditor; secured transaction)

secured loan 担保贷款；抵押贷款 指以特定财产作为质押或抵押的贷款，如购车贷款中以汽车所有权作为借款人的还款担保。亦作"collateral loan"。

secured note 有担保的本票 指出票人为保证票据获得兑付而以质押或抵押方式提供财产担保的票据。(⇨collateral note)

secured party (= secured creditor)

secured transaction 担保交易 以在动产或不动产附属物[fixture]上设定担保权利为目的的一种商业安排。根据双方签订的担保协议[security agreement]，买受人或借款人以上述附属担保物[collateral]作为向出卖人或贷款人履行付款或还款义务的担保。美国《统一商法典》[U.C.C.]第9篇专门规定了担保交易制度。(⇨security agreement)

securitas ❶（英格兰古法）担保；保证 ❷（罗马法）（债务的）清偿；免除

securitatem inveniendi (= de securitatem inveniendi)

securitatis pacis (= de securitatis pacis)

securities *n.* 证券；有价证券 代表对公司或政府的股东权或债权的股票、债券、票据、可转换债券、认股权证或其他文件。

Securities Act of 1933 〈美〉《1933年证券法》 规范证券业的一部重要的联邦法律。规定向社会公众发行的证券必须登记，并充分披露有关证券发行人及证券发行的情况。该法由联邦证券交易委员会[SEC]负责实施。

Securities Acts 〈美〉证券法 规范证券登记、发行、交易等事项的联邦立法和州立法。主要的联邦证券立法包括《1933年证券法》[Securities Act of 1933]和《1934年联邦证券交易法》[Securities Exchange Act of 1934]，二者均由证券交易委员会[SEC]实施。而多数州均已采纳《统一证券法》[Uniform Securities Act]。(⇨registration of securities)

Securities and Exchange Commission/SEC 〈美〉证券与交易委员会 由国会建立的保护证券投资者利益的联邦政府管理机构。证券与交易委员会适用《1933年证券法》[Security Act of 1933]、《1934年证券法》[Security Act of 1934]、《信托凭单法》[Trust Indenture Act]、《投资顾问法》[Investment Advisor Act]和《公用事业控股公司法》[Public Utility Holding Company Act]。这些法的主要规定可归纳如下：①由创建于1934年的证券与交易委员会执行适用于证券业的联邦法律；②发行证券的公司和出售证券的投资银行必须保证对证券的品质作出"充分披露"，亦即它们必须在呈送给证券与交易委员会的登记报表和提交给公众的认购说明书中披露所有相关的事实；③所有名字出现在登记报表和认购说明书上的人（如银行家、律师、会计师等）均须对由于报表或说明书中任何事实遗漏或错误信息导致证券认购人蒙受的损失负责；④禁止内部知情人（如经纪人、交易商等）操纵证券价格；⑤联邦储备系统董事会被授权确定由债券和股票担保之贷款的现金比例[marginal requirement]。

securities broker 证券经纪人 指受雇为委托人从事股票、债券、政府公债等交易的经纪人。任何代理他人从事证券交易者都可成为证券经纪人，但银行不在此列。证券经纪人通常要收取一定的佣金，专业的证券经纪人则

必须要在买卖特定证券的交易所进行登记。它与证券商[securities dealer]不同,后者是为自己的利益而从事证券交易的。(⇨broker-dealer)

securities exchange 证券交易所

Securities Exchange Act of 1934 〈美〉《1934年证券交易法》 该法是规范美国证券市场的操作和柜台交易的一部法律。该法要求信息公开,建立公平有序的证券市场,防止证券市场中的不正当经营行为,并加强政府对已在证券交易所上市注册并公开买卖的证券的监督管理。

Securities Investor Protection Corporation/SIPC 证券投资者保护公司 一种半官方的机构,为证券投资者在经纪公司投入一定数额的资金提供保护。

securities offering 证券发行

security* n. ❶担保;担保物;担保人;担保书 指使某一权利的受益或实现更为安全或确定的东西。担保可以分为两类:人的担保[personal security]与财产担保[security on property],后者亦称物保[real security]。人的担保是指由第三人担保债务人的债务得到履行,该第三人亦被称为保证人[surety or guarantor,在苏格兰写作"cautioner"]。财产担保或者物保则是在特定财产或权利上设定的担保,以补充债务人履行债务之允诺,并在债务人未履行债务时可以优先于其他债权人实现其债权。与人的担保相对,财产担保的一个重要特征是:即使债务人发生破产、逃匿、死亡等事件,债权人亦可通过该担保财产而实现其权利。它包括抵押[mortgage]、质押[pledge]、留置[possessory lien]等不同种类。财产担保可分为积极担保[active security]与消极担保[passive security]。对于前者,债权人可以通过出卖担保物的方式实现其债权,例如抵押、质押;对于后者,债权人仅有权扣押财产,直至其债权获得实现,但不得出卖。财产担保亦可分为特定担保[specific security]与浮动担保[shifting security;floating security]。前者是指在特定财产上设定的担保,例如在某一土地上设定抵押;后者则是指当实现担保时在特定范围内的所有财产上设定的担保,例如浮动抵押[floating charge]。此外,按担保的成立方式还可分为以协议方式成立的担保与根据法律规定而设立的法定担保。该词有时亦指设立担保的物,当事人订立担保的文件,或指提供担保的人,但在表示"保证人"时英语中多采"surety"。❷证券 一种法律文件,其持有人可以此证明其对某一企业享有所有权(例如股票[stock]),或者其在与某一企业或政府存在的债权人关系中为债权人(例如债券[bond]),或者其享有其他的权利(例如认股权证[option])。该词的具体含义非常广泛,且在不同的制定法中亦具有不同的外延。一般情况下,它表示一种基于对公共企业进行投资而非直接参与所产生的权益。该词在用作本项含义时多采复数形式。❸安全;保障

security agreement 担保协议;担保合同 通过该协议,在特定的动产或不动产上创设或提供某种权益,以担保债务的履行。(⇨perfection of security interest;purchase money security interest;secured transaction;security interest)

Security Council (联合国)安全理事会 联合国中负责采取外交、经济或军事行动以预防或阻止战争的行政机构,由五个常任理事国和经选举的10个非常任理事国组成。

security deed 〈美〉担保契据 该术语可能仅限于佐治亚州,指转让土地的法定所有权以作为债务清偿担保的一种契据。一旦债务人不履行债务,则债权人可将其诉诸判决,该土地法定所有权的拥有人登记转让给债务人,将该法定所有权再次授予。后该土地可由法院扣押并出卖,以清偿判决所确定之债务。

security deposit 保证金 指为合同的履行而支付的定金[earnest money]或押金[security]。如果支付保证金的一方未能履行合同,则作为惩罚,其将失去所支付的保证金。在房屋租赁中,通常由承租人支付保证金,如果承租人未损坏租赁物也未违反合同及法律的约定和规定,则保证金可以退还;但美国的一些州也要求出租人支付保证金,以备租赁物必要维修之用。亦简作"deposit"。

security for costs 诉讼费用担保 在美国,指原告或上诉人向法院提供金钱、财产或保证书以保证在其败诉时能够缴纳诉讼费用;在英国,《最高法院规则》[R.S.C.Ord. 23]规定,在某些情况下,被告在其出庭后,在诉讼的任何阶段均可申请要求原告提供担保,以保证在其败诉时能够支付被告的费用。被告可以要求原告提供担保的根据或情形主要有:原告通常居住在法院管辖区以外的地方;原告只是为他人的利益而起诉的名义上的原告;令状中未说明或者未正确地说明原告的地址等。

security for good behavior (= security to keep the peace)

security fund (= client security fund)

security interest 担保利益;担保物权 指根据担保协议而在特定财产上所获得的权益,以担保债务的履行,如果一方当事人违约,则设定该担保权益的财产可被出卖,并以出卖所得清偿所担保的债务。例如抵押权,根据《统一商法典》[U.C.C.]第9篇而设定的担保权益。通常,优先权或留置权[lien]也被作为担保权益,但其大多数系根据法律规定而非当事人约定所产生。

security on appeal 上诉费用担保(⇨appeal bond)

security regulations (国家)安全条例 防止政府受到颠覆和国家受到外来进攻。

security requirements 安全规定;安全要求(⇨financial responsibility laws;security regulations)

security to keep the peace 不扰乱社会治安的保证 提供保证金或许诺保证不实施破坏社会治安的行为。

Securius expediuntur negotia commissa pluribus, et plus vident oculi quam oculus. 人多好办事。或:三个臭皮匠,赛过诸葛亮。 直译:几个人共同负责的事情做得更稳妥,因为多只眼睛比一只眼睛看的东西多。

securus 〈拉〉安全的;保险的;有把握的

secus 〈拉〉否则;相反

sed 〈拉〉然而;但是

sedato amimo 〈拉〉有预谋地;有确定目的地

sed contra 〈拉〉但是在相反方面;但是在另外一面

se defendendo 〈拉〉自卫 homicide se defendo 即"因自卫杀人"。

sedente curia 〈拉〉开庭;开庭期内

sede plena 〈拉〉主教职位已有人充任(主教职位无空缺)

sederunt 〈拉〉开庭;开庭期

sedes 〈拉〉❶主教教区 ❷主教职位;主教头衔

sedes libera (= free-bench)

sedgeflats 苔草地;莎草地 指高潮线以下的一片土地。涨潮时被覆盖,生长着长而粗糙、只能用作铺垫或肥料的苔草。

sedition n. 煽动罪 指意图煽动叛乱或反对政府的轻微暴乱的共谋或预备行为,以及意图或有可能煽动非法行为的即将发生的鼓吹、唆使行为。在普通法上,煽动罪还包括对皇家成员或政府的诽谤。煽动罪与叛乱罪[treason]的区别在于:构成前罪仅仅要求实施预备行为即可;而构成后罪还要求实施预谋的一些公开行为。但是,如

果仅仅预谋一些轻微的暴乱，即使预谋完成，也不构成叛乱罪。

seditious agitator ❶煽动暴乱（叛乱或内战）者 ❷扰乱公共秩序者；破坏法律者；不良公民

担保的种类 [Forms of Security]

提供担保即保设定一种安排，当债务人未及时付款时，债权人据此除起诉债务人要求偿款的权利之外享有某些权利（英法学家谢里丹语）。[The giving of security is the making of an arrangement under which the creditor is to have some rights over and above the right to sue the debtor for the money if it is not duly paid: Sheridan]

提示：对实方提供保护的非担保性安排：附条件买卖、租购、动产租赁、所有权保留。[N.B. Non-security arrangements protecting the supplier of goods: conditional sale, hire purchase, chattel leasing, reservation of title.]

担保 [SECURITY]

人的担保 [PERSONAL SECURITY]

债权人获得对债务人以外的人提起诉讼的权利。[The creditor obtains the right to sue someone other than the debtor.]

- **保证 [GUARANTEE]** 保证人保证如债务人违约即承担还款义务。[Surety undertakes to pay if debtor defaults.]

- **补偿 [INDEMNITY]** 保证人承担还款义务，无论债务人是否违约。[Surety undertakes to pay irrespective of default by debtor.]

- **共同合同 [JOINT CONTRACT]** 保证人与债务人共同承诺履行还款义务，相对于债权人，保证人本身须为债务人。[Surety joins with debtor in agreeing to repay become a debtor himself vis-à-vis the creditor. Separate agreement between creditor and surety under which creditor (surety?) agrees to be primarily liable.]

物的担保 [REAL SECURITY]

债权人在土地或其他财产上获得某种权利，以帮助实现债权。[The creditor obtains some right over land or other property in aid of payment.]

- **占有性担保 [POSSESSORY SECURITY]** 债权人有权保留对财物的占有，直至债务获得清偿。[Creditor is entitled to retain possession of goods until payment of debt.]

  - **质押 [PLEDGE]** 除保持占有外，债权人在债务人违约时还通常有权将该动产出售。[In addition to retaining possession, creditor usually has power to sell goods in the event of default.]

  - **留置 [LIEN]** 债权人在债务获得清偿之前只能占有该财产或文件，但其无权将之出售。[Creditor may only retain possession of goods or documents until payment of debt. He had no power of sale.]

- **财产权益担保（非占有性担保）[PROPRIETARY SECURITY]** 债权人享有为清偿债务而对某一财产进行追索的权利，即使其未保留对该财产的占有。[Creditor has an interest giving him rights of recourse against property for payment of debt even where he does not retain possession.]

  - **抵押 [MORTGAGE]** 债务人将其财产的所有权转移给债权人，并规定在债务清偿后所有权再归还。[Debtor transfers ownership of asset to creditor with provision for retransfer on payment of debt.]

  - **财产负担 [CHARGE]** 无需任何形式以双方意思表示一致为充足的协议，授予债权人获得对该财产所得的优先权以及其他可能的权利。[Consensual agreement giving creditor preferential right to proceeds of sale of asset together with other possible rights.]

    - **固定的财产负担 [FIXED CHARGE]** 设有负担的财产未经债权人事先专门同意，不得进行任何交易。[Charge attaches to asset preventing any dealing without prior and specific consent of creditor.]

    - **浮动的财产负担 [FLOATING CHARGE]** 在具体决定之前，债务人有权将财产进行处分或在通常商业活动中进行交易。[Until crystallisation debtor retains right to dispose of or otherwise deal with asset in the ordinary course of business.]

Source: John Stevens & Robert A. Pearce, *Land Law*, London: Sweet & Maxwell, 1998, p.368

seditious conspiracy 〈美〉共谋暴乱罪　指两个或两个以上的人共谋用武力推翻、削弱或破坏美国政府，或者共谋发动反对美国的战争，或者共谋用武力阻止、妨碍或拖延美国法律的执行，或者共谋用武力夺取、拿走或占有美国的财产。

seditious libel （煽动）诽谤政府罪　根据英格兰法，以任何形式出版煽动反对政府的东西，都构成此罪。在现代美国，该罪已不再受到刑事追诉。

seditious speech 煽动性言论　以口头形式鼓吹用武力或暴力推翻政府。

sed non allocatur 〈拉〉但未获同意　古代判例汇编中的用语，表示法院不同意律师的辩论意见。

sedo 〈墨〉我同意；我承认；我准许

sed per curiam 〈拉〉但是按照法院的意见　判例汇编中的用语，引出不同于律师主张的法庭的意见，或者不同于个别法官意见的法庭整体的意见。

sed quaere 〈拉〉但是进一步查询　表示某一陈述或规则的正确性受到怀疑或挑战。

seduce v. ❶诱奸　❷诱入歧途；唆使

seduced a. ❶被诱奸的；　❷被诱使堕落或犯罪的

seducing to leave service ❶诱使雇员离开工作岗位　雇主有权对由此造成的损失提起诉讼请求赔偿。(⇨Statute of Labourers) ❷〈美〉诱使军人离开部队或兵工厂　对该种行为应处以罚金或监禁。❸〈美〉诱使妻子离开丈夫；诱使丈夫离开妻子；诱使未成年人离开父母　这些行为的受害者有权提起诉讼，请求赔偿。在某些州，这些引诱行为可构成犯罪。(⇨entice)

seduction 诱奸罪　指一个男子以劝说、诱惑、允诺、贿赂或其他非暴力方式使一个贞洁女子同他发生非法性交的行为。英格兰普通法里没有诱奸这个罪名，但父母有权以诱拐该女使自己丧失了她的服侍为由提起损害赔偿诉讼，在衡量损害赔偿额时，陪审团不仅仅要考虑侍侍损失，而且还要考虑到父母在失去了子女的陪伴之后遭受的精神痛苦。这一诉讼现已废除。在苏格兰，该女子本人可以提起诉讼，但必须证明她是被诱使而失去贞操。到了20世纪晚期，美国许多州的制定法把诱奸规定为犯罪。但对象如果是达到同意年龄[age of legal consent]的女子，许多州均不认为是犯罪。而且，如果双方后来果真结婚的，则可以免予起诉。

sed vide 〈拉〉"但见"[but see]　后面引述的评论与权力或原则规定相矛盾。

see ❶主教巡回管辖区；主教职位或头衔　v.❶看见；看到　该词用于否定陈述中时，常用来表达无法理解或认知。

seed grain loans 〈美〉种子贷款　联邦或州政府向困难的农民提供的、用以购买谷物种子的贷款。

seed laws 〈美〉种子法　指为保护公众免受伪劣或掺假种子之害而设定有合理规则的各种制定法的总称。

seed money 种子资金；原始资金　创业资本家为满足创业期企业融资或资本要求额的需要而提供的投资。资金形式通常是二级贷款或是发放可兑换债券或优先股。种子资金为企业随后发展所需的资本提供基础。

seed relief 〈美〉种子救济　指向急需却又无法得到种子的农民提供农业种子。

seen n.〈美〉汇票承兑(= acceptance of bill of exchange)

segregation n. ❶隔离；分离　❷种族隔离　以肤色、民族、宗教信仰等为由，将人予以区分的违宪政策。它有两种表现形式：即事实上的种族隔离[de facto segregation]和法律上的种族隔离[de jure segregation]。(⇨de facto segregation; de jure segregation)

segregation of dower 寡妇地产的分配(= assignment of dower)

seigneur (= seignior)

seignior n.庄园主；封建领主；贵族；所有人　指封建关系中的领主。仍适用于加拿大的法语地区，在最广泛的意义上，该词语不仅指领主、贵族，也被用来指物品的所有人。

seigniorage 〈法〉❶〈古〉领主权　❷〈古〉铸币税　❸(= royalty)　❹利润

seignioress n.女封建领主；女庄园主

seign(i)ory n.❶庄园；领地　❷领有关系；保有关系　指封建领主与领有其土地的封臣之间的关系。❸领主权　指领主[lord]对封臣[tenant]因后者保有其土地而享有的各种权利和利益，如收取地租、接受效忠、接受服务、监护权、财产复归权等。1289年以前，领主权可通过次级分封[subinfeudation]创制，但1289年的《封地买卖法》[Quia Emptores]废止了这一做法。随着封建保有附属权[incident]被逐渐废弃和封建租役[rent service]的慢慢失去价值，领主权也变得没有实际意义了，结果后来存在的领主权几乎都是附属于庄园的领主权[seignory attached to a manor]。依不同标准领主权可作如下划分：效忠领主权[seignory by fealty]和封建租役领主权[seignory by rent service]；最高领主权[seignory paramount]和中间领主权[mesne seignory]；附属于庄园的领主权和单纯领主权[seignory in gross]。在庄园转让过程中，附属的领主权也随之转让，但单纯的领主权则要有转让契据[deed]才能转让。(⇨ seigniory in gross; subinfeudation; rent service; mesne)

seigniory in gross 单纯领主权　指不附属于庄园的领主权，即领主不持有庄园，仅保留对于封臣的各种权利。(⇨seigniory)

seing (= blank seing)

seise v.占有；攫取；拘捕(= seize)

seised a.享有占有权的(= seized)

seised in demesne as of fee (= demesne as of fee)

seised in fee 占有封地

seised in his demesne as of fee 自物占有　指对土地、租金等可进行物理控制的东西的占有[seisin]，对不能进行物理控制的东西，如圣职推荐权[advowson]的占有则用自权占有[seised as of fee]来表示。

seised to uses 为他人用益而占有(⇨covenant to stand seised)

seisi (= seised)

seisin n.占有　在英格兰，指自由人对完全保有地产[freehold]的占有。它表明了一个自由人与一块地产之间的相对关系：他在这块地产上享有完全保有的地产权[freehold estate]。后来这个词也用来指对动产或某种权利的占有。seisin不同于possession和occupation，它主要是基于一种分封关系而产生，在这种关系下，一旦某人占有了某块地产[be seised of such land]，他便拥有近乎所有权的权利。而possession在法律意义上仅用来指租约地和其它动产的占有，occupation则指实际上的占有、占用[actual possession]。seisin的成立须以具备某种占有的意图为要件，这种意图要求占有人主张一种完全保有地产的权益[freehold interest]。依此如果某人进入土地时拥有某项权利，则法律不再要求进一步的证据而仅依此权利推定其占有意图；相反如果他进入土地时没有权利依据,则他必须显示出要获得占有的意图。另外,在分封关系中,seisin 的最终成立还需转移占有[delivery of seisin]的特定仪式,但后来则简化为契据[deed]的交付。占有一旦成立,就推定持续存在,直到有新的占有出现。在普通法早期,占有先后通过权利令状[writ of right]、新侵占之诉[assise of Novel Disseisin]、恢复继承土地之诉[assise of Mort d'ancestor]和各种进占令状[writs of entry]来保护。到了近代,随着封建因素的淡化,"seisin"虽常见于制定法中,其含义已相当于"所有(权)"[ownership]。(⇨ freehold; possession; occupation)

seisina 〈拉〉占有(= seisin)

seisina facit stipitem 〈英〉占有创制家族继承 1833 年之前,不动产的无遗嘱继承要从最后一个占有者算起,1833 年《继承法》[Inheritance Act]之后则要从最后一个买者开始算起,而该买者是通过购买而非继承获得对该不动产的占有。

seisina habenda 交还占有令状 当某封臣犯有重罪,则作为惩罚,他的土地要被国王收回去一年零一天并被抛荒[a year, a day and waste]。该令状即是在这种惩罚期满后将封臣土地交还其领主。

seisin by hasp and staple 关门受封 对受封者授予占有[seisin]的封赠仪式。由受封人手把门上的插销,然后把自己关入门内。

seisin in deed 事实占有 完全地产保有者[freeholder]本人实际占有土地或由其权利之下但没有完全保有地产权的人占有,如承租人占有。(= actual seizin; seisin in fact)

seisin in fact 事实占有(= seisin in deed)

seisin in law 法定占有;法律上的占有 指依据财产性质而产生的一种直接占有的权利[right of immediate possession]。当被继承人无遗嘱而亡时,没人去进占他占有的土地,这时他的继承人对该土地就处于法定占有状态。它也用来指权利人对回复地产[reversion]和剩余地产[remainder]的占有关系。

seize v. ❶(授予)占有(自由继承地产) ❷用强力占有;攫取;缉捕

seized a. ❶(对不动产处于)占有的(状态)(⇨seisin) ❷〈美〉被扣押的 当警察限制某人的行动自由时,此人即为美国宪法第十四条修正案意义的"扣押"。一个具有正常理性的人在感受到他无法根据自己意愿离开时,就构成被扣押。

seizin (= seisin)

seizure n. ❶扣留;拘留;逮捕 指对人身自由的限制或剥夺。美国宪法第四条修正案禁止对公民人身进行非法扣留。如果根据当时的情况,一个理性的人会相信自己已失去了离去的自由,即可认为已构成对其人身的扣留。其形式包括从为调查目的而进行的暂时性的拦截[stop]到正式的逮捕[arrest]等各种形式的限制或剥夺人身自由的情形,但实施扣留的警察或官员必须具有合理的怀疑或可成立的理由[probable cause],否则即为非法扣留。❷扣押 通常指执法官员对与犯罪活动有关或者认为与犯罪活动有关的物品实施的强制占有。扣押通常都是在依搜查令进行搜查后实施的,但在有些情况下,事先未取得搜查令也可以进行扣押,如根据一眼看清原则[plain view doctrine]进行的扣押,对敌地[open field]上的物品的扣押,对抛弃的物品的扣押等。❸(国际法)临时扣押 指交战国在捕获法庭[prize court]的核准下,对船舶或货物的临时扣押。不同于捕获[capture]。❹

〈英〉收回 在公簿地产[copyhold]保有制度中,当该种地产持有人无遗嘱而亡,其子未在法定期间内向领主交纳认可金[fine on admittance]时,领主即可收回该地产、享受其收益,直至该继承人前来请求权利,此谓之临时收回[seizure quousque];当该地产作为复归地产[escheat]被领主收回时,称为绝对收回[absolute seizure]。同时领主也可以通过收回来执行死亡贡献金[heriot]。另一方面,收回也作为对漂流物、失事船舶、迷途家畜等特许权物主张权利的救济措施。

seizure and capture 扣押与捕获 战时在公海上夺取敌方的船舶、货物、财物。

seizure and confiscation 扣押与没收 战时夺取和使用敌方的财产,不论发现于何处,并且不予赔偿。

seizure quousque 〈英〉临时收回 当公簿地产保有人死亡而未留遗嘱时,他的继承人有义务在一定时间内向领主要求承领该土地,并向领主交纳一定的承领金。否则领主可以对该土地进行临时收回并同时享有租金和收益,直到该继承人前来主张权利。

Selborne's (Lord) Act 〈英〉《塞尔伯恩法》 指 1874 年《指定权法》[Powers of Appointment Act]。

select committee 〈英〉特别委员会 联合王国议会两院皆可任命特别委员会对提交给它们的任何事项进行调查和提出建议。任命特别委员会的议院规定其职权范围,该委员会对任命的议院负责。特别委员会通常依政府督导员[Government Whip]的动议而定,由议院选出的成员组成——该委员是党派在议会中势力的全面反映。特别委员会被授予进行调查的必要权力,通常有传唤证人、调阅官方文件和档案的权力,但无执行权。特别委员会有三种:一种是会议委员会[Sessional Committees],由议会每届会议或根据某一议事规则[Standing Order]任命;一种是于法案在全院委员会审议之前,不送交常设委员会,而可以将其提交给一特别委员会;还有一种是可以为任何特定的调查而委派的特别委员会。

Select Committee on Expenditure 〈英〉开支特别委员会 指英国 1971 年为取代先前的预算委员会[Estimates Committee]而成立的、由下议院后座议员组成的特别委员会。其职能是详细审查用于公共事业的各项开支。它既是对政府各部门进行常规行政监督的工具,也是各部门运作状况的重要信息源。该委员会通过其分支委员会处理诸如国防和外交等广泛的政府事务,各分支委员会调查特定政府部门的活动。该委员会可以指定专家协助其工作,各分支委员会有权传唤证人,并且常常可公开向高级公务员和其他公务员收集证据。建立该委员会的目的是向政府通告政府在特定领域的活动情况,并且考察已批准的公共开支对国民经济的影响。委员会提出的报告通常包含以证据为基础的建议,每次开会议会对从委员会选出的报告进行一两次的讨论。

select council 〈美〉市参议会 指美国某些州中,市议会[city council]的上院。

selecti judices 〈拉〉(罗马法)承审员;选定法官 指为进行特定审判而从裁判官[praetor]编造的全体承审员名单中抽签选出,经过异议和宣誓程序后产生的案件承审员。其异议和宣誓程序类似于现代陪审员[juror]的产生程序。

selection of appraiser 选定估价人(⇨appointment of appraiser)

selection of exempt property 〈美〉选择免被执行的财产 在执行债务人的财产时,如果债务人拥有的动产在数量上或价值上超过了法律允许豁免执行的范围,债务人可

以选择其希望保留的财产,仅该选择的财产免被执行。(⇨designation of homestead)

selection of grand jurors 选择大陪审团成员 指挑选一定数量的人员组成大陪审团。其办法通常由制定法规定。

selection of guardian 选择监护人 基本上由实施指定的法院行使自由裁量权选定,但达到一定年龄(通常为14岁)的被监护人有提名权。但是,监护人的选择还是应以被监护人的最大利益作为首要的考虑因素。

selection of homestead (= designation of homestead)

selection of jurors 选择陪审员 从放置有候选陪审员名单的轮盘[wheel]或盒子[box]中随机抽取担任陪审员的人员的名单,经预先审查程序[voir dire]和当事人行使回避申请权后,最终确定在某一案件中或法院某一开庭期内担任陪审员的人选。

selective adoption 〈美〉选择采纳;选择吸收 指采纳英格兰普通法的基本原则。该基本原则强调所采纳的英格兰普通法需与美国的自由和主权的观念相协调,或者适用于各州的特殊条件与状况,或者能满足人民的需要,或与制度的目标和精神不违逆。

selective draft 〈美〉征兵制 根据义务兵役法进行征兵的过程、方法和机构。

selective draft act 〈美〉兵役法(⇨Selective Service Act)

selective employment tax 〈英〉选择就业税 根据1966年的《财政法》[Finance Act]征收,与1966年的《选择就业所得税法》[Selective Employment Payments Act]同时公布,被1972年的《财政法》废除,为增值税[value added tax]所取代。选择就业税以雇员超过法定每周最低工作时间的工作为基础,向雇主征收。在生产领域,该税予以退还,有的还给予奖金,目的在于刺激生产行业中的就业,抑制服务业和非生产行业中的就业。

selective incorporation 〈美〉选择性合并(⇨incorporation controversy)

selective logging operation 选择原木作业 木材交易中的一个术语,用于指尚未砍伐之原木的买卖合同中的一项条款,从而出卖人保留指定由买受人搬运的原木以及搬运先后顺序的特权。

selective sales tax 选择销售税 对特定商品或限定数量的商品征收的销售税。如对酒类、烟草、汽油和其他石油产品等征收的销售税。

selective service 〈美〉义务兵役 兵役制形式之一。(⇨selective draft;Selective Service Act)

Selective Service Act 〈美〉《义务兵役法》 授权征兵并规定征兵方式的联邦法律。

Selective Service System/SSS 〈美〉兵役征用组织 负责保存所有应服兵役人员档案的行政机关。

selectman n.〈美〉(新英格兰地区的)市镇官员 在某些英格兰市镇,每年选举产生负责处理市镇一般公共事务并享有某些执行权的市政官员。

Select Vestries Bill 〈英〉选择议案 指上议院每届会议伊始,在就答复女王讲演的演说进行辩论前一读的议案。该议案相当于下议院的法定程序外议案[Outlawries Bill],其目的在于肯定上议院优先处理女王建议事项之外的任何事项的权利,以表明其独立性。但该类议案从未被深入讨论。

select vestry 〈英〉选任堂区委员会 根据1831年《堂区委员会法》[Vestries Act]在堂区选举的、由12至120名户主组成的委员会。该法已被1894年的《地方政府法》[Local Government Act]废除,仅有关教会地产的规定仍有效,该委员会目前仅与乡村堂区会议[parish meetings]有关。

self-dealing n.自我交易;与自己交易 指负有信任义务者为个人利益而非为他人利益所从事的交易行为。如公司经理从事有损于公司的竞争性营业,即为自我交易。在信托关系中,受托人也负有严格的信任义务,如果他与作为受托人的自己为交易并从中谋取私利,则与受托人职责相违,受益人可随时撤销该交易。(⇨fair dealing)

self-defense n.❶自身防卫 法律允许遭到非法侵害的人对侵害者本人采用适度的反击行为,以求自身免受伤害,但自我防卫要求防卫者有正当理由:①他处在非法侵害的紧迫危险之中;②为避免这种危险而自卫反击是必要的。在美国,自我防卫可作为合法辩护的理由。美国刑法还规定了除自我防卫以外的其他正当防卫形式。❷(国际法)自卫权 指一个国家享有对付现实的或威胁的武装进攻的自卫权。根据联合国宪章,该权利得到保留,但经安理会审查,自卫所采取的措施必须向安理会报告。如果安理会认为自卫权被不当运用时,它可以采取一定的行动。在安理会采取了维持国际和平与安全的措施时,自卫必须停止。许多国家结成联盟或缔结协议以集体自卫。

self-degradation n.自我贬低;自我诋毁 有的证人的证言,虽然不会使自己受到刑事指控、刑事处罚或没收财产,但产生的直接后果是使自己的声誉受到损害。

self-destruction n.自杀;自我毁灭 指出于故意或由于意外事故,死在自己手上或由于自己的行为而丧生。与"suicide"(自杀)同是人身保险单上载明的除外责任。法律上一般视为同义词,实际上,"suicide"的含义更广,包括一个人在丧失理智时自杀的情况。

self-disserving evidence 对己方不利的证据 指当事人提出的对自己不利的证据。

self-employed a.自营职业的 作为业主或合伙人为自己从事经营业务,而非为雇主工作。

self-employed retirement plan 〈美〉自营职业者退休计划 针对自由职业者、业主、合伙人或其他自营职业者而规定的一种退休计划。据此,该等自营职业者从其当前收入中拨付特定部分作为其将来的退休基金,如果符合税法规定的条件,则允许在特定范围内对其应纳税收入部分予以扣减。

self-employment income 自营收入

self-employment tax 自营职业税 以自营职业者[self-employed person]的净收入为基础征收的社会保障税[social-security tax]。

self-executing a.自动生效的 指不需要法院的行为、附属立法或其他类型的执行措施的介入就立即生效的文件或立法。

self-executing constitutional provision 自动执行的宪法条款 当宪法中的某一条款提供了足够的规则,使得它所赋予的权利能被享有,它所设定的义务能被执行,这一条款即为自动执行的宪法条款;当一条款仅仅指明了原则,而没有规定使原则产生法定效力的具体规则,需要辅助性立法时,这一条款即不是自动执行的宪法条款。

self-executing forfeiture 自动失权 依据授权书中的失权条款而自动终止该项特权。

self-executing judgments 自动执行的判决 无须法院采取积极的措施或者签发执行令即可得到实现的判决。

self-executing treaty 自动执行的条约 经国内接受后无

须再用国内立法予以补充规定即可在国内适用的条约。

self-help n.自助;自力救济;私力救济 指不通过正常的法律程序而依靠自己的行为矫正被发现的不法行为。在英国,自力救济包括自卫[self-defense]、扣留牲畜要求赔偿损失[distress damage feasant]、排除侵扰[abatement of nuisance]和逮捕罪犯等措施。美国《统一商法典》[U.C.C.]和其他的制定法,也允许在不干扰和平的条件下实施自力救济,如实施占有。又称"self-redress"或"extrajudicial enforcement"。(⇨self-preservation)

self-incrimination n.自证其罪;自我归罪 指在庭审中或在庭审前通过作陈述等表明自己与某一犯罪有关或将使自己受到刑事指控的行为。美国宪法第五条修正案和许多州的宪法和法律都禁止政府强迫某人成为对自己不利的证人或提供对自己不利的证据。指控犯罪是政府的职责并承担证明责任,被告人有权不被强迫协助政府证明自己有罪。

self-inflicted a.〈美〉自残的;自我伤害的 依照赔偿法,对故意自我伤害行为所造成的损失应不予赔偿。雇员若只是对雇主的规定和命令有所忽视,并不构成自我伤害,不影响其要求赔偿的权利;如果是因违反明示的规则而导致的伤残事故,则可归于法律规定的故意自我伤害,没有赔偿请求权。

self-inflicted injury 自伤 在保险法上,指被保险人故意伤害自己的身体。自伤在寿险和健康险中均属于除外责任事由。

self-insurance n.〈美〉自保;自我保险;自身保险 企业提取一定资金,作为雇员工伤赔偿基金,或用以弥补其他损失,而不向保险公司投保。常用的方式是企业设定一定的自保限额,对超过此限额的部分向保险公司投保。

self-insurer n.〈美〉自保人;自我保险人(⇨self-insurance)

self-murder v.自杀(=suicide;self-slaughter)

self-pollution n.手淫 有时,在人身保险中作为一种严重的疾病。(=masturbation)

self-preservation n.自保;自我保护 人们保护自己免遭危险的本能,法律由此推定人们为自我保护所应尽的注意义务。该词在国际法上的使用已基本被取消。

self-proving instrument 自证文书 不需预先证明其真实性即可被作为证据采纳的书面文件。

self-regarding a.对己有利的(⇨self-disserving evidence; self-serving declaration)

self-serving declaration 对己方有利的陈述 指一方当事人在法庭外所作的对自己有利的口头或书面陈述。它属于传闻证据的一种,只有符合传闻规则的例外情形时方可被采纳,例如该陈述属于商业记录,作出陈述的当事人已死亡,或者提供该陈述的目的在于说明该当事人作出过该陈述这一事实,而不在于该陈述的内容本身是否真实等。

self-slaughter (=suicide)

sell v.出卖;出售;销售 将财产所有权或占有权移转给他人以换取有价值的对价。(⇨sale)

sell and dispose of 出卖与处分 该术语或指仅以出卖方式而进行处分,或指以出卖、易货或交换[barter or exchange]方式而进行处分,故应依上下文而确定其内容。

seller n.出卖人;卖方 指出卖自己财产的人。美国《统一商法典》[U.C.C.]第2-103条将之定义为"出售或签订合同出售货物的人",与之相对的是买受人或买方[buyer or purchaser]。但是,有关不动产转让的当事人通常不用该术语,而用"vendor"表示不动产出卖人,"purchaser"或"vendee"表示不动产买受人。在广义上,该术语也包括为他人而从事出卖行为的人,如证券经纪人。根据美国《证券交易法》[Securities Exchange Act],须确认某人是否为未登记证券[unregistered securities]的出卖人,以使其对该证券的买受人承担责任,而确认的方法就是该人是否为出卖的"直接原因"[proximate cause]。

seller's lien 卖方留置权 ①已转移了对不动产的法律权利的不动产卖方的默示留置权,以作为对未付价款的担保;②在不动产买卖合同的条款的卖方的留置权,在价款交付之前,卖方保留其对不动产的权利;③普通法上货物出卖人对已移转权利但未移转占有的货物为其全部价款或未付价款享有的留置权,以在买受人无付款能力时保证出卖人对未付价款之权利的安全。(⇨vendor's lien)

seller's market 卖方市场 该市场中,对某种证券或产品的需求大于其供给,结果是证券或产品的价格上升,卖方对定价及出售条件享有相对较大的决定权。

seller's option ❶卖方选择权 指在商品交易中,卖主选择在特定期间内的任何时间交付该商品的权利;动产销售合同的卖主选择接受货币或其他等值物的权利。 ❷卖方期权 证券交易所的一种不同于正常交割方式的交易,卖方有权在规定的期间内,通常是第6至60日,选择任一天交割证券。

seller's risk 卖方风险 在向买方交付货物或转移货物所有权之前,此时对货物灭损承担的风险。

seller's talk 卖方之言 卖方对于供出售货物的质量所作的评价。虽然对价值、质量等有所夸张,但依据普遍适用的商业惯例,应属卖方可作出的评价,仅仅是卖方的意见。

selling against the box 抛空 如果股票价值下降,卖方可以用利润弥补损失,如果股票价值上升,卖方可通过对自己所有的股票的交易避免损失。(⇨sale against the box)

selling agent 销售代理商 不动产经纪人的代理商中,负责售出不动产者。

selling short 卖空 ①通常指公司股票买卖,在买卖合同签订时,卖方实际并没有股票,但是在买卖合同约定的交付股票时,卖方必须拥有股票;②在卖空中,通常客户实际上并不提供交易的股票,而是由经纪人借入或自己提供,由经纪人将借入股票的价格记入客户账中,直到客户指令经纪人重新买入股票时,账目才被结转,此后,经纪人和客户将就买卖差价进行结算;③卖空交易中的向经纪人交付的保证金,以用来保护其免受由于股票市场交易价格的变动而造成的损失。(⇨short sale)

selling stock short 卖空(⇨short sale)

selling titles 销售资格(⇨bracery)

semantics n.语义学 其研究对象是作为语言符号的词与该词所指对象的关系、此词与他词的规范关系、词与其表达者或接受者的关系。语义学对法律研究颇为重要,因为法律在很大程度上就是语言问题,例如在制定法、判例、合同、遗嘱、信件、谈话及其上下文中均涉及语义问题。尤其是某些重要的语词,例如action,虽然适用相同的文字形式,但在不同的上下文中指向不同的内容或表达不同的思想。一般认为,语词并无所谓的"正确"[proper]含义,而只具有通常的或约定俗成的含义、用法而已,有些已经相当的固定,有些则仍处于变动不居之中。

semble 〈法〉似乎是;看似好像 在判例汇编或教科书中,它用以引导某一关于法律问题的陈述,表示该法律问题未被直接规定在判决中,但其含义隐含其中,也表示判例汇编者对判决中未表达清楚的法律问题所作的理解。

Semel civis semper civis. 〈拉〉一朝为公民,永远为公民。

Semel malus semper praesumitur esse malus in eodem genere. 〈拉〉某人一旦做坏事,即被推定总是做同样的坏事。

semestria 〈拉〉(罗马法)半年决议汇编 罗马皇帝所作决议的汇编,每六个月颁行一次。

semi-matrimonium 〈拉〉(罗马法)准婚姻;蓄妾;姘合

seminaufragium 〈拉〉(海商法)半海难 指因暴风雨而将货物抛入海中形成损失,或者是船舶破损程度使修理费用高于船舶自身的价值。(⇨constructive total loss)

semi-plena 〈拉〉(罗马法)不完全的证明(⇨half proof)

semi-plena probatio 〈拉〉❶(罗马法)不完全证据(⇨half-proof) ❷(苏格兰)不完全证据 指可导致合理的确信或结论但又不完整的证据,以前可由原告的补充宣誓作为补充,自从允许当事人可作为证人后,该概念即消失了。

semitontine policy 半汤鼎氏保险单 人寿保险中的一种捐赠保险单。(⇨tontine policy)

semper 〈拉〉始终;一贯 用以引出一些拉丁格言,而这些格言中的一部分在使用时也可不带该词作为前缀。

Semper in dubiis benigniora praeferenda sunt. 〈拉〉有疑问的案件中总以做更有利的解释为是。

Semper in dubiis id agendum est, ut quam tutissimo loco res sit bona fide contracta, nisi quum aperte contra leges scriptum est. 〈拉〉案件不明时,应始终确保诚信契约,除非其订立公然与法律相悖。

Semper in obscuris, quod minimum est sequimur. 〈拉〉模糊解释中应循其最不模糊者。

Semper in stipulationibus, et in caeteris contractibus, id sequimur quod actum est. 〈拉〉(罗马法)在要式口约和其他契约中,应遵从已达成合意之事实。 即应受制于实际的事实状态。

Semper ita fiat relatio ut valeat dispositio. 〈拉〉(罗马法)对遗嘱中的处分始终应证明为有效。

Semper necessitas probandi incumbit ei qui agit. 〈拉〉谁主张,谁举证。

semper paratus 〈拉〉时刻准备着 一种答辩状的名称,被告以此表明自己已就原告所要求的事项做好履行准备。

Semper praesumitur pro legitimatione puerorum, et filiatio non potest probari. 〈拉〉推定必有利于子女为婚生,因父(母)子(女)关系无法证明。

Semper praesumitur pro matrimonio. 〈拉〉推定应始终有利于认定婚姻之合法性。

Semper praesumitur pro negante. 〈拉〉推定必有利于否认者,即被告。

Semper praesumitur pro sentencia. 〈拉〉推定总是有利于科刑判决。

Semper qui non prohibet pro se intervenire, mandare creditur. 〈拉〉不禁止他人代己行事,则视为已经授权。

Semper sexus masculinus etiam femininum sexum continet. 〈拉〉(罗马法)阳性总是包含阴性。

Semper specialia generalibus insunt. 〈拉〉特殊总包含于一般之中。 特殊表示或规定总包含于一般表示或规定之中。

semper ubique et ab omnibus 〈拉〉在每时、每地,由每个人

sen 正义;公正 此乃一古词。

Senate Bill 参议院议案

Senate of the Inns of Court and the Bar 〈英〉出庭律师公会与出庭律师理事会评议会 出庭律师公会评议会[Senate of the Four Inns of Court]作为一个单独机构成立于1966年,代表出庭四大律师公会的整体利益行事。1974年该评议会与出庭律师总理事会[General Council of the Bar]一起被出庭律师公会与出庭律师理事会评议会所取代,在具有共同利益及可采取共同政策的事务上代表出庭律师公会与出庭律师理事会的整体利益行事。评议会由当然成员[ex officio members]、出庭律师公会的主管委员[benchers]选出的代表、出庭律师公会的普通成员[hall members]选出的代表、出庭律师理事会选出的代表及评议会任命的某些成员组成。评议会通过各种常设委员会进行活动,如执行委员会、财务委员会、法律改革委员会等。在该评议会内又成立一新的出庭律师理事会[Bar Council],处理有关出庭律师界的独立地位、荣誉、标准、服务和职能等方面的事务。评议会与法律教育委员会[Council of Legal Education]有较密切的联系。

senate(Roman) (古罗马的)元老院 它源于士族长老会议[council of the kings],故其组成成员多为各氏族长老。后由长老任命元老,再后来由执政官[consuls]、监察官[censors]来任命长老。故长老资格主要依据其财产和出身门第,而不是经普选产生。虽然元老院既非立法机关,亦非行政机关,但其拥有强大而广泛的权力,例如对地方行政长官提供建议,对内部事务、外交政策、财政状况、立法建议施加巨大影响,并有权批准贵族大会[comitia]通过的法律。它历经王政、帝政、共和等诸时期,并在共和时期的最后一个世纪里,随着军事首脑剥夺其权力而致其消亡。

Senate(U.S.) (美国国会)参议院 美国国会的上院。参议院议员共有100名,每州两名,任期为6年,每两年更换全部议院的1/3。1913年美国宪法第十七条宪法修正案生效以后,参议院议员由原先的由各州议会间接选举产生转变为由人民直接选举产生。参议院主席由副总统担任,除在表决相持不下时以外,他没有表决权。参议院有权对除征税议案以外的任何问题提出立法建议,而征税议案则只能由众议院提出;有权批准或否决总统对联邦政府高级官员的任命;有权批准条约;有权审讯弹劾案件和判决被弹劾的官员有罪或无罪。在参议院享有的非立法权中,调查权是最重要的;这一权力通常授予常设委员会、特别委员会或由两院议员组成的联合委员会行使。

senator n. 参议员(⇨Senate(U.S.))

Senatores sunt partes corporis regis. 元老院乃皇帝身体的一部分。 意即帝政时期的罗马元老院成为皇帝的附属品。

senators of the College of Justice 〈苏格兰〉苏格兰最高民事法庭法官

senatus 〈拉〉(罗马法)元老院;大民族会议;元老会议地

senatus consulta 〈拉〉(罗马法)元老院决议 指来自罗马元老院的意见,通常得到遵循,到公元2世纪末取得法律效力。内容涉及罗马的社会公共事务,通行于罗马全境。简称 S.C.。

senatus consultum 〈拉〉(罗马法)元老院公共事务决议 未经民众同意而由元老院作出的决议或命令。随着罗马民众数量增加,由于无法召集全体民众开会立法,所以改由元老院对公共事务和私人事务一并决议,决议以提案

者名字命名,具有法律效力。

senatus consultum ultimae necessitatis 〈拉〉元老院紧急决议

senatus decreta 〈拉〉(罗马法)元老院(私人事务)决议

seneschal (= domesticus)

senior counsel ❶〈英〉高级出庭律师 即皇家大律师[Queen's Counsel],区别于初级出庭律师[junior barrister]。在爱尔兰共和国,该词已取代了皇家大律师的称法。 ❷〈美〉资深律师 指在诉讼一方当事人所聘请的数名律师中,年岁较长的或级别较高,较受人尊敬的或负责处理案件中较重要或较疑难部分的律师。也用来指集团诉讼或涉及多个地区的诉讼中的首席律师[lead counsel]。

senior interest 优先权益 与次级证券[junior obligations]和普通股相比,对公司资产和收入享有优先请求权的债券或优先股或优先于他人行使的权利或利益。例如,持有优先证券的人就同一财产有优先于其他持券人的权利。

senior judge 资深法官

senior lien 优先留置权 对同一被留置财产,它优先于其他留置权或财产负担。(⇨junior lien; senior interest)

senior mortgage 优先抵押权 对于抵押财产而言,优先于其它抵押权或债权的抵押权。

senior security 优先证券 在特定资本结构中优先于其他证券获得收益或得到清偿的证券。在股份上市公司分配收益和进行清算时,债券优先于股票,优先股优先于普通股,抵押债券优先于信用债券,首次抵押债券优先于二次抵押债券。所有位次靠后的证券相对优先证券而言称为次级证券[junior security]。

senior widow 优先享有亡夫地产权的寡妇 其对亡夫的土地可主张寡妇产,另一死者的生存配偶对同一土地也可主张寡妇产,但前者亡夫是后一死者的尊亲属。

Sensus verborum est anima legis. 〈拉〉语词之含义乃法律之精神。

Sensus verborum est duplex——mitis et asper; et verba semper accipienda sunt in mitiori sensu. 〈拉〉词义有两重性——平和与严苛,选择时始终取前者。

Sensus verborum ex causa dicendi accipiendus est; et sermones semper accipiendi sunt secundum subjectam materiam. 〈拉〉词义之选择应按语境而定,而对话语之理解应始终根据其主题。

sentence n. ❶刑事判决 法院正式宣告对已作有罪答辩或已被定罪的刑事被告人所判处的刑罚的判决。 ❷(判决所确定的)刑罚 在英美刑法上,刑事判决可判处的刑罚包括监禁刑、缓刑[probation]和罚金刑,在美国还包括死刑和暂缓监禁[suspended sentence]。 ❸〈英〉(教会法)判决 相当于民事诉讼中的判决[judgment]。

sentence in absentia 缺席判决 在被告人缺席的情况下对其作出科刑判决。

sentence of death recorded 〈英〉记录在案的死刑判决 英国法院的一种习惯做法,即将不准备宣告的死刑判决登记在案卷中,其效力如同已被宣告,而犯罪人则被缓期执行死刑。现已不用。

sentence of nullity 婚姻无效之判决

sentencing n. 科刑 英美刑事诉讼中在被告人被定罪后的一个重要阶段,任务在于确定对被告人应判处何种刑罚。在英国,量刑完全是法官的事,不能由陪审团决定,检察官亦无权要求或建议法官判处何种刑罚。在美国,

量刑通常由承审法官进行,但在某些司法区,也可以由陪审团或量刑委员会来进行。根据《联邦刑事诉讼规则》[Fed. R. Crim. P.],对被告人确定刑罚应当无不合理的迟延,且在科处刑罚前,法官应当听取辩护律师和检察官的意见,并应亲自询问被告人是否要陈述意见及提供可使其受到减轻处罚的情况。但不论在英、美,法官在量刑时都要考虑到犯罪的性质、情节、被告人的个性品格、有无犯罪记录及适用刑罚的必要性等因素。

sentencing council 〈美〉量刑委员会 由三名或三名以上法官组成的、负责确定对犯罪人所应判处的刑罚的专门委员会。但实践中更为普遍的是由一名承审法官进行量刑。

sentencing guidelines 〈美〉量刑指南;量刑准则 美国量刑委员会[U.S. Sentencing Commission]制定的,联邦法院在对被裁定犯有联邦罪行的被告人量刑时应当遵循的准则。

sentencing hearings 判决前的听审(⇨presentence hearing)

sententia 〈拉〉(罗马法)❶意思;含义 ❷(个人)意图之表白 ❸(法官或法庭的)判决

Sententia a non judice lata nemini debet nocere. 〈拉〉非法官所宣告之判决应无损于任何人。

Sententia contra matrimonium numquam transit in rem judicatam. 〈拉〉反对婚姻关系之判决不会成为终局裁判。

Sententia facit jus, et legis interpretatio legis vim obtinet. 〈拉〉判决创制法律,因为对法律的解释具有法律效力。

Sententia facit jus, et res judicata pro veritate accipitur. 〈拉〉判决创制法律,因为经判决的事项被视为真实。

Sententia interlocutoria revocari potest, definitiva non potest. 〈拉〉中间判决可被撤销,但终局判决不能被撤销。

Sententia non fertur de rebus non liquidis. 〈拉〉对不清之事项,不作判决。

sentimental value 情感价值 指根据货物的真实价值或市场价值以外的对价而确定的价值。

SEP (= Simplified Employee Pension Plan)

separability clause 可分性条款 合同中常见的一项条款,它规定在合同中一项或多项条款被宣布无效时,其他条款仍然有效。

separable contract 可分合同;可分割合同(⇨divisible contract; severability of contract)

separable controversy 〈美〉可分性争议 指可以单独将其从州法院移送给联邦法院的独立诉讼请求或诉因,即使它与其他不可移送的请求或诉因被合并于一个诉讼中。根据《美国法典注释》[U.S.C.A.]的有关规定,如果某一案件中存在可分性争议,则可将全案移送给联邦法院,后者可以裁决所有争议,也可以将不可移送的事项发回原法院而只就剩余事项作出裁决。

separaliter 〈拉〉分别地 在起诉书中用以表明对数名被告就所争议的犯罪行为分别指控而不是连带[jointly]指控。

separate v. 分隔;分割;分离(⇨sever) a. 单独的;独特的;特定的;分割的;不相联的 用于法律中,通常相对于"joint",尽管"joint"更为常用的对应词为"several"。(⇨joint)

separate acknowledgement (妻子的)单独承认 指由已婚妇女独自所作的承认,除通过其丈夫所作的承认之外。

separate action 单独之诉;独立诉讼 与共同诉讼[joint

action]相对,指与同一事项相关的由几个原告分别提起的、但在法律上无法合并的诉讼。

separate and apart （为离婚而）夫妻分居 不仅指夫妻性生活的中断,也指夫妻两人分居的时间与方式为人公知。

separate and independent cause of action 可分且独立的诉因（➩separable controversy）

separate business of wife 妻之独立经营 指已婚妇女自负盈亏之经营活动。

separate but equal 〈美〉隔离但平等（➩separate but equal doctrine）

separate but equal doctrine 〈美〉隔离但平等原则 该原则最早在普莱西诉弗格森[Plessy v. Ferguson]一案中有阐明,指虽然实行种族隔离,只要分别提供的设施实质上相同,则仍不失为平等。后通过布朗诉教育委员会案[Brown v. Board of Education]等案件及一系列民权法[Civil Rights Acts],确认在教育设施和其他公共设施上适用该原则属于违宪。

separate counts ❶独立罪项 指一份刑事起诉书中包含两项或两项以上的刑事指控,其中每一项指控在事实上均可构成一单独的起诉书而使被告人接受审判。❷独立诉由 指原告在一份起诉状中分别陈述了两项或两项以上的诉讼理由。

separate defense 单独答辩 在诉讼中,由共同被告人之一提出的答辩。

separate demise 单独出租 旧时驱逐之诉[ejectment]的起诉状中的用语,指出租人单独所作的出租,区别于两人或多人共同所作的出租[joint demise]。现在的诉讼中已无区分的必要。

separate domicil （妻子的）单独住所 指妻子在其丈夫住所之外的住所。该住所是在使妻拥有单独住所成为合适、必要或恰当的情况下而由妻子选择的。

separate estate ❶单独财产 指处于婚姻关系或商事关系的多人之中某一人的个人财产,区别于彼此间的共有财产或具有共同利益的财产。❷已婚妇女的特有财产 在英国,普通法不允许已婚妇女占有独立于其丈夫以外的任何财产,如将某项财产归其单独使用和受益,则就该财产而言,衡平法将该已婚妇女视为未婚妇女[feme sole]。妻子的特有财产可通过与其丈夫订立婚前契约[pre-nuptial]或由丈夫或他人赠与的方式而取得。1882年《已婚妇女财产法》[Married Women's Property Act]几乎完全取消了普通法在财产问题上对已婚妇女和未婚妇女的区分。1935年《（已婚妇女与侵权人）改革法》[Law Reform (Married Women and Tortfeasors) Act]规定：已婚妇女有能力取得、持有和处分财产,对合同或侵权行为承担责任,受破产法的调整和法院判决及命令的执行,其范围与未婚妇女相同。1962年《（丈夫与妻子）改革法》[Law Reform (Husband and Wife) Act]亦有同样的修改。（➩community property; separate property; anticipation; coverture）

separate estate of wife 妻子的特有财产 指由已婚妇女自己拥有、管理、控制的财产。该项财产不受其丈夫支配与控制。它由衡平法或《已婚妇女法》[Married Women's Acts]规定。（➩separate estate）

separate examination ❶单独询问 在由有关官员主持对已婚妇女进行询问,以确认其在某一契据或其他文件上的签字的真实性时,应秘密或在其丈夫听不到的条件下进行,以确保其出于自愿,并未受到其丈夫的胁迫或强制。❷分别询问;单独询问 指询问证人时,应秘密或在本案其他证人听不到的条件下进行,以免互相影响。

separate-general verdict 个别－概括的裁断 指陪审团就案件中的任一争议问题所作的有利于原告或被告的裁断。它只适用于案件中有多个争议问题的情况,其含义是：就有别于案件中的其他争议问题而言,该裁断对该特定问题来说是个别的;而对该特定争议问题来说,该裁断则是概括的。

separate maintenance 分居抚养费 指已婚配偶不再作为夫妻共同生活时,一方向另一方支付的金钱,它通常作为分居资助[separate support],并依法院命令而给付。（➩alimony; support）

separate offenses ❶〈美〉并合罪 在大陆法系刑法中,行为人基于一个故意或过失,实施了一个犯罪行为,触犯了数个罪名,只能构成一罪,而不是数罪,此谓想像竞合犯。但是,在美国刑法中,同一行为构成两个以上罪的,对各罪均应追诉,这显示了美国刑法的严厉性。例如,一个人开一枪打死打伤各一人,在大陆法系刑法中,只成立故意杀人罪,但在美国刑法中则成立杀人和伤害两项罪。行为或者结果符合几项法律规定就构成几个罪,这是美国刑法罪数概念的基本原则。考虑到这一原则的过于严厉性,20世纪60年代以来在美国刑法立法中出现了一些变通,表现为在立法上规定了"并合罪"的情形,即数罪不并罚。但一般说来,在美国刑事立法和司法中的并合罪,主要是吸收犯,而且并合罪基本上只存在于罪质相同,仅仅程度有差异的数罪之间。由此可见,美国刑法中并合罪的范围远远小于大陆法系刑法中的竞合犯。❷独立数罪

separate opinion 单独意见;个别意见 在美国,指在由多名法官组成的法庭中,某一法官赞同或反对多数意见[majority opinion]的结论的意见。在英国,指上诉审法院的某一法官同意多数法官对上诉的处理结果但持不同理由的意见。（➩dissenting opinion; concurring opinion）

separate property ❶单独财产 指婚姻存续期间,其使用及所有权仅属夫或妻一方的财产。❷单独财产制 指婚后男女双方各自继续为其财产的独立所有人的夫妻财产制。（➩community property）

separate return 〈美〉夫妻分别报税单;夫妻所得税分别申报表 夫妻中一方,单独就其个人收入申报所得税用。

separate trial 分别审理;单独审理 指对被指控共同犯有某一罪行的数名被告人分别进行审判。在民事诉讼中,为更加方便、或为避免产生偏见、或分别审理有助于加快诉讼进程和节约费用时,法庭也可决定分别审理。

separation n. ❶分隔;分离;分开 ❷夫妻分居 如法院裁定其为法定分居[legal separation],则在法院发布的文件中还须具体列明分居扶养费或其他资助。

separation agreement 分居协议 指行将离婚或法定分居的夫妻双方所达成的书面协议,它涉及监护、子女抚养、分居抚养费及财产分割。

separation a mensa et thoro 〈拉〉部分解除婚姻关系

separation from bed and board 夫妻不共寝食 分居的一种形式,并未解除婚姻,等于部分解除婚姻关系[separation a mensa et thoro]。

separation from service 退伍;复员 指解除现役军人的职务,但有时仍受原所在部门的义务的约束。

separation of jury 〈美〉陪审团（成员）的分离 通常情况下,陪审团在退庭评议后,至作出裁断前,陪审员不准离开陪审团个别行动,但在法院官员或行政司法官的监控下除外。在某些司法管辖区,该项限制在民事诉讼中可

以放松,由法官告诫陪审员不可与他人讨论本案情况;若有陪审员在评议期间离去,在某些州可构成对案件进行重新审理的根据,但在其他州只有能够证明由此而产生了偏见时才可对案件进行重新审理。

separation of powers ❶分权 即将政府机构一分为三:立法、行政和司法。每一个分支都有特定的职责范围,任何其他分支不得侵犯。❷分权与制衡原则 美国宪法所确立的一项原则。依布兰戴斯[Brandeis]大法官所言,这一原则在1787年制宪会议上采纳,其目的不在于提高政府效率,而在于保护人民免受暴政或独裁专政之苦。

separation of spouses 夫妻分居 夫妻依相互协议而停止同居,或者在司法分居[judicial separation]情况下,依法院裁决而分居。在美国许多州内,经过一段法定时间夫妻分居,是无过错离婚[no-fault divorce]的先决条件。(⇨ living separate and apart)

separation of witnesses 证人的隔离 指法庭要求除原告和被告之外的全部证人都留在法庭外面,只有当传唤某名证人时,该证人才入庭作证。

separation order 夫妻分居判决;夫妻分居裁定 法院认可夫妻分居的判决、决定或裁定,它通常包括一项涉及子女监护和抚养的判决。

separation wage 离职费;遣散费(⇨ dismissal compensation)

separatists n.〈英〉脱离国教者 如贵格派[Quakers]信徒,他们在作证时不经通常的宣誓而确认其证词。

Septuagesima n.七旬斋 大斋首主日[Quadragesima Sunday]之前的第三个主日,约在复活节前第七十天。

Sequamur vestigia patrum nostrorum.〈拉〉让我们踏着先辈的足迹前进。

sequela〈拉〉(英格兰古法)诉讼;程序;指控

sequela curiae 出庭义务

sequela villanorum〈拉〉农奴的家庭随员及其动产的附属物 领主对此享有绝对的处分权。此语用来指农奴的所有财产,领主出卖其农奴,即包括出卖农奴的子女。

sequester v.❶分离;孤立 ❷(将陪审团)隔离 ❸(罗马法)(教会法)放弃权利;弃权 ❹扣押有争议财产交第三人保管 ❺(衡平法)扣押被告财产置于法庭监管(直至被告就藐视法庭行为认错而被免罪)❻(国际法)没收;征收(私人财产用于公益);扣押敌国国民财产
〈拉〉(罗马法)讼争物寄存 指当事人自愿或依法院的命令,将讼争的物品交由第三人暂时保管。

sequestered account 冻结的账户 根据法院命令区分并冻结的账户,无法院命令不能从该账户支付款项。

sequestrari facias〈拉〉〈英〉(教会法)扣押教产令 令状要求主教进入堂区教会,行使堂区长[rector]职务,并扣押堂区长的圣俸清偿教会作为被告所欠原告的债务。主教向堂区俗人执事[churchwarden]签发清偿教会债务令[sequestration]来执行该令状。根据1871年《清偿教会债务法》[Sequestration Act],主教应在扣押教产期间任命一带薪助理牧师。

sequestratio〈拉〉(罗马法)讼争物寄存 指当事人自愿或依法院的命令,将讼争的物品交由第三人暂时保管。

sequestration n.❶隔离(证人) 旨在确保证人不受先前证人的证言影响,只就他所知的案件事实作证,以强化在事实调查中交叉询问。❷财产暂管(令) 在罗马法上,当两人对某一财产的权属发生争议时,即将该财产由暂管人[sequester]保管,直至争议得到解决。后世的大陆法和普通法中都继承了这一制度。现在,该词在一般意义上指依司法授权将某财产从其占有人手中转移给他人保管,直至确定该财产的权利归属或与该财产有关的诉讼终结。在美国,它具体指授权某一官员(如行政司法官)扣押被告人的财产以执行法院命令,或行使法院的准对物管辖权[quasi in rem jurisdiction],或保管该财产直至法院作出判决的令状。在路易斯安那州[Louisiana]的法律中,指将争议财产暂时交由无利害关系的第三人保管,待确定其权利归属后再归还给权利人。在苏格兰,指依据司法命令将财产从私人手中转移给法院官员保管。它适用于下列三种情形:①是该财产在当时处于无主状态或危险状态,或处于争议之中;②是土地出租人寻求实现其在土地承租人的财产上设定的地租租保时;③是为了全体债权人的利益而接管无偿债能力者的财产时。
❸〈英〉财产扣押令 指法院对专员[commissioners](通常为4人)发出的令状,要求其占有因不服从法院判决而藐视法庭者的所有不动产和动产,并收取其财产租金和收益,直至该人履行了所要求的行为。在以前,这是一项特权令状,只有衡平法院[Court of Chancery]与遗嘱检验和离婚法院才能签发。现在高等法院的各分庭都有权签发此令状。❹〈英〉(教会法)清偿教会债务令 主教为执行扣押教产令[sequestrari facias]而向堂区俗人执事[churchwardens]发出的令状,要求其扣押债务人圣俸的收益以偿还债务。❺〈英〉(教会法)圣职暂管令 当圣职出现空缺时,由主教向堂区俗人执事发出的令状,授权其管理该圣职的全部收支,耕种属于该圣职的土地[glebe],并可行使必要的宗教管辖权[cure of souls]。他负责向新的圣职任职者说明收益。该令状通常适用于滥用圣俸之诉[spoliation]中,或作为一种处罚,或作为一种因毁坏教产[dilapidations]而强制支付金钱的方式。❻〈美〉(政府机关为节约开支而对预算基金所作的)冻结(或止付)❼(国际法)(政府对个人财产的)征用

sequestration receivership 扣押程序中的破产管理 指在针对公司的扣押程序中所确立的破产管理。

sequestrator n.扣押令执行人;扣押财产保管人

sequestro habendo〈拉〉〈英〉(教会法)强制出庭令 旨在撤销对教会圣俸收益的清偿教会债务令[sequestration]而由主教根据国王的命令授发的司法令状,它强迫堂区主持牧师[parson]出庭应诉。该牧师出庭后可得此令状,以便取消对其财产的扣押。

Sequi debet potentia justitiam non praecedere.〈拉〉权力须服从于法律而不能凌驾于法律之上。

sequitur n.推断(⇨ et sequitur)

serf n.稽夫;农奴(⇨ villein; serfdom; copyhold)

serfdom n.农奴制;稽夫制;农奴身份;稽夫身份 中世纪欧洲封建庄园内介于早期奴隶[slave]与当时自由人[freeman]之间的一个社会阶层及由此形成的相关的社会制度。稽夫区别于奴隶之处在于他们是附着于一块继承下来的土地上,对领主履行约定的赋税和义务,并受法律保护,不能被随意杀伤,虽无领主允许不能擅自离开其土地,但可以自行处理其日常生活;而奴隶则完全被视为是主人的私产,不仅可以任意役使,还可以作为动产被出卖。中世纪欧洲的稽夫部分是承继于晚期罗马帝国和蛮族国家的奴隶,他们中的大多数既非奴隶,亦非自由人,而是一种"委身农"[colonus]。他们把自己的土地交给大领主,以一定的条件换取其保护,并领还原来的土地。尽管他们在身份上是自由的,但在社会地位上还是低于一般的自由土地保有人。在实践中,稽夫可以经常被买卖,他们不是自由独立的土地保有人,不仅要将自己

依附地上收成的一部分交于领主，还要在领主的土地上依其意志履行一些繁杂的役务。实际上，稽夫制的必要标志不是支付货币地租或提供劳务，而是其家庭无迁徙自由，他本人也无权处置其财产，而与领地外的人之间的婚姻也要受到限制。稽夫的身份是继承性的，只有通过解放或释放程序[enfranchisement or manumission]方能终止。稽夫死亡后，经领主许可，其土地可传给其继承人，若无嗣而亡则返归领主。13世纪末，法国国王开始释放王室土地上的稽夫，一些意大利的市镇也纷纷效仿，这主要是因财政上的原因。后来遍及欧洲的黑死病[Black Death]和农民起义导致了农民身份的自由化和实物或劳务地租的货币化。在英格兰，稽夫制逐渐发展成为维兰制[villeinage]，后又发展成为公簿地产保有制[copyhold]。自由了的农民不一定比稽夫富有，但他们有后者所缺乏的自由身份。在东欧，农民的状况也是不断恶化，奥地利直到18世纪，而俄国直到1861年才取消了农奴制。（⇨villeinage; copyhold）

sergeant n. 军士；准尉　未授军官衔的军官，其级别高于下士而低于被授衔的尉官。（= serjeant）

sergeant-at-arms n. 警卫官；守卫官　在立法、司法机关开会或开庭期间主要负责维持秩序的官员。

sergeanty （= serjeanty）

serial bonds 序列债券；分期偿还债券　同时发行但按时间间隔依次排列的一系列债券。全部债券依到期日之不同而划分为不同部分，各部分债券的到期日不同，而同一部分债券的到期日则相同。通常，到期日不同的债券之间利率也不同。

serial building and loan association 住宅信贷协会　其股票分成不同系列，各系列分别单独发行。

serial note 分期偿付本票；分期付款本票

serial number 序列号码　用于债券、机动车、军人等以便于识别。

serial right （作品）连载权　作者与出版商之间的出版合同中规定的一项权利，它允许作者或出版商在作品成书出版前或出版后，可以连载形式在杂志或期刊上发表作品原稿。

seriatim 〈拉〉单独地；个别地；依次地；一个接一个地

series bonds 系列债券　在不同时间发行，到期日也不相同，但却是同一债券发行契约授权发行的多组债券，如系列A、系列B等。

series of notes 系列本票　相同当事人之间在一段时间内所发生的一系列交易中签发的到期日各不相同的系列本票。

serious and wilful misconduct 严重而故意的不当行为　在劳工赔偿法中，指故意为某一行为，并且明知该行为很可能会导致严重伤害，或任性而不负责任地放任该行为发生可能导致的后果。

serious bodily harm （= serious bodily injury）

serious bodily injury 严重身体伤害　指具有致命危险[a substantial risk of death]的身体伤害，可构成一级伤害罪[first degree assault]。严重身体伤害有别于轻伤害[trifling]。

serious crime 〈美〉严重犯罪　法定刑为六个月以上监禁的犯罪，称严重犯罪，被告人有权由陪审团进行审判[right to jury trial]。法定刑为不满六个月监禁的犯罪，称轻微犯罪[petty crimes]，其被告人则不享有此项权利。

serious illness 严重疾病　在人寿保险中，指永久地或实质性地损害投保人健康的疾病，或是很可能会永久或实质性地损害投保人健康的疾病。并非每一种疾病都是严重的，当时患者认为是令人惊恐的或严重的疾病，从保险合同条款的角度来看可能并不是严重的疾病。已完全消失的暂时性的疾病，如未对健康或体质造成永久的或实质性的损害，则不是严重疾病。仅仅从主观上认为当时的疾病是严重的或可能对健康造成永久损害是不够的。

serious injury （= serious bodily injury）

serious misconduct 严重不当行为　在劳工赔偿法中，指性质严重的不当行为，如正常工人在明知或应知其行为可能会危害其本人或其同事安全的情况下所为的行为。（⇨serious and wilful misconduct）

serjeant n.〈英〉❶百户区长　❷警官；治安官　❸管家；主管　该词源于拉丁语servient, 意为 serving。在中世纪时渐用于指在某一国王、领主或审议机构[deliberative assembly]管辖范围内履行特定职责并直接向其服务的最高机构[top authority]报告的人。从14世纪至1875年，serjeants-at-law 一词被用于指高级律师阶层。目前该词在美国英语中常被拼作 sergeant；而在英国英语中，sergeant 主要用于表示军事方面的含义，serjeant 则主要用于表示法律方面的含义。

serjeant-at-law n. 高级律师　早期英格兰律师界的最高阶层。在中世纪，高级律师是司法界的领导者，由开展在法官面前进行辩护之业务的人发展而来。17世纪时其地位受到了皇家大律师[King's Counsel]的冲击，后者取得了优先权。高级律师的头衔可能由诺曼人引入，当时他们并非现代意义上的律师，而只是王室负责法律事务方面的臣僚，可以担任从封臣法庭的主持者[steward of court baron]到庄园领主等职务，还可以出任法庭的裁判者[suitors in courts]。高级律师由民诉法庭首席法官推荐，御前大臣提名，国王任命，并通过盖有国玺[Great Seal]的召见令[writ of summons]正式授予。他们着特殊服饰，在接受任命时要举行特殊仪式。高级律师比初级出庭律师[junior barrister]有优先权，但只有持优先权状[patents of precedence]者才能比皇家大律师更有优先权。国王可因某种需要而任命特殊种类的高级律师。高级律师有自己独立的组织，即高级律师公会[Serjeants' Inn]，1845年以前他们垄断了民诉法庭的出庭业务，并有在该法庭之外的其它法庭的受审豁免权。从中世纪到19世纪末，王座法庭、民诉法庭及财税法庭的法官都从高级律师中任命，如有必要，某人可能在提升为法官之前被任命为高级律师，故此法官与高级律师之间彼此被称为"兄弟"。1877年，高级律师阶层被解散，但这种荣誉却从未被正式取消。1922年前，爱尔兰也有类似职业阶层。最后，"Common Serjeant"是指伦敦市[City of London]的司法官员。

serjeanty n.（英格兰古法）侍君役；侍君保有　土地保有方式之一。此役只针对国王，不针对中间领主。它不同于骑士役[knight service]之处在于后者是要自备器械参加战斗，而前者只是为国王提供服务。侍君役分大侍君役[grand serjeanty]和小侍君役[petty serjeanty; petit serjeanty]两种，大侍君役必须由封臣亲自履行，如在战场上打旗、持矛、筹军或在登基大典上捧剑、做其他侍者等；小侍君役不必由封臣亲自履行，其内容是每年为国王提供一些小的作战器械，如弓、箭、矛、剑等。1660年和1922年的法律将侍君保有转为了普通农役保有[socage]，但还保留了特别针对高级官员的荣誉役。（⇨grand serjeanty; petty serjeanty; socage）

serment (英格兰古法)宣誓;誓言

Sermo index animi. 〈拉〉言词乃思想之表征。

Sermones semper accipiendi sunt secundum subjectam materiam, et conditionem personarum. 〈拉〉谈话的内容宜依谈论主题和被谈论者的(职业)状况进行理解。

Sermo relatus ad personam intelligi debet de conditione personae. 〈拉〉指称某人的语词应依其地位、状况来理解。

serological blood test 血清亲子鉴定 该亲子鉴定的方式是通过检测血清种类来确定受试人是否有亲子关系。该测试方法虽不能精确地确定某人是否为某孩子之父,但在大多数情况下却可以明确排除该人为某孩子之父。

serological test 血清测试 在美国,许多州都要求当事人在婚前接受该项实验室测试,以确认其有无性病。

serrated a.锯齿状的 指古代将多联契据[deed of indenture]的顶部或边缘修剪成锯齿状,以备证明。

servage (英格兰古法)提供劳力役 封臣在交付租金后还得为领主提供一个或多个劳力的义务。

Servanda est consuetudo loci ubi causa agitur. 〈拉〉(罗马法)诉讼在哪里提起,就应遵守哪里的习俗。 应遵守诉讼地之惯例。

servant n.仆人;雇员 指受主人[master]雇佣,为其提供服务,且行为受主人控制或服从于主人控制权的人。因其行为受主人控制,故适用雇主责任原则[doctrine of vicarious liability]。它不同于独立承包人[independent contractor],后者的行为不受主人控制。该词在制定法中常被赋予特定的含义,其含义在遗嘱及其他文件中受上下文的影响甚大。(⇨agent; employee; fellow servant(s); master and servant; subservant)

servants' pay 勤务员薪俸 军官向其有权雇佣的私人仆从提供的薪水、给养、服装等。

servato juris ordine 遵从法庭命令

servi 〈拉〉❶(罗马法)农业或制造业中的雇工 ❷(英格兰古法)奴隶 共四种,一为卖身为奴者,二为债务奴,三为战俘奴,四为天生奴。另外还有一种"servi testamentales",后世称为"契约奴"[covenant-servants]。

service n.❶(合同法)服务;公务 指一方对另一方提供的劳务或义务,并且其意志须受制于后者的指挥与控制。该词亦可指替为政府机关而从事的公务员工作。 ❷(家事法)家务;配偶者权 妻子在正常情况下对丈夫所提供的扶助、关怀、陪伴,因妻子受伤害而不能提供家务的,则丈夫可对侵权人起诉以求救济。(⇨consortium) ❸(封建法)役务 封臣向领主支付的保有土地的对价。 ❹(程序法)送达 ❺(罗马法)地役权(⇨servitude) ❻(英)教役 教会的土地保有方式,分为限定教役保有[tenure by divine service]和自由教役保有[frankalmoign]。

service association 服务社团;服务协会 其主要目的或主要目的之一是为其成员提供特殊利益服务或增进团体福利的服务性组织,如汽车协会、汽车经销商协会等。(⇨service organization)

service by publication 公告送达 指将对不到庭或者无居所的被告人发出的传票或其他诉讼文书登载在指定的报刊上,以使其能够获得实际通知的送达方式。

service charge 服务费 指旅馆、饭店、银行等因其提供的服务而收取的费用。

service club 服务会社(⇨service association)

service company 服务公司 依与财产的所有人或占有人订立的合同而对该财产提供维修等服务的公司。(⇨public service corporation; service organization)

service contract 服务合同;维修合同 对某一消费品在特定期间内进行保养、修理服务的书面协议。

service corporation 服务公司(⇨public service corporation)

service del roy 为皇帝而尽的役务(⇨essoin service del roy)

service fee ❶送达手续费 行政司法官、执行官[constable]或者其他法律官员因送达传票、通知或其他文件而收取的费用。❷配种费 因提供公畜配种而收取的费用。

service in aumone (为)捐赠(而举行的)宗教仪式 向教会捐赠土地,用于举行有益于捐赠人灵魂的宗教礼拜仪式。(= Tenure in Aumone)

service letter 介绍信 雇主在雇员雇佣期满时,为雇员开具的推荐信或品格证明信。

Service Letter Act (美)《介绍信法》 该法要求一般雇主或某一特定类型的雇主在其雇员受雇期满时出具证明信,说明受雇工作的性质、持续期间及离职原因。

service lien ❶服务留置权 指为已提供的劳务或工作而产生的留置权。 ❷配种留置权 指因提供公畜进行交配而产生的一种普通法的或制定法上的留置权,它有时针对被交配的母畜,有时针对该母畜和所产的幼畜。

service life 使用寿命 某项资产的预期使用期限,该期限无需与为所得税目的的计折旧期限一致。

service mark 服务商标;服务标识 为提供服务或为某种服务作广告而采用的标记,旨在把某人的服务与他人的服务区别开来,其可以是单词、名称、符号、图案或它们的组合。服务商标由某人使用,或由某人以善意的目的用于商业活动之中并向依商标法建立的主管登记机构申请登记,以将某人的服务——包括独特的服务——与他人的服务区别而易于认识其服务来源,即使服务来源不明亦然。尽管电视或广播节目可能是为出资者的商品作广告,但其字幕、主角的名字以及其他显著特征仍可登记为服务商标。

servicemen n.❶现役军人 ❷维修人员

Servicemen's Indemnity Act 〈美〉《联邦军人保障法》 1951年制定的联邦法律,依此法,所有军人均可得到人寿保险的保障,而无须为此支付保险费。

servicemen's insurance 〈美〉军人保险 由政府向军人提供的保险。

service occupation 服役许可居住 指为方便更好地工作,而允许雇员居住在特定的房屋里。如果该雇员被授予在此独立土地上享有某种权益,且这种权益区别于雇佣合同中的权益,那么他就可能是地产的承租人。这种区别依赖于他们之间的真实关系而非表象。

service occupation tax 服务税 向提供服务之人征收的税,税款按其所提供的服务中附带出售的有形动产的净成本的一定比例征收。

service of execution 执行准备 由行政司法官或执行官员为获得实现判决所需的金钱而采取的一切必要的行为和步骤,如变卖财产等。

service of notice 送达通知书 按法律规定的方式,如邮寄、送交副本等,使通知书的内容为受送达人所知晓。(⇨service of process)

service of pleading 诉状送达(⇨service of process)

service of process 诉讼书状送达 ①在美国,送达是指将令状、传票、诉状等送交有关当事人的行为。送达的基本方式有两种：一是直接送达[personal service]，即直接将诉状或传票等的副本送交受送达人，或将其留在受送达人的住所或经常居住地的负有责任的人[responsible person]，或送交受送达人指定的有权接收的人；二是推定送达[constructive service]或替代送达[substituted service]，指直接送达以外的任何送达方式，主要有邮寄送达[service by mail]和在报纸上公告送达[sevice by publication]。送达书状是法院对某人取得对人管辖权的基本方式，但有时为了行使对物或准对物管辖权[in rem or quasi in rem jurisdiction]，也要进行某种形式的送达，如公告送达。②在英国，送达是指将令状或其他司法文件的内容使有关的当事人知晓的行为。送达的基本方式也有两种：一是直接送达[direct service]，即将文件直接送交受送达人或受送达物。对传唤令[writ of summons]及某些其他司法文件都要求直接送达。送达对象是人时，称对人的送达[personal service]。在普通诉讼中，只需向被告人送达传唤令的副本，若被告人要求，应向其出示正本。送达对象是物时，称对物的送达[real service]。如在对船舶提起的普通海事对物诉讼[admiralty action in rem against a ship]中，只需将传唤令的正本贴在船舶的桅杆上片刻，然后取下来，再将其副本贴上，即认为令状已经有效送达。二是替代送达[substituted service]，当受送达人始终位于难以到达的偏远地方或其下落不明时，可以采用替代送达，包括将文件送交给可能将该文件带给受送达人知晓的人(如他的妻子或代理人等)，或公告文件内容，或将文件副本邮寄往当事人的地址。还有一种与替代送达类似的送达方式称"接受送达"[accepting service]，由受送达人的事务律师在令状上签注说明由他代表被告人接受令状的送达。有些仅构成其他诉答书状的基础的文件不要求直接送达或替代送达，而只需将文件留在受送达人的地址或其事务律师的地址即可，如申请通知[notice of motion]，申诉书[petitions]等即用此种方式送达。

service of summons 传票送达(⇨service of process)
service of the ship 海员服务行为 指海员为维护船舶利益或为履行职责所从事的活动，包括其在登岸假中的某些活动；或者是指海员在受雇期内的行为而不包括其从事的私人事务。
service organization 服务性组织 旨在向他人提供帮助、协助就业或进行其它有偿服务的机构。(⇨service association)
service real 地役权 大陆法用语，指一项地产对另一项地产所应享有的用益权，也指为一土地所有人的利益或便利而在他人土地上从事某一行为的权利或享有的特权。(⇨servitude)
services n.役务 指封建土地保有制下，封臣因其保有土地而向领主提供的服务或贡赋。
services and labor 〈美〉家务劳动 该词用于《已婚妇女法》[Married Women's Acts]中，指妻子从事的手工劳动，区别于妻子以自己的名义所从事的商业活动。
services fonciers 〈法〉役权(= easement)
services of wife 妻子的家务 它与丈夫因失去妻子的家务[services]而提起诉讼的权利相关，用以指妻子无论从何种情况何种场合均应向丈夫提供的扶助、关怀、陪伴。
servidumbre n.地役权 西班牙裔美国人的转让契据中出现的用以指"地役权"[servitude]的词汇。
serviens ad legem (= serjeant)
serviens narrator (= serjeant)
servientes ad legem serviens ad legem 的复数形式(⇨serviens ad legem)
servient estate (= servient premises)
servient premises 供役地 由某人所有但应供他人使用的土地。
servient tenement (= servient premises)(⇨dominant tenement; dominant estate)
Servile est expilationis crimen; sola innocentia libera. 〈拉〉抢劫犯受劳役处罚；无辜者得自由。
servile labor 体力劳动
servile tenure 供役保有(⇨furca et flagellum)
Servi nascuntur. 〈拉〉他们生而为奴。
Servitia personalia sequuntur personam. 〈拉〉个人之役务，随个人之人身。或：个人劳务仅能由本人提供。
servitia servientium et stipendia famulorum 〈拉〉仆人的服务与奴隶的工资
servitio regis 〈拉〉为国王尽的役务(⇨ession de servitio regis)
servitium 〈拉〉(封建法)(英格兰古法)役务 指封建土地保有制下，封臣因其保有土地而向领主提供的服务或贡赋。
servitium forinsecum 对外役 非针对直接领主[immediate lord]而是针对国王的义务。(⇨servitium intrinsecum)
Servitium, in lege Angliae, regulariter accipitur pro servitio quod per tenentes dominis suis debetur ratione feodi sui. 〈拉〉依据英格兰法，役务是指封臣因其保有领主的土地而应向后者履行的义务。
servitium intrinsecum 对内役 庄园内针对其直接领主的义务。(⇨servitium forinsecum)
servitium liberum 〈拉〉(英格兰古法)自由役 由作为自由人的封臣而非农奴、奴隶履行的义务。这种义务通常是自备人马器械随领主出征或参加庄园内的领臣法庭而非耕作土地等低贱活动。
servitium militare 〈拉〉(英格兰古法)骑士役(⇨knight)
servitium regale 〈拉〉(英格兰古法)特恩权 王室庄园领主所享有的权利和特权，通常包括六种：①对财产案件的司法管辖权；②对重罪及谋杀案件判处徒刑与死刑的权利；③对无主物的权利；④征税[assessment]权；⑤造币权；⑥制定度量衡标准和面包、啤酒的定价权。
servitium scuti 〈拉〉(英格兰古法)持盾役 骑士役的另一说法。亦说为免服骑士役而交纳金钱的义务。(⇨knight service)
servitium socae 〈拉〉(英格兰古法)农役(⇨socage)
servitude n. ❶(大陆法)地役；役权；地役权 为他人的便利和利益而在某一财产上设立的负担，对他人而言，则是一种无体财产权。它来源于罗马法的役权[servitus]，相当于普通法中的地役权[easement]，两者的区别在于：servitude 重在指财产负担关系或设立负担的财产，easement 则指便利、利益或获得便利、利益的财产。役权可分为两大类：人役权和地役权。人役权[personal servitude]是指为特定人的利益所设立并至该人死亡时终止的役权，又可分为三种——用益权[usufruct]、使用权[use]和居住权[habitation]。地役权[real servitude]也写作"predial servitude"或"landed servitude"，是指为某一土地的便利和利益而设立的役权，其期限与土地相始终，不因该土地所有人的死亡或变更而受影响。在罗马法上，地役权又可分为田野地役[rural servitude]与城市地役[urban servitude]。田野地役是为土地耕作便利而设立的地役权，例如在供役地上通行的权利，或者取水、采掘砂土、伐木料的权利；

城市地役是为某一土地上的建筑物的便利而设立的地役权，例如支撑、瞭望、阴沟排污等权利（值得注意的是，城市地役所指的建筑物并不限于城市中的建筑物）。役权还可分为积极役权和消极役权。积极役权[positive servitude]是指供役地的所有人有义务允许或容忍他人在自己的财产上实施某种行为；消极役权[negative servitude]则只是禁止供役地所有人对自己财产进行某些方式的使用，而该使用方式将损害需役地人的便利或利益。（⇨easement）❷国际地役（⇨international servitude）❸奴隶或农奴的地位 ❹〈英〉学徒身份 据此而有权自由进入自治城市[borough]或城市公会[city companies]。❺奴役（状态）（⇨Thirteenth Amendment；involuntary servitude）

servitude in gross 人役权（⇨easement in gross）
servitude of drip 滴水役权（⇨easement of drip）
servitus 〈拉〉〈罗马法〉❶为奴隶役；奴役 ❷役权
servitus actus 〈拉〉〈罗马法〉畜行地役 指徒步、乘车或驱赶牲畜通过他人土地的权利。（⇨servitus itineris）
servitus altius non tollendi 〈拉〉〈罗马法〉限制建筑地役 指限制邻人建筑物不得超过一定高度的役权。
servitus aquae ducendi 〈拉〉〈罗马法〉导水地役 指通过他人土地导水的权利，如有权用管道从他处经过供役地将水导入需役地。
servitus aquae hauriendae 〈拉〉〈罗马法〉汲水地役 指自他人井、泉中取水的权利。
servitus cloacae mittendae 〈拉〉〈罗马法〉排污地役 指通过邻人土地排放污水的权利，如有权在他人土地下设置阴沟排放污水。
servitus fumi immitendi 〈拉〉〈罗马法〉排烟地役 指通过他人土地排出炉灶之烟的役权。
servitus itineris 〈拉〉〈罗马法〉人行地役 指可步行、骑马或乘车经过他人土地，但不得驱赶畜兽经过该土地的权利。（⇨servitus actus）
servitus luminum 〈拉〉〈罗马法〉采光地役 指从邻人土地采光的权利，如有权在共有墙上开窗为房屋通光。
servitus ne luminibus officiatur 〈拉〉〈罗马法〉禁止妨碍采光地役 指禁止邻人的建筑物妨碍自己采光的役权。
servitus ne prospectus offendatur 〈拉〉〈罗马法〉禁止妨碍瞭望地役 指在自己室内瞭望，视野不受妨碍的役权。
Servitus non ea natura est, ut aliquid faciat quis, sed ut aliquid patiatur aut non faciat. 〈拉〉〈罗马法〉役权本质非指某人应为某事，而指某人应容忍某事或不为某事。
servitus oneris ferendi 〈拉〉〈罗马法〉支撑地役 指建筑物搭建于邻人建筑物、墙壁、支柱而获支撑的役权。
servitus pascendi 〈拉〉〈罗马法〉畜牧地役 指在他人土地上放牧的役权，又称"牧畜权"[jus pascendi]。
servitus pecoris ad aquam adpulsam 〈拉〉〈罗马法〉饮畜地役 指驱赶牲畜到邻人土地上饮水的役权。
servitus praedii rustici 〈拉〉〈罗马法〉乡村地役权；土地役权
servitus praedii urbani 〈拉〉〈罗马法〉城市地役权；建筑物役权
servitus praediorum 〈拉〉〈罗马法〉地役权 指为他人的便利而于土地上设定的负担或为自己特定土地的便利而利用他人特定土地的权利。
servitus projiciendi 〈拉〉〈罗马法〉建筑物突出地役 一种建筑物役权，指建筑物伸出至邻地上空的役权。
servitus prospectus 〈拉〉〈罗马法〉瞭望地役 指通过邻人土地进行瞭望或禁止邻人在自己土地上瞭望的役权。
Servitus servitutis esse non potest. 〈拉〉〈罗马法〉役权上不得再设役权。
servitus stillicidii 〈拉〉〈罗马法〉檐滴地役；承溜地役 指雨水自屋檐滴至邻人房屋或土地上的役权。
servitus tigni immittendi 〈拉〉〈罗马法〉架梁地役 一种建筑物役权，指建筑房屋时有权将栋梁架于邻人墙上。
servitus viae 〈拉〉〈罗马法〉道路通行地役 指利用他人土地上之道路的役权，包括畜行地役[servitus actus]和人行地役[servitus itineris]。
servus 〈拉〉❶〈罗马法〉奴隶 ❷〈古〉农奴；奴仆
Servus facit, ut herus det. 〈拉〉雇主给什么价，雇工干什么活。 表明雇佣契约之报酬或对价的罗马法法谚。
servus ordinarius 〈拉〉〈罗马法〉常规奴隶 指在主人家中有特定职守的奴隶，如担任厨师、面包师等。
servus poenae 〈拉〉〈罗马法〉刑事奴隶 因犯罪而被罚与猛兽格斗、或被罚在矿山作苦役的奴隶。优士丁尼废除了这种奴隶身份。
servus vicarius 〈拉〉〈罗马法〉替身奴隶；代奴 常规奴隶[servus ordinarius]的随从或助手，通常由常规奴隶以特有产[peculium]购得。
sess n.〈英〉税；税率；征税
sessio 〈拉〉〈英格兰古法〉会期；开庭期
session n.会期；开庭期 法院、立法机关、委员会等开庭或举行会议处理其事务的期间。可指这些机构在任何一日内开庭或举行会议处理事务的期间。在广义上，也可指从第一次开庭或集会起连续进行至最终休庭或休会的整个期间。严格地说，在适用于法院时，该词并不等同于term，它指的是法院每日实际开庭处理业务的时间，因此每天法庭退庭时即告终止。而在当前英国的诉讼中，term或sitting是指由法律所确定的一段期间，通常包括许多天或许多星期，在该期间，法院处理其司法事务，每天都可举行一个"session"。但是这种区别并非总是得到遵守，许多权威人士对这两个词都替换使用。（⇨term；sittings）
session laws 〈美〉州议会法律汇编 指州立法机关在一年或两年一次的会议期间所制定的法律的汇编。因此它区别于州法的编纂或修订[compiled laws or revised statutes]。通常州议会法律汇编在立法机关会期内是以小册子形式按时间先后出版，尔后在会议结束时按制定顺序汇集成更长久的形式。此外，州议会法律汇编也汇集入州和联邦经过注释或没有注释的法律出版物之中。
session of court 法院开庭期
sessions of the peace 〈英〉治安官法庭 指英格兰和威尔士的治安官为行使其司法权而举行的开庭。它包括以下几种：①小法庭[petty sessions]，由本郡或小法庭区内两名或两名以上治安官组成，可行使简易审判权，现在通常称为治安官法庭[magistrates' court]；②特别庭[special sessions]，由两名或两名以上治安官组成，在特别情况下为行使其某一部分权力而开庭，尤指为授予或更换销售应税酒的许可证而开庭；③一般庭或季审庭[general or quarter sessions]，由两名或两名以上治安官组成，审理公诉罪及受理来自小法庭和特别庭的上诉案件，每季度开庭一次；④自治市季审庭[borough quarter sessions]，由一名记录法官[recorder]独任审理。其中，季审庭已于1971年被废除，而代之以刑事法院[Crown Court]。
set apart （财产）分割 在离婚法中，法院有权作出判决"分割"丈夫的特有财产，以支付妻子的抚养费。

set aside 撤销;宣布…无效
setback restriction 屋顶平台建筑限制;建筑物置后限制 (⇨building line)
set fire to 放火;点燃 在关于放火罪的法律中,"焚烧"[burn]和"放火"[set fire to]是同义词,具有相同的意义。但是,在普通法上,"焚烧行为"[burning]仍然是放火罪的必备构成要件,而不是"放火"[set fire to]。
set for trial 确定审判期日;确定终审日
set of bills ❶成套提单 ❷(= set of exchange)(⇨bills in a set)
set of exchange 成套汇票;联单汇票 在商法中,外国汇票常以两联或三联的形式开具,其依次可称为第一联汇票[first of exchange]、第二联汇票[second of exchange]等,或称为正本汇票[original bill]、副本汇票[duplicate bill]。一套汇票的各联均可以单独兑付,且任一联兑付后,其他各联自动失效。(⇨bills in a set)
setoff n.抵销;债务相抵 指在同一诉讼中被告以反请求在原告的请求限度内抵销原告的请求。抵销只适用于金钱债权,作为一种抗辩的依据,目的在于防止反诉,因此它不是独立的实体请求权,由法庭综合考虑一并审理。
setoff of benefits 增值抵销 在确认国家征用私人财产造成的损失时,应该抵减政府为改善该项财产而给剩下的财产带来的增值。
setoff of judgments 判决抵销 基于法院对诉讼当事人具有一般管辖权[general jurisdiction]而产生的一项衡平法性质的权利,指一项判决可以通过迫使胜诉债权人接受其应承担的另一判决确定的义务以得以全部或部分实现。
set out ❶出发;动身 ❷开始;着手 ❸陈述;阐明(事实或理由)
settle v.❶解决;处理(案件、争议等) ❷支付;结算;清偿 ❸完全执行;结束;了结(遗产的管理和分配等) ❹设立;创设;确立(法律原则、信托等) ❺转让;授予(财产、权利等) ❻和解;达成协议 ❼提交;提请(法庭批准、签署) 指解决或处理对法庭判决或命令的异议或分歧,如 settle an order; settle a judgment。 ❽定居;安置
settled account 已结清的账目
settled insanity 因戒酒而引发的精神错乱 指长期持续性酗酒或惯常醉酒的人,因其身体机能已受到严重损害,一旦戒酒,则会引发精神错乱。因酗酒引发的醉态[drunkenness]及暂时精神错乱[temporary insanity],与本词有别。
settled land 〈英〉转让受限的土地 指土地受限于继承方式[way of succession]的转让,即土地仅限于转让给某人而不是目前暂时享有土地权益的人,后者被称为"受限制的所有人"。(⇨limited owner)
settlement n.❶(财产的)授予;转让;设定;财产授予契据 通常指财产所有人以遗嘱等方式对其家庭成员设定遗产的分配,包括委托受托人代为管理和执行遗产,以及夫妻婚前财产设定等,其结果可不同于受益人作为继承人依法所能取得的。 ❷(纠纷或诉讼的)和解;解决 ❸(债务的)支付;清偿;结算 ❹(遗嘱或遗产的)完全执行
settlement date 交割日(= account day)
settlement in pais 庭外和解 当事人间就其争议的解决在法庭外达成一致的协议。
settlement of bill of exceptions (= settlement of case)
settlement of case 异议书正确性的解决 在上诉中当事人不能就异议书[bill of exception]的正确与否达成一致时,由承审法官裁断该异议书正确而予以解决。
settlement of pauper 贫民定居点 穷人因作为贫民获得资助而对之拥有合法权利的场所,是贫民的居所[residence]而非其住所[domicil]。
settlement option ❶保险金支付方式选择权 在人寿保险单中,规定由被保险人选择保险金的支付方式和支付时间。 ❷年金支付方式选择权 在年金保险合同中,年金领取者有权选择领取终身年金,或将年金连同退款付给指定受益人,或将年金付给第二受益人。 ❸(养老金或退休金制度中的)支付方式选择权(⇨settlement)
settler n.❶定居人 指在公有土地上定居之人,也指为获取先占权[pre-emption]而进入有争议的土地且实际定居于其上之人。 ❷殖民者 指在新国家的拓荒者或在老国家的新开发地区的拓荒者。
settle up 清理;清算 非严格的法律用语,用于指对死者遗产、破产者财产的最终汇集、调整和分配。包括汇集财产、偿还债务和费用、将余额转交给有权收受者等程序。
settling day 结账日 该词除用于指证券交易所的结算日之外,还可用于指商品或物产交易中的清账日[prompt day]。
settlor n.❶信托创立人 将财产转交或转让给他人的人,该他人即为第三人利益的受托人;为信托提供对价的人,即使在形式上可使他人设立信托亦然。如某死者曾向他人付出代价,该他人根据死者的指示,在特定情事出现时将其有使用权的财产转让。此时,信托创立人为死者。 ❷财产授予人;财产让与人 根据财产授予证书。 ❸财产捐赠人;财产赠与人 根据财产授予证书。
seven bishops 〈英〉七主教案(⇨Case of the Seven Bishops; Trial of the Seven Bishops)
Seventh Amendment 〈美〉美国宪法第七条修正案 该条规定,在普通法诉讼中,其争议标的额超过20美元者,由陪审团审判的权利应受到保护。由陪审团裁断的事实,合众国的任何法院除非按照普通法规则,不得重新审查。
seven years' absence 〈美〉失踪七年 依多数州的法律,一人原因不明地自其家中或居所失踪连续7年或7年以上,又无其消息,则推定其死亡。
sever v.❶使分离;隔离 ❷切断;割断;一分为二 ❸分开审理 将有多名被告人的案件分成多个案件审理。 ❹坚持与其他共同被告人不同的答辩
severability of contract 合同的可分性 与整体性相对的合同特性,即合同可分批履行,且每一次的履行均以对方的对待给付为条件;无效部分不影响有效部分效力;由当事人通过协商达成的某种协议,此种协议中的每一事项或某些事项被视为独立的单元而非一个没有个性的统一体。合同是否具有可分性,要从当事人的缔约目的、合同本身的公正解释、合同提及的主要事项[subject matter]、交易发生时的客观情势等方面加以确定,当事人所用的语言也是要考虑的因素。合同是否可分,在很大程度上是一个主观的合同目的问题。不仅合同的主要事项的多样性和对价是构成合同目的的要素,合同中的辅助性事项也可用于解释合同目的。如果从合同语言和术语中,可以合理地看出,当事人意欲使一方以另一方的义务为对价而全面、充分地履行合同的主要事项,则该合同是整体性的。在解释合同以认定其是否具有可分性时,许多法院认为,对价是否可分是一个重要的检验标准。也就是说,如果对价是单一的,则合同是整体性的;如果根据明示或必要的默示推定,对价是可分的,则合同是具有可分性的。原告只能起诉一次,他必须提出他的全部诉因

[cause of action],而不能就一事的不同部分连续起诉。但一个合同中可能包括各自独立的若干协议,如果各协议是可分的,则就某一协议提起诉讼并不排除就其他协议诉讼的可能。可分性的通常检验标准是,对价是否被分割以分别适用于合同中的每一独立条款。

severability of deposition 证言的可分性 指庭外证言可分割的特性,即证言各部分可相互独立。据此,在审判中可仅使用该证言的一部分。

severability of statute 制定法的可分性 此概念适用于以下情形,即当制定法的某一部分因违宪而无效时,其余部分能否存而不废。一般而言,制定法因部分有效而保存下来这种制定法的可分性取决于制定该法的立法机关的明显的意图。当制定法某些条款违宪时,若无从确认立法机关打算将哪一部分作法律的关键部分,则该制定法就会因其部分违宪而全部无效。

severable contract 可分合同(⇨divisible contract; severability of contract)

severable deposition 可分庭外证言(⇨severability of deposition)

severable judgment 可分判决 指一份判决由独立的、互不相关的几个部分构成,对其中任一部分的上诉所作的裁决都不会影响其他部分。

severable statute 可分的制定法(⇨severability of statute)

several actions 可分诉讼 原告就同一标的均对其负有义务的两个以上被告分别提起独立的、不同的诉讼。区别于共同诉讼[joint action]。

several covenant 分别性契约;个别性契约 与两个或两个以上的受约人签订的契约,其中包括各自独立的言词,或各受约人对契约的履行享有独立的利益;有两个以上立约者的契约,如立约人的利益是相互独立的且不能共同履行,则该契约是分别性契约,除非当事人的目的是每人必须受他人履行行为的约束。

several defenses ❶分别答辩 共同被告分别所作的答辩。❷几个答辩 一个被告所作的两个以上答辩。

several demises 〈英〉多重租赁 在驱逐之诉[ejectment]中原告为避免自己权利的合法性受到怀疑而设计的多重租赁。(⇨ejectment)

several fishery 专有捕鱼权 其权利人为土地所有人或经土地所有人授权的人。权利人的捕鱼权独立于所有其他权利,因此他人对同一标的不享有共同权利;但他人部分的、独立的权利或有限特许,则无损于专有捕鱼权人的权益。

several inheritance 分割继承 指由两个或多个继承人平均分配所继承的共同财产的一种继承。

several liability 个别责任 指两人或多人对原告的请求各自承担的责任。(⇨joint and several liability)

severally liable 个别承担责任的(⇨several liability)

several ownership 个人独占所有权;个人专属所有权;单独所有权;非共同所有权 指由一个人独占性地享有的所有权,与共同所有权[joint ownership]相对。

several tail 分别限嗣继承 指分别由两人或两对夫妻保有的地产限定由他们各自的合法后嗣继承。

several tenancy 单独租赁;单独保有 指单独而不与其他人共同租赁或保有。

severalty n.单独;单独所有;分别所有 指对动产和不动产单独享有所有权,而不与他人分享。如果每个人的财产份额都是确定并排斥他人的,则属于分别所有的财产,与共有[joint ownership]、共有[ownership in common]、共同继承[coparcenary]等不分割份额者相对。(⇨estate in severalty; tenant in severalty; in severalty)

severance n.分离 该词可指将附属于土地或土地一部分的物与土地分离,使之由不动产变为动产,也可指以图表表示将矿物所有权与土地所有权分离,还可指转让土地但不转让或保留采矿权、或仅转让采矿权、或仅转让土地表面。分离构成共有地产[joint tenancy or tenancy in common]的终止。该词也用于"诉的分离"[severance of actions or claims]中。(⇨severance of action)

severance of action 诉讼划分;诉的分离 指当事人对某一诉因的划分,或为分别进行审判而对争议事项的划分。它是民事诉讼中对各个被告予以分别审判的一种方式。

severance of criminal prosecution 刑事诉讼的分离 指在一起刑事案件中,由于其中一名被告人提出了对抗性的辩护意见,或供认自己犯罪等原因,而将各被告人予以分别审判。

severance of issues 争点的划分 指为对某一或某些特定争议事项进行单独审理而将在审判过程中出现的争点予以划分,尤指在既有需由法官审理的衡平法上的争点,又有需由陪审团审理的普通法上的争点时。

severance of member 截肢 指将手、脚、胳膊等与身体分离。

severance of statute 制定法效力区分 通过司法解释将制定法中合宪的部分与不合宪的部分区分开来,并将不合宪的部分废止。

severance pay 退职金 雇佣关系终止时,雇主支付给雇员的高于他应得工资部分的款项。它代表对雇佣终止的一种补偿,以减轻由此给雇员带来的经济压力和弥补由此导致的雇员的一些损失。退职金是在雇员无过错的情况下支付的。许多集体合同中都包含这一条款。

severance tax 〈美〉采掘税;开采税 指对自然资源,如木材、石油、天然气等的生产或开采而征收的税,一般以提炼出来的产品的价值或数量为标准征税,这种税也适用于在一州内对毛皮的征税。

severe disease 重病 永久性或实质性地损害或可能永久性或实质性地损害人的健康或肢体的疾病。

sex n.性;性别 指动物雌性与雄性的不同生理特征。人类分男、女两种性别,有的生理缺陷者被称为两性人[hermaphrodite]。该词往往被用以泛指与两性关系相关的一切内容。在性方面也存在多种不正常的现象,如同性恋、兽奸、露阴癖、窥阴癖、恋物癖等。"sex discrimination"与"sexual discrimination"作为"性别歧视"的含义均在法律报道中出现过,但前者的表达则更为中肯;"sexual"则越来越多地被用来指与性交有关的事项,与男女性别间的问题已无大涉。(⇨asexualization)

Sexagesima Sunday 大斋节前第二主日 约在复活节前第六十天,它在七旬斋[Septuagesima]和大斋节前主日[Quinquagesima Sunday]之间。

sex deviate 性变态;同性恋(⇨homosexual)

Sext n.(教会法)《第六教令集》 1298年作为第六卷教令集颁布的《卜尼法斯八世教令集》[Decretals of Boniface VIII],它是1234年五卷本的《格列高利九世教令集》[Decretals of Gregory IX]的补充。

sextery lands 捐赠给教堂以维持教堂司事[sexton]生活的土地

sexton n.教堂司事 宗教改革之前,指管理教堂圣器、法衣等圣礼所需物品的人,现在指由教民选举、堂区牧师任命的看守教堂的人,负责打扫教堂、敲钟、挖墓等工作。

Sextus Decretalium 《第六教令集》(= Sext)
sexual abuse ❶性侵犯　尤指成年人对未成年人所实施的非法性行为。❷(法定)强奸　以暴力或暴力威胁方式同未达法定承诺年龄的幼童实行的性交。
sexual assault 性侵犯　指性交以外的各种非法性行为。例如,以身体伤害相威胁,或以造成恐惧、羞辱或精神痛苦相胁迫,而猥亵妇女、儿童或其他男子的行为。又如,成年男子未经妇女同意,以过分亲昵的行为强行抚摸妇女的身体,或者实施非礼行为,以使妇女陷入贞操被侵犯的恐惧中的,均属于性侵犯。
sexual commerce (= sexual intercourse)
sexual disease (= venereal diseases)
sexual harassment 〈美〉性骚扰　就业歧视的一种表现,包括性挑逗[sexual advances]、对性爱[sexual favors]的要求以及其他为联邦法律和一般州法律所禁止的有关性方面的口头或身体的行为。
sexual intercourse 性交　指两性性器官实际接触,且男性性器官插入女性身体。
sexual offences 〈英〉性犯罪　1956年的《性犯罪法》[Sexual Offences Act]及其修正案中规定,性犯罪包括诱拐[abduction]、介绍卖淫[procuration]、卖淫[prostitution]等多种犯罪行为。
sexual psychopath 性变态　属于变态人格的一种,表现为具有强烈的性冲动,而又无法理智地驾驭,总想实施性犯罪,侵犯或攻击犯罪对象,甚至伤害、殴打或施以其他暴力,故具有反社会性,对他人十分危险。
SF (= sinking fund)
S.G. (= salutis gratia)
shack 〈英格兰古法〉季后共牧;休耕共牧　诺福克郡[Norfolk]冬季放牧的一种制度。它指相邻土地虽为不同所有者占有,但在收获之后这些土地即对众所有人的全部牲畜开放,它们可以在这一大片土地上自由放牧,不再像作物生长期间那样明确地划分地界。这种土地称之为季后共牧地,每一所有者享有的这种权利称之为季后共牧权。与普通共牧地和普通共牧权相区别的是前者期限的特殊性。
shackle n. 镣铐　加于囚犯手脚上、由链条连接的金属镣铐。(⇨handcuffs; manacle)
shadow v. 盯梢;跟踪　跟随某人的行踪,观察他的活动和交往并尽量使该人不察觉。
shadow area 模糊区　指纷争中问题实质不明的部分,其事实问题和法律问题相互掺杂在一起。
shadow cabinet 〈英〉影子内阁　威斯敏斯特[Westminster]及某些威斯敏斯特模式[Westminster Model]议会主要反对党的议会执行委员会。在18世纪时期的英国议会[British parliament]中,它演化为在野各派系[out-of-office factions]领导人物聚会组成针对现任大臣的反对派的作法,也成为在预料政府更迭时应予产生的潜在内阁成员名单的惯例。这些作法和惯例反映在现代影子内阁的双重职能中,即管理反对党的议会事务和提出供选择大臣的名单。影子内阁在其每周会议中处理日常党务,并决定党的议会策略、短期政策态度和长期政策的实施[commitments]。工党影子内阁[Labour shadow cabinet](或"议会委员会"[parliamentary committee])有22名成员,其中15名每年由议会中的工党议员选出,1名由工党贵族[Labour peers]产生,其余6人是当然成员[ex-officio members](党主席、副主席、首席督导员[chief whip]、议会党团主席和工党贵族主席、副主席)。保守党影子内阁[Conservative shadow cabinet](或"磋商委员会"[consultative committee])的规模和成员资格以及成员的任务专门由党主席决定。
Shadow Ministry 〈英〉影子内阁(= shadow cabinet)
Shadow President 〈美〉影子总统　总统的高级助手。他们虽只是总统的顾问,却拥有很大的权力。
Shakers 震颤派　基督教新教的一个派别,从英国贵格会[Quakers]分出。1774年创始人安·李[Ann Lee]率信徒移居美国,不久在美国及北美地区传开,在19世纪40年代达到高潮。该组织主张信徒财产公用,男女独身,谴责出于不恰当的动机缔结的婚姻,采用简朴的生活方式,他们不信耶稣是上帝,认为圣灵是世界与上帝之间的中介。
shall go (继承法)归属于…;给予　与"shall vest"同义。
sham n. ❶假装;虚伪;欺骗　❷赝品;仿造品　❸假冒者
　a. ❶虚假的;假装的　❷仿造的;劣质的
　v. ❶假装　❷仿制;冒充
sham answer 恶意虚假答辩(⇨sham pleading)
sham bidder (拍卖场中)抬价人　拍卖场中,为了物主的利益或者其他对拍卖感兴趣人的利益而叫价的人。(⇨puffer)
sham contract 虚假合同　指合同中列明的对价是形式上的,实际并未支付。
sham conviction 虚假定罪　指被告人承认犯有一较轻罪行以图避免基于同一事实对他提起的更为严重罪行的指控,在这种情况下所作的定罪。
sham defense 恶意虚假辩护(⇨sham pleading)
sham gift 虚假赠与　指仅具表面形式而非实际意义之赠与,亦即,就所谓的赠与人或受赠人而言,前者并无放弃对标的物进行控制的意图。
sham marriage 虚假婚姻　指一方当事人为善意,仅由于另一方当事人的故意或过失行为而导致不合法的婚姻。
sham pleading 恶意诉答;虚假诉答　指当事人出于恶意作出的虚假不实的诉答。对方当事人对这种诉答可申请法庭予以排除。
shanghai law 水手法　一项不成文法,规定在航程中船长解雇水手时,应支付该水手回到启程地的路费。
share n. ❶股份　指公司资本的份额。拥有股份的所有权即有权获取公司的利益分成,并且有权根据公司章程或其他规范性文件参与公司的管理。公司属于一种动产。如果该公司股金额已向公司全部缴付,则为完全缴付股份[fully paid-up share],若该公司为有限公司,则股份持有人的责任终止。公司可以把完全缴付股份转换为股票[stock]。记名股份证书[share certificate]是由公司签章出具的证明在其上记名者所拥有的股份数额的书面文件,它是证明股东权利的初步证据[prima facie evidence],但并非一种流通票据[negotiable instrument]。股权证[share warrant]则是由公司签章出具给持证人,表明持有人拥有完全缴付股份的数额。交付股权证即等同于股份或股票的转让。股权证属于流通票据。公司的股份可以分为不同种类,并分别享有不同的股东权利,尤其涉及公司红利分配,例如优先股[preference share]、累积优先股[cumulative preference share]与普通股[ordinary share; common share]等。在公司法上,股份[share]与股票[stock]在大多数情况下是指同一含义,只是因不同的法域、制定法或市场惯例而选择其一。❷份额　指两人以上对共有财产所享有的比例或对未分配财产权益所享有的比例。例如遗产继承份额。
　v. 分配;分摊

share and share alike 平均分割 通常指在共有财产[joint tenancy]终止时,将共有财产按人均平均分割。

share certificates 股票;股份证书 证明股东所有权和收益权的凭证,也称为"stock"、"share"或"security"。制定法一般从形式和内容两个方面对股票的发行进行规定。股票必须对下列基本事实予以列明:该公司依法成立的事实;股东的姓名;股票的类别及编号、股票的价值以及有关的特殊规则。

sharecropper n. 〈美〉(作物收益分成的)佃农

sharecropping n. 〈美〉作物收益分成协议 指土地所有人雇佣他人耕作土地并以作物收益分成作为劳务报酬。

shared monopoly 共有垄断 一个反垄断术语,即寡头卖主垄断[oligopoly],指生产某种特定产品的公司只有少数几个,即使没有主动串通,他们也能操纵该种产品的市场价格和生产量。

shareholder oppression (= oppression ❹)

shareholder's derivative suit (= derivative action)

share lease 作物分成租约 该租约规定以谷物等充当地租。(➪share rent; share tenant)

share lien 股票抵押权 住房和贷款协会对对其负有债务的股东的股票所享有的抵押权。

share rent 作物分成租金 指以所租土地出产的部分作物作为租金。

share tenant 作物分成的承租人 该人根据作物分成租约的规定占有土地并与土地所有人就该土地的作物进行分成,作为租金。(➪share rent)

share warrant (to bearer) 股份证书;股权证书;认股证 在股东支付股金后公司向其出具的一种凭证。此凭证不仅是一种出资证明,而且持此凭证,股东有权获得公司规定的经济利益并分享收益。股东出资的转让受到严格的限制,一般不得任意转让,必须经公司批准并在公司登记,其他股东有优先购买权。股份证书的交付[delivery]是转让股东出资的实现形式。

shark repellent 接管防御 公司对恶意接管企图所采取的抵御措施。例如发行新股票;购置昂贵资产;采取"毒药丸"[poison pill]策略等。(➪poison pill)

sharp a. 急迫的 在抵押或其他担保形式中,授权债权人在债务人履行不能或违反其他条件时,有权采取迅速即时的措施的条款被称为"sharp clause"。

sharping corn (英格兰古法)(铁匠)磨砺农具所获赠的谷物 英格兰一些地方的习俗,每年圣诞节,农民向铁匠赠送谷物,来答谢其为他们磨砺犁、耙等农具。

shave v. ❶杀价买进(期票等) ❷削减(价格) 有时用于指打折扣率达到不道德的程度,即行为人不道德地占他人便宜而获利。❸欺诈;诈骗

sheading n. 〈英〉希丁(行政区) 马恩岛[Isle of Man]的行政分区,一共分成六个希丁。每个希丁指派一名验尸官或警长。

sheep-heaves n. 〈英〉小块牧地 常出现在荒地中间,牧地下层可能属于或不属于领主,但牧地本身则属于私人财产,可出租或出售。小块牧地主要发生在北部各郡,尽管被错误地看作是属于共有权,但实际上是独占的放牧权,似乎是有形遗产。

Shelley's Case (= Rule in Shelley's Case)

Shepard's citations 谢泼德氏援用索引;谢泼德引文 一套自1873年在美国出版的美国最高法院和各州高级法院的案例索引,该索引方便查找相关案例中援用的案件、法庭判决与条款,并追踪这些援用是否被另一个法院准许、辨别、推翻或作другие解释。

sheriff n. ❶〈英〉郡长 这一官职在诺曼人征服英格兰之前即已存在。他是王室官员,是国王在各郡的代表。征服者威廉入主英格兰后,郡长成为各郡的首席官员,并主持郡法院,裁断民事及刑事案件,执行各种令状,在郡内征募兵士。自12世纪中期以来,随着王室法院的发展,巡回审理、治安法官等兴起,郡长的司法管辖权受到限制,权力及职能都较以前为小。自都铎王朝后,该职位主要变成仪式性质。在英格兰,现今各郡每年需指派一名郡长。事实上,得到指派的人士一般需家底殷实。现在郡长的职责主要有:①负责该郡的议会选举;②执达高等法院及刑事法院判决(令状);③收缴应充公的保证金。但其职责一般由副郡长[under-sheriff]来履行。 ❷〈苏格兰〉郡长 苏格兰在盎格鲁-诺曼人影响下,自12世纪引入郡长制。郡长成为王室统治的工具,起初郡长一般由贵族担任,而也正是郡长又进一步削弱了贵族的权力。之后,郡长职位逐渐变成世袭性质,中央政府则常常无力控制郡长。自13世纪,郡长指派委任代表,这样郡长渐渐变得有名无实。委任代表们主持各主要法庭,他们逐渐被叫做"sheriff"。在1970年,郡长又正式重新命名为"sheriff-principal"。在现代,郡长官职是一个地位尊显的职位。它有许多行政职能,并监督郡内的司法事务,且为主要地方法院的法官。 ❸〈美〉(县)行政司法官 行政司法官一般为民选官员,握有实权,可以任命行政司法官助理。行政司法官及其助理均有权在刑事案件中行使警察权,以及送达传票、执行判决,出售及扣留法院判决应出售及扣留的物品的职责。

sheriffalty n. 郡长职位;郡长管辖权;郡长任期 (= sheriff-wick; shrievalty)

sheriff court 〈苏格兰〉郡长法院 自12世纪以来便一直存在并不断发展的下级法院,对应于英格兰的郡法院[county court]。郡长法院在苏格兰境内每一行政司法管辖区[sheriffdom]内所有的大城镇都定期开庭,享有广泛的民、刑事管辖权。其民事管辖权无财产数额方面的限制,并可受理各类案件,主要例外是与身份有关的案件。审理通常由一名郡长独立进行,有时也由七人陪审团陪审。出庭律师[advocate]和事务律师都有权在该法院出庭。小额财产请求由简易法庭[summary court]按简易程序处理。对其裁决不服可先上诉至首席郡长[sheriff-principal],再上诉至苏格兰最高民事法院[Court of Session],也可不经首席郡长直接上诉至最高民事法院。其刑事管辖权包括所有普通法与制定法上的刑事犯罪案件,对其审理或适用简易程序,或由15人陪审团进行,后者享有更大的量刑权。在刑事诉讼中,首席郡长和郡长的权限是同等的,对其裁决不服应向苏格兰高等刑事法院[High Court of Justiciary]上诉。对犯罪的指控在实践中则全部是由地方检察官[procurator-fiscal]及其助手代表公众的利益来承担的。

sheriffdom (= sheriffalty)

sheriff officers 〈苏格兰〉郡行政司法官员 经过考试确认能够胜任其职并由行政司法官任命的,负责送达令状和为了实现法庭判决进行债务强制执行[diligence]程序的官员。

Sheriff of Middlesex's Case (1840) 〈英〉米德尔塞克斯郡长案 在斯多克戴尔诉汉萨德案[Stockdale v. Hansard]后,斯多克戴尔对汉萨德又提起另一桩诉讼,告其诽谤,依判决获得了损害赔偿。米德尔塞克斯郡长强制扣押执行了被告的财物。下议院再次开会通过决议认为,强制

扣押执行是对下议院的藐视，并决定将郡长拘捕。针对人身保护令申请，下议院法警[Serjeant-at-Arms]答辩称其是依下议院议长授权行事的，对事实未作进一步说明。王座法院判定这是一个可以接受的答辩，因为议会的每一个议院，作为高级法院，有权保护其不受干涉。郡长在1840年《议会文件法》[Parliamentary Papers Act]通过时被释放。（⇨Stockdale v. Hansard(1839)）

sheriff's certificate of sale 行政司法官（发布的）拍卖证书 （⇨certificate of sale）

sheriffs' court 〈英〉郡长法院 在伦敦名义上仍存在两个古老的郡长法院，它们分别对应于普尔特利债务人监狱[Poultry Compter]和吉尔兹帕街债务人监狱[Giltspur Street Compter]，其法官由伦敦市长法院和伦敦城法院的法官担任。

sheriff's deed 司法拍卖转让契据 指在行政司法官[sheriff]所主持的司法强制拍卖[judicial sale]过程中，由其出具给买受人，表示该拍卖财产所有权已转让给买受人的书面文件。亦指在抵押物取消回赎期届满后，由行政司法官出具的文件，自该文件签发之日起开始计算法定回赎期。（⇨sheriff's sale）

sheriffship （= sheriffalty）

sheriff's indemnity 行政司法官的豁免权 在许多司法管辖区立法中，赋予行政司法官根据执行令对所有权不确定的财产所进行的扣押享有豁免权。即使执行令涉及的财产权并非是被告的其他人所主张，行政司法官仍可依照豁免证书持有和管理该财产。

sheriff's jury 郡长陪审团 旧时由郡长挑选和召集的陪审团，负责多种事项的调查工作，如在被告未作答辩的诉讼中确定损害赔偿的数额，查明被主张患有精神病者的精神状况，调查判决执行令被扣押的财产的所有权并作出裁断等。

sheriff's rotation （= sheriff's tourn）

sheriff's sale 行政司法官的拍卖（⇨execution sale; judicial sale）

sheriff's tourn 郡长治安巡回法庭 为存卷法院，由郡长主持，每年开庭两次，由郡长在郡内各百户区轮流开庭。1887年被撤销。

sheriff-tooth （英格兰古法）❶郡长餐饮税 指从前为郡长餐饮征收的税。❷郡长娱乐金 指早期某些佃户通过向郡长提供其在郡法庭开庭期间的娱乐服务而持有土地。

sheriffwick （= shrievalty）

Sherman Act 〈美〉《谢尔曼法》 1890年美国国会为避免垄断资本的过度集中、反对市场垄断化而颁布的法律。该法共8条，其中最重要的条款是第1条及第2条。第1条宣布"任何以托拉斯或其他方式限制州际贸易或对外贸易的合同、联合或共谋为非法"。第2条禁止个人或集体的垄断行为和垄断合同。该法被誉为旨在以保护自由的和不受约束的竞争作为贸易规则的自由经济大宪章。

Sherman Antitrust Act （= Sherman Act）

Sherrer Case 〈美〉谢勒案 美国最高法院判决的一个重要案例。它确认在非本国或非本州居民出庭应诉前未就管辖权问题提出异议的情况下，本国或本州法院所作的离婚判决在管辖权问题上发生既判力。

sherrerie （罗马教会权威）对（非神职律师执行的）法律技术性部分的蔑称

shewage （= scavage）

shew cause （= show cause）

shewer n. 查验引导人 在审判过程中由法庭任命的，引导陪审团进行现场查验[viewing]的人。（⇨shower; view）

shield law ❶保护新闻秘密法 赋予记者不暴露新闻来源秘密的特权的制定法。❷保护性秘密法 该法限制或禁止在强奸及性侵犯案件中，运用关于受害人性行为历史的证据。又作rape shield law或rape shield statute。

shifting burden of tax 纳税责任的转移 在遗嘱中规定接受遗赠必须以缴纳遗产税为条件。为了免予缴付遗产税，可以对该项遗赠提出起诉。

shifting clause 〈英〉转换条款 在普通法上，指财产处分协议[settlement]中的一种条款，规定在发生特定情况时，由其他的财产转让方式代替原来规定的方式。转换条款系根据《用益法》[Statute of Uses]而生效的。（⇨shifting use）

shifting descents 〈英〉移转继承人 普通法中的一项规则，指先前授予某一继承人对可继承土地的使用权可能因此后某一继承人的出生而被废止。其条件是后出生的继承人比先前被授权的继承人与被继承人的亲等更近，即使其属于远亲[remote heir]也在所不论。

shifting income 转移所得 高计税等级的纳税人用以转移其所得到其子女或位于低计税等级的其他人。

shifting of burden of proof （= shifting the burden of proof）

shifting risk 变动风险 以在贸易过程中其数量和构成处于变动状态的库存货物或类似财产作为保险标的物的保险单所承保的风险。（⇨blanket policy）

shifting severalty 限制地产 指存续期间[duration]受有限制的地产权。（⇨severalty）

shifting stock 存货变动 商品存货在贸易过程中因买卖而不断变动。

shifting stock of merchandise （= shifting stock）

shifting the burden of proof 证明责任的转移 指诉讼中提供证据证明某一事实的责任从当事人一方转移至另一方。在一方当事人通过出示证据，完成了初步[prima facie]证明后，即要求另一方当事人提出相反证据予以反驳。此即为证明责任的转移。

shifting use 移转的用益权 一种次顺位的或将来实现的用益权，其实现须以在先的地产权消灭为条件。通常在用益权创设以后，由于某一事件的发生而使其由一方受益人转移至他方受益人。例如，某一土地被授予甲及其继承人享有用益权，同时规定，如果乙从罗马回来，则应由丙及其继承人享有用益权。该用益权即为转移的用益权，在事件发生时自动转移给丙。这种转移的用益权通常见于各种协议中。

shin plaster 〈美〉❶贬值的纸币 ❷（旧时私营银行、美国国内战争时期由政府发行的）小额纸币;小于一美元面值的纸币 ❸辅币

Shinto n.〈日〉神道教 日本的民族宗教，简称神道，分神社神道、教派神道、民俗神道三大系统，最初以自然精灵崇拜和祖先崇拜为主要内容，5-6世纪又吸收了中国儒家学说和佛教教义。该教信仰多神，特别崇拜作为太阳神的天照大神，声称天皇是天照大神的后裔和在人间的代表。祭祀的地方称神社或神宫，神职人员称为祠官、祠掌等。

ship broker 船舶代理人;船代 从事船舶买卖或租船、订舱运输等业务的经纪人。

shipbuilding lien 〈美〉造船留置权 造船人对为建造船舶而配备的劳动力和材料所享有的留置权，在许多州的成

文法中都有规定。它不是一种海事留置权，也不能被海事法院执行。

shipmaster (= master of a ship)

shipment n. ❶装船；装运 尤指将货物交付承运人并由其签发提单。❷装运的货物(量)

shipment by freight 以铁路装运

ship mortgage 船舶抵押 船舶所有人将其船舶，包括船体、船机以及设定抵押当时的船舶属具，向债权人提供作为清偿债务的担保物，而不转移占有。

Ship Mortgage Act 〈美〉《船舶抵押法》 对在美国进行船舶登记从而具有美国籍的船舶上设定抵押进行规范的一项联邦立法。此外，该法还向船舶提供配备或给养的人享有的船舶优先权进行调整。

shipowner's lien 船舶所有人的留置权；船东留置权 船东为获得滞期费、运费或其他海事债务的清偿而享有的留置权。

shipper n. 托运人；发货人

shipper's lien for loss 托运人因其损失而享有的留置权 如果托运人的货物受损，托运人对其租用的船舶享有留置权，以保证船东履行其在运输合同中所承担的安全保管、适当运输、正确交付货物的义务。与其相对应的是船东为获取运费而享有的对货物的留置权。

shipper's weight, load, and count 托运人检量、装载及点计 提单中所用的短语，承运人把装货方式、提单对货物描述的准确性及提单对货物数量叙述的准确性的责任加于托运人。

shipping n. ❶运输业；航运业 ❷运输；运送；装运 ❸ [总称]船舶

shipping agent 船运代理人 ①有权代理公共承运人签订合理的运输合同的人；②负有为其雇主的产品办理运输事宜的责任的人。

shipping articles 船员雇用合同 由船主与船员所签订的关于雇用期限、航程以及其他事项的书面协议。

shipping commissioner 〈美〉海运官员 在每一个同时作为报关港口的远洋航运港口，依法律指派的负责监管海员的雇用和解雇事宜的联邦官员。

shipping inquiry 〈英〉航运调查 由治安法院或海难事故专员[wreck commissioner]在具有海事经验的助手协助下对航运事故所进行的调查。它听取证据并向商务部[Board of Trade]报告。如果查明船舶的灭失、遗弃或损害是由于船长、大副或轮机长的过失所造成，它有权中止或吊销其执照。

shipping instructions 装运指示；装船须知 由托运人向承运人提供的有关货物性质及有关装运注意事项的指令。

shipping order 装运通知 ①买方向卖方发出的要求由承运人运输某项货物的通知；②托运人就如何处理交运货物向承运人发出的装运指示的副本。

shipping receipt 装货收据；提单

ship receipt 船方收据；船方收货单 确认船方接收货物、装上船舶并描述其包装上的标记的书面凭据。

ship's agent 〈英〉(海军)船舰代理人 根据1864年的《海军代理与配备法》[Naval Agency and Distribution Act]，每艘海军船舰在执行任务时需指定一名代理人，代理人无须在服役中，亦不必是事务律师或代诉人[proctor]，他们的职责是负责处理军官和水兵对特别款项(如救助金、捕获金，或者俘获、摧毁敌方船只等的奖赏)的索赔权利。代理人收取索赔所得返还款项的2.5%作为补偿金。代

理人需在邮政总署方圆5英里内有办公场所，并如同法院官员一样接受海事法院管理。

ship's course 船舶航向；船舶航线

ship's husband 船东代表人 在船舶共有人中选任的、代表全体共有人并为他们的共同利益在船籍港负责管理船舶的人，有权就船舶的供应、维修、设备以及雇用船员等事务签订合同。

ship's papers 船舶证书；船舶文件 法律要求船舶携带的关于船舶注册的证书和其他相关文件，作为船舶的国籍和所有权等事项的最初证据。

ship's service (= service of the ship)

shipwreck n. ❶船舶失事；海难 ❷失事船；沉船；失事船舶的残骸 ❸无可弥补的损失
 v. 船舶遇难；船舶失事；遭受毁坏

shipwrecked goods 海难货物；失事船舶所载货物 在载货船舶失事后，被海水冲至海岸之上的货物。

shire n. 〈英〉郡 源于撒克逊人，约从7世纪即开始存在。每个郡分为几个百户区[hundreds]，方伯[ealdorman]负责郡的行政管理，掌管指挥民兵，并且主持司法，负责执行郡的法律。在丹麦王统治下，方伯被称为"earl"(郡主)。方伯的副手是"reeve"，后来演变成"shire reeve"或"sheriff"(郡长)，并负责掌管行政与司法事务，而郡主只掌管军事。郡民众大会[shire moot]既是郡法庭，同时又是全郡人民的大会。它由郡长召集，每年集会两次，方伯、主教及其它官员、所有的领主、郡司法行政官员代表、每个市镇的四名男子及教区牧师出席并组成法庭。郡法庭除对有关国家的高级官员和大乡绅[thegn]的案件无管辖权外，对其他所有案件都拥有管辖权。不过，只有当百户区法庭已听审过并被拒绝的案件才能由郡法庭审理，并且只有在郡法庭未能公正审理的案件方可上诉至国王处。自诺曼国王引进巡回司法后，郡法庭的重要性大为降低，但一直行使广泛的民事管辖权并作为全郡自由民的民众大会保留存在。直到1972年地方行政改革，"shire"的含义与"county"等同，主要指地方乡村行政区，而自1972年后，"shire"仅为地理名词。(⇨county)

shire clerk 〈英〉郡法庭书记官；郡法庭法官

shire-ground (英格兰古法)古王国郡地 指形成郡的那些王国领土。

shire-land (= shire-ground)

shire-man (英格兰古法)郡法官 在诺曼人征服之前主持审理土地等案件。

shire-mote 〈撒克逊〉郡法庭 指撒克逊时期郡的民众大会，在许多方面都与后来的郡法庭相类似。(⇨ scyregemote)

shire-reeve n. 〈英〉郡行政司法官；郡长(= sheriff)

shochet 犹太屠夫 按犹太人礼俗屠宰牲畜和准备肉类。

shocking evidence 令人震惊的证据；可怕的证据

shop-book rule 〈美〉账簿规则 如果账簿中的记载事项是在通常的商业活动过程中作出的，且由保管该账簿的人提出，则账簿中的原始记录可以作为传闻规则的例外而被采纳为证据。

shop books 账簿；账册 商人用以记录业务活动的簿记，包括日记账，分类账和其它会计账。

shoplifting n. 入店行窃 入店行窃是对进入商店等商业企业偷窃行为的口语化表述。它不是一个独立的罪名，可作盗窃罪惩罚。入店行窃需以下二要素构成：①故意拿取商业企业出售的商品；②具有不付款而拿取该商品为自己所有的意图。在英国，入店行窃行为的最高法定刑为10

年。对于此类案件,如果被告人同意,可按简易程序审理。对大多数惯入店行窃犯通常适用监禁刑。

shop right (专利法)雇员发明实施权 指雇主可以在其业务中免费使用雇员的发明的权利。它实际上是雇主以法律推定的方式从其雇员处得到的一种非独占性专利实施许可,当某一雇员并非专门受雇从事发明工作,但其在工作中运用雇主的设备完成发明的,则通常可以在法律上产生一种雇主对雇员发明的实施权。(⇨shop right rule)

shop-right doctrine (= shop right rule)

shop right rule 雇员发明实施权原则 根据该原则,雇主有权免费使用雇员所完成的发明。但雇主所获得的专利实施许可是非独占性的,并且不能转让他人。对雇员发明的实施权是基于雇主对该发明的完成所付出的材料、时间和设备。(⇨shop right)

shop steward 工会管事 经选举代表某企业或特定部门工会的工会官员,主要职责是收集会费、招收新成员及劳资和解之初步谈判。

shore (= shore lands)

shore lands 岸滨地;沿岸地带 ①涨潮线与落潮线之间的地带;②可通航线与高水位线之间的地带。

short bill 简式诉状(⇨short form)

short cause 简单案件 其审理过程较为简单的案件。

short-cause calendar 简单案件庭审日程表 指所需要的审理时间不超过规定限度的案件的庭审日程表。

short complaint 简式诉状(⇨short form)

short entry 托收票据的登记 银行用以记录收到托收票据时的用语。在托收款项尚未取得之前,银行不能将此金额录入客户的账户,而只能做一简单注释。

short-ford (英格兰古法)空租地产保有权 埃克塞特[Exeter]市习惯,若非限嗣继承地产之领主未能得到应付给他的租金,且又无扣押物可执行,则领主须来到该地产上,手持一块石头或地产上的其他死物,将其带至市长与执达官前,这一仪式化的作法须连续7个结账日[quarter-days],若在第7个结账日,租金及欠款余额仍未得到支付,则该地产将判给他保有一年零一天,这一宣判在法庭毫无迟延地作出。若任何人声称对该地产享有任何权利,他须在此后的一年零一天时间内出庭,并支付领主租金与欠款余额。若无人出庭,租金也未得到支付,领主再次到庭陈述,根据惯例,这一地产应判给领主作为其自有地,自此,该地产将由领主及其继承人保有。伦敦市亦存在类似的习惯。

short form 简式起诉;简式诉状 ①制定法规定的一种相对简单的大陪审团起诉书[indictment]的形式;②制定法或诉讼规则规定的当事人陈述因本票、汇票或其他无条件支付金钱的票据而产生的诉讼时可使用的一种起诉形式;③在美国法院提出的仅陈述构成原告诉因的基本事实的衡平法上的诉状[bill in equity]。

shorthand-writers n.〈英〉法庭速记员 法庭速记员记录初审中的证据或辩论,或者记录依重审或上诉申请而听审的案件以备将来之用。根据《最高法院规则》[R.S.C.],在高等法院衡平分庭和王座分庭进行的证人作证,传唤召集及申请等事项中,除非法官另有指令,须由速记员记录。口头证据、法官的判决及法官总结——如果有的话,将由法庭速记员记录。

shorthand writers' notes 〈英〉速记笔录 在高级法院[superior courts]中进行的庭审,通常要有速记员将当事人所提的证据及由此而进行的辩论如实地记录下来。在陪审团审理中,法官口头所作的总结及所有裁决都应记录下来。在上诉审中需要时还应提交这种笔录的副本。在上诉法院,速记笔录往往构成法庭即席判决[extempore judgment]的组成部分,其副本交法院图书馆[Bar Library]存卷。

short lease 短期租赁 期限一般少于6个月。

short measure 分量短缺;分量不足 指卖主交付的货物或商品不足特定分量但收取全价的违法行为。

short notice 短期通知书(⇨short summons)

short order 速送命令 法庭缩短其送达期限的命令。

Short Parliament 〈英〉短期议会 1640年由查理一世[Charles I]召集旨在获得从事主教战争[Bishops' Wars]资金的议会,因其只存续于1640年4月13日至5月5日而得名,区别于其后召集的长期议会[Long Parliament]。由于短期议会的领导人,如约翰·皮姆[John Pym]等,已经与苏格兰人有关联,如果国王不昭雪各种冤情就不打算投票授予资金,查理一世解散了此议会。同年后期,查理一世被迫重新召集议会,该议会成为长期议会[Long Parliament]。

short period year 短期之年 纳税申报单[tax return]所用的周期单位,实际上不足一年,但在某些条件下,如纳税人通过改变年结算,使其成为一个纳税年。

short sale 卖空 卖方在卖出股票时并不真正拥有股票,但在合同约定的将来交割的日期或时间他必须以某种途径获得这种股票以完成交割。卖空者通常是借入股票来交割,若该卖空者随后能以较低价格买进这种股票,那么他就获利;如果价格上升,他就蒙受损失。商品卖空指在将来某日以某一规定价格交割某种商品的承诺。

short sale against the box 以保险柜为抵卖空 这是一种证券卖空交易,即出售人将自己实际拥有的、但交由信托机构保管的证券进行卖空。这种保管在华尔街俚语中称为保险柜。"以保险柜为抵"系指这种保管中的自有证券出售人拥有足够的证券可供交易,但由于出售人不愿意公开其对该证券的所有权或一时难以从信托机构取得保管的证券,于是通过借入证券来轧平交易。因为交割之时既可用自有的证券,也可用借入的证券,因此交易风险较一般形式的卖空交易小。

short statute of limitations 短期诉讼时效 指基于公共政策而规定的非常短暂的诉讼时效期间。例如,法律确定的对抵税拍卖[tax sale]有效性的异议期。

short summons 〈美〉短期传票 某些州中使用的、对潜逃的[absconding]、欺诈的或不在本州居住的债务人发出的传票,其要求被传唤者出庭答辩的期限比普通传票规定的期限要短。

short-swing profits 〈美〉短线利润 股票发行公司的内部人员在买入或卖出公司股票后,在六个月内又将股票卖出或买入而获得的利润。该利润应向公司缴回。

short swing speculation 〈美〉短线投机 指在六个月之内买入后再卖出或卖出后再买入同一公司股票的行为,包括公司内部人员利用内幕消息进行的不公平交易。

short-term debt 短期债务 在一年内须偿还的债务。亦称作 current liability。

short-term loan 短期贷款 指期限少于一年且一般以借据或其它可流通票据作为凭证的贷款。

short term security 短期证券 指在短时间(通常为一年)内到期并偿付的债券。机构投资者购买短期证券是为了在近期获利,而不是看好它的发展前景。

short title 〈英〉法律简称 英国1845年的一项法律(制定

法）规定在其他法律与司法文件中引用该法律时，可直接使用其简略名称，这一作法开创了用简略名称指代议会制定法的先河，其后基本遵循这一作法。但也有议会制定法并无简略名称。1896年《法律简称法》[Short Titles Act]对议会制定的2 076件法律给予了简略名称，1948年《制定法修订法》[Statute Law Revision Act]又对158件议会制定的法律给予了简略名称。如今，依据上议院的命令，每一个法案须包含一节规定其简略名称。但仍有许多法律无简略名称，这样在其他法律中出现或在司法文件中援用时须使用全称，其形式为"××王在位××年该届议会之制定法第×章之标题×"，如"An Act of the session of the 5th and 6th years of the reign of Her late Majesty Queen Victoria, chapter 52, intituled, 'An Act to Indemnify Witnesses who may give Evidence before the Lords Spiritual and Temporal on a Bill to exclude the Borough of Sudbury from sending Burgesses to serve in Parliament.'"

shotgun quarantine 靠武力来维持的隔离；强制隔离；强制检疫

should or could test 〈美〉(法律上的)可行性或正当性审查 法院在审查某一行政决定时要解决以下两类问题：①特定类型的行为是否能[could]由特定行政机关以该行为已采用的方式作出，即法律是否允许做出该行为；②该行为是否应[should]如此做，即该行政机关得出的结论是否正确，其行为是否适当，是否有事实和证据加以证明。

show cause 提供根据；说明理由 依法庭命令或裁定，向法庭提供事实和法律根据，以影响其对某一法律点[point]作出裁决。

show cause order (= order to show cause)

shower n. 陪同勘查员 指陪同陪审团到现场勘查以引起陪审员对某些特殊物品的注意的人。

showering n. (对货运牲畜的)喷淋 指在装运牲畜的货车慢行时，通过货车上的孔洞为其进行喷淋以降温。

show trial 公审大会 指在非民主国家主要出于宣传目的而举行的审判，判决结果预先已经确定。

show-up n. 面对辨认 审判前的一种辨认程序，由被害人或证人面对犯罪嫌疑人进行辨认。这种辨认与列队辨认[lineup]的目的是一样的，但后者更为正式。面对辨认通常是在犯罪发生后的短时间内或在列队辨认无法实施的情况下进行的。如果通过这种辨认而得出的证据将在法庭上使用，同样此种辨认应达到正当程序标准，被告人有权聘请律师。

shrievalty n. ❶〈英〉郡长的职务(或职权、任期) ❷〈美〉县行政司法官的职务(或职权、任期)

shrievo 郡长之腐败

shroud-stealing (英格兰古法)偷盗死人寿衣 若某人偷盗死人寿衣或其衣物，构成犯罪，因为上述财产属于遗嘱执行人或葬礼主管人。

Shrove Tuesday 斋戒日前夜；斋戒星期二 圣灰星期三[Ash Wednesday]前夜，古称"Fasten Tuesday"(斋戒星期二)。

shuffle board 打圆盘游戏 用木棒将圆盘推入标数的方格内以计分的一种游戏。

shut down 关闭；停工

shut-in royalty 闭井油气开采使用费 在石油、天然气开采租约中，当油气井可以开采但由于没有相应的油气市场而未实际用于开采时，由承租人向出租人支付的使用费，其目的在于保持该租约的效力。因为如果未支付该使用费，则租约通常将在首期租赁期限届满时终止，除非

进行实际开采。

shyster n. 奸诈之徒；不择手段的律师；不诚实的律师 指用欺骗的、不诚实的手段从事营业或执业活动，尤指从事法律业务的人。虽然该词可以指任何行业的人，但往往用来修饰律师。

shyster lawyer (= shyster)

si 〈拉〉如果；倘若；假使；是否
〈西〉是；的

si actio 〈拉〉(废)被告在请求法院作出判决的答辩中的终结陈述

Si a jure discedas, vagus eris, et erunt omnia omnibus incerta. 〈拉〉如果偏离法律的轨道，你会误入歧途，而且所有事情将变得不确定。

Si alicujus rei societas sit, et finis negotio impositus est, finitur societas. 〈拉〉如果存在合伙，合伙事业结束时，合伙解散。

Si aliquid ex solemnibus deficiat, cum aequitas poscit, subveniendum est. 〈拉〉如果某一必需的形式要件缺乏，为了衡平的目的，应予补足。 作为强有力的推定性证据，某些文件的缺乏将会导致特定船只的中立性受到质疑，但并不是任何文件的缺乏都会有如此绝对的效力。

si aliquid sapit 〈拉〉如果他无所不知；如果他并非全无道理

Si antiquitatem spectes, est vetustissima; si dignitatem, est honoratissima; si jurisdictionem, est capacissima. 〈拉〉若考虑资历，它最值尊重；若考虑地位，它最荣耀；若考虑管辖权，无疑它最宽泛。 这是布莱克斯通在描述英国议会地位时所引利克的话。

Si assuetis mederi possis, nova non sunt tentanda. 〈拉〉旧方有效就不要尝试新方；旧墙可修，就不必推倒重建。

Si a tutela removendus est. 〈拉〉监护人对被监护人有诈欺时，应解除其监护职务。

sib 〈撒克逊〉亲属；男亲属 现用于苏格兰，英语中已废弃。

sibling n. 同胞；兄弟(或姊妹) 确切的含义是指先后出生的同父母的兄弟姐妹。

sic ad judicium 〈拉〉故作出判决(⇨et sic ad judicium)

sic ad patriam 〈拉〉故提交陪审团(⇨et sic ad patriam)

Sic enim debere quem meliorem agrum suum facere, ne vicini deteriorem faciat. 〈拉〉(罗马法)任何人改良自己之土地都不应损害其邻地。

sic fecit 〈拉〉故其为之(⇨et sic fecit)

sic hic 〈拉〉故在此

Sic interpretandum est ut verba accipiantur cum effectu. 〈拉〉(法律、条款)解释应以使语词有意义为本。

sic jubeo 〈拉〉我故此命令

sick benefits ❶疾病保险金 ①健康保险单下所支付的保险金；②依提供健康保险的互助保险证所支付的保险金。❷疾病补助费；疾病救济金 公司给其雇员的附加福利。

sick out 集体托病怠工 在劳资纠纷中相当数量的雇员借口生病不去上班，但当雇主提高工资或附加福利时，这些雇员同时"康复"并立即回去工作的一种策略。

si constet de persona 〈拉〉如果确定某人即所指

si contingat 〈拉〉如果它发生

sic pendet 〈拉〉故有关事项未决(⇨et sic pendet)

sic subscribitur 〈拉〉它这样被签署了

sic ulterius　〈拉〉等等（⇨et sic ulterius）
sicut alias　〈拉〉在其他时候；迄今为止　用于因头次令状未得到执行而重新发出之时。
sic utere tuo ut alienum non laedas　〈拉〉利用自己的财产不应损及他人之财产
sic uti suo ut non laedat alienum　〈拉〉以一定方式利用财产而不损及他人
sicut me Deus adjuvet　〈拉〉因此上帝救救我吧
Sicut natura nil facit per saltum, ita nec lex.　〈拉〉如同自然一样，法律也不能一蹴而就。
sic volo　〈拉〉故我决定之；故我想要之
side　n. ❶（交易或纠纷中的）一方当事人　❷法院管辖范围　如 law side 和 equity side。
side-bar　n. 法庭旁厅　①在英国指旧时设于威斯敏斯特大厅内的一个场所，在开庭期内的每个早上，律师在这里向走向各自所属法庭的法官提出关于普通裁决[common rule]的申请，这些裁决被称为旁厅裁决[side-bar rule]，包括被告初次答辩的裁决[rule to plead]，原告初次答辩的裁决[rule to reply]，被告二次答辩的裁决[rule to rejoin]等。这些申请都是单方提出的，并且会当然得到许可。这一做法在1825年之前即已废止，从此次裁决办公室[rule office]获得，但它们仍被称作旁厅裁决。在爱丁堡议会大厦，苏格兰最高民事法院所在的地方，旧时也有一个法庭旁厅，该法院常任法官[Lords Ordinary]的公文在此宣读。②在美国，指法官席旁边的位置，律师可在此与法官交谈而不会让陪审团听到。该词也可以指法官与律师在此场所进行的交谈[side-bar conference]。
side-bar reports　初审法庭判决意见书汇编
side-bar rule　（英格兰古法）法庭旁厅裁决（⇨side-bar）
side judge　（古）陪席法官　指与较高级别的法官一起组成法庭的级别较低的法官。
side reports　〈美〉非官方判例汇编　区别于由法院的官方判例报导员[official reporter]所作的判例汇编，或者指官方判例汇编中遗漏的案例的汇编。
side restriction　边缘限制　指分区条例[zoning ordinance]中关于院子或草坪的最小边缘面积或建筑物的占地比例的规定。
sidesmen　n.（教会法）堂区副执事　在古代的主教会议中，由其向主教呈报各堂区的神职人员和俗人中的不轨行为和异教者。后来，该职位演化为堂区俗人执事[churchwardens]的助手，辅佐维持堂区的公共秩序、收集捐赠物等，也称作"synodsmen"或"questmen"。
Si duo in testamento pugnantia reperiuntur, ultimum est ratum.　〈拉〉若一份遗嘱中存在相互抵触的条款，以在后者为准。
siens　子孙；后裔
Si equam meam equus tuus pregnantem fecerit, non est tuum sed meum quod natum est.　〈拉〉如果你的公马能让我的母马怀上小马驹，那么所产后代属于我而不属于你。
si fecerit te securum　〈拉〉如果他提供了担保　起始令状起始部分的强调性用语，指如果原告提供了有效担保，司法行政官将敦促被告别无选择地到庭。
sight bill　(= sight draft)
sight draft　即期汇票；见票即付汇票
sight draft-bill of lading attached　（在买卖合同中）跟提单即期汇票
sight letter of credit/sight L/C　即期信用证　受益人有权开立即期汇票收取货款，银行承诺见票即付的信用证。
sigil　n.（古）〈英〉❶图章　❷缩写签名
sigillare　v. 盖章
sigillum　〈拉〉（古代英国法律中的）图章或用图章的缩写签名
Sigillum est cera impressa, quia cera sine impressione non est sigillum.　〈拉〉封蜡就是被压印之蜡，因为没有压印，蜡不能成为封蜡。
sigla　〈拉〉（罗马法）缩写标志　在书写中，用作缩写的标记或符号。
sign　v. ❶签署　指在法律文书上签名、画押或作其他标志证明其记载的内容，使具有法律上的效力。如双方当事人签署合同。❷同意；参加
signa　〈拉〉迹象　signum 的复数形式。
signals　n.（引用、援用）指示；标号　在援用或引用权威法律著作或判例时所援用的部分起简短指示作用的标号。如在"See generally Dresser, Ulysses and the Psychiatrists: A Legal and Policy Analysis of the Voluntary Commitment Contract, 16 Harv. C. R-C. L. L. Rev. 777 (1982)", "See, e. g., Bishop Processing Co. v. Davis, 213 Md. 465, 132 A. 2d 445 (1957)", "Cf. 20 Am. Jur. 2d Courts §92 (1965)." "Contra W. Prosser, Law of Torts §34, at 180 (4th ed. 1971)."等例中，"see generally"、"see, e. g."、"cf."及"contra"即这样的指示符号或文字，以表明援用者所援用的权威性著作、判例等，用以支持其论辩。
signare　v. 签字；盖章
signatorius annulus　〈拉〉（罗马法）图章戒指；印章戒指
signatory　n. 签署人；（条约的）签字国；（协议的）签约人　a. 签名的；签署的；签约的
signature　n. ❶本人（或由其代表）写的名字（或画的代表其名字的记号）　❷签名、署名；签字；签署　在文书的末尾注上姓名以证实其有效性。在美国，签名不仅可以采用手写、打印、刻写、影印或剪贴等形式，而且包括当事人选用的代表本人的符号、标记或图案等。在英格兰，签名可以仅仅是姓名的首字母、符号、橡皮图章或代签，有时印在纸上的姓名也可以作为签名。但在苏格兰，除了法律准许的情形外，签字不包括符号、橡皮图章、代签或印在纸上的姓名。
signature ad referendum　暂签；待核准的签署　在条约法上，该种签署在签署人代表的本国核准之前，只具有认证条约约文的作用。暂签一经本国政府核准，即成为正式签署。
signature by mark　标记签字　通常由不识字的人所使用，以标记如十字、手印等作为签名的替代。根据法律，经过见证的标记签字是有效的。
signature by proxy　代理人签字（⇨proxy; per proc.）
signature card　印鉴卡　载有金融机构客户的签章及其他信息的卡片。该卡在法律上构成了客户与金融机构之间权利和义务的契约。其主要用途是确认客户的真实身份。印鉴卡一式两份。一份存印鉴文档部门，另一份存放在出纳员窗口的文档内，该窗口即储户最常与金融机构进行业务往来之处。通过核对印鉴卡上的签章与支票、取款单及其他单据上的签章是否一致，以确定业务的真实有效。
signature loan　无担保贷款　仅以借款人的承诺或签字作还款保障的贷款。此种贷款的借款人通常应具备较高的信誉。

signed *a*. 已签字的 因具备某人的签名而生效的。(⇨ sign; signature)

signed, sealed, and delivered 已签字、盖章并交付 确认证书[certificate of acknowledgment]中的用语，在效果上表明某一文件的作成。

signet *n*. ❶私章;小图章;小公章 ❷[the-](古时英格兰和苏格兰用的)御玺;(苏格兰最高民事法庭的)官印

significant contact 最密切联系(⇨most significant contact theory)

significant-relationship theory (= most significant contact theory)

significavit *n*. ❶(教会法)继续关押令 由教会常任法官签发的，对因开除教籍而被关押的人在押期间不服管教而对其继续关押的指令。(⇨ contumace capiendo) ❷(教会法)中止审理令 由主教签发给法官，要求停止审理所有原告当事人是被开除教籍者的讼案。❸〈英〉牛津校长的上书 牛津大学名誉校长致国王的信，请求国王帮助处理不服校长管教的人。

signify *v*. 表示;表明;示意

signing judgment 判决书的签署 在英国高等法院王座庭，经审理后获得胜诉的当事人，要依据法庭事务官[associate]的批准，准备两份判决书，然后交给法院的有关官员，一份由他签署后归档，另一份盖上法院的印章后交还当事人。

sign mannual 〈英〉国王的签名 指国王的亲笔签名。它与御玺[the Signet]签发的文件不同。加盖国玺[Great Seal]和"薄国玺"[Wafer Great Seal]须由国王亲笔签名的授权书。

signum 〈拉〉❶(罗马法)签名;印章 ❷〈撒克逊〉作为签名的十字形符号 置于特许状或契据前面用作表示同意的十字。❸(罗马法)迹象 指可用五官看到或感知的印迹，如杀人嫌疑犯身上的血迹等，可作为证据。

Si in chartis membranisve tuis carmen vel historiam vel orationem Titius scripserit, hujus corporis non Titius sed tu dominus esse videris. 〈拉〉(罗马法)如果某甲[Titius]在你的纸或羊皮纸上写下一首诗、一个故事或一篇演讲稿，那么不是某甲而是你将注定成为拥有这一切的所有权人。

Si ingratum dixeris, omnia dixeris. (罗马法)如果你(不经宣誓)确认某个人是不受欢迎的，那么其中包括了多方面的指控。

si ita est 〈拉〉如果它是这样 古老的书面训令中的强调性词句，命令法官，若异议书[bill of exceptions]所指称的事实表述真实，即"如果它是这样"，则应在异议书上盖印。

Si judicas, cognosce. 〈拉〉若要判断，先要理解。

silence *n*. ❶缄默;沉默 在刑法上，沉默包括被逮捕者所作的表示不愿讲话和要求聘请律师的陈述。❷隐匿;守密 指没有披露法律上要求披露的事项。

silence of accused 被告人的沉默 被逮捕者可以对一切有关逮捕和犯罪的问题保持沉默，但他应当允许提取指纹、声音和笔迹样本。对其沉默的事实在法庭上不受评论，也不得据此作出任何推断。如果被告人拒绝答辩，法庭应视其为作无罪答辩对待。

silence of Congress 〈美〉国会沉默原则 常用来确定在联邦政府没有直接表达其意愿的立法领域中，一州是否有权制定相关规范的原则。该原则规定：当权力所涉及事项本质属全国性或者属统一制度或计划之内，应视为国会享有专有立法权；国会不行使此项权力则意味着国会认为此事项应免于某些州对它施加限制或干预。

silentiarius 〈拉〉(维持法庭秩序和保持法庭肃静的)传达员

Silent leges inter arma. 战争时法律不彰。

silent partner 隐名合伙人 指不参与对合伙企业的经营管理但分享收益并分担亏损的投资人，因其通常不被公开披露，故得名。亦作"dormant partner"，或称为有限合伙人[limited partner]。(⇨ dormant partner; limited partner)

silent system 禁言制 一项监狱制度，又称奥本制[Auburn system]，始于波士顿[Boston]，它禁止囚犯白天在工场从事劳动时的交谈，并且分隔睡眠。这项制度很快流传开来，并且为许多监狱所采纳。19世纪英格兰采纳了此项制度，并在该世纪末开始盛行，但长期徒刑的囚犯可能在服刑后期获得交谈的权利。1921年这项制度被广泛地加以限制，现在仅对劳动时过度的闲谈加以约束。

silent witness theory 〈美〉沉默的证人理论 此理论允许摄影证据在庭审中可作为实质证据[substantive evidence]，而非仅仅作为实物证据[demonstrative evidence]被采纳，只要有证据证明照片并未被改变过。它不要求传唤证人来确认照片如实地反映了他所观察到的一切。

silk *n*. 〈英〉皇家大律师 皇家大律师可以穿丝质的长袍，因此"silk"可以被用来指皇家大律师[Q.C.]。取得丝质长袍[to take silk]意味着成为皇家大律师。

silk gown 〈英〉丝质长袍(⇨silk)

silva caedua 二十年树龄以下之木材

silver bond 白银债券 规定必须以银币付款的债券。禁止在美国发行，因债券本金与利息应以法定货币[legal tender]支付。

silver certificates 〈美〉银元券 政府曾经发行的一种可兑换银币的纸币，已为不具有此种兑换功能的联邦储备票据取代。

silver coinage 银制铸币 铸币中银的含量由法律明确规定。

silver platter doctrine 〈美〉银盘规则 依该规则，只要联邦官员未参与侵犯被告人权利的行为，则州警察非法取得的证据在联邦法院可以被采信。1960年联邦最高法院在埃尔金斯诉美国[Elkins v. United States]一案中推翻了此规则。

sim 和其他类似情况 similis的缩写。(⇨et sim)

Si meliores sunt quos ducit amor, plures sunt corrigit timor. 〈拉〉尽管爱会使人变得更好，但更多的人则是因为恐惧而改变自己。

similar happenings 类似事件 在证据法中，如果事件发生时间与诉讼中争议发生的时间不相符，则该事件将因与争议无关或无实质性联系而不被采纳。如果被采纳，其证明的对象仅限于诸如地产的占有、持续保持的状况等事项。

similar sales 〈美〉类似销售 在依法征用引起的诉讼[condemnation action]中，如果对财产的市场价值存在争议，则可根据类似财产在相同地区和时间范围内的销售情况作为证据来确定。

similiter 〈拉〉(对对方当事人提出的某一争议点的)承认；双方系争事实的合并；(普通法诉讼中)一方当事人书面接受对方提出的争点或辩论意见 一方当事人接受对方提出的事实争点的格式用语。

similiter dicere 赞同；批准；确认

similitude provisions 相似条款 在关税表中，对于尚未列出的应税款项，比照最相类似的款项征税。

Similitudo legalis est casuum diversorum inter se collatorum similis ratio; quod in uno similium valet, valebit in altero. Dissimilium dissimilis est ratio. 〈拉〉法律上的相似性是指不同案件中具有相同的逻辑，不同案件中占支配地位的都是相同的逻辑。案件不相似，则其蕴含的逻辑也不相似。

Simon de Montfort's Parliament 〈英〉西门·德·孟福尔议会 1265年由反叛国王的贵族西门·德·孟福尔以国王的名义召集的一次议会。该议会除伯爵[earls]、男爵[barons]、主教及各郡的两名骑士外，首次召集了各市[city]和自治市[borough]的两名代表，因此被誉为"革命性'议会'"。不过，此次议会并不是真正的代表大会，也不能视为议会的开端，因为此次"议会"的召集者不是国王，而且与会代表都是德·孟福尔的支持者。

simonia (= simony)

Simonia est voluntas sive desiderium emendi vel vendendi spiritualia vel spiritualibus adhaerentia. Contractus ex turpi causa et contra bonos mores. 〈拉〉买卖圣职圣物是指购买或出售圣职及相关东西的意愿。它是一种基于不良动机和违背道德的契约。

simony n. (教会法)买卖圣职圣物(罪) 指购买或出售圣职，亦泛指所有违反神法或教会法的契约。该术语起源于《圣经·新约》中术士西门[Simon Magus]企图向使徒购买转授圣灵之力的权力。公元9世纪和10世纪时此现象泛滥一时，宗教改革和反宗教改革运动后受到压制并逐渐消失。英格兰有诸多反对买卖圣职圣物的法律，但它们只是教会法而不是普通法。

Si mortuo viro uxor ejus remanserit, et sine liberis fuerit, dotem suam habebit—si vero uxor cum liberis remanserit, dotem quidem habebit, dum corpus suum legitime servaverit. 〈拉〉如果妻子晚于丈夫去世，那么丈夫死后，如果她没有孩子，她可以得到亡夫的遗产；但如果她有孩子，那么她行为得当才能得到亡夫的遗产。

simpla 〈拉〉(罗马法)事物的单一价值

simple annuity (= straight annuity)

simple assault 单纯企图伤害 企图伤害他人身体，未造成伤害结果，即未能触及他人身体或没有殴击行为。

simple average (= particular average)

simple blockade 单纯封锁 指海军军官依职权或上级的指示设立的、不发出政府间公告的封锁。在这种情况下，俘获者必须证明在俘虏的当时存在单纯封锁，而在公开封锁[public blockade]的情况下，原告必须举证证明封锁的中止，以免受偷越未遂的惩罚。(⇨public blockade)

simple bond 简式债券；简单债券 ①于见票时或特定日期向记名受款人付款的债券；②未规定违约罚金条款的债券。(⇨penal bond)

simple contract 简单合同；非要式合同 指口头合同和没有盖印的书面合同。普通法对合同分类的一种，与盖印合同[special contract]、登录合同[contract of record]相对。亦作"口头合同"[parol contract]，尽管其也包括未盖印的书面合同。英国1925年《遗产管理法》[Administration of Estates Act]取消了由其1869年《遗产管理法》所确认的盖印合同之债[specialty debt]对简单合同之债的优先权[priority]。

simple homage 简易臣服(礼)

simple interest 单利 与复利相对，指按原始本金乘以利率所计算出来的利息，即不含前期累积利息的利息。

simple kidnapping 普通绑架 不具备如盗窃儿童、勒索赎金等加重情节的绑架。(⇨kidnap(p)ing)

simple larceny 单纯偷盗罪 指不带有任何暴力性情节的偷盗，既非从他人身上也非从他人住宅直接窃取财产，区别于复合偷盗罪[compound larceny]。

simple license 单纯许可；单纯授权 指权利人授权他人不支付报酬或对价而在自己的土地上从事一定行为。授权人可随意撤销单纯授权，但不能对被授权人为实现授权内容所从事的行为要求其承担侵入土地[trespass]和其他责任。如果被授权人为了实现自己对土地的使用权[enjoyment]而有所支出，则在其支出未受补偿之前，该单纯授权不得撤销。

simple loss payable clause 单独海损赔付条款 承保留置或抵押海上财产的保险单中的条款，规定在财产遭受火灾、暴风雨、水灾或其它自然灾难而造成单独海损时，对被保险人或指定的受益人支付保险赔款。

simple negligence 简单过失；单纯过失 过失的一种，指缺乏在普通情形中一个一般谨慎的人所应当具有的保护他人的注意程度。

simple obligation 单纯债务；无条件义务；无条件债务 无条件义务的履行不依赖于当事人规定的任何事件。(⇨simple bond; simple contract)

simple robbery 简单抢劫 该罪要点是制造恐惧，以暴力或威胁方法取得他人财产。

simple socage 自由农役保有地 其中保有土地所须尽的义务是确定、自由和尊贵的。

simple trust 简单信托 将财产转交给他人，而不作进一步的指令。信托受益人有权占有和处分信托财产，有权在必要时要求受托人转移信托财产。

Simplex commendatio non obligat. 单纯建议没有约束力。(⇨seller's talk)

simplex dictum (未经证明的)断言

Simplex et pura donatio dici poterit, ubi nulla est adjecta conditio nec modus. 〈拉〉当没有附加任何条件或限制时，一项赠与可以被称为简单和纯粹的赠与。

simplex justitiarius 简单公正

simplex loquela 单纯的辩解或抱怨 尤指提不出证明者。

simplex obligatio 简单义务(⇨simple bond; simple contract)

simplex peregrinatio 〈拉〉普通朝圣[simple pilgrimage]

Simplicitas est legibus amica, et nimia subtilitas in jure reprobatur. 〈拉〉简洁为法律之友，且法律不允许有过多的微妙之处。

Simplification of Fiduciary Security Transfers 〈美〉《信用证券转让简明法》

Simplified Employee Pension Plan/SEP 〈美〉简式雇员退休金制度 雇主为其雇员建立的个人退休金账户或者退休年金制度安排。(⇨Individual Retirement Account)

simulate v. ❶假装；冒充 ❷规避 通常在他人的协助或纵容下进行表面上合法、但具有非法获利或损害、欺诈他人的目的的行为。

simulated a. 假装的；冒充的；仿造的

simulated contract 虚假合同 虽然具有表面上的具体形式，但实际上并不存在的合同，因该合同可由利害关系人——包括合同一方当事人的债权人——宣告其为虚假合同并申请撤销。

simulated fact 伪造的事实;虚假的事实 意在欺骗别人或给别人造成误导而捏造的事实。

simulated judgment 伪造的判决;虚假的判决 指表面上看是基于实际存在的债权债务关系,试图通过正常的法律程序来实现债权,且出于善意而作出的判决,但事实上则是由双方当事人采用欺骗手段而获得的判决,其目的在于给予一方当事人其本无权获得的利益,或是为欺骗或延误第三人。

simulated sale 虚假销售 不支付价款或其他对价或无进行此种支付的意思表示,亦不发生所有权实际转移的买卖,其目的通常是将财产置于债权人所及的范围之外,以逃避债务。

simulated transaction (= simulated sale)

simulatio latens 〈拉〉虚假或假装的疾病 有意夸大病情,装出比实际情况更严重的疾病。

simul cum 〈拉〉与…一起 旧时该词用于大陪审团起诉书[indictment]或其他文件中,表明被告人与其他不明身份的人一起实施了伤害行为。

simul et semel 〈拉〉一起且同时

simul et simul 同时并一起

simultaneous death 同时死亡 ①指死亡与致命的伤害同时发生,受害人没有经受任何痛苦;②在一场共同的灾难中,数人均死亡,在当时情势下无法判断究竟何人先死亡,则推定为同时死亡。

Simultaneous Death Act 〈美〉《同时死亡法》 一部统一的制定法。该法规定,当两人以上发生死亡,且根据当时情势无法确定其死亡先后顺序(例如在同一事故中),则任何一人均被推定为迟于他人死亡,其目的在于分配其各自的遗产,除非法律另有规定。《统一遗嘱检验法》[Uniform Probate Code]第2-104条亦有规定。该法已为大多数州所采纳,部分州将其修改为:该人至少迟于死者120小时死亡,以使其具备继承人或受益人的资格。

simultaneous death clause 同时死亡条款 遗嘱中的一项条款,规定在发生同时死亡时的遗产处分。美国《统一遗嘱检验法》[Uniform Probate Code]第2-104条设有规定。(⇨Simultaneous Death Act)

simultaneous sentences 同时执行的判决 对两个或两个以上的犯罪所作的科刑判决同时执行。

sin n.罪 对一种宗教设定的思想和行为的标准之违背。在基督教中,指人顺从私欲而违背上帝意旨之所言、所行、所想,其公认的罪的种类很多,包括邪念、通奸、伤风败俗、谋杀、偷盗、贪婪、邪恶和欺诈。基督教关于罪的概念尽管不同于法律上的犯罪和违法,但它极大地影响了西方社会的法律观念。

since conj.因为;既然 因果关系较because为弱,且多带有时间性。

sine animo revertendi 无意返还

sine assensu capituli 〈拉〉〈英〉未经牧师会同意 按照古老的惯例,如果教长、主教、牧师或医院院长未经牧师会[chapter]同意转让了因其担任的教会职务而持有的土地,则向其继任者签发该种令状要求返还。

sine brevi 未经令状提起的债务之诉 (⇨debitum sine brevi)

sine consideratione curiae 未经法庭判决

sine cura 不关心;不承担职责

sinecure n.❶挂名职务;闲职 ❷(教会中)不担任教牧工作的教会官职;无宗教管辖权的圣职

sinecure rector 〈英〉挂名堂区长 指不行使宗教管辖权[cure of souls]的堂区长。旧时具有圣职推荐权的堂区长往往授权一个堂区长代理[vicar]管理堂区的宗教事务,而堂区长自己则只有名义上的职衔。禁止这类行为的立法是1840、1841年的《宗教事务委员会法》[Ecclesiastical Commissioners Act]。

sine damno 无损害(⇨injuria sine damno)

sine day adjournment 无限期休会 (⇨adjournment sine die)

sine decreto 未经法庭批准

sine die 无限期 无限期休会指立法机关休会时没有确定下一次集会的日子。

sine injuria 未侵犯权利 (⇨damnum sine injuria)

sine liberis 没有孩子

Sine possessione usucapio procedere non potest. 〈拉〉没有占有,则不发生时效。

sine prole 无后;无子女;无子嗣;无后嗣 常缩写为S. P.。

sine qua non 无之则不然 指不可或缺的前提和条件。

Sine scripto jus venit, quod usus approbavit, nam diuturni mores consensu utentium comprobati legem imitantur. 〈拉〉由习惯做法所形成的法律多是不成文的,因为长期形成之惯例经采用者同意即意味着法律。 这是布莱克斯通在描述普通法特征时的用语。

sine spe revertendi 没有返还之可能性

sine spe revertendi et sine animo revertendi 没有返还之可能性,也没有这样做的意图

single adultery 一方未婚的通奸 指未婚者与有配偶者之间的通奸。

single bill (= bill single)

single bond (= bill obligatory)

single condition 单个条件 须要履行某一特定行为的条件。(⇨copulative condition; disjunctive condition)

single creditor 单一财产抵押(担保)的债权人 在确定债务人财产清偿分配次序[marshalling assets]时所适用的一个术语,指仅仅对债务人的某一项财产享有优先受偿权的债权人。与双重财产抵押(担保)的债权人[double creditor]相对。(⇨double creditor; marshalling assets)

single demise 〈英〉一重租赁 (⇨several demises; ejectment)

single dwelling house 单一家庭所有的住宅

single dwelling restriction 限于单一家庭所有的住宅;单一家庭所有的住宅限制 指在契据或土地合同上的一项限制性规定,只限于在该土地上建造单一家庭所有的住宅,而非公寓和其他多个家庭区分共有的住宅。

single-entry bookkeeping 单式簿记 一种记账方式。对一项交易只作单方记录,它既不独自平衡,也不相互联接,即借方与贷方并不相等,是一种不完整的会计记录。通常仅设置现金账户和人名账户,一个会计期的损益不是依靠会计记录,而是以期初和期末财务状况的比较倒轧[plug]出来的数据。单式簿记通常仅应用于小型零售企业,用以记录现金的收支和应收应付账款等。

single escheat 〈英〉完全没收 因某人被宣布为叛乱者而将其所有动产没收,归国王所有。

single juror charge 单一陪审员反对指示 指法官向陪审团说明,如果有任何一名陪审员不能根据证据合理地确信原告应该胜诉时,陪审团即不能作出原告胜诉的裁断的指示。

single letter (古)一页信 指只有一页的信。

single man 单身男子 到结婚年龄而没有结婚的男人。

single-member district 〈美〉单名议员选区 在立法机关只有一名代表的选举区。

single original 单一正本；单一原件

single premium annuity contract 保险费一次付讫的年金保险合同 购买此类保险的人只需支付一次保险费，即保险费须一次总付。

single premium insurance 一次性缴足保费保险；趸缴保费保险 指一次缴清保费的人寿保险或年金合同，在合同期内不需要继续交费。

single publication rule 一次发行一次侵权规则 根据该规则，如果在某一期报纸、杂志或某一版图书中包含涉及诽谤的内容，则原告对此仅享有一个提起诽谤之诉的诉因，而非根据发行的数量确定新的诉因，发行数量仅被作为确定损害赔偿金的因素。

single shot 单投 在权术政治俗语中，其指在拟投票产生数名法官或委员会委员的选举中，少数（党）派候选人通过只投本（党）派候选人而不投其他派别候选人而成功得以当选一名法官或一名委员的策略。

single subject 〈美〉单一主题 当此术语被用于一般宪法条款中时，要求每部法律应只包含一个被明确体现在其名称里的主题。如果该法的所有条款都与这同一主题密切相关，或有天然的联系或是实现该法的附带条件或方式，那么这一主题可谓之"单一"[single]，若它充分地体现在法律名称之中，即满足了宪法这一条款的要求。

single tax 单一税制 复税制的对称。单一税制和复税制是税收制度的一种分类，单一税制是指按税制的总体设计划分，一个国家只实行一种税的收税制度。在税收理论上，曾有主张实行单一土地税制、单一所得税制、单一资本税制和单一消费税制的，但实际上没有任何国家实行过单一税制。

single woman 单身女子 到结婚年龄而未婚的女子。

singular a. ❶独一的；唯一的（⇨all and singular） ❷独立的；单独的

Singuli in solidum tenentur. 个别服从整体。

sinking fund/SF 〈美〉偿债基金；累积基金 ①由债务人，通常是公司或公共机构为了在其发行的债券或其他长期债务到期予以清偿而定期存储并逐步累积的基金；②（会计）为折旧财产的更新等特定目的而划拨并累积形成的基金。

sinking-fund bond 偿债基金担保债券 以偿债基金作为回赎担保的债券。

sinking-fund debenture 偿债基金担保债券 以偿债基金作为清偿担保的长期债务凭证。

sinking fund depreciation method 偿债基金折旧法 这种折旧方法是按期提存一定的金额，并将它作为一项年金，在折旧期末时，年金的价值等于资本的购置成本。从理论上来看，这种折旧方法比较合理，因为它所提存的折旧费不仅包括每期的折旧费，而且还包括期初累计折旧应计的利息，因此可以充分地保证固定资产的更新。但它在会计实务中却很少使用。

sinking fund tax 偿债基金税收 对公债或债券本金及利息的支付所征收的税。

Si non appareat quid actum est, erit consequens ut id sequamur quod in regione in qua actum est frequentatur. 〈拉〉如果双方合意事项并不明确，则必须按达成合意地之习惯行事。

si non omnes 〈拉〉如果不能全体出庭 这是早期英国司法程序中一种召集法官的令状。如果任命的法官不能在指定的日期全体出庭，那么令状允许两名或两名以上法官开庭审理。

Si nulla sit conjectura quae ducat alio, verba intelligenda sunt ex proprietate, non grammatica sed populari ex usu. 〈拉〉如果不会引起有歧义的推测，那么语词就应从其最通俗的含义而不是依据严格的语法规则去理解。

si paret 〈拉〉〈罗马法〉如果它看起来像 裁判官任命法官并指导其判案时的套语。

SIPC (= Securities Investor Protection Corporation)

sipessocua 〈英格兰古法〉享有王室特权、自由特权的地区或百户区

Si plures conditiones ascriptae fuerunt donationi conjunctim, omnibus est parendum; et ad veritatem copulative requiritur quod utraque pars sit vera, si divisim, quilibet vel alteri eorum satis est obtemperare; et disjunctivis, sufficit alteram partem esse veram. 〈拉〉如果赠与中的数个条件相互关联，那么必须全部执行；就其真实性而言，必须每个部分都是真实的，整体上也是如此。如果这数个条件各自独立，那么只需执行其中之一，并且由于它们不相联系，所以只需其中之一真实即可。

Si plures sint fidejussores, quotquot erunt numero, singuli in solidum tenentur. 〈拉〉如果有数个保证人，无论其数额有多大，每人均对总债务承担全部责任。

si prius 〈拉〉如果在…之前 在早期的司法程序中，召集陪审团所用的令状中的正式用语。

Si quidem in nomine, cognomine, praenomine, agnomine legatarii testator erraverit, cum de persona constat nihilominus valet legatum. 〈拉〉即使立遗嘱人弄错受遗赠人的姓名或名称，只要可以确定立遗嘱人的意图，遗赠仍然有效。

Si quid universitati debetur, singulis non debetur; nec quod debet universitas, singuli debent. 〈拉〉法人之债权，不是其各个成员之债权；法人之债务，也非其成员之债务。

si quis 〈拉〉如果任何人 公告时用的术语，尤其多用于教会事务。

Si quis cum totum petiisset partem petat, exceptio rei judicatae vocet. 〈拉〉如果应起诉全部而仅起诉部分，所作判决为既得事件，不能就此再次提起诉讼。

Si quis custos fraudem pupillo fecerit, a tutela removendus est. 〈拉〉监护人对被监护人有诈欺时，应解除其监护职务。

Si quis praegnantem uxorem reliquit, non videtur sine liberis decessisse. 〈拉〉如果一个人离开他的妻子时她正怀有身孕，他并不一定死后无嗣。

Si quis rem dat et partem retinet, illa pars quam retinet semper cum eo est, et semper fuit. 〈拉〉若某人让与某物并作有部分保留，则其所保留者仍然且永远属于他。

si quis sine liberis decesserit 〈拉〉如果某人死后无嗣

Si quis unum percusserit, cum alium percutere vellet, in felonia tenetur. 〈拉〉如果某人意图杀某甲却杀死了某乙，他仍将被认为犯有重罪。

si recognoscat 〈拉〉如果他承认 古代诉讼中对债务人签发的一种令状，要求其偿还他在郡法院承认的所欠债权人一笔数额确定的金钱。

Sirmondian Constitutions 《西蒙宪章》 一部涉及宗教法律的罗马帝国宪章的小集子，约于公元430年在高卢编

成,以其第一任编者西蒙命名。

sirup n.糖浆

sist 〈苏格兰〉❶中止审理;中止诉讼 ❷将某人列为案件当事人

Si suggestio non sit vera, literae patentes vacuae sunt. 〈拉〉若申请不实,则特许状无效。

sit-down strike 静坐罢工 指雇员并不离开工厂岗位,但不从事工作。

si te fecerit securum 〈拉〉如果他提供了担保(⇨si fecerit te securum)

site value 〈英〉场所价值 根据1957年《住房法》[Housing Act],当房屋依法被征用后,应基于被清除的场所价值给予补偿。如果房屋养护良好,还应给予额外补偿。

sithcundman 〈撒克逊〉(百户区的)高级警官

sit-in (在公共场所的)静坐罢工 一种非暴力的反抗或工人斗争的形式。在法律上,静坐罢工是侵权行为,持续的静坐罢工则可能构成犯罪。

sit in bank 全体法官出庭审理(⇨sitting en banc)

sit in misericordia 罚款;使受罚金处罚

sitio 地区(⇨sitio ganado mayor)

sitio ganado mayor 〈西〉〈墨〉(美国土地测量中的)地区 即每边为5 000瓦拉[vara]的正方形。

Sit quilibet homo dignus venatione sua, in silva, et in agris, sibi propriis, et in dominio suo; et abstineat omnis homo a venariis regiis, ubicunque pacem eis habere voluerit. 〈拉〉每人仅得于其自有之树林、领地、庄园内围猎;若希望保持和平,即应避开皇家猎区。

sitting en banc 全体法官出庭审理 ①在英国,指1875年以前位于威斯敏斯特的各普通法法庭的全体法官出庭审决法律问题及其他司法事务,区别于审理事实问题的初审法庭[nisi prius sittings];②在美国,指法院全体法官或至少到法定人数的法官出庭审理案件。现该词一般专用于上诉法院。(⇨en banc)

sitting in banc (= sitting en banc)

sittings n.❶法院开庭期 指一年中法院处理司法事务和开庭审案的期间。在以前英国普通法法院和衡平法院的开庭是由开庭期[terms]规定的,并被区分为开庭期内的开庭和开庭期后的开庭。1873—1875年《司法组织法》[Judicature Acts]废除了开庭期[terms],而代之以开庭期[sittings],现最高法院每年的开庭期分为四个:春季开庭期[Hilary Sittings],自1月11至复活节前的星期三;复活节开庭期[Easter Sittings],自复活节后的第二个星期二至圣灵降临节[Whit Sunday]前的星期五;三一节开庭期[Trinity Sittings],自圣灵降临节后的第二个星期二至7月31日;米迦勒节开庭期[Michaelmas Sittings],自10月1日至12月21日。高等法院的开庭可在英格兰和威尔士的任何地方举行。(⇨vacation) ❷〈英〉议会开会期 指议会两院开会讨论公共事务的期间。上议院通常在星期二、三、四开会,也可以在星期一、五开会。下议院一般在除星期六以外的工作日开会,偶尔在星期六开会,只有紧急情况下才在星期日开会。

sittings in camera 不公开审理;在法官办公室进行的审理 指法官在其办公室[chamber]或公开法庭以外的其他地方进行的开庭审理。通常在公开审理会有碍司法目的的实现或案件有关个人隐私时,可采用这种审理方式。

situation of danger 危险处境 在最后机会原则[last clear chance doctrine]中,指驾驶运输工具者与迎面而来的火车或其他交通工具出现的危险是以平常的注意力所不能避免者。如果只是接近危险,尚不足以构成危险处境。(⇨last-clear-chance doctrine)

situs n.(财产)所在地 债务所在地被认为是债务人住所;财产所在地的物理含义,在司法或拟制上的含义是指应税财产所在地。

situs for taxation 税收地点 征税机关管辖范围内的一个地点:对不动产来说,是不动产所在地;对特许权税来说,是行使特许权的行为实施地;对动产来说,是物主的居所,除非该动产另外有确定的地点,或法律另有规定;对无形财产来说,是所有权人的居所。

si universitas ad unum redit 〈拉〉如果法人减少到只有一个成员

Si vasallus feudum dissipaverit, aut insigni detrimento deterius fecerit, privabitur. 〈拉〉保有人抛荒封地或使封地遭受额外损害而贬值时,应剥夺其封地。

sive sit masculus sive foemina 不管(继承人)是男是女

Sive tota res evincatur, sive pars, habet regressum emptor in venditorem. 〈拉〉标的物之全部或部分被追索时,买方对卖方均有赔偿请求权。

Six Acts 〈英〉《六法令》 亦称《限制言论自由法令》[Gagging Acts],1819年通过的旨在通过限制言论自由和出版自由而制止革命宣传的六部法令的通称。这些法令禁止训练个人使用武器,授权治安官搜查与扣缴武器,禁止50人以上集会讨论公共怨愤,剥夺轻罪诉讼中的被告庭外和解权,准许压制煽动性诽谤,将报纸印花税扩展适用至政治宣传小册子及期刊上。

six clerks 〈英〉六主事官 旧文秘署官员,可能从文秘署书记官发展而来,在16世纪下半叶,他们理论上是法庭的唯一律师,但实际上只是事务律师与法庭之间的中间人。其职责与其后的档案及令状书记官员相当,1842年这一官职被撤销,其职责转移到其他官员。

six clerks in chancery (= six clerks)

Sixhindi 领主仆从(⇨rodknights)

six months' rule 六个月规则 根据该规则,基于经营费用而可以主张的衡平法上的优先请求权扩大适用于因在任命破产财产管理人之前六个月或其他合理期限内提供材料或劳动、服务而发生的请求权。

sixpenny writ office 〈英〉六便士令状办公室 旧文秘署的一个办公机构,其负责人称为办公室"代表"[deputy],从1798年起每年获100英镑的薪俸,其职责是在每个工作日参与起始令状起草员[Cursitor]、六主事官[Six Clerks]和传票签发处[Subpoena Offices]的事务;登记已盖印令状;收取签发这些令状及皇家办公室[Crown Office]的额外令状所需的费用;从司库[Purse Bearer]处收取有关盖私章令状的费用;支付盖印官[Sealer]、令状封签官[Chaff Wax]及他们的副手、国玺传递官[Messenger of the Great Seal]等其他官员的薪水。该职位于1852年被取消。

Sixteenth Amendment 〈美〉美国宪法第十六条修正案 该修正案由国会于1909年7月12日通过,1913年2月3日获得批准。该修正案授权联邦政府可以征收所得税,它规定"国会有课征所得税之权,不必问其所得的来源,其收入不必分配于各州,也不必根据户口调查或统计,以定其税额。"尽管先前最高法院在南北战争[Civil War]期间曾赞同征所得税,但在1894年国会制定对4 000元以上收入的人规定所得税法律后的次年,美国最高法院在波洛克诉农民借贷信托公司案[Pollock v. Farmer's Loan and Trust Company]中,却认定这种税属于直接税[direct tax],只能依人口调查或统计比例分摊于各州而征收,故宣布该法违宪。波洛克裁决迅速引发了推翻它的努力,最终导致了第十六条修正案的产生。

Sixth Amendment 〈美〉美国宪法第六条修正案 1791年获批准的《权利法案》[Bill of Rights]条文之一。该修正案赋予刑事被告人数项重要权利,包括由公正陪审团进行迅速、公开审判权;知悉指控性质权;在法庭与对方证人对质权;利用有利证据进行辩护权;获得律师帮助权以及强制性的正当法律程序保护权。其中某些权利早在美国革命[American Revolution]时期依英国法就得以确立,而其他一些权利则只是勉强被接受。所有这些权利都是反对暴政的重要堡垒。因为该修正案已合理地融入了美国宪法第十四条修正案的正当法律程序条款[Due Process Clause of the Fourteenth Amendment]之中,该修正案现在不仅适用于联邦政府也适用于各州。

sixth degree 六亲等 依照大陆法的亲等计算法,六亲等是指远房堂(表)兄弟姐妹[second cousin]之子女间的关系。

sixty clerks 六主事官助理 其数量依据应付给六主事官的费用的百分比列出,1842年被撤销。

sixty-day notice 〈美〉六十天通知 根据《塔夫特-哈特利法》[Taft-Hartley Act]的规定,集体协议的任何一方重新订立或终止合同,都必须提前60天通知对方,在此期间内,禁止罢工和闭厂停工。

S.J.D. 法学博士(=J.S.D.)

skeleton bill 空白汇票 指以空白方式进行出票、背书或承兑的汇票。

skeleton bill of exceptions 〈美〉纲要性异议书 指除其正式部分外,仅包括初审法院要求书记官将必要的文件复制或插入案卷中以呈送上诉法院审查的指示,但不包括实际的证据及初审法院的裁决的异议书。(⇨bill of exceptions)

skeleton minutes 纲要性庭审记录 在法庭开庭期间对法庭审判过程的简要记录,以后由法庭书记官在此基础上在正式案卷中加以扩充。

skiagraph (=radiograph)

skilled witness 专家证人(⇨expert witness)

skinpop v.皮下注射(麻醉剂)

skip-tracing n.寻找失踪债务人

skip-tracing agency 寻找失踪债务人服务公司 指帮助债权人寻找业已失踪的债务人的机构。它可以采用间接服务方式,如提出建议或邮寄材料,也可以采用直接服务方式,如提供关于失踪债务人下落的信息。但其并不直接替债权人收债,由此而区别于讨债公司[collection agency]。

slander n.口头诽谤 指以言词或其他非永久性形式针对他人所作的虚假或诋毁性陈述,它可以作为诉因而被要求损害赔偿。在英国法中,自17世纪开始即把诽谤[defamation]分为两种,即口头诽谤与书面诽谤[libel](包括以广播[by broadcasting]形式进行诽谤)。尽管两者在一般人看来属于同义语,并且在许多方面都受相同原则的调整,但它们之间还是存在如下重大区别:第一,书面诽谤不仅仅是一种可以被起诉的侵权行为,而且也可以构成犯罪,口头诽谤则只是一种民事侵权行为。第二,书面诽谤在所有案件中均可因该行为本身[per se]而被起诉,而口头诽谤则只在特定的案件中才可因行为本身被起诉,在其他案件中须由原告证明存在实际损害方可起诉。但这两者的区别也受到了严厉的批评,认为这将导致严重不公。关于口头诽谤的构成,英国法律将之区分为两种情况:①诽谤原告犯有作为首犯应受监禁处罚的犯罪,或者诬称其患有应与社会隔离的传染病,或者对其职位、职业、称呼、商业或业务进行诋毁;或者以不贞或通奸诽谤妇女。上述行为属于以行为本身即可受到起诉的口头诽谤[slander actionable per se]。②除此以外的诽谤行为,如果因此导致原告受有特定的实际损害的,则属于因实际损害而受到起诉的口头诽谤[slander actionable by reason of special damage]。美国法亦将口头诽谤分为两种:因行为本身而构成的口头诽谤[slander per se]与因存在实际损害而构成的口头诽谤[slander per quod]。美国《侵权法第二次重述》[Restatement, Second, Torts]认为口头诽谤的实质要件包括:①涉及他人的虚假或诋毁性陈述;②不享有豁免特权而向第三方进行传播;③公开方具有过失以上的过错;④存在无须造成损害即可起诉的诉因或存在因此造成的实际损害。(⇨defamation;libel)

slander of goods 商品诽谤诉讼 在被告恶意地以口头或书面的方式诋毁原告生产、销售的商品,并已造成实际损害的情况下提起的诉讼。但它既非对口头诽谤[slander]提起的诉讼,亦非对书面诽谤[libel]提起的诉讼,被告所用的言词也不必是诬蔑性的。

slander of great man 〈英〉诽谤要人(⇨scandalum magnatum)

slander of property 针对财产的诽谤诉讼 因被告以口头或书面形式对某人的财产(包括动产或不动产)进行恶意诋毁,并因此而造成其实际损害从而提起的诉讼。

slander of title 针对财产所有权的诽谤诉讼 因被告以口头或书面形式对某人财产的所有权进行恶意诋毁,并因此而造成其实际损害从而提起的诉讼。

slanderous per quod (=slander per quod)

slanderous per se (=slander per se)

slander per quod 因实际损害而构成的口头诽谤 其不属于以行为本身构成的口头诽谤,须由原告证明因此而造成了特定的实际损害,方可构成口头诽谤。亦称"slanderous per quod"或"slander actionable by reason of special damage"。

slander per se 以行为本身构成的口头诽谤 这种口头诽谤无须证明存在特定的实际损害。它包括:①控告他人实施犯罪行为;②诬称他人患有应与社会隔离的恶疾;③指控某一妇女不贞;④实施可能对他人的职位、职业或商业、业务造成负面影响的行为。亦称"slanderous per se"或"slander actionable per se"。(⇨slander)

Slaughter-House cases 〈美〉屠宰场案 美国最高法院于1873年4月14日以5比4作出判决的一起案件。此案由路易斯安那州[Louisiana]的一项立法所引起。1869年受贿的州立法机关授予克雷森特城牲畜装运及屠宰公司[Crescent City Live-Stock Landing and Slaughter-House Company]在新奥尔良[New Orleans]经营屠宰业务的垄断权,逾千名屠夫被禁止在其住所[premises]屠宰牲畜,而这些业务都必须在该屠宰公司的住所进行。屠户不服诉诸法院,认为该公司的法律垄断权违反了美国宪法第十四条修正案[Fourteenth Amendment],剥夺了每位屠户"购买产品或进行贸易,通过自由贸易维持自身及家庭"的权利。但最高法院却驳回了屠户的各项主张,给1870年批准的第十四条修正案中的新特权和豁免权[Privileges and Immunities]条款以致命一击,其否认正当程序[Due Process]或平等保护[Equal Protection]与保障曾为奴隶者权益之外的经济问题有任何关联。最高法院宣布第十四条修正案并不能成为各州有关本州公民民权[civil rights]的所有立法的永久审查官。此案是最高法院首次对第十四条修正案意义的解释,但受到了诸多批评。

slaughterhouses n.〈英〉屠宰场 用于屠宰供人食用之动物的场所,除了屠宰场地[slaughterhall]外,还包括待屠宰之动物的圈养地、待加工地以及肉食制品地。1974年《屠宰场法》[Slaughterhouses Act]规定了私人屠宰场和羸弱家畜屠宰场[knacker's yard]的登记和管理、创办公共屠宰场的地方有权机关、屠宰的方法等。

slave n.奴隶 是指完全受制于他人的意志,没有行动自由,其人身、财产及劳动处在他人无限制控制之下的人。在古罗马,奴隶是一种"物"[res]。在英格兰,自1772年萨默塞特案[Sommersett's Case]后,不得蓄奴。在美国各曾经蓄奴的州,黑奴在法律被认可为"人"[person]而不是物,对黑奴的绝对控制权均有所限制,奴隶主不得暴力侵犯黑奴的生命及身体。黑奴不享有任何政治权利,民事权利较自由人受到更多的限制,此外黑奴还不得获取财产,获得的财产属于奴隶主。在美国,依据联邦宪法第十三条修正案,奴隶制被废止。(⇨slavery)

slave master 奴隶主

slavery n.奴隶制;蓄奴制 是指一种强制他人劳动并限制其行动自由的制度。奴隶制度与农奴制[serfdom]、苦役工制[corvée labour; statute labor]、包身工制[contract labour]及契约雇佣制相区别。奴隶制在自给自足的农耕社会较为普遍。奴隶的来源主要为战俘、绑架、刑罚以及生而为奴、债务、贩卖等。在古希腊与古罗马建立了奴隶制,古希腊的奴隶无法律上的人格,可被当作财产处分。奴隶也可获释得到自由,但无市民身份,仍依赖其主人。在罗马,奴隶起初亦无法律权利,只是物,但最终获得法律上的人格,并可以从主人处获得财产。奴隶制在公元前2世纪及公元前1世纪在罗马达到顶峰。英国在1772年后禁止蓄奴,在1807年则禁止向英国的殖民地贩卖奴隶,在1833年全面废止所有殖民地的奴隶制。美国的奴隶制始于1619年的弗吉尼亚,随着南方棉花、烟草和蔗糖等种植园经济的发展,奴隶制在这些地区普遍采用。杰斐逊曾在草拟的《独立宣言》[Declaration of Independence]中谴责奴隶贸易,但未获通过。北部各州在1787年废除了蓄奴州。1861年南方蓄奴各州从联邦中分离,1863年林肯总统宣布叛乱地区的黑奴获得解放,1865年联邦宪法第十三条修正案正式废止了奴隶制。在现代,《联合国人权宣言》[U.N. Universal Declaration of Human Rights]及《欧洲人权公约》[European Convention on Human Rights]都反对奴隶制的存在。

slay v.杀害;杀死 尤指在战争中的杀害,于此之外则与"kill"一词同义。"slain"是其过去分词,可用于表示被杀害的人。

slayer's rule "杀人者"规则 在此规则下,如果杀害行为是出于故意或恶意,则杀人者及其继承人都不能作为继承人或受遗赠人分配死者的遗产,也不能作为受益人获得死者人身保险的收益。但如果杀害行为非出于故意,即使出于重大过失,杀人者及其继承人也可以分配死者遗产或获得收益。

sleeping on rights (= laches)

sleeping partner (= dormant partner; silent partner)

slight care 轻度注意 指普通谨慎的人在处理自己非重要事务时的注意程度。(⇨care)

slight diligence (= slight care)

slight negligence 轻微疏忽;轻微过失 过失等级的一种,指未能做到极度谨慎和有预见力的人所能做到的高度谨慎和勤勉。它既不能引起诉讼,也不能作为诉讼中的抗辩理由。

slip law 〈美〉单行本法 法律的第一次正式公布是从国会转到行政事务管理局[General Services Administration]和联邦登记处办公室,这时称为"单行本法",它是从已经总统签字的归档的法案[enrolled bill]上复印下来的,采用活页小册子的形式。在联邦登记处办公室对每一单行法要分配给一个公法编号,这些编号按顺序排列,在每届国会开始时编号也即重新开始。将单行本法按时间顺序编排装订成册出版即为《制定法大全》[Statutes at Large]。行政事务管理局负责该编排工作并做索引。联邦登记处办公室按国会会期分卷发行《制定法大全》,当某一卷被存放于图书馆中时,其中收录的单行本法即不再予以保存。

slip law print 〈美〉单行本法注释 指国会制定的每一部公法和私法在经总统签字后不久即出版发行的带注释的小册子。

slip of the tongue (非出于故意的)口误

slip opinion 〈美〉判决意见书单行本 指案件判决作出后,将法官对该案件的判决意见书单独出版发行的小册子。它通常没有判决提要[headnote],也无索引。典型的判决意见书单行本通常仅包括案卷号[docket number]、当事人姓名、判决日期、以及写判决意见的法官的姓名。

slot-machine theory 投币机理论 一种带有讽刺意味的说法,它认为司法判决都是将现存的、已确定的法律规则直接运用到一系列新的事实中去,或者是将严格依逻辑关系从成文的或以前固定下来的规则中推理出来的规则运用于一系列新的事实的结果。因此,在将未决案件的事实都呈现给法庭之后,其判决就像对投币机投入一枚合适的硬币以后所产生的反应一样,是可以预见或应该是可预见的。对于一些简单的、一目了然的案件来说,该理论看起来有一定的道理,但是,它将许多案件中的确定性和逻辑关系过于简单化且估计过高了。事实上,法官们往往会在关于案件的许多问题上(例如应如何行使自由裁量权、如何处罚等)存在意见分歧,有时他们还会拒绝严格地依逻辑规则从以前固定下来的法律规则中作推导,因为他们认为这样得出的结论是不正确的。

slough-silver n.〈英〉收割税 付给威格莫[Wigmore]城堡主人的税金,以代替应提供的一定天数收割劳役。

S.L.R. (= statute law revision act)

slum clearance 贫民区拆除 对低收入者居住的破旧危房等予以拆除,兴建公寓式套房或其他复式建筑房,以低租金出租给以上低收入者。

slush fund 行贿基金 为收买官员或散播政治谣言等筹集和使用的基金。

small average (= petty average)

Small Business Act 〈美〉《小企业法》 为保护自由竞争而规定并实施对小企业的利益予以援助、咨询以及保护的联邦制定法。

Small Business Administration/SBA 〈美〉小企业管理局 成立于1953年的独立联邦机构,其职能主要是:向小企业提供贷款和咨询;协助小企业获得适当份额的政府合同和转包、分包合同[subcontract];援助水灾及其他自然灾害中的受害者;向小企业投资公司[small business investment companies]颁发许可证,向其贷款并对其进行管理。

small business concern 〈美〉小企业 为私人独立拥有

和经营的,并在其行业中不具支配地位的企业。

small business corporation 〈美〉小公司 该种公司尽管资本额和雇佣人数均很少,却是一个社会中重要的经济资产。其定义可见于联邦《国内税收法典》[Internal Revenue Code, I.R.C.]第1244条。

Small Business Investment Act 〈美〉《小企业投资法》 1958年制定的联邦法,根据该法成立了投资公司,可向小企业投放长期产权资本。该法由小企业管理局[Small Business Administration]负责实施。

Small Business Investment Company/SBIC 〈美〉小企业投资公司 根据1958年《联邦小企业投资法》[Federal Small Business Investment Act],在联邦小企业管理局[Small Business Administration]登记并受其管理的投资公司。该公司的主要业务是对小企业提供长期贷款或购买其发行的可转换债券或股票。小企业是指资产总额低于500万美元,资本净值低于250万美元,贷款前两年的平均税后净收入不超过25万美元的企业。

small claims court 小额索赔法院 在美国通常指不超过500美元的小额索赔案件有管辖权的地方法院,通常设于较大的市镇,在许多地方此类法院被称为市政法院[municipal court]或治安法院[police court or magistrate's court]。小额索赔法院主要受理房东与承租人之间的纠纷以及生产经营者与消费者之间因提供的商品和服务而发生的纠纷。它一般不是存卷法院,诉讼程序不正规,由当事人直接将案件提交法官,通常不需要有律师参加,也无陪审团。当事人对裁决不服的,还可以请求具有一般管辖权的州地区法院或县法院重审。在英国,小额索赔法院为迅速审理小额的索赔请求且收费较低的非正式法院。在1971年,小额索赔程序被引入当时的郡法院体系之中,以帮助无代理人的原告实现其索赔请求。1973年法律规定对所涉金额不超过100英镑的案件,任何一方当事人均可申请郡法院登记官[registrar]将该案提交仲裁,如果超过此数额则必须取得当事人同意或得到郡法院法官的指令。1973年伦敦小额索赔法院正式开始运作,它实质是仲裁的一种变形,主要处理有关合同、侵权以及房东与承租人之间的纠纷。审理由兼职的裁判人员进行,是否接受法院的管辖由当事人自愿选择。不允许法律代理,其诉讼程序更像是纠问式的而非对抗制的。

small damages 小额损害赔偿 指根据实际遭受的损失计算的数额很小的损害赔偿。

Small Debt Court 〈苏格兰〉小额债务法院 指对请求支付小额金钱的案件及其他某些种类的请求适用简易程序审理且收费较低的法院,有两类:一类是建立于1799年的治安法官小额债务法院[Justice of the Peace Small Debt Court],对于5英镑以内的债务纠纷有管辖权,于1975年被废除;另一类是建于1826年的郡长小额债务法院[Sheriff's Small Debt Court],原先只限于对8英镑6先令8便士以内的债务纠纷有管辖权,后来扩大到50英镑以内,于1976年被废除,原先由其受理的案件现转由郡长法院[Sheriff Court]作为简易案件处理。

small employer 小企业主 在其企业中只有5个或5个以下雇员的企业主或者拥有不同企业,但在每个企业中只有5个或5个以下雇员的企业主。

small estate probate 小额遗嘱检验(⇨probate;estate)

small-loan act 〈美〉小额贷款法 规定银行和其他金融机构提供小额短期贷款的最高法定利率及其他条件的州立法。

small loan company 小额贷款公司 该公司可以进行贷款的额度相对较小,并且通常采用动产抵押、质押或附条件买卖合同进行担保。

small tithes 小什一税 指不包括大什一税[great tithes]在内的所有其他农业什一税[praedial tithes],即归属堂区长代理[vicar]的人役什一税[personal tithes]和混合什一税[mixed tithes],以及从农蔬、蛋奶等中征收的什一税。(= minute tithes; privy tithes)(⇨great tithes)

smart money 惩罚性赔偿金 该词原先意指对受害人所受损害的赔偿,但现在强调对侵权行为人的惩罚。(= punitive damages)

smuggling n.走私 明知是应缴纳关税的商品或货物而逃避关税,或明知是违反国家禁止性规定的商品或货物而携带其出入国境的行为。在英国,根据1952年《关税和消费税法》[Customs and Excise Act],对走私犯判处以下刑罚:①没收所有走私的商品或货物;②处以走私货物或物品价值3倍或100英镑(择一高额)的罚金;③处2年监禁刑。

smut n.淫词秽语;淫秽的东西(⇨obscene)

snap judgment ❶缺席判决 ❷未经评议作出的判决

snatching n.❶攫取;抓住;夺得 ❷(俚)绑架

snatching purse 扒窃钱包

sobrestadia (= estadia)

sobriety checkpoint 〈美〉饮酒驾车检查站 警方在公路上设置路障,以检查过路的司机是否在醉酒状态下开车的处所。这样做并不违反联邦宪法第四条修正案关于搜查和扣押的保护条款。

sobriety tests 醉酒测试(⇨blood alcohol count; breathalyzer test; field sobriety tests; intoximeter, intoxilyzer; sobriety checkpoint)

sobrini and sobrinae 〈拉〉〈罗马法〉堂(表)兄弟姐妹之子女

socage n.(英格兰古法)农役土地保有;既定役土地保有 封建土地保有方式之一,以完成每年确定量的农务或交纳一定数量之金钱为条件,它区别于骑士役[knight service]土地保有之处在于后者的义务更荣耀体面[honourable],但也更危险、繁重和不确定;区别于自由教役保有[frankalmoign]之处则在于它本身是世俗的和确定的,而后者是宗教性的和不确定的。对于农役土地保有,领主不能享有附属于骑士役土地保有上的诸如收取兵役免除税权、对佃户子女及财产的监管监护权、结婚批准权等封建保有附属权[incident]。农役土地保有义务的确定性在于这些义务在封赠时就已约定,不像农奴土地保有的义务那样随领主意志的变化而变化。这些义务常表现为效忠[fealty]加上定额租金,或是效忠臣服[fealty-homage]加上定额租金,或仅是效忠和臣服,或是效忠加上定量的农务等,后来便都转化成了货币地租。由于和骑士役保有及教役土地保有相对,socage一词后来泛指除军役、侍君役[sergeanty]、教役保有、农奴土地保有之外,一切义务固定的那些土地保有形式,这些义务可能是一年缴一朵花、一副马刺或是充当刽子手等。农役保有又分为自由农役保有[free socage; common socage; frank socage; socage]和贱微农役保有[villein socage],二者以义务内容之性质为别。而肯特郡土地保有[gavelkind]和都市土地保有[burgage tenure]则是自由农役保有的特殊形式。1672年颁布的一项法律将公簿地产和教役土地保有之外的其它土地保有形式均合并为自由农役保有,而1925年后,农役保有则成为土地保有的唯一方式,所有的封建保有附属权也都被取消。

Socagium est servitium socae. 农役保有即耕地役保有。(⇨socage)

soccager n. 〈英〉农役土地保有者(⇨socage)

socer 〈拉〉岳父；公公 与"father-in-law"同义。

social club 交谊俱乐部 不包括商业性、慈善性或教育性团体的种类多样的组织。该组织不具有谋利的目的，并且免交联邦收入所得税。判断一个组织是否为交谊俱乐部，主要看该组织的主要目的以及从事的主要活动是否为社会性的。

social compact (= social contract)

social contract 社会契约 是政治哲学术语，用于霍布斯、洛克和卢梭等人有关社会的起源的理论中。卢梭认为，人类原本生活在自然状态中，其禀性不好斗且胆怯；法律产生于结合在一起的人所达成的契约，即为了相互得以保护而交出个人自由，因此政府必须建立在受统治者同意的基础之上。

social controls 社会控制手段 即规范、调整和限制社会或社会群体中个人行为的手段和力量，包括法律、道德、宗教、风俗、习惯、礼仪、教育和风尚等。这些手段在不同的社会、不同的时期会发挥不同的作用和约束力。对于任何社会、任何群体，法律规则都只是影响和控制个人行为的手段之一，但未必是最重要的或最有力的。这一观点首先由孟德斯鸠[Montesquieu]提出，耶林[Jhering]进一步发展了它，而现代的社会法学家使之更加完善。法律和非法律社会控制手段是相互独立而又相互作用的，但有时也会相互冲突。例如犯罪团伙的道德、风俗和习惯就与适用于他们的法律手段相冲突。而且，一种法律主张在被适用或实施时，可能对法律工作者是有意义的规则；但只有当社会关系实际上因之而有序化以后，这种法律主张才是社会意义上的法律。在发达社会，法律与其他社会控制手段之间存在区别，而这种区别在不发达社会则不明显。需要特别强调的是，这种区别的存在往往伴随着不同政权的产生，这些政权把法律作为实现其目的的工具。而且，社会越发达，就会有越多的事物被纳入法律控制的轨道。例如，男女平等、种族关系，长期以来一直为常识所评判的问题，也已被列入法律调整的领域。

social defence 社会防卫原则 根据这一原则，社会不仅有正当理由惩罚犯罪之人，而且有正当理由对可识别的人很有可能实施的、且会造成严重损害的行为进行干预，以防止损害的发生。这种干预在一定的范围内实施，如把精神失常的人强制送入医院，以保护他们自身及其他人；当儿童有受不良影响的危险时，将他们从其父母身边领走，另予照管；依法准予拘捕有嫌疑的人；以及进行预防性拘押等。一些人主张，这一原则应该被更广泛地运用。但广泛运用的结果将会使更多的人受到监控或拘押，也必然会导致遗漏一些案件，且会被视为无根据地干涉自由。

social engineering 社会工程 是由一些社会法学家，尤其是罗斯科·庞德使用的隐喻。他们认为，法在社会中的功能就是在自由与约束、鼓励与禁止之间求得适当的平衡，使人们在社会交往中能尽量减少磨擦，避免能量的不必要损耗，以使之发挥最大功效。

social idealism 社会理想主义 特别用于表述斯塔姆勒法律思想的术语。斯氏的思想建立在康德的理想主义基础之上，后者认为，没有任何东西应该被认为是绝对正确的，因为这种观念普遍化，将会摧毁法治社会的思想基础。斯塔姆勒对此作了修改，他强调的不是个人自由行为与他人行为的协调，而是与社会观念的协调。

social insurance 社会保险 由法律创设的以全体民众为受益人的一种具有强制性、综合性的福利规划，由政府向面临特殊困难(如失业、残疾)或具有特殊地位的人(如老年人或盲人)提供的保险。在美国，联邦政府在1935年通过《社会保障法》[Social Security Act]，开始实施社会保险方案。目前在联邦和州实施的主要社会保险种类包括：养老[old age]、遗属[survivors]、伤残[disability]保险；医疗服务和医疗补助[medicare and medicaid]；失业保险[unemployment insurance]以及劳工赔偿[worker's compensation]。(⇨insurance)

social justice 社会正义 它涉及个体对于团体的义务，其目的在于达到普遍的善。(= justice; distributive justice)

social legislation 社会立法 是对具有显著社会意义事项立法的统称，例如涉及教育、住房、租金、保健、福利、抚恤养老金及其他社会保障等方面。最早的社会立法大概是《济贫法》[Old Poor Law]，但大量重要的社会立法是在19世纪，如当时有《工厂法》[Factories Acts]、《学徒健康与道德准则法》[Health and Morals of Apprentices Acts]和《劳工赔偿法》[Workmen's Compensation Legislation]等。(⇨social security)

social position 社会地位

social security 社会保障 在最广义上是指由政府所保障的、人们获得各种资助和享受生活的福利；在通常的意义上它是指向因年老、疾病、死亡或失业而困苦者提供保险金的制度。各国都已或正在制定社会保障方面的立法。

Social Security Act 《社会保障法》 美国于1935年通过的《社会保障法》规定，要建立全国范围内的联邦和州老年资助、老年和遗属[survivors]保险金、失业保障或补偿以及某些意外补助[incidental benefits]制度，该法还创设了社会保障署[Social Security Administration]。1935年的《社会保障法》奠定了美国现代社会福利保障制度的基础，该法后被多次修正。英国也于1975年颁布了《社会保障法》，并于1979、1980年等多次修改。(⇨Social Security Administration)

Social Security Administration/SSA 〈美〉社会保障署 卫生及公众服务部[Department of Health and Human Service]下设机构，在社会保障专员[commissioner of social security]指导下负责实施一项共同分担社会保险的国家计划。根据此项计划，雇主、雇员及受雇人员均须出资用于建立特别信托基金。当工人因为退休、死亡或残疾而致没有收入或减少工资时，每月将向该工人或其家庭提供现金补助以弥补其减失的收入。此外，该机构还实施各种退休、遗属、残疾及附加社会保障收入津贴计划。

social services 社会服务事业 包括公共教育设施、住房、娱乐和休闲设施、公共保健和卫生、公共医疗事业和医院、道路和桥梁、警察、公共秩序的维持、缓刑犯管理、监狱和教养院、罪犯释放后的安置及其他社会福利事业。该词有时也用以包括社会保障条款。

social solidarity 社会连带关系 它是狄骥法律思想的核心。他认为，社会生活的基本事实是存在着由相同的需求和不同的分工而引起的社会连带关系。法律所扮演的角色是社会连带关系这种已被认同的事实的一部分。法律的有效性并不取决于正义或自然法的任何抽象的权威，也不取决于统治者的命令，这是因为违反法律将会导致社会秩序的混乱和对社会重组的反应。个人没有主观权利，而只有实现社会连带关系的义务。法律保护履行自己的义务、促进社会连带关系的人；法的存在是为了鼓励那些发展社会连带关系的行为；国家只是实现这一目的的机构。

social standing （= social position）

socida 〈拉〉（大陆法）**受托人自担风险的寄托合同** 指一种寄托[bailment]合同，其中由受托人承担标的物损失的风险。尤指罗马法中的畜力租赁合同，即某人以收取一定费用为代价，将自己的牛、马等畜力借与他人使用，且当其间牲畜死亡时，由受托人对该损失承担责任。

sociedad 〈西〉**合伙（关系）**

societas 〈拉〉（罗马法）**合伙；合伙契约** 两个或两个以上的人相互约定共同经营共同分配损益的契约。（⇨partnership）

societas leonina 〈拉〉（罗马法）**狮子合伙** 指全部利益只归部分合伙人所有，其余合伙人不享有收益的一种合伙形式。该名称源于寓言中狮驴合作打猎，但猎物却由狮子独霸的故事。

société 〈法〉**合伙**（⇨commendam）

société anonyme 〈法〉**股份有限公司** 在法国法中，它源于匿名合伙，即以合伙人之一的名义从事经营，其余则为严格保密的合伙人，他们与该组织的债权人没有关系，也不对其承担任何责任。后则指其成员承担有限责任的一种社团法人。在英格兰，晚些时候出现的"特许公司"[charted company]方与之齐名。"特许公司"是指其股东根据王室的特许状或立法机关的特别法律对于相关债务仅以其出资额为限承担责任，超过部分免责。股份有限公司在成立时有一系列的形式要求，包括须在商事法院进行登记。

société d'acquets 〈法〉**夫妻共同财产协议** 夫妻双方确定只从婚姻关系存续期间获得的财产作为夫妻共同财产的书面合同。

société en commandite 〈法〉**两合公司** 在法国法中，指一部分合伙人只是将钱投入该组织，而对超过其所投入部分的亏损不承担责任，也无权参与该组织经营的一种合伙。它相当于英国法中的有限合伙[limited partnership]。它有两种形式：一种是两合公司，其股东类似于隐名合伙人；另一种是股份两合公司[société en commandite par actions]，其股东类似于股票持有人，而非合伙人。在美国路易斯安那州，它是指一种契约式合伙，其合同约定，一人或一合伙组织向他人或其他合伙组织提供一定数额的资金或实物，交由以自己名义出资的个人或组织使用，并根据合同约定比例分享利润和以其出资额为限承担亏损或支出。

Société en commandité **隐名合伙**（⇨commandité）

société en nom collectif 〈法〉**无限公司** 其全体成员均负连带责任。

société en participation 〈法〉**合资公司**

société par actions 〈法〉**股份公司**

society n. ❶**协会；团体；社团；互助组织** 指为了共同目的而集体进行共同展示、决策和行为，经由多人自愿结成的联合。❷**社会；公共社交界** ❸**配偶者权** 如因不法人身伤害而致丈夫丧失对妻子的"配偶者权"时，丈夫有权请求损害赔偿。该规则中的"配偶者权"，即指妻子拥有的带来益处、帮助和舒适愉悦的能力。（⇨consortium）❹**亲属权** 指家庭成员相互因对方的生存而得益，诸如亲情、照顾、陪伴、安抚、保护等。故此，配偶、父母、兄弟姊妹或子女可因亲属权的丧失而请求补偿。

Society for Prevention of Cruelty to Animals 〈美〉**禁止虐待动物协会** 1866年在纽约成立的慈善性组织，其目的在于宣传动物保护、倡导立法以惩罚虐待动物的行为并采取适当行动促进该立法的实施。

Society of Advocates in Aberdeen 〈苏格兰〉**阿伯丁律师协会** 由在阿伯丁市的法院执业的律师组成的团体，成立于1685年，于1774年取得了皇家特许状[Royal Charter]。它是事务律师[solicitors]的协会，与苏格兰出庭律师协会[Faculty of Advocates]无关。

Society of Comparative Legislation 〈英〉**比较法律协会** 指研究各国法律和立法并交流相关资料的学术团体。

Society of Solicitors-at-Law in Edinburgh 〈苏格兰〉**爱丁堡事务律师协会** 成立于1707年，其成员为在爱丁堡的代理主教法院[Commissary Court]执业的律师，后来他们取得了在爱丁堡的郡长法院和自治市法院[Burgh courts]执业的独占权，1780年获皇家特许状，19世纪末消失。

Society of Solicitors in the Supreme Courts of Scotland **苏格兰最高法院事务律师协会** 1797年依特许状成立，由在苏格兰最高民事法院执业的事务律师组成。其成员通常被简称为S.S.C.。

society of wife **夫对妻的配偶权**（⇨consortium）

socii **助手；同事；合伙人**

Socii mei socius meus socius non est. 〈拉〉**我之合伙人之合伙人，并非我之合伙人。**

sociological jurisprudence **社会学法学** 在法律研究中更注重法的作用而不是其形式或内容的法学学派的总称。西方法学家一般认为该学派具有如下一个或两个特征：①以社会学观点和方法研究法，认为法是一种社会现象，强调法在社会生活中的作用和效果以及各种因素对法的影响；②认为法和法学不应像19世纪那样仅强调个人权利和自由，而应强调社会利益和"法的社会化"。社会法学起初受物理学影响而带有机械性，后受达尔文生物进化论影响，随之而来的是它的心理学阶段，直到最后又发展到综合阶段。孟德斯鸠[Montesquieu]可以看作是该学派的先驱，他探索了社会环境对法律所产生的影响；然后是耶林[Jhering]迈出了开创性的步伐，他的《法律：作为达到目的的手段》[Law as a Means to an End]一书发展了分析实证主义并将之与功利主义者的观点联系起来，认为法律的目的是为了保护利益，由此在德国产生了利益法学一派。在美国，社会法学的拓荒者是霍姆斯[O.W.Holmes]大法官，随后有卡多佐[Cardozo]和庞德[Pound]等人。庞德认为社会法学要研究下列内容：法律制度、规则及理论的社会功效；立法准备；使法律规则在实践中生效的途径；司法途径；法律社会史；法律规则个别适用的重要性；正义的实施；使为实现法律秩序的努力更有效。他们将重点放在了对个人利益、社会利益和公共利益的保护上，但该学派并不注重解决诸如如何衡量不同个别利益等问题。社会法学的一个分支是现实主义法学，代表人物主要是美国的格雷[Gray]、霍姆斯、弗兰克[Frank]和卢埃林[Llewellyn]等人，他们主要将法律视作是法庭将要或实际上在特定案件中的所作所为。社会法学支系庞杂，但仍有一些共同因素，如法律概念的宽泛性——包括法律制度和法律的实施，注重对法律运作的观察等。社会法学与法律社会学不同，后者是一门实践性学科，主要研究法律在特殊背景下的运作。（⇨sociology of law）

sociology of law **法社会学** 社会学的一个分支，是关于法律制度、规则、惯例、程序及作为构成社会整体因素的个人的学科,研究它们在特定的社会里的功能、影响和效果。它研究的重点是社会,认为法是一种社会现象。为了进行上述研究,必须对法律作广义的理解,而不能将之局限于国家权力机关制定和实施的规则。作为研究人类精神的社会学,法社会学研究的是法律的全部社会现实,它首先从那些具体的和外部的人类行为及物质基础开始,通过对它们内在意义的分析来解释这些行为本身和法律的外在体现,当然这种内在意义在影响外部行为或表现的同时也在一定程度上为后者所改变。法社会学特别注重从事先确定的法律符号模式出发,如具体的实在法,然后到所谓的正确的或合理的法律符号,如富有弹性的规则和自然法,再到法律的价值和观念。法社会学分为系统性[systematic]、区分性[differential]以及发生性[genetic]法社会学,分别研究作为社会交往形式和社会现实基准之功能的法律表现、作为团体之功能的法律表现和作为变化之倾向和因素的规则及特定类型社会法律的发展与衰败。法社会学与社会法学[sociological jurisprudence]不同,后者主要从社会学的角度来研究法律制度、概念、规则及程序问题,通常把法律看作是一种社会控制工具。(⇨sociological jurisprudence)

socius 〈拉〉〈罗马法〉合伙人;同伴;盟友;(政治)同盟

socman n.农役土地保有人(= soccager)

socmanry n.自由农役保有

socna n.特权;自由;免税;特许

sodomite n.反自然性交者 指犯有反自然性交罪的罪犯。在以前,会对此处以极其严厉的刑罚,并且剥夺行为人的立遗嘱权。

sodomy n.反自然性行为 该行为包括两类罪行:①兽奸[bestiality],指同牲畜兽类发生性交行为,男女都可犯这种罪;②鸡奸[buggery],指同性或异性之间通过肛门或嘴进行性交的行为。在英格兰,自1967年以来,如果两个成年男子(即满21岁)出于自愿在私下里发生鸡奸行为的,则不认为是犯罪。如果对未成年人实施鸡奸行为,不论使用暴力与否都构成犯罪。(⇨buggery;bestiality)

Sodor and Man 〈英〉苏达·马恩教区 根据1541年的法令归属约克教省的中世纪主教辖区。该区主教非上议院议员,由向教会捐赠土地的臣民提名主教人选,而非国王直接提名。这种情况于1829年国王获得对马恩岛[Isle of Man]的统治后结束。现在的苏达·马恩教区只包括马恩岛。

SOF (= statute of frauds)

soft dollars 软美金 证券业术语。经纪人向大的投资者,如养老基金及其资金管理人等提供贷款,作为其股票交易的回报。

soft law 软法 国际(法)律师的行话,指国际社会广泛接受的行为规范之粗泛性原则,与这些原则的宣言式声明一样,无特定的义务要求。(⇨hard law)

soil bank 〈美〉土地休耕补贴制 美国一项联邦农业政策,指美国政府为保持土地肥力,减少农产品剩余,稳定产品价格,休耕部分土地或仅种植非商业植物,并给农场主经济补偿的作法。

Soil Bank Act 〈美〉《土地休耕补贴法》 旨在调整土地休耕补贴的一项联邦法律。(⇨soil bank)

soil bank payments 耕地管理部门的补偿(⇨Soil Bank Act)

Soit baile aux commons. 〈拉〉〈英〉交付至下议院议员。议案呈往下议院时的背书形式。

Soit baile aux seigneurs. 〈拉〉〈英〉交付至上议院议员。议案呈往上议院时的背书形式。

Soit droit fait al partie. 〈拉〉〈英〉授予当事人权利。该词写在权利请求书上,并由国王签署。

Soit fait comme il est desire. 〈拉〉〈英〉如其所愿。国王对于议会私法法例的批准。

sojourne v.逗留

sojourning n.逗留;旅居 指短时间内的居住,不同于长久居住,但要比旅行[travel]的含义更宽泛。

soke n.❶领地;庄园 ❷司法裁判权;司法管辖权 ❸司法管辖区

Sola ac per se senectus donationem testamentum aut transactionem non vitiat. 〈拉〉仅仅年老这一事由并不能使赠与、遗嘱或合同无效。

solar 〈西〉土地;领地 附带有位于防卫地带上的房屋。

solatium n.精神损害赔偿;慰抚金 指受害人因悲伤、精神痛苦、感情伤害而获得的补偿或赔偿金。它通常发生于人身伤害案件和诽谤等同类案件中,以作为身体痛苦、名誉受损、感情伤害的慰藉。在不法致人死亡的情况下,该词即指"亲属权丧失赔偿金"[loss of society award],作为因死者的过早死亡而对其生存亲属造成的非财产损失的补偿。

sold note 卖单 由经纪人开付给货物买主的一种书面单据,载明所提之物品已售给了他。

sole agent 全权代表;独家代理人 其具体含义视具体合同而定,它并不禁止被代理人自身的销售行为。

sole and unconditional owner (所有权内容)完整并且无条件的所有人(⇨sole and unconditional ownership)

sole and unconditional ownership 完整并且无条件的所有权 所谓"完整",是指除所有人之外,任何人对该财产不得以所有人身份享有权益;所谓"无条件",则指该财产的所有权不受任何条件的限制或影响。该词通常用于火灾保险的保单中。

sole cause 单独原因;唯一原因 指从法律上来说,直接引起事件发生或造成损害后果的原因。如果该原因是在被告的行为作出后,而在存有争议的事件或损害发生前出现的,该原因即被认为是替代原因[superseding cause],而非唯一原因。

sole corporation (= corporation sole)

sole discretion of trustee 受托人的全权处理 是最宽泛的合法处分权,但并非毫无约束,否则就否定了信托的存在。

sole efficient cause 唯一有效原因 指事故的直接原因。

sole judge 独任法官 指能够不受他人控制而独立作出判决的法官。

solemn a.❶严正的;庄严的;庄重的;严重的;郑重的 ❷正式的;按照仪式的;宗教上的

solemn form (遗嘱检验的)严格方式(⇨probate in solemn form)

solemnitas 〈拉〉庄重的仪式;必要的形式

solemnitas attachiamentorum 〈拉〉〈英格兰古法〉扣押的程序;扣押的必要形式 指扣押令的签发要遵循某种正式的、固定的程序。

Solemnitates juris sunt observandae. 〈拉〉法律的程序必须遵守。

solemnity n.❶仪式;礼节 ❷(法律规定的使合同、协议或其他法律行为生效的)必要形式

solemnization n.举行婚姻仪式 指在证人面前公开缔结婚姻,区别于秘密婚姻[clandestine marriage]或普通法婚

姻[common law marriage]。

solemnization of marriage　举行婚姻仪式　指完成某种形式或仪式，从而使男女缔结婚姻，并产生夫妻身份。作为法律要件之一，这种仪式是婚姻关系的宣示与公开证据。

solemnize　v. 举行婚姻仪式（⇨solemnization）

Solemn League and Covenant　神圣盟约　指1643年英格兰、苏格兰和爱尔兰的贵族代表和平民代表为了争取苏格兰帮助议会党人反对查理一世的斗争而签订的统一宗教的协议。订约各方保证保留苏格兰长老会，并在教义、礼拜、教规和管理等方面改革英格兰和爱尔兰的宗教，使三个王国的宗教在信仰和管理方面达到尽可能的统一，并根除罗马天主教和主教统辖制度。盟约订立后，苏格兰军队进入英格兰并与议会党人的军队合作。

solemn oath　正式誓言；庄严的誓言（= corporal oath）

solemn war　经过正式宣战的战争（⇨perfect war）

solemn will　正式遗嘱　在罗马法中指称书面遗嘱。

sole ownership　完整所有权（⇨sole and unconditional ownership）

sole possession　排他性占有

sole proprietorship　独资企业　由一个人拥有企业全部资产并独自承担企业的全部债务的一种企业组织形式。与合伙、托拉斯或公司相对。

sole source rule　唯一来源规则　在普通法上关于虚假宣传的诉讼中，只有原告能够证明他对所宣传的商品拥有独家经营权时，才能获得赔偿，因为只有在这种情况下法院才相信原告会由于被告的虚假宣传而受到损害。

sole tenant　单独租赁（保有）人；唯一租赁（保有）人　指仅由一人享有承租或保有之不动产上的利益，并无其他人和他共同分享。

solicit　v. ❶要求；恳求；请求　❷教唆；怂恿

solicitation　n. ❶请求；诱使；怂恿；恳求　❷犯罪教唆　要求、鼓励、引诱、唆使、煽动他人从事非法行为的不完全的罪行。教唆罪的构成只要求行为人实施了教唆他人实施犯罪的行为，不要求被教唆者必须实施了所教唆的罪行。美国《模范刑法典》[Model Penal Code]规定教唆罪和大多数所教唆的严重罪行是相同等级的。该词用于如教唆卖淫、教唆盗窃、教唆行贿等词组之中。

solicitation of adultery　引诱通奸　一方努力表白自己的意愿，以获得另一方同意与之通奸的行为。

solicitation of bribe　❶索贿　腐败地表示愿接受一笔贿赂。即使未达到受贿程度或者甚至只是有收受贿赂之意图，其在普通法和各种制定法中都是一项犯罪。❷请求或怂恿他人行贿或受贿

solicitor　n. ❶〈英〉事务律师　在15世纪英格兰的衡平法院，起草诉讼文书和契据的工作由书记员担任，而对其他事务的法律代理的需要促进了事务律师的出现。最初他们只是一般事务代理人而非律师，且地位低于法律事务代理人[attorney]，但很快他们便赢得了认可，在衡平法院中执业。整个18世纪，法律事务代理人和事务律师并存发展，1728年的一项法律还规定了一个人可以被允许同时作为法律事务代理人和事务律师执业，这在当时也是一般惯例。在18世纪末以前，法律事务代理人和事务律师都是伦敦四大律师公会[Inns of Court]的成员，在1793年他们被逐出律师公会，但此后他们即垄断了预备律师公会[Inns of Chancery]。虽然从1729年起即规定了取得事务律师资格和考试的条件，但长期以来一直只是一个形式，直到1831年事务律师协会[Law Society]成立至19世纪中期，才最终确定了成为事务律师必须通过考试的条件。在1843年以前，法律事务代理人在普通法法院执业，事务律师在衡平法院执业，代诉人[proctor]在教会法院和海事法院、遗嘱检验法院和离婚法院执业，1873–1875年《司法组织法》[Judicature Acts]将他们统一称为"最高法院的事务律师"[Solicitors of the Supreme Court]，并成为法院的官员。传统上，事务律师可以在治安法院[magistrates' court]和郡法院[county court]出庭执业，而通常不能在高级法院[superior courts]出庭。但是依据1990年《法院和法律服务法》[Courts and Legal Services Act]和1999年《司法准入法》[Access to Justice Act]的规定，这种状况已有改变，现在已被获准执业的所有出庭律师和事务律师，在完成必要的培训后都可获得充分的出庭权[full rights of audience]。即使是那些还没有取得充分出庭权的事务律师也可以出席高等法院[High Court]办理破产案件，或宣读正式的、无异议的陈述[formal, unchallenged statement]；对其在治安法院出庭辩护的案件上诉至刑事法院[Crown Court]或被移送刑事法院量刑[Committed to the Crown Court for Sentence]的，也可以出席刑事法院办理该案；此外，事务律师还可以出席高等法院法官室[chamber]办案，或在上诉法院[Court of Appeal]的独任法官[single judge]面前出庭。单个事务律师办理出庭业务通常比出庭律师要少得多，而且有的事务律师根本不出庭，但就事务律师总体而言，他们办理出庭业务则要比全体出庭律师多，因为约98%的刑事案件是在治安法院审理的，通常都是由事务律师出庭辩护，而且，依1990年《法院和法律服务法》许多合同和侵权案件从高等法院转由郡法院审理，事务律师出席郡法院的业务也在增长。大多数的事务律师做得更多的还是文书工作[paper work]，包括办理财产转让[conveyancing]、起草合同和遗嘱、提供口头和书面的法律意见等。当事人可以自己直接聘请事务律师，事务律师也可以选择是否承办某一案件。事务律师可以单独执业，也可与其他事务律师合作，他们共同租用办公场地和雇用行政人员，其事务所可以设在英格兰和威尔士的所有市镇。有些事务律师则在法律中心[Law Centres]以及其他咨询机构、政府部门、私人企业中工作，或者执教，而非作为私人执业律师。现在英格兰和威尔士，要成为事务律师需满足相应的条件和接受必要的培训[qualifications and training]，最后由事务律师协会[Law Society]授予事务律师资格。虽然英国的法官一般从执业律师中选任，但事务律师却鲜有机会升任法官，直到近些年来，事务律师也仅有可能被选任为巡回法官[circuit judge]。但1990年的《法院和法律服务法》已向事务律师敞开了通往更高级别的法官之路。该法改变了以往关于事务律师获得出庭权的规定，成为法官的途径受其影响亦得以拓宽。如依照新的规定，获得在高等法院出庭权达10年以上的可被任命为高等法院的法官，而同样依该法的规定，事务律师在完成必要的培训后可获得在高级法院的出庭权，因此，今后事务律师将可能被选任为高等法院法官乃至更高级别的法官。在苏格兰，从1933年起，将以前称为法律代理人[law agents]、事务律师[writers]、代诉人[procurators]的法律职业者统一称为事务律师[solicitor]，它包括了事务律师协会[Writers to the Signet]、苏格兰最高法院的事务律师[Solicitors in the Supreme Courts of Scotland]、格拉斯哥代诉人皇家协会[Royal Faculty of Procurators in Glasgow]、阿伯丁律师协会[Society of Advocates in Aberdeen]和一些小的地方律师协会的成员，以及在册但不属

于任何律师团体的执业者。现在，要成为事务律师，必须跟随一名执业事务律师接受过一定期间的培训，通过专门的考试，被授予事务律师资格，并取得年度执业证书。事务律师主要办理一般的法律及业务咨询、财产转让、信托、公司业务、为出庭律师准备案件和提供说明等。在某些案件中，也可以代理当事人在郡长法院和其他初级法院出庭。(⇨barrister; legal profession) ❷〈美〉**首席法务官** 市、镇或其他政府部门中的首席法律官员。

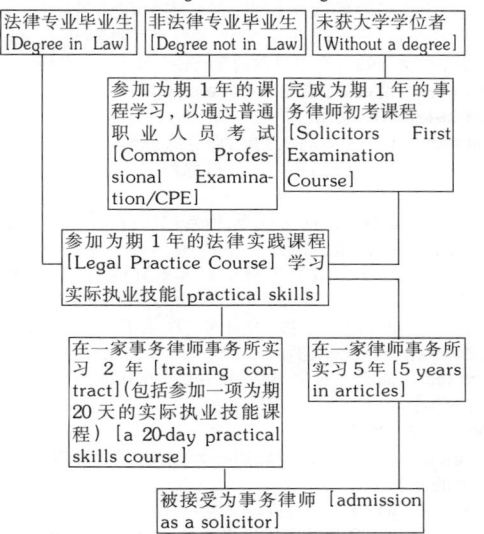

英格兰和威尔士的事务律师之路
[The Route to Becoming a Solicitor in England and Wales]

Source: 英美法术语服务机构(北京), 2002年
[The Anglo-American Law Terms Service, Beijing, 2002]

Solicitor General ❶〈美〉**副总检察长；司法部副部长** 司法部中地位仅低于总检察长或司法部长[Attorney General]的法律官员，由总统经参议院提议并同意后任命。其主要职责是在涉及美国国家利益的案件中代表联邦政府出庭(尤其是在联邦最高法院)，决定联邦政府对哪些案件应提出上诉，监督最高法院办理涉及联邦政府的事项等。 ❷〈英〉**副总检察长** 在英格兰，国王律师[King's Solicitor]的职位始于1460年，从1515年起使用现在的名称。其源起与衡平法院有密切的联系。现在副总检察长为地位仅次于总检察长[Attorney-General]的政府法律官员，除法律职责外，兼具政治职责，他一般总是下议院的议员。其任务主要是为内阁和各部部长提供法律咨询，将法律议案提交议会审议和通过。自1895年以后，他便不能再以私人名义执业。总检察长职位空缺时，通常但并不总是由其继任。在其离职后，经常会被任命为法官。在苏格兰，国王律师[King's Solicitor]首次出现于17世纪，自18世纪初期起该职位便一直延续下来。在17和18世纪时，通常有两名副总检察长共同履行职责，但后来经常总是只有一名。其在政府中为较低级别成员，随政府的更替而离职。现在，他为总检察长[Lord Advocate]的副职和首席助理，履行总检察长的全部职责，尤其是在有关财税[Exchequer]的案件中代表政府出庭，但他不能依职权[jure officii]提出控诉，除非总检察长已去世或离任。按惯例，在法庭上他有权坐在围栏

以内法官席的左侧。在总检察长职位空缺时经常由其继任。

Solicitors before the Supreme Courts/S.S.C. (= Society of Solicitors in the Supreme Courts of Scotland)

Solicitors Disciplinary Tribunal 〈英〉**事务律师惩戒法庭** 其前身为依据1957年《事务律师法》[Solicitors Act]成立的惩戒委员会[disciplinary committee]。法庭由有10年以上执业经验的事务律师和掌卷法官[Master of the Rolls]指定的非律师人员组成，受理依1974年《事务律师法》提出的申请和投诉。法庭有权暂时停止事务律师执业，对其处以不超过750英镑的罚款，颁发支付令，取消执业律师资格，受理已被取消执业资格者恢复其律师资格的申请等。法庭作出的裁决要提交事务律师协会[Law Society]备案，以备公开审查。法庭的裁决可视为高等法院的裁决予以强制执行。对法庭作出的拒绝恢复律师资格等裁决的上诉由掌卷法官受理，其他上诉由高等法院受理。掌卷法官和高等法院的裁决为终局裁决。

solidarity n. **连带债务** 在大陆法中，该词指数人在同一个合同中，就同一笔款项，在同一时间内，共同对另一个人承担的债务；其中任何一人都负有清偿全部债务的义务；债务人之一履行全部债务的，其他连带债务人的义务即行解除。在连带责任中，尽管其中每个债务人的义务可能各不相同，但合同中规定的义务是一个整体。(⇨solidary)

solidary a. **连带的** 大陆法术语，意指所说的权利或利益是共有的或共同的。其在普通法中的对应词为"joint and several"。连带债务[solidary obligation]在普通法中即写作joint and several obligation，即：多个债务人中的任一债务人均有义务清偿全部债务，而不是按比例分别承担。但是，在大陆法中，这一术语也包含连带债权，即：在有多个债权人时，每一债权人均有权接受全部清偿，并出具偿债证书。

solidatum 绝对财产权；完全财产权

solido 〈拉〉(罗马法)**从整体上看；作为一个整体**(⇨in solido)

solidum 〈拉〉(罗马法)**整体；不可分割者**(⇨solidary)

solitary confinement **单独监禁** 一种对犯人单独监禁的监狱制度，只有经看守同意，才能允许其他人偶尔与之会面；从严格意义上讲，指犯人被监禁在单人牢房，完全与社会隔离，不允许其直接与任何人交往或见面，不能被雇佣，也不给予教训令。现在人们认为，单独监禁作为一种惩戒或安全防范措施，只适用于待审犯或一些特殊情况，而不能普遍采用。

Solo cedit quod solo implantatur. 〈拉〉植物于土地属于土地。

Solo cedit quod solo inaedificatur. 〈拉〉建筑于土地属于土地。

solum provinciale 〈拉〉(罗马法)**外省土地；行省土地** 指罗马帝国在所征服的国家设置的行省的土地。这种土地的最终所有权属于国家或皇帝，占有土地的人只享有占有权而无以以法律(市民法)规定的方式转移土地所有权。与之相对的是意大利土地[solum italicum]，到优士丁尼时取消了此二者之间的区别。

solus agreement **独家经销协议；特约经销协议** 通常用于汽油和石油经销。协议中规定：商品只能从一个供应商处获得，即经销独家公司产品。这种协议可能会被视为对公平交易的限制。

solutio 〈拉〉(罗马法)**清偿** 指依债的要求而履行给付。

solutio indebiti 〈拉〉〈罗马法〉无债清偿 指为并不存在的债务进行清偿。如果因事实错误而为清偿,则受领人有义务返还收受的金钱。(⇨indebiti solutio)

solutus ❶〈罗马法〉自由;释放;不受拘束 ❷〈苏格兰〉免除;清除;涤罪

solvabilité 〈法〉偿债能力(= solvency)

solvency n.偿债能力 指债务人有能力在一般商业过程中偿付全部到期债务。

solvency policy 信用保险单(⇨credit insurance; guaranty policy)

solvendo esse 〈拉〉〈罗马法〉有清偿能力的

Solvendo esse nemo intelligitur nisi qui solidum potest solvere. 〈拉〉能全额清偿债务者方为具有清偿能力。

solvendum in futuro 〈拉〉〈古〉待清偿 指债务现已到期但尚待将来清偿。

solvent a.有偿债能力的
n.有偿债能力的人(⇨solvency)

solvent credit 可实现之债权(⇨solvent debt)

solvent debt 可履行之债务 指可以立即履行或兑现的债务,债权人可按通常的商业途径而不必诉诸诉讼和执行即可收取的债务。

solvent debtor 有偿债能力的债务人(⇨solvency)

solvere 〈拉〉支付;清偿;履行

solvere poenas 〈拉〉支付罚金

solvit 〈拉〉他清偿了;已清偿

solvit ad diem 〈拉〉他如期清偿了 在债务诉讼中,被告所作的称自己已于债务到期时清偿了的答辩。

solvit ante diem 〈拉〉他已于到期日前支付了 在债务诉讼中,被告所作的称自己已于债务到期日前支付了款项的答辩。

solvit post diem 〈拉〉他已到期日后支付了 在债务诉讼中,被告所作的称自己已于债务到期日后而在诉讼开始之前清偿了债务的答辩。

Solvitur adhuc societas etiam morte socii. 〈拉〉合伙得因一合伙人之死亡而解散。

Solvitur eo ligamine quo ligatur. 〈拉〉如何受约束即可如何解除约束。

Sommersett's Case 〈英〉萨默塞特案 1772 年由王座法庭判决的一个著名案例。在该案中,被他的西印度[West Indian]主人带到英格兰的黑奴詹姆斯·萨默塞特[James Sommersett]请求颁发人身保护令并获得允准。曼斯菲尔德勋爵在判决中确认,已实际身在英格兰的奴隶不能因为惩罚而被送回殖民地。判决还附带宣称英格兰法律不允许存在奴隶制度。

somnambulism n.梦游症 梦游症患者可免受刑事处罚,但要为其侵权行为承担赔偿责任。

somnolentia n.梦游 不完全的睡眠状态,像喝醉酒一样。此时,人体机能的一部分处于不正常的兴奋状态,而其余部分则处于休眠状态。梦游可以破坏辨别是非的能力,故其又可成为犯罪的辩护理由。

sompnour (教会法)传票送达员 教会法院中送达各种传票的人。

son 〈法〉他的
n.儿子 指直系的男性下一代,但有时也可用于较远的男性后裔,有时更广泛地用以称呼年轻男子,如学生、被监护人、养子或受扶养者。

sonans 〈拉〉发音(⇨idem sonans)

son assault (= son assault demesne)

son assault demesne 他自己的袭击行为 被告在侵权诉讼[tort action]中所作的一种自卫答辩,称是原告自己首先实施袭击行为,被告只是使用了必要的力量以抵御原告的袭击和保护自己的人身和财产安全。

son damage 他自己的损失(⇨en son damage)

son done 他自己完成

S-1 〈美〉S-1 表 一种表格。任何一家公司要想使自己的证券在国内上市交易,都必须向证券交易委员会[Securities and Exchange Commission]填交这种表格,主要用于首次发行证券的发行人。该表格要求发行人披露有关发行人及上市证券的大量信息,是基本的和详尽的登记陈述书,亦称作"Form S-1"。对于规模小一些的企业,证券交易委员会[SEC]使用修改过的 SB-1 和 SB-2 表格。

son gree 他自愿;他主动(⇨de son gree)

son-in-law n.女婿

sonticus 〈拉〉〈罗马法〉重的;危的;严重的 在《十二表法》[Twelve Tables]中,用以指称被告不到庭的一项合法理由即重病[morbus sonticus]。

son tort 他自己的违法行为;他自己的过失(⇨de son tort)

sorcery n.巫术;魔法 在英国,1735 年的《巫术法》[Witchcraft Act]取消了对于巫术单独或附带的起诉,但它同时规定对于假装使用巫术的人,如果被定罪,应处以一年监禁。此法令被 1951 年《诈骗手段法》[Fraudulent Mediums Act]所取消。

sore feet 痛脚 对父母结婚后几天或几周内出生的孩子的俚称。

soror 〈拉〉姐妹

sororicide n.杀害亲姐妹的行为;杀害亲姐妹者 非法律上的专业术语。

sors 〈拉〉❶〈英格兰古法〉本金 有息贷款之本金,区别于利息。❷通过诉讼返还之物 区别于诉讼费。❸〈罗马法〉阄;签

sortitio 〈拉〉〈罗马法〉抽签;抽签决定 例如,用抽签的办法来挑选陪审团以审理刑事案件。

sortito 〈拉〉以抽签的方法;抽签决定地

soul-scot n.丧葬费用 某人死亡时从其财产中划出的部分,以供宗教安魂之用。

sound a.❶健康的;正常的 ❷完全的;充分的 ❸有效的;合法的 ❹可出售的 ❺正确的;合理的 ❻明智的
v.❶与⋯有关联;使具有⋯的基本性质;目的在于;针对 如要求损害赔偿的诉讼[sounding in damages],它不要求返还如债一类的特定物,而只是要求确定实质上的损害。

sound and disposing mind and memory 健全的记忆能力与财产处分思维 用以表示行为人有遗嘱能力[testamentary capacity],即遗嘱人在设立遗嘱时所需具有的理解其遗嘱行为及内容的记忆力健全和精神正常的状态。他必须在立遗嘱时明确了解其所实施的行为、知道其财产状况、知悉其遗嘱条款所涉利益相关者与其本人的关系。

sound animal 健康牲畜;良畜 指没有器质性缺陷或疾病,适宜于即时的、正常的和合理的用途的牲畜。

sound health (保险法)身体健康 指投保人在投保时没有严重的损伤或重病,也没有任何严重影响身体健康的病痛。此词语不能按字面来解释,因为它并非是指完全的健康或绝对没有疾病。

sounding in damages 要求损害赔偿的 指提起诉讼的目的只是为请求获得因合同或侵权[trespass]等而产生的损害赔偿,而不是要求收回土地、货物或金钱等。这

样的诉讼称为"要求损害赔偿之诉"[action sounding in damages]。

sound judicial discretion 合法的司法裁量权 指法官在充分、公正地衡量经过法定程序提交给其的事实的基础上依法行使的自由裁量权。其行使的过程不是恣意的、武断的，而是在当时情形下顾及了正义与公平的。

sound memory 健全的记忆力(⇨sound and disposing mind and memory)

sound mind 精神正常；心智健全(⇨sound and disposing mind and memory)

sound mind and memory 记忆能力健全且精神正常(⇨sound and disposing mind and memory)

soundness n. 健康；强壮(⇨sound)

sound physical condition 健康的身体状况 它并不必然意味着完全健康，也不否定有暂时的不适。(⇨sound health)

sound price 合理价格；优质价格

sound title 状况良好的所有权；可供交易的所有权 指不存在合理怀疑的所有权。

sound value 合理价值 ①证券的估计价值。指证券在未能充分经营以凭借市场行情确立市场价值时的估计价值；②中长期证券的平价，即票面价值。指持有该证券不以市场出售为目的而是为了投资而持有，其利息及本金分期付款中的每一期所付款项的支付无迟延，且没有任何显示其价值将会降低的出售价的、出价或其他情形；③(保险财产的)实际现金价值或完好价值。在保险单中，指保险财产在未遭损失前瞬间的实际现金价值。尤指火灾保险单中保险财产受损前一刻的实际现金价值。

soup n. (英俚)"汤"案 这是某些法院的一种习惯做法，即法院把某些非自诉案件交给那些与法院有联系的、处于困境而又能正式出庭的律师承办。人们用救济穷人的汤来比喻这样承办的案件，称之为"汤"案。

sources of law 法律的渊源 这一术语在不同地方使用含义不同。①法律的历史渊源。它指历史上发生的引发法律原则及规则之产生的行为和事件，在英国和西欧法律制度中，这些渊源一般包括罗马法、教会法、封建主义的原则、封建习惯、商事法、西欧通行的海商法等。它们也包括特定国家的特定行为与事件，例如在英格兰，中世纪产生《大宪章》[Magna Carta]的国王与贵族的斗争，17世纪国会与国王的斗争，促成 1906 年《行业争议法》[Trades Disputes Act]的劳资纠纷等，这些都可作为英格兰法的历史渊源。②法律的理论或哲学渊源。即影响了法律、促成了立法或导致变革的理论上的或哲学上的原则，如衡平法受自然法理论，19 世纪英格兰法改革受功利主义的影响等。③法律的正式渊源或形式渊源。这是指基于某一机关被认可的权威而使它所制定颁布的那些规则具有了法律的效力，在这个意义上英格兰法的形式渊源包括：国会的立法；被授予立法权的机关所制定的法律；上级法院在判决理由中包含的法律原则；权威法学论著中体现的原则；习惯；基于公平、正义、道德、理性所产生的司法观念等。④法律的文献渊源。这里主要指法律文件记录及法律著作文献，前者包括制定法汇集、判例报道集，后者包括法律家的权威性著作，如布莱克斯通爵士的《英格兰法释评》[Commentaries on the Laws of England]等。⑤法律的文化渊源。如百科全书、专著、教科书、参考书籍，但它们所作的说明并无法律上的效力，法官并无必须采用它们的义务。每一项法律原则和规则都在上述前四种含义中有渊源。对于法学研究来说，第一、第二种渊源很能引人入胜；但对于法律实践来说，则第三、第四种渊源最为重要，被主张的法律原则只有出自于法律的形式渊源且能在文献渊源中找到才有法律效力；第五种渊源则有助于某一法律问题的系统化和对法律发展的评估和批评。法律史上法律渊源经历了一个长期的发展，先是习俗、惯例，然后又是立法机关的立法，直到今天又扩展到国际条约等。一国究竟以何种渊源作为该国的法律渊源，可于宪法中加以规定或在主要法典中或最高法院判决中规定。在英国的渊源顺序是欧共体立法、欧洲法院判例、英国议会法案、成文法规、判例、习惯、权威著作，此外亦有道德原则与社会准则。在美国其顺序为宪法、条约、联邦法、联邦行政条令、州宪法、州成文法、州行政法规、程序法、判例、惯例、著作、道义、公正原则。

South-East Asia Treaty Organization 东南亚条约组织 根据 1954 年 9 月 8 日澳大利亚、法国、新西兰、巴基斯坦、菲律宾、缅甸、英国、美国在马尼拉签订的条约而成立的组织。建立该组织的目的是为防止共产主义的扩张及为东南亚地区提供集体防务。该组织的主要机构包括：①部长理事会；②常设理事会；③军事、经济及政治三个专家委员会。

Southern District/S.D. 〈美〉南部地区 例如：U.S. District Court for Southern District of New York 即指纽约州南部地区美国地区法院。

South Sea Bubble 〈英〉南海泡沫 南海公司[South Sea Company]创建于 1711 年，主要从事于西属美洲[Spanish America]的奴隶买卖。起初，该公司业绩一般。在 1718 年乔治一世开始掌管该公司后，才增强了公众对该公司的信心。1720 年该公司提议，并经议会批准，公司接收大部分国债，给予国债持有人该公司的股票作为交换。于是，该公司的股票从 1720 年 1 月的 128.5 点，迅速暴涨到 8 月的 1 000 点。在这段时间里，其他公司的乐观的发起人也发行了股票，使很多投资者被骗。到 9 月份，股票市场暴跌，南海公司的股票跌至 124 点，政府股票和其他股票都暴跌，很多投资者破产。股票的跌落使公司董事大失体面，然而南海公司坚持到 1853 年才关闭。这次危机导致了 1721 年《泡沫法》[Bubble Act]的产生，该法规定：未经法律授权或国王特许，不得以发行可转让股票或股份的方式创立公司。该法妨碍了公司以现代方式发展，因此于 1825 年即被废止。

souvent 〈法〉经常

sovereign n. ❶君主；国王；统治者 ❷主权国(⇨sovereign state) ❸主权(⇨sovereignty) ❹金镑 英国的金币。
a. 拥有最高权力的；主权的；君主的；独立的

sovereign immunity 主权豁免(⇨foreign immunity)

sovereign nation (= sovereign state)

sovereign political power 国家政权；主权 指在其所及范围内具有绝对性和不受控制性的权力。此权力的行使和有效运作既不依存于也不受制于其他任何人的权力；同时该宪政体制所认可的其他任何权力均无权妨碍其行使或宣布其无效。该词常缩为 sovereign power；亦称 supreme power。

sovereign power ❶主权权力 ❷(= sovereign state)

sovereign prerogative 君主特权(⇨royal prerogative)

sovereign right 主权权利

sovereign state 主权国家；主权国 永久居住在一块固定土地上的人的集合，由共同的风俗、习惯和法律联系在一起组成的一个政治实体;它通过其政府行使独立的主权,管辖境内一切人和事物,宣战媾和,与国际社会其它成员进行国际交往。美国各州各有其独自的主权,因而一州的法律不能在任何其他州生效。

sovereignty n. 主权 一国最高、绝对和不受控制的统治权。它是具体政治权力的渊源;表现为一国在国内对其政府建制的最高管理权,在国际上的独立权和自主管理国内事务不受外国支配的权力,诸如在国内制定法律并适用,征收捐税,同外国宣战或媾和、缔结同盟条约或进行商业交往等。

sowne （英格兰古法）可课税的 郡长回呈[return]中常用到的一个财政署的用语。

S.P. (= sine prole)

space law 外空法;外层空间法 指为各国所接受的外层空间的法律,并对各国及其国民在地球大气层以外与天体相关的外层空间内从事的活动具有拘束力的法律原则。自1957年苏联发射第一颗人造卫星以来,外空法已逐渐发展成为具有实际意义的国际法新领域。1958年,该问题被提交到联合国,并建立了特别委员会。1959年,该委员会改建为永久性机构,即"和平利用外层空间委员会"[Committee on the Peaceful Uses of Outer Space]。该委员会认为,国际法适用于外层空间和天体,外层空间和天体供任何国家按照国际法自由地探测和利用,但不得将其据为己有。1963年,联合国大会一致通过《关于各国探索和利用外层空间的法律原则的宣言》[Declaration of Legal Principles Governing the Activities of States in the Exploration and Use of Outer Space]。1966年签订了《外层空间条约》[Outer Space Treaty]。该条约宣称:外层空间可自由探测;外层空间和天体不得被占有;不得在外层空间设置军事装置;各国对其自身及其国民在外层空间的活动负责。

spado （拉）（罗马法）太监,阉人;无性能力者;阳痿者;无生育能力者

sparsim 〈拉〉到处;分散;时尔;稀疏 例如在一片土地上到处分散地砍伐树木是对原告土地权的侵害。

spatae placitum （英格兰古法）快速审理军事犯罪的法庭

S.P.C.A. (= Society for Prevention of Cruelty to Animals)

spe 希望;期望（⇨in spe;spes）

speaker n. ❶发言人;演讲者 ❷议长 是某一立法机关主席的正式称谓,但在英国往往特指下议院的议长,在美国则特指众议院的议长以及某些州立法机关一院或两院的主席。议长职位发源于英格兰,其历史可追溯至14世纪。英国下议院选择其成员中的一员向国王陈述不满,由于这名议员代表集体讲话,因此渐称议长,议长惯例由此产生。英国下议院的议长是最具声望和权威的一个职位。他在每届议会开始时由下议院议员从他们中间选举产生。一旦被推选到议长职位,议长就立即脱离其党派,并且被要求完全不带任何偏见。议长可连选连任,不过在大选中谋求连任的议长并不进行政治竞选。下议院议长是下议院的正式代言人,代表下议院会见国宾,主持下议院全院大会,并负责领导下议院管理工作。为保持中立,他不参与投票,但在票数相等时由议长投决定性一票。英国上议院议长由大法官[Lord Chancellor]兼任,与下议院议长不同,其职位多具象征性,虽为全院大会主持人,但对议事过程中的疑难问题和争端却没有裁断权,对议事秩序没有维持权,而都由出席的贵族集体裁断。美国众议院议长由众议院多数党党团会议在新国会召开前夕从本党议员中提名,经众议院选举产生。他与参议院主席[President of the Senate]的地位有很大不同,是众议院的领袖,享有如下权力:议员发言同意权;任命特别委员会和协商委员会的成员;把议案交委员会审议;对提出的程序问题和应否审议某项议案的动议作出决定;在议院表决时,如赞成票与反对票相等,投决定性一票。

speaking demurrer 提出新事实的诉求不充分抗辩;叙事性异议 这是一种特殊的抗辩,与针对起诉状中的主张而指出其不足的抗辩不同,它提出了原告诉状中所未包含的新事实,并以此来反驳原告的请求权。此种抗辩不应予以支持而应予以驳回。

speaking motion 〈美〉要求考虑(诉答书状之外的)事项的申请 在旧时诉讼中这种申请是受到禁止的,但现在依《联邦民事诉讼规则》[Fed. R. Civil P.]的规定,允许提出此种申请。

speaking order 附解释的裁定;说明理由的裁定 指法庭作出的裁定中,同时对裁定所作指示予以解释或说明其依据。

speaking with (the) prosecutor 同控诉方协商 指已被判定犯有轻罪的被告人与控诉人达成庭外和解[imparlance],如果控诉人同意,法庭可以决定对被告人只施以轻微的刑罚。

special acceptance 特别承兑 指与汇票记载事项或未明确记载在汇票上的补充事项相违反的一种承兑。其属于附条件承兑汇票,只能在特定地点付款而不在他处付款。(⇨qualified acceptance)

special account 特别账户 经特别协议为特殊用途在银行开立的账户,从而银行方面就该存款而产生受托人或受寄人的关系。(⇨special deposit)

special act 特别法 只适用于特定人或特定私人事务的法律。(⇨private acts;special legislation)

special action 特别诉讼(⇨extraordinary remedies)

special administration 特别遗产管理 与一般遗产管理[general administration]相对,指①受命对死者某一部分财产而非全部遗产进行管理,或者在某一期间进行遗产管理;②在涉及遗嘱效力之诉未决期间管理遗产。(⇨administration pendente lite)

special administrator 特别遗产管理人 指由遗嘱检验法庭指定的遗产管理人。当对指定遗嘱执行人或遗产管理人有争议或因其他原因延误了指定时,由特别遗产管理人负责看管遗产。指定特别遗产管理人的目的在于在正式管理人产生前保护遗产、防止损失。(⇨special administration)

special agency 特定代理;特别代理 代理人被授权从事单一的交易或一系列交易,不涉及活动的持续性。

special agent 特别代理人;特定代理人 其只被授权代理本人为一件或几件特别事务,与总代理人[general agent]相对称。

special agreement 特别协议;特殊合同 (= special contract)

special appearance 特别应诉 指目的仅为对法院的管辖权提出异议的应诉。目前,美国《联邦民事诉讼规则》[Fed. R.Civil P.]及采用该规则的州已废除了此种应诉,对于法院管辖权的异议可以在诉答程序或审前申请中提出。(⇨general appearance)

special assessment 特别税;特赋;特别受益税 指对在公共设施或市政建设改进中受益的财产征收的一种税。例如,因市政当局对街道的拓宽和修整而使沿街地价上涨,房地产商等受益者即应缴纳此种税。

special assessment bond （= improvement bond）

special assessment lien 地方特种税留置权 为保证地方特种税的征收而对应纳税财产设定的法定留置权。

special assessments 地方特种税 属地方税收，即对特定地区的财产征收的一种税，税款用于被认为有利于该地区所有财产而进行的地方公共设施建设。

special assumpsit 特别简约之诉 指原告要求确定合同用语或其法律效力的诉讼，它与一般的要求履行合同债务的诉讼不同。亦作"express assumpsit"。

special attorney 〈美〉特别律师 由联邦或州的司法部长所指定的，协助其办理与公众利益有关的特殊案件的律师。（▷independent counsel）

special authority 特别授权 仅限于从事某一特定事务的授权。（▷special power）

special bail （= bail to the action）

special bailiff 特别执达官；特别司法行政官 应诉讼一方请求而特别指定，以送达司法文书或从事其它司法事务。（▷bound-bailiff）

special bailment 特别寄托 指对公共利益有影响的寄托，法律规定这类受托人比一般的受托人[ordinary bailee]要承担更严格的责任。

special bastard 特别非婚生子女 指父母未婚时所生而其后父母结了婚的子女，按教会法，他们不属非婚生子女，而在普通法上，他们仍属非婚生。

special benefits 特别利益 指确定征用赔偿金额时可扣除的利益。例如为改良而征地，改良之结果特别对被征用者的财产或利益有利而不为附近所有财产所分享的利益。

special calendar 特别诉讼日程表 需专门安排听审[hearing]、庭审[trial]或辩论的案件的诉讼日程表。

special case ❶〈英〉特别案情陈述 ①当事人以此种方式将案件事实陈述提交法院，并提出一个或多个法律问题，要求法院就此作出判决；②以此种方式提出在仲裁过程中或仲裁裁决本身作为之法律问题，要求法院就此作出判决。1979 年的《仲裁法》[Arbitration Act]已废除了这一做法，而代之以向高等法院提出上诉；③不服法院依简易程序所作之定罪判决或裁定者，可以此种方式要求高等法院就该判决或裁定在适用法律上的正确性予以审查。（▷case stated） ❷〈苏格兰〉特别案情陈述 指在当事人对案件事实没有分歧的情况下，以此种方式要求法院就法律问题作出判决。常用于遗嘱或信托授产协议的解释案件中。

special census 特殊的人口普查 由人口调查局基于请求或某一特定目的而进行的人口普查。

special charter 特别特许状 指经某一立法特别授权成立一市政法人的特许状，它与总体规定成立市政法人的立法不同。

special commission 特别委员会 指为特殊目的而成立的委员会。此词语使用于宪法所禁之事项，目的在于防止立法机关以设立特别委员会的名义干预地方政府、控制纯属地方性的事务。

special commissioners 〈英〉特别专员署 又称所得税征收特别专员署。其职责是确定某些所得税的应缴额，对税收进行指导管理和按比例分配，对税额评定的申诉做出决定并在法律问题上诉诸法院。

special constables 特别警察；临时警察 警察队伍中的非正式成员，可由警察局长指定，协助正式警察执行任务。（▷constable）

special contract ❶书面盖印合同 区别于口头合同或虽为书面形式但未盖印的合同。（▷specialty） ❷明示合同 该术语的一般用法是指明示合同[express or explicit contract]，即明确规定当事人双方权利义务的合同。 ❸特殊合同 指就同一交易对象而言，比普通合同增加了特别条款的合同。

special counsel （= special attorney）

special court-martial 〈美〉特别军事法院 三种军事法院之一，由一名军事法官主持，至少三名成员组成合议庭，只限于对非死刑案件的管辖。在三种军事法院中，它处于中间审级。（▷court-martial）

special custom 特别惯例 地方性的或特殊的习惯，区别于普通的习惯。

special damage 特定损害 指损害不能由法律推定为被告行为所致，而是必须由原告在起诉书中加以特别请求。在诉讼中不仅要证明该损害确已发生，而且必须证明它是被告行为的直接后果。

special damages 特定损害赔偿 即对特定损害[special damage]的补偿。其所赔偿的损害不是从原告所指控的作为或不作为中推定的自然与可能的结果而是由此实际造成的结果。原告欲主张该种赔偿，须加以特别指明，并予以严格证明。（▷general damages）

special defence 〈英〉特别答辩；特别辩护 在以前郡法院的诉讼中，如果被告人所要提出的答辩理由是以下几种之一时：债务抵销[set-off]、反请求[counterclaim]、未成年[infancy]、妻子的地位[coverture]、诉讼时效法[statute of limitations]、破产[bankruptcy]、衡平法上的答辩[equitable defence]、1677 年《防止欺诈法》[Statute of Frauds]第 4 条，他必须通知原告，否则在以后的诉讼中不允许他再提出。自 1936 年之后，特别答辩已不复存在，被告人在所有的情况下都应将其答辩理由告知原告，但是他也可以不提供答辩理由而在出庭时进行答辩，不过法院可能会要其支付由此而产生的费用。在苏格兰的刑事诉讼中，这种特别的辩护理由包括不在犯罪现场[alibi]、被卷入犯罪[incrimination]、自卫[self-defence]或犯罪时精神错乱[insanity at the time of the crime]。如果被告人要使用上述理由之一，就必须在庭审之前特别告知国王，否则将不许提出支持该理由的证据。

special demurrer 〈英〉特别诉求不充分抗辩 针对对方诉状形式上的缺陷提出的抗辩。已被 1852 年《普通法诉讼程序法》[Common Law Procedure Act]废除。

special deposit 特别存款；特别寄存物 指交给某银行的寄存的钱物，该钱物与银行的其他财产分开并独立保存，经申请求后予以原物返还，保存期间不得使用。寄存之钱物的所有权由寄存人享有，如有灭失，由存放人承担损失。

special deputy 〈美〉（县）行政司法官临时助理（= special deputy sheriff）（▷deputy sheriff）

special deputy sheriff 〈美〉（县）行政司法官临时助理 在特殊场合临时指定的执行某项特殊令状的官员。（= special deputy）（▷deputy sheriff）

special digests 〈美〉特别判例摘要 指联邦法院的、州法院的、地区性和分主题的判例摘要。主要有《美国最高法院判例摘要》[U.S. Supreme Court Digest]、《联邦判例摘要》[Federal Digest]（收录联邦法院在1939年前判决的案件）、《现代联邦诉讼摘要》[Modern Federal Practice Digest]（1939 – 1961）、《韦氏联邦诉讼摘要》第 2 辑[West's Federal Practice Digest 2d]（1961 – 1975）、《韦氏联邦诉讼

摘要》第3辑和第4辑（1975年至今）。专业性的联邦判例摘要有《破产法院判例摘要》[Bankruptcy Digest]、《索赔法院判例摘要》[Claims Court Digest]、《韦氏军事司法判例摘要》[West's Military Justice Digest]。州法院的判决按地理位置收录在不同的《地区判例摘要》[Regional Digests]中出版，有《大西洋区判例摘要》[Atlantic Digest]、《西北区判例摘要》[Northwestern Digest]、《太平洋区判例摘要》[Pacific Digest]、《东南区判例摘要》[Southeastern Digest]和《南部地区判例摘要》[Southern Digest]，有的地区摘要分第1辑和第2辑出版。此外，许多州还出版本州的《州法院判例摘要》[State Digest]。其他的专业性的判例摘要还有《韦氏教育法判例摘要》[West's Education Law Digest]等。《美国判例摘要系统》[American Digest System]所收录的判例在相应的特别判例摘要中都可查到。

special diligence 特别注意；特别谨慎 一个优秀商人在其经营领域内从事活动时应有的、与其自身所负责任相应的谨慎程度，而不仅仅是普通人或非专业人士所具备的那种谨慎。

special drawing rights/SDR 特别提款权 国际货币基金组织会员国按其在该组织中所摊份额而取得的一种用于弥补国际收支一时不平衡的记账货币。特别提款权是1967年在里约热内卢召开的会议上确定设立的。（▷International Monetary Fund）

special election 特别选举 指因为某些紧急或特殊的需要而举行的选举，如填补职位空缺或将议案或建议提交选民决定等。

special emergency 特殊的紧急情况 比通常的紧急情况、危急关头、困境更为紧迫的一种突发性的、不能及时预见以致没有时间去考虑并做出判断的情境。

special endorsement (= special indorsement)

special errand rule 特殊使命规则 依据该规则，雇员虽在工作场所之外，但却是在为雇主做事的途中或履行雇主分配的特殊职责[special duty]时所受的损害应包括在应由雇主负责的劳工损害赔偿范围内。该规则构成雇主对雇员在从事受雇工作之外所受损害不承担责任这一般规则的一个例外，也称special-duty exception 或 special-mission exception。

special errors 特别复审答辩 在旧时的普通法诉讼中，指提出一些另外的事项作为对抗复审令状[writ of error]的理由，例如已放弃复审请求权，或提出复审请求的时限已过等。对此，请求复审的当事人可以作出答辩或抗议。

special estate tail 限嗣继承财产 要求被指定的特定继承人在娶妻后方能继承的财产。

special examiner 〈英〉专门询问人；特别询问人 法院指定的对在国外或在法院管辖区以外的证人进行询问的人。也指衡平法院在某一特别案件中指定的询问人。(▷examiner; examiners in chancery)

special exception ❶特别抗辩 指对诉因陈述的方式而非实质内容提出的抗辩。 ❷〈美〉特别例外 指分区条例[zoning ordinance]中所允许的在特定条件下对财产的特别使用。(▷special use permit)

special execution 特别判决执行令 指令行政司法官以某项特定的财产来实现判决的执行令。

special executor 特别遗嘱执行人；特定遗嘱执行人 这种遗嘱执行人的权力和职责是有限的，或者其行使职权的时间或地点有限定，或者仅限于执行死者遗产的特定部分。

special exemption from taxation 特别免税 指对特定类型的纳税人，如退役军人、老人、无赚钱能力的人等的免税。

special-facts rule 特殊事实原则；特定情形原则 在公司法上，指公司董事或高级管理人员对在特定情形下进行股票交易的股东负有披露实质性内部信息的财产受托人义务。这类特殊情形包括股东缺乏商业技能、股份被特定少数人持有而不易确定其市场价值、董事或高级管理人员唆使股票交易等。该原则系多数情形原则的例外。(▷majority rule)

special fee conditional 特定的附条件非限嗣继承 一种附条件的非限嗣继承地产。它限于给某人及其与特定某一配偶所生之继承人。

special finding 特别裁决 ①具体阐述已经证据证明了的、法庭判决所要依据的基本事实的裁决；②在美国军事法上，指军事法官所作的与确定被告人有罪还是无罪直接相关的裁决。(▷general finding)

special grand jury 特别大陪审团 ①在不能组成普通大陪审团或普通大陪审团被解散时组成的陪审团；②为审理某一特殊案件或一系列涉及类似犯罪的案件而召集的陪审团。

special guaranty 特别保证 指只以指定的人作为债权人的担保。

special guardian 特别监护人 指对被监护人的人身或财产享有限定权力的监护人。例如仅对被监护人的财产而非人身享有监护职责者，或仅对被监护人的人身而非财产享有监护职责者。亦可指诉讼中的监护人[guardian ad litem]。

special heir 特别继承人 (= heir special)

speciali gratia 特别恩典 (▷ex speciali gratia)

special imparlance 特别延期答辩 指保留被告人对令状、诉状、诉讼理由等的异议权的答辩期间的延长，在延长期间过后，被告人虽不能对法院的管辖权有异议，但仍可作妨诉答辩[plea in abatement]。(▷general imparlance)

special income tax 特种所得税 对特种收入，尤其是对前期逃避税负的收入所征收的一种税。

special indorsement 特别背书；完全背书；记名背书 写明向某人或其指定人付款的背书。如果是单据，则为写明向某人或其指定人交付货物的背书。任何经特别背书之票据只能依指定之被背书人的指示付款。经过被背书人的再背书，该票据可继续流通。

special indorsement on writ 令状的特别背书 (▷statement of claim)

special injunction 〈英〉特别禁制令 英国早期司法实践中的用语，指当衡平法院给予的预防性救助是最终的、且唯一可获得的救济时，为防止不可弥补的损害的发生，经当事人申请而签发的禁制令。(▷common injunction)

special inquiry officer 特别审查官 移民机构的官员，专门负责决定外国人的出入境。

special interest groups 特殊利益集团 指社会中有共同的特殊利益的集团，这种集团通常试图影响政府立法，以照顾该集团的特殊利益。

special interrogatories 特别质询书 指向陪审团提交的要求其就某一或多个基本事实争点作出决定的质询书，以检验陪审团的评议和结论是否与概括裁断[general verdict]相一致；或者在法庭要求陪审团作出特别裁断[special verdict]时，也要向陪审团提交特别质询书。在美国联邦诉讼中,该词为非准确用法,虽然《联邦民事诉讼规则》[Fed.R.Civil P.]规定了向陪审团提交质询书[interrogatories]和要求陪审团作出特别裁断,但不是特别质询书。但是在某些州的法院使用特别质询书的说法。

special issue 个别否认答辩 指只否认起诉状中某一重要的、可反驳的主张的答辩。它并不提出新的事实,且在效果上可导致对原告整个诉权的否认。区别于概括否认答辩[general issue]。

specialist n. ❶专业律师 ❷专业证券商 指以经纪商或交易商的身份,驻守在一特定的柜台下,将其营业活动集中在其管理之若干种股票的会员。业务可分为两类:①以经纪商的身份,帮助其他经纪商执行顾客的命令。当普通的经纪商须等待一段时间才能执行顾客的命令时,只好将此命令转给专业证券商,以便其伺机执行,而赚取佣金;②以交易商身份从事专业股票的买卖,依其经验及判断力,对其所擅长专业的股票进行买卖,通常是低价买入,高价卖出。由于是以自有资金从事买卖,故须自己承担风险。

specialized agencies 专门机构 指一系列政府间组织,它们的活动处于联合国总的监督之下,并由经济和社会理事会协调其活动。有些专门机构在联合国成立之前就早已存在。主要的专门机构有:国际电信联盟、万国邮政联盟、国际劳工组织、粮食及农业组织、国际货币基金组织、国际复兴开发银行、国际金融公司、联合国教科文组织、世界卫生组织、世界气象组织、国际民用航空组织、政府间海事协商组织等。每个专门机构都有自己的组织章程、机构和机关、秘书处或事务局。作为其成员国进行合作的机构,它们不是超国家组织。因为,尽管它们的决议可成为法律并为其成员国创设义务,但却不能因此而为成员国创设法律,它们对其成员国所能实施的制裁各有不同。

specialized committees of the House of Commons 〈英〉[总称]下议院专设委员会 下议院从1966年起任命了一些专设委员会以审议特定行政部门的问题或工作。后来经常再次被任命的是科学和技术委员会[committee on Science and Technology],还有其它被任命的委员会如种族关系和移民委员会[committee on Race Relations and Immigration]、议会行政监察专员委员会[committee on the Parliamentary Commissioner for Administration]等。但是关于部门的委员会并不一直存在。这些委员会提出了一些有价值的报告,而且还使议员们对政府管理的某些方面更为了解。

specialized court 专门法院(⇨court of limited jurisdiction)

special judge 〈美〉临时法官 当正式法官缺席、丧失行为能力或不能胜任工作时,或出现宪法、法律规定的其他情形时,临时选出的法官。有的法院还将 special judge 与 judge pro tem 作了区分,认为后者是在法院某一开庭期内临时选任的法官,在该期间,他可行使正式法官的全部职能,而前者则是为审理某一特别案件而临时选任的法官。

special judgment (= judgment in rem)

special jurisdiction 特别管辖权(⇨court of limited jurisdiction)

special jury ❶〈英〉特别陪审团 由具有一定社会地位的人,如乡绅、银行家、商人或达到一定的征税估定价值的房屋的居住者所组成的陪审团。1922年以后,它只用于土地索赔案件中,1949年以后,除伦敦市在商事案件中仍然可组成特别陪审团外,其它地方已将其废除。1971年这些商事案件中的特别陪审团也被废除。 ❷〈美〉特别陪审团 在案件事实比较复杂或严重的重罪案件中,应当事人的请求而从被认为更有知识或理解力更强的候选陪审员中挑选组成的陪审团。也称蓝带陪审团[blue-ribbon jury; struck jury]。

special law 特别法(⇨private law; special legislation)

special legacy (= specific legacy)

special legislation 特别法 指不统一实施的法律,只适用于特定的一类人或某一类事情,或专断地排除对一些人、地或事物的适用。

special letter of administration 特别遗产管理委任书 授予特别遗产管理人[special administrator]的委任书。

special letter of credit 特种信用证 一种只能交付给该信用证上记载的受益人的信用证。

special license ❶特别许可证 指某些商人必须具有的许可证。商贩、小贩及那些从事某些类似酒类或药品买卖的零售商都属于此类。 ❷特许结婚证 指由坎特伯雷大主教[Archbishop of Canterbury]批准的可在任何时间、任何地点举行婚礼的许可证。

special lien 特别留置权 只为清偿特定债务或履行特定职责而在特定财产上设置的留置权。亦作"particular lien",与一般留置权相对。

special lien for services 加工承揽特别留置权 工匠对自己为之提供服务的他人动产所行使的留置权。

special limitation 特别期限(⇨conditional limitation)

special master 特别主事官 受破产法院委托,对某事项进行审理并报告其对事实的认定和法律结论的人。

special matter 特别事项 在普通法诉讼中,被告在作出概括否认答辩[plea of the general issue]时,经事先通知原告,准许其作为特别证据提出的事项,从而被告可以不必专门为之作出答辩。

special meeting (公司的)特别会议 指公司股东年会或董事会例会之外的董事会议或股东会议。它通常出于某一非常目的,诸如对公司合并事项进行投票,而由董事会、公司高级管理人员或者部分股东提议召开。亦作 "called meeting"。

special motion 特别申请 指法庭有自由裁量权决定是否以听审的申请,区别于法庭当然应予准许的申请。

special occupant 特别占有人 在他人生存期间保有地产人[tenant pur autre vie]去世之后,地产封赠书规定由该保有人的继承人占有该地产,后者即被称为特别占有人。(⇨general occupant)

Special Orders 〈英〉特别命令 在上议院用来指那些发生法律效力之前须得到两院赞成决议的行政立法性文件[statutory instruments]。上议院设有一个特别命令委员会[Special Orders Committee]以审查所有此类规则和命令,并向上议院汇报由此种命令而产生的原则、政策和先例方面的问题。所要求的决议须待特别命令委员会对该待决的特别命令作出汇报之后才可在上议院被提出。

special owner 特别所有人 仅用于动产,指经实际所有权人同意,且作为实际所有权人之代表而持有财产的人。

special paper 跟单票据;附票据的单证 如附有汇票的海运提单。(⇨clean bill; clean paper)

special partner 特别合伙人 在有限合伙中对合伙企业债务不承担一般责任,只承担有限责任的合伙人。(= limited partner)

special partnership (= limited partnership)

special permit (= special use permit)

special plea 特别答辩 ①在美国指刑事被告人提出的有罪答辩或无罪答辩以外的其他形式的答辩。②在英国，指非以概括否认[general issue]的形式作出的答辩，而是提出一些确定性事项作为答辩理由，如未成年[infancy]、妻子的地位[coverture]、诉讼时效法[statute of limitations]等。(⇨special defence)

special pleader 〈英〉状师 在18和19世纪的英格兰法律行业中的人员之一，其业务为起草诉讼中的各种诉读文书。他们一般不是律师公会的成员，在取得律师资格之前先做几年状师是很普遍的。由于当时法律的技术性很强，所以讼诉复杂而冗长，各种诉讼之间存在细微的和技术性的差别，具体的诉答也成为一门复杂的技术性学问，其中，措词和形式比内容重要得多。19世纪初期进行的法律和诉讼程序改革使得这一学问和状师这一执业阶层不复存在。

special pleading 特别答辩 要求提出具体的或新的事项作为理由来反驳对方当事人的主张，而非仅仅直接否认对方主张的答辩，如 pleading in confession and avoidance。

special power 特定权力 指只授予代理人为特定行为，或按特殊指示行事，并按所代理之行为必然含有的必要限制行事的权力。

special power in trust 特别信托权(⇨special power of appointment)

special power of appointment 特别受托权 指信托中的受托人只能将财产交给在产生受托权的法律文书中所指定的特定人。根据美国制定法的规定，特别的信托权存在于两种情况之中：①依信托授权所作的处分只限于处分给受托人以外的任何其他特定之人；②依信托权所作的处分或委托产生的任何权益，由受托人以外的任何人或一类人享有。

special privilege 特权；特殊权益 授予某人或某类人而有别于他人的权利、权力、特许权、豁免权或特殊利益。

special procedure orders 〈英〉特别程序命令 英国委任立法[delegated legislation]的形式之一，由政府大臣根据授权法明确授权，依照特别议会程序[special parliamentary procedure]所制定的命令组成。根据1945年和1965年的《法定命令(特别程序)法》[Statutory Orders (Special Procedure) Act]规定，在进行地方调查后，此项命令必须提交议会，并可提出废除或修正该命令的申请。如果命令得到批准，命令开始生效，否则命令不发生效力，除非按《公法法案》[Public Bill]的程序加以确认。特别程序令现已大量取代了临时命令[provisional orders]，主要用于向地方当局授权。强制购买土地，在某些情况下(如地方当局或国家信托机构所用的土地)必须用特别程序命令才能实现。

special proceeding 特别程序 ①指能够独立于一项未决的诉讼[pending action]之外，基于申诉或申请[petition or motion]而开始的程序，对通过该程序作出的影响当事人实体权利的终局判决可以直接提出上诉；②提供特别救济的程序。

special property 特别财产权 与完全所有权[full ownership]相对，指不完全的、有限制的财产权，如受托人、留置人、抵押权人的财产权。

special prosecutor 特别检察官 被任命对特定案件进行侦查，在获得授权的情况下并可提起诉讼的律师。

special receiver 特别争讼财产管理人 指只对特定财产进行管理的争讼财产管理人。如对抵押物回赎权诉讼中的财产管理人。(⇨receiver)

special referee 特别仲裁人(⇨referee; reference)

special registration 特别登记 为特殊的选举所要求且仅由其适用的投票人登记制度，如在地方自决选举[local option]中。

special relief 特别救济 依衡平法在申诉书、起诉书或申请书中请求的救济。

special reserve 国民军(⇨militia)

special retainer 特别律师聘请费 只为某一特定案件或项目聘请律师而支付的费用。(⇨general retainer)

special retention 〈苏格兰〉特别留置权 指依根据合同而占有的他人财产或货物进行扣留的权利，其目的在于使留置权人为此所付出的劳务和费用得到补偿。

special rule of court 法院的特别裁定 指法院所作的、决定对某特定案件适用不同于普通程序的特别诉讼规则或诉讼方法的裁定。

special seal 特别印章 公司用于特殊场合而不同于公司印章[corporate seal]的印章。

special session ❶(立法机关的)特别会期 ❷特别开庭期 在英国，指郡内某一地区的治安法官为处理特别事务而举行开庭的期间，一般根据议会法的规定而举行，且通常要给予所有居住在该地区的治安法官以适当的通知。有时也称为特别小法庭[special petty sessions]。(⇨session; petty sessions)

special statute 特别法(⇨private acts; special legislation)

special statutory proceeding 特别的制定法上的诉讼(⇨extraordinary remedies; special proceeding)

special tail 限定继承(=tail special)

special tax 特种税；特别税 为特定的政府目的或公共目的的征收的税。为改善地方设施而征收的税[special assessment]不属于特种税。

special tax bond ❶(=special assessment bond) ❷特税债券 市政当局发行并通过对烟、酒、汽油等商品征收特别消费税而偿还的债券，与政府的一般税收收入无关。

special term 〈美〉特别开庭期 指法院在特别时期由负责官员[presiding officer]指定的处理某些特别事务的期间，区别于法院常规的开庭期或休庭期。在某些州，指法院由一名法官主持对申请[motion]和具有衡平法性质的案件进行初次审理和裁决的期间，区别于通常由三名法官主持审理上诉案件的一般开庭期[general term]。在某些司法区，还指除陪审团审判以外法庭处理事务的期间。

special territorial jurisdiction (=extraterritoriality)

special traverse 特别否认答辩 普通法上当事人为解释或说明其否认的合理性而采取的一种答辩形式。它由两部分组成，第一部分，也称引言[inducement]，说明其肯定的事项；第二部分为否定部分，称作"absque hoc"，字面意思是"此外另有"，提出否定之主张。英国1852年废除了此种答辩。

special trust 特别信托 用于完成特别指定目的而设定的信托方式，受托人不只是财产的消极受托人，而是被要求能够积极努力地实现财产信托设立人的意图。亦称"积极信托"[active trust]。

specialty n.❶盖印合同 指盖印的书面合同，与口头合同或不盖印的书面合同相区别。(⇨special contract) ❷特别建筑 在财产评估中，该词用于指专为适于所有权人营业而修的建筑物，其改作一般工业用途必然造成巨大损失和开支。

special use permit 〈美〉特别使用许可 指城市规划法规的例外许可，如对教堂、医院等。特别使用许可准许财产所有人按照因城市规划法规中列举之情况而明示许可之方式使用其财产。"特别许可"与"特别例外"[special exception]同义。

special venire 特别陪审团召集令 指当用尽了通常陪审员名单上的人员或陪审员名单上的人数不足而仍需追加陪审员以补足陪审团人数时,由法院发出的召集陪审员的令状。

special venireman 特别召集的补充陪审员(⇨special venire)

special verdict 特别裁断 指陪审团就其认定的案件事实作出裁断,但不确定案件的哪一方胜诉,而是将此问题留给法官通过对所认定的事实适用法律来作出判决。(⇨general verdict)

special warranty 特别担保 特别担保有两种情况:①文契中只限于对特定人或特定权利主张作出保证的条款。最通常的形式是让与人保证自己不提出、也不许通过他或以他的名义提出权利要求;②在购买人为特定目的而订购某物时,出售方关于该物适合于该特定之用途的保证。

special warranty deed 特别担保契据 指含有特别担保条款而不是总担保条款的文契,财产让与人只保证自己不直接、而任何其他人也不得经由他或以他的名义对财产所有权提出请求。在美国某些司法管辖区,这种产权转让文契也被称为"放弃权利证书"[quitclaim deed]。(⇨special warranty)

specie n.硬币 该词在法律上常用于短语"in specie"中。例如,就合同而言,"performance in specie"指根据合同条款严格履行;而对某物而言,"in specie"指该特定物,而非等价物、替代物。(⇨in specie)

species 〈拉〉(罗马法)❶形式;形态;式样;形状 ❷种类

species facti 〈拉〉行为的类别或性质

specificatio 〈拉〉(罗马法)〈苏格兰〉加工 一种所有权的取得方式,指将原材料制成新物品而成为该物之所有者。如果这种新物品能被复原成其原有形态,如一尊青铜雕像,那么,新物品的所有权属于原料的所有者,原料的所有者必须向加工人支付劳动报酬。如果新物品不能复原成原有形态,如面粉做成了面包,那么,制作者对新物品享有所有权,但须支付原料费。

specification n.说明书 指关于专利、制造、建筑等合同的法律中所使用的说明书,详细陈述、交待或列出各种有关的要素、原材料、尺寸等。在专利制度中指专利说明书,详尽描述发明内容,且描述必须完整充分;在军法上,指对被诉有军事犯罪行为者的详细指控;在动产中,指加工于他人的动产使之成为新动产的加工行为;在建筑合同上,指含有用料说明内容的工程设计书;在破产法上,指债权人拒绝豁免债务人债务的理由说明;在诉讼法上,指当事人对其提出的若干主张或所依据的若干事项所作的详细、具体的说明。

specific bequest 特定动产遗赠 指通过遗嘱对特定动产所作的遗赠,例如"我的旧摆椅"。它不同于一般的动产遗赠[general bequest]。(⇨specific legacy)

specific criminal intent 特别犯罪故意(⇨specific intent)

specific denial 特定否认 被告在答辩状中对原告所主张的特定实体事实所作的否认。

specific deposit (= special deposit)

specific devise 特定的(不动产)遗赠 指特别指定具体地块作为遗赠物,以区别于一般遗赠[general devise]与剩余遗产的遗赠[residuary devise]。例如,在遗嘱中写明"将我在亨登哈尔的地产遗赠给…"属于特定遗赠,而写明"将我的所有土地遗赠给…"则属于一般遗赠。但在普通法中,实际上所有的遗赠都是"特定的",无论是直接在遗赠遗嘱中,还是根据剩余遗产条款来确定遗赠的土地。(⇨specific bequest)

specific goods 特定货物 在货物买卖合同签订时就被认定并同意的货物。

specific implement 〈苏格兰〉特别履行 一种针对违约行为的补救方法,法院命令被告实际履行合同,完成其所承担的义务。这是一般性权利,故法院在实际履行合同将导致不合理的情况下,亦可拒绝给予此种补救。

specific insurance 特定保险 对特定的危险或以特定的金额所作的保险。

specific intent 特定故意 指意图作出法律所禁止的某一特定行为的故意,即在当时情形下,罪犯必须在主观上已有得到此禁止的结果的意图。在刑事上诉中,将具有这种故意的行为指控为特定故意犯罪,例如盗窃罪,罪犯非但要有取走他人财物之行为的心理状态,而且还须证明其有"盗窃"此财物的"意图"。(⇨criminal;mens rea)

specific intent crime 特定故意的犯罪 在这种犯罪中特定的意图是该罪的必要因素。在普通法中,这种犯罪包括抢劫罪、企图伤害罪、偷盗罪、夜盗罪、伪造罪、诈骗罪、侵占罪、犯罪未遂、犯罪教唆及犯罪共谋。

specific jurisdiction 〈美〉特定管辖权 因被告与诉讼地所在州具有某种程度的最低联系[minimum contacts]而产生的管辖权,从而法院对因该最低联系而产生的争议问题有权听审。

specific legacy 特定财产遗赠 指以遗嘱特别指定的财产的遗赠,如:一匹马或一件家具或一定年限等的遗赠;它是特别指定的,因而不能适用于其他的物或权利上的财产,如:一幅画、某珠宝、对某个指出姓名的人的到期债权或一笔数额确定的钱。在严格的意义上,特定遗产仅指特定的、与遗嘱人的其他所有同类的动产相区分的动产,如一匹棕色的马;也指整体叙及的一类的动产的遗赠,如遗嘱人的全部藏画。只有通过交付该特定物、钱或财产之特定部分,才能完成此遗赠,而不能是收受等值钱物。特定财产遗赠先于不特定财产遗赠支付给继承人。除非不特定遗产已全部支付后仍有未清偿的债务,否则特定遗产不得被用以清偿债务。但特定遗产有可能被遗嘱人撤销或收回。

specific legatee 特定受遗赠人 在遗嘱中被指定为特定遗赠受益人的人。(⇨specific legacy)

specific lien 特别留置权(= special lien)

specific performance 特定履行 衡平法上对违反合同的一种救济,指强制被告实际履行合同义务,也即令其完全按原合同中所承担从事之事来履行清偿。这是一种特殊的、非常性质的救济,法院有自由裁量之权,但也按先例所定之原则行使。这是一种对人诉讼,如果被告不在管辖区内,则特定履行令就不能发出。特定履行只适用于依普通法赔偿损失的方法对其损失不能充分补偿的合同,该合同应该是肯定的合同,对其赔偿损失尚非足够补偿;该合同应是一个待履行的合同,而不是已履行完的合同;而且该合同必须在各个实质性的方面具体确定,必须不是非法或不平等、不公平、不合理的合同。如果合同涉及连续的行为而需法院加以监督时,法院就不强制合同之履行;此外,对个人之承揽与服务,不能交互执行之合同,纯从属于一份不能执行之主合同的合同,给付金钱之合同,或者特定履行令将无意义的,或者金钱赔偿之偿付将是合适的等情况，法院也都不会执行特定履行。在某种场合，原告可能在某些完全按约履行属于非物质的不能时，以特定履行获得赔偿。在法院能命令特定履行时，法院可以判令损害赔偿以替代特定履行，或在特定履行之外另加损失赔偿。

specific tax 从量税 以应税收入或财产的一定数量为基础确定的税率征收的税，与之相对的是从价税[ad valorem tax]。

specific traverse 特定否认（⇨special pleading; specific denial)

speculate v. 投机 为可能之获利而承担损失的风险。买进卖出以图价格之涨跌带来之利益。

speculation n. ❶投机交易;投机 指意图从其价格波动中获取利益而买入或卖出某物。❷推测;推断

speculative damages ❶推测性损害赔偿金 指不能确定或者不能以合理的确定性加以证明的损害赔偿，从而法院不能判决给予此种损害赔偿。❷(= punitive damages)

speculative or trading value 推定价值或交易价值 指证券发行后会因受未来事件影响而在市场上可能具有的货币价值。

speculator n. ❶投机者;投机商 ❷"洞察者" 中世纪时给予杜兰德斯[Durandus]的一个称号，他曾著有《法鉴》[Speculum Juris]一书。

speculum 〈拉〉镜子;鉴 在很多古代法学著作或法律汇编的题目中使用这一词汇。

Speculum Abbreviatum 《法鉴简本》 由约翰内斯·德·斯蒂纳[Johannes de Stynna]于14世纪初在德国撰写的，以杜兰德斯的《法鉴》[Speculum Juris]为基础的一本教会法的教科书。它论述了一般的法律诉讼、诉状、法律文件以及法律格言。

speculum et lumen juris canonici "教会法鉴";"教会法明镜" 中世纪时给予乔安尼·安德列[Joannes Andreae]的一个称号。

speculum juris "法鉴";"法学明镜" 中世纪给予巴尔多鲁[Bartolo]，即巴托鲁斯[Bartolus]的一个称号。

speeding n. 超速驾驶罪

speed laws 限速法 为了公共安全，规定汽车在街道或公路上的驾驶速度的法律和条例。

speed limit 限速 法律或条例所规定的对街道或公路上汽车行驶速度的限制。通常是规定最高时速，有时也规定最低时速。摩托艇在公共水域的行驶速度也受此限制。

speedy execution 快速执行令 在美国，指根据案件承审法官的指令而立即签发的，或在法官审结案件后为快速执行目的而确定的某一较早日期即签发的执行令。在英国，根据1852年《普通法诉讼程序法》[Common Law Procedure Act]，胜诉原告要到作出裁决14天后才有权申请签发执行令，但若法官指令在早于该期间的时间签发执行令，即为快速执行。现在，对裁判的立即执行[immediate execution]是法律确定的原则[rule]。

speedy remedy 快速救济 指根据具体情况，在权益已受不利影响的当事人[aggrieved party]将可能遭受的损害发生前即可及时、快速为其提供的救济，如签发禁止令[restraining order]。

speedy trial 〈美〉迅速审判 指根据法定规则和程序在法定期限内或在无不合理拖延的情况下进行的审判。美国宪法第六条修正案保障刑事被告人有受到迅速审判的权利，根据联邦最高法院的解释，赋予被告人这项权利的目的在于防止被告人在尚未被定罪的情况下受到长期羁押，缩短被告人必须忍受审判开始前的焦虑和公众注意的时间，将由于拖延而给被告人进行辩护的能力造成的损害降至最低限度等。但宪法并未具体确定在多长期限内开始审判方可被认为是迅速，有些州已通过立法确立了具体的时间限制，超过该期限而未审判者将导致指控被驳回。被告人也可以放弃这一权利。

Speedy Trial Act 〈美〉《迅速审判法》 1974年通过的一项联邦法律，它确立了在联邦刑事案件的起诉中完成一些重要事项（如起诉、传讯等）的一系列时间限制。依该法，在指控被告人犯罪的任何案件中，有关司法官员应尽早在与被告人的律师和检察官协商后，将该案列入一周内或其他短期的待审案件日程表内，以保证该案能得到迅速审判。

spendthrift n. 挥霍者;浪费者 从法律意义上讲，指过于浪费、挥霍、赌博或嗜酒，以致使其本人或其家庭受穷受苦或要政府开支来维持他或他的家庭或需要为其指定监护人的人。一般则指漫不经心地花钱的人或不知金钱价值的人。

spendthrift trust 挥霍者信托 为提供信托受益人的生活费基金而设立的信托。这种信托禁止受益人转让信托财产的收益，并防止受益人的债权人对信托财产的收益主张权利，从而保障受益人的生活所需。

spermatozoa 〈拉〉精液

spes 〈拉〉希望

spes accrescendi 〈拉〉幸存的希望

Spes est vigilantis somnium. 希望是警醒者的梦想。[Hope is the dream of the vigilant man.]

Spes impunitatis continuum affectum tribuit delinquendi. 〈拉〉有望获得赦免的诱惑导致了不断地犯罪。

spes recuperandi 〈拉〉恢复财产权的希望;获得补偿或赔偿的可能 当海上被捕获之财产有被收回的可能时，此种可能使捕获者不能完全取得财产的所有权直到他们以有效的措施确实排除了此种可能。

Spiegel der deutschen Leute 《德意志法鉴》 1250年左右一部以《撒克逊明镜》[Sachsenspiegel]为基础的中世纪德意志法律全书。它试图表现德意志的普通法，特别是南德意志法。又称 Deutschenspiegel。

spinning house 〈英〉妓女感化院 剑桥大学所设的一种监狱，由学校当局用于拘押那些被认定犯有与在校大学生不道德交往罪的妇女。这种拘押权在1894年被废除，但对任何这样的妇女仍可作为游手好闲者、妨害治安的人而加以惩罚。

spin off 股份转移;转股;公司分离 一个公司向另一个新公司转让一定的资产以获得对该公司的控股股份，然后将这些股份分配给自己公司的股东，而获得新分配的股份的股东无需向该公司交回其所持有的该公司的股份作为交换。例如，甲公司通过向乙公司转让资产取得了足以对乙公司形成控股的股份，然后甲公司将这些乙公司股份分配给甲公司的股东。这是母公司放弃对其分支机构或子公司的控制，而使后者成为一个独立的公司的方式之一。(⇨divestiture)

spinster n. 未婚妇女;老处女

spirit of constitution 宪法的实质 宪法条文的真实意义，虽非显然可见，但符合该条文之一般目的。

spiritual a. ❶精神的 与"肉体的"相区别。❷宗教的;教会的 与"世俗的"、"商业的"相区别。

spiritual corporation ❶〈英〉宗教法人(= ecclesiastical corporation) ❷宗教团体
spiritual court 宗教法院
spiritualism n.招魂术；招魂说 认为死者的灵魂可以通过"灵媒"[spiritual mediums]与活人沟通信息。按英国1951年《诈骗手段法》[Fraudulent Mediums Act]，对为谋利而如此行为者皆予处罚。
spirituality n.神职人员的收入；主教的收入
spirituality of benefices (土地等的)什一税
spiritual lords 上议院的大主教和主教(= Lords Spiritual)
spite fence 恶意墙篱；栅篱；恶意圈围 只为妨碍相邻土地所有权人而建造篱笆，对建造者无任何益处。例如高而不雅观的篱笆有碍邻舍的空气流通、采光或视野。
spite structure 恶意建筑(⇨spite fence)
split decision 分歧裁决 包括少数法官的不同意见的裁决。
split dollar insurance 分摊保险 两人(一般为一个雇主和一个雇员)分摊保费支付，但仅以其中一人生命承保的人寿保险。被保险人死亡或其他导致该计划终止的事件出现时，非被保险人取得保险的现金价值作为补偿，剩余部分则由被保险人指定的受益人享有。
split down (= reverse stock split)
split gift 分开赠与(⇨gift splitting election)
split income 〈美〉分割收入 为了消除分别实行夫妻共有财产制与普通法财产制的各州之间夫妇财产所得税的差异，国会于1948年立法规定，所有州的夫妇可按共同收入纳税，其税率相当于各方收入为总额之一半而各自分别纳税时所适用之税率。
split-off v.股份置换；股权置换；易股 一个公司设立一个新公司并向其提供资本，并将由此而获得的该新设公司的控股股份分配给自己公司的股东，以换取这些股东手中持有的本公司股份的一部分，从而导致公司资产重组。例如，甲公司通过向乙公司转让资产取得了足以对乙公司形成控股的股份，然后甲公司将这些乙公司股份分配给甲公司的股东，以从这些股东手中换回相应数量的甲公司股份。
split of stock (= stock split)
split order 分批指令；分次委托 指示经纪人在不同价格上分批买入或出售股票的命令。其目的是为了避免由于过大交易量而引起证券价格的剧烈波动。
split sentence 分离判决 多用于以下两种情况：①判处罚金和监禁，但只收取罚金，而暂缓执行监禁；②被告先服一定期限的监禁刑，而余刑暂缓执行。
splitting appeal 反复上诉 对同一判决连续提出上诉。
splitting cause of action 分割诉因 指将单一的或不可分的诉因分割成几个部分或几个请求，从而只就其中的一部分提起诉讼，或者同时就各个部分提起几个诉讼。这种情况一般是禁止的。
splitting commission 分割委托 一种受谴责的作法：代理人或经纪人将其受委托事项分给其他一方或者他方的代理人或经纪人。
splitting fees 分配费用(⇨division of fees)
split-up v.股东转移；公司分立 一个公司分立为两个或两个以上的新公司，并将这些新设公司的股份分配给原公司的股东，而原公司解散，导致公司重组。例如，甲公司将其全部资产分别转让给新设立的乙公司和丙公司，并将由此而获得的对乙公司和丙公司的控股股份分配给甲公司的股东。通过这一过程，甲公司解散，其股东转为乙公司和丙公司的股东。

split verdict 〈美〉可分裁断 指裁决一方当事人对部分请求事项胜诉，另一方对其他请求事项胜诉；在刑事诉讼中，指确认被告人犯有指控的一罪，但未犯有指控的另一罪，或确认一个被告人有罪，而共同被告人无罪的裁断。
spoken slander 口头诽谤(⇨slander)
spoliation n.❶毁灭证据；篡改文件 指毁灭文件或将文件内容作有目的的重大更改的行为。如果这种毁灭或篡改证据的行为得到证实，则推定该证据对负有毁灭或篡改责任的当事人不利。该种行为构成对司法公正的妨碍。❷〈英〉(教会法)滥用圣俸(或教产)之诉 旨在恢复教会收益的诉讼，指担任一圣职的神职人员指控另一神职人员滥用圣俸或教产的收益。该诉讼发生在圣职推荐权人错误地推荐了两个圣职候选人而产生的谁是合法圣职担任者的争执中。但如果是不同的圣职推荐权人推荐不同的圣职候选人而涉及到圣职推荐权[advowson]的事宜，则归属民事法院管辖。
Spoliatus episcopus ante omnia debet restitui. 〈拉〉被剥夺了管辖权的主教尤其应该恢复其职位。
spolium 〈拉〉侵占物 在罗马法和普通法中，指使用暴力或其他非法方式从他人处取得的物品。其复数形式spolia较之更为常用。
spondeo 〈拉〉(罗马法)我保证；我同意；我接受
sponging-house n.债务人拘留所 指暂时拘留债务人的场所。将债务人拘留于此一日后，如无亲友为其还债，即送入狱。
sponsalia 〈拉〉(罗马法)结婚的合意；婚约；订婚 亦作stipulatio sponsalitia。
Sponsalia per verba de praesenti 即时合意婚姻 根据教会法的一种有效婚姻，尽管这种婚姻直到完成两性肉体的结合才得以完善。这种结婚方式须经双方当事人的合意，并在证人面前以书面或口头言词加以证明。它不同于订婚，订婚是一种根据将来结婚的允诺所订的婚约[Sponsalia per verba de futuro]。订婚通常是结婚的预备阶段，如果双方在订婚以后已结婚的允诺为保证而发生性关系，则订婚就此转为结婚。即时合意结婚和根据今后结婚的允诺而发生性关系的结婚，被1563年的特兰托公会议[Council of Trent]所禁止，但在苏格兰却一直持续到1940年。(⇨verba de praesenti)
sponsio 〈拉〉(罗马法)承诺；保证 指对要式口约[stipulatio]中的提问，以回答的形式作出的承诺或保证。
sponsio judicialis 〈拉〉(罗马法)(= feigned issue)
sponsio ludicra 〈拉〉❶(大陆法)谐谑允诺 指双方当事人达成的一种非正式约定，它在法律上是不可强制执行的。❷〈苏格兰〉随意协议；玩笑协议 指双方以开玩笑而非正式达成的协议，法院对此不予强制执行。例如打赌或赌博协议。
sponsion n.(国际法)越权约定 某些官员(例如战时的军事将领)未经政府授予该项权限或超越为此而授予的权限而代表政府签订的协议或约定。因而，此类约定须经政府明示或默示批准。
sponsor n.❶保证人 ❷发起人；资助者 ❸(罗马法)介入者 不经邀请，主动为了他人而介入之人。
spontaneous declaration 本能的陈述；出自自然的陈述 指个人在突然事件发生的当时或处于受该事件刺激的状态下，在其大脑还来不及进行考虑之前，出于本能地、反射性地对当时情形所作的陈述。这种陈述是传闻规则的一个例外,可以作为证据采纳。

spontaneous exclamation 本能的叫喊 〈⇨ spontaneous declaration〉

sponte oblata 〈拉〉无偿献给国王的礼物

Sponte virum mulier fugiens et adultera facta, dote sua careat, nisi sponsi sponte retracta 〈拉〉主动离开丈夫,并犯有通奸罪的妇女应丧失其嫁妆,除非其丈夫自愿将其领回。

sportella (= sportula)

sporting house ❶(美俚)妓院 ❷(古)赌场;赌窟

sportula 〈拉〉(罗马法)捐赠;奖金;额外所得;额外补偿 ①原指王、公、大人物施舍穷人时,装施舍物的篮或篓,后转指所施舍的肉食及金钱;②为其执行司法任务而向官员支付的费用。

spot n.现货;即时交货 在商品交易和外汇交易中,即时交付,与远期交付相对。
a.❶(交易中)交货时即付现金的;货到即付的 ❷(商店等)从事现金交易的;只经营现金买卖的;商品售出即时付现的

spot audit (= random audit)

spot cash 交货即付之现金;即时付款;现款支付

spot exchange rate 即期汇率;现汇汇率;电汇汇率

spot market (= cash market)

spot price 现货价格

spotter n.〈美〉私人侦探;(对雇工等的)秘密监视人

spot trading 现货交易

spousal consortium 配偶间相互给予的关爱和情谊

spousal disqualification 夫妻间之不合格 有些司法管辖区认为,在婚姻关系存续期间,夫妻间进行的谈话在证据上不合格,因而不得作为审理中的证据。(⇨ marital communications privilege)

spousals 〈英格兰古法〉婚约

spouse n.配偶 指夫或妻。

spouse-breach 〈英格兰古法〉通奸

spread n.❶(银行法)利差 ❷(证券法)差价 指证券市场上买方的最高报价与卖方的最低要价之间的差额。
❸(证券法)期权差价 对同一证券同时买进和卖出一个或多个期权合同,以赚取价差。 ❹差价;包销人佣金
在投资银行业务领域,包销商支付给发行人的价格与社会公众在首次发行中支付的价格的差额。该差价主要补偿包销人的费用,如经理人费用、包销人折扣以及证券销售集团的让价或折扣等。又称作"gross spread";"underwriting spread"。

springing use 〈英〉有条件使用权;未来使用权 以未来一定事件的发生为条件而产生的使用权,是衡平法确认的一种权益,亦为《用益法》[Statute of Uses]所确认。

spuilzie v.〈苏格兰〉非法攫取财产 指未经财产所有人的同意,也未依据任何法律指令,从他人之占有中拿走其动产的行为。该财产所有人可以提起诉讼,要求返还财产及所有人可由该财产获得的全部利益。

spurious a.假的;伪造的

spurious bank-bill 假银行汇票;伪造的银行汇票 在真实的空白银行汇票上由非银行职员签字,或是以假名签章。亦可指在伪造的空白银行汇票上具以假名、伪造签名或假冒签名。

spurious class action 虚假的集团诉讼 以前集团诉讼分类中的一种,指诉讼集团成员的利益是分别的,且并不互相依赖,只是为了避免重复诉讼才加以合并审理。(⇨ class action)

spurius 〈拉〉(罗马法)私生子;非婚生子女

spy n.间谍;密探
  v.暗中监视;做密探;做间谍

spying n.秘密监视或监听

squatter n.擅自占地者 指未经任何授权擅自在他人土地上居住的人。美国以前的法律中所称擅自占地者是指违反土地管理部门法规,为获取土地所有权而擅自占有公共土地的人。在英国,圈占荒地建屋居住者因时效而可取得无条件继承的不动产权。在美国,须按时效法规定之条件方可使占地者取得所有权。

squatter's right 占地者的取得权 擅自占地者通过在一定条件下对不动产的占有达到一定期限而获得所有权的权利。(⇨ adverse possession)

squeeze-out n.排斥

Squib Case 〈英〉爆竹案 指著名的1773年斯考特诉谢泼德[Scott v. Shepherd]一案,本案中被告把一只点燃的爆竹扔进市场,其间有两人出于自卫连续拾起它并扔出去,最终爆炸,致使原告眼睛失明,法庭认为被告作为最初抛掷爆竹者仍需对此危害结果负责。

squire esquire 的缩写形式

S.R.& O. (= Statutory Rules and Orders)

ss (= scilicet)

S.S.A. (= Social Security Administration)

S.S.C. (= Solicitors before the Supreme Courts)

S.S.S. (= Selective Service System)

stab v.(用尖头的工具)刺;戳;刺入;刺伤 不同于切伤、割伤。

stabilia n.(英格兰古法)斯德比利亚令状 亨利一世时期根据诺曼底习惯发布的一种令状。如某人对其下属所占有的土地主张权利,可请求君主签发该令状,使得他在该土地的所有权确定之前,占有该土地。此种令状在英格兰不适用。

stabilization of price 〈美〉稳定价格 联邦政府旨在稳定某些农产品价格的各种措施,尤其是指联邦政府为减少某些农产品的生产所占用的土地而给农民以补偿。

stabilization programs 〈美〉价格稳定方案 联邦政府为稳定谷物和其他农产品的价格而实施的各种措施。

stabilized price 稳定的价格 被稳定控制不上涨的价格。

Stabit praesumptio donec probetur in contrarium. 〈拉〉在未经有效的反证推翻之前推定成立。 但有些推定是不可反驳的。

Stabit presumptio pro veritate. 〈拉〉推定表明了事实真相。

stable-stand (英格兰古法)拉弓纵犬 据以判定某人意图猎杀或偷盗皇家森林中的鹿的四种明显证据之一,它指某人在皇家森林中手执弓箭或手牵猎犬的行为。(⇨ dog-draw; back-bear; bloody hand)

stacking n.连续索赔 在保险中,当被保险人受到不止一份保险单的保障时,如果他从第一份保险单中无法获得足额赔偿,则可基于同一索赔请求再从第二份保险单中获得赔偿。

stack sheet 计量单 商业交易中用以记录成堆草料数量的交易备忘录。

stadrecht 〈拉〉市镇法汇编 指中世纪欧洲有关市镇及其市民的较为重要的法律和法规的汇编。在实践中,每一个重要市镇都有权利制订其自己的法律,这些法可能涉

及特许状、特权的授予,管理机构的体制,有关获得和丧失自治市市民权利的法规,有关集市和市场的规定,对建筑的限制性规定,甚至还包括如财产转让这样的一般性事件的规定。早期的这类市镇法汇编通常是不成系统的法律集,到 16 世纪时许多汇编成卷,并定期予以增补修改。早期的市镇法汇编包括:聚特芬[Zutphen, 1190]、米德尔堡[Middelburg, 1217]、代尔夫特[Delft, 1246]、莱顿[Leiden, 1266]和鹿特丹[Rotterdam, 1299]的法律汇编。15 世纪早期一部以其质量而著名的市镇法汇编是由布里尔镇公所秘书长简·马西森[Jan Matthijsen]编纂的《布里尔镇法律集编》[Rechtboek van Briel]。许多新设立的市镇都借用较老市镇的习惯法,并根据其本地的需要予以修订,这样便形成了市镇法律体系,不少城镇也借鉴于莱顿。当子城镇产生了一个新的或困难的法律争议问题时,便可派代表去母城镇的法院听取意见。但是,当地区性的上诉法院建立起来之后,这种惯例就消失了。

staff-herding n.〔英〕**牧牛权** 根据森林法[forest law]的规定,该权利既指可将牛放入森林食草,也指牧牛人可随牛进入森林。

staff judge advocate 〔美〕**军法参谋** 总司令或同级军官的法律顾问。

stag n.**新股套利者;投机认股者** 股票交易术语,指并非为了投资而持有股份,只是为了在短期内获利而购买新发行的股票,以图在涨价后转手卖出获利的投机者。

stake n.❶**赌注** 押注后,于特定事件发生时转归获胜者所有的金钱或实物。 ❷(测量土地用的)**标桩**

stakeholder n.❶**赌注保管人** 作为赌注保管人,可保管参赌者交与的作为赌注的财物,并视赌博结果交与赢家,但因赌博合同是无效法律行为,故赌注尚在保管人手中时,参赌者应可随时要求退出赌博,收回赌注。 ❷**争议财物保管人** 作为争议当事人的第三方,保管发生权利争议的财物,并将其交给最后确定有权接受之人,同时享有向任何对争议财物主张权利的人提起或要求其提起确定竞合权利诉讼[interplead]的权利。

staking n.(以立桩的方法进行的)**土地立界**

stale 〔撒克逊〕**偷盗罪**(⇨larceny)

stale check **过期支票** 记载的出票日期远远早于实际提示日期或议付日期的支票,即长期未兑现的支票。根据美国《统一商法典》[U.C.C.]第 4-404 条,除保付支票[certified check]外,任何在出票六个月以后提示的支票均属过期支票。

stale claim (= stale demand)

stale demand **失效请求** 因诉讼时效法[Statute of Limitations]规定的时效期间已过或者被告提出原告有迟误[laches]的答辩,从而不能获得法律支持的请求。

stale equity (= stale claim)

stallarius ❶**马的主人** ❷**市场摊位所有人**

stamp n.❶**印花;印花税票** 附于官方或法律文件、股票等之上,证明税款已付的标志。 ❷**邮票** ❸**印章;图章** ❹**标志;特征**

stamp acts 〔英〕❶**印花税法** 规定在契据、合同、协议、诉讼文书、票据、收据等之上使用印花的各项立法。 ❷[S-A]《**印花税法**》 英国政府于 1765 年颁布的对北美殖民地人民征收直接税的法令,规定殖民地的法定文件、商业凭据等均需加贴印花税票。该法于 1766 年被迫废除。

stamp duties 〔英格兰古法〕**印花税** 规定所有正式文契必须加贴印花税票,通过在契据及其他法律文件上加盖印花税章而征收的税。该税构成王室常年岁入的一个部分。(⇨stamp)

stamp tax 〔美〕**印花税** 通过在契据、证件等法律文件上加贴印花税票所征收的税。

standard n.❶**标准;准则** 由习惯、法律或经当事人合意确定为正当的一种虚拟的行为模式,据以对具体行为的质量、可接受度、准确度等进行衡量。标准可以是确定的,也可以是非确定性的。标准也可专指在法律事务中用于衡量具体行为的依据或准则,如侵权行为诉讼中的注意标准[standard of care]。 ❷**旗** 如战争中所用的军旗和舰旗等。

standard deduction 〔美〕**标准减免额** 在计算应税所得时,允许个人纳税人从其调整后的总所得额中减免的最小数额。纳税人也可以选择分项减免,不过仅限于分项减免额超过标准减免额的情形。对盲人以及 65 岁以上的人还有额外的标准减免额;对依赖其他纳税人生活的人则有另加限制的标准减免额。(⇨itemized deductions)

standard established by law **法定标准;法律确立的标准** 指法律要求的注意标准,其设定乃以一个理性人在同等情形下会达到的注意程度为准。(⇨reasonable person; standard of care)

standard fire policy **标准火灾保险单**(⇨standard policy)

standard form ❶**标准格式** ❷**标准保险合同;标准保单**(⇨standard policy)

standard liability policy **标准责任保险单** 符合法律要求的形式的汽车责任保险单。

standard mortgage clause **标准抵押条款** 在火灾保险单中,该条款规定在作为抵押物的被保险财产发生损失时,保险人必须向抵押权人支付保险赔款,抵押权人作为受款人的权利不因抵押人的行为而无效。

standard of care (侵权法)**注意的标准** ①在有关过失的法律中,指相同或类似情况下,一个合理、谨慎的人应达到的注意程度,若行为人的注意程度低于这一标准,则有可能对其行为造成的伤害或损失承担责任;②在涉及专家责任(如医师、律师责任)的案件中,运用这一标准衡量专业能力。传统的医师责任标准是已尽"依现有医学发展水平,同一或类似地区的同业人员平均程度的技能、注意及勤勉",然而美国某些法院现已不再考虑地区差异,而定为"同一专业内合理的从业人员标准"。(⇨negligence; reasonable man; malpractice)

standard of measure (= standard of weight)

standard of need 〔美〕**生活必需标准** 公共救济法[public assistance law]中,州政府确定的个人或家庭的总体需求,若依其相关的生活来源达不到这一标准,该个人或家庭可成为公共救济的对象。

standard of proof **证明标准** 在某一类案件或某一特定案件中要求负有证明责任的一方提供证据进行证明应达到的程度。如刑事案件中控诉方对被告人有罪的证明需达到"排除合理怀疑"[beyond a reasonable doubt]的程度;大多数民事案件中的证明要求达到"相当的证据优势"[fair preponderance of the evidence]的程度。

standard of weight **法定计量标准**

standard policy **标准保险单** 由制定法[statute]规定的或依照制定法制定的保险单。

Standards Bureau 〔美〕**标准计量局** 促进标准计量的采用和实施的联邦管理机构。

standard time **标准时间** 依平太阳时[mean solar time]计算的时间,为方便工作和生活而采用。每一时区都有自已的标准时间。

standing *a.* 常设的;长期有效的;已由法律或习惯确定的 *n.* (= standing to sue)

standing aside jurors 排除陪审员 指在召集陪审团审理刑事案件时,控诉方可以暂时地将某一陪审员排除在外而无需说明理由,直至候选陪审员名单用尽,以代替申请该陪审员回避[challenge]并说明理由的做法。这一惯例形成于英国,最初是为规避1305年《陪审员回避法》[Challenge of Jurors Act]的适用,该法禁止在不说明理由的情况下申请陪审员回避。早期在美国的宾夕法尼亚州也存在类似的作法。

standing by ❶默认 指以沉默或不作为方式表示同意。该术语常用于关于"不容否认"案件[cases of estoppel]中,非指在交易过程中实际在场或参与,而是指在明知和有义务公开其意思时表示沉默。❷搁置;准备(⇨lying by; estoppel)

standing civilian courts 〈英〉常设文职人员法庭 设立于1976年,通常由一名军法署署长助理[assistant judge advocate general]组成,在有些案件中还需另有两名法庭顾问[assessor]参加。负责审理联合王国以外在军中服役人员以及随军但不属于军法管辖的人员犯罪的案件。被定罪的文职人员可就犯罪事实认定或判刑向军事法院上诉或向有复审权的机构申诉。

standing committee 常设委员会 ①在美国,指负责某一具体领域立法的常设性法律委员会[legislative committee]。其通常是负责审议基本的立法政策问题,举行立法听证会,淘汰不必要的议案及筹划利于议案通过的措施。②[S- C-]在英国下议院,除非另有规定,财政法案以外的公法案应经常设委员会审议。常设委员会的数目无限制,最多时在下议院有9个常设委员会。常设委员会的成员由遴选委员会[Committee of Selection]决定。各委员会中各政党所占名额按各政党在下议院中总体的力量对比来分配。各常设委员会的成员人数少则20人,多至50人,平均为45人。主席由下议院议长从主席候选人名单中任命,他可以决定将修正案付诸讨论,决定是否接受一项终止对某议案进行辩论的动议并将其付诸表决。每个常设委员会的职能是逐条讨论提交给它的法案,对所提议的修正案进行辩论并最后向下议院汇报。它必须遵守下议院的议事规则。

standing master 常设法官助理 指法院中常设的法官助理,受法官指令对特定案件承办传讯关系人、调查证据等事项,最终须向法官提出报告及意见,供法官参考。

standing mute 保持沉默 指刑事被告人拒绝对犯罪指控作出答辩。此种情况应视作被告人作无罪答辩。

standing orders ❶〈英〉议会议事规则 英国议会两院执行其职能的程序性规则。上议院和下议院均有各自的议事规则,这些规则有些是惯例的程式化,有些是基于各专门委员会就各方面的程序所提出的建议。两院均有议事规则委员会来决定对特定事项而言议事规则是否合理。在程序上,上议院比下议院更多地受到议事规则的规制。公共事务和私人事务均有各自的议事规则。❷〈美〉法院诉讼程序规则 某些法院为规范诉讼而引入的规则。在某些州,首席法官有权为其法院单独引入诉讼程序规则,包括法院每天开庭的时间、申请诉讼延期的程序、案件列入审判案件单的方法等方面的规则。

standing seised to uses 信托保有(盖印)合同 法定地产权人,以血缘关系或姻亲关系为约因,约定以亲属使用其地产为目的而拥有此地产并盖印证明形成的文书。该合同对指定的亲属发生默示使用收益的效力。但依后来英国的1535年《用益法》[Statute of Uses],这种衡平法上的地产权可自动转换为法定地产权,故而这种合同也就成为亲属间转让地产权的方法。英国1925年《财产法》[Law of Property Act]废止了这一名存实亡的信托保有(盖印)合同,而将其并入信托声明[declaration of trust]中。

standing to be sued 被诉资格 个人或主权国家在诉讼中成为被告的资格。对于主权国家来说,除非它同意应诉,否则它不能成为被告。

standing to sue 起诉权;司法救济请求权;原告资格 指一方当事人因与某项纠纷有充分的利害关系,从而可向法院寻求司法解决该纠纷的权利或资格,即有权提出某项法律请求或者寻求司法途径实现某项权利或使义务得到履行。在美国联邦法院,当事人若要取得原告资格须表明:①他所反对的行为已给自己造成了实际损害;②他所寻求保护的权益属于制定法或宪法所保障的权益范围之内。

standing to sue doctrine 起诉资格原则 这是英美司法审查中的关键性问题。司法审查中的起诉资格是指一个人可以对行政决定提出异议,请求法院审查行政行为的合法性并给予补救。有关起诉资格的法律来源于宪法、制定法和判例。审查起诉资格的目的是为了防止滥诉,不是任何人都具备起诉资格,事实上的损害是最主要的起诉资格标准。它要求原告实际已受到所反对的行政行为的侵害或有被该行为侵害的危险。

stannary courts (英格兰古法)锡矿区法院 13世纪在德文郡[Devon]和康沃尔郡[Cornwall]的锡矿开采区设立的法院。国王以纳税为条件允许此一地区的矿主拥有一些特权,因此形成了锡矿区法院,审理除土地、命案、肢体伤残以外的一应案件。锡矿区法院在19世纪末期归入郡法院。

staple *n.* ❶主要产品;主要作物;主要商品 生产、贸易及需求的主要产品,比如谷物、盐、面粉等。这种产品对其出产地的经济通常具有重要意义。❷〈英〉〈古〉贸易中心城镇;贸易中心;主要市场 按照一定的条件买卖羊毛、铝、皮革和其他物品的地方。❸(国际法)外国商品特定市场 一国有权将外国商人在本国销售外国商品限于特定场所,而不允许再在本国其他地方销售。

Staple Inn 〈英〉斯台普尔预备律师公会 预备律师公会[Inns of Chancery]之一。(⇨Inns of Chancery)

stapula (= staple)

star *n.* 〈犹太〉❶契约 犹太人在被驱逐出古代以色列王国以前,对婚约、定居、土地买卖、债务转移、其他法律契据或义务所做的文件,均用两种文字作成:希伯来文及拉丁文;或希伯来文及诺曼法文[Norman-French]。(= starr) ❷存货清单;财产目录

starboard *n.* 右舷

Star Chamber 星室法庭(= Court of (the) Star Chamber)

stare ad rectum 〈拉〉接受审判;遵从判决

stare decisis 因循前例;遵循先例 原文为拉丁动词短语,意为遵照执行已决之事项[to stand by things decided],其完整形式为"stare decisis et non quieta movere"[to stand by things decided and not disturb settled points]。在英文中用作名词短语,在美语中,甚至还渐渐作为形容词短语普遍使用。这一用语能与"前例拘束(力)原则"[doctrine of the binding(force of) precedent]交替使用。该语的含义是指:较高级的法院在处理某一类事实确立一项法律原

则后,在以后该法院或其同级、下级法院在处理案件中同类事实时应遵循该已确立的法律原则。"因循前例"的原则被看作是英美普通法制度的核心,其理论基础或者说其存在的正当理由在于承认人的知识不完备,法官们可以吸纳前辈法官们的智慧,并使得同案中法律的适用达到前后一致,满足了人们对于形式公正的要求,保证法律的确定性和可靠性,使得法律变得可预测。它减少了司法中的个人因素,从而使法律看起来更客观,并因此将法官们的自由裁量权实际上大为缩小。"因循前例"原则是判例法发展的基础,在该原则下,事实问题[matter of fact]得以向法律问题[matter of law]转化并带动法律的成长和丰富。运用(适用)"因循前例"原则,有赖于判例报道[law reporting]制度的发展和成熟,其运用还建立于法院的等级结构之上[hierarchy of the courts]。具体说来,一个前例中有拘束力的并非其全部判决,而是"判决理由"[ratio decidendi]部分,法官的附言(随附意见)[obiter dicta]以及异议法官的意见[dissenting judgments]等其他内容只具备劝说力而没有拘束力。后来的法院依级别不同对待前例有一套复杂的司法技术,某一前例的权威性和价值取决于后来的法官是否决,还是适用、遵循、区分[distinguishing]、解释它,以及法官的意见(特别是判决理由部分)是否一致,持异议法官的数量及其意见的权威性(分量),法官的声望,随后的司法界、律师界、学术界等的评论意见,判例报道的质量(可靠性)等因素。在英格兰,在1966年之前,英格兰各级法院(包括上议院)都严格坚守"因循前例"原则,1966年之后,上议院对这一原则稍微放松。在美国,尽管联邦和各州法院都适用"因循前例"原则,但美国的法院,特别是最高法院较为灵活,它可以拒绝遵循或者废止其前例。在一般情况下,现在英美法等各国法院大致遵循适用以下原则:法院严格"因循前例"进行审理,但如果遵循前例显而易见导致司法不公正,或者出于公共政策的需要,法院可宣布其无效而不遵循。

Stare decisis et non quieta movere. 〈拉〉应遵循先例而毋须变动已经确立的事项。

stare in judicio 〈拉〉(作为原告或被告)出席法庭;服从(法院)管辖。

starr (古)契约;债;义务 源自希伯来文"shetar"(契约)的讹传,主要适用于英格兰的犹太人。(⇨star)

starra 契约(=starr)

stash v.隐藏;藏匿 常用于指对不法取得的物品或财产的隐匿。

state n.❶国家 通常是指独立国家或主权国家,是永久定居在一定领土之上,因共同的习惯和风俗并为促进共同的安全和进步而结合在一起的人的集合体。在现代国际法上,国家最主要的特征是主权,即通过一个有组织的政府对其领土内的所有人和事进行控制而不受他国干涉的权利。人民、领土和享有主权的政府,三者结合而成为国家。国家的职能除了传统的保护其领土和居民不受外来敌人的侵略,在其领土内立法、执法以外,还包括教育、卫生等多方面的职能。国家不同于民族[nation or people],国家可由处于同一最高权力统治下的不同种族组成,而一个民族也由同一种族的人组成并且可能分处于不同国家的统治下。❷(作为联邦国家组成部分的)州;(州所占据的)领土 ❸公众;民众 指一个国家的所有人,是在刑事公诉案件中的用语。The State v. A. B.被用来指代表国家与人民的公诉方起诉罪犯的案件。❹地产权;地产;供役地 古书中等同"estate"。
v.❶陈述;说明;阐明 以书面或口头形式对一件事的细节进行说明。❷提到;提及

state action ❶〈美〉州行为 ①指直接由州实施的或者与州有充分的联系而可被认为是由州实施的行为。如果该州行为侵犯了联邦宪法第十四条修正案所保障的正当程序[due process]和平等保护[equal protection]的权利,则应受司法审查,公民对不当侵扰其生活的政府行为可依据正当程序条款和《民权法》[Civil Rights Act]请求损害赔偿;②指州以法规或者国家监管的垄断行为来排除竞争,此种行为不会导致承担反托拉斯责任。❷国家行为

state agency 〈美〉州行政机关 指州政府执行其职能的部、委员会等组织。

state aid 〈美〉州援助 州对市、镇、县的财政援助,如对公路修建的援助,提供资金给地方政府兴办学校,向私立学校提供财政援助,向有关机构、组织、个人为某一公共目的而提供支持和帮助等。

state aid highway 〈美〉州援建公路 县和其他州以下的地方在州财政援助下修建和维护的公路,或指由州和县共同出资修建的公路。

state antitrust laws 〈美〉州立反垄断法 与《谢尔曼法》[Sherman Act]性质相同,但范围和细节有别的州立法,包括州宪法对托拉斯与垄断行为的禁止性规定。

state auditor 〈美〉州审计长 负责稽核本州政府机构财政事务的、由委任或选举产生的州政府官员。

state banks 〈美〉州银行;州立银行 州特许成立的银行,不同于联邦特许成立的银行。州银行受州政府机构的监督和管辖。

state bar association 〈美〉州律师协会 被准予在某一州执业的全体律师的组织或协会。州律师协会通常依制定法成立,会员资格的取得通常是强制性的,即在该州内执业的律师都是其会员。与自愿性的、以促进行业发展为目的的律师协会(如美国律师协会[American Bar Association])不同,州律师协会有权管理本州的律师行业,如可给予律师纪律惩戒,对参与未经授权的执业活动的律师提起诉讼等。

state bonds 〈美〉州债券 州政府按照法律规定的方法、利用其自身的信用、为某一政府目的筹措资金而发行的政府债券。

state census 〈美〉州人口统计 依照州法律进行的人口统计。有时针对全州所有人,有时仅针对某类人,如合法投票人。

state college 〈美〉州立学院 由州提供资金创办的学院。对该州居民入学时是否要征收学费视情况而定。(⇨state university)

state commission 〈美〉州政府专门委员会 系州政府为某一特定事务而设立的委员会,如公路委员会、公用事务委员会等。

state constitution 〈美〉州宪法 ①由各州公民自行制定的以某一特定方式进行自我管理的协约,构成该州最高权威的法律,但须与联邦宪法不冲突。州宪法是各州人民依其拥有的最高权力而制定的最基本的立法文件,也是赖以建立各州政府的机构和体制的特别立法文件;②合众国成立前,已脱离英国统治的13个州中已有11个拥有了各自的宪法。它们是世界当代早期的成文宪法之一。

state courts* 〈美〉州法院 与联邦法院[federal courts]相对应。各州法院系统是独立的,在设置和名称上极不一致。多数州实行三级制,少数州实行二级制,也有的州

还设有各种不列为审级的小型法院。

州法院体系[State Court System]

Fourth Level 四级	终审法院[Courts of last resort] 最高法院[Supreme court] 上诉法院[Court of appeals] 最高司法法院[Supreme judicial court]
Third Level 三级	中间上诉法院(23个州中设有) [Intermediate appellate courts (in 23 states)] 高级法院[Superior court] 上诉法院[Court of appeals] 最高法院上诉分庭 [Appellate division of supreme court]
Second Level 二级	具有一般管辖权的初审法院 [Trial courts of general jurisdiction] 巡回法院[Circuit court] 高级法院[Superior court] 刑事初审法院[Court of general sessions] 地区法院[District court] 普通法院[Court of common pleas] 最高法院(纽约州)[Supreme court(in New York)]
First Level 一级	具有有限管辖权的初审法院 [Trial courts of limited jurisdiction] 治安法院[Magistrates court] 市镇法院[Municipal court] 违警法院[Police court] 治安法院[Justice court] 地区法院[District court] 刑事法院†† [Courts of oyer and terminer†] 少年法院[Juvenile court] 市法院[City court] 小额索赔法院[Small claims court]

† 在某些州称作有限管辖法院
†† 在某些州属于高级刑事法院

Source: Freda Adler, Gerhard O.W.Mueller, William S.Laufer, *Criminal Justice: The Core*, U.S.A.: The McGraw-Hill Companies,INC., 1996, p.167

stated account 确认账款额 有财务关系的当事方对其财务往来进行查对、结算后确认的一方欠另一方的差额。(⇨account stated)

stated capital 设定资本;额定资本 ①公司已发行的所有有面值股票的面值总和;②已发行的所有无面值股票所得股款总额中,除依法可归入资本盈余的那一部分以外的剩余金额;③除资本盈余和法定除外项目以外的其他归入设定资本的款项,无论是否源于发行股票所得。(⇨authorized capital; legal capital; stated value)

stated case 〈英〉(= case stated)

State Department 〈美〉国务院(= State Department of U.S.)

State Department of U.S. 〈美〉国务院 美国政府的首要行政部门,建立于1789年,由国务卿[Secretary of States]领导,在美国建国初期兼理内政、外交事务。现在,其主要职能是管理外交事务和对外贸易关系,对包括贸易关系[trade relations]、环境事务[environmental concerns]和人权问题[human-rights issues]在内的外事政策问题进行分析、提出建议并执行相应政策。该词亦称Department of State。

stated meeting 例会;常会(⇨regular meeting)
stated term (= general term)
stated times 定时发生的;固定发生的
stated value 票面价值(= par value)
state election 〈美〉州级选举 对州官员的选举。
state governor 〈美〉州长(⇨governor)
state hospital 〈美〉州立医院 由州维持的医院,尤指州立的精神病医院。
state insurance fund 〈美〉州保险基金 州政府管理的保险基金,或为由雇主摊派出资设立的基金,用于支付劳工损害赔偿费和实施工伤赔偿法的费用;或为农作物的保险基金。

state law ❶国内法 指不同的、独立的民族国家的法律体系,与国际法或其他超越国家范围的法律不同。现代的法律原则和规则主要是国家的或国内的,适用于在一国领土上的每一个人。属人法则不同,它是基于一个人作为一个民族、部落、种族或宗教团体的成员,或基于其住所、出生地而加之于该人,不论该人身在何处。从国际关系的角度来看,一个单一的民族国家也可以在其疆界之内有几种不同的国内法制度;一种法律制度在两个或两上以上的独立国家内适用,在理论上也是可能的。
❷〈美〉州法 州或州的地方政府制定的法律,有别于联邦法律。联邦法律为最高法律,但联邦法律未规定的事项,联邦法院亦参照州法律施行。

statelessness n.无国籍状态 指一个人不具有任何国籍的状态,即根据一国国内法,该人丧失或不能取得该国国籍,但又没有或未能取得另一国籍。无国籍人不能要求任何国家对他进行保护,而且可能会被剥夺进入或定居在任何国家的权利。

statement n.陈述;宣称 广义上指法定的作为启动司法或行政程序基础的关于事实的正式叙述。狭义上仅指确切的、详细的、正式的陈述。陈述既包括口头或书面的主张,也包括行为人旨在为某种意思表示而作出的非言辞行为[nonverbal conduct]。

statement of accused 〈英〉刑事被告人的陈述 指被告人在预审法官面前对指控所作的答辩。若在给予了被告人正确的告诫[caution]说明其答辩将被记录下来之后,由被告人作答辩的,该答辩应被记录下来,向被告人宣读,由预审法官签字,如果被告人愿意,也可由被告人签字。被告人所作的这种答辩在庭审时可用作证据。

statement of affairs 财务清册;清算式资产负债表 在破产程序中必须提交的、载明有关债务人在过去和现在的财务状况的文件,通常在即将发生破产或支付不能时编制。

statement of case 〈美〉案情陈述 ①在小额索赔法院[small claims court]中,原告所作的关于案情的陈述,用以代替提交正式的起诉状;②在某些州,当事人认为法院对案件事实问题所作的裁决与证据有悖或者证据不足而申请重新审理时所作的陈述。

statement of claim ❶(= complaint❶) ❷〈英〉(在高等法院提起民事诉讼的)起诉状;(原告)请求陈述书 其中原告应说明其据以对被告提出请求的事实及其请求给予的救济。起诉状可以背书在传票上,随传票一起送达,如果未背书在传票上,则必须在被告接受传票送达[acknowledgment of service]后14日内送达被告,否则被告可以缺少申诉为由而申请终结诉讼。

statement of condition 资产负债表;财务状况表 显示

某人、某企业、某银行在特定日期的资产、负债、公积金和资本等的状况的报表。亦作"statement of financial condition"; "balance sheet"; "statement of financial position"。(⇨balance sheet)

statement of confession (= confession of judgment)

statement of defence ❶〈美〉民事答辩状；(被告的)答辩陈述 ❷〈英〉答辩状　在英国高等法院的民事诉讼中，被告就原告在起诉状[statement of claim]中所述的事实和主张作出回答的正式文书。凡意欲出庭应诉的被告必须在法定期限内将其答辩状送达原告方。

statement of facts　事实陈述　指原告的起诉状和被告的答辩状[pleadings]中关于案件基本事实的陈述，是构成诉答书状的不可或缺的基本要素。

state militia　〈美〉州民团　州的民兵组织，由各州公民组成，除参加专门的训练外一般在各自岗位上工作，遇有公共紧急情况时即可征召。

state office　〈美〉州公职　由全州的选民选举出来的人员所担任的公职，如州长、州务卿等。

state officer　〈美〉州官员　①指其权限和辖区及于整个州的官员，区别于权限和辖区仅及于某一特定区域的官员；②指权力源于州法，行使州政府而非联邦政府职能的官员。

state of mind　精神状态　当精神状态起着重要作用并与案件相关时，可以作为庭审证据，如表明绝望的陈述可作为自杀案件的证据。

state paper　〈美〉❶官方文件　由联邦或州政府机关所制作的与国家行政管理、政治形势、国际关系有关的文件。❷公文用纸　国家机关指定发布国家法律、决定、通知、告示的报纸。

state paper office　〈英〉国家文件管理署　1578年设立于伦敦，专司管理国家文件之职。其负责人为文件署署长[Clerk of the Papers]。

state police　〈美〉州警察局

state police power　〈美〉州警察权；州治安权　各州均享有为保护其公民的生命、财产、福利而制定法律的权力。它源于美国宪法第十条修正案。如果该权力的行使方式与其目的相一致且被合理地认为适合于保护上述法律目的之一的，则该权力应予以维护。

state responsibility　国家责任　指国家作为国际法上的法律人格者要对其违约行为及违法行为承担责任并有义务恢复原状或给予赔偿。原则上，导致违反习惯法或条约及其他方面的法律义务的作为或不作为，都将产生国际法上的责任。国家责任可能是直接责任[direct responsibility]，由于政府机构或其官员之所为而生；也可能是替代责任[vicarious responsibility]，由于其人民，甚至外国居民之所为而生。

state revenue　〈美〉州岁入　包括各种来源的用于公共用途的州年度收入。

state's attorney　〈美〉州检察官　代表州协助（大陪审团）准备公诉书和在刑事诉讼中为州辩护的官员。又称地方检察官[district attorney]或县检察官[county attorney]。

state seal　〈美〉州玺　加盖于重要文件上的州的印章，美国各州均有自己的州玺。

state secrets　〈美〉国家机密　一旦泄露即危及美国国家安全或外交利益的政府信息。在普通司法程序中，证人不得暴露国家机密。

state's evidence　〈美〉(= King's evidence)

States General　❶〈法〉三级会议[États généraus]　法国大革命前由国王召集的由贵族、神职人员和平民组成以商讨诸如批准征税等重要问题的代表大会。三级会议源于14世纪，到17世纪初期曾被召集过多次。在百年战争期间(1337 – 1453)，三级会议地位提高，主张以投票方式来决定各种新的税收、要求解除某些王室顾问、建立与国王共享统治权的委员会，但三级会议的这些动议都未得以实现。到15世纪后期，三级会议依惯例获得了就王位继承提供咨询、协助未成年国王治理国家、向国王提供建议以及准许在全国征税等项权利。然而，在君主政体下，没有三级会议依然能实施统治。三级会议自1614年召开过一次会议后，直到1789年再没有召开。这说明，由于三个等级不能合作而使三级会议显得软弱无力。1789年法国资产阶级革命爆发前夕，国王路易十六为解决财政危机被迫再次召开三级会议。其后不久，由平民阶层建立了国民议会，法国大革命开始，三级会议也随之消亡。❷荷兰议会　1579年至1795年期间，由荷兰共和国各省的代表组成的议会机构。也为荷兰议会的现称。

state sovereignty　〈美〉州自主权　指作为联邦成员的州可以行使的自治权或自主权。

states' rights　〈美〉州权　美国联邦各州具有的权力，属于国内主权分配范畴。1791年通过的宪法第十条修正案载明一切未赋于联邦政府或未禁止州政府持有的权力均归属于州政府及其人民，这一规定奠定了州权的基础。

state succession　国家继承　指领土自一国向另一国移转时，一主权国家为另一国所取代。国家继承可因兼并[annexation]、割让[cession]、解放[emancipation]、建立邦而发生。由于继承国取得主权，也就取得与所得领土有关的被继承国家的全部财产、权利和所有的请求权。

state superintendent of public instruction　〈美〉州教育监理　通常为对公立学校有关教育问题进行协调的官员。

state tax　〈美〉州税　①指专门用于州而非联邦或市项目的的税收，通常采用营业税[sales tax]或所得税[income tax]的形式；②指依据州法[state law]所征收的税。

state tax court　〈美〉州税务法院　部分州中存在的一种法院，受理对所有的税务案件提出的上诉，并有权修正或改变对应税财产的评估、税款的评定、分类及被提起上诉的终局决定案。

state territory　国家领土　指处于某一特定国家主权之下的地球表面区域。占据一定的领土是一个有组织的人类群体被视为国家的要件之一。领土包括陆地、内水和航道、领海以及它们的底土及其上的空气空间。

State Trials　〈英〉《国家审判》　法律说明的系列汇编。其涉及妨碍国家的犯罪、政府高级官员和提出一些重要的宪法、国际法问题的判例。34卷本的豪厄尔斯[Howell's]《国家审判》(1163 – 1820)是最佳的一部汇编。沃利斯[J.E.P. Wallis]负责编辑38卷本的《国家审判》新编(1820 – 1885)。1880年威利斯 – 邦德[J.Wills-Bund]出版了其选集。

state university　〈美〉州立大学　由州政府支持、设立的大学。但各州立大学的收费制度不一，有免费的，有收费的。(⇨state college)

statim　❶〈拉〉即刻　❷(英格兰古法)立刻；在法定时间内容许特定行为正常合法实施的期间。

stating part of a bill　起诉状的陈述部分　指衡平法诉讼的起诉状中原告陈述案件的主要事实并藉此请求司法救济的部分。

station　n. ❶社会地位(⇨status)　❷军事基地　执行军

事任务、存放军用物资的地点。❸车站 ❹(大陆法)码头;泊船处 ❺局;所;站

Stationers' Company 〈英〉书籍出版业公会 一译"出版商公司"。1557年在伦敦由97个伦敦出版商及其承继者组成的一个机构。根据枢密院令[Orders in Council],该公会首次被授予出版审查权。

stationer's form 格式化文书;标准文书 通常指加于不谙事务者的一种格式固定的文档,只需采用者在其相应的空白栏内作适当填注,即构成一项具有法律效力的文书。

Stationers' Hall 〈英〉书籍出版业公会会馆 位于伦敦市内,系书籍出版业公会[Stationers' Company]所在地,建于1553年。根据1842年《版权法》[Copyright Act],已出版的书籍须在伦敦书籍出版业公会登记注册。此种登记注册目的并不在于保护版权,而是书刊审查制度的一项内容,并且构成版权所有人享有对侵犯其版权的行为提起诉讼这一权利的先决条件。1911年《版权法》废止了有关书籍出版业公会的规定,1956年《版权法》未涉及书籍出版业公会,而且现在也没有为某种目的所要求的登记注册。

Stationery Office 〈英〉皇家文书出版署(= Her Majesty's Stationery Office)

statist n. ❶〈古〉政治家;政客 ❷统计学家;统计员(= statistician)

statistician (= statist)

Stat nominis umbra. 〈拉〉仅存虚名。

Stat pro ratione voluntas. 〈拉〉意思代表法理。 意即应尊重当事人的意思。

Stat pro ratione voluntas populi. 〈拉〉人之意思代表法理。

statu liber 〈拉〉(罗马法)半自由人;自由权附条件的人 指依照遗嘱在一定条件下获得自由的人,或在一定时间或一定条件下将获得自由的人。

status n. 法律地位;法律身份 它是法律人格[legal personality]的属性之一,尤指自然人的人格。特指一个人在法律上所处的地位,而这又决定其在特定法律关系中的权利和义务。根据不同的分类标准,一个人可以形成多种特定的法律地位,但多数法律在确定特定人的法律地位时,主要以一个标准个人[standard individual]为参考的,他是一个成年的、婚生的、男性的,以及具备其他条件的公民,有不同身份或地位的人就是依据上述规范之例外条件而设定的。法律地位的每一个方面均涉及人的权利和责任,有行为能力和无行为能力、特定的个人权利和资格的完整性等。一个人的法律地位大都是由法律所决定,而非以个人选择或协议改变;即使在可以选择改变法律地位的情况下,例如结婚,由此而改变法律地位的结果仍由法律所规定。法人通常被认为与一个成年的、心智健全、具有完全行为能力的自然人具有相同的法律地位,因而其法律地位是平等的。该术语在法律上一般不适用于法人[juristic person]。在罗马法上,该术语指一个人[persona]的地位和身份。一个完全的罗马市民必须享有自由身份、家族身份和市民身份[status libertatis, familiae, and civitatis],有时也被称为三种人格权[tri capita]。因此,有关身份的法律可能会把一个男人划分为:奴隶或自由民;市民或外国人等,故也被称为不平等法。有关此术语最著名的是英国法学家亨利·梅因[Maine]在《古代法》[Ancient Law]中的一句话,"人类社会进步的每一次运动都是从身份到契约"[The movement of progressive societies has been from status to contract.]。该术语有时也类推适用于物,尤指不动产。

status crime 身份罪 此类犯罪并非基于被禁止的作为或不作为,而是基于被告人的特定情况或状态,如流浪罪。此类犯罪的合宪性已受到质疑。在美国,吸毒成瘾现已不再作为可惩罚的犯罪了。

status de manerio (英格兰古法)在庄园领主的法庭中参与诉讼并可主张权利的自由地产保有人的集令

status mixtus (介于和平与战争之间的)中间状态

status of irremovability (英格兰古法)定居权;不受驱逐权 贫民在任何一教区居住一年以上,即享有不受驱逐的权利。

status quo 〈拉〉事物的现时状态

status quo ante 〈拉〉事物的先前状态 指在所讨论之事发生以前,事物原先所处的状态。

status quo ante bellum (国际法)战前状态 交战国的领土以及交战国公民财产所有权的战前状态。依据某些和平条约的规定,对交战国的领土及财产应回复其战前的状态。但也有条约规定,一交战国在战争结束时占有的敌国领土和财产,在战后可继续保留。

Status reipublicae maxime judicatis rebus continetur. 〈拉〉以司法裁断解决纠纷,乃维护国家稳定之最佳方式。

Statuta Armorum 〈拉〉《军事法》

Statuta Ecclesiae Antiqua 《古教会法集》 一部约成书于公元480年的高卢地区[Gaul]的教会法规汇编,是继《西班牙教令集》[Hispana Collectio]后,关于教会法及礼拜仪式的主要教令集。其中包括引言、教规、圣职授予及祝福典礼等,具有改革倾向。

statuta gildae 〈英〉镀金法 一部自治市法典,是对13世纪源于伯威克[Berwick]的《四自治市法》[Leges Quatuor Burgorum]的补充。

Statuta pro publico commodo late interpretantur. 〈拉〉为公共福祉所立之法,得作广泛解释。

Statuta suo claudentur territorio nec ultra territorium disponunt. 〈拉〉法仅限于主权范围之内有效,而无域外效力。

statute n. ❶制定法 在英美法中,专指由立法机关所制定的法律,表现为正式的法律文件,其制定机关不一定为议会或国会,例如在美国,联邦、州、市或县的立法机关均可制定。该词在使用时专指以立法的形式创设的法律,故与由法院判决所形成的判例法相对。(⇨code) ❷章程 公司或法人的设立人所创设的永久性规则。 ❸规约 关于机构设置及其权限范围的国际性文件,如《国际法院规约》[Statute of the International Court of Justice]。 ❹〈古〉债务证书(⇨common law; statute merchant; statutes staple and statutes merchant)

statute against common right 〈英〉限制普通法权利的制定法 限制普通法所保护的权利的制定法。

statute barred (权利因时效而)依法丧失 指因《诉讼时效法》[Limitation Acts]和《取得时效法》[Prescription Acts]所规定的期间届满而导致诉因不得再依法律程序行使,即该诉因不再具有强制执行力。

Statute de Donis (英格兰古法)《附条件赠与法》 1285年通过的一项法令,意在防止先前存在的恶意地产转让,因为它损害了领主的权益,同时创设了限嗣继承地产权[fee tail]。(⇨Statute of Westminster Ⅱ)

statute fair (英格兰古法)法定雇工市场 根据1349年劳动法建立的市场,每半年举办一次,男女均可于此受雇。

statute labour （英格兰古法）赋役 根据古代的法令，为修缮教区内的大道，每年向教区内的居民所课的劳役。

statute law revision act 〈英〉[总称]制定法修订法 规定将已经失效或多余的法律或法律的部分内容从制定法汇编中予以删除的法律。这种删除有别于其他废除方式，它主要是文书性的[clerical]，目的在于精简制定法以使它们能被编入较少几卷的《修订制定法》[Statutes Revised]之中。有时，该种法律还明文规定被删除的法律的效力，比如1953年《制定法修订法》第一条之规定。现在原《修订制定法》系列已为名为《生效制定法》[Statutes in Force]之新的出版物所取代。同时依各《制定法（废除）法》[Statute Law (Repeals) Acts]规定，制定法的修订按照法律委员会[Law Commission]的建议进行。

statute merchant 〈英〉依商人法而出示的债务清偿保证书（⇨statutes merchant and statutes staple）

statute mile 法定哩 等于5 280英尺，用于英格兰及美国的立法中。

statute of accumulations （英格兰古法）反积累法 乔治三世时期颁布的禁止通过契约和遗嘱聚积财产的法律。

Statute of Acton Burnel 〈英〉《阿克顿·伯纳法》 在《王国法令》[Statutes of the Realm]中称"Statutum de Mercatoribus"，由爱德华一世及其谘议会于1283年在什鲁斯伯里王国会议[Parliament of Shrewsbury or Acton Burnel]上通过。该法虽经民众派出的代表参与讨论，但民众却未参与其表决通过。该法旨在为商人收回债款提供便捷快速的救济，但在1285年《威斯敏斯特法Ⅱ》[Statute of Westminster Ⅱ]中的《商人法》[Statum Mercatorium]颁行之前它实际上是一纸具文。该法于1863年被取消。

Statute of Anne 〈英〉《安妮法》 ①指安妮女王时于1709年通过的《版权法》[Copyright Act]，第一次对图书作者的版权提供保护。②1705年通过的法律，该法使英国的破产制度得以现代化，首次引进解除债务人现有债务的做法。③1705-1706年制定的法律，规定本票与汇票一样将根据商事习惯和一般商业惯例而打上总金额。

Statute of Appeals(1533) 〈英〉《上诉法》 英格兰宗教改革中扩展王权、限制教皇权力的一部主要法律。该法禁止英格兰大主教法院的案件向罗马教廷[Roman curia]上诉，扩大了理查二世在《侵犯王权罪法》[Statute of Praemunire]中的原则，如禁止将婚姻案件的上诉从英格兰大主教法院移交罗马教廷，使大主教克兰默[Cranmer]得以宣布亨利八世和阿拉贡的凯瑟琳[Catherine of Aragon]的婚姻无效，而他和安妮·博琳[Anne Boleyn]的婚姻合法。该法所包含的观点是：国王在教会和世俗事务方面均为国家的元首。

Statute of Artificers(1563) （英格兰古法）《工匠法》 该法试图解决贫困和失业问题，通过要求人们在其出生地生活和工作来限制劳工的流动。命令各行各业管理学徒的规章切实得以执行，要求治安法官确定学徒工资。该法宗旨虽善，但成效甚微。

Statute of Charitable Uses 〈英〉《慈善财产用益法》 1601年由英国议会通过的一部制定法，旨在保护慈善机构的财产并将其置于大法官[Lord Chancellor]的一般监管下。

Statute of Circumspecte Agatis (=circumspecte agatis)

Statute of Citations 〈英〉《传唤条例》 该1531年条例规定，外教区的教会法院不能传唤本教区的居民出庭，除非该居民有违犯宗教或信奉异端之行为。

statute of distribution 遗产分配法 该法对死者遗产的继承和分配规定了一套继承体系，包括动产和不动产。

Statute of Elizabeth （英格兰古法）《伊丽莎白法令》 即1705年《破产人法》[Bankrupts Act]，旨在防止和惩罚为欺骗债权人而转移财产的行为。

Statute of Enrolments （英格兰古法）《登记法》 1536年亨利八世颁布的一项法令。它要求所有的土地买卖必须有契据，并且须在法院登记后方可生效。

statute of entail (=Statue de Donis)

Statute of Fines 〈英〉《协议诉讼法》 颁布于1540年，规定可以通过协议诉讼[fine]，交纳土地转让金[levy a fine]的方式阻却限嗣继承地产权。（⇨fine）

statute of frauds ❶《S- of F-》《防止欺诈法》 指英国1677年所通过的一部制定法。该法由诺丁汉勋爵[Lord Nottingham]制定，于1677年由英国议会通过，其全称为《防止欺诈与伪证法》[Act for the Prevention of Frauds and Perjuries]。立法宗旨是在证据法不发达的时代，当事人又无法提供适格证人的情况下，减少合同欺诈。它规定有关地产权益转让、不动产遗嘱、信托声明或转让、某些特定种类的合同均需采用书面形式。此法一经实施，其起草内容及立法原则即受到广泛的批评，并有大量的判例法对之进行解释。该法的大部分条文已被此后的立法所废止或替代。❷防止欺诈法 美国继受英国《防止欺诈法》而形成的法律。几乎各州都采用了这部法律，并作了适当的修改。其最主要特征是规定对某类合同或约定不能起诉，除非存在一份由当事人或授权代理人签字的书面记录或备忘录[note or memorandum]。这些合同包括：价金为500美元或500美元以上的货物销售合同、土地买卖合同、根据合同条款1年内不能履行完成的合同、为他人债务提供担保的合同等。又如，美国《统一商法典》[U.C.C.]第2-201条规定：价金为500美元或500美元以上的货物销售合同，除非具有某种足以表明当事人之间已订立销售合同的书面文件，并由被要求履行合同的当事人，经其授权的代理人或经纪人签字，否则，不得诉讼或抗辩强制履行。该法之目的在于杜绝大量的欺诈或伪证行为，故其全称为"防止欺诈与伪证法"[statute of frauds and perjuries]。但正如英国塞尔伯恩勋爵[Lord Selborne]所言，防止欺诈法是"防御武器，而非进攻武器"[weapon of defence, not of offence]，"如果签字的书面文件违背诚信原则或当事人的真实意图，那么，并不能因其签字而成为有效合同"。

Statute of Gloucester （英格兰古法）《格罗塞斯特法》 1278年通过，规定了对抛荒行为的惩罚，同时首次规定了增加的费用[costs de incremento]。（⇨costs de incremento）

Statute of Hue and Cry （英格兰古法）《呼叫追捕法》 1285年通过，规定当发生抢劫或其它重罪时，案件发生地的民众应该立即呼喊追捕盗贼，直至盗贼被擒。（⇨hue and cry）

Statute of Labourers 〈英〉《劳工法》 在大约半数人口死于黑死病后，于1349年颁布的一部制定法。鉴于疫病之后劳动力缺乏，许多人乘机索要高额的劳动报酬，否则拒绝工作，更有一些人懒于劳动，宁愿乞讨为生。劳工法规定，所有60岁以下的人，除商人、工匠、自由职业者和土地所有者以外，如有人愿以1340年至1346年的工资标准雇用，均须接受。为实施该法，特设劳工法官[Justices of Labourers]。该法后被1863年的《制定法修订法》[Statute Law Revision Act]废除。

statute of limitations ❶诉讼时效法 它以诉因形成（例

如损害的发生或被发现）的日期为起点，确定当事人可以提起民事诉讼的时间期限。该制定法的目的在于要求当事人对已知的诉讼请求积极主张权利，从而为法律行为提供确定性和可预测性，并确保在证据尚未湮灭时能解决争议。❷追诉时效法 它以犯罪行为实施之日为基点，确定可以对每一犯罪行为提出指控的时间期限。

Statute of Lincoln 〈英〉《林肯法令》 1316年制定的一部关于郡长的法令。

Statute of Marlborough 〈英〉《马尔伯勒法》 1267年通过，肯认了《大宪章》[Magna Carta]和《森林宪章》[Charta de Foresta]，对某些地产保有形式及一些程序问题作了规定。因为通过该法的议会是在马桥[Marlbridge; Marlebridge]举行，故该法亦称《马桥法》[Statute of Marlbridge or Marlebridge]。

Statute of Marlbridge (= Statute of Marlborough)

Statute of Marlebridge (= Statute of Marlborough)

Statute of Merton 〈英〉《默顿法》 一般被认为是英国最早的制定法，首批被列入《历代制定法全表》[Chronological Table of the Statutes]，得名于1235年它的颁布地萨里郡的默顿修道院。该法授权庄园领主可以对公用地进行圈占，并宣布婚前所生子女为非婚生子女。主教阶层希望该法后一点能够得到修正以与教会法保持一致，但遭到贵族的一致反对。这条规定一直到1926年才被修改。

statute of nonclaim 懈怠诉讼请求 规定对死者遗产的权利主张在遭到遗嘱执行人或遗产管理人拒绝时，应在法律规定的期限内起诉，否则上述权利将被永远阻却。还有法律针对对死者的债务所提出的请求也作了类似规定。(▷nonclaim statute)

Statute of Provisors 〈英〉《空缺圣职继任者法》 1351年颁布的反对教皇对空缺圣职的预先委任[provision]的一系列法令之一。(▷provisor)

Statute of Quia Emptores 〈英格兰古法〉《封地买卖法》 1290年通过，禁止封地的次级分封[subinfeudation]，规定受封人[feoffee]是从封赠人[feoffor]的领主而非封赠人本人那里接受封赠，保有土地，这样实际上就以同级转让[substitution]取代了次级分封，保护了领主的权益。(▷Statute of Westminster III)

Statute of Rageman 〈英〉《积案处理法》 1276年爱德华一世在位四年颁布的法律。根据该法任命法官听审1276年米迦勒节[Michaelmas]之前25年内全王国内的案件。根据此项法令还签发了关于特殊治安案件的调查委任令[commission of trailbaston]。

statute of repose 除诉期间法 诉讼时效法[statute of limitation]本身即是除诉期间法，它们的目的均在于阻止当事人对失效请求权[stale claim]提出主张。除诉期间是一种比较少见的美国法律用语，其与通常的诉讼时效期间的区别在于：除诉期间与诉因的形成无关，其从某一特定事件的发生之日起计算，而不管诉因是否已经发生或是否已造成损害，例如规定自被告实施某一特定行为(例如制造产品或完成工作)之日起若干年后不得再行提起诉讼，即使原告的损害发生于该期限届满之后。诉讼时效期间则以诉因形成之日起计算，例如规定自原告遭受损害之日起经由某一特定时期而原告未起诉的，则不得再行起诉。

statute of Rhuddlan 《路德兰法》 亦称"威尔士法"，爱德华一世在1282-1283年征服威尔士后所制定的有关行政管理的法律。

Statute of Rutland 〈英格兰古法〉《拉特兰法》 制定于1284年，涉及收回国王债务之事，为1887年《郡长法》[Sheriff's Act]所取代。

Statute of Stabbing 〈英〉《行刺罪惩治法》 1604年颁布。依据该法，凡向无出鞘武器或未首先实施攻击者行刺致其在六个月内死亡的行为，构成谋杀罪。

Statute of the Six Articles 〈英〉《六信纲法》 亨利八世[Henry VIII]确立自己为英格兰国教的最高首脑时，他决定通过强制信奉罗马教会的主要教义来证实其教义的正统性，禁止教义的分歧。1539年颁布的《六信纲法》规定在圣餐中供奉的是基督真正的身体，以面包和酒的形式出现；领受圣餐并不必然导致灵魂得救；教士必须独身不得结婚；必须遵守禁欲的宣誓；私下弥撒及秘密忏悔应保留。该法还规定对违反者施以严厉的刑罚，教士若违反则不再享受神职人员特权。该法于1547年在新教占优势时被废止。

statute of the state 国家制定法 指无论由谁提出，而由国会颁布，国家赋予法律效力的法律文件。

Statute of Uses 〈英〉《用益法》 1535年颁布，旨在反对在土地上设定用益的程序，将当事人所获得的用益由纯粹衡平法权利转变为包括占有在内的普通法权利或绝对所有权。该法旨在"使用益生效"，即，它废止了用益受封人的介入地产权[intervening estate]，并将保有地受益人的受益权益作为一种绝对的普通法权利。(▷use)

Statute of Vouchers 〈英〉《证人法》 颁布于1290年的一部立法。

Statute of Wales (= Statutum Walliae)

Statute of Westminster I 《威斯敏斯特法 I》 该法于1275年由爱德华一世发布，内容分为51章，规定了教会的财产免受国王和贵族的侵犯；在郡会议上对行政司法官、王室私产管理官、治安官员等的普选自由；包含一个有关强制实施《大宪章》[Magna Carta]中针对过罚款条款的宣言；列举和纠正了滥用土地保有权的情形，特别是被监护人的婚姻问题；规范了通行税的征收；纠正和限制了王室管理充公产业官员以及其他官员的权力；修改了刑法，规定了具有严重社会危害性的强奸罪；在民事和刑事程序方面也作了修改，使之成本降低、简便、迅速等。这部法令所规定的内容使其可被视为对《大宪章》的补充。

Statute of Westminster II 《威斯敏斯特法 II》 该法于1285年由爱德华一世发布，内容分为50章。其中第1章"附条件赠与法"[De Donis]规定：受赠人有条件地得到保有地产后无权予以转让，但可由其子嗣继承，若无子嗣则复归赠与人；第18章规定了扣押执行令状制度，债权人可以据此获得债务人的动产、其土地的一半及租金，这种令状是债务人动产扣押令[fieri facias]的一种替代形式；第24章规定，当将来一个案件发布一项令状，而对另一涉及同一法律问题的案件却没有发布时，文秘署的官员应制作令状或者中止该案直至下次议会召开时发布一个令状，这就对在特定情况下通过扩大已有的令状而发展普通法作了一般程序上的规定，文秘署并不认为这授予了其广泛的权力，作为这部法令的一个结果，法律唯一的重要扩展是基于同样理由的"进占令"[writ of entry in consimili casu]制度；法令第30章规定了"巡回初审"[nisi prius]制度；第31章规定法官蜡封的书面异议可以对抗法院的裁决等。(▷Statute de Donis; writ of entry)

Statute of Westminster III 《威斯敏斯特法 III》 该法于1290年由爱德华一世发布，又称《封地买卖法》。该法规定每个自由民都可以自由出卖自己的土地，买主从卖方之领主处保有该土地,不得再分封。在保有封地的地位上,买主取代了卖主。该法令取消了对封地转让的限制。(▷Quia Emptores)

Statute of Westminster Ⅳ 《威斯敏斯特法Ⅳ》 该法于1931年由英王国议会通过,从根本上改变了联合王国与加拿大、澳大利亚、新西兰、南非、爱尔兰和纽芬兰等英属自治领之间的关系。该法仅涉及立法权的问题,它规定,1865年的《殖民地法律效力法》[Colonial Laws Validity Act]不适用于由六个自治领的议会在本法令公布后制定的任何法律;不能因为英格兰立法矛盾就认定自治领立法无效;自治领议会有权制定适用于域外地区的法律;如果自治领法律中没有明确声明其需要和同意执行本法令颁布以后联合王国通过的任何法律,则后者不应适用于自治领等。该法的主要规定直至各自治领通过其立法对其具体内容加以承认和采纳后,才适用于其领域。澳大利亚于1942年、新西兰于1947年均承认了该法;纽芬兰则在成为加拿大的一个省之前一直未加采用。南非和爱尔兰因退出英联邦而不适用该法。该法实质上扩大了英属自治领的自治权。

statute of wills 〈英格兰古法〉遗嘱法 享利八世发布的一项法令,允许自由继承封土的土地占有人可以通过书面遗嘱的形式,将其2/3的土地遗赠给他人,但不得遗赠给法人实体。

Statute of Winchester 《温切斯特法》 1285年爱德华一世在位第13年通过的一项法律,其名称源于该王朝古时的首府。该法是有关王国警察和治安方面的法律。乔治四世时该法被废止。(= Statute of Hue and Cry)

Statute of York 〈英〉《约克法》 1318年爱德华二世时在英国约克镇通过的一部重要法律,涉及代理人、证人、初审等方面的规定。该法于1881年被废止。

Statute Roll 〈英〉议会制定法卷丛 议会制定法在得到国王批准后,存在国家档案馆[Public Record Office]里,该卷丛汇集了1278-1431年及1445-1468年经英格兰议会制定的法律和许多从未被看作具有制定法效力的文件。从1468年至今,该档案由《议会制定法大全》[Inrollments of Acts of Parliament]所延续。或者,从1497年至今由法案原件存档所延续。

Statutes at Large 《制定法大全》 ①美国国会每次会期所通过的法律和决议的正式汇编,由联邦登记处[Office of the Federal Register]出版,始于1789年。其内容包括两个部分,第一部分为公法[public acts]和国会联合决议[joint resolution];第二部分为私法[private acts]和国会联合决议、国会共同决议[concurrent resolution]、条约、对宪法的建议修正案和已批准的修正案[proposed and ratified amendments]以及总统文告[Presidential proclamations]。1951年以前各卷的内容按章序[chapter number]排列,现在则按公法制定的时间顺序排列,其作用主要是方便检索和引用。②该词在英国最早指1587年由克里斯托弗·巴克[Christopher Barker]出版的一本法律汇编,收录从1215年的《大宪章》[Magna Carta]到1587年间英格兰的制定法。后来基布尔[Keble]、霍金斯[Hawkins]、凯[Cay]、皮克林[Pickering]、拉福黑德[Ruffhead]、朗宁顿[Runnington]、汤姆林[Tomlins]、莱斯拜[Raithby]等人出版的法律汇编,也都名为《制定法大全》,这一名称意指其中包括了所有公布过的一般法[public general statutes],以区别于制定法的选编本[collection of selected statutes],如《制定法节略》[Abridgments]和《实用制定法》[Statutes of Practical Utility]。

Statutes in Force 〈英〉《生效制定法》 指载有联合王国和英格兰、苏格兰及北爱尔兰制定法的官方校正本。它于1972年开始出版,其中每一法令都以单独的分册印制出版,有关特定事项的法令分册则汇订成册。这一版本不断自我更新,一旦完善,其实质内容将是全新的。它取代了《修订制定法》[Statutes Revised]。(▷Statutes Revised)

statutes merchant and statutes staple 〈英格兰古法〉商人及市镇债务保证书 爱德华一世时创立的一种旨在保护债权人的制度。根据1283年《艾克顿·博奈尔法》[Statute of Acton Burnel],在一些城市,由市长保留一份商业债务的记录,由书记官起草保证书并交给债权人,在债权人未受清偿的情况下,允许其根据债务清偿保证书要求市长签发命令,出卖债务人的动产和租用土地以实现债权。根据1285年《商人法》[Statute of Merchants],还可以监禁债务人。根据1353年法律,在重要商品城市也建立了同一种制度。签发保证书的是重要商品城市官员,针对的对象也仅是羊毛和皮革等重要商品。

Statutes of Amendments and Jeofails 〈英格兰古法〉《诉答错误承认与修正法》 指15世纪和16世纪时的几部制定法,允许当事人对其诉答中存在的错误或失误表示承认后,可予以修正。(▷jeofail)

statutes of laborers 〈英〉劳工法 该法涉及劳工、仆役和学徒的问题。

Statutes of Westminster 《威斯敏斯特法》 英格兰法令,因在威斯敏斯特制定而得名。同名者有四,即《威斯敏斯法Ⅰ》于1275年颁布,是《大宪章》[Magna Carta]的补充;《威斯敏斯特法Ⅱ》于1285年颁布,主要内容为附条件赠与;《威斯敏斯特法Ⅲ》于1290年颁布,规定封地自由买卖;1931年《威斯敏斯特法Ⅳ》规定大不列颠及其自治领享有平等地位,都是英联邦的成员。

statutes personal 属人法(▷statutes real)

statutes real 属地法 大陆法系法律术语。在夫妻共同财产制的规定中,西班牙法、法国法及源自该二国法的加利福尼亚州、得克萨斯州以及其他州的法律都被认为是属地法,而非属人法,亦即它们适用于其管辖内的物,而不论当事人在何处或将要去向何处。

Statutes Revised 〈英〉《修订制定法》 1868年,御前大臣凯恩斯[Lord Chancellor Cairns]根据《制定法修订法》[Statute Law Revision Acts]宣布将出版一部只包括生效条款的制定法汇编,并命了一个制定法委员会[Statute Law Committee]负责此项工作,这就是《修订制定法》。其第一版于1870-1878年间出版,共15卷,收录了1868年以前仍然有效的所有制定法;第二版于1888-1901年间出版,共16卷,收录到1886年为止经修订过的制定法;第三版于1950年出版,共32卷,收录了到1948年为止经修订过的制定法。1972年起改称为《生效制定法》[Statutes in Force]。

statutes staple and statutes merchant (= statutes merchant and statutes staple)

statute to prevent frauds and perjuries (= statute of frauds)

statuti 〈拉〉〈罗马法〉注册律师;律师协会成员(▷supernumerarii)

statut kilkenny 〈英格兰古法〉基尔肯尼法 这是由爱德华三世时期的军事统领[Lieutenant]克拉伦斯[Clarence]公爵召集盎格鲁-爱尔兰议会[Anglo-Irish Parliament]通过的一系列旨在以牺牲爱尔兰人的利益为代价来为英格

兰拓展势力的制定法的总称，均由诺曼法语写成，内容包括：禁止与爱尔兰人通婚，禁止使用布莱恩法[Brehon Law]，禁止向爱尔兰人出售武器和盔甲，排挤爱尔兰人参与宗教事务的管理，使用英国人的姓氏、语言、习俗等。这些法令还仇视独立的爱尔兰人，并以开除教籍作为维持其效力的后盾，虽多次颁布，但仍显示了征服爱尔兰实质上的失败，其后果是将被征服的爱尔兰地区在法律、习俗、语言和其它方面与爱尔兰本土割裂开来。

statutory *a.* 与制定法相关的；法定的；符合制定法规定的；合法的

statutory acre 法定亩 由制定法所确定的计量单位，与习惯上的亩[customary acre]相对。(⇨customary acre)

statutory action 制定法诉讼 指由制定法规定的诉讼，区别于依普通法、衡平法进行的诉讼。

statutory bond 法定保函 形式要件和实质要件均必须符合法定要求的保函。(⇨bond)

statutory construction 制定法的解释；法律解释；法定解释 ①法律的一个部门，用于解释由立法机关所制定的法律；②一种司法功能，若适用某一制定法而其内容可作不同的解释，则需法定解释。它与"司法立法"[judicial legislation]不同。

statutory copyright 制定法上的版权 不同于"普通法上的版权"[copyright at common law]或"文字作品的财产权"[right of literary property]，它是依制定法的规定而赋予作者的版权。

statutory declaration 〈英〉法定陈述书 1835年的《法定陈述书法》[Statutory Declarations Act]规定的一种书面事实陈述，由陈述人签字，并要在一名事务律师或治安官员[magisterial officer]面前郑重声明其所述事实为真实，在许多情况下它可以代替宣誓陈述[declarations for oaths]。

statutory dedication 法定征用 根据法律规定，且通过政府核准发给准予征用文件将土地奉为公用。(⇨dedication)

statutory emancipation 〈美〉制定法上的解放 美国一些州的制定法所规定的一种程序。通过此种程序，经正当申请并提供具备行为能力的证明时，法院有权解除未成年人无行为能力的限制。但因其效果只是消除未成年人的无行为能力限制，而非取消亲权和监护，故并非真正的解放。(⇨emancipation)

statutory exception 法定豁免；法定例外 制定法中的一个条款，规定特定的人或行为免受该法律约束。

statutory exposition 法定解释；制定法的解释 当某一制定法语言模棱两可时，其后通过的法律中对该前法的解释。

statutory extortion 制定法上的勒索罪 指非法向他人威胁、索要钱财或其他有价物品的行为。

statutory foreclosure 制定法上的留置物或抵押物拍卖（程序）指未经诉讼而根据制定法规定的通知、拍卖方式处理留置物和抵押物，以实现担保物权。

statutory form 制定法规定的形式；法定形式；要式(⇨short form)

statutory guardian 法定监护人 依制定法而在遗嘱中指定的监护人。广义上指任何依制定法而设定的监护人。

statutory instruments 〈英〉《行政立法性文件集》其原称为《法规与法令集》[Statutory Rules and Orders]，1946年《行政立法性文件法》[Statutory Instruments Act]通过后改用现称。行政立法性文件为由枢密院、部长以及经授权的其他机关依据法律的授权而制定的法令、条例、规章等次级立法文件的总称。但它不包括临时命令、特别程序命令、地方政府制定的细则[by-laws]和一些次级委任立法。

Statutory Instruments Revised 〈英〉《行政立法性文件集修订本》包括某一时期所有有效的行政立法性文件[statutory instruments]的多卷本法律文献汇编，其按主题分类，并收有修正案，删去了已被废除或过时的立法性文件。

statutory interpleader 〈美〉法定的确定竞合权利诉讼 指联邦法律规定，争议财物的保管人[stakeholder]自己对该财物并无任何权益[disinterested]，但同时有数人分别对该财物主张权利时，有权要求其相互诉讼解决，从而使自己免于牵涉在内。

statutory interpretation (= statutory construction)

statutory jurisdiction 制定法上的管辖权 指依据主权国家的宪法而制定的法律赋予法院的管辖权。由制定法赋予的衡平法管辖权与衡平法院所固有的衡平法管辖权是不同的。

statutory law 〈美〉[总称]立法机关的制定法 指源于制定法[statute]，而非宪法或法院判决的法律总称。亦称statute law; legislative law; ordinary law。

statutory lien 制定法上的物权担保 指于特定情况或条件下，单纯产生于制定法的留置权、质权或抵押权。它不包括基于契约产生的或于契约中规定的此种权利。这种担保物权通常在普通法中存在而为制定法确认或在普通法中不存在而由制定法创设。

statutory merger 法定合并；制定法上的公司合并 由制定法规定并依照法律进行的合并。(⇨merger)

statutory obligation 制定法上的义务；法定之债 既不是由当事人双方行为，也不是由当事人之间的法律关系所设立，而是由制定法所直接创设的应给付金钱、为特定行为或承担某种责任的义务。它通常与依普通法侵权所生之债并存。此外，也有由于法定责任的违反不仅损害了公共利益，也同时损害了私人利益，从而产生了法定义务，即应向受损害的私人负损害赔偿责任。

statutory offense 制定法上的犯罪 (⇨crime; penal code; penal laws)

statutory owner 〈英〉制定法上的所有权人 相对于衡平法上的所有权人。根据1925年《转让受限土地法》[Settled Land Act]，是指财产授予契据[settlement]的受托人，或者在没有终身土地保有人或终身土地保有人尚未成年的情况下，依该法享有终身土地保有权的授予地受托人；但不包括依法院命令或其他方式产生的有以终身土地保有人的名义转让地产的受托人。如果土地被遗赠给未成年人，则遗产管理人或其他情形下的土地受托人可为制定法上的所有权人。

statutory partnership association 〈美〉法定合伙组织 在密歇根、新泽西等一些州中根据制定法所设立的一种合伙形式。相对于合伙，它更类似于公司，但又具有有限合伙[limited partnership]的许多特征。(⇨partnership)

statutory penalty 制定法上的处罚 指制定法上规定的对违反制定法的人所科的处罚。被害人或被侵权人得要求不法行为人给予的补偿金，并不以实际遭受的损害为限。

statutory rape 法定强奸罪；强奸幼女罪 制定法规定，与不满法定承诺年龄的少女进行性交的行为，不论此少女是否愿意，根据法律均认为构成强奸罪。

statutory receiver 制定法授权的财产管理人 指诉讼中

由法院依制定法的规定指定的暂管讼争财产及相关利益的财产管理人。(⇨receiver)

statutory release 〈英〉制定法上的转让；法定转让 它取代了旧的复合式不动产转让方式。旧的方式要求先行设定不动产租赁权，至少经过1年，而后通过放弃复归权以让与不动产。它取消了关于1年的限制。

Statutory Rules and Orders 〈英〉《法规与法令集》 以前指次级立法中的主要门类。自1890年始每年出版该年的所有法规与法令，并定期出版索引；同时以往的法规被汇编为《法规与法令集修订本》[Statutory Rules and Orders Revised]。1893年《法规公布法》[Rules Publication Act]规定，在某些情况下制定法规的意图必须事先加以宣布，法规草案也应当予以公开，同时还对法规的印刷、编号、销售等作了规定。1946年，《法规与法令集》被更名为《行政立法性文件集》[Statutory Instruments]。

statutory successor 〈美〉法定继受人 指公司解散时依法承受其全部财产的人。

statutory tenant 〈英〉法定承租人；制定法上的承租人

statutory trusts 〈英〉法定信托 依制定法的要求及说明成立的信托。例如：根据1925年《遗产管理法》[Administration of Estates Act]，如果某人未立遗嘱而死亡，则其一部分遗产应依法定信托方式交由其遗产管理人代管，待子女成年或结婚时在子女中间平均分配。

statutory undertakers 制定法上的承包人；法定承包人 指由制定法授权而建造公用事业设施——如水电、煤气供应设施——并管理相关事务的人。

statutum 〈拉〉❶已制定的；确定的 ❷〈古〉制定法 指国会立法[act]，尤指已经国王批准的国会立法。不同于国会法案[actus]，后者已经国会上下院通过但尚未经国王批准。❸（罗马法）条例；法令；决定 尤指帝国的法律。

Statutum affirmativum non derogat communi legi. 〈拉〉确定之制定法并不违背普通法。

Statutum ex gratia regis dicitur, quando rex dignatur cedere de jure suo regio, pro commodo et quiete populi sui. 〈拉〉国王为民众之利益而放弃部分王权所立之法，即为国王之恩赐。

Statutum generaliter est intelligendum quando verba statuti sunt specialia, ratio autem generalis. 〈拉〉法令之语句特定而其法理普遍时，即应普遍地理解法令的含义。

statutum sessionum （英格兰古法）法定会议 依惯例，由百户区的警察和户主组成，为解决百户区内雇主与雇工工资矛盾而召开的会议，1562年法定每年复活节后六个星期内举行。

Statutum speciale statuto speciali non derogat. 〈拉〉一特别法不优于另一特别法。

Statutum Walliae （英格兰古法）《威尔士法令》 根据1284年颁布的这一法令，臣属于英格兰国王的威尔士及其居民被兼并，与英格兰统一。

stay v. 中止；延迟；暂缓
 n. 停留；中止；诉讼中止 可以是中止整个诉讼的进行，也可以只是中止诉讼的某一阶段，如中止对判决的执行。

stay and trade 停靠并做贸易 在承保船舶在一地停靠并做贸易的保险单中，该词是指船舶停靠某处是为了贸易目的，若船舶停靠与贸易无关，则视为绕航。

stay of action 诉讼中止 指诉讼中为出现特定情形，法院以裁定[order]或禁制令[injunction]暂停案件程序的进行，直至该特定情形消失。如当事人一方将诉讼中遗漏的步骤补齐或完成法院要求其必须做的事项等，诉讼程序则可继续进行。诉讼中止，既可以是整个案件程序的暂缓进行，也可以是在特定程序阶段发生的中止或暂停。

stay of execution 执行中止 指判决生效后的一定期间内，胜诉债权人[judgment-creditor]有权申请法院强制执行，但在法定情形下，如败诉债务人[judgment-debtor]为其债务提供担保，或经双方当事人同意，法院可裁定暂停或中止强制执行程序的开始。该词也可以指刑事案件中对死刑判决的暂缓执行，这一措施通常是为了给予被告人进一步上诉的机会。

stay of proceedings 诉讼中止；程序中止 (⇨stay of action)

steady course （海商法）稳定航向

stealth n.〈古〉❶盗窃；偷窃 可以指偷窃的行为或事件。从词源学上看，该词是动词 steal 的名词形式。❷秘密行动；偷偷摸摸

steerer n. 诱骗者 特指诱使他人信任，从而骗取或掠夺其财物之人，如将他人引至某地而使之被骗或被抢劫。

stellionataire 〈法〉诈欺者 特指将不属于自己的物品抵押给他人的人。

stellionate 〈拉〉合同欺诈 在罗马法中，指设定第二抵押时不声明已设有第一抵押；或割让财产时不声明已设定抵押。在大陆法中，指订立合同过程中的种种欺诈行为，尤指将同一物品同时卖给多人，或将同一物品另作抵押而不声明已曾作抵押且抵押总值超过该物价值的犯罪行为。在英国法中，指销售货物中的欺诈。在苏格兰法中，泛指一切诈欺及弄虚作假的行为。(= stellionatus)

stellionatus 〈拉〉〈苏格兰〉（罗马法）诈欺 广义指各种欺诈性的行为，但主要指财产买卖和抵押上的欺诈，如一物数卖即将同一财产卖与数人、以自己名义出卖他人财产、在同一财产上再次设定抵押权而隐瞒原有抵押权的行为等。

step- 继 用作前缀，与不同的亲属等级连用，表示与血亲关系不同的一种姻亲关系。

step-child n. 继子女

step-down in basis 减少基数 指应交所得税财产基数的减少。(⇨step-up in basis)

step-father n. 继父

step-mother n. 继母

step-parent n. 继父（母）

step rate method 等级费率法 在互助人寿保险中确定保险费率的一种方法，即被保险人缴纳的保险费只需满足互助保险社支付该年度内与该被保险人具有相同年龄[membership age]的保险社成员死亡赔偿金的需要即可。

step-rate premium insurance 阶梯式保费保险 保费在保单载明的时期内增长的保险。

step-son n. 继子

step-transaction approach 〈美〉撇除交易法 国内税务署[Internal Revenue Service]所采用的一种确定税收责任的办法，即为计算出最后结果，将纳税人的交易视作一个整体而忽略某一个或几个非实质性的交易。采用此方法的目的是在确定作为纳税人的个人或实体的纳税责任时，能审查纳税人交易的实质情况而非仅限于形式。

step-up in basis 增加基数 指应交所得税财产基数的增加。典型的增加基数发生在死者遗产增值的情况下。

sterility n. 无生育能力；不育

sterilization n. ❶绝育（手术） 绝育手术可因为避孕、治

疗、优生或刑罚等而实施。在美国一些州的制定法中规定可对某些特定的罪犯施行惩罚性的绝育手术。另有一些州允许对某些精神病患者施行此手术,以剥夺其生育权。❷消毒;灭菌

sterling a.❶标准纯银的;国家标准货币的 尤指英币的。❷有价值的;权威的

stet processus 〈拉〉合意中止诉讼 旧时普通法法院的做法,指经当事人双方同意,由法院在案卷上作出记录,以中止诉讼的继续进行,具有类似判决的性质。如果未经双方同意,不得为中止诉讼之决定。

stevedore's lien 装卸工留置权 因存停泊于适航水域船舶提供装卸服务而产生的一种海事留置权。

steward n.❶管家;执事;管理人 ❷工会代表;工会管理人 代表工会其他成员管理工会事务并监督工会集体合同[union contract]的履行。

Steward of all England (英格兰古法)全英格兰执事 被授予多项权力的高级官吏,包括主持贵族争端的审判。

steward of a manor (英格兰古法)庄园执事 领主的代理人,他负责所有法律上的和与地产有关的事务,并保管法庭档案。其职责主要是管理而不是司法。

Steward of Scotland (苏格兰古法)苏格兰王室管家 负责王室税收、王室家务的人员。他拥有在战场上紧随国王的特权。

Stewards of the Household (英格兰古法)英格兰王室管家 中世纪英格兰王室的一个高级职务,主要管理王室事务。诺曼时代以后,该职务逐渐成为可继承的,并开始区分为世袭的有头衔的管家和世袭的家务职员。自爱德华二世起,此职务通常由一人担任。(⇨Lord High Steward;Lord Steward of the Queen's Household)

stewartry (苏格兰古法)执事管辖区 由苏格兰国王任命的执事所管辖的地区。该执事主要管理特定的王室土地。执事管辖区相当于一个领主辖区,执事的职位可以继承。

stews n.〈英〉❶妓院 曾在英格兰被允许存在,后被亨利八世[Henry VIII]禁止。❷雉鸡(或野鸡)饲养场

stickler n.❶仲裁人 ❷固执己见的人

stick up 持枪抢劫

stifling a prosecution 放弃起诉 在某种犯罪不引起民事赔偿的情况下,为获得金钱赔偿或其他利益而达成的放弃对犯罪行为人的起诉协议。

stifling bids 阻碍竞价 意欲阻止拍卖中公开、自由、竞争性喊价的行为或言词,包括欺骗的行径、技巧、协议或同盟。(⇨chilling bids)

stifling competition 阻碍竞争(⇨stifling bids;suppression of competition)

stillborn child 死产儿 出生时为死胎,或出生时未死亡但因早产而未能成活者。

stillicidii 〈拉〉〈罗马法〉承溜地役 指供役人允许邻屋檐水滴到其房屋或土地上的地役。(⇨aquae immittendae)

stillicidium 〈拉〉〈罗马法〉檐滴水 屋檐流下的雨水。(⇨stillicidii)

sting n.潜入伏击 警务用语,指警务人员乔装成罪犯,潜入其中以侦查及逮捕违法分子。(⇨entrapment)

stint n.〈英〉限额;定额;定量;份额 用于指公共牧地限额放牧权[stinted right of common of pasture],即公共牧地的每一成员允许在该牧地上放养的牲畜数量,也可用放牧时间进行定量。布莱克通[Blackstone]尝谓:未经分配的公共牧地放牧权被称为"公共而无限额"[common without stint]是错误的。

stipend n.薪金;津贴;分期或定期支付的报酬

stipendiary n.分期或定期领取津贴的人;领薪金者;领薪的治安法官

stipendiary estates 以提供特定义务为条件而分封的土地 多指军事义务。

stipendiary magistrate 〈英〉领薪治安法官 领取薪金的专门治安法官,由女王根据1979年《治安法官法》[Justices of the Peace Act]任命。只有具有7年以上执业经验的事务律师或出庭律师才有资格担任。除非有御前大臣建议,不被免职。在年满72岁后方可退休。领薪治安法官在御前大臣指定的委任区[commission area]的法院以及指定的日期和时间开庭审理案件。凡需由两名普通治安法官才可处理的事项,一名领薪治安法官即可处理。(⇨Justices of the Peace)

stipendium 〈拉〉〈罗马法〉军饷;工资;薪俸(⇨salarium)

stipulate v.(明确)约定;规定(⇨stipulation)

stipulated damages 预先确定的损害赔偿;约定的损害赔偿额(⇨liquidated damages)

stipulatio 〈拉〉〈罗马法〉要式口约 一种口头合同,要求双方当事人用特定的语言经过问、答相符而订立。承诺方即回答者须依约行事,不必有任何对价,发问方也不负任何责任,所以是一种单务合同。在要式口约中,最关键的是双方当事人必须亲自一问一答,回答的内容必须与发问两相符合,且回答原旨在由此承担合同义务。要式口约是罗马法中要式合同的形式之一。(⇨actio ex stipulatu)

stipulatio aquiliana 〈拉〉〈罗马法〉阿奎里要式口约;阿奎利亚那要式口约 要式口约的一种,指不论在债务成立时采用的是何种形式,都须先以要式口约更改原债,使之成为口约之债,才能进行债的免除[acceptilatio]。这种要式口约,使各种债务都能够通过免除而消灭;而在此之前,由于债务的消灭须采用与债权的产生同一但相反的方式,往往使要物合同、诺成合同等的债务不能免除。(⇨stipulatio)

stipulatio juris 〈拉〉法律适用协议 指合同的当事人选择处理合同争议所适用法律的事前协议,但法院不受错误的法律协议的约束。一般来讲,合同当事人可以就特定州或司法区的法律适用问题作出约定。

stipulation n.❶契约或协定中的实质性条款 ❷诉讼协议 就诉讼程序或事实审理的相关事项,当事人双方或其代理人所为之协议,特别是书面协议。据此可以免予证明、剔除争点、进行承认或自认、减少陪审员人数、确定证据披露方法等。❸保证被告出庭誓约 旧法中也称fide jussor。(⇨admission;pretrial conference)

stipulation for judgment 同意判决内容的协议 指当事人对判决内容的事前同意。曾同意判决内容的一方当事人不得再指责判决内容的错误或瑕疵。对经当事人同意作出的判决不得提出上诉。

stipulation for safe return 〈美〉安全返回约定 船舶的部分共有人为使用船舶而向其他持有异议的共有人提供的保证书,担保船舶安全返回;在船舶灭失的情况下则偿付异议人其共有份额。

stipulation of facts 同意事实的协议 指诉讼当事人双方就特定事实的存在达成一致意见,以免去就该部分事实举证的责任,但是法院仍得依合意事实及其他经证据证明的事实进行推理判断。

stipulation on majority verdict 〈美〉约定多数裁断 指民

事诉讼中的当事人双方可以约定将达到一定多数陪审员同意的裁断作为陪审团的裁断。(⇨verdict)
stipulation pour autrui （大陆法）第三人受益合约　合同双方当事人为第三人利益订立的合约。第三人接受合约后才成为合同当事人，而在此之前，他不是合同当事人，只是第三人。
stipulatio sponsalitia (= sponsalia)
stipulator （大陆法）（第三人受益合同）受约人；订约人　即在为第三人利益订立合同时，提出问题和接受允诺的人。与之相对的一方称为"promissor"。但也可泛指订立合同的双方当事人。
stirpes 〈拉〉❶家族的始祖　❷宗亲；宗亲的一支　❸血亲；家属(⇨per stirpes)
stirpital a.宗亲关系的　即有共同祖先的。
stirpital distribution 代位继承(⇨per stirpes)
stock n.❶存量；存货　商人保存的待售或待运的商品与货物。❷资本；股本　广义上指一个人投入经营的全部财产。在公司法上指通过股东出资或认缴股份所形成的资本，代表股东对公司的所有者权益，即equity。❸股份；股票
stock assessment ❶派缴额外股款　❷股票(份)估价　为征税而对公司股票(份)的估价。
stock association 合股公司；股份合伙　指不经公司登记的合伙组织，其资本分成股份。大陆法及制定法均承认其为营业单位。(⇨joint stock company)
stock bailout 〈美〉股票赎资　指以优先股股息的形式收回股票投资。
stockbook n.❶股东名册　记载公司股东的姓名、所拥有的股份、股票号码等的公司文件。❷存货簿；库存记录簿
stock broker 股票经纪人；证券经纪人　作为委托人的代理人买卖股票、证券，以收取手续费或佣金［stock brokerage］的人。
stock certificate 股权证书；股票(⇨certificate of stock; share certificates)
stock company (⇨joint stock company)
stock corporation 股份公司　将公司资本分成等额股份发放给股东，并经法律允许以盈余向股东分配股息或红利的公司，是公司的一种普通组织形式。
Stockdale v. Hansard(1839) 〈英〉斯托克代尔诉汉萨德　监狱巡查长向国务大臣报告称纽盖特监狱［Newgate prison］允许原告出版不合适的书籍，依据下议院的决定，该报告被公开出版。原告遂以毁损名誉为由将出版商诉至法庭，王座法庭支持了原告的请求，认为下议院享有特权的范围应由法律决定，并可由法院加以审查。下议院接受了王座法庭这一判决，同意法院对赔偿的判定，后来也从未拒绝承认法院对议院以外特权问题的管辖权，但它没有放弃对决定特权是否存在这一管辖权的权利主张。1840年的《议会文件法》［Parliamentary Papers Act］规定议会对依其决定所出版的报告、文件、表决及程序等享有特权。(⇨Sheriff of Middlesex's Case (1840))
stock dividend 股票红利　以本公司的股票或以本公司持有的其他公司的股票，而不是以金钱向股东分配股利。以本公司的股票分配股利时，引起公司股本的增加，股东按其原有份额获得新股，同时这意味着同样金额的利润转化成了公司的资本。
stock exchange ❶股票交易所；证券交易所　❷股票交易；证券交易(⇨securities exchange)

stock exchange certificate 股票交易所会员资格证书
stockholder n.股东；股票持有人
stockholder's derivative action 〈美〉股东派生诉讼　股东以自己名义提起的原本应由公司作为原告提起的诉讼。一般针对造成公司损害而公司又不请求损害赔偿的侵权行为。(⇨derivative action)
stockholders' equity 股东权益；股东股本；股东产权　指一个公司资产负债表所记载的股票面值、超过股票面值的实缴资本及留存收益等的总计。亦称"owners' equity"、"shareholders' equity"。
stockholder's liability 股东责任　指股东对公司债务依法承担的个人责任；或指股东对欠缴出资或股款所承担的清缴责任。
stockholders' meeting 股东大会　公司全体股东参加的会议，目的在于选举董事、决定需经股东表决通过的其他事项，如修改章程、出售或抵押公司资产、分立或合并等。
stockholder's representative action 股东代表人诉讼　由某一股东提起或进行的代表他本人以及所有其他处于类似地位者的诉讼。(⇨stockholder's derivative action)
stock insurance company 股份保险公司　亦称"合股保险公司"［joint stock insurance company］。这类保险公司向社会公众发行股票，并由股票持有人控制。股份保险公司的设立资本来自于社会公众的认股，公司业务由股东选举的董事会领导和管理，公司赢利依法律规定，由董事会决定在股东和保险单持有人之间的分配。股份保险公司的资本全部由股东投入，并作为公司业务经营的基础，公司损失和支出均由此而出。股东享有公司的全部收益并承担公司的全部损失。投保人在与保险公司签订保险合同时，须向公司支付相应的保险费。它与相互保险公司［mutual insurance company］的区别在于其股东并不一定是其保险单的持有人，而相互保险公司的保单持有人同时也是控制该公司的股东。(⇨mutual insurance company)
stock in trade ❶存货；待销存货　一个企业或销售商所存的准备在正常交易过程中出售的商品。❷用具设备　指从事某一行业的业主拥有和使用的工具和设备。❸器具　经营某一行业所需的设备和物料。
stock jobber 〈英〉股票自营商　为自己的利益独立买卖股票的交易商，不能作为代理人或经纪人为一般社会公众从事交易，而只能向经纪人自行购进或出售股票。由于他们总是买卖自己所精通的某一种或几种股票，因而成为这些股票的"造市者"［market-maker］。在1986年股市大动荡［Big Bang］之前，他们是伦敦股票交易所的两类主要会员之一，另一类为经纪商［broker］。此后英国取消了证券商的"单一资格制"［single capacity］，规定交易所的所有会员均可作为"经纪－交易商"［broker-dealer］为公众从事交易，自营商的概念遂不复存在。
stock market 股票市场；证券市场　由各证券交易所、股票交易所和其场外交易市场构成的有组织地进行证券、股票交易的市场。
stock note 证券本票　指由股票和债券担保的本票。
stock option 股票期权　①在一定期间内，不论其市场价值如何变动，按预定的价格买入或卖出一定量的股票的权利；②允许公司职工在一定期间内买入公司股票的期权。此项期权，在美国通常作为补偿职工的一种方式授予，并且可以根据美国《国内税收法典》［Internal Revenue Code］作为特别税处理。此词亦称"职工股票期权"［employee stock option］或"奖励性股票期权"［incentive stock

stock purchase plan　股份认股计划　雇主允许雇员购买公司股份的安排。

stock redemption　股票回购　公司部分地或全部地回购其已发行的股票。

stock rights；认股权　指股东可以按低于市价的价格购买与自己持有的股票数目成一定比例的增资股票的权利。认股权的行使，凭公司发给的认股权证［warrant］，股东可将其认股权证在市场上随意出售。购入者便成为认股权证的持有人，获得相同的认购权利。

stocks　n.械具　分足械和臂械，由两个木板组成，每个木板的一端都有一半圆的孔，当两个木板紧紧固定在一起时，两个圆孔正好锁住坐在木板后的犯人的脚踝和手臂。这种械具曾被作为刑罚工具而使用，现已被废除。

stock split　股票拆并；股份拆并　指公司发行新股换回旧股，从而引起股东所持股数的成比例变化。具体包括两种情形：①拆股［split-ups］，即将一个大股分割成多个小股；②并股［split-downs；reverse splits］，即将多个小股合并成一个大股。分股引起公司股数及股票面值［par value；stated value］的变化，不引起公司资本总额的变化。分股的目的在于相应调整公司股票的价格，以吸引投资人，从而活跃其交易。亦作"share split"。

stock subscription　股票认购书　认购人与公司签订的购买该公司股份的协议。

stock swap　股票置换　在公司重组中，以一公司股票交换另一公司股票。

stock transfer　股票过户；股票转让　转让股票所有权并办理法定手续的过程。

Stock Transfer Act　〈美〉《股票转让法》　关于公司股票的转让及股票受让人的权益的统一法，已被《统一商法典》［U.C.C.］取代。

stock transfer agent　股票过户代理人（⇨transfer agent）

stock transfer tax　股票转让税　指对转让股票或债券征收的税，通常是征收印花税。

stock warrant　（股份）认购证　授予持证人在一较长期限内（通常为5–10年）以某一固定价格购买股份的选择权的书面文件。也称 subscription warrant。

stolen　a.被偷窃的　原指偷盗所得，但亦可广义使用，泛指一切收物，包括侵占、挪用等非法所得。

stop and frisk　〈美〉拦截与搜身　在警察合理地怀疑某人已经或将要实施犯罪时可以将其暂时扣留、讯问，并以轻拍其外衣的方式进行搜查以确定其是否暗中携带武器。美国最高法院在特里诉俄亥俄州［Terry v. Ohio］一案中确认警察在未取得逮捕证或不存在可成立理由［probable cause］的情况下实施拦截与搜身并不违反宪法，某些州的法律也规定警察有权实施拦截与搜身。该词也称作侦察性拦截［investigatory stop］或特里拦截［Terry stop］。（⇨frisk）

stop-limit order　限价指令　在证券交易中，用以表明在限定价格之下不准出售股票，或者在限定价格之上不准购进股票的交易指示。

stop list　禁业清单　由商业同业公会［trade association］持有的，禁止其成员与之进行交易的人员名单。例如曾因降价转售货物而触怒了公会的人。

stop, look and listen rule　〈美〉"停、看、听"规则　又称"宾夕法尼亚规则"［Pennsylvania rule］，指穿越铁轨者有义务一停、二看、三听，以确认火车是否已经靠近。有时也适用于汽车司机。

stop loss order　止蚀指令；限损指令（= stop order）

stop notice statute　止付通知法　它是建筑物留置权［mechanics' lien］可选择的补救方法之一，即允许承包商、材料供应商或劳动者就未支付的建筑贷款对建筑物出租人或所有人提出强制请求。

Stop of the Exchequer　〈英〉财政止付令　指1672年查理二世颁布的旨在使财政署推迟支付某些到期证券的款项的法令。

stop order　❶止蚀指令　在证券交易中，多头或空头客户为了确保已实现的利润或防止进一步的损失，向其经纪人发出的指令，要求其所买入或抛出的证券到达某一指定价格［stop price］水平时，按市价及时代之售出或回购。多头客户要承受价格下跌造成损失的风险，可以"止蚀卖出指令"［stop sell order］要求于价格下跌至一定水平时迅即售出；空头客户会在价格上升中蒙受损失，可以"止蚀买进指令"［stop buy order］要求于价格上升至一定水平时迅即购回。❷停靠指示　公共交通管理部门要求承运人在途中停靠某一点以搭载旅客或货物的指示。❸停止支付通知（⇨stop payment order）

stopover privilege　中途停留权　指公共承运人赋予乘客在车票上标明的起点和终点间的一个或几个途经地停留的特权。

stoppage　n.❶阻却（特定行为实施的障碍）❷（大陆法）补偿；（债务的）抵销

stoppage in transit　（= stoppage in transitu）

stoppage in transitu　中途停运权；中途留置权；停止交货权；停止运交货物权　当买方清偿不能［insolvent］时，已经不再占有货物但又未收到货款的卖方，对在运输过程中的货物享有停止交货的权利，亦即在整个运输过程中，他都可以收回对货物的占有，并可保留货物一直到价金得到支付或偿还时止。御前大臣肯特［Chancellor Kent］曾将此权利定义为：在卖方赊销某物时，若买方或受让人破产或履行不能［bankrupt or insolvent］的，卖方在货物到达买方实际占有或买方指定地点之前，即货物处于承运人或中间人［middleman］占有时，有权利收回对该货物的占有。停止交货权是卖方留置权［seller's lien］在衡平法上的扩张，并被普通法法院所承认，它是货物买卖合同中因买方违约而由卖方享有的物权救济方法之一。根据英国1893年《货物买卖法》［Sale of Goods Act］，这种权利的行使并非是无限制的。根据该法第47条，卖方能以转让财产的文件相分离，买方据此文件的效力已将货物售与其他善意买主［bona fide purchaser］，则卖方不能行使停止交货权。又据该法第45条，一俟运输［transitu］终止，不论是因货已运抵目的地，或已送交买方代理人，还是因卖方与买方一致同意以承运人为买方代理人而货已交承运人，卖方的此项权利即告终止。在美国，当赊购的买方清偿不能、破产或处于财务困境时，未得到货款的卖方可对已与其分离而又未到达买方实际占有的货物收回占有。《统一商法典》［U.C.C.］第2–705条亦规定了卖方中途停运权或停止交货权［seller's stoppage of delivery in transit or otherwise］。

stoppage of work　〈美〉工作或经营的停止　指雇员所参加的雇主单位工作或经营的停止，而非雇员个人停止工作。

stop payment order　止付通知　银行客户要求其付款银行停止兑付他本人开出的票据。通常是由于票据遗失，或者其他原因而不欲兑付其开出的指定票据（本票、汇票或支票）的通知。

stopping payment 停止支付；止付 银行因破产而停业；或出票人通知其付款银行停止兑付由其本人开出的票据。

storage n.贮藏物品的保管（⇨warehouse; dead storage; live storage）

storage lien 保管留置权 意指：①因保管水运工具而产生的留置权；②因保管汽车而产生的留置权。（⇨warehouseman's lien）

store v.保管；收藏
n.❶仓库 多指大宗货物贮藏处。❷货物中转仓 ❸百货店；杂货店

stowage n.❶（海商法）积载 指为避免因泄漏、碰撞或磨损造成的损失而对货物进行贮存、包装、安放。❷仓费；堆存费

stowaway n.偷乘者；偷渡者 藏匿于出航船舶或航空器上，意欲免费搭乘者。

stowe n.（英格兰古法）山谷；河岸；村庄；地方

straddle n.跨期买卖；对敲 一种期权做法，即同时取得数目相同的卖出期权和买入期权，这两类期权具有同样的内容，如相应股票、股票指数或商品期货、相同的预购价格和到期日。这种做法使期权人不论价格跌涨都有可能伺机再做一次买卖平仓而获利。

straddle year 跨税率变化的财政年度 指公司的财政年度一部分处于税率变化前，一部分处于税率变化后。

straight annuity 终身定额年金 以年金领取人的生存为支付条件的定额年金。即在年金领取人生存期间，保险人按月或按年定期支付定额年金，年金领取人死亡时停付，并不向第三人退还任何本金与利息。

straight bill（of lading） 记名提单 载有发货人的姓名，承运人只能依据提单的此项记载向该收货人交付货物，是一种不可转让提单。（⇨nonnegotiable bill of lading）

straight life 普通终身人寿保险 最普通的人寿保险形式，只有当被保险人死亡时保险人才给付保险赔偿金，在此之前保险人不支付任何养老金和保险收益。

straight life insurance （= ordinary life insurance）

straight sentence （= determinate sentence）

stramineus homo 〈拉〉稻草人（= straw man）

strand n.海滩；河岸；河滨

stranding n.（海商法）搁浅 意外搁浅[accidental stranding]指船舶被风浪冲上海滩；自愿搁浅[voluntary stranding]指为了保护船舶使其免遭更严重的后果或为欺诈目的而将船舶冲上海滩。

stranger n.非合同当事人 不参与合同交易的人，交易内容对其无法律效力，对债务不承担责任，其财产不受交付请求。

stranger in blood 无血缘关系的人

stratagem n.策略；计谋；诡计 尤指战时为取得对敌优势而使用者。

stratocracy n.军人政府；军人统治；军人专政 由军方首领执行首脑的政府。

strator n.（英格兰古法）公路监督管理人

straw bail （= bail common）

straw bond 空头保证书 通常指保释保证书[bail bond]，指保证人是虚拟的或者保证人无力支付保证金额的保证书。这是一种不充分的且无价值的保证书。

straw man ❶名义上的当事人 又称"稻草人"。名义上为交易当事人，而实际上是代理人。他可为本人受让不动产，并办理相关手续等，常出于规避法律或掩盖真实买主的身份之目的而为之。❷稻草人辩论 主张者仅为证明其不成立而提出的含糊的、夸大的反论[counterargument]。也称作 straw-man argument。❸空头保释保证人 为使刑事被告人获释而提出的提供无用的保释保证书的人。（⇨straw bond）

straw party （= straw man）

stream of commerce 〈美〉商业流程 此术语用于描述货物虽然被短暂地搁置在一州之内但仍处于州际贸易之中的状态。如果货物处于商业流程中，则免于征收地方税，而受国会制定的联邦法律的调整。

street name 经纪人名义 证券业俚语，指证券不是以客户自己的名义，而是以经纪商名义被持有，当证券是仅以客户存在于经纪商处的保证金购买，或当客户希望证券由经纪商持有的时候，就会出现这种情况。由于证券以经纪人名义而持有，即其户名是经纪人，从而可以通过由经纪人加具空白背书后，仅凭交付而自由转让。经纪人的背书是证交所中人所熟知的。使用经纪人名义可便利证券交易，也可用以掩盖真正所有人的身份。

strepitus 〈拉〉破坏；浪费（= estrepement）

strepitus judicialis 〈拉〉（古）破坏法庭秩序的行为

stretward （= strator）

strict construction 严格解释；狭义解释 ①指只能按文件的字面含义所作的解释，也称 literal construction; literal interpretation；②指按文字的狭义含义（通常为传统含义）所作的高度限制性解释，也称 strict interpretation；③对法律实施严格解释的学说，也称 strict constructionism。一般认为，刑法必须作严格的解释。"严格解释"规则是指刑事制定法不能通过暗示或预示的方式扩大所用文句的正当含义，或超越其术语的合理解释；并且，除非被明确地规定于法条之中，否则不得对其他不法行为或人员适用此法条，即使援用该法条的法院认为立法本应更加综合，从而包含这些行为和人员。对制定法的严格解释[strict construction of a statute]指不得以暗示或衡平的方式扩张法律适用，而只能对制定法条文明确规定的和其精神或推理内的案件适用之，从而排除任何对制定法适用于特定案件的合理怀疑。对合同的严格解释，也指对合同的狭义或文义解释[narrow or literal construction]。（⇨construction; strictly construed）

strict foreclosure ❶抵押物回赎权丧失程序 它非经拍卖，而通过衡平法上的诉讼及由此发出的法院命令完成。命令要求抵押人于法院指定的合理期限内履行为抵押物所担保的债务，否则，抵押物上的所有权益即全部移转于原告——抵押权人。❷土地买卖合同撤销程序 在英国及美国的部分司法管辖区内，土地买卖合同的卖方可依此程序恢复土地所有权。卖方可请求法院以命令方式规定一定期限，若期满买方未付价金，则土地买卖合同可以以法院命令或判决方式撤销，卖方又成为该土地所有人。

stricti juris 〈拉〉严格权利的；严格法的；根据严格法 指严格按照法律进行解释，而非借助衡平法原则。

strictissimi juris 最严格权利的 最严格权利一般指某人获得一项许可，它必须严格按照许可的要求行使其权利。发生纠纷时，其权利的内容适用严格解释。（⇨stricti juris）

strict liability 严格责任 侵权法中关于责任标准的一个术语，指一种比没有尽到合理注意义务[reasonable care]而承担一般责任更加严格的责任标准，但又非绝对责任[absolute liability]。它与绝对责任、无过错责任[liability without fault]被认为是广义上的同义词,意为"责任承担与实际过错或损害意图无关",但"严格责任"在目前为英、美国家最常用之术语,后两个术语曾被常用,今则偶尔用之。关于严格责任与绝对责任,学者多认为并无意义上的区别,而只是用词选择不同。严格责任的标准常由制定法规定,无论当事人尽到怎样的注意或采取任何的预防措施,只要损害发生,则其必须承担责任。对严格责任的抗辩非常有限,且不能以尽到合理的注意义务为抗辩理由。在英国,最主要的例子是对动物引起的赔偿责任承担严格责任,在"赖兰兹诉弗莱彻案"[Rylands v. Fletcher]中确立的原则是,因危险动物自某人土地上脱逃而致他人损害的,其主人承担严格责任。在美国亦称无过错责任,并被法院应用于产品责任[product liability]案件中。在这些案件中,销售商销售有瑕疵的商品并给消费者造成不合理的危险,故其应对此承担严格责任。侵权法规定严格责任是基于这样的前提:制造商向公众提供其产品并进行销售,即说明其产品是符合公众预期使用目的的,故适用严格责任必须证明处于商业流程[stream of commerce]中的该产品是有瑕疵的。美国《侵权法第二次重述》[Restatement, Second, Torts]第402A条规定:(1)在瑕疵状态下销售任何产品,并对使用者或消费者的人身或财产造成不合理的危险,销售者应对由此给最终使用者或消费者造成的人身伤害或财产损害承担责任,如果(a)销售者对该产品是商业性销售,且(b)该产品在销售并到达使用者或消费者时不应也没有发生实质性改变。(2)即使(a)销售者在准备或销售该产品时已尽到所有可能的注意义务,和(b)使用者与消费者购买该产品未与销售者订立合同,销售者仍应承担上述第(1)款的责任。(⇨product liability; warranty; absolute liability)

strict liability crimes 严格责任的犯罪 指其构成要件中无需包括犯罪心态[mens rea]的犯罪。通常是指对公众福利造成危害的行为,例如非法倾倒有毒垃圾。

strictly accountable 绝对承担责任的

strictly confidential 绝对机密的

strictly construed 严格解释的(⇨strict construction)

strictly ministerial duty 严格执行性义务 指既无需官员裁量也无需其判断、带有强制性的绝对义务。

stricto jure 〈拉〉在严格法上

strict performance 严格履行 指完全依照合同条款的字面规定履行合同。

strict priority 绝对优先权 主要规定在破产法中,其保证债权人有权在债务人清偿不能时,将股东完全排除在重整计划[reorganization plan]之外。

strict record 严格的法庭记录 指包含某一案件的当事人的诉答文书、有关令状、陪审团裁断和判决的完整记录文件。

strict scrutiny test 〈美〉严格审查(标准) 指法院在审查可疑分类[suspect classifications]如种族等是否违反平等法律保护条款[Equal Protection Clause],以及在正当法律程序分析中对政府行为是否侵犯诸如投票权等公民基本权利时,用以评价政府行为合宪性的标准。"strict scrutiny"一词由美国最高法院大法官威廉·O.道格拉斯[William O. Douglas]于1942年在一起案件中首次使用。尽管先前对该标准多有歧见,但近年来美国最高法院对其表达渐趋一致。该标准要求被诉政府行为必须为实现"紧迫性"[compelling]政府利益所必需[necessary],因而它是美国法院已阐明的三层次审查标准中最严厉的一项审查标准。一般性(最低)审查[ordinary (minimum) scrutiny]用于政府对人们及其活动的大多数分类基础,例如,财产(或无财产)等经济和社会因素。该标准仅要求政府能证明此项分类计划与"合法"[legitimate]政府利益之间有"合理"[reasonable]关联。中度审查[intermediate level scrutiny]适用于以性别和无合法身份[illegitimacy]为基础的分类,它要求政府行为必须与"重要"[important]政府利益之间有实质性[substantial]关联。与法院假定立法或被诉政府行为合宪、原告负有证明其违宪责任的一般性审查相比,严格审查假定立法或被诉政府行为是违宪的,政府负有证明其具有紧迫性利益的责任。法院在确定被诉立法或政府行为的有效性时,必须集中在政府目的之上,而不仅仅是政府行为后果上。

strict settlement 严格的地产授予 指可以终身保有并能由固定的男性直系卑亲属继承的地产授予。(⇨settled land; settlement)

strictum jus (= jus strictum)

strike n. ❶罢工 ①英国1971年《劳资关系法》[Industrial Relation Act]将之定义为:一群工人为了敦促产业纠纷的解决而实质性地停止工作,不论其是否为纠纷当事人及其停止工作是否违反雇佣合同的条款,也不论其实施该行为是在雇佣过程之中或雇佣结束之后。但1974年《工会与劳资关系法》[Trade Union and Labour Relations Act]仅适用该词而不再下定义。②美国判例中将之定义为:一群工人向雇主提出某些要求遭拒绝后,为强制雇主同意该要求而停止工作。《劳资关系法》[Labor Management Relation Act]第501(2)条规定:"罢工"包括由雇员发动的任何罢工或其他实质性停工、因集体劳动合同[collective-bargaining agreement]终止而引起的停工、以及实质性怠工或其他实质性的雇佣中断。❷排除候选陪审员 将某一候选陪审员的名字从候选陪审员名单[jury panel]上划掉。(⇨striking a jury)

strike benefit 罢工津贴 由劳工组织给罢工成员的酬劳。

strikebreaker n. 罢工破坏者;接替罢工工人岗位者(⇨scab)

strike breaking 破坏罢工;消除罢工后果;接替罢工工人的岗位

strike clause 罢工条款 常用于尚未履行的销售合同条款中,指卖方因罢工而不能交付货物的,将被免除履行合同的义务。

strike fund 罢工基金 为向参加罢工的工会成员支付津贴而募设的一种工会基金。

strike insurance 罢工保险;罢工险(⇨labor dispute insurance)

strike off ❶敲下;拍定 用于拍卖中,指拍卖人通过敲下锤子或其他任何可为人所见、所闻的宣布方式,向出价人表明,一俟其支付价金,即按买卖条款取得拍卖物品的所有权。❷撤销案件 指法院因其无管辖权或审判权而将案件从法院记录中消除的行为。

strike out 删除;去掉 指根据法庭裁决将记录或诉状中无关紧要的、诽谤性的或冗余的内容予以删除。

strike price (= striking price)

strike suit(s) (公司法)恶意股东诉讼 以赢得巨额代理费或私下和解为目的的股东派生诉讼。尽管理论上此类诉讼能为公司带来利益,但这并非诉讼目的。

striking a docket 〈英〉债权登记 指在破产宣告程序中,对债权人申请书、债务文书或保证书的登录。

striking a jury 用排除法选定陪审团 从全部的候选陪审员名单中挑选陪审员的一种方法。具体做法是在有关官员提供候选陪审员名单后,双方当事人轮流划去一定数量的候选陪审员的姓名,直至名单上的人数只剩下 12 人。这种方法尤其是在挑选特别陪审团[special jury]时使用。通过这种方法挑选出来的陪审团也称作用排除法选定的陪审团[struck jury]。

striking counterclaim 排除反诉;驳回反诉

striking distance 打击距离 指攻击者所处的位置靠近他人,以使该人相信将会受到攻击而遭受肉体伤害,故对其使用武力抗击被认为是合法的。

striking employee 罢工雇员

striking evidence 排除证据 指陪审团在评议时将不适当的证据予以排除的一种补救措施。例如,在一方提出反对之前或反对得到法官的支持之后,证人对某问题作了回答;或某证据基于律师保证其具有相关性而被采纳,但该证据却始终未能表现出其具有相关性,这种情况下,该证人的回答或该证据即应被排除。

striking off the roll ❶〈美〉(= disbarment) ❷〈英〉事务律师除名 指将某一事务律师的姓名从事务律师名册[roll of solicitors]中除去,意即取消其从业资格。除名可以是应事务律师本人的请求,也可以因其行为不端。

striking out pleadings 〈英〉排除诉状;删改诉状 根据《最高法院规则》[RSC],法官在诉讼的任何阶段均可指令删除或修正诉状中那些不必要的,带有诽谤性的或者将会拖延或阻碍公正审判的内容,因此,如果被告未能遵守法庭要其披露证据的裁定,其答辩将被排除。

striking pleading 排除诉状 ①指排除诉状中无关紧要的、不相关的、多余的或不适当的部分;②在将诉状作为一个整体考虑时,若诉状内容是虚假的,或无意义的,或诉状具有明显的、不可补救的缺陷,或诉状未能陈述一项诉因或答辩时,将整个诉状排除。

striking price 期权行使价格;预购股票价格 指附加期权[option]购买股票所预定的价格,一般的股票价格则被称为市价[market price]。

strong-arm clause 〈美〉强制条款 《破产法典》[Bankruptcy Code]中的一项条款,允许破产财产管理人[trustee]对在提起破产诉讼时尚未满足法定条件的担保权益[security interest]可以认定其无效。

strong arm of equity (衡平法上的)禁令性救济;衡平法的强制力

strong hand 强制力;暴力

strongly corroborated 得到强有力佐证的 指对证人证言有独立的事实或情况予以证实,而这些事实或情况对陪审团和法官来说是有力的、清楚的、令人信服的。

struck *a.*被殴打的;遭击打的 在普通法诉讼中,对因伤害、殴打引起死亡从而指控谋杀的,须用此词。

struck jury ❶用排除法选定的陪审团(⇨striking a jury) ❷(= special jury)

struck off 已拍定的(⇨strike off)

structural alteration (建筑物)结构性改变

structural change (= structural alteration)

structural unemployment 结构性失业 由于对某一特定产品或服务的需求变动而导致不再需要或急需特定技能或工作而造成的失业。

structure *n.*构造物;建筑物 广义指建筑物[construction]和通过特定方式将各个部分结合而成的其他工作物[work],狭义则专指任何形式的住房建筑[building],尤指具有一定规模的住房建筑。

structured settlement 结构性和解;组合式和解 有关赔偿金和解的一种,被告同意在受害原告的有生之年对其分期支付赔偿金。一般包括首期一次总付的赔偿金和将来以年金方式分期支付的赔偿金。

strumpet *n.*娼妓;妓女

stuff gown ❶〈英〉毛质长袍 即除皇家大律师[Queen's Counsel]之外的外席出庭律师[barristers of the outer bar]所穿的职业服装。❷(= junior barrister)

stultify *v.*宣告因智力不健全而无行为能力 在自行提起的要求撤销其所有的契据或其他合同之诉,或他人提起的强制履行合同之诉中,提出要求宣告自己无行为能力的请求。

stultiloquium 〈拉〉(英格兰古法)妄言;恶辩 被约翰王[King John]处以罚金的一种恶意辩护,它被认为是恶辩罚金[fines for beau-pleader]的起源。(⇨beaupleader)

stuprum 〈拉〉(罗马法)(大陆法)偶合;秽行 指一男子与一未婚女子或孀妇之间的非法性关系,故不同于通奸[adultery]或姘合[concubinage];后亦泛指所有为道德所禁止的性关系,包括鸡奸[pederasty]等。

sturgeon *n.*(英格兰古法)鲟 属王室鱼类,无论在海滩还是在海岸附近捕获,均归王室所有。(⇨fish royal)

style of cause 案件名称

style of writ or process 发出令状中的指令的人或者政府的名称

suability *n.*可起诉性;可控告性(⇨suable;sue)

suable *a.*可起诉的;可控告的 可起诉的诉因应为成熟诉因。(⇨ripeness doctrine)

suapte natura 〈拉〉在其本质上

sua sponte 〈拉〉出于自愿;自愿地;主动地;未受提示或建议地

subagent *n.*复代理人;次代理人 由代理人委托授权而执行全部或部分代理事务的人,其帮助代理人从事与本人[principal]相关的事务,但代理人单纯的雇佣人[mere servant]并不属此。其与本人的关系分成两种情况:①如果代理人的委托行为是经明示或默示授权的,则其为复代理人,亦即成为本人的代理人。美国《代理法第二次重述》[Restatement, Second, Agency]中所指的即为复代理人,根据代理人和本人的协议,复代理人的行为由本人首先承担责任[primarily responsible]。②如果代理人委托其为自己的代理人,以帮助从事与本人相关的事务,则其为次代理人。除非另有约定,次代理人与本人之间并无相对性关系[privity],本人对次代理人不予支付报酬,对次代理人的过失或不当行为也不得起诉,而只能由代理人提起诉讼。(⇨agent)

subbailment *n.*转寄托 受托人[bailee]对第三人所作的寄托。未经原寄托人[original bailor]明示或默示的同意或授权,受托人不能因转寄托而免除其责任。

sub-ballivus (英格兰古法)副执达官;副郡长

sub colore juris 〈拉〉假借法律的名义;以法律(或权利)为幌子;在权利(或权力)的外衣下(⇨color of law)

sub colore official 〈拉〉以官方的名义

sub conditione 〈拉〉在…条件下;以…为条件 在契据中,以此语设置条件。

subcontract *n.*转包合同;分包合同 指由某一合同的一方当事人与该合同以外的第三人所订立的,内容涉及履行该合同的全部或部分的合同。如在建设工程领域,与房屋所有人签订合同的是主承包人[principal contractor]。主承包人与第三人——亦即分包人[subcontractor]——签订合同,由后者承担部分工程或提供材料的,该合同即属

subcontractor *n.* 分包人；分包商 从主承包人[principal contractor]或总承包人[general contractor]处承担部分合同义务的人。例如，在房屋建设合同中，承担建设义务的承包人通常须具有若干专门的分包人，从事该工程中的某些专门工作，诸如安装管道、铺设地毯、家具制作和装修等。(⇨subcontract)

sub cura mariti 〈拉〉在丈夫的监护下；处于丈夫的监护中

sub curia 〈拉〉据法律；基于法律

subditus 〈拉〉(英格兰古法)❶扈从；附庸；诸侯 ❷处于另一人权力之下者

subdivide *v.* ❶分割；细分 ❷再分割 例如，在按代位继承[per stirpes]分配遗产时，遗产根据最近顺位继承人以及较后顺位继承人分别被分割和再分割。

subdivision bond 〈美〉地方政府债券 由市、县或其他行政区域政府发行的债券。

subdivision map 土地分割图 标明较大片土地如何分割成小片土地的地图。该图通常同时标明街道及公共设施等的布局。

subinfeudation *n.* 再分封采邑制；次级分封 身份较低的领主将其保有的土地的一部分分封给地位更低的人，以成为其领主的制度。该制度由于减少了大领主的权力和财富，遭到1289年《封地买卖法》[Quia Emptores]的禁止。

subirrigate *v.* 地下灌溉 指在地表以下进行灌溉，如通过地下输水管道系统或利用土壤自然渗透进行灌溉。

subirrigation *n.* 地下灌溉 (⇨subirrigate)

subjacent support 垂直支承权 指土地受其下面的土地支承的权利，或建筑物的上层受下层支持的权利。区别于侧面支承权[lateral (side) support]。(⇨support)

subject *n.* ❶臣民 在君主制国家，国民对君主有服效忠义务，并受其法律的统治。在自由政府下，臣民实际上与公民(或称市民)[citizen]含义相同。在共和政体中，本术语较少使用。 ❷(立法的)主题；目的 *a.* ❶争议中的；受考察或考虑的(对象) ❷受制于；附属于；隶属于；低于；倘若 与to连用。

subjecting to debts in inverse order of alienation 取决于与转让顺序相反的债务的(⇨inverse order of alienation doctrine)

subjection *n.* ❶服从 负有义务遵循他人意见或按照他人裁决和意志行事的状态。 ❷从属 一当事方的法律权利因另一当事方的法律权利的行使而改变。例如，抵押人出卖抵押品或取消回赎抵押品的权利受抵押权人的法律权利的限制。 ❸义务(⇨liability)

subjective impossibility of performance 主观履行不能 该履行不能系承诺人自身原因而非履行行为之性质所致。

subjective standard of satisfaction 合同清偿的主观标准 指决定合同履行是否达到要求的口味、想象或感觉。

subjective test 主观标准 一种取决并依赖于当事人意志的法定标准。如善意、明知、故意等法律规则中就涉及到主观标准。与之相对的是客观标准[objective test]。(⇨subjective standard of satisfaction)

subject-matter *n.* 诉讼标的；标的；争议物；争议事项；权利主张 指提交评议或裁决的争议问题，或指发生争议的事物或事项，或当事人就之提出权利或义务主张的事物或事项。

subject matter jurisdiction 事物管辖权；诉讼标的管辖权 指法院审理和裁决某一类案件的权限范围。如在美国对不同州籍公民间民事争议的管辖权[diversity jurisdiction]、联邦问题管辖权[federal question jurisdiction]、对海事和破产案件的管辖权[jurisdiction over admiralty and bankruptcy cases]等都属于联邦法院的事物管辖权。该管辖权通常由制定法予以规定。(⇨personal jurisdiction)

subject matter of act (= subject matter of statute)

subject matter of action 诉讼标的(⇨subject of the action)

subject matter of contract 合同标的 指合同所涉及的各种物或者服务。

subject matter of statute 制定法的主题 一般情况下等同于subject of statute。二者的区别仅在于其所指的内容有所不同，subject一般指该制定法所涉及的主要事物，而matter则指次要的、附带性的事物。

subject of act (= subject of statute)

subject of right 权利主体 指享有法律权利的人。

subject of statute 制定法的主题 指构成制定法主要内容的事物，是制定法所涉及或解决的主要问题，有别于制定法的目的[object]。

subject of the action 诉讼标的 指原告的某一基本权利受到侵犯，从而有权据以请求救济。因此，它不是指引起争议发生的事物本身，而是原告有权要求返还财产或请求救济的根据。

subject to 取决于；以…为条件 一种限制性或条件性用语。(⇨subject to contract)

subject to contract 以合同为准；以合同为条件 一种公式化的表述，其效力在于使先前关于房地产销售的初步协议没有约束力，直至将协议记录在正式或最终的合同中为止。该语虽在英美两国均有使用，但犹多见于英国。如果当事人的承诺"以合同为准"或是有其他类似限制，则该承诺为附条件承诺，构成一项反要约，最初的要约人可凭自己意愿决定接受或拒绝之。

subject to final payment 须最终支付 银行收到储户存入的支票时将支票款项贷记入储户账户，并注明"须最终支付"时，若该支票在向付款银行提示而被拒付时，则支票上的款项转入储户账户。

subject to restriction 遵从限制条款；受限制条款的约束 契据中与其他契据或文书已设定的限制条款相关的条款。

sub judice 〈拉〉在审判中；正在审理而尚未裁决；未决审理 相当于英文里的 at bar。

sub jugum matrimonii 〈拉〉在婚姻纽带中；已婚(状态)

Sublata veneratione majistratuum; respublica ruit. 〈拉〉长官不受尊重则国家也灭亡。

Sublato fundamento, cadit opus. 〈拉〉基础除去，上层建筑必崩。

Sublato principali, tollitur adjunctum. 〈拉〉皮之不存，毛将焉附。 指收去主物，其附属物也被收去。

sublease *n.* 转租；分租 土地或房屋的承租人将其享有的同一财产利益转让给第三人而形成的租赁，但其期间须较原承租期间短。承租人转让的利益应比其承租时享有的利益范围要窄，或保留在租期内的回复租赁权。亦作"subtenancy"，尤其在英格兰，多作"underlease"。

sublessee *n.* 转租承租人；分租承租人 指从承租人[lessee]处获得该租赁财产的全部或部分承租权益的第三人。亦作"subtenant"，尤其在英格兰，多作"undertenant"。

sublessor *n.* 转租人；分租人 将其承租财产全部或部分出租给第三人的人。尤其在英格兰，也作"underlessor"。

subletting n. 转租；分租（⇨sublease）
submerged fen 水没沼泽地　指暂时被水淹没的沼泽地或湿地。
submerged lands （尤指私人拥有的）被水淹没的土地；水淹地
Submerged Lands Act 〈美〉《水淹地法》　系联邦制定法，规范州境内的可航行水域水流下的土地及大陆架土地上的权利、所有权及其他权益。
submergence n. 淹没；浸没　土地因被水淹没而消失，于其上形成可通航水域。对土地所有权人而言，土地一旦被淹没，其即失去该土地；只有水体永久性地退落而使土地重新显现时，他对土地的权利才得以恢复。
submersible apparatus 潜水设备　指用于或设计用于维持人类在水床上下或其他任何水体表面以下地方进行生命活动的设备。为确保此类设备的安全和维护，可制订相应的法规。
submission n. ❶服从；遵从　❷提交仲裁；仲裁协议　指两方或多方当事人达成的协议，同意将他们之间发生的争议提交给第三人解决，并受其所作裁决的约束。
submission agreement (= agreement for submission)
submission bond 提交仲裁保证书　当事人同意将他们之间发生争议的事项提交仲裁，并受仲裁裁决约束的保证书。
submission of controversy 〈美〉(= agreed case)
submission to arbitration （将争议）提交仲裁
submission to jury 提交陪审团　指将法官审理中的案件交由陪审团评议并作出裁断。
submission to nonsuit 提请终结诉讼；(原告)提请撤诉
submit v. ❶使服从；使受到　❷呈送；提交（意见、建议）
sub modo 〈拉〉以…为限定条件；受…的限制；附条件；按特定方式
subnervare v. 割断腿和股的腱使人残废　传说中一种半文明的蛮族习俗，以此来惩罚妓女和荡妇。
sub nomine 〈拉〉以…的名义
subnormal intelligence (= subnormal mentality)
subnormal mentality 弱智；智力功能不全
subnotations 〈拉〉（大陆法）释律谕令　指君主就向其提交的关涉法律中模棱两可或存疑之处的问题所作的复文。
subordinate clause 附属条款；补充条款
subordinated bonds or debentures 次级债券　公司清算时，在优先债券、银行贷款及其他形式的债务清偿后，才予清偿的债券。一般情况下，该种债券的地位仅次于金融机构所拥有的债权，而优于其他一般债权。
subordinate debt 从属债务；附属债务　其请求权较其他种类的债务处于次要地位的债务。
subordinate fact (= subsidiary fact)
subordinate legislation 次级立法；从属立法　指源于一国最高权力之外的权力的立法，因而其连续存在及有效性依存于某种最高权力。（⇨delegated legislation；regulation）
suborn v. ❶(尤指以秘密的方式)教唆(他人实施违法行为)　❷教唆(或收买)他人作伪证
subornation n. 犯罪教唆；教唆罪
subornation of perjury 唆使作伪证罪　指故意使他人在诉讼中提供虚假的证词。唆使他人作伪证比作伪证本身的罪行更重。唆使他人作伪证并未得逞的，定为唆使伪证未遂罪。在普通法上，唆使他人作伪证未遂为轻罪。

suborner n. 教唆犯　尤指教唆他人犯伪证罪。
subpartner n. 附股合伙人（⇨subpartnership）
subpartnership n. 附股合伙　某一合伙企业的一合伙人与第三人就分配该合伙人在合伙企业中的收益与风险而据协议形成的所谓合伙。第三人不能成为该合伙企业的成员，也不对原合伙企业债务负责。并且，该两人之间也未形成法律上的合伙关系。他只是分享某一合伙人的合伙收益并分担原本由该合伙人承担的合伙风险。
sub pede sigilli 〈拉〉加盖印章的；盖印的
subpoena 〈拉〉❶传票　由法庭或其他授权机构签发的指令某人在规定的时间和地点出席(法庭)的命令，如不遵行，将受到惩罚[sub poena]。传票分两种：一种叫做"作证传票"[subpoena ad testificandum/subpoena ad test]，要求传票受送达人即某一证人在法庭或审查人、公断人前出庭作证；另一种叫做"提交书面文件传票"[subpoena duces tecum]，要求受送达人出庭作证并向法庭提交所需的书面文件，该证人除非受到质询，不必宣誓，也不能被交叉询问。根据英格兰最高法院诉讼规则，传票需在签发令状后12周内直接送达，且以上两种传票不得用于可能签发证人传票[witness summons]的刑事诉讼中。如果请求签发传票的人是出于恶意且属于滥用传票的情况，不论是在刑事诉讼还是在民事诉讼中，法庭都可撤销该传票。在英格兰郡法院的诉讼规则中，"传票"[subpoena]称作"证人传票"[witness summons]。❷(衡平法院)传票　过去在衡平法院里，每一起诉讼是由命令被告出庭的传唤令[writ of subpoena]开始的，因此，以前的旧判例集里，subpoena的含义相当于"衡平法上的起诉状"[bill of complaint]。现代的做法是传票背书在诉状上。如今，每一起诉讼均由传唤令[writ of summons]开始。
subpoena ad testificandum 〈拉〉作证传票；要求证人出庭作证的传票
subpoena duces tecum 〈拉〉提交书面文件传票　指要求受送达人到庭作证，并同时提交其掌握的与在审案件中的争议事实相关的特定文件、簿册、档案等书证的传票。在英国，依此种传票到庭作证的证人无需宣誓，因此，也不受交叉询问。在美国，此种传票在民事诉讼和刑事诉讼中均可签发，其要求证人提交的证据不限于书籍、文件等书证，也包括实物(见 Fed. R. Crim. P.17)或有形物(见 Fed. R. Civil P.45)，且在签发时，也不需具备可成立理由[probable cause]。
Subpoena Office in Chancery 〈英〉衡平法院传票签发处　已由1852年《衡平法院法》[Court of Chancery Act]废除，其工作转由专司卷宗与令状签发的书记官[Clerks of Records and Writs]承担。
subpoena ticket 〈美〉传票　在某些司法区的刑事诉讼中由检察官签发的传唤证人到庭提供证言的通知。
sub potestate 〈拉〉在…的保护下；受…的保护；隶属于…的权力　用以指妻子、儿童、奴隶和其他非自权人[sui juris]。
sub potestate parentis 〈拉〉受父母之保护；在父母的保护下
sub potestate viri 〈拉〉受丈夫之控制；处于丈夫的权力之下　依照普通法，妇女一般不能为任何对自己有法律约束力之行为，于是就说她应受其丈夫的控制，服从丈夫的意志和支配。她的行为非属可撤销，而是自始无效的。
subreptio 〈拉〉(罗马法)瞒占　指通过隐瞒事实真相，从国王那里得到无主土地等财产赠与的行为。
subreption n. ❶(教会法)隐瞒真相　指通过隐瞒事实真

相而获取特权、施赠等。❷〈法〉**虚报事实** 指以提供与事实相反情况的欺诈手法而获取赦免、职位或赠与的行为。

subrogation n.**代位** 指由一人取代另一人的地位而对第三人依法请求给付或主张权利、要求补救或担保等。在债权债务关系中，若某人代为偿付债务，则其取代债权人的地位，可以对债务人行使债权人的一切权利，与其未代为偿付时原债权人对债务人的权利相同。代位通常发生于建筑合同、保险合同、保证以及流通票据法中。保险中的代位，如某人已投保的船舶因他人过错而致撞毁，则其可从保险人处取得保险金而恢复船舶价值，从而由保险人代位行使船舶所有权人的权利，以向造成船舶毁损者提起诉讼。代位是衡平法上的一种制度设计，以使债或义务能最终清偿，而又使偿付债务者不致显失公平。代位分为两种，即协商代位（或称合同代位）[conventional subrogation]与法定代位[legal subrogation]，前者是通过债权人与第三人的行为而明示的代位，后者则是由于法律实施而产生的代位或默示的代位，例如保证人的代位。（⇨conventional subrogation; legal subrogation; equitable subrogation）

subrogation by contract （= conventional subrogation）

subrogation of cotenant **共同承租人的代位** 共同承租人之一清偿或履行了以该共同财产设定抵押权或留置权担保的债务，则有权主张抵押权人或留置权人的权利，并在其他共同承租人应分担的范围内行使该抵押权或留置权。

subrogation of insurer **保险人的代位追偿权** 指保险人赔偿了由第三人的过错或疏忽给被保险人造成的损失后，得在其赔付金额的限度内要求被保险人让渡其对该第三人要求赔偿的权利，因此保险人得取代被保险人行使其索赔权，向该第三人追偿。

subrogatum tenet locum subrogati 〈拉〉**代位物取代被代位物** 指当某物已被其所有人改造为另一物时，他所接受的改造物就取代了原物。

subrogee n.**代位人；代位权人** 因代位而获得他人权利之人。例如，保险人在支付保险赔偿金后通常就成为代位人，从而有权对侵权人提起诉讼。又如保证人在向债权人清偿债务后亦成为代位人，取代债权人得以向债务人主张权利。

subrogor n.**被代位人** 与代位人相对，指因代位而致其自身的权利被他人获得的人。例如，保证合同中的债权人。（⇨subrogee）

sub rosa 〈拉〉〈古〉**秘密地；私下地；暗中地**

sub salvo et securo conducto 〈拉〉〈古〉**基于安全而稳妥的行为；以安全而稳妥的行为** 拉丁法律用语，用于人身保护令[habeas corpus]中。

subscribe v.❶**在…下面写；签署** 表示同意或证实。须签于文件之末尾，所以与一般的签名[sign]不同，因签名不一定在文件之末尾。❷**认购**（公司的原始股份）；**订阅**（报刊、杂志等） ❸**认捐**（用于宗教、慈善、教育、文娱组织等之捐款）

subscribed a.❶（文件、契据、遗嘱等）**已签署的；已签名的** ❷（证券）**被认购的**

subscribed and sworn to before me **已在我面前签字并宣誓** 作为对宣誓书[affidavit]的认证[jurat]记于宣誓书的末尾，其下载明宣誓日期及主持宣誓官员的签名。

subscribed capital **认缴资本** 已由股东根据协议购买或认购的股份或资本总额。

subscribed stock **已认股本** 指股东的股本账中表明将缴纳的股资数额。一旦认购发生，则借记应收款账户，贷记已认股本账户。

subscriber n.❶**签署人** 将其姓名签署于书面文件上的人；其目的或为认证该文件或为采纳其条款内容，或为使自己受该文件拘束，将其签名附着于任何文件的人。❷**认购人；认股者** 同意购买公司证券，包括股票及债券的人。❸**捐助人** ❹（报刊的）**订户**

subscribing witness **见证人；签字（证实的）证人** 指目睹一方当事人在某文件上签字，为证明此事，也在该文件上签上自己姓名的人，或指目睹某文件的执行或耳闻其被签收，应当事人的请求，作为见证人在其上签名的人。

subscriptio 〈拉〉（罗马法）**签署；签名** 签于文件、契据等之上，以示证明、批准或同意。

subscription n.**签名；认购；认捐** 在手写或印制的保证或约定文书的底部签名，或通过如此签名表示见证；但是一般认为，留有记载的口头作证也构成一项有效的签名；另外还包括在协议下方签名使之缔结的行为，该协议旨在为特定的目的提供一定数量的货币，如向慈善机构认捐、订购图书、报纸等；该词还指依照制定法和特许公司的章程签字购买取得某公司的股票权益的行为，该股权系使认购人的签名对其自身构成约束力的充分对价；股票认购人签名承诺支付一定数量的货币给正在组建中的公司——该公司系以认购人能从中获利为目的——以后，待得公司成立时，该公司有权要求认购人实践其认购承诺，而无须其他任何形式的认购承诺或认购承诺通知书即可对认购人构成约束效力，但为慈善目的而承诺认捐的行为究竟在多大程度上对承诺者构成约束力，则无定说。该词也指向教堂签名认捐为其清偿其很久以前的债务，这种认捐不需要对价，也不能被强制要求践诺，纯粹为慈善目的的认捐不得被强制履行。为促成公司的成立目的而做的无回报认购，除非因该认购承诺产生了某种义务和责任，否则此承诺不得被强制履行。支持股票认购人向公司承诺的对价是受约人（即其他认购人）的认购信誉，而非承诺人本人将要得到的利益。在基于认购而承担责任或为某种行为之前，认购可以撤回，也可因认购人犯精神病或死亡而撤销。一个有约束力的签名或认购应是向特定的其他人或组织所做出的承诺，因此应有协议规定该人或组织承担义务为某行为，如提供实物或建造房屋等。如果预付款获得允许，并且系依据认购行事，那么有充分的根据使该预付款具有约束力。在此种场合下，预付款对双方都是一种对价。

subscription book **认购簿** 系一种认购记录，通常用以指记录已发行的股票的认购情况的簿册。

subscription contract **认捐合同；捐赠合同；赞助合同** 基于无偿捐献或有其他对价，同意向特定的人或为特定目的而提供一定数额的金钱或实物，就此所达成的口头或书面协议即属这种合同。亦有观点认为，该词可指"认购合同"，尤指认购股票的合同。（⇨subscription）

subscription list ❶**认购名册** 记载公司股票、债券、政府债券等的认购者的名册。❷**订购人名册** 记载期刊或系列出版物或其它类型的服务的订购者的名册。

subscription rights ❶**认购权** 公司股东低于市场价格并按与其已持有股份的相应比例确定的数量认购该公司新发行股票的权利。❷**认购权证** 用以证明认购权的凭证性文件。

subscription to stock ❶**股份认购；认股** ❷**认股书** 股东填写的、同意购买公司新发行股票的文件，载明所认购

股份的数量与金额。(⇨subscription)
subscription warrant (= stock warrant)
subsellia 〈拉〉(罗马法)矮凳；低凳　审判中供法官和下级执法官使用，以此与裁判官的裁判席相区分。
subsequens matrimonium tollit peccatum praecedens 〈拉〉结婚可阻却婚前之违法　这是罗马法的一条规则，指如果当事人后来缔结了婚姻，就可以去除其先前违法的性行为等过错并使子女地位合法化。
subsequent action 后继诉讼　指在令状签发之后第一次诉讼的裁决作出之前开始的第二次起诉。
subsequent condition 事后条件；解除条件(⇨condition subsequent; condition)
subsequent creditor 事后债权人　指在债务人已基于对价而与他人进行交易后才成为债权人的人，例如为欺诈或拖延在先债权人而作出的让与。
subsequent negligence 后续过失　指在损害持续过程中发生的过错，从而构成损害的原因。由于被告的最初过失[initial negligence]以及原告的与有过失[contributory negligence]，被告发现或应当发现原告已处于危险境地，但未以正当注意而使原告免于受到损害的，则属后续过失。它与在事件发生之前已经发生但与损害有某种联系的过错相区别，属于导致损害发生的近因[proximate cause]。
subsequent offender 惯犯(⇨habitual criminal)
subsequent purchaser 在后买主　两人以上与同一出让人就同一房产进行交易，买卖行为发生较晚者，或在产权登记顺位上处于较后者。
subsequent pruchaser for value 充分对价的在后买主(⇨bona fide purchaser)
subsequent purchaser in good faith 善意的在后买主(⇨bona fide purchaser)
subservant (= subagent)
subservient possession 辅助占有；从属占有(⇨permissive possession)
subsidiary n. 子公司　全部股份或大部分股份为另一公司(母公司[parent])所有，因而受控的子公司，是 subsidiary corporation 的简称。
　a. 从属的；次要的；由他人控制的
subsidiary company 〈英〉❶子公司　❷附属机构(⇨subsidiary)
subsidiary corporation 〈美〉❶子公司　❷附属机构(⇨subsidiary)
subsidiary fact 辅助性事实　对主要事实的确定起辅助性作用，但自身不足以确认某一问题的事实。
subsidiary trust 从属信托　附属于商业信托的信托。
subsidy n. 政府补贴　政府为推动某些企业、工厂或社会进步项目的发展而给予的资助。政府提供这种资助的目的或在于参与某项产业或事业之中以推动其发展，或在于认为某产业或事业的目标有利于公众而有必要由政府给予适当的支持。
sub sigillo 〈拉〉加盖印章的；加封的；用印记封存的
sub silentio 〈拉〉静默地；缄默地；默默地
subsistence n. ❶维持生计的东西；生活依靠或来源　❷军饷　❸〈美〉向离婚诉讼中不在自己住所地所在州应诉的作为被告的妻子所发的补贴　以支付她在该州为应诉之目的发生的生活费用。
subsistence allowance 生活补贴；津贴；军饷(⇨subsistence)

subsistence loan 生计贷款；生活贷款(⇨production and subsistence loan)
subsoil n. (国际法)底土　亦称地下领土，是一国领陆和领水的下层土，构成一国领土的一部分。在现代国际法上，由于地下自然资源的开发、地下或海底电缆和管道的铺设等，使底土更具有重要意义。
sub spe reconciliationis 〈拉〉有和解的希望；于和解的希望中
substance of indictment 公诉书的实质部分　指公诉书中陈述所指控罪行的全部要件，并直接指控被告人实施了这一罪行的主体部分。如果公诉书中缺少某些构成合法的指控所必不可少的内容，则会被裁定为在实质上不充分。
substance over form 实质优于形式　指依照交易的实质而非特定形式来判断其结果。
substance vs. form concept 〈美〉实质对抗形式概念　用于分析应税交易之实质的税法标准。在考虑某交易的税收结果时，注重该应税交易的实际而忽略交易的实际形式。
substantial adverse claim 实质性的对抗主张　对所争之权利事项提出在法律或事实上的合理怀疑并应容许论争的主张。这种主张必须是真实的而不是含糊其辞的。
substantial breach (= material breach)
substantial capacity test (刑法)实际能力标准　又称实际能力规则。这一规则是美国《模范刑法典》[Model Penal Code]提供的检验精神病的标准。模范刑法典规定："由于精神疾病或精神缺陷被告人缺乏识别其行为的犯罪性或缺乏使其行为符合法律要求的实际能力，则被告人对其犯罪行为不负刑事责任。"该标准是在姆纳顿规则[M'Naghten rule]和不能控制标准[irresistable impulse test]基础上发展建立起来的，目前为美国大多数学术界和司法界人士所接受和赞同。
substantial claim 实质性权利主张(⇨substantial adverse claim)
substantial compliance 实质性遵从合同(⇨substantial performance)
substantial compliance rule 实质遵从原则　指遵从契约或制定法的基本要求。例如，在人寿保险法中，指被保险人在变更受益人时已实质遵照保单的要求，只剩保险人或其代理的行政性工作尚未完成，则受益人的变更是有效的。(⇨substantial performance doctrine)
substantial consummation of reorganization plan 重组计划的实质性完成　指下述事项的发生：①根据计划规定，对计划所涉的全部财产作了转让、出售或其他处置；②债务人或以实施重组计划为目的的公司，承担了全部计划所涉的财产的商务运作及管理；③根据计划，开始向债权人及股东分配计划中特定的现金和有价证券。
substantial damages 实质的损害赔偿　指与所受实质损失相当的损害赔偿，区别于名义上的损害赔偿[nominal damages]。
substantial destruction 实质性毁损　在房屋租赁中，作为解除承租人租金支付义务的条件，它是指导致建筑物不能再用于出租、且修复费用相当于建造新建筑物费用的毁损。
substantial equivalent (专利法)实质等同物　指与专利产品在本质上相同之物。因此，如果两个产品是以实质相同的方法而达到实质相同的结果，从而具有实质相同的功能，则不管其在名称、形式或外观上的区分，仍可认定为实质等同物。亦作"substantial equivalent of patented device"。(⇨doctrine of equivalent)

substantial equivalent of patented device 专利产品的实质等同物(⇨substantial equivalent)

substantial error 实质性错误 指初审法院所犯的给当事人造成实质性损害的错误。

substantial evidence 实质性证据 指为某一争议事实提供实质性根据,并能使任何具有理性的人相信它足以支持某一结论的证据。它高于微弱证据[scintilla],且排除了任何模糊的、不确定的和不相关的成分。

substantial evidence rule 实质证据规则 ①依该规则,行政机构依据实质性证据对事实所作的决定,除非是任意的,或存在明显错误外,应予支持;②依该规则,建立在实质性证据基础上的裁决,除非其法律根据存在错误,应予支持。

substantial justice 实质正义 与程序正义相对,指依照实体法规则所确立的正义,而不考虑程序上的错误的存在。

substantial justice rule 实质正义规则 指如果一个判决在适用实体法规则上没有任何差错,已实现了实质正义,而下级法院所犯的错误仅是技术性的,这种情况下就不应撤销原判的规则。

substantially justified 〈美〉实质上是正当的 指在《司法平等法》[Equal Access to Justice Act]的意义上,如果政府主张自己的诉讼立场在实质上是正当,则它必须证明其立场具有合理的事实和法律上的根据。依该法及其1985年的修正案,如果政府能证明其立场在实质上是正当的,则可免于承担胜诉的对方当事人的律师费,为此,它必须证明其立场不仅仅勉强合理,而是明显合理,具有良好的事实和法律根据,该根据即使不是必定正确,但也是可靠的。

substantially prevailing party 实质上胜诉的当事人 在下级法院的判决部分被维持部分被撤销的上诉中,有权获得诉讼费的一方当事人。

substantially reversed 实质性撤销;实质性推翻 在上诉中对原判的整个判决予以修改,以致简直是全部撤销而不像部分撤销。

substantial performance (合同的)实质履行 指对某一份合同虽非完全履行[full performance],但已善意地根据合同履行了其中主要的、必须的内容。该种履行仅与合同规定存在某些细小的或相对次要的不同。(⇨substantial performance doctrine)

substantial performance doctrine 实质履行原则 一项衡平法原则,如果合同当事人以善意之意图履行合同,其履行与合同内容并不完全相符,比如存在合同的轻微违反[slight deviation],但只要该履行已经达到该合同目的,则该合同仍得视为已经履行完毕,只是法院可以给予补救,对合同履行与内容之间发生的偏离给予极少量的损害赔偿。必须符合三个条件:声称实质履行的一方已经以善意努力履行其义务,其履行有益于对方,且对方已保留该利益。以上三者任缺其一,即非实质履行。

substantial possession 实质占有 以占有之意思而实际管领整个地块。

substantial right 实体权利 可能影响诉讼结果并且能获得法律保护的重要权利,区别于程序性权利[technical or procedural right]。

substantive consolidation (破产法)实质性合并 指两个以上破产案件的合并处理,通常针对同一债务人或有关债务人,以便统一核算资产负债和分配破产财产,并消除重复要求和债务人之间的相互请求。

substantive due process 实质性正当程序(⇨due process)

substantive evidence 实质证据 用来证明争议事实的证据,区别于仅用来对证人的可信性进行质疑的证据,或对证人证言加以佐证的证据。

substantive felony 独立重罪 不依赖于另一人的另一罪行而独立认定的重罪。

substantive offense 实体罪;主罪行 指自身已构成犯罪而不依赖其他罪行的罪行。

substantive right 实质性权利;实体权利 指可受法律保护或可通过法律手段实现的实质上的权利,不同于形式上的或程序性的权利。(⇨procedural right)

substitute n.❶代替者 指接替他人位置的人,也用于指物,如代用品等。代替者中的代人应征入伍者,是指已应征入伍者雇以代替自己上前线并在军队服役的人。❷复代理人 指代替代理人执行代理事务者。在委托书中常常会授权代理人[attorney]任命或指定他人代其从事代理事务。由于委托常常是基于私人间的信任,所以如果没有关于次代理的明示授权,代理人则不能将代理权转由他人代为行使,也就是说,代理人只能运用自己的才能和判断亲自办理代理事务。(⇨subagent)
v.交换;代替 将某一人或某一物置于他人或他物的位置上。(⇨replace)

substitute bill of lading 替代的提单 用以取代已丢失、被盗或损坏的提单的提单。

substituted a.代替的;替补的 指一人或一物代替他人他物从事某项行为或服务,或占据其位置。该词常用于描述事物的更换[replacement],在大多数情况下,通常暗含有被代替者已被去除或消失的内容。但在涉及法律关系当事人责任的处理时,被代替人往往仍应对其原有行为承担责任并不概由代替人承担。(⇨substituted trustee)

substituted administrator (= administrator de bonis non)

substituted basis 〈美〉估税替代依据 在估价征税时,可以参照应税财产在财产让与人、赠与人或授予人手中时的征税标准为依据或以用于交换该应税财产的其他财产的征税标准为依据。此种依据即为替代依据。

substituted bequest 替代遗赠(⇨substitution by will)

substitute defendant 替代被告 指在同一诉讼中取代另一被告的人,而非另一依完全不同的诉讼被起诉的人。

substituted executor 遗嘱的替代执行人 当遗嘱中指定的第一个遗嘱执行人不能(例如因为死亡、丧失行为能力)或不愿履行其职责时,由该遗嘱指定的接替该执行人的人。亦作"substitutionary executor"。

substituted-judgment doctrine 〈美〉替代判断原则 依该原则,允许无行为能力且自己不能作出决定者的亲属或保护人[conservator]等或者法院为该无行为能力人的利益就医疗问题作出决定。

substituted legacy (= substituted bequest)

substituted party 被替换的当事人(⇨substitution of parties)

substituted service 替代送达(⇨service of process)

substituted shipment 替代船货 取代海运提单中特定货物的货物。

substituted tax return 〈美〉替换的纳税申报单 在税收法规中规定的上交纳税申报单的期限内,或在税收官员根据税法而允许的宽限期内,纳税人有权上交另一所得税纳税申报单以代替原来的申报单。

substituted trustee 替换的受托人 指接受委托取代原来的受托人的受托人,享有原受托人的权利和义务。尽管原来的受托人不再享有和行使受托权,但他仍然对在受托期间的行为负责。

substituted vehicle 替代车辆 汽车保险业中的一个常用词,指在保险单中载明的车辆因故障、修理、受损等原因而不能使用时,被保险人临时使用的车辆。

substitute judge 替代法官 当正式法官缺席、丧失行为能力或丧失资格及有其他无法或制定法中所规定的情况时被选用的法官。

substitute juror 替补陪审员 (⇨alternate juror)

substitute paper 替代票据 替代丢失、毁损或残缺不全的票据的期限相同的票据。(⇨substitute bill of lading)

substitutes n.〈苏格兰〉替代继承人 遗产继承依照继承人的顺序处理,各继承人按顺序依次代替。第一继承人称为遗产的最初取得人,其他继承人则被称为替代继承人。

substitutio haeredis 〈拉〉(罗马法) 代位继承 在指定继承人后,遇有某种情况发生时,遗嘱人有权指定代位继承人[haeres institutus]。如果引起代位的情况是指定继承人拒绝接受遗产,那么这种代位继承称作普通代位继承[substitutio vulgaris];如果引起代位的原因是未成年人在接受遗产后于成年(男满14岁,女满12岁)之前夭折,那么这种代位继承称作未成年人代位继承[substitutio pupillaris]。

substitutional a. 代替的;代替性的 如果遗嘱中含有向数人进行遗赠的内容,并附有规定,当其中一人于遗产分割之前死亡时,其继承份额转由其子女享有,则该子女是这些受遗赠人的代替人,他们享有的受遗赠权就是代替性的。

substitutional gift 可替代的遗赠物(⇨substitution by will)

substitutional remainders (= alternative remainder)

substitutionary (= substitutional)

substitutionary bequest (= substitution by will)

substitutionary evidence 替代证据 指替代具有更好效力的证据形式而被采用的证据,如允许用来替代文件原件的副本,允许用来证明丢失的文件内容的证人证言等。(⇨secondary evidence)

substitutionary executor (= substituted executor)

substitution by will 以遗嘱进行的遗赠替代;遗赠物之替代;受遗赠人之替代 ①依据遗嘱中的遗赠替代条款,遗嘱人把特定遗赠物的受遗赠人变更为另一人,或把给予指定受遗赠人的遗赠物变更为另一遗赠物,具体视遗嘱条款之规定而定;②当一项指定的遗赠不发生效力时,把遗赠物转嘱给慈善机构以实现其效力;③用后订立的遗嘱或遗嘱修改附加书中所规定的遗赠物替代原遗嘱中所规定的对同一受益人的遗赠物;④当遗嘱人规定在原受益人于遗产分割前死亡的情况下,可由另一人替代受益时,遗嘱物可由后者替代取得。但替代受益人仅能依据遗嘱中所规定的取得该遗嘱物的原条件替代取得遗嘱物。

substitution clause in policy 保险单中的替代条款 汽车责任保险单中的一个条款,依此条款,保单承保范围扩展至被保险人驾驶的、作为保单中载明车辆的替代车辆的使用。

substitution clause in will 遗嘱中的替代遗赠条款(=

substitution by will)

substitution of attorney 律师的更换 指在未决案件中,一方当事人更换其记录在案的律师[attorney of record]。更换律师是当事人的权利,除非原来的律师与诉讼标的有利害关系,更换须经申请取得更换令并按规定程序进行。

substitution of debtor 债务人之替代;债务人之变更(⇨imperfect delegation)

substitution of judgment doctrine 判决替代原则 这种原则允许法院依无行为能力人监护人的申请,同意一个预计会节省税务开支的不动产计划。

substitution of parties 当事人的替换 在诉讼中由于一方当事人的死亡、丧失行为能力、利害关系[interest]的转移或作为一方当事人的公职人员死亡或离职等原因而由他人代替该当事人继续进行诉讼。在严格意义上,替换后的当事人是在同一诉讼中取代原当事人的地位,而非依另一不同的诉因起诉或被诉。

substraction 〈法〉欺诈性挪用 尤指遗产。

sub suo periculo 〈拉〉自行承担风险

subsurface use 路面下空间的使用 指毗邻公路土地的所有人为私人目的而使用公路路面以下的空间。

subtenant (= sublessee)

subtraction n. ❶〈教会法〉拒付什一税 指不交纳什一税给堂区长[rector]或堂区长代理[vicar]而对其造成的损失。什一税转化为什一税租费[tithe rentcharge]之后,由于提供了扣押财物[distress]的特殊形式诉讼,该诉讼渐被废弃。❷〈英〉拒付教会捐税 指堂区[parish]教民不向堂区缴纳因修缮教堂而征收的捐税。❸拒绝承担出庭役务、关税、税务、通行费、佣金等 该词主要在有关封建役务和什一税中使用。在不动产法中,如果某人对这类义务没有或疏于履行,即为"subtraction"。拒绝承担的主要封建役务是效忠、出庭役务、佣金等,其救济为扣押财物。❹拒绝承担佣金和习惯法上役务之诉

subtraction of conjugal rights 〈古〉放弃配偶权 丈夫或妻子没有合法理由而与对方分居的行为。

suburbani 〈拉〉(复)郊区居民;农夫

subvention n. 补助金;资助金;津贴费;援助;资助 通常由政府提供。

subversion n. 颠覆 为推翻政府而进行的破坏行为。

subversive n. ❶颠覆分子;搞颠覆阴谋的人 ❷(指使、主张暴力推翻政府的)颠覆组织
a. 颠覆性的;起破坏作用的

subversive activities 〈美〉颠覆活动 旨在推翻现政府的活动,包括叛国[treason]、暴乱[sedition]、阴谋破坏活动[sabotage],都可构成联邦犯罪。

sub voce 〈拉〉以…的名义

successful party 胜诉方当事人 指法院以判决支持了其民事权利请求的当事人。(⇨prevailing party)

successio 〈拉〉(罗马法)继承 原指在某人死亡时,由他人取代其地位;后指取得死者在死亡时的财产。继承既可以由死者通过遗嘱[ex testamento]指定的方式进行,在无遗嘱[ab intestato]的情况下,也可以根据法律的一般规定进行。

succession n. 继承;承继;继受;继承权;继承人 该词含义广泛,既指继承行为,即依照继承分割法而转移财产所有权;也指继受行为,指从其前任处取得法定的或官方的职位、荣誉、财产或职能。当用于不动产时,它指通过遗嘱或继承法而取得不动产的人,不包括那些通过契据、转

让、赠与或任何形式的买卖或合同而取得不动产者。虽然该词在制定法上的定义仅指取得他人在死亡时无遗嘱处分之财产的行为，但其实际含义常常更为广泛，统指由于他人的死亡而取得其权利的行为。在公司合并上，它指一个公司取得另一公司的全部财产。在大陆法系，它既指转让死者的财产、权利和义务、负担给其继承人的事实；也指继承人所享有的取得死者遗产的权利，死者的遗产既包括各种财产（现有的或可以主张的），也包括其债务和其他义务，故继承人的继承被认为是一个法律上的统一体[legal entity]，即取得财产和偿付债务。

succession ab intestato 〈罗马法〉无遗嘱继承；法定继承
succession duty 继承税 对因他人死亡而无偿取得其财产者所征收的一种税。（⇨inheritance tax）
succession tax (= succession duty)
succession to the crown 〈英〉王位继承 它由1700年《王位继承法》[Act of Settlement]所确定。该法于1707年和1800年分别扩展适用到苏格兰和爱尔兰地区。它规定英格兰王位限定由詹姆斯一世[James Ⅰ]的孙女、汉诺威[Hanover]女选候[Electress]索菲娅[Sophia]公主及其为新教徒的后裔继承。因此，英国的王位继承与普通法上的不动产的继承方法相同，男性优于女性，采用长子继承原则。除非在所有继承人都为女性的情况下，不适用上述原则，而由长女继承王位。对《王位继承法》唯一的更改是1936年《陛下退位声明法》[His Majesty's Declaration of Abdication Act]，它取消了爱德华八世[Edward Ⅷ]及其后裔(事实上没有后裔)继承王位的权利，同时将王位转给爱德华八世的长弟乔治六世[George Ⅵ]。不过，即使该法未获通过，乔治亲王的后裔(伊丽莎白公主[Princess Elizabeth])也将继承爱德华八世的王位。(⇨Act of Settlement)
succession words (= words of inheritance)
successive a.连续的；系列的；继承的 ①指一个接一个地按顺序排列；②在继承中，指按照正常的顺位做后继者；③在美国法中，租约连续展期[successive renewals]权的授予并不是授予无限期的续展权，因为其中的successive一词只是意味着前后相联，而不是指持续的时间。
successive action 〈英〉连续诉讼 因同一诉因而造成的所有损害均应在同一起诉讼中获得赔偿，但下列情形除外：①在第一个诉讼提起时，损害尚未发生或未被知悉；②同一行为侵犯了两项以上不同的权利；③有两个以上不同的违法行为；④损害持续存在。在这四种情况下，受损害方将可能提起连续的诉讼。
successive assignees 连续受让人 成为连续受让人的情况有多种：①通过一系列的转让行为而相继取得同一权利的人，如某人将权利转让给另一人，后者又将其转让他人，依此连续下去，则出现众多连续受让人；②从同一转让人那里相继取得同样权利的人；③同一权益的两个受让人，其中一人在另一人死亡、丧失行为能力或被撤销职务时予以继任。
successive disabilities 连续的无能力 可用于两种情况：①同一人同时具备几方面的无行为能力原因，如一人在年龄和心智上皆为无行为能力状态；②数人均为无行为能力人，如以继承、遗赠或买卖的方式将财产从一个无行为能力人处转归另一无行为能力人。
successive indictments 后续起诉；继续起诉（⇨reindictment）
successive renewals 连续展期（⇨successive）
successive transactions (= repeated transactions)

successive trespasses (= repeated trespasses)
successor n. ❶继承人 ❷继任者；接替者 指因前任任期届满、退休、辞职或被撤职而接替公职的人。❸继受公司 指通过兼并、合并或其他法律手段而取得其他公司权利并承担义务的公司。(⇨hereditary successor; predecessor; representative)
successor in interest 利益继承者；利益继受者 指继承他人所有权或财产控制权的人。其条件是与原始权利人一样继续保留同样的权利而在所有权上不作改变，并且仅有形式改变而不涉及其实质，故受让人[transferee]不是利益继承者。就公司而言，通常指法定继受，例如改变公司名称但保持其相同财产。
successors n.(复)接替者 在合同中用以表明可转让性[assignability]的术语。在美国，劳资关系委员会[National Labor Relations Board]一命令[order]中对该词的使用已得到美国最高法院[United States Supreme Court]的认可，但法院认为，接替者执行该委员会命令的责任更多的是取决于当事人间交易的性质，而非取决于命令的措辞。
successor trustee 继任受托人；继承受托人(= substituted trustee)
succinct a.简洁的；精确的
Succurritur minori; facilis est lapsus juventutis. 〈拉〉未成年人应当得到帮助；青少年易于犯错。 指法律对未成年人应斟酌情况，加以保护。
sucesión legitima 〈西〉合法子女；合法继承人
suchen (= sucken)
sucken n.〈苏格兰〉磨坊辖地 指所有有义务前来某一磨坊碾磨谷物的封臣所占有土地的总和，这些封臣被称为磨坊辖地保有人[suckener]。(= suchen)
suction n.船吸 当船体大且马力强劲的船舶高速行驶时，它掀起的排水浪将对周围的物体产生吸力。如某船舶运行不当，产生船吸现象，导致其周围正常操作的船舶遭受损害，该船及其所有权人应承担损害赔偿责任。
sudden a.突然的 指事情的发生是没有预料到的。
sudden anger 激怒(⇨sudden passion)
sudden emergency 紧迫事件 不能预见的、无法事先注意到的突发的危险事件。
sudden emergency doctrine 紧迫事件原则 当一个人遇到非由自己的疏忽或缺乏注意而引起的紧急事件时，只要他的行为是按照任何其他人处于相似条件下行事的合理谨慎的方式进行的，则该人有权采取当时他认为是应为的行为以求避免伤害。这种情况下便不认为该人有过失，即使事后发现可按其他更安全的行为方式行事。(⇨emergency doctrine; sudden peril rule)
sudden passion 激情 情绪上的突然的冲动或激动以致引起暴力或侵犯行为。多用于描述非预谋杀人罪中的激情杀人的情况，如激愤、暴怒、仇恨、恐怖、狂乱等。
sudden peril 紧迫危险(⇨sudden emergency)
sudden peril rule 紧迫危险规则 依据这一原则，存在有主要过失的被告，在有突发的危险，且该危险系由对方的过失所造成的情况下，不负法律责任。从力求推卸主要责任借口的被告立场而言，害怕危险是合理的，危险的出现是如此突然以致没有时间充分考虑。但这一规则不适用于导致紧急状态的人，也不适用于未尽正常注意以避免此危险的人。
sudder 〈印〉最好的 在印度法中指最佳者，如用于指房屋的前院、政府的首要位置、国土内陆、总统职位等，可与mofussil形成对比。

sue v. 起诉；控告 指对他人提起民事诉讼。(⇨suit)

sue and labour clause 施救条款 海上保险单中的一个条款，指保险标的在遭遇保险责任范围内的灾害事故时，被保险人或其代理人、雇佣人员等为了避免或减少损失而采取各种抢救或防护措施(被保险人有此责任)，不会损及其保险权利，被保险人为此支出的费用由保险人负责赔偿。此条款不适用于共同海损分担与救助费用。(⇨rescue clause)

sue out 经向法院申请而取得令状、传票或法庭裁决 如当传票已被签发并被交给有权或指定的人员送达时，即认为已取得该传票。该词在严格意义上仅指依申请才能授予的令状或传票的签发和取得，但习惯上也可指对当然应签发的令状的取得。偶尔也指对令状以外的文件的取得。

suerte 〈西〉小块土地 在西班牙法律中，尤指城市、城镇域内用作花园、葡萄园或果园等加以耕种的小块土地，而用来建造建筑物的地块则被称为 solares。suerte 的规模比 solares 更大一些。

sue upon 起诉；提起诉讼(⇨sue；put in suit)

suffer v. ❶允许；承认或许可 容忍一种将要做出的行为或一种将会存在的条件，意味着并非对将发生的情况毫无抵御能力，是有能力阻止却表示同意或者至少是默认。❷忍受 精神上或身体上的痛苦、悲哀或类似的感觉。它的通常用法表示经历某些意识到的痛苦。

suffer a nonsuit 被驳回起诉

sufferentia pacis 〈拉〉媾和(或休战)的许可

suffering n. 肉体上的痛苦；精神上的苦恼 痛苦没有适当的、明确的概念，最好的做法是描述对痛苦的反应。这种反应是对身体不良变化或活动的感知并引起对身体特定部位的注意。疼痛是神经系统的原始感觉，因这种感觉而意识到可能的危险就是痛苦，这与初始并持续的疼痛不同。法院有时把这种类型的疼痛和痛苦视为肉体上的疼痛和痛苦；在为动物投保时，保险单中记载着保赔"为了立即解除其不能治疗的痛苦"，"痛苦"一词指有知觉的疼痛，其紧急的程度要求毫不迟延地采取措施以使其从痛苦中获得解脱。

suffering a prisoner to escape 〈美〉允许犯人逃脱罪 对自愿地允许犯人逃跑的监狱管理人员来说，这是一种刑事犯罪，有时也是民事责任的基础。

suffer to run at large 纵容游逸 指故意或过失地允许其饲养的动物从其房舍及其附属场所游逸至他人的房舍及其附属物或公路上。

sufficiency of evidence 证据充分 用来确定案件是否应交由陪审团审判，或案件证据是否在法律上足以支持陪审团裁断的法律标准。

sufficient a. 充足的；足够的 指与达成某一目的所必要者相等或相当，即在数量、质量、力量和价值上都已足够。

sufficient bail (= sufficient sureties)

sufficient cause 充分理由 足以确定被告人有犯罪嫌疑的合理理由。

sufficient consideration 充分的对价 指实际给予的，并作为某一允诺的交换而为对方所接受的对价，而不论对价的轻重，也不论该对价能否折算为金钱价值，也称 due consideration；legally sufficient consideration。(⇨consideration)

sufficient deed 有效契据(⇨good and sufficient deed)

sufficient evidence 充分的证据 指证据在数量、性质及证明力上，足以使公正者作出不致有合理怀疑的判决。(⇨weight of the evidence)

sufficiently ad. 充分地 制定法中作有规定，承运人在运送牲畜的过程中，应充分供水和喂料。该词并非极不确定，故不排除对行为人进行惩罚的可能性。

sufficient possession 充分的占有 作为侵占、非法占有诉讼的主要成分，它是指实际的、平静的与和平的占有。在支持对立占有[adverse possession]请求时，指的是在制定法规定的整个期间内声称拥有权利或所有权而进行实际的、公然的、有目共睹的、众所周知的、连续不断的、且与真正所有权人的所有权及整个社会处于敌对状态的占有。

sufficient sureties 有充分保证能力的保释保证人 指有能力交纳保释保证书[bail bond]中记明的应交的保释金，及具有足够的警惕阻止被告人逃匿且保证其能出庭的保证人。

suffix n. ❶后缀 指给单词的增添物，使其具有确定的意义。❷缩写 指跟在人名后面的词或缩写，如"Sr."加在姓名之后表示两个同名人中年龄较大的一个。

suffocate v. 窒息；使窒息；闷死

suffocation n. 窒息(⇨asphyxiation)

suffragan n. 副主教 在古代基督教教会，被任命协助大主教和主教的宗教事务的神职人员，被称作"乡村主教"[chorepiscopi or bishops of the country]，以区别于城市和主教教座的主教。有关副主教的任命事宜参见 1534 年《副主教法》[Suffragan Bishops Act]及 1888 年《副主教提名法》[Suffragans Nomination Act]。在近代，副主教永久地成为主教的助手。该职位不应与主教助理[coadjutors]混同。后者在主教生病期间被任命监督其管辖权和财产，前者无此职权。

suffrage n. 投票；选举权；投票权 它是与民事权利、财产权或人身权[right of person]相区别的一项政治权利或特权，指赋予某一组织、国家或团体成员投票支持某一议案或候选人的权利；从更广泛意义上是指投票赞同或反对任一有争议的问题或任命的权利。在美国它是一项立法机关规定调整、不能为美国和州宪法的明示或默示条款所禁止的权利。但历史上该词通常指有公民权的主体的权利，而不包括被剥夺公民权者的权利。在现代提及该词更多关注的是妇女选举权[women's suffrage]或全民选举权[universal suffrage]这些概念。(⇨vote；right to vote)

suffragium 〈拉〉〈罗马法〉❶选举权 即在人们集会时的投票权。❷(用以获取荣誉或官位的)助力或影响 ❸捐官 即买官。

sugar bounty 〈美〉糖业补助金 1890 年美国国会的一项法律规定为在美国生产的各种糖类提供一种补助金。正当糖业制造商基于该法认为可从补贴金中获利，而扩建工厂已花费相当大的代价作准备时，国会却认为它可能是违宪的而废除了它。1895 年国会又立法，为因废除 1890 年的法令而蒙受损失者提供了财政救济，后一立法为最高法院所认可，认为依 1895 年的法令拨款给糖业制造商在国会权限范围之内。

suggest v. 建议 指提出一种观点供他人考虑。"建议"可以是恳求性的，也可以不是，这完全取决于上下文及其背景。"建议"出现在遗嘱中，不带任何限制性或说明性的语言或背景来影响其一般含义时，它仅指将一件事提供另一人考虑。在一般情况下，它绝不伴随任何愿望、意志或请求的表示。如果带有上述表示则不再是一个恳求性的词，因而不能设立一项信托。

suggested price 建议价格 指生产商或制造商向销售商建议或推荐的一种零售价格。

suggested retail price 建议零售价 商品的制造商向零售商推荐的销售价格。

suggestio falsi 〈拉〉虚假陈述;虚假声明 指对虚有事实所作积极的虚假陈述。如果作出虚假陈述的当事人负有披露真相的义务,则其虚假陈述的行为构成欺诈[fraud]。它与隐瞒真相[suppressio veri]的意思不同,例如在遗嘱没有得到适当执行时,如果法律文书中宣称遗嘱得到了适当执行,就构成"虚假陈述";如果只是对继承人隐瞒遗嘱未得到适当执行的事实,则构成"隐瞒真相"。(⇨misrepresentation)

suggestion n. ❶(间接地)表明;暗示 间接地表述某观点,该观点如同观念的联合,可以作为他人思考、行动或解决问题时的参考。由于间接地表明或暗示在本质上是一种含蓄的意见表述,它缺乏构成现实可能性的要素。也就是说,如果某个事实被间接地表明或暗示时,这种表明或暗示不能构成推断该事实确实存在的依据,因此,在可靠性方面,间接的表明或暗示与推断或假定相比要弱得多。❷声明;建议 在诉讼程序中,要按正式记录下来的对某些事实或情况的陈述。在司法程序进行过程中,如某些事实或情况将在实质上影响以后的诉讼程序或者该事实或情况系为法庭正确处断案件时而必须知晓,且因为某种原因,在诉答过程中未能提出的,当事人应对此作出声明。

suggestion of death 死亡之示意 提请法院注意一方当事人的死亡并使之记录在案。这是恢复由于一方当事人死亡而中止的诉讼的一个步骤。

suggestion of error 复审请求

suggestive interrogation 诱导性讯问(⇨leading question)

suggestive matters 提示性事实;启发性事实 指在有关的民事违法行为[civil wrong]或犯罪行为[criminal act]之前或其后发生的、与争执点[issue]相关的事实。

suicide n. ❶自杀 自绝行为,故意地结束自己生命的行为。英格兰早期普通法中,自杀被认为是不名誉犯罪[infamous crime],可被视为重罪而没收其财产归于国有,并用一个桩子穿透自杀者的尸体,不体面地埋在路下。1882年废除该埋葬方式,1961年不再视自杀为犯罪。在苏格兰,自杀不被认为是犯罪,但以前,自杀会导致个别无继承人的自杀者的全部财产收归国有。自杀契约是指两个人约定自杀的协议,如果一个人活下来,而另一个死去,则生者定为谋杀罪,但在1957年,则认定为非预谋杀人罪。在美国的一些司法管辖区,自杀未遂被认为是犯罪,其他的司法管辖区则不认为是犯罪;有的司法管辖区认为如果未遂自杀者杀死了一个无辜的旁观者或者一个拯救其生命的人,那么被认为是谋杀罪,但有的认为是非预谋杀人罪或无罪;一些司法管辖区认为劝说或者帮助他人自杀的是谋杀,一些法律则认为是非预谋杀人罪或仅是一种独立的犯罪[separate crime]。 ❷自杀者

suicide pact 〈英〉自杀契约 双方相约自杀的协议。如果双方相约自杀,但只有一方自杀,而另一方则作为事前从犯即有谋杀罪。现在,如果一方依约自杀,生者则以共谋罪[offence of complicity]论处,可被判处14年以下的监禁。如果死者是生者或第三人依约杀死的,那么生者则犯有非预谋杀人罪。

sui generis 自成一类的;独特的 如有关宣告式判决的法定程序既不是普通法上的也不是衡平法上的规定。

sui haeredes 〈拉〉(罗马法)正统继承人 自己的继承人;合法的继承人。

sui juris 〈拉〉(罗马法)自权人 指具有完全人格,享有全部公、私权利,不属于法律上的无行为能力,不受他人权力或监护权控制的人。

suit n. ❶〈英〉民事诉讼 以前suit专指衡平法上的民事诉讼,而普通法上的民事诉讼用action来表示。现在action已经代替了suit,既指普通法的民事诉讼,又指衡平法的诉讼,但在高等法院家事分庭有关婚姻无效或解除的诉讼中仍用suit。 ❷(英格兰古法)随行证明人 普通法诉讼中原告的证人或其他帮助原告证明事实的跟随者。 ❸跟随 ❹请求;申请书 ❺(英格兰古法)出席法庭的义务

suit against (the) state 〈美〉对州之诉 向州提出救济请求的诉讼。(⇨action against the state; tort claims acts)

suit at common law 普通法上的诉讼(⇨action at common law)

suit covenant 基于明确约定产生的出庭权利和义务 指订立契约参与其领主法庭的诉讼及其他义务,在中世纪早期,到庭参加诉讼是封臣的沉重负担。

suit custom 基于惯例产生的出庭权利和义务

suite 〈法〉外交随员 依照特权跟随或陪同大使或其他公职人员出访的人。一般说来,外交使节的随员免受逮捕,并且外交使节的人身不可侵犯性也适用于其随员。

suit for discovery 请求披露之诉 该种诉讼中,原告并非为要求损害赔偿,亦无其他要求,仅请求被告披露其知悉或掌握的有关事实或情况。

suithold n. 劳役保有权 因向上层领主[superior lord]提供一定劳役而获得的土地保有权。

suit in condemnation (国家)征收之诉 主权国家为公共目的,未经私有财产所有人同意,征收或授权征收该财产所引起之诉讼。该种征收需以国家支付合理的补偿或赔偿金为前提。(⇨eminent domain)

suit in equity (= action in equity)

suit money 〈美〉❶律师费 法院允许付给或判令付给一方当事人的律师费。 ❷诉讼费用 ①某些州的制定法规定,在妻子提起离婚诉讼时,丈夫应支付给妻子临时扶养费[temporary alimony]性质的费用,以使其能进行有效的诉讼准备和维持诉讼的进行。②许多联邦制定法中规定的对某些案件给予的律师费津贴,如追索社会保障残疾人福利之诉讼。(⇨American rule; Equal Access to Justice Act)

suit of a civil nature 民事诉讼;民事性质的诉讼 也称civil action,指为对个人的过错行为[private wrong]请求救济而进行的诉讼。

suit of court (英格兰古法)到庭参与诉讼之义务 封臣对其领主举行的法庭负有到庭参与诉讼的义务,理论上,每一个封臣都负有这种封建义务,他们被称为封臣裁判官[suitors]。完全地产保有人应亲自或委派律师到庭参与封臣法庭[court baron]的诉讼。而公簿地产保有人则应亲到庭参与习惯法庭[customary court]的诉讼。

suit of local nature (= action of a local nature)

suit of the (king's) peace 追捕罪犯 追捕破坏国王和平之人。

suit of the peace 控诉 在1404年英国的一项法令里使用了这一术语。

suitor n. ❶原告;起诉人;请求人 在旧时,该词指有义务出席郡法庭[county court]的人。也指随原告出庭的原告方的证人。 ❷兼并人 寻求兼并另一公司的个人或公

司。

suitors' deposit account 〈英〉原告存款账户　以前英国衡平法院的原告不能从付给法院的现金中得到收益,除非现金应原告的请求被用于投资并由原告承担风险。但 1872 年《衡平法院(基金)法》[Chancery(Funds) Act]规定所有已付给法院的金钱,原告又未要求用于投资,则须被投作存款,原告享有 2%年利率的利息。现在由 1927 年《最高法院基金规则》[Supreme Court Funds Rules]对此作了规定。

suitor's fee fund 〈英〉诉讼费基金　英国衡平法院的一种基金,由原告交给法庭的费用构成,法院利用这种基金支付法院职员的薪金。依据 1869 年《法院(薪金与基金)法》[Courts of Justice (Salaries and Funds) Act],诉讼费基金转给全国债务委员会[National Debt Commissioners],而以前由诉讼费基金支付的薪金与费用则转由统一基金[Consolidated Fund]支付。

Suitor's Fund 〈英〉当事人基金　隶属衡平法院,由两部分组成,A 部分基金由政府股票组成,政府股票来源于当事人存放于法院但不现用的资金的投资部分。因该投资而获得的收益用来支付法院的某些费用,而剩余资金投资于政府股票,这一部分构成 B 部分基金。此后,这两部分基金额外收益部分每年加到诉讼费基金[Suitor's Fee Fund]中。自 1869 年起,当事人基金移转至全国债务委员会。

suit regal 出席领主、郡长治安巡视法庭的权利和义务　郡长、领主的治安巡视法庭[sheriff's tourn or leet]代表王权。

suit silver 诉讼义务替代金　由一些领地的封臣每年支付的小额款,以替代到庭参与诉讼的义务。

Suits in Admiralty Act 〈美〉《海事诉讼法》　一项联邦制定法,该法赋予了受害当事人在海事法院对政府提起诉讼的权利。

suits pro laesione fidei 〈拉〉违背诚信之诉　斯蒂芬在位期间,教会试图把一些诸如不支付债务金或实际上是违约的案件作为违背良知的精神犯罪来管辖,以将宗教法庭变为衡平法庭。这一企图被 1164 年的《克拉伦登宪章》[Constitution of Clarendon]所制止。(➪laesio fidei)

suit to quiet title 防扰确权之诉(➪quieting title)

suit to remove cloud 防扰确权之诉(➪quieting title)

sulcus 〈英格兰古法〉小溪;溪流

sulh aelmyssan 〈英格兰古法〉犁臂

sullery 〈英格兰古法〉小块土地;犁耕地　一张犁一天耕地的面积。

sum n. ❶概要;纲要;文集简编　一些老的法律论文被称为 sums,海尔勋爵[Lord Hale]用该词指制定法的要点。❷金额;总数;一定数量货币

sumage 骑马税　指对骑在马背上的人征收的税。

sum at risk 保险总额　保险单中保险人责任的最高限额,对定值保险单[valued policy]而言,指保险单本身所载的被保险财产的价值。系海上保险单中常用术语。

sum certain 确定的金额　可流通票据的一个基本要求是它包含有无条件支付确定金额的承诺。在票据法中,可支付金额是一确定金额,即使它是:①以设定的利息或分期支付方式支付的;②在违约前和违约后,或特定日期的前后,按不同的利息率支付的;③在确定的付款日之前或之后,按一定的折价或涨价支付的;④按照确定汇率或期汇率汇兑支付的;⑤基于违约而同收款费用或律师费用一起支付的。此外,本词还指在合同、损害赔偿诉讼中

确定的金额。关于过错责任的判决只能基于一个确定的赔偿请求金额作出,该金额系根据可靠的计算或由法庭在清算后确定的。

Summa 〈拉〉《概要》　中世纪一些著作的名称,它们简明清晰地介绍并解释了罗马法的一个分支或《教令集》[Decretum]的主要内容。该词也指优士丁尼后法律文件的摘要。起初它们仅是概要,后来逐渐系统化并从正文中分离出来。

Summa caritas est facere justitiam singulis, et omni tempore quando necesse fuerit. 〈拉〉最大的慈善是给每个人带来公正,并且适得其时。

Summa est lex quae pro religione facit. 〈拉〉最高的法律是支持宗教的法律。

summa injuria 〈拉〉最大的伤害

Summam esse rationem quae pro religione facit. 〈拉〉最高的理性是支持宗教。

summa providentia 〈拉〉最大的审慎

Summa ratio est quae pro religione facit. 〈拉〉最高的理性是支持宗教。

summary a. ❶概括的;扼要的　❷(法律程序)简易的;即决的
n. ❶概要;纲略;摘要　❷简易程序　与普通程序相比相对简单的程序。

summary abatement 直接排除妨害　指不经司法程序,甚至不经通知[notice]或举行听证[hearing]而排除妨害,通常是清除妨害物或拆除建筑。

summary actions 〈苏格兰〉简易诉讼　依据申诉状[petition]而非传票[summons]提起的诉讼,相当于英格兰法院中的简易程序[summary proceeding]。

summary contempt proceeding 裁决藐视法庭罪的简易程序　指法官可以不经诉答、书面陈述或正式的指控而直接对法庭上出现的藐视法庭行为作藐视法庭罪的裁判的程序。但被告人有权请求听审或有机会在宣誓后对自己的行为作出解释。

summary conviction 简易定罪　指由治安法官,或不经陪审团审判而直接由法官对刑事被告人作出有罪裁判。这种程序通常仅适用于轻微的犯罪。

summary court-martial 〈美〉简易军事法院　军事法院系统中最低一级法院,由一名委任的官员[commissioned officer]主持,管辖应征军人而非军官所犯轻罪案件,它有权判处的刑罚为不超过一个月的监禁和不超过一个月工资的 2/3 的罚金。

summary dismissal 即决撤职　指不给予文职官员[civil service employee]任何为自己申辩的机会或举行任何性质的听证即将其撤职。

summary forfeiture 即决没收　指不给予财产所有人任何陈述的机会即将其财产没收归国有。

summary judgment 简易判决　指当事人对案件中的主要事实[material facts]不存在真正的争议[genuine issue]或案件仅涉及法律问题时,法院不经开庭审理而及早解决案件的一种方式。根据美国《联邦民事诉讼规则》[Fed. R.Civil P.],在诉讼开始 20 天后,如果经诉答程序[pleadings]、披露[discovery]以及任何宣誓书[affidavit]表明当事人对案件的主要事实不存在真正的争议,认为自己在法律上应当胜诉的一方当事人可随时申请法庭作出简易判决。简易判决可就全部案件也可就案件中的部分事实作出。英国《最高法院规则》第 14 条[R.S.C. Ord 14]规定:在由宣誓书[affidavit]支持的传票[summons]签

发后,该宣誓书证实了原告诉因的真实性并说明被告不会作答辩或提不出有争论性[arguable]的答辩,原告可向法院申请不经过开庭审理而对案件作出判决。原告的申请应在其起诉状[statement of claim]送达并且被告接受了送达[acknowledgment of service]、声明出庭应诉之后提出,但是对书面诽谤[libel]、口头诽谤[slander]、恶意控告[malicious prosecution]、欺诈所提起的诉讼、海事对物诉讼[admiralty action in rem]或对国家提起的诉讼[claim against the Crown]不得申请简易判决。在郡法院进行的诉讼中也有类似的程序。

summary jurisdiction 简易裁判权 指治安法官或法官在无陪审团参加的情况下对刑事被告人进行审判的权限。在英国普通法上,除个别情况外,唯一合法的审判方式是陪审团审判,因此,简易裁判权都是由制定法明文规定的,自1848-1849年始出现。简易裁判权的行使仅限于轻微犯罪[lesser offences]案件。但依现行法,成年人所犯的某些公诉罪[indictable offences]案件既可依公诉书[indictment]按正式起诉程序审理,也可以经被告人同意按简易程序审理,但所有严重的犯罪案件都必须依公诉书由陪审团审理。简易审判程序简单、快速,目前所处理的案件大大多于由陪审团审理的案件。在英格兰,某些民事案件,主要是婚姻方面的案件,也在治安法院的简易裁判权范围之内。在美国,只允许对轻微犯罪案件适用简易程序审判。

summary offence 〈英〉简易罪 指如果由成年人实施,只能由治安法院[magistrates' court]按简易程序审理[triable only summarily]的犯罪。(⇨indictable offence)

summary possessory proceeding 确定占有权简易程序 不动产出租人[landlord]对出租的不动产请求回复占有所诉诸的一种简易程序。

summary proceeding 简易程序 指以一种快速、简便的方式来解决争议、处理案件或开庭审判,不需陪审团的参加,也可以不遵守普通程序中有关诉讼开始、文书送达等各方面的要求的一种程序。但适用简易程序必须建立在正确调查事实的基础之上,要事先告知[notice]当事人,并给予被控告实施某行为者或其财产将受影响者以陈述的机会。该词有时也指某些非由法院进行的合法程序,如直接地排除妨害[physical abatement of a nuisance]、自行取回财物[recaption of goods]等。

summary trial 简易审理;适用简易程序进行的审理 如在无陪审团参加的情况下对刑事被告人进行的审理。

summation (= summing up)

summing up 证据总结 ①法官在全部的证据听审之后,在向陪审团所作的指示中,就与解决争议有关的证据要点所作的综述。在英国,法官同时还要就裁断的格式向陪审团作出提示。②双方当事人的律师在举证完毕后为己方当事人的利益就所提出之证据所作的结论性的概述,目的在于引起陪审团对一些突出的争议点的注意。

summon v.传唤;送达传票 指告知被告已有人向他提起诉讼,并要求其在指定时间和地点对控告作出答复的行为。

summoneas 〈拉〉传票;传唤令 古代诉讼中传唤当事人出庭的令状。

summoner n.〈英〉传讯官 14至18世纪传唤当事人出庭的官员。

summonitio 〈拉〉(英格兰古法)传唤;传票 古代诉讼中传唤当事人到庭的令状,有多种形式。

Summonitiones aut citationes nullae liceant fieri intra palatium regis. 〈拉〉不能向王宫送达传票。

summonitores scaccarii 〈英〉财税法庭传唤官 传唤拖欠税款者[defaulter]到财税法庭[court of exchequer]出庭,以协助征收税款的官员。

summons n.传票 法院要求某人到庭所使用的一种正式书面文件。现该词在英美诉讼中的使用有所不同。在美国,传票主要在下列情形使用:①在民事诉讼中,当原告起诉[filing of the complaint]后,法院书记官[clerk]签发传票,交执行官[marshal]或特别指定的人送达给被告,告知其原告已在该法院对其提起了诉讼,并要求其于指定日期到庭对原告的起诉作出答辩,否则,法院将会作出原告胜诉的缺席判决。因此,传票是开始一项民事诉讼的文件,法院通过传票的送达对当事人取得管辖权。关于传票的格式和内容,可参见《联邦民事诉讼规则》[Fed. R. Civil P.4(b)];②在刑事诉讼中,对受到轻微犯罪[petty offenses]或交通事故犯罪[traffic offenses]指控的被告人,在不需逮捕的情况下,有权的司法官员(如治安法官[magistrate])应检察官的请求,可签发传票,传唤被告人到庭就指控作出答辩。其格式和内容可参见《联邦刑事诉讼规则》[Fed. R. Crim. P.4, 9];③召集某人到法院履行陪审员义务;④传唤证人到庭作证。在英格兰,该词主要在下列几种意义上使用:①为特定目的传唤某人到庭或至某法官或治安法官面前的书面通知。在高等法院,当事人向法官室法官或主事官[judge or master in chambers]提出的申请[application]。仅适用于一些次要的或通常无需开庭在法官室内即可处理的事务,如请求延长进行某行为的期限、请求披露和展示文件、给予有关程序方面的指示[directions as to procedure]等。在王座庭,某些申请必须先由主事官听审,其他的则由法官首先听审。对主事官的裁决不服的可上诉至法官室法官;对法官的裁决不服的,可上诉至分庭法庭[Divisional Court]。在衡平庭,所有申请一律先由主事官听审,对其裁决不服的任一当事人可将该申请提请法官室法官再次听审,称为adjourning the summons to the judge,法官也可将申请提交到法庭上辩论。③在高等法院开始一项民事诉讼的令状,包括传唤令[writ of summons]和初始传票[originating summons](此外,高等法院的民事诉讼还可以初始申请[originating motion or petition]开始)。根据1965年《最高法院规则》[RSC],传唤令和初始传票都必须按规定的格式和内容填写。④在郡法院的诉讼中,起诉状[plaint]提交后,即应向被告人签发和送达传票,要求其于指定日期到庭对原告的请求作出答辩,随传票还可附上原告的诉求详述[particulars of claims]。如果传票不能及时送达,还可签发后续传票[successive summons]。在郡法院,传票还用于强令证人到庭,并可同时要求其披露所掌握的文件。⑤在治安法院,对受到刑事指控[information]或被要求偿债[complaint]或被提起其他诉讼者,法院通常以传票令其到庭。在苏格兰,传票是指民事诉讼中的原告[pursuer]提出其诉讼请求的首份诉状,采用令状的形式,在送达给被告前,须经最高民事法院印章处[Signet Office of the Court of Session]盖章[passing the signet],其中要阐明其寻求法院给予的救济,陈述其事实根据[condescendence]以及有利的法律主张[plea-in-law],并要求被告出庭和作出答辩。(⇨adjourned summons; statement of claim; writ of summons)

summons ad respondendum 要求(被告)出庭并答辩的传票 民事诉讼中签发的要求被告必须于指定的日期到庭并对原告的起诉作出答辩的传票。

summons and order 〈英〉传唤和裁决 传唤乃指向普通法法官申请签发传票进行传唤,法官对此应作出裁决。

summons and severance 传唤和分立 当诉讼以几个原告的名义提起,且这几个原告必须共同进行诉讼时,若有一个或多个原告不出庭,或到庭后又缺席,则其他原告可取得分立判决,术语称 judgment ad sequendum solum。若一个诉讼中有几个被告,则他们可共同提出答辩,也可分别提出自己的答辩。但若他们已共同提出了答辩,则在以后的诉答程序中不许分立。

summum jus 〈拉〉严格的权利;峻法 只考虑普通法的字面含义,而当事人凭衡平法院的救济以使得这种僵硬、严苛趋于公平和符合良知。(⇨apex juris)

Summum jus est summa injuria. 〈拉〉峻法苛罚;极端之法即极端之伤害;法之极,即不法之极。

sumner n.(教会法)(教会法院中)负责送达传票的官员

sumpnour (= sumner)

sumptuary laws 反奢侈法 过去是指限制在服饰、食品、家居方面的奢侈行为,在英格兰,这些法令大部分在1603年被废止。美国在 1919-1933 年也曾做过类似的禁止,禁止制造、运输和销售酒类。在现代社会,主要是通过税收而不是直接禁止来达到反奢侈的目的。过去反奢侈是出于道德或宗教的原因,而现代则是出于道德、健康或社会福利的考虑。

Sunday n. 星期天;礼拜天 亦称"安息日"、"主日",一周的第一天。在法律上,星期天是不开庭的法定假日,但警察可以逮捕罪犯。英格兰早期的法律规定星期天不得从事商业活动,但根据善意与紧急需的原则,这一规定也有些例外。

Sunday closing laws 主日歇业法 限制在星期日进行某些商贸活动的法律和法令。

Sunday law 〈美〉主日法 指除必要的例外情况外,禁止在星期日或星期日的某几个小时从事商业、职业、体育或娱乐活动的法律或市政法令,有时亦称"蓝色法规"[blue law]。(⇨Sunday legislation)

Sunday Law of Charles the Second 〈英〉《查理二世主日法》 该法规定在主日任何一般职业的人员不得从事世俗劳务和商业工作。该法并不是禁止所有的世俗贸易和工作,而只是禁止从事一般的职业活动,因此从事特殊职业的人不受本法的约束。在美国,主日法通常无此条。

Sunday legislation 星期日立法 指禁止在星期日从事各种工作、娱乐和其它活动的立法。公元 4 世纪时君士坦丁大帝宣告星期日工作犯罪,13 世纪早期在英格兰出现了主日法,1677 年的一项法令禁止在星期日从事世俗劳务,要求所有的人去教堂。美洲殖民地在建立时就有类似立法,但 19 世纪早期被废除。一些古老的《主日教规》[Sunday Observance]仍然存在。禁止星期日工作的法律规定有许多例外,法院经常受理与此相关的争议。16 世纪和 17 世纪苏格兰议会的一些立法对亵渎安息日规定了罚金或其它惩罚。在现代,限制星期日工作部分是为了保存一定程度的宗教教规,部分是保证星期日不致成为通常的工作日,但许多娱乐活动在星期日是允许的。

Sunday school 主日学校 在星期日提供宗教教育的学校,通常在教堂中开办。

Sunday walking 主日散步 在星期日为锻炼身体或恢复精力而作的散步,不违反主日法禁止在主日作不必要的散步之规定。

sundries n. 杂项;杂物;杂七杂八的东西

sundry a. 杂项的;不同的;多种多样的

sunken wreck 沉没的船只;船舶残骸 若船舶的骨架已没于海面以下且部分沉入海底,则这一残骸在保单的碰撞条款的意义范围内。

sunset law 落日法 指规定要对特定的法律或行政机关或者其他政府职能继续存在的理由进行定期审查的制定法或法律规定。立法机关只有采取积极措施重认现存的法律、行政机关或政府职能到特定日期继续有效,否则它们将不再存在。

sunshine law 〈美〉阳光法;会议公开法 指要求政府机关和部门的会议公开举行,公众可以观察会议进行并且可以通过合理途径获得会议信息和记录的法律,是美国行政公开的一项重要法律制度。美国联邦于 1976 年制定了此项法律。

sunstroke n. 日射病;中暑 指因过度暴露在阳光下或人工热中引起的严重身体疾病,导致抽搐和昏迷。大量的权威研究表明,该术语可恰当地用于人工热及太阳热所导致的状况。研究还表明,只要谨慎、精确地使用这一词语,无论是科学专业论文,还是在一般读物中,该术语都在人们所理解的一般意义内。

suo genere 〈拉〉同类的;同项的;本项的(⇨in suo genere)

suo nomine 〈拉〉以其自己的名义

suo periculo 〈拉〉自担风险(⇨sub suo periculo)

super 〈拉〉❶在…之上 ❷超越;胜过;高于 如在数量、质量及程度上超过。❸比…更多 ❹超… 如在"超自然"[super-natural]等中作为前缀。❺剧中无台词的演员 ❻(俚)上级;监督者

superadded liability 〈美〉追加责任 也称双重责任[double liability],一度由宪法或制定法的条文加于银行或其他商业公司股东身上的一种个人责任,即股东对公司债务承担超过其所持股票价值以外的责任。目前,在美国各法域内,上述宪法或制定法条文或已被废除或明确规定公司股东不承担该个人责任,除非其所持股票中尚有未缴付股金的。

super altum mare 〈拉〉在公海上

superannuation n. 〈英〉退休 英国 1972 年《退休法》[Superannuation Act]授权文职官员部部长[Minister for Civil Service]可以制定、维护和实施该法附录一所列举的文职官员的退休计划。国务大臣[Secretary of State]可以制定规章调整地方政府雇用的文官或其他阶层人员的退休事项;他也可以制定规章对教师和从事卫生事业人员的退休事项作出规定。该法还规定了适用于司法人员、都市文职人员、警察、消防人员等的退休金和其他福利。(⇨pension)

supercargo n. 货运监督;货运照料人 在海商法中,一是指货物的所有者所雇用的跟随运货船舶的管理人员。该雇员负责监督管理在途的出口货物,并将货物以最有利之销售条件售出,还可经授权决定购入适当之返程货物和收取运费(旧时货物所有者一般同时就是船东,故得贩运货物时搭载其他客商之货物而收取报酬)。此外,该词还用于指在船舶期租合同中,由租船人雇佣并被派在船上随船监督货物装卸作业的管理人员。该雇员的职责在于保证货物装卸尽快完成,节省船舶在港时间,缩短船舶营运周期,从而充分保障租船人的利益。

super falso et certo fingitur 对已知为虚假的东西所作的拟制

superficiarius 〈拉〉(罗马法)地上权受益人 指根据合同,在他人土地上建造房屋并交付年租的土地承租人。

superficies 〈拉〉〈罗马法〉❶地上权 支付年租即可在他人土地上修建建筑物的权利。这种权利可继承也可转让。 ❷地上建筑物;地表

superficies solo cedit 〈拉〉地上物跟随地产;土地附着物构成土地的一部分

Super fidem chartarum, mortuis testibus, erit ad patriam de necessitate recurrendum 若见证人已死亡,则契据之真实性需提交陪审团裁断。

superfluous allegations 多余的陈述;多余的主张(▷surplusage)

superfluous lands 〈英〉多余的土地 指依据 1845 年《土地项目合并法》[Lands Clauses Consolidation Act]取得、但并不要求用于公司事业目的的土地。此种土地必须在企业完成其事业的期限后 10 年内卖出。土地的原所有人有优先购买,如果他拒绝,相邻土地的所有人有优先购买权。如果土地在 10 年内未卖掉,将归属于相邻土地的所有人。

superfund n.〈美〉舒坡尔基金 指为防止废弃物污染而设置的特别基金。《1980 年环境综合治理、赔偿和责任法》[Comprehensive Environmental Response, Compensation, and Liability Act of 1980]规定责任人应承担清理危险废场物的费用。这一名称源自该法所创设的一项信托基金,由该基金支付尚待责任人归还的清理费用。美国许多州都制定有类似的法律。

superinductio 〈拉〉〈罗马法〉消灭

super-institution n.重复授予神职 指同一神职以不同的名称授予两个人。该情况可以由教会法院审理,但如果第一任已正式就任神职,则不再审理。此做法弊多利少,已不提倡。

superintend v.监督;指导;管理;照管;监理;监管

superintendence n.监督;指导;管理;照管;监理;监管

superintendent n.监督人;指挥者;负责人 可用来指负责某一业务部门的公司官员,或者雇主派来的监督工人的代表等有权指挥行动的人。

superintendent of banks 〈美〉(州)银行业监管官 其职责为:授权给银行颁发许可证,监督银行在其业务范围内的活动,清算倒闭的银行。

superintendent of highways 〈美〉公路监管人 指享有并行使有关公路和街衢的设置、修筑和养护权力和职责的州或市镇的官员。

superintendent of hospital 医院管理人 指负责医院运营的人。

superintendent of public instruction 〈美〉公共教育管理人(▷state superintendent of public instruction; superintendent of schools)

superintendent of schools 〈美〉公立学校管理人 指由教育委员会雇佣的、负责市立学校工作的人。在一些辖区,指对县的公立学校享有一般监督权的县的官员。(▷state superintendent of public instruction)

superintendent of streets 〈美〉街道管理人 负责街道的修筑或养护工作的市政官员。

superintendent registrar 〈英〉登记监督官 英格兰与威尔士负责监督出生、死亡、婚姻登记工作的官员,在每个登记区都有这样的领薪官员。而在每一个经批准的登记分区,登记官由地方政府任命,并由总登记官决定其任期。

superintending control (= supervisory jurisdiction)

superior a.❶较高的;优越的;优势的;可命令(或影响、控制)他人的;高级的 与 inferior 相对。 ❷(侵权法)不可抗的 不可抗力为"superior force",指不可控制,无法抵抗,结果无法避免的力量。

n.❶上级;拥有较高官阶或军阶者;占优越位置者;可命令(或影响或控制)他人的人 ❷优级地产权 在另一地产上享有地役权,则需役地(享役地)称为"superior estate"(优级地产)或"dominant estate",即"优级地产(权)"或"优势地产(权)",而供役地则称为"inferior estate"或"servient estate",即"下级地产(权)"或"供役地产(权)"。 ❸再分封之领主 在 1289 年《封地买卖法》[Quia Emptores]不得再分封之规定生效之前,封臣将一部分封地转分封给他人,该封臣被称为"superior"。

superior and vassal 〈苏格兰〉封建领主和封臣

superior courts 高级法院 与低级法院[inferior courts]相对,负责处理较重要案件,其法官的级别较高,作出的判决在相关问题上具有判例的效力。在英格兰,高级法院包括上议院[House of Lords]、上诉法院[Court of Appeal]、高等法院[High Court of Justice]、刑事法院[Crown Court]。后三者合称最高法院[Supreme Court of Judicature]。在苏格兰,高级法院包括最高民事法院[Court of Session]和高等刑事法院[High Court of Justiciary]。在北爱尔兰,高级法院包括上诉法院[Court of Appeal]、高等法院[High Court]和刑事法院[Crown Court]。三者合称北爱尔兰最高法院[Supreme Court of Northern Ireland]。枢密院司法委员会[Judicial Committee of the Privy Council]也属于高级法院。在专门法院系统中,军事上诉法院[Courts-Martial Appeal Court]和劳工上诉法庭[Employment Appeal Tribunal]也属于高级法院。在美国,该词泛指区别于低级法院的、具有广泛或一般管辖权的法院,但在不同的州所指称的法院也不同,在有的州,指介于初审法院与终审法院之间的中间法院,在有的州则指初审法院。

superior force 不可抗力 在寄托法和过失法中,指人力不能控制的、无法抗拒的、造成当事人不能避免的后果的力量,等同于拉丁文中的 vis major。(▷vis)

superior lien 优先留置权;优先扣押权

superior servant rule 高级雇员规则 普通法上的一项规则,该规则规定:当高级雇员在指挥雇工、操作机器和指导工作时犯有过失或造成风险时,其他的指挥的雇工亦应承担此风险。该风险的范围与高级雇员为雇工们在工作中所犯过失而承担的风险范围相同。

superior title 上位产权;优先产权 根据普通法或衡平法,优先于其他产权、留置权或利益的权利。

superior use 更高用途原则 依此原则,某一公共用途的财产,当有更为紧要的公共需要时,应服从国家的征收。

superjurare 依更多誓证定罪 古时使用的一个术语,若罪犯企图以自己的誓证或一两个证人的誓证开脱罪行,但他所被控之罪事实简单明了且劣迹昭彰,则可根据更多证人的誓证将其定罪。

supernatural n.超自然物 超出人类的经验、知识、理解、掌握范围之外发生的事物。超出人类所知晓的自然力以外发生的事物。

supernumerarii 〈拉〉〈罗马法〉非在编律师;未注册的律师 指未登记或未注册的律师。他们不属于律师社团,也不隶属于任何地方管辖区。他们不隶属于任何特定的律师事务所,可以居住在自己愿意住的地方;在律师事务所出现空缺时,他们凭资格取代律师。(▷statuti)

superonerare v.额外收费(▷surcharge)

superoneratio 〈拉〉额外收费

superplusagium 〈英格兰古法〉剩余物；余额

super praerogativa regis 对国王封臣的遗孀未经国王许可再行结婚提起诉讼的令状

supersedeas 〈拉〉中止诉讼令；中止执行令 普通法上在许多情况下可以发出的要求中止某一诉讼程序的令状。最初是指向某一官员[officer]发出的，要求其停止执行另一令状的令状，现在则用于指要求下级法院中止其诉讼程序，尤其是中止执行已被提起上诉的初审法院判决的法院命令[order]，通常与 stay of proceedings 同义。在英国，该种令状既可以中止诉讼程序，有时也有终结诉讼程序的效力，如：在调卷令[certiorari]被错误签发的情况下，法院即可发出此令状，以终止诉讼。另外，该令状在保释程序[bailable proceedings]中也很重要，如果被告人依中间令状[mesne process]而被拘禁[arrest]，则可申请此令状而获释。

supersedeas bond 判决中止执行保证书 上诉人要求暂停执行初审判决时应提供的保证书，旨在确保如果上诉人在上诉审中败诉，应履行其依判决对被上诉人所负的义务，并赔偿因判决的中止执行而给被上诉人造成的损失。

superseded pleading 被替代的诉答 指当事人以修改过的或新的诉答文书取代原先的诉答。

superseding cause 替代原因；介入原因 指由于第三人的行为或其他外力等不可预见的因素介入，打破了原来的因果链条[chain of causation]，并成为导致结果发生的最近的一个原因，从而使得原来的行为人，虽然其先前的疏忽是造成该损害结果发生的一个实质性因素，但由于该原因的介入而免于承担责任。(⇨intervening cause；supervening negligence)

super statuto 对国王的直接封臣未经国王许可转让土地而提起诉讼的一种令状

super statuto de articulis cleri 〈拉〉〈英〉禁止扣押神职人员财物令 根据14世纪的《神职人员特权法》[Articuli Cleri]向郡长发出的令状，禁止其扣押在牧师任职期间享用的土地[glebe]上或在公路上的神职人员的财物。

super statuto facto pour seneschal et marshal de roy 〈英〉限制宫廷总管大臣法庭[Court of the Marshalsea]辖外干涉之令状

super statuto que nul ject dung 〈英〉公共卫生条例 1388年发布的一项条例，是一种早期的公共卫生法令。如禁止抛弃某些污物于城市中或城市附近的沟渠、河流中，否则罚款20镑，受害者可依法诉请赔偿，大法官可拘捕犯者。1856年被废止。

super statuto que nul soit victuailer, etc. 〈英〉对掌管酒与面包度量衡的城市或市镇官员提起诉讼的令状 根据1318年《约克法》[Statute of York]，上述官员不得在其任期内从事酒或面包的零售或批发买卖活动，若违反该法律，则可根据本令状对其提起诉讼。

super statuto versus servantes et laborentes 〈英〉诉非法雇佣之令状 根据1357年《劳工法》[Statute of Labourers]，对非法辞去他人雇佣者，若有人再雇佣该劳工，则可依该法以该令状对其提起诉讼。依该法的另一个令状是：若任何人在规定的工资水平上拒不工作，则可对其提起诉讼。此外还有两种形式的强制劳动令状。(⇨laborariis)

superstitious uses 〈英〉宗教收益权 指供牧师作弥撒或为死者祈祷而呈奉的土地、房屋、费用、物品或牲畜。国王有权诉诸法律使之成为纯慈善性质的收益权，但这一原则在美国并不得到确认。向天主教教师所作的遗赠或其他一些使用权不被视为宗教收益权，因而不具有慈善性质，没有永久持有权。

superstitious uses and trusts 〈英〉迷信收益和信托 指供宣传法律所不容的宗教仪规之用而转移动产或不动产为无效。以前给遗嘱人作安魂弥撒可以遗赠动产，此做法作为宗教收益权被认为无效，但在1919年伯恩诉基恩[Bourne v. Keane]一案中，该规定被否决。

super-tax n.〈英〉附加所得税 该税种最早规定于1918年《所得税法》[Income Tax Act]，是指对收入超过2 500英镑以上的部分另行征收的税，1920年《财政法》[Finance Act]改为2 000英镑，税率由议会确定。该税种在1927年被附加累进所得税[surtax]取代。(⇨surtax)

Supervacuum esset leges condere, nisi esset qui leges tueretur. 〈拉〉除非所立之法将付诸实施，否则制定法律即属多余。

supervening cause 继起原因 独立于其他事情的新的有效原因，是事件的近因。

supervening negligence 继起过失 最后明显机会或继起过失原则[doctrine of last clear chance or supervening negligence]应具备以下四项要件：①受害人已处于危险状态；②加害人当时或其后意识到，或在一般审慎状态下应该意识到这一事实，以及受害人既不能理智地予以避免，也明显地无法利用可供其选择的机会以避免危险的事实；③加害人在其后有机会采取合理的方式救助受害人；④加害人未为救助。

supervise v.监督；检查

supervising officer 取证官；取证人 指录取书面证词[deposition]的人，包括受委托而行事的人及独立的政府官员。

supervision n.监督；检查

supervision order 〈英〉监督令 根据1961年和1967年的《刑事司法法》[Criminal Justice Act]，从拘留中心[detention centre]释放出来的任何人及年轻的短期刑囚犯[short-term prisoner]都要接受缓刑官[probation officer]的监督。根据1972年《刑事司法法》，对被宣告缓刑判决[suspended sentence]者，也可作出监督令对其监督。此外，根据1973年的《监护法》[Guardianship Act]，法院在对未成年人发出监护令时，也有权令该未成年人接受地方政府或缓刑官的监督。

supervisor n.❶监督者；管理者 从广义上泛指有权对他人进行监督和管理的人。依据美国《全国劳资关系法》[National Labor Relations Act]特指为了雇主的利益，具有如下权力者：雇佣、调职、中止、解雇、罢免、提升、开除、指派、奖赏或惩戒其他雇员；或者负有下列责任者：管理雇员或调节他们的不满，或能有效地对这些活动提出建议。❷〈美〉镇的主要官员 指在密执安、伊利诺伊等州拥有法定职责并在州议会[general assembly]或县监督委员会[county board of supervisors]代表其所在镇的官员。❸公路管理员

supervisory control 司法监督控制权 指上级法院要求下级法院或裁判机构[tribunals]不得超越其管辖权行事及撤销其超越管辖权的行为的权力。

supervisory jurisdiction 司法监督权 上级法院对行使司法权的下级法院、裁判所或个人进行监督控制的权限。在英格兰，这项权力过去由王座法庭[Court of King's Bench]行使，现在转由高等法院的王座分庭[Queen's

Bench Division]行使。主要方式是依据申请进行司法审查，签发人身保护令、调卷令、执行职务令、禁审令等令状。在美国，司法监督权通常是由具有上诉管辖权的法院，尤其是某司法区内的最高法院享有的对下级法院的监督控制权。其行使的方式可以是为下级法院制定规则并令其实施，也可以是命令或禁止下级法院采取一定的措施。在有些司法区，这项权力还包括法院对偶尔行使司法职能的行政官员或机构的监督权。

supervisory writ 司法监督令状 指依宪法享有司法监督权的法院为保证其下级法院或裁判机构在其管辖权范围内正确行事所能使用的令状，如调卷令[certiorari]、执行职务令[mandamus]、禁审令[prohibition]等。(= writ of supervisory control)

super visum corporis 〈拉〉尸体检查；尸体勘验 验尸官[coroner]在作死因调查时通常必须进行尸体检查，但在某些案件中也可免除此检查程序。

supplement v.增补；补遗 指在已出版的著作之上增加的额外的及后期的材料。
n.增补；补遗

supplemental a.增补的；补遗的

supplemental account 补充账目 要求监护人作出的，用于更正其以前账目中错误的账目。

supplemental act 补充法 为弥补现存法律之不足而对其规定予以增加、补充或扩展的法律，但原法之条文并不更动。

supplemental affidavit 补充宣誓书 为补充前一宣誓书中的不充分之处而提出的宣誓书。

supplemental answer 补充答辩 指对已提交的答辩状所作的修正、补充和解释。

supplemental bill 补充起诉状 衡平法诉讼中，原告为弥补初始起诉状[original bill]中存在的而不能通过修正[amendment]来弥补的某些缺陷，或为提出某些在初始诉状提交后发生的争议事项而提交的起诉状。它与具有补充起诉状性质的起诉状[bill in the nature of a supplemental bill]不同，主要区别在于前者是由同一当事人就同一利害关系[same interest]向法院提交的，而后者则是在诉讼提起后，新的当事人就该讼争事项有新的利害关系时才可提出。

supplemental bill in nature of bill of review 具有复审诉状性质的补充起诉状 用于请求衡平法院撤销其已作出的判决的一种诉状，其提出主要是基于某些事实的存在，若该事实在诉讼中被提交给法院则会阻止法院作出终局判决，且该事实之所以在诉讼中未被提交给法院并非出于当事人的疏忽。

supplemental brief 补充辩论意见 在上诉中经法院同意或依照法院规则而补充提出的辩论意见。(⇨brief)

supplemental claim 补充请求 指当事人在提出一项请求后，为寻求进一步的法律救济而进一步提出的请求。

supplemental complaint 〈美〉补充起诉状 依联邦及多数州的民事诉讼规则，指在诉讼过程中，原告为将某些在诉讼开始后发生的、且可能影响其主张的权利的事项提请法院和对方当事人注意而提出的诉状。它与修改的起诉状[amended complaint]不同，后者仅用于更正起诉状中的错误之处。

supplemental deed 补充契据 明示用以补充以前契据的契据。这类契据与在以前契约上背书有同等效力。它有效力，犹如它已包含了以前契据所陈述的全部事实。

supplemental injunction 补充禁制令 为维护本法院对

案件的管辖权或使其判决生效而签发的禁制令；也指通过维持现状以协助在其他法院进行的诉讼直至该案件在该其他法院被审结而签发的禁制令。

supplemental petition 补充申诉书；补充请求书 指为提出在请求书提交后发生的事项而补充提出的请求书，如在申请签发调卷令的请求书提交后又发生某些事项，当事人为向法院陈述这些事实又提出的请求书。

supplemental pleading 补充诉答 为补充说明在初次诉答提出后才发生的或开始存在的新的事项而提出的诉答。

supplemental proceeding 补充程序 (⇨supplementary proceedings)

supplemental remedy 补充救济；附加救济 (⇨extraordinary remedies; supplementary proceedings)

supplemental statute (= supplemental act)

supplemental surety 补充保证人 为保证人提供保证的人。

supplemental tax 补充遗产税 指通过更正在计算遗产税时疏漏财产的错误而补充征收的遗产税。

supplementary benefits 补助津贴 (⇨social security)

supplementary proceedings 补充程序；辅助程序 制定法和诉讼规则中规定的一种判决后的救济措施，通过该程序要求了解相关情况者披露债务人的财产所在地，并将这些财产用于清偿判决所确定的债务，因此，它是一种协助判决执行的程序。在判决执行令签发后，债权人即可以使用辅助程序来实现其债权。通常做法是可申请法院对债务人发出传票[summons]，要求其到庭并就其财产接受询问，法院依制定法有权作出要求债务人支付的裁定[order for payment]，如果债务人违反该裁定，将可能被认定为藐视法庭并被处以拘禁。

suppletory oath 补强宣誓 在罗马法和教会法上，一个证人的证言被称为"半个证据"[half-proof]，法官不能仅据此作出判决，为了补足另半个证据，允许对当事人自己（包括原告和被告）进行询问，由此而要求其所作的宣誓即被称为"补强宣誓"，因为它补足了法官要作出判决应具有的必要的证据数量。该词的这一含义在美国法律中从未使用过，但有时也用它来指对当事人提供的某件书证予以证实时要求其作的宣誓。

suppliant n.(权利)请求人；申请人

supplicatio 〈拉〉〈罗马法〉❶对初次过错的宽恕请求 ❷对判决的变更；撤销请求 ❸答辩；反驳；第二次答辩 (= duplicatio)

supplicavit 〈拉〉〈英〉治安保证令 指当某人的身体面临受到他人损害的危险、且宣誓提出了治安控告[articles]时，由衡平法院向治安法官或郡长发出的要求取得该他人的治安保证的令状。该令状很少使用。(⇨articles of the peace; breach of (the) peace)

supplicium 〈拉〉〈罗马法〉惩罚；刑罚 最终的惩罚[ultimum supplicium]即指死刑。

supplier n.产品供应者；供应商 任何直接或间接地向消费者提供产品的人，包括在消费产品的"生产－分销"链中所有的人，例如产品制造商、零件供应商、批发商、分销商和零售商。

supplies n.❶供应物；补给品；储备物 ❷〈英〉公共拨款 指下议院每年投票决定供王室所需及各类公共服务开支的款项。❸〈英〉紧急用项 指议会提供给国王的特别款物以供国家紧急状态所需。

support n.支承权 指相邻土地所有人维护其土地自然

状态的一种权利。故毗连地层的所有人、矿藏所有人以及相邻土地的所有人无权撤去对土地的垂直或侧面的支承,除非其享有地役权。可分为侧面支承权[lateral support]和垂直支承权[subjacent support]。

*n.& v.*供应;扶养;赡养;抚养 提供维持生计的各种物品、费用以及适当的照顾、生病时的护理以及死后的安葬等。(⇨maintenance)

support bond 抚养借据 注明借款必须用于抚养某一儿童的借据。该借据有这样的条款:如借款人遗弃或不抚养该儿童,将被起诉。(= bond for support)

supporting affidavit 支持性宣誓书 为支持当事人的某项请求而提出的宣誓书,如请求延期审理[motion for continuance],申请签发禁制令[application for injunction]等。

supporting papers 支持性文件;支持性宣誓书

support of building 建筑物支承权 指通过明示或默示的授予或通过保留或因时效而由建筑物所有人享有的一种权利,与之相邻建筑物的所有人则负有相应的义务。它不包括侧面支承权[lateral support],而且仅限于权利取得当时的事物状况。(⇨support)

support of child 子女抚养 抚养和照顾未成年子女的一种自然法原则,亦为普通法义务。

support of family 家庭扶养 基于婚姻关系和法律规定,丈夫有义务给妻子和家庭提供住所、生活必需品和使生活舒适的物件,这些都应与特定的财产状况、社会地位、夫妻的条件和丈夫的收入能力相当。

support of land 土地支承权(⇨support; lateral support; subjacent support)

support of wife 对妻子的扶养(⇨support of family)

support order 扶养命令 扶养妻子或子女的命令,尤指根据美国《统一反遗弃和不扶养法》[Uniform Desertion and Nonsupport Act]而作出的命令。在离婚判决中,也指除判给女方的扶养费外,提供给由女方监护的子女的生活费。

support trust 扶养信托 该种信托中,受托人只是根据其认为受益人受扶养或受教育所需而向受益人支付信托收入。与挥霍者信托[spendthrift trust]一样,扶养信托也是一种保护性信托,受益人的权益不能转让,亦不为其债权人所能追及。

supposition *n.*推测;假定 指基于可能性或盖然性推定某事发生过,而未以证据加以证实。在证据法上,根据已经证明了的事实所作的推断[inference]与推测不同,因为后者不需以已经证明了的事实为前提。

suppress *v.*❶压制;禁止;强行阻止 ❷排除(非法取得的或不相关的证据)(⇨suppression of evidence)

suppression hearing 〈美〉排除证据的听审 刑事诉讼中的一种审前程序,被告人在此阶段可请求对其认为是以非法手段取得的证据禁止在以后的庭审中提出,法庭就此所作的裁决在以后的庭审中有效。

suppression of bids 阻止正当投标;阻止竞价(⇨chilling bids; stifling bids)

suppression of competition 阻止竞争 垄断的一种形式。

suppression of deposition 排除书面证词 如果书面证词的取得在程序上存在缺陷或有不合法之处,当事人可以申请法庭将之排除。

suppression of evidence 〈美〉❶排除证据 指庭审中法官对非法取得的证据裁定予以排除。(⇨exclusionary rule; motion to suppress) ❷隐匿证据 指在刑事诉讼中拒绝提供证据或拒绝作证的行为。如果公诉方故意隐匿对被告人有利且不为被告人所知晓的重要证据,则构成违反正当程序[due process]。但在认定公诉方的行为是否构成隐匿证据时,则须依案件的具体情况来判断,如果该证据无证明价值[probative value],或仅是补充证据[cumulative evidence],或被告方与公诉方有同样的机会可以获得该证据,则公诉方无义务向被告方披露该证据。

suppression of will 隐瞒遗嘱 指遗嘱保管人在接获立遗嘱人死亡的通知后未出示遗嘱以进行遗嘱检验;也指遗嘱保管人明知立遗嘱人已经死亡而在一段时间内未出示遗嘱文件以供检验。

suppressio veri 〈拉〉隐瞒真相;隐匿事实 衡平法及普通法的规则,隐瞒真相等同于作虚假声明,其结果是受损害一方可以解除合同,如保险合同中的情形。它是欺诈的一种。

Suppressio veri, expressio falsi. 〈拉〉隐匿真实等于陈述虚伪。

Suppressio veri, suggestio falsi. 〈拉〉隐匿真实等于表白虚伪。

supra 〈拉〉以上;上述;前述

supra dictus 〈拉〉如前所述;如上述

supra protest 参与承兑;参与付款 原义为"拒绝证书作成以后",指汇票被拒绝承兑或拒绝付款后,由受票人、承兑人或其他票据债务人以外的人对汇票进行承兑或付款。其全称为"拒绝证书作成后参与承兑或付款"[acceptance or payment supra protest for honour],在英国参与承兑或付款的各方当事人的权利和义务由 1882 年《汇票法》[Bills of Exchange Act]调整。(⇨protest)

supra-riparian *n.*上游河岸 用于某一土地与另一土地相比距河的源头较近时,其所有人的财产、权利和义务。

supremacy *n.*❶主权;至高权力;无上权力 ❷至高;无上

supremacy clause 〈美〉最高条款;至上条款 指美国宪法第六条第二项的规定,宣布该宪法和依该宪法所制定的合众国法律,以及根据合众国的权力已缔结或将缔结的一切条约,都是全国最高法律[supreme law of the land],对与之冲突的州宪法或法律享有优先权。

Suprema potesta seipsam dissolvere potest. 〈拉〉最高权力(机构)可自行解散。

suprema voluntas 〈拉〉最后的遗嘱

supreme court 最高法院 ①某一司法区内的最高上诉法院,即终审法院。美国大多数州的终审法院称最高法院;②美国纽约州的最高法院是具有一般管辖权的法院,兼有初审和上诉审管辖权,但却非终审法院。该州的终审法院称上诉法院[Court of Appeals]。

supreme court of errors 〈美〉(康涅狄格州)终审法院 现称"最高法院"[Supreme Court]。

Supreme Court of Judicature 〈英〉最高司法机构;最高法院 为消除英格兰各法院在管辖权、实体法、程序法上的冲突及差别给当事人带来的巨大不便,英格兰在 19 世纪下半叶进行了司法机构的改革,即 1873 – 1875 年的《司法组织法》[Judicature Acts]。根据这一法律,此前存在的高级法院合并为单一的最高司法机构。这一司法机构分为上诉法院[Court of Appeal]与高等法院[High Court of Justice]。在 1971 年,刑事法院[Crown Court]建立,并成为最高司法机构的一个部分。所谓"最高"[supreme],实际并不确切,因为贵族院及枢密院还拥有更高级别的上诉管辖权,这种管辖权起初打算移并到最高司法机构的,但最终仍是得以保留下来。高等法院拥有初审案件与上诉审案件的管辖权,初审案件一般由独任法官主审,而上诉案件则由高等法院某一分庭的两名或三名法官听审。高等法院起先划分为五个分庭:衡平庭、王座庭、普通民诉庭、财税庭及遗嘱检验、离婚和海事庭。1881年,王座庭、普通民诉庭及财税庭合并为王座庭。在1969年,遗嘱检验、离婚和海事庭重新命名为"家事庭"[Family Division],而海事诉讼则移转至王座庭进行审理。这样,高等法院在目前划分为三个分庭,即衡平庭、王座庭、家事庭。高等法院的案件可上诉至上诉法院民事庭,最后可以上诉至贵族院。刑事法院的案件可上诉至上诉法院刑事庭,最后同样可以上诉至贵族院。值得指出的是,作为终审法院的贵族院,并非最高司法机构的一部分。

Supreme Court of the United States (= United States Supreme Court)

supreme executive power 〈美〉最高行政权 指为行政机关所特有、确保法律有效实施的权力。不过,此种权力的行使应以州宪法和法律规定的方式方法和规定的范围为限。

Supreme Judicial Court 〈美〉最高法院 指缅因州[Maine]和马萨诸塞州[Massachusetts]的最高上诉法院。

supreme law of the land 〈美〉国家最高法律(⇨supremacy clause)

supreme power 〈美〉国家最高权力主权(⇨sovereign political power)

supremus 〈拉〉最后

supremus est quem nemo sequitur 〈拉〉孤家寡人

sur 〈法〉根据;依据;基于 用于许多词组中,如 sur cognizance de droit,指基于对权利的承认。也常用于不动产诉讼的标题中,表明令状签发的依据,如 writ of right sur disclaimer, writ of entry sur disseisin。

surcharge v. ❶使⋯负担过重 英格兰古法中,使公用地负担过重[surcharge a common],是指在公用地上放牧过多的牲口,或者是超出牧场的承受能力,或者是超出权利人放牧权的范围。对公用地因负担过重受到的损害,通过共牧权调整令[admeasurement of pasture]加以救济。(⇨admeasurement) ❷指出对方在账目中漏记一笔贷方款项 此为一衡平法惯例。
n. ❶过高收费 指费用的收取超出公平合理的价目或者超出其权利范围。(= exaction) ❷第二抵押权(= second mortgage) ❸附加税(⇨ surtax) ❹归还公款宣告 指英国从前由审计官[auditor]所作的一项地方政府宣告[declaration],内容是某人因挪用公款[public money]而应独立承担偿还责任。

surcharge and falsify 〈英〉指出账目中的遗漏和错误 衡平法院中核查账目的一种方式。指法院将某账目作为已确定的账目[stated account],但允许当事人对其中的任一具体项目提出异议。如果当事人指出某一应记入贷方的项目遗漏,即为 surcharge;而记入账目中的某项如能证明是错误的,即为 falsification。

surcharging guardian 附加责任监护人 该监护人因下述情况承担监护责任:①因过失或不尽义务而致被监护人财物灭失;②如其以合理的注意或一般的谨慎本可使被监护人的损失得到恢复或补偿;③疏于将被监护人的资金进行投资使其受益。

sur cui ante divortium 离婚前不得提起诉讼的令状 是指离婚妇女可以收回在婚姻期间被其丈夫转让的土地,而在离婚前不得提起诉讼。如果离婚妇女在提起诉讼之前已死亡,其继承人仍可提起同一名称的诉讼。1833年被废止。(= cui ante divortium)

sur cui in vita 遗孀收回地产之诉 遗孀可以收回在婚姻存续期间被其丈夫转让的她的土地,但在其丈夫在世时不得提起。如果这位妇女在提起诉讼前已死亡,其继承人仍可提起同一名称的诉讼。1833年被废止。(= cui in vita)

sur disclaimer 收回土地之诉 一种权利令状,由领主或回复地产权人向否认其权利的租户提起,以收回其土地。1833年被废止。

surdus 〈拉〉(罗马法)聋人

surdus et mutus 〈拉〉(罗马法)聋哑人

surenchère 〈法〉竞出高价 在法院拍卖中欲再行购买财产者,可根据不同的情况,提出在成交价上再加 1/10 或 1/6,使已成交的财产再次进入拍卖程序。这种高于成交价的竞买价格即为"竞出高价"。

sureties of the peace and good behaviour 〈英〉治安和良好行为保证 ①被判定犯有谋杀以外的公诉罪[indictable offence]者,除对其判处刑罚外,还可要求其具结(提供或不提供保证人),保证在规定的合理长的期间内遵守社会治安并保持良好行为,对有些犯罪人也可以此代替刑罚。②如果某人受到治安控告[articles of the peace],法官根据申请可要求其提供保证人保证遵守社会治安。即使能证明该人以后不会实施暴力行为,但能表明其已教唆别人违法,或其经常破坏社会治安、或有其他不良行为的,法官也可要求其提供保证人保证保持良好行为。③在普通法上,法官对其认为实施了破坏治安行为的任何人均可要求其提供治安和良好行为保证。任何具有刑事管辖权的存卷法院[court of record]对其正在审理的案件的当事人,有权要求其具结或提供保证人,以保持良好行为,如果其违反具结或保证,可处以拘禁。治安保证和良好行为保证二者的范围不同。good behaviour 中包括 peace,而 peace 中不包括 good behaviour。因此,如果某人具结遵守社会治安,但若他教唆别人违法,则并未违反其具结。相反,如果他具结保持良好行为,若又袭击别人,则违反其具结。

surety n. ❶保证;保证人 指按约定在债务人不能履行债务时,承担为该人履行债务责任的人。例如,甲对乙负有金钱之债,丙基于有效对价向乙允诺,在甲不能偿还时由其承担支付款项的义务,则丙即为主债务人[principal debtor]甲的保证人,而其允诺亦构成保证合同[contract of suretyship]。在英国,它与 guarantor 均为保证人,区别甚微,只是对前者的要求更为严格,通常须以盖印债务证书[bond]的形式作成才对保证人具有约束力,在司法程序中发生的保证,亦多采盖印债务证书或债务证书[bond or recognisance]的形式。在美国,它的含义广于 guarantor,例如《统一商法典》[U.C.C.]第 1 - 201 条之(40)即把 guarantor 作为它的一种。同时,在其他情况下,它与 guarantor 又有相当不同,而指连带责任保证人。如果保证人履行保证责任而清偿债务,则其获得向主债务人的代位求偿权。在数个保证人共同承担保证责任的情况下,其中一人履行了全部保证责任或超过其应当承担的份额的,则由其他共同保证人[co-surety]分担,即使其中一人已经破产的,亦可令其余有偿债能力的保证人分担全部保证责任。保证人就债权人对债务人的所有担保利益[benefit of securities]享有权利。因此,如果某一债务上既有保证证书,又有抵押[mortgage]作为担保,则保证人在承担保证责任清偿债务后,有权以抵押权人[mortgagee]的身份从设立抵押的财产中获得补偿。如果债权人对主债务人解除债务,则也免除保证人的责任,除非其保留对保证人起诉的权利。此外,债权人变更主合同的,或者在主合同未违约之前以新合同替代的,保证人的责任亦免除。 ❷〈美〉**连带责任保证(人)** 在美国判例法上,该词与一般保证人[guarantor]相区别。连带责任保证人与主债务人受同一文书的约束,同时生效并具有同一对价,故其在成立之始即是最初的允诺人与债务人,因此,其通常应对主债务人的任何违约行为承担责任。而一般保证合同[contract of guarantor]则是独立完成的,并没有主债务人的参加,它通常在主合同成立之前或之后达成,其对价与主合同对价亦相异。连带责任保证人与主债务人共同作出允诺,故其应承担第一顺位责任[primary liability],债权人可直接要求其承担偿债义务。而一般保证人系单独作出允诺,故其只承担第二顺位责任[secondary liability],只有在债权人对主债务人采取正当措施后才能要求其承担责任。概而言之,连带责任保证人是对他人债务或义务的保证,一般保证人是对主债务人具有偿债能力或支付能力的保证。(⇨suretyship; guaranty; guarantor)

surety and fidelity insurance 保证和忠诚保险 保障被保险人因雇员、代理人和公众的不诚实行为所受损失的保险。

surety company 担保公司 从事为债券、承诺或合同充当保证人或担保人的业务的公司,根据其担保金额收取一定担保金[premium]。

surety company agent 担保公司代理 其授权范围与保险公司的代理类似。

surety defenses 保证人抗辩 保证人向债权人提出的抗辩,例如因债权人变更主债务人的债务或损害其他债务的担保物从而引起保证人地位变化。

surety insurance ❶履约保证保险 保险类别之一,其保险标的为由于债务人不能履行债务、交易损失、票据的拒付或违约所产生的责任损失。❷忠诚保证保险 保险类别之一,其保险标的为由于雇员或受托人缺乏忠诚团结所导致的责任损失。(⇨guaranty insurance; fidelity insurance)

surety of the peace 〈美〉治安保证 一种预防犯罪行为发生的司法措施,指要求有合理根据认定其在将来有不良行为[misbehavior]之嫌疑者提供保证人或保证金,向公众担保此类行为不会发生。

suretyship n.保证合同关系;(连带)保证关系 保证人保证就债务人对债权人的债务承担清偿责任或作为共同债务人[co-debtor]而形成的三方当事人之间的关系。(⇨surety)

surface v.作表面处理 指对街道、公路或车道表面敷上一层具有相当厚度的耐用材料。
n.表面 在法律中,该词的使用极少仅指几何意义上的表面;如果没有其他限制性表述,它是指土地的表层部分。在相邻土地的支撑权中,"表面"一词指高于所争议的相邻地层的任何地层,包括一切较高的地层以及土壤的实际表层。在采矿相联系中使用时,该词通常指矿物上方的土地或其他地质成分,但合同或产权转移证书中另有定义时除外,即:如果将地表包含的是位于地下采矿分别授予不同的人,则此时的地表包含的是土壤和水流。对地表权利的转让,在特定情况下可以理解为是对包括矿物储存在内的所有土地的转让,除非对采油、采气权作有特殊保留的规定。总的来看,"表面"一词具有某种弹性意义,应当依照当事人的主观意图,不仅考虑其用语,而且结合当事人的地位、其从事的商务性质和交易的实质,确定该词的具体含义。

surface deed 地面转让契约 指仅转让地表而不转让地表下面矿物的契约,它意味着对矿产权的保留或例外。

surface measurement 表面测量;表层测量法 指沿地表的上下起伏丈量土地,而不是依据各地的最高点进行丈量。与水平测量法[horizontal measurement]形成对比。

surface of land 地表(⇨surface)

surface rights 地表权;地上权 与采矿权一起授予的一种权利或地役权,以使采矿权所有人能通过地表开采矿藏。

surface stream 地上河 指在永久性的、明显的且定界极明确的水道中流动的河。它们是流经不同所有人的土地、长距离、不限定流向的河。

surface water 地表水;地面水 指自然散布于地表、尚未形成水流的水体。与天然的溪流、湖泊和池塘不同,地表水散乱地位于地表上,没有确定的水道、也没有形成明确的水体形状,至多只是形成了湿地。地表水主要是由雨水和经冰雪融化形成,也包括泉眼中喷出的水。洪水中脱离主体而散布于较低地域的部分也可认为是地表水。在汇入确定水道或流入永久性湖泊、池塘等水体前,地表水可以由其所在土地的所有人圈用。

surmise n.❶推测;臆测 ❷建议;意见 尤指向法庭提出的建议。 ❸(教会法)主张 原告起诉状[libel]中的主张。附带主张[collateral surmise]是指对起诉状中未载明的某些事实的主张。

surname n.姓 指姓氏,传自父母。所有家庭成员拥有相同的姓氏。姓是姓名中除"名"[Christian name]以外的部分,其产生是为了弥补仅以名来识别各个体时的不足。在英国,爱德华四世第4年,即1464年,出现了规范姓的运用的第一部制定法。只要不是基于不诚实的意图,人们可依其意愿自由选用姓氏,且勿需履行任何正式手续。但通常人们都采用单务契约[deed-poll]的方式来宣布自己的姓这一事实,这需要的正式手续,有时要在最高法院中央办公室[Central Office]登记并在《伦敦公报》[London Gazette]上公告。更改姓名的程序较复杂,应取得王室关于使用新名字的许可并向纹章院[Heralds' College]缴费。依照英国1974年《婚姻诉讼案规则(修正)》[Matrimonial Causes (Amendment) Rules]的规定,享有子女监护权和管理权的一方父母,要更改子女的姓氏,应当取得另一方母或父的书面同意或家事法庭[Family Division]的许可。

surplice fees 〈英〉牧师费 请神职人员主持婚丧、洗礼等仪式所付的习惯性费用。

surplus a.多余的;剩余的
n.❶资本盈余 公司资本的一个组成部分,由盈利、利润和其他资本增长额构成;银行资本的一个组成部分,由盈利组成。 ❷在联合式养老保险中将在生存者中分配的金额 ❸信托基金中本金之外的款额

surplusage n.❶冗词赘句 在法律文件中,指法律文件的效力和法律效果没有增加任何作用的词句,也指起诉状或控告书中多余、不必要的陈述和词语。在诉讼中,指控理由或答辩中不必要的陈述。如果整个诉讼中的陈述对原告的诉讼权利而言都是非实质性的,则该陈述将被视为多余而予以勾销;以"换言之"的方式列出的事实,如果并不与前面所讲的相一致,也可视为多余而被拒绝采用。当不必要的事实与实质性的事实相关联且不可分离时,这整个事实才被纳入详细讨论中。 ❷多余物;过

剩物　指多余或超出的部分。如果甲以某一租金享有乙的土地，而乙以更低的租金享有丙的该同一块土地，在丙购买甲的地产时，乙的领主权［seignory］或中间领主的封地［mesnalty］归于消灭，则丙有义务向乙支付过剩租金，即该同一土地上甲和乙两项租金间的差额部分。❸〈英格兰古法〉账目节余　当senior长将账目寄存于财务总卷保管［Clerk of the Pipe］处时若有一定节余，则他在获得这笔节余的支付时，必须出具有关此节余的繁琐的证据。1716年的《财产法》［Estates Act］规定在此情况下，任一郡长——毋须将账目呈交财务总卷保管郡之郡长除外——都可凭财务总卷保管出具的关于节余的证明请求国库支付。

Surplusagium non nocet.　〈拉〉过之无害。

surplus earnings　盈余所得　公司所有的超过其资本金和实际债务的部分。

surplus fund　盈余资金　指公共基金拨款的目的实现以后剩余的资金，或指没有必要以现金形式保存于手中以供急需或一般需要的资金，称为政府的剩余资金。

surplus line broker　〈美〉剩余业务经纪人　美国某州内所有的保险业务首先必须提供给一家获得该州政府执照或批准在本州营业的保险商。如果遭拒绝，才可将此保险业务提供给州外的一些保险商。后者被称为剩余业务保险商［surplus line insurer］，而从事此种剩余保险业务的经纪人即为剩余业务经纪人，该经纪人的业务活动范围可包括多种风险或各类保险。

surplus money proceeding　剩余款项处理程序　抵押物取消回赎权过程中的一个程序。如果抵押物拍卖所得款项在支付抵押债权以及抵押权实现费用后还有剩余，则运用该程序来确定剩余部分的权利归属。

surplus personal estate　剩余动产性遗产　指被继承人遗产在支付遗产管理费和所欠债务（包括遗产税）后所余之动产部分。

surplus proceeds　剩余所得　在为执行判决所进行的拍卖所得中，不用于实现判决的那部分所得。

surplus property　❶超额扣押财产　指根据扣押令或强制执行令而扣押的财产中，超过被告清偿债务所需之部分。❷多余物资　所购军用物资中，因敌对状态结束或军事人员的撤退及遣散而变得不再需要之部分。

surplus water　多余的水　指水量超出了渠道所有人依法享有的灌溉用水量，也指相邻土地的灌溉用水中漫流出的部分。

surprise　n.惊奇；意外事件　在衡平法中，指使一方当事人冷不防地签订合同，并造成突然的混乱或困惑的行为。它形成一种当事人自身并无过错但其利益却将受损害的状态，故衡平法院可正当地减免受意外事件侵袭之当事人的责任。在衡平法上，非因受害方当事人的参与或过错而发生可能妨害或搅乱判决、或将误导受害方当事人，并使对方当事人不当受益的行为，均视为意外事件，是欺诈行为的一种，当事人将因此免责。对意外事件一词而言，并没有法律上专门的、特别的界定。之所以将意外事件作为一种免责事由，是因为当事人在混乱和突然的印象中意外地从事某项行为时，必然会欠缺适当的考虑。在普通法中，意外事件是重新审判的理由，指当事人自身没有过错而意外地陷于利益将受伤害的情况。该当事人必须证明自己在每一诉讼阶段都是勤勉的，并说明事件的发生一般审慎仍不能避免。也指在实质性事实或理由的基础上所产生的情景或结果，从中法院可以公正地加以推理，得出这样一个合法结论，即，当事人如不从

这种错误中解脱出来，则将遭受司法上的不公正待遇。通常的规则是，如果当事人在实质性问题上受到意外事件侵扰而不可归责于其缺乏诉讼技巧或注意，由此形成司法不公时，就可以对案件进行重新审判。

surrebutter　n.原告的第三次答辩　英格兰1873–1875年以前的普通法诉讼中原告对被告的第三次答辩［rebutter］中所述事实所作的答复。也是诉答程序［pleading］中最后一个有独立名称的诉答。

surrejoinder　n.原告的第二次答辩　英格兰1873–1875年以前的普通法诉讼和衡平法诉讼中原告对被告的第二次答辩［rejoinder］中所述事实所作的答复。

surrender　v.& n.❶返还；放弃；让与；交出；交还　①普通法中指放弃自己所享有的地产权，使之回转给剩余地产权人［remainderman］或回复地产权人［reversioner］，从而使这种较小的权利并入后一种较大的权利之中，这一点与"弃权"［release］相反，后者是较大权利享有者放弃自己的权利使之让渡给较小权利享有者，从而扩大了后者的权利。在不动产租赁关系中，当承租人在租期未满之时自愿提出放弃对不动产的占有，而出租人也以终止租约之意接受对不动产的重新占有时，"放弃"［surrender］就发生了。它与"放弃"［abandonment］的不同之处在于后者是一种单方行为，而前者是双方的合意。在英格兰古法中，放弃一方面指公簿地产保有人因某种特定原因而将地产交还领主，另一方面也指将终身地产权益或定期地产权益交还给剩余地产权或回复地产权的直接享有人。这种放弃可以双方的协议或法律的推定确认。②在商法中，指票据持有人以免除责任的意图而将票据交付占有，从而解除票据债务人的义务。也指流通单据［negotiable document］持有人在取得货物的占有时将该单据交与受托人［bailee］。❷〈国际法〉投降　指一交战方未提出投降条款或特别条件而停止抵抗。投降的意思表示通常是升起白旗和停止积极抵抗。只要投降部队指挥官授权或同意升起白旗这一事实明确，对方就须接受其投降。

surrender by bail　保释保证人将被保释人交回羁押（ ⇨ bail）

surrender by operation of law　法律推定的放弃　不动产租赁双方虽未明示，但其实际行为在事实上表明双方同意终止租赁关系，他们的行为依据法律的推定可被视为构成放弃租赁关系。另外该词汇也用于以下情形：终身地产或定期地产保有人作出某种行为，该行为的有效性在以后不容否认，但若其保有的先行地产权［particular estate］持续存在则该行为无效。当与现存之地产权不相一致之地产权被接受，或保有人就同一地产重新开始了另一种新的保有关系时，均可视之为对原地产权关系的默示放弃。（ ⇨ surrender；particular estate）

surrender charge　退保费用　人寿保险公司在确定退保金现金价值、已缴清之保费金额或延期保险时所收取的费用。

surrender clause　解约条款　①石油或天然气租赁合同中的条款，依此条款，承租人在发出合同规定的通知或支付指定数目的金额后（在某些情况下甚至无需履行这些手续），便可获得放弃其权利和终止其责任的特权；②人寿保险单中的一个条款，它规定了被保险人退保时一些特定的选择权。

surrenderee　n.受让人

surrenderer　n.让与人　指作出让与行为的人，如以转让为目的放弃公簿保有地产［copyhold estate］的人。

surrender in deed 依契据转让 指让与人向受让人出具契据才生效的转让行为。

surrender in fact 事实放弃 指租赁关系的双方通过明显的意图放弃既之之租赁关系。这种意图可通过明确的协议表示出来，也可通过一定行为推定，总之需要有足够证据表明双方的租约关系已无法通过强制手段予以执行。（⇨surrender; surrender by operation of law）

surrender of a preference 优先受偿权的移交 在破产程序中，享有优先受偿权的债权人将其优先受偿权移交给破产财产管理人，然后才可参加破产财产的分配。

surrender of charter 缴还执照 公司向国家缴还据以成立公司的执照，经政府接受，该公司即可解散、终结。

surrender of copyholds （英格兰古法）公簿地产权的放弃 公簿地产权在理论上是一种依照领主意志保有[tenancy at will]的地产，不能由保有人自行转让，因此这种地产权不能按照普通法规定的方式予以转让，而只能采用"放弃"[surrender]的方式。程序如下：意欲转让其地产权的公簿地产保有人依地产所处庄园之习惯在庄园内的习惯法法庭[customary court]上将象征土地的木棒、稻草、手套或其它物品交于领主或其管家或者是领主指定的人，然后再由领主将该土地转封给另外一个人，完成实质上的土地转让。（⇨surrender; copyhold）

surrender of criminals 罪犯引渡 一国当局把在其管辖范围内的、被他国指控犯罪、通缉或判刑的人，根据有关国家的请求，按照引渡条约或国内法的规定或以相互引渡为条件，移交给请求国审判或处罚的行为。引渡的请求一般通过外交途径提出。请求引渡的理由应是请求国和被请求国都认为是犯罪的行为。被引渡的罪犯一般只能就请求引渡时指控的罪名被审判和处罚。（⇨extradition; rendition）

surrender of fugitives 逃犯的引渡 一国的刑事法律具有严格的地域性，它只在其管辖范围内有效。因此越过国境的逃犯在其所在国不受逃离国对他的诉讼的影响。但在某些情况下，他也可能被引渡。

surrender of policy 退保 经被保险人向保险人交出保险单而完成的该保险单的注销。

surrender of tenancy 放弃保有 向回复地产权或期待地产权人放弃保有，其效果与消灭租约相同。

surrenderor (= surrenderer)

surrender to uses of will 为遗嘱信托所进行的放弃 公簿地产权益转让方式之一。公簿地产权益在一些庄园里是不可转让的，或者其转让受到限制。在许多庄园，这些地产权只能通过立遗嘱人制作遗嘱信托，从而放弃权益，交与他人，并指定受益人，这样，土地可按其遗愿转让。该做法被1815年的一项制定法所废止。

surrender value 退保金（额）；退保现金价值 在人寿保险中，当保单持有人向保险公司要求退保时，保险公司应支付给他的现金数。

surreption (= subreption)

surreptitious a.欺诈的；鬼鬼祟祟的；偷偷摸摸的（取得、取走、采用等）

surrogate court 〈美〉遗嘱检验法院 美国某些州中与probate court有类似管辖权的法院的名称。如纽约州的该法院有权管辖与死者的事务、遗嘱效力的认定、遗产的管理相关的或由此而引起的诉讼，以及未成年人财产的监管和其他有关诉讼，但法律规定专属于最高法院[supreme court]管辖的除外。

surrogate mother 代孕母亲 该妇女接受另一妇女的丈夫的精子进行人工受精、怀孕、生产，并且在产后即将其亲权转移给孩子的生父和其妻子。（⇨surrogate parenting agreement）

surrogate parent 〈美〉亲权代理人；监护代理人 并非孩子的生父母而自愿承担亲权及监护责任，代当父母的人；也指受少年法院委托，替代孩子的生父母或监护人为其教育安排作出决定的代理人。

surrogate parenting agreement 代孕生子合同 根据该合同，由一妇女接受另一妇女丈夫的精子进行人工授精、怀孕、生产，并且在产后即将其亲权转移给孩子的生父和其妻子。合同的目的是使孩子与其生母永远分离，而由孩子的生父与其妻子成为该孩子的完全父母。如果某一妇女为获利而担任代理母亲并在生产后转让其对孩子的亲权，那么，为此而订立的合同则是非法和无效的。（⇨surrogate mother）

surrounding circumstances 周围情况 指可以根据过失推定规则[res ipsa loquitur rule]推断被告对事故或损害的发生负有责任的情况。它不是指能直接表明被告缺乏注意的情况，而是指被告实施管理或控制的中性的情况[neutral circumstances]，如加以解释，则看起来完全像尽到了合理的注意义务。（⇨res ipsa loquitur）

sursisa 〈拉〉（= sursise）

sursise 〈法〉（英格兰古法）过失；过错；疏忽 指权利的暂不行使或弃置不顾。

sursumredditio 〈拉〉（古）放弃；转让 指经双方合意，由一方将地产权转让出去，尤指佃户把依照公簿记录的租赁不动产[copyhold estate]转让给领主。（⇨surrender）

surtax n. ❶附加税 对应税所得依基本税率征税后，再按一定税率附加征收的税。❷附加累进所得税 依累进税率对超过规定数额的应税所得征收的税。在英国，该税种在1927年取代了附加所得税[super-tax]，并于1973年被废止。（⇨super-tax）

surveillance n. 监视 警察使用的一种侦查手段，包括对人和场所的直接监视[visual observation]和电子监听，如监视[stakeout]、跟踪[tailing of suspects]、搭线窃听[wire tapping]等。其目的旨在收集犯罪证据或仅为积累有关犯罪活动的资料。

survey of a vessel 船舶检验报告 公开的船舶检验报告，用于向船舶保险人和船东提供资料以确认在某时地处于危险中的船舶及其他财产的受损状况。

surveyor n. ❶验关员（⇨surveyor of the port） ❷土地勘测员；土地测量员 指对土地进行测量以确定地表面积、等高线和边界线长度及走向的人。在英国，为保护国王利益，依1542年制定法设立了土地勘测员法院[Court of Surveyors]，但在1863年《制定法修正法》[Statute Law Revision Act]相关条款予以废止后，该法院已废而不用。在因测量土地的疏忽引起损害赔偿诉讼时，其损害赔偿金额应足以使当事人达到测量土地的合同得到适当履行时其应处的状态。 ❸监督员

surveyor of the port 港口检验员；港口验关员 在美国，原指为每个主要港口任命的税务官员，其主要职责是确定其所在港口的进口货物的数量和价值。该职位已于1953年被废除。（⇨Customs Service）

survival actions 遗留的诉讼 指受害人死亡后仍然继续存在的有关人身伤害的诉讼，它并不随提出诉讼请求的当事人的死亡而消灭。

survival acts (= survival statutes)

survival cause of action 遗存诉因 指诉讼的原告或被

告死亡后,仍继续有效的诉因。(⇨survival actions; survival statutes)

survival statutes 遗存诉因法　指规定某些人身伤害诉讼中的受害人死亡后(不论其死亡是源于该伤害还是其他原因),其诉因并不消灭,即该诉讼仍继续存在的制定法。有些遗存诉因法规定受害的当事人(原告和被告)都死亡后,诉讼仍可继续存在。

survive v.幸存;活下来;幸免于;比…活得长;从…中逃生

survive to the remaining children 由其余子女继承　遗嘱条款中所用的表述,指立遗嘱人已设定以其子女为受益人的信托,但其中某一子女死亡,且其死亡时没有自己的子女在世,则该死亡子女对信托的资本和收入的份额由立遗嘱人其余的子女平分继受。

surviving a.生存的;活着的　指寿命长于他人的人或某些事件的幸存者,其在法律上的意义是使生存者有权获得财产或收入的分配。(⇨survival actions)

surviving children 生存子女　遗嘱或信托契约中受益人的习惯用语。如无其他限定词时,在为财产授予人的生存的子女而订立的信托证书中所称的"生存子女"指的是寿命长于财产授予人或其他指定人员的一切人。

surviving corporation 存继公司　指通过兼并或收购而取得其他公司资产和负债的公司。

surviving spouse 生存的配偶　指比配偶活得长的夫妻任一方,该术语通常见于有关遗嘱检验、遗产管理和遗产税的法律中。

surviving wife 生存的妻子;寡妇　指在劳工赔偿法[workmen's compensation acts]中,任一妇女与受伤的工人结婚,有权作为"生存的妻子"而得到补偿。

survivor n.生存者　指比他人活得更久或生存至某一事件发生之后的人。在信托中,如果受托人为数人,则生存的受托人不仅包括在其他受托人死亡时幸存的部分受托人,还包括在其他受托人发生不适格、被辞退、请辞或拒绝接受信托等情形时继续执行信托事务的受托人。在涉及生存者的余产继承权时,该权利是既定的[vested]或不确定的[contingent],需依该权利是与被继承人或授权人的死亡还是与其他人的死亡相关联而定,即:如果该权利与财产分割的时间相联系,要求生存者生存至终身保有地产人[life tenant]死亡时,则其为不确定权利;如果它是与被继承人的死亡相关联,要求生存者生存至契约或遗嘱生效时,则该生存者权利为既定的权利。

survivorship n.生存;生存者权利　既可指成为生存者这一事实,也可指作为共有人的生存者所享有的权利。在共有[joint-tenancy]和合伙等统一体或夫妻共有财产中,一方或部分成员死亡后,其原有的财产和权利悉由生存的一方或成员享有。生存与否对于继承而言是一个重要的问题。在英格兰法中,如果多个当事人于特定情形下死亡而不能确定其先后,就推定死亡的先后顺序与年龄的长幼相一致,但遗嘱可特别规定排除该推定的适用。苏格兰法中,推定年幼者生存;如果发生于夫妻间就推定两者都不生存;但年长者指定其财产由年幼者继承且在年幼者死亡时由第三人继承时,为实现该指定,则推定年长者生存。

survivorship annuity 生存者年金　年金合同的一种,它规定年金的支付不限于领取年金者在世之时,例如对领取年金者的寡妇仍须支付年金。

survivorship of joint tenants 共有人中的生存者权利(⇨survivorship)

suspect v.怀疑

n.犯罪嫌疑人

suspect classification 〈美〉可疑分类　如果分类建立在一种自身似乎与既定宪法原则相悖的特征之上,如种族、性别等,以致有意使用这种分类的合法性时将依平等保护条款[Equal Protection Clause]适用"严格审查"[strict scrutiny]标准。

suspend v.暂停;中止;推迟　①作为一种惩戒措施,强令公职人员或神职人员暂停履行职务,或强令律师暂停执业等;②暂停判决的执行;③令雇员暂停工作;临时解雇。

suspendatur per collum 〈拉〉执行死刑　该词的本义是将他绞死。是旧时英格兰法上对将要执行死刑的犯人签署判决时的用语,由法官写在郡长保存的犯人名单[sheriff's calendar or list]上、与犯人姓名相对的页边空白处。

suspended sentence 暂缓监禁　缓刑的一种类型,对认定有罪的被告人判处监禁刑,同时宣告刑罚暂不执行,给以一定的考验期,如果在这个期间内犯罪分子不犯新罪,那么原判决不再执行;如果在这个期间内再犯可处徒刑的新罪,除了对新罪判处刑罚外,也执行原判刑罚。关于监禁的缓刑是 1973 年在英格兰被采用的,适合于判处不超过2年监禁的犯罪。美国只有少数州采用这个类型的缓刑。

suspender n.〈苏格兰〉准予中止履行者　请求中止偿付债务者通常被要求提供保证以便债务到期立即偿还。如按此情况,中止偿付债务者无法获得确实的担保,法官可以接受其以宣誓表达的保证[juratory caution]。但在此情况下,在给予此类中止证书时,应切实对中止之理由予以特别考虑。

suspending power 暂停实施权;中止法规权　17 世纪晚期用于暂时中止任一法规或某些法规实施的一项王室权力。1673 年查理二世颁布《信教自由令》[Declaration of Indulgence],中止对不从国教者,即天主教徒的惩罚条令。下议院以该令与议会的立法权相抵触为由迫使国王撤销之,议会遂通过忠诚宣誓法[Test Act]。1687 年詹姆斯二世颁布了一个类似上者的《信仰自由令》并要求在各教堂宣读,引起了七主教请愿反对该法令。1689 年《权利法案》[Bill of Right]宣称:国王未经议会同意而自封的中止法规权是非法的。(⇨Declaration of Indulgence)

suspense n.暂停;中止;权利中止　土地的租金与共用权[profit à prendre]等因土地占有的合并的原因而在一段时间内不存在,即被称为处于中止状态[in suspense],但这种状态是可以被恢复的。

suspension n.❶权利中止　公民或法人的权利可由于某项法定的事由而部分撤销或附期限地撤销。如在战争时期,人身保护令状[habeas corpus]赋予公民的权利可由权力当局予以部分撤销或在一定期限内撤销。财产权利也可以中止。权利中止与权利完全撤销的区别在于,被中止的权利可在满足一定条件或一定期限以后重新生效,而权利一旦被完全撤销则意味着绝对消失,再无恢复可能。 ❷职权中止　雇主暂时中止雇员的工作职务和权力,以调查雇员是否能继续胜任工作。政府官员或其他公权力机构的工作人员在受到刑事指控时,在受指控期间其职权必须撤销。 ❸资格中止　从事某些特许行为资格的临时撤销,如律师执业资格或公司股票挂牌交易资格的临时撤销。 ❹(教会法)中止教职　停止某神职人员之教权或圣俸的教会惩戒手段。它可能是部分中止或全部中止,也可能是暂时中止或永远中止,即罢免圣职

[deprivation]。❺制定法效力中止 在一定时期内,中止制定法的适用使其不得施行,但这并不意味着该法被完全废除。在一定条件下或一段时间以后,该法的效力仍得重新恢复。 ❻〈苏格兰〉强制执行中止 苏格兰法上的一项救济措施,据此可停止强制执行程序[diligence],或在一定情况下对法院判决予以复审,该措施也可以与禁令[interdict]合并使用。在刑事诉讼中,中止判决执行诉状[Bill of Suspension]是高等刑事法院[High Court of Justiciary]对非法的逮捕令或者不当定罪或判刑予以审查或复审的方式。如果请求中止执行者已被羁押,也可通过提出请求中止执行和释放的诉状[Bill of Suspension and Liberation]与释放措施合并使用。

suspension of action 诉讼中止 指诉讼中的一方当事人死亡后,其亲属或继受其权益的其他人参加诉讼之前,诉讼暂停进行的状态。

suspension of a right 权利中止 指当事人在某段时间内被剥夺行使其权利。它不同于权利终止[complete extinguishment],后者是权利的绝对消灭,而前者在法定障碍消除后,权利可以被恢复。对不动产的权利中止即指暂时地或部分地停止使用或行使不动产权利。

suspension of arms 停战协定 交战方达成的在短期内或在特定区域内停止敌对状态的协定。(⇨armistice)。

suspension of a statute 中止法律效力 指法律效力的暂时停止。在一定期间内中止法律是指暂时停止该法律的适用,它不具有废除法律[repeal]的效力。

suspension of business 中止营业 在制定法中,这一词组表示通过某些客观特征而显示出正当经营活动发生中断,而非仅指不能支付到期债务。

suspension of interest 中止计息 指因债务人对债务的偿付遭拒或因债务人过错以外的原因而不能偿付,停止计算该债务的利息。

suspension of judgment 判决执行中止(⇨stay of execution)

suspension of liquor license 中止酒类营业执照 指暂时取消依执照从事酒精饮料销售和经营的权利或特权。

suspension of member 中止成员资格 指暂时取消某一组织成员所享有的权利或特权。如在非营利企业名录中,暂时去掉某一成员企业的名称并剥夺其作为成员企业所享有的权利。

suspension of payment 中止支付;中止付款 由于债务人缺乏财力而不能偿付债务。在商业票据上,它不仅指出票人未能找到持票人并向其付款,而且含有无力付款的意思。故,债务人未能满足其付款允诺或未能完全支付均属之。

suspension of performance (合同)履行中止 根据当事人之间的事先约定或因事后发生的意外情况而停止合同的履行。

suspension of policy 暂停保险;保单中止 一段时期内保险单的无效。例如在某一段时间内保险标的物遭罚没,后来此罚没行为被解除而无效,在遭罚没的时间段内,保单效力中止。

suspension of power of alienation 财产转让权之取消 (⇨rule against suspension of power of alienation)

suspension of pupil 中止学习 指在一定期限内而非永久性地否定在校学生的就读权[right of attendance]。

suspension of sentence (= suspended sentence)

suspension of statute of limitations 诉讼时效中止 指由于出现某些情况,如原告失去行为能力、被告暂离本州、隐瞒诉因等,而暂时中止诉讼时效的进行。

suspensive condition 停止条件;延缓条件 合同术语,指那些以其发生作为合同生效条件的事实。它实际上就是一种先决条件[condition precedent]。(⇨condition)

suspensory condition 停止条件;延缓条件(⇨condition)

sus. per coll. (= suspendatur per collum)

suspicion n.怀疑;猜疑;嫌疑 没有证据或证据不足的情况下,对某事存在与否的断定。

suspicious character 〈美〉可疑之人 美国一些州的刑法中所使用的词语,如果一个人具备以下任一情况,则成为可疑之人:①该人是惯犯或有足够理由怀疑其为惯犯;②有合理理由相信该人已实施犯罪或正在计划或企图实施犯罪;③该人的行为举止已表明其可疑性。具备以上任一要件,该可疑之人都可被逮捕或被要求提供良好行为的担保。

sustain v.❶支撑;承受住 ❷供养;赡养 ❸蒙受损失 在美国联邦关于所得税的制定法中,蒙受的损失是指因事件确实发生而形成的损失。 ❹认可;确认 如上诉法院对下级法院判决的确认。 ❺同意;准许 如果法官准许对证据或证言提出异议,则表明其同意该异议并使之有效。

sustaining demurrer 支持诉求不充分抗辩 指法庭裁定当事人的诉求不充分抗辩成立。

suter silver (= suit silver)

suthdure n.教堂的南门 在该处举行宗教洗礼、听审和判决案件。

sutler n.随军小贩 指跟随军人并向部队和士兵出售供应品、酒类等商品,尤其是食品的小商贩。随军小贩需遵守军队的纪律和规则。

Suum cuique incommodum ferendum est, potius quam de alterius commodis detrahendum. 〈拉〉人皆须承受自身之不便,不得剥夺他人之便利。

suum cuique tribuere 〈拉〉各得其份

suus 〈拉〉自己的

suzerain n.❶〈英格兰古法〉国王;最高领主 ❷〈法〉(封建法)直属封臣 直接受封于国王而保有土地的人。 ❸宗主国 在国际法上,该词没有明确或确切的含义。它曾被延伸使用于穆斯林世界,还用于欧洲强国通过其殖民地对非完全文明的民族的控制。一国对其它国家行使政治控制,其间的关系即是宗主权。一般认为宗主权是一种没有相应权力的权利根据,而保护权则是没有相应权利根据的权力。

s.v. (= sub voce)

swainmote (= sweinmote)

swamp and overflowed land 水没地 即沼泽等湿地,不适于耕种,须经排水和开垦之后才能作有益使用。

swans n.天鹅 在英国,于私人水域之外出现的白天鹅,除带有"天鹅标记"表明其是臣民的财产外,均视为皇家鸟,属于国王的财产,对这些天鹅的侵害将受到处罚。虽然英国1971年《野生动物和森林法》[Wild Creatures and Forest Laws Act]取消了皇家对野生动物的特权,但其对天鹅享有的权利却未受到影响。

swaps n.掉换;互换交易 ①证券掉换交易,出售一种有价证券同时购入另一种,用于改变证券的到期日期或证券发行的性质,也可用于改变投资目标;②外汇掉期交易,在外汇市场上买进或卖出即期外汇,同时又卖出或买进远期外汇,用于更改原已确定的收付日期及调剂不同到期日的头寸余缺,其目的是套利或套汇;③换拨贸易,当事人间同意以换拨方式将其货品就近运到对方客户的一种交易。这种交易方式与易货贸易[barter]类似,不涉及现金,不同的是:换拨贸易至少牵涉到四方当事人,且货物在不同地点交换拨运,以节省运费。

swear v. ❶宣誓;发誓 ❷使…宣誓;主持…宣誓 ❸受宣誓约束 ❹以宣誓保证…的真实性

swearing witness 使证人宣誓

sweatbox n. 疲劳审讯 指为了逼取刑事被告人的供述,对其进行长时间的、不间断的讯问,尤其是加上不让其休息。

sweat equity 劳动增值;血汗产权 指通过所有者的劳动对财产进行改良,从而增加财产价值,相应增加的部分产权。

sweating n.〈美〉逼供 对受到刑事指控而被拘禁者,通过不停地对其发问、威胁或其他非法方式以获取有关其与被指控罪行的关系或对该犯罪的了解等可作为对其不利的证据使用的信息或情况。这种讯问方式是违反宪法的。

sweat shop 血汗工厂 指工人劳动时间长、工资低、劳动条件差的工厂,在公众观念中,其工作条件是不道德的和非法的。血汗工厂的实践导致了工资和工时法、童工法和最低工资法等法律的产生。

Sweatt v. Painter (1950) 〈美〉斯韦特诉佩因特案 这是美国最高法院于1950年6月3日以9比0作出一致裁决的一起重要案件。在此案中最高法院认为实行种族隔离的黑人法学院没能给黑人提供与白人法学院同样的教育机会,因此违反了美国宪法第十四条修正案。赫曼·玛丽曼·斯韦特[Heman Marion Sweatt]是得克萨斯州休斯敦市的一名投递员,打算做一名律师。但在1946年却被得克萨斯大学法学院拒之门外,原因在于他是非裔美国人。斯韦特向有关机构寻求帮助,尽管得克萨斯州依最高法院1938年密苏里(根据盖恩斯的告发)诉加拿大[Missouri ex rel. Gaines v. Canada]一案的要求,迅速为该州内的非洲裔美国人建立了一所合乎标准的法学院,斯韦特仍向法院提起了诉讼。最高法院审理后认为这所新建的法学院客观上无法与得克萨斯州法学院相提并论,即使可以,这所新建的法学院也仍缺乏使其成为著名法学院的不可预测的因素,如教工的声誉、传统、历史,这是新建学校难以达到的要求。因而宪法第十四条修正案平等保护条款要求斯韦特进入先前所有白人法学院。斯韦特案是美国历史上涉及种族关系的代表性案件,尽管其适用范围要比1954年布朗诉托皮卡教育委员会案[Brown v. Board of Education of Topeka (1954)]判决狭窄,不过很清楚它已使1896年普莱西诉弗格森[Plessy v. Ferguson (1896)]一案所确立的隔离但平等标准失效,至少在州立高等教育方面如此,其蕴涵的意思是这一原则在任何公共生活领域内都不成立。

sweepstakes n. 抽彩中奖法 该词最初仅指实行赌金全赢制的一种赛马,其获胜者的奖金也就是对每一匹马所下的赌注。目前该词已泛指一切赛事中的抽彩中奖法,常用于宣传或推销目的,依照随机选择确定获奖者。英国1976年《抽彩中奖与娱乐法》[Lotteries and Amusements Act]和美国的联邦法律都对抽彩中奖的合法性作有限制性规定。(▷lottery)

sweeteners n. 优惠条件 指通过改善证券发行的优惠条件,使经纪商与发行人达成包销协议。

sweetheart contract 〈美〉私下合同;甜心合同 是一带贬义的术语,指工会头目与雇主为中饱私囊,对工作作出让步,私下签订于工人不利的合同,以排挤其他工会。

sweinmote n.(英格兰古法)森林法庭 指依据有关森林法建立的审理与林地相关之案件的法庭。由王室护林官[verderor]任法官,林地保有人[sweins]组成陪审团,管辖范围是调查有关森林官吏的强制或非法行为,审理由御林扣押法庭[court of attachment]提起的对于林中幼鹿或其它小动物犯罪的指控。(▷verderor; Court of Attachment)

swell v. 增加 用于侵权行为诉讼中,指增加损害赔偿金,即在有加重情节时可增加损害赔偿。

Swift v. Tyson Case 〈美〉斯威夫特诉泰森案 这是美国最高法院于1842年以9比0作出一致裁决的一起案件。在该案件中最高法院判决在基于不同州籍公民的案件中,联邦法院对涉及"一般法律"[general law]的事项有权行使独立审判权。所谓涉及"一般"法律的事项指完全不受地方制定法或某一时期使用或长期使用的地方惯例影响的事项。斯威夫特案后被伊利R.R.公司诉汤普金斯案[Erie R.R. Co. v. Tompkins]推翻,该案判定在多数情况下,不同州籍公民之间的诉讼应适用州法律。(▷Erie v. Tompkins; federal common law)

swift witness 〈美〉〈口〉敏捷证人 指过分热情或偏向于传唤自己的一方当事人,且由于过分热衷于回答问题和提供信息,以致背离了自己的倾向的证人。

swindle v. & n. 欺骗;诈骗

swindler n. 诈骗者;骗子

swindling n. 阴谋欺诈 故意使用骗术进行欺诈。通常用于交易中,指欺诈者出于使他人将动产交付给他使用的目的,依虚假合同,获取他人财产的情况。通过一些诈骗手段、计谋或欺骗性的陈述[fraudulent representation],取得他人的动产、现金、权利转让文据或保证权利的契据等,旨在取得上述物品或文契或旨在将其毁损或损害他人的权利。阴谋欺诈不同于虚假陈述[false representations]。(▷false representation)

switching service 转运服务 也称为transfer service,是铁路公司为托运人或收货人的特殊利益所提供的一种运输服务。它与长途运输[line haul]相伴随,指在铁路运输开始之前或结束之后,由铁路公司将车厢转运到铁路与公路的结合处。转运服务只适用于法定运费已支付或即将支付的场合。用机车将车厢从制造工厂拖出,沿其他铁路公司的铁轨从城区穿行至本公司道岔区[switchyard]的行为,并不构成转运服务。

sworn brothers (古)结义兄弟 指经互相盟誓,以盟约保证相互分享财产的人。

sworn clerks in chancery 〈英〉宣誓就职的书记官 原衡平法院中协助六位首要书记官[six principal clerks]从事文书工作、负责保存案卷、制作诉状副本等事务的官员。1842年《衡平法院法》[Court of Chancery Act]废除了该职位。

sworn copy 宣誓证实的副本 指以口头证据证明其曾与文件的原本对照完全一致的副本。

sworn evidence 经宣誓提出的证据 宣誓作证者对其所知悉的事实所作的陈述。

sworn statement 宣誓报告书 贷款机构在提供临时建筑资金融通时,要求建筑承包人提供宣誓报告书,即列明所有供货方、分包人及其各自投标的表册。

syb and som 〈撒克逊〉安全与和平 问候语。

syllabus n. 判决摘要 指判例汇编中在每一既决案件的法庭判决意见书[opinion]之前就法庭对案件中的法律点

[points]作出的裁决所作的简要概述。在最高法院的判决中，摘要并不是法庭判决意见书的组成部分，它是判例汇编者为了方便读者而作的。通常，即便是由法院所作的判决摘要，制定法或法院规则也不赋予其特定的效力，对判决理由的最初的、权威性的陈述还须查阅法庭判决的意见书。

syllabus rule 〈美〉判决摘要规则　指包含在州判例集中的案件判决的摘要也构成判例法的一部分。在俄亥俄州[Ohio]，该规则被确立在法院规则中，适用于俄州最高法院的判决。

syllogism n.演绎推理；三段论　在逻辑学上，这是单一论证的完整结构形式，由大前提、小前提和结论三部分组成。法律上每一个损害赔偿或执行权利的诉讼都应当具备三段论结构，大前提为相关的法律规定，小前提为案件事实，判决是结论。

sylva caedua 〈拉〉〈教会法〉用材　指用于砍伐目的且砍伐后可再生的树木。在英国亦指12年树龄以下的树木。

symbiotic relationship 共生关系　指当政府行为与个人的行为缠结在一起以致构成一种"共生关系"时，它们的行为将被法院认定为构成国家的介入，并足以引起"国家行为"原则[state action doctrine]的适用，那么，在这种情况下，该个人将受到宪法性义务的约束。

symbolaeography n.法律文件起草术　指正确起草书写文书的技能，它可以是已进入司法程序或在司法程序外发生的文书起草，后者是尚无法律纠纷发生的文书如合同、遗嘱等的起草。

symbolic delivery 象征性交付　对买卖或赠与标的物的一种推定交付[constructive delivery]，如果该标的物不便或不易实际交付，可以用其象征或代表部分的实际交付来替代，以此作为买受人或受赠人取得购买物或受赠物权利的证据。例如交付房屋的钥匙，或财物的提单、仓单。

symbolic levy 象征性扣押　指依扣押令[writ of attachment]执行的、但并不实际取得对被扣押财产的占有的扣押。

symbolic possession 象征性占有　指由持有提单、仓单或其他权利标志的人对货物行使的推定占有[constructive possession]。

symbolic speech 〈美〉象征性言论　表达某种思想并非一定要通过"纯言语"[pure speech]——口头或书面语言方式，有时有效传达信息需要比言语更多的东西。如对某一政治统治的抗议和蔑视常采用绝食的方式，而对一项公共政策的不满采用悬挂通用的具有象征意义的标志常常更有效果。在美国，把这种通过使用某种标志，甚至某种行为或举止来表达对某一主题的观点或看法的方式，称之为象征性言论。美国最高法院已经判定宪法第一条修正案保护非言语性表达方式[nonverbal expression]，但在具体案件中宪法第一条修正案对象征性言论的保护程度仍然存在问题。在1931年的施特龙贝格诉加利福尼亚[Stromberg v. California]一案中美国最高法院首次肯定了使用象征性言论的宪法权利，在该案中最高法院宣布一项禁止悬挂红旗以示反对政府的法律无效。不过法院一直努力在防止有害行为与保护反对政府的象征性言论之间保持平衡。在评判对象征性言论的控制时，法院主要考虑这种控制是抑制了这种言论所传递的内容还是只控制了相伴随的行为。在1968年的美国诉奥布赖恩[United States v. O'Brien]一案，最高法院就维持了一项禁止焚烧兵役应征卡[draft card]的联邦法律，因为该法的目的不是压制反战抗议者言论自由的权利，而是在有效管理国家兵役制方面维护合法政府的利益。但在1969年廷克诉德477·马伊内斯校区案[Tinker v. Des Moines School District]中，最高法院判定阻止佩戴黑袖章[black armbands]的学生抗议越南战争[Vietnam War]的行为违反了学生的宪法第一条修正案所赋予的权利，因为校方意图阻止的不是学生可能造成的破坏行为，而是学生抗议的反战思想。最近，美国最高法院又在得克萨斯诉约翰逊案(1989)[Texas v. Johnson]和美国诉艾希曼案(1990)[United States v. Eichman]中宣布试图惩罚焚烧美国国旗以示不满的个人的州和联邦法律无效。

symbolum animae 〈拉〉灵魂的象征

Symond's Inn 〈英〉西蒙德预备律师公会　预备律师公会[Inns of Chancery]之一。(⇨Inns of Chancery)

sympathetic strike 同情罢工　指为声援其他雇员既发的罢工而举行的罢工。属于间接的联合抵制[secondary boycott]，即同情罢工的雇员与其雇主并不存在争端，但为声援另一与雇主存在争端所引发的罢工而举行同情罢工，使同情罢工中的雇主利益受到威胁，只能违背自己的意愿与雇员采取一致行动，损害与雇员有争端之雇主的利益。

synagogue n.犹太教堂；犹太会堂　犹太人举行宗教礼拜仪式和学习的地方。

synallagmatic a.双务的；双务互有义务的；对双方都有约束力的

synallagmatical a.双务的(=synallagmatic)

synallagmatic contract 双务合同　大陆法中的一种双方合同[bilateral or reciprocal contract]，在该合同中，双方当事人都明示地相互受到约束，例如买卖合同、租赁合同等。

syndic n. ❶〈大陆法〉村镇行政长官或记录官；辩护人或赞助人；法人团体或大学的代理人；代理人或受托人　其与普通法中的assignee非常接近。❷〈英〉代理人或受托人；评议员或理事　指遗嘱人委托某法人团体为其遗嘱执行人，而由该团体指定某人处理该项事务，则该人成为代理人；该术语也通指某一团体委托从事特定事务的人，尤指经剑桥大学任命而成为大学管理会特别委员会[syndicate]等的评议员或理事。❸〈法〉破产财产管理人　指由法院委托管理破产财产的人，他与受托人[trustee or assignee]的功能相同。❹〈法〉代表人　指被选任处理某一团体事务的人，相当于董事或经理。❺〈美〉破产财产管理人；代理人；受托人　在路易斯安那州使用，它除了指破产财产管理人，也指由继承人的债权人选出进行遗产管理的代理人或受托人。

syndicalism n.工团主义；工联主义　指旨在掌握生产和分配方式，最终实现由工人联合体[Federated bodies]控制社会和政府的目的，并且倡导通过总同盟罢工和恐怖、颠覆、暴力或其他犯罪方式实现这一目的的工团[trade-union]行动学说、纲领或实践。

syndicate n. ❶企业联合组织；辛迪加　指由相互间有利害关系的个体成员组成的联合组织，经营和从事特定商业交易，一般属于财经性质，也可以为临时性的目的组建。辛迪加可经登记成为法人，也可以采用合伙形式，可以是有限合伙，也可以是无限合伙。投资银行家们为了避免单一投资的巨大风险，往往联合起来包销某一证券或承购未被认购的大量证券。❷〈英〉评议会特别委员会(⇨syndic)

syngrapha n.正式签字的文件　教会法学家使用的一个

词,相当于法学家使用的 chirographa(正式签字的文件)。

synod *n*.(教会法)❶**宗教会议;公会议** 分为四种:①由各国主教出席的全球公会议;②某国神职人员的公会议;③某教省的神职人员的公会议,现亦称作教牧人员代表会议[convocation];④主教区会议。❷**(教区)长老会议;长老会法院** 由主教和至少三个长老组成。它与普世公会议不同,只由部分神职人员代表组成。该组织在长老制教会中是中间一级的行政与司法机关,亦属于其司法系统,处于教务评议会[presbytery]和最高立法机构长老会全会[general assembly]之间,可以接受对下级会议所作判决的上诉,亦可对其他案件制定出纠正法令。

synodal *n*.**复活节捐税** 主教或大主教在复活节巡查时由神职人员向其缴纳的捐税,也称作 synodies,被 1963 年《教会管辖法》[Ecclesiastical Jurisdiction Measure]废除。

synodales testes 〈拉〉**主教区会议证人** 指在主教区会议上提出证据的人,在古代由城市和乡村的教长担任,其职责之一即是向教区会议报告俗人和教士中行为不端的事件。此后,证人指每个堂区的一个牧师和两三名俗人。后来由堂区俗人执事[churchwardens]或副执事[sidesmen]履行此职责。

synopsis *n*.**摘要;梗概**

Syntagma Canonum Antiochenum 〈拉〉《**安提阿教会法汇编**》 一部按年代顺序排列的教会法规汇编,是拜占廷法律的重要来源,包括从公元 341 年安提阿公会议[Council of Antioch]到约公元 800 年的教会法规。

Syntagma Canonum et legum 〈拉〉《**教会法规和法律大全**》 1335 年由东罗马帝国的马修·布拉斯塔雷斯[Matthew Blastares]编纂的一部著作,供神职人员使用。它包括《东方教会法纲要》[Nomocanon]、《法律精选》[Procheiron]和《巴西尔法典》[Basilica]的资料。在塞尔维亚,依照斯蒂芬·杜尚[Stephan Dusan]的命令,该书被译为斯拉夫文,在塞尔维亚、罗马尼亚、保加利亚和俄国乃是一部权威性著作。

syrup (= sirup)

system *n*.**系统;体系** 尤指依照一定的合理规则,将各部分组成的有序整体。

Tt

T. ❶(= term; territory; title; table; teste; ton; termino) ❷ 字母 T ①将该字母标在已被定以除谋杀以外的重罪的人的大拇指的基部，表示他已主张神职人员不受普通法院审判的特权，以免其再次主张。这一做法已正式为1827年英国的刑事制定法所废除；②在宾夕法尼亚州，将该字母缝在已被定罪的盗窃犯衣服的左袖上，1689年的制定法规定该字母至少应有4厘米长，并且颜色应与衣服其他部分的颜色相异。

TAB (= tax anticipation bill)

tabard n.〈英格兰古法〉饰有纹章的制服 ①由信使或传令官穿服，缀以皇家纹章；②武士披于铠甲上的外套，无袖，可加配腰带。

tabarder n. 穿有纹章的无袖短上衣或短袍的人 指武士或传令官；在牛津大学用以指某些文科学士。

tabella 〈拉〉〈罗马法〉书写板 最初用于选举时记票；也用于记录陪审团的裁断及法院的判决。

tabellio 〈拉〉〈罗马法〉认证官员 其地位约略相当于现代的公证员，主要职责是起草法律文件，如合同、遗嘱等，并监督其执行。认证官员与公证员[notary]也有许多不同之处：认证官员具有某些司法职能，其裁决并为终局性的；公证员则为认证官员的下属职员，公证员接受契约当事人提交的协议，作成摘要[notes]，交由认证官员详尽地完成全文[extenso]，契约然后始生效力。

tabernaculum n.〈古〉公共旅馆；娱乐场所

tabernarius 〈拉〉❶〈罗马法〉店主 ❷〈英格兰古法〉客栈主；客栈管家

tabetic dementia 精神错乱；癫狂(☞insanity)

table n. ❶(一览)表；表格 如家谱表[genealogical tables]、终生年金表[life and annuity tables]、利率表[interest tables]等。❷(判例、制定法、法庭规则等)目录或汇编(☞table of cases)
v. ❶〈美〉搁置 (议案等的)暂缓审议。❷〈英〉正式列入议程 提出议案马上交付讨论。因而动词 table 在英美两国意义几乎完全对立。

tableau of distribution 〈美〉破产财产分配清单 在路易斯安那州适用的、载明各债权人有权受领破产财产份额的清单。

table de marbre 〈法国古法〉大理石座席；海军部首长职位 该名称经常在《海洋法令》[Ordonnance of the Marine]中出现。

table of cases 判例目录 将法律教科书、判例汇编或摘要中所引用、参考、摘编的判例按照字母顺序排列在书前或书后，并分别注明每一判例所在的章节、页数或段落。

Table of Lessons 〈英〉《圣经》选读表 根据1871年《公祷书法》[Prayer Book Act]，修订后的在教堂中诵读的《圣经》选读的表被批准插入《公祷书》，以代替原来的表。1922年《圣经选读表修订本法》[The Revised Tables of Lessons Measure]提供了另一种表。

table of surrender values 退保现金价值表；退保金额表 指在人寿保险单上列明的、表明随着投保年限的增加而不断增长的退保现金价值的表格。(☞cash surrender value)

table rents 〈英〉(拨给主教的)桌费或家用费 旧时指付给主教的薪俸中专门用于家用开销的费用。

tables of life expectancy 生命期望表；预期寿命表；平均寿命表(☞mortality table)

tabula 〈拉〉〈罗马法〉❶圖；简；碑 ❷蜡板 以薄木板制成并涂以蜡层的书写板。

tabulae 〈拉〉〈罗马法〉❶书写板 ❷文书 用作交易证据的各种书面文件。也泛指合同及各种书面材料，尤指遗嘱。它们的得名源于其最初书写在蜡板上。

tabulae nuptiales 〈拉〉〈罗马法〉结婚证书；妆奁协议(☞dos)

tabula in naufragio 〈拉〉失事船上的木板 船只失事时，木板是人们争夺的救生工具，用以喻指：第三抵押权人未通知第二抵押权人而直接抢占抵押物，并在第二抵押权人之前通过出售抵押物来满足其抵押权的权利。(☞tack)

tabularius 〈拉〉公证人；公证员(☞tabellio)

tac n.〈古〉塔克 土地保有人依习惯应交纳的一种费用。

tac free 〈古〉共同义务或塔克[tac]的免除

tacit a. ❶默示的；不明言的 ❷由于法律的执行而产生的；推定的

tacit acceptance 默示接受(遗产) 指大陆法中的一种推定，如继承人实施了只有继承人才有权实施的特定行为，即可认为其已同意继承遗产。

tacit admissions 默认；默许 指从某人的沉默或言语的含义推定其可某一事实或认许某一事项。

Tacita quaedam habentur pro expressis. 〈拉〉有些事情有时可以被认为是不言而喻的。

tacit dedication 默示捐献 对于财物供公共使用，当事人保持沉默或无所作为，即可认为其已默认捐献，而无须订立合同或达成协议。

tacite 〈拉〉沉默地；暗示地；默示地

tacit hypothecation 法定抵押权；法定留置权 ①在大陆法中，指那些根据法律规定而非当事人的明确约定所创设的抵押权或留置权；②在海商法中，有时指船舶优先权[maritime lien]。

tacit law 不成文法；民俗法　其效力来自民众的共同认同，没有经过立法机关的制订，来源于民间的风俗与习惯、惯例。

tacit mortgage 默示抵押　指在某些情况下，直接依据法律规定而无须当事人的约定，在债务人财产上设定的抵押。又称为"法定抵押"[legal mortgage]。美国路易斯安那州有此类法律规定。(⇨legal mortgage)

tacito et illiterato hominum consensu et moribus expressum 〈拉〉通过默示、非书面的同意和习惯为意思表示

tacit relocation （租约等的）默示续期　常用于大陆法或苏格兰法中，当租赁合同的双方当事人在合同到期后未表示其终止合同之意图时，则推定当事人已达成续期租赁之合意，但续期不得超过一年。对于某些雇佣合同亦适用之。

tacit relocation doctrine （租约等的）默示续期原则 (⇨tacit relocation)

tack v. 附加；追加；合并　如：①不同顺序抵押权的附加与合并：第一抵押权人，如在不知已设定第二抵押权的情况下，继续贷与款项，设定第三抵押权时，可将其第三抵押权附加于第一抵押权合并行使，优先于该中间抵押权而受偿；②在依时效法取得土地所有权时，不同相反占有人[adverse possessor]分别连续占有时期的合并计算。

tacking n. 附加；追加；合并 (⇨tack)

tacking disabilities 附加无行为能力（期间）；合并无行为能力（期间）　把原告的一项无行为能力期间（如未成年）添加到其另一项无行为能力期间（如精神病期），以决定原告的起诉是否已过诉讼时效。

tackle n. 用具；装备
v. ❶对付；处理；与…交涉　❷抓捕

Taft-Hartley Act 〈美〉《塔夫特－哈特莱法》　美国于1947年通过的一部联邦法律，意在增加工会的义务，以与当时的劳资关系法——即1935年的《瓦格纳法》[Wagner Act]——中规定的工会权利相平衡，其中还包括要求工会领袖宣誓，不进行共产主义活动。

tag n. 标签；标牌 (⇨label)

tail n. ❶限定所有权；限定继承权　❷限定继承的产业
a. ❶限定继承的　❷变少的；减小的　❸有限的

tail after possibility of issue extinct 后嗣可能性消失之限定继承地产 (⇨tenancy in tail after possibility of issue extinct)

tailage n. ❶整体中的一个部分；作为贡献或税收而从个人的全部财产中交出的一部分　❷（国王向城市或王室领地征收的）摊派税；（封建领主向佃户征收的）佃租　❸[总称]（政府以税收为目的而征收的）各类税赋、关税和费用等

tail estate 限嗣继承地产（权）(= estate in tail)

tail female 限定女性后嗣继承的地产（权）

tail general 概括限定继承地产　指地产的继承仅概括限于保有人的合法后嗣，而不特殊限定于哪一次婚姻所出的子嗣，因为他可能有不止一次婚姻。同理"tail male general"指仅概括限定男性后嗣继承，而不论是哪一次婚姻的后嗣。(⇨tail special)

taille ❶〈英格兰古法〉分割限嗣继承地产（权）　不能由保有人处置，而由土地赠与人分割并限定由保有人的后嗣继承的地产。　❷〈法〉平民税　法国大革命前君主制度下最重要的直接税，教士和贵族免征，故为民众所痛恨。平民税起源于中世纪初期，是无端向农民勒索征收的税种，由农民向领主、国王交纳。作为相当于服兵役的税额，因特权阶级免收，故此负担落到无特权的人或地产之上，随着免征税者越来越多，普通民众的负担愈来愈重，直至1789年法国大革命才被废止。

tailler 〈法〉限嗣继承地产 (= fee tail)

tail light (= rear light)

tail male 限定男性后嗣继承的地产（权）

tail special 特别限定（嗣）继承地产　指对地产的继承特别限定于土地保有人的具有特定资格的继承人，而非一般的后嗣继承人，这通常指保有人与某一特定妻子的后嗣。(⇨tail general)

tailzie n. & v. 〈苏格兰〉限定继承；由遗嘱规定的限定继承的顺序 (= entail)

taini n. 土地的完全保有人；职位的终身保有人

taint n. ❶重罪　❷重罪犯

taint of usury 高利贷罪；高利盘剥罪

tak (= tac)

take v. ❶占有；控制　❷逮捕；羁押　❸征用；没收　❹取得；获得　尤指通过遗嘱或无遗嘱继承获得财产。❺主张（权利）

take away 〈古〉诱拐　制定法规定任何以与其结婚、性交或使其卖淫为目的，诱拐不满18岁的少女离开家庭的人都要受到惩罚。凡以劝说、怂恿、引诱或提供资财的方式致少女出走，即构成诱拐罪。

take back 撤销；撤回；收回（诺言）；废除；取消

take by stealth 偷盗；盗窃

take care of ❶照顾；照料　❷偿还（债务）　❸处理；对付

take effect 生效；实施；执行

take his own life 自杀　故意自行终结生命的行为，见于人寿保险单中的自杀条款。

take-home pay 工资或薪金的净收入；实得工资　指按期发给的工资或薪金扣除所得税、养老金、社会保障税、团体保险费等后的净收入。

taken for public use 被征收；被征用　为公共目的被行政机关或公共团体占有和使用。

take-nothing judgment 〈美〉（原告）一无所获的判决　指被告胜诉、原告未获得任何损害赔偿或其他救济的判决。在有些州也称作"no cause of action"。

take-off n. ❶起飞；起跳；发射　❷（尤指费用等）扣除；减去　❸（对公共人物的讽刺性）模仿

takeover n. & v. 接收；接管　通常指以收购股票等方式对目标公司进行吸收合并，导致目标公司控股权的改变，即并不一定要获得企业的全部所有权，只需拥有对该企业的控制和管理权即可。(⇨tender offer)

takeover bid 接收出价；兼并要约　一公司意图获得另一公司控制和管理权的方式，主要包括购买目标公司的股份、发出兼并要约、转让资产或建议目标公司主动合并到本公司中来。

taker n. 接受者；收受人　尤指通过遗嘱、无遗嘱继承等取得财产的人。

take testimony 取证；收集证人证言　指在法庭上或由有权收集证言的官员或机构向已宣誓的证人收集证言。

take up 兑付；付清（欠款等）；赎回（抵押品等）；认购（股份等）；票据的回收　票据承兑人或背书人收购票据，从而免除其票据责任。

taking n. ❶（刑法）（侵权法）夺取；占有　❷（宪法）没收；征用　政府通过剥夺所有者的所有权、毁损财产或者严重损坏财产的功用，从而实际或者有效地取得私人财产。

taking abstract 摘要；摘录

taking by moieties　共同保有（⇨tenancy in common）
taking case from jury　直接裁决（⇨directed verdict）
taking delivery　实物交割　指在期货或证券交易中接受卖方交付的实物或证券。
taking for public use　征收或征用（私人财产）（⇨taken for public use）
taking from the person　从被害人身上或当面拿走　这是抢劫罪的构成要件之一，指抢劫犯利用暴力或胁迫手段将受害人占有或控制的财产占为己有的行为。
taking off　（= take-off）
taking the fifth　〈美〉援引宪法第五条修正案　证人和嫌疑人拒绝回答问题的做法。美国宪法第五条修正案赋予公民拒绝提供暗示自己有罪的资料的权利，即拒绝自证其罪的权利。
taking-unconscionable advantage　乘人之危　指不公平地利用他人的不利情势而签订有利于自己的合同。
taking without compensation　无偿征用（或征收）（⇨taking for public use）
tale　n. ❶计数；钱的总数　❷（古）原告的诉讼理由、起诉或陈述　此词与tally同源从而得第1义；因又与count相关，得第2义。
tales　〈拉〉补缺陪审员　原意是"诸如此类的"、"如此这般的人"。在召集了一个陪审团的情况下，如果陪审团成员由于回避、豁免而不足额时，或由于其他原因而未能出席时，任何一方当事人均可要求法庭补足差额。法官过去可以签发一项补足陪审员令给郡长，令其尽可能多提出其他合适的人选。现在一般是由法庭从当庭的旁听者中召集合乎陪审员资格的人，以补足陪审团差额。但一个陪审团不能完全由补缺的人组成。（= talesman）
tales de circumstantibus　❶从法庭的旁听者中召集的补缺陪审员　以补足12人的小陪审团。❷（古）补缺陪审员令（⇨tales）
tales-juror　（= talesman）
talesman　n.（来自法庭旁听者中的）补缺陪审员（⇨tales）
talio　〈拉〉（罗马法）一报还一报　指给人以何种损害，即处以其何种刑罚，以眼还眼，以牙还牙。
Talis non est eadem, nam nullum simile est idem.　〈拉〉相似并非相同，因为任何相似者皆非同一事物。
talis qualis　〈拉〉诸如此类；例如
Talis res, vel tale rectum, quae vel quod non est in homine adtunc superstite sed tantummodo est et consistit in consideratione et intelligentia legis, et quod alii dixerunt talem rem vel tale rectum fore in nubibus.　〈拉〉仅存在于法律的考量之中而未实际赋予世人的所谓权利或事物（被认为是未定的权利或事物）人们视之为镜花水月、空中楼阁。
taliter　〈拉〉如此；就这样
Taliter processum est.　〈拉〉本案已经过一审法院审理。在以前的上诉中，被告可向法庭声明本案已经由一审法院审理，以免详细陈述审理细节。
tallage　（= tailage）
tallager　n. 收税人　乔叟[Chaucer]的拼写为"talaigier"。
tallagium　〈拉〉[总称]税
tallagium facere　〈拉〉放弃财政署账目　当时财政署记账方式为切符记账。（⇨tally）
tallatio　〈拉〉记账
talley　n. ❶符木　古时刻痕计数的木签，分成两半，借贷双方各执一半为凭。❷记账单；计数牌；计分卡　❸（计数用的）签子；筹码
v. ❶在符木上刻（痕）；记录　❷计数；核算
tallia　〈拉〉税；贡赋；地租；从收入或财产中提取或分割出的份额
tallies of loan　〈英〉（财政部从前发行的）国库券　为满足政府的紧急需要而由财政部发行，以国库为信用担保并可自由转让。
tally　（= talley）
tally trade　赊销；分期付款交易
Talmud　《塔木德》　犹太教仅次于《圣经》的主要经典，由《密西拿》[Mishna]、《革马拉》[Gemara]和其他材料组成。《密西拿》是口传的根源于《圣经》的法令增补集，《革马拉》是对前者的注解和释义。《塔木德》一般仅指后者，有两个版本，其一是巴勒斯坦或耶路撒冷的《塔木德》，其二是巴比伦的《塔木德》，两个版本中的《密西拿》部分则是相同的。
Talweg　〈德〉水域分界线　此词原指深水[tal]航道[weg]，用于在界河中确定国界线。随着国际法的发展，根据分界情况可指深水航道、主航道或河流两岸等距离的中间线。水域分界线所根据的各项原则，有时亦可同样适用于界河以外涉及分界的其他一切水域，如湖域或海域，包括海湾、海峡、江口或河口等在内。
talzie　（= tailzie）
tam　如此；在这样的程度上
tamen　〈拉〉虽然；然而；仍然
tam facti quam animi　〈拉〉凡有所为必有所思；一切行为都是内心意旨的体现
Tam immensus aliarum super alias ascervatarum legum cumulus.　〈拉〉法律不断地大量增加，终致重规迭矩，无有已时。
tamper　v. ❶损害；削弱；篡改　❷（用不正当手段）影响；干涉；干预；行贿
tampering　n. 不正当行为；秘密策划；暗中参与
tampering with jury　以不正当的手段影响陪审员的行为　不正当手段常常包括用钱财或其他手段贿赂、恳求、威胁、劝诱、许诺等。
tampering with records　伪造或更改记录或文书（⇨falsifying a record）
tam quam　（判决与执行）兼有错误之误审令状　当下级法院认为其某一错误既存在于其作出的判决之中，也存在于其准予对该判决的强制执行之中时，即作出此种误审令状，称为"Tam in redditione judicii, quam in adjudicatione executionis."。
TAN　（= tax anticipation note）
tangible　a. ❶可触知的；可触摸的；有实体的；有形的　❷确实的；非想象的　❸可理解的；可领会的
n.（复）有形资产；有体物
tangible assets　有形资产　指以实物形式存在且具特定价值的资产，如现金、不动产、设备等。
tangible cost　有形支出　在油气钻探支出中，土地和器材方面的支出称为有形支出，勘测和钻探费用称为无形支出。
tangible evidence　实物证据；物证（⇨demonstrative evidence）
tangible property　有体财产　指可以触知的有形的财产，既可以是不动产，也可以是动产。（= corporeal property）
tanistria　（= tanistry）
tanistry　n.（爱尔兰古法）同宗长者继承制　这是古时爱

尔兰的一种继承制度,具体做法是将土地、城堡等的继承权授予同宗中年纪最大、最受尊敬、最有才能的人,而不考虑近亲与否,但在实际运作中,往往由最强者取得继承权,并会引起族内血仇,该制度于詹姆斯一世[James Ⅰ]统治时期被废除。

Tanquam prescriptum quod possessum. 〈拉〉占有(某物)是时效取得的前提;只有占有期间,才算是时效期间。

tanquam testamentum inofficiosum 〈拉〉荒唐的遗嘱 例如:遗漏或抛开了有继承人最近亲属的遗嘱。

tanteo 〈西〉优先权(= preemption)

Tantum bona valent, quantum vendi possunt. 〈拉〉货真价实。

Tantum habent de lege, quantum habent de justitia. 〈拉〉(先例)只有在具有正义时,才具有法律价值。

tarde venit 令状迟到回呈 行政司法官所作的说明令状送交他时已经过迟从而不能按时执行情况的回呈。

tardy objection 迟延异议 指在争点已经确定或当事人已经举证或判决已经作出之后,一方才对他方的陈述或答辩提出的异议。

tare n. ❶(物品的)皮重;包装重量;容器重量 ❷皮重的扣除 ❸(因将皮重包括在内引起的)物品重量(或者含量)不足
v. 标出…的皮重;确定…的皮重;算出…的皮重

target company 目标公司 指在公司收购或控股行为中,被作为收购或控股对象的公司。(⇨takeover bid; tender offer)

target offense (= object offense)

target witness 目标证人 ①掌握侦查或调查机关所需要的案件情况或信息的证人;②受大陪审团传唤且检察机关准备对其提起公诉的证人。

tariff n. ❶关税(制) 由政府对进口或出口货物所征收的税负或这一类的制度。在美国,关税仅对进口货物征收。❷收费;费率;收费标准 公用公司或者电信公司对其提供的服务所确定的费用或费率。在美国,这类收费或费率由制定法加以限定,或者根据法律在行政部门备案。

tariff preference 关税特惠;关税优惠(⇨preferential tariff)

tariff schedule ❶税则;税率表 ❷运费表;(公用事业公司等的)收费表;价目表

tart n. (俚)妓女;举止轻佻的女人 尤指沿街拉客的妓女。

tath n. (英格兰古法)圈羊肥田权 在古时,诺福克郡和萨福克郡的领主有将农户的家畜赶到其自用地过夜,以增加土地肥力的特权。

taverner n. (英格兰古法)卖酒的人;小酒店主

tavern keeper (古)小酒店主;小客店主

tax n. 税;税款
v. 对…征税;课税

taxa 〈拉〉❶(古)分派的工作;任务 ❷税(⇨tax)

tax abatement 减税

taxable a. 可征税的;应纳税的;应课税的
n. (美)(常用复)应纳税的人(或财产、收入等)

taxable costs 诉讼费用 胜诉方在诉讼中曾支付的各种费用的总称,在法院的判决中常须判定由何方负担。

taxable credit 应纳税的贷款凭证 指借贷契约或其他债务人允诺对债权人承担还款责任的凭证。

taxable estate 应纳税遗产 指死者的总遗产扣除一些费用及捐助项目后,适用于财产转移统一税的那一部分遗产。

taxable gain 应纳税的收益(⇨capital gain)

taxable gift 应纳税赠与

taxable income 应税所得;应税收益 对企业或职工征收所得税的计税收益额,即收益总额扣减各项调整数及减免额以后的余额。其中主要包括工资、薪金、奖金、佣金、利息、租金、收益和股利等。

taxable property 应纳税的财产;不予免税的财产

taxable transfer 应交纳赠与税的财产转让(⇨taxable gift)

taxable value 应税价值 指对应纳税财产为计算税款而作出的估价。

taxable year 纳税年度;课税年度

tax accounting 税务会计 确定纳税人应纳税额的会计规则和方法。

tax anticipation bill/TAB 〈美〉抵税国库券 指为满足政府的现金流动需求而由联邦政府发行的短期国库券,其到期日与纳税日衔接,即在纳税日开始后一周到期。认购者可以在最后一个纳税日以该国库券的票面金额支付税款,国库券利息由认购人即纳税人享有。

tax anticipation note/TAN 〈美〉抵税债券;抵税票据 为满足当前融通现金的需要而由各州或地方政府发行的短期债券,一般在地方政府收齐个人税和企业税之时到期。

tax anticipation warrants 〈美〉抵税公债券 一种筹集公共资金的方法,以后征收的某项税收收入来偿还该债券。

taxare 〈拉〉❶估价;征税;收租;定税率 ❷(英格兰古法)征税;估价;定税率;对估价和定税进行调节

tax assessor 估税员;税务稽查员 指税务机构内负责审核企业或个人应税收益额和应纳税额的人员。

taxati n. (欧洲古法)被派往某一军事基地的舰队或卫戍部队的士兵

taxatio 〈拉〉(罗马法)估价 指对损害赔偿金额的确定,尤指法官通过核减原告于请求或宣誓中确定的金额,对将判给原告的损害赔偿金数额所作估定。

taxatio ecclesiastica 〈拉〉教产及其收入的评估 指教皇英诺森四世[Innocent Ⅳ]欲在3年内将教会收益的1/10给予亨利三世[Henry Ⅲ]时,对英格兰每一主教管区的教产进行估价。第一次对教会教产的估价征税是由教皇任命诺里奇[Norwich]的主教瓦尔特[Walter]执行的,因此称作 taxatio norwicensis。

taxation and representation 〈美〉税收和代表相一致的原则 美国政府制度的产物,也是美国制宪者的战斗口号。这一原则意味着,宪法必须征得纳税人的同意才能生效。美国宪法规定众议院议员人数与直接税税额应符合众国所辖各州人口之多寡,分配于各州;所征各种关税[duties]、进口税[imports]与消费税[excises]均应全国划一。

taxation of costs 核定诉讼费用 在美国,指由存卷法院书记官根据法庭裁决或决定对当事人应当交纳的有关诉讼费用予以核定的程序。在英国的最高法院中,诉讼费的核定是由诉讼费核定主事官[taxing master]、高等法院家事庭和海事法庭首要登记处[principal registry]的地区法官[district judge]来进行的,在郡法院核定诉讼费属于地区法官的职责。

taxatio norwicensis 〈拉〉〈英〉教会教产及收入的估价 指1253年教皇任命诺里奇[Norwich]的主教瓦尔特[Walter]对英格兰每一主教管区的教产及其收入评估,以便征税。

tax audit 税收查账;税收审计

tax avoidance 避税 指利用一切合法手段来尽量减少或

避免其纳税,不同于采用非法手段进行的逃税[tax evasion]。

tax base 计税依据;课税基准;应税基数;税基 对某一特定地区所有财产的总估价,从而确定个别财产的纳税率。

tax basis 税基;征税根据;征税基数

tax benefit rule 税收利益规则 根据此规则,在上一纳税年度内作为费用开支或损失合理地从应税总所得中扣减的金额,如果在本纳税年度内得以补偿,则该金额应计入本纳税年度的应税所得。

tax certificate 〈美〉欠税不动产拍卖成交证书 指拍卖欠税不动产时,由税务机构发给买主的成交证书。如在法律规定的时间之内,正式地契未被赎回,即可凭此证书换领地契。

tax clause (遗嘱中的)税收条款 指在遗嘱中立有的、意在减少或缓解遗产税负担的条款。

tax collector 收税员;税务员 指经选举或指定的税务机关工作人员,行使收税的行政职能。

tax commission 税务机关 负责执行税法的行政机关。

tax compromise 〈美〉纳税妥协方案;纳税折衷契约 联邦政府同意低于应征联邦税额征税的协议。

tax court 〈美〉❶(= United States Tax Court) ❷(= state tax court)

tax credit 税额减免;税额抵免 指从应付税额中减除按规定可予以减免或抵免的款项。

tax deduction 应税所得减免;应税收入减免 指允许纳税人从其应课税的收入中扣除一定金额。应税所得减免与税额减免[tax credit]不同,前者是从应税所得中减免一定金额,后者是从应纳税款总额中扣减一定金额。

tax deed 税契;税收契据 税务机构出售扣押抵税财产时所开出的契据,证明财产所有权已转移给买主。

tax deficiency 税值评估差价 指纳税人估计的应缴税款与税务机构计算得出的税款之间的差价。(⇨ deficiency assessment)

tax deficiency notice 〈美〉税款差额通知书 指由国内税务署向存在税款差额的纳税人发出的法定催缴通知书,其答复期为 90 天。在这一期间内,纳税人既可补交税款或要求退还余款,也可直接向税务法院起诉。(⇨ ninety-day letter)

taxers n.〈英〉税务官 在英国剑桥每年选出来检查度量衡的两位官员。

tax evasion 逃税;偷税漏税 指采取各种非法手段,如少报应税收益或多报营业费用等来逃避应尽的纳税义务。这是一种违法行为,可能导致因未缴足税款而受处罚。

tax exempt 免税 在美国,主要是指①用于教育、宗教、慈善目的的财产免于征税;②对某种收益规定免交所得税,如联邦及地方政府公债的利息收入和政府发放的社会福利金等。

tax-exempt bond 免税债券 其利息收入全部或部分免缴所得税的债券。在美国,政府当局发行的市政债券[municipal bond]即属免税债券。

tax exempt income 免税收入;免税所得 指免于征收所得税的那部分收入,如政府债务的利息、伤残救济金及人寿保险收益等。

tax exemption 免税

tax-exempt organization 免税单位;免税机构 指依其性而免于征税的机构或组织,如教会、慈善机构、教育部门等。

tax exempt securities 〈美〉免税证券 指其利息收入可免交联邦、州或地方税的证券。

tax ferrets 〈美〉搜查逃税财产的人 指负责搜查逃税财产的人员,一般都将其行为视为私人活动,而非代表国家机构行事。

tax foreclosure 处理税产 政府对拒不纳税者的财产实施的扣押、拍卖,从而取消纳税人对该财产的回赎权的措施。

tax fraud (偷税、逃税等)逃避纳税的欺诈行为

tax-free exchange 免税财产转让;免税交易 经税法特殊规定无需缴纳所得税的财产转让。

tax-free income (= tax exempt income)

tax-free property 免税财产(⇨exemption from taxation)

tax haven 避税港;避税区;避税场所 指对其境内交易的盈利征收很少的税或不征税的国家或地区。

tax home 纳税地 指纳税人的营业场所或贸易站、点等的所在地。

tax incentive 税收激励 政府通过某些税收优惠政策来鼓励某项特定事业的发展。

tax increment financing 税收增值信贷 政府通过提供信贷来刺激商业发展的一种方式。较为典型的是由政府发行公债向土地开发或其他费用较高的产业提供资金,然后用从这些产业的开发中产生的或增加的财产税来偿还债务。

taxing district 征税区(域) 指居民应当缴纳某些特定税收的区域,它可能是整个国家,也可能只是某一地区。

taxing master 〈英〉诉讼费核定主事官(⇨ taxation of costs)

taxing power 征税权;稽税权 指政府征税的权力。(⇨ Sixteenth Amendment)

taxing unit 〈美〉税务稽征单位 负责税款评估、征税的公共机构,它可以是州、市、县各级的征税机构。(⇨ taxing district)

tax injunction act 〈美〉税务介入禁止法 一项制定法,规定对任何有关州税的评估和征收中发生的纠纷,如果州内能够提供直接的、快速的、有效的救济时,联邦地区法院不得介入或干预。

tax laws 税法 ①国家或政府制定的各种税收法典、条例和规章等;②法学的一个具体分支或部门。(⇨ Internal Revenue Code; letter ruling)

tax lease 欠税不动产拍卖成交租契 由于世袭地产[estate in fee]依法不准出售,故欠税不动产为世袭地产时,税务官员不能出给欠税不动产拍卖成交地契,只能代之以出给欠税不动产拍卖成交租契,买主限在一定年限内有权使用该土地。

tax levy ❶征税金额 一项税种拟征收的总金额。❷征税所依据的法案、法律(⇨assessment; levy)

tax liability 纳税义务;应纳税额 纳税人根据税法规定,在确定收入总额和应纳税率及扣除抵免之后,应缴纳的税款金额。

tax lien 〈美〉欠税不动产留置权 指当某一不动产未依法纳税或在某些例外情况下,不动产所有人未缴纳其他税款时,税务机构有权将该不动产留置,并在纳税人不按要求纳税时,通过法院判决,或出售该土地而取消其对留置财产的回赎权。

tax limit 〈美〉税收限制 州宪法[state constitutions]中有对征税限制的规定,或将税率限制在应纳税财产价值的一定百分比之内,或对每一纳税财产规定一定的金额。

tax list 应税财产清单；税单 由纳税人或税款评估人制作的记载纳税人财产的清单；或由税务稽征机构制作的列明其管辖范围内所有应税财产及应税人的一览表。（⇨tax roll）

tax loophole 税收漏洞 指减少应纳税额的合法手段，亦称避税。（⇨tax avoidance; loophole）

tax loss carryback, carryforward 税损退算和结转 准许企业或个人可以以本年度的亏损抵销前一年或前几年、后一年或后几年的利润，从而减少应纳税额。

tax option corporation 〈美〉择税公司 被允许可选择不交公司税只交股东个人所得税的小型商业公司。（⇨S Corporation）

taxpayer n.纳税人；应纳税者

taxpayer's action 纳税人诉讼 指纳税人对征收其税款但无权征税的机构提起的诉讼；或对市政机构的不正当征税提起的诉讼；或指衡平法院或有衡平裁量权的法院为阻止政府机构或政府官员非法浪费国家财产而给予纳税人的救济措施。

taxpayer's lists 纳税申报表 指在特定日期或期间内交给征税人的书面单据，列明纳税人所有的及应纳税的财产，以作为征税估值的依据。（⇨roll）

taxpayer's remedy 对纳税人的救济（⇨taxpayer's action）

tax preference items 〈美〉税收优惠项目 在计算纳税人的最低替代税时所必须考虑的特定项目。这些项目在计算常规税的应税收入时予以扣除，但在计算最低替代税的应税收入时需计入。（⇨alternative minimum tax）

tax purpose 征税用途；税收目的 指税收的最终用途及目的，必须属于宪法所规定的、具有法律效力的公共目的。

tax rate 税率 税额和应税收益或应税财产之间的比率。

tax rebate (= tax refund)

tax redemption 税产回赎 纳税人通过补缴税款及其利息、附加费用及罚金来赎回因欠税而充公的财产。

tax refund 退税；退税款 纳税人超额付款时，税收机关向其退还的款项。

tax return 纳税申报表；报税单 指纳税人填写、向税务机构报送的报表。其中包括本年度收入、费用、减免税、应税收益额和应纳税额等内容。通常纳税申报表统计期为一年。

tax roll 税则；征税手册 指对各种税的纳税人和纳税财产作出明确规定的手册，其目的在于使稽征人能够依照其规定征税。（⇨roll）

tax sale 〈美〉欠税不动产的拍卖（或公卖）；纳税抛售 为收缴税款而出售应税的土地、财产、证券等。

tax shelter 避税手段；减税手段 指企业通过某些业务活动以减少应税收益或延迟纳税。例如，投资于不动产，其不动产折旧费可以从应税收益中扣减。

tax "situs" 纳税地 与应纳税的财产有实质联系的行政或司法管辖区域。

tax-straddle rule 双重期权税收原则 商品双重期权原则为防止纳税人推迟其收入入账，对其已确定的双重期权征收一定的税。

tax surcharge 附加税 附加于其他税上的税。（⇨surcharge; surtax）

tax table 税率表 为了计算某一项应税所得的应纳税款，税法中通常订有适用税率表。

tax title 税产产权 对因欠税而被拍卖之财产所取得的产权。（⇨legal title）

tax warrant 追缴欠税令 指授权追缴欠税的官方文件，凭此可扣押并出售欠税财产。

tax year 纳税年度；完税年度；征税年度 指在纳税申报表上标明的期间。个人通常以日历年来计算，而公司等则以财政年度计算。

T.C. Memo 〈美〉税务法院判决备忘录 为 Memorandum Decision of the U.S. Tax Court 的缩写形式。

team n.(英格兰古法)贱农管辖特许权 以皇室特许状[royal charter]形式授予封建庄园领主的特权，准许其拥有、管押和审判奴隶[bondman]和农奴[villein]以及他们的子女、财物。

tearing of will 撕毁遗嘱 指以废除遗嘱为目的而撕毁遗嘱文件的行为。法律规定，无论该动作细微程度如何，均可构成遗嘱的废除。但不以废除遗嘱为目的的撕毁行为不在此列。

technical a. ❶技术的；技能的；专门性的 ❷严格根据法律的；技术性的

technical agreed case 技术性合意案件 指当事人不提起诉讼而将事实提交法院以裁决其争议。

technical conversion 无辜转移 指非故意，或出于无知甚至出于善意，将他人动产转移给第三人。

technical errors 技术性错误 指在审判过程中出现的、无损于当事人利益的、不能作为撤销判决理由的非原则性的也非实质性的错误。也称无害错误[harmless error]。

technical estoppel 依记录（或契据）而不容否认（⇨estoppel by record; estoppel by deed）

technical malice 推定的恶意 指并不具有正当理由而从事危害行为的蓄意。

technical mortgage 狭义的抵押；正式抵押（契据） 与只在某些方面具有衡平法抵押[equitable mortgages]特征的其他文书相区别。

technical release 正式免责证书 指法定可证明已全部履行债务的文件，如盖印的收据等，一般情况下，不得再提出反证来加以否认。

technical total loss (= constructive total loss)

technical trust 狭义信托；正式信托 指由一人拥有财产的普通法所有权，另一人拥有衡平法或其他不同于普通法的所有权或其他权益而形成的法定关系。

teding-penny (英格兰古法)为维持法庭开支而征收的小额税收 各郡中每一十户区向当地郡长缴纳的、用以维持法庭日常开支的小额税收。

teind court 〈苏格兰〉什一税法院 作为苏格兰的教会农场[Plantation of Kirks]和什一税估价[Valuation of Teinds]委员会时，对最高民事法院[Court of Session]的通称。1925年后，其职权已大大削弱。

teind masters 对什一税享有权利的人

teinds n.〈苏格兰〉什一税 指土地的某些收益的1/10划归教会和神职人员。1925年后，改为固定的货币金额，用以支付规定的定期神职人员俸给。

teinland n.〈撒逊〉(英格兰古法)封地；贵族领地；泰恩领地 撒克逊国王以特许状形式分封给贵族的土地。(= thanelands)（⇨thane）

tel (= tiel)

teligraphum n.〈盎格鲁－撒克逊〉地契

teller n. ❶记数者；（议会等选举的）计票人 ❷〈美〉（银行等的）出纳员

tellers in parliament 〈英〉议会点票员 指在英国议会中，当发生意见不一致的情况时，由议长选定出来计点票数的人。

telltale *n.* ❶搬弄是非者;告密者 ❷指示或警告的悬标铁路用标志,表示前方有低建筑物。 ❸隐蔽的监视器

tellworc *n.* 庄园内的土地保有人必须为领主完成的一定天数的劳作役务

tementale *n.* 〈英〉在每块已耕地上征收的两先令税金什一税的一种。

temere 〈拉〉轻率地;考虑不周地;草率从事地 用以指轻率地提起诉讼的原告[temere litigare]

temperance *n.* ❶节制;节欲;适中 ❷戒酒;禁酒

temperance union 节欲协会 指教育和促进人们节欲,尤其是节制饮酒的社会组织。

temperate damages 适度损害赔偿金 在某些种类的案件中,如果不法行为在事实上肯定会对原告造成损害,但由于该等案件的性质,原告无法提供确凿的证据证明该实际损失的,法院仍可判给适当的损害赔偿。

Templars *n.* 圣殿骑士团 1119年创立的一个宗教军事团体,因其总部设在耶路撒冷的圣殿而得名。创建这一组织的最初目的是为了保护前往圣地的朝圣者。到1153年时,许多西方国家都设立了这一组织。1291年基督徒被逐出圣地以后,圣殿骑士团的总部设在了巴黎,骑士团的武士们也大都放弃了军事,转而从事于商业交易和银钱业。巴黎和伦敦的圣殿成了他们储藏财富的仓库。由于他们在法国、西班牙和英国的势力甚大,因此引起了其他修会和国王们的嫉妒。在法国国王腓力四世直接干预下,教皇克莱门特五世[Clement V]于1312年正式决定取缔圣殿骑士团并没收其财产。

Temple *n.* 圣殿 位于伦敦斯特兰[Strand]和泰晤士河之间,原先属于圣殿骑士团英国分部,仍保留了中世纪的圣殿教堂。圣殿骑士团被取缔后,由大律师们进驻,在这里建立了被称为"内殿"[Inner Temple]、"中殿"[Middle Temple]的两个律师公会。

temporalis actio 〈拉〉限期诉讼 只能在一定期间内提起的诉讼。

temporalis exceptio 〈拉〉临时抗辩 可以阻止诉讼的进行,但只能阻止一段时间的抗辩。

temporalities *n.* 〈英〉(教会)世俗财产 教会神职人员的世俗财富,特别指国王或其他人为大主教和主教提供的土地和岁入,据此他们成为上议院的议员。在更广泛的意义上,该词指教会的收入,包括教堂座位费、捐赠等。

temporality *n.* 俗人

temporal lords 〈英〉上议院的世俗议员 指上议院的贵族[peers]议员,主教或大主教在严格意义上讲是上议院议员,但不是上议院的贵族议员。

Tempora mutantur et leges mutantur in illis. 〈拉〉时间在变,法律也在变(法律随着时间的推移、时势的改变而改变)。

temporary *a.* 暂时的;临时的

temporary administration 临时遗产管理 在选出遗产管理人或遗嘱执行人之前,法院授权临时遗产管理人负责处理被继承人遗产事务。

temporary administrator 临时遗产管理人 (⇨temporary administration)

temporary ailment 微恙 指短时间的小病,不影响身体的健康状况。

temporary alimony 临时扶养费 指在离婚诉讼尚未结束之前,由配偶一方付给另一方的临时扶养费。

temporary allowance 临时津贴;临时补助费 指在夫妻扶养费和子女抚养费案件中,由法院在诉讼结束前命令被告向原告支付的临时补助费。

temporary appropriation 临时占用;临时征用 指为公共目的而临时征用财产。

temporary child support 临时子女抚养费 指在离婚诉讼审结之前,法院命令丈夫支付给其子女的抚养费。

temporary commitment 临时收容 指为了防止精神病人自伤或伤害他人,未经对其精神失常状况作出裁决而临时限制其活动。

temporary condemnation 临时征用;临时占用 (⇨temporary appropriation)

temporary court 临时法庭 指在特殊时期或者特殊状态(如紧急状态)下设置的法庭。

temporary custody 临时监护 指在离婚诉讼审结之前,法院责令父母对其未成年子女继续如前履行监护职责。

temporary detention 〈美〉(= pretrial detention)

temporary disability 暂时丧失工作能力 包括因受伤或疾病部分或全部丧失工作能力的治疗及恢复期。

Temporary Emergency Court of Appeals 〈美〉临时紧急上诉法庭 根据1971年《经济稳定法修正案》[Economic Stabilization Act Amendments]设立的联邦特别法庭,由首席大法官任命的8名地区法院和巡回法院法官组成,对联邦地区法院作出的有关价格和其他经济管制[economic controls]问题的判决的上诉有专属管辖权。虽名为"临时"的法庭,但直至20世纪末仍然存在。

temporary employee 临时雇员 (= casual employee)

temporary injunction (= preliminary injunction)

temporary insanity 暂时性精神错乱 指短时性的神情失常,如酒醉等。

temporary insurance 临时保险;暂时有效的保险 指从投保人申请保险时开始,直到保险公司出具正式保险单,或正式决定承保或拒保时为止,在这一段时间之内,按照标准保险合同的条款,临时或暂时有效的保险。通常人寿保险的临时合同是书面的,采用暂保单、可再粘贴于保险单上的条片、保费收据上的批注等不同形式;甚至可仅是保险经纪人或保险公司责任人员的口头承诺或声明。

temporary judge (= judge pro tempore)

temporary loan 临时贷款 指向市政公司等提供的一种短期贷款,以特定收益如该财政年度的税收偿还。

temporary nuisance 暂时妨害罪 诸如有关建筑物的维护,商店或工厂的操作中由于疏忽而产生的临时妨害等。

temporary obstruction 暂时停用;暂时关闭 指为公共目的而在一定时间内临时关闭公路。

temporary order (行政机关的)临时命令;临时决定

temporary receiver 临时财产管理人 指法院在指定固定的财产管理人[permanent receiver]之前而指定的临时性的财产管理人。

temporary restraining order 〈美〉临时禁止令 ①在紧急情况下,在法庭可对原告要求签发临时禁制令[preliminary injunction]的申请进行听审之前,为防止原告的权利受到即时的、不可弥补的损害而发布的要求当事人维持现状或者禁止一定行为的命令。此命令依一方当事人的申请即可发出,在某些情况下也不需提前通知对方当事人;②在双方当事人均能够参加的情况下对要求发布禁止令[restraining order]的申请进行听审之前,为保护一方当事人免受即时的暴力或暴力威胁而应该方当事人的请求发布的临时性保护令。

temporary severance 财产临时分离 指为临时目的而将

附属物从不动产中分离出来,但仍不影响该财产的属性。

temporary statute 临时性制定法 指只在特定时间内有效或只在其所应付的紧急状态持续时有效的制定法。

temporary suit money 临时律师费 指在离婚诉讼尚未完结前,由丈夫付给妻子律师的初步或中间费用。

temporary support 临时抚养费;临时扶养费(= temporary alimony; temporary child support)

temporary total disability 暂时丧失全部工作能力 劳工赔偿法[worker's compensation law]用语,指劳工在受伤后的康复期内无从事其原来工作的能力;暂时完全丧失而不是永久丧失工作能力。

tempore 〈拉〉及时地;适时地;合时宜地

tempore et loco 〈拉〉及时适当

temporis 〈拉〉时刻;时候;时期

temporis exceptio 〈拉〉时效抗辩;时效已过的抗辩

temptation n. 引诱;诱惑

tempus 〈拉〉期间;时间 泛指时期、时节等。

tempus continuum 〈拉〉连续时间 指不管当事人是否知晓事件的发生,均从特定事件发生时起开始计算的期间,且一旦开始计算,则日历上的日子均连续计入,不因假日、外出或其他事由而中断。

Tempus enim modus tollendi obligationes et actiones, quia tempus currit contra desides et sui juris contemptores. 〈拉〉时间可消灭债务和诉讼,因时间之经过可使怠于或轻视行使权利者丧失权利。

tempus semestre 〈拉〉(英格兰古法)六个月或半年的期间 合182天。

tempus utile 〈拉〉有效期间;有用期间;便利权利人的期间 有用期间的计算并非从事件发生时开始,而是从受保护的当事人知晓事件发生时开始,且在开始计算之后,也不计入当事人不能到法庭诉讼、不能履行权利的日子,如节日、出国期间、从事公务期间、恶劣气候期间等均不可计算在内。但疾病期间仍应计算在内,因可委人代理行使权利。

tenancy n. ❶地产保有;不动产保有;不动产租赁 指不动产的权益在一定条件下转给保有人或承租人,他们对该不动产享有排他性的占有权,如无特殊约定,即使是封赠人或出租人也不得进入。 ❷租地占有;租赁物的占有;保有产的占有 这是保有或租赁成立的条件之一。(⇨tenant)

tenancy at sufferance 容忍保有;逾期租赁 指租户或保有人在其租赁或保有不动产合法占有权终止以后继续占有该不动产,而土地所有人既未反对亦未明确表示同意时的租赁或保有状况。

tenancy at will 任意租赁 ①不定期租赁,如欲确定租赁期或终止租赁的日期,须经各方的一致同意,或任何一方均可随时通知对方,终止租赁;②默认租赁,指经土地所有人明示或默示同意了的逾期租赁。

tenancy by the entirety 夫妻一体所有;夫妻一体保有;夫妻一体保有产;夫妻共同保有;夫妻共同保有财产(权) 由夫妻双方共同保有某一财产,彼此享有生存者财产权[right of survivorship],实质上它是共同保有[joint tenancy]的一种,但普通法视夫妻为一体的理论创设这一特别称谓。没有对方的同意,另一方不得处分该财产,婚姻的解除将使该共同保有产转变为普通共有产[tenancy in common]。

tenancy for a period 定期租赁;定期保有

tenancy for years 定期保有;定期租赁 指期间规定为若干年的租赁或保有。(⇨tenant for years)

tenancy from month to month 不定期保有(租赁) 指在协议中,双方未就具体的租赁或保有期间作出规定,但实际上按月收取租金。(⇨tenant at will)

tenancy from period to period 按一定期间计算的定期或周期性的租赁或保有 常用于指期间短于一年的租赁或保有。

tenancy from quarter to quarter 按季度计算租金的租赁

tenancy from week to week 按星期计算租金的租赁

tenancy from year to year 跨年定期保有或租赁

tenancy in common ❶普通共有;混合共有 类似于共同保有[joint tenancy],区别是普通共有人之间彼此不享有生存者财产权[right of survivorship],如甲和乙共同出资以普通共有方式购得某一地产,每人支付一半的价金,那么在乙死后,他的一半权益归他的继承人而非甲。 ❷共同占有;混合共有 指共同占有某一财产但却对该财产享有不同和独立权益的情况,其要件是每一成员对该财产均有占有权,并基于此可以使用收益,行使其它相关权利。

tenancy in coparcenary 共同继承保有(权) 由女性血亲的继承人依照无遗嘱继承的方式获得的、对财产的共同保有权,现已被混合共有[tenancy in common]所替代。

tenancy in fee 自由继承的土地保有(权)(⇨tenant in fee)

tenancy in partnership 合伙保有地产(权)

tenancy in tail 限嗣继承的土地保有(权)(⇨tenant in tail)

tenancy in tail after possibility of issue extinct 后嗣可能性消失之限定继承地产的保有 ·这发生在特别限定继承地产[special entail]保有人的子嗣已明显不可能存在或生还的情况下。如某一地产授予甲,并限定由甲和其特定的妻子乙所生的后代继承,当乙未育先亡时,该限定继承地产便成了后嗣可能性消失之限定继承地产,甲被称之为后嗣可能性消失之限定继承地产保有人[tenant in tail after possibility of issue extinct]。这只发生在上述地产为特别限定继承地产之时,如果为概括限定继承地产[tail general],则不会产生后嗣可能性消失之限定继承地产,因为普通法认为,只要人活着,便存在有后嗣的可能性,而不论其年龄的大小。另外,这种地产只能因死亡或无后嗣的事实产生,换言之,即依据法律而不能依协议创设。再看前面的例子,若甲与乙在有后代之前离婚,则他们保有的地产不是转化为后嗣可能性消失之限定继承地产,而是转化为终身共同保有地产[joint tenancy for life],因为这是他们协议离婚导致无嗣而非出于天意。在这种情况下,这一地产只能持续到双方死亡为止,且他们无权阻却剩余地产权或回复地产权的成就。

tenant n. ❶土地保有人 从最广泛的意义上说,指依任何权利占有或持有土地的人,无论这些保有是因上下级的封赠,还是依不动产租赁合同[lease]而产生。 ❷封臣;附庸;佃户 在封建关系中通过向上一级领主[lord]效忠[do homage]和尽其它一些义务[service]而保有土地的人。这种保有产生于上下级的封赠关系。在中世纪的英格兰,土地全部归国王所有,国王依一定条件将土地分封给其下属,这些下属称为直接封臣[tenant-in-chief],直属封臣再将土地往下分封,受直属封臣封赠的人还可能再往下分封,这样一级一级就构成了金字塔状的上下级土地保有关系。每一个受封者相对于他的上一级分封者均可称作封臣[tenant],其上一级分封者称为领主[lord]。封臣依不同标准可分为自由封臣[free tenant]和不自由封臣[unfree tenant],世俗封臣和教会封臣等,自由封臣如完全保有地产[freehold]的持有人，不自由封臣如公簿地产[copyhold]的持有人。另外保有遗孀地产[dower]和鳏夫地产[curtesy]的人，也可用 tenant 来表示。❸承租人 依不动产租赁合同[lease]占有不动产的人，与之相对的是出租人[landlord or lessor]。后来 tenant 也转指与土地无关的纯粹动产[pure personalty]权益的享有人。❹居民；住户

tenantable premises 可居住的房产；适于出租的房产

tenantable repair 为适合出租而进行的修缮；可居住性修缮（⇨habitability; warranty of habitability）

tenant at sufferance 逾期承租（保有）人；默认承租（保有）人（⇨tenancy at sufferance）

tenant at will 不定期地产租赁（保有）人；任意期限的地产租赁或保有人 指承租人或保有人经所有人的同意而占有不动产，但双方未就具体期限作出明确规定的情况。

tenant a volunte 〈拉〉〈法〉不定期地产租赁或保有人；任意期限的地产租赁或保有人（= tenant at will）

tenant by copy of court roll 〈英〉法庭案卷中有副本可查的土地保有人；依据官册享有不动产（产权）者[copyholder]的旧称

tenant by elegit 依土地扣押执行令保有土地者（⇨estate by elegit）

tenant by entirety 夫妻共同保有人；夫妻一体保有人（⇨tenancy by the entirety）

tenant by statute merchant 〈英格兰古法〉依商人法保证书保有土地者（⇨estate by statute merchant）

tenant by statute staple 〈英格兰古法〉依贸易中心保证书保有地产者（⇨estate by statute staple）

tenant by the curtesy 鳏夫地产保有人 根据普通法，丈夫在其妻子死后有权继承他妻子在婚姻期间占有的自由继承或限嗣继承的土地或房产。这一权利由他终身完全保有。1925年以后这一法定权利转变成衡平法下的权益。（⇨curtesy）

tenant by the manner 样式保有人 他们所享有的地产权小于自由继承地产权[fee]，因为其后的权利归回复地产权人[reversioner]。之所以得此称谓，是因为在一些特定种类的诉讼中他们被要求显示以何种方式保有土地，区别于真实土地保有人[veray tenant]。（⇨veray）

tenant by verge 〈英〉地权节杖保有人 公簿地产保有人之一种。（⇨verge）

tenant for life 终身地产权保有人 指在其生命存续期间或其他人生命存续期间保有土地的人。（⇨estate for life）

tenant for years 定期保有人；定期承租人；定期地产保有人 基于他人的出租或转让行为而在一个特定时期内，如一年或数年，对他人地产享有临时占有权和使用权的人。

tenant from month to month 月度租赁人（⇨tenancy from month to month）

tenant from week to week 按星期交纳租金的租赁人（⇨tenancy from week to week）

tenant from year to year 年度承租人；逾期继续承租人 指在所有人与租赁人订立的租约中，未确定具体的租赁期限，但按年度收取租金。另外该词也指租期届满之后经明示或默示同意继续占有该租地的人。

tenant in capite 〈英格兰古法〉国王的直属封臣

tenant in common 混合共有人；普通共有人；混合共同租人；混合共同保有人 数人基于不同的权利共同占有同一地产，因为彼此并不明确各自的份额，故采取共同混合占有的方式。另外也包括如下情形：多人保有同一地产，但各自的权益基于不同授权而产生；或基于同一授权，却不同时间生效；或彼此占有各自不同份额。（⇨tenancy in common）

tenant in dower 遗孀地产保有人 妻子在丈夫死后有权继承她丈夫占有的自由继承或限嗣继承的土地或房产的1/3，在她余生保有。1925年以后，这一法定地产权转变成为衡平法下的衡平权益。（⇨dower）

tenant in fee 完全保有地产权人；自由继承地产保有人 在英国土地法地产权中级别最高，它是一种永久的、完全的、不受限制的地产权，某人保有这一种类的地产意味着他及其子嗣可永远保有这一地产。（⇨fee; estate in fee）

tenant in fee simple (= tenant in fee)

tenant in fee tail 限嗣继承地产保有人（⇨fee tail; tail）

tenant in mortgage 不动产抵押受让人 指普通法抵押或死质[mortuum vadium]的受让人[feoffee]。它存在于授予封地上，如果让与人[feoffer]某一时向受让人支付一定数量的金钱，则让与人可以再次进占土地。

tenant in possession 占有不动产的承租人 既指由本人亲自占有的承租人，也包括通过他人而占有的承租人。

tenant in severalty 独立保有人 保有人仅为实现自己的权利而占有土地或其他保有物，没有任何人与其共享财产上的利益。

tenant in tail 限嗣继承地产保有人（⇨tail）

tenant in tail after possibility of issue extinct 后嗣可能性消失之限定继承地产保有人（⇨tenancy in tail after possibility of issue extinct）

tenant in tail ex provisione viri 限嗣继承土地的女保有人 土地所有人在结婚前或结婚当时，将土地设定为他本人、他的妻子及他们所生的后嗣所有。丈夫死后，仍活着的妻子根据丈夫的设定而成为该限嗣继承土地的保有人。起初的法律规定，在其守寡期间，她可以阻却这种限嗣继承，但这势必使其夫的愿望落空，因此亨利七世时的一项法律限制了这种做法。1833年后这类地产权不复存在。

tenant-like manner 承租人的方式 指承租人占有的特征，即以合理而适当的方式使用和保护房产。

tenant of the demesne 从中间领主[mesne lord]处保有土地的人（⇨mesne lord）

tenant paravail ❶分租承租人；次承租人；转租承租人 指承租人的承租人，即最终承租人。❷最终保有人 在封建体制下，皇室或君主是至高无上的领主[lord paramount]，受其封邑而又以之分封的是中间领主[mesne lord]，他既是土地保有人又是领主。所谓最终保有人是指不再将土地分封而确系自用、使用或收益的最后保有人。

tenant pur auter vie 在他人生命存续期间保有地产的人 指保有的期限以他人的生命存续期为计算标准。

tenant-right n.〈英〉租赁人请求权 指在租赁关系终止时，承租人有权就其在土地上所作改良的剩余部分而要求给付。这一权利由1986年《农业地产法》[Agricultural Holdings Act]调整。

tenants by the verge 持杖土地保有人 通过在法院的记录中登录而享有不动产权的土地保有人，其性质与公簿地产权人[copyholder]相似。如果该土地保有人为转让土地而将不动产归还所有人以供他人使用时，需要由节杖举行一些象征性程式，故称为持杖土地保有人。

tenant's fixtures 承租人的附着物；保有人的地上附着物 指承租人终身保有的遗赠房地上的固定附着物，但承租

人可视时宜决定是否将其拆除。

tenant to the praecipe 指令令状针对的被告；对令被告；当令被告 这是指在有二次担保[double voucher]的限嗣继承阻却诉讼[common recovery]中指令令状[praecipe]所针对的虚拟的第二重的土地保有人。1833年以前，某块土地转让给甲作终身地产，剩余地产[remainder]以限嗣继承的形式给乙。若乙想阻却限嗣继承则必须经甲的同意，因为虚拟的阻却诉讼要有土地占有人甲的参与。若甲同意，则他(甲)通常将土地转让给第三人，这样诉讼传唤令状就可针对后者发出，这样便形成二次担保，使诉讼更安全、有效。此第三人即指令令状针对的被告。(⇨ common recovery; double voucher; praecipe)

tencon 〈法〉争论；辩论；争吵

tend v. ❶倾向于 ❷(在某种程度上)有助于；(或多或少)直接影响 ❸趋向于

tender n. ❶偿还；交付；履行 ❷(用作偿债手段的)通货；货币；法定货币[⇨legal tender] ❸投标 ❹偿还之物；履行的义务 ❺履行不能
v. 交付；偿还；履行

tender of amends 提供补偿 指提供金钱补偿，以平息因合同或民事侵权行为而生的索赔。

tender of delivery 提供交付 它指出卖方将适格的货物置于买受方的控制下，在合理的必要方式通知买受方使其能够受领。在美国，交付的时间、地点和方式由双方根据协议和《统一商法典》[U.C.C.]第二章确定，从而使对方如不及时受领则将负违约责任。

tender offer (= takeover bid)

tender of issue 提交争论点 普通法诉讼上当事人答辩状中的正式用语，通过此种方式，一方提出异议并要求以适当的方式裁决之。被告提交事实争论点的用语是："and of this he puts himself upon the country"即："彼已提出彼方的所有论点以听由国家决定"。

tender of payment 提供支付；作出支付

tender of performance 提供给付；交付履行 指合同债务人根据合同条款履行合同。其法律效果之一是，当对方当事人无正当理由对之拒绝的，则构成违约，履行的一方当事人可对之追究违约责任。

tender years 幼儿期；哺乳期

tender years doctrine 由母亲监护年幼子女原则 依据此原则，法院通常应判决母亲享有对其年幼子女的监护权，除非她已被证明不适合承担此任。但在美国的许多州，该原则已被制定法或法院判决所废除。

tenement n. 保有物 在普通法中，保有物包括土地及其他可以自由保有的遗产和租地。通常意义上，保有物只用于指房屋和其他建筑物；但就其最初的、准确的、法律上的意义而言，保有物是指一切可以保有的具有永久性的物，既包括有体物，也包括无体物，如租金、圣俸、贵族地位或身份等。

tenementale (= tementale)

tenemental land 租户用地 指由领主分给其承租人使用的土地，收取确定的租金，区别于保留自用的土地[demesnes]。

tenement house 经济住房 一种低租金的公寓，通常条件较差，并且只达到最低的安全与卫生的条件。

tenementis legatis 听审争议地产令 伦敦或其他市镇受理有关遗赠土地或地产争议的古老令状，由此可听审并判决争议地产的归属。

tenementum 〈拉〉由承租人保有的土地；地产

tenendum 〈拉〉不动产契据上有关租期的字句

tenens n. 承租人；佃户；(不动产诉讼中的)被告

tener 〈拉〉持有；保有

tenere 〈拉〉(罗马法)持有；保有；占有；保留 根据占有原则，它仅表示对物的实际占有的事实，而不涉及所有权问题。(⇨ habere)

teneri 〈拉〉拘束；约束 债务契据中一项条款的拉丁名，债务人以此表示他对其债权人及其继承人"负责并严格受此约束"。

tenet 〈拉〉(他)保有；(他)曾保有 在反对承租人因使用不当而损坏土地、房屋的令状中，这些词用于主张保有权。如果租赁关系仍然存在，并且请求返还土地的，则用 tenet，该令状称"他保有令状"[in the tenet]；如果租赁关系已终止，只能请求损害赔偿，则用 tenuit，该令状称为"他曾保有令状"[in the tenuit]。

tenheded (英格兰古法)❶(学院)院长；学监 ❷(基督教)教长

tenir in socage 农役保有(⇨ socage)

10-K (= Form 10-K)

tenmentale ❶十人 十人的总称，在撒克逊时代，则用"decennary"表示。 ❷十人税；十人贡税 指向王室交纳的一种赋税，每一块耕地收取2个先令。

tenne n. & a. 橙色(的) 纹章学术语。

Tennessee Valley Authority/TVA 田纳西河流域管理局 为促进田纳西河流域的经济发展而实施资源统一开发计划于1933年设立的国有公司。其活动包括：治洪、航运开发、发电、肥料开发、娱乐、森林和野生动植物保护。除发电计划自筹资金外，其余的资金主要由国会拨付。

tenor n. ❶(文件等的)大意；要领 为该词的一般意义。 ❷(文件等的)抄本；誊本 为该词的法律意义。

tenore indictamenti mittendo 嘱寄将公诉书及传票记录由其他法院移交王座法庭的令状

Tenore investiturae inspiciendus. 〈拉〉必须关注授权的性质。 这是有关采邑或封地法的箴言，其起因在于领主往往要求佃农提供各种各样的役务，故应注意授权中各种役务的不同性质。

tenore praesentium 〈拉〉依据提交文件的要旨

Tenor est qui legem dat feudo. 〈拉〉(封地授予书的)要旨规定了它的效力和范围。

tenor of a will 遗嘱文件的主旨 指遗嘱的主要内容而非具体文字。在证明一个已灭失遗嘱的内容时，仅需证明遗嘱的主要内容而无需证明遗嘱中的具体文字表述，即已足够。

tenor of bill of exchange 汇票期限

10-Q (= Form 10-Q)

tenseriae (古)古代的一种赋税或军事捐献

tentative allowance 〈美〉暂时免税额；暂定扣减额 该词汇用于缴纳联邦所得税的减免税情形时，指由纳税人在其提交的完税单中写明的、而税务机构在没有调查的情况下暂予照计的免税额。如该津贴经税务机构调查属实，同意摊销则不再是临时认可的免税额，而成为可实际予以减免的金额。

tentative trust 暂时信托(⇨ totten trust)

Tenth Amendment 〈美〉美国宪法第十条修正案 有时又称作被保留权力修正案[Reserved Powers Amendment]。这一《权利法案》[Bill of Rights]的最后条款把"宪法未授予合众国，也未禁止各州行使的权力，保留给各州行使，或保留给人民行使"。之所以增加这一条款主要是为了消除人们对联邦政府将侵蚀州权力的担心,然而它并没有真正对联邦与州权力进行明确划分。

tenths n.〈英〉❶(教会法)什一税 指每人每年将收益的1/10上交教皇,1534年起改交给国王。1703年起,国王转让该岁入设立"安妮女王基金会"[Bounty of Queen Anne],以资助英格兰国教会的贫困神职人员。❷临时动产什一税 不同于教会征收的什一税,该税指议会一次性临时征收臣民所有动产的1/10上交国王,作为对国家的资助。詹姆斯一世[James Ⅰ]时该税被取消。

tenuit (他)曾保有(⇨tenet)

tenura (= tenure)

Tenura est pactio contra communem feudi naturam ac rationem, in contractu interposita. 保有是一种约定,其性质与封地的可继承性相反。

tenure✻ n.保有;持有;占有;领有 指对地产、职位等不动产性质的客体或权利的把持,常和一定的时间概念相联系。它可以指这一状态、事实,也可以指方式等,当然更多地是用来指封建地产的保有。保有是封建主义的直接结果,它区分了直接所有权[dominium directum]和用益所有权[dominium utile],其中前者归上一级的封赠人,即领主,后者归下一级的受赠人,即封臣。封建地产的保有可作如下分类:首先是俗界保有[lay tenure]和教役保有[spiritual tenure],其中前者又分为自由保有[frank tenement; freehold]和奴役性保有[villeinage];后者分为自由教役保有[frankalmoigne; free alms]和限定教役保有[tenure by devine service]。

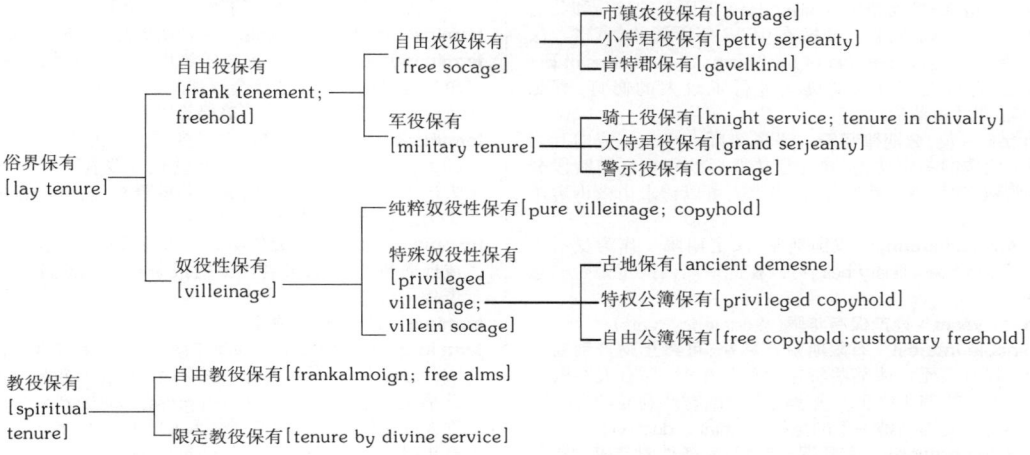

封建地产保有[Feudal Tenure]

Source: Adapted from Henry Campbell Black, *Black's Law Dictionary*, U.S.A.: West Publishing Co., 1990, pp. 1469–1470

tenure by chivalry (以担任骑士服军役而获得的)土地占有权

tenure by divine service 〈英〉限定教役保有 旧时教会保有土地的一种方式,起初称为施舍保有[tenure in alms],以区别于非施舍保有[tenure in free alms],亦即自由教役保有[frankalmoign]。按照该保有方式,作为土地保有人[tenant]的教会法人[religious corporation]应承担特别指定的宗教役务[divine service],例如在一年之中的某一天祈祷,或者布施一定数额的施舍金;并且要向上级领主进行效忠宣誓[fealty]。若保有人违背其役务,领主可以扣押其财产,自1290年《地产买卖法》[Statute Quia Emptores]之后,只有国王才可授予以该方式保有的土地。

tenure by serjeanty 侍君役保有(⇨serjeanty)

tenured faculty 教员终身职

Tenure in Aumone 施舍的土地 施舍给教堂的土地,条件是在施舍人安息之时为其作安魂祈祷或举行圣礼。

tenure in capite 直接分封保有 封臣从国王那里直接领受土地的保有方式。

tenure in frankalmoigne 自由教役保有(= frankalmoign)

tenure in free alms 非施舍保有;自由教役保有(= frankalmoign)

tenure of office 任期;任职期间

tenure of trustee 受托期间 指信托受托人地位持续的期间,受托期间可因其辞去、被撤销、死亡、丧失行为能力或因信托终止而终止。

Ten Words (= decalogue)

terce n.❶(苏格兰古法)遗孀对亡夫遗产三分之一的应继份 ❷遗孀应得的亡夫遗产(⇨dower)

tercerone (= quarterone)

term n.❶术语;专门用语 ❷(合同)条款;约定 ❸期;期限 指从某一时刻开始到另一时刻结束这一段特定的时间,如租约的期限、合同的期限、贷款的期限、法庭开庭的期限、担任公职的期限等。❹地产的租期;定期地产(权);限期地产(权) 指土地出租的特定期限,正是基于此,那种只在特定时间,即租期内,对土地享有权利的人被称为定期地产权人[termor or tenant of the term],这种地产被称为定期地产或限期地产[term of years or term for years]。❺(法院)开庭期 法院处理司法事务的期间。❻(英格兰法)四个开庭期之一 指英国法院自13世纪以来一直沿用的四个开庭期,即春季开庭期[Hilary]、复活节开庭期[Easter]、三一节开庭期[Trinity]和米迦勒节开庭期[Michaelmas]。1873–1875年《司法组织法》

[Judicature Acts]予以废除，并将每一法律年度划分为开庭期[sittings]和休庭期[vacations]。但传统的开庭期的划分仍为四大律师公会所保留，以确定各种期间和日期，如授予律师资格[call to the bar]的时间，庆祝盛大日[Grand Day]的时间等。（⇨session；sittings）

term annuity 定期年金

term attendant on the inheritance 继承人的剩余定期地产权（⇨attendant terms）

term bailment 有限期的（财产）寄托；定期（财产）寄托

term bill of exceptions 有限期的异议书 指针对在审理之前发生的事件对法院的行为提出的异议书。

term bonds 定期债券；一次到期债券 指同时发行的到期日相同的债券。与同时发行但分批偿还的债券[serial bonds]相对。

Termes de la Ley 〈英〉《古法律词汇》 大约在1620年出版的由威廉·拉斯蒂尔[William Rastell]所著的法语和英语对译的法律词典，它以威廉在1563年所著的《英格兰法律术语评注》[Exposition of the Termes of the Lawes of England]为基础。后该词典又进行了较大的修订，直到1742年才再版。

term fee 〈英〉分期律师费 事务律师[solicitor]应向其当事人收取的一定费用，在发出传票后的每个诉讼阶段分别收取，如果该方胜诉，则该当事人可以请求由败诉方承担。

term for deliberating 权衡期限；决定期限 作为受益人的继承人[beneficiary heir]可以在此期间内决定是否同意继承遗产。

term for years 地产保有年限（⇨estate for years）

terminable interest 有限期财产利益；可终止财产利益 指在保有人死亡或某些特定事件发生时，保有人在财产上的利益将归于终止。夫妻间有限期财产利益的转让可能不得享受因婚姻关系的免税[marital deduction]。

terminable property 有限期财产权；附条件财产权 指某人对财产权的享有并非无期限永久保持，而是受事件的发生或期限终止等原因所限制或因此而归于终止，例如：终身年金。

terminal n.❶（陆、海、空运输路线的）起点；终点 ❷（铁路、公共汽车、航空线等的）终点站；终点港

terminal reserve 期末责任准备金 指保险公司在保险年度末为其所签发的人寿保险单或年金保险合同的保险责任和未付款所提的责任准备金。

terminal services 运输场内服务 指承运人在其站内或货场所提供的装卸货物、搬运、升降或冷藏等各种服务。

terminate v.结束；终止

terminating building and loan service 有期限的住房互助贷款服务协会 该协会所发行的所有股份同时到期，并因股价按票面向股东支付后终止。

terminating building societies 〈英〉有期限的住房互助协会；可终止的住房互助协会 指在一定年限内，负责从会员中筹款并贷款给需要建造或购买房屋的会员的组织，它因章程规定日期的到来或特定目标的实现而终止。

termination n.结束；结局；终止；终结

termination in plaintiff's favor 利于原告的终止；以原告胜诉终结诉讼 指以恶意起诉或以诬告为理由而提起的诉讼，要求首先终止该诬告案件的进行，即"利于原告的终止"。"利于原告的终止"停止诬告案件的进行，但不排除公诉人在今后具备理由时，另行提起新诉。"利于原告的终止"可适用于刑事案件，亦可适用于民事诬告案件。

termination of conditional contract 附条件合同的终止 指根据双方一致达成的条件的完成或后果的出现而终止现存尚未履行完毕的合同，合同未履行部分不再履行。

termination of corporation 公司（法人）的终止（=dissolution）

termination of criminal prosecution 刑事诉讼的终止 以下几种结果意味着刑事案件的终止：①陪审团作出被告人无罪的裁断；②大陪审团不批准起诉；③控方撤诉；④被告人被解除保释或拘禁。

termination of employment 雇佣关系的终止

termination of lease 租约的终止 租约因租赁期满或其他合法原因终止。（⇨expiration of term）

termination of offer 要约的终止 指因要约有效期（由要约条款明确约定或根据交易习惯而确定）届满，要约人撤回或撤销要约，或受要约人拒绝受要约以及要约人或受要约人死亡等事由而使要约效力归于消灭。

termination of partnership 合伙的终止（⇨dissolution）

termination of risk 保险责任终止 保险法术语，指保险单所提供的承保责任将会因保险期满、被保险人违约、保单注销、解约或被保险人退保等原因而终止。

termination of trust 信托关系的终止 信托关系可依信托条款的规定而终止，但终止前信托受托人必须向受益人清算及交付信托财产，如有新的受托人，则向新的受托人为之；否则，其责任不能解除。

termination of war 战争结束 指通过相互交换和平条约或批准和平条约，或者由享有战争权的政府部门宣布结束战争状态。

terminer 〈法〉确认；决定

term in gross 独立地产保有年限 与"附着的地产保有年限"[attendant term]相对。拥有地产的保有年限与遗产或继承无关的，称为独立的[in gross；outstanding]；遗产管理人以受托人身份为遗产继承人的利益而拥有的地产保有年限，则是附着的。（=outstanding term）

termini 〈拉〉终点；边界；界限 terminus 的复数。

termino 〈西〉共有；共有土地；因相邻关系而共有

terminum 〈拉〉给予被告的一天时间

terminus n.❶界限；边界 ❷末端；尽头 ❸定期地产

terminus ad quem 〈拉〉私人通行权的起点

Terminus annorum certus debet esse et determinatus. 〈拉〉年限应该是确定的。

terminus a quo 〈拉〉目标；终点；到达目的地

Terminus et feodum non possunt constare simui in una eademque persona. 〈拉〉不能在同一时间，对同一个人既授予他以世袭土地，又限定其占有的期限。

terminus hominis 〈英〉（教会法）酌定上诉审结期 在英格兰教会法实施中，由法官所酌定的判决上诉的审结期。它比法定上诉审结期短。（⇨terminus juris）

terminus juris 〈英〉（教会法）法定上诉审结期 在英格兰教会法实施中，法律所允许的判决上诉的审结期限，时间为1-2年。（⇨terminus hominis）

term life insurance 定期人寿保险

term loan 定期贷款 指商业银行、保险公司或其他金融机构提供给企业单位的偿还期一般为1-10年的长期贷款，通常用以购买资本设备或用作营运资金。

term of art 特定术语；特定用语 某一用语在特定的语境下有特殊的含义，法律领域中使用大量的特定用语。如"double jeopardy"在普通法中指导致双重风险的情势，而在法律中则指同一罪行不受两次审判。将某一用语归

入特定用语的行列将会产生法律上的后果,如美国联邦最高法院就曾通过将出院后的治疗费和受害人因公共医疗机构的疏忽而导致的严重脑损伤以及随之而来的对未来生活能力的丧失的补偿解释为对当事人的补偿[compensation],而不是对州政府的惩罚[punitive damage]——因为这为制定法所禁止,从而判决州政府对当事人作出高额赔偿而不仅限于住院期间的治疗费用。(⇨punitive damages)

term of court (=term❺)

term of lease 不动产租赁期间 指授予承租人占据、拥有租赁财产的期间,不包括订立租约和进入不动产的时间。

term of patent 专利保护期限;专利有效期

term of years 定期地产权 指在一定期限内将土地出租给他人保有、使用。"term"一词不仅指保有该土地的期限,还指他所享有的该地产权或相关权益。古书中将定期地产权人亦称作"termor"。(⇨term of years absolute; estate for years; tenancy for years)

term of years absolute 〈英〉绝对定期地产(权) 这是1925年《财产法》[Law of Property Act]改革之后所保留的两种普通法上的地产权之一,一般就是指租约地产[leasehold],但不限于此:可以实际占有或回复地产的形式生效,可以以交租为条件,也可不交租。之所以称"绝对",是因为其存在期限是确定的,但这种期限的确定性并不影响该地产可能在约定期限届满之前因出租人重新进入或其它特定事由而终止。它可以免于毁损控诉[impeachment of waste],亦可无此特权;还可以在其上设定其它普通法地产权。不过这种地产权不包括下述情形:①带有终身地产权性质的定期地产权,即该定期地产权于持有人死亡时终止;②带有可终止终身权益性质的定期地产权;③创设该地产的契据中未明确规定将在创设后21年内以实际占有形式生效的地产。绝对定期地产包括以下种类:期限少于1年、期限为1年、期限为若干年、期限为一年中不连续之片断和跨年度定期地产权。另外,如果租约地产权满足了绝对定期地产权的条件,则它为普通法上的地产权;若不满足其条件,则为衡平法上的权益。(⇨term of years)

termor n.定期保有土地或地产的人

term policy 定期人寿保险单

term probatory (教会法)提供证据期 指允许宗教案件的起诉人[promoter]提供证据证明案件事实的一段时间。

terms good firms 善良商人条款 一种商业用语。例如,针对买方所提出的以"善良商人条款"为条件的购买商品要约而作出的承诺,即表示该商品的数量由可靠负责的商人在商品目的地验定,卖方无须接受不可靠人所验定的数量。

terms net cash 现金净价条款 买卖合同中的条款,要求买方在请求交付货物之前须先向卖方支付货款。(⇨net cash; net cash ten days)

terms of trust 信托条款 指以某种明示方式作出的足以证明信托设立人有意设定信托之意图的条款。它在司法程序中可作为证据。

terms of years absolute 〈英〉(不动产的)定期租赁 指有固定期限的租赁,包括不到1年、1年或1年以上租期的租赁或按年租赁,但仍可以通知收回租赁或法律运作等方式提前终止。定期租赁的租期必须确定,终身租赁不属定期租赁,租期超过3年的必须以书面方式订立。承租人对所租不动产享有独占权。

term to conclude 〈英〉(教会法)案件总结期间 指英格兰教会法实施中,由法官所指定的一段时间。时间届满则双方当事人不得再进行任何的举证和申辩。

term to propound all things 〈英〉(教会法)举证期间;出示案件事实的期间 指英格兰教会法实施中,由法官所指定的一段时间。在此期间,双方当事人为其各自的诉讼理由出示所有有关案件的事实和文件。

terra 〈拉〉土地;可耕地

terra affirmata 〈拉〉租作农场的土地

terra boscalis 〈拉〉林地

terracing n.使成梯田;使成阶梯地

terra culta 〈拉〉耕地;已开垦的土地

terra debilis 〈拉〉贫瘠地

terra dominica 领主自用地

terra dominicales regis 皇室自用地

terrae 〈拉〉(复)土地

terrae dominicales 〈拉〉领地;领主自用地

terrae dominicales regis 〈拉〉国王自用地

terrae tenementales 佃户用地 指领主分给佃户的土地。

terra excultabilis 〈拉〉可耕地

terra extendenda 土地估值令状 签发给复归财产管理官[escheator]的令状,要求其凭据12个男子的誓言调查和查明土地真实的年价值,并向文秘署[chancery]汇报确定。

terra firma 〈拉〉干地;坚硬的土地

terra frisca (=terra frusca)

terra frusca 处女地;未开垦的土地

terrage (英格兰古法)❶土地税;土地费 ❷耕作土地或收获庄稼的役务

terrages 一切不确定劳役的免除

terra hydata (英格兰古法)应纳海德税的土地 海德税[hidage],是指每一海德[hide](古英格兰指一人能耕作的面积单位,约60—100英亩不等)的土地上由皇室收取的特种税赋,以甲胄交付。(⇨hide)

terra lucrabilis 围垦地 指填海或围荒而开垦的土地。

Terra manens vacua occupanti conceditur. 〈拉〉未被占有的土地给予第一个占有者。

terra normanorum 诺曼人保有的土地

terra nova 新地 刚从林地或耕地转化来的土地。

terra putura 森林中的土地 以提供食物给森林管理员为条件保有此类土地。

terrarius (英格兰古法)土地占有人;土地保有人

terra sabulosa 砾石地;沙地

terra salica 萨利克宅基地 围绕日耳曼人房屋的土地。在萨利克法中,萨利克土地传男不传女,即,只有儿子享有继承权。

terra testamentalis 肯特郡的保有地 它们可以通过遗嘱进行处分。

Terra transit cum onere. 〈拉〉土地与其负担一起转移。

terra vestita 玉米地 指播种玉米的土地。

terra wainabilis 可耕地

terra warrenata 可以自由饲养及捕杀鸟兽禽鱼的土地

terre 〈拉〉土地

terre-tenant n.土地的实际占有者

terrier n.〈英〉土地登记册 载明土地数量、土地承租人名字等项目的土地登记册;在财政署并存有1338年的全英格兰教会土地登记册。

terris bonis et catallis rehabendis post purgationem 平反令状 某一神职人员在国王法庭被指控犯有重罪,应

主教的要求,该案移送到宗教法庭审理,如果宗教法庭对其无罪开释,这一令状即用来恢复其曾被查封或没收的土地、财物等财产。

terris et catallis tentis ultra debitum levatum 〈拉〉归还所扣押的超过债务部分的债务人的土地或财产的令状

terris liberandis　土地解放令状　①被判处剥夺财产权者,以此令状得要求将案卷和诉讼程序呈送国王,并可为免于被监禁而交一笔费用,发还其土地和房屋,同时免除对其过分采集及过分抛荒土地的处罚[strip and waste];②指在向领主宣布效忠和交上土地继承时的献纳后,或作出此项保证后,准将土地交给封臣的继承人的令状

territorial　a.❶领土的　❷区域(性)的;地方(性)的

territorial court　〈美〉属地法院　根据美国宪法第四条在美国属地(如维尔京群岛[Virgin Islands])设立的法院,既属联邦法院又属州法院。

territorial governor　〈美〉地方长官　美国准州[territory]的行政首长。

territoriality　n.领土权;领土性质或状态;属地主义;属地原则

territorial judge　〈美〉属地法院法官(⇨territorial court)

territorial jurisdiction　属地管辖权;区域管辖权　①对某一特定地域范围内发生的案件或与居住在该地域内的人相关的案件具有的管辖权;②指政府或其部门或法院能够行使其权力的地域范围。

territorial limitation　区域限制　①根据公司的经营区域而对其施加的许可限制;②对司法管辖权行使的区域限制;③对制定法适用范围的区域限制。

territorial possessions　〈美〉美国属地　美国依据条约或通过购买而获得的、已属于美国但尚未成为美国领土有机组成部分的所有土地。

territorial property　〈美〉州属财产　指各州领域内由其拥有管辖权和控制权的土地和水域,而不论在法律上它们是为该州所拥有或为个人所拥有。一州内的河流、湖泊及3海里以内的边缘海完全属于该州财产,但海湾却并不总被认为是各州的财产。

territorial waters　领水　处于一国主权之下的全部水域,包括一国的内水、内海和领海。领水有时亦被用以专指领海,因为在海洋法上,领水最初即为现代海洋法中的领海,领水与领海亦曾被混用。1930年海牙国际法编纂会议后,领水一词逐渐为领海取代,而领水被赋予了更为广泛的特定含义。

territorium　〈拉〉领土;区域;领域

territory　n.❶领土;版图;领地　❷(商业)推销区　❸[T-]〈美〉准州　指尚未正式成为州但有本地立法机构的地区。❹[T-]保护国;属国;属地　❺〈苏格兰〉(法院或法官的)管辖区域

territory adjacent　(=adjacent territory)

territory of a judge　法官的管辖区域

terror　n.恐怖;惊骇　在普通法上对于暴乱提起公诉时,要求必须证明"这一行为引起了人们的恐怖"。

terrorism　n.恐怖主义　对人类生命有威胁的违反刑法的暴力活动,它意图①恐吓或威胁民众;②通过恐吓或威胁影响政府政策;③通过暗杀或绑架影响政府行为。

terroristic threat　恐怖性威胁　以将实施暴力威胁他人使其产生恐怖心理或故意使之不得不从建筑物、集会场所、交通设施逃离,或虽非故意但亦是漫不经心、不负责任地为以上行为。

terroristic threats　〈美〉恐怖威胁罪　《模范刑法典》[Model Penal Code]规定的重罪,意图恐吓他人或导致建筑物、集会场所、公共交通设施内人员的退出或造成其他严重的扰乱公共秩序的行为,或者由于轻率不顾上述诸结果发生危险的,威胁实施任何形式的暴力犯罪。

Terry-stop　n.〈美〉特里拦截　指命令停步搜身。因特里诉俄亥俄州[Terry v. Ohio]一案而得名。(⇨stop and frisk)

tertia　〈拉〉寡妇应得的亡夫遗产;寡妇的亡夫遗产三分之一应继份

tertia denunciatio　(英格兰古法)为结婚而进行的第三次公告或声明

tertius interveniens　〈拉〉(大陆法)(民事案件)中间介入的第三人;参加诉讼的第三人

test　n.❶测试;试验　❷检验标准(或准则)　❸检查;检验　❹(公法)(对任命或选举产生的公职人员)审查;考查　其内容特别涉及其政治、宗教、社会观点,以及过去及现在对政府是否忠诚。

testable　a.❶可试验的;可测验的　❷有资格作证人的　❸有资格立遗嘱的　一般须满21岁,无精神病。　❹可根据遗嘱处理的

Test Act　〈英〉《忠诚宣誓法》　1672年的《忠诚宣誓法》规定,所有接受民事与军事官职的人(除极少数级别较低的以外)以及接受王室信托下的某一地产者,应宣誓效忠和承认王室的最高地位,并签署声明反对罗马天主教的圣餐变体说[transubstantiation],并按英格兰国教的惯例接受圣餐。于1828年废止。

test action　(=test case)

testacy　n.死时留有遗嘱　与无遗嘱死亡[intestacy]相对。

testament　n.❶[T-](基督教的)《圣约书》　《旧约全书》或《新约全书》。❷遗嘱　源自拉丁文"testatum",指动产遗嘱,但该词现已极少使用,除非用于正式遗嘱[formal will]的开头。例如通常以下列词句开头:"此为本人的最后遗嘱,甲、乙等"[This is the last will and testament of me, A.B., etc.]。(⇨will)

Testamenta cum duo inter se pugnantia reperiuntur, ultimum ratum est; sic est, cum duo inter se pugnantia reperiuntur in eodem testamento.　〈拉〉如发现相互冲突的两份遗嘱,应以后一遗嘱为准;故在同一遗嘱中如出现相互冲突的两个条款,则应以后一条款为准。

Testamenta latissimam interpretationem habere debent.　〈拉〉对遗嘱应作最广义的解释。

testamentary　a.❶遗嘱的;关于遗嘱的　❷遗嘱规定的;遗嘱指定的　❸根据遗嘱创设的

testamentary arbitrator　遗嘱公断人　指立遗嘱人在遗嘱中指定的,用以解释遗嘱及解决受益人之间在处理遗产过程中所生争议的人。

testamentary capacity　遗嘱能力;立遗嘱的法定资格　如年龄及精神状态。

testamentary character　遗嘱的性质　由于遗嘱的内容不同,各遗嘱的性质也可各异。例如:遗产的处理,这是较常见的遗嘱的性质之一,但并非所有遗嘱均同此或仅限于这一性质。

testamentary class　遗赠受益人群体　指在立遗嘱时数量不确定,但在将来某一时间可以确定的遗赠受益人群体,其中的每个人都可获得等额的或其他比例不等的遗产份额。

testamentary disposition　遗嘱处分财产　指通过赠与、契据、遗嘱等方式对财产进行处分,但需待死后才开始生

效。

testamentary expenses 遗产管理费 在某些情况下,包括遗产税在内。

testamentary guardian 遗嘱指定的监护人 指由父母一方在最后遗嘱中为其子女和财产指定的监护人,直至该子女到达成年年龄。(= guardian by statute)(⇨guardian)

testamentary heir 遗嘱指定的继承人(⇨heir testamentary)

testamentary instrument (= testamentary paper)

testamentary intent 遗嘱意图 指立遗嘱人将某一特定的书面文件作为其最后遗嘱的意图。遗嘱意图是使遗嘱生效的必要条件。

testamentary paper 遗书;遗嘱性文件 指在实质上属于遗嘱的一种书面文件,其虽非以正式的形式作成,但具有遗嘱的特征,即据此可以处分和分配其财产。或指未经遗嘱检验之遗嘱。

testamentary paper or instrument 遗嘱性文件 指有关遗产的转移与分配的文件,但既不具备要式亦未经过检验;然而,因其具有遗嘱性质,倘被准许或同意作为死者的遗言,则亦可产生遗嘱的效力。

testamentary power 立遗嘱的权力(⇨testamentary capacity)

testamentary power of appointment 属于遗嘱的指名权 指只有通过遗嘱才能行使的指名权,即指定某人为其死后的财产接受人或受遗赠人[donee],并由该接受人或受赠人决定其遗产的分配,或决定其遗产在该接受人或受赠人死后的分配。

testamentary power of sale 依遗嘱出卖立遗嘱人财产的权力 指立遗嘱人在遗嘱中所授予的由遗嘱执行人出卖其财产的权利。

testamentary trust 遗嘱信托 指通过遗嘱设定的、在立遗嘱人死亡时开始生效的信托。这种信托须同时符合有效信托和有效遗嘱的构成要件。亦作 trust under will。(⇨inter vivos trust)

testamentary trustee 遗嘱受托人 指由遗嘱指定的、或按遗嘱执行由遗嘱设立的信托的人。遗嘱受托人通常并不包括遗嘱执行人或遗产管理人;除非他们执行根据遗嘱而设立的信托,且与其作为遗嘱执行人的功能相分离。

testamenti factio 〈拉〉遗嘱的仪式

testamentum 〈拉〉最后的遗嘱

n. ❶(英格兰古法)遗嘱 ❷(经认证的)产权转让证书

Testamentum est voluntatis nostrae justa sententia, de eo quod quis post mortem suam fieri velit. 〈拉〉遗嘱是人们对希望在其死后实现的意愿的适当表达(或者合法宣告)。

Testamentum, i.e., testatio mentis, facta nullo praesente metu periculi, sed cogitatione mortalitatis. 〈拉〉遗嘱,即其人意图的证明,应在没有现存的危险恐惧但对死亡有预见的情况下作出。

testamentum inofficiosum 〈拉〉(= inofficious will)

Testamentum omne morte consummatur. 〈拉〉任何遗嘱只有在立遗嘱人死亡时才生效。

testari 〈拉〉❶证明;证实 ❷立遗嘱

testate a.留有遗嘱的

n.留有遗嘱而死的男人;订有遗嘱的人(= testator)

testate succession 遗嘱继承

testatio mentis 〈拉〉遗嘱;有理智的证人

testation n.❶以遗嘱处分财产;以遗嘱处分财产的权利 ❷见证;证明 ❸证人;证据

testator n.留有遗嘱而死的男人;已立遗嘱的男人

Testatoris ultima voluntas est perimplenda secundum veram intentionem suam. 〈拉〉立遗嘱人的最后遗嘱应当根据其真实意图彻底实现。

testatrix n.留有遗嘱而死的女人;已立遗嘱的女人

testatum n.〈美〉❶协助执行令;第二次执行令 指由一县的法院在被告人不在本县境内时,向本州内被告人或其财产所在的另一县的行政司法官发出的令状。如法院已对案件作出判决,并签发了拘留还债令[ca.sa.]后,行政司法官在执行回呈中说明被告人不在本县境内,这时,法院即可发出协助执行拘禁令[testatum ca.sa.],要求被告人所在的另一县的行政司法官将被告人拘禁或扣押其财产。❷连署证明条款;证明条款 指财产转让契据中的连署证明条款。

testatum capias 〈美〉第二次执行令 民事诉讼中,当前一已签发令状的执行回呈中表明被告人不在本县境内时,再次签发的要求拘禁被告人的令状。(⇨testatum)

testatum clause (= testimonium clause)

testatum writ 〈美〉协助执行令状 指含有协助执行内容的令状,如 testatum capias, testatum ca.sa., testatum fi.fa.。

testatus 〈拉〉留有遗嘱而死的人;已立有遗嘱的人

test case ❶试验案件 为确立一项重要的法律原则或权利而提起的诉讼。此类诉讼通常是在当事人对案件事实均无争议的情况下提起的,因此,有时也称"合意诉讼"[amicable suit 或 amicable action]。❷标准案件;参照执行案件 指从存在共同原告或共同被告、且事实与证据相同、所要解决的法律问题亦相同的数个案件中选出的一个案件,经全体当事人同意,法庭作出相当于合并审理的裁定,对该案件首先进行审理并作出判决,全体当事人均受该判决的约束。

teste 〈拉〉证明条款 令状或文书中的终结部分,注明证人姓名和见证过程。

teste clause (= testimonium clause)

tested a.经证明的

teste meipso 〈拉〉(英格兰古法)"立此为证,君主" 由君主进行证明的一种郑重的公文程式,用于宪章和其他公文的结尾;也用于国王的衡平法院[chancery]发出的初始令状[original writs]。

teste of a deed 契据的证明条款(⇨teste; teste of a writ; testimonium clause)

teste of a writ 令状的证明条款 以前令状的终结部分,通常以"witness ourselves"等开头。在英格兰法中,每一令状的结尾都有此条款,如果是初始令状[original writ]或者是以君主的名义签发的令状,通常以"Teste meipso"开头,意指君主;如果是司法令状[judicial writ]则在"Teste"后面加上诉讼所在法院的首席法官的名字。现在已经废除。(⇨teste)

testes 〈拉〉证人

Testes ponderantur, non numerantur. 〈拉〉证言的证明力在于其可信度,而不在于证人数量的多少。

Testes qui postulat debet dare eis sumptus competentes. 〈拉〉任何人传唤证人都必须符合法律规定。

Testibus deponentibus in pari numero, dignioribus est credendum. 〈拉〉(双方当事人的)证人人数相等时,最有价值的应予采信。

testify v.证明;证实;作(见)证

testimonia 证据;证言

testimonial admission 自认证词 一种非正式的、司法上的自认形式,根据当事人自己的此种证词,其主张或辩解将不能成立。

testimonial evidence 证人证言 区别于书证及物证。

testimonial proof (大陆法)口头证明 以证人证言来证明,区别于以书面文件来证明。

Testimonia ponderanda sunt, non numeranda. 证据贵在其证明力的大小,而非其数量的多少。

testimonio 〈西〉正本;公证文本 指契约或其他法律文件的正本,经过公证并交由利益相关的当事人作为其权利的证据,原本保存在公共档案馆里。

testimonium clause 证明条款 合同或其他文件中注明签署日期、签字及其资格的条款,通常以"谨此证明"[In witness whereof]一语开头。

testimony n.证人证言 指具备作证资格的证人宣誓或作出确认保证[affirmation]后,在庭审中或在宣誓书[affidavit]或书面证词[deposition]中以口头或书面形式提供的证据。

testis 〈拉〉证人 在法院提供证词的证人,或在书面文件中以见证人的身份签署的证人。

Testis de visu praeponderat aliis. 〈拉〉目击证人优于其他任何证人。

Testis lupanaris sufficit ad factum in lupanari. 〈拉〉对妓院内的行为来说,淫荡者系有效证人。

Testis nemo in sua causa esse potest. 〈拉〉任何人都不得在自己的案件中充当证人。

Testis oculatus unus plus valet quam auriti decem. 〈拉〉一个亲眼目睹的证人胜过十个道听途说的证人。

test letter 〈美〉试验性书信;刺探性书信 指为了查明邮政部门人员是否盗窃信件或某人是否邮寄违禁物品而由司法部邮政调查员寄出的诱骗性书信。

testmoigne 〈法〉(古)证人证言

Testmoignes ne poent testifier le negative, mes l'affirmative. 〈法〉证人不能证明其所未见,只能证明其所已见。

test oath 效忠宣誓 指作为评定某人是否适合充当公职人员或政治官员的标准而要求的宣誓,尤指对现政府的忠诚或信赖的宣誓。(⇨loyalty oath; oath of allegiance)

test of insanity 精神病测试;精神错乱测试 指为了测定某人的精神状况是否已经达到无法承担法律责任的程度,或是否需要将其送特别医疗机构强制医疗而进行的测试。

test order (由行政机关作出的)临时命令或暂时性命令

test-paper n.〈美〉提交陪审团作为证据的文件 宾夕法尼亚州[Pennsylvania]法院用语。

textbook n.法学教科书;法学论文集

Textus Roffensis (英格兰古法)《罗彻斯特文集》 指包含许多撒克逊法律和罗彻斯特教堂的权利、习俗、保有权等内容的一部古代手稿,由该教堂主教埃尔尼夫[Ernulph]所著。

thaini n.自由地产保有人

thainland (英格兰古法)大乡绅保有地 指撒克逊国王授予其大乡绅[thain;thane]的土地。

thalweg n.❶河流谷底线 ❷河道分界线 指两国分界之河的航道之中线。

thanage of the king 〈撒克逊〉大乡绅主管的土地 国王的土地或财产的一部分,其统治者或管理者被称为大乡绅[thane]。

thane n.❶盎格鲁-撒克逊贵族 ❷塞恩;大乡绅 一种旧式荣誉称号,类似于男爵,包括两个等级:国王的塞恩和普通的塞恩。诺曼征服之后,该称号被弃用。

thanelands n.贵族领地;大乡绅领地 由撒克逊国王所授予,除三种基本税[trinoda necessitas]外,其余义务全部豁免。(⇨thainland)

thaneship n.塞恩之地位;塞恩的领主权

thavies inn 〈英〉萨维律师协会 衡平法律师协会之一。(⇨Inns of Chancery)

theame (= team)

the Association 〈美〉反英联合计划 1774年第一届大陆会议制定的一个计划。据此,参加会议各方保证,在他们的积怨得以消除以前,绝不进口和消费英国的货物,也不向英国出口货物。这一计划通过自警团执行,并成为划分亲英派和爱国派的主要标志,并被用来召募军队。

theft n.盗窃罪 偷盗罪[larceny]的通用名。指未经所有人或持有人同意而获取占有其财产的偷盗行为,并具有剥夺原主所有权并为己利使用的故意。故意永久剥夺他人对其财产的占有、使用、收益之权利而为以下行为之一可以构成此罪:①未经允许而获取并使用、控制该物;②以欺骗或威胁方式获取并控制该物;③明知该物是偷窃所得而获取该物。盗窃罪的含义较广,包括偷盗、诈骗、侵占和抢劫。

theft-bote n.包庇小偷罪 指被害人以接受小偷的财物或返还被盗物品为条件而同意不告发。本罪为私了重罪之罪的一种形式。(⇨compounding a crime)

Theft-bote est emenda furti capta, sine consideratione curiae domini regis. 〈拉〉盗窃私了罪是指不尊重王室法院而私下付钱收回被盗财物。

theft by deception 〈美〉欺诈盗窃罪 根据《模范刑法典》[Model Penal Code],指故意以欺诈手段取得他人财产的行为。

theft insurance 盗窃保险 指承保由于盗窃而造成损失的保险。

theft of services 盗窃劳务罪 指通过欺诈、恐吓、胁迫、鬼祟行动、技巧性篡改或使用虚假的标志或设施,获取他人劳务的行为。

thegn n.❶家臣;仆役;地方贵族;塞恩 早期在盎格鲁-撒克逊用语中指贵族、武将等的家臣,后用来指地方贵族,分为王室贵族和下级贵族[King's thegn and inferior thegn],他们可能主要是服军役。诺曼征服之后并入骑士之列。 ❷国王的直属封臣

thegnage tenure 〈英〉指十三世纪前后诺森伯郡[Northumbria]的一种地产保有权,其详情已无可查考

The Interpreter 《词解》 1607年出版的一部由剑桥大学钦定民法学教授考维尔[Cowell]博士所著的法律词典。它曾因支持绝对的王权而招致下院的不满,又因其中的某些用词而遭国王的禁令,但禁令使得国王的地位与上帝相提并论,这多少又削弱了对该书的指责。本书1708年重印,并在序言中包含了国王的禁令。

thelonio irrationabili habendo 通行税恢复征收令 发给以可继承方式领有王室自用地农庄的人,用以恢复征收原来已为习惯所认可的通行税。

thelonium 〈英〉免税令状 公民或自治市的自由民用以声称其可免交捐税的令状,已废除。

thelonmannus n.收税官

Thelusson Act 〈英〉《特勒森法》 它规定从立遗嘱人死亡之日起 21 年为财产积累的限期,它因特勒森遗嘱一案而被通过,故此得名。

theme n. ❶(文章、谈话、演说等的)主题 ❷〈撒克逊〉对农奴的管辖权力 指对农奴及其随从及后代以及土地、财物等享有的管辖权力。

themmagium 被征交或自己认交的奉献金 由农奴向享有司法特许权[team]的人支付。

then and there 在(以前提及的)当时当地;当场;立即

then cash value (财产)当时的现金价值

thence ad. ❶从那里 ❷之后;以后 ❸所以;因此

thence down the river 沿河而下 常用于国王特许土地的测量中,一般被解释为河流的河曲,除非有积极的证据证明存在书面的折测线[meander line]记录。

theocracy n. ❶神权政治 ❷神权政治国家

theoden 〈撒克逊〉农夫;下层佃户;大乡绅属下的人

theof n. 〈撒克逊〉犯罪团伙的成员 指从事暴虐、破坏等行为团伙的成员,团伙由 7 人组成。

theolonium 〈拉〉(= toll)

the ordinary prudent man 标准人;通常的、平均水准的谨慎的人;合理谨慎的人;理性的人 指一种抽象的具有适当的精神和身体素质的标准的人。不论在何种情况下,可以其可能的行为和举动作为衡量是否合情合理、适当注意的标准。

theory of case 当事人对案件的主张 诉讼当事人起诉或者答辩均应说明其对案件的主张,并须有事实加以支持。在衡平法上的诉状中,此是一项必要的内容。作为一个总的原则,复审法院审查时,仅考虑下级法院就双方的主张所为的审理。

theory of law 法律原则;法律原理

theory of pleading doctrine 〈美〉以诉答意旨为准的原则 依该原则,不论原告、被告,均必须就其起诉或答辩的意旨提供证据,即使其提供的证据于其充分有利,但若与其诉答意旨不符,则仍将败诉。现代各法典及民事诉讼规则已取消了这种严格限制,允许当事人以证据为准,以修正其诉答书状。

theowes (封建法)奴隶;俘虏

the parol demur 口头抗辩;关于欠缺行为能力的口头抗辩 指在古普通法中,要求中止诉讼等到当事人欠缺行为能力的事由终止之后再行处理的方式。例如,继承人在继承遗产时,有人诉请应以遗产偿还其祖先欠下的债务,如继承人是未成年人,他就可以"欠缺行为能力的口头抗辩"要求等到他成年之后再处理这一请求。

The power to tax is the power to destroy. 〈美〉有征税之权就有破坏之力;征税的权力就是破坏的权力。 首席大法官马歇尔[Marshall]在麦卡洛克诉马里兰州[McCulloch v. State of Maryland]一案中作出的著名宣言。指不公平的税负可导致破坏的结果。

there ad. 那里;那边

thereabout ad. 在那附近

thereafter ad. 以后;之后;因此;从而

thereafter clause 后续条款 通常在石油或天然气开采租赁合同中出现的一种条款,指只要石油或天然气仍在产出,即使原订租赁合同期限已经届满,承租人仍可依此条款继续开采。

thereby ad. 因此;由此;从而

(The) Record Office 〈英〉伦敦档案局 又译伦敦档案署。

therefor ad. 因此;为此

therein ad. 在那里;在那时;在其中

The Reports 〈英〉《法律汇编》 指爱德华·科克判例汇编,包括了从 1572－1616 年间的判例,于 1600－1615 年首次出版,共 13 卷,现代版共分 6 卷,并附有索引。引用时写作"Rep."或"Co. Rep.",它在扩展对普通法的理解方面有很大影响。

thereunto ad. ❶去(做)… ❷到那里;那里

thereupon ad. ❶因此;于是 ❷随即;立即

the rule 〈美〉证人回避规则 指某一证人在法庭作证时,所有其他证人都应回避的一项证据规则和程序规则。该词主要在美国南部和西南部使用,但证人在作证前从法庭回避则是通行程序。

thesaurium (= thesaurus)

thesaurus 宝库;金库;财宝

thesaurus absconditus 〈英格兰古法〉埋藏的财物;隐藏的财物

Thesaurus competit domino regi, et non domino liberatis, nisi sit per verba specialia. 财宝属于国王,而不是由特许区的领主所有,除非有特别的规定。

thesaurus inventus 〈拉〉被发现的埋藏财物

Thesaurus inventus est vetus dispositio pecuniae, etc., cujus non extat modo memoria adeo ut jam dominum non habeat. 被发现之财宝,如古代埋于地下之金钱等,若已无人能回忆其出处,则为无主财产。

Thesaurus non competit regi, nisi quando nemo scit qui abscondit thesaurum. 埋藏的财宝不属于国王,除非无人记得该物系何人所埋藏。

Thesaurus regis est vinculum pacis et bellorum nervus. 国王的财富是和平的保证和战争的支柱。 指军费。

these presents 本文件 "this instrument"或"this very instrument"的一种正式用语。

thesmothete n. 立法者;法律制定者

thethinga 〈英〉十户区(= tithing)

the undersigned 签字人;签名人;签章人(= subscriber)

thia 〈拉〉(民法)(欧洲古法)姑母;舅母;婶母;姨母

thief n. 窃贼;小偷;偷窃犯;盗窃犯

thimblerig v. 用快速手法欺骗

thin capitalization 资金短缺;弱资 指公司所欠股东的债务在公司资本结构中占相当大比重,需要进行债务重组的情形。

thin corporation 资金短缺的公司;弱资公司(⇨thin capitalization)

thing appendant 附属物;附加物

things n. ❶物 法律性质的物包括不动产[things real or immovable]、动产[things personal or movable]和不动产与动产的混合物[things mixed]。而在罗马法与大陆法上分为有体物[corporeal thing]与无体物[incorporeal thing]。❷所有物 指某人所有,从而构成其财产组成部分的东西。

things in action (= chose in action)

things of value 〈美〉❶财物;值钱的东西 在联邦反偷盗制定法中,它既包括有形财产,也包括无形财产。❷赌注 指在赌场中的任何可以诱惑人来参赌的东西。

things personal 动产 指所有可以移动而不损害其性质和价值的物品及其权利和孳息,如货物、金钱等。

things real 不动产 指所有不能移动、一经移动则会损害其性质和价值的物品,如房屋、土地等。

thingus 〈撒克逊〉大乡绅；贵族；骑士；自由民

Third Amendment 〈美〉美国宪法第三条修正案 权利法案之一，它规定除在战时作为军事必需外禁止士兵强制驻扎民房[quartering of soldiers]。该修正案反映了公民住宅不受侵犯的极端重要性，与第四条修正案相关联，它们共同确立了对个人隐私权的基本保护。从历史上来看，并无出现主张违反该修正案的记录，最高法院也从没有审理过此类诉讼。

third arbitrator 第三仲裁员 指经两个最初的仲裁员招请而与他们一起裁决案件，以便打破僵局的仲裁员，但非首席仲裁员。

third-class mail 三类邮件 指书籍、传单和其他不属于第一、第二类及第四类的邮件。(⇨first-class mail)

third conviction 〈美〉第三次定罪；累犯的定罪量刑(⇨habitual criminal; recidivist)

third cousin 第三类堂（表）兄姊妹 指父母第二类堂（表）兄弟姊妹[second cousin]的子女，依照大陆法系关于亲等的划分方法，属于六亲等。这一分类方法在美国的大部分地区盛行。

third degree ❶〈美〉（警察的）严刑逼供；拷问；疲劳讯问 ❷三等犯罪 指用来确定犯罪严重程度的标准，如三级谋杀等，指其情节较轻者。

third degree relative 三等亲 如大陆法系的亲等计算方法，在美国大部分地区盛行，指姑、姨、叔、舅、侄子、侄女，曾祖父母、外曾祖父母。

thirdings n. 三分之一作物继承税 在哈里福特[Hereford]的特菲特[Turfat]领地，佃户地里生长庄稼的1/3作为保有地继承税将归领主所有。

third market 〈美〉第三市场；上市证券的场外经纪人市场 指由非证券交易所会员的经纪商、交易商和机构投资者在证券交易所以外从事上市证券交易的市场。区别于证券交易所市场和非上市证券市场。(⇨over-the-counter market)

third-night-awn-hinde （英格兰古法）住到第三夜的家里人 忏悔者爱德华[St. Edward the Confessor]时代的法律规定：在旅店里住第一夜者，被当作陌生人；住到第二夜者，称为客人；住到第三夜者，即被视为店主的家里人，和家仆[awn-hinde]一样，店主对该住店者的违法行为要承担责任。

third party 第三人；第三方 诉讼、协议等的基本当事人以外的、但与之相关的其他人。

third party action 第三人诉讼 区别于本诉的诉讼，目的在于使对或可能对本诉中原告向被告提出的请求承担全部或部分责任的第三人加入到诉讼中来。

third party beneficiary 受益第三人；第三人受益人 指虽非合同当事人但可从合同履行中获益的人。例如保险合同中的受益人。(⇨third-party-beneficiary contract)

third-party-beneficiary contract 第三人受益合同 指由第三人直接受益的合同，该第三人有权对合同当事人的违约行为提起诉讼。

third party check 第三方支票 ①通过银行转让或议付的支票，但付给出票人的支票（即现金支票）除外。在此种结算中，第一方为开立支票的银行，第二方为据其在银行的存款出具支票的人；第三方为在支票上背书的受款人；②双重背书支票，受款人通过在支票上背书将支票转给其后的持有人，该持有人在向银行兑现该支票时再背书。

third-party claim 第三人的请求 指诉讼当事人以外的第

third party claim proceedings 第三人请求程序 确定被扣押财物所有权的一种简易程序。

third party complaint 〈美〉对第三人的起诉 指被告对本案当事人以外的第三人的起诉，称本案原告向其主张的损害赔偿将可能部分或全部由该第三人承担，因而提起。

third-party contract (= third-party-beneficiary contract)

third-party equity lease (= leveraged lease)

third-party plaintiff 第三人诉讼中的原告 指本诉中的被告向应对自己承担责任的第三人提起诉讼，从而取得原告的地位。

third-party practice 第三人引入诉讼 指当被告试图向未被原告起诉的第三人转移责任时而使该第三人加入到诉讼中来的程序。(⇨impleader)

third-party summons 对第三人的传票 传唤本诉当事人以外的第三人到庭对被告向其提起的第三人诉讼作出答辩的传票或通知。

third person 第三人

third possessor （大陆法）第三占有人 该人取得已抵押之财产，但不承担抵押担保之债务。如果某人购买已设有抵押之动产，则其要么放弃财产，要么清偿该不动产所抵押之债。

Thirteenth Amendment 〈美〉美国宪法第十三条修正案 1865年1月31日由国会提出，同年12月6日获批准。该修正案废除了全美各地的奴隶和强迫劳役制；它具有自行强制力，无需国会支持性立法，因而是唯一一条可直接作用人民和各州的修正案。它规定除惩罚犯罪外，禁止使用苦役，也禁止允许和实施奴役的法律。修正案也授予国会执行这些规定的权力，这也是自1787年原宪法批准后首次扩充国会的权力。国会很快于1866年通过了《民权法》[Civil Rights Act]，将公民权扩展到先前的奴隶，并禁止任何形式的种族歧视。

thirty-day letter 〈美〉三十日通知单 国内税务署在对某一纳税人进行审计（或拒绝纳税人的退税请求）后所发出的通知单，同时附上一份税务代理人报告。在30日内，纳税人可以向国内税务署提出上诉，如其未在30日期限内上诉，则国内税务署即发出纳税不足的法定通知，即90日通知单。(⇨ninety-day letter)

Thirty-Nine Articles 〈英〉《三十九信条或"教条"》；《三十九纲要》 英格兰国教会最根本的信仰纲要，于伊丽莎白一世[Elizabeth Ⅰ]时修订，集原有信条之大成，合并及改正了亨利八世[Henry Ⅷ]1536年的《十信条》、爱德华六世[Edward Ⅵ]1538年的《十三教条》及1553年的《四十二信条》。1571年被坎特伯雷教牧人员代表会议[Convocation of Canterbury]通过。信条主要针对当时各派间所争议的各项教义问题，规定英格兰国教会的观点，其中强调了国家和国王对教会的权力。按照当时法律规定，所有神职人员均要在信条上签名，表示遵从的意愿，并剥夺反对信条教义的神职人员的资格，它既是信徒们对宗教的誓约——信条，也是宗教对信徒们提出的要求和指示——教条。(= Articles of Faith)

threat n. ❶威胁；恐吓 欲用非法手段对他人的人身、财产或权利造成损害的明确意思表示，以使他人产生畏惧，不能自由、自愿地行为。❷凶兆；征兆 ❸构成威胁的人（或物）

threat by mail 利用邮件进行威胁罪；邮件威胁罪 利用寄送邮件的方式来进行威胁的犯罪。

threatened cloud 可能存在的超越所有权的权利 在审

理所有权归属的案件中，被纳入调查范围的、可能存在于财产所有权之上的、超越所有权的相关权利，例如衡平法上的权利。

threatening letters 恐吓信　美国联邦刑法中规定利用信件进行恐吓构成犯罪。

three-judge court 〈美〉三法官合议法庭　在联邦地区法院的多数案件通常都是由一名法官独任审理和裁决的，但对某些种类的案件国会规定需由三名法官组成合议庭进行审理，以给予特别的保障，防止一名法官可能导致的擅权。尤其是对某些以违宪为由请求禁止适用联邦或州的制定法，或者州的行政命令的案件。但是在 1976 年废除了对此类案件由三法官合议审理的做法，而限定只有在国会要求时，或对以国会议席的分配违反宪法为由提起的诉讼才召集三法官法庭合议审理。

three-judge federal district court 〈美〉三法官联邦地区法庭（⇨three-judge court）

three-mile belt （= three-mile limit）

three-mile limit 三海里领水　一国的领水包括邻接海岸 3 海里的一带水域，该水域的宽度是根据古代海岸上设防的大炮通常所能达到的射程即 3 海里加以确定的。

three-mile zone （= three-mile limit）

thrift payment 储蓄报酬　雇主根据雇员的储蓄计划而向其支付的报酬。

thrithing n.〈撒克逊〉〈英格兰古法〉❶郡的非主要的组成部分　❷（由三个或三个以上百户区组成的郡的）行政分区　该词逐渐依其谐音讹成"riding"。

through bill（of lading） 联运提单；转运提单；全程提单　由一个承运人负责货物的全程运输、直至目的港的提单，尽管该承运人必须使用第二承运人或转运人来完成全程运输中的部分航程。第二承运人或转运人仅对其完成的航程负责，但这并不影响第一承运人对全程运输负责。

through carriage 全程运输；合程联运（⇨through route）

through freight 全程运费；联运运费（⇨through bill (of lading)；through freight contract）

through freight contract 全程运输合同；全程联运合同　托运人与联运承运人之间签订的、通过收取全程运费的方式将货物从接收地运至最终目的地的合同。

through passenger 直达旅客；全程旅客（⇨through ticket）

through rate 联运运费；全程运费　在全程运输中，由签发全程提单的联运承运人收取的整个运输过程的费用。（⇨through bill (of lading)；through route）

through route 全程运输路线；全程航线；直运路线　将货物从接收货物并签发全程提单的联运承运人负责的启运地运至由转运承运人负责的目的地的、连续不间断的运输路线，通常由两个或两个以上承运人相继完成。

through ticket 联运票；通票；直达车票；全程车票　该种车票的持有人不仅可以享受签发车票的运输公司提供的运输服务，而且有权享受到达终点之前的相关运输公司提供的运输服务。该种车票并不禁止持有人在中途作短期停留。

through transportation 联运；全程运输（⇨through route）

throwback rule 回溯规则　❶在信托税法中，该规则要求在当前纳税年度所分配给受益人［beneficiary］的信托财产收益中超过当年的可分配净收入的部分，应当计算在上一纳税年度之内，视为已经在上一年度分配给受益人。尽管该超出部分视为上一年度的分配额，但受益人应当在当前纳税年度缴税。如果上一年度无法容纳该超出金额，依据本规则，可以一直向再上一年度回溯；❷在美国，

如果某州不对以分配财产为目的的销售所得征收所得税，即使销售人居住在征收所得税的州，也会免缴所得税。但是，如果该州采纳回溯规则，则可以对该销售行为所得收益征收。

thrown into bankruptcy （由法院）判决破产

throw out 驳回起诉；驳回请求

thrusting n.猛推；猛插；用力刺　在刑法范畴内，该词指用力推、插、刺等，而不问使用的武器是否尖锐。

thus ad.❶如此；这样；以此方式　❷到如此程度　❸因此；从而　❹例如

thwertnick n.〈英格兰古法〉三夜娱乐节　一种向郡长等表演文娱节目的习俗，一般持续三个夜晚。

tick n.〈口〉信用；信任；赊销

ticket n.❶（政党在竞选时提出的全部）候选人名单　❷票；券；车票；入场券；票证　❸传票　由警察签发的，要求在指定的日期到法官面前对指控（如违反交通规则）进行答辩的命令。　❹选票

ticket agent 票务代理人　①公共承运人［common carrier］的雇员，其主要职责是在承运人的车站内向乘客售票；②票券代理处的雇员。

ticket broker 票务经纪人；票务代理人（⇨ticket agent；ticket scalping）

ticket-of-leave n.〈英格兰古法〉假释许可证　根据罪犯的良好表现，在宣告刑期未满之前，按照特定条件发许可证，释放罪犯。如果罪犯在假释期间从事违法活动，将重新投入监狱服刑。1853 年法规定以劳役刑代替流放刑，在罪犯服劳役期间可获该证而得到自由。实践中 1853 年法案没有被严格地遵照实施，假释或多或少地被滥用。于是 1864 年法规定获得该证须经更严格的程序，并且加强了对获释后的罪犯的监督。该规定也适用于殖民时期被流放到澳州的罪犯。

ticket-of-leave man 〈英〉假释犯

ticket scalping 倒票　购买大量票券倒卖给他人并从中渔利的行为。

ticket speculator 票券投机者　购入票券并以高于面值的价格卖出票券、从中赚取差价的投机者。

tickler n.❶备忘录；记事本　❷（= telltale）

tidal test 可航性检验　普通法的规则，有潮涨潮落的水域才能被归为可航水域，并进行可航性测验。

tidesmen n.〈英〉（喻）关税检查官　被派去检查、监督过往船只缴纳关税的海关官员。他们之所以被称为"tidesmen"（原义是"弄潮者"），是因为他们顶着潮水登上到达泰晤士河口的船只检查。

tidewaiter （= tidesmen）

tie ❶（选票等的）同数；（比分等的）平分　❷使（比分、选票等）相等；与⋯势均力敌

tied product 被搭售商品　指卖主根据搭售安排［tying arrangement］将其与搭售商品［tying product］一并出售的商品。（⇨tying arrangement）

tie-in arrangement （= tying arrangement）

tiel 〈诺曼〉这样的；如此的　相当于"such"，常用于"Nul tiel record"，即"无此记录"。

tiempo inhábil 〈西〉❶无行为能力期间　❷无力偿债期间　例如，在此期间内该人不得转让其财产而致其债权人受损。该词在美国路易斯安那州适用。

tienheofed （= tenheded）

tierce n.❶三分之一；寡妇应得的亡夫遗产　为所继承的亡夫遗产的 1/3。（= terce）　❷四十二加仑　指最大桶

[pipe]的 1/3。

tie vote 得票数相同

tight a.（口）责任严格的 指在票据、债券、抵押、租赁等合同中条款的性质，其给予债权人的救济是简易且严格的。

tigni immittendi 〈拉〉（罗马法）架梁权 架梁地役为地役权的一种。指役权人在建筑房屋时，有权把房屋大梁穿架于邻居房屋的墙上作为支撑。

tignum 〈拉〉建筑材料；木材

tihler n.〈撒克逊〉控诉；起诉

tillage n. ❶耕种 ❷耕地 不同于荒地、牧地。

till-tapping n.从钱柜中偷钱

timber lease 附砍伐义务的土地租赁 出租人以承租人代其砍伐出租土地上的树木为条件将土地租赁给承租人。

timber license 伐木许可证；采伐许可证

timberlode n.送还林木义务 承租人所承担的将林中倒下的木材运回土地出租人家中的义务。

timber rights 采伐权；伐木权 所有人保留的从其租出的土地中采伐并运回木材的权利。（⇨profit à prendre）

time n. ❶时间 ❷时刻；时期；时代 ❸（俚）服刑期

time and one-half 超额工作报酬 对额外工作支付的、与通常报酬不同的特殊报酬。

time-bargain v.定期交易；证券期货交易 指买卖双方以约定的价格，在未来时间或期限内进行交割的证券交易。一般系按时价结算盈亏。

time bill 远期汇票；定期付款汇票 指付款人见票后在一定期限或指定日期付款的汇票。

time bill of exchange (= time bill)

time certificate 工时记录簿

time certificate of deposit 定期存款单

time charter 定期租船合同；期租合同 与航次租船合同、或程租合同相区别。是指船东把整船或船的一部分在一定时期内出租给他人使用而订立的特定的明示合同。根据这种形式的合同，船东负有管船责任，船长和船员是船东的雇员并受其控制。

time credit 远期信用证 指开证银行保证接受受益人开立远期汇票，在规定期限内付款的信用证。

time deposit 定期存款 指储户在存款后规定日期届满时才能提取的一种存款；或者储户必须在提款前若干天事先通知银行的一种存款。

time draft 远期汇票；定期付款汇票（⇨time bill）

time immemorial ❶太古时代；无法追溯的年代 ❷很长时间

Time is the essence of contract. 时间是合同的实质要件。 指一方当事人只有按照合同规定的时间履约才有权请求对方当事人履约。在合同中，如果当事人未能按时履约，则构成违约。（⇨essence of the contract）

time loan 定期贷款 与活期贷款相对，指有固定期限，并且一般在期限届满之前无须偿还的贷款。（⇨demand loan；call loan）

timely amendment ❶（所得税申报表的）及时补正书 指在法定申报期限，或税务官员同意的延长期限内，纳税人递交的对申报表的修正或补充文件。 ❷及时交ের的补充书状 在诉讼中对已递交法院或已送达对方当事人的书状，在法律规定或法官准许的期限内追加的补充书状。

time note 期票；定期本票 在将来某一确定时间到期的票据，与即期票据[demand note]相对。

time of legal memory 法律可以追溯的年代 原指有历史记录可考的年代。也指提起不动产之诉的追溯时效，根据 1275 年《第一威斯敏斯特法》的规定，自理查一世时期（即 1189 年）开始，这一时间便被称为"Legal Memory"。但其后亨利八世时的《时效法》[Statute of Limitations]用此名将其压缩为以 40 年为限，又其后则更降低为 20 年。现在美国各州关于收回不动产之诉的时效规定，仍称之为 time of legal memory，通常为 20 年。

time of memory 〈英〉法律上可以追溯的年代 英王理查一世 1189 年即位后的年代。

time of peace 和平期间

time of war 战争期间

time option 限期选择权 在一定期间内有效的选择权。

time order 限期指令 适用于特定期间的市场指令或限价指令。

time out of memory (= time immemorial ❶)

time out of mind 无法记忆的年代；远古时代（⇨time immemorial）

time paper 远期票据 指在将来某一时间付款的票据。（⇨time bill）

time-policy n.定期保险单 一种海上保险单，不是承保特定的航程，而是承保合同约定的某一期间，对于该期间内由于承保风险而造成的船货灭失或损坏提供保险赔偿。

time-price differential 现金交易价格与赊销或分期付款价格的差额

timesharing n.分时享用权 共有产权的一种，例如，数人合资购买度假住房，按出资多少规定每人每年有权享用该房的时间。

time value 远期价值；时间价值 一项投资从投资者持有之日起至投资到期这一期间内具有的那部分价值。如一公司股票在被接管时的价格与接管前价格的差额。

timocracy n. ❶财阀政治 由财力相当充裕的人统治的政府。 ❷荣誉政府 以热爱名誉为统治者主要动机的政府。

Timores vani sunt aestimandi qui non cadunt constantem virum. 〈拉〉恐惧对果敢者而言是不起作用的（勇敢者无所畏惧）。

tinel 〈法〉进行司法活动的地方

tineman n.〈撒克逊〉守林官；护林官 负责在夜间守护森林、从事林牧及其他低下工作的小吏。

tinkerman n.〈英〉拙笨的渔夫；非法捕鱼者 在泰晤士河中利用鱼网或其他工具非法捕鱼，破坏幼鱼生长的渔夫。

tinpenny n.锡金；贡物 为了能够自由采掘锡矿[tin mines]而缴纳的钱物。

tip n. ❶内部情报；特别信息 ❷小费；小账

tippee n.〈美〉不适当地获得内幕信息的人 在证券法中，指从公司内部或从与公司有关系的人员处以各种手段获得非公开的内幕信息的人。证券法的相关规定是为了防止熟悉内情人比非知情人占有不公平的优势。（⇨insider；tipper）

tipper n.不适当地披露内幕信息的人 指拥有重要证券内幕信息的人，为了谋利或其他私人目的而有选择地向他人披露该信息。（⇨insider；tippee）

tippling house （小）酒馆；酒吧间 每次只卖少量酒的酒店或允许顾客在此饮少量酒的酒店。

tipstaff n. ❶法警 由法庭任命，在庭审期间负责维持法庭秩序、送达传票、保护陪审团等工作的人员。（⇨bailiff） ❷〈英〉（持金属头手杖的）执法人员 由王座法庭的狱政官[marshal]任命,手持银制金属头手杖,监管所有犯人的执法人员。

tire marks 车轮痕迹 汽车在行驶过程中留在路面上的痕迹,往往作为判断汽车驾驶状况和行驶速度的物证。

tithable *a.* 可征什一税的;应纳什一税的

tithe *n.* ❶(常用复)(教会的)什一税 所有农产品和收益的1/10属于上帝和教会,以维持教会和神职人员的生活。什一税被早期基督教教会采纳,并随着它的扩展在全欧洲成为义务,从公元6世纪开始什一税由教会法责令征收,在公元8世纪时由世俗法强制执行。什一税从10世纪开始在英国成为义务。宗教改革后的教会仍将什一税作为其收益。实物什一税可分为农业什一税[praedial tithes]、人役什一税[personal tithes]和混合什一税[mixed tithes],后因征收实物不便,从1836年到1891年的《什一税法》[Tithe Acts]改为征收谷物租金或什一税租费[tithe rent-charges]。以后在大部分欧洲国家什一税被废止。什一税在美国从未成为合法的规定,但某些教会要求其成员缴纳类似数额的捐款。 ❷(广义上的)什一税

tithe-free *v.* 免缴什一税

tither *n.* ❶什一税缴纳者 ❷什一税收税员

tithe rent-charge 〈英〉什一税租费 根据1836年至1891年的《什一税法》[Tithe Act],实物什一税被什一税租费替代。1925年《什一税法》规定,所有附属于圣俸的什一税租费转交安妮女王基金会[Bounty of Queen Anne]。1936年《什一税法》废除了什一税租费。

tithing *n.* ❶缴纳什一税 ❷〈撒克逊〉十户区;村镇 百户区的组成部分,在英格兰的一些地方取代镇区,作为当地的行政单位。 ❸〈撒克逊〉十户联保组 自由保有土地的十户家庭联合在一起,向国王保证遵纪守法。

tithing-man *n.* ❶村镇官吏;下级警官 ❷〈撒克逊〉十户联保组组长;十户长(= tithing-reeve) ❸〈美〉堂区治安官 在新英格兰每年被选举出来的官员,其职责是在举行圣事期间维持堂区秩序。

tithing-penny *n.* ❶〈撒克逊〉〈英格兰古法〉十户区赋税 根据惯例一些十户区向郡长交纳的税金。 ❷(根据风俗习惯佃农向领主交纳的)税金 ❸(根据习惯领主在百户区法院[hundred court]交纳的)税金

tithing-reeve (= tithing-man)(⇨tithing;reeve)

Titius *n.* (罗马法)某甲 经常用于指称不确定的、虚拟的或当作例子加以说明的人。

title *n.* ❶产权;所有权 该词在法律上经常使用,但缺乏明确统一的定义。它通常指一个人对财产、尤其是土地等不动产所拥有的组成所有权[ownership]的各项权利,有时也被用来指所有权本身。但在严格意义上,title并非所有权,而是所有权的证据和基础,是构成所有权的全部要素的集合。这些要素在普通法上分为三项:①占有[possession];②占有权[right of possession];③单纯所有权[right of property]。其中后两项被认为在实质上是相同的。因此,title强调的是建立在占有基础上的、或基于占有而享有的对土地的支配权,是对土地的权利与对土地的占有的统一,而非任何形式的地产权[estate]。但产权人的占有又不同于所有权人的占有。后者为正当合法,具有绝对效力的占有。前者的范围更广,包括抵押[mortgage]、占用[occupancy]或单纯占有[bare possession]等情况,甚至包括非法占有人或侵权行为人的占有,只不过这一占有可以为合法权利人所依法剥夺。故产权依产权人占有的效力而有级别高低、优劣之分。地位最高者为自由继承地产权[fee simple],其下有终身地产权[life estate]、定期地产权[term of years]、占用者的产权[just possession]。可以对抗一切他人的权利的产权的人,才是真正的所有权人。 ❷产权证书;地契;房契 证明一个人对土地等不动产拥有产权的契据。(= title deeds) ❸理由;权利 即支持一项权利主张或请求的依据,或一项被宣称拥有的或被承认的权利。旧时还可特指一个人以进占[entry]方式而非诉讼方式否定他人的地产权的权利。 ❹圣职推荐;圣俸;教堂 指神职人员被正式推荐担任圣职或即将被主教委任出缺的圣职,与临时委任圣职[commendam]相对。或指牧师享受的圣俸或被委派管辖的教堂。在罗马天主教中则指罗马城中及其附近分派给枢机主教[cardinal]们的教堂。 ❺推荐书 推荐某人担任圣职的证书。 ❻(表示尊贵或荣誉的)称号;头衔 ❼(法规、诉讼文书、书籍、文章等的)标题;题目;名称 ❽专利名称 在专利文件中对专利发明的简短描述。 ❾案名 即案件名称,由审理法院名称、当事人名称以及有关诉案记录——如××判例汇编——等编成。在遗产管理[administration]诉讼中则须列入留下遗产的死者姓名。 ❿供养担保 主教在推荐圣职时通常要求被推荐的圣职候选人[candidate]提供的一项保证后者可获得供养的担保。

title bond 所有权保证书 向不动产的购买人开出的证明文件,保证向其转让的所有权无瑕疵。

title by accession 因财产的自然增益而获得的所有权

title by adverse possession or prescription 时效取得;根据相反占有或取得时效获得的所有权 占有人占有他人所有的财产达到法定期间,从而取得该财产的所有权。时效取得的构成要件为:占有人以所有人的名义公开、实际、持续地占有他人财产,财产所有人明知但未作反对表示。

title by alluvion 洪水冲积而形成的新地所有权

title by bankruptcy 破产财产管理人的权利 破产财产管理人对破产清算取得的财产及用于支付破产费用和分配给债权人的财产的权利。

title by cession 因割让而获得的领土 一国根据领土割让条约而从他国无条件获得的领土,包括该领土及其上的所有建筑物,但不包括已获得或保留了搬迁权利的个人所拥有的建筑物。

title by conquest 因征服而获得的领土

title by descent 因继承取得所有权;继承取得 某人根据法律规定,以继承人的身份取得的遗产所有权。

title by discovery and occupation 因先占而获得的领土 一国公民或臣民以该国名义,并经该国授权或同意对某一无主地进行实际的、连续的有效占领而为该国获得的领土。

title by invention 因创造而取得的产权 指通过创造取得的专利权和版权。

title by limitation 时效取得;根据取得时效而获得的所有权(⇨adverse possession; title by adverse possession or prescription)

title by prescription 时效取得;根据取得时效而获得的所有权(⇨title by adverse possession or prescription)

title by purchase 有代价取得的不动产所有权;非继承获得的不动产所有权 以继承之外的任何方式获得的不动产所有权。

title by record ❶记录所有权 在司法或其它公共记录上记录的所有权。 ❷特许公地所有权 指国家授予的土

地所有权;或指公地专用权人及其近期或远期买主享有的权利。

title company (不动产)产权调查公司 该公司负责调整不动产产权状况,以确定其是否存在财产负担请求权或其他权利瑕疵,并可提供产权保险。

title covenants 所有权保证条款 ①记入财产转让合约的、保证购买人取得无瑕疵所有权的、用以对抗卖主的各种合同条款;②租约中的所有权保证条款,表明房主保证对出租物拥有所有权。

title deeds 地契;土地产权证明书;产权证书 能够证明土地所有权的契据等文件。

title defective in form 具有形式瑕疵的所有权 所有权凭证上存在瑕疵,指在记载所有权的各种凭证文件上存在的表面瑕疵,并非是因客观情况变化或在其他文件上出现相反证据而产生的权利瑕疵。所有权存在形式上的瑕疵不能构成取得时效的基础。

title documents 所有权证书;所有权文件 在成立或转让完全所有权[good title]时所需要的、证明所有权归属的证明文件。

title guaranty company 所有权担保公司;产权担保公司 从事产权调查,以确定该财产的所有权上是否已设定财产负担或存在瑕疵,并向财产的买方或抵押权人提供所有权担保的商业组织。

title in fee simple 自由继承的土地所有权 完全的、无条件的所有权。

title insurance 产权保险 该保险对被保险人以购买者或其它身份拥有利益的不动产因产权瑕疵而造成的损失提供一定金额的赔偿。

title note 保留所有权的本票或期票 指动产的购买人给付的本票中规定,在本票未获支付前,出售方仍拥有该动产的所有权。

title of a cause 案件名称 每一案件在法庭或其他司法程序中所使用的不同于其他案件的名称。

title of an act 法律名称 制定法的标题或位于制定法的开头,用以简要介绍该法目的、性质及相关主题的引言。

title of clergymen (to orders) ❶教区;教堂 神职人员行使职责的特定区域。❷就任圣职必须具备的资格

title of declaration 起诉状的标题 指原告起诉状的起始部分,包括法院的名称及送达的期限。

title of entry 进入土地的权利;进占土地权

title of record 登记所有权;记录所有权 指通过对某一财产的产权登记或司法记录的检索而显现的不动产所有权。(⇨record title)

title of statute (= title of an act)

title opinion 所有权状况评估报告;产权调查意见书 通常由律师或产权调查公司作出,是对特定不动产所有权法律状态的评估。这一评估必须反映出可能存在于所有权之上的各种权益状态,如通行权、各种地役权及财产负担等。

title paramount ❶较高级的权限 ❷较佳的权限 ❸前手原有的权限

title registration 不动产所有权登记(⇨Torrens title system)

title reservation contract 保留所有权的买卖合同 指在买方未全部支付货款之前,卖方仍然拥有标的物所有权,以此作为买方支付全部货款担保的一种买卖合同。

title retaining note 保留所有权的本票(⇨title retention note)

title retention 所有权保留 指卖方为确保获得所售商品的价款,在买方未全部支付价款之前保留对所售商品的所有权。"所有权保留"属于留置权的一种,实质上等同于动产抵押[chattel mortgage]。

title retention note 保留所有权的本票 由财产的买方开出的本票,其中规定在该本票未获支付之前,卖方仍拥有该财产的所有权。

title search 所有权调查;产权调查 对所有权契据或其他记载所有权状况的官方文件进行调查,以确定该所有权有无瑕疵,并在此基础上制作该所有权状况的概要说明。典型的产权调查,是应可能购买某项财产或接受某项财产作为抵押者的要求,由产权公司或不动产律师组织进行的。

title standards 所有权状况评估标准 用以评估不动产所有权,确定它是否具有市场价值抑或具有瑕疵的标准。

title theory 抵押物所有权转让理论 财产法中的一种观点,它认为一旦设定抵押,则抵押物的普通法所有权即发生转让,而为抵押权人所拥有,直至债务获得清偿或取消回赎权。美国仅有小部分州采此理论。(⇨lien theory)

title to office 公职的职权;担任公职的职权 行使政府职能、并获得相应报酬的权利。

title to orders 〈英〉(教会法)圣职授衔书;牧师授职书

title transaction 影响所有权的事由 影响不动产所有权的各种事由,如遗嘱、继承、税收、信托、监护、法庭判决、担保等。

titulada 〈西〉所有权

titulus 〈拉〉❶所有权 ❷占有根据(或基础) ❸占有方式 无论该占有是合法还是非法。❹(教会法)寺庙;教堂;大建筑物 为主持牧师头衔及职权的来源。

Titulus est justa causa possidendi id quod nostrum est; dicitur a tuendo. 〈拉〉所有权[titulus]是指占有财产的正当权利,它说明该财产是属于我们的,这一词来源于"tuendo",即"予以保护"。

to advance money or materials 预付钱款或预交实物(⇨advance)

to answer damages on another's behalf 代他人偿债;代他人赔偿损失

to arrive 货物到达时 货物买卖合同中的术语,意指合同的生效以货物到达为条件。

to assume and pay and save harmless 保证抵押权的有效设定 是交付抵押财产时惯用的术语,包括两项内容:①请抵押权人接受抵押权;②向抵押权人保证不会因接受抵押权而遭受损害及如遇有损害时将给予赔偿。

to be the sole judge 独任审理法官(⇨sole judge)

toft n.废弃宅基地

toftman n.(英格兰古法)废弃宅基地所有人

toftum (= toft)

togati 〈拉〉(罗马法)辩护人;律师 原义是穿一种古罗马男子所穿的宽松飘拂的外袍[toga]之人。律师出庭须着此服,从而得此名。

toga virilis 〈拉〉罗马人的成年服 罗马人在成年之前不能携带武器,且仅被视为父亲的家属。一旦有权穿上成年服,他们就被视为社会成员。

together with 和;连同;加之 该种表达通常用于契据中对财产的描述,表示此前的描述与该词之后的描述是密不可分的整体。在遗嘱的剩余遗产条款[residuary clause]中该词用于使财产遗赠特定化。

to have and to hold 取得并持有 为土地转让契据中的

习惯用语。"取得"[to have]一词指所有权的转移[habendum];"持有"[to hold]一词指占有的转移[tenendum]。

to indemnify and save harmless 赔偿损失并保证无虞 约定承担赔偿责任或设定抵押债务时的用语。

toira (=tyrra)

token n.❶标志;象征;记号 ❷特征;证明;信物 ❸专用辅币;代价券 ❹(意图)暗示

token-money n.❶专用辅币 ❷民间铸币;私铸币;代币 由商人或公司自铸,在私人间经同意后流通的金属铸币,一般是为弥补流通中小额铸币不足而发行。

to knowingly misrepresent 故意作虚假陈述 明知其陈述不真实,仍然故意歪曲事实真相以使他人依此行事。

tolerate v.❶忍受;容忍 ❷容许;承认;默认

toleration n.❶忍受;容忍;宽恕 ❷默认;容许 ❸信仰自由

Toleration Act, 1712 〈苏格兰〉《信仰自由法》 因格林希尔兹[Greenshields]自苏格兰最高民事法院向上议院上诉而形成的法,它从法律上承认了苏格兰圣公会教徒,因此在苏格兰引起极大反感,并严重损害了英格兰和苏格兰于1707年新形成的合并局面。

Toleration Act, 1689 〈英〉《信仰自由法》 1689年颁布的给予不从国教的新教徒以信仰自由的法律,但要求他们对国王宣誓效忠。天主教徒和否定三位一体的一位论派基督徒[Unitarians]被排除在外。该法于1871年被废除。

toll n.❶(通道、桥梁等的)通行费 ❷长途电话费 ❸服务费;运费;设施使用费
  v.❶引诱;诱惑 ❷废除;取消 ❸中止(时效等)

tollage n.❶通行费;服务费;税 ❷付费;纳税;收费;征税 ❸(通行费等的)征收权;收费权

tollbooth n.❶监狱 ❷海关 ❸交易所 ❹收费亭;收费处 ❺称量处

toll bridge 征收通行税桥 指由政府部门修筑和养护、作为与之相连的公路一部分的桥梁,它除受由业主征收合理使用税限制外,完全归于公用。

tolldish n.标准谷物量器 用来确定征税的将要碾磨的物品重量的器皿。

toller n.收税人

tollere 〈拉〉举起;抬起;升起;提高;增进

Tolle voluntatem et erit omnis actus indifferens. 〈拉〉抽掉个人意志,任何行动都将毫无意义。

toll gate 征收通行税的关卡 建在收费公路[turnpike or toll road]之上向通行者收取费用的关卡,建此关卡旨在当它关闭时可有效地阻止通行。

tolling statute 中止诉讼时效 因特定事由的出现而暂时中止诉讼时效的进行,如因被告不在本国内,或已隐匿而无法送达传票等。

toll road 征收通行税的公路 凡使用者即须交纳费用的公路。

toll service 加收通过税的长途电话

tollsester n.(英格兰古法)❶货物税 ❷酿酒税 在一些采邑,佃农为获得酿造和出售啤酒的自由而向领主交纳的税。

toll the entry 取消进入权;阻止进入 指阻止他人行使或消灭他人的进入权。

toll the statute 中止诉讼时效(⇨tolling statute)

toll thorough 〈英〉道路、桥梁或港口的公共通行费

toll traverse 〈英〉私有地通行费

toll turn 〈英〉牲畜市场税 未能售出的牛肉在退回市场时交付的税。

tolnetum 〈拉〉(=toll)

tolt n.(英格兰古法)案件从领主法庭移送到郡法院的令状

tolta n.(英格兰古法)伤害;抢劫;勒索

toma de razon 〈西〉登记簿;备忘录(⇨testimonio)

to make one's law ❶宣誓否认对自己的刑事指控 ❷(英格兰古法)在宣誓断讼法[wager of law]中取胜 指在债务案件中有一定数量的证人证明被告未欠债。

tomar razon (=toma de razon)

tombstone n.证券出售公告 报纸上刊出的关于即将出售证券的基本情况的公告。该公告仅起到客观展示证券信息的效果,既非向社会公众发出的要约,亦非要约邀请。(⇨red herring)

ton n.❶公吨 ❷吨 长吨,相当于1.016公吨;短吨,相当于0.907公吨。❸航运中不同种类的计量单位 如运费吨、登记吨等。

ton mile 吨英里 运输的计量单位,指1吨1英里。

ton-mile tax 吨英里税 对契约汽车承运人或受雇的特约汽车承运人征收的以吨英里为计算单位的一种税。

tonnage n.❶登记吨位;船舶的吨位 衡量船舶容积的单位,在英国,是根据1965年《商船法》[Merchant Shipping Act]的规定丈量的。❷(货物每吨的)吨税 ❸(一国或一港)船舶总吨 ❹〈英〉桶税 旧时英国进口每一大桶酒所缴纳的税赋,1787年被废止。该词更准确的形式应是"tunnage"。

tonnage-duty n.船舶吨税 对进出港口的船只依据其吨位征收的费用。计吨规则可规定依容量计或依重量计。

tonnage-rent n.(采矿)吨位租金 在采矿租约或其他交费中规定的一种租金,即对所采矿石按吨收取的使用费。

tonnage tax 吨位税 指对船舶征收的、依其吨位或装载货物的吨重确定税款的税收。(⇨tonnage-duty)

tonnagium n.(英格兰古法)向酒类或其他商品征收的、以每吨费率计量的进出口关税

tonnetight n.(英格兰古法)船运桶载或大量装载时的每桶,或每一其他容器的载量(凭以计税)

tons registered 登记吨 商船登记的容积单位。

tonsura 〈拉〉(英格兰古法)剃发;削发仪式 此乃教会神职人员的特殊标志,在不同时期、不同教会中所剃发式不同。(=tonsure)

tonsure n.❶(成为教士或入修道院时的)削发;削发仪式 ❷僧侣头顶的剃光部分;光顶;秃顶
  v.为…削发;给…举行削发仪式

tontine n.❶联合养老制;汤鼎氏养老制 一种参加者共同使用的基金,死者的份额在生者之间进行分配,直至最后一个生者享有所剩全部财产的养老制度;如约定期限,则于期限届满时,由所有生存者享有所剩全部财产。❷联合养老制基金 ❸联合养老保险 ❹参加联合养老制的全部成员 ❺联合养老制参加者的份额(或权利)
  a.联合养老的;联合养老制似的

tontine company 汤鼎氏养老公司;联合养老制公司;联合养老保险公司 其成员终身享年金,且死者的份额在生存成员中予以分配的一种联合养老的公司或社团。生存成员的份额随死亡成员的增多而增加,最后一位生存成员享有全部财产。

tontine insurance 汤鼎氏养老保险;联合养老保险(⇨tontine policy)

tontine policy 汤鼎氏养老金保险单；联合养老保险单 指以生者享有死者财产条款为显著特征的一种人寿保险单。向共同基金交纳费用的生存成员有权分配盈余部分，在支付了保险金、费用和分配利润之后，共同基金依然存在。该术语据说源于一意大利人汤鼎[Tonti]，他于17世纪开创了汤鼎氏保险。

took and carried away 获取并带走 对盗窃犯提出的刑事起诉书中使用的必要的专业用语。

top lease 重叠租赁；覆盖租赁；接续租约 指：①在前一租约尚未期满时签订的租赁，前后两项租赁的期限有所重叠；②后续的石油、天然气租赁中，含有在先存续的租约之一项或多项矿产权益；③对已受油气租约支配的财产再作租赁。通常重叠租赁只在原已存在的租约期满之时才授予权利。

to read law 学习法律 指为了取得律师资格和执业而学习法律的活动。它不仅限于在进入律师界之前的准备阶段，也包括在进入律师界之后，律师学习判例和法律教科书的行为。

tornado insurance 龙卷风保险；暴风雨保险(⇨windstorm insurance)

torpedo n.鱼雷；水雷 一种装载有炸药、在战争中用于对付船舶的自动推进式武器。
v.❶用鱼雷袭击 ❷使油井井底爆炸 指利用井底爆炸器使油能够流出来。❸(俚)破坏协议 指通过增加新的对价而破坏协议。

torpedo doctrine "水雷"原则(= attractive nuisance doctrine)

Torrens system (= Torrens title system)

Torrens title system 托伦斯不动产登记制 根据所有人的申请，法庭依照适当的程序签发不动产所有权登记证书。除非有例外情事，该登记证书对认定所有人的不动产所有权具有决定性效力。该登记制因其创始人是19世纪澳大利亚土地法改革者理查德·托伦斯[Richard Torrens, 1814 – 1884]而得名。在美国，若干拥有大都市的地区俱已采纳该制度。简作"Torrens system"。

tort n.❶侵权行为 该词语为法文，并最初源于拉丁文"torquere"(其英文含义为"twist")和"tortus"(其英文含义为"twisted"、"crooked"或"wrested aside")，原义为"扭曲"、"弯曲"。其在法律上的通常含义是指侵犯法律规定而非合同约定的权利，并导致侵权产生的不法行为或损害行为。故侵权行为与违约行为及犯罪行为相区别。违约行为[breach of contract]是基于当事人之间的协议而产生的，侵权行为通常是对法定义务的违反，而与合同或当事人的意志无关。但现代侵权行为法中也包括恶意违约之诉[action for bad faith breach of contract]，有时侵权行为亦与合同债务相关或者就同一事实而产生侵权之诉与违约之诉，即发生诉权的竞合。在普通法上，侵权行为与犯罪行为有着相同的起源，但现在两者存在诸多区别。犯罪所侵犯的是国家主权所追求的公共利益，而侵权行为所侵害的则是被侵害人所追求的私人利益。普通法上的大多数犯罪行为是可以作为侵权行为被起诉的，反之则不然。从历史上看，在英国并不存在侵权责任[tortious liability]的一般原则，而是由王室法院对不同种类的损害行为给予不同的救济，因此侵权行为法涉及各种被承认的不法行为，并具有不同的构成要件与程序。至今侵权行为法仍是法院对于法律上的不正当损害给予救济，尤其是损害赔偿救济的不同情况的汇集，而不是可以适用于各种案件的一般责任原则。一般而言，侵权责任取决于以下要件：被告的作为或不作为、被告对法定义务的违反及被告授予原告的权利的侵犯、对原告造成的可预见的损害。但并非所有的损害都是可起诉的，例如不可避免事件或者不可抗力所致的损害。而且侵权责任中的金钱性后果亦可转由责任保险[liability insurance]来承担。侵权行为依据不同标准可作不同分类，例如可以分为涉及故意、过失或严格责任的侵权行为；或者分为对个人(例如侵害人身的过失行为)、家庭(例如不法致死)、名誉(例如口头诽谤或书面诽谤)、财产(例如侵入土地或其他财物)、经济权利(例如欺诈、引诱违约)等造成影响的侵权行为以及其他杂类的侵权行为，例如合谋。侵权行为的通常救济方式就是对于所造成的损害给予金钱损害赔偿，而在人身伤害或不法致死案件中，在计算损害赔偿金时可能涉及许多复杂因素。在某些情况下，例如妨害[nuisance]，则须给予禁制令方为适当之救济。 ❷(复)侵权法；侵权行为法 指用以处理侵权行为的一个法律分支。亦写作"law of torts"或"tort law"。

tort claims acts 〈美〉[总称]联邦政府侵权赔偿法(⇨Federal Tort Claims Act; sovereign immunity)

tort-feasor n.侵权行为人；不法行为人

tortious a.❶侵权的；不法的；侵权行为的 ❷侵权性的 在旧时，某些种类的转让方式(例如自由保有地让与[feoffment]、协议诉讼[fine]等)不仅涉及转让人财产，而且涉及整个自由保有地产，从而对真正享有可继承地产人造成损害，故被称为侵权性转让。
n.拷打；拷问、酷刑；虐待

tortious battery (= battery)

tortious conveyance 土地的侵权性转让 转让人不是仅转让其有权转让的土地权利或地产，而是径行转让了其无权转让的土地的整个所有权。(⇨tortious)

Tortura legum pessima 〈拉〉最恶不过对法律的歪曲。

torture v.(为获取口供而)拷打；拷问；施酷刑；虐待

Tory 托利党党员 原先是指对阿尔斯特[Ulster]的野蛮爱尔兰人的别称，后用来指英国议会中的一个党派。该党派认为宪制[Constitution]是最终的、超越其范围的毋需考虑，该宪制是不能背离的。因而，英国的保守党常常被称为"托利党"。与托利党相对的是辉格党[Whig]，辉格党认为所有的政府形式隶属于公共的善，因此如果该形式不能促进其目标，就应变革。

tot v.❶加；计算……的总和；把……加起来 ❷合计；共计 ❸(英格兰古法)用来证明所欠国王之债是有效之债、可靠之债的用语
n.❶合计；总数 ❷加法演算

tota curia 〈拉〉全庭 所有法官全部出席的审判庭。

total a.❶总的；全部的；全体的 ❷完全的；彻底的；绝对的
n.总数；总额；总和；合计
v.总计；合计

total and permanent disability 完全而永久地丧失工作能力(⇨permanent disability; total disability)

total breach 完全违约；根本违约 完全违反对价的一种违约状况。受损一方当事人可要求损害赔偿。

total contract price 全部合同价款

total dependent 无任何收入来源而完全依靠他人生活的人

total destruction 全损；完全损坏；全部损失(⇨total loss)

total disability 完全丧失工作能力 指某人的身体状况使其不能从事与其年龄、教育培训程度和工作经验等相适

宜的工作,而只能断断续续地从事一些工作,挣得不稳定的微薄收入。在劳工赔偿法中,指职工因身体或精神损害而不能履行与其职业相关的职责。

total disability clause 全残条款 ①在健康或意外伤害保险单中,有时在人寿保险单中,规定在被保险人完全丧失工作能力时支付保险金的条款;②人寿保险单中规定在被保险人完全或永久丧失工作能力期间保险人放弃收取保费权利的条款。

total eviction 完全驱逐;完全逐出 指承租人被完全剥夺其在承租不动产上的任何权利。(⇨eviction)

total failure of evidence 毫无证据;未能举证 指未能提供支持己方事实主张的任何直接或间接的证据。

total incapacity (=total disability)

total incorporation 〈美〉全部合并(⇨incorporation controversy)

totality-of-the-circumstances test 〈美〉总体情况标准 刑事诉讼中据以确定传闻[hearsay]证据的可靠性是否足以使逮捕证或搜查证的签发存在可成立理由[probable cause]的标准。依据该标准,传闻证据的可靠性要根据可成立理由宣誓书中陈述的全部情况来判断,而不是仅仅考虑其中某一特定因素。该标准取代了阿吉拉尔-斯皮内利标准[Aguilar-Spinelli test]。

total loss 全损 ①在火灾保险中,指全部的投保财产均在火灾中损失,没有留存任何有价值的东西。建筑物全损的认定标准是,在火灾之后,是否留有可以在其基础上建造同样强度、安全、实用的建筑物的实质性部件;②在海上保险中,指投保船舶遭到彻底的、实质性的损坏,无法通过修理得以恢复;实质性全损不同于推定全损,即投保船舶虽然遭到严重损坏,但仍可以通过修理恢复使用,因此,被保险人在此情形下,须将船舶委付给保险人,归保险人所有,方可得到相当于船舶全损时的赔偿。

total loss of business time 业务时间全部损失 指不能从事自己特定的本职工作,但不排除有可能从事其他工作。(⇨total disability)

total loss of eyesight 全盲;视力全失 指完全丧失视力或现存视力在正常光线下虽可辨别明与暗,但已无法分清各种颜色或事物;在有些情况下,该词指视力丧失至已无法继续从事自己本职工作的程度。

totally or substantially destroyed 完全损坏;完全毁损 建筑物遭受到实质性损坏,但并不必然是彻底消失。

total mental disability 智能丧失;心智全损(⇨total disability)

total permanent disability 完全并永久性丧失工作能力(⇨permanent disability)

total physical disability 体能丧失;体能全损 指不能行动。

total repudiation doctrine 彻底否认合同有效规则 如果合同一方当事人否认合同有效,则其亦不得要求依合同中的仲裁条款解决纠纷。

to the country whence they came 〈美〉从哪个国家来,就回哪个国家去

to the credit of 收入…账户 票据的一种限制背书方式。

to the diligent belongs the reward 勤奋者得到更多 在破产法中,该原则是指哪个债权人能够更加积极地参与破产程序,他就能获得更多份额的清偿。此原则后被债权份额平均分配原则"平均就是公平"[Equality is equity]所替代。

to the order of 根据…指示付款 票据用语。

totidem verbis 〈拉〉①用这些话 ②悉如原文;一字不漏
toties quoties 〈拉〉每遇机会;经常发生
toto n. 全部;整体
toto genere 某一种类的全部
totted n. 对国王的有效债务 已向郡长支付的债务,并将由郡长上交与国王。
totten trust 暂时信托 指某人为他人而以本人名义作为受托人在自身银行存款上设立的信托。它通常用于指定银行账户的继承人,而无需订立遗嘱。这是一种可撤销信托[revocable trust],存款人在生前随时都可以撤销该信托,除非存款人死亡或完成赠与。但是,如果存款人作出了决定性的不再撤销信托的声明,则该信托成为确定性信托[absolute trust]。亦作"tentative trust";"bank-account trust";"saving-account trust"或"saving-bank trust"。
totum 整体;全部
Totum praefertur unicuique parti. 〈拉〉整体优于部分。
touch and stay 短暂停靠 在海上保险中,赋予被保险人在航行途中的某些指定地点作短暂停靠的权利,但该权利不能超出给定的自由范围。如果被保险人试图在短暂停靠中从事接运或卸货等商业活动,则构成了一种偏离航道的行为,对此保险人将不承担保险责任,除非保单中规定船舶有在停靠期间从事商业活动的内容。
touch at port 船舶在港口作短暂停留;泊靠
touching a dead body 触摸死尸 古老的迷信,认为当谋杀者触摸被谋杀者的尸体时,死尸将流出鲜血。故在古代的刑法中,该方法往往被援用,作为判定谋杀犯罪嫌疑人有罪或无罪的方法。
toujours et uncore prist 〈法〉时刻准备着 常用于偿还债务的答辩。
tour d'echelle 〈法〉❶靠梯地役权 为维修与邻居共有的分界墙或由其支撑的建筑物而享有的、在邻居不动产上靠放梯子的地役权。 ❷建筑物周围的空地 指为建筑物维修所需而在其周围预留的空地。
tourn n. 〈英格兰古法〉地区刑事巡回法院;郡长治安巡视法庭 每郡均设有的一种存卷法院[Court of Record],拥有刑事审判管辖权,由郡长主持,一年两次,根据一定的路线在区内进行巡回审理。
to use and control as he thinks proper 以其认为合理的方式使用和管理 租约中的用语,据此授权不动产承租人可以合理方式使用、管理财产。反之,如无此用语,则其行为将构成滥用权利。
tous mes effets 我所有的财产(⇨effet)
tout 〈法〉全部的(地);完全的(地)
Tout ce que la loi ne defend pas est permis. 〈法〉法律未禁止的即为法律所允许的。
Toute exception non surveillée tend à prendre la place du principe. 〈法〉对任何例外,如不加以注意,它就有可能取代基本原则的地位。
tout temps prist 〈法〉随时准备着 用于偿还债务的答辩。
to utter and publish 制作及使用(假钞票)
tout un sound 〈法〉同音;听起来一样
tow v. 拖;拉;牵引
n. 被拖拉的车、船等 在车辆被拖拉的期间,汽车责任保险单上的保险人免于承担责任。
towage n. ❶拖;拉;牵引 ❷牵引费;拖船费
towage lien 拖航留置权 为获得拖航费而行使的海事留置权。

towage service 拖航服务　雇用一条拖船来推进另一条船或加快其航行速度。

towboat　n.拖轮;拖船;顶推船

to wit　即;就是

town　n.镇　①在美国的新英格兰诸州,镇是地方政府的基本单位。新英格兰镇政府的独特之处在于有镇民会议[town meeting],它被誉为近乎纯粹的民主形式。每年一次的选举人会议选出镇官员,并决定诸如镇税收等地方问题。在美国的其他地方,"镇"一词几乎没有政治作用,它仅指联合成为镇的地方或人口密集区。不过,县区[township]却有法律意义,它是县[county]的地方单位。除中部滨大西洋诸州[Middle Atlantic States]外,县区很少作为地方政府单位;②指(曾)设有教堂、宗教庆典、圣事和墓地的居民集居区。堂区自身依决议可享有镇的地位。(⇨township)

town apprentice　城镇的学徒工　指被城镇当局订约收为学徒工的人,以免其成为由该城镇出资抚养的人。

town board　镇委员会　由管理人或受托人[trustees]组成,行使与镇管理相关各种权力的委员会。

town clerk　❶〈英〉镇秘书兼行政官　由地方当局任命负责管理1933年《地方政府法》[Local Government Act]所规定事务的官员,他通常为事务律师。此职位已于1974年废止。　❷〈美〉镇务秘书　在视镇为地方自治单位的州,负责管理档案、发布召开镇民会议[town-meetings]通知、对政治组织履行一般秘书义务的重要官员。

town collector　〈美〉镇税务官　负责征收镇使用的税收的镇政府官员。

town commissioner　〈美〉镇务委员　负责管理镇事务的行政官员委员会[board of administrative officers]的成员。

town council　镇委员会(= town board)

town-crier　n.〈美〉负责发布公告的镇政府官员;镇公告员

town farm　镇农场　即济贫的农场[poor farm]。

town hall　镇公所　举行镇的各种会议的场所及镇政府的办事处。

town house　(边墙共用的)排屋;连栋房屋

town meeting　〈美〉镇民会议　①镇适格选民为地方政府事务或制定法规而举行的法律会议。这种类型的会议在新英格兰诸州常见;②更常用来指镇民为讨论政府、经济或社会问题而举行的任何会议;③最新用法指政治家会见并与镇民代表就当前问题进行讨论的电视转播活动[televised event]。

town or city tax　城镇税　为城镇发展的特定目的而征收的地方税种,不同于国家税收。

town order or warrant　镇的付款令　由镇的审计官发出的正式书面指令,用以指示镇的司库支付款项。

town pound　城镇看管无人认领的走失家畜的地方

town purpose　〈美〉镇的目的　只有为了镇的公共利益才可算是符合"镇的目的",用以制约镇的征税或支出。

town-reeve　n.镇长;镇管理委员会主席

township　n.❶〈英〉镇区　在英国宪法史上指与堂区相一致的地方政府单位;又指镇[town]的区,十户区或村邑[vill],或包括一个小镇的地区。　❷〈美〉县区　主要是在美国东北和中北部地区设立的政府单位,它是县[county]下属单位,通常有36平方英里(大约93平方公里)的区域。有时civil township将其与6英里见方的测绘区域congressional township相区别,在后一情况下,它并不是一个政府单位。有些州以新英格兰诸州的镇民会议[town meeting]为模式设立有县会议[township meeting],负责征收税款、拨款、制定规则和作为县区的决策机关。县区委员会[township board],无论是选任的还是委任的,一般都有权任命某些官员和行使其他行政职能。如果没有县区会议,县区委员会通常就是县区的决策机关。在一些州的县区里,有一位主要的行政官员,通常称作监督人或受托人[trustee]。其他县区政府官员一般包括办事员[clerk]、司库[treasurer]、确定税款员[assessor]、道路监督员[road commissioner]和民众救济监督员。县区的职能相当广泛,但其主要职能一般是维护地方道路和管理民众救济。20世纪下半叶,美国的县区体制作为地方政府单位已日渐削弱,有些地区则已取消,其职能转移到县。　❸〈美〉(美国政府测绘中)六英里见方的区域

township board　〈美〉县区委员会　由管理人或受托人[trustees]组成,负责县区各种管理事务的委员会。

township trustee　〈美〉镇的受托人　在某些州,受委托负责镇事务官员委员会的成员。

town treasurer　镇司库;镇财务主管　负责镇基金管理和分配的官员。

town way　城镇道路　位于市、镇里的各种类型的道路。不管这些道路是如何修建的,公众都有权使用。

toxic　a.❶有毒的;有毒性的　❷中毒的

toxical　(= toxic)

toxicant　a.有毒性的　n.毒物;毒药

toxicate　v.使中毒;致毒　不用来指某人施用毒物使他人中毒的行为,而是指毒物本身发生作用,即毒性发作的情况。

toxicology　n.毒理学;毒物学　医学的一个分支,研究毒物、中毒及其诊断、治疗的学科。

Toxic Substances Control Act　〈美〉《有毒物品控制法》

toxic waste　〈美〉有毒废弃物　有毒有害的各种物品,许多联邦法律对这些物品的使用、运输、处置做了严格的规定。例如《有毒物品控制法》[Toxic Substances Control Act]、《资源的保存及回收法》[Resource Conservation and Recovery Act]、《1980年执行整体环保要求的补偿及责任法》[Comprehensive Environmental Response Compensation and Liability Act of 1980]。多数州也都有类似的规定。

toxin　n.毒素;毒质　广义指任何有毒物品。应用于病理学及医学领域中,泛指可扩散的生物碱性物质,特指致病细菌的有毒产品。

tp　(= township)

T.R.　(= tons registered)

tracea　n.❶〈英格兰古法〉重罪犯的踪迹　依此进行罪犯追捕程序。(⇨hue and cry)　❷脚印;足迹;车印;蹄印

traced copy　摹本;描本(⇨tracing)

tracing　n.描摹;摹图　指原作的机械复制本或摹本[facsimile]。它按照原作的线条,借助于描图纸这种透明的介质,以铅笔或钢笔制作完成。

trackage　n.[总称]轨道;道路系统　有时指在城市的街道及其他公地上建造和运营铁路的权利。

tract　n.一片土地;大片土地(⇨tract of land)

Tractent fabrilia fabri　〈拉〉各尽所能　原意为"让工匠施展其手艺",喻指让每个人都能展现其才华。

tract index　〈美〉土地登记簿索引　根据每一块土地的位置顺序作成,记载有该地块相应的产权交易(诸如转让、抵押、设定财产负担)登记的卷册及页码。(⇨index)

tract of land　一片(块)土地　该词本身并不带有面积大小的含义,而是常用于描述相邻的土地,它与"parcel of

tradas in ballium （英格兰古法）受诬在押犯保释令 被指控犯罪的在押囚犯根据诬陷调查令［writ de odio et atia］的调查发现是被人恶意诬陷，如果他在该郡找到12名守法男子做其保人，则依该保释令，郡长应允许在下一次巡回审到来之前保释这一在押犯。

trade acceptance 商业承兑汇票 由卖方向买方开出并由买方在特定时间承兑付款的汇票。

trade agreement 贸易协定

trade and commerce ［总称］商贸 商业与贸易的合称，兼指一切营利活动。

trade association 同业公会；行业协会 相同或相近行业单位组成的行业团体，用以维护共同利益、确定各种产业标准、交换经营策略等。它可以由单一产业的成员组成，也可以由具有共同利益的各种成员组成。它通常代表其成员采取共同行动，诸如收集行业数据、发布广告、开拓市场、负责与公众以及政府的关系等。

trade building 商业建筑；商业设施

trade combination 商业联合（⇨monopoly; restraint of trade）

Trade Commission Act 〈美〉《联邦贸易委员会法》 于1914年通过的一项联邦法律，依该法设立了联邦贸易委员会，确定了不公平竞争行为和不公平或欺骗性商业行为的范围，并授权联邦贸易委员会制止上述行为。

trade custom （= trade usage）

trade deficit or surplus 国际贸易逆差或顺差 指一国进口大于出口或出口大于进口的差额，由此决定了一国贸易收支的状况。（⇨balance of trade）

trade dispute ❶劳资纠纷 雇员与雇主之间因工资、工作条件或其他与工作有关的事务而发生的纠纷。 ❷（国际）贸易纠纷 国家之间因关税税率或其他与国际贸易有关的事务而发生的纠纷。

trade dollar 〈美〉贸易银元 美国于1873 – 1885年发行的、在东方贸易中使用的银币，含银420喱［grain］，1喱＝0.065公克［gram］。

trade dress 产品（或服务的）包装、装潢 指产品和服务的外包装，它可以是产品及其包装的外形与设计，也可以是提供服务之场所的装潢。例如，某种特定品牌的香水或软饮料瓶子的具有显著特征的外形。如果某产品的包装装潢具有显著性，可以将其与他人的产品相区别，且有非功能性，则可以成为商标。

Trade Expansion Act 〈美〉《联邦贸易发展法》 于1962年通过的一项联邦法律，旨在促进美国的经济增长，通过与其他国家签定贸易协定来扩大美国商品的国外市场。

trade fair （= trade show）

Trade Fair Act 〈美〉《联邦商品交易会法》 于1959年通过的一项联邦法律，赋予在美国举行的商品交易会某些优惠，尤其是允许前来展出的外国商品免缴关税和各种国内税收。

trade fixture 营业性装置；商业设施 指为开展商业活动而使用的设施，这些设施仍保持了动产的特性。例如，陈列商品的货架。

trade-in n. ❶折价物 尤指旧汽车或家具。 ❷（以旧物折价充抵新物部分货价的）折价贴换交易 ❸折价价格 a. 折价贴换的

trade-in allowance 折价贴换金额 在折价贴换交易中，汽车或家具零售商同意接受的购买其新汽车或家具的人的旧车或旧家具的折价金额。

trade information 商业信息 从事相同行业者之间相互交换的行业信息。

trade-in value 折价贴现价值（⇨trade-in allowance）

trade libel 商业诽谤 侵权行为的一种，指通过虚假陈述而故意贬低他人产品、财产或业务的质量和声誉，使其遭受金钱上的损失。在英美法中，它虽然不是书面诽谤［libel］的一种形式，后者是指以书面言词贬低某人的品质，但它被类推适用，因而得名。现在该词所涉的侵权范围已经扩张，既指书面形式，也包括口头形式的诽谤，而且包括对各种财产（例如某人住房所在的土地）进行虚假陈述致其遭受经济损失，而不限于工业产品。（⇨libel; disparagement）

trademark n. 商标 指产品的制造商或销售商用以表示产品来源、将其与他人的产品相区别的文字或图形标志。此为狭义的、亦是最常用的商标含义。在广义上，该词还可以泛指表示商品或服务来源的任何形式，包括产品商标、服务商标［service marks］、集体商标［collective marks］、证明商标［certification marks］、商号［trade names］和商品外观装潢［trade dress］。有时即以"mark"一词表示其广义。商标最初是以普通法进行保护，只要该标识与特定的个人或组织所生产、拣选或销售的商品相联系且具有显著性，则无须注册即受普通法保护。英国在1875年《商标注册法》［Trade Marks Registration Act］后，规定注册商标由商标法保护，未注册商标则由普通法上的假冒商品之诉［passing off］进行保护。该法后为1938年《商标法》［Trade Marks Acts］所取代。在英国，商标注册由专利、外观设计与商标总局局长［Comptroller-General of Patents, Designs and Trade Marks］负责。商标注册簿分甲、乙两部，在甲部注册的商标具有独占性和可转让性，在受到侵权时可获得制定法上的救济。商标在乙部注册，则只是其权利人享有独占性使用该商标的初步证据，被告在受到侵权指控时可以其使用未导致商品来源发生混淆为由予以抗辩。在甲部注册的商标，经过7年后，则成为无可争议的［conclusive］商标。当然，可以在甲部注册的商标须具备法律规定的较高的显著性，诸如该商标为公司或个人的独特名称、具有独创性的词汇、未直接指示商品的特征或性质等。在美国，规定商标注册与保护的联邦制定法是1946年的《兰哈姆法》［Lanham Act］。商标获得联邦保护的条件是：①具有显著性；②与市场上实际销售的某一产品相联系；③已在联邦专利与商标局［U.S. Patent and Trademark Office］注册。

trade marks （= trademark）

trade name 商号；商业名称 指在经营过程中用以确认和区分某一公司、合伙或其他经营组织的名称、记号或标志。商号是用以促进销售、建立商誉［goodwill］的手段，也是其经营声誉的象征。它与具有区别商品来源功能的商标［trademark］在功能上有所不同。该词亦写作"commercial name"。

tradename infringement 侵犯商号权；对商号的侵权行为（⇨infringement of tradename）

trade or business 贸易或商业活动；营利事业 指以获取利润为主要目的而从事的各项商业或营利性质的活动。

trader n. ❶商人；零售商 指自己不生产商品，而是买入他人商品，并以同样形式卖出该商品从中获取利润的商人。（⇨dealer; merchant） ❷商船；贸易船 ❸交易人；投机商；场内交易人 在证券或商品交易所内，为自己或他人买卖证券或商品，以图获利的场内交易者。（⇨broker; dealer）

trade secret 商业秘密 指仅由其所有人掌握,不为他人所知且能使所有人在竞争中处于优势的有商业价值的信息,诸如:产品制法、客户名单等。

trade show 商品交易会;商品展销会 国内外生产、销售同类产品的生产商、零售商展销其产品的交易会。(⇨Trade Fair Act)

trade slander 商业诽谤 其含义与 trade libel 基本相同,区别在于 trade slander 采用的是口头形式。(⇨trade libel)

trade term 贸易术语 在贸易中具有特定含义的、以简短的概念或英文字母缩写等表示的特殊的表达方式。

trade trust 商业托拉斯 为控制某一商业或贸易领域产品的价格而以托拉斯方式组建起来的垄断性联合。

trade-union n.工会;职工联合会;职业工会 指由一个或几个相关行业的工人组成的、以保障其成员在工资、工作时间等方面获得最有利地位为目的的组织。

trade usage 贸易惯例;行业惯例;商业惯例

tradición 〈西〉交付

tradidi 〈拉〉我已将(土地等)租出;我已将(土地等)租入

trading contract 贸易合同;商业合同

trading corporation 贸易公司;商业公司 指专门从事商品买卖的公司。

trading firm 贸易商行;商事合伙(⇨trading corporation;trading partnership)

trading partnership 贸易合伙;商事合伙 指专门从事商品买卖的合伙组织。

trading stamps 商业赠券;赠券 商品经销商随交易送给顾客,顾客可用以换取某些商品。

trading voyage 贸易航行;商业航行 指为船东或货主在停靠港口进行商品买卖等各种交易活动之目的而进行的航行,与专门进行货物运输的航行[freighting voyage]不同。

trading with the enemy 〈美〉与敌国贸易罪 美国联邦法律规定,禁止美国人和正在与美国处于战争状态的敌国、其公民或居民及其盟国进行贸易活动,否则将构成犯罪。

Trading With the Enemy Act 〈美〉《禁止与敌国贸易法》 非经总统特许,禁止与敌国及其盟国进行交易的联邦法律。

traditio 〈拉〉(罗马法)交付;转移占有 财产取得的一种方式,即由有体物之所有人以转让之意思,根据合法对价而将其移转于他人。

traditio brevi manu 〈拉〉(罗马法)简易交付 拟制交付[constructive delivery]的一种,将某物的间接占有[mediate possession]交于已获得该物直接占有[immediate possession]的他人,亦即,当某人已经以他人的名义占有某物,则只需其与该他人达成合意,由占有人在此后以自己的名义占有该物,即已完成交付,而无需实际交付。

traditio clavium 〈拉〉钥匙交付 象征交付的一种,商品所有人以交付仓库、货栈钥匙作为交付其中存货的一种间接交付方式。

traditio longa manu 〈拉〉(罗马法)实际交付;长手交付 转让人将货物直接交到受让人手中或依其指令送货上门的一种交付方式。

Traditio loqui facit chartam 〈拉〉标的物的交付使契约真正发生效力;契约的真正意义在于交付。

tradition n.❶交付;转让;让与 源自拉丁文"traditio"。(=delivery) ❷传统;惯例 指对现时的行为和实践起影响或支配作用的过去的习惯和习俗。

traditionary evidence 传统证据 指自传言、声誉及先人言论的证据,往往是关于昔时的边界、古老的世系等问题,今已无人能知其实况。

Traditionibus dominia rerum, non nudis pactis transferuntur. 〈拉〉物之所有权必须通过交付而非单纯的承诺转移。

Traditio nihil aliud est quam rei corporalis de persona in personam, de manu in manum, translatio aut in possessionem inductio; sed res incorporales, quae sunt ipsum jus rei vel corpori inhaerentis, traditionem non patiuntur. 〈拉〉财产所有权的让渡就是将有形的、可交付的土地或其他财产从一人转给另一人或让另一人占有;但是,无形的、专属某人所有的财产则不存在交付问题。

Traditio nihil amplius transferre debet vel potest, ad eum qui accipit, quam est apud eum qui tradit. 〈拉〉受让人之所得应当,而且只能是转让人之所有。

traditio rei 〈拉〉物的交付

traditor n.〈英格兰古法〉犯叛国罪者

traditur in ballium 〈拉〉准许保释 在古拉丁保释书[bailpiece]中的强调性词语。

traffic balance 运输业务的净收入 客运和货运的净收入。

traffic contract 交通合同;铁路许可使用合同 铁路公司之间签订的、有关相互协作或允许相互使用各自经营的铁路的合同。

traffic court 交通法院 专门审理违反交通法规行为的市立或警察法院。

traffic infraction 违反交通法规的行为 一般来说,性质较为轻微。

trafficking n.交易;贸易 尤指非法交易、毒品买卖。

traffic offense 违章驾驶行为 违反法规或条例中有关驾车方式规定的行为。

traffic officer 交通警察;指挥交通的官员 在专门岗位上负责管理道路交通并有权将违反交通法规者拘留的警察或其他官员。

traffic regulation 交通规则;交通规章

traffic rules 交通规则;交通规章

traffic violation 违反交通法规的行为(⇨traffic infraction)

trahens 〈拉〉〈法〉(汇票)出票人;开票人

trahere v.出票 签发提款票据。(=draw)

trail n.❶痕迹;足迹 ❷小道;小路
v.跟踪 指根据某人留下的痕迹或气味等进行追踪,尤指对犯罪嫌疑人的跟踪。

trail-baston 〈英格兰古法〉特殊刑事案件调查委任状 调查处理虐待陪审员、窝藏罪犯或其它扰乱治安的案件,这些接受委任状的委员会称为"justice of trail-baston",该委任状根据 1276 年的《积案处理法》[Statute of Rageman]签发。本委任状介于巡回审委任状[commission in eyre]与刑事听审委任状[commission of oyer and terminer]之间,"trailbaston"一词用以描述持棒棍的罪犯,到 14 世纪末期前逐渐不再使用。(⇨commission of trailbaston;Statute of Rageman)

trainbands n.❶(十七或十八世纪时英国或美国的)民兵团 ❷民兵

training expenses 训练费用;培养费用 雇佣人为在生产和销售方面培训受雇人而支出的费用。

train wreck 火车失事 ①因火车出轨、相撞导致的火车车厢的撞击、断裂或其它损害,从而终止其运行;②意外事故保单中使用的术语,对由于火车失事造成的死亡进行双倍赔偿。

traitor n.叛徒；卖国贼；犯叛国罪[treason]者

traitorously ad.有叛变企图地；有叛国意图地 在普通法上，对叛国罪提出的大陪审团起诉书中须具有的关键用语，对此种犯罪必须证明行为人是在有叛国意图的情况下实施的。

trajectitia pecunia 〈拉〉海运贷款 出借给海上承运人的一种贷款，只需在航运成功后归还。但贷款人可以按特别利率收取利息，即海事利息[nauticum foenus]。

trajectitius 〈拉〉(罗马法)海运

tramp n. ❶ 流浪乞丐；无业游民 指从一处流浪到他处，不靠劳动或其他明显的方式，而是靠乞讨等方式为生。(⇨vagrant) ❷〈美〉(俚)妓女；荡妇

tramp corporation 〈美〉流浪公司 在一州注册登记，但其目的不是在本州而是在其他州内从事商业活动的公司。

tramp's joint 黑窝；下流场所 经常有人聚在一起从事邪恶和秘密活动，多为非法活动的场所。

tramp steamer 不定期货船 指没有固定航线或航期的货船，通常从事临时贸易或根据租船合同进行航运。

tramp vessel (= tramp steamer)

transact v. ❶ 执行；办理；经营 ❷ 协商；谈判；讨价还价 ❸ 和解 通过互相让步解决诉讼等。

transacting business 〈美〉(在当地)经营业务 美国法律规定，未经当地主管部门的批准，在该州经营业务的他州公司涉入的案件并不必然地排除在该州司法管辖权之外，而是要根据每个案件的具体情况，看该他州公司是在当地开展日常业务还是仅仅参与了州际间的商业活动来确定案件是否应由该州管辖。

transactio 〈拉〉(罗马法) ❶ 和解 争议双方不经仲裁，自行解决纠纷。 ❷ 和解协议 据此协议，未决诉讼或将进行的诉讼依一定条件而暂缓或撤回。

transaction n. ❶ 办理 ❷ 交易；业务 ❸ 相互作用 ❹ 和解协议 指当事人间为防止或结束争议[dispute]互相作出让步而达成的和解协议。

transactional immunity 〈美〉(对证人的)追诉豁免；证人的检举豁免权 指美国联邦和州的法律规定，控诉方为获取证人证言，可给予该证人免受追诉的豁免，即对该证人证言中交待的、涉及该证人的犯罪，不得对该证人提起刑事控诉。在给予证人豁免的情况下，控诉方可强迫证人提供证言。它是范围最宽的一种豁免权。(⇨immunity; use immunity)

transaction-or-occurrence test 〈美〉交易或事件标准 根据《联邦民事诉讼规则》[Fed. R. Civil P.]第13条的规定，在民事诉讼中确定某一请求是否成立强制反诉[compulsory counterclaim]的标准。一般可参考以下四项标准来认定：①本诉与反诉提出的事实与法律问题是否基本相同；②在无强制反诉规则的情况下，是否存在既判判决禁止提出反诉；③是否存在同一证据同时支持或否定本诉请求和反诉请求；④本诉请求与反诉请求是否存在逻辑相关性。

transaction slip (= confirmation slip)

transaction with person since deceased or incompetent (证人)与已死亡或已丧失行为能力者的协议 依此种协议，如果证人作伪证，已死亡或者已丧失为能力者若仍然生存或者有行为能力的话，将会予以否认或反驳。

transazione 〈意〉自行和解 在意大利法中，指当事人双方同意通过相互让步来解决纠纷而签订的和解协议，与罗马法中的"transactio"一词相同，其原则已引入普通法之中。

transcript n. ❶ 抄本；誊本；副本 ❷ 庭审记录 由法庭记录员对庭审或听审过程所作的正式记录，也称"report of proceedings"。 ❸ 证言笔录

transcripted judgment 〈美〉判决副本 指在作出判决的法院所在县之外的另一县登记的该判决的副本，在该另一县依据此判决副本，即可以使判决确定的对该另一县境内的不动产的留置权得到正确的执行。

transcription n. ❶ 副本；誊本；抄本 ❷ 制作文件副本的行为。(⇨transcript)

transcriptio pedis finis levati mittendo in cancellarium 〈拉〉罚款确认令 指用以向衡平法院确认某一罚款已在巡回法院缴收的令状。

transcriptio recognitionis factae coram justiciariis itinerantibus, etc. 〈拉〉巡回法官司法管辖权确认令

transcript of record 法庭记录副本 为上诉法院审查案件审理过程而制作的、记录每一案件审理情况的法庭记录。

transcript of the evidence (法庭记录员所作的)对证据的记录

Transeat in exemplum. 〈拉〉使其成为先例。

transfer n. ❶ 转换；转移 指对财产或其利益进行处理和分割的任何方式，包括金钱的支付、免除债务、租赁、设置负担等，也包括财产权的保留；它可以采用直接或间接、无条件或附条件、自愿或强制等各种类型的方法。 ❷ 流通 指按照法律形式进行票据流通，包括通过背书、支付、转让和法律规定等方式。 ❸ 转让 指财产或所有权等的让与。
v. ❶ 移转 尤指改变占有或支配。 ❷ 卖给；赠给

transferable a.可转让的；可流通的 表示某种特定的文件具有可转让性[assignability]或可流通性[negotiability]，或者某物及其原持有人所享有的所有权利可以交与他人。与之相对的术语"not transferable"有时被印于某一票券、收条、提单等之上，表示该文件不得转让或流通。

transfer agent 过户代理人 公开招股公司指定的代理人，通常是商业银行，其代理事项包括：经管股票的过户、记录、档案；销毁旧证券发放新证券，解决有关证券遗失、毁坏等问题以及寄发股息。

transfer by indorsement 背书转让 包括将流通票据背书及交付给被背书人，交付有两种方式：一是实际交付，即将票据亲自交与被背书人；二是推定交付，即将票据置于被背书人控制之下。

transfer by operation of law 法定转让；依据法律规定而完成的转让 无需当事人双方就特定财产转让实施自愿行为，直接依据法律规定而自动完成的财产所有权的转让。

transferee n.受让人(⇨transfer)

transferee liability 〈美〉受让人的纳税义务 在特定情况下，如果国内税务署无法从财产转让人处征收应由其承担的税款，它可以要求该财产的受让人承担此项纳税义务。受让人的纳税义务限于受让财产总价值。

transfer in contemplation of death 死亡之前的转让 转让人根据自己的身体、精神状态或即将来临的危险，预感自己将要死亡时所为的转让。(⇨gift causa mortis)

transfer of a cause 案件的移送 法院或法官根据法定权限将案件移送给另一法院或法官。

transfer of cases 案件的移送 案件从一法院移送至另一

法院。(⇨removal of causes)

transfer of jurisdiction 〈美〉案件管辖权的转移 依合法程序将案件从州法院移送给联邦法院管辖的移送管辖方式。

transfer of order paper 流通票据的转让

transfer of property 财产转让(⇨transfer)

transferor n. 转让人;让与人(⇨transfer)

transfer payment(s) 转付款项 通常采复数形式,指政府向某人所作的付款,而该人无须提供商品、服务或投资作为对价。例如失业救济金、社会福利发放等。

transferred intent 转移故意(⇨transferred intent doctrine)

transferred intent doctrine (刑法)转移故意理论 在犯罪故意的驱使下所作出的非法但无故意的行为,依然被认定为故意犯罪行为;即犯罪人最初的犯罪故意从意图被害人转移到实际被害人身上。例如犯罪人企图谋杀甲,却因错误或疏忽而杀害了乙,此时犯罪人仍应被认为犯有故意谋杀罪。在侵权行为法上亦然,如果侵权人企图对某人实施侵权行为,但实际上使第三人受损,则该第三人可以故意侵权而要求行为人承担责任,尽管其对第三人并无侵权故意。

transferred judgment 〈美〉送交的判决 指复录后送交另一县的判决副本或者将治安法官的判决复录后送交存卷法院的副本。

Transfers to Minors Act 〈美〉《未成年人财产受让法》 即《统一未成年人财产受让法》[Uniform Transfers to Minors Act],该法已为美国大多数州采纳。它修改并替代了《统一未成年人受赠法》[Uniform Gifts to Minors Act]。该法扩大了可向未成年人转让财产的范围,无论动产还是不动产、有体财产还是无体财产,都可转让与未成年人并由其监护人或指定管理人负责保管。此外,该法还允许向未成年人转让信托收益、遗产,即使信托或遗嘱中并没有明示可予转让。为了便利和经济上的原因,未成年人的监护人还可以将未成年人的其他财产交由指定管理人保管。

transfer tax ❶遗产税 ❷交易税;转让税;过户税 对销售或转让财产,尤其是无形财产,如股票、债券等,以及不动产转让契约所课征的税。(⇨estate tax; inheritance tax; unified transfer tax; stock transfer tax)

transfer ticket 中转证;中转票 当乘客在适当的地点出示中转证时,联运承运人应当继续承担运输义务而不能额外增加运费。

Transferuntur dominia sine titulo et traditione, per usucaptionem, scil, per longam continuam et pacificam possessionem. 〈拉〉尽管不具有产权证书,也未接受过别人的实际交付,但仍可因长期、和平地占有而获得对土地的所有权。

transfretatio 〈拉〉(英格兰古法)横渡 越过多佛海峡,从英格兰到法国的航行;或通往加斯科尼[Gascony]、布里坦尼[Brittany]和法国其他地方的航行。

transgressio n.(英格兰古法)❶违法 ❷非法侵害;非法侵害之诉

Transgressio est cum modus non servatur nec mensura, debit enim quilibet in suo facto modum habere et mensuram. 〈拉〉违法就是违反了他人在其行为中应遵守的模式或超越了其应遵从的尺度的行为。

transgressione n.(英格兰古法)非法侵害之令状;非法侵害之诉

Transgressione multiplicata, crescat poenae inflictio. 〈拉〉违法犯罪的情节越严重,惩罚就应越严厉。

transgressive trust 违法信托 指违反禁止永久性规则[rule against perpetuity]的信托。

transhipment n.(海商法)转运

transient n. ❶〈美〉暂时寄住的旅客;过客;流浪者 ❷候鸟
a. ❶短暂的;易逝的;倏忽的;无常的 ❷路过的;停留片刻就走的

transient alien 过境外国人 指暂处一国境内或仅途经该国的外国人。

transient dealer 过境商人 指虽在境内设点经营,但并无久留意图的商人。他在该境内或停留数周数月,或是等待销完存货。与行销商[peddler]不同,过境商人不论停留的时间有多短,他都有一个陈列及销售货物的固定场所。

transient foreigner (= transient alien)

transient merchant 过境商人 在各个地方临时从事商品买卖,不会也无意在这些地方固定营业者。

transient person 〈美〉(在某一司法区内)无法定住所的人

transient property (个人临时)过境动产;过境财产

transire n. ❶〈英〉(由海关签发的)货物准行单;结关许可证 ❷〈拉〉离开;转交;转移

transit n. ❶运输;运送 ❷经过;通过

transit in rem judicatam 已成为经判决确定的事项

transitive covenant 可转移的合同条款 指当事人依合同条款所承担的义务可由其代理人代为履行。

transitory a. 短暂的;可变换的;变动的 与"local"相对。(⇨transitory action)

transitory action 〈美〉追身诉讼 可以在能够向被告直接送达传票的任何地方提起的诉讼。如果起诉所依据的事件可以在任何地方发生,则该诉讼就可随被告所在地点的转移而转移,它区别于只能在特定地区提起的诉讼[local action]。

transitory crime 转换审判地的犯罪 依据法律规定可以不在犯罪地进行审判的犯罪。

transitory seisin 临时占有 指短时间占有,占有人的作用只是将占有的财产转手给予他人。

transit privilege 中转优惠权;转运优惠权 指准许原材料或农产品的承运人在航行途中的某一地点卸货而对其进行加工而无需缴纳当地税收的优惠权利。

Transit terra cum onere. 〈拉〉土地与负担一同转移。

transivit in rem judicatam 〈拉〉已包括在判决之中

translado 〈西〉(= transcript)

translation n. ❶翻译;译 ❷译文;译本 ❸(教会法)主教调任 ❹(罕)财产的转让

translatitium edictum 〈拉〉(罗马法)传袭谕令;(逐年重复和流传下来的部分或全部)裁判官告示

translative fact 权利转让的事实 指权利借以从某人转移给他人的事实。这一事实起标的物同时实现两项功能,即终止某人对其享有的权利,同时开始赋予另一人该权利。

transmission n.(罗马法)(权利的)转移 如:继承人或受遗赠人尚未行使权利就因故死亡时,其继承遗产及接受遗赠的权利即可转由他们的继承人享有。

transmission of assets 财产移交 附属财产管理人[ancillary representative]将其控制的财产移交给住所地财产管理人[domiciliary representative];或将财产由附属财产管理人处移交至主财产管理人[primary receiver]处。

transmit v.传送;传给

transmittal letter 送交信 一种表示交付记录的非实体性信函,例如向法院书记员递交该种信函,说明其中封缄的是所提交的特定诉状,亦作 cover letter。律师在此种信函上通常以"Enclosed please find"(已封缄,请核查)开头,但这种作法自19世纪末以来受到广泛批评。现多以一种非正式的用语"Here is"(本件包括)或正式用语"Enclosed is"(本件已封入)开头。

transport n.〈美〉〈纽约旧法〉土地的转让
v.❶运输;运送 ❷流放;放逐(罪犯);把……驱逐出境

transportation n.❶运输;运送 ❷(刑法)放逐;流放(⇨ deportation)

trap n.陷阱 该词可以在多种意义上使用:①指用于捕捉动物的陷阱、罗网或夹子类机器等设置;②指使人在无意中被抓住的设施或装置,也指圈套或计谋;③在侵权法中,指准许可进入房间者[licensee]不知道、但所有人或占有人知道的隐藏的、极端危险的状况。陷阱并不意味着其本身一定是设计用于或者意图在于诱捕等。

trassans n.❶提款 ❷(汇票的)出票人

trassatus n.❶被要求提款的人 ❷(汇票的)付款人

trauma n.损害 ❶指因殴打或摔倒等所致的外伤;❷也可指神经、精神或心理上的创伤。

traumatic a.损伤性的;外伤性的;精神创伤的

traumatism n.损伤病;创伤病

travail v.分娩 指从阵痛开始至胎儿出生。

travel v.旅行 在美国口语中用以表示随意更换地点。该词用于表示宪法性权利时,是指以居住为目的的迁移。

Travel Act 〈美〉《旅行法》 该联邦法律禁止以赌博、卖淫、敲诈勒索、贿赂、纵火、贩酒、贩毒等非法商业交易为目的而进行州际或国际间的旅行。

traveled part of highway (= traveled way)

traveled place 可旅行之处 指公众有权旅行的地方。

traveled way 旅行公路 道路中可供旅行者使用的部分。

traveler n.❶旅行者;旅客 ❷旅行推销员;巡回推销员

traveler's check 旅行支票 由银行、捷运公司及类似组织发售的一种支票,购买者在购买和使用此类支票时均需签章,经核对二者一致后即可付款。此类支票具有现金支票[cashier's check]的特点。

traveler's letter of credit 旅行信用证 由国内开证银行开立的旅行信用证为受益人的一种光票信用证。信用证持有人可凭已开立汇票向开证行的国外代理行或外地分行兑取现金。

travel expenses 旅行支出;旅行费用 因业务需要在外地旅行途中支出的饮食、住宿、交通费用等。

traveling salesman 旅行推销员;行销商人

traversable a.可抗辩的;可否认的;可反驳的

traverse n.否认;异议;抗辩 普通法诉讼中,一方当事人对对方当事人在其诉状中所主张的事实予以否认或反驳。(⇨denial)

traverse jury 审判陪审团;小陪审团

traverse of indictment or presentment 对大陪审团起诉书或起诉报告中一些要点的否认

traverse of office 〈美〉对充公调查报告的异议 指公民以政府官员对其土地或财产收归公有的调查存在缺陷和失实为由提出的异议。

traverser n.(诉讼中的)抗辩者;否认者;异议人

traverse upon a traverse 对抗辩的再抗辩 针对对方当事人在其抗辩中提及的同一要点或事项进行的再抗辩。

traversing note 抗辩说明书;抗辩摘要 在衡平法诉讼中,原告可代被告提交此项文书,说明其对原告起诉状中陈述内容的全部否认或所有否认之处,从而原告即可履行其举证责任,一一证明其起诉状中内容之真实。采用这一方法之目的在于争取节省时间,原告可以避免等待被告之抗辩并再予以答复。抗辩说明书应具备副本,送达被告。

treacher n.叛徒;卖国贼

treachery n.背叛行为;变节行为;背信弃义

treachour n.(= treacher)

tread-mill n.踏踏车 英国1779年被确认合法、19世纪20年代盛行的监狱中惩罚囚犯的带有阶梯的轮式或筒式刑具,多为水平直轴,曾一度被曲柄轴代替。囚犯被固定于一横杆上,全身重量落于阶梯上,随着踏踏阶梯而驱动该车运动,这种刑罚方式的目的在于加重囚犯劳动强度,被刑罚改革者认为是代替死刑的切实可靠的方法。1898年《监狱法》[Prison Act]明确规定停止使用。

tread-wheel (= tread-mill)

treason n.〈美〉叛国罪 美国宪法规定:背叛合众国的犯罪,只限于发动战争反对合众国,或者依附合众国的敌人,资助敌人。无论何人,非经该案证人二人证明或经其本人在公开法庭供认,不得受叛国罪的裁判。由此可见,叛国罪主要包括两种情况:发动反对美利坚合众国的战争;依附或资助美国的敌人。当然也包括妄图颠覆政府的行为。叛国罪的实质是破坏对国家的忠诚[allegiance]。美国许多州都仿照美国宪法,在本州宪法或法律中规定了叛国罪,规定背叛一个州也可构成叛国罪。

treasonable a.叛逆的;谋反的;犯叛国罪的;有关叛国罪的

treason felony 〈英〉叛国重罪 意欲推翻王权、支持反对王国的战争、武力迫使外国人侵略王国或通过出版文字等表示或宣称叛国意图,都是叛国重罪行为。叛国重罪将被判以5年以上有期徒刑或终身监禁。

treasurer n.司库;财务主管;出纳(员);会计(员)

treasure-trove n.无主埋藏物 埋藏于地下或其它隐秘处所的无主金银财宝。在没有相反法律规定时,无主埋藏物的发现者享有可对抗该埋藏物所在土地的所有人及其他任何人的权利,但该埋藏物的真正所有人除外。在英国,发现的无主埋藏物应归政府所有,埋藏物的发现者若将之占为己有,则将被处以罚金或拘役。

treasury n.❶库存;资金;基金 ❷库房;金库;国库 ❸[T-]财政部 ❹[T-](由财政部发行的)国库券;债券

Treasury bench 〈英〉政府大臣席 指下议院议长右侧的第一排座位,坐在该排者为英国首相、财政大臣[Chancellor of the Exchequer]及其他政府官员。

treasury bill 〈美〉短期无息国库券 此类债券由财政部以折扣方式发行,偿还期自发行之日起一年以内,一般为3个月、6个月或12个月,不计利息。

treasury bond ❶〈美〉长期国库券 偿还期在10年以上。❷公司库存债券 包括已核准发行的公司债券中尚未发售的部分债券和在发行后的一定期限内回购的债券。

treasury certificate 〈美〉中期有息国库券 由财政部发行,偿还期通常为一年左右,以息票偿付利息。

Treasury Department 〈美〉财政部 根据1789年12月2日的国会法律成立,并由此后的法律赋予其更多的权力,设立了许多署局和办公室。财政部的基本职责包括以下四项:制定有关金融、财政和税收等的政策,充当联邦政府的财务代理机构,执行法律,铸造和印制货币。(⇨In-

treasury note ❶〈美〉中期国库券 偿还期为 1 至 10 年，以息票偿付利息。❷〈英〉通货券；一英镑纸币 英国财政部在 1914 年至 1928 年间发行。

treasury securities 〈美〉国库债券 又称政府证券 [government securities 或 government stock]，指财政部发行的计息政府债券，用以弥补政府预算赤字。上市的国库证券分为三种类型：国库券 [treasury bill]、国库中期债券 [treasury note] 和国库长期债券 [treasury bond]。投资人可以通过银行或证券经销商购买，以上三种政府证券的利息收入只须负担联邦所得税，毋需缴纳州及地方所得税。

treasury share（= treasury stock）

Treasury Solicitor 〈英〉财政部律师 该律师的职责是处理财政部事务。但他不一定要求是合格的事务律师。这一职务通常由一位出庭律师 [barrister] 充任。

treasury stock 库存股票；回笼股票 公司将其已发行的股票购回，作为库存资产或以备再行出售的股票。其主要目的是为了增加每股收益率，从而导致股票市价的上升。

treasury warrant 〈美〉国库支付令；国库支付命令书 由财政部以支票形式签发的向国库支付或从国库提取款项的凭单。

treat v. ❶对待；看待 ❷处理 ❸医治；治疗 ❹款待 ❺谈判；协商

treating physician rule 治疗医生诊断的证据规则 依该规则，如无实质性的相反证据，要求享受社会保障权利的伤残人的治疗医生所作的确定病人伤残等级的诊断和结论不可否定地应被作为行政法官判决的依据。

treatment n. ❶治疗 一个外延广泛的术语，包括为治愈疾病或伤害而采取的所有步骤，诸如检查、诊断以及施救。❷待遇；对待 指某人或某物受到对待的方式，或指配偶一方对另一方的行为。（⇨cruel and inhuman treatment）

treatment endangering health or reason 有损身体或理智的待遇 一种可据以提出离婚的理由，指配偶一方的行为已实际造成、或其继续实施可能造成对方身体或心智上的损害。

treatment endangering life 危及生命的待遇 一种可据以提出离婚的理由，指配偶一方的暴力或非暴力行为在特定情形下已威胁到对方生命安全。

treaty n. ❶条约 由两国政府正式签署和批准的协议，以及两个以上国家达成的受国际法约束的国际性协议。亦称作"accord"、"convention"、"covenant"、"declaration"、"pact"。在英格兰，条约在司法程序中是不可强制执行的。缔结条约的权力原来属于王室特权，1914–1918 年一次大战后，情形起了变化。在某些情况下，除非获得国会法令授权，国王缔结的条约是无效的。❷综合性再保险合约 指保险人之间为约定综合性再保险条款而达成的合约。❸（合同）协商；谈判 指在合同达成前对于合同条款的讨论。❹〈英〉贿选行为

treaty clause 〈美〉（宪法中）缔约权条款 美国宪法第二条第 2 节赋予总统缔结条约的权力，但须经参议院出席会议者的 2/3 同意。

Treaty of Guadalupe Hidalgo 《瓜达卢比·希达尔戈条约》 美国与墨西哥于 1848 年 2 月 2 日签订的结束战争的条约。（⇨Gadsden Purchase）

treaty of peace 和平条约 交战各方签订的协议或合约，根据条约，他们同意放下武器并在条约中规定和平的条件及恢复和维持和平的方式。

Treaty of Washington（1871）《华盛顿条约》 1871 年 5 月 8 日英美订立的关于将边界争端、因亚拉巴玛号等船舶的建造和装备所引发的索赔问题提交仲裁的条约。该条约第 6 条规定了有关中立义务的 3 项规则，作为有关适用的法律。这被认为是首次确立了关于中立国在海战中应遵守的规则。（⇨Alabama case; Alabama claims）

treaty power 缔约权；缔结条约权（⇨treaty clause）

treaty trader 〈美〉依条约（进入美国的）经商者 依据其本国与美国之间现存的有效条约进入美国境内单纯依约从事商业活动的人。

treble costs 三重费用 如果某一法规中规定三重费用，则其含义是指①正常费用；②正常费用的 1/2；③正常费用 1/2 的 1/2 的费用计算方法。

treble damages 三倍的损害赔偿金 依据制定法的规定，对特定类型的案件处以相当于实际损害三倍的损害赔偿。例如美国《克莱顿法》[Clayton Act] 第 4 节规定对违反反托拉斯法的违法行为处以三倍的损害赔偿。至于其性质，有的法院认为多支出的赔偿金是惩罚性的，而有的法院则认为它们只是补偿性的。

treble penalty 三倍的刑罚 对于刑事惯犯处以相当于初犯 3 倍的刑罚。

trechetour（= treacher）

tresael 〈法〉高祖父 即祖父的祖父，亦写作"tresaiel"或"tresayle"。

tresayle n. 恢复被占高祖地产之令状 在高祖父死亡时因遗留地产被人侵占而提起诉讼所用的令状，现已废除。

trespass n. ❶〈英格兰古法〉侵害之诉 英格兰中世纪的一种诉讼形式，指因自己的身体、财产、权利、名誉或人际关系被侵害而索赔的诉讼。巡回初审 [nisi prius] 制度建立起来之后，这种诉讼形式在 14 世纪才普遍起来。后来又发展出间接侵害之诉 [trespass on the case 或简称为 case] 的诉讼形式。早期违约之诉是根据侵害之诉来得到救济的。到 17 世纪末为止，大量的案件受到了从侵害之诉所发展出来的各种诉讼形式的影响。❷侵害；侵犯；侵入 在现代法中，trespass 有三类：侵害他人财物 [trespass to goods 或 trespass de bonis asportatis]、侵犯他人人身 [trespass to the person] 以及侵入他人土地 [trespass to land 或 trespass quare clausum fregit]。在苏格兰，这一词只在进占他人土地的意义上运用。

trespass ab initio 自始非法侵入他人土地之诉 某人本来有权或被授权进占他人土地，但其后如果此人滥用其权利或有不法行为，则将被视作自始就是非法侵入他人土地。

trespass de bonis asportatis 侵害他人财物之诉 指因擅自将他人的财物取走而引起的诉讼。

trespass de uxore abducto 因拐骗他人之妻而引起的侵权之诉

trespasser n. 侵犯者；侵入他人土地者；侵害者；侵权人

trespasser ab initio 自始侵犯者（⇨trespass ab initio）

trespass for mesne profits 返还不当得利之诉 用作补充收回土地之诉 [action of ejectment] 的一种诉讼形式。向占有土地的承租人提起，要求返还其在不法占有期间获得的收益。

trespass on the case 间接侵害之诉；类案侵权之诉；例案侵权之诉 普通法的侵权诉讼形式之一，指一方的侵害行为与另一方的损失或伤害之间有间接而非直接的因果

关系,是现代法中过失损害侵权之诉的前身。常简称为"case"或"action on the case"。

trespass per quod consortium amisit 因侵犯他人配偶权而引起的侵权之诉 指被告殴打或虐待他人的妻子,丈夫以其配偶权受到侵犯或被剥夺为由而提起的侵权之诉。

trespass per quod servitium amisit 因殴打或虐待他人的仆人而引起的侵权之诉 指被告殴打或虐待他人的仆人,致使仆人的主人无法正常地获得仆人的服务,仆人的主人作为原告提起的侵权之诉。

trespass quare clausum fregit 侵入他人土地之诉 未经合法授权进入或进占他人土地,这种情形被视作使用强力穿过地界的围栏,尽管这种"强力"只是法律上默示的或虚拟的,而"围栏"[close]也或是真实的或是想像的。不光只是未经授权进占他人土地构成侵入他人土地,任由牲畜闯入他人土地,在他人墙上钉钉子,以及在他人土地下采矿等都构成侵入他人土地。提起这一诉讼的人必须实际占有该土地。常简称为"trespass qu. cl. fr."。

trespass to chattels 侵害他人动产 指非法地、严重地妨碍他人对其动产行使占有权。

trespass to land 〈美〉侵入他人土地 根据普通法,任何未经授权、直接侵入他人地界的行为都可以被起诉。这种不法行为所侵犯的对象是享有实际占有权的人,而并不一定是享有土地所有权但没有直接占有权的人。构成这种不法行为不要求行为人有侵入之故意,也不一定要有实际损害结果,但要求行为人行为时意志自由,侵权行为与结果之间有直接的联系,不过现今多数法庭以及《侵权法重述》中的观点认为需有故意或故失,或造成危险与损失。

trespass to try title 〈美〉❶收回不动产并要求损害赔偿之诉讼 美国部分州中存在的一种诉讼,通过它,对不动产享有即时占有权的所有人可以请求收回被他人非法占有的不动产,并要求被告赔偿因其非法占有行为而造成的损失。❷(不动产)权利确定诉讼 当有不同的人对土地均提出所有权或占有权请求时,对其权利予以确定的程序。在有关所有权或占有权争议得到解决的情况下,也可附带对该土地予以分割。

trespass vi et armis 暴力侵害之诉 普通法中指直接使用暴力侵害他人的身体或财产而引起的损害赔偿之诉,其中"使用暴力"在早期是侵权之诉的一个重要条件。

trestornare v.〈英格兰古法〉使转变方向;偏离;使(道路、河流等)改道

tresviri 〈拉〉(罗马法)狱吏 指管理监狱并负责执行刑罚的官员。

tret n.(旧时卖主为弥补货物中的水分、杂质而无偿添给买主的)饶头;添头;补(秤)头

trethinga n.〈英格兰古法〉❶郡的三分之一部分;郡下三分行政区 ❷(由三个或三个以上百户组成的郡的)行政区 如约克郡就分成3个行政区:东区、西区和北区。❸在郡下三分行政区内设立的法庭(⇨riding; trithing)

treyt a.从陪审团中退出的

triable a.❶应受审判的;可审判的 ❷可试的;可试验的

tria capita (罗马法)三重人格;三重人权 指市民权[civitas]、自由权[libertas]和家族权[familia]。

trial n.庭审;审理;审判 指有管辖权的法院对诉讼当事人之间存在的事实争议和法律纠纷进行审查,并就当事人之间的权利义务关系或当事人提出的请求作出裁断的司法行为。

trial anew (= trial de novo)

trial at bar 〈英〉合议审判 指三名或更多的法官组成合议庭审理案件,区别于通常仅有一名法官来审理的情况。合议审判是最早的民事审判方式,但现在在民事诉讼中几乎已被废弃。对刑事案件,在1971年以前合议审判为合法的审判方式,但很少使用。现在,除案件涉及国家利益,由总检察长依职权提出要求外,法庭有权裁定是否适用此种审判方式。

trial at nisi prius 初审;独任法官初审 由一名法官主持进行的、在正常开庭期或巡回审判时适用的一种审判方式。(⇨nisi prius)

trial balance 试算表 为核对总分类账各账户借方和贷方金额而编制的试算表,一般在每一会计期间终了时作出。但如果借贷双方同时错记一笔款项,试算表则不能保证会计账簿记录的正确。

trial brief 〈美〉初审摘要 律师制作的、在庭审时使用的文书,通常包括待审的争点、证据要点、将提供的证人及律师论点的判例根据和制定法上的根据等。通常应向庭审法官提供摘要的副本。

trial by battle 决斗诉讼;决斗裁判 这种制度普遍存在于欧洲的蛮族部落中,它可能是建立在神使正义者一方取胜的信念上,诺曼征服后,征服者威廉将它引入了英格兰。在英格兰,决斗断讼适用于以下诉讼:①普通民事案件[civil cases];②由权利令状开始的不动产权益诉讼[real action],即权利诉讼[action in the right];③1250年以前,请求返还债务的案件;④私人控告的谋杀、叛国及重罪等刑事案件。决斗一般在穿着法袍的王座法庭或民诉法庭法官面前进行,决斗者每人持一厄尔[ell]长的棍棒一支和皮革盾牌一面。决斗一直持续到一方投降或星辰出现时为止,在后一种情况下,一般判被告获胜。在普通民事诉讼中,老、幼、妇人可以雇佣决斗替手[champion],有时,教会、社团、大土地所有者则有自己的常备决斗替手,1275年的一项法令规定决斗替手不必就他所支持的诉讼事由进行宣誓。在刑事案件中决斗双方必须是诉讼当事人自己,且若受到挑战方战败,则依所控之罪处刑,甚至国王也无权赦免,因为这是私人之间的讼事。决斗裁判在英格兰并不普及,某些城镇的特许状规定它不适用。该制度在12世纪受到冷落,并在1215年第四次拉特兰宗教会议上遭到谴责,尽管它实际上已于13世纪不再使用,但作为替代权利诉讼中谴审制的另一种可供选择的审判方式及谋杀控诉中证据形式之一种,一直持续到了19世纪,1819年最终被废除。(= wager of battel; trial by wager of battel)

trial by certificate 依证人证明书进行的审判 指旧时某些案件中,证人就其所知情况所提供的证明书是确定案件争议点的唯一适格证据时适用的一种审判方式。在这种情况下,对案件争议将只能依该证书作出裁断。

trial by combat (= trial by battle)

trial by court or judge 无陪审团的审判 仅由法官主持进行,没有陪审团参加的审判。

trial by fire 火审 撒克逊法和英格兰古法中神明裁判[judicium Dei]的一种,适用于上层人。具体做法是:被告被要求手持一个重约1磅到3磅不等的烧得火红的烙铁,或者光脚,并被蒙着眼睛在9个不等距离纵向摆放好的烧得火红的犁铧头上走过。如果没有烫伤,就被宣告无罪释放。如果被烫伤——这种情形常常发生,被告即被宣告有罪。(= trial by the iron)

trial by grand assize 〈英格兰古法〉巡回大陪审 始于亨

利二世的一种特殊的陪审团审理的方式,被告可通过权利令状[writ of right]选择适用决斗裁判还是大巡回陪审团审判。(⇨grand assize)

trial by inspection 无需陪审团的审判 由于案情简单,无需陪审团介入的审判。

trial by jury (= jury trial)

trial by news media 〈美〉新闻媒介的审判 在某人受到法庭审判前,新闻媒介通过对该案的报道,使读者充当法官和陪审员来认定该人是否有罪及所要承担的责任。这种做法明显背离了美国宪法第十四条修正案的正当程序条款所保证的被告人享有获得公正、无偏见的审判的权利。各地的法庭规则已通过限制律师和法庭工作人员泄露有关案情、对于有轰动效应的案件作出特殊规定禁止有关传媒介入法庭等,以寻求在新闻自由和公正审判间保持一个平衡度。

trial by ordeal 神判;神明裁判(⇨ordeal)

trial by proviso 依被告请求继续进行的审判 如果原告停止诉讼,未将案件在方便的时间提交审判,这时被告向行政司法官提交陪审团召集令[venire facias],其中包括这样的语句:"假设…"[proviso quod]。如果原告为此目的也取得了任何令状,则行政司法官应为他们召集一个陪审团继续审理此案。

trial by record 〈英〉书面审理 1873–1875年《司法组织法》[Judicature Acts]颁行前,如一方提出而另一方否认法院已作出判决(或其他重要决定),则法院通过检查和审核记录审理案件。

trial by the country (= trial per pais)

trial by the iron 凭火决狱;火判(= trial by fire)

trial by the record 依书面文件进行的审判 一种审判方式。指一方当事人坚持称存在某书面文件可以支持其请求,而对方当事人则否认存在此书面文件,则主张存在的当事人应于指定日期提交该文书,如能提出,则法庭通过对该文件的审查来处理此案;若未能提出,则法庭作出有利于对方当事人的判决。

trial by wager of battel (英格兰古法)决斗裁判 这种裁判方式本为诺曼底人的习惯,后通过威廉[William the Conqueror]征服英国时引入,由起诉人和被控人通过决斗来确定裁判结果,因为他们相信上帝会使正义一方获胜。1819年遭废止。(⇨ordeal; wager of battel; trial by battle)

trial by wager of law (英格兰古法)宣誓裁判 被告提供担保物[gage],在法庭上宣誓被控事实与其无关;此后于规定日期邀请他的11个邻居作为宣誓助诉人[compurgators]出席法庭,发誓说他们相信被告所言是真实的。法庭根据他们的宣誓进行裁判。(⇨wager of law)

trial by water 水判;水神裁判 其具体方式是将被告肘弯以下的胳膊浸入沸水中或将被告投入水池。如果他的胳膊未被烫伤或他沉入水中,则认定其无罪并立即释放,如果他的胳膊被烫伤或他浮在水面上,则被认定有罪。

trial by witnesses 依证人证言进行的审判 指无陪审团参加的审判,法官依据对证人可信性的审查在自己内心形成判决。这种大陆法上的审判方式在普通法上极少使用。

trial calender 待审案件目录;审判日程表 其中记明待审案件名称、审理日期、律师姓名等内容。在美国一些州,此目录由法官掌管,在其他州则由法院书记官掌管。

trial counsel 〈美〉❶庭审时出庭的律师 在案件审理过程中协助当事人的记录在卷律师[attorney of record]的律师。❷(军事法院中的)公诉律师

trial court 初审法院;一审法院

trial de novo 重新审理;完全重审 指对全案重新进行审理,包括事实问题和法律问题,就好像对该案从未审理过一样。

trial examiner 〈美〉讯问审查官 行政机关中负责听证的官员,他有权进行听审并接受证据,地位相当于审计官或法院的主事官[special master of a court];是美国联邦行政程序法制定之前对主待行政听证的官员的通称。1946年联邦行政程序法制定后统称为听证审查官[hearing examiner],1972年又改称为行政法官[administrative law judge],其地位逐步确定和独立。(⇨administrative law judge)

trial judge 主持庭审的法官;审理(某一)案件的法官;承审法官

trial jury (= petit jury)

trial lawyer (初审)出庭律师;庭审律师 在美语中,该词与"litigator"在含义上存在两点区别:①前者参与案件庭审,后者逐渐倾向于在审前为披露请求作准备;②在用于新闻和某些法律文件中时,前者指主要为原告尤其是侵权诉讼中的原告代理的律师。但是,在广义上,"trial lawyer"也可指辩护律师。(⇨litigator)

trial list (某一开庭期的)待审案件目录

trial marriage 试婚 在结婚时经同意可由双方或任一方随时宣告无效或随时废除的婚姻。

trial minutes 庭审记录(⇨minute)

Trial of Sacco and Vanzetti 〈美〉萨柯-梵则蒂案 两个意大利移民-尼古拉·萨柯[Nicola Sacco]和巴托洛米奥·梵则蒂[Bartolomeo Vanzetti]受雇于马萨诸塞州的一鞋厂,并各自做鱼肉生意。两人被控于1920年4月15日谋杀了该鞋厂的出纳员和门卫,并抢走16 000美元。尽管他们申辩自己无辜,但仍被认定有罪,其复审请求也被驳回。但在1925年,一个被判罪的刑事犯所作的供认以及在1926年发现的更多证据都支持这样一种观点:这起抢劫杀人案来自罗德艾兰州普罗维登斯[Providence, R.I.]的职业盗匪所为。舆论要求重审此案,在此情况下,马萨诸塞州州长任命了一个顾问委员会复审该案。州长和委员会一致认为审判是公正的,被告有罪。1927年8月27日,他们被执行电刑。此案后来成为一个国际上著名的案例。有些批评称之为美国司法的扭曲。当时的哈佛大学法学教授、后来的美国最高法院大法官菲利克斯·弗兰克福特[F. Frankfurter]认为,被告没有得到公正的审判。许多人感到,萨柯和梵则蒂之所以被判有罪,乃是由于他们不受欢迎的政治信念,因他们在1917–1918年间曾逃避兵役,并且被认为与无政府主义和社会主义有关。这些都使当局对他们怀有偏见。

Trial of the Seven Bishops 〈英〉七主教案 1688年坎特伯雷大主教和六名主教因反对詹姆斯二世[James II]的《自由信教令》[Declaration of Indulgence]被指控犯有诽谤罪,后因公众的请求被宣布无罪。该案件确定了臣民对国王的请愿权。(⇨Case of the Seven Bishops)

trial on merits 实体审理 指对案件的实质性争点进行审理,区别于对当事人的申请或中间事项[interlocutory matter]的听审或审理。

trial per pais 〈拉〉由陪审团审理

trial per testes 凭证人当庭作证而无陪审团的审判 指无陪审团的参加,法官凭对证人及其证言可信性的审查在其内心形成判决。作为一种审判方式,在大陆法国家很常见,但在普通法诉讼中极少使用,但现在当当事人放弃

trial record （初审法院的）庭审记录
trial term 陪审团审判期间
trial to begin anew 在审理中对案件事实问题的重新审查
triare （= try）
triatio （= trial）
Triatio ibi semper debet fieri, ubi juratores meliorem possunt habere notitiam. 〈拉〉审理总须在陪审员最能了解情况的地点进行。
tribal lands 〈美〉印第安部落保留地 不分配给或不能由印第安个人占有而由部落共同占有的印第安部落保留地。（⇨Indian lands; Indian country; Indian reservation; Indian tribal property）
tribe n.❶部落；宗族 ❷一帮；一伙；一批
tribuere 〈拉〉给；分配；分发
tribunal n.❶法院；法庭；裁判庭 ❷法官席 ❸（某一司法区内的）全体法官 ❹管辖权；裁判权
tribunaux de commerce 〈法〉商事法庭 受理商人之间发生的案件以及合伙人之间因存在分歧产生的案件。
triding （= trethinga）
triding-mote n.在由三个行政区组成的郡中的一个行政区内设立的法庭
triduum n.〈英格兰古法〉三天时间；持续三天的祈祷
Triennial Act ❶〈英〉《三年会期法》 英国议会于1641年通过的一项法律，它规定如果新议会不能在上届议会的最后一次会议后第3年的9月3日前召开会议时，则必须在接下来的11月第2个星期一重新召集旧议会开会。❷〈英〉《议会三年任期法》 英国议会于1694年通过的另一项法律。它规定应在上一届议会解散后的3年之内召集新议会，议会的最长任期为3年。该法为《1716年七年会期法》[Septennial Act of 1716]所取代。
triennial test 三年期丈夫性行为能力测试 旧时英国教会法中被称为"三年同居"[triennial cohabitation]的规则，该规则要求丈夫和妻子同居三年，如期满仍未同房或妻子仍为处女，则推定丈夫阳痿。现代英国如有其他证据可资证明，则无需采用此规则。在美国，某些地区拒绝这一规则的适用，某些地区则予以公开采用。
triens 〈拉〉❶〈封建法〉亡夫遗产；归寡妇可得三分之一的亡夫遗产 ❷〈罗马法〉阿斯[as]的三分之一 ❸三分之一
trientes 〈拉〉百分之四的年利率 即一年的贷款利息为4%。指古罗马时代优士丁尼[Justinian]（公元527–565年在位）王朝规定的利息限额。前此为月息1%，即年利率12%。但商业贷款因风险较大，不在此限。
trier of fact 事实审理者 指审理案件的陪审团，及在无陪审团参加的情况下审理案件的法官，他们均有义务对案件的事实问题作出裁决。此外，还可以指行政程序中主持听证的官员或法官。
triers （= triors）
trifling a.不重要的；微不足道的 v.玩弄（他人的感情）
trifurcated trial 三阶段审判 如在一侵权之诉中，分为确定当事人侵权责任的阶段、确定一般损害赔偿金的阶段和确定特别损害赔偿金的阶段。
trigamist （= trigamus）
trigamus n.〈英格兰古法〉结过三次婚的人；拥有过三个妻子或三个丈夫的人
trigild n.〈撒克逊〉三倍的价款 如在和解诉讼中作为补偿或赔偿的价款。

trim v.❶使整齐；整理 ❷装饰；布置 ❸修剪 ❹减少；削弱 ❺使负载平衡 指调整船上的负载，使其能平稳行驶。 n.❶木构件 指建筑物门、窗周边的木建部分。❷舞台最佳亮灯处
trina admonitio （对罪犯的）第三次警告 在为迫使罪犯供认其罪行而在拉肢刑架[rack]上受刑之前，对仍保持缄默的罪犯的最后一次警告。
trinepos 〈拉〉〈罗马法〉（外）孙子（女）的曾（外）孙
trineptis 〈拉〉〈罗马法〉（外）孙子（女）的曾（外）孙女
trinkerman （= tinkerman）
trinity n.❶三位一体 指圣父、圣子与圣灵。❷三一主日 指圣灵降临节[Pentecost]后的第一个星期天。（= Trinity Sunday） ❸三部加注判例汇编 包括100卷的《美国判例汇编》[American Decisions]，从1765年至1869年；60卷的《美国判例报告》[American Reports]，从1869年至1887年；140卷的《美国州法院判例集》[American State Reports]，从1887年至1911年。
Trinity House 〈英〉海商促进公会；领港公司 在1514–1515年由英王亨利八世敕准设立，以促进商业和航运业为宗旨的团体，以后又管理航海事务，核发领航执照，设置信号、灯塔、浮标等事宜，该会会员还担任海事法庭的技术顾问。
Trinity Masters 〈英〉海商促进公会的资深会员 在海事法庭审理包括专门性的航运技术问题的案件时，一般都聘请两名海商促进公会的资深会员作法庭的技术顾问。
Trinity sittings 〈英〉三一节开庭期 上诉法院和高等法院的四个开庭期之一，从降灵节周[Whit Sunday]后的第二个星期二开始至7月31日结束。（⇨term; sittings）
Trinity Sunday 三一主日 圣灵降临节[Whit Sunday or Pentecost]后的第一个星期日。
Trinity term 〈英〉三一节开庭期 1873年以前英国法院的四个开庭期之一，从5月22日开始至6月12日结束。（⇨term; sittings; Trinity sittings）
triniumgeldum n.（欧洲古法）二十七倍的惩罚 对犯罪者所科的特殊罚金或赔偿金，相当于单一罚金或赔偿金的27倍。
trinket n.饰物或玩具 指无使用价值的东西。
trinoda necessitas 〈拉〉〈撒克逊〉三项基本税 指土地所有人必须承担的修桥、建筑城堡和服兵役的义务，这是任何种类的保有地所有人都无法逃脱的负担。
triors n.❶（法庭指定的）决定陪审员应否回避的裁决人 ❷上议院特别刑事审判员 被挑选来对被指控犯有重罪的某一贵族在上议院进行审判的贵族。
tripartite a.❶分成三部分的；三部分组成的；三重的 ❷一式三份的 ❸三方面之间的
tripartite contract 三方合同；三方当事人之间的合同（⇨third-party-beneficiary contract）
triple damages 三倍的损害赔偿金（⇨treble damages）
triple letter 三页纸的信
triplicacion 〈法〉（古代诉讼中）被告的第二次答辩；被告对原告的第一次答辩[replication]的回答
triplicatio 〈拉〉（大陆法）原告的第二次答辩；原告对被告的第二次答辩[rejoinder]的回答 相当于普通法中的"surrejoinder"。
triplication n.❶（教会法诉讼程序中的）再答辩 相当于普通法的rejoinder。❷〈法〉被告对原告的再答辩

tristris n.(古)(森林法)免于陪同领主追猎的自由

tritavia 〈拉〉(罗马法)(外)曾祖母的(外)曾祖母；第六亲等的直系女性祖先

tritavus 〈拉〉(罗马法)(外)曾祖父的(外)曾祖父；第六亲等的直系男性祖先

trithing n.〈英〉〈撒克逊〉郡的三分之一；郡下三分行政区 英国的一种区域划分方法，为郡的1/3，包括三个或三个以上的百户区[hundreds]。在该区域内设有法庭[trithing-mote]，其级别低于郡法院。

trithing-mote n.〈英〉在郡下三分行政区内设立的法庭

trithing-reeve n.〈英〉郡下三分行政区的主管官员

trithin-greve (= lathreeve)

tritin-greve (= lathreeve)

triumvir 〈拉〉(英格兰古法)郡下三分行政区或三个百户区的治安官员

triumviri capitales 〈拉〉(罗马法)监狱长 负责管理监狱的官员。其参与刑罚的执行，并有八名侍从官协助其履行职责。

triverbial days (罗马法)听讼日(⇨dies fasti)

trivial a.无价值的；不重要的

trivial error 轻微过错；无现实危害的过错

TRO (= temporary restraining order)

tronage n.〈英〉过秤费 依习惯为称羊毛、驼毛或毛制品的重量而收的税费。

trophy n.❶(古希腊、罗马在战场或公共场所树立的)胜利纪念碑 ❷(作纪念品保存的)战利品；纪念品 ❸勋章上的战利品图案 ❹战利品装饰 ❺陈列的猎获物 v.用战利品装饰；授予战利品

trophy money 〈英〉战利税 先前英国政府为民兵组织等供应设备和生活资料而在伦敦和其它几个郡征收的费用。

trove n.发现物；珍藏品(⇨treasure-trove)

trover n.动产侵占之诉 普通法上的一种诉讼，最初指发现他人动产并非法地将其转由自己使用的人提起的要求给予损害赔偿的诉讼。后来，原告丢失其动产及被告捡到该动产的主张成为一种拟制，该诉讼实质上成为对任何非法占有或使用他人动产行为的救济方式。请求损害赔偿的数额通常根据该动产的价值来确定。

trover and conversion (= trover)

troy weight 金衡制 金、银、宝石的衡量制度，1磅等于12盎司；1盎司合公制31.2克。

truant n.逃避责任者；逃学者

truce n.❶(国际法)休战；停战 交战各方通过缔结协定而暂时中止敌对状态。 ❷休战协定 v.❶休战；停战 ❷以休战中止

truce of God 上帝休战 中世纪时由教会倡导的，在某一特定时间要求交战双方停止战争的制度。开始仅限于星期天，后来扩展到自星期三晚上至星期一早晨。这样将有3/4的时间是禁止战争的。但由于它只依靠教会监督，实际并不完全奏效。12世纪君主国家产生后，教会治安逐渐被君主治安代替。

truck n.❶卡车；运货汽车 ❷平台车 指在工厂、仓库等处用以运输，尤其用以运重物的有轮平台车。

Truck Act 〈美〉《实物工资法》 规定可作为工资分发的实物的法律。在14世纪，英国法律规定除某些行业外禁止用除法定货币之外的其他财产充当工资。到了1831年，英国开始在各行各业中统一适用同样的规定。《实物工资法》的作用实际上是废除了实物工资制度。在美国，也

true a.真实的；诚实的 在狭义上，只有与事实相符的陈述才是真实的；但在广义上，只要是诚实而非欺骗性的陈述都是真实的，这时该词与"honest"、"sincere"同义。

true admission (= judicial admission)

true bill (大陪审团)正式认可的起诉书；准予起诉 指大陪审团经过审查由足额陪审员同意通过，认为提出的犯罪指控有充分证据而签署认可的起诉书；或专指大陪审团的签署认可。

true cash value 真实现金价值；现金实值(⇨true value)

true construction 真实性解释；当事人意图解释 根据当事人当时所处的环境，以适当方式将当事人在法律文件中的文句中所表现的意思真实地加以解释。(⇨construction)

true copy 真实抄本 该抄本并不意味着一字不易、绝对准确，而是指其内容足够真实，使每个人均可理解其含义。

true estate 〈美〉指需征税的遗产实值 需征收地方遗嘱检验税的遗产实际价值，并不必然与征收联邦遗产税的财产一致。

true man doctrine 真人规则 该规则意味着只要是人总是保护自己的，如果某人遭受性质严重的袭击并危及其身体健康或生命安全，此时他也不必退却，而可以武力对抗武力。只要其行使自身防卫权[right of self-defense]的方式合理，即使杀死了加害者，其行为仍然合法。

true, public, and notorious 真实的、公开的、声名狼藉的 向教会法院提交的起诉状中，在其每一项指控的末尾要分别正式地说明其控告的行为具备这三个特征。

true value 实际价值；实值 在应纳税额估值中，该词是指在公平和诚信的交易中，该财产转换成货币的市场价值；在土地被强制征收情况下，该词是指考虑到该土地当时可能的各种用途，及出让该土地时可能得到的补偿的条件下，在自愿的交易中该土地的实际市场价值。

true value rule 足值(缴纳股金)规则 根据此规则，认购和得到公司股票的人必须以金钱或相当于金钱的其他方式足值缴纳股票票面金额，以使公司的实际资产与其账簿上的资产相符。无论是因欺诈、意外、错误或其他任何原因导致认购人缴纳的财产、提供的劳务等的实值低于股票票面金额，则该差额应被视同未交股金。认股人或股票持有人应补交并对公司债权人负责。

true verdict (陪审团的)真实裁断 指陪审团在经过认真评议后自愿作出的裁断，即使陪审员之间存在意见上的相互妥协，但只要他们内心是自愿的，仍然是真实的裁断；如果裁断是陪审团屈从于某些规则或受到法庭或法院官员的影响而达成的，则它不是自愿作出的，也就不是真实的裁断。

trust n.❶信托 指受托人[trustee]基于委托人[grantor；settlor；trustor]的信任，以名义所有人[nominal owner]身分，就委托人授予的财产为受益人[beneficiary]的利益进行管理和处分的行为。信托的有效设立必须是：①委托人有设立信托的意图并出于合法目的；②受托人系基于委托人的信任持有信托财产并负有衡平法上的义务为受益人利益管理好信托财产；③有特定的信托财产，包括动产和不动产，可以实际交付给受托人。 ❷信托受益权 受益人就信托财产享有的衡平法上的权利。 ❸信托关系 指受托人基于委托人的信任，有衡平法义务为受益人利益管理信托财产所产生的关系。 ❹信托财产；信托物 ❺托拉斯 由多家企业联合组成的垄断组织，旨在加强

竞争力,垄断销售市场,谋取高额利润。❻**同行业企业的联合** 在较广义上,指同一行业的企业为了达到共同的目的,制约有损于共同利益的个别行为而组成的企业联合体。

trust ad litem 法庭指定的受托人 指由法院指定的受托人,不同于信托设立人或遗产管理人所选择的受托人。

trust allotments(to Indians) 〈美〉信托分配地块 在向印第安人分配的地块上出具信托证书,宣布由美利坚合众国政府在特定期间内为受地人的利益而以信托方式拥有土地。(⇨ restricted allotment)

trust certificate 信托证书 通常是铁路部门为购置新设备而出具的一种法律文件,以此作为支付融资贷款的担保。据此,该设备的所有权由受托人拥有,直至信托证书出具人付清全部款项。(⇨ equipment trust certificate)

trust company 信托公司 作为个人或工商企业的受托人或代理人,接受及经营各种为法律所许可的信托代理业务,包括受托为遗嘱指定的财产管理人、遗嘱执行人或监护人及管理信托基金、不动产、股票转移和登记,以及其他相关业务。通常与商业银行连在一起。信托公司也从事信托投资和不动产计划及一般银行的存款及放款业务。

trust deed 信托契据 可以包括两类契据:①据以设立信托的契据,又可称为信托声明[declaration of trust];②据以将财产权转让给受托人作为担保,直至转让人偿还贷款的契据,这时的信托契据与抵押[mortgage]类似。(⇨ declaration of trust; deed of trust)

trustee n. ❶**受托人** 依照信托人委任或法律规定拥有信托财产、执行信托业务,并将所得利益交与受益人的人。其对信托财产和受益人都承担责任。 ❷(破产法)**破产管理人** 指由债权人选任或由法官指定充当破产财产管理人的法院官员。其负有多项职责,如清理破产财产、处理债务人相关业务、参加债权人会议、向利害关系人提供相关信息等,又称为"bankruptcy trustee"、"trustee in bankruptcy"。
v. ❶担任受托人;指定受托人 ❷将(人或财产)交托给受托人

trustee ad litem 法院指定的受托人 指由法院指定的受托人,不同于由信托设立人或遗产管理人所选择的受托人。

trustee de son tort 因侵权而成的拟制受托人 某人对由他保管的财产作出违法行为或越权行为从而被视为受托人,使负受托人之责任。属于拟制受托人[constructive trustee]的一种。

trustee ex maleficio 因欺诈行为而担任的受托人;因不法行为而担任的受托人 该人因实施欺诈行为或不法行为,从而根据衡平法就相关财产被确定承担受托人义务,以避免其从不法行为中受益。属于拟制受托人[constructive trustee]的一种。

trustee in bankruptcy 破产财产管理人;破产受托人 接受破产财产,按信托方式为债权人利益进行经营管理的人。(⇨ trustee)

trustee of express trust 明示信托的受托人 指被正当委任或指定的受托人,与拟制信托[constructive trust]的受托人相区别。

trustee process 扣押第三人占有的属于债务人的财产以清偿债务的程序(⇨ garnishment)

Trustee Savings Banks/T. S. B. 〈英〉信托储蓄银行 为通过吸收小额存款以鼓励小储户节俭而专门建立的银行。1810年,首家信托储蓄银行在苏格兰姆弗莱附近的罗斯威尔开业。1817年的一项法律禁止此类银行盈利。从1844年起,信托储蓄银行被迫向国债局[National Debt Commissioners]出借资金。1861年,邮政储蓄银行[Post Office Savings Bank](国民储蓄银行[National Savings Bank]的前身)成立,现已成为最大的储蓄银行。储蓄银行中普通部的存款利率适中,投资部的存款和定期存款的利率较高。近来,储蓄银行拓展了业务范围。从1965年起,信托储蓄银行许可其顾客开立活期存款账户并使用支票。1967年,信托储蓄银行联合建立了它们自己的单元信托[unit trust]。信托储蓄银行亦从事外币汇兑业务。1973年,英国有73家独立的信托储蓄银行。据佩奇报告[Page Report]介绍,信托储蓄银行的数目骤减,到1975年只剩下20家。根据议会法律,信托储蓄银行是受托人代表储户管理的非营利性机构。其活期存款账户有利息并由政府保证。它提供支票支付和各种个人银行业务,如支付定期付款,在保险库内储藏贵重物品及买卖政府证券。信托储蓄银行要受1969年《信托储蓄银行法》[Trustee Savings Bank Act]及其后的修正条款的制约;并接受依该法成立的信托储蓄银行中央委员会[Trustee Savings Bank Central Board]的领导。(⇨ National Savings Bank)

trusteeship n. ❶受托人职位(或功能) ❷(国际法)托管统治 指一个或多个托管国对被托管领土的管理和统治。(⇨ trust territories)

truster (= entruster)

trust estate 信托财产 指由受托人为信托受益人的利益而拥有的资金或财产。但该术语多有混用,一指受托人的财产,即法定所有权;一指受益人的财产,或指作为信托对象的财产[corpus of the property]。(⇨ corpus)

trust estates as business companies 作为商业公司的信托财产 一种起源于马萨诸塞州的惯例,指将某一事业或特定财产授予受托人集团,由其为受益人所有人的利益进行经营管理。受益人有人的所有权通过其拥有的可转让股份[negotiable shares]加以证明。受托人则由股东选举,或者在股东缺席的情况下由受托人委员会选举。在信托协议与信托声明中规定,当新的受托人选定时即向其授予信托财产而无须进一步的转让。信托声明则规定受托人的权力范围。受托人使用共同的印章,受章程的调整,受托人委员会的管理人员类似于公司的管理人员,而且受托人也是在某一特定名称之下以集体能力实施信托管理,故而得名。(⇨ Massachusetts trust; business trust)

trust ex delicto 因违法侵权而成的拟制信托(⇨ constructive trust)

trust ex maleficio 因欺诈取财而成的拟制信托 某人因实施欺诈行为或不法行为,从而根据衡平法而就相关的财产被确定承担受托人的义务,以避免其从不法行为中受益。属于拟制信托[constructive trust]的一种。

trust for value 有价信托 信托人为获得充分适当的对价而设定的信托。

trust fund 信托基金 指受托人或受托组织依信托的目的要求为另一人或组织管理的货币及财产。

trust fund doctrine 信托基金规则 公司的财产首先应用作偿还债务的基金。若其资产全部转让给他人,并告以公司收歇,再无余款可供偿债,则受让人就受让财产应对公司原有债务承担清偿责任,即衡平法上的保证。据此规则,若破产公司的资产在未偿还债务之前已在股东之

间进行了分配,则每一股东依其所获金额对债权人负有偿还义务。(⇨common trust fund)

trust fund immunity 信托基金豁免原则 慈善机构无法免除其侵权责任时,仍不得以该机构经营管理的信托财产或基金承担赔偿责任,法院亦不得以之为执行对象。

trust fund theory 信托基金理论(⇨trust fund doctrine)

trust indenture 信托合同 规定受托人行为方式和受益人权利的文件。常在公司发行债券时使用,载明有关证券发行及受托人职责等事项。

Trust Indenture Act 〈美〉《信托合同法》 1939年通过的一部联邦法律,它规定,信托合同应由证券交易委员会[SEC]批准,并应增入某些保护条款和排除某些免责条款,且受托人应独立于债券发行公司,体现了对购买公司债券的投资者利益的保护。

trust indorsement 信托背书 载明为背书人或者其他人的利益而设定的一种限制性背书。

trust in invitum 非自愿信托;强制信托 根据衡平法而在受托人占有之财产上设立的信托,而不管受托人之意图,也无需经其同意。例如,被盗财产或交由他人使用的财产被无权转卖,则该财产而言,无论其已转化为价金或其他财产形式,都将以最初的占有人或恶意的受让人为受托人成立强制信托。此外,如果某一信托的受托人或其他受益人滥用信托资金,则也可以产生此种信托。(⇨constructive trust)

trust instrument 信托文件 据以创立信托,规定受托人权限和受益人权利的正式文件。它可以是信托契据或正式的信托声明[declaration of trust]。

trust inter vivos 〈拉〉生前信托 在信托人生前生效的信托。(= living trust)

trustis n.〈欧洲古法〉信托;诚信;忠诚

trust legacy 信托遗产 将遗产依信托方式交给受托人,由其向受益人提供终身年金。

trust officer 信托经理 在信托公司中主管信托基金经营的人。

trustor n.信托人 即信托关系的创立人。(= settlor)

trust power 信托权力;信托权限 受托人为受益人利益而执行信托的权力,如行使指定权、处分权等。信托权力是受托人必须履行的职责,并可依衡平法强制其执行。

trust property 信托财产 即信托的标的物。(= trust res)(⇨principal; corpus)

trust receipt 信托收据 指批发商以融资人的受托人的身份购进一批货物,再给融资人开出信托收据,说明批发商已代表融资人的利益占有了这批货物。按照这种安排,货物的所有权从制造商或卖方直接转移给融资人。在债务付清前,批发商只是以受托人的身份占有有关货物。在国际贸易中,有时进口商在远期付款交单条件下,承兑了出口商的汇票后,无力对到货付款,因而须向银行借用运输单证,以便提取货物。进口商为借用运输单证而向银行出具的收据也是信托收据。

trust res 信托财产 据以成立信托的财产,它可以是动产,也可以是不动产,受托人对其拥有普通法上的所有权[legal title]。

trust territories 托管领土 主要由两次世界大战中战败国的前殖民地组成,二战前被称为委任统治地[mandated territories],后由联合国托管理事会或由其委任的国家进行管理,现已全部独立。

trusty n.模范犯人 指因表现良好而在监狱之内及其周围被允许享有一定自由的犯人。

truth n.真实性;真确性 它与事实[fact]并不相同。(⇨true)

Truth-in-Lending Act 〈美〉《诚实贷款法》 该法的目的是为了确保每一个需要获得消费贷款的消费者都能得到有关该项贷款成本的有价值信息。在绝大多数情况下,贷款成本须以美元表示、以贷款余额为基础计算的年利率。其他有关的贷款信息也必须向消费者披露,以便其能比较从各方获得的多种贷款条件,避免贷款盲目的使用。该法还赋予消费者在特定情况下取消以留置住房为条件的借贷的权利。

try v.❶审问;审理;审判 ❷解决(争端) ❸试验;试行;试用

Tsar 〈俄〉沙皇

T.S.B. (= Trustee Savings Banks)

TSCA (= Toxic Substances Control Act)

Tuas res tibi habeto. 〈拉〉把你自己的东西带走。 在罗马法中,男人与妻子离婚时使用的表达方式。

tub n.〈商法〉一种容积单位 可折合为60磅茶叶和56至86磅樟脑[camphor]所占的体积。

tub-man n.〈英〉享受特别待遇的律师;享有特权的律师 指在高等法院的财税法庭中两位最资深的律师,享有优先发言权[pre-audience]并拥有特殊座席,在法庭围栏第一排左右各一位:左座属Tubman,右座属Postman。1873年废止。(⇨postman)

tuchas 〈西〉对证人的异议

Tucker Act 〈美〉《扩大权利申诉法院管辖权法》 美国国会为改变起初的权利申诉法院[Court of Claims]管辖权过窄的状况而进行的立法。根据本法的规定,权利申诉法院的管辖权除原有范围外,还扩大至公民根据宪法、国会通过的法律、行政机关的规章以及非由于侵权行为而提起的损害赔偿之诉。

tuerto 〈西〉侵权行为(= tort)

tullianum 〈拉〉〈罗马法〉地牢

tumbrel n.❶〈英格兰古法〉浸水刑凳 英国旧时惩罚骂街妇女的一种刑具,犯者被缚于凳上投入水中浸沉。❷(1789年法国大革命时的)绞刑犯押送车 ❸(英国旧时运输弹药和工具等用的)军用二轮车

tumultuous assembly 聚众闹事 聚众制造社会秩序的混乱状态。亦指在城市的主要街道千人集会,进行堵塞交通、引发具有强大杀伤力的爆炸物以危及人身或财产安全的行为。

tumultuous petitioning 〈英〉非法聚众请愿 20人以上向国王或上下两院提交要求改变经教会或国家法律规定事宜的请愿书。除非曾经三个高等法院法官或大陪审团的多数成员在巡回审判或开庭期间认可该请愿书的内容,该请愿行为将被认定为是轻微犯罪[misdemeanor],属暴行罪[riot],因为在英国是不允许10人以上进行请愿的。

tungreve n.镇或区的地方长官或司法官

tunnage n.〈英格兰古法〉酒税 旧时英国对进口酒所征收的税。最初是扣缴实物(实物酒税[prisage]),爱德华一世时改为货币税(货币酒税[butlerage])。

turba 〈拉〉〈罗马法〉(至少包括十至十五个人的)一堆人;集体;群众

turbary n.泥煤采掘权 在他人土地上采掘泥煤的权利或自由,可由特许状创设或依时效取得。(= common of turbary)

turf and twig 以交付一块草皮或一根树枝作为拟制的土地让渡的方式 将一块草皮或一根树枝交与土地受让人

或受领人,以此作为不动产移转的方式。

turncoat witness 倒戈证人;变节证人 本来视为是有利于己方的证人后来转变成为有利于对方的证人。(⇨adverse witness)

turned to a right 〈英〉必须通过诉讼收回权利 当不动产被他人非法侵占时,所有人不能通过迳行进占来驱逐侵占人,而必须通过提起收回占有或行使所有权[droitural]之诉来索回权利。

turning King's evidence 〈英〉(= turning state's evidence)

turning state's evidence 〈美〉提供揭发同犯的证据 指与检察官合作,主动提供自己参与的共同犯罪中其他成员犯罪的证据,虽然这样也会暴露自己的罪行,但目的在于希望以此获得免受指控或只受到较轻的判刑。

turnkey n.〈英〉监狱看守 尤指负责保管监狱门匙者。

turn-key contract 交钥匙合同;整套转让合同 按照这种合同,合同一方应按合同价格提供随时可使用的完工产品:①在房屋交易或建筑合同中,卖方或建筑承包人承担全部风险,完成所有建筑项目,房屋使用人只需拿钥匙开启房门即可入住或使用,无任何未完工或尚待补充的工程;②指钻探方承担所有风险的合同。在石油钻探业中,钻探方承担安装设备、进行钻探及使油井能正常生产等全部义务,另一方当事人只需接受工程并可马上进行石油开采作业。但除合同有明确规定外,钻探方不负保证油井产出的义务。

turn-key drilling 交钥匙式石油钻探(⇨turn-key job)

turn-key job 交钥匙式工作;交钥匙式作业(⇨turn-key contract)

turnover n. ❶营业额;成交额 指企业在一定时间内所实现的营业额。也指证券市场在一定时间内,如一天的交易量。❷周转率 指一定时间内资产的平均周转次数,通常指存货周转率。

turnover order 〈美〉移交令 ①法庭要求判决确定的债务人将某项财产交给判决确定的债权人,或者交给行政司法官或执行官转交债权人以履行判决的命令。它通常适用于以普通的判决执行程序难于取得的财产,如股份证书、账簿等;②在破产程序中,要求有关人员将破产财产交给破产财产管理人的命令。(⇨turnover proceeding)

turnover proceeding 〈美〉破产财产收回程序 破产法院适用的一种简易程序,目的在于能尽快地将他人隐匿或转移的破产财产由破产财产管理人收回,以利于破产程序的顺利进行。

turnpike n. ❶(旧时的)收税栅 ❷收费公路 ❸公路;大道

turnpike corporation 收费公路公司 负责经营收费公路的私人公司。

turntable cases 铁路转车台致人损害案件(⇨attractive nuisance; turntable doctrine)

turntable doctrine 铁路转车台致人损害赔偿原则 根据该原则,铁路转车台作为一种具有人身危险性但又对孩童具有在其上玩耍之诱惑力的工具,其所有人或管理人将其置于公共场所,则应当如一个合理谨慎的人那样采取预防措施,防止对孩童造成人身伤害。(⇨attractive nuisance doctrine)

turpis 〈拉〉(罗马法)卑劣的;可鄙的;无耻的;不名誉的;不道德的;非法的 既可用于物,也可用于人。

turpis causa 〈拉〉非法的对价或者诉因 在法律上不足以支持合同或者诉讼的成立。

turpis contractus 〈拉〉不道德的合同;显失公平的合同

Turpis est pars quae non convenit cum suo toto. 〈拉〉与整体不相一致的部分视为无效。

turpitude n. ❶卑鄙;堕落;邪恶 ❷不公正;不正直;不诚实(⇨moral turpitude)

turpitudo 〈拉〉卑鄙;堕落;邪恶

tuta 〈拉〉安全

Tuta est custodia quae sibimet creditur. 〈拉〉确定的且独负全责的监护才是可靠的。

tutela 〈拉〉(罗马法)监护 指对未适婚人的监护[tutela impuberum]与对子女的监护[tutela mulierum]。监护人称为"tutor",被监护人称为"pupillus"。(⇨cura)

tutelae actio 〈拉〉(大陆法)对监护人的诉讼 指为受监护人的利益而于其成年时对监护人提起的诉讼,其目的在于迫使监护人详细报告账目。

tutelage n. 监护(⇨tutela)

tutela legitima 〈拉〉(罗马法)法定监护 指未适婚人的家父死亡时未以遗嘱指定监护,从而依据法律规定所创设的监护。

tutelam reddere 〈拉〉(罗马法)提交监护账目 监护人在开始管理被监护人的财产之前,应编造监护账目,并在监护终了时提交监护账目。

tutela testametaria 〈拉〉(罗马法)遗嘱监护 即由家长在其遗嘱中为其未适婚的子女指定监护人从而创设的监护。在罗马法中,遗嘱监护优于法定监护。

tuteur 〈法〉监护人;保护人

tuteur officieux 〈法〉非正式监护人 对于不满15岁的未成年人,经其父母同意或在其父母有过错时,由家族会议[conseil de famille]同意,而指定50岁以上的人担任该种监护人。相当于英格兰法中的"in loco parentis"。

tuteur subrogé 〈法〉代位监护人 指为未成年人指定的第二监护人的称号。其作用在于,当成年人与第一监护人之间发生利益冲突时,由其行使监护权。

Tutius erratur ex parte mitiore. 〈拉〉慈悲为怀,应无大错。

Tutius semper est errare acquietando, quam in puniendo, ex parte misericordiae quam ex parte justitiae. 〈拉〉宁可错放,不可错惩;宁失公正,不失仁慈。

tutor n. ❶家庭教师;私人教师 ❷(未成年人的)监护人

tutor alienus 〈英〉外来监护人 当某一外来人进占未满14岁的未成年人的土地并获得收益时,该未成年人可对他提起诉讼,要求其报告账目并由其承担农役监护人[guardian in socage]之责。(⇨ward)

tutor proprius (英格兰古法)正当监护人 与外来监护人[tutor alienus]不同,是合法管理未成年人土地的监护人,非外来的入侵者。(⇨tutor alienus)

tutorship n. 监护人的地位(职位、权力) 监护人拥有的、对无法自我照顾的人的管理权。监护权有四种:血亲监护权[tutorship by nature]、遗嘱监护权[tutorship by will]、法定监护权[tutorship by the effect of law]和法官指定监护权[tutorship by the appointment of the judge]。

tutorship by nature 血亲监护权;自然监护权;当然监护权 血亲监护权包括以下情形:①父母一方死亡,另一方拥有对未成年子女的监护权;②父母离婚或分居,由与未成年子女共同生活或受托照顾未成年子女的一方负责监护;③如果指定由父母共同监护未成年子女,则父母双方拥有平等的监护权;④一方死亡时,死亡方所拥有的监护权转由生存方享有。

tutorship by will 遗嘱监护权 父母中后死的一方享有通

过遗嘱指定亲属或其他人担任未成年子女监护人的权利。但也可以在其生存期间，通过一个公证员和两个证人面前发表声明的方式指定监护人。

tutrix n.女性监护人

TVA (= Tennessee Valley Authority)

twa night gest 〈撒克逊〉两晚是客　忏悔者爱德华[Edward the Confessor]时期的一项法律规定，住在旅店或他人家中的人，第一晚可被视为陌生人，第二晚应被视为客人，第三晚即被视为家庭成员。这种规定与确定房东对前来居住者在居住期间的违法行为是否承担责任及承担责任的范围有关。

twelfhindi n.撒克逊政府部门中最高等级的人，生命赔偿金为 1 200 先令

Twelfth Amendment 〈美〉美国宪法第十二条修正案　该修正案 1803 年 12 月 9 日由国会提出，1804 年 6 月 15 日获批准。该修正案改变了选举总统的选举团制度[electoral college system]。它是 1800 年总统选举中众议院在确定托马斯·杰斐逊[Thomas Jefferson]和阿龙·伯尔[Aaron Burr]谁为总统出现僵局时提出的。因为根据宪法原规定，选举团选举两人分别担任总统和副总统，但选票上并不标明谁为总统和副总统，选票相等之时则交由众议院投票决定。第十二修正案要求将总统与副总统的选票分开，同时规定当州候选人中无人获以州为单位的多数票时，由众议院选出总统，参议院选出副总统。

twelve-day writ 〈英〉十二天令状　在审理汇票或本票案件适用简易程序时签发的令状，后于 1880 年被废止。

twelve-man jury 十二人陪审团；普通法上的陪审团

twelvemonth n.一年　此字类似一个单字单数，指 12 个月，即全年；另有 twelve months 则类似两个单字的复数名词，亦指 12 个月，但每月均以 28 天计。

twelve-month bond ❶〈西〉期限为十二个月的义务　❷简易法定判决　和其他判决一样具有法律效力和强制执行力。也指经双方当事人同意而为的简易判决。

twelve-month liquidation 〈美〉十二月期清算　指美国《国内税收法典》[Internal Revenue Code]的一项规定，该规定要求公司必须自通过清算计划时起至清算结束的 12 个月内变卖财产，以确认这种变卖没有造成盈亏。

Twelve Tables 《十二表法》；《十二铜表法》　是古罗马最早的法典和罗马法的起点，于公元前 451－450 年间由一个十人委员会制订，起初为十表，后来的一个委员会又在其上附加两表，故称《十二表法》。它的制定是建立在对希腊政治的考察基础之上的，因此带有一些希腊的流风余韵，但实质上还主要是罗马式的。它由民众大会[comitia]通过，并在广场上立铜表公布，意在使以前只为祭司所掌握的重要的习惯法规则成文化，并限制贵族特权，因此还包括了立法改革和革新习惯法的措施。《十二表法》包含了公法方面的规则，但主要还是关于私法、刑法及程序方面，当然它并未涵盖当时被接受为法律的全部规则。今天只有一些文本的片断残存了下来，其中的一些古语段落甚难解释。总的来说，《十二表法》认可了当时的家族制和贵族集团的特权，体现了宗教习俗的影响，并视债务奴隶制为合法。《十二表法》在古罗马被推崇备至，从未遭到废弃，但为后来罗马法的发展所取代，不过其中的一些基本规则一直沿用到优士丁尼时代。

Twentieth Amendment 〈美〉美国宪法第二十条修正案　该修正案 1932 年 3 月 3 日由国会提出，于 1933 年 1 月 23 日被批准。该修正案被称之为"跛鸭"[lame duck]修正案，它将总统、副总统以及国会议员任期从原来 3 月 4 日分别提前至 1 月 20 日和 1 月 3 日，避免政治交替期过长带来的负面作用。根据原规定，总统、副总统和国会议员虽于 11 月份选出，但要等到下一年 3 月才能就职，总统和副总统要等待 4 个月时间；而新当任的国会议员，除非是特别会议，实际要等到下一年的 12 月份，即当选为议员 13 个月以后，才能走马上任。国会在这一年多时间内，其中许多已是落选者，仍在代表选民，故被称为"跛鸭会议"。此修正案将过渡期都缩短为 1 个多月，使美国政治制度日趋完善。修正案还对总统继任等问题作了规定。

Twenty-eight Hour Law 〈美〉《二十八小时连续运输法》 适用于州际家畜运输的一部联邦法律。该法规定，如果家畜运输持续达 28 小时，则应当有 5 个小时作为让其休息、饮水、进食的时间，除非因暴风雨等不可预见且不可避免的原因无法停留；但如经家畜的主人或运送负责人同意，则最长的连续运输时间可以延长至 36 小时。

Twenty-fifth Amendment 〈美〉美国宪法第二十五条修正案　该修正案 1965 年 7 月 6 日由国会提出，1967 年 2 月 23 日批准。它规定了在任总统、副总统因故免职或辞职而出现职位空缺时的补缺方法。修正案只是把与总统继任相关的既存作法系统化，但首次解决了副总统空缺和总统丧失能力[disability]问题。在该修正案之前副总统的空缺情况曾多次出现，有时甚至持续时间较长。

Twenty-first Amendment 〈美〉美国宪法第二十一条修正案　该修正案于 1933 年 2 月由国会通过，1933 年 12 月由州制宪会议[state convention]批准生效。该修正案废除了美国宪法第十八条修正案，结束了美国禁酒的尴尬局面，因而禁酒制的废除从一开始就成为受欢迎的政治措施。不过，该修正案仍保留州在其辖区内对酒类进行管制甚至禁止的权力，只是应受一定贸易权[commerce power]限制而已。这一宪法修正案由州制宪会议批准，这在美国宪法史上是唯一由州制宪会议批准的宪法修正案。

Twenty-fourth Amendment 〈美〉美国宪法第二十四条修正案　该修正案 1962 年 8 月 27 日由国会提出，1964 年 2 月 4 日获批准。它规定在总统或副总统、总统或副总统选举人、或国会议员或众议员的任何预选或其他选举中，公民的选举权不得因未交纳人头税[poll tax]或其他税而被合众国或任何一州加以剥夺或限制。

Twenty-second Amendment 〈美〉美国宪法第二十二条修正案　总统任期不超过两届的先例开始于乔治·华盛顿[George Washington]，并一直持续到 1940 年富兰克林·D.罗斯福[Franklin D. Roosevelt]在第二次世界大战爆发后赢得第三次任期时。该修正案于罗斯福逝世两年后的 1947 年 3 月由国会提出，1951 年 2 月获批准，从而将华盛顿所创的先例融入了美国宪法之中。它限制总统超过两个任期，或如果副总统继任其前任总统不超过两年时其总任期不能超过 10 年。依该修正案，此规定并不适用于本条开始生效当时的现任总统哈里·S.杜鲁门[Harry S. Truman]，不过杜鲁门并没有竞选第三任期。

Twenty-seventh Amendment 〈美〉美国宪法第二十七条修正案　该修正案是美国宪法上的一件奇事。它早在 1789 年就作为原《权利法案》十二条款中的第二条被提出，但却在 203 年之后的 1992 年才得到 3/4 州的批准。它规定国会议员不能自己投票决定提高自己的工资[pay raise]，而只能决定增加后任国会众议员和参议员的工资。

Twenty-sixth Amendment 〈美〉美国宪法第二十六条修正案　该修正案 1971 年 3 月 23 日由国会提出，1971 年 6

月1日获得批准。它确定在各州和联邦选举中最低的选举年龄为18岁。该修正案在它通过后107天即被批准,是所有修正案中最快的。

Twenty-third Amendment 〈美〉美国宪法第二十三条修正案 该修正案1960年6月17日由国会提出,1961年3月29日获批准。它规定哥伦比亚特区应依国会规定方式选派一定数目的总统和副总统选举人,数目等于把特区看作一个州时它在国会中有权拥有的参议员和众议员人数的总和,但不得超过人口最少之州的选举人人数。该修正案偏离了按人口分配选举人的原则,尽管特区人口比美国50个州中的13个州都要多,但它选举人票数只能与人口最少的阿拉斯加州相同(3票)。

twice in jeopardy 再次受到追诉(⇨prior jeopardy; jeopardy)

twin wills (= mutual wills)

twisting n.诱换保险(单) 保险代理人通过对事实和保险单内容进行歪曲解释等不正当手段,以诱使被保险人放弃在其他保险公司的投保而转向该代理人所代理的保险公司投保。

two-courts rule 〈美〉两级法院认定规则 如果初审法院对事实的认定得到了中间上诉法院的确认,则更高一级的上诉法院不再对该事实予以重新审查。

two-dismissal rule 〈美〉两次撤诉规则 当原告曾就同一诉讼请求在其他法院撤回起诉后,若原告就后来的起诉再次自愿撤诉的,视为该案的实体问题已经得到裁决。

two-donee statute 〈美〉双人受赠法 该法规定,无限嗣继承的土地[land in fee simple]可以通过转让或遗赠授予一系列的受赠人,但须当时生存,且不得多于两人。此后,则由最后一个受赠人的后嗣继承。但如发生违约或弃权情事,则土地应回属于赠与人的合法后嗣。

two-for-one rule 两车分装规则 指承运人没有按托运人要求使用一定尺寸或载重量的一辆大车来装载货物,而是为了便利之故将货物分装两辆较小的车,同样完成运送时,可仍按货运限价表中一辆大车的价格收费。

two-innocent-persons principle 双方均无过错原则 衡平法上的一项原则。当两个均无过错的人——即任何一方当事人均无故意或过失——中必须有一人承担损失时,则应当由因其行为而致损害可能发生或其本来可能阻止损害发生的一方当事人承担损失。

two-issue rule 〈美〉双争点规则 依该规则,在有多个争点提交陪审团作出裁断时,至少有一个争点未受到偏见错误的影响,则上诉审法院应当推定陪审团的裁断是以该正当的争点、而非另一发生错误的争点为根据作出的,因此,对该裁断应予维持。

two-level appellate system 〈美〉两级上诉法院体制 在美国部分州中采用的,包括两级上诉法院、当事人可向它们逐级上诉的法院设置体制。

two-step appeal 〈美〉两级上诉 在采用两级上诉法院体制[two-level appellate system]的州中,当事人上诉应先向中间上诉法院提起,对其判决不服的,可再向更高一级的上诉法院提出上诉。

two witness rule 〈美〉双目击证人规则 ①指伪证罪的成立需由两名目击证人的直接证言或者由一名目击证人的直接证言和一项旁证予以证明的规则;②指依美国宪法的规定,除非有两名目击证人对同一明显的行为作证或者被告人在公开法庭上供认,任何人不得被判定犯有叛国罪。

twyhindi n.〈撒克逊〉撒克逊人中地位较低的人,生命赔偿金为二百先令

tyburn ticket (英格兰古法)泰伯恩证书 指发给重罪检控官的一种证书,威廉三世时期的一项法律规定,此种证书的原始持有人及它的第一受让人可免于担任他们所检控的重罪发生地之堂区或行政区的教职或行政职位。

tyhtlan n.〈撒克逊〉控告;起诉;告发;检举

tying a.附条件的;搭配的;搭售的 指与搭配安排或搭售相关的。该词由"tie"转化而成。(⇨tying arrangement)

tying arrangement 搭配安排;搭售协议 指出卖人与买受人达成的协议,其中约定,除非买受人同时购买不同的商品或服务才可以购买某一商品或服务,前一商品或服务称为"被搭售商品或服务"[tied product or service],后一商品或服务称为"搭售商品或服务"[tying prodcut or service]。在美国,如果该种协议过度抑制竞争,则可根据《谢尔曼法》[Sherman Act]或《克莱顿法》[Clayton Act]认定其为非法。该词亦指出卖人单方拒绝将某一商品或服务售与他人,除非买受人购买不同的商品或服务。亦写作"tying agreement";"tie-in";"tie-in agreement"。

tylwith 宗族或部落的分支或支系

tymbrella n.(英格兰古法)漫水刑凳(⇨tumbrel)

tyranny n.❶专制政府 ❷专制;独裁

tyrant n.专制君主

tyrra n.山;丘

tythe n.什一税;十分之一

tything n.❶十户区;十户联保组 ❷什一征税;什一纳税 ❸什一税(⇨tithing)

Uu

U.B. (= Upper Bench)

uberrima fides 〈拉〉最大诚信；绝对诚信；最大诚实信用 双方基于信用关系订立合同时应遵循的原则。保险合同通常是最大诚信合同，例如人身保险合同要求投保人负有最大诚信义务，不得对与订立保险合同有重大影响的事实进行错误陈述或隐瞒。

Ubi aliquid conceditur, conceditur et id sine quo res ipsa esse non potest. 〈拉〉凡有所授让，让与物无之即无法存在之物亦共同授让之。

Ubi aliquid impeditur propter unum, eo remoto, tollitur impedimentum. 〈拉〉凡因一个原因受到阻碍的，如果该原因被消除，则阻碍亦消除。

Ubi cessat remedium ordinarium ibi decurritur ad extraordinarium. 〈拉〉通常之救济不起作用时求诸非常之救济。

Ubi culpa est, ibi poena subesse debet. 〈拉〉在犯罪地惩罚犯罪人。

Ubicunque est injuria, ibi damnum sequitur. 〈拉〉有不法行为，必随之产生损害。

Ubi damna dantur, victus victori in expensis condemnari debet. 〈拉〉在判决给予损害赔偿时，应判决败诉方支付胜诉方的费用。

Ubi eadem ratio, ibi eadem lex; et de similibus idem est judicium. 〈拉〉原因一样，适用的法律也一样；在相似的案件中，判决也应是相似的。

Ubi est forum, ibi ergo est jus. 〈拉〉法院地法优先适用。

Ubi est specialis, et ratio generalis generaliter accipienda est. 〈拉〉法律是特殊的而立法的理由是普遍的，则该法律应被视为普遍的。 即某个特定法律与有着同样普遍特征的法律的理由是同一的，则应具有同样的效力。

Ubi et dantis et accipientis turpitudo versatur, non posse repeti dicimus; quotiens autem accipientis turpitudo versatur, repeti posse. 〈拉〉施者与受者均有不道德行为则不能恢复原状，仅受者一方有不道德行为则可以恢复原状。

Ubi factum nullum, ibi fortia nulla. 〈拉〉无主犯，无从犯；无行为，无暴力。

Ubi jus, ibi remedium. 〈拉〉有权利必有救济。

Ubi jus incertum, ibi jus nullum. 〈拉〉不确定的法不成为法。

Ubi lex aliquem cogit ostendere causam, necesse est quod causa sit justa et legitima. 〈拉〉法律强制表明的理由必须正当合法。

Ubi lex est specialis, et ratio ejus generalis, generaliter accipienda est. 〈拉〉法律是特殊的而立法的理由是普遍的，则该法律应被视为普遍的。 即某个特定法律与有着同样普遍特征的法律的理由是同一的，则应具有同样的效力。

Ubi lex non distinguit, nec nos distinguere debemus. 〈拉〉法律未加区分之处不应加以区分。

Ubi major pars est, ibi totum. 〈拉〉拥有大部分者拥有全部。 即多数决定一切。

Ubi matrimonium, ibi dos. 〈拉〉有婚姻必有嫁妆。

Ubi non adest norma legis, omnia quasi pro suspectis habenda sunt. 〈拉〉法律不能提供原则时，对几乎任何事都应存疑。

Ubi non est annua renovatio, ibi decimae non debent solvi. 〈拉〉不作每年一度的维修就不必付什一税。

Ubi non est condendi auctoritas, ibi non est parendi necessitas. 〈拉〉规则的建立无权威基础则不必遵守之。

Ubi non est directa lex, standum est arbitrio judicis, vel procedendum ad similia. 〈拉〉在无直接法律规定的情况下，法官的判决应予采纳，或应作为相似案件的参考。

Ubi non est lex, ibi non est transgressio, quoad mundum. 〈拉〉世界无法则无所谓违法。

Ubi non est manifesta injustitia, judices habentur pro bonis viris, et judicatum pro veritate. 〈拉〉在无明显不公正的情况下，法官应被认为是诚实的，其判决也应被认为是真实的。

Ubi non est principalis, non potest esse accessorius. 〈拉〉无主犯，亦无从犯。 意指如果主犯被赦免，则从犯亦应被赦免。

Ubi nulla est conjectura quae ducat alio, verba intelligenda sunt ex proprietate, non grammatica, sed populari ex usu. 〈拉〉如果没有作出不同解释的要求，文书的词句不应根据严格的语法意义加以理解，而应根据普遍的通常的意思加以理解。

Ubi nullum matrimonium, ibi nulla dos. 〈拉〉无婚姻则无嫁妆。

Ubi periculum, ibi et lucrum collocatur. 〈拉〉物的风险承担者应当得到该物产生的利益。

Ubi pugnantia inter se in testamento juberentur, neutrum ratum est. 〈拉〉遗嘱中若有相互抵触或不一致的指示，两者均无效。

Ubi quid generaliter conceditur inest haec exceptio, si non aliquid sit contra jus fasque. 〈拉〉一般授予条款中隐含着一项例外：授予行为不得与法律和正义相违背。

Ubi quis delinquit, ibi punietur. 〈拉〉在哪犯罪，应在哪惩罚。 普通法中，重罪案件的审判通常应在犯罪发生地进行,而不在任何其他地方。
ubiquity n.〈英〉无处不在 英国法中的一种拟制,指国王作为正义的源泉被推定为在同一时间出现于所有的法庭之上。
ubi re vera 〈拉〉事实上;实际上
ubi supra 〈拉〉前面提到过的地方 该词有时用于案例名称之后,表明在前边刚引用过该案例的地方可以找到该案例所在的卷数和页码。
Ubi verba conjuncta non sunt sufficit alterutrum esse factum. 〈拉〉选择性语句列举的事物,履行其中之一即可。
UCC (= Uniform Commercial Code)
U.C.C. (= Uniform Commercial Code; Universal Copyright Convention)
U.C.C.C. (= Uniform Consumer Credit Code)
U.C.M.J. (= Uniform Code of Military Justice)
UCP (= Uniform Customs and Practice for Commercial Documentary Credits)
U.C.R. (= Uniform Crime Reports)
udal n. 自主地(⇨allodial)
UDITPA (= Uniform Division of Income for Tax Purposes Act)
UFCA (= Uniform Fraudulent Conveyance Act)
UFTA (= Uniform Fraudulent Transfer Act)
ukaas ❶〈俄〉由俄国沙皇制定的法律或条例 ❷官方公告;正式的决定
ukase (= ukaas)
ulna ferrea 铁制厄尔;铁厄尔标准 厄尔[ell]是英国旧时量布的长度单位,等于45英寸。铁厄尔保存在财政署,作为丈量标准。(⇨alnage)
ulnage (= alnage)(⇨alnager)
ulnager (= alnager)
ulterius concilium 〈拉〉进一步考虑;进一步辩论
ultima ratio 最后的论辩;最终的理由;最终诉诸的方式
ultimate facts 基本事实;主要事实 对确立原告的诉因或被告的答辩理由所必不可少的事实,也是法庭裁决争议所必需的事实,区别于支持它们的证据事实。
ultimate finding 基本裁决 关于基本事实[ultimate facts]的裁决。
ultimate issue 基本争点 指诉讼中必须作出确定性回答的问题。如在人身伤害案件中,被告是否有疏忽就是一个基本争点。
ultimate issue rule 〈美〉基本争点规则 在普通法上,证人不得就案件的基本争点作证,但是依现代法律及《联邦证据规则》[Federal Rules of Evidence],不得以证人证言及于案件基本争点为根据将该证言排除。
ultimate trust beneficiary 终极信托受益人 接替第一受益人[primary beneficiary]的信托受益人。信托设立人为保护其信托安排不受不可预见事件的影响,从而将终极受益人包括在内。典型的此类信托安排是:甲为乙的利益而设定信托,并在乙死亡后由其弟丙为受益人。
ultimatum n. 最后通牒 在外交谈判中为了解决某一争端,由一方向另一方提出的不容对方争辩和反驳的威胁性要求或警告。
Ultima voluntas testatoris est perimplenda secundum veram intentionem suam. 〈拉〉立遗嘱人的最后遗愿将根据他的真实意图执行。
ultimum supplicium 〈拉〉极刑;死刑
Ultimum supplicium esse mortem solam interpretamur. 〈拉〉(罗马法)我们认为死刑是最严厉的刑罚方式。
ultimus haeres 〈拉〉最后或最末的继承人 与最优先的继承人[haeres proximus]和在后继承人[haeres remotior]相对,一般指领主。
ultra mare 〈拉〉身处海外 古代诉讼中不出席法庭的事由之一。
Ultra posse non potest esse, et vice versa. 〈拉〉不可能者不存在,反之亦然(不存在者亦不可能有)。
ultra vires act 越权行为(⇨ultra vires (doctrine))
ultra vires (doctrine) 越权;越权原则 ultra vires的拉丁文含义是"超越权限",广义指未经授权而实施行为。通常是指公司超越公司法或公司章程规定的权力或业务范围的行为。一般认为,公司超越其权力范围而缔结的合同是非法的。在过去,公司设立目的是受到限制的,故对公司的章程目的条款通常作严格解释,从而将越权行为认定为非法和无效。美国《现代权力授予法》[Modern Enabling Acts]规定公司可以根据任何合法的目的设立,这样,只要其不属于公共不法行为,则越权行为不再被认定为非法。现代的公司实质上已不再受到限制,如果说越权规则一度是公司律师的主要观念,那么现在这种案件已成为落伍之物。由于对公司的条款作更为宽泛的文义解释,并且现代法律也授予广泛的默示权力,所以,关于股东对公司的禁制令之诉外,越权规则已被现代成文法规定所废除。越权规则也受到1972年《欧洲共同体法》[European Communities Act]的限制,为保护与公司进行交易的善意相对人,该法认为任何由董事决定的交易行为都应视为属于公司权力范围之内,不受公司章程的限制。交易相对人在决定交易时并无义务查明公司或董事的权力范围。交易相对人被假设为善意的,除非有相反证明。这是因为在英国,如果公司权力是依据普通法、惯例或特许而获得的,则公司具有普通法上的人格,可以从事任何一般人可以从事的行为;但另一方面,如果它是根据成文法而设立的,则该公司仍只能在成文法或其他文件所限定的权力范围内作为,而不能在此范围外实施任何行为。为保护股东利益,越权行为不能约束那些对此持反对意见的公司股东。根据这一原则,如果某一公司把专门拨款用于某一目的的基金挪用于其他目的,那么这种行为就构成越权,但是持反对意见挪用的股东有权禁止。越权行为有时也指那些虽然在公司权力范围内实施之行为,但因行为人并未依章程规定的方式取得同意或授权,从而对公司亦不具有约束力。因此,公司对其董事部分授权的,董事超出该权力范围而实施的行为亦属越权,除非公司在事后追认。在行政法上,越权原则在英国是司法审查根据的原则,是行政法的一个核心问题。根据英国法院的判例,产生越权行为的理由有:①违反自然公正原则;②程序上的越权;③实质的越权。行政机关越权的行为是无效的行为,法院可以宣告其无效或将其撤销。这一原则也适用于委任立法、权力下放的立法行为。越权行为在美国主要指超越法定的管辖权、权力或限制,如市镇超越法律授予的权力所作的行为。
umbrella liability policy 〈美〉伞式责任保险单;额外责任保险单;总括责任保险单 这种保险负责巨灾部分的索赔。为使该保险有效,被保险人需先购买一个基础责任保险[underlying liability insurance]。当损失发生时,基础责任保险首先负责赔偿,直至其最高限额为止;然后由伞式责任保险负责损失余额的赔偿,直至其最高限额。
umbrella policy 伞形保单 承保超出基本或普通责任保单保险金额之外损失的保单,是一种补充或超额责任保单。亦称作 bumbershoot insurance。

umpirage n. 仲裁裁决 该词与仲裁人［umpire］对应，与仲裁人［arbitrator］的裁决［award］同义，但 award 通常也可用于指 umpire 的裁决。

umpire n. ❶仲裁人 ❷独立仲裁人 在两个或多个仲裁员不能就案件裁决达成一致时，被召来对案件独立作出裁决的人。❸〈美〉（劳动争议）仲裁人 ❹〈美〉理赔仲裁人 被指定在保险人和被保险人的估价人［appraiser］之间进行调解，以确定损失金额的人。

U.N. (= United Nations)

unable a. 无能力的 在法律上用来指证人无作证能力时，意指证人由于精神上或生理上的缺陷而不能作证。(⇨inability)

unaccrued a. 未到期的

unadjusted a. 不确定的；未达成协议的

unadjusted debt 未经理算的债务 指未能就数额协商一致从而导致数额不确定的债务。

unalienable a. 不可融通的；不可转让的；不流通的；不可剥夺的

unambiguous a. 明确的；非模棱两可的 用于指合同条文时，指其意思清晰，足以排除有正常理性之人的怀疑。

unanimous a. 全体一致的；一致同意的 如指陪审团全体成员或法庭全体法官的裁断或判决意见一致。

unanimous decision 一致裁决 审理案件的全体法官意见一致的裁决。

unanimous verdict （陪审团的）一致裁断

Una persona vix potest supplere vices duarum. 〈拉〉一个人绝不能代理两个人的职位。

unascertained a. 未查明的；未经确定的；未确定的（⇨uncertainty）

unascertained duties 未经确定税额 以大致估定的方式确定的应支付的总税额。在最终清算时，法律规定纳税人有权不依税率而就最终确定的应税货物的数量进行税额扣减和抵免。

unascertained goods 未经确定的货物 在英国货物买卖法［law of sale of goods］中，指那些没有确定而只在货物品名中提及的货物，如羊群中的两只羊。与之相对的是特定物或确定物［specific or ascertained goods］，如有特定号码的一辆车。未经确定的货物，其财产权不能移转给买方。

unattached a. ❶（财产）未扣押的；未查封的 ❷未婚的 指既未结婚也未订婚，不受婚姻契约约束。

unattested instrument 未认证的文件 指见证人或认证人未在其上签名的文件。

unauthorized a. 未经授权的；未经许可的；未经批准的 尤指签章或背书未经明示或默示的实际授权，或表见授权，伪造亦属之。

unauthorized indorsement 未授权背书；无权背书 未经实质性默示或明示授权而为之背书，亦包括伪造的背书。

Unauthorized Insurer's Act 〈美〉《未经批准保险人法》

unauthorized practice of law 未经许可的执业 指未取得法律所要求的执照而从事法律职业。

unauthorized use 未授权使用 明知未经所有人授权而使用其机动车的犯罪行为。区别于偷盗罪［larceny］，在指控未授权使用的犯罪时，政府不必证明行为人具有永久剥夺机动车所有人所有权的故意。

unavailability n. 不可获得；不能得到 在证据法上，如有理由表明某证人或其证言是不可获得的，那么该证人先前提供的证言，如可被如实地复述出来，则可作为传闻规则的例外而被采纳。属于证人不可获得的情形包括该证人死亡、精神失常、位于法院传票所能送达的范围之外，或证人就需作证的内容依法庭规则享有免于提供证言的特权等。

una voce 〈拉〉异口同声；一致的；无异议的

unavoidable a. 不可避免的；不可阻止的；必然的

unavoidable accident 不可避免的事件 指在任何情况下，虽有当事人的正常注意仍不能阻止其发生的事件。它不是专指自然灾难事故，而是指事件发生的后果不能归咎于任何人。它说明事件的发生不是由行为人的过错所引起的，通常也没有任何人直接参与其中。(⇨accident; act of God; inevitable accident)

unavoidable casualty 不可避免的事件；意外事故 凭藉人的谨慎、预见和注意仍不能阻止其发生的事件或事故，其发生是违背当事人意志的，且当事人并无过失。根据美国部分州的相关法律规定，它指的是，该事件所产生的情况或环境阻止了当事人或其代理人采取本可实施的补救，但并不包括基于对法律的误解而产生的错误判断和错误行为，也不包括那些如果当事人自行补救就能予以阻止的事故。该术语通常并不限于不可抗力。(⇨accident; act of God; unavoidable accident)

unavoidable cause 不可避免的原因 指在同类情况下，为合理谨慎和注意的人所没有、且通常也不能预见的原因，其结果也通常不可避免。(⇨unavoidable accident)

unavoidable dangers 不可避免的风险 在海上保险中，该术语包括船舶驾驶员所不能阻止的风险，并且如同海难［perils of the sea］一词，也包括各种各样的海上灾难和有人为因素的意外事故。

unavoidable delay 不可避免的迟延 指由于不可避免的原因、事件或事故所引起的迟延。在合同履行中，它根据习惯或惯例可以作为迟延履行的抗辩理由，但只限于因合同生效后所发生的原因而致的迟延。

unavoidable occurrence 不可避免的事件 该术语常出现于买卖合同的条件中，用以规定在某些情况下减轻当事人责任的依据。

unavoidably prevented 不可避免地受阻 指因无可归责于任何人的过错而受到阻碍。

unborn beneficiaries 尚未出生的受益人；胎儿受益人 未出生而参与继承、赠与者的统称。通常由法院任命某一指定监护人以保护并代表其利益。

unborn child 未出生子女；胎儿 尤指因发生某种事件而未出生的子女。胎儿尚未出生，并不具有法律人格，但法律出于特定的一些目的往往会承认其存在。其涉及的法律问题主要有以下几方面：①杀害胎儿不构成谋杀罪，但构成堕胎罪，因特殊情况而进行人工流产除外；②胎儿在未出生时因其母亲受他人伤害而致其受伤害的，可在出生后请求赔偿，但取证往往比较困难。在美国大多数州，一个可以脱离母体存活的、尚未出生的胎儿因伤害致死的，死产儿的继承人可以提起不法致死之诉［wrongful death action］；③在继承法中，为保护胎儿活着出生后的利益，故视胎儿为已出生并进行继承。

unbroken a. 连续的

unceasesath 〈撒克逊〉家属对其亲人死亡不作报复的宣誓

uncertainty n. 不确定(性) 指书面资料含混不清和混乱，使人无从了解其性质和意图。例如：在遗嘱法中，如立遗嘱人在遗嘱中的表述难以理解、致使他人无法确定其意图,则该遗嘱中所设定的各项条款即因不确定而无效;在英国诉讼法中,当事人提出的主张必须确定,如该主张中有不确定之缺陷,则可能因其不符合《最高法院规则》[R.S.C.]而被驳回。(⇨ambiguity)

uncertificated security 〈美〉非投资证券(⇨certificated security)

unchaste woman 不贞洁的女子;淫荡的女子

unchastity n.不贞;放荡;不纯洁;低级庸俗 即使没有实际存在的非法性行为。(⇨unchaste woman)

uncia 〈拉〉❶(罗马法)安息亚 古罗马铜币。其价值相当于古罗马铜币阿斯[as]的 1/12。英语的盎司[ounce]一词即起源于此。❷(古)一种土地丈量单位,大致相当于 1 200 平方英尺 ❸十二分之一

unciarius haeres 〈拉〉(罗马法)十二分之一遗产的继承人

unclean hands doctrine 污手原则 衡平法上的一项原则,指有不公正或欺诈行为的一方当事人无权获得法律救济,但只有当不公正或欺诈行为与案件争议有关时才适用该原则。

uncollected funds 未收款项;在途款项;未收资金 银行尚未收账的以支票或其他款账户余额的增加所构成的银行存款部分,实为以支票或其他权利为基础的应付款项尚未被出票人或其他付款人清偿而形成的债权。

unconditional a.无条件的;不受任何条件限制或影响的

unconditional discharge 无条件释放

unconscionability n.显失公平;显失公平原则 法院根据该原则可以以合同缔结中的程序滥用或以与合同内容相关的实体滥用为由拒绝强制执行不公平或压迫性合同,任何一种滥用都是以显失公平为基础的。对合同是否显失公平的基本检验标准是,根据缔约时的环境和通常的商业背景以及特定交易的商业要求,确定合同条款是否不合理地使一方当事人受益,从而压迫另一方当事人或对另一方当事人不公平。如果一方当事人未能对合同内容作出有实质意义的选择却使另一方不合理地受益,则属于显失公平。美国《统一商法典》[U.C.C.]第 2-302 条规定:①如果法院作为法律问题发现合同或合同的任何条款在缔约时显失公平,法院可以拒绝强制执行,或仅执行显失公平以外的其他条款,或限制显失公平条款的适用以避免显失公平的后果。②由于一方当事人主张或法院认为合同或合同的任何条款有可能属于显失公平时,应给予另一方当事人合理的机会提供证据,证明缔约的商业背景、合同的目的和效果,以帮助法院作出决定。美国《第二次合同法重述》[Restatement of Contracts, Second]第 208 条亦有相同规定。在英国,它是衡平法中的传统术语,与公平[good conscience]相反,衡平法院通常对显失公平的交易不予认可。

unconscionable a.❶显失公平的;极不公平的 ❷不道德的;昧良心的;应受道德谴责的

unconscionable agreement 显失公平的协议 在一方当事人处于不利地位时达成,且有压迫性,尤指对求职和谋生的自由进行不合理限制或强加过高利息的协议。

unconscionable bargain 显失公平的交易 指意识清醒的人不会作出、且诚实公正的人也不会接受的交易。(⇨unconscionable contract; unconscionability)

unconscionable contract 显失公平的合同 合同或条款因一方当事人有较强的交易能力而对另一方明显不公平,它常因违反公共政策而被认定为无效。(⇨unconscionability)

unconscious plagiarism 无意识的抄袭;无意识的剽窃 在自己的作品中使用他人的文字作品,但未实际意识到这是他人的作品,所使用的思想和概念是通过先前对他人作品的研习而移植于自己的思想中的。

unconstitutional a.不合宪的;违宪的;与宪法相抵触的 该词有两种不同用法,一种可以称之为英国用法,是指立法与某一公认的普遍原则相抵触,这仅意味着此立法是不明智的,或者是建立在错误的或不正当的原则之上,或者与普遍接受的政策相冲突。另一种可称之为美国用法,是指立法与成文宪法尤其是美国宪法[U.S. Constitution]的某一条款相冲突。此外,unconstitutional 与 non-constitutional 含义不同,后者是指与美国宪法原则之外的某一法律原则有关的、非宪法性原则的。

unconstitutional law 违宪的法律(⇨unconstitutional statute)

unconstitutional statute 违宪的法律 这是一个自相矛盾的用法,因为与宪法相抵触的法律并不是法律,完全无效;从法学研究来看,尽管违宪的法律具有法律的样式和名称,但它好像没有被通过一样不能产生法律效力。因此,一旦某一法律被裁判为违宪的,就犹如它从来不存在,依据它的权利将不能得以主张,以此为基础的合同是无效的。任何人不能因为依该法而行为得到它的保护,同样,任何人也不因拒绝遵从该法而遭受处罚。该术语用于《美国法典》[United States Code]时,"违宪"[unconstitutional]的宪法仅指美国宪法,而不指美国州宪法。

uncontestable clause 不可抗辩条款 人寿保险单中规定的在其生效一定年限之后(通常为 2 年),承保人不能对索赔请求提出抗辩的条款。

uncontrollable impulse 不可控制的冲动 由于精神错乱或躁狂症而使意志能力减弱,行为人因此会不能抗拒地做事。在美国有些司法管辖区,不可抗拒的冲动可以作为免除罪责的理由。(⇨insanity; irresistible impulse)

uncontrolled discretion 不受控制的裁量权 指给予受托人的不受司法纠正的裁量权。但是,即使信托文件中意欲授予受托人不受控制的裁量权,法院也不应容忍受托人滥用裁量权的行为。

U.N. Convention on the Prevention and Punishment of the Crime of Genocide 《联合国防止及惩治灭绝种族罪公约》 是反对二战期间纳粹屠杀犹太民族暴行的产物。本公约于 1948 年 12 月 9 日由联合国大会一致通过并于 1951 年 1 月 12 日生效。灭绝种族罪是指蓄意全部或部分消灭民族、种族、宗教等群体,并实施下列行为之一的罪行:①杀害该群体的成员;②致使该群体的成员在身体上或精神上遭受严重伤害;③故意使该群体处于贫穷等生活条件下以毁灭其全部或部分生命;④强制施行蓄意防止该群体生育的措施;⑤强制将该群体的儿童转至其他群体。公约规定了个人责任原则,即犯有灭绝种族罪的犯罪分子应对其行为应承担刑事责任。依据该公约,罪犯应受国家的或国际法庭的审判并可实行引渡。

uncore prist 〈法〉依旧准备 用于正式的对清偿债务请求的答辩文书[pleading of tender]中,答辩人宣称自己一直做好准备,并且依旧准备履行义务。

U.N.C.T.A.D. (= United Nations Conference on Trade and Development)

uncuth 〈撒克逊〉未知的;陌生人;当晚陌生人 指某人在别人家中受到招待时第一晚对他的称谓。

undefended a.无辩护的

unde nihil habet 〈拉〉(英格兰古法)寡妇地产令 当其应得之寡妇地产在法定期限内未到时签发给该寡妇的令

状。

unde petit judicium 〈拉〉他要求就此作出判决

under and subject 取决于；受制于；受…制约 该术语常用于设有抵押权之土地的转让中，表示受让人要受到该抵押权的制约。

under and subject to the payment of 取决于(抵押债务的)清偿；以(抵押债务的)偿付为条件的 在已设定抵押不动产的转让合同中所使用的短语，但它并不能产生使受让人承担抵押债务的效力，因为这一规定并不能充分清楚地表明这一意图，即由转让人设立且由受让人承担有关履行抵押债务的义务。

undercapitalization n. 资本不足 企业无足够现金或资本来有效地运作其业务。

under-chamberlains of the exchequer （英格兰古法）财政署下级内侍 财政署中负责将记账之符木[tally]劈为两半的两名下级官员，他们还要将符木上的内容予以诵读，这样收据登记员[clerk of the pell]和审计员[comptroller]便可核对所载内容是否属实。另外，他们还负责查找国库[treasury]中的档案，保管《末日审判书》[Domesday Book]等。此官职现已废除。

under consideration by the grand jury 在大陪审团的审查之中 包括在大陪审团室进行的一切程序，如证据的接受、对案件的最终处理等。

under control 处于控制之中 该术语并不意味着在任何或所有情形下立即停驶的能力，如果一辆汽车的行驶速度、机械装置和动力所处的控制状况能使汽车在合理的速度内停驶，则该汽车即可在法律上被视为"处于控制之中"。

under conviction ❶已经形成确信的 ❷已经定罪判刑的 指犯罪人已被确定刑罚、但尚未执行的状态。

undercover agent 内线；线人 在警察工作中，隐藏自己作为警察的代理人的身份而与犯罪嫌疑人进行接触的人。他所收集的有关犯罪活动的证据可在以后的庭审中使用。在毒品案件的侦查工作中广泛使用这种线人。

underdeveloped country 欠发达国家；发展中国家（▷less developed country）

under his care 在他的管理之下 侵占罪[embezzlement]的用语，是指某人对他人委托其管理的财产享有占有权。

under insurance 不足额保险 指保险金额低于被保险财产价值的保险，当发生保险事故而造成损害时，保险人根据保险金额与保险价值的比例进行赔偿。

underinsured-motorist coverage 〈美〉不足额驾车人险 这种保险规定了肇事的驾车人没有购买足够的保险以支付受害人的损失的情形。半数以上的州法律规定了不足额保险的某些形式。这种保险不是为了补救被保险人或其家庭未购买足额责任保险而设计。

under-lease v. & n. 转租 通常指承租人按较自己租期为短的期限将土地转租给他人，也指分租的一种，或指租期相同但只转租土地的一部分。在英国，指由承租人将依原始租约[original lease]所取得利益的部分转让给次承租人[underlessee]或分承租人[sub-lessee]，但这种转让保留承租人权利的回复。它不同于租赁权的让与[assignment]，后者是承租人全部利益的转让，即对原始租约的全部转让，受让人可以按照原始租约享受权利和承担义务，并以自身名义起诉或被诉。在转租关系中，原始出租人和次承租人之间既无所有权关系，也无合同关系，不能依原始租约进行对抗。但是，出租人可以对次承租人进行财产扣押或利用不履行支付租金即可以没收的条件。根据

1925年《财产法》[Law of Property Act]第146(4)条及1929年《财产法(修订)》[Law of Property (Amendment) Act]，次承租人对没收可以请求救济，但获得救济的条件由法院自由裁量授予，有的案件是采用提高租金的方式。承租人的权利放弃或转让不得损害次承租人的财产权利。根据1925年《财产法》的含义，"出租"[lease]包括转租，除非在上下文中有其他规定。

underletting n. 转租（= under-lease）

under protest 持异议地 指在受到强制而付款或实施行为时，付款人或行为人宣称其并不因该付款或行为而放弃任何权利。

under sail 扬帆（▷carrying sail）

undersheriff n. 代理司法行政官；助理司法行政官 ①指接受司法行政官的指派，有权从事司法行政官所有日常工作的主司法行政官代理人；②指直接受司法行政官领导、除必需由司法行政官亲自出面的少数情况外，履行司法行政官所有职责的官员。法律限制助理司法行政官的任期为一年。在某些辖区内，对代理司法行政官和助理司法行政官作了区分，前者只在特殊场合或为特定目的才予委派，而后者则一般履行司法行政官所要求的所有职责。（▷deputy sheriff）

understand v. 理解；认识 指对行为的实质和后果有着充分清楚的认识。如在合同中，权利转让人应当具备对其转让行为的理解力，如果认识到其转让将导致其自身权利的剥夺，如果受权利转让人对此缺乏认识，则契约无效。在遗嘱和其他法律文件的执行中，它是指对行为后果和效力的认识。（▷capacity）

understanding n. ❶理解；了解 ❷解释；协定；协议；非正式协定 在合同法中，是指由另一书面或口头协议中明确的条款所产生的默示协议。尽管它有时被用作"agreement"的同义语，但它通常是指一种默示的和非正式的协议。而且其作为术语是模棱两可的，除非当事人有其他的表述明显表明其就相关的事务达成了合意，并意图受此约束。

understood a. 已同意的 作为书面合同用语，"it is understood"与"it is agreed"有相同效力，均表示当事人已达成合意，故与"agreed"为同义语。

undertake v. ❶承担；从事 ❷允诺；同意 ❸保证；负责

undertaker n. ❶承担者 指负责某项事务的人。在技工[mechanic]留置权的制定法中，承担者一词并不包括单纯的建筑物材料供应商在内。❷殡仪员 指丧事承办人，其承办死者的丧礼并计收费用。

undertaking n. ❶允诺；保证 在一般意义上，该词与允诺[promise]相同，在早期作品中，亦以"undertaker"指称允诺人[promisor]。但它通常在专门意义上被使用，即一方当事人或其代理律师在法律程序中所作的允诺，以此为条件取得法院或对方当事人作出某些让步。因此，如欲获得中间禁制令，法院一般会要求原告作出赔偿损失之保证，一旦在此后证明原告无权获得禁制令，而该制令已给被告造成损失的，则原告须对此承担赔偿责任。反之，如果原告申请法院发布禁制令，而被告请求延期的，则其通常被要求作出保证，在此期间内停止实施原告诉称之行为；如果涉及对专利权等的侵害的，则其有时会被要求作出保证，在延迟期间内保持其所制造或销售的全部物品的账单。此外还包括对财产权利证书予以安全保管的保证。❷保释保证书（▷bail bond）

undertaking to keep the peace 在保证社会治安的情况下

(⇨bond to keep the peace)

under-tenant n.次承租人;分承租人 指依转租或分租而占有财产的人。(⇨under-lease)

under the age limit fixed by law 在法定年龄限制以下 汽车保险单中除外责任条款常见术语,指驾车者违反了法律中关于驾车者年龄的限制性规定。

under the influence of intoxicating liquor 在烈性酒的影响下 用来形容酒后驾驶机动车的短语。不仅指很容易辨别的醉酒状态及程度,而且指由此产生的不正常的精神或身体状态。任何程度的醉酒都会影响人的神经系统、大脑及肌肉,使其丧失清醒的理智及本应具有的自控能力,并于一定程度上使其不能象正常人那样以合理的注意和谨慎态度驾车,致使其本身及公共安全受到威胁。该情形构成意外事故保险单中的除外责任条款。

under the peace 治安良好情况下;社会秩序安宁的情况下;在国家管辖和保护权限以内(⇨bond to keep the peace)

undertook a.已同意的;已承担的;已保证的 作为一个严格法律意义用语,它被用来表示宣布一项允诺,并以此形成损害赔偿之诉[action of assumpsit]的基础。

Under-Treasurer of England 英格兰副财政大臣 出现于1597年的一项制定法之中。他是财政大臣[Lord High Treasurer]的主要助手,负责执行财政大臣的工作事务;在财政大臣这一职位出现空缺时,代行此职务。

under-tutor (大陆法)监督监护人 由法院指定的,当未成年人的利益与监护人[tutor]的利益相抵触时,代表未成年人实施行为的人。在美国路易斯安那州,每一监护关系中均应存在一位监督监护人,由法官在批准监护证书时加以指定。

underwrite v.❶(在契约、文件等上面)签名;签名同意 ❷承保;给…保险;签发保险单;经营(海上保险业) ❸同意承担商业风险或经济责任 ❹证券包销;全额承销 指从证券发行人买下新发行的证券,再把这些证券直接或通过交易商出售给公众投资者,未能被公众投资者认购的剩余证券,仍由证券包销商自行买下,而不再退还给证券发行人。证券包销商与证券发行人之间实质上系一种证券买卖关系,由证券包销商承担发行风险。证券包销商所能赚取的收益是承销价差[underwriting spread]。

underwriter n.❶保险人;保险商;保险单签发人;保险业者 简称UW或U/W,又称underwriting agent,指收取保险费并依保险契约承担风险的人,尤指经营海上货物保险业务的人。起源于伦敦劳埃德保险社,作为该保险社的会员,有权以自己的名义承保风险,由于其在承保时须在保险单下端签署自己的姓名,故称为underwriter。在美国,火灾及人寿保险业者也称为underwriter。 ❷保险业务受理人 保险公司中负责审查和确定风险的可保性或是否予以承保,以及以何种条件和保险费率予以承保的业务人员。 ❸证券包销人;证券包销商 指从证券发行人处购买证券的人,其目的在于,或其为证券发行人出售证券的意义在于,把一种证券直接销售出去。或者指任何分担上述证券业务或直接地或间接地参与上述证券业务的人,或者分担或是参与直接的或间接的证券包销业务的人;但上述情形并不包括其利益只限于从证券包销人处取得佣金的人,也不包括其利益不超过普通的或常规的证券销售商佣金的证券自营人或经纪人。(⇨underwrite)

underwriters' association 保险商协会;保险人协会 由保险人或保险代理人自愿组成的协会,其目的是促进保险业务发展、提高福利和为各方提供便利,并确保业务经营上的统一性。

underwriters' rules 保险商的规则;保险人的规则 指保险人制定的根据相应的标准和情形确定风险类别的规则。

underwriting agreement 承销协议 向公众发行新证券的证券发行人与证券承销商之间就向公众发行新证券的条件达成的协议。(⇨underwrite)

underwriting spread 承销价差 新发行证券对公众的实际公开销售价与证券包销商向证券发行人购买证券支付的价格之间的差额,亦称为承销折扣[underwriting discount]。

unde vi 〈拉〉(罗马法)保护占有者令状 一种用来保护用强力从实际所有者那里获得占有权之人的令状。它为教会法索回被掠夺财产之诉[actio spolii]及新近强占之诉[assize of novel disseisin]提供了范例。

undischarged bankrupt 未偿清债务的破产人 指法律上已宣告破产但尚未偿清债务的人。根据英国1914年《破产法》[Bankruptcy Act],任何人在破产受托人干预之前,善意地与未偿清债务的破产人进行交易,支付对价而取得该破产人于宣告破产后所获的财产,则该交易行为有效。同时,如果该破产人未表明其破产人身份而改用其他姓名取得贷款或从事交易,则构成犯罪行为。此外,作为未偿清债务的破产人也不能取得充任下议院议员的资格。

undisclosed agency 隐名代理 代理关系的一种,代理人与第三人从事交易,但该第三人并未知悉该代理人系代表本人而实施行为。代理关系被隐匿这一事实并不禁止该第三人向本人或代理人主张补救。

undisclosed principal 隐名代理的本人 指其本人身份被代理人保密者。如果代理人经由本人授权而以隐名代理方式与第三人订立合同,则隐名本人与代理人均须对合同承担责任。而在显名代理[disclosed agency]中,则仅由本人对合同承担责任,代理人通常不承担责任。(⇨principal; undisclosed agency)

undisputed a.无争议的

undisputed fact 无争议的事实 指没有争议或被承认[admitted]的事实,尤指法庭认为不需要包括在事实裁决[finding of fact]中予以认定的事实。

undistributed profits (= retained earnings)

undistributed profits tax 未分配利润税 对已有充足的且超过其留存的应作为红利付出而并未实际支付的利润额的公积金、供其扩展业务和满足其它资金需求的公司的不合理利润积累所征收的税。(= accumulated-earnings tax)

undivided interest 未分割权益;共有权益 由两人或多人基于同一权利基础共同享有的权益,不论这些人各自在该项权益中所享权益在价值或数量上是否相等。(⇨joint tenancy; tenancy in common)

undivided profit 未分配利润;未分配盈余 未被作为股利予以分配或未被划拨为公积金的那部分企业留存利润。(= accumulated profit)

undivided right 未分割的权利 在共同共有中,两个或更多的不动产产权人在财产未分割前对该不动产享有的权利。不管他们的权利在价值或数量上是否相等,共同共有人拥有的均为同一产权。(⇨undivided interest)

undres n.(英格兰古法)未成年人;未到携带武器年龄的人

undue influence 不当影响 在英国法中,指一种影响、压力或控制力,使得一方当事人因此而不能自由、独立地就自己的行为作出选择。它作为衡平法的原则,是推定欺诈[constructive fraud]原则的组成部分。一方当事人从合同中获利或接受另一方当事人的赠与,如果对方当事人在交易中因受该方当事人的影响而无从进行自由、独立的判断,则该交易是可撤销的。一般当双方当事人之间具有信任关系时,例如监护人和被监护人、医生和病人、律师和当事人等之间的关系,可推定存在不正当影响,但这一推定是可以被推翻的。在其他情况下则可以由主张者提供证据加以证明,而认定存在不正当影响。在选举事务中,它是指任何外力、暴力、限制或伤害、胁迫、恐吓,以诱使任何人报案或不报案。美国法亦认为,如果某一合同、交易、关系或行为的同意是在不正当影响下作出的,则其属于可撤销的。在遗嘱与遗产继承中,它是指破坏立遗嘱人自由意志的胁迫。如果由遗嘱受益人实际上执行遗嘱,则可以基于立遗嘱人与影响人之间的信任关系而推定不当影响的存在。亦作 improper influence。(⇨ coercion; duress)

undue means 不正当方式 指不合适、不恰当、不公正的方式。如法律规定,对以不正当方式取得的仲裁员的裁决应予撤销。

undue return 不当回呈 指官员对由其执行的令状或传票所作的错误的、或有缺陷的或不准确的回呈。根据法律,执行官员不仅应将令状交回签发机构,还应附上一份关于其正确执行过程的说明,否则回呈便为不当。

unearned income ❶非营业收入;非劳动收入 指投资所得的红利、股息、财产租金等来自工资、薪金、小费和其他雇用报酬之外的收入。❷预收收入 指已收取但还未最终挣得的收入,如提前收取的房租或其他提前收取的款项。

unearned increment 自然增值;非经营性增值;不劳增值 并非由于劳动或改善经营而是由于使需求增长的自然原因而产生的价值增加,如人口增长或社会总体进步所带来的增值。

unearned interest 预收利息 由金融机构就其贷款收取的利息,由于贷款期限未满,这部分利息还不能作为收入而记入收入账内。

unearned premium ❶未盈保费;未满期保费 保险公司因其未曾承担风险损失赔偿而无权收取的保费或部分保费,此类保费应由保险人退还给投保人。❷未盈费用;未满期费用 借款人与住房贷款协会提前终止关系时,借款人向该协会支付的与贷款期之未到期部分相应的那一部分费用。

unearned premium reserve 未盈保费准备金 保险人为确保未盈保费返还而交存的准备金,这是就延续至未来特定时间的保险提前收取保费的自然结果。其数额为保险人希望取消所有有效保单时应偿还保单持有人的未盈保费的估定总额。人寿保险公司的保费准备金是保险人用于清偿就其签发的生效保险单而在任何特定时间负有的债务,在总资产之外另行交存的相应资金。

unearned surplus 非营业盈余;非经营利润 与营业盈余[earned surplus]不同。非营业盈余包括:①资本盈余[paid-in surplus],指已发行的股票市价高于股票面值的部分;②重估价盈余[revaluation surplus],即固定资产重新估价时超出成本的盈余;③捐赠盈余[donated surplus],即捐赠收入。

U.N.E.F. (= United Nations Emergency Force)

unemancipated minor 未脱离监护的未成年人 指尚处于父母控制之下的未成年人。未成年人虽然不足法定年龄,但也可以独立自主行使权利,从而脱离其父母的控制。脱离监护并无固定的程序。一般而言,服兵役、结婚或能自我维持生活等事项具有影响决定的传统作用。未脱离监护的未成年人仍有权获得父母的扶养,并且通常不承担责任,但对可执行合同[enforceable contract]除外。

unemployment insurance 〈美〉❶失业保险 一种社会保障,即在雇员非因自身履行职务行为的原因而被解雇时,应向其支付保险金。作为《联邦社会保障法》[Federal Social Security Act]补充的各州法律规定:根据法律规定的条款和条件对失业人员支付保险金。这种各州强制性的保险由雇主、或由雇主和雇员联合支付保费,将失业的经济负担从纳税人转移到失业人员所在的部门或整个工业。有时这种保险也由雇员自愿向承保此类风险的保险人购买,自付保费,以补偿失业造成的损失。认定某一雇员失业满一周时必须满足两个条件:①在该周内未能提供任何劳务;②在该周内从未领取任何工资。(⇨Railroad Unemployment Insurance Act)❷退伍保险 美国根据《军人重整法》[Servicemen's Readjustment Act]的规定支付给入校读书的退伍军人的生活津贴。

unemployment relief arrangement 〈美〉失业救济安排 指由某一协会(通常被视为一种人寿保险公司)作出的一种安排,向在职人士出售保险合同,并在其一旦失业时对其进行补偿。

unemployment tax 〈美〉失业税 为弥补失业保险成本而根据《联邦失业税法》[Federal Unemployment Tax Act/FUTA]征收的税。该联邦法规定,失业税依雇佣报酬的一定比例征收,但已缴纳的州失业税可予以扣减。

unemployment trust fund 〈美〉失业信托基金 某些州根据《社会保障法》[Social Security Act]而设立的一种信托基金,用以支付失业者的救济金。

unencumbered a.无(债务、抵押等)负担的

unenforceable contract 不可强制执行的合同 它属于有效合同,但因存在某些技术缺陷而不能得到强制执行。该种合同虽有某些法律依据,但当其面临某些抗辩——诸如防止欺诈法——时,则当事人不能提出损害赔偿或实际履行之诉,从而要求强制执行合同。例如,根据《防止欺诈法》[Statute of Frauds],合同须具备书面证据,则缺乏书面证据的该种合同即属不可强制执行的合同。它与可撤销合同[voidable contract]有诸多共同之处,两者的区别在于前者是程序上的问题而后者是实体上的问题。这种合同在目前实际上存在于保证合同与土地权益买卖合同之中。而从实务的观点看,这种合同与无效合同也差别甚微,因为有效合同最重要的特征在于其是可强制执行的[enforceable]。

unequal a.❶不一致的;不统一的 ❷不均衡的;不公平的;不公正的;有偏见的;歧视 unequal 与 inappropriate 并不同义,后者意为:不适合的;不恰当的。(⇨discrimination; separate but equal doctrine)

unequivocal a.清楚的;明白的;不会出错的;毫无疑问的;确定的 用于证明责任方面时,意指达到最高可能性的和确定无疑的证明。

U.N.E.S.C.O. (= United Nations Educational, Scientific and Cultural Organization)

unethical conduct 不合乎职业道德的行为(⇨rules of professional conduct)

unexpired term 未满期间;剩余期间 由法律或租约规定

的某一期间在经过一定时间后的剩余部分。

unfair comment 不公正评论 与公正评论[fair comment]相对,是一种带有恶意的评论,这种评论超出了公正、合理的评论应有的界限,非常草率地置可能因此受到伤害者的权利于不顾。

unfair competition ❶不公平竞争;不正当竞争 泛指商业和贸易中的欺诈或不诚实竞争行为。在19世纪该词仅局限于冒用商标,其后扩展到与商业有关的其他不正当竞争行为,诸如:采用模仿或假冒他人商品的名称、尺寸、颜色、标识、包装外形等手段,利用他人已经建立的声誉或销售规模,以自己的商品或产品在市场上冒充他人产品的行为。这种仿冒足以误导普通大众或欺骗不谨慎的购买者,但又没有达到完全假冒或侵犯商标、商号权的程度。对"不正当竞争"的测试,不是将两个相互竞争者的产品放在一起确定其能否被辨认和区别,而是在两个产品不放在一起的情况下,一个普通谨慎的购买者能否被其相似特征误导,以致认彼产品为此产品,尽管两者在实际细节上存在着差异。是否构成不正当竞争是由每一案件中的特定事实和背景决定的,但下列行为通常被认为属于不正当竞争行为:假冒为他人的产品;未经授权使用他人商业秘密;模仿他人的商号;干预他人的商业增长;阻碍竞争者的供应商或消费者;不正当利用公司股票;商业贿赂等。❷反不正当竞争法 指禁止从事仿冒的法,以保护某一商品的名称、牌子、尺寸、外形或其他区别性特征的最先使用者的一系列法律。(⇨antitrust acts;unfair methods of competition)

unfair dismissal 〈英〉不公正解雇 自1971年开始,任何行业的雇员在被不公正解雇时都可以向工业法庭[industrial tribunal]起诉以寻求救济。它本是普通法上的不法解雇[wrongful dismissal]损害赔偿请求的补偿,但实际上已在很大程度上将之替代。雇主必须说明与雇员从事其工作所需的能力和资格或雇员的行为相关的解雇原因,或者雇员过剩以及其它实质性的正当理由。雇主所面临的问题还在于要使法庭确信雇主的解雇行为是合理的。除上述因素之外,因参加工会而被解雇是不公正的,因拒绝参加工会而被解雇则是公正的。因参加罢工而被解雇并非不公正,除非对其他雇员区别对待。因此,这一立法规定使雇主非常难于解雇那些不胜任的、懒惰的、制造麻烦的雇员而不承担责任。(⇨wrongful dismissal)

unfair hearing 〈美〉不公正的听证 指存有可导致公正丧失的瑕疵或作法的听证;或者是欠缺被视为正当程序所必需的要素之一的听证。

unfair labor practice 〈美〉不公正劳工待遇;对劳工的不公正做法 指为有关调整雇主、雇员与劳工组织之间关系的联邦法律或依法所禁止的行为。根据《全国劳资关系法》[National Labor Relations Act],下列情形为雇主的不公正劳工待遇:①干涉、限制或压制雇员行使其自我组织的权利,成立、加入、或帮助劳工组织,通过其自选代表签订集体合同,为集体合同或其他互助互保目的而从事协商活动;②控制或干涉任何劳工组织机构的成立和管理,或控制或干预对其进行财政及其他捐助;③以歧视性的方式雇佣或终身雇佣或以任何条件鼓吹或打击任何劳工组织的成员;④打击或歧视任何依本法起诉或作证的雇员;⑤拒绝同其雇员的代表签订集体合同。

unfair methods of competition 不公正竞争手段;不正当竞争手段 美国《联邦贸易委员会法》[Federal Trade Commission Act]对此作出规定,它比普通法术语"不正当竞争"[unfair competition]的含义更加广泛,但是,其构成要件需根据特定案件的证据,尤其是从事不正当竞争的情况及影响公共利益的程度等才能加以确定。(⇨antitrust acts;unfair competition;Uniform Deceptive Trade Practices Act;vertical restraints of trade)

unfair prejudice 不公正的偏见 在涉及证据采纳的法律规则中,意指促使法官或陪审员将裁决建立在不适当的基础上(如情绪化的基础上)的一种不正确的倾向。容易引起陪审员的情绪反应而非作出理性判断的证据,往往会导致这种偏见的产生。

unfair trade practices 不正当贸易行为(⇨unfair competition;unfair methods of competition)

unfaithful a.不忠实的;不守信的;不诚实的 具有"恶意"[bad faith]的特征,但并非与"不法"[illegal]同义,后者指违法或与法律相对立;也不与"不适当"[improper]同义,后者指一个普通的合理谨慎的人,在当时情况下本不会从事此类行为。

unfit a.❶不合格的;不能胜任的 指不适合从事某项工作。就父母与子女的关系而言,该术语通常要引入道德懈怠的含义,但这并不是必须的,除了道德缺陷外,任何原因的不适合都会导致父母不适于承担监护之责。❷不合格的;不适用的 指商品或服务不适于特定的用途。

unfit for food 不合格食物 全部或部分掺杂污秽、腐烂和不洁物质的食品。

unfitness to plead 无能力答辩 指刑事被告人的一种精神状态,即如果其精神错乱以致对其进行审判将是不公平的时候,就不能传唤其对指控作出答辩或使之受审,而不论其是否在实施犯罪时即已精神错乱。但在英国直到18世纪中叶,患精神病的犯人才真正有机会可被确认为不适宜受审。在现代诉讼中,已被羁押而待审的犯人,如被查明患有精神病或为严重智力低下者而无能力答辩时,可将其拘禁于医院中以接受治疗。

unfit premises 不合格房屋;不能租赁的房屋(⇨untenantable condition)

ungeld 〈撒克逊〉被剥夺公民权者;不受法律保护者

U.N.H.C.R. (= United Nations High Commissioner for Refugees)

unica taxatio 〈拉〉〈古〉一并确定(损害赔偿金) 指案件有两名被告,其中一名出庭答辩,而另一名则不到庭、听任法庭作出缺席判决的情况下,陪审团不仅要对出庭的被告确定其应承担的损害赔偿金,对未出庭的被告也要确定应由其承担的损害赔偿金。该词已被废弃。

U.N.I.C.E.F. (= United Nations International Children's Emergency Fund)

UNIDROIT (= International Institute for the Unification of Private Law)

unified bar associations 〈美〉统一律师协会 经政府批准成立的、由本州所有被允许执业的律师组成并收取会费的组织。通常各州立法机关对统一律师协会的构成及其职责都有规定,有的州则授权本州的最高法院来统一律师协会并制定其组织细则。每一律师必须参加一个州的统一律师协会。

unified tax credit 〈美〉统一税抵免 针对联邦统一财产转让税进行的税收抵免,取代了先前的终身赠与税豁免和遗产税豁免。(⇨unified transfer tax)

unified transfer tax 〈美〉统一财产转让税 对通过遗产或赠与方式转让的财产征收的联邦税。遗产或赠与物应依法纳税,但对此还存在着税收抵免。

uniform a.统一的;划一的;相同的;一致的;始终如一的

法律在运作过程中,若对其所调整的关系和情况范围内的所有人平等实施,对处于同等条件和相同情况下的所有人平等对待,而且法律所作的分类合理并为该主题所固有,那么此项法律就是普遍的和统一的。"普遍的"[general]和"统一的"[uniform]二词适用于法律时,其意与特别法或有差别的法律[special or discriminatory laws]相对立。在美国,课税的统一要求税收具备平等的要素,必须统一适用于征税区域,如州、县或地方自治市[municipality]范围内的所有应纳税财产。就地区[locality]而言,若某一税收在其适用的每一地方具有同等强制力和效果时,它就是统一的;就分类而言,若它毫无区别或差异对构成特定阶层(类别)的所有成员实施,那么就是统一的。税收方面的统一性暗含着课税的平等,如果在税率和课税评定的方式上不一致,那么这种统一性便不存在,而且,税收的统一性必须与它所适用的地区共存。

uniform act 〈美〉统一法 起草该法的目的,意在使其为美国所有或绝大多数州采用。(⇨uniform laws or acts)

Uniform Child Custody Jurisdiction Act 〈美〉《统一子女监护管辖法》 该法在美国各州均具法律效力,它确立了使州法院决定其是否对某一儿童监护案件享有管辖权或者其是否须对其他州的法院所作出的监护判决予以承认的标准,即以子女居住地及其与该州的联系作为根据。简作 UCCJA。(⇨Parental Kidnapping Prevention Act)

Uniform Code of Military Justice 〈美〉《统一军事司法法典》 1950年实施的一部综合性的联邦法典,它确立了适用于所有美国军队[Armed Forces of the United States]的军事刑法的统一体系。该法典主要以《战时军事条例》[Army's Articles of War]为基础,规定了基本的军事司法的实体及程序框架。为了保障每一个触犯军事刑法的被告人的权利,使其在整个刑事诉讼过程中享受平等及公正的待遇,法典设立了严格的军事审判程序。依指控罪行的轻重,将分别由简易的、特别的或普通的军事法庭进行审判。此外,法典还设立了一个在国防部管理下的由普通公民组成的军事上诉法庭,由其对军事裁决[military decisions]进行司法审查。

Uniform Commercial Code/UCC/U.C.C. 〈美〉《统一商法典》 由美国法律学会[American Law Institute]和统一州法委员会全国会议[National Conference of Commissioners on Uniform State Laws]联合起草的一部统一法。美国各州均以某种形式采纳该法。它涉及商业交易的各个方面,包括:货物买卖;商业票据;银行存款和收款;信用证;大宗转让;仓单、提单和其他所有权凭证;投资证券;担保交易等。

Uniform Consumer Credit Code/U.C.C.C./U3C 〈美〉《统一消费者信贷法》 美国的一部统一法,颁布于1968年,仅为部分州所采纳。其目的在于:①使有关消费者信贷和利益的法律得以简化、清晰化和现代化;②规定最高利率以保证对消费者信贷的适当供应;③促进消费者对信贷交易条款的理解,在消费者和信贷供应人之间形成竞争以使消费者能够以合理成本获取信贷;④制止某些消费信贷供应人的不正当行为,以保护消费者和合法信贷者的正当利益;⑤承认和鼓励发展正当、良好的消费信贷行为;⑥与《联邦借贷事实披露法》[Federal Truth-in-Lending Act]有关披露消费者信贷的规定相协调一致;⑦在不同管辖地之间形成包括行政规则在内的统一法。(⇨Consumer Credit Protection Act;Truth-in-Lending Act)

Uniform Controlled Substances Act 〈美〉《统一管制物品法》 规范麻醉物品和致幻毒品的使用、销售和流通的一项统一的综合性法律。该法已被绝大多数州采用。

Uniform Crime Reports/U.C.R. 〈美〉《统一犯罪报告》 对由联邦调查局[Federal Bureau of Investigation]编纂的系列年度犯罪学研究报告的统称,其中每一期的标题都是《美国的刑事犯罪》[Crime in the United States]。内容主要包括8种指标犯罪[index offenses]的情况、逮捕统计、犯罪人的情况以及犯罪率等。

Uniform Crime Victims Reparations Act 〈美〉《统一刑事被害人赔偿法》 规定对暴力犯罪案件中的被害人实行国家赔偿制度的一部示范法。各州可自主决定适用其全部或一部分。依该法,被害人所遭受的财产损失、痛苦[pain and suffering]及不便[inconvenience],不在国家赔偿范围之内。如受伤害者已从别的来源获得赔偿,则应从上述国家赔偿金中扣除。此外,该法还对国家可支付人身伤害赔偿金的最高额度作了参考性的规定。

Uniform Customs and Practice for Commercial Documentary Credits/UCP 《跟单信用证统一惯例》 由国际商会制定公布的关于银行与商人之间信用证的运行或流通机制的出版物,1933年首次制定公布,后经1951年、1962年、1974年、1983年和1993年五次修订。经1993年第五次修订的《跟单信用证统一惯例》亦称为"国际商会500号出版物"。《跟单信用证统一惯例》并不具有法律效力。只有当事人约定其信用证受《跟单信用证统一惯例》约束,法院援引《跟单信用证统一惯例》来解释和补充有关信用证的法律(如美国《统一商法典》[U.C.C.]第5篇)的情形下,《跟单信用证统一惯例》才具有法律拘束力。

Uniform Deceptive Trade Practices Act 〈美〉《统一欺诈贸易法》 联邦贸易委员会制定的一项法律,对一系列不公平和欺诈性的行为,包括欺诈性的广告和商业信誉的贬低等规定了救济措施。由该法规定的救济措施,就如在某些州实施中表明的,限于法律规定的特定情形。

Uniform Division of Income for Tax Purposes Act/UDITPA 〈美〉《统一应税收入分配法》 许多州以某种形式采用了该法。该法发展了跨州公司应税收入总额在特定州之间的分配标准。

Uniform Divorce Recognition Act 〈美〉《统一离婚承认法》 若干州采用的一部统一法,主要涉及有关各州之间的充分信任和尊重[full faith and credit]以及承认姊妹州[sister states]的离婚判决效力的问题。

Uniform Fraudulent Conveyance Act/UFCA 〈美〉《统一反欺诈转让法》 1918年通过的一部模范法,用以处理因无力清偿债务者欺诈性转让财产而发生的事务。该法规定,构成"欺诈性转让财产"必须以阻碍、拖延或欺诈债权人为目的,或转让人无力清偿债务或因转让财产而使其无力清偿债务,且该转让无合理对价。该法还对推定欺诈行为与要求具有实际欺诈意图的行为加以区分。(⇨fraudulent conveyance)

Uniform Fraudulent Transfer Act/UFTA 〈美〉《统一反欺诈转让法》 该法于1984年通过,以替代1918年的《统一反欺诈转让法》[Uniform Fraudulent Conveyance Act]。其目的在于使各州之间就"欺诈性转让财产"之定义、处罚等形成统一规定。

Uniformity of Process Act 〈英〉《令状统一法》 英国于1832年颁布的一项制定法,它使威斯敏斯特的法院使用的初始令状[original process]都统一起来。

uniform laws or acts 〈美〉统一法 由统一法委员会[Commission on Uniform Laws]或促进立法统一[uniformity of legislation]的州委员理事会[State Boards of Commissioners]任命的委员会起草的、并建议各州立法机关采纳的法律文件。提出统一法的目的在于,一旦它被采纳,将使相应法律条款和规则的术语和实施在全国范围内得到统一。通常各州会全部或基本上采用统一法。(⇨ model act)

Uniform Partnership Act 〈美〉《统一合伙法》 1914年颁布的一部示范法,以此实现各州有关普通合伙和有限合伙的法律规范的统一。几乎各州都采用了该法,但有一些州已代之以1994年《修订统一合伙法》[Revsied Uniform Partnership Act]。

Uniform Principal and Income Act 〈美〉《统一本金及收益法》 该统一法为美国的一些州采纳,它对信托和遗产中有关本金和收益的分配予以规范。

Uniform Reciprocal Enforcement of Divorce Act 〈美〉《统一离婚相互执行法》

uniform state laws 〈美〉统一州法(⇨ model act; uniform laws or acts)

uniform statutes 〈美〉统一法(⇨ uniform laws or acts)

Uniform Warehouse Receipts Act 〈美〉《统一仓单法》 该法规定,仓库所有人疏于合理注意[reasonable care],即像该货物所有人那样的注意,而致货物毁损灭失时,应当对此承担责任。但是,除双方协议表明正确的管理程序外,仓库所有人因其疏于正当注意[due care]而致的货物毁损、灭失,则不承担责任。

unilateral a. 单方的;单方面的;单边的 一般合同需要双方面达成协议,而作出一项遗嘱则是遗嘱人单方面的意思。

unilateral act 单方行为 指仅由一方当事人的意志所决定的行为,如设立遗嘱。它与双方行为[bilateral act]相对,后者需要双方当事人的合意。

unilateral contract 单方合同 指仅由一方当事人作出允诺,而另一方当事人以行为的作为或不作为所达成的合同。它与由双方当事人均作出允诺而作成的双方合同[bilateral contract]相对。例如,甲对乙说,"如果你从布鲁克林大桥上走过去,我给你100元。"则甲对乙作出了一个允诺,而不是要求乙也作出一个允诺作为对价。据此,甲就发出了一个要约[offer],以达成一个合同,该合同即属于单方合同。此外,以悬赏广告而达成的合同是典型的单方合同。

unilateral mistake 单方错误;单方误解 与双方错误[mutual mistake]相对,指交易中仅有一方当事人对合同的内容或效果产生错误或误解。单方错误通常不是合同撤销的理由,但是,如果由此导致的困难境地构成不公正,并且一方当事人明知他方存有误解的,则该单方错误可以成为撤销合同的根据。

unilateral obligation 单方义务;单方债务 指仅有一方当事人受到约束的义务,例如一方当事人由于单方面允诺或对他人进行保证而构成的义务。在英国法中,这种义务因缺少对价而须以"盖印"[under seal]方式作成;在苏格兰法中,它虽缺少对价仍为有效,但须以令状或允诺人宣誓承认的方式加以证明。该义务的另一方当事人——受诺人[promisee]并没有义务必须接受允诺,也不受其他约束。

unilateral rescission 单方面撤销或解除(合同)

unincorporated association 非法人团体;非注册社团;不具备法人资格的社团;非注册协会 不需要进行法人注册登记,不具备法人资格的社团或协会。如果该类社团或协会是为商业目的而建立的,通常被称为合伙企业

[common enterprise; partnership]。(⇨ common enterprise;partnership)

uninhabitability n. 不能居住;不适于居住(⇨ untenantable condition)

uninhabited premises 无人居住的房屋 指现时无人实际居住的房屋。

uninsured motorist coverage 无保险驾车人险 在无保险的驾车人对其受害人的损害赔偿责任确立后,确保受害人获得人身伤害赔偿的保险。受害人为被保险人,汽车保险单中有无保险驾车人条款[uninsured motorist clause],以保护因未投保责任险或肇事后逃逸的驾车人的过错而遭受财产或人身损害的被保险人。其目的在于确保被保险人因无保险驾车人的过失而受伤害时,获得与有责任保险的驾车人过失致人损害时的被保险人相同的地位。无保险驾车人险为汽车责任险,旨在消除机动车经济责任和强制性保险立法之间的鸿沟。当驾车人因过错行为致人伤害或死亡,但由于无责任保险且无经济能力而不能承担损害赔偿责任时,无保险驾车人险可在一定限度内为无辜的受害人和死者生前扶养之人提供补偿。(⇨ unsatisfied judgment funds; underinsured-motorist coverage)

unio 〈拉〉(教会法)(两个)教会合并(为一)

union n. ❶工会 ❷联合;联盟 ❸〈美〉美利坚合众国 ❹〈英〉英格兰与苏格兰政府的合并;大不列颠与爱尔兰的政治联合 ❺〈英〉联合堂区 在济贫法[poor law]中,指有独立的济贫会[board of guardians]的所有堂区或联合堂区,其目的是为了实施济贫事务,1781年生效。联合堂区和联合济贫会[poor law unions]在1930 – 1934年被《济贫法》[Poor Law Acts]废弃,济贫法被1948年《国家救助法》[National Assistance Act]废弃。 ❻(教会法)(由两个以上圣职组成的一个)合并圣职

union contract 集体合同;劳动合同 由工会和雇主之间就工资、职务晋升权、工作条件等而签订的书面合同。

union mortgage clause 联合抵押条款 保险单中的条款,规定如果保险人应向被保险不动产的抵押权人支付保险金,那么除了抵押权人、抵押权人的代理人或依抵押权人指令行使请求权的人之外,任何人的作为或不作为不能影响抵押权人就该不动产之损失获得赔偿的权利。例如,附有向抵押权人补偿损失的追加书的火灾保险单中即有联合抵押条款。此条款在保险人和抵押权人之间设立了独立的契约。联合抵押条款不同于敞口抵押条款[open mortgage clause],后者仅规定在抵押权人的利益可以显现时应向其支付保险金,并且后者之抵押权人仅仅是被指定的就其利益程度接受金钱损失赔偿的财产受益人。(⇨ standard mortgage clause)

union shop 工会商店;工会商业场所 其雇主可以以雇员在特定期限内加入工会为条件,雇佣非工会成员。

unissued stock 未发行的股票 指已经授权并构成公司法定资本的组成部分,但尚未发行的部分股票。

Unitarians n. 〈英〉一位论派 认为上帝只有一个位格,否认基督具有神性的不从国教者,反对三位一体的教义,不为1688年《信仰自由法》[Toleration Act]所容,直到1813年才取消了对他们的重罚。持一位论观点不触犯普通法。

unitary business 〈美〉关联企业;联合企业;单一企业 在此类企业的经营运作中,典型的是一个公司,通常为母公司,与其子公司或分支机构之间存在着相当程度的联系和依赖。此类企业通常是跨州经营,在某些情况下还从

事跨国经营。为确定公司应税所得之目的,对此类企业的判断标准是:在一州内的部分企业经营是否依赖于或归属于在该州以外的企业经营。

unitary tax 〈美〉单一(所得)税;综合(所得)税 在本州企业与其在本州以外的分支机构之间进行交易时,确定本州企业的应税所得的一种方法。

unitary theory 〈美〉单一理论;整体理论 根据该理论,为确定关联关系和分配费用之目的,相关企业的销售、财产和工资总额被作为一个整体对待,这一关联实体在全球范围内的收入均被归于在一州内的母公司的所得。分公司或其它分支机构作为该关联实体的一部分而被纳入费用分配程序。(⇨unitary business; unitary tax)

united in interest (财产)共同共有 指两个以上的人连带享有对某一财产全部的权利而不是按份的权利。也指对某一案件的处理具有相同利害关系的共同被告。(⇨ unity of ownership)

United Kingdom 〈英〉联合王国;英国 1801 年至 1922 年为大不列颠及爱尔兰联合王国,1922 年爱尔兰独立后则为大不列颠及北爱尔兰联合王国。联合王国[United Kingdom]是它们的简称。此外,United Kingdom 不同于 Great Britain,后者只包括英格兰、苏格兰和威尔士。

United Kingdom of Great Britain and Ireland 〈英〉大不列颠及爱尔兰联合王国 指依 1801 年 1 月 1 日实现爱尔兰和大不列颠[Great Britain]联合的法律,对当时由英格兰、苏格兰、爱尔兰和威尔士组成,并包括海外殖民地和领土在内的王国的正式称谓。1922 年爱尔兰独立后则为大不列颠及北爱尔兰联合王国[United Kingdom of Great Britain and Northern Ireland]。

United Kingdom of Great Britain and Northern Ireland 〈英〉大不列颠及北爱尔兰联合王国 1922 年后英国的全称。(⇨United Kingdom of Great Britain and Ireland)

United Nations/U.N. 联合国 为达到国际社会的和平与安全、增进人权和男女平等权,以及社会进步等目标,于 1945 年创设的国际性组织,总部在美国纽约市。

United Nations Charter 《联合国宪章》 1945 年 6 月 26 日在旧金山联合国制宪会议上签订,于 1945 年 10 月 24 日开始生效。《宪章》主要内容包括,关于联合国组织的宗旨和原则(第一章)、联合国的会员国(第二章)、联合国六大主要机关的组成、职权和决策程序(第三至十五章)以及有关联合国的地位和宪章的修改(第十六至十九章)等条文。《宪章》是联合国组织的根本法。(⇨United Nations)

United Nations Conference on Trade and Development/U.N.C.T.A.D. 联合国贸易和发展会议 简称贸发会议,是经 77 国集团建议,由联合国大会自 1964 年起发起召开的一系列发达国家和发展中国家对话的国际会议。会议的主要议题是:如何缩小发达国家和发展中国家之间的差距,争取外国援助,提高发展中国家原材料的出口价格,降低制成品的进口价格,促进发展中国家对海洋自然资源的开发及外来投资等。

United Nations Declaration on the Elimination of All Forms of Racial Discrimination 《联合国消除一切形式种族歧视宣言》 由联合国大会 1963 年 11 月 20 日通过,旨在增进各种族间的相互了解并阻止侵犯人权。它通过向世界提供应予禁止或消除各种种族歧视行为的国际措施来谋求结束对《世界人权宣言》[Universal Declaration of Human Rights]所宣布的权利和自由的侵害。经联合国大会于 1965 年正式通过具有法律拘束力的《消除一切形式种族歧视公约》对联合国一切成员国和专门机构开放。

United Nations Development Program/U.N.D.P. 联合国开发计划署 根据 1965 年 11 月第 20 届联合国大会决议,于 1966 年 1 月成立的联合国的开发援助机构,作为对欠发达国家提供技术和财政援助的主要渠道之一。

United Nations Economic and Security Council 联合国经济和安全理事会(⇨Economic and Social Council of U.N.)

United Nations Educational, Scientific and Cultural Organization/U.N.E.S.C.O. 联合国教科文组织 旨在促进教育、科学、大众传播和文化方面的国际合作的一个专门性国际组织。该组织成立于 1946 年 11 月,是联合国的专门机构之一。

United Nations Emergency Force/U.N.E.F. 联合国紧急部队 联合国全权指挥下的一支负有维持和平使命的武装力量,但并非联合国宪章第 43 条所规定的联合国部队。它的派遣和撤换须经接受派遣国的同意。该部队由各国提供的人员组成,但仅效忠于联合国。其主要作用为代表联合国分隔交战各方,并促成争端的和平解决。作为一支中立力量,它不得干涉接受国的内政,且仅在自卫时方可使用武器。

United Nations Forces 联合国部队 依联合国宪章的规定,为履行维持和平的职责,联合国可以建立自己的军事力量。为此目的,各会员国应准备一定的军队供联合国使用。这支部队的主要特点是"中立"和"非强制",其驻扎和活动均须有关国家同意,而且在武器使用方面亦有严格控制。

United Nations General Assembly 联合国大会(⇨general assembly)

United Nations High Commissioner for Refugees/U.N.H.C.R. 联合国难民事务高级专员 系联合国难民事务高级专员办事处即"联合国难民署"的负责人。该办事处是联合国主管难民救援和保护的机构,由联合国大会为取代国际难民组织而于 1951 年创建。其宗旨为:向难民提供暂时的国际保护直至有关国家作出移民、安置、同化或赔偿等方面的安排。由于受美国立场的影响,该署让收容国承担照顾难民及费用支出的最终责任。

United Nations International Children's Emergency Fund/U.N.I.C.E.F. 联合国儿童基金会 1946 年由联合国大会创建。其资金来源于国家和个人的捐助,并主要用于为各国儿童提供紧急援助。鉴于其向发展中国家提供的巨大帮助,该基金会荣膺 1965 年诺贝尔和平奖。

United Nations International Court of Justice (= International Court of Justice)

United Nations Mandate of November 29, 1947 联合国 1947 年 11 月 29 日决议 即联合国大会于 1947 年 11 月 29 日通过的《关于巴勒斯坦将来治理(分治计划)问题决议》。该决议曾导致了以色列国的建立以及自以色列发表《独立宣言》[Declaration of Independence]以来中东地区连年的争端和战争。

United Nations Security Council 联合国安全理事会;联合国安理会(⇨Security Council)

United Nations Trusteeship Council 联合国托管理事会 (⇨trust territories)

United Nations Trust Fund for South Africa 联合国南非信托基金 为援助赞比亚、南罗得西亚和南非种族隔离政策的受害者而于 1965 年建立。基金的主旨在于提供法律咨询和教育。其资金来源于关注此事的政府、组织和个人的捐赠。

United States ❶ 美国；美利坚合众国 早在《独立宣言》[Declaration of Independence]颁布数十年前已使用了此名称。1777年在北美13州宣布缔结邦联和永久联合成立邦联政府的《邦联条例》[Articles of Confederation]的第1条明确把邦联的名称定为"美利坚合众国"[United States of America]。美国宪法除在序言中有一次使用"United States of America"作为表达外，其他各处均使用了"United States"这一用法。尽管在普通法里"United States"这一名称是指国家这一整体，美国宪法也从更严格意义上使用它，意在把联邦与州的机构或活动区分开来，但在美国宪法第四条第四款的"保证条款"[Guarantee Clause]中，"United States"用来指美国国会和总统，而不包括法院。一个世纪前的美语中"美国"[United States]这个专有名词已不再有复数形式内涵了，这代表了一种变化，因为在此之前的50年代表州权的各州自主独立主张正如日中天，所以甚至比1850年更早如亚历山大·汉密尔顿在《联邦党人文集》[Federalist]第15篇中用"the United States have"这种表达司空见惯。现在，当提及"United States"一词时若意指复数十分不符合美语的语言习惯。不过，有英国英语作家仍使用这种表达方法。❷ 国家联盟 权力、尊严和权威平等的数国在来自于主权国民并由他们通过的宪法联合下所结成的联盟。❸ 依宪法而联合起来的州（国家）的总称

United States agency 〈美〉联邦行政机关（⇨federal agency）

United States Attorney 美国检察官；联邦检察官 隶属于美国司法部，由总统任命，在各个联邦司法区[federal judicial district]任职。其职能主要是在联邦的所有刑事诉讼中作为公诉人指控犯罪，在其任职的联邦司法区内的民事诉讼中代表国家参加诉讼。

United States Attorney General (= Attorney General of the United States)

United States Circuit Court 美国巡回法院 具有初审管辖权的一种联邦法院，于1911年被撤销，其管辖权转归联邦地区法院。

United States Circuit Court of Appeals 美国巡回上诉法院 创立于1891年，每一巡回区设三名法官，负责审理对联邦地区法院——在其以前，是美国巡回法院[United States Circuit Court]——的判决上诉的案件。现已为美国上诉法院[United States Court of Appeals]所取代。

United States citizen 美国公民 指在美国出生或归化美国并受其管辖的人（美国宪法第十四条修正案）。(⇨citizen; citizenship)

United States Code/U.S.C.✽ 《美国法典》 在1926年以前，联邦制定的所有实在法[positive law]均被收录在《1875年修订制定法》[Revised Statutes of 1875]及其后出版的24卷《制定法大全》[Statutes at Large]中。1925年，国会两院任命一特别委员会，在其主持下制定《美国法典》。《1875年修订制定法》中未被废除的部分及1873年之后的《制定法大全》中仍然有效的所有公法[public laws]和一般法[general laws]均被收录在内。这些法律被分为50个标题重新编排后出版，这就是1926年版的《美国法典》，共4卷。1927-1933年间每年出版一部补编，收录1926年后通过的法律。1934年又出版一个新的版本，将对1926年版的所有补编均收入，这就是1934年版的《美国法典》。此后，每6年即出一个新的版本，将其间的补编收入。《美国法典》与《1875年修订制定法》最重要的区别在于它从未被作为一个整体提交国会，要求国会以立法程序通过，相反，国会设立了一个法律修订处[Office of Law Revision Counsel]，由其对《美国法典》逐个标题加以修订，然后将单个标题提交国会通过为法律。到现在为止，已有25个标题被国会通过为法律。因此，在援引法典时必须首先明确援引部分是否已被国会通过成为实在法。那些未被提交国会通过的标题只是法律的表面证据[prima facie evidence of the law]，如果其内容与《制定法大全》相冲突，应以后者为准。(⇨Statutes at Large; United States Revised Statutes)

United States Commissioners 美国司法官 美国治安法官[U.S. Magistrates]的前身。

United States Constitution 美国宪法 美国政府体制的根本性文件，是美国属地的最高法。它由美国人民通过其代表在1787年的制宪会议[Convention of 1787]制订并经州制宪会议批准而产生，此后又依该文件中修正条款多次修订一直沿用至今。(⇨constitution)

United States Court 美国法院 通常也称为联邦法院，包括美国最高法院及其下级法院，后者又包括上诉法院、地区法院、索赔法院[Claims Court]、破产法院和税务法院。它们由国会批准成立，根据美国宪法第三条的规定行使国家司法权。

United States Court of Appeals✽ 美国上诉法院 其前身为美国巡回上诉法院[United States Circuit Court of Appeals]。始设于1891年，为减轻由联邦最高法院审理全部来自联邦初审法院的上诉案件的压力而设立。现全美国共划分为13个司法巡回区，其中50个州分属于第1至第11司法巡回区，哥伦比亚特区单设为一巡回区，另设有一联邦巡回区[Federal Circuit]，每一巡回区设一上诉法院。它只有上诉管辖权，受理对本巡回区内联邦地区法院判决不服的上诉案件，对联邦系统专门法院判决不服的上诉案件，以及对某些具有部分行政权力的政府机构的裁决不服的上诉案件。各上诉法院法官的人数由制定法规定。通常审理案件由三名法官组成合议庭进行，但也可由全体法官参加组成全院庭审[en banc]，单个法官只能就程序事项作出裁决。

United States Court of Appeals for the Federal Circuit 联邦巡回上诉法院 1982年由原美国索赔法院[U.S. Court of Claims]和原关税与专利上诉法院[Court of Customs and Patent Appeals]合并而设立的中间上诉法院，受理有关专利、植物品种保护、版权、商标、对美国政府的合同和财产权利请求等的上诉案件。对美国索赔法院[U.S. Court of Federal Claims]、美国国际贸易法院[U.S. Court of International Trade]、美国退伍军人上诉法院[U.S. Court of Veterans Appeals]的判决，以及功绩制保护委员会[Merit Systems Protection Board]、专利和商标局[Patent and Trademark Office]、国际贸易委员会[International Trade Commission]和其他一些行政机构的决定均可向该法院提出上诉。

United States Court of Customs and Patent Appeals 美国关税和专利上诉法院 一种专门联邦法院，于1909年由国会批准成立，有权受理全国范围内对美国关税法院所作判决的上诉及对美国专利局就专利和商标案件所作裁决的上诉。该法院由5名法官组成，通常在华盛顿特区开庭，但必要时也可在外地开庭，其判决受美国最高法院的审查。

美国法典大要[Outline of the United States Code]

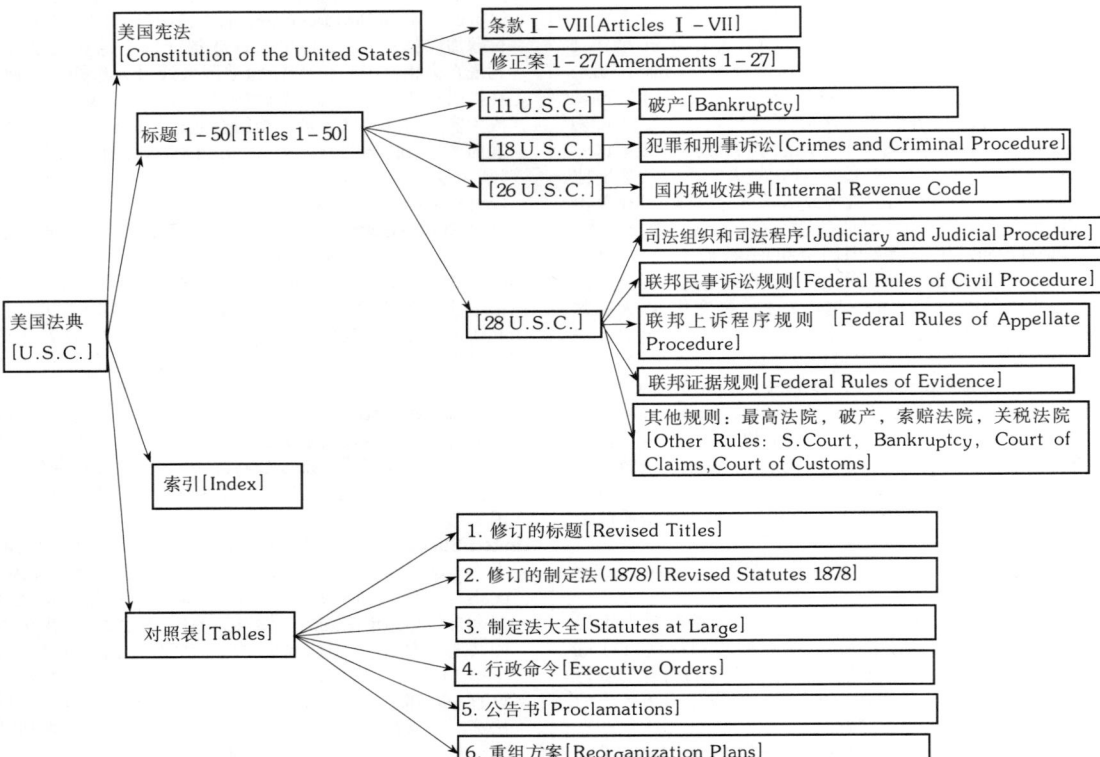

Source: Charles P. Nemeth, *Legal Research*, U.S.A.: Prentice-Hall, Inc., 1987, p.167

United States Court of Federal Claims 美国索赔法院 该联邦法院始成立于1855年,当时称 Court of Claims。1982年《联邦法院改进法》[Federal Courts Improvement Act]废除了该法院而代之以新设立的索赔法院[United States Claims Court]。原索赔法院[Court of Claims]与原美国关税和专利上诉法院[United States Courts of Customs and Patent Appeals]合并成为新的美国联邦巡回上诉法院[United States Court of Appeals for the Federal Circuit],原索赔法院[Court of Claims]的初审部[Trial Division]成为新设立的 U.S. Claims Court,1992年该法院又更名为 U.S. Court of Federal Claims。它对基于美国宪法、联邦制定法、联邦法规、与美国政府订立的合同而向美国政府提出的索赔请求或任何其他非基于侵权而产生的损害赔偿请求具有初审管辖权。

United States Court of International Trade 美国国际贸易法院 受理任何根据规定进口贸易的联邦法律,或根据1974年《贸易法》[Trade Act]有关工人、商号、社区的调整补贴[adjustment assistance]资格的规定等引起的对美国起诉的民事诉讼。该法院还对以下诉讼拥有排他性管辖权:追偿关税、关税保证金、针对欺诈或过失的民事处罚等。以前称作"美国关税法庭"[U.S. Customs Court]。

United States Court of Military Appeals 美国军事上诉法院 成立于1950年,由总统任命的三名文职法官[civilian judge]组成。它是专门的刑事上诉法院,有权对军事法庭对军人作出的定罪判决进行复审,其判决是终审的。此外,法律还要求其应与军队的军法署署长[judge advocate general]及交通部的法律总顾问[general counsel]合作,每年向国会报告军事司法制度的进展情况,必要时也可提出改善意见。它是世界上唯一完全由文职法官组成的终审军事法院。

United States District Attorney 美国地区检察官 在任一联邦司法区任职的美国检察官。其职责主要是在美国总检察长的监督和指导下,对本司法区内的犯罪案件提起公诉,在涉及美国利益的民事诉讼中代表国家参加诉讼。(⇨United States Attorney)

United States District Court 美国地区法院 联邦法院系统中的初审法院,每一联邦司法区有一座,负责审理发生于本司法区内的、违反联邦法律的民事、刑事案件。它也是联邦法院系统中唯一实行陪审制的法院。

United States Emergency Court of Appeals 美国紧急上诉法院 二战期间成立的临时性联邦法院,用以对物价管制局[Price Control Administration]的命令进行审查。该法院并无自己的法官,而是由联邦地区法院和巡回法院的法官根据特别任命组成,审理战时和战后因不服对价格和租金管制命令的异议被驳回而提起的上诉案件。1953年被撤销。

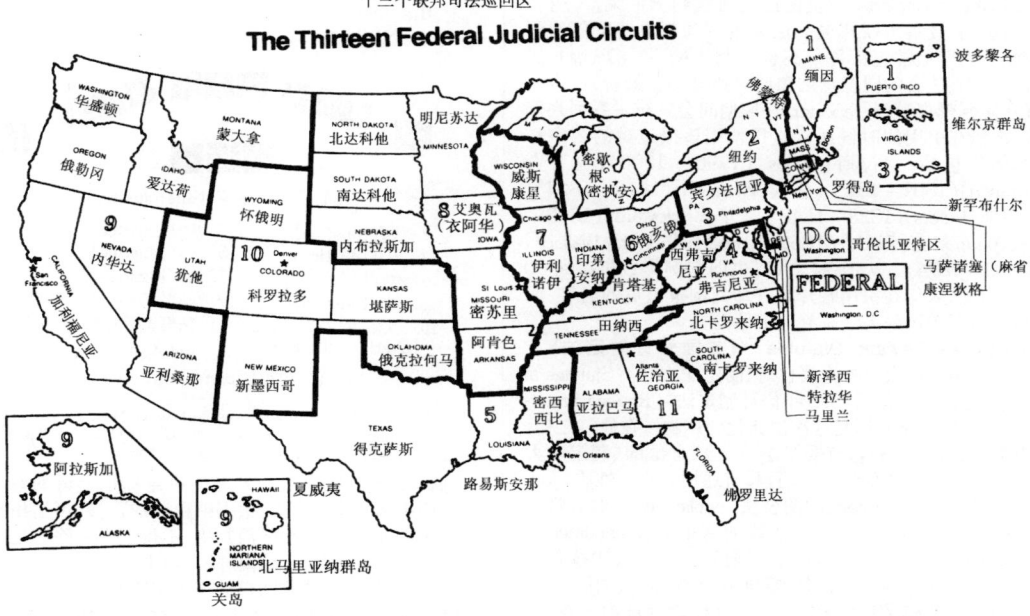

Source: Christopher G. Wren and Jill Robinson Wren, *The Legal Research Manual*, U.S.A.: Adams & Ambrose Publishing, 1986, p.9

United States Government Life Insurance 美国政府人寿保险 美国政府向一战的退伍军人所提供的人寿保险，它是由被称为"美国战争险保险"[United States War Risk Insurance]的基准保费定期保险[level-premium term insurance]转变而成的。

United States Homeopathic Pharmacopoeia 《美国顺势疗法药典》

United States judge 美国法官 指任职于联邦法院的法官。

United States Magistrates 美国司法官 由联邦地区法院法官任命的司法官员，但不属于联邦法官。他们可以行使法官所拥有的许多、但非全部权力。通常在刑事诉讼和民事诉讼中，他们可以听审当事人提出的各种申请[motion]和处理其他庭前事务。经当事人同意，也可以审理民事案件或轻罪案件，但不能主持重罪案件的审判或重罪案件陪审团的挑选工作。

United States Marshal 美国执行官 经任命在任一联邦司法区内任职的行政官员，负责执行联邦法院签发的传票或令状[process]，履行其他类似于行政司法官[sheriff]所具有的职责。

United States of America 美利坚合众国；美国(⇨United States)

United States of America law 美国法 在美国，除了联邦宪法，各州并无共同适用的法律。"美国法"这一术语是对联邦法律和各州法律的方便总称。尽管如此，如下因素仍促使各州法律趋向一致和一体化：①美国最高法院及各级联邦法院的判决；②联邦宪法规定各州须尊重、执行其他州的公告、文书及司法程序等；③各州倾向于在某些领域采纳作为样板的统一法，如《统一商法典》。因而各州法律虽然千差万别，但法律观念及司法原则上有着广泛的一致性。殖民地时期的法律在各地发展不尽相同，随着英国在北美大陆势力的增强，英国普通法对殖民地的影响encreasing加深，英国普通法观念及制度被引进北美大陆，并加以改造使用。1787年宪法确定了近现代美国的司法结构，它规定将部分权力委托给全国性的联邦政府，而剩余权力则归各州。联邦政府则由立法、行政、司法三个分支组成。美国司法制度的一大特点是联邦法院和州法院双重并立。联邦法院的管辖权涉及驻外大使、海商、海事案件，美国作为一当事方、牵涉两州或两州以上的案件，以及一州与另一州公民之间的案件等。联邦法院由最高法院、上诉巡回法院及联邦地区法院组成。各州依据该州宪法及法律建立起州法院系统。但州法院的结构主要由历史渊源因素所决定，后建立的各州往往借鉴了历史更久的州的传统。一般来说，州法院主要由州最高法院、巡回法院或地区法院、县法院、市镇法院及治安法院等组成。同一法院往往拥有民事、刑事管辖权。美国法的形式渊源主要由立法与判例法组成，立法中最重要的是美国宪法。美国缔结的条约、联邦制定法、总统发布的联邦行政命令以及联邦行政机构的规章等都属于立法。在州方面，州宪法、州制定法、州行政法规及规章、县及都市命令、法规及规章等也属于立法渊源。判例法则主要包含在最高法院、上诉法院及联邦地区法院、各州最高法院及各级州法院的判决中。一般说来，高级法院的判决具有拘束力，而州法院的判决对他州仅有说服力而无拘束力。

United States officer 美国官员 在美国联邦法律中，从通常且严格的意义上说，这是指依据美国宪法第二条第二款所规定的任命官员的方式由总统和参议院共同、总统一人、法院或各部部长任命的官员。

United States Reports 《美国最高法院判例汇编》 由官方出版的，收集由联邦最高法院审理和判决的案件的判例集。内容通常包括每一案件的判决摘要［syllabus］、法庭意见书、法官的同意意见和反对意见等。最初，在每一任法院判例报道员［reporter］任职期间会发布一系列判例集，人们在引用的时候通常直接使用该报道员的名字称之，他们包括：达拉斯［Dallas］(1790－1800)；克兰奇［Cranch］(1801－1815)；惠顿［Wheaton］(1816－1827)；彼得斯［Peters］(1828－1843)；霍华德［Howard］(1843－1860)；布莱克［Black］(1861－1862)；华莱士［Wallace］(1863－1874)。从1874年起，也即判例集数量达到90卷的时候，人们在引用时开始省判例报道员的名字，而直接引作《美国最高法院判例汇编》。

United States Revised Statutes 《美国修订制定法》 1866年美国国会第一次授权对《制定法大全》［Statutes at Large］进行法典化，《1875年修订制定法》［Revised Statutes of 1875］的出版即是这次法典化的产物。在修订之初，依国会授权成立的修订委员会首先从全部的《制定法大全》中抽取出那些仍然有效、且具有通用和永久性质［general and permanent nature］的公法［public laws］，然后将这些法律依次重写，并把这些法律的修正案［amendments］补充进去，已废除的部分则予以删除。全部法律按各章主题［topic in chapters］或标题［titles］为序排列，如标题35下为税法，标题70下为刑法。所有标题合订为一卷本，以主题为索引，这就是《1875年修订制定法》。后修订委员会将其作为一项法案［bill］提交国会以立法程序通过，从而成为实在法［positive law］，此后，对相关法律便无需再从《制定法大全》中援引。但《1875年修订制定法》作为第一版，其中也包含了许多不准确的地方及对法律作了未经授权的更改。为此，1878年又出版了《修订制定法》的第二版，它又将1873年以来通过的法律收入，将此期间废除的法律删除，并纠正了第一版中因疏忽而造成的错误。但是，《修订制定法》的第二版从未经国会以立法程序通过，所以，其对第一版内容所作的修改仅构成法律的表面证据［prima facie evidence of the law］。此后，直至1926年，对联邦法律未再进行过法典化。

United States Ship 美国船舶

United States Statutes at Large 《美国制定法大全》(＝Statutes at Large)

United States Supreme Court✽ 美国最高法院 其更为正式的名称应是 Supreme Court of the United States。它是根据美国宪法设立的，为联邦法院系统中的最高审级，其法官人数自1869年起固定为9名，其中一名为首席大法官。最高法院同时具有初审管辖权和上诉管辖权，但其受理的初审案件很少，其中以州际诉讼居多。上诉案件到达最高法院基本有两种方式：一是由当事人申请调卷令［Writ of Certiorari］，二是由州的最高一级法院或联邦政府提出上诉。此外，美国最高法院还具有"司法审查权"，即通过具体案件宣告国会、行政部门或州政府的某项法令违反宪法，从而使之无效。

United States Tariff Commission 美国关税委员会 1916年创建的独立机构，负责考察外贸，特别是进口产品对美国生产的影响。其6个成员由美国总统任命，任期6年。

United States Tax Court 美国税务法院 1942年根据美国宪法设立，取代了原来的税务上诉委员会［Board of Tax Appeals］。它属于联邦法院，受理纳税人对国内税务署

美国最高法院大法官、法庭事务官、书记官和律师在法庭上的座席分布［Courtroom Seating of the Justices, Marshal, Clerk and Counsel of the Supreme Court of the United States］

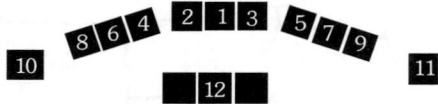

1. 首席大法官［Chief Justice］
2. 法官［Justice］　　3. 法官［Justice］
4. 法官［Justice］　　5. 法官［Justice］
6. 法官［Justice］　　7. 法官［Justice］
8. 法官［Justice］　　9. 法官［Justice］
10. 法院书记官　　　11. 法庭事务官［Marshal of
　　［Clerk of the Court］　　the Court］
12. 律师［Counsel］

Source: Freda Adler, Gerhard O.W.Mueller, William S.Laufer, *Criminal Justice: The Core*, U.S.A.: The McGraw–Hill Companies, INC., 1996, p. 176

［IRS］作出的关于税款差额的决定提出上诉的案件。对一些小额的税务案件，根据纳税人的选择，可适用简易的程序审理，其判决为终局判决，不得上诉。除此之外的其他判决均可向联邦上诉法院提出上诉。对上诉法院的判决仍不服的，可请求联邦最高法院签发调卷令调卷审查。

United States Temporary Emergency Court of Appeals 美国临时紧急上诉法院 根据1971年对1970年《经济稳定法》［Economic Stabilization Act］的修正案而成立的联邦专门法院，实为二战期间的美国紧急上诉法院［United States Emergency Courts of Appeals］的翻版。其法官来自其他联邦法院，对联邦地区法院对因1970年《工资－物价条例》［wage-price regulations］而产生的案件的判决不服的上诉案件及因1970年《经济稳定法》而产生的宪法性问题具有专属管辖权。最高法院可对其判决进行审查。

unit investment trust 〈美〉❶单位投资信托 信托的一种，据此而集中资金并将之投资于证券市场。信托的股份单位［units］向投资者出售，后者根据其投资比例而保留对该信托的利益。❷单位投资信托公司 从事前述信托业务的公司，该种公司可以根据信托契据［trust indenture］、保管合同、代理合同或其他法律文件而组成，但最为常见的是第一种方式。其不存在董事会，而且仅发行可回赎的股份，股份持有人通过该种投资方式而对受托人或保管人所持有的特定的证券组合而享有不可分割的利益。

unit of production 产品单位；产量单位 石油和天然气企业计算应税净所得或利润的一种方法。为此需先计算出在资产中可获得收益的石油总额，这些石油分配在每一桶上的投资成本。生产并售出每桶石油的价格减去其生产成本、投资成本以后，所剩的即为利润。因此，当资产耗尽，生产者已收回其投资和费用，并可计算出其盈亏状况。

unit-price contract 单价合同；分别计价合同 指按照所完成的工作、所提供的材料或二者相结合，确定不同的单价，并以此计价付款的合同。

unit rule 单位（证券计价）规则 按照在合法的证券交易所内，一个股份的交易价格乘以股份总额，以确定证券价格的方法。

美国最高法院大法官继任表
[Succession of the United States Supreme Court Justices]

提示：本表意在帮助读者了解联邦最高法院大法官的任职序列。表内纵列所系任职位中先后任职的大法官名单及其在职年限。最高法院最初由六名法官组成，但国会 1807 年将之增至七人，继而于 1837 年增至九人。后又于 1863 年增至十人，1866 年，国会力图阻止安德鲁·约翰逊总统 [Andrew Johnson] 对法院任何提名，遂将大法官人数减为八人。故而，卡特伦 [John Catron]（逝于 1865 年）和 M. 韦恩 [M. Wayne]（逝于 1867 年）的职位被取消。1869 年，国会将大法官组成人数增至九人，并保留至今。威廉·斯特朗 [William Strong] 是依据新法被任命的首位大法官，通常认为其接任韦恩之职。因之，卡特伦即为在最高法院拥有第十席的唯一一人。

首席大法官 [Chief Justices]	大法官 [Associate Justices]							
杰伊 [Jay] 1789–1795	J. 拉特里奇 [J. Rutledge] 1789–1791	库欣 [Cushing] 1789–1810	威尔逊 [Wilson] 1789–1798	哈里森 [Harrison][6] 1789	艾尔德尔 [Iredell] 1790–1798	托德 [Todd] 1807–1826	菲尔德 [Field] 1863–1897	麦金利 [McKinley] 1837–1852	卡特伦 [Catron] 1837–1865
J. 拉特里奇 [J. Rutledge][1] 1795	T. 约翰逊 [T. Johnson] 1791–1793	斯托里 [Story] 1811–1845	华盛顿 [Washington] 1798–1829	布莱尔 [Blair] 1789–1796	穆尔 [Moore] 1799–1804	特林布尔 [Trimble] 1826–1828	麦克纳 [McKenna] 1898–1925	坎贝尔 [Campbell] 1853–1861	
埃尔斯沃思 [Ellsworth] 1796–1799	帕特森 [Paterson] 1793–1806	伍德伯里 [Woodbury] 1845–1851	鲍德温 [Baldwin] 1830–1844	S. 蔡斯 [S. Chase] 1796–1811	W. 约翰逊 [W. Johnson] 1804–1834	麦克林 [McLean] 1829–1861	斯通 [Stone][8] 1925–1941	戴维斯 [Davis] 1862–1877	
J. 马歇尔 [J. Marshall] 1801–1835	利文斯通 [Livingston] 1806–1823	柯蒂斯 [Curtis] 1851–1857	格里尔 [Grier] 1846–1870	杜瓦尔 [Duvall] 1812–1835	韦恩 [Wayne] 1835–1867	斯韦恩 [Swayne] 1862–1881	R. 杰克逊 [R. Jackson] 1941–1954	哈伦 [Harlan] 1877–1911	
托尼 [Taney] 1836–1864	汤姆森 [Thomson] 1823–1843	克利福德 [Clifford] 1858–1881	布拉德利 [Bradley] 1870–1892	巴伯 [Barbour] 1836–1841	斯特朗 [Strong] 1870–1880	马修斯 [Matthews] 1881–1889	哈伦 [Harlan] 1955–1971	平尼 [Pitney] 1912–1922	
S.P. 蔡斯 [S.P. Chase] 1864–1873	纳尔逊 [Nelson] 1845–1872	格雷 [Gray] 1882–1902	伍兹 [Woods] 1881–1887	丹尼尔 [Daniel] 1841–1860	L. 拉马尔 [L. Lamar] 1831–1887	布鲁尔 [Brewer] 1889–1910	伦奎斯特 [Rehnquist] 1971–1986[9]	桑福德 [Sanford] 1923–1930	
韦特 [Waite] 1874–1888	亨特 [Hunt] 1873–1882	霍姆斯 [Holmes] 1902–1932	米勒 [Miller] 1862–1890	休斯 [Hughes]	夏弗拉斯 [Shiras] 1892–1903	斯卡利亚 [Scalia] 1986–	罗伯茨 [Roberts] 1930–1945		
富勒 [Fuller] 1888–1910	布拉奇福德 [Blatchford] 1882–1893	卡多佐 [Cardozo] 1932–1938	布朗 [Brown] 1891–1906	戴 [Day] 1903–1922	巴特勒 [Butler] 1922–1939			伯顿 [Burton] 1945–1958	
E. 怀特 [E. White][2] 1910–1921	E. 怀特 [E. White][4] 1894–1910	法兰克福特 [Frankfurter] 1939–1962	H. 杰克逊 [H. Jackson] 1893–1895	布卢 [Blue]/佩卡姆 [Peckham] 1895–1909	克拉克 [Clarke] 1916–1922	墨菲 [Murphy] 1940–1949	萨瑟兰 [Sutherland] 1922–1938	斯图尔特 [Stewart] 1958–1981	
塔夫脱 [Taft] 1921–1930	范德万特 [Van Devanter] 1911–1937	戈德堡 [Goldberg] 1962–1965	勒顿 [Lurton] 1910–1914	麦克雷诺兹 [McReynolds] 1914–1941	布兰代斯 [Brandeis] 1916–1939	里德 [Reed] 1938–1957	T. 马歇尔 [T. Marshall] 1967–1991	惠特克 [Whittaker] 1957–1962	奥康纳 [O'Connor] 1981–
休斯 [Hughes] 1930–1941	布莱克 [Black] 1937–1971	福塔斯 [Fortas][5] 1965–1969	W. 拉特利奇 [W. Rutledge] 1943–1949	伯恩斯 [Byrnes] 1941–1942	道格拉斯 [Douglas] 1939–1975	克拉克 [Clark] 1949–1967	B. 怀特 [B. White] 1962–1993		
斯通 [Stone][3] 1941–1946	鲍威尔 [Powell] 1971–1987	布莱克门 [Blackmun] 1970–1994	明顿 [Minton] 1949–1956			托马斯 [Thomas] 1991–			
文森 [Vinson] 1946–1953	肯尼迪 [Kennedy] 1988–	布雷耶 [Breyer] 1994–	布伦南 [Brennan] 1956–1990				金斯伯格 [Ginsburg] 1993–		
沃伦 [Warren] 1953–1969			苏特 [Souter] 1990–						
伯格 [Burger] 1969–1986									
伦奎斯特 [Rehnquist][7] 1986–									

1. 任命未获批准 [Appointment not confirmed]
2. 法官, 1894–1910 年 [Associate justice, 1894–1910]
3. 法官, 1925–1941 年 [Associate justice, 1925–1941]
4. 后被任命为首席大法官, 1910–1921 年 [Later chief justice, 1910–1921]
5. 被任命为首席大法官但未获批准, 辞职 [Appointment as chief justice not confirmed; resigned]
6. 拒绝接受任命 [Declined appointment]
7. 法官, 1971–1986 年 [Associate justice, 1971–1986]
8. 后被任命为首席大法官, 1941–1946 年 [Later chief justice, 1941–1946]
9. 后被任命为首席大法官, 1986– [Later chief justice, 1986–]

Source: *West's Encyclopedia of American Law*, U.S.A.: West Group, 1998, Vol. 11, p.528

unitrust n.〈美〉单一式信托 这种信托与剩余财产慈善信托[charitable remainder trust]相联系。据此，受托人须至少一年一次按信托财产当年的公平市场净值的一定的固定比例(不低于 5%)将信托收益支付给受益人，该受益人须至少有一人不属于慈善机构，支付期限为受益人终身或若干年限。而此后的剩余财产权益则交由慈善机构。这种信托须遵守《国内税收法典》[I.R.C.]第 644 条的规定的基本要求。

unit trust 〈英〉单位信托 该种信托的基本原则是，由管理公司购买大量的、种类分散的各种可交易的证券，然后将该证券组合的利益按股份单位[units]或次单位[sub-units]的方式向社会公众进行再出售。股份单位的持有人即根据其在总的股份单位数量中所占的比例而对不可分割的信托基金拥有某种利益，从证券股息扣除受托人、管理人费用后的净收入中按比例获得收益分配，通常是每年两次。这是小投资者通过对大范围的股票交易进行投资而分散风险的一种投资方法。它可以采用固定信托[fixed trust]，即投资是事先声明的，且不得变更；也可以采用可变通信托或管理信托[flexible trust; managed trust]的方式，管理人可以在更大的范围内选择投资，并可以根据自己的判断而改变投资等。

unity n.共同；统一 在普通法中，要创设一项共同保有[joint tenancy]，必须同时具备四个"共同"："共同权益"[interest]——共同保有人[joint tenants]必须有同一的权益；"共同权利"[title]——指共同权益的产生基于同一个转让行为或同一份转让契据；"同一时间"[time]——指这种权益必须于同一时间开始；"共同占有"[possession]——指共有之财产由共有人不可分割地共同占有。这四个条件对于共同保有来说缺一不可。

unity of husband and wife 夫妻一体(主义) 普通法的概念，据此，夫妻经由结婚即成为一体，妻子的法律存在完全融合于其丈夫一方。在离婚诉讼或以欺诈为由撤销婚姻的诉讼程序中，衡平法则曾经认为夫妻具有各自独立的人格。(= unity of spouses)

unity of interest 共同之权益 共同保有[joint tenancy]的要件之一，指共同权益必须由同一转让行为所创设。它也指这种权益必须是平等的，不能有某一共同保有人比其他共同保有人获得了更多的权益的情形出现，而某一普通共有人[tenant in common]则可以比其他共同保有人获得更多的权益。当然这种共同权益的平等性仅限于共同保有人对于地产的权益，而不涉及购买时的出资比例。(⇨unity)

unity of ownership 共同共有 指每一共有人的权利及于财产的全部，而非其中的一半或部分。(⇨joint tenants)

unity of possession ❶占有混同 当地役权人或类似权利人取得对供役地的占有时，即为占有混同。现在，占有混同仅用来指占有是临时性的情况，如供役地所有人租用需役地，那么在租约期内地役权便会因占有的混同而消失；或者当出租人将承租人逐出租约地时，租赁关系便会因出租人的占有混同而终止。在古代法律文献中，占有混同含义更广，也包括另一种占有混同[unity of seisin]。另外当某人同时享有两种相关地产权时，也会发生占有混同，如承租人后来又购得租约地，就会发生占有混同、租赁关系消失的情况。 ❷共同占有 指共同保有人[joint tenants]对于土地的不可分割的占有。

unity of seisin 占有混同 指地役权人或类似权利人取得对供役地的占有[seisin]的情况，通常是对两块土地均享有非限嗣继承的占有权[fee simple]，若其中之一的占有是基于某种附条件或可终止的利益，则不能产生占有混同。(⇨unity of possession)

unity of spouses (= unity of husband and wife)

unity of time 同一时间 共同保有的要件之一，指共同保有人的权益必须基于同一时间而产生，即不能由其中一人先获得其应得份额，然后再由其他人分享，而应同时分配。该规则不适用于由遗嘱或基于 1535 年《用益法》[Statute of Uses]创设的地产权的情况。(⇨unity)

unity of title 权利统一 指共同地产保有人[joint tenant]占有土地是基于一个或同一的权利[title]，相反混合地产权保有人[tenants in common]保有其财产是基于不同的权利[title]而产生的。(⇨unity)

Uniuscujusque contractus initium spectandum est, et causa. 〈拉〉每个合同的开始和起因应仔细检查。

Unius omnino testis responsio non audiatur. 〈拉〉单一证人的证词在任何情况下都不应采纳。 古代大陆法和教会法上的一句谚语。

universal a.全体的；完整的；作为整体的 用于指事物的一切、全部，而无一例外。其外延广于"general"，后者存有例外。

universal agent 全权代理人 受委托而实施任何由本人所能实施的行为的人。这种全权代理人殊为罕见，因其成了完全的主人，可以完全处分本人的所有权利和财产。法律并不根据该用语的通常含义而推定全权代理人的存在，而是将其解释为受与授权相关的本人事务的限制。

Universal Copyright Convention/U.C.C. 《世界版权公约》 由联合国教科文组织[UNESCO]发表于 1952 年在日内瓦通过的一部有关版权保护的国际公约，其保护标准较 1886 年的《伯尔尼公约》[Berne Convention]为低。该公约规定对外国作者的作品提供与本国国民作品相同的版权保护，但须在作品销售时带上ⓒ标准、版权人姓名或名称以及首次出版的年份。英美等国均为其成员国。

Universal Declaration of Human Rights 《世界人权宣言》 该宣言是联合国大会[United Nations General Assembly]于 1948 年全体一致通过的一项决议，是第一个在国际领域内系统地提出保护和尊重各项人权的国际法律文件。《宣言》包括序言共有 30 条。序言指出人人都具有与生俱来的尊严，所有的人都享有平等的权利，但这些权利常常为人们所忽视。《宣言》敦促各国通过教育推进对人的权利和自由的重视；《宣言》也敦促各国和国际采取进步措施确保这些权利和自由能在成员国及它们所管辖地区得到普遍和有效的遵守。由于《宣言》不具有法律约束力，联合国一直督促各国自己制定全面性的人权规范。(⇨human rights)

Universalia sunt notiora singularibus. 〈拉〉一般的事物比特殊的事物更为人所知。

universal legacy 〈大陆法〉全部遗产的遗赠；全部遗赠 指遗嘱人通过遗嘱方式将其死后所遗留的财产全部赠与一人或数人的处分。(⇨legacy)

universal partnership 包括合伙 合伙的一种形式，所有合伙人同意将其所有的全部财产作为合伙之共有财产，包括其现有的财产和将来可能获得的财产及其技能、劳务。

Universal Postal Union/U.P.U. 万国邮政联盟 对国际邮政业务交换的一般原则作出规定并促进各国邮政部门统一的国际组织。该组织于 1874 年 10 月 9 日成立。原称"邮政总联盟"，1878 年改为现名。1947 年 7 月，根据其与联合国签订的协议,联合国承认其为对国际邮政业务负责的联合国专门机构。该联盟的宗旨是:组成一个邮政领域,以便互相交换函件;保证在整个联盟领域内的转运自由;组织和改善国际邮政业务,并在这方面促进国际合作的发展;参与提供联盟各成员国所寻求的邮政技术援助。联盟的主要机构是大会、管理理事会、邮政经营理事会和国际局。大会是联盟的最高权力机构,负责修订各项法规、审批预算、选举管理理事会、邮政经营理事会和国际局正副局长。管理理事会是大会休会期间的执行机构,负责协调联盟的全部活动以及研究有关国际邮政业务方面的行政、立法和法律问题。邮政管理理事会的任务是,组织研究在技术、业务和经济领域以及在技术合作方面影响联盟成员国邮政管理的主要问题;编写邮政技术和管理丛书;研究在新独立国家和发展中国家的教学和训练问题;向大会提出有关方面的提案。国际局是常设办事机构,可以就争端发表意见,并充任解决各邮政管理机构之间债务的清算机构,并审议修正联盟法规的请求,通知已通过的修订和参与大会的筹备工作。

universal succession (大陆法)概括继承;根据继受　指由一人或多人共同继承死者全部的权利和义务。在罗马法中,它可以因收养或者由丈夫取得已是自权人的妇女的支配权而发生,但最为常见的则是基于死亡而发生的概括继承,即由继承人对死者权利义务综合继受。在现代,概括继承人就是遗嘱执行人或遗产管理人,而与继承人不同,因为它只是遗产代理人,被指定执行立遗嘱人的意愿或者适用非遗嘱继承的相关规定,但并不承担死者的全部法律人格,尤其对死者的债务不承担责任。而单一继承(受)人[singular successor]则只是继受某一特定的财产,并通常以赠与或购买的方式为之。

universitas 〈拉〉(罗马法) ❶法人;法人团体　❷集合;全部;总合

universitas facti 〈拉〉(罗马法)事实上的集合物　拉丁法律用语,指同种类有形物的集合体。如牛群、仓库中的货物。

universitas juris 〈拉〉(罗马法)(大陆法)法律上的集合物　指有形物和无形物的集合体。如某人权利义务的总合、某人法律关系的总合等。

universitas rerum 〈拉〉(罗马法)(大陆法)物的集合体　指数件单独而无联系的物集合在一起时,被法律视为一个整体。

Universitas vel corporatio non dicitur aliquid facere nisi id sit collegialiter deliberatum, etiamsi major pars id faciat. 〈拉〉即使法人的大多数成员将为某行为,非经法人全体成员商讨,法人作出该行为无效。

university n.大学　以前由教皇或其他高级教会权力机构授权设立,后来由君主或其他高级世俗权力机构授权设立的高等教育机构。大学的宗旨是发展、扩大和传播知识。大学享有的一项固定权力是授予某人以学位或学衔,以表明其在某个学科领域内已达到某个特定程度的知识水平。最早的大学是研究事物本质或"事物一般概念"[studia generalia]的教育和研究机构。在中世纪,大学主要研究哲学、神学、医学和法学。近代西方法律制度在11世纪晚期和12世纪的出现,是与欧洲最早的一批大学的出现密切相关的。11世纪末,优士丁尼[Justinianus]主持编纂的《民法大全》[Corpus Juris Civilis]的抄本在意大利北部被发现。这些新发现的罗马法文本在意大利的许多城市及其他地方传抄并开始得到研究。在波伦亚[Bologna],来自欧洲各地的学生们聚集在一起,延聘教师讲授罗马法,其中最突出的一位教师名叫伊尔内留斯[Irnerius]。作为注释法学派[School of Glossators]的奠基人,伊尔内留斯第一个系统地核对和比较了罗马法文本并从中归纳出结论。对罗马法教学和研究的兴盛逐步吸引了更多的学生来到波伦亚留学。这些来自欧洲各国的学生基于其种族、地理出身结合成学生公会,每个公会均以 universitas 的形式组织。universitas 是罗马法上的一个术语,意为具有法律人格的联合。相对应的,教授们也建立了自己的联合会,即教师会。在波伦亚及其他地方形成的这种学生社团与教师会的组合形成了最早的大学,其中波伦亚大学因其规模与名声远胜同侪而成为中世纪罗马法研究的发源地,一时集中众多研究者、学习者,盛况空前。作为一门大学学科,法律第一次被作为一种独立和系统化的知识体系即科学来讲授,而不仅仅作为一种手艺和技术来传习,这是因为大学教师和学生都已建立了这样一种信仰:存在着一种理想的法律体系或一系列法律原则的完整结构。在此信仰下,他们认为可以从古代法律权威文献中推导出具有普遍适用和永恒性质的一般法律原则[Jus Commune]。因此,在大学里,罗马法被当作一种理想的统一的法律观念体系来加以研究和崇拜,它为分析和评价当时的地方习惯和法律的有效性提供了一个标准和典范。在对古代文献的研究过程中,逐渐形成了法律逻辑分析与综合的经院主义方法,这套方法的逻辑、论题、推理类型、一般化层次、联系个别与一般以及案件与概念的技术,使得法律制度被概念化和系统化,形成了融合统一的知识体系。在这样的知识体系中,法律规则的有效性可以通过它们与整个制度的一致性而展现出来。由此,法律成为一门自主的科学。由于被赋予一种跨越国家疆域而普遍适用的"高级法"特征,罗马法在大学教育中占据了很高的学术地位,且经各国学成回乡的学生广为流传,对属地法产生了巨大影响。与其研究的繁荣相对,属地法本身却在大学教育中被忽略了。随着近代民族主义的兴起,西方法律教育的跨国特征慢慢消失,属地法教育在各大学中的地位日益抬升。在英格兰,在牛津和剑桥大学法学院的一旁,还由律师公会[Inns of Court]发展出了一种不同的法律教育模式。表面上看来,关于罗马法的研究已日渐衰落,但是,通过12世纪确立的大学法律教育所形成的法律思维模式和方法已经渗入各国属地法,构成了西方法律传统的一个重要渊源,对后世产生悠远的影响。

university courts 大学法庭　旧时,英国的大学不仅是教学机构,同时也是司法管辖区。在所属教区主教及王室的授权下,大学有权行使对学校成员的宗教司法管辖权以及民事诉讼和刑事诉讼的司法管辖权。在英格兰,大学法庭一般是指大学校长法庭[chancellor's court]、大学执事法庭[court of the steward]和市场督导官法庭[court of the clerk of the market]等法庭的总称。经林肯主教[Bishop of Lincoln]的授权,牛津大学取得完全独立于主教和大主教管辖的地位。该校通过其校长法庭行使对学校成员的宗教司法权。此外,对其辖区内发生的任何轻微刑事案件和所有民事诉讼,只要其大学成员为当事人一方,牛津大学校长法庭均享有司法管辖权。该法庭最初使用教会法程序,后来改用罗马法程序。对本法庭裁决提起的上诉由牛津大学校监委员会受理,并由其提交校务评议会。大学执事法庭系根据王室特许状而设立,负责审理针对大学成员的叛逆、重伤和其他重罪诉讼。牛津大学内还设有验尸官法庭[court of the coroner]和市场督导官法庭。根据1860年《牛津大学法》[Oxford University Act]，牛津大学校长法庭的宗教管辖权被废除。此后，该法庭的刑事管辖权也被废除。目前，牛津大学校长法庭依然保有对所有民事诉讼(除涉及可终身保有之不动产的诉讼以外)的排他性管辖权。此外，大学执事法庭和验尸官法庭的管辖权也仍然存在。剑桥大学也设有校长法庭。该法庭由艾力主教[Bishop of Ely]授权对大学成员的宗教事务进行司法管辖，同时它还负责审理所有对人诉讼，不论诉讼标的大小，以及几乎所有的刑事案件。只要当事人中任一方为本校的成员，该法庭均有排他的管辖权。剑桥大学内也设有大学执事法庭和市场督导官法庭。此外，校内还有一个专管斯托尔布里奇集市的法庭。根据1856年《剑桥裁决法》[Cambridge Award Act]，剑桥大学校长法庭的宗教司法管辖权和刑事管辖权完全废除，其民事管辖权也仅限于当事人双方均为大学成员的民事诉讼。在中世纪的苏格兰，圣安德鲁斯、格拉斯哥和阿伯丁等大学都拥有宗教和世俗权力合二为一的司法管辖权。大学校长法庭[Rector's Court]是大学内部的法庭，不服其判决的上诉由校长审理。在圣安德鲁斯大学，校长法庭与大学理事会[University Senate]几乎成为一体，纪律惩戒也由它执行。在格拉斯哥大学，创办该校的主教授权校长审理民事和轻微刑事案件。该主教的继任者后来授权校长对所有民事案件和学生之间、学生与校内居民之间的纠纷行使完全的司法管辖权。目前，除了纯粹的校内纪律惩戒外，苏格兰大学所有的司法权均已被废除。

University of Bologna 〈意〉波伦亚大学 欧洲最古老、最著名的大学之一。在中世纪早期，波伦亚是欧洲最重要的法律研究中心，来自欧洲各地成千上万的学生云集于此学习罗马法和教会法。著名的教师包括伊尔内留斯[Irnerius]、阿库尔修斯[Accursius]等。该校是一所学生自治大学。同以巴黎大学为代表的教师管理的学校不同，在波伦亚大学，由学生团体选择校长和教师，这对后世许多大学的发展产生了影响。直到今天，该校仍是一所大型的男女同校的国立大学。

unjust enrichment ❶不当得利 指既非赠与也无合法理由而从他人处获得的利益，对此，受益人须返还原物或给予补偿。但是，英国法采纳不当得利返还原则的程度究竟有多深是值得怀疑的，因为在英国法中多以返还原物[restitution]这一术语替代之。在罗马法和苏格兰法中，不当得利返还原则是以准合同之债[quasi-contractual obligation]为基础的，受益人负有返还义务。这也是海商法中海难救助与共同海损之债的基础理由。以不当得利为基础的请求权应具备下列三个要件：①被告得到了原告的利益；②被告对此利益有所识别和了解；③在当时的情况下，被告无偿接受和保留该利益是不公平的。(▷restitution) ❷不当得利法 调整上述不当得利的法律领域。

unknown injury rule 未知侵害规则 按此规则，如果当事人受到人身伤害而订立放弃请求权协议时，由于共同错误而不知道侵害的存在，而非知道侵害存在但不知侵害结果，则该协议是可被撤销的。

unknown motorist clause 开车人未知条款 汽车保险单中的条款，指驾车者肇事后逃匿而无法确知其是否已投保责任险的情况下，对人身或财产受到损失的被保险人予以保障的条款。

unknown parties 未知当事人 指制定法上允许对其提起诉讼的未知者。此类诉讼有两种：①对知道其存在，但不知其姓名者提起的诉讼；②对不知道其姓名，也不知其是否存在者提起的诉讼。

unknown persons 身份未能查明者
unkouth 〈法〉陌生人(= uncuth)
unlage 〈撒克逊〉不公正的法律
UN languages 联合国语言 根据《联合国宪章》[UN Charter]，联合国的官方语言为：汉语、英语、法语、俄语和西班牙语。阿拉伯语已添加为联合国大会、安全理事会以及经济与社会理事会[Economic and Social Council/ECOSCO]的官方语言。
unlaw n. ❶不法；非法 ❷〈苏格兰〉罚金；罚款
unlawful a. ❶不法的；非法的 该词与"illegal"通常被作为同义语，但两者之间也有区别。该词适用于允诺、协议、合同对价等，是指因该允诺、协议或合同对价所涉之行为，虽非违法[illegal](亦即受到积极禁止)，但未受法律之准允而不能作为合法权利之基础，或因其不符合道德，或因违反公共政策，从而使之在法律上无效力。例如，对婚姻或交易进行限制的合同可因其非法而被认定为无效。作为一般规则，不法协议是不可强制执行的。指性关系上的"非法"时，则通常用"illicit"表示。 ❷可受刑事处罚的 ❸道德堕落的
unlawful act 违法行为 指一切违反法律的行为，不限于刑事犯罪行为，也包括故意侵犯他人民事权利的可予起诉的行为。(▷lawful)
"unlawful act" manslaughter 非法行为引起死亡；非预谋杀人(罪) 指由非法行为引起的致人死亡的行为，但行为人并无杀人的故意。即使在行为过程中，曾出现过严重的暴力行动，亦不适用重罪谋杀原则[Felony-Murder Doctrine]以谋杀罪论处。
unlawful arrest 非法逮捕(▷false arrest)
unlawful assembly 非法集会 三个或三个以上的人旨在共同实施一项计划而聚会，这项计划如果付诸实行，就会导致暴乱。行为人可在事前或集会过程中形成共同意图，其目的在于公开暴力犯罪或用未经许可的可能破坏社会治安或他人权利的方式来实施一项合法或非法的共同计划。本罪主要指行为人思想上存在上述目的，不需要在非法集会之外另有其他具体犯罪行为。如果行为人正在准备实施该计划，则构成骚动罪[rout]，如果该计划被付诸实际执行，则构成暴乱罪[riot]。美国堪萨斯州刑法典要求集会者不少于五人才能构成本罪。
unlawful association 非法联合 人们以非法的目的或者以非法的行为方式而组成的联盟。"非法"显然包括具有犯罪或侵权的意图，也可能包括与公共政策相抵触的意图。因此，在普通法里，工人们联合起来谋求对其本身的雇佣条件施加限制的条款，被认为是进行行业限制而非法，但法律另有规定时可以使其合法化。即使一个联盟在本意上是合法的，如果两三个成员商议要实施某种非法行为或以非法方式来实施合法行为，根据普通法，他们都可能构成共谋的犯罪，根据现在的英格兰法律，如果他们同意实行一系列行动，且他们同意的行动的实现必然会等于或卷入二人以上的犯罪，他们也构成共谋犯罪。同样地，如果联盟里的两个或多个成员商议去实现一个非法的意图，他们也可能构成共谋的侵权行为。如果一个职业合伙里包括了不合资格的人，则这样的联盟也被认为是非法的。
unlawful belligerents 〈美〉不法交战方 其为破坏美国军事工业和装备而进入美国境内，且无表明交战方身份的统一服装或其它标志，或者在进入美国境内后抛弃此类标志。
unlawful cohabitation 非法同居 未婚男女以夫妻名义

共同生活。

unlawful condition 违法条件 履行这样的条件必然是违法的。

unlawful conspiracy 非法犯罪共谋 普通法上是指两个以上的人共同商议进行违法或犯罪行为,给社会或他人造成损害的行为。

unlawful contract 非法合同 指其中包含非法行为的合同,例如规定当事人从事某种法律所禁止的行为,或规定当事人对法律的命令性规范不作为。它与无效合同[void contract]相区别,后者是指因不具有任何法律效力,从而不能被强制执行的合同。(⇨illegal contract)

unlawful detainer 不法占有 ①在实际、和平但不法地取得不动产的占有[possession]后继续不法地占有该不动产;②最初系合法、正当地进占不动产者,在合法占有终止后仍拒绝放弃占有,从而构成对该不动产的不法占有。例如,承租人在其租期届满并经所有权人请求返还占有后,仍然占有该出租财产的,即构成不法占有。不法占有之诉[actions of "unlawful detainer"]与不动产收回之诉[ejectment]相互区别,前者仅涉及不动产的占有,而不确定不动产所有权的最终归属问题。(⇨detainer; ejectment; eviction; forcible detainer; forcible entry and detainer)

unlawful detainer proceeding 不法占有回复程序 一种诉讼,房屋或土地的所有人可据此而要求返还被不法占有的财产,例如租期届满而仍由承租人占有的出租财产。(⇨unlawful detainer)

unlawful drilling 〈英〉非法操练 1819年《非法操练法》[Unlawful Drilling Act]被1920年《火器法》[Firearms Act]第16条所修正,规定凡参加旨在进行军事训练或被训练的会议均被认为是非法,除非这种会议是经过国王[Crown]或国务大臣[Secretary of State]或任何被其委任的官员所授权召开的。

unlawful entry ❶非法进入 不使用暴力,而是在未经授权的情况下,以欺骗或其他恶意方式进入他人土地。❷非法闯入 夜盗罪的构成要件之一,是指行为人未经同意而闯入他人的住宅。

unlawful killing 非法杀害(⇨homicide; manslaughter; murder)

unlawful oaths 非法宣誓 为了实施以下行为而作出、协助或在场同意宣誓的行为:①制造骚乱或煽动叛乱;②扰乱社会治安;③参加以上目的而成立的非法组织;④遵从任何非法组织或团体的命令;⑤拒绝检举、揭发同伙;⑥拒绝揭发任何非法结社、非法行动或非法宣誓的行为。

unlawful order 违法裁定 法院对其无管辖权的事项所出的裁定。此种裁定在上诉审中可被撤销。

unlawful possession of intoxicating liquor 非法持有酒类制品 在持有酒类制品成为非法的时候,对其进行保管、控制、处置等行为都是违法行为。

unlawful search (=unreasonable search)

unless conj. & prep. 除非;若不;除⋯⋯外 该词用于表述当某特定事件一旦发生时,当事人得改变其原来意愿的选择权或保留权,或表示某一附条件之允诺。

unless and until 直到⋯⋯为止 unless和until两者并非同义词,在该词组中,until的含义包含了unless的含义,因此以until一词表述已足矣。

unless lease 附条件租约;"除非"租约 一种石油与天然气租约,它规定在项目无法进行商业运营或承租人不能支付租金时租约失效,承租人自动免除责任。租约中必须明确规定其在某确定时间失效,除非承租人开始商业运营或支付约定的租金。租约文件中"除非"字样后系承租人待履行的行为,租约本身并不强制其履行。

unlimited a. 无限制的;无界限的

unliquidated a. 未清算的;未(事先)确定的;未估定的;未偿付的

unliquidated claim 未确定的请求权 指当事人所应承担的责任以及请求给付的数额尚存在争议的请求权。

unliquidated damages 未确定数额损害赔偿(金) 指损害赔偿已经被约定或判决而成立,但其数额未能以某一固定公式加以确定,须由法官或陪审团根据案件的全部情况、当事人的行为,甚或其主观意见或估计而予自由酌定。亦指虽由当事人先约定数额之损害赔偿金,尤指违约损害赔偿金。(⇨liquidated damages; damages)

unliquidated demand 未确定的请求(⇨unliquidated claim; unliquidated damages)

unlisted security 非挂牌证券 未在证券交易所登记挂牌的证券。具体有三种情况:①不符合交易所规定的条件;②不愿受交易所规定条件的限制;③不愿其证券在交易所挂牌买卖。未在证券交易所挂牌的证券可在交易所外的场外交易市场进行买卖。

unlisted stock 未上市股票;非挂牌股票 指不在股票交易所挂牌交易,而是在场外或私下交易的股票。

unloading n. 卸货;卸下;免除 汽车责任保险中的卸货条款应根据"全程"[complete operation]规则来解释。保险人应承保从卸货开始到指定地点交付收货人的整个过程。当货物卸离车辆并在指定地点交收货人管理时,即使收货人或其代理人再转运货物,保险合同所适用的"卸货"义务也已完成。

unlooked for mishap or untoward event 意外事件;偶发事件 无法预料的非自然的不寻常的事件。

unmarketable title 不可转让的产权证书 其上存在属于第三人的权利负担——例如抵押债权——的土地或其他财产的权利证书。这些权利负担使财产的买方面临诉讼危险,因此在正常交易中一个通常谨慎的人是不会接受这类权利证书的。(⇨marketable title)

unmarried a. 未婚的 该词最初的含义是表示从未结过婚的状况,现其含义则颇为灵活,常被解释为在所涉及的特定时间无配偶,如寡妇、鳏夫或已离婚者。

unnatural offense 反自然的犯罪(⇨sodomy)

unnatural will 违反人伦的遗嘱 在该遗嘱中,立遗嘱人没有明显的理由而拒绝对其配偶、子女提供遗产,或根据遗产的数额及其配偶、子女的经济状况,其所提供的遗产份额并不恰当。

unnecessary exposure 不必要地暴露于危险之下 未尽合理的注意而使自己处于危险之下。此时,推定行为人具有疏忽的心态。

unnecessary exposure to danger (=voluntary exposure to (unnecessary) danger; unnecessary exposure)

unobjected to 不反对的

unoccupied a. 无人居住的;不使用的;闲置的 火灾保险中此类住处可以免除保险人的责任。该住处不作为住所使用或不再用作居所或经常逗留的场所,但居住者暂时外出,将要回来的住处不在此列。

unoccupied property 〈英〉未被占用的财产;无主财产

unoffered lands 〈美〉非供应土地 指一直未被出售或未为定居的公共土地。

UN official documents 联合国官方文件 指1945年以来

联合国大会、安全理事会、经济与社会理事会[ECOSCO]、托管理事会[Trusteeship Council]以及联合国其他机构的档案、文件、决议等。大部分联合国官方文件以英语和法语形式出版，一部分亦使用西班牙语、俄语和汉语出版。

unofficial notes 非正式的证言笔录 由非正式的记录员[reporter]对证人证言所作的记录。

unofficial opinion 〈美〉非正式意见 法庭任命的审断人[court commissioner or referee]在听审完案件后所提出的意见。因此种意见尚未得到法庭的认可，因而也不具有作为判例的价值。

unofficial primary 非官方预选；非正式初选 指政党为确定候选人而举行的秘密会议。

unofficial publication 非官方出版物 由私人出版商出版的法律汇编或法院判例汇编等。

unofficial report 非官方判例汇编 由私人出版商出版的法院判例汇编。

unopened way 未经官方批准使用的道路 公众使用的，但从未经官方正式开放的道路。

unorganized territory 〈美〉无组织的地区 指美国境内没有完善的政府组织的地区。

unpaid a.未支付的；未偿(债)；到期的(债)；过期的(债)

unpleaded a.未作答辩的；在答辩中未提出任何主张的

unpossessed a.未被占有的；(财产)无主的

unprecedented a.无先例的；新颖的；新奇的

unprofessional conduct 违反职业道德的行为 无论一般地或从行为者的职业标准来看，属于不道德、不光彩的行为。

unqualifiedly subject to the demands of shareholders 无条件服从股东的要求 对于股息的处分，股东可选择或要求公司向其支付股息或将股息记入股东在公司的账户中。

unqualified opinion 无保留的意见书 对财务报表提出的一种审计意见书。在该意见书中，一个合格的公共会计师确认所有财务报表系公正地作出，且与上一年度财务报表的会计方法相一致。在作出意见书的过程中，公共会计师的行为需符合公认的会计准则。（➪qualified opinion）

unrealized profit or loss 未实现的利润或损失 存于账面上，尚未兑现的利润或尚未实际遭受的损失，如股票虽升值或贬值，但在卖出前，持股人因升值获得的收益或因贬值遭到的损失并未实际产生。

unrealized receivables 未实现的应收款 采用现金收付制记账的纳税人已挣得但尚未实际收到的应收款项。由于纳税人所采用的会计记账法，这个款项不作为计提所得税的基础。

unreasonable a. ❶无理性的；愚蠢的；不明智的 ❷不合理的；过度的；无节制的 ❸(价格)多变的；独断的；没收的

unreasonable appreciation 过高升值 可流通证券升值过高以致超过其公平价值时为持有人带来的账面收益。（➪paper profit；equity）

unreasonable compensation 〈美〉不合理报酬；超额报酬 合理报酬与非合理报酬的区分在税收上有重要意义，因为在税收上，公司支付给雇员的报酬的股息是不可以扣减的。根据国内税收法规，雇主付给雇员的工薪或对其付出劳务的报酬是合理报酬[reasonable compensation]，允许作为应税额的减免项。但如果雇主为了避税目的，而付给雇员额外的报酬，则不允许作为减免项目。如在股东人数有限的公司，支付给股东同时又是雇员的额外报酬以达到利润分配的目的即属此类情况。

unreasonable decision 武断的行政决定 该术语用于指不为具有正常理性的人所接受的行政机关的决定。

unreasonable rates 不合理的费率 公用事业公司的收费过高或者过低。

unreasonable refusal to submit to operation 不合理的拒绝手术；不当拒绝手术 受伤害的雇员拒绝手术，如果该手术可导致实质性的身体康复而无须承受极度痛苦或承担严重危险，则该雇员会丧失其获得劳动赔偿的权利。

unreasonable restraint of trade 不合理的贸易限制（➪restraint of trade）

unreasonable restraint on alienation 对财产转让的不合理限制 通常指在不动产转让契据中对受让人出卖或转让不动产所作的不合理限制。例如，虽然转让权益，甚至在该权益已经被授予后，但仍禁止其所有人进行处分，或者禁止以特定方式向特定的人进行转让。（➪restraint on alienation）

unreasonable search 不合理的搜查（➪unreasonable search and seizure）

unreasonable search and seizure 〈美〉不合理的搜查与扣押 指未经合法批准或不存在可成立理由由[probable cause]的情况下，为发现犯罪赃物、违禁品或其他可在刑事指控中使用的有罪证据而对他人住宅或人身进行的搜查及扣押。根据证据排除规则，违反美国宪法人权保障条款进行搜查与扣押所取得的证据，在审判过程中不得被采纳，但也有例外。（➪Fourth Amendment；probable cause；search）

unreasonable seizure 不合理的扣押（➪unreasonable search and seizure）

unrecorded a.未登记的 指文件既未被归档也未在公众记录上登记的情形。

unregistered companies 〈英〉未注册的公司；非法公司 根据《公司法》[Companies Act]可被终止。

unregistered security (= letter stock)

unrelated business income 非本行业收入；营业外收入 免税机构在与其免税目的领域无关的活动中所获得的应税收入。

unrelated business income tax 营业外收入税；非本行业收入税 对非赢利机构应税收入所征收的税，如从出版物所获得的广告收入中征税。

unrelated offenses 不相关的犯罪；独立的犯罪 指一违法行为独立于被指控的犯罪以外，证明被指控的犯罪的证据不能采纳用以证明行为人的这一违法行为的特点。

unresponsive answer 答非所问 证人所作的与向其所提问题无关的回答。

unresponsive evidence 非应答证据（➪unresponsive answer）

unruly and dangerous animals 难以控制的危险动物 指容易对人或饲养的其他家畜造成伤害的动物。

unsafe a.不安全的；危险的

unsafe bank 不安全银行 破产的或濒临破产的银行。

unsafe driver 不安全司机 不合格的或缺乏经验的机动车司机。

unsafe speed 不安全速度 机动车行驶中的危险速度。当机动车以此速度行驶时，可以认为其司机已经不可能有效控制车辆或及时避免与路上其他车辆或物体相撞。

unsatisfactory title 不能令人满意的产权证书 指有严重缺陷，而不可转让的不动产产权证书。(⇨ unmarketable title)

unsatisfied judgment funds 〈美〉赔偿不足补偿基金 部分州根据州法所设立的一种基金。当汽车事故责任人由于未投保或本身的经济状况无法对损害赔偿请求人支付全部赔偿金时，请求人可以向该基金请求补偿。(⇨ uninsured motorist coverage)

unscheduled assets 未列入的财产 指未被列入破产财产清算表的破产人财产。

unseated land 无人占有或耕作的荒地

unseaworthy a. 不适航的 船舶在通常的海上航行中，因船体、船舶用具、装置或船员方面存在的缺陷，而无法抵御一般海上风险的状态。

unseaworthy ships 不适航船舶 因其船体、用具、装置或船员方面存在的缺陷而无法抵御通常海上航行风险的船舶。

unsecured bond (= debenture ❷)

unsecured debt 无担保之债 没有抵押品担保或其他担保的债务。

unsecured note 无担保本票 指出票人对其票据债务的履行没有提供质押或抵押形式的财产担保的票据。

unsettled pauper 无居所之贫民

unsolemn admissions 非正式承认 此承认一经作出即对他人行为产生影响或给他人带来利益，如不违背善意[good faith]，则其不得在事后被否认。

unsolemn war 非正式的战争；不庄严的战争 指未经正式宣战而开始的战争。

unsolemn will (大陆法)非正式遗嘱 指未指定遗嘱执行人的遗嘱。

unsolicited goods and services 〈英〉未定购的货物和服务 根据 1971 年《未定购货物和服务法》[Unsolicited Goods and Services Act]，对于没有定购而主动送来的货物，如果这种人未在 6 个月内取回，而收货人已在前述期限内将其姓名、地址及其并未定购之情况通知送货人的，则该等货物视为无条件的赠与。对于送出未定购的货物却要求付款者，可通过简易程序处以高达 200 英镑的罚金。

unsound food 〈英〉腐烂的食品；不卫生的食品 对不卫生食品的检查和扣押权由 1955 年的《食品与药品管理法》[Food and Drugs Act]授予。食品和药品管理机构列举于 1972 年的《地方政府法》[Local Government Act]中。

unsound mind 不健全的心智；精神障碍 指由于心理疾病而无法控制自己或管理自己事务的人。它存在于下述情况：推理能力的实质性丧失；缺乏理解能力或对日常事务的辨别能力。该术语包括精神病人。但行为古怪、表达不清、举止懒散、对外表及衣着疏忽大意以及冒犯无礼和令人厌恶的个人习惯等并不构成心智不健全。在有关规定心智不健全者子女和财产的监护人指定的制定法中，该术语与该人从事商业交易的能力相关，所谓心智不健全就不仅指其记忆能力受损，而且是指该人丧失了管理自己财产的能力。(⇨insanity; capacity; sound mind)

unsworn testimony 未经宣誓的证词 在英美法中，证人在作证前应宣誓或作庄严确认[solemn affirmation]。但在英国法中，对未成年证人，如果法庭确信其不能理解宣誓的性质，但能理解说真话的义务，并具有足够的智力使其证言可被接受，可以不经宣誓而提供证言。尽管依据现行法，对未成年人未经宣誓提供的证言不需佐证，且对证人不能作证的最低年龄也未作规定，但证人年龄越小，法官在听取证言时所应尽的注意义务越大。

untenant v. 驱逐(不动产)承租人；逐出租户

untenantable a. 不适于租赁的 指房屋的条件不适于租赁目的，尤其是租约对房屋的用途有明确约定的情况下。也通指房屋的状况不适于居住或任何其他用途。(⇨warranty of habitability)

untenantable condition 不适于租赁的状况(⇨untenantable)

untenanted a. 无人租赁的；未被占用的

until prep. & conj. 直到；直至；直到…(才)；在…以前 一个表示限定范围的词语，其作用是确定某一时间点或某一事件，当该时间点到达或该事件发生时，在此前发生之事即不再存在。是否包括其本身的时间点或事件要依据整个前后文中显示的用意而定，或根据其所适用的交易的本质，但并不存在一般规则可以确定是否包括其本身。例如，一项合同条款规定：按约定的利率支付利息直至债务到期日[until maturity]，那么，它所表明的是在到期日以前[prior to maturity]适用约定的利率，而在到期日以后[after maturity]，按照有关法律规定，适用规定利率。为明确起见，可以写作"until…, including…"或"until…, excluding…"。

untried prisoners 在押待审的犯人 指被指控实施了犯罪，但不许保释而被羁押于狱中候审的犯人，通常应将其和已决犯分别关押。

Unum est tacere, aliud celare. 〈拉〉保持沉默是一回事，故意掩饰是另一回事。 原则上，卖主无义务披露所售商品的缺陷，但如果采用积极行为来掩饰此种缺陷，则构成欺诈罪。

Unumquodque eodem modo, quo colligatum est, dissolvitur. 〈拉〉所有事项，均须以原被拘束之同样方式解除拘束。或：因某一方式受拘束者，自得以同样方式解除其拘束。 此法谚所含规则并不严格，如在英美法上，盖印契约可以以简单契约[simple contract]的方式解除。

Unumquodque principiorum est sibimet ipsi fides; et perspicua vera non sunt probanda. 〈拉〉每项原则是其自身的保证(或证明)；明显真实的事情无需证明。

unused portion (土地)闲置部分；未使用部分 指地产中没有交给承租人使用的那部分土地。

unus nullus rule (大陆法)一个证人的证言等于没有证言的规则 这是大陆法上的一项证据原则，指单一证人的证言没有份量或没有证明力。在英格兰法中，一般规则是：对证人应衡量其证言的证明力，而不在于证人的数量[ponderantur testes, non numerantur]。但有例外情形，如对指控犯有叛国罪或伪证罪的公诉书及对遗嘱的认证，要求有两个证人；离婚诉讼中当事人的证言或对死者的财产主张权利者的证言须有佐证等。

unusual case 不平常的案件 由于所涉及的事实或原则而值得注意的案件；无先例的案件。

unusual punishment 残酷的刑罚；不寻常的惩罚(⇨cruel and unusual punishment; corporal punishment)

unvalued policy 不定值保单；未定额保险单 保险单签发时，被保险财产的价值尚未确定，损失发生时再对被保险财产价值加以证明或双方协商确定。(= open policy)

unwarranted a. 未担保的；无担保的

unwed fathers' rights 〈美〉未婚父亲的权利 未婚父亲对其非婚生子女的监护权。在非婚生子女的母亲死亡时，未婚父亲有权参加决定该非婚生子女监护权归属的审讯。有些州还要求未婚父亲同意收养其非婚生子女。

unwritten constitution 不成文宪法 指尽管不是以正式文本或文件出现,但具有法律效力,规范一国政府的一系列基本法律或原则。尽管宪法可以是成文的也可以是不成文的,不过在美国,"宪法"一词当用于指规范联邦和州政府的结构的法律时,通常是成文的。

unwritten contract 口头合同 本身不能完全以文字证明的合同。

unwritten law 不成文法 包括普通法、有法律约束力的习惯以及根据司法判例或法庭连续作出的相似的决定而形成的规则、原则和格言等在内而未以法令形式颁布或公布的那部分法律。

unwritten law of nations 不成文国际法 指非基于条约而是源于①抽象的推理,②习惯和惯例,③国际法学家依据久经承认的实践做出的论断以及④司法判例而形成的那部分国际法。

UPA (= Uniform Partnership Act)

upkeep n. ❶(对房产或机械设备的)维护;保养 ❷维护费用

uplifted hand 举手宣誓 一种宣誓形式,即朝天举手,以代替将手放在福音书上的宣誓形式。

upon prep. 在…上;自…时起;一旦… 该词与 on 同义,且在多数场合下为后者所代替,但在表示条件或事件发生时,使用该词则更为准确。在法律或合同中,该词通常用于表述对将来地产权益取得的时间限制。

upon information and belief 基于信息及信赖 不是基于事实,而是基于对所获信息之信赖认定一个陈述的真实性。

upon personal knowledge 基于个人认识

upon sight 见票(⇨at sight)

upon the failure of heirs 因没有继承人 指不根据血统或遗赠而取得继承权的继承人。

upon the faith of a document 基于对票据真实性的信任 善意地相信票据持有者是票据的真正所有者。

up-or-out 〈美〉不提升即离职 大城市律师事务所的人事惯例。按此惯例,当某受雇律师[associate]未能在 7 - 9 年的实习期内被选举提升为合伙人时即应离职。一般受雇律师被提升为合伙人而保留其职位的成功率为 1/3。

Upper Bench 〈英〉上座法庭(= court of Upper Bench)

upper house 上议院;上院 指美国国会的参议院、州议会的参议院及英国的贵族院,该术语并不十分确切。

upper owner 上游业主;上游地产主 河流上游沿岸土地的所有人,地表水从其土地流向相邻的下面的土地。

upset bid 无效标;流产竞标 司法拍卖中,购买者的竞标低于确定的标价,买卖无法达成。

upset insurance 倾覆保险;翻倒保险 汽车保险的险种之一,承保机动车由于翻车造成的损失。

upset price 底价;最低售价;启动价格 拍卖中确定的拍卖物的最低价格。(⇨minimum price)

upstreaming n. 逆向资产使用 母公司为其本身目的或与子公司没有必然关系的目的而使用子公司的现金或资产。

up to now 迄今为止;至此;在此之前 等同于习语"heretofore"和"hitherto",后两者更书面化更正规。

U.R. (= uti rogas)

urban a. 城市的

urban development action grants 〈美〉城市发展活动拨款 为增加就业机会,联邦政府在公平竞争的基础上,向经济不景气城市地区的私营开发项目提供的公共基金拨款。

urban easements 城市地役权;城区地役权 属于邻街房产权利的地役权,包括采光、享受新鲜空气及自由出入等权利。

urban redevelopment 城市再开发计划 为各种使用目的,而将城市的某一有损市容的区域如贫民区进行重建的计划。该计划通常由政府和私人企业合作。(⇨slum clearance)

urban renewal 城市发展计划 为实现地区发展目标,如适当使用土地、改善交通运输状况、公共设施和社团设施等而作的发展计划。

urban servitude (大陆法)城市地役权 它统指城市地役权[city servitudes]或房屋地役权[servitudes of houses]。这种地役与房屋的建筑和建设相关,例如通风采光权,建设房屋时将檐滴水排到相邻房屋上的权利等。(= urban easements)

urbs 〈拉〉〈罗马法〉❶城市;城邦;城邑 ❷罗马城

UREDA (= Uniform Reciprocal Enforcement of Divorce Act)

U.R.E.S.A. 〈美〉《统一扶养相互执行法》(⇨R.U.R.E.S.A.)

usage n. 习惯做法 在特定地域针对某些特定的交易而形成的合理合法的公认惯例,该公认惯例或是为所有当事人所熟知,或是已被确定、统一和众所周知,从而当事人将被推定为必须依此作为。usage 与 custom(习惯法)的区别在于:前者是一个重复的行为,而后者是在此重复行为基础上形成的法律或规则。虽然可能只有习惯做法而无习惯法,但缺乏习惯做法的习惯法却是不存在的。

usage of trade 行业惯例 在特定的行业或业务中普遍接受的交易作法或方法,只要该作法或方法在特定的一个地区、行业或交易中已得到经常遵守,以致使人有理由相信它在现行交易中也会得到遵守。此种惯例是否存在及其适用范围,应作为事实问题加以证明。如果可以证明此种惯例已载入成文的交易规范或类似的书面文件中,该规范或书面文件应由法院解释。(⇨trade usage)

usance n. 期限 两国之间汇票正式支付的期限,现在经常用来指国外签发的汇票的习惯支付期限。

U.S. brand 美国标记 在财产上加盖 U.S.字样以示该产为美国联邦政府所有。

U.S.C. (= United States Code)

U.S.C.C.A.N. (= U.S. Code Congressional and Administrative News)

U.S. Claims Court 美国索赔法院(⇨United States Court of Federal Claims)

U.S. Code Congressional and Administrative News/U.S.C.C.A.N. 《美国国会和政府法典报道》 韦氏出版公司[West Publishing Company]编纂出版的法律刊物。本刊刊登已通过之联邦法律、重要法规的委员会报告、行政规章和指令等。本刊在国会开会期间每两周出版一期,国会闭会期间则每月出版一期。

use v. 使用;应用;运用
n. ❶使用;应用;运用 ❷(罗马法)使用权 指为维持日常必需而收取某物天然孳息的权利。使用权区别于"用益权"[usufruct],后者不仅有使用的内容,还包含享有收取该物所有孳息的内容。 ❸(专利法)使用权 指专利权人使用发明的权利。 ❹收益 用于地产转让中,与 benefit 含义相同。 ❺〈英〉用益 一种土地管理、保有方式。其基本结构是:甲为丙及其继承人的用益而将土地移转至乙及其继承人。其中,丙及其继承人为保有地受益人,乙及其继承人为用益受封人。其基本内容包括如下三方面:①用益受封人应允许保有地受益人取得收益;②根据保有地受益人的要求或其遗嘱的通知,用益受封人应将该地产权移转至保有地受益人或其继承人,或根据保有地受益人的指令而将该地产权移转至其他人;③如用益受封人已丧失占有,而保有地受益人受到妨碍,则用益受封人可重新占有或提起诉讼以继续其占有。1535 年《用益法》[Statutes of Uses]之前,用益本质上属衡平法权利,是对委托给第三人占有的财产所享有的受益所有权。在普通法法院,用益受封人乙被视为该土地的所有人,该土地的实际占有或普通法地产权属于乙。在衡平法法院,用益受封人乙仅被视为该土地的名义所有人,他有义务让保有地受益人丙取得该土地的收益,并允许保有地受益人丙按照自己的意愿处分该土地,丙因此而被视为该土地的衡平法所有人或受益所有人。1535年,英国颁布《用益法》。该法规定,若某人为他人用益而占有土地,则享有用益之人被视为享有与用益相应的事实上的、普通法的土地实际占有。即,该法将用益中的保有地受益人在衡平法下所有人变为普通法上所有人,而用益受封人的地产权应视为属于保有地受益人。1535 年《用益法》之后,出现了双层用益。在双层用益中,甲及其继承人的用益,进而为丁及其继承人的用益而将该土地移转至乙及其继承人。其中,丙及其继承人的用益为第一层用益,丁及其继承人的用益为第二层用益。普通法法院只对第一层用益适用《用益法》而不承认第二层用益。大法官法院则承认了第二层用益,享有第二层用益的丁为受益人,享有制定法用益的乙为丁的利益作为受信托人管领该地产。大法官法院以"信托"这一专门用语称丁所享有的第二层用益。这样,对同一土地,某人享有对该土地的普通法地产权,另一人享有对该土地的衡平法地产权。经大法官法院介入后,依《用益法》生效的第一层用益称为"用益",非依《用益法》生效的第二层用益称为"信托"。1925 年《财产法》取代 1535 年《用益法》后,"用益"与"信托"两概念即统一于"信托"之中。

use and habitation 使用与居住 授予[grant]中并不意味着排他性使用与居住,但被授予人的需要可决定其所享受优先权的范围。

use and occupancy insurance 使用和占用保险(⇨business interruption insurance; rent insurance)

use and occupation 使用与占用 违约赔偿诉讼的一种诉讼名称。由地主对占用或享用地产权的人提起,此人根据明示或默示契约而不是可专门要求租金的租约应予付款。

useful a.实用的;有用的;有助益的 泛指满足特定用途的能力,可指现在和将来的用途。在专利法中,一项发明的"有用"是指它可使用于所设定的目的,并对社会产生有益的效果,而且不违背法律、道德和公共政策。在美国,宪法和国会授予某项发明以垄断的权利,就是以其实用性作为基本交换条件,即公众可以从中获益。

useful art 实用技术(⇨new and useful)

useful life 使用寿命;有效年限;折旧年限 在会计和税收中,用于表示某一资产能使用或用于生产的期限。为了便于计算所得税,通常在财产投入使用开始时,就需对其估计使用寿命。亦作"depreciable life"。(⇨depreciable life)

usefulness n.实用性;有用性(⇨useful)

use immunity 〈美〉证言使用豁免 指法庭强令证人提供具有自证其罪性质的证言,但允诺在随后对该证人的诉讼中不将该证言作为证据使用。此种豁免仅通过禁止实际使用强制所得的证言及直接或间接由此证言所得之证据而为证人提供保护。在给予证人此种豁免权后,若政府能从其他合法独立的来源获得证据,仍可对该证人提出控诉。(⇨immunity from prosecution; transactional immunity)

use in commerce 在商业中使用 商标注册的一个先决条件。指在商品销售或提供的服务中实际使用某一商标。申请人必须表明其善意之意图,即把该商标与其意图注册的商品或服务相结合而在商业中使用,并非单纯为了保有该商标的任何权利而使用商标。(⇨trademark)

use of intoxicating liquor 饮用酒类制品 指长期地、已成为习惯性地饮用。在酒法[liquor law]中该词意指包括保留和持有酒类制品的行为。

use of property 财产的用益;财产的收益(⇨use)

use plaintiff 受益原告 普通法诉讼中,享有以他人名义所提起的诉讼的利益的人。

user n.❶(对权利、财产、特许权等的)实际使用和受益 它是财产权的基本特性。❷使用人;用户

user de action (法国古法)提起或进行诉讼

user fee 〈美〉使用费 州政府向某一特定设施的使用者征收的费用。收取这些费用的目的是为了让使用者分担由各州提供之设施的建设和维修成本。只要这种收费是非歧视的、不过分的,就可以合法地向州内、州外的使用者征收。

use tax 〈美〉使用税 对在州外购买,州内使用、消费或存储之有形财产而征收的税。其税率相当于销售税率,其目的是为了防止州内居民通过在无销售税或低销售税的州购买商品而避税。

use value 使用价值 因其有用性而具有的价值,而非出售或交换的价值。

usher n.〈英〉❶门吏;门役;(法庭上的)法警 守卫房门或是法庭上负责维持秩序的官员。❷迎宾员;侍卫 重大礼仪活动中的引导员。如黑杖侍卫[Gentleman Usher of the Black Rod]、白杖侍卫[Usher of the White Rod or Principal Usher for Scotland],后者与英格兰的联系仅在于他有权在加冕仪式上出席。(⇨Black Rod)

Usher of the Black Rod 〈英〉黑杖侍卫 全称是"Gentleman Usher of the Black Rod",上议院官员之一,由国王通过公开令状任命,此职位开始于 1350 年,得名于他手中所持的墨檀木杖,顶端镶有金狮。其职责在于邀请下议院议员到上议院倾听国王对某一法案的训谕,执行对违反特权者的判决,引导贵族进行宣誓或就座。关于第一项,他必须在下院以杖击门三次以示宣进,这一仪式源于 1642 年议会对查理一世力图逮捕几位议员决定的不满。

using mails to defraud 邮件诈骗 行为人通过虚假承诺、虚假陈述等方式,利用邮件、汇兑等手段骗取金钱、财产或其他利益的行为。只要一经使用邮件手段,造成随之而来不可控制的后果的危险,则构成邮件诈骗罪的既遂。

uso 〈西〉习惯做法;惯例

U.S.S. (= United States Ship)

U.S. savings bond 美国储蓄债券 1941 年开始发行的美国政府债券,面值从 50 美元到 10 000 美元不等。该债券按一定折扣率以低于面值的价格发行,到期按面值偿还。其中 1941 年到 1979 年发行的为系列 E 债券[Series E],1980 年开始发行系列 EE[Series EE]和系列 HH

[Series HH]债券。该债券作为国民的一种储蓄手段,其利息免缴州和地方税,并且在偿付之前也不需缴纳联邦税。

U.S.S.Ct. (= United States Supreme Court)
U.S.Treasury Department Regulations 美国财政部法规
usual a.通常的;平常的;惯常的;惯例的
    n.通常会发生的事
usual business hours 惯常营业时间
usual course of business 惯常业务做法;惯常业务方式 根据商业交易的习惯和惯例进行的业务。用于商业票据背书时指为转让目的进行的,正常智力、能力的商人会信赖并提供对价接受的背书与交付。
usual course of trade 惯常交易方式;惯常交易作法(⇨usual course of business)
usual covenants 一般合同条款;通常合同条款 指不动产转让合同中由出卖方就不动产的"依法占有"、"有权转让"、"财产上无负担"、"能完全使用受益"、"一般担保"等内容而订立的合同条款,所有这些统称为所有权合同条款[covenants for title],从而与限制性合同条款[restrictive covenants]相区别。在不动产租赁合同中,若其规定包含了"所有的一般合同条款",即表示由承租人交付租金、纳税、修缮,而由出租人保证承租人有完全的使用受益权。(⇨covenant; restrictive covenant)
usual place of abode 惯常居所 指某人通常居住之地点,与其临时居住地相区别。在向个人送达传票时,可将传票副本置于其惯常居所而视为送达。
usual place of business 经常营业地 连续地或在规定期间内,由某人或其雇员实际占用,并投入时间和劳动,从事商业或其他业务的场所。在某些情况下,包括为他人而从事劳务的经常性场所。
usual place of residence 经常居住地;惯常住所(⇨domicil(e))
usuarius 〈拉〉(罗马法)用益权人;日常使用(他人财产)者 指对他人的财产进行使用以满足其日常需要的人。
usuary n.(大陆法)用益权人;受益人 指有权用益他人财产以满足其个人和家庭需要的人。在罗马法中亦称为usuarius。
usucapio 〈拉〉(罗马法)❶时效取得 一种财产所有权的市民法取得方式。即通过一定期间内实际地、不间断地和善意地占有他人的或所有人不明的财产,从而取得所有权。《十二铜表法》[Twelve Tables]规定土地的占有期间为2年,其他物为1年。它与"时效"[prescription]非常相近。但是罗马法中的时效与英国法有别,不同之处在于恶意占有人[mala fide possessor](即在占有财产时知道该财产为他人所有的人),无论经过多长时间,都不能仅以占有行为而取得所有权。时效取得的两个要件是:正当原因[justa causa]和善意[bona fides]。 ❷因时效而取得的财产
Usucapio constituta est ut aliquis litium finis esset. 〈拉〉时效之制,旨在使讼事有时而息。
usucaptio 〈拉〉(罗马法)时效取得 系 usucapio 之误用。
usufruct (罗马法)(大陆法)用益权 对他人财产进行使用和收益,但不得改变财产基本特性的权利。用益权人要象负责任的所有人那样维护财产,用益不得造成财产的损害或减少,但财产随时间而自然损耗者不在其内。在罗马法中,用益权被视作一种财产的负担[encumbrance];在现代法中,用益权人类似于终身地产保有人[life tenant],该财产之所有权人则为名义上的所有

权人[naked owner]。在现代民法中,用益权的特征因其所指向的物是否会被消耗而不同。有两种分类,一种是将其分为完整用益权[perfect usufruct]和不完整用益权[imperfect usufruct]或准用益权[quasi-usufruct],前者所指的财产虽经使用而不改变其本质,后者所指的财产则会在使用中被消耗,如农作物、钱币等,从而用益权人有责任补偿所消耗部分的价值。另一种是根据收益的不同进行分类,即自然收益[natural profits](由被使用对象直接产生)、劳作收益[industrial profits](通过耕作而产生)和法定收益[civil profits](通过其他民事权利而产生的收益,如租金、年金、收入等)。
usufructuary a.用益权的;用益权性质的
    n.用益权人(⇨usufruct)
usufructuary right (= usufruct)
usufruit 〈法〉使用收益权;用益权(⇨usufruct)
usura 〈拉〉利息;重利;高利 常用其复数 usurae。
Usura est commodum certum quod propter usum rei (vel aeris) mutuatae recipitur; sed, secundario sperare de aliqua retributione, ad voluntatem ejus qui mutuatus est, hoc non est vitiosum. 〈拉〉高利息乃因出借物(或金钱)之使用而获得之特定收益;但是,其次,期望依借方之意愿从其处获得特定收益,并非不道德。
usura manifesta 〈拉〉公开利息;公开高利 在贷款契据中所包含的规定利息。与隐蔽高利[usura velata]相对。
usura maritima 〈拉〉海事贷款利息;海事贷款高利 指就船舶或船货抵押贷款而收取的利息,因其与高风险相关,故不受高利贷法[usury law]的限制。
usurare v.支付利息;支付高利
usurarius 〈拉〉(英格兰古法)高利贷者
usura velata 〈拉〉隐蔽利息;隐蔽高利(⇨usura manifesta)
usurious a.放高利贷的;高利的;高利的(⇨usury)
usurious contract 高利贷合同(⇨usury)
usurious rate 高利贷利率(⇨usury)
usurp v.❶篡夺;(用武力)夺取;篡位 ❷侵占;非法使用;侵犯;侵害
usurpatio 〈拉〉(罗马法)取得时效的中断 指由于占有的丧失或财产的真正所有人提起诉讼而导致取得时效[usucaption]的中断。
usurpation n.篡夺;侵占;侵犯;侵害 以武力非法夺取或攫取最高权力以破坏宪法和合法统治者权力的行为。也指侵犯公共权力或未经授权行使公共权力的行为;侵犯他人财产等权利的行为。
usurpation of franchise 冒用特权 未经授权地以某公司、机构、政府部门的名义行使该公司、机构或部门的特权或权力。
usurper n.篡位人;(以武力夺取政府权力而违反国家宪法的)篡权者
usury n.❶(古法)利息 源于英格兰古法,其最初含义与现在使用的"利息"[interest]一词相同,即作为贷款对价的定期支付。 ❷高利;高利贷 在现代,该词是指高于法律规定利率的利息,或指以违法高利率而收取利息。而那些规定高利贷合同[usurrious contract]为无效合同的法律就被称为高利贷法[usury laws]。高利贷即指其利息高于高利贷法限制的贷款。(⇨legal interest)
usury laws 高利贷法 指禁止贷款人以违法高利率收取利息的法律。(⇨loansharking)
usus 〈拉〉(罗马法)❶使用权 人役权的一种。广义上指在不浪费资金或财物的条件下,非所有权人使用特定财

产的权利。不同于用益权[usufructus]，区别在于使用权人不得享有财产收益。狭义上指对土地不确定的享用权。与房屋居住权[right of habitatio of houses]相似，可与英格兰法中的逾期租赁[tenancy at sufferance]或者任意租赁[tenancy at will]相类比。其不确定性表现在使用权人只有在不对所有人造成妨碍时才能保有使用权。该权利具有严格的属人性，表现为使用权人不得出租、出让土地；非使用权人一般不得分享地上产品。❷时效婚　指以像夫妻一样共同生活为目的，通过不间断地同居满1年而获得对妻子的夫权[manus]所确立的婚姻关系。时效婚和共食婚[confarreatio]、买卖婚[coemptio]一起，构成罗马有夫权婚姻的三种结婚方式。

usus bellici 〈拉〉(适于)战争的用途；用于战争

Usus est dominium fiduciarium. 〈拉〉用益乃信托财产所有权。

Usus Feudorum (= Books of the Feus)

usus fori 〈拉〉法院诉讼程序

usus fructus (= usufruct)

utas n.(某一日期或节日后的)第八天　从当日起算。

uterine a.同母的

uterine brother or sister 同母异父的兄弟姊妹

utero(-)gestation n.怀孕；妊娠；怀孕期

uterque 〈拉〉每一个；其中之一；两者(都)

utfangenethef (= utfangtheft)

utfangthef (= utfangtheft)

utfangtheft n.(英格兰古法)域外绞杀权　领主在其司法管辖权之外绞死盗窃犯的权力。但对于"域外"的含义诸家却有不同的理解。《布里顿》[Britton]一书认为是领主将被他人指控为窃贼的本庄园内的人纳入自己的管辖权内并用自己的绞刑架将之处死的权力；《布拉克顿》[Bracton]和《弗雷塔》[Fleta]两书认为是领主处死在别的地方行窃之后跑到自己管辖权境内的窃贼的权力；《罗斯特尔》[Rastell]则认为是领主将在外行窃的自己人带回管辖境地并在那里进行审判的权力。(⇨infangtheft)

U3C (= Uniform Consumer Credit Code)

uti 〈拉〉(罗马法)使用　严格地说，指为必要之目的而使用，区别于收益[frui]。

uti frui 〈拉〉(罗马法)用益；使用和收益　指不损害财产实质的使用和收益。

Utile per inutile non vitiatur. 〈拉〉有用者不得受无用者之损坏。

utilidad 〈西〉益处；收益；利益

utilis 〈拉〉有用的；有利的；有益的

utilis actio (= actio utilis)

utilis annus 〈拉〉(罗马法)有效诉期　指一年的诉期，以原告能够起诉的日期连续计算，如裁判官开庭之日，且在该日任一方当事人都能够亲自或由其代理人代理到庭。(⇨dies utiles)

utility n.❶(专利法)实用性；有用性　在专利法中，指专利发明的有用性[usefulness]。为获得专利，申请人须证明其发明具有某种有益于社会的功能，即该发明不仅为有实际上的可实施性[operability]，并且其功能不属明显的违法。它与新颖性[novelty]、非显见性[non-obviousness]共同构成发明可获得专利的条件。❷功用；效用；功利　指具有有益于社会的功能品质。❸公用事业；公用事业企业　指以实现实质性的公共服务为目的的企业，其业务受政府监管。亦作"public utility"。

utility goods 日用品　一部分不必缴购买税的日常用品。

uti possidetis 〈拉〉❶(罗马法)不动产占有保持禁令　在对物的占有发生争议时，该禁令将占有权授予当时对不动产实际占有的人，为使该人可被宣告为合法占有人。(⇨utrubi) ❷(国际法)边界占有保持原则　指当原有的政治分支获得独立时，原来的行政疆界即成为国家的边界。

uti rogas 〈拉〉随你所愿　古罗马的一种选举，依此人们表达对一法案或候选人的赞同。

utlagatas 被剥夺公民权者

utlagatum (= utlagatus)

utlagatus 〈拉〉(英格兰古法)被剥夺公民权者

Utlagatus est quasi extra legem positus. Caput gerit lupinum. 〈拉〉被剥夺公民权者在某种程度上是指不受法律保护之人。他是非常危险的人。

Utlagatus pro contumacia et fuga, non propter hoc convictus est de facto principali. 〈拉〉因不听从法院命令或逃跑而被剥夺公民权的人不能因此而被认为犯罪的主要事实系其所为。

utlage 〈法〉被剥夺公民权者

utlagh 被剥夺公民权者

utlagus (= utlagatus)

utlary n.被逐于法外[outlawry]

utlepe (= utlesse)

utlesse n.重罪犯越狱

utmost care 最好的照料　在特定的情况下，根据所承担业务的性质和环境，给予最好的照料。在客运中指的是要求承运人根据不同的运输方式，谨慎从事，为旅客安全、迅速到达付出最大的努力。

utmost care and skill 最好的照管手段和技能　在相同的或相似的情况下能使用的已知最好的照管手段和技能。

utmost degree of care 最好的照管(⇨utmost care)

utmost resistance 尽力抵抗　用以描述妇女对性侵犯抵抗程度的标准。该标准往往是判断性侵犯是否存在的基础，但是当妇女为避免身体遭受严重伤害而放弃尽力抵抗时，该标准可能不适用。对尽力抵抗原则的批评意见往往是该原则不公平地将举证责任加诸于性侵犯的受害人。

Ut poena ad paucos, metus ad omnes perveniat. 〈拉〉杀一儆百。

utraque parte 双方(⇨ex utraque parte)

Ut res magis valeat quam pereat. 〈拉〉一物之有效胜于其无效。

utrubi 〈拉〉(罗马法)动产占有保持禁令　该禁令是为了保护对动产的占有。(⇨uti possidetis)

utrum 与；或；是否(⇨assisa de utrum)

ut supra 〈拉〉正如上述…

utter v.使用伪造物品　伪造货币、单据、模具[die]、印章等的行为或明知是伪造的上述物品而以直接或间接的言语或行为的方式谎称该物品是真的或好的，意图转让该物品的行为。不论是否转让，只要具有提供伪造物品的行为即可构成犯罪。

utter bar (= outer bar)

utter barrister 〈英〉外席律师　指只能在法庭上的围栏以外进行辩护的资历较低的初级出庭律师，以区别于皇家大律师[Queen's Counsel]及旧时的高级律师[serjeants-at-law]，后两者均可坐在法庭上的围栏以内。

uttering n.〈英〉使用伪币罪　买卖、兑换、运输伪造的货币并使其流通使用的行为。在苏格兰,该术语是指意图欺骗他人而使用伪造的文书的行为。

uttering a forged instrument 使用伪造文书(罪) 意图通过欺骗或损害收受文书之人而核对或担保伪造的或无价值的文书,例如伪造的支票、伪造的证券。

uttering worthless check 使用没有价值的支票 签发或交付一张空头支票而获得货物或现钞。

ux. 〈拉〉妻子;有合法婚姻的女子 本词系 uxor 一词的缩写,通常在词组 et ux. 中使用,表示(某先生)及其妻子。现代已婚妇女已被赋予姓氏权,因此当某已婚妇女有其独立于丈夫的姓氏时,就不必再使用上述 et ux. 所指的表达方式。

uxor 〈拉〉妻子;有合法婚姻的妇女(⇨ux.)

uxoricide n. 丈夫杀妻的行为;杀妻的丈夫

Uxor non est sui juris, sed sub potestate viri. 〈拉〉为妻者对其自身并无权力,而是在夫权的控制之下。

Uxor sequitur domicilium viri. 〈拉〉妻子的住所随丈夫。

Vv

v. 诉;对 亦写作 vs.、V.和 Vs,是"versus"的缩写,律师在用于案例名称时偏好使用"v.",但在非法律专业人士中"vs."较常见。"versus"是一方对抗另一方的意思,在案例名称中,中文译作"诉",如:John Doe V. Richard Roe。而在非法律专业的一般用法中,"vs."则译作"对",如足球比赛中,"England vs. Germany"。

V. ❶维多利亚[Victoria] ❷卷[volume] ❸动词[verb] ❹看见[vide] ❺词汇;单词[voce] ❻诉[versus] ❼流浪者[vagabond]

vacancy n. ❶空职;空缺;空额 ❷空地;空房;空白 ❸待租的空房间或空地 ❹未测量和未出售的公共土地

vacancy by election 以选举方式填补空缺

vacant a. ❶空的;(里面)无人的 ❷(职位)空缺的 ❸未使用的;未利用的;(土地)未被占有的 ❹无人主张权利的;(遗产)无人主张继承权的;(公地)尚未授予(私人)的

vacant estate 无人继承的遗产

vacantia bona 〈拉〉无主物;无主财产 既可泛指无所有权人的财产,也可专指无人继承的遗产,即该遗产既未于死者遗嘱中作处分,且依照无遗嘱继承法,亦无死者亲属有权获取其所有权。产生无主财产的原因,通常是因为死者没有既愿意又能够对其遗产主张权利的继承人。该财产既可归无现人所有,也可复归国王所有。亦作 bona vacantia,有时简称为 vacantia。(⇨escheat)

vacant land 〈美〉未授予私人之公地 指无人主张权利且未被占有的国家或州政府所有的土地,不包括州政府通过购买取得的土地。

vacant possession 无(实际)占有 指对土地或建筑物仅有占有之法定权利而不存在任何实际占有人。在此情况下,法定占有人可以之实际占有。该术语常用于待售之建筑物。此外,如果某一块土地被弃置且未设任何围栏或其他占有标记,那么,它就属于无人实际占有。在回复占有之诉中,认定土地是否属于无实际占有状态具有重要意义,因为如果属于无实际占有,那么在该土地的某一部分张贴送达令状[service of writ]之副本,该令状即生效,属于对物的送达[real service]。

vacant succession (大陆法)❶无人承认继承 指无人主张继承遗产,亦无已知的继承人,或已知的继承人抛弃继承。 ❷无人承认继承的遗产

vacate v. ❶撤销;废除;宣布(行为、合同、法令等)无效 它与 set aside 同义,表示上诉法院撤销此前通常由下级法院所作的判决,但并不必然表示应在此后的程序中作出相反的判决。 ❷解除(职务);辞职 ❸腾空房屋;放弃(对房屋)的占有;通过搬出而解除(对房屋)的占有

vacatio 〈拉〉(罗马法)免除;豁免;特权;特免

vacation n. ❶(法院)休庭期 在英国,每年有 4 个休庭期:圣诞节休庭期[Christmas Vacation](从 12 月 22 日至 1 月 10 日)、复活节休庭期[Easter Vacation](从复活节前的星期四至复活节后的第 2 个星期一)、圣灵降临节休庭期[Whitsun Vacation](从圣灵降临节前的星期六至圣灵降临节后的第 2 个星期一)、长休庭期[Long Vacation](从 8 月 1 日至 9 月 30 日)。休庭期内,法庭停止办理一般事务,仅有两名法官和一些工作人员定期开庭处理诸如禁制令申请、期间延长等事务。高等法院王座庭在长休庭期内可开庭审理某些紧急案件或处理紧急事务。 ❷(判决等的)撤销;无效 ❸(教会法)圣职的空缺 指现任圣职人员死亡或辞职后,其继任者被任命之前,该圣职空缺的情形。

vacation club deposit 〈美〉度假储蓄 银行或信托公司的一种储蓄,即按计划在一年内定期存款,提取该存款用于度假。

vacation of adjudication 撤销破产裁决

vacation of attachment or garnishment (= dissolution of attachment or garnishment)

vacation of award 撤销仲裁裁决

vacation of court 法院休庭期 指两个开庭期之间、法院不行使其司法职能的期间。(⇨vacation)

vacation of execution 撤销执行令

vacation of injunction (= dissolution of injunction)

vacation of judgment 撤销判决 以判决系因错误、疏忽或被欺诈等原因而作出为由,撤销该判决。

vacation of judicial sale 司法拍卖的无效 指因直接对拍卖令提出异议,或以对该拍卖无管辖权、存在欺诈、串通、竞买人或其他相关人员行为不当等为由,而宣布该司法拍卖无效。

vacation of return 撤销行政司法官所作的对执行令的回呈

vacatur 〈拉〉❶撤销;使无效 ❷撤销某一程序的法院命令

vacatura n. (教会)圣职出缺

Vaccination Act 〈英〉《接种疫苗法》 1867 年颁布,该法取代了自 1853 年以后颁布的一系列相关法令,这些法令将接种疫苗规定为公民应遵守的义务。该法被 1871 年、1874 年、1898 年和 1907 年接种疫苗法修订。这些法令都被 1946 年《全国卫生服务法》[National Health Service Law]所取代。此法规定,各个地方卫生机构要安排国民接种疫苗以预防天花、白喉症和其他疾病。

vacua possessio 〈拉〉(= vacant possession)

vacuus 〈拉〉(古)空的；无效的；未被占用的

vadelet (= valec)

vades 〈拉〉(复)保证；保释 尤指保证刑事被告人的出庭。该词为 vas 的复数形式。

vadiare duellum (英格兰古法)宣誓保证参加决斗

vadiare legem (被告)保证遵守法律(⇨trial by wager of law)

vadiare legis (= wager of law)

vadimonium 〈拉〉(罗马法)保释；担保(当事人出庭)；保证(被告)按期候审 古代的一种担保方式。

vadium 〈拉〉❶质押；质；担保 ❷薪水

vadium mortuum 〈拉〉死质 该词英语的含义"dead pledge"。指借款人将其自由保有之地产授予贷款人，由贷款人占有和获得该地产之孳息收益，以作为还款之担保，并附加条件，如果借款人未能按期还款，则设质之地产归由贷款人继续占有，并可最终在借款人处"死亡"，故而得名。相当于抵押[mortgage]，亦作"mortuum vadium"。(⇨vadium; mortgage)

vadium ponere 〈拉〉担保他人出庭

vadium vivum 〈拉〉活质 英文含义即为"living pledge"。当某人向他人借款，并将某一地产授予他人，直到以该地产的租金或收益清偿全部借款本息。在借款本息全部清偿之时，所授予地产即归于无效。因为在这种担保方式中，对设质人而言，无论金钱还是土地均未丧失，且以设质人之土地收益清偿债务，故而得名。亦作"vivum vadium"；"vif-gage"。(⇨vadium)

vadlet n.(英格兰古法)国王的长子；太子(= vadelet)

vadum n.浅滩；可涉水而过的地方 用于古代文献中。

vagabond n.流浪者；游手好闲者；不务正业者 此术语用以指无住所或有住所而不去居住、流浪街头的人；有劳动能力而拒不劳动、以乞讨为生者；算命者；无证小贩；出售色情出版物者等。

vagrancy n.流浪；流浪罪 普通法上指游手好闲者能够以劳动维持生计却不劳动，没有固定的住所和经济收入而依赖他人救济。流浪本身不是一种具体行为，而是某种行为习惯和生活方式。这是本罪的一个显著特点。传统上，流浪者指靠行乞和偷窃为生的懒人。英国早期普通法中，流浪者可被判处从烙刑、鞭刑到流刑的不同惩罚。后来制定法上将许多不端行为当作流浪处理。在1824年的《流浪法》[Vagrancy Act]中将无所事事者[idle persons]和妨害治安者[disorderly persons]及无赖[rogues]、流浪汉[vagabonds]和无可救药者[incorrigible rogues]总称为流浪者并加以区分。但该法后来被修正。美国各州制定法关于流浪罪的规定差异很大，有些制定法规定某一单独的行为即可构成流浪罪，由于其中规定流浪的概念含糊不清或借此惩罚了许多本不构成犯罪的行为，所以很多关于流浪罪的制定法被认为违宪。

vagrancy laws 有关流浪罪的法律(⇨vagrancy)

vagrant n.流浪者 普通法上是指没有合法或可见的生计方式且有工作能力却拒绝工作而依赖他人救济的人，也指没有固定住所或固定经济来源而到处游荡的游手好闲之人。(⇨vagrancy)

Vagrant Act 〈英〉《流浪者法》 惩治无所事事者和妨害治安者的法律，1824年制定，1838年修改。1951年《欺诈性宣传工具法》[Fraudulent Mediums Act]、1956年《性犯罪法》[Sexual Offences Act]分别对之作了修改。

vagueness doctrine 〈美〉模糊原则 即法律规则不应含糊不清的原则，它源于美国宪法第五条和第十四条修正案中的正当法律程序条款[due process clause]，含义是：如果一项法律没有清晰地规定人们应当做什么或不得做什么，即没有充分地告诫人们什么行为是违法的，那么该项法律就违反了正当法律程序，因而是违宪的。该原则要求惩罚性法律清楚告知人们什么是法律所禁止的，并为执法人员行使裁量权提供明确的指导性标准，从而防止出现武断的和带有歧视性的执法行为。

vain act 徒劳的行为；无效果行为 指不能实现其目标和意图的行为。

vain thing (= vain act)

vale 〈西〉本票(⇨promissory note)

valec n.(英格兰古法)❶年轻的绅士 ❷侍从

valect (= valec)

valentia [WTB6X]〈拉〉价值；价格 在古代的盗窃之诉中，常以此术语表示所窃之物的价值。

valesheria (英格兰古法)由死者父母亲双方的亲属对其威尔士人身份所予以的确证(⇨engleschire)

valet n.❶贵胄；名门望族的年轻绅士 ❷年轻绅士 从第一个义项发展而来，本义项指普通家庭而并非豪门望族中的年轻人。 ❸贴身侍从 尤指宾馆中为客人服务的侍从。

validate v.❶使生效；使有法律效力 ❷批准；确认 ❸确证；证实

validating act (= curative act)

valid contract 有效合同 具备合同生效的全部要件，从而根据当事人意图，对当事人具有法律强制力的合同。它在法律上可被强制执行。(⇨unenforceable contract)

valid defense 有效答辩 指有充分的根据，可得到法律的承认并使其有效的答辩，但其内容并不必须涵盖全部诉因。有效答辩是撤销判决所要求的一项条件。

valid marriage 有效婚姻 指能有效产生夫妻关系的婚姻，与无效婚姻[void marriage]相对。

valor beneficiorum 〈拉〉圣职评估 根据对圣职的估价收集和缴纳初年圣俸和什一税，并据此确定神职人员的级别，俗称作"国王之书"[King's Books]。

Valor ecclesiasticus 〈英〉《教会财产纪录》 英格兰和威尔士[Wales]的教会与隐修院的所有世俗及非世俗财产的评估纪录，由1534年的一项法令任命的委员会编纂，其目的是方便国王有效地征收首日岁入[annates]。该纪录被称作教会财产的"末日审判书"[Domesday Book]，在国王没收修道院财产时发挥了很大作用。它被收入法律文献委员会丛书[Record Commission Series]，于1810年至1834年分六册出版。该纪录现仅存残缺手稿，在总括全英格兰的《教会财产汇编》[Liber valorum]中有增补。

valor maritagii 〈拉〉(英格兰古法)❶拒婚金 服骑士役[knight service]之封臣去世时若其继承人未成年，则领主届时有权为该继承人指定婚姻——这一婚姻当然应该是公平的、无偏见的而且是般配的，如果这门亲事为后者所拒绝，则他或她要向领主缴纳一笔金钱，谓之拒婚金，其数额由陪审团决定或按通常情况下结该门婚事所应向领主交付的数额来支付。 ❷征收拒婚金令(= value of marriage)

valsheria (= valesheria)

valuable a.❶有价值的 ❷贵重的；值钱的

valuable consideration 充分对价；有效对价 指根据法律规定属于有效之对价，它既可以是对一方当事人给予某种可用金钱衡量的权利、利益，也可以是另一方承受某种可用金钱衡量的损害、不利益、责任或放弃行使权利。

它有时与道德对价[good consideration]相区别。(⇨value; consideration)

valuable effects 有价财产;有价值的动产 至少具有一定价值的动产。

valuable for mining 有采矿价值的 该术语在美国被用以描述将某些土地归入保留地,指该土地蕴藏大量矿物,值得为之付出开采成本,并且在整体上比用于农业经营更有价值。

valuable improvements 有价值的改良;有效改良 指导致完全保有地产[freehold]增加永久价值的土地改良。因其本质使然,这种改良不可能由任何人作出,而通常只能由地产的所有人为之。当然,只要其对不动产而言是永久而且有益的,它也可以是只具有较小价值的改良。该术语用于有关不动产买卖口头合同实际履行的制定法中,它作为合同的部分履行,再加上占有的事实,就可以使该口头合同免于被适用防止欺诈法[statute of frauds]。

valuable papers 有价值文书;有效文书 指在某人死亡时,对于执行其生前意愿,以及处理遗产问题具有重要意义的各种书面文件。例如遗嘱、产权文书、股票证、授权委托书、在其死亡时公开的信件以及其他类似文件。在美国某些制定法中规定,必须在死者的这些书面文件中找到其有关不动产遗赠之自书遗嘱,该等文件方为有效。该术语并非专指有金钱价值之书面文件。

valuable securities 有价证券(⇨securities)

value n. ❶价值 一个在法律上也具有重要意义的经济学概念,它包括某一特定物品的有用性,以及转让该物品时对其他物品的购买力,前者被称为使用价值[value in use],后者则被称为交换价值[value in exchange]。❷有用性;重要性;益处 ❸(合同的)充分对价 它通常被用作"充分对价"[valuable consideration]的缩略形式,尤其在诸如"已付对价的买主"[purchaser for value]或"已付对价的持票人"[holder for value]等短语中。当某人从他人处以善意方式取得财产,而该他人并不享有完整的所有权时,认定其是否已支付充分对价具有重要意义。例如,受托人以欺诈手段将信托财产售予某一已支付对价的善意买主[bona fide purchaser for value],亦即该人并无理由相信其买受财产之行为将影响信托,且已为此而支付合理价格,那么,信托受益人[cestui que trust]不能提出主张反对该买主。

v. 估价;评估;作价

value added tax 增值税 一种间接税和消费税,按商品的销售价格的一定百分比课征。课征对象不仅是商品的最终消费者购买时加价的价值,而且包括从制造商到批发商再到零售商的生产和流通的每一阶段加进的价值。

valued policy 定值保险单 根据协议,保险标的的价值是确定的,并列明在保险单中。当发生承保损失时,保险单中约定的保险价值即为赔偿依据。

value of life insurance policy 人寿保险单的保险价值 人寿保险单的面值,为遗产税之目的,其部分价值的偿付期限可被推迟。

value of the marriage 婚姻的价值;婚价 结婚权的价值。也指适婚者欲与被监护的未成年人结婚而付给其监护人的金钱数额。

value payment 〈英〉等值支付 根据1943年《战争损害赔偿法》[War Damage Act],是指对战争损害的赔偿支付,其金额等于因战争损害造成的可继承产[hereditament]价值减损额。

value received 对价收讫;票面金额收讫;价款收讫 ①用于汇票和本票中的词语,表示已收到合法的对价。该术语作为对价的初步证据,且该对价并非一定是采用货币形式;②该术语用于除流通票据和盖印文据之外的其他书面文据时,通常被视为已存在充分对价的初步证据。在人寿保险单的转让中,该术语作为已存在使人寿保险单生效的充分对价的初步证据。(⇨valuable consideration; for value received)

value rule 价值补偿规则 建筑业中,承包商违约后,业主有权取得已完工建筑价值与按设计完工后建筑价值之间的差额。

valvasor 〈废〉一种荣誉头衔,低于贵族

Vana est illa potentia quae nunquam venit in actum. 〈拉〉从未行使之权力无效。

vandal n. ❶汪达尔人 ❷故意毁坏文物者;破坏公私财产者

vandalic a. 肆意破坏的;破坏财产的

vandalism n. ❶破坏公私财产的行为 起初,财产范围限于具有文学或艺术价值的物品,后来扩大到泛指一切财产。但行为人主观上须是蓄意或轻率及其他对他人权利或财产不负责任的心理态度,该心理态度可依行为时的具体情况推定。 ❷汪达尔人的行为(或作风)

vantarius 〈拉〉马前卒 旧时用法。

variable annuity 可变年金;变额年金 人寿保险年金的一种,其定期支付的年金数额不固定且没有下限,而是根据保险人的投资盈余状况,随着一些不确定的因素如股票市场价格等的变动而变动。

variable interest rate 可变利率;变动利率

variable life insurance 可变人寿保险 终身人寿保险的一种创新形式,其年保险费是固定的,但其中的一部分专门用于投资组合账户[portfolio]。尽管保险公司担保最低死亡抚恤金的支付不受任何证券投资组合亏损的影响,但保险单持有者承担着证券投资的风险。

variable rate mortgage 可变利率抵押贷款 利率可随货币市场利率进行调整的长期抵押贷款。

variance n. ❶不一致;不符 在诉讼上,指同一案件中依法本应一致的两份文件或两个诉讼主张在内容上不一致,如原告在庭审中所提证据与其诉状中的主张不一致。重大的不符[fatal variance]必须是在诉讼主张和支持它的证据之间存在实际的、实质性的重大差异。它在事实上给对方当事人造成了误导,使其在维持其诉讼理由或答辩上发生了偏见,或者在刑事诉讼中,它误导了被告方的辩护,或使被告人陷于因同一罪行而两次追诉的危险之中,如在庭审时所提证据证明的事实与大陪审团起诉书[indictment]中所指控的事实有重大差异。在美国民事诉讼中,主张诉状内容与证据之间不一致的做法已实质上被废除了,因为《联邦民事诉讼规则》[Fed. R. Civil P.]第15条允许对诉状作自由的修改,以使之与证据相一致。在刑事诉讼中,如果这种不一致并不影响被告人的实体权利,则可以忽略不计。❷差异;差额 在会计上,指直接材料费、直接劳务费和直接管理费的实际成本与标准成本之间的差额。当实际成本低于标准成本时,为正差额,当实际成本高于标准成本时,为负差额。正差额可被折算为利润,亦可被其他方面的负差额冲销。❸〈美〉城市分区豁免 经有关当局授权,当事人得被豁免严格适用关于城市规划分区的法律,以免使其在利用自己的财产时,遭遇不正当的艰难情势。严格按照城市规划分区法的字面含义进行解释不得以牺牲该法律的目的及规范中所蕴涵的精神为代价。

vas 〈拉〉(大陆法)❶保证；质押 ❷(刑事或民事诉讼中)保释；作保 其复数形式为"vades"。

vassal n.❶附庸；封臣 封建社会中以履行一定义务为条件从上级领主那里领有封地的人。直接从国王那里领有土地的直属封臣[tenant-in-chief]构成贵族阶层，他们对于国王来说也是封臣，但大部分被称为附庸者还是那些从贵族那里领有土地的人。与附庸相对的是领主[lord]。依据封建契约，领主要向附庸提供封地，给予保护，并在其法庭上为后者主持公道；而附庸则要为领主履行军事、行政、司法等方面的义务及基于封地保有所产生的一些附属义务[incidents]。附庸要向领主效忠[fealty]，背叛则被视为重罪。附庸对于封地的权利被视为是可以继承的，并且可以转让——起初，需征得领主同意，后仅需交税即可。同样，在大部分国家附庸都被允许进行次级分封[subinfeudation]。附庸在犯重罪或无继承人而亡时，其封地要返归领主。在苏格兰，该词仍是表示从上一级那里领有土地的人的专门术语。❷附隶 依附于领主，履行苦役的一种奴隶。

vassalage n.附从状态；附从身份

vassal states (国际法)附庸国 附庸国表面上看起来非常独立，但却只能享有宗主国明确授予的权利及特权。如埃及在历史上曾是土耳其的附庸国。

vassalus 〈拉〉(= vassal)

Vassalus qui abnegavit feudum ejusve conditionem, exspoliabitur. 〈拉〉矢口否认其封地及所附属之义务的领臣将被剥夺其封地。

vasseleria n.附从保有 基于附庸身份对土地的保有。

vasto v.掠夺；劫掠；抢劫；(因使用不当而)损耗产业的犯罪

vastum 〈拉〉对享有共牧权者的牲畜开放的荒地或共用地

vastum forestae vel bosci 〈拉〉被弃置的林地 因林木或灌丛被严重破坏而处于废弃和贫瘠状态的林地。

VAT (= value added tax)

Vatican City 梵蒂冈城 1929年，由罗马教皇和意大利政府缔结《拉特兰条约》[Lateran Pacts]而在罗马城中创立的一个独立国家。罗马教廷[Holy See]和梵蒂冈城是不同的国际法主体，但在教皇的名义下合为一体。教皇及其罗马教廷在梵蒂冈城行使统治权。它没有立法机构，唯教皇拥有立法权、行政权和司法权。

vauderie (欧洲古法)巫术

vavasor (= valvasor)

vavasory n.从男爵保有的土地

vavasour n.从男爵 地位仅次于男爵者，或是指从男爵那里保有土地的人。

V.C. (= vice-chancellor)

V.C.C. (= vice-chancellor's court)

veal-money n.牛犊金 英国维特郡[Wilts]布雷德福得庄园[Bradford]的封臣们向其领主上交的作为牛犊替代品的租金，以前他们曾将牛犊作为实物租上缴。

vecorin 〈伦巴第〉中途拦路抢劫的犯罪

vectigalia (罗马法)(大陆法)关税；进出口税；年地租 该词为vectigal的复数形式。

vectigal judiciarium 〈拉〉为支付维持治安法庭的费用而向国王交纳的金钱

vectura (古)(海商法)货运；运费

vehicular crimes 驾车犯罪 驾驶机动车所实施的犯罪行为，例如，纽约州刑法典中规定了驾车非预谋杀人[vehicular manslaughter]和驾车袭击[vehicular assault]。

vehicular homicide 驾车杀人罪 由于非法或过失驾驶机动车而致人死亡的行为。在美国不同州的法律对此有不同规定。

vejours n.现场查验员；见证人 指被法庭派往查看有关的地点，以利作出更为准确的裁决的人。也指被派往查看犯罪结果的人。或指派往查看自称有病不能到庭者其理由是否真实的人。

velabrum n.(英格兰古法)收费亭

velindre 〈威尔士〉(= vill)

vellein regardant (封建法)属地农奴 依附于庄园或土地之农奴。(▷villein in gross)

veltarius 携灵猩者

venaria 捕获的猎物；野味

venary (森林法)通过狩猎获取的

venatio 狩猎

venationes, et sylvaticas vagationes cum canibus et accipitribus 携带猎鹰猎犬在林中搜寻捕猎

vend v.❶出售；出卖 该术语并非仅指不动产的销售，虽然其派生词，例如买主[vendee]或卖主[vendor]通常指不动产买卖中的当事人。❷贩卖；叫卖 尤指沿街叫卖零售。❸公开陈述；公开表明观点；公开出版

vendee n.买主；买方 通常用于不动产交易，动产交易中较少使用。

vendee's lien 买主留置权 指不动产的买主根据未履行完成的买卖合同，就其已经支付的价款而对作为合同标的物的土地所享有的留置权。

Vendens eandem rem duobus falsarius est. 〈拉〉一物二卖为欺诈。

vender (= vendor)

vendetta n.族间血仇；世仇 一个家族因其成员被伤害或被杀而对伤害者或杀人者本人或其家庭进行报复。这种血仇往往世代相传。

venditae n.(欧洲古法)对公共集市上出售的货物所征的税

venditio 〈拉〉(罗马法)(大陆法)❶买卖；销售行为 即英文之"vendition"。❷销售合同；买卖合同 "emptio et venditio"的缩略形式。❸财产转让合同 在广义上，该词可指以对价转让财产所有权的任何合同。

venditor n.(古)卖主；出卖人(▷vendor)

venditor regis (英格兰古法)皇室拍卖员 因欠国王之债而被扣押的动产将由他们出售。

vendor n.卖主 尤指不动产的出卖人，动产出卖人则通常用"seller"表示。

vendor and purchaser 卖主与买主 指不动产买卖的双方当事人，它通常作为法令汇编、百科全书和教科书中的一个标题，表示该标题系对不动产买卖行为及其合同的论述。而以"sales"为标题者则是对动产买卖行为及其合同的论述。在英国，涉及土地买卖的一系列法律在传统上被称为土地卖主与买主法[law of vendor and purchaser]，它包括诸如买卖的条件、合同、所有权证书、调查、检索以及土地转让的准备与完成等。

vendor's express lien 卖主明示留置权(▷vendor's lien)

vendor's implied lien 卖主默示留置权(▷vendor's lien)

vendor's lien 卖主留置权 在不动产买卖中，当卖主已经转让土地，而价款尚未全部付清时，则在卖主与买主之间就该土地产生一种留置权，以作为卖主获得价款之担保。它分为两种，即卖主的默示留置权[vendor's implied lien]与卖主的明示留置权[vendor's express lien]。前者是衡平

法的创造,当买主获得卖主之财产,而其未支付全部对价时,据此事实即可产生默示留置权这种衡平法上的担保,并且独立于任何明示协议而存在。后者则是根据合同条款产生的一种担保,即尽管买主已占有不动产,但仍由卖主保留所有权,直至买主付清全部价款。在英国,卖主留置权须根据 1972 年《土地担保法》[Land Charges Act]而进行登记,否则不能对抗买主。在动产买卖中,它指动产卖主在买主付清价款之前保留动产之占有而产生的一种担保,在本质上就是动产质押。

vendor's option (= seller's option)
vendue *n.* ❶公开拍卖;竞卖 ❷司法销售;司法拍卖
vendue master (古)拍卖商(⇨auctioneer)
venereal *a.* ❶性交的;性爱的 ❷性交传染的;染有性病的
venereal diseases 性病 由于性交而引起的疾病的总称,其中包括淋病、软下疳、梅毒等。在英国,性病的治疗必须由有正式资格的开业医生进行,否则违法;有关治疗性病的广告只能在开业医生和药剂师的范围内传阅。
venia aetatis (罗马法)(君主等授予的)成年人的基本权利 以此使未成年人得以如同已成年般行事。
venire 〈拉〉❶到庭;出庭 ❷陪审团召集令附有陪审团名单(⇨venire facias)
venire de novo 〈拉〉新陪审团召集令 当陪审团的决定或裁断存在某些缺陷或错误以致法官无法据以作出判决,或初审判决在复审中被撤销时,法院指令召集新的陪审团来重新审理此案的令状。它是旧时普通法上对案件进行重新审判的方式,现已基本上被废除。在美国,当事人可以直接申请对案件重新审判[new trial]作为救济。在英国高等法院的民事案件中,该程序也已被有关重新审判的程序取代,但在刑事案件中,在陪审团作出裁断前,法官仍可解散陪审团并指令召集新的陪审团,即便在陪审团作出裁断后,若陪审所达成的结论存在很大缺陷以致不能称其为裁断时,法官仍可指令重新召集陪审团。(⇨new trial;trial de novo)
venire facias 〈拉〉出庭令 对一系列与传唤出庭有关的令状的总称,令状的目的写于其后,包括传唤某人出庭并安排其对被控罪行进行答辩的令状[venire facias ad respondendum];新陪审团召集令[venire facias de novo];陪审团召集令[venire facias juratores];妇女陪审团召集令[venire facias tot matronas]。
venire facias ad respondendum 〈拉〉出庭答辩令 要求被指控犯有轻罪的人出庭并对被控罪行进行答辩的令状。在英国,此种令状可以由王座法庭、巡回法官或季审法庭[quarter sessions]签发,但现已被传唤令[warrant]所代替。在美国,现在更多使用的也是传唤令。
venire facias de novo 〈拉〉(= venire de novo)
venire facias juratores 〈拉〉陪审团召集令 旧时普通法上的一项令状。它指令郡长于指定日期将其郡内的 12 个自由且守法的公民带到威斯敏斯特,以审理案件中的争议事项。1852 年的《普通法诉讼程序法》[Common Law Procedure Act]废除了该令状。
venire facias tot matronas 〈拉〉妇女陪审团召集令 召集妇女陪审团以执行妊娠检查令[de ventre inspiciendo]的令状。
venireman *n.* 候选陪审员 通过陪审团召集令召集来的准备作为陪审员的人。在正式成为陪审员之前,要经过预先审查程序[voir dire]。
venire proceedings 选定陪审团的程序

venit et defendit 〈拉〉到庭并答辩 旧时诉讼用语。
venit et defendit vim et injuriam 〈拉〉到庭并否认有暴力和伤害行为
venit et dicit 〈拉〉到庭并陈述 旧时诉讼用语。
vente 〈法〉❶销售 ❷销售合同
vente aleatoire 〈法〉不确定的买卖;射幸买卖
vente à réméré 〈法〉附条件买卖 该术语用于加拿大部分地区及美国路易斯安那州,指出卖人保留以相同价格回赎或买回货物的权利。
vente aux enchères 〈法〉拍卖(⇨auction)
venture *v.* ❶商业投机;冒商业风险 ❷(为营利目的)投资开办企业
n. ❶商业投机;商业冒险 ❷(为营利而投资开办的)企业
venture capital 创业资本;风险资本;投机资本 为创立新的公司或其它经济实体,经营新的或营业状况突然好转的企业而融通的资金。这类投资对象的潜在收益可能超过平均利润水平,但需承担较大的投资风险。创业资本的来源主要包括个人投资者、小企业投资公司、银行子公司、投资银行、投资于创业资本的基金等。
venue *n.* ❶审判地 指有管辖权的法院审判某一具体案件的地点,通常该地点与诉讼的发生存在某种联系。也指从那里召集本案陪审员的地区。在英国,依普通法规则,对刑事案件应在犯罪行为实施地进行审判,但现在的制定法也允许对某些案件可移至别处审判,如对公诉罪[indictable offence],可在被告人被逮捕地或关押地审判;现在对审判地是以在公诉书的开头注明审理本案的法院的方式来表明的;对民事案件,早期的做法是审判地要在原告的起诉状中指明。审判地分为可转换的[transitory]和不可转换的[local]两种,前者指案件的诉因本可以在任何地方发生,则原告可依自己意愿选择在任一郡起诉,后者指案件的诉因只能在某一郡发生,则该案审判地只能是在该郡。现在民事诉讼中的审判地制度已被废除。在美国联邦法院,对刑事案件,除法律规则另有规定外,起诉应在犯罪行为实施地提起;对民事案件,审判地可以是案件发生地、当事人居住地或其营业地,当事人也可以通过双方协议来选择审判地。 ❷(初审法院的)管辖区域 ❸(诉状中)述明审判地的部分 ❹宣誓书[affidavit]作出地(⇨jurisdiction)
venue facts 确定审判地的事实 通常起诉应在被告居住地的法院提起,这是被告的一项权利,但有时法律也会规定某些事实构成被告该项权利的例外,即依据这些事实,原告也可以在别处起诉。因此,在对原告提出的特权答辩[plea of privilege]进行听审时需要确认某种事实以认定法院的审判地是否合法,该必要事实即为确定审判地的事实。
venue jurisdiction (法院)裁判权
venue of affidavit 提出宣誓书之地
venville tenants 以前依森林法享有在伐林拓荒过程中因权利受损而获补偿之权利的封臣
veracity *n.* ❶真实性 ❷准确性
veray 〈拉〉真实的 该词为拉丁语单词"vrai"的古形式。"veray tenant"指保有非限嗣继承地产的封臣;"tenant by the manner"指所享有之地产权范围小于非限嗣继承地产权的封臣;"veray tenant by the manner"意同"tenant by the manner",其唯一区别在于对于前者来说,所回复的非限嗣继承地产不是留给领主自己而是由领主或法律让渡给了另一个人。(⇨tenant by the manner)

verba cancellariae 〈拉〉文秘署的语词 指在文秘署形成的关于令状的专门格式。

verba de futuro 〈拉〉(教会法)将来的诺言 由英格兰和苏格兰婚姻法认可的婚约方式之一。指双方当事人在证人面前申明"将来的诺言"[per verba de futuro]，在普通法上，该婚约效力仅为订婚。(⇨verba de praesenti)

verba de praesenti 〈拉〉(教会法)现在的诺言 由英格兰和苏格兰婚姻法认可的婚约方式之一，指双方当事人在证人面前作出"现在的诺言"[per verba de praesenti]，在普通法上立即生效使之成为夫妻。(⇨verba de futuro)

verbal contract 口头合同(⇨parol contract; oral contract)

verbal injury 〈苏格兰〉言词伤害 以言词而非实物造成的伤害的总称。包括中伤[convicium]、诽谤[defamation]和恶意地或中伤地虚假陈述[malicious or injurious falsehood]三种情形。某些旧案将言词伤害与恶意欺骗混为一谈。

verbal note 普通照会；口头照会 一般是在一项事务持续很长时间仍未给予答复时，为避免出现任何不必要的紧急情况，同时也是为避免对方猜疑该事务已被遗忘或被有意搁置、不予进一步办理而发送的一种无需签名的外交备忘录。

verbal obligation 口头义务 在罗马法中写作"obligationes verbis"，是指由通过正式问答形式形成的所谓要式口头契约[stipulatio]所设定的义务。在苏格兰法中，指可以通过口头方式设定的各种义务，无须采用文字形式亦即正式的真实的书面文件形式。

verbal process 〈路易斯安那州〉(= procès-verbal)

verbal will 口头遗嘱(= oral will)

verba precaria 〈拉〉〈罗马法〉❶恳求性用语(⇨precatory words) ❷信托用语 创设信托时用的指示性文字。

verbatim et literatim 逐字逐句地

verbatim transcript 证词副本 将证人证词原话照录下来所形成的文本，既不缩略，也不是描述的形式。

verborum obligatio 口头债务；口头之债 指以一问一答形式而达成合同，从而产生的债。(⇨stipulatio)

verbosity n. 冗长；赘述 尤指在诉状中使用了不必要的文字。

verderer n.〈英〉王室护林官 他要向国王宣誓保证主持森林巡回法庭的开庭，并巡视整个林地，对发生在其中的侵权行为作出处理，并对所扣押的财产进行登记等。

verderor (= verderer)

verdict n. ❶(陪审团)裁断 陪审团就提交其审理的事项所作的正式裁决。通常可分为概括裁断[general verdict]，即确定原告胜诉(民事案件中)或被告人有罪还是无罪(刑事案件中)的裁断；和特别裁断[special verdict]，即陪审团仅对案件中的特定事项作出裁决，而将对该事实适用法律的问题留给法官解决。通常只有在很特殊的案件中才作出特别裁断。在英国，根据1974年《陪审团法》[Juries Act]，民事案件中的陪审团裁断必须是一致裁断[unanimous verdict]，除非当事人双方同意接受多数裁断[majority verdict]；刑事案件中在某些情况下，法庭可以接受多数裁断。在苏格兰，民事诉讼中的裁断可以是一般裁断或特别裁断，且接受多数裁断；刑事诉讼中的裁断则包括有罪裁断[guilty]、罪证不足的裁断[not proven]和无罪裁断[not guilty]，其中后两者都具有宣告无罪的效力。在美国，传统上要求陪审团裁断须是一致裁断，但现在已有改变。在刑事案件中，若所涉罪行轻微，有些州允许陪审团作出多数裁断；在民事案件中，许多州已放弃了对一致性的要求，允许作出12人陪审团中有10人同意的裁断，联邦法院则允许当事人约定将一定多数陪审员同意的裁断作为陪审团的裁断。❷(无陪审团审判时)法官的裁决 非严格意义上使用。

verdict against evidence 违背证据的裁断 指与证据或证据的证明力相悖，或没有充分的证据所支持的裁断。

verdict against law 违反法律的裁断 指陪审团在作出裁断时未遵从或忽视法官在法律问题上的指示。即使这些指示是错误的，它们也构成本案的法律，陪审团有责任遵从。(⇨verdict contrary to law)

verdict by lot (= chance verdict)

verdict contrary to law 〈美〉违反法律的裁断 指陪审团在法律不允许其作出裁断的情况下作出的裁断，或者裁断违背了应适用于该案件的法律原则，或违背了法官就法律问题对陪审团所作的指示。

verdict of guilty 有罪裁断

verdict of non licet 继续评议裁断 陪审团所作的说明尚有疑问，并请求给予更多的时间以继续评议的裁断。

verdict of not guilty 无罪裁断

verdict subject to opinion of court 取决于法官意见的裁断 指由陪审团作出的裁断，但它要取决于法官对在审判过程中所保留的法律问题所作的决定，因此，法官据此裁断作出的判决亦完全取决于其对法律点[point of law]所作的裁决。

veredicto non obstante (= non obstante veredicto)

veredictum 〈拉〉〈英格兰古法〉(陪审团)裁断

Veredictum, quasi dictum veritatis; ut judicium quasi juris dictum. 〈拉〉陪审团裁断应是事实的表达，而判决则是法律的体现。

verge n.〈英格兰古法〉❶王室十二英里辖区 指以国王居所为中心，以12英里远为半径的辖区，它限定了王室总管[Lord Steward of the Household]的管辖范围。在此范围内郡验尸官[coroner of the county]的司法管辖权为王室验尸官[Coroner of the Queen's Household; Coroner of the Verge]所取代，但有时他们二者的管辖权会有重合。不过现在王室验尸官的管辖范围已被限制在国王居住地，而王室总管也只对皇宫或国王住所内部的人员而不再对12英里辖区内的事务享有管辖权。❷威格 土地面积单位，相当于virgate，1威格大约相当于15到30英亩。❸节杖 某人被领主接受为公簿地产保有人时，从领主处领取一节杖作为权利的标示，并在结束封赠关系时交还，故公簿地产保有人亦被称作"tenant by the verge"。

vergelt 〈撒克逊〉犯罪处罚金

vergers n. 司仪；持权标者 指在法官或教堂神职人员面前为其执持权标的人。

verifiable certainty 可证实的确定性 指依据有关的权威性资料，某des可证明达到一定程度的确定性。它是检验司法认知的一项标准。

verification n. ❶宣誓证实 宣誓声明某个文件中所述的事实属实。(⇨verify) ❷(会计学)核对(账目)的真实性

verified account (准确性已经)宣誓核实的账目

verified copy 经核实的副本 有独立的证据证明其内容属实的副本。

verified names 〈美〉核实的姓名 指法院书记官[county clerk]依职责将签字人的姓名与官方登记名单核对而查实的姓名。

verified pleading 宣誓证实的诉状

verify v. ❶宣誓证实 以誓言或宣誓书来证明，尤指对账目、申请书、诉状或其他文件作正式的宣誓陈述以确认其内容的真实性。❷证明；核实；查对

veritas 〈拉〉真实；真相

Veritas, a quocunque dicitur, a Deo est. 〈拉〉真理，无论出自谁口，都来自上帝。

Veritas demonstrationis tollit errorem nominis. 〈拉〉正确的描述纠正错误的名称。

Veritas habenda est in juratore; justitia et judicium in judice. 〈拉〉事实由陪审员认定，公正和判决则由法官掌握。

Veritas nihil veretur nisi abscondi. 〈拉〉真相只害怕被掩盖。

Veritas nimium altercando amittitur. 〈拉〉真相因过度争辩而消失。

Veritas nominis tollit errorem demonstrationis. 〈拉〉正确的名称纠正错误的描述。

Veritas, quae minime defensatur opprimitur; et qui non improbat, approbat. 〈拉〉不能得到充分证明的真相将被推翻；不表示反对者应为赞成。

veritatem dicere 〈拉〉讲真话 指就陪审员的资格进行的预先审查程序。

Veritatem qui non libere pronunciat proditor est veritatis. 〈拉〉不能自由地讲真话的人是真相的叛徒。

verity n. 真实；事实；真相

verity of judgment 判决的真实性

vermin n. ❶害虫 指老鼠、臭虫、蟑螂、虱子、跳蚤等具有破坏性或者肮脏的小动物。❷（喻）害人虫；歹徒

verna 〈拉〉〈古〉家生奴 于主人家中出生的奴隶。

veronal n. 一种毒品；（有催眠、镇静作用的）巴比妥类药物

vers versus 的一种缩略形式

versari 〈拉〉受雇；从事

versus prep. 诉；对 用于案件的标题中，位于原告姓名或名称和被告姓名或名称之间，如"Fletcher versus Jack"，表示"费英彻诉杰克"一案。常简写为"vs."或"v."。

vert n.〈英格兰古法〉❶生材[green wood] 采伐特许权 ❷纹章标识中的绿色 ❸绿色植物 尤指大树。

vertical integration 垂直联合；纵向联合；纵向一体化 货物从原材料、生产、销售直至最终消费者的生产和流通过程的控制或拥有。

vertical merger 纵向兼并；纵向合并 具有买卖相连环节的企业间的兼并，即一个企业兼并购买其商品的其他企业或向其出售商品的其他企业。如果是生产商或批发商兼并了零售商，则称为前向兼并[forward merger]，反之，如果零售商或分销商兼并了生产商，则称为后向兼并[backward merger]。（⇨vertical integration; horizontal integration）

vertical nonprice restraint 垂直型非价格限制；纵向非价格限制 供货商对经销商的垂直型限制，但不规定商品的转售价格。（⇨tying arrangement）

vertical price-fixing agreement 纵向固定价格协议 生产商与批发商、零售商或批发商与零售商间或相互间订立的旨在维持商品转售价格的协议，这种协议为反垄断法所禁止。（⇨horizontal price-fixing）

vertical price-fixing contract （＝vertical price-fixing agreement）

vertical price restraint 垂直型价格限制 供货商对经销商的垂直型限制，限定商品转售的价格。（⇨resale price maintenance; vertical price-fixing contract）

vertical restraints of trade 垂直型贸易限制；纵向贸易限制 不同市场层次的主体（如生产商和分销商）之间签订的反价格竞争的协议。（⇨tying arrangement; vertical price-fixing contract）

vertical union 产业工会（＝industrial union）

very high degree of care 高度注意 对于即将发生的危险或在类似的情形下，一个细心、谨慎、有能力的人所应有的注意。

very lord and very tenant 具有直属关系的领主和领臣 即他们之间再无其他中间领主[mesne lord]。

vest v. ❶授予；赋予；给予 当某人对某一权利、财产等获得权利时，即称为向该人进行授予[to vest in him]。财产或权益的授予有两种方式，即现实占有的授予[vest in possession]与将来权益的授予[vest in interest]。前者是指将对某一财产的现有权利的直接占有给予他人，后者是指将对某一财产现有权利的将来"占有"给予他人。根据一般规则，如果单独以该词表示授予，则指后者。例如，将土地以终身保有形式授予甲，并在甲死之后以自由地产形式授予乙，那么，乙所得到的就是现实占有的授予，而乙所得到的则是将来权益的授予，但乙在其权益成为现实占有的授予之前死亡，则该权益转让给其遗产代理人。但是，无论何种授予方式，也不管其对该权益是否享有实际占有或使用收益，只要某一权益已经授予某人，则成为该人财产的一部分，其即可以将之作为自己的财产进行处分。❷转让；转移（财产权） 在英国，该词也可专门用于指根据议会制定法而进行的财产转让。例如，根据1914年《破产法》[Bankruptcy Act]，若某人被宣告破产，则其财产现时转让给受托人。❸确定；生效 ❹〈古〉授封土地 指以授封土地仪式[investiture]给予某人以土地的占有。

vested a. 确定的；完成的；无条件的；绝对的 用于地产授予中，它与"contingent"相对，故剩余地产权[remainder]分为确定的[vested]与不确定的[contingent]两种。它也用于指权利、利益或期待权益的一种状态，即未给予相应补偿，立法不得对之干涉。例如土地所有人的权利，只有通过立法机关制定的法律，才能为公共目的而对其土地强行购买。

vested devise 已授予的（不动产）遗赠（⇨contingent devise）

vested estate 既定地产 指地产上的权利是现时的；或虽是将来享用该地产的权利，但现时已经确定存在。

vested gift 确定的赠与 绝对赠与之一种，其既非附条件的，也非不确定的，尽管其未能现实地对赠与物进行使用或收益，而须等待将来某一时日。

vested in interest 确定的将来权益 指现在成立而将来使用收益的权利。如归复地产权[reversion]、确定的剩余地产权[vested remainder]、将来生效的遗赠[executory devise]、将来使用权以及其他将来权益。该类权利不受不确定的期限或事件的限制。

vested in possession （确定的）现时权利 指现在即可实际使用收益的权利。

vested legacy 确定的遗赠 尤指确定的动产遗赠，据此，受遗赠人享有一种确定无疑的可获得遗产给付[payment]的权利。它一般须由立遗嘱人通过在遗嘱中表示将其现在的或将来的可转让权益授予受遗赠人而完成。例如，一遗嘱规定，在受遗赠人年满21岁时可获得遗赠给付[to be paid]，则其属于确定的遗赠，因其获得给付是

无条件的和绝对的。它与不确定的遗赠[contingent legacy]相对。(⇨legacy; contingent legacy)

vested pension 〈美〉既定的养老金 养老金的一种，雇员(或其继承人)据此可以对雇主根据计划而出资购买的养老金利益主张权利，即使该雇员退休时已不再受雇于该雇主。有关该养老金计划由《雇员退休收入保障法》[Employees Retirement Income Security Act/ERISA]调整。

vested remainder 确定的剩余地产权 指当地产上某一权益终止时限定并转让给某人占有该地产，从而形成的一种期待权益。例如，指定某一地产由甲终身保有，而由乙对剩余地产权作自由保有，当甲死亡时，则该地产由乙(当乙死亡时则由其遗产代理人)占有，那么，乙所享有的就是确定的剩余地产权。享有确定的剩余地产权者虽然在将来才能对地产进行占有、使用与收益，但其可以像现实占有权利[interest in possession]人那样对其权益进行转让、处分或设定担保。它与不确定的剩余地产权[contingent remainder]相对。(⇨ remainder; contingent remainder)

vested water rights (= accrued water rights)
vestiary (= vestry)
vesting n.❶〈美〉获得既定养老金权(⇨vested pension) ❷授予；赋予；给予(⇨vest)

vesting assent 财产授予认可书 根据英国1925年《授予土地法》[Settled Land Act]所规定的一种法律文件，遗产代理人在终身保有地产权人或者法定地产所有人死后可以此而将地产授予有权主张终身保有地产或法定地产之人，从而与遗产代理人出具的普通认可书相区别。

vesting declaration 授予财产声明 指在委任新受托人的契据中所作的关于信托财产中的任何财产或利益均授予新受托人的声明。

vesting deed 授予财产的契据(⇨vesting instrument)

vesting instrument 财产授予文书 包括契据、法院命令或认可书，它们根据英国1925年《授予土地法》[Settled Land Act]而构成终身保有地产权人或法定所有人以该地产所有人的身份授予财产的证据。这一证据在本质上是土地法定地产权的处分，而非信托出售，后者的法律文件称为信托文书[trust instrument]。

vesting order 〈英〉财产移转令 以前由大法官法院，现由高等法院大法官根据各种成文法发出的，无须其他财产转让证书而转移财产权利的命令。现代立法规定的某些专员[commissioners]也拥有类似权力。

vestments n.〈英〉法衣 《公祷书》中的礼拜用品规则[Ornaments Rubric]，伊丽莎白一世公告[Advertisements of Elizabeth I]以及《信仰统一法》[Act of Uniformity]规定，除了在主教座堂和大圣堂[collegiate church]，在其它地方穿戴圣餐仪式中的牧师法衣是非法的。但自19世纪中叶崇礼派运动[Ritualistic Movement]始，法衣在许多地方被大量使用。1964年《牧师着衣法》[Vestures of Ministers Measure]规定牧师举行宗教仪式时穿着法衣。(⇨ornaments rubric)

vestry n.❶〈教堂的〉法衣圣器储藏室 ❷〈英〉堂区委员会 指在小礼拜堂召开的，由牧师、堂区俗人委员[churchwardens]和教民出席，处理堂区事务的会议。根据1831年《堂区委员会法》[Vestries Act]，在某些堂区每年选举一定数量的教民处理该年度的堂区事务，称作选任堂区委员会[select vestry]。该委员会以前所具有的世俗功能已转交当地行政机构。

vestry-cess n.堂区税 以前在爱尔兰的堂区征收的税，

被1864年的法令废弃。

vestry-clerk n.堂区委员会文书 被任命出席堂区委员会并记录会议进程的秘书。

vestrymen n.堂区委员会委员 指堂区中被选举出来管理该区世俗事务的教民。

vestura n.❶作为庄稼的草或玉米 ❷衣服 也可引申为指占有[possession; seisin]。

vestura terrae (英格兰古法)土地上的植被 指草皮、玉米、灌木丛等类似的东西。

vesture n.(英格兰古法)土地的收益

vesture of land 地表植被 不包括树木。(⇨vestura terrae)

Veterans Administration 〈美〉退伍军人署 负责退伍军人及退伍军人扶养的家属福利项目的独立联邦机关。这些福利指与服役相关的残疾或死亡赔偿金、退休金、教育和为恢复独立生活能力的康复训练，家庭贷款担保计划，涉及广泛的私人疗养院、诊所和医院的综合性医疗项目，包括公墓、墓碑等在内的丧葬。1989年它被退伍军人事务部[Department of Veterans Affairs]所取代，地位升至内阁级。(⇨Court of Veterans Appeals)

Veterans Affairs Department 〈美〉退伍军人事务部(⇨Veterans Administration)

veterans' insurance 〈美〉退伍军人人寿保险 为在部队服役的军人签的保险，当军人退伍后，仍可享有该保险，或转换成其它形式的人寿保险。

Vetera Statuta 〈拉〉(英格兰古法)《古代法典》 它汇集了从《大宪章》[Magna Carta]开始到爱德华二世统治时期的制定法；那些始于爱德华三世时期的制定法被称为《新律汇编》[Nova Statuta]。(= Antiqua Statuta)

vetitum namium 〈拉〉(英格兰古法)对等财产扣押 直译为：禁止取走。当领主的执行管家[bailiff]将他人的财物或牲畜扣押之后，领主在郡长前来要求收回被扣之物时拒绝交出，这时郡长即可扣押领主的相关财产以满足原财物被扣押者的要求。

vetus jus 〈拉〉(罗马法)❶《十二铜表法》(⇨Twelve Tables) ❷古法；旧法 ❸在后法通过之前仍有效之法

vexatious a.无理缠讼的；(诉讼)无根据的

vexatious action (= vexatious proceeding)

Vexatious Actions Act 〈英〉《滥诉法》 1896年议会通过的一项法令，授权高等法院根据总检察长的申请，如能充分证明某人习惯性地、无合理根据地滥诉，可以裁定，除非取得高等法院法官的许可，禁止其在高等法院或任何其他法院提起诉讼，后1925年《司法组织法》[Judicature Act]取代该法，仍赋予高等法院此项权力。

vexatious appeal 恶意上诉 为拖延或阻碍判决生效而提起的无意义的或不正当的上诉。

vexatious litigation (= vexatious proceeding)

vexatious motion 恶意申请 为阻碍或拖延而不是促进司法公正的实现之目的提出的申请。

vexatious proceeding 恶意诉讼；(无合理由的)滥诉 指起诉者不是出于善意，仅是希望扰乱对手或使其受到牵累，或者起诉的目的不是为了获得任何实际的结果。此种诉讼常被称为"无意义的和恶意的"诉讼，据此法院可予以驳回。

vexed question 争论不休的问题；讨论未决的法律点

via 〈拉〉(罗马法)(大陆法)❶道路；通道；通行权 ❷通行地役(权) 乡村地役[rural servitude]的一种，指在他人土地上行走或驾车、驱畜通过的权利，包括步行地役权[iter]

和兽畜通行地役权[actus]。 ❸程序;方法

via publica 〈拉〉(罗马法)(大陆法)公共道路 其土地本身的所有权属于公众。

via regia 〈英〉皇家大道 由国王授权供所有人通行的各种道路,并受国王保护。

viaticum n.(罗马天主教)临终的圣餐

viator 〈拉〉❶(罗马法)执达员;(法院的)传票送达官 ❷旅人 临终结算[viatical settlement]中的人寿险保单持有人。其在久病或患病至晚期时,以收取总付相当于保单面值一定比例的金钱为对价,将保单出售给第三人。

vi aut clam 〈拉〉暴力地或隐蔽地

vi bonorum raptorum 〈拉〉(罗马法)❶被抢财产 ❷被抢财产之诉 裁判官以此实现对财产被暴力夺取者的救济。

vicar n.❶代理人 ❷代牧 英美圣公会中牧师的代理;罗马天主教中主教的代理;教皇是基督的代理人。 ❸(教会法)堂区长代理 由担任圣职推荐权人[patron]的宗教法人通过圣俸转拨[appropriation]或圣俸转交俗人[impropriation]的方式,委托其作为法人代理行使宗教管辖权。他作为代理终身享有固定薪俸,以区别于享用非转拨圣俸[non-appropriated]的堂区长[rector]。

vicarage n.堂区长代理圣俸(或寓所)(⇨parsonage)

vicar-general n.(教会法)主教总代理 由主教任命,并按其旨意处理宗教事务和管理教会的教会官员。现代意义的主教总代理不一定是神职人员,完全指行政的[ministerial]或司法的教会官员,常被任命为负责主教管区法律事务的大法官[chancellor]或教务总长[official principal]。坎特伯雷大主教的主教总代理不具备上诉职能,他向整个英格兰派发特别婚姻许可证。

vicarial tithes 付给堂区长代理的小额什一税(⇨tithe)

vicario deliberando occasione cujusdam recognitionis capto, etc. 〈拉〉(=vicario, etc.)

vicario, etc. 〈拉〉为(因保证金被没收等原因而被关押的)教会人员签发的古代令状

vicarious a.替代的;间接的 指某人替代他人而实施行为或承受结果的。

vicarious liability ❶(刑法)替代责任 一个人即使没有过错,因其特殊地位,也要为他人的犯罪行为承担责任,通常适用于雇主对雇员的行为承担责任。该原则仅存在于制定法之中。但被告人可提出以下辩护理由,否定其责任:①雇员行为非雇佣范围内的行为;②不受被告人控制的其他人的行为;③被告人已尽应有的努力令雇员遵守法律,可雇员仍未经其同意而实施的犯罪行为。 ❷替代责任;转承责任;雇主责任 指基于当事人之间具有的某种关系,而由处于管理地位的一方当事人对处于从属地位的另一方当事人的可诉行为承担责任。它是因他人行为而致的间接的法律责任,它是"雇主负责"[respondeat superior]、"经由他人所为与本人自所为无异"[qui facit per alium facit per se]等法律格言的体现。例如,雇主对于雇员所实施的不法行为承担责任,只要后者是在受雇时间内实施的,但如果后者是在受雇时间以外实施上述行为的,则雇主并不对此承担责任。雇主对于其雇用的独立承包人[independent contractor]的不法行为一般也不承担责任。此外,本人对于代理人在代理权限内实施的行为承担替代责任。(⇨respondeat superior)

vicarious responsibility 替代责任 指被代理人对其代理人在授权范围内的行为所承担的责任。英国法律往往将代理人的知情也视作被代理人的知情,在被代理人对

代理人的欺诈行为不知情时,虽然他在普通法上并不为代理人的欺诈性陈述承担责任,却仍可依1967年《虚假陈述法》[Misrepresentation Act]而认为被代理人应承担该责任。

vicarius n.(教会法)堂区长代理 由宗教法人通过圣俸转拨[appropriation]任命的在堂区中举行宗教仪式的正式牧师。(⇨vicar)

vicarius apostolicus 教皇代理 由教皇派驻到无主教任职或主教职位长期出缺的边远教省、不信教或异教国家的、具有主教权限的教会官员,教皇通过他对该地区行使管辖权。

vicars choral 唱诗班代理 主教座堂或大圣堂[collegiate church]唱诗班的低职教士,是法政牧师[canon]的助理。

vice n.❶道德败坏;堕落 ❷恶行;恶习 ❸瑕疵;缺点

vice-admiral n.(海军)中将

vice-admiral of the coast 〈英〉海岸事务总长 指以前在某些情况下由海军上将指派负责海岸事务并向指派者负责的郡官员,这种官员还有权为了国王的利益扣押在特定区域内发现的船只,其职务具有司法和行政双重性质,他们所主持的法庭现已被废弃。

vice-admiralty courts 〈英〉❶海岸事务法庭 1835年之前存在的由海岸事务总长[vice-admiral of the coast]主持的地方海事法庭。(⇨vice-admiral of the coast) ❷域外海事法庭 指英国在其海外领地上建立的处理海事纠纷的法庭。这类法庭始建于17世纪,最早的一个是1662年在牙买加建立的。他们依照国王发出的特许令行使那些在英格兰本土属于海事大臣[Lord High Admiralty]的权力,最后一项规范这类法庭的法令是1863年的《域外海事法庭法》[Vice-Admiralty Courts Act]。1890年的《殖民地海事法庭法》[Colonial Courts of Admiralty Act]建立的殖民地海事法庭[colonial courts of admiralty]取代了域外海事法庭,并规定前者判决的案件可向枢密院上诉,同时地方性的海岸事务法庭亦被取消,但该法不适用于海峡群岛[Channel Islands],后者实行枢密院君令[Order in Council]。国王有权宣布上述法令在不同地域进行不同程度的施行,后来的《威斯敏斯特法Ⅳ》[Statute of Westminster Ⅳ]及其它立法对该法令进行了修改。

vice-chamberlain n.〈英〉副宫务大臣 位居宫廷大臣[Lord Chamberlain]之下,并在后者空缺时负责掌管宫廷内的各种官员。他是宫廷大臣的副手,与内阁共进退,通常是下院的成员。(⇨Lord Chamberlain)

vice-chancellor n.❶〈英〉副御前大臣;御前大臣助理 1813年创设的一个英格兰的司法官职,目的在于协助御前大臣[Lord Chancellor]行使衡平法方面的初审权。副御前大臣只能对由御前大臣特别授权的案件作出判决,同时还可以处理向御前大臣及后来的衡平分庭上诉庭上诉的案件。1842年又任命了另外两名副御前大臣,但三个副御前大臣的建制直到1852年才固定下来,这两名新增的副御前大臣部分地接管了财税法庭衡平法方面的事务,每一位副御前大臣都与御前大臣及其他法官分别坐堂听审。1873年司法改革开始后,副御前大臣变成了高等法院的法官,但仍保留副御前大臣的称谓,不过《司法组织法》[Judicature Act]规定他们的继任者应被称为高等法院的法官。副御前大臣的称谓于1970年恢复,当时御前大臣被授权从高等法院衡平分庭的常任法官中任命一位副御前大臣,作为衡平分庭的日常首脑负责分庭业务的组织和管理。副御前大臣和掌卷法官[Master of the Rolls]是衡平法庭的初审法官,通常情况下最为年长的副

御前大臣组织一个上诉庭,受理来自郡法庭和兰开斯特衡平法庭的上诉案件。 ❷〈英〉御前大臣助理 早在亨利二世统治时期,在御前大臣[Chancellor]空缺时就有被任命为御前大臣助理[Vice-chancellor]的情况,他们负责保管国玺[Great Seal],但他们与今天意义上的副大法官已是大相径庭。 ❸〈英〉兰开斯特公爵领地副大法官 履行领地长官[Chancellor of the Duchy of Lancaster]之职,1971年后成为巡回法官。(⇨Chancellor of the Duchy of Lancaster) ❹〈英〉副校长;校行政首脑 英国牛津、剑桥等大学中的行政首长,是名誉校长[chancellor]的代理人。 ❺〈美〉某些州衡平法院主审法官的代理(⇨chancellor)

vice-chancellor's court 副御前大臣法庭

vice-comes n.〈英〉伯爵代理 以前郡长在作为伯爵的代理时所给予他的称谓,与 viscount 同,该称谓在子爵[viscount]创设之前几百年就已存在了。

Vice-comes dicitur quod vicem comitis suppleat. 〈拉〉(郡长)之所以被称为伯爵代理是因为他代理伯爵之职。

Vicecomes non misit breve. 〈拉〉郡长未送出令状。 郡长未依发给自己的令状做任何事情时所作的案卷记录,是一种被废弃的诉讼程序。(⇨continuance)

vice-comitissa n.〈英格兰古法〉女子爵

vice-constable of England 〈拉〉〈英格兰古法〉英格兰副警长 爱德华四世时期的一种官员。

vice-consul n. ❶副领事 领事官员之一,通常是指代替领事履行职责或是负责领事所辖部分地区的商务代表,其级别低于领事。但副领事不是领事的代理人,而是确实履行领事职务的官员。 ❷〈英格兰古法〉伯爵代表 指以前郡中代表伯爵[earl]的人。因伯爵旧时亦称 consul,故他有伯爵代理[vice-consul]之称,一般就指该郡的郡长[sheriff]。

vice crimes 妨害风化罪 指卖淫、赌博、色情等不道德行为构成的犯罪的总称。

vice district (= red-light district)

vice-domini (= vidames)

vice-dominus n. 郡长

vice-dominus episcopi 主教(总)代理 (⇨vicar-general; commissary)

vice-judex 〈伦巴第〉代理法官

Vice-Marshal n. 副王室典礼大臣

vicem seu personam ecclesiae gerere 〈拉〉代表教会

Vice-Warden of the Stannaries 〈英〉锡矿区法院法官(⇨stannary courts)

vicinage n. ❶邻近地区;近邻 ❷审判地;犯罪地 在普通法上,刑事被告人有权获得由从邻近地区的公民中选出的陪审团进行审判的权利,该邻近地区即意指犯罪实施地。

vicineto 〈拉〉❶附近;邻近地区 ❷审判地;犯罪地

vicinetum 〈拉〉❶邻近地区;周围地区 ❷审判地;犯罪地

Vicini viciniora praesumuntur scire. 〈拉〉邻居者被推定为了解其邻居的情况。

vicious propensity (动物固有的)恶性倾向 指特定情形下,动物未受激惹便具有攻击他人人身或财产安全的可能性。

vicontiel a. ❶子爵的;与子爵有关的 ❷郡长(或行政司法官)的;与郡长(或行政司法官)有关的

vicontiel jurisdiction 郡(或县)官员的管辖权 如行政司法官、验尸官等官员的管辖权。

vicontiel rents 〈英格兰古法〉郡长征收的租金 郡长为国王征收的租金。1833年的《罚金法》[Fines Act]将此种租金作为国库收入的一部分,并规定可由林业管理委员会[Commissioners of Woods and Forests]征收。

vicontiel writs 〈古〉郡长令状 可在郡法庭审理的令状。在13-14世纪时,民事诉讼可依口头诉状[oral plaint]或依文秘署[chancery]签发的、命令郡长公正审理案件的令状在郡法庭提起。因此种令状是对郡长签发的,所以,用以开始民事诉讼的这些令状就被称为郡长令状。

vicountiel (= vicontiel)

victim n. 受害人 指犯罪、侵权以及其他违法行为所侵犯的对象,包括自然人、公共或私人企业、政府、机关、合伙企业或者未组成法人的联合体。

victim impact statement 〈美〉关于被害人所受影响之陈述 在对已被裁决有罪的犯罪人判刑之前,由缓刑官准备的一种不公开的官方文件,旨在向法官说明犯罪行为给被害人或其家庭所造成的影响,以供法官量刑时考虑。

victimless crimes 无直接受害人的犯罪 只有犯罪行为人而没有直接受害人的犯罪。例如非法持有毒品罪。

victims of violence 暴力行为的受害人(⇨criminal; injuries; compensation)

Victim Witness Bureau 〈美〉被害人和证人署 最初由全国地区检察官协会[National District Attorneys Association]和地方社区组织共同发起,于1974年成立,现已遍及全国100多个城市。成立该机构旨在为被害人和证人参加刑事诉讼提供法律帮助,如协助其到庭,使雇主对其出庭期间支付报酬,消除其由于参加审判而造成的焦虑、伤害或其他麻烦,及提供一般法律咨询等。

vidame 〈法〉主教代表 封建法中起初代表主教的官员,后逐渐拥有采邑成为封建贵族。尽管他们的采邑在别处,他们仍旧从所代表的主教教座获得该头衔。(⇨vavasour)

vidames (= valvasor)

video tape depositions 〈美〉用录像带录下的作证情况 指对证人在审判前作证情况所作的录像。《联邦民事诉讼规则》[Fed. R. Civil P.]允许使用这种录像资料,并日益变得普遍,尤其是对在审判前可能死亡,或为阻止其作证而可能被杀害的证人适用。但在可提供传统上的证言笔录的情况下,不应使用此种录像资料。

vidua regis 〈拉〉〈英格兰古法〉王室的寡妇 是指作为国王的直属封臣们的遗孀,而并非国王自己的寡妇。之所以有此称谓,是因为国王是她们的庇护者,且从国王那里获取寡妇地产,未经国王允许亦不能再婚。

view n. ❶眺望权 地役权之一种。指从自己房屋的窗户向外眺望不受阻碍的权利。 ❷现场勘验 陪审团或法官在审判前或审判过程中对与案件争议有关的但不能移动或不便移动的财产、物品、或事故现场、犯罪现场等亲临查验的行为或程序。

view and delivery 〈英格兰古法〉查看并交付 当共有权的行使不是及于整个荒地[waste]而是由领主或其执行管家随时指定时,我们说这种共有权只有在"查看和交付"之后才能行使。

view by court 法官对现场的勘验 没有陪审团的参与。

view by jury 陪审团(根据法庭命令)对现场的勘验

viewers n. 勘验人;勘查员 由法庭指定的对特定事项或特定地点进行调查,并将查验结果及其意见报告给法庭的人。

viewers' report 勘验报告

view of an inquest 调查勘验 指为进行某项调查而召集

组成的陪审团对调查涉及的场所或财产所作的现场查验。

view of frank-pledge （英格兰古法）关于是否加入了十户联保制的审查　指看一个地区内是否每一个年满12岁的人已经宣誓并与其他九个人组成了十户联保的检查。（⇨frank-pledge）

view of premises　宅第勘验　法庭对与案件争议问题有关的宅第所作的现场查验。它也是执行官在依令状执行扣押时所要求进行的一个步骤。

view of the body　验尸　由验尸官或医师对尸体所进行的检查。

vif-gage *n.*（英格兰古法）活质（= vadium vivum）

vigil *n.*（教会法）宗教节日的前夕；（祈祷）守夜

viis et modis〈拉〉以…方法　在教会法院中，指尽一切可能的方法[viis et modis]送达文书并以其内容影响当事人。这与世俗法院中文书的替代送达[substituted service]相同，而与文书的直接送达[personal service]相反。（⇨service of process）

vi laica removenda〈拉〉制止世俗暴力令状　当甲乙两人竞争一教堂职位，甲通过大量俗人支持谋得该职，并以暴力[vi et armis]抵制乙，此时乙有权请求法院签发该令状给郡长以制止世俗暴力。但不管在职者的任职是对是错，他不能被逐出教堂。该令状的目的仅为制止其暴力，特别当在职者获取圣俸受阻之时。

vill *n.*（英格兰古法）❶村邑；村庄；乡村　指百户区[hundred]的下一级组织，是最小的行政单位，大约相当于后来的行政堂区[civil parish]。该词原指乡村中一些房屋的集合，与有城墙的城镇相对，现为堂区所取代，而只在描述过去庄园习惯或记录时才用到。❷城镇；市

village *n.*村落；村庄；社区　指为了共同生活或经营的目的而集合起来组成的一个共同体，也指有社区共同体特性的地区。该词并不是一个专门术语，而更多的只是一个习惯性用语。它可以指一个庄园、堂区、堂区的外围、城镇这些最简单的社会组织。它与mansion的区别在于，后者虽然也可能有许多房屋，但却必须是一个独立居所，附近没有其它东西；如果其附近还有其它住户和房屋，那就是village了。一个庄园[manor]可能包含几个村庄[village]，也可能只有一个村庄。

villain *n.*坏蛋；无赖；恶棍　一种带有羞辱性和蔑视性的词语。如果甲在写给乙的信中说丙是个恶棍[villain]，那么丙有权提起诉讼，而不问其是否遭受任何特殊的损失。 *a.* 流氓的；凶恶的；低贱的；卑微的

Villana faciunt servitia, sed certa et determata.〈拉〉他们的役务虽然低贱，但却是确定的。

villanis regis subtractis reducendis （英格兰古法）领回王室农奴令　用以带回被别人携出庄园之外的王室农奴的令状。

villanum servitium （英格兰古法）农奴的役务[villein service]；下等活

villanum socagium〈拉〉（= villein socage）

villa regia〈拉〉〈撒克逊〉国王居所；皇室所在地

villein *n.*〈英〉维兰；农奴　在中世纪英国的法律中，维兰是指一个较复杂的社会阶层，它包括撒克逊法中的奴隶，还包括虽身份自由但却依附于领主并对后者负有性质与程度均不确定的役务的一些人。诺曼的法律家们曾将罗马法中适用于奴隶的规则适用于他们。维兰附着于庄园之上，履行一些低贱的役务，他们被视为领主的财产。领主可对其进行处置；没有领主的批准不得擅自离开庄园；他们的财产权不受法律保护；除领主之外，他们可以起诉任何人，当领主采取暴行时，他们同样可以获得法律的救济。另外，维兰只有在主人眼里才是农奴，而与其他人相提并论时，他们也是自由人。维兰在爱德华六世时已经很少了，在斯图亚特王朝时消失。（⇨villeinage）

villeinage *n.*❶农奴土地保有；维兰土地保有　封建社会土地保有形式之一，低于自由农役保有[free socage]，其保有条件随庄园习惯之不同而不同，但其役务之性质一般都是较低贱的[base service；villein service]和不确定的，不过保有者既可以是农奴，也可以是自由人。后来在贱微农役保有[villein socage]或特许农奴保有[privileged villeinage]与纯粹农奴保有[pure villeinage]之间产生了区别，前者是在王室保留地[king's demesne]内，以履行既定的卑贱役务为条件保有土地，且只要他还能够并且愿意履行上述役务就不能将之逐出保有地；后者则是随中间领主之意愿，以履行每天加给他们的不确定的役务为条件保有土地。十四、十五世纪，固定的货币地租取代了劳役地租。当维兰有人出卖其土地时，要在领主法庭对相关情况进行登记，买者同时获得一份副本，并因此被称为公簿地产保有人[copyholder]。1925年，农奴保有和公簿保有均被合并为农役保有。（⇨serfdom）❷维兰身份；农奴身份〈⇨serfdom；villein〉

villein in gross （封建法）属人农奴　依附于庄园之领主并可通过契据予以转让的农奴。

villein regardant （= regardant）

villein service （封建法）卑贱的役务；下等活　基于农奴土地保有而向领主履行的役务，一般均为低贱性质的，但由于自由人亦可以该形式保有土地，故这种役务并不只限于农奴。（= base services）

villein socage （封建法）（英格兰古法）贱微农役保有　所提供之役务虽是低贱的，不适合有身份的人去做，但却是确定的，又被称为特许农奴保有[privileged villeinage]，区别于纯粹农奴保有[pure villeinage]的地方在于后者的役务不仅低贱而且不确定。（⇨socage）

vinculum juris〈拉〉（罗马法）法律上的约束；法律义务

vindex〈拉〉（大陆法）辩护人；答辩人；保护人　相当于英文的defender。

vindicare〈拉〉（古）主张；声称　指对财产主张权利，主张财产归自己所有、主张对财产的所有权等。

vindicate *v.*❶澄清疑问（或嫌疑）❷证明…正确　❸辩护；维护

vindicatio〈拉〉主张　①在罗马法中，指物件返还之诉[rei vindicatio]，即所有权人借以取回财产的一种诉讼形式；②在大陆法中，指主张某物归自己所有、对某物主张权利等。

vindices injuriarum〈拉〉不法行为之复仇者　指国王及其法庭。

vindicta〈拉〉（罗马法）棒；权杖　本意为棍、棒等，尤指解放奴隶棍，延指人们持棍以解放奴隶的法律行为。

vindictive damages　惩罚性损害赔偿　在对原告给予补偿性损害赔偿之外，对被告所科处的惩罚性损害赔偿。（= exemplary damages；punitive damages）

viol〈法〉强奸

violate *v.*❶违法；违背；违犯　❷妨碍；侵犯；扰乱　❸亵渎(行为)；污损(行为)　❹暴力(行为)；强奸(行为)

violation *n.*❶违背(义务、责任)；破坏(权利、责任、法律)　❷伤害；侵犯；侵害；妨害　❸违法行为　❹诱奸；

强奸 ❺〈美〉违警罪；违警行为；违法行为 《模范刑法典》[Model Panel Code]按刑罚轻重把犯罪分为 4 等：重罪、轻罪、微罪、违警罪。违警罪是违反公共福利事业的违法行为，不是一般意义上所称的犯罪[crime]。

violation of privacy 侵犯隐私 为一己私利或者商业目的，在未经他人同意或未经任何授权的情况下，通常以公开他人姓名或照片的方式侵犯他人自愿选择的隐居生活的行为。

violation of woman 强奸（⇨rape）

violence n. ❶滥用暴力；暴力行为 不正当或未经授权而非法使用暴力，违背公众自由、法律或公共权利，造成人身伤害或财产损害的行为。通常是和激情[vehemence]、盛怒[outrage]或狂暴[fury]相关的行为。 ❷冒犯；伤害 ❸施奸；强奸；亵渎

violent a. 暴力的；狂暴的；极端的；强烈的；由暴力引起的；狂热的；凶暴的；激烈的（⇨violence）

violent crime （= crime of violence）

violent death 暴力死亡 由于外部力量而非疾病或衰老等原因致死。

violently ad. 强暴地；暴力地；强烈地；令人恐惧地；由暴力引起地（⇨violent）

violent means 暴力手段（行为）（⇨accidental means）

violent presumption 强有力的推定 为法律所要求的，能从既定事实中作出强有力的不证自明的推断，但该推断不是无可反驳的，亦不是结论性的。

violent profits 〈苏格兰〉强制收益 一种由坚持强行占有的承租人或由其他恶意的非法占有者造成的损失，属于刑事范畴，与英格兰法上的间接收益[mesne profits]相似。在乡村土地保有中，其数额相当于出租人出租或亲自占有土地所可能取得的收益，而在市区保有地中则相当于规定地租的一倍。（⇨mesne profits）

virga n.（英格兰古法）权杖；节杖 象征权力或权利、职位。（= fistuca）

virgata n.〈英〉四分之一英亩土地 亦指 1/4 海得[hide]土地。

virgata regia （英格兰古法）王室十二英里辖区（⇨verge）

virgata terrae （= virga terrae）

virgate n. 威格 土地面积单位，一威格约合 15 至 40 英亩，相当于 1/4 卡鲁开[carucate]或两布威[bovate]，又称"yardland"。

virga terrae 〈拉〉（英格兰古法）一威格土地 随地域不同而不同，有的指 20 英亩，有的指 24.30 英亩，还有的指 40 英亩。

virge （= verge）

Virginia Declaration of Rights✤ 〈美〉《弗吉尼亚权利宣言》 1776 年 6 月 12 日由弗吉尼亚殖民地立宪会议[constitutional convention]通过的权利宣言。它是 15 年后美国宪法的《权利法案》[Bill of Rights]的雏型。

VIRGINIA DECLARATION OF RIGHTS

I

That all men are by nature equally free and independent, and have certain inherent rights, of which, when they enter into a state of society, they cannot, by any compact, deprive or divest their posterity; namely, the enjoyment of life and liberty, with the means of acquiring and possessing property, and pursuing and obtaining happiness and safety.

II

That all power is vested in, and consequently derived from, the people; that magistrates are their trustees and servants, and at all times amenable to them.

III

That government is, or ought to be, instituted for the common benefit, protection, and security of the people, nation, or community; of all the various modes and forms of government that is best, which is capable of producing the greatest degree of happiness and safety and is most effectually secured against the danger of maladministration; and that, whenever any government shall be found inadequate or contrary to these purposes, a majority of the community hath an indubitable, unalienable, and indefeasible right to reform, alter, or abolish it, in such manner as shall be judged most conducive to the public weal.

IV

That no man, or set of men, are entitled to exclusive or separate emoluments or privileges from the community, but in consideration of public services; which, not being descendible, neither ought the offices of magistrate, legislator, or judge to be hereditary.

V

That the legislative and executive powers of the state should be separate and distinct from the judicative; and, that the members of the two first may be restrained from oppression by feeling and participating the burthens of the people, they should, at fixed periods, be reduced to a private station, return into that body from which they were originally taken, and the vacancies be supplied by frequent, certain, and regular elections in which all, or any part of the former members, to be again eligible, or ineligible, as the laws shall direct.

VI

That elections of members to serve as representatives of the people in assembly ought to be free; and that all men, having sufficient evidence of permanent common interest with, and attachment to, the community have the right of suffrage and cannot be taxed or deprived of their property for public uses without their own consent or that of their representatives so elected, nor bound by any law to which they have not, in like manner, assented, for the public good.

VII

That all power of suspending laws, or the execution of laws, by any authority without consent of the representatives of the people is injurious to their rights and ought not to be exercised.

VIII

That in all capital or criminal prosecutions a man hath a right to demand the cause and nature of his accusation to be confronted with the accusers and witnesses, to call for evidence in his favor, and to a speedy trial by an impartial jury of his vicinage, without whose unanimous consent he cannot be found guilty, nor can he be compelled to give evidence against himself; that no man be deprived of his liberty except by the law of the land or the judgment of his peers.

IX

That excessive bail ought not to be required, nor excessive fines imposed; nor cruel and unusual punishments inflicted.

X

That general warrants, whereby any officer or messenger may be commanded to search suspected places without evidence of a fact committed, or to seize any person or persons not named, or whose offense is not particularly described and supported by evidence, are grievous and oppressive and ought not be granted.

XI

That in controversies respecting property and in suits between man and man, the ancient trial by jury is preferable to any other and ought to be held sacred.

XII

That the freedom of the press is one of the greatest bulwarks of liberty and can never be restrained but by despotic governments.

XIII

That a well regulated militia, composed of the body of the people, trained to arms, is the proper, natural, and safe defense of a free state; that standing armies, in time of peace, should be avoided as dangerous to liberty; and that, in all cases, the military should be under strict subordination to, and governed by, the civil power.

XIV

That the people have a right to uniform government; and therefore, that no government separate from, or independent of, the government of Virginia, ought to be erected or established within the limits thereof.

XV

That no free government, or the blessings of liberty, can be preserved to any people but by a firm adherence to justice, moderation, temperance, frugality, and virtue and by frequent recurrence to fundamental principles.

XVI

That religion, or the duty which we owe to our Creator and the manner of discharging it, can be directed only by reason and conviction, not by force or violence; and therefore, all men are equally entitled to the free exercise of religion, according to the dictates of conscience; and that it is the mutual duty of all to practice Christian forbearance, love, and charity towards each other.

Source: Ben Perley Poore, ed., *The Federal and State Constitutions, Colonial Charters, and Other Organic Laws of the United States*, vol. 2 (1878), pp. 1908 – 1909.

viridario eligendo 〈拉〉王室护林官遴选令状　用以遴选王室护林官的令状。

virtual possession　实际占有　是指实际占有部分标的却宣称占有全部，与实际占有全部标的的实质占有[substantial possession]相区别。

virtual representation　（诉讼中）实际的代表（⇨doctrine of virtual representation）

vis　〈拉〉力；力量　一指对人或物所赋予或加上的任何外力、破坏或影响，一指法律之强力。复数形式为 vires。

visa　n.签证　由拟出境或入境国家授权的官员，通常是由领事官员，在护照上加盖的表示同意或批准出境或入境的印章。给予签证表明该国承认护照的合法性，护照持有人可以出境或入境。
v. （在护照上）签证

vis ablativa　〈拉〉（罗马法）离格力量；将一物与另一物分离的力量

vis armata　〈拉〉（古）武装力量；持械之武力　与徒手或未持械之武力[vis inermis]相对。

Visby Rules　《维斯比规则》（⇨Hague Rules）

vis clandestina　〈拉〉（英格兰古法）秘密武器；地下武装

vis compulsiva　〈拉〉（古）强制力；威胁；迫使（某人）做违心之事的力量

viscount　n.〈英〉❶子爵　❷郡长的古称谓

vis divina　〈拉〉神圣力量；不可抗力

visé　〈法〉（＝visa）

vis expulsiva　〈拉〉（英格兰古法）驱逐之力　用以将他人从土地上驱逐出去从而排除其对土地的占有的力量。布拉克顿[Bracton]曾将它与"单一之力"[vis simplex]相对比，并将之分为持械的驱逐之力[expulsive force with arms]和不持械的驱逐之力[expulsive force without arms]。

vis exturbativa　〈拉〉（古）驱逐力；排挤力　尤指各自主张财产权利的双方在争夺对财产的占有时，一方排挤另一方的力量。

vis fluminis　〈拉〉（大陆法）水能；水力

visible easement　（＝open and visible easement）

visible possession　（＝open and notorious possession）

vis inermis　〈拉〉（英格兰古法）未持械之武力；徒手之武力　其反义词为"持械之武力"[vis armata]。

vis injuriosa　〈拉〉（英格兰古法）不法之强力[wrongful force; vis illicita]

visit　（＝visit and search）

visit and search　登临；临检　战争期间交战国军舰或武装民船在公海上登临检查中立国商船，目的是确定该船舶是否为中立国船舶、所载货物是否具有敌性或为战时禁制品而应予以没收、该船舶是否试图破坏封锁或提供非中立服务。拒绝临检可导致该船舶和货物被没收。在和平时期，仅在有合理根据相信被临检船舶为海盗船或违反一国税收法律或犯有其他罪行而离开该国港口时，才能行使临检权。

visitation　n.❶（教会法）巡查　指特定的巡督员[visitor]定期巡视、检查及纠正教会法人和慈善机构中的不正当行为之合法权力，如国王对大主教，大主教对其教省中的主教，主教对其下属的诸教会法人行使该权力。对于世俗教会法人和慈善机构，其巡督员是该法人或机构的创建者、创建者继承人，或由创建者或国王任命的人。根据1558年《君主至上法》[Act of Supremacy]，大法官法院可代国王行使巡查权。❷探望；探视　在家庭法中，该词被用于探视权[visitation rights]这一短语中。（⇨visitation rights）

visitation and search　（＝visit）

visitation books　（英格兰古法）纹章调查清册　指1528–1686年间通过庄重和正规的巡视审查，由纹章官们[heralds]对经过宣誓证实的各家族的家系情况进行登记所产生的汇编性资料。其内容包括家族现状、纹章与家谱、婚姻、继承人等情况，它被认为是家系方面有效的证据。

visitation books of heralds　（＝visitation books）

visitatione Dei　〈拉〉宗教巡查（权）；宗教特许权

visitation rights　❶（家庭法）探视权　指作为非监护人的父亲或母亲一方（或祖父母、外祖父母）依据法院命令而享有的一种特权，对于与他人（通常是行使监护权的父亲或母亲一方）共同生活的子女（或孙子女、外孙子女），可以据此而与之共处一段时间。❷（国际法）登临检查权；临检权　交战国一方有权登临并检查中立船舶，以探知其有无运载战时禁制品或从事非中立业务之事实。一经发现上述情事，搜查者可以扣押战时禁制品并作出相应处罚。亦作"right of visitation"。（⇨visit）

visiter　（＝visitor）

visitor　n.巡督员　指有权巡视和督查教会、慈善机构、学校、医院、监狱或其它机构的人。（⇨visitation）

vis laica　〈拉〉（英格兰古法）世俗力量　由俗人组成的、用于守护教堂及其财产的武装力量。

vis licita　〈拉〉（英格兰古法）合法之强力（⇨vis injuriosa）

vis major　〈拉〉不可抗力；超人力　指无法明确地预见或

visne 〈法〉❶附近;邻近地区 ❷审判地;犯罪地 ❸(古)陪审团 从前陪审团是从争议事项发生地的邻近地区的公民中挑选组成的,故该词也被用来指称陪审团。(⇨vicinage)

visnetum 〈拉〉(= visne)

visores (= viewers)

vis perturbativa 〈拉〉(英格兰古法)作乱之力 就土地占有问题发生争执之双方之间所运用的力量。

vis simplex 〈拉〉(英格兰古法)单一之力;轻微暴力(⇨vis expulsiva)

visus 〈拉〉(英格兰古法)(对现场或人身的)勘验;检查(⇨view)

visus franci plegii 〈拉〉(= view of frank-pledge)

Visus Franciplegii (英格兰古法)《十户联保审查法》 收录在《历代法典》[Statutes of Uncertain Date]之中的一项立法文件。

vital statistics 人口动态统计 根据法律规定所作的有关人口出生、婚姻、死亡、疾病及其他情况的统计,它是由政府有关部门所保存的一种官方记录。在证据法上,其作为证据的可采性不受传闻规则的限制。

vitiate v.❶破坏;使失去法律效力 ❷使无效;使可撤销 指导致全部或部分无效,例如"欺诈使合同无效"[fraud vitiates a contract]。❸(在道德方面)败坏;使堕落

vitilitigate v.无端争讼

vitium clerici 〈拉〉(英格兰古法)文秘人员之误[mistake of a clerk]

vitium reale (= labes realis)

vitium scriptoris 〈拉〉(英格兰古法)抄写员之误

vitricus 〈拉〉(古)继父

viva aqua 〈拉〉(古)流水;活水;泉水

viva pecunia 〈拉〉活钱 指牲畜。在撒克逊时代它们曾被按特定比价当作货币使用。

vivarium 〈拉〉(古)鱼池;兽圈;动物园

vivary n.〈英〉活物储藏地 指保存野生动物的处所,如鱼塘、花园等。

vocare ad curiam (封建法)传至法庭

vocatio in jus 〈拉〉(罗马法)传唤 指原告通知被告面见法官的口头传唤,用于原告以法定语言传唤被告与其一同到庭。

vocation n.职业 指占据某人大部分时间并赖以维持生活的活动。(⇨occupation;profession)

vocational rehabilitation 职业上的康复 对因伤病致残者进行训练,使其重新获得劳动能力及生活能力。

vocational training 职业培训(⇨disabled person)

vociferatio 〈拉〉(英格兰古法)❶大声喊叫 ❷通过喊叫而实现的一种捕捉盗贼的程序 古代日耳曼氏族遗留下来的一种法律程序,听见喊叫的人有义务随受害者或喊叫者一起对盗贼进行追击。

vociferous a.嘈闹的;大吵大嚷的(⇨hue and cry)

voco 〈拉〉(罗马法)(英格兰古法)我传(某人到庭);我请〔某人出庭担保〕;我叫(某人做什么事) 这些都是古代罗马诉讼开始的形式。

voice exemplars 〈美〉声音标本 在诉讼中需要进行声纹鉴定[voiceprint identification]时使用。在以前,声纹鉴定通常是不容许采证的,但近年来则趋向于在严格的限制条件下可以采证。在刑事案件中,强制被告人提供声音标本并不违背其反对自我归罪的特权。

voice identification 〈美〉声音辨认 在证据法上,如果证人对某人的声音熟悉,那么证人可就其听到过该人的声音而提供证言。

voiceprint n.声纹;声印 用仪器对人的说话声所作的等高线状记录。在案件中需要进行声音辨认时,可将声纹所记录的声音与某人的实际声音进行比较,以确定声纹记录的声音是否为该人发出。

void a.无效的 合同、契据、交易或其他行为,如果其没有法律效力,或者不具有当事人所意图产生的法律效力,则属于无效。它可以产生附带的法律后果,例如无效的协议可能导致当事人受到处罚,如果当事人之间的协议属于合谋的,还可以作为刑事诉讼中的证据。合同或其他行为是否无效由各个部门法,例如婚姻法、合同法、遗嘱法等,根据各种不同情况和理由而予以规定。如果一行为或交易中存在无效因素[vitiating factor],例如行为非法[illegality]、不道德[immorality]等,则该行为或交易自始无效[void ab inito],而不管该无效瑕疵是否在行为成立时即被发现。在英格兰,契据也可以在某些情况下被认定为事后无效[void ex post facto]。例如,某一正当达成的契据在事后由于一方当事人的欺诈或懈怠而致契据的实质部分被更改的,则可能导致该契据无效。无效不同于可撤销的[voidable],并且两者的区分在实务中具有重要意义。无效表示绝对不具有法律效力,可撤销则表示该行为既可以被认定为无效,也可以被确认有效。

voidable a.可撤销的 合同、契据、交易或其他行为,如果其在表面上是正常有效的,但因其实际上含有瑕疵,从而一方或双方当事人有权将其撤销[rescind],则该合同、行为等属于可撤销的。可撤销的合同或其他行为在被撤销之前完全具有法律效力,并在法律上是有效的[valid]。合同或其他行为在何种情况下是可撤销的,由各部门法加以规定,但撤销权[right of rescission]可由当事人放弃。如果第三人在不知情的情况下通过可撤销合同或其他交易而有偿取得权利的,则该等权利不因合同在事后的撤销而处于不利的地位。可撤销合同或其他交易的典型情况包括虚假陈述、一方当事人为未成年人等。(⇨void)

voidable assignment 可撤销的财产转让(⇨voidable preference)

voidable contract 可撤销合同 该合同可由当事人之一方(在极少数的情况下甚至可能是双方)选择而被确认或拒绝。通常,该合同对于有过错之一方当事人属于无效,而对于受过错行为之一方则非属无效,除非其行使选择权而请求宣告其为无效。例如,因虚假陈述[misrepresentation]而订立的合同即属可撤销合同。它与自始即属无效的无效合同[void contract]不同,其一开始是有效的,并可产生与有效合同[valid contract]相同的法律效果,只是因一方当事人的选择而导致其无效。(⇨contract;void contract)

voidable deed 可撤销契据 该契据虽存有缺陷,但在被法院撤销前依据其转让财产的行为仍属有效。

voidable judgment 可撤销判决 指表面上看起来有效,但实际上缺少某些重要方面的判决。可撤销判决是错误判决,应予推翻或撤销,但在其被推翻或撤销之前仍具有拘束力。

voidable lien 可撤销留置权 指可由被留置人撤销的留置权,或指由破产人设定但可因破产受托人宣告无效的留置权。(⇨fraudulent transfer;voidable preference)

voidable marriage 可撤销婚姻 该婚姻在缔结时因违反法律规定而无效,例如任何一方未满法定结婚年龄或

不具有行为能力，或者当事人一方采取欺诈、胁迫手段诱使另一方结婚，但其在被法院命令终止婚姻关系之前一直具有法律效力，它也可因当事人的追认而转为有效婚姻。它与无效婚姻[void marriage]的区别在于，前者在有权法院确认并宣布其为无效前具有约束力，而后者无须这类判决，因为任何人不得缔结无效婚姻关系。

voidable preference （破产法）可撤销的优先权　指由破产人在破产程序开始前的最近某一段时期内向债权人所作的优先转让[preferential transfer]，可根据破产法而被撤销，从而允许破产财产受托人将该被转让的财产收回。根据美国《破产法》[Bankruptcy Act]，可撤销的优先转让发生于破产申请提交前90天之内或破产申请提交后1年内。(⇨preferential transfer)

voidable process　可撤销传票(或令状)　指有缺陷，但可通过补正而使完全有效的传票或令状。

void agreement　无效协议(⇨void contract)

voidance n. ❶使无效；宣布无效；撤销　❷从一圣职中逐出

void contract　❶无效合同　指缺乏合同实质要件，不产生法律上权利，从而不具有法律效力或法律约束力的合同。该词在含义上有自相矛盾之处，因为合同这个术语实际上已限定解释为仅指有效合同，但"无效合同"一语却因其便利而被广为采用。实质上，无效合同根本不是合同，它未必非法，却必然不具有法律效力。典型的无效合同如无对价、无承诺、赌博性及有损于家庭关系的合同。
❷(因完全履行而)终结的合同　更为正确的用语应是"discharged contract"。

void deed　无效契据

void divorce　无效离婚　指对婚姻关系完全不发生效力的离婚。(⇨void judgment)

void for vagueness doctrine　〈美〉模糊(条款)无效原则　该原则出现于19世纪中期，最初其适用范围仅限于有关动产或不动产权利的契据或其他文件，意指如果契据或文件中所指的财产未被充分确定，或其他某些关键性的条款表述模糊，该文件将因此而被宣布无效。直到20世纪初期，该原则才被用于制定法。这也是其目前最通常的含义，指如果立法确立了某项要求或某种刑罚，但其表述却如此模糊，以致一个理性的人不能从其文字规定中看出其明确地要求什么，或什么样的行为才应受处罚，那么该制定法将因违背正当程序原则而被法院宣布无效。

void grant　无效授予　指因政府或其他转让土地的机关本身缺乏所有权而导致其所作的授予公共土地行为绝对不产生法律效力。

voiding n.(对可撤销行为)宣布无效

void judgment　无效判决　自始不发生任何法律效力的判决。其权利受该判决影响的任何人可在任何时间、任何地点直接地或附带地宣布其无效。法院在对标的或当事人无管辖权，或违反法律规定的正当程序等情况下所作的判决都属无效判决。

void legacy　无效遗赠　指从未合法存在过的遗赠。无效遗赠涉及的财产将作为遗产的一部分，按照遗嘱的剩余遗产条款[residuary clause]进行转让，如果遗嘱中无剩余遗产条款，则按无遗嘱继承的规则处理。

void marriage　无效婚姻　指因法律的绝对禁止而由制定法明确宣布自始即为无效的婚姻，且不可通过事后追认而使之生效。例如因双方当事人之一已婚或因双方当事人属于近亲而缔结之婚姻即为无效婚姻。(⇨voidable marriage)

void on its face　表面即为无效；明显无效　指通过检查即可揭示法律文件的瑕疵及无效性。

void process　无效传票(或令状)　在某些重要方面不符合法律规定，从而不产生法律效力的传票或令状。

void release　无效解除；无效弃权　指虚假的、法律明确禁止的、违反公共政策的、或无权作出放弃决定者所作的弃权或对他人义务的解除。

void transaction　无效交易　指不具有法律效力从而在法律上不可强制执行的交易。(⇨void; void contract)

voir dire　〈法〉预先审查　本义为讲真话[speak the truth]。用来表示法官和当事人及律师对候选陪审员或证人通过询问来审查其是否具备作为陪审员或证人的资格及适当性的程序。在审查中要求候选陪审员或证人讲真话。其中，对陪审员的有因回避或无因回避的申请都应在该阶段提出。

voir dire examination　预先审查(⇨voir dire)

volition n.自由意志的选择或决定

volitional insanity　不可抗拒的冲动

volksgeist　民族精神；内在意识　萨维尼法哲学中的术语之一。在萨维尼看来，实在法[positive law]应与民族精神保持一致，法律是一个民族全部实践经验和特征所组成的复合体的一部分，它反映了一个民族的总体发展，并建立在他们的社会观念和生活方式基础之上。因此，习惯法才是最真实最基本的一种法律，法典编纂不过是将民族法体现为文字并给予制定法权威的标签而已。

volumen　〈拉〉（大陆法）卷；册

volumus　〈拉〉我们愿意；我们希望　这是王室保护令状或公开令状中的用语。

voluntarius daemon　蓄意装疯者　科克大法官[Lord Coke]用来指一个借酒醉而故意使自己陷于不理智状态的人的术语，科克认为这只能加重对他的惩罚。

voluntary abandonment　自愿遗弃　①作为离婚的根据，指未经对方同意，没有充分原因且没有返回意图的最终分离；②用于收养法中，指生父母的一种故意行为或行为的过程，从而可以推定其对子女已经不管不顾或漠不关心，诚如其已不存在父母之义务一般。(⇨abandonment; desertion)

voluntary admission　自认；自愿承认　指被告出于自愿承认一项或多项对己不利的事实。

voluntary affidavit　自愿宣誓书　指在法律并不要求进行宣誓陈述的情况下所作的宣誓书。

voluntary answer　自愿答辩　指衡平法诉讼中被告在原告未要求其答辩的情况下所作的答辩。

voluntary appearance　自愿出庭　指被告在未受到传票传唤或收到其他正式通知的情况下自愿出庭。

voluntary assignment　自愿转让　指在未经法律强制的情况下，为全体债权人而非部分债权人之利益，债务人转让其财产以偿还债务。(⇨general assignment)

voluntary association　自愿组合的社团；民间社团；自愿协会　指由个人组成的非法人型实体，该实体的组成是出于社会、政治、道德、宗教、慈善动机，或为了促进公共、科技、教育目标，或者为了便利工商业而不是为了贸易或直接的盈利，其成员是自由选择加入的。如果其成员资格的取得有法律或专业上的要求，这种组织便不能称为自愿组合的社团。在英国，按照协会成立的宗旨，可以根据《皇家特许状》[Royal Charter]、《公司法》[Company Acts]或者《勤俭社团法》[Industrial and Provident Societies

Acts],或使该协会结成公司,可将其视为联谊会或工会,也可随意将其视为一个非法人社团。

voluntary assumption of risk 自愿承担风险(⇨assumption of risk)

voluntary bankruptcy 自愿申请破产;自愿破产 指由债务人主动申请宣告破产。

voluntary conduct 自愿行为 在自由意志支配下所做的行为,是承担民事或刑事责任的前提要件,和非自愿行为[involuntary conduct]相对。因此,由于梦游或疾病折磨而招致的损害结果,行为人对之不负责任。

voluntary confession 自愿供认;任意性自白(⇨confession)

voluntary deed 自愿契据 指无须支付对价或没有实质性对价而完成的契据。

voluntary discontinuance (原告)自愿终止诉讼 在案件未经法院判决之前,由于原告自愿的行为而使诉讼终结。

voluntary dismissal 〈美〉自愿撤诉 根据《联邦民事诉讼规则》[Fed.R.Civil P.],在被告方提出答辩之前,或提出答辩后依双方共同达成的协议,原告可不经法庭许可而自行撤回起诉。

voluntary dissolution 自愿解散 指由公司董事会提议并经股东会批准而使公司消灭。(⇨dissolution)

voluntary domicil 自愿住所 指由个人自主选择的住所。区别于法律指定的住所,如已婚妇女或未成年人的住所。

voluntary escape 放纵罪犯 合法监管罪犯的官员自愿地允许罪犯逃脱或令其逍遥法外的行为。

voluntary exposure to (unnecessary) danger 自愿冒险行事 明知存在危险而自愿冒着不必要的危险行事。该危险须以明知或可期待为限,该行为须以自愿为限。

voluntary grant 自愿授予(⇨voluntary deed)

voluntary ignorance 本可知而未能知之 通过合理的努力,本应获得必要的知识或信息,但当事人却未能作相应的努力。

voluntary jurisdiction 〈英〉(教会法)自愿管辖权 指由特定的教会法院实施的,没有对立方当事人、没有司法诉讼程序的管辖权,如派发遗产管理证书和获得遗嘱检验证书。

voluntary liquidation 自愿清算 指公司自己决定的停业清算。(⇨voluntary dissolution)

voluntary manslaughter 非预谋故意杀人 激情杀人是非预谋故意杀人的典型形式,即被告人因受到强烈的刺激,致使其在盛怒心理状态下实施的故意杀人行为。

voluntary nonsuit 自愿撤诉 原告在提起诉讼后,经传唤而不出庭、或不继续支持诉讼的进行、或自愿放弃诉讼并同意在费用[costs]上作对被告有利的判决的情况下,由法庭所作的对原告不利的判决。在陪审团退庭评议之前,或在无陪审团时的判决宣布之前的任何时间,原告都有权自愿撤销诉讼。(⇨non(-)suit; voluntary dismissal)

voluntary oath 自愿宣誓 在法律未作要求的情况下所作的宣誓。

voluntary partition 自愿分割(不动产) 经不动产所有人共同同意而对未分割利益进行分割。

voluntary payment 自愿给付;自愿支付;自愿缴纳(税款) 与强制给付[compulsory payment]相对。该种支付的作出并非由于受到他人现实的或即将发生的针对给付人的人身或财产的胁迫。就一项不法的给付请求而言,如果给付人明知各种事实可以导致该请求属于不法,且无紧急迫切之事情,则其所作给付为自愿给付,除非其目的在

于使其被扣押之人身或财产获得解放或使之免于遭受即将发生的拘禁或扣押。税款之缴纳也可分为自愿与非自愿的,如果存在紧急迫切之需要,必须缴纳税款,从而可以推定该缴纳是承受强制而作出的,则为非自愿缴纳,否则,即属自愿缴纳。

voluntary petition 〈美〉自愿申请 破产程序中申请人请求判决其为破产人的申请。

voluntary reorganization 自愿重整 指由公司全体股东与债权人自愿进行的,或在法律许可的情况下,由债权人与规定比例的股东进行的公司重整。

voluntary sale 自愿出售;自愿销售 指由卖方同意而自由进行的买卖。与强制出售[forced sale]相对。

voluntary schools (= non-provided school)

voluntary separation 自愿分居 它是制定法规定的常见的离婚依据。指至少有一方属于自愿的分居,而非由于诸如丈夫服役或坐牢等原因导致的被迫分居。

voluntary statement 自愿陈述 在未受强制、胁迫、引诱等情况下所作的陈述。在刑事诉讼中,被告人自愿作出的陈述才具有可采性,非自愿的陈述不可采纳,因为它往往是不真实的。

voluntary trust 自愿信托 基于个人信任而自愿设立、接受的信托。

voluntary validity 自愿保持效力 指合同在一方违约后,因各方沉默或推定同意而使之继续有效。

voluntary waste 故意损毁 指积极损毁,与许可损毁[permissive waste]不同。许可损毁是指由于未尽合理注意义务的疏忽而造成产业损毁。故意损毁是指地产占有人故意破坏或取走附着于地产上的物而造成的产业损失。例如,拉倒房屋、墙壁,移动门窗,砍伐树木等都属于故意损毁。

voluntary withdrawal (雇员)自愿辞职

Voluntas regis in curia, non in camera. 〈拉〉国王的意愿表现在法庭上而不是宫廷内。

volunteer n. ❶ 自愿行为人 指非为自身利益,亦无法律或道德上的义务而自愿提供劳务或支付金钱、财物的人。尤指未经某一雇主同意而帮助其雇员实施该雇主之业务者。自愿行为人无权就自己提供的劳务而主张回报,亦不得因其在实施自愿行为时所遭受的损失请求赔偿。❷ 无偿受让人;无偿取得人 指在自愿而无对价转让财产中的受让人。在有关遗嘱与财产授予的法律中,指无须支付对价即可获得遗产者,例如普通的受遗赠人[devisee or legatee]。❸ 志愿人员 ❹ 志愿兵

volunteers n.〈英〉(紧急状态下召集的)国民志愿军 国家为军事目的在紧急状态下召集并用作常备军队的补充和后备力量的国民志愿人员。1815年以后,通过抽签方式征召民兵的制度已经废除,而国家统一实行的强制兵役制则直到1914-1918年一战时方才确立,在此100年左右的时期内,国民志愿军构成英国军队的主要预备力量。在拿破仑战争时期,根据乔治三世[George Ⅲ]签署的各项法案,英国曾召集400 000名国民志愿军参战。1859年,为预防法国的入侵,英国各地成立了很多国民志愿军组织,其法律地位由1863年《国民志愿军法》[Volunteer Act]及以后相关的法律所规定。以后根据1907年《本土军和后备武装力量法》[Territorial and Reserve Forces Act],除了在牛津、剑桥和伊顿的几个志愿军组织外,其他所有地方性国民志愿军均划归本土军[Territorial Army]统一领导,成为国家军队预备役的一部分。(⇨militia)

vote *n. & v.* ❶表决 以投票、举手或其他的方式表达倾向或意见。❷选票总数 选举中的得票总数。 ❸(立法机关)投票通过议案

voting agreement 股东投票协议 同一公司股东间的协议,有时称为集中协议[pooling agreement],旨在为达到共同目的而联合投票。该协议通过限制投票权或将其授予他人以控制一人或多人投票。(⇨voting trust)

voting group 表决组 为投票决定公司事务,依所持股票的类别对公司股东作的分类。也可用以统称被如此分类的股东。

voting machine 表决装置 指在选举中用以让投票人表达选择意向的机器;也指保存对每位候选人或每项议案的投票总数,在投票结束后,选举检查官可以打开此机器获得选举结果的装置。

voting security (= voting stock)

voting stock 表决权股;有投票权股票 赋予其持有者投票选举公司董事或决定其他事项的权利的股票,区别于只得红利而无投票权的股票[non-voting stock],普通股通常是有投票权的股票。

voting stock rights 表决权股的权利 股份持有人投票表决公司事务的权利。绝大部分普通股每股有一个表决权。优先股通常在指定期间未付优先股息时有表决权。股份持有人可将表决权委托给他人行使。(⇨ voting stock)

voting tax 人头税(⇨polltax)

voting trust 股权信托 指公司股东将其投票选举权转让给受托人行使的信托协议。即公司的一股东与受托人签订信托协议,或者由不同股东分别与共同受托人签订的一组内容一致的信托协议,规定在一定的年限内,或者在某一意外事件发生之前,或在信托协议的有效期内,股东对股票的控制权授予受托人,而不必再征询股东或其指定人的同意;股东保留对股票、红利和收益的所有权。(⇨voting group)

voting trust certificates 股权信托证书 股权信托中将股东权益转移的证书,代表除投票权以外的所有普通股权利。该证书由股权信托机构签发给股东以换取普通股票。被转让的普通股票以受托人名义登记于公司股东名册之中。(⇨voting trust)

vouch *v.* ❶证明;作证 ❷传唤…出庭作证 ❸引用案例或案例汇编为根据 ❹作保证;作担保

vouchee *n.* 担保人 指在阻却限嗣继承的拟制诉讼[common recovery]中,被请求担保请求人对土地所享有权利的那个人,他通常由法庭传唤员担任。(⇨ common recovery)

voucher *n.* ❶书证;收据 用以证明交易情况的文据,尤指付款凭证。根据英国高等法院衡平分庭[Chancery Division]的司法实践,当某案件在法官室[chamber]内审理时,该案所牵涉的会计账目核对并非绝对严格。只有2英镑或更多金额的支付方才要求会计方出具凭单证明,低于2英镑的小额支付则只需会计方的口头誓言即可资证明。❷(土地权利的)担保证明 在旧时英国地产法中,当某土地占有人被起诉要求返还土地时,该占有人得要求传唤某证人出庭证明其对争议土地的权利。该证人曾在此诉讼前向土地占有人担保后者对于土地的合法权利。因此,诉讼中的被告,即土地占有人得要求该证人为其提供抗辩证据,或在该证人无法作证时要求其转让同等价值的土地作为补偿。该证人因之之故被称为"vouchee"。双重担保证明[double voucher]是指土地权利担保证明人在被土地占有人要求传唤出庭作证或转让土地作为补偿时,可要求传唤向其提供土地权利担保的第二担保证明人出庭作证或在向土地占有人作出补偿后向第二担保证明人追索。在阻却嗣继承的拟制诉讼[common recovery]中,虚拟的担保证明人往往临时由法庭传唤员充任,因此该庭吏被称为"合意担保证明人"[common vouchee]。根据1883年《地产时效法》[Real Property Limitation Act],自由保有人[freeholder]恢复地产之诉讼程序[real action]被废除,土地权利担保证明程序亦不复存在。(⇨common recovery; freeholder; real action)

voucher to warranty 传唤不动产产权担保人出庭 古代不动产法中,当某人被诉要求返还其占有的土地时,他可以传唤对此土地的产权予以担保的人到庭为其辩解,以反驳原告的请求。(⇨voucher)

vouching-in *n.* 告知通知 ①普通法诉讼中的一个程序,指已被他人提起诉讼的被告,可将诉讼已经开始的情况告知就被诉事项对其负有责任的第三人,则在适当情况下,该第三人将受法院判决的约束,即如果该第三人收到被告的通知后不到庭答辩,则被告的败诉将使其承担责任。尽管该程序已大部分被第三人诉讼程序[third-party practice]所取代,但在美国《联邦民事诉讼规则》[Fed. R. Civil P.]中仍有少量存在。②在商法上,指告知对被告承担责任的第三人并要求其参加诉讼。如果该第三人拒绝参加诉讼,被告后来又对其提起了诉讼,则法院对这两个诉讼共同的事实所作的任何裁决对该第三人都有约束力。如美国《统一商法典》[U.C.C.]中即有规定。

Vox populi vox Dei. 〈拉〉人民的声音就是上帝的声音。

voyage charter (单)程租(船);航次租船;程租(船)契约

voyage policy 航次保险单;航程保险单 一种对特定航次中发生的风险予以承保的海上保险单,其中载明航次的起点和终点。

vulgar law 粗俗(罗马)法 指约自公元4世纪起施行于罗马诸行省的由那些变质的罗马法和地方习俗、惯例共同组成的规则混合体,它在类似《阿拉立克罗马法辑要》[Breviarium Alaricianum]之类的立法中有所体现,以前那种精致的、理论化的经典法律完全遗失,仅留下了一些简单和基本的形式与一些不太复杂的概念。在日耳曼人迁徙过程中,蛮族法典也吸收了一些粗俗罗马法,东罗马帝国的立法也受到了这种粗俗法的影响。

vulgaris purgatio 〈拉〉(英格兰古法)普通神裁涤罪 指通过水审或火审证明自己无罪,区别于教会方面的涤罪形式,后者依靠的是当事人的宣誓。

vulgar purgation (= vulgaris purgatio)

Vulgate Edition 标准版年鉴 年鉴[Year Books]的一个版本,又称对开版[Folio Edition]或1679年版[Edition of 1679]。(⇨Year Books)

vulgo concepti 〈拉〉(古)私生子;非婚生子 (⇨bastard)

vulgo quaesiti 〈拉〉(古)私生子 尤指其生父不可知的、乱交所生的子女。

Ww

wacreour 〈拉〉流浪者
wadia 〈拉〉质押
wadset n.〈苏格兰〉(废)典当;抵押
waga n.(古)重量单位 英国古法中用来称量奶酪、盐、羊毛等的衡制,相当于常衡的256磅。
wage earner's plan 〈美〉(破产法)有工资收入者计划 部分破产的一种,指在破产程序中,对有工资收入者并不宣告其为破产人,由其继续保有自己的财产,并在法院监督下于一定期间内清偿法院确定的债务比例。它旨在帮助有工资收入的债务人实现经济复兴[financial rehabilitation]。该项制度规定于《破产法》[Bankruptcy Act]第13章。(➪bankruptcy proceedings)
wager n.❶赌博合同 指两人或多人约定以不确定事件的发生与否决定相互间财物的输赢,且各方除此之外并无其他利益。该词与bet、gamble作为同义词通用于日常语言和法律文件中。(➪bet; bookmaking; gambling; parimutuel betting) ❷赌博 在刑法上,该词与bet同义,但它们不是指合同法上所称的那种双方当事人的合意而达成的协议,因为如果这样理解的话,在通过利用假装的共犯[feigned accomplices]侦破的案件中,由于除了该假装的共犯的证言外,没有其他反对被告人的证据,将会使被告人逃避惩罚。
wagering contract ❶赌博合同(➪wager; gambling contract) ❷赌博保险合同(➪wager policy)
wager insurance policy (=wager policy)
wager of battel 决斗断讼;以决斗方式进行的裁判 征服者威廉引入英格兰的一种审判方式,为许多日耳曼部落所采用。这种裁判方式的特点是原被告双方进行决斗,决斗取胜的一方即为胜诉方。
wager of law 誓证裁决 一译"宣誓断讼"。一种中世纪的裁判方式,被侵入罗马帝国的许多蛮族和部落采用。根据这种裁判方式,被告用誓言驳斥原告的指控,并且找来11个邻人宣誓证明其无辜。这种裁判方式在英格兰得到发展,并在教会法院中被长期沿用,16、17世纪时趋于衰落,于1833年被废止。(➪compurgation)
wager of law of non-summons 基于传票近期送达而提出的宣誓断讼答辩 这是在普通法不动产权益诉讼中,当紧随起始令状的传票未于合理时间内送达时,被告出具的一项答辩。(➪wager of law)
wager policy 赌博保险单 被保险人对保险标的不享有真实的、有价值的可保利益的保险单,此类保险单通常是违法的。
wages n.工资;工资收入;报酬 由雇主定期按一定标准——以工作时间或工作量为基准——支付给雇员的就业收入。它包括以现金或其他形式支付的薪金[salaries]、佣金[commissions]、假期工资[vacation pay]、解雇工资[dismissal wages]、奖金[bonus]、小费[gratuities or tips]以及合理的膳宿费用或者雇主提供给雇员的膳宿便利。从广泛的意义上来说,它不仅仅限于定期就业收入,还包括各种形式的劳动收入。在狭义上,wages与salaries的主要区别在于:前者被用来支付从事体力劳动或办公室较简单工作的雇员;后者被用来支付管理人员和经理人员。
waggonage n.货车运输费
Wagner Act 〈美〉《瓦格纳法》 指美国1935年制定的第一个《全国劳资关系法》[National Labor Relations Act]。该法旨在保护劳工利益,如赋予工会权利,界定雇主的不正当行为等。
waif n.❶无主物 无人主张权利或每个人都放弃请求权的财物。 ❷弃儿;无家可归者 尤指不能自理的人。❸被弃赃物 窃贼由于害怕被捕,在逃跑途中丢弃的赃物。作为对失主不尽力追捕罪犯并取回财物的处罚,被弃赃物在英国归由君主所有。它与窃贼所丢弃的由他本人所有的财物[bona fugitiva]相区别。
waift (=waif)
wainage n.(古)(耕种用的)农具 在英格兰古法中用以指农民所有的那些生产用具或牲畜,尤其是农奴生产所用的工具。
wait-and-see doctrine 情事等待原则 这一原则是为了缓和"禁止永久持有规则"[Rule Against Perpetuities]所产生的严厉的法律效果。它允许考虑在授予将来权益(尤指终身地产权[life estate])的文书成立后所发生的事件,一旦限制该权益的将来不确定事件在永久持有规则所规定的期限内发生,则该项权益有效。在美国,为了确定某一不特定权益[contingent interest]是否违反"禁止永久持有规则",许多州通过立法允许法院考察不特定事件实际发生时的条件,而不是像"禁止永久持有规则"所规定的那样考察在该权益创设时的条件。该原则在某些州又被称为"重新考虑原则"[second look doctrine]。(➪perpetuity; rule against perpetuities)
waiting clerks 〈英格兰古法〉(衡平法院听候执行命令的)侍应官 该职已于1842年被废止。
waiting period 等待期间 某些法定权利或补救方法在被执行和实施之前所必须经过的期间。在保险法中,须经此期间届满,保单才生效并可依此进行赔偿。在劳动法中,指在通知罢工意图后的一段时间,在此期间不举行任何合法的罢工行为。在证券法中,证券在经证券交易委员会[Securities and Exchange Commission]进行登记后也需经过该期间才能向公众出售。在劳工赔偿法中,指人身伤害发生后的一段时期,根据制定法的规定,此期间内不能进行劳工赔偿。(⇨cooling off period; cooling time)

waiting time (= waiting period)

waive n.(英格兰古法)被剥夺法律保护的妇女　与被剥夺法律保护的男子[outlaw]相对。
v.放弃;放弃权利;弃权(⇨waiver)

waiver n. ❶放弃;权利放弃;弃权　指故意或自愿抛弃其明知的权利,或实施可以推定其抛弃该等权利的行为,或放弃其有权要求实施的行为,或者其在享有法律规定或合同约定的权利并明知相关的重大事实时,作为或不作为与其权利要求相矛盾的行为。诸如对请求权、权利、特权的放弃,或者在受到他人的侵权或伤害后未对之提起请求,即是对法律规定的侵权行为补救权的放弃。放弃可以是明示的,也可以默示方式为之。例如,一承租人实施了违反租赁合同的行为,则依照法律规定出租人可以解除租赁,但出租人亦可以在明知违约事实后,通过明确承诺不行使解除权的方式或以接受租金的方式放弃其解除权。前一种方式即为明示的放弃,后一种则为默示的权利放弃。权利放弃是建立在衡平法原则之上的,但亦为普通法法院所承认。在本质上,权利放弃是一种单方行为,仅需一方当事人的行为即可完成并产生法律效力,而无需因之受益的相对方的任何行为。权利放弃与"不容否认"[estoppel]并非同义语,前者是指对明知权利的自愿或故意放弃;后者则是基于这样的原理:当某人实施某一行为或作出某一陈述后,他人对该行为或声明产生信赖并因之而实施行为,则公平和诚信原则要求该方当事人不得否认该行为或收回该声明。但有时这两者的区别又是模糊的。例如,在保险法中,不容否认的范围比权利放弃的范围要广,在某些情况下,甚至包括了权利放弃。如保险人放弃权利的,则根据不容否认原则,其不得在此后又主张该权利。权利放弃亦存在于其他法律中。例如,刑法中经常用于当事人对取得律师帮助权[right to counsel]的放弃(如,"米兰达警告"[Miranda warning])或对刑事司法程序中的某一步骤的放弃,其核心在于每一当事人的自愿同意。在国际法中,经常用于对外交豁免权[diplomatic immunity]的放弃,该种放弃须以明示方式为之,并须经有关使团首脑的批准。各种权利放弃的具体内容参见各相关词条。(⇨abandonment; estoppel; forfeiture) ❷弃权证书;权利放弃证明　指某人据以放弃其法律权利或利益的书面文件。

waiver by election (of remedies)　因选择(补救方法)而产生的权利放弃　如果同时存在两种以上互相冲突的补救方法,则当事人有权选择其中之一。若当事人明知该等事实而决定选择其中一种补救方法的,那么也就意味着其对其他补救方法的放弃。

waiver of exemption ❶财产豁免权的放弃　票据、债券、租约等的条款之一,指债务人自愿明示地放弃主张自己的全部或部分财产的豁免权,即放弃其不受债权人请求和免受执行、扣押、出售等司法强制措施的权利。❷财产豁免权放弃条款　在合同中明文规定的放弃财产豁免权的一种条款。

waiver of immunity 〈美〉豁免权的放弃　指证人在作证之前,可以声明放弃美国宪法赋予公民的基本权利之一,即任何人不得被强迫在刑事案件中充当不利于己的证人。

waiver of premium clause　保险费免缴条款　保险单的条款之一,被保险人可因某些特定情事的发生而免缴保险费。例如,被保险人残疾达一定期间,即可免缴保险费,而保险合同的效力并不因此而受影响。

waiver of proof of loss　损失证明的放弃　已得知损失所有事实的保险人自愿放弃要求书面损失证明的权利,该权利是保险合同或法律赋予保险人的。

waiver of protest　拒绝证书的免除　票据的一方当事人有权在票据遭拒付时请求作成票据的拒绝证书[protest],但该当事人有明示或默示地以口头或书面形式放弃其要求作成拒绝证书的权利。

waiver of right to appeal　上诉权的放弃　诉讼一方当事人通过明示同意或自愿的行为表示接受判决,放弃上诉。

waiver of tort　侵权之诉的放弃;放弃侵权之诉　某人受到侵权从而享有选择救济方式之权利,若其选择以准合同起诉,要求被告返还不当得利,而替代以侵权行为提起诉讼,要求获得损害赔偿的,则被称为对侵权之诉的放弃。但是,在此情况下,侵权之诉并未消灭。实际上,这两种救济方式是"无之则不然"[sine qua non]的关系,原告均应证明侵权行为之存在。

walapauz　〈伦巴第〉伪装头或脸　以期实施偷窃行为。

waliscus n.〈撒克逊〉政府雇员;执行官员

walking possession　〈英〉巡视占有　依判决执行令,郡长须占有败诉债务人的财物,可与败诉债务人协议实行"巡视占有",即财产实际上仍由债务人保管,但保证不转移该财产,郡长属下官员不时前往巡视。(⇨fieri facias)

walk out　〖WTB6X〗罢工　指工人因劳动争议有组织地退出雇佣关系的行为。

wallia n.(英格兰古法)屏障海岸;防波堤

Walsh-Healey Act　〈美〉《华尔示－黑利法》　1936年制定的联邦法律,规定了最低工资待遇、严格8小时工作日及周40小时工作制、不得雇佣18岁以下女工和16岁以下男工、工作环境的安全卫生等。

Waltham Blacks　〈英〉沃尔瑟姆黑匪　指《黑匪法》[Black Act]所针对的强盗。(⇨Black Act)

wampum n.贝壳串珠;交换物　早期英国在北美新英格兰殖民地采用的等价交换物,1637年由马萨诸塞州议会确立的交换物包括贝壳、浣熊皮和子弹,1652年该议会规定用金属流通物代替它。

wantage n.(海事保险中因漏失造成的)缺损量;漏损量

want of consideration　对价的欠缺　在一般合同法中,指就某一合同完全缺乏任何有效的对价。它与"对价的灭失"[failure of consideration]有所不同,后者是指双方当事人在达成合意时对价存在,后因一方当事人的过失或未履行允诺而致该对价丧失价值或不复存在。(⇨failure of consideration; sufficient consideration)

want of issue　无子嗣;无子女

want of jurisdiction (= lack of jurisdiction)

want of ordinary care　缺乏一般注意(⇨ordinary care)

want of prosecution　缺少控诉　指原告未出庭支持其起诉或未努力支持其起诉,据此,法庭可将诉讼驳回。

want of repair　失修状态　指公路处于对于正常旅行不安全、不便利的状态。

wanton a.❶恶意的;肆意的　❷不受纪律约束的;任性的　❸极度轻率的;漠不关心的;极度放任的　❹淫荡的;不贞洁的;不道德的

wanton act　恶意行为;肆意行为　明知行为后果会带来损害却恶意地不顾后果发生的不法行为。

wanton acts and omissions　放任肆意的作为和不作为

wanton and furious driving　〈美〉放任驾驶犯　美国州、县或市立法规定的一种犯罪,指损害公众安全而毫无顾忌驾车的行为。该种犯罪是应受罚金或监禁处罚的轻罪。

wanton and reckless misconduct 放任肆意的不法行为 虽无造成危害的意图，但明知或应知行为很可能会带来危害结果，仍不顾结果的发生的行为。在有关惩罚性赔偿金的法律中，该行为是指明知有危险而不顾危险结果的发生而给他人带来实质性危险的行为。

wanton conduct 肆意行为；恶意行为（⇨wanton act; wanton omission; wanton misconduct）

wanton injury 恶意损害 故意不法行为或者违反注意义务，对行为后果漠不关心而产生的损害。行为人须明知危险的存在，如不采取预防措施很可能造成损害，而不采取合理的预防措施。（⇨wanton act; wanton omission）

wantonly ad. 恶意地；放任地；漠视他人权利地；放荡地

wanton misconduct 放任的不法行为 有责任为一定行为，且意识到不法作为或不作为的危害结果可能发生，却轻率放任地作为或不作为。（⇨wanton and reckless misconduct; wanton act; wanton omission）

wanton negligence 放任的过失 明知作为或不作为可能对他人造成损害却轻率、放任而不顾及他人的权利。（⇨negligence; recklessness）

wantonness n. 放任；肆意 行为人行为时已经认识到危险可能发生，但对结果持漠不关心的心理状态。一般说来，"放任"比"过失"[recklessness]具有更大的应受谴责性[culpability]，而且 wantonness 用在刑法上下文中往往还蕴含"恶意"[malice]之意。

wanton omission 放任的不作为 明知不作为可能会导致对他人的损害而不为。

wapentake n. 百户区 源自撒克逊语，意思是"手持武器"。表明这一行政区其起源的军事特征。该词同时还指"百户区法庭"。

war n. ❶战争；战争状态 指不同国家之间或者统治者之间，或者同一国内不同当事方之间进行武装力量进行的敌对性冲突。根据美国宪法，只有联邦政府拥有对外宣战权。当处于战争状态时，法院准许联邦政府采取特别措施，这些准许导致政府压制政治异议和其他在平时不合宪的行为。在联合王国，宣战权是国王特权的一部分，在法律上，对于是否存在战争状态，以代表王室政府的国务大臣的昭证文[certificate]为准，而不论实际的敌对状态是否终止。❷战 指相对立的各方之间的争议或竞争，如"价格战"等。❸斗争；努力 如"America's war against drugs"。

warantia （= warrantia）

war bond 〈美〉战争债券 美国政府在战争期间为筹措战争经费而发行的债券。

war crimes 战争罪行 指违反有关战争的国际法的行为。第二次世界大战以后，三种违反国际法的犯罪被认为是战争罪行：破坏和平罪；违反公认的作战法规或惯例的战争罪；危害人类罪。

ward n. ❶区；行政区；选区 指选举、治安或其他政府目的而在市、镇以下进行的区域划分。❷被监护人 由于缺乏处理自身事务的能力而接受监护的未成年人和其他无行为能力人。在美国亦指接受特别监护的人，如受法院监护的人和受州政府监护的人。❸病房；牢房 ❹监护；保护；看护 ❺（古）卫生；守卫 ❻（= castle-guard）

warda 〈拉〉（英格兰古法）监护；看护；被监护人

wardage n. 监护费

warden n. ❶警卫；门卫 ❷典狱长；监狱长

ward-fegh n. 〈撒克逊〉监护费 因监护而产生的费用，或者向领主赎回监护权而支付的费用。

ward-horn n. （英格兰古法）号角看守 执行看护职责时，遇有意外情况则吹响号角。

ward in chancery 受衡平法院监护的未成年人

ward-mote n. （英格兰古法）英国伦敦市的区法庭 该法庭有权调查和控告警察与看守的渎职、卖酒者欺诈及赌博等行为。

ward-penny n. （英格兰古法）护城费用 指为了补偿守护城堡而支付给行政长官或守护者的费用。

wardship in chivalry 骑士役保有中的监护权 骑士役保有地产的附带权益。

ward-wit n. （英格兰古法）监护职责的免除

warectare 〈拉〉（英格兰古法）耕地 指犁地以便休耕。

warehouse n. 货栈；仓库 有相当规模的以接收和存放货物为目的的建筑，货物的存放可以是临时的，也可是较长一段时间的。在英格兰，根据1952年《海关职责法》[Customs and Exercise Act]，该词亦指保税仓库，用于存放应征收关税而未征收的货物，直至被该货物再被出口而不必征税，或其被提出而在本国消费。（⇨drawback）

warehouseman n. 货栈主；仓库管理人 指以营利为目的而收取、存放他人货物的人，该人将所接收的货物在其出租仓库内予以保管。其业务可以是公开的，即向一般公众经营仓库保管业务；也可以是非公开的，仅向某些特定的人提供该项服务。

warehouseman's lien 货栈主留置权 指货栈主或仓库管理人在他人清偿货物仓储费以及与货物保管相关的费用之前有权扣押该人交由其存放的货物。

warehouseman's risk 仓库保管人风险 承保仓库内货物的保险，有时仅限于仓库保管人拥有利益的那部分存储财产，有时只承保其余保单未保的那部分财产。

warehouse receipt 仓单；栈单；提货单；仓库收据 由仓库或货栈的所有人向货物所有人出具的一种书面凭证，表明该单证项下的货物已存储在订明的仓库或货栈之中。该书面凭证亦具有物权凭证性质，代表其项下货物的所有权。

Warehouse Receipts Act 〈美〉《仓单法》 系一项统一法，已由商法典明确废止。

warehouse system 保税仓储制度 指进口货物存于保税货仓，只须缴纳仓储费，而不交关税。而后货物出仓，如在国内销售，则补交关税；如再出口则免交关税。

warehousing n. ❶仓储；仓储业；仓储费 ❷持货待售 指专营抵押业务的银行家持有抵押待持其市价上升再出售。❸股权收购前购进股票 某公司在公布股权收购之前，预先通知机构投资者此种意图，使机构投资者能在公开宣布收购之前以低价购进目标公司的股票。❹可延期短期抵押贷款 商业银行向需要长期资金的借款人提供短期抵押贷款，直至其获得长期贷款为止。

war loan 〈英〉战争借款（⇨public funds）

warning n. ❶警示；警告 向当事人通报他所未察觉的危险的存在，使他能够保护自己。如果当事人明知这种危险，那么警示将是无用的，也是不必要的。对于公开和明显的危险不存在警示的义务。美国联邦法律要求在有潜在危险的产品、服装、药品、工具等商品上加贴警示标志。（⇨caveat; Caveat emptor.）❷城镇聚会的通知

warning of a caveat 〈英〉预先通知 要求已在首席遗嘱检验登记官处[Principal Probate Registry]作注意登记[enter a caveat]的人出席并为自己的利益而陈述的通知。（⇨caveat）

warnoth n.（英格兰古法）加倍支付法 一种古老的习惯。依据该习惯法，若拥有多佛尔城堡的封臣第一次不能按期支付租金，他将被处以相当于两倍租金的罚款或被没收同样价值的财产，若第二次不能按期支付租金，则被处以相当于三倍租金的罚款或被没收同样价值的财产，依此类推。

war power 〈美〉战争权 "战争权"是非宪法上的大众化用语，指美国联邦政府进行战争直至胜利几乎无限制的权力。亚伯拉罕·林肯[Abraham Lincoln]可能是用war power这一单数形式包含战胜敌人各种权力的第一人，美国最高法院于1875年采纳了这一用法。它的范围包括国防的各个方面，如保护战争物资和武装部队人员免受伤害和危险。虽然国会拥有宣战权，但总统作为总司令对于包括战略战术在内的作战拥有最终权力。战争权必须是一项不受任何人的干预和阻碍的支配权力。只有当政府遭受紧迫的、现实的危险时，政府才有理由根据"战争权"直接干预自由和财产以及减少自由的宪法保障。在美国，对战争权最激烈的争论一直集中在两个方面，一是在国会没有正式宣战时总统把军队投入战争的程度或总统作为总司令在没有国会授权情况下从事军事行为的程度；二是宪法其他条款限制战争权范围[reach of war power]的程度。

war powers resolution 〈美〉战争权决议 1973年国会推翻总统的否决而通过的一项决议，该决议限制美国政府在没有国会同意的情况下，使美国卷入国外纠纷的权力。但该决议的特定规定确保美国总统有权在美国或其一部分受到攻击时，在不请求国会授权的情况下，派遣军队投入战斗。

warrant n. ❶令状 司法官员签发的要求或授权某人（如行政司法官[sheriff]）实施一定行为的命令，如逮捕令、搜查令、扣押令、判决执行令等。 ❷授权书 授予他人某种权限的文件，尤指授权付款或收款的文书。 ❸金钱支付令 签发人要求某人支付一定数额的金钱给指定的他人的命令。（▷county warrant） ❹（= stock warrant） ❺保证；担保

warrantee n. 被保证人
warranter (= warrantor)
warrantia 担保；保证
warrantia cartae (= warrantia chartae)
warrantia chartae 保证履行令状 一种古老的现已被废止的令状。根据此种令状，当有人对采邑受封人[tenant]提起诉讼，并且在此种诉讼中采邑受封人不能取得担保或其他保证时，在判决作出后，采邑受封人有权从担保人（领主）处取得同等价值的其他土地。

warrant in bankruptcy 〈美〉破产接管令 在破产程序中，法庭签发的授权执行官[marshal]接管破产财产的命令。

warrantless arrest 无证逮捕 指不需持有逮捕令而逮捕某人。在美国，如果逮捕官有合理根据怀疑某人犯有重罪或亲眼目睹某人实施了构成妨碍治安的轻罪时，允许其对该人实施无证逮捕；在英国，任何人有权对犯有或正在实施可捕罪[arrestable offence]或有合理根据怀疑其犯有或正在实施可捕罪的任何人进行无证逮捕。（▷arrest）

warrant of arrest (= arrest warrant)
warrant of attachment (= writ of attachment)
warrant of attorney ❶（古）认诺判决授权书 指当事人委托律师以当事人的名义出庭，并同意法庭作出对对方当事人胜诉的判决[confession of judgment]的书面授权。 ❷（ = power of attorney ）

warrant of commitment 拘押令
warrant of distress (= distress warrant)
warrant officer 准尉 不是由委任状[commission]委任的，而是由授权令[warrant]委任的武装部队的军官。其衔级高于军士，但低于持有委任状[commissioned]军官。

warrantor n. ❶担保人；保证人 ❷丈夫的继承人
warrant to sue and defend 起诉和辩护的授权令 指在英格兰古代诉讼程序中，国王签发的一种特别授权某人聘请律师为其起诉、出庭和辩护的指令。这种指令现在已被废止。

warrantus n. 保证人；担保人（= warrantor）

warranty n. ❶担保；保证；瑕疵担保 该词与guarantee（或guaranty）同源于中世纪法国方言。上述术语的基本意思均为：一方当事人向他人所作的承诺，如果存在违约或瑕疵的，则向被担保方承担赔偿责任。但两者之间又有区别：guarantee对将来的事物或行为提供担保，而warranty是对现在或过去的事物或行为提供担保或保证。在法律上该词具有多重含义：①在财产法中，指一种担保合同，据此，某一契据的转让人使自己或其继承人向受让人就契据转让的地产作出担保，如果受让人遭到对该地产享有优先所有权[paramount title]者驱逐的，则其必须偿之以价值相当的其他土地。②在合同法中，指由财产出卖方所作的明示或默示的承诺，保证所交付的财产即为合同中所表述的或其允诺交付的财产。对此又可作不同的分类。根据担保的表示方式，可分为明示担保[express warranty]与默示担保[implied warranty]；在某些情况下，该词被推定为"默示担保"。默示担保又可分为可销售性担保[warranty of merchantability]、适用性担保[warranty of fitness]与所有权担保[warranty of title]。③在保险法中，指被保险人就其告知内容的真实性所作的保证，即有关被保险人、被保险财物以及保险事故之事实与其告知的内容相符。④在产品质量法上，指产品制造商对该产品的安全性所作的明示或默示的担保，如因该产品的质量瑕疵而造成消费者损害的，则应根据严格责任[strict liability]原则，由其承担损害赔偿责任。这种担保是针对与其没有直接合同关系的消费者所作出的。 ❷（合同条款中的）担保 源于英国合同法，与合同条款中的条件[condition]相对。传统的观点认为，任一合同条款[term of a contract]，无论其为明示或默示，根据其在合同目的中的重要性，要么为条件，要么为担保。如果其条款与合同本质相关，则其为条件；余者即为担保，亦即附属于合同主要目的的条款。违反条件的，当事人可主张撤销合同；违反担保的，当事人只能主张损害赔偿，而无权拒绝接受货物和撤销合同。英国1893年和1979年《货物买卖法》[Sale of Goods Act]均引入此观点。现代，尤其在判例中已不再按传统严格区分条件与担保合同，条款的法律效力主要取决于其违约的后果。但是，在苏格兰，担保却总是指实质性的或基本的条款，违反该条款，足以使对方当事人有权将该合同作为已撤销合同对待。（▷guarantee）

warranty deed （所有权）担保契据；（所有权）担保书 出让人用以保证货物所有权明确和完整的文书。它通常明确载有有关被转让所有权品质的约定。在美国的一些州，制定法往往从当事人使用的某些专门语词，诸如"转让"[grant]字样，而推断存在该类担保约定。通常的所有权担保契据包括对占有、使用收益、转让、免于受到财产负担以及对于所有权利主张进行抗辩等的权利所提供的

担保。亦作"general warranty deed"；"full-covenant-and-warranty deed"。(⇨quitclaim deed；special warranty deed)

warranty of fitness （货物）适用性担保 指卖方所作出的保证所售货物适合于买方特定用途的默示担保。美国《统一商法典》[U.C.C.]第2-315条设有专门规定。(⇨implied warranty of fitness for a particular purpose)

warranty of habitability 可居住性担保 指出租人所作的保证对出租房屋进行正常维修并在出租时和出租期间保持该出租房屋适于居住的默示担保。就新建住房而言，它是指承建人——出卖方担保该住房系根据建筑物所在地的有关法律精心建造而成，并适于居住。(⇨habitability)

warranty of title 所有权担保 有关动产买卖或合同中卖方所作的一项默示担保。其保证现时享有或将在交付时享有出售该货物的权利；从而卖方在货物售出时应享有可以对抗任何合法请求权的完整占有权；该货物在被销售时不存在买方为买卖合同成立之前或成立时所不知道的任何第三人的财产负担或抵押权。美国《统一商法典》[U.C.C.]第2-312条对此设有专门规定：(1)除受第(2)款规定约束外，买卖合同中包含卖方的下列担保：a.移转的所有权是完整的，并且其移转是正当的；b.交付的货物应不受买方在订立合同时所不知道的任何担保权益、其他留置权或财产负担的约束。(2)第(1)款担保只有通过特定语言，或只有在客观情况使买方有理由知道出售货物的一方并不保证他对货物拥有所有权，或有理由知道该方所拟出售的只是他自己或第三方所拥有的那部分所有权或权益时，才可以得到排除或修改。(3)除非另有约定，通常从事某一货物交易的商人作为卖方时，应当担保其交付的货物不受第三人以侵权或类似原因而提出的有效指控。但如果买方向卖方提供货物规格的，则买方必须担保卖方不因遵从其所提供的规格而致损。(⇨warranty)

warren n.〈英〉❶（饲养兔类动物的）农场 ❷（饲养和猎杀动物的）特许权利 农场的所有人拥有农场里的飞禽和走兽，并有权排除其他人在农场上打猎。这种特许授权在1971年被废止。

war risk insurance 战争风险保险；战争险 ①指货物运输保险和船舶保险的一种附加保险，承保海上发生的战争、类似战争行为、敌对行为等造成的损失；②美国联邦政府提供的、承保战时在公海上的船舶和财产损失及人员伤亡；③美国政府在一战期间签发的定期人寿保险，对那些在军队服役从事危险职业的人提供死亡或终身残疾保险，以替代对这些人不再适用的普通终身寿险和意外保险，这类保险现已转换成美国政府人寿保险[United States Government Life Insurance]。(⇨National-Service Life Insurance)

Warsaw Convention 《华沙公约》 1929年在波兰首都华沙签订的国际航空货物运输方面的国际公约，其全称为《关于统一国际航空运输某些规则的公约》[Convention for the Unification of Certain Rules Relating to International Air Carriage]。

warships n.军舰 军舰停于港口时豁免于当地的司法管辖，但如果军舰上的人员上岸，则要受当地的司法管辖，但不能被逮捕。

war treason 战时叛逆行为 被占领国领土上的居民实施的针对占领国的各种敌对活动，但被占领国的平民使用武力进行的敌对行为和军人进行的间谍行为为除外。国际法对战时叛逆行为采取双重对待的办法，即一方面给予交战国利用处于敌军权力之下的本国国民对敌军进行战时叛逆行为的权利，另一方面则承认当交战国对方捕获到实施此类行为的人员时，有权将其作为战争罪犯予以处罚。

wash sale 〈美〉虚假交易；虚售；冲销交易 ①在短时期内出售某种资产又购进相同或类似资产的行为，其目的往往是为了避税。美国国内税务署规定，如在股票出售之前或之后的30天内购进同一股票，则出售股票造成的损失不能抵减应税收入；②股票经纪人在收到两个客户相同股票不同交易方向的委托指令时，没有按规定分别执行两种指令，而只是把一个客户账上的股票转移到另一个客户账上，并将差价据为己有。这种做法是证券交易委员会所禁止的非法交易做法。

wash transaction (=wash sale)

waste n.❶未垦殖地 在不动产有关法律中，指任何从未被开发为可耕地或牧场的土地。❷损坏；毁损 在侵权法中，指任何对土地的终身保有权和继承权造成永久性损害的行为，或者实质上改变了土地的性质或减损了土地的价值的行为。但不包括在较短时间内由于时间或正常使用而造成的财产的正常损耗。

waste-book n.流水账簿；暂记账簿；日记账 在记入正式的日记账之前，按发生的时间顺序简略记录所有经济交易的一种非正式账簿。

wasting assets 递耗资产；减耗资产 具有一定的有限使用年限、其价值随时间逐渐减损、因而需要分期摊提或折旧的资产，例如森林、石油井、天然气井和矿石场等资本资产或固定资产。(⇨amortization；depletion)

wasting assets corporation 递耗资产公司 指从事采矿业、伐木业及其它类似商业活动的公司。其股息事实上是从资本中分配的，因为其资产是在正常经营的过程中消耗的。

wasting property 递耗财产；减耗财产(⇨wasting assets)

wasting trust 递耗式信托 指信托财产的一部分或全部将逐渐被消耗掉的一种信托，即信托财产为递耗资产。在此种信托中，受托人可将本金的一部分用于弥补收入的不足。

wastors n.(古)小偷；窃贼

watch n.❶值班船员；当值班 在海上，船员通常分为左舷、右舷两班，轮流值班，尤指夜间值班，通常是每隔2或4小时换班。❷值班时间；当值时间 军官和船员在一天中值班的时间段，尤指夜间。

watch and ward 昼夜值班 watch指在夜间值班，ward指在白天值班。

watch committee 〈英〉（管理地方警察值勤的）公安委员会

watcher n.❶投票监督员 由某一政党所委派的、于选举日在投票点观察选举和计点选票的人员。❷目击者 目睹犯罪行为的人。

watchman n.看守人；巡警；警卫人员 该词的具体含义随着地点的不同，所保卫的财产价值及其所蒙受的危险的不同而不同。有时指负责保卫、巡视和看管房屋或其他财产的人。有时指在许多城市、市镇负责晚间巡视，看护居民财产的警察。他通常拥有警官[constable]所享有的普通法上的进行逮捕的权力。只要有合理的理由怀疑某人犯有重罪，尽管没有触犯重罪的证据，他就可以逮捕某人。

water n.❶水 ❷（常用复）水体；大片的水 指溪流、河流、湖泊、海洋等。在英格兰法中，根据布莱克斯通

[Blackstone]的说法,"土地"[land]是包括水的。在针对水体的返还之诉中,是不能以"水体"[water]的名义起诉的,而应以水底的土地的名义,如:被水覆盖的20英亩土地。另外,若某人授予另一人其土地上的一片水,受让人享有的权利仅为捕鱼权[right of fishing]。 ❸公海;领海;水域

water bailiff 〈英〉水上警察;海关检查员

Water Carrier Act 〈美〉《水运法》 美国联邦政府制定的调整州际和国际水上运输业的法律。

water course ❶水道 从一个永久性或自然的源头流出的一条水流,包括河流、小溪、支流等,通常有特定的方向,必须在有河床和河岸的固定河道中流动,并且常常流入其他河流或水体。它可能有时干涸,但决不是地表上由于某些原因出现的大滩积水。 ❷人工水道 从地上或地下把水从一个人的土地引到另一个人的土地的水道或者把水引过这些土地的水道。

Water Court 〈美〉水利法庭 在科罗拉多州[Colorado]和蒙大拿州[Montana]设立的管辖用水权利的裁决和管理的法庭。

water damage insurance 水渍保险 对保险标的因雨水、洪水或其它可归因于自然原因的水灾所遭受的灭失或损害予以承保的保险。

watered stock 搀水股 指公司发行的对价不充足的股票。例如:作为红利而赠与的股份,即红利股[bonus stock];或指股东所缴股款或提供的劳务、财产低于股票面值[par value],而作为已清缴股票[paid-up stock]所发行的股票。

water license 水域使用许可证(⇨water privilege)

water mark ❶水位 ❷水印 纸张上隐含在照明时可见的图文,通常用以指示文件或文件制作者的真确性。

water ordeal 水裁法 通常把被告的双臂齐肘浸入沸水中或者把他丢进水池,如果被告未被烫伤或沉入水底则被判无罪,反之,如果被告被烫伤或浮在水面则被判有罪。

water pollution 水污染 向公共供水源排放垃圾、细菌、大肠杆菌或其他传染性和污染性物质,使水质对人体构成危险而不适于家庭使用。

water privilege 用水权 这是一种独立的可继承的无形财产,而非一种设定于其他物之上的役权。(⇨water right; water license)

water right 用水权;法定用水权 一指为一般或特定目的,如灌溉、采矿、发电或家庭用水,使用自然河流中的水或用水沟或运河引来的水的全部或部分,或者在特定时间内使用的权利。亦指一种地役权,即为引水而使用他人不动产的权利。

water tax 水费 自来水公司所收取的费用。

waterworks license 供水业经营执照

waveson n.失事船舶的漂浮物 指海难发生后漂浮于海上的货物或船舶的残骸。

wax scot 〈古〉蜡税 每年两次交纳的教堂蜡烛费用。

way n.通道;小路;大街

waybill n.货运单;运单 承运人在承运货物时向发货人出具的书面货运单据,其中列明货物启运地、目的地、托运人、收货人以及对货物状况的描述及运载费。此单据既作为收货凭证,又作为货物运输合同的证明。

way-going crop 租期届满后收获的庄稼 承租人或佃户在承租期内播种但须在租期届满后方能成熟的庄稼,除非有明确的相反约定,则承租人有权收获。

way of necessity 必要通道 与公路不相连接的土地的权利人,有权要求为其保留从该土地通往公路的必要道路。(⇨implied easement)

ways and means (committee) 〈美〉筹款委员会 国会中主要负责审查、审议筹措国家财政收入的方式、来源以及提议向政府提供其所需资金的方法的委员会。它是众议院的一个常设委员会,还负责监督有关财政事务的立法。

waywardens n.〈英〉公用道路管理人 根据1862-1878年《公用道路法》[Highway Act, 1862 to 1878]在每一个公用道路区每年选出1名或1名以上管理人,这些管理人会同本区的郡法官组成该区的公用道路管理委员会。1894年《地方政府法》[Local Government Act]授权地方政府管理公用道路,公用道路管理人和公用道路管理委员会遂废止。

weal (=welfare)

wealreaf n.盗墓

wealth n.❶财富;财产;钱财;资源 在经济学上,指具有金钱价值的物品;能够购买或出售的任何物品。 ❷富有;富裕 在通常意义上,指拥有大量财富的状态。

wear and tear 磨损;(合理)损耗

Webb-Keynon Act 〈美〉《韦布-凯尼恩法》 1913年美国国会通过的联邦禁酒法,该法旨在禁止违反禁酒州的立法使酒类进入州际贸易。

Webb-Pomerene Act 〈美〉《韦布-波默林法》 1918年美国国会通过的有关出口贸易的联邦法,该法宣布出口贸易组织可以有条件地不受反垄断法的约束,旨在加强美国出口商的竞争地位。

wed n.〈撒克逊〉❶合同;契约 ❷抵押;典押

wedlock n.婚姻;已婚状态

weft (=waif)

wehading n.(欧洲古法)司法决斗

weif (=waif)

weighage 〈英〉过称税 因称量货物而交纳的一种税。用标准秤称量羊毛而交纳的税叫作tronage;称量其他物品而交纳的税叫作pesage。

weighted voting 加权表决 立法机关的成员行使其代表权的一种方法。在采取这种方法表决时,各成员不是每人一票,他们的票数是不同的。其票数按照各成员所代表的选民的数量决定。

weight of the evidence 证据的证明效力;证据的更大分量 指某一证据在证明诉讼双方当事人的主张方面更加倾向于支持其中一方当事人的主张。如果陪审团所作的裁断与证据的证明效力相违背,将导致对案件重新审判。

weights and measures 度量衡(⇨avoirdupois; metric system; troy weight)

welfare n.福利;福利救济
 a.❶福利的;从事福利事业的 ❷接受福利救济的(⇨general welfare; public welfare)

welfare board 〈美〉济贫委员会 负责救济穷人的县、镇[town]、县区[township]的行政管理机构。

welfare clause 〈美〉福利条款 美国宪法第一条第八款允许联邦政府制定并执行促进全民福利的法律。它是行使宪法的明示条款所必需的默示权力的基础。

welfare laws 福利法 为不能在生活和保护方面实现自力救济的人提供公共救济的法律。

welfare state 福利国家 指国家通过各个部门和机构广泛提供福利和社会保障的社会。一般认为,约克郡大主教威廉·坦普尔[William Temple, Archbishop of York]在其

1941年出版的一本书中,最先在英语中使用了福利国家这一术语。在1955年版的《牛津英语词典》[Oxford English Dictionary]中出现了福利国家这一词条。在德语中,早在1932年就有人把福利国家[Wohlfahrtsstaat]用作贬义词来指责魏玛共和国[Weimar Republic],这被认为是首次使用该术语。挪威语中的福利国家[velferdsstaten]一词也早在1939年用于公共报告[public reports]之中,主要用来指即将到来的美好社会图景——人人分享幸福。事实上,福利国家这一术语的前一部分,即"福利"的词源可以追溯到古挪威语velferð。直到20世纪60、70年代,福利国家这一术语才广泛出现在各种语言、政治生活、大众传播媒体和社会科学研究报告中。第二次世界大战的经验孕育了福利国家的思想。1942年威廉·贝弗里奇爵士[Sir William Beveridge]提出的"社会服务国家"[social service state]的构想和1944年国际劳工组织通过的"费城决议"[Philadelphia resolutions of the International Labour Organization],为战后大规模出现的福利国家制度和设想的合理化和实际建立提供了基本依据。

well n.〈英〉(法庭上用栏杆围在法官席前面的)律师席 a.船舶的良好 在海上保险中指船舶于特定时间和地点的安全性、可靠性。

well knowing ❶明知的;知情的 为故意行为进行抗辩的技术性表达。 ❷〈英〉恳求性的(语句) 在一名律师给他妻子的完全不动产遗赠中出现这样的恳求性语句:"明知她将把财产留给孩子们",那么考虑到遗嘱人作为律师的知识和语句中所表达的意图,可以认定这是一项信托。

Welsh Church 威尔士教会 根据1919年的《威尔士教会(临时)法》[Welsh Church (Temporalities) Act],在威尔士的英格兰教会被解散。

welsher n.不付赌金而逃走者;(不能支付赌债或接受赌金后拒绝返还的)赖账者

Welsh Grand Committee 威尔士大委员会 指英国下议院审议有关威尔士事项的常设委员会,其成员来自威尔士各选区的下议院议员和由选举委员会选举产生的不超过25人的其他成员。

Welsh law 威尔士法 中世纪通行于不列颠岛的一部分即威尔士地区的习惯与法律的总称。公元5世纪,威尔士被使用爱尔兰语言的民族占领。当时,威尔士仅有习惯法。10世纪时,威尔士国王贤者豪厄尔[Howel the Good, 910-950]曾将当时的威尔士习惯汇纂成了一部习惯法典,以后的几代国王不断对其进行增补和重编,遂成为通行于全威尔士的处理部落以及个人之间关系的准则。威尔士各诸侯国之间的法律虽略有差异,但威尔士是一个法律统一体。1282年,英格兰国王爱德华一世征服了威尔士。1284年的《威廉法》[Statutum Walliae]宣布威尔士附属于英格兰王国,并按照英格兰的模式,在那里建立了6个郡。但是,《威廉法》并没有影响到管辖威尔士边疆地区的贵族,他们要求其所继承的种种特权得到承认。1354年,法律规定威尔士边疆的贵族应服从英格兰王权,而不是威尔士君权。一般而言,威尔士地区的司法在各个管辖区内分别进行,来自威斯敏斯特的英格兰王室令状在威尔士并未得到适用。即使在适用《威廉法》的地区,法律的实施也不统一。1400年格伦道尔[Glendower]叛乱之后,威斯敏斯特的英格兰议会通过了大量的法律来限制威尔士人在英格兰的权利和特权,并在许多方面降低威尔士人的地位。1536年的《威尔士法律法》[Laws in Wales Act]实现了威尔士与英格兰的统一,并将英格兰人所享有的法律、权利和特权赋予威尔士人,规定威尔士的土地可以根据英格兰法进行继承、司法审判采用英格兰的模式及使用英语等。1542年的《威尔士法律法》规定在爱德华四世时期设立的威尔士枢密大臣法庭及枢密院禁止私自分封;宣布所有与英格兰的习惯相抵触的威尔士的古老习惯和法律为非法;废除子孙对无遗嘱死者财产的平均继承制,而代之以长子继承制;规定所有的法律诉讼都必须使用英语等。到17世纪,该法已成为阻碍社会进步的力量,于1688年被废止。由于威尔士语在威尔士地区继续被使用,并且由于威尔士与英格兰存在着宗教上的显著差异,故自19世纪晚期始,出现了一些涉及威尔士的特别立法。1919年,威尔士卫生部的设立是对威尔士的第一次重要授权。二战期间及战后,许多政府部门把威尔士看作一个单位,并在那里设立了一些职能部门。1951年,威尔士事务部长被任命;1964年,又设立了负责威尔士事务的国务大臣职位。除了一些特别的法律中对威尔士作出特别规定之外,如果法律未作相反的规定或说明,所有法律文件中的"England"都包括威尔士在内,表明二者在私法、刑法及程序法方面没有什么差异。1942年《威尔士法院法》[Welsh Courts Act]使得在威尔士法院中使用威尔士语合法化;1967年的《威尔士语言法》[Welsh Language Act]规定,在威尔士进行的所有法律诉讼中都可以使用威尔士语。

Welsh mortgage 威尔士式抵押 英格兰法上的一种带有抵押特征的担保形式。根据这种担保形式,债务人到期不能清偿债务时将其不动产移转给债权人占有,用不动产所取得的租金或利润来支付债权人应得的利息,直至主债务得以清偿,且债务人对其不动产享有永久性赎回权。威尔士式抵押不同于活抵押[vivum vadium or vifgage],前者只适用于清偿债的利息,后者则适用于清偿包括利息在内的全部债务。这种担保形式现在几乎不再使用。

wer n.〈盎格鲁-撒克逊〉身价;伤害赔偿金;赔偿价 在中世纪的盎格鲁-撒克逊法中,每个人的生命,包括国王在内,都根据一定标准进行金钱估价,这种标准被称作"wer"或者"aestimatio capitis"。赔偿金的数额因受害者的身份、伤害的性质不同而不同。(⇨wite)

wera (= wer)

were (= wer)

weregild (= wergild)

weregildum (= wergild)

werelada n.洗清罪行 根据被告人的地位和身份,由不同人数的人宣誓来证明其无罪。

wergild n.赎罪赔偿金 中世纪日耳曼法中规定的,由造成他人伤害的人向受害者本人,或者在造成死亡时向死者的亲属支付的一定数额的金钱赔偿。最初,赎罪赔偿金是不确定的,后来逐渐由法律和中世纪的一些法典固定下来。在有些国家,赎罪赔偿金的数额还与个人的社会地位有关,贵族的赔偿金要比普通人多得多。某些情况下,赎罪赔偿金的一部分要支付给国王或领主,因为他们失去了自己的臣民或奴仆。此外,与赎罪赔偿金相关的请求权还有两种:一是赔偿金[bot],作为对已造成的损害的赔偿;另一种是伤害罚金[wite],它是在赎罪赔偿金之外,作为对故意加害行为的惩罚而上交给国王的罚金。后来,随着王权的加强,不再允许以支付赔偿金的方式来赎罪,而是由国王或领主对加害人加以处罚,同时受害人本人或其亲属可以提出损害赔偿的要求,作为对其所受损失的补偿。

werp-geld n.〈比利时〉海损 在欧洲法中指海上遇险船

舶抛弃货物所造成的损失的分摊。

Western European Union/W.E.U. 西欧联盟 1954年西欧七国政府创建了西欧联盟，以取代1948年布鲁塞尔条约组织[Brussels Treaty Organization of 1948]。西欧联盟和北大西洋公约组织[N.A.T.O.]一样，是一个集体防卫组织，旨在协调共同防务。

WESTLAW/WL 韦氏法律文献计算机检索系统 为韦氏集团[West Group]的一个计算机辅助法律检索数据库，提供法律文献的在线检索。1975年，韦氏出版公司[West Publishing Company]（现称韦氏集团[West Group]）的法律文献数据库仅由摘要[headnotes]组成，这些摘要按韦氏公司自己的钥匙号或主题排列顺序分类。1978年，韦氏公司开始将法官意见书[opinion]的全文收录进去。其范围包括在韦氏公司的全国判例汇编系统[National Reporter System]中所报道的意见书，即从1961年到现在所有联邦法院的判决，及从1967年到现在所有州上诉法院的判决。关于联邦判例法的文献中包括韦氏公司的《最高法院判例汇编》[Supreme Court Reporter]、《联邦法院判例汇编》[Federal Reporter]、《联邦法院判例补编》[Federal Supplement]及《联邦规则判例汇编》[Federal Rules Decisions]中的全部内容。目前，该数据库收录的法律文献除判例法外，还包括制定法、行政法规和法律期刊。在检索时，一次只能查阅一份文献。检索方法也很灵活，而不是固定不变的，根据描述词[descriptive words]、主题/钥匙号、判例的名称或援引[citation]、法院规则或自然语言[natural language]均可查找到文献。检索或显示的信息由计算机根据每一文件中不同查询术语[search terms]的发生频率来排列。当查询者发现相关的援引被显示时，他可以①使用全国判例汇编系统相关卷册的复印文本[hard copy]来阅读判例；②调出终端上的全文；或③要求打印该判例。

Westminster n.威斯敏斯特 毗邻伦敦城的市，是大伦敦市[Greater London]的一部分，曾为王国的高级法院所在地，现为英国政府机构驻地。

Westminster Confession《威斯敏斯特信纲》 1643年英国及欧洲大陆的新教教派在威斯敏斯特会议上起草的信纲，后成为苏格兰长老会信仰纲领的基础。

Westminster Hall 威斯敏斯特大厅 威斯敏斯特宫中的一个大厅。由"红发威廉"（即威廉二世，又译为"红脸威廉"）于1099年建成，后由理查二世改建。西蒙·德·蒙特福特议会和模范议会曾在此开会。许多著名的审判如华莱士案、托马斯·莫尔爵士案、理查二世案、黑色火药阴谋案、查理一世案、泰特斯·奥茨案、华伦·哈斯丁案以及卡罗琳女王案等均在此举行。英国普通法法院于1884年皇家法院在斯特兰开庭之前一直设在该厅中。近年来，一些英国国王与伟大政治家的葬礼及议会的特别会议也在此举行。

West Saxon Lage 西撒克逊法 自诺曼征服至13世纪存在于英格兰的三大习惯法之一——其他两大习惯法是丹麦法[Danelage]和麦西亚法[Mercen-lage]。该法通用于从肯特郡[Kent]到德文郡[Devonshire]的现在被之为英格兰的西部和南部地区。

wet n.反禁酒者；支持不禁酒法令者

wetback n.〈美〉偷渡者 跋渡、在边境泅水非法进入美国的外国人。

W.E.U. (= Western European Union)

wharfage n.❶码头；码头设施 ❷船舶在码头停靠、装卸货物 ❸码头费 为在码头停靠、卸货、装货而支付的费用。(⇨dockage)

wharfinger n.码头老板；码头管理人 拥有以接收货物的目的码头的人。

wharfinger's receipt 码头收据 与仓单具有同等效力。(⇨warehouse receipt)

wharf master (= harbor master)

Wharton Rule 沃顿规则 根据这一规则，如果两人共谋共同实施一犯罪，但基于这一犯罪的性质要求必须有两人参加，则对其不能以共谋起诉，如通奸[adultery]。该规则因刑法学家弗兰西斯·沃顿[Francis Wharton]而得名，也称作"行为一致规则"[concert of action rule]。

wheel n.〈古〉轮式刑车 一种中世纪欧洲曾使用的、将罪犯绑在刑车上分裂其肢体的刑具。

wheelage n.（车辆通行特定地段所要交纳的）车辆通行税

wheel conspiracy 车轮式共谋 指某人或某一群体（"毂"）分别和另外两个以上的人或群体（辐）之间的共谋，只有处于"毂"的人或群体才对全部共谋负责。(= circle conspiracy; hub-and-spoke conspiracy)

when demanded (= on demand)

whereas conj. 鉴于 合同中的"鉴于"条款只是一个引语，表示"考虑到"[considering that]或"既然情况如此"[that being the case]，而不是合同实施部分的实质内容。

whether sane or insane 不论理智与否 人寿保单中的条款，扩展了作为除外责任事由的自杀的范围。

whether valid or not 不论有效与否 保单中常用术语，与承保同一风险的其它保险有关。

Whig n.〈英〉辉格党 原意据说是"酸奶"。该名称在1648年被用于指苏格兰的神圣盟约成员[Covenanter]，这些人反对汉密尔顿公爵为查理一世复辟而入侵英格兰。沃尔特·斯各特爵士认为，那些神圣盟约成员的骚乱被称作"辉格莫骚乱"[Whiggamores' Raid]。来源于"whig, whig"的用词，其含义是西部农民赶马吆喝用语"快走，快走。"1679年，指代政治党派"托利党"和"辉格党"的名称第一次使用。

while operating, driving, riding in or on 当操作、驾驶、搭乘之时 根据因果关系界定意外保险所承保的风险的条款。

whim n.奇想；冲动；心血来潮 法官指示陪审员，不应根据个人奇想或心血来潮而应根据证据材料作出裁断。

whip n.〈英〉督导；督导员 该词是借用、引申而来的。它指议会中某一政党的一位重要官员，负责协助政党领袖指挥本党议员采取一致行动。如对某一议案进行辩论，提出赞成或反对意见，对某一议案投反对票或赞成票等。其具体工作包括向本党议员发送有关信息，提供参加议会委员会合适议员的名单等。执政党首席督导担任财政部政务次官。

whiplash injury 颈椎过度屈伸损伤 通常是由于汽车后部撞击而引起的颈部受伤。

whipping n.鞭笞刑 体罚的一种方式，早期英格兰和美国少数几个州偶尔使用。该刑曾被认为是比死刑更加恶劣的刑罚。在英国普通法中，鞭笞刑曾作为轻罪的刑罚方法，公开行刑。有时受刑者被绑于马车尾部。在1820年以前，该刑同样适用于男性和女性。1948年，该刑被废除。

whipping wife 鞭打妻子 早期习惯法中丈夫的一项特权，但久已被成文法或司法判决所否定。

Whisky Rebellion 〈美〉威士忌暴动 1794年，美国宾西法尼亚州西部居民为抗议对威士忌酒征税而发起的暴动。

Whisky Ring 〈美〉威士忌共谋　1872年，美国的一些酿酒商和税务员串通共谋，以求骗取国内税收。

whistle blower 〈美〉告发者；揭发者　拒绝参与或告发雇主或其它雇员实施的非法行为的雇员。法律禁止雇主报复告发者。（▷False Claims Act; Whistle-blower Acts; wrongful discharge）

Whistle-blower Acts 〈美〉《告发者保护法》　旨在保护揭露雇主不法行为的雇员免遭报复的联邦和州的制定法。（▷False Claims Act; qui tam action）

white acre 白地　在模拟案件或辩论中，为说明不动产交易而给某地块一个虚拟的名字。

white bonnet 合谋诱价者；虚假竞价者　与拍卖者合谋，不是为购买而是为抬高价格而假意报价的人。

White Book of London 《伦敦白皮书》　在卷宗丛刊第12卷[No. 12 of the Rolls Series]中以《白皮书》[Liber Albus]题名印行，载用伦敦市中古习惯和法律，包括海事法在内。

whitecaps n.白帽队　1897年美国田纳西州[Tennessee]制定的反白帽队法中所称的非法团体的名称。反白帽队法防止和惩罚为非法目的组织的团体，并且禁止犯有此法规定之罪行的人参加陪审团。

white collar crimes 白领犯罪　指由法人或个人在执行职务过程中所犯的各种非暴力犯罪的总称。包括盗窃罪、诈骗罪、侵占罪、商业贿赂罪、违反反垄断罪、操纵定价罪、股票操纵罪、内部人员交易罪等。（▷RICO laws）

whitehall n.❶白厅　位于伦敦威斯敏斯特从特拉法尔加广场[Trafalgar Square]到议会广场[Parliament Square]的一条街道。沿此街及其附近有许多重要政府部门。　❷英国政府；英国中央政府　引申义。

White House ❶〈美〉白宫　美国总统官邸，始建于1792年，1800年第二任总统约翰·亚当斯[John Adams]首次迁入。1814年被英国人放火烧毁，翌年重建。因以白色涂料粉刷外壁而得名。1902年罗斯福[T. Roosevelt]最先在正式文书中使用这一名称。　❷美国总统；美国总统及其内阁　这是其引申义。

white knight 白色骑士；救援者　在公司法中，一场不太友好的收购行动的被收购公司为免遭收购，通常会找另一家公司要求合并，这个将来的对被收购公司进行兼并的收购者被艺术化地称为"白色骑士"。白色骑士通过与被收购公司的现任管理层进行交易取得对该公司的所有权，而不受欢迎的收购公司则与股东直接交易以取得该公司的所有权。

white list 白名单　①经批准或认可的事项的清单；②美国国务院礼宾司编制的各国大使馆、公使馆中享有外交豁免权的雇员和外交人员的家庭成员的名单。

White Paper 白皮书　政府发表的正式备忘录。其内容是政府对一些议案的看法，政府所建议、倡导的政策。因其封面为白色而得名。

white rent （英格兰古法）"白"租　以银钱缴纳的租金称为白租，区别于以谷物、劳动或其他实物缴纳的黑租。（▷alba firma）

white slave 〈美〉被迫或被骗为娼的妇女　1910年，美国国会制定的禁止州际国际贩卖妇女为娼法中使用此词。1986年联邦刑法典修正案将该种犯罪描述为"为实施非法性活动及相关目的而运送妇女的行为"。

white slavery 〈美〉迫使妇女为娼（▷white slave）

White Slave Traffic Act 〈美〉《禁止贩卖妇女为娼法》　为联邦法律，通常被称作《曼恩法》[Mann Act]。其中规定，禁止在州际或国际为了卖淫等不道德的目的而运送妇女的行为或者明知他人实施上述行为而为其提供帮助。

Whitley councils 〈英〉怀特利联合会　英国的一个工业联合会，由工人和管理人员组成，旨在促进和改善劳资关系。因其创立提议者J. H. Whitley的姓氏而得名。

whitsunday n.❶圣灵降临节（= Pentecost）　❷〈苏格兰〉法定结账日　5月15日，许多租借契约和雇佣关系终结日。

whitsuntide n.圣灵降临周　复活节后第15天起的一周。

whittanwarii n.（英格兰古法）（一帮把偷窃来的牛皮和马皮漂白以防被识别和鉴定出来的）犯罪分子

whole a.❶完好无损的；健康的；健全的　❷整个的；未经分割的　❸全部的；全体的；所有的

whole blood 全血亲（▷blood relationship）

whole life insurance （普通）终身人寿保险；终身寿险（▷ordinary life insurance）

wholesale v. & n.批发；整批出售　将货物成批地卖给零售商，而不是向消费者直接出售。

wholesale dealer 批发商

wholesale price 批发价

wholesale price index/WPI 批发物价指数　按月编制发布的用以反映物价变化的一种统计方法。将一组已选定商品的加权平均价格与所选基年[base year]内的价格相比而得。（▷Consumer Price Index）

wholly destroyed 全部毁损；全损　在建筑物火灾保险单中，如果一栋建筑物的某些部分虽然仍存在，即并未造成该建筑物的完全灭失，但该建筑物已不能再视为一栋建筑物时，即构成法定意义的"全部毁损"，应支付全额赔偿金。

wholly disabled (= total disability)

whore n.娼妓；妓女　v.❶卖淫　❷嫖妓　❸使腐化堕落

whorehouse n.妓院

whoremaster n.妓院老板；拉皮条者

widow n.寡妇；遗孀　指丈夫已经死亡的妇女，尤指丈夫死后未再婚的妇女。但在一些制定法中，亦可指丈夫死后又结婚的妇女。

widower n.鳏夫　其妻已经死亡且未再婚的男人。

widow's allowance 〈美〉寡妇生活费　寡妇从其亡夫遗产中所获得的一定数额的钱财，用以维持其生活所需，但它不是遗产利益，也不是通过继承方式所获得的，而是作为遗产管理费用的一部分，因此具有优先于其他请求权的效力。这一制度在美国某些州实行，其条件和数额由州制定法所规定。

widow's chamber （英格兰古法）遗孀的遗产份额　留给遗孀使用的死者遗产的一部分，包括遗孀的服装、卧室家俱等。伦敦有关保留给自由民遗孀的服装和家俱的习惯由维多利亚时代的一部制定法废止。

widow's gap 〈美〉寡妇（享受社会保障金）资格欠缺期　指妻子在丈夫死亡时，由于太年轻而未能取得享受社会保障福利的资格的期间。

wifa 〈拉〉（英格兰古法）（土地上的）标记；告示　表示该土地已被排他性地占有或者禁止他人进入。

wife n.妻子；已婚女人（▷common-law wife）

wife's right of survivorship （普通法上的）遗孀动产遗产权　丈夫死亡后妻子对于结婚时和婚姻存续期间属于她的权利动产所拥有的一项普通法上的权利。

wig n.假发　在西欧，戴假发的历史非常悠久。17世纪时，男人的假发开始被普遍使用，而且某些行业还将假发作为他们的正式服装的一部分。1663年，男子假发从法国传入英格兰，不久即被法院采用作为时髦礼服的一部分。大约在1705年时，白色和灰色的擦粉的假发在法院内外流行起来。1720年以后，较小的假发又成为时尚，但法官们仍保留戴较大的假发，以符合他们的尊严。因此，在1720-1760年间，当假发已不再成为时尚以后，法官所戴的假发则被保留了下来，并成为其正式礼服的组成部分。也是在这个时候，假发被确认为法官和高级律师[serjeants]的特有之物。然而，稍晚些时，法官开始在其日常活动中戴较短的假发，并采用后面带两条辫子的短假发，这在当时成为时派。出庭律师在1730-1740年间开始戴短的假发。大约在1780年时，又选定在脑后有两到三排水平的鬈发，且两根辫子挂在后面的假发式样。在苏格兰，法官大约于18世早期即已开始接受白色全垫底的假发[white full-bottomed wigs]，但是，大约从1750年起，法官和律师[advocate]似乎都已采用了短假发。在爱尔兰，法律行业人员的服装历来和英格兰的一致。今天，在英国各地，假发与法袍[gown]和领带[neck-wear]同为法官和律师协会全体会员的制服中不可缺少的部分。法官和皇家大律师[Q.C.]在出席典礼时戴全垫底的假发（垂至两肩），但出庭律师不能戴。短假发则为所有人在日常场合配戴。此外，下议院的议长及其他某些法律官员在着正式服装时也戴假发，穿法袍。与人们通常所想像的恰恰相反，假发不仅不重，而且舒适。没有它，法官和律师都会感到有些不习惯。现在由尼龙制成的假发替代了以前马鬃质地的假发。

wigreve n. (英格兰古法)森林看守人

wild beast test 精神病测试 通过这种测试方式来判断被告人在犯罪时是否全部丧失理解力和记忆。这种测试鉴定可以作为被告人抗辩的依据。

wildcat strike 自发的罢工；未经批准的罢工 未经工会授权的罢工；违反集体劳动合同的不罢工条款的罢工。

wilful a. 故意的；恶意的；蓄意的；以邪恶意图、不良动机或目的实施的；放任的；非法的；不具有合法理由或根据的 wilful, willful 分别是英国英语[BrE]与美国英语[AmE]的正确拼法。如果一项行为是自愿地和有意地实施的，并伴有实施为法律禁止的行为的特定意图，或伴有不实施为法律所要求的行为的特定意图，则该行为即构成"故意"作为或不作为。换言之，系指以不良目的积极地违反或消极地漠视法律。该词含义广泛，其具体解释或界定通常受语境的影响。具体而言：①美国《破产法典》第523条"免责的例外"规定，由于债务人给他人或他人财产故意的、恶意的损害而引起的债务，不能免责。此处所谓的"故意的"，是指以蓄意的[deliberate]或有意的[intentional]心理状态实施的行为是造成损害所必要的；②在美国《国内税收法典》中，故意不履行从雇员处代扣代缴所得税和社会保险税义务的行为将被处以刑罚。此处所谓的"故意的"，是指自愿的[voluntary]、明知的[conscious]和有意的[intentional]；③根据美国《模范刑法典》，如果一个人在其实施一项犯罪行为之时，对该犯罪行为的实质性要件已经知晓，除非有更进一步的条件要求，该行为即属"故意"实施的。在刑法上，该词通常系指一项行为是缺乏法定免责理由的，或是恶意实施的，或是固执地、故意敌对地实施的；④在民诉中，通常被解释为一项行为是有意的[intentional]、明知的[knowing]或自愿的[voluntary]，以区别于意外的[accidental]。

will n. ❶遗嘱 指某人处分其动产和不动产的、且在其死后生效的意思表示，或指显示该意思表示的书面法律文件。该意思表示(或法律文件)可在行为人生前被撤销或废止。在英文中，它与testament都意指遗嘱。曾有一种普遍的看法，认为在普通法上，will用于处分不动产，而testament用于处分动产。但从18世纪以来，两者之间的区别渐近并最终消失，故在法律用语中，两者可以相互替代，但以使用前者为多。该词在广义上包括遗嘱、补充遗嘱[codicil]以及其他各种遗嘱性处分[testamentary disposition]，但在严格意义上仅指以完整形式作出的遗嘱文件。在英格兰法中，遗嘱设立人[testator]在设立遗嘱时须具有遗嘱能力。故未成年人和精神病人不能设立遗嘱(海员等在特定情况下除外)。遗嘱并非必须使用特定语词才能生效，仅需其能确定遗嘱设立人的意图即可，否则，可能因其不确定性而导致遗嘱条款无效。此外，在英格兰，为使其生效，遗嘱通常还须符合1837年修订《遗嘱法》[Wills Act]所规定的形式要件。遗嘱须作成书面形式，由遗嘱设立人签字(在其在场并由其指示的情况下亦可由他人代笔)，并由两名证人在场证明(两名证人须同时在场并亲自签名或由遗嘱设立人同意该签名)。如果在遗嘱中有向该证人或其配偶进行遗赠之内容的，则并不因此而影响遗嘱整体的有效性，但有关遗赠部分无效。口头遗嘱[nuncupative will]是指遗嘱设立人在足够人数的证人面前所宣布的遗嘱，但无任何书面形式。自英格兰1677年《防止欺诈法》[Statute of Frauds]制定以来，英美诸国法律多认为遗嘱设立属于要式行为，须以书面形式为之。在现代英国，口头遗嘱是无效的，除非其由现役军人或海员所作。遗嘱的撤销方式有：①后设立的遗嘱；②遗嘱设立人以撤销之意图而破坏、烧毁或撕毁遗嘱，或指示他人在其面前实施前述行为；③结婚，但根据1925年《财产法》[Law of Property]，1925年以后或待婚期间设立的遗嘱除外。英格兰1963年《遗嘱法》[Will Act]适用于遗嘱设立人在1964年1月1日后死亡的遗嘱，意在增强遗嘱在形式上的有效性。该法规定，如果遗嘱符合下列内国法之一规定的形式要件的，则该遗嘱在形式上被认为有效：①遗嘱设立地法；②遗嘱设立人住所地法；③遗嘱设立人国籍国法；④遗嘱设立人惯常居住地法，或遗嘱所处分的不动产所在地法；财产所在地法。在苏格兰，口头遗嘱或口头遗赠所处分的财产价值不得超过100苏格兰镑(合8.33英镑)。除此以外，须作成书面形式。但有关现役军人以非正式形式设立遗嘱的特权在苏格兰并不适用。苏格兰法也规定了遗嘱撤销的若干情形，例如销毁遗嘱文件、后设立的遗嘱、补充遗嘱、以书面形式表示撤销或在遗嘱中未被授予财产的子女出生等，但结婚并不导致遗嘱的撤销。此外，根据"法定继承权"[legal right]原则，遗嘱只能对法定继承权范围以外的那一部分财产进行处分，否则，享有法定继承权者，如死者的生存配偶或子女，可对遗嘱效力提出异议。在美国，遗嘱设立由州法规定。遗嘱生效还须符合遗嘱生效地的州法律所规定的形式要件。否则，遗嘱效力可能因欺诈、错误或不当影响而受到异议。因为从作成遗嘱到遗嘱设立人死亡往往跨越多年，为使遗嘱具有法律效力，故必须进行遗嘱检验[probate]，即在法庭上对遗嘱进行证明。关于口头遗嘱有效与否，各州法律规定不尽相同。❷意志 指一个人用以控制其行为、选择其行为方式并使其达到某一目的的精神能力和力量。一个人的意志可能由于受到胁迫、欺诈、不当影响等原因而错误产生，但具有法律效力的意志须未受到外力强制，并且须以某种方式将其意志表达于外部。一个人的意志实际上只能是通过意思表示所能为人知晓的内容。

will contest 遗嘱争议　指针对某一文件是否有资格作为遗嘱而进行遗嘱检验所发生的诉讼争议，它并不针对遗嘱的具体内容是否有效。其目的是直接攻击允许进行遗嘱检验的判决，即以存在无行为能力、欺诈、不当影响等因素为由，证明立遗嘱人无法形成设立遗嘱的主观意图，从而阻止该遗嘱进入遗嘱检验程序。

willful　(= wilful)

willful act　故意行为

willful and malicious act　故意恶意的行为（⇨ malicious act；willful act）

willful and malicious injury　故意伤害　无视他人的法律权利，故意给他人的人身或财产造成损害的行为。

willful and wanton act　蓄意而放任的行为（⇨ willful and wanton misconduct）

willful and wanton injury　蓄意而放任的伤害（⇨ willful and wanton misconduct）

willful and wanton misconduct　蓄意而放任的不法行为　意识到行为可能会给他人带来损害结果，却无视他人权利的存在所做的故意、肆意的行为。

willful and wanton negligence　有意和放任的疏忽　明知或应该知道危险的存在，却没有行使应有的注意去避免给处于危险中的他人带来损害。

willful blindness　（刑法）有意无视　被告人试图避免知道某一将会使其被定罪的事实的状况，在此状况下，通常认定由于被告人意识到该事实存在的极大可能性，他反正是"知道"的。

willful default　❶故意不履行　债务人故意不履行其应负担的债务。❷故意不为　故意但并不一定是恶意地不做法律规定的行为，致使他人的安全得不到应有的保护。

willful, deliberate and premeditated　故意的、蓄意的和预谋的　美国的许多司法区都用此标准来区分一级谋杀和二级谋杀，但《模范刑法典》却反对这种观点。

willful disobedience　故意不服从　自由代理人［free agent］明知其应为的行为，却无恶意地故意不为。

willful indifference to the safety of others　有意漠视他人安全（⇨willful and wanton misconduct）

willful injury　故意伤害（⇨willful and malicious injury）

willfully and knowingly　明知且故意地　行为人明知和故意的性质而故意做该行为。

willful misconduct　有意的不法行为　明知该行为可能会给他人造成损害，却不顾损害后果的发生，放任、轻率地所做的行为。

willful murder　谋杀　没有任何辩解理由或者减轻处罚情节，非法故意杀害他人。

willful neglect　有意疏忽　有意不顾有关公众或受害人利益的明显责任。在收养法律中，有意疏忽是指故意且没有任何正当理由的疏忽。

willful negligence　有意疏忽（⇨negligence；wanton negligence）

willfulness　n.有意；故意（⇨wilful）

willful tort　故意侵权　指故意、有目的的侵害，包括蓄意［intent or purpose］和恶意［malice or ill will］。但恶意可以表现为知道他人的危险而对他人安全漠不关心或知道但不行使通常的注意以避免伤害。（⇨intentional tort）

Wilson Act　〈美〉《威尔逊法》①1890 年实施的一项规范酒类交易的联邦法律，通称《原包装法》［Original Package Act］；②一部国会法，规定烈性酒类一旦进入一州即处于该州的完全控制之下；③1894 年 8 月 27 日通过的一部联邦法律，作为谢尔曼反托拉斯法的补充，旨在反对垄断。（⇨Original Package Act）

win　v.〈英〉❶开采；采掘　在租赁协议中，"开采"某种矿物意味着使矿井处于一种适合采掘工作得以正常进行的状态。❷赢得；获胜　对于构成 1845 年赌博法规定的以欺骗手段赢钱的犯罪，被骗的一方是否一定要交付其赌金是有争议的。

windfall profit tax　〈美〉暴利税　对工商企业在短期内突然获得的巨额利润征收的税。如 1980 年因阿拉伯石油禁运而对石油公司所得暴利的征税。

winding up　停业清算　企业通过清算账目、清理资产，将净资产分给股东或者合伙人的程序，通常发生于企业解散或破产之时。（⇨liquidation）

window tax　窗口税　一种于 1696 年始在英格兰为取代"炉灶税"［hearth tax］而按照房屋窗口数量征收的税。该税于小皮特［Pitt］统治时期加重，1823 年又减轻。1851 年的《房产税法》［House Duty Act］废除了这种税，而代以住房税［inhabited house duty］。该税的征收范围未扩及苏格兰。

windstorm insurance　风暴保险　承保飓风、台风、旋风及其他风暴所致财产损失的保险。

winter circuit　〈英〉冬季巡回法庭　最初这是一临时性的巡回法庭，负责在米迦勒节［Michaelmas］开庭期至春季开庭期［Hilary］之间审理刑事案件及一些民事案件。但是后来在春季举行的巡回法庭被命名为冬季巡回法庭。

wiretapping　n.搭线窃听　执法人员依法院命令通过在线路上连接一个接收装置来秘密地听取电话谈话内容或拦截电报信息。在美国，联邦和各州的制定法对允许搭线窃听的条件和程序作了规定。

wista　n.〈撒克逊〉半海得［hide］（土地）；六十英亩（⇨hide）

wit　n.❶(= wite)　❷目击证人［witness］的简写
v.知道；了解

witan　n.〈撒克逊〉精通法律的人；法律知识广博的人；国王之顾问，御前会议的成员；显要；名流

witanagemote　(= witenagemote)

wite　n.〈撒克逊〉伤害赔偿金；（刑事的）处罚金，惩罚金　早期日耳曼人中对罪犯的一种处罚方式。该罚金支付给犯罪地的治安法官［magistrate］，实际上是支付给国王，以区别于支付给受害人亲属的赔偿金［were］，表明其行为危害了国王或社会。据说这是把犯罪行为不仅看作对受害者个人具有危害性而且对社会具有危害性的思想的起源，也是刑法产生的前提条件。

witena dom　〈撒克逊〉郡法院之判决　或其他适格法院的判决，涉及动产或不动产的产权。

witenagemot　(= witenagemote)

witenagemote　n.〈英〉贤人会议　盎格鲁－撒克逊时代的国家最高会议。其组成人员包括国王、贵族、领主、高级教士、郡长等。该会议通常通过公开或特别召集的方式在某城镇公开举行，会议召集通知依据国王的特选会议的决定发出。其主要职能是辅助国王处理政务。具体而言，包括以下方面：废黜治国不当的国王；王位空缺时选举国王；与国王一道制定和执行法律，批准征税以及宣布战争与和平；作为国家最高法院，听审刑事与民事案件，特别是国王与其塞恩［King's thegn］之间的争议案件，听审来自下级法院的所有上诉案件；任命国家重要行政官员及主教；规定王国币制等。贤人会议的建议对国王非常重要，所有重大活动如制定法律等都是在贤人会议的

建议下进行的,但是贤人会议的建议应当征得自由地产保有人的同意。"诺曼征服"后,贤人会议被称作"民众大会"[commune concilium regni]、"御前会议"[Curia Regis],最后被称之为"议会"[parliament],但其性质发生了显著的变化。(= witenagemot; wittenagemote; witanagemote) (⇨Great Council)

with all faults 瑕疵概不负责 买卖合同中的用语,只要买方接受的货物就是双方确定的货物,则默示地推定买方对该货物的任何瑕疵承担风险。(⇨as is)

with consent 经…同意 比如在美国宪法中,总统或州长任命政府官员必须经参议院同意并确认后方至生效,缔结条约时也是如此。

with costs 包括费用 法官作出的一方当事人胜诉的判决中若注明"包括费用",意指法院对该当事人核收的诉讼费用,该当事人有权要求由败诉的对方负担。

withdraw v. ❶撤走 ❷从…取走 ❸从银行中提款 ❹从竞争或申请中退出

withdrawal n. ❶提取;支取;提款 尤指从银行或其他金融机构提走现金或有价证券。❷撤回;撤销 如合同法中要约、承诺的撤回等。

withdrawal fee 退出费 向房屋贷款协会借款的协会成员在退出协会时必须向协会缴纳的费用。

withdrawal from criminal activity 退出犯罪活动 在实施犯罪之前,如果行为人不再为实施犯罪而效力,并且向执法官员发出警报或努力阻止犯罪的发生,即可不再为其他人的犯罪行为承担法律责任。美国《模范刑法典》中规定,如果表明行为人完全和自愿放弃犯罪目的,那么这种退出犯罪活动的行为可作为有力的辩护理由。

withdrawal of a juror 撤走一名陪审员 指从已经组成并宣誓就任的12人陪审团中撤走一名陪审员,使陪审团失去完整性,审判程序不得不中止。当对某一案件是否适宜受理有疑义时,可由法官提议,经双方当事人协议撤走一名陪审员。这样双方当事人只需支付各自的诉讼费,并且将来还可以同样的理由再次提起诉讼。

withdrawal of appearance 退庭 指自愿退出法庭的行为。一般要经过法庭许可,有时则必须提供正当理由[good cause]。

withdrawal of bid (在公共合同被承包的过程中)撤回投标

withdrawal of charges 撤回起诉;撤回控告 由提起人撤回,区别于驳回起诉[dismissal]。(⇨nolle prosequi)

withdrawal of deposit 提款 指从银行及其它金融机构提走存款,注销存款账户。

withdrawal of pleading 撤回诉答 一方当事人视案情需要撤回其诉状中内容的部分或全部。通常以纠正错误的方式作出。

withdrawing record 撤回案卷 指原告的律师在陪审团宣誓之前,或在陪审团宣誓之后,经对方律师同意,从初审法院撤回案卷。这与申请延期审理的效果是相同的。

with force and arms 以暴力;用暴力(⇨force and arms)

withheld sentence 不予判刑

withhold v. ❶扣留(属于他人或他人主张的财产) ❷拒绝公开(信息等) ❸扣付(已到期应付款) ❹〈美〉预扣;代扣;预提(应缴税款)

withholding n. 代扣代缴应纳税款 雇主预扣雇员的部分工资作为雇员应纳的代扣税款和社会保险缴款,以雇员的名义上缴税务部门。

withholding of evidence 扣留证据 指明知某证据为诉讼所需要,或者正为侦查机关所查找却隐匿、毁灭该证据,或者明知某记录为大陪审团调查所需要,却将该记录转移至法院管辖范围之外的行为。该种行为构成妨碍司法公正罪。(⇨suppression of evidence)

withholding pension money 扣留养恤金 有权取得养恤金的人的代理人或律师扣留其养恤金的犯罪行为。

withholding tax 〈美〉扣交税款 指从职工工资和薪金中扣交的个人所得税、联邦社会保险税和联邦失业保险税。(⇨payroll tax)

with interest 附息;带息 若文书中规定有付息条款,在未明定利率时,则按法定利率计息。

without benefit of clergy 男女未婚同居的身份

without compensation 无偿地(⇨taking for public use)

without day 无限期地 通常用来表示无限期地休庭或未确定下次开庭审理的日期。以前,当案件的被告胜诉时,法官有时判决他"无限期地结案"[go without day],即他将来不必再出庭。有些情况下,这是结案的一种方式,如在驳回诉讼[nonsuit];其他情况下,则通常是出于某种原因而暂时中止此诉讼的进行。(⇨sine die)

without delay ❶毫不迟延地 ❷在法定期间内

without grace 无宽限期;无宽展期(⇨days of grace)

without her consent 未经她的同意 用于有关强奸罪的法律中,相当于"违背她的意志"。(⇨rape)

without impeachment of waste 损坏租赁财产不予追究 终身租约中插入的一项条款,授权佃户可以实施某些行为(例如在地上砍伐树木)而不承担破坏租赁财产的责任。但这一权利不能被肆意滥用以致毁坏了土地,并且佃户不得恶意毁损土地。(⇨ absque impetitione vasti; waste)

without notice 未经通知(⇨bona fide holder for value without notice; holder in due course)

without prejudice 不影响实体权利的 指当事人的法律权利或特权未受损害或丧失。"不影响实体权利"出现在判决或裁定中,表明法院的裁判对争议的实质[merits of the controversy]没有既判力。当事人就同一争议以后还可以再次争议。(⇨dismissal without prejudice)

without receiving value 尚未收款 就融通票据[accommodation paper]而言,意指尚未收到票据项下的款项。

without recourse (= sans recours)

without reserve 无保留地 在拍卖中,该术语表明对于此项拍卖,拍卖物的所有人无权从拍卖中撤回拍卖物或者自行买回货物。

without stint 无限制;没有特定限额

without this, that 不;没有 在普通法诉讼中,这是用来表示否认[traverse]的正式用语,尤其是在特别否认[special traverse]中,表示对以前诉状中所称的某一事实的明确否定。拉丁语称之为 absque hoc。

with prejudice 影响实体权利的 如果一个诉讼在实体权利受影响的情况下被驳回,指它对案件实体问题[merits]作出裁判和终局处理,因而当事人无权就同一诉因再提起或继续诉讼。(⇨dismissal with prejudice; without prejudice)

with profits policy 带利润保单 将保险公司利润以红利形式分配其上并增加其价值的保单,该保单的保费高于不带利润保单[without profits policy]的保费。

with recourse 有追索权 流通票据背书中的用语,背书人借以表示自己仍然对票据的支付承担责任。与无追索权[without recourse]相对。(⇨recourse)

with strong hand 强力地　普通法诉讼中,公诉书[indictment]中描述强行进入行为[forcible entry]时必用的专业用语。

witness v.❶目击;目睹　❷为…作证;见证　❸在…上署名作证　把自己的名字签署在契约、遗嘱或其他文件上,旨在证明文件的当事人已签字及其签字的真实性。如果有必要,还需要为其作证。
n.❶目击者　一般指在现场亲自看到或感受到某事件的人。❷证人　对事实或情况有足够了解,被召到法庭提供证言或加以证明的人。无论他的声明是以口头或书面形式做出,经过宣誓或未经宣誓,都可能被法庭采纳为某方面的证据。❸见证人　被要求在进行交易或作成遗嘱时在场的人,必要时可以证明该交易或遗嘱。

witness against oneself 不利于自己的证人(⇨self-incrimination)

witnessing part 证明部分　在契约或其他正式文据中列于事实叙述部分[recitals]或当事人的姓名或名称之后的那部分内容,说明该文件的作成符合法定手续,并由见证人签名。(⇨attestation clause)

witness my hand 亲笔签名　正式用语。

witness my hand and seal 亲笔签名并盖章　正式用语。

Witness Protection Act 〈美〉《证人保护法》　一部联邦法律,它授权司法部长可给予对有组织犯罪或其他严重犯罪进行审判时为或可能为联邦政府或州政府提供证词的人提供重新定居和其他保护措施。

witness tampering 干扰证人　在证人作证前或作证后恐吓、影响、骚扰证人或对证人进行报复或以报复相威胁的行为或情况。在美国,有一些州和联邦的法律(如1982年《被害人和证人保护法》[Victim and Witness Protection Act])规定对干扰证人的行为可处以刑罚。

witness to a will 遗嘱见证人　在遗嘱上签署自己的名字以证明遗嘱真实性的人。现美国各州的法律趋向于要求有两名见证人。

wittenagemot (= witenagemote)

wittingly ad.明知地;故意地;蓄意地;有计划地　排除偶然或疏忽导致的情况,却包括因错误地相信自己的权利而做违法行为的情况。

witword n.〈古〉一种法律许可的请求权　尤指通过某人的宣誓证言来证明所有权或占有的权利。

WL (= WESTLAW)

wolf's head 〈古〉狼头　英格兰法中以此词指逃犯,若被抓获时还活着,将被带到国王面前;若逃犯抵抗而被杀死,他的头将被带到国王面前。

Women's Christian Temperance Union 妇女基督徒节制会　妇女为严格控制酗酒和贩运酒类而设立的组织。

women's suffrage 妇女选举权　由法律赋予妇女的一种政治性的公民权[civil right],由此,妇女可参政、参与官员的选择、决定公共问题[public question],并享有在为上述目的而举行的选举中的投票权。

women's suffrage amendment 〈美〉妇女选举权修正案　美国宪法第十九条修正案宣布美国和其任何一州不得因性别关系取消或剥夺美国公民的投票权利。

wong n.〈撒克逊〉(一块)土地

wood-coin n.柴禾金　佃户为获准采集枯木、柴禾而向庄园主支付的一笔金额。

wood-corn n.柴禾谷　佃户为获准采集枯木、柴禾而向庄园主上缴的谷物。

woodgeld n.〈英格兰古法〉❶砍伐金　指为获准砍伐林木而支付的一笔费用。❷砍伐金豁免(权)　指无须支付砍伐金即可砍伐林木。

wood-geld (= woodgeld)

wood leave 砍伐林木许可　在特定的公私土地上砍伐、搬运、使用林木的许可或权利。(⇨timber rights)

woodmote (= forty-days court)

wood-mote 〈英格兰古法〉森林法庭　皇家园林扣押法庭[court of attachments]的旧称,也称"四十天法庭"。(⇨Court of Attachment)

Wood Plea Court 〈英格兰古法〉森林法庭　每年在什罗普郡[Shropshire]的克兰[Clun]森林里开庭两次,主要审理林务方面的案件。

woolsack n.〈英〉上议院议长的专座上的坐垫;上议院议长的专座　英国御前大臣作为上议院议长时,必须坐在一个有红布面的羊毛袋作坐垫的专门的座位上。这起源于伊丽莎白一世时期。当时,一项禁止英格兰出口羊毛的法案被通过。在通过该法案时,几只羊毛袋放在上议院的座位上,几位法官分别坐在这些放在羊毛袋的座位上。这些羊毛袋能使法官们不断想起羊毛是国民财富的源泉之一。在御前大臣受封为贵族成为上议院的议员前,御前大臣以上议院议长身份出席上议院会议时,他可以坐在该专门座位上。如果御前大臣想以议员身份参加上议院的有关辩论——当他可以离开该专门座位,到位于左边的座位上发言。尽管他作为上议院议员投票时,仍可以坐在该专门座位上,但他以委员会成员身份在委员会会议上发言时,必须坐在议员席上。

words n.词;词句;言语　在法律上,该词通常指对某一特定的文件来说为恰当的,或者非常适于表达某一法律文件中的特定意图的术语或说法[technical terms and phrases]。

words actionable in themselves 本身足以引起诉讼的文字　指该文字本身就具有诽谤性。(⇨libelous per se; slanderous per se)

words actionable per se 本身足以引起诉讼的文字(⇨libelous per se; slanderous per se)

Words and Phrases 〈美〉《词语与短语阐释总汇》　韦氏[West]出版集团公司自1940年开始起持续出版的一套多卷本法律用语丛书,主要包含大量词语与短语的司法定义与解释,依字母顺序排列,收集了自1658年至今的有关词语与短语。《词语与短语阐释总汇》主要供律师参考研究用,它解释和定义了制定法、判例法、行政规章、商业文件或协议等文书材料中决定各方权利、义务、职责或责任等的法律用语。1996年,韦氏公司将《词语与短语阐释总汇》放在互联网上,作为其公司在线服务的一部分。

words of art 术语;专门用语　在特定的行业、学科、专业领域内,一般都有一套不同于普通语言用词的专门用语或术语。法律领域也有大量的专门用语不为法律外行所熟悉。尽管一个社会可以分享共同的语言资源,但因职业的特殊性仍然可以产生出许多独特的词语,法律职业因其对表达的依赖更是如此。如外行人很难想象"appellant"是指上诉人,而"respondent"则是指被上诉人。

words of exemption 免责言论;责任豁免的言论

words of inheritance 继受地产用语　权利范围条款[habendum]中,用以描述受让人将持有或享受之地产的状态的用语,表明所转让或遗赠地产的性质。为使授予的地产成为一种永久性的权益,均有必要采用继受地产用语表达之。

words of limitation 限制性用语 指地产权转让证书或遗嘱中影响地产权存续期间的用语。如规定将地产转让给甲和其继承人，其中"和其继承人"等词就是限制性用语，它表示甲取得的是非限嗣继承地产权[estate in fee-simple]。

words of negotiability 可流通性用语；可转让性用语 该等用语用于票据中，表示该票据可以向持票人或根据指示付款；用于单据中，表示可以向单据持有人或根据被指定人的指示交付货物。

words of procreation 创设性用语 指用于创设限嗣继承地产权[estate tail]的用语，用以限制受让人的地产只由其部分继承人享有。

words of purchase 指定性用语 指定将来取得地产人的用语。如在"地产由甲终身享用且剩余地产权[remainder]由其继承人享有"一语中，"继承人"并非用以表示权利的存续期间而是用以指定取得剩余地产权的人。限制性用语[words of limitation]和指定性用语因此是相对立的，但也有词一部分作为限制性用语、一部分作为指定性用语的情况。

work n. ❶工作；劳动 包括脑力劳动、体力劳动或两者相结合的劳动，带有特定目的而非为了娱乐。 ❷职业；行业 雇主操纵或控制的，主要是为了雇主的利益而为的体力劳动或脑力劳动。 ❸为某一目的的行为；行动
v. ❶劳动 ❷提供服务 ❸（为欺诈）而说服或试图说服；哄骗

work and labor 工作和劳动（⇨implied contract）

workday n. ❶（一个）工作日；一天的工作时间 ❷工作的日子；平日 非假日。

worker n. ❶工人；劳动者 ❷工作者；从事工作的人

workers' compensation boards or courts 〈美〉劳工赔偿委员会或法院 负责处理根据劳工赔偿法及相关的规则或条例而产生的案件。在大多数州都设有此类委员会或法院。

workers' compensation insurance 劳工赔偿保险 由雇主购买的、对其雇员在雇佣期间可能因意外事故遭受伤害的风险予以承保的保险。（⇨employers' liability insurance）

work for hire (= work made for hire)

work furlough "休假"工作 允许犯人在白天被释放去从事社区工作的一项监狱改造方案。

workhouse n. ❶〈美〉劳改所；市监狱 对犯有轻罪或轻微违法行为的人的短期监禁场所。 ❷〈英〉济贫院；劳动救济所 根据《旧济贫法》[Old Poor Law]，每个堂区都应建立济贫院，收容本堂区内体弱和贫困的人。后来，济贫院一般用来收容病人、孤儿、精神病人和罪犯。济贫院有时与感化院[houses of correction]很难区分。20世纪中叶，济贫院这个概念已经消失，而曾作为济贫院的一些老建筑物却以其他名义继续使用。

working capital 流动资本；周转资金；营运资金 指流动资产减去流动负债的余额。（⇨current asset; current liabilities）

working classes 〈英〉工人阶层 英格兰早期的《住房法》[Housing Acts]规定要为工人阶层建造住房。但1949年的《住房法》废除了这项限制。该术语现指低收入阶层。

working days 工作日 除了星期日和假日之外，连续计算的日期。

working hours 工作时间（⇨day's work; hours of labor; Hours of Service Act）

working interest 经营权益；开采权益 承租人根据油气租约[oil and gas lease]所享有的对租赁财产进行勘探、开发和开采油气的权利，并承担支付全部成本的义务。之所以如此称谓，是因为承租人获得对租赁财产进行勘探、开发和开采油气的权利，并承担支付全部成本的义务。（⇨royalty）

working papers ❶工作底稿 审计师就与审查活动相关的工作程序、所做测试、所获信息和审查结论所作的记录。 ❷（未成年人）雇佣证书

working place 雇主工作地

work made for hire 雇佣作品 包括两种情况：①雇员在其受雇工作范围内完成的作品；②某些特定种类的委托作品，当事人书面约定将其视为雇佣作品。根据美国版权法，雇佣作品的"作者"为雇主或委托人，由其享有作品的版权。对于第二种情况，美国版权法规定是指：专门用作集体作品[collective work]的组成部分、电影作品或其他视听作品[audiovisual work]的组成部分、翻译作品、增补作品、编辑作品、教材、考试、考试的答案材料、地图作品而受命或受委托创作的作品，并经当事人在书面文件中明确约定将其视为雇佣作品。亦作"work for hire"。

workman n. 工人；劳工 根据本人和雇主签订的合同付出劳动，收入工资的人。

workmen's compensation 劳工赔偿 劳工赔偿法中含义很广的一个术语。法律规定工人因工业事故、意外或疾病而受伤、残废或死亡而受到的损失应得到赔偿。这些法律共同的特征是：不按照侵权赔偿责任原则，而是通常基于工人获取劳动报酬的能力、所受的损害或损失程度来确定赔偿。

workmen's compensation acts 劳工赔偿法 规定在发生与雇佣有关的伤害时付给雇员赔偿，或在雇员死亡时付给其受扶养人赔偿的法律。这些法律取消了普通法上诸如风险分担、其他工人的故意或过失等抗辩理由，为确定应赔偿金额提供了一项机制。

workmen's compensation commission 〈美〉劳工赔偿委员会 指为执行劳工赔偿法的有关规定而由法律设立的专门机构。

work of art 美术作品 在英国，亦称为"artistic work"。英国美术作品的版权由1988年《版权、外观设计与专利法》[Copyright, Designs and Patents Act]加以保护，其保护期限为作者有生之年加死后50年。依该法规定，美术作品包括三类：①绘画作品、摄影、雕刻或拼贴图，而不论其艺术品质；②建筑作品，包括建筑物及其模型；③工艺作品。

work of necessity 必要的工作 作为星期日停业法的例外，必要的工作包括为了人们经济、社会或道德的利益必须进行的工作，其范围则视人们所处时代的风俗习惯和所生活的社区而定。

work permit 工作许可证 根据美国《1986年移民改革和控制法》[Immigration Reform and Control Act of 1986]，雇用没有工作许可证的外国人为非法，工作许可证是美国移民归化局[Immigration and Naturalization Service]发给外国人的许可其工作的书面文件。

work product 工作成果 指律师为案件所作的准备工作，包括会见记录、备忘录、通信、案情摘要、辩护词等。

work product rule 〈美〉工作成果规则 根据此规则，律师为准备进行诉讼所作的记录、工作文件、备忘录或其他类似的文件材料，都免予披露。多数州已将此规则纳入制定法或法院规则之内。

work release programme 工作释放方案 一种改造方案，允许被监狱收容的人白天在监狱外上班，夜间和周末仍

要回到关押场所。

work relief 就业救济 通过向穷人或向穷人家长提供工作的方式救济穷人。

workshop of justice 司法系统;法庭;法院

works of charity 慈善事业;慈善活动 在特定的场合下包括一切在星期日所作的合乎伦理道德之事。

Works Progress Administration 〈美〉工程兴办署 美国在大萧条[Great Depression]时期设立的一个联邦机构。主要为该机构所指定的工作雇用穷人,给穷人提供工作。

work week 工作周

World Association of Judges 世界法官协会 在世界和平法律中心[World Peace through Law Center]的举办下1966年成立,有来自100多个不同国家的15 000多名法官组成,其目的在于通过推广法律规则促进执法。

World Association of Law Professors 世界法学教授协会 (⇨World Peace through Law Center)

World Association of Law Students 世界法科学者协会 (⇨World Peace through Law Center)

World Association of Lawyers 世界律师协会 (⇨World Peace through Law Center)

World Bank 世界银行 即国际复兴开发银行。(⇨International Bank for Reconstruction and Development)

World Court 国际法院 (⇨International Court of Justice)

world environment day 世界环(境)保(护)日 1972年联合国人类环境保护大会为了引起全世界对环境问题的关切,确定每年的6月15日为世界环境保护日。

World Health Organization 世界卫生组织 联合国专门机构之一,成立于1948年的一个全球国际组织,旨在加强国际合作,增进全世界人民健康。总部在日内瓦,下设大会、执行委员会、秘书处和六个区域委员会。

World Peace through Law Center 世界和平法律中心 1957年作为美国律师协会下的特别委员会成立。1963年作为世界法官和法律职业工作者的独立协会,致力于发展国际法和国际法律机构,加强世界法律体系。总部设在华盛顿,下辖四个分会:世界法官协会(1946)[World Association of Judges]、世界律师协会(1975)[World Association of Lawyers]、世界法律教授协会(1975)[World Association of Law Professors]、世界法科学者协会(1976)[World Association of Law Students]。中心发行《世界法学家》[World Jurist]等刊物,促进研究、组织国际法律研讨会。

worrying animal 骚扰动物 (⇨worrying cattle or sheep)

worrying cattle or sheep 骚扰牛羊 制定法中的规定,如果发现狗在其主人房屋院落之外的地方骚扰牛羊,即可将其杀死。这里的"骚扰牛羊"即指以追逐或吠叫的方式使牛羊不安宁。普通法则允许在侵入之狗正在啮杀家禽或正在追逐栏内家畜时将其杀死。

worship n. ❶(宗教的)崇拜;尊崇 ❷(宗教的)崇拜仪式 ❸尊敬的… 在英格兰法中,加诸于某些法官或其他某些级别或职务的人的名字之前,表示尊敬和尊严的称呼。 v. ❶崇拜;敬重 ❷信奉 ❸敬神

wort (= worth)

worth n. 〈撒克逊〉宅第;乡村农场

worthier title doctrine 更有价值权利规则 普通法早期的一项规则。根据该规则,继承人通过遗赠获得的地产权若也可通过法定继承获得,那么通过法定继承获得的权利更有价值。该规则现在仍在美国在某种程度上作为一个解释规则适用。

worthiest of blood 〈英〉最优先血亲;优等血亲 在继承法中指称男性继承人的术语,表示他们与女性继承人相比拥有优先地位。它是英国古代长子继承制[primogeniture]的基本原理。(⇨primogeniture)

worthless check 空头支票 签发的支票金额超过银行存款账户余额的支票,亦指以未开立的银行账户而签发的支票。明知其银行存款或信用不足而制作、签发或交付空头支票以套取银行信用的行为,在美国大多数州构成轻罪。(⇨bad check;check kiting)

wound n. 伤;伤口 身体的任何损伤,包括切口、挫伤、骨折、脱臼及感情伤害等。在外科学上,伤口限于指皮肤因被某物切割或撕扯而裂开,导致身体部位的完整性突然遭到破坏。

wounded feeling 感情伤害 指因自尊心或感情受辱所产生的痛苦,区别于通常因身体伤害而带来的精神痛苦[mental pain]。(⇨mental cruelty)

wounding n. 伤害 尤指给他人造成严重的身体伤害。(⇨wound)

WPI (= wholesale price index)

wraparound mortgage 二次抵押权 指在第一抵押权以外存在的抵押权。这种二次融资形式通常发生在如下情形:抵押人甲在原财产上已设定抵押,贷款人乙以低息向其贷款并取得该财产上的抵押权,后贷款人丙以中等利息向抵押人提供额外贷款,并获得该财产全部价值的次顺位抵押权[junior mortgage]。丙所取得的即为二次抵押权。亦作"extended first mortgage";"allinclusive mortgage"。

wreck v. ❶(使)船舶失事;船舶遇难 ❷救助失事船舶 ❸抢劫失事船舶 ❹(使)遭受严重损失或损害;毁坏 n. ❶(普通法)(船只遇难后被冲上海滩的)失事船舶漂流货物 海难若没有一个幸存者,则货物归国王(国家)所有,或归对货物有特许专营权的人所有。但如果在一年零一天内,货物真正的所有人主张对货物及其孳息的权利,则依据法律,货物及其孳息应返还给真正的所有人。❷(海商法)失事船舶;遇难船舶;(失事)船舶残骸 如果一艘船舶遭受了损害,完全失去了航行能力,或非经花费超过船价一半费用进行修理不能完成航程,即视为残骸。❸遭受严重损失或损害的人或事物

wreckage n. ❶沉船残骸 ❷失事船舶的残货;沉船飘浮物 ❸失事;遇难 ❹毁坏;严重损坏

wreck commissioners 〈英〉船舶失事调查专员 由御前大臣[Lord Chancellor]依据1894年《商船法》[Merchant Shipping Act](已于1970年的《商船法》所取代)任命的官员,负责在商贸部[Department of Trade]要求的情况下对船运意外事故[casualties]进行调查。船舶失事调查专员的报酬可由大法官征得财政部[Treasury]同意后确定,并从议会提供的款项中拨付。

wrecker n. ❶肇事者;毁坏者;肇事原因 ❷遭受严重损失或损害者 ❸清理失事现场者;救援车;救援船舶;打捞船 ❹抢劫失事船舶者;毁船抢劫者 以故意发放错误信号等方式造成船舶失事后借机抢劫失事船舶及车载货物的人。❺〈美〉专门从事拆除建筑物的人

wreckfree v.〈英格兰古法〉船货残骸免于被国王充公 根据爱德华一世的一项特许令,该特权由五港联盟[Cinque Ports]享有。

wreck of the sea 海中沉船残骸

writ n. ❶书面命令;令状 在英格兰法上指由文秘署[Chancery]以国王的名义签发给郡长、或者法庭或政府官

员要求接收令状的人作为或不作为的命令。起初为了行政管理和司法的目的而签发，后仅为司法目的而签发，尤其是在国王和王室法庭干预地方法庭或领主法庭时使用，如命令郡长公正审判，或命令把某个案件移送至王室法庭审判等。诺曼王朝时开始使用令状，原来仅为解决某一具体问题而签发，但后来同类事件屡有发生，于是逐渐采用一种固定的格式书写并签发，亨利二世时已成为王室司法中的一种习惯做法，即自由人若欲在王室法庭提起诉讼，须先取得（当时主要以金钱购买）相应的令状，然后根据一定的程序进行诉讼。普通法的诉讼遂演变为必须使用令状进行。随着案件的增加及复杂化，13世纪时令状的数量亦显著增加（亨利三世时令状仅有约50个，爱德华一世时已增至约500个），导致王室法庭司法管辖权和对地方法庭干预权的不断扩大。这引起了领主和贵族的强烈不满，1258年的《牛津条例》[Provisions of Oxford]规定，未经国王和大谘议会[Great Council]的允许，文秘署署长[Chancellor]不得擅自签发新的令状。但为了避免权利得不到救济，1285年的《威斯敏斯特法Ⅱ》[Statute of WestminsterⅡ]授权文秘署官员遇到与根据现有令状可获得救济案件的类似案件时，可以对现有令状进行变通以审理这些案件，但这并不产生新的权利和救济手段。一般而言，令状有两种主要类型，即特权令状[prerogative writs]和权利令状[writs of right]，后者又包括诉讼开始令状[original writs]和司法令状[judicial writs]。早期的令状多是关于地产诉讼方面的。令状制度是普通法中特有的一项司法制度，它对普通法的形成和发展起了巨大的作用。它要求特定的诉讼形式和正当的诉讼程序，强调程序的重要性，对程序法的发展具有一定的积极意义。近现代以来，尤其是19世纪，许多令状相继被废止，仅有少数令状仍在使用，如传唤令状（传票）[writ of summons]、调查令状[writ of inquiry]、执行令状[writ of execution]等。❷（英格兰古法）文书；文件 ❸诉讼 用于古书中。❹英王室文秘署官员[Clerk of the Crown in Chancery]或以前的北爱尔兰总督[Governor of Northern Ireland]签发的一种书面文件 用于指示议会议员选区的选举监督官主持选举，选出代表该选区的议会议员。在大选时，该文件由女王授权御前大臣[Lord Chancellor]签发；在补选时，则经下议院议长批准后由文秘署官员签发。

writ ad faciendum et recipiendum （= ad faciendum et recipiendum; habeas corpus ad faciendum et recipiendum）
writ de annua pensione （= de annua pensione）
writ de apostata capiendo （= de apostata capiendo）
writ de bono et malo （= de bono et malo）
writ de cursu 当然令状 当然应签发的令状，区别于依特权签发的令状[prerogative writ]。（▷writ）
writ de ejectione firmae （= ejectione firmae）
writ de excommunicato capiendo （= de excommunicato capiendo）
writ de haeretico comburendo （= De Heretico Comburendo）
writ de homine replegiando （= de homine replegiando）
writ de ideota inquirendo （= de lunatico inquirendo vel examinando）
writ de lunatico inquirendo （= de lunatico inquirendo）
writ de odio et atia （= de odio et atia）
writ de perambulatione facienda 〈拉〉（英格兰古法）勘定地界令状 相邻土地的权利人在地界发生纠纷时申请颁发的令状，要求郡长巡视并勘定地界。
writ de rationabili parte bonorum （= de rationabili parte bonorum）
writ de ventre inspiciendo （= de ventre inspiciendo）
write-in v.另选人的名字 在选票预留的位置写上或写进一个名字，表明投票者选举此人任某一职位，而这个人的名字没有出现在正式的选票上。
write-in candidate 非正式候选人的竞选者 该选举的竞选者的名字没有出现在选民的选票上，但他进行竞选运动使人们通过在选票上写上或写进他的名字的方式投票选举他。（▷write-in）
writer n.〈苏格兰〉事务律师 solicitor古称。
writer of the tallies 〈英〉账单抄录官 指在英格兰负责把出纳员的账单抄录副本的财政官员。
writers to the signet 〈苏格兰〉令状盖印官；事务律师；事务律师协会 苏格兰最古老的且首要的事务律师协会[Society of Solicitors]。最初被冠以此头衔[writer to the signet]的人为苏格兰国务大臣办公室的文书[clerk in the office of the Scottish Secretary of State]，负责掌管王玺[King's Seal]。在1532年苏格兰最高民事法院[Court of Session]成立时，他们已经组成社团，并成为司法学院[College of Justice]的成员，在最高民事法院开始诉讼的令状必须经过盖印[to pass the Signet]，因此，令状盖印官始介入诉讼的初始阶段，1754年他们的这一权利得到认可。在1873年以前，苏格兰最高法院的令状盖印官和事务律师[Writers of the Signet and Solicitors in the Supreme Courts]享有专属的在最高民事法院执业的权利。该协会名义上的会长是国王任命的王印掌管大臣[Keeper of the Signet]，他同时为档案保管主事官[Lord Clerk-Register]，由其任命的一名副手[Deputy Keeper]则为协会的实际负责人(D.K.S.)，协会会员可在其姓名之后冠以W.S.。当时事务律师的事务所大多设在爱丁堡[Edinburgh]，至少有一名合伙人是令状盖印官的事务所即可在其事务所名称后面附上W.S.的字样，三家设立较早的事务所则使用C.S.[Clerks to the Signet]。
writing n.❶写；书写；写入 与印刷相区别，就计算机输入而言，指把数据信息存入存储媒体。❷文书；文件 ❸书面形式 某些合同或交易只有以书面形式才能生效或有证明力。
writ of admeasurement 财产调整令状 普通法上的一种救济手段，指针对那些于合法份额之外侵占了自己财产的人发出的令状，一般适用于两种情形：寡妇地产调整[admeasurement of dower]和共牧权调整[admeasurement of pasture]。
writ of ad quod damnum （= ad quod damnum）
writ of amoveas manus （= amoveas manus）
writ of annuity 年金令状 可强制执行的地租权利[rent charge]的受益人为实现其权利可获得的一种普通法上的令状。
writ of arrest 强制出庭令状 一种强迫当事人出席法庭直至最后作出判决的临时性救济或程序。
writ of assistance ❶回复土地占有令 一种由衡平法庭签发的命令郡长将非法占有土地者逐出而使权利人恢复对土地的占有的令状。现在其这种职能已被土地占有令[writ of possession]所取代。该令状偶尔也适用于对一些特殊动产，如证券、文书等的占有之恢复。❷召唤令 一种召唤法官及其他司法人员到上议院[House of Lords]的令状。总检察长[Attorney-General]和副总检察长[So-

licitor-General]有资格获得这种令状,尽管他们可以不服从令状之内容。❸协助令 一种财税法庭[court of exchequer]签发给郡长命令其协助国王的骑士役封臣及协助国王的税务官、借贷人或会计师向国王偿还其所欠费用的令状。❹协助占有土地令 一种签发给郡长命令其协助财产管理人、暂时保管人或一方当事人从另一方当事人那里获得土地占有的令状。❺协助收缴走私物品令 一种签发给某人授权其在郡长、治安法官或警察的协助下进入任何他人住宅收缴其所藏走私物品的令状。该令状首次规定于查理二世在位第 12 年颁布的一项法令中,可能是郡长协助特许状[sheriff's patent of assistance]的翻版。美国在独立战争[American Revolution]前也适用这种令状,授予殖民地的英王室代理人以无限的走私物品稽查权。上述令状无论签发于财税法庭的衡平事务部[equity side of the court of exchequer],还是签发于任何衡平法庭,大都在詹姆士一世时代即已出现,且曾广泛适用于英格兰、爱尔兰和美国的一些地区。这些令状的签发建立在一个基本原则之上,即,若衡平法庭能维持公正,它将毋需依赖任何其他法院的合作,可全面执行其判决。

writ of assize ❶完全保有地产租金收回令状 适用于当租金被他人非法获取时。❷地产占有权收回令状 适用于单纯的地产占有权纠纷。(⇨assize)

writ of association 参加巡回审判令 根据爱德华一世和二世时期的法令签发的一种令状。该令状指示特定的人,通常是巡回法庭的书记官及其下属,参加法官和警士组成的巡回法庭进行巡回审判。

writ of attachment 扣押令状 一种为确保实现债权人的诉讼请求而扣押债务人财产的令状。该令状是根据法院的命令或裁决而签发,可采取由法院控制扣押财产的形式。在一般意义上,这种令状可以指民事诉讼过程中任何具有令状性质的扣押财产命令。

writ of attaint 〈英格兰古法〉撤销陪审团裁决令状(⇨attaint)

writ of audita querela (= audita querela)

writ of capias (= capias)

writ of certiorari (= certiorari)

writ of conspiracy 共谋同审令状 古代用以指控共谋伤害者的令状,同样情形在现在会使用类案诉讼的办法,这种令状只是在指控叛国罪或重罪共谋中存在,普通法的其他案件只是类案诉讼。

writ of consultation 咨询令状;移送令状 将从宗教法院移送至王室法院的案件移送回宗教法院的令状。

writ of coram nobis (= coram nobis)
writ of coram vobis (= coram vobis)

writ of covenant 〈英〉违约赔偿令状 针对违反盖印契约进行索赔所需要的令状。1833 年被《不动产时效法》[Real Property Limitation Act]正式废止,但在此之前它已被确定债务之诉[action of debt]和违反盖印合同之诉[action of covenant]所代替。(⇨fine)

writ of debt 定额债务令状 适用于债权人请求偿还数额确定的到期债务的普通法诉讼——即定额债务之诉[action of debt]——的令状。

writ of deceit 欺诈令状 适用于一人以另一人的名义进行活动且给后者造成损害时的一种令状。在现代诉讼中已用侵害赔偿令状[writ of trespass]对此种损害予以救济。(⇨deceit)

writ of deliverance 〈英〉释放令 释放根据逮捕藐视法庭者令[de contumace capiendo]而被逮捕入狱者的令状。

writ of delivery 〈英〉交付令 一种判决执行令,适用于交付除土地和金钱以外的其他财产,它可以是在给予被告支付财产估计价值的选择权情况下的返还动产,也可以是不给予此种选择权的返还财产。

writ of detainer 〈英〉续行拘禁令 对已因债务等事宜在押的人,以其当初被拘禁的原因以外的其他诉由命令将其继续羁押的令状。(⇨detainer)

writ of detinue 非法扣押令 适用于一方诉请他方返还其被非法扣押的动产、契据及其他文书的诉讼。该令状不常使用,较常用的救济方式是提起非法占用或使用(他人)财物损害赔偿诉讼。(⇨detinue)

writ of distress 扣押财产令(⇨distress; distress warrant)

writ of dower 取得亡夫遗留地产令 该令状包含两种类型,一种是适用于寡妇未得到任何地产时的令状[writ of dower unde nihil habet],即寡妇未分得任何亡夫遗留地产时,她可根据这种令状请求从现今地产保有人处取得其应得地产;另一种是适用于寡妇已得到部分地产时的令状[writ of right of dower],即寡妇已取得部分亡夫所遗地产但不完全时,她可根据这种令状请求从现今地产保有人处取得剩余的应得地产。后一种令状不常使用。(⇨dower)

writ of ejectment 逐出租地赔偿令 适用于请求收回土地占有及赔偿损失的诉讼,即驱逐之诉[action of ejectment]中的一种普通法上令状。(⇨ejectment)

writ of elegit (= elegit)

writ of entry 回复土地占有令;进占令 适用于不动产诉讼中请求回复土地占有的一种普通法上的令状。其旨在回复被他人非法剥夺的原告或其被继承人的土地占有权。这种令状仅仅将土地占有回复到原来的状态,而不对土地的财产权归属作出决定。在令状中通常根据被非法占有土地转移次数的不同而载有不同的内容。若非法占有土地者仅转让了一次土地或由其继承人继承了土地,则这种回复土地占有令说是"in the per",由于诉称被告(受让人或继承人)是从原非法占有土地者那里获得土地占有的;若非法占有土地者转移(包括转让和继承)两次土地,则这种回复土地占有令被说是"in the per and cui",由于诉称被告(第二受让人)是从第一受让人那里获得土地占有的;若被告非法占有的土地被转移(包括转让和继承)两次以上时,则这种回复土地占有令被说是"in the post",由于仅诉称被告是在原非法占有土地者之后占有土地的。1833 年回复土地占有令在英格兰被废止,但美国的一些州仍在适用。

writ of entry ad terminum qui praeteriit 租期届满回复土地占有令 租期届满后,租赁物仍为承租人或第三人占有,该租赁物的回复权人[reversioner]为收回租赁物而取得的令状。(⇨ad terminum qui praeteriit; entry ad terminum qui praeteriit)

writ of error 纠错令;复审令 一种由具有上诉管辖权的法院签发给卷法院[court of record]的法官,命令其将被指控有误的包含有判决结果的案卷提交给上诉法院进行审查或命令其自行审查的令状。审查的结果可能是撤销原判、改判或维持原判。但是,审查只限于案卷中明显的错误。根据这种令状提起的诉讼是一个新诉的开始,而不是原诉的继续。当事人不能同时寻求上诉救济和纠错令救济,至少直至其上诉请求被驳回后才能获得纠错令救济。并且,纠错令在原判决被撤销前不能阻止判决的执行。16 世纪以前,大部分纠错令的签发都是基于技术和程序方面的原因,在此之后,才逐渐涉及一些实体问题(如合同中对价的充分性等)。1852年纠错令在英格兰被废止,审查错误的程序变成了诉讼中的一个步骤,而不再是一个单独的诉讼。1875年审查错误程序本身也因上诉制度的采用而废止。在美国,若纠错令没有被州的成文法废止,则其作为一种权利令状根据普通法的程序可适用于所有案件,但不适用于与普通法不一致的案件,除非成文法另有规定。

writ of error coram nobis (= coram nobis)
writ of error coram vobis (= coram vobis)
writ of escheat 土地复归令 旧时向领主签发的、使得以对复归给他的土地恢复占有的令状。
writ of estrepement 滥用土地令 一种于不动产诉讼判决后、执行前签发的制止终身土地保有人滥用、破坏土地从而对回复地产权人[reversioner]予以救济的普通法令状。爱德华一世时的《格洛斯特法》[Statute of Gloucester]将该令状的适用范围扩及诉讼过程中的土地滥用案件以及没有土地回复请求的案件。这种令状提供的不仅是一种阻止性救济,而且是一种补偿性和矫正性救济,即原告不仅可通过该令状制止被告对土地的滥用和破坏,而且可以请求其赔偿损失。由于该令状在土地回复诉讼中仅是一种辅助性的救济方式,因此当衡平法通过禁止令方式提供了同样的救济时,其便不再使用。1833年的《不动产时效法》[Real Property Limitation Act]将其废止。(⇨estrepement)
writ of execution 执行令 一种法院签发给执达官[bailiff]或其他官员命令其执行法院判决的令状。通常情况下,系将被告的财产强制交付给原告以清偿债务。
writ of exemption 豁免令状 指免除某人担任陪审员或公职的义务的令状。也称"writ of ease"。
writ of exigent (= exigent)
writ of exigi facias (= exigi facias; exigent)
writ of extendi facias (= extendi facias)
writ of extent 估价执行令 一种执行令,执达官将所扣押的判决中的债务人的财产充分估价再将其移交原告。(= extent; extendi facias)
writ of false judgment 纠错判决令状 (⇨false judgment)
writ of formedon (= formedon)
writ of formedon in the descender 为后嗣创设的返还土地令 (⇨formedon in the descender)
writ of garnishment (= garnishment)
writ of habeas corpus (= habeas corpus)
writ of habeas corpus cum causa (= habeas corpus cum causa; habeas corpus ad deliberandum et recipiendum)
writ of habere facias possessionem (= habere facias possessionem)
writ of injunction 禁制令 (⇨injunction)
writ of inquest (= writ of inquiry)
writ of inquiry 调查令;损害评估令 一种签发给郡长命令其在12人陪审团的协助下对原告的诉讼请求进行调查并对其损害予以评估的普通法令状。该令状适用于原告在被告缺席的中间判决中获胜的情形。损害评估完成后才能作出终局判决。
writ of mainprise (英格兰古法)出庭担保令 一种命令郡长确认在押犯获得出庭担保人[mainpernor]保证其出庭时将其释放的令状。该令状通常适用于罪犯触犯了可保释的罪行[bailable offense]但被拒绝获得保释[bail]的情形,也偶尔适用于罪犯所触犯之罪行为不可保释的情形。(⇨mainprise)
writ of mainprize (= writ of mainprise)
writ of mandamus (= mandamus)
writ of mandate (= writ of mandamus)
writ of mesne (英格兰古法)非法扣押财产令 一种适用于因中间领主[mesne lord]怠于履行义务致使最高领主[lord paramount]不当扣押了低级领主[lord paravail]财产时对其予以救济的令状。
writ of monstraverunt (英格兰古法)保护古有地保有人令状 指在被要求履行古地保有人不应负担的役务时颁发给他们的令状,这种令状对公簿地产保有人等不适用。
writ of ne exeat (= ne exeat)
writ of partition 土地分割令 一种适用于共同土地保有人[cotenant]分割土地的普通法令状。该令状在美国和英国已被衡平法和制定法上的救济所取代。
writ of pone ❶强制出庭令 一种于诉讼开始令[original writ]执行后但被告未到庭时签发的、命令郡长将其逮捕或确保其出庭的令状。❷(= pone)
writ of possession 土地占有令 一种签发给郡长命令其依据判决进占土地以使胜诉方获得占有的执行令状。(⇨writ of assistance)
writ of praecipe (= praecipe)
writ of prevention 阻止(起诉)令 一种阻止可能提起之诉讼发生的令状。(⇨quia timet)
writ of privilege 维持特权令 一种实现或维持特权的普通法令状。尤其适用于释放那些在民事诉讼中被逮捕的特权享有者。
writ of procedendo (= procedendo)
writ of process 程序令状 早期诉讼并非由传票,而是由诉讼开始令启动的,而在诉讼进行中,仍会签发一些令状,这些统称为"程序令状"。(⇨process; action)
writ of proclamation 公告令 一种根据伊丽莎白在位第31年颁布的一项制定法,与剥夺法权催告令[exigent; exigi facias]同时签发的命令,由被告居住郡的郡长于剥夺法权前一个月在最易为被告知晓之地点发布三个公告的令状。该令状旨在禁止秘密剥夺法权。若执行该令状之郡长与执行剥夺法权催告令之郡长非同一人,则前者发布的命令通常被称之为涉外公告令[foreign writ of proclamation]。
writ of prohibitio de vasto (= prohibitio de vasto, directa parti)
writ of prohibition 禁止令(⇨prohibition)
writ of prohibition of waste 〈英〉禁止毁地令 一种文秘署签发给郡长命令其制止寡妇地产保有人[tenant in dower]、鳏夫地产保有人[curtesy]及骑士役保有地产继承人之监护人[guardian in chivalry]损毁、滥用土地而为土地所有人提供救济之古老的普通法令状。在执行该令状时,若有必要郡长可请求地方武装团体[posse comitatus]协助。后来,该令状扩大适用于终身或定期保有人[tenant for life or for years]。
writ of pro retorno habendo 返还非法扣押财产令 一种在被告胜诉之返还非法扣押财产之诉[action of replevin]中签发的令状,根据扣押财产令[writ of replevin]非法扣押之财产予以返还被告。
writ of protection ❶保护令 一种保护证人免遭民事拘禁[civil arrest]危险之令状。❷国王庇护令 一种英国国王保护为其服务者在民事诉讼中一整年内免受拘禁之令状。但国王很少行使该特权。

writ of quare impedit (= quare impedit)
writ of quod permittat prosternere (= quod permittat prosternere)
writ of quo warranto (= quo warranto)
writ of recaption 取回再被扣押财产令状 在因财产被他人扣押而提起的动产占有回复诉讼[replevin]进行期间，被告对同一财产再次实施扣押，这时原告不需再提起另一项动产占有回复诉讼，而有权获得此项令状，据此取回被扣押的财产并就被告在诉讼期间再次实施扣押这种藐视法律程序的行为获得损害赔偿。现在英国，该令状可在需要禁制令的情况下使用或以藐视法庭为由将被告拘禁。
writ of replevin 扣押财产令(⇨replevin)
writ of restitution ❶回复原状令；执行回转令 一种适用于判决被撤销时命令郡长将原先执行被告之财产返还被告的普通法令状。返还之财产不得多于原先执行之财产；若财产已被转让，则返还转让所得之价金。该令状在现代诉讼中已为更为简易的救济[summary relief]所取代。❷(在强行进占与非法扣押诉讼中)执行原告胜诉判决令 ❸(领主)自封臣处收回占有令
writ of review 审查令；复审令 上诉法院所签发，旨在审查下级法院的案卷或裁决的所有令状之总称。实质上是普通法上之调卷令[writ of certiorari]。这种令状的目的不是审查确定事实问题，而是审查法院、法警或法庭是否误用其职权，或者超越管辖权。该令状仅审查法律问题，审查当事人没有获得陪审团审判，因而不合乎通常是为了排除衡平管辖权而采取程序之理由。
writ of revivor 〈英〉恢复判决执行令 在由于判决执行期限已过或由于当事人的死亡等原因致当事人的变更从而需要恢复判决的执行效力的情况下，主张有权请求执行判决的一方当事人可依法定形式申请签发恢复判决执行令，或者申请法庭许可在案卷中证明他看起来有权获得对该判决的执行令，法庭根据说明理由的命令[rule to show cause]或传票授予许可。
writ of right 〈英〉❶权利令状 与"特权令状"相对的一类令状。这类令状根据1215年的《大宪章》[Magna Carta]国王有义务签发，以别于根据国王的恩典或法庭的自由裁量权签发之特权令状。权利令状可分为两种，即诉讼开始令[original writ]和司法令[judicial writ]。(⇨ writ; prerogative writ; original writ; judicial writ) ❷回复土地所有权令 古代不动产法上的一种为救济非限嗣继承地产所有权人而签发的不利于现行占有权人的令状。该令状可适用于任何非法强占土地之情形，但实际上仅用于土地所有权人失去了其进占权[right of entry]或占有权[right to possession]之情形，因为在其它情况下申请回复土地占有令[writ of entry]更加便利。该令状之所以被称为回复土地所有权令，系由于所有权人仍保留有土地所有权，只不过这种所有权通常是一种失去了占有权的名义上的土地所有权[mere right]。1833年这种令状在英格兰被废止。
writ of right close 封印权利令 一种单独为古地[ancient demesne]保有者或类似性质的土地保有者签发的只在领主法庭里审理涉及其地产权益纠纷的令状。
writ of right of advowson 恢复圣职推荐权令 指恢复原来完全由某人占有的圣职推荐权。
writ of right patent (= right patent)
writ of scire facias (= scire facias)
writ of second deliverance 〈英〉二次交付令状(= second deliverance)
writ of second surcharge 〈英〉再次超量放牧令状 依据分配共牧地令状已将共牧地分配好之后，如果原来的被告重新在相关共牧地上超量放牧牲畜，那么原告即可依1258年《威斯敏斯特法 II》[Statute of Westminster II]申请再次超量放牧令状来解决这一问题。(= second surcharge)
writ of sequestration (= sequestration)
writ of subpoena (= subpoena)
writ of summons 〈英〉❶传票；传唤令 高等法院[High Court]在诉讼时应原告请求签发的旨在通知被告有关原告的诉讼请求，并强制被告出庭应诉与答辩的令状。签发这种令状是诉讼的第一个步骤。除了在遗嘱检验之诉[probate actions]中该令状不能由地区登记处[district registry]签发外，在其它诉讼中均可由中央办公处[Central Office]或任何一个地区登记处签发。在海事诉讼[admiralty actions]中无论对物还是对人令状[writs in rem or in personam]均可由海事登记处[Admiralty Registry]或者任何一个地区登记处签发。传票由正文、备忘录和签收[indorsement]三部分组成。正文部分包括标题(即标明案卷编号、法院、法庭的名称及必要时法官的名字)、命令(该部分命令出庭应诉)和结尾(说明签发日期与地点)三部分组成。备忘录部分载明令状必须被送达的时间和被告出庭的地点。根据英格兰《最高法院规则》，传票在签发之前必须附注下列事项：(a)诉讼请求的内容或其性质之概要，以及谋求的救济方式；(b)若诉讼请求仅仅是一种债或确定之债，则应载明债之数额与诉讼费用，以及若被告在出庭之前偿还了债务则终止下一步的诉讼程序；(c)若诉讼请求系土地占有方面的，则应载明是否涉及一所住房，且若涉及还应载明是否该房产的估价[rateable value]超过了在大伦敦市[Greater London]为400英镑及在其他地区为200英镑的价值；(d)若是恢复货物占有之诉则应载明货物价值。传票上也须载明原告律师的姓名和住址，若原告未请律师则应载明其本人的姓名和住址，及送达事宜。若原告是以代理人的身份起诉或被告是以代理人的身份应诉，比如遗嘱执行人，则应载明原告或被告之身份。若传票上载明的是请求报账之诉，则根据英格兰《最高法院规则》[R.S.C.]可以申请一个简易报账令[summary order for account]。在遗嘱检验之诉中，传票上须载明原、被告双方利益之性质及衡平法庭[Chancery Division]的主事官签署的备忘录，表明为询问而制作给他的令状以及在他那里存放有两个副本。在海事对物诉讼[Admiralty actions in rem]中，传票是以一种特别形式制作的，命令船东或其他财产所有人出庭，并且在传票签发之后的任何时间都可签发一个授权扣船令。传票的送达与扣船令同时生效。传票生效的时间是签发后12个月内，但是若在该时期内送达未生效则可经有关官员盖印后续延6个月。若有几个需送达传票的被告，或者一个被告下落不明，或存在类似理由，则可以签发一个或多个同时生效的令状[concurrent writs]以便利送达。❷待裁定之事项 在《司法组织法》[Judicature Act]之前，遗嘱验证法院有权通过向某一高级法院发布一个事项指令来使得诉讼中产生的事实问题由陪审团裁断，文书中所包含的事项便称为"a writ of summons"。
writ of Summons to Parliament 召至议会令 约13世纪时在英格兰确立了那些被召唤到议会中给国王作顾问者必须为获男爵封号的人的惯例。因此，收到召至议会令且就职者即获得了世袭权；由这种令状产生的男爵被认

可。理查二世[Richard Ⅱ]引进了现在使用的产生男爵的通常方式,即通过盖有国玺[Great Seal]的开封特许状[letters patent]产生。然而,贵族院[House of Lords]的议员们,无论是神职议员还是世俗议员,仍然收到由御前大臣署的王室书记官长[Clerk of the Crown in Chancery]代表女王签发的召至一个新成立议会的令状。

writ of supersedeas (= supersedeas)

writ of supervisory control 〈美〉监控令 一种仅为纠正低级法院在其管辖权范围内所作的错误裁判而签发之令状。该令状适用于缺乏上诉救济或上诉救济并不充分且该错误裁判导致重大不公之情形。它具有控制初审法院诉讼进程的简易上诉[summary appeal]之性质,在必要时它阻止审理不当[miscarriage of justice],也可用来制止夸大的和无谓的诉讼。这种令状的功能是使联邦最高法院[Supreme Court]可以控制低级法院的诉讼进程,这些法院虽在其管辖权范围内进行审理活动,但它们误用法律或故意无视法律而产生重大不公,且缺乏上诉救济或上诉并不足以矫正不公。

writ of supplicavit ❶维持治安令 王座法庭[King's Bench]或衡平法庭[Chancery]签发的强制法官保证维持治安的令状。❷配偶权行使令 衡平法院为保护免受丈夫暴力侵害的妻子而签发的令状,当妻不得不与夫分居时,该令状也要求夫为妻提供扶养费用。

writ of tolt (= tolt)

writ of trial 〈英〉移送审判令 一种旨在将高级法院审理的案件交由低级法院或郡长、郡长代理[undersheriff]审理的令状。1833年的《民事诉讼法》[Civil Procedure Act]授权高级法院将争议标的不超过20英镑之债务纠纷交由郡的任何低级法院或郡长审理,规定通过该令状进行。1867年的《郡法院法》[County Courts Act]废止了这种令状。根据该法,特定案件中的被告可以获得一种将纠纷交由郡法庭审理的命令。

writ of venire facias (= venire facias)

writ of waste 禁止毁损土地令 一种用来制止佃户滥用、损坏、荒废土地之令状。古时该令状有几种形式,适用于特定的不同情形。

writ pro retorno habendo (= writ of pro retorno habendo)

writ system 令状制度 普通法上的诉讼程序制度。该制度要求原告获得适当的诉讼开始令状[original writ]后进行诉讼。这种对令状分门别类的诉讼制度不仅形成了程序法,而且形成了实体法。令状制度是英格兰中世纪法的重要特征。(⇨writ; forms of action)

written a. 书面的;成文的

written constitution 成文宪法 美国通常形式的宪法。(⇨constitution)

written contract 书面合同 其全部条款均以书面形式作成的合同,与口头合同[oral contract]相对。(⇨specialty)

written evidence 书面证据(⇨documentary evidence; x-ray photograph)

written instrument ❶书面证明;书证 ❷(法律或合同等的)书面形式(⇨instrument)

written law 成文法 与"不成文法"或"普通法"相对称的术语。成文法以成文宪法、制定法、条约等形式表现。(⇨common law; statute)

written notice 书面通知

wrong n. 不法行为 指侵害他人权利、致人损害的行为。它尤其是指侵权行为[tort],但又并非完全等同,因其还可以包括违约、违反信托、违反法定义务、不当履行公职、犯罪等。它通常与权利[right]相连,即任何权利都可能受到不法行为的侵害。(一个有趣的语言现象是,wrong[错误]与right[正确]作为形容词又恰为一组反义词)。不法行为通常分为两类,一是侵犯个人的不法行为[private wrong],即可以为个人提供救济的不法行为,例如侵权行为、违约行为等;二是公共不法行为[public wrong],即行为人应当对整个社会承担责任的不法行为,例如犯罪、违法行为或其他违反公法规定的行为。

wrong-doer n. 违法人;侵权人;作恶者

wrongful a. ❶不法的;非法的 ❷不正当的;不公平的;坏的(⇨wrong)

wrongful abstraction 非法提取 指提取人未经授权非法提取资金等,并为自己的利益而加以占用。

wrongful act 不法行为;非法行为 指违反法定义务的行为,或指侵犯他人权利并导致损害的行为,行使平等权利或优位权利[equal or superior right]的行为不在此列。有时它与过失[negligent]一词同义,但它一般具有更广泛的含义,包括犯罪行为和各种恶意的、疏忽大意的行为。亦作"wrongful conduct"。

wrongful attachment 非法扣押 通过不法方式取得令状或以侵权方式使用令状,导致无正当理由的扣押,或将第三人的财产或不应当被扣押的被告人的财产予以扣押。(⇨wrongful levy)

wrongful birth 不当出生 因医疗失误致使有缺陷的婴儿出生,其父母可提起诉讼,主张因过失的治疗或建议而使他们失去了避孕或终止妊娠的机会。

wrongful commitment 非法拘禁 指在违反法定程序侵犯精神病人的宪法性权利的情况下将其拘禁。(⇨false imprisonment)

wrongful conception 不当怀孕 因绝育、流产手术中的过失致使怀孕。生下孩子的父母有权提起赔偿诉讼。

wrongful-death action 不当致死诉讼 在因侵权损害行为导致死者的死亡的情况下,为死者的生存亲属的利益而提起的要求获得损害赔偿的民事诉讼。

wrongful death statutes 〈美〉不法致死法 美国境内诸州均存在该种制定法。如果某人过失致他人死亡,则该法提供了一种诉因,死者的遗产管理人得以为死者的配偶、父母或子女的利益而对加害人提起诉讼。大多数州法律规定的是补偿性损害赔偿,但也有一些州保留了惩罚性损害赔偿的规定,而另外一些州的规定反映了以上两种倾向的结合。(⇨Death on High Seas Act; Lord Campbell's Act; survival statutes; unborn child; wrongful-death action)

wrongful delivery 不当交付 附条件交付契据[escrow]的保管人未经授权即交付此种契据的行为。(⇨escrow; escrow holder)

wrongful discharge 非法解雇 指解雇的理由非法或违反公共政策。

wrongful dismissal 非法解雇 在雇佣期满之前,雇员非因合理理由被雇主解雇。在普通法中,雇员在此种情况下可以提起损害赔偿之诉。现在,这种损害和相关的补救措施已经在很大程度上被不公平解雇[unfair dismissal]的法定赔偿请求所代替。

wrongful garnishment 非法的债权扣押 指以不法方式取得债权扣押救济或以侵权方式使用该救济。与非法扣押[wrongful attachment]相似。

wrongful injunction 非法禁制令 指无正当理由出于恶意请求法院签发的禁制令。

wrongful levy 非法扣押 指由行政司法官或其他官员对享有豁免权的财产的扣押；或超额的扣押；或对并非令状中所指定的人的财产进行的扣押；或非法行使权力所进行的扣押。

wrongfully intending 具有恶意地 用在诉状中，用来形容被告人实施侵害行为时的主观心态。

wrongful pregnancy （= wrongful conception）

wrongful search 非法搜查（⇨unreasonable search）

wrongful search and seizure 非法搜查和扣押（⇨unreasonable search and seizure）

wrongful seizure 非法扣押（⇨unreasonable seizure）

wrongous imprisonment 〈苏格兰〉非法监禁；非法关押 等同于 false imprisonment。

wyte （= wit）

Xx

"X" as a signature 〈美〉划"X"式签名 一般来说,一份法律文件,如遗嘱、契据或商业票据等,签名是使之真实有效的必要条件,在这种情况下,签名一般是签全名。但有时候,一些人只用其名字首字母或其他的识别符号,而对于文盲、无行为能力、无民事资格的人来说,签名就是划叉["X"]。对划叉式签名的文件,其有效性和可强制执行性常引起一些问题。在美国,有关支票或本票的签名常粘带显示此签名代表本人的标识[symbol],因此,法院对划叉式签名的商业合同会强制执行,而不论签约人是否受到欺诈、不当影响或胁迫。

xenodocheum (罗马法)(英格兰古法)❶(官方许可设立的)酒馆;客栈 ❷医院;(病人或体弱者的)救济院

xenodochium 〈拉〉(罗马法)(经政府许可之)旅店;款待;接待;医院 该词源自希腊语。

X rating "17岁以下禁止观看"电影 由美国电影协会[Motion Picture Association of America/MPAA]以及全美剧场主协会[National Association of Theater Owners/NATO]在1968年所作的电影分级,标出一些包含过度暴力或明确的性方面的电影,1990年被"NC-17",即"17岁与17岁以下禁止观看"的分级制所取代。美国电影业界在20世纪20年代已实行自我管理,以预先防止政府对影片进行审查。1968年,前述两个协会采用了如下电影分级制:"G"级,即所有年龄段均可观看;"PG"级,家长指导下观看;"PG-13",13岁以下儿童不宜;"R"级,限制观看,17岁以下孩童须由父母或监护人陪同观看;"X"级,17岁以下禁止观看。20世纪70年代,"X"级被色情片商利用作为宣传色情片的手段,一些色情片甚至被广告宣传为"XXX"级,即所谓"三级片",鉴于此,美国电影协会在1990将"X"级变为"NC-17"级。

X-ray photograph X光照片 在诉讼中,一方当事人提供的X光照片,经本方传唤作证的医生的详细解释和鉴定,并提交给陪审团仔细审查后,可以作为证据使用。

xylon n.手枷;足枷 古希腊的一种刑具。

XYZ affair 1797-1798法美外交丑闻事件

Yy

ya et nay （古代案卷中不经宣誓的）肯定和否定（⇨yea and nay）

yardland n.（英格兰古法）码田 土地丈量单位，所包含土地数量因地而异，一般为20英亩。

yardmen n. ❶（负责看护草地、花园的）园工 ❷（铁路调运场）工作人员

yard restriction 场院限制 城市区划法中关于最低场院区面积及建筑物在整体建筑区中所占比例的限制。

yea and nay 是与不是 根据阿瑟尔斯坦王[Athelstan]的特许状，里彭[Ripon]地方的人民在一切诉讼中只要口头表示是与不是即可，而无需宣誓。

year n. ❶年；年度；日历年 通常一年有365天，闰年366天。 ❷农业季节 即谷物播种、耕作、收获的过程。

year and a day rule 一年零一天规则 在普通法上，因死亡提起的诉讼必须在死者死后一年零一天内提出；此外，除非被害人在被告人的不法行为发生之日起一年零一天内死去，被害人的死亡不能归责于被告人。这是因为当时缺乏必要的医疗手段，在经历了如此长的时间后，无法精确地确定死亡的原因，也无法查明是否是其他外来原因引起被害人死亡。但在医学发展的今天，一年零一天规则似乎已经过时而应当舍弃。在美国，有些司法区已通过立法或司法判例舍弃，但大多数司法区尚保留。

Year Books 〈英〉《（判例）年鉴》 一系列用诺曼法语[Norman French]记载英格兰中世纪案件辩诉情况的判例集。它是我们了解爱德华一世之后普通法的首要资料来源。年鉴记载的是法官和律师对于案件争论点的辩论，而非裁判结果。根据国王年号编集判例似乎是出版者的精心设计，而那些抄本表明判例系按专题编排而非按年代编写。年鉴最早编纂于何时尚不可考，但一些判例表明可以追溯至13世纪70年代。随后，几乎无间断地持续至1535年才不知何故而终止。编纂者系何人也不清楚。一些现在觉得不可信的说法认为大部分时期的编纂系由王室付薪的4名官方记录员所为或者认为系由民诉法院[Common Bench]的4位书记官编纂的非官方作品。梅特兰[Maitland]则认为最早的年鉴系由法庭里实习的学生[Law Students in Court]编写，后被复制和誊抄。无论由何人编写，这些年鉴在法院法后来的案件中对辩护律师都起着指导作用。各部分年鉴的风格、内容以及质量都有极大差异。许多记载包含有不相关的内容、机智的法庭巧辩，甚至错误，但总的来说非常实用。它们用一种若不参考诉讼案卷[Plea Rolls]则通常无法理解的方式记录诉讼程序，并且年鉴中有一些判例就是诉讼案卷中案例的摘要或者包含了其中相当大部分。年鉴于1535年停止编纂后，逐渐在语言上以及实质内容上都被废弃，而为其它种类的判例集取代。现在有许多年鉴原稿尚存，原先肯定有许多抄本，至少有一些抄本。年鉴最早似乎约于1481－1482年由威廉·德·马克林尼亚[William De Machlinia]出版，但第一个系统的出版者是至少出了50版的平森[Pynson]。后来托特尔[Tottell]出了约225版，并重印了已出版的所有年鉴。他还采用了分卷的出版方式。第一次出版的是10卷本的四开版，包括自爱德华三世至亨利八世时代的年鉴，于1562－1640年问世。17世纪后年鉴的出版已很少，直至1679－1680年，出现了一个称为"梅纳德[Maynard]版"的标准版本。所有这些黑花体字版本的年鉴在拼写、拉丁语、日期及其它方面均存有缺陷。由于在年鉴中搜集资料的困难导致了一些节本[Abridgments]的出现，4个节本即"斯泰瑟姆[Statham]节本"、"巡回审判年鉴节本[Abridgments of the Book of Assizes]、"菲茨赫伯特[Fitzherbort]节本"及"布鲁克[Brooke]节本"都以年鉴中的判例为依据。19世纪后半叶以来，许多年鉴经过霍伍德[Horwood]和派克[Pike]精心编纂相继在"案卷系列"[Rolls Series]中和由其他的编者在塞尔登协会[Selden Society]系列中出版。（= Books of Years and Terms）

year, day and waste 〈英〉一年零一日及毁地特权 国王享有的一项古老特权。根据该特权，国王对轻叛逆罪[petty treason]或其他重罪罪犯的土地享有一年零一天的收益权，且可通过破坏房屋、犁掉牧场、砍伐林木损毁其保有地。只有自由地产保有人答应赎回损毁土地，国王才将其归还。这项特权被1814年的《血统玷污法》[Corruption of Blood Act]所限制，并随没收[forfeiture]之废除而废止。

year-end bonus 年终奖金 雇主在年末发给雇员的奖金，通常在圣诞前的那一周发放。

year of our Lord 公元纪年 在英格兰，法庭程序中有时以国王统治的年份纪年，有时以公元纪年；但在美国只有公元纪年。

yeas and nays 〈美〉赞成票和反对票；点名表票 立法机关成员对某一法案的两种投票方式。美国宪法第一条第五款规定如有1/5出席议员提议，则每院议员对任何问题的赞成和反对，都应载入本院议事录[Journal of its Proceedings]中。一些州宪法中也有类似规定。

yellow-dog contract 〈美〉以不加入工会为条件的雇佣合同；黄狗合同 该雇佣合同要求劳方不得参加工会，已参加工会的不得保留其会员资格。因20世纪初以来美国人把讨厌的人或事称为黄狗，故其俗称"黄狗合同"。该种合同后被《全国劳资关系法》[National Labor Relation

Act]等联邦法律和大多数州的法律所禁止。

Yelverton's Act 《耶尔弗顿法》 1782年爱尔兰议会制定的一部法律，该法将1492年《波伊宁斯法》[Poynings' Act]的原则扩展到了私有财产法和航运法中。（⇨Poyning's Act）

yeoman n. ❶〈英〉自耕农 地位次于缙绅，自有土地每年收入40先令。古时候，据此决定自耕农有权参加陪审团，有权选举郡的骑士或进行其他行为。 ❷〈美〉海军文书军士

yeoman of the guard 〈英〉王室卫士；御林卫士 它的通常形式为"yeoman of the guard of the royal household"。其成员身材高大，均在6英尺以上。为亨利七世[Henry Ⅶ]于1485年创设的禁卫团队员，现其主要任务是负责伦敦塔的守卫。

yeomanry n.［总称］自耕农

Yeoman Usher（of the Black Rod） 〈英〉乌杖传唤卫士 由乌杖侍卫任命，负责在上议院引导上议员入席和担当侍卫的官员。

yield n. ❶产量；产出 ❷利润；收益；红利 ❸收益率；盈利率
v. ❶产生；产出 ❷给予 ❸让与；放弃（权利、财产） ❹屈服；投降 ❺泄露（秘密）

yielding and paying 租金及其支付 租约中租金条款的开头语，规定承租人应支付租金。

yield spread 收益差幅 各种已发行有价证券的收益率之差。

yield to maturity 到期收益 反映投资者持有附息债券至到期日时所得收益的综合收益率。决定到期收益率高低的因素包括：购买价格、息票收益、至到期日的时间以及付息间隔。

Yom Kippur 赎罪日 犹太历法中最为神圣和庄严的节日，在当天犹太人聚集于会堂中，祈祷并求神赦免他们在一年里所犯的罪。

York-Antwerp Rules 《约克－安特卫普规则》 1860年9月，欧洲主要航运国家的代表在英国的格拉斯哥[Glasgow]举行有关共同海损问题的会议，制订了一项被称为"格拉斯哥决议"的理算规则。该决议后经1864年在英国的约克[York]和1877年在比利时的安特卫普[Antwerp]举行的会议修订，于1877年定名为《约克－安特卫普规则》（以下简称《规则》）。该《规则》又先后于1890年、1924年、1950年、1974年修订后，为各国航运界和保险界广泛采用。此后，国际海事委员会又分别于1990年和1994年对该《规则》予以修订，以使适应航运事业的发展。虽然该《规则》不是具有法律约束力的国际条约，而仅具国际惯例性质，由当事人自愿选择适用，但一经采用即在当事人之间产生法律约束力。该《规则》历经一百多年的发展和完善，已为国际航运界、保险界普遍接受，成为国际上适用最广泛、最重要的共同海损理算规则。由于该《规则》虽经每一次修订后形成新规则，但旧《规则》并不因此而废止，故形成了多个文本并存的状况，为示区别，在《规则》前冠以修订年份，当事人可择任一文本适用。

Yorkshire land registries 〈英〉约克郡土地登记处 这些登记处由1884年的《约克郡土地登记法》[Yorkshire Registry Act]所规范，该法取代了原先设立这些登记处所依据的法律，在约克城的约克郡三区实施。关于北区[North Riding]，参看乔治二世在位时的1734年制定法；关于东区[East Riding]，参看安妮在位时的1707年制定法；关于西区[West Riding]，参看安妮在位时的1703年制定法；约克郡土地登记处被1969年的《财产法》[Law of Property Act]取消。

Younger doctrine 〈美〉扬格原则 美国最高法院在扬格诉哈里斯案[Younger v. Harris]及其他案件中发展而来的一条原则，即联邦法院不得以禁制令[injunction]或宣告式救济[declaratory relief]的方式干预州法院正在进行的刑事诉讼，除非起诉方是出于恶意或故意干扰。在州作为一方当事人且涉及重要的州的实质性目的[substantive goals]的民事诉讼中，扬格原则亦适用。

Young Men's Christian Association 基督教青年会 简称"青年会"，是基督教新教青年社会活动组织之一。1844年由英国人乔治·威廉斯创设于伦敦，旨在通过集体活动和训练来培养青年的良好品性和健全人格。现在，青年会已扩展至一百多个国家，各国青年会的联合组织是基督教青年会世界协会，总部设在日内瓦。

young offenders (= youthful offenders)

young person 〈英〉少年 根据1933年《儿童和少年法》[Children and Young Persons Act]，少年指14－17岁的人；根据1925年《商船法》[Merchant Shipping Act]，少年指未满18岁的人；根据1961年《工厂法》[Factories Act]，少年指超过强制入学年龄但未满18岁的人。另据1973年《刑事法院权力法》[Powers of Criminal Courts Acts]，刑事法院[Crown Court]或治安法院[Magistrate's Court]均不得对17岁以下之少年处以监禁。对于21岁以下者，除非法院认为没有其他更为有效的处置手段，否则任何法院亦不得对其处以监禁。

Young Turks 〈美〉少壮派激进议员；少壮派激进党员 指摆脱了本党现任领导人控制的政党成员，尤其是指担任国会或州议会议员的政党成员。

Young Women's Christian Association 基督教女青年会 简称"女青年会"，是基督教新教青年社会活动组织之一。1855年由金纳德夫人创设于伦敦，以妇女，特别是青年职业妇女为对象。其主要活动是为社会服务，救济贫寒，提倡德、智、体、群四育，以发展完全人格。现在，女青年会已在近70个国家开展活动，各国女青年会的联合组织为基督教女青年世界协会。

youthful offenders ❶青年违法者 一般指年龄在18－25岁之间的违法的年轻人，对这些年轻人在量刑时给予特殊的考虑。美国联邦和各州的法律确定青年违法者的身份的目的旨在通过在监狱中为其提供就业、教育、咨询等服务及防止他们接触其他年长且有经验的罪犯，使其成功地回归社会。对青年违法者还可采取一些诸如社区监督的特殊措施，如青年违法者表现良好，即可消除其犯罪记录。 ❷未成年犯（⇨juvenile delinquent）

Zz

Zakonik 《系统大令简本》 1349年塞尔维亚的斯蒂芬·都珊颁布的一部法典,1354年该法典经扩充后再次颁布。该法典包括布拉斯代尔《习惯法》[Blastares' Syntagma]的节译本,被称为优士丁尼法律[Justinian's Law]的辑本——该辑本可能是优士丁尼二世于7世纪或8世纪时所颁布,以及一些根据塞尔维亚习惯法或拜占廷法所制定的法典的补充规则。

zealot n.(尤指宗教)狂热者

zealous witness 有偏见的证人;袒护一方(通常是传唤他出庭的一方)的证人(⇨witness)

zebra crossings 斑马纹人行横道 因其系将路面涂成黑白相间的斑马纹状而得名。

zero bracket amount 零税级金额;免税收益额 指个人所得税税率表上规定的扣减额,个人收益额在此余额以上才开始征税。

zero-coupon bond 零息票债券 指以较大折扣低于面值出售、不支付利息而在期满时按面值赎回的债券,在到期之前债券持有人无任何现金收入,其收益来自购买时的价格与赎回时的面值之间的差额。

zetetick 调查程序

zone of employment 〈美〉工作地带 根据劳工赔偿法,工作地带指受雇工作的地区及附近地区,包括进入和离开该地区的途径。在此地带工人受到人身伤害,可以依法要求赔偿。(⇨working place)

zoning n.分区;分区制 主要指依据建筑物及设施等的性质和用途范围,将市政法人划分为若干个区,如工业区、商业区、住宅区等的制度。在美国,城市公共官员的分区管理受到联邦法院的审查。(⇨buffer-zone; cluster zoning; comprehensive zoning plan; conforming use; land use planning; master plan; official map; planned unit development; special exception; special use permit; variance)

zoning commission 分区委员会 被授权执行有关分区的法律、规章的市镇管理机构。

zoning map 分区地图 展示分区法[zoning law]所设立的区的地图。有时它附在有关法令[ordinance]后面,成为其一部分。

zoning regulations 分区法规 可分为两类:①是规范特定分区内建筑物高度或凸出结构的法规,换言之,即与建筑物的结构和建筑设计相关的法规;②是规定特定分区内这些建筑物用途的法规。在美国,这两类法规形式都已得到美国最高法院的认可。

zygocephalum 〈希〉〈古〉土地丈量单位 尤指一对牛一天可耕的土地数量。

zygostates 〈希〉〈罗马法〉过磅员;司秤官 指负责监督买卖双方称量金钱的天平的官员,或有权解决买卖双方之间因重量或称锤所生争议的官员。